D1727809

Baumbach/Lauterbach/Albers/Hartmann

Zivilprozessordnung

Beck'sche Kurz-Kommentare

Band 1

Zivilprozessordnung

mit FamFG, GVG
und anderen Nebengesetzen

begründet von

DR. ADOLF BAUMBACH
weiland Senatspräsident beim Kammergericht

fortgeführt zunächst von

PROFESSOR DR. WOLFGANG LAUTERBACH
weiland Senatspräsident beim Hanseatischen Oberlandesgericht

und sodann von

DR. JAN ALBERS
weiland Präsident des Hamburgischen Oberverwaltungsgerichts

DR. DR. PETER HARTMANN
Richter am Amtsgericht Lübeck a. D.

nunmehr verfaßt von

DR. DR. PETER HARTMANN

67., völlig neubearbeitete Auflage

Verlag C. H. Beck München 2009

Verlag C.H. Beck im Internet:
beck. de

ISBN 978 3 406 58005 5

Wilhelmstraße 9, 80801 Mnchen
Satz und Druck: Druckerei C. H. Beck, Nördlingen
(Adresse wie Verlag)

Gedruckt auf säurefreiem, alterungsbeständigem Papier
(hergestellt aus chlorfrei gebleichtem Zellstoff)

Wenn die Gerechtigkeit untergeht, so hat es keinen Wert mehr, daß Menschen auf Erden leben. Kant

Une circonstance essentielle à la justice, c'est de la faire promptement et sans différer; la faire attendre, c'est injustice. La Bruyère

Vorwort

Am 1. September 2009 wird die langgeplante Reform des Familienverfahrensrechts in Kraft treten. Sie bringt auch die seit 1977 umfangreichste ZPO-Novelle. Allein der erste von weit über einhundert teilweise enorm ausgedehnten Artikeln dieses FGG-RG umfaßt in seinem neuen FamFG fast 500 Einzelvorschriften. Ohne massive Verweisungen auf die erheblich angepaßte ZPO wäre das FamFG noch viel ausladender.

Zu diesen äußerlichen Massenänderungen und Neuerungen treten begriffliche und inhaltliche Maßnahmen von auch verfahrensrechtlich teilweise tiefgreifender Art. Das alles erfordert eine gründliche Einarbeitung etwa bei demjenigen Anwalt, der seinen Auftraggeber dazu beraten soll, ob dieser noch ein paar Monate auf das neue Scheidungsrecht warten oder doch lieber schleunigst nach dem noch geltenden Recht vorgehen soll. Es wird für alle am Stichtag schon anhängigen Fälle zeitlich und sachlich unbegrenzt weitergelten.

Auch die Justiz, die Jugendämter, Berufsbetreuer und alle am Familienrecht sonstwie Beteiligten müssen erheblich umdenken. Auch das enorm mitveränderte Kostenrecht zwingt dazu. Insgesamt ist manches erheblich besser geworden. Es gibt aber auch mannigfache Unklarheiten, Widersprüche und Lücken in dieser so zentralen Reform.

Die vorliegende Neuauflage hat daher eine nochmalige völlige Neubearbeitung erfordert. Die Zahl der Anpassungen ist ganz außerordentlich hoch gewesen. Zur Erleichterung der Umstellung und Einarbeitung dient die komplette Darstellung des neuen Rechts auf denjenigen Gebieten, die bisher nach den ersatzlos weggefallenen Büchern 6 und 9 ZPO geregelt waren. Diese Neukommentierung liegt nun fast am Tag der Verkündung der Novelle vor, um dem Leser möglichst viel Umstellungszeit zu geben. Daneben wäre eine Fortführung der Kommentierung des bisherigen Rechts schon bindetechnisch nicht im gewohnten einbändigen Buch möglich gewesen.

Deshalb erscheinen die Erläuterungen der fast oder ganz weggefallenen und doch für Altfälle fortgeltenden ZPO-Bestimmungen in einem Ergänzungsband zu dieser Auflage. Mit ihm lassen sich die Vorschriften alten und neuen Rechts auch optisch nebeneinander besser vergleichen. Soweit sich das bisherige Recht schon aus Umfangsgründen nicht vollständig in den Ergänzungsband aufnehmen ließ, gibt zusätzlich zum weiterhin im Hauptband enthaltenen bisherigen Text auch die 66. Aufl (2008) Auskunft.

Nur mithilfe des Höchsteinsatzes des Lektorats, der Setzerei, Druckerei und Buchbinderei ist es möglich geworden, diese einschneidende Neubearbeitung so rasch erscheinen zu lassen. Das gilt umso mehr aus folgenden weiteren Gründen.

Eine Flut tausender neuester Entscheidungen und Aufsätze hat sich auch seit der Vorauflage im Bereich dieses Kommentars ergossen. Die haftungsandrohenden Anforderungen der Justiz an eine fast sofortige Kenntnisnahme und Mitbeachtung solcher Belege sind mittlerweile dem Nutzer kaum noch zumutbar. Das zwingt fast zum Jahresrhythmus von Neuauflagen und zu höchsten Aktualitätsforderungen. Man soll nicht schon bei einem brandneuen Buch monatelang in Dutzenden von Gesetzesblättern, Zeitschriften und Entscheidungssammlungen bis zum Redaktionsschluß dieser Auflage zurückblättern müssen.

Diese Neubearbeitung erscheint Ende Oktober 2008 mit einem Meinungsstand vom 1. 9. 09 (FGG-RG), von etwa Mitte Dezember 2008 (neue Teile Buch 11) und von Anfang bis teilweise Mitte Oktober 2008 im übrigen. Sie enthält wie stets neben allen seit der Vorauflage verkündeten weiteren Novellen nach deren Aufzählung in der Einl I A fast 4000 neueste Fundstellen. Die ABC-Reihen sind mehr als verdoppelt worden. Die sonstige Untergliederung ist erheblich erweitert worden, um nur einige weitere Schwerpunkte einer erneuten Wort-für-Wort-Überprüfung anzudeuten.

Es bleiben wie seit je Wünsche offen. Jeder hilfreiche Hinweis ist willkommen!

Lübeck, im Oktober 2008 Peter Hartmann

Inhaltsverzeichnis

Inhaltsverzeichnis

Buch 3

Buch 4

Buch 5

Buch 6 (aufgehoben)

(FamFG folgt hinter dem EGZPO)

Buch 7

Buch 8

Inhaltsverzeichnis

Benutzungshinweise

Gesetzestexte zeigen, wie im „Schönfelder“, sowohl die Absatz- als auch die Satzzahlen in hochgestellten römischen oder arabischen Ziffern zwecks Erleichterung und Präzisierung des Zugriffs. Das gilt auch für die abgedruckten Nebengesetze.

Nebengesetze lassen sich aus dem Gesetzesnachweis S. XIII erschließen. Sie sind gegenüber den Hauptgesetzen eingerückt und durch kursiv gedruckte Überschriften (zunächst Gesetz, dann Paragraph usw) von den Hauptgesetzen optisch abgehoben. Nicht (mehr) mitabgedruckte Nebengesetze finden sich fast stets in den Sammlungen von „Schönfelder“ oder „Sartorius“ (jeweils Haupt- oder Ergänzungsband).

Vorbemerkungen direkt hinter der jeweiligen Vorschrift zeigen in den ersten Jahren nach dem Inkrafttreten die Fundstelle im BGBl, den Zeitpunkt des Inkrafttretens sowie Hinweise auf das Übergangsrecht.

Schrifttum, das nicht in Aufsatzform veröffentlicht ist (Aufsätze sind ohnehin in die laufende Kommentierung eingearbeitet), ist möglichst überall dort, wo es einschlägig und noch aktuell ist, zumindest in den Schrifttumsübersichten hinter der jeweiligen Vorschrift vermerkt. Hinweise auf zugehörige Besprechungen erleichtern die Erstinformation dazu, ob ein erst seit einiger Zeit erhältliches Werk verwendbar ist und erworben werden sollte. Übergreifende Werke sind, nach Gruppen geordnet, außerdem in der Einl II B (S. 2 ff) zusammengestellt.

Einführungen, Grundzüge, Übersichten dienen der dogmatischen Zusammenfassung des folgenden Abschnitts wie der Darstellung übergreifender Begriffe oder Konstruktionen. In der **Einleitung III** findet man Hauptprinzipien des Zivilprozeßrechts.

Gliederungsübersichten sind allen wichtigen oder umfangreicheren Kommentierungen vorangestellt. Sie zeigen alle Gliederungsebenen auf zwei Ebenen. Jede solche Ebene trägt ein oder mehrere Schlagwörter als Überschrift und möglichst auch schon als Zusammenfassung des Inhalts. Die römischen bzw arabischen Zahlen und evtl Buchstaben am Ende einer Überschrift verweisen auf den Absatz oder Satz oder Halbsatz und evtl auf die weitere Untergliederung der hier kommentierten Gesetzesstellen.

Anmerkungen sind grundsätzlich wie folgt geordnet (vgl zB §§ 129 ff): Systematik – Regelungszweck – Sachlicher Geltungsbereich – Persönlicher Geltungsbereich – Einzelkommentierung zu Begriffen, die in allen Teilen der Vorschrift vorkommen – übrige Einzelkommentierungen, geordnet möglichst nach der äußeren Reihenfolge. Dabei bedeuten, wie in den Gliederungsübersichten, zB I = Absatz 1, 1 = Satz 1, Hs 1 – Halbsatz 1 usw – Verfahrensablauf – Entscheidungsform und -mitteilung – Verstoßfolgen – Rechtsbehelfe. Zahlreiche Querverweise vor allem auf die übergreifenden Begriffe oder Konstruktionen verdeutlichen die Zusammenhänge. Möglichst kurze Hauptsätze im Aktivstil präzisieren das handelnde Rechtssubjekt. Sie erhöhen insbesondere bei Zitaten die Lesbarkeit erheblich.

ABC-Stichwortreihen fächern die oft umfangreichen Stoffmengen auf. Querverweise erleichtern hier den Einstieg. Haupt-ABCs zeigen das jeweilige Stichwort am Zeilenanfang und die Kommentierung eingerückt. Unter-ABCs sind, wo nötig, eingefügt und durch Gesamteinrückung nebst einem sog „Spiegelstrich“ vor dem in Klammern gesetzten Unterstichwort, ähnlich wie im Sachregister, optisch hervorgehoben und vom Haupt-ABC unterschiedlich angeordnet.

Zitate zeigen, mindestens aus den letzten etwa 30 Jahren, zunächst die Rechtsprechung, dann das Schrifttum. Innerhalb der Rechtsprechung besteht der Grundsatz der Hierarchie, auf derselben Stufe derjenige des Alphabets, jeweils zunächst in der ordentlichen Gerichtsbarkeit, dann bei den übrigen alphabetisch geordneten Gerichtsbarkeiten. Die Zitate erfolgen bei größeren hochaktuellen Streitfragen und evtl auch in übrigen möglichst vollständig. Ältere Fundstellen werden wenn möglich stets durch neuere ersetzt. Das kann durchaus dazu führen, daß zB selbst eine neue Grundsatzentscheidung vor dem Redaktionsschluß einer noch aktuelleren Bestätigung durch dasselbe oder ein anderes Gericht schon wieder weichen muß. Fundstellen stehen im übrigen innerhalb einer jeden Stufe usw räumlich vor den später veröffentlichten. National haben BVerfGE und bis Mitte 2006 auch BGHZ stets, die NJW ohnehin auch weiterhin durchweg den Vorrang. Es wird diejenige Seite oder Spalte zitiert, auf der das Einschlägige tatsächlich steht, notfalls mit Zusatz „rechts oben“ usw.

Dabei werden *grundsätzlich* höchstens *drei* nach Rang oder Aktualität oder Aussagekraft bestgeeigneten Belege für jede Ansicht erwähnt, um den Charakter eines Kurzkommentars zu bewahren.

Streitfragen führen zunächst zur Darstellung der auch hier vertretenen Ansicht nebst Fundstellen, sodann zu den abweichenden oder gegenteiligen Fundstellen und schließlich meist in Klammern beginnend mit „aber“ zu einer möglichst knappen ergänzenden Beurteilung über die Fundstellen hinaus.

Randnummern (aus Platzgründen abgekürzt Rn) erleichtern das Auffinden, auch bei Querverweisungen und in den Gliederungsübersichten.

Ortsnamen bedeuten meist den Sitz des OLG. Bei anderen Gerichten steht LG, AG usw vor dem Ortsnamen.

Inhalts-, Abkürzungs- und Sachverzeichnis (letzteres bewußt ausführlich) sollen ebenfalls den Zugriff erleichtern.

Gesetzesnachweis

Abgabenordnung: **§ 15** bei § 79
Allgemeines Gleichbehandlungsgesetz: **§ 22** im Anhang nach § 286 Rn 34
Außenwirtschaftsgesetz: **§ 32** im Schlußanhang IV A
Beratungshilfegesetz: **§§ 1–10, 13** im Anhang nach § 127
BGH/BPatGERVV: **§§ 1–3** in § 130 a Rn 5
Börsengesetz: **§ 48** im Anhang nach § 32
Deutsches Richtergesetz: § 26 erläutert im Schlußanhang I A
Einführungsgesetz zum Gerichtsverfassungsgesetz: Kommentar (für Zivilsachen vollständig)
Einführungsgesetz zur Zivilprozeßordnung: Kommentar (vollständig)
Europäische Gemeinschaft: Vertrag über die (EGV) **Art 234** im Anhang nach § 1 GVG; **Richtlinie 2003/8** in Einf 3 vor § 1076; **VO EG Nr 44/2001 (EuGVVO)** im Schlußanhang V C 4; **VO EG Nr 1206/2000** in Einf 3 vor § 1072; **VO EG Nr 1393/2007** in Einf 3 vor § 1067; **VO EG Nr 805/2004** in Einf 3 vor § 1079; **VO EG Nr 1896/2006** in Einf 3 vor § 1087; **VO EG Nr 861/2007** in Einf 3 vor § 1097
Europäisches Übereinkommen betreffend Auskünfte über ausländisches Recht: Artt 1–17, 19 in 293 Rn 14; **Ausführungsgesetz** in § 293 Rn 14
Familienrechtsänderungsgesetz: Art 7 § 1 in § 328 Rn 51
Fernunterrichtsschutzgesetz: § 26 im Anhang nach § 29
FGG-RG: Art 1 (Auszug), Kommentar hinter dem EGZPO; **Artt 111, 112** (Übergangsrecht, Inkrafttreten) dort in Einführung 4 vor § 1
Flüchtling: Übersicht über die Genfer Flüchtlingskonvention im Anhang III C nach § 606 a; Übersicht über das Gesetz vom 22. 7. 80 im Anhang III E nach § 606 a
Gerichtskostengesetz: § 12 im Anhang nach § 271; **§ 38** im Anhang nach § 95; **§ 49 b** im Anhang nach § 3 Rn 141; **§ 69** im Anhang nach § 95
Gerichtsverfassungsgesetz: Kommentar (für Zivilsachen nahezu vollständig)
Gesetz über das Verfahren in Familiensachen und in den Angelegenheiten der freiwilligen Gerichtsbarkeit (FamFG): §§ 1–270 (Auszug), **433–484:** Kommentar hinter dem EGZPO
Haager Beweisaufnahmeübereinkommen: Artt 1–42, dazu **Ausführungsgesetz** und Bekanntmachung im Anhang nach § 363
Haager Zivilprozeßübereinkommen: Artt 1–7 im Anhang nach § 183 Rn 4; **Art 17 I** im Anhang nach § 110 Rn 2; **Art 26** im Anhang nach § 918; **Ausführungsgesetz: §§ 1–3** im Anhang nach § 183 Rn 5;
Haager Zustellungsübereinkommen: Artt 1–20, 23, 24, dazu **Ausführungsgesetz** und Bekanntmachung im Anhang nach § 183 Rn 5
Hausratsverordnung: §§ 11, 18 im Anhang I nach § 281
Heimarbeitsgesetz: § 27 bei § 850 i
Heimatloser Ausländer: Übersicht über das Gesetz vom 25. 4. 51 im Anhang III B nach § 606 a
Kapitalanleger-Musterverfahrensgesetz: im Schlußanhang VIII, dazu G vom 16. 8. 05, BGBl 2437, **§ 9** ebendort
Klageregisterverordnung: Schlußanhang VIII bei § 2
Kraftloserklärung: Gesetz über die Kraftloserklärung von Hypothekenbriefen usw **§§ 1–14** im Anhang nach § 484 FamFG (hinter dem EGZPO)
Landwirtschaftssache: Gesetz über das gerichtliche Verfahren in Landwirtschaftssachen: **§ 12** im Anhang II nach § 281
NATO-Truppenstatut: Art I 1 im Schlußanhang III; **Gesetz Art 4 c, 5** im Schlußanhang III; **Zusatzabkommen: Artt 31–39** im Schlußanhang III
Prozesskostenhilfebekanntmachung 2007 in § 115 Rn 13
Prozesskostenhilfegesetz: (Durchführungsbestimmungen) **Ziff 2** bei § 117 Rn 28; **EU-Richtlinie 2003/8** Einf 3 vor § 1076
Prozesskostenhilfevordruckverordnung: §§ 1–3 in § 117 Rn 30
Sachenrechtsbereinigungsgesetz: §§ 104, 105 bei § 253; **§ 106 I** bei § 308; **§ 106 II–IV** bei § 894; **§ 107** bei § 91; **§ 108 I, II** bei § 256; **§ 108 III** bei § 72
Schiffahrtsrechtliche Verteilungsordnung: §§ 2, 3 bei § 872
Schriftgutaufbewahrungsgesetz: im Anhang nach § 298 a
Soldat: Erlaß über Zustellungen, Ladungen, Vorführungen und Zwangsvollstreckungen in der Bundeswehr: im Schlußanhang II
Sozialgesetzbuch (XII): §§ 82, 84, 86, 90 bei § 115; **Verordnung zu (XII) § 28 II 1** bei § 115; **Verordnung zu (XII) § 90 II Z 9** bei § 115
Übergangsrecht: S bei den jeweiligen Hauptvorschriften und in Einl III 78
Verordnung über den elektronischen Rechtsverkehr beim Bundesgerichtshof: Amtliche Anlage zu § 2 in § 130 a Rn 5
Wohnungseigentumsgesetz: § 10 VI in § 50 Rn 11; **§ 27 I Z 7, 8, II-IV, VI** in **Grdz 50** Rn 49; **§ 43** im Anhang nach § 29 b; **§§ 44, 46** in § 253 Rn 26; **§ 45** im Anhang nach § 170; **§ 47** bei § 147; **§ 48** im Anhang nach § 72; **§ 49** bei § 91; **§ 50** in § 91 Rn 131; **62 I** in Einl III 78
Zivilprozessordnung: Kommentar (vollständig)
Zusatzabkommen: s NATO-Truppenstatut
Zustellungsvordrucksverordnung: in § 190 Rn 2

Abkürzungsverzeichnis

aaO . . . . am angeführten Ort
Abk . . . . Abkommen
ABl . . . . Amtsblatt
abl . . . . ablehnend
Abs . . . . Absatz
AcP . . . . Archiv für die civilistische Praxis (Band und Seite)
ADSp . . . . Allgemeine Deutsche Spediteurbedingungen
aF . . . . alte Fassung
AG . . . . Amtsgericht
AGB . . . . Allgemeine Geschäftsbedingungen
AGG . . . . Allgemeines Gleichbehandlungsgesetz
AKB . . . . Allgemeine Bedingungen für die Kraftfahrtversicherung
AktG . . . . Aktiengesetz
aM . . . . anderer Meinung
AmtlMitt . . . . Amtliche Mitteilungen
AnfG . . . . Anfechtungsgesetz
Anh . . . . Anhang
Anl . . . . Anlage
Anm . . . . Anmerkung
AnO . . . . Anordnung
AnschBew . . . . . . Anscheinsbeweis
AnwBl . . . . Anwaltsblatt (Jahr und Seite)
AO . . . . Abgabenordnung 1977
ArbNEG . . . . Gesetz über Arbeitnehmererfindungen
ArbG . . . . Arbeitsgericht
ArbGG . . . . Arbeitsgerichtsgesetz
Art(t) . . . . Artikel (mehrere Artikel)
AsylVfG . . . . Asylverfahrensgesetz
Aufl . . . . Auflage
AUG . . . . Auslandsunterhaltsgesetz
ausf . . . . ausführlich
Ausf(-G) . . . . Ausfertigung, Ausführung(-sgesetz)
AusfVO . . . . Ausführungsverordnung
AuslG . . . . Ausländergesetz
AV . . . . Allgemeine Verfügung
AVAG . . . . Anerkennungs- und Vollstreckungsausführungsgesetz
AVB . . . . Allgemeine Versicherungsbedingungen
AWG . . . . Außenwirtschaftsgesetz
AWV . . . . Außenwirtschaftsverordnung

B . . . . Bundes-
BABl . . . . Bundesarbeitsblatt
Bad . . . . Baden
BAföG . . . . Bundesausbildungsförderungsgesetz
BAG . . . . Bundesarbeitsgericht
BAnz . . . . Bundesanzeiger
BauGB . . . . Baugesetzbuch
BaWü . . . . Baden-Württemberg
Bay . . . . Bayern
BayObLG . . . . . . Bayerisches Oberstes Landesgericht (auch Sammlung seiner Entscheidungen in Zivilsachen, Jahr und Seite)
BB . . . . Betriebs-Berater (Jahr und Seite)
BBauBl . . . . Bundesbaublatt (Jahr und Seite)
BBG . . . . Bundesbeamtengesetz
Bbg . . . . Bamberg
Bd . . . . Band
BDSG . . . . Bundesdatenschutzgesetz
BEG . . . . Bundesgesetz zur Entschädigung für Opfer der nationalsozialistischen Verfolgung
Bek . . . . Bekanntmachung
Bekl, bekl . . . . . . Beklagter, beklagt
Bergerfurth/Rogner . . . . Der Ehescheidungsprozeß und die anderen Eheverfahren, 15. Aufl 2006
BerufsO, BORA Berufsordnung und Fachanwaltsordnung für Rechtsanwälte
Beschl . . . . Beschluß
Bespr . . . . Besprechung von
BetrVG . . . . Betriebsverfassungsgesetz
BeurkG . . . . Beurkundungsgesetz
Bew, bew . . . . . . Beweis, beweisen
BewL . . . . Beweislast
BewPfl, bewpfl . . Beweispflicht, -pflichtig
BFH . . . . Bundesfinanzhof (auch Entscheidungen des BFH, Band und Seite)
BGB . . . . Bürgerliches Gesetzbuch
BGBl . . . . Bundesgesetzblatt (Teil, Jahr und Seite; soweit nicht hervorgehoben: Teil I)
BGG . . . . Behindertengleichstellungsgesetz
BGH . . . . Bundesgerichtshof (auch Entscheidungen des BGH in Zivilsachen, Band und Seite)
BGHSt . . . . Bundesgerichtshof, Entscheidungen in Strafsachen (Band und Seite)
BJM . . . . Bundesjustizminister
BKGG . . . . Bundeskindergeldgesetz
BLG . . . . Bundesleistungsgesetz
Bl . . . . Blatt
Bln . . . . Berlin
BNotO . . . . Bundesnotarordnung
BORA . . . . Berufsordnung für Rechtsanwälte
BörsG . . . . Börsengesetz
BR . . . . Bundesrat
Brdb . . . . Brandenburg
BRAK-Mitt . . . . Mitteilungen der Bundesrechtsanwaltskammer (Jahr und Seite)
BRAO . . . . Bundesrechtsanwaltsordnung
Bre . . . . Bremen
BRRG . . . . Beamtenrechtsrahmengesetz
Brschw . . . . Braunschweig
BSG . . . . Bundessozialgericht
BSHG . . . . Bundessozialhilfegesetz
BStBl . . . . Bundessteuerblatt (Jahr, Teil und Seite)
BT . . . . Bundestag
BtG . . . . Betreuungsgesetz
BVerfG . . . . Bundesverfassungsgericht (auch Entscheidungen des BVerfG, Band und Seite)
BVerfGG . . . . Gesetz über das Bundesverfassungsgericht
BVerwG . . . . Bundesverwaltungsgericht (auch Entscheidungen des BVerwG, Band und Seite)

Abkürzungsverzeichnis

BVFG .... Gesetz über die Angelegenheiten der Vertriebenen und Flüchtlinge (Bundesvertriebenen G)
BVG .... Bundesversorgungsgesetz
BZRG .... Bundeszentralregistergesetz

CIM .... Internationales Übereinkommen über den Eisenbahnfrachtverkehr
CIV .... Internationales Übereinkommen über den Eisenbahn-Personen- und Gepäckverkehr
CMR .... Internationales Übereinkommen über den Beförderungsvertrag im internationalen Straßenverkehr

Darmst .... Darmstadt
DAVorm .... Der Amtsvormund (Jahr und Spalte)
DB .... Der Betrieb (Jahr und Seite)
DB-PKHG/
DB-InsO .... Durchführungsbestimmungen zum Gesetz über die Prozeßkostenhilfe usw
dch .... durch
DDR .... Deutsche Demokratische Republik
DG, DGH ...... Dienstgericht, Dienstgerichtshof
DGVZ .... Deutsche Gerichtsvollzieherzeitung (Jahr und Seite)
Diss .... Dissertation
DNotZ .... Deutsche Notar-Zeitschrift (Jahr und Seite)
Dortm .... Dortmund
DRiG .... Deutsches Richtergesetz
DRiZ .... Deutsche Richterzeitung (Jahr und Seite)
DRpflZ .... Deutsche Rechtspflegerzeitschrift (Jahr und Seite)
Drsd .... Dresden
Drs .... Drucksache
DS .... Der Sachverständige (Jahr und Seite)
Düss .... Düsseldorf
DVBl .... Deutsches Verwaltungsblatt (Jahr und Seite)
DVO .... Durchführungsverordnung

EFG .... Entscheidungen der Finanzgerichte (Jahr und Seite)
EG .... Einführungsgesetz; Europäische Gemeinschaft
EGH .... Entscheidungen des Ehrengerichtshofs der Rechtsanwälte (Band und Seite)
EGMR .... Europäischer Gerichtshof für Menschenrechte
EGV .... Vertrag über die Europäische Gemeinschaft
EheGVVO ..... Verordnung (EG) Nr 1347/2000 über Ehesachen
EheS .... Ehesachen
EHLMM .... von Eicken/Hellstab/Lappe/Madert/Mathias, Die Kostenfestsetzung, 19. Aufl 2006
Einf .... Einführung
Einl .... Einleitung (ohne Zusatz: am Anfang dieses Buches)
ENeuOG ...... Eisenbahnneuordnungsgesetz

ErbbauRG ..... Gesetz über das Erbbaurecht
Erl .... Erlaß
EStG .... Einkommensteuergesetz
EU .... Europäische Union
EuEheVO ...... Europäische Eheverordnung
EuGH .... Gerichtshof der Europäischen Gemeinschaften
EuGVVO ...... Verordnung der EG Nr 44/2001 über die gerichtliche Zuständigkeit und die Vollstreckung gerichtlicher Entscheidungen in Zivil- und Handelssachen
EUR .... Euro
EuRAG .... Gesetz über die Tätigkeit europäischer Rechtsanwälte in Deutschland
EuSorgeRÜbk .. Europäisches Sorgerechtsübereinkommen
EuÜbkHSch .... Europäisches Übereinkommen über die internationale Handelsgerichtsbarkeit
EuZVO .... VO (EG) Nr 1398/2000 (Zustellung)
EuZW .... Europäische Zeitschrift für Wirtschaftsrecht (Jahr und Seite)
EV .... Einigungsvertrag
eV .... eingetragener Verein
evtl .... eventuell
EWGV .... Vertrag zur Gründung der Europäischen Wirtschaftsgemeinschaft
EWiR .... Entscheidungen zum Wirtschaftsrecht (Jahr und Seite)
EWIV .... Europäische wirtschaftliche Interessenvereinigung

Fam .... Familie
FamFG .... Gesetz über das Verfahren in Familiensachen und in den Angelegenheiten der freiwilligen Gerichtsbarkeit
FamG .... Familiengericht
FamGKG ...... Gesetz über Gerichtskosten in Familiensachen
FamRÄndG .... Familienrechtsänderungsgesetz
FamRZ .... Zeitschrift für das gesamte Familienrecht (Jahr und Seite)
FamS .... Familiensache, Familiensenat
FER .... NJW-Entscheidungsdienst Familien- und Erbrecht (Jahr und Seite)
FernUSG ...... Fernunterrichtsschutzgesetz
ff .... folgende
FF .... Forum Familien- und Erbrecht (Jahr und Seite)
Ffm .... Frankfurt am Main
FG .... Finanzgericht
FGG .... Reichsgesetz über die freiwillige Gerichtsbarkeit
FGG-RG ...... Gesetz zur Reform des Verfahrens in Familiensachen und in den Angelegenheiten der freiwilligen Gerichtsbarkeit
FGO .... Finanzgerichtsordnung
FinA .... Finanzamt
FN .... Fußnote
FPR .... Familie/Partnerschaft/Recht (Jahr und Seite)
FRweg .... Finanzrechtsweg
FuR .... Familie und Recht (Jahr und Seite)

G . . . . Gesetz
GBA . . . . Generalbundesanwalt, Grundbuchamt
GBl . . . . Gesetzblatt
GBO . . . . Grundbuchordnung
Geb . . . . Gebühr(en)
GebrMG . . . . Gebrauchsmustergesetz
Geimer . . . . Internationales Zivilprozeßrecht, 5. Aufl 2005 (Randnummer)
Geimer/Schütze Europäisches Zivilverfahrensrecht, Kommentar, 2. Aufl 2004 (Randnummer)
GenG . . . . Gesetz betr die Erwerbs- und Wirtschaftsgenossenschaften
GeschmMG . . . . . Geschmacksmustergesetz
GewO . . . . Gewerbeordnung
GewSchG . . . . . . Gewaltschutzgesetz
GFG . . . . Graduiertenförderungsgesetz
gg, Gg . . . . gegen, Gegner
GG . . . . Grundgesetz für die Bundesrepublik Deutschland
GKG . . . . Gerichtskostengesetz
GmbHG . . . . Gesetz betr die Gesellschaften mit beschränkter Haftung
GmS . . . . Gemeinsamer Senat der obersten Gerichtshöfe des Bundes
Göppinger/Börger Vereinbarungen anläßlich der Ehescheidung, 8. Aufl 2005
Göppinger/Wax Unterhaltsrecht, 8. Aufl 2003
Gött . . . . Göttingen
Grabitz/Hilf . . . . Das Recht der Europäischen Union (Loseblatt-Kommentar) 33. Aufl 2007
Grds, grds . . . . . . Grundsatz, grundsätzlich
Grdz . . . . Grundzüge (Randnummer)
Grunsky ArbGG Kommentar, 7. Aufl 1995 (Randnummer)
Grunsky ZPR . . . Zivilprozessrecht, 12. Aufl 2005
GRUR . . . . Gewerblicher Rechtsschutz und Urheberrecht (Jahr und Seite)
GRUR-RR . . . . Gewerblicher Rechtsschutz und Urheberrecht, Rechtsprechungs-Report (Jahr und Seite)
GSEMMR . . . . . Gerold/Schmidt/von Eicken/Madert/Müller-Rabe, RVG (Komm), 17. Aufl 2006 (Randnummer)
GSZ . . . . Großer Zivilsenat
GüKG . . . . Güterkraftverkehrsgesetz
GV . . . . Gebührenverzeichnis gemäß Anlage zu § 12 I ArbGG (Nr)
GVBl . . . . Gesetz- und Verordnungsblatt
GVG . . . . Gerichtsverfassungsgesetz
GVGA . . . . Geschäftsanweisung für Gerichtsvollzieher
GvKostG . . . . Gerichtsvollzieherkostengesetz
GVVO . . . . Verordnung über die einheitliche Regelung der Gerichtsverfassung
GVz . . . . Gerichtsvollzieher
GWB . . . . Gesetz gegen Wettbewerbsbeschränkungen

Hann . . . . Hannover
Hartmann . . . . . . Kostengesetze, 38. Aufl 2008 (Teil des Buchs oder das jeweils kommentierte Gesetz; Randnummer. GKG als Teil I A, FamGKG als Teil I B aus 39. Aufl. 2009)
HausrVO . . . . Hausratsverordnung
HBewÜbk . . . . . Haager Übereinkommen über die Beweisaufnahme im Ausland usw
Hbg . . . . Hamburg
Hdb . . . . Handbuch
Hess . . . . Hessen
HGB . . . . Handelsgesetzbuch
HHG . . . . Häftlingshilfegesetz
Hs . . . . Halbsatz
HUnterhÜbk . . . Haager Unterhaltsübereinkommen
HZPrAbk . . . . . . Haager Abkommen über den Zivilprozeß v 17. 7. 1905
HZPrÜbk . . . . . . Haager Übereinkommen über den Zivilprozeß v 1. 3. 1954
HZustlÜbk . . . . . Haager Übereinkommen über die Zustellung gerichtlicher und außergerichtlicher Schriftstücke usw

idF . . . . in der Fassung
IFG . . . . Informationsfreiheitsgesetz
InsVV . . . . Insolvenzrechtliche Vergütungsverordnung
IntFamRVG . . . . . Internationales Familienrechtsverfahrensgesetz
IPG . . . . Gutachten zum internationalen und ausländischen Privatrecht (Jahr und Seite)
IPR . . . . Internationales Privatrecht
IPRax . . . . Praxis des Internationalen Privat- und Verfahrensrechts (Jahr und Seite)
IPRG . . . . Gesetz zur Neuregelung des Internationalen Privatrechts

Jauernig ZPR . . . Zivilprozeßrecht, 29. Aufl 2007 (Kurzlehrbuch)
Jauernig/Berger ZwV . . . . Zwangsvollstreckungs- und Insolvenzrecht, 22. Aufl 2007 (Kurzlehrbuch)
JB . . . . Das juristische Büro (Jahr und bis 1991 Spalte, seit 1992 Seite)
JBeitrO . . . . Justizbeitreibungsordnung
JBl . . . . Justizblatt
JbPrSchdG . . . . . Jahrbuch für die Praxis der Schiedsgerichtsbarkeit (Band und Seite)
JGG . . . . Jugendgerichtsgesetz
JKomG . . . . Justizkommunikationsgesetz
JM . . . . Justizminister
JMBl . . . . Justizministerialblatt
JR . . . . Juristische Rundschau (Jahr und Seite)
2. JuMoG . . . . . . Zweites Justizmodernisierungsgesetz
JuS . . . . Juristische Schulung (Jahr und Seite)
Just . . . . Die Justiz, Amtsblatt des Justizministeriums Baden-Württemberg (Jahr und Seite)
JVBl . . . . Justizverwaltungsblatt
JVEG . . . . Justizvergütungs- und -entschädigungsgesetz
JZ . . . . Juristenzeitung (Jahr und Seite)

KAGG . . . . Gesetz über Kapitalanlagegesellschaften

Abkürzungsverzeichnis

Kalthoener/Büttner/Wrobel-Sachs ... Prozeßkostenhilfe und Beratungshilfe, 4. Aufl 2005 (Randnummer)
Kap ... Kapitel
KapMuG ... Kapitalanleger-Musterverfahrensgesetz
Karlsr ... Karlsruhe
Kblz ... Koblenz
KfH ... Kammer für Handelssachen
KG ... Kammergericht, Kommanditgesellschaft
KGaA ... Kommanditgesellschaft auf Aktien
KindUG ... Kindesunterhaltsgesetz
Kissel/Mayer ... Gerichtsverfassungsgesetz (Kommentar), 5. Aufl 2008
KJHG ... Kinder- und Jugendhilfegesetz (SGB VIII)
KlagRegV ... Klageregisterverordnung
Komm ... Kommentar, Kommission
KostÄndG ... Gesetz zur Änderung und Ergänzung kostenrechtlicher Vorschriften vom 26. 7. 1957
KostO ... Kostenordnung
krit ... kritisch
KSchG ... Kündigungsschutzgesetz
KTS ... Konkurs-, Treuhand- und Schiedsgerichtswesen, seit 1989 Zeitschrift für Insolvenzrecht (Jahr und Seite)
KV ... Kostenverzeichnis gemäß Anlage 1 zu § 3 II GKG (Nr)
KVGv ... Kostenverzeichnis gemäß Anlage zu § 9 GvKostG nF (s Vorwort)
KWG ... Gesetz über das Kreditwesen

L ... Landes-
LAG ... Landesarbeitsgericht; Lastenausgleichsgesetz
LFG ... Lohnfortzahlungsgesetz
LG ... Landgericht
LKV ... Landes- und Kommunalverwaltung (Jahr und Seite)
LMK ... Kommentierte BGH-Rechtsprechung Lindenmaier-Möhrig (seit 2003; Name des Anwenders; Jahr und Seite)
LPartG ... Lebenspartnerschaftsgesetz
Lpz ... Leipzig
LS ... Leitsatz
LSG ... Landessozialgericht
lt ... letzte(r)
Lüb ... Lübeck
LuftfzRG ... Gesetz über Rechte an Luftfahrzeugen
LuftVG ... Luftverkehrsgesetz
LugÜ ... Übereinkommen zwischen EG- und EFTA-Staaten über die gerichtliche Zuständigkeit und die Vollstreckung
LwG ... Landwirtschaftsgericht
LwVG ... Gesetz über das gerichtliche Verfahren in Landwirtschaftssachen

Mannh ... Mannheim
MarkenG ... Markengesetz
Martiny ... Anerkennung nach multilateralen Staatsverträgen, HdB des Internationalen Zivilverfahrensrechts, Bd III/2, 1984, Kap II (Randnummer)
MDR ... Monatsschrift für Deutsches Recht (Jahr und Seite)
Mitt ... Mitteilung
MoMiG ... Gesetz zur Modernisierung des GmbH-Rechts und zur Bekämpfung von Mißbräuchen
MRK ... Europäische Menschenrechtskonvention
mtl ... monatlich
Mü ... München
MüKo ... Münchener Kommentar zur ZPO, 3 Bde: 3. Aufl: Bd. 1 (§§ 1–510 c ZPO) 2008; Bd 2 (§§ 511–945 ZPO) 2007; Bd 3 (§§ 946–1086, EGZPO, GVG, EGGVG, IZPR) 2008: bearbeitet von: *Ad*olphsen, *Bern*reuther, *B*raun, *B*ecker-*Eb*erhardt, *Coe*ster-Waltjen, *D*amrau, *Deub*ner, *D*rescher, *E*ickmann, *F*inger, *G*ehrlein, *G*iebel, *G*ottwald, *G*ruber, *Hä*ublein, *H*einrich, *He*ßler, *Kr*üger, *L*indacher, *Lipp*, von *Me*ttenheim, *Mi*cklitz, *Mot*zer, *Mü*nch, *Mu*sielak, *P*atzina, *Pr*ütting, *R*auscher, *Ri*mmelspacher, K. *Schm*idt, *Schr*eiber, *Schü*ler, *Schu*ltes, *Sm*id, *Wagner*, *Wax*, *We*nzel, *Wolf*, *Wolfs*teiner, *Wö*stmann, *Z*immermann (die Namen der Bearbeiter werden meist abgekürzt, zB MüKo*Ad*) (§ und Randnummer)
Münst ... Münster
Mus ... Musielak, ZPO (Kommentar), bearbeitet von *Ba*ll, *B*ecker, *Bo*rth, *F*ischer, *Foe*rste, *Gr*andel, *H*einrich, *Hu*ber, *L*ackmann, *Mu*sielak, *St*adler, *Voit*, *W*eth, *Wi*ttschier, *Wo*lst, 6. Aufl 2008 (Randnummer)

Nagel/Gottwald ... Internationales Zivilprozeßrecht, 6. Aufl 2007
Nds ... Niedersachsen
NdsRpfl ... Niedersächsische Rechtspflege (Jahr und Seite)
nF ... neue Fassung, neue Folge
NJW ... Neue Juristische Wochenschrift (Jahr und Seite)
Nov ... Novelle
NRW ... Nordrhein-Westfalen
NStZ ... Neue Zeitschrift für Strafrecht (Jahr und Seite)
NTS ... NATO-Truppenstatut
Nürnb ... Nürnberg
NVwZ ... Neue Zeitschrift für Verwaltungsrecht (Jahr und Seite)
NVwZ-RR ... Rechtsprechungs-Report Verwaltungsrecht (Jahr und Seite)
NZA ... Neue Zeitschrift für Arbeits- und Sozialrecht (Jahr und Seite)
NZA-RR ... Rechtsprechungsreport Arbeits- und Sozialrecht (Jahr und Seite)
NZI ... Neue Zeitschrift für Insolvenzrecht (Jahr und Seite)
NZM ... Neue Zeitschrift für Miet- und Wohnungsrecht (Jahr und Seite)

OHG . . . . Offene Handelsgesellschaft
Oldb . . . . Oldenburg
OLG . . . . Oberlandesgericht (mit Ortsnamen)
OLGR . . . . OLG-Report (Jahr und Seite)
OLGZ . . . . Entscheidungen der Oberlandesgerichte in Zivilsachen (Jahr und Seite)
OVG . . . . Oberverwaltungsgericht
OWiG . . . . Gesetz über Ordnungswidrigkeiten

Pal . . . . Palandt, bearbeitet von *Bas*senge, *Br*udermüller, *Die*derichsen, *Eden*hofer, *Ell*enberger *Grü*neberg, *H*einrichs, *Held*rich, *Sp*rau, *Wei*denkaff, Kurzkommentar zum BGB, 67. Aufl 2008 (die Namen der Bearbeiter werden abgekürzt, zum Beispiel Pal*Bass*; zitiert nach Gesetz, § und Randnummer)
PartGG . . . . Partnerschaftsgesellschaftsgesetz
PatAnwO . . . . . . Patentanwaltsordnung
PatG . . . . Patentgericht, Patentgesetz
PflVG . . . . Pflichtversicherungsgesetz
PKH . . . . Prozeßkostenhilfe
PostStruktG . . . . . Poststrukturgesetz
PostVerfG . . . . . . Postverfassungsgesetz
pp . . . . und andere Verfasser
ProdHaftG . . . . . Gesetz über die Haftung für fehlerhafte Produkte (Produkthaftungsgesetz)
ProzBev . . . . Prozeßbevollmächtigter
PStG . . . . Personenstandsgesetz

R, -r . . . . Recht(-s), -rechtlich
Rahm/Künkel . . . Handbuch des Familiengerichtsverfahrens (Loseblattausgabe), jetzt herausgegeben von Künkel
RBerG . . . . Rechtsberatungsgesetz
RDGEG . . . . Einführungsgesetz zum Rechtsdienstleistungsgesetz
RdL . . . . Recht der Landwirtschaft (Jahr und Seite)
Rev . . . . Revision
RG . . . . Reichsgericht
RGBl . . . . Reichsgesetzblatt, ohne Ziffer = Teil I; mit II = Teil II
RhPf. . . . . Rheinland-Pfalz
RhSchiffG . . . . . . Rheinschiffahrtsgericht
RIW . . . . Recht der Internationalen Wirtschaft (Jahr und Seite)
Rn . . . . Randnummer
RoSGo . . . . Rosenberg/Schwab/Gottwald, Zivilprozeßrecht, 16. Aufl 2004
Rpfl . . . . Rechtspfleger
Rpfleger . . . . Der Deutsche Rechtspfleger (Jahr und Seite)
RPflG . . . . Rechtspflegergesetz
RR . . . . NJW-Rechtsprechungs-Report (Jahr und Seite)
RRG . . . . Rentenreformgesetz
Rspr . . . . Rechtsprechung
RVG . . . . Rechtsanwaltsvergütungsgesetz

S . . . . Satz, Seite, Sache(n)
s . . . . siehe
Saarbr . . . . Saarbrücken
SachenRBerG . . . Sachenrechtsbereinigungsgesetz
Saenger . . . . ZPO (Kommentar), 2. Aufl 2007, bearbeitet von *Dö*rner, *E*ichele, *G*ierl, *Kay*ser, *Kem*per, *K*indl, *Pu*kall, *R*athmann, *Saen*ger (Herausgeber), *Wö*stmann (die Namen der Bearbeiter werden abgekürzt; § und Randnummer)
SchiedsVZ . . . . . . Zeitschrift für Schiedsverfahren (Jahr und Seite)
SchiffG . . . . Schiffahrtsgericht
SchlAnh . . . . Schlußanhang
Schlesw . . . . Schleswig
SchlHA . . . . Schleswig-Holsteinische Anzeigen (Jahr und Seite)
Schlosser EU-ZPR EuGVVO, EuEheVO, EuBVO, EuZVO (Kommentar), 2. Aufl 2003 (Gesetz, Vorschrift und Randnummer)
Schlosser ZPO . . . Zivilprozeßrecht, Bd I: Erkenntnisverfahren, 2. Aufl 1992; Bd II: Zwangsvollstreckungs- und Insolvenzrecht, 1984 (Band usw)
SchrAG . . . . Schriftgutaufbewahrungsgesetz
Schütze . . . . Schiedsgericht und Schiedsverfahren, 4. Aufl 2007 (Randnummer)
SchuVVO . . . . . . Schuldnerverzeichnisverordnung
Schwab . . . . Handbuch des Scheidungsrechts, 5. Aufl 2005
Schw/W . . . . Schwab/Walter, Schiedsgerichtsbarkeit, 7. Aufl 2005 (Kapitel, Nummer und Buchstabe)
SchwbG . . . . Schwerbehindertengesetz
SE . . . . Europäische Gesellschaft
SeeGVG . . . . Seegerichtsvollstreckungsgesetz
SeemO . . . . Seemannsordnung
SG . . . . Sozialgericht
SGB . . . . Sozialgesetzbuch (mit Angabe des jeweiligen Buches, zB: X)
SGG . . . . Sozialgerichtsgesetz
SignG . . . . Signaturgesetz 2001
sog . . . . sogenannt
SorgeRÜbkAG . . Gesetz zur Ausführung des Sorgerechtsübereinkommens
SRweg . . . . Sozialrechtsweg
StA . . . . Staatsanwalt(schaft)
StAZ . . . . Das Standesamt (Jahr und Seite)
StGB . . . . Strafgesetzbuch
StGH . . . . Staatsgerichtshof
Stgt . . . . Stuttgart
StJ . . . . Stein/Jonas, bearbeitet seit 1953 von Pohle, fortgeführt von (Stand 2006) *Be*rger, *Bo*rk, *Bre*hm, *Gr*unsky, *Lei*pold, *Mü*nzberg, *Ob*erhammer, *R*oth, *Schl*osser *und Wa*gner (die Namen der Bearbeiter werden abgekürzt, zum Beispiel StJ*Schu*), Kommentar zur ZPO, 21. Aufl seit 1993: Bd 1 (§§ 1–90) 1993, Bd 2 (§§ 91–252) 1994, Bd 3 (§§ 253–299 a) 1997, Bd 4/1 (§§ 300–347) 1998, Bd 4/2 (§§ 348–510 b) 1999, Bd 5/1 (§§ 511–591) 1994, Bd 5/ 2 (§§ 592–703 d) 1993, Bd 6 (§§ 704–863) 1995, Bd 7/1 (§§ 864–945) 1996, Bd 7/2

	(§§ 946–1048) 1994, Register, 2002; 22. Aufl seit 2002: Bd 1 (Einl, §§ 1–40) 2003, Bd 2 Bd 5 (§§ 328–510 c) 2006, (§§ 41–127 a) 2004, Bd 3 (§§ 128–252) 2005, Bd 4 (§§ 253–327) 2008, Bd 5 (§§ 328–510 b) 2006, Bd 7 (§§ 704–827) 2002, Bd 8 (§§ 828–915 h) 2004, Bd 9 (§§ 916–EGZPO) 2002 (Randnummer)
Stöber	Forderungspfändung, 14. Aufl 2005 (Randnummer)
StPO	Strafprozeßordnung
SVertO	Schiffahrtsrechtliche Verteilungsordnung
SVG	Soldatenversorgungsgesetz
ThP	Thomas/Putzo, bearbeitet auch von Reichold, Hüßtege, ZPO-Erläuterungen, 29. Aufl 2008 (Bearbeiter und Randnummer)
TKV	Telekommunikationsverordnung
TranspR	Transportrecht (Jahr und Seite)
Tüb	Tübingen
TÜV	Technischer Überwachungsverein
Üb	Überblick, Übersicht
Übk	Übereinkommen
UKlaG	Unterlassungsklagengesetz
UmweltHG	Umwelthaftungsgesetz
UmwG	Umwandlungsgesetz
UNÜ	UNO-Übereinkommen zur Schiedsgerichtsbarkeit
UrhRG	Urheberrechtsgesetz
Urt	Urteil
USG	Unterhaltssicherungsgesetz
UStG	Umsatzsteuergesetz (Mehrwertsteuer)
UVG	Unterhaltsvorschußgesetz
UWG	Gesetz über den unlauteren Wettbewerb
v	von, vom
VAG	Versicherungsaufsichtsgesetz
VAHRG	Gesetz zur Regelung von Härten im Versorgungsausgleich
VerbrKrG	Verbraucherkreditgesetz
VerkFlBerG	Verkehrsflächenbereinigungsgesetz
VermG	Vermögensgesetz
VerschG	Verschollenheitsgesetz
VersN	Versicherungsnehmer
VersR	Versicherungsrecht (Jahr und Seite)
Vfg	Verfügung
VG	Verwaltungsgericht
VGH	Verwaltungsgerichtshof
vgl, Vgl	vergleiche, Vergleich
VGrS	Vereinigte Große Senate
VHR	NJW-Entscheidungsdienst Versicherungs- und Haftungsrecht (Jahr und Seite)
VMBl	Ministerialblatt des Bundesministers der Verteidigung (Jahr und Seite)
VO	Verordnung
VOB	Verdingungsordnung für Bauleistungen
VOBl	Verordnungsblatt
Vorbem	Vorbemerkung
VRweg	Verwaltungsrechtsweg
VSchDG	EG-Verbraucherschutzdurchsetzungsgesetz
VV	Vergütungsverzeichnis der Anlage 1 zum Rechtsanwaltsvergütungsgesetz (Nr)
VVaG	Versicherungsverein auf Gegenseitigkeit
VVG	Gesetz über den Versicherungsvertrag
VwGO	Verwaltungsgerichtsordnung
VwVfG	Verwaltungsverfahrensgesetz
VwVG	Verwaltungsvollstreckungsgesetz
VwZG	Verwaltungszustellungsgesetz
WährG	Währungsgesetz
WAG	Wertausgleichsgesetz
WEG	Wohnungseigentumsgesetz
WertpMitt	Wertpapiermitteilungen (Jahr und Seite)
WettbR	NJW-Entscheidungsdienst Wettbewerbsrecht (Jahr und Seite)
WG	Wechselgesetz
WGG	Wohngeldgesetz
Wiecz/Schütze	Wieczorek/Schütze, bearbeitet von *Ah*rens, *Be*cker-Eberhard, *Bo*rck, *Bu*chholz, *Ga*mp, *Ha*usmann, *Hofs*, *Lo*eser, *Lü*ke, *Man*sel, *Ni*emann, *Ol*zen, *Pa*ulsen, *Pe*ters, *Pr*ütting, *Ra*eschke-Kessler, *Sa*lzmann, *Schl*üter, *Schre*iber, *Schü*tze, *St*einer, *Sto*rz, *Th*ümmel, *We*ber, *Weth*, ZPO, Kommentar (auch GVG), (die Namen der Bearbeiter werden abgekürzt, zum Beispiel StJ*Ah*), 3. Aufl seit 1994: Bd 1/1 (Einleitung, §§ 1–49, Anh § 40–EuGVÜ), Bd 1/2 (§§ 50–127 a) 1994, Bd 2/1 (§§ 128–252) 2005; Bd 3/1 (§§ 542–591) 2005; Bd 3/2 (§§ 592–703 a) 1998, Bd 4/1 (§§ 704–807) 1999, Bd 4/2 (§§ 808–915 h) 1999, Bd 5 (§§ 916–1048, GVG usw) 1995, Bd 6 (§§ 1067–1086 usw) 2007. (§ und Randnummer)
WoM	Wohnungswirtschaft und Mietrecht (Jahr und Seite)
WRP	Wettbewerb in Recht und Praxis (Jahr und Seite)
WSG	Wehrsoldgesetz
Wü	Württemberg
ZAbkNTrSt	Zusatzabkommen zum NATO-Truppenstatut
zB	zum Beispiel
Zeiss/Schreiber	Zivilprozeßrecht, 10. Aufl 2003
Zi	Zimmermann, ZPO, Kommentar (auch GVG usw), mit Praxishinweisen von Schneider, 8. Aufl 2008
ZIP	Zeitschrift für Wirtschaftsrecht (Jahr und Seite)
ZivK	Zivilkammer
ZK	Zivilkammer
ZMR	Zeitschrift für Miet- und Raumrecht (Jahr und Seite)

Zö .... Zöller, bearbeitet von *Ge*imer, *Gr*eger, *Gu*mmer, *He*rget, *Heß*ler, *Ph*ilippi, *St*öber, *V*ollkommer (die Namen der Bearbeiter werden meist abgekürzt, zB ZöGei), Kommentar zur ZPO, 26. Aufl 2007 (Randnummer)
ZPO .... Zivilprozeßordnung
ZRHO .... Rechtshilfeordnung in Zivilsachen
ZRP .... Zeitschrift für Rechtspolitik (Jahr und Seite)
ZRweg .... Zivilrechtsweg
ZS .... Zivilsenat
ZSHG .... Zeugenschutz-Harmonisierungsgesetz
ZSW .... Zeitschrift für das gesamte Sachverständigenwesen (Jahr und Seite)
ZustDG .... EG-Zustellungsdurchführungsgesetz
ZustErgG ...... Zuständigkeitsergänzungsgesetz
zustm .... zustimmend
ZVG .... Zwangsversteigerungsgesetz
Zweibr .... Zweibrücken
ZwV .... Zwangsvollstreckung
ZwVerw .... Zwangsverwaltung
ZZP .... Zeitschrift für Zivilprozeß (Band und Seite)

Einleitung

I. Entwicklung seit der Vorauflage und Rechtspolitik

A. Entwicklung seit der Vorauflage

Schrifttum: *Ahrens,* Prozessreform und einheitlicher Zivilprozess, 2006; *Baur* NJW **87**, 2636; *Conrad,* Deutsche Rechtsgeschichte Bd II, 1966; *Dannreuther,* Der Zivilprozeß als Gegenstand der Rechtspolitik im deutschen Reich 1871–1945; *von Dickhuth – Harrach,* „Gerechtigkeit statt Formalismus", Die Rechtskraft in der nationalsozialistischen Privatrechtspraxis, 1986; *Ebel,* 200 Jahre preußischer Zivilprozeß, 1982; *Henckel,* Gedanken zur Entstehung und Geschichte der Zivilprozeßordnung, Gedächtnisschrift für *Bruns* (1980), 111; *Laufs,* Rechtsentwicklungen in Deutschland, 2. Aufl 1978; *Möller,* Die Rechtsprechung des Reichsgerichts in Zivilsachen usw, 2001; *Nörr,* Naturrecht und Zivilprozeß, 1976; *Schubert,* Die deutsche Gerichtsverfassung (1869–1877), 1981; *Schwartz,* 400 Jahre deutscher Zivilprozeß-Gesetzgebung, 1889, Neudruck 1986; *Wacke,* Antikes im modernen Zivilprozeß, Festschrift für *Schneider* (1997) 465.

Über die Entwicklung bis Oktober 2007 unterrichtet die 66. Auflage. 1

Zur *vorliegenden 67. Auflage* waren folgende Gesetzesänderungen einzuarbeiten oder zu berücksichtigen: 2
Die fast vollständig seit 1. 1. 09 geltende Verordnung (EG) Nr 861/2007 v 11. 7. 07 (EuVgerFVO), ABl (EU) L 199 v 31. 7. 07 S 1; das Zweite Gesetz über die Bereinigung von Bundesrecht im Zuständigkeitsbereich des Bundesministeriums der Justiz v 23. 11. 07, BGBl 2614; das Gesetz zur Reform des Versicherungsvertragsrechts v 23. 11. 07, BGBl 2631; die VO (EG) Nr 1393/2007 v 13. 11. 07 über die Zustellung gerichtlicher und außergerichtlicher Schriftstücke in Zivil- oder Handelssachen in den Mitgliedstaaten usw, ABl (EU) L 324/79 v 10. 12. 07; das Gesetz zur Neuregelung des Rechtsberatungsrechts v 12. 12. 07, BGBl 2840, mit seinem als Art 1 verkündeten Gesetz über außergerichtliche Dienstleistungen (Rechtsdienstleistungsgesetz – RDG); das Zweite Gesetz zur Änderung des Jugendgerichtsgesetzes und anderer Gesetze v 14. 12. 07, BGBl 2893; das Gesetz zur Änderung des Unterhaltsrechts v 21. 12. 07, BGBl 3189; die Dritte VO zur Änderung der Kindesunterhalts-Vordruckverordnung und Erste VO zur Änderung der HandelsregistergebührenVO v 28. 12. 07, BGBl 3283; das Gesetz zur Ergänzung des Rechts zur Anfechtung der Vaterschaft v 13. 3. 08, BGBl 313; das Gesetz zur Klärung der Vaterschaft unabhängig vom Anfechtungsverfahren v 26. 3. 08, BGBl 441; das Gesetz zur Neuregelung des Verbots der Vereinbarung von Erfolgshonoraren v 12. 6. 08, BGBl 1000; die Bekanntmachung zu § 115 ZPO (Prozesskostenhilfebekanntmachung 2008 – PKHB 2008) v 12. 6. 08, BGBl 1025; das Gesetz zur Regelung des Statusrechts der Beamtinnen und Beamten in den Ländern (Beamtenstatusgesetz – BeamtStG) v 17. 6. 08, BGBl 1010; die Verordnung zum Rechtsdienstleistungsgesetz (Rechtsdienstleistungsverordnung – RDV) v 19. 6. 08, BGBl 1069; das Gesetz zur Erleichterung familiengerichtlicher Maßnahmen bei Gefährdung des Kindeswohls v 4. 7. 08, BGBl 1188; das Gesetz zur verbesserten Einbeziehung der selbstgenutzten Wohnimmobilie in die geförderte Altersvorsorge (Eigenheimsrentengesetz – EigRentG) v 29. 7. 08, BGBl 1509.

Das Gesetz zur Reform des Verfahrens in Familiensachen und in den Angelegenheiten der freiwilligen Gerichtsbarkeit (FGG-Reformgesetz – FGG-RG) mit seinem als Art 1 verabschiedeten Gesetz über das Verfahren in Familiensachen und in den Angelegenheiten der freiwilligen Gerichtsbarkeit (FamFG) ist mit seinem beim Redaktionsschluß verkündungsreifen Text voll eingearbeitet. Dasselbe gilt beim Gesetz zur Begrenzung der mit Finanzinvestitionen verbundenen Risiken (Risikobegrenzungsgesetz) und bei dem ebenfalls unmittelbar bevorstehenden Gesetz zur Verbesserung der grenzüberschreitenden Forderungsdurchsetzung und Zustellung sowie bei dem ebenso direkt bevorstehenden Gesetz zur Modernisierung des GmbH-Rechts und zur Bekämpfung von Mißbräuchen (MoMiG). Der Regierungsentwurf eines zum 1. 9. 09 geplanten Gesetzes zur Änderung des Zugewinnausgleichs- und Vormundschaftsrechts mit ersten Änderungen des neuen FamFG ist im Rechtspolitischen Ausblick am Buchende abgedruckt.

Außerhalb der ZPO und deren Vorschriften insofern abändernd enthalten vor allem das GWB, weiterhin 3
aber auch die mannigfachen multi- und bilateralen internationalen Abkommen nach Einl IV, V zivilprozessuale Regeln. Andererseits sind Vorschriften der ZPO vielfach nach anderen Verfahrensordnungen entsprechend anwendbar, so besonders nach dem ArbGG, der VwGO und der FGO.

Zum geschichtlichen Einfluß von Ideologien Leipold JZ **82**, 441, aM Bender JZ **82**, 709.

B. Rechtspolitik

Schrifttum: *Greger* JZ **02**, 1020 (ZPO-Reform usw); *Greger,* Der deutsche Zivilprozeß im Umbruch, Festschrift für *Beys* (Athen 2003) 459; *Grunsky/Stürner/Walter/Wolf* (Hrsg), Wege zu einem europäischen Zivilprozeßrecht, 1992; *Rauscher,* Internationales und europäisches Zivilprozeßrecht, 1999; *Schelo,* Rechtsangleichung im europäischen Zivilprozeßrecht usw, Diss Münst 1999.

Zur *Europäisierung* des Zivilprozeßrechts Einl III 79, IV, V, Stadler IPRax **04**, 2, Wagner NJW **03**, 2344 (je: 1
Üb). Man diskutiert verstärkt alternative Streitbehandlungsformen, zB Gottwald AnwBl **00**, 265, Prütting AnwBl **00**, 273. Landesrechtlich zeichnet sich mancherorts eine Tendenz zum Vorrang der Mediation vor streitigen Verfahren und zur Einführung eines obligatorischen Mahnverfahrens ab.

Man plant eine *Große Justizreform,* dazu Heister-Neumann ZRP **05**, 12, Roth JZ **06**, 10, Weth ZRP **05**, 2
119. Sie steht nach Meinung von Zypries NJW **03** Heft 44 S XII „erst am Anfang". Unter anderem soll der Rpfl noch mehr Aufgaben erhalten. Evtl will man die Streitwertgrenze beim AG im Verfahren nach § 495 a ZPO auf 1000 EUR und im übrigen auf 10 000 EUR anheben. Die Berufung soll allgemein von einer Zulassung und außerdem von einer Berufungssumme von über 1000 EUR abhängig werden, DRiZ **06**, 204. Die Prozeßkostenhilfe soll eingedämmt werden, Entwurf eines PKH-Begrenzungsgesetzes, krit Creutz

AnwBl **07**, 267, Fiebig NJW **07** Heft 49 S VI, Fölsch NJW **06** Heft 25 S III, Rakete-Dombek NJW **07**, 3162. Geplant sind mehrere Alternativen eines verbesserten Schutzes der Intimsphäre mit auch verfahrensrechtlichen Auswirkungen. Hessen will ein Justizbeschleunigungsgesetz mit einer Anhebung der Wertgrenzen für die Zuständigkeit der Amtsgerichte auf 7500 EUR usw erreichen. Die Landesjustizminister fordern eine bereichsübergreifende Vereinheitlichung und Vereinfachung der Rechtsmittel und Rechtsbehelfe, SchlHA **03**, 181. Sie befürworten weitgehende Vereinheitlichungen der Verfahrensordnungen, DRiZ **05**, 213. Der Kontenpfändungsschutz soll erheblich erweitert werden, sog „P-Konto"; vgl den Entwurfstext in KTS **07**, 391 sowie Braunbeck DRiZ **07**, 338, Dietz/Schnichels EuZW **07**, 688.

3 *Bayern* hat im Bundesrat den Entwurf eines Gesetzes zur Stärkung der gütlichen Streitbeilegung im Zivilprozeß mit der Einführung eines sog Güterichters eingebracht. Das Bundesministerium hat in einem Referentenentwurf Änderungen des Zwangsvollstreckungsrechts angekündigt, dazu Schilken Rpfleger **06**, 629, Seip DGVZ **06**, 1 (je: Üb). Die 75. Justizministerkonferenz hat Ende Juni 2005 beschlossen, die Gerichtsverfassung und Prozeßordnungen in einem einheitlichen Gerichtsverfassungs- und Prozeßgesetz zusammenzufassen, AnwBl **05**, Heft 8/9 S VI. Die Übertragung von Gerichtsvollzieheraufgaben auf Private bleibt streitig, zu alledem NJW **05**, Heft 29 S. VI, und die Länderinitiative BR-Drs 86/07, Braunbeck DRiZ **07**, 102. Es gibt einen Referentenentwurf vom 26. 8. 05 zu einem Gesetz über die Rechtsbehelfe bei Verletzung des Rechts auf ein zügiges gerichtliches Verfahren (Untätigkeitsbeschwerdengesetz), auf Grund eines verpflichtenden Urteils des EGMR vom 8. 6. 06 in der noch ziemlich offenen Debatte deutlich vorangetrieben, Roller DRiZ **07**, 82.

4 Es gibt den Vorschlag einer EU-Richtlinie über bestimmte Aspekte der *Mediation* in Zivil- und Handelssachen v 9. 11. 07. Sie soll bei grenzüberschreitenden Streitigkeiten gelten. Die Bundesregierung hat den Entwurf eines Gesetzes zur Entschuldung völlig mittelloser Personen und zur Änderung des Verbraucherinsolvenzverfahrens mit Änderungen auch der ZPO vorgelegt, KTS **06**, 343. Der Bundesrat plant ein Gesetz zur Einführung einer Vorauszahlungspflicht wegen der Gebühren für das Berufungsverfahren usw, ferner ein umfangreiches Gesetz zur Reform des Gerichtsvollzieherwesens zum 1. 1. 2012. Zwei Bundesländer haben den Entwurf eines Gesetzes zur Einführung erstinstanzlicher Zuständigkeiten des Oberlandesgerichts in aktienrechtlichen Streitigkeiten eingebracht, dazu Preuschen NJW **08** Heft 6 S XXII (Üb). Der Bundesrat hat den Entwurf eines Gesetzes zur Übertragung von Aufgaben im Bereich der freiwilligen Gerichtsbarkeit auf Notare eingebracht. Es gibt ferner seinen Entwurf eines Gesetzes zur Intensivierung des Einsatzes von Videokonferenztechnik im gerichtlichen Verfahren. Mehrere Bundesländer schlagen ein Gesetz zur Reform der Sachaufklärung in der Zwangsvollstreckung mit umfangreichen einschneidenden Änderungen des Buchs 8 der ZPO vor. Das Bundesjustizministerium plant eine Regelung der Internet-Versteigerung in der Zwangsvollstreckung.

II. Rechtsquellen und Schrifttum

Gliederung

A. Rechtsquellen

1 **1) Bundesgebiet.** GVG und ZPO gehören zur konkurrierenden Gesetzgebung, Art 74 Z 1 GG. In dem in Art 125 GG angegebenen Umfang ist dieses Recht Bundesrecht. Rechtsquellen, im folgenden jeweils *vor* der Verkündung des in Einl I A genannten FGG-RG: *GVG,* zuletzt geändert durch Art § 70 VIII G v 17. 6. 08, BGBl 1010; *EGGVG,* zuletzt geändert durch Art 2 G v 13. 12. 07, BGBl 2894; *ZPO* in der Neufassung vom 5. 12. 05, BGBl 3202, berichtigt am 24. 7. 07, BGBl 1781, zuletzt geändert durch Art 3 III G v 21. 12. 07, BGBl 3189; *EGZPO,* zuletzt geändert durch Art 9 G v 12. 8. 08, BGBl 1666; *RPflG,* zuletzt geändert durch Art 2 IX PStRG vom 19. 2. 07, BGBl 122; *DRiG,* zuletzt geändert durch § 70 IX G v 17. 6. 08, BGBl 1010, sowie die zu I genannten weiteren Gesetze, vgl auch die Überschriften des Buches 1 und des GVG. Wegen der weiteren Fundstellen vgl das Vorwort. Die Gerichtsbarkeit der deutschen Gerichte in nichtstrafrechtlichen Angelegenheiten besteht auch gegenüber den Mitgliedern der ausländischen Streitkräfte unbeschränkt, SchlAnh III.

2 **2) Frühere DDR.** Einl III 77.

B. Schrifttum zu ZPO und GVG (Auswahl)

Umfassende ältere Nachweise bei Wieser, Bibliographie des Zivilverfahrensrechts in der BRep von 1945–1975; 1976

S auch die Schrifttumsangaben vor der jeweiligen Kommentierung und das Abkürzungsverzeichnis

3 **1) Erläuterungsbücher**

Kissel/Mayer, GVG, 5. Aufl 2008.

Menne/Röhl/Schmidt/Wassermann, ZPO, 1987.

Münchener Kommentar zur ZPO, 3. Aufl: Bd 1 (§§ 1–510 c ZPO) 2008; Bd 2 (§§ 511–945 ZPO) 2007; Bd 3 (§§ 946–1086, EGZPO, GVG, EGGVG, IZPR) 2008: bearbeitet von: *Adolphsen, Bernreuther, Braun, Becker-Eberhardt, Coester-Waltjen, Damrau, Deubner, Drescher, Eickmann, Finger, Gehrlein, Giebel, Gottwald, Gruber, Häublein, Heinrich, Heßler, Krüger, Lindacher, Lipp, von Mettenheim, Micklitz, Motzer, Münch, Musielak, Patzina, Prütting, Rauscher, Rimmelspacher, K. Schmidt, Schreiber, Schüler, Schultes, Smid, Wagner, Wax, Wenzel, Wolf,*

Wolfsteiner, Wöstmann, Zimmermann; 2. Aufl: Bd 1 (§§ 1–354 ZPO) 2000; Bd 2 (§§ 355–802 ZPO) 2000; Bd 3 (§§ 803–1066 ZPO usw) 2001; Aktualisierungsband (ZPO-Reform 2002 und weitere Reformgesetze) 2002: bearbeitet von *Belz, Bernreuther, Braun, Coester-Waltjen, Damrau, Deubner, Eickmann, Feiber, Finger, Gottwald, Heinze, Heßler, Holch, Krüger, Lindacher, Lüke, von Mettenheim, Münch, Musielak, Patzina, Peters, Prütting, Rimmelspacher, Schilken, Schmidt, Schreiber, Schwerdtfeger, Smid, Wax, Wenzel, Wolf, Wolfsteiner.*
Musielak, ZPO, bearbeitet von *Ball, Becker, Borth, Fischer, Foerste, Grandel, Heinrich, Huber, Lackmann, Musielak, Stadler, Voit, Weth, Wittschier, Wolst*, 6. Aufl 2008.
Saenger (Hrsg), ZPO (Kommentar) 2. Aufl 2007, bearbeitet von *Dörner, Eichele, Gierl, Kayser, Kemper, Kindl, Pukall, Rathmann, Saenger, Wöstmann* (§ und Randnummer).
Schuschke/Walker, Vollstreckung und Vorläufiger Rechtsschutz, Bd I: Zwangsvollstreckung (§§ 704–915 ZPO), 3. Aufl 2002, Bd II: Arrest, Einstweilige Verfügung (§§ 916–945 ZPO), 3. Aufl 2005.
Schwab, Grundzüge des Zivilprozessrechts, 2. Aufl 2007.
Schwab/Walter, Schiedsgerichtsbarkeit, 7. Aufl 2005.
Stein/Jonas, ZPO, seit 1967 fortgeführt (Stand 2005) von *Berger, Bork, Brehm, Grunsky, Leipold, Münzberg, Oberhammer, Roth, Schlosser, Wagner,* 21. Aufl seit 1993: Bd 1 (§§ 1–90) 1993, Bd 2 (§§ 91–252) 1994, Bd 3 (§§ 253–299 a) 1997, Bd 4 Teilbd 1 (§§ 300–347) 1998, Bd 4 Teilbd 2 (§§ 348–510 b) 1999, Bd 5 Teilbd 1 (§§ 511–591) 1994, Bd 5 Teilbd 2 (§§ 592–703 d) 1993, Bd 6 (§§ 704–863) 1995, Bd 7 Teilbd 1 (§§ 864–945) 1996, Bd 7 Teilbd 2 (§§ 946–1048) 1994, Register, 2003; 22. Aufl seit 2002: Bd 1 (Einl, §§ 1–40) 2003, Bd 2 (§§ 41–127 a) 2004, Bd 3 (§§ 128–252) 2005, Bd 4 (§§ 253–327) 2008, Bd 5 (§§ 328–510 b) 2006, Bd 7 (§§ 704–827), 2002, Bd 8 (§§ 828–915 h) 2004, Bd 9 (§ 916 – EGZPO) 2002.
Thomas/Putzo, ZPO, 29. Aufl 2008, bearbeitet von *Putzo, Reichold, Hüßtege.*
Wassermann (Herausgeber), ZPO, 1987.
Wieczorek/Schütze, ZPO, 3. Aufl seit 1994, herausgegeben von *Schütze,* bearbeitet von *Ahrens, Assmann, Becker-Eberhard, Borck, Buchholz, Gamp, Hausmann, Heß, Keller, Loeser, Lüke, Mansel, Niemann, Olzen, Paulsen, Peters, Prütting, Raeschke-Kessler, Salzmann, Schlüter, Schreiber, Schütze, Steiner, Storz, Thümmel, Weber, Weth,* 3. Aufl., Bd 1 Teilbd 1 (Einleitung, §§ 1–49, Anh § 40 – EuGVÜ), Teilbd 2 (§§ 50–127 a) 1994, Bd 2/1 (§§ 128–252) 2005, Bd 2 Teilbd 2 (§§ 253– 299 a) 2008, Teilbd 3/1 (§§ 300–354) 2008, Bd 3 Teilbd 1 (§§ 542–591) 2005, Bd 3 Teilbd 2 (§§ 592–703 d) 1998, Bd 4 Teilbd 1 (§§ 704–807) 1999, Teilbd 2 (§§ 808–915 h) 1999, Bd 5 (§§ 916–1048, GVG, Nebengesetze) 1995, Bd 6 (§§ 1067–1086 usw), 2007.
Wieser, Prozeßrechts-Kommentar zum BGB, 2. Aufl 2002.
Zimmermann, ZPO, mit Praxishinweisen von *Schneider,* 8. Aufl 2008.
Zöller, ZPO, bearbeitet von *Geimer, Greger, Gummer, Herget, Heßler, Philippi, Stöber, Vollkommer,* 26. Aufl 2007.

2) Gesamtdarstellungen, Lehrbücher, Kommentare zu Einzelgebieten, Grundrisse 4

Anders/Gehle, Handbuch für das Zivilurteil, 2. Aufl 1995.
Anders/Gehle, Antrag und Entscheidung im Zivilprozeß, 3. Aufl 2000.
Arens, Zivilprozessrecht, 9. Aufl 2006.
Baumgärtel/Prütting, Einführung in das Zivilprozeßrecht. 9. Aufl 1997.
Baur/Stürner/Bruns, Zwangsvollstreckungsrecht (Einzelvollstreckungsrecht), 13. Aufl 2006.
Bergerfurth, Der Zivilprozeß, 6. Aufl 1991.
Brodermann, Internationales Privat- und Zivilverfahrensrecht, 4. Aufl 2007.
Brox/Walker, Zwangsvollstreckungsrecht, 7. Aufl 2003.
Büchting/Heussen, Beck'sches Rechtsanwaltshandbuch, 9. Aufl 2007.
Bülow/Böckstiegel/Geimer/Schütze, Der Internationale Rechtsverkehr (Loseblattausgabe), 4. Aufl seit 1998.
Bunge, Zivilprozeß und Zwangsvollstreckung, 1995.
Callies, Prozedurales Recht, 1999.
Crückeberg, Zivilprozessrecht, 2. Aufl 2002.
Dassler/Schiffhauer/Hintzen/Engels/Rellermeyer, Zwangsversteigerungsgesetz, 13. Aufl 2008.
Doukoff, Die zivilrechtliche Berufung nach neuem Recht, 3. Aufl 2005.
Dunkl/Moeller/Baur/Feldmeier, Handbuch des vorläufigen Rechtsschutzes, 3. Aufl 1999.
Eckebrecht/Große-Boymann/Gutjahr/Schael/von Swieyskowski-Trzaska, Verfahrenshandbuch Familiensache, 2001.
Eichele/Hirtz/Oberheim, Handbuch Berufung im Zivilprozess, 2005.
Fenger, Zivilprozessrecht, schnell erfaßt, 2001.
Förschler, Der Zivilprozess (Lehrbuch), 6. Aufl 2004.
Fricke/Wiefels, Zivilprozeß, Band I (GVG, 1.–2. Buch), II (3.–10. Buch) 1977 (Schaeffers Grundrisse).
Gehrlein, Zivilprozessrecht, 2. Aufl 2003.
Geimer, Internationales Zivilprozeßrecht, 5. Aufl 2005.
Geimer/Schütze, Europäisches Zivilverfahrensrecht, 2. Aufl 2004.
Gerhardt/von Heintschel-Heinegg/Klein, Handbuch des Fachanwalts Familienrecht, 5. Aufl 2004.
Giebler, Grundlagen Verfahrensrecht und Zwangsvollstreckung, 2005.
Gottwald, Zwangsvollstreckung. Kommentierung der §§ 704–915 h ZPO usw, 5. Aufl 2005.
Gottwald, Einstweiliger Rechtsschutz in Verfahren nach der ZPO, Kommentierung der §§ 916–945 ZPO, 1998.
Gottwald/Greger/Prütting (Hrsg), Dogmatische Grundfragen des Zivilprozesses im geeinten Europa, 2000.
Grabitz/Hilf, Das Recht der Europäischen Union (Loseblattkommentar), 33. Aufl 2007.
Graf Lambsdorff, Handbuch des Wettbewerbsverfahrensrechts, 2000.
Grunsky, Zivilprozeßrecht, 12. Aufl 2006.
Grunsky, Grundzüge des Zwangsvollstreckungs- und Konkursrechts, 5. Aufl 1996.
Haarmeyer/Wutzke/Förster/Hintzen, Zwangsverwaltung (Kommentar), 4. Aufl 2007.
Hahn, Anwaltliche Rechtsausführungen im Zivilprozeß usw, 1998.

5 Handbuch des Internationalen Zivilverfahrensrechts, Bd. I: Supranationale und internationale Gerichte (*Herrmann*); Europäisches Zivilprozeßrecht – Generalia (*Basedow*).
Hartmann, Kostengesetze (Kurz-Kommentar), 38. Aufl 2008.
Heintzmann, Zivilprozeßrecht, 2. Aufl, Bd I 1997, Bd II 1998.
Heussen/Brieske, Zwangsvollstreckung für Anfänger, 8. Aufl 2005.
Hintzen/Wolf, Handbuch der Mobiliarvollstreckung, 2. Aufl 1999.
Hirtz/Sommer, JuMoG, 2004.
Hoppenz, Familiensachen, 8. Aufl 2005.
Huber, Entwicklung transnationaler Modellregeln für Zivilverfahren, 2008.
Hünnekens, Kostenabwicklung in Zivil- und Familiensachen und bei Prozeßkostenhilfe, 2. Aufl 1999.
Internationale Zuständigkeit (*Kropholler*) 1982; Bd III/1: Anerkennung ausländischer Entscheidungen nach autonomem Recht (Martiny), III/2: Anerkennung nach multilateralen Staatsverträgen (*Martiny*); Anerkennung nach bilateralen Staatsverträgen (*Wachler*); Vollstreckbarerklärung (*Wolff*), 1984.
Jauernig, Zivilprozeßrecht (Kurzlehrbuch), 29. Aufl 2007.
Jauernig/Berger, Zwangsvollstreckungs- und Insolvenzrecht (Kurzlehrbuch), 22. Aufl 2007.
Johannsen/Henrich, Eherecht (Komm), 4. Aufl 2003.
Kammerlohr/Kroiss, Zivilprozess, 2006.
von König, Zivilprozess- und Kostenrecht, 2. Aufl 2008.
Koenig/Sander, Einführung in das EG-Prozeßrecht, 1997.
Kroiß, Das neue Zivilprozeßrecht, 2001.
Kropholler, Europäisches Zivilprozeßrecht, 8. Aufl 2005.
Lachmann, Handbuch für die Schiedsgerichtspraxis, 3. Aufl 2008.
Lackmann/Wittschier, Zwangsvollstreckungsrecht, 8. Aufl 2007.
Liesen, Zivilprozeßrecht I (Erkenntnisverfahren), 1998.
Linke, Internationales Zivilprozeßrecht, 4. Aufl 2006.
Littbarski, Einführung in das Prozessrecht, 2004.
Lüke, Zivilprozessrecht (Grundriss), 9. Aufl 2006.
Macha, Zivilprozess- und Zwangsvollstreckungsrecht, 6. Aufl 2005.
Madert/Müller-Rabe, Kostenhandbuch Familiensachen, 2001.
Mönnikes, Die Reform des deutschen Schiedsverfahrensrechts usw, 2000.
Mohrbutter/Drischler, Die Zwangsversteigerungs- und Zwangsverwaltungspraxis: Band 1: 7. Aufl 1986; Band 2: 6. Aufl 1978.
Mühlenz/Kirchmeier/Greßmann, Das neue Kindschaftsrecht, 1998.
Musielak, Grundkurs ZPO usw (Erkenntnisverfahren und Zwangsvollstreckung), 9. Aufl 2007.
Nagel/Gottwald, Internationales Zivilprozessrecht, 6. Aufl 2007.
Oberheim, Zivilprozessrecht für Referendare, 7. Aufl 2007.
Oberheim, Die Reform des Zivilprozesses, 2001.
Paulus, Zivilprozeßrecht. Erkenntnisverfahren und Zwangsvollstreckung, 3. Aufl 2004.
Peters, Zivilprozeßrecht einschließlich Zwangsvollstreckung und Konkurs, 5. Aufl 2000.
6 *Rahm/Künkel,* Handbuch des Familiengerichtsverfahrens (Loseblattsammlung), 4. Aufl seit 2005.
Rauscher, Europäisches Zivilprozeßrecht, 2. Aufl 2006.
Rosenberg/Gaul/Schilken, Zwangsvollstreckungsrecht, 11. Aufl 1997.
Rosenberg/Schwab/Gottwald, Zivilprozeßrecht, Erkenntnisverfahren, 16. Aufl 2004.
Schack, Internationales Zivilverfahrensrecht, 4. Aufl 2006.
Schellhammer, Zivilprozess, 12. Aufl 2007.
Schilken, Zivilprozessrecht, 5. Aufl 2006.
Schilken, Gerichtsverfassungsrecht, 3. Aufl 2003.
Schlosser, EU-Zivilprozessrecht, 2. Aufl 2003.
Schlosser, Zivilprozeßrecht, Bd. I: Erkenntnisverfahren, 2. Aufl 1992; Bd II: Zwangsvollstreckungs- und Insolvenzrecht, 1984.
Schmidt, Europäisches Zivilprozessrecht, 2004.
Schneider, Praxis der neuen ZPO, 2. Aufl 2003.
Schuschke/Walker, Vollstreckung und Vorläufiger Rechtsschutz (Kommentar), 4. Aufl 2008.
Schütze, Deutsches Internationales Zivilprozeßrecht unter Einschluss des Europäischen Zivilprozessrechts, 2. Aufl 2005.
Schwab, Grundzüge des Zivilprozessrechts, 2. Aufl 2007.
Schwab, Handbuch des Scheidungsrechts, 5. Aufl 2005.
Steinert/Theede, Zivilprozess (Handbuch der Rechtspraxis), 8. Aufl 2004.
Stöber, Zwangsversteigerungsgesetz, 18. Aufl 2006.
Thiele, Europäisches Prozessrecht, 2007.
Vach, Grundzüge des Zivilprozeß- und Zwangsvollstreckungsrechts, 2000.
Wieser, Prozessrechts-Kommentar BGB, 2. Aufl 2002.
Willers, Einführung in die ZPO II – Zwangsvollstreckung, 2005.
Wolf, Gerichtsverfassungsrecht aller Verfahrenszweige, 6. Aufl 1987.
Wolff, Zivilprozeß- und Zwangsvollstreckungsrecht, 4. Aufl 1994.
Zeiss/Schreiber, Zivilprozeßrecht, 10. Aufl 2003.
Zerres, Bürgerliches Recht. Ein einführendes Lehrbuch in das Zivil- und Zivilprozessrecht, 4. Aufl 2004.
Zimmermann, Prozeßkostenhilfe in Familiensachen, 3. Aufl 2007.

7 **3) Einzeldarstellungen**

Adloff, Vorlagepflichten und Beweisvereitelung im deutschen und französischem Zivilprozess, 2007.
Adolphsen, Europäisches und Internationales Zivilprozessrecht in Patentsachen, 2005.

Bahnsen, Verbraucherschutz im Zivilprozeß, 1997.
Baumgärtel, Beweislastpraxis im Privatrecht, 1996.
Baumgärtel/Laumen/Prütting, Handbuch der Beweislast im Privatrecht, Bd 1: Allgemeiner Teil und Schuldrecht BGB usw, 2. Aufl 1991; Bd 2: Sachen-, Familien- und Erbrecht, 2. Aufl 1999; Bd 3: AGBG/UWG, 1987; Bd 4: AbzG, HGB (§§ 1–340, 343–438), CMR, BinnSchG, 1988; Bd 5: Versicherungsrecht, 1993; 3. Aufl 2007.
Baur, Die Gegenvorstellung im Zivilprozeß, 1990.
Berger, Das neue Recht der Schiedsgerichtsbarkeit, 1998.
Bergerfurth, Der Anwaltzwang und seine Ausnahmen, 2. Aufl 1988.
Bergerfurth/Rogner, Der Ehescheidungsprozess und die anderen Eheverfahren, 15. Aufl 2006.
Bergschneider, Die Ehescheidung und ihre Folgen, 5. Aufl 2001.
Bischof, Die zivilrechtliche Anwaltsklausur, 2001.
Braun, Rechtskraft und Restitution, 1. Teil 1979, 2. Teil 1985.
Brenner, Der Einfluß von Behörden auf die Einleitung und den Ablauf von Zivilprozessen usw, 1989.
Bülow/Böckstiegel/Geimer/Schütze, Der internationale Verkehr in Zivil- und Handelssachen (Loseblattausgabe), 3. Aufl seit 1990.
Chung, Das Problem der reformatio in peius im Zivilprozeß, Diss Köln 1998.
Coester-Waltjen, Internationales Beweisrecht, 1983.
Commichau, Die anwaltliche Praxis in Zivilsachen, 2. Aufl 1985.
Deppen/Heilmann, Prozesse in Mietsachen, 2007.
Drappatz, Die Überführung des internationalen Zivilverfahrensrechts in eine Gemeinschaftskompetenz nach Art 65 EGV, 2002.
Eichele/Hirtz/Oberheim, Handbuch der Berufung im Zivilprozess, 2. Aufl 2008.
von Eicken/Hellstab/Lappe/Madert/Mathias, Die Kostenfestsetzung, 19. Aufl 2005.
Eppinger, Die Schiedsvereinbarung im internationalen privaten Rechtsverkehr usw, 1999.
Eschenbruch/Klinkhammer, Der Unterhaltsprozess, 4. Aufl 2006.
Firsching/Graba, Familienrecht, 1. Halbband: Familiensachen, 1998.
Fischer, Zivilverfahrens- und Verfassungsrecht usw, 2002.
Geimer, Anerkennung ausländischer Entscheidungen in Deutschland, 1995.
Geimer, Internationale Beweisaufnahme, 1998.
Geimer/Schütze, Internationale Urteilsanerkennung, Band I 1. Halbband (Das EWG-Übereinkommen über die gerichtliche Zuständigkeit und die Vollstreckung gerichtlicher Entscheidungen in Zivil- und Handelssachen) 1983, 2. Halbband (Allgemeine Grundsätze und autonomes deutsches Recht) 1984; Band II (Grundlagen der Anerkennung und Vollstreckung ausländischer Zivilurteile und Darstellung des autonomen deutschen Rechts) 1971.
Gießler/Soyka, Vorläufiger Rechtsschutz in Ehe-, Familien- und Kindschaftssachen, 4. Aufl 2005.
Goebel, Zivilprozeßrechtsdogmatik und Verfahrenssoziologie, 1994.
Göppinger/Börger, Vereinbarungen anläßlich der Ehescheidung, 8. Aufl 2005.
Greger, Das Rechtsinstitut der Wiedereinsetzung in den vorigen Stand usw, 1998.
Grunsky, Der Anwalt in Berufungssachen, 1987.
Habscheid, Das deutsche Zivilprozeßrecht und seine Ausstrahlung auf andere Rechtsordnungen, 1991.
Haft/Schlieffen, Handbuch Mediation, 2002.
Henrich, Internationales Scheidungsrecht, 2. Aufl 2005.
Hillach/Rohs, Handbuch des Streitwerts usw, 9. Aufl 1995.
Hippler/Winterstein, Die eidesstattliche Versicherung durch den Gerichtsvollzieher, 1999.
Hohloch (Hrsg), Internationales Scheidungs- und Scheidungsfolgenrecht, 1998.
Jayme (Herausgeber), Ein internationales Zivilverfahrensrecht für Gesamteuropa (EuGVÜ usw), 1991.
Jayme/Hausmann, Internationales Privat- und Verfahrensrecht, 13. Aufl 2006.
Koch, Verbraucherprozeßrecht usw, 1990.
Koch, Einwirkungen des Gemeinschaftsrechts auf das nationale Verfahrensrecht im Falle richterlicher Vertragsverletzungen im Zivilprozeß, 1994.
Kropholler, Europäisches Zivilprozeßrecht (Komm zur EuGVO), 8. Aufl 2005.
Kummer, Wiedereinsetzung in den vorigen Stand, 2003.
Kunz, Rechtsmittelbelehrung durch die Zivilgerichte usw, 2000.
Kuß, Öffentlichkeitsmaxime der Judikative und das Verbot von Fernsehaufnahmen im Gerichtssaal, 1999.
Labes/Lörcher, Nationales und Internationales Schiedsverfahrensrecht (Textsammlung), 1998.
Leipold, Wege zur Konzentration von Zivilprozessen, 1999.
Liebscher, Datenschutz bei der Datenübermittlung im Zivilverfahren, 1994.
Lörcher/Lörcher, Das Schiedsverfahren usw, 2. Aufl 2001.
Lüke, Die Beteiligung Dritter im Zivilprozeß, 1993.
von Luxbug, Das neue Kindschaftsrecht, 1998.
Markfort, Geistiges Eigentum im Zivilprozeß usw (TRIPS), 2001.
May, Die Revision in den zivil- und verwaltungsgerichtlichen Verfahren usw, 2. Aufl 1997.
Melullis, Handbuch des Wettbewerbsrechts, 3. Aufl 2005.
Meyer-Rahe, Anwaltstätigkeiten im Falle des Obsiegens im Zivilprozess erster Instanz, 2004.
Meyke, Die erfolgreiche Berufung im Zivilverfahren, 1999.
Müller, Der Sachverständige im gerichtlichen Verfahren, 3. Aufl 1988.
Münchener Prozeßformularbuch, Bd 1: Mietrecht, 2003; Bd 2: Privates Baurecht, 2003; Bd 3: Familienrecht, 2003; Bd 4: Erbrecht, 2. Aufl 2004; Bd 5: Gewerblicher Rechtsschutz, Urheber- und Presserecht, 2. Aufl 2005; Bd 6: Arbeitsrecht, 2. Aufl 2004; Bd 7: Verwaltungsrecht, 2. Aufl 2005.
Musielak/Stadler, Grundfragen des Beweisrechts, 1984.
Nagel/Gottwald, Internationales Zivilprozessrecht, 6. Aufl 2007.

Nirk/Kurtze, Wettbewerbsstreitigkeiten, 2. Aufl 1992.
Oberheim, Der Anwalt im Berufungsverfahren, 2003.
Pastor/Ahrens, Der Wettbewerbsprozeß, 5. Aufl 2005.
Pastor, Die Unterlassungsvollstreckung nach § 890 ZPO, 3. Aufl 1982.
Pauling, Rechtsmittel in Familiensachen nach ZPO und FGG, 2002.
Pfeiffer, Internationale Zuständigkeit und prozessuale Gerechtigkeit, 1995.
Piech, Der Prozeßbetrug im Zivilprozeß, 1998.
Prütting (Hrsg), Außergerichtliche Streitschlichtung, 2003.
Prütting/Weth, Rechtskraftdurchbrechung bei unrichtigen Titeln, 2. Aufl 1994.
Rahm/Künkel, Handbuch des Familiengerichtsverfahrens (Loseblattsammlung), seit 1990.
Rauscher, Der Europäische Vollstreckungstitel für unbestrittene Forderungen, 2004.
Reinecke, Lexikon des Unterhaltsrechts, 2. Aufl 2008.
Rinsche/Fahrendorf/Terbille, Die Haftung des Rechtsanwalts, 8. Aufl 2006.
Scheuermann, Internationales Zivilverfahrensrecht bei Verträgen im Internet, 2004.
Schiffer, Mandatspraxis Schiedsverfahren und Mediation, 2. Aufl. 2005.
Schmidt, Europäisches Zivilprozessrecht in der Praxis (Das 11. Buch der ZPO), 2004.
Schmidt-Parzefall, Die Auslegung des Parallelübereinkommens von Lugano, 1995.
Schneider, Beweis und Beweiswürdigung, 5. Aufl 1994.
Schneider, Befangenheitsablehnung im Zivilprozeß, 3. Aufl 2008.
Schneider, Die Klage im Zivilprozeß, 3. Aufl 2007.
Schneider, Zivilrechtliche Berufung – Der sicherste Weg, 2008.
Schneider/Herget, Streitwert-Kommentar für den Zivilprozeß, 14. Aufl 2007.
Schneider/van den Hövel, Die Tenorierung im Zivilurteil, 4. Aufl 2007.
Schneider/van den Hövel, Richterliche Arbeitstechnik, 4. Aufl 2007.
Schober, Drittbeteiligung im Zivilprozeß usw, 1990.
Schöpflin, Die Beweiserhebung von Amts wegen im Zivilprozeß, 1992.
Schumann, Bundesverfassungsgericht, Grundgesetz und Zivilprozeß, 1983.
Schumann/Kramer, Die Berufung in Zivilsachen, 7. Aufl 2007.
Schuster, Prozeßkostenhilfe, 1980.
Schütze, Schiedsgericht und Schiedsgerichtsverfahren, 4. Aufl 2007.
Schütze, Ausgewählte Probleme des internationalen Zivilprozessrechts, 2006.
Schwab/Walter, Schiedsgerichtsbarkeit, 7. Aufl 2005.
Schwab/Gottwald, Verfassung und Zivilprozeß, 1983.
Semmelmayer, Der Berufungsgegenstand, 1996.
Sorth, Rundfunkberichterstattung aus Gerichtsverfahren usw, 1999.
Stackmann, Rechtsbehelfe im Zivilprozess, 2004.
Steiner/Riedel, Zwangsversteigerung und Zwangsverwaltung, 9. Aufl, Band 1 (§§ 1–104 ZVG) 1984, Band 2 (§§ 105–185 ZVG) 1986.
Stickelbrock, Inhalt und Grenzen richterlichen Ermessens im Zivilprozeß, 2002.
Stöber, Forderungspfändung, 14. Aufl 2005.
Stöber, Zwangsvollstreckung in das unbewegliche Vermögen, 8. Aufl 2007.
Stürner, Die Anfechtung von Zivilurteilen, 2002.
Teplitzky, Wettbewerbsrechtliche Ansprüche und Verfahren, 9. Aufl 2007.
Thalmann, Praktikum des Familienrechts, 5. Aufl 2006.
Trepte, Umfang und Grenzen des sozialen Zivilprozesses, 1994.
Ulrich, Der gerichtliche Sachverständige, 12. Aufl 2007.
Verfahrenshandbuch, Familiensachen, 2001.
Volbers, Fristen und Termine, 9. Aufl 2000.
Vollkommer, Der ablehnbare Richter, 2001.
Wagner, Prozeßverträge, 1998.
Waldner, Der Anspruch auf rechtliches Gehör, 2. Aufl 2000.
Weber/Dospil/Hanhörster, Mandatspraxis Zwangsvollstreckung, 2005.
Weidhaas/Wellmann, Der Sachverständige in der Praxis, 7. Aufl 2004.
Werner/Pastor, Der Bauprozeß, 12. Aufl 2008.
Weth, Die Zurückweisung verspäteten Vorbringens im Zivilprozeß, 1988.
Wieser, Grundzüge des Zivilprozeßrechts usw, 2. Aufl 1997.
Willingmann, Rechtsentscheid usw, 2000.
Wolfsteiner, Die vollstreckbare Urkunde, 2. Aufl 2006.

8 **4) Hilfsmittel**

Anders/Gehle, Das Assessorexamen im Zivilrecht, 8. Aufl 2005.
Anders/Gehle/Kunze, Streitwert-Lexikon, 4. Aufl 2002.
Anders/Gehle, Antrag und Entscheidung im Zivilprozeß, 3. Aufl 2000.
Ast/Belgardt/Hintzen/Müller/Riess, Prozeßformularsammlung, seit 1995 (Loseblattsammlung).
Balzer, Examensklausuren Zivilrecht, Bd 1: 5. Aufl 1996; Bd 2: 4. Aufl 1999.
Balzer/Forsen, Relations- und Urteilstechnik, Aktenvortrag, 7. Aufl 1993.
Baumfalk, ZPO, Erkenntnisverfahren, Vollstreckungsverfahren, Grundsätze des Insolvenzverfahrens, 15. Aufl 2006.
Baumfalk, Zivilprozeß-Stagen und Examen, 8. Aufl 2004.
Baumfalk, Die zivilrechtliche Assessorklausur, 13. Aufl 2006.
Baumfalk, Die zivilrechtliche Anwaltsklausur im Assessorexamen, 4. Aufl 2005.
Baumgärtel, Der Zivilprozeßrechtsfall, 8. Aufl 1995.

Baumgärtel/Prütting, Einführung in das Zivilprozeßrecht mit Examinatorium, 8. Aufl 1994.
Baur/Stürner, Zwangsvollstreckungs-, Konkurs- und Vergleichsrecht, Fälle und Lösungen nach höchstrichterlichen Entscheidungen, 6. Aufl 1989.
Becht, Prüfungsschwerpunkte im Zivilprozess, 4. Aufl 2004.
Becht, Einführung in die Praxis des Zivilprozesses, 3. Aufl 2008.
Becker/Schoch/Schneider-Glockzin, Die ZPO in Fällen, 2006.
Bender/Nack/Treuer, Tatsachenfeststellung vor Gericht, Glaubwürdigkeits- und Beweislehre, Vernehmungslehre, 3. Aufl 2007.
Dresenkamp, JA-Zivilakte, 2. Aufl 2002.
Furtner, Das Urteil im Zivilprozeß, 5. Aufl 1985.
Gehrlein, Zivilprozessrecht, 2. Aufl 2003.
Gerhardt, Zivilprozeßrecht, Fälle und Lösungen nach höchstrichterlichen Entscheidungen, 6. Aufl 2000.
Goebel, AnwaltFormulare Zivilprozessrecht, 2. Aufl 2006.
Goebel, Zwangsvollstreckung, 2. Aufl. 2005.
Gottwald, Das Zivilurteil (Anleitung für Klausur und Praxis), 2. Aufl 2006.
Grunsky, Taktik im Zivilprozeß, 2. Aufl 1996.
Grunsky, Der Anwalt in Berufungssachen, 1987.
Hadatsch, Die Bearbeitung von Pfändungsbeschluß und Drittschuldnererklärung, 6. Aufl 2000.
Hansen, Zivilprozeßrecht, I. Erkenntnisverfahren, 4. Aufl 1991; II. Zwangsvollstreckung, 6. Aufl 1994.
Hasselblatt/Sternal (Hrsg), Beck'sches Formularbuch Zwangsvollstreckung, 2008.
Hay, Internationales Privat- und Zivilverfahrensrecht (Reihe Prüfe dein Wissen), 3. Aufl 2007.
Heintzmann, Zivilprozeßrecht, 1. Erkenntnisverfahren erster Instanz und Gerichtsverfassung, 2. Aufl 1997; 2. Rechtsmittel, Besondere Verfahrensarten, Verfahren in Familiensachen, Zwangsvollstreckungsrecht, 2. Aufl 1998. (*Schaeffers* Grundriß Bd 6.1, 6.2).
Höppner/Hintzen/Bellgardt, Prozeßformularsammlung, 2. Aufl 1994.
Jayme/Hausmann, Internationales Privat- und Verfahrensrecht (Texte), 13. Aufl 2006.
Kammerlohr/Kroiß, Anwaltliche Tätigkeit im Zivilprozess, 2006.
Knöringer, Die Assessorklausur im Zivilprozeß, 12. Aufl 2008.
Köttgen, Der Kurzvortrag in der Assessorprüfung, 1988.
Kroiß, FormularBibliothek Zivilprozess, 2005.
Lassen, 30 Klausuren usw, 1987.
Lippross, Vollstreckungsrecht (anhand von Fällen), 9. Aufl 2002.
Locher/Mes, Beck'sches Prozeßformularbuch, 10. Aufl 2006.
Luchterhand, Prozeßformularsammlung (Loseblattausgabe), seit 1995.
Lüke/Hau, Zwangsvollstreckungsrecht (Prüfe dein Wissen), 3. Aufl 2008.
Lüke, Fälle zum Zivilprozeßrecht (Erkenntnis- und Vollstreckungsverfahren der ZPO), 2. Aufl 1993.
Menne, Was man vom Zivilprozeß wissen sollte, 2. Aufl 1987.
Mes, Münchener Prozeßformularbuch, 2000.
Mewing/Nickel, Mahnen – Klagen – Vollstrecken, 7. Aufl 2007.
Michalski, Zivilprozessrecht (Skript), 2. Aufl 2003.
Michel/von der Seipen, Der Schriftsatz des Anwalts im Zivilprozeß, 6. Aufl 2004.
Möbius/Kroiß, Zwangsvollstreckung (Examenskurs), 4. Aufl 2002.
Müller/Graff, Die Praxis des Richterberufs, 2000.
Müller/Schöppe-Fredenburg, Prozessrecht, Formularbuch, 2004.
Münzberg/Wagner, Höchstrichterliche Rechtsprechung zum Zivilprozeßrecht, 1994.
Mürbe/Geiger/Wenz, Die Anwaltsklausur in der Assessorprüfung, 5. Aufl 2004.
Nordhues/Trinczek, Technik der Rechtsfindung, 6. Aufl 1994.
Oberheim, Zivilprozeßrecht für Referendare, 7. Aufl 2007.
Oelkers/Müller, Anwaltliche Strategien im Zivilprozeß, 4. Aufl 2001.
Olivet, Juristische Arbeitstechnik in der Zivilstation, 3. Aufl 2005.
Olzen, Zivilprozeßrecht in der bürgerlich-rechtlichen Examensklausur, 1998.
Pantle/Kreissl, Die Praxis des Zivilprozesses, 3. Aufl 2006.
Peter, Zivilprozeß und Zwangsvollstreckung (Diktat- und Arbeitsbuch), Stand Februar 1989.
Prechtel, Erfolgreiche Taktik im Zivilprozess, 3. Aufl 2006.
Prütting, Einführung in das Zivilprozeßrecht (JA-Sonderheft 5), 9. Aufl 2001.
Prütting/Wagner, Höchstrichterliche Rechtsprechung zum Zivilprozeßrecht usw, 1994.
Pukall, Der Zivilprozess in der Praxis, 6. Aufl 2006.
Raddatz, Vollstreckungsrecht (Lehrgang), 1993.
Rimmelspacher, Zivilprozessreform 2002.
Rinsche, Prozeßtaktik, 4. Aufl 1999.
Rosenberg/Solbach/Wahrendorff, Der Aktenvortrag im Zivilrecht usw (ASSEX), 4. Aufl 2004.
*Sattelmacher/Sirp/Schuschke/*Bericht, Gutachten und Urteil, 33. Aufl 2003.
Schack, Höchstrichterliche Rechtsprechung zum Internationalen Privat- und Verfahrensrecht, 2. Aufl 2000.
Schack, Internationales Zivilverfahrensrecht, 4. Aufl 2006.
Schellhammer, Die Arbeitsmethode des Zivilrichters, 15. Aufl 2005.
Schlosser (Herausgeber), Die Informationsbeschaffung für den Zivilprozeß, 1996.
Schmitz, Zivilrechtliche Musterklausuren für die Assessorprüfung, 5. Aufl 2006.
Schmitz/Frisch/Neumaier, Die Station in Zivilsachen, 7. Aufl 2007.
Schneider, Zivilrechtliche Klausuren, 4. Aufl 1984.
Schneider, Der Zivilrechtsfall in Prüfung und Praxis, 7. Aufl 1988.
Schneider, Richterliche Arbeitstechnik, 3. Aufl 1991.
Schneider/Schnapp, Logik für Juristen, 6. Aufl 2006.

Schneider/Teubner, Typische Fehler in Gutachten und Urteil usw, 3. Aufl 1990.
Schrader/Steinert, Handbuch der Rechtspraxis; Band 1 b: Zwangsvollstreckung in das bewegliche Vermögen, 7. Aufl 1994.
Schreiber, Übungen im Zivilprozeßrecht, 2. Aufl 1996.
Schüller, Prozeßformularbuch, 1988.
Schumann, Die ZPO-Klausur, 3. Aufl 2006.
Seitz/Büchel, Beck'sches Richterhandbuch, 2. Aufl 1999.
Siegburg, Einführung in die Urteilstechnik, 5. Aufl 2003.
Stöber, Handbuch der Rechtspraxis, Band 2: Zwangsvollstreckung in das unbewegliche Vermögen, 7. Aufl 1999.
Stöhr, Arbeitsblätter für Rechtsreferendare (Verfahrensrecht, Zwangsvollstreckung), 1991.
Tempel/Theimer, Mustertexte zum Zivilprozess, I. Erkenntnisverfahren erster Instanz, 6. Aufl 2007; II. Besondere Verfahren erster und zweiter Instanz, Relationstechnik, 6. Aufl 2007.
Tempel/Seyderhelm, Materielles Recht im Zivilprozeß, 4. Aufl 2005.
Thalmann/May/Brenner, Praktikum des Familienrechts (Verfahren), 5. Aufl 2006.
Treuer (Hrsg), Arbeitsplatz Gericht: Die Arbeitsweise des Zivilrichters am Oberlandesgericht, 2002.
Vespermann, Familiensachen, Diktat- und Arbeitsbuch, Bd 1: Scheidungs- und Scheidungsverbundverfahren, Bd 2: Unterhalt außerhalb des Scheidungsverbundes, 4. Aufl, Stand Januar 1991.
Vollkommer, Die Stellung des Anwalts im Zivilprozeß usw, 1984.
Vorwerk, (Hrsg), Das Prozessformularbuch, 8. Aufl 2005.
Wenz, Zwangsvollstreckung (Examenskurs), 3. Aufl 1999.
Willers, Einführung in die ZPO I, 2005.
Zimmermann, Klage, Gutachten und Urteil, 18. Aufl 2003.
Zimmermann, ZPO-Fallrepetitorium, 6. Aufl 2005.

9 **5) Zeitschriften**
Außer den allgemeinen:
Zeitschrift für den Zivilprozeß (ZZP).

III. Anwendungshilfen

Hinweis: Die Grundbegriffe des Prozeßrechts wie Parteiherrschaft, Prozeßhandlung sind bei der im Sachverzeichnis zu ermittelnden Stelle der Erläuterungen erörtert.

Gliederung

1 **1) Abgrenzung des Zivilprozesses.** Man sollte unterschiedliche Aspekte zu beachten.

A. Grundsatz: Durchführung zivilrechtlicher Ansprüche. Man darf einen zivilrechtlichen Anspruch gegenüber einem anderen auf ein Tun oder Unterlassen nach § 194 I BGB nur vereinzelt durch eine Selbsthilfe verwirklichen, nämlich bei §§ 229, 562 b, 859, 904, 962 BGB. Darum muß der Staat die Durchführung und

Sicherung zivilrechtlicher Ansprüche regeln. Er muß dem Bürger einen Justizgewährungsanspruch geben, Artt 2 I, 20 III GG, Rn 15, Grdz 2 vor § 253. Er tut es im Zivilprozeß, dem „bürgerlichen Rechtsstreit". Ein Seitenstück zum Zivilprozeß ist das schiedsrichterliche Verfahren. Er läßt die Durchsetzung von Ansprüchen auf Grund einer Schiedsvereinbarung und einer staatlichen Vollstreckbarerklärung zu.

Gegensätze sind die freiwillige Gerichtsbarkeit, der Strafprozeß, die Verwaltungsgerichtsbarkeit, Verwal- 2
tungsmaßnahmen. Die Verwaltungsgerichtsbarkeit schützt gegen unberechtigte Eingriffe der Staatshoheit. Die freiwillige Gerichtsbarkeit gewährt Hilfe in solchen bürgerlichrechtlichen Angelegenheiten, bei denen es sich teilweise nicht um die zwangsweise Durchführung eines zivilrechtlichen Anspruchs handelt. Nach diesem Verfahren werden aber auch echte Streitsachen behandelt, und zwar im FamFG.

B. Ausnahmen. Das Gesetz verwischt die Grenzen. Es verweist gelegentlich den durch Hoheitshandlun- 3
gen Geschädigten auf den Zivilprozeß, den „Rechtsweg", so den Enteigneten wegen der Höhe seines Entschädigungsanspruchs nach Art 14 III GG und wegen vermögensrechtlicher Ansprüche aus Aufopferung, § 40 II VwGO. Ein anderes Mal läßt das Gesetz die Entscheidung über zivilrechtliche Ansprüche durch die Verwaltungsgerichte zu, § 13 GVG, wenn auch § 40 VwGO die Unklarheit zwischen dem Rechtsweg zur ordentlichen und zur Verwaltungsgerichtsbarkeit im wesentlichen beseitigt hat. Dann wieder findet die Erledigung zivilrechtlicher Ansprüche im Strafverfahren statt, §§ 403 ff StPO. Schließlich gehört nach geltendem Recht zur freiwilligen Gerichtsbarkeit jeder Anspruch, den das Gesetz nicht dem Zivil- oder Strafprozeß unterwirft, sondern dem FamFG. Andererseits verweist dieses in einem erheblichen Umfang auf die ZPO.

Unklar ist auch die Zugehörigkeit einzelner Rechts einrichtungen zum Prozeßrecht oder zum sachlichen 4
Recht. Zu den Querverbindungen Berges KTS **76**, 165 (materielles Prozeßrecht), Konzen, Rechtsverhältnisse zwischen Prozeßparteien usw, 1976. Das gilt bei der Beweislast, der Rechtskraft, dem Prozeßvergleich.

C. Erkenntnisverfahren, dazu *Henke* ZZP **109**, 135 (Üb über den Aufbau der ZPO): Dieses Verfahren heißt 5
auch Entscheidungsverfahren, Urteilsverfahren, Streitverfahren. Es hat das Ziel, durch ein Urteil den Anspruch festzustellen, ihn in einen erzwingbaren Leistungsanspruch zu verwandeln oder ihn zu gestalten. Das Erkenntnisverfahren kann das ordentliche (gewöhnliche) oder ein besonderes, auf bestimmte Arten von Ansprüchen zugeschnittenes und besonders geordnetes sein, wie der Urkunden- und Wechselprozeß.

D. Vollstreckungsverfahren. Dieses Verfahren hat das Ziel der Erzwingung des zugesprochenen An- 6
spruchs, Dempewolf MDR **77**, 801.

E. Vorläufiges Verfahren. Das summarische Verfahren hat das Ziel einer einstweiligen Sicherung durch 7
einen Arrest oder eine einstweilige Anordnung oder Verfügung.

2) Ziel und Rechtsnatur des Zivilprozesses 8

Schrifttum: *Arens,* Die Grundprinzipien des Zivilprozeßrechts, in: *Gilles,* Humane Justiz (1977), 1; *Baur,* Funktionswandel des Zivilprozesses?, Festschrift *Tübinger Juristenfakultät* (1977) 159; *Bottke,* Materielle und formelle Verfahrensgerechtigkeit im demokratischen Rechtsstaat, 1991; *Dimaras,* Die enge Beziehung des Zivilrechts zum Zivilprozessrecht und der Einfluss der Verfassung auf das Zivilprozessrecht, Festschrift für *Beys* (Athen 2004) 291; *Hoffmann,* Verfahrensgerechtigkeit usw, 1992; *Otte,* Umfassende Streitentscheidung durch Beachtung von Sachzusammenhängen usw, 1998; *Smid,* Richterliche Rechtserkenntnis: zum Zusammenhang von Recht, richtigem Urteil und Urteilsfragen im pluralistischen Staat, 1989; *Stürner,* Prozeßzweck und Verfassung, in: Festschrift für *Baumgärtel* (1990); *Vollkommer,* Der Anspruch der Parteien auf ein faires Verfahren im Zivilprozeß, Gedächtnisschrift für *Bruns* (1980) 195.

A. Verwirklichung des sachlichen Rechts. Ziel des Zivilprozesses ist die Verwirklichung und teilweise 9
auch die Gestaltung des sachlichen oder materiellen individuellen Rechts, BVerfG **59**, 330, BGH **77**, 306, Zweibr MDR **92**, 998, insbesondere der Grundrechte, BVerfG NJW **79**, 2607. Das geschieht auf der Grundlage der Wahrheit, aber auch des Rechtsfriedens, Ffm RR **00**, 121. Man darf allerdings das letztere Ziel nicht überbetonen. Immerhin geht das Ziel damit weiter als die früher vertretene Ansicht, der Prozeß werde zum Zweck der maßgeblichen Bestätigung oder Widerlegung einer bestimmten Behauptung geführt.

B. Kein Selbstzweck. Der Prozeß ist natürlich niemals ein Selbstzweck, Rn 30, 38, BVerfG **59**, 330, 10
BGH **77**, 306. Man darf das Prozeßrecht nicht derart handhaben, daß sachlichrechtliche Ansprüche schlechterdings undurchsetzbar werden, BVerfG RR **00**, 946 (Kostenrisiko), BGH MDR **89**, 429, Schmieder ZZP **120**, 203 (Bagatellforderung, ausf). Dasselbe Ziel hat jedes staatliche Verfahren, zB dasjenige der freiwilligen Gerichtsbarkeit, der Strafprozeß und die Verwaltungsverfahren. Vgl auch Grdz 2–4 vor § 253. Trotzdem besteht ein erheblicher Unterschied. Über einen privatrechtlichen Anspruch können die Beteiligten regelmäßig frei verfügen. Sie können auf ihn verzichten, sich über ihn vergleichen usw. Diese Verfügung will und darf ihnen auch der Zivilprozeß nicht nehmen. Auch im Prozeß behält die Partei von den nicht wenigen Fällen des Hineinspielens gewisser öffentlicher Belange abgesehen die Verfügung über ihren Anspruch. Sie kann zB anerkennen oder verzichten, Grdz 48 ff vor § 128.

C. Parteimöglichkeiten. Das geltende Prozeßrecht räumt der Partei aber auch die Verfügung über das 11
Verfahren in weitem Umfang ein. Es erlaubt zB ein Geständnis, eine Verfügung über Beweismittel, eine Herbeiführung eines Versäumnisurteils. Auch sind Prozeßverträge mit verpflichtendem oder unmittelbar gestaltendem Inhalt vielfältig zulässig, sofern nicht gesetz- oder sittenwidrig, BGH FamRZ **82**, 784, Baumgärtel ZZP **87**, 133. Solche Verträge sind möglich zB auf die Rücknahme von Klage oder Rechtsmittel, auf die Nichteinlegung eines Rechtsmittels, auf die Unterlassung der Vollstreckung, Grdz 22 vor § 704, auf den Verzicht auf einen Urkundenprozeß, auf die Beschränkung von Beweismitteln, auf den Verzicht auf eine Aufrechnung. Es gibt auch Parteivereinbarungen über vorgreifliche Rechtsverhältnisse, sogar evtl im Bereich zwingenden Rechts, solange kein Verstoß gegen Grundsätze des ordre public vorliegt. So können die Parteien die Erforschung der wirklichen, sachlichen Wahrheit häufig praktisch unmöglich machen. Die Wahrhaftigkeitspflicht des § 138 schützt dagegen nicht ausreichend.

12 **D. Parteigrenzen.** Regelmäßig erreicht der Zivilprozeß also nur die Ermittlung der äußeren formellen Wahrheit. Anders, wo *öffentliche Belange* berührt sind. Dort entfällt das Verfügungsrecht der Parteien oder tritt zurück. Dementsprechend ermittelt das Gericht die sachliche Wahrheit von Amts wegen. Im Strafprozeß oder Verwaltungsgerichtsverfahren ist der Streitstoff der Verfügung der Beteiligten weitgehend entzogen. Kein Parteiwille, keine Parteihandlung kann dort theoretisch die Erforschung der sachlichen Wahrheit beeinträchtigen. Sie geschieht immer von Amts wegen. Ein kollektiver Rechtsschutz ist noch nicht ein Ziel des geltenden Zivilprozeßrechts.

13 **E. Formelle Eingruppierung.** Der Zivilprozeß gilt als Zweig des öffentlichen Rechts. Ganz abgesehen von der Fragwürdigkeit des Werts der Unterscheidung zwischen öffentlichem und Privatrecht läßt sich der Zivilprozeß aus den in Rn 9–12 angegebenen Gründen dem sonstigen öffentlichen Recht nicht zur Seite stellen. Er braucht von wenigen Ausnahmefällen abgesehen immer den Parteiantrieb. Der Staat scheidet übrigens nicht einmal eine Ehe nach dem FamFG von Amts wegen.

14 **3) Leitgedanken des Zivilprozeßrechts**

Schrifttum: *Düwel,* Kontrollbefugnisse des BVerfG bei Verfassungsbeschwerden gegen gerichtliche Entscheidungen, Diss Bln 2000; *Fischer,* Zivilverfahrens- und Verfassungsrecht usw, 2002; *Fischer,* Vollstrekkungszugriff als Grundrechtseingriff usw, 2006; *Krauß,* der Umfang der Prüfung von Zivilurteilen durch das BVerfG, 1987; *Sachs,* Verfassungsprozessrecht, 2004; *Schlaich/Korioth,* Das BVerfG, 5. Aufl 2001; *Schumann,* Der Einfluß des Grundgesetzes auf die zivilprozessuale Rechtsprechung, Festgabe *50 Jahre Bundesgerichtshof* (2000) III 3; *Stürner,* Prozeßzweck und Verfassung, Festschrift für *Baumgärtel* (1990) 545.

Die Leitgedanken ergeben sich teils unmittelbar aus dem Gesetz, vor allem natürlich auch aus dem GG. Es beherrscht auch den Prozeß, BVerfG DtZ **93**, 85, Schumann 41 („bedeutsamste Einwirkung auf das Zivilprozeßrecht in der zweiten Hälfte des 20. Jahrhunderts"). Es geht einer Landesverfassung vor, VerfGH Brdb NJW **95**, 1018. Leitgedanken ergeben sich ferner aus der Natur des Zivilprozesses als einer Regelung menschlicher Lebensbeziehungen im Rahmen der staatlichen Gemeinschaft.

15 **A. Rechtsstaatlichkeit.** Vor Gericht hat ein Ausländer dieselben prozessualen Grundrechte und denselben Anspruch auf ein rechtstaatliches Verfahren wie jeder Deutsche, BVerfG NJW **04**, 50. Im Gesetz verankert ist für jedermann zB das Gebot der Rechtsstaatlichkeit des Verfahrens, Art 20 III GG, BVerfG NJW **07**, 2241 und 2243, Nürnb FamRZ **05**, 730 (Verbot überlanger Prozeßdauer), BVerfG NJW **08**, 2494, Winterhoff AnwBl **08**, 227 (je: Justizgewährleistungsanspruch), Art 6 MRK, Rn 21, 25, EGMR NJW **08**, 2317, EurKomm MDR **95**, 1255 und 1256. Die Vorschrift hat zusammen mit Art 19 IV GG auch Bedeutung zB für die Notwendigkeit einer effektiven Verfahrensförderung durch das Gericht, EuGH NJW **07**, 3555, BVerfG NJW **07**, 2241 und 2243, Schmidt-Jortzig NJW **94**, 2569, § 216 Rn 9 (Fragwürdigkeit der sog Warteliste).

16 **B. Öffentlichkeit, rechtliches Gehör,** dazu *Gottwald,* Schließt sich die „Arbeitsfalle"? Rechtliches Gehör, Treu und Glauben im Prozeß und Urteilsanerkennung, Festschrift für *Schumann* (2001) 149; *Waldner,* Der Anspruch auf rechtliches Gehör, 2. Aufl 2000; *Zuck* AnwBl **06**, 773: Ferner gehört hierher der Grundsatz der Öffentlichkeit des Verfahrens. Ihre Bedeutung reicht hier freilich nicht an diejenige im Strafprozeß heran. Ferner gehören hierher die Unmittelbarkeit und die Mündlichkeit (abgeschwächt).

Sehr wesentlich gehört hierher die Gewährung *rechtlichen Gehörs,* und zwar vor dem Rpfl wegen der Notwendigkeit eines fairen Verfahrens nach Art 6 EMRK, Böttcher SchlHA **03**, 83, sowie nach Artt 2 I, 20 III GG, Rn 23, BVerfG NJW **07**, 2241 und 2243 links, LG Ffo JB **04**, 393, Fellner MDR **08**, 602, Habscheid Rpfleger **01**, 209 (ausf), und nur vor dem Richter wegen Art 103 I GG bis hin zum BVerfG, EGMR NJW **03**, 2221, BVerfG BGBl **04**, 124 = **108**, 345. Es geht dabei um die Gelegenheit, sich sachlich zu jedem verfahrensbedeutsamen Vorgang zu äußern, BVerfG NJW **07**, 3487, BGH NJW **07**, 3501, also zu dem Tatsachenstoff, evtl auch zur rechtlichen Beurteilung, BVerfG FamRZ **04**, 1014 (manchmal mit eigenartiger Großzügigkeit), wenn auch insofern nicht stets, BVerfG NJW **80**, 1093, BGH GRUR **03**, 1066, BAG NJW **08**, 2364. Das letztere gilt aber nur in Grenzen, BPatG GRUR **08**, 733. Das Recht auf das rechtliche Gehör heißt auch „prozessuales Urrecht", BVerfG NJW **04**, 2443, oder „grundrechtsgleiches Recht", BVerfG FamRZ **07**, 108, Düss ZMR **91**, 433, LG Münst RR **89**, 381. Es soll auch vor einer Überraschungsentscheidung schützen, BVerfG FamRZ **03**, 1447. Es gilt auch in der Rechtsmittelinstanz, BGH BB **05**, 1818 und 2776 (nach Zurückverweisung), BAG NJW **08**, 2364. Es gilt auch im Verfahren mit einer Amtsermittlung, Grdz 38 vor § 128, BVerfG RR **93**, 382. Es erfaßt auch Änderungen der vorläufigen Rechtsansicht des Gerichts, insbesondere nach einem Richterwechsel, BVerfG RR **96**, 205 (etwas strapaziös ausgewertet), sowie Rechtsausführungen einer Partei, BVerfG NJW **03**, 421. Es ist grundsätzlich unverzichtbar, BVerfG NJW **93**, 2229. Freilich kann seine Nichtwahrnehmung Rechtsnachteile begründen.

Das Gericht muß jedenfalls das Parteivorbringen erkennbar *zur Kenntnis nehmen* und in Erwägung ziehen, BVerfG FamRZ **08**, 674, BGH NJW **07**, 3501. Es muß ferner eine Gelegenheit zur Äußerung auch durch aktive Maßnahmen herbeiführen, BVerfG RR **99**, 1079. Mangels Rechtsmittel- oder Rechtsbehelfsfähigkeit muß das Gericht notfalls den Prozeß zwecks rechtlichen Gehörs fortführen, § 321 a, BVerfG NJW **07**, 2241 und 2243. Manche, aber nicht jede fehlerhafte Zurückweisung wegen Verspätung verletzt den Art 103 I GG, einerseits BVerfG NJW **07**, 2241 und 2243, andererseits BVerfG NJW **90**, 566, strenger gegen das Gericht VerfGH Mü RR **01**, 353. Zur Abgrenzung Zuck NJW **05**, 3753. Allerdings bejaht BVerfG (Plenum) NJW **03**, 1924 die verfassungsrechtliche Überprüfbarkeit recht großzügig. Wesentlich strengere Anforderungen stellt aber BVerfG NJW **04**, 3552 links (nicht erst Willkür, sondern schon eine offensichtliche Unrichtigkeit verstoße gegen Art 103 I GG. Freilich schwimmen beide schillernden Begriffe bei näherer Prüfung reichlich, vgl nur § 281 Rn 39). Redeker NJW **03**, 2956 forderte daher schon bis Ende 2004 eine gesetzliche Ergänzung aller Lücken. Das Gericht muß auch das BGG beachten, zB durch die Zulassung der Gebärdensprache, §§ 6, 9 I 2 BGG, oder durch behindertengerechte Vordrucke und Formulare, § 10 BGG, etwa bei § 117. Manche halten die außerordentliche Beschwerde außerhalb von § 321 a für ein weiterhin vertretbares Verfahrensrecht, Bloching/Kettinger NJW **05**, 863.

C. Verstoß. Im übrigen liegt ein Verstoß gegen Artt 2 I, 20 III oder 103 I GG nicht stets schon dann vor, wenn das Gericht ein Vorbringen aus Gründen des sachlichen Rechts unberücksichtigt hat, BVerfG NJW **03**, 3191. Er liegt vielmehr nur dann vor, wenn sich im Einzelfall klar ergibt, daß das Gericht ein rechtzeitiges tatsächliches Vorbringen eines Beteiligten überhaupt nicht zur Kenntnis genommen hat, BVerfG FamRZ **08**, 674, BGH RR **07**, 1409, BFH NJW **08**, 1342. Er liegt ferner dann vor, wenn das Gericht solches Vorbringen bei seiner Entscheidung pflichtwidrig *nicht erwogen* hat, BVerfG NJW **07**, 2241 und 2243. Ein Verstoß fehlt auch bei einer Entscheidung vor dem selbst gesetzten Fristablauf, wenn der Anzuhörende bereits Stellung genommen *hat* und nicht zu erkennen gegeben hat, er wolle in der restlichen Frist noch weitere Ausführungen machen, BGH VersR **95**, 70. Das Gericht muß nicht stets im Urteil zu jedem Gedankensplitter Stellung nehmen, BGH GRUR **08**, 732 links, BAG NJW **08**, 2363. 17

Allerdings muß die Partei schon wegen der bloßen *Hilfsfunktion (Subsidiarität)* der Verfassungsbeschwerde ihre prozessualen Rechte grundsätzlich (Ausnahme Rn 20 und § 567 Rn 9) auch ausschöpfen, BVerfG RR **08**, 75, HessStGH NJW **05**, 2217 und 2219, Desens NJW **06**, 1247 (zu § 321 a). Der Rechtsweg ist noch nicht erschöpft, wenn das angerufene Gericht noch nicht entschieden hat, BVerfG NJW **02**, 741, oder wenn das Revisionsgericht zurückverweist, BVerfG NJW **00**, 3198. Das alles gilt auch, wenn zur Zeit der Einlegung der Verfassungsbeschwerde die Zulässigkeit eines Rechtsbehelfs in der fachgerichtlichen Rechtsprechung noch nicht geklärt, aber auch noch nicht höchst zweifelhaft ist, BVerfG RR **07**, 1684 (eine haarfeine Höchstanforderung). Es kann sogar nötig sein, gegen eine unanfechtbare Entscheidung selbst dann eine Gegenvorstellung nach Grdz 3 vor § 567 zu erheben, wenn ihr Erfolg zweifelhaft ist, BVerfG NJW **05**, 3029. Nach einer erfolglosen Nichtzulassungsbeschwerde mag zunächst eine Anhörungsrüge notwendig sein, BVerfG NJW **07**, 3419. Nach einem Eilverfahren mag das Hauptverfahren notwendig sein, BVerfG RR **07**, 1684.

Ein eindeutiger *Rechtsmittelverzicht* kann ausreichen, eine stillschweigende Hinnahme der Entscheidung des Erst- oder Vordergerichts nicht, VerfGH Bln RR **07**, 1720. Eine Dienstaufsichtsbeschwerde muß nicht vorangehen, BVerfG NJW **04**, 2891.

Insofern darf man aber auch die Obliegenheit einer Partei *nicht überspannen,* BVerfG NJW **05**, 1106 (Eilverfahren), BGH NJW **07**, 1456, Bender NJW **88**, 809 (krit zum BVerfG), strenger BVerfG RR **07**, 1684 (ebenfalls Eilverfahren). Das gilt besonders nach einem Verfahrensfehler des Gerichts, BVerfG NVwZ-RR **07**, 769, BayObLG NJW **89**, 706, VGH Mü NJW **84**, 2454. Es darf nicht ein in Wahrheit offensichtlich unzulässiges Rechtsmittel anheimgeben, BVerfG NJW **07**, 2242. Daher hängt die Zulässigkeit der Verfassungsbeschwerde auch nicht von einem vorherigen Wiederaufnahmeverfahren ab, Gaul Festschrift für Schumann (2001) 131. Rechtsmißbrauch ist auch hier verboten, Einl III 54, BVerfG NJW **97**, 1433. Andererseits muß zu einem wesentlichen Verfahrensfehler ein besonderes Gewicht einer solchen Grundrechtsverletzung hinzutreten, die den Beschwerdeführer in existentieller Weise betrifft, BVerfG FamRZ **02**, 532 (zu streng?). Das BVerfG prüft eine etwaige offensichtliche Unzulässigkeit eines sonst nötigen Rechtsbehelfs ohne eine Bindung an das Fachgericht, BVerfG RR **08**, 75.

Kritisch zur Rechtsprechung des BVerfG hat sich der *Deutsche Richterbund* geäußert, Marqua DRiZ **80**, 436, Isensee JZ **96**, 1085.

D. Pflicht zur Aktenkenntnis, dazu *Farys,* Blinde Menschen im Richteramt, 2008: Die persönliche Kenntnisnahme jedes Mitglieds eines Kollegiums vom *gesamten Akteninhalt* durch unmittelbares Lesen ist zwar theoretisch notwendig. Sie ist aber schon praktisch manchmal kaum möglich und daher oft entbehrlich, § 286 Rn 22, BVerfG NJW **87**, 2220, BGH **95**, 317, Rudolphi DRiZ **92**, 9, aM BGH NJW **86**, 2706 (für ein Amtsermittlungsverfahren nach Grdz 38 vor § 128). Aber auch Vertrauen zum Richter und Prozeßwirtschaftlichkeit verdienen Beachtung). In der Verhandlung darf der Richter daher natürlich auch nicht vorübergehend schlafen, § 286 Rn 15, BVerwG NJW **01**, 2898, Günther MDR **90**, 875 (ausf). Wegen einer Tendenz des BVerfG, Verfassungsbeschwerden nach Art 103 I GG bei kleinen Verstößen oder Werten abzulehnen, erwägen Braun NJW **81**, 428, Schumann NJW **85**, 1139, die entsprechende Anwendung des § 579 I Z 4. 18

Dabei muß man zwischen einem *unmittelbaren* und einem zur Nachprüfung durch das BVerfG nicht ausreichenden mittelbaren *Verstoß* gegen das GG unterscheiden, BVerfG DtZ **92**, 183, Waldner ZZP **98**, 215. 19

E. Anhörungsfrist usw. Das rechtliche Gehör ist grundsätzlich auch im Verfahren vor dem Rpfl erforderlich, Rn 16. Es gibt grundsätzlich keinen Anspruch darauf, daß das Gericht vor seiner Entscheidung abschließend mitteilt, wie es die Sache rechtlich beurteile, BayObLG FamRZ **83**, 1261. Vgl freilich § 139. Das Gericht braucht nicht unbedingt eine Frist zu setzen, sondern nur angemessene Zeit hindurch zu warten, Köln Rpfleger **84**, 424. Das Gericht muß den Fristablauf auch beim Schweigen des Anzuhörenden abwarten, BVerwG NJW **92**, 327, Zweibr MDR **03**, 170. Das Gericht muß aber auch in angemessener Zeit entscheiden, Rn 23, BVerfG NJW **05**, 739. Ein Verstoß zwingt zur Wiedereröffnung der Verhandlung, § 156 II Z 1. Er kann die Verfassungsbeschwerde vor dem Ende des Rechtswegs ausnahmsweise sogleich eröffnen, VerfGH Bln FamRZ **08**, 168, VerfG Brdb NVwZ **03**, 1379. Außerhalb des Anwaltsprozesses erfordern Artt 2 I, 20 III GG (Rpfl), Art 103 I GG (Richter) nicht stets einen Anwalt, BGH **91**, 314. 20

F. Selbstbestimmung, Gleichbehandlung, Waffengleichheit, Willkürverbot, dazu *Lindenmeier,* Waffen- und Chancengleichheit im deutschen und englischen Zivilprozess, 2004: Hierher gehören ferner folgende Grundsätze: Das Recht auf *informationelle Selbstbestimmung* als Folge der *Artt 1, 2 GG,* BVerfG JZ **88**, 555 (Grenzen der Zulässigkeit öffentlicher Bekanntmachungen), BVerfG NJW **97**, 311 (zu hoher Wert), BVerfG NVwZ **04**, 334 (überlange Prozeßdauer), BVerfG NJW **03**, 3759 (Rechtskraft), BGH FamRZ **06**, 1273 links (Zwangsvollstreckung). Es erfaßt alle zwangsweisen Erhebungen personenbezogener Daten auch im Zivilprozeß und verbietet zB die Auswertung eines heimlichen Blutgruppengutachtens, § 372 a Rn 18, Celle NJW **04**, 450. Ferner zählen hierhier der allgemeine *Gleichheitsgrundsatz* und das aus ihm folgende Gebot der Gleichbehandlung, AGG, und der Waffengleichheit, *Art 6 MRK,* EGMR NJW **06**, 1255 21

(Gesamtabwägung), *Art 3 GG,* Rn 15, 25, BVerfG FamRZ **07**, 1869, BGH NJW **00**, 590, die auch eine materielle und nicht nur formelle Gleichstellung anstrebt, Baumgärtel Festschrift für Matscher (Wien 1993) 30, Vollkommer Festschrift für Schwab (1990) 520, Artt 2 I, 20 III GG, BGH FamRZ **05**, 2063 rechts unten; das aus *Art 2 I GG* folgende Recht auf Gewährleistung eines *wirkungsvollen Rechtsschutzes,* BVerfG NJW **08**, 1061, BGH WoM **06**, 215.

Hier gehört ferner das freilich problematische und manchmal aus ziemlichem Subjektivismus geforderte und manchmal maßlos übersteigerte *Willkürverbot, Art 3 GG,* BVerfG NJW **07**, 3119 und RR **07**, 1195. Das ist das Verbot einer objektiven Unangemessenheit einer Maßnahme, die unabhängig von einem Schuldvorwurf bei einer verständigen Würdigung der das GG beherrschenden Gedanken objektiv nicht mehr verständlich ist, eine offensichtlich einschlägige Norm nicht beachtet oder den Inhalt einer Norm krass mißbraucht, BVerfG NJW **05**, 409, BGH NJW **03**, 1947, VerfGH Bln NZM **05**, 819, ohne eine Begründung zu geben, BVerfG NJW **05**, 409, BGH NJW **06**, 847, KG MDR **99**, 439, sodaß sich der Schluß aufdrängt, daß sie auf sachfremden Erwägungen beruht, die schlechthin unhaltbar sind, BVerfG NJW **05**, 409, BGH NJW **03**, 1947. Die Fragwürdigkeit solcher Begriffe unterschätzen BVerfG NVwZ **05**, 323, BayObLG RR **01**, 928, Schlesw MDR **00**, 1453 (unvollständig lesend). Zum Problem auch § 281 Rn 39, 40.

Man darf überhaupt *nicht* mit BVerfG MietR **96**, 54 eine „absolut herrschende Meinung" *versteinern,* Rn 47, Höfling JZ **91**, 960 („bundesverfassungsgerichtliche Superformel", vom BVerfG überdies uneinheitlich angewandt), Kirchberg NJW **87**, 1988. Schon gar nicht geht es an, jede Abweichung von einer noch so herrschenden Meinung auch nur schon deshalb in die Nähe von Willkür und dergleichen zu rücken. Obendrein spiegelt die veröffentlichte Rspr und Lehre nur einen wenn auch notgedrungen maßgebenden Teil des Gesamtmeinungsstands wider. Jedenfalls ist eine Entscheidung nicht willkürlich, wenn sie sich mit der Rechtslage eingehend auseinandersetzt und wenn sie nicht jedes sachlichen Grundes entbehrt, BVerfG NJW **01**, 1200.

22 **G. Übermaßverbot, Gewissensfreiheit.** Ferner gehören hierher: Das *Übermaßverbot,* BGH **86**, 224, Karlsr NJW **80**, 296; die Glaubens-, Gewissens- und *Bekenntnisfreiheit, Art 4 GG,* BVerfG NJW **84**, 969.

23 **H. Beibringung, Zusammenfassung, faires Verfahren, gesetzlicher Richter, Verhältnismäßigkeit usw.** Schließlich gehören hierher: Der *Beibringungsgrundsatz* (die Verhandlungsmaxime, Grdz 3 vor § 128) und der *Zusammenfassungsgrundsatz* (die Konzentrationsmaxime, Üb 6 vor § 253); ferner das aus dem Rechtsstaatsprinzip folgende „Prozeßgrundrecht" eines rechtsstaatlichen, *fairen* Verfahrens, Art 6 MRK, Artt 2 I, 20 III GG, EGMR NJW **03**, 2221, EuGH NJW **03**, 3539, BVerfG RR **08** 446, LSG Mainz NJW **06**, 1547. Das gilt zB gegenüber dem des Deutschen nicht genügend mächtigen Prozeßbeteiligten, BVerfG **64**, 135 (StPO). Das Gericht darf nicht aus einem eigenen oder ihm zurechenbaren Fehler oder Versäumnis einen Verfahrensnachteil für einen Beteiligten ableiten, BVerfG NJW **06**, 1579. Man kann aus dem Grundsatz eines fairen Verfahrens einen *Beschleunigungsgrundsatz* ableiten, van Els FamRZ **94**, 735, ferner ein Verbot überlanger Verfahrensdauer, Rn 20, Art 6 I 1 MRK (Verhandlung „innerhalb angemessener Frist"), Wittling-Vogel/Klick DRiZ **08**, 87 (ausf), Art 19 IV GG, EuGH FamRZ **07**, 1449 (in Deutschland kein effektiver Rechtsschutz gegen Überlänge) und NVwZ **07**, 1035 (Verfassungsbeschwerde nicht zur Abhilfe geeignet), BVerfG NJW **05**, 739. Seine Mißachtung kann auch zu einer Beweislasterleichterung führen, aM BVerwG NJW **01**, 841 (aber dergleichen darf man nicht völlig auf dem Rücken des mit oft vergänglichen Beweismöglichkeiten Belasteten austragen). Eine Mißachtung kann ferner zur sog Untätigkeitsbeschwerde führen, § 567 Rn 9. Außerdem muß das Gericht das Gebot des gesetzlichen Richters nach Art 101 I 2 GG beachten, BVerfG NZA **07**, 607, BGH NJW **08**, 1672. Ferner muß das Gericht den Grundsatz der *Verhältnismäßigkeit* der Mittel beachten (eine „Allzweckwaffe", Eylmann Rpfleger **98**, 46), EGMR NJW **03**, 2221, BVerfG JZ **04**, 1122 (krit Schenke).

Vgl dazu ferner Baumgärtel, Ausprägung der prozessualen Grundprinzipien der Waffengleichheit und der fairen Prozeßführung im zivilprozessualen Beweisrecht, Festschrift für *Matscher* (Wien 1993) 30; *Bötticher,* Gleichbehandlung und Waffengleichheit, Überlegungen zum Gleichheitssatz, 1979; *Debernitz,* Das Recht auf ein sachgerechtes Verfahren im Zivilprozeß, 1987; *Dörr,* Faires Verfahren, 1984; *Haag,* Effektiver Rechtsschutz usw, Diss Konstanz 1985; *Machura,* Fairneß und Legitimität, 2001; *Matscher,* Der Begriff des fairen Verfahrens nach Art. 6 EMRK, Festschrift für *Beys* (Athen 2004) 989; *Schwab/Gottwald,* Verfassung und Zivilprozeß (1984) 63; *Tettinger,* Fairneß und Waffengleichheit, Rechtsstaatliche Direktiven für Prozeß usw, 1984; *Vollkommer,* Der Grundsatz der Waffengleichheit im Zivilprozeß – eine neue Prozeßmaxime?, – Festschrift für *Schwab* (1990) 503.

24 Zur *unmittelbaren Einwirkung der MRK und des GG* auf den Zivilprozeß und zu den Grenzen dieser Einwirkung zB BVerfG **67**, 94; LG Lüb NJW **87**, 959; *Benda/Weber* ZZP **96**, 285; *Heckötter,* Die Bedeutung der Europäischen Menschenrechtskonvention und der Rechtsprechung des EGMR für die deutschen Gerichte, 2008; *Pawlowski,* Zum außerordentlichen Rechtsschutz gegen Urteile und Beschlüsse bei Verletzung des Rechts auf Gehör usw, 1994; *Schumann,* Menschenrechtskonvention und Zivilprozeß, Festschrift für *Schwab* (1990) 449; *Schumann,* Der Einfluß des Grundgesetzes auf die zivilprozessuale Rechtsprechung, Festgabe *50 Jahre Bundesgerichtshof* (2000) III 3.

Art 103 I GG begründet aber *keine allgemeine Aufklärungs- und Fragepflicht* des Gerichts, § 139 Rn 11, BVerfG NJW **94**, 1274, BGH **85**, 291.

25 Zum Einfluß des *Völkerrechts* Rn 79.

26 **I. Parteipflichten.** Die geltende Auffassung des Zivilprozesses als keines rein privaten Vorgangs führt zu einer neuen Anwendung des Begriffs des Prozeßrechtsverhältnisses, Grds 4 vor § 128. Diesem folgen die Mitwirkungspflicht (Verstoß führt zum Versäumnisverfahren), die Förderungspflicht (Verstoß führt zu Kostenfolgen und Zurückweisung von Vorbringen), die Lauterkeitspflicht mit der Wahrhaftigkeitspflicht (Verstoß evtl auch strafbar), schließlich die Pflicht zur Prozeßwirtschaftlichkeit, also zur möglichst zweckmäßigen Handhabung des Verfahrens, Grdz 4 ff vor § 128. Vgl auch Damrau, Die Entwicklung einzelner Prozeßmaximen usw, 1975.

J. Fürsorgepflicht, dazu *Koch,* Einwirkungen des Gemeinschaftsrechts auf das nationale Verfahrensrecht im Falle richterlicher Vertragsverletzung im Zivilprozeß, 1994; *Peters,* Rechtsbehelfe gegen Untätigkeit des Zivilrechtes, Festschrift für *Schütze* (1999) 661; *Smid,* Rechtsprechung – Zur Unterscheidung von Rechtsfürsorge und Prozeß, 1989; *Voßkuhle,* Rechtsschutz gegen den Richter, 1993: Das Gericht darf nie vergessen, daß es *Helfer und Schützer* der Rechtsuchenden ist, besonders der sozial Schwachen, nicht ihr Feind oder ihr Hemmschuh, BVerfG NJW **06**, 1579. Es hat eine prozessuale Fürsorgepflicht, Artt 19 IV, 20 III GG, BVerfG NJW **06**, 1579, BAG DB **77**, 920, Düss MDR **04**, 830. Sie gilt nicht nur in der mündlichen Verhandlung, zB § 139 Rn 7, sondern in allen Verfahrensarten und -abschnitten. Denn sie ist ein allgemeines Prozeßprinzip. Das Gericht verstößt gegen seine richtig verstandenen Pflichten, wenn es aus förmlichen Gründen abweist oder zurückverweist, obwohl es sachlich entscheiden könnte und dürfte, Baumgärtel Fetschrift für Matscher (Wien 1993) 30, und soweit nicht zB Verspätungsvorschriften entgegenstehen, etwa §§ 282, 296. Vor allem die in ihrer Tragweite so wenig gewürdigte Verweisung auf einen zweiten Prozeß darf nur im äußersten Notfall geschehen. 27

K. Haftungsfolgen. Schadensersatzansprüche des Unterlegenen gegen den Staat wegen des Richters oder Rpfl sind denkbar, zB wegen eines offenkundigen Verstoßes gegen EU-Recht, EuGH EuZW **03**, 718, oder wegen allzu massiver „Sammeltermine", § 216 Rn 20, Arndt DRiZ **79**, 143, gegen Sachverständige, Zeugen wegen deren Fehlverhaltens, Köndgen JZ **79**, 249, oder wegen eines Prozeßvergleichs „auf dringendes Anraten des Gerichts", Dietrich ZZP **120**, 443. Vgl freilich Üb 17–19 vor § 402. Auch eine verzögerte Bearbeitung kann eine Staatshaftung zur Folge haben, KG Rpfleger **06**, 168, LG Bln NJW **05**, 1811. Sie kann bei einem Verschulden des Richters oder Rpfl dessen Haftung begründen, Blomeyer NJW **77**, 560. Sie kann ferner eine Verfassungsbeschwerde begründen, BVerfG NJW **03**, 1924, Voßkuhle NJW **03**, 2003. Sogar bei einer zögerlichen Bearbeitung innerhalb eines objektiv noch vertretbaren Zeitraums kann ein gezieltes Handeln zum Vorteil oder Nachteil einer Partei mit der Verfahrensweise aus sachfremder Erwägung immerhin auch eine Rechtsbeugung sein, BGH NJW **01**, 3275. Die Haftung des Richters selbst richtet sich nach § 839 BGB, Ffm RR **07**, 283. 28

L. Fürsorgegrenzen. Freilich hat die Fürsorgepflicht auch Grenzen, Smid, Rechtsprechung: Zur Unterscheidung von Rechtsfürsorge und Prozeß, 1990. Das Gericht ist jedenfalls außerhalb des Bereichs einer Beratungs- oder Prozeßkostenhilfe keine Fürsorgebehörde und entgegen mancher Bemühungen kein bloßer Servicebetrieb, der auf Kundschaft wartet, Grdz 26 vor § 128. Man darf daher den Grundsatz der prozessualen Fürsorgepflicht keineswegs überspannen. Denn das wäre weder mit Art 2 GG noch mit der Parteiherrschaft und dem Beibringungsgrundsatz vereinbar, Grdz 18, 20 vor § 128. Der Staat soll jedenfalls als Gericht nicht die Rolle eines allmächtigen Fürsorgers spielen, auch nicht nach Art 103 I GG, BVerfG **67**, 95, BGH NJW **84**, 310. 29

4) Zwingende Vorschriften. „Legum servi sumus, ut liberi esse possumus" (Cicero). Die sog Mußvorschriften, weil meist durch „muß" gekennzeichnet, sind unbedingt verbindlich. Das Gericht muß sie von Amts wegen beachten. Die Folgen der Verletzung sind verschieden. Es kann eine völlige Unwirksamkeit der betroffenen Rechtshandlung eintreten. Das gilt nur selten, meist bei Prozeßhandlungen der Parteien, ausnahmsweise auch bei behördlichen Maßnahmen. Es kann auch eine bloße Anfechtbarkeit vorliegen. Die Wirksamkeit ist auflösend bedingt durch eine behördliche Abänderung. So der Regelfall. Man muß ihn vor allem beim Urteil beachten, aber auch bei allen Entscheidungen und rechtsbegründenden oder -vernichtenden Maßnahmen einer Behörde, Grdz 58 vor § 704. Eine Heilung des Mangels ist in weitem Umfang zulässig, §§ 289, 295. Die Gerichte schreiten bewußt zu einer immer milderen Anwendung auch zwingender Vorschriften fort. Das liegt im Geist der Zeit. Das gute Recht darf möglichst nicht an Formvorschriften scheitern. Die ZPO ist eine Zweckmäßigkeitsnorm, nicht Selbstzweck, Rn 10, 38, KG FamRZ **77**, 819, Karlsr FamRZ **75**, 508. Andererseits dürfen freilich Billigkeitserwägungen nicht zur Mißachtung ausdrücklicher Vorschriften führen. Der Richter steht nicht über dem Gesetzgeber. 30

5) Nachgiebige Vorschriften. Das sind solche, die nur mangels anderweiter Bestimmung der Beteiligten gelten. Bei den für das Gericht geltenden Vorschriften finden sich die folgenden Unterarten. 31

A. Sollvorschriften. Es gibt anweisende Sollvorschriften. Sie sind regelmäßig durch das Wort „soll" gekennzeichnet. Sie binden das Gericht genau wie Mußvorschriften, BayObLG Rpfleger **81**, 76. Indessen bleibt ihre Verletzung durch das Gericht oder eine Partei im allgemeinen ohne prozessuale Folgen. Vgl aber zB § 118 Rn 2–5. 32

B. Kannvorschriften, dazu *Stickelbrock,* Inhalt und Grenzen richterlichen Ermessens im Zivilprozeß, 2002: *Behrens,* Die Nachprüfbarkeit zivilrichterlicher Ermessensentscheidungen, 1979; *Schiffczyk,* Das „freie Ermessen" des Richters im Zivilprozeßrecht, Diss Erlangen/Nürnb 1979; *Schmidt-Lorenz,* Richterliches Ermessen im Zivilprozeß, Diss Freibg/Br 1983: Es gibt ferner Ermessensvorschriften. Sie sind oft durch „kann" kenntlich gemacht. Sie stellen die Maßnahmen ins pflichtmäßige Ermessen des Gerichts, BAG DB **92**, 2197. Sie zerfallen in zweierlei Arten. 33

– *Ermessen beim Ob.* Es gibt Vorschriften, die eine Prozeßhandlung in eine pflichtgemäße Abwägung des Gerichts stellen, ob sie ihm zweckmäßig scheint.

Beispiele: Die Vorabentscheidung über den Grund des Anspruchs nach § 304. Hier ist die Nachprüfung der Anwendung des Ermessens in höherer Instanz weitgehend unzulässig. Bei einer freigestellten mündlichen Verhandlung ist grundsätzlich wenigstens eine Anhörung des Betroffenen nötig, Rn 16, BVerfG **34**, 7.

– *Ermessen beim Wie.* Es gibt Vorschriften, die das Gericht zu einer Prozeßhandlung nötigen, ihm aber in der Art der Ausführung einen Spielraum lassen.

Beispiel: Das Gericht entscheidet nach freier Überzeugung darüber, ob und in welcher Höhe einer Partei ein Schaden entstanden ist.

Es muß den Schaden feststellen. Die einzelnen Erwägungen stehen aber in seinem *Ermessen.* Hier muß es die sachgemäße Anwendung und die *Grenzen* des Ermessens in der höheren Instanz eher nachprüfen. Denn eine unsachgemäße Anwendung oder Überschreitung der Grenzen bei einer Willkür wäre verfassungswidrig, BVerfG **62**, 192. Zu Ermessensfehlern *Alexy* JZ **86**, 701.

34 Die *Fassung* der Vorschrift gibt immer nur einen Anhalt. Manche Mußvorschrift kleidet sich in die Sollform und umgekehrt. Es entscheiden stets der Inhalt und Zweck der Vorschrift.

35 **6) Auslegung der Zivilprozeßvorschriften**

Schrifttum: *Achterberg* ua, Rechtsprechungslehre, 1986; *Adomeit,* Gesetzesauslegung in Zeiten abnehmender Gesetzesqualität, 1998; *Bettermann,* Die verfassungskonforme Auslegung, Grenzen und Gefahren, 1986; *Brehm,* Rechtsfortbildungszweck des Zivilprozesses, Festschrift für *Schumann* (2001) 57; *Hassold,* Strukturen der Gesetzesauslegung, Festschrift für *Larenz* (1983) 211; *Hirsch,* Rechtsanwendung, Rechtsfindung, Rechtsschöpfung usw, 2003; *Jauernig,* Von der Schwierigkeit der Suche nach dem korrekten Gesetzestext, Festschrift für *Baumgärtel* (1990); *Koch/Rüßmann,* Juristische Begründungslehre, 1982; *Langenbucher,* Die Entwicklung und Auslegung von Richterrecht usw, 1996; *Larenz,* Methodenlehre der Rechtswissenschaft, 5. Aufl 1983; *Meurer,* Denkgesetze und Erfahrungsregeln, in Festschrift für *Wolf* (1985); *Neuner,* Die Rechtsfindung contra legem, 1992; *Pawlowski,* Methodenlehre für Juristen, 2. Aufl 1991; *Prütting,* Gesetz oder Richterspruch: Ungeschriebene Rechtsbehelfe als Methodenproblem, in: Festschrift für *Adomeit* (2008); *Roth,* Der Zivilprozeß zwischen Rechtsklärung und Rechtsschöpfung, Festschrift für *Habscheid* (1989) 253; *Rüthers,* Die unbegrenzte Auslegung, 6. Aufl 2005; *Rüthers,* JZ **08**, 446 (krit Üb); *Schmidt,* Der Umgang mit Normtatsachen im Zivilprozeß, Festschrift für *Wassermann* (1985) 807; *Schumann,* Die materiell-rechtsfreundliche Auslegung des Prozeßgesetzes, Festschrift für *Larenz* (1983) 571; *Schumann,* Eigenständigkeit und Vielfalt der juristischen Hermeneutik, Festschrift für *Canaris* (2007) 1367; *Seifert,* Argumentation und Präjudiz usw, 1996; *Struck,* Salomonisches Urteil und dogmatische Rechtswissenschaft, Festschrift für *Schneider* (1997) 1; *Stürner,* Verfahrensgrundsätze des Zivilprozesses und Verfassung, Festschrift für *Baur* (1981) 647; *Tempel,* Materielles Recht im Zivilprozeß, 2. Aufl 1992; *Wank,* Die Auslegung von Gesetzen, 1997; *Zippelius,* Einführung in die juristische Methodenlehre, 3. Aufl 1980; *Zippelius,* Auslegung als Legitimationsproblem, Festschrift für *Larenz* (1983) 739.

36 **A. Gerechtigkeit; Parteiwille.** Für die Auslegung von Prozeßvorschriften gelten die allgemeinen Regeln, Rn 30, Benda ZZP **98**, 377, Dütz DB **77**, 2218. Oberster Grundsatz ist die aus dem Rechtsstaatsprinzip des Art 20 I, III GG zumindest mitableitbare Gerechtigkeit durch eine Gleichheit aller vor dem Gesetz, Art 3 GG, BVerfG JZ **04**, 1121, BGH **105**, 201, BSG NJW **75**, 1383. Überhaupt ist die Verfassungsmäßigkeit auch so mancher Verfahrensvorschrift zweifelhaft und daher prüfenswert. Man darf und muß die ZPO verfassungskonform auslegen, BVerfG NJW **05**, 658, Schumann Festschrift für Schwab (1990) 449, und zwar wertbezogen, Schumann Festschrift für Canaris (2007) 1400. Die Auslegung durch das BVerfG ist teilweise nicht überzeugend, zB § 890 Rn 21, 22, Lappe Rpfleger **83**, 85, Schumann NJW **82**, 1613. Zum grundsätzlichen Verhältnis von GG und ZPO Lorenz NJW **77**, 865. Es sollte aber auch keine Gerechtigkeit um jeden Preis geben, Schmieder ZZP **120**, 216.

Allgemein anerkannt ist der Rat, eine *Grundsatzvorschrift* weit auszulegen, dagegen eine Ausnahme von der Regel eng, Karlsr RR **87**, 1407. Bei der Auslegung einer Parteiprozeßhandlung nach Grdz 47, 52 vor § 128 geht es um die Klärung des objektiven Erklärungsinhalts, BGH BB **03**, 1356. Dabei ist Maßstab dasjenige, was vernünftig ist und der recht verstandenen Interessenlage entspricht, BGH NJW **94**, 1538. Der übereinstimmende Wille der (Vertrags-)Parteien geht dem (Vertrags-)Wortlaut und jeder anderweitigen Interpretation vor, BGH RR **88**, 265. Das gilt, soweit es sich um den Bereich der Parteiherrschaft handelt, Grdz 18 vor § 128.

37 **B. Zweckmäßigkeit: Keine Förmelei.** Prozeßrecht ist Zweckmäßigkeitsrecht, BGH NJW **00**, 3217, BayObLG **80**, 80, Hamm FamRZ **80**, 65. Begriffsjurisprudenz und Förmelei sind im Prozeß besonders unangebracht. Selbst der Wert von „blockierendem" System (Viehweg, Topik und Jurisprudenz, 3. Aufl 1965, 45) und (normativer) „spitziger" Dogmatik (Zweigert Festschrift für Bötticher [1969] 447; Berges KTS **76**, 165: „Trampelpfad rein begrifflicher Subsumtionstechnik") läßt sich bezweifeln, wenn man Rechtswissenschaft nicht nur als Wahrheitssuche (Geisteswissenschaft) sieht, sondern auch als ein von Lebenssituationen bestimmtes Problemdenken mit einer vorwiegend sozialwissenschaftlichen Zielsetzung.

38 Verfahrensrecht darf *nie Selbstzweck,* werden, Rn 10, BGH NJW **00**, 3217, Zweibr MDR **92**, 998, Otto Rpfleger **89**, 431. Es darf nicht unter dogmatischer Kruste erstarren, mag Pragmatik statt Dogmatik auch ein seinerseits wieder verfängliches Dogma sein. Es geht nicht nur um das, was gilt, sondern auch um das, was vernünftig, sinnvoll, zweckmäßig und in diesem Sinn richtig ist, LG Hbg FamRZ **94**, 403, Peters ZZP **91**, 342, Schneider AnwBl **03**, 318. Dabei fließen stets auch irrationale Elemente in die Urteilsbildung ein, KG NJW **76**, 1357. „Ein sicheres Judiz und ein empfindliches Gerechtigkeitsgefühl können mehr wert sein als die scharfsinnigste Gesetzesinterpretation und -subsumtion", Bachof Festschrift für Baur (1981) 174.

39 **C. Gesetzesbindung,** dazu Wenzel NJW **08**, 345 (Üb): Die Gesetzesbindung als eine Basis richterlicher Wertung hat dabei eine um so zentralere Bedeutung. Das gilt, je mehr Bestrebungen der Politisierung des Richters und Tendenzen einer trotz Art 19 IV GG dem Gerichtsschutz entgleitenden Steuerung weiter Lebensbereiche die Dritte Gewalt bedrängen. Deshalb kann ein *eindeutiger* Wortlaut der Auslegung Grenzen setzen, BGH FamRZ **07**, 375 links, KG NJW **90**, 459, Hirsch JZ **07**, 853. Das bedenkt BGH NJW **94**, 591 nicht genug. Das gilt erst recht, wenn Wortlaut *und* Sinn eindeutig sind, BGH RR **90**, 256, LG Karlsr DGVZ **04**, 30, FG Karlsr NZM **00**, 407. Das bedenkt BGH **123**, 185 nicht genug. Dabei darf man nicht schon deshalb einen über den klaren Wortlaut hinausgehenden anderen Sinn unterstellen, weil das einem angeblichen praktischen Bedürfnis entspräche. Andererseits kann eine sprachliche Unschärfe des Gesetzgebers einen ersichtlichen Sinn seiner Regelung scheinbar verstellen. Dann muß man den Mut zur mindestens entsprechenden Anwendung haben. Es kann die

Notwendigkeit einer verfassungskonformen Auslegung zu einer zeitgemäßen Weiterentwicklung führen, BVerfG JZ **04**, 1122. Die Auslegung kann nach Rn 40 sogar zum Gegenteil eines zumindest scheinbar eindeutigen Wortlauts führen, BVerfG MDR **99**, 1089 (zu §§ 114 ff), Münzberg DGVZ **99**, 180 (zu Art 13 GG und § 758 a). Zur ganzen Hochproblematik zB bei obersten Bundesgerichten Rüthers vor Rn 1 sowie JZ **08**, 446.

Zur ständig zunehmenden Direktwirkung von *Richtlinien des Gemeinschaftsrechts Oldenbourg,* Die unmittelbare Wirkung von EG-Richtlinien im innerstaatlichen Bereich, 1984; *Ress,* Die Direktwirkung von Richtlinien usw, Gedächtnisschrift für *Arens* (1993) 351; *Walter,* Neuere Entwicklungen im Internationalen Zivilprozeßrecht, Festschrift für *Lüke* (1997) 921.

D. Sinnermittlung. Letztlich entscheidet abgesehen vom Fall Rn 39 nicht der Wortlaut. Zwar zeigt die ZPO einen oft hohen Grad sprachlicher und systematischer Durcharbeitung, Gottwald FamRZ **90**, 85. Trotzdem gebraucht sie in Wahrheit kaum einen Fachausdruck eindeutig. Das gilt etwa beim Durcheinander von Beschwer und Beschwerdegegenstand, Schneider AnwBl **03**, 318 (Unsinn" des Gesetzgebers mangels Sachkenntnis). Man darf bei ihrer Auslegung also nicht davon ausgehen, daß sie die Begriffe einheitlich verwendet. Entscheidend sind vielmehr der Zusammenhang und der Zweck, BGH RR **94**, 568, sowie die Vereinbarkeit mit der Verfassung (sog verfassungskonforme Auslegung), BVerfG **89**, 38, Münzberg DGVZ **99**, 180. Zum Regelungszweck einer jeden Vorschrift gibt dieses Buch in den einleitenden Anmerkungen (meist Rn 2 oder 3) gezielte Hinweise. **40**

Maßgeblich ist also statt des damaligen subjektiven Willens des Gesetzgebers der aus jetziger Sicht zu ermittelnde *„objektivierte Wille",* der Sinn, wie bei § 133 BGB, BGH NVwZ-RR **05**, 149. Das ist eine sog teleologische Reduktion oder Auslegung, zu deutsch: Was nicht sein darf, kann auch nicht sein. Das gilt evtl selbst bei einem prompt als nur scheinbar entgegenstehend bewerteten, eindeutig anderen Gesetzestext, BVerfG **67**, 250, BGH NJW **93**, 2542, Mü MDR **99**, 59. Das gilt auch gegenüber einer bloß grammatischen, historischen, systematischen Auslegung, Gottwald FamRZ **90**, 85, Herzberg NJW **90**, 2525, Raape/Sturm IPR Bd I[6] 132 Z 4 (auch dann Teleologie, wenn die ratio legis „nur anklingt"), Wieser JZ **85**, 409 (zum Unterschied zwischen empirischer und normativer Auslegung). Bei einer Regelvorschrift kommt eher eine weite Auslegung in Betracht, bei einer Ausnahmevorschrift meist nur eine enge Auslegung, Rn 36. Zur Beseitigung einer Vorschrift darf die Auslegung aber nicht führen. Mit der Beweislast hat die Auslegung nichts zu tun, BGH FamRZ **89**, 959. **41**

E. Entstehungsgeschichte. Die Entstehungsgeschichte ist nur hilfsweise beachtlich, etwa zwecks zusätzlicher Sinnermittlung, BGH **115**, 94, Hamm MDR **91**, 62, Wedel, Die Rolle entstehungsgeschichtlicher Argumente in der Rechtsprechung des BGH in Zivilsachen, Diss Bre 1988. Mit Äußerungen irgendwelcher Abgeordneter oder Regierungsvertreter, LG Köln NJW **78**, 1866, Vollkommer Rpfleger **75**, 118, läßt sich zwar manchmal, aber keineswegs stets etwas Ersprießliches anfangen, aM BVerfG RR **06**, 1501. Am ehesten Aufschluß geben insoweit amtliche Begründungen. Vgl auch das Parlamentsarchiv des Deutschen Bundestags. Freilich sind amtliche Begründungen meist weder zur bindenden Auslegung noch zur Ausfüllung einer Gesetzesbestimmung geeignet, Kessel DGVZ **07**, 134, aM Mü MDR **99**, 59 (aber gerade solche Darstellung verrät nicht selten die Befangenheit und auch die politische Einbindung der Verfasser). Was beim Erlaß des Gesetzes zweckmäßig war und der damaligen Überzeugung entsprach, braucht es später nicht mehr zu sein. Eine veränderte Zeit kann dem Gesetz einen veränderten Inhalt geben. Das ändert allerdings auch nichts daran, daß es nützlich sein kann, sich zumindest bei der Sinnermittlung nach Rn 44 auch daran zu orientieren, was sich der Gesetzgeber gedacht hat. **42**

F. Rechtssicherheit, dazu *von Arnauld,* Rechtssicherheit, 2006: Vor gewissen Formvorschriften muß die mildeste Handhabung haltmachen. Freilich soll die Form dem Schutz des sachlichen Rechts dienen und nicht seiner Vereitelung. Indessen muß man hier zwei Gesichtspunkte sorgfältig abwägen. Es stehen sich gegenüber das sachliche Recht der einen Partei und die Belange der Gegenpartei, darüber hinaus aber diejenigen der Allgemeinheit. Rechtssicherheit ist ein wesentlicher Bestandteil des Rechtsstaats, BVerfG RR **93**, 232, BGH RR **93**, 131. Sie ist ein unschätzbares Gut. Es verschmerzt sich leichter ein sachliches Unrecht als eine solche Rechtsanwendung, die man wegen ihrer Unberechenbarkeit als Willkür empfindet. Darum muß man bei Formvorschriften immer fragen: Wie wirkt eine milde Handhabung auf die Rechtssicherheit? So darf man keinen Fingerbreit von strengster Einhaltung der Rechtsmittelfristen abweichen. Es ist unerträglich, wenn der Prozeßsieger trotz eines Rechtskraftzeugnisses nicht wissen kann, ob sein Urteil rechtskräftig ist. Zum Problem BVerfG **35**, 46, aM von Schlabrendorff BVerfG **35**, 51. **43**

G. Sinnähnlichkeit: Vorhandensein ähnlicher Vorschriften. Von besonderer Bedeutung ist die Anwendung der Sinnähnlichkeit, der sog Analogie, einer „sinngemäße Anwendung" einer Vorschrift. Sie ist freilich nur dann zulässig, wenn der Sachverhalt demjenigen vergleichbar ist, den das Gesetz direkt regelt, BGH **105**, 143. Auch Ausnahmevorschriften sind der sinngemäßen Anwendung zugänglich. **44**

H. Kein Umkehrschluß. Der Umkehrschluß, das sog argumentum e contrario, ist aber eines der gefährlichsten Auslegungsmittel. Er enthält oft einen logischen Fehlschluß. Weil ein Rechtssatz auf einen bestimmten Fall anwendbar ist, ist er keineswegs notwendig auf alle übrigen Fälle unanwendbar. Auch hier entscheidet der Zweck des Gesetzes. Sind mehrere Auslegungen möglich, ist diejenige falsch, die zu einem unbilligen und unzweckmäßigen Ergebnis führt. Es spricht eine Vermutung für die Vernunft des Gesetzes. **45**

I. Bedeutung von Grundsatzurteilen. Nicht nur bei jeder Auslegung, sondern bei jeder Rechtsprechung gilt wegen der Flut veröffentlichter Entscheidungen und sonstiger juristischer Literatur das Wort Wieackers in Festschrift für Bötticher (1969) 395: „Der deutsche Richter ist ... nicht nur nicht verpflichtet, sondern vielleicht nicht einmal unbeschränkt berechtigt, sich durchweg von höchst- oder instanzgerichtlichen Entscheidungen oder gar von wissenschaftlichen Autoritäten leiten zu lassen." Abgesehen von der Bindungswirkung nach § 538 Rn 2, 3 bleibt der Richter schon wegen Art 97 I GG zur kritischen Über- **46**

prüfung auch sog Grundsatzurteile verpflichtet. Auch sie können zB gegen Art 20 II 2 GG verstoßen, § 313 Rn 34.

47 **J. „Herrschende" Meinung.** Eine erhebliche praktische Rolle spielt oft die sog „gefestigte" Rechtsprechung, eine „herrschende Meinung", BVerfG NJW **08**, 2243, Stgt RR **05**, 507, oder gar „absolut herrschende Auffassung", BVerfG MietR **96**, 54, Hamm OLGZ **94**, 244. Sie hat oft auch in der Lehre eine zentrale Bedeutung. Wer sie weder übernimmt noch sich mit ihr bei einer geplanten Abweichung erschöpfend auseinandersetzt, riskiert den schweren Vorwurf einer Willkür nach Rn 21. Eine gefestigte Rechtsprechung kann natürlich die Rechtssicherheit entscheidend fördern, Rn 43. Schon deshalb hat sie ein ganz erhebliches Gewicht, Hirsch ZRP **04**, 30. Sie ist aber dennoch nicht unproblematisch, Rn 46, Zasius DGVZ **87**, 80. Ihr kann auch ein Element rein quantitativer Auf- und Abwertung angehören. „Man ist bereit, sich Wohlbefinden, Erfolg, öffentliches Ansehen und Billigung vonseiten der herrschenden Meinung durch den Verzicht auf Wahrheit zu erkaufen", Ratzinger, Salz der Erde (1996), 72. Das kann bis hin zum „Abzählen" angeblich günstiger Ansichten führen, noch dazu teils vom Gesetz überholter Meinungen, das Mü RR **01**, 1437 mit Recht verwirft. Sie berechtigt nicht dazu, von eigener kritischer Gedankenarbeit abzusehen, BVerfG **17**, 297, Herr MDR **85**, 187. Für solche Problematik bieten leider BVerfG RR **05**, 500, BGH NJW **03**, 1323, Schlesw MDR **00**, 1453 (selbst unvollständig lesend) wenig überzeugende Beispiele. Es ist erschreckend, wenn man aus prominentem Anwaltsmund hören muß, daß manches hohe oder höchste Gericht kaum je zu bewegen sei, eine eigene Rechtsprechungslinie doch noch einmal selbstkritisch zu überdenken, oder wenn ein prominenter Autor erklärt, nach einem Spruch des BGH sei das Thema „abgehandelt". Das hätte Hirsch ZRP **04**, 30 mitansprechen sollen. Geradezu verräterisch unsicher wirkt denn auch die Formulierung, es handle sich um eine „inzwischen wohl" herrschende Meinung. Das gilt erst recht dann, wenn sie in demselben Urteil ein paar Zeilen später dann plötzlich schlicht zur „herrschenden" wird, so BGH NJW **03**, 1323.

Wenig überzeugend sind daher auch als Gegenstück der erschreckende Begriff der „Mindermeinung", Ffm RR **04**, 1519, oder gar der „absoluten Mindermeinung", BVerfG NJW **93**, 3130, oder einer „Mindermeinung, die abzubröckeln beginnt", Schlesw MDR **04**, 230, oder die ebenso problematische Gegenüberstellung einer „älteren" und einer „im Vordringen befindlichen" Meinung, BGH NJW **04**, 3041, Kblz MDR **08**, 644, Prechtel MDR **03**, 699. Welche Auffassung von Geisteswissenschaft steckt hinter solchem Stoßtrupp-Vokabular? Was „dringt vor", das Quantitative oder das Qualitative? Könnte das Ältere nicht auch einmal das Ausgereiftere sein? Eine Änderung der Rechtsprechung kann freilich gegenüber demjenigen, der sich auf sie beruft, evtl zur Arglisteinrede führen. Im übrigen sollte eine „herrschende Meinung" ausreichend nachvollziehbar begründet sein, um zu überzeugen oder gar zu binden, Ffm NJW **01**, 1583. Jedenfalls hat der vielfach zu beobachtende „Leitsatzpositivismus", Brehm (bei Rn 35) 68, nur einen ziemlich vorsichtig beurteilbaren Wert, Hartmann NJW **02**, 2618. Erst recht problematisch ist der Begriff einer „mediationsfreundlichen" Auslegung, aM Althammer JZ **06**, 75.

48 **K. Gesetzeslücke.** „Lücken des Gesetzes" sind in dem Sinn äußerst zahlreich, daß der Wortlaut den Einzelfall nicht voll deckt. In dem Sinn, daß eine Handhabe für eine vernünftige und zweckmäßige Entscheidung fehle, sind sie nicht oder kaum vorhanden. Man muß sorgfältig prüfen, ob überhaupt eine Lücke vorliegt, BVerwG WoM **97**, 504, Hamm Rpfleger **89**, 34, FG Karlsr NZM **00**, 407.

49 Der Richter darf das Recht in solcher Lage *nicht verweigern,* Schumann ZZP **81**, 79. Er muß solche Lücken rechtsschöpferisch ausfüllen, Schilten JR **84**, 449. Denn ihn binden nach Art 20 III GG Gesetz und Recht. Recht kann mehr sein als das Gesetz. Richten heißt nicht nur den Willen des Gesetzgebers aussprechen, sondern bei seinem Schweigen die verfassungsgemäßen Rechtswerte erkennen und auch willenhaft verwirklichen, BVerfG JZ **90**, 811 (abl Roellecke), Köln MDR **75**, 498, LG Lübeck MDR **84**, 61. Dabei gilt das Gebot einer *verfassungskonformen* Auslegung, Rn 47. Es gibt insbesondere auch keine Entscheidung „non liquet". Nicht das Gesetz versagt, sondern das Gericht, wenn es ein unbilliges Ergebnis mit einer Lücke des Gesetzes begründet.

50 **L. Rechtsfortbildung.** Zwar darf der Gesetzgeber den Richter keineswegs in die Rolle eines generellen Normsetzers drängen, Dütz ZZP **87**, 403. Wohl aber ist eine richterliche Rechtsfortbildung zur Lückenausfüllung zulässig, sofern sie nicht die Verfassung und insbesondere den Art 20 III GG verletzt, BVerfG **67**, 250, Hillgruber FamRZ **96**, 124 (enge Grenzen). Eine Rechtsfortbildung hat den Vorrang vor einer früheren Rechtsauffassung, OGB BGH **60**, 398. Zu einem zugleich problematischen Fall Düss FamRZ **85**, 600 einerseits, Einf 28–32 vor §§ 322–327 andererseits. Ein derartiger Vorrang gilt freilich nicht mehr, wenn eine gesetzliche Regelung dicht bevorsteht.

51 Zum Sinn von Rechtsfortbildung und ihren *Grenzen* beim *rechtlichen Gehör Fischer,* Topoi verdeckter Rechtsfortbildung im Zivilrecht, 2007; *Foerste* JZ **07**, 122 (ausf); *Hillgruber* JZ **08**, 745; *Klicka,* Rechtsfortbildung auf dem Gebiet des Zivilverfahrensrechts durch die verstärkten Senate des Obersten Gerichtshofs, Festschrift für *Schütze* (1999) 367; *Lames,* Rechtsfortbildung und Prozeßrecht, 1993; *Prütting,* Prozessuale Aspekte richterlicher Rechtsfortbildung, Festschrift 600-Jahr-Feier der *Universität Köln* (1988) 305 ff (er fordert mit Recht eine saubere Methode, Vorschrift und Zurückhaltung, Mäßigung und Selbstbeschränkung, Berücksichtigung des Prinzips der nur hilfsweisen Anwendung und die Beachtung der sich aus der verfahrensrechtlichen Leistungsfähigkeit ergebenden Grenzen).

Zur *allgemeinen Problematik* unter anderem BVerfG DRiZ **84**, 363, LG Hbg Rpfleger **80**, 485; *Arens,* Die richterliche Rechtsfortbildung in Deutschland usw; *Borck,* Vom Willen des Gesetzgebers, Festschrift für *Piper* (1996) 61; *Everling* JZ **00**, 217 (EU); *Hergenröder,* Zivilprozessuale Grundlagen richterlicher Rechtsfortbildung, 1995; *Hesselberger,* Entwicklung, Grenzen und Gefahren richterlicher Rechtsfortbildung, in: Festschrift für Kellermann, 1991; *Kalbe,* Des Anwalts Argumente vor Gericht: Grundlage und Beitrag zur richterlichen Rechtsfindung und -fortbildung, in: Festschrift für *Trinkner* (1995); *Klamaris,* Das prozessuale Gewohnheitsrecht usw, Festschrift für Baumgärtel (1990) 229; *Lames,* Rechtsfortbildung als Prozeßzweck, 1993; *Langenbucher,* Die Entwicklung und Auslegung von Richterrecht, 1996; *Lieb,* Rückwirkung von (neuem) Richterrecht, in: Festschrift für *Gaul* (1997); *Neuner,* Die Rechtsfindung contra legem, 1992;

Schneider, Die Heranziehung und prozeßrechtliche Behandlung sog Rechtsfortbildungstatsachen durch die Gerichte, Diss Köln 1993. Zur Methodik der Argumentation *Gottwald* ZZP **98**, 113; *Westermann,* Gedanken zur Methode der richterlichen Rechtsfortbildung, Festschrift für Larenz (1983) 723.

M. Einfluß anderer Gesetze. Aus anderen Prozeßarten wie zB dem Strafprozeß läßt sich außerhalb **52**
etwaiger gesetzlicher Bindung für den Zivilprozeß wegen der wesentlich anderen Voraussetzungen im Weg sinngemäßer Anwendung kaum etwas gewinnen. Mit dieser Einschränkung muß man aber beachten, daß die damaligen Reichsjustizgesetze auch heute noch im Kern eine Einheit darstellen. Man kann sie daher ergänzen. Die Übertragung bürgerlichrechtlicher Vorschriften auf den Prozeßweg ist meist unstatthaft. Man muß das Zivilprozeßrecht im wesentlichen aus sich selbst heraus auslegen und fortbilden. Gerade gegen diese Grundregel gibt es manchen Verstoß. Insbesondere gilt das von der Übertragung der zivilrechtlichen Haftung für ein Verschulden. Im Zivilprozeß kommt lediglich ein prozessuales Verschulden infrage, Rn 68. Man muß ein Einstehen für die Handlung eines Dritten von Fall zu Fall und ohne jede Bindung an die Vorschriften des BGB prüfen.

7) Treu und Glauben **53**

Schrifttum: *Gottwald,* Schließt sich die „Abseitsfalle"? Rechtliches Gehör, Treu und Glauben im Prozeß und Urteilsanerkennung, Festschrift für *Schumann* (2001) 149; *Klamaris,* Der Rechtsmißbrauch im griechischen Zivilprozeßrecht, Festschrift für *Baur* (1981) 483 (rechtsvergleichend); *Pfister,* Die neuere Rechtsprechung zu Treu und Glauben im Zivilprozeß, 1998.

A. Rechtsmißbrauch. „Wenn das Recht keine gemeinsamen sittlichen Grundlagen mehr hat, verfällt es **54**
auch als Recht", Ratzinger, Gott und die Welt (1996/2004) 677. Treu und Glauben beherrschen das gesamte Recht, BVerfG NJW **97**, 1433 (zur Verfassungsbeschwerde). Sie beherrschen also auch das Zivilprozeßrecht, Grdz 44 vor § 704, § 127 Rn 25, BVerfG **101**, 404 (Anspruch auf faire Verfahrensführung), BGH NJW **05**, 2782, Ffm RR **01**, 1078, Stgt RR **01**, 970. Dieser Rechtsgrundsatz findet manchmal nicht genug Anerkennung. Er bringt aber fruchtbare Ergebnisse. Es ist nicht der Zweck einer staatlichen Einrichtung, der ungerechten oder gewissenlos geführten Sache zum Sieg zu verhelfen, Hbg VersR **82**, 341.

Jeder Rechtsmißbrauch verstößt *gegen Treu und Glauben.* Das gilt für jede Schikane nach § 226 BGB, für **55**
jeden Rechtsgebrauch zu Zwecken, die zu schützen unter keinem denkbaren Gesichtspunkt gerechtfertigt ist, BGH FamRZ **08**, 1520 links Mitte, KG FamRZ **08**, 1007. Jeden solchen Verstoß darf und muß das Gericht ohne eine Heilungsmöglichkeit etwa nach §§ 39, 295 *von Amts wegen* beachten, § 138 Rn 23, Grdz 44 vor § 704, BGH BB **01**, 68, KG FamRZ **89**, 1105, Roth-Stielow FamRZ **77**, 766. „Die Qualifikation eines rechtlich gebotenen Verhaltens als erste Rechtspflicht wird nicht durch den Umstand berührt, daß es nicht Gegenstand eines konkreten gerichtlichen Befehls und einer entsprechenden Zwangsvollstreckung ist", Dölle Festschrift für Riese (1964) 291. Freilich gibt es keinen allgemeinen Grundsatz, daß nur derjenige ein Recht geltend machen kann, der sich selbst rechtstreu verhalten hat, BayObLG NZM **99**, 85. Auch eine Bagatellforderung ist schon wegen des staatlichen Gewaltsmonopols grundsätzlich trotz aller Gerichtsbelastung schutzwürdig, Kirchner Rpfleger **04**, 401.

Wer aber sachlichrechtlich gegen Treu und Glauben verstößt, kann schon und auch wegen des Grundsatzes **56**
der *Prozeßwirtschaftlichkeit* nach Grdz 14 vor § 128 mit prozessualen Mitteln nichts erreichen. Darum ist bereits jede objektive beabsichtigte oder unbeabsichtigte *Erschleichung des Rechtswegs,* KG FamRZ **08**, 1006, oder *des Gerichtsstands* unzulässig, § 2 Rn 7, Üb 22 vor § 12, § 38 Rn 10, § 114 Rn 113 „Erschleichung des Gerichtsstands", § 260 Rn 2, § 504 Rn 3, 4, KG GRUR-RR **08**, 212, LG Bln RR **97**, 378. Deshalb ist auch eine solche Rüge unzulässig, die nur der Verschleppung dient. Man darf auch nicht die Entscheidung des gesetzlich zuständigen Richters durch die Anrufung eines anderen Gerichts mithilfe einer nur scheinbaren Anspruchsgrundlage überspielen, BGH VersR **84**, 78.

Jeder Mißbrauch des Prozeßrechts zu verfahrensfremden Zwecken, „Magie" und „Tricks", ArbG Düss RR **57**
92, 367, ist *unstatthaft,* Düss MDR **88**, 972 (nicht stets schon bei einer sachlichrechtlichen Verwirkung), Fischer MDR **93**, 838, Schmieder ZZP **120**, 210. Das übersieht BGH VersR **85**, 43 teilweise. Auch die Erschleichung der öffentlichen Zustellung kann nicht zu deren Wirksamkeit führen, aM Barnert ZZP **116**, 458 (aber daran ändern auch §§ 233 ff. nichts).

Der Mißbrauch ist auch im *Prozeßkostenhilfeverfahren* verboten, Kblz FamRZ **86**, 376, aM LSG Schlesw **58**
SchlHA **84**, 149 (aber gerade dort ist jeder Mißbrauch übel). Er kann Schadensersatzpflichten auslösen, zB nach §§ 138, 823 BGB in Verbindung mit 263 StGB, BGH RR **93**, 1116, Karlsr GRUR **05**, 315, Klamaris, Die mißbräuchliche Rechtsausübung im Zivilprozeßrecht, 1980.

Die *Einrede der Arglist,* dazu Zeiss, Die arglistige Prozeßpartei usw, 1967, Baumgärtel AcP **169**, 181, ist **59**
auch gegenüber Prozeßhandlungen der Partei statthaft.

Beispiele: Wenn der Kläger sich verpflichtet, aus Kostenersparnisgründen nicht zu klagen und das Ergebnis **60**
des Musterprozesses abzuwarten, insbesondere, wenn die Gegenseite auf die Einrede der Verjährung in diesem Zusammenhang verzichtet; wenn es um eine Schiedseinrede geht, BGH NJW **88**, 1215; wenn ein ProzBev eine verbotene Mehrfachvertretung trotz einer Interessenkollision vornimmt, § 157 Rn 1, § 158 Rn 1.

Man muß jede Partei auch an den ihr ungünstigen Erklärungen *festhalten,* sofern kein Irrtum vorlag, BGH **61**
MDR **87**, 1006. Daher kann ein Bestreiten wegen eines vorprozessualen Verhaltens unbeachtlich sein, aM Baumgärtel ZZP **86**, 365 (im Verhältnis der Parteien zueinander kein Verbot widersprechenden Verhaltens. Aber die Parteien schulden sich gerade auch untereinander Fairneß).

Eine Grenze ziehen die *Rechtskraft* nach Einf 26 ff vor §§ 322–327 und überhaupt das Bedürfnis der **62**
Rechtssicherheit nach Rn 43, BGH NJW **78**, 427 links, KG MDR **76**, 847.

Beispiele des Rechtsmißbrauchs: Ein Sich-Verstecken unter einem falschen Namen oder in einer „anonymen" **63**
Hausbesetzergruppe, § 253 Rn 24, 25, Raeschke-Kessler NJW **81**, 663; eine Klage eines Anwalts wegen eines Wettbewerbsverstoßes, deren wahrer Grund nur die Erzielung von Anwaltsgebühren ist, Düss DB **83**, 766; die Benennung eines solchen Zeugen, der ein Gespräch heimlich abgehört hat, Üb 12 ff vor § 371; die Berufung auf die bloße Paraphe statt einer Unterschrift des eigenen Anwalts bei einem Empfangsbekenntnis,

Hamm NJW **89**, 3289; ein Trennen, um durch sofort anschließendes Verbinden eine Verbesserung der Prozeßlage zu erreichen, ArbG Düss RR **92**, 367.

Weitere Beispiele: Ein so spätes Einlegen eines nicht befristeten Rechtsbehelfs, daß der Gegner mit ihm nicht mehr zu rechnen brauchte, Celle GRUR **80**, 946; eine Geltendmachung des Vorbehalts nach § 600 erst nach über 5 Jahren, Ffm MDR **90**, 256; eine Berufung auf einen Formmangel lange nach dem Abschluß des gerichtlichen Vergleichs; die Berufung auf eine offensichtlich irrige Rechtsmittelrücknahme, BGH VersR **77**, 574. Wegen Massenklagen Stürner JZ **78**, 500.

64 *Beispiel des Fehlens von Rechtsmißbrauch:* Die Einleitung eines Prozesses ohne genaue Kenntnis der sachlichrechtlichen Unhaltbarkeit des Klaganspruches, also außerhalb von § 826 BGB, BGH **154**, 271; eine Klage auf eine offensichtlich unsinnige oder unsinnig überhöhte Forderung, schon wegen der Gefahr einer Uneintreibbarkeit des Kostenerstattungsanspruchs des Gegners; die Geltendmachung kleiner Zinsforderungen gegenüber einem solchen Schuldner, der sie stets nicht bezahlt, LG Mosbach RR **01**, 1439.

65 **B. Keine prozessuale Verwirkung.** Von Verwirkung in solchen Fällen zu reden, ist bedenklich und außerdem unnötig, aM BGH NJW **99**, 3114, BAG BB **89**, 991, LAG Düss MDR **01**, 416 (aber Verwirkung ist ein ganz andersartiger sachlichrechtlicher Begriff, richtig verstanden).

66 **C. „Querulantentum"**, dazu *Dinger,* Querulatorisches Verhalten im Justizsystem usw, Diss Freibg 1988; *Dinger/Koch,* Querulanz in Gericht und Verwaltung, 1992; *Engel* Rpfleger **81**, 81; *Günter* DRiZ **77**, 239; *Klag,* Die Querulantenklage in der Sozialgerichtsbarkeit, 1980: Das Verfahrensrecht mißbrauchen auch manche unbelehrbaren Personen, die hartnäckig immer wieder dieselben sinnlosen Eingaben machen. Sie sind so manchem Gericht bekannt. Sie mißachten das Gericht und dessen Arbeitsweise, Rn 54, Kblz MDR **77**, 425. Sie können schon der Form nach unhaltbar sein, Hamm NJW **76**, 978, Kblz **87**, 433. Sie vermehren durch ihr unsoziales Verhalten unnütz die Arbeitslast und tragen zu einer Vergeudung wertvoller Arbeitskraft bei. Im einzelnen ist manches noch ungeklärt, Baumgärtel ZZP **86**, 369. Eine vernünftige Rechtsauffassung erlaubt und verlangt gewohnheitsrechtlich aber, daß der Richter derartige Eingaben nach einer vorherigen sachlichen Bescheidung und Verwarnung künftig unbeachtet zu den Akten nimmt, BVerfG **11**, 5, Brdb FamRZ **01**, 1004 LG Stgt NJW **94**, 1077.

67 **D. Furchtlose Kritik.** Freilich muß das Gericht stets prüfen, ob hinter einer ehrverletzenden Form ein ernstzunehmender Antrag steht, dessen Nichtbearbeitung gegen Art 103 I GG und den Rechtsschutzanspruch verstoßen könnte, Rn 16, Walchshöfer MDR **75**, 12. Man kann zB beim Ablehnungsgesuch nach § 42 zwischen Bösgläubigkeit und einem schuldlos unsachlichen Vortrag unterscheiden, Stgt NJW **77**, 112. Überhaupt darf man einen Querulanten nicht stets abwerten. Querulanz ist weder stets eine Geisteskrankheit noch ein stets die Geschäfts-, Prozeß- oder Zurechnungsfähigkeit sonstwie einschränkender Zustand. Sie ist vielmehr oft hartnäckige Kritik und furchtloser Widerspruch. Die Rüge der „Nichtigkeits-Querel" war einst ehrbar, Sangmeister DStZ **89**, 359. Sie kann es übertragen auch heute sein. Freilich kann Querulantentum auch zu selbstverschuldeten, deshalb unbeachtlichen Störungen führen, AG Hann Rpfleger **90**, 174.

Vgl im übrigen § 42 Rn 6, 7.

68 **8) Einige Begriffe des Zivilprozeßrechts.** Hier nur eine Auswahl. Weitere Begriffe zB in den Grdz vor § 128 und vor § 253 sowie vor § 704.

A. Verschulden. Die ZPO knüpft oft Rechtsfolgen an ein Verschulden. Sie meint damit immer ein rein prozeßrechtliches, Herber/Schmuck VersR **91**, 1212. Gemeint ist also das vorwerfbare, direkt oder bedingt vorsätzliche oder bewußt oder unbewußt fahrlässige Verabsäumen der für einen gewissenhaften Prozeßführenden nötigen Sorgfalt. Insofern ist § 276 BGB entsprechend anwendbar. Für die Frage, ob nun aber einer dieser Verschuldensgrade auch im bestimmten Einzelfall vorliegt, scheidet der allgemeine bürgerlichrechtliche Maßstab weitgehend aus, Rn 52. „Grobes Verschulden" ist die Versäumung jeder prozessualen Sorgfalt, etwa beim Anwalt das Unterlassen einer auf der Hand liegenden Rüge.

69 Verschulden des gesetzlichen *Vertreters oder des Prozeßbevollmächtigten* ist ein solches der Partei, §§ 51 II, 85 II. Da aber der Bildungsgrad und die Rechtskunde des Schuldigen eine Bedeutung haben, muß man bei der Partei evtl einen niedrigeren Maßstab anlegen als beim Anwalt. Ein Rechtsirrtum steht dem gewöhnlichen Irrtum gleich. Auch hier kann bei einem Rechtskundigen unentschuldbar sein, was sonst entschuldbar ist.

70 **B. Angriffs- und Verteidigungsmittel**, §§ 146, 282, 527 ff, 615. Das letztere ist alles, was der Abwehr des Prozeßangriffs dient, wie Bestreiten, BGH JZ **77**, 102, oder Einwendungen, auch Einreden, Hamm MDR **06**, 695. Gegensatz: Angriffsmittel, also Mittel, die dem Prozeßangriff dienen, sofern sie einen solchen Vortrag betreffen, der für sich allein rechtsbegründend ist, BGH NJW **80**, 1794. Zu den Angriffs- und Verteidigungsmitteln gehören auch Beweisanträge, selbst „Zeuge N. N.", § 356 Rn 4, ferner Beweismittel und Beweiseinreden, BGH NJW **84**, 1964, die Beanstandung eines Gutachtens, Hbg MDR **82**, 60, KG MDR **07**, 49 links oben, Kblz OLGR **02**, 275, Klagegründe, neugefaßte Patentansprüche, eine Aufrechnung.

71 *Keine* Angriffs- oder Verteidigungsmittel sind der Angriff selbst, Schenkel MDR **05**, 727, und daher zB die Sachanträge, § 297 Rn 4, BGH FamRZ **96**, 1071, zB die Klage, Widerklage, Köln MDR **04**, 962, und deren Begründung, BGH NJW **95**, 1224, Knöringer NJW **77**, 2336, Schenkel MDR **04**, 790, einschließlich der nach § 253 II Z 2 erforderlichen Aufgliederung, BGH MDR **97**, 288. Auch Rechtsbehelfe sind keine bloßen Angriffs- oder Verteidigungsmittel, Schenkel MDR **05**, 727. Ferner sind keine Angriffs- oder Verteidigungsmittel die mit einer Klagänderung vorgebrachten Ansprüche, Karlsr NJW **79**, 879, eine Klagerweiterung, BGH NJW **95**, 1224, Mü RR **95**, 740, Butzer NJW **93**, 2649, und deren Begründung, BGH NJW **86**, 2257, Karlsr NJW **79**, 879, Rechtsausführungen oder ein Parteiwechsel, Deubner NJW **77**, 291. Vgl auch § 146 Rn 4.

72 **C. Verordneter Richter.** Unter diesem Namen kann man folgende Begriffe zusammenfassen: Den *beauftragten* Richter. Er erledigt als Mitglied eines Kollegiums einen ihm von diesem Kollegium erteilten Auftrag, also nicht der gesetzmäßige Einzelrichter nach §§ 348, 348 a, 526, 527, 568 oder der gemäß § 10 GVG tätige Referendar; ferner den *ersuchten* Richter. Er erledigt als ein außerhalb des ersuchenden Gerichts stehender Richter ein Ersuchen des Gerichts. Gebräuchlich ist für den verordneten Richter der Ausdruck Richterkommissar. Das Gesetz kennt beide Ausdrücke nicht.

D. Anspruch im Sinn der ZPO ist der prozeßrechtliche Anspruch, also der begehrte Rechtsausspruch, BGH VersR **78**, 59, der Streitgegenstand nach § 2 Rn 4 von einer anderen Seite, also nicht der Anspruch nach § 194 BGB. Derselbe bürgerlichrechtliche Anspruch kann im Gegenteil der Gegenstand verschiedener prozessualer Ansprüche sein. Prozessual sind zB eine Leistungs-, Feststellungs- und Gestaltungsklage denkbar, Grdz 7–11 vor § 253. **73**

E. Prozeßrechtsverhältnis. Grdz 4 vor § 128.

9) Örtliche Geltung des Zivilprozeßrechts **74**

Schrifttum: *Grzybek,* Prozessuale Grundrechte im Europäischen Gemeinschaftsrecht, 1994; *Roth,* Die Reichweite der lex-fori-Regel im internationalen Zivilprozeßrecht, Festschrift für *Stree* und *Wessels,* 1993.

A. Deutschland. Die ZPO gilt in ganz Deutschland. Vor deutschen Gerichten muß man grundsätzlich nach deutschem Prozeßrecht verhandeln *(lex fori),* BGH **125**, 199 und FamRZ **94**, 301, Hamm FamRZ **93**, 215. Das gilt unabhängig davon, welche Staatsangehörigkeit die Parteien haben, BVerfG **64**, 18 ff, und welches sachliche Recht das Gericht anwenden muß, BGH **78**, 114, LAG Mü IPRax **92**, 100, Fastrich ZZP **97**, 423, aM Grunsky ZZP **89**, 254 (stellt auf Zumutbarkeit ab. Aber damit weicht man die Rechtssicherheit evtl auf), Kropholler Festschrift für Bosch (1976) 525 (maßgeblich sei, welche Aufgabe die fragliche Vorschrift habe. Aber noch wichtiger ist doch wohl eine generell noch leichter verwendbare und der Rechtssicherheit noch eher dienende Anknüpfung).

Jedoch muß das Gericht *fremdstaatliches Recht* beachten, zB nach §§ 110, 114, 328, 722 ZPO, 24 EGZPO, oder bei der Klärung, ob eine Rechtshängigkeit im Ausland vorliegt, § 261 Rn 7, BGH NJW **86**, 663. Nach deutschem Recht gewähren die deutschen Gerichte Rechtshilfe. Zum Stand des internationalen Zivilprozeßrechts Grunsky ZZP **89**, 246. Zum Einfluß des Völkerrechts Rn 79. **75**

Im *früheren Westberlin* galt die ZPO infolge des Rechtseinheitsgesetzes vom 9. 1. 51, VOBl 99, KG NJW **77**, 1694, und infolge der Übernahmegesetze als Bundesrecht. Daher war das Gesetz über die Vollstreckung von Entscheidungen auswärtiger Gerichte vom 26. 2. 53, GVBl 152, jedenfalls zum Teil nichtig, KG NJW **79**, 881, § 723 Rn 4. Vgl auch Einl II 3. **76**

B. Frühere Deutsche Demokratische Republik **77**

Schrifttum: *Brunner,* Einführung in das Recht der DDR, 2. Aufl 1979; *Kellner und andere,* Zivilprozeßrecht der DDR, 1980; *Lohmann,* Gerichtsverfassung und Rechtsschutz in der DDR, 1986.

Infolge des Beitritts der DDR nach Art 23 S 2 GG zur BRep ist nach Artt 3, 8 EV grundsätzlich auch die ZPO der BRep sowie die Fülle der Nebengesetze wegen Artt 70 ff GG auch im Gebiet der früheren DDR sofort und direkt in Kraft getreten, BGH VersR **92**, 1024. Wegen der abändernden Maßgaben EV Anl I KapIII Abschn III Z 5 a–l, BGBl **90**, 889 (927 ff). Solange die DDR noch bestand, galt im wesentlichen noch der folgende, nur skizzierte Zustand, auch für solche Fälle, die nach dem Beitritt zur BRep noch nach Altrecht zu beurteilen wären: Im Verhältnis zur BRep war sie kein Ausland, waren ihre Bewohner keine Ausländer, sondern Deutsche, Artt 16, 116 I GG, und wie Bürger der BRep zu behandeln, (zumindest) soweit sie in den Schutzbereich der BRep und des GG gerieten, BVerfG **57**, 64, BGH **84**, 18, Schlesw SchlHA **83**, 13, OVG Münst JZ **79**, 136.

Soweit Prozeßrecht zwischen der BRep und der DDR noch verschieden war (*interlokales Recht*), galt § 293, dort Rn 2, und im übrigen ebenfalls der Grundsatz der lex fori, BGH **84**, 19, Köln DtZ **91**, 28. Für innerdeutsches Kollisionsrecht war das IPR der BRep anwendbar, Mü OLGZ **86**, 189. Wegen eines früheren DDR-Anwalts vgl in der 55. Aufl SchlAnh VII Üb 1. Wegen der Anerkennung und Vollstreckung eines früheren DDR-Titels Einf 1, 2 vor § 328. Die innerdeutsche Rechts- und Amtshilfe war lt Erlassen der JM des Bundes und der Länder normalisiert worden; eine Beteiligung der Justizverwaltungen war entfallen.

10) Zeitliche Geltung des Zivilprozeßrechts **78**

Schrifttum: *Heß,* Intertemporales Privatrecht, 1998; *Lüke,* Tempus regit actum – Anmerkungen zur zeitlichen Geltung von Verfahrensrecht, Festschrift für *Lüke* (1997) 391; *Pollinger,* Intertemporales Zivilprozeßrecht, Diss Mü 1988; *Schumann,* Intertemporäres Zivilprozeßrecht usw, Festschrift für *Bub* (2007) 549.

Spezielles Übergangsrecht befindet sich vor allem in dem vom unten genannten Grundsatz völlig ins Gegenteil abweichenden, vorrangigen spezielleren *§ 111 FamFG,* abgedruckt in Einf 4 vor § 1 FamFG (hinter dem EGZPO), ferner zB in §§ 20 ff EGZPO, § 62 WEG, dazu LG Dortm NJW **07**, 3137, Niedenführ NJW **08**, 1768, aM Bergerhoff NZM **07**, 553, Schmid ZMR **08**, 181 (je: systemwidrig). Nach einem Mahnverfahren ist der Akteneingang beim Gericht des streitigen Verfahrens maßgebend, Niedenführ NJW **08**, 1768. Klagänderungen oder Widerklagen sind neue Verfahren, Niedenführ NJW **08**, 1769.

Mangels solcher spezieller Übergangsvorschiften gilt im Zivilprozeß als eine *allgemeine grundsätzliche Übergangsregel:*

Neue Prozeßgesetze werden mit ihrem *Inkrafttreten* auch für anhängige Verfahren wirksam, soweit sie nichts Abweichendes bestimmen, BVerfG **39**, 167, BGH RR **08**, 222, Hbg MDR **07**, 1286. Abgeschlossene prozessuale Tatbestände wie zB ein Anerkenntnis erfaßt das neue Gesetz allerdings ausnahmsweise nicht, BGH RR **08**, 222, Sedemund-Treiber DRiZ **77**, 104. Meist enthalten neue Prozeßgesetze Übergangsvorschriften. Sie werden in den ersten Jahren seit dem jeweiligen Inkrafttreten in den Vorbemerkungen zu den Kommentierungen der Einzelvorschriften dargestellt. Zu deren Vereinbarkeit mit dem GG grundsätzlich BVerfG RR **93**, 253. Es kann der sog Meistbegünstigungsgrundsatz anwendbar sein, Grdz 28 vor § 511, BGH NJW **02**, 2106. Man muß bürgerlichrechtliche Vorschriften der Prozeßgesetze nach dem neuen Prozeßgesetz beurteilen, wenn es zur Zeit der Verwirklichung ihres Tatbestands gilt, vorausgesetzt, daß das deutsche Recht anwendbar ist.

11) Völkerrecht. Zum Einfluß des *Völkerrechts Glossner,* Völkerrecht und Zivilprozeß, in: Festschrift für *Trinkner* (1995). **79**

IV. Europäisches Zivilprozeßrecht

Schrifttum: *Atik* EuZW **04**, 686, *Rehm* Festschrift für *Heldrich* (2005) 955, *Rörig* EuZW **04**, 18, *Stadler* IPRax **04**, 11, *Wagner* NJW **03**, 2344 (je: Üb, auch rechtspolitisch). Zur mittlerweile direkteren Einwirkung der *Europäischen Menschenrechtskonvention* Rn 15, 21 sowie EuGH IPRax **99**, 338; *Ehricke* IPRax **99**, 311; *Matscher* Festschrift für *Henckel* (1995) 13, *Matthei,* Der Einfluß der Rechtsprechung des Europäischen Gerichtshofes für Menschenrechte auf die ZPO, 2000; *Nagel/Bajons,* Beweis/Preuve/Evidence, Grundzüge des zivilprozessualen Beweisrechts in Europa, 2003; *Prütting,* Die Strukturen des Zivilprozesses unter Reformdruck und europäische Konvergenz?, Festschrift für *Schumann* (2001) 309; *Schmidt,* Zivilprozeß und Europakartellrecht, Festschrift für *Schumann* (2001) 405; *Schumann* Festschrift für *Schwab* (1990) 449; *Stürner,* Zur Struktur des europäischen Zivilprozesses, Festschrift für *Schumann* (2001) 491; *Thiele,* Europäisches Prozessrecht, 2007; *Tönsfeuerborn,* Einflüsse des Diskriminierungsverbots und der Grundfreiheiten der EG auf das nationale Zivilprozeßrecht, 2002; *Wolf* in: Festschrift für *Söllner* (2000). Zum Verhältnis des EuGH zu den nationalen Gerichten Rodríguez Iglesias NJW **00**, 1889 (Üb).

1 **1) Systematik.** Art 65 EGV ermöglicht langfristig die *Kodifikation* eines Europäischen Internationalen Zivilprozeßrechts, *Drappatz,* Die Überführung des internationalen Zivilverfahrensrechts in eine Gemeinschaftskompetenz nach Art 65 EGV, 2002, Heß NJW **00**, 23. Zu deren Vorbereitung kann die EU bereits jetzt Harmonisierungsmaßnahmen im Bereich der grenzüberschreitenden Zivilrechtspflege erlassen, soweit sie für das reibungslose Funktionieren des Binnenmarkts erforderlich sind (das ist eine weite Generalklausel), Artt 61–69 EGV. Dazu gehören zB die folgenden Verordnungen.

A. VO (EG) Nr 1346/2000 v 29. 5. 00 über Insolvenzverfahren, ABlEG L 160 1. Die VO ist am 31. 5. 02 in Kraft getreten, Art 47, BGH RR **04**, 848. Durchführung: Art 102 EGInsO idF Art 1 G v 14. 3. 03, BGBl 345.

B. VO (EG) Nr 1393/2007. Vgl Einf 1 vor § 1067.

C. EUGVVO. Vgl SchlAnh V C 2.

D. VO (EG) Nr 1206/2001. Vgl Einf 1 vor § 1072.

E. VO (EG) Nr 74/2002 v 25. 4. 02 über eine allgemeine Rahmenregelung der Gemeinschaft für Aktivitäten zur Erleichterung der justiziellen Zusammenarbeit in Zivilsachen, ABlEG L 115/1. Danach sollen insbesondere der Rechtszugang innerhalb der EU und die gegenseitige Anerkennung gerichtlicher Entscheidungen verbessert werden.

F. EuEheVO, „Brüssel II a". Vgl Anh I § 606 a.

G. VO (EG) Nr 805/2004. Vgl Einf 1 vor § 1079.

H. EuMVVO. Vgl Anh § 1086 Einf 3.

I. VO (EG) Nr 861/2007 v 11./31. 7. 07, ABlEG L 199, 1, zur Einführung eines europäischen Verfahrens über geringfügige Forderungen (EuVgerFVO), dazu Wagner EuZW **07**, 627, in Kraft praktisch seit 1. 1. 09, Art 29 S 2 EuVgerFV.

2 **2) Sonstige Rechtsetzungsakte der EU.** Von den Verordnungen unterscheiden sich die Richtlinien. Sie brauchen eine Umsetzung durch nationales Recht, Ehricke EuZW **04**, 359. Hierher zählt zB die Richtlinie (EG) Nr 2003/8 (Prozeßkostenhilfe). Vgl Einf 1 vor § 1076.

V. Sonstiges zwischenstaatliches Zivilprozeßrecht

Schrifttum (Auswahl): *Bülow/Böckstiegel/Geimer/Schütze,* Der Internationale Rechtsverkehr in Zivil- und Handelssachen, 3. Aufl, ab 1983; *Geimer/Schütze,* Europäisches Zivilverfahrensrecht, 2. Aufl 2004; *Geimer,* Internationales Zivilprozeßrecht, 4. Aufl 2001; *Kropholler,* Europäisches Zivilprozeßrecht, 7. Aufl 2002; *Linke,* Internationales Zivilprozeßrecht, 3. Aufl 2001; *Nagel/Gottwald,* Internationales Zivilprozeßrecht, 5. Aufl 2002; *Schack,* Internationales Zivilverfahrensrecht, 1991; *Schlosser,* EU-Zivilprozeßrecht 2. Aufl 2003; *Schütze,* Deutsches Internationales Zivilprozeßrecht, 1985.

1 **1) ZPO.** Vgl zunächst Buch 11 (Justizielle Zusammenarbeit in der EU, §§ 1067 ff) mit den dort seit 62./65. Aufl mitabgedruckten Texten. Weitere einschlägige Vorschriften finden sich in der ZPO (§ 110: Sicherheitspflicht, §§ 183 ff: Zustellung, § 328: Anerkennung ausländischer Urteile, §§ 363, 364: Beweisaufnahme, §§ 722, 723: Zwangsvollstreckung aus ausländischen Urteilen, § 791: Zwangsvollstreckung im Ausland). Doch sind damit die zivilprozeßrechtlichen Rechtsbeziehungen zum Ausland nicht annähernd erschöpft. Staatsverträge enthalten vielfach besondere Vorschriften, die der ZPO als Sonderrecht vorgehen.

2 **2) Weitere Staatsverträge.** Auch sie gelten für ganz Deutschland, dazu Andrae IPRax **94**, 223, Mansel JR **90**, 441, Siehr RabelsZ **91**, 243, SchlAnh V A, B, VI.

A. HZPrÜbk. Vgl SchlAnh V A 1.

B. HZustlÜbk. Vgl Anh § 183, Anh § 363.

C. HBewÜbk. Vgl § 363 Anh I–III.

D. Zusatzvereinbarungen zur weiteren Erleichterung des Rechtsverkehrs bestanden zuletzt (und bestehen hinsichtlich der nicht durch die neuen Übk ersetzten Teile) mit zahlreichen Ländern.

E. UNUnterhÜbk. UN-Übk über die Geltendmachung von Unterhaltsansprüchen im Ausland v 20. 6. 56, BGBl 59 II 150. Daneben tritt das Auslandsunterhaltsgesetz v 19. 12. 86, BGBl 2563, Anh § 168 GVG. Wegen des Haager UnterhVollstrÜbk Rn 9.

F. Sonderverträge, nämlich im Verhältnis zu zahlreichen Ländern.

G. HUnterhÜbk. Vgl SchlAnh V A 2.

H. HAVÜbk. Das Haager Übereinkommen über die Anerkennung und Vollstreckung von Unterhaltsentscheidungen v 2. 10. 73, BGBl 86 II 825, ist für die BRep (mit Zusatzerklärung) im Verhältnis zu zahlreichen Staaten in Kraft getreten. Es gilt nicht im Verhältnis zu Österreich, Düss FamRZ **07**, 842.

I. EuSorgeRÜbk. Vgl SchlAnh V A 3.

J. Zweiseitige Anerkennungs- und Vollstreckungsabkommen. Vgl SchlAnh V B.

K. AVAG. Vgl SchlAnh V E.

L. UNÜ. Vgl SchlAnh VI A 1.

M. Genfer Protokoll über Schiedsklauseln im Handelsverkehr v 24. 9. 23, RGBl 25 II 47, und das **Genfer Abkommen zur Vollstreckung ausländischer Schiedssprüche** v 26. 9. 27, RGBl 30 II 1067. Soweit Vertragsstaaten dem UN-Übk beigetreten sind, sind GenfProt und GenfAbk für diese außer Kraft getreten, Art 7 II Übk. Es gelten noch im Verhältnis der Bundesrepublik zu einigen Ländern.

N. EuÜbkHSch. Vgl SchlAnh VI A 2.

O. Zweiseitige Verträge über die Anerkennung von Schiedsverträgen und die Vollstreckung von Schiedssprüchen. Vgl SchlAnh VI B.

P. EuRAG. Vgl SchlAnhVII.

Q. EuAuskÜbk. Vgl § 293 Rn 14 ff.

Zivilprozessordnung

idF der Neufassung v 5. 12. 05, BGBl 3202, berichtigt **06,** 431 und **07,** 1781, geändert dch Art 8 G v 12. 8. 08, BGBl 1666, und sodann dch Art 29 FGG-RG

Die Überschriften sind amtlich

Amtliche Inhaltsübersicht (Fassung 1. 9. 2009)

Buch 1. Allgemeine Vorschriften

Abschnitt 1. Gerichte

Titel 1. Sachliche Zuständigkeit der Gerichte und Wertvorschriften

Titel 2. Gerichtsstand

Titel 3. Vereinbarung über die Zuständigkeit der Gerichte

Titel 4. Ausschließung und Ablehnung der Gerichtspersonen

Abschnitt 2. Parteien

Titel 1. Parteifähigkeit; Prozessfähigkeit

Titel 2. Streitgenossenschaft

Titel 3. Beteiligung Dritter am Rechtsstreit

Titel 4. Prozessbevollmächtigte und Beistände

Abschnitt 2. Zwangsvollstreckung wegen Geldforderungen

Titel 1. Zwangsvollstreckung in das bewegliche Vermögen

Untertitel 1. Allgemeine Vorschriften

Untertitel 2. Zwangsvollstreckung in körperliche Sachen

Untertitel 3. Zwangsvollstreckung in Forderungen und andere Vermögensrechte

Titel 2. Zwangsvollstreckung in das unbewegliche Vermögen

Titel 3. Verteilungsverfahren

Buch 1. Allgemeine Vorschriften

Grundzüge vor Abschnitt 1

1 **1) Systematik.** Buch 1 enthält dasjenige, was für die gesamte ZPO „vor die Klammer gehört". Seine Vorschriften gelten also grundsätzlich unmittelbar in allen Büchern 2–11. Davon gibt es freilich in diesen letzteren Büchern mehr oder minder erhebliche vorrangige, weil speziellere Abweichungen. Das bedeutet: Zunächst prüft man an der einschlägigen Spezialstelle des Gesetzes, ob und welche Regelung es dort trifft. Mangels einer eindeutigen dortigen Klärung darf und muß man aber eben stets auf das Buch 1 zurückgreifen. Erst wenn auch dort keine Regelung vorliegt, kommt die Verfahrensweise bei einer etwaigen Sinnähnlichkeit anderer Bestimmungen in Betracht, Einl III 44. Erst wenn man auch dabei kein Ergebnis erzielen kann, ist die Verfahrensweise bei einer Gesetzeslücke sinnvoll, Einl III 48. Buch 1 hat also eine ganz wesentliche Mitbedeutung in jeder Verfahrenslage.

Entsprechend anwendbar ist Buch 1 nach § 113 I 2 FamFG evtl in Ehesachen nach §§ 121 ff FamFG und in Familienstreitsachen nach § 112 Z 1–3 FamFG.

2 **2) Regelungszweck.** Die in Rn 1 beschriebene Gesetzestechnik bezweckt in einer mathematischen Methode eine Vereinfachung, Verkürzung, Vereinheitlichung und damit eine größere Sicherheit bei der Rechtsfindung, Einl III 43. Nur scheinbar wirkt die dabei unvermeidbare Arbeitsweise des „Hin- und Herblätterns" erschwerend. Sie ist im deutschen Gesetzesrecht ja ohnehin bekannt und hat insgesamt keine überwiegenden Nachteile. Man darf eben nur nicht vergessen, sie anzuwenden.

Abschnitt 1. Gerichte

Grundzüge vor Titel 1

1 **1) Systematik.** Der Abschnitt 1 enthält Ergänzungen des GVG für den Zivilprozeß. Das zur Entscheidung berufene Gericht einschließlich der Personen der Richter läßt sich nur so bestimmen, daß man die einschlägigen Vorschriften sowohl der ZPO als auch des GVG berücksichtigt. Titel 1 enthält Ergänzungen zur sachlichen Zuständigkeit und Wertvorschriften. Die Titel 2 und 3 regeln die örtliche Zuständigkeit, vereinzelt auch die sachliche Zuständigkeit. Titel 4 ergänzt den Titel 1 des GVG, soweit es um die Frage geht, wer im Einzelfall zum Richteramt geeignet ist.

2 **2) Regelungszweck.** Die Verzahnung von GVG und ZPO macht das Ermitteln der gesetzlichen Lösung nicht einfacher. Auch diese Arbeitsweise ist aber ein juristisch alltägliches Arbeitsmittel mit dem Ziel einer Vermeidung von Wiederholungen, also der Vereinfachung und Vereinheitlichung. Dabei dienen die einzelnen Vorschriften sehr unterschiedlichen Zwecken. Man muß sie daher auch sehr unterschiedlich auslegen. Das ändert nichts an der Notwendigkeit ihrer ständigen Mitbeachtung, soweit in spezielleren Teilen der ZPO keine vorrangigen Sondervorschriften bestehen.

Titel 1. Sachliche Zuständigkeit der Gerichte und Wertvorschriften

Grundzüge vor § 1

Gliederung

1 **1) Systematik.** Unter dem Begriff Zuständigkeit versteht man die Befugnis und die Verpflichtung zu einer Tätigkeit. Im Bereich der Gerichtsbarkeit bedeutet das: Die Zuständigkeitsregeln legen fest, welches Gericht und welches Rechtspflegeorgan im einzelnen Fall zur Tätigkeit befugt und verpflichtet ist. Demgegenüber ergibt die Regelung der Zulässigkeit des ordentlichen Rechtswegs nach § 13 GVG, welche Fälle vor die ordentlichen Gerichte gehören und welche vor die Gerichte anderer Gerichtsbarkeiten, zB vor ein Finanzgericht oder ein Verwaltungsgericht.

2 **2) Regelungszweck.** Die Zuständigkeitsvorschriften dienen der Durchsetzung des Gebots des gesetzlichen Richters nach Art 101 I 2 GG, BVerfG **95**, 327, BGH **85**, 118. Sie dienen und damit der Rechtssicherheit nach Einl III 43 und der Rechtsstaatlichkeit, Art 20 GG. Indessen spielt insbesondere im Bereich des § 3 auch die im dortigen Ermessen zum Ausdruck kommende Prozeßwirtschaftlichkeit eine erhebliche Rolle, Grdz 14 vor § 128. Das alles macht eine behutsame Abwägung bei der Auslegung ratsam.

3) Geltungsbereich. §§ 1 ff gelten in allen Verfahrensarten nach der ZPO, auch im WEG-Verfahren und entsprechend im Bereich des § 113 I 2 FamFG, soweit nicht §§ 33 ff FamGKG vorgehen. 3

4) Zuständigkeitsarten. Die Zuständigkeit läßt sich nach verschiedenen Gesichtspunkten ordnen. 4

A. Örtliche Zuständigkeit. Sie klärt die räumlichen Grenzen, innerhalb derer ein Gericht tätig sein darf und muß, §§ 12 ff. Maßgebend ist der landesrechtlich geregelte jeweilige Bezirk, in dem das Gericht den Sitz hat, BVerfG **2**, 307.

B. Sachliche Zuständigkeit. Sie klärt die Frage, welches erstinstanzliche Gericht nach der Art der Angelegenheit tätig sein darf und muß. Im Bereich bürgerlicher Rechtsstreitigkeiten nach § 13 GVG gehört die Abgrenzung zwischen dem AG nach §§ 23 ff GVG oder dem LG nach § 71 GVG einerseits und dem ArbG nach §§ 2 I Z 1–3, IV, 3 ArbGG andererseits jetzt zum Bereich der Zulässigkeit des Rechtswegs. Das ergibt sich aus §§ 17, 17 a, b GVG und aus § 48 I ArbGG, BAG NZA **92**, 954. 5

C. Geschäftliche Zuständigkeit, auch funktionelle Zuständigkeit genannt. Sie klärt die Frage, welcher im Gesetz genannte Spruchkörper eine dort allgemein genannte rechtliche Angelegenheit betreuen muß, §§ 21 e ff GVG. 6

Hierher gehört zB: Die Abgrenzung zwischen dem Prozeßgericht und dem Vollstreckungsgericht, §§ 764, 828; zwischen dem Kollegium und dem Einzelrichter, §§ 348, 348 a, 526, 527, 568; zwischen dem entscheidenden und dem ersuchten oder beauftragten Richter, §§ 361, 362, oder dem Rechtshilfegericht, § 157 GVG; zwischen dem Richter und dem Rpfl; zwischen dem Rpfl und dem Urkundsbeamten, § 153 GVG; zwischen dem Gericht und dem Gerichtsvollzieher, § 753; zwischen dem Prozeßgericht und dem Familiengericht, (zum alten Recht) BGH **97**, 82, aM Jauernig FamRZ **89**, 1 (sachliche Zuständigkeit); zwischen dem Prozeßgericht und dem Arrestgericht, § 919, oder dem Gericht der einstweiligen Verfügung, § 937, Hamm OLGZ **89**, 339; zwischen der Zivilkammer und der Kammer für Handelssachen, §§ 93 ff GVG, BGH **97**, 84.

D. Geschäftsverteilung auf die einzelnen gleichartigen Abteilungen, Kammern oder Senate desselben Gerichts. Sie klärt die Frage, welcher einzelner Spruchkörper im konkreten Einzelfall und zum fraglichen Zeitpunkt entscheiden darf oder muß. Diese zwar auf gesetzlichen Regeln des GVG beruhende, aber im einzelnen für jedes Geschäftsjahr vom Präsidium oder vom Spruchkörper zu beschließende und nur in Ausnahmefällen abänderbare Regelung hat nach der Systematik des Gesetzes zunächst eine innerdienstliche Bedeutung. Freilich sind die praktischen Auswirkungen gleichwohl erheblich, schon wegen Art 101 I 2 GG (Gebot des gesetzlichen Richters). Deshalb ergibt auch erst die Klärung sämtlicher vorgenannter Fragen eine Antwort darauf, welche Gerichtsperson die gewünschte oder erforderliche Handlung jeweils vornehmen darf und muß. 7

E. Grundsatz: Ausschließliche Zuständigkeit nur bei Ausdrücklichkeit. Eine weitere Unterscheidungsmöglichkeit besteht darin, daß das Gesetz die Zuständigkeit teils zwingend vorschreibt, § 40 II, Stgt NJW **78**, 1272 (Vorrang der spezielleren), teils nur hilfsweise regelt und den Parteien im letzteren Fall die Möglichkeit beläßt, eine abweichende Vereinbarung oder Prorogation zu treffen, zB nach § 38. Die örtliche und die sachliche Zuständigkeit ist nur in denjenigen Fällen ausschließlich, in denen das Gesetz das ausdrücklich bestimmt, zB §§ 29 a, 40. Die geschäftliche Zuständigkeit ist immer dem Parteiwillen nach Grdz 18 vor § 128 entzogen. Die Geschäftsverteilung steht ohnehin schon deshalb nicht der Parteivereinbarung offen, weil es sich nicht um eine Zuständigkeitsfrage handelt, Rn 5. Man muß die Frage, ob die Zivilkammer des LG oder seine Kammer für Handelssachen tätig werden soll und muß, nach den Regeln der sachlichen Zuständigkeit beurteilen, sofern nicht §§ 97 ff GVG etwas anderes bestimmen. Sondergesetze geben Spezialregeln, zB für Baulandsachen § 217 I 4 BauGB. 8

F. Ausschließliche sachliche Zuständigkeit. Sie besteht in folgenden Fällen: Bei einem nichtvermögensrechtlichen Prozeß, Rn 10; bei § 71 III GVG; in einigen Fällen des sachlichen Zusammenhangs (Anhangsprozesse), zB bei einer Einmischungsklage (Hauptintervention), § 64; dann, wenn das Gesetz sie ausdrücklich angeordnet hat, § 71 GVG Rn 5. Eine ausschließliche Zuständigkeit kann insbesondere bei einer Widerklage bestehen, zB § 33 II. 9

G. Prüfung von Amts wegen. Die Zuständigkeit ist eine Prozeßvoraussetzung, Grdz 22 vor § 253. Das Gericht muß sie von Amts wegen prüfen. Vgl aber §§ 38, 39 S 1, 513 II, 545 II, 571 II 2, 576 II. Die ZPO nennt den Vorgang, daß man sich auf eine Unzuständigkeit beruft, eine Zulässigkeitsrüge, §§ 282 III, 296 III. Beim Fehlen der sachlichen Zuständigkeit kann mangels einer Verweisungsmöglichkeit eine Klagabweisung als unzulässig durch ein Prozeßurteil nach Grdz 14 vor § 253 notwendig sein. 10

5) Vermögensrechtlicher Anspruch, dazu *Baum*, Vermögensrechtliche und nichtvermögensrechtliche Streitigkeiten im Zivilprozeß, Diss Bonn 2000; *Gerhardt,* Nichtvermögensrechtliche Streitigkeiten – eine Besonderheit im Zivilprozeß?, Festschrift für *Schumann* (2001) 133; *Haberzettl,* Streitwert und Kosten in Ehe- und Familiensachen, 2. Aufl 1985; *Günther Rohs,* Streitwert in Ehe- und Folgesachen, Festschrift für *Schmidt* (1981) 183. 11

A. Grundsatz: Maßgeblichkeit der Rechtsnatur. Wegen § 708 Z 11, ferner wegen § 48 II, III GKG und damit mittelbar auch für die sachliche Zuständigkeit kommt es oft auf die Abgrenzung zwischen einem vermögensrechtlichen und einem nichtvermögensrechtlichen Anspruch an, aM Gerhardt 146 (eine solche Abgrenzung sei weder erforderlich noch gerechtfertigt. Die Praxis denkt vielfach anders). Für die Frage, ob die eine oder die andere Art von Anspruch vorliegt, kommt es allein auf die Natur desjenigen Rechts an, für das der Kläger einen Schutz verlangt, Fricke VersR **97**, 406. Es ist also unerheblich, was der Bekl mit seinem Einwand bezweckt. Es können auch verschiedenartige Ansprüche vorliegen, zB: Der Anspruch auf die Unterlassung einer Ehrenkränkung und der Anspruch auf deren Widerruf.

Vermögensrechtlich ist ein solcher Anspruch, der entweder auf einer vermögensrechtlichen Beziehung beruht oder auf Geld oder Geldeswert geht, LAG Bre AnwBl **84**,165, LAG Mü AnwBl **87**, 287, ohne Rücksicht auf seinen Ursprung und Zweck. Deshalb ist ein Unterlassungsanspruch des gewerblichen Rechtsschutzes immer vermögensrechtlich. Der Anspruch kann sich zwar auch auf ein nichtvermögensrechtliches Verhältnis gründen. Er ist aber gleichwohl dann vermögensrechtlich, wenn er eine vermögenswerte Leistung zum Gegenstand hat. Der Kostenstreit in einer nichtvermögensrechtlichen Sache ist insoweit vermögensrechtlich, als er zur Hauptsache geworden ist.

12 **B. Beispiele zur Frage des Vorliegens eines vermögens- oder nichtvermögensrechtlichen Anspruchs**

Abmahnung: Vermögensrechtlich ist eine mit einer Kündigungsdrohung verbundene Abmahnung, BAG MDR **82**, 694.

S auch Rn 15 „Personalakte".

Abstammungssache: *Nichtvermögensrechtlich* ist eine solche Sache nach §§ 169 ff FamFG.

Änderung des Streitgegenstands: Eine solche Änderung kann die Rechtsnatur ändern, zB dann, wenn in einer bisher nichtvermögensrechtlichen Sache wegen übereinstimmender voller wirksamer Erledigterklärungen beider Parteien die Kosten zur Hauptsache werden, Rn 14 „Kostenstreit".

Arbeitsrecht: *Nichtvermögensrechtlich* sind: Ein Anspruch nach § 99 IV BetrVG, LAG Hann AnwBl **84**, 166; meist ein Beschlußverfahren zwischen dem Auftraggeber und dem Betriebsrat, LAG Hbg NZA **93**, 43 (Mitbestimmung), LAG Mü AnwBl **87**, 287; ein Anspruch auf eine Teilzeitarbeit, LAG Mainz MDR **06**, 57.

S auch „Abmahnung", Rn 12 „Ehre", Rn 15 „Personalakte".

Auskunft, dazu *Abel,* Der Gegenstand des Auskunftsanspruchs usw, in: Festschrift für *Pagenberg,* 2006: Vermögensrechtlich ist der Auskunftsanspruch nach § 1605 BGB, BGH NJW **82**, 1651.

S auch Rn 16 „Unterhalt".

Ausschließung: Rn 14 „Körperschaft".

Aussetzung: S „Ehe".

Berufsehre: Rn 12 „Ehre".

Betriebsrat: S „Arbeitsrecht".

Bild: *Nichtvermögensrechtlich* ist grds eine vorbeugende Unterlassungsklage wegen der Verletzung des Rechts am eigenen Bild, BGH NJW **96**, 1000 (Ausnahme: Wahrung wirtschaftlicher Belange).

Ehe: *Nichtvermögensrechtlich* sind: Eine Ehesache nach §§ 121 ff FamFG, § 3 Rn 25 „Aussetzungsantrag"; die Gestattung des Getrenntlebens; der Schutz des räumlichen Bereichs der Ehe; die Anerkennung einer ausländischen Entscheidung nach (jetzt) § 107 FamFG, BayObLG FamRZ **99**, 604.

S auch Rn 15 „Personensorge".

13 **Ehre:** Vermögensrechtlich ist ein Anspruch zB auf einen Widerruf, wenn er allein oder auch aus wirtschaftlichen Gründen erfolgt, BGH NJW **85**, 979. Vermögensrechtlich kann ein Rechtsstreit nach dem Inhalt des Klaganspruchs auch dann sein, wenn es dem Kläger nur um die Verteidigung seiner Ehre geht, BGH GRUR **81**, 297.

Nichtvermögensrechtlich ist allerdings grundsätzlich der Ehrenanspruch, also der soziale Geltungsanspruch, BGH NJW **85**, 979, auch des Arbeitnehmers, LAG Hamm AnwBl **84**, 156, etwa der den Angriff auf die Ehre abwehrende und auf §§ 823 II BGB, 185, 186 StGB gestützte Unterlassungsanspruch, BGH NJW **85**, 979. Das gilt selbst dann, wenn es um die Berufsehre des Verletzten geht, BGH VersR **91**, 202 und 792, Schlesw JB **02**, 316, oder um Vermögensinteressen des Gegners, BGH VersR **83**, 832, oder wenn ein Vermögensschaden eingetreten ist, falls der Kläger den Vermögensschaden nicht mit geltend macht, es sei denn, sein Rechtsschutzbegehren solle wesentlich auch wirtschaftlichen Belangen dienen, BGH NJW **85**, 979, Mü JB **77**, 852.

S auch Rn 14 „Körperschaft".

Erledigung der Hauptsache: Ein *nichtvermögensrechtlicher* Anspruch wird nicht schon dadurch zu einem vermögensrechtlichen, daß der Kläger einseitig die Erledigung der Hauptsache erklärt, BGH NJW **82**, 767.

S aber auch Rn 14 „Kostenstreit".

Firma: Rn 15 „Name".

Gegendarstellung: *Nichtvermögensrechtlich* ist der Anspruch auf die Veröffentlichung einer Gegendarstellung.

Gemeinschaft: Rn 14 „Hausbesichtigung".

Genossenschaft: Rn 14 „Körperschaft".

Geschäftsbezeichnung: Rn 15 „Name".

Getrenntleben: Rn 11 „Ehe".

Gewerblicher Rechtsschutz: Vermögensrechtlich ist jeder Unterlassungsanspruch des gewerblichen Rechtsschutzes, KG RR **91**, 41.

Grab: *Nichtvermögensrechtlich* sind: Der Anspruch auf die Beisetzung in einem bestimmten Grab; eine Umbettung.

14 **Hausbesichtigung:** Vermögensrechtlich ist der Anspruch auf eine Hausbesichtigung nach §§ 745, 2038 BGB, BGH NJW **82**, 1765.

Herausgabe: Rn 16 „Tagebuch".

Hundehaltung: Rn 15 „Miete".

Kindschaft: *Nichtvermögensrechtlich* ist eine Kindschaftssache nach §§ 151 ff FamFG.

Körperschaft: Vermögensrechtlich ist der Anspruch auf die Ausschließung aus einer Körperschaft, soweit es nicht auch um die Ehre und die allgemeine Achtung geht, Köln MDR **84**, 153.

Nichtvermögensrechtlich ist der Streit um den Ausschluß aus einer Genossenschaft wegen eines ehrenwürdigen Verhaltens.

S auch Rn 12 „Ehre".

Kostenstreit: Vermögensrechtlich ist der Kostenstreit in einer nichtvermögensrechtlichen Sache insoweit, als er zur Hauptsache geworden ist, zB nach übereinstimmenden wirksamen vollen Erledigterklärungen beider Parteien.

Kreditgefährdung: Vermögensrechtlich ist der Unterlassungsanspruch nach § 824 BGB, LG Bayreuth JB **75**, 1356.

Kündigung: Rn 11 „Abmahnung".
Lebenspartnerschaft: Vermögensrechtlich sind: Der Anspruch auf Unterhalt, § 5 LPartG; der Vermögensstand, § 6 LPartG; der Lebenspartnerschaftsvertrag, § 7 LPartG; eine sonstige vermögensrechtliche Wirkung, § 8 LPartG; das Erbrecht, § 10 LPartG; Unterhalt, Hausratsverteilung und Wohnungszuweisung beim Getrenntleben, §§ 12–14 LPartG; nachpartnerschaftlicher Unterhalt, § 16 LPartG; ein Streit über die Wohnung und den Hausrat nach der Aufhebung, §§ 18, 19 LPartG.

Nichtvermögensrechtlich sind: Die Begründung der Lebenspartnerschaft, § 1 LPartG; Teile der Pflicht zur gemeinsamen Lebensgestaltung, § 2 LPartG; der Lebenspartnerschaftsname, § 3 LPartG; Teile der sorgerechtlichen Befugnisse, § 9 LPartG; Teile der sonstigen Wirkungen, § 11 LPartG.

Mahnung: Rn 11 „Abmahnung". 15
Marke: S „Name".
Miete: Vermögensrechtlich ist ein mietrechtlicher Unterlassungsanspruch, etwa wegen einer Hundehaltung, LG Mannh ZMR **92**, 546.
Mitbestimmung: Rn 11 „Arbeitsrecht".
Name: Bei einer Klage aus einem Namensrecht muß man unterscheiden. Soweit es sich um die wirtschaftliche Verwertung des Namens handelt, ist der Name vermögensrechtlich. Das gilt etwa in einer Firma, einer Marke, einer sonstigen geschäflichen Bezeichnung.

In den übrigen Fällen hat er *keinen* Vermögenswert.

Persönlichkeitsrecht: *Nichtvermögensrechtlich* sind: Das Persönlichkeitsrecht; ein Beseitigungsanspruch zum Schutz des Persönlichkeitsrechts, BGH VersR **82**, 296.

S auch Rn 16 „Telefonbelästigung".

Personalakte: Vermögensrechtlich ist der Anspruch auf die Entfernung einer Abmahnung aus der Personalakte, LAG Hamm MDR **84**, 877.

Nichtvermögensrechtlich ist der Anspruch auf eine Einsicht in die Personalakte, Köln VersR **80**, 490.

Personensorge: *Nichtvermögensrechtlich* ist die Übertragung der Personensorge im Verfahren nach § 151 Z 1 FamFG.

Etwas anderes gilt allerdings im Verfahren nach § 1672 BGB, (zum alten Recht) Schlesw AnwBl **78**, 180.

Personenstand: Rn 11 „Ehe", Rn 14 „Kindschaft", Rn 16 „Vaterschaft".
Politische Partei: *Nichtvermögensrechtlich* ist ein Streit über die Auflösung des Landesverbandes einer politischen Partei.
Presserecht: Rn 11 „Bild", Rn 12 „Ehre", Rn 13 „Gegendarstellung".
Schmerzensgeld: Vermögensrechtlich ist ein Anspruch auf Schmerzensgeld. Das gilt auch dann, wenn die Ehre verletzt wurde, Köln VersR **94**, 875. 16
Standesrecht: *Nichtvermögensrechtlich* ist ein nur körperloses Standes- oder Familienrecht.
Stiftung: Vermögensrechtlich ist der Streit um die personelle Besetzung eines Stiftungskuratoriums, Hamm OLGZ **94**, 100.
Tagebuch: *Nichtvermögensrechtlich* ist der Anspruch auf die Herausgabe eines Tagebuchs.
Telefonbelästigung: *Nichtvermögensrechtlich* ist ein Anspruch auf die Unterlassung von Telefonanrufen, die nur eine Störung und Belästigung des persönlichen Bereichs darstellen, BGH NJW **85**, 809.

S auch Rn 15 „Persönlichkeitsrecht".

Tierhaltung: Rn 15 „Miete".
Unerlaubte Handlung: Rn 14 „Kreditgefährdung".
Unterhalt: Vermögensrechtlich ist jeder Unterhaltsanspruch.

S auch Rn 11 „Auskunft".

Unterlassung: Der Anspruch kann vermögensrechtlich sein, Schmidt KTS **04**, 246.

S auch Rn 11 „Bild", Rn 12 „Ehre", Rn 14 „Kreditgefährdung", Rn 15 „Miete", Rn 16 „Telefonbelästigung", „Urheberrecht", Anh § 3 Rn 147.

Urheberrecht: Vermögensrechtlich ist ein urheberrechtlicher Unterlassungsanspruch, soweit es sich neben den ideellen Belangen auch um die wirtschaftliche Auswertung des Werks handelt, BGH GRUR **58**, 101.
Verein: Es entscheidet seine Rechtsnatur, Köln MDR **84**, 153. Vermögensrechtlich ist der Streit um einen Mitgliedsbeitrag.

Nichtvermögensrechtlich ist die Zugehörigkeit zu einem Idealverein, Köln MDR **84**, 153, wohl auch ein Streit über eine Vorstandswahl, Düss AnwBl **97**, 680, LG Saarbr JB **95**, 26.

S auch Rn 14 „Körperschaft", Rn 15 „Politische Partei".

Veröffentlichung: Rn 13 „Gegendarstellung".
Wettbewerbsrecht: Rn 13 „Gewerblicher Rechtsschutz". 17
Widerruf: Rn 12 „Ehre".
Zwischenstreit: Anh § 3 Rn 147.

6) Geltung für Kosten. Titel 1 betrifft diejenigen Fälle, in denen es für die Zulässigkeit der Klage oder des Rechtsmittels oder für die vorläufige Vollstreckbarkeit auf den Wert ankommt. Doch ist eine Wertfestsetzung nach dem Titel 1 vorbehaltlich der §§ 47 ff GKG auch für die Berechnung der Gerichtsgebühren und der Anwaltsgebühren maßgeblich, §§ 62 GKG, 32 RVG. 18

1 ***Sachliche Zuständigkeit.*** **Die sachliche Zuständigkeit der Gerichte wird durch das Gesetz über die Gerichtsverfassung bestimmt.**

1) Systematik, Regelungszweck. Vgl Grdz 1, 2 vor § 1. 1

2) Geltungsbereich. Vgl zunächst Grdz 3 vor § 1. Zum Begriff der sachlichen Zuständigkeit Grdz 4 vor 2
§ 1. Das GVG regelt die sachliche Zuständigkeit allerdings nicht abschließend. Die sachliche Zuständigkeit des AG wird in den §§ 23–23 d GVG geregelt. Die sachliche Zuständigkeit der Zivilkammer wird in den

§§ 71, 72 GVG geregelt, diejenige der Kammer für Handelssachen in den §§ 94, 95, 72 GVG, diejenige des OLG in § 119 GVG und diejenige des BGH in § 133 GVG. Wenn das Prozeßgericht der ersten Instanz zuständig ist, wie zB nach § 767, ist entweder das AG oder das LG als solches zuständig, nicht etwa ist diejenige Abteilung oder Kammer zuständig, die zuvor entschieden hatte. Wegen der Kammer für Handelssachen § 767 Rn 45.

2 *Bedeutung des Wertes.* **Kommt es nach den Vorschriften dieses Gesetzes oder des Gerichtsverfassungsgesetzes auf den Wert des Streitgegenstandes, des Beschwerdegegenstandes, der Beschwer oder der Verurteilung an, so gelten die nachfolgenden Vorschriften.**

Gliederung

1 **1) Systematik.** Vgl zunächst Grdz 1, 2 vor § 1. Wenn es nach der ZPO oder nach dem GVG auf den Wert ankommt, sind §§ 3–9 anwendbar. Das gilt zB: Für die Zuständigkeit; für den Streitgegenstand; für den Beschwerdegegenstand, § 511 II, BVerfG NJW **96**, 1531; für die Beschwer, BVerfG NJW **96**, 1531; für die Verurteilung, § 708 Rn 13, 14. Unerheblich ist die Frage, ob es sich um einen vermögensrechtlichen oder um einen nichtvermögensrechtlichen Anspruch handelt. Die Wertvorschriften gelten auch in einem nichtstreitigen Verfahren. Bei § 866 III gelten nur §§ 4 und 5. Für den Kostenstreitwert sind §§ 3–9 nur im Rahmen des GKG oder des FamGKG oder des RVG usw anwendbar. Auch das gilt für jede Art von Anspruch und Verfahren.

2 **2) Regelungszweck.** Vgl Einf 2 vor §§ 3–9.

3 **3) Geltungsbereich.** Vgl Grdz 3 vor § 1. § 2 gilt auch im WEG-Verfahren, (zum alten Recht) Köln ZMR **98**, 374 (krit Rau), und im Bereich des § 113 I 2 FamFG, soweit nicht §§ 33 ff FamGKG Sonderregeln enthalten.

4 **4) Streitgegenstand**

Schrifttum (Auswahl): *Böhm,* Die Ausrichtung des Streitgegenstands am Rechtsschutzziel, Festschrift für *Kralik* (1986) 24; *Bub,* Streitgegenstand und Rechtskraft bei Zahlungsklagen des Käufers wegen Sachmängeln, 2001; *Costede,* Unorthodoxe Gedanken zur Streitgegenstandslehre im Zivilprozeß, in: Festschrift für *Deutsch* (1999); *Detterbeck,* Streitgegenstand und Entscheidungswirkungen im öffentlichen Recht, 1994; *Gottwald,* Streitgegenstandslehre und Sinnzusammenhänge, in: Gottwald/Greger/Prütting (Hrsg), Dogmatische Grundfragen des Zivilprozesse im geeinten Europa (2000); *Habscheid,* Die neuere Entwicklung der Lehre vom Streitgegenstand im Zivilprozeß, Festschrift für *Schwab* (1990) 181; *Habscheid,* Streitgegenstand, Rechtskraft und Vollstreckbarkeit von Urteilen des EuGH, in: Festschrift für *Beys* (Athen 2003); *Henckel,* Der Streitgegenstand im konkursrechtlichen Anfechtungsprozeß, Festschrift für *Schwab* (1990) 213; *Köhler,* Der Streitgegenstand bei Gestaltungsklagen, 1995; *Kralik,* Der Streitgegenstand im Rechtsmittelverfahren, Festschrift für *Baumgärtel* (1990) 261; *Lüke,* Zur Streitgegenstandslehre Schwabs – eine zivilprozessuale Retrospektive, Festschrift für *Schwab* (1990) 309; *Prütting,* Der Streitgegenstand im Arbeitsgerichtsprozeß, Festschrift für *Lüke* (1997) 617; *Prütting,* Die Rechtshängigkeit im internationalen Zivilprozeßrecht und der Begriff des Streitgegenstandes nach Art. 21 EuGVÜ, Gedächtnisschrift für *Lüderitz* (2000) 623; *Prütting,* Vom deutschen zum europäischen Streitgegenstand, Festschrift für *Beys* (Athen 2004) 1273; *Rüßmann* ZZP **111**, 399 (EuGH); *Schwab,* Noch einmal: Bemerkungen zum Streitgegenstand, Festschrift für *Lüke* (1997) 793; *Vollkommer,* Zum „Streitgegenstand" im Mahnverfahren, Festschrift für *Schneider* (1997) 231; *Wolf,* Die Befreiung des Verjährungsrechts vom Streitgegenstandsdenken, Festschrift für *Schumann* (2001) 579.

A. Prozessualer Anspruch. Die ZPO gebraucht den Begriff Streitgegenstand mehrdeutig. In § 2 bezeichnet er den prozessualen Anspruch, BGH **157**, 49. Maßgebend ist nur die Darstellung des Klägers und Widerbekl, BAG NJW **94**, 605, und nicht diejenige des Bekl oder Widerklägers, BGH NJW **08**, 2922. Es geht um diejenige auf Grund eines bestimmten tatsächlichen Sachverhalts aufgestellte Forderung, über deren Berechtigung der Kläger eines Ausspruch des Gerichts begehrt, BGH **168**, 184, Hamm RR **99**, 1589, Stgt VersR **07**, 935. Das gilt auch für ihr kontradiktorisches Gegenteil, Köln MDR **83**, 411 (bitte den dortigen Fall lesen). In diesem Zusammenhang ist es unerheblich, ob sich aus einem und demselben tatsächlichen Sachverhalt mehrere sachlichrechtliche Ansprüche ergeben und ob der Kläger auf Grund jenes Sachverhalts auch mehrere Anträge stellt. Es reicht vielmehr aus, daß sich die Ansprüche und Anträge bei natürlicher Betrachtungsweise auf dasselbe *Ziel* richten, BGH **157**, 49, Karlsr GRUR **93**, 510, LAG Hbg JB **02**, 480. Zur Auslegung des Antrags gehört seine Begründung, und zwar bis zum Verhandlungsschluß nach §§ 136 IV, 296 a, BGH MDR **01**, 471, BAG NJW **03**, 1413.

Beim Unterlassungsanspruch begründet nicht jede Variante von Verstößen einen neuen Streitgegenstand, sog Kerntheorie, § 322 Rn 67 „Unterlassungsanspruch", § 890 Rn 4.

Trotz gleicher Ziele und Anträge können allerdings *verschiedene* Ansprüche vorliegen, BGH RR **92**, 227 (Klage gegen mehrere Gesellschaftsbeschlüsse), BAG NJW **03**, 1068 (eigenes Recht und Abtretung), Düss GRUR **94**, 82. Das gilt auch zB bei untereinander gestaffelten Hilfsanträgen, BGH NJW **84**, 371.

Weitere Ansichten: Bruns ZPR Rn 139 c bezeichnet als Streitgegenstand „das Rechtsverhältnis der Parteien im Rahmen der vom Kläger (dh willentlich fixierten) Rechtsfolge". Unter Rechtsverhältnis versteht er Rn 139 g „das in den Tatsachen des Sachverhalts ruhende Element des Streitgegenstandes". Schwab JuS **76**,

71 mißt unter einer Ablehnung der sachlichrechtlichen Theorien dem Antrag die entscheidende Bedeutung zu (krit Lüke Festschrift für Schwab – 1990 – 319), ähnlich OVG Münst NJW **76**, 2037 (beiläufig). BGH NJW **81**, 2306 läßt ausdrücklich offen, in welchem dieser Elemente der Schwerpunkt liegt. Rödig (Rn 3) 224 bezeichnet als Streitgegenstand eine „Menge von vermittels gewisser Kriterien charakterisierter sowie bezüglich ihrer gegenseitigen Verhältnisse und jeweils ihrer Wahrheit problematischer Aussagen". Übersichten über den derzeitigen Meinungsstand zur Streitgegenstandslehre finden sich bei Habscheid (Rn 3) 181, Schwab JuS **76**, 71.

Der Streitgegenstand hat unter anderem in folgenden Fällen eine *Bedeutung:* Es geht um die Frage, ob eine Rechtshängigkeit eingetreten ist, § 261, BGH MDR **01**, 1071, Düss MDR **84**, 765; es geht um die Frage, ob eine Klagenhäufung vorliegt, § 260, oder ob eine Klagänderung vorliegt, § 263; man muß prüfen, ob ein Gericht die Streitfrage bereits innerlich rechtskräftig entschieden hat, § 322, BGH BB **00**, 2490; es geht um die Verjährung, BGH RR **97**, 1217, Schaaff NJW **86**, 1030.

B. Einzelheiten. Maßgebend ist der wirklich gestellte Antrag, BGH RR **06**, 1503, Hbg GRUR **99**, 430, 5
freilich unter einer Berücksichtigung seiner tatsächlichen Begründung, BGH RR **06**, 1503, Hamm RR **99**, 1589, Herr FamRZ **07**, 1877. Dabei muß man einen offensichtlicher Schreib- oder Rechenfehler berichtigen.

Unbeachtet bleibt grundsätzlich eine Einwendung des Bekl. Etwas anderes gilt nur dann, wenn man das wahre Streitverhältnis erst aus der Einlassung des Bekl erkennen kann, evtl bei einer Feststellungsklage, LAG Köln MDR **92**, 60, insbesondere bei einer verneinenden. Unbeachtet bleiben ferner: Die Belange des Widersprechenden im vorläufigen Verfahren; die Frage, ob der Kläger sämtliche Einzeltatsachen vorgetragen hat, BGH **157**, 49, Hamm RR **99**, 1589; die Frage, ob der Kläger alle denkbaren Rechtsgründe des Anspruchs angegeben und die zugehörigen Tatsachen schlüssig dargelegt hat, BGH BB **00**, 2490; die Frage, ob der Anspruch begründet ist oder ob der Gegner ihn gar anerkennt; eine etwaige Gegenleistung, selbst bei einem Rücktritt; eine Aufrechnung, BGH **60**, 87; ein Zurückbehaltungsrecht, § 6 Rn 2, Waldner NJW **80**, 217; Umstände, die im Antrag eine selbständige Bedeutung haben, etwa bei einer Klage auf die Zahlung des Kaufpreises die Abnahme der Kaufsache oder bei einer Klage auf Grund des Eigentums ein Anerkenntnis des Eigentums; eine Umkehrung der Parteirollen, BGH MDR **01**, 1071.

C. Mehrheit von Ansprüchen. Man muß mehrere selbständige Ansprüche zusammenrechnen. Wenn 6
ein Hauptanspruch und ein Hilfsanspruch vorliegen, entscheidet der höhere Wert. Vgl jedoch auch § 5 Rn 3 und BGH NJW **84**, 371. Bei einem Wahlanspruch mit einem Wahlrecht des Klägers entscheidet die höhere Leistung. Bei einem Wahlanspruch mit einem Wahlrecht des Bekl muß man den Wert nach § 3 schätzen. Dabei muß man von der geringeren Leistung ausgehen. Eine Klage mit dem Ziel einer Aufhebung des Mietverhältnisses und ein auf §§ 985 ff BGB (Eigentum) gestütztes Räumungsverlangen kann ein einheitliches Klagebegehren sein.

5) Erschleichung der Zuständigkeit. Der Gläubiger darf einen sachlichrechtlichen Anspruch grundsätz- 7
lich in zwei oder mehr Teilansprüche zerlegen Er darf sie zB nacheinander geltend machen, etwa um das Kostenrisiko gering zu halten. Er darf eine solche Zerlegung aber nicht vornehmen, soweit er nur durch sie das AG zuständig machen kann. Wenn er etwa statt einer an sich mögliche Klage auf eine Zahlung von 5200 EUR vor dem LG im Anwaltszwang nun zwei Klagen mit Anträgen auf die Zahlung von je 2600 EUR vor dem AG ohne einen Anwaltszwang erhebt, handelt es sich grundsätzlich um eine objektive und bereits damit verbotene Erschleichung der Zuständigkeit. Das gilt auch dann, wenn es im bloßen Kosteninteresse geschieht. Dieses findet eben seine Grenze am Gebot der Prozeßwirtschaftlichkeit, Grdz 14, 15 vor § 128. Es gilt ja auch und gerade für den Kläger. Eine derartige Anspruchszerlegung ist also grundsätzlich als ein Verstoß gegen Treu und Glauben unstatthaft, Einl III 54, 63, Üb 22, 23 vor § 12, KG FamRZ **89**, 1105, AG Ffm VersR **78**, 878, Hager KTS **92**, 325. Man kann aber auch keineswegs die Unzulässigkeit nur dann bejahen, wenn die Anspruchszerlegung nur den Zweck der Gerichtsstandserschleichung haben könnte. Man muß sie vielmehr in aller Regel als solche wenn auch vielleicht unbeabsichtigte Erschleichung bewerten, KG FamRZ **89**, 1105.

6) Verstoß. Bei einem Verstoß dieser Art muß das AG beide Klagen in der Ausübung seiner Befugnis nach 8
§ 147 verbinden. Sein grundsätzliches pflichtgemäßes Ermessen nach § 147 ist insofern eingeschränkt. Nach der Verbindung erfolgt ein Hinweis nach § 504 und auf Grund eines etwaigen Verweisungsantrags (Hilfsantrags) eine Verweisung nach §§ 506, 281 an das LG. Andernfalls und dann, wenn der Bekl die jetzt vorhandene Unzuständigkeit rügt, erfolgt eine Abweisung als unzulässig (Prozeßabweisung).

Einführung vor §§ 3–9

Wertfestsetzung

Gliederung

1 **1) Systematik.** Der Streitwert hat vielfache Bedeutung, Schumann NJW **82**, 1257. Er ist ein Abgrenzungsmerkmal für die sachliche Zuständigkeit, Rn 4, für die Höhe von Kosten, Rn 5, und für die Zulässigkeit eines Rechtsmittels, Rn 6.

2 **2) Regelungszweck.** In allen Fällen Rn 4–6 dienen §§ 3–9 der Rechtssicherheit nach Einl III 43 wie der nicht nur kostenmäßigen Gerechtigkeit, Einl III 9, 36. Man muß sie daher durchweg streng auslegen. Indessen zwingen die unendlichen Variationen im Einzelfall oft auch zu einer gewissen Beweglichkeit bei der Auslegung.

3 **3) Geltungsbereich.** Vgl zunächst Grdz 3 vor § 1, ferner Rn 16 ff.

4 **4) Wertarten.** Man muß mehrere Wertarten unterscheiden, Mü MDR **98**, 1243.

A. Zuständigkeitswert. Die Wertfestsetzung erfolgt nach §§ 3–9, wenn der Wert eine Bedeutung für die sachliche Zuständigkeit oder für die Zulässigkeit eines Rechtsmittels hat, BVerfG NJW **96**, 1531, BGH FamRZ **03**, 1268, oder für die vorläufige Vollstreckbarkeit.

5 **B. Kostenwert.** § 48 I 1 GKG verweist im Zivilprozeß auf alle diejenigen Wertvorschriften auch und gerade außerhalb des GKG, die für die Zuständigkeit des Prozeßgerichts oder für die Zulässigkeit eines Rechtsmittels maßgeblich sind. Die wesentlichen Vorschriften dieser Art sind in §§ 3–9 sowie im Anh nach § 3 dargestellt und kommentiert. Hinzu treten zB §§ 511 ff. Die Wertfestsetzung erfolgt nach § 63 GKG, wenn der Wert eine Grundlage für die Berechnung der Gerichtsgebühren und der Anwaltsgebühren bilden soll. §§ 13, 22 ff RVG nennen den Wert Gegenstandswert. Trotz einer Festsetzung nach § 63 GKG können die Parteien den Wert zB in einem Prozeßvergleich abweichend vereinbaren. Eine solche Regelung ist dann allerdings nur für die Berechnung und Verrechnung der außergerichtlichen Gebühren beachtlich. Sie ist dagegen für die entsprechende Behandlung der Gerichtskosten unbeachtlich, Hamm AnwBl **75**, 96. Wenn das Gericht den Wert nach §§ 3–9 festgesetzt hat, ist diese Festsetzung auch für die Gebührenberechnung maßgeblich, (jetzt) § 62 GKG, KG VersR **80**, 873, Mü MDR **88**, 973. Das gilt mit Ausnahme vor allem eines Miet- oder Pachtanspruchs, eines vertraglichen Unterhaltsanspruchs, einer Stufenklage, einer Widerklage, eines Arrests und einer einstweiligen Verfügung, §§ 47–53 GKG. Das Gericht darf einen Wert nicht so hoch ansetzen, daß kein Justizgewährungsanspruch nach Artt 2 I, 20 III GG mehr bestünde, Einl III 1, BVerfG NJW **97**, 312 (unzumutbares Kostenrisiko genügt).

6 **C. Beschwerdewert.** Er stimmt nicht notwendigerweise mit dem Kosten- oder Zuständigkeitswert überein, BGH NZM **99**, 561. Maßgebend sind die Regeln § 511 II, BVerfG NJW **96**, 1531, BGH MDR **04**, 406 (also § 3).

7 **5) Festsetzungsarten: Auf Antrag oder von Amts wegen.** Die Voraussetzungen einer Wertfestsetzung sind davon abhängig, ob die Wertfestsetzung für die Zuständigkeit oder für die Kostenberechnung erfolgen soll.

Eine Festsetzung für die sachliche *Zuständigkeit* erfolgt regelmäßig nur dann, wenn die Parteien über die Zuständigkeit oder über die Zulässigkeit des Rechtsmittels streiten. Das Gericht darf dann bereits zu Beginn des Rechtsstreits oder in dessen Verlauf durch einen Beschluß entscheiden, Karlsr JB **07**, 363. Es muß seine Entscheidung aber erst im Urteil treffen. Das Gericht darf und muß den Zuständigkeitswert aber auch von Amts wegen festsetzen. Das gilt zB dann, wenn seine sachliche Zuständigkeit nach dem Tatsachenvortrag des Klägers fehlt und daher eine Verweisung in Betracht kommt.

Demgegenüber erfolgt eine Festsetzung für die *Kosten* in folgenden Fällen, stets durch einen Beschluß.

Antrag. Eine Partei, ihr ProzBev oder die Staatskasse mag einen Antrag stellen. Das Gericht muß ihn zurückweisen, wenn das auch hier erforderliche Rechtsschutzbedürfnis fehlt, BFH BB **75**, 545, wenn zB der Wert unzweideutig feststeht, wie bei einer Forderung auf die Zahlung einer bestimmten Geldsumme.

Von Amts wegen. Das Gericht darf und muß nach § 63 I 1 GKG vorläufig oder nach § 63 II 1 GKG endgültig eine Wertfestsetzung von Amts wegen vornehmen, etwa um Zweifel des Kostenbeamten zu beheben.

8 **6) Höhere Instanz.** Sowohl bei einer Wertfestsetzung für die Zuständigkeit oder für die Zulässigkeit eines Rechtsmittels als auch bei einer Wertfestsetzung für die Kosten setzt das höhere Gericht den Wert grundsätzlich nach seinem eigenen pflichtgemäßen Ermessen fest, LAG Mü AnwBl **85**, 96, Wenzel DB **81**, 162 (für das arbeitsgerichtliche Verfahren). Wenn das für die sachliche Zuständigkeit geschehen ist, muß das untere Gericht den Wert bei einer etwa zeitlich nachfolgenden gleichartigen Entscheidung mindestens so hoch festsetzen, daß die Zuständigkeitsgrenze und die Grenze des Beschwerdewerts erreicht werden. Das höhere Gericht kann den Kostenwert für die untere Instanz bindend festsetzen. Wenn eine solche Festsetzung nicht vorliegt, ist das untere Gericht insoweit frei. Wenn das untere Gericht seine sachliche Zuständigkeit mit Recht oder zu Unrecht bejaht, bindet sie das Beschwerdegericht. Der Wert liegt dann nicht unterhalb jener Grenze, Köln JB **75**, 1355.

9 **7) Verfahren.** Das Gericht muß die Parteien grundsätzlich anhören, § 3 Rn 6. Es muß seinen Wertfestsetzungsbeschluß grundsätzlich begründen, § 329 Rn 4, Ffm GRUR **89**, 934, KG Rpfleger **75**, 109. Die Begründung läßt sich im Abhilfe- oder Nichtabhilfebeschluß nachholen, Ffm GRUR **89**, 934. Die Begründung kann sich aus dem engen Zusammenhang mit einem Verweisungsbeschluß ergeben, Mü MDR **88**, 973. Das Gericht teilt den Beschluß allen Beteiligten grundsätzlich von Amts wegen formlos mit, § 329 II 1, also allen denjenigen, deren Gebührenschuld oder Gebührenanspruch davon abhängt, KG Rpfleger **75**, 109. Bei § 107 II stellt das Gericht den Beschluß allerdings förmlich zu, § 329 II 2. Das Gericht darf und muß seine Wertfestsetzung von Amts wegen ändern, sobald die Rechtslage die Änderung verlangt. Das gilt auch dann, wenn die Sache inzwischen beim Rechtsmittelgericht anhängig ist. Eine solche Änderung ist allerdings nur innerhalb von sechs Monaten seit der Rechtskraft der Entscheidung in der Hauptsache oder seit einer anderweitigen Erledigung des Verfahrens zulässig, § 63 III GKG.

Gebühren: Das Verfahren ist gerichtsgebührenfrei. Der Anwalt erhält ebenfalls keine Gebühr, § 19 I 2 Z 14 RVG .

10 **8) Rechtsbehelfe.** Es kommt auch hier auf die Wertart an.

A. Zuständigkeitswert. Wenn das Gericht den Wert nur für die sachliche Zuständigkeit festgesetzt hat, ist gegen einen etwaigen bloßen Wertfestsetzungsbeschluß kein Rechtsmittel statthaft. Denn die Wertfestsetzung für die sachliche Zuständigkeit stellt nur eine vorläufige Kundgebung dar, Karlsr JB **07**, 363, Stgt JB **07**, 145, Pabst/Rössel MDR **04**, 731, aM Bre RR **93**, 191 (aber dann wäre zB § 506 sinnlos). Ein Verweisungsbeschluß ist unanfechtbar, § 281. Im übrigen ist nur diejenige Entscheidung anfechtbar, durch die das Gericht über seine Zuständigkeit entschieden hat, Stgt JB **07**, 145. Das gilt unabhängig davon, ob das in einem Urteil oder in einem Beschluß geschehen ist.

Auch *§ 495 a* ändert nichts an der grundsätzlichen Unanfechtbarkeit, aM LG Mü MDR **01**, 713 (da kein Zuständigkeitswert vorliege. Aber auch bei der Abgrenzung des Kleinverfahrens geht es um eine funktionelle Zuständigkeitsfrage mit einer nur vorläufigen Festsezung).

B. Kostenwert. Wenn das Gericht den Kostenstreitwert festgesetzt hat, ist die Beschwerde nach § 68 I **11**
GKG unter folgenden Voraussetzungen statthaft: Die Staatskasse hält den Streitwert für zu niedrig; der Anwalt hält den Streitwert für zu niedrig, § 32 II RVG; eine Partei hält den Streitwert für zu hoch. In anderen Fällen fehlt die Beschwer, Hbg MDR **77**, 407, falls die von der Gegenseite zu erstattenden Anwaltsgebühren hinter denjenigen zurückbleiben, die man nach der eigenen Honorarvereinbarung zahlen muß. Denn nur die gesetzliche Vergütung ist erstattungsfähig, aM Pabst/Rössel MDR **04**, 733. Die andere Partei ist im Beschwerdeverfahren kein Gegner, selbst wenn sie widerspricht, VGH Kassel AnwBl **84**, 49. Denn es handelt sich nicht um einen Parteienstreit, sondern um eine Festsetzung zum Zweck der Berechnung der Gerichts- und Anwaltskosten.

C. Kostenbeschwerde. Die Beschwerdesumme muß 200 EUR übersteigen, § 68 I 1 GKG. Dieser **12**
Betrag errechnet sich nach dem Unterschiedsbetrag derjenigen Gebühren, derentwegen eine Festsetzung des Kostenstreitwerts beantragt worden ist.

Eine *weitere Beschwerde* ist unter den Voraussetzungen des § 68 I 4 GKG zulässig. Im Beschwerdeverfahren **13**
ergeht eine Kostenentscheidung nur dann, wenn das Gericht die Beschwerde zurückweist, § 97 I. Wenn die Beschwerde nämlich Erfolg hat, fehlt ein Gegner. Daher ist dann § 91 nicht anwendbar.

Im *Beschwerdeverfahren* nach § 68 GKG entsteht keine Gerichtsgebühr, § 68 III 1 GKG. Vgl im übrigen **14**
KV 1811. Das Beschwerdeverfahren kann auch noch dann weiterlaufen, wenn das Urteil in der Sache selbst bereits rechtskräftig ist. Wenn sich dann ein Wert ergibt, der zur Folge hat, daß die Kostenentscheidung unrichtig geworden ist, gilt § 319 Rn 5.

D. Hauptsache – Rechtsmittelwert. Wenn das Berufungsgericht den Wert zB zur Vorbereitung eines **15**
Verwerfungsbeschlusses festgesetzt hat, um darauf hinzuweisen, daß die Berufungssumme des § 511 II Z 1 nicht vorliege, ist keine Beschwerde statthaft.

9) Arbeitsgerichtsverfahren, dazu *Baldus/Deventer,* Gebühren, Kostenerstattung und Streitwertfestset- **16**
zung in Arbeitssachen, 1993; *Hecker* AnwBl **84**, 116 (ausf): In diesem Verfahren erfolgt die Wertfestsetzung im Urteil, § 61 I ArbGG, und zwar entweder im Tenor oder in den Entscheidungsgründen, Wenzel DB **81**, 166. Dieser Urteilsstreitwert ist für das Rechtsmittelverfahren der Hauptsache grundsätzlich unanfechtbar und bindend, BAG AnwBl **84**, 146, LAG Hamm DB **84**, 1685. Unabhängig davon kann das ArbG den Kostenstreitwert aber gesondert festsetzen. Das gilt, soweit Bedenken gegen die Richtigkeit des Urteilsstreitwerts bestehen, LAG Hamm MDR **84**, 259. LAG Mainz DB **92**, 2512, aM LAG Mü AnwBl **84**, 147 (aber auch die „Muttervorschrift" § 67 III 1 GKG enthält eine Änderungsmöglichkeit, s unten). Der Gebührenstreitwert richtet sich nicht nach dem zuletzt gestellten Antrag, sondern nach dem höchsten Wert der Instanz, der eine Gebühr ausgelöst hat, Wenzel DB **81**, 166. Das mit der Hauptsache befaßte Rechtsmittelgericht kann die Streitwertfestsetzung von Amts wegen oder auf Grund eines Antrags ändern, (jetzt) § 63 III 1 GKG, Wenzel DB **81**, 166. Es kann für das Rechtsmittelverfahren einen eigenen Kostenstreitwert festsetzen, LAG Mü AnwBl **85**, 96.

Gegen die mit dem Urteil verbundene Wertfestsetzung findet unabhängig von einem etwaigen Rechtsmittel in der Hauptsache die *Beschwerde* statt, (jetzt) § 68 GKG, Wenzel DB **81**, 166, LAG Kiel AnwBl **88**, 294. Gegen die Streitwertfestsetzung durch das LAG ist die Gegenvorstellung zulässig, Grdz 6 vor § 567. Das LAG kann den Urteilsstreitwert durch einen Beschluß berichtigen, s oben. Wenn das Urteil keine Wertfestsetzung enthält, sind §§ 319, 321 anwendbar.

S auch Anh § 3 Rn 8 „Arbeitsverhältnis".

10) Finanzgerichtsverfahren, dazu *Zanker/Brandenburg,* Kosten des finanzgerichtlichen Prozesses, 1997: **17**
In diesem Verfahren ist gegen die Wertfestsetzung des Gerichts keine Beschwerde statthaft. Art 1 Z 4 BFHEntlG hat den Vorrang vor (jetzt) § 68 II 3 GKG aF, Hartmann Teil I § 68 GKG Rn 34, BFH NJW **76**, 648.

11) Baulandsache. In diesem Verfahren entscheidet über eine Streitwertbeschwerde der Zivilsenat des **18**
OLG in der Besetzung mit drei Berufsrichtern.

12) FamFG-Verfahren. Die Wertfestsetzung in Familiensachen der §§ 111, 112 FamFG erfolgt nach **19**
§§ 53 ff FamGKG, Hartmann Teil I B. Wertvorschriften enthalten §§ 33–52 FamGKG. Die Beschwerde gegen die Wertfestsetzung richtet sich nach § 59 FamGKG. Im Bereich des § 113 I 2 FamFG gelten im übrigen, also hilfsweise §§ 3 ff ZPO. Zur Erleichterung der Benutzung stehen in der Kommentierung der §§ 3 ff eine Reihe von Hinweisen auf einige früher in der ZPO geregelte Familiensachen auch weiterhin ohne Anspruch auf Vollständigkeit.

In den *Nicht-Familiensachen* des FamFG gelten wie bisher das GKG oder die KostO, Hartmann Teile I A, III. **20**

3 ***Wertfestsetzung nach freiem Ermessen.* Der Wert wird von dem Gericht nach freiem Ermessen festgesetzt; es kann eine beantragte Beweisaufnahme sowie von Amts wegen die Einnahme des Augenscheins und die Begutachtung durch Sachverständige anordnen.**

Schrifttum: *Anders/Gehle/Kunze,* Streitwert-Lexikon, 4. Aufl 2002; *Dörndorfer,* Der Streitwert für Anfänger, 4. Aufl 2006; *Finke,* Streitwerttabelle, 5. Aufl 2005; *Hillach/Rohs,* Handbuch des Streitwerts in Zivilsachen, 9. Aufl 1995; *Hirte* ZRP **99**, 182 (rechtspolitisch); *Madert/von Seltmann,* Der Gegenstandswert in bürgerlichen Rechtsangelegenheiten, 5. Aufl 2008; *Oestreich/Winter/Hellstab,* Streitwerthandbuch, 2. Aufl 1998; *Gerhard Rohs,* Der Streitwert in nichtvermögensrechtlichen Streitigkeiten usw, Diss Münster 1975; *Günther Rohs,* Streitwert in Ehe- und Folgesachen, Festschrift für *Schmidt* (1981) 183; *Roth,* Billigkeitsargumente im Streitwertrecht, Festschrift für *Kollhosser* (2004) 559; *Schmidtchen/Kirstein,* Abkoppelung der Prozeßkosten vom Streitwert? usw, Festschrift für *Lüke* (1997) 741 (rechtspolitisch); *Schneider* AnwBl **07**, 773 (Streitfragen – Üb); *Schneider/Herget,* Streitwert-Kommentar für den Zivilprozess, 12. Aufl 2006.

Gliederung

1 **1) Systematik.** Vgl zunächst Einf vor §§ 3–9. Das Gericht setzt in den Grenzen Einf 4 vor §§ 3–9 den Wert nach seinem pflichtgemäßen Ermessen fest, BGH FamRZ **03**, 1268. Das gilt freilich nur, soweit §§ 4–9 ZPO, 14–20 GKG unanwendbar sind oder soweit der Streitgegenstand, der Beschwerdegegenstand, die Beschwer oder die Verurteilung nicht schon in einer bestimmten Geldsumme bestehen. Eine etwaige Uneinbringlichkeit ist nur bei § 182 InsO beachtlich. Einen Zwischenzins darf man nicht abziehen.

2 **2) Regelungszweck.** Der Streitwert ist das Nadelöhr der Justiz. Man muß jeden Anspruch zu einer Geldsumme machen, soweit nicht für das Gericht wie für die Anwälte Festbeträge als Gebühren bestehen und auch die Zuständigkeit nicht vom Wert abhängt, ebensowenig eine Anfechtungsmöglichkeit. Diese letzteren Fälle sind aber Ausnahmen.

Enormer Spielraum steht dem Gericht bei der mithin meist erforderlichen Bewertung zur Verfügung, soweit es nicht von vornherein um einen klar bezifferten Geldzahlungsanspruch geht – und das ist nur ein Teil der denkbaren Anliegen des Klägers oder Widerklägers. Trotz aller mit deutscher Überperfektion betriebenen äußersten Bemühung vor allem erlesener Kostenrechtsspezialisten um eine immer feiner aufgegliederte Einzelfallgerechtigkeit bleibt oft ein Unbehagen. Das gilt um so mehr, als es ja über die Wertfestsetzung um die evtl extremen Prozeßkosten geht. Solange das Gesetz zwar hier und dort Wertobergrenzen festlegt, den Parteien aber sogar in Verfahren ohne eine Parteiherrschaft mit den Anwälten wertunabhängige Vergütungsvereinbarungen erlaubt, hätte auch so mancher sozialpolitische Dämpfungsversuch nur eine begrenzte Wirkung.

Kostengerechtigkeit ist das Hauptziel einer richtigen Bewertung. Es mag auch zu einer als sehr hoch empfundenen Bewertung zwingen. Gerichte wie Anwälte müssen nicht selten auch für solche beim Gericht natürlich nur an den Staat fließenden Beträge arbeiten, die weit unter vergleichbaren Stundenlöhnen anderer Berufsgruppen liegen. Das darf und muß auch gelegentlich über eine hohe Bewertung zu hohen Kosten führen. Freilich bleiben in der Praxis schon mangels einer durchgängig möglichen höchstrichterlichen Kostenrechtsprechung erstaunliche, verständliche, aber nicht begeisterungsfähige Unterschiede in der Bewertung bestehen. Man sollte sie wenigstens dadurch erträglicher machen, daß man sich bemüßigt fühlt, eine Bewertung stets einigermaßen nachvollziehbar zu begründen. Das bedeutet eine in der Praxis so manches Mal ebenfalls erstaunlich vernachlässigte, umso dringender notwendige Selbstkontrolle zum Schutz vor einer verborgenen Willkür, Einl III 21. Willkür droht gerade auf diesem Gebiet. Denn sie wird manchen gar nicht mehr bewußt. Das gilt trotz der enormen wirtschaftlichen Auswirkung so manchen Wertansatzes. Es bleibt der Appel an Verantwortungsbewußtsein und Behutsamkeit. Sie dürfen nicht zu Überbetonung der Anforderungen auf diesem nur scheinbaren Nebenschauplatz des Prozesses führen, aber auch nicht zu einer verborgenen Gleichgültigkeit. Beides zu vermeiden erfordert ein erhebliches Feingefühl.

3 **3) Geltungsbereich.** Vgl Einf 3 vor §§ 3–9. Wegen des FamFG-Verfahrens vgl zunächst Einf 19, 20 vor §§ 3–9.

4 **4) Ermessen.** § 3 gibt eine Freiheit, begrenzt sie aber auch.

A. Verkehrswert. Der Ausdruck „freies Ermessen" in § 3 befreit das Gericht nicht von der Pflicht, den vollen Wert zu ermitteln und festzusetzen. Das Gericht hat nur insofern oft eine Freiheit, als es darum geht, ob es überhaupt eine Wertfestsetzung vornehmen will. Wenn es sich zu einer Wertfestsetzung entschließt oder dazu verpflichtet ist, muß es ein pflichtgemäßes Ermessen ausüben, LAG Stgt JB **90**, 1333, Pabst/Rössel MDR **04**, 731. Von der Notwendigkeit, den vollen Streitwert festzusetzen, gelten Ausnahmen zB bei §§ 12 UWG, 144 PatG, §§ 85 II 3, 142 MarkenG, §§ 247, 249 I, 256 VII, 275 IV AktG.

Maßgebend sind zunächst etwaige *gesetzliche Sonderregeln,* Schumann NJW **82**, 1263, jedoch grundsätzlich auf der Grundlage des Antrags des *Klägers,* BVerfG NJW **97**, 312, Brdb JB **96**, 589, Karlsr FamRZ **91**, 468. An diesem bloßen Grundsatz ändert auch die in Rn 6 erörterte Entscheidung BVerfG RR **00**, 946 eigentlich nichts, aM Roth (vor Rn 1) 564. Das gilt unabhängig von dessen Zulässigkeit und Begründetheit, Düss AnwBl **82**, 435. Soweit Sonderregeln fehlen, ist das *wahre Interesse,* der *objektive Verkehrswert* maßgeblich, BGH MDR **01**, 292, BayObLG AnwBl **83**, 30. Unerheblich ist daher ein bloßer Liebhaberwert oder der Wert nur für den Kläger. Es kommt also nicht nur auf diejenige wirtschaftliche Bedeutung an, die gerade der Kläger seinem Antrag beimißt, Kblz JB **07**, 34, LAG Köln MDR **99**, 1336, Schönbach NJW **77**, 857, aM Bbg JB **77**, 851 (aber dann bliebe jede vernünftige Korrektur unerzwingbar). Freilich sind die Wertangaben des Klägers ein wichtiger Anhaltspunkt für den wahren Streitwert, Ffm AnwBl **83**, 89, Köln MDR **85**, 153. Generalpräventive Erwägungen sind unerheblich, Ffm GRUR-RR **05**, 71. Die Durchsetzbarkeit etwa einer bezifferten Forderung ist unerheblich, LAG Hamm MDR **91**, 1204. Maßgeblicher Zeitpunkt ist die Klageeinreichung, § 40 GKG, Brschw JB **98**, 259, LAG Stgt JB **91**, 1537. Nach dem Verhandlungsschluß sind wegen § 296 a Umstände unerheblich, die erst jetzt bekannt werden, aM Saarbr JB **98**, 363 (aber der Verhandlungsbeschluß bildet die Urteilsgrundlage).

Die *Belange des Bekl* sind grundsätzlich unerheblich, § 2 Rn 5, KG ZMR **93**, 346. Das Gericht muß die Ausführungen des Bekl aber mitberücksichtigen, um die Eigenart und die wirtschaftliche Bedeutung der Klage richtig zu erkennen.

Wenn der Kläger nach § 264 Z 3 dazu übergegangen ist, das *Interesse* zu fordern, entscheidet das Interesse. 5
Wenn der Anspruch für jede Partei einen anderen Wert hat, entscheidet grundsätzlich der Verkehrswert für den Kläger, Schmidt AnwBl **76**, 123. Die Klagebegründung dient als ein Auslegungsmittel. Das Gericht darf und muß offenbare Schreibfehler oder Rechenfehler der Klageschrift berichtigen. Sie verändern den Streitwert nicht. In der höheren Instanz entscheidet das wahre Interesse, wie es sich aus dem Antrag des Rechtsmittelführers ergibt, (jetzt) § 47 I GKG, LG Mannh ZMR **76**, 90.

B. Umfang der Prüfung. Das „freie Ermessen" darf nicht zur Beseitigung des Justizgewährungsan- 6
spruchs durch eine Festsetzung weit über dem wirtschaftlichen Wert führen, BVerfG RR **00**, 946. Es darf nicht zum Ermessensfehlgebrauch führen, BGH RR **01**, 569. Es darf erst recht nicht zu einer Willkür des Gerichts verführen, Einl III 21, BAG DB **88**, 187, LAG Stgt JB **91**, 1537. Freilich fehlen oft die notwendigen Unterlagen. Dann muß die Schätzung oft ziemlich willkürlich sein. Das Gericht braucht keinen Beweis zu erheben, Mü Rpfleger **92**, 409. Das ergibt sich aus dem Wort „kann" im Gesetzestext. Das Gericht darf und muß das Verhalten der Parteien berücksichtigen, zB eine Glaubhaftmachung nach § 294, BGH FER **00**, 27. Auch spricht zB die Hinzuziehung eines Privatgutachters für einen höheren Wert. Die stets notwendige Anhörung der Parteien nach Artt 2 I, 20 III GG (Rpfl), BVerfG **101**, 404, Art 103 I GG (Richter) ist unter Umständen zusätzlich nach § 139 erforderlich.

Die Parteien sollen den Wert *bei jedem solchen Antrag angeben,* der nicht auf die Zahlung einer bestimmten 7
Geldsumme hinausläuft oder dessen Wert sich nicht aus früheren Anträgen ergibt, § 61 S 1 GKG, § 253 III. Wenn das Gericht Beweis erhebt, geschieht das auch zum Nutzen der Staatskasse. Man kann hilfsweise (jetzt) § 52 II GKG entsprechend anwenden, Brschw JB **77**, 403. Ein erstinstanzliches Ermessen ist auch für das Beschwerdegericht maßgeblich, solange es keine neuen Tatsachen beurteilen muß, BAG DB **88**, 188. Wenn das Gericht lediglich den Kostenstreitwert festsetzt, entstehen für die Partei Kosten nur nach § 64 GKG. Wenn das Gericht den Wert für die sachliche Zuständigkeit festsetzt, entstehen allenfalls Auslagen, jedenfalls keine Gerichtsgebühren.

Anhang nach § 3

Wertschlüssel

Die Rechtsprechung ist unübersehbar umfangreich. Die Tendenzen schwanken. Man kann daher Ent- 1
scheidungen nur zurückhaltend als Anhaltspunkte benutzen. Wenn nichts anderes gesagt ist, sollte man den Wert nach § 3 an Hand der Fingerzeige schätzen. Wegen des FamGKG vgl zunächst Einf 19, 20 vor §§ 3–9.

Abänderungsklage: Vgl Rn 1. Maßgeblich sind §§ 9 ZPO, 42 GKG, und zwar auf der Basis der Differenz 2
zwischen dem abzuändernden Vollstreckungstitel und dem jetzt geforderten Betrag, Hbg FamRZ **82**, 322. Man muß die Werte der Klage und Widerklage evtl addieren sein, soweit verschiedene Streitgegenstände vorliegen. Beim Vertragsunterhalt gilt § 9.

Abberufung: Rn 62 „Gesellschaft".

Abfindungsvergleich: Maßgeblich ist der Vergleichsgegenstand, Düss JB **92**, 51, Schlesw JB **80**, 411, LAG Mainz AnwBl **81**, 35, aM Ffm Rpfleger **80**, 239 (in erster Linie die Abfindung. Aber erst der ganze Vergleich zeigt den vollen Wert). Es kommt nur auf den Inhalt an, nicht zB auf nur sprachlich einbezogene und in Wahrheit bereits vorher geklärte Punkte, Schlesw SchlH **80**, 23.

S auch Rn 127 „Vergleich".

Ablehnung des Richters, dazu *Schneider* MDR **01**, 132 (Üb): Grundsätzlich ist der Wert der Hauptsache 3
maßgeblich, es sei denn, daß die Befangenheit nur wegen eines einzelnen Anspruchs besteht, BayObLG WoM **97**, 70 (WEG), Brdb RR **00**, 1092, Ffm JB **06**, 370, aM BFH BStBl **76** II 691, Kblz Rpfleger **88**, 508 (je abgelehnten Richter 10% des Werts der Hauptsache), Ffm MDR **07**, 1399 (im Beschwerdeverfahren 25% der Hauptsache), LAG Köln AnwBl **96**, 644, VGH Kassel JB **93**, 108 (33,3 bis 10% der Hauptsache. Aber solche natürlich „menschenfreundlichen" Vereinfachungen passen nicht zum Gewicht des bisherigen Richters in seiner Entscheidungsfunktion). Manche halten eine Bewertung nach § 48 II GKG für richtig, da es sich um eine nichtvermögensrechtliche Sache handle, Nürnb MDR **83**, 846. Andere wenden § 48 II GKG auch in einer vermögensrechtlichen Sache an, Köln Rpfleger **87**, 166.

Im *Insolvenzverfahren* muß man die voraussichtliche Insolvenzquote beachten, BayObLG NJW **89**, 44.

S auch Rn 4 „Ablehnung des Schiedsrichters", Rn 141 „Wohnungseigentum".

Ablehnung des Sachverständigen: Der Wert liegt meist unter dem Wert der Hauptsache, Drsd JB **98**, 318 4
(bei § 485: 10%), Düss MDR **04**, 1083, Ffm MDR **80**, 145 (je: 33,3%). Es entscheidet das Interesse daran, daß dieser Sachverständige nicht mitwirke, Bre JB **76**, 1357. Daraus ergibt sich, daß man als Wert im allgemeinen die Wichtigkeit des Beweispunkts ansetzen muß, Schneider ABC „Ablehnung" Nr 3, aM Kblz RR **98**, 1222, Mü JB **80**, 1055 (Wert der Hauptsache. Aber der Sachverständige entscheidet jedenfalls offiziell nicht den Prozeß). Man kann aber auch (jetzt) § 48 II GKG anwenden, da es sich auch hier um eine nichtvermögensrechtliche Sache handle, Köln MDR **76**, 322.

Ablehnung des Schiedsrichters: Maßgeblich ist grundsätzlich der Wert der Hauptsache, Düss RR **94**, 1086, Hamm JMBlNRW **78**, 87, aM Ffm RR **94**, 957, VGH Kassel JB **93**, 108, VGH Mannh NVwZ-RR **94**, 303 (vgl aber die Argumente Rn 3).

S auch Rn 3 „Ablehnung des Richters", Rn 96 „Schiedsrichterliches Verfahren: a) Beschlußverfahren".

Abnahme der Kaufsache: Maßgeblich ist das Interesse des Klägers an der Abnahme, solange der Verkäufer 5
nicht auch den dann maßgeblichen Kaufpreis verlangt, AG Osnabr JB **01**, 144. § 6 ist unanwendbar. Man darf den Anspruch auf die Kaufpreisforderung und denjenigen auf die Abnahme der Kaufsache nicht

zusammenrechnen, § 5 Rn 7 „Kaufpreis“. Bei einer Bierabnahme ist die Umsatzminderung der Brauerei maßgeblich, Bbg MDR **77**, 935, Boschw JB **79**, 436.

Abrechnung: Maßgeblich ist das wirtschaftliche und evtl auch das ideelle Interesse an ihrer Erteilung.

S auch Rn 108 „Stufenklage: a) Rechnungslegung“, Rn 144 „Zwangsvollstreckung: a) Erwirkung von Handlungen und Unterlassungen“.

Absonderungsrecht: Maßgeblich ist § 6, dort Rn 10.

Abstammung: Nach § 47 I FamGKG, Hartmann Teil I B, muß man von 2000 EUR ausgehen.

Abstandszahlung: Bei ihr ist ihr Betrag und nicht das Erfüllungsinteresse maßgebend, LG Münst AnwBl **78**, 147.

Abstraktes Schuldanerkenntnis: Rn 7 „Anerkenntnis“.

Abtretung: Maßgeblich ist zunächst § 6, also die abzutretende Forderung, BGH RR **97**, 1562, im Zweifel das Interesse des Klägers (Wertangabe der Klageschrift), Karlsr JB **06**, 201. Bei der Abtretung eines wiederkehrenden Rechts gilt jedoch § 9. Bei einer Klage auf die Abtretung einer Nachlaßforderung gegen einen Miterben muß man seinen Erbanteil abziehen, BGH MDR **75**, 741, Schneider JB **77**, 433.

Abwehranspruch: Rn 33 „Eigentum“.

6 **Allgemeine Geschäftsbedingungen:** Maßgeblich ist das Interesse des Klägers an der Durchsetzung seines Unterlassungsanspruchs, Bunte DB **80**, 486. Man muß es wie beim Widerrufsanspruch nach § 3 schätzen. Unter Umständen ist das Interesse der Allgemeinheit an der Ausschaltung der umstrittenen Klausel maßgeblich. Der Höchstwert beträgt 250 000 EUR, (jetzt) § 48 I 2 GKG, Celle NJW **95**, 890. Je angegriffene Klausel kann man (jetzt ca) 1500–2500 EUR festsetzen, soweit nicht eine Klausel eine grundlegende Bedeutung für einen ganzen Wirtschaftszweig hat, BGH WoM **06**, 635, Mü WoM **97**, 631, Naumb WoM **95**, 547. Im Verbandsprozeß ist nämlich das Interesse an der Beseitigung einer gesetzwidrigen AGB-Klausel maßgeblich, BGH RR **91**, 179.

S auch Rn 118 „Unterlassung: Allgemeine Geschäftsbedingungen.“

Altenteil: Das Wohnrecht läßt sich nach § 3 schätzen. Bei einer dinglichen Sicherung ist der Betrag der zu sichernden Forderung maßgeblich, § 6. Soweit kein gesetzlicher Unterhalt vorliegt, gilt gebührenrechtlich § 9. Sonst gilt § 51 FamGKG, Hartmann Teil I B.

7 **Anerkenntnis:** Es führt grds nicht zu einer Verringerung des Streitwerts, Düss FamRZ **87**, 1281, Nürnb MDR **05**, 120. Ein Teilanerkenntnis kann den Wert einer Beweisaufnahme mindern, soweit es erhebliche Tatsachen betrifft, Ffm AnwBl **81**, 155, Nürnb MDR **05**, 120, Schneider MDR **85**, 356. Mit der Hauptforderung zusammengerechnete Zinsen bleiben nur beim deklaratorischen Anerkenntnis unberücksichtigt.

Anfechtung: Rn 62 „Gesellschaft“, § 6 Rn 16.

Anmeldung zum Handelsregister: Vgl Einf 20 vor §§ 3–9. Es gelten also §§ 41 a ff KostO, Hartmann Teil III.

Annahmeverzug: Maßgebend ist die Einsparung des Aufwands des Angebots der eigenen Leistung, LG Essen MDR **99**, 1226, ZöHe 16 „Annahmeverzug“, aM Ffm JB **91**, 410 ([jetzt ca] 50 EUR. Aber das ist zu unbeweglich). Beim Antrag Zug um Zug wirkt der zusätzliche Feststellungsantrag auf einen Annahmeverzug nicht werterhöhend, KG MDR **05**, 898.

Anschlußrechtsmittel: Man muß die Streitwerte des Rechtsmittels und des unselbständigen Anschlußrechtsmittels evtl bei einer Ablehnung des ersteren zusammenrechnen, sofern das letztere überhaupt einen eigenen Streitwert hat, also zB nicht bloß um Zinsen geht, BGH MDR **85**, 52. Dasselbe gilt bei einem „Hilfsanschlußrechtsmittel“, BGH VersR **89**, 647.

Anspruchsmehrheit: *Frank*, Anspruchsmehrheiten im Streitwertrecht, 1986 (Üb).

Anwaltsbeiordnung: Bei §§ 78 b, 116 ist das Interesse nach § 3 schätzbar, ZöHe 16 „Anwaltsbeiordnung“, aM Bre JB **77**, 91, Zweibr JB **77**, 1001 (geplante Hauptsache. Aber das kann zu hoch sein).

Anwaltsvergleich: Rn 132 „Vollstreckbarerklärung“.

8 **Arbeitsverhältnis,** dazu *Baldus/Deventer,* Gebühren, Kostenerstattung und Streitwertfestsetzung in Arbeitssachen, 1993; *Meier,* Streitwerte im Arbeitsrecht, 2. Aufl 2000; *Tschischgale/Satzky,* Das Kostenrecht in Arbeitssachen, 3. Aufl 1982; *Zenke/Brandenburg,* Kosten des finanzgerichtlichen Prozesses, 1997: Vgl zunächst Einf 16 vor §§ 3–9. Die Dreimonatsgrenze nach (jetzt) § 42 III GKG ist nur der Höchstwert je Kündigung, LAG Erfurt MDR **01**, 538, LAG Hbg AnwBl **91**, 165, LAG Hamm AnwBl **85**, 98. Innerhalb dieser Grenze muß das Gericht den wahren Streitwert nach § 3 schätzen, BAG BB **85**, 1472, LAG Düss AnwBl **82**, 316, LAG Kiel JB **01**, 197, aM LAG Mü AnwBl **86**, 106 (aber § 3 gilt auch dann).

9 – **(Abmahnung):** Der Wert einer Abmahnung kann ein Drittel des Werts eines fiktiven Kündigungsprozesses betragen, LAG Kiel BB **95**, 1596. Meist gilt ein Monatseinkommen, BAG NZA **07**, 831, LAG Mainz MDR **07**, 987 (bei Wiederholungen je ein Drittel davon). Der Anspruch auf die Entfernung einer Abmahnung aus der Personalakte läßt sich mit einem Monatseinkommen bewerten, LAG Hamm DB **89**, 2032 (das Gericht läßt offen, ob der Wert bei mehreren Abmahnungen steigt). Dieser Anspruch läßt sich aber bei einer Häufung von Abmahnungen auch ganz erheblich höher ansetzen, LAG Ffm MDR **00**, 1278.

– **(Änderungsschutzklage):** § 2 KSchG, BAG DB **89**, 1880, LAG Ffm MDR **99**, 945, LAG Köln MDR **99**, 1448, aM LAG Ffm MDR **99**, 945, LAG Halle AnwBl **01**, 634, LAG Köln AnwBl **01**, 636, (je: [jetzt] § 42 III 1 GKG). Aber gerade in dieser nicht endenden Streitfrage wäre eine Anpassung an das BAG hilfreich).

– **(Arbeitnehmererfindung):** Bei der Klage auf ihre angemessene Vergütung muß man den sozialen Zweck des § 38 ArbNEG mitbeachten, Düss GRUR **84**, 653.

– **(Arbeitspapiere):** Für eine Ausfüllung und Herausgabe von Arbeitspapieren kann man je Papier (jetzt ca) 250 EUR ansetzen, LAG Drsd MDR **01**, 960, LAG Düss AnwBl **97**, 290, LAG Köln MDR **00**, 670.

– **(Arbeitszeit):** Bei einer Klage auf eine Herabsetzung der Arbeitszeit kommen zwei Monatseinkommen in Betracht, LAG Düss MDR **02**, 1777, höchstens drei, LAG Ffm MDR **02**, 891, großzügiger LAG Stgt JB **08**, 250 (höchstens immerhin 20 000 EUR).

– **(Auflösungsantrag):** LAG Hamm DB **89**, 2032 (66,6% des Feststellungsantrags).
– **(Beschäftigung):** Rn 10 „(Weiterbeschäftigung)".
– **(Betriebskredit):** LAG Bre AnwBl **85**, 100.
– **(Betriebsratmitglied):** Der Antrag auf die Ersetzung der Zustimmung zur außerordentlichen Kündigung eines Betriebsratsmitglieds läßt sich mit drei Monatsgehältern bewerten, LAG Bre DB **85**, 396.
– **(Bruttolohn):** Der Antrag auf die Zahlung eines nicht bezifferten Bruttolohns „gemäß BAT II (bestehend aus Grundvergütung, Ortszuschlag, Zulage)" für vier kalendermäßig bestimmte Monate liegt unter dem Viermonatsbetrag, LAG Hamm DB **81**, 2548.
– **(Entlassungsentschädigung):** Eine Wertzusammenrechnung ist notwendig, soweit der Arbeitnehmer neben der Kündigungsschutzklage eine Entlassungsentschädigung verlangt, LAG Bln MDR **00**, 527, LAG Hamm MDR **82**, 259.
– **(Freistellung):** Bei einer Freistellung unter einer Fortzahlung des Lohns ist dieser für den Freistellungszeitraum maßgeblich, LAG Halle AnwBl **01**, 632, aM LAG Bln MDR **02**, 59 (aber der Streit geht um den ganzen Zeitraum).
– **(Künftiger Lohn):** Vossen DB **86**, 326 (ausf). 10
– **(Leistungs- und Kündigungsschutzanspruch):** Man darf grds nur bei ihrer Selbständigkeit voneinander zusammenrechnen, LAG Bre AnwBl **01**, 633. Wenn der Arbeitnehmer neben der Kündigungsfeststellungsklage die Erteilung eines Zwischenzeugnisses einklagt, LAG Hbg AnwBl **85**, 98, LAG Hamm AnwBl **85**, 98, oder ein Gehalt für einen Zeitraum fordert, für den der Bestand des Arbeitsverhältnisses streitig war, muß man die Streitwerte zusammenrechnen, LAG Bln AnwBl **84**, 151, LAG Hbg AnwBl **84**, 150, LAG Hann AnwBl **85**, 98, aM LAG Bre AnwBl **83**, 38 (für die ersten 3 Monate seit der Kündigung. Das ist dann zu knapp).
– **(Mehrheit von Kündigungen):** LAG Hamm DB **82**, 1472.
– **(Unwirksamkeit der Kündigung):** Wenn der Kläger nur die Feststellung der Unwirksamkeit einer Kündigung als einer außerordentlichen Kündigung begehrt, ist nur der Zeitraum von ihrem angeblichen Wirksamwerden bis zum Ablauf derjenigen ordentlichen Kündigungsfrist maßgeblich, die infolge einer Umdeutung begonnen haben kann, BAG DB **80**, 312.
– **(Versetzung):** Eine solche ohne eine Lohnänderung kann (jetzt) etwa 250 EUR wert sein, LAG Mü AnwBl **88**, 486.
– **(Verweisung):** Nach einer Verweisung vom ArbG an das ordentliche Gericht und überhaupt vor dem letzteren gilt § 3 ZPO oder (jetzt) § 4 GKG, BGH RR **86**, 676, KG DB **96**, 2275, Mü RR **88**, 190.
Vgl auch Rn 93 „Rechtswegverweisung".
– **(Weisungsrecht):** Bei ihm kommt ein Monatslohn in Betracht, LAG Drsd DB **99**, 1508.
– **(Weiterbeschäftigung):** Es erfolgt keine Zusammenrechnung, wenn neben einem Feststellungsantrag ein Weiterbeschäftigungsantrag vorliegt, BAG DB **85**, 556, LAG Chemnitz JB **96**, 147. Der Wert eines gesondert bewertbaren Beschäftigungsanspruchs läßt sich mit dem doppelten Betrag eines Monatsentgelts bewerten, LAG Düss AnwBl **87**, 554, LAG Köln MDR **02**, 1441 (sonst nur ein Monatsbetrag), aM LAG Mainz AnwBl **83**, 36 (Hälfte des Werts des Kündigungsschutzantrags), LAG Hbg MDR **03**, 178 (ein Monatsverdienst). Ein nachvertragliches Beschäftigungsverbot läßt sich mit einem Jahreseinkommen und im Eilverfahren weniger bewerten, LAG Köln NZA-RR **05**, 547.
– **(Zeugnis):** Der Wert der Klage auf die Erteilung eines qualifizierten Zeugnisses läßt sich mit einem Monatslohn beziffern, LAG Drsd MDR **01**, 282, LAG Kiel AnwBl **87**, 497, LAG Köln MDR **99**, 1336.
S auch „(Leistungs- und Kündigungsanspruch)".
– **(Zwischenzeugnis):** S „(Leistungs- und Kündigungsschutzanspruch)".
S auch „(Zeugnis)".

Arrest: Man muß den Kostenstreitwert gemäß (jetzt) § 53 I 1 GKG nach dem Interesse des Antragstellers an der Sicherstellung nach § 3 schätzen, Brschw RR **96**, 256 links, Düss WettbR **96**, 44, Kblz MDR **94**, 738, auch beim Besitzstreit, Düss AnwBl **86**, 37. Man muß von dem Wert des zu sichernden Anspruchs ausgehen. Da das Arrestverfahren aber nur eine vorläufige Klärung bringen kann, ist der Wert grds geringer als derjenige des Hauptanspruchs. Er beträgt je nach der Sachlage zB ein Drittel oder die Hälfte des Werts des Hauptanspruchs, Brdb JB **01**, 94, Oldb RR **96**, 946, LG Ffm JB **95**, 487. Das darf aber nicht schematisch erfolgen, Düss WettbR **96**, 44. Ein noch geringerer Bruchteil wäre meist nicht gerechtfertigt, aM Köln GRUR **88**, 726 (15–12,5%; abl Ahrens). Beim Notbedarfsanspruch ist meist ein 6-Monats-Betrag angemessen, KG MDR **88**, 154, Nürnb JB **97**, 196. Der Wert im vorläufigen Verfahren kann aber den Wert des Hauptanspruchs fast erreichen. Das gilt etwa dann, wenn das Gericht im vorläufigen Verfahren praktisch schon endgültig über die Sache entscheiden muß, Brdb JB **01**, 94 (Ausnahme: Unterhalt), Ffm AnwBl **83**, 89, Köln WettbR **00**, 247. Das gilt ferner zB dann, wenn es um die Unterlassung eines Ausverkaufs oder einer Ausverkaufswerbung geht oder wenn nur ein Arrest die Vollstreckungsmöglichkeit schafft und genügend Pfändbares in die Hände des Gläubigers bringt, LG Darmst JB **76**, 1090. 11

Dasselbe gilt überhaupt bei der sog *Leistungsverfügung,* Grdz 6 ff vor § 916, Mü FamRZ **97**, 691. Es gilt auch dann, wenn der Antragsgegner andernfalls die Vollstreckung ganz vereiteln könnte, Köln ZMR **95**, 258, LG Darmst JB **76**, 1090. Der Wert des Eilverfahrens darf grds keineswegs über demjenigen der Hauptsache liegen, Köln FamRZ **01**, 432. In einem nichtvermögensrechtlichen Streit muß man von (jetzt) § 48 II 1 GKG ausgehen, LG Saarbr JB **95**, 26. Bei einem Seeschiff können 75% der Arrestforderung ansetzbar sein, Hbg MDR **91**, 1196. Auch beim persönlichen Arrest sind die Wertregeln des dinglichen anwendbar, Kblz JB **92**, 191. In einer Markensache kommt es auf die Gefährlichkeit der unbefugten Benutzung an, Kblz GRUR **96**, 139.

Im *Widerspruchs- und Aufhebungsverfahren* muß das Gericht denselben Wert wie im Antragsverfahren 12
ansetzen. Denn auch in diesem Verfahrensabschnitt ist das Interesse des Antragstellers maßgeblich, weil der Widerspruch kein Rechtsmittel ist. Nur bei einem auf die Kostenfrage beschränkten Widerspruch nach § 924 Rn 9 ist das bloße Kosteninteresse maßgeblich, Hbg JB **98**, 150, Karlsr MDR **07**, 1455, Meyer JB **03**, 525. Das Interesse des Antragstellers entscheidet unter Umständen auch dann, wenn es um die

Einstellung der Zwangsvollstreckung auf Grund eines Urteils geht, das einen Arrestbeschluß aufgehoben hat. Bei § 927 ist Obergrenze der Wert, den der aufzuhebende Titel bei der Klagerhebung noch für den Kläger hat. Das Interesse des Schuldners entscheidet dann, wenn es um die Vollziehung geht, KG Rpfleger **91**, 126, Karlsr Rpfleger **99**, 509 (je: Obergrenze: Wert der Anordnung), Köln Rpfleger **93**, 508, oder wenn es um die Aufhebung des Vollzugs nach § 934 geht. Wenn es sich nur um die formelle Beseitigung des Arrests handelt, ist ein geringerer Wert ansetzbar, KG JB **02**, 479. Das Problem, Vollzugsgegenstände zu finden, ist nicht beachtlich, LG Darmst JB **76**, 1090. Im markenrechtlichen Widerspruchs-Beschwerdeverfahren setzt BPatG GRUR **99**, 65, für (jetzt) § 33 RVG grds (jetzt ca) 10 000 EUR an.

13 In einer *gesetzlichen Unterhaltssache* läßt sich der Wert nach § 51 FamGKG berechnen, bei einer vertraglichen nach § 42 I GKG. Das gilt grds auch für einen Arrest, Brschw RR **96**, 256 links, Düss FamRZ **85**, 1155, aM Schneider MDR **89**, 389 ([jetzt] § 53 II 1 GKG entsprechend. Aber § 51 FamGKG spricht auch vom „Antrag" und ist deshalb spezieller). Das Kostenpauschquantum läßt sich berücksichtigen. Das Gericht darf auch hier keinen höheren Wert als denjenigen der Hauptsache annehmen, Düss FamRZ **85**, 1156. Eine Forderungspfändung nach § 930 ist unbeachtlich.

S auch Rn 35 ff „Einstweilige Verfügung".

Aufgebot: Maßgebend ist das Interesse des Antragstellers, § 3. Es kommt auf das Objekt des Aufgebots an. Im Aufgebotsverfahren wegen eines Hypothekenbriefs, eines Grundschuldbriefs oder eines Rentenbriefs darf man als den Streitwert daher nicht stets den Betrag der Hypothekenforderung ansetzen. Denn es handelt sich nicht um diese. Maßgeblich sind bei einer geplanten Löschung sogar der Nennbetrag, LG Potsd 7 T 142/07 v 14. 3. 08. Es kann aber auch nur 10–20% des Nennwerts der Hypothek infragekommen, soweit nicht der Grundstückswert usw geringer ist, LG Bln Rpfleger **88**, 549. Wenn es um ein Aufgebotsverfahren nach dem G v 18. 4. 50, BGBl 88, geht, sind §§ 3 und 6 nicht anwendbar. Dann ist die Hypothek nicht der Gegenstand der Verfügung.

14 **Aufhebung:** Rn 60 „Gemeinschaft", Rn 98 „Schiedsrichterliches Verfahren: d) Aufhebungsklage".

Auflassung: § 6 Rn 2. Entgegennahme Rn 5 „Abnahme der Kaufsache", aM Bbg JB **94**, 361, Ffm RR **96**, 636 (§ 3).

S auch Rn 41 „Erbrechtlicher Anspruch".

Auflassungsvormerkung: § 6 Rn 14, 15.

Auflösung: S bei den Gegenständen der Auflösung.

Aufopferung: Die Entschädigung wegen eines Impfschadens läßt sich nach § 42 I GKG bewerten.

15 **Aufrechnung: Hauptaufrechnung,** dazu *Kanzlsperger* MDR **95**, 883; *Schulte,* Die Kostenentscheidung bei der Aufrechnung durch den Beklagten im Zivilprozeß, 1990; *Sonnenberg/Steder* Rpfleger **95**, 60 (ausf): In einer Familiensache gilt § 39 FamGKG, Hartmann Teil I B. Für den Kostenstreitwert muß man im übrigen die folgende Unterscheidung vornehmen.

– **(Streitigkeit der Gegenforderung):** Auch soweit der Bekl mit einer oder mehreren streitigen Gegenforderungen aufrechnet, ist nur die Klageforderung maßgeblich, aM Hamm AnwBl **86**, 204 (aber auch dann geht es sogleich um den Bestand der Klageforderung).

– **(Unstreitigkeit der Gegenforderung):** Bei einer unbedingten Hauptaufrechnung oder dann, wenn der Bekl eine unstreitige Gegenforderung mit einer Haupt- oder Hilfsaufrechnung geltend macht, ist die Klageforderung maßgeblich, aM Pfennig NJW **76**, 1074 (aber es geht sogleich um den Bestand der Klageforderung). Macht der Bekl in 2. Instanz nur die Hauptaufrechnung geltend und wird er verurteilt, ohne daß das Gericht die Zahlung von der Erfüllung einer Nachbesserung abhängig macht, beschwert der Wert der ursprünglichen Zug-um-Zug-Leistung den Bekl nicht, BGH DB **92**, 89.

16 **Aufrechnung: Hilfsaufrechnung mit streitiger Gegenforderung.** Vgl dazu § 45 II GKG. Zur Systematik *Kanzlsperger* MDR **95**, 883, *Madert,* Der Streitwert bei der Eventualaufrechnung usw Festschrift für *Schmidt* (1981) 67, *Schneider* MDR **84**, 196: Die Erhöhung des Streitwerts um den Wert der zur Aufrechnung gestellten Forderung erfolgt nur dann, wenn die folgenden Bedingungen zusammentreffen, Schlesw SchlHA **81**, 189.

17 – **(Wirkliche Aufrechnung):** Es muß sich um eine echte Aufrechnung handeln, BGH NZM **04**, 423, also um einen Anspruch mit einem von der Klageforderung unabhängigen Wert, BGH NJW **94**, 1538, Düss MDR **99**, 957, KG JB **00**, 419, etwa wegen eines Verzugs, Hamm JB **05**, 541, und nicht etwa nur um eine Einrede oder eine sonstige Einwendung des Bekl wie eine Mängelrüge, Bbg JB **87**, 1383, Hamm RR **06**, 457, Köln VersR **93**, 460, ein Zurückbehaltungsrecht, die Einrede des sonstwie nichterfüllten oder schlechterfüllten Vertrags, BGH NJW **88**, 3015, Düss MDR **01**, 113, einen Rücktritt, eine Minderung, Düss AnwBl **84**, 614, eine Überzahlung, KG JB **00**, 419, ein geltend gemachtes Pfandrecht, soweit der Bekl ihretwegen keine Widerklage erhoben hat. Eine Hilfsaufrechnung kann auch neben anderen Einwendungen in einer Vollstreckungsabwehrklage nach § 767 erfolgen, Düss MDR **99**, 1092, LG Marbg JB **02**, 533. Der Einwand des Bürgen, der Hauptschuldner habe aufgerechnet, genügt nicht, aM ZöHe § 3 Rn 16 „Aufrechnung" (aber das ist gerade keine echte Hilfsaufrechnung gerade des Hauptschuldners). Eine Hilfsaufrechnung fehlt, wenn der Bekl sich in erster Linie nur mit der Aufrechnung und bei ihrer Unzulässigkeit mit einer Hilfswiderklage wegen der Aufrechnungsforderung verteidigt, BGH RR **99**, 1736, oder wenn sich der Bekl in erster Linie nur mit der Rüge des Fehlens einer Prozeßvoraussetzung verteidigt, Karlsr MDR **98**, 1249 (internationale Zuständigkeit). Der Aufrechnung steht im Ergebnis ein Vorgehen nach (jetzt) § 634 Z 2 BGB gleich, Düss AnwBl **84**, 614, aM Mü MDR **87**, 670 (aber auch eine Mängelrüge läuft auf dasselbe hinaus).

18 – **(Bloße Hilfsaufrechnung):** Der Bekl darf die zur Aufrechnung gestellte Forderung lediglich hilfsweise geltend gemacht haben, BGH NZM **04**, 423. Man muß seine Erklärungen wie sonst auslegen, Köln JB **96**, 645. Eine Hauptaufrechnung macht III vom Zeitpunkt ihrer Erklärung an unanwendbar, Drsd MDR **99**, 120, Karlsr MDR **95**, 643, Köln FamRZ **92**, 1461, aM Ffm RR **86**, 1064, Hamm JB **02**, 316 (schon vorher), Schneider MDR **89**, 302 (aber erst die Aufrechnungserklärung gibt Anlaß zur Beschäftigung mit der Aufrechnungsforderung). Etwas anderes gilt, wenn zur Haupt- eine Hilfsaufrechnung mit einer anderen Forderung tritt. Dann erfolgt in der geltend gemachten Reihenfolge eine

Zusammenrechnung, BGH MDR **92**, 307, Karlsr MDR **89**, 921, LG Erfurt JB **97**, 535. Dabei bleibt freilich die erste unbedingte Aufrechnung unberücksichtigt, falls mehrere hilfsweise gestaffelte Gegenforderungen folgen, BGH **73**, 249, Köln VersR **92**, 1027, Zweibr Rpfleger **85**, 328.

– **(Entscheidungsbedürftigkeit der Hilfsaufrechnung):** Die zur Hilfsaufrechnung gestellte Forderung muß entweder von vornherein streitig gewesen oder doch im Lauf des Rechtsstreits streitig geworden sein, BGH NZM **04**, 423, Hamm MDR **00**, 296, sei es wegen einer angeblichen Unzulässigkeit, sei es wegen einer angeblichen Unbegründetheit der Hilfsaufrechnung. § 40 GKG stellt auf jeden dieser Fälle ab. Es kommt also auch nicht darauf an, ob der Kläger die Hilfsaufrechnung für unzulässig oder für unbegründet hält. Denn III berücksichtigt die Mehrarbeit des Gerichts infolge der Hilfsaufrechnung, Saarbr AnwBl **80**, 155, Zweibr Rpfleger **85**, 328, und eine solche Mehrarbeit kann auch schon durch die von Amts wegen erforderliche vorrangige Prüfung der Zulässigkeit der Hilfsaufrechnung entstehen. 19

Es muß auch ein *Entscheidungsbedürfnis* über die Hilfsaufrechnung bestehen. Daran fehlt es, solange das Gericht den Hauptanspruch nicht abgewiesen hat, BGH RR **99**, 1157.

– **(Rechtskraftfähigkeit der Entscheidung):** Über die streitige Hilfsaufrechnung muß eine der inneren und nicht nur formellen Rechtskraft fähige Entscheidung ergangen sein, BGH NZM **04**, 423, Ffm Rpfleger **85**, 510, Köln VersR **96**, 125, auch zB durch ein Versäumnisurteil gegen den Bekl. Denn auch dieses ist der inneren Rechtskraft fähig, § 322 Rn 1. Es darf zB nicht in Wahrheit bloß unklar sein, ob die Klageforderung entstanden ist, BGH RR **00**, 285, KG VersR **81**, 860, Köln MDR **79**, 413. Es reicht auch grds nicht aus, daß das Gericht die Hilfsaufrechnung als unzulässig bezeichnet, BGH MDR **91**, 240, Drsd JB **03**, 475, Düss WoM **97**, 428. Eine Zurückweisung des tatsächlichen Vorbringens zur Hilfsaufrechnung als verspätet ist aber ausreichend, Ffm MDR **84**, 239, ebenso diejenige der Hilfsaufrechnung als nicht ausreichend substantiiert, Kblz JB **02**, 197. 20

Nach *§ 322 II* ist die Entscheidung, daß die Gegenforderung nicht bestehe, bis zur Höhe desjenigen Betrags der Rechtskraft fähig, für den die Aufrechnung erfolgt, § 322 Rn 21, Celle AnwBl **84**, 311, Düss MDR **96**, 1299, Nürnb VersR **83**, 864. Maßgeblich ist das Urteil, auch das Urkunden- oder Scheckvorbehaltsurteil usw, nicht der Vergleich, Ffm MDR **80**, 64, Köln JB **79**, 566, aM Mü JB **98**, 260 (aber er ist keine „Entscheidung"). Maßgeblich ist auch nicht die Aufrechnungserklärung, BGH RR **97**, 1157, schon gar nicht eine Durchsetzbarkeit des Hilfsaufrechnungsanspruchs, aM Ffm MDR **81**, 57 (aber es kommt eben nur auf die Rechtskraft der Entscheidung an).

Es kommt für den *erstinstanzlichen* Wert nur auf die Entscheidung dieser ersten Instanz an, BGH Rpfleger **87**, 38, Ffm RR **01**, 1653, LG Kassel RR **92**, 831, aM Mü MDR **90**, 934, Schlesw SchlHA **83**, 61 (aber der Wert richtet sich nur nach der jeweiligen Entscheidung). Man kann die zur Hilfsaufrechnung gestellte Forderung auch dann bis zur vollen Höhe der ursprünglichen Klageforderung zulassen, wenn der Kläger im Prozeß im Insolvenzverfahren zu einer Feststellungsklage übergegangen ist und wenn das Prozeßgericht den Wert dieses Feststellungsantrags mit 10% der Ursprungsforderung festgesetzt hat, Schlesw SchlHA **81**, 189. Wegen der Feststellung der Beschwer BAG DB **76**, 444. Eine Verwerfung des Rechtsmittels reicht nicht aus, KG MDR **90**, 259, aM ZöHe § 3 Rn 16 „Aufrechnung" (aber das ist keine Sachentscheidung). Wird infolge einer Rechtsmittelrücknahme die erstinstanzliche Entschädigung über die Hilfsaufrechnung rechtskräftig, erhöht sich der Kostenstreitwert der Rechtsmittelinstanz nicht, Köln JB **95**, 485.

– **(Rechtsmittelinstanz):** In ihr kommt es darauf an, ob das Vordergericht oder das Rechtsmittelgericht über die Hilfsaufrechnung entschieden hatte, BGH Rpfleger **87**, 38, Düss MDR **98**, 497, Köln VersR **96**, 125, aM Jena MDR **02**, 480, Mü MDR **90**, 934, Lappe Rpfleger **95**, 401 (aber aus der Frage, wer entschieden hat, leitet sich der Wert ab). 21

– **(Vergleich):** Im Fall der Erledigung des Rechtsstreits durch einen Vergleich gilt § 45 I–III GKG nach § 45 IV GKG entsprechend, Rn 127 „Vergleich", LAG Bln NZA-RR **04**, 374, VGH Mü NVwZ-RR **04**, 620, ArbG Nürnb MDR **04**, 907. 22

– **(Zuständigkeitswert):** Maßgeblich ist nur die Klageforderung, KG MDR **99**, 439. 23

Auseinandersetzung: Rn 60 ‚Gemeinschaft". 24

Ausgleichsanspruch: Rn 41 „Erbrechtlicher Anspruch", Rn 67 „Handelsvertreter".

Auskunft, dazu *Schulte* MDR **00**, 805 (Üb): Der Wert hängt von dem Interesse an der Auskunftserteilung ab, § 3, BGH FamRZ **93**, 46, Schlesw JB **02**, 81, LAG Mainz NZA-RR **08**, 324. Ein minimaler Höchstwert etwa von 600 EUR sogar bei einem ganzen Nachlaß (Folge: § 495 a) ist nun wirklich nicht allgemein haltbar, aM BGH RR **08**, 889 (aber das Interesse kann sehr viel höher sein). Er beträgt in der Regel einen Bruchteil desjenigen Anspruchs, dessen Geltendmachung die Auskunft erleichtern soll, BGH RR **07**, 1301, Bbg FamRZ **97**, 40, Ffm FamRZ **97**, 38. Der Wert beträgt zB nur einen geringen Bruchteil, etwa 10% des zu schätzenden Leistungsanspruchs, wenn die fraglichen Verhältnisse fast bekannt sind, etwa wenn es um den Lohn des Gegners geht, Schlesw SchlHA **78**, 22, oder 10–20%, Schlesw JB **02**, 81, oder 10–25%, BGH FamRZ **06**, 619, oder 20%, Hamm FamRZ **07**, 163, Zweibr FamRZ **07**, 1113. Er kann auch 25% betragen, Ffm MDR **05**, 164, KG FamRZ **96**, 500. Es ist auch ein höheres Interesse möglich, BGH FamRZ **93**, 1189, Düss FamRZ **88**, 1188, Kblz JB **05**, 39. Das gilt etwa dann, wenn der Kläger einen Zahlungsanspruch ohne die Auskunft voraussichtlich nicht weiter verfolgen kann. Dann kann der Wert der Auskunft fast den Wert des Zahlungsanspruchs erreichen, Ffm MDR **87**, 509. Das Interesse des Bekl, die Auskunft zu erschweren, ist in erster Instanz unerheblich, BGH Rpfleger **78**, 53. Das übersieht LG Kiel FamRZ **96**, 47. Andererseits darf das Gericht nicht außer Acht lassen, ob eine Ungewißheit über bestimmte Geschäfte beseitigt wird, selbst wenn das nicht in der gehörigen Form geschieht. Bei § 1379 I 1 BGB ist der Zugewinnausgleich der Ausgangspunkt, Zweibr JB **00**, 251.

Wenn es um ein *Rechtsmittel* des *Klägers* geht, bleibt sein Interesse maßgeblich, BGH FamRZ **99**, 1497. Das gilt auch beim Anspruch auf eine Auskunft Zug um Zug, BGH NJW **93**, 3206. Wenn es um ein Rechtsmittel des *Bekl* geht, ist als Wert das Interesse des Bekl daran maßgeblich, die Auskunft nicht leisten zu müssen, BGH RR **07**, 1301, aM Gehrlein NJW **07**, 2833. Maßgeblich sind dabei der Aufwand an Zeit und Kosten, die die Erfüllung gerade und nur des titulierten Anspruchs erfordert, BGH FamRZ **08**, 1346 links unten, Düss WoM **08**, 160, Rostock FamRZ **07**, 1762, (höchstens 17 EUR je Stunde, § 22 S 1 JVEG), sowie das etwaige schutzwürdige Geheimhaltungsinteresse des Verurteilten, BGH RR **07**, 1301, LG Bochum VersR **00**, 1431, aM BGH NJW **05**, 3349, Stgt MDR **01**, 113 (auch dann das Interesse des Klägers. Aber er wehrt jetzt nur ab).

Nicht maßgeblich ist der Wert des Auskunftsanspruches und grds auch nicht das Interesse des Bekl an der Vermeidung einer ihm nachteiligen Kostenentscheidung, BVerfG NJW **97**, 2229, BGH FamRZ **98**, 364 (Erbe) und 365 (Betreuer), Mü FamRZ **99**, 453 (anders nur bei einer Unbrauchbarkeit des Titels), aM KG RR **88**, 1214, Saarbr JB **85**, 1238 (aber es geht um die Abwehr des Auskunftsverlangens). Dasselbe gilt dann, wenn das LG einen Auskunftsanspruch und einen entsprechenden Zahlungsanspruch abgewiesen hat, wenn das OLG den Bekl aber zur Auskunft verurteilt hat und wenn das OLG den sich daraus ergebenden Zahlungsanspruch abgewiesen hat. Der Beschwerdewert kann beim Kläger als Beschwerdeführer anders sein als beim Bekl als Beschwerdeführer, LG Bochum VersR **00**, 1431.

Maßgeblich ist der Zeitpunkt der *Einreichung der Klage,* Ffm MDR **87**, 508, evtl ein späterer mit einem höheren Wert (Auslegungsfrage), Karlsr FamRZ **04**, 1048. Der Wert ermäßigt sich also nicht, wenn sich auf Grund der Auskunftserteilung herausstellt, daß der Leistungsanspruch weniger oder gar nichts wert ist, Düss AnwBl **92**, 286, Mü MDR **06**, 1134, aM Ffm MDR **87**, 508 (vgl aber § 40 GKG). Man muß schätzen, von welchem Betrag man ausgehen soll. Dabei kann die Angabe des erhofften Betrags nur einen Anhaltspunkt bieten. Eine Zusammenfassung mit dem Wert der Rechnungslegung ist zulässig. Man muß die Feststellung einer Schadensersatzpflicht neben der Auskunftserteilung besonders bewerten. Für die Gerichts- und Anwaltskosten entscheidet bei einer Stufenklage der höchste Wert, § 44 GKG, Rn 108 ff „Stufenklage". Vgl ferner § 132 V 5, 6 AktG, § 140 MarkenG, KG GRUR **92**, 611.

S auch Rn 33 „Eidesstattliche Versicherung", Rn 62 „Gesellschaft", Rn 77 „Mietverhältnis: Klage auf Auskunft", Rn 108 ff „Stufenklage", Rn 142 „Zurückbehaltungsrecht".

25 **Auslandswährung:** Maßgeblich ist der Umrechnungsbetrag in EUR, Ffm NJW **91**, 643, Ritten NJW **99**, 1215, und zwar grundsätzlich im Zeitpunkt der Klagerhebung oder der Rechtsmitteleinlegung, Ffm NJW **91**, 643 (beim Währungsverfall evtl im Zeitpunkt der letzten Verhandlung). Beim Kostenstreitwert muß man § 40 GKG beachten.

S auch Rn 59 „Geldforderung".

Ausscheiden und Ausschließung: Maßgeblich ist sowohl beim wirtschaftlichen Verein als auch bei der Gesellschaft, auch der stillen atypischen, jeweils § 3. Man muß den Wert der Kapitalanteile der Kläger mitberücksichtigen, Ffm JB **85**, 1083. Beim Idealverein ist § 48 II 1 GKG maßgeblich.

S auch Rn 62 „Gesellschaft".

Aussetzungsantrag: Maßgeblich ist das Interesse der Parteien an der Aussetzung, nicht der Wert des Hauptverfahrens, Bbg JB **78**, 1243, Hbg MDR **02**, 479 (je: grds 20%). Manche setzen keineswegs mehr als 33,3% des Werts des Hauptverfahrens an, ThP § 3 Rn 24 „Aussetzung". Indessen kann gerade an einer Aussetzung zB zur „Vorklärung" im Strafverfahren ein derartiges Interesse bestehen, daß 33,3% keineswegs ausreichen. Im Abgabenprozeß sind 5% des streitigen Betrags maßgeblich. Im Beschwerdeverfahren sind grds 20% des Hauptsachewerts ansetzbar, aM Ffm RR **94**, 957 (33,3%).

Aussonderung: Maßgeblich ist § 6.

26 **Bank:** Im Eilverfahren wegen eines Kontos kann das regelmäßige Entgelt der Bank maßgeblich sein, LG Lübeck NJW **01**, 83.

Baubeschränkung: Maßgeblich ist § 7.

Bauhandwerkersicherungshypothek: Es kommt auf das Interesse an der Eintragung an, LG Ffm AnwBl **83**, 556, meist also nur auf die zu sichernde Forderung, Nürnb MDR **03**, 1382. Bei der Eintragung einer Vormerkung ist 25–33,3% des Hypothekenrechts ansetzbar, Bbg JB **75**, 649, Bre JB **82**, 1052, Ffm JB **77**, 719, aM Saarbr JB **87**, 1218 (50%). Bei der Klage auf die Bewilligung der Bauhandwerkerhypothek ist der Wert der zu sichernden Forderung maßgeblich, Ffm JB **77**, 1136.

S auch Rn 37 „Einstweilige Verfügung" sowie § 6 Rn 15.

Baulandsache: Im Fall einer vorzeitigen Besitzeinweisung nach § 116 BauGB muß man das Interesse an der Aufhebung grds mit 20% des Grundstückswerts ansetzen, BGH **61**, 252, Köln Rpfleger **76**, 140, Mü NVwZ-RR **04**, 712. In einem Verfahren nach § 224 BauGB beträgt der Wert ca 15% des Grundstückswerts. Bei einer unbezifferten Leistungsklage liegt der angemessene Entschädigungsbetrag im Rahmen der etwa genannten Mindest- und Höchstbeträge. Wenn es um die Anfechtung der Einleitung eines Umlegungsverfahrens geht, beträgt der Wert ebenso wie bei einer Zuweisung von Ersatzland statt einer Geldentschädigung und umgekehrt 20% des Werts der einzuziehenden Fläche und etwaiger Aufbauten. Dasselbe gilt im Fall der Anfechtung des Umlegungsplans nach § 66 BauGB. Wenn es um eine Grenzregulierung geht, ist der Wert der abzugebenden Teilfläche maßgeblich. Bei einer Aufhebung des Umlegungsplans zur Schaffung einer besseren Zufahrt muß man 10% der einbezogenen Fläche als Streitwert ansetzen.

S auch Rn 40 „Enteignung".

Bauverpflichtung: Sie läßt sich nach § 3 bewerten (geringerer Bruchteil der Baukosten).

27 **Bedingter Anspruch:** Man muß ihm nach § 3 schätzen, BGH MDR **82**, 36. Dabei kommt es auf den Grad der Wahrscheinlichkeit des Bedingungseintritts an.

Befreiung: Maßgeblich ist der vom Kläger genannte Geldbetrag der Verbindlichkeit, BGH MDR **95**, 196, Düss AnwBl **94**, 47 (Nichtigkeit), Mü JB **84**, 1235 (Vertragsrücktritt). Wenn es um die Befreiung von der persönlichen Haftung für eine Hypothek geht, ist der Betrag der Schuld maßgeblich. Man darf die persönliche und die dingliche Haftung nicht zusammenzählen. Wenn es um die Befreiung von der Bürgschaftsverpflichtung geht, ist ebenfalls der Betrag der Schuld maßgeblich. Wenn es um die Befreiung von der gesetzlichen Unterhaltspflicht geht, muß man § 3 anwenden, nicht § 9, auch nicht etwa (jetzt) § 42 II GKG, BGH RR **95**, 197, Oldb FamRZ **91**, 966. Bei einer unbezifferten Schuld lassen sich 20% vom Idealbetrag abziehen, BGH RR **90**, 985, KG JZ **98**, 800. Wenn es um die Befreiung eines Gesamtschuldners im Innenverhältnis geht, ist der Wert des übernommenen Anteils maßgeblich, Düss FamRZ **94**, 57 (Unterhaltsvergleich), Hbg JB **80**, 279. Zinsen desjenigen Anspruchs, von dem der Kläger die Befreiung verlangt, können Nebenforderungen sein, § 4, aM Görmer NJW **99**, 1310 (aber § 4 gilt uneingeschränkt). Anders verhält es sich mit den Kosten des Vorprozesses, BGH MDR **76**, 649, Bre JB **03**, 83. Bei einem arbeitsrechtlichen Freistellungsvergleich kann man 25% der Vergütung für den Freistellungszeitraum ansetzen, LAG Kiel JB **07**, 257 rechts unten.

Befristeter Anspruch: Man muß den Wert nach § 3 schätzen, Köln FamRZ **89**, 417, und zwar im Zeitpunkt der Geltendmachung des Anspruchs, § 4. Dabei muß man die Fälligkeit oder den Zeitpunkt des Wegfalls des Anspruchs berücksichtigen.

Beleidigung: Rn 32 „Ehre".

Bereicherung: Bei einer Sache ist § 6 maßgeblich, sonst grds der Betrag der Forderung, § 9. **28**

Berichtigung der Entscheidung: Im Verfahren nach § 319 ist grds § 3 anwendbar. Es ist also das Interesse des Antragstellers maßgeblich. Es kann von 20% der Hauptsache, Saarbr JB **89**, 522 (vorübergehende Unterlassung der Vollstreckung) bis zu 100% reichen, Ffm JB **80**, 1893 (endgültige Beseitigung der Vollstreckbarkeit).

Berichtigung des Grundbuchs: Maßgebend ist das Interesse des Klägers nach § 3, Saarbr AnwBl **78**, 106. Man kann den Wert der Klage auf eine Zustimmung zur Berichtigung nach dem Berichtigungsinteresse schätzen, LG Drsd JB **00**, 83. Er kann den Verkehrswert erreichen, § 6, BezG Potsdam VersR **93**, 1382. Das gilt auch im Eilverfahren, Köln ZMR **95**, 258. Er kann aber auch erheblich darunter bleiben, etwa bei einer Unstreitigkeit der Verhältnisse, Zweibr JB **87**, 265, LG Bayreuth JB **79**, 1884, oder bei valutierenden dinglichen Lasten, Bbg JB **77**, 1278, LG Köln NJW **77**, 255, aM BGH ZIP **82**, 221, KG MDR **01**, 56 (aber § 3 geht über die Besitzfrage des § 6 hinaus, und auch § 3 kennt Wertminderungsumstände).

Berufung: Maßgeblich ist grds das Interesse an der Änderung des Urteils, meist also der Antrag des Berufungsklägers. Freilich kommt es nicht allein auf § 511 IV an, AG Köln WoM **02**, 670. Wegen des Ausspruchs auf den Verlust der Berufung Rn 129 „Verlustigkeitsbeschluß". Der Wert der versehentlich eingelegten Berufung kann den gesetzlichen Tabellen-Mindestwert betragen, Ffm MDR **84**, 237. Der Wert der mangels einer Beschwer unzulässigen Berufung beträgt mindestens (jetzt) 600,01 EUR, Ffm MDR **84**, 502. Nicht maßgeblich ist der Wert der Mindestgebühr. Denn es liegt nun einmal eine Berufung vor. Erst ihr Wert führt zur Gebühr. Erfolgt die Berufung nur wegen einer Gegenleistung, ist diese maßgeblich. Eine Zug-um-Zug-Leistung erhöht den Wert nicht. Bei wechselseitigen Berufungen gilt § 45 II GKG. Mindestens ist das Interesse des Bekl an der Vermeidung einer ihm nachteiligen Kostenentscheidung maßgeblich, BGH NJW **94**, 1740.

S auch Rn 7 „Anschlußrechtsmittel".

Beschwerde: Rn 104 „Sofortige Beschwerde". **29**

Beseitigung: Rn 92 „Räumung", § 7 Rn 2.

Besichtigung: Rn 83.

Besitzstreit: Der Wert richtet sich im Prozeß nach § 6, dort Rn 2. Bei der einstweiligen Verfügung usw richtet sich der Wert nach (jetzt) § 53 GKG, Düss AnwBl **86**, 37. Bei einer Besitzstörung ist für die Gebühren § 3 maßgeblich, Düss MDR **91**, 353 (Kosten der Beseitigung der Störung), Köln JMBlNRW **76**, 71 (hoch bei Aggressivität), LG Bielef FamRZ **92**, 1095 (1-Jahres-Wert bei Wiedereinräumung). § 41 I 1 GKG bildet den Höchstwert. Für die Zuständigkeit sind §§ 8, 9 maßgeblich, KG NZM **06**, 720.

Bestimmung der Zuständigkeit: Rn 143 „Zuständigkeit".

Betagter Anspruch: Maßgeblich ist § 3. Man darf einen Zwischenzins nicht abziehen, Voormann MDR **87**, 722, aM LAG Köln MDR **87**, 169 (zustm Hirte. Aber auch für einen Zwischenzins gilt § 4).

Beweisaufnahme: Der Wert richtet sich nach dem Gegenstand des Beweises, Hamm JB **81**, 1860. Falls sich die Beweisaufnahme nur auf einen Teil der Klageforderung ersteckt, ist also nur dieser Teil maßgeblich, Düss JB **83**, 1042.

Beweissicherung: Rn 102 „Selbständiges Beweisverfahren".

Bezugsverpflichtung: Der Wert orientiert sich nicht am Umsatz, sondern am Gewinn. Man muß ihn nach § 3 schätzen, Bbg JB **85**, 441.

Buchauszug, -einsicht: Rn 24 „Auskunft".

Bürgschaft: Maßgeblich ist der Betrag der gesicherten oder zu sichernden Forderung ohne Rücksicht auf eine etwaige Betagung oder Bedingung, § 6 Rn 9. Das Interesse des Mieters an der Freigabe der Bankbürgschaft entspricht der Bürgschaftssumme, BGH WoM **06**, 215. Bei der Klage gegen den Hauptschuldner und den Bürgen erfolgt keine Zusammenrechnung nach § 5. Bei der Klage gegen den Bürgen ist für Zinsen und Kosten § 4 I anwendbar. Bei der Klage des Bürgen gegen den Hauptschuldner zählen die vom Bürgen gezahlten Zinsen und Kosten als ein Teil der Hauptforderung. **30**

S auch Rn 69 „Herausgabe: b) Herausgabe einer Urkunde".

CD-Raubkopie: Es entscheidet das Interesse des Gestörten, AG Mü GRUR-RR **08**, 263.

Darlehen: Maßgeblich ist grds die streitige Darlehenssumme abzüglich eines etwaigen Ablösungsbetrags. Im Rechtsmittelverfahren ist der aberkannte Betrag maßgebend, BGH WertpMitt **85**, 279.

Dauervertrag: Man berechnet den Wert nach § 3 und nicht nach § 9. Denn ein Dauervertrag läuft regelmäßig kürzer als ein Vertrag der in § 9 genannten Art, Bre Rpfleger **89**, 427 (Stromlieferung: 5-Jahres-Durchschnittskosten – sehr hoch! –). Der Umsatz ist bei einem langfristigen Liefervertrag nur ein Anhaltspunkt. Daneben ist der Gewinn maßgeblich, Bbg MDR **77**, 935. Ein Automatenaufstellvertrag der üblichen Art läßt sich nicht nach § 41 GKG bewerten, sondern nach § 3, Kblz VersR **80**, 1123. Beim Miet- und Pachtvertrag usw ist § 41 GKG anwendbar. Beim Arbeitsvertrag muß man zunächst § 42 III GKG beachten. Im übrigen gilt § 42 II GKG.

Dauerwohnrecht: Der Wert der Inhaberschaft richtet sich nach § 9, aM Brschw NZM **08**, 423 (§ 24 II KostO), AG Ffm AnwBl **84**, 449 (§§ 3, 6. Aber § 9 ist eine vorrangige Spezialvorschrift). Im übrigen gilt § 41 GKG. Der Wert seiner Löschung läßt sich nach § 3 berechnen. Maßgeblich ist dabei die Wertminderung des Grundstücks durch das Wohnrecht.

Deckungsprozeß: Rn 130 „Versicherung: a) Deckungsprozeß". **31**

Deklaratorisches Schuldanerkenntnis: Rn 10 „Anerkenntnis".

Dienstbarkeit: Der Wert läßt sich nach § 7 berechnen.

Dienstvertrag: Maßgeblich ist § 3, soweit es um die Anstellung, die Beendigung usw geht, BGH RR **86**, 676. Jedoch gelten für die Zuständigkeit § 9 und für die Kosten § 42 II GKG, soweit das Entgelt umstritten ist. Die letztere Vorschrift kann auch ein Ausgangswert bei der Feststellung des Bestehens des Vertrags sein, BGH RR **86**, 676. (Jetzt) § 42 III GKG gilt nur für das arbeitsgerichtliche Verfahren, BGH RR **86**, 676.

Dingliche Sicherung: Es ist § 6 anwendbar.

Domain: Ihre Freigabe kann 25 000 EUR wert sein, Köln GRUR-RR **06**, 67.

Drittschuldnerprozeß: Soweit der Gläubiger den Drittschuldner auf eine Zahlung verklagt, ist wie stets der Wert *dieser* Klageforderung maßgeblich, also die dem Drittschuldner abverlangte Summe, Mü JB **85**, 1522, LAG Düss MDR **92**, 59, Schneider MDR **90**, 21, aM LAG Stgt JB **02**, 196 (36facher Monats-Pfändungsbetrag. Aber es geht schlicht um den Gesamtwert der eingeklagten Forderung). Wertprivilegien der eingeklagten Forderung können beachtlich sein, Köln JZ **91**, 987.

Drittwiderspruchsklage: Rn 139 „Widerspruchsklage: a) Widerspruchsklage des Dritten, § 771".

Duldung der Begutachtung: Maßgeblich ist das Interesse des Gläubigers, wie stets, also gerade nicht dasjenige des Schuldners. Das übersieht BGH NZM **99**, 65.

Duldung der Zwangsvollstreckung: Die Duldung hat neben einem Anspruch auf eine Verurteilung zu einer Leistung keinen besonderen Wert, § 5. Maßgeblich ist also die zu vollstreckende Forderung nebst Zinsen und Kosten, BGH RR **99**, 1080. Beim selbständigen Anspruch auf eine Duldung muß man ihn dem vollen Wert der Forderung oder der Haftungsmasse gleichsetzen, je nachdem, ob die Forderung oder die Haftungsmasse kleiner ist, KG AnwBl **79**, 229.

S auch Rn 144 „Zwangsvollstreckung".

Durchsuchung: Bei §§ 758, 758 a muß man einen Bruchteil der zu vollstreckenden Forderung oder des Werts des zu pfändenden Gegenstands ansetzen, Köln MDR **88**, 329 (50%).

32 **Ehesache,** dazu *Haberzettl,* Streitwert und Kosten in Ehe- und Familiensachen, 2. Aufl 1985; *Madert/Müller-Rabe,* Kostenhandbuch Familiensachen, 2001; *Günther Rohs,* Streitwert in Ehe- und Folgesachen, Festschrift für *Schmidt* (1981) 183: Einf 19 vor §§ 3–9, also § 43 FamGKG, Hartmann Teil I B.

Ehre: Man muß den Wert nach (jetzt) § 48 II–IV GKG berechnen, BAG BB **98**, 1487, LG Oldb JB **95**, 369, LAG Hamm AnwBl **84**, 156, aM BGH WoM **06**, 396 (§ 3). Beim Zusammentreffen vermögensrechtlicher und ideeller Wirkungen entscheidet die weitergehende, LAG Mainz MDR **07**, 1045.

S auch Rn 129 „Veröffentlichungsbefugnis".

33 **Eidesstattliche Auskunft oder Versicherung:** Wegen der Festgebühren nach KV 2110 ff ist keine Wertfestsetzung für die Gerichtskosten notwendig. Für die Anwaltsvergütung gilt § 25 I Z 4 RVG (höchstens 1500 EUR). Bei § 883 II gilt § 6, LG Köln JB **77**, 404. Der Beschwerdewert bei einer eidesstattlichen Auskunft richtet sich nach dem Aufwand an Zeit und Kosten, BGH NJW **00**, 2113. Soweit im erfolglosen Beschwerdeverfahren keine Änderung des Streitgegenstands erfolgt, gilt nur die Festgebühr des KV (jetzt) 1811, aM BGH NZM **99**, 65 (aber die Vorschrift gilt uneingeschränkt).

S auch Rn 24 „Auskunft".

Eigentum: Bei einer Störung nach § 1004 BGB ist § 3 maßgeblich, BGH **124**, 315, Düss MDR **91**, 353 (Kosten der Beseitigung der Störung), Kblz JB **95**, 27 (Wert des Verbots für den Kläger). Nachteile für den Bekl sind unbeachtlich, Köln JB **90**, 246 (Notweg). Bei einer Beseitigung von Sondermüll sind die Entsorgungskosten maßgebend, Düss MDR **91**, 353. Im übrigen gilt § 6, dort Rn 2, auch wegen eines Eigentumsvorbehalts. Der Beschwerdewert kann den Streitwert übersteigen, BGH **124**, 315. Beim Miteigentum muß man den Klägeranteil abziehen, Karlsr Just **80**, 148.

S auch Rn 141 „Wohnungseigentum".

Einheitswert: Auch beim Einheitswert zum Stichtag 1. 1. 1964 sind als Streitwert 40% des streitigen Unterschiedsbetrags ansetzbar.

Einrede der Nichterfüllung: Rn 58 „Gegenseitiger Vertrag".

Einsichtnahme: Maßgebend sind der Zeitaufwand und die Kosten, BGH BB **01**, 752.

S auch Rn 62 „Gesellschaft".

34 **Einstweilige Anordnung:** Man muß den Wert nach § 53 GKG und in einer Familiensache nach § 41 FamGKG berechnen, Hartmann Teil I B. Beim Gewaltschutz können 500 EUR angemessen sein, Saarbr RR **08**, 746. Soweit es um eine verneinende Feststellungsklage gegen eine einstweilige Anordnung geht, richtet sich der Kostenstreitwert nach (jetzt) § 42 GKG, Schlesw JB **92**, 488. Man darf den Hauptsachewert nicht überschreiten, Köln FamRZ **01**, 432.

35 **Einstweilige Einstellung:** Rn 145 „Zwangsvollstreckung: b) Einstellung, Beschränkung, Aufhebung".

Einstweilige Verfügung: Man muß den Wert für die Gebührenberechnung nach (jetzt) § 53 I GKG nach dem Interesse des Antragstellers an der begehrten Sicherstellung zur Zeit des instanzeinleitenden Antrags schätzen, § 3, Düss NZM **06**, 159, Kblz WoM **08**, 37 (33,3%), LG Bonn NZM **08**, 664. Er liegt meist unter dem Wert der Hauptsache. Denn das Verfahren auf den Erlaß einer einstweiligen Verfügung kann eben nur eine vorläufige Regelung herbeiführen. Im allgemeinen beträgt der Wert 33,3%–50% des Werts der Hauptsache, Brdb JB **01**, 94, Kblz WoM **08**, 37, Oldb RR **96**, 946, LG Ffm JB **95**, 487, evtl auch 75%, Kblz JB **06**, 537. Das darf aber nicht schematisch erfolgen, Düss WettbR **96**, 44. Ein noch geringerer Bruchteil wäre meist nicht gerechtfertigt, aM Köln GRUR **88**, 726 (15%–12,5%; abl Ahrens). Wenn die einstweilige Verfügung nur einen bestimmten Gegenstand erfaßt, zB das Bankdepot eines Ausländers im Inland, liegt der Wert nicht höher als derjenige dieses Gegenstands. Beim Notbedarfsanspruch ist meist ein 6-Monats-Betrag angemessen, KG MDR **88**, 154, Nürnb JB **97**, 196.

36 Der Wert kann sich jedoch demjenigen der *Hauptsache nähern,* Bbg JB **75**, 793. Das gilt zB dann, wenn das Gericht den Streit durch die einstweilige Verfügung praktisch auch bereits zur Hauptsache entschieden hat, Brdb JB **01**, 94, (Ausnahme: Unterhalt), Ffm AnwBl **83**, 89, Köln WettbR **00**, 247. Das gilt zB dann, wenn es um eine Unterlassung geht, Köln JB **95**, 486, etwa eines Ausverkaufs oder einer Ausverkaufswerbung, oder beim Gewaltschutzgesetz, LG Flensb RR **04**, 1509. Ähnliches gilt bei einer einstweiligen Verfügung, die allein eine Vollstreckungsmöglichkeit schafft und genügend pfändbare Gegenstände in die

Hände des Gläubigers bringt, LG Darmst JB **76**, 1090, und überhaupt bei der Leistungsverfügung, Grdz 6–9 vor § 916, Mü FamRZ **97**, 691.

Auch bei einer drohenden *Zwangsversteigerung* oder dann, wenn es um den Verkauf eines Grundstücks geht, kann man die Eintragung einer Vormerkung zur Sicherung für die Bestellung einer Hypothek dem Hypothekenbetrag annähernd gleichsetzen, Bbg JB **78**, 1552. Denn hier wäre die Zwangsversteigerung oder der Verkauf dem völligen Rechtsverlust gleichzusetzen. Wenn es um eine Vormerkung wegen einer Bauhandwerkerhypothek geht, beträgt der Wert etwa 33,3%–50% der Forderung des Handwerkers, Düss JB **75**, 649, Ffm JB **77**, 719, aM Bre AnwBl **76**, 441, LG Saarbr AnwBl **81**, 70 (diese Gerichte setzen 90% des Werts der Handwerkerforderung an. Aber das ist eine Überschätzung einer bloßen Vormerkung). Man muß das sog Kostenpauschquantum berücksichtigen. Man darf aber den Wert der Hauptsache nicht überschreiten. In einem nichtvermögensrechtlichen Streit muß man von (jetzt) § 48 II 1 GKG ausgehen, LG Saarbr JB **95**, 26. Wenn es um die Einräumung eines Nießbrauchs oder um die Eintragung eines Wohnrechts geht, muß man die voraussichtliche Lebensdauer des Berechtigten schätzen und dann etwa 25% des sich ergebenden Werts ansetzen. Bei einer Unterhaltsrente muß man evtl von (jetzt) § 51 FamGKG ausgehen, wenn der Hauptprozeß bereits oder noch anhängig ist, soweit der Antragsteller nicht ohnehin meist nur eine kürzer begrenzte Regelung begehrt, Düss JB **82**, 285, Hbg MDR **79**, 854, Luthin FamRZ **87**, 780. 37

Der Antragsteller mag aber nur eine Regelung bis zur Entscheidung des *Hauptprozesses* erstreben, (je zum alten Recht) Düss JB **86**, 253, Mü JB **85**, 917, Schneider MDR **89**, 389. Dann liegt der Wert meist beim 6-Monats-Betrag (Notbedarf), KG MDR **88**, 154, Zweibr FamRZ **93**, 1336. Das gilt selbst dann, wenn das Gericht keine ausdrückliche derartige Begrenzung vornimmt, Hamm JB **91**, 1535. Er liegt jedenfalls niedriger als derjenige des Hauptprozesses.

Im *Widerspruchsverfahren und im Aufhebungsverfahren* gelten die Bewertungsregeln ebenso wie im Verfahren auf den Erlaß einer einstweiligen Verfügung. Dasselbe gilt beim Vollzug der einstweiligen Verfügung, LG Darmst JB **76**, 1091. Maßgeblich ist also nicht das Interesse des Gegners. Sein Bestreiten ist ja auch im übrigen grundsätzlich nicht beachtlich. Es kommt vielmehr auf das Interesse des Antragstellers an. Das gilt unter Umständen auch dann, wenn es um die Einstellung der Zwangsvollstreckung auf Grund eines Urteils geht, das eine einstweilige Verfügung aufgehoben hat. Entsprechend muß man die Situation bei einer Klage gegen den Gläubiger zwecks einer Löschungsbewilligung beurteilen, Köln MDR **77**, 495. Soweit es zum Vergleich auch über die Hauptsache kommt, muß man zusammenrechnen. Wegen eines bloßen Kostenwiderspruchs gilt dasselbe wie beim Arrest, Rn 12. 38

Im Verfahren vor den *Arbeitsgerichten* ist § 3 anwendbar, etwa wegen eines Anspruchs nach § 102 V 2 BetrVG. Im Verfahren vor den Finanzgerichten um einen Arrest nach §§ 324 ff AO wird der Wert meist um die Hälfte unterschritten, und zwar bei einer einstweiligen Verfügung in bestimmte Gegenstände begrenzt durch ihren Wert. Der Wert beträgt die Hälfte der Hinterlegungssumme. Wegen der §§ 69 III, IV, 114 FGO oder 80 V–VII VwGO vgl §§ 52 I, 53 I GKG. 39

S auch Rn 11 ff „Arrest", Rn 26 „Bank", Rn 63 ff „Gewerblicher Rechtsschutz", Rn 104 „Stadtplanausschnitt".

Eintragungsbewilligung: Man muß von demjenigen Anspruch ausgehen, auf demjenigen die Eintragung beruhen soll. Daher gilt zB beim Eigentum § 6, bei einer Grunddienstbarkeit § 7, bei einer Reallast § 9. Das gilt auch beim Berichtigungsanspruch. Bei einer nur formalen Klärung kann nach § 3 ein geringerer Wert infrage kommen, Zweibr JB **87**, 267. Es kann der auch zu zahlende Kaufpreisrest maßgeblich sein, Bbg JB **96**, 85. 40

Einwilligung: S „Eintragungsbewilligung", Rn 71 „Hinterlegung".

Elterliche Sorge: Maßgeblich ist § 45 I Z 1, 2 FamGKG, Hartmann Teil I B.

E-Mail: Es entscheidet das Interesse des Gestörten, Karlsr GRUR-RR **08**, 262.

Energie: Bei einer Entfernung des Zählers gilt der Jahresstrompreis, AG Neuruppin WoM **05**, 596, aM Kblz WoM **08**, 37 (evtl Kosten anderer Versorgungsarten), LG Duisb NZM **07**, 896 (Fallfrage). Streitwertanpassung § 105 EnWG, abgedruckt bei § 50 GKG, Hartmann Teil I A.

Enteignung: Maßgeblich ist der Sachwert, der objektive Verkehrswert. Ihn muß man nach § 6 berechnen. Das gilt auch bei einer Teilfläche und bei einer Rückenteignung, Mü JB **79**, 896. Danach bemißt sich sowohl der Wert des Antrags auf die Einleitung des Enteignungsverfahrens als auch der Wert eines Antrags auf den Erlaß einer gerichtlichen Entscheidung, der sich gegen die Enteignung richtet. Zinsen auf den Entschädigungsbetrag sind unbeachtlich. Beim Streit nur um die Höhe der Entschädigung ist der Unterschied zwischen dem festgesetzten und dem begehrten Betrag maßgeblich, § 3. Eine etwaige Wertminderung des Restgrundstücks ist unerheblich.

S auch Rn 26 „Baulandsache".

Erbbaurecht: Sein Wert läßt sich nach § 3 feststellen, Mü WoM **95**, 193. Der Wert setzt sich zusammen aus dem nach § 9 kapitalisierten Erbbauzins und dem Gebäudewert, Nürnb JB **92**, 52. Wenn es um eine Erhöhung des Erbbauzinses geht, gilt § 9, Ffm JB **77**, 1132, Mü JB **77**, 1002. Der Wert beträgt also das 3,5fache des Erhöhungsbetrags, § 9 Rn 8, 10. Beim Heimfallrecht ist nicht § 41 II GKG anwendbar, sondern es ist der Verkehrswert ohne Belastungen maßgeblich, Nürnb JB **92**, 52 (Kaufpreis als Anhaltspunkt). Auf die Feststellung der Wirksamkeit des Erbbaurechtsvertrags ist § 3 anwendbar, Düss JB **95**, 485. 41

Erbrechtlicher Anspruch, dazu *Schneider* Rpfleger **82**, 268 (zu Miterbenklagen): Es ist grds § 3 maßgeblich. Dabei muß man eine wirtschaftliche Betrachtung vornehmen, BGH MDR **75**, 741.

– **(Ausgleichspflicht):** Bei einer Klage auf ihre Feststellung ist das Interesse des Klägers an ihr maßgeblich. 42

– **(Auskunft):** Rn 43 „– (Nachlaßverzeichnis)".

– **(Dritter):** Bei einem Streit um die Auflassung des Grundstücks an einen Dritten ist der ganze Wert maßgeblich, soweit der beklagte Erbe bei der Auflassung mitwirken soll. Dasselbe gilt dann, wenn es um die Herausgabe des ganzen Nachlasses an einen Dritten zwecks Versteigerung geht.

– **(Erbauseinandersetzung):** Bei der Klage auf eine Zustimmung zu ihr ist das Interesse des Antragstellers an seinem Auseinandersetzungsplan maßgeblich, aM Schmidt NJW **75**, 1417 (voller Nachlaßwert. Aber die Zustimmung ist erst der Beginn des eigentlichen Ziels). Wenn es um die Klage auf die Feststellung der Unzulässigkeit einer Auseinandersetzungsversteigerung geht, ist das Interesse des Klägers am Fortbestand der Erbengemeinschaft maßgeblich, Hamm JB **77**, 1616. Wenn bei einer Erbauseinandersetzung über mehrere Grundstücke nur die Verteilung einiger dieser Grundstücke streitig ist, ist nur der Wert der streitigen Grundstücke maßgeblich. Der Wert eines Prozeßvergleichs auf Grund einer Auseinandersetzungsklage richtet sich nach dem wirtschaftlichen Interesse des betreibenden Miterben, Kblz JB **91**, 103.

– **(Erbschein):** Im Einziehungsverfahren ist der Wert des beanspruchten Erbteils maßgeblich, BGH JZ **77**, 137.

– **(Erbunwürdigkeit):** Bei einer solchen Klage ist nur derjenige Vorteil maßgeblich, den der Kläger erstrebt, aM Kblz MDR **97**, 693 (aber es geht nur um sein wirtschaftliches Ziel).

43 – **(Haftungsbeschränkung):** Sie ist erst bei einer Zwangsvollstreckung erheblich und daher im Erkenntnisverfahren noch unbeachtbar.

– **(Miterbschaft):** Das Interesse des Miterben, also sein Anteil, seine Besserstellung, ist dann maßgeblich, wenn es sich um die Klage auf die Feststellung seines Erbrechts handelt, Bbg JB **75**, 1367, oder wenn es um eine Feststellung der gesetzlichen Erbfolge geht. Freilich muß man dann unstreitige Pflichtteilsansprüche abziehen. Bei einer Klage des Miterben gegen einen Nachlaß*schuldner* auf eine Leistung an alle Erben nach § 2039 BGB ist der Wert der ganzen eingeklagten Leistung und nicht nur das anteilige Interesse des klagenden Miterben maßgeblich. Wenn aber ein Miterbe von einem anderen Miterben eine Hinterlegung oder Herausgabe zugunsten des Nachlasses verlangt, muß man die eingeklagte Forderung um denjenigen Betrag kürzen, der auf den beklagten Miterben entfällt, Karlsr Rpfleger **92**, 254. Bei einer Forderung auf eine Übertragung auf den klagenden Miterben ist dessen Anteil maßgebend, Hbg JB **94**, 364. Dasselbe gilt bei der Klage eines Miterben gegen den anderen auf eine Unterlassung der Eigentumsumschrift nur auf den letzteren, Köln JB **75**, 939. Wenn ein Miterbe die Berichtigung des Grundbuchs dahin verlangt, daß anstelle des beklagten Miterben alle Erben in Erbengemeinschaft eingetragen werden sollen, entscheidet der Grundstückswert abzüglich desjenigen Anteils, der dem Erbteil des bereits eingetragenen Erben entspricht, BayObLG JB **93**, 228, Köln JB **75**, 939. Dasselbe gilt bei der Klage auf die Zustimmung zu einer Löschung, Ffm JB **81**, 775, oder bei der Klage eines Miterben gegen einen anderen Miterben auf eine Mitwirkung bei der Auflassung eines Nachlaßgrundstücks. Denn dem beklagten Miterben verbleibt sein Anteil, Stgt NJW **75**, 394.

Wenn ein Miterbe zugleich ein Nachlaß*gläubiger* ist und wenn er eine gegen den Nachlaß gerichtete Forderung anderen Miterben gegenüber geltend macht, muß man berücksichtigen, daß diese Forderung den Kläger als Miterben in Höhe seines Anteils belastet. Deshalb muß man denjenigen Teil der Forderung, der seinem Anteil entspricht, als außer Streit befindlich ansehen und daher von der Gesamtforderung abziehen. Wenn ein Miterbe eine Klage dahingehend erhebt, daß eine Forderung gegen den Nachlaß nicht bestehe, darf man den Wert lediglich nach dem Interesse des Klägers an der Befreiung von der Verbindlichkeit berechnen. Dasselbe gilt bei einer behauptenden Feststellungsklage dahin, daß ein von der Erbengemeinschaft mit einem Dritten abgeschlossener Vertrag wirksam bestehe. Bei der Klage auf eine Feststellung, der Bekl sei kein Erbe, gilt der volle Erbschaftswert, BGH FamRZ **07**, 464 rechts.

– **(Nacherbschaft):** S „(Vorerbschaft)".

– **(Nachlaßverzeichnis):** Wenn es sich um die Klage auf die Vorlegung eines Nachlaßverzeichnisses und um eine Auskunft über den Verbleib von Erbschaftsgegenständen handelt, kommt es auf das Interesse des Klägers an, Schwierigkeiten bei der Ermittlung des Erbschaftsbestands zu überwinden. Der Wert der Gegenstände hat also nur eine mittelbare Bedeutung.

– **(Nichtigkeit des Testaments):** Das Interesse an dieser Feststellung ist maßgeblich.

– **(Pflichtteil):** S „– (Miterbschaft)".

– **(Vorerbschaft):** Bei der Klage des Vorerben auf eine Zustimmung ist § 3 anwendbar. Der Vorerbe hat auch dann wertmäßig eine schwächere Stellung als der Nacherbe, wenn der Nacherbfall erst mit dem Tod des Vorerben eintritt, BGH FamRZ **89**, 959.

S auch Rn 60 „Gemeinschaft", Rn 114 „Testamentsvollsteckung".

44 **Erfüllung:** Rn 58 „Gegenseitiger Vertrag".

45 **Erledigterklärung:** Hier muß man sehr unterschiedliche Situationen beachten.

a) Volle Erledigung streitig; Beklagter säumig. Wenn der Kläger beantragt, die gesamte Hauptsache für erledigt zu erklären, und der Bekl beantragt, die Klage abzuweisen, oder wenn der Bekl säumig ist, muß das Gericht eine Entscheidung in der Hauptsache treffen. Sie bleibt also der Streitgegenstand, § 91 a Rn 170. Daher muß man als den Wert den Betrag der Klageforderung ansetzen, LG Duisb MDR **04**, 419, VGH Kassel NVwZ-RR **07**, 428 rechts (unrichtig zitierend), Deckenbrock/Dötsch JB **03**, 290. Alle nachfolgend genannten Abweichungen übersehen diesen einfachen Kern des Streits.

Anderer Meinung sind, untereinander ebenfalls uneinig, BGH WoM **08**, 35, KG JB **06**, 201, Nürnb JB **06**, 478 (je: maßgeblich sei der Betrag der bisherigen Kosten, begrenzt auf das Hauptsacheinteresse), BFH DB **89**, 28, Bbg JB **78**, 1393, Hamm RR **95**, 960 (für den Beschwerdewert), KG MDR **99**, 380, Köln VersR **94**, 954 (50% der Hauptsache), Mü RR **95**, 1086, Rostock MDR **93**, 1019 (nur „aus Gründen der Rechtssicherheit, obwohl die besseren Argumente für … einen unveränderten Streitwert" sprächen!), KG JB **03**, 644, Naumb FamRZ **02**, 680, Stgt MDR **89**, 199 (je: maßgeblich sei nur die Summe derjenigen Kosten, die bis zum Zeitpunkt der Erledigterklärung des Klägers entstanden seien, ebenso Köln AnwBl **82**, 199 bei einer Erledigterklärung alsbald nach der Zustellung des Mahnbescheids vor der Abgabe der Akten an das Streitgericht).

Der Kostenstreitwert und der Beschwerdewert sind evtl auch in diesen Fällen *unterschiedlich hoch,* Schneider MDR **77**, 967. Bei § 926 II setzt Ffm GRUR **87**, 652 nur das Kosteninteresse an.

S auch Rn 85 „Nichtvermögensrechtlicher Anspruch".

46 **b) Vor Rechtshängigkeit.** Stellt das Gericht eine „Erledigterklärung" vor oder zugleich mit der Klage zu, liegt in Wahrheit keine Erledigung der Hauptsache vor. Denn vor dem Eintritt der Rechtshängigkeit ist kein Prozeßrechtsverhältnis entstanden, § 91 a Rn 68.

c) Beiderseitige wirksame Vollerledigterklärungen. Bei beiderseitigen Erledigterklärungen wegen der gesamten Hauptsache kommt es zunächst auf deren Wirksamkeit an, § 91 a Rn 68–95, LG Köln VersR **86**, 1246, aM Abramenko Rpfleger **05**, 16. Sodann und nicht schon bei einer bloß tatsächlichen Erledigung ist als Wert grundsätzlich der Betrag der bisher entstandenen Kosten maßgeblich, BGH NJW **08**, 999, Brdb JB **96**, 193, Hbg MDR **97**, 890. Das gilt auch dann, wenn die Parteien die Hauptsache durch einen Vergleich erledigen oder wenn die Parteien über eine den beiderseitigen Erledigterklärungen zugrunde liegende Zahlung irrten. Noch unklare außergerichtliche Kosten bleiben außer Ansatz, KG MDR **88**, 236. Der Wert der Hauptsache bildet die Obergrenze, LG Gött WoM **89**, 410. 47

d) Beiderseitige wirksame Teilerledigterklärungen. Bei beiderseitigen wirksamen Teilerledigterklärungen ist als Wert nunmehr der Betrag der restlichen Hauptforderung nebst den Kosten des erledigten Teils maßgeblich, (jetzt) § 43 II GKG, BGH RR **95**, 1090, Kblz JB **98**, 538, Zweibr ZMR **01**, 227 (WEG), aM Nürnb RR **87**, 1279, LG Wuppert AnwBl **78**, 108 (restliche Hauptforderung nebst Zinsen, § 4), Köln VersR **74**, 605 (restliche Hauptforderung nebst Zinsen und Kosten), BGH RR **91**, 510, KG JB **98**, 538, Karlsr MDR **96**, 1298 (je: restliche Hauptforderung. Alle diese Varianten übergehen den einfachen Kern des Reststreits, Rn 45). 48

Beim *Kostenvergleich* nebst übereinstimmenden Resterledigterklärungen kann man zum Vergleichswert diejenigen Kosten hinzurechnen, die die Resterledigung betreffen.

e) Einseitige wirksame Teilerledigterklärung. Bei einer einseitigen wirksamen Teilerledigterklärung ist der Wert der gesamten Hauptsache maßgeblich, Bbg JB **92**, 762, Stgt JB **75**, 1500, LG Duisb MDR **04**, 963, aM BGH VersR **93**, 626 (grds zur Beschwer, auch zu einer Ausnahme bei einer Widerklage), Hbg JB **90**, 911, Mü MDR **98**, 62, Nürnb JB **06**, 478 (je: restliche Hauptforderung und Kosten des für erledigt erklärten Teils), Köln FamRZ **91**, 1207, Liebheit AnwBl **00**, 73 (nur noch die bisherigen Kosten. Alle diese Varianten überstehen, daß das Gericht unverändert über die gesamte Hauptsache entscheiden muß, Rn. 45). Zinsen bleiben unbeachtet, Celle MDR **88**, 414. 49

f) Sonstige Fragen. Im Mahnverfahren muß man den Übergang von der Anhängigkeit zur Rechtshängigkeit nach § 696 III beurteilen, aM Mü MDR **98**, 62 (aber § 696 III gilt natürlich auch bei einem solchen Ausgang des Streitverfahrens mit). 50

Ermessensantrag: § 3 Rn 3. S auch Rn 99 „Schmerzensgeld". 51

Errichtung eines Vermögesverzeichnisses: Rn 136 „Vornahme einer Handlung".

Ersatzvornahme: Rn 144 „Zwangsvollstreckung: a) Erwirkung einer Handlung oder Unterlassung".

Erwerbsrecht: Maßgeblich ist § 14 III 1 VerkFlBerG v 26. 10. 01, BGBl 2716.

Erwerbsverbot: Rn 35 ff „Einstweilige Verfügung" sowie § 6.

Erwirkung einer Handlung: Rn 136 „Vornahme einer Handlung", Rn 144 „Zwangsvollstreckung: a) Erwirkung einer Handlung oder Unterlassung".

Erzwingung: Rn 87 „Ordnungs- und Zwangsmittel".

Eventualantrag: Rn 71 „Hilfsantrag".

Eventualwiderklage: Rn 71 „Hilfswiderklage".

Fälligkeit: Maßgebend ist grds der Wert der geltendgemachten Leistung, Hbg MDR **82**, 335, Schmidt AnwBl **80**, 257, aM Schlesw SchlHA **83**, 142, LG Bielef AnwBl **80**, 256 (Interesse des Bekl an der Hinauszögerung der Fälligkeit. Aber es geht im Ergebnis um die Pflicht zur gesamten Leistung). 52

Familiensache: Einf 19 vor §§ 3–9.

Fernwärme: Rn 137 „Wärmelieferungsvertrag".

Feststellungsklage: Man muß vier Situationen unterscheiden. 53

a) Behauptende Feststellungsklage. Bei ihr gilt im allgemeinen ein etwas geringerer Wert als derjenige des Leistungsanspruchs ohne Zinsen. Man sollte grds etwa 20% abziehen, § 9 Rn 8, BGH MDR **08**, 829 rechts, Karlsr VersR **07**, 416, LG Magdeb VersR **03**, 263. Ausnahmsweise können 50% des Werts des Leistungsanspruchs genügen, BGH RR **01**, 316, oder sogar nur 40%, Ffm AnwBl **82**, 436, oder doch über 20%, LAG Mainz NZA-RR **08**, 159, oder ein wesentlich geringerer Betrag, BGH RR **01**, 316 (20%), etwa bei der Feststellung eines Schuldnerverzugs, Ffm JB **91**, 410, oder bei einer erst nach Jahrzehnten fälligen Versicherungsleistung, Ffm VersR **02**, 913. Wenn sicher ist, daß der Bekl auf Grund eines Feststellungsurteils zahlen wird, kann der Wert der Feststellungsklage den Wert einer Leistungsklage erreichen, Schneider MDR **85**, 268, aM BGH RR **99**, 362 (aber auch hier entscheidet eine wirtschaftliche Betrachtungsweise). Dasselbe gilt bei einer Feststellung der Miterbenschaft. Bei der Feststellung von Eigentum gilt § 3, nicht § 6.

Der Wert der Feststellungsklage ist aber *unter keinen Umständen höher* als der Wert der Leistungsklage. BGH NZM **04**, 423. Bei einer zeitlich begrenzten Feststellungsklage auf den Fortbestand des Arbeitverhältnisses gilt höchstens die Bruttovergütung für diesen Zeitraum, begrenzt durch (jetzt) § 42 IV 1 GKG, LAG Ffm MDR **99**, 427. Ideelle Belange des Klägers bleiben unberücksichtigt. Wenn es um die Feststellung eines ziffernmäßig unbestimmten Anspruchs geht, erfolgt eine Schätzung nach dem wahren Interesse des Klägers. Den Wert begrenzt dann die Höhe des Anspruchs. Es kommt auch darauf an, wie hoch das Risiko eines künftigen Schadens und einer tatsächlichen Inanspruchnahme des Bekl durch den Kläger ist, BGH RR **91**, 509. Wenn der Eintritt eines Schadens unwahrscheinlich ist, gilt evtl nur ein „Erinnerungswert", BGH AnwBl **92**, 451, Düss JB **75**, 232. Maßgeblich ist stets der Verhandlungsschluß, Bbg JB **80**, 1865, Ffm MDR **89**, 743. Bei der Klage auf eine Feststellung des Fortbestehens einer Kfz-Versicherung kann der Wert die dreieinhalbfache Jahresprämie erreichen, BGH NVersZ **01**, 92. Bei einer Unfallversicherung kommen 10%, aber auch 20% des Leistungsbetrages infrage, LG Drsd VersR **08**, 1256.

S auch Rn 126 „Vaterschaftsanerkenntnis", Rn 137 „Wandlung".

b) Verneinende Feststellungsklage. Es gilt grds der volle Wert der vom Gegner aus dem Rechtsverhältnis abgeleiteten, nicht nur der etwa eingeklagten Forderung. Denn die Klage soll die Möglichkeit jeder Leistungsklage des Gegners ausschließen, BGH FamRZ **07**, 464 rechts, Brdb FamRZ **04**, 963, Drsd JB **04**, 141. Es gilt also nicht etwa derselbe Wert wie bei einer behauptenden Feststellungsklage, etwa aus der Erwägung, daß sich das Interesse des Klägers einer verneinenden Feststellungsklage nicht mit dem 54

Interesse des Gegners an einer Leistungsklage decke. Denn das Interesse des Klägers besteht darin, daß er überhaupt nicht zu leisten braucht, Bbg JB **90**, 1659, Brdb JB **03**, 85 (soweit der Bekl nicht nur endgültig einen bloßen Teil fordert), Hamm AnwBl **03**, 597, aM LAG Mü JB **07**, 256. Deshalb liegt ein negatives Spiegelbild der Leistungsklage vor.

Deshalb ist es auch *unrichtig,* bei einer verneinenden Feststellungsklage betreffend die Fälligkeit auf *alle Umstände* abzustellen, insbesondere auf die Zeit bis zur Fälligkeit, aM Kblz MDR **96**, 103. Das gilt auch bei einer verneinenden Feststellungwiderklage, Rn 138 „Widerklage", bei wiederkehrenden Leistungen, Mü RR **88**, 190, und bei einem Unterlassungsanspruch, aM Mü DB **86**, 1920 (aber hier gelten dieselben Regeln wie in den vorangegangenen Fällen). Unerheblich sind eine Gegenleistung oder eine Zug-um-Zug-Leistung, Hamm AnwBl **03**, 597, oder ein Zweifel an der Zahlungsfähigkeit des Klägers. Wenn die Höhe auf einer Schätzung beruht, ist eine zahlenmäßige Angabe des Bekl nicht unbedingt maßgebend. Bei einer offensichtlich aus der Luft gegriffenen Forderung mag der Wert ihres Bestreitens niedriger als ihr Nennbetrag sein, Drsd JB **04**, 141.

S auch § 9 Rn 8.

55 **c) Häufung einer Feststellungs- und einer Leistungsklage.** Dann muß man prüfen, ob die Feststellung eine selbständige Bedeutung hat, § 5, BGH RR **92**, 698, Karlsr JB **07**, 648 links und rechts. Der Wert einer Zwischenklage nach § 280 ist für die Kosten nicht durch den Wert des ursprünglichen Streitgegenstands begrenzt. Etwas anderes gilt für den Beschwerdewert.

56 **d) Insolvenzfeststellungsklage.** Der Wert richtet sich nach der voraussichtlichen Insolvenzdividende, aM LG Mühlhausen JB **04**, 597 (evtl bis 100%). Das gilt ohne Rücksicht auf sonstige Sicherungsrechte, Hartmann Teil I A § 48 GKG Anh II (§ 122 InsO) Rn 4, Rn 74 „Insolvenzverfahren", Rn 136 „Vorrecht".

57 **Firma:** Rn 85 „Name" und Üb 10 vor § 1.

Fischereirecht: Man muß den Wert schätzen. Als Anhaltspunkte dienen: Der im gewöhnlichen Geschäftsverkehr erzielbare Kaufpreis; bei einer Feststellung der Jahresertrag; eine Wertminderung des an den Fischgrund angrenzenden Grundstücks und ein 20facher Jahresbetrag, der sich bei einer Verpachtung erzielen läßt, die ja nur auf eine vorübergehende Zeit erfolgen würde.

Folgesache: Einf 19 vor §§ 3–9.

Forderung: Maßgeblich ist grds der Nennbetrag. Bei der Klage auf die Erfüllung ist der Wert der Sachforderung entscheidend. Wenn ihre Fälligkeit streitig ist, gilt grds ihr voller Betrag, Rn 52 „Fälligkeit". Wenn der Schuldner eine verneinende Feststellungsklage dahin erhoben hat, die Forderung sei noch nicht fällig, gilt sein Interesse an dieser Feststellung als der Wert.

S auch Rn 59 „Geldforderung", Rn 99 „Schmerzensgeld".

Franchise: Maßgeblich ist das Interesse des Franchisenehmers an der Fortführung des Franchisevertrags, Stgt JB **07**, 144.

Freigabe eines Bankguthabens: Maßgeblich ist der volle Betrag und nicht nur das Interesse an der sofortigen Verfügungsmöglichkeit.

Freistellung: Rn 27 „Befreiung".

58 **Gebrauchsmuster:** Rn 121 „Unterlassung: e) Gewerblicher Rechtsschutz".

Gegendarstellung: Maßgeblich ist § 48 II GKG.

Gegenleistung: § 6 Rn 6.

Gegenseitiger Vertrag: Bei einem Anspruch auf die Erfüllung des Vertrags gilt der Wert der verlangten Leistung ohne einen Abzug der Gegenleistung, Kblz MDR **94**, 738, LG Kiel WoM **95**, 320. Das gilt auch bei einer Leistung Zug um Zug, § 6 Rn 7. Eine Gegenleistung ist überhaupt nicht beachtlich. Andernfalls würde ja bei einer Gleichwertigkeit der Leistung und der Gegenleistung ein Wert völlig fehlen, OVG Bre AnwBl **84**, 50. Beim Streit um die Art der Erfüllung gilt das Interesse des Klägers, § 3, BGH MDR **82**, 36. Beim Streit um die Einrede der Nichterfüllung kann die volle Forderung maßgeblich sein, BGH MDR **95**, 1162. Wenn es um einen Anspruch auf eine Nichtigerklärung geht, ist das Interesse des Klägers am Nichtbestehen maßgeblich, Brschw JB **83**, 434, Ffm AnwBl **82**, 247, aM Celle AnwBl **84**, 448, Schmidt AnwBl **85**, 29 (voller Ursprungswert. Aber das Klägerinteresse begrenzt stets einen Streitwert). Das gilt selbst dann, wenn der Anspruch auf die Nichtigerklärung eine selbständige Bedeutung hat, § 2 Rn 3–5. Dabei muß man die Vorteile und Nachteile miteinander abwägen. Man darf nicht etwa die weiteren Folgen der Aufrechterhaltung berücksichtigen.

59 **Gehalt:** Maßgeblich ist § 42 II–IV GKG. Bei der Forderung des Vertretungsorgans einer Handelsgesellschaft ist § 9 anwendbar, dort Rn 3, 4.

Geldforderung: Maßgeblich ist der Betrag der Klageforderung, also in EUR, Art 8 I EG-VO 974/98, Ritten NJW **99**, 1215. Das gilt auch dann, wenn es um die Freigabe eines Guthabens geht. Dann kommt es also nicht auf das Interesse an der Freigabe an. Bei einem unbezifferten Antrag gilt unter Umständen der zugesprochene Betrag als maßgeblich. Wenn die Fälligkeit streitig ist, ist der volle Betrag der Forderung maßgeblich, Rn 52. Hat der Schuldner eine verneinende Feststellungsklage dahin erhoben, die Forderung sei noch nicht fällig, ist das Interesse an dieser Feststellung maßgeblich.

S auch Rn 25 „Auslandswährung", Rn 57 „Forderung", Rn 99 „Schmerzensgeld".

60 **Gemeinschaft:** Bei der Klage auf ihre Aufhebung ist das Interesse des Klägers maßgeblich, § 3. Wenn es um ihre Teilung geht, ist der volle Wert des zu Verteilenden maßgeblich, Brdb JB **98**, 421, aM Düss JB **06**, 644, Ffm JB **79**, 1195, ZöHe § 3 Rn 16 „Gemeinschaft" (nur der Anteil des Klägers), ThP § 3 Rn 73 „Gemeinschaft" (der Anteil des Klägers bleibe außer Betracht. Aber alle diese Varianten übersehen den vollen wirtschaftlichen Umfang des Streits). Etwas anderes gilt nur bei einem Streit um die Art ihrer Teilung, aM Schlesw SchlHA **79**, 57, oder um ihren Zeitpunkt. Unter Umständen gilt aber der Wert desjenigen einzelnen Gegenstands, um den es zB bei einer Scheidungsvereinbarung ausschließlich geht, Stgt JB **76**, 371. Bei einer Klage auf die Vornahme eines vorzeitigen Zugewinnausgleichs sind grds 25% des zu erwartenden Ausgleichs maßgeblich. Kurz vor der Scheidung darf man einen geringeren Wert ansetzen, Schlesw SchlHA **79**, 180. Bei einer Verbindung mit einer Klage auf die Zahlung des Ausgleichs

muß man addieren, § 5. Bei einer Klage zwecks der Aufhebung einer fortgesetzten Gütergemeinschaft ist die Hälfte des Anteils des Klägers maßgeblich.

Vgl auch Rn 41 „Erbrechtlicher Anspruch", Rn 141 „Wohnungseigentum".

Genehmigung: Maßgeblich ist der Wert des zu genehmigenden Vorgangs.

Genossenschaft: Wenn es um die Feststellung der Unwirksamkeit einer Ausschließung geht und soweit der Anspruch vermögensrechtlich ist, gelten nicht der Mietwert der Genossenschaftswohnung oder das Vorstandsgehalt, sondern der Wert des Anteils mit allen Vorteilen der Mitgliedschaft. Bei einer Anfechtungsklage ist § 247 I AktG entsprechend anwendbar, Naumb JB **99**, 310.

Gesamtschuldner: § 5 Rn 5. **61**

Geschäftsanteil: Rn 62 „Gesellschaft".

Geschäftsbedingungen: Rn 6 „Allgemeine Geschäftsbedingungen".

Gesellschaft: Bei der Feststellung des Fortbestehens usw des Gesellschaftsvertrags ist eine Berücksichtigung **62**
aller Faktoren ohne das Interesse der übrigen Gesellschafter notwendig, Köln ZIP **82**, 1006. Bei der Anfechtung eines Beschlusses der Hauptversammlung einer Aktiengesellschaft setzt das Gericht den Wert auf Grund der gesamten Verhältnisse unter einer Berücksichtigung des Interesses der Gesellschaft an der Aufrechterhaltung des Beschlusses fest, § 247 I AktG, BGH RR **99**, 910. Diese Lösung ist auch bei der Gesellschaft mit beschränkter Haftung entsprechend anwendbar, BGH RR **99**, 1485, LG Bayreuth JB **85**, 768, nicht aber bei der zweigliedrigen KG, BGH RR **02**, 823. Dabei muß man die Möglichkeiten nach §§ 114 ff mitberücksichtigen, Ffm OLGZ **90**, 352. Bei der Anfechtungsklage gegen die Entlastung des Aufsichtsratsvorsitzenden muß das Gericht die Interessen des Klägers und die wirtschaftlichen Auswirkungen beachten, Stgt BB **95**, 2442. Man muß mehrere Beschlüsse stets gesondert bewerten, Ffm WertpMitt **84**, 655, Schneider MDR **85**, 355.

Das Gericht hat die Möglichkeit, den Kostenstreitwert der wirtschaftlichen Lage einer Partei *anzupassen*, § 247 II AktG, BGH MDR **93**, 184, Ffm JB **76**, 347. Das gilt auch noch in der Berufungsinstanz, Ffm BB **85**, 1360, freilich nicht bei einer rechtsmißbräuchlichen Aktionärsklage, BGH NJW **92**, 569. Dasselbe gilt im Fall einer Nichtigkeitsklage nach §§ 249, 256 VII, 275 IV AktG. Der Kläger kann sich nicht darauf berufen, er sei an der Gesellschaft nur in einem geringen Umfang beteiligt. Man sollte eine Einsichtnahme in Geschäftsunterlagen nach dem privaten oder geschäftlichen Interesse an ihr bewerten, Ffm DB **91**, 272. Wegen einer Auskunftserzwingung nach § 132 AktG Stgt DB **92**, 1179.

Bei der *Auflösung* einer Offenen Handelsgesellschaft ist das Interesse des Klägers maßgeblich, Köln BB **82**, 1384. Bei der Auflösung einer Gesellschaft mit beschränkter Haftung gelten dieselben Grundsätze, Köln DB **88**, 281, Schneider MDR **89**, 303. Wenn es um die Klage eines Gesellschafters gegen einen Mitgesellschafter mit dem Ziel einer Leistung an die Gesellschaft geht, ist der volle Betrag der Forderung ohne einen Abzug des Anteils des Klägers maßgeblich, aM ZöHe § 3 Rn 16 „Gesellschaft" (aber das wirtschaftliche Ziel des Klägers liegt in der Stärkung der Gesellschaft). Im Fall der Ausschließung eines Gesellschafters muß man § 3 unter einer Berücksichtigung des Werts der Anteile des Klägers anwenden. Dasselbe gilt beim Ausscheiden des Gesellschafters, BVerfG NJW **97**, 312 (Grenze: unzumutbares Kostenrisiko), oder bei der Einzahlung eines Anteils, BGH NJW **01**, 2638, oder bei einer Klage mit dem Ziel der Eintragung des Ausscheidens, BGH Rpfleger **79**, 194 (der Wert beträgt dann etwa 25% des Anteils des Klägers), oder bei einer Eintragung einer Gesamtprokura. Es kommt stets auf den Verkaufswert an, nicht auf den Nennwert. Vgl auch § 9 Rn 8. Bei der Abberufung eines Organmitglieds einer Kapitalgesellschaft ist das Interesse der Gesellschaft an seiner Fernhaltung oder sein Gegeninteresse maßgeblich, BGH RR **95**, 1502. Bei der Abberufung des Geschäftsführers kann sein Anstellungsvertrag bestehengeblieben sein. Daher ist dann nur § 3 anwendbar, nicht § 9, § 9 Rn 3, BGH RR **90**, 1124.

S auch Rn 25 „Ausscheiden und Ausschließung".

Getrenntleben: Einf 19 vor §§ 3–9.

Gewaltschutz: Bei § 1 GewSchG kommen 3000 EUR infrage, bei § 2 GewSchG 6 Monatsmieten, beim Eilantrag 500/1000 EUR, Nürnb MDR **08**, 773.

Gewerblicher Rechtsschutz, dazu *Kur,* Streitwert und Kosten im Verfahren wegen unlauteren Wettbewerbs **63**
usw, 1980; *Ulrich* GRUR **89**, 401 (ausf): Vgl zunächst § 51 GKG. In seinem Rahmen gilt: Maßgeblich sind die Art, die Gefährlichkeit und der Umfang der Verletzungshandlung, Stgt RR **87**, 429, evtl auch der Verschuldensgrad, Ffm JB **83**, 1249. Mitbeachtlich ist auch die Bedeutung und der Umsatz des Geschädigten, Karlsr BB **75**, 108. Unbeachtlich ist aber das Verhalten eines Dritten, LG Mosbach BB **83**, 2073. Das Gericht muß die Schädigung schätzen. In diesem Zusammenhang ist ein Regelstreitwert kaum durchführbar, Brdb MDR **97**, 1070, aM Oldb MDR **91**, 955 (aber es kommt meist auf die Gesamtumstände an). Das Gericht muß eine Umsatzschmälerung des Klägers berücksichtigen, Düss WettbR **96**, 44, Karlsr MDR **80**, 59, ebenso eine Umsatzsteigerung, Nürnb WRP **82**, 551. Es muß unter Umständen auch den Umstand beachten, daß sich die Produktionsfähigkeit nicht voll ausnutzen läßt, Ffm JB **76**, 368 und 1249. Es muß ferner den Umfang der Arbeit des Gerichts und der ProzBev mitbeachten, Brdb MDR **97**, 1070. Das Gericht darf aber die Umsatzentwicklung nicht als die alleinige Berechnungsgrundlage verwerten, BGH NJW **82**, 2775, Ffm GRUR **92**, 459. Im Rechtsmittelzug ist nur das Ziel maßgeblich, BGH GRUR **05**, 972. Wegen einer Verbandsklage etwa nach § 8 III UWG vgl Rn 118 „Unterlassung: a) Allgemeine Geschäftsbedingungen".

Wenn es sich um eine *einstweilige Verfügung* handelt, erledigt ein gerichtliches Verbot oft den ganzen **64**
Streit. Dann kann und muß man den Wert des vorläufigen Verfahrens demjenigen der Hauptsache annähern. Das bedenkt Oldb MDR **91**, 955 (grds 50%) nicht genug. Etwas ähnliches gilt auch bei einer Markenverletzung, bei der die Schädigung des guten Rufs infolge einer schlechten Qualität und eine Verwässerungsgefahr besonders wesentlich sein können. Das Interesse an einer Befugnis zur Bekanntmachung der Entscheidung geht oft im Interesse am Unterlassungsanspruch auf. Es läßt sich daher grds nicht besonders bewerten. Das Bekanntmachungsinteresse kann aber auch insbesondere bei einer schädigenden Äußerung erheblich über den Unterlassungsanspruch hinausgehen. Bei der Untersagung einer e-mail-Werbung können 350 EUR ansetzbar sein, KG JB **02**, 371.

65 Vgl ferner gemäß § 51 II GKG die Vorschriften, die eine *Herabsetzung* des Streitwerts zugunsten des wirtschaftlich Unterlegenen ermöglichen: §§ 26 GebrMG, 144 PatG, 142 MarkenG, 54 GeschmMG, 247 II, III AktG, ferner § 12 IV UWG. Sie sind mit dem GG vereinbar, BVerfG NJW **97**, 312 (Grenze: unzumutbares Kostenrisiko), BGH BB **94**, 678 (Einzelfallabwägung), BGH BB **98**, 1443 (Verband), Ffm GRUR **89**, 133, Kblz GRUR **88**, 474 (die Vorschriften regeln nur den Kostenstreitwert), KG GRUR **88**, 148 (Anwendbarkeit auf eine verneinende Feststellungsklage), Kblz GRUR **88**, 474 (Herabsetzung als Schutzmaßnahme gegen einen Rechtsmißbrauch durch Verbandsklagen usw), Kblz GRUR **89**, 764, Köln RR **88**, 304 (ein rechtlich eindeutiger Verstoß ist der Art nach einfach im Sinn von [jetzt] § 12 IV UWG), Köln MDR **94**, 267 (Zeitungsanzeige als „einfach gelagerte" Sache), Köln GRUR **88**, 775 (es reicht, daß jedenfalls *auch* ein Verstoß gegen eine der [jetzt] in § 12 IV UWG genannten Vorschriften vorliegt), Schlesw SchlHA **87**, 60 (kein Schematismus, abl KG GRUR **87**, 453 – regelmäßig Herabsetzung auf 50% –), Ffm GRUR **89**, 932, Stgt RR **88**, 304 (MarkenG-Verstoß reicht, freilich nur dann, wenn auch ein UWG-Verstoß vorliegt).

Ein Streit über die *Prozeßführungsbefugnis* kann unbeachtlich sein, Kblz GRUR **91**, 66. Ein Verfahren auf den Erlaß einer einstweiligen Verfügung stellt nicht schon deshalb eine einfache Sache dar, Hamm GRUR **91**, 259. Nicht mehr einfach ist eine solche Sache, die drei Instanzen beansprucht, BGH RR **90**, 1323, oder wenn der Antragsgegner verschiedene Einwendungen erhoben und umfangreiche Unterlagen vorgelegt hat, Kblz GRUR **90**, 58.

S auch Rn 74 „Kartellsache", Rn 121 „Unterlassung: e) Gewerblicher Rechtsschutz".

66 **Grundbuch:** Rn 28 „Berichtigung des Grundbuchs", Rn 40 „Eintragungsbewilligung".

Grund des Anspruchs: Bei einer Entscheidung nach § 304 ist der gesamte Anspruch des Klägers maßgeblich. Das gilt selbst dann, wenn das Gericht später im Betragsverfahren eine geringere Forderung als die begehrte zuerkannt hat, BGH VersR **76**, 988.

Grunddienstbarkeit: Man muß den Wert nach § 7 berechnen.

Grundpfandrecht: S § 6 Rn 10–15.

Grundschuld: § 6 Rn 12.

Grundstück: Rn 14 „Auflassung", Rn 33 „Eigentum".

67 **Haftpflichtversicherung:** Rn 130 „Versicherung".

Handelsregister: Rn 7 „Anmeldung zum Handelsregister".

Handelsvertreter: Vgl Mü AnwBl **77**, 468, Schneider BB **76**, 1298. Es gilt bei einem unbezifferten Antrag diejenige Summe, die nach dem Tatsachenvortrag des Klägers schlüssig wäre. Der Auskunftsanspruch läßt sich mit 20% der erhofften Zahlung bewerten. Man muß einen zusätzlichen Ausgleichsanspruch nach § 89 b HGB hinzurechnen, LG Bayreuth JB **77**, 1747. Seine Klage auf die Feststellung der Unwirksamkeit einer ihm gegenüber erklärten Kündigung bestimmt sich nach § 3, nicht nach (jetzt) § 42 II GKG, Mü DB **85**, 645, aM Bbg JB **91**, 1693 (aber diese Vorschrift paßt schon deshalb nicht, weil sie ein öffentlichrechtliches Verhältnis regelt).

Handlung: Rn 144 „Zwangsvollstreckung: a) Erwirkung einer Handlung oder Unterlassung".

Hauptversammlung: Bei der Anfechtungsklage muß man § 247 AktG beachten.

Hausrat: Einf 19, 20 vor §§ 3–9, also § 48 FamGKG, Hartmann Teil I B.

Heimfall: Rn 41 „Erbbaurecht".

68 **Herausgabe:** S zunächst § 6. Man muß zwei Fallgruppen unterscheiden.

a) Herausgabe einer Sache. Es gilt grds der Wert der Sache, § 6, zB der Vorbehaltsware, selbst wenn nur noch ein Restbetrag der Kaufpreisforderung aussteht, Ffm AnwBl **84**, 94. Wenn der Wert jedoch infolge einer Rücknahme oder Wegnahme nachhaltig gesunken ist, muß man diesen Umstand wertmindernd berücksichtigen, BGH NJW **91**, 3222. Das gilt zB dann, wenn gelieferte Einbauten beschädigt wurden. Bei einem Generalschlüssel ist der Wert der ganzen Anlage maßgebend, LAG Kiel JB **07**, 258 links oben. Im übrigen ist nicht der Kaufpreis maßgeblich, sondern der wahre Verkehrswert beim Klageingang, § 4 I Hs 1. Bei einem zusätzlichen Antrag, dem Bekl eine Herausgabefrist zu setzen und ihn nach dem ergebnislosen Fristablauf zum Schadensersatz zu verurteilen, gilt der Wert des höheren der beiden Anträge, LG Köln MDR **84**, 501, aM Schneider MDR **84**, 853 (aber der höhere Wert gilt in allen vergleichbaren Lagen). Zum Wert bei § 510 b Schneider MDR **87**, 60, aM LG Karlsr MDR **87**, 60.

S auch Rn 92 „Räumung".

69 **b) Herausgabe einer Urkunde.** Wenn es sich um ein Wertpapier handelt, ist der Wert des verbrieften Rechts maßgeblich, zB der Kurswert zur Zeit der die Instanz einleitenden Antragstellung, § 15 GKG, BGH NJW **89**, 2755, Düss AnwBl **94**, 47 (Herausgabe eines fälligen, noch nicht bezahlten Wechsels), ZöHe § 6 Rn 7, aM BGH NJW **88**, 2804 (der Wert der Beschwer beschränke sich auf das Interesse an der Herausgabe. Aber das ist doch durchweg der Wert zB der Wechselsumme). Andernfalls, etwa bei der Herausgabe eines Grundschuld- oder Hypothekenbriefs oder eines Urteils, muß man denjenigen Wert schätzen, der dem Interesse des Klägers an dem Besitz der Urkunde entspricht, BGH RR **02**, 573, Köln VersR **92**, 256, LAG Mainz NZA-RR **08**, 324, aM Ffm JB **03**, 537 (Nennwert. Der kann aber viel höher sein als das Interesse). Das gilt zB beim Interesse am Unterbleiben einer rechtsmißbräuchlichen Benutzung, BGH FamRZ **92**, 170. Dabei kann der Betrag einer nach § 273 III BGB zu berechnenden Sicherheitsleistung ausreichen, Bre Rpfleger **85**, 78. Wenn es um eine Unveräußerlichkeit geht, gilt § 48 II GKG. Wenn beide Parteien den Hypothekenbrief jeweils als angeblicher Gläubiger herausverlangen, ist der Wert der Hypothek maßgeblich. Bei einem Sparkassenbuch mit einer Sicherungskarte ist das eingetragene Guthaben maßgeblich. Beim Schuldschein nach § 371 BGB können 20–30% der Forderung reichen, Köln MDR **97**, 204.

Man darf den Wert einer Klage auf die Herausgabe einer *Bürgschaftsurkunde* bei einer gleichzeitigen Zahlungsklage nicht berücksichtigen. Er entspricht jedenfalls dann, wenn der Kläger die Inanspruchnahme des Bürgen durch den Bekl verhindern will, dem Wert der durch die Bürgschaft gesicherten Forderung und nicht nur dem Kostenaufwand der Erlangung oder des Fortbestands der Bürgschaft, BGH RR **94**, 758, LG Bln JB **02**, 478, LG Hbg JB **02**, 82, aM Hamm JB **81**, 434, Stgt JB **80**, 896, LG Köln AnwBl **82**, 437 (mangels besonderer Umstände Bruchteil des Werts der Forderung, etwa 20–30%. Aber es geht wirtschaftlich um die ganze Hauptforderung). Im übrigen darf das Gericht nach § 3 schätzen, BGH RR **94**, 758.

Beim *Kraftfahrzeugbrief* gilt weder der Gebührenbetrag für eine Neuanschaffung noch der Wert des **70**
Wagens. Denn der Wert des Fahrzeugs wird nicht geringer. Die letzteren Gesichtspunkte können aber eine mitentscheidende Bedeutung haben, Düss MDR **99**, 891 (evtl 33,3%), Saarbr JB **90**, 1661, LG Augsb JB **01**, 143 (50% des Fahrzeugswerts). Wenn es um die Vorlegung einer Urkunde geht, ist das Interesse des Klägers an der Vorlegung maßgeblich. Dieses Interesse kann erheblich sein, wenn erst eine Vorlegung weitere Maßnahmen ermöglicht, etwa eine Schadensberechnung, Rn 147 „Zwischenstreit". Der Anspruch auf die Herausgabe des Versicherungsnachweisheftes usw läßt sich mit (jetzt ca) 250 EUR bewerten, LAG Hamm DB **85**, 1897, LAG Köln BB **98**, 543. Die Herausgabe einer Versicherungspolice mag 33,3% der Versicherungssumme wert sein, LAG Stgt VersR **02**, 913. Auf 250 EUR lassen sich jeweils die Ansprüche auf die Erteilung einer Arbeitsbescheinigung nach § 133 AFG und auf die Erteilung einer Verdienstbescheinigung zwecks eines Insolvenzausfallgelds ansetzen, LAG Hamm DB **85**, 1897.

Im übrigen darf das Gericht nach *§ 3* frei schätzen, BGH NJW **04**, 2904 (Vollstreckungstitel nach § 767). Maßgeblich sind zB der Zeit- und Kostenaufwand und ein Geheimhaltungsinteresse, Rn 24 „Auskunft".

Hilfsantrag: § 5 Rn 6, wegen der Gebühren aber § 45 I 2 GKG. In einer Familiensache gilt § 39 **71**
FamGKG, Hartmann Teil I B. Im übrigen: Man muß den Hilfsanspruch mit dem Hauptanspruch zusammenrechnen, soweit das Gericht über den Hilfsanspruch entscheidet, Köln JB **96**, 476, LAG Bln NZA-RR **04**, 492, ArbG Nürnb MDR **04**, 907 (je: auch zum Vergleich). Eine Entscheidung über den Hilfsanspruch fehlt dann, wenn der Kläger den Hilfsanspruch nur im Rahmen einer Klagänderung geltend machte und wenn das Gericht diese Klagänderung nicht zugelassen hat, Nürnb MDR **80**, 238. In den sonstigen Fällen ist ein höherer Wert unerheblich. Ein gleich hoher oder ein niedrigerer Wert sind ohnehin unerheblich. Es findet also nach dem Wortlaut des § 45 I 2 GKG eine Zusammenrechnung unabhängig von der Höhe des Hilfsanspruchs statt. Das gilt freilich nur, soweit eine Entscheidung über den Hilfsanspruch ergeht.

Hilfsaufrechnung: Rn 16 „Aufrechnung: A. Kostenstreitwert. b) Hilfsaufrechnung usw".

Hilfswiderklage: (Jetzt) § 45 I 2, III GKG ist entsprechend anwendbar, Kblz MDR **97**, 404. Beim Vergleich darf man nur dann zusammenrechnen, wenn er auch die Forderung der Hilfswiderklage einbezogen hat, Düss MDR **06**, 297, Köln JMBlNRW **75**, 143.

S auch § 5 Rn 6 „Hilfsantrag".

Hinterlegung: Beim Streit um ihre Vornahme muß das Gericht den Wert nach § 3 schätzen. Bei einer Klage nach § 13 II Z 2 HO ist der Wert der Sache maßgeblich. Wenn es um die Einwilligung zur Herausgabe des Hinterlegten geht, ist § 6 anwendbar, KG JB **78**, 427. Die Zinsen zählen nicht zu den Nebenforderungen nach § 4, Köln JB **80**, 281. Bei mehreren Berechtigten muß man den Mitberechtigungsanteil abziehen, KG AnwBl **78**, 107. Bei mehreren Bekl können die Werte unterschiedlich hoch sein.

Hypothek: Rn 69 „Herausgabe: b) Herausgabe einer Urkunde", § 6 Rn 12, 13.

Immission: Maßgeblich ist diejenige Wertminderung, die man wegen der voraussichtlichen Dauer der **72**
Störung befürchten muß, Kblz JB **95**, 27, aM Schneider ABC (maßgeblich sei eine unbestimmte Dauer der Störung. Aber auch eine zeitliche Begrenzung des Klägerinteresses setzt eine Wertgrenze). Bei einer Mehrheit von Klägern findet keine Werterhöhung statt. Denn das gestörte Grundstück bleibt dasselbe.

Insolvenzverfahren: Grundsätzlich ist die Insolvenzmasse maßgeblich. Im Streit über die Richtigkeit oder **73**
über das Vorrecht einer Forderung muß das Gericht mit Rücksicht auf das Verhältnis der Teilungs- zur Schuldenmasse den Wert nach seinem „freien", in Wahrheit pflichtgemäßen, aber weiten Ermessen entsprechend dem Verhältnis der Teilungsmasse zur Schuldenmasse festsetzen, § 182 InsO. Maßgeblich ist dann also nach oben die voraussichtliche Dividende. Das Gericht muß alle Erkenntnismöglichkeiten ausschöpfen. Es muß evtl die Insolvenzakten auswerten oder eine Auskunft des odereinholen, BGH BB **99**, 2374. Maßgebend ist der Zeitpunkt der Klagerhebung, Ffm KTS **80**, 66, oder der Aufnahme des Verfahrens gegenüber dem Insolvenzverwalter, BGH KTS **80**, 247, Drsd JB **07**, 531, OVG Greifsw NVwZ-RR **04**, 799. Der Vollstreckungstitel stellt zumindest dann einen Vermögenswert dar, wenn der Schuldner später ein Vermögen neu erwirbt. Deshalb muß man selbst bei einer voraussichtlichen Insolvenzquote von 0 für die Feststellung einer Forderung zur Tabelle einen gewissen Wert ansetzen. Dann empfiehlt es sich, den Wert auf 10% der Forderung zu bemessen, Ffm KTS **86**, 709, LAG Ffm BB **90**, 44, aM BGH MDR **93**, 287, LAG Hamm MDR **01**, 114, LAG Köln AnwBl **95**, 380 (niedrigste Gebührenstufe. Aber man muß stets eine wirtschaftliche Gesamtbetrachtung vornehmen). Im Rechtsbeschwerdeverfahren können 20% der Hauptsache maßgeblich sein, BGH RR **07**, 630 links oben.

Bei einer *höheren* Dividende ist dann, wenn sie bei der Beendigung der Instanz feststeht, § 40 I GKG anwendbar. Für eine Klage eines Massegläubigers muß das Gericht den Steitwert nicht nach § 182 InsO, sondern nach § 3 bestimmen. Bei einer Klage auf Grund eines Absonderungs- oder Aussonderungsrechts ist § 6 anwendbar. Bei der Beschwerde gegen eine Postsperre gilt § 3, nicht gilt (jetzt) § 58 GKG, Köln ZIP **00**, 1901. Bei einer Restschuldbefreiung ist das wirtschaftliche Interesse maßgeblich, BGH JB **03**, 253.

S auch Rn 56 „Feststellungsklage: d) Insolvenzfeststellungsklage", Rn 136 „Vorrecht", Hartmann Teil I A § 48 GKG Anh II.

Jagdrecht: Man muß § 3 anwenden. Bei einer Klage über das Bestehen oder die Beendigung der Jagdpacht ist für die Zuständigkeit und die Beschwer § 8 ZPO und für die Gebühren § 41 GKG anwendbar, LG Saarbr JB **91**, 582.

Kapitalabfindung: Rn 2 „Abfindungsvergleich". **74**

KapMuG: Es können 50% der Hauptsache maßgebend sein, Mü RR **08**, 132.

Kartellsache: Maßgebend ist das Interesse an der Änderung der Entscheidung der Kartellbehörde. Wegen einer Streitwertanpassung § 89 a GWB. Wegen einer Beschwerde § 50 GKG, Hartmann Teil I A.

Kaution: Rn 103 „Sicherheitsleistung".

Kindschaftssache: Einf 19 vor §§ 3–9; also §§ 45, 46 FamGKG, Hartmann Teil I B.

Klage und Widerklage: Rn 138 „Widerklage".
Klagänderung, Klagerweiterung: Grds ist nur der höchste Wert maßgeblich, § 36 III GKG, § 15 II 1 RVG. Man muß evtl die Werte für die Verfahrensabschnitte vor und nach ihrer Vornahme gesondert berechnen, Bbg JB **77**, 960.
Klagenhäufung: § 5.
Klagerücknahme: Beim Antrag nach § 269 III 2 oder 3, IV ist § 3 anwendbar, aM ThP § 3 Rn 94 „Klagerücknahme" (nur die bis zur Klagerücknahme entstandenen Kosten. Aber bis zur Rücknahme ging es um die volle Forderung). Beim Streit um die Wirksamkeit der Klagerücknahme oder beim Vergleich mit einer Klagerücknahmepflicht ist der Wert der Hauptsache maßgeblich. Kosten bleiben selbst bei einer von § 269 III, IV abweichenden Vereinbarung unbeachtlich.
S auch Rn 76 „Mahnverfahren".
Kosten: § 4 I ZPO, § 43 I–III GKG.
Kostenfestsetzung: Maßgeblich ist der noch verlangte oder bestrittene Betrag.
Kostengefährdung, § 110: Rn 90 „Prozeßvoraussetzungen".
Kraftloserklärung: Rn 14 „Aufgebot".
Kreditschädigung: Maßgeblich ist § 3, LG Bayreuth JB **75**, 1356.
75 **Lagerkosten:** § 4 Rn 17.
Leasing: Es gelten meist dieselben Grundsätze wie bei der Miete, Celle MDR **93**, 1020, Ffm MDR **78**, 145 (bei einem Streit um den Bestand gelten evtl §§ 41 GKG, 6 ZPO).
S auch Rn 130 „Versicherung: a) Deckungsprozeß".
Lebensversicherung: Rn 130 „Versicherung: c) Todesfallrisiko".
Lebenspartnerschaft: Einf 19 vor §§ 3–9.
Leibrente: § 9 Rn 3.
Leistung: Der Antrag ist auch beim Verstoß des Gerichts gegen § 308 I maßgeblich. Bei einer künftigen Leistung gilt § 3.
Löschung: Man muß die folgenden Fälle unterscheiden.
a) Löschung einer Auflassungsvormerkung. § 6 Rn 15.
b) Löschung einer Grundschuld oder Hypothek. § 6 Rn 12, 13.
c) Löschung einer Marke oder eines Gebrauchsmusters. Maßgeblich ist das Interesse des Klägers an der Löschung. Im Fall einer Volksklage (Popularklage) zB nach § 55 II Z 1 MarkenG ist das Interesse der Allgemeinheit an der Beseitigung des Wettbewerbs maßgeblich. Dasselbe gilt bei der Löschung eines Patents, BPatG GRUR **78**, 535.
Lohn: Rn 59 „Gehalt".
76 **Mahnverfahren:** Nach einer teilweisen Rücknahme des Antrags auf ein streitiges Verfahren kann trotz § 40 GKG der ermäßigte Anspruch maßgeblich sein, Hbg MDR **01**, 295 (zustm Schütt), Rostock MDR **02**, 666.
Markensache: Maßgeblich sind bei der Löschung der Markenwert und die Gefährlichkeit der Verletzung, BGH GRUR **06,** 704 (grds 50 000 EUR), Ffm GRUR-RR **05**, 239. Ein Antrag nach § 142 MarkenG kann mißbräuchlich sein, Ffm GRUR-RR **05**, 296. Löschung und Verletzung sind aber zweierlei, Nürnb JB **07**, 364.
S auch Rn 11 „Arrest", Rn 121.
Mehrheit von Ansprüchen: Rn 7 „Anspruchsmehrheit".
Mietverhältnis, dazu *Gies* NZM **03**, 886 (Üb): Maßgeblich sind für die Zuständigkeit § 8, beim Wohnraum § 29 a. Für den Kostenstreitwert gilt jedoch § 41 GKG. Zum Anwaltsgebühren-Gegenstandswert Wiesner AnwBl **85**, 237. Die Regelung gilt auch für die Untermiete.
a) Klage auf den Abschluß eines Mietvertrags. Es gilt § 3, LG Dortm WoM **91**, 358 (Jahresmiete).
77 **b) Klage auf Auskunft über die Miete.** Der Wert einer Klage, nach § 29 NMVO eine Auskunft über die Ermittlung und Zusammensetzung der zulässigen Miete zu geben und durch eine Wirtschaftlichkeitsberechnung sowie durch die Vorlage der zugehörigen Unterlagen zu belegen, läßt sich mit (jetzt ca) 500 EUR festsetzen, AG Köln WoM **81**, 283. Der Wert einer Einsicht außerhalb des Orts der Wohnung läßt sich nach den Aufwendungen usw des Vermieters schätzen, LG Kiel WoM **88**, 283.
78 **c) Klage wegen des Bestehens oder der Dauer des Vertrags.** S zunächst § 8, LG Bln WoM **92**, 462, und wegen der Räumung Rn 92 „Räumung". Hierher gehört auch die bloße Feststellung. Zur Miete im Sinn von (jetzt) § 41 GKG zählen nicht nur der eigentliche Mietzins (einschließlich Mehrwertsteuer, LG Duisb JB **89**, 1306), aM Rostock MDR **94**, 628, LG Dortm NZM **01**, 986, LG Stgt MDR **83**, 763 (aber man muß stets das wirtschaftliche Gesamtinteresse des Klägers beachten). Vielmehr zählen hierher auch ein Optionsrecht auf eine Vertragsverlängerung, Hbg WoM **94**, 553, oder vertragliche Gegenleistungen anderer Art, zB die Übernahme öffentlicher Abgaben, LG Saarbr JB **97**, 197, etwa der Grundsteuer, Hamm Rpfleger **76**, 435, und sonstige Leistungen, Feuerversicherungsprämien, Instandsetzungskosten, Baukostenzuschüsse, Drsd ZMR **97**, 527. Auch eine künftige Nutzungsentschädigung zählt härter, Düss NZM **06**, 583.

Nicht hierher zählen aber Leistungen nebensächlicher Art und sonstige Leistungen, die im Verkehr nicht als Entgelt für die Gebrauchsüberlassung gelten oder die der Mieter selbst abrechnet, LG Köln WoM **96**, 50. Nicht hierher gehören also Vorauszahlungen auf Nebenkosten, BGH ZMR **99**, 615 (frühestens ab einer Erkennbarkeit der verbrauchsunabhängigen Endkosten). Nicht hierher gehört ferner das Entgelt für Heizung und Warmwasser, LG Köln WoM **89**, 436, LG Mü WoM **85**, 125, LG Saarbr MDR **94**, 316, aM Celle NJW **03**, 368, Düss WoM **02**, 501, Köln WoM **96**, 288 (je: Nettomiete), Zweibr NZM **01**, 420, LG Heilbr MDR **89**, 750 rechts, LG Köln JB **99**, 304 (je: Bruttomiete. Aber trotz aller Vereinfachungsmöglichkeiten muß man doch den wirtschaftlichen Wert manchmal mühsamer ermitteln, um möglichst genau zu bleiben). Zum Problem Mutter MDR **95**, 343.

Die Miethöhe bestimmt sich nach dem *Vertrag*, soweit man nicht die gesetzliche Miete zugrundelegen muß. Nach § 41 I GKG ist auch der Anspruch des Mieters auf eine Gebrauchsüberlassung bewertbar, aM Celle MDR **89**, 272 ([jetzt] § 41 II GKG. Aber das ist eine eng auslegbare Sondervorschrift). Bei einer

Nutzungsentschädigung bis zur Räumung kann man nach § 3 den Jahresbetrag ansetzen, KG MDR **07**, 645.

d) Klage auf eine Zustimmung zur Mieterhöhung nach §§ 558 ff BGB: Zumindest als Kostenwert ist beim Wohnraum (jetzt) grundsätzlich der Jahresbetrag der zusätzlich geforderten Miete maßgebend, § 41 V 1 Hs 1 GKG, so schon (je zum alten Recht) BVerfG NJW **93**, 3130, LG Görlitz WoM **03**, 39, LG Saarbr WoM **98**, 234. Damit ist eine jahrelange Streitfrage überholt. 79

Die Zahlung eines *Teils* des Erhöhungsbetrags bereits vor der Rechtshängigkeit oder gar nach ihrem Eintritt hat auf die Streitwerthöhe grundsätzlich keinen Einfluß. Denn diese richtet sich nur nach dem Klagevorbringen und einer etwaigen Klagerhöhung, LG Wuppert WoM **93**, 478, aM LG Bre WoM **82**, 131 (aber § 40 GKG ist eindeutig, Einl III 39). Die Vorschrift gilt aber nur bei Wohnräumen. Das stellt § 41 V 1 klar. Beim Gewerberaum gilt statt § 41 V GKG die Vorschrift des § 9, Hbg WoM **95**, 595, Köln MDR **91**, 345, Mü SchiedsVZ **07**, 330.

e) Feststellungsklage wegen künftiger Miete. Hier gilt bei einer unbestimmten Mietdauer § 3, aM Stgt WoM **97**, 278 (§ 9). § 8 ZPO und § 41 GKG sind unanwendbar. Denn es ist weder das Bestehen noch die Dauer streitig. § 41 GKG regelt ohnehin nur unbestimmte Verhältnisse. Demgegenüber macht der Kläger bei einem Anspruch auf die Feststellung der Verpflichtung des Bekl zu einer erhöhten Mietzahlung einen bestimmten Anspruch geltend. Es entscheidet das Interesse des Klägers an der Feststellung und an dem mutmaßlichen Eintritt der Erhöhung. Es liegt nahe, auf den Beschwerdewert (jetzt) § 41 V GKG entsprechend anzuwenden, LG Köln JB **99**, 305, aM LG Bln WoM **89**, 440, LG Hbg WoM **89**, 430 (3facher Jahreszins, evtl abzüglich 20%). 80

Dasselbe gilt bei der Feststellung des *Vertragsinhalts,* sofern die Wirksamkeit des Vertrags unstreitig ist, Kblz ZMR **78**, 64. Manche wollen auch bei einem langen Mietvertrag nur den vollen Jahresbetrag anwenden, da (jetzt) § 41 I GKG die Obergrenze bilde und da man den Streitwert für einen einzelnen vertraglichen Anspruch auch über § 3 nicht höher festsetzen könne als für den Bestand des ganzen Vertrags, LG Bln ZMR **75**, 218 (Vermieterreparatur). Demgegenüber gilt § 9, wenn die künftige Miete oder Pacht auf Grund eines auf bestimmte Zeit abgeschlossenen Vertrags streitig ist, LG Hbg WoM **96**, 287 (Minderung), aM Ffm Rpfleger **80**, 299, Hamm Rpfleger **76**, 435, Karlsr MDR **77**, 407 (§ 3. Aber § 9 ist hier spezieller).

f) Klage auf Duldung einer Modernisierung oder Erhaltung. Hier gilt (jetzt) grds der Jahresbetrag der möglichen Mieterhöhung usw, § 41 V 1 Hs 3 GKG, so schon (je zum alten Recht) Hbg DWW **93**, 264, LG Köln WoM **01**, 345. Das alles gilt auch bei einem zugehörigen selbständigen Beweisverfahren. Nur bei einer kürzeren restlichen Vertragsdauer läßt § 42 VI 2 GKG einen entsprechend niedrigeren Betrag maßgebend sein. 81

g) Mangel der Mietsache. Der Anspruch auf eine Beseitigung bemißt sich (jetzt) grundsätzlich nach dem Jahresbetrag einer angemessenen Mietminderung, § 41 V 1 Hs 2 GKG, aM BGH WoM **07**, 207 rechts Mitte (§ 9). Bei einer bloßen Feststellungsklage gelten zusätzlich Rn 53, 54, Woitkewitsch ZMR **05**, 842. Nur bei einer kürzeren restlichen Vertragsdauer läßt § 41 V 2 GKG einen entsprechend niedrigeren Betrag maßgebend sein. 82

h) Sonstige Fälle. Es ergibt sich eine Fülle von Situationen. 83

– **(Antenne):** Beim Streit um die Anbringung oder Entfernung einer Antenne nehmen LG Bre WoM **00**, 364, LG Hbg WoM **91**, 359 als Wert (jetzt ca) 500 EUR an und setzt LG Kiel WoM **96**, 632 die Beseitigungskosten an. LG Ffm WoM **02**, 378, LG Wuppert WoM **97**, 324 setzen ca 1000 EUR an. Köln NZM **05**, 224 setzt den Antennenwert + Wiederherstellungskosten an. Die Beschwer ergibt sich aus dem Wertverlust des Hauses, BGH NJW **06**, 2639.

– **(Balkonplane):** Beim Streit um ihre Entfernung setzt LG Hbg WoM **89**, 10 etwa (jetzt) 250 EUR an.

– **(Besichtigung):** Bei einer Besichtigung durch Mietinteressenten gilt § 3, oft 1 Monatsmiete.

– **(Besitzstörung):** Bei einer solchen durch den Vermieter ist die evtl nur teilweise Jahresmiete der Ausgangswert, Brdb MDR **07**, 1225 (beim Eilverfahren weniger), Rostock JB **06**, 645.
S auch „– (Lärm)".

– **(Gas):** Beim Streit um die Gasversorgung kann man 50% des Jahresentgelts ansetzen, AG Kerpen MDR **90**, 929.

– **(Geschäftsraummiete):** Beim Streit um ein Konkurrenzangebot kann man den Gewinnausfall von 42 Monaten ansetzen, BGH NJW **06**, 3061.

– **(Haustier):** Beim Streit um eine Haustierhaltung kommt es auf die gedachte Zusatzabnutzung an, LG Hbg WoM **86**, 232. Man muß die Mieterinteressen mitberücksichtigen, LG Bln NZM **01**, 41 ([jetzt ca] 300 EUR), LG Hbg WoM **89**, 10, LG Mü NZM **02**, 820 (410 EUR), LG Hann WoM **89**, 567, LG Mannh ZMR **92**, 546 ([jetzt ca] 600 EUR), LG Brschw WoM **96**, 291 ([jetzt ca] 1000 EUR), LG Mü NZM **02**, 734 ([jetzt ca] 1500 EUR). AG Rüsselsheim ZMR **87**, 344 schlägt dann monatlich (jetzt ca) 12,50–17,50 EUR auf. LG Würzb WoM **88**, 157 bewertet den Antrag auf die Entfernung eines Zwergschnauzers nebst einer Unterlassung der Hundehaltung mit (jetzt ca) 500 EUR je Instanz. LG Hbg ZMR **92**, 506 setzt beim Streit um eine Hauskatze (jetzt ca) 750 EUR an, LG Hbg MDR **93**, 90 setzt dann (jetzt ca) 500 EUR) an, LG Bln NZM **01**, 41 setzt bei 2 Katzen (jetzt ca) 400 EUR an. LG Wiesb WoM **94**, 486, AG Kenzingen WoM **86**, 248 bewerten die Unterlassung der Hundehaltung außergerichtlich meist mit bis zu (jetzt ca) 1000 EUR, LG Mü WoM **92**, 495 nimmt selbst beim angeblichen Musterprozeß dazu nur (jetzt ca) 1000 EUR an.

– **(Heizung):** Beim Streit um eine ordnungsgemäße Beheizung kann man den Jahresbetrag einer möglichen Mietminderung ansetzen, LG Hbg JB **94**, 116.

– **(Katze):** S „– (Haustier)".

– **(Kaution):** S „(Mietsicherheit)".

– **(Lärm):** Bei einer Klage eines Mieters gegen den anderen wegen Lärms kann als Wert der Jahresbetrag einer berechtigten Mietminderung in Betracht kommen, Ffm RR **08**, 534.

– **(Mietsicherheit):** Es gelten dieselben Regeln wie bei den „– (Nebenkosten)“, AG Neumünst WoM **96**, 632, AG Pinneb WoM **99**, 337 (jetzt etwa 300 EUR).
– **(Müllcontainer):** Beim Streit darüber, ob man einen Müllcontainer schon am Vorabend der Leerung auf der Straße abstellen darf, setzt LG Köln WoM **90**, 394 den Jahresbetrag einer möglichen Mietminderung an.
– **(Nebenkosten):** Bei einer Rechnungslegung wegen Nebenkosten kann man 25%–33,3% des etwaigen Zahlungsanspruchs ansetzen, LG Bonn JB **92**, 117 (25%), LG Ffm NZM **00**, 759, AG Witten NZM **03**, 851, aM LG Freibg WoM **91**, 504, LG Köln WoM **97**, 447 (10%–20%).
– **(Schneeräumen):** Die Pflicht dazu läßt sich mit 900 EUR bewerten, LG Münst WoM **07**, 69.
– **(Strom):** Beim Streit um die Stromversorgung kann man 50% des Jahresentgelts ansetzen, AG Kerpen MDR **90**, 929.
– **(Treppenhaus):** Beim Streit um seinen Mißbrauch setzt LG Mannh WoM **99**, 224 statt nach § 3 verfehlt nach § 9 an.
– **(Unfallauslagenwagnis):** Man kann etwa 3000 EUR ansetzen, LG Trier WoM **07**, 626.
– **(Untervermietung):** Beim Streit um eine Zustimmung zu ihr kann man den Jahresbetrag des angebotenen Mietzuschlags ansetzen, KG NZM **06**, 519, LG Bad Kreuzn WoM **89**, 433, aM Celle NZM **00**, 190, KG JB **06**, 258 (je: Jahresbetrag der Untermiete), LG Kiel WoM **95**, 320 (Einjahresbetrag der Entlastung durch Untervermietung), LG Hbg WoM **92**, 264 (3jährige Differenz). Beim Streit um eine Untermiete ist der Zins-Zuschlag für einen höheren Aufwand ansetzbar, BGH RR **97**, 648.
– **(Verzug):** S „(Zahlungsverzug)“.
– **(Wasser):** Beim Streit um die Wasserversorgung kann man 50% des Jahresentgelts ansetzen, AG Kerpen MDR **90**, 929.
– **(WiStG):** Beim Streit, ob ein Verstoß gegen § 5 WiStG vorliegt, gilt die dreijährige Differenz, LG Hbg WoM **87**, 61.
– **(Zähler):** Beim Zutritt zu einem Zähler kommt ein 6-Monats-Betrag der Vorauszahlungen als Wert infrage, Brschw NZM **06**, 840.
– **(Zahlung erhöhter Miete):** Wegen der Zustimmung Rn 79. Bei der Klage auf die Zahlung einer wirksam erhöhten Miete ist der Jahresbetrag der Erhöhung maßgeblich, LG Hbg WoM **89**, 435.
– **(Zahlungsverzug):** Bei einem ständigen Zahlungsverzug sind für eine Klage nach § 259 20% der Jahresmiete ansetzbar, AG Kerpen WoM **91**, 439.

Vgl auch Rn 68 „Herausgabe“, Rn 92 „Räumung“, Rn 118 „Unterlassung“, Rn 124 „Urkunde“, Rn 137 „Wärmelieferungsvertrag“.

Milchreferenzmenge: § 3 ist anwendbar, BGH NVwZ-RR **04**, 232.

84 **Minderung:** Maßgeblich ist derjenige Betrag, um den der Kläger den Preis herabsetzen lassen will. (jetzt) § 45 III GKG ist unanwendbar, Köln MDR **79**, 413.

Miteigentum: Rn 33 „Eigentum“, R 139 „Widerspruchsklage: c) Teilungsversteigerung, § 180 ZVG“.

Miterbe: Rn 41 „Erbrechtlicher Anspruch“.

Musterprozeß: Es gilt grds kein höherer Wert als im „normalen“ Prozeß, LG Mü WoM **92**, 495.

85 **Nachbarrecht:** Der Wert einer Klage auf die Beseitigung eines 16 m langen Jägerzaunes beträgt (jetzt ca) 600 EUR, AG Königstein NZM **01**, 112. Nachbarlärm durch viele Tiere läßt sich mit (jetzt ca) 1500 EUR bewerten, LG Bonn JB **01**, 594.

Nacherbe: Rn 41 „Erbrechtlicher Anspruch“.

Nachforderung: Bei der Klage nach § 324 ist wegen der Sicherstellung § 6 anwendbar, dort Rn 9.

Nachlaßverzeichnis: Rn 43 „Erbrechtlicher Anspruch“.

Nachverfahren: Maßgeblich ist derjenige Betrag, dessentwegen das Gericht dem Bekl die Ausführung seiner Rechte vorbehalten hat, Mü MDR **87**, 766. Es kommt also auf eine Ermäßigung im Vorverfahren an, zB durch ein Teilanerkenntnis, Schneider MDR **88**, 270.

Name: Der Streit ist in der Regel nichtvermögensrechtlich, § 48 II GKG. Vgl aber auch Üb 15 vor § 1. Der geschäftliche Name ist vermögensrechtlich. Das gilt insbesondere für die Firma. Maßgeblich ist nur das Klägerinteresse, Stgt WettbR **96**, 197.

Nebenforderung: Der Wert läßt sich nach § 4 und für die Kosten nach § 43 GKG berechnen.

Nebenintervention: Rn 106 „Streithilfe“.

Nichterfüllung: Rn 58 „Gegenseitiger Vertrag“.

Nichtigkeit: Rn 27 „Befreiung“.

Nichtigkeitsklage: Es gilt der Wert derjenigen Verurteilung, deren Aufhebung der Kläger begehrt, BGH AnwBl **78**, 260, Seetzen NJW **84**, 348, ohne Zinsen und Kosten.

Nichtvermögensrechtlicher Anspruch: Maßgeblich ist § 48 II GKG, Mü MDR **89**, 360, Hartmann Teil I A § 48 GKG Rn 3 ff. Die Anwendung von § 52 I 2 GKG ist gekünstelt. Ein nichtvermögensrechtlicher Anspruch wird nicht dadurch zu einem vermögensrechtlichen, daß der Kläger einseitig die Hauptsache für erledigt erklärt, BGH NJW **82**, 767.

86 **Nießbrauch:** Bei der Einräumung gilt § 3, BGH RR **88**, 396 (Streitfrage). Bei der Erfüllung, Aufhebung und Löschung gilt § 6. Maßgeblich ist der Wert nach dem Reinertrag abzüglich der Unkosten für die voraussichtliche Dauer des Nießbrauchs. Der Wert einer Vormerkung ist niedriger. Evtl ist § 24 III KostO entsprechend anwendbar, Bbg JB **75**, 649. Für den Kostenstreitwert kann (jetzt) § 41 II GKG („ähnliches Nutzungsverhältnis“) gelten, Köln WoM **85**, 125, aM Schlesw SchlHA **86**, 46 (§ 3).

Notanwalt, §§ 78 b, c: Maßgeblich ist meist der Wert der Hauptsache, Bre JB **77**, 91, Zweibr JB **77**, 1001, aM Mü MDR **02**, 724 (krit Schneider): 33,3% (aber meist geht es ja um die volle Durchsetzbarkeit).

Notweg: § 7 Rn 1.

Nutzung: Sofern der Kläger sie als eine Nebenforderung geltend macht, gilt § 4. Bei einer als Hauptsache geltend gemachten wiederkehrenden Nutzung gilt § 9 und für die Kosten § 41 GKG, § 8 Rn 4.

Nutzungsverhältnis: § 41 I GKG gilt auch für ein der Miete oder Pacht ähnliches Nutzungsverhältnis. S daher Rn 76 ff „Mietverhältnis“.

Offenbarung: Rn 33 „Eidesstattliche Versicherung". 87
Öffentliche Zustellung: Rn 143 „Zustellung".
Ordnungs- und Zwangsmittel: Bei der Verhängung gegen eine Partei nach § 141, gegen einen Zeugen nach § 380, gegen einen Sachverständigen nach §§ 409, 411, oder im Weg der Anordnung nach §§ 177, 178 GVG ist der verhängte Betrag ausschlaggebend. Bei einer Festsetzung nach §§ 888, 890 ist nicht die Schwere der Maßnahme maßgeblich, auch nicht der Wert der Hauptsache, aM ThP § 3 Rn 115 „Ordnungsmittel", „Zwangsvollstreckung". Vielmehr gilt das Interesse an der Abwehr eines weiteren Verstoßes, Mü OLGZ **84**, 66, Nürnb MDR **84**, 762. Dieses Interesse läßt sich oft mit 30%–50% der Hauptsache bewerten, Hbg WRP **82**, 592, Karlsr WRP **92**, 198, Mü MDR **83**, 1029. Das Interesse kann sich aber im Fall einer Fortsetzung der Verletzungen oder bei einer sehr groben Verletzung dem Wert der Hauptsache nähern. Auch bei der Androhung eines Zwangsmittels oder Ordnungsmittels ist das Interesse an der Durchsetzung des vollstreckbaren Anspruchs maßgeblich. Wenn es um derartige Maßnahmen in einem Verfahren auf den Erlaß eines Arrests oder einer einstweiligen Verfügung geht, sind von dem Wert der zugehörigen Hauptsache in der Regel 25%–33,3% maßgeblich. Im Beschwerdeverfahren liegt die untere Wertgrenze bei dem angefochtenen Betrag, Brschw JB **77**, 1148, Düss MDR **77**, 676. Man kann 20% des zulässigen Höchstbetrags zugrundelegen.
Pachtverhältnis: Es gilt auch für die Unterpacht § 8 und für den Kostenstreitwert § 41 GKG. Bei einem Streit nur über die Höhe der Pacht ist § 3 und nicht § 9 anwendbar, Ffm JB **75**, 372, Karlsr AnwBl **83**, 174, aM Brschw AnwBl **82**, 487. 88
S auch Rn 72 „Jagdrecht".
Patent: Vgl zunächst § 51 GKG. Im Beschwerdeverfahren vor dem Patentgericht und im Nichtigkeitsverfahren ist das Interesse der Allgemeinheit an der Patentvernichtung maßgeblich. Dieses Interesse entspricht meist dem allgemeinen Wert des Patents im Zeitpunkt der Klagerhebung oder im Zeitpunkt der Berufungseinlegung zuzüglich der etwa aufgelaufenen Schadensersatzansprüche, BPatG JB **96**, 197. Zur Problematik Struif GRUR **85**, 248. Bei einem Streit um eine Unterlassung, eine Auskunft, eine Schadensersatzpflicht sind die Art und der Umfang der Verletzung maßgeblich, aber auch der Umsatz des Geschädigten, Karlsr BB **75**, 109. Im Berufungs- und im Rechtsbeschwerdeverfahren muß man den Wert nach § 3 schätzen. Gebührenrechtlich besteht die Möglichkeit, im Patentverfahren bei einer Gefährdung der wirtschaftlichen Lage einer Partei den Wert niedriger anzusetzen, §§ 102 II, 121 I, 144 PatG. Zur zeitlichen Grenze des Antrags BPatG GRUR **82**, 363.
Persönlichkeitsrecht: (Jetzt) § 48 II, III GKG, BAG BB **98**, 1497. 89
S auch Rn 99 „Schmerzensgeld".
Pfandrecht: Es ist § 6 anwendbar.
Pfändung: Bei der Pfändung einer Forderung oder eines sonstigen Rechts muß man für die Gerichtsgebühren die Festgebühr KV 1811, 2110 beachten. Für die Anwaltsgebühren ist der Betrag der vollstreckbaren Forderung maßgeblich. Wenn der Wert des gepfändeten Rechts niedriger ist, gilt dieser geringere Wert, § 6 Rn 11. Wenn es um ein künftig fällig werdendes Arbeitseinkommen nach § 850 d III geht, gilt nur der Wert der vollstreckaren Forderung, aM Köln MDR **87**, 61, LG Detm Rpfleger **92**, 538, AG Freyung MDR **85**, 858 (evtl nur der Wert des Pfandgegenstands. Aber wirtschaftlich ist die Forderung der Kern). Wegen des Werts eines Unterhaltsanspruchs § 6 Rn 16. Im Beschwerdeverfahren muß man § 25 II RVG (Interesse des Beschwerdeführers) beachten.
Pflichtteilsanspruch: Rn 41 „Erbrechtlicher Anspruch", Rn 53 „Feststellungsklage", Rn 59 „Geldforderung".
Preisbindung: Rn 63 „Gewerblicher Rechtsschutz".
Prozeßhindernde Einrede: S „Prozeßvoraussetzungen". 90
Prozeßkostenhilfe: Man darf den Wert nicht zwecks einer weiteren Verringerung der Anwaltsgebühren als nach § 49 RVG herabsetzen, BVerfG Rpfleger **07**, 429. Maßgeblich ist bei einer Kostenentscheidung nach § 127 Rn 20 die Festgebühr des KV 2110. Man darf also für die Gerichtskosten keinen Wert ermitteln. Bei einer nur teilweisen Verwerfung oder Zurückweisung der sofortigen Beschwerde kann das Gericht nach KV 2110 die Festgebühr von 15 EUR ermäßigen oder die Nichterhebung der Festgebühr anordnen. Auch insoweit läßt sich also kein Wert ermitteln. Für die Anwaltskosten in der Beschwerdeinstanz vgl VV 3335 amtliche Anmerkung I.
Prozeßkostensicherheit: S „Prozeßvoraussetzungen".
Prozeßtrennung, -verbindung: Rn 114 „Trennung", Rn 126 „Verbindung".
Prozeßvoraussetzungen: Maßgeblich ist stets der Wert der Hauptsache, BGH VersR **91**, 122, Zweibr NJW **95**, 538.
S auch Rn 93 „Rechtswegverweisung".
Rangfolge: Man muß den Wert nach § 3 schätzen. 91
Ratenzahlung: Der Wert einer Vereinbarung läßt sich nach § 3 schätzen. Dabei muß man die in den einheitlich vereinbarten Gesamtbetrag des Kredits einbezogenen Nebenforderungen auch in den Streitwert aufnehmen, Mü JB **76**, 237, aM Bbg JB **76**, 343.
Räumung: Es gilt § 8, BGH WoM **08**, 417 links. (Nur) für die Gebühren gilt (jetzt) § 41 II GKG, BGH NZM **07**, 935, Mü NZM **01**, 749, LG Kref WoM **05**, 263. Maßgebend ist also höchstens die für die *Dauer eines Jahres* zu entrichtende Miete, wenn sich nicht nach (jetzt) § 41 I GKG ein geringerer Wert ergibt, BGH RR **97**, 648, KG MDR **06**, 957, LG Kref WoM **05**, 263, aM Stgt RR **97**, 1303 (§ 9). Das gilt aus sozialen Gründen, Düss FGPrax **00**, 189, Ffm AnwBl **84**, 203, KG NZM **00**, 459. Es gilt ohne Rücksicht darauf, auf wieviele Kündigungen der Kläger diesen Räumungsanspruch stützt, Mü NZM **01**, 749, AG Hbg WoM **93**, 479. Bei einer Staffelmiete zählt der höchste Jahresbetrag, BGH NZM **07**, 935 (zustm Gies WoM **08**, 79). Es kommt auch nicht darauf an, ob über das Bestehen des Nutzungsverhältnisses insgesamt oder nur in einzelnen Teilen Streit besteht, BGH MDR **95**, 530, LG Erfurt WoM **96**, 234, LG Köln WoM **93**, 555, ob das Nutzungsverhältnis also in Wahrheit bereits erloschen ist. 92

Zur Miete zählt die Mehrwertsteuer, Düss JB **06**, 428, KG NZM **07**, 518, LG Paderb MDR **03**, 56. Eine Nutzungsentschädigung läßt sich mit 6 Monatsmieten berechnen, LG Nürnb-Fürth WoM **05**, 664. BGH NZM **07**, 499 wendet dann evtl § 3 an.

Verlangt der Kläger die Räumung oder Herausgabe *„auch"* und nicht nur aus einem anderen Rechtsgrund als demjenigen der Beendigung eines Miet-, Pacht- oder ähnlichen Nutzungsverhältnisses, ist nach (jetzt) § 41 II 2 GKG der Wert der Nutzung eines Jahres maßgebend, Hbg WoM **95**, 197, LG Kassel Rpfleger **87**, 425 (Zuschlag). Beim Räumungsanspruch des zurückgetretenen Verkäufers gilt § 6, Nürnb JB **04**, 377. Soweit das eine Objekt vermietet, das andere vertragslos genutzt wird, muß man zusammenrechnen, Bbg JB **88**, 516. Werden der Anspruch auf eine Räumung von Wohnraum und der Anspruch nach §§ 574, 575 a II BGB auf eine Fortsetzung des Mietverhältnisses über diesen Wohnraum in demselben Prozeß verhandelt, darf man die Werte nach § 41 III GKG nicht zusammenrechnen. Eine Beseitigung kann gesondert bewertbar sein, Hbg WoM **00**, 365. Eine im Räumungsvergleich vereinbarte Zahlung für zurückgelassene Mietsachen erhöht den Wert, LG Meiningen JB **07**, 593.

Zur Miete zählen grundsätzlich die *gleichbleibenden Umlagen,* zB für Grundsteuer, Hamm Rpfleger **76**, 435, Feuerversicherungsprämien, Instandsetzungskosten, Baukostenzuschüssen, Straßenreinigung, Schornsteinreinigung, Drsd ZMR **97**, 527, Düss JB **92**, 114, LG Hagen AnwBl **89**, 620. Auch eine Nebenkostenpauschale zählt jetzt wegen § 41 I 2 GKG zur Miete, BGH WoM **08**, 417 links, Düss NZM **05**, 240, LG Kblz ZMR **87**, 24.

Nicht dazu zählen aber die Leistungen nebensächlicher Art und nicht sonstige Nebenkosten, die im Verkehr nicht als ein Entgelt für die eigentliche Gebrauchsüberlassung gelten oder die der Mieter selbst abrechnet, Hbg MDR **04**, 502, LG Gött WoM **03**, 643, LG Köln WoM **96**, 50, aM Düss WoM **02**, 501. Nicht einrechenbar sind zB: Heizkosten und Warmwasser, Düss JB **92**, 114, LG Lpz WoM **96**, 234, aM Celle NJW **03**, 368, Hbg MDR **04**, 502, LG Köln NZM **03**, 233 (je: man dürfe neben der Nettomiete überhaupt keine gesondert vereinbarten Nebenleistungen ansetzen), LG Mainz WoM **03**, 643, LG Paderb MDR **03**, 56 (hierzu trete eine Nebenkostenvorauszahlung), Hamm MDR **01**, 1377, KG RR **01**, 443, AG Hbg-Bergedorf RR **02**, 948 (je: meist Bruttomiete. Vgl aber Rn 78).

93 **Räumungsfrist:** Im Verfahren nach §§ 721, 794 a muß man den Wert nach § 3 nach dem Interesse an der Bewilligung, Verlängerung oder Abkürzung der Frist schätzen. Er beträgt also die Miete oder Nutzungsentschädigung für die begehrte Frist, jedoch höchstens für 1 Jahr, errechnet nach §§ 721 V 2, 794 a III. Wegen eines Verfahrens nach § 765 a Rn 134 „Vollstreckungsschutz".

Reallast: Maßgeblich ist § 9. Bei der Forderung nach einer Rente und deren Absicherung durch eine Reallast erfolgt keine Zusammenrechnung.

Rechnungslegung: Maßgeblich ist das Interesse des Klägers an der Erleichterung der Begründung des Zahlungsanspruchs. In der Regel ist nur ein geringer Bruchteil des mutmaßlichen Zahlungsanspruchs ansetzbar, Köln VersR **76**, 1154 (25%), AG Konst WoM **92**, 494 (33,3%). Das Gericht muß auch den etwaigen Umstand berücksichtigen, daß der Bekl die Unklarheit über die Höhe des Hauptanspruchs vielleicht schon weitgehend beseitigt hat. Der Wert kann denjenigen der Hauptsache fast erreichen, wenn der Kläger für die Geltendmachung des Hauptanspruchs auf die Rechnungslegung angewiesen ist, LG Landau ZMR **90**, 21. Durch einen Streit über den Grund erhöht sich der Wert nicht. Bei einem Rechtsmittel gilt das Interesse des Beschwerdeführers an der Nichteinlegung, begrenzt durch das Interesse des Gegners, Köln JB **93**, 165. Dasselbe gilt bei einem Streit wegen der Erteilung eines Buchauszugs nach § 87 c HGB. Kostenrechtlich gilt bei der Stufenklage § 44 GKG. Bei den Kosten der Rechnungslegung muß man auch auf notwendige Fremdkosten abstellen, BGH NJW **01**, 1284.

S auch Rn 108 „Stufenklage".

Rechtshängigkeit: Bei einem Streit über die Rechtshängigkeit ist der volle Wert des Anspruchs maßgebend.

Rechtsmittel, dazu *Märten,* Die Streitwertbemessung bei nachträglicher Rechtsmittelbeschränkung, 1981: Maßgeblich ist § 47 GKG, und zwar der tatsächliche Antrag, nicht seine Zulässigkeit usw, Karlsr NJW **75**, 1933. Beim Anschlußrechtsmittel ist § 45 II GKG beachtlich. Beim Verfahren auf eine Zulassung des Rechtsmittels ist dessen Wert maßgebend, VGH Mannh JB **98**, 94.

Rechtswegverweisung: Im Beschwerdeverfahren ist das Interesse des Beschwerdeführers maßgeblich, Karlsr MDR **94**, 415, Köln VersR **94**, 499, aM BGH NJW **98**, 909, BayObLG WoM **99**, 232 (je 20%–33,3% des Klaganspruchs), LAG Köln **93**, 915 (voller Klaganspruch. Aber das Klägerinteresse prägt auch begrenzt stets den Wert).

Registeranmeldung: Rn 7 „Anmeldung zum Handelsregister".

Rente: Man muß den Wert nach § 9 berechnen, den Kostenwert nach § 42 II GKG, vgl auch „Aufopferung".

94 **Restitutionsklage:** Rn 85 „Nichtigkeitsklage".

Revision: Rn 7 „Anschlußrechtsmittel", Rn 93 „Rechtsmittel".

Richterablehnung: Rn 3 „Ablehnung des Richters".

Rückauflassung: § 6 Rn 3 „Rückgewähr".

Rückerstattung: Bei einer Rückerstattung nach § 717 ist der Wert nicht höher als derjenige des vorangegangenen Rechtsstreits. Man darf die Zinsen und Kosten nicht hinzurechnen.

S auch Rn 125 „Urteilsänderung".

Rücknahme der Berufung: Maßgeblich sind die bis dahin entstandenen Kosten, aM Rostock MDR **07**, 1398 (Hauptsachewert).

Rücknahme einer Sache: Maßgeblich ist § 3.

Rückstand: Rn 117 „Unterhalt".

Rücktritt: Im Fall (jetzt) des § 437 Z 2 Hs 1 BGB gilt § 3, Düss JB **86**, 433 (Vermögensbeeinträchtigung). Bei der Durchführung des Rücktritts gilt der Wert der Forderung oder der Sache, aM Hamm MDR **99**, 1225 (evtl 25% des Kaufpreises. Aber es geht um das Ganze). Bei der Klage auf die Rücknahme der Sache ist § 3 anwendbar. Beim Rücktritt einer 98jährigen kann es auf die statistische Lebenserwartung beim Vertragsabschluß ankommen, Kblz RR **00**, 143.

S auch Rn 27 „Befreiung“ sowie bei den einzelnen Rücktrittsgründen.

Sachenrechtsbereinigungsgesetz: Bei § 108 I des G ist der Wert des bebauten Grundstücks maßgeblich, BGH MDR **99**, 1022, es sei denn, das Gebäude ist kein wesentlicher Grundstücksbestandteil, BGH MDR **01**, 292.

Sachverständigenablehnung: Rn 4 „Ablehnung des Sachverständigen“.

Schadensersatz: Bei einer bezifferten Summe ist sie maßgeblich, § 3. Bei einer unbezifferten Summe kann **95**
eine Schätzung nach §§ 3, 287 in Betracht kommen. Vgl Rn 99 „Schmerzensgeld“. Bei einer Wiederherstellung des früheren Zustands in natura kommen §§ 3, 6 als Ausgangspunkte in Betracht. Bei einer Verbindung mit anderen Ansprüchen muß man nach § 5 zusammenrechnen, aM LG Karlsr MDR **87**, 60 (aber die Vorschrift gilt uneingeschränkt).

S auch Rn 53 „Feststellungsklage“.

Schätzung: Wenn der Kläger den fraglichen Betrag in das Ermessen des Gerichts gestellt hat, bleibt im allgemeinen eine etwaige eigene Schätzung des Klägers außer Betracht. Sein tatsächliches Vorbringen ist aber beachtlich. Mangels jeglicher Anhaltspunkte nennt Brschw NdsRpfl **77**, 126 (jetzt) 2000 EUR.

S auch Rn 99 „Schmerzensgeld“.

Scheck: Rn 59 „Geldforderung“, Rn 69 „Herausgabe: b) Herausgabe einer Urkunde“.

Scheidung: Einf 19 vor §§ 3–9.

Scheidungsfolgen: Einf 19 vor §§ 3–9.

Schiedsrichterliches Verfahren: Soweit in dem Verfahren vor dem Schiedsgericht nach der Schiedsverein- **96**
barung gemäß §§ 1029, 1042 überhaupt wertabhängige Gebühren entstehen, sind die allgemeinen Wertregeln zumindest entsprechend anwendbar. Bei der Feststellung der Zulässigkeit des Verfahrens kann man 33,3% der Hauptforderung ansetzen, Kröll SchiedsVZ **07**, 148. Soweit das staatliche Gericht tätig wird, muß man die folgenden Fälle unterscheiden.

a) Beschlußverfahren. Im Verfahren zB nach §§ 1034 II, 1035 III–V, 1037 III, 1038 I, 1041 II, III, 1050 ist das Interesse des Antragstellers an der Maßnahme maßgeblich. Das gilt auch beim Streit um das Erlöschen der Schiedsvereinbarung. Die Bestellung und die Ablehnung eines Schiedsrichters betreffen den ganzen Anspruch, Mü MDR **06**, 1308, aM Ffm SchiedsVZ **06**, 330 (20%), Mü SchiedsVZ **07**, 280 (33,3%). Da es sich um einen vorbereitenden Akt handelt, ist die Gebühr schon durch KV 1620–1629, VV 3327, 3331 ermäßigt.

S auch Rn 4 „Ablehnung des Schiedsrichters“.

b) Vollstreckbarerklärung. Im Verfahren nach §§ 1060, 1061 ist der volle Wert des Schiedsspruchs **97**
maßgeblich. Denn erst die Vollstreckbarerklärung stellt den Vollstreckungstitel als rechtswirksam fest. Das gilt grundsätzlich auch dann, wenn nur ein Teil des Titels vollstreckbar ist. Die Partei kann aber ihren Antrag auf einen Teil des Schiedsspruchs beschränken. Das kann auch stillschweigend geschehen, Düss Rpfleger **75**, 257. Dann ist als Wert nur dieser Teilbetrag ansetzbar, Düss Rpfleger **75**, 257, aM Ffm JB **75**, 229, LG Bonn NJW **76**, 1981 (stets nur derjenige Teil des Vergleichs, der dem Antragsteller günstig sei. Aber maßgeblich ist das, was gerade der Antragsteller begehrt). Dasselbe gilt bei zwei Ansprüchen, von denen einer abgewiesen wurde und darum nicht vollstreckbar ist. Bei § 1062: § 3, Ffm SchiedsVZ **04**, 168 (33,3% bei der Bestellung des Vorsitzenden).

c) Aufhebungsantrag. Im Verfahren nach §§ 1059, 1062 ff ist der Wert der Abweisung maßgeblich. **98**
Man darf einen schon durch das Schiedsgericht abgewiesenen Betrag nicht hinzurechnen. Die Kosten und Zinsen darf man nicht mitrechnen. Bei § 1062 I Z 2 ist die Hauptforderung maßgebend, bei § 1062 I Z 4 etwa 33,3% davon, Mü SchiedsVZ **07**, 330.

Schiedsrichterablehnung: Rn 4 „Ablehnung des Schiedsrichters“.

Schiffahrtsrechtliches Verteilungsverfahren: Es ist § 59 GKG anwendbar.

Schlußurteil: Es kommt auf seinen Umfang an. Die Zinsen können jetzt selbständig bewertbar sein, § 4 I 2.

Schmerzensgeld: Maßgeblich ist stets zunächst die etwaige präzise Bezifferung des Klägers, KG VersR **08**, **99**
1235 links (zustm Jaeger). Erst mangels einer solchen Bezifferung gilt: Maßgeblich ist diejenige Summe, die sich auf Grund des Tatsachenvortrags des Klägers bei dessen objektiver Würdigung als angemessen ergibt, BayObLG AnwBl **89**, 164, Mü MDR **87**, 851, Steinle VersR **92**, 425, aM Zweibr JB **98**, 260 (nicht stets), LG Karlsr AnwBl **81**, 445 (erkennbare Vorstellung des Klägers vom Streitwert. Aber die subjektive Wertvorstellung des Klägers ist bei § 3 nur mitbeachtlich). Eine vom Kläger genannte Mindestsumme ist nicht schon als eine solche subjektive Meinung maßgeblich, Ffm VersR **79**, 265, aM BayObLG AnwBl **89**, 164, Mü NJW **86**, 3089, Zweibr JB **98**, 260 (aber es kommt eben nicht nur auf ihn an).

In der Regel ist der Wert aber auch bei der eben erforderlichen objektiven Würdigung nicht geringer **100**
als derjenige Betrag, den der Kläger *mindestens begehrt*, Hamm AnwBl **84**, 202, Mü VersR **95**, 1117, LG Hbg JB **92**, 699. Das gilt auch für eine Beschwer, BGH RR **04**, 103. Wenn der Kläger einen höheren Betrag als denjenigen nennt, den das Gericht an sich für angemessen hält, sollte man diesen Umstand in der Regel mitberücksichtigen, Mü MDR **87**, 851, Zweibr JZ **78**, 109. Ein bloßer Wertvorschlag beim unbezifferten Antrag läßt eine Abweichung von 20% bei der Wertfestsetzung zu, Ffm MDR **82**, 674. Die im Urteil zugesprochene Summe ist nur dann für die Wertfestsetzung maßgeblich, wenn die nach dem Tatsachenvortrag des Klägers bei seiner objektiven Bewertung maßgeblichen Bemessungsumstände auch der Entscheidung zugrunde lagen. Dieser Fall liegt nicht vor, wenn zB die Klagebehauptungen ganz oder zum Teil unbewiesen geblieben sind. Dann muß man als den Wert wiederum denjenigen Betrag ansetzen, der nach dem Tatsachenvortrag des Klägers angemessen gewesen wäre, wenn er seine Behauptungen voll bewiesen hätte, Ffm MDR **76**, 432, Kblz JB **77**, 718. Natürlich bleibt § 92 anwendbar.

Dasselbe gilt bei einer *teilweisen Klagerücknahme*. Wegen einer Wertänderung in der Berufungsinstanz Zweibr JZ **78**, 244.

Schuldanerkenntnis: Rn 7 „Anerkenntnis“. **101**

Schuldbefreiung: Rn 27 „Befreiung“.

Schuldschein: Rn 69 „Herausgabe: b) Herausgabe einer Urkunde".

102 **Selbständiges Beweisverfahren,** dazu *Wirges* JB **97**, 565 (ausf): Bei einem derartigen Verfahren während des Prozesses gilt dessen Streitwert, Bbg MDR **03**, 836, LG Köln JB **08**, 253, OVG Münst NVwZ-RR **07**, 826, aM Rostock RR **93**, 1086. Das gilt auch bei einer Werterhöhung im Rechtsmittelverfahren, Kblz JB **00**, 484. Soweit eine Schätzung erst durch den Sachverständigen möglich ist, gilt sie grds für den endgültigen Wert, BGH NJW **04**, 3489, Düss RR **03**, 1530 (je: evtl im Einzelfall geringer), Kblz VersR **03**, 131, aM Celle Rpfleger **97**, 452, Kblz MDR **05**, 312 (aber das war das wahre Interesse des Antragstellers). Abgesehen von diesem Sonderfall gilt aber grds: Bei jedem isolierten selbständigen Verfahren ist der Wert des zu sichernden Anspruchs bei der Verfahrenseinleitung maßgeblich, evtl also auch derjenige der Hauptsache oder des noch nicht oder auch schon im Streit befindlichen Teils der Hauptsache, BGH NJW **04**, 3489, Düss JB **07**, 426, Mü VersR **07**, 1392, aM Brdb JB **07**, 315, Kblz JB **05**, 312, Rostock JB **08**, 369 rechts (je: Beseitigungskosten), Düss ZMR **01**, 21, Schlesw MDR **04**, 230 (je: 50%), Stgt JB **96**, 373 (Interesse an der Maßnahme, also evtl nur ein Bruchteil des Werts des Hauptanspruchs. Aber keine dieser Varianten berücksichtigt genug den wahren wirtschaftlichen Anlaß des Beweisverfahrens). Das gilt grds auch im verwaltungsgerichtlichen Verfahren, OVG Münst NVwZ-RR **07**, 826 (auch zu Ausnahmen), aM VGH Mannh NVwZ-RR **98**, 526 (33,3%), VGH Mü NVwZ-RR **01**, 278 (50%) und NJW **08**, 2664 (selbständige Berechnung). Bei einer grds zulässigen Mehrheit von Antragsgegnern nach Üb 3 vor § 485 ist die etwa genau angegebene jeweilige Beteiligung maßgeblich. Sonst gilt gegen jeden der volle Wert, Nürnb MDR **99**, 1522, Rostock JB **08**, 369 links. Evtl kommt die halbe Differenz der Parteibewertungen infrage, Celle FamRZ **08**, 1197.

Wenn ein *Teil* des Anspruchs unstreitig ist, scheidet er für die Wertberechnung aus. Wenn mehrere Rechtsstreitigkeiten vorliegen oder wenn der Wert denjenigen der Hauptsache übersteigt, findet eine Aufteilung im Verhältnis des Streitwerts statt, Düss RR **98**, 358, aM Ffm AnwBl **79**, 431 (die Kosten seien in derjenigen Höhe erstattbar, in der sie bei einer Zugrundelegung des Streitwerts der Hauptsache anfallen würden. Aber hier geht es um den Wert. Aus ihm mag sich dann die Erstattung mitergeben). Der Wert kann bei einfachen Streitgenossen unterschiedlich hoch sein, KG RR **00**, 1622. Wegen der Zuständigkeit bei der Festsetzung Hamm NJW **76**, 116. Ein Gegenantrag ist unerheblich, LG Osnabr JB **98**, 548 (bei Unselbständigkeit).

103 **Sicherheitsleistung:** Wenn es um eine Einrede der mangelnden Sicherheitsleistung geht, entspricht der Wert demjenigen der Klage, § 718 Rn 3, BGH VersR **91**, 122, aM Karlsr MDR **86**, 594 (Wert der Sicherheitsleistung). Bei einer drohenden Uneinbringlichkeit kann ebenfalls der Hauptsachewert maßgeblich sein. Bei § 713 ist ebenfalls der Wert der Hauptsache maßgeblich. Bei § 716 ist ein Bruchteil der Hauptsache (Ausfallgefahr) maßgeblich. Bei § 718 ist das Interesse des Antragstellers maßgeblich. Bei einer Beschwerde gegen die Unterlassung oder Aufhebung der Anordnung einer Sicherheitsleistung nach § 769 muß man grds 10% des Werts der Hauptsache ansetzen, Mü Rpfleger **81**, 371. Das Interesse an der Art der Sicherheitsleistung läßt sich mit 5% ihrer Höhe bewerten, Hbg MDR **90**, 252, LG Bln Rpfleger **90**, 137. Bei der Klage auf die Rückzahlung einer Kaution muß man die Zinsen einrechnen, AG Michelstadt WoM **87**, 353. Beim Geschiedenenunterhalt kann das Interesse am Wegfall einer Sicherheitsleistung maßgeblich sein, BGH NJW **99**, 723.

S auch Rn 32 „Ehesache".

104 **Sicherstellung:** Es ist § 6 anwendbar.

Sicherungshypothek: § 6 Rn 12, 13.

Sicherungsübereignung: § 6 Rn 9.

Sofortige Beschwerde: Eine Bewertung ist nur erforderlich, soweit keine Festgebühr entsteht. Sie erfolgt also bei KV 1122, 1220, 1221 usw. Maßgeblich ist das Interesse des Beschwerdeführers an einer Änderung der angefochtenen Entscheidung. Die Wertfestsetzung gehört zur Prüfung der Zulässigkeit der Beschwerde. Eine etwaige Gegenleistung bleibt unberücksichtigt, auch wenn der Schuldner sie von vornherein angeboten hatte. Wenn eine Zug um Zug zu erbringende Gegenleistung der alleinige Gegenstand der Beschwerde ist, ist der Wert dieser Gegenleistung maßgeblich. Ihn begrenzt nach oben der Wert des Klaganspruchs. Bei einer Zinsforderung mit einem ungewissen Erfüllungszeitpunkt erfolgt eine Schätzung nach § 3, BGH BB **81**, 1491.

S auch Rn 3 „Ablehnung des Richters", Rn 74 „Kartellsache", Rn 87 „Ordnungs- und Zwangsmittel", Rn 103 „Sicherheitsleistung".

Sommersache: Man kann 20% der Hauptsache ansetzen.

Sorgerecht: Einf 19 vor §§ 3–9.

Stadtplanausschnitt: Es können 10 000 EUR angemessen sein, sogar im Eilverfahren, KG GRUR **05**, 88.

Stationierungsschaden: Nach einem Vergleich vor der Erhebung der Klage muß man der Berechnung der Anwaltsgebühr den zuerkannten Ersatzbetrag zugrunde legen. Dieser Betrag ist auch dann maßgeblich, wenn es um ein Schmerzensgeld und einen merkantilen Minderwert geht.

Stiftung: Der vermögensrechtliche Streit um die personelle Besetzung eines Stiftungskuratorium läßt sich nach § 3 bewerten, Hamm OLGZ **94**, 100.

S auch Rn 93 „Rechtswegverweisung".

105 **Streitgenossenschaft:** Es findet keine Addition statt, soweit es wirtschaftlich um nur *einen* Gegenstand geht, Karlsr MDR **91**, 353. Das ist auch dann so, wenn es um eine Verbindung persönlicher und dinglicher Klagen geht oder um mehrere Ansprüche oder um eine zusätzliche Forderung gegen einen der Streitgenossen. Im übrigen muß man nach § 5 zusammenrechnen.

106 **Streithilfe:** Maßgeblich ist derjenige Teil des Anspruchs der Hauptpartei, auf den sich das Interesse des Streithelfers erstreckt, Hbg JB **92**, 252, Mü JB **07**, 426, Nürnb MDR **06**, 1318, also die Auswirkung des Urteils auf ihn, Hbg AnwBl **85**, 263, Köln VersR **93**, 80, evtl 20% Abzug vom Hauptanspruch, niemals aber ein höherer Wert als derjenige des Hauptanspruchs, Kblz Rpfleger **77**, 175, Stgt AnwBl **79**, 431. Wenn der Streithelfer dieselben Anträge wie die Hauptpartei stellt, ist der Wert der Hauptsache maßgeblich, Bre JB **03**, 83, Düss JB **06**, 201, KG MDR **04**, 1445, aM Hbg MDR **77**, 1026, Kblz MDR **83**, 59, Köln MDR **04**, 1026 (auch in dieser Situation sei nur das Interesse des Streithelfers maßgeblich, jedenfalls

in der ersten Instanz, Kblz MDR **83**, 59. Aber der Streithelfer will formell dasselbe Ziel erreichen wie die Hauptpartei). Dann kann sogar ein Antrag des Streithelfers fehlen, Mü JB **07**, 426.

Bei einem Streit nur um die *Zulassung* des Streithelfers ist sein Interesse am Beitritt maßgeblich. Der Wert kann unter dem Wert des Hauptprozesses liegen. In einem Gebrauchsmuster-Löschungsverfahren kann das wirtschaftliche Interesse der Allgemeinheit maßgeblich sein, BPatG GRUR **85**, 524.

Streitwertbeschwerde: Maßgeblich ist der Unterschiedsbetrag zwischen dem festgesetzten und dem ange- **107**
strebten Wert. Die Auslagenpauschale ist unbeachtlich, LG Stade AnwBl **82**, 438.

Stufenklage: Vgl zunächst Rn 24 „Auskunft", Rn 87 „Offenbarung", Rn 93 „Rechnungslegung", § 5 **108**
Rn 8 „Stufenklage", Schneider Rpfleger **77**, 92. Maßgeblich ist das Interesse des Klägers, Nürnb FamRZ **04**, 962, Schlesw JB **02**, 81. Es ist nur der höchste Anspruch maßgebend, (jetzt) § 44 GKG, Brdb FamRZ **07**, 71, KG MDR **08**, 46, Rostock JB **08**, 89, aM Drsd MDR **97**, 691 (nach der Rücknahme der späteren Stufen nur der Auskunftsanspruch. Vgl aber § 40 GKG). Daher muß das Gericht jeden der verbundenen Ansprüche sogleich bei der Klagerhebung nach § 3 schätzen, Brdb FamRZ **07**, 71, Celle MDR **03**, 55, KG MDR **08**, 46, aM BGH NJW **02**, 3477 (nur der Wert der Auskunft bei einer Zurückverweisung im übrigen), KG (16. ZS) MDR **97**, 598, Schlesw MDR **95**, 643 (nur der Rechnungslegungsanspruch, wenn der Kläger seinen Herausgabeanspruch auch nicht nachträglich beziffere. Vgl aber je § 15 GKG). In einer Familiensache gilt § 38 FamGKG, Hartmann Teil I B.

a) Rechnungslegung. S zunächst Rn 24 „Auskunft". Ihr Wert richtet sich nach dem Interesse des Klägers daran, sich die Begründung des Zahlungsanspruchs zu erleichtern, KG AnwBl **84**, 612, Köln VersR **76**, 1154. Dieses Interesse kann im Einzelfall so hoch wie der Herausgabeanspruch sein. Das gilt dann, wenn der Kläger ohne eine Rechnungslegung keinerlei Anhaltspunkte hätte, Ffm MDR **87**, 509. Im allgemeinen darf und muß man aber das Interesse an der Rechnungslegung niedriger ansetzen, zB auf 25% des mutmaßlichen Zahlungsanspruchs, Köln VersR **76**, 1154. Maßgeblich ist der Zeitpunkt der Klagerhebung, (jetzt) § 40 GKG, Kblz AnwBl **89**, 397. Soweit eine Berufung nur die eidesstattliche Versicherung zur Offenbarung betrifft, kann zB 50% des Auskunftsanspruchs maßgeblich sein, Köln Rpfleger **77**, 116. Auch den Antrag auf die Ermittlung des Werts eines zum Nachlaß gehörenden Grundstücks muß das Gericht nach dem Grundsatz behandeln, daß der höchste der verbundenen Ansprüche maßgebend ist, Hamm AnwBl **81**, 69.

b) Eidesstattliche Versicherung. Das Interesse an ihrer Abnahme bestimmt sich nach demjenigen **109**
Mehrbetrag, den sich der Kläger von diesem Verfahren verspricht, Bbg FamRZ **97**, 40. Man muß den Beschwerdewert nach dem Aufwand von Zeit und Kosten berechnen, BGH RR **94**, 898.

c) Leistungsanspruch. Sein Wert ist auch dann maßgeblich, wenn es nicht mehr zu dieser Stufe **110**
kommt, Brdb FamRZ **07**, 71, KG MDR **08**, 46, Karlsr FamRZ **08**, 1205 (Klägererwartung). Man muß ihn ebenso hoch wie den Wert desjenigen ansetzen, das der Bekl herausgeben soll, KG AnwBl **84**, 612. Maßgeblich ist wegen (jetzt) § 40 GKG für den Kostenstreitwert der Instanzbeginn, Hamm FamRZ **98**, 1308, KG (12. ZS) MDR **08**, 46, Köln FamRZ **98**, 1601, aM KG (16. ZS) MDR **97**, 598 (Instanzende. Aber (jetzt) § 40 GKG gilt uneingeschränkt). Bei der noch unbezifferten Leistungsstufe ist die Erwartung des Klägers maßgeblich, Stgt FamRZ **08**, 529, 533 und 534.

d) Wertänderung. Es ergibt sich meist, daß für die Verfahrensgebühr der Wert des Leistungsanspruchs **111**
allein maßgeblich ist. Für spätere Gebühren kann der Leistungsanspruch niedriger sein. Höher ist er auch dann praktisch nicht. Denn wenn der Kläger auf Grund der erhaltenen Rechnungslegung einen höher bezifferten Antrag auf die Leistung stellt, muß man den Streitwert auch für das übrige Verfahren nach (jetzt) § 40 GKG erhöhen, KG MDR **93**, 696. Etwas anderes gilt nur dann, wenn sich der Leistungsanspruch nach der Rechnungslegung infolge einer Teilleistung ermäßigt. Wenn die Klage nur auf eine Auskunftserteilung und auf die Leistung der eidesstattlichen Versicherung abzielt, ist für die Wertfestsetzung die Vorstellung des Klägers davon maßgebend, was er durch dieses Verfahren erlangen könnte. Unter Umständen kann dann der nachgeschobene Leistungsanspruch niedriger sein, Düss FamRZ **87**, 1282, Ffm FamRZ **87**, 85, KG MDR **93**, 696.

e) Teilabweisung. Wenn das Gericht bereits den Auskunftsanspruch als unbegründet abweisen mußte, **112**
ist die Vorstellung des Klägers davon maßgeblich, was er durch die Auskunft und die Leistung der eidesstattlichen Versicherung des Bekl erhalten könnte. Anders ausgedrückt: Wenn der Kläger die Anträge aller Stufen gestellt hatte und wenn das Gericht bereits den ersten Antrag abgewiesen hat, ist der Wert aller Stufen maßgeblich, BGH NJW **02**, 71, Düss FamRZ **92**, 1095, Ffm JB **99**, 303, aM Stgt FamRZ **90**, 652 (aber die Antragstellung war einerseits zum Teil unnötig, andererseits zulässig).

f) Leistungs- und Stufenklage. Man muß die Werte zusammenrechnen, Ffm MDR **95**, 207, Mü **113**
MDR **89**, 646, LG Bayreuth JB **77**, 1734.

g) Stufen- und Widerklage. Man muß die Werte zusammenrechnen, Karlsr AnwBl **84**, 203.

Teilklage: Maßgeblich ist der geforderte Teilanspruch. Bei einer Widerklage wegen des Rests muß man **114**
zusammenrechnen, Bbg JB **79**, 252 (unterschiedliche Streitgegenstände). Bei einer Abweisung der Gesamtklage durch das Rechtsmittelgericht gilt der Gesamtwert.

Teilungsklage: Rn 60 „Gemeinschaft".

Teilstreitwert: Maßgeblich ist § 36 GKG.

Teilungsversteigerung: Das Interesse an der Aufrechterhaltung der Miteigentumsgemeinschaft läßt sich mit 10% des halben Grundstückswerts bemessen, LG Bielef FamRZ **06**, 1048.

S auch Rn 139 „Widerspruchsklage: c) Teilungsversteigerung".

Teilzahlung: Man darf die während des Prozesses gezahlten Teilbeträge wegen § 366 I BGB nur mangels einer vorrangigen Bestimmung durch den Schuldner in der Reihenfolge des § 366 II BGB verrechnen. Im Antrag „... abzüglich x EUR" liegt meist eine Bestimmung nach § 366 I BGB. Das übersieht ZöHe § 3 Rn 16 „Teilzahlung". Im übrigen muß man trotz allmählicher Teilzahlungen grds addieren, Kblz WoM **06**, 45.

Telefaxwerbung: Rn 121.

Telekommunikationsgesetz: §§ 3–9 sind auf das außergerichtliche Streitbeilegungsverfahren nach § 145 S 3 TKG und auf das Vorverfahren nach § 146 S 3 Hs 2 TKG entsprechend anwendbar.

Testament: Rn 41 „Erbrechtlicher Anspruch".

Testamentsvollstrecker: Maßgeblich ist § 3. Bei der Klage des Testamentsvollstreckers auf seine Einsetzung wenden manche § 9 als die Ausgangsvorschrift an. Beim Streit um das Bestehen und die Reichweite seiner Befugnisse setzt BGH FamRZ **04**, 865 nur 0,5% des Vermögens an. Der Streit um die Beendigung des Amts hat einen geringen Wert als das Erbteil des Klägers.

Titulierungsinteresse: Rn 117 „Unterhalt".

Trennung: Vom Zeitpunkt der Trennung in mehrere Prozesse an ist eine Aufspaltung in die Einzelwerte notwendig, FG Bln EFG **83**, 198, aM FG Hbg EFG **83**, 254 (aber eine Trennung gilt eben auch kostenrechtlich). Vorher entstandene Gebühren bleiben bestehen.

115 **Überbau:** § 7 Rn 2, § 9 Rn 4.

Übereignung: Maßgeblich ist, wie bei einer Herausgabe, § 6, dort Rn 1, 2.

Übergabe einer Sache: Maßgeblich ist, wie bei einer Herausgabe, § 6.

Überweisung einer Forderung: Maßgeblich ist § 6, also ist der Wert des Pfandrechts die Obergrenze.

Umlegungsverfahren: Der Streit um die Einbeziehung eines Grundstücks in das Umlegungsverfahren ist kein Eigentumsstreit. Daher ist § 6 grds unanwendbar, Karlsr AnwBl **84**, 202. Man muß vielmehr als Wert grds 20% des Werts des eingeworfenen Grund und Bodens annehmen, Karlsr RR **06**, 1250. Beim Pächter gilt der Wert des Nutzungsrechts, JB Karlsr **06**, 539 links unten. Dabei muß man die etwa vorhandenen Aufbauten, Anpflanzungen und sonstigen Einrichtungen einbeziehen. Derselbe Grundsatz gilt dann, wenn ein Umlegungsplan nach § 66 BauGB angefochten wird oder wenn es sich um einen Streit um die Zustellung eines Auszugs aus der Bestandskarte und dem Bestandsverzeichnis handelt, BGH Rpfleger **78**, 95. Steht ein Flächenverlust im Vordergrund, mag ausnahmsweise der Verkehrswert gelten, Bbg JB **98**, 548.

Umweltschutz: Das UmweltHG enthält keine Streitwertregelung. Maßgeblich ist das Interesse des Klägers und nicht das Interesse des Bekl. Je nach der Begründung der Klage ist entweder § 3 anwendbar, wenn es nämlich um eine Störung des Eigentums oder des Besitzes geht, oder § 48 II GKG, wenn der Kläger eine Beeinträchtigung des Persönlichkeitsrechts behauptet.

Unbezifferter Antrag: § 3 Rn 3.

S auch Rn 99 „Schmerzensgeld".

Unerlaubte Handlung: Ihre Feststellung zusätzlich zur Zahlungsklage erhöht deren Wert um höchstens 5%, Drsd MDR **08**, 50.

116 **Unfall:** Man muß verschiedenartige Ansprüche zusammenzählen, § 9 Rn 3. Wenn der Kläger einen Anspruch mit der Einschränkung stellt, er verlange die Leistung nur, „soweit die Ansprüche nicht auf den Sozialversicherungsträger übergegangen sind", muß man die übergegangenen Ansprüche abziehen.

117 **Unlauterer Wettbewerb:** Rn 63, 121 „Gewerblicher Rechtsschutz".

Unterhalt: Einf 19 vor §§ 3–9; also § 51 FamGKG, Hartmann Teil I B.

118 **Unterlassung:** Hier muß man sieben Fallgruppen unterscheiden.

a) Allgemeine Geschäftsbedingungen. Bei einer Klage nach dem UKlaG darf man als Wert höchstens 250 000 EUR ansetzen, § 48 I 2 GKG. Maßgeblich ist im übrigen das Interesse des Klägers, Bunte DB **80**, 486. Kann man erwarten, daß der Bekl sich einem schon zugunsten eines anderen Verletzten ergangenen Titel fügen wird, kann der Wert des nachfolgenden Parallelstreits geringer sein, Ffm WRP **83**, 523, Kblz WRP **85**, 45. Je angegriffene Klausel kann man (jetzt ca) 1500–2500 EUR ansetzen, Bunte DB **80**, 485.

119 **b) Belästigung. Beleidigung.** Man muß von (jetzt) § 48 II GKG ausgehen, LG Oldb JB **95**, 369. Maßgeblich ist das Klägerinteresse am Verbot, LAG Kiel NZA-RR **04**, 208. Das Ausmaß der Rufbeeinträchtigung kann den Streitwert natürlich erheblich beeinflussen, Ffm AnwBl **83**, 89. Eine störende E-mail-Werbung kann mit 7500 EUR bewertbar sein, KG MDR **07**, 923. Trennungsbedingte Belästigungen lassen sich meist mit höchstens 5000 EUR bewerten, Köln RR **02**, 1724. Man muß unter Umständen die wirtschaftliche Auswirkung mitberücksichtigen, Mü JB **77**, 852. Man muß die Streitwerte eines Widerrufs- und eines Unterlassungsanspruchs zusammenrechnen, Düss AnwBl **80**, 358.

120 **c) Besitz- und Eigentumsstörung.** Die Schuldform ist evtl mitbeachtlich, Köln VersR **76**, 740.

d) Dienstbarkeit. Bei einer Abwehrklage gegen eine Dienstbarkeit § 7 Rn 1–3.

121 **e) Gewerblicher Rechtsschutz,** dazu *Ulrich* GRUR **84**, 177: Vgl zunächst (jetzt) § 51 GKG, dazu Zweibr GRUR-RR **01**, 285. Maßgeblich ist die Beeinträchtigung des Rechts des Klägers, Düss ZMR **93**, 377, KG JB **06**, 645, also seine voraussichtliche Umsatzschmälerung, Karlsr MDR **80**, 59, Saarbr AnwBl **78**, 467, Stgt WettbR **97**, 207, aM BezG Drsd DB **91**, 2283 (evtl das höhere Interesse des Bekl. Aber es kommt beim Wert stets auf dasjenige des Klägers an), LG Mosbach BB **83**, 2073, LAG Nürnb BB **99**, 1929 (je: maßgeblich sei der drohende Schaden. Aber der Umsatz hat einen wirtschaftlichen Eigenwert). Bei der Klage eines Anwalts auf die Unterlassung der Ankündigung einer unerlaubten Rechtsberatung kann sein Interesse maßgeblich sein, LG Ffm AnwBl **82**, 83. Es gibt keinen Regelwert von 5000 EUR, AG Bln-Charlottenb GRUR-RR **06**, 72, oder gar von (jetzt ca) 50 000 EUR, KG WettbR **98**, 139. Man muß die Verwirrung des Verkehrs und die Verwässerung einer Marke infolge des Verhaltens des Bekl nach § 3 mitberücksichtigen. Man muß ferner berücksichtigen, daß jedes Unterlassungsurteil auch eine Entscheidung mit einer der Rechtskraft fähigen Feststellungswirkung enthält. Man muß diese Wirkung mitbewerten, Einf 15 vor §§ 322–327. Bei einer Immobilienwerbung können 10% des Kaufpreises maßgeblich sein, KG GRUR **89**, 629. Bei einer unerwünschten Telefaxwerbung usw kann man ca 4000 EUR ansetzen, AG Siegburg MDR **02**, 849, oder auch ca 2500–10 000 EUR, Schmittmann JB **03**, 401 (Üb). Bei einer unerwünschten e-mail-Werbung kommen im Eilverfahren 10 000 EUR in Betracht, Kblz JB **06**, 645, oder etwa 7700 EUR, KG JB **03**, 142, aber auch nur 6000 EUR, Zweibr AnwBl **05**, 796, oder nur 2500 EUR, LG Bln JB **03**, 143. Im Internet können 2000 EUR ausreichen, Naumb JB **08**, 149.

Wenn entweder *mehrere* natürliche oder juristische *Personen* oder eine wirtschaftliche Interessenvereinigung klagen, ist die Summe der Interessen aller Kläger maßgeblich, also zB die Summe derjenigen Beträge, die durch eine Abwerbung jährlich hätten verloren gehen können, Karlsr MDR **80**, 59. Unter Umständen muß man einen höheren Wert ansetzen, wenn die Kläger auch Belange von Nichtmitgliedern wahrnehmen. Bei einer Verbandsklage nach Grdz 30 vor § 253 gilt das Interesse der Allgemeinheit als der Wert, also nicht das Interesse der gesamten Mitglieder oder der jeweils betroffenen Mitglieder, Hamm AnwBl **87**, 45, Oldb RR **96**, 946, aM Marotzke ZZP **98**, 199 (aber das Allgemeininteresse gibt überhaupt erst den Anlaß zur Zulassung der Verbandsklage).

Es entscheiden also dann *folgende Faktoren,* BGH RR **90**, 1322: Die allgemeine Bedeutung der beanstandeten Handlung; die Gefahr der Nachahmung; die Größe der Verletzungen; der Umfang der in Erscheinung tretenden Handlungen, Düss JB **75**, 229. Zur Herabsetzung bei gehäuften Abmahnungen Düss GRUR **84**, 218. Als Beschwerdegegenstand ist das Ziel des Rechtsmittelklägers an der Aufhebung des Verbots für den Zeitraum nach der Entscheidung über das Rechtsmittel maßgeblich. Außerdem muß man das Interesse des Rechtsmittelklägers an der Beseitigung der Feststellungswirkung des Unterlassungsurteils berücksichtigen, also das Interesse daran, daß das Gericht über die Unterlassung nicht anders entscheidet, und zwar auch nicht als eine Vorfrage.

Wenn es um die Unterlassung einer Kritik an einem wirtschaftlichen Unternehmen durch eine *einstweilige Verfügung* geht, ist die Höhe der Gefahr eines Schadens bis zum Erlaß des Urteils in der Hauptsache maßgeblich. Bei einem Spitzensportler sind Beeinträchtigungen seiner Vermarktungsmöglichkeiten mitbeachtlich, Stgt WettbR **97**, 91. Bei einer wirtschaftlich schwachen Partei/oder bei einer nach der Art und nach dem Umfang einfach gelagerten Sache kann das Gericht den Wert für die Gebührenberechnung niedriger festgesetzen, § 85 II, § 142 MarkenG, § 54 GeschmMG, § 12 IV UWG, vgl aber Düss DB **77**, 1598 (es kann nämlich unter Umständen ein Rechtsmißbrauch vorliegen), KG AnwBl **78**, 142 (man muß ein gewisses Verhältnis zu dem an sich angemessenen Wert herstellen). Bei der Unterlassung einer Einwirkung (Immission) muß man den Wert nach der Wertminderung schätzen. § 7 kann einen Anhalt geben, ist aber nicht direkt anwendbar.

S auch Rn 63 ff „Gewerblicher Rechtsschutz".

f) Mietvertrag. Eine Unterlassungsklage auf Grund eines Mietvertrags läßt sich nicht nach § 41 GKG bewerten, sondern nach § 3, LG Hann WoM **85**, 128, aM LG Mannh WoM **99**, 224 (evtl § 9). Wegen Tierhaltung Rn 83 „Mietverhältnis: h) Sonstige Fälle". **122**

g) Zwangsvollstreckung. Bei der Klage auf eine Unterlassung der Zwangsvollstreckung aus einem angeblich erschlichenen Urteil bleiben die nach diesem Urteil zahlbaren Zinsen und Kosten außer Betracht, Karlsr MDR **91**, 353, Mü BB **88**, 1843, LG Hbg RR **90**, 624, aM Hbg MDR **88**, 1060 (aber Unterlassung ist kein Schadensersatz). **123**

Unzulässigkeit: Rn 134 „Vollstreckungsklausel".

Urheberrecht: Eine wirkungsvolle Abschreckung kann den Streitwert mitbestimmen, Hbg GRUR-RR **04**, 342. Das gilt auch beim Internet-Störer, Hbg GRUR-RR **07**, 375 (streng). **124**

S auch Rn 104 „Stadtplanausschnitt".

Urheberrechtschiedsstelle: Nach § 13 III VO v 20. 12. 85, BGBl 2543, gilt die ZPO.

Urkunde: Beim Streit um ihre Feststellung gilt § 3, ebenso beim Streit um ihre Vorlegung zur Einsichtnahme, BGH RR **97**, 648, Köln MDR **83**, 321 (25% des Hauptsachewerts).

S auch Rn 69 „Herausgabe: b) Herausgabe einer Urkunde", Rn 147 „Zwischenstreit".

Urteilsänderung: Wenn es um einen Anspruch nach § 717 geht, findet keine Erhöhung des Werts statt, falls der Antragsteller diesen Anspruch in demselben Verfahren geltend macht, ohne daß er einen weitergehenden Schaden ersetzt verlangt. Das gilt auch bei einem einfachen Antrag nach § 717 II, LAG Bln DB **88**, 612. Man darf auch weder Zinsen noch Kosten hinzurechnen. Das gilt unabhängig davon, in welcher Klageform der Kläger einen Schadensersatz verlangt, § 717 Rn 14, Stgt AnwBl **76**, 133. Entsprechendes gilt bei §§ 302 IV, 600 II. **125**

Urteilsberichtigung: Rn 28 „Berichtigung der Entscheidung".

Urteilsergänzung: Bei §§ 321, 716, 721 I 3 ist das Interesse des Antragstellers maßgeblich.

Valuta: Bei der Klage auf eine Zahlung in einer ausländischen Währung ist der Kurswert im Zeitpunkt der Klagerhebung oder im Zeitpunkt der Einlegung des Rechtsmittels maßgeblich, § 4. **126**

Vaterschaftsanerkenntnis: Einf 19 vor §§ 3–9, also § 47 FamGKG, Hartmann Teil I B.

Veräußerungsverbot: § 6 Rn 3 „Veräußerungsverbot".

Verbandsklage: Rn 6 „Allgemeine Geschäftsbedingungen".

Verbindung: § 5 Rn 2.

Verbundverfahren: Einf 19 vor §§ 3–9, also § 44 FamGKG, Hartmann Teil I B.

Verein: Bei der Zugehörigkeit zum Verein entscheidet für die Zuständigkeit stets § 3 und für die Gebühren seine Natur, Grdz 11 vor § 1. Bei einer vermögensrechtlichen Sache ist auch dann § 3 maßgebend. Nichtvermögensrechtlich nach (jetzt) § 48 II GKG ist der Streit beim Idealverein, Düss AnwBl **97**, 680, Köln MDR **84**, 153 ([jetzt ca] 500 EUR), oder der Streit über die Auflösung des Landesvorstands einer politischen Partei. Beim Zusammentreffen beider Anspruchsarten muß man grds nach § 5 zusammenrechnen (Ausnahme: § 48 III GKG). Das wirtschaftliche Interesse kann auch beim Idealverein mitbeachtlich sein, Ffm JB **03**, 644. § 247 I AktG gilt nicht entsprechend, BGH MDR **93**, 183.

S auch Rn 25 „Ausscheiden und Ausschließung".

Vereinfachtes Verfahren: Einf 19 vor §§ 3–9, also § 47 FamGKG, Hartmann Teil I B.

Verfügungsbeschränkung: § 6 Rn 3 „Verfügungsbeschränkung".

Vergabeverfahren: Es gelten § 50 GKG, hilfweise § 3, Brdb JB **05**, 38, Jena JB **02**, 434 (meist : Auftragswert).

Vergleich: Maßgeblich ist der Wert sämtlicher streitigen Ansprüche, die die Parteien in den Vergleich einbezogen haben, *über die* sie sich also einigen. Maßgebend ist also *nicht* nur derjenige Betrag oder Wert, *auf den* sich die Parteien einigen, Mü JB **01**, 141, Nürnb FamRZ **02**, 685 (auch im Prozeßkostenhilfeverfahren), Saarbr MDR **05**, 179, aM AG Lüdenscheid JB **08**, 90. Eine Umzugshilfe kann den Wert des Räumungsvergleichs erhöhen, AG Köln NZM **03**, 106. **127**

Das alles gilt auch zB bei einem *Totalschaden.* Vgl auch Rn 104 „Stationierungsschaden". Zinsen und Kosten bleiben unbeachtet, Düss JB **84**, 1865, Schneider MDR **84**, 265. Wenn die Parteien ein bisher unstreitiges Rechtsverhältnis in den Vergleich einbezogen haben, muß man zwar von § 779 BGB ausgehen. Man muß aber den dortigen Begriff „Unsicherheit" weit auslegen, Zweibr MDR **78**, 496 (Interesse an der Titulierung), Markl Festschrift für Schmidt (1981) 87, Schmidt MDR **75**, 27, aM Schneider Rpfleger **86**, 83 (aber es ist stets eine umfassende wirtschaftliche Betrachtung notwendig).

128 Man muß also zB *unterscheiden*, ob nur ein deklaratorischer Vergleich vorliegt; dann muß man ihn grundsätzlich unberücksichtigt lassen, LAG Stgt DB **84**, 784, oder ob auch für das bisher unstreitige Rechtsverhältnis immerhin zumindest vorsorglich eben ein besonderer Vollstreckungstitel entstehen sollte. Die Übernahme der Verpflichtung zur Rücknahme eines in einem anderen Verfahren gegen einen Dritten eingelegten Rechtsmittels braucht den Vergleichswert nicht zu erhöhen, LAG Hamm MDR **80**, 613. Bei der Einbeziehung eines Eilverfahrens nach §§ 915 ff, 935 ff muß man zusammenrechnen, Schneider MDR **82**, 272. Wenn eine Partei im Vergleich auf einen Teil des bisher nicht eingeklagten Anspruchs verzichtet, weil dessen Durchsetzbarkeit zweifelhaft ist, erhöht sich der Vergleichswert nur um einen angemessenen Teilbetrag, LG Bayreuth JB **81**, 606, LAG Hbg JB **86**, 752, LAG Hamm MDR **80**, 613 (abl Schmidt AnwBl **84**, 363).

Beim *wechselseitigen Unterhaltsverzicht* sind oft (jetzt ca) 1200–1800 EUR angemessen, Düss JB **84**, 1542. Wenn ein zur Aufrechnung gestellter Anspruch auch nur evtl nicht durchsetzbar ist, zB wegen einer Verjährung, bleibt das beim Streitwert unbeachtlich, aM Karlsr MDR **81**, 57 (aber es gehört zum Wesen des Vergleichs, gerade eine Ungewißheit zu beseitigen, § 779 I BGB). Es ist für den Wert dann unerheblich, ob die Parteien den Vergleich in einem anderen Verfahren geschlossen haben, Hamm Rpfleger **83**, 504, oder ob für die Prüfung der Gegenforderung ein anderes Gericht zuständig gewesen wäre, etwa das FamG, KG Rpfleger **83**, 505.

Beim Vergleich nur über die Kosten des Rechtsstreits ist der Betrag aller bisher entstandenen Kosten maßgeblich. Beim Streit um die Wirksamkeit des Vergleichs ist der Wert des ursprünglichen Klagantrags maßgeblich, Düss MDR **00**, 1099, Ffm RR **04**, 1296, aM BGH FamRZ **07**, 630, Bbg JB **98**, 541 (je: das Interesse). Vgl auch Schneider Rpfleger **86**, 81.

S auch Rn 2 „Abfindungsvergleich", Rn 15 „Aufrechnung", Rn 91 „Ratenzahlung".

Verhandlungsschluß: Nach seinem Eintritt erhöht sich der Wert nur, soweit ein nachgereichter Antrag zur Wiedereröffnung nach § 156 führt, Düss MDR **00**, 1458.

129 Verlustigkeitsbeschluß: Bei § 516 III auch in Verbindung mit § 346 sind diejenigen gerichtlichen und außergerichtlichen Kosten maßgeblich, die bis zum Antrag auf den Erlaß der Verlustigkeitserklärung und der Kostenentscheidung entstanden sind, Kblz JB **96**, 307, Schlesw SchlHA **76**, 142, aM Rostock MDR **07**, 1398 (Hauptsachewert), ZöHe § 3 Rn 16 „Berufungszurücknahme" (§ 3, oberhalb des Kosteninteresses).

Veröffentlichungsbefugnis: Man muß ihren Wert neben demjenigen einer Unterlassungs- oder Schadensersatzklage besonders berechnen, Hbg MDR **77**, 142.

130 Versicherung: Hier muß man vier Fallgruppen unterscheiden.

a) Deckungsprozeß. §§ 3 und 9 sind anwendbar, BGH VersR **06**, 717, Hamm AnwBl **84**, 95. Das gilt wegen (jetzt) § 42 I 2 GKG auch für den Kostenstreitwert, BGH NJW **82**, 1399, aM Hamm JB **91**, 1536 (Wert des behaupteten Haftpflichtanspruchs, begrenzt durch die Versicherungssumme und einen üblichen Abschlag beim bloßen Feststellungsantrag), Schlesw VersR **76**, 333 (die Begrenzung gelte nur dann, wenn man ausschließlich dem Rückgriffsanspruch vorbeuge).

Man muß eine *Selbstbeteiligung* abziehen, aM BGH VersR **06**, 717 (aber sie mindert das Interesse). Bei der Deckungsklage eines Autoleasingnehmers aus einer Fahrzeugversicherung muß man auf die Verhältnisse des Leasinggebers abstellen, BGH RR **91**, 1150.

b) Krankenhaustagegeld. Bei dieser Versicherung ist § 3 anwendbar, Köln JB **77**, 1131 (das Gericht geht von einer Fünfjahresprämie aus). Bei einer ungewissen Dauer kann man 6 Monate zugrundelegen, Karlsr VersR **07**, 416.

c) Todesfallrisiko. Bei einer Versicherung auf dieses Risiko ist § 3 anwendbar, Hamm NVersZ **01**, 357, Saarbr JB **93**, 738 (Lebensversicherung). Man kann § 6 mit heranziehen, Brschw JB **75**, 1099. Es kann das Interesse an der Befreiung von Prämien maßgeblich sein. Zu Einzelfragen BGH RR **92**, 608. Bei der Feststellung des Fortbestands einer Lebensversicherung können 50% des Werts einer Leistungsklage ausreichend sein, BGH RR **05**, 260. Der Rückkaufwert nach einer Sicherungsabtretung ist bei einer wirtschaftlichen Einheit unbeachtlich, BGH FamRZ **06**, 946 links unten.

d) Versicherungsagentur. Sie hat keinen über die Substanz hinausgehenden Wert, Stgt VersR **94**, 753.

S auch Rn 53 „Feststellungsklage: Behauptende Feststellungsklage".

131 Versorgungsausgleich: Einf 19 vor §§ 3–9, also § 50 FamGKG, Hartmann Teil I B.

Vertagung: Maßgeblich ist evtl die Hauptsache, § 3, Düss JB **94**, 158, meist aber weniger, etwa 33,3%, Düss AnwBl **90**, 324.

Verteilungsverfahren: Maßgeblich ist die Verteilungsmasse ohne einen Abzug der Kosten und ohne eine Hinzurechnung von Zinsen. Wenn ein Überschuß für den Schuldner verbleibt, ist nach § 6 der verteilte und für die Kosten verwendete Betrag maßgeblich. Beim Widerspruch gegen den Teilungsplan ist das Interesse des Klägers daran maßgeblich, daß man seine Forderung vorrangig berücksichtigen werde, Bbg JB **91**, 1691.

Vertragsabschluß: Maßgeblich ist § 3, LAG Stgt JB **92**, 627 (Interesse am Abschluß). § 41 GKG ist nicht anwendbar.

Vertragsentwurf: Wegen des Gegenstandswerts beim Anwalt gelten § 23 III RVG, VV 2300 ff in Verbindung mit zB § 39 II KostO. Beim Notar gilt § 145 KostO.

Vertragserfüllung: Rn 58 „Gegenseitiger Vertrag".

Vertragsstrafe: Vgl *Bürglen,* Streitwertgrenze zur Landesgerichtsinstanz als Bemessungskriterium für ein angemessenes Vertragstrafeversprechen?, in: Festschrift für *Erdmann* (2002).

Vertretbare Handlung: Maßgebend ist das Klägerinteresse, BayObLG JB **01**, 142.

Verwahrung: § 6 Rn 3 „Verwahrung".
Verweisung: Rn 143 „Zuständigkeit".
Verzugszinsen: Neben der Hauptforderung muß man Zinsen nach § 4 ZPO, § 43 GKG beurteilen, auch bei einer Kapitalisierung, Schneider MDR **84**, 265. Es kann auch das bloße Fälligkeitsinteresse maßgebend sein. Wenn der Kläger Verzugszinsen selbständig geltend macht, ist § 3 und nicht etwa § 9 anwendbar, Düss JB **93**, 166.
Vollmacht: Rn 138 „Widerruf".
Vollstreckbarerklärung: Maßgeblich ist § 3, also zB beim Anwaltsvergleich dessen Wert, Düss FamRZ **00**, 1520. Kosten sind nur bei einer Bezifferung im ausländischen Titel beachtlich, Zweibr JB **86**, 1404. Zinsen sind grds unbeachtlich, Ffm JB **94**, 117. 132

S auch Rn 97 „Schiedsrichterliches Verfahren: b) Vollstreckbarerklärung", Rn 144 „Zwangsvollstreckung".

Vollstreckungsabwehrklage: Maßgeblich ist der Umfang der Ausschließung der Zwangsvollstreckung, BGH WoM **08**, 296 rechts, Düss JB **99**, 326, Kblz FamRZ **01**, 845. Das gilt auch beim Vermögensverfall, BGH RR **88**, 444, oder bei § 768, Köln MDR **80**, 852. Dasselbe gilt auch dann, wenn die Zwangsvollstreckung auf Grund einer notariellen Urkunde stattfindet, Ffm JB **08**, 316. Soweit es nach einer unstreitigen Teilerfüllung um die Unzulässigkeit gleichwohl der Zwangsvollstreckung insgesamt geht, schätzt Kblz VersR **88**, 1304 den Wert der Teilerfüllung nur nach § 3, ähnlich Bbg JB **84**, 1398, Hamm Rpfleger **91**, 1237 (voller Wert). Falls der Kläger allerdings nur die Unzulässigkeitserklärung eines Teils des Vollstreckungstitels erreichen will, ist nur jener Teil maßgeblich, BGH FamRZ **06**, 620, Düss JB **99**, 326, Ffm JB **08**, 316. Wenn das Gericht auf Grund des streitigen Vollstreckungstitels Kosten festgesetzt hatte, sind diese nach § 4 eine Nebenforderung. Man darf sie daher dem Wert nicht hinzurechnen, Karlsr MDR **91**, 353. Entsprechendes gilt für Zinsen, Karlsr MDR **91**, 353, soweit sie nicht zur Hauptforderung werden, § 4 Rn 11, Stgt JB **07**, 33. Bei § 767 kann der nötige Zeitaufwand der verlangten Handlung maßgebend sein, Köln JB **07**, 488. 133

Wenn der Kläger gleichzeitig beantragt, bereits durchgeführte Zwangsvollstreckungsmaßnahmen *rückgängig* zu machen, erhöht sich der Wert durch diesen Zusatzantrag nicht. Falls nur die Fälligkeit streitig ist, gilt nur der Wert der einstweiligen Ausschließung, Schlesw SchlHA **83**, 142. In der Beschwerdeinstanz gegenüber einer Maßnahme nach § 769 darf man nur einen nach § 3 bemessenen Bruchteil des Werts der Hauptsache ansetzen, KG Rpfleger **82**, 308.

S auch Rn 24 „Auskunft", Rn 144 „Zwangsvollstreckung".

Vollstreckungsklausel: Bei einer Klage auf die Erteilung der Klausel nach § 731 ist der Wert desjenigen Anspruchs ohne Zinsen und Kosten maßgeblich, den der Gläubiger beitreiben will. Bei § 768 ist der Umfang der Ausschließung der Zwangsvollstreckung maßgeblich, Köln MDR **80**, 852. Dasselbe gilt im Fall des § 732, LG Aachen JB **85**, 264. Bei § 733 gilt der Wert des zu vollstreckenden Anspruchs, LG Mü JB **99**, 326. 134

S auch Rn 144 „Zwangsvollstreckung".

Vollstreckungsschaden: Rn 94 „Rückerstattung".
Vollstreckungsschutz: Während des Rechtsstreits zur Hauptsache gilt kein besonderer Wert. Im Verfahren nach § 765 a entsteht nach KV 2111 für die Gerichtskosten eine Festgebühr. Es gibt also keinen Wert festzustellen, LG Mü WoM **96**, 235 (Schutzdauer), LG Münst WoM **95**, 663. Für die Anwaltsgebühren muß man, soweit überhaupt erforderlich, nach § 3 und nach § 25 II RVG schätzen, meist mit einem Bruchteil der Hauptsache, Bbg JB **83**, 200, Kblz NZM **05**, 360 (Nutzungsausfall), LG Münst WoM **95**, 663. Im Verfahren nach § 813 b ist der Unterschiedsbetrag zwischen dem gewöhnlichen Verkaufswert und dem geschätzten Versteigerungserlös maßgeblich, § 3.
Vorbereitender Anspruch: Rn 68 „Herausgabe", Rn 93 „Rechnungslegung", Rn 108 „Stufenklage". 135
Vorkaufsrecht: Wenn es um den Antrag auf die Herausgabe eines Gegenstands geht, der einem Vorkaufsrecht unterliegt, ist § 6 anwendbar. Bei einer Klage auf die Feststellung des Bestehens oder Nichtbestehens des Vorkaufsrechts oder auf die Feststellung, daß man das Vorkaufsrecht rechtzeitig ausgeübt hat, ist § 3 anwendbar. Daher ist das Interesse an der Feststellung maßgeblich, AG Lahnstein JB **78**, 1563. Im Fall der Aufhebung oder Löschung ist § 3 anwendbar.
Vorläufige Vollstreckbarkeit: Bei § 718 besteht der Wert im Interesse des Antragstellers an der Entscheidung. Man kann es mit 10% der Hauptsache bewerten.
Vorlegung einer Urkunde: Rn 69 „Herausgabe, b) Herausgabe einer Urkunde", Rn 124 „Urkunde".
Vormerkung: § 6 Rn 14, 15.
Vornahme einer Handlung: Bei der Klage ist § 3 anwendbar. Daher gilt das volle Interesse des Klägers ohne die erforderlichen Kosten, begrenzt durch den etwa erwarteten Hauptanspruch, BGH RR **96**, 460, zB beim Vermögensverzeichnis. 136

S auch Rn 144 „Zwangsvollstreckung: a) Erwirkung einer Handlung oder Unterlassung".

Vorrang: § 6 Rn 12.
Vorrecht: Bei einem Vorrecht im Insolvenzverfahren richtet sich der Wert nach § 182 InsO, Rn 73 „Insolvenzverfahren". Bei einer Vollstreckungsklage ist der Wert der niedrigeren Forderung ohne Zinsen und Kosten maßgeblich.
Vorschußzahlung: Man darf eine unter einem Vorbehalt erfolgte Vorschußzahlung von der Klageforderung nicht abziehen.

S auch Rn 114 „Teilzahlung".

Vorzugsklage: Maßgeblich ist der Wert der geringeren vollstreckbaren Forderung ohne Zinsen und Kosten.
Wahlschuld: Man muß zwei Fallgruppen unterscheiden. 137

a) Wahlrecht des Klägers. Maßgebend ist die höhere Leistung, soweit der Kläger nicht die niedrigere Leistung wählt. Beim Streit nur um die Person des Wahlberechtigten ist § 3 maßgeblich, also der etwaige Unterschiedsbetrag.

b) Wahlrecht des Beklagten. Hier ist die niedrigere Leistung maßgeblich.

Währung: Rn 25 „Auslandswährung".

Wärmelieferungsvertrag: Das Interesse des Klägers läßt sich nach § 3 schätzen, nicht nach § 8, BGH RR **89**, 381.

Wechsel: Rn 59 „Geldforderung". Für die Nebenforderungen gilt § 4 II.

S auch Rn 69 „Herausgabe: b) Herausgabe einer Urkunde".

Wegnahme: Rn 31 „Duldung der Zwangsvollstreckung".

Weiterbelieferung: Maßgeblich ist das nach § 3 schätzbare wirtschaftliche Interesse des Klägers. Es hängt vom drohenden Gewinnausfall im Klagezeitraum ab.

Weitere vollstreckbare Ausfertigung: Rn 134 „Vollstreckungsklausel".

Werkvertrag: Die Abnahme läßt sich mit einem Bruchteil des Lohns bewerten, der Lohn nach seiner Höhe, die Herstellung nach ihrem wirtschaftlichen Wert, die Mängelbeseitigung nach ihren Kosten, Düss RR **96**, 1469. Man kann ein Teilunterliegen des Unternehmers bei einer Verurteilung Zug-um-Zug grds mit 1,5 der Mangelbeseitigungskosten bewerten, Köln MDR **08**, 621.

Wertangabe: Sie ist ein Anzeichen für den wahren Wert, Bbg JB **89**, 1306, KG WRP **89**, 725, Köln MDR **85**, 153 (Widerlegbarkeit).

Wertpapier: Rn 69 „Herausgabe: b) Herausgabe einer Urkunde".

Wertpapiererwerb: Maßgebend ist der Kurswert beim Vertragsabschluß. Wegen einer Beschwerde nach § 48 WpÜG gilt § 50 I 1 GKG. Wegen § 39 b VI WpÜG Hartmann Teil III § 47 KostO Anh.

Wettbewerbsrecht: Rn 63 „Gewerblicher Rechtschutz".

138 **Widerklage:** In einer Familiensache gilt § 39 FamGKG, Hartmann Teil I B. Im übrigen: Man muß § 5 anwenden. Die unzulässige Widerklage allein gegen einen Dritten ist auch bei einer nur hilfsweisen Erhebung unabhängig von (jetzt) § 45 I 2 GKG selbständig bewertbar, Mü MDR **84**, 499. Für den Kostenstreitwert gilt im übrigen (jetzt) § 45 GKG, Bbg FamRZ **95**, 493, Köln MDR **01**, 941, Naumb JB **04**, 379.

S auch Rn 71 „Hilfswiderklage".

Widerruf: Maßgeblich ist § 3, LG Oldb JB **95**, 369. Soweit es um einen nichtvermögensrechtlichen Anspruch geht, Grdz 10 vor § 1, gilt (jetzt) § 48 II, III GKG, LG Oldb JB **95**, 369.

139 **Widerspruch:** Es gilt § 3, dabei evtl nur 10% des Grundstückswerts.

Widerspruchsklage: Man muß drei Fallgruppen unterscheiden.

a) Widerspruchsklage des Dritten, § 771. Maßgeblich ist die Höhe derjenigen Forderung, für die eine Pfändung erfolgte, und zwar ohne Zinsen und Kosten. Der Wert beträgt jedoch höchstens den Wert des Pfändungsgegenstands, § 6, BGH WertpMitt **83**, 246, Düss Rpfleger **78**, 426, Mü Rpfleger **77**, 336. Das gilt für jeden Gläubiger besonders. Ausnahmsweise ist § 3 anwendbar, LG Ffm Rpfleger **75**, 322, aM Karlsr FamRZ **04**, 1221 (stets § 3). Wert-Privilegien der eingeklagten Forderung sind beachtlich, Köln JB **91**, 987.

b) Widerspruchsklage des Nacherben, § 773. Bei einer solchen Widerspruchsklage ist der Gesamtwert der Leistung maßgeblich, Rn 41 „Erbrechtlicher Anspruch".

c) Teilungsversteigerung, § 180 ZVG. Maßgeblich ist § 3, BGH FamRZ **91**, 547, Bbg JB **91**, 1694, Saarbr JB **89**, 1598. Ein Einstellungsverfahren ist selbständig bewertbar, Schneider MDR **88**, 361.

140 **Wiederaufnahme:** § 4 Rn 25. Maßgeblich ist § 3, nach oben begrenzt durch den Wert des aufzunehmenden Verfahrens, ohne Zinsen und Kosten.

S auch Rn 85 „Nichtigkeitsklage".

Wiederkehrende Leistung: Vgl bei den einzelnen Leistungsarten.

Willenserklärung: Beim Streit um ihre Abgabe muß man das Interesse des Klägers nach § 3 schätzen, Düss JB **95**, 254, KG WoM **92**, 323, Kblz MDR **02**, 379. Man muß dabei berücksichtigen, ob durch die Willenserklärung ein vermögensrechtlicher, nichtvermögensrechtlicher oder kombinierter Erfolg eintritt. Eine solche Willenserklärung, die nach einer Beurkundung der Auflassung weiter der Vollziehung dient, kann 10%–25% des Grundstückswerts wert sein, Mü AnwBl **88**, 645.

Wohnrecht: Auf das mietähnliche Dauerwohnrecht ist § 41 GKG anwendbar, Hartmann Teil I A § 41 GKG Rn 9 „Dauerwohnrecht", aM Köln JB **06**, 477. Im übrigen gilt: Der Wert läßt sich nach §§ 3, 9 bestimmen, Ffm NZM **02**, 1046, LG Bayreuth JB **79**, 895, LG Heidelb AnwBl **84**, 373. Bei einer Beschwerde ist § 3 anwendbar, BGH RR **94**, 909, Köln JB **06**, 477.

141 **Wohnungseigentum:** Seit 1. 7. 07, Art 4 S 2 G v 26. 3. 07, BGBl 370, ÜbergangsR § 71 GKG, gilt

WEG § 49 a. Wohungseigentumssachen. I 1 **Der Streitwert ist auf 50 Prozent des Interesses der Parteien und aller Beigeladenen an der Entscheidung festzusetzen.** 2 **Er darf das Interesse des Klägers und der auf seiner Seite Beigetretenen an der Entscheidung nicht unterschreiten und das Fünffache des Wertes ihres Interesses nicht überschreiten.** 3 **Der Wert darf in keinem Fall den Verkehrswert des Wohungseigentums des Klägers und der auf seiner Seite Beigetretenen übersteigen.**

II 1 **Richtet sich eine Klage gegen einzelne Wohnungseigentümer, darf der Streitwert das Fünffache des Wertes ihres Interesses sowie des Interesses der auf ihrer Seite Beigetretenen nicht übersteigen.** 2 **Absatz 1 Satz 3 gilt entsprechend.**

Wie I 2 Köln FGPrax **07**, 213. Ferner muß man eine etwa vom Verwalter abgeschlossene *Streitwertvereinbarung* beachten, § 27 II Z 4, III Z 6 WEG, abgedruckt in Grdz 49 vor § 50.

Nur in diesen Grenzen gilt wie bisher (die nachfolgenden Fundstellen beziehen sich mangels abweichender Hinweise auf das alte Recht): Es kommt auf eine Interessenabwägung im Einzelfall an, BayObLG WoM **05**, 278, Karlsr RR **00**, 89, Köln NZM **03**, 855, Sauren NZM **07**, 859 (nennt fälschlich Z 3). Das gilt auch im Beschwerdeverfahren, BayObLG WoM **05**, 604, Köln NZM **00**, 686, und im Rechtsbeschwerdeverfahren, BayObLG NZM **01**, 144. Wenn es um die Entziehung des Wohnungseigentums nach §§ 18, 19 WEG geht, ist das Interesse der Kläger am Eigentumswechsel maßgeblich, in der Regel also der objektive Verkehrswert, BGH NJW **06**, 3428, BayObLG WoM **90**, 95, LG Köln WoM **98**, 120, aM LG Hbg WoM **91**, 55 (Höhe des streitigen Wohngeldes. Aber es geht wirtschaftlich um das ganze Wohneigentum). Eine der Entziehung voraufgehende Abmahnung läßt sich mit 33,3% des Werts der Entziehung ansetzen, LG Bre WoM **99**, 599. Den zugehörigen Beschwerdewert kann man zumindest mit über (jetzt ca) 750 EUR ansetzen, Düss NZM **00**, 879. Im gerichtlichen Verfahren setzt der Richter den Wert nach dem Interesse aller Beteiligten fest, (jetzt) § 49a WEG, BayObLG WoM **02**, 692 (Rechtsmittel). Das gilt für jede Art von WEG-Verfahren, BayObLG WoM **02**, 575. Beim Streit um die Bestellung des Verwalters oder Hausmeisters kommt seine Vergütung in Betracht, BayObLG RR **04**, 524 (sogar für die volle Vertragsdauer).

Bei einer *Notverwaltung* kommt das Jahreshonorar in Betracht, Stgt ZMR **03**, 783. Bei der Anfechtung der Entlastung des Verwalters können 10% des Jahresumsatzes der Gemeinschaft maßgeblich sein, Köln NZM **03**, 125. Der Gegenstand des angefochtenen Beschlusses kann trotz eines Vergleichs maßgeblich sein, LG Stgt WoM **97**, 128. Bei der Abberufung des Verwalters kann sein restliches Vertragshonorar maßgebend sein, BayObLG JB **01**, 644.

Zum Geschäftswert bei der Anfechtung eines Eigentümerbeschlusses über eine *Jahresabrechnung* und über einen Wirtschaftsplan BayObLG NZM **01**, 246, Hamm FGPrax **00**, 185, Zweibr ZMR **99**, 663. Bei der Berichtigung des Versammlungprotokolls ist das Interesse statt der Kosten maßgeblich, BayObLG WoM **96**, 728. Bei einer nur auf Verfahrensfehler bei der Anberaumung der Versammlung der Wohnungseigentümer gestützten Anfechtung ihres Beschlusses kann man den Wert auf die Kosten einer neuen Versammlung begrenzen, LG Köln RR **89**, 81. Bei der Klage auf die Herausgabe einer gekauften Eigentumswohnung ist § 6 anwendbar, also nicht (jetzt) § 41 II 2 GKG, Ffm AnwBl **84**, 203. Beim Streit darüber, ob ein Eigentümerbeschluß die Fälligkeit von Wohngeld herbeiführt, können (jetzt ca) 2500 EUR angemessen sein, KG WoM **90**, 238. Soweit es um die Zustimmung zu einer Veräußerung geht, sind meist 10%–20% des Preises angemessen, BayObLG **90**, 27, KG NZM **08**, 48. Beim Streit um eine Zustimmung des Miteigentümers zur Vermietung kann man (jetzt) § 41 GKG entsprechend anwenden, Ffm NZM **04**, 159, aM Köln JB **92**, 698 (§ 9 ZPO). Das Anfechtungsmotiv ist unerheblich, BayObLG WoM **03**, 533.

Bei der Klage auf eine *Unterlassung der Prostitution* durch einen Mieter und bei der Forderung an den Vermieter, deshalb eine Räumung zu verlangen, können (jetzt ca) 15 000 EUR angemessen sein, LG Augsb WoM **95**, 73. Beim gescheiterten Kauf einer Eigentumswohnung kann § 41 II GKG entsprechend anwendbar sein, unabhängig von § 985 BGB, Köln ZMR **95**, 550. Wegen einer Dachsanierung BayObLG WoM **96**, 247. Beim Streit um die Nutzung des Gemeinschaftseigentums sind die Interessen der Beteiligten maßgeblich, BayObLG NZM **01**, 150, Düss ZMR **01**, 21, Schlesw WoM **96**, 305. Beim Streit um die Entfernung einer Parabolantenne setzt LG Bre WoM **97**, 70 sogar (jetzt ca) 2500 EUR an (vgl aber Rn 83). Beim Streit um einen Verwalterzutritt nennt BayObLG WoM **98**, 54 nur (jetzt ca) 500 EUR. Beim Streit um zwei kostenunterschiedliche Möglichkeiten gilt die Differenz, BayObLG WoM **98**, 313, Hamm FGPrax **99**, 49. Bei einer einstweiligen Anordnung kommen (jetzt ca) 1250 EUR in Betracht, BayObLG NZM **99**, 1059. Beim Auskunftsanspruch können 25% des dahinterstehenden Anspruchs angemessen sein, LG Erfurt NZM **00**, 519. Wegen baulichen Veränderungen allgemein BayObLG JB **00**, 624, Köln NZM **03**, 855. Beim Streit um störende Bäume können (jetzt ca) 750 EUR angemessen sein, Düss FGPrax **00**, 197. Wegen einer Störung des optischen Gesamteindrucks Düss WoM **00**, 568 (Ermessen).

S auch Rn 98 „Rechtsweg", Rn 143 „Zuständigkeit".

Wohnungszuweisung: Einf 19, 20 vor §§ 3–9, also § 48 FamGKG, Hartmann Teil I B.

Zeugnis: Wenn es um die Ausstellung eines Zeugnisses geht, ist § 3 anwendbar, LAG Köln MDR **04**, 1067. **142**
Beim endgültigen qualifizierten Zeugnis kann man grds einen Monatslohn ansetzen, LAG Drsd MDR **01**, 282, LAG Kiel AnwBl **87**, 497, LAG Köln NZA-RR **08**, 92, krit LAG Stgt NZA **06**, 537 (Fallabwägung). Man kann auch einen Festbetrag ansetzen, LAG Ffm NZA-RR **03**, 660 (250–500 EUR), LAG Nürnb MDR **04**, 1387 (300 EUR). Beim Zwischenzeugnis kann man einen halben Monatslohn ansetzen, LAG Drsd MDR **01**, 823, LAG Hamm BB **89**, 634, LAG Mainz NZA-RR **05**, 327, aber auch einen vollen, LAG Kiel AnwBl **88**, 497, ArbG Hbg JB **05**, 428, evtl auch nur (jetzt ca) 250 EUR, LAG Erfurt MDR **01**, 538. Bei einer Zeugnisänderung kommt es auf die erhoffte Verbesserung an, LAG Stgt NZA **06**, 537. Beim Beendigungsvergleich erhöht sich der Wert durch die Pflicht zu einem qualifizierten Zeugnis nicht, LAG Köln NZA-RR **08**, 382.

Zeugnisverweigerungsrecht: Maßgeblich ist entweder § 3 ZPO oder im nichtvermögensrechtlich begründeten Verweigerungsfall § 48 I GKG. Man muß den Wert der Hauptsache im Zwischenstreit nach § 387 mitberücksichtigen, auch die Bedeutung der etwaigen Aussage, soweit sie erkennbar ist, Rn 147.

Zinsen: Es sind §§ 3, 4 anwendbar, Naumb JB **07**, 489. Für den Kostenstreitwert gilt § 43 GKG. Soweit Zinsen zur Hauptforderung werden, gilt § 3, nicht § 9, auch in der Beschwerdeinstanz, BGH BB **81**, 1491.

Zug-um-Zug-Leistung: Rn 7 „Annahmeverzug", Rn 24 „Auskunft", Rn 103 „Sicherheitsleistung", § 6 Rn 7.

Zurückbehaltungsrecht: § 6 Rn 6, 8.

Zurückverweisung: Wegen der Einheitlichkeit der Instanz ist der alte Wert maßgeblich.

Zuständigkeit: Im Fall einer abgesonderten Verhandlung über die Zuständigkeit ist der Wert der Hauptsache **143**
maßgeblich, BayObLG RR **02**, 882 (WEG). Im Verfahren nach §§ 36, 37 können 25% des Hauptsachewerts angemessen sein, BayObLG JB **92**, 700, Stgt Just **93**, 143 (untere Tabellengrenze). In der Berufungsinstanz sind bei einem Hilfsantrag auf eine Verweisung 33,3% des Werts der Hauptsache ansetzbar.

Zustellung: Die Zulassung einer öffentlichen Zustellung läßt sich nach § 3 bewerten.

Zustimmung: Rn 28 „Berichtigung des Grundbuchs", Rn 140 „Willenserklärung".

Zutritt: Maßgeblich ist § 3, Zweibr JB **98**, 474.

Zwangsversteigerung: Rn 139 „Widerspruchsklage: c) Teilungsversteigerung", Rn 145 „Zwangsvollstreckung: b) Einstellung, Beschränkung, Aufhebung".

Zwangsvollstreckung: Vgl zunächst die Festgebühren KV 2110 ff im dortigen Geltungsbereich. Man muß **144**
im übrigen sechs Fallgruppen unterscheiden.

a) Erwirkung einer Handlung oder Unterlassung. Maßgeblich ist der Wert einer Durchführung der Zwangsvollstreckung für den Gläubiger, BayObLG NZM **02**, 491, Mü MDR **83**, 1029, LG Bln WoM **91**, 584. Das gilt auch in der Beschwerdeinstanz, BayObLG **88**, 444. Man muß diesen Wert in der Regel ebenso hoch wie den Wert der Hauptsache ansetzen, BayObLG **88**, 444, Köln JB **92**, 251, LG Bln AnwBl **94**, 425, aM Nürnb AnwBl **79**, 390 (Fallfrage, mitbeachtlich sei die Art des Verstoßes. Aber wirtschaftlich geht es um die Hauptsache). Die Höhe eines Zwangsmittels oder Ordnungsmittels ist grds unerheblich, Brschw JB **77**, 1148, LG Bln AnwBl **94**, 425, LAG Stgt AnwBl **86**, 106. Man muß den Betrag eines Zwangs- oder Ordnungsmittels aber im Beschwerdeverfahren bei §§ 888, 890 beachten, Düss MDR **77**, 676, aM Mü MDR **83**, 1029, LAG Bre AnwBl **88**, 174, LAG Stgt DB **85**, 2004 (aber auch dieses Zwangs- oder Ordnungsmittel hat stets einen Wert).

Der Wert ist allerdings *unter Umständen höher,* nämlich dann, wenn zusätzlich ein Streit darüber besteht, ob der Schuldner das zugrundeliegende Verhalten wiederholen darf, Düss MDR **77**, 676. Bei einer Klage auf die Beschaffung einer Genehmigung des Betreuungsgerichts zum Abschluß eines Kaufvertrags über ein Grundstück ist der Wert des Grundstücks maßgeblich.

145 **b) Einstellung, Beschränkung, Aufhebung.** Bei zB §§ 707, 719, 769, 771 III, 785, 786, gilt der Rest der Schuld auf Grund des Vollstreckungstitels, § 6, LG Kblz JB **91**, 110, ohne Zinsen und Kosten. Wenn es um einen bloßen Aufschub geht, ist ein nach § 3 bemessener Bruchteil der Restforderung maßgeblich, etwa 20% der Hauptsache, BGH NJW **91**, 2282, KG Rpfleger **82**, 308, Kblz JB **91**, 109. Bei einer Zwangsversteigerung ist der Grundstückswert maßgeblich, jedoch durch die Forderungshöhe begrenzt, Stgt Just **86**, 413. Wenn die Zwangsvollstreckung nur wegen der Kosten möglich ist, sind nur die Kosten maßgeblich.

c) Vollstreckungsabwehrklage. Rn 133.

146 **d) Vollstreckungsklage, § 722.** Maßgebend ist der Wert desjenigen Anspruchs, den der Gläubiger vollstrecken lassen will.

e) Unzulässigkeit. Rn 133. Bei einer Klage auf die Unzulässigkeit der Zwangsvollstreckung ist die Höhe des gesamten Zahlungsanspruchs maßgeblich. Falls der Kläger die Zwangsvollstreckung nur wegen eines Teils der Ansprüche für unzulässig hält, ist nur der umstrittene Teil maßgeblich.

f) Zinsen, Kosten. Man muß sie auch in der Zwangsvollstreckung wie sonst behandeln, § 4 ZPO, (jetzt) § 43 GKG, Ffm JB **94**, 117, Karlsr MDR **91**, 353, Mü BB **88**, 1843, aM Köln DGVZ **86**, 151 (wegen – jetzt – KV 1821, 2110, § 25 I Z 1 RVG müsse man die Zinsen im Beschwerdeverfahren hinzurechnen. Aber § 4 gilt uneingeschränkt). Man muß die Prozeßkosten hinzurechnen. Die Kosten der Zwangsvollstreckung darf man aber nicht hinzurechnen, § 6.

S auch Rn 31 „Duldung der Zwangsvollstreckung", Rn 89 „Pfändung", Rn 123 „Unterlassung: g) Zwangsvollstreckung", Rn 132 „Vollstreckbarerklärung", Rn 133 „Vollsteckungsabwehrklage", Rn 134 „Vollstreckungsschutz".

Zwischenfeststellungsklage: Rn 53 „Feststellungsklage".

147 **Zwischenstreit:** Man muß ihn nach dem Wert der Aussage des Zeugen für die Hauptsache schätzen, § 3, Köln MDR **83**, 321 (25% des Hauptsachewerts). Er gilt also nicht etwa unabhängig von dem Wert der Hauptsache § 48 I GKG. Denn die vermögensrechtliche Beziehung ist oft auch für den Zwischenstreit die Grundlage. Wenn es um den ausschlaggebenden evtl sogar einzigen Zeugen geht, kann der Wert des Zwischenstreits den Wert der Hauptsache erreichen. Vgl auch Schneider JB **78**, 26.

S auch Rn 91 „Prozeßvoraussetzungen", Rn 124 „Urkunde", Rn 143 „Zuständigkeit".

4 *Wertberechnung; Nebenforderungen.* **[I] Für die Wertberechnung ist der Zeitpunkt der Einreichung der Klage, in der Rechtsmittelinstanz der Zeitpunkt der Einlegung des Rechtsmittels, bei der Verurteilung der Zeitpunkt des Schlusses der mündlichen Verhandlung, auf die das Urteil ergeht, entscheidend; Früchte, Nutzungen, Zinsen und Kosten bleiben unberücksichtigt, wenn sie als Nebenforderungen geltend gemacht werden.**

[II] Bei Ansprüchen aus Wechseln im Sinne des Wechselgesetzes sind Zinsen, Kosten und Provision, die außer der Wechselsumme gefordert werden, als Nebenforderungen anzusehen.

Gliederung

1 **1) Systematik, Regelungszweck, I, II.** Bei der Kostenberechnung muß man außer § 4 auch §§ 40, 43, 47 GKG, 23 ff RVG beachten. Nach § 40 GKG ist zwecks einer Vereinfachung und Vereinheitlichung der Wert zur Zeit der die Instanz diesbezüglich einleitenden Antragstellung maßgebend, § 137 Rn 7. Er kann also im Verlauf des Verfahrens infolge einer Erweiterung des Streitgegenstands nach § 2 Rn 4 steigen, etwa bei einer Klagerweiterung nach § 264 Z 2, nicht aber zB infolge eines bloßen Ansteigens des Börsenkurses.

Eine Wertverminderung im Verlauf der Instanz bleibt unbeachtet, Düss AnwBl **81**, 444. Vgl aber auch § 47 II GKG. Die Fälligkeit der Gebühr richtet sich nach § 6 GKG.

Wegen des *Regelungszwecks* Einf 2 vor § 3.

2) Geltungsbereich, I, II. Einf 2, 19, 20 vor §§ 3–9, also in einer Familiensache § 34 FamGKG, 2
Hartmann Teil I B.

3) Zeitpunkt für die Wertberechnung, I. Man muß sieben Fallgruppen unterscheiden. 3

A. Klageinreichung. Zunächst kommt der Zeitpunkt der Einreichung der Klage oder Antragsschrift in Betracht, also der Zeitpunkt ihres Eingangs beim Gericht, nicht etwa der Zeitpunkt der Klagerhebung, also nicht etwa der Zeitpunkt der Zustellung an den Bekl, §§ 253, 261. Es ist unerheblich, ob die Klage bei ihrer Einreichung mangelhaft oder ordnungsgemäß war. Eine Änderung der Umstände ohne eine Änderung des Streitgegenstands ist für die Zuständigkeit ab Rechtshängigkeit unbeachtlich, § 261 III Z 2, unklar Köln JB **96**, 31. Nach einem Mahnverfahren nach §§ 688 ff ist der Zeitpunkt des Akteneingangs beim Gericht des streitigen Verfahrens maßgeblich, § 696 Rn 12. Das gilt auch bei einer Erledigung oder Teilerledigung, § 91 a, LG Bayreuth JB **87**, 1692, aM Bbg JB **92**, 762. Evtl findet freilich eine Rückwirkung nach § 167 statt.

B. Berufung. Ferner kommt der Zeitpunkt der Einlegung der Berufung in Betracht, § 518, BGH NJW 4
89, 2755, BAG NZA **04**, 1239. Der Eingang der Berufungsbegründung ist maßgeblich, wenn erst sie den Sachantrag enthält, § 519 Rn 17. Wegen der Gebührenberechnung gilt § 40 GKG. Der Zeitpunkt der Einlegung der Berufung hat aber nur dann eine Bedeutung, wenn sich der Wert zwischen der Einreichung der Klage und der Einlegung des Rechtsmittels verändert hat. Wegen einer Zinsberechnung Köln RR **93**, 1215. Der Beschwerdewert kann den Wert der ersten Instanz übersteigen. Man muß beide Werte im Zeitpunkt der Einlegung der Berufung miteinander vergleichen. Wenn der Berufungskläger die Berufung freiwillig unter die Rechtsmittelgrenze ermäßigt, wird sein Rechtsmittel unzulässig, BAG NZA **07**, 56, BayObLG ZMR **03**, 49, Düss FamRZ **82**, 498. Etwas anderes gilt dann, wenn die Ermäßigung unfreiwillig erfolgte, etwa ausdrücklich zur Abwendung der Zwangsvollstreckung, Hamm NJW **75**, 1843, oder wenn der Berufungsbekl seinen Abweisungsantrag aufrecht erhält und nur hilfsweise die Hauptsache für erledigt erklärt oder wenn eine Wiedererweiterung des Rechtsmittels erfolgt, BayObLG ZMR **03**, 49.

C. Revision. Maßgeblich ist der Zeitpunkt der Einlegung der Revision, BGH VersR **82**, 591. 5

D. Sonstiges Rechtsmittel. Maßgeblich ist der Zeitpunkt seiner Einlegung, BayObLG WoM **02**, 574 6
(WEG).

E. Verurteilung. Maßgeblich ist der Schluß der letzten mündlichen Verhandlung, §§ 136 IV, 296 a. 7
Wenn keine mündliche Verhandlung stattgefunden hat, ist derjenige Zeitpunkt maßgeblich, der dem Schluß einer mündlichen Verhandlung nach § 128 II 2 gleichsteht. Bei § 495 a kommt es auf den vom Gericht gesetzten Schlußzeitpunkt der Prüfungsmöglichkeit an, soweit keine Verhandlung stattfand.

F. Sonstige Fälle. Maßgeblich ist der Zeitpunkt des Eingangs des Antrags. 8

G. Weitere Einzelfragen. Die nach der Klageinreichung fällig gewordenen Beträge bleiben außer 9
Betracht, Oldb FamRZ **79**, 64. Wenn der Kläger zunächst eine Feststellungsklage eingereicht hatte und nun wegen der inzwischen fällig gewordenen Beträge zur Leistungsklage übergegangen ist, muß man die Werte zusammenrechnen, § 9 Rn 8. Eine Verbindung nach § 147 oder eine Trennung der Prozesse nach § 145 hat auf die sachliche Zuständigkeit des Gerichts keinen Einfluß. Eine solche Maßnahme wirkt wegen des Kostenstreitwerts nur für die Zukunft. Eine Minderung des Verkehrswerts der Streitsache während des Verfahrens in derselben Instanz ist unerheblich. Eine Erweiterung der Klage oder eine Widerklage nach § 264 Z 2, Anh § 253, können eine Verweisung vom AG an das LG notwendig machen, § 506. § 4 gilt nicht, wenn die Sondervorschrift des § 8 anwendbar ist. Bei einem Verstoß gegen § 308 I bleibt der Antrag maßgeblich.

4) Nebenforderung, I. Man muß drei Fallgruppen unterscheiden. 10

A. Grundsatz: Keine Berücksichtigung. Eine Forderung bleibt bei der Wertberechnung dann unberücksichtigt, wenn der Kläger sie als eine bloße Nebenforderung geltend macht. Eine Nebenforderung ist ein Anspruch, den dieselbe Partei neben dem Hauptanspruch erhebt und der sachlichrechtlich vom Hauptanspruch abhängig ist, KG RR **08**, 880, Oldb JB **07**, 315, LG Bln JB **05**, 427. Die Höhe der Nebenforderung ist für ihre Einordnung unerheblich. Wenn der Kläger die fragliche Forderung jedoch als eine weitere Hauptforderung geltend macht oder wenn das vorerwähnte Abhängigkeitsverhältnis fehlt, muß man die bisherige Nebenforderung der bisherigen Hauptforderung hinzurechnen, Mü RR **94**, 1484, Oldb JB **07**, 315.

B. Ausnahmen beim Hauptanspruch. Man muß eine bisherige Nebenforderung hinzurechnen, soweit 11
sie zum alleinigen oder weiteren Hauptanspruch wird, etwa wegen eines Schuldanerkenntisses nach § 307, Kblz MDR **99**, 197, oder nach der Erledigung des bisherigen Hauptanspruchs, § 91 a, Schlesw Rpfleger **82**, 301. Ob eine Zahlung usw auf den Hauptanspruch erfolgt ist, richtet sich nach dem sachlichen Recht, §§ 366, 367 BGB, aM AG Hagen JB **92**, 192 (abl Mümmler. Denn es handelt sich bei der Erfüllung stets um eine Frage des sachlichen Rechts). Erledigt sich nur ein Teilbetrag des Hauptanspruchs, werden auch die zu diesem Teilbetrag gehörenden Zinsen neben dem in derselben Instanz weiterhin geltend gemachten Rest des Hauptanspruchs zu einem weiteren Hauptanspruch, BGH NJW **94**, 1870, Ffm JB **78**, 591.

C. Andere Unkosten. Nur die in § 4 aufgeführten Nebenforderungen bleiben unberücksichtigt. Man 12
muß alle anderen Nebenforderungen hinzurechnen.

D. Beispiele zur Frage einer Hinzurechnung nach I 13

Aktienrecht: Hinzurechnen muß man das Bezugsrecht auf junge Aktien neben dem Anspruch auf die Herausgabe der Aktien.

Anfechtungsgesetz: Hinzurechnen muß man Kosten oder Zinsen in einem Anfechtungsprozeß außerhalb eines Insolvenzverfahrens. Denn sie erhöhen die Forderung.

Anschlußrechtsmittel: *Nicht* hinzurechnen darf man mit einer Anschlußberufung geforderte Zinsen, Schlesw SchlHA **76**, 14. Wegen einer Anschlußrevision BGH MDR **85**, 52.

Anwaltskosten: *Grundsätzlich nicht* hinzurechnen darf man vorprozessuale nicht anrechenbare Anwaltskosten, Mü JB **07**, 146, aM LG Aachen JB **07**, 146.

Davon gilt nach beiderseitigen vollen wirksamen Erledigterklärungen eine *Ausnahme,* Anh § 3 Rn 47, BGH NJW **08**, 999.

Aufwendung: Eine solche Aufwendung, die man im Prozeß auf die Hauptsache macht, muß man hinzurechnen. Denn es liegen keine Kosten nach I Hs 2 vor. Das gilt zB: Für Frachtspesen; für Futterkosten; für ein Lagergeld; für Mangelfeststellungskosten, Oldb JB **07**, 315.

S auch Rn 20 „Rechtsgeschäft".

Ausländisches Urteil: Rn 24 „Vollstreckungsklage, § 722".

Außergerichtliche Kosten: Es gelten die Regeln Rn 18 „Kosten". Das gilt selbst dann, wenn diese Unkosten sich auf solche Teile des Hauptanspruchs beziehen, die nicht mehr im Streit stehen.

Befreiung: *Nicht* hinzurechnen darf man Zinsen desjenigen Anspruchs, von dem der Kläger eine Befreiung begehrt. Hinzurechnen muß man aber Kosten des Vorprozesses, auch § 3 Rn 27.

Beschwerdesumme: Sie läßt sich nicht dadurch künstlich erhöhen oder erreichen, daß man die Zinsen hinzurechnet.

Bezifferung: Rn 17 „Kapitalisierung".

14 **Darlehen:** Rn 20 „Rechtsgeschäft".

Dingliche Klage: Die Regeln Rn 18 „Kosten" gelten für die Kosten der Befriedigung aus einem Grundstück bei einer dinglichen Klage.

Dritter: Hinzurechnen muß man solche Kosten oder Zinsen eines Dritten, die man mit einem Rückgriff geltend macht.

Enteignung: *Nicht* hinzurechnen darf man eine Enteignungsentschädigung nach § 17 IV LandbeschG oder nach dem BauGB, Zweibr Rpfleger **87**, 156.

Erschleichung: Bei einer Klage auf die Unterlassung der Zwangsvollstreckung aus einem erschlichenen Urteil und aus dem zugehörigen Kostenfestsetzungsbeschluß gelten die Regeln Rn 18 „Kosten" für die festgesetzten Beträge.

15 **Frachtspesen:** Rn 13 „Aufwendung".

Früchte: *Nicht* hinzurechnen darf man Früchte, § 99 BGB, soweit der Kläger sie als eine Nebenforderung geltend macht, I Hs 2.

Früherer Prozeß: Rn 26 „Zwangsvollstreckung".

Futterkosten: Rn 13 „Aufwendung".

16 **Hinterlegung:** Hinzurechnen muß man bei einer Klage auf die Einwilligung in eine Auszahlung des hinterlegten Betrags die bis zur Einlegung des Rechtsmittels aufgelaufenen Zinsen. Denn es liegt ein einheitliches Verfahren vor. Es handelt sich also nicht um eine bloße Nebenforderung gegenüber dem Bekl. Vielmehr muß der Staat den Betrag verzinsen, Köln JB **80**, 281.

S auch Rn 20 „Rechtsgeschäft".

Inkassokosten: Es gelten die Regeln Rn 18 „Kosten", Saarbr JB **77**, 1277. Das gilt selbst dann, wenn diese Unkosten sich auf die nicht mehr im Streit befindlichen Teile des Hauptanspruchs.

17 **Kapitalisierung:** Hinzurechnen muß man kapitalisierte bezifferte Zinsen erst nach der Erledigung aller anderen Hauptansprüche, BGH RR **95**, 707, Ffm FamRZ Rpfleger **89**, 523. Bis dahin bleiben sie auch bei einer Bezifferung als Nebenansprüche *außer Betracht,* BGH RR **88**, 1199, Köln VersR **01**, 736, Zimmermann JuS **91**, 585, aM Hamm AnwBl **84**, 504 (abl Chemnitz). Hinzurechnen muß man Zinsen allerdings ausnahmsweise insoweit, als man sie kontokorrentmäßig oder vertraglich zum Kapital zuschlagen darf, Bbg JB **76**, 344, Düss JB **84**, 1865 (Vergleich), Mü JB **76**, 238.

Klagerücknahme: S „Kapitalisierung".

18 **Kosten:** Hierher zählen alle im Prozeß und grds auch vor dem Prozeß entstandenen Unkosten zur Durchsetzung des Anspruchs, § 91 Rn 15, 70 ff, KG RR **08**, 880, Mü BB **88**, 1843, LG Bln JB **05**, 427, aM BGH NJW **07**, 3289 (vorprozessuale Kosten). Sie bleiben nur neben der Hauptforderung *unberücksichtigt,* I Hs 2. Sie werden erst nach der Erledigung aller Hauptansprüche zum neuen Hauptanspruch, BGH RR **95**, 707, Köln GRUR **85**, 458. Die Kosten einer nur teilweise erledigten Hauptsache werden nicht zum Hauptanspruch. Dasselbe gilt dann, wenn gegen ein Teilurteil die Berufung und gegen die Kostenentscheidung des Schlußurteils ebenfalls die Berufung erfolgt, § 99 Rn 29. Man darf dann die Kosten auf Grund des Schlußurteils nicht dem Wert der Beschwer aus dem Teilurteil hinzufügen. Wenn der Kläger ein Rechtsmittel gegenüber mehreren Bekl eingelegt hat, einem der Bekl gegenüber aber nur deshalb, weil er den Rechtsstreit in der Hauptsache ihm gegenüber nicht für erledigt erklärt hat, muß man den Wert einheitlich festsetzen. Das Gericht muß das insoweit bestehende Kosteninteresse des Klägers mitberücksichtigen.

S auch bei den einzelnen Hauptanspruchs- und Kostenarten in diesem ABC.

19 **Kredit:** Rn 20 „Rechtsgeschäft".

Lagergeld: Rn 13 „Aufwendung".

Mahnung: Für die Kosten einer Mahnung gelten die Regeln Rn 18 „Kosten".

Mehrwertsteuer: Rn 22 „Umsatzsteuer".

Nutzungen: *Nicht* hinzurechnen darf man Nutzungen nach § 100 BGB, soweit der Kläger sie als Nebenforderungen geltend macht, I Hs 2.

20 **Protokoll:** Für die Kosten eines Protokolls gelten die Regeln Rn 18 „Kosten".

Rechtsgeschäft: Die Regeln Rn 18 „Kosten" gelten auch für die bei der Vornahme des der Klage zugrunde liegenden Rechtsgeschäfts entstandenen Unkosten, etwa für die Kosten einer Kreditgebühr, Bbg JB **76**, 344, einer Versendung, einer Hinterlegung, Rn 16.

S auch Rn 13 „Aufwendung".

Rechtsmißbrauch: Rn 14 „Erschleichung".
Rückgriff: Rn 14 „Dritter".
Rückstand: Hinzurechnen muß man evtl einen rückständigen Betrag neben einer wiederkehrenden Leistung, Rn 8, Mü RR **94**, 1484.
Schaden: Man muß ihn hinzurechnen. Denn es liegen keine Kosten nach I Hs 2 vor, Brdb JB **01**, 95. 21
Schiedsrichterliches Verfahren: *Nicht* hinzurechnen darf man die im Schiedsspruch zuerkannten Zinsen und Kosten bei einem Antrag auf die Aufhebung des Schiedsspruchs.
Selbsthilfeverkauf: Für seine Kosten gelten die Regeln Rn 18 „Kosten".
Steuerrecht: *Nicht* hinzurechnen darf man einen Steuersäumniszuschlag, BGH Rpfleger **79**, 111.
Teilerledigung: Rn 11. 22
Umsatzsteuer: Wenn Zinsen Nebenforderungen sind, ist auch die auf die Zinsen etwa entfallende Umsatzsteuer (Mehrwertsteuer) eine bloße Nebenforderung. Vgl freilich auch KG OLGZ **80**, 246.
Unfallfinanzierung: Es gelten die Regeln Rn 18 „Kosten".
Unkostenpauschale: Man muß sie hinzurechnen, BGH RR **08**, 898.
Versendung: Rn 20 „Rechtsgeschäft". 23
Verzugsschaden: Rn 21 „Schaden", Rn 26 „Zinsen".
Verzugszinsen: Rn 26 „Zinsen".
Vollstreckungsabwehrklage: § 4 gilt auch bei einer Vollstreckungsabwehrklage nach § 767. Die Kosten des Vorprozesses darf man als eine Nebenforderung *nicht* hinzurechnen. 24
Vollstreckungsklage, § 722: Hinzurechnen muß man die in dem ausländischen Urteil ziffernmäßig allein oder neben der Hauptforderung erscheinenden Kosten. Denn dann liegt keine Nebenforderung vor.
Nicht hinzurechnen darf man die Zinsen Rn 26 „Zinsen" und die Verfahrenskosten.
Vollstreckungsschaden: § 4 gilt auch dann, wenn der Kläger einen Vollstreckungsschaden infolge einer Änderung des Urteils geltend macht, § 717 Rn 14.
Vorbereitungskosten: Sie wirken *nicht* werterhöhend, BGH FamRZ **07**, 1319 links unten.
Vorprozeß: Rn 26 „Zwangsvollstreckung".
Vorrecht: § 3 Anh Rn 136 „Vorrecht".
Wandlung: Rn 20 „Rechtsgeschäft". 25
Widerspruchsklage: § 3 Anh Rn 139 „Widerspruchsklage".
Wiederaufnahme: § 4 gilt auch bei einer Wiederaufnahmeklage.
Zinsen: Hinzurechnen muß man Zinsen aus einem nicht miteingeklagten Kapital. Das gilt auch beim Teilungsplan, BGH RR **98**, 1284, oder dann, wenn sie zum Hauptanspruch werden, Rn 11, etwa als alleiniger Rechtsmittelgegenstand dieser Partei, Brdb MDR **01**, 588. 26
Nicht hinzurechnen darf man Zinsen, soweit der Kläger sie als eine bloße Nebenforderung geltend macht, Rn 10, Kblz MDR **99**, 197, Zweibr JB **99**, 590, LG Köln WoM **95**, 719 (aM bei Kautionszinsen). Hierher gehören vertragliche und gesetzliche Zinsen, BGH NJW **90**, 2754, Köln VersR **01**, 736, Mü BB **88**, 1843. Das gilt auch für solche Zinsen, die ein ausländisches Gericht in seinem Urteil zuerkannt hat, wenn es jetzt um eine Klage mit dem Ziel einer Vollstreckbarerklärung jenes Urteils geht, Ffm JB **94**, 117. Die Zinsen gehören auch dann hierher, wenn der Kläger sie ausgerechnet hat und als Kapitalbetrag zusätzlich zur eigentlichen und in Wahrheit alleinigen Hauptforderung geltend macht, Rn 17, oder wenn es um einen Bereicherungsanspruch geht, BGH RR **00**, 1015 (Ausnahme: Rn 11), oder wenn der Kläger nunmehr einen Bürgen oder eine Versicherung für die Zinsen in Anspruch nimmt, Nürnb VersR **78**, 854. Schäden in der Form von Zinsen, etwa Verzugszinsen, darf man als Zinsen nicht hinzurechnen, wenn der Kläger sie neben dem Hauptanspruch geltend macht und wenn sie vom Hauptanspruch abhängig sind. Denn dann liegt keine Hauptforderung vor, sondern eine Nebenforderung, Bbg JB **78**, 1549. Wegen Vorfälligkeitszinsen BGH NJW **98**, 2060.
S auch bei den einzelnen Hauptanspruchsarten in diesem ABC, zB Rn 17 „Kapitalisierung".
Zusammenfassung: Rn 17 „Kapitalisierung".
Zuwachs: Seine Kosten muß man hinzurechnen. Denn es liegen keine Kosten nach I Hs 2 vor.
Zwangsvollstreckung: Hinzurechnen muß man Kosten eines früheren Prozesses bei einer Maßnahme der Zwangsvollstreckung.
S auch Rn 14 „Erschleichung", Rn 24 „Vollstreckungsabwehrklage", „Vollstreckungsklage", „Vollstreckungsschaden".

5) Wechselanspruch, II. Bei ihm sind die Zinsen, die Kosten und die Provisionen Nebenforderungen. Das gilt sowohl im Wechselprozeß nach § 602 als auch im ordentlichen Verfahren. Etwas anderes gilt bei einer Klage aus dem Grundgeschäft. Zum Begriff des Wechselanspruchs vgl bei § 602. 27

6) Scheckanspruch, II. II gilt im Scheckprozeß des § 605 a entsprechend. 28

5 *Mehrere Ansprüche.* **Mehrere in einer Klage geltend gemachte Ansprüche werden zusammengerechnet; dies gilt nicht für den Gegenstand der Klage und der Widerklage.**

Schrifttum: *Frank,* Anspruchsmehrheiten im Streitwertrecht, 1986.

Gliederung

1) Systematik, Regelungszweck. Hs 1 ist auch für die Gebührenberechnung anwendbar. Kostenrechtlich gelten aber im übrigen vorrangige Sonderregeln, zB §§ 45 I 3, 48 II, III GKG. Wegen des Beschwerde- 1 werts bei einer Klage und einer Widerklage vgl bei § 511. Die Zusammenrechnung für den Kostenstreit erfolgt im Interesse der Kostengerechtigkeit zwecks einer Vermeidung zu hoher Kosten. Das gilt freilich nur dann, wenn die Klage und die Widerklage nicht denselben Streitgegenstand betreffen, Rn 3, § 2 Rn 4, §§ 45 I 1, 3 GKG, 23 RVG.

2 **2) Geltungsbereich.** Die Vorschrift ist in allen Verfahren nach der ZPO anwendbar, auch im WEG-Verfahren. Im Verfahren vor dem Arbeitsgericht ist die Wertfestsetzung sachlichrechtlich zugleich eine Festsetzung des Beschwerdewerts der höheren Instanz, BGH VersR **81**, 157, BAG NZA **04**, 1239. In einer Baulandsache kann § 5 entsprechend anwendbar sein, BGH NJW **89**, 1039. Für die Anwaltsgebühren erfolgt unter Umständen abweichend von § 5 keine Zusammenrechnung.

3 **3) Mehrere Ansprüche.** Schon Hs 1 enthält einen Grundsatz und eine Ausnahme.

A. Grundsatz: Zusammenrechnung. Man muß mehrere in derselben Klage geltend gemachte Ansprüche zusammenrechnen, BGH NZM **04**, 423, LAG Hbg JB **02**, 480. Das betrifft sowohl die Klägerhäufung (subjektive Klagenhäufung) nach §§ 59 ff, BGH VersR **91**, 360, als auch die Anspruchshäufung (objektive Klagenhäufung) nach § 260, BGH VersR **81**, 157, BAG NZA **04**, 1239, Ffm JB **06**, 538, natürlich erst recht deren Zusammentreffen, Mü MDR **93**, 286. Die Anspruchsbegründung ist unerheblich, Rn 7 „Mehrheit von Anspruchsbegründungen". Der Grundsatz der Zusammenrechnung gilt auch dann, wenn eine Verbindung erfolgt, § 147 Rn 12, VGH Mannh JB **98**, 83 (nicht schon bei einer bloß tatsächlich gleichzeitigen Verhandlung rechtlich getrennt bleibender Prozesse). Die Ansprüche müssen aber einen selbständigen Wert und daher verschiedene Streitgegenstände haben, Rn 1, § 2 Rn 4, BGH VersR **91**, 360, Köln MDR **01**, 941, VGH Mü NVwZ-RR **04**, 159. Die Verbindung läßt die vor ihrer Vornahme entstandenen Werte und Kosten unberührt, Köln VersR **92**, 518, Mü AnwBl **81**, 155.

4 **B. Beispiele zur Frage der Zusammenrechnung**

Abnahme: Rn 7 „Kaufpreis".

Anfechtungsgesetz: *Nicht* zusammenrechnen darf man einen Anspruch des Anfechtungsgläubigers auf die Zahlung eines Wertersatzes und auf die Duldung der Zwangsvollstreckung über den Rechtsnachfolger.

Annahmeverzug: *Nicht* zusammenrechnen darf man den Leistungsantrag und den Antrag auf die Feststellung des Annahmeverzugs des Bekl mit der Rücknahme von Gegenständen, LG Mönchengladb ZMR **85**, 164.

Anschlußberufung: Zusammenrechnen muß man bei einer Verschiedenheit der Streitgegenstände, LG Bln JB **85**, 259.

Anzahlung: Zusammenrechnen muß man bei einer Klage auf eine Anzahlung und einer Widerklage auf volle Erfüllung, Celle NdsRpfl **85**, 1.

Arrest, einstweilige Anordnung oder Verfügung: Zusammenrechnen muß man auch in diesem Eilverfahren.

Aufrechnung: Zusammenrechnen muß man wegen § 322 II, wenn die Klage zwar begründet ist, wenn das Gericht aber feststellt, daß eine Gegenforderung nicht besteht, oder wenn die Parteien die letztere Feststellung in einem Vergleich treffen.

S auch § 3 Anh Rn 15 ff „Aufrechnung".

Auskunftsklage: Rn 8 „Stufenklage".

Bürge: *Nicht* zusammenrechnen darf man die Ansprüche gegenüber dem Hauptschuldner und dem Bürgen. Denn es liegt wirtschaftlich eine Nämlichkeit vor.

Duldung: *Nicht* zusammenrechnen darf man den Anspruch auf die Leistung gegenüber dem einen Schuldner und den Anspruch auf die Duldung der Zwangsvollstreckung demselben gegenüber, KG AnwBl **79**, 229 (wirtschaftliche Nämlichkeit), oder gegenüber dem anderen Schuldner. Denn derselbe Anspruch geht hier in zwei verschiedene Richtungen. Das gilt zB bei einem Anspruch des Anfechtungsgläubigers nach dem AnfG auf die Zahlung eines Wertersatzes und auf die Duldung der Zwangsvollstreckung über den Rechtsnachfolger. Vgl Einf 19 vor §§ 3–9.

Eigentumsvorbehalt: Rn 7 „Kaufpreis".

Einstweilige Verfügung: Rn 3 „Arrest, einstweilige Anordnung oder Verfügung".

Entschädigung: Rn 9 „Vornahme einer Handlung".

5 **Feststellung:** Rn 8 „Teilbetrag".

Gesamtgläubiger: *Nicht* zusammenrechnen darf man wegen des Anspruchs mehrerer Gesamtgläubiger auf dieselbe Leistung, Schneider Festschrift für Madert (2006) 212, zB auf eine Unterlassung, BGH BB **87**, 641, oder bei einem Anspruch eines Gesamtgläubigers und einem Anspruch des Gesamtschuldners, wenn jeweils das Ganze im Streit ist, LAG Hamm BB **82**, 374. Wenn man gegen einen Streitgenossen ein Rechtsmittel eingelegt hat, muß man allerdings den Wert zusammenrechnen, soweit die Ansprüche gegenüber diesem Streitgenossen identisch sind.

Gesamtschuldner: *Nicht* zusammenrechnen darf man den Anspruch eines Gesamtgläubigers und den Anspruch eines Gesamtschuldners, wenn jeweils das Ganze im Streit ist, LAG Hamm BB **82**, 374. Wenn man gegen einen Streitgenossen ein Rechtsmittel einlegt, muß das Gericht allerdings die Werte zusammenrechnen, soweit die Ansprüche gegenüber diesem Streitgenossen identisch sind.

Nicht zusammenrechnen darf man ferner beim Anspruch auf eine unteilbare Leistung gegenüber mehreren Schuldnern.

S auch Rn 10 „Wertersatz".

Getrenntleben: Rn 4 „Ehescheidung".

6 **Herausgabe:** Rn 7 „Kaufpreis", Rn 10 „Wertersatz".

Hilfsantrag: Zusammenrechnen muß man den Haupt- und den Hilfsantrag, wenn das Gericht über beide entschieden hat, (jetzt) § 45 I 2 GKG, Bbg JB **94**, 112, oder wenn der Hilfsantrag vom Hauptantrag unabhängig ist und wenn das Gericht den Hauptantrag abweist, ferner dann, wenn das Gericht den Bekl auf Grund des Hilfsantrags verurteilt oder wenn es die Klage auf Grund des Hilfsantrags des Bekl abgewiesen hat.

Nicht zusammenrechnen darf man den Haupt- und den Hilfsantrag im übrigen kostenrechtlich, § 45 I 2 GKG, wie für die Zuständigkeit. Maßgeblich ist in den letzteren Fällen nur der höhere Wert.

Hilfswiderklage: § 3 Anh Rn 71 „Hilfswiderklage".

Kaufpreis: *Nicht* zusammenrechnen darf man: Die Kaufpreisforderung und den Anspruch auf die Abnahme der Kaufsache; den Anspruch auf die Herausgabe einer Ware, die man unter einem Eigentumsvorbehalt geliefert hat, und den Anspruch auf die Zahlung des Restkaufpreises. 7

S auch Rn 3 „Annahmeverzug".

Klagänderung: *Nicht* zusammenrechnen darf man den vor der Klagänderung geltend gemachten Anspruch und den jetzigen. Denn der Kläger erhebt die Ansprüche unter diesen Umständen nicht nebeneinander.

Klagerweiterung: Rn 8 „Streitgenossen".

Mahnverfahren: Zusammenrechnen muß man auch im Mahnverfahren.

Mehrheit von Ansprüchen: Zusammenrechnen muß man mehrere in derselben Klage geltend gemachte Ansprüche, Rn 2, BGH VersR **81**, 157, Kblz GRUR **84**, 909. Das gilt auch bei § 8 IV UWG gegenüber mehreren selbständigen Konzernmitgliedern, Hbg GRUR-RR **06**, 392.

Nicht zusammenrechnen darf man unabhängige Ansprüche in einer Klage und einer Widerklage, Köln JB **90**, 241.

Mehrheit von Anspruchsbegründungen: *Nicht* zusammenrechnen darf man, wenn für denselben Anspruch nur mehrere rechtliche Begründungen vorliegen oder infragekommen, Rn 2.

Mehrheit von Klägern: Zusammenrechnen muß man mehrere in derselben Klage geltend gemachte Ansprüche, Rn 2. Das gilt auch bei einer Klägerhäufung, BGH VersR **91**, 360.

Nichtvermögensrechtlicher Anspruch: Ihn muß man mit einem vermögensrechtlichen Anspruch zusammenrechnen.

Das darf man jedoch *nicht* tun, soweit der Kläger aus dem nichtvermögensrechtlichen einen vermögensrechtlichen Anspruch herleitet, § 48 III GKG (dann nur der höhere).

Patentverfahren: Eine Zusammenrechnung ist jedenfalls im Nichtigkeitsverfahren erster Instanz *unstatthaft*, BPatG GRUR **92**, 690.

Quittung: Rn 10 „Zwangsvollstreckung".

Sicherungsanspruch: *Nicht* zusammenrechnen darf man einen Sicherungsanspruch etwa aus einer Pfandklage und eine persönliche Forderung, Ffm JB **77**, 1136, Schlesw SchlHA **86**, 184. 8

Sorgerecht: Vgl Einf 19 vor §§ 3–9.

Streitgenossen: *Nicht* zusammenrechnen darf man Ansprüche gegen mehrere notwendige Streitgenossen auf dieselbe Leistung. Das gilt auch bei einer nachträglichen Klagerweiterung, Kblz AnwBl **85**, 203. Im übrigen kann man wie sonst zusammenrechnen, OVG Münst JB **02**, 532. Bei Rechtsmitteln ist unerheblich, ob alle sie einlegen und wie das geschieht, BGH NJW **01**, 231 (freilich bleibt das bloße Kosteninteresse unbeachtlich).

S auch Rn 5 „Gesamtschuldner".

Streithelfer: Bei einer Einheit des Streitgegenstands und der Urteilswirkung erfolgt *keine* Zusammenrechnung, BGH NJW **01**, 2639.

Stufenklage: Zusammenrechnen muß man den Anspruch der ersten beiden Stufen und die schließliche Leistungsforderung, vgl freilich auch (jetzt) § 44 GKG, Brdb MDR **02**, 537, Schneider Rpfleger **77**, 92.

Nicht zusammenrechnen darf man, wenn der Kläger von dem zunächst erhobenen Auskunftsanspruch zum Schadensersatzanspruch übergeht.

Teilbetrag: Zusammenrechnen darf man beim Zusammentreffen einer teilweisen Erledigung oder Klagerücknahme und einer anschließenden Einführung eines neuen Gegenstands, KG MDR **08**, 173.

Nicht zusammenrechnen darf man die Feststellung des gesamten Rechtsverhältnisses und einen Anspruch auf die Leistung eines Teilbetrags, BGH NZM **04**, 423. Wenn das Teilurteil angefochten wird, gilt in der Rechtsmittelinstanz der Wert des gesamten Rechtsverhältnisses.

Unteilbare Leistung: Rn 5 „Gesamtschuldner".

Unterlassung: Zusammenrechnen muß man, soweit keine Gesamtschuldner vorliegen, Rn 5, Kblz WRP **85**, 45.

Verbindung: Rn 3. 9

Vergleich: Rn 4 „Aufrechnung".

Vollstreckungsabwehrklage: *Nicht* zusammenrechnen darf man den Anspruch aus einer Vollstreckungsabwehrklage und den Anspruch auf die Rückgewähr der Leistung.

S auch Rn 10 „Zwangsvollstreckung".

Vornahme einer Handlung: *Nicht* zusammenrechnen darf man den Vornahmeanspruch und den Anspruch auf eine Entschädigung nach § 510 b.

Wahlantrag: *Nicht* zusammenrechnen darf man Wahlanträge, § 3 Anh Rn 137 „Wahlschuld". 10

Wertersatz: *Nicht* zusammenrechnen darf man: Den Anspruch auf die Herausgabe einer Sache und den Anspruch auf die Zahlung einer Geldsumme als eines Wertersatzes bei einer Unmöglichkeit der Herausgabe; den Anspruch des Anfechtungsgläubigers nach dem AnfG auf die Zahlung eines Wertersatzes und auf die Duldung der Zwangsvollstreckung über den Rechtsnachfolger.

Zwangsvollstreckung: *Nicht* zusammenrechnen darf man den Anspruch auf die Feststellung der Unzulässigkeit der Zwangsvollstreckung und den Anspruch auf die Aushändigung einer löschungsfähigen Quittung oder einer Löschungsbewilligung, aM Düss MDR **00**, 543 (aber es liegt eben doch eine wirtschaftliche Einheit vor).

S auch Rn 4 „Duldung", Rn 9 „Vollstreckungsabwehrklage".

C. Nebenforderung. Eine solche bleibt unberücksichtigt, § 4. Eine nachträgliche Prozeßverbindung nach § 147 oder eine Prozeßtrennung nach § 145 sind für die Gebühren bedeutungslos. Man muß sie allerdings bei der Beurteilung der weiteren sachlichen Zuständigkeit beachten. Wenn für den einen der Ansprüche nach Üb 14 vor § 12 eine ausschließliche Zuständigkeit besteht, für den anderen nur eine gewöhnliche Zuständigkeit, darf man die Ansprüche zur Beurteilung der Zuständigkeit nicht zusammenrechnen. Man kann zB eine vor das AG gehörende Vollstreckungsabwehrklage nach § 767 nicht mit einer 11 anderen Klage zusammenrechnen, um das LG zuständig zu machen. Wegen des Kostenstreitwerts § 43 GKG. Wenn das AG nach § 23 Z 2 GVG ohne eine Rücksicht auf den Streitwert zuständig ist, darf man einen derartigen Anspruch nicht mit einem anderen zusammen beim LG erheben, § 506. Eine Zusammenrechnung erfolgt also auch in diesem Fall nur für den Kostenstreitwert. Für den Beschwerdewert gilt bei allen Rechtsmitteln § 5 entsprechend.

12 **4) Klage und Widerklage.** In einer Familiensache gilt § 39 FamGKG, Hartmann Teil I B. Im übrigen: Man darf die Klage und die Widerklage zur Beurteilung der Zuständigkeit in keinem Fall zusammenrechnen, LAG Mainz NZA-RR **05**, 275, Schneider MDR **88**, 271. Es gilt also nur der höhere Wert. Für den Kostenstreitwert vgl Rn 1. Wegen des Beschwerdewerts vgl bei § 511. Zeitlich getrennte Ansprüche der Widerklage nach Anh § 253 können einzeln und zusammengerechnet eine Verweisung nach § 506 erforderlich machen. Wegen eines Ersatzanspruchs auf Grund einer Änderung des Urteils Anh § 3 Rn 125 „Urteilsänderung".

6 *Besitz; Sicherstellung; Pfandrecht.* [1] **Der Wert wird bestimmt: durch den Wert einer Sache, wenn es auf deren Besitz, und durch den Betrag einer Forderung, wenn es auf deren Sicherstellung oder ein Pfandrecht ankommt.** [2] **Hat der Gegenstand des Pfandrechts einen geringeren Wert, so ist dieser maßgebend.**

Gliederung

1 **1) Besitzstreit, Eigentumsstreit, S 1, 2.** Die Vorschrift gilt für alle drei Wertarten im Sinn von Einf 1–5 vor §§ 3–9, aM Ffm JB **81**, 759, Schneider MDR **84**, 266 (beim Kostenwert nur entsprechend. Aber für eine solche Einschränkung gibt das Gesetz nichts her).

A. Grundsatz: Sachwert. Soweit es auf den Besitz einer Sache oder auf ihr Eigentum ankommt, ist der Wert der Sache maßgeblich.

2 **B. Beispiele zur Frage der Anwendbarkeit**

Abnahme: § 6 ist *unanwendbar* auf eine Klage des Verkäufers auf die Abnahme der Kaufsache.

Abwehrklage: § 6 ist *unanwendbar* auf eine Abwehrklage (negatorische Klage).

Anfechtung: Rn 16.

Arrest, Einstweilige Anordnung oder Verfügung: § 6 ist *unanwendbar* auf einen Antrag auf eine nur vorläufige Regelung mit einem Arrest oder einer einstweiligen Anordnung oder Verfügung. Vielmehr gilt dann (jetzt) der vorrangige § 53 GKG, Köln VersR **76**, 740.

Auflassung: § 6 ist anwendbar auf eine Klage auf die Erteilung einer Auflassung, Rn 4 ff, BGH RR **01**, 518, Karlsr JB **06**, 145, Köln MDR **05**, 298, aM BGH (7. ZS) NJW **02**, 684 (§ 3), Celle RR **98**, 142 (nur, wenn auch Herausgabe), Ffm RR **96**, 636 (§ 3. Aber in allen diesen Varianten hat die Spezialregelung des § 6 den Vorrang). Beim ideellen Grundstücksteil gilt dessen Wert, Schlesw Rpfleger **80**, 239. Beim Zusammentreffen einer Auflassung und einer Löschung bereits eingetragener Lasten ist der Grundstückswert der Höchstwert, Köln JB **88**, 1388. Bei einer bloßen Zustimmung zum Auflassungsvollzug gilt § 3, Karlsr JB **06**, 145.

S auch „Eigentumsfeststellung", Rn 3 „Rückgewähr", Rn 14, 15 wegen einer Vormerkung.

Baulandsache: § 6 ist *unanwendbar* auf eine Klage auf eine vorzeitige Besitzeinweisung in einer Baulandsache nach dem BauGB. Vielmehr gilt dann § 20 GKG entsprechend und es entscheidet das Interesse des Klägers, meist etwa 33,3% des Werts der Fläche. Vgl aber auch § 52 GKG.

Befreiung: § 3 Anh Rn 27 „Befreiung".

Berichtigung des Grundbuches: Anh § 3 Rn 28 „Berichtigung des Grundbuches".

Besitzeinweisung: S „Baulandsache".

Besitzklage: § 6 ist anwendbar auf eine Besitzklage jeder Art, auch bei einer Besitzstörung.

Beweisurkunde: § 6 ist *unanwendbar* auf eine Klage auf die Herausgabe einer solchen Beweisurkunde oder einer solchen anderen Urkunde, die keine Wertträger sind, § 3 Rn 69 „Herausgabe einer Urkunde".

Eigentumsfeststellung: § 6 ist anwendbar auf eine Klage auf die Feststellung des Eigentums.

S auch „Auflassung".

Eigentumsübertragung: Rn 3 „Zugewinnausgleich".

Eigentumsvorbehalt: § 6 ist anwendbar auf eine Klage auf die Herausgabe einer unter einem Eigentumsvorbehalt gelieferten Sache. Das gilt auch bei der Feststellung der Wirksamkeit des Eigentumsvorbehalts.

Enteignung: § 3 Rn 40.

Erbbaurecht: § 6 ist anwendbar auf eine Klage mit dem Ziel der Bestellung eines Erbbaurechts, Saarbr AnwBl **78**, 107, und auf die Herausgabe nach dem Erbbaurechtsende, Hbg AnwBl **96**, 411.

Freistellung: S „Befreiung".

Herausgabe: § 6 ist anwendbar, BGH RR **01**, 518, Nürnb JB **04**, 377 (Rücktritt des Verkäufers), LG Augsb DGVZ **05**, 95. Für die Bewertung kommt es auf den wirtschaftlichen Zweck der Herausgabe evtl mit an, Mü JB **84**, 1401. Bei einer Miete und Pacht gelten § 8 sowie § 41 GKG.

S auch „Beweisurkunde", „Eigentumsvorbehalt", „Hinterlegung", Rn 3 „Rückgewähr", „Wertpapier".

Hinterlegung: § 6 ist anwendbar auf eine Klage auf die Erteilung einer Einwilligung zur Herausgabe einer hinterlegten Sache, KG AnwBl **78**, 107.

S auch § 3 Rn 68 „Herausgabe: a) Herausgabe einer Sache".

Miete: Rn 2 „Besitzklage", Rn 3 „Räumungsklage", „Rückgewähr". **3**

Räumungsklage: Es gilt § 8, BGH NZM **05**, 677, und für die Kosten § 41 II GKG.

Rückgewähr: § 6 ist anwendbar auf eine Klage auf die Rückgewähr einer Sache wegen einer Nichterfüllung, Karlsr Rpfleger **80**, 308 (WEG), Schlesw Rpfleger **80**, 293 (beim ideellen Anteil gilt dieser), LG Bayreuth JB **77**, 1116. § 6 ist ferner anwendbar bei einem Anspruch auf eine Rückgewähr wegen der Nichtigkeit eines Vertrages, ferner bei (jetzt) § 437 Z 2 BGB, aM Schlesw JB **98**, 421 (§ 3. Aber § 6 gilt als eine Spezialvorschrift auch hier vorrangig). § 6 ist anwendbar auf einen Anspruch auf die Rückgewähr einer Mietkaution, LG Essen MDR **04**, 206.

Teilungsversteigerung: § 6 ist *unanwendbar* auf eine Widerspruchsklage bei § 180 ZVG, § 3 Rn 139 „Widerspruchsklage: c) Teilungsversteigerung".

Testamentsvollstrecker: Rn 2 „Besitzklage".

Übergabe: § 6 ist anwendbar auf eine Klage des Käufers auf die Übergabe der Kaufsache.

S auch Rn 2 „Abnahme", „Eigentumsvorbehalt", Rn 3 „Zugewinnausgleich".

Umlegungsstreit: § 6 ist *unanwendbar* auf eine Klage dazu, ob ein Grundstück in ein Umlegungsverfahren kommen soll.

Urkunde: Rn 2 „Beweisurkunde", Rn 3 „Wertpapier".

Veräußerungsverbot: § 6 ist anwendbar auf ein gesetzliches oder vertragliches Veräußerungsverbot. Maßgeblich ist nur der Verkehrswert, also nicht das wirtschaftliche Ziel.

Verbotene Eigenmacht: Rn 2 „Besitzklage".

Verfügungsbeschränkung: Ähnlich wie beim Veräußerungsverbot muß man vom Verkehrswert ausgehen und die Gefährdung beachten.

Verwahrung: Die vorzeitige Rückgabe läßt sich nach § 3 (Zeitinteresse) behandeln, die endgültige nach § 6.

Vorbereitende Klage: § 6 ist *unanwendbar* auf eine nur vorbereitende Klage, § 3 Rn 135.

S auch Rn 2 „Arrest, Einstweilige Anordnung oder Verfügung".

Vorkaufsrecht: § 3 Rn 40.

Vorläufige Regelung: Rn 2 „Arrest, Einstweilige Anordnung oder Verfügung".

Wertpapier: Es entscheidet sein Kurswert, § 3 Rn 69 „Herausgabe: b) Herausgabe einer Urkunde".

Widerspruchsklage: S „Teilungsversteigerung".

Zug-um-Zug: Rn 7.

Zwangsversteigerung: S „Teilungsversteigerung".

C. Verkehrswert. Maßgebend ist der Wert der Sache, also der objektive Verkehrswert, § 3 Rn 3, BGH RR **01**, 518, Köln MDR **05**, 299, AG Königstein RR **03**, 949. Das gilt bei einem Grundstück und bei der Klage auf die Feststellung des Eigentums. Maßgebend ist also nicht der Einheitswert. Bei der Auflassung eines Erbbaurechtsgrundstücks gilt nur der Bodenwert, Bbg JB **92**, 629. Bei einem noch zu vermessenden Teil muß man nach § 3 schätzen. Der Verkehrswert gilt auch dann, wenn es um ein Mietwohngrundstück geht. Also entscheidet hier nicht der Ertragswert. Beim Geschäftsraum kann man auf den 17fachen Jahresmietwert abstellen, LG Mü WoM **95**, 197. Der Kaufpreis ist nicht maßgeblich, Köln MDR **05**, 299, aM Ffm RR **96**, 636. Er erbringt aber meist einen Anscheinsbeweis für die Höhe des Verkehrswerts, Anh § 286 Rn 15. Bei einem Edelmetall ist der Ankaufskurs maßgeblich, BGH RR **91**, 1210. Stets kommt es auf den Zeitpunkt der Entscheidungsreife nach § 300 Rn 6 oder des Schlusses der letzten Verhandlung an, §§ 136 IV, 296 a, BGH RR **91**, 1210. Daher muß man zB bei der Rückauflassung eines inzwischen bebauten Grundstücks die Bebauung mitbewerten. **4**

D. Lasten, zB valutierende Grundpfandrechte, mindern den Wert auf das wirtschaftliche Interesse des Klägers an der Herausgabe usw herab, Bbg JB **77**, 1278, aM BGH RR **01**, 518 (nur bei einer Beeinträchtigung der wirtschaftlichen Benutzung, daher nicht beim Nießbrauch. Aber gerade auch bei ihm ist infolge der stets nötigen wirtschaftlichen Betrachtungsweise wohl fast stets eine Beeinträchtigung des Verkehrswerts sehr wohl vorhanden. Ein belastetes Grundstück kostet weniger). Das Gesetz nennt zwar keinen Mindestbetrag, Schlesw Rpfleger **80**, 239. Eine völlige Wertlosigkeit liegt aber keineswegs vor, soweit man um eine Sache streitet, LG Köln NJW **77**, 256. Selbst bei einem zur Zeit nicht einlösbaren Wechsel kann ein gewisses Interesse an der Herausgabe durchaus bestehen, Ffm MDR **81**, 590, Köln MDR **75**, 60, LG Köln NJW **77**, 255, aM Düss JB **94**, 496, Mü MDR **81**, 501 (aber die Verhältnisse können sich bessern. Das darf und muß man schon jetzt mitbeachten). **5**

E. Gegenleistung. Eine Gegenleistung bleibt grundsätzlich außer Betracht, BGH FamRZ **05**, 265, Hamm MDR **02**, 1458, Stgt JB **02**, 424, aM ZöHe 16 „Auflassung" (aber § 6 erwähnt die Gegenleistung gerade nicht mit). **6**

Das gilt zB für das Angebot der geschuldeten Gegenleistung (etwas anderes gilt natürlich dann, wenn man einen aufgerechneten Betrag abziehen muß), oder für den Einwand, der Schuldner brauche nur Zug um Zug zu erfüllen, oder für ein behauptetes Zurückbehaltungsrecht, BGH FamRZ **05**, 265, Bbg JB **78**, 428, Müller MDR **03**, 250. Beim auf die Gegenleistung beschränkten Rechtsmittel ist allerdings nur die Gegenleistung maßgeblich, Rn 8. Wenn der Kläger auf eine Auflassung oder auf eine Herausgabe klagt und wenn nur ein Zurückbehaltungsrecht des Bekl streitig ist, ist das Zurückbehaltungsrecht für die Wertberechnung unerheblich, BGH JZ **96**, 636, Mü MDR **81**, 501, aM KG RR **03**, 787 (aber § 6 hat als eine sehr wohl anwendbare Spezialvorschrift den Vorrang). Das gilt unabhängig davon, ob der das Zurückbehaltungsrecht begründende Anspruch gegenüber dem Klaganspruch höher oder geringer ist, Celle MDR **77**, 672, Waldner NJW **80**, 217.

7 Wenn der Kläger vom Bekl eine Zahlung *Zug um Zug* gegen die Lieferung des verkauften Kraftfahrzeugs fordert, ist der Preis des Fahrzeugs maßgeblich. Das gilt auch dann, wenn die Parteien nur über den Wert eines in Zahlung gegebenen Altwagens streiten. Man darf also nicht nur die Gegenleistung ansetzen. Bei einer Verurteilung nur Zug um Zug gegen eine Mängelbeseitigung liegt der Beschwerdewert für den Kläger bei den Beseitigungskosten, Düss MDR **99**, 628. Bei einer Verurteilung Zug um Zug gegen eine Zahlung von (nur) x EUR (statt x + y EUR) kann y EUR der richtige Wert sein. Denn nur y ist im Streit.

8 **F. Einzelfragen zum Sachwert.** Wenn es um eine in das Mietgrundstück eingebaute und dann getrennte Mietersache geht, ist ihr Wert maßgeblich. Wenn der Kläger die Duldung der Entfernung oder nur die Herausgabe der eingebauten Sache verlangt, muß man den durch die Wegnahme oder Herausgabe verminderten Wert ansetzen, BGH NJW **91**, 3222. Wenn der Bekl nur nach § 721 eine kurzfristige Räumungsfrist beantragt, muß man den Wert nach § 3 in Verbindung mit § 41 II GKG schätzen. Wenn der Kläger nur einen Teil der Sache beansprucht, ist der Wert dieses Teils maßgeblich. Das gilt auch bei einem Hinterlegungsgläubiger, KG AnwBl **78**, 107, Schlesw JB **76**, 239. Wenn der Kläger gegen diejenigen Gesamthandeigentümer vorgeht, die eine Herausgabe verweigern, während die übrigen Gesamthandeigentümer die Herausgabe bewilligen, ist der Verkaufswert der Rechtsfolge maßgeblich, also der Wert des gesamten Grundstücks. Wenn in der höheren Instanz nur noch streitig ist, ob der Bekl auf Grund seines Zurückbehaltungsrechts nur Zug um Zug leisten muß, ist der Wert des Zurückbehaltungsrechts maßgeblich, BGH BB **91**, 937, KG JB **03**, 593, Saarbr AnwBl **79**, 154. Das gilt begrenzt durch den vollen Wert des Auskunftsanspruchs, BGH BB **91**, 937.

Vgl auch Anh nach § 3 Rn 26 „Baulandsache", Rn 41 „Erbrechtlicher Anspruch", Rn 68 ff „Herausgabe".

9 **2) Sicherstellung einer Forderung, S 1, 2.** Wenn man um eine beliebige bestehende oder erst noch zu bestellende Sicherheit streitet, etwa um eine Bürgschaft, entscheidet der Betrag der gesicherten oder zu sichernden Forderung ohne eine Rücksicht auf eine etwaige Betagung oder Bedingung, Ffm AnwBl **80**, 460, Stgt MDR **80**, 678, oder Gegenforderung, Hamm JB **81**, 434. Wegen des Streits um ein Pfandrecht Rn 11. Bei der Eintragung eines Widerspruchs ist immer § 3 anwendbar. Wenn es um die Herausgabe einer zur Sicherung übereigneten Sache geht, ist der Wert der Forderung maßgeblich, falls dieser Wert unter demjenigen der Sache selbst liegt. Denn man muß das Sicherungseigentum eher wie ein Pfandrecht behandeln, LG Stgt MDR **77**, 676. Wenn der Kläger dagegen eine unter einem Eigentumsvorbehalt verkaufte Sache zurückverlangt, ist der volle Sachwert maßgeblich.

10 **3) Pfandrecht, S 1, 2.** Man muß unterschiedliche Gesichtspunkte beachten.

A. Geltungsbereich. § 6 betrifft das Fahrnispfandrecht und das Grundstückspfandrecht. Das Gesetz verwendet also den Ausdruck „Pfandrecht" nicht in dem beschränkten Sinn des BGB. Die Art der Klage ist unerheblich. Es ist auch unerheblich, ob das Pfandrecht vertraglich oder gesetzlich entstand.

Beispiele: Die Widerspruchsklage nach § 771, Anh § 3 Rn 139; eine Klage auf die Löschung einer Hypothek; ein Absonderungsanspruch im Insolvenzverfahren; eine Erinnerung gegen eine Pfändung und Überweisung. Der Wert beträgt dann höchstens die gepfändete Forderung; ein Streit über die Art und Weise der Verwertung eines Pfandrechts.

11 **B. Wertgrundsatz: Forderung; evtl nur Pfandrecht.** Die Wertberechnung erfolgt nach dem Betrag der Forderung. Wenn der Gegenstand des Pfandrechts aber einen geringeren Wert als den Betrag der Forderung hat, ist dieser geringere Wert maßgeblich, Ffm MDR **03**, 356. Diese Regelung gilt für ein bestehendes Pfandrecht. Wenn man das Pfandrecht erst noch bestellen muß, gilt sie auch für dieses Pfandrecht, falls der Kläger für die Sicherung der Forderung einen bestimmten Gegenstand bezeichnet hat. Man muß die Forderung nach § 4 berechnen. Gegenstand des Pfandrechts ist die Pfandsache. Man darf ein Vorpfandrecht nicht berücksichtigen. Denn jede Pfändung ergreift den ganzen Gegenstand. Andernfalls müßte man bei einer Erschöpfung des Werts durch vorangegangene Vorpfandrechte das nachfolgende Vorpfandrecht mit 0 EUR bewerten, aM StJR 27 (legt nur den Überschuß zugrunde). Dasselbe gilt bei einer Widerspruchsklage, BGH WertpMitt **83**, 246 (Drittwiderspruch). Wenn es sich um eine Zwangsüberweisung nach § 825 handelt, ist der Wert der Pfandsache maßgeblich, falls dieser geringer ist.

12 **C. Einzelfragen zum Forderungswert.** In einem Rangstreit erfolgt die Berechnung nach der kleineren Forderung. Man kann beim Anspruch auf die Einräumung des Vorrangs § 23 III 1 KostO entsprechend anwenden, Ffm AnwBl **82**, 111. Bei der Eintragung auch zulasten eines anderen Grundstücks ist § 6 anwendbar. Bei einer Klage auf die Herausgabe der Pfandsache ist deren höherer Wert unerheblich. Wenn ein Dritter die Pfandsache herausverlangt und wenn der Besitzer die Sache wegen eines Pfandrechts zurückhält, gilt § 6. Denn der Dritte kann die Sache ja auslösen. Bei der Löschung einer Grundschuld oder Hypothek ist grundsätzlich ihr Nennbetrag maßgeblich, Düss MDR **99**, 506, Kblz JB **02**, 310 (Einzelfallfrage), Saarbr MDR **01**, 897, aM Celle MDR **05**, 1196 (20% des Nominalwerts), Drsd MDR **08**, 1005, Hbg MDR **75**, 847 (je: Restbetrag der Hypothek), Köln BB **95**, 952 (§ 6, soweit die zu sichernde Forderung noch besteht, im übrigen aber Interesse des Klägers an der Löschung, § 3. Aber in allen diesen Varianten geht es wirtschaftlich um die Befreiung von der vollen Eintragung. Ein Erwerber usw muß ja vom Grundbuch ausgehen). Freilich darf die Festsetzung nicht über dem wirtschaftlichen Wert liegen, BVerfG RR **00**, 946, KG MDR **03**, 1383, Saarbr MDR **01**, 897.

13 Bei der Löschung einer *Höchstbetragshypothek* ist derjenige Höchstbetrag der Forderung maßgeblich, der sich aus dem Grundbuch ergibt. Denn das Grundstück haftet evtl bis zu dieser Höhe. Wenn es um die Abtretung einer Hypothek geht, ist ihr Nennwert und nicht ihre Valutierung maßgeblich.

14 Bei einer *einstweiligen Verfügung* mit dem Ziel der Eintragung einer Vormerkung zur Sicherung einer Forderung nach § 940 Rn 34 „Grundbuch" muß man von dieser Forderung ausgehen und das Interesse des Antragstellers an der Sicherung nach § 3 schätzen. Man muß also ein Bruchteil feststellen, Bre AnwBl **76**, 441 (90%), LG Frankenth AnwBl **83**, 557 (33,3%), LG Lpz JB **95**, 26 (25%–33,3%). Dasselbe gilt im Fall einer Auflassungsvormerkung, Bbg JB **76**, 1094.

15 Wenn es um die *Löschung einer Auflassungsvormerkung* geht, ist die Höhe derjenigen Nachteile maßgeblich, die durch die Löschung wirtschaftlich entstehen. Man kann von 25% des Verkehrswerts ausgehen, aber nach

einer Zwangsversteigerung nur 5% des Verkehrswerts als Wert annehmen. Andere Lösungen: Bbg JB **90**, 1511 (Interesse an der Beseitigung der Vormerkung), Ffm AnwBl **83**, 174, Köln MDR **83**, 495 (je: 10%), Mü JB **78**, 1564 (25%), BGH NJW **02**, 3180 (33,3%), Nürnb NJW **77**, 857, Saarbr AnwBl **79**, 114, Schneider MDR **83**, 639 (kein allgemeiner Prozentsatz). Bbg JB **75**, 649 nimmt bei der Eintragung der Vormerkung wegen einer Bauhandwerkerhypothek 25%–33,3% des Hypothekenwerts an. Bbg JB **75**, 940 geht bei einer Löschung einer solchen Vormerkung von demselben Wert aus. Ffm JB **75**, 514 geht bei der Löschung einer Voraussetzung von 25% des Hypothekenwerts aus.

4) Sinngemäße Anwendung, S 1, 2. § 6 ist bei einer Anfechtung außerhalb und innerhalb eines 16
Insolvenzverfahrens entsprechend anwendbar, BGH JB **08**, 369. Man muß dann von dem Wert des Zurückzugewährenden abzüglich der Belastungen ausgehen, soweit nicht diejenige Forderung geringer ist, derentwegen die Anfechtung erfolgt ist, BGH KTS **82**, 449. Entsprechend und nicht nach § 42 GKG ist der Wert auch bei einem Unterhaltsanspruch ansetzbar. Zinsen und Kosten gehören als ein Teil des Hauptanspruchs zur Forderung, BGH KTS **82**, 449. Eine Nebenforderung bleibt außer Ansatz, § 4 I. Wenn die Anfechtung ein Grundstück der Zwangsvollstreckung unterwerfen soll, gilt der Grundstückswert abzüglich der Lasten als maßgeblich. In diesem Zusammenhang kommt es darauf an, inwieweit der Kläger mit einer Befriedigung rechnen kann (Versteigerungswert). Köln VersR **82**, 50 hält § 6 für den Kostenstreitwert überhaupt nur für entsprechend anwendbar und fordert eine einschränkende Auslegung.

S auch Anh nach § 3 Rn 31 „Duldung", Rn 41 „Erbrechtlicher Anspruch".

7 ***Grunddienstbarkeit.*** **Der Wert einer Grunddienstbarkeit wird durch den Wert, den sie für das herrschende Grundstück hat, und wenn der Betrag, um den sich der Wert des dienenden Grundstücks durch die Dienstbarkeit mindert, größer ist, durch diesen Betrag bestimmt.**

1) Systematik, Regelungszweck. § 7 bezieht sich auf Grunddienstbarkeiten nach § 1018 BGB, nicht 1
auf persönliche Dienstbarkeiten oder auf Reallasten. Denn bei den letzteren handelt es sich nicht um Beziehungen zwischen Grundstücken. Diesem Unterschied trägt das Gesetz im Interesse der Kostengerechtigkeit Rechnung.

2) Geltungsbereich. Vgl zunächst Rn 1. § 7 ist auf Nachbarrechtsbeschränkungen nach §§ 906 ff BGB 2
entsprechend anwendbar, wenn diese Beschränkungen ähnlich wie eine Dienstbarkeit wirken. Sonst gilt § 3. Das ist zB bei einem Licht- oder Fensterrecht oder bei einem Notwegrecht der Fall, BGH MDR **04**, 296, Jena MDR **99**, 196, Schneider ZMR **76**, 193, aM Köln JB **91**, 1386 (§ 9, 3,5fach), ZöHe § 3 Rn 16 „Notweg" (§§ 3, 7, 9). Wenn es um die Beseitigung eines Überbaus geht, muß man den Wert nach dem Interesse des Klägers schätzen, BGH NZM **07**, 300. § 7 ist dann nicht entsprechend anwendbar, BGH RR **86**, 737, aM LG Bayreuth JB **85**, 441 (die durch den Überbau bewirkte Wertminderung).

§ 7 gilt ferner bei einem Streit über das Bestehen oder über den Umfang einer *Dienstbarkeit* oder bei einem 3
Streit um die Einräumung oder die Beseitigung einer Dienstbarkeit. Wenn es um einen Abwehranspruch geht, ist die Vorschrift nur dann anwendbar, wenn die Störung gerade in der Ausübung einer Dienstbarkeit besteht oder sich gegen eine Dienstbarkeit richtet, ZöHe 3, aM BGH RR **86**, 737. Andernfalls ist § 3 anwendbar. In einem bloßen Streit über eine Wiederholungsgefahr ist § 3 anwendbar.

3) Wertberechnung. Man muß den Wert für das herrschende Grundstück und die Wertminderung beim 4
dienenden Grundstück miteinander vergleichen und beide Werte nach § 3 einschätzen, BGH MDR **04**, 296, Jena JB **99**, 196. Der höhere Wert entscheidet. Man muß die Kosten der Beseitigung der als unerlaubt bekämpften Anlage berücksichtigen. In der Revisionsinstanz ist nur das Interesse des Revisionsklägers maßgebend. In diesem Abschnitt findet kein Wertvergleich nach § 7 statt.

8 ***Pacht- oder Mietverhältnis.*** **Ist das Bestehen oder die Dauer eines Pacht- oder Mietverhältnisses streitig, so ist der Betrag der auf die gesamte streitige Zeit entfallenden Pacht oder Miete und, wenn der 25fache Betrag des einjährigen Entgelts geringer ist, dieser Betrag für die Wertberechnung entscheidend.**

1) Systematik, Regelungszweck. § 8 ist eine Sondervorschrift gegenüber § 6. § 4 hat aber gegenüber 1
§ 8 den Vorrang. § 8 gilt für die Feststellung der sachlichen Zuständigkeit, BGH NZM **06**, 378, Düss FGPrax **00**, 189, KG NZM **06**, 720. Das gilt, soweit nicht § 23 Z 2 a GVG oder § 7 eingreifen. § 8 gilt auch für den Rechtsmittelwert, BVerfG NZM **06**, 578, BGH NZM **07**, 355, Schneider NZM **07**, 512. Für die Kosten gilt bei einer mehr als einjährigen Dauer des Miet- oder Pachtverhältnisses (jetzt) § 41 I GKG, BGH NZM **06**, 378, LG Saarbr JB **91**, 582. Das übersieht LG Zweibr JB **78**, 255. Bei einer Räumung ist § 8 maßgeblich, BGH NZM **05**, 677, auch für den etwaigen Rechtsmittelwert, BGH WoM **07**, 639. Dagegen gilt (jetzt) § 41 II GKG auch hier für die Kosten, BGH MDR **95**, 530.

Wegen des *Regelungszwecks* Einf 2 vor § 3.

2) Geltungsbereich. Vgl zunächst Einf 2 vor §§ 3–9. 2

A. Streit um Miet- oder Pachtverhältnis. § 8 betrifft nur einen Streit über das Bestehen oder über die Dauer eines Miet- oder Pachtverhältnisses über eine bewegliche oder unbewegliche Sache. Die Vorschrift betrifft also nicht einen Streit wegen eines Anspruchs auf die Zahlung von Geld oder auf sonstige Leistungen. Das Miet- oder Pachtverhältnis muß die Grundlage des Anspruchs bilden. Nach seinem Ende gilt § 3, BGH WoM **04**, 352.

B. Beispiele zur Frage einer Anwendbarkeit 3

Benutzung: Es gilt dasselbe wie bei Rn 4 „Überlassung".

Besorgnis der Nichterfüllung: *Unanwendbar* ist § 8 dann, wenn es nur um die Besorgnis einer künftigen Nichterfüllung nach § 259 geht, Bbg JB **85**, 589, Ffm JB **80**, 929.

Bewirtschaftungsart: *Unanwendbar* ist § 8 bei einem solchen Streit.
Dritter: *Unanwendbar* ist § 8 bei der Klage eines Dritten auf die Feststellung der Nichtigkeit eines Miet- oder Pachtvertrags.
Eigentum: *Unanwendbar* ist § 8 bei einer auf Eigentum gestützten Klage, § 6 Rn 2.
Erlöschen: *Unanwendbar* ist § 8 dann, wenn der Vertrag unstreitig erloschen ist oder binnen eines bestimmten Zeitraums erlöschen wird. Dann betrifft nämlich die Feststellung der Nichtigkeit nur die Abwehr der Schadensfolgen. Deshalb gilt dann § 3.
Garagenplatz: Anwendbar ist § 8 dann, wenn nach dem Tatsachenvortrag des Klägers streitig ist, ob ein formell getrennt gemieteter Garagenplatz doch dem Kündigungsschutz der zugehörigen Wohnungsmiete mitunterliegt, BGH NZM **04**, 460.
Herausgabe: Es gilt dasselbe wie bei Rn 4 „Überlassung".
S auch Rn 4 „Rentengut".
4 **Kündigung:** Anwendbar ist § 8 bei einer Feststellung, daß ein Mietverhältnis seit einem bestimmten Tag infolge einer fristlosen Kündigung nicht mehr bestehe, BGH MDR **95**, 530 (für die Gebühren gilt auch hier § 41 GKG).
Mietähnlichkeit: Anwendbar ist § 8 bei einem mietrechtsähnlichen Verhältnis, BGH NZM **99**, 189 (wendet hilfsweise § 6 an), aM BGH MDR **05**, 204 (im Zweifel Nutzung = Miete), BayObLG JB **95**, 27.
Mieterhöhung: *Unanwendbar* ist § 8 beim Streit um eine Zustimmung zur Mieterhöhung, § 41 V GKG.
Nichtigkeit: S Rn 3 „Dritter", „Erlöschen".
Räumung: Vgl zunächst Rn 1. In dessen Grenzen gilt dasselbe wie bei „Überlassung".
Unanwendbar ist § 8 aber dann, wenn es nach einem unstreitigen Ende des bisherigen Rechtsverhältnisses nur noch um die Räumung geht, Karlsr WoM **94**, 339.
Rentengut: *Unanwendbar* ist § 8 bei einer Klage auf die Herausgabe eines Rentenguts. Dann gilt § 6.
Reparatur: *Unanwendbar* ist § 8 dann, wenn es nur um eine Reparatur geht.
Teilzeitwohnrecht: S „Mietähnlichkeit".
Überlassung: Anwendbar ist § 8 dann, wenn nach dem Tatsachenvortrag des Klägers irgendwie streitig ist, ob überhaupt (noch) ein Miet- oder ein Pachtverhältnis besteht, BVerfG NZM **06**, 578, BGH NZM **07**, 355.
Untermiete, -pacht: Anwendbar ist § 8 auch bei einem solchen Rechtsverhältnis.
Vertragsabschluß: *Unanwendbar* ist § 8 beim Streit um einen Vertragsabschluß.
Zahlung: *Unanwendbar* ist § 8 beim Streit um die Zahlung von Miete oder Pacht, BGH NZM **02**, 736.

5 **3) Wertberechnung.** Hier muß man zwei Situationen unterscheiden.

A. Gesamte streitige Zeit. Grundsätzlich ist die in der gesamten streitigen Zeit anfallende Miete oder Pacht maßgeblich, BGH NZM **04**, 460. Bei verschieden hohen Jahresbeträgen ist der höchste maßgeblich, BGH NZM **05**, 945. Miete oder Pacht ist der nach § 535 II BGB oder nach § 581 I 2 BGB geschuldete Betrag, nicht nur der eigentliche vereinbarte Miet- oder Pachtzins, BGH MietR **96**, 55, sondern auch eine vertragliche Gegenleistung anderer Art.

6 **B. Beginn und Ende.** Der *Beginn* des maßgebenden Zeitraums liegt im allgemeinen im Zeitpunkt der Klagerhebung, nicht früher, BGH NZM **05**, 436. Wenn der Kläger die Feststellung begehrt, daß eine fristlose Kündigung wirksam sei, liegt der Beginn im Zeitpunkt der behaupteten Beendigung des Mietverhältnisses. Es kommt nicht auf den Zeitpunkt der Einlegung eines Rechtsmittels an. Denn § 4 gilt gegenüber der Sondervorschrift des § 8 nicht, Rn 1.

7 Das *Ende* des maßgeblichen Zeitraums liegt bei einer bestimmten Mietdauer im Zeitpunkt des Ablaufs der für den Mieter am günstigsten berechneten Mietzeit, BGH NZM **07**, 355. Bei einer unbestimmten Mietdauer handelt es sich regelmäßig um den nächsten zulässigen Kündigungstag, BGH NZM **05**, 436, LG Bln WoM RR **92**, 462, LG Bre WoM **92**, 202, aM LG Hbg WoM **92**, 145 (3-Jahres-Wert), Schneider NZM **07**, 512 (§ 9. Aber mit einer Kündigung muß man immer rechnen). Soweit der Mieter einen Mieterschutz beansprucht, dauert die „streitige Zeit" bis zu demjenigen Zeitpunkt, den der Mieter als den für ihn günstigsten in Anspruch nimmt, BGH NZM **05**, 436. Soweit kein Mieterschutz besteht, ergibt sich der Wert aus dem Unterschied der beiderseitigen Berechnung bis zu diesem Tag. Das gilt auch dann, wenn der Gegner den Widerruf der Kündigung einredeweise geltend macht. Wenn das Mietverhältnis nur durch eine Klage aufgehoben werden kann, muß man die Dauer schätzen.

8 **C. Beispiele zur Frage einer Wertberechnung**
Abgabe: Zum Zins zählt die Übernahme einer öffentlichen Abgabe oder Last.
Baukostenzuschuß: Er kann zum Zins zählen.
Baumentfernung: *Nicht* zum Zins zählt eine solche Nebenleistung zB anläßlich einer Räumung, BGH MDR **94**, 100.
Betriebskosten: *Nicht* zum Zins zählt ihre Bezahlung nach § 556 BGB.
Feststellung: Man darf nicht schon deshalb stets einen Wertabzug vornehmen, weil eine bloße Feststellungsklage vorliegt. Denn § 8 bezieht sich ja in erster Linie auf eine solche Feststellung.
Heizkosten: *Nicht* zum Zins zählt ihre Bezahlung.
Instandhaltung: Ihre Kosten können zum Zins zählen.
Investition: S „Zusatzzahlung", BGH RR **00**, 1739.
Miete, Pacht: Der Anspruch auf ihre Leistung ist natürlich der Hauptanspruch.
Naturalleistung: Sie läßt sich nach § 3 schätzen.
Nebenleistung: Sie bleibt unberücksichtigt.
Räumung: Der Anspruch auf eine Räumung ist ein Hauptanspruch.
Unbedeutende Leistung: *Nicht* zum Zins zählt eine solche unbedeutende Leistung, die man nicht als einen Teil des Entgelts der eigentlichen Gebrauchsüberlassung ansieht.
Versicherungsprämie: Sie kann zum Zins zählen, zB eine Feuerversicherungsprämie.

Wasserkosten: *Nicht* zum Zins zählt ihre Bezahlung.
Wildschaden: Seine vertragsmäßige Übernahme bleibt als eine Nebenleistung unberücksichtigt.
Zusatzleistung: *Nicht* zum Zins zählt das Entgelt für eine Zusatzleistung außerhalb der Raumüberlassung, BGH RR **00**, 1739.

D. 25facher Jahresbetrag. Wenn der 25fache Betrag der einjährigen Miete oder Pacht geringer als die gesamte Streitsumme ist, entscheidet der 25fache Betrag. 9

9 *Wiederkehrende Nutzungen oder Leistungen.* [1]**Der Wert des Rechts auf wiederkehrende Nutzungen oder Leistungen wird nach dem dreieinhalbfachen Wert des einjährigen Bezuges berechnet.** [2]**Bei bestimmter Dauer des Bezugsrechts ist der Gesamtbetrag der künftigen Bezüge maßgebend, wenn er der geringere ist.**

Gliederung

1) Systematik, Regelungszweck, S 1, 2. Die Vorschrift ist mit dem GG vereinbar, Ffm JB **94**, 738, aM Lappe NJW **93**, 2785 (aber eine verfassungskonforme Auslegung kann alle Probleme lösen). Das Gericht sollte bei einer Streitwertfestsetzung erkennen und zum Ausdruck bringen, daß wegen der Kostengerechtigkeit § 9 grundsätzlich nur für die Zuständigkeit und die Zulässigkeit eines Rechtsmittels gilt, BGH NZM **07**, 355, (jetzt) § 42 GKG demgegenüber nur für die Gebühren, BGH RR **86**, 676, Hbg FamRZ **82**, 322, KG NZM **06**, 720, aM Köln MDR **96**, 1194 (aber § 42 GKG hat grundsätzlich nur im Kostenrecht den Vorrang). § 9 gilt für die Gebühren daher nur, soweit § 42 GKG eine Lücke aufweist. 1

§ 9 gilt insbesondere *nicht* für die Gebühren in den folgenden Fällen. 2

– *Unterhalt:* Es handelt sich um einen gesetzlichen Unterhaltsanspruch. Dann gilt § 51 FamGKG, Hartmann Teil I B. Wenn streitig ist, ob eine vertragliche Verpflichtung vorliegt, die über eine gesetzliche Verpflichtung hinausgeht, gilt § 9 nur für denjenigen Betrag, der die gesetzliche Verpflichtung übersteigt, Karlsr JB **06**, 146. Im übrigen ist dann ausnahmsweise (jetzt) § 42 GKG anwendbar, Hbg FamRZ **82**, 322. Bei einem Streit um die Befreiung von der gesetzlichen Unterhaltspflicht gilt (jetzt) § 51 FamGKG. Auch beim bloßen Verweigern eines Vollstreckungstitels bleibt der volle Streitwert eines Verweigerns jeder Zahlung maßgeblich, Karlsr FamRZ **84**, 585. Der Anspruch der Eltern auf den Ersatz ihrer vertraglichen Unterhaltsaufwendungen für ein wegen fehlgeschlagener Sterilisation entgegen der Familienplanung geborenes gesundes Kind ist auch für die Kosten entsprechend § 9 bewertbar, (jetzt) § 42 I GKG ist insoweit unanwendbar, BGH NJW **81**, 1318.

– *Rente:* Es geht um einen gesetzlichen Rentenzahlungsanspruch wegen einer Körperverletzung oder einer Haftpflichtverletzung sowie um einen wiederkehrenden Anspruch aus einem Beamtenverhältnis oder einem Arbeitsverhältnis oder um den Anspruch eines Dritten wegen des Wegfalls eines Dienstes nach § 845 BGB. Dann ist höchstens der 5jährige oder 3jährige Bezug maßgeblich. Denn dann ist ausnahmsweise § 42 I, II GKG anwendbar; es geht um den Anspruch des Organmitglieds einer Gesellschaft aus seinem Anstellungsvertrag, BGH RR **90**, 1124, Bbg JB **75**, 65, aM Kblz Rpfleger **80**, 68, Schlesw SchlHA **80**, 151 (aber § 9 paßt deutlich besser). 3

– *Weitere Fälle:* Es handelt sich um einen Rentenzahlungsanspruch auf Grund einer Aufopferung; es geht um einen Anspruch eines Handelsvertreters, Schneider BB **76**, 1300; es geht um eine Überbaurente. Bei einer Schadensersatzforderung wegen Nichtbeförderung eines Beamten kann § 9 entsprechend anwendbar sein, BGH MDR **08**, 829 rechts.

2) Geltungsbereich, S 1, 2. Einf 3 vor §§ 3–9 und oben Rn 1–3. 4

3) Voraussetzungen, S 1, 2. Es müssen die folgenden Voraussetzungen zusammentreffen. 5

A. Recht auf wiederkehrende Nutzungen oder Leistungen. Vgl § 100 BGB. § 9 erfaßt nach seinem Sinn und Zweck auch ein solches Recht, das seiner Natur nach auf Dauer besteht, Bre Rpfleger **89**, 427. Das Stammrecht muß betroffen sein, Düss JB **93**, 166, Janiszewski JB **03**, 455. Daher scheiden Verzugszinsen für eine nicht eingeklagte Forderung hier aus, Düss JB **93**, 166. Auch die in Rn 1–3 genannten Ansprüche gehören hierher, ferner zB: Eine Vertragsrente, (je zum alten Recht) BGH FamRZ **95**, 730, Düss FamRZ **04**, 1226, Mü JB **01**, 142; eine Überbaurente; eine Notwegrente; eine Reallast; ein Altenteils- oder Leibgedingevertrag; laufende Versicherungsleistungen, BGH VersR **08**, 988, Kblz VersR **05**, 1751, Köln MDR **08**, 25, aM Hamm NVersZ **00**, 168, Köln VersR **97**, 601 (aber auch auf sie paßt § 9 am ehesten). Über Miete Anh § 3 Rn 79 „Mietverhältnis: d) Klage auf Zustimmung zur Mieterhöhung" und Rn 82 „Mangel der Mietsache". § 9 ist also beim Streit um die Erhöhung einer Miete für einen Wohnraum unanwendbar, bei demjenigen für einen Gewerberaum aber anwendbar, BGH WoM **07**, 328 (krit Flatow 438), Brdb JB **96**, 193, LG Wiesb WoM **00**, 617 (Mischmiete), aM BGH WoM **07**, 32, KG WoM **08**, 154 (je: § 9 auch beim Wohnraum), Schneider MDR **91**, 501, ZöHe 4 ([jetzt] § 41 V GKG entsprechend. Aber die Vorschrift ist eindeutig nur für eine Wohnmiete da).

Unanwendbar ist § 9 beim Stromlieferungsvertrag, Anh § 3 Rn 30 „Dauervertrag".

Das Recht muß *wiederkehrend* sein. Es muß sich also in einem gleichen oder nahezu gleichen Zwischenraum aus demselben Rechtsgrund wiederholen, Stgt JB **07**, 144. Der Zwischenraum braucht nicht ein Jahr 6 zu umfassen. Wenn das Recht bedingt ist, muß man es im Weg einer Schätzung nach § 3 bewerten. Wenn eine Feststellungsklage vorliegt, muß man die Regeln Rn 8–10 beachten. Dasselbe gilt bei einer Anfechtungsklage wegen einer wiederkehrenden Leistung oder bei einem Anspruch gegenüber einem Dritten auf eine Befreiung von einer vertraglichen Unterhaltspflicht. Man muß eine Unterhaltssumme auf Grund eines Vergleichs auch im Weg der Scheidung wegen der Schuld des Berechtigten als auf Grund des bisherigen familienrechtlichen Verhältnisses vereinbart ansehen. Deshalb gilt dann ausnahmsweise § 42 GKG.

7 **B. Keine Dauernutzung.** Die Nutzung darf nicht dauernd sein, wie der Nießbrauch oder ein Wohnrecht. Das letztere läßt sich unter einer Beachtung des § 24 KostO nach § 3 schätzen.

8 **4) Wertberechnung, S 1, 2.** Man muß drei Fallgruppen unterscheiden.

A. 3,5facher Betrag, S 1. Diese Berechnung ist dann anwendbar, wenn die Dauer des Bezugsrechts unbestimmt ist. Das gilt zunächst dann, wenn zwar das Stammrecht 3,5 Jahre dauern kann, Janiszewski JB **03**, 455, und wenn zwar gewiß ist, daß das Recht wegfallen wird, wenn zB bei einer Rente ihr spätester Wegfallzeitpunkt feststeht, Hamm AnwBl **87**, 47, wenn aber ungewiß ist, wann der Wegfall eintreten wird. Ob der Wegfall ungewiß ist, das bestimmt sich nach dem Zeitpunkt der Einreichung der Klage oder der Einlegung des Rechtsmittels, § 4. Man darf diejenigen Beträge nicht hinzurechnen, die seit der Einreichung der Klage oder seit dem Erlaß des Urteils aufgelaufen sind, BGH NVersZ **99**, 239. Wohl aber muß man die vor diesen Zeitpunkten rückständig gewordenen Beträge hinzurechnen, § 4 Rn 8. In diesem Zusammenhang ist dann der Zeitpunkt der Einlegung einer Berufung unerheblich. Man muß das Feststellungsinteresse bei einer behauptenden Feststellungsklage wegen einer Rente im allgemeinen mit einem Abschlag bewerten, Hamm AnwBl **77**, 111.

Der 3,5fache Betrag ist ferner dann maßgeblich, wenn ein *Wegfall und die Dauer zweifelhaft* sind, aM Ffm JB **76**, 1097, Köln VersR **89**, 378, Nürnb JB **92**, 50 (§ 3. Aber § 9 ist spezieller und paßt auch hier). Bei einer behauptenden Feststellungsklage können 20% abziehbar sein, BGH NVersZ **00**, 425, Kblz VersR **05**, 1751. Wenn es dabei aber auch um einen evtl schon entstandenen Anspruch geht, kommt auch zumindest insoweit eine Werterhöhung in Betracht, BGH NVersZ **02**, 22, Kblz VersR **05**, 1751. Es kann auch zB bei einer Gebäudeversicherung die 3,5fache Jahresprämie ansetzbar sein, BGH VersR **08**, 988. Bei einer verneinenden Feststellungsklage muß man den Wert voll ansetzen. Denn diese Klage schließt die Möglichkeit einer Leistungsklage aus, BGH RR **05**, 938.

9 **B. Geringerer Höchstbetrag bei bestimmter Dauer, S 2.** Wenn bei einer bestimmten Dauer des Bezugsrechts ein geringerer Höchstbetrag als der 3,5fache Jahresbetrag feststeht, ist dieser geringere Betrag in allen Fällen maßgebend. Das gilt etwa dann, wenn ein Rentenanspruch nur noch zwei Jahre andauern wird. Etwas anderes gilt dann, wenn der frühere Wegfall nur wahrscheinlich ist. Wenn es um unregelmäßige Bezüge geht, etwa um eine Baulast usw, muß man die Berechnung nach dem jährlichen Durchschnitt vornehmen.

10 **C. Schwankende Beträge usw, S 1, 2.** Bei schwankenden Beträgen erfolgt eine Berechnung nach den 3,5 höchsten Jahressätzen, LG Essen MDR **76**, 676. Denn sonst würde man den höheren Anspruch niedriger bewerten. Voraussetzung für diese Berechnung ist aber, daß überhaupt so viele Beträge streitig sind. Andernfalls darf man nur die Zahl der streitigen Höchstjahresbeträge ansetzen, und zwar im Höchstfall insgesamt 3,5 Jahresbeträge. Das gilt auch bei einem Streit um die Erhöhung des Erbbauzinses, Ffm JB **77**, 1132, Mü JB **77**, 1003.

10 (weggefallen)

11 *Bindende Entscheidung über Unzuständigkeit.* **Ist die Unzuständigkeit eines Gerichts auf Grund der Vorschriften über die sachliche Zuständigkeit der Gerichte rechtskräftig ausgesprochen, so ist diese Entscheidung für das Gericht bindend, bei dem die Sache später anhängig wird.**

1 **1) Systematik, Regelungszweck.** § 11 räumt einen Fall der allseitigen sachlichen Zuständigkeitsverneinung, des negativen Kompetenzkonflikts, aus. § 11 dient der Prozeßwirtschaftlichkeit, Grdz 14 vor § 128, BGH NJW **97**, 869. Das muß man bei der Auslegung beachten.

2 **2) Geltungsbereich.** Die Vorschrift bezieht sich nur auf die sachliche Zuständigkeit, BGH NJW **97**, 869, auf die Zuständigkeit zwischen ZPO und (jetzt) FamFG, BGH **97**, 291, und auf die geschäftliche Zuständigkeit, BGH NJW **97**, 869, Oldb FamRZ **78**, 345, nicht auf die örtliche, BGH NJW **97**, 869. Wegen des Verhältnisses zwischen der Zivilkammer und der Kammer für Handelssachen § 102 GVG. Wenn das AG oder das LG den Rechtsstreit an das zuständige Gericht verweist oder ihn dorthin abgibt, bindet diese Entscheidung dasjenige Gericht, an das die Sache nun gekommen ist, §§ 281, 506, 696, 700. Wenn ein ordentliches Gericht oder ein ArbG die Klage wegen sachlicher Unzuständigkeit abweist, gilt dieselbe Wirkung ohne Rücksicht auf die Begründung der Entscheidung. Sie gilt sogar dann, wenn das entscheidende Gericht eine etwa objektiv bestehende ausschließliche Zuständigkeit verkannt hatte. Die Frage der sachlichen Zuständigkeit läßt sich auch aus einem anderen Grund nicht wieder aufrollen. Demgegenüber bindet die Bezeichnung eines bestimmten Gerichts oder ArbG nicht. Im Verhältnis zu dem Gericht eines anderen Rechtszweigs gilt Entsprechendes, § 17 GVG Rn 3, 4.

3 **3) Voraussetzung: Rechtskraft.** § 11 setzt voraus, daß die Entscheidung zur Unzuständigkeit rechtskräftig geworden ist. Das gilt auch bei einem Beschluß außerhalb des Erkenntnisverfahrens. Er steht einem Urteil gleich. Das ist im Vollstreckungsverfahren oft so. Bei einem Beschluß im Erkenntnisverfahren gilt § 11 nicht. So ist es etwa bei einem Beschluß, durch den das Gericht einen Antrag auf die Bewilligung einer Prozeßkostenhilfe zurückgewiesen hatte, § 127.

Titel 2. Gerichtsstand

Übersicht

Schrifttum: *Gaede,* Zuständigkeitsmängel und ihre Folgen nach der ZPO, 1989; *Hofmann,* Die gerichtliche Zuständigkeit in Binnenschiffahrtssachen, 1996; *Kegel,* Gerichtsstand und Geschäftsgrundlage, in: Festschrift für *Henrich,* 2000; *Roth,* Gespaltener Gerichtsstand, Festschrift für *Schumann* (2001) 355; *Schwab,* Streitgegenstand und Zuständigkeitsentscheidung, Festschrift für *Rammos* (Athen 1979) 845; *Schwab,* Zum Sachzusammenhang bei Rechtsweg- und Zuständigkeitsentscheidung, in: Festschrift für *Zeuner* (1994); *Steinkamp,* Die Gerichte und ihre Zuständigkeiten, 1989. S auch bei Rn 4.

Gliederung

1) Systematik. Art 101 I 2 GG enthält um der in Art 20 GG verankerten Rechtsstaatlichkeit willen das Gebot des gesetzlichen Richters. Daraus folgt die Notwendigkeit der gesetzlichen Regelung des sachlich und örtlich zuständigen Richters. §§ 23 ff, 71 GVG regeln die erstinstanzliche sachliche Zuständigkeit, §§ 12 ff die örtliche. 1

2) Regelungszweck. Die Vorschriften sind teils zwingend, teils abdingbar, um der Parteiherrschaft nach Grdz 18 vor § 128 möglichst breiten Raum zu lassen. Andererseits gibt es zahlreiche zwingende Spezialvorschriften. Sie haben vor einfachen Gerichtstandsbestimmungen den Vorrang. Sie dienen der Rechtssicherheit nach Art 101 I 2 GG, Einl III 43. Sie dienen darüber hinaus der Gerechtigkeit, Einl III 9, 36. BayObLG MDR **96**, 850, LG Karlsr NJW **96**, 1417, AG Köln RR **95**, 185. Sie dienen auch dem rechtlichen Gehör nach Art 103 I GG, Einl III 16. Auch im Bereich der Vereinbarkeit nach § 38 gelten einschränkende Grenzen. Jeder Rechtsmißbrauch wäre ohnehin verboten, Einl III 54, auch bei der sog Erschleichung des Gerichtstands, Rn 22. Das alles zeigt ein fein ausgewogenes System mit mancher Bewegungsfreiheit zwecks Prozeßwirtschaftlichkeit, Grdz 14 vor § 128. 2

Daher sollte man bei der *Auslegung* nicht allzu streng vorgehen, solange keine wirkliche Manipulation droht. Das gilt allerdings bei der Bejahung wie Verneinung einer Zuständigkeit. In beiderlei Richtungen lassen sich mancherorts überraschende und nicht immer überzeugende Aktivitäten beobachten. Sie lenken eher vom Wesentlichen der Richteraufgaben ab. Auch der unzuständige Richter kann hervorragend sein, der zuständige mag weniger überragend wirken. Das gilt es vor einer Zuständigkeitsrüge mitzubedenken. Allerdings sollte ein Verweisungsbeschluß wenigstens knapp, aber nachvollziehbar begründet sein, um den Rechtsfrieden zu wahren. Das gilt auch bei § 37.

3) Geltungsbereich. §§ 12 ff gelten grundsätzlich in allen Verfahrensarten nach der ZPO, auch im WEG-Verfahren. Sie gelten wegen § 3 I InsO auch im Insolvenzverfahren, BGH NJW **02**, 960. Sie gelten auch im Bereich des § 113 I 2 FamFG. Freilich gibt es auch dort vorrangige Spezialregeln, §§ 232, 262, 267, 270 FamFG. Auch im übrigen FamFG finden sich durchweg vorrangige Bestimmungen, zB §§ 98 ff, 107, 122, 152 FamFG usw. 3

4) Begriff des Gerichtsstands: Pflicht zur Beachtung eines Bezirks. Gerichtsstand ist an sich die Verpflichtung, sein Recht vor einem bestimmten Gericht zu nehmen, sei es als Kläger, sei es als Bekl, BGH **101**, 273. Insofern würde der Begriff Gerichtsstand die örtliche, sachliche und alle anderen Arten der Zuständigkeit umfassen. Die Prozeßgesetze unterscheiden aber grundsätzlich zwischen der sachlichen Zuständigkeit und dem Gerichtsstand als der örtlichen Zuständigkeit, Grdz 3, 4 vor § 1. So verstanden bedeutet Gerichtsstand die Pflicht, die Streitsache vor das Gericht eines bestimmten Bezirks zu bringen, eines bestimmten Gerichtssprengels. Allerdings ist die Fachsprache der ZPO nicht einheitlich. In §§ 34, 40 II, 802 versteht die ZPO unter dem Begriff Gerichtsstand freilich ausnahmsweise die örtliche und die sachliche Zuständigkeit. §§ 12 ff regeln nur die örtliche Zuständigkeit für die erste Instanz. Die örtliche Zuständigkeit der höheren Instanzen folgt ohne weiteres aus derjenigen der ersten Instanz. Wegen des Verhältnisses zwischen der Zivilkammer und der Kammer für Handelssachen Üb vor § 93 GVG. 4

5) Gerichtsstand und Gerichtsbarkeit. Über das Verhältnis dieser beiden Begriffe Kblz OLGZ **75**, 380, Üb vor § 1 GVG. Über die Exterritorialität § 18 GVG. Soweit in Deutschland ein Gerichtsstand fehlt, darf kein deutsches Gericht tätig werden. Ein deutsches Gesetz kann keinen ausländischen Gerichtsstand begründen (Territorialitätsprinzip). Ob ein ausländischer Gerichtsstand vertraglich begründbar ist, muß man durch eine Auslegung ermitteln. Wenn keinerlei Anhaltspunkt für eine andere Regelung vorhanden ist, gilt nach dem internationalen Recht der Gerichtsstand des Erfüllungsorts, BVerwG NJW **78**, 1761. 5

6 **6) Internationale Zuständigkeit**

Schrifttum: *Ahrendt,* Der Zuständigkeitsstreit im Schiedsverfahren, 1996 (rechtsvergleichend betr §§ 1025 ff); *Buchner,* Kläger- und Beklagtenschutz im Recht der internationalen Zuständigkeit usw, 1998; *Bülow/Böckstiegel/Geimer/Schütze,* Der Internationale Rechtsverkehr in Zivil- und Handelssachen (Loseblattausgabe), 3. Aufl seit 1990; *Coester-Waltjen,* Internationale Zuständigkeit bei Persönlichkeitsrechtsverletzung, Festschrift für *Schütze* (1999) 175; *Coester-Waltjen,* Parteiautonomie in der internationalen Zuständigkeit, Festschrift für *Heldrich* (2005) 549; *Ganssauge,* Internationale Zuständigkeit und anwendbares Recht bei Verbraucherverträgen im Internet, 2004; *Geimer,* Internationales Zivilprozeßrecht, 5. Aufl 2005; *Geimer* NJW Sonderheft „BayObLG" **05**, 31 (Üb); *Gerichtshof der Europäischen Gemeinschaften* (Herausgeber), Internationale Zuständigkeit und Urteilsanerkennung in Europa, 1993; *Herget,* Die internationale Zuständigkeit im Electronic Commerce in der Europäischen Union, 2005; *Jayme/Hausmann,* Internationales Privat- und Verfahrensrecht, 12. Aufl 2004; *Kress,* Zuständigkeit elterlicher Verantwortung in der EU usw, 2006; *Kropholler,* Europäisches Zivilprozeßrecht, 8. Aufl 2005 (Bespr *Heiss* VersR **06**, 201, *Jayme* NJW **06**, 974); *Kropholler,* Internationales Privatrecht, 5. Aufl 2004, § 58; *Kropholler,* Internationale Zuständigkeit, in: Handbuch des Internationalen Zivilprozeßrechts Bd I (1982); *Kubis,* Internationale Zuständigkeit bei Persönlichkeits- und Immaterialgüterrechtsverletzung, 1999; *Leipold,* Lex fori, Souveränität, Discovery, Grundfragen des Internationalen Zivilprozeßrechts, 1989; *Linke,* Internationales Zivilprozeßrecht, 4. Aufl 2006 (Bespr *Gruber* FamRZ **06**, 1508); *Mankowski,* Internationale Zuständigkeit und anwendbares Recht, Festschrift für *Heldrich* (2005) 867; *Martiny,* Internationale Zuständigkeit für „vertragliche Streitigkeiten", Festschrift für *Geimer* (2002) 641; *Müller,* Internationale Zuständigkeit bei der Durchgriffshaftung, 1987; *Müller,* Die worldwide Mareva injunction. Entwicklung, internationale Zuständigkeit und Vollstreckung in Deutschland, 2002; *Nagel/Gottwald,* Internationales Zivilprozeßrecht, 6. Aufl 2007 (Bespr *Lipp* FamRZ **07**, 1524); *Ost,* Doppelrelevante Tatsachen im internationalen Zivilverfahrensrecht, 2002; *Pfeiffer,* Internationale Zuständigkeit und prozessuale Gerechtigkeit, 1995; *Pfeiffer,* Materialisierung und Internationalisierung im Recht der Internationalen Zuständigkeit, Festgabe *50 Jahre Bundesgerichtshof* (2000) III 617; *Pfennig,* Die internationale Zuständigkeit in Zivil- und Handelssachen, 1988; *Pichler,* Internationale Zuständigkeit im Zeitalter globaler Vernetzung, 2008; *Roth,* Die Reichweite der lex-fori-Regel im internationalen Zivilprozeßrecht, Festschrift für *Stree* und *Wessels,* 1993; *Schack,* Internationales Zivilverfahrensrecht, 4. Aufl 2006; *Schack,* Internationale Zuständigkeit und Inlandsbeziehung, in: Festschrift für *Nakamura* (1996); *Schütze,* Das Internationale Zivilprozessrecht unter Einschluss des Europäischen Zivilprozessrechts, 2. Aufl 2005; *Schulze-Beckhausen,* Internationale Zuständigkeit durch rügelose Einlassung im Europäischen Zivilprozeßrecht, 1994; *Schumann,* Internationale Zuständigkeit: Besonderheiten, Wahlfeststellung, doppelrelevante Tatsachen, Festschrift für *Nagel* (1987) 402; *Schurig,* Der Konnexitätsgerichtsstand nach Art. 6 Nr. 1 EuGVVO und die Verschleifung von örtlicher und internationaler Zuständigkeit im europäischen Zivilverfahrensrecht, Festschrift für *Musielak* (2004) 493; *Stauder,* Die internationale Zuständigkeit in Patentverletzungsklagen usw, Festschrift für *Schricker* (2005) 917; *Wagner,* Das deutsche internationale Privatrecht bei Persönlichkeitsrechtsverletzungen, 1986.

A. Allgemeines. Die Regeln zur internationalen Zuständigkeit beantworten die Frage, ob ein deutsches oder ein ausländisches Gericht eine Streitsache entscheiden muß, BGH ZZP **112**, 100. Man muß diese Frage nach dem deutschen Recht prüfen, BGH NJW **76**, 1581 und 1583, Kblz ZMR **97**, 186. Es handelt sich um eine Sachurteilsvoraussetzung, BAG MDR **08**, 694. Das Gericht muß sie auch in der Revisionsinstanz prüfen, BAG MDR **08**, 694. Die internationale Zuständigkeit läßt sich nach ihrem Wesen und nach ihrer Funktion von der örtlichen Zuständigkeit unterscheiden, BGH ZZP **112**, 100, Pfeiffer (bei Rn 6) 625, Schurig (oben vor A) 521. Die Notwendigkeit einer solchen Unterscheidung ergibt sich auch daraus, daß die Verletzung der internationalen Zuständigkeit zur Folge hat, daß man die ausländische Entscheidung nicht in Deutschland anerkennen kann, jedenfalls dann nicht, wenn eine ausschließliche internationale Zuständigkeit verletzt wurde. Wenn ein ausländisches Gericht die Regeln der internationalen Zuständigkeit verletzt hat, wird seine Entscheidung nicht von einem deutschen Gericht aufgehoben. Die ausländische Entscheidung erhält nur keine Wirksamkeit in Deutschland. Wenn aber über eine Klage vom Standpunkt des deutschen Rechts aus nicht ein inländisches Gericht entscheiden müßte, sondern ein ausländisches, darf das deutsche Gericht den Prozeß nicht an das ausländische Gericht verweisen, sondern muß die Klage abweisen.

Im deutschen Recht gibt es nur einige wenige *ausdrückliche Regelungen* zur internationalen Zuständigkeit, zB in §§ 23 a, 328 I Z 1 ZPO, (jetzt) §§ 98 ff FamFG, Düss NJW **91**, 1492. In den zunächst zu prüfenden internationalen Verträgen findet man solche Regeln häufiger, BGH **134**, 132. Insofern gilt vor allem (jetzt) die EuGVVO, SchlAnh V C 2 Artt 2 ff, BGH **134**, 132 und NJW **96**, 1412 (keine Rückwirkung), Fricke VersR **97**, 400, Martiny (vor A) 642. Vgl im übrigen zB Art 3 des deutsch-schweizerischen Abkommens, SchlAnh V B 1, ferner zB das Europäische Übk über Staatenimmunität. Man muß freilich stets beachten, daß der Richter des Urteilsstaats seine Zuständigkeit auch dann auf Grund der heimischen ZPO prüft, wenn ein internationaler Anerkennungs- und Vollstreckungsvertrag gilt. Der internationale Vertrag wendet sich vielmehr erst an den Richter des Anerkennungsstaats, BGH DB **77**, 719. Es handelt sich insofern um eine bloße Beurteilungsregelung.

7 **B. Anwendbarkeit der Gerichtsstandsregeln.** Die Vorschriften über die örtliche Zuständigkeit geben immerhin Fingerzeige dafür, ob eine Angelegenheit vom Standpunkt des deutschen Rechts aus der inländischen Gerichtsbarkeit unterliegt, sog Doppelfunktion, § 328 Rn 16, BGH RR **08**, 58, BAG NZA **05**, 297, Karlsr FamRZ **06**, 1393.

Soweit man Regeln zur Zuständigkeit heranzieht, muß man beachten, welche *Funktion* sie jeweils haben. Sie können sowohl die örtliche inländische Zuständigkeit als auch die internationale Zuständigkeit zum Gegenstand haben, BGH DB **77**, 719. § 18 Z 1 VOB/B regelt zB nur die örtliche, nicht die internationale Zuständigkeit, BGH **94**, 159. Im übrigen muß die Interessenlage bei der örtlichen und bei der internationalen Zuständigkeit gleich oder doch vergleichbar sein, um die Anwendbarkeit der Regeln zur ersteren auf die letztere zu ermöglichen, BGH NJW **81**, 2643. Die Parteiherrschaft nach Grdz 18 vor § 128 ist anerkannt, Coester-Waltjen (vor Rn 1) 561.

C. Prüfung von Amts wegen. Soweit es sich nur um die örtliche Zuständigkeit handelt, gilt zB § 513 II. Soweit es sich dagegen um die internationale Zuständigkeit handelt, gilt diese Vorschrift nicht. Vielmehr ist das eine Prozeßvoraussetzung eigener Art, BGH DB **77**, 719. Das Gericht muß sie in jedem Verfahrensabschnitt von Amts wegen prüfen. Das gilt auch in der Berufungsinstanz, Stgt GRUR-RR **02**, 55, und in der Revisionsinstanz, BGH NJW **07**, 3502, Karlsr RR **89**, 188. Daher kann man die Berufung und die Revision darauf stützen, der Vorderrichter habe die Zuständigkeit zu Unrecht angenommen, BGH **153**, 84, Karlsr RR **89**, 188. 8

D. Prüfungsreihenfolge. Wegen der vorherigen Erwägungen muß man auch die internationale Zuständigkeit grundsätzlich vor der örtlichen Zuständigkeit prüfen, BGH VersR **83**, 282, Hamm FamRZ **77**, 133. Jedoch darf man eine Rüge der internationalen Unzuständigkeit des angerufenen ArbG in der Berufungsinstanz nicht mehr beachten, falls ein anderes deutsches ArbG örtlich und damit international zuständig ist. Von der Prüfung der internationalen Zuständigkeit hängt unter anderem die Frage ab, ob das Gericht eine ausländische Entscheidung anerkennen kann, § 328 Rn 16–19. Anders liegt es insofern evtl bei einer solchen Entscheidung der Freiwilligen Gerichtsbarkeit. 9

E. Sonderfälle. Wegen der internationalen Zuständigkeit in einer FamFG-Sache §§ 98 ff FamFG; in einer Eisenbahnsache Art 44, 52 CIM, 40, 48 CIV, dazu Art 15 G v 26. 4. 74, BGBl II 357, Einl IV 14. Wegen CMR Saarbr VersR **76**, 267. Wegen einer solchen Vereinbarung, die die internationale Zuständigkeit zum Gegenstand hat, § 38 Rn 21 ff. 10

7) Einteilung der Gerichtsstände. Man teilt die Gerichtsstände meist wie folgt ein. 11

A. Gesetzlicher Gerichtsstand. Ihn ordnet ein Gesetz an. Man findet solche Gerichtsstände in der ZPO nicht nur im Titel 2, sondern vielfach, aber auch in anderen Gesetzen, zB: In §§ 488, 508 HGB, Basedow VersR **78**, 497; in § 105 UrhG; in § 15 GeschmG; § 215 I 2 VVG 2008; in § 6 BinnenSchiffVerfG; in §§ 2, 37 SVertO (vgl bei § 872); in §§ 246, 249, 275 AktG; in § 219 BauGB (Baulandsache); in §§ 61, 69 GmbHG; jeweils in § 34 der VOen über die Allgemeinen Bedingungen für die Versorgung mit elektrischem Strom, mit Gas, mit Fernwärme, mit Wasser. Zu dieser Gruppe zählen auch diejenigen Gerichtsstände, die sich in einer solchen Rechtsverordnung befinden, die auf Grund eines Gesetzes erlassen wurde, zB die Gerichtsstände von Energieversorgungsunternehmen auf Grund der AVB. Es kann ferner eine staatsvertragliche Regelung vorliegen, zB beim Abk über die Zuständigkeit des LG Hbg für Rechtsstreitigkeiten über technische Schutzrechte zwischen den Ländern Bremen, Hamburg, Mecklenburg-Vorpommern und Schleswig-Holstein, abgedruckt auch in GRUR **94**, 350.

Die gesetzlichen Gerichtsstände lassen sich wiederum einteilen: In *allgemeine* Gerichtsstände. Sie gelten für alle Streitsachen, für die ein besonderer ausschließlicher Gerichtsstand fehlt, §§ 12–18; ferner in besondere Gerichtsstände. Sie gelten nur für bestimmte Streitsachen oder für Gattungen solcher Streitigkeiten. Zur Zuständigkeit kraft Sachzusammenhangs Spellenberg ZZP **95**, 17.

B. Vereinbarter Gerichtsstand. Ihn begründet man vertraglich, §§ 38–40. 12

C. Gerichtlich bestimmter Gerichtsstand. Er entsteht durch eine gerichtliche Anordnung, § 36. 13

D. Ausschließlicher Gerichtsstand. Er verbietet grundsätzlich jeden anderen gesetzlichen, vereinbarten oder besonderen Gerichtsstand, § 12 Hs 2. Er besteht immer für die geschäftliche Zuständigkeit und für nichtvermögensrechtliche Sachen. Im übrigen besteht er nur dann, wenn das Gesetz ausdrücklich eine ausschließliche Zuständigkeit festlegt. Unter zwei konkurrierenden ausschließlichen Gerichtsständen gilt der etwa als vorrangig bestimmte, § 689 II 3. Andernfalls gilt derjenige Gerichtsstand, den das später erlassene Gesetz bestimmt oder den die Parteien ausnahmsweise vereinbaren dürfen. 14

E. Wahlfreier Gerichtsstand. Unter mehreren nicht ausschließlichen Gerichtsständen kann der Kläger nach § 35 frei wählen. Man darf diese Wahl keineswegs aus Kostenerwägungen einschränken, Köln MDR **76**, 496. Sie erfolgt durch die Klage oder durch einen Verweisungsantrag nach § 281. Vgl freilich § 261 III Z 1. 15

8) Bedeutung im Prozeß. Grundgedanke der Regelung ist die Bemühung um eine an der Natur der Sache und dem Gerechtigkeitsgedanken orientierte prozessuale Lastenverteilung, BayObLG MDR **96**, 850, Hbg WoM **90**, 394. Das muß man bei der Ermittlung des Gerichtsstands mitbeachten. 16

A. Prüfungspflicht des Gerichts. Das Gericht muß den Gerichtsstand ebenso wie seine örtliche Zuständigkeit als eine weitere Prozeßvoraussetzung nach Grdz 22 vor § 253 von Amts wegen prüfen, Grdz 39 vor § 128. Das gilt auch in der Revisionsinstanz, BGH NJW **99**, 1395. Der Bekl kann das Fehlen des Gerichtsstands erstinstanzlich auch nach §§ 282 III, 296 III rügen, in einer höheren Instanz nur eingeschränkt, §§ 532, 565. Von diesen Grundsätzen gelten nach § 39 und in den höheren Instanzen nach §§ 513 II, 555 Einschränkungen. Soweit nach § 38 eine Gerichtsstandsvereinbarung zulässig ist und soweit beide Parteien im Termin trotz der nach § 504 notwendigen Belehrung rügelos zur Hauptsache verhandeln, erübrigt sich nach § 39 eine weitere Prüfung. 17

Eine *Ausnahme* von dieser Regel gilt nach § 40 II 2. Ist der Bekl säumig, gilt die vom Kläger behauptete örtliche Zuständigkeit nur noch eingeschränkt als zugestanden, § 331 I 2. Treffen mehrere Klagegründe zusammen, muß man die örtliche Zuständigkeit für jeden von ihnen prüfen.

Das Gericht darf sich nicht auf eine Nachprüfung der rechtlichen Ausführungen in der Klagebegründung beschränken. Es muß vielmehr prüfen, ob nach den vorgebrachten tatsächlichen Behauptungen *irgendein* Gerichtsstand bei ihm begründet ist AG Marbach MDR **88**, 1061. Dabei ist zunächst die Klageschrift maßgeblich. Vgl freilich § 331 Rn 6. Eine schlüssige, stillschweigende Behauptung kann genügen, BGH **124**, 241, KG RR **01**, 1510, aM Würthwein ZZP **106**, 56 (aber die Anspruchsart kann auch die örtliche Zuständigkeit ergeben). Es genügt auch, daß die örtliche Zuständigkeit entweder bei der Klagerhebung nach § 261 III Z 2 oder bis zum Schluß der letzten Tatsachenverhandlung vorlag, § 300 Rn 6. Das Gericht stellt seine örtliche Zuständigkeit im Endurteil oder in einem Zwischenurteil nach §§ 280 II, 303 fest. Wegen der Feststellung der Unzuständigkeit Rn 20.

18 **B. Gerichtsstand des Beklagten usw.** In der Regel entscheidet der Gerichtsstand des Bekl, § 12. Etwas anderes gilt zB bei einer Klage auf Grund eines kaufmännischen Zurückbehaltungsrechts, § 371 IV HGB. Eine Duldungsklage ist ein Anhängsel der Klage gegen den Leistungspflichtigen. Deshalb gilt bei einer Verbindung der Gerichtsstand des letzteren. Im Mahnverfahren entscheidet grundsätzlich der Gerichtsstand des Antragstellers, § 689 II 1.

19 **C. Beweislast.** Der Kläger muß die örtliche Zuständigkeit des angerufenen Gerichts beweisen, wenn der Bekl diesen Gerichtsstand bestreitet. Nun fallen aber diejenigen Tatsachen, die die örtliche Zuständigkeit begründen, häufig mit solchen Tatsachen zusammen, die auch den sachlichrechtlichen Anspruch begründen. Dann braucht der Kläger die örtliche Zuständigkeit nicht besonders zu beweisen, soweit er die zur örtlichen Zuständigkeit maßgeblichen Tatsachen zugleich zur Begründung des sachlichrechtlichen Anspruchs beweisen muß, Saarbr FamRZ **79**, 797, Balzer NJW **92**, 2723. Wenn der Bekl den sachlichrechtlichen Anspruch bestreitet, bestreitet er noch nicht stets auch die örtliche Zuständigkeit des vom Kläger angerufenen Gerichts.

20 **D. Folgen der Unzuständigkeit.** Sobald die örtliche Unzuständigkeit des angerufenen Gerichts feststeht, muß es zunächst klären, ob entweder von Amts wegen eine Verweisung oder eine Abgabe erfolgen muß, §§ 696, 700, oder ob der Kläger und nicht auch oder nur der Bekl einen Antrag stellt, das Verfahren an das zuständige ordentliche Gericht oder ArbG zu verweisen, §§ 281 ZPO, 48 ArbGG, 17 ff GVG. Wenn eine derartige Verweisung oder Abgabe nicht von Amts wegen erfolgen darf oder muß und wenn auch der unter diesen Umständen erforderliche Antrag fehlt oder falls schließlich eine Verweisung aus anderen Gründen nicht möglich ist, muß das Gericht die Klage durch ein Prozeßurteil als unzulässig abweisen, Üb 5 vor § 300, AG Marbach MDR **88**, 1061. Eine solche Prozeßabweisung hat sachlichrechtlich keine innere Rechtskraftwirkung zur Hauptsache, § 322 Rn 5 „Prozeßurteil".

Die Einreichung einer Klage bei einem örtlich unzuständigen Gericht wahrt eine *Ausschlußfrist*, falls dieses Gericht den Rechtsstreit an das zuständige Gericht verweist. Das gilt selbst dann, wenn der Kläger eine ausschließliche Zuständigkeit übersehen hatte.

21 **E. Abhängiger Anspruch.** Für einen solchen Anspruch gilt der Gerichtsstand des Hauptanspruchs, wenn der Kläger einen abhängigen Anspruch im Prozeß gegen den Hauptschuldner erhebt. Das kommt zB für einen Anspruch auf eine Duldung der Zwangsvollstreckung in Betracht.

22 **9) Erschleichung des Gerichtsstands.** Es kommt auf die Person des Täters an.

A. Verstoß des Klägers. Treu und Glauben beherrschen auch das Prozeßrecht, Einl III 54. Niemand darf seinem gesetzlichen Richter gegen seinen Willen entzogen werden, Art 101 I 2 GG. Es ist durchaus nicht unerheblich, welcher Richter urteilt. Das gilt schon deshalb, weil die Verteidigung aus der Sicht des Bekl bei dem einen Richter leichter sein mag als beim anderen. Aus diesen Gründen und wegen des Gebots der Prozeßwirtschaftlichkeit nach Grdz 14, 15 vor § 128 begründet bereits jede objektive, wenn auch vielleicht unbeabsichtigte, Erschleichung des Gerichtsstands den Einwand der Arglist, § 2 Rn 7, BGH **132**, 196, KG GRUR-RR **08**, 212, LG Bln RR **97**, 378.

23 Das Gericht muß seine Zuständigkeit bei einem erschlichenen Gerichtsstand aber auch *von Amts wegen* verneinen, Grdz 39 vor § 128. Denn es muß einen Verstoß gegen Treu und Glauben ohne eine Heilungsmöglichkeit etwa nach §§ 39, 295 in jeder Lage des Verfahrens auch von Amts wegen beachten, Hamm NJW **87**, 138. Das scheint Kblz MDR **86**, 1032 nicht geprüft zu haben. Wegen der Problematik der Allgemeinen Geschäftsbedingungen § 38 Rn 6 ff.

24 **B. Verstoß des Beklagten.** Solange der Kläger lauter und nicht vorwerfbar handelt, wäre es nach Einl III 54 arglistig, wenn sich der Bekl hinter einer an sich feststehenden Unzuständigkeit verschanzen dürfte, ohne sachliche Einwände vortragen zu müssen. Dann würde das Verhalten des Bekl nämlich lediglich einer Verschleppung dienen. Dabei sind scharfe Anforderungen notwendig, Düss BB **77**, 1523, Ffm MDR **80**, 318. Dann muß das Gericht trotz seiner örtlichen Unzuständigkeit und trotz ihrer etwaigen Rüge zur Sache verhandeln und den Bekl verurteilen.

25 Diese Möglichkeit besteht nicht, soweit ein anderes Gericht örtlich *ausschließlich* zuständig ist, Rn 14.

12 ***Allgemeiner Gerichtsstand; Begriff.*** **Das Gericht, bei dem eine Person ihren allgemeinen Gerichtsstand hat, ist für alle gegen sie zu erhebenden Klagen zuständig, sofern nicht für eine Klage ein ausschließlicher Gerichtsstand begründet ist.**

Gliederung

1 **1) Systematik.** Zur Einteilung der Gerichtsstände Üb 11 ff vor § 12. Das Gericht muß den allgemeinen gesetzlichen Gerichtsstand einer natürlichen Person nach dem erfahrungsgemäß vorhandenen Grad der Schwierigkeit des Auffindens und unter einer Berücksichtigung der Lebenserfahrung, aus der ja der Wohnsitz abgeleitet ist, in folgender Reihenfolge prüfen: Zunächst nach dem Wohnsitz, §§ 13, 15; anschließend nach dem Aufenthaltsort im Inland, § 16 Hs 1; sodann nach dem letzten Wohnsitz, § 16 Hs 2; schließlich nach einem etwaigen besonderen Gerichtsstand, §§ 20 ff. Wenn nach keiner dieser Möglichkeiten ein Gerichts-

stand besteht, muß man im Ausland klagen. Das alles gilt auch bei einer Partei kraft Amts, Grdz 8 ff vor § 50, zB beim Insolvenzverwalter, Rn 4.

2) Regelungszweck. Das in Rn 1 dargestellte Rangsystem dient der Prozeßwirtschaftlichkeit, Grdz 14 vor § 128. 2

Es ist nicht selbstverständlich, auf den *Bekl* abzustellen. Im Mahnverfahren stellt die ZPO jedenfalls zunächst auf den Antragsteller ab, § 689 II 1. Das hat aber seinen Grund in der grundsätzlich ja auch statistisch belegbar berechtigten Annahme, es werde dort gar nicht erst zum streitigen Verfahren kommen. Eine Klage löst aber stets ein solches aus. Wer einen anderen in ein solches Prozeßrechtsverhältnis zieht, das auf ein Urteil abzielt, der soll den Bekl grundsätzlich nicht auch noch stets zu Reisen zwingen, EuGH NJW **02**, 1409, BGH **115**, 92, LG Karlsr NJW **96**, 1418.

Tatort ist freilich ein weiter grundsätzlicher gleichberechtigter Anknüpfungspunkt für den Gerichtstand, etwa bei § 32. Belegenheit des Streitgegenstands ist wieder eine andere Anknüpfungsmöglichkeit, zB in §§ 24 ff. Es kommt also keineswegs nur auf eine Erleichterung für den Bekl an. Im übrigen zeigen ja auch §§ 13 ff die nur bedingte Brauchbarkeit des Wohnsitzprinzips. Das gilt besonders bei einer steigenden Mobilität des Lebens, wie es eine moderne Wirtschaft mit sich bringt. Deshalb sind die dem § 12 vorgelagerten anderen Gerichtstände keineswegs zu eng auslegbar. Vielmehr rückt § 12 eher in Wahrheit in die Nähe eines halben bloßen Hilfsgerichtsstands trotz seines formellen Regelcharakters.

3) Geltungsbereich. Vgl Üb 3 vor § 12. 3

4) Verhältnis zu besonderen Gerichtsständen. Es stehen sich ein Grundsatz und mehrere Ausnahmen gegenüber. 4

A. Grundsatz: Geltung neben einem „einfachen" besonderen Gerichtsstand. § 12 gilt auch dann, wenn daneben ein besonderer, aber nicht gerade nach Üb 14 vor § 12 ausschließlicher Gerichtsstand besteht. Ein derart „einfacher" besonderer Gerichtsstand kann durch ein Gesetz oder für bestimmte Arten von Geschäften durch die Satzung einer öffentlichrechtlichen Körperschaft anders bestehen, soweit ein Gesetz oder eine gesetzliche Ermächtigung für eine solche Satzung vorliegen. Wegen des Insolvenzverwalters § 19 a Rn 1.

B. Vorrang eines ausschließlichen Gerichtsstands. Insbesondere soweit das Gesetz ausdrücklich einen Gerichtsstand als den ausschließlichen bezeichnet, hat diese Form des besonderen Gerichtsstands allerdings den Vorrang vor § 12, Üb 14 vor § 12. 5

5) Beispiele zur Frage einer ausschließlichen Zuständigkeit 6

Abzahlungsgeschäft: Rn 11 „Verbraucherkredit".

Aktiengesellschaft: Bei einer Anfechtung des Beschlusses einer Hauptversammlung oder bei der Nichtigkeitsklage gegen einen solchen Beschluß geben §§ 246, 249 AktG ausschließliche Zuständigkeiten.

Allgemeine Geschäftsbedingungen: Rn 11 „Verbandsklage".

Allgemeiner Gerichtsstand: Auch er kann ausschließlich sein, zB bei §§ 802, 828, Rn 12 „Zwangsvollstreckung", sowie bei § 26 FernUSG, abgedruckt § 29 Anh.

Ehesache: Üb 3 vor § 12.

Familiensache: Üb 3 vor § 12.

Fernunterricht: Der allgemeine Gerichtsstand nach § 26 FernUSG, abgedruckt § 29 Anh, ist ein ausschließlicher.

Genossenschaft: §§ 51, 109, 112 GenG geben ausschließliche Zuständigkeiten.

Gesellschaft mit beschränkter Haftung: §§ 61, 62 GmbHG geben ausschließliche Zuständigkeiten.

Güterrecht: S „Familiensache".

Hausratssache: Üb 3 vor § 12. 7

Haustürgeschäft: § 29 c.

Insolvenz: Die in der InsO genannten Zuständigkeiten sind ausschließliche. Vgl aber Rn 4.

Kindschaftssache: Üb 3 vor § 12.

Kindesherausgabe: Üb 3 vor § 12.

Mahnverfahren: § 689 II, III enthalten ausschließliche örtliche Zuständigkeiten. Daher gibt auch § 700 für den entsprechenden Vollstreckungsbescheid eine ausschließliche Zuständigkeit („das Gericht" meint dasjenige nach § 689). 8

Miete: Ein ausschließlicher Gerichtsstand gilt nach § 29 a für die dort genannten Ansprüche.

Pacht: Ein ausschließlicher Gerichtsstand gilt nach § 29 a für die dort genannten Ansprüche.

Patentsache: Die Patentgerichte sind ausschließlich zuständig.

Pflegschaft: Üb 3 vor § 12.

Raum: S „Miete", „Pacht".

Scheidung: Üb 3 vor § 12.

Selbständiges Beweisverfahren: Die in § 486 I–III genannten Gerichte sind im jeweiligen dortigen Rahmen ausschließlich zuständig. Das ergibt sich zwar nicht aus dem Wortlaut von § 486, wohl aber aus der Natur der Sache. § 486 III eröffnet zwar eine gewisse Wahlmöglichkeit, aber nur zwischen mehreren nach der Wahl jeweils ausschließlichen Gerichtsständen. 9

Sorgerecht: Üb 3 vor § 12.

Unlauterer Wettbewerb: (Jetzt) § 13 UWG gibt in einer unvollständigen Aufzählung ausschließliche Zuständigkeit, BGH MDR **85**, 911. 10

Unterhalt: Üb 3 vor § 12.

Verbandsklage: Bei § 6 UKlaG gilt eine ausschließliche Zuständigkeit, dazu in Bayern VO v 5. 5. 77, GVBl 197, in Nordrhein-Westfalen VO v 18. 3. 77, GVBl 133. 11

Versicherungsrecht: § 215 I 2 VVG gibt eine ausschließliche Zuständigkeit. Die Vorschrift gilt freilich nicht bei einer Klage des geschädigten Dritten gegen die Versicherung.

Versorgungsausgleich: Üb 3 vor § 12.

Vormundschaft: Üb 3 vor § 12.

12 **Zurückbehaltungsrecht:** § 371 IV HGB (Gerichtsstand des Klägers beim Befriedigungsrecht) ist nicht ausschließlich.

Zwangsvollstreckung: § 764 II enthält der Sache nach eine ausschließliche örtliche und sachliche Zuständigkeit. Das klärt § 802 auch für alle übrigen im Buch 8 angeordneten Gerichtsstände.

13 *Allgemeiner Gerichtsstand des Wohnsitzes.* **Der allgemeine Gerichtsstand einer Person wird durch den Wohnsitz bestimmt.**

1 **1) Systematik, Regelungszweck.** Vgl zunächst Üb 1, 2 vor § 12, ferner § 12 Rn 1, 2. Die Technik der indirekten Verweisung auf das BGB nach Rn 2 ist sinnvoll und zweckmäßig. Man sollte den Wohnsitzbegriff prozessual nicht zu eng auslegen.

2 **2) Geltungsbereich.** Vgl Üb 3 vor § 12.

3 **3) Wohnsitz.** Maßgebend ist der inländische Wohnsitz einer natürlichen Person, Hamm FamRZ **05**, 1259, und nur dieser, nicht ein ausländischer, BGH NJW **96**, 1412. Der inländische Wohnsitz bildet ihren allgemeinen Gerichtsstand. Das gilt bei jeder Art von Partei, Düss JB **96**, 98, auch zB bei der Partei kraft Amts nach Grdz 8 ff vor § 50, etwa beim Insolvenzverwalter, BGH Rpfleger **84**, 68. Der Wohnsitz ist nicht dasselbe wie eine Wohnung nach § 178. Man muß den Wohnsitz nach den § 7–11 BGB beurteilen, BGH NJW **02**, 960, Bengelsdorf BB **89**, 2394. Danach kommt es auf die ständige Niederlassung in der Absicht an, den Ort zum Mittelpunkt der wirtschaftlichen und gesellschaftlichen Tätigkeit zu gestalten. Ort ist dabei die politische Gemeinde, BayObLG Rpfleger **90**, 73, evtl der Gerichtsbezirk, BVerfG NJW **80**, 1619. Vgl § 172 Rn 5 ff, aber auch § 15. Die Anmeldung beim Einwohnermeldeamt ist weder erforderlich noch ausreichend. Sie ist allerdings meist ein Beweisanzeichen, BGH NJW **02**, 960, BayObLG **94**, 348. Eine Strafhaft begründet nicht stets einen Wohnsitz, BGH RR **96**, 1217, ebensowenig eine bloße Briefkastenanschrift, BGH **132**, 196.

Die *Ehefrau* kann einen eigenen Wohnsitz begründen. Der dreiwöchige Aufenthalt im Frauenhaus reicht nicht, BGH NJW **95**, 1224. Wegen des abgeleiteten Wohnsitzes der Kinder § 11 BGB, BGH RR **92**, 578. Wenn ein Wohnsitz im Inland fehlt und wenn auch § 16 nicht anwendbar ist, fehlt ein inländischer allgemeiner Gerichtsstand. Ein Wohnsitz im Ausland hat nur eine ausschließende Bedeutung, § 16 Rn 2.

4 **4) Auslandsbezug.** Wo jemand in Deutschland seinen Wohnsitz hat, das richtet sich auch bei einem Ausländer nach dem deutschen Recht, BGH FamRZ **94**, 299. Wegen der deutschen Gerichtsbarkeit über Angehörige der fremden Streitkräfte SchlAnh III. Wenn eine politische Gemeinde in mehrere Gerichtssprengel zerfällt, entscheidet die ständige Niederlassung innerhalb der Gemeinde, BVerfG NJW **80**, 1619. Mehrere Wohnsitze können mehrere Gerichtsstände begründen.

14 (weggefallen)

15 *Allgemeiner Gerichtsstand für exterritoriale Deutsche.* I [1] **Deutsche, die das Recht der Exterritorialität genießen, sowie die im Ausland beschäftigten deutschen Angehörigen des öffentlichen Dienstes behalten den Gerichtsstand ihres letzten inländischen Wohnsitzes.** [2] **Wenn sie einen solchen Wohnsitz nicht hatten, haben sie ihren allgemeinen Gerichtsstand beim Amtsgericht Schöneberg in Berlin.**

II **Auf Honorarkonsuln ist diese Vorschrift nicht anzuwenden.**

1 **1) Systematik, I, II.** Vgl zunächst Üb 1 vor § 12, § 12 Rn 1. § 15 ist eine prozessuale Sondervorschrift. Sie ergänzt §§ 7 ff BGB und läßt die besonderen Gerichtsstände der §§ 20 ff und einen etwa bestehenden ausländischen Gerichtsstand unberührt. § 29 a geht nur beim inländischen Raum vor, LG Bonn RIW **75**, 49.

2 **2) Regelungszweck, I, II.** Die Vorschrift dient einer Aufrechterhaltung auch der tatsächlichen deutschen Gerichtsbarkeit im Interesse der Prozeßwirtschaftlichkeit im weiteren Sinn, Grdz 14 vor § 128 und zur Vermeidung einer Notwendigkeit, einen inländischen Gerichtsstand nach § 38 II zu vereinbaren.

3 **3) Geltungsbereich, I, II.** Vgl zunächst Üb 3 vor § 12. Die Vorschrift gilt für folgende Personen: Für einen exterritorialen Deutschen, also für einen im Ausland nach dem Völkerrecht Exterritorialen im Sinn von §§ 18, 19 GVG, BGH NJW **06**, 1810; für einen im Ausland dauernd beschäftigten, dort aber nicht exterritorialen deutschen Angehörigen des öffentlichen Dienstes, sei er ein Beamter, Angestellter oder ein Arbeiter, auch für einen Berufskonsul, nicht aber für einen Honorarkonsul, II; für einen befristet Angestellten, AG Bln-Schöneb FamRZ **07**, 1558; für ein Kind einer solchen Person, soweit das Kind einen abgeleiteten Gerichtsstand hat; hilfsweise nach I 2 auch als ein besonderer Gerichtsstand der Erbschaft, § 27 II.

4 **4) Gerichtsstand, I, II.** Eine in Rn 3 genannte Person behält den Gerichtsstand ihres letzten Wohnsitzes im Inland auch dann, wenn sie sich im Ausland befindet, I 1. Das gilt auch dann, wenn sie den Wohnsitz im Inland aufgegeben hatte. Wenn sie überhaupt keinen inländischen letzten Wohnsitz hatte, hat sie ihren allgemeinen Gerichtsstand beim AG Bln-Schöneberg, I 2. Der sachliche Gerichtsstand bleibt beim LG Berlin. Ein Streit über den letzten inländischen Wohnsitz muß entscheidungserheblich sein, BGH NJW **06**, 1810.

16 *Allgemeiner Gerichtsstand wohnsitzloser Personen.* **Der allgemeine Gerichtsstand einer Person, die keinen Wohnsitz hat, wird durch den Aufenthaltsort im Inland und, wenn ein solcher nicht bekannt ist, durch den letzten Wohnsitz bestimmt.**

Schrifttum: *Kegel,* Was ist gewöhnlicher Aufenthalt?, Festschrift für *Rehbinder* (2002) 699.

1) Systematik, Regelungszweck. Vgl zunächst Üb 1, 2 vor § 12, § 12 Rn 1, 2 und sodann die auch auf § 16 anwendbaren Erwägungen § 15 Rn 1. Eine Vorschrift mit einem ausschließlichen Gerichtsstand des Aufenthaltsorts geht vor, zB §§ 14 I 2 UWG, 6 I 2 UKlaG. 1

2) Geltungsbereich. Vgl zunächst Üb 3 vor § 12. Die Vorschrift gilt bei jeder Klage. § 16 ist dann anwendbar, wenn jemand überhaupt keinen Wohnsitz nach § 13 Rn 3 hat, Saarbr RR **93**, 191, LG Hbg RR **95**, 184, LSG Kiel ZIP **88**, 1141. Wenn er einen Wohnsitz nur im Ausland hat, muß man die Klage gegen ihn dort erheben, falls ein besonderer inländischer Gerichtsstand fehlt. Ob ein Deutscher einen Wohnsitz im Ausland hat, richtet sich nach dem deutschen Recht. Ob ein Ausländer einen Wohnsitz im Ausland hat, richtet sich nach dem ausländischen Recht. Wegen des Gerichtsstands des Ehegatten oder sonstigen Angehörigen der Partei gilt § 13. Wegen der EuGVVO SchlAnh V C 2, Artt 2, 39 II, § 2 II AVAG, Saarbr RR **93**, 191. 2

3) Inlandsaufenthalt, hilfsweise letzter Wohnsitz. Für denjenigen, der überhaupt keinen Wohnsitz hat, enthält § 16 den allgemeinen Gerichtstand des Aufenthalts. § 16 ist anwendbar, wenn unklar ist, ob bei der Aufgabe des letzten Wohnsitzes noch eine Geschäftsfähigkeit bestand, BGH FamRZ **87**, 694. Aufenthalt ist der Daseinsmittelpunkt, Kegel (vor Rn 1) 706, das tatsächliche gewollte oder ungewollte, gewöhnliche dauernde (firma habitatio) oder vorübergehende körperliche Sein an einem Ort, BGH MDR **87**, 829 (Klinik), LG Hbg RR **95**, 184 (an Bord eines Motorschiffs auf den Bahamas). Maßgeblich ist, wo man schläft, Kegel (vor Rn 1) 706. Eine Durchfahrt kann ausreichen, BayObLG NJW **03**, 596, auch eine sog Verschubung des Inhaftierten, BayObLG VersR **85**, 742. Vgl freilich auch § 606 Rn 10. Man muß aber grundsätzlich länger anwesend gewesen sein oder wahrscheinlich bleiben, damit ein „gewöhnlicher" Aufenthalt entsteht, meist ca 6 Monate, Kegel (vor Rn 1) 706. Freilich fordert § 16 nicht ausdrücklich einen „gewöhnlichen" Aufenthalt. Eine vorübergehende Unterbrechung beseitigt den auf eine längere Zeit berechneten Aufenthalt nicht, BGH MDR **84**, 134. 3

Solange *kein neuer Aufenthalt* bekannt ist, bestimmt der letzte Wohnsitz den allgemeinen Gerichtsstand, BGH RR **92**, 578, Zweibr JB **99**, 553, LG Hbg/LG Halle Rpfleger **02**, 467 (zustm Schmidt). Das gilt auch dann, wenn ein Aufenthalt im Ausland bekannt ist, aber nicht dann, wenn im Ausland ein Wohnsitz besteht. „Inland" ist bei § 16 ganz Deutschland, Einl III 77, aber auch nicht mehr, § 917 Rn 10. Ein nachträgliches Bekanntwerden des Aufenthalts ist unerheblich, § 261 III Z 2. Ein mehrfacher Aufenthalt ist rechtlich möglich, Kegel (vor Rn 1) 706.

4) Beweislast. Es reicht stets, wenn der Kläger nachweist, daß er seine Ermittlungen mit aller Sorgfalt angestellt hat, zB durch eine Auskunft des Einwohnermeldeamts usw, BGH RR **92**, 578. Für den Gerichtsstand des Aufenthalts muß der Kläger schon wegen § 331 I 1 behaupten und im Streit auch beweisen, daß ein Wohnsitz des Bekl im Inland wie im Ausland fehlt und daß der Bekl sich im Bezirk des Gerichts aufhält. Der Bekl kann dann den Gerichtsstand des § 16 dadurch ausschließen, daß er einen Wohnsitz nachweist. Für den Gerichtsstand des letzten Wohnsitzes muß der Kläger beweisen, daß ein Wohnsitz des Bekl im Inland wie im Ausland fehlt und daß auch kein deutscher Aufenthaltsort bekannt ist. Der Bekl kann dann die Anwendbarkeit des § 16 entweder wie bei Rn 3 oder durch den Gegenbeweis ausschließen, daß ein Aufenthaltsort bekannt und nicht bloß vorhanden ist. 4

17 *Allgemeiner Gerichtsstand juristischer Personen.* **I [1] Der allgemeine Gerichtsstand der Gemeinden, der Korporationen sowie derjenigen Gesellschaften, Genossenschaften oder anderen Vereine und derjenigen Stiftungen, Anstalten und Vermögensmassen, die als solche verklagt werden können, wird durch ihren Sitz bestimmt. [2] Als Sitz gilt, wenn sich nichts anderes ergibt, der Ort, wo die Verwaltung geführt wird.**

II Gewerkschaften haben den allgemeinen Gerichtsstand bei dem Gericht, in dessen Bezirk das Bergwerk liegt, Behörden, wenn sie als solche verklagt werden können, bei dem Gericht ihres Amtssitzes.

III Neben dem durch die Vorschriften dieses Paragraphen bestimmten Gerichtsstand ist ein durch Statut oder in anderer Weise besonders geregelter Gerichtsstand zulässig.

Gliederung

1) Systematik, Regelungszweck, I–III. Vgl zunächst Üb 1, 2 vor § 12. Während §§ 12–16 die natürliche Person betreffen, regeln §§ 17–22 die Rechtslage bei fast allen verbleibenden anderen Rechtssubjekten als Bekl., also mit Ausnahme der in §§ 18, 19, 19 a Genannten. Sie gilt bis zur Vollbeendigung, also auch noch im Abwicklungsstadium. § 17 enthält einen allgemeinen Gerichtsstand, Karlsr RR **08**, 946. Es gilt für jede inländische oder ausländische Prozeßpartei, die passiv parteifähig ist, ohne eine natürliche Person zu sein, § 50 Rn 6. I 1 enthält keine abschließende Aufzählung. Auch hier ist ein ausschließlicher Gerichtsstand möglich, Üb 14 vor § 12, zB §§ 132, 246, 249, 275 AktG, § 75 GmbHG, § 51 III GenG. 1

Man muß den nach den allgemeinen Vorschriften bestimmten Sitz einerseits und eine *Niederlassung* nach § 21 andererseits unterscheiden, BayObLG DB **02**, 1545. III nennt darüber hinaus auch einen sog Nebensitz, Rn 5. Der Gerichtsstand des § 17 endet erst mit dem Verlust der Parteifähigkeit und nicht schon mit dem Eintritt in das Stadium der Abwicklung, § 50 Rn 21. Dabei gelten wegen des Regelungszwecks die Erwägungen § 12 Rn 2, § 13 Rn 2 entsprechend.

2 **2) Gemeinden usw, I.** Die in I Genannten haben einen allgemeinen Gerichtsstand an ihrem Sitz. Das ist nach I 2 und auch im Zweifel derjenige Ort, an dem sich die Verwaltung befindet, BGH WoM **05**, 67, Karlsr RR **08**, 946, also die geschäftliche Leitung durch den oder die gesetzlichen Vertreter, BGH **97**, 272, Dütz DB **77**, 2217, Wertenbruch NJW **02**, 325. Daher bestimmen den Sitz: In erster Linie das Gesetz, die Satzung, Ffm RR **08**, 634, oder die Verleihung, §§ 24, 80, 22 BGB, Dütz DB **77**, 2217. Wegen der Vertretungsorgane der Gemeinden § 51 Rn 14, 17; hilfsweise der Mittelpunkt der (wirklichen) Oberleitung. Ein Doppelsitz ist möglich, LG Bln WertpMitt **94**, 1246, aM Bork ZIP **95**, 609 (aber die Wirklichkeit ist maßgeblich). Einzelheiten Rn 6 ff. Art 60 EuGVVO SchlAnh V C 2, ist anwendbar, Ffm RR **08**, 634.

3 **3) Bergrechtliche Gewerkschaft, II.** Die Vorschrift erfaßt nur eine solche Gewerkschaft, die die Parteifähigkeit besitzt. Es entscheidet die Lage des Grubenfelds. Unter Umständen sind also mehrere Gerichte örtlich zuständig. Der Sitz der Verwaltung ist bei II unerheblich. Allerdings gilt jetzt vorrangig das BBergG v 13. 8. 80, BGBl 1310, zuletzt geändert am 26. 11. 01, BGBl 3138.

4 **4) Behörden, II.** Es ist sehr zweifelhaft, ob es eine Behörde gibt, die nicht als eine selbständige juristische Person unter I fällt, gleichwohl „als solche verklagt werden kann". Richtig ist es wohl, auch eine solche Behörde als einen Vertreter des Fiskus aufzufassen. II ergibt insofern einen Gerichtsstand des Fiskus.

5 **5) Besondere Regelung, III.** Eine Satzung, ein Statut oder eine behördliche Genehmigung usw können für die in § 17 genannte Person einen weiteren allgemeinen Gerichtsstand schaffen, BGH NJW **98**, 1322 (offen, ob auch für das Mahnverfahren). Dieser weitere Gerichtsstand besteht aber immer nur neben demjenigen aus § 17 und schließt den letzteren keineswegs aus. Die Anordnung braucht nicht nur verbandsintern erfolgt zu sein. Eine derartige Anordnung für bestimmte Rechtsverhältnisse kann aus § 38 wirken.

6 **6) Beispiele zur Frage einer Geltung von I, III**

Aktiengesellschaft: I, III gelten für sie, BGH NJW **98**, 1322, BayObLG DB **02**, 1545. Hier ist in erster Linie die Satzung sowie die Eintragung maßgeblich, Brdb RR **06**, 1193. § 17 gilt für den Passivprozeß, § 689 II für den Aktivprozeß, BayObLG DB **02**, 1545.

Anstalt: I, III gelten für sie, mag sie öffentlichrechtlich oder privatrechtlich sein.

Anwaltssozietät: I, III gelten über § 22 auch bei ihr, Köln NJW **04**, 862.

Briefkastenfirma: Bei einer bloßen sog Briefkastenfirma (Briefkastensitz) schützt auch I, III nicht diesen Rechtsmißbrauch, Einl III 54.

Deutsche Bahn AG: I, III gelten für sie. Ihr Sitz ist Berlin.

Deutsche Post AG: I, III gelten für sie. Sie hat ihren Sitz in Bonn, § 1 II ihrer Satzung (Anh zu § 7 PostUmwG).

Deutsche Postbank AG: I, III gelten für sie. Ihr Sitz ist Bonn.

Deutsche Telekom AG: I, III gelten für sie. Ihr Sitz ist Bonn.

Fiskus: In Abweichung von Rn 7 „Juristische Person" gelten I–III nicht für den Fiskus. Vgl für ihn § 18.

Gebietskörperschaft: I, III gelten für sie.

7 **Genossenschaft:** I, III gelten neben §§ 6, 12, 87 GenG auch für sie.

Gesellschaft bürgerlichen Rechts: Die Vorschrift gilt für die BGB-Gesellschaft, Köln OLGR **03**, 247, LG Bonn RR **02**, 1400, Wertenbruch NJW **02**, 325.

Gesellschaft mit beschränkter Haftung: I, III gelten für sie, § 3 I Z 1, § 7 GmbHG. Der Sitz ist auch dann maßgeblich, wenn die Verwaltung an einem anderen Ort besteht, Stgt BB **77**, 414, oder die Zweigniederlassung, BGH NJW **78**, 321, oder wenn es um eine Vor-GmbH geht, Brdb MDR **04**, 350, oder wenn es um ein Abwicklungsproblem einer gelöschten GmbH geht, Kblz Rpfleger **89**, 251, oder wenn die GmbH ihre Tätigkeit eingestellt hat, BayObLG BB **03**, 2370.

Gewerkschaft des Arbeitsrechts: I, III gelten für sie, (II erfaßt eine bergrechtliche), § 10 ArbGG, BGH NJW **80**, 343, aM Schrader MDR **76**, 726.

Innung: I, III gelten für sie.

Insolvenzverfahren: § 17 gilt bei § 36, BayObLG BB **03**, 2370. Wegen der Insolvenzmasse § 12 Rn 3, § 19 a.

Juristische Person: I, III gelten grds bei einer juristischen Person, BayObLG DB **02**, 1545, Hbg MDR **77**, 759. Der Sitz ergibt sich grds aus der Registeranmeldung. Sie kann mehrere Sitze haben.
S aber auch Rn 6 „Fiskus".

Kapitalgesellschaft: I, III gelten für sie.

8 **Kirche:** Wegen der evangelisch-lutherischen Kirche Scheffler NJW **77**, 740 (Üb).

Kommanditgesellschaft: I, III gelten für die KG, § 161 II HGB.

9 **Offene Handelsgesellschaft:** I, III gelten für die OHG, § 124 HGB. Sie hat ihren Sitz am Betriebsmittelpunkt.

Öffentlichrechtliche Anstalt oder Körperschaft: I, III gelten für sie.

Partnerschaft: I, III gelten für sie, § 7 II PartGG.

Politische Partei: I, III gelten für sie, § 3 PartG, Köln DtZ **91**, 28.

Post: Rn 6 „Deutsche Post".

Rechtsmißbrauch: Rn 6 „Briefkastenfirma".

Sozialversicherung: I, III gelten für sie.

Stiftung: I, III gelten für sie, mag sie öffentlichrechtlich oder privatrechtlich sein.

10 **Telekom:** Rn 6 „Deutsche Post".

Verein: I, III gelten für den eingetragenen und auch für den nicht rechtsfähigen Verein, § 50 II, Dütz DB **77**, 2217, aM ZöV 9.
Vermögensmasse: I, III kann für sie gelten. Wegen der Insolvenzmasse Rn 7.
Versicherung: Bei einem privaten Versicherungsunternehmen gilt das VAG, LG Ffm VersR **75**, 994. Das erörtert BGH NJW **98**, 1322 nicht mit. Vgl auch § 215 I 2 VVG.
Zweckverband: I, III gelten für ihn.

18 *Allgemeiner Gerichtsstand des Fiskus.* **Der allgemeine Gerichtsstand des Fiskus wird durch den Sitz der Behörde bestimmt, die berufen ist, den Fiskus in dem Rechtsstreit zu vertreten.**

Schrifttum: *Piller/Hermann,* Justizverwaltungsvorschriften (Loseblattausgabe) Nr 5 c; *Stöber,* Forderungspfändung, 13. Aufl 2002, Anh 9 ff (Drittschuldnervertretung).

Gliederung

1 **1) Systematik.** Vgl zunächst Üb 1, 2 vor § 12, § 17 Rn 1. § 18, ergänzt durch § 19, betrifft als eine vorrangige Sondervorschrift im Bereich der juristischen Person als Bekl den allgemeinen Gerichtsstand des Fiskus, also des Staats als eines Trägers von Vermögensrechten, nicht von Hoheitsrechten.

2 **2) Regelungszweck.** Der für die natürliche wie für die sonstige juristische Person geltende Grundgedanke § 12 Rn 2 gilt auch beim Fiskus. Die Ermittlung der Vertretungsverhältnisse beim Fiskus ist eine vielfach äußerst dornenreiche Aufgabe, Rn 5 ff. Sie dient der Rechtssicherheit nach Einl III 43 nicht gerade überzeugend. Denn das Gesetz bevorzugt die Zweite Gewalt nach wie vor auch an diesem Punkt bedenklich. Das ändert nichts an der Richtigkeit des Grundsatzes, den Fiskus dort verklagen zu müssen, wo er jeweils sitzt. Mag der Sieger seine oft erheblichen Vorbereitungskosten zur Erstattung anmelden, § 91 Rn 270 ff.

Parteiaufgabe ist nach § 253 II Z 1 die richtige Bezeichnung des Gegners. Dazu gehört auch die derzeit zutreffende Bezeichnung der gesetzlichen Vertretung. Soweit keine Amtsermittlung nach Grdz 38 vor § 128 erfolgt, darf sich das Gericht auf den Hinweis beschränken, daß und warum die gesetzliche Vertretung einer Partei unklar ist. Es darf die Klärung binnen einer zu bestimmenden angemessenen Frist anheimgeben, § 273 II Z 1. Notfalls muß das Gericht die Klage als derzeit unzulässig abweisen. Das setzt der Aufklärungspflicht des Gerichts Grenzen und erhöht die entsprechende Obliegenheit der Parteien. Das ist auch bei § 18 miterheblich.

3 **3) Geltungsbereich.** Vgl zunächst Üb 3 vor § 12. Die Vorschrift gilt auch für den Fiskus der Länder (ein solcher bestand auch früher trotz des Verlusts der Hoheitsrechte weiter) sowie für den Fiskus der sonstigen Gebietsteile. Wegen des Deutschen Reichs Rn 9. Die gesetzliche Vertretung eines ausländischen Fiskus bestimmt sich nach dem ausländischen Recht. Wenn sich der ausländische Fiskus auf einen gesetzlichen Mangel seiner Vertretung beruft, kann dieser Mangel infolge einer Anscheinsvollmacht behoben sein.

Man muß den Vorschriften des *Verwaltungsrechts* (Gesetze, Verordnungen, Satzungen) entnehmen, welche Behörde den Fiskus im Prozeß vertritt. Nach dem Verwaltungsrecht richtet sich auch das Recht der Übertragung des Vertretungsrechts auf nachgeordnete Stellen (Delegation) sowie das Eintrittsrecht der vorgesetzten Dienststelle. Das Gericht darf nur einen solchen diesbezüglichen Verwaltungsakt beachten, der vor der Klagerhebung erfolgte.

4 Wenn sich ein *Minister* durch seine *Einlassung* auf einen Prozeß zum gesetzlichen Vertreter bestellt hat, bindet ihn dieses Verhalten. Soweit nicht das Gesetz die Vertretung ausdrücklich regelt, muß man vermuten, daß diejenige Stelle die Vertreterin ist, die dasjenige Vermögen verwaltet, um das es im Rechtsstreit geht.

Das Gericht *prüft* zunächst, ob die gesetzliche Vertretung klarliegt. Es prüft erst anschließend die Frage, ob es örtlich zuständig ist. Den Sitz muß man nach § 17 und notfalls nach der Lage des Dienstgebäudes bestimmen. Die Vertretung ist im Einzelfall manchmal unsicher. Wenn der Kläger seine Klage auf mehrere Gründe stützt, muß das Gericht prüfen, ob die Vertretung für jeden dieser Gründe zutrifft. Unter Umständen sind also mehrere Stellen nebeneinander die Vertreter. Ein etwa vorhandener besonderer Gerichtsstand, zB nach § 29 für Dienstbezüge, bleibt vorrangig.

5 **4) Beispiele zur Frage einer Vertretung des Fiskus.** Man muß jeweils beachten, daß die rechtsgeschäftliche und die prozessuale Vertretung unter Umständen verschiedenen Regelungen folgt. Allgemein herrscht bedauerlicherweise vielfach das genaue Gegenteil einer Rechtsklarheit. Sowohl beim Bund als auch bei den Ländern, Kreisen und Gemeinden usw besteht ein Wust von Vorschriften. Sie sind nur theoretisch allesamt veröffentlicht. Selbst für den Verwaltungsjuristen erschließen sich die wahren Vertretungsbefugnisse und deren Grenzen oft genug erst nach einer äußerst mühsamen detektivartigen Sucharbeit. Das gilt um so mehr, als so mancher Erlaß nur zusammen mit vorgeordneten Gesetzen oder Verordnungen oder irgendeiner inzwischen einherschreitenden Übung des Verwaltungshandelns auf allen möglichen Stufen ermittelbar ist. Es folgt dann obendrein einer Begriffsbildung, die wieder nur bei einer Kenntnis einer jahrzehntelangen örtlichen Entwicklung verständlich wird. Erläuterungswerke dazu haben ohnehin einen Seltenheitswert. Selbst hohe Vertreter hoher Behörden geraten mitsamt so manchem Mitglied ihres Stabs erfahrungsgemäß in arge Bedrängnis und folglich manchmal in heftige Empörung, wenn es um die ja nun leider einmal notwendigen genauen Einzelheiten geht.

Amtliche Auskunft in Schriftform durch die Behördenleitung auf Grund eines förmlichen Antrags ist oft die einzig halbwegs erfolgversprechende Lösung. Das Gericht könnte sie zwar als eine Amtshilfe fordern,

Art 35 I GG. Es ermittelt aber dergleichen grundsätzlich nicht von Amts wegen, sondern gibt den Parteien nur gezielte Hinweise nach Grdz 39 vor § 128. Die Partei ist auf ein halbwegs baldiges Wohlwollen der Behörde angewiesen. Das alles sollte man bei Anforderungen, Fristsetzungen, Verlängerungsanträgen usw wohlwollend mitbedenken. Freilich gehört das alles jedenfalls für den Kläger im Grunde bei allem Zeitaufwand doch zur Prozeßvorbereitung.

Notgedrungen unvollständig sind aus den vorstehenden Gründen auch die nachfolgenden Hinweise. Es empfiehlt sich bei Bedarf dringend ihre zusätzliche Klärung im Einzelfall durch eine direkte Rückfrage oder Nachforschung. Mit diesem Vorbehalt gilt im wesentlichen das folgende.

6 **Bund:** Ihn vertritt der Bundesminister für seinen Geschäftsbereich, Kunz MDR **89**, 592, und zwar für die aktive wie passive Seite und für sämtliche Rechtsgründe, aus denen der Kläger einen Anspruch geltend macht. Im Geschäftsbereich des Bundesministers des Innern gilt die AnO v 9. 4. 76, GMBl 162, geändert zuletzt am 18. 3. 94, GMBl 484. Im Geschäftsbereich des Bundesministeriums für Verkehr, Bau und Stadtentwicklung gilt die AnO v 4. 4. 05, VerkehrsBl 391, in Verbindung mit Erl v 22. 11. 05, BGBl 3197. Falls man den Rechtsstreit dem Geschäftsbereich keines einzigen Einzelministers zuordnen kann, vertritt den Bund der Bundesfinanzminister. Im Geschäftsbereich des Bundesfinanzministers ist die Vertretungsbefugnis im gerichtlichen Verfahren nach deren Art aufgeteilt, zB auf den Minister, den Präsidenten des deutschen Patentamts, den Amtskassenleiter usw, Anordnung v 25. 4. 58, BAnz Nr 82, zuletzt geändert am 18. 8. 95, BAnz Nr 171, ferner zB AnO v 8. 12. 71, BGBl 2014 (Vertretungsordnung des Bundesjustizministers). Diese Anordnung enthält auch Ausführungsvorschriften für das Verfahren.

Auf eine *Niederlassung* einer Behörde zB in den neuen Bundesländern (statt Berlin) kann man zumindest kostenrechtlich abstellen, Hoppe Rpfleger **02**, 341.

Bei einer Klage aus dem *Beamtenverhältnis* muß man die AnO v 6. 10. 80, BGBl 1954, beachten. Im Geschäftsbereich des Bundesministeriums für Verteidigung sind je nach der Verfahrensart die einzelnen Wehrbereichsverwaltungen das Bundesamt für Wehrverwaltung, das Bundesamt für Informationsmanagement und Informationstechnik der Bundeswehr, das Bundessprachenamt und im Zweifel die vom Ministerium bestimmte Behörde zur Vertretung befugt, Vertretungsanordnung BMVg v 19. 12. 02, VMBl **03**, 2. Als Drittschuldner wird das Verteidigungsministerium durch eine Reihe unterschiedlicher Dienststellen je nach Art der Bezüge vertreten. VerwAnO v. 30. 1. 02, VMBl 131. Im Geschäftsbereich des Bundesinnenministers sind bei einer Klage aus dem Beamtenverhältnis die Präsidenten des jeweiligen Amtsbereichs zuständig, AnO v 26. 1. 68, BGBl 121. Soweit Bestimmungen fehlen, gelten die Grundsätze für die Vertretung des Fiskus.

7 **Bundesautobahn:** Sie steht zwar im Eigentum des Bundes, wird aber im Auftrag des Bundes von den Ländern verwaltet, Art 90 GG, G v 2. 3. 51, BGBl 157, BayObLG **95**, 68. Vgl das BundesfernstraßenG idF v 1. 10. 74, BGBl 2414.

Bundeseisenbahnvermögen: Es ist ein öffentlichrechtliches Sondervermögen des Bundes, Art 1 §§ 1, 6 V ENeuOG v 27. 12. 93, BGBl 2378. Es kann trotz des Fehlens einer Rechtsfähigkeit, Art 1 § 1 ENeuOG, im Rechtsverkehr unter seinem Namen klagen und verklagt werden, Art 1 § 4 I ENeuOG. Es wird durch seinen Präsidenten gerichtlich und außergerichtlich vertreten, Art 1 § 6 III ENeuOG, soweit nicht die Verwaltungsordnung nach Art 1 § 6 VI ENeuOG etwas anderes bestimmt. Bei einer Klage aus dem Beamtenverhältnis gelten für die Vertretung die Allgemeinen AnOen v 18. 3. 99, BGBl 943, und v 13. 1. 00, BGBl 102. Sein allgemeiner Gerichtsstand wird nach Art 1 § 4 II ENeuOG durch den Sitz derjenigen Behörde bestimmt, die nach der in Art 1 § 6 VI ENeuOG genannten Verwaltungsordnung berufen ist, das Bundeseisenbahnvermögen im Rechtsstreit zu vertreten. Die Verwaltungsordnung wird vom Präsidenten des Bundeseisenbahnvermögens mit Zustimmung des Bundesministeriums für Verkehr aufgestellt, Art 1 § 6 VI 2 ENeuOG. Danach bestimmt im Ergebnis der gesetzliche Vertreter kraft gesetzlicher Ermächtigung selbst seinen aktiven und passiven Gerichtsstand, obwohl der Vertretene gar nicht rechtsfähig ist, eine einigermaßen atemberaubende Konstruktion.

Für die *Deutsche Bahn Aktiengesellschaft,* Art 2 § 1 II ENeuOG, gelten die für jede privatrechtliche solche Gesellschaft getroffenen Regeln, zB § 17.

Bundesversorgungsrücklagegesetz: Dieses „nicht" rechtsfähige (?) Sondervermögen kann gleichwohl unter seinem Namen klagen und verklagt werden. Allgemeiner Gerichtsstand ist Berlin, § 4 VersRücklG.

Deutsche Post usw: Die rechtsfähige *Anstalt* des öffentlichen Rechts „Bundesanstalt für Post und Telekommunikation Deutsche Bundespost" kann unter ihrem Namen klagen und verklagt werden, § 3 S 2 der Satzung (Anlage zu § 8 S 1 BAPostG). Sie wird durch die Mitglieder des Vorstands vertreten, § 4 I BAPostG. Die Vertretung ist im einzelnen durch die Satzung geregelt, §§ 4 IV, 8 BAPostG in Verbindung mit der Anlage.

Die *Deutsche Post AG, Deutsche Postbank AG und Deutsche Telekom AG* werden jeweils durch zwei Vorstandsmitglieder oder durch eines in Gemeinschaft mit einem Prokuristen vertreten. Stellvertreter stehen gleich, § 7 ihrer jeweiligen Satzung. Im übrigen gilt für den Gerichtsstand dasselbe wie bei jeder Aktiengesellschaft. Vgl also § 17 (zum Sitz Bonn dort Rn 6), § 171. Wegen einer Klage aus dem Beamtenverhältnis zuletzt AnO v 21. 7. 03, BGBl 1545.

Gemeinde: S § 51 Rn 14, 17.

8 **Landesfiskus:** Hier gilt folgende Regelung:

- **(Baden-Württemberg):** Die Vertretung erfolgt auf Grund Art 49 II BaWüVerf durch die oberste Landesbehörde innerhalb ihres Geschäftsbereichs, AnO v 17. 1. 55, GBl 8, geändert durch AnO v 29. 7. 73, GBl 210, ferner VO v 12. 10. 87, GBl 464, und Bek v 7. 4. 97, GBl 150. Die Vertretungsbefugnis ist zum Teil auf nachgeordnete Behörden übertragen worden, Bek v 17. 1. 55, GBl 9. Vgl ferner für den Geschäftsbereich des Landesjustizministers Bek v 17. 11. 61, GBl 344, geändert durch Bek v 26. 9. 73, GBl 384.
- **(Bayern):** Die Vertretung erfolgt auf Grund VO v 4. 10. 95, GVBl 733, zuletzt geändert am 21. 12. 99, GVBl 566, grundsätzlich durch den Landesfinanzminister und die Finanzmittelstellen des Landes Bayern in Ansbach, Augsburg, München, Regensburg, Würzburg, vgl auch BayObLG **95**, 69, VGH Mü BayVBl **73**, 76. In einigen Fällen ist der Landesjustizminister zuständig. Die Vertretung des Landes

als eines Drittschuldners ist Sache des Leiters derjenigen Kasse, die die Auszahlung vornehmen muß. Wenn das Land als ein Drittschuldner auf die Herausgabe oder auf die Leistung einer körperlichen Sache in Anspruch genommen wird, ist die Hinterlegungsstelle oder die Verwahrungsstelle zuständig. Im übrigen ist diejenige Behörde zuständig, aus deren Verhalten ein Anspruch hergeleitet wird, Art 35 G v 8. 2. 77, GVBl 88.

- **(Berlin):** Die Vertretung erfolgt auf Grund AZG idF v 22. 7. 96, GVBl 302, 472, zuletzt geändert am 13. 7. 99, GVBl 374, sowie Verwaltungsvorschriften v 23. 1. 90, ABl 202, und AnO v 3. 6. 98, ABl 2460.
- **(Brandenburg):** Die Vertretung erfolgt auf Grund Art 89 S 2 BrdbVerf v 20. 8. 92, GVBl 298, grds durch den zuständigen Minister. Art 91 I BrdbVerf regelt nur die staatsrechtliche Außenvertretung. Vgl ferner AV v 9. 6. 92, JMBl 78, zuletzt geändert am 12. 11. 93, JMBl 217, und Bek v 9. 12. 99, GVBl II **00**, 10.
- **(Bremen):** Die Vertretung erfolgt grds durch den Senat, Art 118 I 2 BreVerf. Sein Präsident oder dessen Stellvertreter können rechtsverbindliche Erklärungen abgeben, Art 118 I 3 BreVerf. Innerhalb seines Geschäftsbereichs ist jeder Senator vertretungsbefugt, Art 120 BreVerf. Vgl ferner AZG v 7. 10. 58, GVBl 947, 974, 1020, 1028.
- **(Hamburg):** Die Vertretung erfolgt auf Grund Artt 18 II, 42 HbgVerf v 6. 6. 52 und G v 30. 7. 52, zuletzt geändert am 2. 7. 91, GVBl 247. Wegen der Form G v. 18. 9. 73, GVBl 405. Vgl ferner G v 22. 5. 78, GVBl 178, zuletzt geändert durch G v. 26. 1. 87, GVBl 11; G v 11. 6. 97, GVBl 206, zuletzt geändert am 4. 11. 97, GVBl 489; AnO v 6. 10. 87, AmtlAnz 2077 (die Anordnung enthält eine Regelung im einzelnen). Vgl auch HbgJVBl **80**, 151.
- **(Hessen):** Das Land wird durch den Ministerpräsidenten vertreten, Art 103 HessVerf. Er kann die Vertretungsbefugnis auf einen Fachminister und auf die diesem unmittelbar unterstellten Behörden übertragen und hat das getan, AnO v 17. 9. 96, StAnz 323 o. Vgl ferner AnO JM v 12. 1. 88, StAnz 373, idF v 1. 2. 93, StAnz 920.
- **(Mecklenburg-Vorpommern):** Die Vertretung erfolgt auf Grund Art 47 MVVerf v 23. 5. 93, GVBl 372, geändert am 4. 4. 00, GVBl 168. Sie liegt im Rechtsstreit grds beim Fachminister. Dieser kann delegieren, Erl v 7. 11. 90, ABl **91**, 38, AV JM v 10. 2. 93, ABl 709.
- **(Niedersachsen):** Die Versetzung erfolgt auf Grund von Art 37 NdsVerf nach dem Gemeinsamen Runderlaß der Staatskanzlei und sämtlicher Ministerien v 10. 6. 98, MBl 929, zuletzt geändert am 4. 2. 00, MBl 155. Danach ist jeder Minister in seinem Geschäftsbereich Vertretungsbehörde, beim Zusammentreffen mehrerer Geschäftsbereiche der federführende Minister. Innerhalb dieser Geschäftsbereiche sind die Bezirksregierungen und die Oberfinanzpräsidenten in diesen Bereichen einschließlich derjenigen der nachgeordneten Behörden zuständig. In allen Angelegenheiten der Justiz sind die Generalstaatsanwälte Vertretungsbehörde, Gem RdErl IV. A. 3. Jedoch sind die Bezirksrevisoren in ihrem Geschäftsbereich Vertretungsbehörde.
- **(Nordrhein-Westfalen):** Die Versetzung erfolgt auf Grund Artt 55 II, 57 S 1 NRWVerf in Verbindung mit Bek v 8. 2. 60, GVBl 13. Danach vertritt grds jeder Minister das Land innerhalb seines Geschäftsbereichs. Bei einer Klage aus dem Richterverhältnis oder aus einem Beamtenverhältnis im Geschäftsbereich des Justizministers sind der zuständige Präsident des Oberlandesgerichts, der Generalstaatsanwalt, das Landesamt für Besoldung und Versorgung zur Vertretung berufen, VO v 24. 1. 67, GVBl 22, geändert zuletzt durch VO v 4. 10. 86, GVBl 408, sowie VO v 17. 3. 87, JMBl 89, zuletzt geändert durch AV v 6. 8. 92, JMBl 199. Im übrigen ist im Zweifel der Regierungspräsident zur Vertretung berufen, soweit die Vertretungsbefugnis nicht auf eine andere Behörde übertragen worden ist, § 8 OrgG v 10. 7. 62, GVBl 421.
- **(Rheinland-Pfalz):** Die Vertretung erfolgt auf Grund Art 104 RhPfVerf, MBl **51**, 687, 691, JBl **52**, 71, nebst Änderung v 31. 3. 60, MBl 409; VO v 22. 8. 97, GVBl 331 (Justiz) und v 12. 12. 97, GVBl **98**, 1 (Finanz) sowie v 7. 8. 91, GVBl 334, zuletzt geändert am 4. 8. 97, GVBl 309 (Inneres).
- **(Saarland):** Die Vertretung erfolgt auf Grund des G Nr 739 v 15. 11. 60, ABl 920, zuletzt geändert am 26. 1. 94, ABl 509. Im Bereich der Justizverwaltung vgl Bek v 24. 7. 92, ABl 841. Grds ist jeder Minister in seinem Fachbereich vertretungsbefugt, hilfsweise der Ministerpräsident. Die Übertragung auf nachgeordnete Behörden ist statthaft. Im Bereich des Justizministers zählen dazu ua der leitende Oberstaatsanwalt, der Leiter der Gerichtskasse, der Leiter der Vollzugsanstalt, der Bezirksrevisor, zB Erl v 4. 2. 92, ABl 309.
- **(Sachsen):** Die Vertretung erfolgt auf Grund Art 65 I SächsVerf v 27. 5. 92, GVBl 243, G v 20. 2. 97, GVBl 108, und VO v 27. 12. 00, GVBl **01**, 2. Vertreter ist im Prozeß die Oberste Landesbehörde. Vor dem ordentlichen Gericht ist die Vertretung von ihr dem Landesamt für Finanzen übertragen.
- **(Sachsen-Anhalt):** Die Vertretung erfolgt auf Grund Art 69 I SachsAnhVerf v 16. 7. 92, GVBl 600, und RdErl v 17. 5. 94, MBl 1289, zuletzt geändert am 25. 3. 99, MBl 494. Das Land wird grds vom Fachminister vertreten. Er kann die Vertretung auf nachgeordnete Behörden übertragen.
- **(Schleswig-Holstein):** Die Vertretung erfolgt auf Grund Art 25 I Landessatzung idF v 7. 2. 84, GVBl 53. Danach kann der Ministerpräsident die Vertretung übertragen. Das Land wird demgemäß grds durch den zuständigen Fachminister vertreten. Er kann die Vertretungsbefugnis allgemein oder im Einzelfall weiterübertragen, Erl des Ministerpräsidenten idF v 26. 4. 66, ABl 219, zuletzt geändert am 15. 4. 78, ABl 176, in Verbindung mit der Gemeinsamen Geschäftsordnung der Ministerien (GGO) v 8. 12. 81, ABl **82**, 117. Im Geschäftsbereich der Landesjustizverwaltung ist der Generalstaatsanwalt in einigen Ausnahmen fällen zur Vertretung berufen, AV v 16. 1. 67, SchlHA 77, zuletzt geändert am 28. 1./ 18. 2. 91, SchlHA 38.
- **(Thüringen):** Die Vertretung erfolgt auf Grund Artt 76 II 1, 77 ThürVerf v 25. 10. 93, GVBl 625, §§ 7, 15 ThürAGGVG idF v 12. 10. 93, GVBl 612, sowie VertrO v 27. 3. 92, GVBl 133, und VO v 15. 4. 94, GVBl 433. Im Bereich des Justizministers sind neben ihm im Erkenntnisverfahren der Generalstaatsanwalt, in der Zwangsvollstreckung der vor dem Erlaß des Vollstreckungstitels zuständige Landesvertreter befugt. Erfurt ist als Landeshauptstadt nicht gesetzliche Vertreterin des Landes, BGH NVwZ-RR **05**, 149.
- **(Preußen):** Rn 9 „Reich“.

9 **Reich:** Das Deutsche Reich kann weiterhin klagen und verklagt werden, BGH **13**, 292. Es wird durch die Bundesvermögensverwaltung und durch die Bauabteilung der jeweiligen Oberfinanzdirektion usw vertreten, BGH **8**, 201. Zur Vertretung sind auch diejenigen Länder oder die sonst nach dem Landesrecht zuständigen Stellen befugt, denen die Verwaltung des jeweils infragekommenden Vermögensrechts zukommt, G v 6. 9. 50, BGBl 448, und v 21. 7. 51, BGBl 467, ferner DVO v 26. 7. 51, BGBl 471. Das gilt auch, soweit das Reichsvermögen auf den Bund übergegangen ist. Vgl aber auch BGH **8**, 169. Wenn man keinen zur Vertretung befugten örtlich zuständigen Oberfinanzpräsidenten bestimmen kann, ist der Bundesfinanzminister zur Vertretung berufen, BGH BB **56**, 62. Vgl im übrigen § 50 Rn 10.

19 *Mehrere Gerichtsbezirke am Behördensitz.* **Ist der Ort, an dem eine Behörde ihren Sitz hat, in mehrere Gerichtsbezirke geteilt, so wird der Bezirk, der im Sinne der §§ 17, 18 als Sitz der Behörde gilt, für die Bundesbehörden von dem Bundesminister der Justiz, im Übrigen von der Landesjustizverwaltung durch allgemeine Anordnung bestimmt.**

1 **1) Systematik, Regelungszweck.** Die Vorschrift ist eine Ergänzung zu § 18. Sie soll die Ermittlung des örtlich zuständigen Gerichts erleichtern.

2 **2) Geltungsbereich.** Vgl zunächst Üb 3 vor § 12. § 19 gilt nur für Behörden, nicht für die Gemeinden oder für Körperschaften und andere juristische Personen nach § 17. Insofern ist der tatsächliche Sitz entscheidend, also die Lage des Dienst-Hauptgebäudes. Falls erforderlich, muß man das zuständige Gericht nach § 36 I Z 2 bestimmen. § 19 betrifft nur den allgemeinen Gerichtsstand, nicht einen besonderen Gerichtsstand. Bei einem Doppelsitz etwa einzelner Ministerien gilt § 35.

19a *Allgemeiner Gerichtsstand des Insolvenzverwalters.* **Der allgemeine Gerichtsstand eines Insolvenzverwalters für Klagen, die sich auf die Insolvenzmasse beziehen, wird durch den Sitz des Insolvenzgerichts bestimmt.**

Schrifttum: *Klug,* Neue Regelungen im Bereich der Gerichtsstände der ZPO, 1998.

1 **1) Systematik.** Die Vorschrift regelt nicht einen zu §§ 12 ff hinzutretenden besonderen Gerichtsstand, sondern den „allgemeinen" ihres Geltungsbereichs, Rn 3, 4, BayObLG RR **03**, 925. Sie tritt also als Spezialvorschrift an die Stelle von §§ 12 ff, KG RR **06**, 776 rechts oben. Sie bringt freilich nicht einen ausschließlichen Gerichtsstand, BayObLG ZIP **02**, 142. Es kann also ein ausschließlicher anderer Gerichtsstand zB nach § 24 oder nach § 29 a bestehen. Freilich tritt § 38 beim Streit über ein Absonderungsrecht zurück, LG Kleve MDR **01**, 291. Soweit § 19 a unanwendbar ist, gelten §§ 12 ff.

2 **2) Regelungszweck.** Es geht um die Erzielung der Ortsnähe und Sachvertrautheit des Gerichts. Damit dient § 19 a der Prozeßwirtschaftlichkeit nach Grdz 14 vor § 128 und ist entsprechend weit auslegbar. Das gilt auch bei der Ermittlung des persönlichen Geltungsbereichs, Rn 4.

3 **3) Sachlicher Geltungsbereich.** Die Vorschrift erfaßt eine solche Klage, die sich auf die Insolvenzmasse bezieht, BGH ZIP **03**, 1419, BayObLG RR **03**, 925, Schlesw MDR **01**, 1375. Zum Begriff der Insolvenzmasse § 240 Rn 10, zu Beispielen der Zugehörigkeit oder Nichtzugehörigkeit § 240 Rn 11, 12. Auch dasjenige, was nicht im engeren Sinn zur Insolvenzmasse gehört, kann sich doch auf sie beziehen (mittelbare Zugehörigkeit).

Nicht jede auf die Insolvenzmasse bezogene Klage fällt unter § 19 a, sondern nur eine solche, die in den persönlichen Geltungsbereich fällt, Rn 4. Maßgeblicher Zeitpunk ist derjenige, in dem das Gericht seine örtliche Zuständigkeit prüfen und darüber mitentscheiden muß, wie stets. § 261 III Z 2 ist anwendbar.

Hierher gehören zB: Ein Absonderungsrecht, ein Aussonderungsrecht, BayObLG ZIP **02**, 142; die Geltendmachung einer Masseverbindlichkeit nach §§ 53 ff InsO.

4 **4) Persönlicher Geltungsbereich.** Die Vorschrift erfaßt zunächst eine Klage des Insolvenzverwalters, §§ 56 ff InsO. Der Wortlaut ist weit gefaßt, Rn 2: Eine Klage „bezieht sich" bei einem natürlichen Sprachgebrauch auch dann auf einen Vermögensgegenstand, wenn sie für und nicht nur gegen ihn streitet, wenn der Kläger ein Recht geltend macht oder eine Pflicht leugnet. Daran ändern auch die Bemühungen so manchen Gerichts nichts, sich wenn irgend möglich für unzuständig zu erklären. Aber auch der erkennbar ebenso weit auslegbare Regelungszweck nach Rn 2 gestattet und erfordert zunächst die Anwendung des § 19 a auf einen Aktivprozeß des Insolvenzverwalters. Denn § 35 InsO erfaßt das Gesamtvermögen der Insolvenz. Eine Klagebefugnis des Insolvenzverwalters wäre ohne einen Bezug auf die Insolvenzmasse gar nicht vorhanden, Wessel DZWIR **00**, 195, aM BGH NJW **03**, 2916 (zustm Mörsdorf-Schulte IPRax **04**, 32), Schlesw MDR **01**, 1376, ZöV 1 (aber eine Entstehungsgeschichte ist gerade beim dort eingeräumten Zweifel kaum das entscheidende Auslegungsmittel, Einl III 42. Vielmehr geht es um den in Rn 2 dargestellten Regelungszweck, den Sinn, Einl III 44, und daher um die weite Auslegung. Das zeigt auch das eindeutige und gerade nicht eng auslegbare Wort „Allgemeiner" Gerichtsstand in der amtlichen Überschrift des § 19 a).

Die Vorschrift gilt ebenso bei einer Klage *gegen* den Insolvenzverwalter, BGH NJW **03**, 2916. Sie gilt ab der Eröffnung des Insolvenzverfahrens nach § 27 InsO und grundsätzlich nur bis zu dessen Beendigung nach §§ 200, 207 InsO. Natürlich gehört auch ein Mahnverfahren hierher, ferner ein Eilantrag, §§ 916 ff. Auch eine Wiederaufnahmeklage nach §§ 578 ff kann hierher zählen, ferner eine Klage im Urkundenprozeß nach §§ 592 ff. Auch der vorläufige Verwalter nach § 22 InsO gehört hierher, Rn 3.

Nicht jede vom oder gegen den Verwalter erhobene Klage usw fällt unter § 19 a, sondern nur eine solche, die sich auch auf den sachlichen Geltungsbereich bezieht, Rn 3.

5) Gerichtstand: Sitz des Insolvenzgerichts. Unter den Voraussetzungen Rn 1–4 ist allgemeiner Gerichtsstand im Sinn von § 12 der Sitz des Insolvenzgerichts, BayObLG RR **03**, 925. 5

20 *Besonderer Gerichtsstand des Aufenthaltsorts.* **Wenn Personen an einem Ort unter Verhältnissen, die ihrer Natur nach auf einen Aufenthalt von längerer Dauer hinweisen, insbesondere als Hausgehilfen, Arbeiter, Gewerbegehilfen, Studierende, Schüler oder Lehrlinge sich aufhalten, so ist das Gericht des Aufenthaltsortes für alle Klagen zuständig, die gegen diese Personen wegen vermögensrechtlicher Ansprüche erhoben werden.**

1) Systematik. Die Vorschrift eröffnet eine Reihe von besonderen Gerichtsständen. Sie treten teilweise zu den allgemeinen der §§ 12–19 wahlweise hinzu. Sie gehen diesen aber teilweise auch als zwingende Sonderregeln vor. § 20 gibt einen Wahlgerichtsstand der Beschäftigung für einen vermögensrechtlichen Anspruch nach Grdz 10 vor § 1, auch wenn dieser keinen Bezug zum Aufenthalt hat. Vorrangig gelten Artt 2 ff, 59 EuGVVO, SchlAnh V C 2. 1

2) Regelungszweck. Gemeinsamer Zweck aller dieser besonderen Gerichtsstände ist die Bereitstellung eines solchen Gerichts, das entweder besonders sachkundig ist oder in einer rein tatsächlich nahen Beziehung zu dem Streitgegenstand oder zu wenigstens einer der Parteien steht und daher so oder so eine bequemere und Zeit wie Geld sparende Abwicklung des Prozesses verspricht, mithin der Prozeßwirtschaftlichkeit dient, Grdz 14 vor § 128. 2

3) Geltungsbereich. Vgl zunächst Üb 3 vor § 12. Die Vorschrift gilt für einen Inländer wie für einen Ausländer, nicht für eine juristische Person. Sie gilt auch gegen den Prozeßunfähigen, § 57 II. § 20 verlangt Verhältnisse, die entweder keinen Wohnsitz begründen oder aber neben einem vorhandenen Wohnsitz (sonst gilt § 16) einen längeren, wenn auch gelegentlich unterbrochenen Aufenthalt bedingen. I gibt für solche Verhältnisse nur einige Beispiele. Andere Beispiele sind: Der Abgeordnete während der Tagung; ein Kranker im Krankenhaus; der im Heim Untergebrachte; der längere Insasse einer Justizvollzugsanstalt, BGH NJW **97**, 1154; ein Referendar im Vorbereitungsdienst; ein minderjähriger Soldat; ein Arbeiter während der Montage auf einer Großbaustelle, Bengelsdorf BB **89**, 2394; ein Saisonarbeitsaufenthalt, Bengelsdorf BB **89**, 2394; ein Kuraufenthalt, Bengelsdorf BB **89**, 2394; ein Aufenthalt in einem Frauenhaus, Saarbr FamRZ **90**, 1119. 3

4) Aufenthalt. Der Aufenthalt muß nach der Natur der Verhältnisse auf eine längere Dauer hinweisen, § 16 Rn 3. Dann bleibt die tatsächliche Dauer des Aufenthalts unerheblich, ebenso wie eine etwaige vorübergehende Abwesenheit oder eine Abwesenheit bei der Zustellung der Klage. Ein bloßer Aufenthalt an der Arbeitsstätte während der Arbeitsstunden genügt nicht. Ebensowenig genügt ein von vornherein nur vorübergehender Aufenthalt wie derjenige eines Künstlers oder eines Geschäftsreisenden. Ein wiederholter Aufenthalt im Zweithaus mag ausreichen, Kblz NJW **79**, 1309 (großzügig). 4

21 *Besonderer Gerichtsstand der Niederlassung.* **I Hat jemand zum Betrieb einer Fabrik, einer Handlung oder eines anderen Gewerbes eine Niederlassung, von der aus unmittelbar Geschäfte geschlossen werden, so können gegen ihn alle Klagen, die auf den Geschäftsbetrieb der Niederlassung Bezug haben, bei dem Gericht des Ortes erhoben werden, wo die Niederlassung sich befindet.**

II Der Gerichtsstand der Niederlassung ist auch für Klagen gegen Personen begründet, die ein mit Wohn- und Wirtschaftsgebäuden versehenes Gut als Eigentümer, Nutznießer oder Pächter bewirtschaften, soweit diese Klagen die auf die Bewirtschaftung des Gutes sich beziehenden Rechtsverhältnisse betreffen.

Schrifttum: *Mueller-Froelich,* Der Gerichtsstand der Niederlassung im deutsch-amerikanischen Rechtsverkehr usw, 2008; *Schücking,* Wirtschaftsrechtliche Schranken für Gerichtsstandsvereinbarungen, Gedächtnisschrift für *Arens* (1993) 385.

Gliederung

1) Systematik, I, II. Vgl zunächst § 20 Rn 1. § 21 ist eine eng auslegbare Sondervorschrift, Hbg WoM **90**, 394. Sie gilt unabhängig vom Fehlen der Parteifähigkeit nach § 50 Rn 17 neben dem allgemeinen Gerichtsstand nach §§ 13, 17, BGH **88**, 336, oder neben demjenigen nach § 22, BGH NJW **75**, 2142, oder nach § 32. Sie gibt den besonderen Passiv-Wahlgerichtsstand der Niederlassung gegen eine natürliche wie für eine juristische Person, BGH NJW **98**, 1322, BayObLG DB **02**, 1545, AG Köln RR **93**, 1504. Dieser Gerichtsstand ähnelt demjenigen des Wohnsitzes, Hbg WoM **90**, 394. Doch begründet die Niederlassung weder einen Wohnsitz noch einen Nebenwohnsitz, Hbg MDR **77**, 759. Die Vorschrift gibt nicht auch einen Aktiv-Gerichtsstand, BGH NJW **98**, 1322. Die ausschließlichen Gerichtsstände haben den Vorrang, zB nach 1

§ 6 UKlaG oder nach § 14 UWG oder nach (jetzt) § 215 VVG, Köln RR **93**, 1504. Die juristische Person als Antragsteller muß daher nach § 689 II an ihrem Sitz vorgehen, BayObLG DB **02**, 1545.

2 **2) Regelungszweck, I, II.** Vgl zunächst § 20 Rn 2. Die in Rn 4 ff dargestellten Anforderungen an eine Niederlassung zeigen, wie nahe es praktischerweise liegen sollte, auch prozessual „vor Ort" vorgehen zu dürfen. Die Vorschrift dient in hohem Maß der Prozeßwirtschaftlichkeit, Grdz 14 vor § 128. Das muß man bei ihrer Handhabung unbedingt mitbeachten. Natürlich darf das nun auch nicht dazu führen, schon das Vorliegen einer Niederlassung allzu schnell anzunehmen. Wohl aber kann man etwa die „Bezugnahme" in I großzügig beurteilen.

3 **3) Geltungsbereich, I, II.** Vgl zunächst Üb 3 vor § 12. Der Gerichtsstand des § 21 ist für eine reine Wettbewerbsklage ausschließlich, Rn 1, Grdz 30 vor § 253. Im Insolvenzverfahren gehen die Gerichtsstände der §§ 19a, 21 dem allgemeinen Gerichtsstand vor, §§ 2, 180 InsO. §§ 17 und 22 haben keineswegs immer den Vorrang vor § 21, BGH NJW **75**, 2142. Wegen der internationalen Zuständigkeit § 53 III KWG, dazu Schücking (vor Rn 1) 394. Vgl ferner Düss RR **89**, 433, Geimer WertpMitt **76**, 146. Wegen der EuGVVO SchlAnh V C 2, besonders Art 5 Z 5, Art 9 II, Art 15, BGH NJW **87**, 3082, Düss RR **04**, 1721, Art 18 II. Zur „Paramountklausel" Hbg VersR **73**, 1023.

4 **4) Gewerbliche Niederlassung, I.** I verlangt allein oder neben dem Hauptbetrieb am Sitz eine oder auch mehrere Niederlassungen zum Betrieb eines beliebigen auf Gewinn ausgerichteten Unternehmens, also eines Gewerbes, BGH IPRax **98**, 211, auch eines freien Berufs, BGH **88**, 336, also eines Erwerbsunternehmens im weitesten Sinn, zB eines Mobilfunkunternehmens, AG Ffo RR **01**, 276, oder eines Landwirts, Rn 11. Eine Lehranstalt oder eine Berufsgenossenschaft zählt nicht hierher.

Es sind insofern die folgenden *Voraussetzungen* erforderlich.

A. Gewerbemittelpunkt. Das Gewerbe muß an dem Ort der Niederlassung seinen Mittelpunkt haben, wenn auch nur für einen Teil.

5 **B. Zeitdauer.** Die Niederlassung muß für eine gewisse Zeitdauer bestehen, BayObLG Rpfleger **80**, 486, Ffm MDR **79**, 1027. Sie darf also nicht nur während einer Messe bestehen.

6 **C. Äußere Einrichtungen.** Es müssen äußere Einrichtungen vorhanden sein, die auf eine Niederlassung hindeuten, BGH NJW **98**, 1322, BayObLG Rpfleger **80**, 486, Ffm MDR **79**, 1027. Eine rechtliche formelle Selbständigkeit ist unnötig und unschädlich, BGH NJW **98**, 1322.

7 **D. Selbständige Leitung.** Die Niederlassung muß eine im wesentlichen selbständige Leitung mit dem Recht haben, aus eigener Entschließung Geschäfte abzuschließen, BGH NJW **98**, 1322, Köln VersR **93**, 1172, Fricke VersR **00**, 1195. Es reicht also nicht aus, daß die Leitung nur nach solchen Weisungen handeln darf, die sie von der Hauptstelle erhält.

8 Es ist nicht erforderlich, daß sich der Bekl am Ort der Niederlassung *aufhält.* Es ist unerheblich, welcher Art das Recht des Bekl an der Niederlassung ist, solange die Niederlassung nur auf seinen Namen läuft. Es entscheidet vielmehr, ob der Bekl nach außen den Anschein einer selbständigen Handelsniederlassung erweckt, BGH NJW **87**, 3081, Düss Rpfleger **97**, 32, AG Köln RR **93**, 1504. Wenn dieser Anschein besteht, ist es unerheblich, ob tatsächlich eine innere Abhängigkeit vorhanden ist, solange sie eben nicht nach außen hervortritt, Düss MDR **78**, 930, Mü Rpfleger **88**, 162, AG Freibg NJW **77**, 2319. Wenn der Bekl eine Niederlassung arglistig vorgespiegelt hat, muß er den Gerichtsstand der Niederlassung nach Treu und Glauben gegen sich gelten lassen, Einl III 53 ff.

9 **E. Beispiele zur Frage einer Niederlassung**

Agentur: Sie ist grds *keine* Niederlassung, BGH NJW **87**, 3081, BayObLG BB **89**, 583, LG Konst RR **92**, 691. Das gilt auch bei einer Abschlußvollmacht des Agenten.

Vgl aber auch „Versicherung".

Annahmestelle: Diejenige zB einer Reinigung oder Färberei ist als solche *keine* Niederlassung.

Arbeitsgemeinschaft: Sie kann eine Niederlassung zB von Bauunternehmern sein, BayObLG **85**, 317.

Bankfiliale: Sie ist eine Niederlassung.

Deutscher Verband: Er ist oft *keine* Niederlassung des internationalen Verbands, Mü VHR **96**, 96.

Filialdirektion: Sie ist eine Niederlassung.

Generalrepräsentanz: Sie kann eine Niederlassung sein, zB bei einer ausländischen Firma, BGH NJW **87**, 3081, Düss RR **89**, 443, Mü WertpMitt **75**, 872.

Handelsregister: Eine dortige Eintragung ist zur Annahme einer Niederlassung nicht erforderlich, BayObLG Rpfleger **80**, 436, Ffm MDR **79**, 1027. Sie wirkt aber oft gegen einen Eingetragenen, Düss Rpfleger **97**, 32. Freilich gilt auch das letztere nur grds, Brdb RR **06**, 1193.

Klagerhebung: Die Niederlassung muß im Zeitpunkt der Zustellung der Klage nach §§ 253, 261 bestehen, BayObLG WertpMitt **89**, 871.

Künftige Niederlassung: § 21 ist auf sie (noch) *unanwendbar,* Hamm OLGZ **91**, 80, LG Hbg MDR **76**, 760, ThP 4, aM StJSchu 15.

Ladengeschäft: Dasjenige einer Fabrik ist eine Niederlassung, Mü OLGR **01**, 254.

Lokalredaktion: Sie kann eine Niederlassung sein, Naumb RR **00**, 475 (großzügig).

Messestand: Er ist *keine* Niederlassung.

Ortsgeschäft: Es kann eine Niederlassung sein, zB bei einem Mobilfunkunternehmen, AG Ffo RR **01**, 276.

Reisebüro: S „Agentur".

T-Punkt: Er ist *keine* Niederlassung der Deutschen Telekom AG, Kirchhoff NJW **05**, 1548.

Vermittlungsvertretung: S „Agentur".

Versicherung: Vgl (jetzt) § 215 VVG, strenger LG Karlsr VersR **97**, 384 (bloßes Schadensbüro, krit Fricke VersR **01**, 925 ausf, teils durch § 130a überholt).

Zweigniederlassung: Sie ist natürlich grds eine Niederlassung, Düss Rpfleger **97**, 32. Davon gilt eine Ausnahme bei § 689 II, BGH NJW **98**, 1322, auch bei einer Versicherungsgesellschaft, § 689 Rn 4.

5) Geschäftsbetrieb, I. Der Gerichtsstand besteht auch beim Vorliegen von Rn 4–9 nur für eine solche Klage, die sich zwar gegen den Inhaber richtet, sich aber auch und direkt auf den Geschäftsbetrieb der Niederlassung bezieht, BGH NJW **95**, 1225, den Inhaber also zB unter seiner Niederlassung verklagt. Hierzu gehört auch eine unlautere Werbung der Niederlassung oder eine Anstellung für den Geschäftsbetrieb der Niederlassung. Es ist unerheblich, welchen Rechtsgrund der Kläger geltend gemacht, wo er den Vertrag abgeschlossen hat und wo man ihn erfüllen muß. Es reicht nicht aus, daß sich eine herausverlangte Sache in dem Bereich der Niederlassung befindet. Das Geschäft muß von der Niederlassung ausgegangen sein, Fricke VersR **00**, 1195. Es muß sich ferner wegen der Notwendigkeit einer engen Auslegung nach Rn 1 um eine betriebstypische Angelegenheit handeln, nicht „nur" zB um eine Anmietung von Geschäftsraum, Hbg WoM **90**, 394. Streitgegenstand kann nur ein vermögensrechtlicher Anspruch jeder Art nach Grdz 11 vor § 1 sein, BGH NJW **75**, 2142. Beim Bezug auf mehrere Niederlassungen gilt § 35, Köln VersR **93**, 1172, AG Köln RR **93**, 1504. Ein besonderer Bezug gerade zu dieser Niederlassung ist nicht nötig, aM LG Dortm VersR **07**, 1674. 10

6) Landwirtschaftliche Niederlassung, II. Voraussetzung dieses Gerichtsstands ist zunächst ein Gut mit Wohn- und Wirtschaftsgebäuden. Voraussetzung ist ferner ein Streit wegen der Bewirtschaftung durch den Eigentümer, den Nutznießer oder den Pächter, selbst wenn die Bewirtschaftung tatsächlich durch andere Personen im Namen und auf Rechnung des Bekl erfolgt. Der Verpächter nimmt keine solche Bewirtschaftung vor. 11

7) Beförderungsbedingungen, I, II. Gerichtsstand für alle Streitigkeiten aus dem Beförderungsverkehr mit Straßenbahnen, Omnibussen, Kraftfahrzeugen im Linienverkehr ist der Sitz des jeweiligen Unternehmens, § 17 VO v 27. 2. 70, BGBl 230. 12

22 *Besonderer Gerichtsstand der Mitgliedschaft.* **Das Gericht, bei dem Gemeinden, Korporationen, Gesellschaften, Genossenschaften oder andere Vereine den allgemeinen Gerichtsstand haben, ist für die Klagen zuständig, die von ihnen oder von dem Insolvenzverwalter gegen die Mitglieder als solche oder von den Mitgliedern in dieser Eigenschaft gegeneinander erhoben werden.**

Vorbem. Änderg dch Art 8 Z 1 MoMiG (beim Redaktionsschluß dieser Aufl verkündungsreif), in Kraft seit dem ersten Tag des auf die Verkündung folgenden Monats, Art 25 MoMiG, ÜbergangsR Einl III 78.

1) Systematik. Vgl zunächst § 20 Rn 1. Die Vorschrift macht den allgemeinen Gerichtsstand der §§ 13–17 als einen besonderen und grundsätzlich nicht ausschließlichen Wahlgerichtsstand für eine Klage aus dem Rechtsverhältnis der Mitgliedschaft anwendbar. Deshalb ist der Kreis der Personengesamtheit durch § 17 begrenzt, dort Rn 1, Dütz DB **77**, 2217. Die BGB-Gesellschaft fällt unter § 22, LG Bonn RR **02**, 1400. Ein Treugeber kann als Gesellschafter gelten, BGH ZIP **85**, 1198. § 22 gilt für alle Streitigkeiten und daher auch für nichtvermögensrechtliche. Die Gesellschaft muß freilich parteifähig sein, BGH **146**, 341 (BGB-Gesellschaft). 1

2) Regelungszweck. Er besteht darin, Streitigkeiten aus der inneren Rechtsbeziehungen einer parteifähigen Gesellschaft am Gesellschaftssitz zu konzentrieren, BGH **76**, 235, Gieseke DB **84**, 973. 2

3) Geltungsbereich. Vgl Üb 3 vor § 12. § 22 gilt auch bei einer Prospekthaftung, BGH **76**, 231. 3

4) Voraussetzungen. Der Gerichtsstand gilt für eine Klage jeder Art, Dütz DB **77**, 2217. Er gilt unter den folgenden Voraussetzungen. 4

A. Personengesamtheit gegen Mitglied. Es muß sich um eine solche Klage handeln, die die Personengesamtheit oder der Insolvenzverwalter gegen die jetzigen oder früheren Mitglieder als solche erhebt, also auf Grund der Mitgliedschaft, Hbg IPRax **93**, 172. Eine solche Klage liegt zB dann vor, wenn es um einen Beitrag geht, BGH NJW **80**, 343, oder um andere Vereinspflichten oder einen Ausschluß oder wenn ein Versicherungsverein auf Gegenseitigkeit gegen einen Versicherten auf die Zahlung einer sog kapitalvertretenden Leistung, Karlsr BB **98**, 389, oder einer rückständigen Prämie klagt, BGH NJW **80**, 343, Köln OLGR **03**, 248, Voosen VersR **75**, 500 (die Berufung auf § 22 könne rechtsmißbräuchlich sein), aM LG Karlsr VersR **76**, 1029, LG Hann VersR **79**, 341 (stellt auf die Größe des Versicherungsvereins auf Gegenseitigkeit ab. Aber § 22 enthält keinerlei größenmäßige Einschränkung, Rn 7).

Weitere Fälle: Es geht um die ungerechtfertigte Bereicherung eines Mitglieds; es geht um ein Verfahren nach § 140 HGB zwischen der Gesellschaft und einem Treuhänder über dessen Ausschluß aus der Gesellschaft, Gieseke DB **84**, 973, oder um eine Klage des Insolvenzverwalters gegen einen treugebenden Gesellschafter, Karlsr 4 W 169/97 v 20. 1. 98; es geht um die Erteilung der Zustimmung zur Übertragung der mittelbaren Beteiligung der Treugebers, Gieseke DB **84**, 973; es geht um den der sog Prospekthaftung unterliegenden Personenkreis mit Ausnahme eines selbständigen Werbeunternehmens, BayObLG DB **02**, 2211 (freilich großzügige Auslegung des § 22 ratsam). 5

Wenn die Klage aber wegen eines Regreßanspruchs nach § 158 c VVG wegen einer unerlaubten Handlung eines Mitglieds lautet, ist § 22 *unanwendbar.* Dasselbe gilt dann, wenn ein Vorstandsmitglied oder ein Mitglied des Aufsichtsrats eine unerlaubte Handlung begangen haben. Der geschäftsführende Gesellschafter der Offenen Handelsgesellschaft haftet aus der Mitgliedschaft.

B. Mitglieder gegeneinander. Der Gerichtsstand gilt für eine solche Klage, die ein jetztiges oder früheres Mitglied gegen ein anderes erhebt, etwa wegen einer Ausgleichungspflicht unter Gesamtschuldnern, BayObLG BB **78**, 1685, oder wegen eines Auseinandersetzungsguthabens, LG Bonn RR **02**, 1400, oder auf Grund der Auflösung einer Offenen Handelsgesellschaft. Der Gerichtsstand besteht auch unter Umständen schon während des Gründungsstadiums, BGH **76**, 235, BayObLG BB **78**, 1685, ZöV 5, aM AG Ebersberg MDR **87**, 146 (aber auch das Vorstadium gehört hierher, Grdz 14 vor § 128). Er besteht ebenso lange fort wie derjenige des § 17, also auch noch während des Stadiums der Abwicklung. Er besteht auch gegenüber einem ausgeschiedenen Mitglied, Celle VersR **75**, 993, und gegenüber einem Rechtsnachfolger eines 6

Mitglieds, Dütz DB **77**, 2217. Er besteht nicht aber für den Insolvenzverwalter nach § 171 II HGB, Schlesw ZIP **80**, 256.

7 **5) Einzelfragen.** Wegen der EuGVVO SchlAnh V C 2, besonders Art 16 Z 2. Die Vorschrift erfaßt auch eine Gesellschaft des BGB, Rn 2, BGH **146**, 341. Sie erfaßt auch eine Anwaltssozietät, Köln NJW **04**, 862. Sie erfaßt aber nicht eine stille Gesellschaft. Für die Aktiengesellschaft, die Gesellschaft mit beschränkter Haftung, die Genossenschaft gelten die jeweiligen Sondervorschriften der §§ 132, 246, 249, 275 AktG, 61 III, 75 GmbHG, 51 III GenG. Auch der Gerichtsstand des § 215 VVG geht vor, und zwar evtl unabdingbar, § 215 I 2 VVG. Eine arbeitsrechtliche Gewerkschaft gehört nur dann hierher, wenn sie als ein Verein besteht, § 17 Rn 3, Schrader MDR **76**, 726. Unter dieser Voraussetzung ist aber die Größe der arbeitsrechtlichen Gewerkschaft unerheblich, BGH NJW **80**, 343, Dütz DB **77**, 2223, Müller-Guntrum/Plugge NJW **77**, 1811, aM LG Ffm NJW **77**, 539, LG Hann VersR **79**, 341 (aber § 22 gibt für eine solche Begrenzung keinerlei Anhalt). Rechtsmißbrauch ist stets unstatthaft, Einl III 54, Rn 4.

23 ***Besonderer Gerichtsstand des Vermögens und des Gegenstands.*** **[1] Für Klagen wegen vermögensrechtlicher Ansprüche gegen eine Person, die im Inland keinen Wohnsitz hat, ist das Gericht zuständig, in dessen Bezirk sich Vermögen derselben oder der mit der Klage in Anspruch genommene Gegenstand befindet. [2] Bei Forderungen gilt als der Ort, wo das Vermögen sich befindet, der Wohnsitz des Schuldners und, wenn für die Forderungen eine Sache zur Sicherheit haftet, auch der Ort, wo die Sache sich befindet.**

Schrifttum: *Bittighofer,* Der internationale Gerichtsstand des Vermögens, 1994; *Brandes,* Der gemeinsame Gerichtsstand usw (Art. 6 Nr. 1 EuGVÜ/LÜ), 1998; *Buchner,* Kläger- und Beklagtenschutz im Recht der internationalen Zuständigkeit usw, 1998; *Dorsel,* Forum non conveniens usw (rechtsvergleichend), 1994; *Geimer,* Internationales Zivilprozeßrecht, 3. Aufl 1997, Rn 1346 ff; *Geimer/Schütze,* Europäisches Zivilverfahrensrecht, 2. Aufl 2004; *Hillebrand,* Forum shopping des Gläubigers im Rahmen der Zwangsvollstrekkung? usw, 2001; *Hubig,* Die historische Entwicklung des § 23 ZPO usw, 2003; *Jaeckel,* Die Reichweite der lex fori im Internationalen Zivilprozeßrecht, 1995; *Jasper,* Forum shopping in England und Deutschland, 1990; *Kleinstück,* Due Process – Beschränkungen des Vermögensgerichtsstandes durch hinreichenden Inlandsbezug und Minimum Contacts, 1994; *Kropholler,* Internationale Zuständigkeit, in: Handbuch des Internationalen Zivilverfahrensrechts, Bd I (1992) Rn 295 ff; *Kropholler,* Europäisches Zivilprozeßrecht, 8. Aufl 2005 (Bespr *Heiss* VersR **06**, 201, *Jayme* NJW **06**, 974); *Linke,* Internationales Zivilprozeßrecht, 4. Aufl 2006 (Bespr *Gruber* FamRZ **06**, 1508); *Möllers,* Internationale Zuständigkeit bei der Durchgriffshaftung, 1987; *Pfeiffer,* Internationale Zuständigkeit und prozessuale Gerechtigkeit, (1995) 523 ff; *Paulus,* Kann Forum Shopping sittenwidrig sein?, Festschrift für *Georgiades* (2006) 511; *Pfeiffer,* Internationale Zuständigkeit und prozessuale Gerechtigkeit (1995) 523; *Pfeiffer,* Materialisierung und Internationalisierung im Recht der Internationalen Zuständigkeit, Festsgabe *50 Jahre Bundesgerichtshof* (2000) III 617; *Schack,* Deutsche internationale Zuständigkeit made in Hongkong und der VR China, Festschrift für *Kegel* (1987) 505 ff; *Schack,* Internationales Zivilverfahrensrecht, 4. Aufl 2006, Rn 323 ff; *Schack,* Internationale Zuständigkeit und Inlandsbeziehung, in: Festschrift für *Nakamura* (1996); *Schütze,* Internationales Zivilprozessrecht unter Einschluß des Europäischen Zivilprozessrechts, 2. Aufl 2005; *Walter,* Lis pendens und forum non conveniens: Von der Konfrontation über die Koordination zur Kooperation, Festschrift für *Schumann* (2001) 559; *Willeitner,* Vermögensgerichtsstand und einstweiliger Rechtsschutz usw (rechtsvergleichend), 2003.

Gliederung

1 **1) Systematik, S 1, 2.** Vgl zunächst § 20 Rn 1. § 23 gibt zwei besondere Wahlgerichtsstände für einen vermögensrechtlichen Anspruch, Begriff Grdz 10 vor § 1. Sie ermöglicht den Gerichtsstand des Vermögens und denjenigen des Streitgegenstands. Sie setzt also nicht etwa voraus, daß sich entweder nur Vermögen oder nur der Streitgegenstand im Bezirk des Gerichts befinden dürfen, so daß bei einer Identität des Vermögens mit dem Streitgegenstand überhaupt kein inländischer Gerichtsstand begründet wäre. Vielmehr ergänzt der Gerichtsstand des Streitgegenstands denjenigen des Vermögens, Ffm MDR **81**, 323. Eine völkerrechtliche Vereinbarung kann den Vorrang haben, Ffm RR **96**, 187. In diesen Grenzen verstößt § 23 nicht gegen das Völkerrecht, BVerfG **64**, 18, BGH NJW **89**, 1431. Die Vorschrift ist verfassungsgemäß.

2 **2) Regelungszweck, S 1, 2.** Vgl zunächst § 20 Rn 2. Der Zweck der Regelung besteht darin, im Inland eine Rechtsverfolgung bis zur Zwangsvollstreckung zu ermöglichen, BGH NJW **93**, 2684, Ffm RR **93**, 305, Hbg RR **96**, 203. Das dient der Prozeßwirtschaftlichkeit, Grdz 14 vor § 218. Das hat eine großzügige Auslegbarkeit zur Folge, Rn 16. Das gilt auch zum umstrittenen Stichwort „Inlandsbezug", Rn 16, aber auch im übrigen. Natürlich ist ein „Sich-Befinden" bei manchem Vermögensstück ein etwas schwierig ermittelbarer Zustand. Auch darf man nicht das Vorhandensein irgendeines kleinen Vermögensgegenstands als inländisches Vermögen bezeichnen oder gar als Partei arglistig herbeikonstruieren. Das wäre eine Erschleichung des Gerichtsstands und damit als Rechtsmißbrauch verboten, Einl III 54, Üb 22 vor § 12, unten Rn 7. Andererseits sollte man aber den Gerichtsstand des § 23 nicht unnötig erschweren.

Zwar muß das Gericht *sorgfältig prüfen,* Hartwieg JZ **96**, 109. Letzte Sicherheit über die wahren örtlichen Vermögensverhältnisse muß man aber vernünftigerweise wohl nicht stets erzwingen. Jedenfalls erscheint die von Pfeiffer (vor Rn 1) 636 angeregte Vorlage beim BVerfG auf solchem Boden auch nicht als eine dauerhafte Chance wirklicher Erleichterung der natürlich bestehenden Spannung unterschiedlicher Prinzipien.

3) Geltungsbereich, S 1, 2. Vgl zunächst Üb 3 vor § 12. Die Vorschrift gilt nicht nur für die örtliche Zuständigkeit, sondern auch für die internationale, Stgt GRUR-RR **02**, 55. Sie gilt für und gegen einen Inländer ebenso wie für und gegen einen Ausländer, BVerfG **64**, 18 (auch zur völkerrechtlichen Problematik), BGH FamRZ **92**, 1061, Karlsr MDR **02**, 231, Kropholler (vor Rn 1) Rn 303, aM Schumann ZZP **93**, 432 (aber die Vorschrift verdient eine weite Auslegung, Rn 16). 3

Die Vorschrift ist auch in einem Verfahren auf den Erlaß eines *Arrests* oder einer *einstweiligen Verfügung* anwendbar, §§ 916 ff, 935 ff, Ffm MDR **87**, 412 (auch zu den Grenzen), Schütze BB **79**, 349, StJSchu 33. Sie gilt ferner in der Zwangsvollstreckung. § 35 ist anwendbar.

Diese Regelung ist allerdings *unanwendbar*, soweit ein ausschließlicher Gerichtsstand besteht, Üb 14 vor § 12. Das gilt etwa bei § 14 UWG. Sie gilt auch nur hilfsweise neben §§ 15, 16, 20, ZöV 5, aM Schack ZZP **97**, 57, oder neben § 17 III, aM StJR 37, oder neben § 21, LG Ffm Vers **75**, 993. Der Bekl kann eine juristische Person sein, BAG NJW **85**, 2911, Hbg MDR **77**, 759, LAG Ffm IPRax **01**, 463. Ihr Vermögen läßt sich aber nicht mit demjenigen ihres Alleingesellschafters gleichsetzen, BGH NJW **93**, 2684. Es kann auch eine parteifähige Personenmehrheit sein. Ob auch der ausländische Fiskus hierher zählt, ist zumindest unklar, LG Bonn NJW **89**, 1225, AG Bonn NJW **88**, 1394, Schumann ZZP **93**, 433, aM Ffm RIW **99**, 461, Schack ZZP **97**, 64. Nicht erfaßt ist das seiner Immunität unterliegende Vermögen, AG Bonn NJW **88**, 1394. An die Stelle des Fehlens eines inländischen Wohnsitzes als Voraussetzung des § 23 tritt dann das Fehlen eines Sitzes im Inland, § 17, BVerfG **64**, 18, Hbg MDR **77**, 759. Im Verfahren nach dem GeschmMG kann ein ausländischer Beteiligter evtl nur mithilfe eines solchen inländischen Anwalts oder Patentanwalts teilnehmen, dessen Büro als Ort des Vermögens nach § 23 gilt, § 58 III GeschmMG. 4

Der Gerichtsstand ist *abdingbar*, BGH **94**, 158 (gilt nicht bei § 18 Z 1 VOB/B). Er ist ferner insoweit unanwendbar, als die *EuGVVO den Vorrang* hat, SchlAnh V C 2 Art 3, EuGH NJW **85**, 905 (Mietsachen), BGH **115**, 95, Mü RR **93**, 701, AG Mü Rpfleger **91**, 425 (zustm Druwe, auch zur Anwendbarkeit, falls der Schuldner außerhalb der EU wohnt, aber in ihr einen Zustellungsbevollmächtigten hat). 5

Rechtspolitisch und -vergleichend Geimer JZ **84**, 979, Schack ZZP **97**, 46, Schütze DWiR **91**, 243 (je ausf). 6

4) Erschleichung, S 1, 2. Eine Erschleichung des Gerichtsstands ist arglistig, Rn 2. Sie führt dazu, daß das Gericht die örtliche Zuständigkeit verneinen und notfalls die Klage durch ein Prozeßurteil als unzulässig abweisen muß, Einl III 56, Üb 22 vor § 12, Grdz 15 vor § 128. Dieser Fall kann etwa dann eintreten, wenn der Kläger dem Bekl durch die Erhebung einer Klage bei einem örtlich unzuständigen Gericht einen Anspruch auf eine Kostenerstattung verschaffen würde oder wenn er ein Vermögensstück geflissentlich herbeischaffen würde, Schütze DWiR **91**, 241. 7

5) Gerichtsstand des Vermögens, S 1, 2. Die Vorschrift enthält Tücken. 8

A. Allgemeines. Zuständig ist dasjenige Gericht, in dessen Bezirk sich nach der Behauptung des beweispflichtigen Klägers ein Vermögen des Bekl befindet, LG Bonn NJW **89**, 1125. Maßgeblich ist dabei der Zeitpunkt des Eintritts der Rechtshängigkeit, § 261 Rn 1 ff, BGH NJW **97**, 2886, Schütze DWiR **91**, 241, ZöV 12, aM Schumann (vor Rn 1) 861 (noch beim Verhandlungsschluß. Aber es geht zunächst nur um die Anfangszuständigkeit. § 281 gilt ohnehin stets mit). Eine spätere Entfernung ist wegen § 261 III Z 2 unerheblich, BGH NJW **96**, 2096. Nicht ausreichend ist ein Mahnantrag.

Vermögen ist grundsätzlich jedes Rechtsobjekt, das einen gewissen selbständigen eigenen Vermögenswert hat, BGH NJW **97**, 326, Schütze DWiR **91**, 241, Rn 20 „Wert".

B. Beispiele zur Frage des Gerichtsstands des Vermögens 9

Aktie: Rn 20 „Wertpapier".

Anspruch: Rn 13 „Forderung".

Anwartschaft: Für § 23 reicht eine bloße Anwartschaft grds *nicht* aus. Es handelt sich um eine Fallfrage, aM ThP 6, ZöV 8 (aber man darf und muß stets alle Umstände abwägen).

Aufrechnung: Für § 23 ist es unerheblich, ob eine Aufrechenbarkeit besteht oder ob nach der Klagerhebung eine Aufrechnung erfolgt ist, Düss NJW **91**, 3103, aM ZöV 8 (aber es geht zunächst um die Anfangszuständigkeit, Rn 8).

Auskunft: Für § 23 reicht ein Anspruch auf den Erhalt einer Auskunft *nicht* aus.

Ausländer: Die Regeln Rn 17 „Mehrheit von Personen" gelten auch für eine Forderung eines im Ausland wohnenden Ausländers gegenüber einem im Inland wohnenden Deutschen, selbst wenn dasjenige ausländische Recht, dem die Forderung untersteht, eine dem § 23 entsprechende Vorschrift nicht kennt.

Bankguthaben: Rn 13 „Forderung". Maßgeblich ist der Sitz der Bank(filiale), BGH RR **88**, 173, Hbg VersR **94**, 748. 10

Bedingung: Rn 20 „Unpfändbarkeit".

Befreiung: Für § 23 reicht ein Anspruch auf eine Schuldbefreiung aus, Hbg VersR **75**, 830.

Befriedigung: Für § 23 ist es schon wegen Rn 16 unerheblich, ob das Vermögensstück eine Befriedigung ermöglicht, BGH NJW **97**, 326 (zustm Schlosser JZ **97**, 364), aM Celle NJW **99**, 3722, Hbg RR **96**, 203, Mü RR **93**, 701 (aber die Befriedigungschance spielt erst bei der Zwangsvollstreckung eine Rolle).

Beschränkte Wirksamkeit: Für § 23 reicht ein beschränkt wirksames Vermögensstück aus.

Besitz: Es ist für § 23 *nicht* erforderlich, daß der Bekl das Vermögensstück besitzt.

Betagung: Rn 20 „Unpfändbarkeit". 11

Bezeichnung: Der Kläger muß zwar das Vermögensstück bestimmt bezeichnen, LG Bonn NJW **89**, 1225. Man darf aber die Anforderungen auch nicht überspannen und daher nicht etwa nähere Darlegungen über die Art und den Umfang einer Büroausstattung fordern, BGH RR **91**, 425.

Brief: Für § 23 reicht ein Brief grds *nicht* als Vermögensstück aus. Eine Ausnahme gilt natürlich zB bei einem wertvollen Originalbrief eines Berühmten usw.

Büro: Für § 23 reicht das Vorhandensein eines Büros aus, BGH RR **91**, 425, Ffm RR **96**, 187. Man braucht nicht die Art und den Umfang seiner Ausstattung näher darzulegen, BGH RR **91**, 425.

12 **Dingliches Recht:** Es kann für § 23 ausreichen, BGH NJW **90**, 992.

Drittschuldner: Rn 17 „Mehrheit von Personen".

Eigentumswohnung: Für § 23 reicht das Vorhandensein einer Eigentumswohnung aus, BGH FamRZ **92**, 1061.

Erbschaft: Sie reicht für § 23 aus.

Erfüllungsort: Für § 23 ist es unerheblich, wo der Bekl eine Verbindlichkeit erfüllen muß. Vgl aber auch Rn 17 „Mehrheit von Personen".

Erwartung: Die bloße Erwartung reicht für § 23 nicht.

S auch Rn 9 „Anwartschaft".

Fälligkeit: Für § 23 ist es unerheblich, ob die Fälligkeit streitig ist.

Feststellung: Eine behauptende oder verneinende Feststellungsklage reicht für § 23 aus, BGH **69**, 45 (Maßgeblichkeit des Schuldnerwohnsitzes im Inland).

13 **Forderung:** Für § 23 reicht eine Forderung des Klägers gegen den Bekl aus, BGH RR **88**, 173, Düss NJW **91**, 3103, LG Bonn NJW **89**, 1225 (je wegen Bankguthaben). Eine Forderung des Bekl gegen den Kläger kann ausreichen, soweit sie der Kläger nicht bestreitet und soweit sie sich nicht mit dem Anspruch des Klägers gegenseitig ausschließt, Saarbr NJW **00**, 671, und soweit sie noch besteht, BGH **120**, 346. Maßgeblich sind der inländische Sitz oder Wohnsitz des Schuldners, S 2, BGH RR **88**, 172 (Bank), Hbg RR **96**, 203. Wegen des Drittschuldners vgl Rn 12.

Fortschaffung: Soweit sich das Vermögensstück bei der Rechtshängigkeit nach § 261 Rn 4 im Gerichtsbezirk befunden hat, schadet seine spätere Fortschaffung nicht, § 261 III Z 2, Schütze DWiR **91**, 241. Es genügt auch das Vorhandensein beim Schluß der letzten Verhandlung, §§ 136 IV, 296 a. Dieser Zustand ist freilich nicht erforderlich. Im Mahnverfahren ist keine Rückbeziehung möglich.

14 **Gesellschaft:** Der Geschäftsanteil befindet sich sowohl am Sitz der Gesellschaft als auch am Wohnsitz des Gesellschafters, Ffm RR **96**, 187.

S auch Rn 21 „Zweigniederlassung".

Gewerblicher Rechtsschutz: Wegen eines Schutzrechts zB §§ 28 GebrMG, 25 PatG.

Grundschuld: Rn 12 „Dingliches Recht", Rn 18 „Recht", Rn 19 „Sache". Wenn es um die Herausgabe eines Grundschuldbriefs geht, ist die Zuständigkeit jedenfalls auch dort begründet, wo das Grundstück liegt, BGH DB **77**, 719.

Grundstück: Rn 19 „Sache".

15 **Handakten:** Für § 23 reicht eine Handakte *nicht* aus.

Handelsbuch: Für § 23 kann ein Handelsbuch als Vermögensstück auch dann ausreichen, wenn es schon (teilweise) benutzt ist.

Hinterlegung: Es kann der Ort ausreichen, an dem man die Sache nach § 923 hinterlegt hat, Ffm OLGZ **83**, 100.

Hypothek: Rn 18 „Recht".

Immunität: *Nicht* ausreichend ist ein der ausländischen Staatsimmunität zugehöriges Vermögensstück, Ffm RIW **99**, 461.

Inhaber: Für § 23 beurteilt sich die Frage, ob ein Vermögensstück dem Bekl im Zeitpunkt der Klagerhebung gehört, nach dem maßgebenden sachlichen Recht.

16 **Inlandsbezug,** dazu Rn 2: Es ist nach dem klaren Wortlaut des § 23 nicht zulässig, die Vorschrift wegen eines als rechtspolitisch unbefriedigend empfundenen Ergebnisses einschränkend auszulegen, Rn 2. Es muß schon deshalb *nicht* etwa zur Belegenheit eines Vermögens ein Inlandsbezug entweder zum Wohnsitz oder zum gewöhnlichen Aufenthalt auch des Klägers im Inland oder ein sonstiges berechtigtes Interesse des Klägers an einer inländischen Entscheidung hinzutreten, BGH (10. ZS) NJW **97**, 325 (zu § 722; zustm Mankowski JR **97**, 464, Roth JZ **03**, 201, Schlosser JZ **97**, 364), Ffm RR **93**, 306, Koch IPRax **97**, 232 (Diskriminierung eines EU-Ausländers), Looks TranspR **06**, 136 (zu § 917 II), Lüke ZZP **105**, 321, Schack JZ **92**, 54, Schütze DWiR **91**, 243, aM (zum Erkenntnisverfahren) BGH (11. ZS) NJW **97**, 2886 und (12. ZS) NJW **99**, 1396, BAG NJW **97**, 3462, Stgt GRUR-RR **02**, 55, LAG Ffm IPRax **01**, 463, Escher/Reichert SchiedsVZ **07**, 75 (aber eine Auslegung findet ihre Grenze am klaren Wortlaut, Einl III 39. Das stets notwendige Rechtsschutzinteresse erfordert keine einengende Auslegung, schon gar keine noch so „teleologische Reduktion". Zu ihren Gefahren Einl III 41). Das gilt ja auch bei § 722, BGH NJW **97**, 326 (zustim Schlosser JZ **97**, 364), Mankowski JR **97**, 464, Wollenschläger IPRax **02**, 98. Mag der Gesetzgeber § 23 ändern.

17 **Kleidung:** Für § 23 reichen die Kleider *nicht* aus, die jemand am Leib trägt. Sonst würde jeder Inlandsaufenthalt den Gerichtsstand begründen. Etwas anderes mag bei einem Reisenden mit einem erheblichen Gepäck gelten.

Konto: Für § 23 reicht ein bloßes Konto ohne Guthaben *nicht* aus, Ffm MDR **87**, 412. Dasselbe gilt für eine Einzelforderung im Kontokorrent vor ihrer Saldierung, Hbg VersR **94**, 748.

S aber auch Rn 13 „Forderung".

Kostenerstattung: Für § 23 reicht ein Recht als Anspruch auf die Erstattung von Prozeßkosten auf Grund eines Vorprozesses aus, soweit keine Erschleichung vorliegt, Rn 7, BGH DB **77**, 720.

Der zukünftige Anspruch auf die Erstattung von Kosten eines schwebenden Prozesses ist *keine* Anwartschaft, Rn 9, sondern ein aufschiebend bedingter und darum grds ausreichender Anspruch. Man muß jedoch einen selbständigen Vermögenswert verlangen, Geimer JZ **84**, 979. Dasselbe gilt für den Anspruch auf die Rückzahlung eines Kostenvorschusses.

Mahnverfahren: Rn 13 „Fortschaffung".

Mehrheit von Personen: Maßgeblich ist der Sitz des Schuldners nach §§ 12 ff, 17, also der inländische Sitz des Drittschuldners, BGH DB **77**, 719, Hbg MDR **77**, 759 (nicht der ausländische).

Nicht maßgeblich der Erfüllungsort. S auch Rn 9 „Ausländer".

Pfändbarkeit: Rn 20 „Unpfändbarkeit". 18
Pfändungspfandrecht: Es reicht für § 23 grds aus, BGH NJW **90**, 992.
S aber auch Rn 20 „Unpfändbarkeit".
Quittung: Für § 23 reicht ein Anspruch auf eine Quittung *nicht* aus.
Rechnungslegung: Für § 23 reicht ein Anspruch auf eine Rechnungslegung *nicht* aus.
Recht: Für § 23 reicht ein Recht als Vermögensstück aus, zB ein dingliches Verwertungsrecht, BGH NJW **90**, 992, wie etwa eine Grundschuld, BGH NJW **89**, 1155 (auch die nicht valutierende), Ffm MDR **81**, 323, oder eine Forderung. Das Recht an einer Sache befindet sich dort, wo die Sache ist, BGH DB **77**, 719 (wegen eines Grundschuldbriefs), Ffm MDR **81**, 323 (wegen eines Grundstücks).
Sache: Für § 23 reicht eine Sache als Vermögensstück aus, zB ein Schiff, Hbg GRUR **89**, 1164. 19
S auch Rn 18 „Recht".
Schiff: S „Sache".
Schuldbefreiung: Rn 10 „Befreiung".
Sicherung: Für § 23 reichen sowohl die Forderung, Rn 13, als auch der Sicherungsgegenstand, Rn 19 „Sache".
S auch Rn 15 „Hinterlegung".
Übertragbarkeit: Für § 23 ist es unerheblich, ob sich das Vermögensstück übertragen läßt, Schütze DWiR 20
91, 241.
Unpfändbarkeit: Für § 23 reicht schon wegen Rn 16 das Vorhandensein eines unpfändbaren Vermögensstücks aus, BGH RR **91**, 425, Schütze DWiR **91**, 241, aM BGH NJW **93**, 2684, StJSchu 16 (aber auch etwas derzeit Unpfändbares hat einen Vermögenswert. Die Befriedigungschance hat eine Bedeutung erst in der Zwangsvollstreckung). Es reicht daher auch das Vorhandensein eines bedingten oder betagten Vermögensstücks aus.
Unterlassung: § 23 ist anwendbar, Schmidt KTS **04**, 246.
Wert: Für § 23 ist es grds unerheblich, ob der Wert des Vermögensstücks im rechten Verhältnis zum Streitwert steht. Andernfalls würde man schon die inländische Klagemöglichkeit davon abhängen lassen, ob sich der Kläger auch in der Zwangsvollstreckung voll befriedigen könnte. Auch das wäre nicht einmal dann halbwegs sicher, wenn das Vermögensstück beim Prozeßbeginn einen viel höheren Wert als der Streitgegenstand hätte. Denn bis zur Zwangsvollstreckung könnte noch so mancher Vermögensverfall eintreten. Freilich könnte ein winziges Vermögen bei einer Riesenforderung zur Erschleichung dieses Gerichtsstands führen, Einl III 54, Üb 22 vor § 12, BGH RR **91**, 425, Celle NJW **99**, 3722, Fricke VersR **97**, 406, aM Mü RR **93**, 704, StJSchu 1, 16 a, 31 e, ZöV 1, 7 (aber Rechtsmißbrauch findet keinen Schutz).
Wertpapier: Für § 23 befindet sich das Recht aus oder an ihm dort, wo die Urkunde lagert, Ffm RR **96**, 187. Das ist *nicht stets* der Wohnsitz des Schuldners oder der Firmensitz etwa der Aktiengesellschaft, BGH NJW **93**, 2684.
Zeitpunkt: Rn 13 „Fortschaffung". 21
Zukünftiger Anspruch: Für § 23 reicht ein Anspruch *nicht* aus, der erst in der Zukunft entstehen kann, Schütze DWiR **91**, 241.
S auch Rn 9 „Anwartschaft".
Zweigniederlassung: Bei einer inländischen Zweigniederlassung bleibt der (evtl ausländische) Gesellschaftssitz maßgeblich, Hbg MDR **77**, 759 (vgl freilich § 21).

6) Gerichtsstand des Streitgegenstands, S 1, 2. Zuständig ist dasjenige Gericht, in dessen Bezirk sich 22
der in Anspruch genommene Gegenstand befindet, also jedes Vermögensrecht, nicht nur eine Sache. Bei einer Sache entscheidet ihre Lage und ist unerheblich, wer ihr Besitzer ist. Eine Inanspruchnahme liegt sowohl bei einer Leistungsklage oder einer behauptenden Feststellungsklage vor als auch bei einer verneinenden Feststellungsklage, BGH JZ **79**, 231. Auch der Streit mehrerer Beanspruchter enthält eine Inanspruchnahme des Streitgegenstands. Ein Unterhaltsanspruch ist hier nicht ausreichend, BayObLG **85**, 19.

23a *Fassung 1. 9. 2009:* (aufgehoben. Abdruck und Kommentierung dieser Altvorschrift im Ergänzungsband zur 67. Aufl 2009)

Einführung vor §§ 24–26

Dinglicher Gerichtsstand

1) Systematik, Regelungszweck. Vgl zunächst § 20 Rn 1, 2. §§ 24–26 bilden innerhalb der besonde- 1
ren Gerichtsstände eine eigene sachliche Untergruppe mit einem zwingenden und zwei wahlweisen Gerichtsständen.

2) Geltungsbereich. Vgl zunächst Üb 3 vor § 12. Der dingliche Gerichtsstand, auch der Gerichts- 2
stand der belegenen Sache genannt, forum rei sitae, betrifft nur eine solche Klage, die sich auf ein Grundstück oder auf ein grundstücksgleiches Recht bezieht. Er besteht nur für bestimmte Arten von Klagen, außer den in §§ 24–26 genannten für eine Klage nach § 800 III, für die Grundstückszwangsvollstreckung nach § 1 ZVG und in einigen anderen Fällen. Der Gerichtsstand wirkt nicht über die Grenzen des Gerichtsbezirks hinaus. Wenn ein Grundstück in mehreren Bezirken liegt, muß man § 36 I Z 4 anwenden.

3) Ausschließlichkeit. Der dingliche Gerichtsstand ist ein ausschließlicher bei § 24, auch bei § 800 III 3
sowie bei § 1 ZVG. Das gilt auch für einen Exterritorialen, § 20 GVG. Der dingliche Gerichtsstand ist nicht ausschließlich bei §§ 25, 26. Vgl aber § 26 Rn 7. Dann wirkt der Gerichtsstand deshalb auch nicht gegen einen Exterritorialen. Wegen der EuGVVO SchlAnh V C 2, besonders Art 22 Z 1.

24 *Ausschließlicher dinglicher Gerichtsstand.* [I] **Für Klagen, durch die das Eigentum, eine dingliche Belastung oder die Freiheit von einer solchen geltend gemacht wird, für Grenzscheidungs-, Teilungs- und Besitzklagen ist, sofern es sich um unbewegliche Sachen handelt, das Gericht ausschließlich zuständig, in dessen Bezirk die Sache belegen ist.**

[II] **Bei den eine Grunddienstbarkeit, eine Reallast oder ein Vorkaufsrecht betreffenden Klagen ist die Lage des dienenden oder belasteten Grundstücks entscheidend.**

Schrifttum: *Wenner,* Grundstückseigentum im Ausland – Gerichtsstand im Inland?, Festschrift für *Jagenburg* (2002) 1013.

Gliederung

1 **1) Systematik, I, II.** Vgl zunächst Einf 1 vor § 24. In § 24 ist für die Zuständigkeit die Belegenheit derjenigen Sache maßgeblich, um die oder um deren Belastung usw es geht. Das gilt unabhängig davon, ob es sich um eine Leistungsklage oder eine Feststellungsklage nach § 256 handelt. Art 22 Z 1 EuGVVO hat den Vorrang, SchlAnh V C 2, EuGH NJW **00**, 2009, Wenner (vor Rn 1) 1014. Wegen eines vorübergehenden Privatgebrauchs Karlsr OLGR **99**, 180.

2 **2) Regelungszweck, I, II.** Eine Ortskenntnis und die Möglichkeit einer schnelleren oder billigeren Besichtigung des Streitobjekts dienen der Prozeßwirtschaftlichkeit, Grdz 14 vor § 128. Freilich erfordert sie nicht unbedingt die Ausschließlichkeit des Gerichtsstands der Belegenheit. Solche Ausschließlichkeit ist aber in der Regel zumindest zur Verringerung eines Streits über die örtliche Zuständigkeit geeignet. Fragen zur Grenze des Gerichtsbezirks können auch dann lästig werden. Eine gesetzliche Ausschließlichkeit darf man dennoch nicht zu großzügig bejahen oder verneinen.

3 **3) Geltungsbereich, I, II.** Vgl zunächst Einf 3 vor §§ 24–26. Die Vorschrift gilt auch im Eilverfahren nach §§ 916 ff.

A. Klage aus Eigentum. Es handelt sich um eine solche Klage, deren Begründung das Eigentum ist. *Hierhin gehören zB:* Eine Klage auf Grund eines bestehenden Eigentums, zB auf seine Feststellung, auf eine Grundbuchberichtigung nach § 894 BGB oder auf eine Herausgabe, §§ 985 ff BGB; die Klage auf die Unterlassung einer Störung, § 1004 BGB, BayObLG **96**, 15, Celle VersR **78**, 570; die Klage auf Grund eines Miteigentums; die Klage auf die Erteilung einer Zustimmung zu einer Berichtigung des Grundbuchs, § 894 BGB; die Klage auf Grund eines Nachbarrechts nach §§ 906 ff BGB.

4 *Nicht hierher gehören zB:* Die Erbschaftsklage nach §§ 2018 ff BGB. Denn mit dieser Klage verlangt der Kläger das Grundstück als einen Bestandteil des Nachlasses heraus; die Klage auf Grund einer Anwartschaft des Nacherben nach § 2113 BGB; die persönliche Klage mit dem Ziel einer Übertragung des Eigentums, also einer Auflassung, auch nicht bei einer Vormerkung; eine Anfechtungsklage, die ein Grundstück betrifft, BayObLG KTS **03**, 674, aM Hamm OLGR **02**, 262, LG Itzehoe MDR **83**, 674 (aber dann behauptet der Kläger durchweg gerade kein Eigentum).

5 **B. Klage aus dinglicher Belastung.** Hier mag die Klage gegen den Eigentümer oder gegen einen Dritten gehen. Es handelt sich um eine behauptende, konfessorische Klage.

6 *Hierher gehören zB* die folgenden Situationen: Es geht um eine gesetzliche Eigentumsbeschränkung; es handelt sich um eine beschränkte persönliche oder um eine Grunddienstbarkeit; es geht um eine Reallast nach § 1105 BGB; es geht um einen Nießbrauch; es handelt sich um ein dingliches, also gegen jeden Erwerber wirksames Vorkaufsrecht, §§ 1094 ff BGB, auch um ein derartiges gesetzliches Vorkaufsrecht (allerdings nicht um ein solches am Anteil des Miterben, § 2034 BGB), BGH **60**, 293, StJSchu 14; es geht um eine Hypothek, eine Grundschuld oder eine Rentenschuld; der Streit behandelt ein Erbbaurecht; es geht um eine öffentlichrechtliche Last. Dann muß das Gericht die Zulässigkeit des Rechtswegs prüfen; die Klage beruht auf einer Vormerkung zur Sicherung eines persönlichen Anspruchs oder zielt auf die Zustimmung zur Löschung einer solchen Vormerkung ab, soweit eine Wirkung gegenüber einem Dritten infragesteht, §§ 883 II, 888 BGB, BGH **83**, 399. Wenn es um eine Klage gegen den *persönlich* Verpflichteten geht, ist allerdings § 26 anwendbar; es geht um eine Grundbuchberichtigung nach § 894 BGB; es handelt sich um ein Pfändungspfandrecht an einer Hypothek, wenn der Eigentümer Partei ist, oder umgekehrt im Weg einer verneinenden Feststellungsklage, nicht aber sonst; es geht um die Duldung der Zwangsvollstreckung in das Grundstück, BayObLG RR **02**, 1295.

7 *Nicht hierher gehört* eine Klage gegen einen anderen Gläubiger mit dem Ziel der Umschreibung einer eingetragenen Hypothek. Denn dann liegt kein Streit um die Belastung vor.

8 **C. Klage auf Freiheit von einer dinglichen Belastung** (negatorische Klage).

9 *Hierher gehören zB:* Eine Löschungsklage, LG Itzehoe MDR **83**, 674; die Klage auf die Befreiung von einer Belastung, auch von einer Vormerkung; die Klage auf Grund einer Anfechtung, auch einer Insolvenzanfechtung wegen einer Hypothek; die Umschreibung einer Hypothek in eine Eigentümergrundschuld; die Klage auf die Aushändigung einer solchen Urkunde, die zu einer Löschung notwendig ist; eine verneinende Feststellungsklage; die Klage auf eine Verringerung des Zinsfußes.

Nicht hierher gehören zB: Eine Klage des Grundstückseigentümers gegen einen Grundschuldgläubiger auf die Übertragung einer Grundschuld wegen des Wegfalls des Sicherungsgrundes; die Klage gegen einen Dritten wegen seiner Verpflichtung, die Hypothek zur Löschung zu bringen; die Klage auf die Feststellung der Unwirksamkeit einer Kündigung. 10

D. Grenzscheidungsklage. Vgl §§ 919–923 BGB. 11

E. Teilungsklage. *Hierher gehören* nur Klagen mit dem Ziel der Teilung eines einzelnen Grundstücks und grundstücksgleicher Rechte, zB nach §§ 749 ff, 1008 ff BGB. 12

Nicht hierher gehört zB: Eine Klage mit dem Ziel der Teilung einer Vermögensmasse oder der Teilung von Erträgnissen; eine Klage im Zusammenhang mit der Auseinandersetzung einer Gesamthandgemeinschaft, also etwa zwischen Gesellschaftern oder zwischen Miterben. Das gilt selbst dann, wenn das Eigentum der Gesamthandgesellschaft nur aus dem Grundstück besteht.

F. Besitzklage. *Hierher zählen* Klagen wegen der Entziehung des Besitzes oder der Störung im Besitz, §§ 854 ff BGB, ferner eine Klage auf Grund eines Dienstbarkeitsbesitzes nach §§ 1029, 1090 BGB. 13

Nicht hierher gehört eine Klage mit dem Ziel der Einräumung des Besitzes oder eine Klage gegen einen Erbschaftsbesitzer. 14

3) Streit um unbewegliche Sache, I. Der Begriff der unbeweglichen Sache ist nicht derjenige des „unbeweglichen Vermögens" in § 864. Man muß ihn vielmehr dem sachlichen Recht entnehmen. Er umfaßt ein inländisches Grundstück und ein solches Recht, das nach dem Bundesrecht oder Landesrecht einem Grundstück gleichsteht. Hierher gehören auch Bruchteile, zB nach § 1008 BGB, §§ 1, 2 WEG. 15

Hierher gehören zB: Das Grundstück; ein wesentlicher Bestandteil des Grundstücks, §§ 93 ff BGB (wegen Zubehörs Rn 17); ein mit dem Eigentum an einem Grundstück verbundenens Recht, § 96 BGB, zB: Eine Grunddienstbarkeit nach § 1018 BGB; eine Reallast nach § 1105 II BGB; ein subjektiv dingliches Vorkaufsrecht nach § 1094 II BGB; ein landesrechtliches Erbpachtrecht usw, Art 65 ff, 196 EG BGB; das Erbbaurecht, § 11 ErbbauRG; ein Recht nach §§ 51, 52 WEG. 16

Nicht hierher gehören zB: Die Hypothek; eine Grundschuld; eine Rentenschuld; bloßes Zubehör nach §§ 97, 98 BGB, § 865 II 2. Der dingliche Gerichtsstand ist ausnahmsweise für eine Klage mit dem Ziel der Herausgabe des Briefs bei einer Besitzverhinderung möglich, Einf 2 vor § 1003, § 12 G v 18. 4. 50, Anh § 1024. 17

4) Ausschließlichkeit, I. Der Gerichtsstand des § 24 schließt in seinem Geltungsbereich jeden allgemeinen und besonderen oder vereinbarten Gerichtsstand aus. § 24 gilt sogar gegenüber einem Exterritorialen, auch gegenüber einem Ausländer. Bei einem deutschen Wohnsitz geben manche sogar bei einer Auslandslage des Grundstücks eine deutsche internationale Zuständigkeit, BGH NJW **98**, 1321, Wenner (vor Rn 1) 1025. Der Gerichtsstand gilt auch für die Widerklage nach Anh § 253 und für die Zwischenklage nach § 256 II. Über die Vorfrage des Eigentums kann jedes Gericht ohne eine innere Rechtskraftwirkung beiläufig entscheiden. Zuständig ist dasjenige Gericht, in dessen Bezirk die Sache liegt, Celle VersR **78**, 570. Das gilt unabhängig vom Ort, an dem sich das Grundbuch befindet. Ähnliches gilt nach § 14 I 2 VerkFlBerG. Der Ort der Störung ist unerheblich. Er kann zB § 36 I Z 4 nicht entbehrlich machen. 18

5) Grunddienstbarkeit, Reallast, Vorkaufsrecht, II. Bei einer Grunddienstbarkeit sowie bei einer Reallast oder einem Vorkaufsrecht bestimmt die Lage des dienenden, belasteten Grundstücks den Gerichtsstand. Das stellt II nur in einer Ergänzung zu und nicht etwa nicht in einer Abweichung von I klar. Das gilt unabhängig davon, wer klagt. Dasselbe gilt auch bei einem Nachbarrecht. 19

25 *Dinglicher Gerichtsstand des Sachzusammenhanges.* **In dem dinglichen Gerichtsstand kann mit der Klage aus einer Hypothek, Grundschuld oder Rentenschuld die Schuldklage, mit der Klage auf Umschreibung oder Löschung einer Hypothek, Grundschuld oder Rentenschuld die Klage auf Befreiung von der persönlichen Verbindlichkeit, mit der Klage auf Anerkennung einer Reallast die Klage auf rückständige Leistungen erhoben werden, wenn die verbundenen Klagen gegen denselben Beklagten gerichtet sind.**

1) Systematik, Regelungszweck. Vgl zunächst Einf 1, 2 vor § 24. Es gibt keinen allgemeinen Gerichtsstand des Sachzusammenhangs, § 32 Rn 14. § 25 läßt aber ausnahmsweise eine Klagenverbindung nach § 260 und den daraus folgenden Wahlgerichtsstand wegen eines sachlichen Zusammenhangs zu. Das gilt freilich nur unter der Voraussetzung, daß alle Erfordernisse einer Verbindung bis auf dasjenige der örtlichen Zuständigkeit für die persönliche Klage vorliegen, daß also vor allem die sachliche Zuständigkeit besteht. Die Vorschrift begründet keinen selbständigen und keinen ausschließlichen Gerichtsstand. Es muß aber in allen Verfahren derselbe Bekl vorhanden sein. Wenn verschiedene Bekl vorhanden sind, ist § 36 I Z 3 anwendbar. Wenn die dingliche Klage unbegründet ist, bleibt die Zuständigkeit für die persönliche Klage bestehen. Vgl ferner Art 6 Z 4 EuGVVO, SchlAnh V C 2. 1

2) Geltungsbereich. Vgl zunächst Einf 3 vor §§ 24–26. „Schuldklage" meint die Klage gegen den persönlichen Schuldner mit dem Ziel einer Leistung oder einer Feststellung und auch die Klage auf die Befreiung von der persönlichen Schuld, auch als eine verneinende Feststellungsklage nach § 256. „Klage auf Umschreibung" meint eine Umschreibung in eine Eigentümergrundschuld. Denn andernfalls würde der dingliche Gerichtsstand fehlen, § 24 Rn 10. 2

26 *Dinglicher Gerichtsstand für persönliche Klagen.* **In dem dinglichen Gerichtsstand können persönliche Klagen, die gegen den Eigentümer oder Besitzer einer unbeweglichen Sache als solche gerichtet werden, sowie Klagen wegen Beschädigung eines Grundstücks oder hinsichtlich der Entschädigung wegen Enteignung eines Grundstücks erhoben werden.**

1 **1) Systematik, Regelungszweck.** Vgl zunächst Einf 1, 2 vor § 24. § 26 gibt einen dinglichen Wahlgerichtsstand für gewisse persönliche Klagen. Wenn eine Klage sowohl unter § 26 als auch unter § 24 fällt, geht § 24 als eine ausschließliche Gerichtsstandsregelung vor. Bei einer Enteignungsentschädigung kann nach dem Landesrecht eine ausschließliche Zuständigkeit vorliegen, § 15 Z 2 EGZPO.

2 **2) Geltungsbereich.** Vgl Einf 3 vor §§ 24–26. Die Vorschrift gilt auch für und gegen Miteigentümer, Stgt NZM **99**, 174.

3 **3) Klage gegen den Eigentümer oder Besitzer** einer unbeweglichen Sache nach § 24 Rn 15 als solchen. Der Bekl muß wegen seines Eigentums oder Besitzes zur Zeit der Klagerhebung der richtige Bekl sein.

4 *Hierher zählen zB:* Eine Klage nach § 748 BGB auf eine Kostenbeteiligung, Stgt NZM **99**, 174; eine Klage nach § 888 BGB oder aus einer Verwendung nach §§ 994 ff BGB; eine Klage auf Grund eines Überbaus, §§ 913, 915 BGB; eine Klage mit dem Ziel der Gestattung einer Besichtigung nach § 809 BGB; eine Klage mit dem Ziel der Gestattung einer Wegschaffung nach §§ 867, 1005 BGB; eine Klage nach §§ 921, 922 BGB.

5 *Nicht hierher zählen zB:* Eine Klage auf Grund des Einsturzes eines Gebäudes oder auf eine Auflassung. Denn sie richten sich nicht notwendigerweise gegen den Besitzer des Gebäudes als solchen, RoSGo § 36 III 3 b ZöV 2, aM StJR 6; eine Klage auf Grund einer Haftpflicht; eine Anfechtungsklage; die Klage auf Grund einer Bauhandwerkerhypothek nach § 648 BGB, aM StJR 6, ThP 1, ZöV 2.

6 **4) Klage wegen Beschädigung eines Grundstücks.** Die Beschädigung muß der einzige Klagegrund sein. Es ist unerheblich, aus welchem Rechtsgrund die Klage erfolgt und ob es um eine rechtmäßige oder rechtswidrige, schuldlose oder schuldhafte Verhaltensweise geht. Es ist ebenfalls unerheblich, ob der Kläger noch Eigentümer oder Besitzer ist.

Beispiele: Eine Klage auf Grund einer unerlaubten Handlung nach §§ 823, 826 BGB; eine Klage auf Grund des Einsturzes eines benachbarten Gebäudes, §§ 836, 837 ff BGB; eine Klage nach § 867 S 2 BGB, auch in Verbindung mit § 1005 BGB; eine Klage auf die Zahlung einer Vergütung nach § 904 S 2 BGB; eine Klage auf den Ersatz eines Wild- oder Jagdschadens nach §§ 29 ff BJagdG.

7 **5) Klage auf eine Entschädigung wegen einer Enteignung.** Hierher zählen zB die Klagen nach § 59 III LandbeschaffungsG, § 25 III SchutzbereichsG. Außerdem erklären die meisten Landesgesetze den Gerichtsstand für solche Klagen als einen ausschließlichen, BGH **97**, 158. Vgl aber auch § 13 GVG Rn 38 „Enteignung". Hierzu zählt auch ein enteignungsgleicher Eingriff, MüKoPa 5, ZöV 4.

27 *Besonderer Gerichtsstand der Erbschaft.* **I Klagen, welche die Feststellung des Erbrechts, Ansprüche des Erben gegen einen Erbschaftsbesitzer, Ansprüche aus Vermächtnissen oder sonstigen Verfügungen von Todes wegen, Pflichtteilsansprüche oder die Teilung der Erbschaft zum Gegenstand haben, können vor dem Gericht erhoben werden, bei dem der Erblasser zur Zeit seines Todes den allgemeinen Gerichtsstand gehabt hat.**

II Ist der Erblasser ein Deutscher und hatte er zur Zeit seines Todes im Inland keinen allgemeinen Gerichtsstand, so können die im Absatz 1 bezeichneten Klagen vor dem Gericht erhoben werden, in dessen Bezirk der Erblasser seinen letzten inländischen Wohnsitz hatte; wenn er einen solchen Wohnsitz nicht hatte, so gilt die Vorschrift des § 15 Abs. 1 Satz 2 entsprechend.

Schrifttum: *Bajons,* Internationale Zuständigkeit und anwendbares Recht in grenzüberschreitenden Erbrechtsfällen innerhalb des europäischen Justizraums, in: Festschrift für *Heldrich* (2005).

1 **1) Systematik, I, II.** Vgl zunächst § 20 Rn 1, 2. § 27 gibt für eine durch einen Erbfall entstandene und daher erbrechtliche Streitigkeit den besonderen Wahlgerichtsstand der Erbschaft im allgemeinen Gerichtsstand des Erblassers, §§ 12–16. Der Kläger darf unter mehreren solchen Gerichtsständen nach § 35 frei wählen. Maßgeblich ist der Zeitpunkt des Todes. Das gilt auch dann, wenn eine Todeserklärung diesen Zeitpunkt amtlich feststellt. Es ist nicht erforderlich, daß sich jemals ein Nachlaßgegenstand im Bezirk dieses Gerichts befunden hatte. Insofern weicht § 27 von § 28 ab. Für die Zuständigkeit maßgeblich ist der Tatsachenvortrag des Klägers. Seine bloße Rechtsansicht reicht aber nicht.

2 **2) Regelungszweck, I, II.** Das in I, II jeweils genannte Gericht hat meist am ehesten diejenige Ortskenntnis und sonstige Sachnähe, die eine nach Grdz 14 vor § 128 wünschenswerte prozeßwirtschaftliche Behandlung ermöglicht. Man sollte daher großzügig auslegen.

3 **3) Geltungsbereich, I, II.** Vgl Üb 3 vor § 12.

4 **4) Klage auf die Feststellung des Erbrechts, I**, nach dem Eintritt des Erbfalls. Er mag sich auf §§ 1922 ff BGB oder auf einen Erbvertrag nach §§ 2278 BGB oder auf ein Testament nach § 2087 BGB gründen. Es ist unerheblich, ob es sich um eine Feststellungsklage handelt, um eine Klage auf Grund einer angeblichen Erbunwürdigkeit nach § 2342 BGB, um die Geltendmachung eines Erbverzichts nach § 2346 BGB oder um eine Anfechtung usw nach §§ 2078 ff BGB.

Hierher zählen zB: Eine Klage wegen des Erbrechts des Fiskus nach § 1936 BGB; eine Klage wegen des Rechts eines Nacherben nach § 2100 BGB; eine Klage wegen der Fortsetzung der allgemeinen Gütergemeinschaft nach § 1483 BGB. Denn § 27 ist auf jede Gesamtrechtsnachfolge von Todes wegen sinngemäß anwendbar, aM ZöV 4. Man kann auch den vorzeitigen Erbausgleich nach dem G v 16. 12. 97, BGBl I 2968, entsprechend behandeln, so schon LG Hbg FamRZ **94**, 403 (anstelle des Todeszeitpunkts tritt die Anhängigkeit der Klage).

Nicht hierher zählen zB: Das Recht des Erbschaftskäufers. Denn es ist rein schuldrechtlich, § 2374 BGB; eine Klage wegen eines Rechts an einem einzelnen Nachlaßgegenstand; eine Klage wegen des Rechts auf den Widerruf einer in einem Erbvertrag vorgenommenen Erbeinsetzung.

5) Klage des Erben gegen Erbschaftsbesitzer, I. Gemeint ist eine Klage nach § 2018 BGB. Es muß sich um einen Herausgabeanspruch handeln. Er kann sich auch gegen den Erben des Erbschaftsbesitzers richten, Nürnb OLGZ **81**, 116. 5

Hierhin zählen zB: Die Klage auf die Erteilung einer Auskunft nach § 2027 I oder II BGB, Nürnb OLGZ **81**, 116, nicht aber nach § 2028 BGB, aM ZöV 4; die Klage gegen einen Erbschaftskäufer, § 2030 BGB; eine Klage des Testamentsvollstreckers oder des Nachlaßpflegers.

Nicht hierher gehören zB: Eine Klage auf die Herausgabe des Erbscheins oder des Testamentsvollstreckerzeugnisses; eine Einzelklage nach §§ 985, 989, 2029 BGB gegen den Erbschaftsbesitzer, aM Köln OLGZ **86**, 212, ZöV 5 (aber I erfordert eine großzügige Auslegung, Rn 2).

6) Klage wegen Anspruchs aus Vermächtnis oder auf Grund sonstige Verfügung von Todes wegen, I. Eine solche Klage richtet sich gegen den Belasteten, mag er der Erbe oder ein Dritter sein, und gegen seinen Rechtsnachfolger, auch gegen einen Testamentsvollstrecker, Mü Rpfleger **78**, 185. 6

Hierher zählen zB: Eine Klage auf den Voraus nach § 1932 BGB; eine Klage auf Grund eines Vermächtnisses nach §§ 2174, 2299 BGB, Mü Rpfleger **78**, 185, oder einer Auflage nach §§ 1939 ff, 2192 BGB; eine Klage auf Grund eines Erbvertrags nach § 1941 BGB; eine Klage auf Grund eines Vorausvermächtnisses nach § 2150 BGB; eine Klage auf Grund einer vertragsmäßigen Zuwendung oder Auflage nach § 2279 BGB; eine Klage auf Grund einer Schenkung von Todes wegen, § 2301 BGB; eine Klage auf eine Gewährung von Unterhalt an einen Angehörigen des Erblassers nach § 1969 BGB. 7

7) Klage wegen Pflichtteilsanspruchs, I. Hierher zählen zB: Der persönlicher Anspruch an den Erben auf eine Barzahlung, § 2303 BGB; der Auskunftsanspruch nach § 2314 BGB; der Anspruch auf die Ergänzung des Pflichtteils usw nach §§ 2325, 2329 BGB; der Anspruch gegenüber einem Pflichtteilsberechtigten wegen dessen Erbunwürdigkeit nach § 2345 II BGB. 8

8) Klage auf Teilung der Erbschaft, I, §§ 2042 ff BGB. Hierhin zählen auch die Klage auf Ausgleichung unter Miterben nach §§ 2050 ff, 2057 a BGB, BGH NJW **92**, 364, und § 1483 II BGB, ZöV 9, aM StJSchu 7. 9

Nicht hierher zählt eine Klage auf die Vornahme einer Auseinandersetzung einer fortgesetzten Gütergemeinschaft.

9) Kein allgemeiner inländischer Gerichtsstand, II. II beruhte darauf, daß ein Deutscher nach Art 24 EGBGB aF nach dem deutschen Recht beerbt wurde, wenn er seinen Wohnsitz im Ausland hatte, Zweibr OLGZ **85**, 414 (FGG). II ist nach der Neufassung des Erbstatuts aus Art 25 I EGBGB mit seiner Maßgeblichkeit der Staatsangehörigkeit unverändert geblieben. Gerichtsstand ist also das Gericht des letzten inländischen Wohnsitzes. Hilfsweise gilt dieselbe Regelung wie bei § 15 I 2. 10

28 *Erweiterter Gerichtsstand der Erbschaft.* **In dem Gerichtsstand der Erbschaft können auch Klagen wegen anderer Nachlassverbindlichkeiten erhoben werden, solange sich der Nachlass noch ganz oder teilweise im Bezirk des Gerichts befindet oder die vorhandenen mehreren Erben noch als Gesamtschuldner haften.**

1) Systematik, Regelungszweck. Vgl zunächst § 20 Rn 1, 2. § 28 gibt den besonderen Wahlgerichtsstand der Erbschaft für eine Klage wegen einer anderen als der in § 27 geregelten Nachlaßschuld. Insofern geht die Regelung über diejenige des § 27 hinaus. 1

2) Geltungsbereich. Vgl zunächst Üb 3 vor § 12. Es ist unerheblich, wer gegen wen klagt, ob es sich also um den Erben handelt, Karlsr OLGR **03**, 347, den Testamentsvollstrecker, den Nachlaßverwalter, den Erbschaftskäufer oder den Lebensgefährten des Erblassers, Saarbr FamRZ **79**, 797. 2

Hierher zählen zB: Eine Klage wegen des Unterhaltsanspruchs der schwangeren Witwe nach § 1963 BGB; eine Klage wegen einer vom Erblasser herrührenden Schuld nach § 1967 BGB, Saarbr FamRZ **79**, 796; eine Klage wegen der Beerdigungskosten nach § 1968 BGB, Karlsr OLGR **03**, 347; eine Klage auf den 30-Tage-Unterhalt eines Angehörigen des Erblassers nach § 1969 BGB; eine Klage nach §§ 2205 ff BGB; eine Klage wegen der infolge einer Verwaltung der Erbschaft und der Ausschlagung der Erbschaft entstandenen Kosten; die verneinende Feststellungsklage eines Belangten gegen den Belangenden; überhaupt eine sog Nachlaßerbenschuld (Abwicklungsanspruch), Schlesw MDR **07**, 1201.

Nicht hierher zählt zB eine Klage wegen eines Anspruchs des Nachlasses oder des Erbschaftskäufers nach §§ 2371 ff BGB.

3) Arglist. Eine arglistige Begründung oder Beseitigung des Gerichtsstands verstößt gegen Treu und Glauben, Einl III 54. Sie kann daher nicht die erstrebte Rechtsfolge haben. Denn es handelt sich um eine Erschleichung des Gerichtsstands, Üb 22 vor § 12. Wenn der Nachlaß gutgläubig aus dem Bezirk des Gerichts herauskam, entfällt dieser Gerichtsstand. 3

4) Verbleib im Bezirk. Der Gerichtsstand nach § 28 ist begründet, wenn sich der Nachlaß ganz oder teilweise im Bezirk des Gerichts befindet, also wenigstens mit irgendeinem Nachlaßstück. Wenn es um eine Forderung geht, ist § 23 S 2 anwendbar. 4

5) Gesamtschuldnerische Haftung. Unabhängig von Rn 4 ist § 28 auch dann anwendbar, wenn noch eine gesamtschuldnerische Haftung der Miterben nach §§ 421 ff, 2058 ff BGB besteht. Das gilt gerade wegen der eingeklagten Nachlaßverbindlichkeit. In diesem Fall ist es unerheblich, ob sich im Gerichtsbezirk ein Nachlaßstück befindet. 5

6) Beweislast. Die Beweislast liegt grundsätzlich beim Kläger, Üb 19 vor § 12. Wenn es aber um den Wegfall einer Gesamthaftung geht, ist insofern der Bekl beweispflichtig, weil er die Aufhebung eines Rechts geltend macht. 6

29 *Besonderer Gerichtsstand des Erfüllungsorts.* [I] **Für Streitigkeiten aus einem Vertragsverhältnis und über dessen Bestehen ist das Gericht des Ortes zuständig, an dem die streitige Verpflichtung zu erfüllen ist.**

[II] **Eine Vereinbarung über den Erfüllungsort begründet die Zuständigkeit nur, wenn die Vertragsparteien Kaufleute, juristische Personen des öffentlichen Rechts oder öffentlich-rechtliche Sondervermögen sind.**

Schrifttum: *Bajons,* Der Gerichtsstand des Erfüllungsortes usw (zu Art 5 I EuGVÜ), Festschrift für *Geimer* (2002) 15; *Dollinger,* Gerichtsstände im Verbraucherkreditgeschäft der Banken und Sparkassen usw, 1999; *Hackenberg,* Der Erfüllungsort von Leistungspflichten unter Berücksichtigung des Wirkungsortes im deutschen und europäischen Zivilprozeßrecht, 2000; *Kumm,* Notwendigkeit und Ausgestaltung eines Verbrauchergerichtsstands usw, 2007; *Lüderitz,* Fremdbestimmte internationale Zuständigkeit? Versuch einer Neubestimmung von § 29 ZPO usw, Festschrift für *Zweigert* (1981) 233; *Martiny,* Internationale Zuständigkeit für „vertragliche Streitigkeiten", Festschrift für *Geimer* (2002) 641; *Mumuller,* Der Gerichtsstand des Erfüllungsortes im Europäischen Zivilprozessrecht, Wien 2007; *Ost,* Doppelrelevante Tatsachen im internationalen Zivilverfahrensrecht, 2002; *Roth,* Probleme um die internationale Zuständigkeit nach § 29 ZPO, Festschrift für *Schlosser* (2005) 773; *Schack,* Der Erfüllungsort im deutschen, ausländischen und internationalen Privat- und Zivilprozeßrecht, 1985; *Scherer,* Gerichtsstände zum Schutz des Verbrauchers in Sondergesetzen. Das neue Verbraucherkreditgesetz usw, 1991; *Wolf,* Das Willensmoment beim Gerichtsstand des Erfüllungsortes, in: Festschrift für *Lindacher* (2007); *Wrangel,* Der Gerichtsstand des Erfüllungsortes im deutschen, italienischen und europäischen Recht, 1988.

Gliederung

1 **1) Systematik, I, II.** Vgl zunächst § 20 Rn 1. Der Gerichtsstand des sachlichrechtlichen Erfüllungsorts, des Vertrags, das forum contractus, ist im Geschäftsverkehr der wichtigste besondere Gerichtsstand. Das gilt trotz II, aM ZöV 1 (aber der kaufmännische Verkehr nach II ist nicht der häufigste im Alltag, wo Verbraucher eine Hauptgruppe bilden). Er ist aber kein ausschließlicher gesetzlicher Gerichtsstand, LG Köln ZIP **85**, 496. Das übersehen viele. Er geht nur auf Grund einer wirksamen Vereinbarung nach § 38 anderen gesetzlichen Gerichtsständen vor. Er geht so mancher Spezialregelung nach. Wegen (jetzt) Art 5 Z 1 a EuGVVO vgl Rn 4.

2 **2) Regelungszweck, I, II.** Vgl zunächst Üb 2 vor § 12. Der Gerichtsstand des § 29 dient der Sachnähe des Gerichts, LG Kiel NJW **89**, 841, Müller BB **02**, 1096. Freilich kann sich diese Sachnähe durchaus bei mehreren Gerichten ergeben. Das muß man bei der Auslegung mitbeachten. Wegen des vielfachen Mißbrauchs ist eine Vereinbarung des Erfüllungsorts nur noch beschränkt zulässig, II.

Örtliche Übereinstimmung zwischen der sachlichrechtlichen Pflicht und der prozessualen Obliegenheit ist ein im Prinzip überzeugender Grundgedanke. Weniger klar ist die Feststellung möglich, wo der Schuldner denn nun sachlichrechtlich erfüllen muß. Die geduldige Aufgliederung des sachlichen Rechts vor allem im BGB je nach der Art der Leistung und der Person des Schuldners insbesondere beim gegenseitigen Vertrag führt notgedrungen zu entsprechend unterschiedlichen Beurteilungen auch der Frage des daraus folgenden Gerichtsstands. Man sollte solche Schwierigkeiten nicht durch eine allzu spitzfindige Auslegung zusätzlich verkomplizieren. Vielmehr ist es eher hilfreich, auch getrost mehrere Erfüllungsorte als möglich anzuerkennen und damit dem Kläger ein gewisses Wahlrecht einzuräumen, statt etwa §§ 36, 37 zu beanspruchen.

3 **3) Sachlicher Geltungsbereich, I, II.** Vgl zunächst Üb 3 vor § 12.

A. Schuldrechtlicher Anspruch. Der Gerichtsstand gilt für jede Art von Klage auf Grund eines schuldrechtlichen Vertrags, BGH **132**, 105. Das gilt unabhängig von der Art der Verpflichtung. Die Vorschrift ist deshalb auch bei einer schuldrechtlichen Klage auf Grund eines öffentlichrechtlichen Vertrags anwendbar, etwa bei einer Klage nach § 1298 BGB, Rn 12. § 29 gilt auch bei einem Vertrag zugunsten eines Dritten nach § 328 BGB. § 29 gilt ferner bei einem Vertrag auf Grund eines indossablen Papiers. Denn dessen Begebung steht einem Vertragsabschluß gleich.

4 **B. Beispiele zur Frage des sachlichen Geltungsbereichs**

Beamtenverhältnis: *Unanwendbar* ist § 29 bei einer Klage aus einem Beamtenverhältnis.

Dinglicher Vertrag: *Unanwendbar* ist § 29 bei einer Klage wegen eines Anspruchs aus einem dinglichen Vertrag zB nach §§ 273, 925, 929 BGB.

Einseitige Erklärung: *Unanwendbar* ist § 29 bei einer Klage auf Grund einer einseitigen Erklärung zB nach § 657 BGB.

Erbvertrag: *Unanwendbar* ist § 29 bei einer Klage aus einem Erbvertrag.
EuGVVO: SchlAnh V C 2, EuGH NJW **00**, 721, BGH **134**, 205, BAG NJW **02**, 3196.
Geschäftsführung ohne Auftrag: S „Gesetzlicher Anspruch".
Gesetzlicher Anspruch: *Unanwendbar* ist § 29 bei einer Klage aus einem gesetzlichen Anspruch, BayObLG MDR **81**, 234 (Geschäftsführung ohne Auftrag).
Gesetzliche Pflicht: *Unanwendbar* ist § 29 bei einer Klage auf Grund einer solchen Urkunde, die nur eine gesetzliche Pflicht präzisiert, BayObLG FamRZ **99**, 935, Drsd FamRZ **00**, 543.
Inhaberpapier: *Unanwendbar* ist § 29 bei einer Klage aus einem solchen Papier wegen § 794 BGB.
Internationales Recht: Man kann internationalrechtlich bei einem gesetzlichen Erfüllungsort dessen Recht entscheiden lassen, BAG IPRax **06**, 254, Bernstein Festschrift für Ferid (1978) 94. Man kann bei einem vertraglichen Erfüllungsort dasjenige Recht entscheiden lassen, das auf die Gerichtsstandsvereinbarung anwendbar ist. Es ist rechtspolitisch eine Angleichung an den internationalen Standard wünschenswert, Nagel JR **89**, 41.
Nichtigkeit: *Unanwendbar* ist § 29 auf eine Klage auf Grund eines angeblich oder wirklich nichtigen Vertrags, Rn 11.
Quittung: *Unanwendbar* ist § 29 bei einer Klage auf die Erteilung einer Quittung.
Schiedsvereinbarung: *Unanwendbar* ist § 29 bei der Klage vor dem Staatsgericht auf Grund einer Schiedsvereinbarung nach §§ 1025 ff.
Ungerechtfertigte Bereicherung: *Unanwendbar* ist § 29 bei einer Klage aus §§ 812 ff BGB. Das gilt auch dann, wenn der Kläger seinen Anspruch in erster Linie auf eine Rückgewähr infolge eines Rücktritts nach § 437 Z 2 BGB stützt oder wenn er in erster Linie eine Vertragsanfechtung vornimmt und einen Anspruch aus einer ungerechtfertigten Bereicherung nur hilfsweise geltend macht.
Vertragsanfechtung: *Unanwendbar* ist § 29 bei einer Klage auf Grund einer Vertragsanfechtung.

4) Persönlicher Geltungsbereich, I, II. I gilt für jeden Kläger. II gilt nach seinem klaren Wortlaut nur 5
für die dort bezeichneten Vertragsparteien, Rn 36.

5) Mißbrauch I, II. Wegen der Mißbrauchsgefahr nach Rn 2 muß man stets prüfen, ob es sich nicht um 6
eine Erschleichung des Gerichtsstands handelt, so daß die Vereinbarung unwirksam wäre, Üb 22 vor § 12. Wegen der Problematik der Allgemeinen Geschäftsbedingungen § 38 Rn 6.

6) Fälle, I. Unter § 29 fallen Klagen aller Art aus einem Vertragsverhältnis. Maßgebend ist der Schwer- 7
punkt oder Hauptanspruch und dazu der tatsächliche Vortrag des Klägers, BayObLG BB **01**, 1923, Köln NJW **88**, 2182. Seine bloße Rechtsansicht bindet aber nicht, AG Marbach MDR **88**, 1061.

A. Feststellung des Bestehens oder Nichtbestehens eines Vertrags. Hier geht es um eine Vertragswirkung oder um einen Anspruch auf Grund des Vertrags. Eine bloße Feststellung der Tatsache des Vertragsabschlusses ist prozessual unzulässig, § 256.

B. Erfüllung eines Vertrags. Hier geht es um einen Anspruch auf eine Haupt- oder Nebenleistung, 8
etwa eine Vertragsstrafe, eine Unterlassung, insbesondere bei einer Schlechterfüllung, BayObLG BB **01**, 1923, oder um eine sonstige vertretbare Leistungsstörung nach §§ 280, 281 BGB, Saarbr NJW **00**, 671.

Ferner zählen hierher: Ein Abnahmeanspruch nach § 433 II BGB; ein vertragsmäßiger Rücktritt nach 9
§§ 281, 325, 346 BGB; ein Anspruch auf eine Rückgewähr wegen eines Rücktritts oder einer Minderung; eine Klage gegen den Gesellschafter einer Offenen Handelsgesellschaft aus Gesellschaftsschulden; eine Klage gegen den Kommanditisten einer Kommanditgesellschaft, auch gegen einen vollmachtlosen Vertreter, da er ebenso haftet, als ob seine Vertretungsmacht wirksam gewesen wäre, Hbg MDR **75**, 227; eine Klage nach § 43 II GmbHG, BGH BB **92**, 726; eine Klage auf Grund eines Anwaltsvertrags; eine Klage nach § 743.

C. Vertragsaufhebung usw durch Richterspruch. Etwa auf Grund der §§ 133, 140 HGB. Hierher 10
zählen auch: Die Bestimmung des Inhalts der Leistung etwa nach §§ 315 III, 318, 343 BGB; die Herabsetzung einer Vertragsstrafe nach § 343 BGB oder eines Maklerlohns nach § 655 BGB; die Herabsetzung einer Anwaltsgebühr nach § 4 IV RVG.

Nicht hierher zählen zB: Eine Anfechtung. Denn dann liegt ein gesetzlicher Bereicherungsanspruch vor, 11
BayObLG BB **90**, 2442; eine Klage auf Grund einer ungerechtfertigten Bereicherung, weil eine Anfechtung erfolgt sei, BayObLG BB **90**, 2442, Karlsr MDR **79**, 681, und zwar auch dann nicht, wenn der Kläger einen Bereicherungsanspruch nur hilfsweise neben dem Hauptanspruch auf Grund einer Rückgewähr geltend macht. Wegen eines Schadensersatzanspruchs auf Grund einer am Erfüllungsort begangenen unerlaubten Handlung, § 32 Rn 14; eine Klage auf Grund eines Rücktritts, sofern der Kläger den Anspruch nicht auf die Verletzung einer besonderen Vertragspflicht stützt.

D. Nichterfüllung oder nicht gehörige Erfüllung. Hierher zählen zB: Eine Klage auf den Ersatz eines 12
Schadens wegen eines Verschuldens während der Vertragsverhandlungen, BayObLG RR **02**, 1503, Mü NJW **80**, 1531, Küpper DRiZ **90**, 444, aM LG Kiel NJW **89**, 841 (aber es liegt ein vertragsähnliches Verhältnis vor. Dieses Verhältnis läßt zumindest eine entsprechende Anwendung des § 29 zu). LG Kiel NJW **89**, 841 betont neben der unerheblichen Entstehungsgeschichte nach Einl III 42 zu sehr das Fehlen einer Gesetzeslücke. In Wahrheit kommt es auf die Sinnermittlung an, Einl III 40.

Hierher gehört zB eine Klage auf einen Schadensersatz nach § 1298 BGB, LG Lüneb MDR **91**, 992.

7) Gericht des gesetzlichen Erfüllungsorts, I. Es kommt auf die jeweilige Leistung an. 13

A. Streitige Verpflichtung. Gemeint ist entweder diejenige Verpflichtung des Bekl, die der Kläger in der Klage behauptet, BayObLG **02**, 152, Bengelsdorf BB **89**, 2394, oder diejenige Verpflichtung des Klägers, die er mit seiner Klage verneint. Man muß den Erfüllungsort für jede Vertragsleistung einzeln bestimmen, Womelsdorf MDR **01**, 1161 (also nicht stets nach dem „Schwerpunkt" des Vertrags, einem schillernden Begriff). Das gilt insbesondere beim gegenseitigen Vertrag, BGH NJW **95**, 1546. Freilich läßt sich meist ein gemeinsamer „Schwerpunkt" ermitteln, PalH § 269 BGB Rn 13. Es können auch mehrere gleichberechtigte Erfüllungsorte in Betracht kommen.

14 **B. Erfüllungsort beim Beklagten.** Er ist in aller Regel maßgeblich, Schmid MDR **93**, 411, aM Schack Rn 195 ff, 354 (krit Geimer NJW **86**, 643). Bei der Geldschuld handelt es sich meist um eine Schickschuld, Hamm OLGZ **91**, 80. Daher ist grundsätzlich meist der Wohnort des Bekl maßgebend, LG Bonn MDR **85**, 588 (Ausnahme zB Rn 18 „Anwaltsvertrag"). Er bleibt das auch, wenn der Käufer die Ware zurückgesandt hat, bevor er die Klage erhebt. Denn der Käufer muß dem Gläubiger den Kaufpreis an dessen Wohnsitz übermitteln, und man darf den Käufer nicht wegen einer vorzeitigen Rücksendung schlechter stellen, aM StJSchu 32 a (er fordert eine selbständige Bestimmung des Erfüllungsorts, da keine Leistung Zug um Zug mehr vorliege. Aber es empfiehlt sich eine weniger formelle Sicht). Bei der Rücktrittsklage nach § 437 Z 2 BGB handelt es sich in erster Linie um die Befreiung des Käufers von seiner Zahlungspflicht. Daher kann der Ort dieser Zahlungspflicht maßgeblich sein, Roussos BB **86**, 16. Es kommt dann aber auch der Austauschort infrage, BGH **87**, 110, oder auch derjenige Ort, an dem sich die Kaufsache zur Zeit des Rücktritts befindet, BayObLG MDR **04**, 646. Vgl im übrigen Rn 26 „Kaufvertrag". Zum Problem LG Kref MDR **77**, 1018.

15 **C. Maßgeblichkeit der Hauptpflicht.** Der Gerichtsstand des Austauschorts gilt auch dann, wenn die Ware untergegangen ist oder versteigert wurde. Eine Verpflichtung zur Zahlung von *Frachtkosten* Zug um Zug ist eine Nebenleistung. Es entscheidet immer die Hauptverpflichtung, auch wenn der Kläger eine Vertragsstrafe geltend macht. Bei mehreren Hauptansprüchen muß man im übrigen jeden selbständig prüfen. Wenn es sich um eine Klage auf die Zahlung des Kaufpreises und zugleich auf die Abnahme der verkauften Sache handelt, entscheidet derjenige Ort, an dem der Schuldner die Zahlungsverpflichtung erfüllen muß. Wenn es sich um eine Klage auf die Zahlung einer Entschädigung wegen einer Nichterfüllung oder einer Schlechterfüllung handelt, ist nicht der einzelne Anspruch im Streit, sondern es geht um die Verletzung des Vertrags insgesamt. Daher liegt der Erfüllungsort dort, wo der Schuldner die vertragliche Hauptpflicht erfüllen muß, Fricke VersR **97**, 404. Der Leistungsort kann für die Vertragspflichten jedes Partners gesondert bestimmbar sein, BGH NJW **88**, 967, BayObLG BB **83**, 1696, Hamm OLGZ **91**, 80. Ein rechtlich entbehrlicher Nebenantrag bleibt unberücksichtigt.

16 **D. Erfüllungsort beim Kläger.** Er ist zB in folgenden Fällen maßgeblich: Bei einer Klage mit dem Ziel einer Aufhebung des Vertrags; bei einer verneinenden Feststellungsklage; bei einer Klage auf die Feststellung des Bestehens einer begrenzteren Vertragspflicht.

17 **E. Bestimmung; Natur des Schuldverhältnisses.** Wo man erfüllen muß, das ergibt sich nicht nach eigenen Prozeßregeln, sondern nach dem sachlichen Recht, Geimer DNotZ **96**, 1054, StJSchu 21 a, zB aus §§ 269, 270 BGB, BayObLG RR **97**, 699, Düss NJW **91**, 1492. Hier sind insofern nur Andeutungen möglich. Es entscheidet in erster Linie die Bestimmung. Sie kann auf dem Gesetz beruhen, etwa bei § 374 BGB, oder auf einer rechtsgeschäftlichen Vereinbarung. Die Vereinbarung des Erfüllungsorts ist jedoch für die Zuständigkeit nur noch unter den Voraussetzungen II beachtlich, Rn 2. Vgl freilich auch § 39. Mangels einer Bestimmung entscheiden die Umstände, insbesondere die Natur des Schuldverhältnisses, BayObLG MDR **92**, 296, Hamm OLGZ **91**, 80. Ganz hilfsweise entscheidet der Wohnsitz oder die gewerbliche Niederlassung des Schuldners im Zeitpunkt des Vertragsschlusses, § 269 II BGB, Hamm OLGZ **91**, 80, nicht in einem späteren Zeitpunkt, BayObLG RR **96**, 956, Stgt RR **87**, 1076. Etwas anderes gilt bei einer Vereinbarung, §§ 697, 700 BGB.

18 **F. Beispiele zur Frage des gesetzlichen Erfüllungsorts, I**

Anwaltsvertrag: Bei einem Streit um die Zahlung des Honorars oder um dessen Höhe wie auch beim Streit um einen Schadensersatz wegen einer Schlechterfüllung ist zumindest im Bereich des Art 5 Z 1 b EuGVVO, aber auch innerstaatlich grds der Ort der vertragscharakteristischen Leistung maßgeblich, BGH NJW **06**, 1806. Das ist der Ort der Kanzlei des Anwalts, BGH (3. ZS) NJW **91**, 3096 und VersR **91**, 719 sowie (9. ZS) NJW **06**, 1806 (auch internationalrechtlich, wenn deutsches Recht anwendbar ist), BayObLG NJW **03**, 1197, Stgt RR **03**, 1706, LG Magdeb JB **02**, 598, aM ohne Erörterung der EuGVVO BGH (10. ZS) **157**, 22 (zustm Krügermeyer-Kalthoff MDR **04**, 166, Schneider AnwBl **04**, 121, Stöber NJW **06**, 2662, krit Schütt AnwBl **04**, 177, abl Gottwald FamRZ **04**, 98), BGH BB **04**, 910 (zustm Patzina LMK **04**, 120), Hbg RR **03**, 1705, Karlsr NJW **03**, 2175 (aber es gibt zumindest eine Lebenserfahrung, daß der am Kanzleiort entstehende Rechtsrat und nicht dessen Bezahlung den gemeinsam zunächst stillschweigend anerkannten Vertragsschwerpunkt bildet). Entgegen dem übersozial fürsorglichen Argument, maßgeblich sei der Sitz des zahlenden Auftraggebers, geht nämlich in Wahrheit immer noch Geist vor Geld, wie beim Arzt, Rn 19, oder beim Steuerberater, Rn 31, oder beim Wirtschaftsprüfer, Rn 33. Das gilt, zumal man selbst bei einer Vertretung vor einem auswärtigen Gericht keine Erfolgsgarantie vereinbaren kann. Es gilt auch unabhängig von der noch so feinsinnigen Charakterisierung der Tätigkeit des Anwalts neben einem Ladenkauf usw. Es kommt freilich nicht stets auf den Ort der tatsächlichen Anwaltsarbeit an, aM Stöber AGS **06**, 416. Auch wegen des Honorars für die Vertretung in einer Familiensache ist das Prozeßgericht zuständig, § 34 Rn 5, BayObLG NJW **82**, 587. Es kann auch § 34 anwendbar sein, BayObLG NJW **82**, 587.

19 **Arbeitsrecht:** Maßgeblich ist der wirtschaftliche und technische Mittelpunkt des Arbeitsverhältnisses. Das ist meist derjenige Ort, an dem der Arbeitnehmer seine Arbeitsleistung erbringen muß, BGH ZIP **85**, 157, BAG NZA **05**, 297, LAG Stgt MDR **05**, 640 (auch bei einer Betriebsrente). Wegen einer Kündigungsschutzklage des Arbeitnehmers Brehm/John/Preusche NJW **75**, 26. Bei einem Streit um eine Arbeitnehmererfindung entscheidet der wirtschaftliche Mittelpunkt des Arbeitsverhältnisses, LG Brschw GRUR **76**, 587. Er kann auch sonst maßgeblich sein und zB beim ausländischen Tochterunternehmen liegen, LAG Düss DB **84**, 1686. Beim Reisenden ist der Schwerpunkt seiner Tätigkeit und nur in diesem Rahmen sein Wohnsitz maßgeblich, BAG RR **88**, 482, LAG Bre NZA-RR **04**, 323, ArbG Bayreuth NZA **93**, 1055, aM ArbG Bbg NZA **95**, 96, 864, Ehlar BB **95**, 1849, Ostrop/Zumkeller NZA **95**, 16 (aber der Schwerpunkt sollte auch hier maßgeblich sein). Bei einer weisungsgebundenen Entsendung ist der Ort der Erteilung der Weisung maßgeblich, LAG Mainz NZA **85**, 540, AG Pforzheim NZA **94**, 384. Während der Freistellungsphase einer Teilzeitarbeit ist der Firmensitz der Bekl maßgeblich, § 17, ArbG Dortm DB **02**, 2332. Bei

einer Versorgungsleistung kann ein anderer als der Arbeitsort maßgeblich sein, BAG NZA **05**, 297. Beim Telearbeitsvertrag ist der Gesellschaftssitz maßgeblich, ArbG Elmshorn NZA-RR **07**, 493.

Zusätzlich gibt es den Gerichtsstand dort, wo der Arbeitnehmer *gewöhnlich* seine Arbeit verrichtet oder zuletzt gewöhnlich verrichtet hat, § 48 I a 1 ArbGG, hilfsweise derjenige, von dessen Bezirk der Vorgang nach dieser Vorschrift stattfindet oder stattfand, § 48 I a 2 ArbGG. Zu beidem Bergwitz NZA **08**, 443.

Architektenvertrag: Rn 33 „Werkvertrag".

Arzt: Für seine Honorarklage gibt § 29 I keinen besonderen Erfüllungsort. Es bleibt also grds beim Praxisort. Denn dort erfolgt die vertragstypische Leistung (Ausnahme: Hausbesuch), aM LG Mainz NJW **03**, 1612, Prechtel MDR **06**, 248 (je: evtl Wohnsitz des Patienten. Aber nicht das Geld ist die zentrale Leistung, sondern die Arztkunst, wie beim Anwalt, Rn 18).

S auch Rn 26 „Krankenhaus".

Auftragsverhältnis: Maßgeblich ist der Ort der Ausführung.

Ausbildungsvertrag: Maßgeblich ist derjenige Ort, an dem der Kurs stattfindet, Karlsr RR **86**, 351, auch 20
der Sitz eines Internats, Hamm RR **89**, 1530.

Auskunft: Rn 29 „Nebenpflicht".

Bank: Meist ist der Geschäftssitz maßgeblich, BGH NJW **02**, 2703. Es kann auch § 29 c anwendbar sein, BGH NJW **03**, 1190.

S auch Rn 21 „Darlehen".

Bauhandwerkerhypothek: Erfüllungsort ihrer Bewilligung ist der Grundstücksort, Köln RIW **85**, 571.

Bauwerk: Rn 33 „Werkvertrag".

Beförderungsvertrag: Rn 22 „Frachtvertrag".

Beherbergungsvertrag: Rn 28 „Mietvertrag".

Bereicherung: Bei einer bereicherungsrechtlichen Rückabwicklung eines Vertrags kann § 29 anwendbar sein, Saarbr NJW **05**, 907.

Bürgschaft: Es ist nicht immer derjenige Ort maßgeblich, an dem der Hauptschuldner seine Verbindlichkeit erfüllen muß, sondern der Wohnsitz des Bürgen, BGH **134**, 132, BayObLG Rpfleger **03**, 139, LG Hbg RR **95**, 183, beim Wechselbürgen auch der Zahlungsort, § 603.

Darlehen: Für die Klage auf die Feststellung des Nichtbestehens oder auf die Rückzahlung des Sachdar- 21
lehens ist der Wohnsitz des Darlehnsnehmers zum Zeitpunkt der angeblichen oder erfolgten Darlehensgewährung nach §§ 269, 270 I, IV BGB maßgeblich, BayObLG RR **96**, 956, Düss RIW **01**, 63, Stgt BB **92**, 2386 (offen beim Bankdarlehen), nicht der Sitz der Bank, LG Kassel RR **89**, 106. Bei der Gesellschaft bürgerlichen Rechts ist ihr Sitz maßgeblich, Schlesw BB **04**, 463. Der Übergabeort ist unerheblich.

S auch Rn 22 „Gesamtschuldner".

Dienstvertrag: Maßgeblich ist grds derjenige Ort, an dem man die vertragliche Dienstleistung erbringen muß, BGH ZIP **85**, 157, BayObLG ZIP **92**, 1652, Celle NJW **90**, 777.

Für Dienstbezüge gilt § 269 BGB, PalH 7.

Energieversorgung: Rn 32 „Versorgungsvertrag".

Ferienhaus: Rn 28 „Mietvertrag, Pachtvertrag".

Fernabsatz: Erfüllungsort der Rückabwicklung ist der Wohnort des Käufers, LG Kleve RR **03**, 296. Das gilt auch dann, wenn er die Ware inzwischen an einen anderen Ort versandt hat, LG Kleve RR **03**, 196 (Unternehmersitz).

Fernunterricht: § 29 Anh II.

Feststellungsklage: Rn 32 „Verneinende Feststellungsklage".

Frachtvertrag: Er ist Werkvertrag. Erfüllungsort ist nur für die Pflichten des Frachtführers oder im Straßen- 22
güterverkehr des Unternehmers der Ablieferungsort, § 407 I HGB, für die Bezahlung der Fracht, § 407 II HGB, oder des Beförderungsentgelts der Ort der Niederlassung des Absenders, Drsd RIW **99**, 968. Auch der Empfänger des Frachtguts kann Frachtschuldner sein, § 421 II 1 HGB. Er haftet dann neben dem Absender als Gesamtschuldner. Insoweit ist für die Pflicht des Empfängers auf die Bezahlung der Fracht der Ablieferungsort der Erfüllungsort. Ohne einen Frachtbrief tritt indes nur eine eingeschränkte Zahlungspflicht des Empfängers ein, § 421 II 2 HGB. Für einen Streit aus einer Beförderung nach §§ 407 ff HGB ist nach § 440 I HGB auch das Gericht der Übernahme oder der vorgesehenen Ablieferung zuständig. Für eine Klage gegen den ausführenden Frachtführer ist auch sein Gericht oder dasjenige des Frachtführers zuständig, § 440 II HGB. Mangels einer abweichenden Vereinbarung gilt auch bei einer Anwendbarkeit der CMR der Erfüllungsort, Hamm VersR **87**, 663. Beim Seefrachtvertrag ist der Bestimmungshafen maßgeblich, Bre VersR **85**, 987. Beim Luftgastvertrag kann das LuftVG anwendbar sein (Unfall- oder Bestimmungsort).

S auch Rn 31 „Spediteur".

Freiberufler: Nicht stets ist der Praxissitz auch der Erfüllungsort, AG Köln RR **95**, 185 (Psychologe, -therapeut).

S aber auch Rn 18 „Anwaltsvertrag", Rn 33 „Wirtschaftsprüfer".

Freistellung: Bei einer Verpflichtung zur Freistellung ist derjenige Ort maßgeblich, an dem man die Pflicht erfüllen muß, Oldb FamRZ **88**, 632.

Gartenarchitektenvertrag: Rn 33 „Werkvertrag". 23

Gesamtschuldner: Im Außenverhältnis muß man den Erfüllungsort bei jedem Gesamtschuldner ermitteln und notfalls nach § 36 I Z 3 vorgehen, BayObLG MDR **98**, 180. Im Innenverhältnis ist Erfüllungsort für den Ausgleichsanspruch der Wohnsitz des Bekl zur Zeit des Beginns der Gesamtschuldnerhaftung, Hamm FamRZ **03**, 315.

Gesellschaftsrecht: Bei einer Klage aus einer sog Organhaftung ist der Gesellschaftssitz maßgeblich, BGH RR **92**, 801. Ein BGB-Gesellschafter muß seine Klage gegen den anderen wegen einer Schlechterfüllung am Wohnsitz des Schuldners erheben, BayObLG BB **96**, 2115. Der Erfüllungsort der Verbindlichkeit eines für Gesellschaftsschulden haftenden Gesellschafters stimmt mit demjenigen der Gesellschaftsschuld überein, BayObLG DB **02**, 2318. § 22 bleibt mitbeachtlich, LG Bonn RR **02**, 1400. Auch beim Auslandsbezug kommt es auf den Schwerpunkt an, Rn 17, Stgt BB **00**, 1212. Beim Auseinandersetzungsanspruch nach § 734 BGB ist der Wohnsitz des verpflichteten Mitgesellschafters beim Ende der Gesellschaft maßgebend, Zweibr EWiR **98**, 911.

Girovertrag: Maßgeblich ist der Wohnsitz des Kontoinhabers, BayObLG WertpMitt **89**, 871, zur Zeit der Eröffnung des Girovertrags, nicht zur Zeit des einzelnen Vorgangs, Ffm NJW **01**, 3792.

24 **Handelsvertretervertrag:** Es besteht nicht schon grds ein einheitlicher Erfüllungsort für die beiderseitigen Leistungen, BGH NJW **88**, 967, Ffm OLGR **95**, 154, aM Emde RIW **03**, 509 (Vertriebsort. Aber es kommt auf die Gesamtumstände an). Bei einem Streit um einen Buchauszug und um eine Provision usw nach §§ 87 ff HGB ist der Sitz des Unternehmens maßgeblich, BGH NJW **93**, 2754. Beim Reisenden ist sein Wohnsitz maßgeblich, Ffm OLGR **95**, 154, insbesondere dann, wenn er von dort aus reist, auch wenn er nicht täglich zurückkehrt, BAG DB **87**, 1742.

Heilpraktiker: Erfüllungsort ist der Ort der Dienstleistung, AG Rottweil RR **99**, 866.

Hotel: Rn 28 „Mietvertrag: Beherbergungsvertrag".

25 **Internatsvertrag:** Erfüllungsort ist der Internatssitz, Hamm FamRZ **89**, 1199.

Internet: Es gelten grds die allgemeinen Regeln. Im Online-Dienst ist für die Verpflichtung des Nutzers sein Wohnsitz oder Sitz maßgeblich, für die Verpflichtung des Partners der Sitz des Servers, MüKoPa 61, 73, StJR 21.

26 **Kaufvertrag,** dazu *Hackenberg,* Der Erfüllungsort usw ... im UN-Kaufrecht ..., 2000: Bei der Klage auf die Zahlung des Kaufpreises handelt es sich grds um eine Schickschuld, wie meist bei einer Geldschuld. Eine Ausnahme besteht nur evtl bei einer Auktion, Düss NJW **91**, 1493. Infolgedessen ist der Wohnort des Käufers maßgeblich, BGH **120**, 347, Düss NJW **91**, 1492, Stöber NJW **06**, 2663. Derselbe Wohnsitz ist bei der Klage auf eine Abnahme der Kaufsache maßgeblich. Der Übergabeort ist unerheblich. Wenn es um einen Rücktritt geht, kann für die Rückgabepflicht der Wohnort des Käufers maßgeblich sein, AG Marbach MDR **88**, 1061, Stöber NJW **06**, 2665. Es kommen aber auch die in Rn 14 genannten Orte in Betracht, BGH **87**, 109, aM LG Kref MDR **77**, 1018, Stöber NJW **06**, 2665. Beim Schadensersatz nach (jetzt) § 435 BGB Zug um Zug gegen eine Rückgabe der Kaufsache ist der Sitz des Verkäufers maßgeblich, LG Tüb MDR **86**, 756, aM Hamm MDR **89**, 63, ZöV 25 „Kaufvertrag". Bei einer in Wahrheit nur auf eine Bereicherung oder auf eine unerlaubte Handlung stützbaren Klage fehlt ein Gerichtsstand nach § 29, AG Marbach MDR **88**, 1061. Verzugszinsen begründen für Gesamtschuldner nicht stets einen gemeinsamen Erfüllungsort, BayObLG RR **97**, 699.

Kommission: Man muß den Erfüllungsort bei jedem Partner gesondert ermitteln, Ffm OLGR **95**, 154.

Kraftfahrzeugreparatur: Rn 33 „Werkvertrag".

Krankenhaus: Beim stationären Aufenthalt ist für eine Klage aus dem Aufnahmevertrag der Ort des Krankenhauses als Erfüllungsort maßgeblich, BayObLG RR **06**, 15 (auch gegen Erben), LG Bre VersR **05**, 1260, LG Mü RR **03**, 489, aM LG Mainz NJW **03**, 1612, LG Osnabr RR **03**, 789, Prechtel MDR **06**, 248 (je: Patientenwohnsitz. Aber der gemeinsam zumindest stillschweigend anerkannte Schwerpunkt liegt eindeutig im Krankenhaus, Rn 17). Das gilt auch beim Krankenhausarzt, LG Mü MDR **03**, 53.

Leasingvertrag: Es gelten dieselben Regeln wie bei Rn 28 „Mietvertrag, Pachtvertrag". Beim Streit um eine Leasingrate ist der Wohnsitz des Leasingnehmers beim Vertragsschluß maßgeblich, BGH NJW **88**, 1914. Das gilt auch bei der Rückgabe des Leasingobjekts, LG Lüneb RR **02**, 1584.

27 **Maklervertrag:** Es kommt für die Provision bei § 269 BGB auf den Abschluß des Maklervertrags und damit auf seinem Wohnsitz oder Sitz und nicht auf den Ort des vermittelten Geschäfts an, BayObLG MDR **98**, 737, Stgt RR **87**, 1076.

Unanwendbar ist § 48 VVG (Gerichtsstand der Versicherungsagentur) auf den Versicherungsmakler, LG Duisb NVersZ **01**, 14.

28 **Mietvertrag, Pachtvertrag:** Vgl zunächst bei einer Raummiete § 29 a. Maßgeblich ist grds derjenige Ort, an dem der Mieter oder Pächter die Sache gebrauchen darf, Hamm OLGZ **91**, 80. Wenn der Mieter aber an einem anderen Ort wohnt, mag sein Wohnsitz maßgeblich sein. Jedenfalls ist der Wohnsitz des Vermieters grds auch nicht schon deshalb maßgeblich, weil der Mieter die Miete auf ein im Vertrag angegebenes Konto des Vermieters überweisen soll, Hamm OLGZ **91**, 80, LG Trier NJW **82**, 287.

Bei einem *Beherbergungsvertrag* muß der Gast zwar meist am geplanten Ort der Beherbergung zahlen, AG Neuss RR 86, 1210 (Ferienhaus). Das gilt aber keineswegs stets, zumal viele Mieter etwa von Ferienhäusern usw ihre Verpflichtung längst vor dem Antritt des Urlaubs oder nach dessen Beendigung vom Wohnsitz aus durch eine Überweisung erfüllen. Dann ist der Wohnsitz des Gasts maßgeblich. Es kann auch der Sitz des Reisebüros maßgeblich sein, BGH RR **07**, 778. Der Beherbergungsort ist jedenfalls nur dann maßgeblich, wenn ihn der Gast gerade zu einer der bereits vereinbarten Leistungen und nicht nur zwecks einer Anmietung aufsucht, Nürnb NJW **85**, 1297, LG Bonn MDR **85**, 588, ZöV 25 „Beherbergungsvertrag", aM LG Kempten BB **87**, 929 (zustm Nettesheim), Joachim DB **90**, 1604, MüKoPa 32 (aber man muß eben im Einzelfall auf seine Verhältnisse abstellen).

29 **Nebenpflicht:** Maßgeblich ist derjenige Ort, an dem der Schuldner seine Hauptpflicht erfüllen muß, EuGH NJW **87**, 1132, LG Offenb ZIP **88**, 1563, Pilz NJW **81**, 1877, aM BGH NJW **85**, 562 (aber die Hauptpflicht ist nun einmal der Vertragsschwerpunkt. Es gibt auch immer eine Hauptpflicht. Sonst gäbe es nämlich gar keine „Neben-Pflicht").

Nichterfüllung: Es gilt der Erfüllungsort, BayObLG BB **01**, 1924.

Positive Vertragsverletzung: Rn 30 „Schlechterfüllung".

Provision: Rn 24 „Handelsvertretervertrag", Rn 27 „Maklervertrag".

Psychologe, Psychotherapeut: Rn 22 „Freiberufler".

30 **Rechtsanwalt:** Rn 18 „Anwaltsvertrag".

Reisender: Rn 19 „Arbeitsrecht".

Reisevertrag, §§ 651 a ff BGB: Bei der Klage des Veranstalters auf die Zahlung des Reisepreises ist der Wohnsitz des Reisenden maßgeblich. Bei der Klage des Reisenden gilt evtl der Zielort oder § 21. Bei einer Auslandsreise kann man das Wohnsitzgericht des Verbrauchers oder das Hauptstadtgericht, hier Berlin-Schöneberg, als zuständig ansehen, Karlsr MDR **99**, 1401.

S auch Rn 32 „Verbraucherschutz".

Schadensersatz: Rn 34 „Zahlung".

Schickschuld: Maßgeblich ist der Leitungsort, BGH NJW **02**, 2703, also meist der (Wohn)Sitz des Schuldners, Rn 34 „Zahlung", und nicht der Ort des Gläubigers.

Schlechterfüllung: Es gilt der Erfüllungsort, BayObLG BB **01**, 1924.

Schuldbeitritt: Bei einer kumulativen Schuldmitübernahme übernimmt der neue Schuldner die Schuld als **31**
eine eigene. Daraus folgt, daß er sie nicht notwendig an demselben Ort erfüllen muß wie die ursprüngliche Schuld, Schlesw SchlHA **81**, 189.

Spedition: Maßgeblich ist meist nach ADSp Nr 30.1 der Ort der Niederlassung des Spediteurs, Drsd RIW **99**, 969.

S auch Rn 22 „Frachtvertrag".

Steuerberatervertrag: Es gelten dieselben Regeln wie beim Anwaltsvertrag, Rn 18. Daher ist richtigerweise der Sitz des Steuerberaters maßgeblich, BayObLG NJW **03**, 1197, Hamm NJW **00**, 1347, Köln RR **97**, 925, aM LG Bln RR **02**, 208 (aber Anwalt und Steuerberater sind durchaus vergleichbar).

Tarifrecht: Bei Streit über die Friedenspflicht ist der Sitz des Bekl maßgeblich.

Teilzahlung: Rn 26 „Kaufvertrag".

Time-Sharing-Vertrag: Für die Zahlungspflicht ist der Wohnsitz usw des Schuldners maßgeblich, BayObLG NZM **02**, 796 (auch [jetzt] zur EuGVVO).

Transportvertrag: Rn 22 „Frachtvertrag".

Übergabe: Erfüllungsort für die Übergabe einer beweglichen Sache ist derjenige Ort, an dem sich die Sache **32**
befindet.

Unterhaltsvertrag: Er reicht trotz einer auch gesetzlichen Pflicht aus, AG Siegburg MDR **98**, 61, aM Drsd FamRZ **00**, 544 (aber Vertrag bleibt Vertrag und erleichtert obendrein meist die Durchsetzung).

Unterlassung: Maßgeblich ist grds derjenige Ort, an dem der Schuldner bei der Entstehung des Schuldverhältnisses wohnte, Bengelsdorf DB **92**, 1345. Soweit sogleich nur ein anderer bestimmter Ort für den Verstoß in Betracht kommt, gilt ausnahmsweise dieser, BGH NJW **85**, 562.

Unterrichtsvertrag: Rn 20 „Ausbildungsvertrag".

Verbraucherschutz: Artt 15 ff EuGVVO, SchlAnh V C 2, benötigen zwar einen Auslandsbezug, verdienen aber auch national eine gewisse entsprechende Mitbeachtung. Vgl auch Kumm (vor Rn 1), Oldenbourg, Die unmittelbare Wirkung von EG-Richtlinien im innerstaatlichen Bereich, 1984, Lehmann NJW **07**, 1500.

Verlöbnis: Rn 2.

Verneinende Feststellungsklage: Maßgeblich ist der Erfüllungsort des Klägers.

Versicherung, dazu *Grote/Schneider* BB **07**, 2701: Vgl zunächst (jetzt) § 215 VVG: Auch Gerichtsstand des Wohnsitzes des Versicherungsnehmers (Ausnahmen beim Wegzug ins Ausland). Bei der Prämie ist „Leistungsort" der Wohnsitz des Versicherungsnehmers, (jetzt) § 36 I 1 VVG.

Versorgungsvertrag: Erfüllungsort ist meist derjenige der Abnahme zB der Energie oder von Wasser, § 22 StromGVV v 26. 10. 06 BGBl 2391, § 22 GasGVV v 26. 10. 06, BGBl 2391 (6), oder der Ort des Anschlusses, § 28 NAV v 1. 11. 06, BGBl 2477, § 28 NDAV v 1. 11. 06, BGBl 2477 (85), BGH NJW **03**, 3418 (zustm Just LMK **04**, 21), aM LG Lpz MDR **99**, 1086 ZöV 25 „Energieversorgungsvertrag" (je: nur Schuldnerwohnsitz. Aber der Erfolgsort steht im Mittelpunkt). Die Parteien können natürlich auch die Betriebsstätte des Vertrags oder den Wohnsitz des Abnehmers usw vereinbart haben. Überhaupt muß man stets die gesetzlichen oder vereinbarten Vertragsbedingungen mitbeachten.

Versteigerung: Bei derjenigen im Groß- oder Zwischenhandel kann der Ort der Niederlassung des Käufers der Erfüllungsort sein, BGH BB **03**, 176.

Vertragsstrafe: Maßgeblich ist der Erfüllungsort der Hauptpflicht, Karlsr OLGR **00**, 403, Rostock GRUR-RR **05**, 176, Bengelsdorf BB **89**, 2395.

Verwahrungsvertrag: Maßgeblich ist derjenige Ort, an dem sich die Sache befindet, §§ 697, 700 BGB.

S auch Rn 28 „Mietvertrag, Pachtvertrag".

Wasserlieferung: Rn 32 „Versorgungsvertrag". **33**

Werkvertrag: Maßgeblich ist auch hier nach dem Klägervortrag der Schwerpunkt des Vertrags für beide Parteien, Celle NJW **90**, 777, LG Mü RR **93**, 212. Das ist grds die Leistung des Unternehmers, Schlesw RR **93**, 314 (auch zum IPR; krit Einsiedler NJW **01**, 1549, Vollkommer IPRax **93**, 79)). Bei einer Kraftfahrzeugreparatur ist der Sitz der Werkstatt maßgeblich, Düss MDR **76**, 496, Ffm DB **78**, 2217. Beim Bauvertrag gilt § 18 Z 1 VOB/B nur beim öffentlichen Auftraggeber, Brdb MDR **97**, 1158, großzügiger Ffm RR **99**, 604. Meist ist der Ort des Bauwerks maßgeblich, BGH NJW **01**, 1936, BayObLG MDR **04**, 273, Naumb MDR **01**, 770, aM LG Karlsr MDR **90**, 1010, LG Konst BauR **84**, 86, LG Wiesb BauR **84**, 88 (aber der Erfolgsort steht gerade hier im Mittelpunkt). Eine Ausnahme kann bei einfachen Arbeiten bestehen, BayObLG **85**, 317 (Erdarbeiten).

Auch bei einem Auftrag für die *Montage* einer technischen Anlage kann der Aufstellungsort maßgeblich sein, Kblz RR **88**, 1401 (Abwasseraufbereitungsanlage). Beim Architekten- oder Gartenarchitektenvertrag ist für das Honorar der Ort des Bauwerks oder der Büroort maßgeblich, BGH NJW **01**, 1936, BayObLG RR **98**, 815 (Planung; evtl anders bei einer Bauaufsicht), BayObLG RR **98**, 815, Zweibr BauR **90**, 513, aM Köln MDR **94**, 729 (für die Leistungsphase 5. Aber auch sie ist ein Teil eines Werkvertrags), LG Heidelb RR **07**, 1030, LG Mainz RR **99**, 670 (je: beim nur planenden Architekten sei der Wohnsitz des Auftraggebers maßgebend). Insofern sind die beim Anwaltsvertrag nach Rn 18 geltenden Grundsätze entsprechend anwendbar, aM Nürnb BauR **77**, 70, LG Kaisersl NJW **88**, 652, Duffek BauR **80**, 316 (maßgeblich sei der Ort der Bauausführung. Aber der Schwerpunkt liegt bei einer bloßen Planung am Ort des Architekten).

Wirtschaftsprüfer: Maßgeblich ist meist sein Sitz, LG Bonn BB **05**, 995. Denn auch hier geht Geist meist vor Geld, wie beim Anwalt, Rn 18.

Wohnungseigentum: Vgl zunächst Anh § 29 b. Das Verhältnis unter den gegenwärtigen oder ausgeschiedenen Eigentümern begründet einen gemeinsamen Leistungsort nach § 29, Stgt ZMR **00**, 336.

Muß der Architekt nur die *Planung* vornehmen, mag für seine Honorarklage der (Wohn-)Sitz des Auftraggebers maßgeblich sein, LG Kaisersl NJW **88**, 652. Indessen kommt es auch hier auf die Einzelumstände an, LG Mü RR **93**, 212.

34 **Zahlung:** Maßgeblich ist wegen dieser Schickschuld grds der Sitz des Schuldners, BGH NJW **95**, 1547, BayObLG **98**, 180, Schmid MDR **93**, 410. Das gilt auch beim Schadensersatz, BayObLG NJW **02**, 2888, Saarbr NJW **00**, 671, LG Lüneb MDR **91**, 992. Das gilt auch beim Akkreditiv, BGH NJW **93**, 1076. Es kann auch der Ort des verkauften Grundstücks maßgeblich sein, BayObLG MDR **98**, 737.

S aber auch zB Rn 18 „Anwaltsvertrag".

Zug-um-Zug-Leistung: Als Erfüllungsort gilt derjenige Ort, wo der Schuldner diejenige Pflicht erfüllen muß, die nach dem Vertrag die größere Bedeutung hat und ihm das wesentliche Gepräge gibt, Stgt NJW **82**, 529, LG Lüneb RR 1584, aM BGH NJW **95**, 1546, Stöber NJW **06**, 2663, ZöV 25 „Zug-um-Zug-Leistung" (kein gemeinsamer Erfüllungsort. Aber es kommt stets wesentlich auf den gemeinsam zumindest stillschweigend anerkannten Vertragsschwerpunkt an). Ergänzend gilt derjenige Ort, an dem sich die herauszugebende Sache befindet, Stgt NJW **82**, 529, LG Lüneb RR **02**, 1584. Ein Zurückbehaltungsrecht ändert bei einer Vorleistungspflicht des Gegners an diesem Erfüllungsort nichts.

35 **8) Vereinbarung des Erfüllungsorts, II.** Sie ist nur noch begrenzt möglich, Rn 36. Denn eine solche Vereinbarung darf nicht zu einer Umgehung der §§ 38 ff führen, Einl III 54, Nürnb NJW **85**, 1298.

A. Willenseinigung. Sie ist erforderlich. Ob sie vorliegt, muß man von Amts wegen nach dem bürgerlichen Recht feststellen, § 38 Rn 3, Hbg VersR **85**, 858. Es braucht kein beiderseitiges Handelsgeschäft nach §§ 343 ff HGB vorzuliegen. Eine stillschweigende Vereinbarung ist zulässig, BGH NJW **85**, 560. Im Säumnisverfahren muß man § 331 I 2 beachten. Wenn die Parteien einen solchen Ort als „Erfüllungsort" vereinbaren, der vom tatsächlichen Leistungsort abweicht, müssen sie dazu Tatsachen vortragen. Dann liegt oft nur eine Gerichtsstandsvereinbarung oder eine Gefahr- oder Kostenklausel usw vor, Kblz OLGR **03**, 33, Saarbr NJW **00**, 671, oder es liegt lediglich eine Vereinbarung darüber vor, welches Recht gelten soll. Die Erfüllung darf keineswegs deshalb scheitern, weil es keinen Erfüllungsort gebe. Deshalb kann sich der Erfüllungsort auch anhand eines nur schwachen Anknüpfungspunkts ergeben. Eine Vereinbarung wegen des Erfüllungsorts gilt im Zweifel für alle Vertragspartner. Aus der Natur der Sache oder des Vertrags kann sich aber eine Abweichung von dieser Regel ergeben. Die Vereinbarung nach § 65 ADSp, auch die stillschweigende, kann den Gerichtsstand nach Art 5 Z 1 a EuGVVO begründen, SchlAnh V C 2, BGH MDR **85**, 468.

Ein *einseitiger Vermerk* über einen Erfüllungsort auf einer Rechnung (Faktur) kann den Erfüllungsort nur dann begründen, wenn dieser Vermerk ein Teil eines Bestätigungsschreibens ist und wenn dieses Bestätigungsschreiben ausreicht. Diesen Vorbehalt muß man selbst dann beachten, wenn die Parteien in ständiger Geschäftsbeziehung standen und wenn der Empfänger die Rechnung vorbehaltlos angenommen hat. Vgl im übrigen zu Allgemeinen Geschäftsbedingungen § 38 Rn 6 und Hamm BB **83**, 1814, LG Mü NJW **96**, 402. Eine Inhaltskontrolle bleibt insbesondere beim Verbrauchervertrag notwendig, LG Bad Kreuzn EWiR **03**, 351.

36 **B. Grenzen der Vereinbarkeit.** II erlaubt nur bestimmten Partnern eine Vereinbarung, BayObLG RR **90**, 742. Beide müssen im Zeitpunkt der Vereinbarung einer der in II genannten Gruppen angehört haben. Vgl im übrigen zu den Einzelgruppen § 38 Rn 17–19. Eine Form ist nicht erforderlich, soweit sie nicht zur Wirksamkeit des sachlichrechtlichen Vertrags vorgeschrieben ist.

Anhang nach § 29

Gerichtsstand beim Fernunterrichtsschutzgesetz

FernUSG § 26. Gerichtsstand. **I Für Streitigkeiten aus einem Fernunterrichtsvertrag oder über das Bestehen eines solchen Vertrags ist das Gericht ausschließlich zuständig, in dessen Bezirk der Teilnehmer seinen allgemeinen Gerichtsstand hat.**

II Eine abweichende Vereinbarung ist nur zulässig, wenn sie ausdrücklich und schriftlich

1. **nach dem Entstehen der Streitigkeit oder**
2. **für den Fall geschlossen wird, dass der Teilnehmer nach Vertragsschluss seinen Wohnsitz oder seinen gewöhnlichen Aufenthaltsort aus dem Geltungsbereich dieses Gesetzes verlegt oder sein Wohnsitz oder gewöhnlicher Aufhenthaltsort im Zeitpunkt der Klageerhebung nicht bekannt ist.**

29a *Ausschließlicher Gerichtsstand bei Miet- oder Pachträumen.* **I Für Streitigkeiten über Ansprüche aus Miet- oder Pachtverhältnissen über Räume oder über das Bestehen solcher Verhältnisse ist das Gericht ausschließlich zuständig, in dessen Bezirk sich die Räume befinden.**

II Absatz 1 ist nicht anzuwenden, wenn es sich um Wohnraum der in § 549 Abs. 2 Nr. 1 bis 3 des Bürgerlichen Gesetzbuchs genannten Art handelt.

Schrifttum: *Bub/Treier,* Handbuch der Geschäfts- und Wohnraummiete, 3. Aufl 1998.

Gliederung

1) Systematik, I, II. Vgl zunächst § 20 Rn 1. Die Vorschrift ist § 29 nachgebildet, § 29 Rn 7 ff. Sie schafft eine vorrangige Spezialregelung. Diese gilt nur zur örtlichen Zuständigkeit und nicht zur sachlichen, Rn 17. Die Vorschrift ist wegen der Ausschließlichkeit unabdingbar, § 40 II 1 Hs 2, § 295 Rn 60 „Zuständigkeit". (Jetzt) § 533 geht dem § 29 a vor, LG Mannh ZMR **77**, 31. § 24 gilt gleichrangig. Die Vorschrift gilt grundsätzlich nur für einen inländischen Raum, BGH MDR **97**, 94. Freilich kann sie ausnahmsweise auch beim ausländischen Raum hilfsweise anwendbar sein, Düss ZMR **90**, 144, Geimer RIW **86**, 136. Wegen der EuGVVO SchlAnh V C 2, besonders der vorrangigen Artt 16 Z 1, 22 Z 1 S 1, EuGH NJW **85**, 905, Düss RIW **01**, 380, AG Offenbach NJW **82**, 2735. 1

2) Regelungszweck, I, II. Die Vorschrift bewahrt eine soziale Beachtung der Sachnähe des Gerichts der Belegenheit, BGH **89**, 275, LG Frankenth RR **97**, 334, LG Hbg WoM **03**, 38. Das dient zugleich schon wegen besserer Möglichkeiten einer Besichtigung des Streitobjekts auch der Prozeßwirtschaftlichkeit, Grdz 14 vor § 128. Die Vorschrift ist daher weit auslegbar, aM LG Flensb MDR **81**, 57. Sie kann auch auf Hausbesetzer anwendbar sein, Bre WoM **90**, 527. Sie soll vor allem den vom Gesetzgeber als sozial schwächer angesehenen Mieter oder Pächter schützen, BGH **89**, 283, Hamm ZMR **86**, 12. Sie soll die Entscheidung demjenigen AG vorbehalten, das die Situation am Ort kennt, LG Frankenth RR **97**, 334. Wegen der Ausschließlichkeit Rn 13. 2

3) Geltungsbereich, I, II. Vgl Üb 3 vor § 12. 3

4) Miet- und Pacht-Wohnraum, I, II. Die Vorschrift gilt bei einer Miete und Pacht, §§ 549 ff, 578 II BGB, auch bei einer Untermiete oder Unterpacht. Sie erfaßt in I jeden Raum und schließt in II bestimmte Wohnräume aus. Der Begriff des Raums entspricht demjenigen des BGB, BGH NJW **81**, 1377. Beispiele: Ein Gebäude oder dessen Innenraum; ein Geschäftsraum; ein Laden; eine Werkstatt; ein Kino; ein Fabrikgebäude; eine Gaststätte; ein Lagerraum; eine Garage; eine Sporthalle; ein Vortragssaal; natürlich auch jeglicher Wohnraum; eine Pferdebox in einer Halle, AG Menden MDR **07**, 648. 4

Kein Raum sind: Eine Freifläche, wie Garten, Hof, Lagerplatz, unabhängig von einer Einfriedigung oder anderen Umschließung; ein Platz oder Stand in einem Raum, zB im Parkhaus, Ffm OLGR **98**, 214; eine bewegliche Sache und deren Innenraum, zB: ein Schiffsraum; ein Wohncontainer; ein Gerätewagen; ein Wohnwagen; ein demontierbares Bürohaus, Düss WoM **92**, 111, Mü MDR **79**, 939. Das gilt selbst bei seiner festen Aufstellung.

Ein *Wohnraum* liegt vor, wenn der strittige Raum für den Fall der Entschädigung wegen einer Nichterfüllung im Klagezeitraum, sonst zur Zeit der letzten mündlichen Verhandlung nach §§ 136 IV, 296 a zumindest auch als Wohnraum genutzt wurde oder wird oder werden soll, und zwar vom „Endbenutzer", Rn 1. Eine vertragswidrige (Mit- oder Allein-)Benutzung zu gewerblichen Zwecken ändert nichts am Charakter einer Wohnungsmiete, Düss NZM **07**, 799.

5) Beispiele zur Frage einer Anwendbarkeit, I (Die nachfolgenden Fundstellen beziehen sich teilweise auf das alte Recht) 5

Altenheimvertrag: Er kann zumindest dann unter § 29 a fallen, wenn der Insasse zB nur eine Teilverpflegung beanspruchen kann, LG Gött ZMR **81**, 274.

Arbeitsverhältnis: § 29 a ist jetzt auf solchen Raum anwendbar, den man im Zusammenhang mit einem Arbeitsverhältnis nutzt, BAG ZMR **00**, 363 (krit Baron). Der frühere Streit, etwa bei der Werkmietwohnung nach § 576 BGB, BAG MDR **90**, 656, oder bei einer Werkdienstwohnung nach § 576 b BGB ist überholt, soweit es sich nicht um einen Wohnraum nach II in Verbindung mit (jetzt) § 549 II Z 1 bis 3 BGB handelt (dann ist I ganz unanwendbar), LG Augsb ZMR **94**, 333.

Arrest, einstweilige Verfügung: § 29 a ist anwendbar, KG ZMR **83**, 380.

Arzt: Rn 6 „Krankenhaus".

Auskunft: § 29 a ist anwendbar, Hbg ZMR **99**, 106, 108.

Besitz: § 29 a kann auch dann anwendbar sein, wenn der (Haupt-)Mieter oder Pächter keinen unmittelbaren Besitz hat, etwa als Zwischenvermieter.

Bestehen, Nichtbestehen: § 29 a gilt gerade auch beim Streit darüber, ob ein Miet- oder Pachtverhältnis bestand oder besteht, I.

Bürge: S „Dritter".

Dritter: § 29 a gilt auch beim Vertrag zugunsten zumindest auch eines Dritten nach § 328 BGB. Das gilt auch dann, wenn ein Dritter nach §§ 414 ff BGB vertraglich mithaftet. Die Vorschrift bleibt auch nach einem gesetzlichen Forderungsübergang oder nach einer Abtretung an ihn anwendbar, Karlsr NZM **03**, 576.

§ 29 a ist *nicht* anwendbar, wenn sonst ein solcher Dritter klagt oder verklagt wird, der aus Anlaß der Abwicklung eines Mietvertrags Vor- oder Nachteile hatte, etwa bei einem Bürgen, BayObLG MDR **99**, 1461, oder beim Geschäftsführer eines gewerblichen Zwischenvermieters, Hbg ZMR **91**, 26, oder wegen eines selbständigen Gewährvertrags usw, BGH **157**, 222.

S auch Rn 9 „Schadensersatz".

Eigenbedarf: § 29 a ist anwendbar, AG Heidelb WoM **75**, 67.

Eingebrachte Sache: § 29 a ist anwendbar.

Einzelpflicht: § 29 a kann auch beim Streit über sie anwendbar sein, Karlsr ZMR **84**, 19.

Ferienwohnung: § 29 a kann bei einer langfristigen Vermietung eines solchen Objekts anwendbar sein. Denn dann liegt kein bloß vorübergehender Gebrauchszweck vor, auf den es nach II in Verbindung mit (jetzt) § 549 II Z 1 BGB ankommt, Hbg ZMR **92**, 539, LG Lüb WoM **89**, 632.

§ 29 a ist *unanwendbar* auf einen nur zu vorübergehendem Gebrauch vermieteten Wohnraum, II in Verbindung mit § 549 II Z 1 BGB, Hbg WoM **90**, 393. Deshalb ist die Vorschrift unanwendbar auf eine Ferienwohnung, Hamm ZMR **86**, 235, oder auf die Überlassung des heimischen Wohnraumes während einer Ferienreise ihres Inhabers.

Fortsetzungsverlangen: Rn 9 „Sozialklausel".

Gebrauchsüberlassung: § 29 a ist anwendbar.

6 **Gewerbeunternehmen:** § 29 a ist jetzt auch anwendbar bei einer Vermietung an ein Gewerbeunternehmen. Das gilt auch dann, wenn dieses den Raum als Wohnraum im Weg einer sog gewerblichen Zwischenvermietung untervermieten will. § 29 a ist ferner anwendbar, soweit es um einen Streit zwischen dem gewerblichen Zwischenvermieter und seinem Untermieter geht, LG Köln NZM **99**, 960 (Mietgarantievertrag), jedenfalls soweit dieser letztere dort wohnt oder wohnen läßt und lassen darf. Auch ein Streit zwischen dem Hauptvermieter und dem Untermieter kann hierher gehören, BGH **133**, 148, Hbg ZMR **99**, 108.

Haupt-, Untermietvertrag: § 29 a ist anwendbar, wenn es um eine solche Tatsache geht, deren rechtliche Beurteilung ergibt, daß es um eine Miete oder Untermiete auch über einen Raum geht, Mü MDR **79**, 940.

S auch Rn 5 „Arbeitsverhältnis", Rn 6 „Gewerbeunternehmen", Rn 7 „Mischmiete".

Herausgabe: Rn 8 „Räumung".

Hotelzimmer: § 29 a ist *unanwendbar* auf einen nur zum vorübergehenden Gebrauch vermieteten Wohnraum, II, Hbg WoM **90**, 393. Deshalb ist die Vorschrift grds unanwendbar auf ein Hotelzimmer.

S aber auch Rn 5 „Ferienwohnung".

Innenverhältnis: Es kommt darauf an, ob es hier zB um das Gesellschaftsverhältnis oder auch um das Miet- oder Untermietverhältnis geht.

Kaufvertrag: § 29 a ist *unanwendbar*, soweit es um eine Mietgarantie innerhalb eines Kaufvertrags geht, BayObLG NZM **00**, 784.

Krankenhaus: Bei einer stationären Behandlung ist der Kliniksitz der Erfüllungsort sowohl für die Arztleistung als auch für das Honorar, BayObLG MDR **05**, 677, Celle MDR **07**, 604.

Miete: § 29 a ist anwendbar beim Anspruch des Vermieters auf die Zahlung der Miete. Denn er geht auf eine „Erfüllung" auch bei einem inzwischen beendeten Mietverhältnis. Das gilt auch bei einem Streitwert von über 5000 EUR. Die Vorschrift gilt ferner beim Streit um eine Mietminderung, BGH WertpMitt, **85**, 1213.

Mieterhöhung: § 29 a ist anwendbar beim Anspruch auf eine Zustimmung des Mieters zur Mieterhöhung nach § 558 BGB, LG Mannh ZMR **77**, 31, ArbG Hann DB **91**, 1838.

Mietgarantie: § 29 a ist anwendbar, LG Hbg WoM **03**, 38, LG Köln RR **99**, 1171, aM BayObLG **02**, 276 (aber Rn 2 erfordert eine weite Auslegung).

Mietkaution: § 29 a erfaßt den Streit über die Zahlung oder Rückgewähr einer Kaution, Düss WoM **92**, 548. Das gilt wegen des Schutzzwecks nach Rn 2 auch im Verhältnis zum Erwerber, §§ 551, 563 b II, III BGB.

Mietsicherheit: S „Mietkaution".

7 **Mischmiete:** § 29 a ist auf jede Art von Mischmiete (Wohnen + Arbeiten) anwendbar. Denn die Vorschrift erfaßt jede Art von Raum.

Möblierter Raum: § 29 a ist *unanwendbar* auf eine nur vorübergehende Vergabe in der vom Vermieter selbst bewohnten Wohnung, II in Verbindung mit § 549 II Z 2 BGB, Hbg WoM **90**, 393. Deshalb ist die Vorschrift unanwendbar auch auf eine solche eines teilweise oder voll möblierten Wohnraumes für eine nicht dauernd dort wohnende Familie, also etwa an einen auswärtigen Arbeiter oder während eines vorübergehenden auswärtigen Aufenthalts des bisherigen Benutzers, (jetzt) § 549 II Z 1 BGB, oder bei einer nur kurzen Mietzeit eines Studenten (anders bei einer längeren Studienzeit dort, Rn 10 „Student").

Nebenkosten: § 29 a ist wegen seines weiten Schutzzwecks nach Rn 2 auch beim Anspruch des Vermieters auf eine Leistung der Nebenverpflichtungen und auf die Zahlung der Nebenkosten anwendbar, auch wegen vergangener auf Grund eines inzwischen beendeten Mietverhältnisses.

Nichtigkeit: § 29 a ist anwendbar.

Notunterkunft: § 29 a ist meist auf sie *unanwendbar*, II in Verbindung mit § 549 II Z 3 BGB.

8 **Pacht:** Sie steht jetzt der Miete gleich. Das ergibt schon der Wortlaut von I.

Pfändung, Überweisung: § 29 a erfaßt auch die Drittschuldnerklage des Gläubigers gegen den Mieter, Karlsr RR **02**, 1168.

Räumung: I erfaßt jede Streitigkeit, also auch alle Arten von Räumungsforderungen. Hierunter fällt auch eine Herausgabe auf Grund von § 985 BGB. Das gilt unabhängig davon, ob ein Mietverhältnis und auch gerade ein solches zwischen den Parteien bestand, Düss WoM **07**, 712, StJSchu 19, aM Brschw NdsRpfl **83**, 225, Schneider MDR **92**, 433 (aber die Vorschrift ist weit auslegbar, Rn 2).

Rechtsnachfolge: Rn 5 „Bestehen, Nichtbestehen".

Reise: Rn 6 „Ferienwohnung".

Reiseveranstalter: § 29 a ist auf den Vertrag nach 651 a BGB *unanwendbar*, BGH **119**, 156.

Renovierungskosten: Nach § 29 a muß man bei einem Wohnraum wegen § 23 Z 2 a GVG auch solche Fälle behandeln, deren Streitwert 5000 EUR übersteigt, zB wenn es sich zB um eine Renovierungsforderung handelt.

Rückzahlung: § 29 a erfaßt wegen des weiten Schutzzwecks nach Rn 2 auch die Klage auf eine Rückzahlung zu unrecht geleisteter Beträge, BGH **89**, 281, BAG WoM **90**, 391, StJSchu 16, aM LG Karlsr WoM **82**, 132.

Schadensersatz: Wegen des weiten Schutzzwecks nach Rn 2 ist § 29 a anwendbar auf eine Schadensersatzforderung, LG Frankenth RR **97**, 335. Das gilt etwa wegen einer unvollständigen Gebrauchsüberlassung oder wegen einer nicht rechtzeitigen Herausgabe der Mietsache oder wegen eines Schadensersatzanspruchs durch den Geschäftsführer des Vormieters, Hbg WoM **90**, 542. Es gilt überhaupt wegen einer mit der Miete zusammenhängenden Schadensersatzforderung, BayObLG RR **92**, 1040. 9

S auch Rn 5 „Dritter".

Sozialklausel: § 29 a erfaßt den Streit über eine Fortsetzung des Mietverhältnisses auf Grund der Sozialklausel der (jetzt) §§ 574 ff BGB, LG Mannh ZMR **77**, 31.

Student: Ein Zimmer im Studentenwohnheim für mehr als ein Semester macht § 29 a anwendbar, Hamm ZMR **86**, 235. 10

§ 29 a ist *unanwendbar,* wenn es um eine nur vorübergehende Vermietung geht, II, so schon Hbg WoM **90**, 393. Daher kommt es auf die geplante Dauer des Verbleibs an diesem Ort an, nicht auf ihre dann tatsächlich im Verlauf eingetretene Dauer, soweit nicht insofern eine Vertragsänderung eingetreten ist.

Teilzeit-Wohnrecht: Ein Recht nach §§ 481 ff BGB mag zwar viele Ähnlichkeiten mit einem Miet- oder Pachtrecht haben. Es ist aber gesetzlich doch weitgehend anders bestimmt und unterfällt daher *nicht* dem § 29 a.

Untermiete: Rn 6 „Haupt-, Untermietvertrag".

Unterpacht: Es gilt dasselbe wie bei einer Untermiete, s dort.

Verschulden bei Vertragsverhandlung: Die Situation fällt *nicht* unter § 29 a. Denn es liegt ungeachtet Rn 2 eben doch noch kein „Miet- oder Pachtverhältnis" vor, LG Frankenth RR **97**, 335, aM ZöV 9.

Vertragsabwicklung: § 29 a ist auch in diesem Stadium anwendbar, Brdb OLGR **02**, 507.

Verwendungsersatz: § 29 a erfaßt die Mieterklage auf einen Verwendungsersatz nach § 539 I BGB, Düss ZMR **85**, 383. 11

Verkehrssicherungspflicht: § 29 a ist anwendbar, Düss WoM **06**, 46.

Vollmachtloser Vertreter: Man darf eine Klage gegen ihn *nicht* nach § 29 a beurteilen. Denn zu ihrer Begründung gehört die Behauptung, es sei gerade kein Mietvertrag zustandegekommen.

Vorkaufsrecht: Das Recht nach § 2 b WoBindG und die daraus resultierende Mitteilungspflicht des Vermieters über die Absicht eines Drittverkaufs usw machen § 29 a anwendbar, BayObLG WoM **92**, 352.

Vorschuß: Rn 12 „Wohnungsausstattung".

Vorübergehender Gebrauch: § 29 a ist nach II auf solchen Wohnraum *unanwendbar,* den man nach § 549 II Z 1 BGB nur zu einem vorübergehenden Gebrauch vermietet, Hbg WoM **90**, 393.

S auch Rn 5 „Ferienwohnung", Rn 6 „Hotelzimmer", Rn 7 „Möblierter Raum", Rn 10 „Student".

Vorvertrag: Er reicht aus, AG Bln-Schöneb ZMR **00**, 31.

Werkdienstwohnung: Rn 5 „Arbeitsverhältnis", Rn 7 „Mischmiete". 12

Werkmietwohnung: Rn 5 „Arbeitsverhältnis", Rn 7 „Mischmiete".

Wohnheim: § 29 a ist meist anwendbar, Hamm RR **86**, 810, Staehle NJW **78**, 1360.

Wohnungsausstattung: § 29 a erfaßt die Klage auf die Zahlung eines Vorschusses für die Wohnungsausstattung, Düss ZMR **85**, 383.

Zustimmung: Rn 5 „Mieterhöhung".

Zwangsvollstreckung: Wegen des weiten Schutzzwecks nach Rn 2 ist § 29 a anwendbar auf eine Klage auf die Unterlassung der Vollstreckung, Ffm WoM **89**, 585, LG Hbg WoM **03**, 38. Vgl aber II in Verbindung mit § 549 II Z 3 BGB (Notunterkunft).

Zwischenvermieter: Rn 6 „Dritter", „Gewerbeunternehmen", „Haupt-, Untermietvertrag".

6) Ausschließlicher Gerichtsstand, I. Dasjenige Gericht, in dessen Bezirk sich der Raum befindet, ist nach I örtlich ausschließlich zuständig, Üb 14 vor § 12. Denn dieses Gericht hat die besten Möglichkeiten, in die örtlichen Verhältnisse Einblick zu nehmen, Rn 2. Aus diesem Grund ist eine Zuständigkeitsvereinbarung unzulässig, Ffm MDR **79**, 851, LG Mü ZMR **87**, 271, und eine Verweisung unter Umständen unbeachtlich, LG Mü ZMR **87**, 271. Die ausschließliche Zuständigkeit soll auch verhindern, daß der sozial unter Umständen schwächere Mieter an einem entfernten Gericht klagen muß. Wenn es sich um einen ausländischen Raum handelt, sind §§ 12 ff anwendbar, Rn 1. Man muß den Rechtsstreit unter Umständen an das Gericht des § 29 a zurückverweisen. Das gilt auch bei einem Rechtsstreit um einen inländischen Raum, § 696 V 1. 13

7) Ausschließliche sachliche Zuständigkeit des AG, § 23 Z 2 a GVG. Bei einem Wohnraum und nur bei diesem gibt § 23 Z 2 a GVG dem AG der Belegenheit nach Rn 13–15 die ausschließliche sachliche Zuständigkeit. Bei Streitigkeiten über Miet- oder andere Verträge oder gesetzliche Ansprüche wegen anderer als Wohnräume gilt § 23 Z 2 a GVG demgegenüber nicht. Vielmehr gelten dann §§ 23 Z 1, 71 GVG. 14

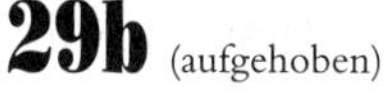 (aufgehoben)

Anhang nach § 29 b

Gerichtsstand beim Wohnungseigentum

WEG § 43. Zuständigkeit. **Das Gericht, in dessen Bezirk das Grundstück liegt, ist ausschließlich zuständig für**

1. Streitigkeiten über die sich aus der Gemeinschaft der Wohnungseigentümer und aus der Verwaltung des gemeinschaftlichen Eigentums ergebenden Rechte und Pflichten der Wohnungseigentümer;

2. **Streitigkeiten über die Rechte und Pflichten zwischen der Gemeinschaft der Wohnungseigentümer und Wohnungseigentümern;**
3. **Streitigkeiten über die Rechte und Pflichten des Verwalters bei der Verwaltung des gemeinschaftlichen Eigentums;**
4. **Streitigkeiten über die Gültigkeit von Beschlüssen der Wohnungseigentümer;**
5. **Klagen Dritter, die sich gegen die Gemeinschaft der Wohnungseigentümer oder gegen Wohnungseigentümer richten und sich auf das gemeinschaftliche Eigentum, seine Verwaltung oder das Sondereigentum beziehen;**
6. **[1] Mahnverfahren, wenn die Gemeinschaft der Wohnungseigentümer Antragstellerin ist. [2] Insoweit ist § 689 Abs. 2 der Zivilprozessordnung nicht anzuwenden.**

Vorbem. Fassg Art 1 Z 19 G v 26. 3. 07, BGBl 370, in Kraft seit 1. 7. 07, Art 4 S 2 G, ÜbergangsR Einl III 78.

Gliederung

1 **1) Systematik, Z 1–6.** Nach § 1 WEG ist die Begründung folgender Eigentumsformen möglich: Wohnungseigentum, also Sondereigentum an einer Wohnung; außerdem Teileigentum, also das Sondereigentum an nicht zu Wohnzwecken dienenden Räumen eines Gebäudes, in den beiden ersteren Fällen in Verbindung mit dem Miteigentumsanteil an dem gemeinschaftlichen Eigentum, zu dem es gehört. Die Verwaltung des gemeinschaftlichen Eigentums erfolgt durch die Wohnungseigentümer gemeinschaftlich, § 21 WEG, oder durch einen Verwalter. Das Verfahren in Wohnungseigentumssachen gehört (jetzt) zur ZPO, § 43 Z 1–4, 6 WEG, § 23 Z 2 c GVG. Die Gemeinschaftsordnung kann als eine Prozeßvoraussetzung ein außergerichtliches Vorschaltverfahren vorsehen, Ffm RR **08**, 535. Mangels Vorliegens der allgemeinen Prozeßvoraussetzungen erfolgt eine Abweisung durch ein Prozeßurteil nach Grdz 14 vor § 253. Vor dem Prozeßgericht wegen der Gerichts- und Anwaltskosten gelten (jetzt) §§ 49, 50 WEG, § 49 b GKG.

2 **2) Regelungszweck, Z 1–6.** Er ist derselbe wie bei §§ 12 ff, 40 II 2.

3 **3) Geltungsbereiche, Z 1–6.** Maßgeblich sind der Tatsachenvortrag des Antragstellers und sein Antrag, BayObLG MDR **84**, 942. Ferner zählen die in Z 5, 6 genannten Fälle hierher.

A. Rechte und Pflichten des Wohnungseigentümers. Es muß sich um die Rechte und Pflichten aus der Gemeinschaft der Wohnungseigentümer, KG OLGZ **77**, 1 handeln (wegen der erst künftigen BGH RR **87**, 1036) und um die aus der Verwaltung, auch Benutzung, des gemeinschaftlichen Eigentums folgenden Rechte und Pflichten der Wohnungseigentümer untereinander, Z 1, sowie zwischen der Gemeinschaft und deren Teilhabern, Z 2, auch zB wegen einer Zustimmung zur Änderung der Teilungserklärung, Mü MDR **06**, 563. Ausreichen können auch eine unerlaubte Handlung im Zusammenhang mit dem Gemeinschaftsverhältnis, BGH WoM **91**, 418, oder ein Anspruch gegen einen ausgeschiedenen Wohnungseigentümer, AG Karpen ZMR **99**, 125, oder gegen einen Testamentsvollstrecker, Hbg ZMR **03**, 134. Die nachfolgenden Fundstellen beziehen sich mangels abweichender Hinweise auf das alte Recht.

4 **B. Unanwendbarkeit.** Das ist *nicht* der Fall, soweit einer dieser Beteiligten als *Vertragspartner* der anderen auftritt, Celle RR **89**, 143, Stgt OLGZ **86**, 36, oder als Nachbar. Dann ist die Zuständigkeit nach §§ 12 ff vorhanden. Dasselbe gilt bei einem Streit wegen des Umfangs des Sondereigentums, Stgt OLGZ **86**, 36, oder wegen eines Sondernutzungsrechts, BGH NJW **90**, 1113, oder beim Streit zwischen Miteigentümern aus einem nur zwischen ihnen vereinbarten Konkurrenzverbot, BGH BB **86**, 1676, oder beim Streit mit dem Versicherer des Verwalters oder eines Miteigentümers, BayObLG RR **87**, 1099, oder beim Streit mit einem vor der Rechtshängigkeit nach § 261 Rn 1 ausgeschiedenen Wohnungseigentümer, BGH NJW **94**, 256, Mü NZM **06**, 61, LG Bln ZMR **02**, 158 (dann ist das Prozeßgericht zuständig), aM BGH NZM **02**, 1003 (aber dann bestand überhaupt kein Prozeßrechtsverhältnis nach Grdz 4 vor § 128 gerade zum WEG-Gericht). Wegen der Rechtsbeziehungen zwischen eingetragenen Wohnungseigentümern und einem noch nicht eingetragenen Käufer KG RR **87**, 841 (Vorlagebeschluß), LG Aachen MDR **87**, 500.

5 Wenn es um einen Anspruch aus dem *Gemeinschaftsverhältnis* gegenüber dem vor der Rechtshängigkeit Ausgeschiedenen geht, ist das Prozeßgericht nach §§ 12 ff zuständig, BGH **106**, 37. Das kann auch gelten beim Anspruch bei einer Aufhebung der Gemeinschaft nach § 17 WEG und beim Anspruch auf eine Entziehung des Wohnungseigentums, §§ 18, 19 WEG.

6 **C. Rechte und Pflichten des Verwalters.** Es kann sich auch um die Rechte und Pflichten des Verwalters bei der Verwaltung des gemeinschaftlichen Eigentums handeln, auch darum, ob die Verwalterbestellung wirksam ist, KG OLGZ **76**, 267, oder um einen Streit über einen Anspruch aus dem Verwaltervertrag, KG NZM **06**, 61, Mü FGPrax **06**, 109, Schlesw SchlHA **80**, 54, oder um Abwicklungs- oder sonstige Pflichten des früheren Verwalters, BGH NJW **80**, 2466, Köln RR **05**, 1096, Mü NZM **06**, 25, aM AG Mü RR **87**, 1425 (aber die Natur des Rechtsverhältnisses ändert sich durch das Ausscheiden nicht). Das gilt aber nicht wegen der Tätigkeit als Baubetreuer vor einer wenigstens tatsächlichen Bindung der Gemeinschaft, BGH **65**, 267, oder wegen eines Anspruchs gegen den Verwalter wegen eines Sondereigentums, BayObLG WoM **89**, 533.

7 **D. Verwalterbestellung.** Es kann um seine Bestellung in dringenden Fällen handeln.

E. Beschluß der Wohnungseigentümer. Es kann sich um die Gültigkeit eines Beschlusses der Wohnungseigentümer handeln. 8

F. Gemeinschaftseigentum. Es kann sich um einen Anspruch aus dem Gemeinschaftseigentum handeln, also nach § 1 V WEG aus demjenigen Grundstück(steil) sowie aus denjenigen Teilen, Anlagen und Einrichtungen des Gebäudes, die nicht im Sondereigentum der Wohnung oder im Eigentum eines Dritten stehen. Dazu kann auch zB eine Forderung aus einem Bauvertrag zählen, ferner eine solche aus einer Reinigung, Lieferung, Unterhaltung, Reparatur, Versicherung, Pflege. 9

G. Verwaltung. Es kann sich auch um einen Anspruch aus der Verwaltung des Gemeinschaftseigentums handeln, also nach §§ 20 ff WEG durch den Kläger als Wohnungsverwalter oder dessen Beauftragten. 10

H. Sondereigentum. Es mag sich schließlich um einen Anspruch gegen das Sondereigentum eines oder mehrerer Wohnungseigentümer handeln, also nach § 5 I–IV WEG um diejenigen Räume usw, die man verändern, beseitigen oder einfügen kann, ohne daß man dadurch das gemeinschaftliche Eigentum oder ein auf dem Sondereigentum beruhendes Recht eines anderen Wohnungseigentümers übermäßig beeinträchtigt oder die äußere Gestaltung des Gebäudes verändert. Dazu können Forderungen aller Art gehören, sei es eine schuldrechtliche oder dingliche. 11

4) Dritter, Z 5. Vgl zunächst Üb 3 vor § 12. Erfaßt werden alle schuldrechtlichen Klagen derjenigen „Dritten“, die nicht wie der Bekl als Gesamtschuldner oder anteilig jetzige oder frühere Mitglieder einer Wohnungseigentümergemeinschaft sind. Das ergibt sich bereits aus dem klaren Wortlaut, MüKoPa 2, Steike NJW **92**, 2401, ThP 2, aM Baumgärtel DNotZ **92**, 270, ZöV 4 (bei einer verneinenden Feststellungsklage könne auch der frühere Wohnungseigentümer als Kläger auftreten. Aber er kann nach §§ 43 ff WEG vorgehen). 12

Beispiele eines Dritten: Der Mieter, Zwischenvermieter, Untermieter, Architekt, Dienstleister, Versicherer, Handwerker, ein Versorgungsunternehmen, evtl auch der Verwalter (Fallfrage), Steike NJW **92**, 2401, aM LG Karlsr NJW **96**, 1481 (aber es ist eine weite Auslegung nötig, Rn 2). Es kommen freilich nur solche Klagen in Betracht, die sich auf das gemeinschaftliche Eigentum beziehen, § 1 V WEG, seine Verwaltung, §§ 20 ff WEG, oder auf das Sondereigentum, § 5 WEG. Dann ist unerheblich, welches dieser Sachgebiete vorliegt und ob der oder die Bekl als Gesamtschuldner oder nur anteilig haften sollen, BGH **75**, 26. Ein bloßer Schadesersatzanspruch kann aus dem Geltungsbereich herausfallen, AG Hbg ZMR **04**, 72.

5) Gerichtsstand der Belegenheit, Z 1–6. Zuständig ist dasjenige Gericht, in dessen Bezirk das Grundstück liegt. Das gilt unabhängig vom Ort des Grundbuchamts. Der Ort der Störung ist unerheblich. Wenn ein Grundstück in mehreren Bezirken liegt, muß man § 36 I Z 4 anwenden. Die Länder können durch VO nach § 72 II 3, 4 GVG ein LG bestimmen, § 72 GVG Rn 3. Der Gerichtsstand ist ausschließlich, § 40 II Z 2. 13

29c *Besonderer Gerichtsstand für Haustürgeschäfte.* I 1 **Für Klagen aus Haustürgeschäften (§ 312 des Bürgerlichen Gesetzbuchs) ist das Gericht zuständig, in dessen Bezirk der Verbraucher zur Zeit der Klageerhebung seinen Wohnsitz, in Ermangelung eines solchen seinen gewöhnlichen Aufenthalt hat.** 2 **Für Klagen gegen den Verbraucher ist dieses Gericht ausschließlich zuständig.**

II **§ 33 Abs. 2 findet auf Widerklagen der anderen Vertragspartei keine Anwendung.**

III **Eine von Absatz 1 abweichende Vereinbarung ist zulässig für den Fall, dass der Verbraucher nach Vertragsschluss seinen Wohnsitz oder gewöhnlichen Aufenthalt aus dem Geltungsbereich dieses Gesetzes verlegt oder sein Wohnsitz oder gewöhnlicher Aufenthalt im Zeitpunkt der Klageerhebung nicht bekannt ist.**

Schrifttum: *Vollkommer/Vollkommer,* Empfiehlt sich ein (ggf. subsidiärer) allgemeiner oder besonderer Verbrauchergerichtsstand in der ZPO?, Festschrift für *Geimer* (2002) 1367.

1) Systematik, I–III. Vgl zunächst § 20 Rn 1. Die Vorschrift bringt grundsätzlich bei I 1 einen wahlweisen, bei I 2 einen ausschließlichen besonderen Gerichtsstand, Celle NJW **04**, 2602, mit dem Vorrang für seinen Geltungsbereich, auch gegenüber § 29. § 767 hat den Vorrang. Vgl ferner Artt 15, 16 EuGVVO, SchlAnh C 2. 1

2) Regelungszweck, I–III. Die Vorschrift schützt den Verbraucher nach § 13 BGB. Es soll an einem ihm günstigen Ort klagen, BGH NJW **03**, 1190. Man soll ihn auch nur dort verklagen können, BGH NJW **03**, 1190. Diesen Schutzzweck muß man bei der Auslegung stets mitbeachten. Das darf freilich bei III nicht zu einer Bevorzugung des Verbrauchers führen, zumindest dann nicht, wenn in diesem Wegzug ins Ausland usw auch ein Sich-Entziehen liegen könnte. Denn das wäre als eine Flucht selbst vor einem schützenden Gerichtsstand ein Rechtsmißbrauch, Einl III 54. Freilich dürfte eine solche Haltung nur selten und schwer erkennbar werden. Vollkommer/Vollkommer (vor Rn 1) raten zu einem Verbrauchergerichtsstand in der ZPO. Er sollte auch die vorstehend skizzierten Grenzen einhalten. 2

3) Geltungsbereich: Haustürgeschäft usw, I–III. Es muß sich um eine solche vertraglich vereinbarte entgeltliche Leistung handeln, zu der ein Anbieter einen Verbraucher im Rahmen eines Haustürengeschäfts nach § 312 I 1 Hs 1 BGB oder eines Umgehungsgeschäfts nach § 312 f S 2 BGB zu seiner Willenserklärung auf den Vertragsabschluß bestimmt hat. Für den Anbieter kann auch dessen Vertreter oder Vermittler gehandelt haben, BGH NJW **03**, 1190. Das kann geschehen sein entweder durch eine mündliche Verhandlung an seinem Arbeitsplatz oder im Bereich der Privatwohnung, § 312 I Z 1 BGB, auch bei einer Verlegung des Vertragsabschlusses in ein nahes Café, AG Freising RR **88**, 1326, oder anläßlich einer vom Unternehmer oder von einem Dritten zumindest auch in dessen Interesse durchgeführten Freizeitveranstaltung, § 312 I Z 2 BGB, zB bei einer sog Kaffeefahrt (nicht schon bei einer Verkaufsmesse, LG Bre RR **88**, 3

1325), oder im Anschluß an ein überraschendes Ansprechen in einem Verkehrsmittel oder im Bereich einer öffentlich zugänglichen Verkehrsfläche, § 312 I Z 3 BGB.

Für den Gerichtsstand ist es anders als für das sachlichrechtliche Widerrufsrecht nach § 312 II BGB *unerheblich,* ob bei Z 1 eine Bestellung des Kunden vorangegangen war, Hbg RR **88**, 1327, Stgt RR **88**, 1327, oder ob und wieviel er sofort geleistet oder gezahlt hat oder ob ein Notar seine Willenserklärung beurkundet hat. Ebenso unerheblich ist für den Gerichtsstand, ob der Kunde ein Widerrufsrecht rechtzeitig oder verspätet oder sonst unwirksam ausgeübt hat, Ffm OLGR **05**, 568, LG Landshut NJW **03**, 1197, ZöV 4, aM Mü VersR **06**, 1517, LG Bln VersR **05**, 1259. Auch ist hier unerheblich, ob die Haftung aus einem Vertrag, aus einem vertragsähnlichen Verhalten oder aus einer unerlaubten Handlung infrage kommt, BGH NJW **03**, 1190 (zustm Mankowski ZZP **116**, 1122), oder aus §§ 812 ff BGB, Celle NJW **04**, 2602 (auch gegenüber einem Dritten). In Betracht kommt auch eine Gebäudeversicherung, LG Landshut NJW **03**, 1197, oder ein Verbraucherdarlehensvertrag usw nach §§ 491–504 BGB oder ein Teilzeit-Wohnrechtevertrag nach §§ 481–487 BGB. Der Zeitpunkt des Vertragsabschlusses ist unerheblich, BGH NJW **03**, 1190.

Unanwendbar ist § 29 c bei § 312 III BGB, zB beim Versicherungsvertrag, LG Bln VersR **05**, 1260.

4 **4) Wohnsitz, Aufenthalt des Kunden, I.** Es genügt, daß die Klage eines der Partner eines Geschäfts nach § 312 BGB vorliegt. Es entsteht bei I 2 eine ausschließliche Zuständigkeit, Rn 1. Sie liegt zunächst beim Wohnsitzgericht des Kunden nach §§ 12 ff, wenn er als Bekl auftritt. Vgl § 13 Rn 1. Hilfsweise ist der gewöhnliche Aufenthaltsort maßgeblich. Vgl § 16 Rn 2. Es kommt jeweils auf den Zeitpunkt der Klagerhebung an, also auf ihre Zustellung, §§ 253 I, 261 I. Nach einem Mahnverfahren ist die Abgabe an das Streitgericht maßgeblich, §§ 696 I 1, 700 III. Fehlen ein Wohnsitz oder ein gewöhnlicher Aufenthalt des Verbrauchers, kann man ihn nach § 16 verklagen. § 36 I Z 3 ist anwendbar.

5 **5) Widerklage, II.** § 29 a gilt grundsätzlich auch für eine Widerklage, § 253 Anh. § 33 II ist auf eine Widerklage der anderen Vertragspartei unanwendbar.

6 **6) Gerichtsstandsvereinbarung, III.** Bei einer Klage aus einem Geschäft nach § 312 BGB ist als eine Ausnahme von der Zuständigkeit nach I eine abweichende Gerichtsstandsvereinbarung nur dann zulässig, falls entweder der Verbraucher nach dem Vertragsschluß seinen Wohnsitz oder gewöhnlichen Aufenthaltsort aus dem Geltungsbereich des Gesetzes endgültig verlegt oder wenn sein Wohnsitz usw bei Klagezustellung nicht bekannt ist.

Eine abweichende Vereinbarung muß sich auf ein bestimmtes *Einzelgeschäft* beziehen. Eine solche Vereinbarung ist also nur dann zulässig, wenn der Käufer seinen Wohnsitz oder seinen gewöhnlichen Aufenthaltsort nach dem Vertragsabschluß in das Ausland verlegt. Denn dann kann man dem Abzahlungsverkäufer die Durchführung des Prozesses im Ausland wegen der erfahrungsgemäß dabei auftretenden Schwierigkeiten nicht zumuten.

30 *Gerichtsstand bei Bergungsansprüchen.* **Für Klagen wegen Ansprüchen aus Bergung nach dem Achten Abschnitt des Fünften Buches des Handelsgesetzbuchs gegen eine Person, die im Inland keinen Gerichtsstand hat, ist das Gericht zuständig, bei dem der Kläger im Inland seinen allgemeinen Gerichtsstand hat.**

Vorbem. Überschrift nur scheinbar geändert (war in Wahrheit schon so vorhanden) dch Art 1 Z 1 a G v 18. 8. 05, BGBl 2477, in Kraft seit 27. 8. 05, Art 3 S 2 G, ÜbergangsR Einl III 78.

1 **1) Systematik.** Es handelt sich um einen besonderen nicht ausschließlichen Wahlgerichtsstand. Die Parteien können ihn also abbedingen. Eine Rechtswahl bleibt begrenzt möglich, Art 8 I 3 EGHGB. Ein besonderer Gerichtsstand kann den Vorrang haben. § 23 tritt zurück.

2 **2) Regelungszweck.** Die Vorschrift bezweckt zusammen mit der Anpassung an §§ 740 ff HGB den Schutz des Klägers. Man muß sie entsprechend auslegen. Das gilt insbesondere wegen der häufig in einer solchen Lage komplizierten Bezüge zum internationalen Recht. Der Kläger soll nicht ohne Not auch noch ein ausländisches Gericht anrufen müssen.

3 **3) Geltungsbereich.** Die Vorschrift gilt in allen Verfahren nach der ZPO und nach den auf sie verweisenden anderen Gesetzen.

4 **4) Bergungsanspruch.** Es muß um einen Anspruch aus einer Bergung nach dem Buch 5 Abschnitt 8 HGB gehen, also um §§ 740 ff HGB idF Art 1 G v 16. 5. 01, BGBl 898. Dieser Anspruch muß sich gegen eine natürliche oder juristische Person richten, die im Inland keinen Gerichtsstand hat. Das ist etwas anders als ein Wohnsitz oder Sitz.

5 **5) Zuständigkeit.** Die sachliche Zuständigkeit folgt den allgemeinen Regeln des GVG. Die örtliche Zuständigkeit liegt beim allgemeinen Gerichtsstand des Klägers, §§ 12 ff.

31 *Besonderer Gerichtsstand der Vermögensverwaltung.* **Für Klagen, die aus einer Vermögensverwaltung von dem Geschäftsherrn gegen den Verwalter oder von dem Verwalter gegen den Geschäftsherrn erhoben werden, ist das Gericht des Ortes zuständig, wo die Verwaltung geführt ist.**

1 **1) Systematik.** Vgl zunächst § 20 Rn 1. Der besondere nicht ausschließliche Wahlgerichtsstand der Vermögensverwaltung ist nur für einen Anspruch des Geschäftsherrn gegen den Vermögensverwalter oder umgekehrt zulässig, nicht für einen Dritten.

2 **2) Regelungszweck.** Die Vorschrift dient der Sachnähe und damit der Prozeßwirtschaftlichkeit, Grdz 14 vor § 128. Zwar ist eine bloße Verwaltung insbesondere wegen der heutigen Telekommunikation mit ihrem

blitzschnellen an keine Entfernung gebundenen billigen Möglichkeiten kein so erheblicher Grund für eine Ortsnähe wie etwa eine Sachbelegenheit. Es ergeben sich aber doch erfahrungsgemäß schon personelle Erleichterungen für den Verwalter. Das Gesetz stellt sie in den Mittelpunkt. Das muß man bei der Handhabung mitbedenken.

3) Geltungsbereich. Vgl zunächst Üb 3 vor § 12. Eine Vermögensverwaltung erfordert eine gewisse 3
Selbständigkeit nach außen und eine Abrechnung nach innen. § 31 erfaßt zB: Den Anspruch auf eine Rechnungslegung; den Anspruch auf eine Herausgabe; den Anspruch auf eine Entlastung; den Anspruch auf eine Erstattung von Aufwendungen nach § 3 III 4 VermG, Brdb JB **06**, 606. Die Vorschrift setzt einen Kreis von Geschäften voraus, etwa die Geschäfte des Generalagenten einer Versicherungsgesellschaft. Die Verwaltung kann auf folgenden Grundlagen beruhen: Auf einem Vertrag beliebiger Art; auf einer Geschäftsführung ohne Auftrag; auf einer gesetzlichen Vorschrift, etwa beim Sorgeberechtigten; auf einer letztwilligen Verfügung, etwa beim Vorerben oder beim Nachlaßverwalter oder Testamentsvollstrecker; auf einer auftragslosen Tätigkeit. Hierher zählt auch eine Verwaltung von Wohnungseigentum.

Ein einfaches Geschäft zB eines gewöhnlichen Agenten reicht *nicht* aus.

4) Zuständigkeit. Es ist das Gericht desjenigen Orts zuständig, an dem die Verwaltung stattfand oder 4
stattfindet. Ihr geschäftlicher Mittelpunkt, der Sitz, das Büro, die Kasse, der Ort der Buchführung entscheidet ohne eine Rücksicht darauf, wo das Vermögen liegt oder wo die Aufsicht erfolgt.

32 ***Besonderer Gerichtsstand der unerlaubten Handlung.*** **Für Klagen aus unerlaubten Handlungen ist das Gericht zuständig, in dessen Bezirk die Handlung begangen ist.**

Schrifttum: *von Dossel,* Der Gerichtsstand des Regelungsortes und die Klagebefugnis des „unmittelbaren Verletzten" nach der UWG-Novelle 1994, 2000; *Lindacher,* Der Gerichtsstand der Wettbewerbshandlung nach autonomem deutschen IZPR, in: Festschrift für *Nakamura* (1996); *Ost,* Doppelrelevante Tatsachen im internationalen Zivilverfahrensrecht, 2002; *Reichardt,* Internationale Zuständigkeit im Gerichtsstand der unerlaubten Handlung bei Verleztung europäischer Patente, 2006; *Schwab,* Streitgegenstand und Zuständigkeitsentscheidung, Festschrift für *Rammos* (Athen 1979) 845; *Schwarz,* Der Gerichtsstand der unerlaubten Handlung nach deutschem und europäischem Zivilprozeßrecht, 1991; *Stadler,* Vertraglicher und deliktischer Gerichtsstand im europäischen Zivilprozessrecht, Festschrift für *Musielak* (2004) 569; *Vollkommer,* Umfassende Entscheidung über den prozessualen Anspruch im Gerichtsstand der unerlaubten Handlung auch unter dem Gesichtspunkt der positiven Vertragsverletzung und des Verschuldens bei Vertragsverhandlungen?, in: Festschrift für *Deutsch* (1999).

Gliederung

1) Systematik. Vgl zunächst § 20 Rn 1. § 32 gibt den besonderen Wahlgerichtsstand des Tatorts der 1
unerlaubten Handlung, das forum delicti commissi. Es handelt sich nicht um einen ausschließlichen Gerichtsstand, Üb 14 vor § 12, BayObLG VersR **78**, 1011, KG VersR **07**, 128. Es ist grundsätzlich abdingbar, § 38. Man muß aber nach den Umständen des einzelnen Falls ermitteln, ob ein bei einer Vertragsverletzung vereinbarter Gerichtsstand auch bei einer unerlaubten Handlung gilt, soweit eine solche Auslegung überhaupt zulässig ist, § 40 Rn 1.

Wenn der unmittelbar verletzte Kläger seinen Anspruch sowohl auf den Gesichtspunkt einer unerlaubten 2
Handlung als auch auf denjenigen eines *unlauteren Wettbewerbs* stützt, gilt § 32 wahlweise neben (jetzt) § 14 UWG, Mü GRUR **75**, 151, ThP 7, aM Sack NJW **75**, 1308 ([jetzt] nur § 14 UWG).

Wenn die vom Kläger behaupteten Tatsachen allenfalls einen Verstoß gegen das UWG ergeben, ist formell 3
lediglich (jetzt) § 14 II 1 UWG anwendbar, Mü BB **86**, 425. Nach (jetzt) § 14 II UWG ist die Gerichtsstandswahl nur für einen nicht unmittelbar verletzten Kläger erschwert oder beseitigt, Düss NJW **95**, 60, Hbg RR **95**, 1449. Das gilt für die zur Klage nach (jetzt) § 8 III Z 2–4 UWG oder nach dem UKlaG befugten Verbände usw, Düss NJW **95**, 60. Abweichend von § 14 UWG kann in einer solchen Geschmacksmusterstreitsache, die auch unter das UWG fällt, das nach § 52 GeschmMG zuständige LG zuständig sein, § 53 GeschmMG.

Vgl ferner Üb 6 vor § 12 wegen der *internationalen* Zuständigkeit, BGH ZZP **112**, 100 (krit Vollkommer), 4
Mü GRUR **90**, 677, Würthwein ZZP **106**, 51 (ausf). Art 6, 7 des Internationalen Übk zur Vereinheitlichung von Regeln über den Arrest in Seeschiffe, Grdz 1 vor § 916, enthalten keine Abweichung, BGH VersR **85**, 335. Zur kollisionsrechtlichen Problematik (Gleichlauf vertraglicher Haftung und solcher aus unerlaubter Handlung, Rechtswahl) Mansel ZVglRWiss **87**, 19.

Zum Verhältnis zwischen § 32 und (jetzt) § 14 UWG nach dem G vom 25. 7. 94 KG BB **94**, 2231. Die Ausführungsvorschriften der Länder zum *BJagdG* enthalten Sondervorschriften für die Fälle von Wildschäden oder Jagdschäden, § 23 GVG Rn 11. Vgl ferner § 14 HaftpflG idF v 4. 1. 78, BGBl 145. Wegen der *EuGVVO* SchlAnh V C 2, besonders Art 5 Z 3, 4, dazu Stadler (vor Rn 1, ausf). Wegen des *LugÜ* SchlAnh V D, Köln VersR **98**, 1306.

2) Regelungszweck. Die Vorschrift dient als eine Ausnahme vom Wohnsitzprinzip der §§ 12 ff der 5
Sachnähe, Hamm NJW **87**, 138, Mü RR **93**, 703, Kiethe NJW **94**, 224. Die Vorschrift dient damit der

Prozeßwirtschaftlichkeit, Grdz 14 vor § 128. Das schließt freilich erfahrungsgemäß zahlreiche Probleme bei der Anwendung leider keineswegs aus. Sie rühren zum erheblichen Teil daher, daß man die Begriffe der „Handlung" und ihrer „Begehung" sehr unterschiedlich beurteilen kann. Der „fliegende Gerichtsstand" des § 32 ermöglicht nicht selten die Klage bei buchstäblich jedem deutschen sachlich zuständigen Gericht. Das kann wegen § 261 III Z 1 (Klagesperre bei Rechtshängigkeit) zu einem unwürdigen Wettlauf um ein dem Kläger genehmes, wenn auch von beiden Parteien noch so weit entferntes Gericht führen, sei es wegen dessen angeblicher besonderen Könnerschaft, sei es ohne eine solche Zusatzerwägung. Verbotene Erschleichung des Gerichtsstands nach Einl III 54, Üb 22 vor § 12 läßt sich gerade bei § 32 nur sehr schwer nachweisen.

Großzügigkeit bei der Bejahung der Voraussetzungen des § 32 bleibt nach alledem fast unentbehrlich. Das gilt auch bei der praktisch immer wieder zu Schwierigkeiten führenden Abgrenzung der Fallgruppen Rn 34. Man sollte auch bedenken, daß es naheliegt, den Kläger nach einer von ihm immerhin behaupteten unerlaubten Handlung des Bekl in der Gerichtszuständigkeit zu begünstigen. Allerdings darf man nun auch nicht schon im Bestreben um eine Prozeßwirtschaftlichkeit zur verborgenen Zulassung eines allgemeinen Gerichtstands des „Sachzusammenhangs" kommen, Rn 14 (c).

6 **3) Sachlicher Geltungsbereich.** Vgl Üb 3 vor § 12. Es reicht jede Klageart, BGH MDR **95**, 282, KG NJW **97**, 3321 (Unterlassung), Hbg RR **95**, 1510 (verneinende Feststellung), auch im WEG-Verfahren.

A. Begriff der unerlaubten Handlung. Man muß nach dem Recht des Tatorts prüfen, ob sie vorliegt, KG NJW **97**, 3321, zB nach §§ 823 ff BGB. Dabei ist eine weite Auslegung notwendig, Rn 5, Baumgärtel/Laumen JA **81**, 215. § 32 gilt sowohl bei einer Straftat als auch bei einer bürgerlichrechtlichen Haftung. Dann kommt es nicht darauf an, ob die Haftung von Verschulden abhängig ist oder nicht, ob es eine Haftung nach dem BGB oder nach einer ähnlichen gesetzlichen Vorschrift ist. Gerichtsstand ist sowohl der Handlungsort als auch der Erfolgsort, AG Limbg RR **02**, 751.

7 **B. Beispiele zur Frage einer unerlaubten Handlung**

Amtshaftung: § 32 ist auf jede Art von Amts- oder Staatshaftung anwendbar, zB nach Art 34 GG, § 839 BGB, LG Mainz RR **00**, 588.

S aber auch „Aufopferungsanspruch".

Anfechtungsklage: § 32 ist anwendbar auf eine Anfechtungsklage innerhalb wie außerhalb des Insolvenzverfahrens, aM Karlsr MDR **79**, 681 (aber es ist eine weite Auslegung nötig, Rn 5).

Im übrigen gelten die Regeln Rn 14 „Vertragsanspruch, Verschulden bei Vertragsschluß usw" entsprechend, aM Hamm RR **00**, 727 (aber eine entsprechende Anwendung ergibt sich aus der Notwendigkeit einer weiten Auslegung, Rn 5).

Anwaltswerbung: § 32 ist schon wegen des Wegfalls des früheren Lokalisierungsgebots anwendbar, LG Bln RR **01**, 1634.

Arbeitsgericht: Rn 11 „Rechtsweg".

Arzt: § 32 auf einen Kunstfehler anwendbar, KG VersR **07**, 128.

Aufopferungsanspruch: § 32 ist *unanwendbar,* soweit es sich um einen solchen Anspruch handelt.

Beleidigung: § 32 ist anwendbar. Gerichtsstand ist auch derjenige Ort, wo der Beleidigte die Beleidigung zur Kenntnis nimmt, AG Limbg RR **02**, 751.

Bereicherung: § 32 ist anwendbar auf eine Klage mit dem Ziel der Herausgabe einer ungerechtfertigten Bereicherung, Kühnen GRUR **97**, 21, Spickhoff ZZP **109**, 513. Das gilt, soweit dieser Anspruch an die Stelle eines Schadensersatzanspruchs getreten ist, etwa nach § 203 BGB.

Besitz: § 32 ist anwendbar auf eine Klage nach §§ 858 ff BGB, Baumgärtel/Laumen JA **81**, 215, oder auf eine Klage nach §§ 989 ff BGB, Spickhoff ZZP **109**, 514.

S aber auch Rn 8 „Dinglicher Anspruch".

8 **Dinglicher Anspruch:** § 32 ist *unanwendbar* auf einen gewöhnlichen dinglichen Anspruch, etwa auf denjenigen aus dem Eigentum bei einem fehlerhaften Besitz.

Enteignungsgleicher Eingriff: § 32 ist anwendbar.

Firmenrecht: § 32 ist anwendbar, KG NJW **97**, 3321.

9 **Gefährdungshaftung:** § 32 ist auf jede Art von Gefährdungshaftung anwendbar, Baumgärtel/Laumen JA **81**, 215, zB auf eine solche nach §§ 7 ff StVG, KG NJW **97**, 3321, LG Düss WertpMitt **97**, 1444.

Geschäftsführung ohne Auftrag: § 32 ist anwendbar auf eine Klage nach § 687 II BGB, Hamm OLGR **03**, 82.

Gewerblicher Rechtsschutz: § 32 ist anwendbar auf eine Schadensersatzforderung wegen der Verletzung eines gewerblichen Schutzrechts oder wegen eines unlauteren Wettbewerbs oder wegen eines Verstoßes nach § 35 GWB, BGH NJW **80**, 1225 (abl Schlosser), oder nach § 22 II WHG, BGH **80**, 3, oder wegen einer Klage gegen ein pharmazeutisches Unternehmen nach §§ 84, 94 a AMG, BGH **90**, 2316. Vgl aber auch Rn 22.

Gewinnversprechen: § 32 ist bei einem solchen aus § 661 a BGB *unanwendbar,* Drsd MDR **05**, 591.

Grundstücksbesitzer: § 32 ist anwendbar auf seine Haftung nach §§ 831, 836 BGB, Kblz RIW **02**, 881.

Insolvenzrecht: § 32 ist anwendbar, Hamm BB **00**, 431, LG Mü BB **00**, 428.

Internet: dazu *Bachmann* IPRax **98**, 179, *Hoeren/Sieber/Pichler,* Handbuch Multimedia-Recht (1999), Abschn 31 (je: Üb): § 32 ist anwendbar, KG NJW **97**, 3321. Ausreichend ist jeder solche Ort, an dem das Angebot Dritten nicht bloß zufällig zur Kenntnis kommen kann, KG NJW **97**, 3321, oder kommt, LG Düss RR **98**, 979, krit Dankwerts GRUR **07**, 107 (aber man muß auch in der Frage der Zuständigkeit praktikabel vorgehen können. Selbst eine ausdrückliche räumliche „Einschränkung" durch den Verletzer darf ihm grds nicht erlauben, das Risiko der tatsächlich weltweiten Verbreitung zu verringern. Natürlich kommt es auch darauf an, ob sich außerhalb eines räumlich durchaus begrenzten Kreises irgendjemand mit dem Internetvorgang auch wirklich etwas näher beschäftigen könnte. Zum Problem Möhring/Nicolini/Hartmann, 2. Aufl 2000, Vorbem 161 vor §§ 120 ff UrhG. Rechtsmißbrauch bleibt natürlich wie stets unstatthaft, Einl III 54, Üb 22 vor § 12). Die internationale Zuständigkeit folgt dem Presserecht, Bachmann IPRax **98**, 187, Rn 22. Bei einer kennzeichenmäßigen Wiedergabe ist jedes für einen Kennzeichenstreit zuständige LG anrufbar, LG Hbg GRUR-RR **02**, 267. Zum internationalen Internet Cornils JZ **99**, 394 (Strafrecht: Begehungsort bei einer Einspeisung von Deutschland aus hier, bei einer Ablage vom Ausland aus auf einem in Deutschland installierten Server: Begehungsort hier, LG Bonn NJW **00**, 961, bei einer Speicherung vom Ausland aus auf einem ausländischen Server: Begehungsort Ausland).

Juristische Person: § 32 ist auf eine Haftung ihres Organs anwendbar, zB nach §§ 31, 89 BGB. **10**

Kartellrecht: § 32 ist anwendbar, BGH NJW **80**, 1224 (Liefersperre), Mü NJW **96**, 2382, Ehricke ZZP **111**, 174.

Konzernrecht: § 32 ist anwendbar, BGH **122**, 123, Köln OLGR **98**, 40.

Mittäter: Rn 16.

Namensrecht: § 32 ist anwendbar, KG NJW **97**, 3321.

Patentrecht: § 32 ist *unanwendbar* auf einen Anspruch nach §§ 24 V, 33 PatG, Kühnen GRUR **97**, 21.

Persönlichkeitsrecht: § 32 ist anwendbar auf eine Verletzung des Persönlichkeitsrechts, BGH **131**, 335. **11**
S auch Rn 13 „Urheberrecht".

Produkthaftung: § 32 ist anwendbar auf einen Ersatzanspruch gegen einen Zulieferer, Stgt RR **06**, 1363.

Rechtsweg: § 32 schafft *keine* rechtswegüberschreitende Zuständigkeit, Ffm RR **95**, 319.

Sachzusammenhang: Rn 14.

Schiffsunfall: § 32 ist auf die Haftung auf Grund eines Schiffszusammenstoßes nach §§ 735–739 HGB, 92 BinnenSchiffG anwendbar. **12**

Schutzgesetz: § 32 ist in Verbindung mit § 823 II BGB anwendbar, BGH **116**, 13.

Straftat: § 32 ist natürlich anwendbar, soweit es um eine mögliche Straftat geht, BGH **132**, 110 (Betrug), BayObLG MDR **03**, 1311.

Tierhalterhaftung: § 32 ist auf eine Tierhalterhaftung nach §§ 833, 834 BGB anwendbar.

Ungerechtfertigte Bereicherung: Rn 7 „Bereicherung".

Unlauterer Wettbewerb: Es gilt § 14 UWG.

Unterlassungsklage: § 32 ist anwendbar, KG NJW **97**, 3321.

Urheberrecht: § 32 ist anwendbar auf eine Klage wegen einer Verletzung des Urheberrechts, BGH GRUR **13**
80, 230, Mü GRUR **90**, 677.

S auch Rn 11 „Persönlichkeitsrecht", Rn 15 „Verwertungsgesellschaft".

Verbotene Eigenmacht: Rn 7 „Besitz".

Verein: Rn 10 „Juristische Person".

Verrichtungsgehilfe: § 32 ist auf eine Haftung für ihn nach § 831 BGB anwendbar.

Versicherungsfragen: § 32 ist anwendbar auf den Direktanspruch des Geschädigten nach § 3 Z I PflVG, BGH NJW **83**, 1799, und auf die Rückgriffsklage des Haftpflichtversicherers gegenüber dem Versicherten.

Vertragsanspruch, Verschulden bei Vertragsschluß usw, dazu *Roth* Festschrift für *Schumann* (2001) **14**
355; *Vollkommer* (vor Rn 1): Es gibt trotz § 17 II GVG keinen allgemeinen Gerichtsstand des Sachzusammenhangs, BGH **132**, 105, Köln MDR **00**, 170, Peglau JA **99**, 142, aM BGH **153**, 174 (zustm Kiethe NJW **03**, 1296, Spickhoff VersR **03**, 665, abl Mankowski JZ **03**, 689, Patzina LMK **03**, 71), BayObLG MDR **03**, 1311, Hamm RR **00**, 727 (aber eine bloße angebliche Zweckmäßigkeit rechtfertigt keine Sprengung des kasuistischen Gesetzessystems. § 17 II GVG handelt gerade *nicht* von der Zuständigkeit, sondern vom Rechtsweg, einer ganz anderen Frage). Der Kläger muß zumindest solche Tatsachen behaupten, deren rechtliche Würdigung auch eine unerlaubte Handlung ergeben könne, BGH VersR **03**, 662. Daraus folgt:

a) Nur Vertrag usw: Stützt der Kläger den Anspruch nur auf einen Vertrag und ergeben sich auch aus der Sicht des Gerichts nur vertragliche Anspruchsgründe, ist § 32 *unanwendbar.* Das gilt auch, soweit es um ein Verschulden bei den Vertragsverhandlungen geht.

b) Nur unerlaubte Handlung: Stützt der Kläger den Anspruch nur auf eine unerlaubte Handlung, muß man zunächst prüfen, welche rechtliche Einordnung sich aus der Sicht des Gerichts ergibt. Kommt dieses zu rein vertraglichen Ansprüchen, muß man wie bei a) verfahren, LG Kassel MDR **95**, 205. Dabei muß man allerdings eine etwaige Gerichtsstandsvereinbarung beachten, Rn 1 ff. Wegen § 14 UWG Rn 2, 3.

c) Sowohl Vertrag usw als auch unerlaubte Handlung: Stützt der Kläger den Anspruch sowohl auf einen Vertrag oder auf ein Verschulden beim Vertragsschluß als auch auf eine unerlaubte Handlung, muß man wiederum zunächst prüfen, welche rechtliche Einordnung sich aus der Sicht des Gericht ergibt, a), b).

Beurteilt das Gericht den Sachverhalt lediglich als eine unerlaubte Handlung, ist § 32 anwendbar, BGH **132**, 105. *Andernfalls* unterliegen die vertraglichen Klagegründe usw der Zuständigkeit nach § 32 *nicht.* Das gilt auch dann, wenn das Gericht für beide Ansprüche zuständig wäre (auch keine Verweisung, § 301 Rn 24 „Rechtliche Grundlagen"), BGH **132**, 105, Hamm MDR **02**, 905, LG Osnabr RR **00**, 727, aM BGH (10. ZS) **153**, 174 (zustm Kiethe NJW **03**, 1296, Spickhoff VersR **03**, 665, abl Mankowski JZ **03**, 689, Patzina LMK **03**, 71), Hbg GRUR-RR **05**, 31, KG NJW **06,** 2337 (sie stellen auf den Sachzusammenhang oder auf die „Einheitlichkeit" des prozessualen Anspruchs und in Wahrheit auf eine prozeßwirtschaftliche Lösung ab).

Denn zumindest der Sachzusammenhang ist ein *vager Zweckbegriff* ohne eine klare Abgrenzung. Die ZPO kennt ihn nicht als einen allgemeinen Gerichtsstand, s oben. Daran ändert sich auch entgegen Roth 369 nichts dadurch, daß natürlich aus demselben Streitgegenstand stets auch ein Zusammenhang folgt. Auch der Begriff des prozessualen Anspruchs ist in Wahrheit mehrdeutig, § 2 Rn 4. Deshalb hängt auch der Begriff eines derartigen „einheitlichen" Anspruchs bei einer näheren Betrachtung ziemlich in der Luft. Prozeßwirtschaftlichkeit in Ehren, Grdz 14 vor § 128. Sie wird in diesem Buch ständig geradezu beschworen. Aber man darf nicht in Wahrheit allein mit ihrer Hilfe einen nach § 32 eben engeren Gerichtsstand aushöhlen. Diese Gefahr sieht auch Kiethe NJW **03**, 1295. Der Begriff Prozeßwirtschaftlichkeit ist schon gefährlich weit, Rn 5. Der Kläger kann und muß dann evtl unter dem vertraglichen Gesichtspunkt vor dem dafür zuständigen Gericht klagen, BGH **132**, 111.

Vertragsstrafe: Ihre Einforderung erfolgt im allgemeinen vertraglichen Gerichtsstand, nicht zB in demjenigen der §§ 13, 14 UWG, Rostock GRUR-RR **05**, 176.

15 **Verwertungsgesellschaft:** § 32 ist *unanwendbar* auf den Anspruch einer Verwertungsgesellschaft wegen der Verletzung eines von ihr wahrgenommenen Nutzungs- oder Einwilligungsrechts. Denn dann besteht ein ausschließlicher Gerichtsstand nach § 17 WahrnehmungsG v. 9. 9. 65, BGBl 1294. Das gilt auch dann, wenn der Verletzer keine Einwilligung der Verwertungsgesellschaft eingeholt hat.

S auch Rn 13 „Urheberrecht".

Vormund: Seine Haftung nach § 1833 BGB fällt unter § 32, LG Bln FamRZ **02**, 345.

Zwangsvollstreckung: § 32 ist anwendbar auf eine Schadensersatzklage auf Grund einer unberechtigten Zwangsvollstreckung nach § 717 II (nicht III), auf eine Feststellungsklage nach § 850 f II, dort Rn 11, oder auf eine Schadensersatzklage nach § 945 oder nach § 1065 II 2.

16 **4) Persönlicher Geltungsbereich.** § 32 gilt für: Den Täter; den Teilnehmer; den Anstifter; den Gehilfen, § 830 II BGB; einen Mittäter, BGH NJW **95**, 1226, Hamm RR **00**, 727; einen haftenden Dritten, etwa einen Verein nach § 31 BGB, oder den Geschäftsherrn nach § 831 BGB, BGH ZIP **89**, 830; den Komplementär einer Kommanditgesellschaft, BayObLG Rpfleger **80**, 156; einen Rechtsnachfolger, auch des Opfers, BGH NJW **90**, 2316. Es ist unerheblich, wer klagt oder Bekl ist, BGH NJW **90**, 1533 und 2316. Die Vorschrift ist auch bei einer Rückgriffsklage wegen einer unerlaubten Handlung anwendbar, zB bei der Klage des Fiskus gegen einen Beamten oder bei einer Gefährdungshaftung des Kraftfahrzeughaftpflichtversicherers für eine Direktklage gegen ihn nach § 3 PflVG, BGH NJW **83**, 1799, BayObLG NJW **88**, 2184, oder für seine Klage gegenüber dem Versicherten, § 158 f VVG, oder überhaupt bei einer Klage aus einem abgetretenen oder übergegangenen Recht, BGH NJW **90**, 1533. Die Vorschrift gilt auch gegenüber einem Ausländer.

17 **5) Begehungsort.** § 32 überläßt die Begriffsklärung der Lehre und Rechtsprechung.

A. Grundsatz: Verwirklichung eines Tatbestandsmerkmals. Zuständig ist dasjenige Gericht, in dessen Bezirk die unerlaubte Handlung nach der schlüssigen Darstellung des Klägers erfolgt ist, BGH **132**, 105, BayObLG Rpfleger **04**, 366, LG Düss BB **07**, 848. Es genügt, daß irgendein Tatbestandsmerkmal hier eintrat, BGH **124**, 245 (spricht allerdings von einem „wesentlichen" Tatbestandsmerkmal. Aber was wäre wesentlich?), BayObLG MDR **03**, 1311 (Unerheblichkeit der Art der Rechtsfolgen), Schlesw RR **92**, 240 (unnötig auf eine „Vollstreckungs"-Handlung abstellend). Ausreichend ist sowohl der Handlungsort, Hbg WRP **92**, 805, Stgt RR **06**, 1363 (Einbau eines Zulieferteils), als auch der Ort des Eingriffs in ein Rechtsgut, BGH **132**, 111, BayObLG **95**, 303 (nicht zu verwechseln mit dem bloßen Schadenseintrittsort nach Rn 23), als auch der Ort des Verletzungserfolgs, KG NJW **06**, 2337, LG Düss BB **07**, 848. Eine bloße Vorbereitungshandlung reicht grundsätzlich nicht aus. Daher reicht auch nicht eine nur vorstellbare Handlung, Brdb AnwBl **03**, 120. Eine ernsthafte Drohung reicht aber aus, BGH MDR **95**, 282, Hbg GRUR-RR **05**, 32, LG Düss WertpMitt **97**, 1446. Unter Umständen sind also mehrere Tatorte vorhanden. Indessen kann die Werbung am Ort zum Gerichtsstand auch wegen der Durchführung der beworbenen Maßnahme führen, LG Hbg RR **93**, 173.

18 Bei einer *Pressestraftat* kommt jeder solche Ort in Betracht, an dem das Exemplar normalerweise verbreitet wird oder werden soll, Düss RR **88**, 232 (zu § 24 ([jetzt] § 14 II UWG), Ffm RR **89**, 491, LG Hbg NJW **03**, 1952, aM Karlsr GRUR **85**, 557 (eine tatsächliche Verbreitung genüge nicht, vielmehr komme es darauf an, ob zur regelmäßigen Verbreitung im Gerichtsbezirk eine Eignung zur Beeinflussung des dortigen Wettbewerbs zugunsten des Werbenden unter einer Berücksichtigung der Attraktivität des Angebots, der Entfernung und der Zahl der regelmäßigen Bezieher hinzutrete und ob man außerdem die Verbreitung und die wettbewerbliche Wirkung im Gerichtsbezirk vorhersehen könne. Damit überspannt das OLG indes die Anforderungen, Mü GRUR **84**, 831. Man kann im übrigen schon aus der tatsächlichen Verbreitung jedenfalls bei einem nicht ganz untergeordneten Absatz nach den Regeln des Anscheinsbeweises genug für die weiter genannten Faktoren unterstellen).

Wenn es um einen *Brief* geht, ist sowohl der Absendungsort als auch der Ankunftsort Tatort. Bei einem Wettbewerbsverstoß steht einer Anwendung des § 32 die ausschließliche Zuständigkeit des § 14 UWG dann nicht entgegen, wenn der Kläger die Klage auch auf einen Verstoß gegen §§ 823 ff BGB stützt. Bei einem Verstoß gegen eine Preisbindung besteht ein Gerichtsstand auch am Sitz des preisbindenden Unternehmens. Denn der Verstoß stellt einen Eingriff in den eingerichteten und ausgeübten Gewerbebetrieb dieses Unternehmens dar.

19 **B. Fehlen eines Tatorts.** Ein Tatort fehlt, wenn der Erfolg einer Verletzungshandlung bereits an einem anderen Ort eintrat und wenn die Auswirkung auf den Betrieb des Geschädigten nur eine weitere Schadensfolge ist, BGH NJW **80**, 1225, Köln RR **87**, 942 (§ 826 BGB/Vollstreckungsbescheid), StJSchu 16, aM Kblz RR **89**, 1013 (§ 826 BGB/Vollstreckungsbescheid. Aber eine bloße Schadensfolge ist erst im Anschluß an die Tat denkbar, Rn 23).

20 Etwas ähnliches gilt bei einem *Wettbewerbsverstoß* eines Inländers im Ausland und im umgekehrten Fall. Dann kann der Kläger wählen. § 36 I Z 2 ist wegen einer tatsächlichen Ungewißheit unanwendbar.

21 **C. Unerheblichkeit eines „Erfolgs" usw.** Es reicht aus, wenn die vom Kläger vorgetragenen Tatsachen bei ihrer rechtlichen Beurteilung ergeben, daß eine unerlaubte Handlung vorliegen kann, BGH **132**, 105, Stgt RR **06**, 1363. Dann ist es für den Gerichtsstand des § 32 unerheblich, ob der Kläger mit seiner Klage auch im Ergebnis Erfolg haben kann, Köln VersR **98**, 1306, aM BayObLG MDR **03**, 893, Mü RR **94**, 190 (aber § 32 spricht überhaupt nicht von einem „Erfolgsort"). Bei einer Unterlassungsklage kommt es darauf an, wo der Bekl hätte handeln müssen oder wo sich das bedrohte Rechtsgut befindet, BGH MDR **95**, 282, Hbg GRUR-RR **05**, 32. Bei einem lizenzierten Werk ist ein Gerichtsstand daher auch an demjenigen Ort begründet, an dem der Bekl die Lizenz hätte einholen müssen. Das im Gerichtstand des § 32 angerufene Gericht darf und muß als eine Vorfrage auch darüber entscheiden, ob eine Verletzungshandlung auf Grund

einer vertraglichen Vereinbarung rechtmäßig ist, BGH GRUR **88**, 483. Bei einem nachträglichen Bekanntwerden einer gemeinschaftlichen unerlaubten Handlung mag eine Änderung der Wahl des Gerichtsstands möglich sein, KG MDR **00**, 414 (krit Peglau 723). Bei einer Vervielfältigung ist nur der Vervielfältigungsort maßgeblich, nicht der Ort der Abrufbarkeit, KG GRUR-RR **02**, 343. Eine besondere Sachnähe ist nicht erforderlich, aM ArbG Nürnb NZA-RR **08**, 204 (sonst evtl sogar Willkür – ? –).

Wenn es sich um einen Verstoß gegen das *MarkenG* und gegen das *UWG* handelt, ist der Gerichtsstand nicht von § 14 UWG abhängig, § 141 MarkenG. Dann ist der Gerichtsstand des § 32 auch an demjenigen Ort vorhanden, an dem die bloße Gefahr oder die Wiederholungsgefahr einer solchen Verletzung droht, KG NJW **97**, 3321. Denn dort liegen die Voraussetzungen für eine vorbeugende Unterlassungsklage vor, Hbg GRUR **87**, 403, Hamm RR **87**, 1337. Das gilt auch bei einer Unterlassung der Zwangsvollstreckung und Herausgabe des Titels, Hamm RR **87**, 1337. 22

D. Unerheblichkeit des Orts der Schadensfolgen usw. An demjenigen Ort, an dem lediglich Schadensfolgen eingetreten sind, ist grundsätzlich kein Gerichtsstand nach § 32 vorhanden, BayObLG Rpfleger **04**, 366, Düss RR **88**, 940, Mü RR **93**, 703, aM LG Mainz RR **00**, 588 (bei Amtshaftung, in sich widersprüchlich, Rn 17). Es reicht auch nicht schon aus, daß der Betroffene an dem fraglichen Ort wohnt oder seinen Sitz hat, Hamm RR **86**, 1047, Mü RR **93**, 703 (je internationales Recht). 23

E. Weitere Einzelfragen. Wenn mehrere Personen haften, muß man den Gerichtsstand für jeden selbständig bestimmen, BGH NJW **02**, 1425, BayObLG **95**, 303. Wegen der Beweislast Üb 19 vor § 12. Bei einer verneinenden Feststellungsklage ist dasjenige Gericht zuständig, das für eine Leistungsklage des Bekl gegen den Kläger zuständig wäre, Köln GRUR **78**, 658. 24

32a *Ausschließlicher Gerichtsstand der Umwelteinwirkung.* [1] **Für Klagen gegen den Inhaber einer im Anhang 1 des Umwelthaftungsgesetzes genannten Anlage, mit denen der Ersatz eines durch eine Umwelteinwirkung verursachten Schadens geltend gemacht wird, ist das Gericht ausschließlich zuständig, in dessen Bezirk die Umwelteinwirkung von der Anlage ausgegangen ist.** [2] **Dies gilt nicht, wenn die Anlage im Ausland belegen ist.**

Schrifttum: *Landsberg/Lülling,* Umwelthaftungsrecht, 1991.

1) Systematik, S 1, 2. Vgl zunächst § 20 Rn 1. Die von Pfeiffer ZZP **106**, 179 pointiert als „Störfall" bezeichnete Vorschrift bringt in einer Ergänzung von § 1 UmweltHG einen zwingenden (ausschließlichen) besonderen Gerichtsstand, soweit die umstrittene Anlage im Inland liegt, S 1. Andernfalls bleibt es bei den sonstigen Gerichtsständen, S 2. Vgl auch Artt 2, 5 Z 3 EuGVVO, SchlAnh V C 2. 1

2) Regelungszweck, S 1, 2. Vgl zunächst § 20 Rn 2. Die Vorschrift stellt auf eine Sachnähe des Gerichts ab. Das dient der Prozeßwirtschaftlichkeit, Grdz 14 vor § 128. Es kann auch eine gerechte Lösung erleichtern, Einl III 9, 36. Freilich bestehen auch schwierige Abgrenzungsprobleme. 2

Ausgehen der Umwelteinwirkung ist nämlich bei einer genaueren Prüfung ein gar nicht leicht faßbarer Begriff. Nicht überall stimmt der Ort der „Einwirkung" mit demjenigen der „Entstehung" überein. Die giftige Wirkung mag erst in einiger Entfernung vom Schornstein oder Unfallort einsetzen. Da § 32a eine ausschließliche Zuständigkeit schafft, ist eine genauere diesbezügliche Klärung eigentlich notwendig. Sie ist evtl aber kaum mit einem vertretbaren Aufwand erzielbar.

Besondere Abwägung ohne eine (verständliche) Abneigung gegen einen solchen meist auch im übrigen schwierigen Prozeß ist daher notwendig. Sie erlaubt keine Überschärfe der Anforderungen an den Einwirkungsbegriff. Der Störfall soll eine möglichst einheitliche Beurteilung erhalten, Landsberg/Lülling DB **90**, 2211, Pfeiffer ZZP **106**, 160.

3) Sachlicher Geltungsbereich, S 1, 2. Es muß gerade um einen Anspruch auf den Ersatz „eines durch eine *Umwelteinwirkung* verursachten Schadens" gehen. Auch dieser Begriff ist nicht gesetzlich bestimmt. Er läßt sich aber indirekt durch § 3 I UmweltHG mitbestimmen. Dort ist festgelegt, wann durch eine Umwelteinwirkung ein Schaden entsteht. Die Verursachung wird in § 6 I UmweltHG vermutet. Man kann sie nach § 6 II–IV sowie nach § 7 UmweltHG unter den dortigen Voraussetzungen nicht vermuten. Es kann sich um einen Anspruch aus einem Vertrag oder auf anderer Grundlage handeln, § 18 I UmweltHG, zB aus einer Gefährdungshaftung, aus einer unerlaubten Handlung, nicht aber um einen Atomschaden, § 18 II UmweltHG. Wegen der Beweislast Anh nach § 286 Rn 195 „Umwelthaftung". 3

4) Persönlicher Geltungsbereich, S 1, 2. Vgl Üb 3 vor § 12. Die Vorschrift ist nur auf die Klage gegen den Inhaber einer im Anhang 1 des UmweltHG genannten Anlage anwendbar, S 1, es sei denn, daß sie im Ausland liegt, S 2. Der Auslandsbegriff ist bei § 917 II in Bewegung geraten, dort Rn 19. Man muß die dortige Problematik hier entsprechend beurteilen. Der Kreis der Anlagen ist in diesem amtlichen Anhang anschließend und eng auslegbar umrissen. Der Anhang 1 des UmweltHG ist umfangreich. Ein Mitabdruck ist daher hier nicht möglich. Die derzeitige Fassung befindet sich hinter dem UmweltHG im BGBl **90**, 2639. Das UmweltHG bestimmt den Begriff des Inhabers der Anlage nicht. Natürlich kann und wird oft eine juristische Person des privaten oder öffentlichen Rechts der Inhaber sein. Es kommt auf die rechtliche Inhaberschaft an. Die wirtschaftliche Beherrschung ist nicht entscheidend, aM Landsberg/Lülling DB **90**, 2206, ZöV 5 (aber „Inhaber" ist etwas anderes als zB ein Kfz-Halter). Denn das UmweltHG macht den Inhaber und nicht den Betreiber zivilrechtlich haftbar. Der Betreiber kann allerdings strafrechtlich haften, § 22 UmweltHG, oder ordnungswidrig handeln, § 23 UmweltHG. Gerade aus diesen letzteren andersartigen Haftungsarten wird aber deutlich, daß eben zivilrechtlich die Inhaberschaft entscheidet, § 1 UmweltHG. 4

5) Ausschließliche Zuständigkeit, S 1. Unter den Voraussetzungen Rn 1 tritt eine ausschließliche Zuständigkeit kraft Gesetzes ein. Eine Gerichtsstandsvereinbarung ist daher auch dann unwirksam, wenn sie 5 an sich nach § 38 zustandegekommen ist, § 40 II 1 Hs 2. Daher nützt auch kein sonst nach § 39 ausreichendes rügeloses Verhandeln, § 40 II 2.

6 **6) Gerichtsstand des Ausgangs der Umwelteinwirkung, S 1.** Für jede Klageart ist dasjenige Gericht nach Rn 5 ausschließlich zuständig, „in dessen Bezirk die Umwelteinwirkung von der Anlage ausgegangen ist". Man muß die sachliche Zuständigkeit wie sonst bestimmen. Anlage sind nur ortsfeste Einrichtungen wie Betriebsstätten und Lager, § 3 II UmweltHG. Ob die Einwirkung zumindest auch gerade von dieser Anlage ausgegangen ist, läßt sich nur unter einer Berücksichtigung aller Umstände des Einzelfalls feststellen. Der Begriff der Verursachung nach Rn 3 mit den nur zu ihm vorhandenen gesetzlichen Vermutungsregeln gibt nur einen wenn auch meist ausschlaggebenden Anhalt dafür, ob die Einwirkung auch von einer bestimmten Anlage ausging. Für oder gegen das letztere kann auch ein Anscheinsbeweis gelten.

7 Soweit *mehrere* in verschiedenen Gerichtsbezirken liegende Anlagen als Ausgangspunkte einer oder mehrere Einwirkungen in Betracht kommen, können mehrere Gerichte örtlich nach § 32 a zuständig sein. Daher ist trotz der Ausschließlichkeit dieses Gerichtsstands im Ergebnis doch § 35 anwendbar, dort Rn 1. Notfalls muß man die Zuständigkeit nach §§ 36 I Z 3, 4, 37 bestimmen.

32b *Ausschließlicher Gerichtsstand bei falschen, irreführenden oder unterlassenen öffentlichen Kapitalmarktinformationen.** **I [1] Für Klagen, mit denen**

1. der Ersatz eines auf Grund falscher, irreführender oder unterlassener öffentlicher Kapitalmarktinformationen verursachten Schadens oder

2. ein Erfüllungsanspruch aus Vertrag, der auf einem Angebot nach dem Wertpapiererwerbs- und Übernahmegesetz beruht,

geltend gemacht wird, ist das Gericht ausschließlich am Sitz des betroffenen Emittenten, des betroffenen Anbieters von sonstigen Vermögensanlagen oder der Zielgesellschaft zuständig. [2] Dies gilt nicht, wenn sich dieser Sitz im Ausland befindet.

II [1] Die Landesregierungen werden ermächtigt, durch Rechtsverordnung die in Absatz 1 genannten Klagen einem Landgericht für die Bezirke mehrerer Landgerichte zuzuweisen, sofern dies der sachlichen Förderung oder schnelleren Erledigung der Verfahren dienlich ist. [2] Die Landesregierungen können diese Ermächtigung auf die Landesjustizverwaltungen übertragen.

Vorbem. Eingefügt dch Art 2 Z 2 G v 16. 8. 05, BGBl 2437, in Kraft: I s die amtl Anm; II seit 20. 8. 05, Art 9 I 1 Hs 2 G, I, II außer Kraft am 1. 11. 10, Art 9 Hs 2 G (dann wird das bis 19. 8. 05 wirksam gewesene Recht erneut gelten), ÜbergangsR § 31 EGZPO.

1 **1) Systematik, I, II.** Es handelt sich um eine ausschließliche vorrangige Spezialzuständigkeit, Nürnb BB **06**, 2213, LG Hildesh BB **06**, 2212. Ergänzend gilt für Übergangsfälle § 31 EGZPO, ferner § 20 KapMuG, SchlAnh VIII.

2 **2) Regelungszweck, I, II.** Dem Grundgedanken eines Musterfeststellungsverfahrens nach § 1 KapMuG, SchlAnh VIII, als der Vorstufe einer echten Sammelklage folgt eine möglichst auch örtlich konzentrierte Zuständigkeitsregelung in I 1, LG Hildesh BB **06**, 2213.

Die Vorschrift soll das Verfahren beschleunigen, auch Kosten sparen, Kblz NJW **06**, 3723. Die Ermächtigungen in II 1 sollten rasch erfolgen und eine großzügige Handhabung erhalten.

3 **3) Geltungsbereich, I.** Er ist derselbe wie in § 1 I 1 KapMuG, SchlAnh VIII, also alle Klagen der in I 1 genannten Art, Nürnb BB **02**, 2213, LG Hildesh BB **06**, 2213. Vollkommer NJW **07**, 3094. Man kann auch Organe des Emittenten, Emissionsbegleiter, Anbieter sonstiger Vermögensanlagen und Prospektverantwortliche hier verklagen, Schneider BB **05**, 2250, Vollkommer NJW **07**, 3094. Man muß den Anbieter nicht mitverklagen, Mü RR **07**, 1644.

§ 32 b gilt evtl auch im noch nicht geregelten *„grauen"* Kapitalmarkt, Kblz NJW **06**, 3723, aM Mü NJW **07**, 164. I 1 Z 1 erfaßt nicht nur einen Schadensersatzanspruch, BGH NJW **07**, 1364. Es muß eine falsche, irreführende oder unterlassene Kapitalmarktinformation durch einen für das öffentliche Angebot Verantwortlichen vorliegen, BGH NJW **07**, 1364 und 1365. Nicht hierin gehört der individuelle Berater, selbst wenn er sich auch auf eine öffentliche Kapitalmarktinformation stützt, BGH NJW **07**, 1364 und 1365, Vollkommer NJW **07**, 3094. Beim Sitz in der EuGVVO oder dem LugÜ bleibt ein deutsches Gericht zuständig, wenn es international zuständig ist, Schneider BB **05**, 2251.

4 **4) Ermächtigungen, II.** Sie sind noch nicht erfolgt.

33 *Besonderer Gerichtsstand der Widerklage.* **I Bei dem Gericht der Klage kann eine Widerklage erhoben werden, wenn der Gegenanspruch mit dem in der Klage geltend gemachten Anspruch oder mit den gegen ihn vorgebrachten Verteidigungsmitteln in Zusammenhang steht.**

II Dies gilt nicht, wenn für eine Klage wegen des Gegenanspruchs die Vereinbarung der Zuständigkeit des Gerichts nach § 40 Abs. 2 unzulässig ist.

---

* **Amtl. Anm.: § 32 b Abs. 1 gilt gemäß Artikel 2 in Verbindung mit Artikel 9 des Gesetzes vom 16. August 2005 (BGBl. I S. 2437) erst seit dem 1. November 2005.**

Schrifttum: *Eickhoff,* Inländische Gerichtsbarkeit und internationale Zuständigkeit für Aufrechnung und Widerklage usw, 1985; *Rimmelspacher,* Zur Bedeutung des § 33 ZPO, Festschrift für *Lüke* (1997) 655; *Schwab,* Zum Sachzusammenhang bei Rechtsweg- und Zuständigkeitsentscheidung, in: Festschrift für *Zeuner* (1994). S auch Anh nach § 253.

Gliederung

1) Systematik, I, II. Vgl zunächst § 20 Rn 1. Über den Begriff und das Recht der Widerklage Anh § 253. Die Vorschrift ordnet nur den besonderen Gerichtsstand der Widerklage, StJSchu 6, ThP 1, ZöV 2, aM Rimmelspacher (vor Rn 1) 665 (auch Schutz des Klägers vor einer nicht mit dem Klaganspruch zusammenhängender Gegenforderung), BGH NJW **75**, 1228, RoSGo § 98 II 2c (§ 33 ordne auch die Voraussetzungen einer Widerklage. Aber die Vorschrift steht im Zuständigkeitsabschnitt). Ein obligatorisches Güteverfahren findet nicht statt, § 15a II 1 Z 1 EGZPO, Hartmann NJW **99**, 3747. 1

Es folgt *nicht nur* aus *§ 33,* daß eine Widerklage zulässig ist. Es ergibt sich schon aus dem Begriff der Widerklage, daß sie nur im Gerichtsstand der Klage möglich ist, Zweibr RR **00**, 590. § 33 gibt keinen besonderen Gerichtsstand für eine Widerklage gegen einen am Prozeß bisher nicht beteiligten Dritten, dazu Anh § 253 Rn 3. Es genügt, daß der Kläger den Widerkläger in irgendeinem Gerichtsstand belangt hat. Das Wort „Zusammenhang" in § 33 meint nur die örtliche Zuständigkeit. Wenn ein Zusammenhang in diesem Sinn fehlt, ist eine Widerklage zwar zulässig, aber sie erfolgt bei einem örtlich unzuständigen Gericht. Man muß die Widerklage dann abtrennen und als eine selbständige Klage behandeln, § 145 II. Diese Vorschrift geht ja von der Zulässigkeit einer solchen Widerklage aus, die der Widerkläger ohne einen rechtlichen Zusammenhang erhoben hat. Ein Streithelfer hat nicht die Stellung einer Partei. Er ist also auch nicht zu einer Widerklage berechtigt, § 66 Rn 1. 2

Wenn der Widerkläger einen *Verweisungsantrag* stellt, muß das Gericht die Widerklage an das für die Widerklage zuständige Gericht verweisen, Zweibr RR **00**, 590. Wenn kein derartiger Antrag erfolgt, muß das Gericht die Widerklage wegen der Unzuständigkeit des Gerichts durch ein Prozeßurteil abweisen, nicht etwa wegen einer sonstigen Unzulässigkeit. Wenn die Gegenmeinung richtig wäre, wäre die Regelung der Voraussetzungen des § 33 unverständlich. Außerdem betrifft II unstreitig nur die Zuständigkeit. Schließlich ergänzt die Gegenmeinung den Gesetzestext in I bei dem Wort „Widerklage" durch das Wort „nur". Das ist unzulässig. Eine Widerklage ist nicht schon deshalb unzulässig, weil sie nur zu dem Zweck erfolgt, einen revisionsfähigen Streitwert zu erreichen. Wegen der EuGVVO SchlAnh V C 2, besonders Art 6 Z 3 und Art 16 III, EuGH NJW **96**, 42. Art 6 Z 3 gilt nicht bei einer Aufrechnung, Busse MDR **01**, 731. § 33 enthält keinen ausschließlichen Gerichtsstand kraft Gesetzes. §§ 38 ff haben den Vorrang, BGH NJW **81**, 2644. Außerhalb der EuGVVO kann sich eine internationale Zuständigkeit aus § 33 ergeben, BGH RR **87**, 228. Haben die Parteien sie wirksam abbedungen, ist die Widerklage im Gerichtsstand des § 33 unzulässig, BGH MDR **85**, 911.

2) Regelungszweck, I, II. Vgl zunächst § 20 Rn 2, Anh § 253 Rn 9. § 33 soll zersplitterte Prozesse über zusammenhängende Fragen vermeiden helfen, BGH **147**, 222. Die Vorschrift dient also auch der Prozeßwirtschaftlichkeit, Grdz 14 vor § 128. Sie begünstigt auch den Angegriffenen und dient damit der Waffengleichheit nach Einl III 21, Pfaff ZZP **96**, 352. Das muß man bei der Auslegung mitbeachten. Freilich muß man die im Anh § 253 Rn 3 beschriebenen Grenzen beachten. Man soll auch nicht nur über eine Widerklage in eine andere Verfahrensart übergehen müssen, § 595. Auch sollte man mitbedenken, daß die Widerklage eine erhebliche Verlängerung des Klageverfahrens mit sich bringen kann. Denn ihre späte Erhebung hat zB keinen Ausschluß nach § 296 zur Folge. Denn sie ist kein Verteidigungsmittel, sondern ein echter Gegenangriff, Einl III 71. Solche Überlegungen sollten aber nicht zu einer allzu engen Auslegung des Begriffs des Zusammenhangs in I führen. 3

3) Geltungsbereich, I, II. Vgl Üb 3 vor § 12. 4

4) Zulässigkeit, I. Man darf die Widerklage im nicht ausschließlichen Gerichtsstand der Klage unter den folgenden Voraussetzungen erheben. 5

A. Zusammenhang mit Klaganspruch. Es muß entweder ein Zusammenhang mit dem Klaganspruch bestehen, BGH MDR **83**, 554, LG Aurich RR **07**, 1713. Zum Begriff des Anspruchs Einl III 73. Eine Gerichtsstandsklausel des Inhalts, daß ein Gericht am Wohnsitz usw des Verkäufers allein zuständig sein soll, daß der Verkäufer aber auch am Wohnsitz usw des Käufers klagen kann, kann allerdings den Ausschluß des Gerichtsstands der Widerklage bewirken. Zum unbekannten Aufenthalt beim Scheidungsantrag Zweibr FamRZ **85**, 82.

B. Zusammenhang mit Verteidigungsmitteln. Oder: Der Widerklageanspruch muß mit einem gegen den Klaganspruch vorgebrachten Verteidigungsmittel in einem Zusammenhang stehen. Zum Begriff des Verteidigungsmittels Einl III 70. Das Verteidigungsmittel muß prozessual zulässig sein. Man braucht es aber nicht sachlichrechtlich zu begründen. 6

C. Fehlen ausschließlicher Zuständigkeit. Für den Widerklaganspruch darf bei Rn 6, 7 keine vorrangige, weil ausschließliche andere Zuständigkeit bestehen, zB nach § 24. 7

8 **5) Begriff des Zusammenhangs, I.** Mit diesem Wort meint § 33 einen rechtlichen Zusammenhang, ebenso wie in den §§ 145, 147, 302. Ein rein tatsächlicher Zusammenhang genügt also nicht. Das bedeutet: Die Klage oder ein Verteidigungsmittel und die Widerklage müssen auf demselben Rechtsverhältnis beruhen oder sich auf Grund desselben Rechtsverhältnisses gegenseitig bedingen, Düss RR **91**, 369, Stürner NJW **04**, 2482. Ein unmittelbarer wirtschaftlicher Zusammenhang nach § 2 I Z 4 a ArbGG, also ein Wurzeln in demselben wirtschaftlichen Verhältnis, enthält regelmäßig auch einen rechtlichen Zusammenhang, Zweibr Rpfleger **77**, 142, LG Mü NJW **78**, 953, aM LG Aurich RR **07**, 1713. Das Verteidigungsmittel muß überhaupt in Betracht kommen. Es muß also prozessual und sachlichrechtlich zulässig sein. Es ist unerheblich, ob es auch begründet ist.

9 **6) Beispiele eines Zusammenhangs, I.** Es geht um eine Forderung und um eine aufrechenbare Gegenforderung; es handelt sich um eine Eigentumsklage und um eine Besitzwiderklage und umgekehrt, BGH **73**, 357, Hager KTS **89**, 521, ZöV 29, aM RoSGo § 98 II 2 c (aber Eigentum und Besitz stehen sehr oft im engsten Zusammenhang); es geht einerseits um den Kaufpreis, andererseits um einen Mängelbeseitigungsanspruch oder um einen Schadensersatzanspruch wegen Nichterfüllung; es geht einerseits um ein Architektenhonorar, andererseits um einen Schadensersatz wegen Planungsmängeln, BGH NJW **01**, 2094; geht um den Anspruch auf die Übergabe der Ware oder um einen Rücktrittsanspruch oder um den Anspruch auf eine Herausgabe einer ungerechtfertigten Bereicherung einerseits, um den Anspruch auf die Zahlung des Kaufpreises andererseits; es handelt sich um eine Klage auf Grund einer Verletzung einer Marke und um eine Widerklage mit dem Ziel der Löschung der Marke; es geht um gegenseitige Ansprüche aus einer ständigen Geschäftsbeziehung, Busse MDR **01**, 730; es handelt sich um zusammengefaßte, einheitliche oder umtauschbare Ansprüche; es geht einerseits um einen Unterhalt, andererseits um eine Feststellung des Fehlens einer Vorschußpflicht, Ffm FamRZ **93**, 1466.

10 **7) Beispiele des Fehlens eines Zusammenhangs, I.** Es geht um eine Forderung und eine den Betrag der Klage übersteigende und insofern nicht mit aufrechenbare Gegenforderung, aM Prütting/Weth ZZP **98**, 153 (aber das ist gerade ein typisches Beispiel des Fehlens); es geht um ein kaufmännisches Zurückbehaltungsrecht, §§ 369 ff HGB; es handelt sich um eine Klage aus dem Kauf der einen Sache und um eine Widerklage aus dem Kauf einer anderen Sache; die Klage beruht auf einem Mietvertrag, die Widerklage auf einem Kaufvertrag; die Klage wird mit der Verletzung der einen Marke begründet, die Widerklage mit der Verletzung der anderen Marke; eine Übereinstimmung zwischen der Klage und der Widerklage besteht nur insofern, als für beide dieselben Rechtssätze anwendbar sind.

11 **8) Rügelose Einlassung, I.** Wenn der rechtliche Zusammenhang fehlt und das Gericht auch nicht sonstwie zuständig ist, etwa nach § 35, enthält eine rügelose Einlassung des Klägers auf die Widerklage eine stillschweigende Vereinbarung des Gerichtsstands der Widerklage, §§ 38, 39. Eine solche Vereinbarung ist im Rahmen der Zulässigkeit nach II wirksam. Die hier nicht vertretene Meinung Rn 1 kommt zu demselben Ergebnis, indem sie dann § 295 anwendet. Bei der Vereinbarung eines anderen Gerichts als international ausschließlich zuständig kommt es nicht allein auf die rügelose Einlassung nach § 295 vor dem Gericht nach § 33 an, BGH RR **87**, 228, krit Pfaff ZZP **96**, 334. Man muß aber streng prüfen, BGH WertpMitt **83**, 1018. Soweit auf den vorstehenden Wegen keine Zuständigkeit eintritt, muß das Gericht eine Verweisung nach §§ 139, 281 anregen und die Widerklage notfalls als unzulässig abweisen.

12 **9) Unzulässigkeit der Widerklage, II.** Wenn eine Vereinbarung der örtlichen Zuständigkeit oder der sachlichen Zuständigkeit für den Gegenanspruch nach § 40 II unzulässig ist, ist § 33 unanwendbar. Dann muß das Gericht die Widerklage nach § 145 abtrennen und den Rechtsstreit insofern an das zuständige Gericht verweisen oder die Widerklage als unzulässig abweisen, Rn 3. Wegen des Verhältnisses zwischen der Zivilkammer und der Kammer für Handelssachen vgl §§ 97–99 GVG und Anh § 253 Rn 11. II ist auf die bloße Aufrechnung nicht entsprechend anwendbar, Schreiber ZZP **90**, 408. II ist auf eine Widerklage des Versicherers unanwendbar, (jetzt) § 215 II VVG.

34 *Besonderer Gerichtsstand des Hauptprozesses.* **Für Klagen der Prozessbevollmächtigten, der Beistände, der Zustellungsbevollmächtigten und der Gerichtsvollzieher wegen Gebühren und Auslagen ist das Gericht des Hauptprozesses zuständig.**

1 **1) Systematik.** Vgl zunächst § 20 Rn 1. § 34 gibt einen besonderen Wahlgerichtsstand, BAG NJW **98**, 1092, Schlesw FamRZ **84**, 1119. Das ist eine nicht zwingende, aber oft ratsame Sonderregelung. § 11 RVG hat den Vorrang. Wegen der EuGVVO Roth ZZP **104**, 459.

2 **2) Regelungszweck.** Vgl zunächst § 20 Rn 2. Die Vorschrift dient der Konzentration der Kostenfragen beim Gericht der Hauptsache und insoweit der Prozeßwirtschaftlichkeit, Grdz 14 vor § 128. Das muß man bei der Auslegung mitbeachten. Freilich kann es zu einem anderen Rechtszugsystem führen, wenn zB das Hauptsachegericht ein AG ist, der Wert des Kostenstreits aber die Grenze des § 23 Z 1 GVG übersteigt. Das wird nicht oft geschehen. Es ist im Interesse der Sachnähe des Gerichts durchaus hinnehmbar.

3 **3) Sachlicher Geltungsbereich.** Vgl zunächst Üb 3 vor § 12. Die Vorschrift gilt nur für die sachliche wie örtliche Zuständigkeit, nicht für den Rechtsweg, BAG NJW **98**, 1092, LAG Köln AnwBl **95**, 167. Der Gerichtsstand besteht nur für solche gesetzlichen oder vereinbarten Gebühren und Auslagen, die infolge des Prozesses entstanden sind. Er besteht wegen des Regelungszwecks nach Rn 2 bei dem Gericht des Hauptprozesses, also bei dem erstinstanzlich mit dem Prozeß befaßten Gericht, etwa bei einem Familiengericht, Rn 4. Zum Hauptprozeß zählten auch: Das Mahnverfahren, § 688; das einstweilige Verfahren, §§ 916 ff, 935 ff; das selbständige Beweisverfahren, §§ 485 ff; das Zwangsvollstreckungsverfahren, §§ 704 ff; das Zwangsversteigerungsverfahren nach dem ZVG; das Insolvenzverfahren, § 4 InsO; das Verfahren vor dem Staatsgericht im Zusammenhang mit einem schiedsrichterlichen Verfahren, §§ 1050, 1062 ff.

Nicht hierher gehören: Das übrige schiedsrichterliche Verfahren, § 1025; das Strafverfahren; eine außergerichtliche Tätigkeit, BGH **97**, 84 (Scheidungsfolgesache).

Dieses erstinstanzliche Gericht ist auch wegen derjenigen Kosten zuständig, die im Hauptprozeß während der *höheren Instanz* entstanden sind. Es muß sich aber um ein ordentliches Gericht handeln. § 34 eröffnet also nicht eine Zuständigkeit des ArbG, Zweibr FamRZ **82**, 85, ZöV 5, aM LAG Hbg MDR **95**, 213. Für das Urteilsverfahren verweist § 46 II ArbGG auf die ZPO und damit auf § 34, BAG NJW **98**, 1092. Für die übrigen Verfahren folgt die Zuständigkeit des ordentlichen Rechtswegs aus §§ 2 ff ArbGG, BAG NJW **98**, 1092. **4**

Es ist nicht notwendig *dieselbe Abteilung* oder Kammer wie im Hauptprozeß zuständig. Wohl aber muß je nachdem, wer im Hauptprozeß entschieden hat, entweder die Zivilkammer oder das FamG entscheiden, Hbg FamRZ **85**, 409, MüKoPa 11, aM BGH **97**, 79, Karlsr OLGZ **86**, 127, Saarbr FamRZ **86**, 73 (aber das Hauptverfahren fand eben vor dem FamG statt. Ein anderer Rechtsmittelzug ist wie stets innerhalb des ordentlichen Rechtswegs die Folge beim FamG). Es mag auch die Kammer für Handelssachen auch nach § 34 tätig werden, KG FamRZ **81**, 1090, ThP, aM BGH **97**, 81, Karlsr FamRZ **85**, 498 (aber es kommt eben auch hier auf den Schwerpunkt an). Eine Verweisung ändert die Zuständigkeit nicht.

4) Persönlicher Geltungsbereich. § 34 gilt zunächst für den ProzBev. Hier zählt zu diesem Begriff jeder, der auf Grund einer prozessualen Vollmacht für eine Partei ein prozessuales Geschäft besorgt hat, zB: Der Verkehrsanwalt, VV 3400; der Unterbevollmächtigte, VV 3401, und zwar auch bei einer Klage gegen den ProzBev, der ihm die Untervollmacht gab; der Terminsanwalt, VV 3330. Vgl aber auch § 11 RVG (Festsetzungsverfahren). § 34 gilt ferner: Für den Beistand nach § 90; für den Zustellungsbevollmächtigten, § 184 Rn 1. **5**

Beim *Gerichtsvollzieher* ist § 34 gegenstandslos. Denn der Gerichtsvollzieher ist ein Beamter, Üb 3 vor § 154 GVG, und die durch seine Tätigkeit entstandenen Kosten sind solche des Staats. Ihre Beitreibung erfolgt nach § 1 I Z 7, 8 I JBeitrO, § 9 I GvKostG, Hartmann Teile IX A, XI. Bei einem Notar entsteht wegen seiner Forderung auf Grund eines Notargeschäfts kein ordentlicher Rechtsweg, §§ 154 ff KostO.

Richtiger Bekl sind stets nur der Vollmachtgeber und seine Rechtsnachfolger sowie sonstige Personen, die für ihn haften, etwa ein Bürge, nicht aber der Prozeßgegner und keineswegs ein Dritter. § 34 gilt nur für den Kläger. Zählt dieser zB als Auftraggeber nicht zu dem vorgenannten Personen, ist § 34 unanwendbar. **6**

35 *Wahl unter mehreren Gerichtsständen.* Unter mehreren zuständigen Gerichten hat der Kläger die Wahl.

Schrifttum: *Albicker,* Der Gerichtsstand der Streitgenossenschaft, 1996.

1) Systematik. Vgl zunächst § 20 Rn 1. Es handelt sich um eine wegen der Fülle von Gerichtsständen der ZPO und anderer einschlägiger Gesetze technisch notwendige Regelung. **1**

2) Regelungszweck. Die Vorschrift ist ein typischer Ausdruck der Parteiherrschaft, Grdz 18 vor § 128. Man muß sie natürlich dahin begrenzen, daß eine getroffene Wahl grundsätzlich endgültig ist, Rn 5. Denn sonst wäre der Willkür Tür und Tor geöffnet, Einl III 54. Ein obligatorisches Güteverfahren nach § 15 a EGZPO läßt sich je nach etwa unterschiedlichen Länder-Durchführungsregeln nach § 794 Rn 4 durch eine Wahl des richtigen späteren Gerichtstands evtl vermeiden oder doch vereinfachen, Hartmann NJW **99**, 3748. **2**

Können und Ruf, zwei durchaus verschieden ausgeprägt mögliche Eigenschaften des Gerichts, mögen etwa im Wettbewerbs- oder Kartellrecht eine regelrechte Sogwirkung zu bestimmten Kammern einiger weniger deutscher Landgerichte herbeiführen, sei es auch wesentlich wegen des vorgeordneten OLG-Senats. Manche Verwaltung mag das wegen eines entsprechenden Gebührenaufkommens begrüßen. Eine Qualitätssteigerung kann die im Interesse der Rechtspflege liegende Folge sein. Schon deshalb darf man eine solche Tendenz der Gerichtswahl nicht bei der Prüfung der Notwendigkeit von Zusatzkosten nach §§ 91 ff verborgen tadeln. Eine Spezialisierung ist auch bei Gericht ohnehin vielfach ratsam geworden.

3) Geltungsbereich. Vgl zunächst Üb 3 vor § 12. § 35 bezieht sich auf den Fall, daß mehrere Gerichte eines allgemeinen oder besonderen Gerichtsstands zuständig sind, BGH FER **97**, 136 (FGG). Die Vorschrift erfaßt auch den Fall, daß mehrere solche Gerichte ausschließlich zuständig sind, Üb 14 vor § 12, Thümmel NJW **86**, 558. Sie gilt auch im Insolvenzverfahren, Naumb RR **02**, 1705. Im Mahnverfahren gilt für mehrere Antragsteller § 689 II, nicht § 35, BGH NJW **78**, 321. **3**

4) Ausübung des Wahlrechts. Der Kläger trifft seine endgültige Wahl nicht schon mit der Klageeinreichung (Anhängigkeit), wohl aber infolge der Klagezustellung, also der Klagerhebung, §§ 253, 261 (Rechtshängigkeit), BayObLG MDR **99**, 1461, Köln MDR **80**, 763. Maßgeblich ist natürlich die tatsächliche Rechtshängigkeit, nicht derjenige Zeitpunkt, zu dem das Gericht zB die Klage hätte zustellen sollen. Wegen des Mahnantrags § 690 Rn 11, § 696 Rn 28. Ein Arrestgesuch nach §§ 916 ff stellt keine derartige Wahl dar. Wegen § 797 dort Rn 13. **4**

Die einmal wirksam getroffene Wahl ist für diesen Prozeß *endgültig,* BayObLG MDR **99**, 1461, Naumb RR **02**, 1705, Zweibr RR **00**, 590 (Widerklage). Das gilt auch im selbständigen Beweisverfahren, Zweibr BauR **97**, 885. Bei einer nachträglich bekannten unerlaubter Handlung kann eine Ausnahme gelten, KG RR **01**, 62. Nach einer Klagerücknahme gemäß § 269 oder nach einer Klagabweisung wegen Unzulässigkeit entsteht allerdings ein neues Wahlrecht. § 35 bezieht sich auch auf eine Wahl zwischen einem Staatsgericht und einem Schiedsgericht. Wenn der Kläger eine Verweisung an das zuständige Gericht nach §§ 281 ZPO, 48 ArbGG, §§ 17 ff GVG beantragen kann, hat er ein neues Wahlrecht. Dieses Wahlrecht erlischt aber mit dem Verweisungsantrag, BayObLG MDR **99**, 1461. Man darf das Wahlrecht bei § 35 nicht durch Kostenersparniserwägungen im Kostenfestsetzungsverfahren nach §§ 103 ff nachträglich beeinträchtigen, Hbg MDR **99**, 638, Mü JB **94**, 477, ZöV 3, aM ZöHe § 91 Rn 13 „Wahl des Gerichtsstands" (aber die Kostenfestsetzung folgt erst dem Erkenntnisverfahren). Anders ist es bei einem Rechtsmißbrauch, Einl III 54, Hamm NJW **87**, 138, und bei § 696, dort Rn 19–21. Ein Bekl kann für einen nicht widerklagenden Prozeß gegen den Kläger frei wählen, Karlsr OLGR **03**, 246. **5**

35a *Fassung 1. 9. 2009:* (aufgehoben. Abdruck und Kommentierung dieser Altvorschrift im Ergänzungsband zur 67. Aufl 2009)

36 *Gerichtliche Bestimmung der Zuständigkeit.* [I] **Das zuständige Gericht wird durch das im Rechtszug zunächst höhere Gericht bestimmt:**

1. wenn das an sich zuständige Gericht in einem einzelnen Fall an der Ausübung des Richteramtes rechtlich oder tatsächlich verhindert ist;

2. wenn es mit Rücksicht auf die Grenzen verschiedener Gerichtsbezirke ungewiss ist, welches Gericht für den Rechtsstreit zuständig sei;

3. wenn mehrere Personen, die bei verschiedenen Gerichten ihren allgemeinen Gerichtsstand haben, als Streitgenossen im allgemeinen Gerichtsstand verklagt werden sollen und für den Rechtsstreit ein gemeinschaftlicher besonderer Gerichtsstand nicht begründet ist;

4. wenn die Klage in dem dinglichen Gerichtsstand erhoben werden soll und die Sache in den Bezirken verschiedener Gerichte belegen ist;

5. wenn in einem Rechtsstreit verschiedene Gerichte sich rechtskräftig für zuständig erklärt haben;

6. wenn verschiedene Gerichte, von denen eines für den Rechtsstreit zuständig ist, sich rechtskräftig für unzuständig erklärt haben.

[II] **Ist das zunächst höhere gemeinschaftliche Gericht der Bundesgerichtshof, so wird das zuständige Gericht durch das Oberlandesgericht bestimmt, zu dessen Bezirk das zuerst mit der Sache befasste Gericht gehört.**

[III] [1] **Will das Oberlandesgericht bei der Bestimmung des zuständigen Gerichts in einer Rechtsfrage von der Entscheidung eines anderen Oberlandesgerichts oder des Bundesgerichtshofs abweichen, so hat es die Sache unter Begründung seiner Rechtsauffassung dem Bundesgerichtshof vorzulegen.** [2] **In diesem Fall entscheidet der Bundesgerichtshof.**

Schrifttum: *Gaede,* Zuständigkeitsmängel und ihre Folgen nach der ZPO, 1989; *Herz,* Die gerichtliche Zuständigkeitsbestimmung: Voraussetzungen und Verfahren, 1990; *Roth,* Parteierweiternde Widerklage und gerichtliche Bestimmung der Zuständigkeit, Festschrift für *Beys* (Athen 2004) 1353; *Schwab,* Zum Sachzusammenhang bei Rechtsweg- und Zuständigkeitsentscheidung, in: Festschrift für *Zeuner* (1994).

Gliederung

1 **1) Systematik, I–III.** Die Bestimmung des zuständigen Gerichts ist kein Akt der Justizverwaltung, sondern ein Akt der Rechtspflege. Diese Bestimmung ist den Gerichten zugewiesen, Anh § 21 GVG. Die Justizverwaltung hat schon wegen § 16 S 2 GVG keine Möglichkeit, auf die Bestimmung des im Einzelfall zuständigen Gerichts Einfluß zu nehmen. Bei § 14 GVG liegt eine allgemeine gesetzliche Bestimmung vor. § 36 nennt die Voraussetzungen, § 37 das Verfahren des Zwischenstreits der Zuständigkeitsbestimmung, zu dem auch § 329 mitbeachtlich ist. Bei der sachlichen Zuständigkeit geht § 11 vor, BGH MDR **97**, 290. Es kann aber § 36 anwendbar bleiben, BGH NJW **98**, 685. Dasselbe gilt für die geschäftliche Zuständigkeit. § 281 wirkt fort, BayObLG RR **00**, 589. Über den Rechtsweg darf das Gericht grundsätzlich nur nach §§ 17, 17 a GVG und nur dann nach § 36 befinden, wenn das zur Wahrung des Funktionierens der Rechtspflege und Rechtssicherheit notwendig wird, BGH BB **02**, 276, BAG NJW **06**, 2798.

2) Regelungszweck, I–III, dazu *Bornkamm* NJW **89**, 2713 (Üb): Der Zweck des § 36 besteht darin, eine möglichst umfassende einfache und rasche Abhilfe zu schaffen, wenn die anderen Vorschriften über die Zuständigkeiten zur Lösung des Konflikts nicht ausreichen, BGH NJW **02**, 1426, Karlsr FamRZ **91**, 90. Das dient nicht nur der Prozeßförderung nach Grdz 12 vor § 128 und der Prozeßwirtschaftlichkeit nach Grdz 14 vor § 128, Ffm RR **06**, 864, sondern auch der Rechtssicherheit, Einl III 43. Deshalb ist grundsätzlich eine großzügige Auslegung ratsam, Hamm NJW **00**, 1347 (zu I Z 3). Eine Bestimmung des zuständigen Gerichts nach § 36 wird ohne weiteres hinfällig, wenn ihre tatsächlichen Voraussetzungen im Zeitpunkt der Klagerhebung nicht mehr vorliegen. 2

Zweck von *III* ist eine Entlastung des BGH, BGH NJW **00**, 81. Deshalb ist III ausnahmsweise nicht ausdehnend auslegbar, BGH **00**, 81. Daher ist II und übrigens auch I nicht beim Zuständigkeitsstreit zwischen dem Einzelrichter und seinem Senat anwendbar, BGH NJW **03**, 3637 (wendet § 348 II entsprechend an). Im übrigen darf das nach § 36 bestimmte Gericht seine örtliche Zuständigkeit keineswegs mehr nachprüfen. Man darf Art 101 I 2 GG (Gebot des gesetzlichen Richters) auch nicht überbeanspruchen. Ein Zuständigkeitsstreit muß ein auch zeitlich begrenzter Zwischenstreit bleiben. Das sollte man bei der Handhabung stets mitbeachten.

3) Sachlicher Geltungsbereich: Umfassende Anwendbarkeit, I–III. § 36 gilt in allen Prozeßarten, BayObLG NJW **88**, 2184, auch im WEG-Verfahren. Wegen des FamFG-Verfahrens Üb 3 vor § 12. Es gilt § 5 FamFG. Natürlich muß überhaupt ein gerichtliches Verfahren vorliegen, also grundsätzlich eine Rechtshängigkeit nach § 261 Rn 1 und damit ein Prozeßrechtsverhältnis, Grdz 4 vor § 128. Die Rechtshängigkeit erfordert grundsätzlich zumindest eine Mitteilung der das Verfahren in Gang setzenden Antragsschrift an den Prozeßgegner, BGH FER **97**, 89, Düss FamRZ **88**, 299, großzügiger BGH NJW **83**, 1062, BayObLG VersR **85**, 742, Karlsr NZM **03**, 576 (aber man kann vernünftigerweise mit Annahme von I Z 3 [„verklagt werden sollen"] keineswegs „vorweg" klären lassen, welches Gericht für ein Verfahren zuständig sein würde, das noch nicht einmal irgendwo anhängig ist, § 261 Rn 1). § 36 kann auch dann anwendbar sein, wenn zB nach einer Verweisung an ein Hamburger AG zwischen diesem und einem weiteren dortigen Gericht ein Zuständigkeitsstreit entsteht. Dann entscheidet das dortige LG, BayObLG RR **00**, 67. 3

Ausnahmen können gelten, soweit das Gericht den Gegner nicht hören muß oder gar nicht hören darf, BayObLG Rpfleger **86**, 98, etwa im Eilverfahren, §§ 920 Rn 9, 936 Rn 2.

4) Beispiele zur Frage des sachlichen Geltungsbereichs, I–III 4

Arbeitsgerichtsverfahren: § 36 gilt vor den Arbeitsgerichten entsprechend, BGH NJW **90**, 54, BAG NJW **06**, 1372 und 2798, LAG Bre NZA-RR **04**, 323.

Die Vorschrift schafft aber *keine* rechtswegübergreifende Zuständigkeit, Ffm RR **95**, 319. Der Vorsitzende kann allein entscheiden, § 55 I Z 7 ArbGG, auch nach einer mündlichen Verhandlung zB nach dem Gütetermin, Lakies BB **00**, 667.

Arrest, einstweilige Verfügung: § 36 gilt einem Verfahren nach §§ 916 ff, 935 ff, BayObLG Rpfleger **04**, 365.

Auslandsberührung: § 36 gilt im Verfahren mit einer Auslandsberührung, BGH FamRZ **84**, 162, BayObLG NJW **88**, 2184, Abramenko Rpfleger **04**, 473.

Beratungshilfeverfahren: § 36 gilt im Verfahren auf eine Beratungshilfe, BGH FamRZ **84**, 774.

Einstweilige Verfügung: S „Arrest, einstweilige Anordnung oder Verfügung".

Insolvenzverfahren: Im Eröffnungsverfahren gilt § 36 in Verbindung mit § 4 InsO, BGH **132**, 196, BayObLG RR **02**, 1480, Celle Rpfleger **04**, 240, auch im weiteren Verfahren, BGH **132**, 196, Köln Rpfleger **00**, 236. 5

Internationale Zuständigkeit: § 36 gilt auch dann, BayObLG RR **06**, 211.

Kostenfestsetzungsverfahren: § 36 gilt im Festsetzungsverfahren, BayObLG AnwBl **89**, 161. Das gilt aber nicht bei einer Mehrarbeit von Festsetzungsbeschlüssen, Karlsr Rpfleger **97**, 19.

Mahnverfahren: § 36 ist im Mahnverfahren anwendbar, BGH NJW **95**, 3317, BayObLG Rpfleger **03**, 139. Das gilt vor der Abgabe an das Streitgericht, BGH VersR **82**, 371, BayObLG Rpfleger **03**, 139. Es gilt auch nach der Abgabe oder Verweisung, § 696 Rn 25 ff, BayObLG MDR **95**, 312.

Prozeßkostenhilfeverfahren: § 36 gilt im Verfahren auf eine Prozeßkostenhilfe, Rn 28, §§ 114 ff, BGH FER **97**, 40 und 80, Brdb NZM **06**, 720, Jena RR **08**, 957, Karlsr FamRZ **01**, 835. 6

Rechtsmittelverfahren: § 36 gilt in jedem Rechtsmittelverfahren nach der ZPO, BGH NJW **86**, 2764, auch bei einer Auslandsberührung, Rn 4 „Auslandsberührung".

Rechtsweg: § 36 schafft grds *keine* rechtswegübergreifende Zuständigkeit, Ffm RR **95**, 319. Eine Ausnahme geben BGH BB **02**, 276, BAG NJW **06**, 2798, Rn 1.

Selbständiges Beweisverfahren: § 36 gilt im selbständigen Beweisverfahren, BayObLG RR **99**, 1010, Brdb MDR **06**, 1184, Zweibr RR **00**, 1084. Die Zulässigkeit des Antrags nach § 485 ist hier noch nicht erheblich, BayObLG RR **99**, 1010.

Spruchverfahrensgesetz: § 36 gilt auch beim SpruchG, Kblz RR **08**, 553.

Verweisung: Z 3 ist nach ihr anwendbar, soweit der Verweisungsbeschluß nicht bindet, BGH FamRZ **90**, 1225.

Unanwendbar ist Z 3 ab einer bindenden Verweisung, BayObLG **92**, 90, Düss MDR **02**, 1209.

Wohnungseigentum: Rn 3.

Zwangsversteigerung: § 36 gilt im Verfahren der Zwangsversteigerung usw, § 2 ZVG.

S auch „Zwangsvollstreckung".

Zwangsvollstreckung: § 36 gilt im Verfahren der Zwangsvollstreckung, BGH NJW **83**, 1859, BayObLG MDR **04**, 1262, LG Bln Rpfleger **99**, 188. Eine Bestimmung des zuständigen Gerichts ist auch zB dann denkbar, wenn die zu pfändende Forderung mehreren Schuldnern gemeinsam zusteht, Rn 17, BayObLG Rpfleger **99**, 31, aber *nicht* bei einer Nämlichkeit beider Parteien, Karlsr Rpfleger **97**, 173.

S auch „Zwangsversteigerung".

7 **5) Antragszwang, I–III.** Die Bestimmung des zuständigen Gerichts erfolgt nur auf Grund eines Antrags einer Partei. Das ergibt sich schon aus dem klaren Wortlaut des § 37 I („Gesuch"). Es erfolgt also keine Vorlegung von Amts wegen, BGH NJW **87**, 439 und (zu Z 3) RR **91**, 767, Köln RR **00**, 589 (zu Z 3), aM BGH NJW **85**, 2537, BayObLG FamRZ **01**, 775 (Vorlage sei ein „Gesuch"), Jena FamRZ **03**, 1311 (aber bei einem klaren Wortlaut entfällt eine Auslegung ins Gegenteil, Einl III 39). Der Antrag hemmt eine Verjährung, BGH NJW **04**, 3773 (zustm Wiedenführ LMK **05**, 32).

8 Der Antrag ist aus den Gründen Rn 3 grundsätzlich erst *nach der Rechtshängigkeit* und jedenfalls dann zulässig, BayObLG **93**, 171. Eine Ausnahme gilt bei I Z 3, Rn 15. Der Antragsteller kann evtl nach § 35 wählen, BayObLG **98**, 209. Die Entscheidung ist kein Teil desjenigen Verfahrens, für das sie stattfindet. Gegen einen Beschluß ist evtl eine Verfassungsbeschwerde zulässig, BVerfG **29**, 50.

9 *Gebühren:* Des Gerichts keine; des Anwalts: Sie entstehen grundsätzlich nicht neben den sonstigen Gebühren, §§ 15, 19 RVG. Falls er die Partei aber nicht mehr weiter vertritt, 0,8 Gebühr, VV 3402.

10 **6) Bestimmendes Gericht, I–III.** Die Bestimmung des zuständigen Gerichts steht dem im Instanzenzug im Rang nächsthöheren Gericht zu, BGH RR **08**, 370, BayObLG FamRZ **00**, 1234. Bei I Z 2–6 steht die Bestimmung dem gemeinschaftlichen übergeordneten Gericht zu, BayObLG RR **01**, 928. Wenn das LG die Bestimmung vornehmen muß, ist in einer Handelssache seine Kammer für Handelssachen für die Bestimmung zuständig. Die geschäftliche Zuständigkeit innerhalb des bestimmenden Gerichts richtet sich nach dessen Geschäftsverteilungsplan, BGH RR **99**, 1081, BayObLG RR **99**, 1010.

A. Erstbefassung. Es ist grundsätzlich dasjenige OLG zur Bestimmung berufen, zu dessen Bezirk das zuerst mit der Sache befaßte Gericht gehört, II, sog Prioritätsgrundsatz, BGH NJW **01**, 1500, BayObLG FamRZ **04**, 908, Mü NJW **07**, 164. Das gilt auch, soweit sich der Konflikt erst auf der OLG-Ebene ergibt, zB nach I Z 3, Mü NJW **07**, 164, oder nach I Z 6, BGH FamRZ **01**, 618, BayObLG RR **01**, 1326. „Befaßt" ist das Gericht ab dem Eingang eines Bestimmungsantrags oder bei einer Bestimmung von Amts wegen ab der Aktenvorlage, aM Karlsr NJW **98**, 3359 (evtl das OLG im Bezirk des Prozeßkostenhilfe-Gerichts), im Mahnverfahren das zuerst mit I Z 6 befaßte Gericht, BayObLG **98**, 209, beim Zuständigkeitsstreit erst im streitigen Verfahren also dasjenige OLG, bei dem letzteres begann, BayObLG **98**, 191, Köln NZM **99**, 319. Will dieses OLG dabei in einer sachlich- oder prozeßrechtlichen entscheidungserheblich gewesenen und gebliebenen Rechtsfrage von einem anderen OLG oder von einem dritten OLG oder vom BGH abweichen, muß es zunächst klären, daß es nicht selbst zur abschließenden Bestimmung berufen ist, BGH NJW **00**, 3214. Erst dann darf und muß es ohne zeitliche Grenzen durch einen mit diesen entscheidungserheblichen Punkten dann zu begründenden Beschluß dem BGH vorlegen, III 1, § 329 Rn 4, BVerfG NJW **98**, 522, BGH RR **08**, 370, Naumb NJW **08**, 1238. Eine Abweichung von einem anderen Senat genügt, ZöV 10, aM Schlesw BB **00**, 1321 (aber auch dann liegt eine klärungsbedürftige Situation auf der genannten Ebene vor). Der BGH muß bindend entscheiden, III 2, § 37, BGH NJW **99**, 1403.

11 **B. Früheres BayObLG.** Bei einem Zuständigkeitsstreit zwischen mehreren Gerichten, die in verschiedenen bayerischen OLG-Bezirken liegen, war das BayObLG für die bis zum 31. 12. 04 eingegangenen Sachen zur Bestimmung berufen, BayObLG AnwBl **02**, 430. Dasselbe galt bei einem Zuständigkeitsstreit zwischen einem bayerischen AG als Familiengericht und einem LG oder dem OLG München oder bei einem Streit zwischen einem Münchener und einem auswärtigen Senat des OLG München, BayObLG RR **98**, 815. Es entschied auch in folgenden Fällen: Bei einem Streit zwischen einem Zivilsenat und einem Familiensenat desselben bayerischen OLG, BayObLG FamRZ **85**, 946, 948 und 1058; bei einem Streit zwischen mehreren Zivilsenaten desselben bayerischen OLG, BayObLG DB **97**, 972 (auch bei [jetzt] Art 6 Z 1 EuGVVO); bei einem Streit zwischen einem bayerischen und einem außerbayerischen Gericht, BayObLG FamRZ **04**, 908. Für die seit 1. 1. 05 eingegangenen Sachen sind die OLGe Bbg, Mü, Nürnb zuständig.

12 **C. Einzelfragen.** Bei einem Zuständigkeitsstreit zwischen Gerichten verschiedener Gerichtsbarkeiten (Gerichtszweige) entscheidet dasjenige oberste Gericht, dem zuerst ein Antrag zugeht, II, III entsprechend, BGH NJW **99**, 221, BAG DB **03**, 728. Das gilt, sofern es einer der umstrittenen Gerichtsbarkeiten und nicht nur einem auf keinen Fall schon oder noch befaßten dritten Gerichtszweig angehört. Es kann zB ein AG dem BSG statt dem BGH vorlegen, BSG MDR **89**, 189. Das bestimmende Gericht darf nur ein ihm nachgeordnetes Gericht für zuständig erklären. In diesen Grenzen erfolgt die Bestimmung nach der Zweckmäßigkeit, BGH NJW **93**, 2753, BayObLG **93**, 172, Hamm NJW **00**, 1347.

13 **7) Verhinderung des zuständigen Gerichts, I Z 1.** Das an sich zuständige Gericht muß an der Ausübung des Richteramts im Einzelfall verhindert sein. Die Verhinderung kann aus Rechtsgründen bestehen, etwa infolge eines gesetzlichen Ausschlusses nach § 41 oder infolge einer erfolgreichen Ablehnung nach §§ 42 ff. Sie kann auch aus tatsächlichen Gründen bestehen, etwa infolge einer Naturkatastrophe, eines Terrorangriffs oder eines Aufruhrs. Wenn ein Einzelrichter erkrankt ist, besteht eine Verhinderung dieses Gerichts nur dann, wenn auch der geschäftsplanmäßige Vertreter dieses Richters verhindert ist. Eine Verhinderung kann auch dann bestehen, wenn noch ein anderes Gericht zuständig wäre. Das bestimmende Gericht muß die sachliche Zuständigkeit und die örtliche Zuständigkeit prüfen.

Das *bestimmte* Gericht darf die Zuständigkeit grundsätzlich nicht mehr prüfen, § 37 Rn 7.

14 **8) Ungewißheit über die Zuständigkeit, I Z 2.** Die Ungewißheit muß über die Grenzen des Gerichtsbezirks bestehen. Es muß eine tatsächliche Ungewißheit entstehen. Eine bloß rechtliche Ungewißheit kann bestehen etwa bei einer unklaren, lückenhaften oder widersprüchlichen nationalen oder internationalen Gesetzgebung beliebiger Ebene (auch Lokalrecht). Es reicht zB aus, daß eine Grenze ein Grundstück schneidet. Die Ungewißheit mag vor oder nach der Anhängigkeit entstanden sein. § 3 I 2 BinnSchVerfG enthält eine Sondervorschrift.

15 **9) Streitgenossen, I Z 3**, dazu *Albicker,* Der Gerichtsstand der Streitgenossenschaft, 1996; *Vossler* NJW **06**, 117 (Üb): Es muß sich objektiv um Streitgenossen nach §§ 59 ff handeln, BGH FamRZ **06**, 1114, BayObLG RR **06**, 211, Mü NZM **08**, 529, also nicht nur nach der Rechtsansicht des Klägers, BGH NJW **92**, 981 und 982, Zweibr MDR **83**, 495, aM BayObLG **91**, 345, Köln MDR **89**, 71 (aber dann könnte der

Kläger im Ergebnis frei wählen. Das ist keineswegs der Sinn von Z 3). Es ist daher keineswegs schon nach einer Wahl des Antragstellers dasjenige OLG zuständig, das er anruft oder zu dessen Bezirk das vorgeschlagene Gericht gehört, aM Kblz MDR **98**, 1305.

Das bestimmende Gericht muß prüfen, ob eine *Streitgenossenschaft* vorliegt, freilich nur nach dem Tatsachenvortrag des Klägers, BayObLG FER **99**, 125 links. Z 3 kann ausnahmsweise schon vor Rechtshängigkeit gelten („verklagt werden sollen"), BayObLG Rpfleger **80**, 436. Z 3 ist auch noch nach dem Eintritt der Rechtshängigkeit anwendbar, Rn 21 „Rechtshängigkeit". Zum Verhältnis zwischen Z 3 und Z 6 BayObLG **99**, 95 (Vorrang von Z 6).

A. Verschiedene inländische Gerichtsstände. Die als Streitgenossen zu Verklagenden müssen verschiedene inländische allgemeine Gerichtsstände haben, BAG BB **96**, 2414, BayObLG **04**, 66, Nürnb BB **06**, 2213. Z 3 ist daher bei einer Wechselklage nach § 603 II unanwendbar, Rn 22. Wegen der internationalen Zuständigkeit vgl die von Amts wegen beachtbaren Artt 6 I, 9 I b, 28 III EuGVVO, SchlAnh V C 2, BGH RR **02**, 1149, BayObLG RIW **03**, 387, KG VersR **07**, 1008. **16**

B. Kein gemeinsamer besonderer Gerichtsstand. In Deutschland darf unabhängig vom Kenntnisstand objektiv kein gemeinsamer inländischer besonderer Gerichtsstand vorliegen, BGH NJW **00**, 1871, BayObLG BB **03**, 2707, Schlesw BB **04**, 463. Die Zuständigkeit muß sich zumindest nicht zuverlässig feststellen lassen, BGH MDR **08**, 872 links, KG RR **06**, 775. Das gilt auch bei einer Drittwiderklage. Wenn mehrere Erben in verschiedenen OLG-Bezirken wohnen, könnte der besondere Gerichtsstand des § 27 vorliegen, Mü Rpfleger **78**, 185, oder derjenige des § 28, BayObLG FamRZ **04**, 908, oder derjenige des § 29, LAG Bre NZA-RR **04**, 323, oder derjenige des § 29 c, Celle NJW **04**, 2603. Ein ausländischer gemeinsamer Gerichtsstand nach § 32 bleibt unberücksichtigt, BayObLG RR **90**, 893. Eine Gerichtsstandsvereinbarung nach § 38 bindet nur die an ihr Beteiligten, BayObLG RR **00**, 1592, Zweibr RR **00**, 1084, aM Köln OLGR **02**, 187. § 39 hat den Vorrang. **17**

C. Streitgenossenschaft. Es ist eine großzügige, zweckmäßige Auslegung ratsam, Rn 2, Ffm RR **06,** 864. Dabei kann es auf den allgemeinen Gerichtsstand der Mehrheit und darauf ankommen, ob bereits mehrere ProzBev beauftragt sind, Hamm NJW **00**, 1347. Der Kläger muß die Bekl als Streitgenossen im allgemeinen Gerichtsstand verklagen wollen, BGH NJW **98**, 685, BAG BB **96**, 2414, BayObLG BB **03**, 2707. Es muß also grundsätzlich zumindest einer der Streitgenossen bei dem zu bestimmenden Gericht den allgemeinen Gerichtsstand haben, BGH NJW **86**, 3209, KG VersR **07**, 1008 (Ausnahme: Verwehrung eines gemeinsamen Prozesses, keine überwiegenden gegnerischen Interessen), Kblz MDR **98**, 1305, aM Karlsr OLGR **99**, 380 (aber Z 3 erlaubt keine Bestimmung eines bisher überhaupt nicht auch nur evtl mitzuständigen Gerichts). Die als Streitgenossen in Anspruch genommenen Personen müssen zumindest einem gemeinsamen Gegner gegenüberstehen, BGH NJW **92**, 981. Das Gericht darf die übereinstimmenden Wünsche der Mehrheit der Bekl mitbeachten, Ffm RR **06,** 864. **18**

Es ist *unerheblich,* ob der allgemeine Gerichtsstand entfällt. Ebenso ist unerheblich, ob einer der Gerichtsstände ausschließlich ist, BGH **90**, 156, Celle OLGR **01**, 97, Drsd OLGR **03**, 92, aM StJSchu 11, 14 (nur bei notwendigen Streitgenossen. Aber Z 3 spricht nur von „Streitgenossen"). Auch die Schlüssigkeit des Vortrags zur Streitgenossenschaft selbst ist unerheblich, BayObLG RR **03**, 134. Der Kläger ist bei Z 3 nicht zu nur *einer* Klage verpflichtet. Es kann bei verschiedenen Gerichtsständen gegen jeden *gesondert* im jeweiligen Gerichtsstand klagen, BGH NJW **91**, 2910, BayObLG RR **93**, 511, Kblz MDR **90**, 159. Die Bestimmung erfolgt nach der Zweckmäßigkeit, Rn 12, BAG **72**, 64, BayObLG RR **03**, 134.

D. Beispiele zur Frage einer Anwendbarkeit von I Z 3 **19**

Abdingbarkeit: Z 3 ist wegen der Prozeßwirtschaftlichkeit nach Grdz 14 vor § 128, Ffm RR **06,** 864, nicht von vornherein unanwendbar, soweit der Kläger durch eine Vereinbarung mit dem Bekl einen an sich bestehenden gesetzlichen allgemeinen Gerichtsstand ausgeschlossen hat, BGH **90**, 159, BayObLG RR **00,** 1592.

S auch „Ausschließlicher Gerichtsstand", Rn 22 „Verzicht".

Anwaltszwang: Z 3 ist auch dann anwendbar, wenn daraus ein Anwaltszwang mit einer Kostenerhöhung entsteht, BGH **90**, 156.

Auslandsbezug: Z 3 ist entsprechend anwendbar, soweit der allgemeine Gerichtsstand eines Bekl im Ausland liegt, aber ein inländischer besonderer Gerichtsstand für ihn besteht, etwa nach § 23. Für die Zuständigkeit einschließlich des Verfahrens über die Bestimmung des zuständigen Gerichts ist das deutsche Recht als lex fori maßgebend, sofern das deutsche Gericht in der Sache nach dem deutschen Recht international zuständig ist, BGH FamRZ **90**, 1225, BayObLG DB **97**, 972.

Ausschließlicher Gerichtsstand: Z 3 ist anwendbar, wenn von mehreren Streitgenossen für einen ein ausschließlicher Gerichtsstand anderswo besteht, BGH MDR **08**, 872 links, BayObLG RR **03**, 925, Mü NZM **08**, 529. Die Klage nimmt freilich keinem Bekl das Recht, die Vereinbarung eines ausschließlichen Gerichtsstands einzuwenden, aM BGH NJW **88**, 646 (aber Z 3 dient nicht einer Einschränkung der Parteiherrschaft).

Bankgeheimnis: Seine Verletzung steht nicht entgegen, BGH FamRZ **06,** 1114. **20**

Beweisaufnahme: Z 3 ist anwendbar, soweit eine Beweisaufnahme nur zur Zuständigkeit erfolgt ist, Kblz OLGR **98**, 71.

Z 3 ist *unanwendbar,* soweit bereits eine Beweisaufnahme zur Hauptsache stattgefunden hat, BGH NJW **78**, 321, BayObLG **87**, 390, Vollkommer MDR **87**, 804. Allerdings hindert sie die Bestimmung nicht, wenn das bisher befaßte Gericht zuständig bleibt, Düss Rpfleger **80**, 299.

Bürgschaft: Nach der Vereinbarung eines ausschließlichen Gerichtsstands mit dem Hauptschuldner kann man diesen Gerichsstand *nicht* dem Bürgen nach Z 3 aufdrängen, BayObLG **99**, 76.

Fehlen einer Streitgenossenschaft: Bestimmbar ist nur *eines* der für einen Streitgenossen zuständigen Gerichte. Z 3 ist *unanwendbar,* soweit objektiv keinerlei Streitgenossenschaft vorliegt, Zweibr MDR **83**, 195, oder soweit bereits gegen einen Streitgenossen ein Sachurteil ergangen ist, BGH NJW **80**, 180, Ffm Rpfleger **78**, 223, sei es auch nur ein Vorbehaltsurteil nach § 599, BayObLG **80**, 225. Diejenigen

Streitgenossen, die ein vereinbarter Verzicht auf einen Gerichtsstand bindet, haben *kein* Antragsrecht nach Z 3.

Funktionelle Zuständigkeit: Z 3 ist für die funktionelle Zuständigkeit anwendbar, BGH NJW **98**, 685 (Familien- und Zivilsache), BayObLG RR **99**, 1010, Kblz OLGR **98**, 70.

Kostenerhöhung: Rn 19 „Anwaltszwang".

21 **Prorogation:** Rn 19 „Abdingbarkeit".

Prozeßurteil: S „Rechtshängigkeit".

Prozeßwirtschaftlichkeit: Sie mag Z 6 anwendbar machen, aber nicht für sich schon Z 3, aM Schlesw MDR **07**, 1201.

Rechtshängigkeit: Trotz des Wortlauts von Z 3 ist eine Bestimmung des zuständigen Gerichts wegen eines praktischen Bedürfnisses auch nach dem Eintritt der Rechtshängigkeit zulässig, BGH NJW **78**, 321, Hamm FamRZ **03**, 1115, Schlesw BB **04**, 463. Das gilt auch noch nach einem Mahnverfahren, BayObLG Rpfleger **03**, 140. Es gilt ferner noch nach demjenigen Zeitpunkt, in dem der Bekl die Unzuständigkeit des bisherigen Gerichts gerügt hat, BGH NJW **80**, 189, Vollkommer MDR **88**, 804, und sogar vor einem Prozeßurteil, BGH FamRZ **90**, 1225, oder noch nach einem bloßen Prozeßurteil, BGH NJW **80**, 189, Vollkommer MDR **88**, 804.

Rechtsweg: Z 3 ist *unanwendbar,* soweit nur verschiedene Rechtswege in Betracht kommen, zB gegen A der ordentliche, gegen B die Arbeitsgerichtsbarkeit, BGH NJW **94**, 2032, aM LAG Mainz BB **99**, 964 (LS).

Rüge der Unzuständigkeit: S „Rechtshängigkeit".

Sachentscheidung: Z 3 ist nach ihr *unanwendbar,* BGH NJW **78**, 321.

Sachliche Zuständigkeit: Z 3 gilt auch bei ihr, BGH NJW **98**, 685, Mü NZM **08**, 529.

Scheckverfahren: Z 3 ist wegen § 605 a *unanwendbar.*

Selbständiges Beweisverfahren: Z 3 ist bei ihm anwendbar, wie überhaupt, Rn 6.

Unterbrechung: Z 3 ist nach ihr anwendbar.

22 **Vereinbarung:** Rn 19 „Abdingbarkeit".

Verweisung: Z 3 ist *unanwendbar,* soweit das Gericht den Rechtsstreit bereits zB nach § 281 an ein anderes Gericht verwiesen hat, BGH FamRZ **06**, 406, BAG DB **97**, 284, Düss MDR **02**, 1209, aM Köln MDR **87**, 851. Freilich wäre eine nicht bindende Verweisung unbeachtlich, BGH FamRZ **90**, 1225.

Verzicht: Z 3 ist *unanwendbar,* soweit der Kläger wirksam auf einen an sich gesetzlich bestehenden allgemeinen Gerichtsstand verzichtet hat.

S auch Rn 19 „Abdingbarkeit", Rn 21 „Streitgenossenschaft".

Vorbehaltsurteil: Rn 21 „Streitgenossenschaft".

Wechselverfahren: Z 3 ist wegen § 603 II *unanwendbar.*

Widerklage: Z 3 ist anwendbar, soweit sich die Widerklage gegen mehrere Widerbekl richtet, BGH FamRZ **99**, 1023, BayObLG ZMR **03**, 123, KG RR **06**, 775, aM BGH (10. ZS) NJW **00**, 1872 (aber die Widerklage ist eine richtige Klage, Anh § 253 Rn 5).

Z 3 ist *unanwendbar,* soweit man durch die Widerklage nur einen bisher nicht beteiligten Dritten beansprucht, BGH FamRZ **98**, 1023, BayObLG RR **00**, 1375, Karlsr JB **98**, 311.

Zwangsvollstreckung: Rn 6 „Zwangsvollstreckung". Die Vorschrift ist zB bei § 828 anwendbar, BayObLG MDR **04**, 1262.

Zweifel: Trotz eines objektiv gemeinsamen Gerichtsstands reicht ein zugehöriger erheblicher Zuständigkeitszweifel eines beteiligten Gerichts, BayObLG FamRZ **04**, 908.

23 **10) Dinglicher Gerichtsstand, I Z 4.** Hier geht es darum, daß das Grundstück im Bezirk verschiedener Gerichte liegt. Es muß sich grundsätzlich um ein einheitliches Grundstück handeln. Das ist auch dann so, wenn mehrere Grundstücke rechtlich eine Einheit darstellen, wenn sie also auf demselben Grundbuchblatt als dasselbe Grundstück eingetragen stehen. Z 4 gilt aber evtl sinngemäß, BayObLG MDR **05**, 589, zB auch dann, wenn andere Grundstücke gesamtschuldnerisch mithaften, BayObLG Rpfleger **77**, 448. Z 4 gilt auch bei der Kraftloserklärung eines Hypotheken- oder Grundschuldbriefs im Aufgebotsverfahren, falls die belasteten Grundstücke in verschiedenen Bezirken liegen, BayObLG Rpfleger **77**, 448. Man muß den Zeitpunkt der Bestimmung und das bestimmbare Gericht wie bei Rn 10 ff ermitteln.

Unanwendbar ist Z 4, wenn mehrere tatsächlich oder rechtlich selbständige Grundstücke nur demselben Eigentümer gehören.

24 **11) Konfliktarten, I Z 5, 6.** Mehrere ordentliche Gerichte oder Arbeitsgerichte müssen unterschiedlicher Meinung sein, LAG Nürnb BB **95**, 2432. Diese Meinungsunterschiede mögen bestehen über ihre örtliche, sachliche oder funktionelle Zuständigkeit, BayObLG Rpfleger **89**, 80, Nürnb MDR **96**, 1068, oder über die Rechtsmittelzuständigkeit, BGH FamRZ **01**, 618. Es darf weder ein Sondergericht noch ein Verwaltungsgericht beteiligt sein, vgl bei § 17 GVG. Es kann aber auch ein Streit mehrerer Berufungsgerichte vorliegen. Die mehreren Gerichte müssen grundsätzlich jeweils rechtskräftige Entscheidungen über ihre Zuständigkeit getroffen haben, BGH NJW **95**, 534, Brdb MDR **02**, 587 (auch zu Ausnahmen, Rn 37).

Unanwendbar ist Z 4 nach der Rechtskraft der Hauptsachenentscheidung, Bornkamm NJW **89**, 2724.

Die Vorschrift gilt auch bei einer Auslandsberührung, BGH FamRZ **92**, 664. Die Zuständigkeitsbestimmung setzt eine gesetzmäßige Mitteilung des Hauptantrags an den Gegner voraus, BGH RR **92**, 579. Übersicht über die Probleme bei Bornkamm NJW **89**, 2718. In Betracht kommen die folgenden Konfliktfälle.

25 **A. Zuständigkeitsbejahung, I Z 5,** dazu auch *Hau,* Positive Kompetenzkonflikte im Internationalen Zivilprozeßrecht usw, 1996: Jedes Gericht mag sich durch ein rechtskräftiges Zwischenurteil nach § 280 für zuständig erklärt haben (positiver Kompetenzkonflikt), BGH FER **97**, 136, LG Gött Rpfleger **95**, 309. Wenn eines dieser Gerichte auch in der Sache selbst bereits rechtskräftig entschieden hat, ist Z 5 unanwendbar.

26 **B. Zuständigkeitsleugnung, I Z 6,** dazu *Althammer* NJW **02**, 3522 (Üb zum AG), *Ewers* FamRZ **99**, 74 (Üb, er spricht vom „Schwarzen Peter"): Jedes der wirklich beteiligten Gerichte mag sich „rechtskräftig",

BGH FER 97, 88, für unzuständig erklärt haben (negativer Kompetenzkonflikt), BGH NJW **01**, 1285, BayObLG JB **03**, 326, Jena FamRZ **03**, 1311, aM Ffm BB **80**, 552 (zwei gegenläufige formlose Abgaben seien ausreichend. Vgl aber Rn 36). Beim Konflikt zwischen zwei Rpfl desselben Gerichts entscheidet der Dienstvorgesetzte, Karlsr Rpfleger **00**, 447. Beim Streit zwischen zwei Rpfl des unteren und oberen Gerichts entscheidet das obere Gericht durch seinen Richter, Karlsr Rpfleger **00**, 447.

C. Verweisung, Rückverweisung, I Z 6. Diese Entscheidung mag sogar durch dasjenige Gericht erfolgt sein, *an das* die Verweisung erfolgte, BGH FamRZ **78**, 232, Düss MDR **96**, 311, selbst wenn diese Entscheidung unzulässig war, § 281 Rn 27, 30, BayObLG MDR **83**, 322. Z 6 ist aber nach einer Zurückverweisung unanwendbar, BGH FamRZ **98**, 477. Dasselbe gilt bei einer Aktenrücksendung nebst einer Anregung zur Aufhebung einer Verweisung, Köln Rpfleger **00**, 236. Die formellen Voraussetzungen für die Bestimmung durch das übergeordnete gemeinsame Gericht liegen auch dann vor, wenn sich eine von mehreren in Betracht kommenden Abteilungen des AG, BayObLG FamRZ **92**, 333, oder mehrere Abteilungen, Kammern oder Senate desselben Gerichts unanfechtbar für unzuständig erklärt haben. Das gilt, soweit es dann nicht mehr nur um die Geschäftsverteilung und damit nicht mehr um eine Befugnis des Präsidiums usw nach § 21 e I GVG geht, etwa beim bloßen Streit zwischen der erstinstanzlicher und der Berufungskammer des LG, BGH NJW **00**, 81, sondern um eine ausdrückliche gesetzliche Zuständigkeitsregelung, etwa in den Situationen Rn 33, 34, 35 (E, F), BGH NJW **00**, 81. Es mag auch so liegen: Das ArbG hat den Rechtsstreit an das ordentliche Gericht verwiesen, das eine Gericht hat in unzulässiger Weise an das andere zurückverwiesen, BGH FamRZ **93**, 49, oder es hat unzulässig weiterverwiesen. Das ArbG mag auch eine Zurückverweisung an das ordentliche Gericht vorgenommen haben, und dieses mag die Sache dem BGH vorgelegt haben. 27

D. Instanzfragen. Die Situationen Rn 25 oder Rn 26 können im Prozeßkostenhilfeverfahren entstehen, Rn 6, BGH NJW **01**, 1285, Düss RR **06**, 431, Jena RR **08**, 957, zB auch durch solche erstinstanzlichen mitgeteilten Entscheidungen, BGH FamRZ **88**, 1160, die man auch nach § 127 nicht mehr anfechten kann, BGH AnwBl **88**, 174. Denn andernfalls wäre diejenige Partei ohne einen Rechtsschutz, die die Prozeßkostenhilfe beantragt. Der Zuständigkeitsstreit kann auch dann entstanden sein, wenn man den gesetzlichen Rechtsweg nicht beschreiten kann. 28

Der Zuständigkeitsstreit kann auch im *Rechtsmittelverfahren* entstanden sein, BGH RR **96**, 891. Er mag auch im Kostenfestsetzungsverfahren entstanden sein, §§ 103 ff, BayObLG Rpfleger **89**, 80, oder im Mahnverfahren, §§ 688 ff, BGH NJW **93**, 2752, BAG Rpfleger **75**, 127, BayObLG Rpfleger **02**, 528, oder im Vollstreckungsverfahren, BGH NJW **96**, 3013. Grundsätzlich muß das Gericht die Klage oder Antragsschrift vor der Entstehung des Zuständigkeitsstreits zugestellt haben. Es muß also die Rechtshängigkeit nach § 261 vorliegen, BGH RR **96**, 254, BayObLG RR **00**, 589, Brdb MDR **02**, 537. Wegen der Ausnahmen Rn 37. Ein Streit nur zur Frage der Anhängigkeit nach § 261 Rn 1 reicht nicht, Düss FamRZ **86**, 821. Der Prozeß darf auch noch nicht ganz beendet sein, BayObLG **98**, 15.

E. Maßgeblichkeit der wahren Zuständigkeit. Bei Rn 25 ist die wahre Zuständigkeit unerheblich. Bei Rn 26 muß grundsätzlich gerade eines der bisher beteiligten Gerichte *bei einer objektiven Betrachtung zuständig* gewesen sein, BGH NJW **95**, 534, BayObLG **02**, 153. Es ist dann unerheblich, daß außerdem etwa noch ein anderes Gericht zuständig wäre. Bei einer allseitigen Zuständigkeitsverneinung zwischen dem ordentlichen und dem ArbG entscheidet das zuerst angegangene oberste Bundesgericht. 29

12) Zuständigkeitsarten, I Z 5, 6. Die Vorschriften betreffen die sachliche Zuständigkeit, BGH **90**, 157. Sie betreffen auch die örtliche und in einer entsprechenden Anwendung auch die geschäftliche (funktionelle, instanzielle) Zuständigkeit, Schlesw Rpfleger **08**, 513 (Mahn- gegen Streitgericht). Das gilt, soweit das Gericht die Entscheidung nicht auf Grund einer gesetzlichen Regelung im Weg einer Geschäftsverteilung treffen muß, BGH NJW **94**, 2956, BFH ZZP **100**, 82, Althammer NJW **02**, 3523, aM Sangmeister MDR **88**, 192 (aber eine Geschäftsverteilung geht nur über den erlaubten Umfang als der einfachere Weg vor). Es kann sich im einzelnen um die folgenden Streitigkeiten handeln. 30

A. Familiengericht gegen Familiengericht. Es gilt § 5 FamFG. 31

B. Prozeßgericht gegen Familiengericht und umgekehrt. Im letzteren Fall gilt § 5 FamFG. Im übrigen (je zum alten Recht) BGH RR **93**, 1282, Brdb FamRZ **07**, 293, Oldb FamRZ **08**, 436. Wegen § 542 I ist als dritte Instanz an sich der BGH zuständig, folglich über § 36 II das OLG. 32

Dabei entscheidet im *höheren* Gericht dessen *Familiengericht,* (je zum alten Recht) BGH NJW **91**, 1081, Jena FamRZ **03**, 1125, Rostock FamRZ **04**, 957, aM BGH NJW **80**, 1282 (aber das FamG ist das speziellere Gremium). „Der Zuständigkeits-Wirrwarr war schon vor dem FamFG bald komplett", Bosch FamRZ **86**, 821. 33

C. Prozeßgericht gegen Vollstreckungsgericht. BGH NJW **82**, 2070, BayObLG FamRZ **91**, 213. 34

D. Zivilkammer gegen Kammer für Baulandsachen. Oldb MDR **77**, 498.

E. Zivilkammer gegen Kammer für Handelssachen. Brdb RR **01**, 429, Schlesw RR **03**, 1650, Stgt RR **05**, 699.

F. Sonstige Fälle. Z 6 ist auch beim Streit zwischen einem Nachlaßgericht und einem Landwirtschaftsgericht anwendbar, BGH RR **95**, 198. Die Vorschrift ist auch beim Streit zwischen einem Arbeitsgericht und eunem Sozialgericht anwendbar. Zur Bestimmung ist das zuerst angegange obere Gericht zuständig, BGH NJW **01**, 3632. Wenn freilich das SG an ein ordentliches Gericht weiterverwiesen hat, ist nicht mehr das BAG zuständig, sondern das BSG, BAG DB **88**, 2108. 35

Unanwendbar ist Z 6 beim Streit nur über die internationale Zuständigkeit, Schlesw MDR **00**, 721 (abl Mankowski JZ **00**, 793). Freilich kann zugleich ein Streit über eine weitere nach Z 6 erhebliche Zuständigkeit vorliegen, selbst wenn eines der beteiligten Gerichte dazu nicht ausdrücklich Stellung nimmt. Das übersieht Schlesw MDR **00**, 721.

Unanwendbar ist II beim Streit um den Rechtsweg, BGH NJW **02**, 2474 (ordentliches Gericht gegen ArbG), BayObLG **99**, 80 (ordentliches Gericht gegen VG).

36 **G. Notwendigkeit zweier echter Entscheidungen.** Es müssen stets wirksame Erklärungen der Unzuständigkeit durch echte Entscheidungen vorliegen, BGH FamRZ **94**, 299, BayObLG Rpfleger **04**, 234, Hamm FamRZ **05**, 1845 links, aM Oldb FamRZ **08**, 436. Das kann durch ein Prozeß- oder Sachurteil oder in einer Beschlußform geschehen sein, BGH RR **93**, 1091, BayObLG RR **91**, 188, Brdb RR **01**, 63. Eine solche Erklärung kann vorliegen, wenn das „verweisende" Gericht die Akten dem anderen Gericht vorlegt und seine Verneinung der eigenen Zuständigkeit erkennbar macht, Karlsr FamRZ **91**, 90, oder wenn das Gericht die Ablehnung der Übernahme mit dem Fehlen seiner Zuständigkeit begründet, BGH FamRZ **93**, 49.

Eine solche Erklärung liegt *nicht* vor, wenn das Gericht seine Auffassung zur Zuständigkeit nur in einem Vermerk niedergelegt hat, den es den Parteien *nicht* oder nur formlos *bekannt gegeben* hat, BGH FamRZ **98**, 610, BayObLG Rpfleger **04**, 234, Oldb FamRZ **08**, 436, aM Drsd NJW **99**, 798 (bei voraussichtlich endlosem Streit großzügiger. Aber ihn soll ja gerade erst das OLG beenden). Eine wirksame Entscheidung fehlt ferner grundsätzlich, wenn das Gericht die Akten lediglich formlos an das andere Gericht abgegeben oder zurückgegeben hat, BGH JZ **89**, 50, Karlsr FamRZ **01**, 835, LAG Nürnb BB **95**, 2432, ohne die Parteien ausreichend anzuhören, BGH FamRZ **98**, 610, BayObLG JB **03**, 326, oder zumindest zu verständigen, BGH RR **95**, 514, BayObLG WoM **94**, 111, Brdb RR **01**, 429. Etwas anders gilt, wenn die Anhörung unstatthaft ist, BayObLG RR **86**, 421. Das gilt zB bei § 834, BGH NJW **83**, 1859.

37 **H. Formlose Abgabe vor Rechtshängigkeit.** Bei einer im übrigen ordnungsgemäßen formlosen Abgabe vor der Rechtshängigkeit nach § 261 Rn 1 ist allerdings zwecks einer baldigen Beendigung des Zuständigkeitsstreits, also wegen der Prozeßwirtschaftlichkeit nach Grdz 14, 15 vor § 128, Rn 2 als eine Ausnahme von Rn 28 die Z 6 entsprechend anwendbar, BGH Rpfleger **83**, 160, Brdb MDR **02**, 537, Karlsr RR **02**, 1168, aM BGH RR **96**, 254, Düss FamRZ **88**, 299, ZöV 26 (aber es kann ein wirkliches Bedürfnis nach einer alsbaldigen Klärung bestehen, und das Prozeßrecht ist kein Selbstzweck, Einl III 10).

38 **I. Rechtskraft.** Die Partei muß die Rechtsbehelfe erschöpft haben. Es muß also die formelle Rechtskraft eingetreten sein, BGH **144**, 24, BayObLG **99**, 78, Hamm FamRZ **04**, 650. Sie muß also eine etwa zulässige sofortige oder sonstige Beschwerde erfolglos eingelegt haben, aM Oldb MDR **77**, 498 (aber Z 6 setzt eine rechtskräftige Entscheidung voraus, LG Regensb JB **04**, 390). Freilich ist auch bei einem zwar *grob fehlerhaften, aber* immerhin formell *erlassenen* Verweisungsbeschluß wegen der Prozeßwirtschaftlichkeit nach Grdz 14, 15 vor § 128 keine vorherige Anfechtung nötig, BayObLG **91**, 243. Die auch formlose Erklärung der Unzuständigkeit kann dabei einem Beschluß nach § 281 gleichstehen, BAG NJW **05**, 3232 (bei Willkür des verweisenden Gerichts Z 6 entsprechend), BayObLG KTS **00**, 302 (dann: Zurückverweisung). Das bestimmende Gericht muß grundsätzlich beachten, daß das eher spezialisierte der infrage kommenden Gerichte zuständig wird. Wenn zB der Kläger den einheitlichen prozessualen Anspruch nach § 2 Rn 4 mit mehreren sachlichrechtlichen Begründungen versieht oder wenn mehrere derartige Begründungen infrage kommen, von denen das allgemeine Prozeßgericht die eine prüfen müßte, das FamG die andere, sollte grundsätzlich das letztere zuständig werden, BGH FamRZ **83**, 156 – auch zur Unzulässigkeit einer Prozeßtrennung, § 145 Rn 3 – (zustm Walter FamRZ **83**, 363), Bbg FamRZ **89**, 409. Bei § 7 I 3 Z 5 BetrVG sollte das für den Pensionssicherungsverein zuständige Gericht vor dem für den Arbeitnehmer zuständigen den Vorrang haben, BAG DB **84**, 300.

39 **J. Möglichkeiten des bestimmenden Gerichts.** Das bestimmende Gericht kann eines der beteiligten Gerichte bestimmen, auch das rangniedrigere, Mü NZM **08**, 529. Es kann auch ein etwa wirklich zuständiges *drittes* Gericht als zuständig bestimmen, BGH NJW **96**, 3013, BayObLG RR **00**, 67, Rostock VersR **05**, 1306. Kann es nicht ohne eine weitere Tatsachenaufklärung ein zuständiges Gericht feststellen, verweist es zurück, BGH FamRZ **97**, 172, BayObLG JB **03**, 326, Rostock VersR **05**, 1306. Wenn dasjenige Gericht, an das die Sache nach § 281 verwiesen worden war, eine Rückverweisung oder Weiterverweisung vorgenommen oder die Übernahme einfach abgelehnt hatte, stellt das bestimmende Gericht den ersten Verweisungsbeschluß wieder her, selbst wenn dieser erste Verweisungsbeschluß sachlich unrichtig war, BayObLG RR **01**, 1326, solange nicht eben wegen solcher Fehler eine Bindungswirkung fehlt, BayObLG RR **01**, 1326, KG RR **00**, 801.

40 **K. Verstoß des bestimmenden Gerichts.** Ein Fehler in einem Verweisungsbeschluß hindert ein Verfahren nach Z 6 erst dann, wenn der Verweisungsbeschluß wegen des Fehlers offensichtlich gesetzwidrig ist, § 281 Rn 39, BAG DB **94**, 436, Kblz FamRZ **00**, 543. Das kann der Fall sein: Wenn es zur Wahrung einer funktionierenden Rechtspflege notwendig ist, BAG NJW **06**, 1371 und 1372; wenn das Gericht das rechtliche Gehör verletzt hat, BGH NJW **82**, 1001, BAG BB **79**, 274; wenn das ordentliche Gericht im Nachverfahren nach einem Urkundenprozeß eine Verweisung an das ArbG vorgenommen hat. Dann muß man die Akte an das verweisende Gericht zurückgeben. Eine Bestimmung nach Z 6 findet nicht statt, wenn sich überhaupt nur *ein* Gericht für unzuständig erklärt hat, weil die Sache bereits bei einem anderen Gericht rechtshängig sei, und wenn es die Sache deshalb an dieses andere Gericht verwiesen hat, BGH NJW **80**, 290.

41 **L. Funktioneller Streit.** Eine Entscheidung liegt nicht vor, wenn das Familiengericht lediglich seine Abteilung, nicht aber auch die Prozeßabteilung für unzuständig erklärt, BayObLG FamRZ **80**, 1035, Ffm RR **89**, 6, und solange nicht auch der Richter der Prozeßabteilung sich für unzuständig erklärt, Ffm RR **89**, 6. Bei einem Streit zwischen verschiedenen Abteilungen des AG entscheidet das Präsidium. Das gilt auch dann, wenn im Geschäftsverteilungsplan kein solcher Entscheidungsvorbehalt vorhanden ist.

42 **M. Einzelfragen.** Eine Zuständigkeitsbestimmung im *Prozeßkostenhilfeverfahren* gilt nur für dieses, Rn 6, Karlsr OLGZ **85**, 124, aM Düss Rpfleger **79**, 431 (aber das Verfahren nach §§ 114ff ist gerade noch nicht der Hauptprozeß und folgt teilweise durchaus anderen Regeln). Eine Zuständigkeitsbestimmung für das Erstgericht bindet das Rechtsmittelgericht nicht, BGH NJW **80**, 1282.

37 *Verfahren bei gerichtlicher Bestimmung.* [I] **Die Entscheidung über das Gesuch um Bestimmung des zuständigen Gerichts ergeht durch Beschluss.**

[II] **Der Beschluss, der das zuständige Gericht bestimmt, ist nicht anfechtbar.**

Gliederung

1) Systematik, I, II. Während § 36 die Voraussetzungen der Zuständigkeitsbestimmung nennt, regelt **1**
§ 37 das Verfahren einschließlich der Entscheidung, zur letzteren ergänzt durch § 329.

2) Regelungszweck, I, II. Das Zwischenverfahren soll im Interesse der in § 36 Rn 2 erläuterten Ziele **2**
möglichst rasch und ohne viele Zusatzkosten ablaufen. Ob die bisweilen reichlich lapidare Handhabung der Entscheidung durch ein Weglassen jeder Begründung dem Rechtsfrieden sonderlich dient, ist zweifelhaft. Oft haben sich beide bisher beteiligten Gerichte sehr wohl gründliche Gedanken zur Zuständigkeitsfrage gemacht und ihre Beurteilungen ausführlich begründet. Sie müßten ja schon der Form nach mehr als bloße Erwägungen sein. Zumindest der damit erfolglos gebliebene Richter kann erwarten, daß das nach § 37 entscheidende Gericht ihm seine abweichende Beurteilung nicht nur in der Form einer Entscheidungsformel mitteilt. Die Parteien sollen ihm und seiner Sachkunde ja schließlich trotz dieser Zwischen-„Niederlage" weiter vertrauen dürfen. Es gibt im übrigen ausgezeichnet begründete Entscheidungen nach § 37. Sie tragen zur Vermeidung gleichartiger Zwischenstreite sehr bei.

3) Geltungsbereich, I, II. Vgl § 36 Rn 3–6, ferner § 5 FamFG. **3**

4) Antrag, I. Zur Notwendigkeit eines „Gesuchs" § 36 Rn 7. Man kann den Antrag formlos stellen. Es **4**
besteht kein Anwaltszwang, § 78 III Hs 2. Denn der Antrag kann auch zum gerichtlichen Protokoll erfolgen. Ein Antragsrecht haben grundsätzlich nur der Kläger oder ein Streithelfer, BGH NJW **90**, 2752, lediglich bei § 36 I Z 1, 5, 6 auch der Bekl, Düss MDR **89**, 646, oder sein Streithelfer. Eine Prozeßkostenhilfe ist statthaft, § 114 Rn 45. Nur die Einreichung des Antrags beim höheren Gericht hemmt evtl die Verjährung, § 204 I Z 13 Hs 1 BGB, also nicht der bloße Eingang des vorher anderweitig eingereichten Gesuchs. Das gilt freilich nur, wenn derjenige Antrag, für den die Gerichtsstandsbestimmung erfolgen soll, binnen 3 Monaten folgt, § 204 I Z 13 Hs 2, III BGB. § 281 ist entsprechend anwendbar, Mü NJW **07**, 164.

5) Verfahren, I. Das Gericht gibt dem Antragsgegner grundsätzlich das *rechtliche Gehör,* Art 103 I GG, **5**
Zweibr OLGR **01**, 44. Eine Ausnahme kann im Eilverfahren wie sonst gelten, BayObLG RR 86, 421. Beim OLG ist der Einzelrichter nicht befugt, Rostock FamRZ **04**, 650. Das Gericht darf eine mündliche Verhandlung ansetzen. Es ist dazu aber nicht verpflichtet, § 128 IV. Eine Rüge der Unzuständigkeit, die einem früheren Hilfsantrag entgegensteht, ist unbeachtlich. Das Gericht geht vom Klägervortrag aus, BayObLG RR **03**, 134, aM Zweibr MDR **83**, 495 (aber es gibt keine höheren Anforderungen als bei einer Klage). Es ermittelt nicht etwa nach Grdz 38 vor § 128 von Amts wegen die zur Entscheidung erforderlichen Tatsachen, BGH FamRZ **97**, 172, BayObLG **94**, 96. Das Gericht braucht die Prozeßvoraussetzungen nach Grdz 13 vor § 253 außer derjenigen der Zuständigkeit nicht zu prüfen, BGH RR **87**, 757, BayObLG RIW **03**, 387, Bornkamm NJW **89**, 2715, aM ThP 4 (sie wollen auch die Prozeßfähigkeit prüfen, unterstellen sie freilich im Ergebnis). Es prüft auch die internationale Zuständigkeit, Üb 6 vor § 12, BayObLG RIW **03**, 388. Es prüft aber nicht die Schlüssigkeit der Klage oder die Erheblichkeit der bisherigen Verteidigung jeweils zur Hauptsache, BayObLG RR **98**, 1291. Natürlich muß das Gericht die Voraussetzungen des § 36 prüfen, BGH NJW **00**, 3214, auch das zum Bestimmungsverfahren erforderliche Rechtschutzbedürfnis, BayObLG **80**, 436. BayObLG **94**, 122 läßt dabei Zweckmäßigkeitserwägungen im Rahmen von Art 101 I 2 GG zu. Sie beherrschen ohnehin oft die Praxis.

6) Entscheidung, I. Die Entscheidung setzt grundsätzlich eine Rechtshängigkeit voraus, BGH RR **98**, **6**
1161, BayObLG RR **00**, 589.

A. Form, Inhalt. Sie erfolgt durch einen Beschluß. Er klärt die Zuständigkeit abschließend, S 2. Das Gericht bestimmt das in Wahrheit zweckmäßigerweise zuständige Gericht, BGH NJW **83**, 1914, BayObLG **94**, 121. Dabei muß es zB §§ 261 III Z 2, 281 II 5 beachten, BGH **95**, 702, BAG NJW **97**, 1091, BayObLG BB **05**, 2266. Der Beschluß kann ausnahmsweise die Zuständigkeit eines dritten Gerichts begründen, BGH FamRZ **97**, 172, BayObLG RR **00**, 1592. Das Gericht muß seinen Beschluß begründen. Denn er beendet einen meist schwer zu beurteilenden Zwischenstreit, der den gesetzlichen Richter bestimmt, § 329 Rn 4. Das Gericht kann zur weiteren Klärung der Zuständigkeitsfragen aufheben und zurückverweisen, BGH NJW **95**, 534 (krit Jauernig 2017), BayObLG **99**, 96.

B. Kosten. Der Beschluß enthält wegen der Zugehörigkeit der Kosten des Bestimmungsverfahrens zu **7**
denjenigen der Hauptsache nach §§ 91 ff grundsätzlich *keine Kostenentscheidung,* BayObLG RR **00**, 141, Mü MDR **07**, 1154, und zwar weder bei einer Bestimmung, BGH RR **87**, 757, noch bei ihrer Ablehnung oder bei einer Antragsrücknahme, aM BGH RR **87**, 757, BayObLG RR **02**, 2888, Kblz RR **07**, 425 (§ 91), Vossler NJW **06**, 121 (wendet § 269 III schon deshalb in sich widersprüchlich an, weil er keinen Antrag voraussetzt, § 36 Rn 7. Im übrigen ist durchaus nicht erkennbar, weshalb das Klageverfahren nur dann keine Hauptsache mehr sein soll). Man muß die Kosten notfalls gesondert einklagen, Düss MDR **83**, 846, Schmidt AnwBl **84**, 553.

8 **C. Mitteilung** Wenn eine mündliche Verhandlung stattfand, muß das Gericht seinen Beschluß nach § 329 I 1 verkünden oder schriftlich *mitteilen*. Wenn der Rechtsstreit noch nicht anhängig ist, gibt es seinen Beschluß nur dem Antragsteller bekannt. Nach der Rechtshängigkeit gibt es ihn beiden Parteien bekannt. Eine formlose Mitteilung genügt, § 329 II 1. Wenn der Beschluß vor dem Zeitpunkt der Klagezustellung usw ergangen ist, muß ihn der Kläger der nachfolgenden Klage oder seinem nachfolgenden Antrag beifügen.

9 **7) Rechtsbehelfe, II.** Gegen einen zurückweisenden Beschluß des LG ist die sofortige Beschwerde nach § 567 I Z 2 zulässig, StJR 5, ThP 6, ZöV 4, aM Vossler NJW **06**, 122. Eine Rechtsbeschwerde kommt mangels der Voraussetzungen des § 574 nicht in Betracht, BayObLG RR **02**, 2888, Vossler NJW **06**, 122. Gegen den ein Gericht als zuständig bestimmenden Beschluß ist kein Rechtsbehelf statthaft, BGH FamRZ **98**, 477, BAG DB **03**, 1284. Das gilt auch nach § 5 III FamFG. BayObLG WoM **98**, 119 gibt gegen eine Zurückverweisung evtl die sofortige Beschwerde. Die Prozeßparteien können wegen der ausdrücklichen Unanfechtbarkeit des bestimmenden Beschlusses die daraus folgende Zuständigkeit weder im Prozeß noch sonstwie bemängeln. Das gilt selbst dann, wenn das bestimmende Gericht einen Verfahrensfehler begangen hat, BGH FamRZ **80**, 671, wenn es zB etwa das rechtliche Gehör verletzt hat, Artt 2 I, 20 III GG (Rpfl), BVerfG **101**, 404, Art 103 I GG (Richter). Beim Rpfl gilt im übrigen § 11 RPflG, § 104 Rn 41 ff.

10 **8) Bindung, II.** § 37 enthält keine ausdrückliche Bindungswirkung. Trotzdem bindet die Bestimmung des zuständigen Gerichts wegen des Regelungszwecks nach § 36 Rn 2 grundsätzlich das bestimmte Gericht, § 329 Rn 17, BGH RR **95**, 702, BayObLG RR **03**, 357, Mü RR **02**, 1722. Diese Bindungswirkung tritt freilich nur insoweit ein, als ein Bindungswille des bestimmenden Gerichts erkennbar geworden ist, AG Lübeck NJW **78**, 649, (abl Jauernig 1271. Vgl aber § 281 Rn 33 ff). Das gilt selbst dann, wenn das bestimmende Gericht gegen Art 103 I GG verstoßen hat, § 281 Rn 39 ff, BGH **102**, 341, BAG NJW **96**, 413. Das gilt auch, soweit das Gericht zB eine selbst gesetzte Äußerungsfrist nicht eingehalten hat, BGH RR **88**, 522, BAG NJW **93**, 1879, Nürnb RR **97**, 379. Das bestimmte Gericht muß auch prüfen, ob das bestimmende Gericht überhaupt denjenigen Sachverhalt geprüft hat, der auch der Klage zugrunde liegt.

Freilich bleibt die Bestimmung bindend, wenn das bestimmende Gericht den Sachverhalt *nicht ganz vollständig* berücksichtigt hat, BGH FamRZ **80**, 671. Die Zuständigkeitsbestimmung bleibt ferner dann wirksam, wenn die Klage auf ein Weniger hinausläuft, wenn der Kläger also etwa nur eine Feststellung statt einer Leistung begehrt. Die Bindung bleibt auch bei einer teilweisen Klagerücknahme bestehen, Mü RR **02**, 1722. Auch das übergeordnete Gericht des bestimmten Gerichts, zB das Beschwerdegericht, bleibt gebunden, BGH FamRZ **80**, 670, BayObLG Rpfleger **87**, 125. Etwas anderes gilt dann, wenn die Klage auf ein Mehr hinausläuft oder wenn der Kläger gegen denjenigen Streitgenossen nach § 59 nur keine Klage erhebt, dessentwegen die Zuständigkeitsbestimmung nach § 36 I Z 3 gerade erfolgen mußte, Mü MDR **87**, 851.

Titel 3. Vereinbarung über die Zuständigkeit der Gerichte

Übersicht

Schrifttum: *Ahrendt,* Der Zuständigkeitsstreit im Schiedsverfahren, 1996 (rechtsvergleichend betr §§ 1025 ff); *Alexander,* Gerichtsstands- und Schiedsvereinbarungen im E-Commerce usw, 2006; *Aull,* Der Geltungsanspruch des EuGVÜ usw, 1996; *von Baum,* Die prozessuale Modifizierung von Wertpapieren durch Gerichtsstands- und Schiedsvereinbarungen, 1998; *Boccatoschi,* Zuständigkeits- und Gerichtsstandsvereinbarungen im deutschen und italienischen Recht usw, 2005; *de Bra,* Verbraucherschutz durch Gerichtsstandsregelungen im deutschen und europäischen Zivilprozeßrecht, 1992; *Dorsel,* Forum non conveniens usw (rechtsvergleichend), 1994; *Eichel,* AGB-Gerichtsstandsklauseln im deutsch-amerikanischen Handelsverkehr usw, 2007; *Eilers,* Maßnahmen des einstweiligen Rechtsschutzes im Europäischen Zivilrechtsverkehr, 1991; *Gottwald,* Grenzen internationaler Gerichtsstandsvereinbarungen, Festschrift für *Firsching* (1985) 89; *Gottwald,* Internationale Gerichtsstandsvereinbarungen – Verträge zwischen Prozeßrecht und materiellem Recht, Festschrift für *Henckel* (1995) 295; *Gottwald,* Gerichtsstand und Geschäftsgrundlage, in: Festschrift für *Henrich,* 2000; *Hausmann,* Einheitliche Anknüpfung internationaler Gerichtsstands- und Schiedsvereinbarungen?, in: Festschrift für *Lorenz,* 1991; *Jayme,* Inhaltskontrolle von Rechtswahlklauseln in Allgemeinen Geschäftsbedingungen, in: Festschrift für *Lorenz,* 1991; *Kropholler,* Internationales Privatrecht, 5. Aufl 2004, § 58 III; *Kropholler/Pfeifer,* Das neue europäische Recht der Zuständigkeitsvereinbarung, in: Festschrift für *Nagel* (1987) 157; *Leipold,* Zuständigkeitsvereinbarungen in Europa, in: *Gottwald/Greger/Prütting* (Hrsg), Dogmatische Grundfragen des Zivilprozesses im geeinten Europa (2000); *Möllers,* Internationale Zuständigkeit bei der Durchgriffshaftung, 1987; *Pfeiffer,* Materialisierung und Internationalisierung im Recht der Internationalen Zuständigkeit, Festgabe *50 Jahre Bundesgerichtshof* (2000) III 617; *Pfeiffer,* Die Absicherung von Gerichtsstandsvereinbarungen durch Vereinbarung eines materiell-rechtlichen Kostenerstattungsanspruchs, in: Festschrift für *Lindacher* (2007); *Rahmann,* Ausschluß staatlicher Gerichtszuständigkeit usw, 1984 (rechtsvergleichend: USA); *Reiser,* Gerichtsstandsvereinbarungen nach IPR-Gesetz und Lugano-Übereinkommen, Zürich 1995; *Reithmann,* Internationales Vertragsrecht, 3. Aufl 1980; *Sandrock,* Die Vereinbarung eines „neutralen" internationalen Gerichtsstandes, 1997; *Schack,* Internationales Zivilverfahrensrecht, 3. Aufl 2002; *Schilken,* Zur Zulässigkeit von Zuständigkeitsvereinbarungen, Festschrift für *Musielak* (2004) 435; *Schlosser,* Materiell-rechtliche Wirkungen von (nationalen und internationalen) Gerichtsstandsvereinbarungen, in: Festschrift für *Lindacher* (2007); *Schücking,* Wirtschaftsrechtliche Schranken für Gerichtsstandsvereinbarungen, Gedächtnisschrift für *Arens* (1993) 385; *Staehelin,* Gerichtsstandsvereinbarungen im internationalen Handelsverkehr Europas usw, 1994; *Stöve,* Gerichtsstandsvereinbarungen nach Handelsbrauch, Art 17 EuGVÜ und § 38 ZPO usw, 1993;

Vial, Die Gerichtsstandswahl und der Zugang zum internationalen Zivilprozeß im deutsch-italienischen Rechtsverkehr usw, 1999; *Weth,* Prämien für gute Richter, Festschrift für *Lüke* (1997) 961; *Weyland,* Zur Frage der Ausschließlichkeit internationaler Gerichtsstandsvereinbarungen, Gedächtnisschrift für *Arens* (1993) 417.

Gliederung

1) Systematik. Das geltende Gesetz hat den früheren Grundsatz der freien Vereinbarkeit der sachlichen und örtlichen Zuständigkeit (Prorogation) fast ins Gegenteil verkehrt, BGH NJW **83**, 162, LG Trier NJW **82**, 287, Ehricke ZZP **111**, 167. Das hat eine erhebliche Einschränkung der Parteiherrschaft bewirkt, Grdz 18 ff vor § 128, LG Bln RR **97**, 378. § 290 und andere ausschließliche Gerichtsstände gehen vor, § 40 II 1 Hs 1. 1

2) Regelungszweck. Nun will das Gesetz zwar niemanden gegen seinen Willen dem gesetzlichen Richter entziehen, Art 101 I 2 GG, LG Bln RR **97**, 378. Besonders in Allgemeinen Geschäftsbedingungen gibt es enormen Mißbrauch, wie überhaupt dann auch bei gerichtlichen Verweisungen, Fischer MDR **00**, 684. Trotzdem besteht oft ein ganz erhebliches Bedürfnis beider Partner nach der Möglichkeit einer freien Zuständigkeitswahl. Die derzeitige Regelung würgt solche Möglichkeiten zu sehr ab. Freilich bleibt eine Schiedsvereinbarung zulässig. Durch sie können die Parteien das Staatsgericht inkonsequent überhaupt ausschalten, krit Bettermann ZZP **91**, 392, Wolf ZZP **88**, 345. Falls vor allem Allgemeine Geschäftsbedingungen auf eine Schiedsvereinbarung ausweichen, bleibt doch nur eine Fortsetzung in der Form der dann schiedsrichterlichen Inhaltskontrolle. 2

Spezialgerichte sind wie bei § 35 Rn 2 auch bei §§ 38 ff im Rahmen des Zulässigen durchaus wünschenswert. Es kann aber gerade dann und überhaupt stets bei wirtschaftlichem Übergewicht eines Vertragspartners auch die Gefahr bestehen, daß sich der Schwächere einem Gerichtsstandsdiktat des Stärkeren in der Form einer ziemlich aufgezwungenen „Vereinbarung" gebeugt hat. Rechtsmißbrauch ist auch in der Form einer Erschleichung des Gerichtsstands nach § 38 unstatthaft, Einl III 54, Üb 22 vor § 12. Auch sollte man auf die notwendigen formellen Bedingungen einer wirksamen Vereinbarung durchaus streng achten.

3) Geltungsbereich. Vgl zunächst Üb 3 vor § 12. §§ 38–40 gelten für die sachliche Zuständigkeit, KG VersR **80**, 874, aM LG Bre VersR **78**, 978, ferner für örtliche und internationale Zuständigkeit, Üb 6 vor § 12, BGH NJW **81**, 2644, Mü MDR **75**, 494, Nürnb NJW **85**, 1296. §§ 38–40 gelten nicht für die geschäftliche (funktionale, instanzielle) Zuständigkeit, Rn 5, BGH VersR **77**, 430, und nicht für den Rechtsweg, BGH NJW **97**, 328. Das Gericht muß seine Zuständigkeit von Amts wegen prüfen, Grdz 39 vor § 128. Beim AG besteht eine Belehrungspflicht über die sachliche wie örtliche Unzuständigkeit, § 504. Ein Versäumnisurteil auf Grund einer bloßen Behauptung der Zuständigkeitsvereinbarung ist evtl unzulässig, selbst wenn man die letztere mit Tatsachen belegt, § 331 I 2, dort Rn 8, Ffm MDR **75**, 232. Eine rügelose Einlassung heilt nur bedingt, §§ 39, 40 II. §§ 38 ff gelten auch im Eilverfahren der §§ 916 ff, 935 ff. 3

Im *Mahnverfahren* gilt § 689 II, III. Es ist also keine Zuständigkeitsvereinbarung mehr möglich. Für das anschließende streitige Verfahren ist eine Zuständigkeitsvereinbarung jedenfalls dann nicht mehr zulässig, wenn inzwischen Rechtshängigkeit vorliegt, §§ 261 III Z 2, 696 III, aM wohl Drsd MDR **07**, 854, ferner Müller-Lerch AnwBl **82**, 46 (aber die vorstehenden Vorschriften sollen gerade dergleichen ausschließen).

Im Patentverfahren gilt § 78 b GVG Anh I. Weitere Sondervorschriften enthalten zB § 43 WEG, Anh § 29 b, §§ 109, 147 III VAG, 48 I VVG; 26 FernUSG, abgedruckt Anh § 29 (dessen II Z 1, 2 entspricht etwa dem § 38 III Z 1, 2 ZPO). Zu alledem Schücking (vor Rn 1) 386. §§ 38–40 sind auf Verfahren gemäß LVO unanwendbar. 4

Die *geschäftsplanmäßige* (funktionale, instanzielle) Zuständigkeit etwa einer bestimmten Kammer läßt sich grundsätzlich nicht vereinbaren, BGH VersR **77**, 430, Schilken (Üb § 38 vor Rn 1) 438. Ausnahmen gelten für die Kammer für Handelssachen. Die Wahl des Rechtswegs unterliegt keiner Vereinbarung, § 13 GVG. Statthaft ist eine Zuständigkeitsvereinbarung nur im Urteilsverfahren, nicht im Beschlußverfahren. Eine Vereinbarung wegen eines bloßen Teilanspruchs ist unzulässig. 5

Das vereinbarte Gericht wird ohne seinen Willen zuständig. Nach dem Eintritt der *Rechtshängigkeit* fällt die Zuständigkeit nicht mehr weg, § 261 Rn 28, § 281 Rn 45. Wegen der Auswirkung einer Zuständigkeitsvereinbarung auf eine Aufrechnungsmöglichkeit § 145 Rn 18. Eine Vereinbarung der Zuständigkeit durch die Tarifpartner nach § 48 II ArbGG ist wegen § 13 GVG nicht mehr wirksam möglich. 6

4) Internationales Recht. Ein Haager ÜbK über Gerichtsstandsvereinbarungen ist noch nicht ratifiziert, Fricke VersR **06**, 476. Man muß nach § 293 zunächst etwaige Gesetzesvorschriften beachten, nach denen ein gesetzlicher Gerichtsstand nicht vertraglich ausschließbar ist, zB: § 53 III KWG, Schücking (vor Rn 1) 394; § 109 VAG, Schücking (vor Rn 1) 386. Zum Problem *Pfeiffer,* Gerichtsstandsklauseln und EG-Klauselrichtlinie, Festschrift für *Schütze* (1999) 671, Schücking (vor Rn 1) ausf. Im übrigen gilt: Die Vereinbarung der nationalen Zuständigkeit ist zulässig, soweit sie nicht bürgerlichrechtlich unwirksam ist. Daher ist sie auch formularmäßig grundsätzlich statthaft, Bbg RR **89**, 371, LG Hbg VersR **82**, 140 (wegen eines Konnossements. Wegen der Rechtswahl Hbg VersR **86**, 1022). Die Vereinbarung der internationalen Zuständigkeit ist zulässig, Üb 6 vor § 12, BGH NJW **86**, 1438 (zustm Geimer), BAG MDR **08**, 694, Schilken (Üb § 38 vor Rn 1) 438. Das gilt, soweit nicht die Schutzbedürftigkeit des Arbeitnehmers den Vorrang hat. Das Revisionsgericht muß die Vereinbarung einer internationalen Zuständigkeit von Amts wegen prüfen, BGH BB **04**, 853. Zulässigkeit und Wirkung muß es nach Rn 38 prüfen. 7

Zulässigkeit und Wirkung der Vereinbarung unterliegen grundsätzlich dem *deutschem* Recht, BGH BB **98**, 2283. Insoweit ist § 38 der Maßstab, BGH RR **05**, 929. Das Zustandekommen der Vereinbarung richtet sich im übrigen nach dem Vertragsrecht der maßgebenden Rechtsordnung, BGH NJW **98**, 2886, BAG MDR

08, 694, Köln VersR **98**, 736. Es kann sich auch nach *ausländischem* Recht richten, BGH MDR **00**, 692, Bbg RR **89**, 371, aM Saarbr RR **89**, 829 (aber eine Vertragsfreiheit ist auch internationalrechtlich weitgehend möglich). Das gilt unabhängig davon, ob die dortigen maßgebenden Bestimmungen zu seinem sachlichen Recht oder zu seinem Prozeßrecht zählen, BGH NJW **89**, 1431. Der ordre public darf nicht verletzt sein, Ffm IPRax **99**, 249.

8 Die *EuGVVO* und das *LugÜ* sind *vorrangig*, SchlAnh V C 2, D, BGH BB **04**, 853, Kblz ZMR **97**, 186 (je: Schweiz), BayObLG BB **01**, 1498 (Österreich). Das gilt auch für Vollkaufleute, Karlsr NJW **82**, 1950), Kropholler, Europäisches Zivilprozeßrecht (Komm), 8. Aufl 2005. Das gilt bei der EuGVVO zB für Art 5, EuGH DB **82**, 951, und Artt 17, 23 (je zum alten Recht) EuGH DB **97**, 619 (mündliche Vereinbarung über Erfüllungsort), BGH BB **04**, 853, Graf von Westphalen NJW **94**, 2119. Freilich muß das Gericht nach Art 17 EuGVVO nur die Zulässigkeit, Form und Wirkung der Gerichtsstandsvereinbarung in jeder Verfahrenslage von Amts wegen prüfen, BGH NJW **04**, 3706. Das gilt unabhängig von der Wirksamkeit des Hauptvertrag, EuGH JZ **98**, 896 (zustm Mankowski), Kroll ZZP **113**, 135. Welche sachlichrechtlichen Anforderungen das Gericht stellen muß, bestimmt sich nach demjenigen Recht, das das angerufene Gericht nach seinem internationalen Privatrecht für anwendbar erklärt, Saarbr NJW **92**, 987.

9 Das Gericht darf und muß die internationale Zuständigkeit des deutschen Gerichts in jeder Verfahrenslage *von Amts wegen zu prüfen,* Grdz 39 vor § 128, BGH **153**, 85, BAG MDR **08**, 694. Das gilt zumindest, soweit Anhaltspunkte dafür bestehen, daß die EuGVVO anwendbar und die ausschließliche internationale Zuständigkeit der Gerichte eines anderen Vertragsstaats nach Art 22 EuGVVO bestehen könnte, BGH EuZW **90**, 37.

10 Zum *Warschauer Abkommen* Wegner VersR **82**, 423. Es ist rechtspolitisch eine Angleichung an internationalen Standard wünschenswert, Nagel JR **89**, 41.

38 *Zugelassene Gerichtsstandsvereinbarung.* **[I] Ein an sich unzuständiges Gericht des ersten Rechtszuges wird durch ausdrückliche oder stillschweigende Vereinbarung der Parteien zuständig, wenn die Vertragsparteien Kaufleute, juristische Personen des öffentlichen Rechts oder öffentlich-rechtliche Sondervermögen sind.**

[II 1] Die Zuständigkeit eines Gerichts des ersten Rechtszuges kann ferner vereinbart werden, wenn mindestens eine der Vertragsparteien keinen allgemeinen Gerichtsstand im Inland hat. [2] Die Vereinbarung muss schriftlich abgeschlossen oder, falls sie mündlich getroffen wird, schriftlich bestätigt werden. [3] Hat eine der Parteien einen inländischen allgemeinen Gerichtsstand, so kann für das Inland nur ein Gericht gewählt werden, bei dem diese Partei ihren allgemeinen Gerichtsstand hat oder ein besonderer Gerichtsstand begründet ist.

[III] Im Übrigen ist eine Gerichtsstandsvereinbarung nur zulässig, wenn sie ausdrücklich und schriftlich

1. nach dem Entstehen der Streitigkeit oder
2. für den Fall geschlossen wird, dass die im Klageweg in Anspruch zu nehmende Partei nach Vertragsschluss ihren Wohnsitz oder gewöhnlichen Aufenthaltsort aus dem Geltungsbereich dieses Gesetzes verlegt oder ihr Wohnsitz oder gewöhnlicher Aufenthalt im Zeitpunkt der Klageerhebung nicht bekannt ist.

Gliederung

1 **1) Systematik, I–III.** Die Vorschrift schafft Sonderregeln gegenüber denjenigen einer nur gesetzlichen Zuständigkeit. § 39 ergänzt sie, § 40 begrenzt sie. § 38 zählt zu den wesentlichen Grundgedanken der gesetzlichen Regelung nach (jetzt) § 307 II Z 1 BGB, LG Düss RR **95**, 441. III gilt neben §§ 12 ff nur hilfsweise, LAG Düss DB **84**, 1686. § 549 II bleibt beachtlich, BGH NJW **00**, 2822.

2 **2) Regelungszweck, I–III.** Die Vorschrift dient einer Stärkung der Parteiherrschaft, Grdz 18 vor § 128. Dieses Ziel ist ein Grundgedanke des Zivilprozeßrechts. Das erlaubt eine gewisse Großzügigkeit der Auslegung, Prütting (Üb § 38 vor Rn 1) 455. Andererseits stellt § 38 doch systematisch eine Ausnahme von dem im Interesse der Rechtssicherheit nach Einl III 43 und des Verfassungsgebots eines gesetzlichen Richters geschaffenen System gesetzlicher Zuständigkeiten dar, Üb 1 vor § 38. Daher darf man den formell zwin-

genden § 38 nun auch nicht zu weit auslegen, BGH **101**, 275, LG Trier NJW **82**, 287 (zu I), aM Krügermeyer-Kalthoff/Reutershan MDR **01**, 1220 (rechtspolitische und systematische Erwägung der Erstreckung auf Anwälte usw in Form der Kapitalgesellschaft, soweit Mandant Kaufmann. Aber das ist schon jetzt möglich).

Internationalrechtlich besteht allerdings ein steigendes Bedürfnis nach Elastiziät auch bei der Bestimmung, welches Gericht im In- oder Ausland tätig werden darf oder muß. Das muß man bei der Handhabung auch des nationalen Rechts mitbeachten. Gequälte Bejahung oder Verneinung des Vorliegens oder der Wirksamkeit einer Gerichtsstandsvereinbarung mit Auslandsbezug hilft niemandem. Andere Rechtssysteme sehen Zuständigkeitsfragen wesentlich lockerer und nehmen doch mit Recht hohen Rang für sich in Anspruch. Dafür kennt mancher Pratiker geradezu drastische Beispiele. Der deutsche ordre public nach § 328 Rn 30 ff sollte Weltoffenheit auch hier zeigen.

3) Geltungsbereich, I–III. Vgl Üb 3 vor § 38. 3

4) An sich unzuständig, I. Die Vorschrift erfaßt allein ein ordentliches Gericht erster Instanz, also ein 4
AG oder LG. Die Zuständigkeit höherer Gerichte folgt zwangsläufig aus deren Tätigkeit. Eine Vereinbarung eines Verwaltungsorgans oder dgl gilt höchstens als eine Schiedsvereinbarung, §§ 1025 ff. Die Wahl des unzuständigen Gerichts bedeutet natürlich zugleich grundsätzlich eine Abwahl des sonst zuständigen Gerichts.

5) Vereinbarung, I. Zur Verfassungsmäßigkeit der sog Prorogation BVerfG NJW **71**, 1449 (betr § 6 a des 5
früheren AbzG).

A. Einigung. Erforderlich ist eine Willenseinigung durch einen Prozeßvertrag, Grdz 48 vor § 128, Schilken (Üb § 38 vor Rn 1) 441. Das gilt auch für ein Aufrechnungsverbot, Hamm OLGR **99**, 176, Busse MDR **01**, 731, und für eine Widerklage nach Anh § 253, für die das Gericht ohne § 33 unzuständig wäre. Wenn die Parteien sie vor der Klagerhebung nach §§ 253, 261 vereinbart hatten, ist sie ein sachlichrechtlicher Vertrag über prozessuale Beziehungen, BGH NJW **86**, 1439. Folglich darf und muß das deutsche Gericht ihre Voraussetzungen von Amts wegen prüfen, BGH NJW **94**, 51. Das gilt auch bei einer Säumnis des Bekl, §§ 331 I 2, 335 I Z 1. Das muß nach sachlichem Recht geschehen, BGH NJW **83**, 2773. Eine Satzung kann als Vereinbarung wirken, EuGH NJW **92**, 1671, BGH **123**, 349, Hbg VersR **85**, 858. Die Bestimmung muß zwar genau sein, kann aber auch nur bestimmbar sein, Brdb NJW **06**, 3445. Es meint zB „München" das derzeitige LG Mü I, BGH NJW **96**, 3013. Eine Bezeichnung eines nach § 690 I Z 5 unzuständigen Gerichts ist nicht als Angebot nach § 38 umdeutbar, Karlsr Rpfleger **05**, 270.

Die Vereinbarung unterliegt der *Auslegung,* Düss NJW **91**, 1492, Ffm RR **99**, 604, Schlesw NJW **06**, 3360. Das gilt auch zum Umfang der Vereinbarung, Busse MDR **01**, 733, und zur Ausschließlichkeit, BGH RR **99**, 138, Brdb NJW **06**, 3445, Schlesw NJW **06**, 3360. In der Regel soll das vereinbarte Gericht auch dazu entscheiden. Daher unterliegt die Vereinbarung dann auch nicht der Form des Hauptvertrags, KG BB **83**, 213. Eine Vereinbarung umfaßt auch einen deliktischen Anspruch, der einen Bezug zum Vertrag hat, Stgt MDR **08**, 709.

Keine Vereinbarung liegt vor, wenn es um einen Anspruch aus Verschulden bei Vertragsverhandlungen geht (Ausnahme: Es besteht schon ein Rahmenvertrag), oder wenn eine Partei meint, das Gericht, an das beide eine Verweisung beantragen, sei an sich zuständig, BGH FER **97**, 88, oder wenn es um einen Anspruch aus einem vertragsähnlichen Vertrauensverhältnis geht, oder wenn es sich um eine einseitige Klausel handelt, die zB im Briefkopf steht und gegen (jetzt) §§ 305 ff BGB verstoßen kann, BGH **101**, 273 („Gerichtsstand X"; krit Fischer MDR **00**, 684, Lindacher ZZP **188**, 202), LG Mü BB **79**, 702.

Wer *Partner* sein muß und welche *Form* nötig ist, ergibt sich aus Rn 15 ff. Eine Stellvertretung kann nach §§ 164 ff BGB stattfinden. Die Vereinbarung kann zugunsten eines Dritten gelten, EuGH NJW **84**, 2760, Geimer NJW **85**, 533. Sie wirkt für den Insolvenzverwalter und den Rechtsnachfolger wie jeder Vertrag, Rn 15. Sie wirkt nicht ohne weiteres für einen Bürgen, BayObLG **99**, 76. Sie wirkt nicht für einen Streitgenossen, soweit nicht § 62 gilt, BGH MDR **91**, 737. Die Vereinbarung kann grundsätzlich jeden gesetzlich zulässigen Inhalt zur Begründung oder zum Ausschluß einer Zuständigkeit haben, auch zB das deutsche Recht, BGH NJW **94**, 262, Saarbr NJW **00**, 670 (das ist keine Wahl der internationalen Zuständigkeit), auch ein Wahlrecht des etwaigen Bekl, BGH NJW **83**, 996, oder eine internationale Zuständigkeit, Saarbr NJW **00**, 670, oder eine ausschließliche ausländische Zuständigkeit, BGH BB **98**, 2284 (Auslegungsfrage), Kblz ZMR **97**, 186. Für letztere besteht aber keine Vermutung, KG MDR **99**, 56. Die Vereinbarung des Ausschlusses aller Gerichte ist unstatthaft. Sie kann auch je nach der Person des Partners das eine oder das andere Gericht bestimmen, BGH RR **86**, 1311.

B. Allgemeine Geschäftsbedingungen (AGB): Beachtlichkeit bei Vereinbarkeit. Solche Bedin- 6
gungen sind beachtlich, soweit eine Vereinbarung zulässig ist. Auch dann sind sie nur gültig, soweit die Parteien sie wirklich vereinbart haben, Rn 4, 5, Düss NJW **91**, 1492, und soweit kein Verstoß gegen (jetzt) §§ 305 ff BGB vorliegt, BGH **101**, 275, Hbg MDR **00**, 170, LG Frankenth NJW **97**, 203. Mit den VOB/B ist evtl auch deren Gerichtsstand nach dort § 18 Z 1 mit Vorrang vor § 29 vereinbart, § 29 Rn 33 „Werkvertrag".

Keine Vereinbarungen sind die als *Rechtsverordnung* erlassenen Allgemeinen Versorgungsbedingungen 7
(AVB) zB von Energieunternehmen, LG Bochum BB **75**, 937. Sie enthalten einen gesetzlichen Gerichtsstand. Das gilt freilich nur für Tarifkunden, Edelmann NJW **75**, 1923. Das ist zulässig, Üb 11 vor § 12.

C. Unterwerfung unter AGB. Eine Vereinbarung ist auch durch eine Unterwerfung möglich. Das gilt 8
selbst für eine stillschweigende, soweit I gilt, BGH NJW **85**, 560 (also nicht bei II), Kblz BB **83**, 1635. Es gilt auch für eine bei telefonischer Bestellung zweifelhafte, bei Ungewöhnlichkeit unwahrscheinliche Klausel. Es gilt zum einen wegen der gerade auch im Interesse der Rechtssicherheit achtbaren Vertragsfreiheit, zum anderen wegen der meist vorhandenen völligen Gleichgültigkeit gegenüber AGB und weil man mit ihnen bisher besonders bei Großfirmen in weitem Umfang rechnen muß. Die Vereinbarung ist also nicht nur bei einem schutzwürdigen Interesse möglich.

9 Man darf also trotz §§ 305 ff BGB keineswegs die Wirksamkeit aus allgemeinen *sozialen* Erwägungen ableiten, selbst wenn man §§ 12 ff als Schutzgesetz zugunsten des Bekl sähe. Im Zweifel freilich ist eine Auslegung zulasten des Verwenders notwendig, § 305 c II BGB.

10 **D. Inhaltskontrolle von AGB.** Bei einer Unterwerfung unter einseitig vorformulierte Vertragsklauseln muß man die Vereinbarung besonders sorgfältig auf einen etwaigen Verstoß gegen Treu und Glauben und gegen §§ 310 I 2, 138 BGB prüfen, also auch auf eine etwaige Erschleichung und etwaigen sonstigen Rechtsmißbrauch, Einl III 54, Üb 22 vor § 12, KG FamRZ **89**, 1105. Es ist eine zurückhaltende Inhaltskontrolle notwendig, (jetzt) § 307 BGB, BGH **101**, 271, Hbg MDR **00**, 170, LG Freibg/Br RR **99**, 1506, aM ThP 28, 29 (aber Rechtsmißbrauch droht gerade in solcher Lage).

11 *Maßgeblich ist, ob* der Partner des Verwenders der AGB gegen Treu und Glauben einen unangemessenen Nachteil hat, § 307 I BGB, LG Karlsr JZ **89**, 690 (abl Wolf). Bedenklich ist es zB, wenn die Klausel nicht in einer der Verhandlungssprachen steht.

12 **E. Ungewöhnlichkeit einer AGB-Klausel.** Daher kann zB eine aus der Sicht nicht nur des Unterworfenen, sondern jedes vernünftigen Dritten völlig ungewöhnliche Klausel zumindest mangels eines rechtzeitigen Hinweises auf sie unwirksam sein, § 307 BGB, Hbg MDR **00**, 171, LG Bln RR **97**, 378, Fischer MDR **00**, 684. Das ist freilich bei einem Kaufmann als Kunde selten. Eine Vereinbarung auf das Gericht des Zessionars ist denkbar. Denn § 40 fordert keinen genauen Ort, sondern nur eine Bestimmbarkeit, EuGH NJW **01**, 501, LG Bielef MDR **77**, 672, LG Ffm RIW **86**, 543. Freilich muß man scharfe Anforderungen stellen, insbesondere bei einer Inkassozession. Eine in AGB enthaltene Klausel auf den Sitz des Verwenders ist statthaft, Ffm MDR **98**, 664, Hbg MDR **00**, 170, Karlsr NJW **96**, 2041, aM LG Karlsr NJW **96**, 1417 (aber das ist keine automatische Begünstigung des Verwenders. „Sein" Gericht ist unabhängig). Aber sie begründet im Zweifel einen ausschließlichen Gerichtsstand nur gegen ihn, nicht für ihn, Bbg RR **89**, 371. Dasselbe gilt für die Vereinbarung der Zuständigkeit am Sitz des Verkäufers, Ffm MDR **98**, 664, Karlsr NJW **96**, 2041, aM LG Karlsr NJW **96**, 1417. Die Vereinbarung eines anderen Orts als des Geschäftssitzes kann unschädlich sein, soweit der Partner dadurch keinen Nachteil erleidet, Hbg RR **99**, 1506.

13 *Zu unbestimmt* ist die Klausel, wenn der jeweilige Kläger das Gericht frei bestimmen dürfte, LG Bielef MDR **77**, 672. Vgl ferner § 29. Die etwaige Befugnis höherer Gerichte, dem vereinbarten Gericht die Sache zu entziehen, oder eine Kassationsmöglichkeit sind grundsätzlich unschädlich. Gegenüber einem Kaufmann (wenn der Vertrag zu seinem Handelsgewerbe zählt) und gegenüber einer juristischen Person des öffentlichen Rechts oder einem öffentlichrechtlichen Sondervermögen sind AGB nur eingeschränkt anwendbar, § 310 BGB. Eine AGB-Klausel für eindeutig auch andere als Vollkaufleute kann unwirksam und vom Kaufmann angreifbar sein, LG Karlsr MDR **97**, 29, aM Ffm MDR **98**, 664.

14 **F. Weitere Prüfung.** Neben Rn 4, 5 oder Rn 6–13 muß man prüfen, ob eine der Fallgruppen I–III vorliegt. Diese sind Musterbeispiele eines übersteigerten Gerechtigkeitsstrebens auf Kosten der Rechtssicherheit. Es gibt allein drei Formvarianten. Sie sind außerdem zum Teil sprachlich unklar. Wegen der Einschränkung der Parteiherrschaft nach Üb 1 vor § 38 ist keine ausdehnende Auslegung zulässig, Rn 3.

15 **6) Partner, Form, I.** Es kommt auf die Person an.

A. Grundsatz: Nur bestimmte Partner. I erlaubt nur bestimmten Partnern eine Zuständigkeitsvereinbarung. Seine sprachliche Fassung ist unklar: „Parteien" – „Vertragsparteien" meint: Die Zuständigkeitsvereinbarung muß zwischen den Parteien dieses Prozesses bestehen, §§ 50 ff, LG Trier NJW **82**, 287. Jede Partei muß zur Zeit der Zuständigkeitsvereinbarung der einen oder anderen der in I genannten Gruppen angehört haben, BayObLG BB **78**, 1685 (eine Zugehörigkeit zu derselben Gruppe ist nicht erforderlich. Ausreichend ist zB ein Vertrag zwischen einem Kaufmann und einer juristischen Person), Köln RR **92**, 571, LG Trier NJW **82**, 287. Sonst könnte zB durch eine Abtretung doch wieder der gerade bekämpfte frühere Zwang zur Einlassung vor dem auswärtigen Gericht eintreten. Den Rechtsnachfolger bindet eine wirksame Vereinbarung, BGH NJW **80**, 2023, BayObLG RR **02**, 359. Das gilt auch dann, wenn er selbst keine solche Vereinbarung hätte schließen können, BGH NJW **98**, 371, BayObLG **99**, 76, Köln RR **92**, 571, aM LG Trier NJW **82**, 286 (aber er „folgt" dem Recht des Vorgängers).

16 *Nicht ausreichend* ist zB, daß „Kaufleute" einen dem Prozeß zugrundeliegende Kaufvertrag geschlossen hatten, wenn eine der Prozeßparteien in Wahrheit gar kein Kaufmann war und wenn auch kein Fall von II oder III vorliegt, LG Düss RR **95**, 441, LG Trier NJW **82**, 287, ZöV 10, aM Meyer-Lindemann JZ **82**, 595 (aber auch ein „sprachlicher Mißgriff" kann eindeutig regeln).

17 **B. Kaufmann.** Dieser Personenkreis erscheint als weniger schutzbedürftig, Köln RR **92**, 571. Maßgeblich ist der Zeitpunkt der Einigung nach Rn 5, Karlsr MDR **02**, 1269, Köln RR **92**, 571, aM Düss NJW **98**, 2980 (aber dann stünde alles ständig offen). Gemeint sind §§ 1–3, 5, 6 HGB, Schönfelder Nr. 50. Vgl Ehricke ZZP **111**, 145, Siems NJW **03**, 1296 (je: Üb) und die Kommentare zum HGB, zB *Baumbach/Hopt.* Ein *Minderkaufmann* nach § 1 II Hs 2 HGB ist also kein Kaufmann nach I. Die Registereintragung ist nicht allein maßgeblich. Vgl aber § 5 HGB. Unerheblich ist, ob die Kaufmannseigenschaft oder deren tatsächliche Grundlage dem Partner bekannt war. Manche versagen demjenigen, der sich als Vollkaufmann ausgab, gegenüber dem entsprechend gutgläubigen Partner eine Berufung auf I in Verbindung mit § 2 II Hs 2 HGB, Ffm MDR **75**, 233. Freilich ist insofern evtl eine Anfechtung möglich und nach BGB beurteilbar. Unerheblich ist auch, ob ein Handelsgeschäft nach § 343 HGB vorliegt. Denn I stellt eindeutig nur auf die Person ab.

Eine *Gesellschaft bürgerlichen Rechts* ist nicht schon wegen dieser Form Kaufmann, Ffm MDR **79**, 1027, LG Freibg/Br RR **99**, 1506. Der persönlich haftende Gesellschafter einer Offenen Handelsgesellschaft oder Kommanditgesellschaft ist Kaufmann nach I, Häuser JZ **80**, 761. Der Betrieb eines Handelsgewerbes nach § 1 HGB (Vorbereitung genügt, Düss NJW **98**, 2981) ist kein Anscheinsbeweis nach Anh § 286 Rn 15 dafür, daß man einen Kaufmann nach I annehmen kann. Denn trotzdem kann § 2 II Hs 2 HGB anwendbar sein. Ein Hinweis im gegnerischen Geschäftspapier auf eine Eintragung im Handelsregister kann zur Schlüssigkeit der Behauptung des Klägers zur Kaufmannseigenschaft des Bekl genügen, Karlsr MDR **02**, 1269. Ein anderer Nachweis der Kaufmannseigenschaft ist statthaft, Ffm MDR **75**, 232. Die Parteifähigkeit läßt sich wie sonst beurteilen, §§ 50 ff.

C. Juristische Person des öffentlichen Rechts. Hierher gehören: Körperschaften (verbandsförmig organisiert, also wesentlich auf der Mitgliedschaft aufgebaut, zB: Hochschulen, Berufskammern, Innungen, auch Gebietskörperschaften, wie die Gemeinde, Kreise); Anstalten, also Verwaltungseinrichtungen, die bestimmten Nutzungszwecken dienen, soweit auch vollrechtsfähig sind, zB Rundfunkanstalten; Stiftungen, also mit eigener Rechtspersönlichkeit ausgestattete Vermögensbestände, die bestimmten Stiftungszwecken gewidmet sind, unabhängig davon, ob diese gemeinnützig sind – „öffentliche Stiftung" – oder nicht. Gegensatz: Stiftungen des Privatrechts. Maßgeblich ist das Landesrecht. Wesentlich ist die Einfügung in einen öffentlichrechtlichen Verband. Vgl §§ 17, 18. 18

D. Öffentlichrechtliches Sondervermögen. Hierher gehören zB: Das Bundeseisenbahnvermögen, § 18 Rn 6 (nicht aber die Deutsche Bahn AG, s dort); das ERPSondervermögen; der LAG-Ausgleichsfonds; nicht aber die Deutsche Post AG, die Deutsche Postbank AG, die Deutsche Telekom AG. Maßgeblich ist, daß keine juristische Person vorliegt. 19

E. Form, I. Die Vereinbarung ist grundsätzlich formlos möglich, Kblz BB **83**, 1635. Sie kann innerhalb oder außerhalb des Hauptvertrags erfolgen. Das gilt auch dann, wenn der Hauptvertrag eine Form erfordert, BGH **69**, 265. Es gilt auch wegen mehrerer bestimmter Gerichtsstände oder wegen desjenigen, an dem kein Beteiligter eine Niederlassung oder einen Wohnsitz hat, LG Bielef MDR **77**, 672. Vgl freilich §§ 305 ff BGB zB bei einer überraschenden Klausel, LG Konst BB **83**, 1372, oder wegen der internationalen Zuständigkeit, Saarbr NJW **00**, 671, Samtleben NJW **75**, 1606. Die Vereinbarung ist auch telefonisch oder stillschweigend möglich (anders II, III), BGH MDR **85**, 911, Brdb NJW **06**, 3445, LG Rottweil RR **92**, 688. Dazu ist freilich eine Auslegung nach §§ 133, 157 BGB nötig. Ein Handelsbrauch ist dabei miterheblich. Ausnahmsweise kann eine Form nötig sein, etwa bei § 26 II FernUSG, abgedruckt Anh § 29, oder bei Art 23 EuGVVO, SchlAnh V C 2. 20

Ein *Verstoß* gegen die Form von II, III ist unschädlich, soweit I vorliegt.

7) Auslandsberührung, II. Nationales und übernationales Recht greifen ineinander. 21

A. Grundsatz: Begrenzte Zulässigkeit. II erlaubt ferner zusätzlich und nicht etwa anstelle von I nach Rn 20 eine Zuständigkeitsvereinbarung, falls mindestens einer der Partner und damit eine der Prozeßparteien nach Rn 15 im Inland keinen allgemeinen Gerichtsstand hat, § 12 Rn 1. Sie darf also auch nicht einen allgemeinen inländischen Wohnsitz haben, BGH NJW **86**, 1439. Erst recht nicht dürfen alle Beteiligten den allgemeinen Wohnsitz im Inland haben, Düss OLGR **95**, 241. Ein besonderer inländischer Gerichtsstand, nach §§ 20 ff ist aber grundsätzlich unschädlich, Fricke VersR **97**, 406. Vgl aber II 3. Maßgebliche Zeitpunkte sind sowohl die Zuständigkeitsvereinbarung als auch die Klagerhebung, Rn 15. Zwischenzeitliche Veränderungen sind unbeachtlich, sofern die Lage bei der Klagerhebung wieder so wie bei der Zuständigkeitsvereinbarung ist. Vgl aber auch III Z 2. Eine Veränderung nach dem Eintritt der Rechtshängigkeit ist unbeachtlich, § 261 III Z 2, s III Z 1. Die Staatsangehörigkeit ist grundsätzlich unbeachtlich, Ausnahme § 15. Es kann sich auch um einen Nichtkaufmann handeln, LG Mü NJW **75**, 1606.

Die *EuGVVO* und das *LugÜ* sind nach Üb 1 vor § 38 vorrangig, BGH NJW **80**, 2023, Mü IPRax **91**, 47, RoSGo § 20 VI 3 e (zustm Grunsky AcP **181**, 344). Sie sind aber nur dann anwendbar, wenn der Kläger seine Klage nach ihrem Inkrafttreten erhoben oder aufgenommen hatte. II gilt also nur, wenn mindestens einer der Partner außerhalb des Geltungsbereichs der EuGVVO oder des LugÜ wohnt, Wirth NJW **78**, 461 aM Piltz NJW **78**, 1094. Das Übk v 19. 6. 80, BGBl **86** II 810, gilt hier nicht, Art 1 II d. 22

B. Kein Inlandsgerichtsstand. Eine freie Wahl des Gerichtsstands ist zulässig, wenn überhaupt kein Partner der Zuständigkeitsvereinbarung einen allgemeinen Gerichtsstand im Inland hat. Andernfalls gilt folgendes. 23

C. Inlandsgerichtsstand. Wenn nur *ein* Partner einen allgemeinen inländischen Gerichtsstand hat, ist bei einer Anwendbarkeit der EuGVVO jeder Gerichtsstand vereinbar. Sonst gilt unter den inländischen Gerichtsständen nur ein beliebiger gesetzlicher allgemeiner oder besonderer Gerichtsstand, zB derjenige des Wohnsitzes nach § 12 oder derjenige der Belegenheit, § 24. Freilich ist grundsätzlich auch eine Vereinbarung eines ausschließlichen ausländischen Gerichtsstands zulässig. Vgl allerdings § 40 II. Innerhalb des allgemeinen Gerichtsstands gilt die Rangfolge § 12 Rn 1. Denn II 3 sagt „ihren", nicht „einen" allgemeinen Gerichtsstand. Jedoch hat der allgemeine Gerichtsstand keinen Vorrang vor einem besonderen. Innerhalb der besonderen Gerichtsstände besteht keine besondere Reihenfolge. 24

Wenn *sämtliche* Partner einen allgemeinen inländischen Gerichtsstand haben, ist II unanwendbar. Das gilt selbst dann, wenn ein Partner außerdem einen ausländischen allgemeinen Gerichtsstand hat, BGH NJW **86**, 1439 (krit Geimer). Es gilt aber dann nicht, wenn zB nur ein Streitgenosse im Inland wohnt. Streithelfer sind dagegen unbeachtlich. Ob man die Wahl des falschen Gerichts in eine Vereinbarung des zulässigen umdeuten darf, das ist eine Auslegungsfrage. Im Zweifel ist keine wirksame Vereinbarung nach II vorhanden. 25

D. Form, II. Trotz der Stellung von S 2 vor S 3 besteht bei II mindestens die Notwendigkeit einer nachträglichen schriftlichen Bestätigung, BGH NJW **01**, 1732, großzügiger Heß IPRax **92**, 359, und zwar in einem gewissen zeitlichen Zusammenhang mit dem Vertragsabschluß, Düss RR **98**, 1145. Jeder Partner kann bestätigen, BGH **116**, 82. Eine vorherige Vereinbarung ist notwendig, aber auch stillschweigend möglich, strenger BAG NJW **84**, 1320, Nürnb NJW **85**, 1296. Die Einhaltung der Form des § 126 BGB ist ratsam, aber nicht zwingend, BGH NJW **01**, 1731, Bork ZZP **105**, 337. Bei AGB muß eine eindeutige Bezugnahme auf sie vorliegen und reicht aus, EuGH NJW **77**, 494, BGH NJW **04**, 3706, BayObLG BB **01**, 2498. Eine stillschweigende Unterwerfung reicht hier nicht, Rn 8. Bei einer Vereinbarung zugunsten eines Dritten reicht die Formeinhaltung durch die Vertragspartner, EuGH NJW **84**, 2760, Geimer NJW **85**, 533. Ab Rechtshängigkeit ist wegen § 261 III Z 2 eine Bestätigung nicht mehr möglich. 26

E. Beispiele zur Frage einer Auslandsberührung

27 **Abbedingen:** Das Abbedingen der deutschen Gerichtsbarkeit ist unwirksam, wenn das Auslandsgericht sich für unzuständig erklären wird, Kblz VersR **05**, 1748.

Allgemeine Geschäftsbedingungen: Ob AGB des deutschen Importeurs Vertragsinhalt sind, muß man evtl nach dem ausländischen Recht beurteilen.

28 **Ausländisches Gericht:** Die Vereinbarung auf ein *ausländisches* ordentliches Gericht wirkt meist nach dem ausländischen Recht zuständigkeitsbegründend, wenn dieses sie zuläßt. Das gilt zumindest in der Regel für einen Anspruch gegen diejenige Partei, deren Heimatgericht zuständig sein soll. Sie wirkt zuständigkeitsaufhebend nach dem deutschen Recht. Das gilt aber nicht bis zur Rechtsverweigerung, BAG NJW **79**, 1119, Bre VersR **85**, 988.

Auslegung: Jede Vereinbarung unterliegt der Auslegung wie bei einer Parteiprozeßhandlung, Grdz 52 vor § 128. Die Zulässigkeit und Wirkung der Vereinbarung der internationalen Zuständigkeit läßt sich nach dem deutschen Recht beurteilen, (jetzt) §§ 308 Z 8, 309 Z 9 BGB, BGH NJW **94**, 262, BAG NJW **79**, 1120, Karlsr RR **93**, 568, aM Baumgärtel Festschrift für Kegel (1977) 285, 302, Wirth NJW **78**, 463, ZöV 27, 28 (auch getrennte Schriftstücke seien grundsätzlich ausreichend, wenn aus ihnen nur hinreichend der Wille hervorgehe, einen Gerichtsstand zu begründen, Rn 26. Aber bei jedem Vertrag ist eine Bewertung aufeinander bezogener Erklärungen notwendig). Ist die Rechtsverfolgung im Ausland nicht möglich, bleibt die internationale Zuständigkeit des deutschen Gerichts bestehen, BAG NJW **79**, 1120.

Ausschließliche Zuständigkeit: Die Vereinbarung einer ausschließlichen Zuständigkeit ist nur grundsätzlich zumindest dann zulässig, wenn nicht etwa das deutsche Gericht ausschließlich zuständig ist. Das gilt, soweit nicht die Unwirksamkeit auch der Zuständigkeitswahl infrage kommt, etwa wegen einer Sittenwidrigkeit, Köln VersR **97**, 1556. Bei einer deutschen ausschließlichen Zuständigkeit gegen eine vereinbarte ausländische ausschließliche hilft die sog Doppelfunktionstheorie aber nicht weiter, Eilers (vor Rn 1) 35, Geimer NJW **92**, 611. Man muß dann die Gesamtumstände prüfen, also den Parteiwillen auslegen, Weyland (vor Rn 1) 418. Die deutsche ausschließliche Zuständigkeit darf nicht einfach dazu führen, den Parteiwillen auszuhebeln. Die wirksame Vereinbarung einer ausländischen ausschließlichen Zuständigkeit beseitigt evtl jede deutsche Zuständigkeit, Weyland (vor Rn 1) 417. Die etwaige Nichtanerkennung des ausländischen Urteils in Deutschland steht also nicht entgegen. Das gilt auch bei einem Streit aus einem Seefrachtvertrag, insbesondere wegen Konnossementen (Rechtswahl), Bre VersR **85**, 987, Hbg VersR **86**, 1023.

29 **Bestimmtes Gericht:** Die Vereinbarung muß zur Wirksamkeit auf ein bestimmtes oder eindeutig bestimmbares Gericht lauten, Rn 5.

Börsentermingeschäft: BGH NJW **84**, 2037.

CMR: Die Anwendung der CMR-Bestimmungen über die internationale Zuständigkeit schließt eine innerstaatliche Gerichtsstandsabrede nach den ADSp nicht aus, LG Hbg VersR **81**, 475. Indessen können die Parteien einen nach dem deutschen Prozeßrecht statthaften Gerichtsstand nicht ausschließen, soweit man dem Kläger dadurch zugleich die nach Art 31 I b CMR begründete internationale Zuständigkeit nehmen würde, Hbg VersR **84**, 687 (zustm Dannenberg).

Gegenseitigkeit: Ihre Verbürgung ist unerheblich.

Konnossement: Rüßmann VersR **87**, 226.

30 **Ordre public:** Die Vereinbarung gilt, solange vor dem ausländischen Gericht wesentliche rechtsstaatliche Garantien erfüllbar sind, BGH NJW **83**, 2772 (Indien).

„Otherwise conline bn": Hbg VersR **88**, 799.

31 **Rechtswahl:** Aus einer Rechtswahl ist nicht stets eine Gerichtswahl ableitbar, vgl freilich BGH DB **76**, 1009. Meist gilt aber das Umgekehrte, BAG NJW **75**, 408, LG Ffm RR **92**, 109 (auch zum ordre public).

Scheininternationalität: Eine Umgehung des § 38 durch eine scheininternationale Fallgestaltung ist als Rechtsmißbrauch unstatthaft, Einl III 54, Üb 6 vor § 12.

Schweigen: Ein Schweigen auf eine „Auftragsbestätigung" reicht nicht stets, EuGH NJW **77**, 495, BGH NJW **94**, 2700.

32 **Seefracht:** Rn 28 „Ausschließliche Zuständigkeit".

Stillschweigende Vereinbarung: Sie ist statthaft, zB auch bei einer Rechtswahl, BGH DB **76**, 1009.

Vollstreckungsfähigkeit: Ist in demjenigen Land des vereinbarten Gerichtsstands, dessen Urteil mangels einer Gegenseitigkeit zB nach § 107 FamFG nicht anerkennungsfähig ist, kein vollstreckungsfähiges Vermögen vorhanden, bleibt es trotz einer in Deutschland hinterlegten Sicherheit bei der Vereinbarung der ausschließlichen Zuständigkeit für den Ersatzanspruch nach § 40 II im Ausland. Eine Vereinbarung wirkt auch gegen den deutschen Empfänger, Bre VersR **85**, 987, falls im Ausland genug vollstreckungsfähiges Vermögen vorhanden ist und wenn nicht etwa durch die Vereinbarung die Vollstreckung für die deutsche Partei unmöglich werden soll und wenn das betreffende ausländische Seefrachtrecht bei einer Geltung der Haager Regeln die Höchsthaftung des Verfrachters beschränkt, Hbg VersR **82**, 1097.

Wahlweiser Gerichtsstand: Die Vereinbarung eines lediglich wahlweise statthaften Gerichtsstands läßt eine kraft Gesetzes bestehende internationale Zuständigkeit eines deutschen Gerichts unberührt, Weyland (vor Rn 1) 417.

Widerklage: Die schlichte Vereinbarung eines deutschen Gerichtsstands bei einem Liefergeschäft ins Ausland bewirkt nicht, daß damit der Gerichtsstand der Widerklage des ausländischen Käufers entfällt, wenn der deutsche Verkäufer den Käufer vor dessen Heimatgericht verklagt.

33 **8) Vereinbarung, III.** Viele verkennen die praktische Bedeutung von III.

A. Grundsatz: Hilfsweise Geltung. Die Vorschrift gilt nur hilfsweise, Rn 1, also nur für die nicht von II erfaßten Personen. Sie erlaubt eine Zuständigkeitsvereinbarung unter zwei höchst unterschiedlichen Voraussetzungen. Von diesen muß nur eine vorliegen. Die Form muß jeweils von vornherein ausdrücklich inhaltlich feststehen. Das ist bei einer bloßen Bezugnahme auf AGB nicht stets klar, BGH NJW **83**, 1322. Sie muß außerdem schriftlich erfolgen, Prütting (Üb § 38 vor Rn 1) 453. Das muß aber nicht nach § 126 BGB geschehen, BVerfG **15**, 292. Dabei ist freilich eine „Bestätigung" oft in eine anfängliche Vereinbarung umdeutbar. Man darf und muß überhaupt eine Auslegung vornehmen, auch zB nach § 139 BGB, BGH DB **84**, 825. Eine eindeutig bevollmächtigte Stellvertretung ist zulässig.

B. Nach dem Entstehen der Streitigkeit, III Z 1. Der Hauptvertrag muß schon bestehen. Es muß eine Uneinigkeit über einen Vertragspunkt vorliegen. Irgendeine Unsicherheit nach § 256 Rn 25 ff genügt, Geimer NJW **86**, 1439, MüKoPa 35, aM Wolf ZZP **88**, 346, ZöV 33 (je: ein gerichtliches Verfahren müsse deshalb bevorstehen. Aber „Streitigkeit" ist ein viel weiterer Begriff). 34

Freilich ist wegen der *Umgehungsgefahr* keine schon gar formularmäßige Klausel bei einem Vertrag zulässig, man streite sich bereits usw, BGH NJW **86**, 1439, Prütting (Üb § 38 vor Rn 1) 452. Ab Rechtshängigkeit, nach einem Mahnverfahren also ab dem Zeitpunkt § 696 III, ist beim objektiv zuständigen Gericht dessen Abwahl unzulässig, § 261 III Z 2, BGH RR **94**, 126, aM BayObLG RR **95**, 636 (aber § 261 III Z 2 gilt uneingeschränkt). Das ist eine in der Praxis von allen Beteiligten nur zu gern „übersehene" Regelung. Auch so mancher Richter ist in dieser Hinsicht bemerkenswert „großzügig" im Blick auf die Möglichkeit, sich für unzuständig zu erklären. Beim objektiv unzuständigen Gericht ist ab Rechtshängigkeit eine Vereinbarung auf dieses oder ein anderes Gericht allerdings zulässig.

C. Wohnsitzverlegung usw, III Z 2. Sie kann genügen. Das betrifft nur die örtliche Zuständigkeit. Die Vereinbarung ist nur dann beachtlich, wenn die Parteien sie von vornherein oder später für derartige Ereignisse beim zukünftigen Bekl getroffen haben. Das kann der Gläubiger wie Schuldner oder Bürge usw sein. Die sog Zukunftsklausel muß sich direkt aus der Gerichtsstandsvereinbarung ergeben. Man darf sie also nicht nur aus dem übrigen Vertragsinhalt ableiten können, LAG Düss DB **84**, 1686. Ein Formular kann genügen, Stgt RR **87**, 1076. Den Wohnsitz muß man nach §§ 13, 15 beurteilen, den Aufenthaltsort nach § 16, bei juristischen Personen usw nach §§ 17, 18 entsprechend, soweit nicht I gilt. Verlegung meint eine solche zumindest ernsthaft und auf unbestimmte Zeit. Man muß die maßgeblichen Zeitpunkte wie Rn 21 beurteilen. Die Unbekanntheit des Wohnsitzes oder Aufenthaltsorts muß bei der gerichtlichen Zuständigkeitsprüfung fortbestehen, § 185. 35

D. Mahnverfahren. Für dieses Verfahren ist eine Zuständigkeitsvereinbarung nicht mehr zulässig, § 689 II, III. Für das anschließende streitige Verfahren gelten die Regeln Rn 34, 35. 36

9) Rügelose Einlassung, I–III. In allen Fällen I–III heilt eine rügelose Einlassung. § 39 S 1, EuGH NJW **85**, 2893 (Aufrechnungsverbot). Das gilt aber nur, wenn vor dem AG eine Belehrung über die örtliche und sachliche etwaige Unzuständigkeit erfolgt, § 504, ebenso vor dem ArbG, § 46 II 1 ArbGG, und wenn auch kein Fall von § 40 II vorliegt, dort S 2. Wenn die Parteien durch die Vereinbarung eines alleinigen ausländischen Gerichtsstands auch den Gerichtsstand der Widerklage abbedungen haben, wird dieser nicht ohne weiteres dadurch gültig, daß der ausländische Vertragspartner vor einem deutschen Gericht klagt und daß sich der Bekl rügelos auf die Klage einläßt, BGH NJW **81**, 2644, aM Pfaff ZZP **96**, 306 (aber die Widerklage ist eine eigenständige Klageform, Anh § 253 Rn 5, auch wenn der Widerkläger sie dem eigentlichen Prozeß anpassen muß). 37

39 *Zuständigkeit infolge rügeloser Verhandlung.*

[1] **Die Zuständigkeit eines Gerichts des ersten Rechtszuges wird ferner dadurch begründet, dass der Beklagte, ohne die Unzuständigkeit geltend zu machen, zur Hauptsache mündlich verhandelt.** [2] **Dies gilt nicht, wenn die Belehrung nach § 504 unterblieben ist.**

Gliederung

1) Systematik, S 1, 2. § 39 ergänzt und erweitert §§ 230, 281, 282 III, 295. Nach den letzteren Vorschriften bleibt es grundsätzlich in den Grenzen des vorrangigen § 40 II dem Bekl überlassen, ob er die etwaige Unzuständigkeit des Gerichts rügen will, § 295. Er muß seine Rüge der Unzuständigkeit gleichzeitig und vor seiner Verhandlung zur Hauptsache vorbringen. Im schriftlichen Vorverfahren muß er das wegen § 277 Rn 4 sogar schon innerhalb der ihm gesetzten Frist zum, LG Ffm RIW **93**, 933, Grunsky JZ **77**, 205, StJBo 14, aM Ffm OLGZ **83**, 102, Köln NJW **88**, 2182, ZöV 5 (aber das widerspricht den §§ 277 I, 296 I). Wegen der Pflicht des Gerichts, die Zulässigkeit in jeder Lage nach Grdz 14 vor § 253 von Amts wegen vor der Begründetheitsfrage zu prüfen, reicht auch eine hilfsweise Zuständigkeitsrüge, § 138 Rn 2. Evtl ist die Rüge nach einer Klagerweiterung auch erstmals in der Berufungsinstanz zulässig, BGH NJW **86**, 2437. Im schiedsrichterlichen Verfahren ist § 39 bei §§ 1059, 1062 anwendbar, Stgt RR **03**, 496, Wakkenhuth KTS **85**, 429. Im selbständigen Beweisverfahren gilt § 486 II 2. 1

Die Versäumung hat allgemein zur Folge, daß sie den Bekl mit der Prozeßhandlung *ausschließt.* Daher enthält S 1 den Grundsatz, daß ein an sich örtlich und/oder sachlich unzuständiges Gericht auch dann zuständig wird, wenn der Bekl mündlich zur Hauptsache verhandelt, ohne die Zuständigkeit geltend zu machen. Von diesem Grundsatz enthält erst S 2 eine Ausnahme beim AG: Nur dort besteht nach § 504 eine Belehrungspflicht des Vorsitzenden, Stürner, Die richterliche Aufklärungspflicht im Zivilprozeß (1982) 66. Eine weitere Ausnahme liegt bei einem gegnerischen Rechtsmißbrauch vor, zB bei einer Erschleichung des Gerichtsstands, Einl III 54, § 504 Rn 3, LG Bln RR **97**, 378. 2

In diesem System zeigt sich, daß an sich weder beim LG noch bei einem anderen Gericht eine entsprechende *Belehrungspflicht* besteht. Trotz § 139 I 2 mit seiner Pflicht des Vorsitzenden, sachdienliche Parteianträge herbeizuführen, ist es zweifelhaft, ob ein anderes Gericht als das AG überhaupt auf seine etwaige Unzuständigkeit von Amts wegen hinweisen darf, solange der Bekl die Unzuständigkeit nicht gerügt hat. Aus einem voreiligen Hinweis könnte ein Ablehnungsrecht nach §§ 42 ff ableitbar sein.

3 **2) Regelungszweck, S 1, 2.** Die Vorschrift dient der Prozeßförderung und Prozeßwirtschaftlichkeit, Grdz 12, 14 vor § 128. Sie dient auch der Parteiherrschaft, Grdz 18 vor § 128. S 1 bietet bei einem nicht ausschließlichen Gerichtsstand in den Grenzen des § 40 II die Möglichkeit, eine sofortige weitere Prozeßförderung durch das unzuständige Gericht ganz einfach zu erzwingen. Denn der Bekl kann einfach den Sachantrag stellen, ohne die Unzuständigkeit zu rügen. Überdies könnte das Gericht nur auf Grund eines Verweisungsantrags verweisen. Nach § 139 darf und müßte das unzuständige Gericht auf solche Verhaltensmöglichkeiten mithinweisen. Das zeigt, daß selbst Art 101 I 2 GG nicht immer über die Köpfe der Parteien hinweg Lösungen erwingt. Vielmehr kann der Bekl den ungesetzlichen Richter zum gesetzlichen machen. Das ist ein in der Praxis vielfach unbekannter Weg zur Abkürzung gerade des lästigen Prozesses. Die Auslegung muß das trotz des bekannten Bestrebens manchen Gerichts respektieren, sich für unzuständig zu erklären, um die Sache dezent loszuwerden.

4 **3) Geltungsbereich, S 1, 2.** Vgl Üb 3 vor § 12. Solange der Amtsrichter die immerhin nach § 504 „vorgeschriebene" Belehrung nicht korrekt durchgeführt hatte, bleibt dem Bekl die Möglichkeit der Rüge der Unzuständigkeit erhalten, unter Umständen also bis zum Schluß der letzten mündlichen Verhandlung, §§ 136 IV, 296 a. Der Bekl kann allerdings auf die Möglichkeit der Rüge verzichten. Ein solcher Verzicht ist freilich erst nach dem Entstehen der Streitigkeit nach § 38 Rn 34 und nur dann wirksam, wenn er in der Form des § 38 III Z 1 erfolgt, Bülow VersR **76**, 416. Vgl aber auch § 40 II 2. Man darf an ein rügeloses Verhandeln nicht zu strenge Anforderungen stellen, BGH RR **02**, 1358. Nach einem wirksamen Rügeverzicht oder nach einem wirksamen rügelosen Verhandeln des Bekl zur Hauptsache gilt das bisher unzuständige Gericht als seit Beginn des Rechtsstreits zuständig, Wieser ZZP **100**, 369 (§§ 282 III, 296 III sind unanwendbar). Es tritt also mehr ein als eine bloße unwiderlegbare Vermutung der Gerichtsstandsvereinbarung, § 292 Rn 2. Der Bekl kann eine Rüge zurücknehmen, Künzl BB **91**, 757.

5 § 39 gilt auch für die *internationale* Zuständigkeit, BGH **134**, 132 (auch zur Verspätungsfrage), Düss NJW **91**, 1493, Schütze ZZP **90**, 68. Die Rüge der örtlichen Unzuständigkeit umfaßt evtl auch diejenige der internationalen, Üb 6 vor § 12, BGH NJW **88**, 1466. Sie ist stillschweigend denkbar, Prütting MDR **80**, 369. Wegen der EuGVVO SchlAnh V C 2, Ffm OLGZ **83**, 101, besonders Artt 18 ff, 24, EuGH NJW **85**, 2893, Kblz RIW **00**, 636, Schütze ZZP **90**, 75. Wegen des Umstands, daß das Gericht zB das Verhältnis der ordentlichen und der Arbeitsgerichtsbarkeit jetzt nicht mehr nach den Regeln der sachlichen Zuständigkeit, sondern gemäß §§ 17, 17 a GVG nach denjenigen des Rechtswegs prüfen muß, heilt eine insoweit rügelose Einlassung nicht mehr, § 295 Rn 47 „Rechtsweg", ArbG Passau BB **92**, 359, Brückner NJW **06**, 14.

6 **4) Verhandeln zur Hauptsache, S 1, 2.** Die ZPO gebraucht diesen Begriff nicht einheitlich.

A. Sacherörterung. In § 39 meint der Begriff die Sacherörterung mit den Parteien. Sie beginnt grundsätzlich erst mit den Anträgen, § 137 Rn 7, Bbg MDR **88**, 148, Drsd MDR **97**, 498 (zu § 269). Sie kann auch noch nach dem Ablauf der Klagerwiderungsfrist erfolgen, BGH **147**, 397 (zustm Pfeiffer ZZP **110**, 367), Ffm OLGZ **83**, 101, Oldb RR **99**, 866, aM Ffm RIW **93**, 933. Sie kann durch jedes Angriffs- oder Verteidigungsmittel nach Einl III 70 erfolgen.

7 **B. Beispiele zur Frage eines Verhandelns zur Hauptsache**

Ablehnungsgesuch: *Kein* Verhandeln zur Hauptsache liegt im bloßen derartigen Gesuch nach § 42.

Entscheidung nach Lage der Akten: Verhandeln zur Hauptsache liegt nach einer Ankündigung des Gerichts in Richtung auf eine Entscheidung nach Lage der Akten in einer vorbehaltlosen schriftlichen Einlassung.

Erledigterklärung: Verhandeln zur Hauptsache kann auch eine solche Erklärung sein, Saarbr OLGR **02**, 332.

Freigestellte Verhandlung: Verhandeln zur Hauptsache liegt in einem Verfahren mit einer dem Gericht freigestellten mündlichen Verhandlung in einer vorbehaltlosen schriftlichen Einlassung. Das gilt zB bei einer bevorstehenden Verweisung nach § 281. Das übersieht Künzl BB **91**, 758. Es gilt auch zB beim Kleinverfahren nach § 495 a S 1, solange nicht ein rechtzeitiger Antrag nach § 495 a S 2 vorliegt.

Güteverhandlung: *Kein* Verhandeln zur Hauptsache ist das Verhalten in einer bloßen Güteverhandlung zB nach § 278, dort Rn 5.

Prozeßfrage: *Kein* Verhandeln zur Hauptsache liegt in einer Erörterung einer bloßen prozeßrechtlichen Frage, BGH ZZP **94**, 328.

Rechtsmißbrauch: Er ist wie stets unstatthaft, Einl III 54, LG Bln RR **97**, 378. Das gilt etwa dann, wenn der Bekl eine solche Gerichtsstandsklausel angreift, die er selbst aufgestellt hatte, Bülow VersR **76**, 416.

8 **Sachliche Unzuständigkeit:** Wenn der Bekl nur die örtliche Unzuständigkeit rügt, kann das außerdem bisher sachlich unzuständige Gericht unter Umständen nach § 39 zuständig werden, BGH RR **92**, 1091, und umgekehrt.

Scheidungserwiderung: Verhandeln zur Hauptsache kann auch in der Erklärung liegen, der Antragsgegner trete dem Scheidungsantrag nicht entgegen.

Schriftliches Verfahren: Verhandeln zur Hauptsache liegt im Verfahren nach § 128 II auch in einer vorbehaltlosen Einlassung.

Streitgenossen: Man muß eine Prüfung bei jedem Streitgenossen gesondert vornehmen, Saarbr OLGR **02**, 332.

Unzulässigkeitsrüge: *Kein* Verhandeln zur Hauptsache ist eine bloße solche Rüge. Denn sie betrifft zwar die Verhandlung zur Sache, aber nicht gerade zur Hauptsache.

Vergleichsverhandlung: Kein Verhandeln zur Hauptsache ist eine bloße Vergleichsverhandlung ohne eine Sacherörterung, Bbg MDR **88**, 148, Saarbr OLGR **02**, 332.
Versäumnisverfahren: Im Versäumnisverfahren gegen den Bekl nach § 331 ist § 39 natürlich unanwendbar. Bei einer Säumnis des Klägers nach § 330 liegt eine Verhandlung des Bekl zur Hauptsache in seinem Antrag auf den Erlaß eines Versäumnisurteils oder auf den Erlaß einer Entscheidung nach Lage der Akten. Wegen § 342 reicht auch eine Rüge des einsprechenden Klägers nach § 343.
Verweisung: S „Freigestellte Verhandlung".
Widerklage: Verhandeln zur Hauptsache ist auch eine Widerklage bei einem Sachzusammenhang.

5) Belehrung, S 2. Es gibt drei Aspekte. 9

A. Notwendigkeit. Die nach § 504 dem Amtsrichter „vorgeschriebene", Belehrung nach Rn 4 ist von Amts wegen nötig. Das gilt freilich nur im inländischen Verfahren, Ffm NJW **79**, 1787, Prütting MDR **80**, 368. Sie umfaßt eine anfängliche Unzuständigkeit, LG Hbg MDR **78**, 940, aM ZöV 10 (auch die spätere. Aber das gibt § 504 nicht her). Das gilt für die örtliche und sachliche sowie für die internationale Unzuständigkeit. Die Belehrung ist spätestens dann notwendig, wenn der Bekl mit seiner Verhandlung zur Hauptsache ansetzt. Solange die Belehrung nach § 504 unterbleibt, kann das Gericht nicht nach § 39 zuständig werden. Etwas anderes gilt bei § 506, LG Hbg MDR **78**, 940, aM Müller MDR **81**, 11, MüKoPa 10, ZöV 10 (aber § 506 enthält eine klare Sonderregel).

B. Unvollständigkeit. Man muß eine *unvollständige* Belehrung so beurteilen, als ob überhaupt keine 10
Belehrung erfolgt wäre. Zu einer vollständigen Belehrung gehört auch ein Hinweis auf die Rechtsfolgen einer rügelosen Einlassung. Nun ist allerdings eine Mitteilung des in Wahrheit zuständigen Gerichts nicht immer sogleich möglich. Dann genügt eine Belehrung dahin, daß jedenfalls dieses AG unzuständig sei. Es ist ratsam, die Belehrung in das Protokoll aufzunehmen, § 160 II. Für ihre Wirksamkeit ist die Aufnahme in das Protokoll aber keine Bedingung. Vgl freilich § 139 IV 1, 2. Ein Hinweis oder eine „Belehrung" des Bekl durch den Kläger oder durch andere Beteiligte ist solange unbeachtlich, bis auch der Amtsrichter den Bekl eindeutig belehrt hat.

C. Verspätung. Wenn der Amtsrichter die Belehrung *verspätet* oder erst zu einem verspäteten Zeitpunkt 11
vollständig erteilt hat, wird das AG erst dann zuständig, wenn der Bekl seine Verhandlung zur Hauptsache nunmehr fortsetzt. Eine solche Fortsetzung liegt nicht nur dann vor, wenn der Bekl seinen Antrag zur Hauptsache jetzt ausdrücklich wiederholt. Trotzdem sollte der Amtsrichter stets Klarheit darüber schaffen, ob wirklich eine rügelose Verhandlung zur Hauptsache vorliegt, § 139 IV 1, 2. Der Amtsrichter muß den Bekl auch dann nach § 504 belehren, wenn dieser anwaltlich vertreten wird. Vgl im übrigen bei § 504.

40 *Unwirksame und unzulässige Gerichtsstandsvereinbarung.* [I] **Die Vereinbarung hat keine rechtliche Wirkung, wenn sie nicht auf ein bestimmtes Rechtsverhältnis und die aus ihm entspringenden Rechtsstreitigkeiten sich bezieht.**

[II] [1] **Eine Vereinbarung ist unzulässig, wenn**

1. der Rechtsstreit nichtvermögensrechtliche Ansprüche betrifft, die den Amtsgerichten ohne Rücksicht auf den Wert des Streitgegenstandes zugewiesen sind, oder
2. für die Klage ein ausschließlicher Gerichtsstand begründet ist.

[2] **In diesen Fällen wird die Zuständigkeit eines Gerichts auch nicht durch rügeloses Verhandeln zur Hauptsache begründet.**

1) Systematik, I, II. Die gegenüber §§ 38, 39 vorrangige speziellere Vorschrift enthält in I eine Klar- 1
stellung. II 1 klärt den in §§ 12 ff vielbenutzten Begriff der Ausschließlichkeit. II 2 schließt §§ 39, 295 der Sache nach aus.

2) Regelungszweck, I, II. Die Vorschrift dient der Vermeidung von Rechtsmißbrauch nach Einl III 54 2
in der Form solcher uferloser Gerichtsstands„vereinbarungen", die in Wahrheit schrankenlose Gerichtsstandsdiktate wären. Damit dient sie zugleich der Rechtssicherheit, Einl III 43. II 2 liegt im Interesse der in den verschiedenen zwingenden Gerichtsständen geschaffenen Sachnähe des Gerichts usw. Entsprechend streng sollte man § 40 insgesamt auslegen. Damit erweisen sich auch beim Gerichtsstand die vielen Möglichkeiten der Parteiherrschaft nach Grdz 18 vor § 128 als doch auch begrenzt. Die Partei kann das Ob, den Umfang und die Beendigung des Prozesses allein oder doch eher bestimmen als das Wann, Wie und Wo des Verfahrens. Sicher kann man über die Brauchbarkeit der in § 40 gezogenen Grenzen verschieden denken. Eine solche Vorschrift fordert aber doch auch eine strikte Beachtung.

3) Geltungsbereich, I, II. Vgl Üb 3 vor § 38. 3

4) Bestimmtes Rechtsverhältnis, I. Die Vereinbarung der Zuständigkeit eines Gerichts ist nur dann 4
wirksam, wenn sie ein bestimmtes Rechtsverhältnis betrifft. Ausreichend ist zB eine Vereinbarung für „alle Klagen aus demselben Rechtsverhältnis". Eine Satzung kann ausreichen, BGH NJW **94**, 52. Nicht ausreichend ist zB eine Vereinbarung für „alle Klagen aus dem ganzen Geschäftsverkehr" oder „alle künftigen Klagen" usw, Kblz ZIP **92**, 1235, Mü WertpMitt **89**, 604, Ehricke ZZP **111**, 152. Man kann eine Zuständigkeit auch für eine Klage wegen einer bereits begangenen unerlaubten Handlung vereinbaren. Zu der Frage, ob ein für den Fall einer Vertragsverletzung vereinbarter Gerichtsstand auch für eine künftige unerlaubte Handlung gilt, vgl § 32 Rn 1, Mü WertpMitt **89**, 604, Busse MDR **01**, 733. Die Wirksamkeit der Zuständigkeitsvereinbarung muß man wie bei § 38 Rn 2–14 beurteilen. Das Gericht muß die etwaige Unwirksamkeit der Zuständigkeitsvereinbarung von Amts wegen beachten. Vgl aber auch § 513 II.

5) Unzulässigkeit, II. Eine Zuständigkeitsvereinbarung ist in den folgenden drei Fällen unzulässig. 5

A. Nichtvermögensrechtlicher Anspruch, II 1 Z 1. Die Vereinbarung ist unwirksam, wenn sie einen nichtvermögensrechtlichen Anspruch betrifft, Grdz 11 vor § 1. Freilich muß gerade das AG sachlich zuständig sein, Hs 2. Soweit das LG streitwertunabhängig zuständig ist, gilt § 23 (dort Text vor Z 1), ist § 40 II Z 1 also unanwendbar.

6 **B. Ausschließlicher Gerichtsstand, II 1 Z 2.** Eine Zuständigkeitsvereinbarung ist dann unzulässig, wenn bereits ein ausschließlicher Gerichtsstand besteht, Üb 14 vor § 12, Düss WoM **92**, 548, LG Mü ZMR **87**, 271, AG Grevenbroich NJW **90**, 1305. Fälle § 12 Rn 4. Dieser ausschließliche Gerichtsstand mag im Mahnverfahren bestehen, zB bei § 689 II 1, BGH BB **85**, 691, oder im WEG-Verfahren nach § 23 Z 2c Hs 2 GVG. Er muß stets örtlich, sachlich oder international vorliegen, BGH MDR **85**, 911, KG OLGZ **76**, 40. Im Prozeßkostenhilfeverfahren nach §§ 114ff mag noch keine ausschließliche Zuständigkeit nach § 621 I bestehen, BGH FER **97**, 88. § 48 I VVG gehört nicht hierher.

Freilich gilt Z 2 für die *internationale* Zuständigkeit nur, soweit die Vorschrift eine ausschließliche deutsche internationale Zuständigkeit einschränken würde, Köln Rpfleger **86**, 96. Wenn nur ein örtlich ausschließlicher Gerichtsstand vorliegt, ist eine Vereinbarung der sachlichen Zuständigkeit zulässig, und umgekehrt. Wegen § 2 III ArbGG BAG NJW **75**, 1944.

7 **C. Rechtsmißbrauch, II 1, 2.** Eine Zuständigkeitsvereinbarung ist über den Wortlaut von II hinaus auch dann unzulässig, wenn sie rechtsmißbräuchlich oder sittenwidrig ist, Einl III 54, LG Bln RR **97**, 378. Eine solche Situation liegt aber nicht schon dann vor, wenn die Parteien die Zuständigkeit eines Staatsgerichts vereinbart hatten. Wer allerdings einen wirtschaftlich Schwachen durch eine Knebelung vor ein solches Gericht zwingt, das für den Gegner unbequem und teuer ist, um dem Gegner die Rechtsverfolgung zu erschweren, der kann sittenwidrig handeln. Freilich ist eine solche Vereinbarung meist nach § 38 ohnehin unwirksam.

8 **6) Beachtung von Amts wegen, I, II.** Das Gericht muß die etwaige Unzulässigkeit von Amts wegen bis zum Verhandlungsschluß erster Instanz beachten, Grdz 39 vor § 128, Grdz 16 vor § 253. Aus II 2 ergibt sich, daß diese Pflicht auch dann fortbesteht, wenn der Bekl die Zuständigkeit nach §§ 282 III, 296 III an sich verspätet oder gar nicht gerügt hat. Sogar eine etwaige Belehrung wäre dann unerheblich. In der höheren Instanz greifen aber im Bereich der sachlichen Unzuständigkeit §§ 532, 545 II, 565, 571 II 2, 576 II und im Bereich der örtlichen Zuständigkeit § 513 II ein.

Titel 4. Ausschließung und Ablehnung der Gerichtspersonen

Übersicht

Schrifttum: *Günther,* Der „vorbefaßte" Zivil- oder Verwaltungsrichter, VerwArch **82**, 179; *Horn,* Der befangene Richter (Rechtstatsachen), 1977; *Knöpfle,* Besetzung der Richterbank, insbesondere Richterausschließung und Richterablehnung, Festgabe zum 25jährigen Bestehen des *Bundesverfassungsgerichts* (1976) Bd I, 142; *Overhoff,* Ausschluß und Ablehnung des Richters in den deutschen Verfahrensordnungen usw, Diss Münster 1975; *Riedel,* Das Postulat der Unparteilichkeit des Richters usw, 1980; *Schneider,* Befangenheitsablehnung im Zivilprozess, 2. Aufl 2001; *Vollkommer,* Richterpersönlichkeit und Persönlichkeitsrecht, in: Festschrift für *Hubmann* (1985) 445; vgl auch die Angaben bei § 42.

Gliederung

1 **1) Systematik.** §§ 41ff stellen notwendige Ergänzungen zu den anderweitig erfolgten Regelungen über den gesetzlichen Richter dar. Ein Richter muß zunächst die allgemeinen staatlichen Voraussetzungen zur Ausübung des Richteramts erfüllen. Er muß nach der Geschäftsverteilung überhaupt zuständig sein, Mü MDR **75**, 584. Trotzdem kann er aus prozessualen Gründen zur Ausübung des Richteramts im Einzelfall unfähig sein. Denn als gesetzlichen Richter nach Art 6 EMRK, Artt 20 III, 101 I 2 GG, § 16 S 2 GVG kann man verständigerweise nur denjenigen Richter ansehen, der auch wirklich unparteilich ist und nicht einmal parteilich scheint, BVerfG NJW **98**, 370, BGH VersR **02**, 1575, Karlsr NJW **03**, 2174. Die ZPO unterscheidet zwischen zwei Fällen der Unfähigkeit zum Richteramt, dem Ausschluß kraft Gesetzes und der Ablehnbarkeit wegen einer Besorgnis der Befangenheit.

2 **2) Regelungszweck.** §§ 41ff dienen einem fairen Verfahren, Einl III 23, BVerfG NJW **98**, 370, BGH NJW **95**, 1678, Celle MDR **01**, 767. Sie dienen der Aufrechterhaltung der notwendigen Distanz des Richters, BGH VersR **02**, 1575. Sie sollen einerseits verhindern, daß eine Partei einen ihr unbequemen Richter allzu leicht ausschalten kann. Sie sollen andererseits aber auch verhindern, daß der nur formell zuständige Richter über das allgemeinmenschliche Maß einer Befangenheit im weiteren Sinn hinaus hoheitlich tätig werden darf und muß. Man muß diese widersprüchlichen Zwecke bei der Auslegung mitbeachten.

Verborgene Befangenheit lauert trotz aller gesetzlicher Eindämmungsbemühung im Hintergrund so manchen Verfahrens. Symphathie oder Antipathie mit einer dem Richter vielleicht schon irgendwie bekannten Partei oder mit einem zu erwartenden Gutachter oder Zeugen, mit einem der ProzBev oder gegenüber dem Streitgegenstand begleitet auch den gewissenhaftesten Richter. Das geschieht unter Umständen öfter, als es ihm bewußt wird. Eine persönliche Verflochtenheit mit örtlichen Situationen innerhalb oder außerhalb des Berufslebens will selbstkritisch bewältigt werden. Man kann und soll sich nicht schon deshalb als befangen betrachten müssen, weil man vor, während und nach dem Prozeßbeginn oder -ende Kontakte hatte oder haben dürfte, solange sie nicht zu eng werden. Der Richter ist und bleibt Mensch mit menschlichen Gefühlen und Vorurteilen. An so manche geheime Schwäche kommt man mit einem Ablehnungsantrag selbst dann nicht „heran", wenn ein Zipfel solcher Art des Richters schon längst bekannt ist.

Vertrauen und Selbstkritik sind auf diesem Feld wichtige und manchmal schwer erzwingbare, mit Würde und Großmut aber meist erreichbare Helfer. Wer sie aufbringt, verdient auch vom anderen ebenso respektiert zu werden. Das mag idealistisch anmuten. Es gibt aber wohl kein brauchbares anderes Rezept zu diesem sehr realen Problem. Man sollte es nun auch nicht überschätzen.

3) Sachlicher Geltungsbereich. Es gilt ein einfacher Grundsatz. 3

A. Umfassende Geltung. §§ 41 ff gelten in sämtlichen Verfahren nach der ZPO, soweit die Ausübung des Richteramts schon und noch in Betracht kommt, BFH BB **90**, 271.

B. Beispiele zur Frage des sachlichen Geltungsbereichs. 4

ArbGG: §§ 41 ff gelten im Verfahren vor den Arbeitsgerichten nach §§ 46 II, 49 ArbGG.

BVerfGG: §§ 41 ff gelten im Verfahren nach §§ 18 ff BVerfGG, BVerfG **73**, 335, Benda NJW **00**, 3620, Wassermann NJW 87, 418.

FamFG: §§ 41 ff gelten grds nach § 6 I 1 FamFG entsprechend, (je zum alten Recht) BVerfG **21**, 147, BGH FamRZ **04**, 618 links, BayObLG NJW **02**, 3262.

FGO: §§ 41 ff gelten im Verfahren vor den Finanzgerichten nach § 51 I 1, II, III FGO, BFH RR **00**, 1733.

GWB: §§ 41 ff gelten im Beschwerdeverfahren nach § 73 Z 2, § 76 V 1 GWB.

InsO: §§ 41 ff gelten im Insolvenzverfahren nach § 4 InsO, BVerfG ZIP **88**, 174, Köln Rpfleger **02**, 95, AG Gött Rpfleger **99**, 289.

LwVG: §§ 41 ff gelten im Streit nach §§ 11, 48 I 1 LwVG.

Patentamt: §§ 41 ff gelten im Verfahren vor dem Patentamt nach §§ 57, 72 MarkenG, §§ 27 VI, 86 PatG, BPatG GRUR **83**, 503, § 10 IV GebrMG, § 23 I GeschmMG.

Patentgericht: §§ 41 ff gelten im Verfahren vor dem Patentgericht in einer Markensache nach § 72 MarkenG oder vor dem BGH nach § 88 I 1 MarkenG.

SGG: §§ 41 ff gelten im Verfahren vor den Sozialgerichten nach § 50 II, III SGG.

StPO: Im sog Adhäsionsverfahren nach § 404 StPO gelten *nicht* §§ 41 ff, sondern §§ 22 ff StPO, BVerfG NJW **07**, 1670.

UWG: §§ 41 ff gelten im Einigungsverfahren nach (jetzt) § 15 UWG, Ffm GRUR **88**, 151, Stgt RR **90**, 245.

VwGO: §§ 41 ff gelten im Verfahren vor den Verwaltungsgerichten nach der VwGO.

WEG: §§ 41 ff gelten im WEG-Verfahren.

4) Persönlicher Geltungsbereich. Die Regelung erfaßt alle Gerichtspersonen. 5

A. Richterbegriff. Zu den Richtern gehören auch die ehrenamtlichen, zB diejenigen eines Arbeitsgerichts, BAG BB **78**, 100, oder diejenigen der Kammer für Handelssachen, §§ 105 ff GVG, § 45 a DRiG, BayObLG Rpfleger **78**, 18, nicht aber die Beisitzer eines Verfahrens vor der arbeitsrechtlichen Einigungsstelle, LAG Düss/Köln BB **81**, 733. Wegen einer Einigungsstelle zur Beilegung von Wettbewerbsstreitigkeiten LG Stgt AnwBl **89**, 675. Beide Arten der Unfähigkeit können immer nur einen bestimmten einzelnen Richter persönlich und immer nur einen bestimmten einzelnen Prozeß betreffen. Allenfalls können verbundene Prozesse betroffen sein, §§ 59, 60, 147.

Ein *Gericht* kann nicht als solches allgemeines Rechtspflegeorgan unfähig sein, BGH RR **02**, 789, BFH RR **00**, 1733, Brdb FamRZ **01**, 290. Das gilt selbst dann, wenn sämtliche derzeitigen Richter dieses Gerichts entweder ausgeschlossen oder befangen sind, LG Kiel SchlHA **87**, 55. Man kann auch nicht sämtliche Mitglieder eines Kollegiums als unfähig bezeichnen, solange man sie nicht namentlich nennt, BVerfG **46**, 200, BGH RR **02**, 789, BVerwG MDR **76**, 783. Man kann einen Richter auch grundsätzlich nicht schon wegen dessen bloßer Zugehörigkeit zu diesem Gericht ablehnen, BayObLG **85**, 312, Günther NJW **86**, 282. Rechtsmißbrauch nach Einl III 54 kann vorliegen, wenn der Antragsteller fordert, der BGH möge das zur Entscheidung zuständige Gericht bestimmen, BGH RR **02**, 789 (streng).

Freilich muß man ein derartiges Gesuch stets darauf prüfen, ob die Begründung zur Ablehnung des gesamten Gerichts ergibt, daß der Antragsteller in Wahrheit jedes *individuelle* Mitglied ablehnt. Dann liegt nämlich eine zulässige Häufung von Ablehnungen einzelner Richter vor, Karlsr FamRZ **04**, 1582, LG Kiel SchlHA **87**, 55. Deshalb ist eine Ablehnung des gesamten Gerichts auch nur dann mißbräuchlich, wenn man eine Befangenheit unter keinem denkbaren Gesichtspunkt rechtfertigen kann, BVerwG NJW **77**, 312. Das Gericht sollte im Zweifel eine Ablehnung der sämtlichen Einzelmitglieder des Kollegiums annehmen. Dazu muß der Ablehnende freilich nachvollziehbare Gründe vortragen, Schlesw MDR **01**, 170 (zu krit Schneider).

B. Übrige Beteiligte. Titel 4 gilt im wesentlichen auch für den Urkundsbeamten der Geschäftsstelle, 6
§ 49. Für den Sachverständigen gilt § 406, BGH FamRZ **06**, 547, auch im Arbeitsgerichtsverfahren (in Verbindung mit § 78 I ArbGG), LAG Hamm MDR **86**, 787. Für den Gerichtsvollzieher gilt § 155 GVG, LG Coburg DGVZ **90**, 89. Für den Dolmetscher gilt § 191 GVG, Nürnb RR **99**, 1515. Für den Schiedsrichter gelten §§ 1032 ff. Für den Rechtspfleger gilt § 10 RPflG, § 49 Rn 5. Titel 4 gilt auch für ein Mitglied des Gläubigerausschusses im Insolvenzverfahren, AG Hildesh KTS **85**, 130, sowie für den Insolvenzverwalter zumindest bei § 42, aM BGH Rpfleger **07**, 340, LG Stgt AnwBl **89**, 675, Haarmeyer InVO **97**, 57. Für den Vorsitzenden der Einigungsstelle gilt § 76 BetrVG, BAG **99**, 42. Für den Notar gilt § 3 I Z 1–5 BeurkG in Verbindung mit § 16 c II BNotO, Hamm RR **95**, 1338.

5) Verstoß. Wenn ein ausgeschlossener oder zu Recht abgelehnter Richter trotzdem im Verfahren 7
weiterhin mitwirkt, und zwar nicht nur an einer Verkündung nach § 41 Rn 6 und außerhalb der Not-

befugnis des § 47, ist die Entscheidung nicht etwa nichtig, sondern anfechtbar, Üb 20 vor § 300. Auch die übrigen Prozeßhandlungen des Gerichts bleiben wirksam, BGH NJW **81**, 133 (StPO). Es kann und darf das Gericht in der Besetzung mit dem nach der Geschäftsverteilung bestellten Vertreter die Prozeßhandlung wiederholen, Düss DRiZ **80**, 110 (StPO), soweit es nicht nach § 318 gebunden ist und soweit der Rechtszug noch nicht beendet ist. Außerdem sind in den Grenzen des § 43 die gewöhnlichen Rechtsbehelfe zulässig, §§ 511, 538, 542 ff, 547 Z 2, 569 I 3, 574. Die Entscheidung beruht insofern grundsätzlich auf einer Verletzung des Rechts, BayObLG **80**, 311.

Es kann auf einen Antrag eine *Zurückverweisung* erforderlich sein, (jetzt) § 538, Ffm NJW **76**, 1545. Außerdem ist dann die Nichtigkeitsklage des § 579 I Z 2, 3 zulässig, § 41 Rn 7. Man kann auf die Einhaltung der öffentlichrechtlichen Vorschriften über die Ausschließung nicht wirksam verzichten, § 295 Rn 16 ff, Ffm NJW **76**, 1545.

Eine *Parteiprozeßhandlung* nach Grdz 47 vor § 128 ist aber nicht schon deshalb unwirksam, weil sie vor dem abgelehnten oder abgeschlossenen Richter erfolgte.

41 ***Ausschluss von der Ausübung des Richteramtes.*** **Ein Richter ist von der Ausübung des Richteramtes kraft Gesetzes ausgeschlossen:**

1. in Sachen, in denen er selbst Partei ist oder bei denen er zu einer Partei in dem Verhältnis eines Mitberechtigten, Mitverpflichteten oder Regresspflichtigen steht;
2. in Sachen seines Ehegatten, auch wenn die Ehe nicht mehr besteht;
2 a. in Sachen seines Lebenspartners, auch wenn die Lebenspartnerschaft nicht mehr besteht;
3. in Sachen einer Person, mit der er in gerader Linie verwandt oder verschwägert, in der Seitenlinie bis zum dritten Grad verwandt oder bis zum zweiten Grad verschwägert ist oder war;
4. in Sachen, in denen er als Prozessbevollmächtigter oder Beistand einer Partei bestellt oder als gesetzlicher Vertreter einer Partei aufzutreten berechtigt ist oder gewesen ist;
5. in Sachen, in denen er als Zeuge oder Sachverständiger vernommen ist;
6. in Sachen, in denen er in einem früheren Rechtszug oder im schiedsrichterlichen Verfahren bei dem Erlass der angefochtenen Entscheidung mitgewirkt hat, sofern es sich nicht um die Tätigkeit eines beauftragten oder ersuchten Richters handelt.

Schrifttum: *Lipp,* Das private Wissen des Richters, 1995.

Gliederung

1 **1) Systematik, Z 1–6.** Vgl zunächst Üb 1 vor § 41. Die Vorschrift regelt den Ausschluß schon kraft Gesetzes im Gegensatz zur Ablehnung. Diese letztere tritt nicht kraft Gesetzes ein. Vielmehr muß das Gericht sie allenfalls von Amts wegen nach § 48 oder aber auf einen Antrag feststellen, §§ 42–47.

2 **2) Regelungszweck, Z 1–6.** Vgl zunächst Üb 2 vor § 41. Die Ausschließungslage bringt erfahrungsgemäß eine Gefahr mit sich, auch wirklich nach § 42 befangen zu sein. Gerade auf eine solche tatsächliche Befangenheit stellt § 41 aber eben nicht ab, auch nicht etwa in Form einer ausdrücklichen gesetzlichen Vermutung. Im übrigen kann man auch außerhalb des Kreises der in § 41 aufgezählten Personen mehr in einer Gefahr der Befangenheit stehen, etwa bei einer nicht als eingetragene Lebenspartnerschaft einstufbaren äußerst intensiven Beziehung. Diese versucht § 41 nicht mitzuerfassen.

Strikte Verhinderung der Tätigkeit des Ausgeschlossenen ist das Ziel des § 41. Das Gebot des gesetzlichen Richters nach Art 101 I 2 GG fordert eine ebenso strikte Verhinderung einer vorschnellen Ausschließungsannahme. Beides muß man bei der Auslegung mitbeachten. Sinn von Z 6 ist es zum einen, in einem freilich geschlossenen Kreis typischer Gefahr der Befangenheit das Verfahren zu erleichtern, BGH GRUR **01**, 47, und zum anderen zu verhindern, daß in einem mehrinstanzlichen Verfahren derjenige bei der Nachprüfung mitwirkt, der die nachzuprüfende Entscheidung erlassen hat, BPatG GRUR **83**, 503.

3 **3) Geltungsbereich, Z 1–6.** Vgl Üb 3 ff vor § 41.

4 **4) Ausschließungsarten und -folgen, Z 1–6.** Man kann zwei Gruppen bilden.

A. Unbedingte, absolute Ausschließungsgründe. Sie sind immer beachtlich. Hierhin gehören: Eine Geisteskrankheit; das Fehlen der staatlichen Voraussetzungen der Ausübung des Richteramts nach §§ 8 ff DRiG.

5 **B. Fallweise, relative Ausschließungsgründe.** Sie ergeben sich aus einer Beziehung des Richters zu einem bestimmten Prozeß, auch auf verbundene Verfahren. § 41 behandelt nur den so begrenzten Fall.

Dabei reicht die Nämlichkeit des Streitgegenstands, Ffm FamRZ **89**, 519. Unabhängig von § 41 kann eine Richtertätigkeit zB wegen eines Mangels der Befähigung nach §§ 5 ff DRiG entfallen. In seinem gesamten Bereich wirkt eine Ausschließung kraft zwingenden öffentlichen Rechts, Ffm NJW **76**, 1545. Es ist daher unerheblich, ob der Ausgeschlossene den Ausschließungsgrund kannte. § 41 enthält eine abschließende gesetzliche Aufzählung. Denn wegen Art 101 I 2 GG findet keine ausdehnende Auslegung statt, BVerfG NJW **01**, 2191, BGH NJW **91**, 425, Düss RR **98**, 1763, aM LSG Kiel NJW **98**, 2925. § 51 III FGO erweitert den Katalog des § 41 ZPO nicht. Freilich kann § 42 anwendbar sein. Zum Problem eines unter Umständen unwirksamen Geschäftsverteilungsplans BVerwG DRiZ **76**, 181. Bei einem Zweifel über das Vorliegen eines Ausschließungsgrundes ist § 48 anwendbar.

C. Keine Ausübung des Richteramts. Jeder Ausschließungsgrund verbietet kraft Gesetzes die Aus- 6
übung des Richteramts. Das ist jede rechtsordnende Tätigkeit und auch ein bloß rechtspflegerisches Geschäft. Man muß eine Ausschließung in jedem Stadium des Prozesses von Amts wegen beachten, Grdz 39 vor § 128. Der geschäftsplanmäßige Vertreter darf und muß eintreten, §§ 21 e, g GVG. Mit ihm darf und muß das Gericht über eine Wiederholung oder Aufhebung der Maßnahme des Ausgeschlossenen entscheiden, Düss DRiZ **80**, 110 (StPO). Fehlt auch er, wird § 36 I anwendbar. Der betroffene Richter kann stets auch im Zweifel nach § 48 I lt Hs vorgehen. Eine bloße Mitwirkung bei einer Urteilsverkündung schadet nicht, §§ 547 Z 2, 579 I Z 2 („bei der Entscheidung". Das Urteil beruht auch nicht auf dieser Mitwirkung).

D. Verstoß. Er bewirkt einen an sich unheilbaren Verfahrensmangel, Üb 7 vor § 41. Ein Verstoß im *einen* 7
Termin wirkt sich aber nicht stets auf alle folgenden weiteren Termine aus, BAG DB **99**, 644. Er ist ein wesentlicher Verfahrensmangel, Ffm NJW **76**, 1545. Er begründet einen Ablehnungsantrag nach § 42 und den sonst zulässigen Rechtsbehelf. Die Amtshandlung bleibt also zunächst bedingt wirksam, Einl III 30, § 547 Z 2, BGH NJW **81**, 133 (StPO). Nach der Rechtskraft der Entscheidung ist eine Nichtigkeitsklage nach § 579 I Z 2 zulässig, BGH **95**, 305 (Ausnahme: geltend gemachte Ablehnung), BAG DB **99**, 644. Eine Amtshandlung des Ausgeschlossenen vor der Entscheidung ist nur zusammen mit der Entscheidung anfechtbar. Eine Parteiprozeßhandlung vor dem ausgeschlossenen Richter bleibt voll wirksam.

5) Ausschließung des Prozeßrichters, Z 1–6. Die Aufzählung ist abschließend. Ein ganzes Gericht ist 8
nicht als solches ausgeschlossen. Üb 5 vor § 41.

A. Mitwirkung der Partei usw als Richter, Z 1. Vgl zunächst Grdz 4 vor § 50. Niemand darf sein eigener Richter sein, BGH **94**, 98. Der Begriff „Partei" ist hier freilich weit gefaßt, § 42 Rn 59. Partei ist jeder, für oder gegen den die Entscheidung wirkt, §§ 265, 325, 727.

Hierher zählt also zB auch der Streitgehilfe, §§ 66 ff, oder ein Dritter, §§ 75 ff, Böckermann MDR **02**, 1349. Die Begriffe „Mitberechtigte" usw verlangen eine unmittelbare Beteiligung, BGH DRiZ **91**, 99, zB: Als Bürge; als ein Mitglied eines nicht rechtsfähigen Vereins, § 50 Rn 9, weil der Verein die Gesamtheit der Mitglieder ist; als Gesamtgläubiger oder -schuldner, §§ 421 ff BGB; als Gesellschafter, zB einer Gesellschaft bürgerlichen Rechts oder einer Offenen Handelsgesellschaft oder einer juristischen Person, BGH **113**, 277, auch wenn ein Treuhänder die Anteile hält, BGH **113**, 277.

Nicht hierher zählen: Der Streitverkündungsgegner nach §§ 72, 73 vor seinem Beitritt; eine Beteiligung als Aktionär, BayObLG ZIP **02**, 1038, oder in einer Genossenschaft, BVerwG NJW **01**, 2191, oder als ein Mitglied einer öffentlichen Körperschaft; eine nur mittelbare Beteiligung oder ein nur mittelbares Interesse, BGH NJW **91**, 425. In diesen Fällen besteht aber unter Umständen ein Ablehnungsrecht, BVerfG NJW **00**, 2808, BGH DRiZ **91**, 99 und VersR **91**, 713. Ein Arbeitsrichter nach § 46 II 1 ArbGG ist nicht schon wegen seiner Zugehörigkeit zu einem Arbeitgeber- oder Arbeitnehmerverband ausgeschlossen.

B. Ehegatte und früherer Gatte, Z 2. Ein solcher Richter ist dann ausgeschlossen, wenn er nach Z 1 9
Partei ist. Das gilt auch dann, wenn die Ehe aufgehoben ist oder wegen einer Scheidung nicht mehr besteht. Etwas anderes gilt bei einer bloßen Nichtehe oder nichtehelichen Lebensgemeinschaft, Rn 2. Vgl aber Z 2 a. Bei einem Verlöbnis kommt nur eine Ablehnbarkeit in Betracht.

Nicht hierher zählt eine Ehe des Richters mit dem bloßen ProzBev einer Partei, Jena OLGR **00**, 77, aM LSG Schlesw FamRZ **99**, 384 (LS: Schreibfehler?), oder eine entsprechende Schwägerschaft, KG RR **00**, 1164.

C. Lebenspartner und früherer Lebenspartner, Z 2 a. Ein Richter ist dann ausgeschlossen, wenn es 10
um eine Sache seines eingetragenen gegenwärtigen oder früheren Lebenspartners geht. Das gilt unabhängig davon, ob ein Getrenntleben vorliegt oder ob die Aufhebung der Lebenspartnerschaft erfolgt ist und wie lange sie schon zurückliegt. Das gilt auch dann, wenn inzwischen eine zweite oder weitere Lebenspartnerschaft besteht oder bestand. Wegen des „bloßen" Lebensgefährten Rn 2, 9.

D. Verwandter und Verschwägerter, Z 3. Ein solcher Richter ist ausgeschlossen, wenn man ihn als 11
Partei nach Z 1 ansehen muß. Die Verwandtschaft usw muß man nach dem bürgerlichen Recht beurteilen, §§ 1589 ff, 1754 ff (Ausnahme: § 1770) BGB, Art 33 EG BGB. Auch der Angehörige des Abgelehnten ist so beurteilbar, Celle MDR **01**, 767 (zustm Gruber).

Hierher zählt also auch die durch eine nichteheliche Vaterschaft oder durch eine Annahme als Kind vermittelte Verwandtschaft. Der Verwandtschaftsgrad usw bestimmt sich nach der Zahl der vermittelnden Geburten. Bei einer Partei kraft Amts nach Grdz 8 vor § 50 entscheidet ihre Verwandtschaft usw mit der Amtsperson, etwa mit dem Insolvenzverwalter, und mit dem durch sie Dargestellten, etwa mit dem Schuldner, Köln RR **88**, 254. Die Ausschließung besteht auch nach einer Auflösung der Annahme als Kind oder nach einer Anfechtung der Ehelichkeit fort. Bei einer juristischen Person kann es auf die Beziehung zu einem Mehrheitsgesellschafter ankommen, BGH NJW **86**, 1049.

Nicht ausreichend ist eine Verwandtschaft usw mit einem anderen Prozeßbeteiligten oder mit einem ProzBev, § 81, LAG Kiel AnwBl **02**, 376, mit einem Beistand nach § 90 oder mit einem gesetzlichen Vertreter, § 51.

E. Vertretungsbefugnis, Z 4. Die Vertretungsbefugnis mag bestehen oder bestanden haben. 12

Beispiele: Der ProzBev, § 81, auch der amtlich bestellte Vertreter, § 53 BRAO, oder ein Unterbevollmächtigter; der nach § 79 vertretungsberechtigte Bevollmächtigte; der Beistand, § 90; der gesetzliche Vertreter, § 51; einer von mehreren solchen Personen. Das alles gilt ohne Rücksicht darauf, ob der Vertreter seine Befugnis auch tatsächlich ausgeübt hat. Wegen des Geschäftsführers einer kassenzahnärztlichen Vereinigung BSG NJW **93**, 2070. Die Vertretungsbefugnis muß in derselben Rechtsangelegenheit bestehen. Sie darf nicht in demselben Prozeß bestanden haben.

Unschädlich sind: Eine Tätigkeit in einer früheren Sache, BGH NJW **79**, 2160 (StPO); als Schiedsrichter oder als ein Referendar beim Geschäftsabschluß, §§ 2231, 2276 BGB; als ein bloßer Zustellungsbevollmächtigter, § 174.

13 **F. Stattgefundene Vernehmung, Z 5.** Man kann nicht zugleich Zeuge und Richter sein, Lipp (vor Rn 1) 86. Die Vernehmung muß tatsächlich geschehen sein, kann auch nach § 377 III mit seiner schriftlichen Anhörung erfolgt sein, Ffm FamRZ **89**, 519. Sie muß zu demselben Sachverhalt stattgefunden haben. Sie braucht nicht in demselben Prozeß erfolgt zu sein, BGH NJW **83**, 2711 (StPO), Ffm FamRZ **89**, 519. Es muß aber ein prozeßrechtlicher Zusammenhang bestehen, etwa im Wiederaufnahmeverfahren nach §§ 578 ff oder bei einer Vollstreckungsabwehrklage nach § 767, Ffm FamRZ **89**, 519. Es reicht nicht aus, daß die Vernehmung in einem anderen Prozeß mit demselben Sachverhalt stattfand, aM Ffm FamRZ **89**, 519 (aber damit würde man schon die Ausschließbarkeit fast maßlos erweitern können). In diesem letzteren Fall mag der Richter allerdings ablehnbar sein.

Die bloße *Benennung* des Richters als Zeuge oder Sachverständiger reicht zum Ausschluß *nicht* aus, BVerwG MDR **80**, 168, Saarbr RR **94**, 765. Deshalb scheidet der Richter erst nach dem ihn selbst benennenden Beweisbeschluß aus, Lipp (vor Rn 1) 91. Freilich kann er deshalb vorher befangen sein. Eine dienstliche Äußerung ist kein Zeugnis, BGH NJW **02**, 2402 (StPO), BVerwG MDR **80**, 168. Im übrigen wäre es eine besonders problematische Art eines etwaigen Rechtsmißbrauchs nach Einl III 54, einen mißliebigen Richter durch einen auch noch zum „notwendigen" Beweisbeschluß führenden Beweisantritt auszuschalten, solange man dergleichen vermeiden kann.

14 **G. Mitwirkung bei der angefochtenen Entscheidung, Z 6,** dazu *Brandt-Janczyk,* Richterliche Befangenheit durch Vorbefassung im Wiederaufnahmeverfahren, 1978:

Die Mitwirkung muß in der *Vorinstanz* oder in einem schiedsrichterlichen Verfahren stattgefunden haben, BGH **94**, 92. Sie muß gerade bei der durch ein Rechtsmittel nach §§ 511 ff, 542 ff oder 567 ff angefochtenen Entscheidung erfolgt sein, nicht bei einer anderen, BGH NJW **81**, 1273, BVerwG NJW **80**, 2722. Der Richter muß als erkennender Richter oder als ein Schiedsrichter nach § 1036 gerade über das Streitverhältnis mitentschieden haben, § 309. Er darf also nicht nur an einer Verkündung nach § 311 beteiligt gewesen sein. Im Berufungsrechtszug ist eine Mitwirkung am früheren Verfahren wegen einer einstweiligen Verfügung unschädlich, BVerfG NJW **01**, 3533. Eine Mitwirkung im vorausgegangenen Verwaltungsverfahren genügt in einer FamFG-Sache, § 6 I 2 FamFG.

15 **H. Beispiele zur Frage der Ausschließung, Z 1–6**

Abänderungsklage: Ein Ausschluß liegt *nicht* vor, wenn es um eine Abänderungsklage nach § 323 geht.
S auch Rn 17 „Neuer Prozeß".

Ablehnungsverfahren: § 45 II verbietet die Mitwirkung des Abgelehnten bei der Entscheidung über das Ablehnungsgesuch. Vgl freilich § 42 Rn 7.

Arrest, einstweilige Verfügung: Ein Ausschluß kann vorliegen, wenn der Richter an einem Arrest oder einer einstweiligen Verfügung mitgewirkt hat, die das Gericht inzwischen auf Grund eines Widerspruchs bestätigt hat, StJBo 18, ThP 7, ZöV 13, aM Hbg MDR **02**, 538 (aber der Text und Sinn von Z 6 gehen wegen des Regelungszwecks recht weit, Rn 2). Die frühere Mitwirkung bleibt aber im Berufungsverfahren unschädlich, BVerfG NJW **01**, 3533.

Auskunft: Ein Ausschluß liegt *nicht* vor, wenn der Richter nur am Teilurteil über einen Auskunftsanspruch mitgewirkt hat, Karlsr FamRZ **96**, 556.

Beauftragter, ersuchter Richter: Es darf nach Z 6 Hs 2 tätig sein, Rn 6.

Berater: Wegen eines Beraters Düss BB **76**, 252.

Betragsverfahren: Ein Ausschluß liegt *nicht* vor, wenn der Richter im Verfahren über den Grund mitgewirkt hatte, Karlsr FamRZ **92**, 1194.

Beweisaufnahme: Ein Ausschluß liegt *nicht* vor, wenn der Richter nur an einem Beweisbeschluß oder an einer Beweisaufnahme mitgewirkt hat.

Blindheit: Vgl *Farys,* Blinde Menschen im Richteramt, 2008.

16 **Dieselbe Instanz:** Ein Ausschluß liegt *nicht* vor, wenn der Richter lediglich an einer Entscheidung derselben Instanz mitgewirkt hat, etwa im Mahnverfahren oder an einem Versäumnisurteil oder an einem Zwischenurteil nach § 303 oder an einem Grundurteil nach § 304 oder an einem Vorbehaltsurteil nach §§ 320, 599.

Ein Ausschluß liegt *nicht* vor, wenn erstinstanzlich die Ehefrau des Rechtsmittelrichters an der angefochtenen Kollegialentscheidung mitgewirkt hatte, BGH NJW **04**, 163 (abl Feiber 650).

S auch Rn 18 „Urkundenprozeß", Rn 19 „Versäumnisurteil", Rn 20 „Zurückverweisung".

Disziplinarsache: Wegen eines Notarrichters im Disziplinarsenat BGH DNotZ **91**, 323.

Ehe: Ein Ausschluß liegt *nicht* vor, soweit eine Richterin und ein ProzBev miteinander verheiratet sind, Jena MDR **00**, 540, aM LSG Schlesw NJW **98**, 2925 (aber man muß auf den Einzelfall abstellen können. Das gestattet § 41 nicht). Freilich kann § 42 anwendbar sein.

Einzelrichter: Ein Ausschluß liegt *nicht* vor, wenn der Richter als nicht erkennender Einzelrichter tätig war.

Folgeentscheidung: Ein Ausschluß kann *fehlen,* soweit es nur um eine typische Folgeentscheidung in derselben Instanz geht, Hbg MDR **02**, 538, Rostock RR **99**, 1445.

Gläubigerausschuß: Ein Ausschluß kann nach Z 1 vorliegen, AG Hildesh KTS **85**, 130.

Grundurteil: Rn 15 „Betragsverfahren".

Insolvenzverwalter: Ein Ausschluß kann nach Z 1 vorliegen, BGH Rpfleger **07**, 340.

Mahnverfahren: S „Dieselbe Instanz".
Neuer Prozeß: Ein Ausschluß liegt *nicht* vor, wenn der Richter jetzt in einem anderen formell ganz selbständigen weiteren Prozeß tätig wird. Denn dann liegt kein „früherer Rechtszug" vor. Das gilt selbst dann, wenn der frühere Prozeß für den jetzigen erheblich sein mag. 17

S auch Rn 15 „Abänderungsklage", Rn 20 „Wiederaufnahmeverfahren".
Notarsache: Rn 16 „Disziplinarsache".
Patentsache: Ein Ausschluß liegt *nicht* vor, wenn ein Richter nach seiner Tätigkeit im Verletzungsverfahren nun im Nichtigkeitsverfahren mitwirkt, BGH RR **03**, 479. Wegen einer Patentabteilung BPatG GRUR **82**, 359. Vgl auch BGH MDR **76**, 574.
Schiedsrichterliches Verfahren: Rn 14.
Streitverkündung: Ein Ausschluß liegt nicht vor, soweit der Sachverständige nach einer Streitverkündung an ihn beitritt, BGH FamRZ **06**, 547.
Teilurteil: Rn 15 „Auskunft".
Urkundenprozeß: Ein Ausschluß liegt *nicht* vor, wenn der Richter im Urkundenprozeß mitgewirkt hat, etwa an einem Vorbehaltsurteil nach § 599, und wenn er jetzt im Nachverfahren tätig wird. 18

S auch Rn 16 „Dieselbe Instanz".
Verfassungsfragen: Rn 19 „Vorlagebeschluß".
Verkündung: Ein Ausschluß liegt *nicht* vor, wenn der Richter nur an der Verkündung einer Entscheidung mitgewirkt hat, Jena OLGR **00**, 77.
Versäumnisurteil: Ein Ausschluß liegt vor, wenn der Richter an einem Versäumnisurteil der Vorinstanz gegen den Bekl mitgewirkt hat. Denn dort mußte das Gericht ja auch die Schlüssigkeit der Klage nach § 331 II prüfen. 19

Ein Ausschluß liegt *nicht* vor, wenn der Richter an einem inzwischen aufgehobenen Versäumnisurteil mitgewirkt hat. Denn jene Entscheidung hat für die jetzt bevorstehende keine unmittelbare Bedeutung mehr.

S auch Rn 16 „Dieselbe Instanz".
Verwaltungsverfahren: Rn 14.
Vollstreckungsfragen: Rn 20 „Zwangsvollstreckung".
Vorentscheidung: Ein Ausschluß liegt vor, wenn der Richter an einer Vor- oder Zwischenentscheidung beteiligt war, die der Rechtsmittelführer der höheren Instanz nach §§ 512, 548 unterbreitet hat, etwa bei einem Zwischenurteil oder bei einem inzwischen bestätigten Versäumnisurteil.

Ein Ausschluß liegt *nicht* vor, wenn sich die Mitwirkung des Richters auf einen Vorbescheid beschränkt hat oder wenn er jetzt im Rückgriffverfahren gegen den ProzBev des Vorprozesses wieder amtiert, Düss RR **98**, 1763.

S auch Rn 18 „Urkundenprozeß", Rn 19 „Versäumnisurteil".
Vorlagebeschluß: Ein Ausschluß liegt *nicht* vor, wenn der Richter an einem Vorlagebeschluß nach Art 100 GG beim BVerfG oder nach Art 177 II EWGVertrag, Art 234 EGV beim EuGH mitgewirkt hat, BFH **129**, 251.
Widerspruch: Rn 15 „Arrest, einstweilige Verfügung". 20
Wiederaufnahmeverfahren: Ein Ausschluß liegt *nicht* vor, wenn es jetzt um ein Wiederaufnahmeverfahren geht, §§ 578 ff, BGH NJW **81**, 1274.

S auch Rn 17 „Neuer Prozeß".
Zurückverweisung: Ein Ausschluß liegt *nicht* vor, wenn der Richter nach einer Zurückverweisung weiter mitwirkt, BVerwG NJW **75**, 1241. Dabei ist es unerheblich, ob nunmehr dasselbe oder ein im übrigen anderes Kollegium tätig wird, BVerfG DRiZ **68**, 141.

S auch Rn 16 „Dieselbe Instanz".
Zwangsvollstreckung: Ein Ausschluß liegt *nicht* vor, wenn der Richter über eine Einwendung gegen die Zulässigkeit der von ihm erteilten Vollstreckungsklausel oder bei einer anschließenden Vollstreckungsabwehrklage entscheiden soll, BGH NJW **76**, 2135.
Zwischenentscheidung: Rn 16 „Dieselbe Instanz", Rn 19 „Vorentscheitung".

6) Ausschließung des verordneten Richters, Z 1–6. Ein Richter, der in der Vorinstanz an der Entscheidung mitwirkte, ist als verordneter Richter der höheren Instanz nicht ausgeschlossen. Auch das ergibt sich aus Z 6. Zum Begriff des verordneten Richters Einl III 72. Eine Tätigkeit als verordneter Richter in der früheren Instanz ist ohnehin unschädlich. Wer als verordneter Richter tätig war, darf auch bei einer Entscheidung nach § 573 I, II mitwirken. 21

42 *Ablehnung eines Richters.* [I] **Ein Richter kann sowohl in den Fällen, in denen er von der Ausübung des Richteramts kraft Gesetzes ausgeschlossen ist, als auch wegen Besorgnis der Befangenheit abgelehnt werden.**

[II] **Wegen Besorgnis der Befangenheit findet die Ablehnung statt, wenn ein Grund vorliegt, der geeignet ist, Misstrauen gegen die Unparteilichkeit eines Richters zu rechtfertigen.**

[III] **Das Ablehnungsrecht steht in jedem Fall beiden Parteien zu.**

Schrifttum: *Bleutge,* „Ablehnung wegen Besorgnis der Befangenheit" usw, 2. Aufl 1999; *Brandt-Janczyk,* Richterliche Befangenheit durch Vorbefassung im Wiederaufnahmeverfahren, 1978; *Deguchi,* Das mißbräuchliche Ablehnungsgesetz im Zivilprozeß, Gedächtnisschrift für *Arens* (1993) 31; *Gerdes,* Die Ablehnung wegen Besorgnis der Befangenheit aufgrund von Meinungsäußerungen des Richters, 1992; *Horn,* Der befangene Richter usw (Rechtstatsachen), 1977; *Lipp,* Das private Wissen des Richters, 1995; *Nowak,* Richterliche Aufklärungspflicht und Befangenheit, 1991; *Onart,* Umfang und Grenzen politischer Betätigungsfreiheit des Richters usw, 1990; *Peters,* Richter entscheiden über Richter, Festschrift für *Lüke* (1997) 603; *Riedel,* Das Postulat der Unparteilichkeit des Richters im deutschen Verfassungs- und Verfahrensrecht, 1980; *Schmidt,* Richterwegfall und Richterwechsel im Zivilprozeß, Diss Hann 1993; *Schneider,* Befangenheitsablehnung im Zivilprozeß, 3. Aufl 2008; *Taubner,* Der befangene Zivilrichter, 2005; *Vollkommer,* Der ablehnbare Richter, 2001; *Wand,* Zum Begriff der „Besorgnis der Befangenheit" in § 19 BVerfGG, Testgabe zum 10jährigen Jubiläum der *Gesellschaft für Rechtspolitik* (1984) 515; *Wassermann,* Zur Richterablehnung im verfassungsgerichtlichen Verfahren, Festschrift für *Hirsch* (1981) 465; vgl auch vor Üb 1 vor § 41.

Gliederung

1 **1) Systematik, I–III.** Vgl zunächst Üb 1 vor § 41. § 42 regelt in Wahrheit nicht nur im Gegensatz, sondern auch in einer Ergänzung zu § 41 Fälle des Ausschlusses wie der Ablehnung eines Richters. Für das Verfahren der Ablehnung des Richters gelten zusätzlich §§ 43–48. Beim befangenen Urkundsbeamten gilt zunächst vorrangig § 49 mit seiner Verweisung auf §§ 42–48.

2 **2) Regelungszweck, I–III.** Vgl zunächst Üb 2 vor § 41. Man kann im Ablehnungsrecht generell ein prozessuales Grundrecht gegenüber der Dritten Gewalt sehen, Lamprecht NJW **93**, 2222. Die Vorschrift soll die Unvoreingenommenheit sichern, Ffm RR **97**, 1084. Sie soll auch der Gefahr unsachlicher Beweggründe bei der Rechtsprechung begegnen, BayObLG **86**, 250, Schneider NJW **96**, 2285. Die Vorschrift dient also der Gerechtigkeit, Einl III 9, 36. Sie soll aber auch ein „Abschießen" des zwar unbequemen, aber keineswegs voreingenommenen Richters und damit eine Umgehung des gesetzlichen Richters des Art 101 I 2 GG verhindern, BVerfG NJW **98**, 370. Sie dient damit auch der Rechtssicherheit nach Einl III 43 und der Bekämpfung von Rechtsmißbrauch nach Einl III 54, Rn 7. Das muß man bei der Auslegung mitbeachten, Rn 11–13.

Mobbing kann als Gegenstück zur verborgenen Befangenheit nach Üb 2 vor § 341 auch den Richter dort treffen, wo seine Art und Arbeit einer „Kontrolle" der Parteien und anderer Personen unterliegt, die man aus durchsichtigen Gründen nicht offen und nicht mit dem auch finanziellen Risiko eines Unterliegens in der höheren Instanz vornehmen will, sondern mit subtileren Mitteln, die aus unedlen Motiven erwachsen und verachtenswerte Ziele verfolgen. Der Richter hat bei einer Selbstzucht indes mehr Abwehrmöglichkeiten als andere Berufsgruppen. Sie gehen von der sofortigen Pause in der zugespitzten Verhandlung über eine gelassene schriftliche prozeßleitende Anordnung bis zum deutlichen Urteil, das er ja immerhin nicht nur in seinem persönlichen Namen fällt. Er kann es ohne eine anfechtbare Emotion sachlich vertretbar, aber in der Sache schneidend scharf begründen, um solchen Rechtsmißbrauch wenigstens in Zukunft zu begrenzen. Solche Aufgabe sollte sich auch manche eigenartig mitmobbende Verwaltung setzen. Der unbequeme Richter steht nicht schon deshalb der Versuchung offen, ihn „kurzzuhalten", wie man es gelegentlich skurrilerweise beobachten muß. Mit kluger Überlegung kann er sich oft recht wirksam erwehren. Sein Amt gebietet das.

3 **3) Sachlicher Geltungsbereich, I–III.** Vgl zunächst Üb 3, 4 vor § 41. Die Regelung gilt für alle Verfahrensabschnitte und -arten, LG Bonn NJW **96**, 2169, Weigel MDR **99**, 1360 (je: schiedsrichterliches Verfahren). Sie gilt auch für eine FamFG-Sache, § 6 FamFG, (zum alten Recht) Ffm FamRZ **83**, 630, oder für das Tatbestandsberichtigungsverfahren, § 320, BGH FamRZ **07**, 1734. Sie gilt auch im Vollstreckungsverfahren, BGH Rpfleger **03**, 453, Karlsr Rpfleger **95**, 402 (ZVG), oder bei einer Landwirtschaftssache, (zum alten Recht) BGH NJW **95**, 1030, oder bei einer Notarkostenbeschwerde, (zum alten Recht) BayObLG FGPrax **04**, 94, Zimmermann Festschrift für Musielak (2004) 729.

4 **4) Persönlicher Geltungsbereich, I–III.** Vgl zunächst Üb 5, 6 vor § 41. Das Ablehnungsrecht steht beiden Parteien unabhängig voneinander zu. Es steht jedem Streitgenossen zu, § 61. Es steht auch dem Prozeßgegner der unmittelbar betroffenen Partei zu, Schneider MDR **87**, 374. §§ 41 ff meinen den Begriff Partei im weitesten Sinn, § 41 Rn 7. Als Partei gilt jeder an einem Verfahren nach der ZPO parteiartig Beteiligte, Celle NdsRpfl **85**, 173, auch der zu Betreuende, auch ein einzelner Genosse bei §§ 105 ff GenG, Brdb Rpfleger **97**, 302. Eine möglicherweise nach § 51 prozeßunfähige Partei gilt für das Ablehnungsverfahren als prozeßfähig, damit das Gericht nicht die Prozeßfähigkeit in diesem Nebenverfahren klären muß, Schlesw SchlHA **80**, 213. Dieses Recht ist zeitlich begrenzt, § 43. Vgl aber auch § 44 IV. Der Streithelfer hat zunächst ein selbständiges Ablehnungsrecht. Denn III ist eine Sondervorschrift gegenüber § 67, Celle OLGR **95**, 273. Vgl aber § 67 Rn 8.

Ein *Dritter* hat nur in einem Zwischenstreit mit den Prozeßparteien ein Ablehnungsrecht, Ffm OLGR **97**, 305 ([jetzt] JVEG). Der ProzBev nach § 81 hat ein Ablehnungsrecht grundsätzlich nur für die Partei und nicht für seine eigene Person, Hamm OLGR **96**, 45, Karlsr RR **87**, 126, Zweibr RR **00**, 865. Dasselbe gilt beim gesetzlichen Vertreter, Köln RR **88**, 694, und bei der Partei kraft Amts, BVerfG ZIP **88**, 174, Zweibr Rpfleger **00**, 265. Vgl aber auch Rn 5, 10. Man muß die Erklärung der Partei zur Klärung der Frage auslegen, ob sie ein Ablehnungsgesuch stellt, Schneider MDR **83**, 188. Dabei sollte das Gericht selbstkritisch sein, aber nicht übertrieben ängstlich. Wegen des Insovenzverwalters Üb 6 vor § 41.

5 **5) Notwendigkeit eines Antrags, I–III.** Es ist ein Ablehnungsantrag erforderlich, § 44 I, VG Köln NJW **86**, 2207. Er ist eine Parteiprozeßhandlung, Grdz 47 vor § 128. Zur Form § 44. Es gibt kein

Ablehnungsverfahren von Amts wegen, BVerfG **46**, 37, BGH NJW **81**, 1274, VG Köln NJW **86**, 2207, sondern nur das Selbstablehnungsverfahren nach § 48 II. Man kann nicht ein ganzes Gericht als solches ablehnen, Üb 5 vor § 41. Man kann einen Richter auch nicht ein für allemal ablehnen, BayObLG Rpfleger **80**, 194. Der Ablehnungsantrag ist in den Grenzen des § 43 bis zum Ende des Rechtszugs möglich, auch zB im Verfahren nach §§ 320, 321. Er läßt sich nur bis zur Unanfechtbarkeit der Entscheidung stellen, BGH **141**, 93. Er ist bis zum Zeitpunkt der Entscheidung über das Gesuch widerruflich. Der ProzBev hat nicht aus eigenem Recht eine Ablehnungsmöglichkeit, Rn 4. Es stellt den Antrag freilich meist zumindest stillschweigend im Namen der Partei, Rn 10, Karlsr RR **87**, 127.

6) Rechtsschutzbedürfnis, I–III. Das Rechtsschutzbedürfnis muß wie stets vorliegen, Grdz 33 vor § 253, BGH FamRZ **07**, 1734, Karlsr FamRZ **07**, 55. Es entfällt, soweit der Richter aus dem Dezernat ausscheidet, Karlsr FamRZ **08**, 1003, oder soweit er bereits in der Hauptsache entschieden hat, BGH NJW **01**, 1503, BFH BB **90**, 271, Hbg NJW **92**, 1462. 6

7) Rechtsmißbrauch, I–III, dazu *Deguchi* (vor Rn 1): Zwar muß das Gericht stets prüfen, ob hinter Schimpfereien ein ernstzunehmender Antrag steht, § 46 Rn 5. Es kann aber feststehen, daß ein Ablehnungsgesuch nur einer Verschleppung dienen soll, Brdb FamRZ **02**, 1042, Brschw MDR **00**, 846, Köln RR **97**, 828, oder daß das Gesuch sonst ersichtlich lediglich rechtsmißbräuchlich ist, Einl III 54, BVerfG NVwZ-RR **08**, 289, Brschw NJW **95**, 2113, Düss Rpfleger **94**, 340. Dann darf und muß das Gericht kraft Gewohnheitsrechts den Antrag in seiner bisherigen Besetzung zurückweisen, § 45 Rn 4, BVerfG NVwZ-RR **08**, 289 (rät zur Zurückhaltung), BGH FamRZ **05**, 1826, Brdb FamRZ **02**, 1042. 7

Eine Zurückweisung in der bisherigen Besetzung erfolgt *insbesondere* dann, wenn der Antragsteller das Gesuch offenkundig völlig ungeeignet „begründet“, Schneider NJW **08**, 2759, oder wenn er es ersichtlich überhaupt nicht ernst meint, BPatG GRUR **82**, 359, oder wenn er ein bereits einmal abgelehntes Gesuch einfach erneut einreicht, ohne neue tatsächliche Behauptungen aufzustellen, KG FamRZ **86**, 1022, LG Kiel Rpfleger **88**, 544 (zustm Wabnitz), oder wenn er die Ablehnung nur auf die Zugehörigkeit des Richters zu einem bestimmten Gericht stützt, BGH RR **02**, 789, oder wenn das Gesuch nur grobe Beleidigungen und Beschimpfungen der Richter enthält, Düss OLGR **96**, 108. Natürlich soll man mit solcher Art von Zurückweisung eines Ablehnungsgesuchs vorsichtig sein, BVerfG NJW **07**, 3772 und FamRZ **07**, 1954, Brdb OLGR **00**, 35. LG Ffm RR **00**, 1088. Eine unbegründete Annahme eines Rechtsmißbrauchs könnte ihrerseits bereits eine Ablehnung rechtfertigen, BVerwG NJW **98**, 324. Vorsorglich ist stets eine wenigstens knappe Erörterung der Ablehnungsbegründung notwendig, LAG Düss MDR **02**, 476. Eine nicht haltbare Selbstentscheidung kann zur wahren Befangenheit führen, BVerfG NJW **07**, 3772 und FamRZ **07**, 1954.

Bei einem *völlig eindeutigen* Rechtsmißbrauch kann es sogar gerechtfertigt sein, das Ablehnungsgesuch nicht weiter zu bearbeiten, Einl III 66, § 46 Rn 4, BVerfG **74**, 100, BGH FamRZ **05**, 1826, Brdb FamRZ **01**, 1004, strenger VerfGH Drsd RR **99**, 287. Das gilt etwa wegen bloßer Verschleppungsabsicht, auch im Gewand einer „Verhinderung“. Dann ist § 47 unanwendbar, Köln RR **00**, 592. Natürlich ist ein Aktenvermerk nicht nur zulässig, sondern auch ratsam, Engel Rpfleger **81**, 84, LG Ffm RR **00**, 1088. Das Gericht sollte durch die Form des Vermerks klarstellen, daß es sich dabei nicht etwa um eine mitteilungsbedürftige und beschwerdefähige Entscheidung handelt, Engel Rpfleger **81**, 85, Günther NJW **86**, 290. Eine Mitteilung in Beschlußform ist für sich noch keine Entscheidung über das Ablehnungsgesuch, KG FamRZ **86**, 1023. Auch bei dieser Form der Bewältigung des Rechtsmißbrauchs ist eine Zurückhaltung ratsam, Engel Rpfleger **81**, 84. Im übrigen kann ein offensichtlich unbegründetes und zur Verzögerung führendes Gesuch eine Gebühr (jetzt) nach § 38 GKG auslösen, Düss MDR **84**, 857.

8) Sonstige Zurückweisungsfolgen, I–III. Ein unberechtigter Ablehnungsantrag kann die Ehre des abgelehnten Richters rechtswidrig angreifen, Nürnb MDR **83**, 846. Daher können der Abgelehnte wie sein Dienstvorgesetzter wegen dieser Ehrverletzung vorgehen. Der letztere kann dazu wegen seiner Fürsorgepflicht verpflichtet sein. 8

9) Ablehnungsgründe, I, II. Zur Ablehnung des Richters berechtigen zwei Gruppen von Gründen. Sie setzen stets einen individuell gerade aus dem Verhalten des Richters ableitbaren Grund voraus, Köln RR **06**, 64. 9

A. Ausschlußgrund. Es mag ein Grund zu einer Ausschließung nach § 41 vorliegen. § 41 ist also auch im Rahmen des § 42 beachtlich, aM Mü MDR **75**, 584 (aber ein Ausschließungsgrund ist fast stets auch ein Ablehnungsgrund. Nur muß das Gericht meist nur den ersten klären). Ein Verstoß gegen § 21 g II GVG reicht aber insofern nicht zur Ablehnung aus, Mü MDR **75**, 584. Wenn sich das Ablehnungsgesuch auf § 41 stützt, ist § 43 unanwendbar. Wenn das Gericht ein Ablehnungsgesuch für unbegründet erklärt hat, entfällt die Möglichkeit einer Nichtigkeitsklage, § 579 Z 2.

B. Besorgnis der Befangenheit: Parteiobjektiver Maßstab. Eine Besorgnis der Befangenheit liegt nur dann vor, wenn ein objektiv vernünftiger Grund besteht, der die Partei dann auch von ihrem Standpunkt aus vernünftigerweise befürchten lassen kann, der Richter werde nicht unparteiisch sachlich entscheiden, Art 6 MRK, § 1036 II 1, EGMR NJW **07**, 3553, BVerfG NJW **00**, 2808, BGH FamRZ **06**, 1441. Der Maßstab ist also ein partei-„objektiver“, Oldb MDR **08**, 527, krit Schneider MDR **05**, 671. Der Ablehnungsgrund liegt vor, wenn er glaubhaft ist, §§ 44 II, 294. 10

Eine rein *subjektive* unvernünftige *Vorstellung ist also unerheblich,* BGH NJW **04**, 164 (abl Feiber 650), Brdb MDR **01**, 1413, Mü SchiedsVZ **08**, 104. Eine dienstliche Äußerung nach § 44 III dahingehend, man fühle sich befangen oder nicht befangen, ist jedenfalls nicht allein maßgeblich, BVerfG **99**, 56, BFH DB **77**, 1124, LG Bayreuth RR **86**, 678, aM Oldb FamRZ **92**, 192 (sie sei ganz unbeachtlich. Aber sie zeigt oft recht deutlich die Verfassung des Abgelehnten). Es kommt auch nicht darauf an, ob der Richter vom Standpunkt eines jeden auch wirklich befangen ist, Celle AnwBl **97**, 295, VGH Mannh NJW **86**, 2068, LG Bln NJW **86**, 1000.

Wer über ein Ablehnungsgesuch entscheiden muß, der muß sich also in die *Rolle der ablehnenden Partei* zu versetzen versuchen und ihre persönlichen Befürchtungen zwar zugrundelegen, aber zugleich vom Standpunkt eines außenstehenden Dritten auf ihre Stichhaltigkeit überprüfen. Erst wenn auch aus der Sicht eines solchen unparteiischen Dritten subjektive Befürchtungen der ablehnenden Partei immerhin verständlich und nicht ziemlich grundlos zu sein scheinen, kann eine Besorgnis der Befangenheit vorliegen. Dabei ist eine Gesamtabwägung aller Argumente notwendig, Düss AnwBl **99**, 236. Das ist schwierig genug, Benda NJW **00**, 3620 (ausf). Man hüte sich vor eigener verborgener Befangenheit nach Üb 2 vor § 41 und auch vor Leerfloskeln, Zuck DRiZ **88**, 72.

11 **C. Auslegungsregeln bei Befangenheit.** Man muß §§ 42 ff im Zusammenhang mit Art 101 I 2 GG auslegen, Einl III 22, Üb 1, 2 vor § 41, Zuck DRiZ **88**, 179 (Notwendigkeit eines fairen Verfahrens). §§ 42 ff betreffen wegen ihres Regelungszwecks nach Rn 2 ohnehin nur eine subjektiv ernstgemeinte und objektiv auch ernstzunehmende Ablehnung. Sie wollen den Parteien keineswegs Möglichkeiten an die Hand geben, den Prozeß zu verschleppen oder sich eines unliebsamen Richters zu entledigen, Rn 4, VGH Kassel NJW **85**, 1106. Die Zahl der Ablehnungsanträge ist erheblich. Das ergibt sich schon aus der Fülle einschlägiger im Fachzeitschrifttum veröffentlichter Entscheidungen. Diese Erscheinung ist eine Folge des überall zu beobachtenden Verfalls jeglicher Autorität, auch staatlicher. Man sieht im Richter den unvollkommenen Menschen. Er ist unvollkommen. Trotzdem hat der Gesetzgeber ihn nicht zu einem beliebig austauschbaren Verwaltungsbeamten gemacht, sondern er hat ihn im Rahmen des Geschäftsverteilungsplans zum allein berufenen gesetzlichen Richter bestimmt.

12 **D. Zurückhaltung.** Natürlich darf man in vielen Ablehnungsanträgen auch die richtige Erkenntnis sehen, daß alle staatliche Autorität und Gewalt eine schärfere Selbstkontrolle braucht, als man sie früher für notwendig hielt. Diese Erkenntnis berechtigt aber nicht zu einer gar nicht selten zu beobachtenden wenig überzeugenden Neigung, den Richter allzu rasch für befangen zu halten. Eine solche Haltung wäre unvermeidbar mit einer Schwächung der Unabhängigkeit des Richteramts verbunden. Sie dient niemandem. Die seit jeher vorhandenen Grauzonen des Bereichs einer oft unbewußten Befangenheit nach Üb 2 vor § 41 lassen sich rechtlich nicht aufdecken, Lamprecht DRiZ **88**, 166. Sie lassen sich durch keine noch so ablehnungsfreudige Tendenz beseitigen. Der allzu oft angegriffene Richter kommt nur zu einer solchen Einstellung, die gerade dem Angreifer auf die Dauer am wenigsten nützt. Das sollte auch der Anwalt bedenken, aM Bergerfurth FamRZ **83**, 980 (aber der Anwalt muß das Allzumenschliche des Richters sehr wohl mitsehen).

Man muß im übrigen beachten, daß der Richter schon wegen § 139 II ein *Rechtsgespräch* führen muß. Insgesamt sollte man einen Befangenheitsantrag nur zurückhaltend für begründet erklären, Schneider DRiZ **78**, 42, aM ThP 13, ZöV 10 (aber auch der Richter verdient wie jeder zunächst einmal schon nach Artt 1, 2 GG Achtung. Man sollte ihm ein schwieriges Amt nicht erschweren, sondern möglichst diszipliniert erleichtern).

13 Gegen die erkennbare Meinung des betroffenen Richters sollte man deshalb seine Befangenheit *keineswegs voreilig bejahen.* Bei einem echten Zweifel darüber, ob man ihn noch als unbefangen ansehen kann, muß man aber wohl eher zugunsten des Antragstellers entscheiden, KG MDR **99**, 1019, Köln OLGR **01**, 261, Schneider MDR **00**, 1305, aM BayObLG DRiZ **77**, 245 (aber einen echten Zweifel muß man doch schon ziemlich ernstnehmen). Dabei mag auch die Erwägung berechtigt sein, das Vertrauen in die Rechtspflege nicht allzu sehr der evtl unberechtigten Kritik des einzelnen zu unterstellen. Das BVerfG prüft im Verfahren nach § 44 nur, ob objektiv eine Willkür des Gerichts vorliegt, BVerfG NJW **80**, 1379. Bei § 48 mag eine Prüfungspflicht weitergehen.

14 **E. Beispiele zur Frage der Ablehnbarkeit.** Es bedeuten: *„Ja"*: Es besteht eine Besorgnis der Befangenheit; *„nein"*: Es besteht keine Besorgnis der Befangenheit. Jeder Schematismus ist verfehlt. Maßgebend können nur die Gesamtumstände des Einzelfalls sein.

Abänderungsklage: Rn 25.

Ablehnungsantrag: Rn 29 „Kenntnisnahme".

Abneigung, Zuneigung: Sie bildet auch außerhalb von regelrechter Freundschaft oder Feindschaft eine gefährliche Quelle kaum faßbarer Grauzone hin zu wirklicher Befangenheit, Rn 2, großzügig BVerfG **73**, 339. Kein Richter ist immer ganz frei von Symphathie oder Antipathie gegenüber der einen oder anderen Partei, dem einen oder anderen ProzBev, Sachverständigen oder Zeugen. Das ist menschlich und unvermeidbar, will man nicht allzu viele Prozesse im Kampf auf solchem Nebenschauplatz erlahmen lassen. Es ist die Aufgabe aller Beteiligten, an dieser Stelle zu versuchen, eine Sachlichkeit siegen zu lassen. Auch andere Beteiligte als das Gericht müssen hier selbstkritisch helfen. In erster Linie ist aber der Charakter des Richters gefordert.

Vgl auch Rn 2.

Akteneinsicht: *Ja* evtl bei ihrer Verweigerung, BGH Rpfleger **03**, 453, BayObLG RR **01**, 642, Köln FamRZ **01**, 1004, aM Brdb MDR **01**, 1414 – zustm Vollkommer FamRZ **02**, 621 – (aber die Gelegenheit zur Einsicht bei anderer Behörde erfüllt den Anspruch nach § 299 I nicht).

Nein, wenn das Gericht den Ortsansässigen „besser" behandelt, § 299 Rn 13, Düss MDR **08**, 1060.

Aktenvermerk: Evtl ja, Ffm NJW **07**, 928 (zustm Kroppenberg).

Aktionär: Rn 56 „Wirtschaftliches Interesse".

Allgemeine Auffassungen: *Nein,* soweit der Richter lediglich allgemeine Werteinschätzungen und Grundhaltungen äußert oder zugrunde legt oder erkennbar hat, BVerfG **46**, 36, Zweibr MDR **82**, 940, Michael JZ **80**, 421, oder soweit die Partei nur allgemein abwertende Auffassungen andeutet, BVerwG NJW **97**, 3327.

Vgl auch Rn 23 „Festhalten an einer Ansicht", Rn 34 „Parteizugehörigkeit", Rn 35 „Politische Äußerungen", Rn 44 „Rechtsansicht", Rn 57 „Wissenschaftliche Äußerung".

Allgemeine geschäftliche Beziehungen: *Nein,* LG Regensb FamRZ **79**, 525, Schneider DRiZ **78**, 45, soweit nicht konkrete wirtschaftliche Interessen hinzukommen.

Vgl auch Rn 56 „Wirtschaftliches Interesse".

Amtstracht: Rn 46 „Robe".

15 **Anfrage:** *Ja* evtl beim längeren Schweigen des Gerichts auf eine klare sachdienliche Parteifrage, LSG Darmst NVwZ-RR **07**, 144 (Vorsicht!).

Nein, wenn der Richter telefonisch im Büro eines ProzBev anruft und fragt, ob man noch mit dem Erscheinen des Anwalts im Termin rechnen könne, Ffm FamRZ **89**, 410 (zu § 406 III), LG Bln AnwBl **78**, 419. Nein bei einer Anfrage des Richters, ob der Kläger seine Klage im Hinblick auf eine bereits ergangene höchstrichterliche Grundsatzentscheidung zurücknehmen wolle, BFH BStBl **71**, 527. Nein für eine anregende Frage, ob eine Partei ihren Antrag ändern wolle, soweit diese Anregung wegen einer geänderten rechtlichen Beurteilung durch das Gericht notwendig ist, Teplitzky MDR **75**, 149. Nein bei einer Anfrage wegen eines weiteren Beweisantrags, Ffm NJW **76**, 2026. Nein schon wegen der bloßen gar telefonischen Vorsprache nur der einen Partei beim Richter, BayObLG MDR **86**, 417, Bachof Festschrift für Baur (1981) 175.

Vgl auch Rn 38 „Ratschlag", Rn 44 „Rechtsansicht".

Angriff: *Nein* bei einem schriftlichen persönlichen Angriff gegen den Richter, solange dieser nicht massiv erfolgt, Drsd FamRZ **02**, 830, Mü RR **88**, 1535, Saarbr RR **94**, 766. Ob die Befangenheit dann eintritt, wenn der angegriffene Richter nicht nur äußert, er halte den Angriff für rechtswidrig und evtl auch für strafbar, sondern wenn er dem Angreifer außerdem eine Frist zur Abgabe einer Ehrenerklärung setzt und sich weitere Schritte vorbehält, ist eine Fallfrage, LG Ulm MDR **79**, 1028.

Vgl auch Rn 19 „Beleidigung".

Anordnung: *Ja,* wenn der Richter die Zivilprozeßakte unaufgefordert wegen eines noch so berechtigten **16**
Straftatverdachts der Staatsanwaltschaft außerhalb des Bereichs des § 183 GVG zuleitet, großzügiger Ffm MDR **84**, 499.

Nein bei einer unerwünschten Beweisanordnung etwa nach § 372 a, Köln VersR **80**, 93. Nein bei der Anordnung einer Verzögerungsgebühr, BFH DB **77**, 1124, erst recht nein bei ihrer bloßen Androhung. Nein überhaupt bei einer solchen Anordnung, die sich im Rahmen der Sitzungsgewalt hält und die man sachlich zumindest rechtfertigen kann, LG Bln MDR **82**, 154 (Ausweiskontrolle usw), selbst wenn sie im Umfang und/oder in ihrer Art und Weise unzweckmäßig sein mag oder als fragwürdig erscheint, zu streng VGH Kassel NJW **83**, 901. Zum Problem Molketin MDR **84**, 20. Nein bei einer prozeßleitenden Verfügung im Anfangsstadium ohne eine vorherige Anhörung des Betroffenen, BVerfG NJW **80**, 1379. Die Grenze liegt dort, wo die Anordnung weder sachlich noch nach dem Tonfall des Richters korrekt genug ist.

Vgl auch Rn 50 „Terminierung".

Antrag: *Nein* nur wegen einer schon nach § 139 I 2 sogar notwendigen Anregung, Köln RR **93**, 1277.

Vgl auch bei den einzelnen Antragsarten.

Arbeitgebervereinigung: *Nein* bei einer Zugehörigkeit des Richters zu ihr, BAG MDR **98**, 165, selbst wenn der Hauptverband der Vereinigung am Prozeß beteiligt ist, BAG BB **78**, 100.

Vgl auch Rn 27 „Gewerkschaft".

Arbeitsrecht: Vgl *Hümmerich* AnwBl **94**, 157 (ausf). *Nein,* nur weil ein ehrenamtlicher Arbeitsrichter ein Angestellter des beklagten Arbeitgebers im Kündigungsschutzprozeß der Klägerin ist, LAG Drsd MDR **02**, 589.

Arrest, einstweilige Verfügung: Rn 25.

Aufrechnung: *Nein,* wenn der Vorsitzende des Berufungsgerichts den Kläger vor dem Haupttermin dazu auffordert, binnen einer Frist zu erklären, ob er in die erstmals im Berufungsrechtszug erfolgte Aufrechnung des Bekl einwillige, Düss MDR **82**, 940.

Ausdrucksweise: *Ja,*wenn der Richter erklärt, er halte den Prozeß für völlig überflüssig (so weit wäre die **17**
Äußerung für sich allein evtl noch haltbar) und sei nicht verpflichtet, sich jeden Blödsinn anzuhören, Hbg MDR **89**, 71; er habe keine Zeit für solche Kinkerlitzchen, Hbg NJW **92**, 2036; er „lasse sich nicht verarschen", Ffm FamRZ **94**, 909; „doch", das „nehme er persönlich" und „werde es sich merken", zumal keine Berufungsfähigkeit und ein „Fall des § 313 a" vorliege, LG Bln RR **97**, 316; wenn er einen ProzBev anschreit: „Jetzt reicht es mir! Halten Sie endlich den Mund! Jetzt rede ich!", Brdb MDR **00**, 47 (dann sogar evtl Befangenheit im Parallelprozeß); wenn er erklärt, er habe sich schon gedacht, ein ProzBev werde in eine gegnerische „Präklusionsfalle tappen", LG Mü RR **02**, 862; wenn er wiederholt sagt, die ZPO interessiere ihn nicht, LG Mönchengladb RR **04**, 1004; wenn er auf einen sachlichen Befangenheitsantrag hin infragestellt, ob die Partei oder ihr ProzBev dem Gericht juristisch oder intellektuell zu folgen imstande sei, Saarbr MDR **05**, 474; wenn er einen Beteiligten auch nur in einem Vermerk als „ziemlich wunderlich bekannt" bezeichnet, Ffm NJW **07**, 928 (zustm Kroppenberg); wenn er auf die Sieges-Erwartung einer Partei antwortet: „Da werden Sie sich aber wundern!", Naumb MDR **07**, 794(?); wenn er sagt: „Sie halten jetzt Ihre Klappe, sonst schmeiß ich Sie hier raus", Mü 17 W 869/08 v 18. 2. 08; wenn er die Nichtbearbeitung wegen „Unmöglichkeit" einer Bearbeitung androht, Ffm RR **08**, 1080. Freilich kommt es bei alledem auf die Gesamtsituation und die Tonart aller Beteiligten an, Ffm RR **98**, 858 (zu streng), Köln MDR **96**, 1180 (abl Schneider).

Nein, solange sich die Ausdrucksweise des Richters innerhalb seines Verhaltensspielraums bewegt. Dann schadet auch kein salopper Tonfall, Brdb FamRZ **08**, 1198. Dieser Spielraum ist sehr erheblich, Mü AnwBl **93**, 242, Stgt MDR **03**, 51 (je betr Ironie). Er ist vernünftigerweise viel weiter, als manche übrigen Prozeßbeteiligten es wahrhaben wollen. Es ist die Aufgabe des Richters, zB eine nach seinem Eindruck krankheitsbedingte Prozeßunfähigkeit mit ihren Folgen ungeschminkt zu beschreiben, BGH **77**, 73 (dort zur dienstrechtlichen Problematik). Er hat ferner die Aufgabe, als Vorsitzender die Sitzungsgewalt jederzeit gegenüber jedermann im Saal auszuüben und dafür zu sorgen, daß bei aller notwendigen sachlichen Auseinandersetzung doch stets Ruhe und Ordnung und eine von Würde getragene Atmosphäre erhalten bleiben. Es ist die Pflicht aller übrigen Prozeßbeteiligten, den Richter in dieser Aufgabe zu unterstützen. Im Zweifel müssen sie sich ihm beugen. Wenn er zur Wahrung dieser Aufgabe zu Ausdrücken greift, die sich sachlich auch nur irgendwie halten lassen, ist sein Verhalten nicht befangen. Er darf zB eine offensichtlich abwegige Ausführung als solche bezeichnen, Ffm FamRZ **83**, 631. „Utopie" kann unschädlich sein, Brdb FamRZ **95**, 1498, ebenso „tricky", Düss AnwBl **99**, 236, oder die Verwendung von Anführungszeichen, Stgt MDR **03**, 50, sogar „prozeßunfähiger Psychopath", BGH **77**, 73 (abl Günther ZZP **105**, 44) oder das Wort „rabulistisch", Ffm NJW **04**, 621, oder wenn der Richter einen Parteivortrag als „Unsinn" (statt nur als „unsinnig") bezeichnet, LSG Essen NJW **03**, 2933, oder wenn der Richter einen Vortrag eines anderen Anwalts in einem früheren Parallelverfahren als „mit Verlaub – lächerlich" gekennzeichnet hatte, VG Stgt NVwZ-RR **07**, 287. Nein sogar nach nach „Brimborium", LSG Bre/Celle DRiZ **08**, 90(?!).

Im übrigen muß man stets prüfen, in welchem Grad *andere* Prozeßbeteiligte den Richter zu seiner Ausdrucksweise *veranlaßt* haben, in welchem Maß sie ihn zB vielleicht gereizt hatten oder auch einander mit harten Worten bedacht hatten, die man evtl selbst bei Formulierungen wie „ganz ausgekochter Betrüger" als zulässig ansehen könnte. Der Richter ist zwar zur Besonnenheit und Unparteilichkeit verpflichtet. Er ist aber Mensch und darf menschlich reagieren. Es gibt eine sattsam bekannte und aus großen Strafprozessen berüchtigte Taktik, einen Richter bis zu einem Punkt anzustacheln, an dem er eine unbedachte Äußerung macht, um ihn ablehnen zu können. Das darf man unter keinen Umständen durch eine großzügige Bejahung der Befangenheit begünstigen. Man muß den in § 193 StGB zum Ausdruck kommenden Grundgedanken der Berechtigung tadelnder Äußerungen auch im Bereich des Zivilprozesses zugunsten des Richters zu berücksichtigen.

Vgl auch Rn 19 „Beleidigung", Rn 22 „Feindschaft, Freundschaft", Rn 27 „Gestik, Mimik", Rn 57 „Wortentzug".

18 **Auskunft:** *Ja,* wenn der schon Abgelehnte noch dem Gegner eine Auskunft über mehr als zweifelsfreie Rechtsfragen gibt, BayObLG WoM **97**, 69.

Nein, wenn der Richter über persönliche Verhältnisse keine Auskunft erteilt, soweit seine Verhältnisse nicht bei einer objektiven Betrachtung eine Ablehnung rechtfertigen könnten, BayObLG Rpfleger **78**, 18.

Ausschließungsgrund: *Ja,* wenn der Abgelehnte schon nach § 41 ausgeschlossen ist, I.

Ausschluß des Prozeßbevollmächtigten: *Ja,* auch wenn das Gericht die Parteien persönlich zwecks eines Vergleichs geladen hat, Brdb FamRZ **97**, 428.

Aussetzung: § 149 Rn 2.

19 **Bekanntschaft:** Rn 22 „Feindschaft, Freundschaft".

Beleidigung: *Ja,* wenn der Richter im Prozeß gegenüber einer Partei oder einem Parteivertreter eindeutig gehässig ist, Ffm MDR **79**, 940, Hbg NJW **92**, 2036, Stgt MDR **03**, 50. Das gilt etwa dann, wenn er den Kopf auf den Tisch legt und sich mit den Fingern an die Stirn tippt, Ffm FamRZ **83**, 631. Ja, wenn der Richter ein reines Schimpfwort gebraucht, das man nicht mehr irgendwie sachlich rechtfertigen kann, Hbg MDR **89**, 71. Ja bei einem Vorwurf vom Grad zB einer Rechtsbeugung usw einerseits, Beleidigung usw andererseits, LG Ulm MDR **79**, 1028. Ja bei einem Verwahrungsbruch, LG Bayr RR **86**, 678. Ja, wenn eine Richterin sagt: „Sie sind so häßlich, ich würde Sie sofort betrügen!" Ja bei der Frage, ob ein Beteiligter das Schreibwerkzeug des anderen sei, BGH Rpfleger **03**, 453. Ja, wenn der Richter die Beleidigung der einen Partei rügt, die der anderen nicht. Evtl ja, wenn der Richter das Verhalten einer Partei als „Theater" bezeichnet, Schmidt-Leichner NJW **77**, 1805 (Vorsicht!), oder als „Kinkerlitzchen", Hbg NJW **92**, 2036, oder als „Mätzchen", Jena OLGR **03**, 147.

Nein, wenn der Richter die Beziehungen zwischen einer Ehefrau und einem anderen Mann als „Bratkartoffelverhältnis" bezeichnet, Schlesw SchlHA **79**, 51, Schneider JB **79**, 1126. Nein wegen eines den Richter beleidigenden Verhaltens der Partei, das diesen nicht wirklich voreingenommen macht, Drsd FamRZ **02**, 830. Die Grenze liegt bei massiven persönlichen Anwürfen der Partei, Zweibr MDR **94**, 832. Solange seine Verhaltensweise aber auch nur irgendwie sachlich bei der Zubilligung eines weiten Verhaltensspielraums zu rechtfertigen ist, Rn 17 „Ausdrucksweise", ist das Verhalten des Richters zumindest durch den entsprechend anwendbaren § 193 StGB gedeckt, BGH **77**, 72 (dort zur dienstrechtlichen Problematik). Nein, nur weil die Partei privat von einer anderen Frau betrogen wurde, gegenüber einer Richterin, LSG Darmst NJW **03**, 1270.

S auch Rn 45 „Rechtsbeugung".

Beratung: *Ja,* soweit das Gericht jemanden im Beratungszimmer ohne die Parteien anhört, aM Stgt RR **96**, 1470 (verstößt eindeutig gegen § 193 I GVG).

Berufung: *Nein,* wenn das Berufungsgericht nach Vergleichsbemühungen und weiteren Hinweisen seine Absicht der Zurückweisung nach § 522 II mitteilt, KG MDR **07**, 1216.

S auch Rn 24.

Beweisantritt: *Nein,* soweit der Richter berechtigt oder sogar verpflichtet ist, auf einen Beweisantritt hinzuwirken, § 139 Rn 53 „Beweis, Entlastungsbeweis".

Beweisaufnahme: *Nein,* wenn der Richter zur Verhandlungsfähigkeit trotz eines Attests ergänzend Beweis erheben will, aM LG Mönchengladb MDR **08**, 529 (aber § 286 verpflichtet evtl sogar zu weiterer Aufklärung).

S auch Rn 58 „Zeuge".

Beweismittel: Meist *nein* nur wegen ihrer Auswahl, aM Rostock OLGR **01**, 130 (aber man muß die Beweiswürdigung abwarten).

Beweiswürdigung: *Ja* bei ihrer Vorwegnahme, Zweibr NJW **98**, 912.

Bewirtung: *Ja,* wenn eine Partei den Richter mit einem nicht ganz unerheblichen Aufwand bewirtet hat, auch aus Anlaß eines Lokaltermins auf dem Lande.

Nein, wenn die Bewirtung nur in einer kleinen Aufmerksamkeit bestand, etwa in einer Tasse Kaffee, Schneider DRiZ **78**, 44. Nein, wenn der Richter im Pkw einer Partei aus Anlaß eines Ortstermins mitgefahren ist.

Bezugnahme: *Ja* bei einer pauschalen und einseitigen Bezugnahme in den Gründen einer vorangegangenen Entscheidung, Schlesw FamRZ **07**, 401.

Blindheit: Vgl *Farys,* Blinde Menschen im Richteramt, 2008.

20 **DDR, frühere:** Ein Richter der früheren DDR ist nicht schon deshalb befangen, BVerfG DtZ **92**, 119, auch nicht im Prozeß eines Mitglieds und Funktionärs der früheren SED. Man kann erwarten, daß er sich von den früher an ihn gestellten Erwartungen freimacht, BezG Rostock DtZ **92**, 62.

Denkgesetze: *Nein* beim bloßen Verdacht eines Verstoßes gegen sie, Hbg OLGZ **89**, 206 (Prozeßvergleich wird trotz Zweifel an Prozeßfähigkeit zugelassen).

Dezernatswechsel: *Nein,* soweit das Rechtsschutzbedürfnis weggefallen ist, Rn 6.
Dienstherr: *Ja* wohl meist im Prozeß gegen ihn, BGH NJW **95**, 2792. Das gilt zB dann, wenn ein Richter auf Probe über den Vorwurf einer vorsätzlichen unerlaubten Handlung der obersten Dienstbehörde entscheiden soll, aM Schneider DRiZ **78**, 45 (aber im Probeverhältnis wäre der Richter in solcher Lage glatt überfordert. Der Vorwurf kann ihn die ganze berufliche Zukunft kosten). Ja, soweit Äußerungen des Dienstherrn als des jetzt erkennenden Richters mißverständlich oder überflüssig sind, BayObLG MDR **88**, 970. Ja, soweit der Richter für den Dienstherrn tätig war, Drsd MDR **05**, 106 (Haftungsreferent in derselben Sache).

Nein, wenn der Dienstvorgesetzte des angegriffenen Richters den letzteren nur zurückhaltend in Schutz genommen hat und nunmehr jetzt auch in der Sache entscheidet. Nein, schon weil der Richter in bezug auf eine Partei oder ihren ProzBev dienstaufsichtlich tätig war, BayObLG MDR **88**, 970. Nein, soweit der Dienstherr eines Richters auf Probe Partei ist, ohne daß besondere Umstände hinzutreten, KG MDR **95**, 1164. Nein, wenn ein ProzBev früher ein Vorgesetzter des Richtes war, LG Magdeb WoM **93**, 183.

S auch Rn 30 „Kollegialität".

Dienstliche Äußerung: *Ja* bei ihrer zur großen Einseitigkeit oder Unsachlichkeit, Brdb FamRZ **01**, 1005, Ffm RR **98**, 858, LAG Drsd MDR **01**, 516.

Ehe: *Ja* evtl auch bei einer Ehe mit einem ProzBev, Jena MDR **99**, 540, LSG Mainz RR **98**, 1765, LSG Schlesw FamRZ **99**, 384, oder mit einem Magistratsmitglied der Partei, VGH Kassel AnwBl **91**, 161, oder mit einem leitenden Angestellten der Partei, BGH NJW **95**, 1679. **21**

Nein bei einer Ehe mit einem angestellten Sozietätsmitglied, das in der Sache nicht tätig war oder ist, LG Hanau RR **03**, 1368. Nein, wenn erstinstanzlich der Ehepartner des Rechtsmittelrichters an der angefochtenen Kollegialentscheidung mitgewirkt hatte, BGH NJW **08**, 1072 links.

Ehrenamtlicher Richter: *Ja* zB als vom Lärm Mitbetroffener im Lärmschutzverfahren, OVG Münst NVwZ-RR **04**, 458. **22**

Nein schon wegen der Zugehörigkeit zur Berufsgruppe des Ablehnenden, Köln RR **06**, 64.

S auch Rn 30 „Kollegialität".

Empfehlung: Rn 38 „Ratschlag".
Entscheidungsgründe: Rn 52 „Urteil".
Ermittlung: *Ja,* soweit der Richter unter einer Mißachtung des Beibringungsgrundsatzes vorgeht, Grdz 20 vor § 128, LG Gött RR **01**, 64 (streng).

Nein, soweit den Richter ein Parteivertrag nicht bindet, etwa im Arzthaftungsprozeß, Oldb MDR **08** 527 (großzügig).

Erörterung: *Nein* schon wegen einer vorprozessualen Erörterung, LAG Drsd MDR **01**, 516.

S auch Rn 34 „Vergleich".

Feindschaft, Freundschaft: *Ja* bei einem fortdauernden Verhältnissen dieser Art zu einer Partei, Göbel NJW **85**, 1058, Schneider DRiZ **78**, 45, oder zum Streitverkündeten, LG Lpz RR **04**, 1003. Es kommt natürlich auf die Nähe der Beziehung an, BVerfG NJW **04**, 3550, Hbg MDR **03**, 287, Günther ZZP **105**, 27, etwa bei einem kleinen Gericht, LG Kiel SchlHA **87**, 56.

Nein bei einer Freundschaft zu einem ProzBev und bei bloß allgemeinen Äußerungen vor einer Fallbefassung, Kblz WoM **03**, 509, oder bei einer bloßen Bekanntschaft, auch nicht bei einer näheren, Hbg MDR **03**, 287.

Vgl auch Rn 14 „Abneigung, Zuneigung", Rn 30 „Kollegialität", Rn 31 „Liebesverhältnis", Rn 48 „Spannung", Rn 54 „Verein", „Verlöbnis".

Festhalten an einer Ansicht: *Ja,* wenn der Richter sich stur zeigt, etwa dann, wenn er sich in eine Kette von Ungeschicklichkeiten verrannt hat, Hbg NJW **92**, 1462, oder wenn er sich so äußert, daß man befürchten muß, er werde Gegengründen gegenüber nicht mehr aufgeschlossen sein, BFH BB **85**, 2160, KG MDR **01**, 1435 (Vorsicht vor solcher Annahme!). Wenn der Richter an einer solchen Rechtsansicht festhält, die das Berufungsgericht in einer zurückverweisenden Entscheidung verworfen hatte, muß man prüfen, ob sich dieses Festhalten auf die Art und Weise der neuen Verhandlungsleitung auswirkt, Ffm MDR **84**, 408, Karlsr RR **97**, 1350, LG Ffm MDR **88**, 1062. Selbst dann darf man eine Befangenheit aber nur annehmen, falls der Richter wirklich keinen sachlichen Grund mehr für solche Sturheit hat, Ffm MDR **88**, 415 (zustm Schneider), strenger Mü MDR **03**, 1070. Ja, wenn der Richter unter einer Berufung auf Art 97 GG jede Bindung an ein zurückverweisendes Urteil ablehnt, LG Ffm MDR **88**, 1062. **23**

Nein, wenn der Richter sonst an einer Rechtsansicht festhält, BVerfG **78**, 126, VGH Mannh NJW **86**, 2068, zB an derjenigen, die das Berufungsgericht bei der Zurückverweisung verworfen hatte, falls der Richter sein Verhalten auf einen offensichtlichen erst dem Berufungsgericht unterlaufenen weiteren Fehler gründet. Er mag zB die Rechtsansicht des Berufungsgerichts aus sachlich diskutablen Gründen für nicht bindend halten, Karlsr OLGZ **84**, 104. Das gilt, falls zB das Berufungsgericht eine höchstrichterliche Rechtsprechung übersehen hat, LG Ffm MDR **88**, 151, 1062. Es kommt im übrigen darauf an, ob er eine Bereitschaft zu erkennen gibt, seine bisherige Meinung selbstkritisch zu überprüfen, BAG NJW **93**, 879, BPatG GRUR **83**, 504, Karlsr OLGZ **84**, 104.

Nein beim Aufrechterhalten eines objektiv fehlerhaften Beweisbeschlusses, solange nicht daraus eine unsachliche Einstellung ableitbar ist, Hamm WoM **89**, 152, Zweibr MDR **82**, 940. Nein bei einem Verfahrensfehler oder bei einer unrichtigen Ansicht, solange sie nicht auf einer unsachlichen Einstellung beruht, BayObLG MDR **80**, 945. Die gelegentlich geäußerte Ansicht, schon die Zahl ähnlicher Ablehnungsgesuche zeige die Sturheit des Richters, ist eine erschreckende Voreingenommenheit, ein „Anscheinsbeweis", der mit einem rein quantitativen Zusammenspiel jede noch so sorgsam begründete Ansicht eines Gerichts abwürgen könnte.

Vgl auch Rn 29 „Irrtum", Rn 44 „Rechtsansicht", Rn 49 „Straftatverdacht", Rn 57 „Wissenschaftliche Äußerung".

Fragestellung: *Ja* evtl wegen ihrer Art, LG Essen RR **03**, 1719.
Freundschaft: Rn 22 „Feindschaft, Freundschaft".

Fristverlängerung: *Nein* nur wegen ihrer Gewährung, LG Mü Rpfleger **00**, 407 (Rpfl).
Fristverstoß: *Ja* bei einer viel zu knappen Fristsetzung, LSG Darmst NVwZ-RR **07**, 144.
Nein beim bloßen Versehen, s dort.
Frühere Ablehnung: *Ja,* wenn eine Partei den Richter schon in einem oder mehreren anderen Prozessen erfolgreich abgelehnt hatte, Celle NdsRpfl **76**, 215.
Nein, soweit nur eben bereits ein anderes Ablehnungsverfahren vorliegt oder vorlag, BayObLG Rpfleger **80**, 194, Ffm FamRZ **86**, 291 (frühere Selbstablehnung).
24 **Frühere Mitwirkung,** dazu *Peters* (vor Rn 1) 609, *Riedel* (vor Rn 1) 115: *Ja,* soweit § 41 Z 5, 6 anwendbar ist. Ja, wenn der erstinstanzlich mit oder ohne seine Mitwirkung am Urteil Beteiligte nun als Berufungsrichter mitwirkt, Karlsr FamRZ **92**, 1194, ZöV 17, aM Karlsr MDR **07**, 1336 (aber auch ohne besondere Umstände soll nun eben ein anderer erneut prüfen). Ja, wenn der Richter in einem vorangegangenen Strafverfahren als Staatsanwalt oder als Strafrichter einen dort entscheidenden Punkt beurteilt hatte, der im jetzt vorliegenden Zivilprozeß nunmehr für dieses Verfahren wiederum entscheidend ist, BGH NJW **79**, 2160 (StPO), Ffm Rpfleger **80**, 300, LG Würzb MDR **85**, 850, aM EGMR NJW **07**, 3553, Karlsr OLGZ **75**, 243, ThP 13 (aber man muß annehmen, der Richter werde eine einmal erarbeitete Ansicht trotz aller berufsbedingt erworbenen Fähigkeit zur Selbstkritik doch im Ergebnis keineswegs bereitwilligst aufgeben). Ja deshalb auch nach einer Vorbefassung in der Justizverwaltung, BayObLG **85**, 182, oder in der Ministerialverwaltung, OVG Schlesw NVwZ-RR **04**, 457. Ja zumindest evtl dann, wenn im gleichzeitigen Parallelverfahren ein Ablehnungsgrund vorliegt (Fallfrage), Brdb MDR **00**, 47, Ffm FamRZ **86**, 291, Nürnb OLGZ **94**, 209, sonst aber nicht, BayObLG WoM **99**, 186, Zweibr FamRZ **99**, 936. Ja, wenn der Richter zu erkennen gibt, daß er *nicht bereit* sei, seine damalige Auffassung jetzt erneut selbstkritisch zu überprüfen, Naumb MDR **99**, 824. Entsprechendes gilt auch bei § 580 Z 5, Hbg FamRZ **88**, 186, Karlsr OLGZ **75**, 244, Saarbr RR **94**, 765. Zum Problem Brandt-Janczyk, Richterliche Befangenheit durch Vorbefassung im Wiederaufnahmeverfahren, 1978, Roth DÖV **98**, 916 (wegen Art 6 I EMRK: Ja, wenn die frühere Entscheidung dasselbe Überzeugungsmaß voraussetzte, etwa bein Gerichtsbescheid nach der VwGO).
25 *Nein:* Abgesehen von den unter „Ja" genannten Situationen für eine Mitwirkung bei einer früheren Entscheidung für oder gegen die Partei in derselben Sache, BAG NJW **93**, 879, Bre WoM **02**, 398 (je: selbst nicht bei einem früheren Fehler), Karlsr FamRZ **06**, 1557, oder in einer gleichliegenden Sache, BFH DB **80**, 480, BPatG GRUR **08**, 733, Zweibr Rpfleger **00**, 237. Das gilt etwa in einem Verfahren auf die Bewilligung einer Prozeßkostenhilfe, Hamm NJW **76**, 1459, oder bei einer Zurückverweisung, Karlsr OLGZ **84**, 104, ZöV 16, aM Köln RR **86**, 420, Schlichting NJW **89**, 1344 (aber eine Zurückverweisung muß keineswegs stets einen Angriff auf den erneut zum Handeln verpflichteten Richter darstellen. Eine Ausnahme gilt bei besonderen Umständen, LG Kiel AnwBl **75**, 207). Nein ferner bei einer Mitwirkung vor der Abänderungsklage oder vor dem Rückgriffsprozeß, BayObLG WoM **99**, 186, Düss RR **98**, 1763, aM LG Darmst RR **99**, 289 (aber der Rückgriffsprozeß folgt oft ganz anderen Regeln). Nein bei einer früheren Mitwirkung in einem Verfahren auf den Erlaß eines Arrests oder einer einstweiligen Verfügung, Rostock RR **99**, 1445 (Widerspruchsverfahren), Saarbr RR **94**, 765 (Hauptprozeß), oder im Urkundenprozeß oder im Erkenntnisverfahren und dann in der Zwangsvollstreckung oder im einstweiligen Vollstreckungsverfahren, Ffm Rpfleger **80**, 300, oder im Patentnichtigkeitsverfahren wegen der Mitwirkung im früheren Patentverletzungsprozeß, BGH RR **03**, 479. Freilich ist diese Auffassung wegen § 23 II StPO ohnehin nur von Fall zu Fall richtig. Nein, wenn die Partei einen solchen Richter am Berufungsgericht angreift, der schon an einem erstinstanzlichen Beweisbeschluß oder Teilurteil usw mitgewirkt hatte, BFH DB **78**, 1260, Karlsr FamRZ **96**, 556. Nein, wenn er vor vielen Jahren Ratsmitglied der Gemeinde war, die jetzt eine Enteignung betreibt, BGH RR **88**, 767.
Frühere Tätigkeit: *Ja* evtl wegen früherer Tätigkeit für eine Partei, zB für eine Bank, Ffm MDR **08**, 710.
26 **Fürsorgepflicht:** *Nein,* soweit der Richter trotz seiner sozialstaatlich nötigen Fürsorgepflicht die ebenfalls notwendige Unparteilichkeit beachtet, Bre NJW **79**, 2215, Hbg ZMR **88**, 226, Köln RR **93**, 1277.
Vgl auch Rn 38 „Ratschlag".
27 **Ganzes Gericht:** *Nein,* Üb 5 vor § 41.
Vgl aber auch Rn 49 „Spruchkörper".
Gegenvorstellung: *Ja* evtl auch im Verfahren über eine Gegenvorstellung, aM Düss Rpfleger **89**, 38 (StPO), VGH Mü NVwZ-RR **04**, 705, Schlesw MDR **01**, 170 (abl Schneider. In der Tat: Wenn man eine Gegenvorstellung überhaupt zuläßt, muß man auch die Ablehnbarkeit im Grundatz für statthaft halten. Es müssen aber wegen Rn 24 schon besondere Umstände vorliegen).
Gerichtszugehörigkeit: Meist *nein,* Üb 5 vor § 41.
Geschäftsbeziehung: *Nein* nur ihretwegen schon von vornherein, LG Regensb FamRZ **79**, 525.
S aber auch Rn 56 „Wirtschaftliches Interesse".
Geschlecht: Grundsätzlich *nein,* BayObLG DRiZ **80**, 432, LSG Darmst NJW **03**, 1270.
Gesellschatliche Gruppe: *Nein* schon wegen der Zugehörigkeit zu ihr, VerfGH Mü MDR **00**, 659, Stgt RR **95**, 300 (Vorstand einer Firma).
Gesetzlicher Richter: *Nein* schon wegen eines Verstoßes gegen Art 101 I 2 GG, Köln RR **00**, 456.
Gestik, Mimik: *Ja* bei einseitigen Gebärden usw, die über typbezogene Persönlichkeitsmerkmale hinausgehen, etwa bei einem „fernsehreifen" Augenverdrehen, oder bei einem Ausdruck wie „weichkochen", KG NJW **75**, 1843, oder dann, wenn der Richter den Kopf auf den Tisch legt und sich mit den Fingern an die Stirn tippt, Ffm FamRZ **83**, 631.
Auch hier muß man aber einen weiten Verhaltensspielraum des Gerichts berücksichtigen.
Vgl auch Rn 17 „Ausdrucksweise", Rn 19 „Beleidigung".
Gewerkschaft, dazu *Brandis,* Der Richter als Mitglied der Gewerkschaft, 1990; *Vollkommer,* Gewerkschaftszugehörigkeit und gewerkschaftliches Engagement von Berufsrichtern der Arbeitsgerichtsbarkeit, in: Festschrift für *Wolf* (1985) 659:
Nein, wenn der Richter auf einer Gewerkschaftsveranstaltung eine im übrigen erlaubte, wenn auch nicht von richterlicher Zurückhaltung zeugende Ansicht vertreten hat, VGH Mannh NJW **86**, 2069.

Nein, wenn er überhaupt einer Gewerkschaft angehört(e), BVerfG NJW **84**, 1874, BAG DB **96**, 2394. Das gilt selbst dann, wenn der Hauptverband prozeßbeteiligt ist, BAG BB **78**, 100.

Vgl auch Rn 16 „Arbeitgeberverband".

Glaubwürdigkeit: *Nein,* soweit der Richter Zweifel an der Glaubwürdigkeit nachvollziehbar begründet, Bbg FamRZ **01**, 1005, und ruhig zur Wahrheit ermahnt, Zweibr FamRZ **93**, 576. **28**

Handelsrichter: *Ja,* soweit er auf eine sachlich vertretbare und nur auf seine Person bezogene Parteiausführung mit einem persönlichen Angriff reagiert, Stgt RR **95**, 300.

Nein, soweit er nur mittelbar von der Partei wirtschaftlich abhängt, Stgt RR **95**, 300 (Kredit).

Hinweis: Rn 38 „Ratschlag".

Identität: Rn 18 „Auskunft". **29**

Insolvenzverwalter: Man kann ihn hier als den Bevollmächtigten des Schuldners behandeln, Köln BB **87**, 1978.

Ja, soweit sein Verhalten auch eine Folge von Spannungen ist, BVerfG ZIP **88**, 174, Zweibr Rpfleger **00**, 265.

Ironie: Rn 17 „Ausdrucksweise".

Irrtum: *Ja,* wenn eine Kette erheblicher Irrtümer vorliegt, Ffm Rpfleger **78**, 100, durch die sich der Richter verrannt hat, auch wenn erst ihr letztes Glied das Maß voll macht, BPatG GRUR **85**, 434. Zum Problem Günther DRiZ **94**, 374.

Nein, wenn der Richter eine irrige Rechtsauffassung äußert, solange weder eine unsachliche noch eine willkürliche noch eine beleidigende noch eine völlig uneinsichtige Haltung zugrunde liegt, sondern eine eben unveränderte sorgfältig erarbeitete Rechtsauffassung. Das gilt auch dann, wenn das nächsthöhere Gericht bereits in ständiger Rechtsprechung anders entscheidet. Zur irrigen Rechtsauffassung Köln RR **86**, 420 (problematisch), Zweibr MDR **82**, 940, LG Kassel AnwBl **86**, 104.

S auch Rn 23 „Festhalten an einer Ansicht", Rn 44 „Rechtsansicht", Rn 52 „Unsachlichkeit".

Juristische Person: *Ja* evtl bei einer Mitgliedschaft in ihr bis hin zum Ausschluß nach § 41, BGH **113**, 277.

S auch Rn 38 „Parteizugehörigkeit", Rn 56 „Wirtschaftliche Interesse".

Justizverwaltung: *Ja* wegen einer unnötigen Rückfrage oder wegen einer „Absicherung" bei ihr, Schlesw OLGZ **93**, 479.

Nein grds schon wegen einer Betätigung auch in ihr, Ffm OLGR **99**, 73. Es gibt aber Ausnahmen, Rn 24, 25.

Kenntnisnahme: *Ja* bei der Verweigerung einer Kenntnisnahme des sachlichen Parteivortrags, Köln MDR **98**, 432 und 797, Oldb FamRZ **92**, 193.

Kirche: Rn 46 „Religion".

Kollegialität, dazu *Peters* (vor Rn 1) 607: *Ja,* soweit aus der bloßen Kollegialität eine Feindschaft oder Freundschaft geworden ist, Rn 22 „Feindschaft, Freundschaft", BVerfG NJW **04**, 3550, LG Gött NJW **99**, 2826. Ja wegen der Zugehörigkeit zu demselben Spruchkörper, Karlsr MDR **06**, 1185 (Handelsrichter), ArbG Freib 5 Ca 625/02 v 17. 12. 02 (Arbeitsrichter), aM Schlesw MDR **88**, 236 (Handelsrichter), FG Kassel NVwZ-RR **05**, 664. Vgl freilich auch Rn 34 „Parteizugehörigkeit". **30**

Nein nur wegen der Zugehörigkeit zu demselben größeren Gericht wie derjenige Richter, dessen Fall nun vor dem Gericht schwebt, oder schon wegen der Zugehörigkeit zu derselben Justizbehörde oder Sozietät, Celle OLGR **95**, 272, LG Stendal AnwBl **00**, 140, aM Schlesw OLGR **00**, 390, oder wegen einer früheren Zugehörigkeit zu demselben Spruchkörper, BVerfG NJW **04**, 3550. Die Fragen lassen sich nur von Fall zu Fall klären. Dabei spielen die örtlichen Verhältnisse eine erhebliche Rolle. Eine bloße Mitautorenschaft kann erheblich befangen machen. Sie tut das aber nicht stets, LG Gött NJW **99**, 2826.

S auch Rn 20 „Dienstherr".

Konfession: Rn 46 „Religion".

Ladung: *Nein,* wenn der Richter den erst nach der Parteiladung zum Prozeß bestellten Anwalt nicht zusätzlich lädt, Köln FamRZ **01**, 1004.

Langsame Arbeitsweise: Rn 52 „Untätigkeit".

Lebenspartner: *Ja,* § 41 Z 2 a.

Nein schon wegen einer Lebensgefährtenschaft zu der Tochter eines der ProzBev, aM Bre MDR **08**, 283 (aber wo sollen eigentlich die Grenzen liegen?).

Lehrauftrag: *Nein* gegenüber der Hochschule, OVG Münst NJW **75**, 2119.

Liebesverhältnis: Durchweg *ja,* auch im Verhältnis zum ProzBev. **31**

Mobbing: Rn 2, Rn 14 „Abneigung, Zuneidung".

Mündliche Verhandlung: *Ja,* soweit der Richter sie in einer eindeutig verfahrenswidrigen Weise ablehnt. **32**

Nichteheliche Lebensgemeinschaft: *Ja.*

Ordnungsmittel: Seine Androhung kann reichen, Hamm FamRZ **07**, 836 links oben. **33**

Ortstermin: *Ja,* wenn der Richter die Ortsbesichtigung nur mit dem Zeugen oder der Ehefrau des Klägers vorgenommen hat.

Nein schon wegen eines Mitfahrens im Kfz einer Partei. Man sollte aber besser vorher beide um eine Mitteilung etwaiger Bedenken bitten.

Vgl auch Rn 19 „Bewirtung".

Paralellverfahren: Eine Äußerung schadet noch nicht seinetwegen, Brdb FamRZ **08**, 1198.

Parteizugehörigkeit: *Ja* bei gegenwärtiger Zugehörigkeit zu einer bestimmten Körperschaft, deren Interessen das Verfahren berührt, §§ 51 III FGO, 60 III SGG, 54 III VwGO. **34**

Nein, solange nicht weitere Umstände hinzukommen, VerfGH Mü NJW **01**, 2963, etwa die Festlegung auf eine bestimmte Meinung, BVerfG **1,** 3, LSG Essen AnwBl **89**, 614, Gilles DRiZ **83**, 48, aM Celle NdsRpfl **76**, 91 wegen der Zugehörigkeit zu einem Parteiorgan (aber das kann man kaum mit Art 21 GG vereinbaren). Nein wegen ganz früherer Zugehörigkeit, BGH RR **88**, 766. Wegen eines Richters der Kammer für Handelssachen Hamm MDR **78**, 583.

Vgl auch „Politische Äußerung".

Person des Richters: *Nein,* nur weil die Parteien sie nicht vorher erfahren haben, BVerfG NJW **98**, 370.

Persönliches Erscheinen: *Ja,* falls keine Klagerücknahme erfolgt ist und § 141 nicht vorliegt, Köln FamRZ **97**, 429. Ja evtl auch bei einer Nichtbeachtung des Jahresurlaubs der Partei, Celle RR **02**, 72. Aber Vorsicht! Nicht nur §§ 141, 278 können zur Anordnung des Erscheinens zwingen. So mancher Termin mag nicht noch einmal zumutbar verschiebbar sein usw.

Vgl auch Rn 20 „Dienstherr".

35 **Politische Äußerung oder Betätigung,** dazu zB BVerfG **73**, 335, BVerwG NJW **88**, 1748, *Rumpf,* Richterliches Sozialengagement und Befangenheit usw, 1997:

Ja, wenn eine politische Äußerung mit den Rechtsfragen eines anhängigen Verfahrens eng zusammenhängt, BVerfG **35**, 253, Karlsr NJW **95**, 2504, Moll ZRP **85**, 245 (starke politische Abneigung), aM Seuffert, Rupp, Hirsch BVerfG **35**, 257 (aber der Richter kann und soll sich schon zur Aufrechterhaltung der Funktionsfähigkeit der Rechtspflege zurückhalten, BVerfG NJW **83**, 2691). Man muß klar das Richteramt und die Teilnahme am politischem Meinungskampf trennen, BVerwG NJW **88**, 1748. Gerade der angeblich unpolitische, vorsichtige, im Weltbild einer „Crew" lebende, nicht aneckende Richter kann im übrigen befangen sein, Krause ZRP **83**, 55. Dabei muß man allerdings den Unterschied zwischen der Zielrichtung des § 39 DRiG (Vertrauensschutz der Allgemeinheit) und § 42 (Schutz der Parteien) sehen, Göbel NJW **85**, 1058, unklar VGH Kassel NJW **85**, 1106.

Nein, sofern es sich lediglich um allgemeine Auffassungen, Werteinschätzungen und Grundhaltungen handelt, BVerfG **46**, 36, ArbG Ffm NJW **84**, 143 (sehr großzügig). Auch der unbequeme Richter kann unbefangen sein, Krause ZRP **83**, 55. Nein grds schon wegen der Zugehörigkeit zu einer politischen Partei, Rn 34 „Parteizugehörigkeit", BVerfG **88**, 13, VGH Mannh NJW **86**, 2068, Gilles DRiZ **83**, 48, aM Dütz JuS **85**, 753 (er rät dazu, hier mehr auf die subjektive Sicht der Partei abzustellen. Aber es gilt ein parteiobjektiver Maßstab, Rn 10).

Nein bei einer weit zurückliegenden politischen Äußerung, aM Bre FamRZ **08**, 618 (aber dann müßte der bestimmte Verdacht ihres Fortbestands hinzutreten).

Vgl auch Rn 14 „Allgemeine Auffassungen", Rn 34 „Parteizugehörigkeit", Rn 57 „Wissenschaftliche Äußerung".

36 **Privatgutachten:** *Ja* nach der Erstattung eines Privatgutachtens in derselben Sache für eine Partei, BVerfG **88**, 4.

Nein wegen einer Zulassung von Änderungen des Privatgutachters bei einer Beweisaufnahme für seine Partei, Mü RR **88**, 1534.

Vgl auch Rn 57 „Wissenschaftliche Äußerung".

Privatwissen: S *Lipps,* Das private Wissen des Richters usw, 1995.

Protokollierung: *Ja* bei einer objektiv wie subjektiv inhaltlosen Darstellung des Verhaltens eines Prozeßbeteiligten, Celle MDR **88**, 970 (es arbeitet unzulässig einfach mit einer Unterstellung zulasten des Vorsitzenden) und OLGR **02**, 172 (einseitige Darstellung). Ja evtl beim Verstoß gegen § 160 III, Köln FamRZ **98**, 1444 (Vorsicht !), etwa beim Unterlassen der Protokollierung eine schriftsätzlich angekündigten Sachantrags oder eines konkreten Ablehnungsantrags, Köln RR **98**, 857 (krit Schneider MDR **98**, 798), LG Lpz MDR **00**, 107 (Fallfrage, dazu krit Schneider), oder einer sonstigen objektiv protokollbedürftigen Erklärung, AG Bremerh AnwBl **05**, 724.

Prozeßbevollmächtigter: *Ja* bei einem grundlosen Vorwurf eines berufswidrigen Verhaltens, Mü OLGZ **98**, 209, LG Kassel AnwBl **86**, 104, großzügiger Brschw NJW **95**, 2114. Ja bei seinem grundlosen Ausschluß von der Verhandlung, Brdb FamRZ **97**, 428.

Vgl auch bei den einzelnen Schlagwörtern, zB Rn 19 „Beleidigung", Rn 48 „Spannung".

Prozeßkostenhilfe: Trotz der Notwendigkeit, grds bei einer Bewilligungsreife nach § 119 Rn 5 über das Gesuch zu befinden, ist eine spätere Entscheidung nicht schon wegen des Zeitablaufs ein Ablehnungsgrund. Denn das Gericht kann und muß evtl rückwirkend bewilligen, § 119 Rn 10. Das übersehen Brdb FamRZ **01**, 552, LSG Darmst NVwZ-RR **07**, 144, Schneider MDR **04**, 1098. Die Beurteilung, es liege „keinerlei" Erfolgsaussicht vor, kann bei einer entsprechenden Begründung sogar notwendig sein, aM Oldb FamRZ **92**, 193 (aber es versteht sich ja grds von selbst, daß im Prozeßkostenhilfe-Verfahren nur eine vorläufige Beurteilung erfolgt). Ja bei einem wiederholten Übersehen eines Antrags nach § 117, Bbg FamRZ **97**, 1223. Ja bei einer Erweiterung der Bewilligung nur zur Zuständigkeitsklärung.

Nein, soweit der Richter vom Antragsteller eine nachvollziehbar ergänzende Auskunft erbittet, Brdb FamRZ **01**, 552, oder soweit er gegen den Willen einer Partei eine Gehaltsauskunft anfordert, aM Zweibr FamRZ **94**, 908 (abl Gottwald). Nein im Hauptverfahren schon wegen der Tätigkeit im zugehörigen Prozeßkostenhilfeverfahren, Rn 25.

Prozeßvergleich: Rn 54 „Vergleich".

37 **Rache:** *Ja,* wegen der Absicht des Abgelehnten, das weitere Prozeßvorbringen „kritisch zu prüfen", LAG Drsd MDR **01**, 516 (zustm Schneider).

Randbemerkung: *Ja* für unsachliche Randbemerkungen zu Schriftsätzen einer Partei. Ja, soweit der Familienrichter dem Jugendamt gegenüber seinen Endruck von der Ernsthaftigkeit eines Antrags äußert, den gegenteiligen Standpunkt eines anderen Beteiligten aber nicht erwähnt, Hbg FamRZ **88**, 633.

38 **Ratschlag:** *Ja* nach einer außergerichtlichen oder vorprozessualen Empfehlung an nur *eine* Partei, BayObLG WoM **97**, 69, Riedel (vor Rn 1) 163, aM LAG Drsd MDR **01**, 516 (abl Schneider). Ja im Prozeß, soweit der Richter seine Unparteilichkeit aufgibt, Schlesw OLGZ **93**, 479, Waldner Festgabe für Vollkommer (2006) 275. Ob das geschehen ist, darf man nur unter einer Berücksichtigung der Pflicht des Gerichts zum Rechtsgespräch nach § 139 beurteilen, Stgt NJW **01**, 1145. Ja, wenn der Richter einer Partei eine ihr günstige tatsächliche Begründung oder Verhaltensweise an die Hand gibt, § 139 Rn 72. Ja, wenn der Gegner den Einwand einer mangelnden Aktivlegitimation erhoben hat und der Richter nun dazu rät, sich den Anspruch abtreten zu lassen. Ja wegen des Rats an den Bekl, bei § 569 III Z 2 BGB eine Prozeßkostenhilfe zu beantragen, damit das Gericht nicht vor dem Ablauf der Zweimonatsfrist einen Verhandlungstermin ansetzen müsse.

Ja wegen des *Rats* an eine Partei, sich auf eine mögliche *Verjährung* zu berufen, Bre NJW **79**, 2215 (abl Wacke/Seelig NJW **80**, 1170), Hbg NJW **84**, 2710, Schneider MDR **79**, 977, aM RoSGo § 25 II 2b (aber mit einem direkten solchen Rat verläßt der Richter meist den Bereich der Unparteilichkeit). Das Erfordernis der Erklärung dieser Einrede besteht entgegen Schneider MDR **81**, 525 gerade nicht zugunsten des Einredeberechtigten, sondern zugunsten des Einredegegners: Das Gericht soll die Verjährung eben nicht von Amts wegen beachten, sondern es soll zugunsten des Gegners abwarten, ob der Einredeberechtigte die Einrede erhebt. Daran ändert auch § 139 nichts. Die Fürsorgepflicht des Gerichts steht nicht über der Parteiherrschaft, Grdz 18 vor § 128. Deshalb wohl meist ja bei einem noch so nett gemeinten „dringenden" Rat. Evtl ja, wegen eines Hinweises auf eine Rechtsbehelfsmöglichkeit, BVerfG **75**, 189. Vgl freilich auch Rn 40.

Ja für den Rat an eine Partei, sich wegen einer zugleich als unschlüssig erklärten Klage einen Anwalt zu 39
nehmen, Köln MDR **99**, 375, oder für den Rat, eine Anschlußberufung einzulegen, aM RoSGo § 25 II 2b, ZöV 26 (aber auch ein solcher Rat ist mit der Unparteilichkeit kaum noch vereinbar). Evtl ja nach einem Rat des Richters, statt der richtig bezeichneten, aber objektiv falschen Partei die objektiv richtige Partei zu verklagen, Hamm MDR **77**, 944, vgl freilich § 263 Rn 10. Ja, wenn der Richter „bittet", die Hauptsache für erledigt zu erklären, obwohl es prozessual noch andere von ihm nicht miterläuterte Möglichkeiten gibt, VGH Kassel NJW **83**, 901. Meist ja wegen des Rats, das Rechtsmittel zurückzunehmen, aM Stgt MDR **00**, 50 (aber ein so weitgehender direkter Rat ist trotz seiner gutgemeinten weiten Verbreitung nicht mehr mit der Parteiherrschaft vereinbar, Grdz 18 vor § 128). Anders liegt es bei einer bewußt vorsichtigen Anheimgabe unter einem Hinweis auf die bloß vorläufige Ansicht, Stgt MDR **00**, 50, selbst in Verbindung mit der Erwägung, die Akten der Staatsanwaltschaft vorzulegen, KG FamRZ **01**, 108 (das ist freilich ein Grenzfall; abl Schneider MDR **01**, 290). Ja wegen der Bitte des Richters an den Vorgesetzten um eine „grundlegende Besprechung", Schlesw OLGZ **93**, 479.

Nein beim bloßen *Hinweis* auf solche oder ähnliche Möglichkeiten ohne einen entsprechenden direkten 40
Rat, § 139 Rn 38 „Ratschlag", BayObLG NJW **99**, 1875 (WEG), Ffm MDR **07**, 674, KG NJW **02**, 1732, aM BGH **156**, 270 (zustm Becker-Eberhard LMK **04**, 32) wiederholt unvollständig zitierend, KG FamRZ **90**, 1006, AG Lörrach JB **99**, 484 (aber das Gericht kann nach § 139 sogar zu einem solchen Hinweis verpflichtet sein). Welches Menschenbild verrät eigentlich derjenige, der offenbar stets damit rechnet, ein Schuldner werde von einem bloßen Leistungsverweigerungsrecht auch stets prompt Gebrauch machen?

Nein nach einer außergerichtlichen oder vorprozessualen Empfehlung an *alle* Beteiligten, BayObLG 41
NZM **00**, 295. Nein zumindest dann nicht, wenn die *Partei* erkennbar auch wegen des Zeitablaufs *Bedenken* gegen den Anspruch erhebt, Bergerfurth, Der Anwaltszwang usw (1981) Rn 189, LG Ffm MDR **80**, 145, Schneider DRiZ **80**, 221, aM Köln MDR **79**, 1027, Prütting NJW **80**, 365 (aber dann verstärkt sich noch eine Pflicht nach § 139, auf solche Bedenken einzugehen). Zumindest ist die Ablehnung dann nicht gerechtfertigt, wenn sich der Richter beim bloßen Hinweis auf diejenige Rechtsprechung und Lehre stützt, die den Hinweis für zulässig hält. LG Darmst MDR **82**, 236, Schneider MDR **87**, 374.

Eine Erörterung der Frage, ob der Vermieter das *Erhöhungsverlangen* nach §§ 558 ff BGB im Prozeß 42
nachholen soll, läßt sich ebenso wie eine Erörterung der Verjährungsfragen beurteilen. Denn das Gericht muß auch ein nachträgliches Erhöhungsverlangen als eine rechtgeschäftliche Willenserklärung des Vermieters durchaus in seine Entscheidung stellen. Nein also beim bloßen Hinweis auf eine solche Möglichkeit ohne einen entsprechenden Ratschlag, ja beim direkten Ratschlag.

Nein, wenn der Richter von einem Versäumnisurteil gegen einen anwaltlich vertretenen Gegner abrät. 43
Nein wegen eines bloßen Hinweises auf die Möglichkeit einer „Flucht in die Säumnis", Meyer JB **94**, 450. Nein wegen eines bloßen Hinweises auf § 93 (wegen eines entsprechenden Rats Rn 42 „Ja"). Nein wegen einer Anregung zu einer Änderung des Antrags, soweit diese wegen der geänderten Beurteilung des Gerichts notwendig ist, Teplitzky MDR **75**, 149, oder soweit die Antragstellung schwierig ist, Köln RR **93**, 1277 (Unterlassung im Wettbewerbsrecht), oder wegen einer Anregung, einen weiteren Beweisantrag zu stellen, Ffm NJW **76**, 2026.

Vgl auch Rn 15 „Anfrage", Rn 18 „Auskunft", Rn 36 „Privatgutachten", Rn 44 „Rechtsansicht", Rn 54 „Versäumnisurteil".

Reaktion: *Ja* bei Unverhältnismäßigkeit, Stgt RR **95**, 300, LG Bln RR **97**, 315. 44

Rechtliches Gehör: *Ja* wohl meist bei seiner erheblichen Verkürzung oder gar Verweigerung, BayObLG EWiR **00**, 937 (zustm Vollkommer), Düss Rpfleger **93**, 188.

Nein im übrigen, Rn 25.

Rechtsansicht, dazu *Sendler* NJW **84**, 693: *Ja,* wenn sich der Richter gegenüber der Presse zur Prozeßaussicht äußert, Celle MDR **01**, 767 (zustm Gruber). *Ja,* soweit sich der Richter durch eine Kette von Verstößen und Ungeschicklichkeiten verrannt hat, Hbg NJW **92**, 1462. Ja, soweit der Richter nach der Zurückverweisung an ihn an der vom Rechtsmittelgericht gerade in seiner Verantwortung verworfenen Rechtsansicht festhält, soweit sich das auf die Art und Weise der neuen Verhandlungsleitung auswirkt, Ffm MDR **84**, 408, Karlsr OLGZ **84**, 104, LG Lüb MDR **99**, 57, und sofern kein sachlicher Grund mehr für solche „Sturheit" erkennbar ist. Vgl aber auch Rn 23 „Festhalten an einer Ansicht".

Nein, soweit eine allgemeine Auffassung, Werteinschätzung und Grundhaltung zum Ausdruck kommt, BVerfG **46**, 36. Nein, soweit der Richter im Rahmen der ihm nicht nur erlaubten, sondern sogar oft gebotenen rechtlichen Erörterung nach (jetzt) § 139 seine erkennbar nur *vorläufige* Äußerung zu den Erfolgsaussichten von sich gibt, BVerfG **42**, 78, BGH **77**, 73, Stgt NJW **01**, 1145. Dabei muß er keineswegs laufend auf diese Vorläufigkeit hinweisen, KG MDR **99**, 252. Man muß sie ihm ohnehin grds ganz einfach unterstellen. Nein ferner, soweit der Richter nur zwecks einer Vorbereitung der Verhandlung im Kollegium einen Bericht abfaßt, BFH NJW **96**, 216, sei es auch im Urteilsstil, BFH NJW **96**, 216. Nein, soweit er auf eine telefonische Anfrage zu einer einfachen Frage auf die einschlägigen Vorschriften hinweist, BayObLG WoM **96**, 181. Nein, soweit er nur eine prozeßleitende Verfügung ohne eine Anhörung des Betroffenen erläßt, BVerfG NJW **80**, 1379. Es ist nicht stets notwendig, die Rechtsaussichten nur in der Möglichkeitsform zu erörtern, Karlsr OLGZ **87**, 248, oder eine Erwägung stets beiden Parteien mitzuteilen, strenger LAG Bln DB **97**, 684. Nein wegen einer Schelte des aufhebenden höheren Gerichts, FG Kassel NVwZ-RR **05**, 664.

45 *Nein* insbesondere im Rahmen von rechtlichen Erörterungen aus Anlaß des Versuchs einer gütlichen Beilegung, BGH NJW **98**, 612, KG MDR **99**, 253, LG Lpz MDR **00**, 107 (krit Schneider). Nein, solange der Richter lediglich eine richtige oder falsche *vorläufige Rechtsauffassung äußert,* BGH NJW **02**, 2396 (Tagung), Mü MDR **04**, 52, Oldb NJW **04**, 3194. Nein ferner bei einer Erörterung insbesondere eben im Rahmen von § 139, BVerfG **42**, 78, BSG MDR **86**, 85, Düss NJW **93**, 2542. Nein schon wegen einer früheren Äußerung in einem anderen Prozeß, gar mit anderen Parteien, BGH NJW **02**, 2396. Kritisch muß man freilich eine Meinungsäußerung auf Grund eines privaten Augenscheins werten, sofern der Richter nicht zu einer selbstkritischen Überprüfung eine Bereitschaft zeigt. Nein, sofern der Richter eine zwar eigenwillige, aber immerhin objektiv noch vertretbare Ansicht äußert, Köln BB **87**, 1978, OVG Bln MDR **96**, 1069. Das gilt auch dann, wenn er objektiv eine verfahrensrechtliche Bestimmung verletzt, solange er nicht unsachlich vorgeht, BayObLG **86**, 253, Zweibr MDR **82**, 940. Nein, soweit das Berufungsgericht nur die Begründung des Ersturteils auswechselt, KG MDR **08**, 1063.

Es gibt gelegentlich den Versuch, den eine *unliebsame Rechtsauffassung* vertretenden Richter aus der Bearbeitung zu hebeln. Man benutzt evtl den Vorwand, er handle willkürlich. Dergleichen sollte das Gericht wegen eines Verstoßes auch gegen Art 101 I 2 GG mit aller Klarheit bekämpfen und nicht auch noch fördern. Die Partei sollte lieber froh sein, einen solchen Richter vor sich zu haben, der nicht bis zum Urteil wie eine Sphinx schweigt, sondern sich der Auseinandersetzung stellt und damit die Parteien ehrt.

Nein, wenn sich der Richter etwa zu Rechtsfragen öffentlich allgemein auf einer Tagung äußert, BGH NJW **02**, 2396, oder in einem Leserbrief an eine Tageszeitung oder gar in einem Aufsatz in einer Fachzeitschrift, im Fernsehen oder in der Tagespresse, BVerfG **37**, 268, BGH NJW **02**, 2396, Köln RR **00**, 455, strenger LG Bln DRiZ **78**, 57 (StPO, Äußerung zu einem Dezernatsfall).

Vgl auch Rn 14 „Allgemeine Auffassungen", Rn 23 „Festhalten an einer Ansicht", Rn 38 „Ratschlag", Rn 47 „Schlüssigkeit", Rn 57 „Wissenschaftliche Äußerung".

Rechtsbeugung: Der Richter braucht einen ersichtlich haltlosen Vorwurf der Rechtsbeugung noch dazu nebst einer Schadensersatzforderung gegen sich nicht stets mit Gelassenheit hinzunehmen. Er braucht daher auch in einem Parallel- oder Folgeprozeß derselben Parteien nicht zu amtieren, Zweibr FamRZ **94**, 1182.

Rechtsmißbrauch: Rn 4, 5.

46 **Religion:** *Ja,* wenn der Richter eine diesbezügliche Äußerung von vornherein als völlig unerheblich abtut, ohne sie igendwie abzuwägen, Ffm FamRZ **83**, 631. Wegen eines Kopftuchs § 176 GVG Rn 5.

Nein schon wegen der bloßen Zugehörigkeit zu einer Glaubensgemeinschaft, VerfGH Mü NJW **01**, 2963, Brdb FamRZ **98**, 172, de Wall NJW **94**, 843.

Robe: *Nein,* soweit der Richter einen Anwalt von der Verhandlung ausschließt, weil dieser sich weigert, seine Robe anzulegen, Brschw NJW **95**, 2113. Daran sollte auch § 20 S 2 BerufsO (keine Berufspflicht zur Robe vor dem AG in Zivilsachen) nichts ändern: Der vorrangige § 1 BRAO hat auch eine Pflicht zur Amtstracht zur Folge, um die besondere Stellung des Anwalts als eines Rechtspflegeorgans für jedermann klarzustellen.

47 **Rückgriffprozeß:** Rn 25.

Sachverständiger: *Ja* bei seiner Anhörung im Beratungszimmer ohne die anderen Prozeßbeteiligten, Schneider NJW **97**, 1832, aM Stgt RR **96**, 1469 (aber das ist ein schwerer Verstoß gegen Art 103 I GG).

Nein schon wegen einer Sachverständigentätigkeit in einem Gesetzgebungsabschnitt außerhalb des jetzt anhängigen Verfahrens, BVerfG DRiZ **08**, 91.

Säumnis: *Ja* beim Erlaß eines Versäumnisurteils ohne irgendein wenigstens kurzes Zuwarten, Rostock OLGR **03**, 195.

Vgl auch Rn 43 „Ratschlag".

Schlaf: *Nein* schon wegen eines kurzen Einnickens, BVerwG NJW **86**, 2721, oder schon wegen einer Übermüdung, Fuchs AnwBl **87**, 572.

Schlüssigkeit: *Nein,* soweit der Richter sie nur bejaht, Karlsr FamRZ **98**, 1120.

Schriftliches Verfahren: *Nein,* soweit das Gericht die ständige Praxis einer mündlichen Verhandlung beibehält, auch wenn es sie nicht eilfertig begründet. Die Anordnung einer mündlichen Verhandlung braucht kaum je eine Begründung, um auch im Rahmen von § 227 II als eine Ermessensausübung zu gelten. Das übersieht wohl Karlsr MDR **91**, 1195.

Schriftsatz: *Ja,* wenn der Richter die Seitenzahl vorschreibt, Ffm RR **08**, 1080.

Schutzschrift: Wegen ihrer Bedenklichkeit nach Grdz 8 vor § 128 ist eine große Zurückhaltung vor einer Ablehnbarkeit wegen ihrer Nichtbeachtung nötig , strenger Köln MDR **98**, 433 (zustm Schneider).

Schwägerschaft: Rn 54 „Verwandtschaft, Schwägerschaft".

Schweigepflicht: *Ja* bei ihrem Bruch, BFH RR **95**, 1539.

Selbstablehnung: *Ja* bei ihrer grundlosen Unterlassung, BGH **141**, 95.

Nein schon wegen einer Sachverständigentätigkeit in einem Gesetzgebungsabschnitt außerhalb des jetzt anhängigen Verfahrens, BVerfG DRiZ **08**, 91.

Selbstentscheidung: Eine nicht haltbare kann zur wahren Befangenheit führen, BVerfG NJW **07**, 3772 und FamRZ **07**, 1954.

Selbständiges Beweisverfahren: Wegen des Sachverständigen § 487 Rn 6.

Sitzungspolizei: Rn 16 „Anordnung".

Sommersache: *Nein* durch die streitige Entscheidung, die Sache sei besonders eilbedürftig, § 227 III 3. Das gilt selbst dann, wenn der Verhandlungstermin deshalb in die Urlaubszeit des ProzBev fällt, Karlsr OLGZ **84**, 101.

Sozietät: Rn 30 „Kollegialität".

48 **Spannung,** dazu *Günther* ZZP **105**, 20 (ausf): *Ja* nur, soweit sich eine Spannung zwischen dem Prozeßvertreter und dem Richter oder Rpfl auf Grund bestimmter Tatsachen auch direkt zum Nachteil der Partei

auswirken kann, BVerfG KTS **88**, 309, Zweibr RR **00**, 864, LG Regensb JB **01**, 322. Hier ist aber vor der Annahme einer Befangenheit eine äußerste Zurückhaltung am Platz. Es gehört zum Beruf des Richters, über Rechtsfragen oder über die Glaubwürdigkeit eines Zeugen usw unter Umständen ganz anderer Ansicht zu sein als etwa ein ProzBev und diese auch mit dem eigenen Temperament und mit allen rechtlich zulässigen Mitteln zu äußern. Darin kommt keineswegs stets schon eine grundsätzliche Befangenheit zum Ausdruck. Ebenso gehört es wegen einer leider vielfach erkennbaren Verrohung der Umgangsformen zu den Pflichten des Richters, das Verhalten so mancher Prozeßbeteiligten auch nach deren Form und Wortwahl einer schriftlichen oder mündlichen Kritik zu unterziehen. Das kann schon zur Aufrechterhaltung von Ruhe und Ordnung im Sitzungssaal notwendig sein. Aber es mag auch zur Eindämmung von Auswüchsen, Nachlässigkeiten, Unpünktlichkeiten und ähnlichen Unkorrektheiten notwendig, zweckmäßig, ratsam oder jedenfalls objektiv vertretbar sein.

In allen diesen Fällen hat der Richter einen *weiten Verhaltensspielraum*. Diesen darf man ihm nicht entziehen, Brschw NJW **95**, 2113, Karlsr NJW **87**, 127, Köln BB **87**, 1978, aM LG Kassel AnwBl **26**, 104, schon gar nicht auf einem disziplinarischen Umweg. Selbst eine im Prozeß A zur Ablehnung berechtigende Spannung kann im auch gleichzeitigen Prozeß B nur dann ausreichen, wenn sie sich auch in ihm konkret auswirkt, Nürnb OLGZ **94**, 209.

Vgl auch Rn 15 „Angriff", Rn 17 „Ausdrucksweise", Rn 19 „Beleidigung", Rn 22 „Feindschaft, Freundschaft", Rn 44 „Rechtsansicht", Rn 45 „Rechtsbeugung".

Sprachprobleme: *Nein,* nur weil der Richter einen deutschen schriftlichen und mündlichen Vortrag **49**
verlangt. Denn § 184 GVG ist zwingend, Brdb FamRZ **01**, 290. Freilich muß er evtl einen Dolmetscher einschalten usw.

Spruchkörper: *Ja,* soweit seine frühere Entscheidung ihn befangen gemacht haben soll, Üb 5 vor § 41, Karlsr FamRZ **04**, 1582.

Staatsanwaltschaft: *Ja,* wenn der Richter in einem solchen Strafverfahren Staatsanwalt war, in dem es um dieselbe Tatsache gegangen war.

Nein bei einer Aussetzung nach § 149, dort Rn 1.

Vgl auch Rn 24 „Frühere Mitwirkung", Rn 49 „Straftatverdacht".

Straftatverdacht: *Ja,* soweit der Richter nach dem geäußerten Verdacht gegenüber einer Partei nicht bereit ist, die Möglichkeit eines Irrtums oder Mißverständnisses einzuräumen, Ffm RR **97**, 1084, Hbg MDR **89**, 1000, Köln FamRZ **95**, 888. Ja, wenn der (Familien-)Richter in einem Unterhaltsverfahren auf die einseitige Behauptung der einen Partei hin ohne eine Anhörung der anderen dem Finanzamt über den Verdacht einer Steuerstraftat eine Mitteilung macht, Hamm FamRZ **92**, 575.

Freilich ist er *nicht* zu einer umfassenden Prüfung verpflichtet, sondern nur zum gemessenen Hinweis auf strafrechtliche Folgen eines prozessualen Verhaltens berechtigt, Brdb MDR **01**, 1413 (§ 149). Er ist evtl auch nach § 183 GVG zur Aktenübersendung an die Staatsanwaltschaft verpflichtet, Hbg MDR **89**, 1000, Zweibr FamRZ **93**, 576, Nierwetberg NJW **96**, 435. Es wäre verfehlt, ihn deswegen als befangen zu betrachten. Daher nein, selbst wenn er eine Aktenübersendung an die Staatsanwaltschaft erwägt, falls nicht zB ein Rechtsmittel zurückgenommen werde, KG MDR **01**, 108 (das ist freilich ein Grenzfall; abl Schneider MDR **01**, 290). Auch eine Strafanzeige macht daher noch nicht stets befangen, Kblz MDR **03**, 524. Aber Vorsicht, Drsd FamRZ **02**, 830, Ffm RR **86**, 319, Hamm FamRZ **92**, 575. Ob ein darüber hinausgehender Strafantrag stets unschädlich ist, Knoche MDR **00**, 375, sollte ebenfalls von dem Ton und den Gesamtumständen abhängen.

S auch Rn 23 „Festhalten an einer Ansicht" .

Tatbestand: Rn 52 „Urteil". **50**

Terminierung: *Ja* nur ganz ausnahmsweise, KG MDR **05**, 708, Kblz WoM **93**, 456. Das Gericht ist keineswegs über jede Erwägung sogleich eine Rechenschaft schuldig. Ja bei einer zweiten Terminierung oder Vertagung trotz eines Ablehnungsgesuchs, soweit nicht die Voraussetzungen Rn 7 oder § 47 vorliegen. Ja, wenn der Richter nach der Zustellung eines umfangreichen Gutachtens nur 3 Tage vor dem Termin keine Vertagung zuläßt, Köln RR **00**, 592. Freilich kommt es evtl auf den Terminsablauf an. Ja beim Eilantrag, jedoch bei einer Terminsanberaumung erst in 7 Wochen, Hamm FamRZ **99**, 937. Ja, soweit eine Gehörsverweigerung oder Willkür vorliegen, Brdb RR **99**, 1291, KG MDR **05**, 708. Ja evtl bei einer Häufung von Fehlern, OLG Mü RR **02**, 862 (streng). Ja bei einer auffälligen Ungleichbehandlung der Prozeßbeteiligten, KG NJW **06**, 2787, Köln MDR **03**, 170. Ja evtl bei einem Terminsbeginn um 7 Uhr trotz auswärtiger Beteiligter, BGH Rpfleger **03**, 453. Ja evtl beim Übergehen des berechtigten Verlegungswunsches eines Auswärtigen, Kblz RR **92**, 191.

Nein deshalb, wenn das Gericht überhaupt eine Terminsverlegung abzulehnen wagt, FG Hann NVwZ-RR **07**, 503, aM Schneider NJW **06**, 887. Nein, wenn das Gericht nicht sofort einen auf § 227 gestützten Antrag bescheidet, aM LG Hann MDR **93**, 82 (aber auch in Eilfall muß eine Beratungszeit erlaubt bleiben). Nein, wenn das Gericht einen Antrag auf eine Terminsverlegung mit der Begründung ablehnt, es handle sich nicht um einen Anwaltsprozeß, aM LG Verden AnwBl **80**, 152 (überhaupt nicht überzeugend). Nein, wenn der Richter sonst wenigstens in einem später mitgeteilten Aktenvermerk eine Begründung etwa durch einen Hinweis auf seine Überlastung oder auf die Vorbereitung anderer Beteiligter auf den bisherigen Termin gibt, BayObLG MDR **86**, 416, Düss FamRZ **99**, 1667, LG Lüb MDR **99**, 57 (abl Schneider). Nein, wenn der Richter auch nur objektiv erkennbar die ohnehin nötige zügige Verfahrensabwicklung bezweckt, Brdb FamRZ **02**, 1042, KG MDR **05**, 708, Naumb RR **02**, 502, aM Zweibr MDR **99**, 114 (zustm Schneider. Aber ein Anwalt muß sich im Urlaub ohnehin vertreten lassen). Nein, wenn der Richter ein Rechtshilfeersuchen im Ausland abwarten will, Köln MDR **98**, 434 (evtl §§ 185 ff). Nein, wenn der Richter aus nicht dargelegten, aber immerhin naheliegenden und schon daher auch nicht ausschließbaren Erwägungen eine Entscheidung über den Antrag erst nach einer Anhörung des Gegners im Termin treffen will, Köln RR **97**, 828. Das bedenken Karlsr MDR **91**, 1195, Schlesw NJW **94**, 1227 (dazu § 227 Rn 14) nicht mit. Nein, wenn der Richter am 11. 11. statt der nächsten freien Terminsstunde (11.10 Uhr) 11.11 Uhr ansetzt, Mü NJW **00**, 748. Nein, soweit ein im letzten Moment eingereichtes Verlegungsgesuch nur der Verschleppung dient, Brdb FamRZ **00**, 897. Nein, wenn der Richter auf einen solchen Tag terminiert hat, der in anderen Bundesländern ein Feiertag ist, Naumb RR **02**, 502.

Übermüdung: Rn 47 „Schlaf".

Übersehen: *Nein,* sofern der Richter auf den entsprechenden Hinweis sachlich reagiert, Karlsr FamRZ **08**, 1455.

Unaufschiebbarkeit: *Nein,* soweit der Richter nur § 47 verkannt hat, Brdb RR **00**, 1091.

51 **Ungeschicklichkeit:** *Ja,* soweit sich der Richter durch eine Kette von erheblichen Irrtümern, Ungeschicklichkeiten und dergleichen regelrecht verrannt hat, Ffm MDR **78**, 409. Daß das geschehen ist, sollte man nur mit größter Zurückhaltung feststellen.

52 **Unsachlichkeit:** *Ja,* sofern man das Verhalten des Richters unter keinem denkbaren Gesichtspunkt mehr als sachbezogen bewerten kann, BVerfG NJW **84**, 1874, BGH NJW **76**, 1462 (StPO), Hbg MDR **89**, 71. Ja, soweit sein sachlich vielleicht vertretbares Verhalten eine unzumutbare Form annimmt. Auch in diesem Bereich hat der Richter aber einen erheblichen Verhaltensspielraum. Diesen muß man respektieren. Ja unter diesen Voraussetzungen nur dann, wenn der Richter sich gegenüber einem Parteivertreter wirklich unsachlich verhält, wenn er ihm etwa schon deshalb das Wort entzieht, weil der Parteivertreter Bedenken gegen eine solche Formulierung geäußert hat, die der Richter beim Diktat einer vorher angehörten Zeugenaussage in die vorläufige Niederschrift des Urkundsbeamten gewählt hat, BVerwG NJW **80**, 1972, oder wenn der Richter eine berechtigte Frage an eine Beweisperson zurückweist, KG MDR **93**, 797. Natürlich braucht aber der Vorsitzende keine anhaltende Mäkelei zu dulden, zumal ja zunächst noch kein endgültiges Protokoll vorliegen dürfte. Ja bei einer allzu offenkundig ungerechtfertigten Erweiterung der Prozeßkostenhilfe und zwecks einer Herbeiführung der Zuständigkeit, Hbg HbgJVBl **75**, 107.

Nein, soweit der Richter nur auf einen früheren vor ihm abgelaufenen Prozeß der Partei hinweist. Denn er gehört zum gerichtsbekannten Stoff. Nein, wenn der Richter ein Telefonat gegenüber dem wiederholt insistierenden Anrufer schließlich durch ein Auflegen des Hörers beendet, BayObLG MDR **90**, 344.

Vgl auch Rn 15 „Angriff", Rn 16 „Anordnung", Rn 17 „Ausdrucksweise", Rn 19 „Beleidigung", Rn 27 „Gestik und Mimik", Rn 38 „Randbemerkung", Rn 57 „Wortentzug".

Untätigkeit: *Ja* bei einer eindeutig unvertretbaren erheblichen vorwerfbaren Verfahrensverzögerung, Bbg FamRZ **01**, 552 links oben (FGG), Hamm RR **99**, 1291, KG FamRZ **07**, 1993, großzügiger Düss MDR **98**, 1052, Köln MDR **98**, 434, strenger Schneider MDR **98**, 1399. Ja bei einer völligen Untätigkeit etwa durch die Nichtbeantwortung von Akteneinsichtsanträgen, Bbg FamRZ **00**, 1287, oder eines Antrags, Bbg FamRZ **97**, 1223, oder von Erinnerungsschriftsätzen, Ffm OLGR **00**, 36, Karlsr FamRZ **99**, 444, Oldb FamRZ **92**, 193, oder durch die geflissentliche Nichtbeachtung eines Hinweises des Rechtsmittelgerichts, Rostock RR **99**, 1507, oder durch ein grundloses Nichtweiterleiten eines Schriftsatzes an den Gegner des Einreichers, BayObLG ZMR **94**, 17, LG Verden AnwBl **80**, 290.

Nein, soweit der Richter nachvollziehbar ergänzende Angaben anfordert, Brdb FamRZ **01**, 552, oder soweit die Untätigkeit in Wahrheit zB durch eine Überlastung erzwungen ist oder soweit sie jedenfalls aus einem anderen Grund unverschuldet ist, BayObLG **98**, 38. Nein, falls der Richter ohnehin zulasten des Ablehnenden entscheiden müßte, aM Bbg FamRZ **98**, 1443 (krit Heilmann FamRZ **99**, 446). Nein, falls die Untätigkeit auf einem bloßen Rechtsirrtum beruht, BayObLG ZMR **02**, 290.

Urkundenprozeß: Rn 25.

Urlaub: Rn 34 „Persönliches Erscheinen".

Urteil: Eine erst aus ihm erkennbare Befangenheit läßt sich nur mit dem statthaften Rechtsmittel rügen. Sie kann zu einer Zurückverweisung führen, §§ 538 II Z 1, 563. Evtl ja bei einer gegen § 318 verstoßenden Änderung der Kostenentscheidung bei einer nochmaligen Tätigkeit in derselben Sache, Saarbr RR **06**, 1578. Aber Vorsicht mit „Willkür"-Annahmen.

S auch Rn 19 „Bezugnahme".

53 **Unterschiedliche Darstellung:** *Ja,* wenn die Darstellung des Richters in seiner dienstlichen Äußerung in einem wesentlichen Punkt eindeutig falsch ist, Ffm MDR **78**, 409.

Nein, wenn der Richter und ein Anwalt über den Ablauf der Verhandlung unterschiedliche noch nicht einwandfrei geklärte Darstellungen geben, ohne daß andere Gesichtspunkte hinzutreten, aM LG Bochum AnwBl **78**, 102, ZöV 24 (aber dann wäre eine Ablehnung allzu bequem möglich. Man brauchte nur eine von der dienstlichen Äußerung des Richters abweichende Darstellung zu geben).

Verband: *Ja* evtl schon wegen einer Zugehörigkeit, LG Gött Rpfleger **76**, 55.

S auch „Verein", Rn 56 „Wirtschaftliches Interesse".

54 **Verein:** Es kommt auf seine Größe und auf die Stellung der Beteiligten an. Wohl eher *ja* selbst bei einem größeren lokalen Verein, aM Hbg MDR **03**, 287 (aber dann gibt es meist doch deutliche Verflechtungen). Hochproblematisch verneinen Ffm RR **98**, 1764, Karlsr RR **88**, 1534 bei einer Zugehörigkeit des Richters und der Partei zu demselben elitären Club (Rotary usw) die Befangenheit.

Durchweg *nein* zB bei einem Großverein wie etwa dem ADAC oder der GRUR, BGH WoM **04**, 110.

Verfahrensdauer: Grds *nein,* selbst bei einem schwer erkennbaren Grund, Düss MDR **98**, 1052. Aber Vorsicht!

Vergleich: *Ja,* soweit der Richter neue Ansprüche oder Einwendungen in die Vergleichsverhandlung bringt, KG RR **00**, 1166.

Nein, soweit der Richter gemäß seiner ohnehin nach § 278 I bestehenden Pflicht eine gütliche Einigung herbeizuführen versucht, ohne eine Partei unter einen prozessual unzulässigen Druck zu setzen, BGH NJW **98**, 612, Mü SchiedsVZ **08**, 104, Lempp DRiZ **94**, 422, aM Salje DRiZ **94**, 285 (aber es wäre grotesk, genau eine solche vom Gesetz immer stärker verlangte Bemühung nun zur Ausschaltung des gesetzlichen Richters mißbrauchen zu dürfen). Selbst ein Hinweis auf eine andernfalls der einen Partei drohende nachteilige Entscheidung kann durchaus erlaubt, ja notwendig sein, zB wegen § 139, Kblz RR **00**, 1376. Nur bei allzu sturem Zureden usw evtl ja.

S auch Rn 44 „Rechtsansicht".

Verjährung: Rn 38 „Ratschlag".

Verkündung: S „Versehen".
Verlöbnis: Durchweg *ja.* Das gilt auch nach einem früheren Verlöbnis und auch im Verhältnis zum ProzBev. Vgl auch § 41 Z 2, 3.
Veröffentlichung: Rn 45 „Rechtsansicht".
Versäumnisurteil: *Ja,* evtl beim Rat zur „Flucht in die Säumnis", Mü NJW **94**, 60, oder evtl beim Erlaß trotz § 335 I Z 3, Ffm FamRZ **93**, 1468. Es kommt aber auf die Gesamtumstände an, BFH BB **92**, 1992, BayObLG RR **88**, 191.
Versehen: Meist *nein,* LG Traunst RR **05**, 1088 (verfrühte Verkündung).
Vertagung: Rn 50 „Terminierung".
Vertreter: *Ja,* aber erst ab dem Eintritt des Vertretungsfalls, Zweibr FamRZ **00**, 1287.
Verwandtschaft, Schwägerschaft: Soweit nicht schon nach § 41 entscheidend, durchweg *ja,* sofern der Grad nicht allzu weit entfernt ist, KG MDR **99**, 1018, LAG Kiel AnwBl **02**, 376. Es kommt auf die von Familie zu Familie stark unterschiedliche Intensität der Pflege entfernterer Beziehungen an, ferner darauf, ob der Richter über die Sache gesprochen hatte, KG MDR **99**, 1018. Wegen der fiktiven Schwägerschaft bei einer Lebenspartnerschaft § 11 II LPartG, dazu § 383 Rn 4. Man kann überhaupt § 383 I Z 3 sowie § 20 I Z 3 BRAO als einem Auslegungsmaßstab mit heranziehen, LAG Kiel AnwBl **02**, 376.

Die bloße Namensnennung des Vaters eines Richters im Briefkopf des früheren gegnerischen ProzBev reicht *nicht,* BGH FamRZ **06**, 1440.
Verzögerung: Rn 4 „Mißbrauch", Rn 52 „Untätigkeit".
Verzögerungsgebühr: *Nein* schon wegen ihrer Androhung oder Verhängung, BFH JB **77**, 936.
Vorbefassung: Rn 24 „Frühere Mitwirkung".
Vorschuß: *Nein* schon wegen seiner Höhe, sofern diese sachlich haltbar ist, Karlsr OLGZ **84**, 103.
Wartefrist: Selbst ein wiederholter Verstoß gegen § 47 ermöglicht eine Ablehnung *nicht* mehr nach der die 55
Instanz abschließenden Entscheidung, § 47 Rn 6 „Endurteil", aM BayObLG WoM **94**, 410 (aber dann muß mit solchen Zwischenüberlegungen Schluß sein, Einl III 10).
Weigerung: *Ja,* soweit der Richter nicht bereit ist, den Parteivortrag ganz anzuhören und zu würdigen, Ffm RR **08**, 1081, grds (aber nicht im dortigen Fall!) richtig auch Hamm VersR **78**, 647 (je:). Ja, wenn der Richter es ablehnt, während der Verhandlung einen Befangenheitsantrag entgegenzunehmen, Ffm MDR **79**, 762 (je:). Ja, wenn sich der Richter weigert, einen Schriftsatz dem Prozeßgegner zuzuleiten, LG Verden AnwBl **80**, 290, selbst einen beleidigenden, LG Frankenth FamRZ **77**, 562, vgl freilich auch Rn 4. Ja, wenn er sich weigert, einen Antrag zum Protokoll zu nehmen, sofern der Antrag überhaupt ins Protokoll gehört, § 160 III Z 2. Ja, soweit sich der Richter bei einer bloßen Mutmaßung der Mutwilligkeit weigert, eine evtl akustisch unverständliche Äußerung zu wiederholen, LG Kiel SchlHA **85**, 178.

Nein, wenn der Richter sich weigert, über seine persönlichen Verhältnisse eine Auskunft zu geben, soweit diese persönlichen Verhältnisse nicht verständlicherweise eine Ablehnung rechtfertigen könnten, BayObLG Rpfleger **78**, 18. Nein, soweit der Richter ein mögliches Zitat einer wissenschaftlichen Äußerung ohne eine erkennbare Boykottabsicht unterläßt, OVG Münst DRiZ **82**, 232.
Wiederaufnahme: Rn 24. 56
Willkür: Ein objektives Vorliegen ist *kein* automatischer Befangenheitsgrund, Ffm MDR **02**, 1391, aM BAG NJW **93**, 879, BayObLG MDR **88**, 1063, Saarbr RR **94**, 766 (aber man sollte einen Willkürvorwurf ohnehin sehr zurückhalten, Einl III 21).
Wirtschaftliches Interesse: *Ja,* soweit echte wirtschaftliche Belange des Richters auf dem Spiel stehen, BGH **113**, 277, BayObLG ZIP **02**, 1039. Diesen Bereich darf und muß man weit fassen, BGH VersR **91**, 713. Deshalb evtl ja, wenn ein solcher Handwerker am Prozeß als Partei, Sachverständiger oder Zeuge beteiligt ist, mit dem der Richter in einer einigermaßen ständigen Geschäftsbeziehung steht, weil er dessen Hilfe am eigenen Haus usw dauernd und nicht nur gelegentlich benötigt. Ja, wenn der Richter als Großaktionär am Prozeß der Aktiengesellschaft beteiligt ist oder wenn er zwar nur einen kleineren, aber für die Gesellschaft wichtigen Aktienbesitz hat, BGH **113**, 277.

Nein, sofern nur eine schlichte Mitgliedschaft zB an einem Zweckverband besteht, LG Gött Rpfleger **76**, 55, oder am ADAC, oder an der prozeßbeteiligten Aktiengesellschaft. Bei § 306 IV 2 AktG nein für einen Antragsteller nach § 304 IV oder § 305 V 4 AktG, BayObLG DB **80**, 76. Nein bei einer erst geplanten Zusammenarbeit mit einer Partei, Zweibr RR **98**, 858.
Wissenschaftliche Äußerung: *Nein,* BVerfG NJW **01**, 1482, Dürholt ZRP **77**, 218, und zwar auch dann 57
nicht, wenn sich etwa ein wissenschaftlicher Aufsatz des Richters oder eine von ihm verfaßte Kommentierung mit der Problematik und sogar mit dem Fall zustimmend oder ablehnend auseinandersetzen, BVerfG NJW **01**, 1482, BSG NJW **93**, 2262. Freilich sind auch in solchen Fällen Grenzen gezogen, jenseits derer ein Ablehnungsantrag begründet sein mag, insbesondere während der Anhängigkeit des erörterten Falls, BVerfG NJW **00**, 2808, VerfGH Mü NVwZ-RR **08**, 594, Redeker NJW **83**, 1035.

Vgl ferner Rn 14 „Allgemeine Auffassungen", Rn 23 „Festhalten an einer Ansicht", Rn 35 „Politische Äußerung", Rn 36 „Privatgutachten", Rn 44 „Rechtsansicht".
Wortentzug: *Ja,* sofern ein unsachliches gehässiges Verhalten erkennbar ist, BVerwG NJW **80**, 1972, Rn 19 „Beleidigung", Rn 52 „Unsachlichkeit".

Nein, wenn der Richter nach einer langen Anhörung das Wort entzieht oder sich weigert, die mündliche Verhandlung ohne einen neuen Tatsachenvortrag wieder zu eröffnen, Köln NJW **75**, 788, oder wenn er die Drohung ausspricht, beide ProzBev nunmehr „vor die Tür zu setzen", Mü FamRZ **78**, 353.
Wörtliches Zitat: *Nein,* selbst wenn es in Anführungszeichen erfolgt, evtl sogar dann nicht, wenn das ironisch geschieht, Stgt MDR **03**, 51.
Zeuge: *Ja,* sobald und soweit die Vernehmung des Richters als Zeugen, Lipp (vor Rn 1) 92, oder die 58
Vernehmung eines solchen Zeugen in Betracht kommt, zu dem der Richter in einem besonderen Verhältnis steht, etwa als ständiger Geschäftspartner, als Freund oder Feind, als Nachbar usw. Keineswegs liegt eine Befangenheit erst dann vor, wenn der Richter die Glaubwürdigkeit vor oder gar nach der Aussage des Zeugen prüfen muß. Schon die Art und Weise der Terminsvorbereitung, die Behandlung

etwaiger Terminsänderungswünsche des Zeugen usw, die Art und Weise seiner Befragung bringen bei Verhältnissen der genannten Art solche Schwierigkeiten mit sich, die eine Besorgnis der Befangenheit auch aus der Sicht eines objektiven Dritten vom Standpunkt der Partei aus sehr wohl begründen können. Auch unabhängig von einem besonderen Verhältnis ja, sofern der Richter mit dem Zeugen den Streitstoff in der Abwesenheit einer Partei erörtert. Freilich darf er zB nach §§ 273 II, 377 III, IV Fragen zur Klärung prozeßleitender Anordnungen stellen. Man sollte Vertrauen zeigen, daß der Richter sich dadurch nicht beeinflussen läßt. Ja bei einer Vernehmung ohne einen notwendigen Dolmetscher, Celle OLGR **02**, 35. Ja bei seiner heimlichen Vernehmung, Ffm OLGR **01**, 170.

Nein, nur weil der Richter in einem zurückliegenden Fall Bedenken gegen die Glaubwürdigkeit oder Äußerungen über eine besonders starke Glaubwürdigkeit des Zeugen usw geäußert hatte, die man damals immerhin sachlich rechtfertigen konnte. Nein, wenn der Richter einen Zeugen telefonisch lädt, LG Verden AnwBl **80**, 290. Nein, wenn der Richter nur anregt, weitere Zeugen zu vernehmen, Ffm NJW **76**, 2025. Nein schon wegen einer pflichtgemäßen Entscheidung nach § 397 III, KG MDR **93**, 797. Evtl nein, soweit der Richter eine private Beobachtung den Parteien vermittelt und ihnen eine Gelegenheit zur Äußerung gibt, OVG Hbg NJW **94**, 2779.

Vgl auch Rn 24 „Frühere Mitwirkung".

Zuhören: *Nein,* soweit der Richter nur in einem einschlägigen Strafverfahren zuhört, Karlsr MDR **08**, 466.

Zuneigung: Rn 14 „Abneigung, Zuneigung".

Zwangsgeld: *Nein,* soweit es zulässig war, zB bei einer sofortigen Vollziehbarkeit im Eilverfahren, Brdb FamRZ **01**, 1005.

Zwangsvollstreckung: Rn 25.

Zwischenverfahren: *Ja* für den Beteiligten eines Zwischenverfahrens, jedenfalls während seiner Dauer, BayObLG FamRZ **92**, 574 (freilich müssen die sonstigen Voraussetzungen einer Ablehnung vorliegen).

43 *Verlust des Ablehnungsrechts.* **Eine Partei kann einen Richter wegen Besorgnis der Befangenheit nicht mehr ablehnen, wenn sie sich bei ihm, ohne den ihr bekannten Ablehnungsgrund geltend zu machen, in eine Verhandlung eingelassen oder Anträge gestellt hat.**

Gliederung

1 **1) Systematik.** Vgl zunächst Üb 1 vor § 41 und Vossler MDR **07**, 992 (Üb). § 43 stellt mit dem Vorrang vor § 295 eine nach § 292 Rn 2 unwiderlegliche Vermutung dafür auf, daß eine Partei mit der Person desjenigen Richters einverstanden sei, vor dem sie sich trotz eines ihr bekannten Ablehnungsgrunds in eine Verhandlung einläßt oder Anträge stellt, BVerwG MDR **93**, 1242. Ein gesetzlicher Vertreter nach § 51 II oder ein ProzBev nach § 81 und deren Kenntnis von einem Ablehnungsgrund stehen der Partei und deren Kenntnis gleich, Hbg MDR **76**, 845. Für Ausschlußgründe gilt § 43 nicht, § 42 Rn 9. Man kann einen Verzicht auf das Ablehnungsrecht wirksam erklären. Er stellt klar, was § 43 nur vermutet. § 44 IV stellt nur scheinbar eine Ausnahme vom Grundsatz des § 43 dar, ist vielmehr im Grunde dessen Bestätigung, Rn 7. Alles das gilt nur für *diesen* Prozeß, Karlsr RR **92**, 572.

2 **2) Regelungszweck.** Vgl zunächst Üb 2 vor § 41. § 43 soll einer willkürlichen Verzögerung entgegenwirken und verhindern, daß eine bereits geleistete prozessuale Arbeit nutzlos wird, Karlsr MDR **92**, 409. Die Vorschrift dient damit auch der Prozeßwirtschaftlichkeit, Grdz 14 vor § 128, Vossler MDR **07**, 992. § 43 vernichtet das versäumte Ablehnungsrecht. Es wird also unzulässig. Trotz der Versäumung muß der Abgelehnte aber prüfen, ob er sich nicht von Amts wegen für befangen erklären soll, § 48.

Erneute Befangenheit läßt natürlich auch ein neues Ablehnungsrecht entstehen, Ffm MDR **79**, 762. § 43 schützt vor einer wiederholt auftretenden Voreingenommenheit sehr wohl, soweit sie in dieser Form oder Art erst jetzt auftritt. Sie war ja bisher noch nicht gerade auch dieser Partei „bekannt". Freilich kann man nur einen wirklich neuen Anlaß auch nach einer Einlassung zur Sache geltend machen. Denn grundsätzlich bewirkt § 43 ja einen Schlußstrich. Das sollte man bei der Handhabung mitbeachten, auch wenn die Abgrenzung im Einzelfall schwierig werden kann. Nicht jede jetzige Ungeschicklichkeit des Richters nach erledigter Befangenheitsgefahr birgt neue Ablehnbarkeit.

3 **3) Geltungsbereich.** Vgl zunächst Üb 3 ff vor § 41. Die Vorschrift gilt allgemein im Prozeßrecht, BVerwG MDR **93**, 1242, also zB auch bei §§ 128 II, 406, Düss MDR **94**, 620, oder bei §§ 534, 556, BGH FamRZ **06**, 262, auch im WEG-Verfahren. Sie gilt entsprechend auch im FamFG-Verfahren, § 6 I FamFG.

4 **4) Rechtsverlust: Schädlichkeit von Kenntnis.** Schädlich ist nur eine Kenntnis, Düss Rpfleger **93**, 188, Hbg MDR **76**, 845, und zwar aller einschlägigen Umstände, Ffm OLGR **01**, 169. Ein Nachschieben ist schädlich. Ein bloßes Kennenmüssen nach § 122 II BGB führt nicht zum Verlust des Ablehnungsrechts. Schädlich ist ein Verhalten sowohl nach Rn 5, 6 als auch nach Rn 7. Tritt der Ablehnungsgrund erst in der mündlichen Verhandlung ein, darf man bis zu ihrem Schluß nach §§ 136 IV, 296 a ablehnen, BGH MDR **08**, 582 rechts unten.

Kein Rechtsverlust tritt ein, soweit und solange sich das Gericht seinerseits unkorrekt verhält, Düss OLGR **01**, 374, KG NJW **75**, 1842, Köln VersR **93**, 1550 (Verstoß gegen § 47).

5) Einlassung. Die Worte des Gesetzes „... in eine Verhandlung eingelassen" bedeuten nicht etwa nur: In eine Verhandlung zur Hauptsache eingelassen. 5

A. Verhandlung in derselben Sache. Es muß aber eine Verhandlung in derselben Sache vorliegen. Denn eine Partei braucht die etwaige Befangenheit eines Richters nur nach den besonderen Umständen des konkreten Einzelfalls zu prüfen, nicht im Hinblick auf eine vielleicht mögliche, von ihr aber noch nicht übersehbare andersartige Befangenheit, Ffm FamRZ **91**, 839, Karlsr MDR **92**, 409, Kblz MDR **89**, 647. Wer den Richter in einem vorangegangenen ähnlichen Verfahren nicht abgelehnt hatte, muß freilich zumindest damit rechnen, daß auf Grund seines jetzigen Ablehnungsgesuchs eine Prüfung folgt, warum er die Ablehnung früher nicht geltend gemacht hatte, § 42 Rn 24. Manche meinen, ein Verlust des Ablehnungsrechts trete nur dann ein, wenn zwischen dem Vorprozeß und dem jetzigen Verfahren ein rechtlicher oder tatsächlicher Zusammenhang bestehe, BGH NJW **06**, 2776, BFH DB **87**, 1976, Karlsr MDR **92**, 409.

B. Beispiele zur Frage einer Einlassung 6

Akteneinsichtsantrag: *Keine* Einlassung ist ein bloßer solcher Vorgang, BayObLG EWiR **00**, 937 (zustm Vollkommer).

Arrest, einstweilige Verfügung: Eine dortige Einlassung kann sich auf das Hauptverfahren auswirken, BVerwG NVwZ-RR **08**, 141.

Kostenfestsetzungserinnerung: Einlassung ist ein solcher Vorgang nach § 104 III, § 11 RPflG, Düss Rpfleger **93**, 188.

Mieterhöhungsverlangen: *Keine* Einlassung ist ein solches vorprozessuales Begehren nach § 558 I 1 BGB, AG Freib WoM **87**, 266.

Nebenverfahren: Einlassung ist auch eine solche in einem Nebenverfahren des Hauptprozesses, Karlsr FamRZ **89**, 643.

Prozeßkostenhilfebeschwerde: Einlassung ist eine sofortige Beschwerde im Prozeßkostenhilfeverfahren nach § 127, Kblz MDR **86**, 60.

Schriftliches Verfahren: Einlassung ist eine Erklärung im schriftlichen Verfahren nach § 128 II, BayObLG MDR **88**, 1064, Karlsr OLGR **98**, 75.

Unaufschiebbarkeit: *Keine* Einlassung ist ein Verhandeln nur wegen eines Verstoßes des Abgelehnten gegen § 47 und weil die Partei zB ein Versäumnisurteil vermeiden möchte, Düss AnwBl **02**, 119, Köln RR **00**, 592.

Verfahrensförderung: Eine Einlassung in eine Verhandlung liegt vor, sobald irgendeine prozessuale verfahrensbezogene oder -fördernde Betätigung insbesondere im Termin vor dem ablehnbaren Richter erfolgt, Düss AnwBl **02**, 119 (auch zur Ausnahme Rn 6), Köln RR **96**, 1339, LG Mü RR **02**, 862.

Vertagungsantrag: *Keine* Einlassung ist ein solcher rein formaler Antrag nach § 227. Eine Verhandlung über einen Vertagungsantrag stellt auch keine Kundgebung des Vertrauens gegenüber dem bisherigen Richter dar, MüKoFei 4, ThP 5, ZöV 5, aM BPatG GRUR **82**, 360, LG Tüb MDR **82**, 412 (aber vielleicht ist ja gerade eine etwaige Ablehnung einer Vertagung zumindest ein Befangenheitsgrund).

Verteidigungsanzeige: *Keine* Einlassung ist diese Anzeige nach § 276 I 1, aM Rostock RR **02**, 356 (aber das ist ein rein formaler vorläufiger Vorgang).

Widerrufsvergleich: Einlassung ist auch ein solcher Vorgang, BayObLG WoM **94**, 299, Ffm FamRZ **91**, 839.

Widerspruch: Einlassung ist auch ein Widerspruch gegen einen Mahnbescheid, ZöV 4, aM Kblz OLGR **98**, 292.

6) Antragstellung. Die Partei hat nach § 43 einen Antrag gestellt, sobald sie sich mündlich oder schriftlich mit einem Sachantrag nach § 297 Rn 4–10 gemeldet hat, BGH FamRZ **06**, 262, Saarbr RR **94**, 767, LG Rostock RR **02**, 356. Die Partei stellt den Antrag in der mündlichen Verhandlung in der Regel dadurch, daß sie ihn vorträgt, § 137 Rn 7, Karlsr FamRZ **89**, 643. Im schriftlichen Verfahren oder Vorverfahren wird er dadurch wirksam, daß sie ihn schriftlich einreicht, BayObLG MDR **88**, 1063, LG Rostock RR **02**, 356. Eine Zustimmungserklärung nach § 128 II steht einem Antrag gleich, BFH DB **87**, 1976, Mü MDR **80**, 146. Ein Antrag führt allerdings nur dann zum Verlust des Ablehnungsrechts, wenn die Partei die Person des Richters kannte, BayObLG Rpfleger **78**, 18, LG Rostock RR **02**, 356, wenn auch nicht notwendig seinen richtigen Namen. Daher hat jeder Ablehnungsberechtigte einen Anspruch darauf, die Namen der Richter zu erfahren, BayObLG Rpfleger **78**, 17. 7

Eine *Gegenvorstellung* nach Grdz 6 vor § 567 genügt, aM ZöV 5 (aber man sollte prozeßwirtschaftlich denken). Ein Gesuch um eine Terminsbestimmung nach § 216 genügt ebensowenig wie ein Vertagungsantrag nach Rn 5 oder eine bloße Anzeige zur Akte etwa nach § 172 Rn 5 oder ein bloßes Akteneinsichtsgesuch, BayObLG RR **01**, 642. Einzelheiten Schneider MDR **77**, 441. Bei einem staatlichen Richter gehen nur die Ablehnungsgründe nach § 42 verloren, beim Schiedsrichter auch diejenigen nach § 41. Denn beim Schiedsrichter gibt es keine Ausschließung. Wenn der Ablehnungsgrund erst nach dem Zeitpunkt der Antragstellung nach § 137 Rn 7 eintritt, kann die Partei ihn natürlich auch jetzt noch geltend machen, Ffm MDR **79**, 762. Dann muß man § 44 IV beachten. 8

44 *Ablehnungsgesuch.* **I Das Ablehnungsgesuch ist bei dem Gericht, dem der Richter angehört, anzubringen; es kann vor der Geschäftsstelle zu Protokoll erklärt werden.**

II [1] Der Ablehnungsgrund ist glaubhaft zu machen; zur Versicherung an Eides statt darf die Partei nicht zugelassen werden. [2] Zur Glaubhaftmachung kann auf das Zeugnis des abgelehnten Richters Bezug genommen werden.

III Der abgelehnte Richter hat sich über den Ablehnungsgrund dienstlich zu äußern.

[IV] **Wird ein Richter, bei dem die Partei sich in eine Verhandlung eingelassen oder Anträge gestellt hat, wegen Besorgnis der Befangenheit abgelehnt, so ist glaubhaft zu machen, dass der Ablehnungsgrund erst später entstanden oder der Partei bekannt geworden sei.**

Gliederung

1 **1) Systematik, I–IV.** Vgl zunächst Üb 1 vor § 41. § 44 regelt zusammen mit §§ 46 I, 294 das Ablehnungsverfahren bis zur Entscheidungsreife mit Ausnahme der Sonderfälle des § 45 II 2 (der Amtsrichter hält ein Ablehnungsgesuch für begründet) und des § 47 (unaufschiebbare Handlungen des Abgelehnten). Die Entscheidung ist in § 45 I, II 1 (mit § 46 I), Rechtsmittel sind in § 46 II geregelt.

2 **2) Regelungszweck, I–IV.** Vgl zunächst Üb 2 vor § 41. Die Möglichkeit, einen Ausschließungsgrund nach § 41 auch über einen Antrag nach §§ 42, 44 zur unverzüglichen Prüfung vor das Gericht zu bringen, dient zusätzlich zu der ja an sich schon von Amts wegen beachtbaren kraft Gesetzes eingetretenen Lage der Sicherung der Parteien vor dem verbotenen Richter. Sie dient damit der Rechtsstaatlichkeit, Einl III 15. Die Notwendigkeit einer Glaubhaftmachung eines jeden Ablehnungsgrundes und überhaupt eines Antrags bei einem echten bloßen Ablehnungsgrund nach § 42 dient ebenso wie die Pflicht des Abgelehnten zur dienstlichen Äußerung nach III der Abwehr voreiliger oder gar rechtsmißbräuchlicher Ablehnungsverfahren, Einl III 54. Die Glaubhaftmachung dient damit sowohl der Aufrechterhaltung des gesetzlichen Richters nach Art 101 I 2 GG (auch er gehört zur Rechtsstaatlichkeit) als auch der Vermeidung einer Verzögerung und damit der Prozeßförderung und der Prozeßwirtschaftlichkeit, Grdz 12, 14 vor § 128. In diesem Sinn muß man auch IV verstehen. Die dienstliche Äußerung soll dem nunmehr über das Ablehnungsgesuch entscheidenden Gericht seine Meinungsbildung erleichtern, BGH DRiZ **80**, 391. Sie dient aber keineswegs dazu, ihm die Ermittlungsarbeit usw abzunehmen.

Selbstäußerung über einen Ablehnungsantrag ist ein nicht unproblematischer Weg zur Klärung einer etwaigen Befangenheit. Das gilt besonders wegen des Ausschlusses einer eidesstattlichen Versicherung als Glaubhaftmachung. Denn der Ablehnende wird eventuell auch in die Korrektheit einer dienstlichen Äußerung nur noch wenig Vertrauen setzen wollen. Der Abgelehnte muß den der Sache nach ja unvermeidbar vorhandenen und immerhin meist tatbestandlich unter §§ 185 ff StGB fallenden massiven Angriff auf seine Berufsehre kommentieren. Einen solchen Angriff stellt ja ein Ablehnungsgesuch tatbestandsmäßig ebenfalls dar. Eine Kommentierung soll in einer würdevollen, aber oft auch berechtigtermaßen selbst- und amtsbewußten Art und Weise geschehen. Sie darf nicht erst dadurch eine wirkliche Ablehnbarkeit herbeiführen, soweit der Richter sich nicht ebenfalls für befangen hält.

Takt, Zurückhaltung, volle Ehrlichkeit und Zulassung des Einblicks in den Gedanken- und Wertungsgang des Richters sind gleichermaßen Bedingung für ein Funktionieren dieses Verfahrensabschnitts. Das gilt auch für die Beurteilung durch den über das Ablehnungsgesuch zur Entscheidung berufenen Richter. Weder ein verbissenes Festhalten am Abgelehnten noch eine eilfertige Kritik nützen den Beteiligten. Wenn eine Eindeutigkeit in der Bewertung nicht möglich scheint, ist ein Fortbestand des bisherigen Richters und *nicht* seine Ablösung in Wahrheit oft die bessere Lösung. Er wird sich hoffentlich und wahrscheinlich bemühen, auch den Ablehnenden davon in weiteren Verfahren zu überzeugen.

3 **3) Geltungsbereich, I–IV.** Vgl Üb 3 ff vor § 41.

4 **4) Ablehnungsgesuch, I.** Ein ordnungsgemäßes Ablehnungsgesuch ist eine Zulässigkeitsbedingung, KG FamRZ **86**, 1024, Köln RR **96**, 1339. Man muß sein Ablehnungsgesuch zumindest im Kern begründen, BVerwG NJW **97**, 3327, Mü MDR **06**, 1010, Schlesw OLGR **02**, 307. Man muß es sogleich bei dem Gericht des abgelehnten Richters anbringen, § 45. Auch das muß sogleich geschehen, BFH RR **96**, 702, Köln RR **96**, 1339. Das kann mündlich, schriftlich oder zum Protokoll der Geschäftsstelle geschehen, Schlesw OLGR **02**, 307, dann auch bei jedem anderen Gericht, § 129 a. Deshalb besteht kein Anwaltszwang, § 78 III Hs 2, BGH MDR **95**, 520, Köln RR **98**, 857. In der mündlichen Verhandlung muß das Gericht den Antrag protokollieren, § 160 II, IV 1. Wenn man einen Richter am Amtsgericht, auch als Familienrichter, ablehnt, muß man das Gesuch beim AG/FamG stellen. Wegen des schiedsrichterlichen Verfahrens § 1032. Man muß den abgelehnten Richter namentlich benennen, soweit möglich, § 43 Rn 7. Andernfalls ist das Gesuch unzulässig, BVerfG MDR **61**, 26, es sei denn, daß über die Person des Richters kein Zweifel besteht, Üb 3 vor § 41, § 43 Rn 7.

Der *Gegner* des Ablehnenden ist im Ablehnungsverfahren grundsätzlich nicht Partei, § 91 Rn 70. Ausnahmen gelten nach § 46 Rn 9 ff. Seine Anhörung kann aber notwendig sein, Artt 2 I, 20 III GG (Rpfl), BVerfG **101**, 404, Art 103 I GG (Richter). Denn es geht auch für ihn um den gesetzlichen Richter, Nürnb MDR **83**, 846. Ein Ablehnungsgesuch bewirkt keine Fristhemmung, BAG BB **00**, 1948. Ein Gesuch im Eilverfahren erstreckt sich nicht stets auch auf das Hauptverfahren. Das gilt selbst bei einer Abhängigkeit des einen vom anderen, aM BayObLG ZMR **02**, 290 (aber es kommt erst auf das Ende des anderen Verfahrens an). Man kann das Gesuch bis zur Entscheidung nach § 46 II zurücknehmen.

5 **5) Glaubhaftmachung, II.** Man muß eine solche Tatsache, die die Ablehnung begründen soll, im einzelnen darlegen, BVerwG NJW **97**, 3327. Man muß sie auch glaubhaft machen, § 294 I Hs 1, LG Stgt FamRZ **04**, 886. Man kann (nur) die Glaubhaftmachung bis zur Entscheidung nachholen, Schneider MDR **00**, 1305. Eine eidesstattliche Versicherung ist aber unzulässig, II 1 Hs 2. Das übersieht Düss MDR **08**, 1060 links. Eine Glaubhaftmachung ist dann entbehrlich, wenn die Tatsache offenkundig ist, § 291 Rn 3, 4, LSG

Mainz NJW **06**, 1547, oder wenn man den Ablehnungsgrund in tatsächlicher Hinsicht als wahr unterstellen kann, VGH Mannh NJW **75**, 1048. Das Gesetz versteht unter dem Begriff „Zeugnis des abgelehnten Richters" die in III vorgesehene dienstliche Äußerung. Wenn ein Anwalt ein Ablehnungsgesuch stellt, darf man nicht unterstellen, daß er stillschweigend auf das Zeugnis des abgelehnten Richters Bezug nimmt. Denn man muß berücksichtigen, daß ein Anwalt unter Umständen gerade diesen Weg der Glaubhaftmachung nicht wählen will, Ffm NJW **77**, 768, Schneider MDR **00**, 1305. Ob eine Glaubhaftmachung vorliegt, entscheidet das Gericht in einer freien Würdigung, BGH FamRZ **07**, 552. Die Glaubhaftmachung fehlt, soweit sich das Gegenteil aus einer vorangegangenen Entscheidung ergibt, VG Stgt JZ **76**, 277. Bei einem nicht aufklärbaren Widerspruch fehlt die Glaubhaftmachung. Das verkennt Stgt MDR **07**, 545 schon begrifflich. Denn Glaubhaftmachung ist bereits eine überwiegende Wahrscheinlichkeit, § 294 Rn 1.

6) Dienstliche Äußerung, III. Die Regelung ist wenig hilfreich, Rn 2. 6

A. Zeugnis und Bewertung. Wie sich aus II 2 ergibt, kann der Ablehnende auf ein „Zeugnis" des Abgelehnten Bezug nehmen. Gemeint ist nicht etwa eine Bescheinigung, sondern eine Darstellung der vom Abgelehnten für entscheidungserheblich erachteten Tatsachen, Schneider NJW **08**, 491, soweit sie noch nicht aktenkundig oder dem Abgelehnten gegenüber streitig sind. Insofern ist seine Darstellung dann eine Art Zeugenaussage. Gemeint ist darüber hinaus eine Bewertung, soweit sie der Abgelehnte bei aller Zurückhaltung doch für sinnvoll, ratsam, notwendig hält, BGH **77**, 73, Ffm RR **98**, 858, Fleischer MDR **98**, 758. Die dienstliche Äußerung nach III hat denselben Sinn. Der Abgelehnte muß sie unabhängig davon abgegeben, ob eine Bezugnahme nach II 2 erfolgt ist oder ob der Ablehnende beantragt, der Abgelehnte möge sich dienstlich äußern, Schneider MDR **98**, 454.

Der Abgelehnte hat also das *Recht und die Pflicht* zur dienstlichen Äußerung, Schneider NJW **08**, 491. Das gilt, auch wenn sie ihm nicht nötig, nicht sinnvoll oder nicht unaufschiebbar scheint, § 47. Wegen des Zwecks von III nach Rn 2 liegen die Art und der Umfang der dienstlichen Äußerung im pflichtgemäßen Ermessen des Abgelehnten. Will das zur Entscheidung berufene Gericht mehr von ihm wissen und verweigert er eine Ergänzung, mag das Gericht ihn als Zeugen vernehmen, § 46 I. Das Beratungsgeheimnis nach §§ 193 GVG, 43 DRiG usw bleibt bestehen, Stgt MDR **03**, 51.

B. Einzelfragen. Der Abgelehnte soll sich über die für das Ablehnungsgesuch entscheidungserheblichen Tatsachen äußern, soweit ihm das notwendig oder zweckmäßig scheint. Zu Rechtsausführungen oder zu einer Beurteilung des Ablehnungsgesuchs ist der Abgelehnte berechtigt, soweit ihm das zum Verständnis seines beanstandeten Verhaltens als sinnvoll erscheint, ThP 3, aM Schneider NJW **08**, 492 (aber gerade solche Rechtsausführungen lassen oft erkennen, ob der Richter bisher sachnah oder abwegig gearbeitet hat und ob er zur Selbstkritik fähig und evtl bereit ist). Der Abgelehnte ist zu solchen Ausführungen aber nicht verpflichtet, und zwar auch nicht auf ein Verlangen des entscheidenden Gerichts. Das entscheidende Gericht muß die dienstliche Äußerung unabhängig von ihrer Brauchbarkeit dem Ablehnenden zur Anhörung mitteilen, Artt 2 I, 20 III GG (Rpfl), BVerfG **101**, 404, Art 103 I GG (Richter), BVerfG **24**, 62, VGH Kassel NJW **83**, 901. 7

Die dienstliche Äußerung sollte deshalb durchweg *schriftlich* erfolgen. Eine mündliche Äußerung kommt als Vermerk zu den Akten des entscheidenden Gerichts. Die Notwendigkeit einer dienstlichen Äußerung besteht auch bei einer Selbstablehnung nach § 48, Ffm FamRZ **98**, 378. Eine dienstliche Äußerung ist bei einem querulatorischen Ablehnungsgesuch unnötig, § 42 Rn 7, BVerfG **11**, 3, VerfGH Mü MDR **00**, 659, Köln OLGR **00**, 474. „Ich fühle mich nicht befangen" reicht nicht, Schneider MDR **05**, 672. Eine allzu mangelhafte Stellungnahme kann sich auf die Beurteilung der Befangenheit auswirken, LG Bochum AnwBl **78**, 101, Schneider NJW **08**, 492 (Beispiele). Indessen ist zB eine bloße Bezugnahme auf die Akten eines zu demselben Vorgang anhängigen oder anhängig gewesenen Dienstaufsichtsverfahrens zulässig, Bre NJW **86**, 999, aM Fleischer MDR **98**, 757 (aber sie kann im Einzelfall nun wirklich ausreichen). Der Abgelehnte kann auch zumindest hilfsweise bitten ihm aufzugeben, zu welchen Punkten das entscheidende Gericht noch eine weitere Erklärung wünscht. Der Abgelehnte ist weder verpflichtet noch grundsätzlich überhaupt berechtigt, Beiakten von sich aus beizuziehen und mit vorzulegen. Das entscheidende Gericht darf sie dem Ablehnenden nicht ohne die Genehmigung aller von ihnen Betroffenen zur Einsicht geben. 8

Die dienstliche Äußerung gehört zum engeren Bereich der richterlichen Entscheidungstätigkeit, § 26 I DRiG, SchlAnh I A. Sie ist daher der *Dienstaufsicht* nur in engen Grenzen unterworfen, keineswegs also unbeschränkt, BGH DRiZ **86**, 424, Kasten/Rapsch JR **85**, 314. Man darf sie keineswegs stets der Darstellung des Ablehnenden unterordnen, aM Köln MDR **96**, 1181 (zustm Schneider. Aber dadurch würde zur angeblichen bisherigen Einseitigkeit des Abgelehnten eine zumindest indirekte Einseitigkeit des entscheidenden Gerichts hinzutreten können). Ebensowenig darf die Darstellung des Abgelehnten stets den Vorrang erhalten. Das entscheidende Gericht muß sie vielmehr frei nach § 286 beurteilen.

7) Einlassung oder Antragstellung, IV. Der Ablehnungsgrund mag erst nach dem Zeitpunkt einer Einlassung oder Antragstellung nach § 43 entstanden sein, sei es auch zB erst im Tatbestandsberichtigungsverfahren nach § 320, Ffm MDR **79**, 940. Dann besteht natürlich insofern ein Ablehnungsrecht. Der Ablehnende muß glaubhaft machen, daß der Ablehnungsgrund entweder erst später entstanden oder ihm erst später bekannt geworden ist. Hier ist im Gegensatz zu II auch die eidesstattliche Versicherung zulässig, soweit es um den Zeitpunkt der Kenntnis vom späteren Ablehnungsgrund geht. Die Partei hat keine besondere Erkundigungspflicht. Sie muß das Ablehnungsgesuch aber vor der nächsten Einlassung oder Antragstellung nach § 137 Rn 7 seit dem Entstehen oder der Kenntnis des Ablehnungsgrunds stellen, spätestens bis zum Schluß der mündlichen Verhandlung, §§ 136 IV, 296 a, Ffm OLGZ **79**, 452. Sie darf zur Sache nur unter einem Vorbehalt weiterverhandeln. Andernfalls gilt wieder § 43. 9

Wenn man eine Ablehnung aus einer *Kette kleinerer Verstöße* ableitet, deren letztes Glied erst das Maß voll macht, darf man auch zusätzlich auf die früheren schon seit damals bekannten Vorfälle zurückgreifen, BPatG GRUR **85**, 434. Der Partei stehen der gesetzliche Vertreter nach § 51 II wie der ProzBev gleich, § 85 II. IV gilt nicht, wenn der Richter wegen eines Ausschließungsgrundes abgelehnt wird, § 42 Rn 9. Denn das

Gericht muß eine Ausschließung in jeder Verfahrenslage von Amts wegen prüfen, Grdz 39 vor § 128. § 295 ist unanwendbar.

45 *Entscheidung über das Ablehnungsgesuch.* **I Über das Ablehnungsgesuch entscheidet das Gericht, dem der Abgelehnte angehört, ohne dessen Mitwirkung.**

II 1 Wird ein Richter beim Amtsgericht abgelehnt, so entscheidet ein anderer Richter des Amtsgerichts über das Gesuch. 2 Einer Entscheidung bedarf es nicht, wenn der abgelehnte Richter das Ablehnungsgesuch für begründet hält.

III Wird das zur Entscheidung berufene Gericht durch Ausscheiden des abgelehnten Mitglieds beschlussunfähig, so entscheidet das im Rechtszug zunächst höhere Gericht.

Gliederung

1 **1) Systematik, I–III.** Vgl zunächst Üb 1 vor § 41. § 42 nennt die Ablehnungsgründe. Zu ihnen zählen auch die Ausschließungsgründe des § 41. §§ 44, 46 I regeln das Verfahren, ergänzt durch §§ 43, 45 II 2, 47. § 45 I, II 1 abschließend, BGH NJW **06**, 2492. III behandelt den Vorgang der Entscheidung, ergänzt durch § 329. Daran schließt sich das in § 46 geregelte Rechtsmittelverfahren an. § 48 regelt den Sonderfall der Selbstablehnung vom Eintreten des entsprechenden Grundes an bis zur Entscheidung.

2 **2) Regelungszweck, I–III.** Vgl zunächst Üb 2 vor § 41. § 45 dient in allen Teilen der Prozeßwirtschaftlichkeit nach Grdz 14 vor § 128, vor allem in II. Die Vorschrift hat das Leitbild eines trotz etwaiger Ablehnbarkeit doch ehrbaren, im übrigen vertrauenswürdigen Richters vor Augen. Das kann auch gar nicht anders sein. Das gilt schon wegen des Grundgedankens eines gesetzlichen Richters nach Art 101 I 2 GG im Interesse der Rechtsstaatlichkeit, Einl III 15, eher aM BverfG NJW **07**, 3772 (dort LS Z 4) und FamRZ **07**, 1954. Dieses Vertrauen trotz einer etwaigen Ablehnbarkeit sollte auch bei der Auslegung seinen Ausdruck finden. Es liegt bis zur die Ablehnung bejahenden Entscheidung keine „Verurteilung“ und selbst dann keine Bestrafung und nicht einmal stets ein Schuldspruch vor. Auch in den Gründen eines Ablehnungsbeschlusses dient die Justiz der Sache durch ihre Zurückhaltung. Vgl auch Rn 12.

Zweischneidig kann es allerdings sein, als „anderen“ Richter nach II 1 im Geschäftsverteilungsplan den Ersten oder Zweiten Vertreter des Abgelehnten zu bestimmen oder mangels einer solchen Bestimmung den Vertreter auch nach dieser Vorschrift für zuständig halten zu müssen. Einerseits ist eine solche Lösung einfach. Auch mag der Vertreter mit der Sache nichts zu tun gehabt haben und sich jedenfalls im Sachgebiet auskennen. Andererseits muß er nun über den Abgelehnten zu Gericht sitzen. Ob das nicht besser durch einen nicht als Vertreter häufiger zur besonderen Kollegialität Aufgerufenen geschehen könnte, darüber kann man recht unterschiedlicher Meinung sein. Auch zum derzeit nicht als Vertreter tätigen Kollegen besteht ja evtl ein solches Verhältnis, daß man eine gewisse Befangenheit des nur nach II 1 zur Tätigkeit Verpflichteten nicht ausschließen kann. Grundsätzlich dürfte aber eine nicht durch eine Zuordnung als Vertreter verringerte kleine Distanz sehr wünschenswert sein, wenn schon zunächst ein direkter Kollege entscheiden muß.

3 **3) Geltungsbereich, I–III.** Vgl Üb 3 ff vor § 41.

4 **4) Ablehnung eines Richters beim Kollegialgericht, I.** Man muß wie folgt unterscheiden.

A. Zuständigkeit des Gerichts des Abgelehnten. Hierher gehört die Ablehnung eines Richters beim LG, OLG, BGH. Über das Ablehnungsgesuch entscheidet grundsätzlich das Kollegium des Abgelehnten ohne ihn, dafür mit seinem geschäftsplanmäßigen Vertreter, BGH FamRZ **07**, 635, KG MDR **06**, 1009. Über die Ablehnung eines Einzelrichters entscheidet sein Kollegium ohne ihn, Rn 5, Düss JMBl NRW **78**, 68, Karlsr MDR **07**, 854, Oldb (14. ZK) RR **05**, 1660, aM Naumb MDR **05**, 1245, Oldb (15. ZK) RR **05**, 931, Vossler MDR **06**, 305 (je: nur der Vertreter des Abgelehnten. Aber auch der Einzelrichter „gehört“ zumindest im weiteren Sinn zu seinem Kollegium). Dasselbe gilt bei der Ablehnung des Vorsitzenden der Kammer für Handelssachen, BayObLG MDR **80**, 237. Allerdings kann der Geschäftsverteilungsplan einen anderen Spruchkörper desselben „Gerichts“ nach Hs 1 betrauen, Bbg FamRZ **07**, 1257. Das muß wiederum das Kollegium sein. Das ist nämlich dann der „Spruchkörper“. Das überliest KG NJW **04**, 2104.

5 **B. Grundsatz: Ohne Mitwirkung des Abgelehnten.** Der Abgelehnte wirkt in der Sache vom Eingang des Ablehnungsgesuchs an bis zur Entscheidung über die Ablehnung grundsätzlich nicht mehr mit, I, § 47 *I*, BGH FamRZ **07**, 552 links, KG MDR **06**, 1009, Schneider NJW **08**, 2760. Er kann also bei einer Ablehnung mehrerer Richter auch nicht über die Ablehnungsgesuche gegenüber den anderen Kollegen entscheiden. Sein geschäftsplanmäßiger Vertreter tritt im Ablehnungsverfahren an seine Stelle. Das Gericht entscheidet also in der Besetzung ohne den Abgelehnten, Rn 4, zB einschließlich der Handelsrichter, § 21 e GVG Rn 3, BayObLG **80**, 364. Das darf man auch nicht durch die Terminsgestaltung unterlaufen, BVerfG NZA **07**, 607. Bei einem Rechtsmißbrauch gilt § 42 Rn 7.

C. Ausnahme: Mitwirkung. Ein Abgelehnter darf und muß unabhängig von § 47 II doch über die Frage gerade der Befangenheit (anders als über die etwa unaufschiebbaren Sachfragen) kraft Gewohnheitsrechts ausnahmsweise selbst über ein unzulässiges Ablehnungsgesuch entscheiden, wenn er das Gesuch als rechtsmißbräuchlich ansieht, § 42 Rn 7, BVerfG NJW **07**, 3772 und FamRZ **07**, 1954 (rät zur Zurückhaltung), BGH NJW **92**, 984, Brdb FamRZ **02**, 1042. Dann darf das höhere Gericht erst auf Grund einer sofortigen Beschwerde tätig werden, § 42 Rn 7, § 46 Rn 9. Daran ändern auch die Worte „ohne dessen Mitwirkung" nichts. Denn sie haben nicht den Fall des Rechtsmißbrauch im Sinn. Mangels Willkür des Gerichts liegt dann auch kein Verstoß gegen das Gebot des gesetzlichen Richters vor, HessStGH RR **02**, 501. 6

D. Selbstablehnung. Im Fall einer Selbstablehnung ist § 48 anwendbar. 7

5) Ablehnung eines Richters beim Amtsgericht, II, dazu *Schneider* MDR **01**, 1399 (krit): Die Vorschrift weicht von I ab. Sie gilt auch im WEG-Verfahren und entsprechend im FamFG-Verfahren, § 6 I FamFG. 8

A. Prüfungspflicht des Abgelehnten. Wenn eine Partei einen Amtsrichter ablehnt, auch zB als einen Familienrichter oder als einen verordneten Richter nach §§ 361, 362, darf und muß er wegen II 2 zunächst selbst im Rahmen eines pflichtgemäßen Ermessens prüfen, ob er das Ablehnungsgesuch für zulässig und begründet hält. In diesem Rahmen darf und muß er das Gesuch mit dem Antragsteller und/oder mit der Gegenpartei des Antragstellers erörtern. Er darf und muß sogar Ermittlungen usw anstellen, Grdz 38 vor § 128, soweit solche Handlungen nach § 47 keinen Aufschub gestatten oder soweit sie zu seiner Entscheidungsbildung über die Zulässigkeit und Begründetheit des Antrags unvermeidbar sind. Bei solchen Handlungen sollte sich der abgelehnte Richter besonders zurückhalten, BVerfG NJW **07**, 3772 und FamRZ **07**, 1954 (zur Ablehnung eines OLG-Senats). Er sollte aber besonders zügig und jedenfalls unverzüglich vorgehen, vgl § 121 I 1 BGB. Bis zu seiner Meinungsbildung darüber, ob das Gesuch zulässig und begründet ist, bleibt er in jeder Beziehung zuständig. Seine Handlungen sind wirksam, auch beim Verstoß gegen § 47.

B. Unzulässigkeit des Gesuchs. Soweit eine Entscheidung des abgelehnten Richters nicht mehr in Betracht kommt, fehlt das Rechtsschutzbedürfnis, Grdz 33 vor § 253, BayObLG MDR **00**, 52, Zweibr FamRZ **00**, 1287. Wenn der Amtsrichter zB auch als Familienrichter das Ablehnungsgesuch nach den Grundsätzen Rn 7, § 42 Rn 4 wegen Rechtsmißbrauchs für unzulässig hält, darf und muß er selbst das Gesuch kraft Gewohnheitsrechts zurückweisen, § 6 I FamFG, (zum alten Recht) Pentz NJW **99**, 2000. 9

C. Unbegründetheit des Gesuchs. Wenn der Amtsrichter das Ablehnungsgesuch für zulässig, aber für unbegründet hält, auch als Familienrichter, darf er nur noch solche Handlungen vornehmen, die derzeit keinen Aufschub gestatten, § 47. Im übrigen muß der Amtsrichter die Akten unverzüglich „einem anderen Richter" seines AG nach II 1 vorlegen, auch als Familienrichter. 10

Die vorstehende Regel gilt auch dann, wenn sich der Richter in der Sache selbst für unzuständig hält, solange er das Verfahren nicht wirksam abgegeben oder verwiesen hat. Denn es kommt darauf an, wer entscheiden *würde,* nicht darauf, wer entscheiden *müßte.* Über ein Ablehnungsgesuch gegenüber einem ersuchten Amtsrichter nach § 362, auch als Familienrichter, entscheidet ebenfalls ein anderer Richter seines FamG (AG).

Anderer Richter ist der im Geschäftsverteilungsplan etwa für den Abgelehnten speziell nach II 1 bestimmte Kollege. Mangels einer solchen Spezialregelung für eine oder mehrere Abteilungen oder Dezernate wird der nach dem Geschäftsverteilungsplan allgemeine Vertreter zuständig. Zu dieser Problematik Rn 2. Eine Einzelfall-Zuständigkeitsregelung wäre mit Art 101 I 2 GG unvereinbar. Notfalls ist III auch bei II 1 anwendbar.

D. Zulässigkeit und Begründetheit: Verfahren des Abgelehnten. Wenn der Amtsrichter, auch als Familienrichter, im Verfahren nach Rn 4–8 zu dem Ergebnis kommt, das Ablehnungsgesuch sei zulässig und begründet, muß er in der Hauptakte einen entsprechenden kurzen Aktenvermerk machen. Er braucht seine Ansicht nicht näher zu begründen. Wenn das Ablehnungsgesuch allerdings nur für ihn voll verständlich ist, nicht für einen Dritten, ist eine jedenfalls stichwortartige Begründung der Ansicht des Amtsrichters ratsam und zur Vermeidung unliebsamer Vorwürfe auch je nach der Sachlage notwendig, Ffm FamRZ **98**, 378. Der abgelehnte Amtsrichter scheidet, auch als Familienrichter, mit diesem Aktenvermerk aus der Zuständigkeit aus. Die Geschäftsstelle muß die Akte dem nach Rn 10 geschäftsplanmäßigen Vertreter vorlegen, nicht etwa dem jeweils vorgeordneten LG oder OLG. 11

E. Zulässigkeit und Begründetheit: Verfahren des Vertreters. Den nach Rn 10 geschäftsplanmäßigen Vertreter bindet die Ansicht des Ausgeschiedenen keineswegs. Er tritt an die Stelle des Ausgeschiedenen. Wenn sich weder aus dem Ablehnungsgesuch noch aus dem Aktenvermerk des Ausgeschiedenen irgendeine auch nur halbwegs erkennbare sachliche Begründetheit des Gesuchs ergibt, darf der Vertreter den Ausgeschiedenen um eine ergänzende Stellungnahme ersuchen. Denn auch der Vertreter muß in jeder Lage des Verfahrens prüfen, ob er überhaupt tätig werden darf, Ffm FamRZ **89**, 519. Notfalls muß der Vertreter nach § 36 I Z 1 eine Bestimmung des nunmehr zuständigen Amtsrichters herbeiführen, auch eine solche des Familienrichters, Ffm FamRZ **89**, 519 (wendete zu II 1 aF den § 36 I Z 6 an). 12

Das darf natürlich nicht dazu führen, daß der Vertreter eine nach seiner Meinung nicht überzeugende Haltung des Abgelehnten zum Vorwand nimmt, die *lästige Mehrarbeit* auf diesen *zurückübertragen* zu lassen, wie es in der Praxis tatsächlich vorkommt. Das Gesetz hat es in II 2 dem Abgelehnten und nicht dessen Vertreter und schon gar nicht dem höheren Gericht anvertraut, ob er sich einem Ablehnungsgesuch anschließt, und verlangt von ihm gerade nicht eine förmliche Entscheidung mit Gründen. Man kann Artt 2 I, 20 III GG (Rpfl), BVerfG **101**, 404, Art 103 I GG (Richter) auch aus Bequemlichkeit überstrapazieren. Auch solche Art Rechtsmißbrauch, diesmal durch Richter, ist verboten, Einl III 54 (Rechtsbeugung!?).

6) Beschlußunfähigkeit, III. Das im Rechtszug zunächst höhere Gericht des § 119 I GVG darf erst und muß grundsätzlich dann über das Ablehnungsgesuch entscheiden, wenn das ganze untere Gericht durch das 13

Ablehnungsgesuch beschlußunfähig wird, Ffm MDR **89**, 168. Es darf keine Ergänzung durch einen zu diesem Zweck herangezogenen Hilfsrichter stattfinden. Wegen Rechtsmißbrauchs § 46 Rn 3, Brdb FamRZ **00**, 897, Brschw MDR **00**, 846, Ffm MDR **89**, 168. III gilt sowohl bei I als auch bei II. Das ergibt sich aus der selbständigen Stellung der Vorschrift in einem eigenen Absatz.

46 *Entscheidung und Rechtsmittel.* [I] **Die Entscheidung über das Ablehnungsgesuch ergeht durch Beschluss.**

[II] **Gegen den Beschluss, durch den das Gesuch für begründet erklärt wird, findet kein Rechtsmittel, gegen den Beschluss, durch den das Gesuch für unbegründet erklärt wird, findet sofortige Beschwerde statt.**

Gliederung

1 **1) Systematik, I, II.** I regelt das Verfahren jeder Instanz ab dem Eingang des Ablehnungsgesuchs oder der Selbstablehnungsanzeige nach § 48 bis zur Entscheidungsreife. Demgegenüber regelt § 45 I, II 1 die Entscheidung selbst. II nennt das Rechtsmittelsystem, ergänzt durch §§ 567 ff.

2 **2) Regelungszweck, I, II.** I dient der Prozeßförderung und Prozeßwirtschaftlichkeit, Grdz 12, 14 vor § 128. II dient der Gerechtigkeit nach Einl III 9, 36 in einer verfassungsrechtlich nicht zwingend notwendigen, auf diesem wichtigen und doch nicht alles überragenden Nebenschauplatz keineswegs von einem gewissen Luxus der Rechtsgewährung ganz freien Weise. Es gibt eine gewisse verborgene Befangenheit nach Üb 2 vor § 41. Vor ihr kann auch der um die größte Redlichkeit bemühte Richter einmal stehen. Gegen sie schützt kein Rechtsmittel, sondern eine vertrauensbemühte Haltung am wirksamsten.

3 **3) Geltungsbereich, I, II.** Vgl Üb 3 ff vor § 41. Wegen II s Rn 9.

4 **4) Verfahren, I.** Das Verfahren erfordert Behutsamkeit.

A. Amtsermittlung. Die Entscheidung über das Ablehnungsgesuch erfolgt auf Grund einer freigestellten mündlichen Verhandlung, § 128 IV, BFH DB **92**, 2122. Das Gericht muß den Sachverhalt von Amts wegen ermitteln, Grdz 38 vor § 128, Ffm OLGZ **80**, 110. Denn das Verfahren hat eine öffentliche Bedeutung. Das rechtliche Gehör ist zur dienstlichen Äußerung zumindest vor einer Zurückweisung des Ablehnungsgesuchs notwendig, soweit sie ihm gegenüber neue Gesichtspunkte enthält, § 44 Rn 7, 8. Das Gericht muß den Prozeßgegner des Ablehnenden in diesem Zwischenverfahren nur insoweit hören, als er auch gerade an den Ablehnungsumständen beteiligt ist, Schlesw SchlHA **89**, 131.

5 **B. Unterbleiben der Bearbeitung.** Das Gericht braucht kein solches Ablehnungsgesuch zu bearbeiten, das lediglich unflätige oder hemmungslose Beschimpfungen usw enthält, Einl III 62 ff, § 42 Rn 7, BFH RR **96**, 702. Freilich muß das Gericht selbst dann prüfen, ob hinter den Schimpfereien ein ernstzunehmender Antrag steckt, Walchshöfer MDR **75**, 12. Man kann zwischen einem böswilligen und deshalb unbeachtlichen Vortrag und einem solchen unterscheiden, der zwar objektiv unsachlich ist, den man aber dem Absender nicht vorwerfen kann und den man deswegen bescheiden muß, Stgt NJW **77**, 112.

Die *Grenze* zwischen den danach beachtlichen und unbeachtlichen Eingaben ist fließend. Auch sollte im Zweifel eine Entscheidung ergehen. Allerdings ist die ängstliche Bearbeitung auch einer offensichtlich von Unbeherrschtheit und Polemik und nicht von sachlichen Gründe getragenen Eingabe des Gerichts unwürdig und fördert nur einen Querulanten. Das Gericht sollte die Gründe der Nichtbearbeitung eines solchen Gesuchs in einem Aktenvermerk skizzieren. Bei einem solchen Rechtsmißbrauch ergeht keine gesonderte Entscheidung über das Ablehnungsgesuch. Infolgedessen ist auch kein gesondertes Rechtsmittel zulässig, BFH RR **96**, 701 (kurze Erwähnung im Urteil genügt).

6 **C. Entscheidung.** Soweit die Bearbeitung nicht nach Rn 5 unterbleibt und der Ablehnende sein Gesuch nicht zurückgenommen hat, BVerwG NJW **92**, 1186, muß das Gericht über das Ablehnungsgesuch abschließend entscheiden, BayObLG **86**, 367, KG MDR **88**, 237. Das gilt auch dann, wenn nach § 227 eine Vertagung im Prozeß stattfand und wenn das Prozeßgericht im neuen Termin ohne den Abgelehnten tätig wurde.

Die Entscheidung ergeht in der Form eines *Beschlusses,* I, § 329. Das Gericht weist das Gesuch als unzulässig oder unbegründet zurück oder gibt ihm statt, indem es die Befangenheit feststellt oder auch nur das Gesuch für begründet erklärt. Das Gericht muß seinen Beschluß grundsätzlich begründen, § 329 Rn 4, Brdb OLGR **00**, 23. Das gilt auch bei einer Stattgabe. Eine formelhafte Wiederholung des Gesetzestextes ist keine Begründung, Düss FamRZ **78**, 919. Nach einer mündlichen Verhandlung verkündet das Gericht seinen Beschluß nach § 329 I 1 oder übermittelt ihn schriftlich.

Im Verfahren *ohne* eine mündliche Verhandlung findet eine schriftliche Mitteilung statt. Soweit das Gericht dem Ablehnungsantrag stattgibt, teilt es die Entscheidung beiden Parteien formlos mit, II 1 in Verbindung mit § 329 II 1. Einen ablehnenden Beschluß stellt das Gericht dem Antragsteller wegen II 2 förmlich zu,

§ 329 III. Bei einer Selbstablehnung ist § 48 anwendbar. Die Entscheidung wirkt nur für das in ihr bezeichnete einzelne Verfahren, BayObLG Rpfleger **80**, 194.

D. Gebühren. Des Gerichts: Keine; des Anwalts: § 19 I 2 Z 14 RVG. Wegen der Kostenerstattung § 91 Rn 70. Streitwert: Anh § 3 Rn 3. Vgl auch Rn 18. 7

5) Rechtsbehelfe gegen Stattgabe, II Hs 1. Es gibt grundsätzlich keinen Rechtsbehelf, BGH VersR **95**, 317 (auch keine Überprüfung durch das Revisionsgericht). Das gilt auch im FamFG. Denn § 6 II FamFG schließt II 1 nicht ausdrücklich aus. Wenn das Gericht jedoch das rechtliche Gehör verletzt hat, Art 103 I GG, kann die sofortige Beschwerde statthaft sein, Rn 5, Ffm RR **95**, 831, Stgt RR **03**, 494. Gegen eine Entscheidung des OLG oder des LG als Beschwerdegericht kommt nur eine Rechtsbeschwerde unter den Voraussetzungen des § 574 in Betracht, Karlsr MDR **03**, 651, Köln OLGR **03**, 140, Stgt RR **03**, 494. Ferner kommt nur in den engen Grenzen Grdz 6 vor § 567 eine Gegenvorstellung in Betracht, BGH VersR **95**, 317, KG MDR **00**, 169. Schwarze ZZP **117**, 260 stellt darauf ab, ob die Partei eine Rüge nach § 43 schuldlos versäumt hat. 8

6) Bei Zurückweisung: Sofortige Beschwerde, II Hs 2. Die Regelung ist kompliziert. 9

A. Zulässigkeit. Die sofortige Beschwerde ist nach § 567 I Z 1 zulässig, BayObLG FGPrax **04**, 95, Zweibr FamRZ **08**, 792. Das gilt, soweit das Gericht ein Ablehnungsgesuch als unzulässig verworfen hat, BayObLG WoM **93**, 212 (der Abgelehnte hat wegen eines Rechtsmißbrauchs des Ablehnenden selbst entschieden), Bre MDR **98**, 1242, Pentz NJW **99**, 2003, aM Köln MDR **79**, 850, Schneider MDR **99**, 18 (aber das unterläuft gerade die Möglichkeit § 42 Rn 7). Die sofortige Beschwerde ist ferner grundsätzlich (Ausnahme s unten) zulässig, soweit der abgelehnte Richter das Ablehnungsgesuch wegen eines Rechtsmißbrauchs selbst zurückgewiesen hatte, Einl III 54, § 45 Rn 9, Bre MDR **98**, 1242. Das alles gilt auch nach § 6 I FamFG wie bei Rn 8.

Die sofortige Beschwerde ist ferner zulässig, soweit das Gericht ein Ablehnungsgesuch als *unbegründet* zurückgewiesen hat, BGH FamRZ **04**, 618 links. Das ergibt sich in einer FamFG-Sache aus § 6 II FamFG. Gegen die Zurückweisung durch das Berufungsgericht ist keine sofortige Beschwerde an das OLG (mehr) zulässig, BGH BB **05**, 240, Düss MDR **04**, 412, Köln NJW **04**, 3642, sondern allenfalls eine Rechtsbeschwerde nach § 574, BGH FamRZ **05**, 261 (nur bei ihrer Zulassung nach § 574 Z 2), Köln NJW **04**, 3642. Das gilt auch bei einer erstmaligen Befangenheitsentscheidung des Berufungsgerichts, Düss MDR **04**, 412. Gegen die Zurückweisung durch das FG ist keine Gegenvorstellung zulässig, FG Kassel NVwZ **03**, 792.

In einer *FamFG-Sache* entscheidet der Familiensenat, nicht der Zivilsenat, BGH FamRZ **86**, 1197, Bergerfurth FamRZ **87**, 28.

Im *Arbeitsgerichtsverfahren* muß man trotz der grundsätzlichen Unanfechtbarkeit auch des zurückweisenden Beschlusses nach § 49 III ArbGG mit Rücksicht auf Art 101 I 2 GG eine Überprüfung zumindest dann zulassen, wenn das untere Gericht das Ablehnungsgesuch unter der Mitwirkung des Abgelehnten als rechtsmißbräuchlich zurückgewiesen hatte, LAG Köln BB **92**, 2084, aM LAG Düss MDR **02**, 476. Freilich ist keine weitere Beschwerde statthaft, Rn 13. § 86 I PatG verweist nicht mit auf § 46 II ZPO, BGH **95**, 306. In einer Patentsache ist II gegenüber einer ablehnenden Entscheidung des BPatG schon deshalb unanwendbar, weil § 86 I PatG nicht auf II mitverweist, BGH **110**, 26. In einer FamFG-Sache gilt § 6 FamFG. 10

B. Anwaltszwang. Ein Anwaltszwang nach § 78 Rn 1 besteht in der Regel nur für den Antragsteller, Zweibr FamRZ **08**, 792. Das gilt freilich mit der Einschränkung (jetzt) der §§ 569 III, 78 III Hs 2, KG MDR **83**, 60, Köln MDR **96**, 1182. Ein Anwaltszwang besteht, wenn überhaupt, auch für die Gegenpartei, soweit sie sich den Ablehnungsgrund zu eigen macht und soweit sie ein eigenes Ablehnungsrecht nicht verloren hat. Denn es wäre sinnlos, die Gegenpartei auf ein neues Ablehnungsgesuch zu verweisen. Das gilt auch dann, wenn der Abgelehnte selbst entschieden hat. 11

Soweit allerdings ein Ablehnungsgesuch im *Prozeßkostenhilfeverfahren* erfolgt war, besteht kein Anwaltszwang, Brdb MDR **00**, 105.

C. Weitere Einzelfragen. Ein neuer Ablehnungsgrund ist im Beschwerdeverfahren im Rahmen von § 571 II beachtlich. Das Rechtsmittel hat trotz § 570 I doch bei § 47 eine aufschiebende Wirkung, so schon Günther MDR **89**, 691. Das gilt aber nicht beim Rechtsmißbrauch, Einl III 54, § 42 Rn 7, Engel Rpfleger **81**, 85. Schon deshalb muß das Rechtsmittelgericht in der Begründung einen Rechtsmißbrauch als solchen bezeichnen, Engel Rpfleger **81**, 84. Das Rechtsmittelgericht muß den Betroffenen vor einer ihm nachteiligen Entscheidung anhören, Art 103 I GG, Rn 1, BVerfG **34**, 346, Ffm MDR **79**, 940, VGH Kassel NJW **83**, 901. Durch diese Anhörung heilt der Mangel einer erstinstanzlichen Anhörung, KblZ OLGZ **77**, 111, VGH Kassel NJW **83**, 901. Der Rechtsmittelzug bleibt unverändert, wenn der Amtsrichter, auch als Familienrichter nach § 6 I FamFG, das Ablehnungsgesuch als unzulässig zurückgewiesen hat, KG (17. FamS) FamRZ **85**, 730, aM KG (11. ZS) MDR **83**, 60 (aber es darf keine Verkürzung des Rechtszugs eintreten). Eine rechtskräftige Entscheidung über das Ablehnungsgesuch bindet die Beteiligten in diesem Verfahren. 12

Eine *weitere Beschwerde* ist grundsätzlich unzulässig, (zum alten Recht) BayObLG FGPrax **04**, 95. Vielmehr kommt unter den Voraussetzungen des § 574 eine Rechtsbeschwerde in Betracht, BayObLG WoM **03**, 536, Karlsr WoM **03**, 536 (beide meinen in Wahrheit diese Rechtsbeschwerde). Eine zurückweisende Entscheidung des OLG ist in der Revisionsinstanz wegen (jetzt) § 537 II nicht nachprüfbar, BGH **85**, 148. Wegen des FGG-Verfahrens BGH FamRZ **04**, 618 links. 13

D. Gegenstandslosigkeit. Sie tritt ein, wenn der Abgelehnte ohne eine Sachentscheidung aus dem Prozeß ausgeschieden ist, BayObLG **02**, 101, Karlsr OLGR **02**, 286. Soweit im übrigen der abgelehnte Richter eine die Instanz beendende Entscheidung gefällt hat, vor allem ein streitmäßiges Endurteil, wird die sofortige Beschwerde vorbehaltlich der Rechtsmittel gegen das Urteil gegenstandslos, BGH FamRZ **07**, 275 links (ungenau zitierend) und 1734 (kein Rechtsschutzbedürfnis mehr), BFH RR **96**, 57, Zweibr FamRZ **08**, 792, aM BayObLG WoM **94**, 410, Kblz RR **92**, 1464, ZöV 18 a (aber was soll dann eigentlich noch insoweit geschehen, Üb 19 vor § 300?). 14

15 Das Gericht muß ein trotzdem aufrechterhaltenes Gesuch mangels eines Fortbestands des Rechtsschutzbedürfnisses als unzulässig *verwerfen,* Grdz 33 vor § 253 KG FamRZ **86**, 1024. Dasselbe gilt, wenn der abgelehnte Richter zwar inzwischen aus dem Spruchkörper ausgeschieden ist, aber eine selbständig anfechtbare, noch nicht rechtskräftige Zwischenentscheidung erlassen hatte, aM BayObLG **94**, 1269, Karlsr ZMR **02**, 778 (Erledigung der Hauptsache. Aber das Fehlen eines Rechtsschutzbedürfnisses geht bei der Prüfung systematisch vor). Der abgelehnte Richter sollte außer bei einer offensichtlichen Verschleppung keineswegs noch ein solches streitmäßiges Endurteil fällen. Die Mitwirkung des abgelehnten Richters an einem solchen Urteil begründet weder eine Revision noch eine Nichtigkeitsklage. Denn die Ablehnung war nicht zur Zeit der Entscheidung „für begründet erklärt worden", § 47 Rn 10.

16 Dagegen ist die sofortige Beschwerde nicht gegenstandslos, soweit der abgelehnte Richter über denjenigen Rechtsbehelf entschieden hat, der zu einer *Fortsetzung* des Verfahrens vor demselben Richter führen kann, wie der Einspruch oder ein Verfahren nach § 321 a, oder soweit der abgelehnte Richter im Urkundenprozeß ein Vorbehaltsurteil erlassen hat, Ffm NJW **86**, 1000, oder soweit er zB in einer anderen als der schon entschiedenen Folgesache tätig werden kann, KG FamRZ **86**, 1023. Zu Einzelfragen Günther MDR **89**, 693.

17 **7) Verfassungsbeschwerde, I, II.** Sie ist statthaft, soweit die letztinstanzliche Entscheidung auf einer willkürlichen Erwägung beruht, BVerfG NJW **95**, 2914, VerfGH Mü NJW **82**, 1746, oder soweit sie eine Bindung für das weitere Verfahren auslöst, über eine wesentliche Rechtsfrage entscheidet und sich nicht mehr nachprüfen läßt, BVerfG RR **07**, 410.

18 **8) Kosten, I, II.** Bei einer Erfolglosigkeit ist § 97 I anwendbar aM Ffm RR **92**, 510, Zweibr FamRZ **93**, 577, OVG Bautzen MDR **92**, 1006 (aber § 97 I gilt allgemein). Wegen der Kostenfolgen in einer WEG-Sache Karlsr ZMR **02**, 778. Bei einem Erfolg nach § 97 Rn 42 sind die Kosten solche des Prozesses, Ffm RR **86**, 740, Mü MDR **94**, 627, VGH Kassel NJW **83**, 902. Vgl auch Rn 7.

Gebühren: Des Gerichts: KV 1811 (Beschwerdeinstanz); des Anwalts: § 19 I 2 Z 14 RVG, VV 3500. Wegen der Kostenerstattung § 91 Rn 70. Streitwert: § 3 Anh Rn 3.

47 *Unaufschiebbare Amtshandlungen.* **I Ein abgelehnter Richter hat vor Erledigung des Ablehnungsgesuchs nur solche Handlungen vorzunehmen, die keinen Aufschub gestatten.**

II 1 Wird ein Richter während der Verhandlung abgelehnt und würde die Entscheidung über die Ablehnung eine Vertagung der Verhandlung erfordern, so kann der Termin unter Mitwirkung des abgelehnten Richters fortgesetzt werden. 2 Wird die Ablehnung für begründet erklärt, so ist der nach Anbringung des Ablehnungsgesuchs liegende Teil der Verhandlung zu wiederholen.

Gliederung

1 **1) Systematik, I, II.** Die Vorschrift nennt zwei praktisch unentbehrliche Ausnahmen von dem Grundsatz, daß der für ablehnbar Erachtete vor der Erledigung dieses Zwischenstreits nicht tätig werden darf, wie es in § 47 ebenfalls zum Ausdruck kommt. Schneider AnwBl **03**, 548 hält II für einen Verstoß gegen Art 101 I 2 GG.

2 **2) Regelungszweck, I, II.** Die Vorschrift dient der Gerechtigkeit nach Einl III 9, 36 wie auch der richtig verstandenen Prozeßwirtschaftlichkeit, Grdz 14 vor § 128, Vossler MDR **06**, 1383. Sie dient auch dem rechtlichen Gehör, Art 103 I GG. Die Auslegung darf weder dazu führen, den einfach ungerührt Weiteramtierenden übermäßig zu schützen, noch dazu, den im Interesse der drängenden Sache mutig das Nötigste regelnden Richter nun auch noch in schwerste strafrechtliche Gefahr zu bringen (§ 336 StGB?). Man sollte ein würdeloses Hin und Her vermeiden.

3 **3) Geltungsbereich, I, II.** Vgl Üb 3 ff vor § 41. Die Vorschrift gilt nicht bei einem Rechtsmißbrauch, Einl III 54, § 42 Rn 7. II erfaßt nur unaufschliebbare Handlungen zur Sache, nicht aber die allein in § 45 geregelte spezielle Ablehnungsfrage.

4 **4) Vor Erledigung des Gesuchs, I, II.** Grundsätzlich erst nach der Erledigung des Ablehnungsgesuchs nimmt der Prozeß seinen gewöhnlichen Fortgang, VerfGH Mü BayVBl **00**, 508. Erst jetzt muß man zB die Folgen eines Nichtverhandelns tragen, BGH RR **86**, 1254. Eine Notfrist bleibt bestehen, BAG BB **00**, 1948. II 1 schränkt den Grundsatz des I nur vorübergehend ein. § 47 betrifft den Zeitraum vom Eingang des Ablehnungsgesuchs an, Ffm NJW **98**, 1238 (Kenntnis ist unerheblich), bis zur Erledigung des Gesuchs. Darunter muß man die rechtskräftige Beendigung des Ablehnungsverfahrens verstehen, BFH BB **75**, 259, Brdb RR **00**, 1092, Köln RR **00**, 592, aM Ffm MDR **92**, 409, OVG Bln MDR **97**, 97, OVG Münst NJW **90**, 1749 (aber das wäre schon wegen Art 101 I 2 GG problematisch und auch höchst unpraktisch, weil zum Hin und Her führend, Rn 2). Auch eine Zurückweisung nach § 46 II Hs 2 durch das OLG wirkt erledigend, BGH BB **05**, 240.

Ein *ausgeschlossener* Richter darf im vorliegenden Verfahren ohnehin keine Amtshandlung mehr vornehmen, BayObLG Rpfleger **80**, 194 (nur in diesem). Er darf insbesondere nichts zur Beeinflussung der Entscheidung über sein Ablehnungsgesuch tun, soweit es nicht um die dienstliche Äußerung nach § 44 III geht.

5) Begriff der Unaufschiebbarkeit, I, II. Ein abgelehnter Richter darf über die nach I geltenden Möglichkeiten nach II hinaus in *dieser* Sache zumindest stets solche Handlungen vornehmen, die keinen Aufschub dulden. Derjenige Amtsrichter auch als Familienrichter, der das Gesuch für begründet hält, steht an sich einem ausgeschlossenen Richter gleich, § 45 II 2. Er kann aber unter Umständen ebenfalls noch unaufschiebbare Handlungen vornehmen. Er darf und muß in einem Parallelverfahren usw bis zum dortigen Ablehnungsgesuch wie sonst tätig sein, BayObLG Rpfleger **80**, 193. „Keinen Aufschub gestatten" solche Handlungen, die einer Partei wesentliche Nachteile ersparen, BPatG GRUR **85**, 373, Weber Rpfleger **83**, 491, oder die zur Vermeidung einer Gefahr im Verzug erfolgen, Rn 7. Man sollte nicht zu streng mit dem tätig gebliebenen Richter sein, Vossler MDR **06**, 1385. 5

6) Beispiele zur Frage der Unaufschiebbarkeit, I, II 6

Aktenbehandlung: Unaufschiebbar sind grds alle Maßnahmen zur Weiter- oder Zurückleitung etwa irrig erneut vorgelegter oder sonstwie noch beim abgelehnten Richter befindlicher Akten einschließlich der zum Verständnis erforderlichen Vermerke oder Anordnungen an die Geschäftsstelle.

Arrest, einstweilige Verfügung: Unaufschiebbar ist grds jede Maßnahme in einem dieser Eilverfahren, LG Konst Rpfleger **83**, 491, auch durch ein Urteil bei einer Entscheidungsreife nach § 300 Rn 6. Freilich mag zB nach einer fristsetzenden Verfügung etwa bei einer Gelegenheit zur gegnerischen Stellungnahme sogleich anschließend an die Verfügung das Verfahren nach §§ 42 ff den Vorrang haben.

Beweis: Rn 7 „Gefahr im Verzug", Rn 8 „Selbständiges Beweisverfahren".

Dienstliche Äußerung: Die Äußerung nach § 44 III ist natürlich schon wegen ihrer dort bestimmten Notwendigkeit zugleich nach § 47 zulässig, auch wenn das höhere Gericht zB ihre Ergänzung erst nach Wochen oder Monaten erbittet.

Einstweilige Anordnung: Es gelten dieselben Regeln wie bei „Arrest, einstweilige Verfügung".

Endurteil: Unaufschiebbar kann ausnahmsweise sogar ein Endurteil sein, falls der Prozeßgegner es dringend benötigt, aM BGH Rpfleger **07**, 619 (aber die Unaufschiebbarkeit erfaßt dann jede „Handlung" des Gerichts). Rechtsfolgen: § 46 Rn 14. Das alles gilt unabhängig davon, ob und wie das Endurteil anfechtbar ist.

Entlassung: Unaufschiebbar ist die Entlassung eines Geladenen einschließlich der notwendigen Anweisungen zu seiner Entschädigung und zu seinen weiteren Obliegenheiten usw.

Fristsetzung: Rn 8 „Stellungnahme".

Gefahr im Verzug: Unaufschiebbar ist jede Maßnahme bei einer Gefahr im Verzug, BPatG GRUR **85**, 7
373, Celle RR **89**, 569, LG Konst Rpfleger **83**, 491.

Insolvenz: Unaufschiebbar sind grds alle ihrer Natur nach besonders eilbedürftigen Maßnahmen, auch eine im Interesse der Gläubiger möglichst bald durchführbare und bereits anberaumbare oder sogar noch anzuberaumbare Schlußverteilung, BVerfG KTS **88**, 311.

Protokoll: Unaufschiebbar und ja auch grds dringend notwendig ist die Anfertigung, Fertigstellung oder Berichtigung des Protokolls. Das gilt, zumal das höhere Gericht es ja meist ohnehin wegen seiner Abwesenheit während der erstinstanzlichen Verhandlung nicht selbst ändern darf.

Rechtsmißbrauch: Einl III 54, § 42 Rn 7 ff.

Rechtsmittelanfrage: Sie ist zur Klärung der Frage erforderlich, ob das Ablehnungsgesuch nach § 47 erledigt ist. Das gilt zB dann, wenn rechtsirrig oder -mißbräuchlich etwa das höhere Gericht eine gesetzlich gar nicht vorgesehene Entscheidung getroffen hat, zB nach einer wirksamen Anschließung des Amtsrichters nach § 45 II 2, auch vorsorglich.

Sie ist aber *grds nicht* unaufschiebbar. Denn sie ist Aufgabe des Vertreters des Abgelehnten, falls die Geschäftsstelle sie nicht von sich aus vornimmt. Die Dienstaufsicht darf und muß seine Weigerung und Untätigkeit rügen. Die Partei kann das anregen.

Selbständiges Beweisverfahren: Unaufschiebbar ist grds jede Maßnahme in diesem Verfahren, §§ 485 ff. 8
Freilich mag zB nach einer fristsetzenden Verfügung etwa bei einer Gelegenheit zur Stellungnahme sogleich anschließend an die Verfügung das Verfahren nach §§ 42 ff den Vorrang haben.

Sitzungsgewalt: Unaufschiebbar ist grds jede Maßnahme zur Aufrechterhaltung der Ordnung usw, §§ 176 ff GVG. Andernfalls könnte jedermann durch irgendwelche Unverschämtheit jede Sitzung zu Fall bringen. Freilich mag zB eine Verhängung eines Ordnungsgelds wegen einer Ungebühr deshalb noch aufschiebbar sein, weil ein anderer Beteiligter ein Ablehnungsgesuch aus anderem Grund gestellt hat und man deshalb die Sitzung ohnehin abbrechen muß. Das ändert nichts an der etwaigen Unaufschiebbarkeit wegen einer nach einem Ablehnungsgesuch eingetretenen Ungebühr.

Sommersache: Rn 9 „Terminsaufhebung".

Stellungnahme: Unaufschiebbar ist diejenige fristsetzende Verfügung, durch die der Abgelehnte dem Prozeßgegner eine Gelegenheit zur Stellungnahme vor einer Entscheidung gibt, ob der Abgelehnte sich nach § 45 II 2 anschließt sowie welche dienstliche Äußerung er zu den Akten gibt.

Terminierung: Unaufschiebbar ist insbesondere in einer Sommersache nach § 227 III 2 grds die vorsorg- 9
liche Aufhebung oder Verlegung jedenfalls eines bereits so dicht bevorstehenden Termins, daß der abgelehnte oder sich selbst nach § 48 als auch nur evtl befangen fühlende Richter bei einer Einschätzung der voraussichtlichen Dauer bis zur Erledigung des Ablehnungsverfahrens und daher auch bis zur Rückkehr einer Rechtsmittelanfrage nicht mit der Klärung bis zum Termin rechnen kann. Vgl BPatG GRUR **85**, 373. Unaufschiebbar sein kann die Beendigung des Termin, II 1, Rn 9 „Versteigerungstermin". Eine Güteverhandlung ist zwar ein Termin, aber kein von II 1 klar erfaßter „Verhandlungstermin". Sie reicht daher nicht, § 278 Rn 5, aM Karlsr MDR **07**, 795.

Nicht unaufschiebbar ist trotz § 216 eine Terminsbestimmung, Hbg NJW **92**, 1463, Köln RR **86**, 428.

Urteil: Rn 6 „Endurteil".

Verfassungsbeschwerde: Sie ist kein Rechtsmittel. Daher bleibt sie ab der formellen Rechtskraft nach § 705 unbeachtlich. Es findet erst recht nicht ihretwegen eine Aussetzung statt, Hamm MDR **99**, 374.

Versteigerungstermin: Unaufschiebbar ist grds die (auch weitere) Durchführung eines Versteigerungstermins, *II 1*, Celle RR **89**, 569, LG Kiel Rpfleger **88**, 544, Meyer-Stolte Rpfleger **90**, 140, aM LG Konst Rpfleger **83**, 491 (aber es steht meist ein hoher Wert auf dem Spiel, und es geht um die Chance einer Befriedigung infolge der Bezahlung eines endgültigen Rechtserwerbs durch einen Ersteher. Das muß den Vorrang haben, Einl III 43).

Vertagung: II 1 erlaubt zur Vermeidung einer Vertagung nur dieses Termins nach § 227 I 1 Hs 2 die weitere Mitwirkung des erst während einer Verhandlung Abgelehnten. II 2 nennt die Folgen. Eine Wiederholung ist nur insoweit nötig, als sich eine Befangenheit auswirken konnte, Knauer/Wolf NJW **04**, 2860 (also nicht stets beim Vergleich).

Verweisung: Grundsätzlich ist sie *nicht* unaufschiebbar, Karlsr NJW **03**, 2174.

Zwangsvollstreckung: Unaufschiebbar ist meist ihre einstweilige Einstellung zB nach §§ 707, 719.

10 **7) Verstoß, I, II.** Ein Verstoß gegen § 47 läßt zwar die richterliche Handlung wirksam, vgl auch Üb 10 vor § 300, krit Schneider MDR **05**, 672 („gesetzgeberischer Mißbrauch"). Er ist aber ein schwerer Verfahrensfehler, BPatG GRUR **85**, 373, Bre OLGZ **92**, 487, Karlsr NJW **03**, 2174. Er begründet schon für sich eine Ablehnung, BayObLG MDR **88**, 500, Hbg NJW **92**, 1463, Karlsr RR **97**, 1350. Im übrigen ergeben sich zwei weitere Möglichkeiten.

A. Zurückweisung des Gesuchs. Wenn das Gericht ein Ablehnungsgesuch durch den dazu berufenen Richter zurückgewiesen hat, bleibt ein Verstoß des abgelehnten Richters unbeachtet, BAG BB **00**, 1948, BayObLG **86**, 252, LG Kiel Rpfleger **88**, 544 (zustm Wabnitz), aM BayObLG MDR **88**, 500 (bei einem wiederholten Verstoß sei die Ablehnung noch rechtzeitig, wenn gegen die instanzabschließende Entscheidung ein Rechtsmittel eingelegt und als Ablehnungsgrund der Verstoß gegen § 47 bezeichnet sei), Bre OLGZ **92**, 487 (eine Ablehnung sei möglich, falls nur eine entsprechende Anwendung von § 579 I Z 3 verbleibe. Aber beide Varianten sind mit der Notwendigkeit schwer vereinbar, das Zwischenverfahren mit der Entscheidung enden zu lassen).

11 **B. Stattgeben.** Soweit das Gericht das Ablehnungsgesuch in einem Urteil für begründet erklärt, muß das Gericht im etwaigen Fall II den Verhandlungsteil seit der Anbringung des Ablehnungsgesuchs wiederholen, Schneider MDR **05**, 672. Es sind gegen das Urteil nur die gewöhnlichen Rechtsbehelfe zulässig, BayObLG FamRZ **98**, 635, nicht die Revision nach § 547 Z 3 oder die Nichtigkeitsklage nach § 579 I Z 3, Bre OLGZ **92**, 486, Vollkommer MDR **98**, 363, aM ZöV 6 (aber das Rechtsmittelsystem gilt auch hier unverändert). Das Rechtsmittelgericht muß das Verfahren evtl zurückverweisen, BPatG GRUR **85**, 373, BayObLG **86**, 252, LG Potsd MDR **05**, 1369. Man muß nicht eine selbständig anfechtbare Amtshandlung dann wiederholen. Dringende stattgefundene Amtshandlungen bleiben jedoch wirksam, BayObLG **80**, 312, soweit die Ablehnung nicht auch auf einem Ausschluß nach § 41 beruhte.

12 **C. Sachentscheidung ohne Ablehnungsentscheidung.** Soweit das Gericht ohne eine Entscheidung über ein wirksames Ablehnungsgesuch eine Sachentscheidung ohne eine Mitwirkung des Abgelehnten fällt, ist es nicht nach Art 101 I 2 GG ordnungsgemäß besetzt. Das ist ein wesentlicher Verfahrensfehler. Er kann zur Statthaftigkeit eines Rechtsmittels führen, KG MDR **05**, 891, und dann zur Zurückverweisung nach §§ 538 II Z 1, 563. Er kann eine Wiederaufnahme begründen, § 579 I Z 4. Hat das Erstgericht über das zulässige Ablehnungsgesuch nicht mitentschieden, muß das Rechtsmittelgericht das nachholen.

48 *Selbstablehnung; Ablehnung von Amts wegen.* **Das für die Erledigung eines Ablehnungsgesuchs zuständige Gericht hat auch dann zu entscheiden, wenn ein solches Gesuch nicht angebracht ist, ein Richter aber von einem Verhältnis Anzeige macht, das seine Ablehnung rechtfertigen könnte, oder wenn aus anderer Veranlassung Zweifel darüber entstehen, ob ein Richter kraft Gesetzes ausgeschlossen sei.**

Schrifttum: *Jansen,* Geheimhaltungsvorschriften im Prozeßrecht, Diss Bochum 1989; *Waldner,* Aktuelle Probleme des rechtlichen Gehörs, Diss Erlangen 1983.

Gliederung

1 **1) Systematik.** § 48 regelt zunächst die Selbstablehnung eines Richters, wenn er einen Ablehnungsgrund nach § 42 für vorliegend oder für immerhin möglich hält. § 42 ist ja auch bei § 48 maßgebend, BGH NJW **95**, 1679, Saarbr RR **94**, 763. § 48 regelt ferner den andersartigen weiteren Fall, daß Zweifel daran bestehen, ob der Richter nicht nach § 41 kraft Gesetzes ausgeschlossen ist, etwa auf Grund einer Anregung eines anderen Richters oder eines anderen Prozeßbeteiligten. In allen anderen Fällen ist eine Entscheidung nach §§ 42–47 erforderlich, es sei denn, daß ein Ausschließungsgrund eindeutig vorliegt. Ein Verlust des Ablehnungsrechts einer Partei ist unerheblich. Umgekehrt ist auch das Ablehnungsrecht nach § 42 von einer Selbstablehnung nach § 48 unabhängig.

2) Regelungszweck. Die Vorschrift dient dem Gebot des gesetzlichen Richters nach Art 101 I 2 GG und insofern auch dem Gebot des rechtlichen Gehörs, Artt 2 I, 20 III GG (Rpfl), BVerfG **101**, 404, Art 103 I GG (Richter), BGH NJW **95**, 403 und 1679. Der Richter muß daher als eine Verfahrenspflicht auch den Parteien gegenüber den fraglichen Sachverhalt unverzüglich von Amts wegen mitteilen, BGH NJW **95**, 1679. Das gilt auch für ein Mitglied des Kollegiums. In Betracht kommen Tatsachen und Rechtsverhältnisse, auch zB Kollegialität, § 42 Rn 30 „Kollegialität", aM ZöV 3 (aber gerade dann liegt eine Selbstablehnung menschlich nur zu nahe). In Betracht kommt auch ein anderer Gewissenskonflikt. Der Richter darf außerhalb von I keineswegs eine Amtstätigkeit nur deshalb unterlassen, weil irgendeine andere Person seine Tätigkeit für das Handeln eines befangenen Richters hält. Andererseits darf das Gericht nach § 48 ebensowenig wie nach § 42 von Amts wegen ohne eine Anzeige des etwa befangenen Richters ein Verfahren zur Überprüfung der Befangenheit einleiten, BVerfG **46**, 38. Das Gericht darf und muß nur den etwaigen Ausschluß nach § 41 in jeder Verfahrenslage von Amts wegen beachten. 2

§ 45 II 2 ist deshalb *unanwendbar.* Der Amtsrichter, auch als Familienrichter, darf also die Bearbeitung keineswegs ohne die in § 48 vorgesehene „Anzeige" nebst Begründung seinem Vertreter übergeben. Andererseits darf der Richter eine Fremdablehnung anregen und sich dem Gesuch beim Vorliegen ausreichender Gründe anschließen.

Zweischneidig wie bei § 45 Rn 2 bleibt bei § 48 in Verbindung mit § 45 II 1 die Tätigkeit des geschäftsplanmäßigen Vertreters auch bei einer Selbstablehnung des eigentlichen Dezernenten. Denn auch über eine angebliche Befangenheit nur aus der Sicht des letzteren sollte besser ein etwas „entfernterer" anderer Richter entscheiden. Indessen ist eine Selbstablehnung wohl durchweg ohnehin auch wirklich begründet. Übervorsichtigkeit ist selten. Zwar kommt es auch bei ihr nicht allein darauf an, wie der sich selbst befangen Fühlende denkt, sondern wie bei der sog Fremdablehnung darauf, wie man die Lage nach dem „parteiobjektiven" Maßstab einschätzen muß, § 42 Rn 10, oben Rn 1. Indessen wird der Richter auch diesen Maßstab vor einer Anzeige nach § 48 abschätzen, erfahrungsgemäß meist richtig. Insofern beugt das Verfahren nach dieser Vorschrift oft einem ohnehin sonst nach § 42 bevorstehenden unangenehmeren Verfahren vor.

3) Geltungsbereich. Vgl zunächst Üb 3 ff vor § 41. § 48 gilt auch im WEG-Verfahren. Die Vorschrift gilt im FamFG-Verfahren entsprechend, § 6 I FamFG, (je zum alten Recht) BayObLG Rpfleger **79**, 423, Ffm OLGZ **80**, 110, auch bei § 111 BNotO, BGH MDR **00**, 914. 3

4) Verfahren. Es stellt sich nach erheblicher Änderung wie folgt dar. 4

A. Anzeige des Richters. Ein Verfahren nach § 48 beginnt nicht von Amts wegen, sondern nur auf eine Anzeige des Richters, BVerfG **46**, 38. Der sich selbst ablehnende Richter legt die Prozeßakten mit einer dienstlichen Äußerung nach § 44 III vor. Er braucht keinen förmlichen Antrag zu stellen. Er sollte seine Selbstablehnung so begründen, daß das zur Entscheidung berufene Gericht ohne weiteres eine Entscheidung treffen kann. Er braucht seine Gründe aber nicht so ausführlich darzustellen, daß er etwa Einzelheiten seiner Privatsphäre usw bekanntgeben müßte, soweit das nicht zur Verständlichkeit seiner Haltung unerläßlich ist. § 47 gilt entsprechend. Seine Ansicht kann reichen, das Verhalten einer Partei sei nicht mehr für ihn hinnehmbar, Karlsr MDR **99**, 956. Die bloße Äußerung, er halte sich für befangen oder nicht, kann eine Zurückhaltung erkennen lassen und insofern hilfreich, aber auch mißverständlich sein. Eine gar ausführliche rechtliche Selbstbegutachtung kann ähnlich unterschiedlich wirken. Seine persönliche Meinung ist aber grundsätzlich nicht (allein) maßgeblich, BVerfG **95**, 191. Unzumutbarkeit ist bei einer nicht allzu großzügigen Handhabung dieses Begriffs durchweg ausreichend, Karlsr RR **00**, 591. Natürlich wäre aber auch hier ein Mißbrauch unbeachtlich, Einl III 54.

B. Keine Sonderakten mehr. Früher herrschte die Auffassung, das ganze Verfahren nach § 48 betreffe nur den inneren Dienst und erfolge deshalb auch grundsätzlich nicht in der Prozeßakte, sondern in Sonderakten für die Fälle einer Selbstablehnung. Das ist mit Artt 2 I, 20 III GG (Rpfl), BVerfG **101**, 404, Art 103 I GG (Richter) unvereinbar, BVerfG **89**, 36 (daher keine internen Sonderakten mehr), BGH NJW **95**, 1679, Ffm FamRZ **98**, 378. 5

C. Zuständigkeit. Zuständig ist dasselbe Gericht wie bei § 45. 6

D. Anhörung der Parteien. Das Verfahren kennt zwar keine notwendige mündliche Verhandlung, § 128 Rn 5. Das Gericht muß die Parteien des Rechtsstreits wegen Artt 2 I, 20 III GG (Rpfl), BVerfG **101**, 404, Art 103 I GG (Richter) aber auch hier zumindest schriftlich anhören, BVerfG **89**, 36, BGH NJW **95**, 1679, Ffm FamRZ **98**, 378. Erforderlich ist also die Übersendung der Anzeige nach § 48 und der etwa ergänzenden dienstlichen Äußerung des Richters, BGH VersR **95**, 317, evtl auch der Stellungnahme der Prozeßparteien. 7

5) Entscheidung. Man muß mehrere Aspekte beachten. 8

A. Notwendigkeit. Mangels einer Heilung nach § 43 ergeht eine Entscheidung durch einen Beschluß, § 329, soweit nicht ein eindeutiger Fall des Ausschlusses und damit des Ausscheidens und des Eintritts des Vertreters vorliegt. Auch im letzteren Fall kann im Zweifel ein Beschluß ratsam sein, der den kraft Gesetzes eingetretenen Ausschluß bekräftigend feststellt. Der Anzeigende ist erst dann an der Ausübung des Richteramts verhindert, wenn das Gericht entschieden hat, daß die Selbstanzeige begründet ist, BayObLG WoM **89**, 45 (WEG). Der Beschluß lautet wie bei § 46 Rn 5. Er kann ausnahmsweise stillschweigend erfolgen, BayObLG NZM **99**, 509. Aber Vorsicht!

B. Begründung. Der Beschluß braucht zwar wie jeder Beschluß grundsätzlich eine gewisse Begründung, § 329 Rn 4. Freilich ist er unanfechtbar, Rn 12. Deshalb darf er sich anders als bei § 46 auch ausnahmsweise auf eine Wiedergabe des Wortlauts des § 48 nebst evtl einiger weniger zusätzlicher Stichworte beschränken, sofern das Gericht dem Selbstablehnungsgesuch stattgibt. Soweit das Gericht das Gesuch zurückweist, ist zwar eine etwas ausführlichere Begründung nötig. Jedoch ist diejenige Zurückhaltung ratsam, die es dem nach § 48 vorlegenden Richter ermöglicht, ohne eine jetzt erst recht eingetretene Voreingenommenheit weiter unparteiisch in der Sache zu entscheiden. 9

10 **C. Zweifelsfall.** In keinem Fall darf die Zurückweisung einer Selbstablehnung dazu führen, daß der Richter in Wahrheit gegen eine objektiv anzuerkennende Überzeugung von der eigenen Befangenheit ein weiter in dieser Sache amtieren muß. Deshalb muß das Gericht ein Selbstablehnungsgesuch im Zweifel für begründet erachten. Freilich darf das nicht etwa in Wahrheit aus solchen Gründen geschehen, die mit den vom Richter vorgetragenen gar nicht übereinstimmen, selbst wenn der Richter sie bei einer objektiven Betrachtung erst recht hätten vorbringen müssen. Denn § 48 gibt dem entscheidenden Gericht keineswegs eine umfassende Überprüfungsbefugnis ohne einen auch insofern erkennbaren Vorlagewillen des Richters. Insofern erfolgt auch keine Amtsermittlung nach Grdz 38 vor § 128.

11 **D. Behutsamkeit.** Das ganze Verfahren erfordert ein erhebliches Fingerspitzengefühl des entscheidenden Gerichts. Man darf das Ablehnungsgesuch einer Partei im Verfahren nach § 48 trotz ihrer Anhörung nur begrenzt beachten. Das gilt selbst dann, wenn dasselbe Gericht zur Entscheidung über die Fremdablehnung und über das Selbstablehnungsgesuch zuständig ist. Eine Anfechtung eines Urteils ist unzulässig, soweit sie nur mit der Begründung erfolgt, der erkennende Richter habe nicht von einem Sachverhalt Anzeige gemacht, der seine Selbstablehnung gerechtfertigt hätte, aM StJBo 4, ZöV 11 (überhaupt keine Anfechtung). Dem anzeigenden Richter muß das Gericht die Entscheidung in ihrem vollen Wortlaut schriftlich mitteilen. Das ist zumindest eine Anstandspflicht. Er muß darüber hinaus prüfen können, ob die Entscheidung ihn nun erst recht befangen macht oder inwiefern er sich jetzt „sicher" fühlen darf. Wegen der Notwendigkeit einer Anhörung der Parteien und mit Rücksicht darauf, daß die Parteien immerhin wegen Art 101 I 2 GG am Ergebnis eines solchen Verfahrens interessiert sein können, muß das Gericht die Entscheidung zur Hauptakte abheften und den Parteien formlos mitteilen.

Kosten: Des Gerichts: keine; des Anwalts: mangels Parteianhörung keine.

12 **6) Rechtsbehelf: Grundsatz der Unanfechtbarkeit.** Die ablehnende Entscheidung wie die stattgebende Entscheidung sind für den vorlegenden Richter grundsätzlich unanfechtbar, Bre FamRZ **76**, 112, VGH Kassel AnwBl **94**, 478, aM Schneider JR **77**, 272 (aber er muß sich wegen des bisher angezeigten Sachverhalts beugen). Für die Parteien ist die Entscheidung ebenfalls unanfechtbar. Denn sie ist kein „Gesuch" nach § 567 I Z 2, aM Karlsr Rpfleger **99**, 381 (nach Stattgabe). Deshalb gilt das alles auch bei § 6 II FamFG. Die Entscheidung ist bei einem Verstoß gegen Artt 2 I, 20 III GG (Rpfl), BVerfG **101**, 404, Art 103 I GG (Richter) jedenfalls nicht unwirksam (Üb 20 vor § 300, aM Ffm FamRZ **98**, 371. Sie bindet den Richter wegen einer Beurteilung des Gerichts außerhalb der Befangenheitsfrage nicht, LG Ffm NJW **88**, 78.

13 **7) Gegenvorstellung usw.** Der Richter, dessen Selbstablehnungsgesuch erfolglos blieb, und die von einer Entscheidung nach § 48 betroffenen Parteien haben aber mindestens das Recht der Gegenvorstellung unter den Voraussetzungen Grdz 6 vor § 567, BGH VersR **95**, 317. Das gilt freilich nicht zum BGH, § 574. Der Richter mag auch eine neue Selbstablehnung unter einer Anführung weiterer bisher als unerheblich gehaltener tatsächlicher oder rechtlicher Erwägungen betreiben. Er hat dann einen Anspruch auf eine erneute Entscheidung.

49 ***Urkundsbeamte.* Die Vorschriften dieses Titels sind auf den Urkundsbeamten der Geschäftsstelle entsprechend anzuwenden; die Entscheidung ergeht durch das Gericht, bei dem er angestellt ist.**

1 **1) Systematik, Regelungszweck.** In einer sprachlich zu engen Fassung erwähnt § 49 den Urkundsbeamten, nicht aber den Rpfl, Rn 5. Die Vorschrift beachtet die Notwendigkeit, auch die weiteren an der Prozeßleitung und Entscheidung wesentlich beteiligten Gerichtspersonen wie einen Richter der Ausschließung oder Ablehnbarkeit zu unterwerfen. Vgl daher die jeweiligen Eingangserläuterungen zu §§ 41–48.

2 **2) Geltungsbereich.** Vgl Üb 3 ff vor § 41.

3 **3) Urkundsbeamter.** Die Ausschließung oder die Ablehnung eines Urkundsbeamten der Geschäftsstelle bei jeder Art von Tätigkeit unterliegt denselben Vorschriften wie diejenige eines Richters, BVerfG NJW **07**, 3200. Das gilt zB beim Protokollieren nach §§ 159 ff, Ffm FamRZ **91**, 839, oder bei der Erteilung der Vollstreckungsklausel nach § 724. Es entscheidet allerdings immer das Gericht des Urkundsbeamten. § 41 Z 6 ist anwendbar, soweit der Urkundsbeamte der Geschäftsstelle in einer früheren Instanz als ein Rpfl tätig war, etwa beim Erlaß eines Mahnbescheids, §§ 19 Z 1, 26 I RPflG, StJBo 2, aM ZöV 1 (aber auch nach dem Wegfall der Schlüssigkeitsprüfung bleibt zB die Zulässigkeitsprüfung notwendig, § 691 Rn 3). § 49 ist auch insoweit anwendbar, als ein Richter selbst auch als Protokollführer tätig ist.

Befangenheit ist derselbe Begriff wie beim Richter, § 42, BGH Rpfleger **03**, 453. Eine frühere Tätigkeit in den eigentlichen Geschäften der Geschäftsstelle schadet dagegen nicht.

Eine *Verwandtschaft* oder eine Verschwägerung mit dem Richter ist zwar kein Ausschließungsgrund, wohl aber evtl ein Ablehnungsgrund. Ein solcher Referendar, der als Urkundsbeamter der Geschäftsstelle handelt, fällt unter § 49. Da die Parteien grundsätzlich keinen Anspruch auf die Mitwirkung eines bestimmten Urkundsbeamten haben, erübrigt sich grundsätzlich jede Entscheidung, wenn ein anderer Urkundsbeamter in die Geschäftsstelle eintritt. Etwas anderes gilt bei dem etwa nach Grdz 4 vor § 688 landesrechtlich für das Mahnverfahren bestellten Urkundsbeamten.

4 **4) Verstoß.** Wenn ein kraft Gesetzes ausgeschlossener Urkundsbeamter protokollierte, muß das Gericht ein auf Grund einer solchen Verhandlung ergangenes Urteil evtl aufheben und die Sache zurückverweisen. Im übrigen ist kein Rechtsbehelf zulässig. Eine unzutreffende Mitteilung der Gerichtsverwaltung, ein Urkundsbeamter sei nicht ablehnbar, läßt sich nicht mit einer Verfassungsbeschwerde angreifen, BVerfG NJW **07**, 3200.

5 **5) Rechtspfleger.** Zu seiner Stellung grundsätzlich Wolf ZZP **99**, 361. Nach §§ 3 Z 1 h, 10 S 2, 28 RPflG, sind die §§ 41–48 entsprechend auf den Rpfl anwendbar, § 10 I RPflG, BVerfG Rpfleger **08**, 124,

BGH Rpfleger **05**, 415, LG Mü Rpfleger **00**, 407, Marx Rpfleger **99**, 518. Nach § 47 unaufschiebbar kann zB ein Versteigerungstermin sein, § 47 Rn 9 „Versteigerungstermin". Über ein Ablehnungsgesuch gegenüber einem Rpfl entscheidet bei einem Rechtsmißbrauch der Rpfl, § 42 Rn 7, BVerfG Rpfleger **08**, 124, BGH Rpfleger **05**, 415, Celle RR **89**, 569. Sonst entscheidet derjenige Richter, in dessen Dezernat der Rpfl tätig geworden ist, BVerfG Rpfleger **08**, 124, Ffm Rpfleger **82**, 190, AG Gött Rpfleger **99**, 289 (Insolvenzverfahren). Auch hier gilt der Amtsermittlungsgrundsatz, Grdz 38 vor § 128, Ffm OLGZ **80**, 110. Gegen seine zurückweisende Entscheidung ist die sofortige Ermahnung nach § 11 RPflG zulässig. Über eine sofortige Erinnerung in einer Familiensache entscheidet als Beschwerdegericht letzthin das OLG, (zum alten Recht), Ffm Rpfleger **82**, 190. Eine sofortige weitere Beschwerde ist unstatthaft. Vielmehr ist allenfalls die Rechtsbeschwerde nach § 574 möglich.

6) Bezirksrevisor. Diesen weisungsgebundenen Beamten als einen Vertreter der Staatskasse kann man 6
nicht als befangen ablehnen, Kblz MDR **85**, 257.

7) Gerichtsvollzieher. Vgl § 155 GVG Rn 1. Es ist also keine Ablehnung zulässig, BVerfG RR **05**, 365, 7
BGH DGVZ **04**, 167 (zustm Kieselstein DGVZ **05**, 40), LG Köln MDR **01**, 649.

Abschnitt 2. Parteien

Grundzüge

Gliederung

1) Systematik. Der geltende Zivilprozeß baut sich auf dem Zweiparteiensystem auf. Partei ist, wer gegen 1
wen im Zivilprozeß Rechtsschutz begehrt, Grdz 1 vor § 253. Man darf nicht die prozessuale Partei mit der sachlichrechtlichen verwechseln, der Vertragspartei, dem Vertragspartner. Die ZPO verwendet den Ausdruck wenig sorgfältig. Bisweilen versteht sie unter der Partei auch den Streithelfer nach § 66, zB in § 41 Z 1, bisweilen selbst andere Personen, § 42 Rn 59. Die Parteien heißen im Erkenntnisverfahren auf Grund einer Klage nach §§ 253 ff Kläger und Beklagter, im FamFG-Verfahren Beteiligte und auf Grund eines Antrags und im Mahnverfahren nach §§ 688 ff Antragsteller und Antragsgegner, im Zwangsvollstreckungsverfahren nach §§ 704 ff Gläubiger und Schuldner (anders BGB), im vorläufigen Verfahren nach §§ 916 ff, 935 ff Antragsteller oder -gegner oder auch Arrest-(Verfügungs-)kläger und -beklagter.

2) Regelungszweck. Die Parteieigenschaft ist eine Prozeßvoraussetzung nach Grdz 13, 21 vor § 253. Sie 2
hat die größte prozessuale Bedeutung. Das gilt: Für die Rechtshängigkeit, § 261; für den Gerichtsstand, §§ 12 ff; für die Partei- oder Zeugenvernehmung, §§ 373 ff, 445 ff; für den Anspruch auf eine Prozeßkostenhilfe, §§ 114 ff; für eine Sicherheitsleistung, §§ 108 ff; für die Kostenpflicht, §§ 91 ff; für die Parteiherrschaft, Grdz 18 vor § 128. Auf die Partei lautet das Urteil. Gegen sie geht die Zwangsvollstreckung. Sorgfalt bei der Ermittlung und Bezeichnung der Partei ist notwendig.

Prozeßstandschaft, Rn 29 ff, hat eine außerordentliche Verbreitung gefunden. Sie entspricht praktischen Bedürfnissen. Das verführt zu einer sehr weiten Ausdehnung ihrer Möglichkeiten. Damit entfernt man sich freilich auch immer weiter von dem langbewährten Ausgangspunkt einer Übereinstimmung von sachlichem Recht und prozessualer Befugnis. Diese Gefahr gilt es immerhin noch im Blickfeld zu behalten, etwa vor einer immer sorgloseren Bejahung des rechtlichen und nicht nur wirtschaftlichen Interesses. Sonst würde eine Entleerung des Parteibegriffs drohen. Sie würde zentrale Voraussetzungen des Prozeßrechtsverhältnisses mit allen seinen doch oft einschneidenden Fragen stören, Grdz 4 vor § 128. Das kann nicht der Sinn der §§ 50 ff sein.

3) Geltungsbereich. §§ 50 ff gelten in allen Verfahren nach der ZPO, auch im WEG-Verfahren, auch 3
im arbeitsgerichtlichen Verfahren, BAG NJW **07**, 1019, sowie im Insolvenzverfahren nach § 4 InsO, Drsd RR **00**, 580, Zweibr Rpfleger **01**, 93. Sie gelten auch im FamFG-Verfahren (dort freilich für alle „Beteiligten" nach §§ 7, 8 FamFG), so schon (je zum alten Recht) BGH FamRZ **89**, 271, Brdb OLGR **96**, 143, AG Luckenwalde FamRZ **06**, 1469. Sie gelten auch im sozialgerichtlichen Verfahren, BSG NJW **94**, 215.

4 **4) Parteibegriff**

Schrifttum: *Burbulla* MDR **07**, 439 (Üb); *Deren-Yildirim,* Gedanken zum formellen Parteibegriff, Festschrift für *Beys* (Athen 2004) 251; *Gerlichs,* Passivprozesse des Testamentsvollstreckers, 1996; *Gottwald,* Die Stellung des Ausländers im Prozeß, in: Tagungsbericht 1987 Nauplia, 1991; *Klamaris,* Der Ausländer im Prozeß, in: Tagungsbericht 1987 Nauplia, 1991; *Kleffmann,* „Unbekannt" als Parteibezeichnung usw, 1983; *Offergeld,* Die Rechtsstellung des Testamentsvollstreckers, 1995; *Schilken,* Veränderungen der Passivlegitimation im Zivilprozeß: Studien zur prozessualen Bedeutung der Rechtsnachfolge auf Beklagtenseite außerhalb des Parteiwechsels, 1987; *Schmid,* Die Passivlegitimation im Arzthaftpflichtprozeß usw, 1988; *Söllner,* Der Zwangsverwalter nach dem ZVG zwischen Unternehmer und Vollstreckungsorgan, Diss Erlangen/Nürnb 1990; *Ziegltrum,* Sicherungs- und Prozeßpflegeschaft (§§ 1960, 1961 BGB), 1986.

A. Partei. Partei ist, wer in Wahrheit klagt oder beklagt sein soll, wer also Rechtsschutz begehrt, BGH FamRZ **05**, 1165, auf wen sich die prozeßbegründenden Erklärungen wirklich beziehen, BGH AnwBl **08**, 300 links unten, BAG NJW **02**, 459, Nürnb VersR **08**, 1053. Im FamFG-Verfahren gibt es keine Partei, sondern „Beteiligte" nach §§ 7, 8 FamFG.

Partei ist also *nicht* schon derjenige, den der Antrag *als Partei bezeichnet,* Düss Rpfleger **97**, 32, Mü MDR **90**, 60, AG Hagen BB **95**, 264. Maßgeblich ist auch nicht der Klag- oder sonstige *Antragskopf,* § 253 Rn 22, BAG NJW **02**, 459, Hamm RR **99**, 469, LG Marbg VersR **93**, 1424. Partei ist man auch nicht schon deshalb, weil das Gericht einem die Klage nur zustellt, Rn 14, BGH WoM **04**, 109, BPatG GRUR **97**, 526, Hamm RR **99**, 469. Partei ist auch nicht schon, wer klagen will oder wer hinterm Prozeß steckt, BGH WoM **04**, 109, ihn etwa bezahlt, vgl freilich Ffm RR **96**, 1213 (Kostenhaftung des Veranlassers; abl Zimmermann/Damrau MDR **97**, 303). Man ist auch nicht schon wegen des sachlichen Rechts Partei, sondern verliert eben gerade evtl wegen der Parteistellung auch dann, wenn man sachlich nicht Recht hat.

5 **B. Auslegung.** Wer Partei ist, das muß man zwar nicht durch eine Ausforschung, wohl aber durch eine Auslegung ermitteln, BGH AnwBl **08**, 300 links unten, BAG NJW **07**, 459, Nürnb VersR **08**, 1053. Maßgeblich ist die objektive Erkennbarkeit, BGH **91**, 152, Nürnb VersR **08**, 1053, LG Arnsb NJW **04**, 233. Der Einzelkaufmann und seine Firma darf nur noch mit dem Zusatz „e. K." auftreten, Art 38 I EGHGB, Gräve/Salten MDR **03**, 1099. Die Auslegung darf und muß evtl auch einen erst im Prozeßverlauf eintretenden Umstand mitbeachten, Nürnb OLGZ **87**, 483. Bei einer Gesellschaft ist ihr Name maßgeblich, nicht der evtl unrichtige Zusatz eines Inhabernamens, BGH NJW **99**, 1871. Eine bloße Scheinfirma ist nicht Partei, Brdb RR **01**, 50. Ob die Gesellschaft oder einige oder alle ihre Gesellschafter auftreten sollen oder wollen, muß man durch eine Auslegung klären. Bei der rechts- und parteifähigen BGB-Außengesellschaft, BGH **146**, 341, Wertenbruch NJW **02**, 324 (Üb), mag zB die Aufzählung von Personalien mit dem Schlußzusatz „in BGB-Gesellschaft" darauf hindeuten, daß die Gesellschaft und nur sie Partei ist. Gibt der Antrag oder die Klageschrift zweifelsfrei einen falschen Namen oder eine falsche Rechtsform an, muß man sie berichtigen, BAG NJW **07**, 459, Bbg FamRZ **01**, 291, Zweibr RR **02**, 213. Es kommt auf die Zeit der Klagezustellung an, § 253 I. „In pp" reicht nicht, Köln BB **01**, 1498.

Unerheblich bleibt grundsätzlich eine *falsche rechtliche* Bezeichnung, BAG NJW **07**, 459, Naumb RR **98**, 357, etwa der Insolvenzmasse oder einer Fabrik als Bekl. Solche einwandfrei feststehenden Irrtümer beruhigt das Gericht sogar von Amts wegen, Grdz 38 vor § 128, Nürnb VersR **08**, 1053, vgl auch § 319. So bezeichnet es zB die letzten Gesellschafter einer Offenen Handelsgesellschaft als Bekl, wenn der Kläger irrig die erloschene Gesellschaft verklagt hat. Freilich darf man den Willen des Klägers nicht einfach beugen, BAG NJW **07**, 460.

6 **C. Änderung usw.** An diesen Regeln kann auch ein *Geschäftsverteilungsplan* nichts ändern, etwa dadurch, daß er statt der Auslegung eine „Namensänderung" annimmt und damit den Art 101 I 2 GG ungewollt umgeht. Sehr weitgehend wollen BGH NJW **81**, 1454, BAG BB **75**, 842 Unklarheiten der Parteibezeichnung jederzeit richtigstellen. Die Bezeichnung mit einem Decknamen (Pseudonym) genügt. Man muß sie notfalls in den bürgerlichen Namen berichtigen. Da die Klagerhebung regelmäßig durch eine Zustellung erfolgt, müssen der in der Klage genannte Bekl und der Empfänger der Zustellung dieselbe Person sein. Eine falsche Zustellung schadet dann nicht, wenn der in der Klageschrift Bezeichnete auftritt, BGH NJW **83**, 2449.

Im Lauf des Prozesses können die Parteien durch Rechtsnachfolge *wechseln.* Wegen einer Klagänderung und eines Parteiwechsels § 263 Rn 3 ff.

7 **D. Vertreter.** Er ist nicht Partei, weder der gewillkürte (Bevollmächtigte) noch der gesetzliche, also der durch ein Gesetz oder eine Verwaltungsanordnung einer natürlichen oder juristischen Person oder einer Reihe solcher Personen zur Wahrung ihrer Rechte bestellte. Beispiele § 51 Rn 11 ff. Der gesetzliche Vertreter kann freilich einen eigenen Anspruch neben demjenigen des Vertretenen verfolgen, zB die Eltern bei einer vom Dritten gegen den Sohn begangenen unerlaubten Handlung. Dann sind sie neben dem Vertretenen Partei, KG Rpfleger **78**, 105. Man soll den gesetzlichen Vertreter in den vorbereitenden Schriftsätzen angeben, insbesondere in der Klageschrift, §§ 130 Z 1, 253 IV. Er wird schon für jede Zustellung gebraucht, §§ 171 I 1, 191. Wegen des Generalbundesanwalts im Verfahren nach dem AUG Rn 28.

8 **E. Partei kraft Amts.** Handelt es sich bei mehreren Vertretenen nicht um die Wahrung gleichlaufender Rechte, sondern um den behördlichen Auftrag, nach eigenem Befinden ohne Rücksicht auf die Belange bestimmter Beteiligter zu handeln, also die widerstreitenden Belange zu wahren, kann man im Gegensatz zur sog Vertretungstheorie trotz der unverkennbaren Problematik doch nicht nur von einer gesetzlichen Vertretung sprechen. Vielmehr liegt dann eine eigene Parteistellung vor, das Handeln im eigenen (Amts)-Namen.

9 So vertritt der *Nachlaßpfleger* den einen oder die mehreren Erben mit ihren gleichlaufenden Belangen. Er ist also ein gesetzlicher Vertreter und keine Partei kraft Amts, BGH NJW **89**, 2134, Elzer Rpfleger **99**, 163. Demgegenüber vertritt aber der Nachlaßverwalter die Belange der Erben und außerdem die möglicherweise widerstreitenden Nachlaßgläubiger, § 1985 BGB. Beim Nachlaßverwalter liegt daher ein amtliches Treuhandverhältnis vor, sog Amtstheorie, RoSGo § 40 II 3. Er und nicht der Vertretene ist Partei. § 116 Z 1 nennt solche Parteien Partei kraft Amts. Besser wäre Partei kraft gesetzlicher Treuhand. Denn ein „Amt" hat auch der gesetzliche Vertreter.

F. Beispiele zur Frage einer Partei kraft Amts 10

Bundesanstalt für vereinigungsbedingte Sonderaufgaben: Sie ist Partei kraft Amts, so schon LAG Bln DB **95**, 1872.

Generalbundesanwalt: Wegen seiner Stellung nach dem AUG Rn 28.

Insolvenzverwalter: Partei kraft Amts ist der Insolvenzverwalter, BGH MDR **08**, 514 rechts unten (nur während des Insolvenzverfahrens), BAG NJW **07**, 459, Düss Rpfleger **05**, 55, aM StJBo 3 vor § 50 (sie halten ihn für den Vertreter des Schuldners, während Bötticher ZZP **77**, 55 ihn als ein Organ der Masse ansieht, das als solches nur die Stellung eines gesetzlichen Vertreters hat). Schmidt NJW **95**, 912 differenziert: Der Insolvenzverwalter sei im Verfahren der Handelgesellschaft oder eines Vereinsorgans des Verbands sowie im Verfahren der natürlichen Person deren Repräsentant wegen der zu verwaltenden Masse; bei einem Rechtsgeschäft und im Prozeß sei er gesetzlicher Vertreter des Schuldners. 11

Das alles gilt auch wegen des *ausländischen Vermögens* des Schuldners, BGH **68**, 17.

S auch „vorläufiger Insolvenzverwalter".

Nießbrauchsverwalter: Er ist Partei kraft Amts, § 1052 BGB.

Prozeßstandschafter: Er ist *keine* Partei kraft Amts, Rn 21 ff. 12

Sammelvermögenspfleger: Er ist Partei kraft Amts, § 1914 BGB.

Sequester: Er ist bei einer Insolvenz Partei kraft Amts, Naumb Rpfleger **02**, 369.

Testamentsvollstrecker: Partei kraft Amts ist der Testamentsvollstrecker nach §§ 2197 ff BGB, BGH MDR **03**, 284 (auch zu den Grenzen), Hbg MDR **78**, 1031, aM Grunsky NJW **80**, 2044. Natürlich kann er Prozeßstandschafter sein, wenn er zB ein solches Recht geltend macht, das nicht in den Nachlaß fällt, Tiedtke JZ **81**, 432.

Treuhänder: Man kann nicht durch einen bloßen Verwaltungsakt einen Treuhänder ohne eine gesetzliche Grundlage einsetzen.

Vorläufiger Insolvenzverwalter: Er ist im Rahmen des § 21 II Z 1 InsO Partei kraft Amts, BGH MDR **01**, 592, LG Essen JB **00**, 498, aM LAG Hamm ZIP **02**, 579. Das gilt jedenfalls, sofern das Gericht ein allgemeines Verfügungsverbot gegen den Schuldner erlassen hat, Fricke MDR **78**, 103.

Zwangsverwalter: Er ist Partei kraft Amts, § 152 ZVG, BGH NJW **92**, 2487, Celle OLGR **97**, 242, LG Stade Rpfleger **02**, 220.

Das gilt freilich *nicht* mehr nach der Amtsbeendigung, Hamm RR **89**, 146, 7, also evtl nicht nach der Aufhebung der Zwangsverwaltung, Düss Rpfleger **90**, 381.

G. Fiskus. Er ist ein einheitlicher Rechtsträger. Ihn vertreten nur verschiedene Amtsstellen, stationes fisci. Deshalb kann trotz § 395 BGB keine Stelle mit der anderen prozessieren. Bezeichnet die Klageschrift die vertretende Amtsstelle unrichtig, darf die richtige ohne weiteres an die Stelle treten. Tut sie das nicht und berichtigt der Kläger nicht evtl nach einem Hinweis durch das Gericht, § 56 Rn 14 ff, muß das Gericht die Klage wegen mangelnder gesetzlicher Vertretung abweisen. Vgl auch § 18 Rn 5 ff und § 50 Rn 10. 13

H. Partei kraft Ladung usw. Eine bloße Zustellung schafft keine Partei in der Person des wahren Gegners, Rn 4, Hamm RR **99**, 218, Köln VersR **02**, 908, Stgt RR **99**, 216. Ist aber jemand in der Klageschrift als Partei bezeichnet und geladen, muß er das Recht haben, im Prozeß als Partei aufzutreten. Er müßte ja sonst durch eine Verurteilung und die Zwangsvollstreckung Nachteile befürchten, Hamm MDR **91**, 1201, Stgt RR **99**, 216. Darum darf er stets eine Kostenentscheidung zu seinen Gunsten verlangen, Düss RR **96**, 892, Hamm MDR **91**, 1201, Stgt RR **99**, 216. Das gilt selbst dann, wenn der Kläger seinen Irrtum berichtigt und keine Anträge stellt, Hamm MDR **91**, 1201. Freilich ergeht eine Entscheidung dann nur wegen der bis dann entstandenen Kosten, und zwar durch einen Beschluß. Das Gericht darf ein Rechtsmittel des unrichtigerweise Beklagten, also des sachlich nicht Legitimierten, nicht als unzulässig verwerfen, sondern es muß die Klage als unzulässig abweisen. 14

I. Kampfstellung. Jeder Zivilprozeß verlangt zwei verschiedene Parteien in einer Kampfstellung gegenüber. Jede von ihnen verlangt einen Rechtsschutz gegen die andere. Jede ist prozessual gleichberechtigt. Niemand kann mit sich selbst prozessieren, BGH MDR **03**, 284, und zwar in gar keiner Weise, auch nicht als Partei kraft Amts nach Rn 8, BGH MDR **03**, 284, oder als gesetzlicher Vertreter, BGH NJW **84**, 58, KG Rpfleger **78**, 106, oder als Streitgenosse, § 59, oder als Streithelfer, § 66, oder als Staatsorgan, oder als Alleinerbe, Stöber MDR **07**, 762 (ausf). Zum Beispiel kann ein Kaufmann nicht gegen sich selbst als Korrespondentreeder auf Ersatz klagen. Wohl aber ist ein Prozeß zwischen dem Insolvenzverwalter und dem Schulder oder einem Insolvenzgläubiger möglich. Denn der Verwalter ist Partei kraft Amts, Rn 11. 15

J. Zusammenfallen beider Positionen. Wird eine Partei Rechtsnachfolgerin der anderen nach § 325, ist kein Prozeß mehr möglich. Das Rechtsschutzbedürfnis entfällt für beide „Parteien". Es genügt die bloße Mitteilung des Vorgangs, um den Prozeß zu beenden, BGH RR **99**, 1152 (Erbgang). Für eine Erledigterklärung gar in der Eigenschaft derselben Person als 2 „Parteien" ist mangels Fortbestands in Gestalt nur *einer* Partei kein Raum mehr, BGH RR **99**, 1152, aM Köln RR **92**, 1337. Eine Kostenhaftung tritt gegenüber dem Staat nach §§ 22 ff GKG ein, gegenüber ProzBev nach dem RVG. Das alles gilt freilich nur mangels einer wirksamen Ausschlagung der Erbschaft. §§ 239 ff können daher anwendbar werden. Gegen eine unbestimmte und nicht greifbar bezeichnete Person ist kein Prozeß statthaft. Davon gibt es nur ganz wenige Ausnahmen, zB beim selbständigen Beweisverfahren, §§ 485 ff. Eine Personengesamtheit kann gegen ihre Mitglieder prozessieren oder umgekehrt; so eine Gemeinde, eine Offene Handelsgesellschaft, eine Aktiengesellschaft. Zu diesen Fragen Lewerenz, Leistungsklagen zwischen Organen und Organmitgliedern der Aktiengesellschaft, 1977, Schmidt ZZP **92**, 212. Auf jeder Seite können mehrere als Partei stehen (Streitgenossen, § 59). Dritte, die sich am Verfahren nach § 66 als Streithelfer beteiligen, werden nicht Partei. Sie Nebenpartei zu nennen im Gegensatz zur Hauptpartei, fördert nicht. Die ZPO bringt mehrfach Rechtsverfolgungen ins Gewand des Zivilprozesses, die damit eigentlich nichts gemeinsam haben. Auch dann verlangt sie zwei Parteien und stellt das Parteiverhältnis notfalls künstlich her. 16

17 **5) Falsche und nichtbestehende Partei**

Schrifttum: *Kunz,* Die Vorgesellschaft im Prozeß und in der Zwangsvollstreckung usw, 1994; *Lindacher,* Die Nachgesellschaft – Prozessuale Fragen bei gelöschten Kapitalgesellschaften, Festschrift für *Henckel* (1995) 549; *Schmidt,* Zur Vollbeendigung juristischer Personen, 1989.

18 **A. Falsche Partei.** Tritt eine falsche Partei namens der richtigen auf, Rn 4, muß das Gericht sie entsprechend § 56 durch einen Beschluß aus dem Prozeß verweisen oder auf ihren Antrag entlassen, § 75, Ffm BB **85**, 1219. Das geschieht auf Kosten der wahren Partei, BGH RR **95**, 765, Stgt RR **99**, 216, es sei denn, diese hätte zB die falsche Zustellung nicht verschuldet, Düss RR **96**, 892. Das gilt auch dann, wenn eine falsche Partei den ProzBev bestellt hatte, § 172. Er muß die Verwechslung unverzüglich rügen, Kblz RR **90**, 960. Andernfalls kann § 295 gelten, BGH **127**, 164, Schmidt NJW **95**, 911. Rechtsbehelf ist bei einem Beschluß die sofortige Beschwerde, § 567 I Z 2, bei einem Urteil die Berufung, BGH RR **99**, 765, Hamm NJW **99**, 917, Naumb RR **98**, 357. Prozeßhandlungen der falschen Partei berühren die richtige nicht. Sie werden aber durch eine Genehmigung wirksam. Das folgt schon daraus, daß ein die falsche Partei bezeichnendes Urteil dann, wenn das Gericht nur die richtige Partei meinte, für und gegen die richtige wirkt und nur mit Rechtsbehelfen anfechtbar ist, BGH NJW **93**, 2944, notfalls mit einer Nichtigkeitsklage, § 579 I Z 4. Das Urteil wird mit dem Ablauf der Rechtsmittelfrist rechtskräftig, § 705. Im Parteiprozeß nach § 78 Rn 1 muß das Gericht die Parteinämlichkeit in jeder Lage des Verfahrens von Amts wegen prüfen, sobald der Verdacht einer Unstimmigkeit auftaucht, Grdz 39 vor § 128. Tritt ein Anwalt als Bevollmächtigter auf, steht § 88 einer solchen Nachprüfung bis zu einer Rüge entgegen, Nürnb OLGZ **87**, 485.

19 **B. Nichtbestehende Partei.** Besteht der Kläger in Wahrheit nicht (mehr), muß das Gericht die Klage als unzulässig abweisen, BGH NJW **02**, 3111, Brdb RR **02**, 1217, Burbulla MDR **07**, 440 (Umdeutung nur unter engen Voraussetzungen). Wer sein Bestehen behauptet hat, muß die Kosten tragen, BGH NJW **08**, 528 links, Ffm RR **96**, 1213, Karlsr RR **97**, 1290 (je: der gutgläubige ProzBev haftet nicht selbst). Stellt sich später heraus, daß der Kläger doch besteht, ist er dadurch beschwert, daß eine Kostenentscheidung zwischen den Parteien noch nicht ergangen ist. Besteht der Bekl nicht, muß der Kläger die Kosten des als gesetzlicher Vertreter oder Partei kraft Amts Geladenen tragen, Hbg MDR **76**, 846, Mü RR **99**, 1264 (letzter Geschäftsführer). Ein etwa ergehendes Sachurteil ist wirkungslos, aber nicht nichtig, Hbg MDR **76**, 846, aM BayObLG **86**, 233 (zu § 156 KostO. Aber es liegt ein Staatshoheitsakt vor, Üb 10 Vor § 300), Freilich liegt meist nur eine falsche Bezeichnung vor. Diese darf und muß das Gericht berichtigen, Rn 3 („OHG" bei einem Einzelkaufmann), Jena MDR **97**, 1030 (Rechtsnachfolger eine Gemeinde).

20 **C. Erlöschen.** Handelsgesellschaften, Partnerschaftsgesellschaften und Genossenschaften verschwinden mit ihrem Erlöschen noch nicht unbedingt aus dem Rechtsleben, § 50 Rn 23, § 239 Rn 4, Hbg KTS **86**, 507, Saarbr Rpfleger **91**, 513, LG Brschw RR **99**, 1265. Trotzdem ist der Wille des Klägers maßgebend, wenn er nur die Geschäftsführer einer gelöschten Gesellschaft verklagt, Kblz VersR **83**, 671. Nach der Löschung muß ein (neuer) Liquidator bestellt werden, AG Lüneb DGVZ **89**, 191. Ist ein Verein aufgelöst und gelöscht, kann auch ein Zwangsmittel nach § 888 gegen ihn nicht mehr ergehen. Er hat auch keine Beschwerdemöglichkeit. Denn es ist nichts von ihm übriggeblieben. Klagt der ProzBev nach dem Tod seiner Partei, liegt nur eine falsche Bezeichnung der Partei vor, § 86. Wegen des Urteils gegen einen nicht Parteifähigen § 50 Rn 11 ff.

21 **6) Prozeßführungsrecht und Sachbefugnis (Sachlegitimation)**

Schrifttum: *Altmeppen,* Zur Rechtsnatur der actio pro socio, Festschrift für *Musielak* (2001) 1; *Barnert,* Die Gesellschafterklage im dualistischen System des Gesellschaftsrechts, 2003; *Baumgarten,* Der richtige Kläger im deutschen, französischen und englischen Zivilprozeß, 2001; *Baumgartner,* Die Klagebefugnis nach deutschem Recht vor dem Hintergrund der Einwirkungen des Gemeinschaftsrechts, 2005; *Berger,* Die subjektiven Grenzen der Prozeßstandschaft usw, 1992; *Bernstein,* Gesetzlicher Forderungsübergang und Prozeßführungsbefugnis im Internationalen Privatrecht usw, Festschrift für *Sieg* (1976) 49; *Grunsky,* Prozeßstandschaft, Festgabe *50 Jahre Bundesgerichtshof* (2000) III 109; *Homburger/Kötz,* Klagen Privater im öffentlichen Interesse, 1975; *Jänisch,* Prosessuale Auswirkung der Übertragung der Mitgliedschaft, 1996; *Michaelis,* Der materielle Gehalt des rechtlichen Interesses bei ... der gewillkürten Prozeßstandschaft, Festschrift für *Larenz* (1983) 443; *Schütz,* Sachlegitimation und richtige Prozeßpartei bei innergesellschaftlichen Streitigkeiten in der Personengesellschaft, 1994; *Schumann,* Die Prozessermächtigung (die gewillkürte Prozessstandschaft) und der Rechtschutz des Beklagten, Festschrift für *Musielak* (2004) 457; *Schwab,* Die prozeßrechtlichen Probleme des § 407 II BGB, Gedächtnisschrift für *Bruns* (1980) 181; *Tsantinis,* Aktivlegitimation und Prozeßführungsbefugnis von Individuen und Organisationen im UWG-Prozeßrecht, 1995; *Urbanczyk,* Zur Verbandsklage im Zivilprozeß, 1981; *Weber,* Die Prozeßführungsbefugnis als Sachurteilsvoraussetzung im Zivilprozeß und im Verwaltungsprozeß, Diss Augsb 1992; *Wrobel,* Die Prozeßführungsbefugnis des Zwangsverwalters, 1993; *van Zwoll,* Die Prozeßstandschaft auf der Beklagtenseite, 1993. Zur Verbandsklage auch Grdz 29–31 vor § 253.

22 **A. Begriff des Prozeßführungsrechts.** Prozeßführungsrecht oder -befugnis ist eine in jeder Lage des Prozesses von Amts wegen beachtbare Prozeßvoraussetzung, Rn 25. Es geht dabei um das Recht, einen bestimmten Prozeß als richtige Partei im eigenen Namen zu führen, BGH **161**, 165, AG Neuss WoM **89**, 88. So kann man den Deutschen Anwaltverein als ermächtigt ansehen, Unterlassungsansprüche nach dem RDG für die in ihm zusammengeschlossenen Rechtsanwälte im eigenen Namen gerichtlich geltend zu machen. Ein Verein zur Bekämpfung unlauteren Wettbewerbs darf einen wettbewerbsrechtlichen Anspruch geltendmachen, Grdz 30 vor § 253, Kblz GRUR **81**, 91, sofern er sich finanziell, sachlich und personell ausreichend ausstattet, sodann Wettbewerbsverstöße tatsächlich verfolgt und zB Unterlassungsansprüche auch gerichtlich durchsetzt. Vgl auch §§ 2 ff UKlaG, dazu aber auch Rn 47 „Verbrauchsklage". Freilich muß er damit auch einmal anfangen dürfen. Oft spricht man statt von einem Prozeßführungsrecht von einer Sachbefugnis (Aktivlegitimation = Klagebefugnis, Passivlegitimation = Stellung als richtiger Bekl).

23 **B. Sachbefugnis.** Die Sachbefugnis bezeichnet demgegenüber richtig die sachlichrechtliche Seite, nämlich das Zustehen eines Rechts. Sie hat somit eine Beziehung zur sachlichen Klageberechtigung, der

Klagebegründetheit, nicht zur prozessualen. Die Sachbefugnis ist ein Teil der Sachbegründung. Fehlt sie, muß das Gericht sachlich mit einer inneren Rechtskraftwirkung in der Sache selbst abweisen, § 322, BGH NJW **86**, 3207. Ein Zeitablauf kann zur Verwirkung des Einwands führen, der Bekl sei nicht der Verpflichtete, Schlesw VersR **96**, 635.

Fehlt das Prozeßführungsrecht, muß das Gericht die Klage als unzulässig abweisen. Denn es fehlt eine Prozeßvoraussetzung, Begriff Grdz 13 vor § 253, BGH GRUR **02**, 239. Das Gericht muß die Klage daher durch ein Prozeßurteil abweisen, also ohne eine innere Rechtskraftwirkung, BGH NJW **94**, 653, Ffm FamRZ **83**, 1268, Schwab Gedächtnisschrift für Bruns (1980) 191.

C. Zusammentreffen. Meist treffen das Prozeßführungsrecht und die Sachbefugnis zusammen, 24 BayObLG DB **79**, 936. Notwendig ist das aber nicht, Reinicke/Tiedtke JZ **85**, 892. Zum Beispiel ist ein Gesellschafter als Kläger unter Umständen prozeßführungsberechtigt, indem er die Leistung an alle Gesellschafter verlangen kann, BGH JZ **75**, 178, aM Hadding JZ **75**, 164. Sachlich befugt ist er nicht. Denn ihm fehlt der sachlichrechtliche Anspruch. Wer eine Forderung zur Sicherung abtritt, bleibt auch dann befugt, sie gerichtlich geltend zu machen, wenn seinen Anspruch auf die Rückabtretung nach der Erfüllung der gesicherten Forderung ein Gläubiger pfändet und sich zur Einziehung überweisen läßt, Ffm MDR **84**, 228. Zur Problematik Brehm KTS **85**, 5. Das Prozeßführungsrecht muß beim Schluß der letzten Tatsachenverhandlung vorliegen, §§ 136 IV, 296 a, BGH NJW **00**, 739, Düss FamRZ **06**, 1685.

D. Prozeßvoraussetzung. Klagt der aus dem Rechtsverhältnis sachlich Berechtigte, darf das Gericht 25 dieses Recht nach der Lebenserfahrung als vorhanden annehmen, soweit nicht gesetzliche Vorschriften entgegenstehen. Bei einem Streit muß es der Kläger für sich und den Bekl beweisen. Das Gericht muß ein Prozeßführungsrecht als eine Prozeßvoraussetzung nach Rn 23 in jeder Lage des Verfahrens von Amts wegen vor der Sachbefugnis prüfen, Grdz 39 vor § 128, BGH NJW **00**, 738, aM Balzer NJW **92**, 2721 (aber das Prozeßführungsrecht verdient durchaus keine Sonderbehandlung). Daß das Gericht auch die Sachbefugnis prüfen muß, folgt aus ihrer Natur als einem Teil der rechtlichen Klagbegründung.

E. Gesetzliche Prozeßstandschaft: Möglichkeit bei jeder Klageart. Nicht selten darf oder muß man 26 sogar einen solchen Anspruch in eigenem Namen im Prozeß verfolgen, der nach dem sachlichen Recht an sich einem anderen zusteht oder zustand, Hamm FamRZ **88**, 188, Karlsr FamRZ **88**, 636, Kblz FamRZ **88**, 637. Geschieht das auf Grund einer eigenen gesetzlichen Befugnis, liegt eine sog gesetzliche Prozeßstandschaft vor (so zuerst Kohler), Eickmann Rpfleger **81**, 214. Das kann bei jeder Klageart geschehen, LG Saarbr ZMR **92**, 61. Den Gegensatz bildet die sog gewillkürte Prozeßstandschaft oder Prozeßgeschäftsführung, Rn 29. Die Figur der Prozeßstandschaft hat sich bewährt, Grunsky (Rn 21) 126. Man darf sie aber nicht uferlos ausdehnen, Rn 2.

F. Beispiele zur Frage einer gesetzlichen Prozeßstandschaft 27

Abtretung: Rn 24.

Aktionär: Er hat evtl nach § 148 I AktG im sog Klagezulassungsverfahren ein Recht auf die Zulassung, einen Ersatzanspruch der Gesellschaft aus § 147 I 1 AktG in eigenem Namen geltend zu machen.

Auslandsunterhalt: Der Generalbundesanwalt als Zentrale Behörde im Verfahren auf ein sog eingehendes Gesuch um Auslandsunterhalt nach §§ 2 II, 7 ff AUG ist *weder* Partei kraft Amts *noch* Prozeßgeschäftsführer noch gesetzlicher Vertreter, sondern ProzBev kraft Gesetzes, Üb 8 vor § 78.

S auch Rn 28 „Unterhalt".

Drittschuldner: Rn 28 „Überweisung".

Drittwiderspruchsklage: S „Insolvenz".

Ehegüterrecht: Der allein verwaltende Ehegatte darf die Rechte des anderen am Gesamtgut kraft eigenen Rechts geltend machen, § 1422 BGB. Bei einer Gütergemeinschaft kann sich einer der Ehegatten vom anderen ermächtigen lassen, BGH NJW **94**, 653.

S aber auch Rn 28 „Schmerzensgeld".

Erbrecht, dazu *Ahner,* Die Rechtsstellung der Erbengemeinschaft in Prozess und Zwangsvollstreckung, 2008: Eine gesetzliche Prozeßstandschaft liegt vor, soweit ein Miterbe nach § 2039 BGB vorgeht, Habermeier ZZP **105**, 182 (ausf).

Forderungsübergang: S zunächst Rn 114 Rn 55 „Fremdes Recht". Eine gesetzliche Prozeßstandschaft *fehlt,* soweit eine Partei infolge eines gesetzlichen Forderungsübergangs auf sie klagt. Denn sie ist ja jetzt kraft Gesetzes selbst die neue Gläubigerin.

Heimarbeit: Eine gesetzliche Prozeßstandschaft liegt vor, soweit das Land den Entgeltanspruch eines Heimarbeiters verfolgt, BAG BB **85**, 529.

Insolvenz: Eine gesetzliche Prozeßstandschaft liegt vor, soweit der Insolvenzverwalter klagt, § 80 InsO, BGH DtZ **97**, 23, LG Bln MDR **89**, 171, oder soweit ihn ein Absonderungsberechtigter ermächtigt, BGH NJW **88**, 1210. Zur Problematik beim Sequester BGH MDR **00**, 974. Die Prozeßführungsbefugnis des vorläufigen Insolvenzverwalters nach § 22 I 1 InsO erstreckt sich *nicht* auf eine Massevermehrung oder auf eine Schadensersatzklage, LG Essen Rpfleger **00**, 398.

Markenrecht: Eine gesetzliche Prozeßstandschaft liegt bei § 27 III MarkenG vor, Drsd WettbR **99**, 135.

Nachlaßpfleger: Er ist *kein* gesetzlicher Prozeßstandshafter, § 1960 II BGB, BGH NJW **89**, 2134, Köln RR **97**, 1091.

Nachlaßverwalter: Eine gesetzliche Prozeßstandschaft liegt bei ihm vor, §§ 1984 I 3, 1985 I BGB.

Nießbrauchsverwalter: Er handelt in gesetzlicher Prozeßstandschaft, § 1052 BGB.

Orchestervorstand: Eine gesetzliche Prozeßstandschaft liegt vor, soweit der Orchestervorstand usw nach 28 § 80 II UrhG vorgeht, BGH **121**, 322, Ffm GRUR **85**, 381.

Rentenrecht: Eine gesetzliche Prozeßstandschaft liegt vor, soweit der vom Land ermächtigte Bund wegen privatrechtlicher Forderungen des Versorgungsträgers wegen Ersatzes gezahlter Renten gegen Dritte vorgeht.

Schmerzensgeld: Ein Vater kann *nicht* das Schmerzensgeld des volljährigen Kindes kraft Gesetzes im eigenen Namen geltend machen, ebensowenig der Ehemann im gesetzlichen Güterstand.

Testamentsvollstrecker: Er handelt grds in gesetzlicher Prozeßstandschaft, §§ 2212, 2213 I 1 BGB, BGH RR **87**, 1091. Sein Recht ist begrenzt, BGH MDR **03**, 284. Der Erbe kann ihn als Nachlaßschuldner verklagen. Denn der Testamentsvollstrecker kann nicht gegen sich selbst prozessieren, BGH MDR **03**, 284.

Überweisung: Eine gesetzliche Prozeßstandschaft liegt vor, soweit ein Überweisungsgläubiger die Rechte des Schuldners im eigenen Namen geltend macht, § 841.

Unterhalt: Eine gesetzliche Verfahrensstandschaft liegt vor, soweit ein Elternteil nach § 1629 II 2, III BGB den Unterhaltsanspruch des *minderjährigen* Kindes gegen den anderen Elternteil im eigenen Namen geltend macht, § 114 Rn 55, § 323 Rn 70, § 794 Rn 11, BGH NJW **83**, 2085, Ffm FamRZ **94**, 1041, Stgt MDR **99**, 41, strenger Kblz FamRZ **87**, 495, Zweibr FER **01**, 68. Auch das nach § 7 IV UVG handelnde Land ist gesetzlicher Prozeßstandschafter, Karlsr FamRZ **04**, 1796. Zum Erlöschen der Verfahrensstandschaft Brdb FamRZ **97**, 509 (Volljährigkeit), Rogner NJW **94**, 3325 (ausf). Rechtspolitisch krit Schmitz FamRZ **88**, 1131.

Die Mutter kann aber *nicht* den Unterhaltsanspruch des *volljährigen* Kindes im eigenen Namen geltend machen, selbst wenn es in ihrem Haushalt lebt, Ffm FamRZ **79**, 175, Stgt OLGR **01**, 103.

S auch Rn 27 „Auslandsunterhalt".

Versicherung: Sieg VersR **97**, 159 (Üb).

Verwertungsgesellschaft: Sie handelt in gesetzlicher Prozeßstandschaft, § 27 I 2 UrhG, §§ 1, 6 WahrnG, BVerfG MDR **88**, 285.

Wohnungseigentümer, -verwalter: Rn 49.

Zwangsverwaltung: Eine gesetzliche Prozeßstandschaft liegt vor, soweit der Zwangsverwalter klagt, § 152 ZVG, BGH **161**, 293 (auch zu den Grenzen). Das gilt auch, wenn er nach der Aufhebung des Verfahrens noch Nutzungen aus der Zeit der Zwangsverwaltung einklagt, BGH RR **90**, 1213, Stgt NJW **75**, 266, LG Kref Rpfleger **88**, 113.

29 **G. Gewillkürte Prozeßstandschaft (Prozeßgeschäftsführung):** Eine Prozeßgeschäftsführung liegt vor, wenn jemand ausdrücklich oder stillschweigend einen an sich einem anderen zustehenden sachlich-rechtlichen Anspruch im Prozeß verfolgt, BGH **161**, 165, KG VersR **05**, 830, Köln RR **01**, 533, der auch abtretbar ist, Rn 34, aber eben noch nicht an ihn abgetreten wurde (sonst wäre er ja selbst jetzt Rechtsinhaber). Eine weitere Voraussetzung ist, daß er dabei im eigenen Namen handelt, aber im Gegensatz zur Situation Rn 26 ohne eine Übertragung einer eigenen gesetzlichen Befugnis, sondern nur auf Grund einer auch prozessual darzulegenden rechtsgeschäftlich erhaltenen Erlaubnis, BGH NJW **99**, 1717. Meist nennt man auch das Prozeßstandschaft oder Prozessermächtigung, Schumann (vor Rn 1) 459, und zwar die sog gewillkürte, BGH GRUR **02**, 239. Wenn die Berechtigung nach außen fehlt und wenn auch keine sachlich-rechtliche Übertragung stattgefunden hat, muß man ein Prozeßführungsrecht grundsätzlich verneinen, so zB wenn der Kläger erkennbar stillschweigend ermächtigt ist, Ansprüche eines Dritten im eigenen Namen geltend zu machen. Eine Allgemeinermächtigung ist meist unwirksam, Köln WRP **85**, 659, LG Bln RR **93**, 1234, LG Kassel RR **91**, 529.

30 **H. Eigenes berechtigtes Interesse.** Man gewährt ein Prozeßführungsrecht zweckmäßig, wenn der Kläger einen berechtigten eigenen Grund zur Geltendmachung des fremden Rechts hat, BGH NJW **03**, 2232, also ein öffentlich- oder privatrechtliches eigenes schutzwürdiges *rechtliches* und nicht nur wirtschaftliches Interesse, Karlsr VersR **05**, 1551, OVG Kblz NVwZ-RR **05**, 735, Schumann (vor Rn 1) 491. Das letztere darf man nur bei der Prüfung des ersteren heranziehen, BGH GRUR **02**, 239, Brdb ZMR **99**, 97 (Befreiung von Verbindlichkeit), Köln RR **01**, 533, aM Boecken/Krause NJW **87**, 421 (sie fordern die Beachtung von Treu und Glauben. Aber das ist ohnehin zusätzlich selbstverständlich, Einl III 54), Koch JZ **84**, 815 (die Rechtsfigur sei entbehrlich; grundsätzlich fehle das Rechtsschutzbedürfnis nach Grdz 33 vor § 253. Das ist aber von der Entwicklung der Praxis überholt). Dabei kommt es dafür, ob der Prozeßstandschafter auf eine Leistung an sich selbst oder nur an den Ermächtigenden klagen kann, auf die Auslegung der Ermächtigung an, BGH **145**, 386. Sie ist zwar eine Prozeßhandlung, Grdz 46 vor § 128. Sie richtet sich aber nach dem sachlichen Recht, BGH NJW **00**, 739, evtl nach dem Auslandsrecht, BGH **125**, 196. Sie kann stillschweigend erfolgen, BGH RR **02**, 1378. Sie kann auf den Zeitpunkt der Klagerhebung zurückwirken, BGH RR **93**, 670. Man kann weder für die eine noch für die andere Möglichkeit einen Anscheinbeweis konstruieren. Denn die Interessenlagen können sehr unterschiedlich sein.

Ein eigenes rechtsschutzwürdiges Interesse liegt nur insoweit vor, als die Entscheidung des Prozesses die eigene *Rechtslage* des Prozeßführenden beeinflußt, BGH WoM **08**, 220, Celle NJW **89**, 2477, LG Bln RR **93**, 1234. Diese Situation kann bei einem sicherungshalber abgetretenen Anspruch vorliegen, BGH NJW **89**, 1932, LG Kassel VersR **79**, 616, Brehm KTS **85**, 11. Zur Problematik Brehm KTS **85**, 5, Frank ZZP **92**, 321, Koch JZ **84**, 809.

31 **I. Inkasso.** Bei einer bloßen Inkassozession verlangt BGH VersR **96**, 909 allerdings kein eigenes rechtliches Interesse des Abtretungsnehmers. Das Gericht muß die Voraussetzungen in jeder Verfahrenslage von Amts wegen beachten, BGH **125**, 200, auch in der Revisionsinstanz, BGH NJW **00**, 738. Der Prozeßstandschafter nach Grdz 26 vor § 50, unten Rn 34, muß diese Position freilich auch grundsätzlich vor Gericht offenlegen, BGH **94**, 122, LG Karlsr WoM **88**, 89. Es genügt, daß sie am Verhandlungsschluß vorliegt, §§ 136 IV, 296 a, BGH NJW **00**, 739. Freilich muß der Kläger eine etwaige Klagefrist gewahrt haben, LG Karlsr WoM **88**, 89 (zu [jetzt:] §§ 558 ff BGB). Nur bei einer eindeutig erkennbaren Prozeßstandschaft ist ihre ausdrückliche Erklärung entbehrlich, BGH NJW **99**, 3708, LG Karlsr WoM **88**, 89, aM Grunsky (bei Rn 21) 113 (aber dergleichen muß als eine prozessuale Ausnahme ganz klar sein).

32 **J. Kein unbilliger Nachteil.** Ferner darf die gewählte Art der Prozeßführung den Gegner nicht unbillig benachteiligen, BGH WoM **08**, 220, Schumann (vor Rn 1) 492. Eine solche Benachteiligung fehlt bei einer bloßen Gefährdung eines Anspruchs auf eine Kostenerstattung, BGH NJW **99**, 1717, oder bei einer Beweischance, NJW **88**, 1587. Ein Rechtsmißbrauch ist auch hier unstatthaft, Einl III 54, Rn 41. Auch das RBerG kann entgegenstehen, LG Bln RR **93**, 1234 (Verwalter klagt Miete ein). Eine Übertragung auf einen Dritten ist grundsätzlich unzulässig, BGH NJW **98**, 3205.

K. Keine bloße Prozeßwirtschaftlichkeit. Eine bloße Prozeßwirtschaftlichkeit kann trotz ihrer Bedeutung nach Grdz 14 vor § 128 das gerade rechtlich erforderliche Interesse nicht begründen, BAG DB **84**, 2566. Man darf die Figur der Prozeßstandschaft nicht uferlos ausdehnen, Rn 2. 33

L. Beispiele zur Frage einer gewillkürten Prozeßstandschaft 34

Abtretung: Eine gewillkürte Prozeßstandschaft kommt grds nur bei einer Abtretbarkeit der *Rechtsausübung* infrage, Rn 38 „Höchstpersönliches Recht", BGH NJW **83**, 1561, BVerwG NJW **83**, 1133. Ausnahmen können zB beim Schutz des Persönlichkeitsrechts eines Verstorbenen entstehen, BGH **107**, 384, oder beim Namensrecht, Rn 42. Es liegt grds ein Prozeßführungsrecht vor, wenn der Abtretende mit einer Ermächtigung des Abtretungsnehmers klagt, BGH NJW **79**, 924, Köln MDR **80**, 165. Das Urteil schafft eine innere Rechtskraft nach § 322 für und gegen diesen, BGH DB **99**, 1316, Hamm NJW **89**, 463, KG MDR **75**, 756. Das gilt auch bei einer Sicherungsabtretung, BGH DB **99**, 1316 (zumindest nach deren Offenlegung). Eine wirksame Ermächtigung wirkt nach § 265 II 1 fort, BGH NJW **89**, 1933.

Ein Prozeßführungsrecht *fehlt* aber ausnahmsweise bei dem Zedenten, wenn er überschuldet und vermögenslos ist, BGH NJW **03**, 2232, Brdb MDR **02**, 1453 (je: auch zu einer Ausnahme von der Ausnahme), Rostock MDR **04**, 770. Es fehlt ferner beim Zessionar. Denn er macht ja ein jetzt eigenes Recht geltend, LG Düss BB **07**, 848, sogar grds bei einer bloßen Sicherungsabtretung. Es fehlt ferner, wenn der Zessionar wegen einer nicht abtretbaren Forderung klagt, KG MietR **97**, 170, Köln RR **97**, 1072, LG Bln RR **02**, 1378, aM BGH NJW **02**, 1038, Köln MDR **79**, 935 (aber dann fehlt ja eine Grundbedingung der Prozeßstandschaft).

S auch Rn 39 „Inkassozession", Rn 40 „Kreditgeber", Rn 45 „Treuhänder", Rn 46 „Umdeutung".

Aktiengesellschaft: Es liegt ein Prozeßführungsrecht vor, wenn ein Gläubiger nach § 93 V 1 AktG klagt, Habscheid Festschrift für Weber (1975) 202, ferner bei § 350 AktG. Mit der Ermächtigung eines Aktionärs kann auch ein Dritter in einer Prozeßstandschaft vorgehen, Stgt RR **03**, 1619. Die Klagebefugnis erlischt im Anfechtungsprozeß mit dem Wegfall der Aktionärseigenschaft nicht stets, Heise/Dreier BB **04**, 1126.

Allgemeine Geschäftsbedingungen: Rn 47 „Verbandsklage".

ARGE: Es kann ein Prozeßführungsrecht vorliegen, wenn ein Mitglied einer auch früheren ARGE einen Werklohnanspruch einklagt, BGH NJW **99**, 3707.

Assekuradeur: Ein Assekuradeur hat wegen des Anspruchs eines Versicherten gegen den Schädiger evtl ein Prozeßführungsrecht, Düss VersR **97**, 132, Köln VersR **06**, 1565. Er kann auch gegen einen anderen Versicherer so vorgehen, KG VersR **05**, 830.

Auslandsberührung: Grds ist die lex fori maßgeblich, Einl III 74, BGH **125**, 199 (auch zu einer Ausnahme beim Auslandskonkurs), Hbg RR **96**, 511.

Auslegung: Rn 30, 46 „Umdeutung".

Bundesrepublik: Auch sie kann ein öffentlichrechtliches schutzwürdiges Interesse haben, Karlsr VersR **05**, 1551.

CMR-Vertrag: Vgl Piper VersR **88**, 203. 35

Dienstbarkeit: Ein Prozeßführungsrecht *fehlt*, wenn der Berechtigte aus einer beschränkten persönlichen Dienstbarkeit einen Dritten zur Klage gegen den Eigentümer des belasteten Grundstücks ermächtigt, soweit die Überlassung des Rechts der Ausübung nach unstatthaft ist.

Drittschadensinteresse: Es liegt ein Prozeßführungsrecht vor, wenn derjenige Geschädigte klagt, den der eigentlich Ersatzberechtigte vertraglich ermächtigt hat und dem die Ersatzleistung letztlich zugute kommt (Berechtigung aus Drittschaden).

Eherecht: Rn 27 „Ehegüterrecht", Rn 28 „Unterhalt". 36

Eigentum: Es kann ein Prozeßführungsrecht nach § 985 BGB auch für den Pächter vorliegen, BGH RR **86**, 158, Werner JuS **87**, 855. Dasselbe gilt für eine Klage eines Miteigentümers auf eine Zustimmung nach § 1011 BGB, BGH NJW **85**, 2825.

Einziehungsindossatar: Es liegt ein Prozeßführungsrecht vor, BGH NJW **99**, 2111.

S auch Rn 39 „Inkassozession", Rn 44 „Sicherungseigentum", Rn 48 „Vollmachtsindossatar".

Erbrecht: Ein Prozeßführungsrecht liegt vor, wenn ein Erbe mit einer Ermächtigung des Nachlaßverwalters im eigenen Namen und Interesse auf die Auflassung eines solchen Grundstücks klagt, das dann der Nachlaßverwaltung unterliegen soll, oder wenn der Vermächtnisnehmer mit einer Ermächtigung des Erben auf die Herausgabe klagt, BGH WertpMitt **95**, 1855.

S aber auch Rn 41 „Mißbrauch".

Ermächtigung zum Auftreten: Für Prozeßführungsrecht liegt vor, soweit der Kläger eine evtl sogar stillschweigende Ermächtigung zum Auftreten vor Gericht hat, BGH NJW **99**, 739. Das gilt zB: Bei der Erhebung eines Gesellschaftsanspruchs durch einen Gesellschafter, BGH RR **02**, 1377; bei der Klage des früheren Gläubigers wegen einer Sicherungsabtretung, BGH **128**, 379; bei der Klage nur eines Ehegatten wegen Baumängeln bei gemeinsamem Hausbau, BGH **94**, 122.

Frachtvertrag: Es kann ein Prozeßführungsrecht des Empfängers für den Absender gegen den Frachtführer bestehen, BGH **140**, 93.

Gebrauchsmustergesetz: Rn 48 „Volkskläger". 37

Generalbundesanwalt: Rn 28.

Gesellschaft mit beschränkter Haftung, dazu *Happ,* Die GmbH im Prozeß, 1997: Es liegt ein Prozeßführungsrecht vor, wenn der fast sämtliche Anteile besitzende Gesellschafter im Auftrag der Gesellschaft klagt, BGH RR **87**, 57, oder wenn die übrigen Gesellschafter auch für den rechtskräftig zur Zustimmung Verurteilten klagen, BGH **64**, 259, oder wenn ein Gläubiger eine Einlageforderung nach § 19 GmbHG gegen einen Gesellschafter einklagt, Stgt BB **02**, 2086.

Ein Prozeßführungsrecht *fehlt* aber dann, wenn die in Vermögensverfall geratene GmbH oder GmbH und Co KG ohne jede Aussicht ist, ihre Geschäfte fortzuführen, BGH NJW **99**, 1718. Freilich mag die Chance einer Befreiung von einer Verbindlichkeit reichen, BGH NJW **03**, 2232. Zum Problem Frahm VersR **96**, 163.

S auch Rn 40 „Konzern".

Gesellschaft bürgerlichen Rechts: Es kann ein Prozeßführungsrecht vorliegen, wenn ein Gesellschafter einen Anspruch der Gesellschaft geltend macht, so schon BGH NJW **97**, 1236. Das kann erst recht seit BGH **146**, 341 (Rechts-, Partei- und Prozeßfähigkeit der BGB-Außengesellschaft) je nach der Gesamtlage so sein, BGH RR **02**, 1378. Freilich muß man jetzt das rechtliche Interesse eher strenger prüfen.

Eine Prozeßstandschaft *fehlt* bei der Klage eines Gesellschafters als solchen, Altmeppen (vor Rn 1) 25. Denn er nimmt eigene Interessen und Rechte wahr. Die Gesellschaft kann nicht in einer Prozeßstandschaft der übrigen Gesellschafter auf die Ausschließung eines weiteren klagen, BGH BB **91**, 371.

Gewerblicher Rechtsschutz: Rn 47 „Verbandsklage".

Grundbuchsberichtigung: Es liegt ein Prozeßführungsrecht des Verkäufers nach § 894 BGB vor, BGH RR **88**, 126.

38 **Heimarbeiter:** Rn 28.

Höchstpersönliches Recht: Ein Prozeßführungsrecht *fehlt* grds, wenn es um ein höchstpersönliches Recht geht, BGH NJW **83**, 1561, oder um ein solches, das unübertragbar ist, BGH GRUR **78**, 585, BFH DB **78**, 2060. Wegen einiger Ausnahmen Rn 34 „Abtretung".

39 **Inkassozession,** dazu *Michalski* BB **95**, 1361: Ein Prozeßführungsrecht liegt als eng auslegbare Ausnahme vom Grundsatz Rn 34 „Abtretung" in einer eigentlich systemwidrigen Weise aus Zweckmäßigkeitserwägungen bei einer bloßen Inkassozession vor (Begriff PalH § 398 BGB Rn 26), und zwar ohne eine Notwendigkeit des eigenen rechtlichen Interesses, Rn 31. BGH VersR **96**, 909 (bei der Einschaltung eines Anwalts), Drsd VersR **95**, 1071, LG Bonn JB **95**, 660, aM Hamm MDR **92**, 1187 (bei einer Befugnis nur zu einer außergerichtlichen Einziehung sei die gerichtliche Geltendmachung im eigenen Namen bei der Bestellung eines ProzBev des Inkassobüros statthaft. Aber die Vollmacht reicht nicht auch dazu), Köln MDR **91**, 1085 (abl Mittag), Nürnb RR **90**, 1261.

S auch Rn 34 „Abtretung", Rn 36 „Einziehungsindossatar".

Insolvenzverfahren: Es liegt ein Prozeßführungsrecht vor, wenn der Insolvenzverwalter bei der Insolvenz einer KG in dieser Eigenschaft eine Forderung gegen einen mithaftenden Gesellschafter einklagt und wenn der Insolvenzgläubiger ihn dazu ermächtigt hat, um den Erlös allen Insolvenzgläubigern zugute kommen zu lassen, oder wenn der Insolvenzverwalter mit einer Ermächtigung eines Absonderungsberechtigten klagt, um auch für die Masse etwas zu erhalten, BGH NJW **88**, 1210, oder wenn der Schuldner als eine natürliche Person ein zur Insolvenzmasse zählendes Recht einklagt, BGH NJW **87**, 2018, oder wenn der Insolvenzverwalter einen Bereicherungsanspruch als ein massefremdes Recht einklagt, BGH BB **03**, 1526.

Ein Prozeßführungsrecht *fehlt,* wenn der Verwalter eine Forderung freigibt, um die Insolvenzmasse vom Prozeßrisiko zu befreien, sich aber vom Schuldner sofort wieder Zahlungsansprüche oder den Erlös zur Insolvenzmasse abtreten läßt oder vereinbart, daß ein erstrittener Erlös zur Insolvenzmasse abzuführen ist, und wenn der Schuldner kein eigenes rechtsschutzwürdiges Interesse an der Klage hat.

Es *erlischt* grds mit der Eröffnung des Insolvenzverfahrens über das Vermögen des Ermächtigenden, BGH NJW **00**, 738. Wegen einer Ausnahme BGH NJW **95**, 3187.

S auch Rn 27, Rn 34 „Auslandsberührung", Rn 48 „vorläufiger Insolvenzverwalter".

40 **Kommanditgesellschaft:** Rn 37 „Gesellschaft mit beschränkter Haftung".

Kommission: Es liegt ein Prozeßführungsrecht vor, wenn der Kommissionär im Einverständnis des Kommittenten im eigenen Namen gegen einen Dritten auf einen Ersatz klagt.

Konzern: Es liegt grds ein Prozeßführungsrecht vor, wenn die Muttergesellschaft einen Anspruch einer 100%igen Tochter geltend macht, BGH GRUR **95**, 54.

Kostenrisiko: Ein Prozeßführungsrecht *fehlt*, wenn man nur das Kostenrisiko zulasten des Prozeßgegners vermindern oder ausschließen will, BGH NJW **89**, 1933, Brdb ZIP **02**, 1444, Hamm RR **92**, 763.

Kreditgeber: Ohne besondere Umstände *fehlt* ein Prozeßführungsrecht des Kreditgebers des Versicherungsnehmers für eine Klage gegen den Versicherer, Hamm VersR **96**, 255.

Leasing: Der Leasingnehmer kann ein Prozeßführungsrecht haben, Düss NVersZ **99**, 40.

41 **Markengesetz:** Es liegt ein Prozeßführungsrecht beim Unterlassungsanspruch vor, BGH RR **89**, 690, ebenso dann, wenn der Lizenznehmer anstelle des Inhabers oder des Lizenzgebers handelt, BPatG GRUR **00**, 816.

S auch Rn 48 „Volkskläger".

Mietrecht: Ein Prozeßführungsrecht liegt vor, wenn der vom Vermieter eigens hierzu ermächtigte Hausverwalter einen Anspruch des Vermieters gegen den Mieter geltend macht, LG Bre WoM **93**, 605, Scholzen ZMR **81**, 3, aM LG Kassel RR **91**, 529 (aber der Verwalter hat meist auch ein eigenes rechtliches Interesse). Das gilt evtl sogar nach seinem Ausscheiden aus dem Amt, § 265 Rn 1, nicht aber beim Fehlen einer Ermächtigung des Vermieters, LG Hbg WoM **91**, 599. Freilich kann ein Verstoß gegen § 134 BGB und gegen das RBerG vorliegen, LG Bln RR **93**, 1234 (Verwalter klagt Miete ein). Ein Prozeßführungsrecht liegt ferner dann vor, wenn ein Vermieter den auch der Ehefrau zustehenden Anspruch einklagt, BGH **94**, 117. Freilich muß man gerade dann an das Vorliegen eines berechtigten eigenen Grundes scharfe Anforderungen stellen, AG Wuppert WoM **93**, 416. Bei einer BGH-Gesellschaft mag ein Gesellschafter den anderen stillschweigend ermächtigt haben, BGH NZM **02**, 787.

Ein Prozeßführungsrecht *fehlt*, soweit eine Mietermehrheit vorliegt, solange nicht zusätzliche Gesichtspunkte hinzutreten, großzügiger LG Bln RR **99**, 1387 (aber nicht jeder Gesellschafter kann einfach statt des anderen handeln). Es fehlt ferner, soweit der Hauptmieter einen nur dem Hauptvermieter zustehenden Anspruch gegen den Untermieter einklagt, LG Bln RR **93**, 1234.

Mißbrauch: Ein Rechtsmißbrauch ist wie stets auch hier schädlich, Einl III 54 ff, § 138 BGB, BGH RR **90**, 506, Hamm JB **92**, 701, Ramm KTS **90**, 617. Er liegt zB dann vor, wenn es nur um eine Verringerung des Kostenrisikos geht, Rn 40, oder wenn ein Miterbe allein einen zum Nachlaß gehörigen Anspruch arglistig geltend macht, § 2039 S 1 BGB, und wenn die anderen Miterben der Klagerhebung widersprechen. Maßgeblich ist der Erteilungszeitpunkt, Karlsr WertpMitt **93**, 357. Zur bloßen Vermögenslosigkeit Rn 34 „Abtretung".

42 **Nachlaßverwaltung:** Rn 36 „Erbrecht".

Namensrecht: Bei seiner Geltendmachung kann eine gewillkürte Prozeßstandschaft zulässig sein, BGH **119**, 240.

Offene Handelsgesellschaft: Es kann ein Prozeßführungsrecht des einen auch zugunsten des anderen Gesellschafters vorliegen, BayObLG **00**, 100 (auch zum Gründungsstadium).

Orchestervorstand: Rn 28.

Partnerschaftsgesellschaft: Jeder Partner kann die Partnerschaftsgesellschaft grds allein vertreten, § 7 III PartGG in Verbindung mit § 125 I HGB. Daher liegt *keine* Notwendigkeit zur Annahme eines Prozeßführungsrechts vor, solange nicht der Partnerschaftsvertrag zulässigerweise nach § 7 III PartGG in Verbindung mit §§ 125 II, IV, 126, 127 HGB die Vertretungsmacht einschränkt. In diesem letzteren Fall läßt sich nur nach den Gesamtumständen klären, ob ein Prozeßführungsrecht des auftretenden oder beklagten Partners vorliegt. Es kommt auf die Art und den Umfang der Beschränkung seiner Vertretungsmacht an, aber auch auf die Interessen des Prozeßgegners.

Politische Partei: *Nicht* hierher gehört die Klage des Vorstands des Kreisverbands einer politischen Partei, Celle NJW **89**, 2477.

Rechtsmißbrauch: Rn 41 „Mißbrauch". **43**

Schadensersatz: Es kann ein Prozeßführungsrecht der Krankenkasse für den Verletzten gegen den Schädi- **44**
ger vorliegen, BGH NJW **85**, 2194 (Verdienstausfall).

S auch Rn 35 „Drittschadensinteresse".

Sicherungsabtretung: Rn 34 „Abtretung".

Sicherungseigentum: Es liegt ein Prozeßführungsrecht vor, wenn der Sicherungsgeber mit einer Ermächtigung des Sicherungseigentümers klagt, BGH NJW **90**, 1116 (evtl sogar nach einem anschließenden Vermögensverfall des Klägers), Nürnb NJW **77**, 1543. Dabei kann man die Zustimmung stillschweigend erteilen, BGH RR **88**, 127. Evtl liegt auch allgemein beim Sicherungsabtretenden ein Prozeßgeschäftsführungsrecht vor, BGH NJW **89**, 1932. Der Sicherungsgeber darf die ihm erteilte Ermächtigung aber nicht auf einen Dritten übertragen, Jena MDR **98**, 1468.

S auch Rn 45 „Treuhänder".

Sortenschutzvereinigung: Sie hat *keine* gewillkürte Prozeßstandschaft, soweit es nicht um unmittelbare oder mittelbare Mitglieder geht, BGH GRUR **02**, 239.

Sozialversicherungsträger: Er gehört *nicht* hierher, BGH RR **04**, 595.

Stille Gesellschaft: Es kann ein Prozeßführungsrecht des oder für den Stillen vorliegen, BGH NJW **95**, 1355.

Tod: Ein Prozeßführungsrecht erlischt im Zweifel mit dem Tod des Ermächtigenden, BGH **123**, 135 (zustm Schilken ZZP **107**, 524).

S auch Rn 34 „Abtretung".

Treuhänder: Ein Prozeßführungsrecht kann vorliegen, soweit der Treugeber tätig wird, BGH NJW **99**, **45**
2111, Brdb BB **02**, 1610. Freilich wird er durch eine Abtretung an ihn selbst zum Rechtsinhaber, Rn 29.

S auch Rn 34 „Abtretung", Rn 44 „Sicherungseigentum".

Überschuldung: Ein Prozeßführungsrecht kann zugunsten einer natürlichen Person (anders als bei der **46**
GmbH, Rn 37) trotz einer Überschuldung usw bestehen, BGH NJW **99**, 1718.

S auch Rn 47 „Vermögensloser".

Umdeutung: Eine gewillkürte Prozeßstandschaft kann sich durch eine Umdeutung ergeben, zB bei einer unwirksamen Abtretung, BGH RR **03**, 51, Stgt BB **02**, 2086.

Unterhalt: Eine Einziehungsermächtigung durch die Sozialbehörde ist statthaft, Düss FamRZ **95**, 818. Bei einem künftigen Unterhalt hat der Sozialleistungsträger eine gewillkürte Verfahrensstandschaft, BGH FamRZ **98**, 357.

Ein Verfahrensführungsrecht *fehlt*, wenn das Jugendamt nach einem Anspruchsübergang einen Rückstand aus der Zeit vor der Rechtshängigkeit einfordert, Hamm FamRZ **90**, 1370. Ein Verfahrensführungsrecht fehlt ferner, sobald der Unterhaltsgläubiger wegen des Empfangs von Sozialhilfe seinen Anspruch wegen des grds jetzt kraft Gesetzes auf den Sozialhilfeträger übergehenden Anspruchs verliert, BGH RR **96**, 1345, Bre FamRZ **95**, 821, Jena FamRZ **96**, 951, aM Köln FamRZ **94**, 971, Schlesw MDR **94**, 726, ZöV 49 vor § 50 (aber es besteht keine Notwendigkeit einer Überleitungs- oder Rechtswahrungsanzeige mehr).

S auch Rn 27, 28.

Unterlassungsanspruch: Rn 41 „Markengesetz".

Unübertragbarkeit: Rn 38 „Höchstpersönliches Recht".

Unzulässige Rechtsausübung: Rn 41 „Mißbrauch".

Urheberrecht: Es liegt ein Prozeßführungsrecht vor, wenn der Herausgeber oder Verleger die Rechte des namenlosen Urhebers wahrt, § 10 II UrhG.

Veräußerung der Streitsache: Es liegt ein Prozeßführungsrecht vor, wenn der Veräußerer des Streitgegen- **47**
stands den Prozeß weiterführt, §§ 265, 266, BGH RR **88**, 289.

Verbandsklage, dazu *Hinz,* Wettbewerbsklagen in Verbänden im Sinn des § 13 Abs. 2 Ziff. 2 UWG in gewillkürter Prozeßstandschaft, Festschrift für *Piper* (1996) 257: Es liegt ein Prozeßführungsrecht vor, wenn ein Verband satzungsgemäß die Förderung der geschäftlichen Interessen der Mitglieder betreibt, Grdz 30 vor § 253, BGH NJW **83**, 1559, aM BGH **89**, 3 (in einer wenig überzeugenden Abweichung). Daran ändert auch § 13 II Z 2 UWG nichts, KG GRUR **95**, 141.

Nicht hierher gehören eine Einzelklage nach (jetzt) dem UKlaG für den Verband, Sieg VersR **77**, 494, oder die Klage eines solchen Verbands, dessen Mitglieder trotz seiner Satzungsaufgaben zur Wahrung ihrer Interessen auch selbst klagen dürfen, BAG DB **84**, 2566, oder der nur im Prozeßstandschaft ohne eigenes rechtliches Interesse klagt, BGH BB **98**, 233.

Verjährung: S „Versicherung".

Vermögensloser: Ein Prozeßführungsrecht *fehlt* bei seinem Vorschieben, BGH RR **88**, 127, aber nicht bei einem echten eigenen Interesse, BGH NJW **99**, 1718.

S auch Rn 46 „Überschuldung".

Versicherung, dazu *Koch/Hirse* VersR **01**, 405 (zur Dogmatik), *Sieg* VersR **97**, 181 (Üb): Eine Abtretung kann reichen, LG Bonn VersR **06**, 90. Es kann ein Prozeßführungsrecht des Versicherungsnehmers bleiben, Köln RR **94**, 27. Nach einem rechtskräftigen Unterliegen im Hauptprozeß und einer Leistung durch den Versicherer kann der Versicherungsnehmer *nicht* mehr ohne eine Zustimmung des Versicherers vom Anwalt einen Schadensersatz fordern, Düss VersR **99**, 445. Der Schädiger kann nicht statt des Versicherungsnehmers eine Deckung von Versicherer fordern, Stgt VersR **91**, 766. Wegen der Führungsklausel in einem Transportversicherungsvertrag BGH RR **02**, 20.

Versorgungsrecht: Wegen des Versorgungsträgers Rn 27.

48 **Volkskläger:** Bei §§ 15 GebrMG, 55 II Z 1 MarkenG liegt ein Prozeßführungsrecht vor.

Vollmachtsindossatar: Es liegt ein Prozeßführungsrecht vor, Art 18 WG.

S auch Rn 36 „Einziehungsindossatar".

Vollstreckungsstandschaft: Sie ist grds *nicht* statthaft, Einf 3 vor §§ 727–729.

Vorläufiger Insolvenzverwalter: Zum eingeschränkten Prozeßführungsrecht des nach §§ 21, 22 InsO bestellten vorläufigen Insolvenzverwalters Hbg ZIP **82**, 860 (krit Paulus ZZP **96**, 356), LG Ffm RR **97**, 796.

49 **Wettbewerbsrecht:** Rn 47 „Verbandsklage".

Widerruf: Man kann eine Ermächtigung meist bis zur Klagerhebung jederzeit widerrufen, BGH RR **86**, 158.

Wohnungseigentum, dazu (je zum alten Recht) *Blackert,* Die Wohnungseigentümergemeinschaft im Zivilprozeß, 1999; *Drasdo* MDR **03**, 1385, *Neumann* WoM **06**, 494, *Schuschke* NZM **05**, 81 (je: ausf):

WEG § 27. Aufgaben und Befugnisse des Verwalters. **[1] Der Verwalter ist gegenüber den Wohnungseigentümern und gegenüber der Gemeinschaft der Wohnungseigentümer berechtigt und verpflichtet,**

1.–6. . . .;

7. die Wohnungseigentümer unverzüglich darüber zu unterrichten, dass ein Rechtsstreit gemäß § 43 anhängig ist;

8. die Erklärungen abzugeben, die zur Vornahme der in § 21 Abs. 5 Nr. 6 bezeichneten Maßnahmen erforderlich sind.

II Der Verwalter ist berechtigt, im Namen aller Wohnungseigentümer und mit Wirkung für und gegen sie

1. Willenserklärungen und Zustellungen entgegenzunehmen, soweit sie an alle Wohnungseigentümer in dieser Eigenschaft gerichtet sind;

2. Maßnahmen zu treffen, die zur Wahrung einer Frist oder zur Abwendung eines sonstigen Rechtsnachteils erforderlich sind, insbesondere einen gegen die Wohnungseigentümer gerichteten Rechtsstreit gemäß § 43 Nr. 1, Nr. 4 oder Nr. 5 im Erkenntnis- und Vollstreckungsverfahren zu führen;

3. Ansprüche gerichtlich und außergerichtlich geltend zu machen, sofern er hierzu durch Vereinbarung oder Beschluss mit Stimmenmehrheit der Wohnungseigentümer ermächtigt ist;

4. mit einem Rechtsanwalt wegen eines Rechtsstreits gemäß § 43 Nr. 1, Nr. 4 oder Nr. 5 zu vereinbaren, dass sich die Gebühren nach einem höheren als dem gesetzlichen Streitwert, höchstens nach einem gemäß § 49 a Abs. 1 Satz 1 des Gerichtskostengesetzes bestimmten Streitwert bemessen.

III [1] Der Verwalter ist berechtigt, im Namen der Gemeinschaft der Wohnungseigentümer und mit Wirkung für und gegen sie

1. Willenserklärungen und Zustellungen entgegenzunehmen;

2. Maßnahmen zu treffen, die zur Wahrung einer Frist oder zur Abwendung eines sonstigen Rechtsnachteils erforderlich sind, insbesondere einen gegen die Gemeinschaft gerichteten Rechtsstreit gemäß § 43 Nr. 2 oder Nr. 5 im Erkenntnis- und Vollstreckungsverfahren zu führen;

3. die laufenden Maßnahmen der erforderlichen ordnungsmäßigen Instandhaltung und Instandsetzung gemäß Absatz 1 Nr. 2 zu treffen;

4. die Maßnahmen gemäß Absatz 1 Nr. 3 und Nr. 5 und Nr. 8 zu treffen;

5. im Rahmen der Verwaltung der eingenommenen Gelder gemäß Absatz 1 Nr. 6 Konten zu führen;

6. mit einem Rechtsanwalt wegen eines Rechtsstreits gemäß § 43 Nr. 2 oder Nr. 5 eine Vergütung gemäß Absatz 2 Nr. 4 zu vereinbaren;

7. sonstige Rechtsgeschäfte und Rechtsverhandlungen vorzunehmen, soweit er hierzu durch Vereinbarung oder Beschluss der Wohnungseigentümer mit Stimmenmehrheit ermächtigt ist.

[2] Fehlt ein Verwalter oder ist er zur Vertretung nicht berechtigt, so vertreten alle Wohnungseigentümer die Gemeinschaft. [3] Die Wohnungseigentümer können durch Beschluss mit Stimmenmehrheit einen oder mehrere Wohnungseigentümer zur Vertretung ermächtigen.

IV Die dem Verwalter nach den Absätzen 1 bis 3 zustehenden Aufgaben und Befugnisse können durch Vereinbarung der Wohnungseigentümer nicht eingeschränkt oder ausgeschlossen werden.

V . . .

VI Der Verwalter kann von den Wohnungseigentümern die Ausstellung einer Vollmachts- und Ermächtigungsurkunde verlangen, aus der der Umfang seiner Vertretungsmacht ersichtlich ist.

Ein Prozeßführungsrecht liegt also zwar *nicht stets* vor, LG Görlitz WoM **97**, 683, wohl aber zB dann, wenn der Verwalter nach § 27 I, II oder III WEG vorgeht (je zum alten Recht), BGH NJW **03**, 3196 (er vertritt nur die anderen), Köln RR **04**, 1668, LG Essen Rpfleger **02**, 101. Es liegt auch dann vor, wenn der Verwalter einen Nachbesserungsanspruch wegen eines Mangels am Sondereigentum oder am gemeinschaftlichen Eigentum im eigenen Namen einklagt usw, BGH NJW **03**, 3196, BayObLG MietR **97**, 116, Köln NZM **98**, 874. Ein Prozeßführungsrecht liegt ferner vor, soweit einzelne Wohnungseigentümer mit einer Ermächtigung der Gemeinschaft so wie der Verwalter vorgehen, BGH **114**, 387, Hamm ZMR **89**, 99 (je: Sondereigentum), Düss NZM **00**, 502 (Wohngeld, evtl Fortbestand nach seinem Ausscheiden), Kblz NZM **00**, 518. Die BGB-Gesellschaft kann nicht Verwalterin sein, BGH NJW **06**, 2189.

Ein Prozeßführungsrecht *fehlt,* wenn der Verwalter ohne eine besondere Ermächtigung des Eigentümers einer gesondert verwalteten Wohnung Rechte geltend macht, LG Kiel WoM **98**, 233, AG Neuss WoM **89**, 88 (eine Generalermächtigung wäre nach § 134 BGB nichtig). Sie fehlt auch, soweit es nur die Rückzahlung einer Mietsicherheit geht, LG Kaisersl WoM **03**, 630.

Zahlungsunfähigkeit: Trotz ihres Eintritts kann ein Prozeßführungsrecht fortdauern, BGH NJW **95**, 3186. 50

Zeuge: Es liegt ein Prozeßführungsrecht vor, wenn der Rechtsinhaber zum Zeugen wird, BGH RR **88**, 127.

Zwangsverwaltung, dazu *Wrobel,* KTS **95**, 19 (ausf): Ein Prozeßführungsrecht liegt vor, wenn der Zwangsverwalter tätig wird. Denn er wickelt ab. Daher bleibt dieses Recht evtl sogar nach der Aufhebung der Zwangsverwaltung wegen einer Zwangsversteigerung des beschlagnahmten Grundstücks bestehen, BGH **155**, 43, nicht aber bei einer Rücknahme des Gläubigerantrags, BGH **155**, 43.

S auch Rn 27.

Zwangsvollstreckung: Es kann im Prozeßführungsrecht des Gläubigers für den Überweisungsgläubiger gegen den Schuldner vorliegen, BGH NJW **86**, 423, Düss OLGR **95**, 87.

Titel 1. Parteifähigkeit; Prozessfähigkeit

Übersicht

1) Systematik. Parteifähig ist, wer Prozeßpartei sein kann, Grdz 4 vor § 50, wer also prozessual rechtsfähig ist. Die ZPO verknüpft die prozessuale Rechtsfähigkeit wegen der sachlichen Verwandtschaft zwecks einer Vereinfachung mit der sachlichrechtlichen. Prozeßfähig ist, wer wirksame Prozeßhandlungen vornehmen und einen ProzBev nach § 81 bestellen kann, § 51. Die Prozeßfähigkeit hängt von der sachlichrechtlichen Fähigkeit ab, sich durch Verträge zu verpflichten. Sie trifft also wesentlich mit der Geschäftsfähigkeit nach dem BGB zusammen. Sie befähigt zu allen prozessualen Handlungen. Eine Beschränkung auf gewisse Prozeßgattungen ist möglich, nicht aber auf einzelne Prozeßhandlungen. 1

Prozeßhandlungsvoraussetzungen nach Grdz 18 vor § 253 sind die Parteifähigkeit, BGH NJW **04**, 2523, Kblz RR **08**, 148, und die Prozeßfähigkeit, BGH MDR **92**, 911, sowie die Postulationsfähigkeit, Üb 1 vor § 78. Ihr Mangel führt zur Prozeßabweisung ohne eine innere Rechtskraft nach § 322 für die Sache selbst, Grdz 14 vor § 253, falls nicht der gesetzliche Vertreter die Handlung nachträglich genehmigt, BGH MDR **92**, 911. Die gerichtliche Bestellung eines Vertreters für den Prozeßunfähigen sieht § 57 vor. Das Prozeßführungsrecht und eine Verfügungsbefugnis nach Grdz 21 vor § 50 haben mit der Prozeßfähigkeit nichts zu tun.

2) Regelungszweck. Die Verknüpfung des sachlichen mit dem prozessualen Recht dient auch im Bereich der Zulassung und Begrenzung von Prozeßsubjekten einer durchaus wünschenswerten Vereinheitlichung und Vereinfachung als eines Hauptelements der Prozeßwirtschaftlichkeit, Grdz 14 vor § 128. Die Zulassung der Rechts- und Parteifähigkeit der Außengesellschaft bürgerlichen Rechts, BGH **146**, 341, zeigt ein starkes derartiges Bedürfnis unter einer Zurückstellung langjähriger dogmatischer Bedenken. Andererseits fordert die Rechtssicherheit auch eine Begrenzung solcher Tendenzen, Einl III 43. Das gilt etwa gegenüber auffälligen Gruppierungen nach Art einer Hausbesetzer-„Gemeinschaft". Auch daran sollte sich die Auslegung mitorientieren, so praktisch brauchbar sie natürlich auch bleiben muß, um einen wirksamen Rechtsschutz zu ermöglichen, Einl III 1, Grdz 1 vor § 253. 2

3) Geltungsbereich. Vgl Grdz 3 vor § 50. § 9 FamFG gilt als Sondervorschrift vorrangig. 3

50 *Parteifähigkeit.* ^I **Parteifähig ist, wer rechtsfähig ist.**

^II **Ein Verein, der nicht rechtsfähig ist, kann verklagt werden; in dem Rechtsstreit hat der Verein die Stellung eines rechtsfähigen Vereins.**

Schrifttum: *Barnert,* Die Gesellschafterklage in dualistischem System des Gesellschaftsrechts, 2003; *Beys,* Neue Wege zur Bestimmung der Recht- bzw Parteifähigkeit, Festschrift für *Schütze* (1999); *Brondics,* Die Aktionärsklage usw, 1988; *Cebecioglu,* Stellung des Ausländers im Zivilprozeß (rechtsvergleichend), 2000; *Eckhardt,* Die Vor-GmbH im zivilprozessualen Erkenntnisverfahren und in der Einzelvollstreckung, 1990; *Eickhoff,* Die Gesellschafterklage im GmbH-Recht, 1988; *Furtak,* Die Parteifähigkeit im Zivilverfahren mit Auslandsberührung, Prozeßrecht zwischen Kollisionsrecht, Fremdenrecht und Sachrecht, 1995; *Garlichs,* Passivprozesse des Testamentsvollstreckers usw, 1996; *Heiderhoff* ZZO **117**, 375; *Hess* ZZP **117**, 267 (je ausf); *Jäkel,* Die Rechtsfähigkeit der Erbengemeinschaft usw, Diss Ffm 2006; *Otto,* Der prozessuale Durchgriff. Die Nutzung formansässiger Tochtergesellschaften usw, 1993; *Schemmann,* Parteifähigkeit im Zivilprozeß, 2002;

Schmidt, Zur Vollbeendigung juristischer Personen, 1989; *Schwab,* Prozeßrecht gesellschaftsinterner Streitigkeiten, 2004; *Wagner* ZZP **117**, 305 (ausf).

Gliederung

1 **1) Systematik, I, II.** § 50 regelt die Voraussetzungen der Parteifähigkeit. § 56 regelt das Verfahren ihrer Prüfung im Prozeß. §§ 51 ff regeln die von der Parteifähigkeit zu unterscheidende Prozeßfähigkeit. Die Parteifähigkeit ist eine Prozeßvoraussetzung, Grdz 13 vor § 253, BGH RR **05**, 24, Rostock RR **02**, 828, LG Mainz RR **99**, 1716. Das Gericht muß sie von Amts wegen in jeder Instanz beachten, Grdz 39 vor § 128, BGH RR **05**, 24, Rostock RR **02**, 828. § 292 ist anwendbar, dort Rn 3.

2 **2) Regelungszweck, I, II.** Das Vorliegen der Parteifähigkeit braucht die sorgsamste Prüfung, § 56 Rn 1. Das liegt im Interesse aller den Prozeß tragenden Verfahrensgrundsätze, Grdz 2 vor § 50, Grdz 12 ff vor § 128. Die Parteifähigkeit muß bis zum Verhandlungsschluß nach §§ 136 IV, 296 a vorliegen, Rn 32, §§ 136 IV, 296 a, Rostock RR **02**, 828. Bei ihrem Fehlen muß das Gericht daher die Klage als unzulässig abweisen, Rostock RR **02**, 828, LG Mainz RR **99**, 1716.

3 **3) Geltungsbereich, I, II.** Vgl Grdz 3 und Üb 3 vor § 50.

4 **4) Begriff der Parteifähigkeit, I, II.** Parteifähigkeit ist die Fähigkeit, Partei zu sein, also im eigenen Namen eine Rechtsverfolgung als Kläger oder Bekl zu betreiben, sei es auch in der Wahrnehmung eines fremden Rechts, Grdz 26 ff vor § 50. Parteifähig ist derjenige, der nach dem BGB rechtsfähig ist, BGH **146**, 341, Mü RR **95**, 704, also zB auch der Minderjährige, Naumb FamRZ **01**, 1319. Maßgeblich ist im übrigen die Art der Partei. Ein Tier hat ungeachtet § 90 a BGB keine Parteifähigkeit, VG Hbg NVwZ **88**, 1058.

A. Inländische natürliche Person. Sie ist parteifähig, auch als Verschollene bis zur Todeserklärung, § 1 BGB, AG Hameln NJW **06**, 2441. Die Leibesfrucht ist auflösend parteifähig, BVerfG **39**, 41, soweit sie einen Pfleger nach § 1912 BGB hat, Schlesw NJW **00**, 1272, Wiebe Zeitschrift für Lebensrecht **00**, 18. Er ist ihr gesetzlicher Vertreter. Dasselbe gilt bei einer noch nicht erzeugten, jedoch bereits in einer letztwilligen Verfügung bedachten Person, §§ 1913, 2101, 2162, 2178 BGB.

5 **B. Ausländer.** Ein Ausländer kann Partei sein, wenn er nach seinem Recht parteifähig (rechtsfähig) ist. Das gilt selbst dann, wenn er nach dem deutschen Recht nicht parteifähig (rechtsfähig) ist, Art 7 EG BGB, BGH **151**, 207, Zweibr NJW **87**, 2168, aM Pagenstecher ZZP **64**, 262, 272 (es komme lediglich darauf an, ob die Parteifähigkeit nach dem Heimatrecht vorhanden sei. Ob nach diesem Heimatrecht eine Rechtsfähigkeit vorliege, sei nur dann erheblich, wenn das Heimatrecht die Parteifähigkeit von der Rechtsfähigkeit abhängig mache. Denn I gelte für einen Ausländer nicht). Freilich mag ein Wegfall der Parteifähigkeit nach dem Schluß der (ausländischen) mündlichen Verhandlung zu prüfen sein, BGH NJW **92**, 627. Das Recht am Ort des tatsächlichen (Haupt)Verwaltungssitzes, sog Sitztheorie, ist im Verhältnis zum Nicht-EU-Ausländer beachtlich, Kindler NJW **03**, 1079, aM Eidenmüller ZIP **02**, 2244. Es ist im Verhältnis zum EU-Ausländer aber nicht mehr allein maßgeblich, BGH NJW **04**, 3707, BayObLG **02**, 413, Brdb RR **01**, 30 (je: auch zur Vereinbarkeit mit dem EU-Recht). Man muß auch die Niederlassungsfreiheit nach Art 31 EWR beachten, BGH NJW **05**, 3351 (Rechts- und Parteifähigkeit einer liechtensteinischen AG; krit Haack MDR **06**, 106). Bei einer Verweisung ist evtl auch das Recht des Gründungsstaats maßgeblich, Ffm RR **00**, 1226. Zum Problem BGH DB **00**, 1114 (Vorlage beim EuGH), Forsthoff DB **00**, 1109. Wegen eines ausländischen Vereins § 23 BGB. Wegen einer ausländischen Stiftung Köln OLGR **99**, 377. Wenn eine ausländische Vereinigung wie eine juristische Person auftritt, kann man sie verklagen, soweit ein redlicher Geschäftsverkehr das erfordert, selbst wenn ihre Rechtspersönlichkeit fraglich ist.

6 **C. BGB-Gesellschaft,** dazu *Habersack* BB **01**, 497, *Jungbauer* JB **01**, 284, *Schmidt* NJW **01**, 993 (je: Üb): Es gilt im Ergebnis weitgehend dasselbe wie bei der Offenen Handelsgesellschaft, Rn 8, Schmidt NJW **08**, 1843. Soweit sie als eine Außengesellschaft durch ihre Teilnahme am Rechtsverkehr eigene Rechte und Pflichten begründet, ist sie rechts-, aktiv und passiv partei- und prozeßfähig, BVerfG NJW **02**, 3533, BGH **146**, 341 (ausf) und WoM **05**, 791, BAG NJW **07**, 3739. Sie kann auch eine Verfassungsbeschwerde einlegen, BVerfG NJW **02**, 3533. Soweit der Gesellschafter für die Verbindlichkeiten der Gesellschaft persönlich haftet,

entspricht das Verhältnis zwischen der Verbindlichkeit der Gesellschaft und der Haftung des Gesellschafters derjenigen bei der OHG (Akzessorietät), BGH NJW **146**, 341, Schmidt NJW **08**, 1844. Damit sind die jahrzehntelangen Streitfragen weitgehend geklärt. Das alles gilt auch für eine Sozietät, etwa von Anwälten, Schmidt NJW **05**, 2804. Die Verhältnisse müssen klarliegen, bloße Anhaltspunkte reichen nicht, BGH MDR **08**, 1047. Die BGB-Gesellschaft kann nicht WEG-Verwalterin sein, BGH NJW **06,** 2189.

Die *Innengesellschaft* ist nicht parteifähig, BGH **80**, 227, Müther MDR **98**, 625. Es müssen also alle gegen alle klagen, BGH NJW **00**, 292.

D. Juristische Person, dazu *Happ,* Die GmbH im Prozeß, 1997; *Kunz,* Die Vorgesellschaft im Prozeß und in der Zwangsvollstreckung, 1994: Die Parteifähigkeit hängt von der Rechtsfähigkeit ab. Sie richtete sich internationalrechtlich nach dem Personalstatut und nach dem deutschen IPR zunächst nach der sog Sitztheorie, Rn 5, BGH **153**, 355 (USA), Düss JZ **00**, 203 (krit Ebke), Zweibr Rpfleger **01**, 93. Infolge EuGH BB **02**, 2402 (zustm Haack MDR **03**, 97) muß das deutsche Gericht jetzt auch die EU-Scheinauslandsgesellschaft als rechts- und parteifähig anerkennen, BGH **105**, 207 (zustm Cronstedt BB **02**, 2033), Ebke BB **03**, 1. Überhaupt kann eine in der EU befindliche Gesellschaft ihre vertraglichen Rechte nach dem Recht ihres Gründungsstaats auch dann geltend machen, wenn sie den Verwaltungssitz in einen anderen EU-Staat verlegt, ihren satzungsmäßigen Sitz aber beibehalten hat, BGH **154**, 189 (zustm Noack LMK **03**, 107, abl Eidenmüller JZ **03**, 526). Anders liegt es bei Verlegung eines USA-Sitzes einer dort begründeten juristischen Person nach Deutschland, BGH **153**, 355 (USA-Recht bleibt maßgeblich). Parteifähig ist auch die einer deutschen AG weitgehend gleichstehende SE. 7

Im übrigen gilt: Jede juristische Person des öffentlichen oder privaten Rechts ist parteifähig, BGH NJW **04**, 2524, Köln NJW **95**, 3319 (je: Erzbistum), BVerwG NJW **92**, 253 (Synagogengemeinde), zB auch eine Rechtsanwaltsgesellschaft, § 59 c BRAO, oder eine Patentanwaltsgesellschaft, § 52 c I PatAnwO, oder Europol, Art 26 I, II G v 16. 12. 97, BGBl II 2150, oder die Deutsche Welle, Art 1 § 1 II G v 16. 12. 97, BGBl 3094, oder eine Versorgungskasse, Hamm VersR **87**, 145, oder eine Religionsgemeinschaft nach Art 140 GG, BGH **124**, 175, Köln OLGR **02**, 397, Pieroth/Görisch JuS **02**, 937, s auch unten, oder eine Kreissparkasse, BGH **127**, 381, oder eine Universität, BGH ZIP **92**, 1779, Karlsr NJW **91**, 1487 (nicht ein Universitätsklinikum, BGH **96**, 363), oder eine Innung oder Ständekammer. Auch ein Sondervermögen zählt nach dem Bundesrecht mit seinem Vorrang vor einem etwa abweichenden Landesrecht hierher.

Auch die *Vorform* einer juristischen Person kann klagen und jedenfalls verklagt werden, soweit sie bereits einen körperschaftlichen Charakter hat, so schon BGH NJW **98**, 1080 (zustm Demuth BB **98**, 966), Köln NJW **98**, 236, LAG Nürnb Rpfleger **98**, 296 (betr eine im Gründungsstadium befindliche Gesellschaft mit beschränkter Haftung). Die im Rechtsverkehr auftretende Vorgesellschaft ist aktiv parteifähig wie eine endgültige Außengesellschaft und auch passiv parteifähig, BGH **79**, 241, Ffm ZIP **95**, 1537, KG RR **94**, 495. Allerdings fehlt die Parteifähigkeit der Vor-GmbH grundsätzlich ab der formellen Rechtskraft der Aufgabe oder Ablehnung ihrer Eintragung, BGH RR **99**, 1554, BayObLG Rpfleger **87**, 407, Köln VersR **98**, 207, oder beim Unterbleiben einer zeitnahen Eintragung, Hamm MDR **07**, 169 (dann evtl BGB-Gesellschaft). Nach der Aufgabe der Eintragungsabsicht kann die Partei- und Prozeßfähigkeit allerdings ausnahmsweise als Abwicklungs- oder als Personengesellschaft bestehenbleiben, BGH NJW **08**, 2441 (zustm Weiß BB **08**, 1250).

Unter Umständen besteht die Parteifähigkeit der juristischen Person noch nach ihrer *Löschung* grundsätzlich bis zur Eintragung auch ihrer Vermögenslosigkeit fort, BGH RR **05**, 25, BAG RR **04**, 1407 links, KG JB **08**, 317 rechts, aM Drsd JB **98**, 480, Bork JZ **91**, 841 (ausf. Aber gegenüber der Formfrage der Löschung hat die Wirtschaftsfrage des Restvermögens den Vorrang). Ein eingetragener Verein ist nach I parteifähig, BGH GRUR **84**, 459, Ffm Rpfleger **78**, 134.

Nach dem UKlaG gelten für eine Unterlassungs- oder Widerklage eines rechtsfähigen Verbands oder einer Industrie- und Handelskammer Sonderregeln. Viele Handelsverträge enthalten für ausländische Handelsgesellschaften Vorschriften.

Soweit sich die GmbH noch einer *Forderung berühmt,* ist sie nicht vermögenslos, BAG NJW **88**, 2638, Kblz JB **04**, 321, Mü RR **95**, 613. Nicht ausreichend ist aber die bloße Möglichkeit späterer Forderungen, Rostock RR **02**, 828 (etwaiger Kostenerstattungsanspruch). Im übrigen ist zur Parteifähigkeit nach der Auflösung ein hinreichend nachvollziehbarer Vortrag zum Vermögensfortbestand eine Zulässigkeitsvoraussetzung der Klage, LG Mainz RR **99**, 1716. Wegen eines Prozeßpflegers § 57 Rn 4. Wegen eines Nachtragsliquidators BayObLG BB **83**, 1627. Wegen der Amtsstellen des Fiskus Grdz 13 vor § 50, § 18 Rn 5 ff, wegen der Parteifähigkeit einer Behörde Rn 10, § 17 Rn 7, wegen der Parteifähigkeit der evangelisch-lutherischen Kirche s oben und § 17 Rn 5.

E. Offene Handelsgesellschaft, dazu *Huber* ZZP **82**, 224: Ihre Rechtsnatur ist umstritten. Man muß aus § 124 I HGB jedenfalls die Parteifähigkeit der OHG ablesen, BGH **62**, 133, Brdb RR **96**, 1214. Was würde es sonst bedeuten, daß die Gesellschaft „unter ihrer Firma vor Gericht klagen und verklagt werden kann"? Außerdem lassen auch §§ 124 II, 129 HGB keine andere Auffassung zu. Es läßt sich nur so erklären, daß ein Prozeß zwischen der Gesellschaft und ihren Gesellschaftern möglich ist. Die Gesellschafter sind gesetzliche Vertreter der Gesellschaft, soweit nicht das sachliche Recht sie von der Vertretung ausschließt. Im Rechtsstreit muß die Gesellschaft durch die erforderliche Zahl von vertretungsberechtigten Gesellschaftern vertreten werden. Auch § 744 II BGB begründet nicht etwa ein Recht eines Gesellschafters, im Namen der Gesellschaft eine Klage ohne eine Zustimmung der mit Ermächtigung des neuen Gläubigers einer abgetretene Forderung vertretungsberechtigten Gesellschafter zu erheben, BGH NJW **86**, 850. 8

Die *gesetzlichen Vertreter* müssen mit ihren Personalien bekannt sein. Die Formulierung, die Offene Handelsgesellschaft sei „durch die Gesellschafter vertreten", reicht daher nicht aus. Ein Wechsel der Gesellschafter während des Rechtsstreits ist unerheblich, BGH **62**, 133. Ein Wegfall eines Gesellschafters unterbricht den Prozeß nur, falls die gesetzliche Vertretung infolge des Wegfalls nicht mehr vorhanden ist.

F. Partnerschaftsgesellschaft, Europäische wirtschaftliche Interessenvereinigung. Man muß sie wie eine OHG beurteilen, § 7 II PartGG in Verbindung mit § 124 I HGB, § 1 Hs 2 AGEWIV.

9 **G. Kommanditgesellschaft,** §§ 161, 164 HGB. Für sie gelten dieselben Grundsätze wie bei der OHG. Sie verliert die Parteifähigkeit als Bekl nicht schon infolge der Eröffnung des Insolvenzverfahrens, BGH NJW **96**, 2035, oder infolge seiner Einstellung mangels Masse, BGH NJW **95**, 196. Sie verliert die Parteifähigkeit aber bei der Vollbeendigung ihrer Auflösung, BGH NJW **82**, 238, Hamm RR **88**, 1307 (je: GmbH u Co KG).

H. Reederei. Ihr gesetzlicher Vertreter ist der Korrespondentreeder, § 493 III HGB. Wenn er fehlt, sind die Mitreeder die gesetzlichen Vertreter.

10 **I. Behörde.** Sie vertritt bei §§ 525 II, 2194 BGB, 62 GmbHG den Fiskus. Wegen des Bundeseisenbahnvermögens (im Gegensatz zur Deutschen Bahn AG) § 18 Rn 6 „Bundeseisenbahnvermögen". Die Deutsche Post AG, Postbank AG, Telekom AG sind keine Behörden. Ein Regierungspräsident ist nicht parteifähig. Wegen der ausländischen Streitkräfte Art 56 VIII ZAbkNTrSt, ArbG Bln DB **88**, 1608 (zu Berlin). Eine nach dem BauGB beteiligte Stelle ist in einer Baulandsache parteifähig, BGH NJW **75**, 1658.

11 **J. Wohnungseigentümergemeinschaft.** Diese Gemeinschaft war schon vor dem 1. 7. 07 rechtsfähig, soweit sie bei der Verwaltung des gemeinschaftlichen Eigentums am Rechtsverkehr teilnahm, BGH NJW **05**, 2061, KG NJW **06,** 1983, AG Schorndorf DGVZ **06**, 62.

Seit 1. 7. 07, Art 4 S 2 G v 26. 3. 07, BGBl 370, ÜbergangsR Einl III 78, gilt

WEG § 10. Allgemeine Grundsätze. VI [1] **Die Gemeinschaft der Wohnungseigentümer kann im Rahmen der gesamten Verwaltung des gemeinschaftlichen Eigentums gegenüber Dritten und Wohnungseigentümern selbst Rechte erwerben und Pflichten eingehen. [2] Sie ist Inhaberin der als Gemeinschaft gesetzlich begründeten und rechtsgeschäftlich erworbenen Rechte und Pflichten. [3] Sie übt die gemeinschaftsbezogenen Rechte der Wohnungseigentümer aus und nimmt die gemeinschaftsbezogenen Pflichten der Wohnungseigentümer wahr, ebenso sonstige Rechte und Pflichten der Wohnungseigentümer, soweit diese gemeinschaftlich geltend gemacht werden können oder zu erfüllen sind. [4] Die Gemeinschaft muss die Bezeichnung „Wohnungseigentümergemeinschaft" gefolgt von der bestimmten Angabe des gemeinschaftlichen Grundstücks führen. [5] Sie kann vor Gericht klagen und verklagt werden.**

12 **5) Fehlen der Parteifähigkeit, I, II.** Hier kommen die folgenden Fälle in Betracht.

A. Firma des Einzelkaufmanns. Sie bezeichnet nur den Kaufmann selbst, § 17 II HGB, Ffm BB **85**, 1219. Wenn der Firmeninhaber wechselt, wechselt damit die Partei, Ffm BB **85**, 1219. Wenn die Firma wechselt, kann die Partei bestehen bleiben. Das Gericht braucht den Firmeninhaber nur insoweit festzustellen, als es auf seine Nämlichkeit ankommt, etwa bei einer Parteivernehmung. Man kann den Einzelkaufmann und seine Firma weder als Streitgenossen noch nacheinander verklagen. Der Einzelkaufmann oder seine Firma müssen den Zusatz „e. K." tragen, Art 38 I EGHGB, Gräve/Salten MDR **03**, 1099 (auch im Mahnverfahren).

13 **B. Gemeinschaft des BGB.** Sie ist anders als die BGB-Außengesellschaft nach Rn 6 grundsätzlich *nicht* als solche parteifähig. Das gilt zB für die Erbengemeinschaft, BGH NJW **06**, 3715, aM Grunewald AcP **197**, 305.

14 **C. Stille Gesellschaft.**

15 **D. Politische Partei.** Hier muß man allerdings unterscheiden: Soweit sie als ein nichtrechtsfähiger Verein organisiert ist oder soweit ihr Gebietsverband der jeweils höchsten Stufe auftritt, ist sie aktiv und passiv parteifähig, Rn 24, § 3 ParteienG, BGH **73**, 277, Stgt RR **04**, 620, LG Mü Rpfleger **06**, 483. Die Bezirksverwaltung der politischen Partei ist jetzt wohl parteifähig, Rn 24. Eine Parteifähigkeit liegt vor, wenn auch der Bezirksvorstand als ein nichtrechtsfähiger Verein organisiert und dadurch passiv prozeßfähig ist, Bbg NJW **82**, 895, Hamm NJW **00**, 523, LG Arnsberg NJW **87**, 1413. Ein Ortsverein ist nicht parteifähig, LG Mü Rpfleger **06**, 483. Wegen einer Fraktion LG Bre RR **92**, 447, ArbG Bln NJW **90**, 534.

16 **E. Gewerkschaft.** Sie ist zumindest im arbeitsgerichtlichen Verfahren parteifähig, § 10 S 1 ArbGG. Im übrigen ist sie zumindest aktiv parteifähig, BGH **109**, 15, Lindacher JZ **89**, 378, aM RoSGo § 43 II 4 (nicht die Unterorganisation). Die Bezirksverwaltung der Deutschen Postgewerkschaft ist nicht parteifähig, da sie nicht tariffähig ist, aM Fenn ZZP **86**, 177. Eine körperschaftlich organisierte Unterorganisation mit einer eigenständigen Tätigkeit ist passiv parteifähig, Düss RR **86**, 1506.

17 **F. Zweigniederlassung.** Sie ist als solche *nicht* parteifähig, LG Aurich RR **98**, 1255. Allerdings ist die Rechtsperson unter der Firma ihrer Zweigniederlassung parteifähig.

18 **G. Teilweise: Wohnungseigentümergemeinschaft.** Auch sie ist teilweise *nicht* parteifähig, nämlich nicht rechtsfähig, soweit die Voraussetzungen Rn 11 fehlen, Mü NZM **05**, 672 (Störungsabwehr innerhalb der WEG).

19 **H. Sonstige Fälle.** Im arbeitsgerichtlichen Verfahren ist eine Arbeitgebervereinigung und sind ihre Zusammenschlüsse parteifähig, § 10 S 1 ArbGG. *Nicht* parteifähig ist ein „Institut", soweit es nicht nach Rn 7–14 organisiert ist, BGH GRUR **90**, 349.

20 **6) Erlöschen der Parteifähigkeit, I, II.** Die Parteifähigkeit erlischt mit dem Verlust der Rechtsfähigkeit. Er tritt mit dem Tod oder der Todeserklärung ein. Man muß im einzelnen unterscheiden, und zwar bei einer juristischen Person, einer parteifähigen Handelsgesellschaft, BGH NJW **96**, 2035, BAG JZ **82**, 373, Huber ZZP **82**, 224, einer ihr auch für die Liquidation grundsätzlich gleichstehenden Partnerschaftsgesellschaft, § 10 I, II PartGG. Wer parteifähig war, gilt bis zur Darlegung näherer Anhaltspunkte ihres Verlustes weiterhin als parteifähig, BGH NJW **04**, 2524.

A. Gesamtnachfolge. Sie kommt zB dann in Betracht, wenn Aktiengesellschaften usw ohne eine Abwicklung miteinander verschmelzen, §§ 339 ff AktG. Der Prozeß wird mit dem Rechtsnachfolger fortgesetzt.

B. Abwicklung, dazu *Hess,* Rechtsfragen der Liquidation von Treuhandunternehmen usw, 1993; *Stobbe,* Die Durchsetzung gesellschaftsrechtlicher Ansprüche der Gesellschaft in Insolvenz und masseloser Liquidation, 2001: Sie findet bei einer Auflösung in aller Regel statt. Die Abwicklungsgesellschaft setzt die Gesellschaft in einer anderen Form fort. Sie ist daher dieselbe Rechtsperson, BGH MDR **95**, 163 (KG). Die Parteifähigkeit bleibt selbst nach dem Abschluß der Abwicklung zumindest solange bestehen, wie noch ein verteilbares Vermögen besteht, BGH RR **95**, 1237, Kblz ZIP **98**, 967, Bork JZ **91**, 849. Es kann auch ein sonstiger Abwicklungsbedarf reichen, BGH MDR **95**, 529, BayObLG **93**, 332, Ffm OLGZ **79**, 193. Es genügt, daß der Kläger das behauptet, BGH NJW **96**, 2035, BAG ZIP **02**, 1947, Kblz RR **99**, 40 (wegen eines Erstattungsanspruchs: Vermutung), aM BayObLG WettbR **99**, 39 (Verbraucherschutzverein. Aber warum nur gerade bei ihm nicht?). 21

Die vorstehenden Regeln gelten auch dann, wenn die Gesellschaft erfolglos ein *Insolvenzverfahren* beantragt, selbst wenn die Ablehnung seiner Eröffnung mangels Masse erfolgt, BGH NJW **95**, 196, Kblz RR **94**, 501, oder wenn das Gericht das Insolvenzverfahren über sie eröffnet, BGH NJW **96**, 2035, oder wenn eine solche ausländische Gesellschaft, der das Aufsichtsamt die Erlaubnis zum Betreiben von Bankgeschäften entzogen hat, durch denjenigen deutschen Abwickler handelt, den das Gericht auf eine Veranlassung des Aufsichtsamts hin bestellt hat.

C. Vermögensverteilung. Die Gesellschaft erlischt grundsätzlich, wenn ihr Vermögen völlig verteilt worden ist (sog Vollbeendigung), BGH NJW **96**, 2035. Wenn also die Liquidation abgeschlossen wurde und die Löschung im Handelsregister eingetragen worden ist, kann man in einem Vollstreckungsverfahren grundsätzlich kein Rechtsmittel mehr einlegen. Allerdings dauert die Parteifähigkeit sogar dann in einem noch anhängigen Prozeß fort, BGH RR **86**, 394 (für die Genossenschaft). Denn niemand kann ohne einen gesetzlichen Grund eigenmächtig aus dem Prozeßrechtsverhältnis ausscheiden, BGH VersR **91**, 121, BAG NJW **88**, 2637, Kblz RR **94**, 501, aM BGH NJW **82**, 238, Hamm JR **88**, 334 (aber ein wirksam entstandenes Prozeßrechtsverhältnis unterliegt nicht voll einer Parteiherrschaft). 22

Wegen der Rechtslage für und gegen eine *Gesellschaft mit beschränkter Haftung* nach ihrer Löschung auf Grund eines Antrags oder von Amts wegen vgl § 57 Rn 3, § 239 Rn 2, BGH VersR **91**, 121, Kblz RR **99**, 40, Saarbr RR **98**, 1605, LG Brschw RR **99**, 1265 (solange die Vermögenslosigkeit nicht feststeht). Über eine Unterbrechung im Stadium der Abwicklung der vermögenslos gewordenen Gesellschaft § 241 Rn 1–3. 23

7) Nicht rechtsfähiger Verein usw, I, II. Der nicht rechtsfähige Verein ist als Kläger parteifähig, BGH NJW **08**, 69. Er ist auch als Bekl jetzt in Wahrheit rechts- und daher parteifähig, II ist praktisch überholt, Rn 15, KG MDR **03**, 1197, mit Rücksicht auf die überzeugende Grundsatzentscheidung BGH **146**, 341 (Rechts-, Partei- und Prozeßfähigkeit der BGB-Außengesellschaft), AG Witzenhausen RR **03**, 615. Das hat die jahrzehntelangen Streitfragen auch zur Beschränkung der Parteifähigkeit auf die passive weitgehend erledigt. Eine gesetzliche Klarstellung wäre hilfreich, um etwaige restliche Unsicherheiten zu beseitigen, Kempfler NZG **02**, 414 (sogar nötig). 24

A. Stellung eines rechtsfähigen Vereins. Im Prozeß hat der nicht rechtsfähige Verein die Stellung eines rechtsfähigen. Infolgedessen ist der Vereinsvorstand der gesetzliche Vertreter, § 51. Die Mitglieder des Vereins sind nicht Partei. Der Verein kann im Prozeß alles das tun oder lassen, was eine juristische Person tun oder unterlassen dürfte. Eine im Rechtsverkehr im eigenen Namen auftretende Untergliederung, zB eine Ortsgruppe, kann als ein selbständiger nicht rechtsfähiger Verein gelten, unabhängig von der Satzung, BGH **90**, 332, LG Regensb RR **88**, 184 (Tennisabteilung), Ferner NJW **08**, 17. 25

B. Beispiele zur Frage der Möglichkeiten des nicht rechtsfähigen Vereins 26

Abtrennung: Er kann sie und das abgetrennte Verfahren nach § 145 betreiben.
S auch „Schadensersatz".

Aufrechnung: Er kann sie erklären.

Forderungsüberweisung: Er kann eine solche erlangen. Denn er kann Gläubiger werden und klagen.

Rechtsmittel: Er kann ein Rechtsmittel einlegen.

Schadensersatz: Er kann einen solchen nach § 717 fordern, freilich nicht in einem schon abgetrennten Prozeß.

Sicherheitsleistung: Er kann auf die Freigabe einer Sicherheit klagen.

Streithelfer: Er kann als ein Streithelfer einer Partei auftreten, § 66, auch als Streithelfer eines Bekl. 27

Vollstreckungsklausel: S „Zwangsvollstreckung".

Widerklage: Er kann sie nach Anh § 253 erheben, Nieder MDR **79**, 10 (allerdings dann nicht, wenn er erst als ein Dritter so vorgeht, Nieder MDR **79**, 11).

Wiederaufnahme: Er kann ein Wiederaufnahmeverfahren nach §§ 578 ff betreiben. Denn der Antrag ist ein Rechtsbehelf.

Zwangshypothek: Er kann sich eine solche eintragen lassen.

Zwangsvollstreckung: Er kann sie betreiben. Er kann auf die Duldung einer Zwangsvollstreckung oder auf die Erteilung einer Vollstreckungsklausel nach §§ 724 ff klagen.

C. Weitere Einzelfragen. Die Regel Rn 24 ist anwendbar auf eine solche *werdende Stiftung,* die schon als juristische Person auftrat, LG Heidelb RR **91**, 969, und auf eine Verwaltungsorganisation von Miteigentümern mit einer körperschaftsähnlichen Verfassung und einem eigenen Namen. Eine örtliche Untergliederung einer Gewerkschaft oder einer parteiähnlichen Korporation kann ein nicht rechtsfähiger Verein sein, Karlsr OLGZ **78**, 227. Wegen eines ausländischen Unternehmens BGH **97**, 270. 28

29 Wenn ein nicht rechtsfähiger Verein *klagen* will, reicht eine Bezeichnung etwa mit folgendem Text: Verein Eintracht, bestehend aus folgenden Mitgliedern (es folgen – nicht notwendig, aber evtl ratsam – sämtliche Namen, Berufsangaben, Anschriften usw). Man muß einen Wechsel im Bestand der Mitglieder zwischen dem Zeitpunkt der Klageeinreichung und demjenigen der Klagezustellung nicht unbedingt dem Gericht mitteilen. Der Eintritt oder der Austritt eines Mitglieds nach der Klagerhebung hat auf den Fortgang des Prozesses keinen Einfluß. Denn insofern tritt eine Rechtsnachfolge in das Vereinsvermögen ein, § 738 BGB. Infolgedessen ist § 265 I anwendbar. Die nachträgliche Angabe vergessener Mitglieder ist eine zulässige Klageberichtigung. Der Vorstand hat die Stellung eines gesetzlichen Vertreters. Je nach der Satzung kann er auch seinerseits eine Prozeßvollmacht erteilen. Wegen einer Untergliederung Rn 24–28.

30 Wegen der großen und wechselnden Mitgliederzahl ergeben sich oft Schwierigkeiten. Deshalb pflegen die Vorstandsmitglieder eines nicht rechtsfähigen Vereins als Treuhänder des auf sie übertragenen Vermögens oder im Weg einer *Prozeßstandschaft* der Mitglieder im eigenen Namen zu klagen, Grdz 45 „Treuhänder" vor § 50. Dieser Weg ist zulässig. Eine Gewerkschaft hat eine aktive Parteifähigkeit, BGH **50**, 325. Für den Verein Deutscher Studenten (VDS) kann man die aktive Parteifähigkeit wegen BGH NJW **01**, 1056, Schmidt NJW **01**, 1003 jetzt wohl ebenfalls bejahen, ebenso für eine Burschenschaft, so schon Habscheid ZZP **78**, 236, Jung NJW **86**, 163 (es komme auf das sachliche Recht an). Zum Problem Lindacher ZZP **90**, 140. Das Mitglied eines klagenden nicht rechtsfähigen Vereins kann jetzt als Zeuge auftreten, Üb 23 „Verein" vor § 373. Seine Parteivernehmung nach §§ 445 ff ist dann nicht zulässig.

31 Im Verfahren vor den *Arbeitsgerichten* ist die Parteifähigkeit auch auf die meist als nicht rechtsfähige Vereine organisierten Gewerkschaften sowie auf die Vereinigungen von Arbeitgebern und auf die Zusammenschlüsse solcher Verbände zu Spitzenverbänden ausgedehnt, § 10 ArbGG, soweit solche Zusammenschlüsse nicht schon nach § 50 parteifähig sind. BAG DB **75**, 1272 hält den Sprecherausschuß der leitenden Angestellten zumindest in einem Rechtsstreit über seine Zulässigkeit für parteifähig. Wegen der arbeitsrechtlichen Einigungsstellen Lepke BB **77**, 54.

32 **8) Tragweite der Parteifähigkeit, I, II.** Man muß zeitliche und sachliche Unterschiede beachten.

A. Während des Prozesses. Die Parteifähigkeit muß als eine Prozeßhandlungsvoraussetzung nach Grdz 18 vor § 253 während der ganzen Dauer des Rechtsstreits von der Klage bis zum Urteil vorliegen, Rn 1. Denn ohne die Parteifähigkeit wäre jede Prozeßhandlung wirkungslos. Wenn ein Parteiunfähiger während des Rechtsstreits parteifähig wird und nunmehr die bisherige Prozeßführung genehmigt, heilt dadurch eine bisher nach dem Recht des Prozeßgerichts mangelhafte Prozeßhandlung sogar noch in der Revisionsinstanz, § 51 Rn 6–9, § 52 Rn 4, BayObLG MDR **75**, 408. Beim Wegfall der Parteifähigkeit während des Prozesses tritt ohne eine anwaltliche Vertretung eine Unterbrechung nach § 239 ein. Das gilt nicht bei einer anwaltlicher Vertretung, § 246 I, BGH RR **86**, 394. Eine Prozeßvollmacht bleibt evtl wirksam, § 86.

Das Gericht muß die Parteifähigkeit als eine *Prozeßvoraussetzung* in jeder Lage des Verfahrens von Amts wegen prüfen, § 56 Rn 4, BGH NJW **04**, 2523. Das Gericht braucht aber nicht das Verfahren bei der Schaffung der Grundlagen der Parteifähigkeit nachzuprüfen. Es braucht also zB nicht zu kontrollieren, ob die Voraussetzungen einer erfolgten Eintragung ins Handelsregister vorlagen.

33 **B. Nach dem Urteil.** Wenn gegen einen nicht Parteifähigen ein Urteil vorliegt, darf er das zulässige Rechtsmittel einlegen. Er ist also für die höhere Instanz parteifähig, Düss MDR **77**, 759. Denn ein rechtskräftiges Urteil wäre wirksam und vollstreckbar. Etwas anderes gilt nur dann, wenn die Partei in Wahrheit überhaupt nicht besteht, Grdz 19 vor § 50. Im Vollstreckungsverfahren muß das Gericht die Parteifähigkeit von Amts wegen prüfen, Grdz 39 vor § 128, Grdz 39 vor § 704, Hamm Rpfleger **90**, 131.

34 **C. Streit über die Parteifähigkeit.** In einem Rechtsstreit über die Parteifähigkeit müssen alle Beteiligten einen angeblich Parteiunfähigen zunächst als parteifähig behandeln, BGH NJW **93**, 2944, Mü ObLGZ **94**, 89, Schlesw SchlHA **78**, 178 (auch wegen der Kostenfestsetzung). Das gilt zB dann, wenn streitig ist, ob nicht doch noch ein Vermögen einer an sich bereits aufgelösten Erwerbsgesellschaft vorliegt, Rn 21, 22. Der angeblich nicht Parteifähige muß darlegen. Sodann prüft das Gericht freibeweislich, § 56. Steht die Nichtexistenz fest, sind auch zugehörige Anwaltskosten erstattbar, Grdz 19 vor § 50.

51 *Prozessfähigkeit; gesetzliche Vertretung; Prozessführung.* **I Die Fähigkeit einer Partei, vor Gericht zu stehen, die Vertretung nicht prozessfähiger Parteien durch andere Personen (gesetzliche Vertreter) und die Notwendigkeit einer besonderen Ermächtigung zur Prozessführung bestimmt sich nach den Vorschriften des bürgerlichen Rechts, soweit nicht die nachfolgenden Paragraphen abweichende Vorschriften enthalten.**

II Das Verschulden eines gesetzlichen Vertreters steht dem Verschulden der Partei gleich.

III Hat eine nicht prozessfähige Partei, die eine volljährige natürliche Person ist, wirksam eine andere natürliche Person schriftlich mit ihrer gerichtlichen Vertretung bevollmächtigt, so steht diese Person einem gesetzlichen Vertreter gleich, wenn die Bevollmächtigung geeignet ist, gemäß § 1896 Abs. 2 Satz 2 des Bürgerlichen Gesetzbuchs die Erforderlichkeit einer Betreuung entfallen zu lassen.

Vorbem. III angefügt dch Art 4 des 2. BtÄndG v 21. 4. 05, BGBl 1073, in Kraft seit 1. 7. 05, Art 12 des 2. BtÄndG, ÜbergangsR Einl III 78.

Schrifttum: *Brandner,* Zur gerichtlichen Vertretung der Gesellschaft gegenüber ausgeschiedenen Vorstandsmitgliedern/Geschäftsführern, in: Festschrift für *Quack* (1991); *Findeisen,* Der minderjährige Zeuge im Zivilprozeß, 1992; *Grundmann,* Der Minderjährige im Zivilprozeß, 1980; *Loritz,* Rechtsprobleme der

Vertretung von Gesellschaften mit beschränkter Haftung im Zivilprozeß bei Unwirksamkeit von Anteilsübertragungen, in: Festschrift für *Nakamura* (1996); *Oda,* Die Prozeßfähigkeit als Voraussetzung und Gegenstand des Verfahrens, 1996; *Reinicke,* Der Zugang des Minderjährigen zum Zivilprozeß usw, 1989; *Tsukasa,* Die Prozeßfähigkeit als Voraussetzung und Gegenstand des Verfahrens, 1996; *Ziegltrum,* Sicherungs- und Prozeßpflegschaft, §§ 1960, 1961 BGB, 1986.

Gliederung

1) Systematik, I–III. Während § 50 die Voraussetzungen der Parteifähigkeit nennt, regeln §§ 51 ff 1 diejenigen der gesondert beurteilbaren Prozeßfähigkeit und § 56 auch das Verfahren ihrer Prüfung im Prozeß. II entspricht § 85 II (Haftung des ProzBev). Von der Prozeßfähigkeit muß man die Verhandlungsfähigkeit (Postulationsfähigkeit) als eine sog Prozeßhandlungsvoraussetzung, unterscheiden, Grdz 18 vor § 253, Üb 1 vor § 78. Ferner muß man von der Prozeßfähigkeit ein Prozeßführungsrecht nach Grdz 2 vor § 50 unterscheiden.

2) Regelungszweck, I–III. Als eine Prozeßhandlungsvoraussetzung nach Rn 5 braucht die Prozeßfä- 2 higkeit wie die Parteifähigkeit die sorgsamste Prüfung nach § 56 Rn 2 im Interesse aller den Prozeß tragenden Verfahrensgrundsätze, Grdz 2 vor § 50, Grdz 12 ff vor § 128. Dabei hat auch der Schutz der Partei vor sich selbst eine Bedeutung, Engelmann-Pilger NJW **05**, 717.

Verschulden nach II ist eine Regelung, die ganz wesentlich der Rechtssicherheit im Außenverhältnis dient. II verweist den Vertretenen auf sein Innenverhältnis zum gesetzlichen Vertreter. Ihn kann er natürlich haftbar machen. Der Prozeßgegner bleibt von den in jenem Innenverhältnis möglichen Problemen verschont. So überzeugend dieser Schutz des Prozeßgegners dann ist, wenn ein gewillkürter (wenn auch vielleicht zusätzlich beigeordneter) ProzBev vorwerfbar falsch handelte, § 85 II, so problematisch ist er, wenn der Minderjährige oder aus anderen Gründen gesetzlich Vertretene nun auch noch seinen Vertreter in Haft nehmen muß, um dessen Verschuldensfolgen nicht voll tragen zu müssen. Indessen hat sich das Gesetz so entschieden. Es stellt im BGB und FamFG usw die etwa benötigte vormundschaftliche Hilfe zur Verfügung, so theoretisch diese Innenlösung auch oft bleiben mag. Im Prozeß kann und muß das Gericht nur klären, ob der Vertreter überhaupt entscheidungserheblich und vertretbar falsch handelte. Die Prüfung sollte aber klar und hart erfolgen.

3) Geltungsbereich, I–III. Vgl Grdz 3 und Üb 3 vor § 50. 3

4) Begriff der Prozeßfähigkeit, I. Prozeßfähigkeit ist die „Fähigkeit, vor Gericht zu stehen" und „vor 4 Gericht aufzutreten", Art 26 II 2 G v 16. 12. 97, BGBl II 2150 (betr Europol). Man darf die Prozeßfähigkeit nicht mit der Parteifähigkeit verwechseln, Hbg RR **97**, 1400. Prozeßfähigkeit ist die Fähigkeit, einen Prozeß selbst oder mithilfe eines ProzBev zu führen und Entscheidungen von vernünftigen Erwägungen leiten zu lassen, Ffm RR **92**, 763.

A. Prozessuale Geschäftfähigkeit. Es handelt sich also um die prozessuale Geschäftsfähigkeit, § 52 Rn 3, Bork MDR **91**, 97. Nach I soll sie sich nach dem bürgerlichen Recht richten. Dieses enthält aber keine derartige Vorschrift. Solche Vorschriften sind auch nicht erforderlich. Denn § 52 bestimmt die Prozeßfähigkeit durch die Geschäftsfähigkeit. Beispiele einer Prozeßunfähigkeit § 52 Rn 4 ff. Ein beschränkt Geschäftsfähiger ist grundsätzlich voll prozeßunfähig, LG Nürnb-Fürth NJW **76**, 633. Das gilt grundsätzlich auch für den mit einem Einwilligungsvorbehalt Betreuten, Bork MDR **91**, 98 (ausf). Der ohne einen solchen Vorbehalt Betreute bleibt geschäftsfähig, Bork MDR **91**, 98. Mit dem Eintritt der Volljährigkeit entsteht die volle Prozeßfähigkeit ohne weiteres, Düss FamRZ **99**, 653.

B. Teilweise Prozeßfähigkeit. Es ist auch zulässig, die Geschäftsfähigkeit und Prozeßfähigkeit etwa 5 wegen einer geistigen Störung für einen beschränkten Kreis von Angelegenheiten als partielle Geschäfts- und Prozeßunfähigkeit auszuschließen, BGH **143**, 124, etwa für die Führung eines Eheverfahrens. Eine Beschränkung der Prozeßfähigkeit kann auch bei einem Anwalt vorliegen, § 78 Rn 26, § 244 Rn 8, BVerfG **37**, 76. Die teilweise Geschäfts- und Prozeßunfähigkeit erstreckt sich dann allgemein auf dieses gesamte Sachgebiet, also auf den ganzen Prozeß. Es gibt allerdings keine solche Geschäftsunfähigkeit, die nur auf einen Kreis besonders schwieriger Geschäfte beschränkt wäre. Eine Querulanz nach Einl III 66 ist nicht stets eine Prozeßunfähigkeit, Saarbr ZMR **98**, 212.

Kein Prozeßunfähiger kann schon deshalb prozessieren, weil sein *gesetzlicher Vertreter zustimmt.* Wohl aber kann man der vollen Prozeßfähigkeit eine beschränkte gegenüberstellen. Das gilt insoweit, als eine nur in gewisser Beziehung geschäftsfähige Person auch nur insoweit die volle Prozeßfähigkeit besitzt, § 52 Rn 6–8. Ein Zweifel an der Geschäftsfähigkeit eines Anwalts schließt in einem Verfahren mit dem Ziel der Rücknahme seiner Zulassung zur Anwaltschaft eine Prozeßfähigkeit nicht aus, anders als evtl etwa im Prozeß des

Auftraggebers. Für FamFG-Sachen gibt § 9 FamFG Sondervorschriften. Bei einer Auslandsbeteiligung muß man Art 7 I EGBGB beachten, KG FamRZ **91**, 1456 (Geschäftsfähigkeit des Minderjährigen infolge Ehe). Wegen eines Streits über die Prozeßfähigkeit § 56 Rn 13.

6 **C. Prozeßhandlungsvoraussetzungen.** Die Prozeßfähigkeit ist eine Prozeßhandlungsvoraussetzung, Grdz 18 vor § 253, BGH **143**, 124, BayObLG **90**, 337. Das Gericht muß sie daher in jeder Lage des Verfahrens von Amts wegen prüfen, § 56 Rn 4. Es muß dabei die etwa notwendigen Beweise ohne eine Bindung an die förmlichen Beweismittel der ZPO erheben, BGH **143**, 124. Das gilt zumindest bei irgendeinem Zweifel und durchaus auch im Verfahren nach §§ 36, 37 schon für das bestimmende Gericht, aM BGH MDR **87**, 558 (aber eine notwendige Prüfung von Amts wegen muß grundsätzlich in jeder Verfahrenslage erfolgen). Die Prozeßfähigkeit muß spätestens beim Verhandlungschluß nach §§ 136 IV, 296 a vorliegen, BGH **143**, 127 (sonst Abweisung als unzulässig). Der Mangel heilt zwar durch eine wirksame Genehmigung zB eines Miterben oder des gesetzlichen Vertreters, BGH NJW **00**, 290, Ffm Rpfleger **84**, 101, Stgt RR **94**, 811. Er heilt aber im übrigen nicht nach § 295. Der Verlust der Prozeßfähigkeit im Verfahren führt zur Unterbrechung, Hbg RR **97**, 1400, Hamm RR **98**, 470, Mü RR **89**, 255. Sie kann zur Klagabweisung als unzulässig führen, BGH WoM **05**, 463. Das Revisionsgericht kann allerdings ausnahmsweise eine insoweit etwa erforderliche Beweisaufnahme dem Berufungsgericht überlassen, BAG BB **78**, 158. Bis zur Klärung liegt eine Prozeß- und Parteifähigkeit vor, BGH WertpMitt **81**, 138 (zur Bestellungsfrage), BAG DB **03**, 296, Kblz RR **99**, 40. Beim endgültigen Zweifel fehlt sie aber, Ffm RR **92**, 763, Mü RR **89**, 256. Der zu Unrecht als gesetzlicher Vertreter Beanspruchte kann sich wehren, auch durch eine sofortige Beschwerde, Köln Rpfleger **76**, 323. Weiteres bei § 52.

7 **5) Vertretung Prozeßunfähiger, I.** Die Vorschrift regelt sehr unterschiedliche Lagen.

A. Aufgabe des gesetzlichen Vertreters. Einen Prozeßunfähigen vertritt derjenige, der nach dem sachlichen und nicht nur nach dem bürgerlichen Recht sein gesetzlicher Vertreter ist, Grdz 7 vor § 50, BGH MDR **92**, 911, VerfGH Mü Rpfleger **76**, 350 (zustm Kirberger). Man muß den gesetzlichen Vertreter von der Partei kraft Amts nach Grdz 8 vor § 50 unterscheiden. Der gesetzliche Vertreter handelt im Prozeß anstelle der Partei. Er muß natürlich auch selbst prozeßfähig sein, Zweibr ZIP **83**, 941. Das sachliche Recht ergibt den Umfang seiner Vertretungsmacht, ArbG Düss RR **92**, 366. Soweit die Vertretungsmacht auf dem Willen des Vertretenen beruht, liegt keine gesetzliche Vertretung vor. Der Prozeßunfähige kann nur mithilfe seines gesetzlichen Vertreters prozessieren. Soweit ein gesetzlicher Vertreter fehlt oder rechtlich verhindert ist, kann der Prozeßunfähige keine Klage erheben und sich nicht verteidigen.

Er hat aber als ein *zu Unrecht in Anspruch Genommener* die prozessualen Rechte einer Partei, BGH RR **86**, 1119, Köln MDR **76**, 937. Das gilt auch beim Streit gerade um die Prozeßfähigkeit, BGH **86**, 188, Hamm AnwBl **82**, 70. Eine mangelhafte Vertretung bleibt unschädlich, soweit der gesetzliche Vertreter oder der prozeßfähig Gewordene oder sein Erbe die Prozeßführung genehmigen, § 50 Rn 32, oben Rn 5, § 52 Rn 5.

8 **B. Vorläufige Zulassung.** Das Gericht darf einen Prozeßunfähigen vorläufig zulassen, § 56 II, BGH MDR **92**, 911. Ein gesetzlicher Vertreter kann nicht mit sich selbst prozessieren, Grdz 15 vor § 50. Wenn der Prozeßunfähige seinen gesetzlichen Vertreter verklagen will oder wenn der gesetzliche Vertreter den Prozeßunfähigen verklagen will, muß das Gericht zunächst einen anderen Vertreter bestellen. Im Verhältnis zwischen einem Kind und einem Elternteil darf man einen Pfleger wegen §§ 1629 II, III, 1796 II BGB nur dann bestellen, wenn ein erheblicher Interessengegensatz besteht.

9 **C. Mehrheit von Vertretern.** Wenn mehrere gesetzliche Vertreter vorhanden sind, ergibt sich aus dem sachlichen Recht, ob jeder für sich oder nur alle zusammen wirksam vertreten können (Einzel- oder Gesamtvertretung), BGH NJW **87**, 1948, ArbG Düss RR **92**, 366 (Folge: evtl Säumigkeit, § 333), und wie man widersprüchliche Erklärungen mehrerer Einzelvertreter würdigen muß. Der Vertreter muß seinerseits prozeßfähig sein, aM StJBo § 51 Rn 26 (die Frage sei nach dem sachlichen Recht zu beantworten. Aber es geht nur eine prozessuale Funktion). Es wäre ja ein innerer Widerspruch, jemanden zu einer Prozeßführung für einen anderen zuzulassen, der nicht einmal einen eigenen Prozeß führen kann.

10 **D. Prozessuale Gleichstellung.** Der gesetzliche Vertreter ist nicht selbst Partei. Er steht aber prozessual der Partei gleich. Wegen seines prozessualen Verschuldens Rn 26. Über den gesetzlichen Vertreter als Partei neben dem Vertretenen Grdz 7 vor § 50.

11 **E. Gerichtliche Bestellung eines Vertreters.** In gewissen Fällen kann das Gericht einen gesetzlichen Vertreter bestellen, § 29 BGB (die Vorschrift gilt auch für die Gesellschaft mit beschränkter Haftung), § 76 AktG. Ein solcher gesetzlicher Vertreter darf die Partei auch im Prozeß vertreten.

12 **F. Beispiele zur Frage einer gesetzlichen Vertretung, I**

Abwesenheit: Den Abwesenden vertritt ein Abwesenheitspfleger nach § 1911 BGB.

Beistand: Der Beistand nach § 53 a in Verbindung mit §§ 1712 ff BGB ist in seinem Aufgabenkreis der gesetzliche Prozeßvertreter, § 53 a Rn 3.

Betreuer: Vgl zunächst III, Rn 27–29. Im übrigen gilt: Der Betreuer nach §§ 1896 ff BGB ist in seinem vom Betreuungsgericht festzulegenden Aufgabenkreis der gesetzliche Vertreter des Betreuten, und zwar auch und gerade vor Gericht, § 1902 BGB, Bork MDR **91**, 97. Das gilt unabhängig davon, ob der Betreute geschäftsfähig ist oder nicht, BFH FamRZ **07**, 1650. Er ist keineswegs stets geschäftsunfähig, LG Rostock Rpfleger **03**, 143. Unterhalt gehört nicht zur Vermögenssorge, Zweibr RR **01**, 152 (auch nicht beim Volljährigen).

S auch Rn 23 „Volljähriger".

Bundeseisenbahnvermögen: § 18 Rn 6 „Bundeseisenbahnvermögen".

Vgl aber auch Rn 16 „Gesellschaft: Aktiengesellschaft" (wegen der Deutsche Bahn AG).

Deutsche Post AG: § 18 Rn 6.

Deutsche Welle: Der Intendant ist ihr gesetzlicher Vertreter, Art 1 § 42 II G v 16. 12. 97, BGBl 3094.

Erbe: Als gesetzlicher Vertreter kommt der Nachlaßpfleger in Betracht, §§ 1960, 1961 BGB. 13

Europäische wirtschaftliche Interssenvereinigung: Sie wird meist durch ihre Geschäftsführer vertreten, Art 20 EWIV-VO.

Europol: Der Direktor ist der gesetzliche Vertreter von Europol, Art 29 V G v 16. 12. 97, BGBl II 2150.

Fiskus: Den Fiskus vertritt die zuständige Behörde gesetzlich nach § 18. 14

Gemeinschaft: Bei der Gemeinschaft der Miterben ist der Nachlaßpfleger ihr gesetzlicher Vertreter, BGH NJW **89**, 2134. Wegen des Nachlaßverwalters Grdz 9 vor § 50. Wegen der WEG Rn 23. 15

Genossenschaft: Der Vorstand vertritt sie. Im Prozeß gegen ein Vorstandsmitglied ist der Aufsichtsrat der gesetzliche Vertreter, BGH NJW **98**, 1647, aM Hamm RR **95**, 1317 (ebenfalls der Vorstand. Aber niemand kann mit sich selbst prozessieren).

Gesellschaft: Hier muß man die folgenden Fälle unterscheiden. 16

– **(Aktiengesellschaft):** Gesetzlicher Vertreter ist grds der Vorstand, § 78 AktG. Es kann auch ein Notvorstand infrage kommen, § 85 AktG. Das gilt auch für die Deutsche Bahn AG, § 18 Rn 6 „Bundeseisenbahnvermögen", für die Deutsche Post AG, die Deutsche Postbank AG und die Deutsche Telekom AG, § 18 Rn 6 „Deutsche Post usw". Im Kündigungsschutzprozeß eines Vorstandsmitglieds ist der Aufsichtsrat alleiniger gesetzlicher Vertreter, § 112 AktG, BGH NJW **97**, 2324, BAG DB **02**, 956, Hager NJW **92**, 352. Dasselbe gilt im Streit um eine Versorgung der Witwe eines Vorstandsmitglieds, BGH FamRZ **07**, 39 rechts. Im Anfechtungs- und Nichtigkeitsprozeß sind der Vorstand und der Aufsichtsrat nach §§ 246 II 2, 249 I AktG gesetzlicher Vertreter, BGH NJW **92**, 2099, aber auch der Aufsichtsrat allein nach § 246 III AktG. Vgl ferner § 278 III AktG. In Betracht kommt ferner der Abwickler nach §§ 264 II 2, 265 I, 269 I AktG etwa für eine inländische Zweigstelle eines ausländischen Kreditinstituts in der Form einer Aktiengesellschaft. Das gilt ohne Rücksicht auf das rechtliche Schicksal der ausländischen Gesellschaft.

  Keine Vertretungsmacht oder Klagebefugnis hat ein Aufsichtsratmitglied oder eine Gruppe von ihnen, die bei einer Abstimmung wegen einer Mißbilligung des Vorstandes unterlagen, Ffm BB **88**, 364.

– **(BGB-Außengesellschaft):** Gesetzliche Vertreter der rechts-, partei- und prozeßfähigen derartigen Gesellschaft, BGH NJW **146**, 341, sind im Zweifel alle Gesellschafter zusammen, § 714 BGB, Schmidt NJW **01**, 999. Klagen nur einer oder einzelne Gesellschafter im Namen der Gesellschaft, muß er oder müssen sie ihre ausreichende Vertretungsbefugnis darlegen und nach § 286 beweisen, Schmidt NJW **01**, 999. Die Angabe „vertreten durch den Geschäftsführer" meint indessen meist den geschäftsführenden Gesellschafter und nicht nur den angestellten Fremdgeschäftsführer, der nur ein rechtsgeschäftlicher Vertreter wäre. Sie reicht daher aus, BGH RR **05**, 119.

– **(Europäische Gesellschaft):** Der oder die gesellschaftsführenden Direktoren vertreten sie gerichtlich und außergerichtlich, § 41 I–III SEAG v 22. 12. 04, BGBl 3675. Den geschäftsführenden Direktoren gegenüber vertritt der Verwaltungsrat die SE, § 41 IV SEAG.

– **(Genossenschaft):** Eine Erwerbs- und Wirtschaftsgenossenschaft wird durch den Vorstand vertreten. Ihn weist eine Bescheinigung aus, §§ 24, 26 II GenG. Evtl ist der Aufsichtsrat gesetzlicher Vertreter, § 39 I GenG, BGH NJW **98**, 1646, oder § 51 III GenG, BGH NJW **78**, 1325, Düss NJW **87**, 2523. Im Stadium der Abwicklung ist der Abwickler der gesetzliche Vertreter.

– **(Gesellschaft mit beschränkter Haftung),** dazu *Happ,* Die GmbH im Prozeß, 1997: Der oder die Geschäftsführer vertreten sie, § 35 I GmbHG, BayObLG BB **89**, 171, Düss FGPrax **98**, 231. Wegen der Lage in einem Rechtsstreit für oder gegen eine auf Grund einer Anmeldung oder von Amts wegen gelöschte GmbH Hbg RR **97**, 1400, Kblz VersR **83**, 671. Der Abwickler ist der gesetzliche Vertreter, BSG NZS **03**, 663. Erst mit dem Liquidationsende erlischt die Prozeßfähigkeit, BAG DB **03**, 2660, Hamm MDR **97**, 972. Bei einem Streit über die Wirksamkeit der Bestellung eines Geschäftsführers vertritt derjenige die Gesellschaft, der bei ihrem Sieg als ihr Geschäftsführer gilt, also nicht der bloße Notgeschäftsführer, BGH DB **81**, 368. Wegen der EU-Scheinauslandsgesellschaft § 50 Rn 7.

  S auch Rn 16 „Patentanwaltsgesellschaft", Rn 21 „Rechtsanwaltsgesellschaft".

– **(Kommanditgesellschaft):** Der persönlich haftende Gesellschafter vertritt sie, §§ 161 II, 170 HGB, BGH DB **88**, 1210 (also evtl der Geschäftsführer der Komplementär-GmbH, § 125 I HGB, BayObLG BB **89**, 171), unter Umständen der Aufsichtsrat. Das gilt auch für die Kommanditgesellschaft auf Aktien, §§ 161 II, 170 HGB, 278 III AktG. Im Stadium der Abwicklung ist der Abwickler ihr Vertreter.

– **(Liquidation):** Gesetzlicher Vertreter ist der Liquidator, zB nach §§ 66 I, 70 GmbHG, BayObLG BB **94**, 961, oder nach § 66 V GmbHG, BGH MDR **86**, 139, BAG ZIP **02**, 1949.

– **(Offene Handelsgesellschaft):** Gesetzlicher Vertreter ist die vertraglich bestimmte Zahl von Gesellschaftern, § 125 HGB.

– **(Partnerschaftsgesellschaft):** Gesetzlicher Vertreter ist jeder Partner, § 7 III PartGG in Verbindung mit § 125 I HGB. Der Partnerschaftsvertrag kann freilich Beschränkungen der Vertretungsmacht vorsehen, § 7 III PartGG in Verbindung mit §§ 125 II, IV, 126, 127 HGB.

– **(Patentanwaltsgesellschaft):** Gesetzliche Vertreter sind die Geschäftsführer, die mehrheitlich Patentanwälte sein müssen, § 52 f I PatAnwO.

– **(Rechtsanwaltsgesellschaft):** Gesetzliche Vertreter sind die Geschäftsführer, die mehrheitlich Anwälte sein müssen, § 59 f I BRAO.

– **(Vorgesellschaft):** Maßgeblich ist die beabsichtigte Gesellschaftsform.

Juristische Person: Gesetzlicher Vertreter einer solchen Person des öffentlichen Rechts ist das staatsrechtlich berufene Organ, §§ 17, 18, BGH NJW **95**, 3389, Bbg AnwBl **01**, 68, LG Nürnb-Fürth Rpfleger **02**, 632. 17

Kind: Vgl zunächst § 9 V FamFG. Im übrigen: 18

– **(Eheliches Kind):** Gesetzliche Vertreter sind beide Eltern, § 1629 I 2 BGB. Vgl freilich beim Getrenntleben oder der Scheidung § 1629 I 2, III BGB. Als gesetzlicher Vertreter kommt im Rahmen des SGB VIII usw auch die Pflegeperson nach § 1630 III BGB in Betracht.

– **(Leibesfrucht):** Gesetzlicher Vertreter ist der Pfleger nach 1912 BGB.

– **(Minderjähriger schlechthin):** Als gesetzlicher Vertreter kommen in den gesetzlich vorgeschriebenen Fällen der Vormund, der Pfleger, ferner nach SGB VIII das Jugendamt in Betracht, Düss FamRZ **85**, 641.

– **(Nichteheliches Kind):** Gesetzliche Vertreter sind seine Eltern, § 1626 a BGB, evtl auch das Jugendamt, §§ 1712, 1716 S 2, 1793 S 1, 1915 I BGB.

19 **Nachlaßpfleger:** Er ist als Vertreter des oder der unbekannten Erben *keine* Partei kraft Amts, sondern gesetzlicher Vertreter, BGH NJW **89**, 2134.

Partnerschaft: Gesetzlicher Vertreter ist die absprachegemäß bestimmte Zahl von Partnern, § 7 II PartGG in Verbindung mit § 125 HGB.

20 **Patentanwalt:** Die beim Rechtsanwalt nach Rn 21 geltenden Regeln sind für den Patentanwalt ebenso vorhanden, § 46 IX 1 PatAnwO (von Amts wegen bestellter Vertreter), § 48 III 2 PatAnwO (Abwickler).

Politische Partei: Wegen einer Fraktion LG Bre RR **92**, 447.

Post: Rn 12 „Deutsche Post" Rn 16 „Aktiengesellschaft".

21 **Rechtsanwalt:** Sein von Amts wegen bestellter Vertreter wird trotz der mißverständlichen Worte in § 53 IX BRAO, er handle „in eigener Verantwortung", doch nicht als ein Prozeßstandschafter tätig, sondern eben als „Vertreter", wie derselbe Gesetzestext besagt. Das gilt, zumal der Vertreter „für Rechnung und auf Kosten des Vertretenen" arbeitet, wie § 53 IX BRAO ebenfalls besagt. Demgegenüber ist der Abwickler nicht verpflichtet, eine Kostenforderung des verstorbenen Anwalts „im eigenen Namen" (für Rechnung der Erben) geltend zu machen, § 55 III 2 BRAO. Insoweit ist er also Prozeßstandschafter.

S auch Rn 16 „Partnerschaftsgesellschaft", Rn 21 „Rechtsanwaltsgesellschaft".

22 **Verein:** Gesetzlicher Vertreter ist der Vorstand, § 26 II BGB. Im Stadium der Abwicklung ist der Abwickler sein gesetzlicher Vertreter. In Betracht kommt auch der Nachtragsliquidator nach § 29 BGB, Stgt MDR **96**, 198. Zum Verzicht auf die Rechtsfähigkeit einer als Verein eingetragenen politischen Partei Hamm OLGZ **93**, 20.

23 **Volljähriger:** Vgl zunächst III, Rn 27–29. Im übrigen gilt: Er kann durch einen Betreuer oder einen Pfleger gesetzlich vertreten werden, §§ 1911, 1912 BGB, soweit hierfür besondere gesetzliche Grundlagen vorliegen, etwa bei einer Geschäftsunfähigkeit. In einer persönlichen Angelegenheit ist der Abwesenheitspfleger kein gesetzlicher Vertreter. Freilich ist die Bestellung eines Pflegers ohne eine gesetzliche Grundlage nicht nichtig, sondern lediglich aufhebbar. Im übrigen gilt § 53 ZPO, § 9 V FamFG.

S auch Rn 12 „Betreuer".

Wohnungseigentümergemeinschaft: Es gilt § 10 VI WEG, abgedruckt in § 50 Rn 11.

24 **6) Ermächtigung der Partei zur Prozeßführung, I.** Eine solche Ermächtigung nach § 51 gibt es nicht. Wohl aber gibt es eine Ermächtigung des gesetzlichen Vertreters. § 51 erfaßt nur eine Ermächtigung im Außenverhältnis. Eine Beschränkung im Innenverhältnis ist prozessual bedeutungslos. Die Prozeßführungsbefugnis muß spätestens am Schluß der mündlichen Verhandlung nach §§ 136 IV, 296 a vorliegen, Grdz 24 vor § 50.

25 **7) Tragweite der Prozeßfähigkeit, I.** Die Prozeßfähigkeit ist eine Prozeßhandlungsvoraussetzung, Rn 4. Das Gericht muß daher die Vertretungsbefugnis in jeder Lage des Verfahrens von Amts wegen prüfen, Rn 4. Das Gericht muß ebenfalls prüfen, ob die sachlich zuständige Stelle den Vertreter in der vorgeschriebenen Form bestellt hat. Der Nachweis der Bestellung erfolgt durch die Vorlage einer Bestallungsurkunde, durch die Vorlage eines Handelsregisterauszugs, einer Bescheinigung der vorgesetzten Behörde usw. Vgl auch bei § 56.

Eine *nachträgliche Aufhebung* der Bestellung berührt die Wirksamkeit früherer Prozeßhandlungen selbst dann nicht, wenn die frühere Bestellung dem sachlichen Recht widersprach. Das Gericht muß dem gesetzlichen Vertreter ebenso wie einer Partei das rechtliche Gehör geben, VerfGH Mü Rpfleger **76**, 350 (zustm Kirberger). Es braucht nicht zu prüfen, ob die sachlichrechtlichen Voraussetzungen einer erfolgten Vertreterbestellung vorlagen. Der Tod oder das sonstige Ende der Vertretungsmacht unterbricht nach § 241. Eine Verhinderung kann notfalls zur Maßnahme nach § 57 führen. Wenn die Prozeßfähigkeit beim Erlaß des Urteils fehlt, muß das Gericht die Klage durch ein Prozeßurteil als unzulässig abweisen, Grdz 14 vor § 253, BGH **143**, 127. Der Vertretene bleibt Partei, auch wegen der Kosten nach §§ 91 ff und wegen der Zwangsvollstreckung.

26 **8) Verschulden des gesetzlichen Vertreters, II.** § 9 IV FamFG lautet gleich. Die Vorschrift schützt den Prozeßgegner. Sie ist mit Art 20 III GG vereinbar, BVerfG **35**, 41, BGH RR **93**, 131 (abl Bosch FamRZ **93**, 308), aM v Schlabrendorff BVerfG **35**, 51. Ein Verschulden liegt bei einem vorwerfbaren Verstoß gegen die übliche Sorgfalt einer Partei vor, BGH VersR **85**, 139. Ein Verschulden des gesetzlichen Vertreters kann sowohl in der Form einer Fahrlässigkeit als auch in der Form eines Vorsatzes vorliegen. Man muß eine Fahrlässigkeit auch dann bejahen, wenn man dem gesetzlichen Vertreter nur einen leichten Vorwurf machen kann. Ein Vorsatz liegt schon dann vor, wenn der Vertreter nur aus völliger Gleichgültigkeit über die als möglich erkannten Folgen seines Tuns handelte (bedingter Vorsatz). Eine Absicht unredlichen Verhaltens ist nicht erforderlich. II stellt ein Verschulden des gesetzlichen Vertreters demjenigen der Partei gleich, Rn 2.

Das gilt *in jeder Lage* des Verfahrens und in jeder Prozeßart, auch zB im (jetzt) Abstammungsverfahren nach §§ 169 ff FamFG, BGH RR **93**, 131. Das gilt auch unabhängig davon, ob die Partei im Innenverhältnis gegenüber dem gesetzlichen Vertreter wegen seines Verhaltens einen Rückgriff nehmen kann. Vgl im übrigen § 85 Rn 8 sowie § 233.

27 **9) Dem gesetzlichen Vertreter gleichstehender Bevollmächtigter, III.** Die Vorschrift stellt unter mehreren Voraussetzungen, die zusammentreffen müssen, als Rechtsfolge einen rechtsgeschäftlich Bevollmächtigten einem gesetzlichen Vertreter gleich.

A. Volljähriger nicht prozeßfähiger Vollmachtgeber. Es muß ein Volljähriger und trotzdem Prozeßunfähiger eine schriftliche wirksame Vollmacht zur gerichtlichen Vertretung erteilt haben. Ob diese Voraussetzungen vorliegen, richtet sich nach §§ 1896 ff BGB.

B. Ausreichen der Bevollmächtigung. Die nach Rn 27 erteilte Vollmacht muß außerdem geeignet sein, nach § 1896 II 2 BGB die Erforderlichkeit einer Betreuung entfallen zu lassen. Nach dieser letzteren Vorschrift ist eine Betreuung nicht erforderlich, soweit ein Bevollmächtigter die Angelegenheiten des Volljährigen ebenso gut wie ein Betreuer besorgen kann. Der Bevollmächtigte darf freilich auch nicht zu den in § 1897 III BGB Bezeichneten gehören. Er darf nach dieser letzteren Bestimmung nicht in einem Abhängigkeitsverhältnis oder in einer anderen engeren Beziehung zu einer Anstalt, einem Heim oder einer sonstigen Einrichtung stehen, in welcher der Volljährige etwa untergebracht ist. 28

C. Gleichstand mit gesetzlichem Vertreter. Unter den Voraussetzungen Rn 27, 28 hat der Bevollmächtigte die Stellung eines gesetzlichen Vertreters, natürlich nur im zulässigen Vollmachtsumfang, also nur im Bereich der Vertretung vor Gericht. Insoweit gilt dann II entsprechend. 29

52 *Umfang der Prozessfähigkeit.* **Eine Person ist insoweit prozessfähig, als sie sich durch Verträge verpflichten kann.**

Schrifttum: *Oda,* Die Prozeßfähigkeit als Voraussetzung und Gegenstand des Verfahrens, 1997; *Reinicke,* Der Zugang des Minderjährigen zum Zivilprozeß, 1989; *Reinicke,* Entspricht die objektive Beweislast bei Prozeßfähigkeit derjenigen bei der Geschäftsfähigkeit, Festschrift für *Lukes* (1989) 755.

1) Systematik, Regelungszweck. Man muß von der Parteifähigkeit nach § 50 die Prozeßfähigkeit unterscheiden. Während § 51 die Notwendigkeit der Prozeßfähigkeit klärt, regelt § 52 in einer Anlehnung an die Geschäftsfähigkeit nach dem BGB ihren Umfang, Musielak NJW **97**, 1741, ergänzt durch §§ 53–55. Nicht nur das Ob, sondern auch das Inwieweit der Prozeßfähigkeit braucht aus den in § 51 Rn 2 genannten Gründen die sorgsamste Klärung, zumal das Gesetz beides ineinander verwebt. 1

2) Geltungsbereich. Vgl Grdz 3 vor § 50. Die Vorschrift gilt auch im WEG-Verfahren, (zum alten Recht) BayObLG NZM **01**, 1144. 2

3) Umfang der Prozeßfähigkeit. Prozeßfähigkeit ist die prozessuale Geschäftsfähigkeit, § 51 Rn 1. Für einen Prozeßunfähigen und für den volljährigen Betreuten muß der gesetzliche Vertreter handeln, § 51 Rn 4. Wegen der Vollmacht § 86 Rn 8. Die Prozeßfähigkeit erstreckt sich auf alle Prozeßhandlungen, Grdz 46 vor § 128. Dabei ist das Persönlichkeitsrecht eine Grundlage für eine weite Auslegung, Kahlke ZZP **100**, 32. Sie erstreckt sich auf eine Widerklage nach Anh § 253 nur insoweit, als die Prozeßfähigkeit für die Prozeßhandlung im Rahmen einer Klage bestehen würde. Auch ein ProzBev muß prozeßfähig sein, BVerfG **76**, 78. Die Prozeßfähigkeit richtet sich nach dem Recht der Staatsangehörigkeit, KG FamRZ **91**, 1456. Das Gericht muß sie in jeder Verfahrenslage von Amts wegen zwar nicht nach Grdz 38 vor § 128 ermitteln, wohl aber nach Grdz 39 vor § 128 beachten, BGH NJW **90**, 1735, BayObLG WoM **00**, 565 (aM zum FGG wegen seines Amtsbetriebs). Sie muß noch am Schluß der letzten Tatsachenverhandlung vorliegen, §§ 136 IV, 296 a, Roth JZ **87**, 895. Sie hat grundsätzlich auch in der Rechtsmittelinstanz Bedeutung, BGH **143**, 124. Im Zweifel oder bei endgültig feststehender anfänglicher Prozeßunfähigkeit des Rechtsmittelklägers darf das Gericht nicht sein Rechtsmittel als unzulässig verwerfen, sondern muß die Klage als unzulässig abweisen, BGH **143**, 124, soweit nicht eine Zurückweisung in Betracht kommt, BGH RR **02**, 1424. Sie erstreckt sich auch auf eine Prozeßhandlung während der Zwangsvollstreckung und auf eine solche Klage, die aus einer Zwangsvollstreckung erwachsen kann. Eine erweiterte Verfahrensfähigkeit gilt im FamFG-Verfahren, § 9 FamFG. 3

4) Beispiele der Prozeßunfähigkeit. Hier muß man die folgenden Fallgruppen unterscheiden. 4

A. Geschäftsunfähigkeit. Hierher zählen: Die juristische Person, Bbg AnwBl **01**, 68; eine Handelsgesellschaft; eine Partnerschaftsgesellschaft; der parteifähige Verein. Alle diese Personen können nur durch ihre gesetzlichen Vertreter handeln, Bbg AnwBl **01**, 68, Drsd RR **00**, 580 (evtl einen Notgeschäftsführer abwarten, § 29 BGB entsprechend), Barfuß NJW **77**, 1274, aM BGH **121**, 265, Henssler NJW **99**, 244 (aber wozu braucht sie dann den überall vorgesehenen gesetzlichen Vertreter?), ein Kind unter 7 Jahren, § 104 Z 1 BGB; derjenige, der nicht nur vorübergehend geistesgestört ist, § 104 Z 2 BGB, BGH NJW **00**, 289, BayObLG FamRZ **01**, 1246, Saarbr ZMR **98**, 312. Freilich kann zB eine paranoid-halluzinatorische Psychose die Prozeßfähigkeit trotzdem bestehen lassen, Düss VersR **86**, 603; derjenige, den man nach einem Unfall wochenlang künstlich beatmen und ernähren muß, Mü RR **89**, 255. Beim Geschäft des täglichen Lebens schafft § 105 a BGB evtl eine unterstellte Wirksamkeit auch für und gegen einen volljährigen Geschäftsunfähigen.

B. Beschränkte Geschäftsfähigkeit. Der nur beschränkt Geschäftsfähige ist beschränkt fähig, sich selbst durch einen Vertrag zu verpflichten. Hierher zählt der Minderjährige über 7 Jahren §§ 106 ff BGB, Rn 6, LG Trier DGVZ **94**, 73. 5

Wenn man einen Prozeßunfähigen für *prozeßfähig* gehalten hat, kann ein gegen ihn ergangenes Urteil rechtskräftig werden. Ein von ihm erklärter Rechtsmittelverzicht oder eine von ihm erklärte Rechtsmittelrücknahme können wirksam sein. Dann kommt nur eine Nichtigkeitsklage nach § 579 I Z 4 in Betracht.

Das Prozeßgericht muß *von Amts wegen* prüfen, ob sich Zweifel an der Prozeßfähigkeit aufklären lassen, Grdz 39 vor § 128, BGH NJW **96**, 1059. Es darf daher zB einen Sachverständigenbeweis nach § 144 erheben, BGH NJW **96**, 1059, oder bei einem Verfahren mit Amtsbetrieb einem Beteiligten anheimstellen, ein Gutachten vorzulegen, BayObLG NZM **01**, 1144 (WEG). Es kann die Geisteskrankheit auch dann als erwiesen ansehen, wenn das dafür zuständige Gericht die Bestellung eines Betreuers abgelehnt hatte. Der Erbe eines Geschäftsunfähigen kann den Mangel der Prozeßfähigkeit dadurch beseitigen, daß er den Rechtsstreit seinerseits aufnimmt und die Handlungen des Geschäftsunfähigen genehmigt. Eine Genehmigung der Prozeßführung kann zwar rückwirken, tut das aber nicht stets, Köln NJW **98**, 320. Im Insolvenzverfahren ist der Schuldner zwar prozeßfähig. Ihm fehlt aber im Umfang der Insolvenzmasse die Sachbefugnis, Grdz 23 vor § 50, Ffm JB **90**, 1215. Dann ist der Verwalter Partei kraft Amts, Grdz 8 vor § 50.

6 **5) Beispiele einer beschränkten Geschäftsfähigkeit.** Hier muß man die folgenden Gruppen unterscheiden.

A. Erwerbsgeschäft. Wer als Minderjähriger eine gesetzliche Ermächtigung zum selbständigen Betrieb eines Erwerbsgeschäfts hat, ist im Umfang aller derjenigen Geschäfte prozeßfähig, die der Betrieb des Erwerbsgeschäfts mit sich bringt, § 112 BGB. Das gilt auch bei einer Betreuung mit Einwilligungsvorbehalt, Bork MDR **91**, 98.

7 **B. Dienst- oder Arbeitsübernahme usw.** Wer als Minderjähriger die Ermächtigung hat, einen Dienst oder eine Arbeit zu übernehmen, ist für diejenigen Geschäfte prozeßfähig, die sich aus der Eingehung, der Erfüllung oder der Aufhebung solcher Verträge ergeben, § 113 BGB. Das gilt auch bei einer Betreuung mit Einwilligungsvorbehalt, Bork MDR **91**, 98.

8 **C. Sonstige Fälle.** Eine beschränkte Prozeßfähigkeit oder -unfähigkeit ist auch in anderen Fällen in gewissem Umfang notwendig und anerkannt, § 51 Rn 3, zB: Bei einer Insolvenz, BPatG GRUR **93**, 111; nach §§ 107 ff BGB; für den Jugendvertreter nach §§ 60 ff BetrVG, wegen eigener Rechte; beim Telefonsex, BGH RR **02**, 1424. Auch darf ein krankhafter Querulant nach der Abweisung seiner Klage als unbegründet die Berufung einlegen. Wenn er das aber selbst tut, muß das Gericht die Klage wegen seiner Prozeßunfähigkeit als unzulässig abweisen. Der einem Betreuer „Unterstellte" bleibt zwar oft sachlichrechtlich geschäftsfähig, LG Rostock Rpfleger **03**, 143, Bork MDR **91**, 97. Er kann den Betreuer als seinen gesetzlichen Vertreter aber trotz § 1901 II BGB grundsätzlich nicht mit einer Außenwirkung beschränken, Bork MDR **91**, 97, abgesehen von Rn 6, 7.

9 **6) Verstoß.** Fehlt die Prozeßfähigkeit, kann ein Verstoß gegen das rechtliche Gehör nach Art 103 I GG die Folge sein, BGH **84**, 29. Das gilt unabhängig von einem Verschulden des Gerichts. Auch kann ein Nichtigkeitsgrund nach § 579 I Z 4 vorliegen.

Anhang nach § 52
Prozeßführungsrecht und Güterstand

Gliederung

1 **1) Systematik.** Sachlichrechtlich hat sich die Lage durch die Gleichberechtigung von Mann und Frau seit Jahrzehnten grundlegend geändert. Der vorher geltende gesetzliche Güterstand der Verwaltung und Nutznießung des Ehemannes trat als solcher außer Kraft. Es galt die Gütertrennung. Das GleichberG führte die Zugewinngemeinschaft als den gesetzlichen Güterstand ein, §§ 1363 ff BGB. Als vertragliche Güterstände kennt das BGB nur noch die Gütertrennung nach § 1414 BGB und die Gütergemeinschaft, §§ 1415 ff BGB. Errungenschafts- und Fahrnisgemeinschaft nach §§ 1519 ff aF, 1549 aF BGB bestehen nur noch, wenn die Ehegatten bereits am 1. 7. 58 in diesen Güterständen lebten, Art 8 I Z 7 GleichberG.

2 **2) Regelungszweck.** Das System Rn 1 hat Auswirkungen auf das in Grdz 21 ff vor § 50 dargestellte Prozeßführungsrecht. Denn der Güterstand entscheidet maßgeblich darüber, ob und inwieweit ein Ehegatte im Prozeß wegen Rechten, Obliegenheiten oder Pflichten des anderen mit einer Rechtswirkung für oder gegen den letzteren auftreten kann. Eine Klärung dieser Befugnis und ihrer Grenzen liegt vor allem im Interesse der Rechtssicherheit, Einl III 43. Deshalb ist eine strikte Handhabung und Auslegung notwendig.

3 **3) Zugewinngemeinschaft.** Die Vermögen der Ehegatten werden nicht ein gemeinschaftliches Vermögen. Vielmehr behält jeder Ehegatte ein volles Verfügungs- und das alleinige Verwaltungsrecht mit den sich aus §§ 1365 ff BGB ergebenden Einschränkungen. Erst bei der Beendigung der Zugewinngemeinschaft wird der in der Ehe erzielte Zugewinn ausgeglichen, § 1363 II BGB. Jeder Ehegatte hat also auch das alleinige Recht zur Führung von Rechtsstreitigkeiten wegen seines Vermögens. Der andere Ehegatte ist an ihnen nicht beteiligt. Das ist auch dann der Fall, wenn der Ehegatte nicht ohne eine Zustimmung des anderen verfügen darf, §§ 1365, 1369 BGB (Vermögen im ganzen, Haushaltsgegenstände). Werden aber solche Verfügungen eines Ehegatten ohne eine Zustimmung des anderen getroffen, kann dieser die sich aus der Unwirksamkeit eines solchen Vertrags ergebenden Rechte gegen Dritte im eigenen Namen geltend machen, § 1368 BGB.

Der *Antrag* geht auf die Herausgabe oder Zahlung an denjenigen Ehegatten, zu dessen Vermögen sie gehören, also auch an den klagenden Ehegatten. Dieser muß sie seinerseits seinem Ehegatten herausgeben. Denn an dessen Eigentums- und Verwaltungsrecht ändert sich dadurch nichts. Für die Vollstreckung in das Vermögen eines Ehegatten gilt die allgemeine Regel des § 739. Daher ist es auch wegen des möglichen Gewahrsams oder Besitzes des anderen Ehegatten im Passivverfahren gegen einen Ehegatten nicht erforderlich, den anderen auf eine Duldung mitzuverklagen, § 739 Rn 1, aber auch unten Rn 5, Grdz 26 vor § 50. Wegen des Übergangs in den neuen Bundesländern von der Errungenschaftsgemeinschaft zur Zugewinngemeinschaft Broudré DB **92**, 447.

4 **4) Gütertrennung.** Jeder Ehegatte verwaltet sein Vermögen allein. Er führt demgemäß auch die Rechtsstreitigkeiten. Auch hier gilt § 739 für die Vollstreckung.

5) Gütergemeinschaft: Mehrheit von Möglichkeiten. Im wesentlichen gilt folgendes. 5

A. Gesamtgutsverwaltung. Die Ehegatten können im Ehevertrag vereinbaren, daß nur ein Ehegatte – entweder der Mann oder die Frau – oder beide gemeinschaftlich das Gesamtgut verwalten, § 1421 BGB. Sein Sondergut verwaltet jeder Ehegatte selbständig. Insofern kann also jeder Ehegatte für sich klagen und verklagt werden. Da es aber für die Rechnung des Gesamtgutes verwaltet wird, fallen diesem die Nutzungen zu, § 1417 III BGB. Klagt man Nutzungen ein, kann man die Leistung an den für das Gesamtgut verwaltungsberechtigten Ehegatten, evtl also auch an beide verlangen. Das Vorbehaltsgut verwaltet jeder Ehegatte selbständig für seine eigene Rechnung, § 1418 III BGB. Er führt also auch die das Vorbehaltsgut betreffenden Rechtsstreitigkeiten allein.

B. Gütergemeinschaft. Lebten die Ehegatten am 1. 7. 58 in Gütergemeinschaft, gelten die Vorschriften 6
des GleichberG über die Gütergemeinschaft. Haben sie die Gütergemeinschaft später vereinbart, bleibt die Vereinbarung über die Verwaltung bestehen, Art 8 I Z 6 GleichberG. Man muss den Willen der Ehegatten insoweit notfalls durch eine Auslegung ermitteln, BayObLG RR **90**, 6.

6) Gesamtgut. Hier muß man die folgenden Fälle unterscheiden. 7

A. Einzelverwaltung. Wenn ein Ehegatte allein verwaltungsberechtigt ist, kommt es auf seine prozessuale Stellung wie folgt an: Falls dieser Ehegatte der Kläger ist, ist er allein prozeßführungsberechtigt und führt die Rechtsstreitigkeiten im eigenen Namen, § 1422 BGB. Der Antrag lautet auf eine Leistung an ihn persönlich. Eine Zustimmung des anderen Ehegatten ist nicht erforderlich. Eine Prozeßführungsbefugnis des nicht verwaltungsberechtigten Ehegatten besteht nur in den Fällen der §§ 1428, 1429, 1431, 1433 BGB, aber auch dann, wenn der verwaltungsberechtigte Ehegatte zustimmt, § 1438 I BGB. Der Antrag kann auch auf eine Leistung an den verwaltungsberechtigten Ehegatten lauten, bei § 1428 (Geltendmachung der Rechte gegen Dritte durch denjenigen Ehegatten, der hätte zustimmen müssen, aber nicht zugestimmt hat) auch auf eine Leistung an sich selbst. Falls der allein verwaltungsberechtigte Ehegatte der Bekl ist, ist er prozeßführungsberechtigt. Aus einem Urteil gegen ihn erfolgt die Vollstreckung ins Gesamtgut. Der andere Ehegatte ist zwar in seinem Prozeßführungsrecht nicht beschränkt. Ein Urteil gegen ihn wirkt aber nicht gegen das Gesamtgut, § 740 I.

Etwas anderes gilt nur immer wegen der *Kosten,* § 1438 II BGB, ferner dann, wenn der verwaltungsberechtigte Ehegatte der Prozeßführung zugestimmt hat, § 1438 I BGB, oder wenn der nicht verwaltungsberechtigte Ehegatte allein klagen darf. Man kann aber auch beide Ehegatten verklagen, wenn es sich um persönliche Schulden des nicht verwaltungsberechtigten Ehegatten handelt. Zulässig ist auch eine Klage gegen beide Ehegatten in der Form, daß der verwaltende Ehegatte auf eine Leistung, der andere auf eine Duldung verklagt wird. Eine solche Verurteilung ist bei § 743 sogar erforderlich. Bei Gesamtgutsverbindlichkeiten sind Ehegatten notwendige, sonst einfache Streitgenossen.

B. Gemeinsame Verwaltung. Wenn beide Ehegatten zusammen verwaltungsberechtigt sind, §§ 1421, 8
1450 ff BGB, BayObLG RR **90**, 6, kommt es auf ihre prozessuale Stellung wie folgt an.

Sie sind als *Kläger* notwendige Streitgenossen, § 62, BGH NJW **94**, 653. Klagt nur ein Ehegatte, muß das Gericht die Klage wegen mangelnder Sachbefugnis abweisen, Grdz 23 vor § 50, da er allein nicht verfügungsberechtigt ist, BGH FamRZ **75**, 406, BayObLG RR **90**, 6, VGH Mü RR **88**, 454. Unter den Voraussetzungen des § 1452 I BGB läßt sich die Zustimmung des anderen Ehegatten ersetzen, BayObLG RR **90**, 6. Ausnahmen bestehen dann, wenn ein Ehegatte allein handeln kann, §§ 1454, 1455 Z 6 ff, 1456 BGB. Der Antrag lautet auch dann auf eine Leistung an beide. Jedoch muß auch eine Leistung an den Kläger zulässig sein, wenn auch der andere Ehegatte die Sache sodann sofort wieder in seinen Mitbesitz nehmen kann, § 1450 I 2 BGB.

Als *Beklagte* sind die Ehegatten notwendige Streitgenossen, wenn es sich um Gesamtgutsschulden handelt, BGH FamRZ **75**, 406, aM (für § 1459 BGB) VGH Mü RR **88**, 454. Zur Vollstreckung ins Gesamtgut ist grundsätzlich ein Leistungstitel gegen beide erforderlich, § 740 II. Ausnahmen wie oben. Vgl aber auch § 740 Rn 3, 6.

C. Beendigung der Gütergemeinschaft. Ist die Gütergemeinschaft beendet, die Auseinandersetzung 9
aber noch nicht erfolgt, gibt es bei Rn 6 wie Rn 7 eine gemeinschaftliche Verwaltung, § 1472 I BGB. Beide Ehegatten sind nur zusammen klageberechtigt. Man muß auch beide zusammen verklagen. Zur Vollstreckung in das noch nicht auseinandergesetzte Gesamtgut ist ein Leistungsurt gegen beide erforderlich. Genügend ist aber auch ein solches Urteil, in dem ein Ehegatte leisten und der andere dulden muß, § 743.

53 ***Prozessunfähigkeit bei Betreuung oder Pflegschaft.*** **Wird in einem Rechtsstreit eine prozessfähige Person durch einen Betreuer oder Pfleger vertreten, so steht sie für den Rechtsstreit einer nicht prozessfähigen Person gleich.**

Schrifttum: *Bienwald,* Untersuchungen zur Rechtsstellung des Gebrechlichkeitspflegers unter Berücksichtigung von Entwürfen eines Gesetzes über die Betreuung Volljähriger usw, 1992.

1) Systematik. Vgl zunächst § 52 Rn 1. Eine prozeßfähige Person hat unter Umständen für gewisse 1
Rechtsbeziehungen einen gesetzlichen Vertreter. Er beschränkt ihre Verfügungsmacht zum Teil rechtlich, etwa dann, wenn er ein Pfleger des abwesenden Beschuldigten ist, § 292 StPO. Evtl ist er ein Vertreter nur wegen einer tatsächlichen Verhinderung wie der Abwesenheitspfleger nach § 1911 BGB (er ist im Eheverfahren unzulässig) oder der Betreuer nach §§ 1896 ff BGB. § 11 III SGB X verweist auf § 53, Mü FGPrax **06**, 265.

2) Regelungszweck. In allen Fällen unterstellt § 53 eine Prozeßunfähigkeit des Vertretenen, BGH NJW 2
88, 51. Das geschieht im Interesse einer sachgemäßen und einheitlichen Prozeßführung, LG Hann FamRZ

98, 381, und damit sowohl der Gerechtigkeit nach Einl III 9, 36 als auch der Prozeßwirtschaftlichkeit, Grdz 14 vor § 128. Daher kann der Vertretene auch nicht im Namen eines Dritten auftreten, Stgt JB **76**, 1098. Der Vertreter nach § 57 steht nicht dem Betreuer gleich, BSG NJW **94**, 215. Zur Prüfungspflicht des Gerichtsvollziehers Harnacke DGVZ **00**, 161 (Üb).

3 **3) Direkte Anwendbarkeit.** Vgl grundsätzlich Grdz 3 vor § 50.

Der *Vertretene* bleibt solange prozeßfähig, wie sein Vertreter ihn nicht „im" Prozeß vertritt, BGH NJW **88**, 51. Das gilt also solange, bis sein Vertreter in den Prozeß eintritt, BFH DB **83**, 320. Der Vertretene kann also zunächst selbst klagen, BFH DB **83**, 320, und selbst verklagt werden sowie Rechtsmittel einlegen, aM LG Hann FamRZ **98**, 380 (aber auch ein Rechtsmittel zählt zum Prozeß). Bei einer nur rechtlichen Beschränkung seiner Verfügungsmacht fehlt dem Vertretenen nicht das Prozeßführungsrecht, sondern nur die Verfügungsbefugnis, Grdz 23 vor § 50. Der Vertreter kann aber jederzeit in den Prozeß eintreten, selbst gegen den Widerspruch des Vertretenen, Düss OLGZ **83**, 121, und zwar anstelle des Vertretenen, BGH NJW **88**, 51, Karlsr RR **99**, 1700, nicht etwa nur als dessen Streithelfer, § 66. Ab seinem Eintritt führt nur er den Prozeß weiter, BGH NJW **88**, 51, Hamm FamRZ **97**, 302. Daher darf man eine Zustellung nach § 170 I nur noch an ihn richten, BFH BStBl **83** II 239. Der Vertretene hat gegenüber dem Eintritt des Vertreters in den Prozeß kein Widerspruchsrecht.

Die *Prozeßhandlung* als Vertreter hat anders als im sachlichen Recht den Vorrang, BGH NJW **88**, 51. Einer weiteren Klage würde die Rüge der Rechtshängigkeit entgegenstehen, § 261 Rn 26. Freilich kann der rechtsgeschäftliche Wille des geschäftsfähigen Vertretenen auch in Bezug auf den eingeklagten Anspruch beachtlich bleiben, BGH NJW **88**, 51, Bork MDR **91**, 98. Er kann zB zu einem sachlichrechtlich wirksamen Erlaßvertrag mit der Folge abschließen, daß das Gericht die Klage als unbegründet abweisen muß, Düss OLGZ **83**, 120. Bei einem Verschulden des gesetzlichen Vertreters ist § 51 II anwendbar.

4 **4) Sinngemäße Anwendbarkeit.** Sie gilt nach § 9 V FamFG. Trotz seines engen Wortlauts ist § 53 immer dann anwendbar, wenn zwar nicht ein Betreuer oder ein Pfleger existiert, wenn aber ein Vertreter eine einem Betreuer oder Pfleger sachlich entsprechende Stellung hat. Das ist zB in folgenden Fällen der Fall: Beim Vertreter des unbekannten Gegners in einem selbständigen Beweisverfahren, § 494 II; bei einem Vertreter im Rahmen einer Zwangsvollstreckung in den Nachlaß, § 797 II.

5 **5) Unanwendbarkeit.** § 53 ist nicht anwendbar, wenn eine prozeßunfähige Partei nicht als Vertreter einen Betreuer oder Pfleger hat, LSG Düss MDR **85**, 701. Im Betreuungsverfahren ist der zu Betreuende oder Betreute verfahrensfähig, § 275 FamFG. § 53 gilt hier nicht, (zum alten Recht) Bork MDR **91**, 98. Für den nach § 57 Bestellten gilt § 53 nicht, BSG NJW **94**, 215. Die Klage des Herausgebers oder des Verlegers für den namenlosen Urheber nach § 10 II UrhG ist ein Fall der Prozeßgeschäftsführung, Grdz 29 vor § 50. Sie gehört daher ebenfalls nicht hierher.

53a *Fassung 1. 9. 2009:* (aufgehoben. Abdruck und Kommentierung dieser Altvorschrift im Ergänzungsband zur 67. Aufl 2009)

54 *Besondere Ermächtigung zu Prozesshandlungen.* **Einzelne Prozesshandlungen, zu denen nach den Vorschriften des bürgerlichen Rechts eine besondere Ermächtigung erforderlich ist, sind ohne sie gültig, wenn die Ermächtigung zur Prozessführung im Allgemeinen erteilt oder die Prozessführung auch ohne eine solche Ermächtigung im Allgemeinen statthaft ist.**

1 **1) Systematik.** Vgl zunächst § 52 Rn 1. § 54 gibt in einer Abweichung vom bürgerlichen Recht dem gesetzlichen Vertreter einer Prozeßpartei dieselbe unbeschränkte und unbeschränkbare Vertretungsmacht, die die §§ 81, 83 dem ProzBev erteilen. § 54 enthält aber nicht eine dem § 83 entsprechende Einschränkung. § 54 betrifft nur das Außenverhältnis. Die Überschreitung einer Befugnis kann im Innenverhältnis ersatzpflichtig machen.

2 **2) Regelungszweck.** Die Vorschrift dient der Prozeßwirtschaftlichkeit, Grdz 14 vor § 128.

3 **3) Geltungsbereich.** Vgl Grdz 3 vor § 50. Die Vorschrift gilt nach § 9 V FamFG entsprechend.

4 **4) Besondere Ermächtigung zur Prozeßführung.** Sie ist nach dem bürgerlichen Recht zB in folgenden Fällen notwendig: Nach §§ 1821, 1822 BGB für den Vormund, ferner für die Eltern im Umfang des § 1643 BGB in Verbindung mit §§ 1821, 1822 BGB, etwa bei einem Vergleichsabschluß über mehr als 150 EUR. § 94 macht eine betreuungsgerichtliche Genehmigung nicht überflüssig. Es ist unerheblich, ob die Prozeßhandlung gleichzeitig einen sachlichrechtlichen Inhalt hat. Deshalb ist § 54 auch bei einem Anerkenntnis oder einem Verzicht oder bei einem Vergleich beachtlich, Anh § 307 Rn 34.

55 *Prozessfähigkeit von Ausländern.* **Ein Ausländer, dem nach dem Recht seines Landes die Prozessfähigkeit mangelt, gilt als prozessfähig, wenn ihm nach dem Recht des Prozessgerichts die Prozessfähigkeit zusteht.**

1 **1) Systematik.** Vgl zunächst § 52 Rn 1. Ein Ausländer ist im allgemeinen prozeßfähig, soweit er in seinem Heimatstaat geschäftsfähig ist, Art 7 I EG BGB, § 52. Darüber hinaus gibt § 55 dem Ausländer die Prozeßfähigkeit, soweit sie nach dem inländischen Recht bestünde. Ein in Deutschland unter Betreuung gestellter Ausländer ist trotzdem stets prozeßunfähig, Art 8 EG BGB. Eine gesetzliche Vertretung ist bei § 55 unstatthaft.

2) Regelungszweck. Er besteht in einer Vereinfachung entsprechend dem auch anderweitig geltenden Grundsatz des Abstellens auf eine etwaige Gegenseitigkeit, § 328 I Z 5, und im Interesse der Prozeßförderung und Prozeßwirtschaftlichkeit, Grdz 12, 14 vor § 128. Ein Fall des § 13 liegt nicht vor. Ein ausländischer gesetzlicher Vertreter kann nur als ein Beistand nach § 90 auftreten. Seine Vernehmung als Zeuge ist zulässig. Die gesetzliche Vertretung eines prozeßunfähigen Ausländers richtet sich nach seinem Heimatrecht, Art 7 EGBGB, Art 1–3 HaagVormschAbk v 12. 6. 02, RGBl **04**, 240. 2

3) Sachlicher Geltungsbereich. Vgl Grdz 3 vor § 50. Die Vorschrift gilt nach § 9 V FamFG entsprechend. 3

4) Persönlicher Geltungsbereich. Die Vorschrift gilt für: Die Ehefrau; einen nach dem Heimatrecht noch Minderjährigen über 18 Jahre; den Schuldner im Insolvenzverfahren; einen Staatenlosen, Art 5 II EGBGB entsprechend. Sie gilt auch für eine einzelne Prozeßhandlung, Grdz 46 vor § 128, selbst wenn sie im Heimatland des Ausländers erfolgen muß. 4

56 *Prüfung von Amts wegen.* **I Das Gericht hat den Mangel der Parteifähigkeit, der Prozessfähigkeit, der Legitimation eines gesetzlichen Vertreters und der erforderlichen Ermächtigung zur Prozessführung von Amts wegen zu berücksichtigen.**

II 1 Die Partei oder deren gesetzlicher Vertreter kann zur Prozessführung mit Vorbehalt der Beseitigung des Mangels zugelassen werden, wenn mit dem Verzug Gefahr für die Partei verbunden ist. 2 Das Endurteil darf erst erlassen werden, nachdem die für die Beseitigung des Mangels zu bestimmende Frist abgelaufen ist.

Schrifttum: *Reinicke,* Entspricht die Beweislast bei Prozeßfähigkeit derjenigen bei der Geschäftsfähigkeit?, in: Festschrift für *Lukes* (1989) 755.

Gliederung

1) Systematik, I, II. Während §§ 50–55 die Voraussetzungen der Partei- und Prozeßfähigkeit nennen, regelt § 56 das zugehörige Prüfungsverfahren, ergänzt durch §§ 57, 58. 1

2) Regelungszweck, I, II. Wegen der zentralen Bedeutung der vorgenannten beiden Prozeßvoraussetzungen nach Grdz 3 vor § 50, Grdz 13 vor § 253 ist trotz der bloßen Amtsprüfung nach Rn 4 einerseits die sorgsamste Prüfung notwendig. Andererseits darf man bei II 1 nicht allzu kleinlich vorgehen. Das gilt im wohlverstandenen Interesse *beider* Parteien an einer zügigen Abwicklung des Prozesses, Grdz 12, 14 vor § 128. Allerdings muß natürlich bei II 1 nicht nur eine wirkliche Gefahr im Verzug vorliegen, sondern es muß auch eine realistische Chance erkennbar sein, daß die Partei den Mangel in einer für den Gegner wie für das Gericht zumutbaren Frist beheben (lassen) kann. Wenn insofern auch bei einer gewissen Großzügigkeit noch ernsthafte Zweifel verbleiben, sollte man den Entschluß nicht scheuen, eine Unbehebbarkeit des Mangels anzunehmen und deshalb „derzeit" entsprechend zu entscheiden, auch etwa auf eine Klagabweisung als unzulässig. 2

3) Geltungsbereich, I, II. Vgl Grdz 3 vor § 50. II ist im WEG-Verfahren anwendbar, (zum alten Recht) KG FGPrax **03**, 206, auch im FamFG-Verfahren, § 9 V FamFG. 3

4) Amtsprüfung, I. § 56 schreibt eine Amtsprüfung nach Grdz 39 vor § 128 vor, BGH RR **05**, 24, Rostock FamRZ **06**, 554, Zweibr FamRZ **99**, 28, Engelmann-Pilger NJW **05**, 716. Sie ist für vier Punkte notwendig: Die Parteifähigkeit, § 50 Rn 32; die Prozeßfähigkeit, § 52, evtl auch beim ProzBev, BVerfG **37**, 67, auch beim noch nicht Betreuten, aber Geschäftsunfähigen, Bork MDR **91**, 98; den Nachweis der gesetzlichen Vertretung, § 51, Zweibr RR **01**, 152; die etwa notwendige Ermächtigung zur Prozeßführung, §§ 51, 54, Zweibr RR **01**, 152. Sie gilt bei jeder Art von Partei, LG Nürnb-Fürth Rpfleger **02**, 632. 4

Diese vier Punkte sind *Prozeßvoraussetzungen,* Grdz 13 vor § 253, BGH RR **05**, 24, Hamm MDR **92**, 412 (je zur Prozeßfähigkeit), Kblz RR **08**, 148 (zur Parteifähigkeit). Sie sind einer Parteiverfügung nach § 295 entzogen, BGH NJW **95**, 1032. Mängel können nur nach Rn 9ff heilen. Ein diesbezügliches Anerkenntnis oder Geständnis ist nicht wirksam. Das gilt auch für dasjenige Anerkenntnis, das das Gesetz an sich bei einer Säumnis unterstellt. Da man aber einen Mangel grundsätzlich nicht vermuten darf, braucht das Gericht einen Punkt nur dann zu prüfen, wenn es aus eigener Erkenntnis oder auf Grund einer Anregung oder eines Antrags diesbezügliche Bedenken hat oder haben muß.

Die Prüfung muß jeder Sachprüfung und selbst der Prüfung der Zulässigkeit des Rechtswegs *vorangehen,* Kblz NJW **77**, 57. Sie erlaubt eine Anregung auch durch eine anwaltlose Partei im Anwaltsprozeß. Die Prüfung ist in jeder Lage des Verfahrens nötig, BGH RR **05**, 24, Saarbr ZMR **98**, 212, LG Mainz Rpfleger **97**, 178, vgl aber auch § 51 Rn 12 ff. Die Prüfung ist auch im Prozeßkostenhilfeverfahren erforderlich, §§ 114 ff, Köln JB **93**, 744. Sie ist ferner im Berufungsverfahren notwendig, §§ 511 ff, BGH RR **05**, 24, Hamm MDR **92**, 412. Sie erfolgt auch in der Revisionsinstanz nach (jetzt) §§ 542 ff, BGH **134**, 118, und im Beschwerdeverfahren nach §§ 567 ff, Rostock FamRZ **06**, 554, Saarbr ZMR **98**, 212. Die Beschränkungen des § 559 gelten nicht, BGH RR **86**, 157. Das Revisionsgericht muß auch prüfen, ob die Prozeßfähigkeit am Schluß der letzten mündlichen Verhandlung der Berufungsinstanz vorhanden war, §§ 136 IV, 296 a. Falls der BGH den Rechtsstreit in die Berufungsinstanz zurückverwiesen hatte, muß das Berufungsgericht die Prüfung vornehmen, soweit das Revisionsgericht die Frage nicht selbst abschließend klären wollte, BGH NJW **96**, 1060. Die Amtsprüfung erfolgt auch im Wiederaufnahmeverfahren, BGH **84**, 24. Wegen der Zwangsvollstreckung Grdz 46 vor § 704.

5 **5) Keine Amtsermittlung, I.** Die Notwendigkeit einer Prüfung der Parteifähigkeit usw von Amts wegen bedeutet nicht, daß das Gericht insofern auch zu einer Ermittlung von Amts wegen nach Grdz 38 vor § 128 gezwungen wäre, BGH RR **05**, 24. Die Amtsprüfung zwingt das Gericht nur dazu, den etwaigen Mangel von Amts wegen zu berücksichtigen, BGH RR **05**, 24, also ihn auch dann zu beachten, wenn ihn kein Beteiligter mit einer Zulässigkeitsrüge beanstandet hatte, Grdz 39 vor § 128, AG Ludwigsl RR **02**, 1293. Zur Amtsprüfung kann eine Anhörungspflicht gehören, BGH **143**, 125.

A. Beweislast. Die Beweislast kommt erst bei einem nicht behebbaren Zweifel infrage, BGH NJW **96**, 1060, BAG MDR **00**, 781. Sie liegt bei demjenigen, der auf Grund der umstrittenen Prozeßvoraussetzung ein Recht für sich herleitet, Anh § 286 Rn 148 „Prozeßvoraussetzungen". Für das Vorliegen der Parteifähigkeit und Prozeßfähigkeit beider Parteien ist also an sich der Kläger beweispflichtig, BGH NJW **96**, 1059, Kblz RR **08**, 148 (je: wer die eigene Prozeßunfähigkeit behaupte, müsse diese ausreichend mit Tatsachen darlegen), BAG DB **00**, 780, Hamm FamRZ **98**, 687 (auch im Eilverfahren). Eine diesbezügliche Unklarheit geht theoretisch zu seinen Lasten, Mü RR **07**, 736, und führt zu einer Abweisung der Klage als unzulässig, Grdz 14 vor § 253, BGH **143**, 124 (auch in der Berunfungsinstanz), Celle RR **95**, 519, Hamm MDR **92**, 412. Der Richter kann allerdings im allgemeinen davon ausgehen, daß eine Partei prozeßfähig ist, solange ihm keine sachlichen Bedenken vorliegen, BGH RR **05**, 25, Mü BB **07**, 2311, Stgt NJW **06**, 1887 (FGG). Das führt praktisch zur Darlegungslast desjenigen, der sich auf eine Parteiunfähigkeit beruft, BGH RR **05**, 25. Das gilt insbesondere dann, wenn eine Partei ihre Partei- oder Prozeßfähigkeit erst in letzter Minute bestreitet, gar erst vor dem Verhandlungsschluß der Berufungsinstanz, BGH RR **05**, 25. Auch aus der Darlegungslast folgt die Anregungsbefugnis Rn 4. Ein Vertreter muß diejenigen Tatsachen beweisen, aus denen sich die Notwendigkeit einer gesetzlichen Vertretung und seine wirksame Bestellung ergeben.

6 **B. Beweiswürdigung.** Das Gericht darf und muß evtl Beweise zu allen diesen Fragen in demselben Umfang erheben und würdigen, wie es sonst bei der Feststellung von Prozeßvoraussetzungen geschieht, Einf 9 vor § 284, Köln JB **93**, 744. Es braucht keinen Beweisbeschluß und keine Vorschußanforderung, Mü OLGR **02**, 75. Es braucht die strengen Vorschriften über das Beweisverfahren nicht vollständig einzuhalten, BGH **143**, 124, BAG DB **00**, 780. Es ist zB eine Verwertung von Erhebungen in einem selbständigen Beweisverfahren für einen anderen Rechtsstreit im Weg des Urkundenbeweises auch ohne eine Zustimmung der Parteien zulässig, BGH **143**, 125. Das Gericht kann sich mit einer eidesstattlichen Versicherung begnügen, BGH NJW **92**, 628. Es darf einen ohnehin meist nötigen Sachverständigen einschalten, BGH NJW **96**, 1059, Ffm FamRZ **94**, 1126. Das geschieht aber erst nach einer persönlichen Anhörung, Oldb FamRZ **08**, 1456, und bei einem fortbestehenden Zweifel, Rostock FamRZ **06**, 554. Das Gericht darf allerdings die Partei nicht dazu anhalten, sich auf ihren Geisteszustand untersuchen zu lassen. Das Gericht darf erst recht nicht ihre Vorführung vor einem Arzt anordnen, solange kein Abstammungsverfahren nach dem FamFG vorliegt, Üb 7, 9 vor § 371.

7 **C. Säumnis usw.** Die Prüfung der Parteifähigkeit usw erfolgt auch im Versäumnisverfahren, im Verfahren auf eine Entscheidung nach Lage der Akten, § 251 a, und im schriftlichen Verfahren, § 128 II. Es genügt, daß die Prozeßvoraussetzungen am Schluß der letzten mündlichen Verhandlung vorliegen, §§ 136 IV, 296 a, oder in dem diesem Schluß gleichstehenden Zeitpunkt des schriftlichen Verfahrens, § 128 II. Das gilt selbst für die Revisionsinstanz. Einzelne Prozeßhandlungen sind aber unwirksam, wenn im Zeitpunkt ihrer Vornahme eine Prozeßvoraussetzung fehlte. Das Gericht muß eine solche Unwirksamkeit von Amts wegen beachten, Grdz 39 vor § 128.

8 **D. Verstoß.** Wenn das Gericht einen Mangel dieser Art im Urteil übersehen hat, ist das Urteil bis zu seiner Aufhebung auf Grund eines statthaften Rechtsmittels oder Einspruchs auflösend bedingt wirksam, Einl III 30, Üb 19 vor § 300. Eine Nichtigkeitsklage nach § 579 I Z 4 ist sinngemäß auch dann zulässig, wenn es um die Parteifähigkeit geht, Kblz NJW **77**, 57, oder um die Prozeßfähigkeit, BGH **84**, 28.

9 **6) Mängelheilung, I.** Ein Mangel kann stets rückwirkend durch eine Genehmigung des bisherigen Verfahrens nach der Beseitigung des Mangels und in einer Kenntnis der Umstände heilen, BGH **92**, 141, Celle RR **95**, 519, Saarbr Rpfleger **91**, 513, aM Urbanczyk ZZP **95**, 361 (aber der Kreis heilbarer Mängel ist zwecks Prozeßwirtschaftlichkeit groß, Grdz 14 vor § 128). Es genügt auch eine spätere Ermächtigung.

A. Genehmigung. Die Genehmigung kann in einer Fortsetzung des vom angeblichen Vertreter betriebenen Verfahrens liegen, Saarbr Rpfleger **91**, 513. Der Miterbe kann die Prozeßführung des verstorbenen Geschäftsunfähigen genehmigen. Die Genehmigung muß die ganze Prozeßführung erfassen. Sie darf sich nicht nur auf einzelne Prozeßhandlungen erstrecken. Denn man darf nicht aus einem Prozeß willkürlich einzelne Handlungen oder Abschnitte herausreißen, § 78 Rn 34, § 81 Rn 1, BGH NJW **87**, 130, aM Fenger NJW **87**, 1183.

10 **B. Beachtung von Amts wegen.** Das Gericht muß eine Genehmigung *von Amts wegen* beachten, Grdz 39 vor § 128, BGH **86**, 189. Das gilt auch dann, wenn die Genehmigung erst in der Revisionsinstanz vorlag. Eine unwirksame Zustellung der Klage an einen Prozeßunfähigen heilt neben § 189 auch durch den

Eintritt seines gesetzlichen Vertreters oder durch eine Genehmigung des inzwischen Volljährigen zumindest stillschweigend, aM LG Paderb NJW **75**, 1748 (vgl aber Rn 9). Eine Zustimmung des Gegners ist in keinem Fall erforderlich.

C. Rechtskraft. Ein Urteil beliebiger Art oder der Vollstreckungsbescheid können selbst dann nach § 322 rechtskräftig werden, wenn die Partei keinen ordnungsmäßigen Vertreter hatte und wenn das Gericht sein Urteil einem falschen Vertreter zugestellt hatte. Das ergibt sich aus §§ 579 I Z 4, 578 I, 586 III, BGH **104**, 111, Ffm FamRZ **85**, 613 Zweibr FamRZ **99**, 28, aM LG Ffm NJW **76**, 757, RoSGo § 44 IV 6 (vgl aber Rn 9). Andere, nicht mit der Rechtskraft zusammenhängende Folgen eines Verstoßes bleiben unberührt, Zweibr FamRZ **99**, 28. 11

Die Rechtskraft tritt auch dann ein, wenn eine prozeßunfähige gesetzlich vertretene Partei das Rechtsmittel *zurückgenommen* hat, §§ 516, 565. 12

7) Zulassung, I. Im Verfahren zur Prüfung der in Rn 4 genannten Prozeßvoraussetzungen muß das Gericht die betroffene Partei oder ihren angeblichen Vertreter zulassen, BGH NJW **00**, 289, BAG NZA **06**, 696 links, LG Cottbus Rpfleger **00**, 465. Das gilt auch in der Rechtsmittelinstanz, BGH NJW **96**, 1059, Düss MDR **97**, 500. Man darf diese Zulassung aber nicht mit derjenigen nach II verwechseln. Dort handelt es sich nämlich um die Sachprüfung. Wen das Gericht als einen Vertreter zu einem Termin geladen hatte, der kann im Termin auftreten und vortragen, er sei kein Vertreter. Er kann zur Klärung dieser Frage sogar das zulässige Rechtsmittel einlegen. Andererseits darf der wahre gesetzliche Vertreter jederzeit in den Prozeß eintreten und die bisherige falsche Vertretung rügen, und zwar auch dadurch, daß er das zulässige Rechtsmittel einlegt. 13

8) Mängelfolgen, I. Wenn das Gericht einen der vier in Rn 4 genannten Mängel feststellt, muß es zunächst prüfen, ob der Mangel behebbar ist. Wenn man das bejahen kann, muß das Gericht dem Betroffenen eine ausreichende Gelegenheit zur Mängelbeseitigung geben, etwa durch eine Aussetzung nach § 148 oder eine Vertagung nach § 227 oder durch einen Auflagenbeschluß etwa nach § 273 II Z 2, Schneider Rpfleger **76**, 231. Das Gericht kann auch von der Möglichkeit nach II Gebrauch machen. Eine Aussetzung ist nur im Rahmen der §§ 148, 241 ff zulässig. Wenn das Gericht nach dem Ablauf dieses Zwischenverfahrens oder von Anfang an zu dem Ergebnis kommt, daß der Mangel endgültig vorliegt, muß man die folgenden Situationen unterscheiden. 14

A. Ordnungsgemäße Klage. Der Kläger mag seine Klage ordnungsmäßig erhoben haben, also durch einen Berechtigten. Dann muß das Gericht die jetzt auftretende nichtberechtigte Person durch einen Beschluß zurückweisen, § 329. Gegen den Beschluß ist die sofortige Beschwerde nach §§ 252, 567 zulässig. Gegen eine folglich nicht vertretene Partei kann und muß auf einen Antrag eine Versäumnisentscheidung nach §§ 330 ff ergehen § 300 Rn 5. Wenn der Mangel erst während des Rechtsstreits eintritt, mag das Gericht sein Verfahren nach §§ 239 ff, 246 unterbrechen müssen, Mü OLGZ **94**, 90 (Erlöschen). Wenn das Gericht gegen eine prozeßunfähige Partei ein Sachurteil erlassen hat, darf sich die Partei im Rechtsmittelzug ebenso wie eine prozeßfähige Partei wehren, BGH RR **86**, 1119. 15

B. Anfängliche Mängel. Schon die Klage mag mangelhaft sein. Dann muß das Gericht zunächst eine Gelegenheit zur Mangelbeseitigung geben, BGH RR **86**, 1119. Mangels einer Abhilfe muß das Gericht dann die Klage durch ein Prozeßurteil nach § 300 Rn 6 unverzüglich als unzulässig abweisen, Grdz 14 vor § 253, Hamm MDR **97**, 972, Kblz NJW **77**, 56, und zwar gegenüber der unbefugt vertretenen Partei, § 88 Rn 13, Schneider Rpfleger **76**, 231. Das gilt auch in der höheren Instanz, BGH **143**, 127, Hamm MDR **92**, 412. Das Gericht darf das Rechtsmittel nicht etwa als unzulässig verwerfen, Hamm MDR **92**, 412. Gleichzeitig hebt das höhere Gericht ein etwa in der Vorinstanz ergangenes stattgebendes Urteil auf. Von der Mangelhaftigkeit der Klage muß man die Mangelhaftigkeit ihrer Zustellung unterscheiden. Die letztere ist nach § 189 oder durch eine nochmalige Zustellung heilbar, BGH RR **86**, 1119. 16

C. Säumnis. Im Versäumnisverfahren muß das Gericht eine Versäumnisentscheidung ablehnen, wenn nur ein Nachweis fehlt, § 335 I Z 1. Das Gericht muß die Klage durch ein streitiges Prozeßurteil (ein unechtes Versäumnisurteil) unverzüglich nach § 300 Rn 6 als unzulässig abweisen, wenn die Unheilbarkeit feststeht oder wenn keine Heilung erfolgt ist, § 330 Rn 4. 17

D. Entscheidung. Es ist unerheblich, ob der Kläger oder der Bekl betroffen sind. Wenn schon die Klage mangelhaft war, ist von vornherein zweifelhaft, wer Partei ist, der Vertretene oder der falsche Vertreter. Je nach dem Ergebnis der Prüfung dieser Frage muß man das Urteil und die Kostenentscheidung auf den einen oder den anderen stellen, BGH **121**, 399. Das Gericht darf die Kosten dem falschen Vertreter aber nur dann auferlegen, wenn die Partei die Klage nicht veranlaßt hatte. Das gilt selbst dann, wenn die Klagabweisung gegenüber der unbefugt vertretenen Partei erfolgte, BGH WertpMitt **86**, 1128, Hamm OLGZ **89**, 321, Karlsr FamRZ **96**, 1335, aM Köln Rpfleger **76**, 102 (das Gericht müsse seine Kostenentscheidung stets auf den Vertretenen abstellen. Aber er hat keine Genehmigung erklärt. Es handelt sich nur formell um seinen Prozeß). 18

C. Rechtsmittel. Derjenige Prozeßunfähige, den das Erstgericht als prozeßfähig behandelt hatte, kann ein Rechtsmittel einlegen, Düss FamRZ **97**, 887, LG Cottbus Rpfleger **00**, 465. Das Revisionsgericht muß nicht sein Rechtsmittel, sondern die Klage als unzulässig behandeln, BGH **143**, 122. Auch derjenige, den eine erstinstanzliche Klagabweisung auf Grund einer angeblichen Partei- oder Prozeßunfähigkeit beschwert, kann ein Rechtsmittel einlegen, BGH NJW **96**, 1059. Das Rechtsmittelgericht mag das Rechtsmittel freilich als erfolglos erachten, VGH Kassel NJW **90**, 403. Der Vertreter kann im Umfang von Rn 13 Rechtsmittel einlegen, BGH **111**, 220, BayObLG **90**, 337, aM Karlsr FamRZ **96**, 1335 (abl Vollkommer). Vgl auch Rn 13. 19

9) Bejahung der Prozeßvoraussetzung, I. Wenn das Gericht eine zunächst zweifelhaft gewesene Prozeßvoraussetzung bejaht, geschieht das entweder in den Entscheidungsgründen des Endurteils oder in einem Zwischenurteil nach § 280 II. Wenn es um das Fehlen einer Ermächtigung zu einer Prozeßführung 20 ging, ist die Klärung nur im Endurteil oder allenfalls in einem unselbständigen Zwischenurteil nach § 303 zulässig.

21 **10) Vorläufige Zulassung, II.** Es ist wegen des Zwecks alle Behutsamkeit nötig, Rn 2.

A. Grundsatz: Ermessen. II ermöglicht dem Gericht eine Entscheidung im Rahmen seines auch hier pflichtgemäßen Ermessens. Es ist allerdings weitgehend unanfechtbar, Einl III 33. Das Gericht kann nämlich die Partei oder ihren gesetzlichen Vertreter unter dem Vorbehalt der Beseitigung des Mangels einstweilen zulassen. Das Gericht sollte auch in geeigneten Fällen so vorgehen. Es ist zB ratsam, die Einlegung eines Rechtsmittels im Namen eines Toten so anzusehen, als ob sie für seine Erben erfolgt wäre.

22 **B. Behebbarkeit.** Der Mangel muß bereits feststehen. Er muß aber behebbar sein. Hierher gehört auch der Fall, daß man den Nachweis des Vorliegens der Prozeßvoraussetzungen nicht sogleich erbringen kann.

23 **C. Gefahr im Verzug.** Es muß für die einstweilen zuzulassende Partei eine Gefahr im Verzug für den Fall bestehen, daß die Zulassung nicht erfolgen würde. Für ihren Gegner braucht keine Gefahr im Verzug vorzuliegen. Eine derartige Gefahr kann etwa dann vorliegen, wenn der Ablauf einer Verjährungsfrist bevorsteht. Bei einer noch fehlenden Betreuung hilft II meist nicht, Bork MDR **91**, 99, ebensowenig bei einer bloßen Entscheidungsreife nach § 300 Rn 6 zugunsten des Gegners. Denn der fehlerhaft Auftretende muß stets damit rechnen, daß das Gericht dann pflichtgemäß entscheidet. Mag das Rechtsmittelgericht die Frage überprüfen, ob das Erstgericht Art 103 I GG verletzt hat.

24 **D. Baldige Behebung.** Man muß damit rechnen können, daß die Partei den Mangel in einer angemessenen Zeit beseitigt oder einen fehlenden Nachweis innerhalb desselben Zeitraums nachreichen wird.

25 **E. Verfahren.** Die einstweilige Zulassung der Partei erfolgt für die Sache selbst. Das Gericht muß zur Sache verhandeln lassen. Die einstweilige Zulassung erfolgt grundsätzlich formlos, Rostock FamRZ **06**, 554, ZöV 16, aM ThP 4 (stets Beschluß. Aber das ist unnötig förmelnd, Grdz 14 vor § 128). Wenn die Parteien freilich über die Zulässigkeit der einstweiligen Zulassung streiten, ist ein Beschluß nach § 329 erforderlich. Er braucht wie jeder Beschluß grundsätzlich eine Begründung, § 329 Rn 4. Die Zulassung ist unanfechtbar. Gegen den zurückweisenden Beschluß ist die sofortige Beschwerde nach § 567 I Z 2 statthaft. In jedem Fall muß das Gericht eine Frist zur Mängelbehebung setzen, wenn es eine solche Fristsetzung vorher versäumt hatte. Die Frist läßt sich nach § 224 II verlängern. Vor dem Ablauf der Frist ist nur eine Verhandlung zulässig, nicht eine Entscheidung. Nach dem Ablauf der Frist und vor einer Entscheidung müssen die Parteien in jedem Fall nochmals mündlich verhandeln. Nach einem ergebnislosen Ablauf der Frist ist alles bisher Geschehene einschließlich eines etwaigen unselbständigen Zwischenurteils unwirksam.

Eine *Nachholung* ist bis zum Schluß der letzten mündlichen Verhandlung zulässig, §§ 136 IV, 296 a. Nach einem ergebnislosem Fristablauf muß das Gericht die Klage durch ein Prozeßurteil als unzulässig abweisen, II 2. Über eine Heilung infolge einer Genehmigung Rn 9, 10.

Einführung vor §§ 57, 58

Gerichtliche Vertreterbestellung

1 **1) Systematik.** §§ 57, 58 ergänzen § 56. Das Recht kennt verschiedene Fälle, in denen das Gericht einer Partei einen Vertreter für den Prozeß bestellt, BGH **93**, 9. Zwei solche Fälle behandeln §§ 57, 58. Hierher gehört auch die Bestellung zur Führung eines Ersatzprozesses der Aktiengesellschaft in der Gründung, § 147 III AktG. In allen diesen Fällen ist der Bestellte der gesetzliche Vertreter mit einer Beschränkung auf diesen Prozeß, LG Ffm WuM **93**, 61. Wegen der Abwicklung einer juristischen Person, zB einer GmbH in Liquidation, § 50 Rn 21 ff, § 51 Rn 16. Eine Bestellung nach § 57 schließt eine solche nach § 29 BGB nicht stets aus, Zweibr RR **01**, 1057. Eine dem § 57 entsprechende Vorschrift für den prozeßfähigen Kläger gibt es nicht.

2 **2) Regelungszweck.** Vgl zunächst § 56 Rn 3. Zweck der Vorschrift ist es, dem Kläger einen prozeßfähigen Gegner gegenüberzustellen, damit er seinen Anspruch geltend machen kann, BGH **93**, 9, OVG Hbg HbgJVBl **85**, 169. Andererseits dürfen aber auch die prozessualen Rechte des Bekl nicht zu kurz kommen. Es ist also eine Interessenabwägung erforderlich. Bei ihr muß freilich grundsätzlich das Interesse des Klägers an einem wirksamen Rechtsschutz den Vorrang haben, Einl I 1, Grdz 1 vor § 253. Es darf auch nicht dazu kommen, daß man ihn ungebührlich mit der Vertreterbestellung hinhält. Allerdings wäre eine vorschnelle Bestellung selbst etwa eines Anwalts der Sache auch meist kaum dienlich. Die ohnehin nach § 57 I erforderliche Gefahr im Verzug zwingt nicht zur Unüberlegtheit.

3 **3) Geltungsbereich.** Vgl Grdz 3 vor § 50. §§ 57, 58 gelten nach § 9 V FamFG entsprechend.

4 **4) Verfahren.** Den Vertreter bestellt der Vorsitzende des Prozeßgerichts. Wegen der Nachprüfung der Bestellung § 51 Rn 25, § 57 Rn 7 ff. Der bestellte Vertreter braucht die Vertretung nicht zu übernehmen. Da er ablehnen kann, hat er kein Beschwerderecht. Einen Anspruch auf eine Vergütung hat er gegen den Kläger nicht, gegen den Bekl aus dem vorliegenden Verhältnis einer Geschäftsführung ohne Auftrag, §§ 677 ff BGB, aM Eckert KTS **90**, 38 (Zwangsdienstvertrag. Aber das läßt sich aus dem Gesetz nicht ableiten, BayObLG WoM **89**, 535). Bei der Kostenfestsetzung muß man das berücksichtigen. Freilich kann das Gericht vom Antragsteller einen Kostenvorschuß fordern, Eckert KTS **90**, 38.

Gebühren bei §§ 57, 58: Des Gerichts: keine; des Anwalts: Gehört zum Rechtszug, § 19 I 2 Z 13 RVG. (Jetzt) § 11 RVG ist auf den zum gesetzlichen Vertreter bestellten Anwalt unanwendbar, Düss VersR **80**, 389.

Der bestellte Vertreter erhält eine *Entschädigung* entsprechend § 1835 BGB, OVG Hbg HbgJVBl **85**, 169, aM MüKoLi 24, ZöV 8. Seine Aufwendungen können nach §§ 91 ff erstattungsfähig sein, Düss RR **00**, 210. Das Gericht kann den Vertreter auch im Weg der Prozeßkostenhilfe beiordnen, OVG Hbg HbgJVBl **85**, 169.

57 *Prozesspfleger.* **I Soll eine nicht prozessfähige Partei verklagt werden, die ohne gesetzlichen Vertreter ist, so hat ihr der Vorsitzende des Prozessgerichts, falls mit dem Verzug Gefahr verbunden ist, auf Antrag bis zu dem Eintritt des gesetzlichen Vertreters einen besonderen Vertreter zu bestellen.**

II Der Vorsitzende kann einen solchen Vertreter auch bestellen, wenn in den Fällen des § 20 eine nicht prozessfähige Person bei dem Gericht ihres Aufenthaltsortes verklagt werden soll.

Schrifttum: *Käck,* Der Prozeßpfleger, 1991.

Gliederung

1) Systematik, Regelungszweck, I, II. Vgl Einf 1, 2 vor §§ 57, 58. 1

2) Geltungsbereich, I, II. Vgl Grdz 3 vor § 50, Einf 3 vor §§ 57, 58. 2

3) Gefahr im Verzug, I. Man muß die Voraussetzungen der Bestellung eines besonderen Vertreters nach 3
I entsprechend dem Zweck der Vorschrift vom Kläger aus sehen.

A. Klagabsicht. Der Kläger muß eine Klage beabsichtigen. Es genügt aber, daß er ein Mahnverfahren nach §§ 688 ff oder ein Verfahren auf den Erlaß eines Arrests oder einer einstweiligen Verfügung nach §§ 916 ff, 935 ff betreiben will. Die Bestellung ist auch dann zulässig, wenn sich eine Prozeßunfähigkeit nach § 51 oder ein Mangel der Vertretungsmacht erst im Prozeß herausstellt, BGH NJW **90**, 1736, Brdb OLGR **96**, 143, Stgt MDR **96**, 198. Die Vorschrift hilft nicht bei einer Geschäftsunfähigkeit schon des Klägers, Bork MDR **91**, 99.

B. Prozeßunfähigkeit des Gegners usw. Die Klage oder das Verfahren müssen sich gegen einen solchen 4
Prozeßunfähigen richten, der bereits jetzt keinen gesetzlichen Vertreter hat. Ein bloßes Bedenken gegenüber der Prozeßfähigkeit genügt nicht, Köln RR **03**, 758. Man kann immerhin auch keinen vollen Beweis der Prozeßunfähigkeit fordern, zumal dann nicht, wenn eben eine Gefahr im Verzug ist. Die behauptete Prozeßunfähigkeit muß jedoch glaubhaft sein, § 294. I ist aber dann entsprechend anwendbar, wenn sich nicht klären läßt, ob der Gegner prozeßfähig ist, Bork MDR **91**, 99 (zu Betreuender). Beim Wegfall der Prozeßfähigkeit erst während des Prozesses gilt § 241, ThP 3, ZöV 3, aM BAG NJW **08**, 604, Stgt MDR **96**, 198 (je: § 57 entsprechend. Aber § 241 ist spezieller).

Die *Bestellung* erfolgt erst dann, wenn das FamG oder Betreuungsgericht die vom Kläger erbetene Bestellung eines gesetzlichen Vertreters abgelehnt hat, es sei denn, daß eine Gefahr für die Rechtsverfolgung besteht. Wenn ein Vertreter vorhanden ist, aber nicht amtiert, kann die Partei das Rechtsmittel selbst einlegen. § 53 ist dann nicht anwendbar. Sie kann aber nicht von seiner Prozeßhandlung abweichend wirksam vorgehen. Sie kann zB nicht ein Rechtsmittel gegen einen Beschluß nach § 269 einlegen, nachdem ihr Vertreter die Klage oder den Antrag wirksam zurückgenommen hat.

In diese Gruppe gehört auch eine juristische Person, etwa eine Gesellschaft mit beschränkter Haftung, Ffm RR **97**, 31, Eckert KTS **90**, 38, oder eine Aktiengesellschaft, wenn zB weder ihr Vorstand noch der Aufsichtsrat als Vertreter tätig werden können. § 76 AktG steht nicht entgegen. Wegen eines Prozeßpflegers für eine gelöschte, aber noch nicht vermögenslose und schon deshalb rechtlich fortbestehende Gesellschaft mit beschränkter Haftung BFH DB **80**, 2068, Ffm RR **01**, 46, Mü OLGZ **90**, 345. Bei einem prozeßfähig Anwesenden ist § 57 unanwendbar. Der gesetzliche Vertreter muß entweder fehlen oder rechtlich und nicht nur tatsächlich verhindert sein.

C. Gefahr für Kläger. Die Gefahr im Verzug muß für den Kläger bestehen. § 57 bringt also hier eine 5
Übergangslösung zB bis zur Bestellung eines Betreuers, LG Mönchengladb FamRZ **02**, 1431. Es muß eine gewisse Erfolgschance geben, BAG NJW **08**, 604. Eine Gefahr für den Gegner ist unerheblich. Ob für den Kläger eine Gefahr im Verzug besteht, steht im pflichtgemäßen, aber nicht nachprüfbaren Ermessen des Vorsitzenden. Es muß infolge einer etwaigen Verzögerung ein unverhältnismäßig großer Schaden drohen. Soweit zB ein Liquidator besteht, braucht man keinen Prozeßpfleger, BGH MDR **06**, 648. Die bloße Möglichkeit einer solchen Bestellung läßt aber § 57 nicht zurücktreten, aM BAG NJW **08**, 604 (aber es muß jetzt schnell gehen).

D. Antrag. Es ist ein Antrag des Klägers erforderlich. Ein Antrag des Bekl ist unzulässig. Das ergibt sich 6
aus dem Wortzusammenhang und aus dem Regelungszweck, BGH **93**, 10, LAG Hann MDR **85**, 170. Man kann den Antrag schriftlich oder zum Protokoll der Geschäftsstelle erklären. Für den Antrag besteht grundsätzlich kein Anwaltszwang, § 78 III Hs 2. Er besteht ausnahmsweise nur dann, wenn der Antrag erst während eines Anwaltprozesses nach § 78 Rn 1 zulässig wird, Rn 1. Eine Glaubhaftmachung der tatsächlichen Angaben nach § 294 ist notwendig, Eckert KTS **90**, 38. Sie reicht aus. Der Kläger kann einen Vorschlag zur Person des Prozeßpflegers machen. Er ist dazu aber nicht verpflichtet.

E. Verfahren. Der Urkundsbeamte legt den Antrag dem Vorsitzenden des Prozeßgerichts vor, also dem 7
Richter derjenigen Abteilung oder Kammer, die der Kläger im eigentlichen Rechtsstreit anrufen will. Im FamFG-Verfahren ist § 57 entsprechend anwendbar, zB vor dem Nachlaßgericht, Einf 3 vor §§ 57, 58, (zum alten Recht) BGH FamRZ **89**, 271. Der Vorsitzende prüft die Voraussetzungen des § 57. Er braucht aber grundsätzlich nicht zu prüfen, ob dieses Gericht auch für den beabsichtigten Rechtsstreit zuständig sein

würde. Denn jene Zuständigkeitsprüfung erfolgt erst im beabsichtigten Rechtsstreit, und die Zuständigkeit mag einer Parteivereinbarung unterliegen.

8 **F. Entscheidung.** Wenn allerdings jene Zuständigkeit ganz offenbar nicht vorliegt und wenn auch eine Zuständigkeitsvereinbarung offenbar unzulässig wäre oder wenn die Klage aus anderen Gründen unzulässig oder offensichtlich völlig aussichtslos wäre, muß der Vorsitzende den Antrag zurückweisen. Bei der Prüfung dieser Aussichtslosigkeit ist eine besondere Vorsicht erforderlich. Andernfalls gibt der Vorsitzende dem Antragsgegner nach Möglichkeit rechtliches Gehör nach Art 103 I GG, BSG NJW **94**, 215. Anschließend „hat" er zu entscheiden. Es bestellt der Vorsitzende den besonderen Vertreter ohne eine mündliche Verhandlung durch eine Verfügung. Er kann auch die Beschlußform wählen.

Er wählt im *Anwaltsprozeß* einen Anwalt und sonst eine prozeßfähige geeignete Person aus. Er kann den Bestellten nicht zur Übernahme der Prozeßpflegschaft zwingen, Einf 4 vor §§ 57, 58. Notfalls muß er das Bestellungsverfahren mit einem anderen wiederholen. Er teilt die Bestellung dem Antragsteller formlos mit, § 329 II 1. Eine Zurückweisung erfolgt durch einen Beschluß, § 329. Der Vorsitzende muß ihn grundsätzlich begründen, § 329 Rn 4, und dem Antragsteller förmlich zustellen, § 329 II 2 in Verbindung mit § 567 I Z 2.

9 **G. Rechtsbehelfe.** Gegen die stattgebende Verfügung ist kein Rechtsbehelf zulässig. Gegen den zurückweisenden Beschluß ist eine sofortige Beschwerde nach § 567 I Z 2 zulässig, Brdb OLGR **96**, 143. Eine Rechtsbeschwerde kommt unter den Voraussetzungen des § 574 in Betracht. Beim Rpfl gilt § 11 RPflG, § 104 Rn 41 ff.

10 **4) Gerichtsstand des Beschäftigungsortes, II.** Nach II ist die Bestellung eines besonderen Vertreters auch ohne eine Gefahr im Verzug zulässig. Das gilt selbst dann, wenn zwar ein gesetzlicher Vertreter vorhanden ist, wenn dieser aber nicht am Aufenthaltsort wohnt. Der Vorsitzende des Prozeßgerichts hat insofern ein pflichtgemäßes Ermessen („kann"). Vgl im übrigen Rn 7 ff sowie Einf 2 vor §§ 57, 58.

11 **5) Stellung des Bestellten, I, II.** Der besondere Vertreter ist nicht zur Annahme des Amts verpflichtet, Einf 4 vor §§ 57, 58. Mangels einer Ablehnung ist er ein gesetzlicher Vertreter. Das gilt allerdings nur für den beabsichtigten oder schon stattfindenden Prozeß, LG Hbg MDR **96**, 145. Er kann in diesem Zusammenhang auch ähnlich wie ein ProzBev sachlichrechtliche Erklärungen abgeben und entgegennehmen, zB eine Kündigung, LG Hbg MDR **96**, 145. Nach einer anderen Meinung ist er ein Pfleger. Vgl aber zB § 147 III AktG. Er ist kein Betreuer nach § 53, BSG NJW **94**, 215. Die Bestellung gilt allerdings auch für die Vertretung im Verfahren über eine Widerklage nach Anh § 253 oder für einen Zwischenstreit. Der besondere Vertreter kann die bisherige Prozeßführung genehmigen oder die Prozeßunfähigkeit geltend machen. Trotz der Bestellung muß das Gericht grundsätzlich Zustellungen und Ladungen auch an den Bekl richten. Denn er käme sonst evtl um das rechtliche Gehör, Artt 2 I, 20 III GG (Rpfl), BVerfG **101**, 404, Art 103 I GG (Richter), BSG NJW **94**, 215. Der Bekl kann auch mangels Tätigkeit des Bestellten selbst handeln, BSG NJW **94**, 215. Er kann auch selbst seine Prozeßfähigkeit behaupten und im Prüfungsverfahren handeln, BSG NJW **94**, 215. Etwas anderes gilt natürlich, wenn das Gericht von der Prozeßunfähigkeit des Bekl überzeugt ist. Wegen der Vergütung Einf 4 vor §§ 57, 58.

12 Das Amt des besonderen Vertreters *endet* mit dem Eintritt des ordentlichen gesetzlichen Vertreters. Diesen muß das Gericht dem Gegner anzeigen, § 241 entsprechend. Das Amt endet also nicht schon mit der Bestellung. Das Amt endet auch mit dem Eintritt der Prozeßfähigkeit. Es endet schließlich mit dem Widerruf der Bestellung. Der Widerruf ist nur aus einem wichtigen Grund zulässig. Er berührt die Wirksamkeit des Geschehenen nicht.

58 ***Prozesspfleger bei herrenlosem Grundstück oder Schiff.*** **I Soll ein Recht an einem Grundstück, das von dem bisherigen Eigentümer nach § 928 des Bürgerlichen Gesetzbuchs aufgegeben und von dem Aneignungsberechtigten noch nicht erworben worden ist, im Wege der Klage geltend gemacht werden, so hat der Vorsitzende des Prozessgerichts auf Antrag einen Vertreter zu bestellen, dem bis zur Eintragung eines neuen Eigentümers die Wahrnehmung der sich aus dem Eigentum ergebenden Rechte und Verpflichtungen im Rechtsstreit obliegt.**

II Absatz 1 gilt entsprechend, wenn im Wege der Klage ein Recht an einem eingetragenen Schiff oder Schiffsbauwerk geltend gemacht werden soll, das von dem bisherigen Eigentümer nach § 7 des Gesetzes über Rechte an eingetragenen Schiffen und Schiffsbauwerken vom 15. November 1940 (RGBl. I S. 1499) aufgegeben und von dem Aneignungsberechtigten noch nicht erworben worden ist.

1 **1) Systematik, Regelungszweck, I, II.** Vgl zunächst Einf 1, 2 vor §§ 57, 58 sowie für den Bereich der Zwangsvollstreckung den entsprechenden § 787. Nach § 928 BGB erlischt das Eigentum an einem Grundstück durch den Verzicht des eingetragenen Eigentümers gegenüber dem Grundbuchamt und durch die Eintragung in das Grundbuch. Durch diese Vorgänge wird das Grundstück herrenlos. Aneignungsberechtigt ist dann der Staat oder der nach Art 129 EGBGB Benannte. Ähnliches gilt für ein eingetragenes Schiff oder Schiffsbauwerk nach § 7 SchiffsG, für ein Luftfahrzeug nach § 99 I LuftfzRG. Dort kommt es auf die Eintragung im jeweils zugehörigen Register an. § 58 versteht unter dem Begriff Grundstück dasselbe wie § 928 BGB.

2 **2) Geltungsbereich, I, II.** Vgl Grdz 3 vor § 50, Einf 3 vor §§ 57, 58.

3 **3) Voraussetzungen, I, II.** Zur Bestellung eines Vertreters sind die folgenden Voraussetzungen erforderlich.

A. Herrenlosigkeit. Das Grundstück, das Schiff oder das Schiffsbauwerk sowie das in der Luftfahrzeugrolle eingetragene Luftfahrzeug müssen noch herrenlos sein, Rn 1.

B. Klagabsicht. Jemand muß ein Recht an dem Grundstück nach § 24, am Schiff oder Schiffsbauwerk nach dem SchiffsG, am Luftfahrzeug nach dem LuftfzRG einklagen wollen, etwa ein Grundpfandrecht oder dessen Zinsen. 4

C. Antrag. Es muß ein Antrag an das nach § 24 zuständige Gericht vorliegen. Ihn muß man stets vor dem Zeitpunkt der Rechtshängigkeit stellen, § 261. Denn von der Rechtshängigkeit an bleibt der Eigentümer der richtige Bekl, § 265. Für den Antrag besteht kein Anwaltszwang. Eine Gefahr im Verzug ist nicht erforderlich. Die Voraussetzungen Rn 3, 4 müssen glaubhaft sein, § 294. Der Antragsteller muß auch die Zuständigkeit glaubhaft machen. Denn es handelt sich um eine ausschließliche Zuständigkeit, Üb 14 vor § 12. Wenn die Voraussetzungen der Bestellung des Vertreters vorliegen, besteht eine Amtspflicht zur Bestellung. Vorsitzender des Prozeßgerichts ist bei einem Grundstück nur der Vorsitzende des nach § 4 zuständigen Gerichts. Das Gericht teilt die Bestellung dem Antragsteller und dem Bestellten formlos mit, § 329 II 1. Eine Zurückweisung erfordert eine förmliche Zustellung, § 329 II 2 in Verbindung mit § 567 I Z 2. 5

4) Stellung des Bestellten, I, II. Der Vertreter ist ein gesetzlicher Vertreter des künftigen Eigentümers in jeder Frage, die diese Eigentümerstellung in diesem Prozeß berührt. Er braucht nicht unentgeltlich zu handeln. Der Antragsteller ist Kostenschuldner. Er muß wie ein sorgsamer Eigentümer handeln. Er darf das Grundstück an denjenigen auflassen, der auf Grund einer Auflassungsvormerkung im Grundbuch als Berechtigter eingetragen ist. Für die Kosten der Vertretung haften das Grundstück, das Schiff oder Schiffsbauwerk usw wie die Insolvenzmasse für die Kosten des Insolvenzverwalters, vgl ferner § 1118 BGB, §§ 10 II, 162 ZVG (Kosten der Rechtsverfolgung). Das Amt des Vertreters endet mit der Eintragung des neuen Eigentümers, auch ohne daß dieser in den Prozeß eintritt. Es endet auch mit dem Ende der Herrenlosigkeit des Grundstücks usw. Es endet schließlich dann, wenn der Vorsitzende die Bestellung widerruft. Vgl § 57 Rn 11, 12. 6

5) Rechtsbehelf, I, II. Gegen die Bestellung keine, gegen die Zurückweisung des Antrags sofortige Beschwerde, § 567 I Z 2. 7

Titel 2. Streitgenossenschaft

Übersicht

Schrifttum: *Gerhardt,* Haftpflichtprozeß gegen Kfz-Versicherung und Versicherten, Festschrift für *Henckel* (1995) 273; *Lüke,* Die Beteiligung Dritter im Zivilprozeß, 1993; *Schmidt,* Mehrparteienprozess usw bei Gestaltungsprozessen im Gesellschaftsrecht, Festschrift für *Beys* (Athen 2004) 1485; *Schultes,* Die Beteiligung Dritter am Zivilprozeß, 1994; *Schwab,* Mehrparteienschiedsgerichtsbarkeit und Streitgenossenschaft, Festschrift für *Habscheid* (1989) 285.

Gliederung

1) Systematik. Die Beteiligung mehrerer Personen am Rechtsstreit läßt sich in drei Gruppen einteilen: In die Beteiligung eines Klägers und eines Bekl; in die Beteiligung von zwei oder mehr Personen auf der einen und/oder der anderen Parteiseite als Partei; in die Beteiligung einer oder mehrerer solcher Personen, die zumindest zunächst noch nicht Partei sind, es aber werden sollen oder zwecks Vermeidung von Nachteilen werden müssen oder die auch ohne ein solches Hineinwachsen zur Erzielung von Vorteilen oder zur Vermeidung von Nachteilen in das Prozeßgeschehen in einer anderen Weise als derjenigen einer Beweisperson hineingeraten. §§ 59–77 erfassen alle diese Gruppierungen. Die Vorschriften teilen sie in die Hauptgruppen der „Streitgenossenschaft", nach §§ 59–63 und der „Beteiligung Dritter", §§ 64–77. § 100 regelt die Kostenerstattung, § 32 GKG die Gerichtskosten, § 7 RVG die Anwaltsgebühren. Wegen des Beigeladenen beim Kapitalanlegerschutz SchlAnh VIII §§ 8, 12. 1

2) Regelungszweck. Die Vorschriften dienen nicht nur der Prozeßwirtschaftlichkeit nach Grdz 14 vor § 128, BGH NJW **92,** 982 links oben, Kblz OLGR **01,** 143, Mü MDR **01,** 652, sondern auch der Erzielung von solchen Ergebnissen, die man für mehr als zwei Personen nach Einl III 9, 36 als gerecht empfinden kann und die daher den Rechtsfrieden schneller und umfassender wiederherstellen. 2

Möglichkeit und Notwendigkeit einer evtl größeren Zahl von Prozeßbeteiligten auf der einen und/oder anderen Parteiseite brauchen eine vorsichtige Behandlung. Denn beide Arten der Hineinziehung in einen Prozeß sind unter Umständen nicht nur vorteilhaft, sondern ebenso evtl nachteilig, sei es für den „Genossen", sei es für den oder die Prozeßgegner. Sich in einen Rechtsstreit verwickelt zu sehen oder plötzlich mit anderen Gegnern zu tun zu haben, kann alles verteuern, verlängern, komplizierter und unsicherer machen. Es kann aber natürlich auch die Chance einer besseren Klärung oder einer erfolgreicheren Vollstreckbarkeit bringen. Es kann die Gefahr widersprüchlicher Entscheidungen durch mehrere Gerichte in noch lästigeren mehreren Verfahren verringern. Das alles kann bei der Auslegung von Voraussetzungen wie Folgen einer Streitgenossenschaft mitbeachtlich sein.

3) Geltungsbereich. Vgl Grdz 3 vor § 50. Vgl ferner § 48 WEG, Anh § 72. §§ 59 ff können zwar im Bereich des § 113 I 2 FamFG anwendbar sein. Sie passen aber auch dort oft nicht recht, (zum alten Recht) BayObLG RR **91,** 1506. 3

4 **4) Begriff der Streitgenossenschaft.** Sie liegt vor, wenn in einem Prozeß in derselben Parteistellung mehrere Personen auftreten, entweder als Kläger (Klaggenossen, aktive Streitgenossen) oder Bekl (Verteidigungsgenossen, passive Streitgenossen). Die Streitgenossenschaft ist nichts anderes als die Vereinigung mehrerer Einzelprozesse zu einem einzigen Prozeß aus Zweckmäßigkeitsgründen, Grdz 14, 15 vor § 128, BGH FamRZ **03**, 1175, BAG BB **96**, 2414, Schumann NJW **81**, 1718. Jeder etwa bisher selbständige Prozeß behält seine Selbständigkeit ganz oder eingeschränkt bei, BGH FamRZ **03**, 1175, BAG BB **96**, 2414, Mü RR **92**, 123.

Streitgenossenschaft liegt vor bei einer *Parteienhäufung* (subjektiver Klagenhäufung) nach § 59 und bei einer Gleichartigkeit der Ansprüche, § 60. Regelmäßig ist sie freiwillig. In bestimmten Fällen ist sie notwendig, § 62. Keine Streitgenossenschaft liegt vor, wenn eine nur *eine* Partei bildende Personenmehrheit auf einer Seite steht, etwa eine Offene Handelsgesellschaft, eine Aktiengesellschaft, ein rechtsfähiger Verein, oder wenn mehrere gesetzliche Vertreter für eine Partei auftreten. Anders ist es, wenn derselbe gesetzliche Vertreter mehrere vertritt, wenn er sowohl für sich als für einen Vertretenen prozessiert oder wenn die Gesellschaft und die Gesellschafter klagen, BGH **62**, 132. In einer Baulandsache gehen §§ 217–231 BauGB den §§ 59 ff grundsätzlich vor, BGH NJW **89**, 1039.

5 **5) Dauer der Streitgenossenschaft.** Man sollte sie sorgfältig klären.

A. Beginn. Die Streitgenossenschaft entsteht durch die Einleitung eines Verfahrens, zB durch eine Klagerhebung, § 253. Das gilt unabhängig davon, ob das Gericht die Klageschrift gemeinsam zustellt. Eine Streitgenossenschaft entsteht auch durch den Antrag auf den Erlaß eines Arrests oder einer einstweiligen Verfügung, §§ 920, 936. Über die Bestimmung eines gemeinsamen zuständigen Gerichts § 36 I Z 3. Sie entsteht ferner infolge des späteren Eintritts anderer als Partei durch eine Rechtsnachfolge, einen Beitritt, eine Prozeßverbindung nach § 147, eine Klagerweiterung, eine Widerklage, bei § 856 II.

6 **B. Ende.** Die Streitgenossenschaft endet durch den Wegfall von Streitgenossen wegen einer Rechtsnachfolge oder Prozeßtrennung oder durch das Ausscheiden infolge der Erledigung des Prozesses für diesen Streitgenossen durch eine Klagerücknahme nach § 269 oder ein Teilurteil usw, § 301. Solange sich ein Streitgenosse noch irgendwie am Prozeß beteiligt, sei es nur wegen der Kosten oder in einer höheren Instanz, bleibt er Partei.

7 **6) Selbständigkeit der Prozesse.** Aus der Selbständigkeit der durch eine Streitgenossenschaft verbundenen Prozesse folgt:

A. Prozeßart. Dieselbe Prozeßart muß für alle Genossen zulässig sein und vorliegen, Emde DB **96**, 1557.

8 **B. Prozeßvoraussetzungen.** Das Gericht muß die Prozeßvoraussetzungen nach Grdz 13 vor § 253 für jeden der einzelnen Prozesse gesondert prüfen. Sie müssen für jeden Streitgenossen vorliegen, BGH NJW **94**, 3103, Ffm RR **95**, 319. Es darf zB keiner exterritorial sein. Die Zuständigkeit muß für jeden bestehen. Man muß § 603 beachten. Für die sachliche Zuständigkeit erfolgt eine Zusammenrechnung der Ansprüche, § 5. Fehlt Rn 6, muß das Gericht den Prozeß abtrennen, § 145. Fehlt Rn 7, erfolgt ein Teilurteil nach § 301 oder eine Zuständigkeitsbestimmung nach § 36 I Z 3, Ffm RR **95**, 319, oder eine Teilverweisung mit einer Abtrennung nach § 281, soweit keine Verbindung nach § 147 möglich ist. Fehlt ein Erfordernis der §§ 59, 60, muß das Gericht auf Grund einer Rüge oder darf von Amts wegen abtrennen.

59 *Streitgenossenschaft bei Rechtsgemeinschaft oder Identität des Grundes.* **Mehrere Personen können als Streitgenossen gemeinschaftlich klagen oder verklagt werden, wenn sie hinsichtlich des Streitgegenstandes in Rechtsgemeinschaft stehen oder wenn sie aus demselben tatsächlichen und rechtlichen Grund berechtigt oder verpflichtet sind.**

1 **1) Systematik.** Vgl zunächst Üb 1 vor § 59. Die Vorschrift erfaßt die erste dort genannte Gruppe, ergänzt durch §§ 60–63.

2 **2) Regelungszweck.** Die Vorschrift dient zwar der Prozeßwirtschaftlichkeit, Üb 2 vor § 59, Grdz 14 vor § 128. Sie läßt eine bloße Zweckmäßigkeit aber nicht allein genügen, aM BayObLG MDR **99**, 807 (aber der Gesetzestext zeigt eindeutig schärfere Voraussetzungen auf). Ein Leitbild der ZPO ist noch der Prozeß eines einzelnen gegen einen einzelnen anderen. Ein weiterer Grundsatz ist freilich ebenso das Bestreben der Vermeidung sich widersprechender Entscheidungen zu derselben tatsächlichen Lage oder rechtlichen Frage. Auch die Vermeidung eines unnötigen Aufwands gehört zu den tragenden Prinzipien im Zivilprozeßrecht. Diese nicht ganz in dieselbe Richtung zielenden Erwägungen muß man bei der Festlegung eines so dehnbaren Begriffs wie desjenigen der Rechtsgemeinschaft mitabwägen.

3 **3) Geltungsbereich.** Vgl Üb 3 vor § 59.

4 **4) Streitgenossen.** § 59 gilt zunächst dann, wenn mehrere Personen entweder als Kläger oder als Bekl auftreten, Üb 1 vor § 59. Man spricht dann auch von einer subjektiven Klagenhäufung. Wenn dieselbe Person mehrere Ansprüche geltend macht, liegt demgegenüber eine objektive Klagenhäufung vor, vgl dazu § 60. Es steht den mehreren Klägern frei, als Streitgenossen aufzutreten. Das gilt auch bei der BGB-Außengesellschaft, Drsd RR **02**, 544. Vgl allerdings auch § 147. Der Bekl kann den Kläger nicht dazu zwingen, sich mit einem anderen als Streitgenossen zu verbünden. Freilich können trotz eines Siegs solche Mehrkosten erstattungsunfähig sein, die infolge einer unzweckmäßigen Folge selbständiger Einzelprozesse entstehen, § 91.

5 **5) Möglichkeit getrennter Prozesse.** Sogar notwendige Streitgenossen nach § 62 können an sich prozessual getrennt vorgehen. Soweit das sachliche Recht eine gemeinsame Klage fordert, haben getrennte Prozesse nur zur Folge, daß jeweils die Sachbefugnis fehlt, Grdz 23 vor § 50. Das Gericht muß dann die jeweilige Klage als unbegründet abweisen, Grdz 23 vor § 50. Dann fehlt also nicht etwa das Prozeßführungsrecht. Wegen der weitgehenden Verbindungsbefugnis des § 60 hat die aufzählende Abgrenzung des § 59

keine große praktische Bedeutung. Eine Klage gegen den Bekl zu 2 für den Fall, daß das Gericht die Klage gegen den Bekl zu 1 abweisen werde, ist unzulässig. Denn sie würde eine bedingte Klagerhebung bedeuten, § 253 Rn 1, BAG NJW **94**, 1086, Drsd RR **00**, 903. Dasselbe gilt für die Klage eines Klägers 2 nur für den Fall der teilweisen oder gänzlichen Abweisung des Klägers 1, Saarbr RR **08**, 47.

6) Rechtsgemeinschaft. § 59 gilt auch bei einer Rechtsgemeinschaft wegen desselben Streitgegenstands, 6
§ 2 Rn 4, BayObLG RR **06**, 211, Zweibr MDR **83**, 495, zB: Eine Gemeinschaft zur gesamten Hand; eine Bruchteilsgemeinschaft; ein Miteigentum; ein Wohnungseigentum; eine Gesamtschuld, BayObLG MDR **98**, 180; eine Teilschuld nach § 420 BGB; das Verhältnis zwischen dem Hauptschuldner und dem Bürgen, Gaul JZ **84**, 60; das Verhältnis zwischen einer BGB-Gesellschaft oder einer OHG und ihrem Gesellschafter, BGH **146**, 341; das Innenverhältnis zwischen Gesellschaftern, BayObLG **85**, 317, oder zwischen dem ProzBev und einem Verkehrsanwalt, BayObLG MDR **92**, 296; das Verhältnis zwischen dem Grundstückseigentümer und dem persönlichen Schuldner desjenigen Betrags, dessentwegen im Grundbuch eine Hypothek besteht; eine Klage auf die Freigabe einer für mehrere hinterlegten Summe, BGH **88**, 332.

7) Berechtigung oder Verpflichtung aus demselben Grund. § 59 gilt schließlich bei einer Berechti- 7
gung oder Verpflichtung mehrerer Personen aus demselben rechtlichen und zugleich aus demselben tatsächlichen Grund oder auf Grund derselben Vorfrage. Das ist weit auslegbar, BayObLG MDR **99**, 807 (anteilige gesetzliche Unterhaltshaftung).

Hierher zählen zB: Ein gemeinsamer Vertrag, etwa über eine Miete oder Pacht; eine gemeinsame unerlaubte Handlung, BayObLG DB **92**, 2434; eine gemeinsame Gefährdungshaftung, BGH MDR **78**, 130. Eine etwaige Rechtsnachfolge bei der Person des einen oder anderen Berechtigten oder Verpflichteten ist unerheblich.

Nicht hierher zählt eine gemeinsame Berechtigung oder Verpflichtung lediglich auf Grund derselben Tatsachen, jedoch aus verschiedenen Rechtsgründen.

60 *Streitgenossenschaft bei Gleichartigkeit der Ansprüche.* **Mehrere Personen können auch dann als Streitgenossen gemeinschaftlich klagen oder verklagt werden, wenn gleichartige und auf einem im Wesentlichen gleichartigen tatsächlichen und rechtlichen Grund beruhende Ansprüche oder Verpflichtungen den Gegenstand des Rechtsstreits bilden.**

1) Systematik, Regelungszweck. Vgl § 59 Rn 1, 2. 1

2) Geltungsbereich. Vgl Grdz 3 vor § 50. 2

3) Gleichartigkeit. § 60 läßt eine Streitgenossenschaft zu, wenn der rechtliche und der tatsächliche 3
Grund ganz oder doch zu einem wesentlichen Teil gleichartig sind, BGH JZ **90**, 1036, BayObLG RR **06**, 211, Hbg JB **77**, 199.

A. Weite Auslegung. Die Vorschrift ist sehr dehnbar, BGH NJW **92**, 982 links oben. Da es sich um eine Zweckmäßigkeitsregel handelt, darf man § 60 weit auslegen, BGH NJW **92**, 982 links oben, BayObLG RR **06**, 211, Ffm RR **06**, 864. Es darf keine Verwirkung drohen, BGH NJW **82**, 982. Eine auch nur teilweise Nämlichkeit ist nicht nötig. Es besteht grundsätzlich keine Pflicht zur Wahrung der bloßen Möglichkeiten nach §§ 59, 60, Nürnb GRUR-RR **05**, 169.

B. Aber innerer Zusammenhang. Die Ansprüche müssen aber beim Bekl in einem inneren Zusam- 4
menhang stehen, BGH JZ **90**, 1036, BayObLG RR **06**, 211, Ffm RR **06**, 864. Eine bloße sachliche Ähnlichkeit des Geschehensablaufs und des wirtschaftlichen Hintergrunds reicht nicht, BGH NJW **92**, 982 links oben, Drsd OLGR **03**, 92. Eine Nämlichkeit der Anträge ist nicht nötig, BayObLG RR **03**, 134.

C. Beispiele zur Frage einer Gleichartigkeit 5

Abänderung: Gleichartigkeit besteht bei einer Abänderungsklage nach § 323 mehrerer oder gegen mehrere, BGH NJW **98**, 685, BayObLG RR **99**, 1294.

Anlagefirma – Makler: Gleichartigkeit besteht bei einer Klage des Anlegers gegen die Anlagefirma und gegen den zugehörigen Makler, BayObLG RR **03**, 134.

Bauherrengemeinschaft: Gleichartigkeit besteht bei einer Klage gegen mehrere Mitglieder einer Bauherrengemeinschaft, BayObLG **83**, 66.

Drittwiderspruchsklage: Gleichartigkeit besteht bei einer solchen Klage gegen den Gläubiger und gegen den Schuldner nach § 771 II.

Leistung – Duldung: Gleichartigkeit besteht bei der Klage gegen den einen Bekl auf eine Leistung und gegen den anderen Bekl auf eine Duldung der Zwangsvollstreckung.

Makler: *Keine* Gleichartigkeit besteht bei einer Klage eines Maklers gegen den Käufer und gegen den Verkäufer wegen des Maklerlohns, Zweibr MDR **83**, 495, ZöV 7, aM BGH JZ **90**, 1036 (aber der Maklervertrag und der Kaufvertrag sind jeweils in sich abgeschlossene Vorgänge mit vielfach eigenen Regeln).

Selbständiges Beweisverfahren: Gleichartigkeit besteht bei einem solchen Verfahren wegen desselben Bauwerts gegen mehrere Gegner an verschiedenen Orten, BayObLG RR **98**, 209 und 815.

Unerlaubte Handlung: *Keine* Gleichartigkeit besteht bei einer Klage gegenüber mehreren solchen Personen, die auf Grund selbständiger unerlaubter Handlungen haften, etwa gegenüber einem Kraftfahrer, der einen Fußgänger angefahren hat, und gegenüber dem Fahrgast, der den Kraftfahrer daraufhin mißhandelt hat.

Unterhalt: Gleichartigkeit besteht bei einer Unterhaltsklage mehrerer oder gegen mehrere, Ffm FamRZ **88**, 521.

S auch „Abänderung".

Vaterschaft: Gleichartigkeit besteht bei einer Anerkennung der Vaterschaft und deren Anfechtung.

Versicherung: Gleichartigkeit besteht bei der Klage eines Versicherers gegenüber mehreren gleichmäßig Versicherten.
Wechsel: Gleichartigkeit besteht bei der Klage des Inhabers eines Wechsels gegenüber mehreren aus dem Wechsel verpflichteten Schuldnern.

61 *Wirkung der Streitgenossenschaft.* **Streitgenossen stehen, soweit nicht aus den Vorschriften des bürgerlichen Rechts oder dieses Gesetzes sich ein anderes ergibt, dem Gegner dergestalt als Einzelne gegenüber, dass die Handlungen des einen Streitgenossen dem anderen weder zum Vorteil noch zum Nachteil gereichen.**

Gliederung

1 **1) Systematik.** Vgl zunächst § 59 Rn 1. § 61 umreißt die prozeßrechtliche Stellung der Streitgenossen. Sie sind trotz der äußerlichen Verbindung der Verfahren doch grundsätzlich selbständig, Üb 4, 7 vor § 59, BPatG GRUR **06**, 171. Von diesem Grundsatz gelten als eine Folge sachlichrechtlicher Erwägungen zwei Ausnahmen: Zunächst auf Grund anderweitiger Vorschriften des sachlichen Rechts. Hierhin mag man zB die §§ 422 ff, 429 BGB rechnen; ferner auf Grund von Sonderregeln der ZPO, etwa auf Grund der §§ 62, 63, 426, 449. Eine Streitgenossenschaft hat auf die rechtlichen Beziehungen der Streitgenossen im Innenverhältnis untereinander keinen Einfluß. Kein Streitgenosse kann gegen den anderen ein Urteil erwirken oder gegen ein solches Urteil einen Rechtsbehelf einlegen.

2 **2) Regelungszweck.** Ganz deutlich macht § 61 den Grundsatz, daß jedenfalls die einfache nicht notwendige Streitgenossenschaft die Souveränität des Partners nicht beeinträchtigen darf. „Jeder ist seines Glükkes Schmied". Das hat seinen guten Grund. Die Interessenlage eines jeden Prozeßbeteiligten kann sich trotz einer teilweise oder zeitweise nahezu völligen Übereinstimmung doch zumindest im Lauf eines gar längeren Prozesses aus verständlichen und oft auch aus ganz unvorhersehbaren unverschuldeten Gründen erheblich ändern. Auch die Hartnäckigkeit der Rechtsverfolgung oder -verteidigung mag auf Grund mannigfacher Motive trotz unverändert gleicher Auffassungen doch von Genosse zu Genosse schwanken. Dem sollte man auch bei der Handhabung von § 61 stets voll Rechnung tragen.

3 **3) Geltungsbereich.** Vgl Grdz 3 vor § 50.

4 **4) Selbständigkeit jedes Streitgenossen.** Jeder einfache Streitgenosse steht in der Regel rechtlich ebenso da, als ob nur er allein mit dem Gegner prozessieren würde, BGH FamRZ **03**, 1175, BPatG GRUR **06**, 171. Das hat eine Reihe von Folgen.

A. Prozeßvoraussetzungen. Man muß bei jedem Streitgenossen selbständig prüfen, ob die Prozeßvoraussetzungen vorliegen, Üb 7 vor § 59, Rn 7.

5 **B. Prozeßbevollmächtigter.** Jeder Streitgenosse darf einen eigenen ProzBev bestellen, § 81, KG MDR **84**, 852. Die Kosten sind jeweils erstattungsfähig, § 91 Rn 132. Von diesem Grundsatz gilt nur nach § 69 AktG eine Ausnahme bei der Mitberechtigung an Aktien. Streitgenossen dürfen auch einen gemeinsamen ProzBev haben. Dann reicht ein gemeinsamer Schriftsatz.

6 **C. Streithilfe.** Jeder Streitgenosse kann unter Umständen dem anderen Streitgenossen als Streithelfer beitreten, § 66. Daher ist auch eine Streitverkündung an ihn zulässig.

7 **D. Selbständigkeit des Verfahrens.** Jeder Streitgenosse betreibt sein Verfahren trotz der äußerlichen Verbindung doch besonders, BGH FamRZ **03**, 1175, BPatG GRUR **06**, 171, Hamm MDR **05**, 533. Die Prozeßvoraussetzungen nach Grdz 13 vor § 253 müssen bei jedem Streitgenossen selbständig bestehenbleiben, BGH GRUR **84**, 37. Das gilt auch bei § 278. Evtl ist § 36 I Z 3 anwendbar, dort Rn 20 „Funktionelle Zuständigkeit". Jeder Streitgenosse darf eigene Behauptungen aufstellen und ein eigenes Angriffs- und Verteidigungsmittel gebrauchen, Einl III 70, selbst wenn das dem Vortrag des anderen Streitgenossen widerspricht, BGH FamRZ **03**, 1175, Köln RR **03**, 670, LAG Hamm MDR **01**, 531. Er darf auch selbständig über den Streitgegenstand nach § 2 Rn 4 verfügen, soweit der Streitgegenstand diesen Streitgenossen betrifft, BFH BB **77**, 1493.

8 **E. Beispiele zur Frage einer Selbständigbkeit des Verfahrens**

Ablehnung: Jeder Streitgenosse darf ein Ablehnungsgesuch stellen, meist mit einer Wirkung auch bei den anderen.
Anerkenntnis: Jeder Streitgenosse darf ein Anerkenntnis erklären, § 307.
Anschlussberufung: Der rechtskräftig ausgeschiedene Streitgenosse kann *nicht* eine unselbständige Anschlußberufung einlegen, BGH RR **89**, 1099, Ffm FamRZ **88**, 521, Mü FamRZ **87**, 169.
Frist: Sie läuft bei jedem Streitgenossen gesondert an und ab, BGH GRUR **84**, 37, KG VersR **75**, 350.
Geständnis: Jeder Streitgenosse darf ein Geständnis ablegen, § 288 I.
Hilfsanschluß: *Unzulässig* ist ein Hilfsanschlußrechtsmittel des Klägers für den Fall, daß das Gericht den Anspruch eines einfachen Streitgenossen abweist, BGH MDR **89**, 899.

Klagerücknahme: Jeder Streitgenosse darf die Klage zurücknehmen, § 269.
Klagerweiterung: Jeder Streitgenosse darf die Klage erweitern, § 263.
Prozeßvergleich: Jeder Streitgenosse darf einen Prozeßvergleich abschließen, Anh § 307.
Rechtsbehelf: Jeder Streitgenosse darf selbständig einen statthaften Rechtsbehelf einlegen, BGH GRUR **84**, 37. Derjenige des einen Streitgenossen läßt die diesbezüglichen Möglichkeiten des anderen Streitgenossen grundsätzlich unberührt, Karlsr OLGZ **89**, 77. Wenn zB ein Streitgenosse rechtskräftig ausgeschieden ist und wenn ein anderer Streitgenosse ein Rechtsmittel eingelegt hat, kann sich der Gegner nicht wegen des Ausgeschiedenen anschließen.
Rechtskraft: Die formelle Rechtskraft nach § 705 tritt bei jedem Streitgenossen gesondert ein, Karlsr OLGZ **89**, 77.
Revisionszulassung: Das Gericht darf über sie bei jedem Streitgenossen anders entscheiden, § 543.
Säumnis: Das Gericht darf dieselbe Tatsache wegen einer ausdrücklichen gesetzlichen Vorschrift grds beim einen Streitgenossen als wahr und beim anderen als unwahr beurteilen, etwa bei einer Säumnis eines Streitgenossen. Eine Säumnis nach §§ 330 ff wirkt nur für und gegen den betreffenden Streitgenossen.
Unterbrechung: Sie wirkt nur für und gegen den betreffenden Streitgenossen nach §§ 239 ff, BGH RR **03**, 1002.
Urteil: Das formell gemeinsame Urteil kann bei jedem Streitgenossen prozessual oder sachlichrechtlich anders lauten, BAG BB **96**, 2414.
Verzicht: Jeder Streitgenosse darf einen Verzicht aussprechen, § 306.
Zustellung: Sie läuft bei jedem Streitgenossen gesondert ab, BGH GRUR **84**, 37, KG VersR **75**, 350.

F. **Zeuge, Parteivernehmung.** Ein Streitgenosse kann nur insoweit als Zeuge auftreten, als er an diesem Teil des Verfahrens rechtlich ganz unbeteiligt ist, Üb 22 vor § 373 „Streitgenosse", oder soweit eine Verfahrenstrennung nach § 145 oder ein rechtskräftiges Ausscheiden erfolgt sind, Kblz RR **03**, 283. Bei der Parteivernehmung gilt § 449. 9

G. Schriftliches Verfahren. Eine schriftliche Entscheidung nach § 128 II ist im Verhältnis zu einem Streitgenossen zulässig, soweit er und der Gegner das schriftliche Verfahren beantragen, aM StJL 14 (er hält die schriftliche Entscheidung nur nach einer Trennung der Verfahren für zulässig. Aber die Parteiherrschaft hat den Vorrang, Grdz 18 vor § 128). 10

5) Gemeinsame Wirkungen. Aus dem gemeinsamen Verfahren ergeben sich gemeinsame Wirkungen. 11

A. Gemeinsame Verhandlung. Die mündliche Verhandlung und die zugehörige Vorbereitung können, müssen aber nicht gemeinsam sein. Zustellungen erfolgen an jeden Streitgenossen besonders. Wenn mehrere Streitgenossen einen gemeinsamen gesetzlichen Vertreter oder ProzBev haben, genügt allerdings eine einzige Zustellung an ihn, §§ 170 III, 172.

B. Zustimmungsbedürftigkeit. Soweit sich das Verfahren nur einheitlich betreiben und entscheiden läßt, etwa bei § 349 III, müssen grundsätzlich alle Streitgenossen zugestimmt haben. Etwas anderes gilt nur bei Rn 10. 12

C. Beweiswürdigung. Das Gericht muß eine für sämtliche Streitgenossen entscheidungsrechtliche Tatsache bei einer gleichzeitigen Entscheidung in derselben Weise auf ihre Beweiskraft nach § 286 würdigen, BGH RR **92**, 254, Mü RR **94**, 1278. Ein Teilurteil ist wie sonst zulässig, § 301, BGH RR **92**, 254. Das Gericht darf also eine Tatsache nicht für den einen Streitgenossen als wahr ansehen, für den anderen als unwahr, BGH RR **92**, 254. Etwas anderes gilt nur nach Rn 7. Denn dort findet keine freie Beweiswürdigung statt. Eine Beweisaufnahme ist im Verhältnis zu sämtlichen Streitgenossen auswertbar, soweit sie am Verfahren beteiligt sind. Die Beweisaufnahme ist also nicht verwertbar, soweit das Verfahren gegen einen Streitgenossen ruhte. 13

D. Erklärungen. Jeder Streitgenosse muß zwar seine Erklärungen selbst abgeben. Bei einer gemeinsamen Tatsache kann man aber häufig annehmen, daß sich der eine Streitgenosse die Erklärung des anderen Streitgenossen zu eigen macht, auch nach §§ 228 I, 331 I 1. Das gilt zB für einen Beweisantritt. Ein solches Urteil, das den Prozeß für den einen Streitgenossen voll erledigt, ist ein Teilurteil, § 301 Rn 27, Schlesw SchlHA **80**, 187. 14

62 *Notwendige Streitgenossenschaft.* **I Kann das streitige Rechtsverhältnis allen Streitgenossen gegenüber nur einheitlich festgestellt werden oder ist die Streitgenossenschaft aus einem sonstigen Grund eine notwendige, so werden, wenn ein Termin oder eine Frist nur von einzelnen Streitgenossen versäumt wird, die säumigen Streitgenossen als durch die nicht säumigen vertreten angesehen.**

II Die säumigen Streitgenossen sind auch in dem späteren Verfahren zuzuziehen.

Schrifttum: *Gerhardt,* Der Haftpflichtprozeß gegen Kraftfahrzeugversicherung und Versicherten – Ein Fall der besonderen Streitgenossenschaft gemäß § 62 ZPO?, Festschrift für *Henckel* (1995) 273; *Lüke,* Die Beteiligung Dritter im Zivilprozeß, 1993; *Mitsopoulos,* Die notwendige Streitgenossenschaft nach dem griechischen Zivilprozeßrecht, Festschrift für *Baur* (1981) 503 (rechtsvergleichend); *Schaefer,* Drittinteressen im Zivilprozeß, Diss Mü 1993; *Schmidt,* Mehrseitige Gestaltungsprozesse bei Personengesellschaften, Studien und Thesen … zur notwendigen Streigenossenschaft nach § 62 ZPO, 1992; *Selle,* Die Verfahrensbeteiligung des notwendigen Streitgenossen usw, Diss Münst 1976; *Winte,* Die Rechtsfolgen der notwendigen Streitgenossenschaft usw, 1988.

Gliederung

1 **1) Systematik, I, II.** Vgl zunächst Üb 1 vor § 59. § 62 enthält eine Ausnahme vom Grundsatz der Selbständigkeit äußerlich verbundener Verfahren, § 61 Rn 7. § 62 stellt eine zwingende abschließende Regelung dar, BAG MDR **83**, 1052. Die Vorschrift erfaßt zwei unterschiedliche Fallgruppen.

2 **2) Regelungszweck, I, II.** Es handelt sich um ein zwecks Prozeßwirtschaftlichkeit nach Grdz 14 vor § 128 zwar vom Gesetzgeber gut gemeintes, im Ergebnis aber zum Kreuz der Rechtsprechung gewordenes Gebilde, Schopp ZMR **93**, 360. Die gesetzliche Regelung führt zu mancherlei Unlogik. Das tritt etwa bei der Rechtskraftwirkung unerwünscht zutage, § 325 Rn 1–3. Was unlogisch ist, sollte nicht Recht sein können. Aber die verfehlte gesetzliche Regelung, die kaum eine amtliche Hinzuziehung eines Dritten zum Zivilprozeß kennt, zwingt zu solchen eigenartigen Ergebnissen. Vgl allerdings BVerfG **60**, 14 und Rn 4.

Ziemlich strenge Auslegung ist bei einer zwingenden und abschließend regelnden Ausnahmevorschrift ohnehin notwendig. Selbst wenn man § 62 aber als weiteren neben § 61 gleichrangigen Grundsatz betrachtet, würde doch eine zu großzügige Handhabung unerwünschte Aufweichungen wie Ausweitungen des Prozeßrechtsverhältnisses zur Folge haben können bis hin zu einer problematisch weiten Auswirkung der Rechtskraft und Vollstreckbarkeit. Andererseits scheint die Prozeßwirtschaftlichkeit eine notwendige Streitgenossenschaft oft geradezu zu erzwingen, Rn 6 ff. Es besteht daher ein ganz erhebliches Spannungsfeld. Man kann es nur durch eine Abwägung und nicht nur aus Zweckmäßigkeitserwägungen befriedigend abbauen. Das gilt, selbst wenn sicher Praktikabilitätserwägungen meist dem Ausschlag geben.

Notwendigkeit einheitlicher Feststellung eines Rechtsverhältnisses ist das Merkmal der einen Hauptgruppe, BGH NJW **96**, 1061, Drsd FamRZ **04**, 952, Wieser NJW **00**, 1165. Das notwendig Gemeinsame liegt dann nicht in der Rechtsverfolgung, sondern in der prozessualen Feststellung, in der Urteilswirkung, Üb 2 vor § 300. Es handelt sich dann um eine „zufällige", „uneigentliche" Streitgenossenschaft, um eine „solidarische" Streitgenossenschaft, Bettermann ZZP **90**, 122.

Sonstige Notwendigkeit einheitlicher Rechtsverfolgung aus einem vor allem sachlichrechtlichen Grund kennzeichnet die andere Hauptgruppe. Dann müssen mehrere Personen gemeinsam klagen, oder es muß eine einzelne Person notwendigerweise mehrere andere gemeinsam verklagen, BGH NJW **92**, 1102 (auch zu Ausnahmen), Karlsr GRUR **84**, 812. Hier kommt es nicht auch auf eine einheitliche Urteilswirkung an. Streng genommen ist der „Streit" nur im letzteren Fall notwendig gemeinsam, Bettermann ZZP **90**, 122. Das Gesetz beschränkt sich leider auf eine ganz dürftige Regelung. Man kann aus dieser Lückenhaftigkeit die Notwendigkeit ableiten, in bestimmten Fällen einheitlicher Gestaltungsprozesse zB nach §§ 117, 127, 133, 140 HGB von einem mehrseitigen Prozeßrechtsverhältnis zu sprechen, das nicht nur jeden Streitgenossen mit je einem Prozeßgegner, sondern auch die Streitgenossen untereinander verbinde, Schmidt (vor Rn 1) 118. § 62 betrifft nur die Versäumung eines Termins oder einer Frist. Für eine Parteivernehmung gilt auch hier § 449.

3 **3) Geltungsbereich, I, II.** Vgl Grdz 3 vor § 50, Üb 3 vor § 59. Vgl § 48 WEG, Anh § 72.

4 **4) Notwendigkeit einheitlicher Feststellung, I.** Eine notwendige Streitgenossenschaft liegt vor, wenn man das streitige Rechtsverhältnis allen Streitgenossen gegenüber nur einheitlich feststellen kann, BAG NJW **04**, 2849. Man muß zwei sich evtl überlappende Lagen beachten.

A. Rechtskrafterstreckung. Eine einheitliche Feststellung ist nur dann notwendig, wenn sich die innere Rechtskraft der Entscheidung nach §§ 322, 325 ff, 856 II, IV, §§ 179, 180 InsO usw auf alle Streitgenossen erstreckt, falls auch nur einer klagt oder verklagt worden ist, BGH **112**, 98, BAG NJW **04**, 2849, Köln RR **94**, 491. Es genügt, daß die Rechtskrafterstreckung nur bei einem Sieg oder nur bei einer Niederlage eintritt, Lindacher JuS **86**, 382.

5 **B. Nämlichkeit des Streitgegenstands.** Eine notwendige Streitgenossenschaft liegt auch dann vor, wenn man nach § 2 Rn 4 ff eine Nämlichkeit des Streitgegenstands annehmen muß. Es bleibt grundsätzlich unbeachtlich, ob logische Erwägungen oder ein praktisches Bedürfnis eine einheitliche Feststellung verlangen würden. Das zeigt die Gesamtschuld, Rn 1, 2.

6 **5) Notwendigkeit gemeinsamer Rechtsverfolgung, I.** Ein Grundsatz hat mehrere Auswirkungen.

A. Grundsatz: Keine Sachbefugnis des einzelnen. Eine solche Notwendigkeit und damit ein „sonstiger Grund" liegt vor, wenn das Gericht die Klage eines einzelnen Streitgenossen oder gegenüber einem einzelnen Streitgenossen wegen des Fehlens einer Sachbefugnis als unbegründet abweisen müßte, Grdz 23 vor § 50. Irrig wäre es zu meinen, dann müsse das Gericht die Klage durch ein Prozeßurteil als unzulässig abweisen, Grdz 14 vor § 253. Hier kommt also der Fall in Betracht, daß nur alle Streitgenossen gemeinsam sachlichrechtlich befugt sind, § 59 Rn 4. Oft muß man die Sachbefugnis beim Kläger anders beurteilen als beim Bekl.

B. Gesamthandverhältnis. Hierher zählt zunächst ein Gesamthandverhältnis für den Kläger, nicht für den Bekl, BayObLG **90**, 263, Hbg JB **78**, 1806. 7

C. Gestaltungsklage. Hierher zählt ferner die Gruppe derjenigen Klagen, die ein Gestaltungsrecht geltend machen und mehrere Personen betreffen, BGH NJW **90**, 2689.

D. Verbindung nach sachlichem Recht. Hierher zählen schließlich Fälle, in denen das sachliche Recht mehrere Berechtigte oder Verpflichtete zusammenkoppelt, BGH NJW **96**, 1061. Einer sachlichrechtlich etwa zulässigen Klage des einen auf die Leistung an alle steht nichts im Weg. 8

6) Beispiele zur Frage der Notwendigkeit einer Streitgenossenschaft, I, II 9

Abtretung: Eine Streitgenossenschaft ist *nicht* notwendig bei der Klage des Abtretenden gegen den Abtretungsnehmer und gegen den Schuldner.

Aktiengesellschaft: Eine Streitgenossenschaft ist wegen Rechtskrafterstreckung notwendig, wenn es sich um eine Klage auf die Nichtigerklärung eines Beschlusses der Hauptversammlung nach § 249 I AktG handelt, oder um eine Klage auf die Nichtigkeit der Gesellschaft handelt, oder wenn es um eine Anfechtungsklage mehrerer Aktionäre geht, §§ 248 I, 275 IV AktG, BGH NJW **99**, 1638.

S auch Rn 11 „Gesellschaft allgemein".

Anfechtung: Die Notwendigkeit gemeinsamer Rechtsverfolgung nach Rn 6 *fehlt* bei einer Anfechtung.

Arbeitsrecht: Eine Streitgenossenschaft kann zwischen dem Gesamt- und dem Einzelbetriebsrat notwendig sein, LAG NZA-RR **07**, 249.

Auflassung: Eine Streitgenossenschaft ist wegen einer Verbindung nach dem sachlichen Recht nach Rn 8 notwendig bei einer solchen Auflassungsklage, die man nur gegen die Miteigentümer gemeinsam erheben kann, BGH NJW **96**, 1061.

Baulandsache: Miteigentümer sind *nicht* stets notwendige Streitgenossen, BGH NJW **97**, 2115.

Baulast: Eine Streitgenossenschaft ist wegen einer Verbindung nach dem sachlichen Recht nach Rn 8 grds notwendig, wenn es um eine Baulast geht, BGH NJW **92**, 1102 (auch zu einer Ausnahme).

Beanspruchlerstreit: Im Streit mehrerer Beanspruchler nach § 75 sind die jeweils mehreren auf derselben Seite *keine* notwendigen Streitgenossen, BGH MDR **92**, 1056 (für mehrere Bekl).

Bürgschaft: Eine Streitgenossenschaft ist *nicht* notwendig bei der Klage gegen den Hauptschuldner und gegen den Bürgen.

S auch Rn 11 „Gesamtschuld".

CIV: Die Notwendigkeit einer gemeinsamen Rechtsverfolgung nach Rn 6 *fehlt* bei den nach Art 50 § 2 CIV verbindbaren Rückgriffsklagen.

Eherecht: Eine Streitgenossenschaft kann trotz Üb 3 vor § 59 wegen der Rechtskrafterstreckung notwendig, wenn es um § 1357 BGB geht, Berger FamRZ **05**, 1134, oder wenn es um die Aufhebung einer fortgesetzten Gütergemeinschaft nach § 1495 BGB geht, oder wenn es sich um ein Verfahren gegenüber dem gütergemeinschaftlichen Ehegatten bei einer Gesamtgutsverbindlichkeit handelt, Anh § 52 Rn 6–8 (auch wegen der Ausnahmen), oder wenn es sich um einen Gestaltungsantrag in einer Ehesache handelt. Eine Streitgenossenschaft ist wegen der Nämlichkeit des Verfahrensgegenstands notwendig, wenn es um die Forderung des in Gütergemeinschaft lebenden Ehegatten bei einer gemeinsamen Verwaltung geht, Anh § 52 Rn 8, oder wenn eine Behörde eine Eheaufhebung wegen einer Doppelehe betreibt, Drsd FamRZ **04**, 952. 10

Eigentum: Eine Streitgenossenschaft ist wegen der Nämlichkeit des Streitgegenstands notwendig bei einer Klage mehrerer Miteigentümer, LG Marb WoM **01**, 439, zB mit dem Ziel der Herausgabe der Sache, BGH WertpMitt **93**, 1556, oder einer Löschung der Hypothek oder wegen einer Unterlassung, StJBo 8, ThP 13, ZöV 16, aM BGH **92**, 353 (zustm Waldner JZ **85**, 634), Karlsr RR **86**, 1342 (aber man darf den Begriff des Streitgegenstands nicht zu eng fassen), oder bei einer Klage gegen andere Bruchteilseigentümer zwecks einer Verfügung über das Gesamtgrundstück, BGH **131**, 379.

S auch Rn 11 „Gesamthand", Rn 16 „Wohnungseigentum".

Erbrecht: Eine Streitgenossenschaft ist wegen der Rechtskrafterstreckung notwendig, wenn es sich um den Vorerben und den Nacherben nach den §§ 326 ff, 728 handelt. Eine Streitgenossenschaft ist wegen der Nämlichkeit des Streitgegenstandes notwendig bei einer Klage von Miterben nach § 2032 BGB, BFH FamRZ **89**, 977, Düss OLGZ **79**, 459, aM Gottwald JA **82**, 68, evtl auch bei einer Klage gegen Miterben, BGH NJW **96**, 1061, Naumb RR **98**, 309. Eine Streitgenossenschaft ist wegen einer Verbindung nach dem sachlichen Recht nach Rn 8 notwendig bei der Klage mehrerer Testamentsvollstrecker nach § 2224 BGB, Hbg MDR **78**, 1031, oder bei der Erbunwürdigkeitsklage nach § 2342 BGB.

Eine Streitgenossenschaft ist *nicht* notwendig: Bei der Klage gegenüber einem Miterben nach § 2058 BGB, etwa mit dem Ziel der Feststellung eines Pflichtteils, oder nach § 2341 BGB (Erbunwürdigkeit); bei einer Klage gegen diesen aus einem anderen Grunde oder wegen eines zum Nachlaß gehörenden Anspruchs gegenüber einem Dritten nach § 2039 BGB; bei der Klage wegen der Nichtigkeit eines Testaments; bei der Klage nur gegen den Testamentsvollstrecker statt auch gegen Miterben, Karlsr RR **94**, 905; bei der Klage eines Nachlaßgläubigers gegenüber einem Miterben, und zwar auch dann, wenn der Nachlaß noch nicht geteilt ist; bei einer Klage des Nacherben nach § 773, BGH NJW **93**, 1583.

S aber auch Rn 12 „Mißbrauch".

Finanzgerichtsverfahren: Zur Anwendbarkeit des § 62 BFH DB **86**, 2646.

Genossenschaft, dazu *Frank,* Die actio pro socio in der eingetragenen Genossenschaft, 1996: Eine Streitgenossenschaft ist wegen der Rechtskrafterstreckung notwendig, wenn es sich um eine Klage wegen der Nichtigkeit der Genossenschaft nach §§ 51 V, 96 GenG handelt.

Gesamtgläubigerschaft, -schuld: Sie begründet *keine* notwendige Streitgenossenschaft, zB nicht bei §§ 425 II, 429 II, 431, 432 II, 2058 BGB, BGH NJW **92**, 2413, BAG NJW **04**, 2849, Hamm NZM **06**,

633, aM Hamm RR **03**, 1613, Kblz RR **98**, 64 (aber man kann einzeln vorgehen). Daran ändern auch zB §§ 743, 745 nichts. Denn sie schreiben nicht einen einheitlichen Titel vor.

S aber auch Rn 10 „Eigentum".

11 **Gesamthand:** Eine Streitgenossenschaft ist wegen der Notwendigkeit einer gemeinsamen Rechtsverfolgung grds notwendig, LG Kassel WoM **94**, 534, soweit es um mehrere Gesamthänder als Kläger geht, Rn 13.

S auch Rn 10 „Eigentum", Rn 10 „Erbrecht", Rn 11 „Gesamtschuld", Rn 11 „Gesellschaft allgemein" (sowie bei den verschiedenen Gesellschaftsformen), Rn 15 „Verein".

Gesellschaft allgemein: Eine Streitgenossenschaft ist wegen der Notwendigkeit einer gemeinsamen Rechtsverfolgung notwendig: Bei der Klage mehrerer Gesellschafter auf die Entziehung der Geschäftsführungsbefugnis oder der Vertretungsmacht (Gestaltungsklage, Schmidt JuS **02**, 714); beim Prozeß der Gesellschafter über das Gesellschaftsvermögen (wegen der BGB-Außengesellschaft vgl „Gesellschaft bürgerlichen Rechts"); bei der Klage eines Gesellschafters gegen die übrigen auf eine Feststellung der Nichtigkeit eines Gesellschaftsbeschlusses, BGH NJW **04**, 1861 (Beschlußanfechtungsklage), Köln RR **94**, 491; bei einer Kündigungsschutzklage, LAG Bln MDR **98**, 293.

Eine Streitgenossenschaft ist *nicht* notwendig bei der Feststellungsklage des einen Gesellschafters darüber, daß ein anderer Gesellschafter ausgeschieden sei usw, Hbg ZIP **84**, 1226, aM Wieser NJW **00**, 1164; bei der Klage gegen mehrere Mitgesellschafter auf ihre Mitwirkung bei der Bilanz, BGH WertpMitt **83**, 1279 (anders bei Feststellung der Bilanz, 1280).

S auch Rn 9 „Aktiengesellschaft", Rn 11 „Gesellschaft bürgerliches Recht", „Gesellschaft mit beschränkter Haftung", Kommanditgesellschaft", Rn 13 „Offene Handelsgesellschaft".

Gesellschaft mit beschränkter Haftung: Eine Streitgenossenschaft ist wegen der Rechtskrafterstreckung notwendig, wenn es sich um die Klage wegen der Nichtigkeit der Gesellschaft nach § 75 GmbHG handelt, Karlsr WertpMitt **95**, 668. Eine Streitgenossenschaft ist wegen der Nämlichkeit des Streitgegenstands notwendig, wenn es um die Auflösung der GmbH geht, BVerfG **60**, 14 (das Gericht muß daher auch die am Verfahren nicht direkt beteiligten Gesellschafter anhören).

S auch Rn 11 „Gesellschaft allgemein".

Gesellschaft bürgerlichen Rechts: Infolge der Rechts-, Partei- und Prozeßfähigkeit der BGB-Außengesellschaft seit BGH **146**, 341 ist die Annahme einer gar notwendigen Streitgenossenschaft nur noch insoweit vertretbar, als nur einzelne Gesellschafter anstelle oder neben der selbständig beurteilbaren Gesellschaft auftreten, BGH **146**, 341, Ffm BB **01**, 2392 rechts, Schmidt NJW **01**, 999, noch strenger Drsd MDR **07**, 163. Dann ist eine nachträgliche Veränderung unerheblich, etwa ein Ausscheiden. Ein Beitritt macht zum notwendigen Streitgenossen, BGH NJW **00**, 292.

S auch bei Rn 11 „Gesamthand", „Gesellschaft allgemein".

Grunddienstbarkeit: Eine Streitgenossenschaft ist wegen einer Verbindung nach dem sachlichen Recht nach Rn 15 grds bei einer Grunddienstbarkeit notwendig, BGH NJW **92**, 1102 (auch zu einer Ausnahme).

Herausgabe: Rn 10 „Eigentum".

Hypothek: Rn 10 „Eigentum".

Insolvenzverfahren: Eine Streitgenossenschaft ist wegen der Rechtskrafterstreckung notwendig, wenn es sich um einen Fall nach § 183 I InsO handelt, BGH **112**, 98. Eine Streitgenossenschaft ist wegen der Nämlichkeit des Streitgegenstands notwendig bei einer Klage auf die Feststellung zur Tabelle gegenüber mehreren Widersprechenden, §§ 179, 180 InsO.

S auch Rn 14 „Schiffahrtsrechtliches Verteilungsverfahren".

Kauf: Rn 13 „Rechnung".

Kindschaftssache: Eine Streitgenossenschaft ist wegen der Rechtskrafterstreckung evtl notwendig, wenn es sich um die Gestaltung in einer Kindschaftssache handelt.

Kommanditgesellschaft: Eine Streitgenossenschaft ist *nicht* notwendig bei einer Klage gegen die KG und gegen deren persönlich haftende Gesellschafter wegen einer Gesellschaftsschuld, BGH NJW **88**, 2113.

S auch Rn 11 „Gesellschaft allgemein".

12 **Mietrecht:** Eine Streitgenossenschaft ist wegen einer Verbindung nach dem sachlichen Recht nach Rn 8 notwendig zB bei einer Klage auf die Feststellung der Wirksamkeit oder Unwirksamkeit eines Mietvertrags, Celle RR **94**, 854, oder bei einer Klage gegen mehrere Mitmieter oder -untermieter nach §§ 558 ff BGB, KG WoM **86**, 108, LG Kiel ZMR **89**, 429 (anders, wenn der weitere Streitgenosse schon zugestimmt hat), aM BGH NJW **96**, 516 (aber hier geht es nicht nur um eine Gesamtschuld).

Mißbrauch: Ein Rechtsmißbrauch ist stets und daher auch hier verboten, Einl III 54. Als unzulässig kann man zB ansehen, daß ein Miterbe, der gegenüber den Nachlaßschuldnern arglistig handelte, allein trotz des Widerspruchs der anderen Miterben einen auf sein Verhalten gestützten Anspruch geltend macht.

Kein Mißbrauch liegt vor, wenn es nur prozeßwirtschaftlicher sein könnte, wenn sich selbständige Rechtsträger bei einer gleichartigen Interessenlage zu derselben Klage verbinden könnten. Das gilt ungeachtet der bloßen Möglichkeit nach § 60. Niemand kann zu ihrem Gebrauch verpflichtet sein.

Miteigentümer: Rn 10 „Eigentum".

Miterbe: Rn 10 „Erbrecht".

Nacherbe: Rn 10 „Erbrecht".

Nachlaßgläubiger: Rn 10 „Erbrecht".

Notweg: Eine Streitgenossenschaft ist wegen einer Verbindung nach dem sachlichen Recht nach Rn 8 notwendig, wenn es um einen Notweg auf einem solchen Grundstück geht, das mehreren Personen zu ideellen Bruchteilen gehört, BGH NJW **84**, 2210, aM Karlsr RR **86**, 1342, LG Nürnb-Fürth NJW **80**, 2478, Wieser JuS **00**, 1000 (aber das ist ein ganz typischer Fall einer derartigen Verbindung).

13 **Offene Handelsgesellschaft:** Eine Streitgenossenschaft ist wegen der Nämlichkeit des Streitgegenstands notwendig bei einer Klage mehrerer Gesellschafter gegen mehrere andere Gesellschafter mit dem Ziel einer Auflösung der OHG, § 133 HGB, BGH **68**, 84, Haarmann/Holtkamp NJW **77**, 1396, Wieser JuS **00**, 999 (allerdings brauchen sich die Gesellschafter nicht zu beteiligen, sofern sie sich in einer verbindli-

chen Weise mit der Auflösung einverstanden erklärt haben). Eine Streitgenossenschaft ist ferner notwendig beim Streit zwischen Gesellschaftern über ihre Beteiligung oder über einen Ausschließungsbescheid, BGH **64**, 253.

Eine Streitgenossenschaft ist *nicht* notwendig bei einer Klage wegen einer Gesellschaftsschuld gegenüber der OHG und gegenüber deren Gesellschaftern, die keine persönlichen Einwendungen erheben, § 129 I HGB, BGH NJW **88**, 2113.

S auch Rn 11 „Gesellschaft allgemein".

Parteivereinbarung: Eine Streitgenossenschaft läßt sich nicht schon durch eine Parteivereinbarung zu einer notwendigen machen.

Patentrecht: Eine Streitgenossenschaft ist wegen der Erforderlichkeit einer einheitlichen Entscheidung bei mehreren Patentanmeldern notwendig, BPatG GRUR **99**, 702. Sie ist wegen der Rechtskrafterstreckung notwendig, wenn es um mehrere Patentinhaber mit dem Ziel einer angemessenen Benutzungsvergütung nach § 23 IV PatG geht.

Sie ist *nicht* notwendig zwischen dem wahren Rechtsinhaber und dem zu Unrecht als Erfinder Benannten, Karlsr GRUR-RR **03**, 328.

Pfandsache: Eine Streitgenossenschaft ist wegen einer Verbindung nach dem sachlichen Recht nach Rn 8 notwendig bei der Klage mehrerer Pfandgläubiger und Miteigentümer der Pfandsache nach § 1258 II BGB.

Pflichtteil: Rn 10 „Erbrecht".

Rechnung: Eine Streitgenossenschaft ist *nicht* notwendig bei der Klage gegen mehrere Verkäufer auf eine gemeinsame Rechnung, BGH NJW **75**, 311.

Rechtsanwalt: Eine Streitgenossenschaft ist wegen der Gesamthand und der Rechtskrafterstreckung notwendig, wenn es sich um mehrere Sozien handelt, BGH NJW **96**, 2859. Das gilt selbst dann, wenn die übrigen Sozien einen inzwischen verstorbeneen nach I vertreten.

Rechtsmißbrauch: Rn 12 „Mißbrauch".

Rücktritt: Die Notwendigkeit einer gemeinsamen Rechtsverfolgung nach Rn 5 *fehlt* bei einem Rücktritt. Denn ihn vollzieht man bereits durch seine Erklärung, § 356 BGB.

Schadensersatz: Die Notwendigkeit einer gemeinsamen Rechtsverfolgung nach Rn 5 *fehlt* bei einer Klage 14
mehrerer aus gemeinsam erlittenen Schäden, BGH NJW **93**, 649.

Schiffahrtsrechtliches Verteilungsverfahren: Es besteht Notwendigkeit, mehrere Widersprechende gemeinsam zu verklagen, BGH **112**, 98 (Insolvenzverfahren).

S auch Rn 11 „Insolvenzverfahren".

Sozius: Rn 13 „Rechtsanwalt".

Testament: Rn 10 „Erbrecht".

Unterhalt: Eine Streitgenossenschaft ist *nicht* notwendig bei dem Antrag gegenüber mehreren Unterhaltspflichtigen.

S auch Rn 11 „Gesamtschuld".

Unterlassung: Rn 10 „Eigentum", Rn 16 „Wohnungseigentum".

Urheberrecht: Wegen mehrerer Miturheber und -herausgeber Karlsr GRUR **84**, 812.

Verband: Eine Streitgenossenschaft ist *nicht* notwendig im Verhältnis zwischen einem Verband von Brief- 15
markenhändlern und einem Bund von Sammlern, BGH GRUR **80**, 795.

Verein: Eine Streitgenossenschaft ist wegen des Zwecks einer gemeinsamen Rechtsverfolgung notwendig (Gesamthandverhältnis) bei der Klage von Mitgliedern eines Vereins.

S auch Rn 11 „Gesamthand", Rn 15 „Verband".

Verjährung: Die Hemmung der Verjährung durch eine Klagerhebung gegenüber dem einen notwendigen Streitgenossen aus sachlichrechtlichen Gründen bewirkt *nicht* die Hemmung der Verjährung gegenüber dem anderen, BGH NJW **96**, 1061.

Verkehrsunfall, dazu *Gerhard* (vor Rn 1): Eine Streitgenossenschaft ist in der Regel wegen der Rechtskrafterstreckung notwendig bei einer Klage gegenüber dem Fahrzeughalter, der Versicherungsgesellschaft und dem Versicherungsnehmer, BayObLG VersR **85**, 841, Gerhardt (vor Rn 1) 282, Zeiss ZZP **93**, 483, aM wohl BGH RR **08**, 804 (unklar), ferner Köln RR **04**, 1551, RoSGo § 49 II 2b (die notwendige Streitgenossenschaft fehle bei der Klage gegen den Versicherer und den Versicherungsnehmer und sei nur bei deren gemeinsamer Klage vorhanden. Aber in der Regel erstreckt sich die Rechtskraft zumindest versicherungsrechtlich).

Eine Streitgenossenschaft ist *nicht* notwendig bei einer Klage gegenüber der Versicherungsgesellschaft und einem nach § 10 Z 2 AKB Mitversicherten, Ffm VersR **78**, 260.

Versicherungsrecht: Der Versicherungsnehmer und der Versicherer sind nicht stets notwendige Streitgenossen, (zustm Jacobs JZ **07**, 951), LG Arnsb VersR **04**, 1022.

S auch „Verkehrsunfall".

Vorerbe: Rn 10 „Erbrecht".

Vorfrage: Rn 4, 11 „Gesamtgläubigerschaft, -schuld".

Wandlung: Die Notwendigkeit einer gemeinsamen Rechtsverfolgung nach Rn 5 *fehlt* bei der Rückzah- 16
lungsklage mehrerer Käufer nach einer Wandlung, BGH NJW **90**, 2689.

Wohnungseigentum: Eine Streitgenossenschaft ist meist notwendig, aM (zum alten Recht) BGH NJW **07**, 2988 rechts oben (zustm Jacobs JZ **07**, 951). Das gilt zumindest wegen der Bekl bei § 46 WEG, abgedruckt bei § 253 Rn 26. Vgl ferner § 48 WEG, Anh § 72.

Eine Streitgenossenschaft ist *nicht* notwendig bei der Klage mehrerer Wohnungseigentümer nach § 1004 BGB, Köln MDR **89**, 1111, aM BGH **121**, 28, ZöV 13 (aber sie können einzeln vorgehen).

S auch Rn 10 „Eigentum".

Zwangsvollstreckung: Eine Streitgenossenschaft ist wegen der Nämlichkeit des Streitgegenstands notwendig bei einer Klage gegenüber mehreren Pfändungsgläubigern einer Pfandsache oder bei einer gemeinsamen Vollstreckungsabwehrklage nach § 767, Thümmel NJW **86**, 536.

17 **7) Verfahren, I, II.** Man muß recht unterschiedliche Aspekte beachten.

A. Grundsatz: Notwendigkeit einheitlicher Entscheidung. Grundsätzlich ist jeder notwendige Streitgenosse in seinen Entscheidungen ebenso frei wie ein gewöhnlicher Streitgenosse nach § 61, BGH **131**, 379. Andererseits darf das Gericht nur eine alle notwendigen Streitgenossen erfassende einheitliche Entscheidung treffen. Daraus ergeben sich Schwierigkeiten. Sie sind teilweise kaum im Einklang mit den sonstigen Vorschriften lösbar, Rn 1. § 62 nennt in einer unzureichenden Aufzählung einige Abweichungen von der gewöhnlichen Streitgenossenschaft. II ist eine Ausnahmevorschrift. Die Vorschrift erlaubt deshalb nur eine enge Auslegung, Rn 2. Die Selbständigkeit eines jeden notwendigen Streitgenossen ergibt sich etwa in der folgenden Weise.

18 **B. Angriffs- und Verteidigungsmittel.** Jeder notwendige Streitgenosse kann unabhängig vom anderen seine Angriffs- und Verteidigungsmittel nach Einl III 70 wählen, soweit das nicht eine einheitliche Entscheidung gefährden würde, BGH **131**, 379. Deshalb bindet ein Geständnis des einen Streitgenossen nach § 288 nur diesen. Das Gericht muß dieses Geständnis aber auch im Hinblick auf die übrigen Streitgenossen nach § 286 frei würdigen, soweit diese übrigen Streitgenossen nicht etwa ebenfalls ein Geständnis ablegen. Die Versäumung einer einzelnen Parteiprozeßhandlung etwa bei der Erklärung über eine Tatsache bleibt unschädlich, wenn die Prozeßhandlungen der übrigen Streitgenossen ausreichen.

19 **C. Frist.** Eine Frist läuft für und gegen jeden notwendigen Streitgenossen getrennt, BGH NJW **96**, 1061. Das gilt auch für die Rechtsmittelfrist. Ein nicht säumiger Streitgenosse vertritt die säumigen nur dann, wenn die Frist für die säumigen Streitgenossen noch läuft.

20 **D. Anerkenntnis, Verzicht, Vergleich, Klagerücknahme, Erledigterklärung.** Die Verfügung eines notwendigen Streitgenossen über den Streitgegenstand im Weg eines Anerkenntnisses, eines Verzichts oder eines Vergleichs bindet die anderen Streitgenossen nur insoweit, als der Verfügende ein Verfügungsrecht besaß oder alle anderen zustimmen, Hamm RR **00**, 1558. Darüber hinaus ist eine solche Verfügung gegenüber den übrigen Streitgenossen bedeutungslos. Man muß die von nur einem Streitgenossen erklärte Klagerücknahme nach § 269 in den in Rn 6–8 genannten Fällen als unzulässig ansehen, ThP § 794 Rn 5, aM Rostock RR **95**, 382, RoSGo § 49 1 a, StJBo 35 (er weist die Klage ab, soweit ein Zwang zu einer gemeinschaftlichen Klage oder zu einer Klage gegen mehrere Streitgenossen bestand, da dann die Sachbefugnis entfallen sei. Aber eine Klagerücknahme ist bei einer notwendigen Streitgenossenschaft als eine den Prozeß beendende Handlung nun wirklich nur durch alle Streitgenossen wirksam möglich). Entsprechendes gilt bei einer Erledigterklärung.

21 **E. Vertretungsbefugnis.** Jeder notwendige Streitgenosse darf sich selbständig vertreten lassen.

F. Zustellung. Sie erfolgt an jeden notwendigen Streitgenossen besonders, BGH NJW **96**, 1061.

G. Vorherige Leistungsverpflichtung. Die Klage ist aus prozeßwirtschaftlichen Erwägungen nach Grdz 14 vor § 128 ausnahmsweise gegen einzelne notwendige Streitgenossen zulässig, wenn die übrigen erklärt haben, zu der mit der Klage begehrten Leistung verpflichtet und bereit zu sein, Rn 24, BGH NJW **92**, 1102.

22 **H. Säumnis.** Nach I vertreten die nicht säumigen notwendigen Streitgenossen die säumigen im Hinblick auf Termine und Fristen, BGH NJW **96**, 1061. Das gilt auch bei § 278, aM ZöV 28 (aber auch dann findet ein Termin statt). § 62 ergibt darüber hinaus keine Vertretungsbefugnis. I enthält eine unwiderlegliche Vermutung, § 292 Rn 2. Deshalb kommt es nicht darauf an, welchen Willen die Beteiligten haben. Das Gericht darf also gegen den säumigen notwendigen Streitgenossen nach § 335 I Z 1 kein Versäumnisurteil erlassen, solange ein anderer notwendiger Streitgenosse verhandelt oder sonstwie nicht säumig ist. Selbst bei einer Säumnis aller notwendigen Streitgenossen ist ein Versäumnisurteil nur unter den Voraussetzungen §§ 330 ff bei allen Säumigen statthaft. Die Vertretungsbefugnis deckt alle Prozeßhandlungen, Grdz 46 vor § 128. Vgl aber Rn 18, 20.

23 Ein *Urteil*, das auf Grund der mündlichen Verhandlung auch nur eines notwendigen Streitgenossen ergeht, muß also meist ein streitmäßiges Urteil sein, Üb 7 vor § 300. Wenn das Gericht trotzdem ein Versäumnisurteil nach §§ 330 ff erlassen hat, das obendrein noch ein nach Rn 24 unzulässiges Teilurteil ist, ist allerdings nur der Einspruch nach §§ 338 ff statthaft. Ein solches Versäumnisurteil kann aber im Hinblick auf den Zweck einer Einheitlichkeit der Entscheidung nach § 62 trotz seiner formellen Rechtskraft nicht wirksam werden, StJBo 27, ThP 30, ZöV 31, aM BGH JR **90**, 459 (zustm Schilken), RoSGo § 49 IV 3 b (aber man müßte es auch allen notwendigen Streitgenossen zustellen, wenn es gegenüber allen wirken sollte. Ein Säumiger kann aber die anderen Streitgenossen nicht um deren Rechte bringen). Wenn ein notwendiger Streitgenosse die Gebühren eingezahlt hat oder ein Rechtsmittel begründet hat, wirkt dieser Vorgang zugunsten aller anderen Streitgenossen.

Eine *Fristverlängerung* zugunsten des einen Streitgenossen nach § 224 wirkt ebenfalls zugunsten aller übrigen. Wenn ein notwendiger Streitgenosse prozessual ausscheidet, kann er sich trotzdem im Rahmen des sonst Zulässigen an dem Verfahren der übrigen Streitgenossen beteiligen. Man muß ihn insofern auch hinzuziehen. Der vorher vertretene Streitgenosse kann andere Erklärungen abgeben, soweit das nach den allgemeinen prozessualen Grundsätzen zulässig ist.

24 **I. Gemeinsame Sachentscheidung.** Grundsätzlich darf das Gericht wegen der Notwendigkeit einer einheitlichen Entscheidung nur eine gemeinsame Sachentscheidung treffen, BGH NJW **00**, 292 (also grundsätzlich kein Teilurteil nur gegen einen Streitgenossen). Ganz ausnahmsweise ist dann ein Teilurteil nach § 301 zulässig, wenn die übrigen Streitgenossen zur eingeklagten Leistung bereit sind, Rn 21. Ein bloßes Prozeßurteil nach Grdz 14 vor § 253 unterliegt grundsätzlich nicht einer solchen Beschränkung (Ausnahme Rn 6).

25 **8) Unterbrechung, Aussetzung, I, II.** Die Unterbrechung des Rechtsstreits nach §§ 239 ff wegen des einen notwendigen Streitgenossen wirkt zugleich für und gegen alle übrigen Streitgenossen, Ffm ZIP **01**, 1884 (Insolvenz), Bergerhoff NZM **07**, 431 (WEG). Eine Aussetzung nach §§ 148 ff im Verhältnis nur zu

dem einen Streitgenossen ist unzulässig. Denn dieser Streitgenosse wäre im folgenden Verfahren der übrigen Streitgenossen nicht vertreten. Ohne die Mitwirkung aller Streitgenossen würde aber die Sachbefugnis fehlen. Vgl § 61 Rn 7, § 239 Rn 7.

9) Rechtsmittel, I, II. Man muß ein Rechtsmittel gegenüber jedem Streitgenossen einlegen, BGH **131**, 26
382. Wenn das nicht geschieht, ist das Rechtsmittel unzulässig, BGH FamRZ **75**, 406. Ein notwendiger einzelner Streitgenosse kann ein Rechtsmittel einlegen, Hamm RR **03**, 1613. Dann hat ein jetzt ergehendes Urteil eine Wirkung auch gegenüber denjenigen weiteren Streitgenossen, die sich am Rechtsmittelverfahren nicht beteiligt oder ihrerseits zu spät ein Rechtsmittel eingelegt haben, BGH NJW **04**, 1861, Karlsr ZIP **91**, 102. Das ergibt sich aus II. Die Rechtskraft einer angefochtenen Entscheidung bleibt also solange in der Schwebe, als noch einer der Streitgenossen anfechten kann, BGH **131**, 382, Kblz RR **98**, 64. So liegt es auch bei einem Einspruch und im Wiederaufnahmeverfahren, §§ 578 ff.

Soweit ein Rechtsmittel *verspätet* eingeht, muß das Gericht dieses Rechtsmittel gegenüber diesem Streitgenossen im Endurteil mit der Kostenfolge § 100 Rn 32–34 verwerfen, BGH NJW **98**, 376, aM Schumann ZZP **76**, 395, ZöV 32 (auf Grund dieses Rechtsmittels nur dann eine Entscheidung, wenn der Nichtsäumige mit seinem Rechtsmittel nicht durchdringt. Diese Lösung ist aber nicht notwendig. Sie würde den Säumigen unberechtigterweise von der Kostenlast befreien). Wenn ein für den Säumigen ungünstiges Berufungsurteil ergeht, kann er sich wieder am Prozeß dadurch beteiligen, daß er Revision einlegt, eine der Ungereimtheiten des § 62, Rn 1. Wenn das Berufungsgericht ein Sachurteil versehentlich nur wegen eines Streitgenossen erlassen hat, muß das Revisionsgericht diesen Umstand von Amts wegen berücksichtigen.

63 *Prozessbetrieb; Ladungen.* Das Recht zur Betreibung des Prozesses steht jedem Streitgenossen zu; zu allen Terminen sind sämtliche Streitgenossen zu laden.

1) Systematik, Regelungszweck. Vgl zunächst Üb 1, 2 vor § 59 und § 59 Rn 1. § 63 gilt als eine 1
sinnvolle Folge der dort genannten Gesetzesziele für alle Fälle der einfachen wie der notwendigen Streitgenossenschaft nach § 62, BGH NJW **96**, 1061. Ein Streitgenosse braucht beim Prozeßbetrieb auf den anderen keine Rücksicht zu nehmen. Er ist mit seinem Vorbringen und seinen Anträgen selbständig und kann sich seinen eigenen Anwalt nehmen, § 91 Rn 132. Das Gericht oder der ProzBev bei § 195 stellen den Schriftsatz eines einfachen Streitgenossen nur dem Gegner förmlich zu, nicht einem anderen Streitgenossen, LAG Hamm MDR **01**, 531.

2) Geltungsbereich. Vgl Grdz 3 vor § 50. 2

3) Ladung von Amts wegen. Die Ladung sämtlicher Streitgenossen erfolgt von Amts wegen durch das 3
Gericht, §§ 166 ff, 214. Es muß die Streitgenossen mitladen, wenn es auf Grund des Antrags nur eines Streitgenossen oder auf Grund der Prozeßhandlung auch nur eines Streitgenossen einen Termin anberaumt. Die Ladung ist nur gegenüber einem völlig ausgeschiedenen einfachen Streitgenossen unnötig. Das alles gilt auch im Wiederaufnahmeverfahren, § 578. Es ist unerheblich, ob die Streitgenossen bisher säumig waren. Das Rechtsmittelgericht muß die Rechtsmittelschrift und die Rechtsmittelbegründung allen Streitgenossen zustellen, soweit sie nicht ersichtlich am Rechtsmittel unbeteiligt sind. Bei einer notwendigen Streitgenossenschaft stellt die Geschäftsstelle vorsorglich allen Streitgenossen zu, § 168 I 1. Eine Terminsbekanntmachung nach den §§ 340 a, 523, 553 erfolgt ebenfalls an alle Streitgenossen. Vgl wegen der Berufungs- und Revisionsschrift auch §§ 521, 550 II.

4) Verstoß. Bei einem Verstoß gegen § 63 darf kein Versäumnisurteil gegen den nicht ordnungsgemäß 4
geladenen Streitgenossen ergehen. Bei der notwendigen Streitgenossenschaft vertritt ein erschienener Streitgenosse die geladenen, aber nicht erschienenen anderen Streitgenossen. Es findet aber keine Verhandlung statt, wenn das Gericht einen notwendigen Streitgenossen nicht geladen hatte und wenn er entweder nicht erschienen ist oder erscheint, aber das Fehlen der ordnungsmäßigen Ladung rügt.

Titel 3. Beteiligung Dritter am Rechtsstreit

Übersicht

Schrifttum: *Benkel,* Die Verfahrensbeteiligung Dritter, 1996; *Frohn,* Nebenintervention ... in der Freiwilligen Gerichtsbarkeit, Diss Münst 1998; *Lammenett,* Nebenintervention, Streitverkündung und Beiladung usw, Diss Köln 1976; *Lüke,* Die Beteiligung Dritter am Zivilprozeß (rechtsvergleichend), 1993; *Mansel,* Streitverkündung und Interventionsklage im Europäischen internationalen Zivilprozeßrecht usw, in: *Hommelhoff/Jayme/Mangold,* Europäischer Binnenmarkt, IPR und Rechtsangleichung, 1995; *Mansel,* Streitverkündung usw, in: Herausforderungen des Internationalen Zivilverfahrensrechts (1994) 63; *Picker,* Hauptintervention, Forderungsprätendentenstreit und Urheberbenennung usw, Festschrift für *Flume* (1978) I 649; *Schäfer,* Nebenintervention und Streitverkündung, 1991; *Schäfer,* Drittinteressen im Zivilprozeß, Diss Mü 1993; *Schlosser,* Schiedsrichterliches Verfahrensermessen und Beiladung der Nebenparteien, Festschrift für *Geimer* (2002) 947; *Schmidt,* Mehrparteienprozess, Streitverkündung und Nebenintervention bei Gestaltungsprozessen im Gesellschaftsrecht usw, in: Festschrift für *Beys* (Athen 2003); *Schober,* Drittbeteiligung im Zivilprozeß usw (auch rechtsvergleichend), 1990; *Schultes,* Beteiligung Dritter am Zivilprozeß, 1994; *Stürner,* Die erzwungene Intervention Dritter im europäischen Zivilprozess, Festschrift für *Geimer* (2002) 1307.

1) Systematik. Vgl zunächst Üb 1 vor § 59. Ein Dritter beteiligt sich am Prozeß durch eine Streithilfe 1
(Nebenintervention), §§ 66–71, indem er einer Partei zu deren Unterstützung beitritt, ohne regelmäßig zum Streitgenossen nach §§ 59 ff zu werden. Man kann die Streithilfe durch eine Streitverkündung vorbereiten, §§ 72–74.

Darüber hinaus gibt Titel 3 Vorschriften für die *Einmischungsklage* (Hauptintervention), §§ 64 ff. Durch sie beansprucht ein Dritter den Streitgegenstand mit einer gegen beide Parteien als Streitgenossen gerichteten Klage. Eine Unterart dieser Prozeßfigur ist der Eintritt eines Anspruchsforderers an Stelle des Bekl, § 75. Weiter kann ein Dritter als benannter Urheber in den Prozeß eintreten, §§ 76, 77. Zu zahlreichen Einzelfragen gegenüber der hier vertretenen Meinung jeweils aM Picker Festschrift für Flume (1978) 649 (wenig überzeugend). Eine amtliche Beiladung kennt der eigentliche Zivilprozeß grundsätzlich nicht. Eine solche sieht aber ausnahmsweise § 856 III mit anderer Wirkung vor. Auch kann das Recht auf rechtliches Gehör nach Art 103 I GG zumindest eine Kenntnisgabe gegenüber einem Dritten erfordern, BVerfG **60**, 15, BGH **97**, 32, ZöV 2 vor § 64.

2 **2) Regelungszweck.** Vgl zunächst Üb 2 vor § 59. §§ 72–74 zeigen einem Dritten das Schweben des Prozesses an, um ihm eine Gelegenheit zur Beteiligung zu geben, vereinzelt auch zur Übernahme des Prozesses, §§ 75–77. Streithilfe und Streitverkündung sind im geltenden Prozeß das einzige Mittel, die sonst auf die Parteien beschränkte innere Rechtskraftwirkung nach § 322 auf Dritte auszudehnen, § 68, soweit sie sich nicht nach § 325 auf den Rechtsnachfolger usw erstreckt. Die Vorschriften dienen der Vermeidung von Folgeprozessen und damit der Prozeßwirtschaftlichkeit, Grdz 14 vor § 128. Andererseits hat die Rechtskraft die Funktion der Stärkung der Rechtssicherheit, Einl III 43. Diese kann man aber durch eine Zulassung des Dritten zum Prozeß erweitern. Daraus entsteht ein Spannungsfeld. Man muß es bei der grundsätzlich eher weiten Auslegbarkeit mitbedenken. Es wäre freilich auch problematisch, wenn ein Dritter allzu leicht in einen Prozeß eindringen könnte oder wenn eine Partei allezu einfach einen Dritten hineinziehen dürfte. Rechtsmißbrauch wäre nur ein letztes, hilfsweises Argument zur Verhinderung solcher Störungen, Einl III 54.

3 **3) Geltungsbereich.** Vgl zunächst Grdz 3 vor § 50. §§ 64 ff gelten nicht im selbständigen Beweisverfahren der §§ 485 ff, ebensowenig wie eine Streitverkündung, Einf 3 vor §§ 72–74. In einer Baulandsache gehen §§ 217–231 BauGB den §§ 64 ff grundsätzlich vor, BGH NJW **89**, 1039. Vgl auch § 48 WEG, Anh § 72. Im FamFG-Verfahren gelten §§ 7, 8 FamFG. Vgl auch (zum alten Recht) Frohn (vor Rn 1).

64 *Hauptintervention.* **Wer die Sache oder das Recht, worüber zwischen anderen Personen ein Rechtsstreit anhängig geworden ist, ganz oder teilweise für sich in Anspruch nimmt, ist bis zur rechtskräftigen Entscheidung dieses Rechtsstreits berechtigt, seinen Anspruch durch eine gegen beide Parteien gerichtete Klage bei dem Gericht geltend zu machen, vor dem der Rechtsstreit im ersten Rechtszug anhängig wurde.**

Schrifttum: *Benkel,* Die Verfahrensbeteiligung Dritter, 1996; *Heimann,* Die Problematik der dogmatischen Qualifizierung der Interventionsfiguren Hauptintervention usw, Diss Bonn 1996; *Lüke,* Die Beteiligung Dritter im Zivilprozeß, 1993; *Picker,* Hauptintervention, Forderungsprätendentenstreit und Urheberbenennung usw, Festschrift für *Flume* (1978) I 649. Vgl auch vor Üb 1 vor § 64.

Gliederung

1 **1) Systematik.** Vgl Üb 1 vor § 64. Die Einmischungsklage, auch Hauptintervention genannt, ist eine gegen beide Prozeßparteien nach Grdz 4 vor § 50 gerichtete Klage eines Dritten, der den Streitgegenstand nach § 2 Rn 4 für sich beansprucht. Man darf sie nicht mit der Widerspruchsklage nach § 771 verwechseln. Die Einmischungsklage ist eine seltene Prozeßfigur. Das ist entgegen der Unterstellung von Picker (vor Rn 1) 651 keineswegs eine abwertende Beurteilung. §§ 64–69 regeln die Voraussetzungen, §§ 70, 71 das Verfahren des Beitritts eines Streithelfers. Zur Geschichte, Dogmatik und aktuellen Bedeutung Koussoulis ZZP **100**, 211.

2 **2) Regelungszweck.** Die Einmischungsklage hat den Zweck, unnötige Prozesse und einander widersprechende Urteile zu verhindern. Sie dient also der Prozeßwirtschaftlichkeit, Grdz 14 vor § 128. Freilich bleibt die in Üb 2 vor § 64 ausgesprochene Problematik auch hier in gewissem Umfang bestehen. Allerdings läuft der Einmischungskläger ja das volle Unterliegens- und Kostenrisiko in seinem Einmischungsprozeß. Deshalb darf man die Voraussetzungen der Zulassung der Hauptintervention großzügig bejahen.

3 **3) Geltungsbereich.** Vgl Üb 3 vor § 64.

4 **4) Einmischungsklage.** Die Einmischungsklage leitet einen neuen Prozeß ein. Er verläuft neben dem anderen, dem Erstprozeß. Ihn bezeichnet § 65 irreführend als den Hauptprozeß. Die Einmischungsklage gehört zur Streitgenossenschaft. Denn sie macht die Erstparteien auch ohne die Voraussetzungen der §§ 59 ff zu Streitgenossen, BGH NJW **88**, 1205. Das Gericht kann den Erstprozeß aussetzen oder mit dem Einmischungsprozeß verbinden, § 65. Bei einer Veräußerung der Streitsache gilt § 265 II. Der Dritte ist zur Einmischungsklage zwar berechtigt, aber keineswegs verpflichtet. Er kann auch mehrere Einzelklagen erheben.

5 **5) Voraussetzungen.** Es müssen zwei Bedingungen zusammentreffen.

A. Beanspruchung des Streitgegenstands. Der Einmischungskläger muß den Streitgegenstand nach § 2 Rn 4 ganz oder teilweise für sich beanspruchen. In Betracht kommt zunächst eine Sache, genauer ein Recht an einer Sache oder ein Recht auf eine Sache einschließlich der unbeweglichen Sachen. Es ist die Nämlichkeit der Sache notwendig, BAG **43**, 316, nicht die Nämlichkeit des Rechts oder der Klageform,

Rn 7. In Betracht kommt ferner ein Recht, genauer ein anderes Recht, etwa die Übertragung von Besitz oder Eigentum, eine Forderung oder ein Urheberrecht. Es ist die Nämlichkeit des Rechts notwendig. Der Einmischungskläger kann seinen Anspruch auf ein ausschließliches Recht stützen, etwa auf das Eigentum, oder auf ein jedenfalls stärkeres Recht, etwa auf eine Überweisung zur Einziehung in einem Streit zwischen dem Schuldner und dem Drittschuldner.

B. Rechtshängigkeit. Über die Sache oder das Recht muß bei einem ordentlichen Gericht ein Prozeß 6
anhängig, richtiger rechtshängig sein, § 261 Rn 1, BGH NJW **75**, 929. Ein Urkunden- oder Wechselprozeß nach §§ 592 ff genügen. Ein Mahnverfahren nach § 688 oder ein vorläufiges Verfahren nach §§ 916 ff, 935 ff genügen nicht, Ffm NJW **85**, 811. Der Streithelfer des Erstprozesses ist zur Klage befugt. Der Erstprozeß darf noch nicht formell rechtskräftig entschieden sein, § 705. Er darf also nicht in Wahrheit irgendwie endgültig und unbedingt beendet sein, auch nicht durch allseitige wirksame volle Erledigterklärungen oder durch einen Vergleich, Anh § 307. Die Einmischungsklage ist auch in der höheren Instanz zulässig, ferner auch im Nachverfahren nach § 302 IV oder im Verfahren nach einer solchen „Klagerücknahme", die sich als unwirksam erweist, § 269 Rn 29.

6) Klage. Es gelten gegenüber §§ 253 ff die folgenden Sonderregeln. 7

A. Verfahren. Man muß eine etwaige Einmischungsklage gegen beide Parteien des Erstprozesses erheben, Grdz 4 vor § 50. Es ist unerheblich, wie der Einmischungskläger diese Parteien bezeichnet. Er braucht seine Einmischungsklage nicht in derselben Prozeßart des Erstprozesses zu erheben, Koussoulis ZZP **100**, 229. Eine Prozeßvollmacht für den Erstprozeß nach § 80 gilt auch im Einmischungsprozeß, § 82. Deshalb ist eine Zustellung der Klage auch an die ProzBev des Erstprozesses wirksam, § 172. Die Parteien des Erstprozesses werden Streitgenossen, §§ 59 ff, und zwar je nach der Rechtslage gewöhnliche oder notwendige. Da der Kläger stets beide Parteien des Erstprozesses verklagen muß, muß er zwei verschiedene Anträge stellen. Die Rechtslage ergibt, wie diese Anträge jeweils lauten müssen.

Beispiele: Die Einmischungsklage geht gegen den einen auf eine Feststellung, gegen den anderen auf eine Herausgabe, Ffm RR **94**, 957; es geht um eine Rückübertragung der im Hauptprozeß geltend gemachten Forderung, Ffm RR **94**, 957 (krit Deubner JuS **94**, 782).

B. Unabhängigkeit vom Erstprozeß. Das *Rechtsschutzbedürfnis* für die Einmischungsklage nach Grdz 33 8
vor § 253 ergibt sich bereits aus dem Gesetz. Das Gericht braucht diesen Punkt daher nicht zu prüfen, Pfeiffer ZZP **111**, 131. Der Erstprozeß und der Einmischungsprozeß laufen völlig unabhängig voneinander fort. Eine Aussetzung richtet sich nach § 65, eine Verbindung nach § 147, BGH NJW **88**, 1205. Eine Verweisung des Erstprozesses macht auch diejenige des Einmischungsprozesses notwendig, ZöV 4, aM MüKoSchi 11 (aber das allein ist prozeßwirtschaftlich, Rn 2). Die Entscheidung braucht nur dann für sämtliche Streitgenossen einheitlich zu sein, wenn es sich um eine notwendige Streitgenossenschaft handelt.

Der *Erstprozeß* und der Einmischungsprozeß lassen im übrigen verschiedene Entscheidungen zu. Das Urteil im einen Prozeß hat im anderen Prozeß grundsätzlich keine innere Rechtskraftwirkung nach § 322. Diese Folge ist sehr unbefriedigend. Sie ergibt sich aber aus dem Gesetz. Etwas anderes gilt nur dann, wenn ausnahmsweise besondere Umstände hinzutreten, etwa dann, wenn der Einmischungskläger der Streitverkündungsgegner des Erstbekl war, §§ 68, 74.

C. Zuständigkeit. Für die Einmischungsklage ist das Gericht der ersten Instanz des Erstprozesses örtlich 9
und sachlich ausschließlich zuständig. Das gilt auch dann, wenn der Erstprozeß in der Rechtsmittelinstanz schwebt. Es handelt sich um einen besonderen Gerichtsstand. Es braucht aber nicht notwendig innerhalb dieses Gerichts dieselbe Abteilung oder Kammer wie im Erstprozeß tätig zu werden. Wegen der Zuständigkeit der Kammer für Handelssachen § 103 GVG. Wegen der EuGVVO SchlAnh V C 2, besonders Art 6 Z 2.

7) Rechtsmittel: Der abgewiesene Einmischungskläger muß sein Rechtsmittel zwecks eines vollen 10
Erfolgs gegen beide Parteien des Erstprozesses richten, BGH NJW **88**, 1205.

65 *Aussetzung des Hauptprozesses.* **Der Hauptprozess kann auf Antrag einer Partei bis zur rechtskräftigen Entscheidung über die Hauptintervention ausgesetzt werden.**

1) Systematik. Es handelt sich um eine zu §§ 148 ff hinzutretende vorrangige Sondervorschrift. 1

2) Regelungszweck. § 65 existiert zwecks einer Vermeidung widersprüchlicher Ergebnisse und damit 2
im Interesse der Gerechtigkeit nach Einl III 9, 36 wie der Rechtssicherheit nach Einl III 43, aber auch einer richtig verstandenen Prozeßwirtschaftlichkeit, Grdz 14 vor § 128. Das muß man bei der Ermessensausübung nach Rn 4 mitbeachten. Freilich ist eine Aussetzung stets eine zweischneidige Maßnahme. Sie verlängert zunächst einmal die Verfahrensdauer erheblich. Ob die Ergebnisse des Parallelverfahrens dann auch im ausgesetzt gewesenen Prozeß entscheidungserheblich mitverwertbar sein werden, ist oft ungewiß. Eine Aussetzung sollte keinesfalls in Wahrheit nur aus Bequemlichkeit erfolgen. Das Gericht sollte ihre Fortsetzung regelmäßig auf weitere Zweckmäßigkeit überprüfen.

3) Geltungsbereich. Vgl Üb 3 vor § 64. 3

4) Antragszwang; Ermessen des Gerichts. Das Gericht darf den Erstprozeß nach seinem pflicht- 4
gemäßen nicht nachprüfbaren Ermessen aussetzen, sofern eine Partei des Erstprozesses die Aussetzung beantragt, Ffm RR **94**, 957. Ein Antrag des Einmischungsklägers reicht nicht aus, ZöV 1, aM MüKoSchi 1 (aber der Wortlaut und Sinn sind eindeutig, Einl III 39). Neben § 65 bleiben alle anderen Aussetzungsfälle der §§ 148 ff anwendbar. Die Aussetzung ist bis zur formellen Rechtskraft eines Urteils nach § 705 zulässig, also auch in der höheren Instanz. Das Gericht braucht über die Aussetzungsfrage keine mündliche Verhandlung durchzuführen, § 148 Rn 36. Die Wirkung einer Aussetzung und eine Aufnahme des Verfahrens richten sich nach §§ 249, 250. Eine Einstellung der Zwangsvollstreckung wegen der Einmischungsklage ist unstatthaft. Notfalls ist ein Verfahren nach §§ 916 ff, 935 ff ratsam.

Unanwendbar ist § 65 auf eine theoretisch nach § 148 mögliche, aber meist unangebrachte Aussetzung des *Einmischungs*prozesses, Düss OLGR **03**, 14.

5 **5) Rechtsmittel.** Gegen eine Ablehnung des Antrags ist ebenso wie gegen eine Aussetzung die sofortige Beschwerde nach § 252 statthaft.

66 *Nebenintervention.* [I] **Wer ein rechtliches Interesse daran hat, dass in einem zwischen anderen Personen anhängigen Rechtsstreit die eine Partei obsiege, kann dieser Partei zum Zwecke ihrer Unterstützung beitreten.**

[II] **Die Nebenintervention kann in jeder Lage des Rechtsstreits bis zur rechtskräftigen Entscheidung, auch in Verbindung mit der Einlegung eines Rechtsmittels, erfolgen.**

Schrifttum: *Benkel,* Die Verfahrensbeteiligung Dritter, 1996; *Costa Filho,* Die streitgenössische Widerklage usw, 1997; *Deixler-Hübner,* Die Nebenintervention im Zivilprozeß, Wien 1993; *Lüke,* Die Beteiligung Dritter im Zivilprozeß, 1993; *Schäfer,* Nebenintervention und Streitverkündung usw, 1990; *Schlosser,* Schiedsrichterliches Verfahrensermessen und Beiladung von Nebenparteien, Festschrift für *Geimer* (1997) 947; *Schmidt,* Mehrparteienprozesse, Streitverkündung und Nebenintervention bei Gestaltungsprozessen im Gesellschaftsrecht, Festschrift für *Beys* (Athen 2004) 1485; *Schultes,* Die Beteiligung Dritter am Zivilprozeß, 1994; *Windel,* Der Interventionsgrund des § 66 Abs. 1 ZPO als Prozeßführungsbefugnis, 1992; vgl auch vor Üb 1 vor § 64.

Gliederung

1 **1) Systematik, §§ 66–71.** Vgl zunächst Üb 1 vor § 59. Die Streithilfe, Nebenintervention, ist die Beteiligung eines Dritten an einem rechtshängigen Prozeß zwischen anderen Parteien zum Zweck der Wahrung eigener rechtlicher Interessen.

Manche nennen den Streithelfer auch eine *Nebenpartei* und die unterstützte Partei auch die Hauptpartei. § 66 enthält die Voraussetzungen, den Streithilfegrund. Das Gericht prüft nicht von Amts wegen, ob diese Voraussetzungen vorliegen, Grdz 39 vor § 128. Die allgemeinen Prozeßvoraussetzungen nach Grdz 13 vor § 253 wegen der Person müssen auch beim Streithelfer vorliegen, Köln NJW **93**, 1662, also: Die Parteifähigkeit, § 50; die Prozeßfähigkeit, § 51; eine gesetzliche Vertretung, § 51 II; eine prozessuale Vollmacht, § 80. Ein nicht rechtsfähiger Verein kann nicht beitreten. Andere Prozeßvoraussetzungen sind für den Streithelfer unerheblich.

Die *Einmischungsklage* nach § 64 und eine Streithilfe schließen sich nicht gegenseitig aus. Jedoch ergibt sich aus einem Beitritt auf der Seite des Bekl nicht ein Recht zur Erhebung der Widerklage nach Anh § 253, BGH NJW **75**, 1228. Es handelt sich vielmehr um selbständige Rechtsstreitigkeiten. Das Gericht kann sie ja unter den Voraussetzungen des § 147 nach seinem pflichtgemäßen Ermessen miteinander verbinden.

2 **2) Regelungszweck, §§ 66–71.** Die Einmischungsklage ist im Interesse der Vermeidung eines weiteren Rechtsstreits auch evtl zwischen teilweise anderen Personen wegen Prozeßwirtschaftlichkeit schutzwürdig, Grdz 14 vor § 128, BayObLG FGPrax **02**, 37). Die in Üb 2 vor § 64 angesprochene Problematik gilt eben auch hier. Es ist nicht selbstverständlich, einem Dritten eine Einwirkung in einen bisher nur zwischen anderen anhängigen Prozeß nur zur Verfolgung eigener Interessen zu erlauben. Der „Unterstützte" mag darüber keineswegs erfreut sein. Er könnte vielleicht eine Unterstützung lieber in anderer Form brauchen, etwa durch eine Benennung des Streithelfers als eines bloßen und deshalb eher glaubwürdigen Zeugen oder Sachverständigen. Indessen sind die Möglichkeiten des Streithelfers begrenzt, gar diejenigen des gewöhnlichen und nicht streitgenössischen Steithelfers. Das sollte man auch bei der Auslegung insbesondere solcher Möglichkeiten durchaus klar betonen. Dann ist der so gezähmte Beitritt im Ergebnis meist hilfreich, und das Gericht darf ihn dann fördern.

3 **3) Geltungsbereich, §§ 66–71.** Vgl zunächst Üb 3 vor § 64. Zur Beiladung eines schiedsrichterlichen Verfahrens Stgt RR **03**, 496, Schlosser (vor Üb 1 vor § 64) 956. Vgl auch § 48 WEG, Anh § 72. Zur nur bedingten Anwendbarkeit der §§ 66 ff im FamFG-Verfahren (je zum alten Recht) Ffm FGPrax **06**, 90, AG Pinneberg ZMR **03**, 461, Wittgruber, Zur Übertragbarkeit der zivilprozessualen Nebenintervention in die Verfahren der Freiwilligen Gerichtsbarkeit, Diss Bonn 1996. Die Vorschriften gelten ferner im Patenterteilungsverfahren, van Hees GRUR **87**, 855, und im Patentnichtigkeitsverfahren, BGH GRUR **06**, 438. Im Prozeß um die Löschung einer Marke nach §§ 55 ff MarkenG sind §§ 66 ff entsprechend anwendbar, § 55 IV 2 MarkenG. Im Verfahren wegen der Nichtigkeit des Beschlusses einer Patentanwaltskammer sind §§ 66 ff unanwendbar, BGH **70**, 346, ebenso im arbeitsgerichtlichen Verfahren, BAG **42**, 356, und im finanzgerichtlichen Verfahren, BFH NJW **03**, 1480. Zum amerikanischen „amicus-curiae-brief" Hirte ZZP **104**, 41.

4 **4) Streithilfegrund, I.** Es müssen die folgenden Bedingungen zusammentreffen.

A. Rechtshängigkeit. Zwischen anderen Personen muß ein Rechtsstreit beliebiger Art bestehen, BVerfG **21**, 238, BGH NJW **84**, 353. Er muß anhängig, richtiger rechtshängig sein, § 261, BVerfG **60**, 13, BGH NJW **84**, 353, aM BGH **92**, 257, ZöV 4 (aber erst die Rechtshängigkeit schafft das notwendige Prozeßverhältnis zwischen den Hauptarteien, Grdz 6 vor § 128). Es genügt auch ein Verfahren mit dem Ziel der Vollstreckbarerklärung eines Schiedsspruchs, § 1060. Der Streithelfer darf nicht ohnehin eine Hauptpartei oder ein gesetzlicher Vertreter einer der Parteien sein, Grdz 7 vor § 50, BGH **62**, 133, Hbg ZIP **88**, 663. Eine Partei kraft Amts und der Rechtsträger sind verschiedene Personen. In diesen Grenzen ist der Beitritt schon im Mahnverfahren möglich, BGH NJW **06**, 773.

B. Beitritt. Der Streithelfer kann der einen oder der anderen Partei zu deren Unterstützung beitreten, 5
§ 67 Rn 4, BGH NJW **96**, 196. Er darf keinesfalls beiden Parteien gleichzeitig beitreten, KG RR **00**, 514. Er darf also nur erst der einen und dann nur noch der anderen Partei beitreten. Zum Beitritt besteht zwar unter Umständen ein Recht, nie aber eine Pflicht. Deshalb kann der Streithelfer auch ohne eine Einwilligung der Prozeßparteien eine Rücknahme des Beitritts erklären. Er muß dazu dieselbe Form wie bei einer Klagerücknahme nach § 269 wählen. Das Unterlassen des Beitritts zieht die Streithilfewirkung des § 68 nicht nach sich, abgesehen von einer Streitverkündung, § 72.

C. Rechtliches Interesse. Der Streithelfer muß ein rechtliches Interesse an einem Sieg der Hauptpartei 6
haben, BGH BB **07**, 1916, Brschw FamRZ **05**, 726, AG Pinneberg ZMR **03**, 461. Ein tatsächliches, ideelles oder wirtschaftliches Interesse genügt nicht, Celle OLGR **02**, 308, Mü GRUR-RR **01**, 93, Schmidt Festschrift für Schumann (2001) 407. Die Entscheidung oder ihre Vollstreckung müssen den Streithelfer in bestimmten Rechtsbeziehungen zur Hauptpartei oder zum ganzen oder teilweisen Streitgegenstand unmittelbar gefährden. Sie müssen also seine Rechtslage verändern, Brschw FamRZ **05**, 726, Mü GRUR **76**, 388, LG Osnabr VersR **79**, 92. Das Interesse ist ein prozeßrechtliches. Eine innere Rechtskraftwirkung des Urteils für den Streithelfer nach § 322 ist nicht erforderlich, Mü GRUR **76**, 388. Sie ist aber natürlich ausreichend, Ffm BB **01**, 2392 links (§ 256 VII AktG), Schlesw FGPrax **99**, 238 (§ 325). Der Streithelfer muß immer ein eigenes Interesse haben. Macht er einen Anspruch aus einem eigenen Recht oder in einer Prozeßstandschaft geltend, kann und muß er selbst klagen, Mü GRUR-RR **01**, 93.

Im übrigen spricht alles gegen eine enge und für eine *weite Auslegung,* BGH GRUR **06**, 438, LG Osnabr VersR **79**, 92. Für die Voraussetzungen der Streithilfe sind die Behauptungen der Hauptpartei maßgeblich. Denn man kann ihren Einfluß auf die Entscheidung nicht berechnen. Wegen des auf eine Zustimmung zur Ausschließung eines Gesellschafters verklagten anderen Gesellschafters BGH **68**, 85 (krit Haarmann/Holtkamp NJW **77**, 1396).

D. Beispiele zur Frage der Zulässigkeit eines Beitritts, I 7

Abtretung: Der frühere Gläubiger kann dem neuen gegen den Schuldner zur Vermeidung eines Rückgriffs beitreten.

Aktiengesellschaft: Rn 9 „Gesellschaftsrecht".

Allgemeininteresse: Als Beitrittsgrund reicht ein rechtliches Interesse der Allgemeinheit *nicht* aus.

Arrest, einstweilige Verfügung: Beitrittsberechtigt ist der Arrestgläubiger des später vollzogenen Arrests beim Zusammentreffen mehrerer Arreste.

Aufsichtsrecht: Es kann eine Beitrittsberechtigung ergeben.

Beeinträchtigung: Als Beitrittsgrund reicht grds jede Art von Befürchtung einer Beeinträchtigung aus, auch die Befürchtung einer Erschwerung der Durchsetzung.

S auch Rn 12 „Rückgriff".

Berühmung: Als Beitrittsgrund reicht der Umstand aus, daß sich eine Partei eines entsprechenden Anspruchs berühmt, LG Osnabr VersR **79**, 92.

Beweisaufnahme: Als Beitrittsgrund reicht die Gefahr eines nachteiligen Beweisergebnisses aus, etwa deshalb, weil sich ein Zeuge auf seine Aussage oder ein Sachverständiger auf sein Gutachten festlegen könnten, Baumgärtel Festschrift für Rödig (1978) 316. Ein unnklares Beweisergebnis im Vorprozeß kann zum Nachteil des Streitverkündeten durchschlagen, Saarbr MDR **02**, 690.

Bürgschaft: Beitrittsberechtigt ist der Bürge im Prozeß des Hauptschuldners, § 767 I 1 BGB. Der Hauptschuldner kann dem Bürgen zwecks einer Vermeidung eines Rückgriffs beitreten, BGH **86**, 272.

Drittwiderspruchsklage: Beitrittsberechtigt ist der Vollstreckungsschuldner. 8

Duldung: Beitrittsberechtigt ist derjenige, der eine Zwangsvollstreckung usw dulden muß oder mußte.

Ehre: Rn 13 „Sittliches Interesse".

Ehrengerichtliches Verfahren: Rn 11 „Öffentlichrechtliches Interesse".

Eigener Anspruch: Rn 6.

Eigentum: Rn 11 „Pfandrecht".

Erinnerungsverfahren: Eine Rechtshängigkeit im Verfahren auf Grund einer Erinnerung zB nach § 766 reicht *nicht* aus.

Förmliche Berechtigung: Als Beitrittsgrund reicht eine förmliche Berechtigung aus, zB eine Eintragung 9
in die Markenrolle.

Freistellung: *Nicht* als Beitrittsgrund ausreichend ist das Interesse des Vergütungsgläubigers im Prozeß des Vergütungsschuldners gegen den Freistellungsschuldner, Celle OLGR **02**, 308.

Gesamtgläubiger, -schuldner: Er ist beitrittsberechtigt.

Gesellschaftsrecht: Beitrittsberechtigt sind: Der Gesellschafter im Prozeß der OHG oder der KG, BGH **62**, 132, Hbg ZIP **88**, 663, ArbG Düss RR **92**, 366; der Gesellschafter der GmbH bei einer Anfechtung eines Gesellschafterbeschlusses, BGH **88**, 330. Die Rechtskraft- und Gestaltungswirkung nach § 248 I 1 AktG kann reichen, BGH BB **07**, 1916 (zustm Linnerz). Vgl auch Rn 6.

Nicht als Beitrittsgrund ausreichend ist das Interesse des Aktionärs am Sieg der AG in einem bedeutenden Prozeß, Schlesw RR **00**, 43.

Gleichartiger Prozeß: Rn 16 „Weiterer Prozeß".

Haftpflichtversicherer: Er kann dem Versicherungsnehmer beitreten, Hamm MDR **96**, 962, Köln OLGR **98**, 384, Bayer NVersZ **98**, 12. Das gilt zB dann, wenn dieser ein Versäumnisurteil nicht angreift und wenn eine Verabredung zwischen ihm und dem Unfallgegner in Betracht kommt, Ffm VersR **96**, 212.

Hypothek: Ihr Besteller nach § 1113 BGB ist beitrittsberechtigt.

10 **Insolvenzrecht:** Beitrittsberechtigt ist der Schuldner oder der Insolvenzgläubiger im Prozeß des Insolvenzverwalters. Denn dieser ist eine Partei kraft Amts, Grdz 10 vor § 50, Ffm RR **00**, 348. Beitrittsberechtigt ist auch der Insolvenzverwalter im Insolvenzverfahren über das Vermögen einer Gesellschaft, soweit ein Gesellschafter gegen einen anderen auf eine Leistung an den Verwalter klagt, KG NZM **00**, 253.

Nicht beitrittsberechtigt ist der Schuldner im Prozeß gegen den Insolvenzverwalter mit dem Ziel der Feststellung einer Forderung zur Insolvenztabelle.

Kartellrecht: Ein nur wirtschaftliches, nicht auch rechtliches Interesse genügt zum Beitritt *nicht,* Rn 6, Schmidt (bei Rn 6) 407.

Kauf: Beitrittsberechtigt ist der Verkäufer im Prozeß eines Drittkäufers gegen den Erstkäufer wegen eines Sachmangels, § 438 IV BGB.

Kostenerstattung: *Nicht* beitrittsberechtigt ist der Anwalt wegen eines solchen Anspruchs auf eine Kostenerstattung, der erst durch den Prozeß entstehen kann.

Kostenfestsetzung: Bei ihr ist § 66 *unanwendbar,* Karlsr Rpfleger **96**, 83.

Lizenznehmer: Zum Beitritt zum Prozeß eines Markeninhabers gibt ihm *nicht* die Stellung eines Streithelfers, BGH **173**, 279.

Mahnverfahren, dazu *Seggewiße* NJW **06**, 3037: Eine Rechtshängigkeit im Mahnverfahren ist möglich, § 261 Rn 8 „Mahnverfahren", BGH NJW **06**, 773, aM MüKoSchi 2, ZöV 2, StJBo 6 c.

Markenrecht: Rn 9 „Förmliche Berechtigung".

Mietrecht: Beitrittsberechtigt ist der Untermieter im Prozeß gegen den Hauptmieter.

Notarhaftung: Der Notar kann zu ihrer Vermeidung beitreten.

Notarkostenbeschwerde: Im Verfahren nach § 156 KostO sind §§ 66 ff anwendbar, Schlesw DNotZ **96**, 398.

11 **Öffentliches Interesse:** Rn 6 „Allgemeininteresse".

Öffentlichrechtliches Interesse: Als Beitrittsgrund reicht ein solches Interesse aus. Das gilt zB bei der Gefahr einer strafrechtlichen Verfolgung oder eines Ehrenverfahrens.

Patentrecht: Beitrittsberechtigt ist derjenige, den ein Patentinhaber bereits verwarnt hat oder gegen den er bereits die Verletzungsklage erhoben hat.

Nicht beitrittsberechtigt ist derjenige, der ein ganz selbständiges Interesse an der Vernichtung des Streitpatents hat.

Pensionssicherung: Als Beitrittsgrund reicht die Stellung als eines Pensionssicherungsvereins im Prozeß zwischen dem Arbeitgeber und dem Arbeitnehmer aus, BAG DB **87**, 444.

Pfandrecht: Beitrittsberechtigt ist der Eigentümer der Pfandsache im Prozeß zwischen dem Verpfänder und dem Pfandgläubiger. Auch der Verpfänder nach § 1210 BGB ist beitrittsberechtigt.

Prozeßstandschaft: Rn 6.

12 **Rechtsanwalt:** Rn 10 „Kostenerstattung".

Rechtskraftwirkung: Als Beitrittsgrund reicht eine erstrebte oder befürchtete innere Rechtskraftwirkung aus, zB nach §§ 325, 326, 327, 727 oder nach § 407 II BGB oder § 129 I HGB. Sie ist aber nicht erforderlich Rn 6.

Nicht beitrittsberechtigt ist derjenige, den nur solche Punkte berühren würden, über die im Prozeß keine der inneren Rechtskraft fähige Entscheidung ergehen wird.

Rechtsnachfolger: Er ist „geradezu klassisch" beitrittsberechtigt, § 265, Schmidt JuS **97**, 108.

Regreß: S „Rückgriff".

Rentenrecht: Beitrittsberechtigt ist dasjenige Versorgungsamt, das dem Kläger bei einem Unterliegen des unterhaltspflichtigen Bekl die Rente kürzen könnte.

Rückgriff: Als Beitrittsgrund reicht die Behauptung eines Rückgriffanspruchs oder die Besorgnis eines Rückgriffs der Partei aus, ebenso die Befürchtung, statt der Partei belangt zu werden, BGH **86**, 272. Das Gericht braucht nicht festzustellen, daß der angedrohte Rückgriff zur Zeit nicht mit Sicherheit aussichtslos ist.

S auch Rn 7 „Beeinträchtigung".

13 **Schiedsrichterliches Verfahren:** S zunächst § 1042. Vgl ferner Rn 15 „Vollstreckbarerklärung".

Selbständiges Beweisverfahren: Als Beitrittsgrund reicht ein solches Verfahren *nicht* aus, aM BGH **134**, 192, KG RR **00**, 514, Karlsr RR **01**, 214 (aber schon eine Ablehnung des Sachverständigen ist dort eben nicht zulässig, § 487 Rn 6).

Sittliches Interesse: Als Beitrittsgrund reicht ein solches Interesse aus, soweit es sich um ein privatrechtlich geschütztes Gut handelt, etwa um die Ehre.

Sozialversicherung: Rn 15 „Versicherungsrecht".

Strafrecht: Rn 11 „Öffentlichrechtliches Interesse".

14 **Streitgenosse:** Beitrittsberechtigt sind: Ein einfacher Streitgenosse, LG Köln VersR **93**, 1096; ein Streitgenosse des Gegners, BGH VersR **85**, 81. Beitreten darf er erst recht dem eigenen Streitgenossen, AG Düss VersR **97**, 53.

Streitverkündung: Der Streitverkündungsgegner darf der Gegenpartei beitreten, evtl nach einer Aufgabe des früheren Beitritts.

Testamentsvollstrecker: Beitrittsberechtigt ist der Testamentsvollstrecker im Prozeß des Erben.

Treuhandschaft: Beitrittsberechtigt ist der Treugeber im Prozeß des Treuhänders um Treugut.

Umwandlung: Zur Ausgliederung nach § 123 III UmwG BGH NJW **01**, 1218.

15 **Versicherungsrecht:** Der Kfz-Versicherer kann dem Kunden beitreten, Karlsr VersR **98**, 386. Es ist unerheblich, ob der Streithelfer durch einen Versicherer gedeckt ist, Hamm RR **97**, 157.

Nicht als Beitrittsgrund ausreichend ist das Interesse des Geschädigten im Deckungsprozeß des Schädigers gegen seinen Haftpflichtversicherer, Mü VersR **76**, 73 (anders, wenn der letztere auch dem Geschädigten nichts zahlen will), oder das Interesse des Sozialversicherers in einem Schadensersatzprozeß des Geschädigten, soweit der Kläger nur denjenigen Teil des Anspruchs geltend macht, der nicht auf den Sozialversicherer übergegangen ist. Denn dann liegt nur ein wirtschaftliches oder tatsächliches Interesse vor, das dem Sozialversicherer die Geltendmachung der eigenen Klageansprüche erleichtern soll.

Vollstreckbarerklärung: Ausreichend ist eine Rechtshängigkeit im Verfahren nach §§ 1060 ff oder im Verfahren nach Art 18 HZPrÜbk, SchlAnh V A 1.
Vollstreckungswirkung: Als Beitrittsgrund reicht eine erhoffte oder befürchtete Vollstreckungswirkung.
Vorgreiflichkeit: Als Beitrittsgrund reicht eine Vorgreiflichkeit des streitigen Rechtsverhältnisses für dasjenige zwischen Streithelfer und einer Partei.
Vorteil: *Nicht* beitrittsberechtigt ist derjenige, dem ein Sieg der Partei nur wirtschaftliche Vorteile bringen würde, Mü VersR **76**, 73.
Weiterer Prozeß: Als Beitrittsgrund reicht *nicht* schon aus, daß es einen gleichartigen Prozeß desselben 16
Klägers gegen den Streithelfer gibt, Mü GRUR **76**, 388, oder daß es ein gleichartiges Verfahren zB eines anderes Wohnungseigentümers gibt, Kellmann DB **79**, 2264.
Wohnungseigentum: Beitrittsberechtigt ist der Mieter, wenn die Gemeinschaft dem Mitglied als die Vermieterin eine (Wasser-)Versorgung sperrt, KG WoM **02**, 161. Vgl auch § 48 WEG, Anh § 72.

Nicht beitrittsberechtigt ist meist der Sonderverwalter, AG Pinneberg ZMR **03**, 461.
Zwangsversteigerung: Eine Rechtshängigkeit in diesem Verfahren reicht aus, Ffm Rpfleger **78**, 417.
Zwangsvollstreckung: Rn 8 „Drittwiderspruchsklage", „Duldung".

5) Zeitpunkt des Beitritts, II. Man muß zwei Zeitabschnitte trennen. 17

A. Zulässigkeit bis Rechtskraft. Der Streithelfer kann dem Prozeß in jeder Lage auch nach dem Verhandlungsschluß etwa zwecks einer Wiedereröffnung nach § 156 beitreten. Er hat aber keinen Anspruch nach § 156, Köln MDR **83**, 409. Er kann bis zur formellen Rechtskraft nach § 705 beitreten, Rn 18, also auch in Verbindung mit der Einlegung eines Rechtsbehelfs, etwa eines Einspruchs, § 340, oder eines Rechtsmittels, BGH NJW **01**, 1218, Naumb FamRZ **01**, 103, Schmidt JuS **97**, 108. Der Streithelfer des Einspruchs oder in der Revisionsinstanz kann beitreten, solange das Gericht den Beitritt nicht formell rechtskräftig zurückgewiesen hat, BGH NJW **99**, 2047. Der Beitritt geschieht bis zur Einlegung eines Rechtsmittels in der unteren Instanz, BGH NJW **95**, 1096, und ab einer Rechtsmitteleinlegung durch die Einreichung eines Schriftsatzes bei dem Rechtsmittelgericht, BGH **89**, 124, Hamm FamRZ **84**, 811. Das letztere spricht § 70 I 1 ausdrücklich aus. Der Beitritt ist eine bedingungsfeindliche Parteiprozeßhandlung nach Grdz 47, 51 vor § 128, BGH MDR **89**, 539. Der Streithelfer ist auch zur Wiederaufnahmeklage befugt, §§ 578 ff. Denn sie ist einem Rechtsmittel vergleichbar. Vgl aber Rn 5.

B. Unzulässigkeit ab Rechtskraft. Nach einer formell rechtskräftigen *Beendigung* des Prozesses nach 18
§ 705 ist kein Beitritt mehr möglich, BGH NJW **91**, 230, Naumb FamRZ **01**, 103. Der Streithelfer kann auch nicht auf Grund seiner eigenen Position einen Antrag nach §§ 233 ff auf eine Wiedereinsetzung in den vorigen Stand stellen, BVerfG **60**, 13, BGH NJW **91**, 230, Naumb FamRZ **01**, 103 (zustm Gottwald), aM ZöV 15 (aber es kommt nur auf die Hauptpartei an). Wer § 66 nicht nutzt, hat keine Verfassungsbeschwerde, Einl III 17, BVerfG NJW **98**, 2664.

67

***Rechtsstellung des Nebenintervenienten.* Der Nebenintervenient muss den Rechtsstreit in der Lage annehmen, in der er sich zur Zeit seines Beitritts befindet; er ist berechtigt, Angriffs- und Verteidigungsmittel geltend zu machen und alle Prozesshandlungen wirksam vorzunehmen, insoweit nicht seine Erklärungen und Handlungen mit Erklärungen und Handlungen der Hauptpartei in Widerspruch stehen.**

Gliederung

1) Systematik. Vgl zunächst § 66 Rn 1. Die Stellung des Streithelfers läßt sich wie folgt beurteilen. 1
Der gewöhnlicher Streithelfer ist lediglich der Helfer der Hauptpartei kraft eigenen Rechts, BGH NJW **97**, 2385, nicht etwa als deren gesetzlicher Vertreter, Kblz JB **04**, 484. Eine gewöhnliche, unselbständige Streithilfe regelt § 67. Der gewöhnliche Streithelfer wird nicht Partei, Grdz 4 vor § 50, BGH NJW **86**, 257. Das gilt auch dann, wenn die Hauptpartei ihm die volle Prozeßführung überläßt, LAG Kiel DB **84**, 1630. Daher kann auch der Prozeßgegner ihm gegenüber keine Sachanträge stellen. Die Stellung des gewöhnlichen Streithelfers bewirkt, daß er alles für die Hauptpartei tun kann, aber nichts gegen deren erklärten Willen, BGH NJW **86**, 257, Hamm MDR **98**, 286.

Der streitgenössische Streithelfer gilt als ein Streitgenosse der Hauptpartei, § 59. Die streitgenössische Streithilfe regelt § 69. Eine solche Situation liegt vor, wenn sich eine innere Rechtskraftwirkung nach § 322 auf den Streithelfer erstreckt.

2) Regelungszweck. Vgl zunächst § 66 Rn 2. Die Belange des gewöhnlichen Streithelfers treten im 2
Interesse des zügigen Fortgangs des Prozesses nach Grdz 12, 14 vor § 128 hinter denjenigen der Hauptpartei zurück. Das gilt selbst dann, wenn dieses Zurücktreten aus der Sicht des gewöhnlichen Streithelfers zu einem ungerechten Ergebnis führen kann. Diese Inkaufnahme durch das Gesetz muß man auch bei der Auslegung mitbeachten. Man darf also im Zweifel durchaus annehmen, daß zwischen dem Prozeßverhalten des Streithelfers und demjenigen der Hauptpartei ein Widerspruch besteht. In diesen Grenzen verdient der Streithelfer allerdings eine fördernde Auslegung seiner Handlungen.

3 **3) Geltungsbereich.** Vgl § 66 Rn 3.

4 **4) Bindung des unselbständigen Streithelfers.** Sie ist oft nur schwierig abgrenzbar.

A. Bloßer Helfer. Der unselbständige Streithelfer ist nur ein Helfer der Hauptpartei, nicht selbst Partei, BGH NJW **97**, 2385. Deshalb steht er im Prozeß hinter der Hauptpartei zurück, BGH MDR **06**, 706. Seine Beteiligung kann die Natur des Rechtsstreits nicht beeinflussen, BGH NJW **86**, 257. Freilich handelt er aus einem eigenen Recht und im eigenen Namen. Soweit er seine Rechte überschreitet, sind seine Handlungen wirkungslos, Saarbr MDR **02**, 843. Heilen kann nur eine Genehmigung der Hauptpartei, keineswegs ein Rügeverzicht nach § 295, der begrifflich ohnehin nicht möglich ist, aM StJL 15 (er hält eine Heilung stets für unzulässig. Aber es handelt sich nicht um einen derart schweren Verstoß). Eine Handlung des Streithelfers macht nur dann eine Entscheidung erforderlich, wenn eine Entscheidung auf Grund einer entsprechenden Handlung der Hauptpartei notwendig wäre. Das Gericht muß zB ein unzulässiges Rechtsmittel des Streithelfers verwerfen, BGH **76**, 301, BAG DB **85**, 184.

5 **B. Hinnahme der Prozeßlage.** Der gewöhnliche Streithelfer muß die Prozeßlage im Zeitpunkt seines Beitritts hinnehmen, BGH MDR **06**, 706. Das gilt etwa für: Eine Gerichtsstandsvereinbarung, § 38; ein Ablehnungsrecht, § 42, Kblz MDR **90**, 161; ein Geständnis, § 288, Hamm MDR **98**, 286; einen Verzicht, § 306; eine Versäumung, §§ 330 ff, BGH VersR **82**, 976; eine Verspätung; eine Verwirkung; den Beginn oder den Ablauf einer Rechtsmittelfrist oder sonstigen Frist, BGH NJW **01**, 1355, BAG VersR **86**, 687, Oldb RR **05**, 1022; ein Teil- oder Zwischenurteil. Er kann Zeuge sein, Üb § 373 Rn 22 „Streithelfer". Er darf nicht für sich persönlich Anträge stellen, §§ 137 Rn 7, 297. Sein Vorbringen gilt grundsätzlich als für die Hauptpartei vorgetragen. Anträge, Widerklagen, Rechtsbehelfe gegen ihn als Partei sind nicht möglich. Das Urteil darf ihm nichts zusprechen.

Unterbrechungsgründe aus seiner Person nach §§ 239 ff wirken zwar unmittelbar als solche weder für ihn noch für die Hauptpartei, Düss MDR **85**, 504. Sie verhindern aber seine nach § 71 notwendige Hinzuziehung und damit die gesamte Prozeßführung wie eine Unterbrechung, aM Düss MDR **85**, 504 (aber er kann keine stärkere Stellung als die Hauptpartei haben). Die Aufnahme erfolgt entsprechend §§ 239 ff. Eine Unterbrechung und eine Aussetzung des Verfahrens nach §§ 148 ff aus der Person der Hauptpartei wirken auch beim Streithelfer. Der Beitritt kann nicht eine Klagefrist wahren, etwa nach § 12 III VVG, Hamm MDR **00**, 703.

6 **C. Grenzen der Befugnisse.** Der Streithelfer kann nichts wirksam tun, was er nicht nach der abschließenden Regelung des § 67 tun darf, Saarbr MDR **02**, 843, LAG Kiel DB **84**, 1630. Er kann also zB nicht: Die Klage ändern, § 263, LAG Kiel DB **84**, 1630; eine Widerklage erheben, Anh § 253; eine Zwischenfeststellungsklage nach § 256 II erheben, Schneider MDR **90**, 505; eine Einrede oder eine Aufrechnung aus eigenem Recht geltend machen, BGH JR **89**, 499 (Insolvenz), ThP 6, aM Gerhardt KTS **84**, 191, ZöV 11 (aber § 67 setzt engere Grenzen).

7 Der Streithelfer kann *ferner nicht* das von der Hauptpartei verfolgte Recht wie ein Einmischungskläger nach § 64 für sich beanspruchen, Deubner JuS **91**, 501. Der Streithelfer muß alle nach dem Zeitpunkt seines Eintritts von der Hauptpartei geschaffenen prozessualen Tatsachen gelten lassen. Eine bereits eingetretene Versäumung der Hauptpartei wirkt gegen ihn, § 66 Rn 13, Hbg WoM **91**, 316, Kblz MDR **90**, 161, Fuhrmann NJW **82**, 978. Man muß seine Verspätung so beurteilen, als ob sie von der Hauptpartei stammt, BGH NJW **90**, 190, Fuhrmann NJW **82**, 979, aM Windel ZZP **104**, 340 (aber das ist gerade ein typischer Fall der Befugnisgrenzen). Eine noch nicht eingetretene Versäumung der Hauptpartei kann der Streithelfer verhindern, BGH ZIP **94**, 788, KG RR **96**, 103, aM Hamm OLGR **96**, 143 (aber Säumnis ist kein erkennbarer Widerspruch). Das gilt auch in der Rechtsmittelinstanz. Die Folgen der Versäumung kann der Streithelfer nur aus solchen Gründen beseitigen, die in der Person der Hauptpartei liegen.

Der Streithelfer darf einen *Rechtsbehelf* oder ein Rechtsmittel nur in der für die Hauptpartei laufenden Frist einlegen, Rn 5. Das gilt auch bei einer der Hauptpartei bewilligten Fristverlängerung, BGH NJW **82**, 2069, BAG ZIP **91**, 335. Er muß klären, für wen er einlegt, Oldb RR **04**, 1029. Eine Wiedereinsetzung nach § 233 kommt für ihn jedenfalls dann nicht in Betracht, wenn er sich schuldhaft nicht nach dem Zeitpunkt der fristschaffenden Zustellung an die Hauptpartei erkundigt hat, BGH Vers **88**, 417, BAG DB **85**, 184, RoSGo § 50 II 1 c, aM ZöV 15 (aber er hat keine stärkere Stellung als die Hauptpartei). Der Streithelfer muß ebenso wie die Hauptpartei § 138 beachten, BGH NJW **82**, 282. Er kann Erklärungen der Hauptpartei nur mit den eigenen Beschränkungen und nur unter einer Beachtung derjenigen Beschränkungen widerrufen, die auch die Hauptpartei insofern beachten muß.

8 **D. Vorrang der Parteihandlungen.** Eine Erklärung oder Handlung des Streithelfers ist grundsätzlich unwirksam, soweit sie derjenigen der Hauptpartei zuwiderlaufen würde, BGH MDR **07**, 1443 links oben, BAG BB **02**, 156, LG Köln RR **07**, 1100. Denn der Streithelfer ist ja gerade nur „zum Zweck ihrer Unterstützung" beigetreten, § 66, LG Bln NJW **03**, 3494. Der Sinn der Vorschrift besteht darin, den Erklärungen und Handlungen der Hauptpartei den Vorrang zu lassen, Karlsr OLGR **02**, 187, Köln NJW **75**, 2109 (zustm Gorski NJW **76**, 811). Der Streithelfer darf also nicht anders handeln und keine anderen Erklärungen abgeben, als sie schon die Hauptpartei abgegeben hatte, sofern sich nicht die Umstände geändert haben.

Die Prozeßhandlungen des Streithelfers sind *wirksam*, solange sich nicht aus dem Gesamtverhalten der Hauptpartei ergibt, daß diese sie nicht gegen sich gelten lassen will, BGH RR **97**, 157, Saarbr MDR **02**, 843, LG Siegen VersR **94**, 1368. Im Zweifel ist die Prozeßhandlung des Streithelfers wirksam, BGH RR **91**, 361, LG Siegen VersR **94**, 1368. Die bloße Untätigkeit der Hauptpartei beeinträchtigt die Wirksamkeit der Prozeßhandlung des Streithelfers nicht, Ffm VersR **96**, 212, LG Siegen VersR **94**, 1368.

Soweit die Partei bestreitet, darf der Streithelfer *nicht gestehen,* § 288, LG Arnsb RR **03**, 1187, aM StJL 12 (das Gericht müsse das Geständnis des Streithelfers dann frei würdigen. Aber das widerspricht dem § 67). Ein Geständnis der Hauptpartei bindet den einfachen Streithelfer grundsätzlich, BGH NJW **76**, 293, Düss VersR **04**, 1020 (Ausnahme: Arglist, Einl III 54), Saarbr MDR **02**, 843. Das Gericht darf nach § 139 anregen, den

Streithelfer als Zeugen zu vernehmen. Der Streithelfer kann eine Klagerücknahme der Hauptpartei nach § 269 nicht verhindern. Er darf nicht gegen den Willen der Hauptpartei ein Rechtsmittel einlegen, BGH FamRZ **85**, 61, Hamm FamRZ **02**, 30, LG Kiel WoM **00**, 616. Er darf seinerseits weder die Klage noch grundsätzlich ein Rechtsmittel zurücknehmen, §§ 516, 565 (Ausnahme: Rn 11).

Haben die *Hauptpartei* und der Streithelfer jedoch ein *Rechtsmittel* eingelegt, liegt ein einheitliches Rechtsmittel vor, BGH NJW **93**, 2944, Drsd RR **94**, 1550. Die Rechtsmittelrücknahme nur durch die Hauptpartei hat lediglich zur Folge, daß dieses einheitliche Rechtsmittel unzulässig wird, BGH NJW **93**, 2944 (auch zu den Kosten). Der Streithelfer kann ferner nicht wirksam den von der Hauptpartei benannten Sachverständigen nach § 406 ablehnen. Der Streithelfer kann eine grundsätzlich zulässige Ablehnung nicht mehr wirksam geltend machen, sobald die Hauptpartei die Fortsetzung der Sachverständigentätigkeit usw wünscht, Ffm MDR **83**, 233.

Der Streithelfer kann auch nicht gegen den Willen der Hauptpartei die *Verjährung* einwenden, BGH VersR 9
85, 81 (wohl aber natürlich mit ihrem Willen). Er kann auch nicht im Weg einer Anschlußberufung den Patentschutz voll aufrechterhalten wollen, obwohl der Patentinhaber ihn vielleicht nur eingeschränkt in Anspruch nimmt. Wenn die Hauptpartei einen bloßen Rechtsmittelverzicht erklärt oder nur ein Rechtsmittel zurücknimmt, hindert das den Streithelfer nicht an der Durchführung des eigenen Rechtsmittels, Rn 11, BGH NJW **93**, 2944, Hbg NJW **89**, 1362, Hamm RR **97**, 1156, es sei denn, daß die Hauptpartei auch auf den zugrundeliegenden sachlichrechtlichen Anspruch verzichtet hat. Denn die bloße Rücknahme beseitigt nur die Einlegung des Rechtsmittels.

Haben sich die Hauptparteien nach Anh § 307 *verglichen* und hat der Bekl demnach irrig eine Klagabweisung beantragt, ist ein Rechtsmittel des Streithelfers unzulässig, Drsd RR **94**, 1550. Jede Erklärung des Streithelfers in der mündlichen Verhandlung verliert ihre Wirkung, falls die Hauptpartei diese Erklärung sofort widerruft, BGH MDR **07**, 1443 links oben. Im schriftlichen Verfahren nach § 128 II genügt ein unverzüglicher schriftlicher Widerruf, Mü JB **77**, 94. Ab der formellen Rechtskraft der Zurückweisung des Streithelfers nach § 705 kann er natürlich als solcher nichts mehr wirksam tun, BGH NJW **82**, 2070.

5) Befugnisse des Streithelfers. Er hat einen Anspruch auf rechtliches Gehör nach Art 103 I GG, BAG MDR **88**, 346, Oldb RR **96**, 829. Man muß im übrigen prozessuale und andere Grenzen beachten. 10

A. Angriffs- und Verteidigungsmittel usw. Der Streithelfer darf Angriffs- und Verteidigungsmittel nach Einl III 70 geltend machen und Parteiprozeßhandlungen vornehmen, Grdz 47 vor § 128. Er darf in dieser Weise neben der Hauptpartei oder auch an ihrer Stelle vorgehen. Im letzteren Fall hat sein Verhalten dieselbe Wirkung, als wenn die Hauptpartei gehandelt hätte, BGH NJW **97**, 2385.

B. Beispiele zur Frage des Umfangs einer Befugnis des Streithelfers 11

Ablehnung: Der Streithelfer darf einen Richter ablehnen, § 42, Ffm MDR **82**, 232 (vgl aber Rn 8).

Abwesenheit der Hauptpartei: Sie stört den Streithelfer grds nicht.

Anschlußrechtsmittel: Der Streithelfer darf sich einem Rechtsmittel des Gegners anschließen. Das gilt selbst dann, wenn seine Partei nur eine Zurückweisung beantragt.

Antrag: Der Streithelfer darf einen Antrag stellen, LG Köln RR **07**, 1100 (auch bei einer Säumnis der Hauptpartei), auch einen solchen, der über den Antrag der Hauptpartei hinausgeht.

Behaupten: Der Streithelfer darf eine Tatsache behaupten und bestreiten, BGH RR **91**, 351.

Berufung der Hauptpartei: Wegen der Gebundenheit des unselbständigen Streithelfers an die Frist seiner Hauptpartei gilt seine „Berufung" evtl nur als eine Unterstützungserklärung und nicht als ein selbständiges Rechtsmittel, BGH NJW **01**, 1355, aM BGH NJW **85**, 2480. Windel ZZP **104**, 333 (aber dann wäre der Vorrang der Parteihandlung nach Rn 8, 9 in Gefahr).

Beschwer: Maßgebend ist diejenige der Hauptpartei, BGH NJW **97**, 2385, Köln NJW **75**, 2108 (zustm Gorski NJW **76**, 811).

Bestreiten: Rn 11 „Behaupten". 12

Beweismittel: Der Streithelfer darf jedes Beweismittel geltendmachen.

Einspruch: Der Streithelfer darf einen Einspruch nach §§ 338, 700 einlegen, LG Siegen VersR **94**, 1368.

Fristverlängerung: Der Streithelfer darf eine Verlängerung zB der Rechtsmittelbegründungsfrist beantragen, BGH JZ **82**, 429. Die ihm gewährte Verlängerung gilt auch zugunsten der Hauptpartei, BGH NJW **90**, 190.

Geständnis: Der Streithelfer darf ein Gestädnis der Hauptpartei im Rahmen von § 290 verhindern oder widerrufen, BGH NJW **76**, 293, Düss VersR **04**, 1020, aM Wieser ZZP **79**, 265.

Kostenausspruch: Der Streithelfer darf gegen den Ausspruch vorgehen, soweit dieser ihn selbst benachteiligt, Oldb RR **95**, 829.

Mündliche Verhandlung: Der Streithelfer darf in der mündlichen Verhandlung alle Erklärungen und Handlungen vornehmen und entgegennehmen. Er steht insofern der abwesenden Hauptpartei gleich.

Rechtsbehelf: Der Streithelfer darf einen Rechtsbehelf auch für die und zugunsten der Hauptpartei ein- 13
legen, BGH NJW **97**, 2385, Hamm FamRZ **91**, 844, großzügiger Düss RR **98**, 606. Das gilt selbst dann, wenn die Hauptpartei persönlich von dem Rechtsbehelf keinen Gebrauch machen will oder nur „ihr" Rechtsmittel mit dem Zusatz „zurücknimmt", sie sei mit der Fortführung „seines" Rechtsmittels einverstanden, BGH NJW **93**, 2944, Hamm RR **97**, 1156.

Das gilt freilich dann *nicht,* wenn sich die Hauptpartei mit ihrem Gegner ohne eine Beteiligung des Streithelfers verglichen hat, BGH NJW **93**, 2944, Drsd RR **94**, 1550, Hamm OLGZ **02**, 299.

S auch bei den einzelnen Rechtsbehelfen.

Rechtsmittelbegründung: Der Streithelfer darf ein Rechtsmittel begründen, BGH NJW **99**, 2047.

Rechtsmittelbeschränkung: Der Streithelfer darf sein Rechtsmittel beschränken oder zurücknehmen, falls seine Hauptpartei den Anspruch nicht weiter verfolgt, BGH RR **99**, 286, Hbg OLGZ **89**, 117.

Rechtsmittelfrist: Der unselbständige Streithelfer hat keine längere Rechtsmittelfrist als seine Hauptpartei, Rn 6, 7.

Rechtsmittelrücknahme: S „Rechtsmittelbeschränkung".
Schriftliches Verfahren: Der Streithelfer darf eine Entscheidung im schriftlichen Verfahren beantragen, § 128 II.
Selbständiges Beweisverfahren: Der Streithelfer darf die Anordnung einer Frist zur Klagerhebung nach § 494 a I beantragen.
Stellungnahme: Es kann notwendig sein, dem Streithelfer eine Frist zur Stellungnahme über den Ablauf einer der Hauptpartei gewährten Frist hinaus zu geben, wenn das Gericht zB den Streithelfer nicht früher informiert oder zur Stellungnahme aufgefordert hatte.
Streitverkünden: Der Streithelfer darf jemandem den Streit nach § 72 verkünden.
Tatbestandsberichtigung: Der unselbständige Streithelfer hat keine längere Frist nach § 320 I, II als seine Hauptpartei.
Urteilszustellung: Der Streithelfer darf ihre Verschiebung nach § 317 I 3 beantragen.
Vergleich: S „Rechtsbehelf".
Wertfestsetzung: Der Streithelfer darf einen Antrag auf die Festsetzung des Streitwerts stellen.

14 **C. Sachlichrechtliche Erklärung.** Der Streithelfer kann nicht solche Prozeßhandlungen nach Grdz 46 vor § 128 vornehmen, die gleichzeitig einen sachlichrechtlichen Inhalt haben, etwa ein Prozeßvergleich, Anh § 307. Denn er darf keine Verfügungen über den Streitgegenstand nach § 2 Rn 4 treffen. Sofern es sich um einen Verzicht nach § 306 oder um ein Anerkenntnis nach § 307 handelt, also nicht um sachlichrechtliche Verfügungen, handelt es sich auch nicht um Unterstützungshandlungen. Er darf solche sachlichrechtlichen Rechte geltend machen, die eine Hauptpartei bereits im Prozeß ausgeübt hat, sei es auch in der Vorinstanz. Man kann einen Verzicht auf die Geltendmachung einer das Verfahren betreffenden Rüge nach § 295 nicht für die gegenteilige Meinung anführen. Denn er hat einen ganz anderen Charakter. Wenn der Streithelfer nach § 145 Rn 8 mit einer solchen Forderung aufrechnet, die ihm nicht zusteht, ist zwar seine prozessuale Erklärung zulässig. Da aber sachlichrechtlich der Gegenstand fehlt, ist die Aufrechnung im Ergebnis trotzdem wirkungslos, § 145 Rn 10.

68

***Wirkung der Nebenintervention.* Der Nebenintervenient wird im Verhältnis zu der Hauptpartei mit der Behauptung nicht gehört, dass der Rechtsstreit, wie er dem Richter vorgelegen habe, unrichtig entschieden sei; er wird mit der Behauptung, dass die Hauptpartei den Rechtsstreit mangelhaft geführt habe, nur insoweit gehört, als er durch die Lage des Rechtsstreits zur Zeit seines Beitritts oder durch Erklärungen und Handlungen der Hauptpartei verhindert worden ist, Angriffs- oder Verteidigungsmittel geltend zu machen, oder als Angriffs- oder Verteidigungsmittel, die ihm unbekannt waren, von der Hauptpartei absichtlich oder durch grobes Verschulden nicht geltend gemacht sind.**

Schrifttum: *Diedrich,* Die Interventionswirkung usw, 2001; *Ziegert,* Die Interventionswirkung, 2002.

Gliederung

1 **1) Systematik.** Vgl zunächst § 66 Rn 1. Vgl auch Art 65 I a, II 2 EuGVVO, SchlAnh V C 2.

A. Streithilfewirkung. Die gesetzliche Interventionswirkung besteht nur darin, daß der Streithelfer die Richtigkeit des Urteils unabhängig vom Umfang einer inneren Rechtskraftwirkung nach § 322 und trotz der aus seiner Sicht drohenden Nachteile nicht bestreiten darf, LSG Darmst FamRZ **90**, 178. Er ist auf die praktisch wenig bedeutsame Einrede einer schlechten Prozeßführung angewiesen, unklar BGH MDR **84**, 651. Es handelt sich insofern nicht um eine Ausdehnung der Rechtskraftwirkung auf den Streitgenossen, Mü GRUR-RR **01**, 93. Die Wirkung erstreckt sich nach Rn 6 auf die tragenden Entscheidungsgründe. § 325 gilt entsprechend, BGH WertpMitt **97**, 1757. Die Interventionswirkung erstreckt sich aber nicht auf das, was im konkreten Verfahren gar nicht zu klären war, LG Stgt RR **93**, 297. Man kann die Interventionswirkung auch außergerichtlich vereinbaren, Düss RR **93**, 1471, oder abbedingen, ZöV 14, aM StJBo 3 (aber die Parteiherrschaft nach Grdz 18 vor § 128 gilt auch hier). Man muß die Streithilfewirkung auch im Verfahren nach § 43 WEG beachten, Hamm FGPrax **95**, 230. Sie fällt nicht infolge einer späteren Beitrittsrücknahme weg.

Eine Interventionswirkung *tritt nicht ein,* wenn die Prozeßhandlungsvoraussetzungen nach Grdz 18 vor § 253 fehlen, etwa der Rechtsweg, BGH **123**, 48, oder wenn die Parteien nach der Einlegung eines Rechtsmittels nach Anh § 307 einen Prozeßvergleich schließen, grundsätzlich auch nicht bei einem solchen in der Rechtsmittelinstanz. Die Interventionswirkung tritt aber ausnahmsweise dann ein, wenn das Urteil dadurch bestehen bleibt, daß die Parteien ihre Rechtsmittel durch einen Vergleich zurücknehmen, aM BGH NJW **88**, 713 (aber dann bleibt das Ersturteil bestehen). Die Interventionswirkung bleibt daher auch bei einer einseitigen Rechtsmittelrücknahme bestehen, Kblz OLGR **01**, 243.

2 Bei einer *Teilklage* nach § 301 entsteht auch die Interventionswirkung nicht weitergehend als eine Rechtskraftwirkung, Rn 3. Also entsteht eine Bindung auch wegen der nach § 148 Rn 1 vorgreiflichen Rechtsverhältnisse und der tatsächlichen Feststellungen des Vorprozeßurteils, soweit die Entscheidung auf ihnen

beruht, BGH VersR **88**, 1379, Hamm RR **88**, 156. Der im ersten Prozeß nach § 72 Streitverkündete muß im zweiten Prozeß die früheren Ergebnisse insoweit gegen sich gelten lassen, Ffm MDR **76**, 937.

Das Gericht muß die Streithilfewirkung *von Amts wegen* beachten, Grdz 39 vor § 128, BGH **96**, 54, Bischof JB **84**, 1144. Das gilt auch in der Revisionsinstanz, BGH VersR **85**, 569. Eine Rüge nach § 559 ist nicht erforderlich. Eine falsche Würdigung ist ein sachlicher Mangel.

B. Fehlen einer Streithilfewirkung. Eine Streithilfewirkung tritt nicht ein: Beim bloßen Prozeßurteil nach Grdz 14 vor § 253; gegen die Hauptpartei, BGH NJW **97**, 2386, Köln OLGZ **94**, 574, aM StJBo 12 (aber sie kann das Urteil gelten lassen oder verzichten, § 74 Rn 5–7, wenn ein Dritter den Prozeß geführt hatte, sei es auch für eine Rechnung der Hauptpartei oder als ihr gesetzlicher Vertreter); im Verhältnis zwischen dem Streithelfer und dem Gegner der Hauptpartei, BGH NJW **93**, 123, außer bei § 69; über den Streitgegenstand nach § 2 Rn 4 hinaus, etwa für den Rest der eingeklagten Teilsumme, Häsemeyer ZZP **84**, 200, MüKoSchi 17, ZöV 10, aM Hamm RR **88**, 156, RoSGo § 50 V 2, StJBo 5 (aber die Streithilfe darf keineswegs den Streitgegenstand sprengen). Eine Streithilfewirkung tritt ferner nicht durch eine Streitverkündung im schiedsrichterlichen Verfahren nach §§ 1025 ff ein, wenn der Streitverkündete nicht beitritt oder wenn er das Verfahren nicht gegen sich gelten lassen will, Kraft/Looks BB **02**, 1171. Sie tritt ferner dann nicht ein, wenn der Streithelfer nicht das rechtliche Gehör erhalten hatte, BGH NJW **88**, 713. 3

2) Regelungszweck. Vgl zunächst § 66 Rn 2. Die Regelung liegt im Interesse der gesetzlich gewollten vorrangigen Prozeßförderung und Prozeßwirtschaftlichkeit, Grdz 12, 14 vor § 128. Sie ist ein Ausdruck des Grundsatzes von Treu und Glauben, Einl III 53, OVG Weimar NVwZ-RR **03**, 832. Freilich darf man die in Üb 2 vor §§ 66–71 angesprochene Problematik keineswegs ganz übersehen. Wenn man schon den Dritten in den Prozeß als Beteiligten hineinhandeln läßt, sei es auch in einem nur begrenzten Umfang, muß er sich auch entsprechend streng behandeln lassen, soweit der Prozeß in einer auch oder wenigstens für ihn nachteiligen Weise ausgeht. Denn das ist nur gerecht, Einl III 9, 36. 4

3) Geltungsbereich. Vgl § 66 Rn 3. 5

4) Einwand unrichtiger Entscheidung. Der Streithelfer darf im Verhältnis zur Hauptpartei nicht einwenden, das Gericht habe den Prozeß so, wie er ihm vorgelegen habe, unrichtig entschieden. Das bedeutet: Die Streithilfewirkung ergreift anders als sonst die Rechtskraftwirkung nach Rn 1 alle notwendigen tatsächlichen und rechtlichen Grundlagen des Urteils, also die sogenannten tragenden Urteilselemente, § 322 Rn 9, BGH **157**, 99, BAG VersR **90**, 1256, Köln FamRZ **91**, 958. 6

A. Umfassende Geltung. Die Streithilfewirkung gilt ohne Rücksicht auf den Umfang der Anhängigkeit im Vorprozeß. Es tritt also eine Bindung des Richters an die gesamten tatsächlichen und rechtlichen Umstände und nicht nur an einzelne solcher Umstände ein, auf denen das erste Urteil beruhte, § 318, BGH **157**, 99, Köln FamRZ **91**, 958. Nur die in Wahrheit entscheidungsunerheblichen sog überschießenden Feststellungen haben keine Interventionswirkung, BGH **157**, 99. Bei alledem kommt es nicht auf die Sicht des Vorderrichters an, sondern wie stets auf die Auslegung jenes Urteils durch das jetzige Gericht, BGH **157**, 99, Hamm RR **96**, 1506, Vollkommer NJW **86**, 264, aM Mü NJW **86**, 263 (aber jedes Urteil ist auslegbar, § 322 Rn 10). Das gilt zB für die Nichtigkeit eines Vertrags im Rückgriffsprozeß. Andernfalls hätte eine Streithilfe eine nur geringe praktische Bedeutung.

Diese Wirkungen treten auch in *folgenden Fällen* ein: Das Urteil des Vorprozesses betraf eine andersartige Haftung; der Vorprozeß führte nur zu einem Teilurteil nach § 301, Rn 2, oder nur zu einem Grundurteil, § 304, BGH **65**, 135; im Vorprozeß kam ein Prozeßvergleich nach Anh § 307 zustande; der Nachprozeß ist ein solcher Rückgriffsprozeß, in dem das Gericht erstmalig über ein Verschulden entscheidet; im Vorprozeß hatte das Gericht eine Verjährung verneint, Ffm MDR **76**, 937.

B. Wirkungsgrenzen. Die Streithilfewirkung erstreckt sich nicht auf im Erstprozeß gar nicht klärungsbedürftig gewesene Fragen, Köln RR **92**, 120, aM Mü NJW **86**, 263 (abl Vollkommer). Sie darf nicht zu einer Veränderung der sonst im Folgeprozeß geltenden *Beweislast* führen, Anh § 286, BGH **85**, 260. Daher erstreckt sich die Streithilfewirkung zB nur darauf, daß man die betreffende Tatfrage nicht klären kann, nicht etwa darauf, daß sie mangels einer Feststellbarkeit nun überhaupt nicht bestehe, BGH **85**, 258. Folglich kann der Beweispflichtige auch im Folgeprozeß wiederum aus Beweislastgründen unterliegen, BGH **85**, 260, aM Düss NJW **92**, 1176 (inkonsequent). 7

5) Einwand schlechter Prozeßführung, dazu *Bischof* JB **84**, 1142 ff (ausf): Er bleibt dem Streithelfer erlaubt, anders als bei einer Rechtskraft. Er ist eine Folge des Gebots rechtlichen Gehörs nach Art 103 I GG. Es gibt ganz unterschiedliche Gründe. 8

A. Umfassende Geltung. Der Einwand einer schlechten Prozeßführung macht eine mangelhafte Beibringung des Prozeßstoffs und das Unterlassen von Prozeßhandlungen geltend, etwa von Einreden, Rechtsbehelfen usw. Der Streithelfer müßte vortragen und beweisen, daß ein Vortrag solcher Teile des Prozeßstoffes und eine Vornahme solcher Prozeßhandlungen im Vorprozeß ein günstigeres Ergebnis herbeigeführt hätten, Berding/Deckenbrock NZBau **06**, 341.

B. Beeinträchtigung im Beitrittszeitpunkt. Die Prozeßlage muß den Streithelfer im Zeitpunkt seines tatsächlichen oder ihm nach § 74 III möglichen Beitritts in der Wahrung seines Rechts beeinträchtigt haben, BGH NJW **82**, 282. Das wäre etwa dann der Fall, wenn die Hauptpartei inzwischen ein Anerkenntnis oder Geständnis abgegeben hatte oder wenn sie eine ungeeignete Klage erhoben hatte oder wenn erst nach dem Verhandlungsschluß eine Streitverkündung vor einem unanfechtbaren Urteil erfolgt war, Köln MDR **83**, 409. Es wäre nicht so, soweit der Streithelfer imstande gewesen war, die Prozeßlage zu verbessern, und sei es auch nur durch die Einlegung eines halbwegs erfolgsversprechenden Rechtsmittels, BGH NJW **76**, 293, Bischof MDR **99**, 789. Der Streithelfer darf sich nicht auf ein mitwirkendes Verschulden berufen, § 254 BGB. 9

C. Beeinträchtigung nach dem Beitritt. Eine Prozeßhandlung der Hauptpartei muß den Streithelfer nach seinem Beitritt beeinträchtigt haben. Das wäre etwa dann so, wenn die Hauptpartei sein zweckmäßiges 10

Vorbringen durch einen eigenen Widerspruch ausschaltete, BGH NJW **82**, 282 oder wenn sie mit dem Prozeßgegner ohne eine Mitwirkung des Streithelfers einen Prozeßvergleich schloß, Anh § 307, oder ihr Rechtsmittel zurücknahm, BGH NJW **88**, 713, es sei denn auf Anraten des Gerichts, Kblz OLGR **01**, 243.

11 **D. Unterlassung von Prozeßhandlungen.** Die Hauptpartei muß absichtlich oder zumindest grob fahrlässig eine solche Prozeßhandlung nach Grdz 47 vor § 128 unterlassen haben, die der Streithelfer nicht vornehmen konnte, etwa deshalb nicht, weil ihm die Lage unverschuldet unbekannt war. Soweit er die Prozeßhandlung selbst nach § 67 Rn 8, 14 vornehmen konnte, kann sich der Streithelfer auch in diesem Zusammenhang nicht auf ein mitwirkendes Verschulden der Hauptpartei berufen, § 254 BGB. Der Ausdruck „absichtlich" im Gesetz läßt im Gegensatz zu dem Begriff „vorsätzlich" jedes bewußte Handeln genügen, selbst wenn es auf einer durchaus sittlichen Erwägung beruhte, etwa den Fall, daß die Hauptpartei sich nicht auf eine Verjährung berufen wollte. Soweit der Streithelfer die ihm nachteiligen Folgen selbst abwenden konnte, etwa durch die Einlegung eines geeigneten Rechtsmittels, kann er sich auf diese Einrede nicht berufen, Rn 9. Über den Begriff des Verschuldens im übrigen Einl III 68.

69 *Streitgenössische Nebenintervention.* **Insofern nach den Vorschriften des bürgerlichen Rechts die Rechtskraft der in dem Hauptprozess erlassenen Entscheidung auf das Rechtsverhältnis des Nebenintervenienten zu dem Gegner von Wirksamkeit ist, gilt der Nebenintervenient im Sinne des § 61 als Streitgenosse der Hauptpartei.**

Schrifttum: *Vollkommer,* Streitgenössische Nebenintervention und Beiladungspflicht nach Art. 103 Abs. 1 GG, Festgabe *50 Jahre Bundesgerichtshof* (2000) III 127.

Gliederung

1 **1) Systematik.** Vgl zunächst § 66 Rn 1. § 69 regelt im Anschluß an die von §§ 66–68 erfaßte unselbständige Streithilfe die streitgenössische selbständige Streithilfe oder Nebenintervention. Sie ist wegen Art 103 I GG immer dann zulässig, wenn nach dem sachlichen Recht und nicht nur nach dem „bürgerlichen" die innere Rechtskraft oder die Vollstreckungs- oder Gestaltungswirkung einer Entscheidung im Vorprozeß ein Rechtsverhältnis zwischen dem Streithelfer und dem Gegner ergreift, BGH NJW **08**, 1889, BAG DB **87**, 443, Schlesw RR **93**, 930. Es handelt sich um solche Fälle, in denen das Urteil nicht nur zwischen den Parteien wirkt, sondern darüber hinaus für und gegen den Streithelfer, § 322 Rn 64 „Streithelfer", BGH NJW **08**, 1889, Schlesw RR **93**, 930, Wieser ZZP **112**, 446, sei es auch nur für die Kosten oder für die Zwangsvollstreckung, etwa bei §§ 729, 740 ff, LG Saarbr JB **77**, 1146. Infrage kommt etwa ein Gesamtschuldner im Prozeß gegen den anderen, BayObLG RR **87**, 1423. Überhaupt kann eine Gestaltungswirkung nach Grdz 10 vor § 253 reichen, etwa bei §§ 1313, 1496, 2342 BGB, §§ 117, 127, 133, 140 HGB.

2 Ein *Pensions-Sicherungs-Verein* kann dem Prozeß zwischen dem Arbeitgeber und dem Arbeitnehmer nach § 69 beitreten, BAG DB **85**, 1538. Er kann zB durch die Feststellung beschwert sein, daß die Einstellung von Versorgungsleistungen des Arbeitgebers wegen dessen wirtschaftlicher Notlage zulässig ist, LAG Saarbr BB **81**, 304. Der Gesetzestext ist zu eng gefaßt.

3 Allerdings reicht eine etwa entstehende *bloße Ersatzpflicht* des Streithelfers nicht aus, um die streitgenössische Streithilfe zuzulassen, Celle MDR **05**, 779, Ffm VersR **96**, 213. Ebensowenig reicht abgesehen von Rn 2 stets eine Stellung als Pensionssicherungsverein, BAG DB **87**, 444. Ein solcher Aktionär, der einer Anfechtungsklage eines anderen gegen die Gesellschaft beitritt, wird zum streitgenössischen Streithelfer, Köln RR **95**, 1251. Der Insolvenzgläubiger als Streithelfer im Anfechtungsprozeß des Insolvenzverwalters gehört nicht zu § 69. Wenn während des Prozesses infolge der Veräußerung der Streitsache eine Rechtsnachfolge eintritt, ist § 69 nach § 265 II 3 unanwendbar. Etwas anderes gilt bei einer Rechtsnachfolge in eine Marke, § 27 MarkenG. Wer im Patentnichtigkeitsverfahren als angeblicher Verletzer dem Patentinhaber beitritt, ist nur ein einfacher Streithelfer, BGH GRUR **98**, 387. Auch die Notwendigkeit eines Duldungstitels reicht nicht, BGH NJW **01**, 1356.

4 **2) Regelungszweck.** Vgl zunächst § 66 Rn 2. Die Vorschrift dient der Vermeidung drohender Ungerechtigkeiten, Einl III 9, 36. Die im Vergleich zu §§ 66–68 wesentlich stärkere Stellung des streitgenössischen Streithelfers muß eine entsprechend strenge Prüfung der Voraussetzungen seiner Zulassung und der etwa nachteiligen Folgen solcher Zulassung erfordern. Im Zweifel muß man die Vorschrift also zulasten des streitgenössischen Streithelfers auslegen. Man muß allerdings die Frage, ob und inwieweit eine Rechtskrafterstreckung eintreten kann, als eine Vorbedingung für die Anwendbarkeit des § 69 nach den Vorschriften des Bürgerlichen Rechts prüfen und handhaben.

5 **3) Geltungsbereich.** Vgl § 66 Rn 3.

6 **4) Notwendigkeit einer Zulassung.** Die Rechte und Pflichten des streitgenössischen Streithelfers sind zwar von einer Zulassung nach § 71 abhängig. Sie ergeben sich aber in ihrem Umfang nicht aus jener Vorschrift, sondern aus den übrigen gesetzlichen Bestimmungen. Wenn der Streithelfer die erweiterten Befugnisse des § 69 zu Unrecht beansprucht, bleiben seine Prozeßhandlungen insoweit unbeachtet, § 67 Rn 4.

5) Stellung des Zugelassenen: Streitgenosse. Der streitgenössische Streithelfer gilt als ein Streitgenosse der Hauptpartei, § 59, BGH NJW **08**, 1890. Er gilt als solcher, ist aber kein solcher. Denn er müßte als Partei eintreten, um Streitgenosse zu sein, Celle KTS **88**, 369. Das tut er aber gerade nicht. Die Fiktion der Streitgenossenschaft betrifft den Prozeßbetrieb, nicht die selbständige Rechtsverfolgung. Sie tritt „im Sinn des § 61" ein. Der streitgenössische Streithelfer gilt also als gewöhnlicher Streitgenosse nur, soweit nicht (wie meist) eine notwendige Streitgenossenschaft nach § 62 eintritt, BGH RR **99**, 286, Ffm VersR **96**, 213. Der letztere Fall liegt zB vor: Bei einem Aktionär, der einem Anfechtungskläger nach § 245 AktG beitritt; bei einem Gesellschafter der Gesellschaft mit beschränkter Haftung bei einer Anfechtung eines Gesellschafterbeschlusses, BGH NJW **08**, 1889. 7

6) Weitere Folgen der Zulassung. Die Erstreckung der Rechtskraftwirkung oder der Vollstreckungswirkung auf den Streithelfer befreit ihn notwendig von den Beschränkungen des § 67, Celle KTS **88**, 369, soweit diese Beschränkungen nicht begrifflich bedingt sind. Der streitgenössische Streithelfer kann zB eine Prozeßhandlung nach Grdz 47 vor § 128 oder eine Erklärung auch ohne eine Kenntnis und sogar gegen den Widerspruch der Hauptpartei wirksam vornehmen, BGH RR **99**, 285, Schlesw RR **93**, 930. Er kann eine Säumnis der Hauptpartei durch sein eigenes Verhandeln verhindern. Er kann selbständig ein Rechtsmittel einlegen, BGH NJW **08**, 1890, und zwar in einer mit der Urteilszustellung an *ihn* und nicht an die Hauptpartei beginnenden Frist einlegen, BGH NJW **01**, 1355 (vgl aber Rn 6), BAG NJW **97**, 1028, Schlesw RR **93**, 930, aM BGH (2. ZS) NJW **08**, 1890 (aber es kommt auf seine Rechtsstellung an). Er kann auch selbständig eine Wiedereinsetzung beantragen, BGH NJW **08**, 1890. 8

Gesteht er nach § 288, während die Partei leugnet, muß das Gericht sein Geständnis frei würdigen. Er kann auch einer solchen Prozeßhandlung oder einer solchen Erklärung der Partei widersprechen, die seinem Beitritt vorangegangen ist, Celle FamRZ **76**, 159, LAG Saarbr BB **81**, 304, soweit der Stand des Prozesses das zuläßt. Er kann anerkennen, zugestehen und auf den Anspruch verzichten. Er kann einem Anerkenntnis nach § 306, einem Bestreiten mit Nichtwissen nach § 138 IV oder mit einem Geständnis nach § 288 durch die Berufung widersprechen, BGH RR **93**, 1294, Schlesw RR **93**, 930, LAG Saarbr BB **81**, 304. Er kann bei einem eigenen Grund eine Wiedereinsetzung beantragen, Waldner JR **84**, 159. Er kann den Prozeß nicht weiterführen, soweit ihn die Hauptparteien beenden, Celle KTS **88**, 369.

Er kann *nicht Zeuge* sein, Üb 22 vor § 373 „Streitgenosse". Denn er gilt als Partei, auch wenn er keine solche ist. Deshalb kann das Gericht ihn aber auch als Partei vernehmen, Hamm FamRZ **78**, 205. Für eine Zustellung gilt er grundsätzlich als Partei. Das gilt auch für eine Urteilszustellung nach § 317. Eine Rechtsbehelfsfrist läuft gegen ihn erst seit der Zustellung an ihn, soweit für die Frist eine Zustellung erforderlich ist, BGH RR **97**, 919, BayObLG **87**, 253. Wenn er erst nach dem Beginn einer Frist beitritt, ist er auf deren Rest angewiesen, BGH RR **99**, 286. Eine Unterbrechung des Verfahrens aus einem in seiner Person entstandenen Grund nach §§ 239 ff wirkt sich auch auf die Partei aus. Wegen der Kosten vgl § 101 II. 9

7) Abhängigkeit. Von den Folgen nach Rn 8, 9 abgesehen gilt § 67. Der Streithelfer muß den Prozeß so hinnehmen, wie er ihn im Zeitpunkt seines Beitritts vorfindet, BGH VersR **98**, 385 (nur Restfrist). Er kann also endgültige Entscheidungen usw nicht ändern. Er kann keine Widerklage nach Anh § 253 erheben, keine Anträge für sich stellen, §§ 137, 297, eine Klagerücknahme nicht verhindern, Köln RR **95**, 1251, und die Klage nicht selbst zurücknehmen. Er kann keine Rechtsbehelfe aus eigenem Recht einlegen, § 67 Rn 5. Die Zustellung des Ersturteils an die Hauptpartei löst die Rechtsmittelfrist auch für den bisher nicht Beigetretenen aus, BGH BB **05**, 240. Er kann aber einer Rechtsmittelrücknahme widersprechen. 10

8) Streithilfewirkung. Die Interventionswirkung ist hier grundsätzlich dieselbe wie bei § 68. Es besteht allerdings insofern eine Abweichung, als eine Einwendung nach § 68 nur in Betracht kommt, wenn die Rechtskraft den Streithelfer nicht ganz ergreift. 11

70 *Beitritt des Nebenintervenienten.* I 1 **Der Beitritt des Nebenintervenienten erfolgt durch Einreichung eines Schriftsatzes bei dem Prozessgericht und, wenn er mit der Einlegung eines Rechtsmittels verbunden wird, durch Einreichung eines Schriftsatzes bei dem Rechtsmittelgericht.** 2 **Der Schriftsatz ist beiden Parteien zuzustellen und muss enthalten:**

1. **die Bezeichnung der Parteien und des Rechtsstreits;**
2. **die bestimmte Angabe des Interesses, das der Nebenintervenient hat;**
3. **die Erklärung des Beitritts.**

II **Außerdem gelten die allgemeinen Vorschriften über die vorbereitenden Schriftsätze.**

Gliederung

Schrifttum: *Walder-Richli,* Prozeßbeitritt und streitgenössische Nebenintervention, Festschrift für *Gaul* (1997) 779.

1) Systematik, I, II. Vgl zunächst § 66 Rn 1. Während §§ 64–69 die Voraussetzungen des Beitritts eines Streithelfers in den verschiedenen Formen der Streithilfe regeln, nennen §§ 70, 71 die Verfahrensregeln. Dabei erfaßt § 70 die Beitrittserklärung. 1

2 **2) Regelungszweck, I, II.** Vgl zunächst § 66 Rn 2. Die gesetzlichen Förmlichkeiten dienen denselben Zwecken wie bei jedem bestimmenden, also ein Verfahren einleitenden oder irgendwie erweiternden Schriftsatz, § 129 Rn 1, 2, 5 ff. Sie sind schon zwecks Rechtssicherheit unentbehrlich, Einl III 43. Man muß sie wie jede Formvorschrift streng handhaben. Das gilt auch für I 2 Z 2. Es ist also erforderlich, daß sich das in Rn 6 näher erläuterte rechtliche und nicht nur wirtschaftliche Interesse im Kern ganz klar aus den tatsächlichen Angaben im Beitrittsschriftsatz ergibt. Es muß auch ganz klar sein, für welche Partei der Beitritt erfolgt, Kblz AnwBl **03**, 372. Nur eine etwaige dortige Rechtsansicht darf so geartet sein, daß das Gericht ihr zumindest derzeit noch nicht folgen kann. Das bedeutet freilich auch nicht, daß sich aus solchen Tatsachenangaben überhaupt kein auch gerade rechtliches Interesse ableiten zu lassen braucht. Im Zweifel sind §§ 139, 273 anwendbar.

3 **3) Geltungsbereich, I, II.** Vgl § 66 Rn 3.

4 **4) Form des Beitritts, I 1.** Der Streithelfer tritt dadurch bei, daß er einen nach § 129 I bestimmenden Schriftsatz beim Gericht einreicht, BGH NJW **91**, 230. Eine bloße Anzeige zu den Akten genügt nicht. Ein Anwaltszwang besteht wie sonst, § 78 Rn 1, 2, BGH NJW **91**, 230. Wenn der Streithelfer gleichzeitig ein Rechtsmittel einlegt, erfolgt sein Beitritt dadurch, daß er seinen Beitrittsschriftsatz bei dem Rechtsmittelgericht einreicht, BGH NJW **97**, 2385, Hamm RR **94**, 1278. Denn Rechtsmittel und Beitritt sind zwei selbständige Parteiprozeßhandlungen, Grdz 47 vor § 128, BGH NJW **97**, 2385. Freilich kann ein Rechtsmittel als angebliche Partei oder ein solches „namens des Streitverkündeten" jeweils zugleich als dessen Beitritt auslegbar sein, BGH NJW **01**, 1217. Dieselben Regeln gelten, falls der Streithelfer zugleich mit dem Beitritt einen Einspruch einlegt.

Der *Schriftsatz* unterliegt auch den Vorschriften der §§ 130–133 über vorbereitende Schriftsätze. Es muß bei der Einlegung zugleich mit einem Rechtsmittel dessen Anforderungen erfüllen, BGH NJW **97**, 2385. Auch ein Einspruch oder ein Widerspruch nach § 924 gelten hier als Rechtsmittel. Beim AG erfolgt der Beitritt durch eine schriftliche Einreichung oder durch eine Erklärung zum Protokoll der Geschäftsstelle nach § 496 und dann ohne einen Anwaltszwang, § 78 III Hs 2. Der Urkundsbeamte der Geschäftsstelle muß den Beitrittsschriftsatz beiden Parteien von Amts wegen zustellen, §§ 166 ff.

5 **5) Inhalt des Beitritts, I 2.** Der Beitrittsschriftsatz muß im wesentlichen den folgenden Inhalt haben.

A. Parteien und Prozeß, I 2 Z 1. Der Beitrittsschriftsatz muß denjenigen Prozeß bezeichnen, zu dem der Beitritt erfolgen soll, BGH NJW **97**, 2385. Das Aktenzeichen der Instanz genügt. Er muß außerdem die Parteien jenes Prozesses unverwechselbar angeben, § 253 Rn 22, BGH NJW **97**, 2385.

6 **B. Rechtliches Interesse, I 2 Z 2.** Der Beitrittsschriftsatz muß diejenigen Tatsachen angeben, die das rechtliche Interesse an dem Beitritt begründen sollen, BGH NJW **94**, 1537. Der Zweck dieser Angabe liegt darin, den Parteien den Beitrittsgrund klarzumachen. Deshalb genügt jede über diesen Grund unterrichtende Angabe, etwa ein Hinweis auf die Streitverkündung, BGH NJW **97**, 2385. Es genügt auch der Hinweis auf ein solches anderes Schriftstück, das sich bereits im Besitz beider Parteien befindet, BGH NJW **97**, 2385, Düss RR **97**, 443. Immerhin sollte der Schriftsatz auch so klar lauten, daß auch das Gericht erkennen kann, ob das rechtliche Interesse für den Beitritt vorliegt. Angaben sind allerdings entbehrlich, soweit man das rechtliche Interesse ohnehin erkennen kann, Hamm FamRZ **84**, 811. Eine Glaubhaftmachung ist erst im Verfahren nach § 71 I 2 erforderlich.

7 **C. Beitrittserklärung, I 2 Z 3.** Der Beitrittsschriftsatz muß jedenfalls dem Sinn nach unzweideutig den Willen zum Ausdruck bringen, als Streithelfer in den Prozeß einzutreten, BGH NJW **97**, 2385, Düss RR **97**, 443. Die Beitrittserklärung erfolgt im Zweifel nur im Umfang des befürchteten Rückgriffs, Düss RR **97**, 443 (Erweiterung ist möglich). Sie kann sich auf einen von mehreren Streitgegenständen nach § 2 Rn 4 oder auf einen von mehreren Streitgenossen beschränken, § 59. Sie liegt auch in der Einlegung eines Einspruchs oder Rechtsmittels, BGH NJW **01**, 1217, zB auch unter der Bezeichnung „Streitverkündeter", BGH NJW **97**, 2385, „Streithelfer", „Streitgehilfe" oder „Nebenintervenient". Auch bei § 265 III 2 kann ein Beitritt vorliegen, KG ZMR **98**, 514.

Ein *Sachantrag* nach § 297 Rn 1 ist ratsam. Er ist zwar nicht schon im Rahmen von § 70 erforderlich. Er kann aber kostenrechtlich erheblich sein, Nürnb AnwBl **94**, 197 (zu [jetzt] VV 3101). Eine Meldung „für den Streitverkündeten" ist oft mißverständlich, Kblz AnwBl **03**, 372. Denn der Beitretende ist bereits Streithelfer, Woesner SchlHA **89**, 171 (Auslegung). Eine bloße Versetzungsanzeige und selbst eine Anwesenheit im Beweisaufnahmetermin reichen jedenfalls solange nicht, wie unklar bleibt, für welche Partei der Beitritt erfolgen soll, Kblz AnwBl **03**, 372.

8 **6) Rücknahme des Beitritts, I 1, 2.** Der Streithelfer kann seine Beitrittserklärung jederzeit nach § 269 II zurücknehmen, § 66 Rn 7. Eine Rücknahme steht einem anschließenden erneuten Beitritt nicht entgegen. § 269 VI ist aber sinngemäß anwendbar. Die Rücknahme hat die Kostenfolgen des § 269 III 2, 3, IV. Ein erneuter Beitritt diesmal zur Gegenpartei ist allerdings ohne weiteres statthaft, Drsd JB **08**, 379 (auch zu den Kostenfolgen), Köln OLGR **00**, 205, Bischof MDR **99**, 790. Der Rücktritt macht eine schon eingetretene Streithilfe nach § 68 nicht hinfällig, Bischof MDR **99**, 790.

9 **7) Mängel des Beitritts, I, II.** Das Gericht muß die Prozeßvoraussetzungen wie bei jeder Parteiprozeßhandlung von Amts wegen prüfen, Köln NJW **93**, 1662. Es prüft etwaige sonstige Mängel nur auf Grund einer Rüge, Köln NJW **93**, 1662. Sie sind ebenso heilbar wie Mängel einer Klageschrift, etwa nach § 295, BGH NJW **76**, 292, Hamm RR **94**, 1278. Daher finden sie keine Beachtung von Amts wegen nach Grdz 39 vor § 128. Das Gericht darf und muß den Streithelfer bis zu einer Bemängelung zuziehen. Bei einer Bemängelung gilt § 71. Ein Leugnen der rechtlichen Voraussetzungen des Beitritts bemängelt noch nicht die Form des Beitritts. Mängel der Zustellung kann die Partei nur für sich selbst rügen, nicht für die Gegenpartei. Ein Verstoß gegen I Z 1–3 ist jederzeit heilbar, soweit nicht ein endgültiger Rechtsverlust eingetreten ist.

71 ***Zwischenstreit über Nebenintervention.*** **I [1] Über den Antrag auf Zurückweisung einer Nebenintervention wird nach mündlicher Verhandlung unter den Parteien und dem Nebenintervenienten entschieden. [2] Der Nebenintervenient ist zuzulassen, wenn er sein Interesse glaubhaft macht.**

II Gegen das Zwischenurteil findet sofortige Beschwerde statt.

III Solange nicht die Unzulässigkeit der Intervention rechtskräftig ausgesprochen ist, wird der Intervenient im Hauptverfahren zugezogen.

Gliederung

1) Systematik, I–III. Vgl zunächst § 66 Rn 1. Die Vorschrift nennt die Regeln zu dem Verfahren im Anschluß an den in § 70 behandelten Beitrittsantrag. 1

2) Regelungszweck, I–III. Vgl zunächst § 66 Rn 2. Die Regelung enthält eine Abwägung von Grundsätzen einerseits der Prozeßförderung und Prozeßwirtschaftlichkeit nach Grdz 12, 14 vor § 128 und andererseits der Rechtssicherheit nach Einl III 43, wenn immerhin bei einem Streit über die Zulassung nach § 128 Rn 2 eine mündliche Verhandlung notwendig wird und wenn ein verfassungsrechtlich nicht zwingend notwendiges Rechtsmittel möglich wird. Diese Abwägung im Gesetz muß man auch bei seiner Darlegung mitbeachten. 2

Bloße Glaubhaftmachung nach § 294 ist eine verhältnismäßig geringe Anforderung an die Zulassung. Sie reicht sonst meist nur im Eilverfahren aus. Eine Zulassung nach § 71 erstreckt sich aber auf einen Hauptprozeß. Das gilt während seiner ganzen weiteren Dauer. Sie kann auch kostenrechtlich erhebliche Auswirkungen haben, § 101. Deshalb ist eine nicht zu geringe Prüfung der Glaubhaftmachung ratsam. Es müssen die Bedingungen eines wirklich auch rechtlichen Interesses deutlich wahrscheinlich vorliegen.

3) Geltungsbereich, I–III. Vgl § 66 Rn 3. 3

4) Verfahren, I. Es erfolgt ein besonderes Zulassungsverfahren. 4

A. Allgemeines. Das Gericht läßt den Streithelfer grundsätzlich stillschweigend zu. Eine förmliche Entscheidung über seine Zulassung ist nur dann erforderlich, wenn entweder eine der Parteien der Zulassung widerspricht oder dem Streithelfer eine persönliche Prozeßvoraussetzung nach § 66 Rn 1 fehlt. Das muß das Gericht von Amts wegen prüfen, Grdz 39 vor § 128, BGH NJW **06**, 773. Das rechtliche Interesse unterliegt nur auf den Antrag einer Hauptpartei der Prüfung, BGH NJW **06**, 773. In diesen Fällen erfolgt die Entscheidung grundsätzlich wegen III durch ein Zwischenurteil, § 280, BGH **76**, 301. Sie kann auch im Endurteil erfolgen, BGH NJW **82**, 2070, Düss RR **98**, 606. Nur im Patentnichtigkeitsverfahren erfolgt die Zulassung durch einen Beschluß. Eine Zulassung liegt aber auch dann vor, wenn das Gericht die Zulassung nicht zurückgewiesen hatte, sondern wenn es vielmehr dem Streithelfer im Endurteil die Kosten der Nebenintervention auferlegt hat. Die Zulassung wird rechtskräftig, wenn niemand sie anficht.

B. Zurückweisungsantrag. Jede Partei nach Grdz 4 vor § 50 und jeder Streitgenosse nach §§ 59 ff darf einen Zurückweisungsantrag stellen. Die Form des § 297 ist nicht notwendig. Denn es handelt sich um einen rein leugnenden Antrag, aM StJL 3. Der Verlust des Antragsrechts tritt dadurch ein, daß man entweder auf die Einhaltung der Beitrittsvoraussetzungen des § 66 verzichtet oder daß man wegen eines förmlichen Mangels einen Verzicht nach § 295 ausspricht. Das gilt auch dann, wenn man der Zulassung aus einem sachlichen Grund widerspricht. 5

Ein *Verzicht* erstreckt sich aber nicht auf solche Tatsachen, die erst nach der Verzichtserklärung eingetreten oder bekannt geworden sind. Der Antrag auf die Zurückweisung eines Rechtsbehelfs des Streithelfers richtet sich gegen die Hauptpartei. Deshalb genügt ein solcher Antrag selbst dann nicht, wenn man ihn damit begründet, die Streithilfe sei unwirksam. Der Streitverkünder darf einem Beitritt nur dann widersprechen, wenn der Streithelfer der Gegenpartei beitritt. Der Streitverkündete darf ohne seinen Beitritt keinen Antrag stellen, Bischof MDR **99**, 788, Böckermann MDR **02**, 1351 (nur beim Mißbrauch der Streitverkündung Antragsrecht).

C. Zwischenstreit. Durch den Antrag entsteht ein Zwischenstreit zwischen dem Streithelfer und der widersprechenden Partei, also unter Umständen zwischen beiden Parteien, Mü GRUR-RR **01**, 93. Eine Partei, die dem Beitritt etwa ausdrücklich zugestimmt hat, steht auf der Seite des Streithelfers. Eine Partei, die dem Beitritt weder zugestimmt hat noch widersprochen hat, bleibt im Zwischenstreit unbeteiligt. Ein Anwaltszwang besteht wie sonst, § 78 Rn 1, 2. Das Gericht muß grundsätzlich eine mündliche Verhandlung anberaumen, § 128 Rn 2. Allerdings ist auch ein schriftliches Verfahren nach § 128 II denkbar. 6

Ein *Termin* zur Verhandlung in der Hauptsache besteht im Zweifel auch zur Verhandlung im Zwischenstreit. Der Streithelfer muß diejenigen Tatsachen beweisen, aus denen sich die Zulässigkeit seines Beitritts ergibt, § 68 Rn 7. Er braucht aber diejenigen Tatsachen lediglich nach § 294 glaubhaft zu machen, aus denen sich sein rechtliches Interesse ergibt. Es reicht aus, daß man einen angekündigten Rückgriff nicht hochgradig ausschließen kann. Die bloße Anmeldung zur Insolvenztabelle reicht nicht, Ffm RR **00**, 348, ebensowenig eine bloße Streitverkündung, Bischof MDR **99**, 788.

7 **D. Säumnis.** Wenn der Streithelfer nach Üb 3 vor § 330 säumig ist, entscheidet das Gericht auf Grund des einseitigen Parteivortrags und auf Grund der Beitrittsschrift. Eine Säumnis der zustimmenden Partei ist unerheblich. Bei einer der Säumnis der widersprechenden Partei entscheidet das Gericht auf Grund des einseitigen Parteivortrags und der Beitrittsschrift. Bei einer Säumnis des Streithelfers und des Widersprechenden entscheidet das Gericht nach der Aktenlage gemäß §§ 251 a, 331 a oder ordnet eine Vertagung an, § 337.

8 **5) Zwischenurteil, II.** Das Zwischenurteil muß auf die Zulassung des Streithelfers oder auf seine Zurückweisung lauten, Mü GRUR-RR **01**, 93. Der Unterliegende muß die Kosten tragen, Bischof MDR **99**, 789. Für die Beurteilung ist der Schluß der mündlichen Verhandlung maßgeblich, §§ 136 IV, 296 a. Die Zustellung des Zwischenurteils erfolgt nach § 166 II von Amts wegen. Gegen das Zwischenurteil ist die sofortige Beschwerde zulässig, (jetzt) § 567 I Z 1, BGH MDR **82**, 650. Sie steht bei einer Zurückweisung des Streithelfers ihm und der unterstützten Partei zu. Denn auch die letztere hat wegen § 68 ein Interesse am Beitritt des Streithelfers, aM StJBo 8.

Gebühren: Des Gerichts KV 1811 (Beschwerdeverfahren); des Anwalts: § 19 I 3 RVG, VV 3500, Wert: Anh § 3 Rn 106.

9 **6) Zuziehung des Streithelfers, III.** Es gelten die folgenden Regeln.

A. Grundsatz: Beitrittsfolge = Zuziehungspflicht. Auf Grund des Beitritts muß das Gericht den Streithelfer zum Verfahren hinzuziehen, bis es ihn durch ein Zwischenurteil rechtskräftig zurückgewiesen hat, also bis zur Erledigung eines Beschwerdeverfahrens nach II, BGH NJW **83**, 2378, BAG MDR **88**, 346. Das gilt nach einem erstinstanzlichen Beitritt auch für die Rechtsmittelinstanz. Deshalb sind Prozeßhandlungen des Streithelfers bis zu diesem Zeitpunkt wirksam möglich, BGH VersR **85**, 551. Deshalb darf das Gericht auch bis zu diesem Zeitpunkt keine Versäumnisentscheidung gegen die Hauptpartei erlassen, solange der Streithelfer für sie auftritt. Das Gericht muß dem Streithelfer alle Termine, Ladungen und Schriftsätze zustellen oder bekanntgeben, BAG MDR **88**, 346, Bischof JB **84**, 978. Wenn es ihn nicht ordnungsgemäß geladen hat, gilt auch die Hauptpartei als nicht geladen. Das Gericht muß in diesem Fall selbst dann eine Vertagung anordnen, wenn beide Parteien zur Sache verhandeln wollen. Eine Verhandlung ist aber insoweit zulässig, als für den Streithelfer dadurch kein Rechtsnachteil entstehen kann. Das ist etwa dann denkbar, wenn eine Revision der von ihm unterstützten Partei Erfolg hat.

10 **B. Zustellung usw.** Das Gericht braucht sein Urteil und andere gerichtliche Entscheidungen dem Streithelfer an sich nicht förmlich zuzustellen. Denn den Streithelfer binden diejenigen Fristen, die gegenüber der Hauptpartei laufen. Eine Zustellung der Entscheidung ist aber insoweit nötig, als der Streithelfer einen Antrag nach § 321 II wegen der Übergehung des Kostenpunkts nach § 100 I stellen kann. Wenn das Gericht den Beitritt zurückgewiesen hatte, weil beim Streithelfer persönliche Prozeßvoraussetzungen nach § 66 Rn 4 ff fehlten, sind seine Prozeßhandlungen wirkungslos, Rn 2. Die Insolvenz des Streithelfers kann wie eine Unterbrechung wirken, § 240. Die innere Rechtskraft erfaßt alle bisher geltend gemachten Gründe, § 322 Rn 64 „Streithelfer". Daher kann der Streithelfer keine Prozeßhandlungen mehr vornehmen, Grdz 46 vor § 128. Er kann zB kein Rechtsmittel mehr einlegen. Neue Streithilfegründe lassen natürlich einen neuen Beitritt zu.

11 **C. Verstoß.** Ein Verstoß kann zugleich Art 103 I GG verletzen und auf einen Antrag zur Zurückverweisung nach (jetzt) § 538 führen, BAG MDR **88**, 346.

12 **7) Rechtsmittel, I–III.** Vgl § 66 Rn 3. Eine Zulassung im Zwischenurteil unterliegt nach II der sofortigen Beschwerde, Rn 8. Falls das Gericht durch ein Urteil entschieden hatte, ist die Zulassung nur zusammen mit dem Urteil anfechtbar. Im übrigen erfolgt die Zurückweisung des Zulassungsantrags durch einen Beschluß. Gegen ihn ist die sofortige Beschwerde zulässig, § 567 I Z 2.

Gegen eine *Zulassung* nach Rn 8 können beide Parteien die sofortige Beschwerde einlegen, § 567 I Z 1. Dieses Recht steht auch derjenigen Partei zu, die sich am Zwischenstreit nicht beteiligt hat. Die sofortige Beschwerde ist auch dann statthaft, wenn das Gericht die Entscheidung über die Zulassung des Streithelfers in ein Endurteil aufgenommen hatte, BGH VersR **85**, 551, Mü GRUR-RR **01**, 93, Nürnb MDR **94**, 834. Denn es liegt insofern nur eine äußerliche Verbindung vor. Die Beschwerdefrist beträgt nach § 569 I 1, 2 zwei Wochen seit der Zustellung.

Eine *Rechtsbeschwerde* kommt unter den Voraussetzungen des § 574 I Z 2 in Betracht. Eine rechtskräftige Entscheidung zur Hauptsache macht die sofortige Beschwerde freilich praktisch gegenstandslos, Nürnb MDR **94**, 834. Sie hindert aber einen neuen Beitritt bei einem glaubhaften neuen rechtlichen Interesse nicht. Das Patentamt entscheidet über die Zulassung im Nichtigkeitsverfahren durch einen Beschluß.

Einführung vor §§ 72–74

Streitverkündung

Schrifttum: *Benke,* Die Verfahrensbeteiligung Dritter, 1996; *Bischof,* MDR **99**, 787 (Üb); *Eibner,* Möglichkeiten und Grenzen der Streitverkündigung, Diss Erl 1986; *Enaux,* Rechtliche Probleme bei der Streitverkündung im selbständigen Beweisverfahren in Bausachen, in: Festschrift für *Jagenburg* (2002); *Frohn,* Nebenintervention und Streitverkündung in der Freiwilligen Gerichtsbarkeit, Diss Münst 1998; *Köper* JA **05**, 741 (Üb); *Kraft,* Grenzüberschreitende Streitverkündung und Third Party Notice, 1997; *Laumen,* Streitverkündung, Interventionswirkung und Beweislastverteilung bei alternativer Vertragspartnerschaft, Festschrift für *Baumgärtel* (1990) 281; *Lüke,* Die Beteiligung Dritter im Zivilprozeß, 1993; *Michel/von der Seipen,* Der Schriftsatz des Anwalts im Zivilprozeß, 4. Aufl 1997; *Schäfer,* Nebenintervention und Streitverkündung,

1991; *Schaefer,* Drittinteressen im Zivilprozeß, Diss Mü 1993; *Schmidt,* Mehrparteienprozess, Streitverkündung und Nebenintervention bei Gestaltungsprozessen im Gesellschaftsrecht, Festschrift für *Beys* (Athen 2004) 1485; *Schober,* Drittbeteiligung im Zivilprozeß usw (auch rechtsvergleichend), 1990; *Schultes,* Die Beteiligung Dritte am Zivilprozeß, 1994; vgl vor Üb 1 vor § 64.

Gliederung

1) Systematik. Die Streitverkündung, Litisdenunziation, besteht darin, daß eine Partei einen anderen 1
förmlich davon benachrichtigt, daß ein Prozeß schwebt. Sie ist eine Parteiprozeßhandlung, Grdz 47 vor § 128, BGH MDR **89**, 539. Daher duldet sie keine Bedingung, Grdz 54 vor § 128, BGH MDR **89**, 539. Mehr ist die Streitverkündung zunächst nicht, Köln NJW **81**, 2263, Bischof JB **84**, 969. Sie erhebt also keinen sachlichrechtlichen oder prozessualen Anspruch. Sie steht daher grundsätzlich einer Klagerhebung nach § 253 nicht gleich, soweit nicht ausnahmsweise das Gegenteil gilt, zB bei § 204 I Z 6 BGB.

Die Streitverkündung steht ebensowenig einer gesetzlich notwendigen *Mitteilung* von der Erhebung eines eigenen Anspruchs gleich. Eine Streitverkündung liegt auch dann vor, wenn der Verkünder eine Gelegenheit zu einer Einmischungsklage gegen einen Forderungsbeanspruchер oder zum Eintritt in einen Besitzstreit usw als Partei geben will, §§ 75–77. Zur Streitverkündung besteht prozessual nach § 841 eine Pflicht etwa bei einer Klage des Pfändungspfandgläubigers gegen den Drittschuldner, § 841. Andererseits läßt sich eine Streitverkündung durch einen Prozeßvertrag nach Grdz 48 vor § 128 ausschließen oder beschränken, v Hoffmann/Hau RIW **97**, 90, Mansel ZZP **109**, 61, etwa durch die Vereinbarung einer ausschließlichen Zuständigkeit. Vgl international Art 65 I 2 a EuGVVO, SchlAnh V C 2.

2) Regelungszweck. Der Zweck der gewöhnlichen Streitverkündung besteht in der Einladung zu einer 2
Nebenintervention nach §§ 66 ff, Schmidt JuS **97**, 108. Es besteht also darin, dem Dritten, dem Verkündungsgegner, die Gelegenheit zur Unterstützung des Verkünders im Prozeß zu geben und sich außerdem unabhängig vom Umfang einer inneren Rechtskraftwirkung nach § 322 gegen den etwaigen Einwand zu schützen, man habe den Prozeß schlecht geführt und eine unrichtige Entscheidung herbeigeführt, § 68, BGH WertpMitt **97**, 1157, LSG Darmst FamRZ **90**, 178. Sie dient ferner der Vorbereitung der Rechtsverfolgung gegenüber dem Streitverkündeten, § 74 II, III, Mü MDR **89**, 548.

Freilich ist sie *nicht der einzige Weg* zur Klärung dieser Fragen, aM Schlesw VersR **87**, 624 (aber man kann selbstverständlich auch mit einer eigenen Klage vorgehen usw). Außerdem soll sie einen weiteren Prozeß und widersprechende Ergebnisse der verschiedenen Prozesse verhindern, Bernstein Festschrift für Ferid (1978) 85. Das gilt freilich nur, soweit das Interesse des Streitverkünders das erfordert, Karlsr OLGZ **84**, 233.

3) Geltungsbereich. Vgl zunächst Üb 3 vor § 64. Im Grundbuchverfahren ist keine Streitverkündung 3
statthaft, BayObLG Rpfleger **80**, 153, ebensowenig im selbständigen Beweisverfahren nach §§ 485 ff, sondern allenfalls im etwa bereits nach § 261 rechtshängigen zugehörigen Prozeß. Denn der Zweck läßt sich im selbständigen Beweisverfahren trotz dessen Ziels einer Vermeidung oder Vereinfachung eines weiteren Streits schon mangels einer abschließenden Entscheidung über den Streitstoff nicht voll erreichen, Hamm OLGR **92**, 113, Bohnen BB **95**, 2338, aM BGH **134**, 192, KG RR **00**, 514, Kießling NJW **01**, 3674 (aber eine solche volle Klärung erfordert ein rechtskräftiges Urteil im eigenen Prozeß, Rn 2). Zum Problem Enaux (vor Rn 1). Vgl auch § 48 WEG, Anh § 72.

4) Wirkung. Der Dritte kann frei entscheiden, ob er sich an dem ihm bekanntgegebenen Prozeß 4
beteiligen will. Haben beide Parteien demselben Dritten den Streit verkündet, darf er nur einer von ihnen beitreten. Er sollte seinen Entschluß sorgfältig abwägen. Denn die Streithilfewirkung tritt bei einer gewöhnlichen Streitverkündung auch ohne die Streithilfe ein, § 74 III. In den Fällen der §§ 75–77 gelten besondere Wirkungen. Die Streitverkündung kann nicht eine Klagefrist wahren, etwa nach § 12 III VVG, Hamm MDR **00**, 703. Sie hat auch eine sachlichrechtliche Wirkung, BGH **70**, 189, soweit sie zulässig ist, BGH **100**, 259, Hamm MDR **86**, 1031.

Beispiele: § 204 I Z 6 BGB (Verjährung), BGH NJW **08**, 519 rechts (zustm Althammer/Würdinger NJW 5
08, 2622), Hamm NJW **94**, 203, Köln VersR **92**, 334, aM Hamm RR **89**, 682 (aber der Gesetzestext ist eindeutig); § 941 BGB (Ersitzung); §§ 414, 423, 439 HGB (Verjährung im Speditionsgeschäft, im Lagergeschäft, im Frachtgeschäft), BGH **116**, 100 (Drittschadensliquidation). Ein Beitritt nach dem Schluß der letzten Tatsachenverhandlung in einer nicht revisiblen Sache ist unzumutbar, Köln MDR **83**, 409. Für das Prozeßgericht ist eine Streitverkündung bis zum wirksamen Beitritt des Verkündeten unbeachtlich.

72 ***Zulässigkeit der Streitverkündung.*** **I Eine Partei, die für den Fall des ihr ungünstigen Ausganges des Rechtsstreits einen Anspruch auf Gewährleistung oder Schadloshaltung gegen einen Dritten erheben zu können glaubt oder den Anspruch eines Dritten besorgt, kann bis zur rechtskräftigen Entscheidung des Rechtsstreits dem Dritten gerichtlich den Streit verkünden.**

II 1 Das Gericht und ein vom Gericht ernannter Sachverständiger sind nicht Dritter im Sinne dieser Vorschrift. 2 § 73 Satz 2 ist nicht anzuwenden.

III Der Dritte ist zu einer weiteren Streitverkündung berechtigt.

SachenRBerG § 108. Feststellung der Anspruchsberechtigung. **III Nehmen mehrere Personen die Rechte als Nutzer für sich in Anspruch und ist in einem Rechtsstreit zwischen ihnen die Anspruchsberechtigung festzustellen, können beide Parteien dem Grundstückseigentümer den Streit verkünden.**

Vorbem. II eingefügt, daher bisheriger II zu III dch Art 10 Z 2a, b des 2. JuMoG v 22. 12. 06, BGBl 3416, in Kraft seit 31. 12. 06, Art 28 I des 2. JuMoG, ÜbergangsR Einl III 78.

Gliederung

1 **1) Systematik, Regelungszweck, I–III.** Vgl Einf 1, 2 vor §§ 72–74.

2 **2) Geltungsbereich, I–III.** Vgl Einf 3 vor §§ 72–74, ferner bei § 1047 sowie § 48 WEG, Anh § 72.

3 **3) Voraussetzungen, I.** Es müssen die folgenden Bedingungen zusammentreffen.

A. Rechtshängigkeit. Es muß ein Prozeß nach § 261 rechtshängig sein, Saarbr RR **89**, 1216. Denn erst die Rechtshängigkeit begründet überhaupt ein Prozeßrechtsverhältnis zwischen den Parteien, Grdz 4 vor § 128, § 91 a Rn 30, § 261 Rn 2. Eine bloße Anhängigkeit nach § 261 Rn 1 genügt nicht, StJL 10, aM BGH **92**, 257 (aus prozeßwirtschaftlichen, in einer so wichtigen Frage wie dem Prozeßrechtsverhältnis aber problematischen Erwägungen). Eine bloße Anhängigkeit genügt auch nicht im Mahnverfahren nach §§ 688 ff, aM Seggewiße NJW **06**, 3039. Wegen des selbständigen Beweisverfahrens Einf 3 vor §§ 72–74. Es tritt auch keine Rückbeziehung nach §§ 696 III, 700 für eine Streitverkündung ein. Das alles gilt auch in der Berufungs- und Revisionsinstanz.

4 **B. Rückgriffsanspruch.** Eine der Parteien des Prozesses muß gerade nur beim Unterliegen im jetzigen Prozeß wegen eines Schadensersatzanspruchs entweder einen Rückgriffsanspruch zumindest auch gegenüber dem Verkündungsgegner haben können, BGH VersR **97**, 1365, BayObLG NJW **87**, 1952, Chab AnwBl **08**, 290. Sie mag auch einen solchen Anspruch befürchten, BGH **116**, 100, Chab AnwBl **08**, 290. Eine Streitverkündung nur für den Fall des Prozeßgewinns ist unstatthaft, Düss RR **95**, 1122, Karlsr OLGZ **84**, 232. Maßgeblich ist nicht die objektive Lage, sondern nur die halbwegs nachvollziehbare Sicht des Verkünders, BGH **65**, 131, Düss RR **96**, 533, Hamm NJW **94**, 203. Maßgeblich ist ferner der Zeitpunkt der Streitverkündung, BGH **65**, 131, also natürlich nicht der Zeitpunkt des Urteils, BGH **65**, 131. Es kommt auch nicht auf eine tatsächliche Geltendmachung des möglichen Anspruchs schon im Zeitpunkt der Streitverkündung an, BGH **116**, 101. Dabei ist unerheblich, ob das Unterliegen im jetzigen Prozeß aus tatsächlichen oder rechtlichen Grundlagen für den Streitverkünder erfolgen könnte, BGH **70**, 189, Hbg VersR **84**, 1049.

Es ist also eine *weite Auslegung* zulässig und notwendig, BGH **116**, 100, Bbg OLGZ **79**, 210, Hamm MDR **85**, 588. Es genügt und ist erforderlich, daß der jetzige Anspruch und der infolge der Streitverkündung infrage kommende Anspruch sich gegenseitig ausschließen, BGH NJW **89**, 522, Köln RR **91**, 1535. Wegen der Streitverkündungswirkung § 74 III, § 68 Rn 1, 2, 6 ff, Werres NJW **84**, 208. Nach dem Umfang der Interventionswirkung richtet sich die Zulässigkeit der Streitverkündung, aM Werres NJW **84**, 208 (aber die Interventionswirkung ist der Rechtskraftwirkung ähnlich).

5 **4) Beispiele zur Frage einer Zulässigkeit, I–III**

Alternativhaftung: S „Dritter", Rn 7 „Wahlweise Haftung".

Auftrag: Ausreichend ist ein etwaiger Rückgriffsanspruch des Geschäftsführers gegen den Geschäftsherrn nach §§ 670, 677, 683 BGB.

Beamter: Ausreichend ist ein etwaiger Rückgriffsanspruch des Dienstherrn gegen den Beamten nach Art 34 S 2, 3 GG.

Bürge: Ausreichend ist sein etwaiger Rückgriffsanspruch gegen den Hauptschuldner nach § 774 BGB.

Nicht ausreichend ist ein Anspruch des Gläubigers gegen den Bürgen.

Dritter: Dritter kann auch ein Streitgenosse des Verkünders oder des Prozeßgegners sein, BAG **72**, 98, Hamm RR **96**, 969. Ausreichend ist es, wenn ein Dritter die Forderung für sich beansprucht oder wenn die Partei einem Dritten haftet, BGH NJW **02**, 1415, zB nach dem Handelsrecht, wenn ein Prozeß für Rechnung und Gefahr eines Dritten läuft, etwa bei einer Kommission, einer Spedition, einem Frachtrecht, BGH **116**, 100. Das gilt auch bei einer sog alternativen Haftung, BGH NJW **89**, 522, Bbg OLGZ **79**, 209.

Nicht Dritter sind nach II das Gericht und ein gerichtlicher Sachverständiger, (jetzt) *II 1.* Nicht stets Dritter sein kann der Prozeßgegner. Nicht ausreichend ist es grds, wenn die Partei und ein Dritter von Anfang an nebeneinander haften, BGH **65**, 131, Hamm MDR **86**, 1031, LG Landau RR **01**, 1026 (zu einer Ausnahme), oder wenn sie kumulativ etwa als Gesamtschuldner haften, BGH NJW **87**, 1894, Hbg VersR **84**, 1049, Saarbr VersR **00**, 989.

Drittschadensliquidation: Ausreichend ist ihr Drohen, BGH **116**, 102.

Fracht: S „Dritter", Rn 6 „Rückgriff", „Schadloshaltung".

Gerichtsstandsvereinbarung: Die Vereinbarung einer ausländischen Zuständigkeit nach §§ 38, 40 hat keinen Einfluß auf die Zulässigkeit der Streitverkündung, Mansel ZZP **109**, 76.

Gesamtschuldner: S „Dritter".

Geschäftsführung ohne Auftrag: S „Auftrag".

Gewährleistung: Ausreichend ist ein Anspruch auf eine Gewährleistung wegen eines Mangels, etwa nach § 365 BGB (Hingabe an Erfüllungs Statt), nach §§ 433 ff BGB (Kauf), nach §§ 536 ff BGB (Miete), nach §§ 631 ff BGB (Werkvertrag), BGH **70**, 187 (Baumangel), LG Landau RR **01**, 1026, nach §§ 1624 ff BGB (Ausstattung), nach §§ 2182 f BGB (Vermächtnis).

Grundbuchverfahren: Einf 3 vor §§ 72–74.

6 **Hilfsweise Haftung:** *Nicht* ausreichend ist eine nur hilfsweise Haftung des Verkündungsgegners etwa nach § 19 I 2 BNotO, Hamm MDR **85**, 588, aM Hamm RR **86**, 1506.

Kauf: Ausreichend ist die Frage, ob die Kaufsache einen Rechtsmangel hat, sodaß der Käufer und der Drittkäufer nicht auf eine Zahlung haften, BGH VersR **97**, 1365. Ausreichend ist beim Verbrauchsgüterkauf ein etwaiger Rückgriffsanspruch des Unternehmers gegen den Lieferanten nach §§ 478, 479 BGB.
Kommission: Rn 5 „Dritter".
Mängelhaftung: Rn 5 „Gewährleistung".
Notar: S „Hilfsweise Haftung".
Rechtsanwalt: Ausreichend ist ein etwaiger Rückgriffsanspruch des Auftraggebers wegen Verjährung oder Schlechterfüllung, Chab AnwBl **08**, 290.
Richter: Ihm kann man *nicht* wirksam den Streit verkünden, weil er falsch entschieden habe *II 1*.
Rückgriff: Vgl zunächst Rn 4. *Nicht* ausreichend ist es, wenn derjenige Frachtführer, der den Unterfrachtführer in Rückgriff nimmt, in diesem letzteren Prozeß den Absender für den Fall des Siegs in Anspruch nehmen will, Karlsr OLGZ **84**, 230.
Sachverständiger: Ihm kann man nicht den Streit verkünden, weil er falsch begutachtet habe *II 1*, (zum alten Recht) BGH NJW **07**, 919, (je zum neuen Recht) Fölsch MDR **07**, 121, Kaiser NJW **07**, 123, von Preuschen NJW **07**, 322 (je: Üb).
Schadloshaltung: Ausreichend ist ein Anspruch auf eine Schadloshaltung, also ein Rückgriffsanspruch auf Grund eines Vertrags oder einer gesetzlichen Bestimmung. Das gilt auch bei einer wahlweisen Haftung des Bekl und des Verkündungsgegners, Rn 7 „Wahlweise Haftung".
Kein Anspruch auf eine Schadloshaltung ist derjenige auf einen Frachtlohn, Karlsruhe OLGZ **84**, 233.
Selbständiges Beweisverfahren: Einf 3 vor §§ 72–74.
Sozialversicherung: Rn 7 „Wahlweise Haftung".
Spedition: Rn 5 „Dritter".
Streitgenosse: Eine Streitverkündung ist auch gegenüber einem Streitgenossen statthaft, Hamm RR **96**, 969.
Verjährung: Rn 6 „Rechtsanwalt". 7
Versicherer: Ausreichend ist ein etwaiger Rückgriffsanspruch des Schädigers gegen den Versicherer, Koch AnwBl **88**, 99.
S auch Rn 5 „Dritter", Rn 7 „Wahlweise Haftung".
Wahlweise Haftung: Ausreichend ist ein solcher Anspruch, für den man den Bekl und den Verkündungsgegner wahlweise in Anspruch nehmen kann, Hamm RR **89**, 682, Saarbr VersR **00**, 989. Das gilt etwa dann, wenn streitig ist, wer als Versicherer haftet, oder ob überhaupt beim Unterliegen etwa des Unterhaltsgläubigers gegenüber dem Ehegatten ein Anspruch gegen den Sozialversicherungsträger in Betracht kommt, LSG Darmst FamRZ **90**, 178, oder bei einer Haftung entweder des Vertretenen oder des Vertreters nach §§ 164 II, 179 BGB, BGH NJW **82**, 282, Köln RR **92**, 120, oder bei derjenigen entweder einer Gemeinde oder eines Gemeindeverbands wegen der Verletzung einer Streupflicht, BGH MDR **86**, 127.
S auch Rn 5 „Dritter".

5) Verfahren, I. Wenn der Verkündungsgegner dem Prozeß nicht beitritt, prüft das Gericht die prozessualen Voraussetzungen einer Streitverkündung erst im Prozeß zwischen dem Verkünder und dem Verkündungsgegner, BGH **116**, 98, Köln RIW **03**, 73, Mü NJW **93**, 2757, aM Bischof JB **84**, 1309 (aber erst dann entsteht dazu ein Rechtsschutzbedürfnis). Wenn der Verkündungsgegner dem Prozeß beitritt, muß das Gericht die Voraussetzungen der Streithilfe prüfen, aM Hbg VersR **84**, 1049 (aber von dieser Klärung hängt evtl der ganze weitere Prozeß ab). Wenn die Voraussetzungen des § 72 fehlen, kann keine Streithilfewirkung eintreten, §§ 68, 74, Bbg OLGZ **79**, 210, LG Hbg VersR **78**, 716. Der Verkünder trägt die Kosten der Streitverkündung vorbehaltlich seines Rechts, diese Kosten als eine Nebenforderung im Prozeß gegen den Verkündungsgegner geltend zu machen. Das Gericht kann diese Kosten nicht ohne einen zugrundeliegenden sachlichrechtlichen Anspruch festsetzen. Die Gebühren des Anwalts sind durch die Verfahrensgebühr abgegolten. 8

6) Weitere Streitverkündung, III. Diese Verkündung ist bis zum Zeitpunkt der formellen Rechtskraft der Entscheidung nach § 705 zulässig. Als „Dritter" kommt derjenige in Betracht, der Streithelfer sein kann, auch ein Streitgenosse des Verkünders oder des Gegners, § 66 Rn 6. Die Gegenpartei kann nicht ein „Dritter" sein, ebensowenig der vom Gericht ernannte Sachverständige, II. Der Verkündungsgegner darf seinerseits weiter verkünden, auch wenn er nicht beitritt, BGH WertpMitt **97**, 1757. Er darf aber nicht im eigenen Interesse verkünden, und zwar auch nicht als ein streitgenössischer Streitgehilfe nach § 69, aM BGH VersR **97**, 1365 (aber die Streitverkündung darf keine zu weite Eigenentwicklung erhalten). 9

Anhang nach § 72

Beiladung im WEG-Prozeß

WEG § 48. Beiladung, Wirkung des Urteils. I [1] **Richtet sich die Klage eines Wohnungseigentümers, der in einem Rechtsstreit gemäß § 43 Nr. 1 oder Nr. 3 einen ihm allein zustehenden Anspruch geltend macht, nur gegen einen oder einzelne Wohnungseigentümer oder nur gegen den Verwalter, so sind die übrigen Wohnungseigentümer beizuladen, es sei denn, dass ihre rechtlichen Interessen erkennbar nicht betroffen sind.** [2] **Soweit in einem Rechtsstreit gemäß § 43 Nr. 3 oder Nr. 4 der Verwalter nicht Partei ist, ist er ebenfalls beizuladen.**

II [1] **Die Beiladung erfolgt durch Zustellung der Klageschrift, der die Verfügungen des Vorsitzenden beizufügen sind.** [2] **Die Beigeladenen können der einen oder anderen Partei zu deren Unterstützung beitreten.** [3] **Veräußert ein beigeladener Wohnungseigentümer während des Prozesses sein Wohungseigentum, ist § 265 Abs. 2 der Zivilprozessordnung entsprechend anzuwenden.**

III Über die in § 325 der Zivilprozessordnung angeordneten Wirkungen hinaus wirkt das rechtskräftige Urteil auch für und gegen alle beigeladenen Wohungseigentümer und ihre Rechtsnachfolger sowie den beigeladenen Verwalter.

IV Wird durch das Urteil eine Anfechtungsklage als unbegründet abgewiesen, so kann auch nicht mehr geltend gemacht werden, der Beschluss sei nichtig.

Vorbem. Fassg Art 1 Z 19 G v 26. 3. 07, BGBl 370, in Kraft seit 1. 7. 07, Art 4 S 2 G, ÜbergangsR Einl III 78.

1 **1) Stellung des Beigeladenen, I–IV.** Er darf sich nicht in einen Widerspruch zur Hauptpartei setzen und kann nicht die Beachtung eines eigenen Antrags erzwingen, Sauren NZM **07**, 859. Das Gericht ermittelt ja auch nicht (mehr) von Amts wegen, Grdz 18 vor § 128, Sauren NZM **07**, 859.

73 *Form der Streitverkündung.*

[1] Zum Zwecke der Streitverkündung hat die Partei einen Schriftsatz einzureichen, in dem der Grund der Streitverkündung und die Lage des Rechtsstreits anzugeben ist. [2] Der Schriftsatz ist dem Dritten zuzustellen und dem Gegner des Streitverkünders in Abschrift mitzuteilen. [3] Die Streitverkündung wird erst mit der Zustellung an den Dritten wirksam.

Schrifttum: *Michel/von der Seipen,* Der Schriftsatz des Anwalts im Zivilprozeß, 6. Aufl 2003; *Vollkommer,* Streitgenössische Nebenintervention und Beiladungspflicht nach Art. 103 Abs. 1 GG, Festgabe *50 Jahre Bundesgerichtshof* (2000) III 137.

1 **1) Systematik, S 1–3.** Vgl Einf 1 vor §§ 72–74. Die Vorschrift enthält die gesetzlichen Mindestvoraussetzungen für eine wirksame Form der Streitverkündung. Vollkommer (vor Rn 1) 144 regt wegen Art 103 I GG und wegen der Rechtskraftauswirkungen eine begrenzte Benachrichtigungs- und sogar Beiladungspflicht des Gerichts an. Indessen schützt eben diese Vorschrift des GG jeden Dritten ohnehin und gerade mangels einer Beiladung vor nachteiligen Rechtsfolgen, auf deren Eintritt er mangels rechtlichen Gehörs keinen Einfluß nehmen konnte. Daher sollte die Parteiherrschaft nach Grdz 18 vor § 128 etwaigen nicht ausdrücklich im Gesetz bestimmten Benachrichtigungen oder gar Ladungen Dritter Grenzen setzen. Sogar eine öffentliche Verhandlung hebt ja nicht einmal eine gerichtliche Schweigepflicht auf.

2 **2) Regelungszweck, S 1–3.** Wie bei § 70 muß man die gesetzlichen Bedingungen in S 1 streng auslegen. Denn die Bestimmung dient einer brauchbarer Abgrenzung der nach § 72 der Sache nach erforderlichen recht bestimmten Anspruchsarten von anderen rechtlichen oder gar nur wirtschaftlichen Interessen. Der Schutz des am Prozeß bisher nicht beteiligten Verkündungsgegners erfordert alle Sorgfalt bei der Formulierung der Verkündung. Das gilt trotz des Umstands, daß die Ablehnung eines Beitritts nach § 74 II nur eine begrenzte Wirkung gegenüber dem Ablehnenden hat. Solche Wirkung schrumpft ja auf Null, wenn schon die Streitverkündung nicht gesetzmäßig genau erfolgt war. Das gilt unabhängig von der Pflicht des Gerichts, auch einen evtl inhaltlich mangelhaften, aber äußerlich korrekten Verkündungsschriftsatz zuzustellen. Die Prozeßwirtschaftlichkeit nach Grdz 14 vor § 218 erfordert eine unverzügliche Zustellung, § 121 I 1 BGB. Sie erfordert aber nicht stets irgendeine terminliche oder sonstige weitere Rücksichtnahme vor dem Eingang des Beitritts nach § 74 I.

3 **3) Geltungsbereich, S 1–3.** Vgl Einf 3 vor §§ 72–74.

4 **4) Voraussetzungen, S 1–3.** Es müssen drei Faktoren zusammentreffen.

A. Schriftsatz. Die Partei muß beim Gericht einen Schriftsatz einreichen. Er darf keine Bedingung der Streitverkündung enthalten, Grdz 54 vor § 128, BGH RR **89**, 767. Er muß als ein bestimmender Schriftsatz dessen Anforderungen nach § 129 Rn 5 erfüllen, BGH **92**, 254. Die Partei muß ihn insbesondere also ordnungsgemäß unterschrieben haben, § 129 Rn 9, BGH **92**, 254, aM ZöV 1 (aber Formenstrenge wegen Rn 2 ist etwas anderes als Förmelei). Beim AG kann sie auch eine Erklärung zum Protokoll der Geschäftsstelle jedes AG abgeben, § 129 a. Die Streitverkündung wird erst in demjenigen Zeitpunkt wirksam, in dem der Urkundsbeamte des Prozeßgerichts den Schriftsatz oder die Erklärung zum Protokoll der Geschäftsstelle von Amts wegen dem Dritten zustellt, § 168 I 1. Die Einreichung des Schriftsatzes beim Gericht reicht also zur Wirksamkeit der Streitverkündung noch nicht aus. Das ist wegen § 74 III wichtig. Der Schriftsatz steht einer Klageschrift gleich, Heß JZ **98**, 1029. Beim Rechtsmißbrauch entfällt eine Zustellung, Rickert/König NJW **05**, 1831 (bei einer Streitverkündung gegenüber einem Sachverständigen).

Die *Zustellung* erfolgt wegen der vorstehenden Wirkung gegenüber dem Dritten förmlich, ZöV 1, aM Köln NJW **81**, 2264 (formlos). Nur dem Gegner des Streitverkünders gegenüber reicht eine formlose Mitteilung. Das Gericht teilt außerdem eine Ablichtung oder Abschrift des Schriftsatzes dem Prozeßgegner des Streitverkünders mit. Diese Mitteilung ist freilich für die Wirksamkeit der Streitverkündung unerheblich. Es besteht kein Anwaltszwang nach § 78 III Hs 2, (zum alten Recht) BGH **92**, 254. Denn der Verkündungsgegner befindet sich noch nicht im Prozeß.

5 **B. Grund der Streitverkündung.** Die Partei muß den Grund der Streitverkündung angeben, BGH **155**, 74. Sie muß also diejenige Rechtsbeziehung zum Verkündungsgegner darlegen, aus der sich ergibt, daß die Voraussetzungen des § 72 vorliegen. Die ernsthafte Geltendmachung eines sachlichrechtlichen Anspruchs reicht meist aus, BGH **155**, 74.

6 **C. Lage des Rechtsstreits.** Die Partei muß den Rechtsstreit in seiner derzeitigen Lage umreißen. Sie muß eine so genaue Darstellung des Prozesses und des Streitgegenstands geben, daß der Verkündungsgegner unzweideutig ersehen kann, um was es sich handelt und ob ein Beitritt erfolgen sollte, BGH NJW **02**, 1415. Eine Konkretisierung der Anspruchshöhe ist nicht nötig, BGH NJW **02**, 1415. Die Partei muß auch den gegenseitigen Streitstand mitteilen. Sie muß also zB mitteilen, daß das Gericht einen Beweisbeschluß erlassen

hat oder daß dann und dann ein Termin ansteht. Eine Mitteilung von Ablichtungen oder Abschriften der Klage und der Schriftsätze ist nicht notwendig, Mü MDR **89**, 548. Der Verkündungsgegner ist insoweit auf eine Akteneinsicht nach § 299 angewiesen, § 299, Mü MDR **89**, 548. Man braucht also keineswegs den ganzen bisherigen Akteninhalt herunterzubeten.

Mängel der Streitverkündungsschrift können infolge eines Verzichts des Verkündungsgegners oder nach § 295 heilen, BGH **92**, 256. Dasselbe gilt bei Mängeln des Beitritts. Die Wirkung des § 295 tritt ein mit dem Schluß der ersten mündlichen Verhandlung des Verkündungsgegners nach §§ 136 IV, 296 a oder dann, wenn er dem Termin fernblieb, mit dem Schluß der ersten mündlichen Verhandlung im Prozeß über den Rückgriff oder über den Anspruch des Dritten an den Verkünder, BGH **96**, 53. Wegen der Kosten vgl § 91 Rn 206 „Streitverkündung“. 7

74 *Wirkung der Streitverkündung.* **I Wenn der Dritte dem Streitverkünder beitritt, so bestimmt sich sein Verhältnis zu den Parteien nach den Grundsätzen über die Nebenintervention.**

II Lehnt der Dritte den Beitritt ab oder erklärt er sich nicht, so wird der Rechtsstreit ohne Rücksicht auf ihn fortgesetzt.

III In allen Fällen dieses Paragraphen sind gegen den Dritten die Vorschriften des § 68 mit der Abweichung anzuwenden, dass statt der Zeit des Beitritts die Zeit entscheidet, zu welcher der Beitritt infolge der Streitverkündung möglich war.

Schrifttum: *Diedrich,* Die Interventionswirkung usw, 2001.

1) Systematik, Regelungszweck, I–III. Vgl Ein 1, 2 vor §§ 72–74. III ist Ausdruck des Grundsatzes von Treu und Glauben, Einl III 53, OVG Weimar NVwZ-RR **03**, 832. 1

2) Geltungsbereich, I–III. Vgl Einf 3 vor §§ 72–74. 2

3) Beitritt, I. Er erfolgt nach § 70. Eine bloße Meldung zu den Akten ist kein Beitritt. Das Gericht muß den Verkündungsgegner von seinem Beitritt an als einen Streithelfer hinzuziehen, § 71. Der Beitritt ist auch gegenüber dem Gegner des Streitverkünders zulässig, BGH **85**, 255. Dann steht der Beigetretene im Verhältnis zum Streitverkünder einem Ferngebliebenen gleich. Die Streitverkündung ist im Verhältnis zum Verkünder ein Beitrittsgrund, Hamm RR **88**, 155. Vgl jedoch auch für das Verhältnis zum Gegner § 66 I, dort Rn 9, Bischof Rpfleger **86**, 160. Der Beitritt enthält keine Anerkennung einer Haftung. Es hängt vom Sachverhalt ab, ob der Beitretende zum gewöhnlichen Streithelfer oder zum streitgenössischen Streithelfer wird, §§ 67, 69. Das Gericht entscheidet nach § 71 über die Zulässigkeit des Beitritts. 3

4) Fernbleiben, II. Der Streitverkündete kann frei über einen Beitritt entscheiden, Üb 4 vor §§ 72–74. Wenn der Verkündungsgegner dem Rechtsstreit nicht beitritt, läßt das Gericht die Streitverkündung unbeachtet. Der Verkündungsgegner behält dann seine Stellung außerhalb des Prozesses, KG MDR **94**, 413. 4

5) Streithilfewirkung, III. Die bloße Streitverkündung hat stets die Wirkung des § 68 oder des § 69 Rn 10 (Interventionswirkung), BGH NJW **04**, 1521, BayObLG NJW **87**, 1952, Hamm RR **88**, 155, aM Bischof MDR **99**, 788. 5

A. Urteilsgesamtinhalt. Diese Wirkung ergreift nicht nur den Tenor des Urteils des Vorprozesses, sondern auch dessen tatsächliche und rechtliche Grundlagen, BGH NJW **04**, 1521. Diese Wirkung besteht freilich nur „gegen“ den Verkündungsgegner, also nur zugunsten des Verkünders, BGH NJW **97**, 2385. Diese Wirkung gilt unabhängig davon, ob der Verkündungsgegner dem Streitverkünder beitritt oder nicht oder ob er etwa dem Gegner des Streitverkünders als Streithelfer beitritt, BGH NJW **97**, 2386. Etwas anderes gilt nur dann, wenn die Streitverkündung nach dem Schluß der letzten Tatsachenverhandlung nach §§ 136 IV, 296 a in einer nicht revisiblen Sache erfolgte, Köln MDR **83**, 409, oder wenn das Gericht seinen Beitritt zum Verkünder rechtskräftig zurückgewiesen hat, § 71. Insofern unterscheidet sich die Streithilfewirkung von der französischen assignation en garantie (Freistellungsanspruch) und vom amerikanischen Impleader (Third-Party-Complaint), Bernstein Festschrift für Ferid (1978) 85. Die Interventionswirkungen nach §§ 74, 68 treten aber nicht ein, wenn dadurch eine Bindung des Streitverkündeten in einem solchen späteren Verfahren einträte, für das ein anderer Rechtsweg besteht, BGH **123**, 46.

B. Wirkung seit Beitrittsmöglichkeit. Beim *Verkündungsgegner* entscheidet allerdings nicht der Zeitpunkt des Beitritts, sondern derjenige Zeitpunkt, zu dem die Verkündung den Beitritt ermöglichte. Eine Streitverkündung in der Revisionsinstanz schneidet die tatsächlichen Einreden nicht ab. Etwas anderes gilt nur dann, wenn der Verkündungsgegner die Verspätung verschuldet hat. Das Urteil im Prozeß bindet nur den Verkündungsgegner und seine Erben gegenüber dem Verkünder, BGH NJW **87**, 1895. Es bleibt dem Verkünder nur überlassen, ob er das Urteil ganz oder gar nicht gelten lassen will. 6

C. Sachlichrechtliche Wirkung. Im Verhältnis des Verkündungsgegners zu irgendeinem *Dritten,* etwa einem sachlich Berechtigten, ist das Urteil unerheblich, BGH **70**, 192, Düss OLGR **99**, 404, Kblz VersR **06**, 550. Entsprechend III treten auch die sachlichrechtlichen Wirkungen ein, § 68 Rn 6. Die Zustellung der Streitverkündung erfolgt nach § 167, Hamm NJW **94**, 203. Sie hemmt die Verjährung, § 204 I Z 6 BGB, Hbg VersR **84**, 1049. Das gilt trotz einer späteren Rechtsmittelrücknahme der Hauptpartei, Kblz AnwBl **06,** 492. Die Hemmung endet 6 Monate nach der Rechtskraft der Entscheidung oder sonstigen Prozeßbeendigung, § 204 II 1 BGB. Vgl auch § 48 WEG, Anh § 72. Eine Streitverkündung in einem ausländischen Prozeß kann auch im Inland prozessual wirken, Bernstein Festschrift für Ferid (1978) 90, § 328 Rn 1 ff. Man muß nach dem sachlichen Recht urteilen, ob auch sachlichrechtliche Wirkungen einer solchen Streitverkündung eintreten. Zum Problem BGH **70**, 189, Hamm RR **86**, 1505, Saarbr RR **89**, 1216. Die Streithilfewirkung erzielt auch die vertragliche Verpflichtung, das Urteil nach §§ 74 III, 68 gegen sich gelten zu lassen. 7

Ein unklares Beweisergebnis im Vorprozeß kann einen Nachteil des Streitverkündeten zur Folge haben, Saarbr MDR **02**, 690.

75 *Gäubigerstreit.* [1] **Wird von dem verklagten Schuldner einem Dritten, der die geltend gemachte Forderung für sich in Anspruch nimmt, der Streit verkündet und tritt der Dritte in den Streit ein, so ist der Beklagte, wenn er den Betrag der Forderung zugunsten der streitenden Gläubiger unter Verzicht auf das Recht zur Rücknahme hinterlegt, auf seinen Antrag aus dem Rechtsstreit unter Verurteilung in die durch seinen unbegründeten Widerspruch veranlassten Kosten zu entlassen und der Rechtsstreit über die Berechtigung an der Forderung zwischen den streitenden Gläubigern allein fortzusetzen.** [2] **Dem Obsiegenden ist der hinterlegte Betrag zuzusprechen und der Unterliegende auch zur Erstattung der dem Beklagten entstandenen, nicht durch dessen unbegründeten Widerspruch veranlassten Kosten, einschließlich der Kosten der Hinterlegung, zu verurteilen.**

Schrifttum: *Heimann,* Die Problematik der Qualifizierung der Interventionsfiguren ... Forderungsprätendentenstreit und Urheberbenennung, Diss Bonn 1996; *Lüke,* Die Beteiligung Dritter im Zivilprozeß, 1993; *Picker,* Hauptintervention, Forderungsprätendentenstreit und Urheberbenennung usw, Festschrift für *Flume* (1978) I 649.

Gliederung

1 **1) Systematik, S 1, 2.** § 372 BGB regelt den Fall, daß mehrere Personen dasselbe Recht für sich beanspruchen, BGH MDR **96**, 596. Der Schuldner darf dann eine hinterlegungsfähige Sache hinterlegen. Er ist befreit, wenn die Rücknahme entfällt. Das gilt vor allem dann, wenn der Schuldner auf das Recht der Rücknahme verzichtet hat, § 378 BGB. Der vor einer Hinterlegung verklagte Schuldner darf dem nicht klagenden Gläubiger, dem anderen Beanspruchenden (Prätendenten), den Streit verkünden, § 72, BGH KTS **81**, 218. Der Verkündungsgegner kann als ein Streithelfer beitreten, § 66. § 75 hat kaum eine praktische Bedeutung, BGH RR **87**, 1440.

Der Schuldner kann aber auch nach der Erhebung der Klage nach § 253 unter einem Verzicht auf das Recht der Rücknahme *hinterlegen.* Dann müßte das Gericht den klagenden Forderer abweisen und auf einen Prozeß mit dem anderen Fordernden verweisen.

2 **2) Regelungszweck, S 1, 2.** Die Vorschrift soll die in Rn 1 am Ende genannte Wirkung vermeiden. § 75 sieht für diesen Fall zwecks einer Vereinfachung eine Einmischung vor. Das geschieht also zwecks Prozeßwirtschaftlichkeit, Grdz 14 vor § 128. Die Einmischung weicht freilich von derjenigen des § 74 ab. Denn sie schafft keinen neuen Prozeß neben dem alten, sondern nimmt denjenigen, der sich einmischt, anstelle des Schuldners in den Prozeß hinein. Ein Dritter kann statt dieses Verfahrens auch die gewöhnliche Einmischungsklage des § 64 wählen. Dann beginnt ein neuer Prozeß neben dem alten. Es kann auch jeder Beansprucher gegen jeden weiteren Beansprucher auf eine Feststellung klagen, BGH NJW **93**, 2540. Man sollte die Vorschrift bei der Auslegung nicht noch komplizierter machen, als sie es ohnehin ist.

3 **3) Geltungsbereich, S 1, 2.** Vgl Grdz 3 vor § 50.

4 **4) Voraussetzungen, S 1, 2.** Es müssen die folgenden Bedingungen zusammentreffen.

A. Forderung. Ein Schuldner muß wegen einer Forderung beklagt oder widerbeklagt sein. Die Forderung muß auf eine Leistung lauten. Denn eine Hinterlegung entspricht der Leistung. Eine Aufrechnung nach § 145 Rn 10 genügt nicht. Denn eine aufgerechnete Forderung ist nicht rechtshängig, § 145 Rn 15. Die Forderung kann auf Geld oder auf eine hinterlegungsfähige Sache lauten, selbst wenn die Sache unvertretbar ist. Da eine Einmischung vorliegt, Rn 1, muß die vom Einmischer beanspruchte Forderung genau mit der eingeklagten Forderung übereinstimmen, BGH MDR **96**, 596. Eine bloße Feststellungsklage reicht nicht, BGH KTS **81**, 218.

5 **B. Beanspruchung durch Dritten.** Der Dritte muß die Forderung ganz oder teilweise für sich beanspruchen. Dieses Erfordernis entspricht demjenigen in § 64. Es muß zwischen der streitbefangenen und der beanspruchten Forderung eine mindestens teilweise Nämlichkeit vorliegen, BGH NJW **96**, 1673.

6 **C. Streitverkündung.** Der Bekl muß dem Dritten den Streit verkünden, § 73, sofern nicht beide Parteien auf dieses Erfordernis verzichten.

7 **D. Hinterlegung.** Der Bekl muß den Betrag der Forderung hinterlegen, richtiger ihren Gegenstand nach § 372 BGB und der HO. Die Hinterlegung muß den Bekl nach dem sachlichen Recht befreien. Sie muß also rechtmäßig sein und die ganze Schuld einschließlich der Zinsen und Nebenleistungen umfassen. Sie braucht aber nicht auch diejenigen Prozeßkosten zu umfassen, die dem Kläger entstanden sind. Wenn der Dritte nur einen Teil der Forderung beansprucht, braucht der Bekl auch nur entsprechend zu hinterlegen. Es erfolgt dann auch nur eine Teilentlassung, LG Mü MDR **07**, 606 (zustm Vollkommer).

5) Entlassung des Beklagten, S 1, 2. Es kommt darauf an, ob der Bekl seine Entlassung beantragt. 8

A. Kein Antrag. Wenn der Bekl nicht seine Entlassung aus dem Prozeß beantragt, muß man den Eingetretenen als einen Streithelfer des Bekl ansehen, § 74. Er muß seinen Antrag ändern. Wenn er diese Änderung ablehnt, muß das Gericht ihn wie eine unberufene Partei aus dem Prozeß verweisen, Grdz 18 vor § 50.

B. Antrag. Wenn der Bekl seine Entlassung beantragt, muß zwischen dem Kläger einerseits, dem Bekl 9
und dem Eintretenden als dem Streitgenossen andererseits grundsätzlich eine mündliche Verhandlung stattfinden. Es ist aber nach § 128 II auch eine Entscheidung ohne eine mündliche Verhandlung möglich. Der Entlassungsantrag ist ein Sachantrag, § 297. Die Entscheidung kann auf eine Zurückweisung des Eintritts lauten. Diese Entscheidung erfolgt durch einen Beschluß, aM StJL 9, ZöV 7 (durch Zwischenurteil. Aber wie soll man es anfechten?). Gegen einen zurückweisenden Beschluß ist die sofortige Beschwerde nach § 567 I Z 2 zulässig. Die Entscheidung kann auch dahin lauten, daß das Gericht dem Antrag stattgibt. Diese Entscheidung erfolgt durch ein Endurteil auf eine Entlassung aus dem Prozeß, § 300.

Das Gericht muß dem Bekl die „durch seinen unbegründeten Widerspruch" gegen die Forderung verursachten *Kosten* auferlegen. Das schreibt jedenfalls der Gesetzestext vor. Da der Bekl aber mit dem ganzen Prozeß überhaupt nichts mehr zu schaffen hat, muß das Gericht über seine gesamten Kosten endgültig entscheiden. Es ist unhaltbar, den Bekl bis zur Beendigung des Prozesses (als dritte Partei?) im Prozeß festzuhalten. Da der Kläger jedenfalls gegenüber dem Bekl unterliegt, muß er die dem Bekl bis jetzt entstandenen Kosten erstatten. Dazu gehören die Kosten der Hinterlegung. § 75 letzter Satz, der diese Folge ausspricht, betrifft freilich im übrigen nur das Verhältnis zwischen dem Kläger und dem Eintretenden.

6) Fortgang des Prozesses, S 1, 2. Parteien sind nunmehr der Kläger und der Eintretende als Bekl. Der 10
Entlassene scheidet ganz aus dem Prozeß aus. Vgl allerdings Rn 8–10. Man muß den Prozeß als einen ganz neuen Rechtsstreit ansehen. Der bisherige Prozeßverlauf kommt weder dem Kläger noch dem Bekl zugute. Der Antrag des Klägers lautet zweckmäßigerweise, „ihm den hinterlegten Betrag zuzusprechen". Der Ausgeschiedene hat ja anerkannt, daß nur einer der Beanspruchер der wahre Gläubiger sein kann. Das Urteil weist den Sieger bei der Hinterlegungsstelle aus. Wenn sich der Prozeß ohne ein Urteil erledigt, muß der Ausgeschiedene gegen die Beanspruchеr auf eine Einwilligung in die Rückgabe klagen.

Der *Schlußsatz* des § 75 ist schwer zu verstehen. Er kann nur meinen, daß der Unterliegende alle im alten und neuen Prozeß entstandenen Kosten trägt und daß davon nur die Kosten des unbegründeten Widerspruchs des Ausgeschiedenen ausgenommen sein sollen. Da das Gericht nun nach Rn 9 über dessen Kosten bereits entscheiden mußte und da die Widerspruchskosten den siegenden Kläger nichts angehen, sollte man den Text am besten so verstehen, daß der unterliegende Eingetretene die dem Kläger früher auferlegten Kosten des Ausgeschiedenen erstatten muß. Diese Kosten sind zu beziffern. Sie werden zum Hauptanspruch.

7) Rechtsmittel, S 1, 2. Gegen die Sachentscheidung kann nur der Beanspruchende das jeweilige 11
Rechtsmittel einlegen. Der Ausgeschiedene hat lediglich die sofortige Beschwerde nach § 567 II entsprechend § 91 a II. Denn er ist nur im Kostenpunkt beteiligt. Beim Rpfl gilt § 11 RPflG, § 104 Rn 41 ff.

76 *Urheberbenennung bei Besitz.* I 1 **Wer als Besitzer einer Sache verklagt ist, die er auf Grund eines Rechtsverhältnisses der im § 868 des Bürgerlichen Gesetzbuchs bezeichneten Art zu besitzen behauptet, kann vor der Verhandlung zur Hauptsache unter Einreichung eines Schriftsatzes, in dem er den mittelbaren Besitzer benennt, und einer Streitverkündungsschrift die Ladung des mittelbaren Besitzers zur Erklärung beantragen.** 2 **Bis zu dieser Erklärung oder bis zum Schluss des Termins, in dem sich der Benannte zu erklären hat, kann der Beklagte die Verhandlung zur Hauptsache verweigern.**

II **Bestreitet der Benannte die Behauptung des Beklagten oder erklärt er sich nicht, so ist der Beklagte berechtigt, dem Klageantrage zu genügen.**

III 1 **Wird die Behauptung des Beklagten von dem Benannten als richtig anerkannt, so ist dieser berechtigt, mit Zustimmung des Beklagten an dessen Stelle den Prozess zu übernehmen.** 2 **Die Zustimmung des Klägers ist nur insoweit erforderlich, als er Ansprüche geltend macht, die unabhängig davon sind, dass der Beklagte auf Grund eines Rechtsverhältnisses der im Absatz 1 bezeichneten Art besitzt.**

IV 1 **Hat der Benannte den Prozess übernommen, so ist der Beklagte auf seinen Antrag von der Klage zu entbinden.** 2 **Die Entscheidung ist in Ansehung der Sache selbst auch gegen den Beklagten wirksam und vollstreckbar.**

Schrifttum: S bei § 75.

Gliederung

1) Systematik, Regelungszweck, §§ 76, 77. Die Urheberbenennung, nominatio oder laudatio aucto- 1
ris, gibt dem als unmittelbaren Besitzer oder als einen drittberechtigten Bekl das Recht, sich dem Prozeß durch die Benennung des besser Berechtigten und durch eine Streitverkündung an ihn zu entziehen, § 72. Der Benannte kann den Prozeß zwecks Prozeßwirtschaftlichkeit anstelle des Bekl übernehmen, Grdz 14 vor

§ 128. Diese Prozeßfigur ist indessen ebenso wie der Beanspruchersteit mehr ein juristisches Gedankenspiel als eine Erscheinung der Praxis.

2 **2) Geltungsbereich, I–IV.** Vgl Grdz 3 vor § 50.

3 **3) Voraussetzungen, I.** Es müssen die folgenden Bedingungen zusammentrefffen.

A. Sachlich befugter Besitz. Der Bekl muß der sachlich befugte Besitzer einer beweglichen Sache oder eines Grundstücks sein. Hierher gehören zB: Der dingliche Anspruch auf eine Herausgabe, §§ 985, 1065, 1227 BGB, 11 ErbbauRG; der Anspruch auf eine Aufsuchung, § 867 BGB; der Anspruch auf eine Vorlegung, §§ 809, 810 BGB; die Klage des früheren Besitzers, § 1007 II BGB. Der Umstand, daß der Benennende und der Urheber als Streitgenossen verklagt worden sind, ist unerheblich.

Nicht hierher gehört eine Herausgabeklage auf Grund eines Schuldverhältnisses.

4 **B. Unmittelbarer Besitz.** Der Streit muß sich auf ein Rechtsverhältnis des § 868 BGB stützen. Es muß sich also um den unmittelbaren Besitz des Nießbrauchers, des Pfandgläubigers, des Pächters, des Mieters, des Verwahrers, des Beauftragten, des Nachlaßpflegers oder -verwalters usw handeln. KG MDR **93**, 1234 zählt hierzu auch die Beschlagnahmebehörde, zB die Staatsanwaltschaft, BGH **72**, 304, auch der Gerichtsvollzieher, AG Essen DGVZ **00**, 125. Es genügt, daß eine solche Art von Besitz behauptet wird. Zum Ausscheiden des Bekl ist aber der entsprechende Beweis erforderlich.

5 **C. Rechtshängigkeit.** Der Prozeß muß rechtshängig sein, § 261 Rn 1. Eine bloße Anhängigkeit genügt nicht. Eine Verhandlung zur Hauptsache nach § 39 Rn 6 muß noch bevorstehen. Eine schon erfolgte Zulässigkeitsrüge stört nicht. Eine spätere Benennung ist dann zulässig, wenn beide Parteien zustimmen.

6 **4) Verfahren, I.** Der Bekl muß dem mittelbaren Besitzer nach § 73 den Streit verkünden, ihn dem Kläger benennen und seine Ladung zur Erklärung beantragen. Das Gericht bestimmt einen Verhandlungstermin nach § 216. Es stellt die Ladung und die Streitverkündung beiden Parteien von Amts wegen zu, §§ 214 ff, 496, 497, vgl aber auch § 215. Eine rügelose Verhandlung aller Beteiligten heilt etwaige Mängel nach § 295. Der Bekl darf die Verhandlung zur Hauptsache bis zur Erklärung des Verkündungsgegners oder bis zum Schluß des Erklärungstermins verweigern. Er hat eine rein aufschiebende Prozeßeinrede, keine Zulässigkeitsrüge. Es besteht keine prozessuale Pflicht. Ob eine sachlichrechtliche Pflicht besteht, richtet sich nach dem sachlichen Recht. Das Weigerungsrecht entsteht mit der Einreichung des Schriftsatzes zwecks Ladung. Es erlischt mit dem Schluß des daraufhin bestimmten Verhandlungstermins, §§ 136 IV, 296 a.

7 **5) Bestreiten oder Schweigen, II.** Wenn der Benannte schweigt oder bestreitet, entsteht folgende Rechtslage: Der Bekl kann den Kläger befriedigen. Er darf das ohne die Gefahr einer Haftung tun. Dann ist die Hauptsache erledigt. Das Gericht muß allenfalls noch über die Kosten entscheiden. Der Bekl mag auch entscheiden, den Kläger nicht zu befriedigen. Dann geht der Prozeß weiter.

8 **6) Übernahme des Prozesses, III.** Der Benannte darf den Prozeß anstelle des Bekl übernehmen, falls er das behauptete Rechtsverhältnis zugesteht und falls der Bekl zustimmt. Das Zugeständnis kann auch stillschweigend erfolgen, Zweibr JB **83**, 1865. Der Benannte ist zur Übernahme keineswegs verpflichtet. Der Bekl braucht nicht zuzustimmen. Eine Zustimmung des Klägers ist nicht erforderlich, soweit er nicht einen Anspruch darüber hinaus verfolgt, etwa auch einen persönlichen Anspruch. Die Übernahme kann nur in der mündlichen Verhandlung erfolgen. Die Übernahme macht den Benannten ohne eine besondere gerichtliche Entscheidung zum Rechtsnachfolger des Bekl im Prozeß, Zweibr JB **83**, 1864. Das im Prozeß bisher Geschehene ist verwertbar, anders als bei § 75.

Der Benannte kann auch die *Einmischungsklage* nach § 64 erheben oder dem Bekl nach § 66 als ein Streithelfer beitreten, statt in den Prozeß einzutreten. Wenn er nicht eintritt, obwohl er das Rechtsverhältnis zugesteht, ist II unanwendbar. Man muß nach dem bürgerlichen Recht entscheiden, ob der Bekl den Kläger ohne die Gefahr eines Rücktritts befriedigen darf. Er darf den Kläger jedenfalls dann befriedigen, wenn der Dritte den Prozeß trotz einer Androhung der Befriedigung nicht beitritt.

9 **7) Ausscheiden des Beklagten, IV.** Es findet ein besonderes Verfahren statt.

A. Verfahren. Hat der Benannte den Prozeß übernommen, muß das Gericht den Bekl auf seinen Antrag von der Klage entbinden. Ohne einen solchen Antrag bleibt der Bekl im Prozeß und gilt als ein Streitgenosse des Benannten, § 59. Über die Wirksamkeit der Übernahme entscheidet dann das Endurteil, § 300. Es findet eine mündliche Verhandlung über den Antrag statt, § 128 Rn 2. Die Entscheidung ergeht wie bei § 75 Rn 9, aM Düss OLGZ **92**, 255 (durch Zwischenurteil). Eine Anfechtung ist unzulässig, wenn das Gericht zuvor bereits sachlich über die Klage entschieden hatte, Mü OLGZ **92**, 255. Das Gericht muß über die Kosten des ausscheidenden Bekl schon jetzt erkennen, § 75 Rn 10, aM StJBo 21 (aber der Kläger unterliegt dem Bekl gegenüber nach § 91 so, als wäre zB seine Parteifähigkeit weggefallen). Der Ausgeschiedene ist nicht mehr Partei. Das Gericht kann ihn als Zeugen vernehmen, Üb 12 vor § 373.

10 **B. Wirkung.** Das Endurteil erstreckt seine innere Rechtskraft nach § 322 und seine Vollstreckungswirkung unmittelbar auf den ausgeschiedenen Bekl. Die Zwangsvollstreckung verlangt eine namentliche Bezeichnung des Bekl in der Vollstreckungsklausel, § 750. Die Erweiterung gilt nicht für die Kosten. Die bereits dem Kläger auferlegten Kosten bleiben unberührt. Die Erweiterung gilt auch nicht für einen solchen Anspruch, der nicht übergegangen ist. Wegen der Vollstreckungswirkung empfiehlt sich die Feststellung der Haftung des Bekl wenigstens in den Urteilsgründen. Der Bekl kann auch seine persönlichen Einwendungen gegen die Vollstreckung nicht geltend machen.

77 ***Urheberbenennung bei Eigentumsbeeinträchtigung.*** **Ist von dem Eigentümer einer Sache oder von demjenigen, dem ein Recht an einer Sache zusteht, wegen einer Beeinträchtigung des Eigentums oder seines Rechts Klage auf Beseitigung der Beeinträchtigung oder auf Unterlassung weiterer Beeinträchtigungen erhoben, so sind die Vorschriften des § 76 entsprechend**

anzuwenden, sofern der Beklagte die Beeinträchtigung in Ausübung des Rechtes eines Dritten vorgenommen zu haben behauptet.

1) Systematik, Regelungszweck. Vgl § 76 Rn 1. 1

2) Geltungsbereich. Vgl Grdz 3 vor § 50. 2

3) Beeinträchtigung. § 77 betrifft diejenigen Fälle, in denen das Eigentum oder ein anderes dingliches 3
Recht auf eine andere Weise als durch eine Entziehung des Besitzes beeinträchtigt ist. Hierher gehören vor allem die Abwehrklage, § 1004 BGB. Als Rechte kommen zB infrage: Das Erbbaurecht; eine Grunddienstbarkeit, § 1027 BGB; ein Nießbrauch; ein anderes durch § 1004 BGB geschütztes Ausschlußrecht, etwa ein Patentrecht, ein Namensrecht, ein Urheberrecht, ein Markenrecht.

Nicht hierher gehören zB: Eine persönliche Klage wegen einer Besitzstörung. Denn der Besitz ist kein Recht an der Sache, mag man ihn auch gelegentlich so behandeln, § 823 I BGB; eine Klage auf einen Schadensersatz; eine Feststellungsklage.

§ 76 ist *sinngemäß anwendbar,* wenn der Bekl die Ausübung des Rechts eines Dritten behauptet, etwa dann, 4
wenn der Nießbraucher eine Grunddienstbarkeit ausübt. Dann begründet auch eine Besitzdienerschaft die Sachbefugnis des Bekl.

Titel 4. Prozessbevollmächtigte und Beistände

Übersicht

Gliederung

1) Systematik. §§ 78–90 regeln die Voraussetzungen, unter denen sich jemand vor allem als Partei vor 1
Gericht durch einen beigeordneten oder gewählten Dritten vertreten lassen darf oder muß, um wirksam verhandeln zu können. Demgegenüber regelt § 51 II teilweise in Verbindung mit sachlichrechtlichen Vorschriften, ob und inwieweit zum gewählten Vertreter ein gesetzlicher hinzutreten muß oder umgekehrt. Die BRAO regelt ergänzend, unter welchen Voraussetzungen man Rechtsanwalt im Sinn von §§ 78 ff ist.

Man muß zwischen der Prozeßfähigkeit nach § 51 und der Prozeßhandlungsvoraussetzung der *Postulationsfähigkeit* unterscheiden, Grdz 46 vor § 128, BGH NJW **05**, 3773, Stgt FamRZ **81**, 789. Postulationsfähigkeit ist die Befugnis, in eigener Person wirksam mit dem Gegner und dem Gericht im Prozeß zu verhandeln, BGH NJW **05**, 3773, Hamm MDR **98**, 286. Diese Verhandlungsfähigkeit ist auch bei einem Prozeßfähigen nur noch vor dem Bundesgerichtshof beschränkt, Köln AnwBl **89**, 227. Freilich muß das Gericht der Partei *neben* ihrem postulationsfähigen ProzBev auf Antrag das Wort nach § 137 IV gestatten, § 78 Rn 17. In den übrigen Verfahren ist die Verhandlungsfähigkeit lediglich im Rahmen des § 79 eingeschränkt. Ein Verstoß gegen § 227 b II BRAO berührt die Verhandlungsfähigkeit nicht, Köln AnwBl **89**, 227. Ein Verhandlungsunfähiger braucht einen Rechtsanwalt als seinen ProzBev.

Ein nicht verhandlungsfähiger Anwalt kann auch nicht als *amtlich bestellter Vertreter* eines Verhandlungsfähigen auftreten, aM BGH NJW **99**, 365 (aber das würde dem Vertreter mehr Rechte geben als dem Vertretenen). Der Rechtsanwalt verhandelt für ihn. Seine Postulationsfähigkeit beginnt allgemein mit der Aushändigung seiner Zulassungsurkunde zur Anwaltschaft, § 12 II BRAO, (zum alten Recht) BGH NJW **92**, 2706, Oldb RR **97**, 566. Die Zuziehung einer anderen Person als ProzBev oder Beistand genügt grundsätzlich nicht. Ein Kammerrechtsbeistand nach §§ 1 II 1, 3 I RDGEG ist wie ein Anwalt postulationsfähig, und nur er, (zum alten Recht) BGH NJW **03**, 3765. Ein registrierter Erlaubnisinhaber nach §§ 10 ff RDG kann im Umfang des § 3 II RDGEG einem Anwalt gleichstehen. Das Prozeßgericht prüft die Postulationsfähigkeit in jeder Verfahrenslage von Amts wegen, Grdz 18 vor § 253, BGH **66**, 59, Hamm FamRZ **94**, 715. Der Anwalt muß seine Postulationsfähigkeit natürlich auch selbst stets klären, BGH RR **03**, 569. Der Wegfall oder Verlust der Postulationsfähigkeit führt zur Unterbrechung des Verfahrens, BGH **111**, 106. Wegen des AUG Rn 8.

2) Regelungszweck. §§ 78–90 dienen zunächst der Rechtssicherheit, Einl III 43. Denn es muß mög- 2
lichst klar sein, ob jemand für einen anderen schon, noch und in welchem Umfang vor Gericht eine Parteiprozeßhandlung vornehmen kann, Grdz 47 vor § 128. Das gilt umso mehr wegen ihrer oft weitreichenden und endgültigen Rechtsfolgen, auch für Mitbetroffene. Zugleich dient die Regelung aber auch der Prozeßwirtschaftlichkeit, Grdz 14 vor § 128. Denn sie hilft, wenn auch durchweg kostenträchtig, dem Rechtsunkundigen und lenkt das Verfahren eher in die richtigen Bahnen. Sie ist auch ein Ausdruck einer wenn auch begrenzten Parteiherrschaft, Grdz 18 vor § 128.

Enorme Reichweite ist ein Merkmal einer wirksamen Prozeßvollmacht. Das zwingt an sich zur Zurückhaltung vor der Bejahung ihrer Wirksamkeit. Umso überraschender ist § 88 II Hs 2 mit seinem Vertrauen auf eine Anwaltsvollmacht. Die Praxis rechtfertigt indes dieses Vertrauen. Vollmachtsmängel kommen verhältnismäßig selten zur Sprache. Dieser Umstand erlaubt eine entsprechend praxisnahe gewisse Großzügigkeit bei der Prüfung der Vollmachtserteilung. Das gilt aber nicht beim Vollmachtsnachweis. Er ist für die Gesamtbehandlung der Partei wie des Gegners so ausschlaggebend, daß hier Strenge erforderlich wird, § 80 Rn 10, 11. Das gilt besonders bei einer sog Generalvollmacht. Alles das muß man bei der Auslegung mitbeachten.

3 **3) Geltungsbereich.** §§ 78–90 gelten in allen Verfahrensarten nach der ZPO, auch in WEG-Verfahren. Sie gelten auch im arbeitsgerichtlichen Verfahren, §§ 46 II 1, 80 II 1 ArbGG, dort freilich ohne einen Anwaltszwang, und vor dem Beschwerdegericht nach § 73 Z 2 GWB. Wegen einer Geschmacksmusterstreitsache vor dem BPatG § 58 GeschmMG. Im FamFG-Verfahren gelten die umfangreichen §§ 10, 114 FamFG.

4 **4) Begriffe.** Der Zivilprozeß kennt drei Arten der Stellvertretung.

A. Gesetzliche Vertretung. Zunächst kommt die gesetzliche Vertretung in Betracht, § 51. Bei ihr ist die Vertretungsmacht von einem Parteiwillen unabhängig.

5 **B. Prozeßvollmacht.** Der ProzBev leitet seine Vertretungsmacht unmittelbar oder mittelbar aus einer „Vollmacht" des Vertretenen her, selbst wenn das Gericht ihn der Partei amtlich beigeordnet hat.

Man muß streng zwischen dem *bürgerlichrechtlichen Rechtsgeschäft* unterscheiden, das das Innenverhältnis zwischen dem ProzBev und der Partei regelt, meist in der Form eines Geschäftsbesorgungsvertrags nach § 675 BGB, und der nach dem sog *Abstraktionsprinzip* zu beurteilenden *prozeßrechtlichen Vollmacht,* BGH NJW **93**, 1926, Hamm NJW **92**, 1175. Die Prozeßvollmacht wirkt also nach außen. Sie ist eine Parteiprozeßhandlung, Grdz 47 vor § 128. Sie ist eine Prozeßhandlungsvoraussetzung, Grdz 18 vor § 253, BVerfG DtZ **92**, 183, BGH NJW **05**, 3773. Die ZPO regelt sie ganz allein, § 80 Rn 4, § 155 V BRAO, BGH NJW **93**, 1926, Hamm NJW **92**, 1175, mißverständlich Ffm MDR **84**, 500 (die Prozeßvollmacht sei „zugleich" auch eine sachlichrechtliche Erklärung. Sie ist das nur „zumeist"). Nach außen ist die Prozeßvollmacht kaum beschränkbar.

Die Prozeßvollmacht *erlischt* nicht ganz übereinstimmend mit dem bürgerlichen Recht. Sie hat noch nach ihrem Erlöschen gewisse prozessuale Wirkungen. Die ZPO kennt auch eine vermutete Prozeßvollmacht, indem sie es zuläßt, daß ein Vertreter eine wirksame Prozeßhandlung vornimmt, Grdz 46 vor § 128, ohne daß das Gericht seine Vollmacht prüfen muß, §§ 87, 172. Der ProzBev kann gelegentlich auch im eigenen Namen handeln, zB nach § 32 II RVG (Auslegungsfrage). In aller Regel handelt er aber für die Partei.

6 **C. Anwaltsprozeß.** Im Anwaltsprozeß nach § 78 Rn 1 kann grundsätzlich nur ein Rechtsanwalt ProzBev sein. Es genügt vor allen Gerichten außer dem BGH seit dem 1. 6. 07 die Zulassung zur Anwaltschaft. Dem Anwalt stehen eine Rechtsanwaltsgesellschaft nach § 591 BRAO oder eine Partnerschaft nach § 7 IV 1 PartGG gleich, § 25 EGZPO. Soweit der Generalbundesanwalt nach § 8 II AUG, Rn 8, selbst tätig wird und keine Untervollmacht erteilt, gilt er als ProzBev. Soweit er eine Untervollmacht erteilt, gelten wieder für den Unterbevollmächtigten die normalen Regeln zur Prozeßvollmacht, falls er ein Anwalt ist. Ein Unterbevollmächtigter des Generalbundesanwalts gilt als ProzBev. Wegen eines ausländischen Anwalts SchlAnh VII.

7 **D. Parteiprozeß.** Im Parteiprozeß kann auch ein nach § 79 vertretungsberechtigter Bevollmächtigter tätig sein. Über die Stellung des Anwalts und über den Aufbau der Anwaltschaft vgl die BRAO.

8 **E. Gesetzliche Vollmacht.** Im Verfahren nach dem AUG gilt für die sog eingehenden (ausländischen) Gesuche nach §§ 7 ff AUG der Generalbundesanwalt beim BGH als Zentrale Behörde, § 2 II AUG, als ermächtigt.

9 **F. Beistandschaft.** Im Parteiprozeß ist auch eine Beistandschaft zulässig, § 90. Der Beistand ist ein bloßer Wortführer der Partei.

10 **5) Rechtsberatung.** Der Rechtsanwalt besorgt von Berufs wegen fremde Rechtsangelegenheiten. Dasselbe tut der Rechtsbeistand (Prozeßagent). Ein ausländischer Anwalt ist grundsätzlich kein Rechtsanwalt im Sinn der ZPO (wie der BRAO, vgl deren § 4 und 12. Teil). Wegen der Mitglieder der Europäischen Union und anderer Vertragsstaaten des Abkommens über den Europäischen Wirtschaftsraum (EWR) vgl SchlAnh VII. Es gestattet einem ausländischen Anwalt nach seinem § 2 I 2 in Deutschland die Führung der Berufsbezeichnung „Rechtsanwalt" allenfalls mit der zusätzlichen Angabe des Herkunftsstaates. Die geschäftsmäßige Besorgung fremder Rechtsangelegenheiten braucht eine Erlaubnis nach dem RDG. Wegen eines Auszubildenden des Anwalts LG Oldb AnwBl **82**, 374.

78 *Fassung 1. 9. 2009:* ***Anwaltsprozess.*** **I 1 Vor den Landgerichten und Oberlandesgerichten müssen sich die Parteien durch einen Rechtsanwalt vertreten lassen. 2 Ist in einem Land auf Grund des § 8 des Einführungsgesetzes zum Gerichtsverfassungsgesetz ein oberstes Landesgericht errichtet, so müssen sich die Parteien vor diesem ebenfalls durch einen Rechtsanwalt vertreten lassen. 3 Vor dem Bundesgerichtshof müssen sich die Parteien durch einen bei dem Bundesgerichtshof zugelassenen Rechtsanwalt vertreten lassen.**

II Behörden und juristische Personen des öffentlichen Rechts einschließlich der von ihnen zur Erfüllung ihrer öffentlichen Aufgaben gebildeten Zusammenschlüsse können sich als Beteiligte für die Nichtzulassungsbeschwerde durch eigene Beschäftigte mit Befähigung zum Richteramt oder durch Beschäftigte mit Befähigung zum Richteramt anderer Behörden oder juristischer Personen des öffentlichen Rechts einschließlich der von ihnen zur Erfüllung ihrer öffentlichen Aufgaben gebildeten Zusammenschlüsse vertreten lassen.

III Diese Vorschriften sind auf das Verfahren vor einem beauftragten oder ersuchten Richter sowie auf Prozesshandlungen, die vor dem Urkundsbeamten der Geschäftsstelle vorgenommen werden können, nicht anzuwenden.

IV Ein Rechtsanwalt, der nach Maßgabe der Absätze 1 und 2 zur Vertretung berechtigt ist, kann sich selbst vertreten.

Vorbem. Zunächst I idF, II geändert dch Art 4 Z 0 G v 26. 3. 07, BGBl 358, in Kraft seit 1. 6. 07, Art 8 G, ÜbergangsR Einl III 78. Sodann IV idF Art 8 Z 2 G v 12. 12. 07, BGBl 2840, in Kraft seit 1. 7. 08, Art 20 S 3 G, II, III aufgehoben, dadurch bisherige IV–VI zu II–IV, neuer II geändert dch Art 29 Z 3 a–c FGG-RG, in Kraft seit 1. 9. 09, Art 112 I Hs 1 FGG-RG, ÜbergangsR Art 111 FGG-RG, Einf 4 vor § 1 FamFG.

Bisherige Fassung I–IV: **[I 1] Vor den Landgerichten und Oberlandesgerichten müssen sich die Parteien durch einen Rechtsanwalt vertreten lassen. [2] Ist in einem Land auf Grund des § 8 des Einführungsgesetzes zum Gerichtsverfassungsgesetz ein oberstes Landesgericht errichtet, so müssen sich die Parteien vor diesem ebenfalls durch einen Rechtsanwalt vertreten lassen. [3] Vor dem Bundesgerichtshof müssen sich die Parteien durch einen bei dem Bundesgerichtshof zugelassenen Rechtsanwalt vertreten lassen. [4] Die Sätze 1 bis 3 gelten entsprechend für die Beteiligten und beteiligte Dritte in Familiensachen.**

[II] Vor den Familiengerichten müssen sich die Ehegatten in Ehesachen und Folgesachen, Lebenspartner in Lebenspartnerschaftssachen nach § 661 Abs. 1 Nr. 1 bis 3 und Folgesachen und die Parteien und am Verfahren beteiligte Dritte in selbständigen Familiensachen des § 621 Abs. 1 Nr. 8 und des § 661 Abs. 1 Nr. 6 durch einen *zugelassenen* Rehtsanwalt vertreten lassen.

[III] Am Verfahren über Folgesachen beteiligte Dritte und die Beteiligten in selbständigen Familiensachen des § 621 Abs. 1 Nr. 1 bis 3, 6, 7, 9, 10, soweit es sich um ein Verfahren nach § 1600 e Abs. 2 des Bürgerlichen Gesetzbuchs handelt, sowie Nr. 12, 13 und des § 661 Abs. 1 Nr. 5 und 7 brauchen sich vor den Oberlandesgerichten nicht durch einen Rechtsanwalt vertreten zu lassen.

[IV] Behörden und juristische Personen des öffentlichen Rechts einschließlich der von ihnen zur Erfüllung ihrer öffentlichen Aufgaben gebildeten Zusammenschlüsse können sich als Beteiligte für die Nichtzulassungsbeschwerde und die Rechtsbeschwerde nach § 621 e Abs. 2 durch eigene Beschäftigte mit Befähigung zum Richteramt oder durch Beschäftigte mit Befähigung zum Richteramt anderer Behörden oder juristischer Personen des öffentlichen Rechts einschließlich der von ihnen zur Erfüllung ihrer öffentlichen Aufgaben gebildeten Zusammenschlüsse vertreten lassen.

Schrifttum (teilweise zum alten Recht): *Bergerfurth,* Der Anwaltszwang und seine Ausnahmen, 2. Aufl 1988 (Nachtrag 1991); *Bern,* Verfassungs- und verfahrensrechtliche Probleme anwaltlicher Vertretung im Zivilprozeß, 1992; *Fabienke,* Grundprinzipien des Anwaltszwangs und ihre Verwirklichung im Zivilprozeß, 1997; *Henssler/Kilian* NJW **02**, 2817 (Üb); *Krauch,* Gesetzlicher Anwaltszwang als organisatorische und argumentative Kontrolle anwaltlicher Rechtsverteidigung, 1987; *Vollkommer,* Die Stellung des Anwalts im Zivilprozeß, Anwaltszwang usw, 1984.

Gliederung

1) Systematik, I–IV. Die Vorschrift regelt zwei Voraussetzungen der Wirksamkeit eines Sachantrags, 1
die man unterscheiden sollte. Es geht zunächst darum, ob überhaupt ein Anwalt auftreten muß, ob also ein sog Anwaltszwang und damit ein sog Anwaltsprozeß im Gegensatz zum sog Parteiprozeß besteht, Zuck JZ **93**, 500 (ausf). Dann geht es zusätzlich darum, ob der auftretende Anwalt auch gerade vor diesem Gericht und gerade in diesem Prozeß einen Sachantrag stellen darf, ob also seine sog Postulationsfähigkeit vorliegt, Üb 1 vor § 78. Erst beim Zusammentreffen beider Voraussetzungen kann der Sachantrag wirksam erfolgen.

Die Vorschrift gilt vor dem AG, LG, OLG, einem Obersten Landesgericht und vor dem BGH. Dort 2
besteht zwar ein Anwaltszwang. Das sog Lokalisierungsgebot ist aber bis auf den BGH-Anwalt entfallen. Vielmehr ist vor allen anderen Gerichten jeder Anwalt postulationsfähig.

3 **2) Regelungszweck, I–IV.** Die Vorschrift dient den Parteiinteressen wie der Rechtspflege, BGH FamRZ **87**, 58, BVerwG NJW **05**, 3018. Das gilt auch zwecks Niederlassungsfreiheit nach dem europäischen Gemeinschaftsrecht, BVerfG AnwBl **89**, 669, BGH NJW **90**, 3086. Der Anwaltszwang dient sowohl dem allgemeinen Interesse an einer geordneten Rechtspflege als auch dem Rechtsschutzinteresse einer rechtsunkundigen Partei im Einzelfall, BVerwG NJW **84**, 625, Ffm FamRZ **90**, 766. Er dient auch dem Beibringungsgrundsatz nach Grdz 20 vor § 128. Das muß man bei der notwendigen strengen Auslegung mitbeachten, BGH NJW **01**, 1581. Wegen der Gefahr beim sog Anwaltskartell (evtl Verstoß gegen § 1 GWB?) Schneider MDR **00**, 437.

Qualitätssicherung ist ein Hauptziel des Anwaltszwangs. Es wird freilich buchstäblich teuer erkauft. Der Anwalt kann viel Geld kosten, soweit das Gericht ihn nicht auf Staatskosten beigeordnet hat und soweit man auch nicht den Prozeß gewinnt. Im übrigen gibt es bekanntlich Prozesse um eine Anwaltshaftung wie bei anderen Berufsgruppen. Die Sichtung des Streitstoffs, seine Aufbereitung, die am Interesse des Auftraggebers orientierte kritische Prüfung der Vorgehensweise der weiteren Prozeßbeteiligten, das gute Zureden zur Annahme von Vorschlägen des Gerichts und außerdem natürlich die Einhaltung der Fülle von Vorschriften zu Form, Inhalt und Frist, das sind nur einige der zahlreichen Gesichtspunkte für den Anwaltszwang. Selbst im Parteiprozeß treten ja heute fast immer Anwälte als ProzBev beider Parteien auf und helfen dem Gericht durchweg ganz erheblich. Das alles legt eine anwaltfreundliche Handhabung der Vorschrift nahe, solange sie nicht zur Überbetonung eines solchen Amts wird, das den Auftraggeber beraten und vertreten, vor Schaden bewahren, aber nicht bevormunden soll, BGH **146**, 374.

4 **3) Gerichte mit Anwaltszwang, I.** Die Vorschriften sind zwingend. Das Gericht muß sie in jeder Verfahrenslage von Amts wegen beachten, BGH NJW **92**, 2706. Man muß die folgenden Gerichtsarten unterscheiden.

A. Landgericht, I 1. Vor ihm besteht ein Anwaltszwang. Das gilt auch im Zivilverfahren nach § 13 I StrEG, BGH MDR **93**, 796. Dabei reicht die Zulassung zur Anwaltschaft. Sie ist verfassungsgemäß erforderlich, BGH NJW **03**, 966. Das gilt ohne Rücksicht darauf, wo der Anwalt seine Kanzlei hat, wo seine Sozien residieren und wo der Anwalt wohnt, Rn 1. Das gilt auch vor dem LG als Berufungsgericht, BJM NJW **00**, 1392. Wegen einer Markenstreitsache gilt § 140 III MarkenG, wegen einer Sortenschutzsache gilt § 38 SortenSchG.

5 **B. Oberlandesgericht, I 1.** Auch vor ihm besteht ein Anwaltszwang, (je zum alten Recht) BGH NJW **05**, 3415, Karlsr BB **04**, 2324, Zweibr MDR **05**, 1132. Er ist verfassungsgemäß, BGH FamRZ **87**, 58. Es kann jeder Anwalt stets beim OLG auftreten.

6 **C. Oberstes Landesgericht, I 2.** Soweit es nach § 8 EGGVG eingerichtet wird, besteht auch vor ihm ein Anwaltszwang. Jeder Anwalt ist postulationsfähig.

7 **D. Bundesgerichtshof, I 3.** Auch vor ihm besteht grundsätzlich ein Anwaltszwang. Die dortige Singularzulassung ist noch verfassungsgemäß, BVerfG NJW **02**, 3765, BGH **150**, 70, Droege NJW **02**, 175. Sie bleibt sinnvoll, Nirk NJW **07**, 3188. Das gilt auch bei einer Rechtsbeschwerde, BGH FamRZ **05**, 1165 (nimmt bei §§ 127, 574 den Bezirksrevisor davon aus). Vor dem BGH als Disziplinarinstanz herrscht ausnahmsweise kein Anwaltszwang, BGH MDR **89**, 257. In einer Markensache gelten §§ 78 ff vor dem BGH entsprechend im Rechtsbeschwerdeverfahren, § 88 I 1 MarkenG.

8–12 **E. Familiengericht.** Es gilt das FamFG.

13 **F. Landesarbeitsgericht.** Hier ist die Vertretung durch jeden Anwalt oder durch eine andere nach § 11 II ArbGG zugelassene Person zulässig.

14 **G. Bundesarbeitsgericht.** Auch hier ist die Vertretung durch jeden Anwalt oder durch eine andere nach § 11 II ArbGG zugelassene Person zulässig.

15 **H. Bundesfinanzhof.** Hier ist auch eine Vertretung durch eine in Art 1 Z 1 BFHEntlG genannte Person zulässig, auch für einen Antrag auf eine Wiedereinsetzung, § 233, BFH NJW **78**, 1992.

16 **4) Verfahren mit Anwaltszwang, I.** Soweit nach Rn 1, 4–7, 13, 15 ein Anwaltszwang herrscht, unterliegt grundsätzlich das gesamte Verfahren vor dem Prozeßgericht mit allen Parteiprozeßhandlungen nach Grdz 47 vor § 128 diesem Anwaltszwang, BGH FamRZ **92**, 49, Düss MDR **83**, 942. Der Anwalt muß dann eigenverantwortlich handeln, BGH FamRZ **99**, 1498. Das gilt auch: Für das Verfahren vor dem Einzelrichter, §§ 348, 348 a, 526, 527, 568; für das Verfahren vor dem Vorsitzenden der Kammer für Handelssachen, § 349, Bergerfurth NJW **75**, 335; für eine Verweisung oder Weiterverweisung nach § 281, auch wenn dazu keine mündliche Verhandlung stattfindet, Ffm AnwBl **80**, 198, KG AnwBl **84**, 208, Deubner JuS **81**, 54, aM LG Darmst NJW **81**, 2709, LG Hof Rpfleger **79**, 390, Bergerfurth Rpfleger **79**, 365 (aber auch dieser Abschnitt ist Teil eines eben insgesamt dem Anwaltszwang unterliegenden Verfahrens).

Ein Anwaltszwang herrscht *ferner:* Für eine sofortige Beschwerde nach § 46 II Hs 2, dort Rn 11; für diejenige nach § 269 V 1, Köln OLGR **94**, 167; für einen gerichtlichen Vergleich, Anh § 307 Rn 26; für einen Einspruch, §§ 338, 700, BGH NJW **92**, 1701; grundsätzlich (Ausnahme Rn 17) für die Klagerücknahme. Sie kann auch beim zweitinstanzlich noch nicht vertretenen Berufungsbekl durch seinen erstinstanzlichen ProzBev erfolgen, BGH **146**, 373; für die Einlegung einer Berufung, Hamm NJW **96**, 601 (Baulandsache); für den Antrag auf eine Verlängerung der Frist zur Begründung eines Rechtsmittels, (jetzt) §§ 520 II 2, 551 II 5, 566 VIII 1, BGH NJW **88**, 211; für die Rechtsmittelrücknahme, § 515 Rn 10, § 566 Rn 3, BGH NJW **84**, 805, vgl aber auch BGH **93**, 303; für einen Rechtsmittelverzicht, §§ 514, 566, BGH NJW **84**, 1465; für Anträge nach §§ 566, 515 III 2, und zwar auch dann, wenn in einer bayerischen Sache Revision direkt beim BGH eingelegt worden war, BGH NJW **87**, 1333; für das Verfahren über die Zulassung eines Rechtsmittels, § 546, BGH NJW **89**, 3226; für das Verfahren nach §§ 887 ff, § 891 Rn 3; für das Ordnungsmittelverfahren (mit Ausnahme seiner Einlegung, Hamm FamRZ **84**, 183), zB § 380; für die Einlegung einer Revision oder einer Nichtzulassungsbeschwerde nach § 544 oder einer Rechtsbeschwerde nach § 574; für die Einlegung der sofortigen Beschwerde gegen den Kostenfestsetzungsbeschluß, § 104 Rn 56; für das Vollstreckungsverfahren, soweit das Prozeß- und nicht das Vollstreckungsgericht zuständig bleibt, etwa bei §§ 887 ff, Celle OLGR **99**, 310.

Das gilt auch nach einem *Eilverfahren*, Hbg OLGZ **91**, 346, Kblz RR **88**, 1279, Köln RR **95**, 645. Der Anwaltszwang gilt allerdings ohne Einschränkung nur für eine Vertretung beim Handeln, etwa für die Unterzeichnung eines Schriftsatzes, BGH MDR **76**, 570. Für die Entgegennahme der Prozeßhandlung des Gegners besteht ein Anwaltszwang nur in der mündlichen Verhandlung. Wegen der Zustellung § 172.

Nicht dem Anwaltszwang unterworfen sind zB: Ein außergerichtlicher Vorgang als solcher, selbst wenn er zur Vornahme einer Prozeßhandlung verpflichtet, BGH RR **92**, 567, etwa eine Rücknahmeabrede, BGH RR **89**, 802, Ffm RR **02**, 272, oder eine Abrede zum Verzicht oder zur Zustimmung, BGH MDR **86**, 813, BAG **48**, 237, Schlesw MDR **99**, 252; das Verfahren nach §§ 1035 III, 1062 ff; das Mahnverfahren, BGH **84**, 136.

5) Stellung der Partei oder des Beteiligten, I. Soweit ein Anwaltszwang besteht, Rn 1, 4–15, 16, gilt folgendes. 17

A. Rechte. Man kann stets neben seinem Anwalt vor dem Gericht erscheinen und neben ihm das Wort verlangen, wenn auch nicht anstelle seines Anwalts, § 137 IV, BVerwG NJW **84**, 625. Man kann eine tatsächliche Erklärung selbst abgeben. Man kann eine tatsächliche Erklärung seines Anwalts sofort widerrufen oder berichtigen, § 85 Rn 4. Das Gericht muß eine solche Erklärung berücksichtigen, zB ein Geständnis nach § 288 Rn 6 und seinen Widerruf, oder eine Klagerücknahme nach einer Verweisung vom AG an das LG, Kblz RR **00**, 1370, oder die Rücknahme eines selbst eingelegten Rechtsmittels, BGH RR **94**, 759. Man kann eine Urkunde vorlegen, auch zur Vermeidung eines Versäumnisurteils, Brdb RR **95**, 1471. Man hat auch im Gütetermin ein Anhörungsrecht, § 278 I 2. Man kann außerhalb der mündlichen Verhandlung eine Erklärung entgegennehmen, freilich keine Zustellung, § 172. Man kann aber im übrigen keine Prozeßhandlungen selbst wirksam vornehmen, Grdz 47 vor § 128. Man kann zB nicht einen Rechtsmittelverzicht erklären, Rn 32, BGH NJW **84**, 1465.

B. Pflichten. Die Partei muß dann erscheinen, wenn das Gericht ihr persönliches Erscheinen angeordnet hat, §§ 141, 273 II Z 3, IV, 278 III. 18

C. Beiordnung. Das Gericht kann der Partei unter den Voraussetzungen der §§ 78 b, 78 c einen Anwalt beiordnen, AG Ettlingen FamRZ **78**, 340. 19

D. Parteibegriff usw. Für Rn 17–19 gilt: Der Begriff *„Partei"* in I, II versteht sich so wie in Grdz 4 vor § 50, BGH **86**, 164. Der Parteibegriff hat den weitesten Sinn. Er umfaßt also den Streithelfer, § 66, MusWe § 70 Rz 2, ThP 5, ZöV 7, aM Prechtel DRiZ **08**, 86 (aber warum sollte er es bequemer haben als seine Hauptpartei?). Der Parteibegriff umfaßt ferner: Den Streitverkündeten ab seinem Beitritt, § 74; einen Dritten, der in den Prozeß eintreten will, etwa als ein benannter Urheber oder als ein Forderungsbeanspruchер, §§ 75–77; einen Dritten, den die Parteien in einen Vergleich hineingezogen haben, Anh § 307, aM BGH **86**, 160 (aber nur dann entsteht auch für ihn ein solcher vollstreckbarer Titel, § 794 I Z 1, der den Vergleich zwischen der Partei und einem Dritten ausdrücklich erwähnt). Auch eine rechtskundige Person und der Staat unterliegen grundsätzlich demselben Anwaltszwang wie andere Personen. 20

Die alleinigen *Ausnahme* von dieser Regel lautet: Der Anwalt kann sich unter Umständen nach VI selbst vertreten. 21

6) Begrenztes Lokalisierungsgebot, I. Soweit ein Anwaltszwang besteht, Rn 1, 4–7, 13, 15, 16, muß man weiter prüfen, ob jeder Anwalt oder nur ein begrenzter Kreis von ihnen den Sachantrag stellen kann, ob also ein sog Lokalisierungsgebot vorliegt, ob daher nur der gerade bei diesem Gericht Zugelassene auftreten darf. 22

A. BGH: Lokalisierungsgebot. Ein Lokalisierungsgebot besteht grundsätzlich nur noch vor dem BGH. Das ist mit Art 6 I MRK vereinbar, EGMR NJW **08**, 2317, und verfassungsgemäß, BVerfG AnwBl **08**, 371. Das gilt auch bei einer Nichtzulassungsbeschwerde nach § 544 oder bei einer Rechtsbeschwerde nach § 574, BGH NJW **02**, 2181. Ein OLG braucht auf den Anwaltszwang vor dem BGH nicht hinzuweisen, BGH NJW **02**, 3410.

B. Oberstes Landesgericht: Jeder Anwalt. Vor einem Obersten Landesgericht darf jeder Anwalt auftreten. 23

C. Oberlandesgericht: Jeder Anwalt. Vor einem Oberlandesgericht, in Berlin also vor dem KG, darf jeder Anwalt auftreten. 24

D. Landgericht: Jeder Anwalt. Vor einem Landgericht darf jeder Anwalt in erster wie zweiter Instanz auftreten. 25

E. Weitere Einzelfragen. Der Anwalt muß geschäftsfähig und damit prozeßfähig sein, § 51, BVerfG **37**, 76 und 82 (Prüfung der Geschäftsfähigkeit und der Prozeßfähigkeit von Amts wegen). Schon wegen Artt 2 I, 20 III GG (Rpfl), BVerfG **101**, 404, Art 103 I GG (Richter) ist ein Zwischenurteil entsprechend §§ 71, 387 erforderlich. Eine sofortige Beschwerde gegen dieses Zwischenurteil ist auch dann zulässig, wenn das OLG entschieden hat. Wegen eines ausländischen Anwalts SchlAnh VII. Bei einer amerikanischen LLP genügt die Postulationsfähigkeit desjenigen Mitglieds einer deutschen Anwaltskammer, das die Partei „vertritt", LG Mü NJW **06**, 704. 26

Ein *Vertretungsverbot* nach den §§ 114, 114 a, 150 ff BRAO zwingt das Gericht zu einer Zurückweisung dieses Anwalts, § 156 II BRAO. Seine bisherigen Prozeßhandlungen bleiben aber wirksam, §§ 114 a II, 155 V BRAO. Dasselbe gilt bei einem berufsrechtlichen Verstoß, Hamm RR **86**, 442.

7) Dritter beim Anwaltszwang, I. Es gibt fünf Situationen. 27

A. Amtlich bestellter Vertreter. Der vom Anwalt selbst bestellte Vertreter nach § 53 II BRAO und der amtlich bestellte Vertreter des Anwalts, sein Vollvertreter, Generalsubstitut, steht ihm völlig gleich, § 53 IV, VII BRAO, BGH NJW **81**, 1741, Mü MDR **95**, 318, Zweibr MDR **05**, 1132. Das gilt ohne Rücksicht darauf, ob der Anwalt die nach § 53 VI BRAO vorgeschriebene Anzeige erstattet hat, BGH NJW **75**, 542. Es reicht aus, daß sich sein Handeln als Vertreter aus den Umständen hinreichend deutlich ergibt, BGH NJW **99**, 365, Hbg GRUR-RR **06**, 265. Das letztere ist aber auch notwendig, Zweibr MDR **05**, 1132. Dasselbe gilt für einen Praxisabwickler, § 55 BRAO, BGH NJW **92**, 2158 (abl Schlee AnwBl **92**, 442). Der amtlich bestellte Vertreter hat also grundsätzlich alle Befugnisse desjenigen Anwalts, den er vertritt. Er kann ebenso wie der Vertretene tätig werden. Er kann wirksam alle Prozeßhandlungen bei einem Gericht vornehmen, (zum alten Recht) BGH NJW **81**, 1741. Der amtlich bestellte Vertreter kann also auch eine solche Handlung vornehmen, die der vertretene Anwalt seinerseits als Vertreter eines anderen Anwalts wirksam vornehmen könnte, BGH NJW **81**, 1741.

Sowohl der amtlich bestellte Vertreter als auch der Abwickler sind natürlich nur insofern befugt, als sie gerade *in diesen Eigenschaften* und nicht etwa für die eigene Praxis tätig werden, BGH RR **00**, 1446, Karlsr MDR **01**, 239. In einem Schriftsatz braucht man die Vertretung nicht besonders zu betonen, § 130 Rn 8, zumindest nicht in einem nachfolgenden, BGH NJW **91**, 1176. Im übrigen muß der amtlich bestellte Vertreter selbst überhaupt verhandlungsfähig sein, Rn 1. Der Mangel seiner eigenen Postulationsfähigkeit bleibt nur dann unschädlich, wenn er seine Vertretereigenschaft deutlich erkennbar macht, BGH VersR **06**, 991.

28 **B. Verhandlungsvertreter.** Der für die mündliche Verhandlung bestellte Vertreter des Anwalts, der Verhandlungsvertreter, Substitut, kann in der mündlichen Verhandlung als ein Untervertreter auftreten, § 81. Als ein solcher Vertreter darf aber nur ein solcher Anwalt auftreten, den die Partei oder der ProzBev in diesem Verfahren zum ProzBev bestellen könnte, § 52 I BRAO, Karlsr Just **87**, 22. Er muß auch die Akten einsehen können, Düss NJW **76**, 1324, Voß AnwBl **86**, 185.

29 **C. Überlassung des Vortrags.** Ein BGH-Anwalt kann in der mündlichen Verhandlung die Ausübung der Parteirechte einem dort nicht postulationsfähigen Anwalt überlassen, § 52 II BRAO. Das gilt auch in der mündlichen Verhandlung vor dem BGH dahin, daß dann eine Zulassung vor diesem Gericht nach Rn 22 erforderlich ist. Wegen eines ausländischen Anwalts SchlAnh VII.

30 **D. Auslandsunterhaltsgesetz.** Vgl Üb 6, 8 vor § 78.

31 **E. Kosten„antrag“ usw bei Berufungsrücknahme.** Nach einer Berufungsrücknahme vor dem OLG kann eine Anregung nach § 516 III auf eine Verlustigkeitserklärung und Feststellung der Kostenpflicht durch einen jeden Anwalt oder durch die Partei selbst erfolgen. Denn das Gericht benötigt dazu gar keinen Antrag mehr, sondern muß von Amts wegen entscheiden. Daher ist ein „Antrag“ nur eine Anregung.

32 **8) Verstoß, I.** Das Gericht muß einen möglicherweise nicht Postulationsfähigen im Streit hierüber als postulationsfähig behandeln, ähnlich wie bei einer Prozeßunfähigkeit, § 56 Rn 13, Ffm FamRZ **94**, 1477.

A. Grundsatz der Unwirksamkeit. Ein Verstoß gegen I macht eine vorgenommene Parteiprozeßhandlung nach Grdz 47 vor § 128 grundsätzlich unwirksam, Grdz 18 vor § 253, BGH NJW **92**, 1700, Kblz RR **02**, 1510, Zweibr FamRZ **89**, 191. Wenn der Verstoß die Klagerhebung nach § 253 betrifft, darf das Gericht unter Umständen weder eine Klagezustellung veranlassen, BGH **90**, 253, noch einen Termin bestimmen. Im übrigen muß das Gericht ungeachtet des grundsätzlichen Fehlens einer allgemeinen Hinweispflicht, BGH NJW **97**, 1939, doch jetzt auf den Mangel hinweisen und eine Gelegenheit zu seiner Beseitigung geben, soweit das vertretbar ist, BVerfG **93**, 99. Notfalls muß es die Klage dann durch ein Prozeßurteil als unzulässig abweisen, Grdz 13 vor § 253, BGH **90**, 253, BVerwG MDR **76**, 781, Ffm FamRZ **94**, 1477. Dementsprechend muß es dann ein Rechtsmittel als unzulässig verwerfen, BVerwG MDR **76**, 781. Im Anwaltsprozeß ist die Partei ohne einen Anwalt als den ProzBev säumig, §§ 330 ff. Ein Verzicht der Partei persönlich nach § 295 ist nicht wirksam. Denn es handelt sich um einen Verstoß gegen eine öffentlichrechtliche zwingende Vorschrift, Köln MDR **82**, 1024. Unwirksam ist zB auch ein Rechtsmittelverzicht der Partei persönlich, BGH NJW **84**, 1465.

33 **B. Genehmigung.** Allerdings kann nunmehr jeder Anwalt als ProzBev in den Prozeß eintreten und die gesamte bisherige Prozeßführung genehmigen, BGH BB **06**, 2779, Ffm OLGR **98**, 125, Karlsr RR **00**, 1520. Auch kann die Auslegung nach Grdz 52 vor § 128 ergeben, daß ein Sozius unterschrieben hat, BGH BB **05**, 2100. Dann kann eine Heilung der bisherigen Mängel eintreten, § 295, auch § 547 I 4, (je zum alten Recht) BGH NJW **06**, 2779, StJBo 10, ThP 2, aM BVerfG **8**, 95, Köln MDR **82**, 1024 (aber die Parteiherrschaft erlaubt eine Genehmigung auch durch einen ProzBev, § 81). Vgl aber Rn 34.

34 **C. Keine Rückwirkung.** Freilich kann man die Versäumung nicht rückwirkend durch eine erst nach dem Fristablauf abgegebene Genehmigung heilen, BVerfG **8**, 94, BGH NJW **06**, 2779, Zweibr OLGR **97**, 51. Man kann eine Genehmigung nicht auf einzelne Prozeßhandlungen beschränken, § 56 Rn 9, § 81 Rn 1, BGH NJW **87**, 130. Soweit eine unwirksame Prozeßhandlung zugleich ein sachlichrechtliches Rechtsgeschäft nach Grdz 61 vor § 128 enthält, kann das letztere wirksam sein und sogar zu der Vornahme der Prozeßhandlung verpflichten. Ein Verstoß gegen § 227 b II BRAO beeinträchtigt aber die Verhandlungsfähigkeit usw nicht, BVerwG NJW **05**, 3018, Köln AnwBl **89**, 227. Ein Mangel der Postulationsfähigkeit beeinträchtigt die Wirksamkeit der Entscheidung nicht, (je zum alten Recht) BGH RR **99**, 286, aM Karlsr RR **00**, 1519 (vgl aber Üb 10, 20 vor § 300).

35 **9) Ausnahmen vom Anwaltszwang, II, III.** Die Regelung ist im ZPO-Prozeß abschließend. Im FamFG-Verfahren gelten aber die umfangreichen §§ 10, 114 FamFG.

A. Amtsgericht. Das Verfahren vor dem AG ist vom Anwaltszwang grundsätzlich befreit. Eine Ausnahme besteht nach § 79 I 2 Hs 1. Soweit eine Nicht-Familiensache aus irgendeinem Grund vor das FamG gerät, besteht dort evtl kein Anwaltszwang, Diederichsen NJW **86**, 1463.

36 **B. Landgericht, Oberlandesgericht.** Nach II besteht kein Anwaltszwang für die im II Genannten. Als eine Ausnahme von dem etwa geltenden Anwaltszwang wäre II an sich eng auslegbar. Die pauschale Verweisung auf die „sonstigen“ Körperschaften usw rechtfertigt indes eine weite Auslegung. BGH NJW **89**, 2136 zählt (zum alten Recht) trotzdem eine Ärztekammer nur dann hierher, wenn es um ein Versorgungsrecht eines bei der versicherten Arztes geht. Wegen des AUG Üb 6, 8 vor § 78.

C. Verordneter Richter usw. Hier besteht grundsätzlich kein Anwaltszwang, III Hs 1, Karlsr JB **76**, 372. Das gilt vor dem beauftragten Richter, §§ 361, 375. Es gilt auch vor dem ersuchten Richter, §§ 362, 375, BGH **77**, 272 (auch nicht bei seiner irrigen Bezeichnung als Einzelrichter). 37

Nicht hierher gehören: Der Einzelrichter der §§ 348, 348 a, 526, 527, § 568 (Ausnahme: § 569 III); der Vorsitzende der Kammer für Handelssachen, § 349, Bergerfurth NJW **75**, 335. 38

D. Rechtspfleger. Das gesamte Verfahren vor dem Rpfl unterliegt keinem Anwaltszwang, § 13 RPflG, Düss Rpfleger **03**, 146, Bergerfurth Rpfleger **78**, 205. Das gilt auch für das Prozeßkostenhilfe- und das Kostenfestsetzungsverfahren vor dem Rpfl, §§ 20, 21 RPflG. Vgl aber § 700 Rn 10. 39

E. Urkundsbeamter. Das Verfahren ist vom Anwaltszwang frei, soweit eine Prozeßhandlung zum Protokoll des Urkundsbeamten der Geschäftsstelle erfolgen kann, III Hs 2, Saarbr FamRZ **92**, 111. Es kommt dann nicht darauf an, ob die Prozeßhandlung auch tatsächlich zu jenem Protokoll erfolgte oder anders erfolgt ist, LG Ffm Rpfleger **79**, 429, aM Köln ZMR **96**, 140 (aber III Hs 2 spricht nur von „vorgenommen werden *können*"). Das Gesetz bestimmt im Einzelfall, ob man eine Prozeßhandlung zum Protokoll des Urkundsbeamten vornehmen kann. 40

Beispiele: Der Antrag auf die Bestimmung des zuständigen Gerichts; § 37; die Ablehnung eines Richters, § 44, BGH MDR **95**, 520, oder eines Sachverständigen, § 406; eine Erledigterklärung, § 91 a, Schlesw MDR **99**, 252; der Kostenfestsetzungsantrag, § 104 III; der Antrag auf die Rückgabe einer Sicherheit, §§ 109, 715; der Antrag auf eine Bewilligung der Prozeßkostenhilfe, § 117 I 1; eine Schutzschrift gegenüber einem Arrestantrag, Grdz 7 vor § 128, und zwar auch eine solche, die vor dem Arrestantrag beim Gericht eingeht, Brschw JB **93**, 218; ein Aussetzungsantrag nach § 248 I; eine Rüge der Unzuständigkeit; ein Verweisungsantrag oder eine Erklärung dazu, § 281 II 1; eine Entschuldigung des Zeugen, § 381; eine Verweigerung nach § 386 oder nach § 408 I; ein Antrag im selbständigen Beweisverfahren nach § 486 IV oder nach § 494 a, dort Rn 5, 14; ein Arrest- oder Verfügungsantrag, §§ 920, 936, und seine Rücknahme vor einem Widerspruch; eine befristete Erinnerung gegenüber der Entscheidung des Urkundsbeamten der Geschäftsstelle, § 573 I. Sie ergreift die zugehörigen Nebenhandlungen außerhalb der Verhandlung, Ffm NJW **78**, 172, etwa ein Gesuch um eine öffentliche Zustellung des beantragten Arrestbefehls, §§ 185 ff; die bloße Einlegung der sofortigen Erinnerung im Fall des § 104 III in Verbindung mit § 11 I RPflG, § 104 Rn 56 (wegen des weiteren Beschwerdeverfahrens dort Rn 41). 41

Nicht hierher gehört eine sofortige Beschwerde im Fall Rn 38. 42

F. Zustellung. Im Zustellungsverfahren besteht für den Auftrag kein Anwaltszwang. Denn hier liegt keine eigentliche Prozeßhandlung vor. Das gilt auch bei § 169 II 2 und vor dem Gerichtsvollzieher nach § 192 sowie für die Zustellung von Anwalt zu Anwalt, § 195. 43

G. Justizverwaltung. In einer Angelegenheit der Justizverwaltung oder der gerichtlichen Verwaltung besteht kein Anwaltszwang. 44

H. Erklärung eines Dritten usw. Für eine Erklärung oder einen Antrag eines Dritten oder gegen einen Dritten, etwa für eine Streitverkündung nach § 72, besteht grundsätzlich kein Anwaltszwang. Denn der Dritte ist keine Partei. Etwas anderes gilt dann, wenn der Dritte eine Parteipflicht übernimmt oder Partei werden will, etwa der beigetretene Streitverkündete, § 74 I; der beim Prozeßvergleich nach Anh § 307 hinzugezogene Dritte oder der benannte Urheber, § 76. 45

I. Güteversuch. Für den Güteversuch nach § 278 II, V 1 vor dem verordneten Richter gilt nach § 78 III Hs 1 grundsätzlich kein Anwaltszwang. Im übrigen besteht auch für das Güteverfahren Anwaltszwang wie sonst, § 278 Rn 35. 46

J. Baulandsache. In einer Baulandsache besteht grundsätzlich ein Anwaltszwang, BGH RR **94**, 1021. Er entfällt aber ausnahmsweise nach § 222 III 2 BauGB, soweit der Beteiligte im Verfahren vor dem LG oder dem OLG keinen Antrag in der Hauptsache stellt, BGH RR **94**, 1021. Es gilt also kein Anwaltszwang für die Einreichung des Antrags auf eine gerichtliche Entscheidung bei derjenigen Stelle, die den Verwaltungsakt erlassen hat, BGH MDR **85**, 30, oder für die Einwilligung in eine Sprungrevision, BGH NJW **75**, 831, oder für eine sofortige Beschwerde gegen die Kostenentscheidung, Kblz NJW **83**, 2036, oder für einen Antrag auf eine Aktenlageentscheidung nach § 227 II BauGB. Ein Anwaltszwang gilt aber im weiteren Besitzeinweisungsverfahren. Denn insofern stellt man einen Antrag zur Hauptsache, BGH MDR **86**, 30. Dasselbe gilt bei einer Berufung, Hamm NJW **96**, 601, und bei einer sofortigen Beschwerde gegen einen die Berufung als unzulässig verwerfenden Beschluß, BGH RR **94**, 1021. 47

K. Arbeitsgericht. Im Verfahren vor dem ArbG besteht kein Anwaltszwang, § 11 I ArbGG, Rn 48. Ein Rechtsbeistand ist vor den Arbeitsgerichten nicht vertretungsberechtigt, BAG BB **88**, 916. 48

L. Entschädigungssache. Im Verfahren nach § 224 I BEG besteht kein Anwaltszwang, BVerfG **34**, 330. Im Verfahren nach § 13 I StrEG besteht aber ein Anwaltszwang, BGH RR **93**, 1022. 49

M. Rechtsmittelverzicht. Für einen Rechtsmittelverzicht nach §§ 515, 565 besteht kein Anwaltszwang, soweit man ihn nur gegenüber dem Gegner erklärt (dieser kann ihn durch eine Rüge einführen), BGH NJW **75**, 831. Soweit man einen Rechtsmittelverzicht in einem Anwaltsprozeß gegenüber dem Gericht erklärt, besteht der Anwaltszwang, zB in einer Ehesache, Düss FamRZ **80**, 709. 50

N. Klagerücknahme. Vgl dazu Rn 24. 51

O. Rechtsmittelrücknahme. Man kann sich außergerichtlich zu ihr ohne einen Anwaltszwang verpflichten, Rn 16. Auf eine Einrede muß das Rechtsmittelgericht das Rechtsmittel daraufhin als unzulässig verwerfen, BGH FamRZ **89**, 268. Eine Berufungsrücknahme nach § 516 kann ohne einen Anwaltszwang erfolgen. 52

P. Zeuge. Er kann stets ohne einen eigenen Anwalt erscheinen und aussagen, § 387 II. 53

Q. Disziplinarsache. Selbst vor dem BGH besteht in einer solchen Sache kein Anwaltszwang, BGH MDR **89**, 257. 54

55 **R. Stellung der Partei oder des Beteiligten.** Soweit kein Anwaltszwang besteht, kann man selbst oder durch einen beliebigen ProzBev handeln, § 79. Man darf auch während des Prozesses ein privatrechtliches Rechtsgeschäft frei vornehmen, etwa einen außergerichtlichen Vergleich abschließen. Ein solches Geschäft wirkt aber als eine Prozeßhandlung nur insoweit, als es in einem Anwaltsprozeß ein Anwalt vornimmt. Wenn man also nach Anh § 307 Rn 6 einen Vergleich über den Streitgegenstand hinaus abschließt, muß der Anwalt auch insofern auftreten, wenn seine Partei die Wirkung des § 794 I Z 1 erzielen will, aM RoSGo § 131 III 2 g (aber der Vergleich ist dann auch eine Parteiprozeßhandlung nach Grdz 47 vor § 128 und unterliegt insofern eben dem etwaigen Anwaltszwang mit).

56 **10) Selbstvertretung des Anwalts, IV.** Der Anwalt kann sich in einer eigenen Angelegenheit in den Grenzen der §§ 45 ff BRAO selbst vertreten, BFH DB **85**, 28, KG RR **08**, 143, LAG Mü AnwBl **88**, 72. Das ist auch im Zweifel zulässig, BFH DB **85**, 28. Es empfiehlt sich, im Protokoll trotz des § 313 Rn 6 klarzustellen, ob der Anwalt nur als Partei oder auch als deren ProzBev auftritt, § 91 Rn 57, 171. Das gilt auch aus Gründen der Klarstellung über den Umfang einer Erstattungsfähigkeit von Anwaltskosten. Der Anwalt kann sich auch zB als eine Partei kraft Amts vertreten, Grdz 8 vor § 50, oder als ein gesetzlicher Vertreter nach § 51, BFH DB **85**, 28, oder als ein Organ, Köln OLGR **03**, 173. In allen diesen Fällen muß das Gericht den Anwalt auch sitzungspolizeilich als einen Anwalt behandeln. § 246 ist unanwendbar, KG RR **08**, 143. Das gilt entsprechend vor dem BFH, BFH BB **76**, 728. IV ist grundsätzlich nicht ausdehnend auslegbar. Etwas anderes gilt im Patentnichtigkeitsberufungsverfahren, BGH GRUR **87**, 354. Die Vorschrift gilt also zB nicht: Für einen anderen Rechtskundigen; für eine Behörde. Diese können also zB eine Beschwerdeschrift nur beim erstinstanzlichen AG als Prozeßgericht wirksam einlegen, nicht bei einem LG als Beschwerdegericht.

Ein *Verstoß* beeinträchtigt die Vertretungsfähigkeit nicht, Hamm RR **89**, 442.

78a (weggefallen)

78b

Notanwalt. [I] **Insoweit eine Vertretung durch Anwälte geboten ist, hat das Prozessgericht einer Partei auf ihren Antrag durch Beschluss für den Rechtszug einen Rechtsanwalt zur Wahrnehmung ihrer Rechte beizuordnen, wenn sie einen zu ihrer Vertretung bereiten Rechtsanwalt nicht findet und die Rechtsverfolgung oder Rechtsverteidigung nicht mutwillig oder aussichtslos erscheint.**

[II] **Gegen den Beschluss, durch den die Beiordnung eines Rechtsanwalts abgelehnt wird, findet die sofortige Beschwerde statt.**

Gliederung

1 **1) Systematik, I, II.** Die Vorschrift entspricht Art 6 I MRK, EGMR NJW **08**, 2317. Sie betrifft nur den Anwaltsprozeß nach § 78 Rn 1, also zB nicht ein Disziplinarverfahren, BGH MDR **89**, 257. Im Parteiprozeß nach § 78 Rn 1 besteht keine Notwendigkeit zur Beiordnung eines Anwalts. § 78 b regelt die Voraussetzungen und zusammen mit § 78 c das Verfahren zu der Frage, ob das Gericht der Partei überhaupt einen Anwalt beiordnen darf. § 78 c regelt die anschließende Frage, welchen Anwalt das Gericht nun im Einzelfall beiordnen soll und unter welchen Voraussetzungen er tätig werden muß.

2 **2) Regelungszweck, I, II.** I 1 soll nicht etwa eine unnötige Ausgabe von Staatsgeldern verhindern. Es geht vielmehr nur darum, daß der Staat dem Bürger zur Sicherstellung des Rechtsschutzes einen Anwalt zur Vertretung in einer dem Auftraggeber unzumutbaren Lage bestellt, BVerwG NJW **79**, 2117. Freilich wird ein seinerseits erträglicher Auftraggeber nach dem Wegfall des früheren Lokalisierungsgebots noch eher unter den weit über 145 000 deutschen Anwälten in einer nicht völlig aussichtslosen Sache vermutlich doch bei einer zumutbaren Bemühung innerhalb eines zumutbaren Zeitraums und auch zu gesetzlichen Honorarbedingungen einen geeigneten Anwalt finden. Deshalb darf und muß man grundsätzlich recht strenge Anforderungen an den Nachweis der Voraussetzungen des § 78 b stellen. Natürlich kann es Situationen geben, in denen eine Partei ganz rasch und unkompliziert Hilfe über diese Vorschrift braucht, etwa in einer unverschuldeten seelischen oder prozessualen Notlage. Dann darf und muß auch das Gericht nach dieser Vorschrift ganz großzügig und schnell handeln.

3 **3) Geltungsbereich, I, II.** Vgl Üb 3 vor § 78. Vor dem BAG ist § 78 b entsprechend anwendbar, BAG NJW **08**, 1339, ebenso vor dem BFH, BFH NJW **78**, 448. Die Vorschrift ist im Anklageerzwingungsverfahren der StPO ebenfalls entsprechend anwendbar, Bbg NJW **07**, 2274, Hamm NJW **08**, 245, Rieß NStZ **86**, 433, aM Düss MDR **95**, 193, Hamm NJW **03**, 3286 (aber man sollte in einer solchen mißlichen Lage möglichst großzügig sein). § 78 b spricht nur von der Partei, nicht von einem Beteiligten. Die Vorschrift gilt im Bereich des § 113 I 2 FamFG entsprechend. Im Prozeßkostenhilfeverfahren gilt § 121 I.

4) Voraussetzungen, I. Die Beiordnung erfolgt nur auf Grund eines Antrags der Partei an das Prozeßgericht ohne einen Anwaltszwang, auch vor der Geschäftsstelle oder nach § 129 a. 4

A. Kein Anwalt bereit. Vgl zunächst Rn 2. Die Partei darf trotz aller zumutbarer Bemühung keinen solchen Anwalt gefunden haben, der zu ihrer Vertretung bereit ist, BFH NJW **78**, 448, Hamm NJW **08**, 245 (StPO). Das muß die Partei darlegen und nachweisen, BVerfG NJW **93**, 3257, BGH RR **04**, 864, VGH Mannh NJW **07**, 3800. Man darf die Anforderungen an die Partei nicht überspannen, OVG Lüneb NJW **05**, 3304. Die Partei braucht nicht an sämtliche im Bezirk des Prozeßgerichts niedergelassenen Anwälte herangetreten zu sein, OVG Lüneb NJW **05**, 3303. Sie muß allerdings jedenfalls in einer Großstadt zumindest eine gewisse Anzahl von Anwälten nachweisbar vergeblich um eine Übernahme ihrer Vertretung gebeten haben, BGH MDR **00**, 412 (aber drei), BAG NJW **08**, 1339. Sie muß beim BGH mehr als vier Anwälte gefragt haben, BGH FamRZ **07**, 635 rechts, falls dazu noch genug Zeit in einer Frist bleibt. Sie muß auch zur Vorschußzahlung bereit gewesen sein, § 78 c Rn 10, BGH MDR **00**, 412. Ein Anwalt als Pfleger oder Betreuer mit einem einschlägigen Aufgabenkreis beseitigt den Bedarf, BVerwG NJW **79**, 2117.

B. Keine Mutwilligkeit oder Aussichtslosigkeit. Die Rechtsverfolgung oder die Rechtsverteidigung dürfen weder als mutwillig noch als aussichtslos erscheinen, OVG Lüneb NJW **05**, 3303. Die Partei braucht also nicht etwa darzulegen oder sogar glaubhaft zu machen, daß eine hinreichende Erfolgsaussicht bestehe. Aus ihrem Tatsachenvortrag darf man lediglich nicht zwingend ableiten müssen, daß entweder überhaupt keine Erfolgsaussicht besteht oder daß ein Mutwille vorliegt. Die Beiordnung muß also unter Umständen selbst dann erfolgen, wenn das Gericht der Partei eine Prozeßkostenhilfe nach §§ 114 ff nicht bewilligen dürfte. Denn § 114 verbietet eine Prozeßkostenhilfe schon dann, wenn keine „hinreichende Aussicht auf Erfolg" besteht. Demgegenüber verbietet I 1 aber eine Beiordnung erst dann, wenn die Sache als schlechthin „aussichtslos" erscheint, BGH FamRZ **88**, 1153. Freilich ist dem Kern nach mit den beiden unterschiedlichen Begriffen nahezu dasselbe gemeint. Soweit das Gericht eine Mutwilligkeit beurteilen muß, sind die Voraussetzungen von I 1 und von § 114 S 1 dieselben. 5

Eine Beiordnung darf in folgenden Fällen *nicht* erfolgen: Man muß den Schaden muß erst noch ermitteln und errechnen, KG OLGZ **77**, 247; das Gericht hat bereits einen Anwalt als Pfleger zur Prozeßführung bestellt, BVerwG NJW **79**, 2117; die Partei hat einen vom Anwalt ordnungsgemäß erbetenen Vorschuß nicht gezahlt, BGH MDR **00**, 412; es soll nur zu einer solchen Revisionsschrift kommen, die nicht von einem BGH-Anwalt stammt, BGH RR **98**, 575; ein Rechtsmittel gegen die Nichtzulassung der Revision ist aussichtslos, BGH FamRZ **03**, 1087; es handelt sich um einen Rechtsmißbrauch, Einl III 54, BGH NJW **95**, 537.

5) Entscheidung, I. Das Prozeßgericht muß die Voraussetzungen einer Beiordnung prüfen. Eine mündliche Verhandlung ist nicht erforderlich, § 128 IV. Zuständig ist das Prozeßgericht in seiner vollen Besetzung, nicht etwa nur sein Vorsitzender. Er ist nur für die anschließenden Maßnahmen nach § 78 c zuständig. Die Entscheidung ergeht durch einen Beschluß, I. Beim Vorliegen der Voraussetzungen besteht ohne ein Ermessen eine Beiordnungspflicht. Das gilt auch dann, wenn der Antragsteller ein Anwalt ist, BGH Rpfleger **02**, 463 (zu § 121 I). Das Gericht braucht nach I nur „einen" Anwalt beizuordnen. Es überläßt dessen genaue Auswahl dem Verfahren nach § 78 c. Der Beschluß braucht grundsätzlich eine Begründung, § 329 Rn 4. Der Urkundsbeamte teilt ihn beim Stattgeben beiden Parteien formlos mit, § 329 II 1, bei einer Ablehnung dem Antragsteller förmlich, II in Verbindung mit §§ 329 II 2, 567 I Z 1, 2. Wenn derselbe Beschluß nicht nur die Beiordnung nach I, II enthielt, sondern auch die Auswahl des beizuordnenden Anwalts nach § 78 c, gilt die letztere Entscheidung als nur vom Vorsitzenden gefällt. 6

Der *Anwaltsvertrag* entsteht nicht schon durch die Beiordnung, LG Arnsb AnwBl **83**, 180. Er entsteht wohl aber dann, wenn der Notanwalt die Beiordnung der Partei mitteilt und wenn die Partei daraufhin schweigt, LG Traunstein AnwBl **76**, 345. *Wert:* § 3 Anh Rn 86 „Notanwalt".

6) Rechtsbehelfe, II. Beim Rpfl gilt § 11 RPflG, § 104 Rn 41 ff. Im übrigen muß man zwei Situationen unterscheiden. 7

A. Sofortige Beschwerde gegen Ablehnung der Beiordnung. Gegen die Ablehnung einer Beiordnung ist die sofortige Beschwerde nach § 567 I Z 1 (auch Z 2) zulässig, II. Wenn das OLG entschieden hat, kommt allenfalls eine Rechtsbeschwerde nach § 574 I–III in Betracht. Ein Anwaltszwang gilt wie sonst, aM Mü MDR **02**, 724 (aber notfalls muß das Beschwerdegericht für das Beschwerdeverfahren beiordnen). Wert: § 3 Anh Rn 86 „Notanwalt". Wegen einer Nichtzulassungsbeschwerde BGH VersR **07**, 132 links.

B. Kein Rechtsbehelf gegen Beiordnung. Gegen den Beiordnungsbeschluß ist kein Rechtsbehelf statthaft, § 567 I Z 1. Soweit der Beiordnungsbeschluß auch die Person des beizuordnenden Anwalts bestimmt, ist dieser Teil der Entscheidung nach § 78 c III anfechtbar, dort Rn 11. Wert: § 3 Anh Rn 86 „Notanwalt". 8

78c ***Auswahl des Rechtsanwalts.*** **[I] Der nach § 78 b beizuordnende Rechtsanwalt wird durch den Vorsitzenden des Gerichts aus der Zahl der in dem Bezirk des Prozessgerichts niedergelassenen Rechtsanwälte ausgewählt.**

[II] Der beigeordnete Rechtsanwalt kann die Übernahme der Vertretung davon abhängig machen, dass die Partei ihm einen Vorschuss zahlt, der nach dem Rechtsanwaltsvergütungsgesetz zu bemessen ist.

[III] [1] Gegen eine Verfügung, die nach Absatz 1 getroffen wird, steht der Partei und dem Rechtsanwalt die sofortige Beschwerde zu. [2] Dem Rechtsanwalt steht die sofortige Beschwerde auch zu, wenn der Vorsitzende des Gerichts den Antrag, die Beiordnung aufzuheben (§ 48 Abs. 2 der Bundesrechtsanwaltsordnung), ablehnt.

Vorbem. I geändert dch Art 4 Z 1 G v 26. 3. 07, BGBl 358, in Kraft seit 1. 6. 07, Art 8 G, ÜbergangsR Einl III 78.

Gliederung

1 **1) Systematik, I–III.** Vgl zunächst § 78 b Rn 1. Während § 78 b die Voraussetzungen und das Verfahren zu der Frage regelt, ob das Gericht einer Partei überhaupt einen Notanwalt beiordnen darf, regelt ergänzend § 78 c die Auswahl des in Betracht kommenden Anwalts auf Grund des Beiordnungsbeschlusses, die Voraussetzungen seiner Pflicht zum Tätigwerden und die zugehörigen Rechtsbehelfe.

2 **2) Regelungszweck, I–III.** Vgl zunächst § 78 b Rn 2. I dient der Übersehbarkeit des Kreises der Beizuordnenden und damit der Eignungskontrolle. II dient dem wirtschaftlichen Interesse des Beigeordneten. Die Bestimmung macht aber die Übernahme nicht etwa von einer Zustimmung abhängig, Rn 8. Das hat seinen Grund in der Notwendigkeit, dem Rechtssuchenden die gesetzlich geforderte Vertretung durch ein Organ der Rechtspflege unverzüglich zu gewährleisten. Daher darf man II nicht ausdehnend auslegen. III bezweckt eine Überprüfbarkeit der Entscheidung nach I und dient damit der Rechtsstaatlichkeit und Rechtssicherheit, Einl III 15, 43. Diese Gesichtspunkte muß man bei der Auslegung jeweils mitbeachten.

3 **3) Geltungsbereich, I–III.** Vgl Üb 3 vor § 78.

4 **4) Auswahl. I.** Man muß Fragen zum Wann, Wer und Wie unterscheiden.

A. Zeitpunkt. Sobald das Prozeßgericht in seiner vollen Besetzung beschlossen hat, der Partei nach § 78 b einen Notanwalt beizuordnen, muß der Vorsitzende dieses Gerichts nach I einen bestimmten Anwalt auswählen und damit die Beiordnung vollziehen. Die Pflicht zur unverzüglichen Tätigkeit ergibt sich aus der Fürsorgepflicht des Gerichts, Einl III 27, § 216 II (allgemeiner Rechtsgedanke). Eine verzögerte Tätigkeit des Vorsitzenden kann man mit der Dienstaufsichtsbeschwerde rügen.

5 **B. Person des Auszuwählenden.** Den Vorsitzenden bindet der Kreis der in dem Bezirk des Prozeßgerichts niedergelassenen Anwälte, I. Die Auswahl eines dort nicht Niedergelassenen ist unwirksam. Das gilt nach dem klaren Wortlaut von I auch dann, wenn der dort nicht Niedergelassene doch ein Anwalt und schon deshalb ja dort postulationsfähig ist. Der Auszuwählende muß schon und noch „niedergelassen" sein, also seine Kanzlei haben, § 27 I BRAO. Es kommt nicht darauf an, ob er grundsätzlich oder für diesen Fall bereits sein Einverständnis erklärt hat. Ebensowenig kommt es darauf an, ob die Partei bereits ihr Einverständnis erklärt hat.

6 **C. Auswahlverfahren.** Die Auswahl erfolgt von Amts wegen, also ohne einen Antragszwang. Eine Anregung ist natürlich statthaft. In den Grenzen nach Rn 5 hat der Vorsitzende ein pflichtgemäßes Ermessen. Dieses zwingt ihn zur Mitberücksichtigung etwaiger Wünsche oder Bedenken sowohl der Partei als auch des Notanwalts, unter Umständen sogar des Gegners oder eines sonstigen Prozeßbeteiligten. Stets kommt es darauf an, ob vom Standpunkt der Partei aus objektiv betrachtet Hindernisgründe oder besondere Motive für oder gegen die Beiordnung eines bestimmten Anwalts bestehen. Das ist derselbe sog parteiobjektive Maßstab wie bei § 42 Rn 10.

Der Vorsitzende darf alle Beteiligten mündlich oder schriftlich *anhören.* Er sollte von dieser Möglichkeit insoweit Gebrauch machen, als die Partei Wünsche oder Bedenken erkennen läßt oder äußert. Die Partei hat allerdings grundsätzlich kein Recht auf die Auswahl eines von ihr bestimmten Anwalts, Schlesw SchlHA **78**, 84, OVG Münst NJW **03**, 2624. Das Gericht darf ihr aber keinen solchen Anwalt aufzwingen, zu dem kein Vertrauen entstehen kann oder gegen den sonst sachliche Bedenken bestehen, BGH **60**, 258, Schlesw SchlHA **78**, 84. Wenn das Gericht einen Anwalt zum Betreuer oder zum Pfleger bestellt hatte, kommt im allgemeinen auch seine Auswahl als Notanwalt in Betracht.

7 **D. Entscheidung.** Der Vorsitzende entscheidet durch eine Verfügung, III 1. Eine Entscheidung in der Form eines Beschlusses ist ebenfalls zulässig. Er muß einen genau bezeichneten Anwalt nennen, also nicht nur eine Sozietät usw. Die Entscheidung braucht grundsätzlich eine Begründung, § 329 Rn 4. Der Urkundsbeamte läßt sie den Parteien und dem ausgewählten Anwalt wegen III 1 förmlich zustellen, §§ 329 III, 567 I Z 1. Sie wird nicht vor demjenigen Zeitpunkt wirksam, in dem der grundsätzliche Beiordnungsbeschluß nach § 78 b wirksam ist. Eine vorher mitgeteilte Auswahlentscheidung ist höchstens aufschiebend bedingt wirksam. Die Begründung darf in der Regel auf wenige Stichworte beschränkt bleiben. Fehlt sie, ist die Auswahl nicht schon deshalb unwirksam.

Der Vorsitzende darf seine Entscheidung jederzeit *ändern,* sofern alle Beteiligten zustimmen. Andernfalls sind zu einer Änderung wichtige Gründe notwendig, §§ 45, 48 II BRAO. Das Änderungsverfahren verläuft im übrigen nach den Regeln des Auswahlverfahrens, Rn 6.

8 **5) Folgen der Auswahl, I, II.** Einer Pflicht entspricht ein Recht des Ausgewählten.

A. Übernahmepflicht, I. Der ausgewählte Anwalt ist unter der Voraussetzung einer ordnungsgemäßen Auswahl grundsätzlich zur Übernahme der Vertretung der Partei verpflichtet, § 48 I Z 1, 2 BRAO, Brangsch

AnwBl **82**, 99. Die Übernahme ist eine Berufspflicht, BGH **60**, 258. Sie ist mit der Menschenrechtskonvention vereinbar, EKMR AnwBl **75**, 137. Die Auswahlverfügung verpflichtet daher den Anwalt zum unverzüglichen Abschluß des Anwaltsvertrags mit der Partei. Diesen ersetzt weder die Beiordnungsentscheidung des Prozeßgerichts noch die Auswahlverfügung des Vorsitzenden, BGH **60**, 258, Düss OLGR **01**, 191.

Der Anwalt muß aber auf Grund der wirksamen Auswahl an die Partei herantreten und ihr seine *Bereitschaft* zur Übernahme der Vertretung mitteilen. Er darf diese Bereitschaft nicht von anderen Bedingungen als einer Vorschußzahlung nach II abhängig machen, Rn 10. Er kann sogleich erste Pflichten haben. Der Anwalt muß prüfen, ob er vielleicht nach § 45 BRAO nicht tätig werden darf. Dann darf er die Übernahme der Vertretung ohne weiteres ablehnen. Erst die Erteilung der Prozeßvollmacht macht den beigeordneten Anwalt zum ProzBev, BGH NJW **87**, 440. **9**

B. Vorschuß, II. Der ausgewählte Anwalt darf die Übernahme der Vertretung stets davon abhängig machen, daß die Partei ihm einen Vorschuß zahlt, BGH MDR **00**, 412. Er kann diese Bedingung ohne eine Angabe von Gründen stellen. Erforderlich und ausreichend ist die Mitteilung seiner Bedingung gegenüber der Partei. Wenn die Partei nicht zahlen will, aber zahlen muß, muß das Gericht wie auch beim Vorliegen sonstiger wichtiger Gründe nach § 45 BRAO die Beiordnung wieder aufheben, § 48 II BRAO. Der Anwaltsvertrag kommt auch dann zustande, wenn die Partei auf die Mitteilung der Beiordnung und Auswahl schweigt, LG Traunstein AnwBl **76**, 345. Der Vorschuß bemißt sich nach § 9 RVG. Der Anwalt kann also sowohl für die entstandenen als auch für die voraussichtlich entstehenden Gebühren und Auslagen einen angemessenen Vorschuß fordern. **10**

6) Rechtsbehelfe, III. Beim Rpfl gilt § 11 RPflG, § 104 Rn 41 ff. Im übrigen gilt das folgende. **11**

A. Sofortige Beschwerde gegen Auswahlverfügung. Gegen die Auswahlverfügung oder den Auswahlbeschluß des Vorsitzenden hat sowohl die Partei als auch der ausgewählte Anwalt die sofortige Beschwerde, III 1, § 567 I Z 1. Das vom auswählenden Vorsitzenden geübte Ermessen ist also nachprüfbar.

B. Sofortige Beschwerde gegen Ablehnung der Aufhebung. Der Anwalt kann die einmal pflichtgemäß übernommene Vertretung der Partei grundsätzlich nicht von sich aus auflösen. Denn er hat unter einem öffentlichen Zwang abgeschlossen. Er kann aber beantragen, die Beiordnung aus einem wichtigen Grund aufzuheben, § 48 II, 45 BRAO, BGH **60**, 258, Düss FamRZ **95**, 241, Zweibr NJW **88**, 570. Diesen Antrag muß er an den Vorsitzenden des Prozeßgerichts richten, III 2. Gegen eine ablehnende Entscheidung des Vorsitzenden hat der Anwalt die sofortige Beschwerde, III 2, § 567 I Z 1. Der Anwalt kann die Vertretung nicht niederlegen, weil die Partei ihn nicht unterrichtet. **12**

C. Sofortige Beschwerde gegen Aufhebung. Sie steht dem betroffenen Anwalt entsprechend III 2 zu, Köln OLGR **95**, 247 (PKH). **13**

D. Rechtsbeschwerde gegen Verfügung des Vorsitzenden des Berufungsgerichts. Wenn der Vorsitzende des Berufungsgerichts die Entscheidung erlassen hat, ist allenfalls eine Rechtsbeschwerde nach § 574 I–III denkbar. **14**

7) Wert, I–III. Wegen des Streitwerts § 3 Anh Rn 86 „Notanwalt". **15**

79 *Parteiprozess.* [I 1] **Soweit eine Vertretung durch Rechtsanwälte nicht geboten ist, können die Parteien den Rechtsstreit selbst führen.** [2] **Parteien, die eine fremde oder ihnen zum Zweck der Einziehung auf fremde Rechnung abgetretene Geldforderung geltend machen, müssen sich durch einen Rechtsanwalt als Bevollmächtigten vertreten lassen, soweit sie nicht nach Maßgabe des Absatzes 2 zur Vertretung des Gläubigers befugt wären oder eine Forderung einziehen, deren ursprünglicher Gläubiger sie sind.**

[II 1] **Die Parteien können sich durch einen Rechtsanwalt als Bevollmächtigten vertreten lassen.** [2] **Darüber hinaus sind als Bevollmächtigte vertretungsbefugt nur**

1. **Beschäftigte der Partei oder eines mit ihr verbundenen Unternehmens (§ 15 des Aktiengesetzes); Behörden und juristische Personen des öffentlichen Rechts einschließlich der von ihnen zur Erfüllung ihrer öffentlichen Aufgaben gebildeten Zusammenschlüsse können sich auch durch Beschäftigte anderer Behörden oder juristischer Personen des öffentlichen Rechts einschließlich der von ihnen zur Erfüllung ihrer öffentlichen Aufgaben gebildeten Zusammenschlüsse vertreten lassen,**
2. **volljährige Familienangehörige (§ 15 der Abgabenordnung, § 11 des Lebenspartnerschaftsgesetzes), Personen mit Befähigung zum Richteramt und Streitgenossen, wenn die Vertretung nicht im Zusammenhang mit einer entgeltlichen Tätigkeit steht,**
3. **Verbraucherzentralen und andere mit öffentlichen Mitteln geförderte Verbraucherverbände bei der Einziehung von Forderungen von Verbrauchern im Rahmen ihres Aufgabenbereichs,**
4. **Personen, die Inkassodienstleistungen erbringen (registrierte Personen nach § 10 Abs. 1 Satz 1 Nr. 1 des Rechtsdienstleistungsgesetzes) im Mahnverfahren bis zur Abgabe an das Streitgericht, bei Vollstreckungsanträgen im Verfahren der Zwangsvollstreckung in das bewegliche Vermögen wegen Geldforderungen einschließlich des Verfahrens zur Abnahme der eidesstattlichen Versicherung und des Antrags auf Erlass eines Haftbefehls, jeweils mit Ausnahme von Verfahrenshandlungen, die ein streitiges Verfahren einleiten oder innerhalb eines streitigen Verfahrens vorzunehmen sind.**

[3] **Bevollmächtigte, die keine natürlichen Personen sind, handeln durch ihre Organe und mit der Prozessvertretung beauftragten Vertreter.**

[III 1] **Das Gericht weist Bevollmächtigte, die nicht nach Maßgabe des Absatzes 2 vertretungsbefugt sind, durch unanfechtbaren Beschluss zurück.** [2] **Prozesshandlungen eines nicht vertretungsbefugten Bevollmächtigten und Zustellungen oder Mitteilungen an diesen Bevollmächtigten sind**

bis zu seiner Zurückweisung wirksam. [3]Das Gericht kann den in Absatz 2 Satz 2 Nr. 1 bis 3 bezeichneten Bevollmächtigten durch unanfechtbaren Beschluss die weitere Vertretung untersagen, wenn sie nicht in der Lage sind, das Sach- und Streitverhältnis sachgerecht darzustellen.

IV [1]Richter dürfen nicht als Bevollmächtigte vor einem Gericht auftreten, dem sie angehören. [2]Ehrenamtliche Richter dürfen, außer in den Fällen des Absatzes 2 Satz 2 Nr. 1, nicht vor einem Spruchkörper auftreten, dem sie angehören. [3]Absatz 3 Satz 1 und 2 gilt entsprechend.

AO § 15. Angehörige.

I Angehörige sind:

1. der Verlobte,
2. der Ehegatte,
3. Verwandte und Verschwägerte gerader Linie,
4. Geschwister,
5. Kinder der Geschwister,
6. Ehegatten der Geschwister und Geschwister der Ehegatten,
7. Geschwister der Eltern,
8. Personen, die durch ein auf längere Dauer angelegtes Pflegeverhältnis mit häuslicher Gemeinschaft wie Eltern und Kind miteinander verbunden sind (Pflegeeltern und Pflegekinder).

II Angehörige sind die in Absatz 1 aufgeführten Personen auch dann, wenn

1. in den Fällen der Nummern 2, 3 und 6 die die Beziehung begründende Ehe nicht mehr besteht;
2. in den Fällen der Nummern 3 bis 7 der Verwandtschaft oder Schwägerschaft durch Annahme als Kind erloschen ist;
3. im Fall der Nummer 8 die häusliche Gemeinschaft nicht mehr besteht, sofern die Personen weiterhin wie Eltern und Kind miteinander verbunden sind.

Vorbem. Fassg Art 8 Z 3 G v 12. 12. 07, BGBl 2840, in Kraft seit 1. 7. 08, Art 20 S 3 G, ÜbergangsR Einl III 78. Dazu vgl die Rechtsdienstleistungsverordnung – RDV – vom 19. 6. 08, BGBl 1069, in Kraft seit 1. 7. 08, § 10 RDV (Bestimmung der Sachkunde, Registrierungsverfahren usw).

Schrifttum: *Grünewald/Römermann*, RDG, 2008; *Sabel* AnwBl **08**, 390 (Üb); *Zypries* NJW **08**, Heft 27 Beilage.

Gliederung

1 **1) Systematik, I–IV.** Die Vorschrift behandelt den Parteiprozeß, zum Begriff Üb 1 vor § 78. Den Gegensatz bildet der in § 78 geregelte Anwaltsprozeß. Diese Abgrenzung muß man sich bei der Fülle von Vertretungsbefugten des § 79 stets verdeutlichen. § 79 gibt keine Vertretungsbefugnis auch im Anwaltsprozeß. Das zeigt die auch für II–IV natürlich mitgeltende amtliche Überschrift „Parteiprozess" eindeutig. Daran ändert auch § 3 RDGEG mit seinen Regelungen einer „gerichtlichen" Vertretung nichts, zumal diese Vorschrift nicht auch auf § 78 mitverweist. Der Anwaltszwang bleibt also im Anwaltsprozeß unverändert voll bestehen.

2 **2) Regelungszweck, I–IV.** Vertretbarkeit ist außerhalb eines Anwaltszwangs keine Selbstverständlichkeit. Manche möchten ja selbst im Anwaltsprozeß auch die Parteien selbst im Sitzungssaal sehen. Auch schriftsätzlich ist die Verantwortung natürlich dann am direktesten erzielbar, wenn man keine Vertretung mit ihren Umdeutungen, Versehen, Mißverständnissen zulassen würde. Indessen sind viele Bürger trotz allgemeiner Schreib- oder Sprach- und Argumentationsgewandtheit vor Gericht subjektiv wie objektiv glatt überfordert. Dazu tut die Gesetzgebungsmaschinerie kräftig das Ihre. Daher ist die Vertretungsmöglichkeit unverzichtbar. Dann aber sollte man sie auch möglichst ganz zum Ob, Wer, Wann und Wielange der Partei überlassen. §§ 177 ff GVG nennen Grenzen.

3) Geltungsbereich, I–IV. Vgl Üb 3 vor § 78. Die Vorschrift gilt also auch im WEG-Verfahren, im arbeitsgerichtlichen Verfahren, § 46 II 1 ArbGG, BAG NJW **97**, 1325, LAG Hamm BB **76**, 555, und im sozialgerichtlichen Verfahren, LSG Stgt NJW **85**, 582. Im FamFG-Verfahren gilt § 10 FamFG. 3

4) Selbstführung, I. Die Regelung nennt einen Grundsatz und eine Ausnahme. 4

A. Grundsatz: Befugnis, I 1. Die Erlaubnis, den Prozeß selbst zu führen, soweit kein gesetzlicher Anwaltszwang besteht, scheint eine Selbstverständlichkeit. Natürlich gehört die Partei- und die Prozeßfähigkeit als Voraussetzung dazu. Im übrigen klärt I 1, daß die Selbstführung des Prozesses etwas anderes ist als eine Selbstvertretung. Wer im Parteiprozeß als Partei auftritt, ist nicht etwa sein eigener ProzBev. Selbst der Anwalt als Partei im Parteiprozeß ist nicht von vornherein sein eigener ProzBev. Er wird dazu erst infolge der freilich von ihm selbst vorgenommenen Bestellung nach § 172 Rn 5. Das kann auch kostenrechtlich erhebliche Auswirkungen haben. Das Gericht muß solche Unterschiede fortlaufend beachten, etwa bei § 177, 178 GVG oder bei der Parteibezeichnung im Urteil nach § 313 I Z 1.

B. Ausnahme: Vertretungszwang, I 2. Diese als Ausnahme eng auslegbare Vorschrift führt nicht etwa im Parteiprozeß einen generellen Anwaltszwang wie im Anwaltsprozeß ein. Zwar spricht Hs 1 von der Notwendigkeit, sich durch einen Anwalt als Bevollmächtigten vertreten zu lassen. Indessen stehen hier anders als im Anwaltsprozeß die in II 2 Z 1–4 Genannten einem Anwalt gleich. Daher sollte man auf den bloßen Vertretungszwang abstellen. Dieser besteht nur unter den folgenden Voraussetzungen. 5

C. Prozeßstandschaft oder Einziehungszession, II 2 Hs 1. Es muß um die Geltendmachung einer dem Kläger abgetretenen Geldforderung gehen. Sie muß entweder für den Kläger „fremd" sein, oder ein Dritter muß sie ihm „zum Zweck der Einziehung auf fremde Rechnung" abgetreten haben. Das erstere liegt einer gewillkürten Prozeßstandschaft nach Grdz 29 ff vor § 50 zugrunde, das letztere ist eine sog Inkassozession nach Grdz 39 vor § 50. Vgl daher insofern jeweils dort. 6

D. Ausnahme von Ausnahme: Vertretungsbefugnis nach II, I 2 Hs 2 Fall 1. Trotz der Situation Rn 5, 6 entfällt ein Vertretungszwang und ist daher wieder die Selbstführung des Prozesses statthaft, soweit die Partei zum Kreis der in II Z 1–4 Genannten gehört und daher im Parteiprozeß eines anderen als dessen Bevollmächtigter auftreten dürfte. 7

E. Weitere Ausnahme von Ausnahme: Ursprünglicher Gläubiger, I 2 Hs 2 Fall 2. Trotz der Situation Rn 5, 6 entfällt ein Vertretungszwang und ist daher wieder die Selbstführung des Prozesses unabhängig von Rn 7 auch dann statthaft, wenn und soweit die Partei der ursprüngliche Gläubiger derjenigen Geldforderung war, die sie jetzt infolge einer (Rück-)Abtretung geltend macht. 8

5) Vertretungsbefugnis eines Anwalts, II 1. Die Vorschrift wiederholt für ihren Geltungsbereich, den Parteiprozeß, den in § 1 BRAO seit jeher vorhandenen Grundsatz der Vertretungsbefugnis des Anwalts klarstellend. 9

6) Vertretungsbefugnis eines Nichtanwalts, II 2. Für den Parteiprozeß nach Rn 1 enthält die Vorschrift eine abschließende und zugleich wegen der Weite ihrer Einzelaufzählung erheblich auslegungsbedürftige und -fähige, wenn auch wegen des Worts „nur" begrenzt ausdehnbare Fülle von solchen natürlichen oder juristischen Personen, die als Nichtanwalt vertretungsbefugt sein können. Jeweils muß eine Bevollmächtigung wirksam vorliegen. Zu deren Art und Umfang, Voraussetzungen und Grenzen §§ 80 ff. 10

A. Beschäftigte, II 2 Z 1. Infrage kommt grundsätzlich jeder Mitarbeiter der *Partei, Hs 1 Fall 1.* Das ist eine ganz extreme Ausdehnung der Vertretungsbefugnis. Denn es ist weder eine besondere zeitliche Begrenzung der Beschäftigung noch eine besondere Begrenzung des Rangs oder der Art der Mitarbeit vorgesehen, noch eine räumliche Eingrenzung. Jeder derzeit irgendwie bei der Partei Tätige kann sie vertreten, vom Alleinprokuristen bis zur Raumpflegerin, vom 18jährigen Auszubildenden bis zum 40 Jahre hindurch dort Angestellten, vom Betriebsleiter der Zentrale bis zum zufällig am fraglichen Tag am Gerichtsort anwesenden Gelegenheitsarbeiter einer weit entfernten, ja überseeischen Filiale. 11

Beschäftigung mag zwar an sich ein Arbeitsverhältnis bedeuten. Auch ein freiberuflich mit einem Zweistunden-Werkvertrag Betrauter kann aber als derzeit Beschäftigter gelten. Es handelt sich also um einen allenfalls nach Rn 10 begrenzbaren schillernden Begriff. Die Vollmacht hilft nur sehr bedingt, zumal man sie jetzt nach § 80 S 2 nachreichen kann. Ein für den Prozeßgegner äußerst unerfreulicher kaum überprüfbarer Zustand. Mag das Gericht ihn durch eine nicht allzu geduldige Handhabung erträglich machen. 12

Sogar ein *verbundenes Unternehmen* nach § 15 AktG darf einen nur bei *ihm* Beschäftigten entsenden, *Hs 1 Fall 2.* Hier wird die Überprüfbarkeit zum uferlosen Problem, wenn das Gericht nicht sofort klärbare Begleitunterlagen fordert. Ähnliches gilt für die in *Hs 2* aufgeführten Beschäftigte anderer Behörden usw. Der Nebenschauplatz der Klärung einer Vertretungsbefugnis kann hier zu einer praktisch kaum zu bewältigenden Mühsal der Ermittlung der Konstruktion von Behörden, juristischen Personen des öffentlichen Rechts, der zugehörigen Zusammenschlüsse, der Abgrenzung ihrer Aufgaben usw zwingen. Nur harte Anforderungen an eine sofortige ausreichend nachvollziehbare Darlegung und evtl Glaubhaftmachung nach § 294 können hier ein solches Abgleiten verhindern, das aus der Parteiherrschaft und dem aus ihr folgenden Beibringungsgrundsatz nach Grdz 18 ff vor § 128 eine Farce machen würde. Das Gericht darf dergleichen auch nach § 159 keineswegs dulden oder gar noch fördern. 13

B. Angehörige usw, II 2 Z 2. Infrage kommt ferner eine nicht kleine Gruppe von solchen Personen, die das Gesetz ziemlich bunt in einem Zug aneinanderreiht. 14

Volljährige Familienangehörige, Fall 1, sind nur die in § 15 AO Genannten. Diese Vorschrift ist hinter dem Text des § 79 abgedruckt. Wer nach § 15 I Z 8, II Z 3 AO „wie Eltern und Kind miteinander verbunden" ist, mag sich erst durch ein Vorgehen nach Rn 13 erträglich klären lassen. Die Situation bei dem ebenfalls infrage kommenden § 11 LPartG ist etwas klarer. Auch sie erfordert aber evtl erhebliche Aufmerksamkeit. 15

Personen mit Befähigung zum Richteramt, Fall 2, sind die in §§ 5 ff DRiG aufgezählten sog Volljuristen vom Assessor bis zum Präsidenten des BVerfG oder einem entsprechend ausgebildeten Bundesminister usw. Sie unterliegen als Richter freilich den Einschränkungen in IV, Rn 32 ff, mit den dortigen Abgrenzungsproble- 16 men. Das Amt mag entzogen, verlorengegangen, durch Pensionierung beendet oder sonstwie aufgegeben worden sein. Die Befähigung zum Richteramt kann trotzdem fortbestehen.

17 *Streitgenossen, Fall 3,* sind die in §§ 59 ff genannten einfachen wie notwendigen Streitgenossen.

18 *Kein Zusammenhang mit entgeltlicher Tätigkeit, Fälle 1 bis 3,* ist bei Z 2 *stets* eine weitere Bedingung der Vertretungsbefugnis. Nicht etwa bezieht sich dieser Teil der Vorschrift nur auf den Fall 3. Denn der Sinn geht eindeutig dahin, eine früher in § 157 aF umständlich geregelte Beschränkung geschäftsmäßig betriebener Besorgung fremder Rechtsangelegenheiten wenigstens im Kern beizubehalten. Freilich geht es jetzt nur noch um die Entgeltlichkeit. Sie ist schon dann schädlich, wenn die Vertretung auch nur im Zusammenhang mit einem Entgelt steht. Was ein Zusammenhang ist, muß das Gericht von Fall zu Fall klären. Z 2 fordert keinen „unmittelbaren" oder „direkten" Zusammenhang. Rn 10 mag bei der Auslegung helfen.

19 **C. Verbraucherzentralen und -verbände, II 2 Z 3.** Infrage kommen ferner die eben genannten Institutionen und Organisationen. Soweit sie keine natürlichen Personen sind, handeln sie nach II 3, Rn 23. Es geht hier nicht um die eigene Klagebefugnis zB nach § 13 UWG, sondern um die Vertretungsbefugnis im Prozeß eines anderen. Eine sachliche Eingrenzung besteht darin, daß es sich gerade um die Einziehung einer Forderung eines Verbrauchers nach § 13 BGB handeln muß und daß diese Einziehung außerdem gerade im Rahmen des Aufgabenbereichs der Verbraucherzentrale usw liegen muß. Auch hier muß das Gericht die etwa gehäuft auftretenden Klärungsprobleme mithilfe von Rn 10 zu bewältigen und einzugrenzen versuchen.

20 **D. Registrierte Personen bei Inkasso, II 2 Z 4.** Infrage kommen schließlich diejenigen in § 10 I RDG genannten natürlichen und juristischen Personen sowie Gesellschaften ohne Rechtspersönlichkeit, die bei der zuständigen Behörde registriert sind, § 13 RDG. Unter ihnen sind nur diejenigen vertretungsbefugt, die Inkassodienstleistungen nach §§ 2 II 1, 10 I Z 1 RDG erbringen. Dazu gehören nach § 2 III RDG nicht die dort in Z 16 aufgeführten Tätigkeiten. Auch die danach Vertretungsbefugten dürfen aber nur in einem der folgenden Verfahrensabschnitte eine Partei vertreten.

21 *Im Mahnfahren* muß die Vertretung vor der Abgabe an das Streitgericht erfolgen. Sie darf auch keine solche Verfahrenshandlung darstellen, die ein streitiges Verfahren einleitet oder innerhalb eines streitigen Verfahrens nötig wird, *lt Hs.* Vgl dazu jeweils bei § 696.

22 *Im Vollstreckungsverfahren* muß es sich um die Zwangsvollstreckung wegen einer Geldforderung gerade auch oder nur in das bewegliche Vermögen nach §§ 803–863 handeln, freilich einschließlich des Offenbarungsverfahrens nach §§ 899–915 h, also auch einschließlich des Haftantrags nach § 901. Auch in diesen Fällen darf keine solche Verfahrenshandlung erfolgen, die ein streitiges Verfahren einleitet oder innerhalb eines streitigen Verfahrens nötig wird, *lt Hs.* Das ergibt sich aus dem dortigen Wort „jeweils". Freilich ist dergleichen hier wohl praktisch kaum je zu erwarten.

23 **7) Keine natürliche Person, II 3.** In allen Fällen Rn 10–22 darf bei einer nicht natürlichen Person nur ihr Organ oder ihr mit einer Prozeßvertretung von der dazu nach der Satzung usw formell beauftragter Vertreter als Bevollmächtigter auftreten. Auch an dieser Stelle droht wieder eine solche Mühsal bei der Ermittlung des Berechtigten, die das Gericht nur mithilfe Rn 10 erträglich lösen kann und sollte.

24 **8) Entbehrlich einer vollen Prozeßvollmacht, II 1–3.** Kein Teil dieser Vorschrift erfordert stets eine volle Prozeßvollmacht nach § 80. Die bloße Eigenschaft eines „Bevollmächtigten" kann auch derjenige erhalten haben, der nur eine Terminsvollmacht oder eine andere gegenüber einer Prozeßvollmacht nach der Art, dem Ort oder dem Zeitpunkt in gesetzlicher Weise eingeschränkte Vollmacht besitzt. Auch dieser geringe Bevollmächtigte muß zur Wirksamkeit seiner Vertretung alle Bedingungen des § 79 erfüllen. Dasselbe gilt natürlich erst recht für den vollen ProzBev.

25 **9) Zurückweisungszwang, III 1.** Soweit ein als Bevollmächtigter auftretender Vertreter nicht nach II vertretungsberechtigt ist, darf und muß das Gericht ihn ohne eine Ermessensfreiheit zu dieser Rechtsfolge durch einen Beschluß zurückweisen. Das muß unverzüglich geschehen, allenfalls nach dem Ablauf einer etwa gesetzten oder doch notwendig gewordenen Frist. Es ist ein ausdrücklicher Beschluß nötig. Eine „Verfügung" kann ausreichen, wenn sie trotz der falschen Bezeichnung doch die Anforderungen an einen Beschluß nach § 329 erfüllt.

Eine *Begründung* ist wegen der Unanfechtbarkeit nach III 1 in Verbindung mit § 309, dort Rn 6, zwar an sich entbehrlich. Sie sollte aber doch wenigstens in einer für den Betroffenen im Kern nachvollziehbarer Kurzform als eine Anstandspflicht (nobile officium) erfolgen, auch damit das Rechtsmittelgericht auf Grund einer nun einmal erfolgten sofortigen Beschwerde zu einer wenigstens ansatzweisen Mitbeurteilung imstande ist. Eine förmliche Zustellung ist nicht nötig, § 329 II 1. Sie ist aber statthaft. Der Beschluß ist frei abänderlich, § 329 Rn 16. Er ist ja nur unanfechtbar.

26 **10) Wirksamkeit vorheriger Prozeßhandlungen usw, III 2.** Bis zur gesetzmäßigen Verkündung oder sonstigen formlosen oder gar förmlichen Mitteilung des Zurückweisungsbeschlusses an den nicht vertretungsbefugten Bevollmächtigten sind seine bisherigen Prozeßhandlungen nach Grdz 46 ff vor § 128 und die bisher gerade an ihn erfolgten Zustellungen oder Mitteilungen des Gerichts oder des Prozeßgegners wirksam, soweit die sonstigen Wirksamkeitsvoraussetzungen vorliegen. Wer sich auf eine Unwirksamkeit beruft, muß deren Voraussetzungen beweisen. Das Gericht prüft zwar von Amts wegen nach Grdz 39 vor § 128. Es ermittelt aber nicht von Amts wegen etwa nach Grdz 38 vor § 128, sondern weist nur auf Bedenken hin und gibt evtl eine Frist zu ihrer Beseitigung.

27 **11) Zurückweisungsermessen, III 3.** Die Vorschrift gilt nur gegenüber den in II 2 Z 1–3 bezeichneten Bevollmächtigten, also nicht gegenüber den registrierten Inkassobevollmächtigten der dortigen Z 4. Sie gilt ferner nicht gegenüber einer Partei oder ihrem Streithelfer nach § 66 oder ihrem Beistand nach § 90.

28 **A. Unfähigkeit zur sachgerechten Darstellunng.** Sie ist die zwingende Bedingung einer Untersagung nicht nur des weiteren Vertrags, sondern der weiteren gesamten Vertretung, um die allein es in III 3 geht. Diese Unfähigkeit muß im Entscheidungszeitpunkt eindeutig und nicht nur für die nächsten Sekunden oder wenigen Minuten einer Erholungsbedürftigkeit bestehen, sondern zumindest für die voraussichtliche weitere

Dauer dieses Termins oder gar darüber hinaus oder außerhalb eines Termins für eine solche Zeitspanne, die über die etwa krankheitsbedingt notwendige Fristsetzung oder -verlängerung oder über diejenige Zeit hinausgeht, die das Gericht schon wegen Art 103 I GG etwa auf Grund eines gegnerischen Neuvortrags diesem Bevollmächtigten setzen muß.

Gründe einer Unfähigkeit mögen zB bilden: Eine Unklarheit des Denkens, BFH DB **85**, 474 (zu § 62 II FGO); eine nur mangelhafte Ausdrucksfähigkeit; ein zu schwieriger Sachverhalt; eine Angetrunkenheit; eine ungenügende Selbstbeherrschung; ein körperliches oder geistiges zumindest derzeitiges Gebrechen, §§ 185 ff GVG, BFH DB **85**, 474 (zu § 62 II FGO); die Erkenntnis, daß der Bevollmächtigte die Rechte seines Auftraggebers aus einem sonstigen Grund auf unabsehbare Zeit nicht wahrnehmen kann, BFH DB **85**, 474 (zu § 62 II FGO).

Die *Beherrschung einer Sprache* für den täglichen Umgang genügt im allgemeinen noch nicht zur Rechtsverfolgung vor dem Gericht. Eine bloße Ungewandtheit im Ausdruck ist aber beim AG noch nicht Grund genug, den Vortrag zu untersagen. Soweit der Betroffene die deutsche Sprache nicht beherrscht, muß das Gericht einen Dolmetscher hinzuziehen.

B. Entscheidung. Das Gericht entscheidet nach seinem pflichtgemäßen Ermessen durch einen Be- **29**
schluß, § 329. Wegen einer Begründung gilt dasselbe wie bei III 1, Rn 25. Es verkündet ihn oder teilt ihn formlos mit, § 329 I 1, II 1.

C. Rechtsmittel. Der Beschluß ist grundsätzlich frei abänderlich, § 329 Rn 16. Er ist grundsätzlich **30**
unanfechtbar. Soweit ein Fall der Untersagungsmöglichkeit objektiv überhaupt nicht vorlag, kann die von dem Beschluß betroffene Partei aber ausnahmsweise eine sofortige Beschwerde nach § 567 I Z 2 einlegen. Eine Rechtsbeschwerde kommt unter den Voraussetzungen des § 574 in Betracht. Der Gegner hat gegen einen solchen Beschluß, der die Untersagung des Vortrags ablehnt, kein Rechtsmittel.

D. Wirkung. Zwar ist die Partei jetzt nicht mehr ordnungsgemäß vertreten. Das Gericht darf aber in **31**
demselben Termin nicht stets eine Versäumnisentscheidung treffen. LG Aachen AnwBl **83**, 528. Es muß vielmehr nunmehr nach § 158 Rn 3 verfahren.

12) Richter als Bevollmächtigter, IV. Die Vorschrift begrenzt die Vertretungsbefugnis eines Richters als **32**
eines Bevollmächtigten. Das geschieht unabhängig davon, ob er entgeltlich oder unentgeltlich tätig wird, ob geschäftsmäßig oder nur einmal ohne jede Berufs- oder Erwerbsabsicht. Es geschieht auch unabhängig davon, ob er zu seinem Auftraggeber in einem Verwandtschafts- oder Schwägerschaftsverhältnis steht, ob er mit ihm verlobt oder verheiratet oder in einer Lebenspartnerschaft oder -gemeinschaft lebt. IV verbietet ganz einfach einem Richter unter den weiteren Voraussetzungen dasjenige, was ihm I–III evtl erlauben würden.

Ob das *verfassungsgemäß* ist, ist eine der in dieser Beziehung nicht wenigen Fragen, die § 79 schon bei erster Prüfung auslöst.

A. Richter, IV 1. Das ist ein Berufsrichter. Das folgt einerseits aus § 1 DRiG mit seiner Gegenüber- **33**
stellung des Berufsrichters und des ehrenamtlichen Richters, andererseits aus IV 2, der den ehrenamtlichen Richter behandelt. Jeder Berufsrichter fällt unter IV 1, also auch derjenige des § 8 DRiG auf Zeit, auf Probe oder kraft Auftrags. Die Richtereigenschaft beginnt mit der Aushändigung der Ernennungsurkunde nach § 17 DRiG und endet mit der Entlassung aus diesem Dienstverhältnis nach § 21 DRiG oder mit dem Tod. Sie endet folglich noch nicht mit der Pensionierung. Denn auch der Richter a.D. ist und bleibt zB einer gewissen Dienstaufsicht unterworfen, um nur einen von mehreren Aspekten zu nennen.

B. Angehöriger des Prozeßgerichts, IV 1. Der Richter nach Rn 33 darf im Zeitpunkt und wäh- **34**
rend des Zeitraums seines Auftretens vor dem Prozeßgericht diesem nicht „angehören". Das ist ein in Wahrheit alles andere als klarer Begriff.

Pensionierung mag das Angehören beenden. Denn immerhin hat der Pensionär keine Richterpflichten oder **35**
-rechte mehr. Es mag freilich noch eine offenbar von IV 1 gefürchtete Möglichkeit einer gewissen Kollegialitätsproblematik nach Art einer Befangenheitsgefahr des amtierenden Gerichts bestehen, § 42 Rn 30 „Kollegialität". Aber wo liegt dann die zeitliche Grenze? Darf der seit heute Pensionierte heute vor dem Gericht auftreten, in dessen Abteilung er gestern seine letzten Urteile und Protokolle unterschreiben durfte und mußte? Darf er das nach einem Monat seit der Pensionierung tun, oder nach einem Jahr? usw. Oder: Gehört der RiLG, der für ein Jahr ans AG abgeordnet ist, dem LG oder dem AG oder beiden Gerichten an? Das sind nur zwei vermutlich ziemlich praxisnahe Fälle, die zu lösen der Gesetzgeber der Justiz überlassen hat. Es lassen sich zahlreiche ähnliche bilden.

Sinnermittlung ist wieder einmal notwendig. Immerhin hat das Gesetz selbst eine solche Grobeinteilung **36**
vorgenommen, deren oben angedeutete Aufsplitterung zu weit mehr Unsicherheit als erträglich führen kann. Das Abstellen auf die Zeit einer aktiven Tätigkeit in demjenigen Gericht, an das der Dienstherr derzeit zugeordnet hat, wo man den Dienst also derzeit leistet, ist eine praktikable, wenn auch nicht stets befriedigende Lösung.

Ersuchtes Gericht nach § 157 GVG ist nicht das „Gericht" des IV. Denn nur das Prozeßgericht ist schutz- **37**
bedürftig, weil nur dort die eigentlichen Entscheidungen fallen, die es möglichst frei vom Charme oder Druck eines Kollegen aus den eigenen Reihen soll treffen können.

C. Ehrenamtlicher Richter, IV 2. Vgl zunächst Rn 33. Hierher zählen nicht nur die Handelsrichter **38**
der Kammer für Handelssachen, sondern auch alle anderen Arten ehrenamtlicher Richter. Denn auch sie mögen eine Vollmacht zur Vertretung in einem Parteiprozeß erhalten. Indessen kommt ein „Auftreten vor einem Spruchkörper, dem sie angehören", im Parteiprozeß allenfalls bei der Kammer für Handelssachen des LG in Betracht, soweit dort ausnahmsweise kein Anwaltszwang besteht und daher § 79 überhaupt anwendbar ist, Rn 1.

Beschäftigte nach Rn 11–13 dürfen nach IV 2 sogar als ehrenamtliche Richter in der Eigenschaft eines **39**
Bevollmächtigten auftreten, Hs 2.

D. Zurückweisung, IV 3. Es gelten III 1, 2 entsprechend. Vgl also Rn 25, 26. **40**

80 ***Prozessvollmacht.*** [1] **Die Vollmacht ist schriftlich zu den Gerichtsakten einzureichen.** [2] **Sie kann nachgereicht werden; hierfür kann das Gericht eine Frist bestimmen.**

Vorbem. Fassg Art 8 Z 4 G v 12. 12. 07, BGBl 2840, in Kraft seit 1. 7. 08, Art 20 S 3 G, ÜbergangsR Einl III 78.

Schrifttum: *Brunn,* Die Vollmacht im Zivilprozeß, Diss Gießen 1988.

Gliederung

1 **1) Systematik, S 1, 2.** Die Vorschrift regelt einen wichtigen Teil der bei einer Prozeßvollmacht auftretenden Fragen, nämlich das Bindeglied zwischen der wahren Erteilung und einer Gebrauchsmöglichkeit. Sie ergänzt die Anwaltsbestellung nach § 172. II hat eine sehr geringe Bedeutung. Im Mahnverfahren gilt vorrangig und inhaltlich abweichend § 703.

2 **2) Regelungszweck, S 1, 2.** Die Vorschrift dient vor allem der Rechtssicherheit, Einl III 43. Es soll von vornherein aus einer ganzen Reihe von Gründen klar sein, wer in welchem Umfang wem gegenüber und für welchen Zeitraum Bevollmächtigter mit allen weitreichenden Rechtsfragen ist, von der Notwendigkeit der Zustellung und Ladung an ihn nach § 172 bis zur Haftung, § 85 II. Das alles liegt sowohl im öffentlichen Interesse als auch im rechtverstandenen Interesse aller Beteiligten, BGH BB **02**, 963. Daher ist eine durchaus strenge Auslegung notwendig, BGH NJW **04**, 840. Das gilt entgegen einer oft erschreckend laxen Praxis, die bis zur bewußten Beschimpfung des lästig gesetzestreuen Anwenders gehen kann.

3 **3) Geltungsbereich, S 1, 2.** Vgl Üb 3 vor § 78. Im FamFG-Verfahren gelten §§ 11, 114 FamFG.

4 **4) Vollmachtseinreichung, S 1, 2.** Die Vorschriften haben eine oft unterschätzte Bedeutung.

A. Begriffe. Unter einer sachlichrechtlichen Vollmacht versteht man die sachliche Vertretungsmacht nach § 166 II BGB. Von ihr muß man die Prozeßvollmacht sorgfältig trennen, BGH **154**, 287. Unter einer prozeßrechtlichen Vollmacht versteht man die prozessuale Vertretungsmacht. Die ZPO gebraucht den Begriff Vollmacht auch für die Vollmachtsurkunde, § 80 I. Die prozessuale Vollmacht kann eine Vollmacht für den gesamten Prozeß sein. Dann spricht man von der Prozeßvollmacht, BGH MDR **85**, 30. Sie kann auch eine Sondervollmacht nur für eine einzelne Prozeßhandlung darstellen. Eine solche Sondervollmacht ist im Parteiprozeß stets statthaft, auch nach § 157. Im Anwaltsprozeß ist sie nur in der Form einer Untervollmacht oder bei Handlungen außerhalb des Anwaltszwangs zulässig. Auch die Untervollmacht muß der Form der Hauptvollmacht genügen. Sie muß eine lückenlose Kette der Bevollmächtigungen seit dem Hauptvollmachtgeber erweisen, BGH BB **02**, 963.

Die *Rechtsnatur* der Prozeßvollmacht ist *streitig,* § 78 Rn 32, 33, Grdz 18 vor § 253. Nach BVerwG Buchholz 310 § 67 VwGO Nr 42 ist die Vollmacht eine Prozeßvoraussetzung. Nach BFH DB **78**, 238, BayObLG NJW **87**, 137, Schneider MDR **83**, 187 ist die Prozeßvollmacht nur eine „Prozeßhandlungsvoraussetzung“. Nach BGH NJW **02**, 1958 ist sie eine Sachurteilsvoraussetzung. Die Frage, ob der Bevollmächtigte befugt ist, gerade vor diesem Gericht aufzutreten, § 78 Rn 22, hat nichts mit der Wirksamkeit oder Mangelhaftigkeit der Vollmacht zu tun. §§ 80, 88, 89 gelten abschließend ohne eine sog Rechtsscheinshaftung, BGH NJW **04**, 840.

Unanwendbar ist § 80 auf eine bloße Geldempfangsvollmacht, AG Brake DGVZ **07**, 45.

5 **B. Außen- und Innenverhältnis.** Jede prozessuale Vollmacht geht neben einer sachlichrechtlichen Vollmacht her. Deshalb muß man streng zwischen der Vertretungsmacht nach außen und derjenigen im Verhältnis zwischen dem Vollmachtgeber und dem Vollmachtnehmer unterscheiden, Üb 4 vor § 78, BGH NJW **93**, 1926, Hamm AnwBl **89**, 397, LAG Bln AnwBl **87**, 241. Der Umfang der beiden Vollmachtsarten kann sehr unterschiedlich sein. Die sachlichrechtliche Vollmacht kann erloschen sein, wenn die prozessuale Vollmacht noch fortdauert. Die sachlichrechtliche Vollmacht richtet sich ganz nach dem BGB, BAG AnwBl **80**, 149. Das gilt auch dann, wenn es um die Folgen eines Willensmangels geht. Die Prozeßvollmacht kann trotz der Nichtigkeit des sachlichrechtlichen Grundgeschäfts grundsätzlich wirksam sein, Hamm AnwBl **89**, 397, aM LG Frankenth VersR **96**, 777 (aber §§ 86, 87 zeigen die etwaige prozessuale Fortwirkung deutlich). Freilich kann die sachlichrechtliche Nichtigkeit eines Vertrags auch ausnahmsweise die Prozeßvollmacht mitergreifen, BGH **154**, 287. Aber Vorsicht wegen der grundsätzlichen Verschiedenheit beider Vollmachtsarten! Ein Berufsrechtsverstoß eines Anwalts führt nicht stets zur Unwirksamheit seiner Prozeßvollmacht, Hamm MDR **89**, 266.

6 **C. Erteilung.** Die Partei erteilt die prozessuale Vollmacht durch eine Parteiprozeßhandlung, Grdz 47 vor § 128, BVerwG NJW **06**, 2648, Urbanczyk ZZP **95**, 344, aM BGH FamRZ **95**, 1484, Mü OLGZ **93**, 224 (je: durch eine rechtsgeschäftliche Erklärung. Aber es geht um die prozessuale Wirkung). Dabei reicht die Geschäftsfähigkeit aus, Urbanczyk ZZP **95**, 344. Wegen des Charakters der Parteiprozeßhandlung bleibt ein etwaiger Willensmangel bei der Erteilung der prozessualen Vollmacht unbeachtlich, Grdz 56 vor § 128, ebenso eine Bedingung, Grdz 54 vor § 128. Die Erteilung der prozessualen Vollmacht ist auch dann eine Parteiprozeßhandlung, wenn sie der Erhebung der Klage vorangeht. Denn die Vollmachtserteilung richtet

sich in der Regel unmittelbar auf eine Tätigkeit im Prozeß. Eine Bestätigung durch einen Dritten reicht nicht aus, Mü OLGZ **93**, 224. Der Haftpflichtversicherer kann nicht wirksam gegen den Willen des Versicherungsnehmers diesem einen ProzBev bestellen, Bre VersR **91**, 1281, Saarbr OLGR **99**, 487.

Die Vollmachtserteilung *leitet* also in einem weiteren Sinn den *Prozeß ein*. Deshalb muß der Vollmachtgeber im Zeitpunkt der Vollmachtserteilung prozeßfähig sein, §§ 51, 52, BGH NJW **87**, 440, BayObLG AnwBl **92**, 234. Man muß die prozessuale Vollmacht in ihrer Gültigkeit nach dem deutschen Recht beurteilen, selbst wenn sie im Ausland entstand, BGH NJW **90**, 3088. Davon unterscheiden muß man die sachlichrechtliche Vertretungmacht. Diese muß man evtl nach dem ausländischen Recht des Erteilers beurteilen, BGH DB **90**, 2217. Wegen der Prozeßfähigkeit des Bevollmächtigten § 78 Rn 26, § 79 Rn 5.

D. Erklärungsempfänger. Man erteilt die prozessuale Vollmacht durch eine einseitige Erklärung, BGH 7
FamRZ **95**, 1484. Sie erfolgt gegenüber dem zu Bevollmächtigenden, dem Gegner oder dem Gericht, BGH FamRZ **95**, 1484, KG RR **05**, 882. Die Vollmacht wird mit dem Zugang der Erklärung wie bei § 130 BGB wirksam, BGH FamRZ **95**, 1484. Das gilt auch dann, wenn der Erklärungsempfänger von dem Zugang keine Kenntnis nimmt. Mit diesem Zugang ist die Erklärung dann auch anderen gegenüber wirksam. Wenn man die Vollmacht zB gegenüber dem Gericht erklärt, wird sie in diesem Zeitpunkt auch gegenüber dem Bevollmächtigten wirksam. Das gilt unabhängig davon, ob er von der Erklärung sogleich eine Kenntnis erhält.

Bei einer *Sozietät* kommt es zunächst auf die Auslegung der Erklärung dazu an, ob eine Prozeßvollmacht nur auf einen einzelnen bestimmten Sozius oder auf mehrere oder auf alle Sozien vorliegt, BGH NJW **00**, 1334, LG Kblz NJW **01**, 2727. Das gilt auch bei einer Sozietät von Anwälten, Wirtschaftsprüfern oder Steuerberatern usw, BGH **83**, 330, und bei einer überörtlichen Sozietät, Grdz 52 vor § 128, Düss RR **95**, 376, Karlsr RR **95**, 377, FG Bln JB **99**, 364. Meist liegt eine Beauftragung aller Sozien vor, BGH NJW **95**, 1841, BayObLG **94**, 344. Das gilt insbesondere bei einer Anwaltsgesellschaft, Henssler NJW **99**, 243, dort auch zB bei einer AnwaltsAG, BayObLG NJW **00**, 1647, Kempter/Kopp NJW **01**, 777. Wegen eines europäischen Anwalts SchlAnh VII A.

Die Erklärung kann *formlos* erfolgen, BGH NJW **02**, 1957, KG RR **05**, 882. Auch eine stillschweigende Erklärung ist ausreichend, BGH FamRZ **95**, 1484, ebenso die Erteilung zum Sitzungsprotokoll oder zum Protokoll der Geschäftsstelle. Die Schriftform dient nur dem Nachweis, BGH NJW **94**, 2298, BVerwG NZA-RR **04**, 391, Karst NJW **95**, 3280. Ein Telefax reicht aus, Rn 11. Wenn die Partei aber im Verfahren auf die Bewilligung einer Prozeßkostenhilfe nach § 114 lediglich um die „Beiordnung eines Anwalts" bittet, darf man den Beigeordneten noch nicht durch diese Bitte der Partei als bevollmächtigt ansehen, BGH NJW **87**, 440. Auf einem ganz anderen Gebiet liegt die Frage der Verhandlungsfähigkeit, Üb 1 vor § 78.

Im *Anwaltsprozeß* nach § 78 Rn 1 ist grundsätzlich (Ausnahme: BGH) auch eine solche Prozeßvollmacht wirksam, die die Partei einem im Bezirk des Prozeßgerichts nicht niedergelassenen Anwalt erteilt hat, (zum alten Recht) Mü AnwBl **93**, 576. Der Bevollmächtigte kann im Rahmen seiner Verhandlungsfähigkeit selbst verhandeln. Sie beginnt allgemein mit der Aushändigung der Zulassungsurkunde, (zum alten Recht) BGH NJW **92**, 2706. Im übrigen kann er nur durch einen Vertreter handeln, Mü AnwBl **93**, 576. Er muß notfalls selbst einen ProzBev bestellen, Mü AnwBl **85**, 44. Die dem Anwalt erteilte Prozeßvollmacht ermächtigt kraft Gesetzes auch seinen Allgemeinvertreter, § 53 III BRAO. Den bevollmächtigten Anwalt bindet eine Weisung der Partei nur im Innenverhältnis.

E. Prozessuale Folgen einer sachlichrechtlichen Vollmacht. Manche umfassende sachlichrechtliche 8
Vollmacht schließt als gesetzliche Folge eine Ermächtigung zur Prozeßführung ein, zB in folgenden Fällen: Eine Generalvollmacht ermächtigt zur Prozeßführung in allen Vermögensangelegenheiten oder in einem Kreis derartiger Angelegenheiten. Die Prokura ermächtigt nach § 49 HGB zu allen Prozessen aus dem Betrieb irgendeines Handelsgewerbes, auch wegen eines Grundstücks. § 49 II HGB betrifft die Prozeßführung nicht. Die Handlungsvollmacht ermächtigt bei ihrer allgemeinen Erteilung auch allgemein zur Führung der zugehörigen Prozesse, § 54 HGB. Eine Vertretung des ausländischen Inhabers eines gewerblichen Schutzrechts ermächtigt zur Prozeßführung, §§ 16 PatG, 28 GebrMG, § 96 MarkenG. Zur Prozeßführung ermächtigt auch eine Anstellung als geschäftsführender Gesellschafter, § 714 BGB, oder die Funktion des Vorstands eines nicht rechtsfähigen Vereins, § 54 BGB, oder des gesetzlichen Vertreters einer juristischen Person. Die Bestellung zum Abwickler einer Firma usw berechtigt zur Prozeßführung, BFH DB **85**, 28.

In allen diesen Fällen muß man prüfen, ob die umfassende sachlichrechtliche Vollmacht *wirksam* ist. Dann 9
liegt auch eine wirksame prozessuale Vollmacht vor, BFH DB **85**, 28. Soweit sich ein Prozeßführungsrecht ausschließlich auf eine gesetzliche Bestimmung stützt, Grdz 26 vor § 50, liegt lediglich eine gesetzliche Vertretung vor, zB: Bei einem Schiffer außerhalb des Heimathafens, § 527 II HGB; bei der Gütergemeinschaft im Fall der Verhinderung des anderen Ehegatten, §§ 1429, 1454 BGB.

5) Nachweis der Vollmacht, S 1, 2. Die Vorschrift spricht nur noch von der Einreichung und 10
vermeidet in einer modischen Unschärfe den der Sache nach viel wichtigeren und allein wesentlichen unverändert notwendigen Begriff Nachweis. Sie bezieht sich auf die Hauptvollmacht und auf eine etwaige Untervollmacht, BGH RR **02**, 933.

A. Notwendigkeit des Nachweises. Der Bevollmächtigte muß seine Vollmacht dem Gegner immer dann nachweisen, wenn der Gegner es verlangt, § 88 I, BGH BB **97**, 1816. Dem Gericht gegenüber ist der Vollmachtsnachweis nur dann erforderlich, wenn der Bevollmächtigte kein Anwalt ist oder wenn die Vollmacht mangelhaft sein soll, § 88 II Hs 2. Die Berufung ist also dann unzulässig, wenn der Anwalt des Rechtsmittelklägers trotz einer Rüge des Gegners bis zum Schluß der letzten Tatsachenverhandlung nach §§ 136 IV, 296 a, 525 S 1, 555 I 1 keine schriftliche Vollmacht zu den Akten gegeben hat. Allerdings kann man den Nachweis in den Grenzen von S 2 Hs 2 nachholen, sogar im Revisionsrechtszug, (zum alten Recht) BGH BB **97**, 1816.

Auch der *Pflichtanwalt* muß seine Vollmacht nach den vorgenannten Regeln nachweisen. Zu diesem Nachweis ist also auch ein im Verfahren auf die Bewilligung einer Prozeßkostenhilfe nach § 121 beigeordneter Anwalt oder der Notanwalt nach §§ 78 b, c verpflichtet. Im Mahnverfahren nach §§ 688 ff ist kein Vollmachtsnachweis erforderlich, § 703. Anstelle des Nachweises ist allerdings unter Umständen eine Versicherung der Bevollmächtigung erforderlich. Der Nachweis betrifft nur die Tatsache der Bevollmächtigung.

Ein Nachweis der Befugnis des Vollmachtgebers, etwa eines gesetzlichen Vertreters, fällt unter § 56. Er ist also stets notwendig.

11 **B. Abgabe der Originalvollmacht.** In der Regel muß man eine Vollmachtsurkunde vorlegen. Sie muß den Namen des ProzBev und seine Nämlichkeit enthalten. Dabei ist eine Ergänzung im gleichzeitigen Schriftsatz ausreichend, BGH VersR **84**, 851, BFH NJW **98**, 264. Die Originalvollmacht muß eine rechtswirksame Unterschrift der Partei aufweisen, zulässigerweise mit ihrer Firma, § 129 Rn 9, LAG Kiel NZA-RR **04**, 607. Man muß diese Urkunde unabhängig von § 88 II grundsätzlich zu den Prozeßakten abgeben, BGH BB **02**, 963, BFH NJW **96**, 872, Karst NJW **95**, 3282 (ausf), vgl auch § 62 III FGO, § 73 II SGG, LSG Bln NJW **89**, 191, § 67 III VwGO. Die Urkunde muß in deutscher Sprache verfaßt oder deutsch übersetzt vorliegen, § 184 GVG. Ein Datum ist entbehrlich, BFH BB **91**, 2362. Denn der Nachweis hat gerade anders als bei § 89 Rn 15 nur für die Zukunft eine Bedeutung, aM Karlsr GRUR **92**, 877. Eine Erklärung der Bevollmächtigung kann auch zum Protokoll des Gerichts erfolgen. Eine ordnungsgemäß unterschriebene Blankovollmacht kann ausreichen, BFH DB **88**, 1684 (zu § 62 III 1 FGO), BVerwG MDR **84**, 256. Ein Unterschriftsstempel reicht nicht, ebensowenig ein Zeugenbeweisantritt, Mü OLGZ **93**, 225.

Vorlegen und abgeben muß man das *Original.* Das ist entgegen einer weitverbreiteten Praxis fast aller Beteiligten nach dem klaren Sinn des § 80 schon im öffentlichen Interesse erforderlich, Rn 2, BGH NJW **02**, 1957, Hbg WettbR **99**, 170 (Eilverfahren), AG Warburg DGVZ **01**, 142, wie übrigens auch bei § 174 S 1 BGB, LAG Düss BB **95**, 731, FG Kassel RR **95**, 638. Diese Notwendigkeit besteht auch im wettbewerbsrechtlichen Abmahnverfahren, Drsd WettbR **99**, 140 oder bei der Anerkennung oder Vollstreckung eines ausländischen Schiedspruchs, BGH BB **02**, 963.

Ein *Telefax* ist ausreichend, BGH NJW **02**, 1957, BFH NJW **96**, 2183 (zustm Bork JZ **97**, 256), aM BGH MDR **97**, 721, BFH JZ **97**, 255 (krit Bork), LAG Kiel NZA-RR **04**, 607 (vgl aber § 129 Rn 44 „Telefax"). Das gilt zumindest für ein solches des Auftraggebers, LG Mönchengladb MDR **04**, 837. Eine Fotokopie usw reicht nicht aus, BGH **126**, 267, BFH BB **91**, 2364, LAG Kiel NZA-RR **04**, 607. Grundsätzlich reicht auch nicht eine beglaubigte Abschrift oder Ablichtung, selbst wenn der Vollmachtgeber zB eine Behörde ist. Diese Notwendigkeit entfällt nicht etwa durch den Vorgang Rn 16. Ausnahme: Rn 15.

Daher reicht es grundsätzlich auch nicht aus, das Original nur *vorzuzeigen* und eine Kopie einzureichen. Denn das Original ist nicht „zur Einsicht vorzulegen", sondern „zu den Gerichtsakten einzureichen", um sicherzustellen, daß im gesamten weiteren Prozeßverlauf die von Amts wegen zu prüfende Prozeßvoraussetzung einer ordnungsgemäßen Vollmacht vorliegt. Daher hat das Gericht es auch keineswegs in der Hand, an dieser Stelle „Großzügigkeit" weiterzufördern. Eine Rückgabe der zu den Akten eingereichten Originalvollmacht kommt auch nach dem Prozeßende grundsätzlich nicht in Betracht, aM Karlsr GRUR **92**, 877, ZöV 11 (aber es handelt sich um einen notwendigen Bestandteil des Parteivortrags. Auch das Rechtsmittelgericht muß diesen wesentlichen Vorgang bereits direkt anhand der Akten abschließend überprüfen können). Ausnahmsweise mag es im allseitigen Einverständnis reichen, eine mit dem Original als übereinstimmend protokollierte Kopie in die Akte zu heften.

12 **C. Registerauszug usw.** Bei den nach Rn 8, 9 zur Prozeßführung Ermächtigten genügt eine Vorlage der entsprechenden Urkunde, zB eines Auszugs aus dem Handelsregister im Rahmen von § 88, wenn es um eine Prokura geht. Wenn ein Prokurist eine Vollmachtsurkunde unterschrieben hat, darf und muß das Gericht die Bevollmächtigung in einer freien Beweiswürdigung nachprüfen, § 286, und ist § 80 unanwendbar.

13 **D. Generalakte, Generalvollmacht.** Der Bezug auf eine zu einer anderen Akte eingereichte Generalvollmacht etwa in den Generalakten des Gerichts genügt grundsätzlich nicht, BGH RR **86**, 1253, BFH NJW **97**, 1029, AG Warburg DGVZ **01**, 142. Denn das ist kein Nachreichen. Eine Ausnahme gilt nur dann, wenn sich diese Generalakten sofort beschaffen lassen, also bei einer mündlichen Verhandlung in den Sitzungssaal, BGH RR **86**, 1253, BFH BB **91**, 2364, Erlaß BMI v 24. 1. 97 – Z 7-004003/1 –. Eine solche Bezugnahme reicht also zB nicht während einer Sitzung in einem solchen Saal aus, der von der Verwaltungsgeschäftsstelle ziemlich weit entfernt ist, wenn es zwischen den Räumen weder eine Telefonverbindung noch einen Wachtmeister als Boten gibt und wenn nach dem Terminsfahrplan auch keine Zeit zu einer Unterbrechung der Sitzung vorhanden ist oder wenn der Gerichtsvorstand die Herausgabe auch nur für die Dauer der Prüfung während der Sitzung verweigert. Das kommt tatsächlich vor, kaum glaublich und unter solchen Umständen bei einer genaueren Prüfung hochproblematisch, weil in Wahrheit kaum mehr von vernünftig vertretbaren Gründen tragbar.

14 **E. Nachreichung.** Sie ist kein Weg zur rechtsmißbräuchlichen Verzögerung. Zwar soll S 2 Hs 1 eine übertriebene Formstrenge verhindern. Eine kurze Frist nach S 2 Hs 2 in Verbindung mit einem Verkündungstermin kann notwendig sein. Der zu großzügige Fristnachlaß kann aber zur bequemen „Flucht in die Nachreichung" führen. Deshalb sollte das Gericht eine Frist keineswegs ohne einen wirklich triftigen Grund auf mehr als etwa 1–2 Wochen ansetzen. Notfalls wird ein Verfahren nach § 23 EGGVG und währenddessen eine Aussetzung nach § 148 erforderlich. Auch bei einer Generalvollmacht kommt grundsätzlich aus den Gründen Rn 11 keine Rückgabe des Originals in Betracht, dort auch zur etwaigen Ausnahme.

15 **F. Mangel.** Soweit man seine Prozeßvollmacht nicht einwandfrei nachgewiesen hat, sind §§ 88, 89 anwendbar. Allerdings genügt eine Prozeßvollmacht auch für die anschließende Zwangsvollstreckung auf Grund des in diesem Verfahren ergangenen Vollstreckungstitels, § 81. Daher muß sich das Vollstreckungsgericht in der Regel damit begnügen, daß das Gericht den ProzBev im Urteil als solchen erwähnt hat. Das gilt selbst dann, wenn das Vollstreckungsgericht nicht in derselben Besetzung wie das Prozeßgericht tätig wird.

16 **6) Rechtsbehelf, S 1, 2.** Ein Rechtsmittel ist allenfalls nach § 567 I Z 2 statthaft. Beim Rpfl gilt § 11 II RPflG, § 104 Rn 41 ff.

81 ***Umfang der Prozessvollmacht.* Die Prozessvollmacht ermächtigt zu allen den Rechtsstreit betreffenden Prozesshandlungen, einschließlich derjenigen, die durch eine Widerklage, eine Wiederaufnahme des Verfahrens, eine Rüge nach § 321 a und die Zwangsvollstreckung**

veranlasst werden; zur Bestellung eines Vertreters sowie eines Bevollmächtigten für die höheren Instanzen; zur Beseitigung des Rechtsstreits durch Vergleich, Verzichtleistung auf den Streitgegenstand oder Anerkennung des von dem Gegner geltend gemachten Anspruchs; zur Empfangnahme der von dem Gegner oder aus der Staatskasse zu erstattenden Kosten.

Gliederung

1) Systematik. Die Vorschrift regelt, ergänzt durch §§ 82–84, die außerordentlich wichtige Frage, welchen Umfang die erteilte Prozeßvollmacht denn nun wirklich hat. 1

Die Prozeßvollmacht ist eine Vollmacht für den *Prozeß als Ganzes,* BGH MDR **85**, 30. Man kann sie erweitern, BAG DB **78**, 167. Man kann sie aber im Außenverhältnis grundsätzlich nicht beschränken, BGH **92**, 142, BFH NJW **97**, 1029. Eine etwa doch im Außenverhältnis erfolgte Beschränkung wirkt dem Gegner gegenüber nur im Rahmen von § 83 I, BFH NJW **97**, 1030. Im Innenverhältnis zwischen dem Auftraggeber und dem ProzeßBev sind Beschränkungen beliebig zulässig, Düss AnwBl **78**, 233. Eine Beschränkung kann aber für einen Anwalt berufsunwürdig sein oder seine sachgemäße Prozeßführung verhindern. Sie verpflichtet ihn dann zur Niederlegung des Auftrags. Eine Überschreitung der Prozeßvollmacht berührt mit der Ausnahme eines Rechtsmißbrauchs nach Einl III 54, BFH NJW **97**, 1030 (sinnlose Prozeßführung), die Wirksamkeit einer Prozeßhandlung nicht. Sie macht aber schadensersatzpflichtig. § 81 ist zwingendes Recht. Die Vorschrift ist dann entsprechend anwendbar, wenn die Prozeßvollmacht nur ein besonderes Verfahren betrifft, etwa nur eine Instanz oder die zugehörige Zwangsvollstreckung. Man spricht in diesen Fällen von einer Instanzvollmacht.

2) Regelungszweck. § 81 dient allen in Üb 2 vor § 78 genannten Prinzipien. Die Aufzählung der von der Vollmacht erfaßten Befugnisse ist nur beispielhaft. Man darf daher die Wörter „alle den Rechtsstreit betreffenden Prozeßhandlungen" grundsätzlich ziemlich weit auslegen. Freilich darf man dabei die Grenzen des einzelnen Prozesses nicht überschreiten. Diese Grenzziehung kann Schwierigkeiten bereiten. Bei ihrer Lösung hilft eine wirtschaftlich orientierte, aber doch auch nicht allzu großzügige Betrachungsweise eher als ein eher unsicheres Verbleiben auf dem Boden eines formal-eng gefaßten Verständnisses der obigen Wörter. 2

3) Geltungsbereich. Vgl zunächst Üb 3 vor § 78. Die Vorschrift gilt auch im WEG-Verfahren und im finanzgerichtlichen Verfahren, § 155 FGO, BFH NJW **97**, 1029. Sie gilt entsprechend im FamFG-Verfahren, § 11 S 4 FamFG. Wegen des sozialgerichtlichen Verfahrens BSG NJW **01**, 2652. 3

4) Umfang der Ermächtigung: Prozeßhandlung. Die Prozeßvollmacht ermächtigt zu allen den Prozeß betreffenden Prozeßhandlungen, BFH NJW **97**, 1029, Brdb NJW **07**, 1471, LAG Düss MDR **95**, 1074. Sie liegt auch nur dann vor. Der Begriff Prozeßhandlung ist ganz weit auslegbar, Brdb NJW **07**, 1471. Er meint zumindest jede Parteiprozeßhandlung nach Grdz 47 vor § 128, die das Betreiben des Verfahrens einschließlich der Entscheidung und ihrer Durchführung oder die Beendigung des Verfahrens betrifft, BGH VersR **93**, 121 (freilich auch nicht mehr), BAG DB **78**, 167. Er erfaßt freilich nicht auch einen jeden sachlichrechtlichen Vorgang als solchen, Rn 15–17. § 81 nennt eine Reihe von solchen Prozeßhandlungen, auf die sich eine Prozeßvollmacht erstreckt. Die Aufzählung ist keineswegs abschließend. 4

5) Vertreter usw. Die Bestellung eines Vertreters und eines Bevollmächtigten für die höheren Instanzen ist nach § 81 auf Grund der Prozeßvollmacht statthaft, BGH MDR **78**, 573. An sich ist die Vollmacht unübertragbar. Sie ergreift auch die höheren Instanzen, BGH NJW **94**, 320, BayObLG ZMR **79**, 57 (betreffend einen Verwalter nach dem WEG zum alten Recht). Wenn der bisherige ProzBev aber verhindert ist, darf er die Vollmacht auf einen Geeigneten übertragen. Erteilt ein Anwalt einem anderen eine Untervollmacht zur mündlichen Verhandlung, handelt der Unterbevollmächtigte als ein Vertreter der Partei und nicht des Hauptbevollmächtigten, (zum alten Recht) BGH RR **03**, 51. Wer nur für eine einzelne Prozeßhandlung oder für einen einzelnen Termin eine Vollmacht hat, heißt Vertreter, Substitut, Ersatzmann, BGH GRUR **87**, 813. Wer eine umfassende prozessuale Vollmacht hat, heißt ProzBev, Bevollmächtigter. 5

Die Vollmacht *erlischt* in demjenigen Zeitpunkt, in dem die Entscheidung über das Rechtsmittel formell nach § 705 rechtskräftig wird. Der ProzBev darf nicht schon auf Grund der allgemeinen Prozeßvollmacht für den Prozeß als Ganzes einen anderen zum Vertreter bestellen, BGH NJW **81**, 1728. Das ergibt sich schon aus der Gegenüberstellung der Begriffe Vertreter und Bevollmächtigter im Gesetz. Der ProzBev kann aber eine Vollmacht oder Anscheinsvollmacht zu einer umfassenden Weiterbevollmächtigung haben, BGH NJW **81**, 1728. Die Vertretung ändert auch an der Prozeßvollmacht des ProzBev nichts. Wegen der Zustellung gilt § 172. Der Vertreter hat im Rahmen seiner Bestellung dieselben Rechte wie der ProzBev, falls er nicht etwa nur für ein besonderes Geschäft eine Vollmacht hat, etwa nur für einen Beweistermin.

Der Vertreter hat im Zweifel *keinen unmittelbaren Gebührenanspruch* gegen die Partei, BGH NJW **81**, 1728. Man darf die Haftung der Partei nicht von der Interessenlage abhängen lassen oder die Partei dann unmittelbar zahlungspflichtig machen, wenn ein Anwalt an einem auswärtigen Gerichtsort tätig wurde. Denn das ist eine sehr unsichere Unterscheidung. Sie bürdet dem beauftragten Anwalt das Prozeßrisiko wegen des richtigen Bekl auf.

Die Vertretungsmacht des Substituten *erlischt* infolge eines Widerrufs oder dann, wenn die Prozeßvollmacht erlischt, BGH NJW **80**, 999. Die Bestellung eines Untervertreters ist grundsätzlich zulässig, BGH

NJW **80**, 999. Anwaltssozien sind gegenseitig vertretungsberechtigt, BGH NJW **80**, 999. Der Untervertreter muß jedoch unter anderem die Möglichkeit haben, sich von dem Streitstoff ein eigenes Bild zu machen und zB seine etwaige Befangenheit zu prüfen. Daher ist die Bestellung eines bloßen „Kartellanwalts" nach § 216 Rn 20 unzulässig, soweit er keine derartigen Möglichkeiten hat, Düss NJW **76**, 1324, Schneider MDR **00**, 437.

6 **6) Sachlichrechtliche Willenserklärung.** Die Prozeßvollmacht ermächtigt insoweit zur Abgabe und Entgegennahme einer meist einseitigen sachlichrechtlichen Willenserklärung, als diese Erklärung im Prozeß im Rahmen der Rechtsverfolgung erfolgt und zur Durchsetzung der Rechtsposition des Auftraggebers auch erforderlich ist, BGH NJW **03**, 964. Denn insoweit ist eine solche Willenserklärung meist zugleich auch eine Parteiprozeßhandlung, Grdz 62 vor § 128, BAG DB **88**, 2108, LAG Ffm BB **88**, 1894, LG Ffm WoM **93**, 61 (zu § 57). Es ist unerheblich, ob die Willenserklärung in der Verhandlung oder schriftlich erfolgt. Soweit sie außerhalb des Prozesses erfolgt, hängt ihre Wirksamkeit von dem sachlichrechtlichen Inhalt der Vollmacht ab, BAG DB **78**, 167.

7 **7) Beispiele zur Frage des Umfangs einer Prozeßvollmacht**

Abänderungsklage: Der ProzBev braucht eine *neue* Prozeßvollmacht (neuer Streitgegenstand), § 323 Rn 43.

Abgabe: Der ProzBev darf auch im Verfahren auf eine Abgabe gleich welcher Art mitwirken.

Abtretung: Rn 11 „Kostenerstattung".

Aktenlage: Der ProzBev darf einen Antrag auf eine Entscheidung nach Aktenlage stellen, §§ 251 a, 331 a.

Anerkenntnis: Der ProzBev darf ein schon nach dem Wortlaut von Hs 3 prozessuales Anerkenntnis erklären. Denn dieses ist eine rein prozessuale Erklärung, Einf 1 vor §§ 306, 307.

Ein rein *außerprozessuales* Anerkenntnis ohne einen Bezug auf den Rechtsstreit fällt aber *nicht* unter die Prozeßvollmacht, BGH NJW **82**, 1810, aM StJBo 11 (aber nicht die Prozeßvollmacht kann ermächtigen, sondern nur der ihr zugrundeliegende Dienst- oder Werkvertrag).

S auch Rn 21 „Vergleich", Rn 22 „Verzicht".

Anfechtung: Der ProzBev darf aus den Gründen Rn 6 auch eine Anfechtung vornehmen, zB wegen eines Willensmangels, §§ 119 ff BGB.

Anhörungsrüge: Der ProzBev darf nach dem klaren Wortlaut und Sinn der Vorschrift auch eine Anhörungsrüge nach § 321 a erheben.

Arbeitsrecht: Eine Vollmacht erstreckt sich auch auf ein Beschlußverfahren, BAG NZA **04**, 748. Der ProzBev darf aus den Gründen Rn 6 auch zB eine Schwangerschaft der Partei deren Arbeitgeber mitteilen, BAG DB **88**, 2108.

S auch Rn 12 „Kündigung".

Arrest, einstweilige Verfügung: Der ProzBev darf auch in einem solchen Eilverfahren tätig werden, das mit dem geplanten oder bereits anhängigen Hauptprozeß zusammenhängt, § 82. Andernfalls benötigt er für das Eilverfahren eine *besondere* Prozeßvollmacht. Sie kann stillschweigend ergehen und in der Prozeßvollmacht des Hauptverfahrens stecken, aber Vorsicht!

Auflassung: Der ProzBev darf aus den Gründen Rn 6 auch eine Auflassung erklären oder sonstwie an ihr mitwirken.

Aufrechnung: Der ProzBev darf aus den Gründen Rn 6 grds auch eine Aufrechnung erklären oder entgegennehmen, BGH Rpfleger **94**, 29, BFH NVwZ-RR **08**, 584, Musielak JuS **94**, 822.

Das gilt freilich ausnahmsweise *nicht* wegen der Kosten seiner Partei.

Auslandsunterhalt: Üb 6, 8 vor § 78.

8 **Berufung:** Die erstinstanzliche Vollmacht erstreckt sich (jetzt) im Zweifel auch auf die Berufungsinstanz, Kblz FamRZ **08**, 1018.

Beweisverfahren: Rn 14 „Nebenverfahren".

Datierung: Ihr Fehlen begründet nicht schon für sich Zweifel an der Wirksamkeit, zumindest nicht, soweit aus der Vollmacht ein Bezug zum Prozeß hervorgeht, BFH NJW **02**, 2200.

Dauer: Ein langer Vollmachtszeitraum gibt nicht schon für sich Zweifel an ihrer Wirksamkeit, BFH NJW **02**, 2200.

Dritter: Rn 22 „Vertragsabschluß".

Drittwiderspruchsklage: Rn 25 „Zwangsvollstreckung".

Ehesache: § 114 V 1 FamFG schränkt den Umfang der Prozeßvollmacht ein. Vgl aber auch Rn 9 „Folgesache".

Einmischungsklage: Der ProzBev darf auch nach § 64 tätig werden, § 82.

Einstweilige Verfügung: Rn 6 „Arrest, einstweilige Verfügung".

Empfangnahme: Rn 19 „Streitgegenstand".

Erfüllung: Rn 19 „Streitgegenstand". Derjenige Schuldner, der an den ProzBev außerhalb von dessen Prozeßvollmacht leistet, tut das grds auf eigene Gefahr und Kosten.

S aber auch Rn 10 „Inkassovollmacht".

Erlaß: Der ProzBev darf wegen seiner Befugnis zum Verzicht, die § 81 ausdrücklich mitnennt, grds auch einen Schulderlaß aussprechen, allerdings nur im Rahmen des Streitgegenstands, BGH Rpfleger **94**, 29.

9 **Folgesache:** Im Rahmen eines Scheidungsverfahrens nach §§ 133 ff FamFG erstreckt sich eine Prozeßvollmacht auch auf die Folgesachen, § 114 V 2 FamFG.

Geldempfang: Rn 16 „Rückzahlung".

Gerichtsstandsvereinbarung: Rn 25 „Zuständigkeit".

Gesellschaft: Die Prozeßvollmacht berechtigt *nicht* zur Vertretung eines Gesellschafters in der Gesellschafterversammlung, Düss Rpfleger **79**, 312.

Geständnis: Der ProzBev darf ein Geständnis für seine Partei erklären, §§ 288 ff.

Hauptintervention: Rn 8 „Einmischungsklage".

Höhere Instanz: Rn 4, 5.

Inkassovollmacht: Vgl zunächst Rn 19 „Streitgegenstand". Der ProzBev kann aber neben der Prozeßvollmacht eine weitere Vollmacht erhalten haben, eine „Inkassovollmacht" zum Empfang des Streitgegenstands, Ffm RR **86**, 1501, Scherer DGVZ **94**, 104. Das kann auch stillschweigend geschehen sein. Das übersieht Eich DGVZ **88**, 70. 10

Insolvenz: Rn 19 „Streitgegenstand".

Kartellanwalt: Rn 5.

Kauf: Rn 7 „Auflassung".

Klagerhebung: Eine Vollmacht zur „Klagerhebung" oder gar nur deren Bestätigung sind *keine* Prozeßvollmacht. Denn Klagerhebung ist der in §§ 253, 261 abschließend genannte bloße Einleitungsvorgang.

Klagänderung: Der ProzBev darf zwecks und nach einer Klagänderung der eigenen Partei oder des Gegners tätig werden.

S auch Rn 15 „Parteiwechsel".

Klagerücknahme: Der ProzBev darf die Klage zurücknehmen, auch teilweise. Er darf nach einer gegnerischen Rücknahme Anträge wegen der Kostenfolge usw nach § 269 III, IV stellen.

Kostenerstattung: Der ProzBev darf schon nach dem Wortlaut von Hs 4 diejenigen Kosten empfangen, die der Gegner erstattet, aM Ffm Rpfleger **86**, 392 (aber der Text und Sinn von Hs 4 sind eindeutig, Einl III 39). Er darf auch die von der Staatskasse erstatteten Kosten entgegennehmen, ohne daß der Kostenbeamte eine besondere Vollmacht dazu anfordern muß, soweit der ProzBev ein Anwalt, Notar oder Rechtsbeistand ist, § 36 IV KostVfg, Hartmann Teil VII A. Der ProzBev darf auch eine Quittung darüber erteilen. Soweit er eine Entgegennahme ablehnt, fehlt für eine Kostenfestsetzung evtl das Rechtsschutzbedürfnis, Einf 14 vor §§ 103–107, LG Bln VersR **91**, 443. 11

Eine *Abtretung* des Erstattungsanspruchs kann sogar formularmäßig zulässig sein, LG Nürnb-Fürth AnwBl **76**, 166, OVG Münst NJW **87**, 3029 (§ 3 AGBG).

S auch Rn 7 „Aufrechnung".

Kostenfestsetzung: Der ProzBev darf und muß evtl wegen der Prozeßwirtschaftlichkeit nach Einf 3 vor §§ 103–107 das Kostenfestsetzungsverfahren nach §§ 103 ff ZPO oder das Vergütungsfestsetzungsverfahren nach § 11 RVG betreiben, BVerfG **81**, 127, Bbg RR **02**, 265, Kblz RR **97**, 1023. 12

Das gilt nur dann *nicht*, wenn es sich an einen anderen, früheren Prozeß seinetwegen anschließt und wenn der Anwalt dort nicht auch ProzBev war usw, KG Rpfleger **79**, 275, Hartmann Teil X § 11 RVG Rn 19.

S auch Rn 11 „Kostenerstattung".

Kostenvorschuß: Rn 16 „Rückzahlung".

Kündigung: Der ProzBev darf aus den Gründen Rn 6 grds auch eine prozessuale Kündigung aussprechen, BGH Rpfleger **94**, 29, BAG BB **78**, 207, oder sie entgegennehmen, BGH NZM **00**, 382, BAG NJW **88**, 2693, zB in einem Räumungsprozeß, BGH NZM **00**, 382, LG Tüb RR **91**, 972. Er darf eine im Zusammenhang mit der Abwehr einer Räumungsklage erfolgte neue Vermieterkündigung entgegennehmen, Brdb ZMR **00**, 375. Der ProzBev des Räumungsklägers darf eine Erklärung des Sozialamts nach § 569 III Z 2 BGB entgegennehmen, LG Hbg ZMR **96**, 331. Das gilt auch bei einer im Kündigungsschutzprozeß nachgeschobenen Kündigung, BAG NJW **88**, 2693, LAG Ffm BB **88**, 1894, Weidemann NZA **89**, 246.

Der ProzBev darf grds auch eine *vorprozessuale* Kündigung aussprechen, aM AG Düss DWW **86**, 247 (aber es liegt durchweg schon ein Bezug zum beabsichtigten Prozeß vor). Dagegen ist deren bloße Entgegennahme *nicht stets* durch eine Prozeßvollmacht gedeckt, LG Hbg MDR **93**, 44, aM StJL 10, ZöV 11 (aber der künftige Bekl weiß oft nicht, ob es zum Prozeß kommen wird).

Leistung des Interesses: Die Prozeßvollmacht erstreckt sich *nicht* auch auf das Vorgehen des Gläubigers nach § 893. Freilich wird man in der Vollmacht für das Erkenntnisverfahren und damit für das zugehörige Zwangsvollstreckungsverfahren meist zulässigerweise eine zumindest stillschweigende Vollmacht auch für § 893 erblicken können. 13

Mieterhöhung: Der ProzBev darf aus den Gründen Rn 6 auch ein solches Mietererhöhungsbegehren aussprechen oder auf ein solches reagieren, das der Vermieter entweder im Prozeß erklärt oder nachschiebt oder bereits angedroht usw, BGH NJW **03**, 963, aM LG Karlsr WoM **85**, 321 (aber dann liegt klar ein Bezug zum Prozeß vor).

Für ein solches zunächst noch rein außerprozessuales Begehren, dessen Ergebnis der Auftraggeber vor einer Entscheidung über eine Klagerhebung abwarten und noch nicht mit einer Klagandrohung verbinden will, benötigt der Anwalt aber eine *gesonderte* Vollmacht, AG Neuss RR **94**, 1036, aM BAG BB **78**, 207.

Nachverfahren: Der ProzBev darf die Partei auch in einem Nachverfahren vertreten, zB bei §§ 302, 323, 324, 599, 600, 717, 945, Hamm JB **76**, 1644. 14

Nebenverfahren: Der ProzBev darf die Partei nach § 82 grds zumindest auch in folgenden Nebenverfahren vertreten: Bei einer Streitverkündung, Rn 19 „Streithilfe"; bei einer Beweisaufnahme; im Verfahren auf die Bewilligung einer Prozeßkostenhilfe zugunsten der Partei wie des Gegners, BPatG GRUR **86**, 734, Brdb FamRZ **03**, 458. Das gilt auch im Überprüfungsverfahren nach einer Bewilligung, LAG Stgt DB **03**, 948. Es gilt ferner auch in der nächsthöheren Instanz, BGH NJW **78**, 1919.

S auch Rn 18 „Selbständiges Beweisverfahren", Rn 19 „Urkundenvorlage".

Nießbrauch: Die Prozeßvollmacht berechtigt *nicht* in einem Prozeß um eine Entschädigung des Nießbrauchers für vorenthaltene Nutzungen zur Erklärung einer Einwilligung in die Löschung des Nießbrauchs, auch nicht vergleichsweise, BGH NJW **92**, 1963.

Parteiöffentlichkeit: Sie gilt nach § 357 auch für den ProzBev. 15

Parteivernehmung: Der ProzBev darf einen Antrag auf die Vernehmung der eigenen Partei oder des Prozeßgegners stellen. Er darf eine Vernehmung von Amts wegen anregen und eine Erklärung zum gegnerischen Antrag auf eine Parteivernehmung (Einverständnis oder Ablehnung) abgeben, §§ 445 ff.

Parteiwechsel: Der ProzBev darf zwecks oder nach dem Eintritt des anderen Gegners oder eines Rechtsnachfolgers (nicht eines sonstigen Wechsels) des Vollmachtgebers tätig werden oder bleiben.

S auch Rn 90 „Klagänderung".

Prorogation: Rn 25 „Zuständigkeit".

Prozeßkostenhilfeverfahren: Rn 14 „Nebenverfahren".

Prozeßvergleich: Rn 21 „Vergleich".

Quittung: Rn 11 „Kostenerstattung", Rn 19 „Streitgegenstand".

16 **Räumung:** Rn 12 „Kündigung".

Rechtsmittel: Der erstinstanzliche wie natürlich der zweitinstanzliche ProzBev dürfen ein Rechtsmittel einlegen, (je zum alten Recht) BGH VersR **84**, 790, BAG NZA **04**, 748. Er darf ein Rechtsmittel begründen und auf eine gegnerische Begründung erwidern. Er darf einen Bevollmächtigten für die höhere Instanz bestellen, BGH NJW **94**, 320. Der ProzBev darf einen Rechtsmittelverzicht erklären, BGH FamRZ **94**, 301. Er darf eine Rechtsmittelrücknahme erklären, BGH FamRZ **88**, 496.

Rechtswahl: Sie ist dem ProzBev im Rahmen des Streitgegenstands auch im Weg einer Vereinbarung erlaubt, ZöV 11, aM Schack NJW **84**, 2739 (aber das hat einen durchaus auch prozessualen Einschlag).

Rechtsweg: Rn 22 „Verweisung".

Rücktritt: Der ProzBev darf aus den Gründen Rn 6 auch einen Rücktritt erklären, BGH Rpfleger **94**, 29.

Rückzahlung: § 36 IV 1 KostVfG, Hartmann Teil VII A, tritt hinter §§ 81, 83 zurück, Brdb NJW **07**, 1471.

17 **Sachlichrechtliche Handlung:** Rn 6.

Rn 19 „Streitgegenstand", ferner Rn 6.

Schiedsrichterliches Verfahren: Der ProzBev darf grds auch in einem zugehörigen schiedsrichterlichen Verfahren tätig werden, § 1042 II, BGH NJW **94**, 2156.

Die *Schiedsvereinbarung* selbst darf er aber *nicht* schon auf Grund einer Prozeßvollmacht abschließen, sondern nur auf Grund einer zusätzlichen sachlichrechtlichen Vollmacht. Sie kann zwar stillschweigend vorliegen und in der Prozeßvollmacht stecken. Insoweit ist aber Vorsicht ratsam.

Schriftliches Verfahren: Der ProzBev darf einen Antrag auf die Durchführung eines schriftlichen Verfahrens stellen, etwa bei §§ 128 II, 495 a S 1, einschließlich der dortigen Entscheidungen.

18 **Selbständiges Beweisverfahren:** Der ProzBev für das schon anhängige Hauptverfahren darf die Partei auch im zugehörigen selbständigen Beweisverfahren vertreten, Rn 14 „Nebenverfahren". Soweit das Hauptverfahren nach § 486 II noch nicht anhängig ist, mag schon eine Prozeßvollmacht für das geplante Hauptverfahren vorliegen. Dann deckt sie auch die Tätigkeit im vorangehenden selbständigen Beweisverfahren.

Liegt eine letztgenannte Art der Prozeßvollmacht nicht vor, ist eine *zusätzliche* oder isolierte Prozeßvollmacht für das vorangehende Verfahren nach §§ 485 ff erforderlich.

Sicherheitsleistung: Der ProzBev darf eine Sicherheitsleistung fordern, anbieten, erbringen (lassen), zurückfordern usw.

Sozialamt: Der ProzBev darf eine Verpflichtungserklärung des Sozialamts nach § 569 III BGB entgegennehmen, LG Hbg ZMR **96**, 331.

19 **Streitgegenstand:** Der ProzBev darf *nicht* schon als solcher den Streitgegenstand für den Auftraggeber empfangen, selbst nicht in der Zwangsvollstreckung, AG Brake DGVZ **94**, 77, oder im Insolvenzverfahren, LG Brschw DGVZ **77**, 22, Pawlowski DGVZ **94**, 177, Scherer DGVZ **94**, 104, aM Christmann DGVZ **91**, 132 (aber die sachlichrechtliche Erfüllung ist als solche gerade keine Parteiprozeßhandlung, auch wenn prozessuale und sachlichrechtliche Handlungen zusammentreffen können).

S aber auch Rn 10 „Inkassovollmacht", Rn 11 „Kostenerstattung".

Streithilfe: Wenn der Kläger die Klage auf einen Streitgehilfen erstreckt, umfaßt eine dem Streitgehilfen als solchem erteilte Vollmacht auch seine Vertretung als Bekl.

Streitwertbeschwerde: Der ProzBev darf für die Partei diese Beschwerde einlegen, Stgt JB **75**, 1102.

Er darf aber *nicht* ohne das Wissen des Auftraggebers nur auf eine Anweisung des Rechtsschutzversicherers derart vorgehen, LAG Düss MDR **95**, 1075.

Terminsvertreter: Der ProzBev darf einen postulationsfähigen Terminsvertreter bestellen.

S aber auch Rn 10 „Kartellanwalt".

Übertragung: Rn 5.

20 **Unterbevollmächtigter:** Der ProzBev darf einen postulationsfähigen Unterbevollmächtigten bestellen.

S aber auch Rn 10 „Kartellanwalt".

Urkundenvorlage: Trotz der Befugnis zur Vertretung in einer Beweisaufnahme hat der ProzBev *nicht* automatisch auch die Vollmacht zur Vertretung im Verfahren nach § 429.

21 **Vergleich:** Der ProzBev darf schon nach dem Wortlaut von Hs 3 einen Prozeßvergleich abschließen, § 307 Anh. Das gilt ungeachtet der Doppelnatur des Prozeßvergleich nach Anh § 307 Rn 3. Denn es liegt zumindest auch eine Parteiprozeßhandlung vor, Grdz 47 vor § 128. Der ProzBev darf auch mit einem hinzugezogenen Dritten einen Vergleich (mit)abschließen, solange ein Zusammenhang mit dem Prozeß vorliegt, BGH VersR **93**, 121.

Er darf den Prozeßvergleich aber *nicht* ohne eine zusätzliche Vollmacht auf einen außerhalb des Streitstoffs bezogenen Umstand erstrecken, BGH VersR **93**, 121.

Ein nur *außergerichtlicher* Vergleich nach § 779 BGB braucht als ein bloß sachlichrechtliches Rechtsgeschäft eine *besondere* diesbezügliche Vollmacht, Rn 6, BGH NJW **92**, 1964, ZöV 11, aM StJBo 11, ThP 5. Sie kann zwar stillschweigend erfolgen und in der Prozeßvollmacht stecken, aber Vorsicht! Ein Anwaltsvergleich nach §§ 796 a–c braucht eine Vollmacht, aber nicht eine Prozeßvollmacht.

S auch Rn 24 „Widerruf".

Vergütungsfestsetzung: Rn 12 „Kostenfestsetzung".

22 **Vertragsabschluß:** Die Vollmacht zur Vertretung „vor Gericht und bei Behörden" ermächtigt zum Vertragsschluß zwischen Privaten, LG Neubrandenbg MDR **95**, 1270.

Die Prozeßvollmacht ermächtigt *nicht* zum Abschluß eines Vertrags mit einem Dritten, selbst wenn der Vertrag mit dem Prozeß in Verbindung steht, BGH Rpfleger **94**, 29.

Vertreter: Rn 5.

Verweisung: Der ProzBev darf im Verfahren auf eine Verweisung gleich welcher Art mitwirken, zB nach §§ 281, 506, 696, 700.

Verzicht: Der ProzBev darf schon nach dem Wortlaut von Hs 3 einen prozessualen Verzicht erklären. Denn 23
dieser ist eine rein prozessuale Erklärung, Einf 1 vor §§ 306, 307.

Ein rein *außerprozessualer* Verzicht ohne einen Bezug auf den Prozeß ist aber von der Prozeßvollmacht *nicht* gedeckt, aM StJBo 11 (aber nicht die Prozeßvollmacht kann ermächtigen, sondern nur der ihr zugrundeliegende Dienst- oder Werkvertrag).

S auch Rn 7 „Anerkenntnis", Rn 21 „Vergleich".

Widerklage: Der ProzBev darf eine Widerklage erheben, auch im gesetzlich zulässigen Umfang gegenüber 24
einem Dritten, § 253 Anh Rn 1 ff. Er darf die Partei gegenüber einer Widerklage vertreten. Das folgt schon aus dem Wortlaut von Hs 1, vgl im übrigen BGH **112**, 347 (auch zu einer Ausnahme).

Widerruf: Der ProzBev darf aus den Gründen Rn 5 auch einen Widerruf erklären, BGH Rpfleger **94**, 29.

S auch Rn 21 „Vergleich".

Wiederaufnahme: Der ProzBev darf ein Wiederaufnahmeverfahren nach §§ 578 ff betreiben und in ihm tätig werden, auch als ein Gegner des Wiederaufnehmenden. Das folgt schon aus dem Wortlaut von Hs 1. Allerdings muß man den früheren ProzBev in der Regel neu beauftragen, um ihn auch zum Vertreter im Sinn von § 85 II zu machen. Vgl auch § 586 Rn 9, 10.

Zuständigkeit: Der ProzBev darf die Unzuständigkeit rügen. Er darf einen Rügeverzicht erklären. Er darf 25
eine abgesonderte Verhandlung dazu beantragen. Er darf eine Vereinbarung zur Zuständigkeit im Rahmen des gesetzlich Zulässigen treffen usw, §§ 38 ff.

Zustellung: Der ProzBev darf einen Zustellungsauftrag erteilen, BGH VersR **75**, 548. Er darf und muß eine Zustellung entgegennehmen, § 172.

Zwangsvollstreckung: Der ProzBev ist zu allen Prozeßhandlungen in der Zwangsvollstreckung befugt. Das folgt schon aus dem Wortlaut von Hs 1. Das gilt auch für einen solchen Prozeß, der aus einer Zwangsvollstreckung entsteht, etwa für eine Vollstreckungsabwehrklage nach § 767 oder für die Erhebung einer Drittwiderspruchsklage nach § 771. Das gilt auch dann, wenn ein Dritter eine solche Klage erhebt. Auch ein aus der Zwangsvollstreckung entstehendes Insolvenzverfahren gehört zur Zwangsvollstreckung, aM StJBo 7 (aber es liegt noch keine volle Befriedigung aus dem Vollstreckungstitel vor). Wegen des AUG Üb 6, 8 vor § 78.

S auch Rn 19 „Streitgegenstand".

82 *Geltung für Nebenverfahren.* **Die Vollmacht für den Hauptprozess umfasst die Vollmacht für das eine Hauptintervention, einen Arrest oder eine einstweilige Verfügung betreffende Verfahren.**

1) Systematik, Regelungszweck. Vgl zunächst § 81 Rn 1. § 82 erstreckt die Prozeßvollmacht wegen 1
§ 83 I im Anwaltsprozeß zwingend zwecks Rechtssicherheit, Oldb AnwBl **02**, 122, auf die Einmischungsklage (Hauptintervention) nach § 64 sowie auf ein vorläufiges Verfahren zur Erwirkung eines Arrests oder einer einstweiligen Verfügung nach §§ 916 ff, 935 ff, LG Münst BB **06**, 2323. § 82 gilt auch im einstweiligen Verfahren nach §§ 49 ff, 113 I 2 FamFG. Es gilt nicht etwa eine umgekehrte Ermächtigung, Nürnb MDR **02**, 232, Oldb AnwBl **02**, 122. In beiden Fällen können, nicht müssen, Zustellungen an den ProzBev des Hauptprozesses (Erstprozesses) ergehen, § 172, Nürnb MDR **02**, 232, Oldb AnwBl **02**, 122, LG Münst BB **06**, 2323. Im vorläufigen Verfahren ist es unerheblich, ob das dortige Gericht dasselbe wie dasjenige des Hauptprozesses ist und ob das vorläufige Verfahren dem Hauptprozeß vorangeht.

2) Geltungsbereich. Vgl Üb 3 vor § 78, § 81 Rn 3. 2

83 *Beschränkung der Prozessvollmacht.* **I Eine Beschränkung des gesetzlichen Umfanges der Vollmacht hat dem Gegner gegenüber nur insoweit rechtliche Wirkung, als diese Beschränkung die Beseitigung des Rechtsstreits durch Vergleich, Verzichtleistung auf den Streitgegenstand oder Anerkennung des von dem Gegner geltend gemachten Anspruchs betrifft.**

II Insoweit eine Vertretung durch Anwälte nicht geboten ist, kann eine Vollmacht für einzelne Prozesshandlungen erteilt werden.

1) Systematik, I, II, Die Vertretungsbefugnis ist nur im Innenverhältnis beliebig beschränkbar, § 81 1
Rn 1, BGH NZM **00**, 382. Die Prozeßvollmacht ist im Außenverhältnis grundsätzlich nicht beschränkbar, BGH NJW **87**, 130. Das ist eine Folge des sog Abstraktionsprinzips, Üb 4 vor § 78, Hamm NJW **92**, 1175. Es gilt selbst dann, wenn der Gegner die im Innenverhältnis vorgenommene Beschränkung kennt oder wenn die Vollmachtsurkunde eine solche Beschränkung enthält. § 83 ist zwingendes öffentliches Recht. Unzulässig ist vor allem eine Beschränkung auf die erste Instanz, BGH VersR **02**, 1303, oder auf einzelne Anträge, BGH NJW **87**, 130, oder etwa auf die „Wahrung der Nichteinlassung", BGH NJW **76**, 1581.

Eine *Verletzung* der im Innenverhältnis bestehenden Beschränkung ist zwar im Außenverhältnis prozessual grundsätzlich unerheblich. Sie kann aber dem Auftraggeber gegenüber ersatzpflichtig machen. Das gilt etwa bei einer vom Vollmachtgeber nicht erlaubten Bestellung eines ProzBev für die höhere Instanz, BGH VersR **02**, 1303, oder bei einer unerlaubten Rechtsmittelrücknahme oder beim Rechtsmittelverzicht, BGH FamRZ **94**, 301.

Zulässig ist eine Beschränkung der Prozeßvollmacht, auch beim Pflichtanwalt, für folgende Fälle: Abschluß eines Prozeßvergleichs, § 278 VI, Anh § 307, KG ZMR **02**, 72; Verzicht, § 306; Anerkenntnis, § 307. Insoweit kann der Auftraggeber die Vollmacht einschränken oder ausschließen. Die Beschränkung wird mit einer eindeutigen Erklärung gegenüber dem Gegner oder dadurch wirksam, daß sie der Auftraggeber in diejenige Vollmachtsurkunde aufnimmt, die zum Gericht kommt. Ein Verstoß gegen diese Beschränkung macht die Handlung vollmachtslos. Die Befugnis zu einem Geständnis läßt sich nicht ausschließen.

2 **2) Regelungszweck, I, II.** Die Vorschrift dient in I der Rechtssicherheit, Einl III 43. Die dort genannten Fälle einer Wirkung der Vollmachtsbeschränkung im Außenverhältnis stellen eine abschließende Ausnahme dar. Man muß die Vorschrift schon deshalb eng auslegen. Es ist ja ohnehin problematisch, etwa einen Prozeßvergleich von der Uneingeschränktheit der Vollmacht abhängen zu lassen, dagegen zB eine Rechtsmitteleinlegung nicht. Indessen muß das Gericht die klare gesetzliche Regelung respektieren und eben auch strikt anwenden.

Allerdings kann bei einem *Interessenstreit* das Gebot von Treu und Glauben nach Einl III 54 zu einer Beschränkung der Außenwirkung führen, BGH **112**, 347 (Vollmacht des Versicherers beider Parteien). Dasselbe gilt bei Rechtsmißbrauch, BFH NJW **97**, 1030.

3 **3) Geltungsbereich, I, II.** Vgl Üb 3 vor § 78, § 81 Rn 3. Die Ausnahmeregelung des II läßt sich nicht ausdehnend auslegen, zB nicht auf das Patenterteilungsverfahren, BGH **94**, 143.

4 **4) Parteiprozeß, II.** Im Anwaltsprozeß nach § 78 Rn 1 ist nur eine Prozeßvollmacht zulässig. Eine Vollmacht lediglich für einzelne Handlungen kann man im Anwaltsprozeß nur in der Form einer Untervollmacht oder für solche Handlungen erteilen, die auch dort keinem Anwaltszwang unterliegen. Im Parteiprozeß nach § 78 Rn 1 ist demgegenüber auch eine Vollmacht für nur einzelne Prozeßhandlungen zulässig, § 81 Rn 3 ff. Das Gesetz verhindert dadurch einen indirekten Anwaltszwang, BGH **92**, 143. Eine Terminsvollmacht ermächtigt zu allen im Termin seinem Zweck nach vorkommenden Prozeßhandlungen, BVerwG NZA-RR **04**, 362. Eine Terminsvollmacht ermächtigt auch zum Abschluß eines Vergleichs, zur Erklärung eines Verzichts oder zur Abgabe eines Anerkenntnisses. Eine solche Vollmacht wirkt aber nicht über den Termin hinaus, etwa für eine Zustellung oder für die Einlegung eines Rechtsbehelfs außerhalb der Verhandlung, BVerwG NZA-RR **04**, 392, LAG Ffm DB **88**, 2656. Wegen einer Generalvollmacht § 80 Rn 12.

84 *Mehrere Prozessbevollmächtigte.* **[1]Mehrere Bevollmächtigte sind berechtigt, sowohl gemeinschaftlich als auch einzeln die Partei zu vertreten. [2]Eine abweichende Bestimmung der Vollmacht hat dem Gegner gegenüber keine rechtliche Wirkung.**

1 **1) Systematik, S 1, 2.** Die Vorschrift regelt den außerordentlich häufigen Fall der Bevollmächtigung mehrerer im Gesamtbereich der §§ 78 ff. § 84 umfaßt zum einen die Bevollmächtigung mehrerer, insbesondere mehrerer Anwälte gemeinsam, § 6 RVG, zum anderen die wahlweise Bevollmächtigung mehrerer, wie sie bei einer *Sozietät* von Anwälten die Regel ist. Mögliche Ausnahmen bestätigen diese Regel nur. Bei einer wahlweisen Bevollmächtigung mehrerer Anwälte kann man eine stillschweigende Bevollmächtigung auch eines solchen Teilhabers annehmen, der erst nach der Vollmachtserteilung in die Sozietät eingetreten ist. Dieser nachträgliche Teilhaber tritt dann auch nach einem Wegfall des früheren Teilhabers an dessen Stelle. Die Prozeß- und sonstige Vollmacht fallen unter § 84, Kblz RR **97**, 1023.

2 **2) Regelungszweck, S 1, 2.** Zweck ist die Klarstellung der umfassenden Einzelvollmacht in der Sache im Außenverhältnis im Interesse der Rechtssicherheit, Einl III 43. In der Praxis können sich beim Auftreten mehrerer ProzBev etwa gar aus verschiedenen Orten alle möglichen Unklarheiten ergeben. Es können versehentlich unterschiedliche Vortragswünsche, unterschiedliche Akteneinsichtsforderungen, Bitten und unterschiedlich lange Äußerungsfristen ergeben. Man kann sogar sich widersprechende Anträge für denselben Auftraggeber stellen.

Das alles zwingt zu einer sorgfältigen *Klärung* im Protokoll, zu Rückfragen, Hinweisen, Telefonaten und anderer Zusatzarbeit. Die Vorschrift erleichtert eine solche Mehrbelastung nicht gerade. Man muß sie aber als einen Ausdruck der Parteiherrschaft hinnehmen, Grdz 18 vor § 128. Ob der unterliegende Prozeßgegner die Kosten mehrerer ProzBev des Siegers erstatten muß, ist eine ganz andere spätere Frage, § 91 Rn 124. Besonders aufmerksam muß das Gericht aufzuklären bestrebt sein, ob sich widersprüchliche Anträge vereinheitlichen lassen, § 139. Gelingt das nicht, dürfte die etwa spätere Erklärung im allgemeinen den Vorrang haben.

3 **3) Geltungsbereich, S 1, 2.** Vgl Üb 3 vor § 78, § 81 Rn 3.

4 **4) Bindungswirkung, S 1, 2.** Jeder der mehreren Bevollmächtigten hat im Außenverhältnis kraft zwingenden Rechts eine Einzelvollmacht. Sie ist nur nach § 83 beschränkbar, BSG NJW **98**, 2078. Eine Erklärung des Vollmachtgebers ist im übrigen unbeachtlich, soweit sie die Einzelvollmacht im Außenverhältnis beschränkt, S 2. Die Erklärung eines jeden Bevollmächtigten bindet den anderen Bevollmächtigten wie dessen eigene Erklärung, BGH NJW **07**, 3641, BSG NJW **98**, 2078. Das Gericht muß widerspüchliche gleichzeitige Erklärungen frei würdigen, § 286. Im übrigen gilt die spätere Erklärung, soweit die Partei ein Widerrufsrecht hatte, BSG NJW **98**, 2078. Eine Zustellung kann grundsätzlich an jeden der mehreren Bevollmächtigten gehen, BGH FamRZ **04**, 865, BVerwG NJW **98**, 3582, Kblz VersR **00**, 1039.

Für den *Beginn* einer Frist ist die zeitlich erste wirksame Zustellung maßgeblich, BGH FamRZ **04**, 865, BVerwG NJW **98**, 3582, Kblz VersR **00**, 1039. Auf die Kenntnis der anderen ProzBev von der Zustellung kommt es nicht an, OVG Münst DÖV **76**, 608. Wenn die prozessuale Vollmacht einem sachlichrechtlichen Rechtsverhältnis entstammt, § 80 Rn 8, richtet sich die Stellung mehrerer Bevollmächtigter nach diesem sachlichrechtlichen Rechtsverhältnis, zB bei einer Gesamtprokura, § 48 II HGB. Bei einem mehrgliedrigen Vereinsvorstand gilt § 28 I BGB. Soweit zB Anwaltsozien nur Drittschuldner sind, ist eine Zustellung an jeden erforderlich, AG Köln DGVZ **88**, 123.

85 ***Wirkung der Prozessvollmacht.*** I [1] **Die von dem Bevollmächtigten vorgenommenen Prozesshandlungen sind für die Partei in gleicher Art verpflichtend, als wenn sie von der Partei selbst vorgenommen wären.** [2] **Dies gilt von Geständnissen und anderen tatsächlichen Erklärungen, insoweit sie nicht von der miterschienenen Partei sofort widerrufen oder berichtigt werden.**

II **Das Verschulden des Bevollmächtigten steht dem Verschulden der Partei gleich.**

Schrifttum: *Bern,* Verfassungs- und verfahrensrechtliche Probleme anwaltlicher Vertretung im Zivilprozeß, 1992; *Borgmann/Jungk/Grams,* Anwaltshaftung, 4. Aufl 2005 (Bespr *Hartung* NJW **05**, 2133); *Borgmann* NJW **08**, 413 (Üb); *Friedhoff,* Der hypothetische Inzidentprozeß bei der Regreßhaftung des Anwalts usw, 2002; *Friedmann,* Anwaltspflichten und Präjudizien, 2003; *Ganter* AnwBl **08**, 94 (Üb); *von Gierke,* Die Dritthaftung des Rechtsanwalts, 1984 (rechtsvergleichend); *Graef,* Die Haftung des deutschen und englischen Anwalts für fehlerhafte Prozeßführung, 1995; *Graf von Westphalen,* Einige international-rechtliche Aspekte bei grenzüberschreitender Tätigkeit von Anwälten, Festschrift für *Geimer* (2002) 1485; *Hanna,* Anwaltliches Standesrecht im Konflikt mit zivilrechtlichen Ansprüchen des Mandanten, 1988; *Karl,* Der Bevollmächtigte nach § 85 Abs. 2 ZPO, 1993; *Krebs,* Anwaltstätigkeit im Falle des Unterliegens in erster Instanz, 1999; *Lindenberg,* Wahrheitspflicht und Dritthaftung des Rechtsanwalts im Zivilverfahren, 2002; *Poll,* Die Haftung der freien Berufe ... am Beispiel des Rechtsanwalts, 1994 (rechtsvergleichend); *Rinsche/Fahrendorf/Terbille,* Die Haftung des Rechtsanwalts, 7. Aufl 2005; *Ruppel,* Standeswidriges Verhalten des Anwalts im Zivilprozeß und seine prozessualen und materiellrechtlichen Folgen, Diss Gießen 1984; *Stehmann,* Beschäftigungsverhältnisse unter Rechtsanwälten usw, Diss Köln 1989; *Thomas,* Verschuldenszurechnung im zivilprozessualen Anwaltsprozeß, § 85 Abs. 2 ZPO, 1999; *Vogels,* Haftung von Rechtsanwälten in der Sozietät, 1995; *Vollkommer/Heinemann,* Anwaltshaftungsrecht, 2. Aufl 2003; *Wolf,* Anwaltshaftung in der Sozietät, Festschrift für *Schneider* (1997) 349; *Zugehör* (Hrsg), Handbuch der Anwaltshaftung, 1999.

Gliederung

1) Systematik, I, II. Die dem § 164 I BGB entsprechende Vorschrift regelt die prozessuale Rechts- 1
wirkung der Prozeßhandlung des ProzBev und seine daraus folgende Haftung. II entspricht § 51 II, III mit dessen Haftung des gesetzlichen Vertreters oder des ihm Gleichgestellten.

2) Regelungszweck, I, II. Es ist im Interesse der Rechtssicherheit nach Einl III 43 wie der übrigen in 2
Üb 2 vor § 78 genannten Grundsätze notwendig, einer wirksamen Vertreterhandlung grundsätzlich dieselbe Rechtswirkung zuzuerkennen wie einer von der Partei persönlich vorgenommenen, I 1, BGH **66**, 124, Düss FamRZ **86**, 288. Indessen kann der Vertreter oft nicht die volle Kenntnis der dem Prozeß vorangegangenen oder ihn begleitenden tatsächlichen Vorgänge haben. Daher muß zur Verhinderung gutgemeinter, aber eben auf einem Tatsachenirrtum beruhender Verhaltensweisen der Vorrang der Erklärung des Vollmachtgebers bestehenbleiben, um solche Ungerechtigkeiten zu verhüten, die zB nur oder auch auf Mißverständnissen zwischen dem Vollmachtgeber und seinem Bevollmächtigtem beruhen. II 2 entspricht weitgehend dem Zweck des § 290. Die Haftung nach II ist eine in jeder Hinsicht unvermeidbare Folge der Voll-Macht.

Bei *II* gilt: Diejenige Partei, die ihren Prozeß durch einen von ihr bestellten Vertreter führt, soll in jeder Weise ebenso dastehen, als wenn sie den Prozeß selbst führen würde. Die Heranziehung des ProzBev soll nicht zu einer Verschiebung des Prozeßrisikos zulasten des Gegners führen, § 1 III BerufsO, BGH RR **93**, 131, BVerwG NVwZ **82**, 35. Das gilt auch bei einem Auszubildenden als Partei, LAG Köln NZA-RR **06**, 320.

Empörung kann die anwaltliche Reaktion auf einen richterlichen Hinweis auf II sein. Das gilt selbst dann, wenn der Hinweis im Urteil und nur zur Klärung des Umstands erfolgt, daß und warum es nicht entscheidungserheblich war näher zu prüfen, ob ein Verschulden im einzelnen bei der Partei selbst oder bei ihrem ProzBev lag. In Wahrheit kann ein solcher Hinweis sogar eine schlichte Pflicht des Gerichts sein. Denn es schuldet der Partei eine Begründung dafür, daß es die vorgenannte Einzelfrage offenlassen durfte oder sogar mußte. Da die persönlich etwa schuldlose Partei im Innenverhältnis beim Verschulden eines ProzBev natürlich nicht rechtlos wird, darf das Gericht nicht einen entgegengesetzten Eindruck entstehen lassen. Man kann allerdings im Urteil eine allgemeine Fassung dahin wählen, daß und warum das Gericht *ein etwaiges* Verschulden *eines* ProzBev ungeklärt lassen muß. Mit dieser Maßgabe darf und muß man aber evtl den II durchaus handhaben.

3) Geltungsbereich, I, II. Vgl zunächst Üb 3 vor § 78, § 81 Rn 3. II ist mit dem GG vereinbar, Rn 8. 3
Es handelt sich um eine ganz allgemein anwendbare Vorschrift, BGH **66**, 125, BSG KTS **93**, 308, LAG Köln NJW **06**, 1694, aM LAG Hbg BB **86**, 1020, LAG Hamm MDR **01**, 40 betr §§ 4, 5 KSchG (zustm Vollkommer. Aber es besteht ein allgemeines Bedürfnis nach einer solchen Regelung. Deshalb gibt es keinen Grund, sie nicht mitanzuwenden). § 85 gilt auch im WEG-Verfahren, in einer Familien- oder Kindschaftssache, BGH FamRZ **88**, 497, und im Asylverfahren, BVerfG **60**, 253.

II bezieht sich auf jede Art von Partei, auch zB auf eine Behörde, Schneider MDR **85**, 641, und auf jedes Verschulden (nur) des ProzBev, aM VG Stade NJW **83**, 1509 (nicht auf einen Vorsatz. Aber gerade dann ist II notwendig). II meint jedes Verschulden gerade im Rahmen der Prozeßführung, BPatG GRUR **78**, 559,

LAG Hamm NJW **81**, 1231. Die Vorschrift gilt auch im Wiedereinsetzungsverfahren nach § 233, BGH **148**, 68. Sie gilt auch im Prozeßkostenhilfeverfahren nach § 114, und zwar gerade auch im Anwaltsprozeß, § 78 Rn 1, BGH **148**, 70, Brdb FamRZ **03**, 458, Köln RR **94**, 1093, aM Düss FamRZ **92**, 457, Kblz MDR **97**, 103, ZöV 11 (aber §§ 114ff sind auch im isolierten Verfahren unabhängig vom Sozialzweck ganz prozeßförmig ausgestaltet und stehen im Buch 1 der ZPO, vgl auch § 118 I 1). Die Vorschrift gilt über § 11 V S 2 FamFG auch (jetzt) im FamFG-Verfahren, LG Bln ZMR **01**, 1011. Sie gilt auch im Disziplinarverfahren, VGH Mannh NVwZ-RR **05**, 345.

II ist auch im *verwaltungsgerichtlichen* Verfahren verfassungsmäßig, soweit der ProzBev eine Frist nicht eingehalten hatte, BVerfG NJW **01**, 814.

4 **4) Prozeßhandlung, I 1.** Der ProzBev handelt in einer unmittelbaren Stellvertretung. I sagt insofern ungenau dasselbe wie § 164 I BGB. Das Handeln verpflichtet nicht nur, sondern berechtigt auch. Ein Verschulden des ProzBev im Prozeß gilt als Verschulden der Partei, Rn 9. Das gilt für Handlungen wie für Unterlassungen.

5 Man muß den Begriff *„Prozeßhandlungen"* in I wie bei § 81 Rn 3ff verstehen, Karlsr NJW **75**, 1933 (Einlegung einer Berufung). Er würde genauer Parteiprozeßhandlung heißen, Grdz 47 vor § 128. Er umfaßt auch Unterlassungen, die Kenntnisnahme und die Entgegennahme von Erklärungen. § 85 betrifft allerdings nur die prozessualen Wirkungen, LAG Hamm MDR **94**, 811, LAG Köln MDR **02**, 222, aM LAG Hbg MDR **87**, 875 (Klagefrist), LAG Mü BB **81**, 915 (aber die Vorschrift steht im Prozeßrecht). Eine außergerichtliche Beratung ist also keine Prozeßhandlung, LAG Köln MDR **02**, 222. Die sachlichrechtlichen Wirkungen richten sich vielmehr nur nach dem bürgerlichen Recht, BAG FamRZ **84**, 1008, LAG Hamm MDR **94**, 811. So haftet der Vollmachtgeber für die Handlung eines ProzBev sachlichrechtlich nur nach § 831 BGB.

6 **5) Geständnis usw, I 2.** Es kommt auf den Inhalt Art der Erklärung an.

A. Tatsachenerklärung. Bei allen Tatsachenerklärungen einschließlich des Geständnisses nach § 288 gilt im Anwalts- wie im Parteiprozeß eine unmittelbare Stellvertretung nur, soweit die in der mündlichen Verhandlung miterschienene und zum Wort zugelassene Partei die Erklärung nicht sofort widerruft oder berichtigt. Wenn sie sofort widerruft oder berichtigt, gilt nur die Parteierklärung. Die Parteierklärung ist auch dann allein maßgeblich, wenn die Partei sich bereits vorher erklärt hat. Der ProzBev kann nämlich der Partei nicht wirksam widersprechen. Eine Erklärung nach § 445 ist kein Geständnis nach § 288. Das Gericht würdigt sie nach § 286, BGH **129**, 108. Abgesehen davon muß man eine tatsächliche Erklärung der Partei selbst einer Erklärung ihres ProzBev in aller Regel vorziehen, § 78 Rn 17, § 288 Rn 6, BGH RR **97**, 157. Ein späterer Widerruf der Erklärung des ProzBev durch die Partei ist in demselben Umfang zulässig wie ein Widerruf einer eigenen Erklärung.

Nicht unter I 2 fällt eine Prozeßhandlung des ProzBev, und zwar auch nicht, soweit in ihr eine Verfügung über den Streitgegenstand liegt, wie etwa bei einem Vergleich, einem Anerkenntnis oder einem Verzicht. I 2 ist im Parteiprozeß auch dann anwendbar. Denn dort kann sich die Partei selbst vertreten.

7 **B. Andere Erklärung.** Eine andere Erklärung als die unter Rn 6 genannte bindet die Partei unwiderruflich. Das gilt auch für einen Verzicht oder ein Anerkenntnis. Das Gesetz trennt solche Erklärungen ja scharf von Tatsachenerklärungen, § 307 Rn 1. Der Vergleich bezieht sich auf den Anspruch selbst.

Nicht bindend ist eine bloße Rechtsansicht des ProzBev, Traumann DB **86**, 262.

8 **6) Verschulden des Prozeßbevollmächtigten, II.** Die Regelung hat eine erhebliche praktische Bedeutung. Das Verschulden umfaßt den Vorsatz wie eine Fahrlässigkeit. Es kommt nur auf das Verschulden des ProzBev und seiner Erfüllungsgehilfen an, nicht auf dasjenige des Auftraggebers, BGH VersR **84**, 850.

Unanwendbar ist II auf ein Verschulden einer anderen Person als des ProzBev, LAG Köln NZA-RR **05**, 384 (Tochter).

A. Verfassungsmäßigkeit. Es handelt sich nicht etwa um eine Untervorschrift zu I, VGH Mannh NJW **78**, 122.

II *verstößt nicht gegen das GG,* BVerfG BGBl **73**, 762 (allgemein, Gesetzeskraft) = BVerfG **35**, 41 und NJW **01**, 814, BGH RR **93**, 131, aM mit schwerwiegenden Gründen v Schlabrendorff BVerfG **35**, 51, Leipold ZZP **93**, 255, Bosch **93**, 308 (aber die Rechtssicherheit muß den Vorrang haben, Rn 2). Freilich darf die Haftung auch nicht zu einer Beschränkung der beruflichen Grundrechte des Anwalts führen, etwa seiner Meinungs-, Wissenschafts- und Berufsfreiheit, Loritz BB **00**, 2010.

9 **B. Verschuldensunterstellung.** Jedes Verschulden des Bevollmächtigten gilt als ein Verschulden der Partei, BGH NJW **85**, 495, Düss FamRZ **92**, 81, Karlsr NJW **84**, 619, aM VG Stade NJW **83**, 1509, ZöV 13 (nicht bei einer Sittenwidrigkeit. Aber gerade dann braucht der Prozeßgegner einen Schutz). Das gilt auch dann, wenn das Gericht die Nachteile der verschuldeten Fehlhandlung des Bevollmächtigten noch hätte abwenden können, BGH NJW **94**, 56.

10 **C. Anwendbarkeitsfälle.** Es gilt das alles selbst dann, wenn die Partei eine Freiheitsstrafe verbüßt, BGH VersR **84**, 851. Es gilt auch im Kündigungsschutzprozeß, LAG Köln DB **87**, 1796, LAG Mü BB **81**, 915, aM LAG Hbg NJW **78**, 446, ZöV 11 (vgl aber Rn 3). Die vorstehenden Regeln gelten allerdings nicht vor dem Beginn des Kündigungsschutzprozesses, LAG Hamm NJW **81**, 1231, aM LAG Mainz NJW **82**, 2461 (aber dann liegt grundsätzlich noch kein Prozeß und kein Prozeßrechtsverhältnis vor, Grdz 4 vor § 128).

11 Die vorstehenden Regeln gelten auch im *Strafprozeß,* BGHSt **26**, 127, Düss MDR **88**, 986, zumindest soweit es nicht um den Verteidiger geht, Kblz MDR **88**, 986. Sie gelten ferner bei einem Anspruch nach dem StrEG, BGH **66**, 123, in einer Patentsache, BPatG GRUR **78**, 559, sowie im Sortenschutzverfahren, § 40 V SortSchG.

12 **D. Keine Überspannung.** Der Anwalt muß unabhängig vom Gericht die übliche Sorgfalt anwenden, § 233 Rn 116, BGH VersR **99**, 443, Düss NJW **87**, 2564, krit Prinz VersR **86**, 317. Freilich darf man seine Sorgfaltspflicht auch nicht überspannen, BVerfG NJW **97**, 2941, BGH MDR **91**, 53, Laws MDR **07**, 1171. Das gilt auch wegen des Umstands, daß die Gerichte dazu neigen, den Staat nur für offensichtliche schwer-

wiegende eigene Gerichtsfehler wenigstens nach § 21 GKG (Kostenniederschlagung) in eine Art Haftung zu nehmen. Dann sollte man auch nicht allzu hart mit kleineren Anwaltsfehlern umgehen.

E. Beispiele zur Frage des Verschuldens, dazu *Borgmann* NJW **02**, 2145, *Fischer* NJW **99**, 2995; *Ganter* AnwBl **07**, 181 (je: Üb): Vgl auch die umfangreichen weiteren Nachweise speziell zur Frage einer Wiedereinsetzung bei § 233 Rn 49 ff: **13**

Abtretung: Zur Anwaltspflicht vor einer Klage aus einem abgetretenen Recht trotz eines Abtretungsverbots BGH RR **03**, 1212.

Adresse: Wenn der Anwalt der an sich ausreichenden gesetzlichen Bezeichnung des Gerichts und seines Orts die Straße und Hausnummer beifügt, muß diese Angabe ebenso wie die Postleitzahl zutreffen. Er darf sich aber grds auf sein geschultes Personal verlassen, BGH (8. ZS) VersR **94**, 75, LAG Köln MDR **97**, 854, aM BGH (6. ZS) VersR **93**, 1381, OVG Lüneb NJW **06**, 1083, OVG Magdeb NVwZ-RR **04**, 385 (vgl aber § 233 Rn 147 ff). Im letzten Moment trifft ihn eine erhöhte Sorgfaltspflicht, § 233 Rn 34.

Alleiniger Sachbearbeiter: Rn 20 „Sozietät".

Allgemeine Geschäftsbedingungen: Formularmäßige Mandatsbedingungen unterliegen §§ 305 ff BGB. Sie können die Anwaltshaftung keineswegs beliebig einschränken, Bunte NJW **81**, 2657, aM Prinz VersR **86**, 320 (aber § 307 BGB gilt natürlich auch hier). Der Anwalt muß AGB auf ihre Erheblichkeit prüfen, LG Mü RR **03**, 285.

Anwaltshaftung: Rn 20 „Schadensersatz", Rn 24 „Verjährung".

Anwaltskartell: Rn 24 „Versäumnis".

Arbeitstempo: Rn 18 „Prozeßführung".

Aufwand: Rn 18 „Prozeßführung".

Ausnahmelage: Sie kann ausnahmsweise entschuldigen, BGH VersR **85**, 394.

Vgl aber auch Rn 22 „Überlastung".

Bedenken: Der Anwalt muß seine Bedenken gegen eine Weisung des Auftraggebers vortragen, BGH BB **99**, 763 und VersR **99**, 443. Der Anwalt muß auch das Gericht auf eine Unschlüssigkeit des gegnerischen Vortrags hinweisen, Kblz RR **90**, 960 (Parteiverwechslung), Köln AnwBl **84**, 92. **14**

Belehrung: Der Anwalt hat keine überspannbare solche Pflicht, BGH AnwBl **08**, 377.

Beratung: Der Grundsatz der Notwendigkeit einer umfassenden Wahrnehmung der Interessen des Auftraggebers nach Rn 23 gilt auch bei jeder Beratung, BGH VersR **99**, 443, LG Hbg VersR **89**, 805. Freilich braucht der Anwalt die Beratung grds auch nicht besonders nachdrücklich oder eindringlich vorzunehmen, BGH NJW **87**, 1323. Er darf die Beratung auf die vorteilhaftere Alternative beschränken, BGH NJW **07**, 2486 (zustm Römermann). Immerhin muß er während des gesamten Verfahrens umfassend auf das Prozeßrisiko und auf das Kostenrisiko hinweisen, BGH BB **99**, 763, Kblz VersR **01**, 1027, Mü RR **91**, 1460. Er muß auch auf Zweifel und Bedenken hinweisen, BGH NJW **01**, 674, Karlsr VersR **89**, 1296, LG Hbg VersR **89**, 805. Man muß den Schutzbereich der Amtspflicht beachten, BGH DB **97**, 2120.

Beratungshilfe: Der Anwalt muß den Auftraggeber auf die Möglichkeit einer Beratungshilfe hinweisen, soweit ihm bekannt ist, daß der Auftraggeber deren Voraussetzungen wahrscheinlich erfüllt, § 16 I BerufsO, BVerfG NJW **00**, 2494, Düss MDR **84**, 937. Er muß im Beratungshilfeverfahren alle Möglichkeiten ausschöpfen, BGH NJW **87**, 3121.

Beweissicherung: Rn 24 „Vorbereitung".

Botendienst: Der Anwalt muß darauf achten, daß ein privater Botendiener zB des Anwaltsvereins funktioniert, OVG Münst NJW **94**, 402.

Ehesache: Rn 25 „Wirtschaftliche Auswirkungen". **15**

Eilmaßnahme: Der Anwalt muß evtl schon vor dem Erhalt des Auftrags eine Eilmaßnahme erwägen und vornehmen, §§ 677 ff BGB, KG Rpfleger **85**, 40. Er muß eine gegnerische Eilmaßnahme unverzüglich dem Auftraggeber mitteilen, Düss VersR **88**, 861, Ffm GRUR **87**, 652. Wegen seiner Pflicht zum Vorgehen innerhalb der kürzestmöglichen Zeit muß er auch ein statt eines Hauptprozesses oder zusätzlich zu diesem mögliches Eilverfahren bedenken und evtl veranlassen, LG Bonn JB **90**, 1318. Der Anwalt muß den Posteingang auf etwa notwendige Sofortmaßnahmen prüfen, BGH VersR **85**, 69, Köln VersR **97**, 605.

Entscheidungspraxis des angerufenen Gerichts: Der Anwalt muß den kostensparendsten, sichersten und gefahrlosesten Weg gehen, Rn 17 „Mehrheit möglicher Entscheidungen". Das gilt auch dann, wenn ihm oder jedem Kollegen eine Entscheidungspraxis des angerufenen Gerichts bekannt ist. Das gilt freilich nur, soweit sie objektiv den rechtlichen Anforderungen genügt, BVerfG **79**, 376, BGH VersR **02**, 1576. Das alles gilt auch im ersten Rechtszug und bei einer Streitfrage. Freilich darf der Anwalt nicht schon deshalb einen wesentlichen Tatsachenvortrag zurückhalten oder bewußt verschweigen, § 138 I, II, BGH VersR **83**, 562.

Vgl aber auch Rn 24 „Verjährung".

Fachliteratur: Der Anwalt muß wenigstens *eine* allgemeine Fachzeitschrift regelmäßig und aktuell auswerten, BGH NJW **79**, 877, Zweibr NJW **05**, 3358.

Fristwahrung, dazu *Francken,* Das Verschulden des Prozeßbevollmächtigten an der Versäumung der Klagefristen des § 4 KSchG, des § 1 Abs. 1 BeschFG und des § 113 Abs. I InsO, 1998: Der Anwalt muß jede Frist streng beachten, BGH NJW **95**, 522, BVerwG NJW **02**, 769, VGH Mannh NVwZ-RR **07**, 819. Das gilt auch bei §§ 1 a, 9 KSchG, Düss VersR **07**, 244, oder bei § 4 I 1 KSchG, LAG Bln MDR **04**, 161, LAG Köln **99**, 772, LAG Stgt DB **03**, 52, und bei § 5 KSchG, aM LAG Hbg NZA-RR **05**, 489, LAG Köln MDR **06**, 162 (Gewerkschaftsfunktionär). Denn die Fristkontrolle ist seine ureigene Aufgabe, BGH NJW **92**, 820. Er darf sich daher auch nicht nur auf Fristangaben seines Auftraggebers verlassen, Düss VersR **07**, 244. Das alles gilt auch beim bloßen „Stempelanwalt", Hamm MDR **99**, 900. Jeder Anwalt muß auch eine verfrühte Einreichung verhindern, BGH VersR **93**, 1548. Bei einer überörtlichen Sozietät ist vor allem derjenige zuständig, der die Partei im Prozeß vertritt, BGH NJW **94**, 1878. Der Briefwechsel kann grds mit einem einfachen Brief des Anwalts ohne eine Rückfrage nach dem Zugang erfolgen, BGH RR **00**, 948. Der Anwalt muß im Zweifel die kürzere Frist beachten, BVerfG NJW **03**, 575, BGH GRUR **01**, 271. Er muß den Auftraggeber nach dem Datum der Zustellung eines solchen Bescheids fragen, gegen den nur ein fristgebundener Widerspruch statthaft ist, OVG Ffo NJW **04**, 1546. Er muß dem Auftraggeber genug Zeit zur Entscheidung über die Einlegung eines Rechtsmittels geben, BGH NJW **07**, 2331.

S auch Rn 17 „Mehrheit möglicher Maßnahmen", auch § 233 Rn 85 ff, 93 ff.

Gericht: Der Anwalt kann sich grds auf die inhaltliche Richtigkeit einer Mitteilung des Gerichts zB über einen Eingangstag verlassen, BVerfG NJW **95**, 711. Ein Verschulden des Gerichts kann ihn entlasten, BVerfG NJW **02**, 2937, Rostock MDR **99**, 626, Heinemann Festgabe für Vollkommer (2006) 448.

Gesetzeskenntnis: Der Anwalt muß die geltenden Gesetze kennen, Hamm RR **99**, 1679, Köln RR **03**, 287 (alsbald nach Inkrafttreten). Er braucht aber nicht klüger als das Gericht zu sein, BVerfG NJW **02**, 2938.

S auch § 233 Rn 114 ff.

16 **Interessenwahrnehmung:** Rn 23 „Umfassende Interessenwahrnehmung".

Kartellanwalt: Rn 24 „Versäumnis".

Kostenrisiko: Der Anwalt muß den Auftraggeber auf ein etwaiges hohes Kostenrisiko hinweisen, Hbg AnwBl **03**, 114, Mü RR **91**, 1460, auch allgemein auf die voraussichtlichen Anwaltskosten, LG Flensb AnwBl **87**, 193, aM Köln VersR **98**, 1282 (§ 242 BGB).

S auch Rn 14 „Beratung".

Krankheit: Eine chronische Krankheit kann den Anwalt zu einer entsprechenden Vorsorge verpflichten, etwa vor Terminen, BGH NJW **96**, 1541, BVerwG NJW **01**, 2735.

Eine plötzliche Erkrankung kann ein Verschulden *entfallen* lassen, BGH VersR **90**, 1026 (ProzBev selbst), BGH VersR **85**, 47 (naher Angehöriger).

Kündigung: Der Kündigende muß mangels einer Anzeige nach § 87 und nach einem Empfangsbekenntnis noch fristwahrend tätig bleiben, VGH Mannh NJW **04**, 2914.

Der *Gekündigte* braucht mangels eines Fristdrucks keinen Rat mehr zu geben, BGH MDR **97**, 196, BFH NJW **03**, 240. Seine Haftung entfällt, BGH NJW **06**, 2334. Das gilt unabhängig von seiner Kenntnis der Beauftragung eines anderen Anwalts, BGH BB **03**, 600. Der Anwalt muß gegen jede erfolgte Kündigung vorgehen, BGH BB **99**, 763. Bei einer Kündigungsschutzklage nach § 5 KSchG kann II nur begrenzt anwendbar sein, LAG Stgt NZA-RR **04**, 45.

Mandatsende: Ab seinem Eintritt haftet der Anwalt grds nicht mehr, BGH NJW **06**, 2334.

Mediation: Die Sorgfaltspflicht des Anwalts als eines Mediators kann geringer sein als diejenige eines ProzBev, AG Lübeck NJW **07**, 3792.

17 **Mehrheit möglicher Maßnahmen:** Wenn mehrere Maßnahmen in Betracht kommen, etwa bei einer Streitfrage, muß der Anwalt die kostensparendste wählen, Düss FamRZ **89**, 204, AG Mü JB **93**, 671. Er muß auch die sicherste und gefahrloseste wählen, BGH NJW **06**, 2637, Kblz VersR **01**, 1027, Fahrendorf NJW **06**, 1913. In diesen Grenzen kann sich der Anwalt auf die Empfehlung der vorteilhafteren Alternative beschränken, BGH NJW **07**, 2486 (zustm Römermann). Das übersieht LG Tüb RR **87**, 1213. Das alles gilt auch bei einer grenzüberschreitenden Tätigkeit, Graf von Westphalen (vor Rn 1) 1486. Daher nützt auch der Umstand nichts, daß das Gericht dasselbe Anwaltsverhalten in anderen Fällen nicht beanstandet hat. Das gilt jedenfalls, solange der Anwalt nicht sicher sein kann, daß seine Auffassung die allein vertretbare ist. Auch ein rechtskundiger und erfahrener Auftraggeber hat einen Anspruch auf eine Risikobelehrung, Kblz AnwBl **06**, 493.

S auch Rn 15 „Entscheidungspraxis des angerufenen Gerichts".

Mitverschulden: Ein nicht völlig unerhebliches ist schädlich, BGH BB **99**, 763.

Parteibezeichnung: Sie muß natürlich stets richtig sein, BGH FamRZ **04**, 1020.

18 **Parteigutachten:** Der Anwalt muß den Auftraggeber auf die möglichen Zweifel und Bedenken auch dann hinweisen, wenn diese trotz eines eingeholten Parteigutachtens bestehen bleiben können, BGH NJW **85**, 264.

S auch Rn 14 „Bedenken".

Parteiverhalten: Die Partei muß für ihren ProzBev erreichbar sein, BGH FamRZ **95**, 1484.

Personal: Der Anwalt darf grds auf die Einhaltung seiner Einzelanweisung vertrauen, BGH FamRZ **03**, 1650.

Posteingang: Rn 14 „Eilmaßnahme". Der Anwalt muß lückenlos darstellen, daß er ein fristgebundenes Schriftstück rechtzeitig zur Post aufgegeben hatte, LAG Nürnb NZA-RR **03**, 661.

Postulationsfähigkeit: Der Anwalt muß alle einschlägigen Vorschriften beachten, (je zum alten Recht) BGH MDR **03**, 480, Drsd MDR **05**, 1009, Schlesw MDR **03**, 1023. Dazu kann ein Zwang zur Robenbenutzung zählen, § 59 b Z 6 c BRAO in Verbindung mit § 20 BerufsO (sein S 2 befreit vor dem AG. Das ist wegen der Stellung des Anwalts nach § 1 BRAO problematisch. Zum Landesrecht Weber NJW **98**, 1674). Der ProzBev muß prüfen, ob ein als freier Mitarbeiter mit der selbständigen Bearbeitung Beschäftigter postulationsfähig ist, (zum alten Recht) BGH NJW **01**, 1580 rechts unten.

Prozeßfähigkeit: Ein Verschulden des ProzBev *fehlt* bei seiner Prozeßunfähigkeit, BGH NJW **87**, 440, Mü RR **89**, 255.

Prozeßführung: Der Anwalt muß den Prozeß so führen, daß er innerhalb der kürzestmöglichen Zeit vorankommt. Das gilt auch im Prozeßkostenhilfeverfahren, BGH NJW **87**, 3121, Düss FamRZ **89**, 204. Es gilt auch dann, wenn ein Eilverfahren in Betracht kommt, LG Bonn JB **90**, 1318. Es gilt ferner in der Zwangsvollstreckung, Köln VersR **86**, 300. Der Anwalt muß mit dem geringstmöglichen Aufwand das günstigste mögliche Ergebnis zu erzielen versuchen, Oldb VersR **81**, 341. Er muß im Rahmen des ihm Möglichen und Zumutbaren alles dasjenige erwägen und tun, was vertretbar und auch nur evtl sinnvoll zu sein scheint. Freilich ist nicht der Anwalt, sondern dessen Auftraggeber der „Arbeitgeber" des Gerichts. Der Anwalt ist nur der Beauftragte desjenigen, für den das Gericht tätig wird. Das unterschätzt Kroppen AnwBl **80**, 129.

S auch Rn 24 „Verkehrsanwalt".

Prozeßkostenhilfe: Der Anwalt muß den Auftraggeber auf die Möglichkeit einer Prozeßkostenhilfe hinweisen, soweit ihm bekannt ist, daß der Auftraggeber deren Voraussetzungen wahrscheinlich erfüllt, § 16 I

BerufsO, Düss MDR **84**, 937. Er muß im Bewilligungsverfahren alle Möglichkeiten ausschöpfen, BGH NJW **87**, 3121. Wegen der Pflicht auch des Gerichts zu einem Hinweis auf die Möglichkeit einer Prozeßkostenhilfe Üb 5 vor § 114.

Prozeßtaktik: Sie erlaubt keinen Verstoß gegen die Wahrhaftigkeitspflicht nach § 138 Rn 16, Köln FamRZ **05**, 168.

Prozeßvergleich: Rn 24 „Vergleich".

Rechtsmittelbelehrung: Eine unrichtige Belehrung durch das Gericht beseitigt ein Verschulden des Anwalts nur bei ihrer Nachvollziehbarkeit, BGH VersR **97**, 1522. Das Gericht braucht einen Anwalt nicht stets auf die Wahl eines unzulässigen Rechtsbehelfs hinzuweisen, BGH AnwBl **06**, 213. **19**

Rechtsansicht: Unschädlich ist eine nach sorgfältiger Prüfung rückschauend vertretbare Ansicht, Düss RR **03**, 137.

Rechtsmittelschrift: Der Anwalt muß den Entwurf eines Mitarbeiters sorgfältig prüfen, selbst wenn dieser früher ein OLG-Anwalt war, Rostock NJW **07**, 91 (Auszug).

Rechtsmittelwahl: Der Anwalt muß die Statthaftigkeit selbst prüfen, Mü AnwBl **07**, 237.

Rechtsprechung, dazu *Friedmann* (vor Rn 1): Der Anwalt muß eine bestehende Rechtsprechung beachten, BVerfG NJW **97**, 1433, Habscheid JR **99**, 102. Daher darf er grds auf ihren Fortbestand zumindest bei einer bisher ständigen Rechtsprechung vertrauen, wenn auch nicht blindlings, BGH BB **93**, 2268.

Rechtsschutzversicherung: Der Anwalt muß den Auftraggeber über die Einschränkung oder gar Zurücknahme ihrer Deckungszusage informieren, Düss MDR **02**, 1257. Die Beratung des Mitglieds, die Sachverhaltsermittlung und die Weitergabe von Unterlagen an die ProzBev reichen nicht stets zur Annahme eines Verkehrsanwalts aus, LAG Bre DB **03**, 2448.

Regreß: Rn 20 „Schadensersatz", Rn 24 „Verjährung".

Risiko: Rn 17 „Mehrheit möglicher Maßnahmen".

Rückfrage: Eine solche beim Auftraggeber nach ordnungsgemäßer Belehrung ist *nicht* erforderlich, BGH AnwBl **06**, 669.

Sachbearbeiter: Rn 21 „Sozietät". **20**

Sachverhaltsklärung, dazu *Popp,* Die Verpflichtung des Anwalts zur Aufklärung des Sachverhalts, 2001: Der Anwalt muß im Rahmen des ihm Möglichen und Zumutbaren den Sachverhalt genau klären. Das gilt auch schon vor einer Beratung. Er darf freilich auf die Richtigkeit der vom Auftraggeber erteilten tatsächlichen Information grds *vertrauen*, BGH VersR **94**, 1344. Dieses Vertrauen darf aber andererseits auch nicht zu einer Leichtgläubigkeit oder Gedanken- oder Arbeitsfaulheit führen, Düss AnwBl **99**, 351. Das gilt zB dann, wenn Lücken oder Widersprüche für einen Juristen auf der Hand liegen oder ernsthaft in Betracht kommen, BGH NJW **98**, 2048. Eine Rechtstatsache muß der Anwalt selbst klären, zB das Datum einer Zustellung, BGH NJW **96**, 1968, Düss AnwBl **99**, 351.

Sachverständiger: Der Anwalt muß einen Antrag auf eine Vernehmung des Sachverständigen stellen, sobald er merkt, daß das Gericht ein den Anwalt überzeugendes Gutachten nicht überzeugend findet, Hamm VersR **02**, 367.

Säumnis: Nach einer „Flucht in die Säumnis" nach § 342 Rn 4 muß der Anwalt grds auch ohne eine Weisung des Auftraggebers rechtzeitig einen Einspruch einlegen, es sei denn, er hält ihn für sinnlos. Das muß er aber mit dem Auftraggeber erörtern, BGH NJW **02**, 291. **21**

Schadensersatz: Wegen der Notwendigkeit einer umfassenden Beratung nach Rn 14 „Beratung" muß der Anwalt den Auftraggeber auch auf einen etwaigen Schadensersatzanspruch gegen sich selbst unverzüglich hinweisen, BGH NJW **92**, 837. Das gilt aber nur, solange und soweit der Auftraggeber von dieser Anwaltshaftung nichts weiß, Celle VersR **81**, 237.

Folglich *entfällt* eine solche Pflicht dann, wenn der Anwalt den Auftraggeber rechtzeitig vor der Verjährung wegen der Haftungsfrage berät, BGH NJW **92**, 837, oder wenn ein anderer Anwalt den Regreßanspruch schon angemeldet hat, BGH BB **01**, 1764.

S auch Rn 24 „Verjährung", „Vorbereitung".

Schlüssigkeit: Der ProzBev des Bekl muß von vornherein auf ihre Mängel und auch später evtl nochmals auf sie hinweisen, BGH AnwBl **07** 720 .

Sicherheitsleistung: Der Anwalt muß die Möglichkeit erörtern, für den Auftraggeber eine Sicherheitsleistung zu erbringen, zu erhalten oder zurückzuerhalten, BGH NJW **90**, 2129.

Sicherster Weg: Rn 17 „Mehrheit möglicher Maßnahmen".

Sofortmaßnahme: Rn 15 „Eilmaßnahme".

Sozietät: Jeder Sozius gilt grds als beauftragt und bevollmächtigt, Rn 36 „Sozius". Das gilt grds unabhängig davon, ob die Sozietät eine rechts-, partei- und prozeßfähige BGB-Außengesellschaft ist, dazu BGH **146**, 341. Daher muß jeder Sozius das ihm Mögliche und Zumutbare unverzüglich und auf dem für den Auftraggeber kostensparendsten, sichersten und gefahrlosesten Wege veranlassen, Rn 17 „Mehrheit möglicher Maßnahmen", Rn 22 „Zweifelhafte Rechtslage". BGH RR **88**, 1299 (Treuhandauftrag). Er darf sich nicht hinter dem anderen Sozius als dem „Sachbearbeiter" oder gar dem „allein bearbeitenden" Kollegen verstecken, BGH FamRZ **03**, 231. Ausnahmen gelten bei einer „gemischten" Sozietät zugunsten desjenigen, der auf diesem Gebiet nicht tätig werden darf, Köln RR **97**, 438.

Steuerliche Auswirkungen: Rn 25 „Wirtschaftliche Auswirkungen".

Streitfrage: Rn 25 „Zweifelhafte Rechtslage".

Telefax: Der Anwalt muß Störungen im Telefaxverkehr bedenken, § 233 Rn 164 „Telefax", Mü NJW **91**, 303. Er darf das Heraussuchen der richtigen Telefaxnummer dem Personal überlassen, BFH BB **03**, 1485. **22**

Termin: Der Anwalt muß stets mit Verkehrsbehinderungen rechnen. § 337 Rn 13 „Verkehrsprobleme". Er muß den Auftraggeber von der Aufhebung eines solchen Termins unverzüglich verständigen, an dem der Auftraggeber teilnehmen soll oder will, Kblz JB **91**, 1544. Er muß eine Terminsverhinderung in einer zumutbaren Weise dem Gericht mitteilen, BGH BB **06**, 128 rechts unten. Vgl auch § 227 Rn 25. Er muß den gegnerischen Kollegen von einer Klagerücknahme im letzten Augenblick sogleich informieren, Kblz FamRZ **06**, 1687.

Tod des Auftraggebers: Knodel MDR **06**, 121 (Üb).
Treuhandauftrag: In einer Sozietät nach Rn 21 gilt im Zweifel jeder Sozius als ein Treuhänder mit allen Rechten und Pflichten, BGH RR **88**, 1299.
Überholende Kausalität: Sie kann entlasten, BGH NJW **07**, 2778.
Überlastung: Sie entschuldigt nicht, BGH NJW **96**, 997, VGH Mü NJW **98**, 1507.

23 **Umfassende Interessenwahrnehmung:** Der Anwalt muß die Interessen des Auftraggebers grds nach jeder Richtung umfassend wahrnehmen, BGH VersR **99**, 443, Hamm VersR **88**, 192, Karlsr VersR **89**, 1296. Das gilt zB auch bei der Frage, ob er einen Vergleich abschließen oder widerrufen soll, LG Mü NJW **90**, 1369. Es gilt auch bei einer Beratung, BGH RR **08**, 1235 (Ausnahme: Auftraggeber nennt einen Bedarf nur in *einer* Richtung), LG Hbg VersR **89**, 805. Es gilt aber ab dem Mandatsende nur noch bei einem Fristdruck, BGH MDR **97**, 196.
Unfall: Er kann *entschuldigen*, BGH VersR **88**, 249 (Reifenpanne).
Unschlüssigkeit: Rn 14 „Bedenken".
Unterschrift: Die Grundsätze Rn 8–12 gelten auch für die Unterschrift, BGH NJW **87**, 957. Der Anwalt muß auch die Regeln § 129 Rn 9 ff beachten. Wer unterzeichnet, muß sicherstellen, daß der Schriftsatz nicht verfrüht eingeht, BGH VersR **93**, 1548. Er muß kontrollieren, ob er die gesetzlichen Anforderungen an den Schriftsatz erfüllt, BGH FamRZ **03**, 1176.
Unvollständigkeit des Vortrags: Der ProzBev darf nicht einen objektiv etwa nach § 138 II bereits notwendigen Vortrag zurückhalten, Schlesw FamRZ **93**, 336.
Urkundenprozeß: Der Anwalt muß eine Klage im Urkundenprozeß erwägen, wenn ein besonderes Beschleunigungsbedürfnis besteht, BGH VersR **94**, 1234, Wolf DB **99**, 1103.

24 **Verfahrensweise des Gerichts:** Der Anwalt muß, insbesondere als ProzBev des Bekl, stets kritisch die Verfahrensweise des Gerichts überdenken, Hamm MDR **87**, 582, und zwar natürlich auch selbstkritisch.
Vergleich: Der Grundsatz der Notwendigkeit einer umfassenden Wahrnehmung der Interessen des Auftraggebers nach Rn 23 gilt auch bei der Frage, ob der Anwalt einen Vergleich abschließen oder widerrufen soll und bis wann er das tun muß, BGH NJW **02**, 292, Hamm MDR **94**, 309, LG Mü NJW **90**, 1369. Der Anwalt darf ein vorteilhaftes gegnerisches Vergleichsangebot nicht ohne eine ausreichende Beratung des Auftraggebers ablehnen, Düss VersR **02**, 1377. Der Anwalt muß auf Eindeutigkeit und auf die Entbehrlichkeit einer Auslegung hinwirken, BGH DB **02**, 1502. Er darf einen bindenden Abfindungsvergleich mit einer nicht unerheblichen Tragweite erst nach der Zustimmung des entsprechend belehrten Auftraggebers abschließen, BGH NJW **02**, 292.
Verjährung: Der Anwalt muß den Auftraggeber vor jeder Art von Verjährung schützen, BGH VersR **05**, 1241. Er kann sich nur ganz ausnahmsweise wegen dessen Rechtskunde auf dessen Mitverschulden berufen, BGH NJW **92**, 820. Er muß im Zweifel die kürzere Verjährungsfrist zugrunde legen, BGH NJW **00**, 1267. Er muß auch aktiv helfen, den Verjährungseintritt zu vermeiden, BGH VersR **05**, 1241, Naumb VersR **05**, 1242. Ein Hinweis auf eine drohende Verjährung muß rechtzeitig erfolgen, BGH NJW **92**, 837, Mü AnwBl **98**, 607. Der Anwalt kann sogar nach der Beendigung seiner Tätigkeit zum Hinweis auf eine drohende Verjährung verpflichtet sein, BGH NJW **02**, 1117, aM Hamm VersR **99**, 446 (vgl aber § 86 Rn 7). Das gilt auch aus Anlaß eines neuen Auftrags, BGH NJW **86**, 582, auch eines solchen an einen anderen Anwalt, BGH VersR **05**, 1241.

Er braucht grds *nicht* mit der Abweichung eines LG von der Rechtssprechung des BGH zu rechnen, Brschw RR **98**, 350. Vgl freilich Rn 15 „Entscheidungspraxis".

S auch Rn 20 „Schadensersatz".

Verkehrsanwalt: Die Pflichten des *ProzBev* zur sachgemäßen Prozeßführung ändern sich nicht durch die Einschaltung eines Verkehrsanwalts, BGH NJW **88**, 3014, aM Düss VersR **89**, 850 (aber der ProzBev muß den Verkehrsanwalt überwachen, § 233 Rn 174 ff). Der Verkehrsanwalt ist kein Erfüllungsgehilfe des ProzBev nach § 278 BGB, Ffm MDR **94**, 99. Der ProzBev muß bei einer Unklarheit den Verkehrsanwalt fragen.

Er braucht aber *nicht* unter dessen Umgehung den Auftraggeber direkt zu fragen, BGH NJW **06**, 3496.

Der *Verkehrsanwalt* haftet natürlich im Rahmen seines Auftrags, BGH NJW **93**, 3140, Düss VersR **89**, 850, insoweit aber voll, BGH VersR **96**, 606.

S auch Rn 18 „Prozeßführung", Rn 19 „Rechtsschutzversicherung".

Verkündung: Der Anwalt muß sich rechtzeitig danach erkundigen, was das Gericht in einem dem Anwalt bekannten Verkündungstermin verkündet hat, § 218 Rn 2, 4, Ffm MDR **98**, 124.
Versäumnis: Der Anwalt muß im Rahmen des ihm Möglichen und Zumutbaren verhindern, daß Säumnisfolgen eintreten, LG Duisb RR **91**, 1022 (Hinterlegung der Akten nebst Zettel-„Auftrag" an irgendeinen evtl anwesenden Anwalt zur Antragstellung). Das gilt insbesondere vor einem Zweiten Versäumnisurteil, BGH NJW **93**, 1324.
Vertragsverhandlungen: Der Anwalt muß schon während der Vertragsverhandlungen seines Auftraggebers aufpassen, BGH BB **88**, 1992.
Verzugsschaden: Der Anwalt muß im Mahnschreiben auch eine etwaige Ablehnung androhen, BGH BB **06**, 2157.
Vorbereitung: Ein Anwalt kann zB zur Vorbereitung eines Schadensersatzprozesses zu einer Beweissicherung verpflichtet sein, BGH NJW **93**, 2677. Der Anwalt des Beweisverfahrens braucht *nicht ungefragt* auf eine infolge der etwa nachfolgenden Hauptprozesses höhere Kostenlast hinzuweisen, Nürnb MDR **99**, 1530.
Wertgebühren: Der Anwalt muß auf sie nach § 49 b V BRAO hinweisen, BGH FamRZ **07**, 1322 links. Er muß darlegen, in welcher Weise er das getan hat, BGH BB **07**, 2768. Dann muß der Auftraggeber das Fehlen eines ordnungsmäßigen Hinweises beweisen, BGH BB **07**, 2768. Zum Problem Henke AnwBl **07**, 707.

25 **Wirtschaftliche Auswirkungen:** Der Anwalt muß den Auftraggeber auf die Gefahr wirtschaftlicher Auswirkungen hinweisen, Düss GRUR **85**, 220. Das gilt etwa wegen einer Rücknahme eines Scheidungsantrags, Hamm FamRZ **93**, 817, oder wegen einer vom Auftraggeber ausgehandelten Scheidungsverein-

barung, BGH FamRZ **90**, 37. Er muß auch bei der Gefahr einer Vereitelung des Zugewinnausgleichs auf die dann möglichen Sicherungsmaßnahmen hinweisen, zB nach §§ 916ff, Hamm RR **92**, 1410. Er muß auch auf steuerliche Auswirkungen aller Art hinweisen, BGH RR **87**, 605, sogar auf einen etwaigen Schadensersatzanspruch gegen sich selbst, Rn 20 „Schadensersatz".

S auch Rn 14 „Beratung", Rn 16 „Kostenrisiko", Rn 24 „Vorbereitung".

Zurückweisung wegen Verspätung: Der Anwalt muß im Rahmen des ihm Möglichen und Zumutbaren verhindern, daß das Gericht ein Vorbringen des Auftraggebers als verspätet zurückweist, Baur Festschrift für Schwab (1990) 54.

Zuständigkeit: Der Anwalt muß ihre Regeln kennen, Hamm NJW **05**, 3649 (OLG als Berufungsgericht beim Auslandswohnsitz).

Zwangsvollstreckung: Der Grundsatz der Notwendigkeit einer umfassenden Wahrnehmung der Interessen des Auftraggebers gilt auch in der Zwangsvollstreckung, Köln VersR **86**, 300.

Zweifelhafte Rechtslage: Der Anwalt muß den kostensparendsten, sichersten und gefahrlosesten Weg gehen, Rn 17 „Mehrheit möglicher Maßnahmen". Dieser Grundsatz gilt auch bei einer zweifelhaften Rechtslage, BVerfG NJW **03**, 575, BGH DB **92**, 887 (rechte Spalte ganz unten), Düss RR **03**, 137.

S auch Rn 19 „Rechtsansicht".

F. Bevollmächtigter: Grundsatz. Bevollmächtigter, vor allem ProzBev, ist man, sobald man den Auftrag wirksam erhalten und wirksam angenommen hat, BGH FamRZ **96**, 409, LAG Bre DB **03**, 2448. Eine telefonische Auftragsannahme reicht, BGH NJW **80**, 2261. Man bleibt ProzBev solange, bis dasjenige Rechtsverhältnis beendet ist, das der Vollmachtserteilung zugrunde liegt (insofern handelt es sich um eine Abweichung von § 87), BGH VersR **83**, 540, BAG MDR **79**, 965, LAG Bre DB **03**, 2448. Das gilt also zB nur bis zur mündlichen Kündigung, auch wenn sie nur im Innenverhältnis erfolgt, BGH VersR **85**, 1186, BFH NJW **03**, 240, oder ab einer Annahme des Auftrags durch den (jetzt) etwa gesondert beauftragten Rechtsmittelanwalt, BGH VersR **93**, 770, oder ab der Eröffnung eines Insolvenzverfahrens beim Auftraggeber, § 117 InsO. Denn nur insofern besteht dasjenige Vertrauensverhältnis, das eine Haftung des Auftraggebers rechtfertigt, BGH VersR **85**, 1186. Eine Vollmacht muß auch dann bestehen, wenn das Gericht den Anwalt nach § 121 beigeordnet hat, § 121 Rn 16. Auch nach einer solchen Beendigung kann aber mancherlei Abwicklungspflicht auch nach außen bestehen. 26

G. Beispiele zur Frage der Bevollmächtigung 27

Amtlich bestellter Vertreter: Auch der für Behinderungsfälle oder uneingeschränkt amtlich bestellte Vertreter hat eine Vollmacht, BGH VersR **84**, 586, BayObLG JR **85**, 254 (StPO), OVG Hbg MDR **93**, 688. Das gilt selbst dann, wenn der amtlich bestellte Vertreter noch ein Referendar ist, BGH VersR **76**, 92.

Nach dem Tod des vertretenen Anwalts bleibt die Vollmacht des bisherigen amtlichen Vertreters aber *nicht* als solche bestehen, selbst wenn der bestellte Vertreter noch nach § 54 BRAO tätig wird, BGH VersR **82**, 191 und 365.

Angestellter Anwalt: Bevollmächtigter ist der angestellte Anwalt, soweit und solange er die Sache selbständig bearbeitet, BGH VersR **05**, 811, BVerwG NVwZ **04**, 1008, Karlsr RR **00**, 1519, strenger Saarbr VersR **93**, 1550. Dabei reicht ein wesentlicher Abschnitt aus, zB die Einlegung eines Rechtsmittels, BGH VersR **84**, 240, oder die Alleinbearbeitung an einem bestimmten Tag, BAG NJW **87**, 1355. Im letzteren Fall kommt es auch nicht auf eine Unterschriftsbefugnis an, BGH VersR **84**, 87, und auch nicht darauf, ob der angestellte Anwalt im Termin als ProzBev auftritt, BGH VersR **83**, 84. Vielmehr reicht im allgemeinen die Aktenvorlage gerade bei diesem letzteren Anwalt aus, BGH VersR **77**, 720.

Ein unselbständig tätiger *Hilfsarbeiter* ist grds *kein* Bevollmächtigter, BGH RR **93**, 893, BVerwG NVwZ **04**, 1008, Hbg NJW **96**, 2939, insbesondere nicht, solange er nicht mit Sachbearbeiter ist und zB eine Beratung der mit der Fristenkontrolle beauftragten Büroangestellten ablehnt, BGH RR **93**, 893, BVerwG NJW **85**, 1178. Er kann aber ein Bevollmächtigter sein, wenn er zB auch die Rechtsmittelfrist notieren soll, Hamm FamRZ **06**, 1686.

Vgl allerdings Rn 26.

Anwaltskartell: Die Einrichtung eines sog Anwaltskartells ist *unzulässig,* § 216 Rn 20, § 272 Rn 12, § 296 Rn 14, Düss NJW **82**, 1889. 28

Assessor: Es können dieselben Regeln wie bei Rn 27 „Angestellter Anwalt" gelten, BGH VersR **05**, 811.

Ein nur vorläufig beim Anwalt beschäftigter Assessor ohne eine Vertretungsmacht gilt *nicht* als Bevollmächtigter, BVerwG NJW **77**, 773.

S auch Rn 27 „Amtlich bestellter Vertreter".

Auftragsbeendigung: Derjenige Anwalt, dessen Auftrag beendet ist, gilt *nicht* mehr als Bevollmächtigter, BGH NJW **08**, 234 und 2714, Düss MDR **75**, 234. Das gilt aber evtl nicht mehr dann, wenn der Auftraggeber ihn noch um einen Rechtsrat befragt hat oder wenn eine Zustellung noch nach den §§ 87, 172 an ihn erfolgt ist, BGH NJW **08**, 234. Der Anwalt muß allerdings die Beendigung seiner Tätigkeit unzweideutig erklärt haben. Für diese Erklärung ist der früheste Zugang maßgeblich. Wenn eine Frist läuft, muß der Anwalt auf die Beendigung seiner Tätigkeit hinweisen, falls er die Frist nicht noch selbst wahren will. Das gilt insbesondere dann, wenn er die Kündigung (mit)verschuldet hat, BGH VersR **92**, 378.

S auch Rn 27 „Amtlich bestellter Vertreter".

Auftragserteilung: Das Verschulden eines Anwalts ohne einen Auftrag in dieser Sache gilt *nicht* als ein Verschulden der Partei, BGH FamRZ **96**, 409, LAG Bre MDR **03**, 1059.

Auskunft: Ihre Erteilung vor der Annahme des eigentlichen Auftrags macht noch *nicht* zum Bevollmächtigten nach § 85, BGH FamRZ **96**, 409.

Beaufsichtigung: Es ist unerheblich, ob die Partei den Anwalt „beaufsichtigen" kann. Denn es handelt sich hier um einen *zu unsicheren* Maßstab. Er würde auch die Rechtssicherheit nach Einl III 43 gefährden. Dann ist die Partei lediglich auf einen Ersatzanspruch gegen den Anwalt angewiesen. Wegen der Angestellten des Anwalts § 233 Rn 74ff. 29

Beigeordneter Anwalt: Rn 35 „Pflichtanwalt", „Prozeßkostenhilfe".

Berufsverbot: Das Verschulden des von ihm betroffenen Anwalt gilt *nicht* als ein Verschulden der Partei, BAG NJW **07**, 3227.

Betreuung: § 51 III, dort Rn 27 ff.

Bote: Er ist *kein* Bevollmächtigter nach § 85, LAG Mü NJW **87**, 2542.

Büroangestellter, -vorsteher: Er ist *nicht* Bevollmächtigter nach § 85, BGH RR **03**, 935, BAG NZA **07**, 1427.

Bürogemeinschaft: Rn 34 „Nachbarschaftshilfe".

Bürovorsteher: Er kann Bevollmächtigter sein, OVG Ffo NJW **04**, 1546.

30 **Diplomkaufmann:** Rn 34 „Nichtanwalt".

31 **Ehegatte:** Er ist *nicht stets* Bevollmächtigter, LAG Mü NJW **87**, 2542.

32 **Generalbevollmächtigter:** Er ist Bevollmächtigter auch nach § 85, BGH VersR **85**, 1186.

S auch Rn 31 „Ehegatte".

Gewerkschaftsfunktionär: Er kann Bevollmächtigter nach § 85 werden, LAG Köln MDR **06**, 162. Es kommt aber auf den Einzelfall an, LAG Köln NZA-RR **07**, 33.

Kanzleiabwickler: Er ist Bevollmächtigter nach § 85, BGH VersR **84**, 989.

33 **Kartellanwalt:** Rn 28 „Anwaltskartell".

Lebensgefährte: Er ist als solcher *kein* Bevollmächtigter nach § 85, Karlsr RR **95**, 954.

Mitbearbeitung einzelner Sachen: Bevollmächtigter ist auch derjenige Anwalt, der als Entgelt für die Mitbenutzung der Kanzlei des ersteren Anwalts dessen einzelne Sachen mitbearbeitet.

S auch Rn 28 „Anwaltskartell", Rn 34 „Nachbarschaftshilfe".

34 **Nachbarschaftshilfe:** Als bevollmächtigt gilt auch derjenige, der für den Kollegen in einer „Nachbarschaftshilfe" tätig wird, BGH VersR **75**, 1150, aM BGH VersR **79**, 160, BayObLG MDR **88**, 683 (je betr eine Bürogemeinschaft. Aber man darf im Interesse des Regelungszwecks nach Rn 2 nun auch nicht allzu enge Grenzen der Bevollmächtigung setzen. Auch eine „Nachbarschaftshilfe" ist ja immerhin mehr als eine rechtlich völlig unverbindliche Gefälligkeit).

S auch Rn 33 „Mitbearbeitung einzelner Sachen".

Nichtanwalt: Auch ein solcher kann Bevollmächtigter sein, zB ein Diplomkaufmann, BGH VersR **85**, 1186.

Notanwalt: Rn 35 „Pflichtanwalt".

Online: Eine online-Suche ersetzt nicht eine Suche nach Gedrucktem, Schnabl NJW **07**, 3030.

35 **Pflichtanwalt:** Der Pflichtanwalt, insbesondere der Notanwalt, ist *kein* Bevollmächtigter, bevor er den Auftrag angenommen hat, mag er auch gleichzeitig mit dem Auftrag bereits eine Vollmacht erhalten haben. Der Zugang des Auftrags entscheidet trotz § 44 BRAO nicht, und zwar auch dann nicht, wenn das Gericht den Anwalt auf Grund eines ausdrücklichen Wunsches der Partei beigeordnet hat.

Prozeßkostenhilfe: Ein solcher Anwalt, den das Gericht in einem Verfahren auf die Bewilligung einer Prozeßkostenhilfe beigeordnet hatte, ist *nicht* schon vom Zeitpunkt der Kenntnis der Vollmacht der Partei auf ihn Bevollmächtigter, sondern erst von demjenigen Zeitpunkt an, in dem er den Auftrag übernimmt.

Sein Sozius ist ausnahmsweise *nicht* mitbevollmächtigt, BGH NJW **91**, 2294. Wegen § 124 Z 2 vgl § 124 Rn 38.

Rechtsschutzversicherung: Der Sachbearbeiter ist Bevollmächtigter im Sinn von § 85, SG Freib NJW **87**, 342, aM LAG Kiel NZA-RR **08**, 139.

Vgl auch Rn 39 „Versicherung".

Referendar: Rn 27 „Amtlich bestellter Vertreter".

36 **Sozius:** Die Sozietät kann eine rechts-, partei- und prozeßfähige BGB-Außengesellschaft sein, BGH **146**, 341. Unabhängig davon gilt jeder Sozius grundsätzlich als (mit)bevollmächtigt, BGH FamRZ **03**, 231, LG Bln RR **03**, 429, OVG Lüneb NJW **05**, 312. Das gilt auch für den später eintretenden Sozius, BGH **124**, 49. Allerdings bringt der „Neue" evtl nicht jedes Mandat in die Sozietät ein, BGH DB **88**, 1113 (auch zum Tod eines Sozius). Mancher will sich nur dem Sozius seines Vertrauens offenbaren. Es kommt daher auf den Einzelfall an, BGH NJW **95**, 1841. Meist besteht ein Anscheinsbeweis für die Bevollmächtigung aller Sozien, BGH NJW **95**, 1841.

Nicht als Bevollmächtigten kann man denjenigen Anwalt ansehen, dem ein solches Schreiben vorliegt, das an einen früheren Sozius gerichtet ist und sich mit einer Berufungseinlegung befaßt und das der frühere Sozius dem jetzigen Empfänger ohne eine besondere Rücksprache übermitteln läßt.

S auch Rn 35 „Prozeßkostenhilfe".

37 **Terminsanwalt:** Ein nur zur Terminswahrnehmung unterbevollmächtigter Anwalt gilt *nicht* als Bevollmächtigter, BGH VersR **79**, 255, BAG NZA **90**, 665.

Tod des Anwalts: Rn 27 „Amtlich bestellter Vertreter".

38 **Übermittlung:** Bevollmächtigt ist auch derjenige Anwalt, der die Sache nicht selbst bearbeitet, sondern der nur die Übermittlung eines Schriftsatzes übernimmt, BGH NJW **84**, 1992.

S auch „Unterbevollmächtigter".

Unterbevollmächtigter: Auch ein Unterbevollmächtigter ist „Bevollmächtigter", BGH VersR **84**, 239, wie überhaupt jeder andere Anwalt, den der von der Partei beauftragte Kollege bittet, die weitere Bearbeitung zu übernehmen, BGH VersR **90**, 874, BAG NJW **87**, 1355. Bevollmächtigt ist auch derjenige, der die Sache nicht selbst bearbeitet, sondern der nur die Übermittlung eines Schriftsatzes übernimmt, BFH NJW **84**, 1992.

S aber auch Rn 37 „Terminsanwalt".

Urkundbeamter der Geschäftsstelle: Er ist auch dann *kein* Bevollmächtigter, wenn er eine Zustellung vermittelt. Denn die Partei kann ihm keine bindende Weisung erteilen, § 168.

Urlaubsvertreter: Der vom Anwalt nach § 53 II 1 BRAO selbst bestellte Urlaubsvertreter ist Bevollmächtigter, BGH NJW **01**, 1575, Stgt MDR **01**, 238.

39 **Verkehrsanwalt:** Er gilt grds als Bevollmächtigter, BGH NJW **97**, 3245, Bauer/Fröhlich FamRZ **83**, 123. Das gilt auch beim ausländischen Verkehrsanwalt, BGH RR **86**, 288. Freilich hat der ProzBev und nicht der Verkehrsanwalt die Pflicht zu einem ordnungsgemäßen prozessualen Handeln gegenüber dem Prozeß-

gericht, BGH NJW **88**, 1079. Der Verkehrsanwalt ist also insofern *nicht* der Erfüllungsgehilfe des ProzBev. Infolgedessen muß der ProzBev ein Verschulden des Verkehrsanwalts nicht gegenüber der Partei vertreten, LG Regensb AnwBl **82**, 109.

Versicherung: Der vom Haftpflichtversicherer bestellte Anwalt ist Bevollmächtigter, BGH **112**, 348. Die Prozeßführungsbefugnis des Haftpflichtversicherers nach § 5 Z 4 AHB erstreckt sich *nicht* auf einen Mitversicherten, BGH RR **99**, 1470.

Vgl auch Rn 35 „Rechtsschutzversicherung".

Zulassung: Der nicht mehr Zugelassene ist kein Bevollmächtigter mehr, BGH MDR **08**, 873 rechts.

Zustellungsbeamter: Er ist *kein* Bevollmächtigter, mag es sich um einen Gerichtsvollzieher oder einen 40
Postbediensteten handeln.

Zustellungsbevollmächtigter: Er ist Bevollmächtigter.

86

***Fortbestand der Prozessvollmacht.* Die Vollmacht wird weder durch den Tod des Vollmachtgebers noch durch eine Veränderung in seiner Prozessfähigkeit oder seiner gesetzlichen Vertretung aufgehoben; der Bevollmächtigte hat jedoch, wenn er nach Aussetzung des Rechtsstreits für den Nachfolger im Rechtsstreit auftritt, dessen Vollmacht beizubringen.**

Gliederung

1) Systematik. §§ 86, 87 sind unvollständig. Die sachlichrechtliche Vollmacht erlischt immer nach den 1
Vorschriften des sachlichen Rechts. Die prozessuale Vollmacht und die sachlichrechtliche Vollmacht erlöschen nicht stets gleichzeitig. Dem trägt § 86 mit einer vorrangigen Sondervorschrift zusammen mit dem ergänzenden § 87 Rechnung.

2) Regelungszweck. Die Vorschrift hat mehrere Ziele. Prozessual hat die Rechtssicherheit nach Einl III 2
43 verständlicherweise ein stärkeres Gewicht als sachlichrechtlich. Der Prozeßgegner soll ebenso wie das Gericht von einer möglichst einfachen Lage bei der Beurteilung des Endes einer Prozeßvollmacht ausgehen können. Auch soll der Prozeß im Interesse der Prozeßwirtschaftlichkeit nach Grdz 14 vor § 128 möglichst fortlaufen können. Freilich entsteht dadurch in Wahrheit oft eine außerordentlich schwierige Lage für den ProzBev. Er muß im Innenverhältnis oft nach den Regeln einer Geschäftsführung ohne einen klaren weiteren Auftrag durch die Rechtsnachfolger usw nach §§ 677 ff BGB entscheiden. Das sollte man ihm bei der Auslegung zugute halten.

3) Geltungsbereich. Vgl Üb 3 vor § 78, § 81 Rn 3. II ist auf den Übergang des Vermögens einer BGB- 3
Gesellschaft auf den letzten verbleibenden Gesellschafter entsprechend anwendbar, BGH **146**, 341.

4) Erlöschen der Vollmacht. Die Prozeßvollmacht erlischt nur in den folgenden Fällen. 4

A. Prozeßbeendigung. Die Prozeßvollmacht erlischt dann, wenn der Rechtsstreit endgültig endet, vorbehaltlich einiger Nachwirkungen in der Zwangsvollstreckung, einer etwaigen Wiederaufnahme des Verfahrens usw, § 81 Rn 21. Eine bloße Prozeßabweisung etwa wegen einer Unzuständigkeit nach Grdz 14 vor § 253 führt nicht zum Erlöschen der Prozeßvollmacht. Die bloße Beendigung dieser Instanz führt ebenfalls nicht zum Erlöschen der Vollmacht, BGH RR **91**, 1214. Der Anwalt der unteren Instanz bleibt dann mindestens zu folgenden Handlungen bevollmächtigt: Zum Empfang von Zustellungen, § 172; zur Bestellung eines etwa anderen ProzBev der höheren Instanz; zu einem Rechtsmittelverzicht, §§ 515, 565; zu einer parteiprozeßmäßigen Vertretung; zu einer vollen Vertretung der Partei nach einer Zurückverweisung, § 538. Wenn der Anwalt der höheren Instanz den Vertretungsauftrag des erstinstanzlichen Anwalts annimmt, erlischt dessen Prozeßvollmacht, BGH VersR **78**, 722. Fällt dann der zweitinstanzliche Anwalt weg, muß man alle Zustellungen wieder an den ProzBev der Erstinstanz richten.

B. Kündigung. Die Prozeßvollmacht erlischt ferner durch eine Kündigung der Partei, § 87.

C. Tod des Prozeßbevollmächtigten. Die Prozeßvollmacht erlischt ferner durch den Tod des ProzBev, 5
Düss MDR **89**, 468. Eine Vertretungsbefugnis des bestellten Vertreters eines Anwalts nach § 53 BRAO erlischt zwar mit dem Tod des vertretenen Anwalts. Wenn der Vertreter Rechtshandlungen vor der Löschung des verstorbenen Anwalts in der Anwaltsliste vorgenommen hatte, sind solche Handlungen jedoch wirksam, soweit der Anwalt im Zeitpunkt ihrer Vornahme schon verstorben war, § 54 BRAO, BGH NJW **82**, 2325 (Unanwendbarkeit des § 85 II). Dasselbe gilt dann, wenn die Landesjustizverwaltung den Vertreter etwa erst nach dem Tod des Anwalts bestellt hatte. Sie kann aber für den verstorbenen Anwalt auch einen Abwickler bestellen. Er gilt ohne weiteres für schwebende Angelegenheiten als bevollmächtigt, sofern die Partei nicht selbst für die Wahrnehmung ihrer Rechte gesorgt hat, § 55 II BRAO. Vgl ferner § 244 Rn 1.

D. Vertretungsunfähigkeit. Die Prozeßvollmacht endet dann, wenn der ProzBev vertretungsunfähig 6
wird. Hierhin gehören: Der Wegfall der Prozeßfähigkeit, § 78 Rn 26, Mü RR **89**, 255 (§ 244); eine völlige

Löschung; der Wegfall der Zulassung, BGH NJW **06**, 2261, ZöV 5, aM VGH Mannh NVwZ-RR **02**, 469, StJBo 10 (aber der Auftraggeber braucht einen Schutz).

7 **E. Wegfall der sachlichrechtlichen Vollmacht.** Die Prozeßvollmacht erlischt schließlich, sobald eine umfassende sachlichrechtliche Vollmacht endet, aus der sich die Prozeßvollmacht ableitete, § 80 Rn 8.

8 **5) Kein Erlöschen der Vollmacht.** Die Prozeßvollmacht erlischt neben den in Rn 4 mitgenannten Fällen auch in den folgenden weiteren Fällen nicht. Es erfolgt keine Unterbrechung des Verfahrens. Der ProzBev führt es vielmehr fort.

A. Tod des Vollmachtgebers. Trotz des Todes des Vollmachtgebers bleibt die Prozeßvollmacht bestehen, KG Rpflege **98**, 530. Das gilt selbst dann, wenn die Klagerhebung im Todeszeitpunkt noch nicht vorlag. Dann sind die Erben Kläger, BGH **121**, 265. Sie berichtigen den Klagekopf einfach, Mü MDR **91**, 672, StJBo § 50 Rn 43, ZöV 8, 12, aM AG Ellwangen AnwBl **76**, 345 (es hält mindestens die Unterschrift des Klägers usw vor dem Tod des Auftraggebers für notwendig. Aber die Erben sind Gesamtrechtsnachfolger). Das gilt auch dann, wenn der ProzBev im Namen der unbekannten Erben klagt, Mü MDR **91**, 672. Eine Handlung des ProzBev wirkt für und gegen die Erben. Das erstreckt sich auch auf die Einlegung eines Rechtsmittels, Mü MDR **91**, 673, Schlesw MDR **86**, 154, OVG Münst NJW **86**, 1707. Daher ist § 579 I Z 4 unanwendbar, Schlesw MDR **86**, 154. Ein Urteil gegenüber einer verstorbenen Partei ist ein Urteil gegenüber den Erben. Nach diesen Grundsätzen muß man auch den Wegfall einer Partei kraft Amts behandeln, Grdz 8 vor § 50.

9 **B. Erlöschen der Partei- oder Prozeßfähigkeit der Partei.** Die Prozeßvollmacht erlischt trotz § 56 nicht schon deshalb, weil die Partei inzwischen parteiunfähig wurde, aM Oldb RR **96**, 161, oder weil sie inzwischen prozeßunfähig geworden ist, §§ 51, 52, BGH **121**, 266, BAG DB **03**, 2660, BayObLG FGPrax **04**, 298, aM Bork MDR **91**, 99, StJR § 246 Rn 4, ZöV 12 (aber die Rechtssicherheit verbietet ein Vertretungs-„Loch"). Das gilt etwa dann, wenn die Partei nach der Bevollmächtigung geisteskrank geworden ist oder wenn sie im Handelsregister gelöscht wurde, BGH RR **94**, 542, BAG DB **03**, 2660, BayObLG FGPrax **04**, 298, oder beim Ende der Parteistellung kraft Amts, oder dann, wenn eine Betreuung notwendig wird, § 56, Bork MDR **91**, 99. Es ist unerheblich, ob der Verlust der Prozeßfähigkeit zwar nach der Vollmachtserteilung eingetreten ist, aber dann vor oder nach der Rechtshängigkeit, BGH **121**, 266, BayObLG FGPrax **04**, 298. Etwas anderes gilt im Prozeß gegen den früheren Bev, LG Augsb JB **98**, 480.

10 **C. Änderung der Rechtsform, Wegfall des gesetzlichen Vertreters usw.** Der Wegfall des gesetzlichen Vertreters der Partei hat auf die vorher wirksam erteilte Prozeßvollmacht keinen Einfluß, BGH **121**, 266, Hbg FamRZ **83**, 1262. Das gilt unabhängig davon, aus welchem Grund der gesetzliche Vertreter weggefallen ist. Auch eine Änderung der Rechtsform etwa wegen einer Verschmelzung stört nach § 86 grundsätzlich nicht, BGH **157**, 155.

11 **D. Wegfall der Prozeßkostenhilfe.** Eine Aufhebung der Bewilligung einer Prozeßkostenhilfe nach § 124 hat auf eine einmal wirksam erteilte Prozeßvollmacht keinen Einfluß.

12 **E. Insolvenz.** Die wirksam erteilte Prozeßvollmacht erlischt nicht schon dann, wenn das Gericht über das Vermögen des Vollmachtgebers das Insolvenzverfahren eröffnet, BFH DB **78**, 776, aM BGH BB **98**, 2177 (ohne Gründe und ohne eine Erörterung von § 244), BAG NZA-RR **06**, 602, Karlsr JB **05**, 98. Wegen des Zustellungsbevollmächtigten § 184. Wegen Rn 8–10 §§ 239 ff.

13 **6) Auftreten nach einer Aussetzung oder Unterbrechung.** Wenn der ProzBev im Anschluß an eine Aussetzung des Verfahrens nach § 246 oder anschließend an eine Unterbrechung des Verfahrens nach §§ 239–241, 244 für den Rechtsnachfolger auftritt, muß er eine neue Prozeßvollmacht dieses Rechtsnachfolgers beibringen. Das gilt nach dem klaren Wortlaut des Hs 2 schon unabhängig davon, ob der Gegner das Fehlen rügt, erst recht aber natürlich auf Grund einer solchen Rüge, LG Bln ZMR **92**, 26. Die Vorschrift betrifft nur den Nachweis der Vollmacht, nicht deren Fortdauer, LG Gött Rpfleger **90**, 91. Eine einstweilige Zulassung erfolgt nach § 89.

87 *Erlöschen der Vollmacht.* [I] **Dem Gegner gegenüber erlangt die Kündigung des Vollmachtvertrags erst durch die Anzeige des Erlöschens der Vollmacht, in Anwaltsprozessen erst durch die Anzeige der Bestellung eines anderen Anwalts rechtliche Wirksamkeit.**

[II] **Der Bevollmächtigte wird durch die von seiner Seite erfolgte Kündigung nicht gehindert, für den Vollmachtgeber so lange zu handeln, bis dieser für Wahrnehmung seiner Rechte in anderer Weise gesorgt hat.**

Gliederung

1 **1) Systematik, I, II.** Der Vollmachtgeber und der Bevollmächtigte können den sachlichrechtlichen Geschäftsbesorgungsvertrag jederzeit aufkündigen. Das Gesetz spricht ungenau von einem Vollmachtsvertrag, Schmellenkamp AnwBl **85**, 14. Eine solche Kündigung wirkt im Innenverhältnis sofort, § 168 S 1 BGB. Sie kann freilich bei einer unzeitigen Erklärung eine Schadensersatzpflicht auslösen. § 87 trifft in einer Ergänzung von § 86 für die prozessuale Wirkung einer Kündigung dem Gericht und dem Gegner gegenüber

eine besondere Regelung. § 117 I InsO mit seinem Erlöschen jeder Vollmacht durch eine Insolvenzeröffnung geht vor, Brdb RR **02**, 265.

2) Regelungszweck, I, II. Es gelten ähnliche Erwägungen wie bei § 86, dort Rn 2. Der Fortgang des Prozesses soll insbesondere für den Gegner ohne Schwierigkeiten möglich bleiben, Grdz 14 vor § 128, BGH RR **94**, 760, BPatG GRUR **02**, 370, Schmellenkamp AnwBl **85**, 15. Das ist eine Folge des sog Abstraktionsprinzips, Üb 4 vor § 78, Hamm NJW **92**, 1175. 2

Eile und Notlage sind Ausgangslagen für den Zweck von II. Die Vorschrift spricht zwar zurückhaltend nur vom Fehlen einer Hinderung. Sie erfaßt aber nicht nur ein Recht, sondern evtl auch eine Pflicht des bisherigen ProzBev, zB wegen eines unmittelbar bevorstehenden Fristablaufs das zur Fristwahrung vermeintlich vom bisherigen Auftraggeber noch Gewünschte auch noch rechtzeitig wirksam zu tun, wenn eine eigene Kündigung des ProzBev dann nicht überhaupt als zur Unzeit erfolgte unwirksam war. Jedenfalls darf und muß man eine Abwägung aus der Sicht eines verantwortungsbewußten ProzBev vornehmen, um eine richtige Auslegung zu finden.

3) Geltungsbereich, I, II. Vgl zunächst Üb 3 vor § 78, § 81 Rn 3. Manche entnehmen dem § 87 den allgemeinen Gedanken, daß ein sachlichrechtlicher Endigungsgrund der Vollmacht schlechthin auch für die prozessuale Vollmacht gelten solle, da prozessual wie sachlichrechtlich nach § 170 BGB eine Anzeige des Erlöschens erforderlich sei. Damit verwischt man aber die Grenze zwischen dem Außen- und Innenverhältnis. Der Abbruch des Kontakts zwischen dem Auftraggeber und dem Bevollmächtigten bedeutet nicht ohne weiteres eine Kündigung, BGH VersR **77**, 334, Schmellenkamp AnwBl **85**, 14, aM StJBo 3 (aber es kann zahlreiche andere Gründe geben, vom Urlaub über eine Krankheit bis zu einer Scheidung usw). Ebensowenig bedeutet eine Aufhebung der Prozeßkostenhilfe nach § 124 ohne weiteres eine Kündigung. I gilt entsprechend vor dem ArbG, LAG Ffm BB **80**, 891, und vor dem BFH, BFH NJW **79**, 888, sowie (jetzt) direkt im WEG-Verfahren, (je zum alten Recht) KG ZMR **98**, 514, aM BayObLG RR **99**, 1686 (ohne Begründung). I gilt auch im Patentnichtigkeitsverfahren, BGH GRUR **96**, 757, BPatG GRUR **02**, 370. 3

4) Wirksamwerden der Kündigung, I. Der Vollmachtgeber kann durch eine formlose Erklärung gegenüber dem Bevollmächtigten kündigen. Dasselbe gilt umgekehrt, BGH VersR **77**, 334. Damit wird die Kündigung im Innenverhältnis gegenüber dem Vertragspartner wirksam. Das gilt auch für § 85 II, BGH VersR **83**, 540. Der Prozeßgegner braucht die Kündigung aber im Außenverhältnis erst dann zu beachten, wenn er im Parteiprozeß nach § 78 Rn 1 von der Kündigung eine Anzeige erhielt und wenn er im Anwaltsprozeß nach § 78 Rn 1 für das Hauptverfahren außerdem die Bestellung eines neuen mit seinem Namen benannten Anwalts anstelle des alten, also nicht zusätzlich zu ihm, erfahren hat, § 15 I BORA, BGH NJW **07**, 2124, Kblz RR **97**, 1023, Zweibr FER **99**, 130. Entsprechendes muß grundsätzlich auch für die Wirkung gegenüber dem Gericht gelten, BGH FamRZ **04**, 865, BAG NJW **82**, 2520, Zweibr FER **99**, 130, aM Hamm JMBlNRW **78**, 88 (aber alles das soll doch natürlich erst recht gegenüber dem Gericht gelten). Die Anzeige darf durch die Partei oder durch deren bisherigen ProzBev erfolgen, Schlesw JB **87**, 1548. Sie wirkt nur gegenüber ihrem Empfänger. 4

5) Einzelfragen, I. Nur wenn ein Irrtum des bisherigen ProzBev dem Gegner und dem Gericht ganz offensichtlich war, fordern Treu und Glauben nach Einl III 54 die irrig erfolgte vollmachtlose Parteiprozeßhandlung dieses früheren ProzBev als unwirksam zu behandeln, BGH VersR **90**, 329. Wenn die Anzeige der Kündigung fehlt, gelten der alte und der neue Anwalt als bevollmächtigt, Hamm Rpfleger **78**, 422. Der bloße Umstand, daß eine im Parteiprozeß anwaltlich vertretene Partei später und gar in der Zwangsvollstrekkung selbst einen Antrag einreicht, läßt sich nur unter einer Berücksichtigung aller Umstände darauf beurteilen, ob eine Kündigung vorliegt, Kblz RR **97**, 1023, aM LG Bln MDR **94**, 307 (aber es kann auch hier alle möglichen anderen Gründe geben). Bis zum Eintritt der Wirkung ist der alte Bevollmächtigte befugt und zB zur Fristwahrung verpflichtet, Karlsr BB **04**, 2324, VGH Mannh NJW **04**, 2916. Daher muß das Gericht entsprechend § 172 Zustellungen grundsätzlich noch an ihn richten, BGH MDR **91**, 342, Köln JB **92**, 245, Mü MDR **80**, 146. Die Rechtsmitteleinlegung eines von mehreren selbständigen ProzBev mit nur seiner Bezeichnung im Rubrum ist keine Anzeige des Erlöschens der Vollmacht des Kollegen, Bre FamRZ **06**, 964 rechts unten. 5

Das gilt auch für die Zustellung desjenigen *Urteils*, das den *Rechtszug abschließt*, BGH VersR **87**, 989. Ein Abwickler gilt solange als bevollmächtigt, bis die Anzeige der Bestellung eines anderen Anwalts vorliegt. Nach einer Mandatsniederlegung des Rechtsmittelanwalts darf und muß sich das Rechtsmittelgericht an den vorinstanzlichen ProzBev wenden, BGH FamRZ **07**, 1725 links. Eine gerichtliche Beiordnung des Anwalts ändert an I nichts. Als Anzeige genügt eine eindeutige schlüssige Handlung, LG Trier Rpfleger **88**, 29, etwa die Zustellung eines solchen Schriftsatzes, in dem der neue Anwalt als ProzBev anstelle des alten und nicht etwa nur neben diesem auftritt, BGH FamRZ **04**, 865, Ffm Rpfleger **86**, 391, Kblz RR **97**, 1023 (Auftreten im Nebenverfahren reicht nicht), großzügiger BSG NJW **90**, 600. Natürlich muß man den neuen ProzBev schon wegen § 172 genau bezeichnen, BGH NJW **85**, 1186. Wenn das AG nach § 281 an das LG verwiesen hat, ist die Kündigung der Vollmacht des Anwalts nicht mehr schon deshalb sofort wirksam. Denn er ist auch bei diesem LG postulationsfähig. Dann muß man daher jetzt ebenfalls keine Anzeige von der Bestellung eines anderen Anwalts machen.

Für das *Kostenfestsetzungsverfahren* nach §§ 103 ff ist derjenige Anwalt kein ProzBev mehr, der den Auftrag niedergelegt hat. Denn dieses Verfahren hat keinen Anwaltszwang. Das gilt selbst dann, wenn der Hauptprozeß dem Anwaltszwang unterlag, § 103 Rn 35, Köln Rpfleger **92**, 242, aM Bre RR **86**, 358, Celle NdsRpfl **77**, 21 (aber § 13 RPflG ist nach seinem Wortlaut und Sinn eindeutig, Einl III 39). Dasselbe gilt bei einem entsprechenden anderen Nebenverfahren, Stgt JB **75**, 1102, LG Ansbach DGVZ **83**, 78, LG Trier Rpfleger **88**, 29. 6

6) Fortwirken der Vollmacht, II. Die Vorschrift ist eine Ausnahme von der Regel des I, Schmellenkamp AnwBl **85**, 16. Der bisherige ProzBev darf bis zum Wirksamwerden der Kündigung nach I wie ein Bevollmächtigter weiter für die Partei sorgen, BGH NJW **95**, 537, BAG NJW **82**, 2519, KG ZMR **98**, 514, 7 sogar nach der Löschung des Auftraggebers im Handelsregister, Hbg MDR **86**, 324. Er ist zu einer solchen Tätigkeit zwar keineswegs prozessual verpflichtet, BGH NJW **80**, 999. Er ist dazu aber unter Umständen sachlichrechtlich verpflichtet. Soweit er tätig *wird*, kann er auch haften, Bre RR **86**, 359. Vgl aber auch § 85 Rn 29 „Auftragsbeendigung". Er muß zB den früheren Auftraggeber von einer noch an ihn erfolgten Zustellung unterrichten, BGH NJW **80**, 999, Schmellenkamp AnwBl **85**, 15. Eine Zustellung darf (Schmellenkamp AnwBl **85**, 1: muß) bis zum Wirksamwerden der Kündigung an ihn erfolgen, BGH RR **94**, 759, Bre Rpfleger **86**, 99, Ffm OLGR **96**, 249. Das gilt auch bei einer Verweisung, Köln FamRZ **89**, 1278. Eine Zustellung kann der bisherige ProBev bis zur Wirksamkeit der Kündigung ebenfalls noch wirksam vornehmen.

88 *Mangel der Vollmacht.* [I] **Der Mangel der Vollmacht kann von dem Gegner in jeder Lage des Rechtsstreits gerügt werden.**

[II] **Das Gericht hat den Mangel der Vollmacht von Amts wegen zu berücksichtigen, wenn nicht als Bevollmächtigter ein Rechtsanwalt auftritt.**

Gliederung

1 **1) Systematik, I, II.** Ein Mangel der Vollmacht liegt vor, wenn man eine Vollmacht entweder in keinem Zeitpunkt wirksam erteilt hatte oder wenn man sie wirksam widerrufen hatte oder wenn sie sonstwie erloschen ist oder wenn man sie nach § 83 zulässig beschränkt hatte oder wenn der Bevollmächtigte sie nicht nach § 80 nachgewiesen hatte, BGH MDR **77**, 1006, Pawlowski DGVZ **94**, 179. Ein Mangel der Vollmacht liegt auch dann vor, wenn man nicht erkennen kann, wer wen wozu bevollmächtigt hat, BFH BB **84**, 2052. Das gilt auch für eine Untervollmacht. Alle fünf Fälle stehen gleich. Nicht § 88, sondern § 56 ist anwendbar, wenn ein falscher gesetzlicher Vertreter den ProzBev bestellt hat. Wirksam ist aber auch der Abschluß eines Prozeßvergleichs nach Anh § 307 durch einen solchen Anwalt, den ein Angestellter der Partei bevollmächtigt hatte und den man nach den Regeln einer Anscheinsvollmacht als einen vertretungsberechtigten Mitarbeiter der Partei ansehen mußte. Im Mahnverfahren gilt § 703. Wegen der Rechtsnatur der Prozeßvollmacht vgl § 80 Rn 4.

2 **2) Regelungszweck, I, II.** Die Vorschrift dient einerseits der Rechtssicherheit, Einl III 43. Sie soll verhindern, daß als Parteivertreter ein Unbefugter auftritt und bis zur Erwirkung einer Rechtskraft etwas herbeiführt, was die Partei nicht weiß oder will. Sie dient andererseits der Parteiherrschaft, Grdz 18 vor § 128. In vernünftigen Grenzen soll sich das Gericht nicht um Vollmachtsprobleme kümmern müssen, besonders wenn ein Anwalt mit der Verantwortung eines selbständigen Organs der Rechtspflege auftritt, § 1 BRAO. Bei der Auslegung muß man diese doppelte nicht widerspruchsfreie Zielsetzung mitbeachten.

Behördenvertreter reagieren manchmal mit einer geradezu aggressiven Verärgerung, wenn das Gericht es wagt, II anzuwenden und etwa die Untervollmacht des die Klageschrift unterzeichnenden Sachbearbeiters oder Abteilungsleiters nachzufordern, von der fehlenden Einzelvollmacht des zuständigen Ministers auf den Behördenleiter ganz zu schweigen, die sich nicht selten allenfalls aus unveröffentlichten, noch gar mit einem Landesgesetz über die Vertretungsbefugnis in Widerspruch stehenden Geschäftsverteilungsplänen usw ergibt. Man beruft sich geradezu angewidert darauf, „noch nie dergleichen geboten bekommen zu haben", statt sich der kleinen Mühe zu unterziehen, schlicht einmal ins Gesetz zu schauen oder wenigstens zunächst darauf zu vertrauen, das Gericht werde schon keine unangemessenen Forderungen stellen. Diese Form des contempt of court sollte das Gericht im Interesse der Rechtspflege, deren Geordnetheit zu wahren eine Amtspflicht des Gerichts ist, nicht auch noch durch eine leider recht oft vorkommende gleichgültige oder gar furchtsame „Vergeßlichkeit" begünstigen. Die Erfahrung lehrt, daß es auch keinen Anscheinsbeweis einer ausreichenden (Unter-)Vollmacht gibt. Er hilft bei einer von Amts wegen zu prüfenden Prozeßvoraussetzung ohnehin kaum.

3 **3) Sachlicher Geltungsbereich, I, II.** Die Vorschrift ist in allen Verfahren nach der ZPO und in allen Stadien anwendbar, BGH NJW **02**, 1958, auch im WEG-Verfahren. Wegen des jeweiligen Anwaltszwangs und seiner Grenzen Üb 6 vor § 78, § 920 Rn 17. Auch in der Zwangsvollstreckung und bei einer Teilungsversteigerung gilt § 88, aM LG Saarbr Rpfleger **87**, 211 (abl Mayer) (aber Buch 1 gilt auch bei §§ 864 ff, und das ZVG enthält insoweit keine Sondervorschrift). I, II sind im arbeitsgerichtlichen Urteilsverfahren wie im Beschlußverfahren anwendbar, Lorenz BB **77**, 1003, Philippsen pp NJW **77**, 1133. Im FamFG-Verfahren gilt der inhaltlich fast völlig gleiche § 11 S 2, 3 FamFG, (zum alten Recht) LG Bonn AnwBl **83**, 519. I, II sind im sozialgerichtlichen Verfahren in Verbindung mit § 202 SGG entsprechend anwendbar, LSG Bln NJW **89**, 191. Wegen II im finanzgerichtlichen Verfahren BFH NJW **03**, 2703. Das Finanzamt prüft freilich das Vorliegen einer Vollmacht stets von Amts wegen, BFH BB **81**, 1568.

4 **4) Persönlicher Geltungsbereich, I, II.** Die Vorschrift gilt grundsätzlich für jeden deutschen Anwalt. Ihm steht ein Kammerrechtsbeistand nach §§ 1 II 1, 3 I Z 1 RDGEG, § 209 BRAO gleich. Unabhängig von der Vollmachtsfrage muß ein ausländischer Anwalt aus einem Land der EU dem Gericht auf dessen Verlangen seine Berechtigung nach dem EuRAG nachweisen, SchlAnh VII.

A. Fehlen der Vollmacht im Anwaltsprozeß. Das Gericht prüft grundsätzlich erst dann nach, ob die Vollmacht im Anwaltsprozeß wirksam vorliegt, wenn der Gegner diese Frage vor Gericht rügt, BGH VersR **80**, 90, BAG NZA **04**, 338, Hbg WettbR **99**, 170. Die Prüfung findet nach einer solchen Rüge allerdings auch dann statt, wenn der Gegner im Verhandlungstermin nunmehr säumig ist. Die Prüfung findet nach einer Rüge selbst dann statt, wenn für den gegenwärtigen Verfahrensabschnitt kein Anwaltszwang mehr besteht. Das gilt etwa: Bei § 78a II; dann, wenn ein nicht prozeßbevollmächtigter Anwalt außerhalb des Anwaltszwangs auftritt, etwa im Kostenfestsetzungsverfahren, § 103. 5

Ausnahmsweise von Amts wegen findet die Prüfung nach I statt, soweit der Anwalt selbst ernsthafte Zweifel an seiner eigenen Bevollmächtigung weckt, BGH NJW **01**, 2095, BFH NJW **01**, 2912.

B. Rüge. Die Rüge und ihre Prüfung sind *in jeder Lage* des Verfahrens zulässig, BGH NJW **02**, 1958, Hbg RR **88**, 1183, Mü OLGZ **92**, 217. Die Rüge ist auch seitens einer anwaltlich vertretenen Partei statthaft, Köln ZMR **92**, 388. Sie ist zB in folgenden Fällen zulässig: Nach einem Parteiwechsel, Zweibr RR **01**, 359; vor dem verordneten Richter der §§ 361, 362; im Prozeßkostenhilfeverfahren; im Kostenfestsetzungsverfahren, Bbg JB **77**, 1440, Kblz RR **97**, 1023, aM LG Bonn AnwBl **83**, 519, vgl freilich § 104 Rn 10; in der Berufungsinstanz, Mü OLGZ **92**, 217; in der Revisionsinstanz, BGH NJW **02**, 1957 (auch nach einer Unterlassung der Rüge in der Berufungsinstanz), BFH BB **84**, 2249; im Eilverfahren, Hbg WettbR **99**, 170. Man kann eine Rüge allerdings nicht schon im Zeitpunkt der Einreichung der Klage wirksam erheben. Denn in jenem Zeitpunkt darf das Gericht noch nicht prüfen, ob alle Prozeßvoraussetzungen vorliegen, weil noch kein Prozeßrechtsverhältnis entstanden ist, Grdz 4 vor § 128. Es tritt ja erst mit der Rechtshängigkeit ein. Die Prüfung erstreckt sich auch auf eine oder mehrere Untervollmachten, BGH RR **02**, 933. Eine Wiederholung der Rüge in der höheren Instanz ist nicht erforderlich, BGH RR **86**, 1253. 6

Andererseits muß der Grundgedanke des § 282 auch hier gelten. Ein Mangel ist grundsätzlich heilbar, Rn 12, § 295 Rn 58 „Vollmacht". Die Rüge kann bei einer Arglist nach Einl III 54 wegen Verspätung unbeachtlich sein, LG Münst MDR **80**, 854. Ihre Rücknahme ist zulässig, Köln ZMR **92**, 387. Ein Rügeverzicht ist unwirksam, Mü OLGZ **92**, 217. 7

C. Fehlen der Vollmacht im Parteiprozeß. Wenn ein Anwalt oder ein Dritter im Parteiprozeß als ProzBev oder als Unterbevollmächtigter auftritt, muß das Gericht das Fehlen der Vollmacht gemäß § 78 Rn 1 nach denselben Grundsätzen wie das Fehlen der Vollmacht im Anwaltsprozeß prüfen, Rn 5–7. Es mag auch ein anderer als ProzBev oder als ein Unterbevollmächtigter auftreten, Uhlenbruck MDR **78**, 9, etwa ein Referendar, ein Assessor, der Sachbearbeiter oder Abteilungsleiter, auch der Leiter einer Behörde oder ein Bürovorsteher. Dann muß das Gericht den Mangel der Vollmacht von Amts wegen beachten. Denn in diesem letzteren Fall ist eine Rüge nur eine zusätzliche Anregung. Das Gericht muß die Einreichung der Vollmachtsurkunde verlangen. Es muß nicht selten die Vorlage einer ganzen Vollmachtskette fordern, und zwar im Original, § 80 Rn 11, Hbg WettbR **99**, 170, Köln Rpfleger **76**, 103. Das Gericht darf eine Terminsbestimmung nur dann ablehnen, wenn feststeht, daß sich der Mangel nicht beheben läßt. § 78a II gilt nur im Anwaltsprozeß. Das Gericht muß den Mangel der Vollmacht in jeder Lage des Verfahrens berücksichtigen. 8

Die Vorschrift gilt *zwingend*. Daher kann man auf ihre Einhaltung nicht wirksam verzichten, Rn 2, Mü OLGZ **92**, 217. Das Berufungsgericht muß von Amts wegen die Vollmacht des erstinstanzlichen ProzBev nachprüfen. Grdz 39 vor § 128. Das Vollstreckungsgericht braucht an sich die Vollmacht nicht von Amts wegen nachzuprüfen, wenn ein Anwaltsprozeß vorausgegangen war. Wenn sich der Auftretende auf eine Untervollmacht seitens seines Anwalts beruft, muß das Gericht von Amts wegen nur überprüfen, ob die Untervollmacht vorliegt, nicht auch, ob der Anwalt seinerseits eine Hauptvollmacht hat, aM FG Bln EFG **81**, 189 (aber das wäre eine Überspannung). Wegen einer Mängelheilung § 295 Rn 58 „Vollmacht". 9

5) Mängelprüfung im einzelnen, I, II. Es kommt auf eine Behebbarkeit an. 10

A. Verfahren. Das Gericht muß den angeblich Vollmachtlosen zur diesbezüglichen Verhandlung zulassen, BGH NJW **02**, 1957. Es gibt keine Amtsermittlung nach Grdz 38 vor § 128. Wenn sich ein Mangel der Vollmacht nicht beheben läßt, muß das Gericht sofort eine abschließende Entscheidung zur Vollmachtsfrage treffen, BGH **91**, 114, BayObLG NJW **87**, 137. Wenn die Behebung des Mangels möglich ist, darf das Gericht zwar grundsätzlich ebenfalls sofort zur Vollmachtsfrage entscheiden, etwa bei einer erheblichen prozessualen Nachlässigkeit. Es sollte das aber nicht tun, soweit kein nennenswerter Nachteil aus der Verzögerung droht, auch wegen seiner Fürsorgepflicht, Einl III 27. Das Gericht sollte vielmehr den Parteivertreter durch einen Beschluß oder stillschweigend einstweilen zulassen, Kblz RR **06**, 377, oder ihm eine Frist zur Behebung des Mangels setzen und das weitere Verfahren bis zum Fristablauf vertagen, Ffm OLGZ **80**, 281. Das gilt auch nach einem durch eine Vollmachtsnachreichung bedingten Prozeßvergleich, Anh § 307 Rn 42. Im Eilverfahren kommt allerdings nach dem Verhandlungsschluß keine Nachfrist in Betracht, Rn 12. Die Fristsetzung erfordert eine volle Unterschrift, § 129 Rn 9. Ein Handzeichen genügt nicht, § 329 Rn 9, 13, BFH BB **83**, 1335, Woerner BB **84**, 2053.

B. „Fluranwalt". Keineswegs darf das Gericht etwa auf Grund der telefonischen Bitte des ProzBev diesem erst im Sitzungssaal einen „Fluranwalt" als Unterbevollmächtigten bestellen, schon gar nicht gegen den Willen des Prozeßgegners, Schneider MDR **83**, 187. Daran ändern auch manche örtlichen Unsitten nichts, auf die sich auswärtige Anwälte manchmal erbost berufen. Das Gericht muß so vorgehen, wenn die Rüge der mangelhaften Vollmacht erst nach einer Verhandlung zur Sache erfolgt war. Das Gericht darf den Vertreter nach § 89 vorläufig zulassen. Es darf also in eine Sachverhandlung eintreten. Das Gericht ermittelt den Sachverhalt nicht etwa nach Grdz 38 vor § 128 von Amts wegen, sondern weist nur auf seine Bedenken hin, Grdz 39 vor § 128. Der Vertreter muß seine Vollmacht vielmehr nachweisen. 11

C. Nachweiszeitpunkt. Maßgebender Zeitpunkt für den Nachweis ist der Schluß der mündlichen Verhandlung, §§ 136 IV, 296a, BFH BB **88**, 332, Hbg WettbR **99**, 170. Im schriftlichen Verfahren nach § 128 II ist der maßgebende Zeitpunkt derjenige der Hinausgabe der Entscheidung zur Zustellung. Das gilt auch bei einer Beschwerde. Ein Mangel der Vollmachtserteilung im Zeitpunkt einer früheren Prozeßhand- 12 lung bleibt außer Betracht, wenn die Partei später eine wirksame Prozeßvollmacht erteilt hat. Denn diese spätere Erteilung hat frühere Mängel kraft der Genehmigung geheilt, Rn 7, § 89 Rn 11.

13 **D. Erste Entscheidung.** Wenn ein Berechtigter klagt, muß das Gericht den vollmachtlosen Vertreter durch einen Beschluß nach § 329 zurückweisen, aus dem Verfahren verweisen, BPatG GRUR **87**, 813, Mü OLGZ **93**, 223. Damit endet auch die Befugnis zur Entgegennahme einer Zustellung, Zweibr MDR **82**, 586. Gegen die nunmehr nicht mehr wirksam vertretene Partei ergeht auf Grund eines Antrags des Gegners eine Versäumnisentscheidung. Vgl aber Rn 16. Wegen der Kosten § 89 Rn 8. Wenn ein Nichtberechtigter klagt, weist das Gericht die Klage durch ein Prozeßurteil als unzulässig ab, Grdz 14 vor § 253, BGH **91**, 114, Hbg VersR **82**, 969, Zweibr RR **01**, 359. Im übrigen kann bei einem zu groben Unverständnis nach Rn 2, 9 die Anwendung von § 178 GVG (Ungebühr) notwendig sein.

14 **E. Rechtsmittelfragen.** Ein Rechtsmittelgericht verwirft an sich das Gericht das Rechtsmittel als unzulässig, BGH NJW **91**, 1176, Hbg VersR **82**, 969, Köln MDR **82**, 239. Das Berufungsgericht weist aber die Klage unter einer Aufhebung des früheren Urteils ab, wenn das Erstgericht den Mangel übersehen hatte, Köln MDR **82**, 239, StJBo 17, ZöV 6, aM BGH **111**, 221 (aber man muß die Rechtsmittelvollmacht unterstellen). Das Urteil lautet auf den Namen des Vertretenen. Denn der Vertretene konnte den Mangel genehmigen, BGH VersR **80**, 90, Ffm OLGZ **80**, 282. Wegen der Kosten § 56 Rn 16.

15 Gegen das Ersturteil kann die Partei stets das zulässige *Rechtsmittel* einlegen, auch eine Nichtigkeitsklage nach § 579 I Z 4, BVerfG NJW **98**, 745, BGH NJW **83**, 883. § 99 ist unanwendbar, BGH NJW **83**, 884. Wegen des Rechtsmittels § 89 Rn 9. Der „Vertreter" kann zwar beim Mangel einer gesetzlichen Vollmacht wirksam ein Rechtsmittel einlegen, BGH **111**, 222, BayObLG **90**, 337, nicht aber auch beim Mangel einer gewillkürten Vollmacht, BGH **111**, 222.

16 Das Gericht darf trotz eines Antrags *kein Versäumnisurteil* fällen, wenn lediglich der Nachweis der Vollmacht fehlt, § 335 I Z 1. Er ist noch in der Revisionsinstanz nachholbar, BGH NJW **02**, 1957. Wenn endgültig feststeht, daß die Vollmacht des Klägervertreters fehlt, muß das Gericht die Klage aber durch ein unechtes Versäumnisurteil als unzulässig abweisen, Grdz 14 vor § 253, § 331 Rn 13.

17 **C. Unerheblichkeit der Parteistellung.** Es ist unerheblich, ob der Mangel der Vollmacht den Kläger oder den Bekl betrifft. Wenn der Vollmachtgeber eine Vollmacht zwar tatsächlich erteilt hatte, wenn die Erteilung aber nichtig ist, etwa wegen einer Prozeßunfähigkeit des Vollmachtgebers nach §§ 51, 52, muß der Vollmachtgeber die Kosten tragen. Über die Heilung durch eine Genehmigung § 89 Rn 11.

89 *Vollmachtloser Vertreter.*

[I] [1] Handelt jemand für eine Partei als Geschäftsführer ohne Auftrag oder als Bevollmächtigter ohne Beibringung einer Vollmacht, so kann er gegen oder ohne Sicherheitsleistung für Kosten und Schäden zur Prozessführung einstweilen zugelassen werden. [2] Das Endurteil darf erst erlassen werden, nachdem die für die Beibringung der Genehmigung zu bestimmende Frist abgelaufen ist. [3] Ist zu der Zeit, zu der das Endurteil erlassen wird, die Genehmigung nicht beigebracht, so ist der einstweilen zur Prozessführung Zugelassene zum Ersatz der dem Gegner infolge der Zulassung erwachsenen Kosten zu verurteilen; auch hat er dem Gegner die infolge der Zulassung entstandenen Schäden zu ersetzen.

[II] Die Partei muss die Prozessführung gegen sich gelten lassen, wenn sie auch nur mündlich Vollmacht erteilt oder wenn sie die Prozessführung ausdrücklich oder stillschweigend genehmigt hat.

Schrifttum: *Breitkopf,* Die Klageerhebung und -rücknahme bei vollmachtloser Prozeßvertretung und ihre kostenrechtliche Beurteilung, 2004.

Gliederung

1 **1) Systematik, I, II.** Die Vorschrift behandelt nicht das schlechthin vollmachtlose Auftreten für eine Prozeßpartei, sondern das nur einstweilig vollmachtlose Auftreten. Wer entweder noch keine Vollmacht hat, also lediglich noch ein „Geschäftsführer ohne Auftrag" ist, oder zwar eine Vollmacht hat, sie aber noch nicht nachweisen kann, obwohl er sie nach § 88 Rn 1 schon nachweisen muß, den kann das Gericht jederzeit widerruflich einstweilen zulassen. Dabei handelt das Gericht nach seinem pflichtgemäßen nicht nachprüfbaren Ermessen, ThP 3, aM LAG Hamm MDR **76**, 699 (aber „kann" in I 1 meint nicht nur die Zuständigkeit, sondern beachtet die Prozeßwirtschaftlichkeit, Rn 2). Eine Gefahr im Verzug braucht nicht vorzuliegen, anders als bei § 56 II.

2 **2) Regelungszweck, I, II.** Die Vorschrift dient in I 1 der Prozeßwirtschaftlichkeit, Grdz 14 vor § 128, freilich in I 2, 3 der Rechtssicherheit nach Einl III 43 und dem Schutz vor einer in Wahrheit von einem auch nur eventuell Unbefugten herbeigeführten Fehlentscheidung, AG Hbg RR **96**, 1060. II regelt zwecks Rechtsklarheit die unvermeidbaren Auswirkungen eines nicht völlig klaren Parteiverhaltens. Diese unterschiedlichen Ziele muß man bei der Auslegung mitbeachten. II ist als eine Ausnahme eng auslegbar, BPatG

GRUR **89**, 46. Daher sind die sachlichrechtlichen Vorschriften über die Genehmigung eines vollmachtlosen Handelns hier nicht anwendbar, StJBo 13, aM MüKoMe 22 (aber es geht hier nur um die prozessualen Auswirkungen des Vorgangs).

Zulassung nach I 1 ist keineswegs stets eine Pflicht des Gerichts. Sie liegt vielmehr nach dem Zweck der Vorschrift im pflichtgemäßen Ermessen, Rn 1. Nur wenn eine begründete Aussicht auf die Genehmigung oder auf Nachreichung einer auch rückwirkend erteilten Vollmacht besteht, darf man dem Gegner eine die Instanz zumindest zunächst beendende Entscheidung durch ein Versäumnisurteil versagen. Selbst bei einer derartigen Erfolgsaussicht mag aber zB ein besonderer zeitlicher Druck auf dem Prozeßgegner durchaus zur Nichtzulassung oder zu einer nur ganz kurzen Nachfrist veranlassen, etwa von 2 Stunden oder Tagen. Freilich treten solche Drucklagen selten ein. Sie hängen prozessual von ihrer ausreichenden Darstellung ab.

3) Geltungsbereich, I, II. Vgl Üb 3 vor § 78, § 81 Rn 3. Die Vorschrift gilt auch im WEG-Verfahren, 3
Düss NZM **07**, 647, und (jetzt) entsprechend im FamFG-Verfahren, § 11 S 4 FamFG, (zum alten Recht) Düss FGPrax **06**, 251. Sie gilt auch vor dem Finanzgericht, BGH NVwZ **05**, 1462.

4) Zulassung zur Prozeßführung, I. Vgl zunächst Rn 2. Die Zulassung kann auch stillschweigend 4
erfolgen, soweit der Gegner nicht widerspricht, BPatG GRUR **87**, 813. Wenn er widerspricht, ist über die Frage der Zulassung eine mündliche Verhandlung erforderlich, § 128 Rn 2. Das Gericht entscheidet dann nach seinem pflichtgemäßen Ermessen durch einen Beschluß, § 329, BGH NJW **02**, 1957. Er ist unanfechtbar, soweit eine vorläufige Zulassung erfolgt. Denn es liegt kein Fall des § 567 I vor. Er ist mit der sofortigen Beschwerde anfechtbar, soweit das Gericht die Zulassung verweigert hat, § 567 I Z 2. Der Sache nach liegt im letzteren Fall meist eine Anordnung des Ruhens des Verfahrens, § 251 a. Das Gericht darf und muß evtl das Ruhen natürlich auch ausdrücklich aussprechen. Diese Anordnung ist nach § 252 anfechtbar. I gilt auch dann, wenn das Gericht nach § 80 II eine öffentliche Beglaubigung anordnet, wenn also die vorgelegte Vollmachtsurkunde nicht ausreicht.

Die Zulassung darf nicht erfolgen, wenn bereits feststeht, daß der Mangel der Vollmacht *nicht behebbar* ist, oder wenn die Partei die Behebung des Mangels ablehnt, § 88 Rn 10. Dann muß das Gericht eine Prozeßabweisung vornehmen, Grdz 14 vor § 253. Das Gericht kann, nicht muß, eine Sicherheitsleistung wegen der Kosten und der Schäden anordnen. Es darf aber keine Sicherheitsleistung wegen des Streitgegenstands nach § 2 Rn 4 festsetzen. Bei der Notwendigkeit einer Sicherheitsleistung vertagt das Gericht die Verhandlung zur Sache und läßt den Bevollmächtigten erst nach der Sicherheitsleistung zu. Sie erfolgt nach § 108. Ihre Rückgabe richtet sich nach § 109. Dazu reichen die Nachreichung der Vollmacht und die Genehmigung der bisherigen Prozeßführung.

5) Folgen der Zulassung, I. Die vorläufige Zulassung gibt dem Zugelassenen vorläufig alle Rechte und 5
Pflichten eines ProzBev. Sie berechtigt und verpflichtet das Gericht und den Gegner zu einer entsprechenden Behandlung des Zugelassenen für die Dauer der Zulassung. Vor der endgültigen Klärung der Vollmachtsfrage darf das Gericht den Rechtsstreit nicht an ein anderes Gericht verweisen und kein Endurteil erlassen, auch kein Versäumnisurteil, es sei denn, daß der Zugelassene säumig wäre. Es dürfen ferner folgende Entscheidungen zunächst nicht ergehen: Ein Vollstreckungsbescheid, § 699; ein Vorbehaltsurteil, §§ 302, 599; ein selbständiges Zwischenurteil, zB § 280. Auch ein unbedingter Vergleich nach Anh § 307 ist im Streitverfahren unzulässig. Denn das Gericht muß verhindern, daß das Verfahren einen auch nur vorläufigen Abschluß erhält, bevor das Gericht die Vollmachtsfrage endgültig geklärt hat.

6) Fristsetzung, I. Das Gericht muß bei einer vorläufigen Zulassung zur Beibringung der Vollmacht 6
oder zur Beibringung der Genehmigung der Partei eine Frist setzen, BAG VersR **08**, 559, BFH DB **89**, 2586, KG BB **02**, 2152. Wegen der Unterschrift § 88 Rn 10. Das Gericht kann die Frist zugleich mit der vorläufigen Zulassung oder später setzen. Das Gericht muß die Frist genau bemessen, OVG Kblz NJW **93**, 2457. Eine allzu kurze Bemessung kann den Anspruch auf das rechtliche Gehör verletzen, Artt 2 I, 20 III GG (Rpfl), BVerfG **101**, 404, Art 103 I GG (Richter), BFH DB **80**, 2020. Das Gericht kann seine Frist nach § 224 verlängern. Die Vollmacht oder die Genehmigung läßt sich auch noch nach dem Fristablauf bis zum Schluß der letzten mündlichen Verhandlung nach §§ 136 IV, 296 a beibringen, § 231 II. Der Fristablauf ist erfolglos, wenn die beigebrachte Vollmacht oder Genehmigung nicht das ganze bisherige Verfahren deckt. Denn dieses bildet eine Einheit, Üb 3 vor § 253. Die Vollmacht muß vorbehaltslos sein. Sie darf nicht über das nach § 83 zulässige Maß hinaus Einschränkungen enthalten. Ein Telefax reicht aus, BFH DB **94**, 2012. Die Fotokopie einer Vollmacht reicht nicht aus, § 80 Rn 11, BFH DB **87**, 1130. Die Vollmacht enthält eine Genehmigung. Eine Genehmigung bevollmächtigt nicht stets auch für die Zukunft.

7) Verfahren nach erfolglosem Fristablauf, I. Es hat unterschiedliche Auswirkungen. 7

A. Verhandlung. Wenn das Gericht zu dem Ergebnis kommt, daß die gesetzte Frist erfolglos abgelaufen sei, muß es eine neue mündliche Verhandlung über die Folgen anberaumen, Kblz RR **06**, 377. Es muß den vorläufig Zugelassenen zu dieser Verhandlung laden.

B. Entscheidung. Das Endurteil in der Sache selbst ergeht entsprechend § 88 Rn 13. Ein Rechtsmittel 8
in der Sache selbst ist mangels einer Nachholung der Vollmacht für die Rechtsmittelinstanz unzulässig, BGH **111**, 222. Das gilt auch beim Mangel der gewillkürten Vertretung.

Der vorläufig Zugelassene muß evtl schon danach die gesamten *Prozeßkosten* tragen, § 91, Düss RR **07**, 86, Hamm RR **89**, 1534, OVG Bln JB **96**, 657. Andernfalls muß das Gericht ihn nach I wegen § 308 II von Amts wegen nach dem Grundsatz der Veranlassungshaftung in diejenigen Kosten verurteilen, die durch seine vorläufige Zulassung entstanden, § 56 Rn 18, Bre VersR **91**, 1282, Karlsr FamRZ **96**, 1335 (zustm Vollkommer). Das sind freilich nur die Kosten der Einmischung. In diesem Zusammenhang kommt es nicht darauf an, ob den vorläufig Zugelassenen ein Verschulden trifft, Ffm OLGR **95**, 250, aM KG WoM **96**, 377 (aber der Wortlaut und Sinn von I 3 Hs 1 sind eindeutig, Einl III 39). Kostenpflichtig ist der angebliche Hauptbevollmächtigte, nicht der von ihm bestellte Unterbevollmächtigte, Mü OLGZ **93**, 224.

Das Gericht *entscheidet* von Amts wegen durch einen Beschluß, § 329. Es muß seinen Beschluß begründen und förmlich zustellen. Denn er ist anfechtbar, Rn 9, § 329 III. Der angeblich Vertretene haftet grundsätzlich nicht neben dem Vertreter, BGH NJW **92**, 1459, LG Heidelb MDR **91**, 449. Die Kosten der vorläufigen Zulassung des Vertreters gehen den angeblich Vertretenen ja grundsätzlich gar nichts an, BGH NJW **92**, 1459. Eine ausnahmsweise Kostenhaftung des angeblich Vertretenen gilt nur dann, wenn lediglich die Formgültigkeit des Nachweises der Vollmacht fehlte oder wenn der „Vertretene" vom Antrag usw wußte oder ihn hätte verhindern können, BGH MDR **97**, 198, Köln VersR **03**, 55, Hartmann Teil I § 22 GKG Rn 4.

9 **C. Rechtsmittel.** Gegen den erstinstanzlichen Kostenbeschluß hat der angebliche Vertreter grundsätzlich die sofortige Beschwerde nach § 567 II, so schon BGH NJW **88**, 50, Ffm OLGR **95**, 249 (§ 99 II entsprechend), Karlsr FamRZ **96**, 1335 (zustm Vollkommer). Eine Rechtsbeschwerde kommt unter den Voraussetzungen des § 574 in Betracht, BGH NJW **88**, 51. Soweit das Gericht ohne eine Fristsetzung oder vor dem Ablauf der Frist entschieden hat, liegt ein Verstoß gegen das rechtliche Gehör vor, Art 103 I GG. Dann ist ein Rechtsmittel wie sonst statthaft. Evtl muß das Rechtsmittelgericht dann auf einen Antrag zurückverweisen, § 538. Beim Rpfl gilt § 11 RPflG, § 104 Rn 41 ff.

10 **D. Schadensersatzpflicht.** Der vorläufig Zugelassene hat nach I 3 Hs 2 neben der Kostenpflicht nach Rn 8 die Pflicht, dem Gegner denjenigen Schaden zu ersetzen, der diesem durch die vorläufige Zulassung entstanden ist, Zweibr RR **01**, 359, AG Hbg RR **86**, 1120. Der vorläufig Zugelassene muß den Gegner also so stellen, als hätte das Gericht ihn selbst nicht zugelassen. Das ist eine rein sachlichrechtliche Vorschrift. Der Gegner muß den Ersatz in einem besonderen Prozeß verlangen. Er kann seinen Anspruch grundsätzlich nicht im bisherigen Prozeß stellen. Denn der vorläufig Zugelassene ist dort ja nicht Partei. Etwas anderes mag gelten, wenn der Gegner seinen Schadensersatzanspruch im Weg einer Widerklage geltend macht und den vorläufig Zugelassenen auf diese Weise zulässig in den Prozeß hineinziehen kann, Anh § 253 Rn 1, 9. Der vollmachtlose Vertreter kann unabhängig von I 3 für die Prozeßkosten haften, Üb 55 „Dritter" vor § 91, Düss RR **07**, 86.

11 **8) Wirksamkeit gegen die Partei, II.** Die Vorschrift stellt eine eng auslegbare Ausnahmebestimmung dar, Rn 2.

A. Umfassende Wirkung. Die Prozeßführung des nicht Bevollmächtigten wirkt für und gegen, also nicht nur gegen die Partei, soweit diese entweder eine schriftliche oder mündliche Vollmacht erteilt, BGH NJW **02**, 1958, oder soweit sie die Prozeßführung ausdrücklich oder stillschweigend genehmigt, BayObLG FGPrax **04**, 64, Düss NZM **07**, 647 (je: WEG), Stgt RR **01**, 970, zB durch eine Vollmachtserteilung oder durch die Erteilung einer Untervollmacht, BGH VersR **84**, 781. Die Erklärung erfolgt wie bei der prozessualen Vollmacht grundsätzlich formlos gegenüber dem Vertreter, dem Gegner oder dem Gericht. Sie erfolgt also unter Umständen auch schon dadurch, daß die Partei im Termin erscheint. Im Zwangsvollstreckungsverfahren mit seiner Formstrenge kann ausnahmsweise eine öffentliche Urkunde nach § 415 oder eine öffentliche Beglaubigung nötig sein, Brdb NZM **02**, 406.

12 **B. Genehmigung.** Die Genehmigung kann nur bis zum Schluß der mündlichen Verhandlung vor dem Endurteil erfolgen, §§ 136 IV, 296 a, BGH **128**, 283. Sie setzt voraus, daß der Genehmigende die bisherige Unwirksamkeit kennt oder zumindest mit ihr rechnet und in seinem Verhalten verdeutlicht, daß er das Geschäft verbindlich machen will, BGH NJW **04**, 840. Die Genehmigung wirkt in der Regel zurück, BGH NJW **91**, 1176, BPatG GRUR **89**, 46 und 496, Düss NZM **07**, 647, aM BFH BB **77**, 436 (aber so ist sie meist auslegbar, Grdz 52 vor § 128). Wegen der Ausnahmen in der Revisionsinstanz OGB BGH NJW **91**, 1176, BFH BB **84**, 2249, Ffm MDR **84**, 499. Freilich kann eine Rückwirkung nur bei einer Genehmigung bis zu der Verkündung der die Instanz beendenden Entscheidung eintreten, BFH DB **89**, 1118 (Prozeßurteil).

Durch eine Genehmigung kann auch eine *Hemmung der Verjährung* bereits im Zeitpunkt der Klagerhebung eintreten. Das gilt aber nicht, wenn ein Unberechtigter Klage erhoben hat, selbst wenn der Berechtigte auch die Forderung während des Rechtsstreits mit einer Genehmigung des wirklichen Gläubigers erworben haben mag. Die Genehmigung läßt sich nicht wirksam auf einzelne Prozeßhandlungen beschränken, § 56 Rn 9, § 78 Rn 34, § 81 Rn 1.

13 **C. Folgen einer Nichtzulassung.** Wenn das Gericht den Vertreter nicht zugelassen hat, Rn 1 ff, bleibt die Genehmigung der Prozeßführung für diesen Rechtsstreit wirkungslos. II gilt allgemein bei einer Zulassung nach I, und zwar noch im Vollstreckungsverfahren, aber auch dann, wenn das Gericht den Mangel übersehen hatte. Ist das Urteil dann rechtskräftig geworden, läßt es sich nur im Weg einer Nichtigkeitsklage nach § 579 I Z 4 beseitigen, Ffm OLGR **95**, 249, Kblz VersR **85**, 672. Wenn die Partei diese Möglichkeit versäumt hat, bindet das Urteil sie grundsätzlich. Freilich kommt stets eine Rückgriffsklage in Betracht, Kblz VersR **85**, 672. Ein Verstoß gegen die nach § 83 zulässig vorgenommene Beschränkung der Vollmacht macht die Erklärung schlechthin unwirksam. Ein auf Grund dieser Erklärung ergangenes Urteil, etwa ein Anerkenntnisurteil, ist durch die Aufhebung auf Grund eines Rechtsmittels auflösend bedingt. Eine Verletzung einer sachlichrechtlichen Beschränkung der Vollmacht ist prozessual unerheblich.

14 **D. Folgen einer Genehmigung.** Die Genehmigung macht die Partei im Prozeß zur *Rechtsnachfolgerin* des Vertreters, auch nach § 727. Der Rpfl muß daher die Vollstreckungsklausel auf die Partei umschreiben, soweit das Urteil noch auf den Vertreter lautete. Die prozessuale Genehmigung läßt auch die sachlichrechtlichen Wirkungen der Prozeßhandlungen eintreten, Grdz 60 vor § 128, zB die Rechtshängigkeit, § 261 (Rückwirkung, gerade anders als bei § 80, dort Rn 11) oder eine sonstige Wirkung der Zustellung, zB der Klageschrift an einen nicht bevollmächtigten Anwalt, BGH **101**, 281. Jedoch kann keine Rückwirkung auf einen solchen Rechtsmittelverzicht eintreten, von dem die Partei im Zeitpunkt der nachträglichen Erteilung der Vollmacht nichts wußte. Wegen II bleibt für §§ 233 ff kein Raum, BGH **128**, 283.

90 *Beistand.* [1] [1] **In der Verhandlung können die Parteien mit Beiständen erscheinen.** [2] **Beistand kann sein, wer in Verfahren, in denen die Partei den Rechtsstreit selbst führen kann, als Bevollmächtigter zur Vertretung in der Verhandlung befugt ist.** [3] **Das Gericht kann andere**

Personen als Beistand zulassen, wenn dies sachdienlich ist und hierfür nach den Umständen des Einzelfalls ein Bedürfnis besteht. [4] § 79 Abs. 3 Satz 1 und 3 und Abs. 4 gilt entsprechend.

II Das von dem Beistand Vorgetragene gilt als von der Partei vorgebracht, insoweit es nicht von dieser sofort widerrufen oder berichtigt wird.

Vorbem. I idF Art 8 Z 5 G v 12. 12. 07, BGBl 2840, in Kraft seit 1. 7. 08, Art 20 S 3 G, ÜbergangsR Einl III 78.

1 **1) Systematik, Regelungszweck, I, II.** Es handelt sich um eine Möglichkeit der Unterstützung der Partei. Sie dient einer Kostendämpfung und der Parteiherrschaft nach Grdz 18 vor § 128. Sie beachtet das persönliche Vertrauen der Partei vielleicht zu einem nahen Angehörigen als Beistand. Man muß ihr zwar bei einer Ungeeignetheit im Interesse einer geordneten Rechtspflege nach I 4, § 79 III 1, 3, IV Grenzen ziehen, (zum alten Recht) Bre FamRZ **04**, 1582 und 1590. Man sollte sie aber doch im Prinzip großzügig gewähren, auch wenn ein nicht rechtskundiger Beistand etwas anstrengend sein kann. Von § 90 wird zu wenig Gebrauch gemacht.

2 **2) Geltungsbereich, I, II.** Vgl Üb 3 vor § 78, § 81 Rn 3. § 90 gilt auch im WEG-Verfahren. Im (jetzt) FamFG-Verfahren gilt § 12 FamFG, (zum alten Recht) Hamm FamRZ **98**, 307.

3 **3) Beistand, I.** Beistand ist derjenige, der neben der Partei nach § 78 Rn 20 zu ihrer Unterstützung beim mündlichen Vortrag auftritt. Dieser Auftritt ist nach dem Wortlaut von I zulässig, soweit kein Anwaltszwang besteht, § 78 Rn 35 ff, KG FamRZ **01**, 1619, und soweit die Voraussetzungen des I 2, 3 in Verbindung mit § 79 II vorliegen. Im Parteiprozeß kann ein Beistand in den Grenzen des § 157 neben einem ProzBev tätig sein, KG FamRZ **01**, 1619. Im Anwaltsprozeß kann auch neben dem ProzBev zu dessen Unterstützung ebenfalls ein Beistand das Wort erhalten, I 1. Der Partei steht der gesetzliche Vertreter gleich, aber nicht der ProzBev. Der Beistand wird auf Grund einer Einführung durch die Partei oder ihres ProzBev tätig. Ein Anwalt kann stets auch als ein Beistand tätig sein. Jeder Beistand muß prozeßfähig sein, § 52. Beistand ist auch der nach § 55 KJHG oder nach dem SGB XII beauftragte Mitarbeiter des Jugendamts, Düss FamRZ **85**, 642. Wegen seiner Zurückweisung Rn 1. Es erfolgt keine gerichtliche Beiordnung. Über einen technischen Beistand § 137 Rn 42. Im Eheverfahren hat der nach § 138 I FamFG beigeordnete Anwalt die Funktion eines Beistands, (jetzt) § 138 II FamFG, (zum alten Recht) BGH NJW **95**, 1225. Eine Zustellung erfolgt stets an die Partei, BGH NJW **95**, 1225. Kosten: § 91 Rn 82 „Beistand".

Kein Beistand nach I ist eine von der Partei oder dem ProzBev zur eigenen Unterstützung zugezogene Hilfskraft, etwa ein Privatgutachter oder sonstiger Fachmann.

4 **4) Mündlicher Vortrag, II.** Der Beistand darf alle Parteiprozeßhandlungen nach Grdz 47 vor § 128 vornehmen. Der Vortrag des Beistands gilt als ein Vortrag der Partei, soweit sie den Vortrag des Beistands nicht sofort widerruft oder berichtigt, wie bei § 85 Rn 6. Eine Einschränkung geht weiter als beim ProzBev, § 85. Denn sie ergreift nicht nur die tatsächlichen Erklärungen. Daher läßt sie also zB den Widerruf eines Anerkenntnisses zu.

5 **5) Verstoß, I, II.** Er kann einen Verstoß auch gegen Art 103 I GG bedeuten, Hamm FamRZ **98**, 307.

Titel 5. Prozesskosten

Übersicht

Schrifttum: *Adelmann-Pintek,* Das Prozeßkostenrecht der ZPO usw (rechtsvergleichend), 2001; *Becker-Eberhard,* Grundlagen der Kostenerstattung bei der Verfolgung zivilrechtlicher Ansprüche, 1985; *Breyer,* Kostenorientierte Steuerung des Zivilprozesses usw (rechtsvergleichend), 2006; *Brieske,* Die anwaltliche Praxis in Kostensachen, 1991; *Bydlinski,* Der Kostenersatz im Zivilprozeß, Wien 1992; *von Eicken,* Erstattungsfähige Kosten und Erstattungsverfahren usw, 5. Aufl 1990; *Fleddermann,* Kostenrechtliche Probleme der Beteiligung am Zivilprozeß usw, 1998; *Hellstab* Rpfleger **08**, 241 (Üb); *Hünnekens,* Kostenabwicklung in Zivil- und Familiensachen und bei Prozeßkostenhilfe, 3. Aufl 2002; *Jungbauer/Enders,* Kosten- und Gebührenrecht, 2008; *Kur,* Streitwert und Kosten in Verfahren wegen unlauteren Wettbewerbs, 1980; *Lappe,* Justizkostenrecht, 2. Aufl 1995; *Lappe,* Kosten in Familiensachen, 5. Aufl 1994; *Müller-Rabe,* Handbuch des Fachanwalts Familienrecht, 2. Aufl 2001; *Olivet,* Die Kostenverteilung im Zivilurteil, 4. Aufl 2006; *Sarres,* Gebühren und Kosten im Familien- und Erbrecht, 2. Aufl 2004; *Werres,* Prozeßkostentabelle für Banken, 2002.

Gliederung

1 **1) Systematik des Kostenabschnitts.** Eine Übersicht gelingt am ehesten wie folgt.

A. Aufbau der §§ 91–101. Die Vorschriften enthalten zum einen Regeln dazu, wer überhaupt Kosten tragen muß. Teilweise ergibt sich die Antwort unmittelbar aus dem Gesetz. Teilweise ist dazu eine sog Kostengrundentscheidung des Gerichts erforderlich. Sie muß freilich ihrerseits nur in bestimmten Fällen auf Grund eines Ermessens ergehen, meist dagegen auf Grund zwingender gesetzlicher Vorschriften. §§ 91–101 enthalten aber auch Vorschriften dazu, welche Kostenarten und in welchem Umfang man Kosten tragen muß. Insofern handelt es sich um Fragen nicht der Kostengrundentscheidung, sondern der sog Kostenentstehung und Kostenerstattung. Ihr Verfahren regeln §§ 103 ff gesondert.

2 Tragender Grundsatz des Kostenrechts ist die in § 91 I 1 verankerte sog *Unterliegenshaftung,* Rn 27, § 91 Rn 19. Die unterliegende Partei muß die Kosten des Rechtsstreits tragen. Sie muß insbesondere die dem Gegner entstandenen notwendigen Kosten erstatten.

3 Von diesem Grundsatz des § 91 gibt es in den ihm folgenden Vorschriften eine Reihe von Besonderheiten für einzelne Teilgebiete und von *Ausnahmen.* § 91 a regelt den Fall der Erledigung der Hauptsache, freilich nur sehr unvollkommen. In § 92 finden sich die Hauptregeln für den Fall, daß eine Partei nur teilweise siegt und teilweise unterliegt. § 93 begünstigt ein sofortiges Anerkenntnis des Bekl, soweit er nicht zur Klagerhebung eine Veranlassung gegeben hat. Im FamFG-Verfahren gelten §§ 80 ff, 132, 150, 183, 243 FamFG und im Bereich des § 113 I 2 FamFG hilfsweise §§ 91 ff entsprechend. § 93 b enthält Sonderregeln für Räumungsprozesse bei der Anwendung der Sozialklausel. § 94 enthält Sonderregeln für die Klage eines Rechtsnachfolgers. § 95 ermöglicht es dem Gericht, einer säumigen Partei in jeder Verfahrensart die durch die Säumnis verursachten Kosten aufzuerlegen. Ähnliche Zwecke hat der im Anh nach § 95 abgedruckte § 38 GKG. § 96 betrifft die Kosten eines erfolglos gebliebenen Angriffs- oder Verteidigungsmittels. § 97 enthält die vorrangigen Regeln für die Rechtsmittelinstanz. § 98 enthält Sondervorschriften für den Fall eines Prozeßvergleichs und ist entsprechend auf den außergerichtlichen Vergleich anwendbar. § 99 begrenzt die Möglichkeiten der Anfechtung der bloßen Kostenentscheidung. § 100 enthält Sonderbestimmungen bei der Streitgenossenschaft, § 101 solche bei der einfachen und streitgenössischen Streithilfe.

4 Im einzelnen sind die systematischen Verhältnisse einer jeden Vorschrift in ihrer jeweiligen Rn 1 dargestellt. Insgesamt gibt es in diesen und anderen Sonderregeln ein gemeinsames Prinzip. Man kann es als *Kostentrennung* bezeichnen. Es weicht von dem Grundsatz ab, daß der Unterliegende die gesamten Kosten des Rechtsstreits trägt. Es dient der Kostengerechtigkeit im Einzelfall.

5 **B. Abgrenzung zu §§ 103 ff.** Das in §§ 103 ff geregelte Verfahren der Kostenfestsetzung und der gegen sie möglichen Rechtsbehelfe setzt eine nach §§ 91–101 ergangene Kostengrundentscheidung oder eine gesetzliche Kostenhaftung voraus. Es regelt auf solcher Basis das Ob und Wie der Kostenbelastung. Dazu sind allerdings auch Rückgriffe auf einzelne Bestimmungen der §§ 91–101 unvermeidbar.

6 **C. Weitere Kostenvorschriften.** §§ 91 ff enthalten keineswegs sämtliche Kostenbestimmungen. Sowohl zur Kostengrundentscheidung oder zur Frage, wer überhaupt kraft Gesetzes Kosten trägt, als auch zur Kostenerstattung im einzelnen gibt es zahlreiche weitere in der ZPO verstreute Vorschriften. Sie sind teilweise sogar gegenüber §§ 91 ff vorrangig. Für gewisse Verfahrensarten gelten Sonderregeln.

7 *Beachten muß man zum Beispiel:* § 75 (Eintritt eines Dritten, der die eingeklagte Forderung für sich in Anspruch nimmt); § 89 (Haftung des vollmachtlosen Vertreters); § 238 IV (Kosten der Wiedereinsetzung in den vorigen Stand); § 269 III, IV (gesetzliche Kostenfolge und Kostenausspruch bei einer Klagerücknahme); § 281 III (Kosten bei einer Verweisung); § 302 IV (Kosten bei einem Vorbehaltsurteil); § 344 (Kosten einer Säumnis, Versäumnisurteil); § 380 I (Kostenlast eines ausgebliebenen Zeugen); § 390 I (Kosten des sich unberechtigt weigernden Zeugen); § 409 I (Kosten des ausgebliebenen oder sich weigernden Sachverständigen); § 516 III (Kosten bei der Rücknahme der Berufung, beim Versäumnisurteil in Verbindung mit § 345); § 566 (Kosten bei der Rücknahme der Revision); § 696 V (Kosten bei einer Verweisung nach einem Mahnverfahren); § 788 (Kosten der Zwangsvollstreckung, KG MDR **79,** 408); § 887 II (Verurteilung zur Kostenvorauszahlung bei der Zwangsvollstreckung zur Vornahme einer vertretbaren Handlung); § 891 S 3 (Verweisung auf §§ 91 ff bei §§ 887–890); § 945 (Kostenhaftung bei einer Schadensersatzpflicht nach einer Eilanordnung).

8 Von den Vorschriften über die *Auferlegung* von Kosten muß man diejenigen über eine *Befreiung* von Kosten unterscheiden. Diese finden sich teilweise in den Kostengesetzen, zB § 2 GKG, teilweise in der ZPO, vor allem in §§ 114 ff ZPO (Prozeßkostenhilfeverfahren). Die vorstehenden Aufzählungen sind keineswegs vollständig. Man muß prüfen, ob und welche Vorschriften außerhalb §§ 91 ff anwendbar sind.

9 **2) Regelungszweck des Kostenabschnitts.** Die Vorschriften sind zur Durchführung des Grundsatzes notwendig, daß der Staat die Tätigkeit der Gerichte nicht kostenlos zur Verfügung stellt. Sie binden grundsätzlich das Gericht. Sie sind auch insofern notwendig, als zB auf Grund einer Prozeßkostenhilfe nach §§ 114 ff eine teilweise vorläufige oder endgültige Freistellung von Kostenpflichten erfolgt. Sie ergänzen die in den Kostengesetzen, zB §§ 22 ff GKG, enthaltenen Vorschriften der unmittelbaren Kostenhaftung gegenüber der Staatskasse. Sie betreffen in erster Linie das Verhältnis der Parteien zueinander. Sie bestimmen also, welcher Prozeßbeteiligte welchem anderen wann wieviel zahlen muß.

10 *Kostengerechtigkeit* ist natürlich das Hauptziel der ganzen Regelung. Jeder Prozeßbeteiligte muß von vornherein wenigstens in Umrissen übersehen können, welches Kostenrisiko auf ihn zukommt. Davon hängt ja

auch ab, ob und mit welcher Erfolgsaussicht er zB eine Prozeßkostenhilfe beantragen kann. Der Grundsatz der Unterliegenshaftung nach § 91 I 1 läßt sich nicht ausnahmslos durchführen. Denn das würde zu krassen Ungerechtigkeiten führen. Sie zu beseitigen ist ein weiterer Zweck der folgenden Vorschriften.

Gleichzeitig dienen sie aber auch einer gewissen *Verfahrensvereinfachung* und damit der Prozeßwirtschaftlichkeit, Grdz 14 vor § 128. Das Kostenrecht ist trotz aller oft entscheidenden wirtschaftlichen Bedeutung doch eben nur ein Nebenschauplatz des Zivilprozesses. In seinem Mittelpunkt muß die Frage bleiben, wer in der Hauptsache Recht bekommt. Die Kostenauswirkungen dürfen nicht alle anderen Prozeßfragen auch nur praktisch nahezu überwuchern, Herr DRiZ **89**, 87.

Das alles muß man bei der *Auslegung* aller Kostenvorschriften mitbeachten. Im typisch deutschen Bestreben nach einer perfekten Regelung muß man gerade in Kostenfragen nahezu groteske Aufsplitterungen in feinste Verästelungen der Probleme beachten. Da gewissenhafte Parteien und Anwälte nach § 85 Rn 19 eine einmal vorhandene Rechtsprechung und Lehre beachten müssen, wird die Materie immer undurchschaubarer. Ein Gericht, das dieser Entwicklung nach Kräften entgegensteuert, bewegt sich mit Sicherheit im Rahmen eines pflichtgemäßen Ermessens, falls es nach dem Gesetz überhaupt einen Ermessensspielraum hat. Man sollte diese Möglichkeit der bewußten Vereinfachung viel mehr nutzen, selbst auf Kosten einer gewissen Vergröberung der Gerechtigkeit im Einzelfall. Vgl auch die ähnlichen Erwägungen § 296 Rn 2. 11

3) Sachlicher Geltungsbereich des Kostenabschnitts. §§ 91 ff gelten grundsätzlich für alle der ZPO unterliegenden Verfahrensarten, auch im WEG-Verfahren, Sauren NZM **07**, 859, dazu §§ 49, 50 WEG. § 788 hat nicht stets den Vorrang, BGH NJW **07**, 2993. Bei §§ 887–890 gelten nach § 891 S 3 die dortgenannten Teile der §§ 91 ff und in allen Instanzen. Wegen des schiedsrichterlichen Verfahrens § 1057. Sie gelten für das jeweilige Hauptverfahren und alle dazugehörigen Nebenverfahren, etwa nach § 17 a GVG, BGH NJW **93**, 2542. Wegen § 119 vgl § 91 Rn 154. §§ 91 ff gelten kraft einer Bezugnahme in anderen Gesetzen vielfach entsprechend oder direkt, auch soweit das Verfahren zunächst außerhalb der ZPO abläuft. Das gilt etwa beim Insolvenzverfahren, Köln JB **01**, 496, und bei FamFG-Sachen, Rn 3. §§ 91 ff gelten eingeschränkt im Patentnichtigkeitsverfahren, § 121 II PatG, BGH RR **98**, 334, BPatG GRUR **08**, 735. §§ 91 ff lassen sich im Zweifel zumindest nach ihren Grundgedanken mit heranziehen, BVerfG NJW **99**, 134. Freilich muß man die jeweiligen Verfahrensbesonderheiten beachten, BVerfG NJW **93**, 2793. §§ 91 ff gelten auch im arbeitsgerichtlichen Verfahren, Bader/Nungeßer NZA **07**, 1200 (Üb), und zwar im dortigen Urteilsverfahren, § 91 Rn 72, LAG Mü DB **01**, 2560, aber nicht im dortigen Beschlußverfahren, BAG BB **99**, 1964. Vgl auch bei den einzelnen Vorschriften, zB bei § 148 VI UMAG, § 14 II KapMuG, SchlAnh - VIII, Schneider BB **05**, 2255. 12

4) Persönlicher Geltungsbereich des Kostenabschnitts. §§ 91 ff gelten grundsätzlich für alle rechtlich am Zivilprozeß oder nach Rn 3 am FamFG-Verfahren Beteiligten, oft auch für nur wirtschaftlich Beteiligte. Sie gelten auch für und gegen einen Geschäftsunfähigen, Kblz JB **07**, 34. Sie haben darüber hinaus Auswirkungen auch für nur mittelbar beteiligte Dritte. Der persönliche Geltungsbereich der einzelnen Vorschrift ist in ihrer jeweiligen Kommentierung dargestellt. 13

5) Begriff der „Kosten des Rechtsstreits". § 91 I 1 enthält den Begriff der „Kosten des Rechtsstreits". Diese sog Prozeßkosten muß man von solchen Kosten oder Unkosten oder Schäden oder Nachteilen unterscheiden, die nicht prozessual entstehen, sondern aus dem sachlichen Recht etwa des BGB. Sie sind nur bedingt. Über die letzteren Rn 43 ff. Prozeßkosten sind alle diejenigen Aufwendungen, die im Prozeß selbst entstehen. Darüber hinaus zählen hierher diejenigen Aufwendungen, die ein Prozeßbeteiligter zur Vorbereitung oder Durchführung des Prozesses machen mußte, sofern sie in einem unmittelbaren Zusammenhang mit dem Prozeß stehen, aber eben auch nur solche, Kblz NJW **78**, 1751. 14

6) Begriff der Gerichtskosten. Innerhalb der Prozeßkosten nach Rn 14 kann man zwei Hauptgruppen von Kosten unterscheiden: Die Gerichtskosten und die außergerichtlichen Kosten, BSG MDR **97**, 200, Naumb JB **03**, 648. Zu den letzteren Rn 21. Gerichtskosten sind diejenigen Gebühren und Auslagen nach § 1 I GKG, die ein Prozeßbeteiligter dem Land oder Bund als dem Träger der Justizhoheit entrichten muß, Köln RR **01**, 1656. Der Staat bietet seine Rechtspflege grundsätzlich nicht unentgeltlich an. Die Prozeßbeteiligten sollen die Kosten hauptsächlich selbst aufbringen. Die Gerichtskosten zerfallen in Gebühren, also öffentlichrechtliche Ausgaben, Justizsteuern, die ohne Rücksicht auf den Einzelfall meist nach dem Streitwert pauschmäßig bestimmt werden, § 3 I GKG, und in Auslagen, also entstandene oder bevorstehende Unkosten, die zunächst meist die Staatskasse entrichtet. Die Beitreibung von Gerichtskosten erfolgt wie bei öffentlichen Abgaben. Für die Kostenerstattung kommen sie nur als Parteikosten infrage, also insoweit, als die Partei sie verausgabt hat. 15

A. Antragsschuldner. Schuldner der Gerichtskosten ist unmittelbar kraft Gesetzes, das auch die Fälligkeit, die etwaige Befreiung von der Kostenschuld und den etwa zu zahlenden Vorschuß festlegt, zunächst der Antragsteller, Kläger, Rechtsmittelkläger, § 22 S 1 GKG. Antragsteller ist derjenige, der ein Verfahren einleitet oder erweitert. 16

B. Entscheidungsschuldner. Ferner haftet für die Gerichtskosten der sog Entscheidungsschuldner. Das ist derjenige, den ein Gericht zur Kostenzahlung verurteilt hat, § 29 Z 1 GKG. Diese Haftung kann nach § 30 S 1 GKG erlöschen, soweit die Kostenentscheidung aufgehoben oder abgeändert wird, LAG Düss JB **92**, 470. Eine Erledigung der Hauptsache in der Rechtsmittelinstanz oder eine wirksame Klagerücknahme in ihr reichen aus. Ein Beschluß nach § 344 reicht aus, § 269 Rn 34. Ein Beschluß nach 269 III 3 kann jetzt ausreichen. Ein Vergleich nach Anh § 307 reicht nicht schon nach § 29 Z 1 GKG aus, sondern allenfalls nach § 29 Z 2 GKG. 17

C. Übernahmeschuldner. Ferner ist dem Staat gegenüber kostenpflichtig der sog Übernahmeschuldner. Das ist derjenige, der die Gerichtskosten dem Gericht gegenüber übernommen hat, § 29 Z 2 GKG, zB durch einen Vergleich, dazu § 98 sowie § 54 Z 2 Hs 2 GKG. Ferner ist der Staatskasse gegenüber kostenpflichtig derjenige, der für eine fremde Kostenschuld kraft Gesetzes haftet, § 29 Z 3 GKG. Eine Kosten- 18 grundentscheidung ist dazu nicht notwendig. Das gilt selbst dann, wenn nur eine Duldungshaftung in Betracht kommt.

19 **D. Vollstreckungsschuldner.** Schließlich ist der Staatskasse kostenpflichtig der sog Vollstreckungsschuldner für die notwendigen Kosten der Zwangsvollstreckung im Sinn von § 788, dazu § 29 Z 4 GKG.

20 **E. Gesamtschuldner.** Mehrere derartige Kostenschuldner haften der Staatskasse gegenüber als Gesamtschuldner, § 31 I GKG. Der Entscheidungsschuldner ist im übrigen ein sog Erstschuldner, § 31 II GKG. Die Kostenschuld besteht unabhängig von einem etwaigen Erstattungsanspruch, vgl freilich auch dazu § 31 II GKG. Eine Ergänzung des GKG vor allem für den Kostenbeamten gibt die Kostenverfügung, Hartmann Teil VII.

21 **7) Begriff der außergerichtlichen Kosten**

Schrifttum: *Hösl,* Kostenerstattung bei außergerichtlicher Verteidigung gegen unberechtigte Rechtsverfolgung, 2004.

Von den Gerichtskosten nach Rn 15 muß man die sog außergerichtlichen Kosten unterscheiden, BSG MDR **97**, 200, Naumb JB **03**, 648. Das sind die direkt auf den Prozeß bezogenen, bis zu einem prozessualen Erstattungsanspruch zunächst selbst zu tragenden Aufwendungen eines Prozeßbeteiligten, insbesondere der Parteien.

A. Kosten der Partei persönlich. Hierzu zählen Aufwendungen etwa für Reisen, Köln RR **01**, 1656 (auch nach einer Anordnung des Erscheinens), für Porto oder für den Zeitverlust. Ferner zählen hierher unter Umständen die Kosten für die Beschaffung von Gutachten, für die Vertretung durch einen technischen Beistand und dergleichen. Auch ein Sachwalter einer späteren GmbH kann hierher zählen, aM Ffm RR **98**, 1535 (vgl aber § 50 Rn 24 ff).

Nicht hierher zählen die allgemeinen Nachteile oder Unkosten oder Schäden aus Anlaß eines Prozesses. Sie können freilich einen sachlichrechtlichen Ersatzanspruch auslösen, Rn 43.

22 **B. Kosten des Prozeßbevollmächtigten.** Die Kosten eines jeden ProzBev sind ganz überwiegend direkt auf den Prozeß bezogen und daher ein Teil der außergerichtlichen Kosten des Rechtsstreits. Sie entstehen nach dem RVG, wenn der ProzBev ein Anwalt ist. Zunächst muß der Auftraggeber sie dem Anwalt bezahlen. § 1 I RVG unterscheidet ähnlich dem GKG zwischen Gebühren und Auslagen des Anwalts und gilt die Gebühren meist nach dem Streitwert oder Gegenstandswert pauschmäßig ab. Die Ansprüche können auch vor dem Prozeß entstanden sein, zB für ein Mahn- oder Kündigungsschreiben. Auch solche Ansprüche muß der Auftraggeber dem Anwalt zunächst nach dem RVG vergüten. Man muß sie aber je nach den Umständen auf die Gebühr des Anwalts für das anschließende gerichtliche Verfahren anrechnen, § 19 I 2 Z 1 RVG, VV amtliche Vorbemerkung 3 IV. Kosten „des Rechtsstreits" sind alle diese Kosten im allgemeinen nicht, Jäckle JZ **78**, 679. Eine Ausnahme gilt zB bei einer Übernahmeverpflichtung durch einen Vergleich. Ein Anspruch auf die Erstattung dieser Kosten besteht nur im Rahmen der sog Vorbereitungskosten, § 91 Rn 270, 290, aM Wagner NJW **06**, 3249.

23 **C. Kosten des Beistands.** Soweit ein Beistand für eine Partei tätig ist, sind seine Kosten ein Teil der außergerichtlichen Kosten. Dasselbe gilt für die Tätigkeit eines Rechtsbeistands.

24 **D. Kosten des Gerichtsvollziehers.** Die Kosten des zB für eine Zustellung im Erkenntnisverfahren oder für eine Tätigkeit in der Zwangsvollstreckung eingeschalteten Gerichtsvollziehers zählen ebenfalls zu den außergerichtlichen Kosten, LG Karlsr VersR **77**, 1121, aM LG Kassel JB **01**, 322 (aber er wird für eine der Parteien tätig). Die Höhe richtet sich nach dem GvKostG, Hartmann Teil XI. Es unterscheidet ähnlich dem GKG und dem RVG zwischen Gebühren und Auslagen.

25 **E. Kosten eines Dritten.** Die Kosten eines nicht unter Rn 21–24 fallenden Dritten können ebenfalls zu den außergerichtlichen Kosten zählen, aM BSG MDR **97**, 200 (aber auch sie können prozeßbezogen sein). Daneben kann ein Anspruch des Dritten oder seine Haftung gegenüber einem Prozeßbeteiligten aus dem sachlichen Recht bestehen, Rn 43. Auch zur Durchführung eines sachlichrechtlichen solchen Anspruchs ist immer ein besonderer Vollstreckungstitel gegenüber dem Dritten notwendig.

26 **8) Prozessualer Erstattungsanspruch.** Aus dem Prozeßrechtsverhältnis nach Grdz 4 vor § 128 folgen auch kostenrechtliche Pflichten der Partei gegenüber dem Gericht und der Parteien untereinander, BGH BB **97**, 2550, KG RR **96**, 847. Während die Kostenpflicht der Prozeßbeteiligten gegenüber dem Staat durch die Kostengrundentscheidung oder die gesetzliche Kostenvorschrift entsteht und im einzelnen vorwiegend durch das GKG geregelt ist, ergibt sich die Kostenpflicht einer Partei gegenüber einer anderen aus §§ 91 ff und den sonstigen in Rn 6 angedeuteten Kostenvorschriften.

27 **A. Grundsatz: Unterliegenshaftung.** § 91 I 1 enthält den tragenden Grundsatz der prozessualen Kostenerstattungspflicht: „Die unterliegende Partei hat ... die dem Gegner erwachsenen Kosten zu erstatten". Dieser dem Veranlasserprinzip entnommene Grundsatz gilt weitgehend, wenn auch nicht lückenlos, BGH VersR **92**, 1285. Ihn ergänzen oder verändern im einzelnen zahlreiche Sonderregeln. Er durchzieht aber als ein Grundgedanke das gesamte Kostenrecht. Er ist daher im Zweifel bei der Auslegung mitbeachtlich. Er bürdet beiden Parteien ein erhebliches Kostenrisiko auf. Das beachtet LG Freibg MDR **84**, 238 nicht genug.

28 Das Kostenrisiko ist allerdings *rechtspolitisch* umstritten, André ZRP **76**, 177 (krit zu einer Pflichtrechtsschutzversicherung), Baumgärtel JZ **75**, 430 (er fordert eine „Prozeßhilfe"). Die prozessuale Kostenerstattungspflicht ist zwar ein privatrechtlicher Vorgang zwischen den Parteien. Sie beruht aber dennoch ausschließlich auf der ZPO. Ihre Grundlage ist innerhalb des Prozeßrechtsverhältnisses insbesondere dasjenige der Parteien zueinander, Grdz 6 vor § 128, Hbg GRUR **83**, 201, Schlesw SchlHA **79**, 44 und 225. Die ZPO regelt sie abschließend. Das übersieht LAG Bre Rpfleger **88**, 165. Sie ist ein Ausgleich dafür, daß die Partei überhaupt unbeschränkt eine Klage erheben kann.

29 Bereits die *bloße Tatsache des schließlichen Unterliegens* macht grundsätzlich kosten- und erstattungspflichtig (Ausnahme: § 107 SachenRBerG, abgedruckt bei § 91), BGH **94**, 318, BFH **119**, 409, BSG MDR **92**, 387,

BVerwG **50**, 10. Das gilt jedenfalls, soweit Kosten objektiv notwendig waren. Diese Regel gilt grundsätzlich ohne Rücksicht darauf, aus welchem Grund die Partei unterlegen ist, Hamm MDR **82**, 676. Eine Ausnahme kann beim vollmachtlosen Vertreter gelten, Bbg JB **05**, 548. Es ist unerheblich, ob ihn ein Verschulden trifft, Hbg GRUR **83**, 201, ob eine Rechtsänderung Kosten verursachte, BSG MDR **92**, 387, oder ob die Partei überhaupt geschäfts- oder prozeßfähig war, BGH **121**, 399 (krit Schlosser IPRax **93**, 533), BayObLG **91**, 114.

B. Haftungsbeschränkung. Deshalb umfaßt auch eine Haftungsbeschränkung in der Hauptsache die Kostenpflicht nicht. Soweit Kosten allerdings schon in der Person des Erblassers entstanden sind, haftet der Erbe nur beschränkt. Die Auferlegung von Mehrkosten usw auf den Sieger ist nur in den gesetzlich geregelten Fällen statthaft, zB nach §§ 281 III 2, 344, also nicht schon auf Grund eines in Wahrheit gar nicht geltenden „Verursachungsprinzips", aM LAG Bre Rpfleger **88**, 165 (aber man sollte nicht das ohnehin genügend komplizierte Kostenrecht durch solche weiteren Regeln noch undurchsichtiger gestalten). Dem Verlierer steht derjenige gleich, der sich freiwillig und unnötig in dessen Rolle begibt, etwa durch eine Klagerücknahme nach § 269 oder durch ein Anerkenntnis nach § 307 usw. Ausnahmen bestehen nach §§ 93 b, 95, 97 usw. Grundsätzlich können nur die Parteien und ihre Streithelfer nach § 66 kostenpflichtig werden. Ein Dritter kann nur ausnahmsweise kostenpflichtig werden, etwa als ein vollmachtloser Vertreter, Bbg JB **05**, 548. Das gilt etwa in einem Zwischenstreit mit einer Partei oder mit einem Streithelfer, zB nach §§ 89, 101, 380, 390, 409, oder wenn der Dritte für einen nicht Parteifähigen den Prozeß veranlaßt hat, Düss MDR **77**, 759. Dann ist ebenso wie bei der sachlichrechtlichen Ersatzpflicht eines Dritten ein besonderer Prozeß auf die Erstattung nötig. 30

Eine Partei *kraft Amts* nach Grdz 8 vor § 50 vertritt fremde Belange. Sie haftet daher nicht mit ihrem persönlichen Vermögen, Karlsr FamRZ **88**, 637. Jedoch ist ein Testamentsvollstrecker, den die Erben auf die Erteilung einer Auskunft verklagt haben, keine Partei kraft Amts. Ein Prozeßstandschafter nach Grdz 26, 29 vor § 50 hat ein eigenes Interesse im Prozeß. Er haftet daher auch mit seinem persönlichen Vermögen, Karlsr FamRZ **88**, 637. Über die außergerichtlichen Kosten kann das Gericht in einem Erinnerungs- und Beschwerdeverfahren des Gläubigers gegen den Gerichtsvollzieher wegen der Zwangsvollstreckung dann nicht entscheiden, wenn der Schuldner am Verfahren nicht beteiligt ist. 31

C. Abgrenzung zum sachlichrechtlichen Ersatzanspruch. Man muß von dem Grundsatz der prozessualen Unterliegenshaftung nach Rn 27 eine etwa vorhandene sachlichrechtliche Ersatzpflicht unterscheiden, Rn 43. Zwar kann sich auch ein sachlichrechtlicher Ersatzanspruch im Zusammenhang mit prozessualen Vorgängen ergeben. Grundsätzlich ist aber der prozessuale Erstattungsanspruch nur aus der ZPO ableitbar, nämlich aus dem Prozeßrechtsverhältnis, Grdz 4 vor § 128. Daher kann man Vorschriften des sachlichen Rechts zB zu einer Schadensersatzpflicht nicht auch nur ergänzend zur Auslegung von Regeln der prozessualen Erstattungspflicht anwenden, Schlesw JB **78**, 1568. 32

D. Entstehung des Erstattungsanspruchs. Der prozessuale Kostenerstattungsanspruch einer Partei oder ihres Streithelfers gegen die andere oder deren Streithelfer nach § 66 läßt sich nur im zugehörigen Prozeß geltend machen, BGH NJW **83**, 284, und zwar im Kostenfestsetzungsverfahren nach §§ 103 ff. Er entsteht allerdings nicht erst im Zeitpunkt der Kostengrundentscheidung, sondern schon im Zeitpunkt der Begründung des Prozeßrechtsverhältnisses nach Grdz 4 vor § 128, meist also mit der Rechtshängigkeit nach § 261 Rn 3, also mit der Zustellung der Klage, des Scheidungsantrags oder mit der Einlegung eines Rechtsmittels usw, Kblz MDR **05**, 416. Denn die Ursache für eine Pflicht, einem anderen Prozeßbeteiligten überhaupt dessen Kosten auch nur teilweise zu erstatten, liegt ja schon in dem Umstand, daß man ihn überhaupt in prozessuale Rechte und Pflichten hineingezogen hat oder daß man seine Hineinziehung durch ein eigenes Verhalten verursacht oder gar verschuldet hat, BGH NJW **88**, 3205, Ffm MDR **84**, 148, Hbg GRUR **83**, 201. 33

Ein prozessualer Kostenerstattungsanspruch entsteht auch zugunsten desjenigen, der sich auf eine unzulässig gegen ihn erhobene Klage oder Widerklage eingelassen hat, Mü MDR **84**, 498. Vor dem Erlaß einer Kostengrundentscheidung oder dem Eintritt eines solchen Ereignisses, das eine gesetzliche Kostengrundvorschrift wirksam werden läßt, etwa einer wirksamen Klagerücknahme nach § 269 III 2, ist der prozessuale Kostenerstattungsanspruch allerdings noch nicht fällig, KG JB **02**, 482, sondern *aufschiebend bedingt*, BGH MDR **92**, 911, Kblz MDR **05**, 416, Köln RR **00**, 1301. Er ist dann der Höhe nach noch ungewiß, wenn auch nicht unbestimmbar. Wenn eine Partei während des Rechtsstreits nach §§ 51, 52 prozeßunfähig war, ergibt sich ihr Erstattungsanspruch dann, wenn der Pfleger die Prozeßhandlungen nachträglich genehmigt, BGH MDR **92**, 911. Der Kostenerstattungsanspruch ist auch schon als aufschiebend bedingter abtretbar. Man kann ihn zum Insolvenzverfahren anmelden. Er ist auch als ein aufschiebend bedingter Anspruch bereits pfändbar, Grdz 91 vor § 704 „Kostenerstattungsanspruch". Über ihn kann das Gericht eines Arrest nach §§ 916 ff verhängen. Vor dem Eintritt der aufschiebenden Bedingung nach Rn 35 ist der Anspruch nicht aufrechenbar, § 387 BGB, Ffm MDR **84**, 148. 34

E. Funktion der Kostengrundentscheidung. Die Kostengrundentscheidung bestimmt den Anspruch nicht der Höhe nach. Sie überläßt diese Bestimmung vielmehr dem Kostenfestsetzungsverfahren, §§ 103 ff. Sie verwandelt den bisher aufschiebend bedingten Anspruch nach Rn 34 in einen auflösend bedingten. Das gilt selbst dann, wenn sie nur vorläufig vollstreckbar ist, BGH NJW **88**, 3205, Ffm MDR **84**, 148, Köln RR **00**, 1301. 35

Erst mit dem Eintritt der *formellen Rechtskraft* der Kostengrundentscheidung nach § 705 entfällt dann die auflösende Bedingung, BGH NJW **88**, 3205, Stgt JB **06**, 203, LAG Erfurt Rpfleger **05**, 220. Ein Vergleich nach Anh § 307 und eine Kostenfolge kraft Gesetzes zB nach §§ 269 III 2, 516 III, 565 stehen dem Urteil gleich. 36

F. Selbständige Verfahrensabschnitte. In einer Abweichung vom Grundsatz der Einheit der Kostenentscheidung nach § 91 Rn 23 muß jede gerichtliche Entscheidung, die einen selbständigen Verfahrensabschnitt abschließt, eine Kostenentscheidung für diesen Abschnitt enthalten. Das gilt zB bei § 254, dort Rn 20, Mü MDR **88**, 782, Karlsr JB **93**, 619. Diese Kostenentscheidung muß von Amts wegen ergehen, 37

§ 308 II, Hamm FamRZ **93**, 1343 (Stufenklage). Das Rechtsmittelgericht darf bei einer Erfolglosigkeit des Rechtsmittels die Kostenentscheidung des Erstgerichts wegen § 308 II von Amts wegen ändern, § 97 Rn 39, BGH WertpMitt **81**, 46. Eine Kostenentscheidung ist auch dann erforderlich, wenn das Gericht eine Härteklausel anwendet, zB bei §§ 765 a, 788 III. Wegen des Arrests § 91 Rn 73. Ein bloßes Zwischenurteil insbesondere nach § 304 darf allerdings keine Kostengrundentscheidung enthalten. Wegen des Teilurteils § 301 Rn 7 ff. Wegen eines Verweisungsbeschlusses § 281 Rn 54.

Die Kostengrundentscheidung enthält meist nur einen Ausspruch darüber, *wer* die Kosten trägt, evtl zu welchem Teil. Darin liegt freilich auch die Verpflichtung zu einer entsprechenden Kostenerstattung zwischen den Parteien. Das Gericht muß sie nicht zusätzlich ausdrücklich als solche aussprechen. Immerhin muß das Gericht der Sache nach eine so genaue und klare Formulierung treffen, daß man im anschließenden Kostenfestsetzungsverfahren nach §§ 103 ff nur noch die Höhe der zu erstattenden Beträge ermitteln muß.

38 **G. Keine Zeitabschnitte.** Unzulässig ist eine Berechnung nach Zeitabschnitten, von den Sonderfällen zB des § 97 wegen Rechtsmittelkosten abgesehen. Dagegen kann es zulässig sein, eine bestimmte Gebühr aus der Kostenpflicht herauszunehmen. Das gilt zB dann, wenn eine Beweisaufnahme unnötig erfolgte, § 95. Das Gericht darf auch einer Partei einen bezifferten Betrag als ihren Beitrag zur gesamten Kostenpflicht auferlegen, § 92 Rn 38.

39 **H. Streitwertänderung.** Eine Änderung des Streitwerts führt grundsätzlich nicht zur Berichtigung der Kostengrundentscheidung, § 319 Rn 5. Ohne die Kostengrundentscheidung usw läßt sich kein Kostenfestsetzungsverfahren durchführen und daher keine Kostenerstattung verwirklichen, BGH FamRZ **88**, 143. Soweit ein Kostenerstattungsanspruch besteht, gibt es außerhalb des Festsetzungsverfahrens nach §§ 103 ff kein Rechtsschutzbedürfnis, insbesondere nicht für eine Klage auf eine Erstattung, Einf 3, 14 vor §§ 103–107, Köln MDR **81**, 763, auch nicht im Weg einer Widerklage.

40 **I. Verjährung.** Der Kostenerstattungsanspruch *verjährt* in drei Jahren, § 195 BGB, ein rechtskräftig festgestellter nach 30 Jahren, § 197 I Z 3 BGB, BGH NJW **06,** 1962, Köln JB **06**, 649, Mü FamRZ **06**, 1559. Der Erstattungsschuldner kann eine Verjährung der Forderung des Anwalts deshalb nur dann einwenden, wenn schon der Schuldner des Anwalts diese Verjährung geltend gemacht hatte. Andernfalls läge eine Einwendung aus einem fremden Recht vor. Da die Kostengrundentscheidung die Bestimmung der Höhe des Erstattungsanspruchs dem Festsetzungsverfahren vorbehält, bindet jenes Verfahren sie der Höhe nach.

41 **J. Bindungswirkung.** Die Kostenvorschriften sind öffentlichrechtlich. Sie binden das Gericht, soweit sie ihm nicht ausdrücklich ein Ermessen lassen. Parteivereinbarungen über die prozessuale Kostenerstattungspflicht sind zwar grundsätzlich zulässig. Sie sind aber für eine etwa noch notwendige Kostengrundentscheidung ebenso grundsätzlich unbeachtlich. Ausnahmen bestehen zB bei §§ 98, 101 I 1. Das Gericht ist an seine einmal erlassene Kostengrundentscheidung wie an andere Entscheidungen gebunden, §§ 318, 329. Wegen einer Berichtigung, Ergänzung usw §§ 319–321 a, 329.

42 Der durch die Kostengrundentscheidung Begünstigte kann seine Kosten im *Kostenfestsetzungsverfahren* nach §§ 103 ff erstattet fordern, auch evtl auf Grund einer Vereinbarung zwischen den Parteien. Eine dem Gericht mitgeteilte Kostenübernahme nach § 29 Z 2 GKG macht zwar den Übernehmer zum Kostenschuldner der Staatskasse gegenüber. Sie ändert aber im übrigen an den Wirkungen der Kostengrundentscheidung nichts.

43 **9) Sachlichrechtlicher Ersatzanspruch**

Schrifttum: *Becker-Eberhard,* Grundlagen der Kostenerstattung bei der Verfolgung zivilrechtlicher Ansprüche, 1985; *Haller* JB **97**, 342 (Üb); *Hösl,* Kostenerstattung bei außergerichtlicher Verteidigung gegen unberechtigte Rechtsverfolgung, 2004 (Bespr *Becker-Eberhard* ZZP **119**, 120); *Loritz,* Die Konkurrenz materiellrechtlicher und prozessualer Kostenerstattung, 1981; *Pfeiffer,* Die Absicherung von Gerichtsstandsvereinbarungen durch Vereinbarung eines materiell-rechtlichen Kostenerstattungsanspruchs, in: Festschrift für *Lindacher* (2007); *Siebert,* Die Prinzipien des Kostenerstattungsrechts und die Erstattungsfähigkeit vorgerichtlicher Kosten des Rechtsstreits, 1985; *Wolf,* Materiellrechtliche Kostenerstattung im kostenrechtlichen Gewand?, Festschrift für *Henckel* (1995) 911.

A. Unabhängigkeit vom prozessualen Erstattungsanspruch. Es kann unabhängig vom Vorliegen oder Fehlen eines prozessualen Kostenerstattungsanspruchs nach Rn 26 einen aus dem sachlichen Recht ableitbarer Anspruch auf den Ersatz von Kosten geben, BGH WoM **07**, 62, BAG NJW **06**, 717, LAG Düss MDR **03**, 1021. Das gilt trotz des Fehlens einer allgemeinen Kostenersatzpflicht im deutschen bürgerlichen Recht.

44 **B. Schadensersatzanspruch.** Ein sachlichrechtlicher Ersatzanspruch läßt sich am ehesten als eine Unterart von Schadensersatzanspruch begreifen, Karlsr VersR **00**, 1046, LG Köln MDR **00**, 730. Er kann sich gegen den Prozeßgegner oder gegen einen Dritten richten. Er bestimmt sich in seinem Umfang im Zweifel nach §§ 249 ff BGB. §§ 91 ff sind auf ihn grundsätzlich unanwendbar, BGH WoM **07**, 63, Eulerich NJW **05**, 3099, so wie umgekehrt auf den prozessualen Erstattungsanspruch die Vorschriften des sachlichen Rechts grundsätzlich unanwendbar sind, Rn 32.

45 **C. Besondere Klage.** Der sachlichrechtliche Ersatzanspruch braucht zu seiner Durchsetzung eine besondere *Klage* unter anderem mit einem zu beziffernden und zu begründenden Antrag, § 253 II Z 2. Zum Problem Weglage/Pawliczek NJW **05**, 3100 (ausf). Wenn das Gericht allerdings im bisherigen Hauptverfahren die Klage zugestellt hatte, kann und sollte es einen etwa nun eintretenden oder schon vorhanden gewesenen sachlichrechtlichen Ersatzanspruch in demselben Prozeß nach § 260 als eine Anspruchshäufung ansehen und dazu möglichst eine Klagänderung zulassen, §§ 263–264, § 840 Rn 15 ff, Schneider MDR **81**, 353.

46 Wenn freilich eine Klagezustellung noch *nicht erfolgt* war, fehlt es grundsätzlich an der Rechtshängigkeit nach § 261 und am Prozeßrechtsverhältnis, Grdz 4 vor § 128. Daher gibt es dann auch keinen Anlaß, den

Prozeß nur wegen eines jetzt etwa entscheidungsbedürftigen sachlichrechtlichen Ersatzanspruchs in Wahrheit erst anlaufen zu lassen. Eine Ausnahme mag beim Zusammenfallen der Anhängigkeit und der Rechtshängigkeit gelten, zB im Eilverfahren nach § 920 Rn 8.

D. Überschneidungen. Es können sich Überschneidungen des prozessualen Kostenerstattungsanspruchs und eines sachlichrechtlichen Ersatzanspruchs ergeben. Dann sollte das Gericht großzügig prüfen, ob es die Berechtigung des sachlichrechtlichen Ersatzanspruchs im Hauptprozeß und damit bei seiner prozessualen Erstattungspflicht mitklärt, Kblz OLGZ **91**, 127. Daraus folgt, daß ein Rechtsschutzbedürfnis nach Grdz 33 vor § 253 insoweit kaum besteht, LG Karlsr AnwBl **94**, 94. **47**

Beispiele: Es kann eine Kostengrundentscheidung oder ein prozessualer Kostenerstattungsanspruch fehlen. Trotzdem kann ein sachlichrechtlicher Ersatzanspruch bestehenbleiben, BGH **66**, 114, BAG DB **78**, 896. Vor der Anhängigkeit entstandene Kosten etwa eines selbständigen Beweisverfahrens nach §§ 485 ff kann der Kläger neben dem Hauptanspruch ersetzt fordern, soweit sie nicht ohne weiteres zum Prozeß gehören. Natürlich kann der Gläubiger trotz einer solchen Überschneidung von Ansprüchen seine Kosten grundsätzlich nicht nach der Zurückweisung einer prozessualen Erstattung nochmals mit demselben Sachverhalt sachlichrechtlich ersetzt fordern, BGH GRUR **95**, 170 (Ausnahme evtl bei § 826 BGB). Er kann ja seine Kosten insgesamt nur einmal erstattet oder ersetzt fordern, BayObLG **79**, 20, Schlesw RR **87**, 952, ZöHe 13 vor § 91, aM Ffm AnwBl **85**, 210 (nach einem Prozeßurteil. Aber auch ein solches Urteil kann eine innere Rechtskraft haben, § 322 Rn 5 „Prozeßurteil"). Zu anwaltlichen vorprozessualen Kosten Ruess MDR **05**, 313 (ausf mit Rechenbeispielen). **48**

Soweit ein rechtskräftiger *Kostenfestsetzungsbeschluß* nach § 104 vorliegt, hat das Gericht über die zugesprochenen und die abgesprochenen Kosten endgültig entschieden. Solange sich der zugrundeliegende Sachverhalt nicht ändert, kann man daher nicht abweichend von der Kostenfestsetzung einen sachlichrechtlichen Ersatz fordern, VGH Kassel AnwBl **97**, 287. Daher kann man ja die im Prozeß entstandenen Kosten grundsätzlich auch nur im Festsetzungsverfahren erstattet fordern, Rn 42, BGH **75**, 235, StJL 20 vor § 91, ThP 15 vor § 91, aM ZöHe 13 vor § 91 (vgl aber § 322 Rn 5 „Kostenfestsetzung"). **49**

Handelt es sich dagegen um solche Kosten, die zwar nach Rn 14–25 zu den Prozeßkosten zählen, die man jedoch im Kostenfestsetzungsverfahren ausnahmsweise dennoch nicht geltend machen kann, darf man solche Kosten durch eine *besondere Ersatzklage* geltend machen. Dasselbe gilt bei solchen Kosten, die mit dem eigentlichen Prozeß gar nichts zu tun hatten. Auch ist ein Kostenfestsetzungsverfahren nicht schon deshalb unzulässig, weil über dieselben Kosten ein abweisendes Urteil vorliegt, BGH WertpMitt **87**, 247, Schlesw RR **87**, 952, LG Hechingen VersR **86**, 351. **50**

Man muß allerdings beachten, daß die Gerichte *„Vorbereitungskosten"* für den Rechtsstreit weitgehend zulassen, § 91 Rn 270, Köln Rpfleger **81**, 318. Es ist im übrigen eine Fallfrage, ob man einen sachlichrechtlichen Ersatzanspruch nach dessen Abweisung durch ein Urteil nun im Kostenfestsetzungsverfahren geltend machen kann. Das hängt unter anderem davon ab, ob man neue Tatsachen usw anführen kann, BGH GRUR **95**, 169, aM Kblz MDR **86**, 324, Köln JB **77**, 1773, ZöHe 13 vor § 91 (vgl aber § 322 Rn 5 „Kostenfestsetzung"). Im übrigen kann natürlich ein Vergleich nach Anh § 307 dem Kostenfestsetzungsverfahren entgegenstehen, § 98, Mü RR **97**, 1894. **51**

E. Vorschußpflicht für fremde Prozeßkosten. Eine solche Vorschußpflicht besteht insofern, als die Eltern oder ein Elternteil dem Kind die Prozeßkosten in einer persönlichen Angelegenheit vorschießen müssen. Ein Ehegatte ist für Prozesse des anderen vorschußpflichtig, soweit es um dessen höchstpersönliche Angelegenheiten geht, die also weder durch einen Dritten erfüllbar noch auf einen Dritten übertragbar sind. Voraussetzung für eine Vorschußpflicht ist ferner, daß der andere Ehegatte die Kosten nicht tragen kann und daß eine Vorschußleistung der Billigkeit entspricht, § 1360 a IV BGB. Bei der Gütergemeinschaft ergibt sich die Vorschußpflicht des verwaltenden Ehegatten gegenüber dem anderen, jedoch ohne diese Einschränkung, auch aus §§ 1437 II, 1438 II BGB. Bei einer gemeinschaftlichen Verwaltung muß der andere Ehegatte demgemäß die Entnahme dulden, §§ 1459 II, 1460 II BGB. Die Kostenpflicht im Innenverhältnis zwischen dem Ehegatten und der Ehefrau oder den Eltern und dem Kind ist hier unerheblich. Wegen einer einstweiligen Anordnung § 127 a. Vgl § 103 Rn 2 ff. **52**

F. Beispiele zur Frage des sachlichrechtlichen Ersatzanspruchs **53**

Abmahnung: Aufwendungen für eine vorprozessuale anwaltliche oder eigene Abmahnung können ausreichen, BGH MDR **81**, 24, KG WRP **80**, 413, Eser GRUR **86**, 35.

Abschlußschreiben: Aufwendungen für ein sog Abschlußschreiben nach § 93 Rn 50 können ausreichen, Niebling NJW **03**, 123 (sogar als Prozeßkosten), Prelinger AnwBl **84**, 533.

Abwehr: Ihre außergerichtlichen Anwaltskosten lassen sich *nicht stets* als einen sachlichrechtlichen Ersatzanspruch einordnen, BGH MDR **07**, 585 und 587 (krit Möller AnwBl **07**, 527) sowie WoM **07**, 62.

Amtspflichtverletzung: Die Haftung des Staats als eines Dritten kann ausreichen, etwa wegen einer Amtspflichtverletzung, Kblz Rpfleger **86**, 466.

Anspruchshäufung: Rn 62 „Klagänderung".

Arbeitsgerichtsverfahren, dazu *Baldus/Deventer,* Gebühren, Kostenerstattung und Streitwertfestsetzung in Arbeitssachen, 1993: Ein sachlichrechtlicher Ersatzanspruch ist nach § 12 a I 1 ArbGG grds *ausgeschlossen.*

Arrest, einstweilige Verfügung: Solche Arrestkosten, über die das Gericht fälschlicherweise nicht im Eilverfahren mit entschieden hatte, können ausreichen. Dasselbe gilt im Verfahren auf eine einstweilige Verfügung. Trotz eines Unterliegens im Eilverfahren kann ein Ersatzanspruch bestehen, Drsd NJW **98**, 1872.

Bankrecht: Ein Anspruch der Bank auf eine Erstattung von Prozeßkosten ergibt sich aus dem Prozeßrechtsverhältnis und *nicht* aus einer bankmäßigen Verbindung, BGH BB **97**, 2550. **54**

Befriedigung: Ein sachlichrechtlicher Ersatzanspruch kommt in Betracht, wenn der Schuldner den Gläubiger oder Kläger zwar nach dem Zeitpunkt der Klageinreichung befriedigt hatte, aber vor demjenigen der Klagezustellung und damit der Rechtshängigkeit, § 91 a Rn 30, 68, Bücking ZZP **88**, 314.

Beitreibung: Rn 61 „Inkasso".

55 **Detektiv:** Seine Kosten können ersatzfähig sein, BGH **111**, 171. Die Abweisung eines sachlichrechtlichen Ersatzanspruches hindert evtl nicht die Berücksichtigung im Kostenfestsetzungsverfahren, Rn 90, LAG Bln DB **01**, 2456.

Dritter: Ein Dritter kann wegen einer irrigen Hineinziehung in einen Prozeß einen sachlichrechtlichen Kostenersatzanspruch haben, Brdb MDR **96**, 317. Ein Dritter kann aber auch sachlichrechtlich den Ersatz von Kosten schulden, Schmidt NJW **01**, 1000 (Drittwiderklage gegen Gesellschafter einer BGB-Außengesellschaft). Zur Durchführung des Anspruchs ist auch gegen ihn ein Vollstreckungstitel notwendig. Dieser läßt sich nicht stets erst dann beschaffen, wenn ein Vollstreckungstitel gegenüber der Partei vorliegt. Man kann einen Vollstreckungstitel gegenüber dem Dritten wie schon bei dessen etwaiger prozessualer Erstattungspflicht nach Rn 26 evtl gleichzeitig mit demjenigen gegenüber der Partei erwirken, Schmidt NJW **01**, 1000.

Beispiele der Haftung eines Dritten: Als verwaltender Ehegatte für die Kostenschuld des anderen gesamtschuldnerisch kraft Güterrechts, §§ 1437 II, 1438 II BGB, Anh § 52 Rn 6; als der Erwerber eines Handelsgeschäfts bei einer Fortführung der Firma, § 25 HGB; als ein Gesellschafter der Offenen Handelsgesellschaft oder als der persönlich haftende Gesellschafter einer Kommanditgesellschaft für die Kosten der Gesellschaft, §§ 128, 161 HGB; als ein Erbe, § 1967 I BGB; als der Staat, etwa nach § 139 BGB, Kblz Rpfleger **86**, 446; als ein vollmachtloser Vertreter, BGH MDR **97**, 1066, auch außerhalb von § 89 I 3.

Drittschuldner: Kosten der Bearbeitung einer Drittschuldnererklärung nach § 840 I können ausreichen, Eckert MDR **86**, 799. Dasselbe gilt beim Schadensersatz wegen Nicht-Auskunft, BAG NJW **06**, 717.

56 **Ehegatte:** Wegen des Vorschusses Rn 52. S auch Rn 55 „Dritter".

Erbe: Rn 55 „Dritter".

57 **Erledigung der Hauptsache:** Der Kläger kann seine etwa vor der Anhängigkeit entstandenen Kosten neben dem Hauptanspruch ersetzt fordern, soweit sie nicht ohne weiteres zum Prozeß gehören. Dazu gehören zB evtl die Kosten eines selbständigen Beweisverfahrens. Nach beiderseitigen wirksamen Erledigterklärungen kann das Gericht einen sachlichrechtlichen Ersatzanspruch mitberücksichtigen, § 91 a Rn 134. Soweit es das nicht tut, kann der sachlichrechtliche Anspruch bestehenbleiben, BGH NJW **02**, 680.

S auch Rn 54 „Befriedigung", Rn 66 „Selbständiges Beweisverfahren".

58 **Finanzierungskosten:** Rn 62 „Kreditkosten".

59 **Gefährdungshaftung:** Ein sachlichrechtlicher Ersatzanspruch ist auf diejenigen Kosten begrenzt, die eben nicht zu den Prozeßkosten zählen, Rn 14. Eine sachlichrechtliche Haftung kann auch unabhängig von einem Verschulden auf Grund einer sog Gefährdungshaftung eintreten, etwa nach § 7 I StVG.

Sie umfaßt grds *nicht* die meist nach Zweckmäßigkeitsgründen den Prozeßkosten zuzuordnenden sog Vorbereitungskosten, § 91 Rn 270. Sie kann durch Gesetz ausgeschlossen sein.

Gesellschaft: Rn 55 „Dritter".

Geschäftsführung ohne Auftrag: Ein Anspruch aus §§ 677 ff BGB kann ausreichen.

60 **Handelsgeschäft:** Rn 55 „Dritter".

61 **Inkasso,** dazu *Peter* JB **99**, 174 (ausf): Es kommt zunächst darauf an, ob Inkassokosten zu den Prozeßkosten zählen, § 91 Rn 108, 182.

Es kann ein sachlichrechtlicher Ersatzanspruch bestehen, AG Ffm JB **07**, 91, Röhl MDR **08**, 667, aM AG Bochum JB **07**, 91. Das gilt, soweit die Partei mit einer außergerichtlichen Beitreibung rechnen konnte, also nicht wegen solcher Kosten, die auf Grund einer solchen Forderung entstanden waren, die der Schuldner bereits *ernsthaft bestritten* hatte, Stgt Rpfleger **88**, 536, LG Bre JB **02**, 319, AG Celle JB **96**, 648, großzügiger AG Überlingen JB **91**, 1655, Löwisch NJW **86**, 1727, strenger LG Bln BB **96**, 290 (aber dann muß die prozessuale Klärung abschließend erfolgen). Der Höhe nach besteht ein Ersatzanspruch bis zu entsprechenden Anwaltskosten, AG Delmenhorst JB **07**, 536.

62 **Kaufvertrag:** Die Kosten der Rückabwicklung können ausreichen, LG Kassel JB **92**, 41.

Klagänderung: Soweit ein sachlichrechtlicher Ersatzanspruch besteht, sollte das Gericht nach Möglichkeit seine Geltendmachung im bisherigen Rechtsstreit durch die Annahme einer Anspruchshäufung nach § 260 im Weg einer Klagänderung zulassen, §§ 263, 264, § 840 Rn 15, Schneider MDR **81**, 353. Freilich muß der Anspruch auch sofort bezifferbar sein, § 253 II Z 2.

Kostenfestsetzung: Vgl Rn 49.

Kreditkosten: Kosten eines Kredits oder einer Finanzierung, auch des Prozesses, können ausreichen. Das gilt auch beim Verlust infolge eines Notverkaufs zur Geldbeschaffung für die Prozeßführung.

S auch Rn 61 „Inkasso".

Kündigung: Die Kosten für eine Kündigungsschreiben können als ein Teil eines Verzugsschadens ausreichen.

63 **Mahnung:** Rn 53 „Abmahnung".

Mietkaution: § 91 Rn 142 „Mietkosten".

64 **Positive Vertragsverletzung:** Ein Anspruch aus einer sog positiven Vertragsverletzung (Schlechterfüllung) kann ausreichen, BGH NJW **90**, 1906, Köln WettbR **97**, 283, AG Gummersbach JB **01**, 144.

Privatgutachter: Seine Kosten können als Schadensersatzanspruch gelten. Sie sind dann nicht nach § 91 erstattbar, KG JB **04**, 437.

65 **Rechtsbeistand:** Rn 61 „Inkasso".

66 **Schiffahrtsrecht:** Ein Anspruch wegen Experten- und Verklarungsverfahrenskosten kann ausreichen, Karlsr VersR **00**, 1046, Nürnb JB **00**, 587.

S aber auch § 91 Rn 268 „Verklarung".

Schlechterfüllung: Rn 64 „Positive Vertragsverletzung".

Selbständiges Beweisverfahren: Es kommt zunächst darauf an, ob die Kosten zu denjenigen eines etwa gleichzeitigen oder nachfolgenden Hauptprozesses gehören, § 91 Rn 193. Soweit es sich nicht um Prozeßkosten handelt, kann ein sachlichrechtlicher Ersatzanspruch bestehen. Man kann daher notfalls auf den Ersatz dieser Kosten klagen, vor allem nach einem isolierten Beweisverfahren. In ihm ist ja keine

Kostengrundentscheidung zulässig, § 91 Rn 193, Drsd RR **99**, 1516, Karlsr MDR **00**, 199, Wielgoss JB **99**, 125, aM Celle MDR **93**, 914, KG RR **96**, 847, LG Hann VersR **01**, 1099 (aber es können alle möglichen Anspruchsgrundlagen vorliegen, etwa ein Verschulden beim Vertragsschluß oder eine Schlechterfüllung). Aber auch nach einem gleichzeitigen oder nachfolgenden Beweisverfahren mag die prozessuale Erstattungsfähigkeit fehlen und dafür ein sachlichrechtlicher Ersatzanspruch bestehen, weil zB die Identität der Parteien und der Streitgegenstände fehlt, § 91 Rn 197, BGH MDR **83**, 204, Nürnb OLGZ **94**, 242, LG Aachen RR **92**, 472, aM AG Norderstedt SchlHA **87**, 152. Das bloße Unterbleiben eines Hauptprozesses gibt freilich nicht schon einen Ersatzanspruch, Düss MDR **91**, 914.

Staat: Rn 53 „Amtspflichtverletzung".

Steuer-Absetzbarkeit: Es kommt darauf an, ob der Prozeß gewisse Chancen hatte, BFH NJW **04**, 2407.

Streitwert: Es gilt der Wert des Schadensersatzanspruchs usw, BGH AnwBl **08**, 210.

Testkauf: Der nach §§ 91 ff Erstattungspflichtige kann einen sachlichrechtlichen Anspruch auf eine Über- **67**
eignung der Testkaufsachen haben, KG Rpfleger **91**, 80, Stgt Just **86**, 412, aM Kblz JB **85**, 1865.

Umfang: Für den Umfang eines sachlichrechtlichen Ersatzanspruchs muß man im Zweifel §§ 249 ff BGB **68**
heranziehen. §§ 91 ff sind grds unanwendbar.

Unerlaubte Handlung: Es kann irgendeine unerlaubte Handlung ausreichen, zB nach §§ 823 ff BGB (teils zum alten Recht), BGH NJW **86**, 2244, Düss Rpfleger **86**, 1241.

Vater: Rn 70 „Vorschuß". **69**

Vergleich: Ein Prozeßvergleich oder außergerichtlicher Vergleich kann einem Kostenfestsetzungsverfahren entgegenstehen, § 98, Hbg JB **81**, 439. Auch unabhängig davon kann sich aus einem Vergleich ein gerade nur sachlichrechtlicher Ersatzanspruch ergeben. Denn ein Vergleich ist ebenso wie ein sonstiger Vertrag jedenfalls nach der allgemeinen Meinung sogar bei einem Prozeßvergleich auch ein sachlichrechtliches Rechtsgeschäft, Anh § 307 Rn 4. Die Parteien können seinen Inhalt grds frei bestimmen. Freilich bleibt § 98 beachtlich. Sie können auf eine Erstattung von Vergleichskosten verzichten, Stgt NJW **05**, 2161.

Vermögensübernehmer: Rn 55 „Dritter".

Verschulden: Ein sachlichrechtlicher Ersatzanspruch kann auf einem Verschulden beruhen, zB beim Vertragsschluß, AG Geislingen AnwBl **80**, 80, ferner auf jeder Art von vertraglichem Verschulden, §§ 276 ff, insbesondere bei einer positiven Vertragsverletzung (Schlechterfüllung), Rn 64 „Positive Vertragsverletzung", ferner auf einem Verschulden bei einer unerlaubten Handlung, Rn 68 „Unerlaubte Handlung", schließlich beim Verzug, s „Verzug".

Vertrag: Ein sachlichrechtlicher Ersatzanspruch kann aus jeder Art von Vertrag entstehen, AG Albstadt AnwBl **79**, 160. Er kann entstehen insbesondere aus einem Verschulden beim Vertragsschluß oder sog positiver Vertragsverletzung (Schlechterfüllung), Rn 64 „Positive Vertragsverletzung".

Verzug: Ein sachlichrechtlicher Ersatzanspruch kann auf einem Verzug beruhen, (jetzt) §§ 286 ff BGH GRUR **95**, 170, Köln Rpfleger **81**, 318, Eulerich NJW **05**, 3098.

S auch Rn 62 „Kündigung".

Vorbereitungskosten: Die etwaige sachlichrechtliche Ersatzpflicht umfaßt grds *nicht* die meist aus Zweck- **70**
mäßigkeitsgründen den Prozeßkosten zuzuordnenden sog Vorbereitungskosten, § 91 Rn 270.

S auch Rn 61 „Inkasso".

Vorschuß: Vgl Rn 52 sowie § 91 Rn 301, Gödicke JB **01**, 515.

Zurückbehaltungsrecht: § 91 Rn 142 „Mietkosten".

91

Grundsatz und Umfang der Kostenpflicht. I 1 **Die unterliegende Partei hat die Kosten des Rechtsstreits zu tragen, insbesondere die dem Gegner erwachsenen Kosten zu erstatten, soweit sie zur zweckentsprechenden Rechtsverfolgung oder Rechtsverteidigung notwendig waren.** 2 **Die Kostenerstattung umfasst auch die Entschädigung des Gegners für die durch notwendige Reisen oder durch die notwendige Wahrnehmung von Terminen entstandene Zeitversäumnis; die für die Entschädigung von Zeugen geltenden Vorschriften sind entsprechend anzuwenden.**

II 1 **Die gesetzlichen Gebühren und Auslagen des Rechtsanwalts der obsiegenden Partei sind in allen Prozessen zu erstatten, Reisekosten eines Rechtsanwalts, der nicht in dem Bezirk des Prozessgerichts niedergelassen ist und am Ort des Prozessgerichts auch nicht wohnt, jedoch nur insoweit, als die Zuziehung zur zweckentsprechenden Rechtsverfolgung oder Rechtsverteidigung notwendig war.** 2 **Die Kosten mehrerer Rechtsanwälte sind nur insoweit zu erstatten, als sie die Kosten eines Rechtsanwalts nicht übersteigen oder als in der Person des Rechtsanwalts ein Wechsel eintreten musste.** 3 **In eigener Sache sind dem Rechtsanwalt die Gebühren und Auslagen zu erstatten, die er als Gebühren und Auslagen eines bevollmächtigten Rechtsanwalts erstattet verlangen könnte.**

III **Zu den Kosten des Rechtsstreits im Sinne der Absätze 1, 2 gehören auch die Gebühren, die durch ein Güteverfahren vor einer durch die Landesjustizverwaltung eingerichteten oder anerkannten Gütestelle entstanden sind; dies gilt nicht, wenn zwischen der Beendigung des Güteverfahrens und der Klageerhebung mehr als ein Jahr verstrichen ist.**

IV **Zu den Kosten des Rechtsstreits im Sinne von Absatz 1 gehören auch Kosten, die die obsiegende Partei der unterlegenen Partei im Verlaufe des Rechtsstreits gezahlt hat.**

Vorbem. II 1 geändert dch Art 4 Z 1 a G v 26. 3. 07, BGBl 358, in Kraft seit 1. 6. 07, Art 8 G, ÜbergangsR Einl III 78.

SachenRBerG § 107. Kosten. 1 **Über die Kosten entscheidet das Gericht unter Berücksichtigung des Sach- und Streitstands nach billigem Ermessen.** 2 **Es kann hierbei berücksichtigen, inwie-**

weit der Inhalt der richterlichen Feststellung von den im Rechtsstreit gestellten Anträgen abweicht und eine Partei zur Erhebung im Rechtsstreit zusätzlich entstandener Kosten Veranlassung gegeben hat.

Ferner gilt seit 1. 7. 07, Art 4 S 2 G v 26. 3. 07, BGBl 370, ÜbergangsR Einl III 78:

WEG § 49. Kostenentscheidung. I **Wird gemäß § 21 Abs. 8 nach billigem Ermessen entschieden, so können auch die Prozesskosten nach billigem Ermessen verteilt werden.**

II **Dem Verwalter können Prozesskosten auferlegt werden, soweit die Tätigkeit des Gerichts durch ihn veranlasst wurde und ihn ein grobes Verschulden trifft, auch wenn er nicht Partei des Rechtsstreits ist.**

Zum *Streitwert* vgl § 3 Vorbem.

Gliederung

1 **1) Systematik, I–IV.** Die Kommentierungen der einzelnen Vorschriften dieses Abschnitts enthalten jeweils in Rn 1 ff eine Übersicht über die systematischen Zusammenhänge. Deshalb hier nur eine kurze Zusammenfassung.

A. Verhältnis der Vorschriften zueinander. Der Aufbau der §§ 91–101 ist in Üb 1 vor § 91 dargestellt. Die im wesentlichen weiter in Betracht kommenden Kostenvorschriften sind in Üb 6 vor § 91 zusammengestellt.

Der Grundsatz der *Unterliegenshaftung* nach Üb 29 vor § 91 findet danach in einer ganzen Reihe von zusätzlichen Vorschriften teilweise eine nähere Ausprägung, teilweise eine Abschwächung. Das ändert nichts an seiner das ganze Kostenrecht beherrschenden Bedeutung. Sie ergibt sich im wesentlichen aus § 91.

2 **B. Aufbau der Kommentierung.** Wie der Wortlaut von I–III ergibt, zählt die Vorschrift nur einen sehr geringen Teil derjenigen Fragen auf, die sich im Zusammenhang mit dem Grundsatz der Unterliegenshaf-

tung und dem prozessualen Kostenerstattungsanspruch in der Praxis ergeben. Ein Kommentar folgt zunächst dem äußeren Aufbau des Gesetzestextes. Daher folgt hier zunächst eine Übersicht über gemeinsame Begriffe aller Teile des § 91. Daran schließt sich eine kurze Übersicht über die Einzelregelungen der Vorschrift in ihrer Reihenfolge an. Die ganze Fülle der Auswirkungen auf die Praxis findet sich sodann in der ABC-Sammlung zu Beispielen in Rn 70 ff.

2) Regelungszweck, I–IV. Die Vorschrift dient den zwei im wesentlichen gleichrangigen Grundsätzen der Kostengerechtigkeit nach Einl III 9, 36 und der Prozeßwirtschaftlichkeit nach Grdz 14 vor § 128 durch eine Vereinfachung der Kostenentscheidung, Düss JB **93**, 605. Die Kostenfolgen sollen trotz ihrer oft entscheidenden wirtschaftlichen Bedeutung nicht den Mittelpunkt eines Zivilprozesses bilden, BPatG GRUR **92**, 506. Man erkennt in *I–III* einerseits das Bestreben, eine Partei nur entsprechend ihrem Anteil am Sieg und Verlust des Prozesses kostenmäßig zu beteiligen. Andererseits wird der Zwang deutlich, Kosten stets im Rahmen des wirklich Notwendigen zu halten, wenn man sie erstattet fordern will. *II* versucht diese Regeln insbesondere für den Fall der Einschaltung eines oder mehrerer Anwälte einigermaßen folgerichtig durchzuführen. *III* dient zwar nicht dem rechtspolitisch wieder zunehmenden Bestreben, Zivilprozesse zu vermeiden oder doch zu beschränken, wohl aber der Kostenvereinfachung bei einem doch anschließenden Rechtsstreit. 3

Man muß daher sowohl den Gedanken der Kostengerechtigkeit als auch nicht minder denjenigen der Kostenvereinfachung bei der *Auslegung* gleichrangig mitberücksichtigen. Gerechtigkeit und Zweckmäßigkeit sind zwei gleichwichtige Bestandteile der Rechtsidee, § 296 Rn 2. Das übersehen viele bei der immer weiter verfeinerten Aufsplitterung gerade von Kostenrechtsproblemen.

Verästelungen bei dem Bestreben um Fallgerechtigkeit führen zu einem Rechtsprechungsgestrüpp, durch das sich selbst ein Kostenrechtsfachmann nur mühsam den Weg bahnen kann. Das alles ist gut gemeint, aber von deutscher Überperfektion beherrscht. Es ist oft in Wahrheit eben doch kaum noch beherrschbar, wenn man etwa die Kasuistik zu Stichwörtern wie Verkehrsanwalt in Rn 220 ff oder Vorbereitungskosten in Rn 270 ff betrachtet. Andererseits droht bei jeder Vereinfachung die Gefahr einer Willkür noch eher. Es heißt also geduldig zu versuchen, ohne immer weitere Aufspaltung Leitlinien einzuhalten, etwa diejenige der schlichten Notwendigkeit von Kosten bei der Erstattung der Vergütung eines auswärtigen Anwalts nach dem Wegfall des Lokalisierungsgebots. Freilich entstehen auch dann immer neue Fragen: War es geradezu notwendig oder doch nur nützlich, den Hausanwalt reisen zu lassen, statt einen Kollegen am Gerichts- oder Terminsort zu beauftragen? Und darf man diese Frage am reinen Kostenvergleich ausrichten? Eine jeden überzeugende Lösung wird man kaum je finden. Das sollte man bei der Handhabung mitbedenken.

3) Sachlicher Geltungsbereich, I–IV. Zum sachlichen Geltungsbereich des ganzen Kostenabschnitts Üb 12 vor § 91. 4

A. Kostenentscheidung. § 91 gilt zunächst für die Aufgabe, die sog Kostengrundentscheidung zu finden, also zu bestimmen, welcher Prozeßbeteiligte welchen Teil der gesamten Prozeßkosten nach Üb 14 ff vor § 91 überhaupt dem Grunde nach tragen soll.

B. Kostenerstattung. § 91 enthält ferner die aus der Kostengrundentscheidung nach Rn 4 entstehende Folge eines prozessualen Erstattungsanspruchs, Üb 26 vor § 91. Die Vorschrift regelt ihn dem Grunde nach. Zur Höhe des jeweiligen Erstattungsbetrags enthält sie nur allgemeine Richtlinien. Gerichte und Lehre untersuchen sie durch eine kaum noch übersehbare Flut von Entscheidungen und Äußerungen auf alle nur denkbaren Lebenssituationen, Rn 70 ff. Ergänzend bestimmen §§ 103 ff, wie das Kostenfestsetzungsverfahrens im einzelnen abläuft. 5

4) Persönlicher Geltungsbereich, I–IV. Die Vorschrift gilt grundsätzlich für alle an einem insgesamt oder wenigstens im Kostenpunkt der ZPO unterstellten Verfahren Beteiligten. Auch zum persönlichen Geltungsbereich Rn 3. Hier nur einige Grundsätze. 6

A. Partei. § 91 gilt für alle Parteien nach Grdz 4 vor § 50, auch für juristische Personen, Hamm RR **97**, 768. Wer Partei ist, muß man notfalls durch eine Auslegung ermitteln, BGH NJW **88**, 1587. Beim Prozeß zwischen einem Gesellschafter und einer 2-Mann-GmbH ist die unterliegende GmbH die kostenpflichtige Partei, LG Karlsr RR **99**, 486. Eine Parteifähigkeit ist auch hier eine Bedingung, § 50, Brdb Rpfleger **02**, 381 (evtl sachlichrechtlicher Ersatzanspruch). 7

B. Gesetzlicher Vertreter. § 91 gilt auch für den gesetzlichen Vertreter einer Partei, Grdz 7 vor § 50, § 51. Er kann allerdings grundsätzlich nicht mit seinem persönlichen Vermögen haften. Eine Ausnahme gilt zB nach § 89. 8

C. Prozeßbevollmächtigter, vertretungsberechtigter Bevollmächtigter. § 91, insbesondere II, gilt auch für alle ProzBev eines jeden Prozeßbeteiligten (Parteien, Streitgenossen, Streithelfer, Dritter), § 81, sowie für den vertretungsberechtigten Bevollmächtigten nach § 79. Das gilt auch unter Umständen über die Beendigung des Prozeßauftrags hinaus, etwa in den Fällen §§ 86 ff. 9

D. Beweisanwalt, Terminsanwalt, Verkehrsanwalt, Anwaltsvertreter. § 91, insbesondere II, gilt nicht nur für den ProzBev und den nach § 79 Bevollmächtigten, sondern auch für jeden weiteren für eine Partei, einen Streitgenossen usw tätigen Beauftragten in einer der vorgenannten Eigenschaften, Düss AnwBl **92**, 45 (auswärtiger Beweisanwalt). Zu deren Abgrenzung Hartmann Teil X §§ 25 ff RVG. 10

E. Streitgenosse. § 91 gilt in Verbindung mit §§ 100, 101 II auch für jeden einfachen oder notwendigen Streitgenossen nach §§ 59 ff, 62 ff und streitgenössischen Streithelfer, § 69. 11

F. Streithelfer. § 91 in Verbindung mit § 101 I gilt auch für den einfachen unselbständigen Streithelfer, §§ 66 ff. Wegen des streitgenössischen Streithelfers, § 69, Rn 11. 12

G. Dritter. § 91 gilt auch für jeden in einem Rechtsstreit als Prozeßbeteiligten verwickelten Dritten, Üb 25 vor § 91. 13

14 **H. Gerichtsvollzieher.** § 91 gilt schließlich auch, soweit der Gerichtsvollzieher im Erkenntnisverfahren tätig wird, etwa bei einer Zustellung, Üb 24 vor § 91. Wegen der Zwangsvollstreckung gilt § 788.

15 **5) Kosten des Rechtsstreits, I–IV.** Die Vorschrift enthält in allen Teilen den Begriff der „Kosten des Rechtsstreits".

A. Begriff. Man muß den Begriff „Rechtsstreit" weit auslegen. Hierher gehört insbesondere das gesamte Verfahren zwischen der Einreichung einer Klage oder eines Antrags und der Zustellung des Urteils oder der sonstigen das Erkenntnisverfahren beendenden Entscheidung, BGH VersR **79**, 444, Schlesw SchlHA **88**, 171, Wolf Rpfleger **05**, 338. Also gehört auch das Widerklageverfahren hierher, Anh § 253. Auch soweit andere Gesetze die ZPO für anwendbar erklären, richtet sich die Kostenentscheidung nach §§ 91 ff, Zweibr Rpfleger **89**, 19.

Weitere Beispiele für einen „Rechtsstreit", Rn 70 ff: Direkte Vorbereitungskosten, Rn 270 ff, Hbg AnwBl **06**, 680; ein gerichtliches Güteverfahren nach § 278 II–VI; das Mahnverfahren nach §§ 688 ff; das Verfahren auf einen Arrest oder eine einstweilige Verfügung nach §§ 916 ff, 935 ff; das Zuständigkeitsstreitverfahren nach §§ 36 ff; das selbständige Beweisverfahren nach §§ 485 ff; das Verweisungsverfahren nach § 281; die Berichtigung oder Ergänzung des Urteils nach §§ 319 ff; das Abhilfeverfahren nach § 321 a; das Rechtsmittelverfahren nach §§ 511 ff.

Unter *„Kosten"* des Rechtsstreits muß man die Prozeßkosten (Gerichts- und außergerichtliche Kosten) verstehen, Üb 14–25 vor § 91.

16 **B. Abgrenzung zu anderen Kosten.** Nicht zu den Kosten des „Rechtsstreits" zählen, Rn 70 ff: Die Kosten eines Verfahrens nach § 15 a EGZPO, aM AG Wolfratshausen RR **02**, 1728 (argumentiert vom gewünschten Ergebnis her, statt den Vorrang des Landesrechts als Spezialrecht selbst dann zu respektieren, wenn es keinen Erstattungsanspruch gibt); Kosten der Zwangsvollstreckung, § 788; diejenigen des Vollzugs eines Arrests, § 928; diejenigen des Verfahrens vor dem FamFG-Gericht, §§ 80 FamFG, soweit nicht nach § 113 a I 2 FamFG der § 91 I 2 entsprechend anwendbar wird. Wegen der Kosten im Prozeßkostenhilfeverfahren Rn 153, 154.

17 **6) Unterliegen, I.** Die Vorschrift regelt das völlige Unterliegen einer Partei. Demgegenüber erfaßt § 92 das teilweise Unterliegen.

A. Begriff. Man versteht unter dem „Unterliegen" die bloße Tatsache des Verlusts im rechtlichen Sinn, BGH **94**, 318. Das gilt unabhängig davon, ob man freiwillig unterliegt, zB infolge eines Anerkenntnisses nach § 307 oder auf Grund einer Aufrechnung nach § 145 Rn 9, oder ob man den Prozeß trotz seines Sträubens verliert. Die Kosten trägt eben derjenige, der im rechtlichen Ergebnis unrecht behält, Kahlke ZZP **88**, 19.

18 **B. Abgrenzung zu anderen Fällen.** Vom völligen Unterliegen muß man nicht nur das teilweise Unterliegen nach § 92 unterscheiden, sondern auch eine Reihe von Fällen, die §§ 91 a, 93 ff gesondert regeln, obwohl auch dort ein zumindest teilweises Unterliegen eintreten kann. Jene Sonderregeln haben teilweise den Vorrang. Vgl die jeweiligen Rn 1.

19 **7) Kostenlast, I 1.** Die unterliegende Partei „hat die Kosten des Rechtsstreits zu tragen".

A. Grundsatz: Unterliegenshaftung. Der fast das ganze Kostenrecht beherrschende Grundsatz der Unterliegenshaftung nach Üb 29 vor § 91 geht von der bloßen Tatsache des rechtlichen Verlusts des Prozesses aus, Rn 17. Wegen des starren Verluststandpunkts des Gesetzes ist ein Verschulden grundsätzlich unerheblich. Es ist daher auch grundsätzlich für Billigkeitserwägungen kein Raum, BayObLG DB **75**, 2079. Das mißachtet („durchbricht") LG Freibg MDR **84**, 238. Wegen der Ausnahme in § 107 SachenRBerG, abgedruckt vor Rn 1. Deshalb muß der schließlich Unterliegende auch grundsätzlich die Kosten aller bisherigen Rechtszüge tragen, auch wenn er in einem oder mehreren vorläufig gesiegt hatte. Das ist eine ganz außerordentlich harte, aber unmißverständliche Regel, Einl III 39. Sie gilt auch dann, wenn im Anschluß an das Berufungsurteil eine Gesetzesänderung inkraftgetreten ist und den Ausschlag gab.

Soweit auch ein prozessuales Verschulden des Verlierers vorliegt, mag der Sieger einen etwaigen *sachlichrechtlichen* Ersatzanspruch haben und zusätzlich zum prozessualen Kostenerstattungsanspruch geltend machen können, Üb 43–51 vor § 91. Nach IV zählen auch die vom endgültigen Sieger einem zwischenzeitlichen gegnerischen Sieger gezahlten und daher nach dem Endergebnis des Prozesses überzahlten Kosten zu den Prozeßkosten. Sie unterfallen daher ohne eine Notwendigkeit einer etwas komplizierten Rückfestsetzung bisherigen Rechts nach § 104 Rn 15 jetzt ganz normal den §§ 103 ff.

20 **B. Endgültigkeit.** Es ist unerheblich, ob die Klage schon von Anfang an zulässig und begründet war. Entscheidend ist nur das *endgültige* Unterliegen. Der Bekl muß die gesamten Kosten auch dann tragen, wenn sie erst im Lauf des Rechtsstreits, ja sogar erst in der höheren Instanz begründet wurden und wenn nicht der Bekl den Anspruch in derjenigen Verhandlung anerkannt hat, die auf diesen Zeitpunkt folgte, § 93. Das gilt zB auch dann, wenn der Kläger die Klage ohne eine Parteiänderung oder eine Streitwertminderung änderte, § 263. Der Grund des Unterliegens ist ebenfalls grundsätzlich unerheblich, Ffm MDR **98**, 1373 (Anerkenntnis, Säumnis), KG JB **97**, 320. Eine etwaige Parteivereinbarung über die Kosten bleibt außerhalb des Anwendungsbereichs von § 98 unbeachtbar. Eine solche Vereinbarung, durch die ein Anwalt sich verpflichtet, Gerichtskosten, Verwaltungskosten oder Kosten anderer Beteiligter zu tragen, ist unzulässig, § 49 b II 2 BRAO. Sie ist daher nichtig, § 134 BGB.

Die etwaige Haftung eines *vollmachtlosen Vertreters* zB nach § 89 I 3 besteht unabhängig von der Unterliegenshaftung der Partei und unabhängig von einer etwaigen Rückgriffsmöglichkeit bei einem Dritten, BGH NJW **83**, 883. Dieser Dritte kann ebenfalls haften, soweit er das vollmachtlose Auftreten veranlaßt hat, BGH WertpMitt **81**, 1332 und 1353, Schneider Rpfleger **76**, 229.

21 Man darf die Kostenentscheidung auch nicht davon abhängig machen, ob das Urteil mit einer *Restitutionsklage* angreifbar wäre, BGH **76**, 54.

C. Zwingende Kostenfolge. Das Gericht muß über die Kostenpflicht von Amts wegen entscheiden, § 308 II. Es muß eine klare und einfache Kostengrundentscheidung treffen, am besten in einem eigenen Absatz oder doch Satz, auch wenn es nur um einen bloßen Beschluß geht. Das Rechtsmittelgericht entscheidet über die vorinstanzlichen Kosten mit, soweit es das Vorderurteil ändert, sonst jedenfalls über seine eigenen, § 97. Soweit das Gericht eine erforderliche Kostenentscheidung versäumt hat, muß es sein Urteil nach § 321 zu ergänzen. Es darf seine Entscheidung allerdings nur sehr bedingt nach § 319 zu berichtigen, dort Rn 5. Das Abhilfeverfahren nach § 321 a bleibt beachtlich. 22

Der Rpfl darf die Kostengrundentscheidung *nicht im Kostenfestsetzungsverfahren* nachholen, ergänzen oder gar abändern. Er darf sie vielmehr allenfalls auslegen, Einf 17, 19 vor §§ 103–107. Die Zuständigkeiten sind also scharf abgegrenzt. Eine Kostenentscheidung ist notwendig, sobald die Kostenpflicht endgültig feststeht. Sie steht in der Regel erst dann endgültig fest, wenn die Instanz für die Partei voll beendet ist. Der Ausspruch, die Partei trage „die Kosten des Rechtsstreits" oder „die Kosten", bezieht sich im Zweifel auf sämtliche Prozeßkosten, auch auf die Kosten eines früheren Urteils. Wenn daher eine Kostenentscheidung vorausgegangen war, etwa in einem Versäumnisurteil, muß das Gericht unter Umständen in der Kostenentscheidung des Schlußurteils eine Einschränkung vornehmen.

D. Einheit der Kostenentscheidung. Der Unterliegende trägt grundsätzlich die Kosten des gesamten Prozesses, sog Einheit der Kostenentscheidung. Das Gericht darf keinen Prozeßabschnitt und keine Instanz ausnehmen, BGH FamRZ **06**, 1268 rechts, Kblz MDR **04**, 297, Mü Rpfleger **89**, 128. 23

Von diesem Grundsatz gelten dann *Ausnahmen,* wenn es sich um einen selbständigen Verfahrensabschnitt handelt, Üb 37 vor § 91, oder wenn sich zwischen einem Berufungsurteil und dem zugehörigen Revisionsurteil eine Gesetzesänderung ergibt und wenn die davon betroffene Partei sofort davon Abstand nimmt, ihren bisherigen Antrag weiterzuverfolgen. Eine verschiedene Bemessung der Kosten, je nach dem Unterliegen der einen oder der anderen Partei, lassen im übrigen zB § 144 PatG für Patentstreitsachen zu, ferner die §§ 26 GebrMG, §§ 71, 90 MarkenG, 12 UWG, 247 II und III AktG sowie §§ 80 ff FamFG. Eine Rechtsnachfolge im Prozeß erstreckt sich auf die Kostenpflicht.

E. Aufrechnung im Prozeß. Bei einer Aufrechnung im Prozeß nach § 145 Rn 10 entscheidet nicht der Zeitpunkt der Aufrechnungserklärung, sondern wegen § 389 BGB derjenige des Eintritts der Aufrechenbarkeit, aM AG Osnabr WoM **00**, 38. Wenn die Forderung schon vor dem Zeitpunkt der Anhängigkeit aufrechenbar geworden war, muß der Kläger die Kosten tragen. Denn die wirksame Aufrechnung wirkt zurück. Wenn die Forderung erst nach dem Zeitpunkt der Anhängigkeit aufrechenbar geworden ist, muß der Bekl die Kosten tragen, falls der Kläger die Hauptsache sofort für erledigt erklärt, § 91 a. 24

Ebenso muß man eine *Hilfsaufrechnung* beurteilen. Wenn sie trotz eines Bestreitens durchgreift, unterliegt der Kläger voll, Schlesw (7. ZS) SchlHA **79**, 126. Daran ändert auch (jetzt) § 46 III GKG nichts, aM Schlesw (9. ZS) VersR **87**, 996. Wenn der Kläger die Gegenforderung nicht bestreitet, war seine Klage unbegründet, weil er selbst vorher aufrechnen konnte und mußte, KG MDR **76**, 846, aM Köln MDR **83**, 226, Oldb JB **91**, 1257, Schlesw VersR **87**, 996 (§ 92 sei anwendbar. Aber man muß eine Gesamtbetrachtung seit Prozeßbeginn vornehmen). 25

8) Kosten des Gegners, I 1. Die unterliegende Partei hat „insbesondere die dem Gegner erwachsenen Kosten zu erstatten". 26

A. Begriff des Gegners. Gegner ist jeder, der den Angriff des Siegers rechtlich in diesem Verfahren bekämpft hat, sei es als Bekl, Widerbekl nach Anh § 253, Streithelfer des Bekl nach § 66, Streitgenosse des Bekl nach § 59 usw. Es geht also um die gegnerische „Partei" nach Grdz 4 vor § 50, also um denjenigen, auf den sich die prozeßbegründenden Erklärungen wirklich beziehen. Mangels eines Gegners gibt es keine Notwendigkeit einer Kostenentscheidung, Kblz Rpfleger **89**, 340.

B. Begriff seiner Kosten. Zu erstatten sind alle diejenigen außergerichtlichen Kosten dieses Gegners, Üb 21 vor § 91, die gerade ihm „erwachsen" sind, die also nach § 91 zur zweckentsprechenden Rechtsverfolgung oder Rechtsverteidigung notwendig waren und auch in solcher Höhe tatsächlich rechtswirksam entstanden sind, LG Mönchengladb NZM **02**, 141, die also weder nur fingiert noch ohne einen wirksamen Vertrag usw gezahlt wurden, Schlesw MDR **02**, 1460, LG Möchengladb NZM **02**, 141. 27

9) Notwendigkeit von Kosten, I 1. Eine weitere Voraussetzung einer Kostenerstattung ist, daß die Kosten der Rechtsverfolgung oder Rechtsverteidigung auch „notwendig" waren. 28

A. Begriff der Notwendigkeit. Im gesamten Kostenerstattungsrecht hat der Begriff der „Notwendigkeit" von Kosten eine zentrale Bedeutung. Das ist auch nur zu berechtigt. Wenn nach dem Gesetz der Verlierer grundsätzlich die gesamten Kosten des Gerichts, des Gegners, aller übrigen Prozeßbeteiligten und seine eigenen außergerichtlichen Kosten tragen muß, sollen die übrigen Beteiligten keine überhöhten Erstattungsansprüche stellen dürfen. Es ist daher eine der wichtigsten, ja die einzig wesentliche Frage für das gesamte Kostenerstattungsverfahren, ob vom Gegner angemeldete Kosten auch wirklich notwendig waren, BGH NJW **07**, 3723.

B. Treu und Glauben. Den Begriff der Notwendigkeit umschreibt das Gesetz nicht näher. Man muß ihn nach Treu und Glauben auslegen, Einl III 40, KG Rpfleger **94**, 31, LG Hann NZM **98**, 121. Das gilt unabhängig von §§ 114 ff, LAG Mü JB **96**, 534. Treu und Glauben gelten ja auch im Prozeß in jeder Lage des Verfahrens, Einl III 54. Darüber hinaus sind §§ 249 ff, 254 BGB zwar nicht direkt anwendbar. Wohl aber sind sie ihren Grundgedanken nach entsprechend mitverwertbar, Düss JB **93**, 605. Wie im Bereich sachlichrechtlicher Schadensersatzansprüche muß man auch bei der prozessualen Kostenerstattung die sog Schadensminderungspflicht des Gläubigers stets mitbeachten, Schlechtriem IPRax **02**, 227. Notwendig sind alle und nur diejenigen Kosten, die man in der konkreten Lage vernünftigerweise als voraussichtlich sachdienlich ansehen darf und muß, BGH NJW **07**, 2257, BAG NZA **04**, 398, BPatG GRUR **08**, 735, nur scheinbar aM LAG Mainz MDR **08**, 532. Dabei muß man bedenken, daß jeder Anwalt vor jedem Gericht außer vor dem BGH postulationsfähig ist. 29

Man muß also die Kosten *möglichst niedrig* halten, BVerfG NJW **90**, 3073, BGH FamRZ **04**, 866, VG Drsd JB **08**, 320. Das gilt auch bei der Bewilligung einer Prozeßkostenhilfe nach §§ 114 ff, Düss Rpfleger **92**, 526. Dabei geben I 2, II, III teilweise verbindliche Anweisungen zur Frage der Erstattungsfähigkeit. Sie enthalten aber im Kern den Gedanken der Abhängigkeit der Erstattungspflicht von der Notwendigkeit der jeweiligen Kosten ausdrücklich oder stillschweigend ebenfalls. Die Notwendigkeit kann fehlen, soweit das Rechtsmittelgericht schon eine Verwerfung angekündigt hat, BGH NJW **06**, 2261.

30 **C. Begriff der Rechtsverfolgung oder Rechtsverteidigung.** Es kommt also auf die Frage an, ob die Kosten des Gegners gerade zur zweckentsprechenden Rechtsverfolgung oder Rechtsverteidigung notwendig waren. Damit meint § 91 jedes Angriffs- oder Verteidigungsmittel nach Einl III 70, aber auch jeden Angriff und jede Verteidigung selbst, also zB eine Klagerweiterung, eine Klagänderung nach § 263, eine Widerklage nach Anh § 253, einen Antrag auf ein selbständiges Beweisverfahren nach §§ 485 ff.

31 **D. Begriff der Zweckentsprechung.** Nach dem Wortlaut von I 1 muß die Rechtsverfolgung oder Rechtsverteidigung auch „zweckentsprechend" gewesen sein, Düss JB **03**, 427. Das ist ein gewisser Anklang an den zB in § 114 S 1 enthaltenen Gedanken des Verbots der Mutwilligkeit, also des Rechtsmißbrauchs. Er ist ja im gesamten Prozeßrecht als ein Verstoß gegen Treu und Glauben verboten, Einl III 54. Es wären also selbst die objektiv technisch unvermeidbaren Kosten eines nicht zweckentsprechenden Angriffs usw dennoch nicht erstattungsfähig. Die Praxis macht allerdings die Frage der Notwendigkeit zum alleinigen Merkmal der Erstattungsfähigkeit. Immerhin entsteht zB aus einer von vornherein zwecklosen Maßnahme kein Erstattungsanspruch.

32 *Beispiele des Fehlens der Zweckentsprechung:* Der Anwalt erscheint so verspätet, daß das Gericht den Termin bereits vorher beenden mußte, LG Kassel MDR **92**, 1189 (auch bei weiter Anreise); der Kläger zerlegt einen Anspruch grundlos in mehrere Teilklagen, Üb 22 vor § 12, Düss FamRZ **95**, 1215, Mü MDR **87**, 677 (mehrere Bekl), LG Köln JB **91**, 1352, aM Hamm JB **81**, 448 (aber das ist ein klassischer Fall von Rechtsmißbrauch). Wenn der Kläger freilich schrittweise Teilklagen erhoben hat, können die Mehrkosten erstattungsfähig sein, soweit ein vertretbarer Grund für die Zerlegung vorlag, Düss FamRZ **95**, 1215, Kblz Rpfleger **83**, 38. Er kann vorliegen, soweit zB der Kläger damit rechnen konnte, der Bekl werde bereits nach einem Sieg des Klägers auf Grund der ersten Teilklage auch den restlichen Anspruch erfüllen. Bei § 35 kann der Kläger das Wahlrecht grundsätzlich unabhängig von der jeweiligen Kostenfolge ausüben, dort Rn 2, anders als bei § 696, dort Rn 28, 29.

33 **10) Zeitaufwand des Gegners, I 2.** Unter den zahlreichen Problemen der Kostenerstattung regelt die Vorschrift eine freilich auch wichtige Teilfrage ausdrücklich, Rn 92–95, 209 „Terminswahrnehmung", Rn 294, 295 usw. Hier nur die Grundregeln.

34 **A. Begriff der notwendigen Reise.** Notwendig ist eine Reise dann, wenn sie bei einer rückschauenden Betrachtung zwar vielleicht nicht objektiv, aber doch aus der Sicht der Partei nach ihrem Erkenntnisstand und ihren Beurteilungsmöglichkeiten nicht nur sinnvoll, wünschenswert oder förderlich, sondern zumindest vorsorglich dringend ratsam war. Aus dem Prozeßrechtsverhältnis nach Grdz 4 vor § 128 und dem Grundsatz von Treu und Glauben nach Einl III 54 ergibt sich auch bei Reisekosten die Pflicht, den Aufwand im Rahmen des Verständigen möglichst niedrig zu halten Rn 165 ff (Anwaltskosten), VGH Mannh JB **91**, 1247. Deshalb entsteht aus einer solchen Reise kein Erstattungsanspruch, die die Partei bei einer Anwendung des ihr damals möglichen Sorgfaltsmaßstabs nicht als auch gerade notwendig erkennen konnte. Wenn sie die Fahrt aber für notwendig halten durfte, kommt es nicht darauf an, ob die Reise später auch zum Erfolg beigetragen hat, BPatG GRUR **81**, 815. Denn die Partei kann nicht wissen, nach welchen Erwägungen das Gericht schließlich urteilen wird. Das übersieht Ffm VersR **83**, 465.

35 **B. Begriff der notwendigen Terminswahrnehmung.** Nach den Regeln Rn 34 muß man auch beurteilen, ob eine Reise gerade zur Wahrnehmung eines Termins notwendig war. Grundsätzlich hat eine Partei immer einen Anspruch darauf, an jedem wie immer gearteten Termin teilzunehmen. Das gilt auch bei einem bloßen Verkündungstermin. Das übersehen viele. Im Verkündungstermin kann zB ein Beweisbeschluß mit einer Frist zur Einzahlung eines Vorschusses oder zur Angabe einer ladungsfähigen Anschrift ergehen. Das Gericht kann auch im Verkündungstermin einen neuen Verhandlungstermin anberaumt haben. Dann erhält die Partei nicht zwingend zusätzlich eine Nachricht von dem Verkündeten. Sie muß sich selbst um das Ergebnis kümmern, § 218 Rn 2, 4. Wer das nicht tut, riskiert sogar den endgültigen Prozeßverlust, wenn das Gericht beispielsweise im verkündeten neuen Termin eine Entscheidung nach Lage der Akten ankündigt, die dann zum Unterliegen führt.

36 **C. Begriff der Entschädigung.** I 2 Hs 2 verweist auf „die für die Entschädigung von Zeugen geltenden Vorschriften", also auf das JVEG, Hartmann Teil V.

37 **D. Notwendigkeit eines Ursachenzusammenhangs.** Die Vorschrift gestattet die Kostenerstattung nur wegen der „durch" die Reise oder durch die Terminswahrnehmung entstandenen Zeitversäumnis. Es muß also zwischen der Fahrt und dem Zeitverlust ein Ursachenzusammenhang vorliegen.

38 *Beispiele:* Ein Ursachenzusammenhang würde dann fehlen, wenn die Partei die Reise mit praktisch fast demselben Zeitaufwand ohnehin an jenem Tag oder an einem anderen mit gleicher Dauer für andere Zwecke angetreten hätte oder gar hätte antreten müssen, sei es für einen anderen Prozeß, sei es für außerprozessuale Zwecke. Soweit die Reise zu mehreren Terminen an demselben Tag vor demselben Gericht oder doch an demselben Gerichtsort stattfinden mußte, muß man die Kosten auf die verschiedenen Prozesse aufteilen. Dabei kann der Zeitaufwand im einzelnen Prozeß (zB die Terminsdauer) eine gewisse Bedeutung haben. Meist wird er aber gegenüber dem Gesamtzeitaufwand der Fahrt zurücktreten. Im letzteren Fall empfiehlt sich eine anteilige Aufteilung. Man darf sie jedenfalls nicht nach dem Verhältnis der Streitwerte vornehmen.

39 **11) Gesetzliche Gebühren und Auslagen des Rechtsanwalts, II 1 Hs 1.** Die Vorschrift übernimmt den Grundsatz der Unterliegenshaftung für den wertmäßig meist im Vordergrund stehenden Betrag der

Anwaltskosten des Prozeßgegners, Rn 114ff, 157ff. Demgegenüber regeln die folgenden Teile der Vorschrift die Kosten des auswärtigen Anwalts, des Verkehrsanwalts usw, Rn 45ff.

A. Begriff des Rechtsanwalts der obsiegenden Partei. Gemeint ist jeder ProzBev nach §§ 81ff, BGH NJW **06,** 2268, der Beweisanwalt, Verkehrsanwalt, der Unterbevollmächtigte und in entsprechender Anwendung der Rechtsbeistand. Natürlich gehört auch der Notanwalt nach § 78b hierher, auch der allgemeine Vertreter. Bei einer Mehrheit von Anwälten (Sozietät oder Beauftragung nebeneinander) enthält II 3 eine eigene Regelung, Rn 52. Es sind dann die in Rn 124ff dargestellten Regeln anwendbar. Wer nicht Rechtsanwalt ist, erhält keine „gesetzliche" Vergütung als Anwalt. Er mag eine solche allerdings mit dem Auftraggeber vereinbart haben und dann nur von *diesem* verlangen können, LG Möchengladb NZM **02**, 141. 40

B. Begriff der gesetzlichen Gebühren und Auslagen. Gemeint ist beim Rechtsanwalt das RVG, Hartmann Teil X. Erstattungsfähig sind jeweils nur die gesetzlichen Beträge, nicht etwa vereinbarte höhere Vergütungen, Drds Rpfleger **06**, 44. Das gilt auch bei einem Erfolgshonorar nach § 4a RVG. Das gilt unabhängig davon, ob eine solche Vereinbarung im Innenverhältnis zwischen dem Auftraggeber und dem Anwalt wirksam ist, (jetzt) §§ 3a–4b RVG, LG Mönchengladb NZM **02**, 141, LAG Kiel DB **99**, 940, OVG Lüneb NJW **04**, 700. Es gilt sowohl für eine Vereinbarung zum eigentlichen Gebührenanspruch als auch für eine Vereinbarung wegen einer zB höheren Pauschale für Auslagen. 41

Nach dem Wortlaut von II 1 wäre die gesetzliche Vergütung auch dann erstattungsfähig, wenn der Auftraggeber mit dem Anwalt *geringere* als die gesetzlichen Beträge vereinbart hätte. Das kann zulässig sein, § 4 I RVG. Indessen würde das zu einer Bereicherung des Auftraggebers auf Kosten des Prozeßgegners führen. Auch der Anwalt könnte ja wegen der Vereinbarung nur die unter dem Gesetz bleibende Vergütung vom Auftraggeber fordern. Nach dem Grundgedanken der Notwendigkeit, Kosten so gering wie möglich zu halten, bleibt es daher dann bei der Erstattungsfähigkeit der vereinbarten geringeren Vergütung, OVG Lüneb NJW **04**, 700, Streppel MDR **08**, 422. Andererseits besteht aber ein Erstattungsanspruch trotz des Gebots nach Rn 29, Kosten niedrig zu halten, auch dann in Höhe „gesetzlicher" Gebühren und Auslagen, wenn zB die letzteren bei der Partei selbst oder auf dem freien Markt geringer sein könnten, etwa Schreibauslagen, Düss RR **96**, 576, Mü MDR **89**, 367, aM Köln MDR **87**, 678 (aber man braucht nun nicht auch noch eine Marktforschung zu betreiben). 42

C. Anwendbarkeit in allen Prozessen. Wie der Wortlaut klarstellt, gelten die vorstehenden Grundsätze für alle Arten und alle Stadien von solchen Prozessen, bei denen das RVG direkt oder entsprechend anwendbar ist. Wegen des ausländischen Verkehrsanwalts Rn 224–227. 43

D. Zwingende Kostenfolge. Wie schon der Wortlaut ergibt („sind zu erstatten"), besteht ein unbedingter Kostenerstattungsanspruch des Siegers. Ihn darf man auch im Kostenfestsetzungsverfahren nicht dem Grunde nach schmälern. Freilich setzt das Gericht die Kosten ungeachtet der Notwendigkeit einer Kostengrundentscheidung von Amts wegen nach § 308 II im Festsetzungsverfahren nur auf Grund eines Erstattungsanspruchs fest, § 103 I, II. Solche Beträge, die der Antragsteller zB bei den Anwaltskosten nicht mit zur Festsetzung beantragt und die dem Gericht daher überhaupt nicht bekannt werden, lassen sich auch nicht festgesetzen. Sie können nicht zum Vollstreckungstitel führen. 44

12) Reisekosten des im Bezirk des Prozeßgerichts nicht niedergelassenen Anwalts, II 1 Hs 2. Man muß auch nach dem Wegfall des früheren II 2 formell wegen II 1 bei den Reisekosten zwischen demjenigen Anwalt unterscheiden, der im Bezirk des Prozeßgerichts niedergelassen ist, und dem dort nicht derart Niedergelassenen, aber als Anwalt ja dort ebenfalls Postulationsfähigen. Beim letzteren muß man wiederum zwischen der Lage unterscheiden, daß er am Ort des Prozeßgerichts wohnt und seine Kanzlei anderswo hat, und derjenigen, daß er auswärts wohnt. Den letzteren Fall regelt II 1 Hs 2 gesondert. 45

A. Keine Niederlassung im Bezirk des Prozeßgerichts. Die BRAO kennt nur noch grundsätzlich eine Zulassung zur Rechtsanwaltschaft überhaupt. Postulationsfähig ist der Anwalt ab seiner Zulassung jetzt mit Ausnahme des BGH vor jedem Gericht. Freilich ändert das nach dem klaren Gesetzeswortlaut nichts an der „Notwendigkeit" nach II 1 Hs 2, Einl III 39, BGH FamRZ **03**, 442, Nürnb MDR **02**, 1091. 46

B. Keine Wohnung am Ort des Prozeßgerichts. Der nach Rn 46 beim Prozeßgericht nicht Niedergelassene darf auch nicht in dessen Bezirk wohnen. Maßgeblich sind §§ 7ff BGB. Es kommt also auf die Begründung eines Lebensmittelpunkts an. Wie § 7 II BGB klärt, kann ein Wohnsitz gleichzeitig an mehreren Orten bestehen. Das gilt trotz der dieser Vorschrift widersprechenden Regelung des Meldewesens, daß man nur einen Wohnsitz haben könne. Im übrigen sind §§ 178ff zum Wohnungsbegriff mitheranziehbar. 47

C. Begrenzung der Erstattung auf notwendige Zuziehung. Die Kosten des im Bezirk des Prozeßgerichts nicht niedergelassenen Anwalts sind nach dem ausdrücklichen Gesetzestext ebenso wie diejenigen des am Gerichtsort ansässigen ProzBev insoweit erstattungsfähig, „als die Zuziehung zur zweckentsprechenden Rechtsverfolgung oder Rechtsverteidigung notwendig war", BGH VersR **06**, 1090 links, Kblz JB **04**, 659, Stgt JB **04**, 660. Damit schränkt das Gesetz vor allem bei den Kosten des sog Verkehrsanwalts nach Rn 220ff die Erstattungsfähigkeit wie beim ProzBev ein. Die Hinzuziehung des bloßen „Hausanwalts" oder „Vertrauensanwalts" bleibt für den Sieger also nur dann im Ergebnis kostenlos, wenn diese Zuziehung auch wirklich rückschauend betrachtet notwendig war, BGH VersR **06,** 1090 links. Dabei muß man freilich auf seinen Erkenntnisstand und seine Beurteilungsmöglichkeiten abstellen. Soweit man danach die Notwendigkeit rückschauend bejahen muß, kommt es nicht darauf an, ob der auswärtige Anwalt durch seine Tätigkeit zum Erfolg beitragen konnte, Düss JB **01**, 255. 48

13) Erstattung auch der Mehrkosten des im Bezirk des Prozeßgerichts niedergelassenen Anwalts, II 1 Hs 1. Wie in Rn 45–48 dargestellt, muß man beim Anwalt formell zwischen dem im Bezirk des Prozeßgerichts nicht niedergelassenen und demjenigen Anwalt unterscheiden, der beim Prozeßgericht 49 niedergelassen ist, aber nicht am Ort dieses Gerichts seinen Wohnsitz hat. Diesen letzteren Fall des sog Simultananwalts regelt II 1 Hs 1 nicht mehr besonders.

50 **A. Begriff des auswärtigen Anwalts.** Für die Frage der Auswärtigkeit der Wohnung kommt es auf die politischen Grenzen des Orts des Prozeßgerichts oder seiner auswärtigen Abteilung an. Befindet sich die Wohnung außerhalb dieses Orts, sind die Mehrkosten des beim Prozeßgericht Niedergelassenen evtl auch dann erstattungsfähig, wenn die Entfernung erheblich oder die Verkehrsverbindungen schlecht sind.

Grundgedanke ist die Erwägung, daß der Anwalt trotz des auswärtigen Wohnsitzes die Mehrkosten und den zusätzlichen Zeitaufwand abschätzen und generell auf seine eigene Rechnung nehmen konnte, daß also der „Luxus" seiner auswärtigen Kanzlei usw nicht auf Kosten des Prozeßgegners seines Auftraggebers gehen darf, (zum alten Recht) Düss RR **01**, 998 (anders beim „Hausanwalt", BGH NJW **06**, 3008, zustm Mayer). Daher fehlt eine Erstattungsfähigkeit, wenn der Anwalt am Ort einer auswärtigen Abteilung residiert und nur zum Sitz des Hauptgerichts fährt, (je zum alten Recht) LG Mü MDR **85**, 589, StJBo 99, aM Ffm MDR **99**, 958 (aber II 2 stellt Prozeßgericht „oder" auswärtige Abteilung gleich), Kblz JB **00**, 85 (aber Reise- oder Informationskosten sind eben nicht dasselbe wie die von II 2 gerade verbotenen Mehrkosten).

Öffentliche Verkehrsmittel sind aber grundsätzlich erstattungsfähig, auch zB ein Inlandsflug mit einer gewissen Wartezeit, BGH NJW **07**, 2047.

51 **B. Begriff der Mehrkosten.** „Mehrkosten" sind nur diejenigen, die gerade „dadurch entstehen", daß der Wohnsitz auswärts liegt. Das sind in erster Linie Fahrtkosten, aber auch zB zusätzliche Telefon-, Telefaxkosten usw. Dagegen sind natürlich alle diejenigen Kosten wie sonst nach II 1 erstattungsfähig, die unabhängig von dem auswärtigen Wohnsitz des Anwalts entstehen.

52 **14) Grenzen der Erstattungsfähigkeit von Kosten mehrerer Anwälte, II 2.** Die Vorschrift enthält eine Begrenzung der Erstattungsfähigkeit von Anwaltskosten, falls im Lauf des Prozesses für dieselbe Partei mehrere Anwälte als Hauptbevollmächtigte tätig gewesen sind, sei es gleichzeitig oder nacheinander, BGH FamRZ **03**, 442.

53 **A. Begriff der Anwaltsmehrheit.** Vgl zunächst Rn 124–138. Es kann sich bei den mehreren Anwälten zum einen um eine Häufung von ProzBev handeln, zum anderen um einen Anwaltswechsel. Das kann auch und gerade nach einem Mahnverfahren eintreten, Rn 114 ff. Eine Anwaltsmehrheit kann sowohl dann vorliegen, wenn der Sieger aus nur einer Person besteht, als auch vor allem dann, wenn Streitgenossen gesiegt haben. Auch ein Anwaltswechsel kann in dieser Differenzierung auftreten. Natürlich muß man eine Mehrheit von Anwälten von einer Mehrheit von Prozessen unterscheiden. Vgl auch dazu Rn 139, 140 „Mehrheit von Prozessen".

Eine Mehrheit von Anwälten liegt an sich auch dann vor, wenn in einer *Anwaltssozietät* gleichzeitig oder nacheinander mehrere Sozien für denselben Auftraggeber tätig werden. Diesen Fall meint II 2 aber nicht. Das ergibt sich auch beim Vergleich mit § 6 RVG. Die Vorschrift spricht davon, daß ein Auftrag „mehreren Rechtsanwälten zur gemeinschaftlichen Erledigung übertragen" ist. Beim Auftrag an eine Anwaltsgemeinschaft liegt aber grundsätzlich nur ein einziger Auftrag vor, die Sozien arbeiten nicht nebeneinander, sondern füreinander, als Gesamtschuldner und Gesamtgläubiger, BGH NJW **95**, 1841, Brdb MDR **99**, 635, Hartmann Teil X § 6 RVG Rn 5. Das gilt auch bei einer überörtlichen Sozietät. Soweit eine Mehrheit von Anwälten, insbesondere eine Sozietät, in einer eigenen Sache eine Kostenerstattung fordert, enthält im übrigen II 3 eine vorrangige, eng auslegbare Sonderregelung.

54 **B. Grenze: Kosten nur eines Anwalts.** II 2 bestimmt, daß bei einer Anwaltsmehrheit eine Erstattungsfähigkeit der Kosten „nur insoweit" eintritt, „als sie die Kosten eines Rechtsanwalts nicht übersteigen" oder soweit ein Anwaltswechsel eintreten mußte, Rn 55. Man muß also die insgesamt durch die Tätigkeit der mehreren Anwälte für diesen Auftraggeber entstandenen gesetzlichen Gebühren und Auslagen der Höhe nach mit denjenigen vergleichen, die man dann hätten fordern können, wenn der Auftraggeber nur einen einzigen Anwalt beauftragt hätte. Die Mehrkosten sind nicht erstattungsfähig, BVerfG NJW **04**, 3319 (StPO), BGH NJW **07**, 2257. Das gilt unabhängig davon, ob sie aus der Sicht des Auftraggebers und/oder des bisherigen Anwalts erforderlich waren und ob das Hinzutreten eines weiteren Anwalts irgendwie zum Sieg des Auftraggebers beigetragen hat. Damit bemüht sich das Gesetz erneut um eine Kostendämpfung bei den Anwaltskosten. Es nimmt gewisse Kostenungerechtigkeiten zulasten des Siegers hin, um einer Ausuferung der erstattungsfähigen Anwaltskosten vorzubeugen. Das muß man bei der Auslegung berücksichtigen.

55 **C. Notwendigkeit eines Wechsels in der Person des Anwalts.** Statt der Voraussetzung Rn 54 reicht es auch, wenn „in der Person des Rechtsanwalts ein Wechsel eintreten mußte". Soweit man des bejahen muß, sind die gesetzlichen Gebühren und Auslagen sowohl des früheren als auch des späteren Anwalts grundsätzlich erstattungsfähig.

Zu den Voraussetzungen des notwendigen Anwaltswechsels Rn 114 ff, 124 ff. Es reicht keineswegs stets aus, daß der frühere und/oder der spätere ProzBev den Wechsel für notwendig hielten. Vielmehr muß man bei einer *rückschauenden* Betrachtung zu dem Ergebnis kommen, daß wegen des Erkenntnisstands der durch den ersten Anwalt bereits beratenen Partei und ihrer entsprechend erweiterten Beurteilungsmöglichkeiten ein Wechsel des Anwalts nicht nur zweckmäßig, wünschenswert oder wahrscheinlich förderlich war, sondern mindestens dringend ratsam, wenn nicht unvermeidbar. Dabei sind psychologische Gesichtspunkte keineswegs völlig unbeachtlich. Andererseits sind sie aber auch keineswegs allein ausschlaggebend. Die Verschlechterung des Vertrauensverhältnisses zwischen dem Auftraggeber und dem bisherigen Anwalt kann, muß aber nicht stets zu einem Anwaltswechsel führen. Jedenfalls macht schon der Wortlaut von II 2 deutlich, daß nicht die bloße Tatsache des Wechsels zur Erstattungsfähigkeit der Kosten auch des weiteren (ersten oder zweiten) Anwalts führt, sondern erst die zusätzliche Notwendigkeit des Wechsels.

56 **15) Erstattungsanspruch in einer eigenen Sache des Rechtsanwalts, II 3.** Vgl Rn 170 ff. Die Vorschrift trifft eine eng auslegbare vorrangige Sonderregelung, falls ein einzelner Anwalt in einer eigenen

Sache tätig geworden ist, also als eine Partei nur eines Zivilprozesses, LG Bln NJW **07**, 1477. Soweit eine Mehrheit von Anwälten derart in einer eigenen Sache tätig wird, zB als eine Anwaltsgemeinschaft oder Sozietät als, gilt II 2 ergänzend.

A. Begriff der eigenen Sache. Erste Voraussetzung ist ein Tätigwerden „in eigener Sache". Es kann auch (jetzt) ein FamFG-Verfahren vorliegen, aM BGH JB **03**, 207, BayObLG Rpfleger **06**, 571 (vgl aber Üb 12 vor § 91. Natürlich muß man §§ 80 ff FamFG beachten). Es ist für die Erstattungspflicht unerheblich, ob der Anwalt schriftsätzlich und/oder im Termin nur „als Partei", auch als eine Partei kraft Amts aufgetreten ist, Grdz 8 vor § 50, zB als Insolvenzverwalter, AG Lübeck JB **06**, 318, oder als Nachlaß- oder Zwangsverwalter, Testamentsvollstrecker, LG Bln Rpfleger **98**, 173 (auch zur Erhöhung nach VV 1008), oder Vorsitzender eines Berufungsausschusses, LSG Stgt MDR **95**, 1152, oder „als eigener ProzBev", LG Nürnb-Fürth AnwBl **00**, 324. Das ergibt sich daraus, daß er in einer eigenen Sache, wenn überhaupt, nach II 3 eine Vergütung so fordern kann, wie er sie als bevollmächtigter Rechtsanwalt erstattet verlangen „könnte". Hier macht die Vorschrift schon im Wortlaut deutlich, daß es nicht darauf ankommt, ob er sich tatsächlich zum ProzBev bestellt hat. Gleichwohl empfiehlt es sich, zum Protokoll klarzustellen, ob der Anwalt im Termin als ProzBev auftritt. Denn seine prozessuale Stellung ist dann nicht nur zB wegen §§ 177, 178 GVG anders und stärker als diejenige der eigenen Partei, sondern es treten dann zB auch bei seiner urlaubs- oder krankheitsbedingten längeren Arbeitsunfähigkeit andere Folgen ein, zB berufsrechtlich. 57

B. Gleichstellung mit einem bevollmächtigten Anwalt. Wie II 3 klarstellt, steht der in einer eigenen Sache tätige Anwalt im Kostenanspruch so da wie ein „bevollmächtigter Rechtsanwalt". Also sind II 1, 2 anwendbar. Das ist freilich eine sehr erhebliche Ausweitung des Kostenerstattungsanspruchs zulasten des Prozeßgegners, LG Bln NJW **07**, 1477. Sie erscheint oft nicht als berechtigt. Denn zB in einer eigenen Kaufvertrags- oder Mietsache einfacherer Art würde eine solche Partei, die nicht zufällig von Beruf Rechtsanwalt ist, möglicherweise zur Verringerung des eigenen Kostenrisikos durchaus im Parteiprozeß von der Beauftragung eines ProzBev abgesehen haben. Indessen nimmt II 3 ersichtlich bewußt solche etwaigen Härten zwecks einer Kostenvereinfachung in Kauf, BGH NJW **08**, 1087. Man kann die rechtspolitische Berechtigung dieser gesetzlichen Entscheidung durchaus kritisch sehen. Man darf jedoch nicht vergessen, daß auch in einer eigenen Sache oft dieselbe Gedankenarbeit und derselbe Aufwand notwendig sind wie dann, wenn der Anwalt denselben Prozeß für einen anderen Auftraggeber führen würde. Mehrere Streitgenossen müssen zur getrennten Erstattbarkeit besondere Gründe haben, BGH NJW **07**, 2257, Düss JB **07**, 263. 58

16) Kosten eines Güteverfahrens, III. Die Vorschrift enthält eine vorrangige eng auslegbare Sonderregel für die Erstattungsfähigkeit der Kosten eines Güteverfahrens der dort genannten Art. Diese Regelung ist insofern an dieser Stelle systemfremd, als ein Güteverfahren ja regelmäßig vor dem Prozeß ablief. Andererseits zählen sog Vorbereitungskosten auch bei einer strengen Auslegung des Begriffs der Notwendigkeit von Prozeßkosten nach der Praxis in einem weiten Umfang zu den erstattungsfähigen Prozeßkosten, Rn 106. 59

A. Begriff des Güteverfahrens. III erfaßt nicht jedes beliebige Güteverfahren, sondern nur ein solches „vor einer durch die Landesjustizverwaltung eingerichteten oder anerkannten Gütestelle". Das ist derselbe Begriff wie in § 794 I Z 1, dort Rn 3 ff. Es ist auch derselbe Begriff wie in § 17 Z 7 RVG. 60

Wegen des *obligatorischen Güteverfahrens* Rn 106.

Nicht hierher gehören aber Verfahren der zB in VV 2303 genannten Art, insbesondere also vor „sonstigen gesetzlich eingerichteten Einigungsstellen, Gütestellen oder Schiedsstellen", etwa vor dem Schiedsmann nach der Preußischen SchiedsmannO, vor einer Einigungsstelle der Industrie- und Handelskammer, Mü MDR **99**, 381, vor einer Einigungsstelle nach dem BetrVG. In diesen letzteren Fällen kann allerdings die Erstattungsfähigkeit von Kosten zwar nicht nach III, wohl aber nach I, II bestehen. Das gilt etwa vor der Schlichtungsstelle für Arzthaftpflichtfragen, Bre AnwBl **03**, 312. Nur nicht gerade *hierher* gehört ferner das gerichtliche Güteverfahren nach § 278 II–VI. 61

B. Grenze der Erstattungsfähigkeit. III Hs 2 stellt eine Zeitgrenze für die Erstattungsfähigkeit auf. Zwischen der Beendigung des Güteverfahrens und der Klagerhebung darf nicht mehr als ein Jahr verstrichen sein. Wann das Güteverfahren „beendet" ist, muß man durch eine Berücksichtigung aller Umstände feststellen. In Betracht kommen zB: Ein Ruhen ohne anschließendes Wiederaufnehmen; eine Antragsrücknahme; beiderseitige wirksame „Erledigterklärungen"; ein sonstiger nach der jeweiligen Verfahrensordnung des Güteverfahrens vorgesehener Beendigungsgrund. 62

Unter *„Klageerhebung"* versteht III Hs 2 dasselbe wie § 253 I, also die Zustellung der Klageschrift, Antragsschrift usw. Soweit sich an das Güteverfahren nicht ein Klageverfahren anschloß, sondern zB ein Verfahren auf den Erlaß eines Arrests oder einer einstweiligen Anordnung oder Verfügung nach §§ 916 ff, 935 ff, §§ 49 ff FamFG, muß man unter „Klageerhebung" allerdings schon den Eingang des entsprechenden Antrags beim Gericht der Eilsache verstehen, § 261 Rn 8, § 920 Rn 8. Denn bereits mit diesem Zeitpunkt tritt die in § 261 I genannte Rechtshängigkeit ein. Sie hängt ja in jenen Verfahren gerade nicht von der Antragszustellung ab. 63

Soweit sich nur ein *Prozeßkostenhilfeverfahren* nach §§ 114 ff anschloß, kommt es darauf an, ob das Gericht bereits in jenem Bewilligungsverfahren die Antrags- oder Klageschrift gerade zur Begründung der Rechtshängigkeit des beabsichtigten Hauptprozesses förmlich hat zustellen lassen oder ob die etwa erfolgte förmliche Zustellung nur wegen der Frist zur Stellungnahme im Bewilligungsverfahren nach § 118 I 1 erfolgte. Im letzteren Fall müßte ja das Gericht nach der Bewilligung die Klageschrift nochmals zur Begründung der Rechtshängigkeit zustellen lassen. Erst der letztere Vorgang wäre die „Klageerhebung" auch nach III Hs 2. Einzelheiten § 253 Rn 7–11, auch wegen einer Widerklage, Zwischenfeststellungsklage, Klagänderung usw. Die Jahresfrist richtet sich nach § 222 in Verbindung mit §§ 187 ff BGB. 64

65 **17) Verfahrensfragen, I–IV.** Die Vorschrift gibt scheinbar nur die Regeln zur Kostengrundentscheidung nach Rn 19, also dazu, wer überhaupt welchen Teil der im einzelnen noch nicht bezifferten Kosten tragen muß, Üb 35 vor § 91. Sie gibt ferner die daraus ableitbaren Folgen für den prozessualen Kostenerstattungsanspruch dem Grunde nach, Üb 27 vor § 91. In Wahrheit nennt sie natürlich auch schon tragende Grundsätze für das Kostenfestsetzungsverfahren nach §§ 103 ff mit. Denn dort darf der Rpfl die Kostengrundentscheidung und die daraus folgende Kostenerstattungspflicht nicht ändern, sondern allenfalls auslegen, Einf 19 vor §§ 103–107. Das Verfahren regeln allerdings im einzelnen weder § 91 noch §§ 91 a–101, sondern §§ 103 ff.

66 **18) Rechtsmittel gegen die Kostenentscheidung, I–IV.** Es gilt ein Grundsatz mit Ausnahmen.

A. Grundsatz: Anfechtbarkeit. Die Kostengrundentscheidung ist bei einer genauen Prüfung der systematischen Zusammenhänge grundsätzlich anfechtbar, § 99 Rn 4. Freilich muß man die übrigen Voraussetzungen der Statthaftigkeit, Zulässigkeit und Begründetheit eines Rechtsmittels wie sonst prüfen.

67 **B. Einschränkungen bei der isolierten Kostenentscheidung.** Wie § 99 I klarstellt, ist allerdings die Kostenentscheidung grundsätzlich nur zusammen mit der Entscheidung in der Hauptsache anfechtbar. Das gilt nach § 99 II 1 allerdings dann nicht, wenn sich die Hauptsache auf Grund eines Anerkenntnisses erledigte. Einzelheiten § 99 Rn 31 ff.

68 **19) Rechtsmittel gegen die Kostenfestsetzung, I–IV.** Soweit es nicht um die Kostengrundentscheidung nach §§ 91–101 geht, sondern um die im Kostenfestsetzungsverfahren jeweils getroffene Entscheidung, ist § 104 anwendbar. Vgl die dortigen Rn.

69 **20) Verfassungsbeschwerde, I–IV.** Sie ist wie sonst statthaft.

70 **21) Beispiele zur Kostengrundentscheidung und zur Kostenerstattung, I–IV**

Schrifttum: *Becker-Eberhard,* Grundlagen der Kostenerstattung bei der Verfolgung zivilrechtlicher Ansprüche, 1985; *Brieske,* Erstattung von Anwaltsgebühren durch Gegner und Dritte, 1987; *von Eicken,* Erstattungsfähige Kosten und Erstattungsverfahren, 5. Aufl 1990; *Gerold/Schmidt/von Eicken/Madert/Müller-Rabe,* RVG, 16. Aufl 2004; *Hartmann,* Kostengesetze, 38. Aufl 2008; *Rauer* (Herausgeber), Kostenerstattung und Streitwert, Festschrift für *Schmidt,* 1981; *Riedel/Sußbauer,* RVG, 8. Aufl 2004; *Siebert,* Die Prinzipien der Kostenerstattung und der Erstattungsfähigkeit vorgerichtlicher Kosten des Rechtsstreits, 1985.

Ablehnung, dazu *Schneider* MDR **01**, 130, *Sturm* MDR **07**, 385 (je: Üb): Der Gegner des Ablehnenden kann *weder* bei einer Ablehnung eines Richters oder Rpfl *noch* bei der Ablehnung eines Sachverständigen seine Kosten erstattet verlangen. Denn er ist im Ablehnungsverfahren keine Partei, auch wenn er am Ausgang des Ablehnungsverfahrens ein Interesse haben mag, Brdb MDR **02**, 1092, Karlsr FamRZ **05**, 1491, Nürnb RR **02**, 720, aM BGH NJW **05**, 2234, Ffm MDR **07**, 1399, Stollenwerk NJW **07**, 3754 (aber man darf sich nicht aus wirtschaftlichen Erwägungen über den Parteibegriff als eine notwendige Bedingung von Prozeßkosten hinwegsetzen und auch nicht aus einer Berührung der Interessen eine Parteistellung machen). Daran ändert auch Art 103 I GG nichts. Denn der Anzuhörende wird nicht schon dadurch zur Partei diese Verfahrens). Im übrigen entstehen hier beim Gegner grds keine Anwaltskosten, Hartmann Teil X § 19 RVG Rn 16.

Indessen bindet das Gericht den Rpfl, wenn es dem Ablehnenden die Kosten des Prozeßgegners im Ablehnungsverfahren *auferlegt,* Einf 17 vor §§ 103–107, Düss Rpfleger **85**, 208, Ffm Rpfleger **86**, 194, aM Düss MDR **85**, 589, Schlesw SchlHA **89**, 131 (aber der Rpfl darf die Kostengrundentscheidung nicht mißachten). Freilich gilt das nur für wirklich notwendige Kosten, Nürnb RR **02**, 720 (also nicht für unnötige Anwaltskosten im Beschwerdeverfahren). Zur Problematik der Beschwerdekosten *Sturm* MDR **07**, 385.

Eine Erstattungsfähigkeit kommt auch dann in Betracht, wenn der *Gegner* des Ablehnenden nun seinerseits eine Ablehnung ausspricht oder soweit er persönlich über seine Anhörung hinaus beteiligt ist, Hamm JB **79**, 117.

71 **Ablichtung:** Rn 184 ff „Schreibauslagen", Rn 217 „Unterrichtung: C. Unterrichtung des Versicherers".

Abmahnschreiben: Rn 286.

Abschlußschreiben: Rn 271 „Abschlußschreiben".

Abtretung: Die Kosten einer Abtretung der späteren Klageforderung sind *keine* notwendigen Prozeßkosten des Klägers und insoweit nicht erstattungsfähig, Schlesw JB **97**, 203.

Abwickler: Rn 110 „Kanzleiabwickler".

Allgemeine Geschäftsunkosten: Rn 81 „Bearbeitung des Prozesses", Rn 158 „Rechtsanwalt: A. Allgemeines", Rn 269 „Vertragsabschluß".

Allgemeiner Prozeßaufwand: Rn 81, 164, 294, 295.

Angestellter: Rn 81, 297.

Anordnung des persönlichen Erscheinens: Rn 92–95.

Anschlußberufung: Ihre Kosten trägt bei § 522 II ihr Kläger, Drsd Rpfleger **04**, 653.

Anwalt: Rn 124 ff, 157 ff, 220 ff.

Anwaltswechsel: Rn 115 ff, 124.

72 **Arbeitsgerichtsverfahren,** dazu *Löw* MDR **07**, 637 (Üb): Im ersten Rechtszug sind nach einer Verweisung vom ArbG an das ordentliche Gericht Anwaltskosten wegen § 12 a I 1 ArbGG grds *nicht* erstattungsfähig, AG Schopfheim JB **08**, 216, auch nicht über § 788, BAG NZA **05**, 429, Brdb MDR **00**, 788, Karlsr JB **91**, 1637, aM AG Wipperfürth JB **99**, 102, LAG Stgt JB **94**, 136, Ostermeier NJW **08**, 554, der § 12 a ArbGG gar nicht anwendet (aber Wortlaut und Sinn des § 12 a I 1 ArbGG sind eindeutig, Einl III 39). Natürlich setzt ein Rechtsmißbrauch nach Einl III 54 auch Ausnahmen frei, Ulrici BB **06**, 1388. Das gilt auch bei einem Streithelfer oder bei einem Betriebsratsmitglied, BAG MDR **94**, 387, sowie bei einer vergleichsweisen Kostenübernahme usw, LAG Düss NZA-RR **04**, 550, aM LAG Mü AnwBl **79**, 67. § 91 gilt nicht im Beschlußverfahren, BAG BB **99**, 1964. Eine Erstattungsfähigkeit fehlt ferner zB bei einer Selbstvertretung, LAG Mü AnwBl **88**, 72, oder bei einer Verweisung nach § 48 ArbGG, §§ 17–17 b GVG

(vgl freilich § 12a I 3 ArbGG, BAG NZA **05**, 429, LAG Ffm MDR **99**, 1144, LAG Hann Rpfleger **91**, 218), oder bei derjenigen vom ArbG an das ordentliche Gericht, Brdb MDR **00**, 788, Karlsr Rpfleger **90**, 223, LAG Schlesw SchlHA **89**, 79, aM LAG Bre MDR **86**, 434, es sei denn, daß Reisekosten der Partei entfielen, LAG Bln NZA **06**, 539, LAG Köln AnwBl **85**, 274, oder daß der Anwalt den Gebührentatbestand nach der Verweisung erneut verwirklicht, Karlsr Rpfleger **90**, 223.

In der *zweiten Instanz* ist eine Kostenerstattung möglich, BAG BB **91**, 206, Schlesw AnwBl **95**, 316, LAG Mü DB **01**, 2560. Ein Verbandsvertreter gilt kostenmäßig als ein Anwalt, § 12a II 1 ArbGG, LAG Hamm MDR **80**, 612. Das gilt auch bei einem erst vor dem LAG gestellten Eilantrag, LAG Stgt AnwBl **81**, 35.

Die *Reisekosten* eines nicht am Sitz des BAG ansässigen Anwalts sind erstattungsfähig, soweit seine Beauftragung zweckmäßig war, LAG Kiel MDR **94**, 216, oder soweit die Partei ihn beauftragt hatte, als er vorinstanzlich an ihrem Wohnsitz oder im Bezirk des damals zuständigen Gerichts residierte, oder soweit die Partei eigene Reisekosten erspart hat, LAG Mainz AnwBl **88**, 299, LAG Mü DB **01**, 2560, LAG Nürnb AnwBl **88**, 181. Im übrigen kommt es wie stets auf die *Notwendigkeit der Zuziehung* an, LAG Düss MDR **03**, 1321. Reisekosten kann die Partei grds nur von dem in der Ladung angegebenen Ort aus beanspruchen, LAG Mü DB **01**, 2560, solange sie nicht den anderen Ort rechtzeitig anzeigt (mangels Ladung aber vom tatsächlichen Ort aus).

Arrest, einstweilige Anordnung oder Verfügung: Es gelten im wesentlichen die folgenden Regeln. 73

A. Zugehörigkeit zu den Prozeßkosten. Zu den Kosten des Rechtsstreits nach I, III zählen die Kosten des Verfahrens über die Anordnung eines Arrests oder einer einstweiligen Anordnung oder Verfügung, §§ 916ff, 935ff, (jetzt) §§ 49ff FamFG, Naumb RR **03**, 1508, Nürnb MDR **77**, 936, soweit das Gericht dabei zu Unrecht nicht über die Kosten besonders entschieden hat. Der im Hauptverfahren verurteilte Bekl trägt aber *nicht* die Kosten, soweit das Arrestgericht die Anordnung des Arrests abgelehnt hatte. Ebensowenig trägt der im Hauptverfahren unterliegende Kläger die Kosten des erfolgreichen Arrestverfahrens. Vgl auch § 924 Rn 8ff.

B. Kostengrundentscheidung. Im einstweiligen Verfahren nach §§ 915ff, 935ff ergeht sowohl bei einer Zurückweisung des Antrags als auch bei einer Anordnung des Arrests usw von Amts wegen nach § 308 II eine Kostenentscheidung. Das gilt unabhängig davon, ob gleichzeitig bereits ein Hauptsacheverfahren anhängig ist und ob beide Verfahren vor demselben Gericht stattfinden oder stattfinden werden. 74

Das Arrestgericht muß die Kosten dem Antragsteller auferlegen, soweit es seinen Antrag *zurückweist.* Soweit es den Arrest usw anordnet, muß es den Antragsgegner in die Kosten verurteilen, Hamm NJW **76**, 1460. Der Einwand, man dürfe den Antragsgegner nicht schon auf Grund einer bloß vorläufigen Prüfung und eines nur einseitigen Vorbringens des Antragstellers mit den Kosten belasten, übersieht den Umstand, daß man dann auch nicht in der Sache gegen ihn entscheiden dürfte. Außerdem ist eine Einstellung der Zwangsvollstreckung zulässig, § 924 III. Zunächst einmal unterliegt der Gegner jedenfalls. Außerdem sollte man den Antragsteller nicht bloß wegen der Kosten auf einen sonst oft unnötig werdenden Prozeß verweisen. Auch bei einer Antragsrücknahme muß das Gericht über die Kosten eines Beteiligten entscheiden, Brdb MDR **99**, 570. Bei einer einstweiligen Anordnung nach §§ 49ff FamFG gilt § 51 IV FamFG. Die Kostenentscheidung des Hauptprozesses deckt im Zweifel nicht das Fehlen einer Kostenentscheidung des einstweiligen Verfahrens. Mangels jeglicher Kostenentscheidung muß man die Arrestkosten gesondert einklagen.

C. Kostenerstattung. Vgl zunächst Rn 73. Zur Schutzschrift Rn 192. Wenn der Antragsgegner nach dem Eingang des Antrags, aber vor der Zustellung des Arrests usw Aufwendungen zu seiner Rechtsverteidigung gemacht hatte, sind auch diese Aufwendungen erstattungsfähig. Denn die Rechtshängigkeit tritt hier schon mit der Anhängigkeit ein, § 920 Rn 8ff, Hbg MDR **00**, 786, KG MDR **93**, 481, Köln VersR **93**, 124, aM Hbg (8. ZS) RR **07**, 791, KG JB **80**, 1430 (aber im Kostenrecht gelten keine abweichenden Rechtshängigkeitsregeln). Flugkosten zwecks einer Zustellung können ausnahmsweise notwendig sein, Hbg NJW **04**, 3723. Kosten der Gestellung eines Zeugen können erstattungsfähig sein, soweit seine Vernehmung ernsthaft in Betracht kam und eine eidesstattliche Versicherung des Zeugen nicht auszureichen schien, Kblz MDR **97**, 888, oder wenn die Partei mit weiteren Mitteln der Glaubhaftmachung durch den Gegner rechnen mußte, Ffm AnwBl **86**, 206. Man sollte insofern großzügig sein. Man darf die Möglichkeit der Befragung eines Zeugen gegenüber seiner nur schriftlichen Erklärung auch dann höher einschätzen, wenn es nur um eine Glaubhaftmachung geht. 75

Kosten eines *Sachverständigen* sind erstattungsfähig, soweit sie zur Rechtsverteidigung notwendig waren, Düss ZIP **81**, 540. Eine Partei muß im allgemeinen damit rechnen, daß der Gegner gegen einen ohne eine mündliche Verhandlung erlassenen Arrest usw einen Widerspruch einlegt. Insofern sind also die Kosten der Partei notwendig gewesen, Ffm Rpfleger **88**, 163, Kblz Rpfleger **81**, 494, aM Köln JB **92**, 336 (Anwaltswechsel nicht notwendig) und JB **93**, 429 (Fallfrage. Aber beide Varianten widersprechen der Lebenserfahrung). Etwas anderes gilt allenfalls bei einem wettbewerbsrechtlichen Unterlassungsanspruch, Karlsr GRUR **90**, 223, Schlesw JB **91**, 385. Kosten für die Löschung eines nach einem Arrest oder einer einstweiligen Verfügung im Grundbuch eingetragenen Widerspruchs sind weder nach §§ 91ff noch nach § 788 erstattungsfähig, Schlesw SchlHA **88**, 171. Wird der Antrag wegen einer Versäumung der Vollziehungsfrist zurückgenommen, kann der Antragsteller trotz eines Siegs in der Hauptsache *keinen* sachlichrechtlichen Ersatz der Kosten des Eilverfahrens fordern, BGH GRUR **95**, 170. 76

S auch Rn 102–105, 124ff, 145ff, 192, 302.

Assessor: Rn 83–85, 158ff.

Aufenthaltsermittlung: Rn 89ff, 270.

Aufrechnung, dazu *Ganter,* Die Aufrechnung mit dem oder gegen den prozessualen Kostenerstattungsanspruch, in: Festschrift für *Merz* (1992); *Schulte,* Die Kostenentscheidung bei der Aufrechnung durch den Beklagten im Zivilprozeß, 1990: Es gelten im wesentlichen die folgenden Regeln. 77

A. Aufrechenbarkeit im Prozeß. Bei einer Aufrechnung im Prozeß entscheidet nicht der Zeitpunkt der Aufrechnungserklärung, sondern der Zeitpunkt des Eintritts der Aufrechenbarkeit, § 387 BGB. Wenn die Forderung schon vor dem Zeitpunkt der Anhängigkeit nach § 261 Rn 1 aufrechenbar geworden war, muß der Kläger die Kosten tragen. Denn die Aufrechnung wirkt zurück. Wenn die Forderung erst nach dem Zeitpunkt der Anhängigkeit aufrechenbar geworden ist, muß der Bekl die Kosten tragen, falls der Kläger die Hauptsache sofort für erledigt erklärt. Ebenso muß man eine Hilfsaufrechnung beurteilen. Wenn sie trotz eines Bestreitens durchgreift, unterliegt der Kläger voll, Schlesw (7. ZS) SchlHA **79**, 126. Daran ändert auch (jetzt) § 45 III GKG nichts, aM Schlesw VersR **87**, 996.

Wenn der Kläger die Gegenforderung *nicht* bestreitet, war seine Klage unbegründet, weil er selbst vorher hätte aufrechnen können und müssen, KG MDR **76**, 846, aM (§ 92 sei anwendbar) Celle VersR **76**, 51, LG Kiel SchlHA **77**, 117, ZöHe 4 (aber gerade seine Konsequenzen zeigen die Unhaltbarkeit der aM).

78 **B. Kostenerstattung.** Die Erstattungsfähigkeit hängt wie sonst von der Kostengrundentscheidung ab.

79 **Ausfertigung:** Rn 184 ff.

Auskunft: Rn 90.

Ausländer, ausländischer Anwalt: Das deutsche Recht darf die Erstattungsfähigkeit der Kosten des ausländischen EU-Anwalts auf diejenige eines in Deutschland niedergelassenen begrenzen, EuGH NJW **04**, 833, BGH NJW **05**, 1373, Mü RR **04**, 1508. Es darf die Erstattungsfähigkeit der Kosten desjenigen deutschen Anwalts, der nach dem deutschen Recht im Einvernehmen mit dem ausländischen EU-Anwalt handeln mußte, nicht ausschließen, EuGH NJW **04**, 833, aber auf sie begrenzen, Mü RR **04**, 1508, also nicht diejenigen nach dem EuRAG, SchlAnh VII A.

Wegen des ausländischen *Verkehrs*anwalts Rn 223 ff.

Auslobung: Rn 90.

Ausscheiden einer Partei: § 263 Rn 5 ff.

Aussöhnung: Die Gebühr nach VV 1001 setzt eine irgendwie ursächliche Mitwirkung des Anwalts voraus. Ausreichend ist zB das Wecken und Fördern der Aussöhnungsbereitschaft. Man kann es bei einer Anwesenheit der Partei im Versöhnungstermin annehmen, Bbg JB **85**, 233, Kblz OLGR **00**, 428. Der Kostenschuldner kann die Vermutung der Ursächlichkeit der Anwaltsbemühungen entkräften.

Auswärtige Abteilung: Rn 166.

Auswärtiger Rechtsanwalt: Rn 166.

Avalprovision: Rn 204.

80 **Bankbürgschaft:** Rn 204.

Beamter: Grundsätzlich ist *keine* Erstattung einer anteiligen Besoldung usw wegen der Zeitversäumnis aus Anlaß eines Termins möglich, Rn 294–296, dort auch zu den Reisekosten.

81 **Bearbeitung des Prozesses:** Die im üblichen Rahmen entstehenden Aufwendungen zur Bearbeitung des Prozesses einschließlich der dabei erforderlichen Zeitaufwendungen, auch durch jetzige oder frühere Angestellte, auch in der Freizeit, sind grds *nicht* erstattungsfähig, BGH **75**, 230, Drsd RR **94**, 1141, Kblz AnwBl **96**, 412. Das gilt auch beim Einsatz eines Angehörigen, SG Bayreuth JB **87**, 603. Es gilt auch dann, wenn das Organ einer juristischen Person den Prozeß bearbeitet, Hamm OLGR **93**, 315, Köln JB **80**, 723, VGH Mannh JB **90**, 1005, aM Stgt MDR **90**, 636 (aber dann gibt es durchweg keine Sonderkosten, vernünftig betrachtet). Das gilt auch für den Liquidator, Hamm Rpfleger **82**, 80, aM Hbg JB **79**, 108 (aber er verdient keine Besserstellung). Erst recht nicht erstattungsfähig ist ein allgemeiner Verwaltungsaufwand.

S aber auch Rn 102–105, 209, 277, 294–296.

82 **Behörde:** Rn 81, 83, 92, 132, 278.

Beistand: Man muß den Beistand nach § 90 ist wie einen Untervertreter beurteilen. Den nach §§ 78, 625 beigeordneten Anwalt muß man wie einen Anwalt beurteilen.

Belohnung: Rn 297.

Beratung: Ihre Kosten zählen im nachfolgenden Prozeß zu dessen Kosten und sind mit ihnen erstattungsfähig, soweit sie zB zur Informationsaufnahme notwendig waren. Im übrigen sind Kosten der Beratung zB zu den Erfolgsaussichten grds *nicht* erstattbar.

Berichtigung: § 319 Rn 5.

Berufsrecht: Ein Verstoß kann nur dann zur *Beeinträchtigung* der Erstattungsfähigkeit führen, wenn dadurch vermeidbare, nicht „notwendige" Kosten entstanden sind, Hbg JB **80**, 720, LG Bonn Rpfleger **90**, 436, strenger Stgt JB **99**, 314 (bei § 46 I BRAO), LG Bonn AnwBl **84**, 102 (Niederlegung des Auftrags).

Besprechung: Rn 261.

Bestimmung der Zuständigkeit: Rn 302 „Zuständigkeitsbestimmung".

Berufung: Rn 158, 229.

Betreuung: Die Anwaltskosten eines Antrags auf eine solche Maßnahme sind mangels eines Anwaltszwangs oft *keine* notwendigen Prozeßkosten. Freilich sind solche Fälle oft schwierig. Auch wegen der Tragweite solcher Verfahren ist eine gewisse Großzügigkeit notwendig.

S auch Rn 152 „Pflegschaft, Vormundschaft".

Beweissicherung: Rn 193.

Beweistermin: Es gelten die folgenden Regeln.

83 **A. Grundsatz: Erstattungsfähigkeit.** Die Kosten der Wahrnehmung eines Beweistermins sind grds erstattungsfähig. Denn jede Partei hat das unbedingte Recht der Teilnahme an einem solchen Termin, § 357 I. Ihre Mitwirkung an einem solchen Termin kann das ganze Prozeßergebnis ändern. Sie darf daher insbesondere auch persönlich neben ihrem Anwalt am Beweistermin teilnehmen und ihre persönlichen Teilnahmekosten erstattet fordern, sofern das nicht offenbar unbillig ist, Bbg JB **79**, 111, Ffm Rpfleger **86**, 492, Hamm JB **94**, 475, strenger KG JB **82**, 1247, Mü JB **81**, 1022 (aber das widerspricht dem § 357 I). Freilich darf die Anwesenheit der Partei nicht nur der Klärung oder Vervollständigung eines Schriftsatzes dienen sollen, Hbg JB **82**, 603. Die Partei darf auch den Beweistermin grds durch einen Anwalt wahrnehmen lassen, Ffm AnwBl **88**, 298, Kblz MDR **80**, 412, Schlesw SchlHA **81**, 151, strenger Schlesw JB **77**, 1737. Das gilt insbesondere dann, wenn es sich um einen schwierigen Stoff handelt, Bre JB **76**, 92,

Ffm JB **82**, 238. Es gilt auch, wenn die Partei nicht absehen kann, wie sich ein Zeuge verhalten wird, oder wenn es sich um einen besonders wichtigen Beweisvorgang handelt, Bre JB **76**, 92.

B. Einzelfragen. Ob der ProzBev den Beweistermin persönlich wahrnehmen muß, hängt unter anderem von seiner Person und von der Art und dem Umfang seiner Tätigkeit ab, von der Entfernung des Beweisorts von dem Sitz seiner Kanzlei und der voraussichtlichen Länge des Beweistermins, Bre JB **76**, 92 (Ausland), Ffm JB **82**, 238, Kblz Rpfleger **80**, 69, strenger Mü AnwBl **84**, 211. Soweit der ProzBev den Termin selbst wahrnimmt, sind seine Kosten auch dann erstattungsfähig, wenn sie die fiktiven Kosten eines Vertreters vor Ort übersteigen, Ffm JB **82**, 238, Stgt Just **84**, 182, aM Ffm AnwBl **88**, 298 (aber der ProzBev ist nun einmal der berufene Vollvertreter). Die Kosten eines Vertreters des ProzBev sind grds im Rahmen des § 5 RVG bis zu derjenigen Höhe erstattungsfähig, die dann entstanden wäre, wenn der ProzBev den Beweistermin persönlich wahrgenommen hätte, Düss AnwBl **92**, 45, Ffm JB **77**, 969, Hbg MDR **86**, 592. Bei mehreren Beweisanträgen für mehrere Beweistermine an verschiedenen Orten kommt es auf die Notwendigkeit einer solchen Anwaltsmehrheit an. **84**

Ein *darüber hinausgehender* Betrag ist nach VV 3330 nur dann erstattungsfähig, wenn zB gleichzeitig ein *anderer* Termin stattgefunden hat und wenn das Gericht einem in beiden Fällen gestellten Vertagungsantrag in keinem dieser beiden Fälle stattgegeben hat, Ffm AnwBl **84**, 618, Hamm MDR **84**, 587. Eine Erstattungsfähigkeit liegt ferner dann vor, wenn man es dem ProzBev aus einem anderen Grund nicht zumuten konnte, den Beweistermin persönlich wahrzunehmen, Hamm MDR **84**, 587, Kblz VersR **86**, 1031. Zur Erstattung der Kosten eines ausländischen Beweisanwalts LG Köln VersR **88**, 862. Soweit die Partei neben dem ProzBev am Termin teilnimmt, muß es immerhin nach dem Beweisthema überhaupt als möglich erscheinen, daß sie aus ihrer eigenen Kenntnis zur Aufklärung des Sachverhalts beitragen kann, Hamm Rpfleger **84**, 431, KG JB **82**, 1247. Die vorstehenden Regeln gelten auch bei Ermittlungen eines Sachverständigen, § 407 a Rn 11. Freilich kann die Partei selbst dann *keine* Aufwandsentschädigung erstattet fordern. **85**

Erstattungsfähig sein können auch *Vorbereitungskosten* nach Rn 270 ff, zB auch Abschleppkosten eines zur Beweisaufnahme probegefahrenen und dabei liegengebliebenen Fahrzeugs, Ffm Rpfleger **83**, 123. **86**

Nicht erstattungsfähig ist ein allgemeiner Aufwand wegen einer Beweisaufnahme, zB bei einem Maschinenausfall, Stgt Just **81**, 204. Der als ein Insolvenzverwalter tätige Anwalt kann nicht die Erstattung der Teilnahme am auswärtigen Beweistermin fordern, Ffm AnwBl **88**, 298, Kblz MDR **86**, 764.

S auch Rn 92, 158, 165, 220.

Bürgschaft: Die Kosten der Prozesse gegen den Hauptschuldner und den Bürgen sind nebeneinander erstattungsfähig, Kblz JB **91**, 547.

Mehrkosten getrennter Prozesse gegen mehrere Bürgen in derselben Sache sind *nicht* erstattungsfähig, Kblz VersR **92**, 339 (rechts Mitte).

S auch Rn 139, 204.

Datenbank: Ihre Kosten zählen grds zu den erstattungsfähigen Auslagen, soweit sie eben notwendig waren, SG Mü AnwBl **94**, 146, Jordan/Konradi-Martin AnwBl **94**, 117, strenger Stgt JB **98**, 424.

Detektiv: Rn 89–91, 274.

Deutsche Bahn AG: Rn 92. **87**

Dokumentenpauschale: Rn 184 ff „Schreibauslagen“.

Dolmetscherkosten: Rn 210.

Ehesache: Es gelten §§ 80 ff FamFG. **88**

Einstweilige Verfügung: Rn 73.

Erbschein: Erstattungsfähig sind die Kosten des gerichtlich angeordneten, LAG Düss JB **89**, 811.

Erfolgshonorar: Auch ein nach § 4 a RVG wirksam vereinbartes Erfolgshonorar ist nur in den Grenzen einer dem § 91 entsprechenden Vergütung erstattungsfähig. Es ist keine gesetzliche Vergütung nach § 91 II 1, sondern eine zwar evtl gesetzlich erlaubte, aber eben doch stets nur eine vereinbarte, § 4 a I 1 RVG.

Ermittlungen der Partei: Es gelten die folgenden Regeln. **89**

A. Vor dem Prozeß. Vgl wegen solcher Kosten Rn 270 ff.

B. Im Prozeß. Die Erstattungsfähigkeit hängt von den Umständen des Einzelfalls ab. Sie kann zB dann bestehen, wenn das Gericht einer Partei eine entsprechende Auflage macht, KG WoM **05**, 147. Die Abweisung eines sachlichrechtlichen Ersatzanspruchs hindert evtl nicht die Berücksichtigung im Kostenfestsetzungsverfahren, LAG Bln DB **01**, 2456, LAG Düss Rpfleger **04**, 124. Man muß die Notwendigkeit von Fall zu Fall streng prüfen, BGH MDR **90**, 1099, Hamm VersR **83**, 498, LG Köln WoM **00**, 616. Kosten eines Detektivs können erstattungsfähig sein, soweit seine Einschaltung im Zeitpunkt seiner Beauftragung auch aus der Sicht eines vernünftigen Dritten als notwendig oder zumindest sachdienlich erschien, KG JB **04**, 32, Kblz RR **07**, 293, LAG Düss NZA-RR **04**, 663, aM LG Mü NZM **04**, 96, AG Hbg WoM **97**, 220 (bejaht sachlichrechtlichen Anspruch. Das ändert aber nichts an der prozessualen Beurteilung). Dieser Fall kann etwa dann vorliegen, wenn die Anschrift des Bekl fehlt, Kblz RR **03**, 75, oder diejenige eines Zeugen, Kblz Rpfleger **02**, 482, oder wenn ein Beweis bisher fehlte, Bbg JB **76**, 1251, Kblz RR **03**, 75, oder wenn er nichts erbracht hat, Ffm OLGR **93**, 290. **90**

Allerdings ist die Einschaltung des Detektivs *nicht* erforderlich, wenn die Partei nicht damit rechnen muß, daß der Gegner die von ihr behaupteten ehewidrigen Beziehungen bestreiten wird, Schlesw SchlHA **75**, 76, sofern es überhaupt auf solche Beziehungen ankommt, strenger Hamm MDR **75**, 413, oder wenn man das Ermittlungsziel bereits erreicht hat, Schlesw JB **78**, 436, oder wenn der Detektiv ohne einen klar umrissenen Auftrag arbeitet, Ffm VersR **78**, 1145, LG Bln WoM **00**, 313, oder wenn man ohne einen Detektiv einfacher oder billiger ermittelt hätte, Hamm OLGR **93**, 31, Mü JB **94**, 226, LG Mü Rpfleger **00**, 428, oder wenn man zB das Meldeamt erfolgreich einschalten könnte. Etwas anderes gilt, wenn das Meldeamt eine Auskunft mit Recht verweigert, LG Bln Rpfleger **86**, 107 (zu § 788).

Eine *Ausforschung* ist im allgemeinen *nicht* notwendig, Ffm VersR **78**, 1145, LAG Düss Rpfleger **04**, 124. **91**
Vielmehr muß zunächst ein bestimmter Verdacht bestehen, bevor die Partei damit rechnen kann, Ermitt-

lungskosten erstattet zu bekommen, Ffm JB **81**, 922, Hamm VersR **83**, 498, LG Bln WoM **00**, 313. Selbst dann müssen die Ermittlungskosten in einem klaren Zusammenhang mit dem Prozeß stehen, Düss JB **75**, 231, Kblz RR **03**, 75, zB bei einer Wohnungsermittlung. Die Ermittlungskosten müssen stets in einem vernünftigen Verhältnis zur Sache stehen, Düss JB **76**, 1552, Kblz RR **03**, 75. Daher kommen neben den vereinbarten oder üblichen Kosten besondere Kosten etwa wegen eines Verzehrs oder wegen der Benutzung eines Pkw unter Umständen *nicht* in Betracht. Man muß alle Kosten insbesondere für einen Detektiv belegen, Ffm VersR **78**, 1145. Beim Erfolgshonorar ist eine strenge Prüfung notwendig. Die Ermittlungen des Detektiv müssen für das Prozeßergebnis nicht ursächlich gewesen sein, Kblz RR **03**, 75.

Nicht erstattungsfähig sind ungeeignete Kosten, Hamm FamRZ **00**, 1513, oder Kosten der Aufnahme eines Darlehens, etwa zur Bezahlung eines an sich notwendigen Detektivs, Düss JB **77**, 1005, oder der Detektiv zwecks eines Testkaufs, Schlesw JB **84**, 920. Wegen einer Arbeitssache Lepke DB **85**, 1231 (ausf).

S auch Rn 262, 297.

92 **Fahrtkosten der Partei:** Es handelt sich um die auch in I 2 ausdrücklich geregelten Kosten, dazu Rn 33. Die Kosten sind grds im Rahmen des Notwendigen stets erstattungsfähig, BVerwG Rpfleger **84**, 158, Brdb MDR **00**, 1216, Celle NJW **03**, 2994. Sie sind insbesondere insoweit erstattungsfähig, als das Gericht das persönliche Erscheinen der Partei zum Termin angeordnet hat, Mü GRUR **84**, 162, stenger LG Bonn MDR **00**, 480 (grds nur nach einer Mitteilung der Reise oder dann, wenn das Gericht auch nach der Mitteilung die Anordnung aufrechterhalten hätte. Aber dergleichen sollte nur bei einer sehr erheblichen Verteuerung in Betracht kommen). Dann sind auch unter Umständen die Kosten eines Vertreters der Partei erstattungsfähig, Ffm JB **79**, 1519, Kblz Rpfleger **76**, 325, LG Nürnb-Fürth VersR **96**, 387, strenger KG MDR **85**, 148. Es reicht auch aus, daß das Gericht das persönliche Erscheinen auch oder nur des Prozeßgegners angeordnet hat, Düss RR **96**, 1342.

Ferner reicht es aus, daß das Erscheinen der Partei selbst vernünftigerweise als *notwendig erscheint,* Brdb MDR **00**, 1216, Schlesw JB **92**, 407, LG Coburg JB **05**, 40, zB wegen eines Beweistermins, Ffm Rpfleger **80**, 156, oder daß es gar notwendig *ist,* Mü GRUR **84**, 162, etwa zum Zweck der Information des ProzBev, falls eine schriftliche Information nicht mehr möglich war, Bbg JB **84**, 436, Düss Rpfleger **06**, 511, Hamm MDR **85**, 59 (nicht bei einem ganz einfachen Sachverhalt). Das kann auch zB zugunsten eines Patentanwalts als Partei gelten, Hamm AnwBl **87**, 48. Man sollte die Erstattungsfähigkeit schon wegen (jetzt) § 278 II 3 nicht zu streng beurteilen, Kblz JB **79**, 442, Mümmler JB **81**, 1129. Zu großzügig billigen allerdings Celle NJW **03**, 2994, Kblz MDR **86**, 764, Köln JB **06**, 600 die Erstattung zu, solange keine offenbare Unbilligkeit oder gar ein Rechtsmißbrauch nach Einl III 54 vorliege, Düss RR **96**, 1342, Kblz BB **88**, 26 ([jetzt ca] 800 EUR Fahrtkosten bei [jetzt ca] 20 000 EUR Streitwert), strenger Kblz VersR **87**, 914.

93 Bei *mehreren* Terminen in verschiedenen Sachen an demselben Tag vor demselben Gericht oder vor mehreren Gerichten an demselben Ort muß man die Fahrtkosten der Partei nach der Verfahrenszahl aufteilen, LG Bln Rpfleger **89**, 228.

Reisekosten liegen vor, falls man die politische *Gemeinde* verläßt, in der man wohnt, Stgt JB **84**, 762. Insofern ist die tatsächliche Entfernung unerheblich, Stgt JB **84**, 762, aM Köln Rpfleger **76**, 141 (aber gerade hier ist eine gewisse Vereinfachung dringend notwendig). Auch eine Auslandsreise kann notwendig sein, Düss AnwBl **06**, 288 (Türkei). Reisekosten des Bediensteten einer ausgelagerten Abteilung der am Hauptsitz beklagten Behörde sind unter Umständen *nicht* erstattungsfähig, LAG Hamm Rpfleger **84**, 33. Reisekosten eines Beamten sind nicht erstattungsfähig, wenn ein Beamter mit einem Amtssitz am Gerichtsort auftreten konnte, Mü JB **92**, 171, LAG Bln DB **94**, 1628, ArbG Gießen AnwBl **85**, 275, aM AG Essen MDR **84**, 500 (Terminsbeamter). Dagegen ist es unerheblich, ob die Behörde einen ProzBev hätte beauftragen können, ZöHe 13 „Behörde", aM VG Stade Rpfleger **86**, 278. Bahnkosten sind nicht zugunsten der Deutschen BahnAG als Partei erstattungsfähig, Kblz VersR **89**, 929. Flugkosten sind nur bei einem höheren Streitwert erstattbar, BGH AnwBl **08**, 164.

94 Eine Erstattungsfähigkeit der Fahrtkosten der Partei persönlich scheidet grds aus, soweit sie einen *Verkehrsanwalt* eingeschaltet hatte und keine vernünftigen Gründe hat, neben ihm persönlich am Termin teilzunehmen, Mü MDR **87**, 333, und soweit ihr Erstwohnsitz am Prozeßort liegt und sie nur vom Zweitwohnsitz anreist, Düss RR **97**, 190. Soweit solche Fälle überhaupt zur Erstattungsfähigkeit führen, ist die Erstattung durch die Höhe der Kosten eines Verkehrsanwalts begrenzt, LG Bayreuth JB **81**, 135.

Fahrtkosten sind der *Höhe* nach wie diejenigen eines Zeugen erstattbar, I 2 Hs 2, (jetzt) §§ 19 ff JVEG, BVerwG Rpfleger **84**, 158, Hbg MDR **75**, 500. Es kann sich ergeben, daß die erstattungsfähigen Fahrtkosten der Partei den Streitgegenstand und die Anwaltsgebühren übersteigen. Kosten des Pkw sind erstattungsfähig, soweit Eisenbahnkosten annähernd gleich hoch gewesen wären, Mü AnwBl **82**, 201. Bei einer Insolvenz darf man nicht mehr die 1. Klasse benutzen, Kblz VersR **87**, 914. Zum Arbeitsgerichtsprozeß Wenzel MDR **80**, 540.

95 Die vorstehenden Regeln gelten auch bei einem von der Partei bezahlten *Vertreter,* KG MDR **85**, 148.

Nicht erstattungsfähig sind bloß fiktive Fahrtkosten, Düss JB **93**, 485, aM AG Bad Neuenahr JB **04**, 91, selbst nicht in einer schwierigen Sache, KG Rpfleger **75**, 100. Wegen § 35 dort Rn 5.

S auch Rn 83, 153, 209, 294.

96 **Fahrtkosten des Rechtsanwalts:** Rn 46 (Fahrtkosten des Auswärtigen), BGH FamRZ **04**, 618 rechts oben, Ffm MDR **08**, 1006 (Flug), BVerwG NJW **07**, 3657, LAG Bre MDR **04**, 1325 (je: Üb).

S auch Rn 165 ff.

Fernsprechkosten: Sie sind grds erstattungsfähig. Das gilt insbesondere für ein Telefonat, das erforderlich wird, um Zeit zu gewinnen, oder das eine schnellere und genauere Information ermöglicht.

Filiale: Rn 81, 92, 294.

Forderungsabtretung: Rn 71 „Abtretung".

Foto: Seine Kosten sind grds erstattungsfähig. Man sollte nämlich die Notwendigkeit eines Fotos in den Grenzen Üb 17 vor § 371 großzügig bejahen. Es ist meist zur Klärung des Sachverhalts und zur

Verminderung von sonstigen Beweiskosten durchaus geeignet, selbst wenn man es dann im Termin nicht als Beweismittel auswertet, Hbg JB **77**, 1444, LG Flensb JB **85**, 777.

Fotokopie: Rn 184, 217.

Gebrauchsmuster: Die Mehrkosten infolge der Vertretung durch einen auswärtigen Anwalt sind evtl *nicht* erstattungsfähig, § 27 III, IV GebrMG. **97**

S auch Rn 145.

Geld: Es gelten die folgenden Regeln. **98**

A. Grundsatz: Erstattungsfähigkeit. Die Kosten der Erhebung und der Ablieferung von Geld sind grds erstattungsfähig, aM ZöHe 13 „Geld". Das Gericht muß allerdings an die Notwendigkeit solcher Kosten einen strengen Maßstab anlegen, Nürnb JB **92**, 107, LG Detm Rpfleger **03**, 36, LG Münst Rpfleger **80**, 402. Die Hebegebühr des Anwalts nach VV 1009 gehört vernünftigerweise jedenfalls im Ergebnis zu den Kosten des Rechtsstreits, aM Mü RR **98**, 1452. Sie fällt daher auch unter das Kostenfestsetzungsverfahren nach §§ 103 ff, BGH NJW **07**, 1536, Nürnb JB **92**, 107, Schlesw AnwBl **89**, 170. Ihre Erstattungsfähigkeit richtet sich nach §§ 91, 788 und den entsprechenden Vorschriften in anderen Verfahrensgesetzen. Die Erstattungsfähigkeit setzt also voraus, daß die Auszahlung oder Rückzahlung, Ablieferung oder Rücklieferung durch den Anwalt zur zweckentsprechenden Rechtsverfolgung oder Rechtsverteidigung nötig war, Mü MDR **98**, 438, LG Detm Rpfleger **03**, 36, AG Eisenhüttenstadt Rpfleger **05**, 384. Man muß auch diese Voraussetzungen streng prüfen, Nürnb JB **92**, 107, LG Detm Rpfleger **03**, 36, LG Münst Rpfleger **80**, 402.

B. Beispiele der Erstattungsfähigkeit: Es liegt ein besonderes Eilbedürfnis vor; die Rechtslage ist besonders schwierig, etwa dann, wenn der Anwalt eine Hinterlegung vornimmt, aM AG Bruchsal VersR **86**, 689; der Gläubiger hat ein schutzwürdiges Interesse an der Einschaltung eines Anwalts etwa zwecks Überwachung unregelmäßiger Raten, Düss JB **95**, 50, LG Frankenth JB **79**, 1325, LG Kblz JB **84**, 870; der Hinterleger wohnt im Ausland; der Schuldner zahlt freiwillig an den ProzBev statt an den Gläubiger und der Anwalt hat einen Auftrag zur Entgegennahme, Mü JB **92**, 178 (auch für das Fehlen der Erstattungsfähigkeit), Schlesw JB **99**, 137, LG Ffm AnwBl **89**, 109, aM Düss JB **95**, 50, AG Bln-Neukölln DGVZ **95**, 13, AG Erlangen DGVZ **95**, 15 (aber dergleichen zählt zur typischen Begleittätigkeit eines ProzBev und ist durchaus sinnvoll); der Schuldner zahlt so entgegen der Weisung eines anderen, Ffm JB **95**, 321; der Erstattungspflichtige verpflichtet sich, einen Vergleichsbetrag an den ProzBev des Gegners zu zahlen, KG Rpfleger **81**, 410, Enders JB **99**, 60, aM BGH NJW **07**, 1536. **99**

Die Erstattungsfähigkeit ist in allen diesen Fällen unabhängig davon, ob der Anwalt gegenüber seinem Auftraggeber *unterhaltspflichtig* ist, LG Bln JB **77**, 1447.

C. Beispiele des Fehlens der Erstattungsfähigkeit: Der Anwalt hat den Gegner des Auftraggebers zu einer Zahlung an sich selbst aufgefordert oder sich für einziehungsermächtigt erklärt, ohne den Gegner zugleich auf die Entstehung einer Hebegebühr bei diesem Zahlungsweg hinzuweisen. Denn dann muß der Gegner des Auftraggebers zur Vermeidung einer Zwangsvollstreckung vorsichtshalber an den Anwalt und nicht an den Gläubiger direkt zahlen, Hamm JB **75**, 1609, Mü JB **92**, 178, AG Bonn VersR **84**, 196; es handelt sich um Kreditkosten für die Beschaffung von Geldmitteln zur Bezahlung von Prozeßkosten. Denn man muß sie gesondert einklagen, Kblz FamRZ **88**, 161; ein ungedeckter Scheck des Vollstrekkungsschuldners wird zurückgewiesen, und dann wird ein Scheck des Schuldnervertreters angenommen, Nürnb JB **92**, 107; der Gerichtsvollzieher leitet eine Zahlung an den ProzBev des Gläubigers weiter, LG Detm Rpfleger **03**, 36; es geht um eine Rechtsschutzversicherung, AG Schorndorf JB **82**, 1348; der Erstattungspflichtige ist nur ohne eine Verpflichtungserklärung dazu bereit, an den ProzBev des Gegners zu zahlen, Mü MDR **98**, 438, aM AG Bln-Charlottenb JB **96**, 607. **100**

S auch Rn 108.

Gerichtsstandswahl: Rn 239 „Gerichtsstandswahl".

Gerichtsvollzieher: Rn 302 „Zustellung".

Geschäftsreise: Rn 158, 165.

Geschmacksmuster: Es gelten dieselben Regeln wie in einer Gebrauchsmuster- oder Patentsache, Ffm Rpfleger **94**, 82 (man darf eine ohne jeden Anlaß auf einen bloßen Verdacht durchgeführte Neuheitsrecherche nicht berücksichtigen). Die Mehrkosten infolge der Vertretung durch einen auswärtigen Anwalt, § 15 III GeschmMG, sind evtl *nicht* erstattungsfähig, § 15 IV GeschmMG.

Glaubhaftmachung: Ihre Kosten sind *nicht* erstattungsfähig, soweit voraussichtlich eine billigere Art der Glaubhaftmachung nach § 294 evtl in Verbindung mit § 920 II genügen würde.

Güteverfahren, dazu *Pfab* Rpfleger **05**, 411 (ausf): Zur Erstattungsfähigkeit seiner Kosten enthält III eine ausdrückliche Regelung, Rn 59 ff. Die Anwaltskosten scheinen nicht hierher zu zählen. Denn III scheint nur die „Gebühren" der amtlichen Gütestelle zu erfassen. Nicht zufällig wurde bei der Neufassung von III aus dem früheren Wort „Kosten" das Wort „Gebühren". Aber auch die bloßen Gebühren des Anwalts ohne seine Auslagen scheinen nicht schon nach III erstattungsfähig zu sein. Das Güteverfahren scheint die Erstattungsfähigkeit solcher Gebühren ebensowenig zu kennen wie zB das Prozeßkostenhilfeverfahren, § 118 I 4. Das entspricht dem Wesen solcher Vorverfahren. Es wäre durchaus vertretbar, die im Vorfeld eines Prozesses entstandenen Anwaltskosten dem Auftraggeber endgültig anzulasten, sie also nicht dem vereinfachten Kostenfestsetzungsverfahren zugänglich zu machen. Deshalb scheint man „Gebühren" in III eng auslegen zu müssen, trotz des Fehlens eines ausdrücklichen Erstattungsverbots, Hbg MDR **02**, 115 (zustm Schütt 116), Hamm JB **07**, 489, LG Mü Rpfleger **97**, 408, krit Weglage/Pawliczek NJW **05**, 3102. Die Parteien können freilich eine Kostenerstattung vereinbaren. **101**

Das *obligatorische Güteverfahren* bringt Zusatzprobleme, Schütt MDR **02**, 116. Soweit die bundesgesetzliche Regelung des § 15 a IV EGZPO auch in einem Bundesland unverändert gilt und nicht ein nach § 15 a V EGZPO zulässiges Landesgesetz Abänderungen enthält, liegt in § 15 a IV EGZPO eine gegenüber § 91 III vorrangige Sonderregelung vor. Sie wäre als solche grundsätzlich eng auslegbar. Sie geht teils weiter als § 91 III ZPO, lautet teils aber auch enger: Während § 91 III ZPO nur „Gebühren" erfaßt, nennt § 15 a IV EGZPO „Kosten", also Gebühren und Auslagen, vgl für ein Gerichtsverfahren

§ 1 I GKG. Andererseits erfaßt § 91 III ZPO dasjenige, was „durch ein Güteverfahren entstanden" ist, während § 15 a IV EGZPO nur Kosten „der Gütestelle" nennt. Anwaltskosten sind nicht Kosten „der Gütestelle", sondern solche „im Güteverfahren". Danach würde § 91 III ZPO zwar alle Gebühren der Gütestelle und des Anwalts erfassen, nicht aber zugehörige Auslagen. Diese wären nur insoweit erstattungsfähig, als sie gerade der Gütestelle entstanden wären, nicht dem Anwalt.

Für die *anwaltlichen* Auslagen bliebe danach die Zuordnung zu den *Vorbereitungskosten,* Rn 286, soweit man nicht eine solche Zuordnung als durch die vorgenannten Bestimmungen ausgeschlossen erachten müßte. Vorbereitungskosten sind durchweg schon dann erstattungsfähig, wenn sie sinnvoll sind, Rn 270. Im obligatorischen Güteverfahren können sie darüber hinaus geradezu zwingend, eben obligatorisch, werden. Im Ergebnis kann man daher zumindest wegen der Anwaltskosten eine Erstattungsfähigkeit vernünftigerweise bejahen, LG Nürnb-Fürth WoM **03**, 340 (auch Notarkosten eines Schlichtungsversuchs außerhalb § 15 a EGZPO), Hartmann NJW **99**, 3748.

Sinn und Zweck sprechen überdies zumindest im Zusammenhang mit einem obligatorischen Güteverfahren dafür, jedenfalls diese Vorschrift weit dahin auszulegen, daß sie als eine Auffangregelung diejenigen Kosten erfaßt, die § 15 a IV EGZPO nicht eindeutig ordnet. Auch in anderen Güteverfahren sollte man die Erstattungsfähigkeit im Ergebnis großzügig beurteilen. Das mag sogar durch ihre ausdrückliche Miterwähnung schon in der Kostengrundentscheidung geschehen. Notwendig ist das letztere aber auch nach § 308 II nicht. Mangels einer solchen Erwähnung muß man die Kosten des Güteverfahrens eben nach § 91 beim Ansatz und bei der Festsetzung mitbeachten.

102 **Gutachten,** dazu *Sattler,* Erstattungsfähigkeit von Privatgutachterkosten am Beispiel der Kfz-Sachverständigen, 2004 (ausf): Es gelten die folgenden Regeln.

A. Vor dem Prozeß. Vgl Rn 277.

103 **B. Im Prozeß.** Hier muß man die folgenden Situationen unterscheiden.

Die Kosten eines vom *Gericht* angeordneten oder eingeholten Gutachtens sind stets erstattungsfähig.

Die Kosten eines von der *Partei* eingeholten sog *Privatgutachtens* sind nur nach einer strengen Prüfung erstattbar, Brdb JB **07**, 651. Sie sind jedenfalls insoweit erstattungsfähig, als die Partei ihre Behauptungen nur mithilfe eines solchen Privatgutachtens ausreichend darlegen und unter Beweis stellen kann, BAG BB **07**, 2636, Düss VersR **03**, 524 (Verdacht einer Manipulation), Karlsr JB **08**, 208. Es muß also ein direkter Prozeßbezug bestehen, Brdb VersR **08**, 1132, AG Stgt-Bad Cannstatt VersR **08**, 1132. Dabei muß man insbesondere den Grundsatz der sog Waffengleichheit beachten, ebenso wie beim vorprozessualen Gutachten, Kblz Rpfleger **02**, 483, LG Brschw JB **03**, 311, LG Hbg JB **03**, 311. Der Gutachter muß freilich unabhängig sein, Drsd JB **03**, 312. Die Höhe der erstattungsfähigen Kosten ist von § 91 und nicht nur (jetzt) vom JVEG abhängig, BGH NJW **07**, 1533, Kblz JB **96**, 90, aM OVG Kblz NJW **06**, 1690 (aber § 91 regelt ausreichend und daher systematisch vorrangig).

Soweit die vorstehenden Voraussetzungen vorliegen und auch nicht nur eine ganz einseitige „gutachterliche" und in Wahrheit völlig unbrauchbare Stellungnahme vorliegt, Karlsr JB **92**, 746, hängt die Erstattungsfähigkeit auch *nicht* davon ab, ob und welchen *Einfluß* das Privatgutachten auf die Entscheidung des Gerichts gehabt hat, BPatG GRUR **81**, 815, Hamm Rpfleger **01**, 616, Stgt RR **96**, 255, aM Düss RR **97**, 1431, Hamm RR **96**, 830, Schlesw VersR **91**, 117 (aber notwendig konnte auch dasjenige sein, was aus evtl ganz unvorhersehbaren anderen Gründen dann doch nicht mehr entscheidungserheblich geworden ist). Freilich ist die Einführung des Privatgutachtens in den Prozeß notwendig, Mü JB **95**, 372, aM Saarbr JB **95**, 623 (aber nur eine solche Einführung stellt den Bezug zum Prozeß und damit zu den Prozeßkosten her). Ein Privatgutachten kann auch zwecks Klärung der Prozeßaussichten erstattungsfähig sein, aM Köln JB **03**, 313 (aber das ist sogar eine typisch sinnvolle Situation).

104 – **(Arrest, einstweilige Verfügung):** Die Erstattungsfähigkeit ist insbesondere für ein solches Privatgutachten vorhanden, das man in einem vorläufigen Verfahren eingeholt hat, BGH NJW **90**, 123, BAG BB **07**, 2636, Kblz JB **03**, 314. Das gilt auch für die Kosten eines solchen Sachverständigen, den die Partei zB in der Verhandlung über einen Antrag auf den Erlaß eines Arrests oder einer einstweiligen Verfügung wegen der Notwendigkeit einer sofortigen Glaubhaftmachung nach §§ 920 II, 936, 294 II gestellt hat, Düss DB **81**, 785 (das OLG billigt mit Recht dann einen frei vereinbarten Stundensatz im Rahmen des Üblichen zu), Kblz VersR **92**, 1277.

– **(Bauprozeß):** Pauly MDR **08**, 777 (ausf.).

– **(Brauchbarkeit):** Die Kosten der Brauchbarkeitsprüfung eines Gutachtens sind grds als Allgemeinkosten *nicht* erstattbar, Kblz Rpfleger **03**, 384.

– **(Darlegung von Kosten):** Man muß nicht dem Gegner den voraussichtlichen Kostenrahmen darlegen, aM Jena Rpfleger **06**, 625 (aber das sprengt den Umfang des prozessualen Treu und Glaubens nun doch).

– **(Einsparung):** Die Erstattungsfähigkeit besteht dann, wenn das Privatgutachten ein vom Gericht sonst benötigtes Gutachten ersparte, Nürnb Rpfleger **02**, 482, LG Düss VersR **92**, 472 (nicht aber nach dessen Auftragserteilung, Kblz VersR **96**, 1561), oder soweit der Parteiaufwand die Kosten des Gehilfen eines gerichtlichen Sachverständigen erspart, Kblz VersR **06**, 243.

– **(Erfolgsaussicht):** Die Kosten eines Gutachtens über die Aussichten eines Rechtsmittels können erstattungsfähig sein, aM Mü MDR **92**, 194, Schlesw SchlHA **84**, 47 (aber man kann die Notwendigkeit nicht schon grds je Instanz unterschiedlich beurteilen). Freilich ist in der höheren Instanz eher eine gewisse Zurückhaltung nötig, Drsd JB **03**, 312, Hbg MDR **97**, 784.

– **(Ergänzung):** Eine Erstattbarkeit besteht dann, wenn es um die sachkundige Ergänzung eines Vortrags geht, Kblz VersR **02**, 1531 rechts.

105 – **(Mehrheit von Verwendungen):** Bei der Verwendung des Gutachtens in mehreren Prozessen muß man seine Kosten aufteilen. Dafür muß man die Streitwerte beachten, aber natürlich auch die jeweilige Bedeutung des Gutachtens für den Prozeß.

– **(Meinungsumfrage):** Ihre Kosten können erstattbar sein, KG Rpfleger **87**, 262.

– **(Musterprozeß):** S „– (Schwierige wirtschaftliche Frage)".

– **(Rechtsmittelaussicht):** Rn 104 „– (Erfolgsaussicht)".
– **(Sachlichrechtlicher Ersatzanspruch):** Natürlich kann mangels einer prozessualen Erstattungsfähigkeit ein sachlichrechtlicher Ersatzanspruch vorliegen, Üb 43 vor § 91, Nürnb JB **78**, 117.
– **(Schwierige medizinische Frage):** Die Erstattbarkeit hängt von den Gesamtumständen ab, strenger Stgt RR **93**, 1339. Es kommt nicht auf eine Beschränkung auf die haftungsbegründende Ursächlichkeit nach § 287 Rn 6 an, aM Hamm JB **07**, 596.
– **(Schwierige Rechtsfrage):** Eine Erstattbarkeit besteht dann, wenn es um ein schwieriges Rechtsproblem geht, BVerfG NJW **93**, 2793 (dort freilich ein in Wahrheit vorprozessuales Gutachten), Mü Rpfleger **00**, 425, Mankowski MDR **01**, 199, strenger Karlsr JB **06**, 35 links (je: ausländisches Recht), strenger Hbg RR **00**, 877 (ausländisches Recht nur bei Zeitdruck). Ausreichend sind auch Gebührenprobleme auf einem Spezialgebiet, Kblz Rpfleger **86**, 108, Mü MDR **92**, 194. Zwar ist die Rechtsprechung oft zu engherzig. Eine Verweisung zB auf § 293 ist oft nur ein Ausdruck einer Selbsttäuschung des Gerichts. Andererseits sind die Kosten eines juristischen Privatgutachtens keineswegs automatisch erstattungsfähig, Ffm RR **87**, 380.
– **(Schwierige technische Frage):** Bei schwierigen technischen Fragen sind die Kosten des Privatgutachtens fast immer erstattungsfähig, Ffm Rpfleger **87**, 172. Das gilt zB dann, wenn der Gutachter einen anderen privaten oder gerichtlich bestellten Gutachter widerlegen soll, Kblz MDR **03**, 1142, Saarbr OLGR **01**, 437, Stgt BauR **02**, 665.
– **(Schwierige wirtschaftliche Frage):** Eine Erstattbarkeit besteht dann, wenn es um eine schwierige wirtschaftliche Frage geht, Zweibr DB **97**, 218 (Unternehmensbewertung). Eine Erstattungsfähigkeit liegt ferner vor, wenn es sich um einen Musterprozeß mit schwierigen wirtschaftlichen Überlegungen und einer großen rechtlichen oder wirtschaftlichen Tragweite handelt.
– **(Straftatverdacht):** Eine Erstattbarkeit besteht dann, wenn es zB um den Verdacht der Vortäuschung **106**
eines Unfalls geht, Brdb VersR **08**, 1132, Ffm OLGR **96**, 216, Hbg JB **89**, 819.
– **(Ungewöhnlichkeit):** Eine Erstattbarkeit besteht grds auch bei einer ungewöhnlichen Klage, Hbg JB **76**, 97, Hamm Rpfleger **86**, 141.
– **(Ursächlichkeit):** Rn 105 „– (Schwierige medizinische Frage)".
– **(Vergleich):** Ein Vergleich mag auch auf einem Privatgutachten beruhen. Dann können dessen Kosten erstattungsfähig sein, Nürnb FamRZ **02**, 1719. Ein Vergleich schließt die Erstattungsfähigkeit mangels anderweitiger Absprachen nicht aus, LG Brschw MDR **79**, 320.
– **(Widerlegungszweck):** Rn 105 „– (Schwierige Frage").
S auch Rn 104 „– (Arrest, einstweilige Verfügung)".
– **(Zusatzgutachten):** Neben einem vom Gericht eingeholten Gutachten kommt eine Erstattung der Kosten eines nun erst eingeholtes Parteigutachtens nur dann in Betracht, wenn es das Gerichtsgutachten widerlegen sollte, Kblz Rpfleger **91**, 389, wenn die Partei es dazu auch mangels eigener Sachkunde benötigte, Kblz JB **07**, 652, OVG Lüneb JB **03**, 314, und wenn das Gericht es wenigstens für beachtlich hielt, Köln VersR **93**, 716.
– **(Zwangsvollstreckung):** Es gelten dieselben Regeln wie im Erkenntnisverfahren, Brdb JB **08**, 271.

Hauseigentümervereinigung: Rn 140 „Mieterverein". **107**

Hebegebühr: Rn 98.

Hinterlegung: Rn 98, 204 „Sicherheitsleistung".

Hochschullehrer: Soweit er ein ProzBev ist und sein darf, § 78, sind auch seine Kosten dem Grunde nach und zur Höhe wie bei einem Anwalt erstattungsfähig, Rn 9, Mü MDR **01**, 958, strenger LG Münst MDR **95**, 1175 (abl Deumeland ZMR **96**, 386). II (jetzt) 3 ist unanwendbar, BVerfG **71**, 24.

Honorarvereinbarung: Solche vereinbarten Kosten des Anwalts, die über die gesetzlichen hinausgehen, sind nur beim ausländischen Verkehrsanwalt nach Rn 227 oder beim inländischen Anwalt nach einer vertraglichen Übernahme durch den Gegner erstattungsfähig, Rn 41, 44. Man kann eine Übernahme natürlich auch in einem Prozeßvergleich vereinbaren, Hamm AnwBl **75**, 96. Man muß im Kostenfestsetzungsverfahren glaubhaft machen, daß der Auftraggeber die Formvorschriften (jetzt) der §§ 3 a, 4 RVG eingehalten hatte, Kblz Rpfleger **77**, 107. Eine „Übernahme der Kosten" meint im Zweifel nur die gesetzlichen. Deshalb ist auch eine Beschwerde der Partei auf eine Erhöhung des Streitwerts unzulässig.

Hotelkosten: Sie können notwendig sein, wenn man sonst in der Zeit zwischen 21 und 6 Uhr fahren **108**
müßte, Karlsr RR **03**, 1655.

Information: Rn 215, 220, 242.

Ingenieurbüro: Seine prozeßbegleitende Betreuung ist selbst im Bauprozeß nur *sehr begrenzt* erstattbar, Nürnb MDR **01**, 1439.

Inkasso, dazu *David,* Zusammenarbeit mit Inkassounternehmen usw, 1989; *Jäckle,* Die Erstattungsfähigkeit der Kosten eines Inkassobüros, 1978; *Wedel* JB **06**, 180 (Üb): Inkassokosten können als ein Teil der Prozeßkosten erstattungsfähig sein, Oldb JB **06**, 481 (zustm Brumann), LG Rostock JB **06**, 484, AG Herborn JB **03**, 647. Das Gesetz unterscheidet für die Erstattungsfähigkeit grds nicht zwischen einer gerichtlichen und einer außergerichtlichen Tätigkeit, aM (zum alten Recht) LG Münst Rpfleger **01**, 517 (aber insofern sind die vielfachen Probleme des alten Rechts überholt). Im Mahnverfahren ist die Tätigkeit eines Inkassounternehmens bis zum Betrag von 25 EUR erstattungsfähig, § 4 IV 2 RDGEG, dazu Goebel MDR **08**, 542 (krit, ausf).

Freilich ist die Erlaubnis zur *gerichtlichen Einziehung* einer fremden und zu Einziehungszwecken abgetretenen Forderung eines *Verbrauchers* durch eine Verbraucherzentrale oder einen anderen mit öffentlichen Mitteln geförderten Verband, im Rahmen seines Aufgabenbereichs davon abhängig, daß das im Interesse des Verbraucherschutzes auch geradezu erforderlich und nicht nur nützlich oder wünschenswert ist. Demgemäß muß man dann folglich die Erstattungsfähigkeit einschränken.

Der *bloße Verzug* macht *nicht stets* die Einschaltung eines Inkassobüros notwendig, LG Bln RR **87**, 302. Es kommt darauf an, ob der Gläubiger damit rechnen konnte, durch diese Einschaltung einen Prozeß wirklich auch vermeiden zu können, Drsd RR **96**, 1471, AG Cottbus DGVZ **00**, 45, AG Jever DGVZ **00**, 44. Neben Anwaltskosten sind Inkassokosten grds kaum erstattungsfähig, Drsd RR **94**, 1141, LG Mosbach Rpfleger **84**, 199. Sie sind ohnehin höchstens bis zur Grenze der gesetzlichen Gebühren eines Anwalts erstattungsfähig, Drsd RR **96**, 1471, AG Hbg-Altona JB **05**, 544, AG Uelzen JB **01**, 32. Soweit ein prozessualer Erstattungsanspruch ausscheidet, können Inkassokosten einen sachlichrechtlichen Ersatzanspruch begründen, Üb 61 vor § 91.

Insolvenz: Rn 127, 178, 235.

109 **Juristische Person:** Sie darf sich einem ProzBev nehmen, OVG Lüneb JB **06**, 34.

S aber auch Rn 81, 255 ff, 294 ff.

110 **Kanzleiabwickler:** Es können natürlich nur solche persönlichen Kosten des für den verstorbenen Anwalt bestellten Abwicklers erstattungsfähig sein, die noch nicht in der Sache durch eine Tätigkeit des Verstorbenen entstanden waren. Kosten eines zweiten Abwicklers sind grds *nicht* erstattbar, Hbg MDR **05**, 839.

S auch Rn 126.

Kartellsache: Vgl KG Ffm AnwBl **91**, 165, krit Hoffmann/Schaub DB **85**, 2335 (je Üb).

Klagänderung: Rn 144.

Klagerweiterung: Rn 127.

111 **Klagerücknahme:** Es gelten die folgenden Regeln.

A. Kostengrundentscheidung. Wegen der vielfältigen diesbezüglichen Fragen § 269 Rn 33–44.

B. Kostenerstattung. Bis zur Wirksamkeit der Klagerücknahme nach § 269 Rn 14, 22 darf und muß der ProzBev des Bekl vorsorglich einen Beweisbeschluß prüfen, aM LG Bln VersR **88**, 391 (aber er kann zB nicht abschließend klären, ob das Gericht die angekündigte Rücknahme als wirksam beurteilen wird, § 85 Rn 9 ff). Die Kosten zB einer entschuldbar „ahnungslosen" Klagerwiderung sind erstattbar. § 344 behält Vorrang, § 269 Rn 34. Eine durch den Kostenantrag nach § 269 III 3 entstandene Gebühr ist grds erstattungsfähig, LG Bln JB **84**, 921. Freilich kann eine Ausnahme vorliegen, wenn der Bekl dem Kläger eine Kostenübernahme zugesichert hatte, LG Hbg MDR **02**, 540. Wegen der Erstattung bei einer nachfolgender neuen Klage nach § 269 VI vgl § 269 Rn 49.

S auch Rn 243 „Klagerücknahme".

Korrespondenzanwalt: Rn 220.

Kostenantrag: Rn 111.

Kostenwiderspruch: Anh § 3 Rn 12.

112 **Kreditkosten:** Rn 301 „Zinsen".

Kurier: Seine Kosten sind jedenfalls insoweit *nicht* erstattungsfähig, als man das Telefax hätte nutzen können, Köln JB **02**, 591.

Lichtbild: Rn 96 „Foto".

Liquidator: Sein allgemeiner Zeitaufwand ist *nicht* erstattungsfähig, Hamm Rpfleger **82**, 82.

113 **Lohnausfall:** Rn 296.

114 **Mahnschreiben:** Rn 286.

Mahnverfahren: Es ist vieles umstritten.

A. Allgemeines, dazu *Hansens* Rpfleger **89**, 487: Der Gläubiger hat ein Wahlrecht, ob er den Anspruch zunächst im Mahnverfahren geltend machen will und dann riskiert, daß ein anderes Gericht das streitige Verfahren entscheiden muß, §§ 696 ff, oder ob er sogleich im Klageweg vorgehen und damit ein solches Gericht anrufen will, das für den gesamten Rechtsstreit zuständig bleibt. Diesen Umstand übersehen viele bei der Auseinandersetzung über die Erstattungsfähigkeit von Mahnkosten, zB Düss AnwBl **88**, 652, Hbg AnwBl **88**, 297. Konsequent angewandt, führt er dazu, daß eine Verweisung nach § 696 manchmal überhaupt nicht zulässig ist, § 696 Rn 28. Das alles gilt auch trotz der in §§ 690 I Z 5, 692 I 1 Hs 2 vorgesehene Möglichkeit, die Abgabe an ein zwischen den Parteien vereinbartes Gericht zu fordern. Denn an der Zwangszuständigkeit des Mahngerichts hat sich nichts geändert. Selbst wenn eine Verweisung notwendig ist, sei es auch wegen §§ 690 I Z 5, 692 I Z 1, ändert das nichts daran, daß zuvor zur Verfahrensart sehr wohl ein Wahlrecht bestand und daß der Antragsteller es *nicht* kostenmäßig auf dem Rücken des Antragsgegners oder des Bekl ausüben durfte, Düss VersR **85**, 554, aM Düss Rpfleger **92**, 131, Hamm JB **91**, 1354, LG Wiesb NJW **92**, 1634 (aber ein Rechtsmißbrauch ist auch hier unstatthaft, Einl III 54).

Der allgemein anerkannte Grundsatz nach Rn 29, daß man die *Prozeßkosten so gering wie möglich* halten muß, ist auch in diesem Zusammenhang wichtig. Er schränkt das Wahlrecht des Gläubigers ein. Denn unabhängig von einem solchen prozessualen Wahlrecht besteht eine sachlichrechtliche Schadensminderungspflicht des Gläubigers nach § 254 BGB. Sie nötigt ihn dazu, bei der Ausübung seiner prozessualen Rechte auf die Interessen des Gegners im zumutbaren Maß Rücksicht zu nehmen. Sein Anwalt braucht aber zB Ansprüche aus verschiedenen Sachverhalten nicht mit demselben Mahnantrag geltend zu machen, AG Nürtingen AnwBl **87**, 193.

115 **B. Einzelfälle.** Die nachfolgenden Nachweise beziehen sich teils auf das Recht vor dem 1. 1. 2000. Die Kosten mehrerer Anwälte, s auch Rn 124, sind nur insoweit erstattungsfähig, als sie die Kosten eines einzelnen Anwalts nicht übersteigen oder als in der Person des Anwalts ein Wechsel eintreten mußte, II 3, Hamm Rpfleger **78**, 385, Kblz JB **78**, 1032, Stgt NJW **78**, 767, aM Bre Rpfleger **79**, 221 (aber die vorstehende Regel ist „eiserner Grundsatz" des Kostenrechts).

116 – **Erstattungsfähigkeit**, dazu *Hansens* Rpfleger **89**, 487: Erstattungsfähig sind die Mahnkosten zumindest, soweit der Antragsteller *nicht* oder nur teilweise *mit* einem *Widerspruch* des Antragsgegners *zu rechnen braucht,* Hamm AnwBl **00**, 322, KG RR **01**, 59, Mü JB **02**, 428, aM Brdb MDR **01**, 1135 (vgl aber Rn 114, 119). Das gilt etwa deshalb, weil der Anspruch ersichtlich unbestreitbar ist, aM Düss BB **77**, 268 (abl Schmidt), oder soweit trotz der Vorhersehbarkeit eines Widerspruchs doch ein Anwaltswechsel notwendig wurde, etwa wegen eines Umzugs des Bekl, Schlesw SchlHA **87**, 100. Unter solchen Voraussetzungen können auch die Kosten eines Rechtsbeistands erstattungsfähig sein, Karlsr JB **06**, 35

rechts oben, Kblz KTS **85**, 121. Eine floskelhafte Beschränkung der „Begründung" auf die Unvorhersehbarkeit reicht jedenfalls nach einem vorangegangenen gegnerischen Bestreiten nicht, Hamm RR **00**, 211. Eine Klagerücknahme nach einer antragsgemäßen Abgabe an das Gericht des streitigen Verfahrens und nach der anschließenden Beauftragung des Anwalts des Bekl läßt die Erstattbarkeit seiner Verfahrensgebühr bestehen, Düss JB **94**, 431, Stgt MDR **90**, 557, LG Bln JB **97**, 138, aM KG MDR **02**, 1028 (vgl aber Rn 159).

Die *Beweislast* für die Unvorhersehbarkeit eines Widerspruchs liegt schon wegen des Erfordernisses einer Notwendigkeit von Kosten *beim Gläubiger*, Kblz MDR **79**, 320, Schlesw SchlHA **86**, 64, Zweibr JB **79**, 1323, aM Köln JB **79**, 213 und 715, Mü JB **82**, 405, Riecke MDR **99**, 84 (aber das Mahnverfahren darf nicht auf dem Rücken des Gegners Zusatzkosten auslösen, Rn 114). Dabei kann der Umstand zugunsten des Gläubigers sprechen, daß der Schuldner gegen sich ein Versäumnisurteil ergehen läßt, Bbg JB **90**, 1478, Hbg JB **96**, 38. Zwei an verschiedenen Orten wohnende Antragsgegner können je einen an ihrem Wohnsitz residierenden Anwalt beauftragen und dessen Kosten auch dann erstattet fordern, wenn zB der BGH das Prozeßgericht am anderen Ort als das zuständige bestimmt, Düss AnwBl **81**, 506. 117

Erstattungsfähig können auch die Kosten eines auswärtigen ständigen *Vertrauensanwalts* sein, BGH FamRZ **04**, 866, KG Rpfleger **86**, 491, Kblz JB **90**, 997, aM Nürnb NJW **98**, 389 (abl Schneider NJW **98**, 356, Schütt MDR **98**, 127. Aber es kann triftige Gründe für eine solche Vertrauenszusammenarbeit geben, BGH FamRZ **04**, 866. Diese muß der unterliegende Gegner respektieren. Er könnte ja ebenso gehandelt haben). Freilich müssen auch solche Kosten unvermeidbar sein, Düss AnwBl **89**, 166, KG Rpfleger **79**, 68, Kblz Rpfleger **79**, 69, 70. Das kann auch bei einer Kapitalgesellschaft für eine Geschäftsforderung so sein, Düss Rpfleger **00**, 566. Erstattungsfähig können zB die Kosten einer notwendigen Reise zum Anwalt des Prozeßgerichts werden, Ffm JB **79**, 1666, KG JB **77**, 1732. Erstattungsfähig können diejenigen Kosten sein, die dadurch entstehen, daß der ProzBev einen Vollstreckungsbescheid beantragt, weil die Widerspruchsfrist abgelaufen ist und weil das Gericht ihn von einem inzwischen dort eingegangenen Widerspruch noch nicht benachrichtigt hatte. Erstattungsfähig sind evtl auch die Anwaltskosten des Antragsgegners, Kblz JB **02**, 76. Das gilt selbst dann, wenn der Antragsteller nur ihm gegenüber eine Antragsrücknahme angekündigt hat, aM LG Augsb Rpfleger **88**, 160 (vgl aber Rn 158), oder gar dann, wenn die Klagerücknahme erst nach der Abgabe in das streitige Verfahren erfolgte, KG JB **07**, 307. Erstattungsfähig sind die Kosten des Anwalts des Antrags*gegners* wegen eines von *ihm* gestellten Antrags auf ein streitiges Verfahren nach einer langen Unklarheit, wie sich der Antrag*steller* verhalten wird, Kblz MDR **94**, 520, Mü MDR **92**, 909, LG Hamm JB **99**, 29. Die Kosten eines Unterbevollmächtigten sind erstattungsfähig, soweit sie Terminskosten des ProzBev ersparten, Oldb MDR **03**, 778. 118

– **Fehlen einer Erstattungsfähigkeit:** Nicht erstattungsfähig sind die Kosten des Mahnverfahrens auch nach der Einführung der Postulationsfähigkeit jedes Anwalts vor jedem Gericht insoweit, als der Antragsteller mit einem zusätzliche Anwaltskosten auslösenden *Widerspruch* des Antragsgegners gegen den Mahnbescheid rechnen muß, (teils zum alten Recht) Hamm MDR **94**, 103, LG Augsb JB **99**, 942 (je: nach einer ergebnislosen Einschaltung eines Inkassobüros), Köln JB **93**, 682 (hohe Inkassokosten), Saarbr JB **91**, 248 (teilweise noch strenger), Stgt JB **91**, 1351 (Versicherung lehnt Zahlung ab), Zweibr JB **01**, 202, aM Brdb MDR **01**, 1135, Düss AnwBl **01**, 308, Hbg AnwBl **01**, 124 (je: stets Erstattungsfähigkeit), Kblz JB **04**, 143 (stellt auf die Möglichkeit einer schriftlichen Information ab), LG Mü MDR **98**, 563 (nach Inkassobüro Erstattbarkeit wegen Säumnis. Aber die war nicht zu erwarten und besagt nichts, § 342). 119

Das alles gilt selbst dann, wenn der Antragsteller mit einem Widerspruch nur zu dem Zweck der *Hinauszögerung* einer Zahlung rechnen muß, Düss MDR **85**, 504, Schlesw SchlHA **84**, 134, LG Halle JB **00**, 365 (abl Wedel), aM Düss AnwBl **82**, 24, Hbg JB **82**, 1359, ZöHe 13 „Mahnverfahren" (vgl aber Rn 114). 120

Es reicht für den Wegfall der Erstattungsfähigkeit aus, daß der Antragsteller mit einem *Teilwiderspruch* rechnen muß, Mü MDR **88**, 416. Eine Verweisung nach § 696 V ist dann unerheblich, Rn 114. Wegen der Beweislast Rn 117. Der Antragsteller braucht aber nicht schon deshalb mit einem Widerspruch des Gegners zu rechnen, wenn der letztere schweigt, Kblz JB **78**, 238, Schlesw SchlHA **83**, 59, Stgt JB **78**, 438, aM Düss VersR **87**, 1019 (aber das Schweigen kann auch die bloße Hoffnung auf einen Zeitgewinn bedeuten).

Der Antragsteller braucht ferner dann *nicht* mit einem Widerspruch zu rechnen, wenn der Schuldner eine *Teilzahlung* geleistet hat, Zweibr JB **79**, 222, oder wenn er eine Sicherheit geleistet hat, Düss AnwBl **85**, 590, Mü MDR **77**, 320. Das gilt selbst dann, wenn es sich um einen Urkunden-, zB einen Wechselmahnbescheid handelt, Düss VersR **86**, 921, Kblz JB **82**, 407, Mü JB **81**, 74, aM Düss AnwBl VersR **86**, 921 (aber auch dann hat der Schuldner schon eingelenkt). Etwas anderes gilt, wenn der Bekl zwar nicht den Urkundenanspruch, wohl aber die zugrundeliegende Forderung bestreitet, Mü MDR **87**, 61. Es ist in diesem Zusammenhang unerheblich, ob ein bereits geltend gemachter außergerichtlicher Einwand des Antragsgegners als begründet erscheint. Der Antragsteller muß gleichwohl mit einem Widerspruch des Antragsgegners rechnen, sofern der außergerichtliche Einwand eben vorliegt, Brschw MDR **99**, 570, Mü MDR **93**, 285, Stgt AnwBl **85**, 269, und soweit dieser Einwand nicht einen Rechtsmißbrauch darstellt, Bbg JB **76**, 61. 121

Nicht erstattungsfähig sind die Kosten des Mahnverfahrens ferner dann, wenn der Antragsgegner einen *unbedingten Prozeßauftrag* erteilt, bevor er oder der Antragsteller des Mahnverfahrens einen Antrag auf die Durchführung des streitigen Verfahrens nach § 696 I 1 gestellt haben, Köln JB **00**, 77, Schlesw SchlHA **81**, 72, aM Hbg MDR **94**, 520, KG MDR **02**, 1028 (aber der Sinn des Mahnverfahrens ist doch unter anderem gerade die Vermeidung eines streitigen Verfahrens). 122

Eine Erstattungsfähigkeit *fehlt* ferner, wenn die *Parteien denselben Wohnsitz* haben, Schlesw SchlHA **85**, 180, oder wenn sie in demselben LG-Bezirk wohnen, Schlesw JB **90**, 1471, oder wenn es um die 123

Forderung einer juristischen Person aus einem Alltagsverkauf geht, Nürnb MDR **99**, 1407, oder wenn *ein* Sozius am Ort der Partei die Kanzlei hat, der andere am Ort des Prozeßgerichts, KG JB **96**, 140. Etwas anderes gilt nur dann, wenn das Gericht trotz des Fehlens eines Antrags auf die Durchführung des streitigen Verfahrens fälschlich einen Verhandlungstermin anberaumt. Nicht erstattungsfähig sind Rechtsbeistandskosten neben Rechtsanwaltskosten, Rn 182 „Rechtsbeistand", oder Kosten einer genossenschaftlichen Treuhandstelle, die von einer Bank zugezogen wurde, Kblz Rpfleger **89**, 524.

Markensache: S zunächst § 63 I MarkenG und Rn 147. Wegen eines Patentanwalts Rn 147. Die Kosten eines weiteren Anwalts, der nicht Patentanwalt ist, sind *nicht* erstattungsfähig, Düss JB **86**, 2084.

124 **Mediation:** Zumindest die nur „gerichtsnahe" Mediation begründet keine nach § 91 behandelbaren Kosten, Rostock JB **07**, 194.

Mehrheit von Gerichtsständen: § 35 Rn 5.

Mehrheit von Prozeßbevollmächtigten, II 3, dazu *Henssler/Deckenbroek* MDR **05**, 1321 (Üb): Die Kosten mehrerer Anwälte sind insoweit erstattungsfähig, als sie die Kosten eines einzelnen Anwalts nicht übersteigen, Düss AnwBl **93**, 40, großzügiger Nürnb AnwBl **88**, 653, oder als in der Person des Anwalts ein Wechsel eintreten mußte, II 3, Rn 55. Dieser Grundsatz läßt Ausnahmen zu, BVerfG **66**, 323. Man muß die folgenden beiden Fallgruppen unterscheiden.

A. Anwaltswechsel. Ein Grundsatz hat zahlreiche Auswirkungen.

a) Grundsatz: Erstattungsfähigkeit bei Schuldlosigkeit. Es kommt darauf an, ob die Partei die Kosten so niedrig hält, wie es eine redliche Prozeßführung verlangt, Schneider MDR **81**, 451. Die Kosten beider Anwälte sind insoweit erstattungsfähig, als die Partei und der erste Anwalt am Wechsel schuldlos sind, Ffm JB **83**, 122, KG RR **01**, 59 (Überörtliche Sozietät), Kblz FamRZ **06**, 1559, LG Landshut JB **04**, 145, LG Regensb FamRZ **05**, 1189 (je: Krankheit), aM Schneider MDR **81**, 451 (das Veranlassungsprinzip dürfe nicht in eine Verschuldenshaftung führen. Aber das ändert nichts an der Notwendigkeit der Vermeidung entbehrlicher Kosten nach besten Kräften). Die Partei muß im Zweifel beweisen, daß sie am Wechsel schuldlos ist. Dieser Fall kann zB vorliegen, wenn ihr Anwalt die Zulassung oder die Vertretung zulässigerweise aufgegeben hat, ohne daß die Partei ihm durch das eigene Verhalten dazu einen Anlaß gegeben hätte, Ffm Rpfleger **86**, 66, Kblz MDR **91**, 1098, oder wenn ihre Kündigung berechtigt war und wenn sie deren Notwendigkeit auch nicht früher erkennen konnte, Kblz JB **91**, 965.

125 **b) Beispiele zur Frage einer Erstattungsfähigkeit der Mehrkosten beim Anwaltswechsel**

– **(Abgabe):** Erstattungsfähigkeit *fehlt,* soweit es vor der Rechtshängigkeit zur Abgabe kommt, Schlesw JB **91**, 702.

S auch Rn 130 „– (Unzuständigkeit)".

– **(Abmahnung):** S „– (Arrest, einstweilige Verfügung)".

– **(Abwickler):** Erstattungsfähigkeit liegt vor, soweit für den ausgeschiedenen oder verstorbenen Anwalt zwar ein Abwickler amtiert, die Partei aber nun einen anderen als diesen Abwickler zu ihrem ProzBev bestellt, Hbg JB **85**, 1870, Mü AnwBl **94**, 301 (Ausnahme: Praxiskauf durch den Abwickler), AG Köln AnwBl **97**, 291. Beauftragt die Partei einen früheren Abwickler nach dem Ende seines Amts mit der weiteren Bearbeitung, kann eine Erstattungsfähigkeit eintreten, § 13 V, Hamm JB **76**, 625.

S aber auch Rn 128 „– (Niederlegung)".

– **(Alter):** Erstattungsfähigkeit liegt vor, soweit der Anwalt wegen seines hohen Alters ausscheidet, Brschw JB **75**, 871, Ffm AnwBl **83**, 566.

– **(Anfechtung):** Rn 131 „– (Vergleich)".

– **(Arrest, einstweilige Verfügung):** Erstattungsfähigkeit *fehlt,* soweit die Partei vor einem wettbewerbsrechtlichen Eilverfahren den Gegner nicht im notwendigen Umfang abgemahnt hat, Ffm Rpfleger **90**, 313, oder soweit die Partei einen Antrag nach § 942 I nicht beim dafür ebenfalls zuständigen Gericht des Rechtfertigungsverfahrens gestellt hat, Kblz JB **91**, 90.

– **(Aufgabe der Vertretung):** Rn 128 „– (Niederlegung)".

126 – **(Benennung durch Gegner):** Erstattungsfähigkeit *fehlt,* soweit man erwarten mußte, daß der Gegner den ProzBev benennen würde, Hamm MDR **77**, 143.

– **(Betreuer):** Es gelten dieselben Regeln wie Rn 129 „– (Pfleger)".

– **(Bürogemeinschaft):** Erstattungsfähigkeit liegt vor, soweit überhaupt ein „notwendiger" Anwaltswechsel stattfindet.

– **(Eilverfahren):** Rn 125 „– (Arrest, einstweilige Verfügung)", Rn 129 „– (Selbständiges Beweisverfahren)".

– **(Erbe):** Rn 130 „– (Tod)".

– **(Erkrankung):** Rn 127 „Krankheit".

– **(Ermittlungsverfahren):** Rn 130 „– (Untersuchungshaft)".

– **(Erschleichung des Gerichtsstands),** dazu § 12 Rn 22: Erstattungsfähigkeit *fehlt* dann, Düss RR **98**, 71.

– **(Fahrzeughalter):** Erstattungsfähigkeit *fehlt,* soweit der Fahrzeughalter des Bekl zur Erhebung einer Widerklage einen anderen Anwalt bestellt, Düss MDR **95**, 474.

S auch „– (Haftpflichtversicherung)".

– **(Freiwilligkeit):** Rn 128 „– (Niederlegung)"; Rn 129 „– (Streitgenossen)".

– **(Haft):** Rn 130 „– (Untersuchungshaft)".

– **(Haftpflichtversicherung):** Erstattungsfähigkeit *fehlt,* soweit der Haftpflichtversicherer des Klägers zur Abwehr der Widerklage einen anderen Anwalt bestellt, Köln AnwBl **85**, 534.

S auch „– (Fahrzeughalter)".

– **(Hauptprozeß):** Rn 129 „– (Selbständiges Beweisverfahren)".

127 – **(Insolvenzverwalter):** Erstattungsfähigkeit *fehlt,* soweit der Anwalt zum Insolvenzverwalter wird und den Prozeß als solcher weiterführt, Kblz KTS **84**, 304, Mü MDR **89**, 460.

S auch Rn 128 „– (Niederlegung)".

– **(Interessenkollision):** Erstattungsfähigkeit liegt vor, soweit objektiv eine vom Anwalt nicht vorhersehbare Interessenkollision die Beendigung seiner Tätigkeit herbeizwingt, Düss JB **93**, 731, Ffm AnwBl **83**, 566.

Erstattungsfähigkeit *fehlt,* soweit der Anwaltswechsel darauf beruht, daß die Partei zu Unrecht einen Interessengegensatz befürchtet hat, Kblz MDR **79**, 407, oder wenn der erste Anwalt die Interessenkollision vorhersehen konnte, Rn 124, Ffm JB **77**, 554.

– **(Kartellsache):** Erstattungsfähigkeit *fehlt* beim Wechsel zur auswärtigen gesetzlich bestimmten Kartellkammer, Ffm AnwBl **91**, 165.

– **(Klagerweiterung):** Erstattungsfähigkeit *fehlt* meist. Denn der ProzBev ist beim erweiterungsbedingten Zuständigkeitswechsel von AG an ein LG auch dort postulationsfähig, wie vor jedem Gericht. Mangels einer ordnungsgemäßen Zustellung einer schriftlichen Klagerweiterung gibt es kein Prozeßrechtsverhältnis und keine Kostenerstattung, Kblz JB **06**, 646 links.

– **(Krankheit):** Erstattungsfähigkeit kann je nach den Gesamtumständen vorliegen, Kblz FamRZ **06**, 1559, LG Landshut JB **04**, 145, LG Regensb FamRZ **05**, 1189, oder *fehlen,* letzteres etwa bei nur leichter Erkrankung des Anwalts und bei einer Bereitschaft und Zumutbarkeit der Fortsetzung des Anwaltsvertrags.

– **(Kündigung der Partei):** Erstattungsfähigkeit *fehlt,* soweit die Partei ohne einen zwingenden Grund kündigt (Fallfrage!), Hbg MDR **98**, 928, Köln JB **92**, 175, Mü JB **91**, 964.

S auch Rn 128 „– (Niederlegung)".

– **(Löschung):** Rn 128 „– (Niederlegung)".

– **(Mahnverfahren):** Rn 114 ff.

– **(Mandatsentzug):** S „Kündigung der Partei".

– **(Mehrheit von Gegnern):** Erstattungsfähigkeit *fehlt* grds, soweit mehrere Gegner miteinander oder nebeneinander auftreten.

– **(Mißbrauch):** Rn 129 „– (Streitgenossen)".

– **(Nachlaßverwalter):** Erstattungsfähigkeit *fehlt,* soweit der Anwalt zum Nachlaßverwalter bestellt wird, Ffm Rpfleger **78**, 419.

S auch Rn 128 „– (Niederlegung)".

– **(Niederlegung):** Erstattungsfähigkeit kann vorliegen beim Wechsel zum OLG, Hamm RR **96**, 1343, **128**
oder bei einer Änderung der Gerichtsorganisation, Kblz JB **78**, 1068, oder beim Wechsel in den öffentlichen Dienst, Hbg JB **93**, 351 (großzügig), aM LG Flensb Rpfleger **94**, 383.

Erstattungsfähigkeit *fehlt,* soweit der bisherige Anwalt die Vertretung freiwillig oder vorwerfbar aufgibt oder niederlegt, Hbg JB **85**, 1871, Mü AnwBl **02**, 117, LG Flensb Rpfleger **94**, 383, sei es auch wegen einer Arbeitsüberlastung oder grds schon wegen seiner Benennung oder Vernehmung als ein Zeuge, Hamm Rpfleger **76**, 435, LG Bonn AnwBl **84**, 103, oder wenn die Partei einen Vorschuß nicht gezahlt hat, Mü JB **78**, 437, oder wenn er die Vertretung vorwerfbar verliert. Denn dann ist die Partei nach § 628 BGB von ihrer Leistungspflicht frei, Hbg MDR **81**, 768. Sie kann einen bereits gezahlten Vorschuß zurückverlangen, notfalls sogar im Klageweg.

Erstattungsfähigkeit *fehlt* im allgemeinen auch dann, wenn der Anwalt seine Zulassung freiwillig aufgibt, aM Hbg JB **93**, 351, Mü JB **07**, 596 (aber dergleichen kann sich nicht auf Kosten des Gegners abspielen). Das gilt besonders dann, wenn der Anwalt seine Absicht, sich alsbald löschen zu lassen, oder die sonstigen Gründe der Partei verschwiegen hat, aus denen er den Prozeßauftrag voraussichtlich nicht werde beenden können, Bbg JB **84**, 1562, Ffm Rpfleger **86**, 66, Kblz MDR **91**, 1098, oder wenn er nach seiner Ernennung zum Beamten keinen Praxisabwickler bei der Landesjustizverwaltung verlangt, Hbg MDR **81**, 767. Es kommt jedoch auf die Umstände des Einzelfalls an, Ffm BB **84**, 177, Hamm RR **96**, 1343.

S auch Rn 127 „– (Kündigung der Partei)".

– **(Patentstreitsache):** Es kann sich jede Partei von jedem Anwalt vertreten lassen. Eine Erstattungsfä- **129**
higkeit *fehlt* beim Wechsel zum Anwalt am Sitz des Spezialgerichts, (zum alten Recht) Ffm JB **81**, 1082.

– **(Pfleger):** Erstattungsfähigkeit *fehlt,* soweit der Anwalt zum Pfleger eines Streitgenossen wird usw, Hbg MDR **75**, 323.

– **(Pflichtanwalt):** S „– (Soziuseintritt)".

– **(Praxiskauf):** Rn 125 „– (Abwickler)".

– **(Rechtshängigkeit):** Rn 125 „– (Abgabe)".

– **(Selbständiges Beweisverfahren):** Erstattungsfähigkeit *fehlt* meist, soweit die Partei nach einem selbständigen Beweisverfahren für den Hauptprozeß einen anderen Anwalt beauftragt, Düss BauR **02**, 350, Kblz Rpfleger **02**, 281, Mü JB **99**, 893, evtl auch wegen Differenzen, Hbg MDR **98**, 928 (Vorsicht!).

– **(Soziusaustritt):** Erstattungsfähigkeit liegt vor, wenn aus einer Sozietät, die die Vollmacht hatte, ein Sozius austritt und wenn der andere weiter in dieser Sache tätig ist, aM Nürnb JB **03**, 647 (aber Sozien sollen füreinander tätig sein, so schon ihre lateinische Bezeichnung).

Erstattungsfähigkeit *fehlt,* soweit die Partei nicht nach dem Ausscheiden eines Sozius einen anderen Sozius beauftragt, Mü JB **79**, 108, Schlesw JB **78**, 921. Ausnahmen können beim Vertrauensanwalt gelten, Rn 130 „– (Tod)".

– **(Soziuseintritt):** Soweit ein Sozius eintritt, liegt überhaupt *kein* Anwaltswechsel vor, BGH MDR **88**, 575, Hbg JB **75**, 773, Köln JB **94**, 688. Das gilt grds auch dann, wenn der neue Sozius erst nach der Bevollmächtigung zum Teilhaber wurde, § 84 Rn 3.

Anders liegt es aber beim Pflichtanwalt. Denn dort begründet die Ausstellung der Vollmacht auf den Sozius keinen Anwaltsvertrag. Vgl auch § 100 Rn 49 ff.

– **(Spezialrecht):** Erstattungsfähigkeit *fehlt,* soweit sich der bisherige Anwalt die Kentnisse selbst verschaffen kann. Das ist (theoretisch) grds zumutbar, VGH Mü AnwBl **00**, 324 (Verwaltungsrecht).

– **(Streitgenossen):** Erstattungsfähigkeit *fehlt,* soweit solche Streitgenossen, die zunächst einen gemeinsamen Anwalt hatten, das Mandat ohne einen weiteren Grund freiwillig aufspalten, Ffm AnwBl **88**, 74, Hbg JB **75**, 384, großzügiger Düss MDR **88**, 324 (nur beim Mißbrauch), KG VersR **78**, 544 (aber das grenzt an einen Rechtsmißbrauch, Einl III 54).

130 – **(Tod):** Erstattungsfähigkeit liegt vor, wenn der allein bearbeitende ProzBev stirbt, sogar bei der Bestellung eines Abwicklers nach § 55 BRAO, Ffm AnwBl **90**, 567, Hbg JB **85**, 1870, ZöHe 13 „Anwaltswechsel", aM Düss Rpfleger **87**, 80 (aber dann wird nun wirklich ein Anwaltswechsel notwendig), oder wenn der Verstorbene zwar Sozien hatte, aber persönlich das besondere Vertrauen der Partei genoß, Düss Rpfleger **87**, 80, Karlsr JB **77**, 1142, strenger Ffm AnwBl **90**, 567, Mü AnwBl **95**, 109, Schlesw JB **78**, 921 (aber der Vertrauensanwalt kann auch im wohlverstandenen Interesse des Prozeßgegners tätig sein).

Erstattungsfähigkeit *fehlt,* soweit der Abwickler die Praxis übernimmt, Rn 125, soweit die Partei stirbt und soweit keine besonderen Umstände dem Erben einen Anwaltswechsel als dringlich erscheinen lassen, Hbg MDR **79**, 762.

– **(Überlastung):** Rn 128 „– (Niederlegung)".

– **(Unterbevollmächtigter):** Der ProzBev bleibt bestehen. Daher entsteht insoweit *kein* Anwaltswechsel, Bischof MDR **00**, 1357.

– **(Untersuchungshaft):** Ob eine Erstattungsfähigkeit vorliegt, soweit der ProzBev in einer Untersuchungshaft war, läßt sich erst auf Grund des Ausgangs des Ermittlungsverfahrens usw beurteilen, großzügiger FG Bre EFG **85**, 85.

– **(Unzuständigkeit):** Erstattungsfähigkeit kann vorliegen, soweit der Anwaltswechsel infolge der Rüge einer Unzuständigkeit notwendig geworden ist, Mü FamRZ **00**, 1513. Das gilt allerdings nicht, soweit der Kläger von vornherein mit der Unzuständigkeit rechnen mußte, Düss MDR **84**, 320 (auch bei einer Klagerweiterung), Hamm MDR **97**, 201 (Widerklage), Kblz VersR **88**, 277. Im übrigen kommt es zunächst auf die Verweisung nach § 281 III 2 an. Ferner kommt es darauf an, ob die Partei damit rechnen mußte, daß in einem Verfahren mit einem grundsätzlichen Anwaltszwang über die Zuständigkeitsfrage überhaupt eine nach § 281 II 1 freigestellte mündliche Verhandlung stattfinden werde, § 281 Rn 22, 23.

Da der Anwalt auch vor demjenigen Gericht postulationsfähig ist, liegt meist *kein* notwendiger Anwaltswechsel vor. Es kann aber wegen ersparter Parteireisekosten usw eine Erstattung zusätzlicher Anwaltskosten infrage kommen, Mü JB **01**, 32, Nürnb MDR **01**, 1134.

S auch Rn 125 „– (Abgabe)", „– (Arrest, einstweilige Verfügung)", Rn 131 „– (Zurückverweisung)".

131 – **(Vergleich):** Für die Erstattungsfähigkeit kommt es bei der Anfechtung eines Vergleichs darauf an, wie lange er schon zurückliegt. Beim nachfolgenden Streit um die Wirksamkeit des Vergleichs kommt es wegen der Nämlichkeit der Angelegenheit auf die Notwendigkeit eines Anwaltswechsels an, Hamm JB **00**, 470.

– **(Verschulden):** Rn 128 „– (Niederlegung)".

– **(Verschweigen):** Rn 128 „– (Niederlegung)".

– **(Versicherung):** Erstattungsfähigkeit *fehlt,* soweit die Versicherung der Partei den Anwaltswechsel verschuldet hat, Nürnb JB **90**, 726.

– **(Vertrauensanwalt):** Rn 130 „– (Tod)".

– **(Verweisung):** Rn 130 „– (Unzuständigkeit)".

– **(Vorhersehbarkeit):** Vgl Rn 124.

– **(Vorprozeß):** Erstattungsfähigkeit kann vorliegen, soweit die Partei nicht den Anwalt des Vorprozesses erneut bestellt hatte. Denn dazu ist sie keineswegs stets verpflichtet, auch nicht zwecks Kostenersparnis, Hbg AnwBl **80**, 372.

– **(Vorschuß):** Rn 128 „– (Niederlegung)".

– **(Widerklage):** Erstattungsfähigkeit kann *fehlen,* soweit der Auftraggeber für die Verteidigung gegen die Klage und für die Widerklage je einen Anwalt beauftragt (dann nur *einmal* Erstattung), selbst wenn eine Versicherung das wünscht, KG MDR **75**, 499.

Rn 130 „– (Unzuständigkeit)".

– **(Wohungseigentum):** Seit 1. 7. 07, Art 4 S 2 G v 26. 3. 07, BGBl 370, ÜbergangsR Einl III 78, gilt

WEG § 50. Kostenentscheidung. **Den Wohnungseigentümern sind als zur zweckentsprechenden Rechtsverfolgung oder Rechtsverteidigung notwendige Kosten nur die Kosten eines bevollmächtigten Rechtsanwalts zu erstatten, wenn nicht aus Gründen, die mit dem Gegenstand des Rechtsstreits zusammenhängen, eine Vertretung durch mehrere bevollmächtigte Rechtsanwälte geboten war.**

– **(Zeuge):** Erstattungsfähigkeit *fehlt,* soweit der Anwalt zum Zeugen der eigenen Partei wird, Hamm Rpfleger **76**, 435, oder zum Zeugen des Gegners.

S auch Rn 128 „– (Niederlegung)".

– **(Zulassung):** Ihr Entzug kann zur Erstattungsfähigkeit der Kosten des Nachfolgers führen, Kblz Rpfleger **04**, 184.

S auch Rn 128 „– (Niederlegung)".

– **(Zurückverweisung):** Ob eine Erstattungsfähigkeit vorliegt, soweit es zu einer Zurückverweisung gekommen ist, läßt sich nur nach den Umständen des Einzelfalls klären, Hbg MDR **75**, 852, Köln JB **92**, 175.

S auch Rn 130 „– (Unzuständigkeit)".

– **(Zuständigkeit):** Rn 130 „– (Unzuständigkeit)".

132 **B. Häufung von Prozeßbevollmächtigten,** dazu *Engels* MDR **99**, 1043 (Üb): Man muß wie folgt unterscheiden.

a) Erstattungsfähigkeit bei Streitgenossen. Jeder Streitgenosse und jeder Streithelfer darf grds zunächst einen eigenen ProzBev beauftragen und unterrichten, BVerfG **81**, 390, LG Mönchengladbach AnwBl **08**, 213, LG Münst JB **98**, 84, strenger Ffm AnwBl **88**, 73, Kblz MDR **94**, 416, Köln JB **99**, 418 (aber jeder darf und muß evtl seinen eigenen Prozeßweg wählen). Das gilt auch dann, wenn die Partei erstmals in der zweiten Instanz mehrere Anwälte beauftragt, Düss Rpfleger **84**, 33, Karlsr AnwBl **94**, 41, Schlesw JB **92**, 473. Jeder Streitgenosse kann grds auch einen Anwalt für die anderen mitbeauftragen, LG Gött AnwBl **87**, 284 (auch zu Ausnahmen), LG Kiel AnwBl **88**, 297. Vgl zur Erstattungsfähigkeit bei Streitgenossen Rn 253, § 100 Rn 55. Soweit die Partei eine Sozietät beauftragt hat, ist VV 1008 anwendbar und daher auch für die Erstattungsfähigkeit beachtlich, Rn 136 „Sozius".

b) Im übrigen: Oft keine Erstattungsfähigkeit. Von Rn 132 abgesehen sind die Mehrkosten **133** mehrerer ProzBev grds nicht erstattungsfähig, BVerfG MDR **84**, 729, BGH NJW **07**, 2257, KG JB **96**, 140 (wegen einer überörtlichen Sozietät), aM Düss JB **93**, 686, Herrlein Rpfleger **95**, 400 (bei einer überörtlichen Sozietät. Aber wo liegen die Grenzen?).

c) Beispiele zur Frage einer Erstattungsfähigkeit der Mehrkosten bei einer Häufung von **134** **Prozeßbevollmächtigten**

- **(Ausländischer Anwalt):** Soweit er nach dem EuRAG auftritt, SchlAnh VII, ist deutsches Recht anwendbar, Mü Rpfleger **98**, 539.
  Vgl auch Rn 223, 224.
- **(Beweistermin):** Erstattungsfähigkeit kann für den Beweisanwalt vorliegen, Rn 83.
- **(Dritter):** Erstattungsfähigkeit *fehlt,* soweit die Partei die Auswahl des ProzBev einem Dritten überlassen hat und soweit ein weiterer Anwalt dem Dritten den Streit verkünden muß, Ffm VersR **80**, 584.
- **(Einvernehmensanwalt):** Seine Kosten nach (jetzt) VV 2200 sind grds erstattungsfähig, Mü MDR JB **04**, 381.
- **(Fahrer):** Rn 138 „– (Versicherung)".
- **(Finanzgericht):** § 139 FGO ist keine Sonderregel, BFH NJW **76**, 1264.
- **(Fiskus):** Erstattungsfähigkeit *fehlt,* soweit mehrere Ressortminister den Bund, das Land usw vertreten und jeder seinen eigenen Anwalt beauftragt. Das gilt selbst dann, wenn die Ressortminister unterschiedliche Ansichten vertreten, Köln Rpfleger **80**, 157.
- **(Großunternehmer):** Erstattungsfähigkeit *fehlt,* soweit ein Großunternehmer für seine Mahnverfahren besondere Anwälte oder Rechtsbeistände einschaltet, Düss VersR **85**, 554, LG Bückeb JB **01**, 102.
- **(Halter):** Rn 138 „– (Versicherung)". **135**
- **(Interessengleichheit):** S „– (Mißbrauch)".
- **(Kammerrechtsbeistand):** Derjenige nach §§ 1 II 1, 3 I Z 1 RDGEG, § 209 BRAO kann bei einer eigenen Forderung Mahnanwaltskosten erstattet fordern.
- **(Krankheit):** Erstattungsfähigkeit *fehlt,* soweit der Anwalt für auch längere Zeit erkrankt ist.
- **(Mahnverfahren):** Rn 134 „– (Großunternehmen)".
- **(Massenverfahren):** Rn 134 „– (Großunternehmen)".
- **(Mißbrauch):** Erstattungsfähigkeit *fehlt,* soweit ein Rechtsmißbrauch vorliegt, Einl III 54, etwa bei einer deckungsgleicher Interessenlage, BGH NJW **07**, 2257, Karlsr MDR **00**, 235, Schlesw JB **92**, 473. Ein Mißbrauch kann insbesondere im Wettbewerbsrecht vorliegen, Mü MDR **01**, 652.
- **(Mitauftrag):** Erstattungsfähigkeit kann vorliegen, soweit ein Streitgenosse einen Anwalt für die anderen mitbeauftragt, LG Gött AnwBl **87**, 284 (auch zu Ausnahmen), LG Kiel AnwBl **88**, 297.
- **(Rechtsmißbrauch):** S „Mißbrauch".
- **(Sozius):** Bei der Beauftragung einer Sozietät ist (jetzt) VV 1008 auch im Rahmen der Erstattungsfrage **136** mitbeachtlich, Ffm AnwBl **88**, 70, KG JB **99**, 417, LG Nürnb-Fürth BB **81**, 1975, aM Bbg MDR **00**, 791, Düss Rpfleger **93**, 369, Hamm AnwBl **81**, 31 (aber die Vorschrift gilt uneingeschränkt). Bei einer Erfolglosigkeit der Klage gegen einen früheren Sozius können die Kosten eines jeden Streitgenossen erstattungsfähig sein, Hbg MDR **89**, 824.
- **(Spezialrecht):** Der Grundsatz des *Fehlens* einer Erstattungsfähigkeit nach Rn 133 gilt auch insoweit, als es sich um Spezialfragen handelt, BPatG GRUR **89**, 193 und 910, Kblz JB **84**, 922, Stgt AnwBl **81**, 196, aM Hamm JB **77**, 68, Kblz GRUR **87**, 576 (aber gerade dann könnte es zu einer für den Gegner unzumutbaren Verteuerung unter einem Verstoß gegen die Schadensminderungspflicht kommen).
- **(Streitgenossen):** Rn 132.
- **(Streitverkündung):** Rn 134 „– (Dritter)".
- **(Terminsnot):** Erstattungsfähigkeit *fehlt,* soweit ein auswärtiger ProzBev wegen Terminsüberschneidungen einen Unterbevollmächtigten schickt, Mü MDR **02**, 174.
- **(Überlassung des Vortrags):** Erstattungsfähigkeit *fehlt* auch insoweit, als der ProzBev den mündlichen **137** Vortrag einem anderen Anwalt überlassen hat, Hamm JB **77**, 76.
- **(Überörtliche Sozietät):** Rn 133, Rn 136 „– (Sozius)".
- **(Verkehrsanwalt):** Die Mehrkosten eines Verkehrsanwalts können erstattungsfähig sein, Rn 220 ff.
- **(Verkehrsunfall):** Rn 138 „– (Versicherung)".
- **(Versicherung):** Die Mehrkosten sind grds *nicht* erstattungsfähig, wenn eine Versicherung für die Klage und für die Widerklage je einen Anwalt beauftragt, KG MDR **75**, 499, oder wenn sie für alle Bekl einen gemeinsamen Anwalt beauftragt und wenn der Fahrer oder Halter gleichzeitig oder später einen weiteren eigenen Anwalt ohne einen besonderen sachlichen Grund beauftragen, BGH RR **04**, 536, Köln JB **95**, 265, LG Bln NJW **97**, 2827, aM Mü AnwBl **98**, 284 (Mitversicherter), LG Bielef JB **97**, 260, LG Mü MDR **98**, 713 (aber § 7 II Abs 5 AKB verpflichten Halter und Führer, sich mit dem Versicherer abzustimmen).

  Ein zur Erstattungsfähigkeit ausreichender *besonderer Grund* liegt aber vor, soweit der Versicherungs- **138** nehmer auch einen eigenen Anspruch geltend machen will, etwa durch eine Widerklage, Bbg VersR

86, 396. Die Erstattungsfähigkeit bleibt auch grds insoweit bestehen, als der Versicherungsnehmer den eigenen Anwalt zeitlich zuerst beauftragt hat, KG JB **98** 199, LG Bln RR **02**, 421, oder als eben kein gemeinsamer Anwalt auftritt, sondern für jeden Beteiligten ein eigener Anwalt, Schlesw SchlHA **84**, 133, oder soweit der von der Versicherung zusätzlich für den Halter mitbeauftragte Anwalt insoweit auf eine Erstattung verzichtet, Kblz VersR **89**, 929, oder soweit ein Interessenkonflikt besteht, Kblz AnwBl **95**, 206. Hat die Partei die Auswahl des ProzBev einem Dritten überlassen und muß ein weiterer Anwalt dem Dritten den Streit verkünden, sind die dadurch entstehenden Kosten *nicht* zur Rechtsverfolgung oder Rechtsverteidigung notwendig, Ffm VersR **80**, 584. § 139 II 1 FGO ist keine Sonderregel, BFH NJW **76**, 1264.

– **(Widerklage):** S „– (Versicherung)".

139 **Mehrheit von Prozessen:** Die Kosten mehrerer Prozesse können grds erstattungsfähig sein. Denn keine Partei braucht grds mehrere sachlichrechtliche Ansprüche in derselben Klage zu häufen, Kblz Rpfleger **91**, 80 (zwei Klagen gegenüber dem Hauptschuldner und dem Bürgen), KG JB **01**, 99, Kblz Rpfleger **91**, 80 (kein gemeinsamer Gerichtsstand), Mü MDR **01**, 652, aM Hbg JB **83**, 1255 (aber es kann durchaus achtbare Gründe für getrennte Prozesse geben, vom Mißbrauch durch eine Erschleichung des Gerichtsstands abgesehen, Rn 140). Wenn etwa dieselben Reisekosten mehrere Prozesse betreffen, sind sie gegenüber jedem Unterlegenen als Gesamtschuldner erstattungsfähig. Denn kein Verlierer hat einen Anspruch auf eine Vergünstigung. Ab einer Verbindung sind nur noch die neu entstehenden Kosten eines Anwalts erstattungsfähig. Man muß dann die vor der Verbindung entstandenen Kosten nach den obigen Regeln beurteilen. Auch mehrere Gläubiger können trotz eines gleichartigen Rechts grds mangels einer rechtlicher oder tatsächlichen Verbundenheit getrennt klagen und eine Erstattung fordern, Meyer JB **02**, 71.

140 Die Erstattungsfähigkeit *fehlt aber,* soweit für eine Trennung in mehrere Prozesse jeder sachliche Grund fehlt. Denn ein Rechtsmißbrauch verdient nirgends Schutz, Einl III 54, Düss JB **02**, 486, KG JB **02**, 35. Dieser Fall kann zB dann vorliegen, wenn der Gläubiger mehrere rechtlich selbständige gleichartige, einem einheitlichen Lebensverhältnis entstammende Ansprüche (zB Mieten, Wechsel) gegenüber demselben Schuldner in gesonderten Rechtsstreiten geltend macht, Hbg MDR **03**, 1382, KG MDR **00**, 1277, Stgt Rpfleger **01**, 617, aM Bbg JB **83**, 130, Hamm Rpfleger **80**, 439, LG Köln JB **91**, 1352 (aber das wäre eben ein Rechtsmißbrauch). Die Erstattungsfähigkeit fehlt ferner, wenn der Kläger aus einem einheitlichen Sachverhalt Ansprüche gegen mehrere Personen in getrennten Prozessen erhebt, Hbg MDR **04**, 778, Kblz AnwBl **90**, 46, aM LG Saarbr JB **99**, 366 (aber dann gibt es durchweg keinen achtbaren Grund zur Aufsplitterung). Die Erstattungsfähigkeit kann fehlen, wenn der Kläger mehrere Bekl ohne einen sachlichen Grund in getrennten Prozessen statt in einer Streitgenossenschaft desselben Prozesses belangt, was freilich bei § 36 I Z 3 in seinem Belieben steht, Kblz MDR **90**, 159, oder wenn er eine sonstige willkürliche Zerlegung in mehrere Prozesse vorgenommen hat (Erschleichung des Gerichtsstands), oder wenn er zB zwei Bürgen getrennt verklagt, Kblz Rpfleger **91**, 81. In den vorgenannten Fällen fehlt die Erstattungsfähigkeit aber nur für die Mehrkosten einer Mehrheit von Prozessen.

Mehrkosten: Rn 110 „Kennzeichenstreitsache", Rn 209 „Terminswahrnehmung", Rn 255.

Mehrwertsteuer: Rn 213.

Meinungsumfrage: Rn 286.

141 **Mieterverein:** Die Kosten sind insoweit erstattungsfähig, als eine Partei den Mieterverein außerhalb der mündlichen Verhandlung einschaltet. Dann richtet sich die Erstattungsfähigkeit im einzelnen nach derjenigen der Kosten eines Rechtsbeistands, Rn 182, LG Aachen JB **83**, 270, LG Siegen WoM **79**, 38, AG Leverkusen WoM **80**, 204, aM LG Düss JB **82**, 1722 (aber der Mieterverein darf vor Gericht schriftsätzlich auftreten).

Die Kosten sind *nicht* erstattungsfähig, soweit es sich um eine Terminswahrnehmung handelt, § 157 Rn 4, aM Miesbach WoM **77**, 132 (aber im Termin darf der Mieterverein meist nicht auftreten). Eine Pauschalsumme ist nicht erstattungsfähig, AG Tostedt WoM **80**, 61.

S auch Rn 283.

142 **Mietkosten:** Sie können erstattungsfähig sein, etwa nach einem Unfall für die Unterstellung des Kfz, Hbg MDR **00**, 331. Ein Zurückbehaltungsrecht an einer Kaution wegen eines prozessualen Erstattungsanspruchs setzt dessen vorläufig vollstreckbare Titulierung voraus, LG Hbg NZM **01**, 1076.

Nebenintervenient: Rn 206 „Streithelfer".

Normenkontrollverfahren: Die Kosten dieses Verfahrens sind *nicht* erstattungsfähig. Denn es handelt sich um ein abgeschlossenes besonderes Verfahren.

Notanwalt, Beiordnung: Es gelten dieselben Regeln wie im Ablehnungsverfahren, Rn 70, aM Mü MDR **93**, 484.

143 **Obligatorisches Güteverfahren:** Rn 101.

Ordnungsmittel: Die Kosten eines Verfahrens um ein Ordnungsmittel gegen eine Partei, einen Zeugen oder Sachverständigen zählen grds zu den Kosten des Hauptprozesses und sind mit diesen erstattungsfähig. Im zugehörigen Zwischenstreit oder Beschwerdeverfahren kann eine Erstattbarkeit zB dann bestehen, wenn das Gericht eine Stellungnahme der Partei eingefordert hat oder wenn es um einen Ablehnungsgrund geht, Hamm JB **79**, 117, Schneider DRiZ **79**, 186.

Im übrigen besteht im Beschwerdeverfahren mangels eines Streits gerade zwischen den Parteien des Hauptprozesses *grds keine* Erstattungsfähigkeit, Hamm JB **79**, 119, aM BAG NJW **08**, 252 (abl Wiebeling).

Ortstermin: Die durch die Teilnahme des Anwalts auch am Ortstermin des Sachverständigen entstandene Terminsgebühr ist grds erstattungsfähig, KG JB **07**, 261.

Parteifähigkeit: Steht die Nichtexistenz fest, sind auch zugehörige Anwaltskosten erstattbar, Grdz 19 vor § 50.

Parteiwechsel: § 263 Rn 15, 16.

144 **Patentanwalt:** Es gibt einen Grundsatz mit zahlreichen Auswirkungen.

A. Grundsatz: Erstattungsfähigkeit bei Notwendigkeit. Die Kosten des Patentanwalts sind im notwendigen Umfang grds erstattungsfähig, Art 134 EPÜ, Rn 146 „Europäisches Patentamt", § 143 III PatG, BGH GRUR **06,** 703 (Altfall), BPatG GRUR **08**, 736 (aber nicht mehr § 143 III PatG im Neufall), Mü JB **01**, 30, LG Düss BB **75**, 328, ferner (jetzt) § 140 III MarkenG, Ffm GRUR-RR **05**, 104, Karlsr GRUR-RR **06**, 303, Stgt JB **06,** 375, § 38 IV SortenSchG, strenger KG WettbR **00**, 76 (nur ausnahmsweise. Jedenfalls aber Erstattungsfähigkeit, soweit es um Fragen aus dem spezifischen Aufgabenkreis des Patentanwalts geht), großzügiger Düss GRUR **80**, 136, KG GRUR-RR **05**, 334, Stgt Rpfleger **96**, 37 (keine Notwendigkeitsprüfung. Aber diese Besserstellung gegenüber einem Rechtsanwalt ist sachlich nicht gerechtfertigt). Die vorgenannten Sonderregeln enthalten keine Rahmengebühren, Mü JB **01**, 30.

Die Erstattungsfähigkeit besteht (jetzt) unabhängig von der *Höhe einer Anwaltsgebühr* (jetzt) nach § 13 I 1–3 RVG, VV 1004, BGH GRUR **03**, 639, Ffm GRUR-RR **05**, 104, Hbg MDR **88**, 684, aM Ffm GRUR **88**, 530, Hbg MDR **05**, 1196 (aber § 13 I 3 RVG war schon nach altem Recht unanwendbar).

B. Beispiele zur Frage einer Erstattungsfähigkeit der Kosten eines Patentanwalts **145**

– **(Abmahnung):** Auch beim Streit um sie in einer Markensache kann eine Erstattungsfähigkeit bestehen, Rn 144, Karlsr GRUR-RR **06**, 303.

– **(Anzeige der Mitwirkung):** Erstattungsfähigkeit kann auch ohne sie vorliegen, Ffm GRUR-RR **03**, 125 (vgl aber § 97 II).

– **(Arbeitnehmererfindung):** Die Regeln Rn 149 „– (Rechtsanwalt)" gelten auch in einem Streit wegen einer Arbeitnehmererfindung, Karlsr AnwBl **89**, 106 (keine Anrechnung).

– **(Arrest, einstweilige Verfügung):** Erstattungsfähigkeit kann auch in solchem Eilverfahren vorliegen, Ffm JB **90**, 1296.

– **(Auslagen):** Erstattungsfähigkeit liegt auch wegen notwendiger Auslagen vor, BPatG GRUR **89**, 911, Düss GRUR **84**, 651, Ffm GRUR **98**, 1034.

S auch bei den einzelnen Auslagenarten.

– **(Ausländischer Patentanwalt):** Erstattungsfähigkeit kann bei einer Ansässigkeit in der EU und bei einer Gemeinschaftsmarkensache bestehen, Ffm JB **06**, 481, Zweibr GRUR-RR **04**, 344.

– **(Auslandspatent):** Erstattungsfähigkeit liegt auch beim Streit über ein ausländisches Patent vor, Ffm GRUR **83**, 435.

– **(Auswärtiger):** Eine Partei ist nicht verpflichtet, stets nur einen am Geschäftsort residierenden Patentanwalt zu beauftragen, Ffm GRUR **98**, 1034.

– **(Consulente in marchi):** Zu seiner etwaigen Gleichstellung mit einem Patentanwalt BGH Rpfleger **07**, 626.

– **(Eigene Sache):** Erstattungsfähigkeit *fehlt* grds, soweit der Patentanwalt in einer eigenen Sache tätig ist. **146**
Denn II 4 ist nicht ausdehnend auslegbar und § 143 III PatG enthält keine entsprechende Regelung, Ffm WRP **79**, 657, Mü MDR **98**, 308, ZöHe 13 „Patentanwaltskosten", aM BPatG GRUR **82**, 293 (aber Text und Sinn der Vorschrift sind eindeutig, Einl III 39).

Erstattbar können aber die *Reisekosten* des Patentanwalts als Partei sein, Hamm AnwBl **87**, 48.

– **(Eintragung):** Erstattungsfähigkeit liegt vor, soweit man formelle Eintragungsfragen klären muß, Ffm JB **97**, 599.

– **(Erfolgshonorar):** Es gilt praktisch dasselbe wie beim Rechtsanwalt, § 43 b PatAnwO. Vgl daher Rn 88.

– **(Europäisches Patentamt):** Patentanwalt ist über § 143 III PatG hinaus jeder nach Art 134 EPÜ zugelassene Vertreter beim Europäischen Patentamt, KarlsrGRUR **04**, 888.

– **(Firmenschutz):** Da man jetzt auch eine Firmenschutzsache nach § 140 MarkenG beurteilen muß, gilt für den mitwirkenden Patentanwalt § 140 V MarkenG in Verbindung mit § 13 RVG.

– **(Gebrauchsmuster):** Die Regeln zum Patentanwalt gelten auch im Verfahren nach § 27 GebrMG, Düss GRUR **80**, 136, Ffm JB **90**, 1296, Nürnb GRUR-RR **03**, 29. Die zusätzliche Einschaltung eines Patentanwalts ist im Löschungsverfahren meist nicht notwendig BPatG JB **07**, 207.

– **(Geschmacksmuster):** Die Regeln zum Patentanwalt gelten auch im Verfahren nach § 15 V GeschmMG, Ffm JB **90**, 1296, auch bei Zwangsvollstreckung, Stgt GRUR-RR **05**, 334.

– **(Name):** Rn 146 „Firmenschutz". **147**

– **(Marke):** Die Regeln zum Patentanwalt gelten auch im Verfahren nach (jetzt) § 140 III MarkenG, Düss RR **98**, 1222, Mü JB **01**, 30, Stgt GRUR **04**, 1064. Der Begriff Kennzeichensache ist weit auslegbar, BGH GRUR **04**, 622, Mü GRUR-RR **04**, 190 (Nichterfüllung eines Vertragsstrafeversprechens). Wer einen als Anwalt und Patentanwalt zugelassenen ProzBev in beiden Funktionen beauftragt hat, kann die Patentanwaltsgebühren nach § 140 III MarkenG erstattet fordern, BGH GRUR **03**, 640, BPatG GRUR **05**, 974, Hbg MDR **07**, 369 (Glaubhaftmachung der Mitwirkung nötig).

S auch Rn 149 „– (Revision)".

– **(Mehrheit von Auftraggebern):** Rn 150 „– (Streitgenossen)".

– **(Mitwirkung):** Erstattungsfähigkeit liegt vor, soweit der Patentanwalt mitwirkte und auch mitwirken mußte, BPatG GRUR **89**, 193, Düss BB **81**, 1546, Mü AnwBl **86**, 157, aM Düss Rpfleger **86**, 278, Ffm GRUR **83**, 435 (vgl aber Rn 144).

– **(Nichtigkeitsverfahren):** Erstattungsfähigkeit liegt vor, soweit der Patentanwalt im Patentnichtigkeits- **148**
verfahren tätig wird, BPatG GRUR **89**, 910 (auch in erster Instanz), auch neben einem Rechtsanwalt, Rn 149 „– (Rechtsanwalt)".

– **(Notwendigkeit):** Rn 144 sowie Rn 147 „– (Mitwirkung)".

– **(Patentnichtigkeitsverfahren):** Die zusätzliche Einschaltung eines Patentanwalts ist meist notwendig, BPatG JB **07**, 207.

– **(Patentrecherche):** Erstattungsfähigkeit liegt vor, soweit der Patentanwalt eine eigene Patentrecherche betreibt, Hamm AnwBl **03**, 156, Karlsr GRUR **83**, 507, Mü JB **89**, 412.

S auch Rn 145 „– (Auslagen)".

– **(Prozeßbezug):** Er muß vorliegen, Stgt **06,** 375.

149 – **(Rechtsanwalt):** Erstattungsfähigkeit kann vorliegen, soweit der Patentanwalt neben einem Rechtsanwalt tätig geworden ist, BPatG GRUR **89**, 193, Drsd GRUR-RR **08**, 264. Nürnb GRUR **90**, 130. Das gilt sogar auch dann, wenn der Rechtsanwalt ein Mitglied derselben Sozietät war, BPatG GRUR **91**, 205. In einem technisch und/oder rechtlich schwierigen Fall kann man eine solche Erstattungsfähigkeit im allgemeinen bejahen. Vgl bei den einzelnen Streitarten.

– **(Reisekosten):** Erstattungsfähigkeit liegt vor, soweit es sich um notwendige Reisekosten des Patentanwalts handelt, auch eines auswärtigen, BGH GRUR **06,** 703 (Altfall), Hamm JB **86**, 918 (Informationsreise), Mü AnwBl **84**, 249, aM Mü AnwBl **94**, 198 (bei einer überörtlichen Sozietät). Zu Altfällen Drsd GRUR-RR **05**, 294.

S auch Rn 145 „– (Auslagen)", Rn 146 „– (Eigene Sache)".

– **(Revision):** Die Ungleichbehandlung (§ 140 III MarkenG nur zugunsten eines BGH-Anwalts) ist verfassungsgemäß, Mü GRUR-RR **04**, 224.

150 – **(Schwierigkeit):** Rn 151 „Umfang".

– **(Sklavische Nachahmung):** Erstattungsfähigkeit liegt vor, soweit der Patentanwalt wegen einer sklavischen Nachahmung tätig wird, Ffm GRUR **93**, 161. Das gilt auch neben einem Rechtsanwalt, Rn 149 „– (Rechtsanwalt)", strenger Mü RR **86**, 616.

– **(Sortenschutz):** Die Regeln zum Patentanwalt gelten auch im Verfahren nach § 38 SortenSchG.

– **(Sozietät):** Erstattungsfähigkeit kann auch dann vorliegen, wenn der Patentanwalt mit dem ProzBev eine Sozietät bildet, Düss GRUR **03**, 323, Hbg OLGR **98**, 18.

S auch Rn 149 „Reisekosten".

– **(Streitgenossen):** Erstattungsfähigkeit kann vorliegen, soweit Streitgenossen einen gemeinsamen Patentanwalt haben, und zwar der Höhe nach unter Beachtung von (jetzt) VV 1008, Düss BB **81**, 1546, Ffm Rpfleger **93**, 420.

– **(Technische Streitfrage):** Erstattungsfähigkeit liegt vor, soweit die Partei einen Patentanwalt wegen einer schwierigen technischen Streitfrage einschaltet, Hbg MDR **07**, 1224, Jena RR **03**, 106, Köln JB **02**, 591, auch neben einem Rechtsanwalt, Rn 149 „– (Rechtsanwalt)", strenger Mü RR **86**, 616.

Erstattungsfähigkeit *fehlt* bei einer einfachen technischen Streitfrage, Ffm GRUR **93**, 161 (Zerlegen eines Hammers).

151 – **(Umfang):** Erstattungsfähigkeit liegt grds unabhängig vom Umfang und von der Schwierigkeit der Sache vor, Mü JB **01**, 30 links unten.

– **(Urheberrecht):** Erstattungsfähigkeit *fehlt* grds, Jena RR **03**, 106.

– **(Vergleichende Werbung):** Erstattungsfähigkeit liegt vor, soweit der Patentanwalt wegen einer vergleichenden Werbung tätig wird, auch neben einem Rechtsanwalt, Rn 149 „– (Rechtsanwalt)", strenger Düss GRUR **86**, 166.

– **(Vertragsstrafe):** Rn 147 „Marke".

– **(Vollstreckungsabwehrklage):** S „– (Zwangsvollstreckung)".

– **(Wettbewerbsrecht):** Erstattungsfähigkeit liegt hier ausnahmsweise vor, etwa bei einer technischen Vorfrage, ferner zwecks Abgrenzung von Patentstreit und Wettbewerbsstreit, Düss JB **06**, 88, überhaupt bei einer Frage aus dem typischen Arbeitsfeld des Patentanwalts, Köln JB **06**, 648.

Erstattungsfähigkeit *fehlt* bei einer ästhetischen Werbung, Jena RR **03**, 106, oder bei einer sonst unzulässigen Werbung, Hbg MDR **07**, 1224.

– **(Zwangsversteigerung):** Erstattungsfähigkeit kann auch im Verfahren nach dem ZVG vorliegen, Ffm Rpfleger **79**, 148.

– **(Zwangsvollstreckung):** Erstattungsfähigkeit kann vorliegen, soweit der Patentanwalt in einem Zwangsvollstreckungsverfahren tätig wird, zB nach §§ 887–890, Düss GRUR **83**, 512, oder bei einer Vollstreckungsabwehrklage nach § 767, Düss GRUR **85**, 220, auch neben einem Rechtsanwalt, Rn 149 „– (Rechtsanwalt)".

S auch „– (Zwangsversteigerung)".

152 **Patentingenieur:** Ein Patentingenieur ist kein Patentanwalt. Bei ihm muß das Gericht die Erstattungsfähigkeit immer besonders prüfen. Dasselbe gilt bei einem anderen erlaubten technischen Berater.

Pauschalvergütung: Sie ist nur beim Anwalt oder Rechtsbeistand nach § 209 BRAO erstattungsfähig, KG NJW **91**, 1304.

Persönliches Erscheinen: Die Kosten eines Vertreters nach § 141 III 2 sind erstattungsfähig, Kblz JB **77**, 99.

Pflegschaft, Vormundschaft: Die Anwaltskosten eines Antrags auf eine solche Maßnahme sind mangels einer Anwaltszwangs vor dem Gericht oft *nicht* nowendige Verfahrenskosten, KG MDR **89**, 744, Mü JB **92**, 612, Schlesw SchlHA **87**, 46. Freilich sind solche Fälle oft schwierig. Auch wegen der Tragweite solcher Verfahren ist eine gewisse Großzügigkeit ratsam. Fahrtkosten zum Verfahrenspfleger können notwendige Kosten sein, Rostock FamRZ **03**, 1396 rechts.

S auch Rn 82 „Betreuung".

Portokosten: Sie sind grds erstattungsfähig, jedenfalls soweit sie zur Vorbereitung nötig waren, Schlesw JB **92**, 172, VGH Mannh JB **90**, 1002. Einzelheiten Hartmann Teil X VV 7001, 7002.

Postulationsfähigkeit: Das Fehlen steht der Erstattungsfähigkeit nicht entgegen, soweit die Tätigkeit des Anwalts gleichwohl zweckdienlich war, (zum alten Recht) KG Rpfleger **96**, 171.

Privatgutachten: Rn 102–106.

Prozeßagent: Rn 182.

153 **Prozeßkostenhilfe:** Das Verfahren zu ihrer Bewilligung ist kein Prozeß. Es läßt für eine Kostenentscheidung und für eine Kostenerstattung *keinen* Raum, § 118 I 4, Ffm RR **97**, 1085, grds auch nicht in der Beschwerdeinstanz. Das letztere stellt § 127 IV klar, dort Rn 101, Mü RR **01**, 1437. Das Gericht kann eine zu Unrecht ergangene echte Kostenentscheidung trotz ihrer Anfechtungsmöglichkeiten im Kostenfestsetzungsverfahren nicht mehr überprüfen, Einf 17 vor §§ 103–107.

Wenn sich aber ein *Prozeß anschließt,* sind die erstinstanzlichen Kosten des Prozeßkostenhilfe-Verfahrens des schließlich den Prozeß gewinnenden Antragstellers ein Teil der Prozeßkosten, Bbg JB **87**, 900, KG MDR **08**, 113, Köln FamRZ **98**, 836 (nicht über die Beiordnung hinaus), aM Düss MDR **87**, 941, Kblz JB **86**, 1412, Zweibr VersR **87**, 493 (aber nun zählt das Prozeßkostenhilfe-Verfahren zum Hauptprozeß). **154**

Demgegenüber hat der im Hauptprozeß siegende Prozeßgegner des Antragstellers wegen § 118 I 4 *keinen* Erstattungsanspruch wegen seiner Auslagen im Bewilligungsverfahren des anderen, BGH **91**, 314, Celle AnwBl **83**, 92, Schlesw SchlHA **80**, 165. Die Fahrtkosten und ein Verdienstausfall sind keineswegs stets erstattungsfähig, aM Stgt MDR **85**, 852 (aber es ist stets eine Einzelfallabwägung notwendig).

S auch Rn 157, 220, 270.

Prozeßstandschaft. Erstattungsfähig sind allenfalls Kosten der auftretenden Partei, *nicht* solche der durch sie „vertretenen", Mü Rpfleger **80**, 232, Saarbr JB **05**, 424. **155**

Ratsgebühr, dazu *Dittmar* NJW **86**, 2091 (ausf): Es kommt auf die Hilfsbedürftigkeit an, Hamm AnwBl **00**, 322, Karlsr JB **96**, 39, Oldb NdsRpfl **97**, 13. Die Kosten der Beratung durch einen Anwalt dazu, welches Gericht zuständig ist, Bbg JB **78**, 857, Düss OLGR **95**, 76, und welcher Anwalt infrage kommt, sind zumindest in der Höhe einer Beratungsgebühr erstattungsfähig, Düss MDR **83**, 760, Stgt AnwBl **82**, 439, strenger Bre JB **92**, 681 (aber eine solche Beratung ist meist durchaus mit einer Kostensparsamkeit vereinbar). Die Kosten der Beratung dazu, ob sich der Bekl auf den bevorstehenden Prozeß einlassen soll, sind erstattungsfähig, Bbg JB **89**, 1283, Ffm JB **85**, 1410, KG MDR **85**, 1038 (wegen einer Ehesache), LG Bln MDR **82**, 499, LG Mannh **73**, 676 (Rechtsschutzversicherung), AG Marbg VersR **84**, 71 (Kaskoversicherung), aM Rostock JB **08**, 371. Die Erstattungsfähigkeit besteht allerdings nur insoweit, als der zugrundeliegende Anspruch auch begründet ist. Es kommt nicht stets darauf an, ob die Voraussetzungen für die Bestellung eines Verkehrsanwalts vorlagen, Oldb JB **78**, 1811. Erstattungsfähig können auch die Kosten der Beratung im verwaltungsgerichtlichen Vorverfahren sein, OVG Bln AnwBl **85**, 53. **156**

Erstattungsfähig kann auch eine Ratsgebühr des erstinstanzlichen Anwalts wegen der Aussichten eines *gegnerischen Rechtsmittels* sein, Düss JB **92**, 39, Karlsr JB **01**, 473. Soweit jemand die Aufforderung erhalten hat, zu einem bereits anhängigen Verfahren eine Stellungnahme abzugeben, sich dann den Rat eines Anwalts geholt und unter Umständen auch die erbetene Stellungnahme abgegeben hat, dem Verfahren aber nicht förmlich beigetreten ist, kommt für oder gegen ihn im Verfahren grundsätzlich auch keine Kostenentscheidung in Betracht. Dann ist diejenige Gebühr, die der Auftraggeber seinem Anwalt zahlen muß, *nicht* nach den prozessualen Grundsätzen erstattungsfähig. Aus dem sachlichen Recht mag sich aber eine Ersatzpflicht desjenigen ergeben, der die Aufforderung zur Stellungnahme ausgesprochen hat. Eine solche Pflicht besteht freilich nicht, soweit die „Aufforderung" in Wahrheit nur eine „Anheimgabe" war.

Anwaltskosten für *vorprozessuale* Verhandlungen sind aber *nicht automatisch* erstattungsfähig, BGH RR **88**, 1199, Düss Rpfleger **96**, 526. Dasselbe gilt für Kosten eines Rats, der mit einer anderen gebührenpflichtigen Handlung zusammenhängt, Düss AnwBl **99**, 290.

Recherche: Rn 286 „Meinungsumfrage".

Rechtsanwalt: Allgemeines. Vgl zunächst Rn 33 ff und zum Erfolgshonorar Rn 88. Die gesetzlichen (und nicht nur gesetzlich erlaubten vereinbarten) Gebühren und Auslagen des prozeßbevollmächtigten Anwalts sind nach II nur im Umfang des RVG grds stets erstattungsfähig, soweit die Mitwirkung dieses Anwalts zulässig ist, Mü MDR **87**, 1030, Stgt MDR **99**, 1531 (also nicht bei einer Nichtigkeit des Anwaltsvertrags), AG Gelnhausen VersR **89**, 99. Das gilt auch zugunsten des (jetzt) unter § 5 RVG fallenden Untervertreters, Hartmann Teil X § 5 RVG Rn 5 ff, 21, 22, Rn 83, Hamm JB **01**, 485, Stgt Rpfleger **05**, 573, aM Oldb MDR **08**, 532, LG Konst JB **97**, 429 (nur bei einem Spezialrecht. Aber die Vorschrift gilt allgemein). Es kommt nach II 1 Hs 1 nicht auf die Notwendigkeit an, BGH NJW **03**, 1532, aM Hbg AnwBl **01**, 127 (vgl aber § 1 BRAO). Diese Regeln gelten auch dann, wenn sich die Partei nur für die eigene Prozeßführung beraten ließ, ohne den Anwalt zum ProzBev zu bestellen, LG Bln MDR **82**, 499. **157**

Die Erstattungsfähigkeit besteht also auch im *Parteiprozeß* sowie im Mahnverfahren, Brdb Rpfleger **98**, 488, Hamm OLGR **99**, 144, KG JB **99**, 30, aM Nürnb NJW **98**, 388 (vgl aber § 1 BRAO). Die Erstattungsfähigkeit besteht ferner dann, wenn der Kläger nach einem Übergang in das streitige Verfahren erklärt, er werde den Prozeß nicht weiter betreiben, andererseits aber auch die Klage nicht zurücknimmt, Saarbr JB **77**, 253. Die Erstattungsfähigkeit besteht grds auch zugunsten einer Behörde oder einer öffentlichrechtlichen Körperschaft, VG Drsd JB **08**, 320, sogar bei eigener Rechtsabteilung, OVG Bre AnwBl **87**, 48, OVG Lüneb JB **06**, 34. Einschränkungen gelten bei § 12a I 1 ArbGG, Rn 72. Höhere als die gesetzlichen Beträge sind nicht erstattungsfähig, VGH Kassel AnwBl **97**, 287, soweit nicht zB durch Vergleich übernommen. **158**

Wer mit einem *Prozeß* (Klage, Antrag, auch im Eilverfahren usw Mahnbescheid), einer Entscheidung *oder einem Rechtsmittel überzogen* worden ist, steht für diesen Rechtszug in einem Prozeßrechtsverhältnis nach Grdz 4 vor § 128, Mü MDR **87**, 1006 (anders vorher, LG Ffm AnwBl **90**, 100). Schon deshalb darf er grundsätzlich ohne weiteres und sofort einen Anwalt mit der erstattungsfähigen Wahrnehmung seiner Interessen beauftragen, BGH NJW **07**, 3723, BAG NJW **08**, 1340 rechts (Ausnahme: Mitteilung des Gerichts, das Rechtsmittel sei unzulässig), Oldb JB **07**, 208, Stgt JB **07**, 36, Zweibr Rpfleger **07**, 227, aM BAG NJW **03**, 3796, Mü FamRZ **06**, 1695, LAG Düss MDR **06**, 659 (aber das Prozeßrechtsverhältnis schafft auch Rechte der Verteidigung). Das gilt auch in einem einfachen Fall, LG Bln VersR **88**, 303 (Einspruch gegen ein solches Versäumnisurteil, das eine Teilklagerücknahme nicht beachtet hatte), aM AG Aschaffenb FamRZ **92**, 1342, AG Dortm VersR **84**, 48 (aber ein Rechtsschutz besteht auch dann). Es gilt auch dann, wenn der Kläger seine Klage nicht wirksam oder vor dem unzuständigen Gericht erhoben hat, Düss AnwBl **86**, 37, oder wenn die Klage sonstwie **159** unzulässig ist, aM OVG Bln JB **01**, 368 (aber wer weiß, ob das Gericht das auch erkennen wird?). Es gilt ferner dann, wenn die Klage offensichtlich unzulässig oder unbegründet ist, zB wegen einer Namensverwechslung, LG Bln MDR **89**, 165, LG Bln MDR **90**, 1122, aM Kblz JB **07**, 430. Es gilt natürlich erst recht nach einer gegnerischer Rechtsmittelbegründung, BGH NJW **04**, 73, KG MDR **08**, 113.

160 – **(Allgemeinkosten):** *Nicht* erstattbar sind grds die anwaltlichen allgemeinen Geschäftsunkosten, VV amtliche Vorbem. 7. Evtl gilt davon eine Ausnahme bei Juris-Recherchekosten, SG Bln AnwBl **94**, 367.

– **(Auftragszeitpunkt):** Die Erstattbarkeit ist unabhängig von diesem Zeitpunkt, Hamm AnwBl **76**, 444, Mü AnwBl **85**, 44, Es kann zB die Hinzuziehung eines Anwalts auch noch dann notwendig werden, wenn der Prozeßgegner in einer Nachfrist nach § 283 plötzlich Neues vorträgt, LG Bln MDR **84**, 58.

– **(Bahncard):** Rn 163 „– (Reisekosten)".

– **(Berufungsbegründung):** Rn 164 „– (Verfrühter Antrag)".

– **(Berufungsrücknahme):** Erstattungsfähig sind auch Kosten eines Antrags des erstinstanzlichen Anwalts nach § 516 III, aM Schlesw JB **96**, 540 und 541 (aber gerade das kann sinnvoll sein). Es kommt aber auf die Gesamtumstände an, Mü MDR **99**, 568.

– **(Besichtigung):** Rn 163 „ (Sachverständigentermin)".

– **(Bestellung beim Gericht usw):** Die Erstattbarkeit ist unabhängig davon, ob sich der Anwalt schon beim Gericht oder beim Gegner bestellt hat, LG Bln VersR **89**, 409, LG Neubrdb JB **96**, 640.

161 – **(Fristwahrung):** Eine Erstattbarkeit besteht auch dann, wenn der Gegner erklärt, er wolle das Rechtsmittel nur zur Wahrung der Rechtsmittelfrist einlegen, Kblz JB **07**, 89, Stgt JB **05**, 367, LAG Kiel NZA-RR **07**, 99, oder wenn der Gegner die Klage nach ihrer Abgabe vom Mahngericht an das Streitgericht alsbald zurücknimmt, BGH NJW **03**, 756, aM KG JB **02**, 641. Denn es besteht bereits die Gefahr des Erlasses eines vollstreckbaren Urteils oder einer Zwangsvollstreckung aus einem bereits ergangenen, BGH NJW **03**, 756, Hbg JB **97**, 142, Jena MDR **01**, 896, aM BGH NJW **03**, 1324 rechts, Bbg FamRZ **00**, 624, Karlsr JB **05**, 544 (aber auch dann erhöht sich schon durch die Einlegung des gegnerischen Rechtsmittels das Risiko des Rechtsmittelbekl). Freilich kommt dann keine weitere Erstattung in Betracht, BGH NJW **03**, 2992.

– **(Hebegebühr):** Sie kann erstattbar sein, Rn 98 ff „Geld".

– **(Höhere Vergütung):** *Nicht* erstattbar ist eine solche Vergütung, die nach dem RVG über die gesetzliche Vergütung hinausgeht, aM Fritze GRUR **98**, 225 (teilweise unkorrekt zitierend).

– **(Juris-Recherche):** Rn 160 „– (Allgemeinkosten)".

– **(Klagerücknahme des Gegners):** S „– (Fristwahrung)".

– **(Kostenzweck):** *Nicht* erstattbar ist das Honorar, soweit der Anwaltsauftrag offensichtlich nur dem Gegner Kosten verursachen soll.

162 – **(Mehrheit von Auftraggebern):** Wenn mehrere Personen in denselben Prozeß verwickelt werden, kann sich zunächst jede einen besonderen Anwalt nehmen, Hamm Rpfleger **81**, 29, aM Naumb Rpfleger **05**, 482 (aber die Sache kann sich jederzeit unterschiedlich entwickeln). Die Gebühr VV 1008 kann erstattbar sein, Stgt WoM **08**, 428.

– **(Persönliche Tätigkeit):** *Nicht* erstattbar sind Kosten, soweit statt des persönlich zur Tätigkeit verpflichteten Anwalts ein anderer handelt.

– **(Prozeßkostenhilfe):** *Nicht* erstattbar sind grds Anwaltskosten im Verfahren nach §§ 114 ff.

– **(Prozeßvergleich):** Rn 163 „– (Reisekosten)".

– **(RDG):** *Nicht* erstattbar ist eine Vergütung für eine gegen das RDG verstoßende Tätigkeit.

– **(Rechtsmittelrücknahme des Gegners):** Die Erstattungsfähigkeit besteht auch dann, wenn der ProzBev des Rechtsmittelbekl nicht wußte, daß der Gegner das Rechtsmittel zurückgenommen hatte, Kblz AnwBl **05**, 151 (keine Gerichtspflicht zu einer entsprechenden telefonischen Nachricht).

163 – **(Reisekosten):** *Reisekosten* des ProzBev zu einem auswärtigen Termin sind regelmäßig bis zur Höhe der Kosten eines auswärtigen Anwalts erstattungsfähig, Köln JB **96**, 94. Das gilt auch zB dann, wenn der Gegner seine Klage erst am Vorabend des Termins zurücknimmt, Mü RR **04**, 714. Der Anwalt muß den auswärtigen Beweistermin evtl wegen seiner Wichtigkeit persönlich wahrnehmen, AG Aichach AnwBl **77**, 314. Diese Lage sollte man großzügig bejahen. Dann sind die vollen notwendigen Reisekosten des Anwalts erstattungsfähig. Dasselbe gilt für eine Reise zu einem solchen Termin, der dem Abschluß eines Prozeßvergleichs dienen soll. Im übrigen muß man stets prüfen, ob die Hinzuziehung gerade dieses Anwalts erforderlich war, BayObLG JB **05**, 361, Naumb FamRZ **00**, 623, LAG Kiel MDR **94**, 216. Ferner muß man von Fall zu Fall prüfen, ob eine Reise des ProzBev oder eine Unterbevollmächtigung billiger sein dürfte, BGH RR **04**, 1212, Bbg JB **06**, 541, LG Bln (3. K.) JB **07**, 37, Graf Lambsdorff AnwBl **00**, 200 (mit Rechenbeispielen), aM LG Bln (82. K) JB **07**, 38. Wegen der Höhe der Reisekosten VV 7003 ff. Die Kosten einer Bahncard 100 können erstattbar sein, Ffm NJW **06**, 2338. 3 Stunden Zeitgewinn können eine Flug- statt einer Bahnreise erlauben, Hbg Rpfleger **08**, 445 (Businessclass). Economy-class Frankfurt-München und 170 EUR Hotel je Nacht können erstattbar sein, Ffm MDR **08**, 1006.

S aber auch Rn 164 „– (Urlaub)".

– **(Sachverständigentermin):** Erstattungsfähig sind auch die Anwaltskosten aus Anlaß der Teilnahme an einem solchen Termin, den ein Sachverständiger anberaumt hatte, § 407 a Rn 15, oder zur Besichtigung, soweit sie für eine Stellungnahme im Prozeß erforderlich ist, VG Stgt AnwBl **85**, 544.

– **(Stillhalteabkommen):** Man muß ein Stillhalteabkommen der Parteien berücksichtigen, Ffm RR **86**, 1320, Nürnb NJW **82**, 1056. Die bloße Bitte des Gegners um ein Stillhalten ist kein entsprechendes Abkommen. Sie mag aber trotzdem die Gebühr VV 3201 erstattbar machen, KG JB **05**, 418. Ein Fristverlängerungsgesuch beendet ein solches Abkommen, Karlsr RR **00**, 512.

– **(Unterhaltspflicht):** Die Erstattbarkeit ist unabhängig davon, ob der Anwalt dem Auftraggeber unterhaltspflichtig ist, LG Bln JB **77**, 1447.

– **(Unzulässigkeit der Berufung):** Erstattbar sind die Kosten des Berufungsanwalts selbst bei einer offensichtlichen Unzulässigkeit der Berufung, KG Rpfleger **08**, 537, aM LAG Hbg NZA-RR **07**, 537 (aber dergleichen kann erst das Gericht abschließend beurteilen). **164**

– **(Urlaub):** *Nicht* erstattbar ist eine Vergütung, soweit der Anwalt an eine Geschäftsreise eine Urlaubsreise anknüpft, Mü AnwBl **96**, 645.

– **(Verfrühter Antrag):** Eine Erstattbarkeit besteht auch dann, wenn der Rechtsmittelgegner seinen Antrag schon vor dem Ablauf der Begründungsfrist gestellt hatte, Stgt JB **07**, 36, aM KG Rpfleger **05**, 632, oder vor der Zustellung der Begründung, Stgt JB **07**, 209, aM BGH NJW **07**, 3723, KG Rpfleger **05**, 632, VG Oldb NVwZ-RR **08**, 456.

– **(Vertreter):** *Nicht* erstattbar sind Kosten, soweit ein nicht unter § 5 RVG fallender Vertreter für den Anwalt handelt.

– **(Zahlung):** Die Erstattbarkeit ist unabhängig davon, ob der Anwalt seine Kosten dem Auftraggeber schon berechnet hat und ob der letztere sie schon bezahlt hat, Hbg JB **78**, 442.

Rechtsanwalt: Auswärtiger Rechtsanwalt; II 1, 2. Vgl zunächst Rn 45, 46 und zu Reisekosten *Karczewski* MDR **05**, 481 (Rspr-Üb). Solche Kosten sind auch und erst recht nach dem Wegfall des Lokalisationsprinzips erstattungsfähig, soweit die Hinzuziehung dieses Anwalts zu einer zweckentsprechenden Rechtsverfolgung oder Rechtsverteidigung notwendig ist, BGH NJW **07**, 2049, Düss Rpfleger **07**, 113, OVG Hbg NVwZ-RR **07**, 565, strenger Karlsr MDR **04**, 54 (nein bei eigener Rechtsabteilung), Nürnb MDR **07**, 1223, LG Düss NJW **07**, 2706 (Anwalt am Sitz der Immobilienverwaltung). Das gilt auch im Rechtsmittelzug, BGH FamRZ **04**, 1363. Die Erstattungsfähigkeit ist also hier gegenüber der grundsätzlichen Erstattungsfähigkeit nach Rn 158 eingeschränkt, BGH NJW **03**, 902, VG Köln NJW **05**, 3513 (nicht bei anteiliger Bahncard). Immerhin kann die Erstattungsfähigkeit zB dann vorliegen, wenn sonst ein Verkehrsanwalt notwendig geworden wäre, Hbg MDR **02**, 1152 (zustm Schütt 1153), Oldb MDR **02**, 1456, oder wenn die Partei den an ihrem auswärtigen Arbeits- oder Wohnort residierenden Anwalt als ProBev beauftragt, BGH NJW **07**, 2049, LG Rostock Rpfleger **04**, 63, LAG Bln NZA-RR **05**, 657. Auch eine geschäftsgewandte Partei darf evtl einen auswärtigen Anwalt beauftragen, BGH BB **07**, 1646 (vorprozessuale Bearbeitung im Unternehmen), Ffm RR **07**, 214, Jena JB **05**, 264, strenger BGH BB **04**, 575 (Verband), Kblz MDR **07**, 1455, Oldb MDR **08**, 50, Zweibr VersR **05**, 1413 (eigene Rechtsabteilung. Aber es kommt stets auf die Gesamtumstände an, Kblz JB **06**, 485 links, AG Bln-Charlottenb Rpfleger **06**, 289). Das gilt auch bei einer *ausländischen Partei*, Düss JB **03**, 427, LG Bln JB **07**, 37, LG Hanau JB **04**, 36, und beim bloßen Verkündungstermin. **165**

– **(Ausländischer Auftraggeber):** Die Regeln Rn 165 gelten auch bei einer solchen Partei, Düss JB **03**, 427, LG Bln JB **07**, 37, LG Hanau JB **04**, 36. **166**

– **(ArbGG):** Dort ist eine Großzügigkeit notwendig, LAG Düss ZIP **80**, 471 (Betriebsrente), LAG Stgt BB **79**, 1352, ArbG Wetzlar BB **93**, 583. Vgl freilich auch § 12a I 1 ArbGG, LAG Bln BB **93**, 583. Zur Hinweispflicht des Anwalts Rewolle BB **79**, 1353.

– **(FGO):** Dort gelten dieselben Grundsätze wie im Zivilprozeß, (jetzt) VV 3100 ff, FG Bln EFG **86**, 518, FG Saarbr EFG **85**, 33.

– **(Kanzlei im Bezirk des Prozeßgerichts):** Wenn der Anwalt seinen Wohnsitz oder seine Kanzlei im Bezirk des Prozeßgerichts oder von dessen auswärtiger Abteilung hat, ergeben sich keine Besonderheiten. Seine Mehrkosten sind auch dann erstattungsfähig, wenn er seine Kanzlei am Ort der auswärtigen Abteilung hat und wenn der Prozeß nicht ebenfalls dort stattfindet, Karlsr Rpfleger **94**, 383, Mü MDR **99**, 1348, LAG Hamm Rpfleger **84**, 33, aM LG Mü MDR **85**, 589 (aber diese Kosten sind eine Folge der Gerichtsorganisation). Die Erstattung ist grds auch dann möglich, wenn der Anwalt am Wohnsitz des Auftraggebers residiert, BGH NJW **08**, 2123, Karlsr FamRZ **03**, 940. Vgl auch Brams MDR **03**, 1342 (BGH-Üb). Spezialkenntnisse sind beachtbar, Düss JB **08**, 209 links oben. Die Schwierigkeit der Sache ist nicht der alleinige Maßstab, LAG Kiel NZA-RR **04**, 209. Reisekosten nach der Schließung des am Gerichtsort bestehenden Büros einer überörtlichen Sozietät können hierher zählen, BGH GRUR **06**, 702. **167**

– **(Notwendigkeit):** Man muß stets abwägen, ob der auswärtige Anwalt trotz oft höherer Kosten notwendig ist, BGH WoM **07**, 208, LG Bln JB **06**, 429 (Sozialrecht), LAG Bre MDR **04**, 1325. **168**

– **(Reiseart):** Der Anwalt darf in den Grenzen eines Rechtsmißbrauchs nach Einl III 54, Rn 176 die bequemste und zeitsparendste Reiseart wählen. Das muß man auch bei der Erstattungsfähigkeit beachten, Bbg JB **81**, 1305, Ffm GRUR **98**, 1034. Er braucht die Vorteile einer Bahncard oder von „miles and more" usw nicht abzuziehen, Niebling NJW **03**, 123 (das wäre in der Tat zu kompliziert). Einzelheiten Hartmann Teil X VV 7003 ff.

– **(Simultananwalt):** Wenn der Anwalt seinen Wohnsitz in einem anderen Bezirk als demjenigen des Prozeßgerichts oder einer auswärtigen Abteilung dieses Gerichts hat (Simultananwalt), Rn 49, muß man die Kosten einschließlich der Reisekosten des tatsächlich hinzugezogenen Anwalts denjenigen Kosten gegenüberstellen, die dann entstanden wären, wenn die Partei einen im Bezirk des Prozeßgerichts oder seiner auswärtigen Abteilung residierenden Anwalt beauftragt hätte, (je zum alten Recht) BGH Rpfleger **05**, 112, Düss Rpfleger **07**, 113, Jena JB **05**, 264, großzügiger BGH BB **05**, 1247, Düss JB **05**, 369, LAG Köln NZA-RR **04**, 552 (in der Regel erstattungsfähig. Aber „notwendig" ist eine schon dem Wortlaut, außerdem dem Sinn nach strengere Voraussetzung. Sie zwingt zur Einzelfallprüfung). **169**

Dabei muß man auch die Kosten mindestens einer notwendigen *Informationsreise* der Partei zu diesem Anwalt berücksichtigen, BGH FamRZ **04**, 618 rechts oben, Mü AnwBl **01**, 310, Zweibr JB **01**, 202, strenger BGH AnwBl **03**, 311, Bbg (1. ZS) JB **92**, 612, Nürnb MDR **01**, 235 (Fallfrage. Aber das Gespräch unter Anwesenden ist immer eine sachgerechte Form von Information).

In einem nicht ganz einfachen Fall muß man auch die Kosten einer *weiteren* Reise berücksichtigen, Ffm AnwBl **82**, 489. Ebenso muß man die Kosten für solche etwaigen Beweistermine berücksichtigen, die der auswärtige Anwalt ohne Reisekosten wahrnehmen konnte, während sonst ein anderer Anwalt hätte tätig werden müssen oder während sonst für den Anwalt vom Ort des Gerichts Reisekosten entstanden wären.

Dabei kann sich ergeben, daß die Beauftragung des auswärtigen Anwalt sogar *billiger* sein kann. Dann sind seine Reisekosten natürlich erst recht erstattungsfähig, Hamm JB **78**, 1035, LG Bonn Rpfleger **91**, 388, LG Kblz FamRZ **03**, 242. Dem steht nicht entgegen, daß nicht wirklich entstandene Kosten grundsätzlich auch nicht ersattungsfähig sind. Denn man kann das „Mehr" durch die Einsetzung der genannten Rechnungsposten berechnen. Man darf aber nicht die fiktiven Reisekosten der Partei zum Gericht mit den Kosten des auswärtigen Anwalts vergleichen, Düss Rpfleger **06**, 511, Karlsr MDR **82**, 1025. Im übrigen sind solche Mehrkosten des Simultananwalts nicht erstattbar, insbesondere nicht bei einem auffälligen Mißverhältnis zur Bedeutung der Sache und zur Höhe der weiteren Prozeßkosten. Aber Vorsicht mit solcher Annahme! Das gilt auch bei einer Verweisung. Allerdings sind eben nur die Mehrkosten nicht erstattungsfähig. Die Kosten eines ausländischen EU-Anwalts sind wie diejenigen eines deutschen Anwalts erstattungsfähig, EuGH NJW **04**, 833. Zur Erstattung der Kosten eines ausländischen Beweisanwalts LG Köln AnwBl **82**, 532.

– **(Überörtliche Sozietät):** Bei ihr sind die Kosten eines auswärtigen Sozius nicht erstattbar, soweit auch am oder näher am Gerichtsort ein Sozius residiert, Brdb JB **06**, 648, KG RR **05**, 655, aM BGH NJW **08**, 2123.

– **(Verkündungstermin):** Die Regeln Rn 165 gelten auch beim bloßen Verkündungstermin. Denn auch ein solcher Termin kann zB Auflagen und Fristen auslösen. Das übersieht VGH Mannh Rpfleger **89**, 301.

– **(Vertrauensanwalt):** Seine Kosten können erstattbar sein, strenger BGH MDR **08**, 946 (aber er kann auch bei seriöser Arbeitsweise für den Gegner Vorteile haben).

– **(VwGO):** Dort gilt § 162 II VwGO. Die Vorschrift enthält nicht die Einschränkung des § 91 II ZPO, VG Karlsr AnwBl **82**, 208. Das scheinen OVG Kblz Rpfleger **01**, 373, VGH Mannh NVwZ-RR **04**, 231 zusätzlich zu übersehen. Vgl Rn 303.

170 Rechtsanwalt: Eigene Sache, II 3. Vgl Rn 56 ff. Die Vorschrift regelt eine eng auslegbare Ausnahme, BGH MDR **07**, 586 (abl Möller AnwBl **07**, 527), LG Wuppert ZMR **91**, 183. Sie regelt nicht einen Vergütungsanspruch gegen einen Auftraggeber, sondern einen Erstattungsanspruch des sich selbst vertretenden Anwalts gegen seinen Prozeßgegner, LG Wuppert ZMR **91**, 183. Sie zieht die Folgerungen aus § 78 (jetzt) II, BVerfG **53**, 207. Sie gilt nicht im FamFG-Verfahren, (zum alten Recht) BGH MDR **07**, 746.

171 – **(Abschlußschreiben):** *Nicht* erstattbar sind seine Kosten in eigener Sache, KG MDR **99**, 1409.

– **(Außergerichtlichkeit):** Die Erstattungsfähigkeit besteht grds auch bei einer außergerichtlichen Geltendmachung, LG Mannh AnwBl **75**, 68, AG Bielef AnwBl **76**, 50, AG Neunkirchen AnwBl **78**, 185, aM LG Hbg AnwBl **80**, 82 (aber die prozessuale Regelung hat einen Modellcharakter).

172 – **(Berufsgericht):** *Nicht* erstattbar sind Kosten im berufsgerichtlichen Verfahren in eigener Sache, BGH AnwBl **04**, 595 (zustm Weidert).

– **(Eigene Tätigkeit):** Der Anwalt muß selbst tätig geworden sein, und zwar als: Partei; Streitgenosse, insbesondere Sozius, Düss ZMR **97**, 528, LAG Ffm BB **01**, 2432, Streithelfer; gesetzlicher Vertreter eines Beteiligten; Vorstandsmitglied; Partei kraft Amts, Grdz 8 vor § 50, Kblz Vers **82**, 197, Mü RR **04**, 715 (Insolvenzverwalter, auch zu den Grenzen); Nebenkläger, Hamm AnwBl **00**, 135. Es reicht also nicht aus, daß der Anwalt in einer dieser Eigenschaften nur einen anderen Anwalt unterrichtet, (jetzt) § 1 RVG, Kblz JB **92**, 399. Ebensowenig reicht es aus, daß ein Anwalt nur in seiner weiteren Eigenschaft als Notar tätig wird, AG Friedberg DGVZ **81**, 47, oder daß der Anwalt überhaupt nicht in einer Art tätig wird, auf die das RVG anwendbar ist, Hartmann Teil X § 1, zB als Beisitzer einer Einigungsstelle nach dem BetrVG, BAG DB **87**, 441. Entscheidend ist das tatsächliche Tätigwerden in der eigenen Sache, nicht dessen Erkennbarkeit, Rn 57, VG Schlesw NJW **84**, 940.

173 – **(Eigenverbrauch):** Rn 178 „– (Umsatzsteuer)".

174 – **(Finanzgerichtliches Verfahren):** Vgl FG Bre AnwBl **97**, 124.

– **(Insolvenzverwalter):** Rn 180 „– (Verkehrsgebühr)".

175 – **(Kleinverfahren):** Bei einer Bagatelle mit klarem Sachverhalt gibt es evtl keine Erstattbarkeit.

– **(Mehrheit von Anwälten):** Wenn mehrere Anwälte Partei sind, kann sich jeder Anwalt grundsätzlich selbst vertreten. Jeder kann also seine Kosten erstattet verlangen, es sei denn, er habe einen der anderen Anwälte bevollmächtigt, Düss ZMR **97**, 528, Mü Rpfleger **81**, 71, Stgt JB **98**, 142, aM Karlsr JB **98**, 142, LG Bln JB **98**, 143 (Berufung), ZöHe 13 „Rechtsanwalt" (aber das wäre inkonsequent). Dem steht weder entgegen, daß die getrennt eingereichten Schriftsätze inhaltlich übereinstimmen, noch, daß nicht alle Anwälte im Termin anwesend waren, Ffm AnwBl **81**, 155.

176 – **(Partei kraft Amts):** Rn 180 „– (Verkehrsgebühr)".

– **(Rechtsmißbrauch):** Die Grenzen der Erstattungsfähigkeit liegen dort, wo Treu und Glauben verletzt würden, Einl III 54, Rn 169, Düss ZMR **97**, 528, Hbg MDR **80**, 501, Kblz VersR **85**, 747, großzügiger Mü Rpfleger **81**, 71, strenger KG MDR **85**, 851, LG Bln MDR **89**, 166 (sie stellen darauf ab, ob für die Aufspaltung der Mandate sachliche Gründe vorlagen).

177 – **(Reisekosten):** Erstattungsfähig sind auch die Reisekosten, wenn der Anwalt nicht am Prozeßort wohnt, aber im Bezirk des Prozeßgerichts niedergelassen ist, II 1 Hs 1. Erstattungsfähig ist der Aufwand zur Wahrnehmung eines auswärtigen Beweistermins, soweit die persönliche Anwesenheit erforderlich ist, wie meist, § 357 I. Denn das Anwesenheitsrecht gibt auch zumindest eine prozessuale Obliegenheit.

– **(Testamentsvollstrecker):** Rn 180 „– (Verkehrsgebühr)".

178 – **(Umsatzsteuer):** Die rechnerisch auf die Gebühren und Auslagen entfallende Umsatzsteuer ist grds *nicht* erstattungsfähig, soweit der Anwalt in einer eigenen beruflichen, nicht privaten Angelegenheit tätig war, BFH **120**, 133, Hbg MDR **99**, 764, aM Düss MDR **93**, 483, LG Bln Rpfleger **77**, 220 (aber dann ist sie als Vorsteuer abziehbar).

Allerdings ist die durch eine Besteuerung des *Eigenverbrauches* bei einer Vertretung in einer eigenen Angelegenheit ausgelöste Umsatzsteuer erstattungsfähig, sofern der Anwalt überhaupt umsatzsteuerpflichtig ist, Hamm AnwBl **86**, 453, OVG Münst AnwBl **89**, 399. Zum Begriff des Eigenverbrauches Hamm MDR **85**, 683, Schlesw SchlHA **85**, 78, OFD Düss BB **82**, 850.

– **(Verfassungsbeschwerde):** BVerfG AnwBl **76**, 164.

– **(Verfassungsmäßigkeit):** Die ZPO-Regelung ist mit dem GG vereinbar, BVerfG **53**, 213, aM LG Zweibr Rpfleger **83**, 330 (StPO). 179

– **(Vergütungsanspruch):** Der Anwalt hat unter den gesetzlichen Voraussetzungen auch in eigener Sache einen Anspruch auf die Vergütung eines bevollmächtigten Anwalts, Hamm AnwBl **00**, 135 (StPO). Das gilt in allen Verfahrensordnungen, BVerfG **71**, 24 (Verfassungsbeschwerde, nicht beim Hochschullehrer).

– **(Verkehrsgebühr):** Erstattungsfähig ist auch eine Verkehrsgebühr, soweit der Anwalt als ProzBev seiner Ehefrau eine Unterrichtung eines auswärtigen Kollegen vornimmt, § 1364 BGB. 180

Die Verkehrsgebühr ist im übrigen grds *nicht* erstattungsfähig, Kblz MDR **87**, 852, Rostock MDR **01**, 115, Schlesw JB **86**, 884. Denn der Anwalt hat im allgemeinen die Fähigkeit, selbst einen anderen Anwalt zu unterrichten, Düss Rpfleger **84**, 37, Mü JB **82**, 1035, Schlesw JB **86**, 884.

Das gilt auch dann, wenn der Anwalt als *Partei kraft Amts* einen anderen Anwalt unterrichtet, zB als Testamentsvollstrecker, oder wenn er eine solche Tätigkeit als Insolvenzverwalter vornimmt, BGH BB **05**, 1988, KG Rpfleger **81**, 411, Stgt Rpfleger **83**, 501, aM Karlsr KTS **78**, 260, Stgt JB **76**, 192 (aber auch die Partei kraft Amts hat die Rechte einer Partei). Mit der oben genannten Ausnahme sind auch die Kosten des Verkehrsanwalts der Ehefrau nicht erstattungsfähig, Kblz VersR **86**, 451, Schlesw SchlHA **86**, 144. S auch Rn 236. Der als Insolvenzverwalter tätige Anwalt kann evtl die Kosten eines Sozius vor einem auswärtigen Gericht erstattet fordern, Karlsr Rpfleger **04**, 125 (Vorsicht!).

Rechtsanwalt: Vertreter. Man muß die Erstattungsfähigkeit der Gebühren und Auslagen eines Assessors als Anwaltsvertreter von Fall zu Fall prüfen. Denn (jetzt) § 5 RVG ist unanwendbar, AG Hagen NJW **75**, 940. Wenn es sich um einen Referendar handelt, gelten § 5 RVG, VV 7003 ff. Wegen der Vertretung durch den Bürovorsteher Hartmann Teil X § 5 RVG Rn 10 „Bürovorsteher". 181

Rechtsgutachten: Rn 101. 182

Rechtsschutzversicherung: Sie ändert grds nichts an der Erstattungsfähigkeit, Kblz JB **99**, 420.

Referendar: Rn 84, 157.

Reisekosten: Rn 34, 35, 84, 92, 107, 145, 147, 157, 165, 215, 221, 294.

Rentenberater: Rn 269 „Versorgungsausgleich".

Revision: Rn 80 „Bayerisches Oberstes Landesgericht", Rn 249.

Richterablehnung: Rn 70.

Rückfestsetzung: § 104 Rn 14.

Sachverständiger: Soweit seine Kosten zu den Gerichtskosten zählen, sind sie stets erstattungsfähig. Das gilt auch für den Aufwand einer vom Gericht verlangten Erläuterung seiner Kostenberechnung, Kblz JB **07**, 95. Der Rpfl darf und muß die in der Rechnung des Sachverständigen etwa gesondert aufgeführte Umsatzsteuer in seinem Beschluß nach § 104 ebenfalls gesondert ausweisen, aM LG Karlsr RR **03**, 788 (aber es handelt sich um solche Auslagen, die das Gericht dem Sachverständigen selbst vergüten mußte). Wegen des Parteigutachtens Rn 83, 101, 277.

S auch Rn 101 „Gutachten", Rn 143 „Ortstermin", Rn 277 „(-Gutachten)".

Schaden: Er ist erstattungsfähig, soweit ihn ein gerichtlicher Sachverständiger nicht vermeiden kann, Kblz JB **78**, 120. 183

Er ist *nicht* erstattungsfähig, soweit es sich nicht um Aufwendungen für die Prozeßführung handelt. Das gilt zB für: Einen Zinsverlust; Finanzierungskosten; eine Entwertung; einen entgangenen Gewinn; Verwahrungskosten, Hbg MDR **00**, 331, Kblz MDR **97**, 511, Mü MDR **88**, 869. Dann besteht allenfalls ein sachlichrechtlicher Anspruch auf Grund einer unerlaubten Handlung. Wegen der Zwangsvollstreckung § 788 Rn 19.

Schiedsgutachten: Seine Kosten zählen meist *nicht* zu den Prozeßkosten, BGH RR **06**, 212, Düss JB **99**, 367, Kblz JB **03**, 210.

Schiedsrichterliches Verfahren: Seine Kosten richten sich nach § 1057. Seine Kosten passen jedenfalls dann nicht zu § 91, wenn schon ein staatsgerichtliches Verfahren läuft, Köln JB **04**, 662.

Schreibauslagen: Es gelten, auch wegen der sog Dokumentenpauschale, die folgenden Regeln. 184

A. Schreibauslagen des Rechtsanwalts. Man muß die Frage, ob und in welchem Umfang der Anwalt vom Auftraggeber den Ersatz von Schreibauslagen usw fordern kann, nach VV 7000 ff abschließend beantworten. Die Erstattungsfähigkeit richtet sich demgegenüber im Verhältnis zwischen dem Auftraggeber und dessen Prozeßgegner nach den Grundsätzen des § 91, BVerfG **65**, 74 (zu § 34 IV BVerfGG), Karlsr MDR **02**, 664, Kblz BB **01**, 752. Dabei ist ein zwar nicht kleinlicher, aber auch nicht zu großzügiger Maßstab nötig, Karlsr MDR **02**, 664, Schlesw JB **85**, 248, LAG Hamm AnwBl **84**, 316, aM Ffm AnwBl **79**, 437, ZöHe 13 „Ablichtungen, Abschriften" (aber es heißt auch hier fallbezogen abzuwägen).

– **(Allgemeinkosten):** Rn 126 „– (Geschäftsgang)". 185

– **(Arrest, einstweilige Verfügung):** Erstattbarkeit besteht meist in einem solchen Eilverfahren, LG Ffm JB **76**, 471.

– **(Auftraggeberrecht):** Die Schreibauslagen sind erstattungsfähig, soweit der Auftraggeber dazu berechtigt war, eine Ablichtung oder Abschrift eines Schriftsatzes oder eines Protokolls usw vom Anwalt zu fordern.

– **(Bedeutungslosigkeit):** Nicht erstattbar ist eine wahllos erstellte bedeutungslose Kopie, noch dazu in großer Menge, LG Essen JMBl NRW **79**, 104.

– **(Beschleunigung):** Erstattbar ist eine solche Kopie, die zur Prozeßbeschleunigung eher beitragen kann als das Original, KG Rpfleger **75**, 107.

– **(Bezugnahme des Gerichts):** Erstattbarkeit besteht, soweit das Gericht in einer Entscheidung auf eine Antragsanlage Bezug nimmt, Ffm Rpfleger **75**, 31.

– **(Dauerbedarf):** Erstattbarkeit besteht, soweit der ProzBev zB ein Gutachten ständig benötigt, LG Bln MDR **82**, 327.
– **(Dritter):** *Nicht* erstattbar ist die Information eines nicht einmal wirtschaftlich am Prozeß beteiligten Dritten.

186 – **(Einarbeitung):** *Nicht* erstattbar ist eine solche Urkunde, die der Anwalt in den Text zB der Klageschrift hätte einarbeiten müssen, § 253 II Z 2, Drsd RR **99**, 47.
– **(Erforderlichkeit):** Man muß die Notwendigkeit einer Ablichtung grundsätzlich unabhängig von VV 7000 prüfen, Rn 42, Drsd **99**, 147, Karlsr MDR **02**, 664, Kblz BB **01**, 752 (je: großzügig), aM jetzt Mü MDR **03**, 1143 (aber die Erstattungsfähigkeit richtet sich nach der ZPO und nicht nach dem RVG). Erstattbar ist eine nach § 131 erforderliche Kopie, Ffm Rpfleger **75**, 31, ZöHe 13 „Ablichtungen, Abschriften", aM Ffm JB **78**, 1432 (aber Kosten zur Erfüllung einer gesetzlichen Pflicht sind stets erstattbar). Erstattbar ist eine nach § 133 erforderliche Anlage, Karls AnwBl **86**, 547, Kblz JB **91**, 537, LG Mü MDR **91**, 2256.
– **(Fachliteratur):** *Nicht* erstattbar sind Fotokopien usw aus der Fachliteratur, Schlesw SchlHA **82**, 60, LAG Hamm MDR **81**, 789, aM LAG Köln JB **84**, 872 (aber solche Vorlagen kann man in der Bibliothek einsehen).
– **(Gesamtakte):** *Nicht* erstattbar ist die Kopie der ganzen Akte anstelle eines ausreichenden Auszugs, Ffm MDR **78**, 498, Hbg JB **78**, 1511.
– **(Gesamtbild):** Erstattbarkeit besteht dann, wenn das Gesamtbild einer Urkunde wichtig ist, Schlesw SchlHA **79**, 43.
– **(Geschäftsgang):** *Nicht* erstattbar sind Kopien im Rahmen des üblichen Geschäftsgangs des Anwalts, BGH NZA-RR **04**, 493, etwa um die Urschrift für das Gericht, um eine Ablichtung oder Abschrift für die Handakten, den Auftraggeber und den Prozeßgegner, um eine Urteilskopie, eine Protokollkopie, um eine Kopie einer Behördenauskunft, Bbg JB **86**, 68.
– **(Handakte):** Erstattbarkeit besteht dann, wenn der Vorgänger des Anwalts zB entgegen § 50 I BRAO keine Handakte angelegt hat, aM BGH NJW **05**, 2317 (aber die Ablichtung ist gerade deshalb erforderlich).
– **(Herstellungsart):** Sie ist wegen des klaren Wortlauts von II 1 grds unerheblich, Rn 41 ff.
Vgl aber auch Rn 187 „– (Preis)".
– **(Herstellungszeitpunkt):** Es kann durchaus auf ihn ankommen, Bbg JB **84**, 1358.

187 – **(Kostenfreiheit):** *Nicht* erstattbar ist eine solche Kopie, zu deren kostenfreier Herstellung der Anwalt nach dem Anwaltsvertrag verpflichtet ist, Mü Rpfleger **83**, 86, vgl auch KV 9000. Die Erstkopie des eigenen Schriftsatzes muß der Anwalt auslagenfrei geben.
– **(Notwendigkeit):** Rn 186 „– (Erforderlichkeit)".
– **(Original beim Gegner):** Zu großzügig bejaht Ffm AnwBl **85**, 205 allgemein die Erstattungsfähigkeit auch wegen solcher Fotokopien, deren Originale sich beim Prozeßgegner befinden (sollen).
– **(Preis):** *Nicht* erstattbar ist eine zu teure Kopie, Ffm MDR **01**, 773.
– **(Privatgutachten):** Erstattbarkeit kann bestehen bei der Kopie eines eingereichten Privatgutachtens, OVG Lüneb AnwBl **84**, 322.
– **(Prozeßverhalten):** Erstattbarkeit besteht, soweit eine Kopie für das Verhalten einer Partei im Prozeß wichtig ist, Ffm MDR **78**, 498.
– **(Streitgenossen):** Erstattbarkeit besteht bei ungewöhnlich vielen Streitgenossen, Mü Rpfleger **78**, 152, Schlesw SchlHA **83**, 143, oder bei einer Kopie für einen selbständig vertretenen Streitgenossen des Auftraggebers, LAG Hamm MDR **88**, 524.

188 – **(Unerreichbarkeit):** Erstattbarkeit besteht, soweit Akten zB eines Vorprozesses schwer erreichbar sind, Hbg MDR **75**, 935.
– **(Unersetzbarkeit):** Erstattbar ist eine Kopie bei einer Unersetzbarkeit des Originals, Bbg JB **81**, 1679, LG Ffm AnwBl **82**, 319.
– **(Urkunden-, Scheck-, Wechselprozeß):** Erstattbarkeit besteht in diesen Verfahren bei Kopien erhöht, Kblz BB **89**, 2288.
– **(Urschrift):** Rn 186 „– (Geschäftsgang)".
– **(Veröffentlichung):** Reichlich engherzig versagt LAG Hamm MDR **81**, 789 die Erstattung der Kosten von Fotokopien unveröffentlichter Entscheidungen schlechthin.
– **(Versicherung):** Erstattbar ist die Information einer Versicherungsgesellschaft, LG Düss AnwBl **83**, 557.
– **(Zusatzkopie):** Erstattbar ist eine solche weitere Kopie im Rahmen von VV 7000.

189 **B. Schreibauslagen der Partei.** Sie sind insoweit erstattungsfähig, als sie notwendig sind, (allgemein) BVerfG **61**, 209, Düss VersR **79**, 870. Das kann zB nach § 169 I so sein, AG Darmst JB **78**, 750, ferner bei einer nicht anwaltlich vertretenen Partei, OVG Hbg Rpfleger **84**, 329. Man muß Schreibauslagen einer Behörde als solche der Partei behandeln, nicht als solche eines Anwalts, Hamm Rpfleger **82**, 439. Zu Behördenkopierkosten usw Hüttenhofer Rpfleger **87**, 292.

190 **C. Schreibauslagen des Gerichts.** Sie sind nicht erstattungsfähig, soweit es sich um eine solche Kopie handelt, die man zum Zweck einer von Amts wegen notwendigen Zustellung angefertigen muß. In einer Schiffahrtssache sollte man großzügig sein.

191 **D. Schreibauslagen des Streithelfers.** Soweit der Prozeßgegner der vom Streithelfer unterstützten Hauptpartei nach § 101 I Hs 1 seine Kosten trägt, sind auch die zB zur Information aus einer Gerichtsakte angefallenen Schreibauslagen des Streithelfers erstattungsfähig, Düss VersR **79**, 870.
S auch Rn 124.

192 **Schutzschrift,** dazu *Deutsch* GRUR **90**, 327 (332), *Hilgard,* Die Schutzschrift im Wettbewerbsrecht, 1986; *May,* Die Schutzschrift im Arrest- und Einstweiligen-Verfügungs-Verfahren, 1983, *Steinmetz,* Der „kleine" Wettbewerbsprozeß, 1993; *Wilke,* Abmahnung und Schutzschrift im gewerblichen Rechtsschutz, 1991:

Die Kosten einer trotz der dogmatischen Probleme besonders in Wettbewerbssachen eingebürgerten sog Schutzvorschrift nach Grdz 7 vor § 128, § 920 Rn 3 können *ab* der Entstehung eines *Prozeßrechtsverhältnisses* erstattungsfähig sein, Grdz 5 ff vor § 128, BGH JB **08**, 429, also nicht vorher, BGH NJW **03**, 1257 (zustm Teplitzky LMK **03**, 95), Düss Rpfleger **07**, 48, Hbg MDR **02**, 1154, aM Ffm GRUR **96**, 229, KG WettbR **00**, 24 (schon vorher), Köln Rpfleger **95**, 518 (aber eine solche Großzügigkeit würde alle Grenzen sprengen. Man kann ja technisch etwa beim „fliegenden" Gerichtsstand des § 32 nahezu jedes Gericht mit einer vorprozessualen Schutzschrift überziehen). Wegen des Zusammenfalls von Anhängigkeit und Rechtshängigkeit im Eilverfahren nach § 920 Rn 8 liegt ein Prozeßrechtsverhältnis auch dann vor, wenn der Antragsteller den Eilantrag nach dessen Zustellung an den Antragsgegner zurücknimmt, VGH Mü NJW **08**, 2664, Mü JB **94**, 632, Stgt WRP **79**, 818.

Die Kosten einer erst nach solcher Zurücknahme und daher erst nach der Beendigung des Prozeßrechtsverhältnisses eingehenden Schutzschrift sind aber *nicht* erstattungsfähig, BGH BB **07**, 1136, Köln JB **81**, 1827, Lettl BB **07**, 2473. Diese Situation liegt auch dann vor, wenn die Schutzschrift und der Eilantrag zunächst nicht bei demselben Gericht eingehen, Düss JB **00**, 423.

Selbständiges Beweisverfahren, dazu *Hansens* Rpfleger **97**, 363, *Sieber,* Kostenrechtliche Fragen im selbständigen Beweisverfahren, 2007, *Wirges* JB **97**, 567 (je Üb): 193

A. Kostengrundentscheidung. Zunächst gilt ein Vergleich nach § 98, Kblz MDR **98**, 562. Andernfalls gilt:

– **(Grundsatz: Keine Entscheidung):** Im selbständigen Beweisverfahren ergeht jedenfalls zunächst grds *keine* Kostengrundentscheidung, BGH NJW **07**, 3721 (zustm Fischer ZZP **121**, 106), Hbg MDR **02**, 1093, LG Mönchengladb JB **06**, 39, BGH JB **08**, 429. Es reicht wegen § 920 Rn 8 (Anhängigkeit hier = Rechtshängigkeit) sogar eine Rücknahme vor der Zustellung; aM BGH MDR **83**, 204, Kblz RR **04**, 1006, LG Lüneb JB **02**, 597 (je: eine Kostengrundentscheidung sei jedenfalls dann notwendig, wenn das Gericht einen Beweisantrag ablehne, wenn der Antrag zurückgenommen werde usw, Mü MDR **01**, 768, LG Hann VersR **01**, 1099; wenn im Beweisverfahren eine Erledigung dieser „Hauptsache" eintrete), Düss JB **06**, 143, KG BauR **02**, 1735 (je: stets Kostenentscheidung), Mü MDR **01**, 1011, LG Stgt RR **01**, 720 (§ 91 a nach einem Vergleich im selbständigen Beweisverfahren ohne Kosteneinigung), Looff NJW **08**, 24. Das gilt sowohl dann, wenn ein zugehöriger Hauptprozeß noch *ungewiß* ist, LG Hbg WoM **01**, 345, als auch dann, wenn er bereits anhängig ist, vgl auch § 494 a (zur Ausnahme, Rn 194). Es kommt auch nicht darauf an, ob das Gericht den Beweisantrag als unzulässig verwirft oder als unbegründet abweist oder ob es ihm stattgibt. Es kommt auch nicht darauf an, ob die Beweisaufnahme in einem Gutachten oder in einer Augenscheinseinnahme oder in einer Zeugenvernehmung oder in einer anderen Beweisaufnahmeart besteht und ob es im Beweisverfahren zu einer mündlichen Verhandlung, zur schriftlichen Ergänzung eines Gutachtens, zu einer Ablehnung mit oder ohne Erfolg kommt usw.

Die am Anfang dieser Rn genannten anderen Ansichten *überzeugen nicht.* Natürlich wird das Gericht auch im selbständigen Beweisverfahren nicht kostenlos tätig, soweit es keine Prozeßkostenhilfe bewilligt hat. Indessen ist der Antragsteller Kostenschuldner gegenüber der Staatskasse nach §§ 22 ff GKG. Er ist auch als Auftraggeber seinem Anwalt gegenüber zahlungspflichtig. Er wird bei einer objektiv unberechtigten Inanspruchnahme auch wegen seiner außergerichtlichen Kosten keineswegs rechtlos, Üb 66 vor § 91 „Selbständiges Beweisverfahren". Der Antragsgegner ist dem eigenen Anwalt gegenüber ebenso als Auftraggeber zahlungspflichtig. Für die Auslagen des Gerichts zB wegen eines Sachverständigen haftet der Antragsschuldner mit. Aus allen diesen Gründen wäre eine Kostengrundentscheidung im Beweisverfahren allenfalls als die Grundlage eines prozessualen Kostenerstattungsanspruchs sinnvoll. Indessen ist das Beweisverfahren in seiner gegenwärtigen Ausprägung weder ein Rechtsstreit, Köln VersR **92**, 639, noch ein ihm ähnliches Eilverfahren wie zB dasjenige nach §§ 916 ff.

Es handelt sich vielmehr um ein *selbständiges* gerichtliches Verfahren. Seine Ergebnisse können zwar unter Umständen in einem gleichzeitigen oder nachfolgenden Hauptprozeß eine erhebliche Bedeutung haben. Es begründet aber nicht ein Prozeßrechtsverhältnis gegenüber dem etwaigen Prozeßgegner des Antragstellers, zumindest nicht im engeren Sinn nach Grdz 4 vor § 128, Köln VersR **92**, 639. Ohne ein Prozeßrechtsverhältnis gibt es aber keine Prozeßkosten und keine zugehörige Kostengrundentscheidung, Hamm NZM **08**, 263.

Daher ist derjenige, der die im Beweisverfahren entstandenen Kosten ersetzt haben möchte, in einem gleichzeitigen oder nachträglichen Hauptprozeß auf ihre Geltendmachung als *Prozeßkosten* im dortigen Verfahren angewiesen, soweit das Gericht sie dort anerkennen kann, BGH Rpfleger **06**, 338, VGH Mü NJW **08**, 2664. Andernfalls muß er einen etwaigen sachlichrechtlichen Ersatzanspruch notfalls gesondert einklagen, Üb 66 vor § 91, unklar BGH NJW **83**, 284, aM Düss MDR **97**, 886 (aber dieser Weg bleibt stets offen. Ob er einen Erfolg haben kann, ist natürlich eine andere Frage). Natürlich ist eine etwa doch im Beweisverfahren ergangene Kostengrundentscheidung bis zu ihrer Aufhebung usw ein Festsetzungstitel nach §§ 103 ff, LG Bln JB **86**, 440, aM Karlsr JB **00**, 590 (aber die nun einmal ergangene Kostengrundentscheidung ist bis zur Aufhebung wirksam, Üb 20 vor § 300). Zu den Kostenfolgen einer Nebenintervention im selbständigen Beweisverfahren Kießling NJW **01**, 3668 (ausf). Das gilt allerdings nur, sofern man eine Nebenintervention in diesem Verfahren für zulässig hält, aM dazu Üb 3 vor § 64.

– **(Ausnahme: Kostenentscheidung nach § 494 a II 1):** Diese bloße Ausnahme ist als solche gerade nicht ausdehnend auslegbar, aM Celle MDR **93**, 914, Ffm MDR **98**, 128, Karlsr MDR **91**, 993 (aber eine bloße Ausnahme ist immer nur eng auslegbar). 194

B. Kostenerstattung. Im selbständigen Beweisverfahren ohne einen gleichzeitigen Hauptprozeß (sog isoliertes Verfahren) erfolgt mangels einer Kostengrundentscheidung grds auch keine Kostenerstattung, Rn 193, Düss RR **97**, 1312, Mü Rpfleger **00**, 425 rechts, AG Dortm WoM **90**, 339, aM BGH Rpfleger **04**, 588 (ohne jede Erwähnung oder gar Erörterung der vorstehenden Ansichten). Der als Kostenschuldner nach § 22 GKG haftende Antragsteller mag einen sachlichrechtlichen Ersatzanspruch haben, 195

Rn 193, Üb 66 vor § 91. Soweit es gleichzeitig mit einem oder im Anschluß an ein Beweisverfahren zu einem oder mehreren Hauptprozessen kommt (und nicht nur zum Eilverfahren nach §§ 916 ff, Mü MDR **98**, 1183, aM Kblz JB **95**, 482), das sich auch nur teilweise auf diejenigen Fragen erstreckt, die der Gegenstand der Beweisaufnahme waren oder sein sollten, können die Kosten der Beweisaufnahme zu den Kosten des oder der Hauptprozesse zählen, BGH Rpfleger **06**, 338, LG Saarbr JB **01**, 532, AG Neust/Rbbg RR **03**, 790. Sie können dann auch nach § 96 behandelbar sein, AG Bielef RR **00**, 1240. Das gilt mit Ausnahme derjenigen Kosten, über die eine rechtskräftige Entscheidung nach § 494 a II 1 ergangen ist, § 494 a Rn 11 ff, 19. Die Kosten des Beweisverfahrens können insofern wie sonst erstattungsfähig sein, BGH **132**, 104. Das gilt grds unabhängig davon, ob das Gericht die Ergebnisse der Beweisaufnahme im Hauptverfahren mitverwerten konnte, mitverwertet hat und ob sie auf das Ergebnis des Hauptprozesses einen Einfluß hatten, BGH NJW **83**, 284, KG JB **97**, 320, Nürnb JB **94**, 104, aM Kblz VersR **84**, 1175, Schlesw JB **95**, 36 (aber auch sonstige Beweiskosten zählen grds unabhängig vom Ausgang der Beweisaufnahme zu den Prozeßkosten).

196 – **(Abtretung):** Erstattungsfähig sind auch die Kosten eines selbständigen Beweisverfahrens des Erstgläubigers im Prozeß des Abtretungsnehmers mit dem Schuldner jedenfalls auch unter dem Gesichtspunkt von Vorbereitungskosten, Rn 271 „Abtretung". Daher sind auch die Kosten eines zurückgewiesenen Antrags auf die Durchführung eines selbständigen Beweisverfahrens Kosten des Rechtsstreits. Das gilt jedenfalls insoweit, als man später zu dem Ergebnis kommen muß, daß ein selbständiges Beweisverfahren zweckmäßig gewesen wäre, aM Schlesw SchlHA **75**, 88 (solche Kosten seien dann nicht erstattungsfähig. Aber die erstere Lösung ist prozeßwirtschaftlicher, Grdz 14 vor § 128).

197 – **(Aufrechnung):** Die Kosten eines selbständigen Beweisverfahrens für eine im Hauptprozeß zur Aufrechnung gestellte Forderung sind nur insoweit erstattungsfähig, als das Gericht über die Aufrechnung mit einer Rechtskraftwirkung entschieden hat, Mü Rpfleger **82**, 196. Es erfolgt insofern eine selbständige Aufteilung, Hamm NZM **08**, 263. Der Aufrechnungsbetrag wirkt nicht wertmindernd, Mü MDR **99**, 1347.

198 – **(Außergerichtlichkeit):** Soweit überhaupt eine Erstattungsfähigkeit in Betracht kommt, etwa wegen einer gesetzwidrig ergangenen isolierten Kostenentscheidung nach Rn 195, muß man die Kosten des selbständigen Beweisverfahrens mit Ausnahme der nach § 494 a II 1 vorab ausgeurteilten als außergerichtliche Kosten des Hauptprozesses betrachten, nicht also als Gerichtskosten. Das gilt unabhängig von § 493. Denn diese Vorschrift bewertet ja nur die Beweisaufnahme als eine solche des Hauptprozesses, nicht auch die Kosten des selbständigen Beweisverfahrens als solche des Gerichts, Düss Rpfleger **07**, 228, Hamm JB **00**, 257, Kblz MDR **04**, 840, aM BGH NJW **05**, 294 (ohne jede Erwähnung oder gar Erörterung der vorstehenden Ansichten), Kblz MDR **03**, 718, Mü MDR **99**, 637 (es handle sich stets um Gerichtskosten. Davon spricht aber § 493 nicht mit. Entgegen BGH ist die Selbständigkeit des Verfahrens nach §§ 485 ff gerade stärker geworden als früher. Auch sprachlich bleibt der BGH irreführend: „Wortsinn" = Wortlaut oder Sinn oder beides? KV 1610 fordert keineswegs die Behandlung als einen Teil der Gerichtskosten eines ohnehin nur evtl folgenden Hauptprozesses. Über dessen Gerichtskosten befindet erst *dessen* Kostenentscheidung).

Aus der Zugehörigkeit der Kosten zu den außergerichtlichen Kosten des Hauptprozesses folgt: Soweit das Gericht die Kosten des nachfolgenden Hauptprozesses *gegeneinander aufhebt,* hat keine Partei einen Erstattungsanspruch, § 92 I 2. Denn sie sind außergerichtliche Kosten, Rn 199. Dasselbe gilt, soweit die Parteien in einem Prozeßvergleich bei der Vereinbarung der Kostenaufhebung gegeneinander die Kosten des selbständigen Beweisverfahrens ausgeklammert haben, Kblz MDR **03**, 356.

199 – **(Mehrheit von Hauptprozessen):** Soweit es um mehrere gleichzeitige oder nachfolgende Hauptprozesse geht, muß man die Kosten des selbständigen Beweisverfahrens im Verhältnis der Streitwerte auf diese Prozesse verteilen, Hbg JB **83**, 1257, Mü MDR **89**, 548, Stgt BauR **00**, 136, aM Mü MDR **89**, 548 (das Streitwertverhältnis sei nur bei einem überschießenden Wert des Beweisverfahrens maßgeblich. Aber die erstere Lösung ist einfacher und deshalb prozeßwirtschaftlicher, Grdz 14 vor § 128).

200 – **(Mitentscheidung):** Es muß das Gericht über den Gegenstand des selbständigen Beweisverfahrens überhaupt mitentschieden haben, BGH NJW **03**, 1323, Hbg MDR **89**, 362, Mü MDR **00**, 726 (evtl nicht nach Klagänderung), aM Düss JB **04**, 534. Ob ein Versäumnisurteil die erforderliche Sachentscheidung enthält, muß man notfalls anhand der Klagebegründung prüfen, § 322, Rn 8, KG Rpfleger **82**, 195. Die Abweisung eines Hilfsanspruchs als unschlüssig ist eine der Rechtskraft fähige Sachentscheidung. Das übersieht wohl Hbg JB **90**, 1470. Wegen einer Klagerücknahme § 269 Rn 33.

201 – **(Nämlichkeit der Parteien):** Es muß zwischen den Parteien des Beweisverfahrens (Antragsteller und „Antragsgegner") einerseits und den Parteien des oder der Hauptprozesse eine Nämlichkeit bestehen, BGH Rpfleger **06**, 338, Düss Rpfleger **07**, 228, Kblz Rpfleger **07**, 685, aM KG MDR **02**, 1453, Schlesw AnwBl **95**, 270 (aber ohne Nämlichkeit verschwimmen die Grenzen des Prozeßrechtsverhältnisses). Auch der Streithelfer ist dabei Partei, KG RR **03**, 133. Bei einer Wohnungseigentümergemeinschaft kann eine Ermächtigung Einzelner genügen, Kblz Rpfleger **07**, 685. Eine Streitverkündung oder der Hinzutritt eines weiteren Antragsgegners sind dann unschädlich, Mü MDR **00**, 603. Eine Teilnämlichkeit reicht nicht, Hbg JB **94**, 105, Kblz MDR **00**, 669, aM BGH Rpfleger **06**, 338, Köln MDR **07**, 1347, Zweibr MDR **02**, 476 (aber wo lägen hier die Grenzen in Wahrheit? Bei jeder geringsten „Mitverwendbarkeit"?).

202 – **(Nämlichkeit des Streitgegenstands):** Es muß zwischen dem Streitgegenstand des selbständigen Beweisverfahrens nach § 2 Rn 4 und demjenigen des Hauptprozesses ebenfalls eine Nämlichkeit vorliegen, BGH NJW **03**, 1323, Mü MDR **00**, 726, LG Saarbr JB **01**, 532, aM BGH NJW **05**, 294,

Kblz MDR **00**, 669, Stgt MDR **05**, 358 (je: Teilnämlichkeit: anteilig. Das mag zunächst als prozeßwirtschaftlich erscheinen. Aber es sprengt die systematisch vorrangigen Grenzen desselben Prozeßrechtsverhältnisses).

– **(Notwendigkeit):** In jedem Fall muß man wie sonst bei § 91 prüfen, ob die Kosten „notwendig" waren. Das hängt davon ab, ob sie also im Zeitpunkt ihrer Entstehung im selbständigen Beweisverfahren rückwirkend betrachtet nicht nur sinnvoll, sondern geradezu erforderlich waren, Hamm Rpfleger **87**, 385, Kblz VersR **90**, 1255, LG Aachen RR **92**, 472. Allerdings findet im Kostenfestsetzungsverfahren nur noch eine Prüfung darauf statt, ob die Kosten des selbständigen Beweisverfahrens auch im einzelnen (und nicht das ganze Verfahren überhaupt) notwendig waren. Für die Notwendigkeit ist es wiederum unerheblich, ob das Gericht die Ergebnisse des selbständigen Beweisverfahrens auch im Hauptprozeß benutzt hat. **203**

– **(Wertfragen):** Wenn der Wert des selbständigen Beweisverfahrens nach Anh § 3 Rn 102 den Wert des nachfolgenden Prozesses *übersteigt*, muß man eine Verteilung und Quotelung vornehmen, Celle Rpfleger **97**, 452, Mü Rpfleger **89**, 302, LG Stgt JB **97**, 532. Das gilt auch bei wertunabhängigen Kosten, aM LG Landau Rpfleger **90**, 386 (aber auch sie erfordern eine gerechte Aufteilung). Entsprechendes kann gelten, wenn es nur gegen einzelne Gegner des zunächst ohne einen Hauptprozeß stattgefundenen selbständigen Beweisverfahrens zum Prozeß kommt, Hbg MDR **86**, 592, Kblz JB **90**, 1010 (kein Schematismus), LG Tüb MDR **98**, 499.

Sicherheitsleistung: Erstattungsfähig sind mangels einer schon und noch laufenden Zwangsvollstreckung, § 788 Rn 1; Die Kosten für eine Sicherheitsleistung nach § 110, BGH MDR **08**, 286 rechts, FG Karlsr Rpfleger **07**, 348; die Kosten der Rücknahme der Sicherheitsleistung; die Kosten einer Bankbürgschaft, BGH NJW **86**, 2438, Düss JB **01**, 210 (bei § 767), Nürnb JB **90**, 1473. **204**

S auch Rn 285, § 788 Rn 38.

Sondervergütung: Rn 107 „Honorarvereinbarung".

Sozietät: Rn 132.

Spezialrecht: Rn 251, 252.

Steuerberater: Man kann die Erstattungsfähigkeit seiner Kosten nur nach den Gesamtumständen des Einzelfalls unter einer Anwendung von §§ 612 II, 632 II BGB beurteilen, Hamm JB **02**, 648. Sie kann zB bei schwierigen steuerrechtlichen Fragen vorliegen, Karlsr RR **02**, 499, oder soweit man sonst nicht darlegen kann, KG FamRZ **08**, 1200. Die StBGebV ist mitverwertbar, Hamm JB **02**, 648. Sie ist aber nicht bindend. Die Erstattungsfähigkeit kann nicht über die gesetzliche Vergütung eines Anwalts nach dem RVG hinausgehen. Sie entsteht nicht schon wegen einer Einkommensermittlung der Partei, Ffm JB **88**, 360. Die Kosten eines auswärtigen Anwalts sind nicht stets erstattbar, BGH AnwBl **08**, 216. Beim Erfolgshonorar gilt praktisch dasselbe wie beim Rechtsanwalt, § 9a StBerG. Vgl daher Rn 88. **205**

S auch Mü Rpfleger **77**, 327, für die Zwangsvollstreckung § 788 Rn 43 „Steuerberater", für das finanzgerichtliche Verfahren § 139 III 1 FGO und FG Hbg EFG **85**, 84.

Streitgenossen: Rn 132, 253, 254, § 100 Rn 56 ff. **206**

Streithelfer: Rn 132, 253, 254, § 100 Rn 56 ff.

Streitverkündung: Ihre Kosten sind *nicht* erstattungsfähig. Denn die Streitverkündung wahrt nur die Interessen gegenüber einem Dritten und nicht gegenüber dem Prozeßgegner, Ffm AnwBl **80**, 258, KG JB **06**, 34, Mü MDR **89**, 548, aM Düss VersR **78**, 64 (aber eine Streitverkündung ist ohnehin niemals zwingend). Ausnahmen gelten bei §§ 75, 841. Wenn der Verkündungsgegner dem Rechtsstreit beitritt, gilt für ihn § 101 I und II. § 269 III 2 gilt keineswegs entsprechend, Köln RR **02**, 1726.

Streitwert: Bei seiner Festsetzung entstehen keine Gerichtsgebühren, § 68 III 1 GKG. Es findet keine Kostenerstattung statt, § 68 III 2 GKG. Bei einer Schätzung muß entweder die veranlassende Partei die Kosten tragen, § 64 S 2 GKG, oder die Staatskasse, § 1 I GKG. **207**

Stufenklage: Vgl Üb 37 vor § 91, § 254 Rn 20, Mü MDR **88**, 782. Unterliegt der Kläger also in der letzten Stufe, muß er grds die Kosten des gesamten Rechtsstreits tragen, Hamm RR **91**, 1407. Erkennt der Bekl den Anspruch der ersten Stufe zB durch eine Gutachtenvorlage an und siegt er in der letzten Stufe, so kann er die Gutachterkosten *nicht* auf Grund des Kostentitels zur letzten Stufe erstattet fordern, Kblz JB **90**, 1473, Mü Rpfleger **97**, 453. Im übrigen muß das Gericht grds nach jeder Stufe über die zugehörigen Kosten entscheiden, aM Ffm RR **98**, 1536 (aber man kann nicht sicher sein, daß man noch Gelegenheit zu einer Kostengrundentscheidung in einer der nächsten Stufen haben wird). Auskunftskosten können erstattbar sein, Kblz JB **97**, 430.

Syndikus: Rn 82 „Berufsrecht".

Teilklagen: Rn 139, 140. **208**

Telekommunikationskosten: Rn 86 „Datenbank", Rn 96 „Fernsprechkosten".

Terminswahrnehmung: Die Reisekosten zwecks Wahrnehmung eines Verhandlungstermins sind grds erstattungsfähig, BVerfG **36**, 308, Mü JB **07**, 595 links, Stgt JB **92**, 471. Erstattungsfähig sind bei der notwendigen großzügigen Betrachtung auch die Parteikosten im Anwaltsprozeß oder bei einer anwaltlichen Vertretung, Rn 92, Hamm Rpfleger **92**, 83, Kblz AnwBl **96**, 412, Köln VersR **93**, 75, aM Mü GRUR **84**, 162, LG Lpz JB **97**, 427 (aber die persönliche Anwesenheit der Partei ist jedenfalls im Prinzip meist auch dann sinnvoll, wenn das Gericht ihr Erscheinen nicht angeordnet hat). Die Terminswahrnehmung kann für die Partei sogar vor dem Revisionsgericht nötig sein, wenn es zB einen Vergleich angeregt hat. Auch die Kosten der Wahrnehmung eines bloßen Verkündungstermins sind grds erstattungsfähig. Denn in einem solchen Termin kann das Gericht zB eine Entscheidung verkünden, die eine Frist bereits durch die Verkündung in Lauf setzt. Die Partei muß imstande sein, den Fristbeginn unverzüglich zu erfahren, § 218 Rn 2. Das übersehen ThP 16. Erstattungsfähig sind Fahrtkosten zu einem nur wenige Stunden vorher infolge einer gegnerischen Antragsrücknahme aufgehobenen Termin, Naumb FamRZ **01**, 844, aM Schlesw RR **04**, 1008 (viel zu streng). Es können sogar die Kosten der Hinzuziehung eines sachkundigen Dritten erstattungsfähig sein, KG MDR **85**, 414, strenger Hbg MDR **01**, 1349. **209**

Der reine *Zeitverlust* ist aber grds *nicht* erstattungsfähig, Karlsr VersR **85**, 1095, Kblz VersR **03**, 1593, aM Brdb FamRZ **99**, 1219, Düss MDR **97**, 1070 (Urlaub), Hbg JB **91**, 1089 (Handelsgesellschaft), Stgt MDR **90**, 636 (Behörde. Aber das alles gehört zu vernünftigen Allgemeinkosten der Betriebsführung). Die Partei darf auch nicht die Mehrkosten ihrer betriebsinternen Zentralorganisation auf den Erstattungspflichtigen mitabwälzen, Ffm JB **85**, 1884, LG Landau Rpfleger **92**, 269, LG Schweinf JB **94**, 685.

S auch Rn 83, 92, 96, 258, 294.

Testkauf: Rn 289.

Trennung: Rn 140.

Treuhandstelle: Ihre Kosten sind *nicht* erstattungsfähig.

Übernachtungskosten: Sie können bei über 10 Stunden Hin- und Herfahrt erstattungsfähig sein, Drsd RR **98**, 1292, ebenso dann, wenn man sonst zu früh losreisen müßte, Ffm AnwBl **01**, 126.

210 **Übersetzungskosten:** Auch hier gilt der Grundsatz, daß man die Kosten möglichst niedrig halten muß, Rn 29, BVerfG NJW **90**, 3073. Sie sind in diesem Rahmen grds erstattungsfähig, BVerfG NJW **90**, 3072, Köln JB **02**, 591. Das gilt auch für den Schriftwechsel der Partei mit ihrem Anwalt, wenn er die Sprache der Partei nicht beherrscht, und umgekehrt, BPatG GRUR **92**, 689, Düss AnwBl **83**, 560, Hbg Rpfleger **96**, 370, aM Düss Rpfleger **83**, 367 (aber Verstehbarkeit ist die erste Voraussetzung der stets erlaubten und erstattbaren Information). Das gilt jedenfalls, soweit die Übersetzung zur Rechtsverfolgung erforderlich ist. Das letztere muß man vernünftigerweise regelmäßig bejahen.

211 *Dolmetscherkosten* sind ausnahmsweise *evtl nicht* erstattungsfähig, wenn es um einen einfachen Sachverhalt geht, wenn die schriftliche Übersetzung für das Vorgehen der Parteien keine Bedeutung hat und wenn ihre Kosten außer Verhältnis zur Klageforderung stehen, BVerfG NJW **90**, 3072.

212 Bei einem *sprachkundigen Anwalt* genügt unter Umständen eine mündliche Information und ist ein Verhandlungsdolmetscher meist entbehrlich, Köln JB **02**, 591. Bei einer schriftlichen Übersetzung kommt es also darauf an, ob gerade die Schriftform notwendig ist. Die Kosten der Übersetzertätigkeit des Anwalts sind insoweit erstattungsfähig, als er eine Urkunde, ein Urteil usw genau übersetzen muß. Denn insofern liegt nicht eine typische Anwaltstätigkeit vor, BPatG GRUR **92**, 689, Stgt Rpfleger **81**, 834, OVG Münst AnwBl **91**, 593.

S auch Rn 224 „Ausländischer Verkehrsanwalt".

213 **Umsatzsteuer** (Mehrwertsteuer): Sie ist nur insoweit erstattungsfähig, als die Partei gerade die in diesem Verfahren und daher gerade wegen dieses Streitgegenstands nach § 2 Rn 4 tatsächlich entstandene Umsatzsteuer zweifelsfrei *nicht* als *Vorsteuer* abziehen kann, Düss AnwBl **93**, 42, Nürnb MDR **07**, 1457, LG Münst MDR **98**, 929, aM Bre JB **93**, 286 (aber das UStG ist eindeutig und verbindlich, Einl III 39). Ein bloßer Ansatz reicht als eine solche Anwaltserklärung nicht, Düss JB **00**, 478, KG MDR **95**, 320, großzügiger Hbg MDR **00**, 1396, Hamm OLGR **97**, 116, Nürnb MDR **02**, 1396. Das alles gilt grds auch bei einer vom Rechtsanwalt oder Patentanwalt berechneten Mehrwertsteuer, § 104 II 3, BVerfG NJW **96**, 383 (es meint, der Gesetzgeber habe inzwischen gegen den BFH entschieden. Das Gegenteil ist eingetreten), BGH NJW **03**, 1534, Düss JB **02**, 590. Eine Ausnahme gilt in einer eigenen Anwaltssache, BGH GRUR **05**, 272, BFH **120**, 333, Mü MDR **03**, 177, aM LG Bln Rpfleger **77**, 220.

Die Erstattungspflicht kann auch dann bestehen, wenn der Erstattungspflichtige als *Ausländer* nicht umsatzsteuerpflichtig ist, Ffm Rpfleger **84**, 116. Eine solche ausländische Partei, die ein Unternehmer ist und ihren Sitz im Ausland hat, kann zu dem Kostenanspruch ihres inländischen Anwalts infolge seiner Tätigkeit als ProzBev oder Verkehrsanwalt vor einem inländischen Gericht grds nicht die Erstattung von Umsatzsteuer fordern, Kblz JB **91**, 246, LG Ffm AnwBl **86**, 406, AG Hof Rpfleger **02**, 536. Eine Ausnahme kann gelten, wenn die Partei im EU-Ausland wohnt und nicht als Unternehmer auftritt, Düss RR **93**, 704, Zweibr Rpfleger **99**, 41. Zum Auslandsbezug Schneider MDR **06**, 374 (Üb). Der unterliegende Ausländer muß diejenige Umsatzsteuer erstatten, die der siegende Inländer seinem ProzBev schuldet, Kblz NJW **92**, 641. Zum gesonderten Ausweis der Umsatzsteuer gegenüber dem ausländischen Auftraggeber Hansch AnwBl **87**, 527 (Üb).

214 Maßgebend ist der Steuersatz bei der *Fälligkeit* der Vergütung, Kblz JB **99**, 304, Enders JB **07**, 131, Henke AnwBl **06**, 754, aM Düss JB **93**, 289, FG Saarbr EFG **84**, 253, Meyer MDR **93**, 10 (Zeitpunkt der Leistungsausführung). Der Zeitpunkt der Leistungsausführung fällt freilich meist mit der Fälligkeit zusammen, Düss MDR **83**, 142, Ffm Rpfleger **83**, 41, Kblz JB **07**, 316. Umsatzsteuer entfällt nicht auf Zinsen, EuGH NJW **83**, 505, Ffm MDR **83**, 225, Schneider DGVZ **83**, 113. Sie entfällt natürlich auch nicht auf kraft Gesetzes umsatzsteuerfreie Leistungen, etwa auf die unmittelbar dem Postwesen dienenden Umsätze der Deutschen Post AG, § 4 Z 11 b UStG, oder auf Grund eines Versicherungsverhältnisses, Düss MDR **92**, 307, oder bei einer Leistung an einen Ausländer mit dem Wohnsitz außerhalb der EU, Karlsr AnwBl **93**, 42, unklar Schlesw AnwBl **95**, 152 (auch bei Auftragserteilung durch eine deutsche Vermögensverwaltungsgesellschaft?).

Bei unterliegenden *Streitgenossen*, von denen nur einer zum Abzug von Vorsteuer berechtigt ist, kann der Sieger wegen ihrer gesamtschuldnerischen Haftung nach seinem Belieben auch den nicht zum Abzug Berechtigten in Anspruch nehmen und insoweit die Umsatzsteuer erstattet fordern, BGH NJW **06**, 774, Hamm Rpfleger **92**, 220, LG Aachen Rpfleger **94**, 127, aM Nürnb MDR **07**, 1457, Schlesw JB **97**, 644, Stgt Rpfleger **96**, 82 (aber man muß aus dem Wahlrecht des § 421 S 1 BGB dann auch hier die Konsequenzen ziehen). Nur der betroffene siegende Streitgenosse kann eine Erstattung fordern, BGH NJW **06**, 774, Düss JB **93**, 355, LG Bln JB **97**, 428, aM KG JB **98**, 197 (aber der nicht Mitbetroffene hat gar keinen Kostennachteil). Bei einer Abtretung ist der neue Gläubiger maßgeblich, Schlesw JB **97**, 202.

S auch Rn 170 ff.

215 **Unterbevollmächtigter:** Rn 220 ff „Verkehrsanwalt".

Unterrichtung (Information): Es kommt auf die Person als Unterrichteten an.

A. Unterrichtung des Gerichts. Die Kosten sind ausnahmsweise in einem Patentverletzungsstreit erstattungsfähig, Düss GRUR **79**, 191.

B. Unterrichtung des Prozeßbevollmächtigten. In aller Regel darf eine Partei wenigstens *eine* **216** Unterrichtungsreise in jeder Instanz zu ihrem ProzBev unternehmen, Bbg JB **93**, 98, Brdb NJW **99**, 1268 (evtl auch zwei Reisen), VGH Mannh JB **90**, 1002 (nur diese eine). Das gilt auch dann, wenn die Partei ein Handelsunternehmen ist, Hamm MDR **85**, 59, Stgt AnwBl **83**, 191. Die Informationsreise ist insbesondere zur Besprechung eines nicht ganz einfachen Vergleichsvorschlags oder zur Wahrnehmung eines wichtigen Beweistermins erlaubt, an den sich eine Verhandlung anschließen soll und an dessen Ende ein Urteil möglich ist. Es ist grds unerheblich, ob die Informationskosten im rechten Verhältnis zum Streitwert stehen. Es kommt vielmehr darauf an, wie wichtig die Information des ProzBev für die Partei ist, Bbg JB **93**, 98, Hamm RR **97**, 768 (Auslandsreise), und ob eine schriftliche oder telefonische Information reicht, Brdb NJW **99**, 1268. Die Rechtsprechung legt oft ein zu hohes Gewicht auf die Bildung und Gewandtheit der Partei, Kblz Rpfleger **75**, 100. Auch ein Rechtskundiger urteilt in einer eigenen Sache meist schlecht. Unter Umständen sind mehrere Informationsreisen erstattungsfähig, LG Freibg AnwBl **94**, 151.

In der *Berufungsinstanz* ist die Verfahrensgebühr erstattungsfähig, selbst wenn die Unterrichtung vor der Anberaumung eines Verhandlungstermins stattfindet. In der Revisionsinstanz sind die Informationskosten des ProzBev nur ausnahmsweise erstattungsfähig. Bei einer ganz einfachen Sachlage kann die Erstattungsfähigkeit überhaupt *fehlen,* Kblz JB **77**, 66, Schlesw SchlHA **80**, 218.

S auch Rn 92, 242.

C. Unterrichtung des Versicherers. Die Kosten der Unterrichtung des Pflichtversicherers können **217** erstattungsfähig sein, diejenigen eines anderen Haftpflichtversicherers sind meist *nicht* erstattbar, Stgt Rpfleger **82**, 233, aM Düss AnwBl **80**, 78.

S auch Rn 269.

Untervertreter: Rn 83, 158. **218**

Unzuständigkeit: Nach einem gerichtlichen Hinweis darauf vor dem Termin kann die Erstattung der Terminskosten des Bekl-Vertreters *entfallen,* Bre MDR **06**, 597.

Urteil: Die Kosten der zusätzlichen Ausfertigung und Zustellung sind erstattungsfähig. Eine Festsetzung ist unnötig, § 788.

Verbandsvertreter: Unabhängig davon, ob er zur Prozeßvertretung eines Mitglieds befugt ist, ist jedenfalls **219** das RVG auf ihn als Nichtanwalt *unanwendbar,* soweit es um die Erstattungsfähigkeit seiner Kosten geht, LAG Hamm DB **94**, 336.

Verbindung: Rn 139.

Verdienstausfall: Rn 294.

Vergabenachprüfung: Auch hier kann die Hinzuziehung eines Anwalts notwendig sein, Naumb JB **05**, 89.

Vergleich: Vgl § 98. S auch Rn 261.

Vergütungsvereinbarung: Rn 88 „Erfolgshonorar", Rn 158 „Rechtsanwalt. Allgemeines".

Verjährung: Der prozessuale Kostenerstattungsanspruch verjährt nach 3 Jahren, § 195 BGB, der rechtskräftig festgestellte nach 30 Jahren, § 197 I Z 3 BGB.

Verkehrsanwalt: Es gelten die folgenden Regeln (Nachweise zum Teil zum alten Recht). **220**

A. Allgemeines: Ein Anwalt kann mangels eines Auftrags nicht sein eigener Verkehrsanwalt sein, Rostock JB **01**, 194. Hierher gehören auch *nicht* die Kosten eines Dritten, Hbg JB **93**, 157. Nicht nach II 1 richtet sich die Erstattungsfähigkeit der Kosten desjenigen Anwalts, der am Wohnsitz des Auftraggebers oder in dessen nächster Nähe residiert und der deshalb „nur" den Verkehr mit dem ProzBev führt, (jetzt) VV 3400, (zum alten Recht) Düss RR **97**, 190. Denn II 1 regelt die Kosten desjenigen Anwalt, der die Partei vor dem Prozeßgericht vertritt. Die Erstattungsfähigkeit richtet sich vielmehr nach I. Es kommt also darauf an, ob die Kosten des Verkehrsanwalts zu einer zweckentsprechenden Rechtsverfolgung oder Rechtsverteidigung notwendig sind. In diesem Zusammenhang muß man die allgemeine Pflicht jeder Partei beachten, die Kosten im Rahmen des Verständigen möglichst niedrig zu halten, Rn 29. Man muß sämtliche Umstände beachten, BGH BB **05**, 294, Kblz Rpfleger **03**, 148, Mü MDR **93**, 1130, aM ThP 27 (grds keine Erstattungsfähigkeit. Das ist zu streng).

Die Gerichte stellen darauf ab, ob man es der Partei zumuten kann, den auswärtigen ProzBev *persönlich zu unterrichten,* Brdb FamRZ **02**, 254, Düss AnwBl **93**, 39 und 40, Hamm AnwBl **00**, 323. In diesem Zusammenhang prüfen die Gerichte sowohl das Alter, den Gesundheitszustand und die Persönlichkeit der Partei sowie die Art und Größe ihres Unternehmens als auch die Art, Schwierigkeit und den Umfang des Prozeßstoffs, Düss OLGR **95**, 76, Hbg JB **02**, 319. Nicht jedes Unternehmen muß eine Rechtsabteilung haben, BGH VersR **05**, 1305. Eine gebildete Partei ist zu einer schriftlichen Unterrichtung des ProzBev eher in der Lage als eine ungebildete, Ffm AnwBl **85**, 211, Kblz JB **78**, 1068, LG Münst JB **02**, 372, aM LG Mü AnwBl **84**, 619 (aber im allgemeinen fördert eine Bildung die Ausdrucksfähigkeit auch in der Schriftform. Es kommt natürlich darauf an, was man unter einer Bildung verstehen will). Das gilt erst recht für eine von einem Volljuristen vertretene Partei, Kblz VersR **83**, 644. Soweit eine schriftliche oder mündliche Unterrichtung ausreicht, sind die Kosten des Verkehrsanwalt *nicht* erstattungsfähig.

Unabhängig davon, ob eine schriftliche Information des ProzBev möglich wäre, hat eine Partei aber grds ein schutzwürdiges Interesse daran, den ProzBev *persönlich kennenzulernen,* Ffm AnwBl **85**, 211, Schlesw SchlHA **82**, 158, LG Kblz AnwBl **82**, 24. Deshalb sind die Reisekosten des Verkehrsanwalts bis zur Höhe von ersparten Reisekosten der Partei zum ProzBev grds erstattungsfähig, KG VersR **08**, 271, Mü JB **07**, 595 rechts unten, Stgt FamRZ **03**, 1401, aM Kblz JB **91**, 1519, Köln JB **93**, 682, Mü MDR **93**, 1130 (beim Alltagsfall. Aber gerade dann kann es sinnvoll sein, seinen Anwalt über alle Routine hinaus im Gespräch zu interessieren). Der Rpfl muß die ersparten Reisekosten von Amts wegen ermitteln, Hamm AnwBl **83**, 559. Die Partei kann neben Verkehrsanwaltskosten grds keine eigenen Reisekosten zur Information des ProzBev erstattet fordern, Mü MDR **87**, 333. Die Mehrkosten wegen eines auswärtigen Verkehrsanwalts sind grds *nicht* erstattungsfähig, Ffm Rpfleger **88**, 163. Die Kosten eines solchen Verkehrsanwalts, den die Partei einschaltet, obwohl er an demselben Ort residiert wie der ProzBev, sind *nicht* erstattungsfähig, Düss MDR **76**, 406. Man sollte die Erstattungsfähigkeit weder zu streng noch zu großzügig beurteilen. Stets muß man mitbedenken, daß jetzt jeder überhaupt als Anwalt Zugelassene außer vor dem BGH vor jedem deutschen Gericht postulationsfähig ist.

221 **B. Einzelfragen.** Im Rahmen der grundsätzlichen Regeln Rn 220 läßt sich die Erstattungsfähigkeit im einzelnen etwa wie folgt beurteilen.

– **(Abschreibungsgesellschaft):** Die Einschaltung eines solchen Verkehrsanwalts, der zentral die Stoffsammlung und die rechtliche Aufarbeitung usw beim Anspruch auf rückständige Einlagen vornahm, ist *nicht* notwendig, Mü AnwBl **91**, 276.

– **(Alter):** Das hohe Lebensalter kann die Hinzuziehung eines Verkehrsanwalts zwecks einer Vermeidung von Reisen zum ProzBev eher als notwendig erscheinen lassen, Bbg JB **77**, 672, Hbg JB **90**, 888.

– **(Arbeitsgerichtsverfahren):** Die Kosten des vor der Verweisung an das ordentliche Gericht als ProzBev tätig gewesenen jetzigen Verkehrsanwalts sind erstattungsfähig, soweit sie jetzt noch erforderlich sind, Hbg JB **83**, 771.

222 – **(Arrest, einstweilige Anordnung oder Verfügung):** Die Kosten sind schon wegen § 945 eher als sonst erstattungsfähig, Ffm Rpfleger **88**, 163 (links und rechts), Hbg JB **88**, 1191, Stgt Just **82**, 262, aM Karlsr GRUR **90**, 223, Kblz VersR **88**, 471, Mü AnwBl **98**, 485 (die Erstattungsfähigkeit hänge davon ab, daß man mit einem Widerspruch nicht rechnen müsse. Aber das Eilverfahren erlaubt keine solche im Mahnverfahren eher angebrachte Unterscheidung).

Es kommt auch hier auf die *Zumutbarkeit* einer direkten Information des ProzBev an, Hbg JB **88**, 1031, Mü AnwBl **85**, 47, Schlesw JB **79**, 1668. Man kann dabei auch hier auf die Entfernung vom Gerichtsort und die Reisezeit der Partei abstellen, Ffm AnwBl **85**, 46 links. Das Merkmal der Zumutbarkeit gilt auch für die Kosten der Verteidigung gegenüber einem Antrag im vorläufigen Verfahren, aM Stgt JB **76**, 812. Erstattungsfähig sind insbesondere die Verteidigungskosten gegenüber einer einstweiligen Verfügung während der Sommerzeit (1. 7.–31. 8.), § 227 III 2 Z 1, Karlsr JB **75**, 1470, enger Hbg JB **75**, 657. Die Kosten des zugehörigen Hauptprozesses pflegen wegen der Erstattbarkeit denjenigen des Eilverfahrens zu folgen, Köln AnwBl **80**, 76. Evtl muß das Gericht die Kosten auf die Hauptsache und das Eilverfahren verteilen, Kblz JB **92**, 470.

Erstattungsfähig sind auch die Kosten in der *Rechtsmittelinstanz,* also in der Beschwerdeinstanz, Karlsr JB **75**, 1471, und in der Berufungsinstanz. Das gilt auch für die Kosten einer Tätigkeit vor dem Eingang der gegnerischen Berufungsbegründung. Zumindest kommt im vorläufigen Verfahren die Erstattungsfähigkeit einer Ratsgebühr nach § 34 RVG in Betracht. Keineswegs ist aber die Einschaltung von insgesamt mehr als zwei Anwaltskanzleien notwendig, auch nicht im Auslandsfall, Nürnb AnwBl **88**, 653.

S auch Rn 251 „Spezialrecht".

– **(Arzthaftung):** Es ist nicht schon wegen solcher Rechtsfragen stets ein Verkehrsanwalt notwendig, Kblz NJW **06**, 1072 links.

223 – **(Auslandsberührung):** Hier muß man zunächst das EU-Recht beachten, Rn 79 „Ausländer, ausländischer Rechtsanwalt". Im übrigen muß man die folgenden Fallgruppen unterscheiden.

A. Ausländer im Ausland. Bei dieser Gruppe muß man wiederum die folgenden Unterscheidung machen.

224 **a) Ausländischer Verkehrsanwalt.** Seine Kosten sind grds erstattungsfähig, soweit seine Hinzuziehung erforderlich ist, BGH NJW **05**, 1373, Düss AnwBl **93**, 39 (nicht, soweit die Information eines inländischen ProzBev zumutbar ist), Ffm GRUR **93**, 162, großzügiger Stgt AnwBl **85**, 211, ZöHe 13 „Ausländischer Anwalt". Das gilt insbesondere dann, wenn er das deutsche Recht kennt und deutsch spricht, Kblz NJW **78**, 1751. Die Notwendigkeit kann auch dann vorliegen, wenn eine Informationsreise der Partei vom Ausland zum ProzBev billiger gewesen wäre, Ffm GRUR **86**, 336, Stgt JB **81**, 870, oder wenn es um schwierige Rechtsfragen geht, Karlsr JB **90**, 64, strenger Hbg OLGR **99**, 288 (Partei im Inland), oder um eine ausländische Beweisaufnahme, BGH FamRZ **05**, 1670. Man muß das Ob der Erstattung nach dem deutschen Recht prüfen, BGH FamRZ **05**, 1671, Stgt RR **04**, 1582, demgegenüber aber die Höhe der erstattungsfähigen Anwaltskosten nach dem ausländischen Recht, Rn 225, Ffm AnwBl **95**, 378, Mü AnwBl **95**, 378, Mankowski AnwBl **05**, 708, aM BGH FamRZ **05**, 1671, Stgt RR **04**, 1582.

Eine *Honorarvereinbarung* zwischen dem ausländischen Verkehrsanwalt und dem Auftraggeber ist für die Kostenerstattungspflicht nicht stets maßgeblich, Hbg MDR **80**, 589, großzügiger Ffm Rpfleger **87**, 216. Man darf aber auch nicht schematisch die Erstattung auf den nach deutschem Recht erstattungsfähigen Betrag beschränken, Mankowski NJW **05**, 2349, aM BGH NJW **05**, 1373, Mü MDR **98**, 1054, LG Köln AnwBl **82**, 532. Auf das Bestehen einer Gegenseitigkeitsvereinbarung der beteiligten Staaten kommt es nicht an. Die Kosten der Übersetzung in die Sprache der ausländischen Partei sind evtl *nicht* erstattungsfähig, soweit die Partei neben einem deutschen ProzBev einen ausländischen Verkehrsanwalt hat, BPatG GRUR **83**, 265, aM BPatG GRUR **92**, 689, Hbg Rpfleger **96**, 370 (aber es kommt eben stets auf die Notwendigkeit an).

S auch Rn 212 „Übersetzungskosten".

225 **b) Inländischer Verkehrsanwalt.** Auch seine Kosten sind grds erstattungsfähig, Drsd JB **98**, 145, Hbg MDR **99**, 443, Jena JB **98**, 597, aM Nürnb JB **98**, 597 (zu eng). Das gilt auch zugunsten eines EU-Ausländers, Hbg MDR **00**, 664. Freilich setzt die Erstattungsfähigkeit auch hier die Notwendigkeit seiner Hinzuziehung voraus, Düss Rpfleger **97**, 188, Ffm Rpfleger **92**, 85, Kblz JB **00**, 146. Diese Notwendigkeit besteht zumindest dann, wenn dadurch ein Dolmetscher entbehrlich wird, Düss JB **87**, 1551, oder eine Reise der Partei, Hamm AnwBl **85**, 591, Kblz JB **91**, 245, großzügiger Ffm AnwBl **86**, 406, oder wenn mehr als ein bloßes Bestreiten erforderlich ist, Hamm AnwBl **85**, 591, Kblz AnwBl **95**,

267 (Hongkong, schwieriges Recht, Übersetzung), Stgt AnwBl **85**, 211, aM Bbg JB **78**, 857 (evtl nur eine Ratsgebühr erstattbar), Celle JB **76**, 1667, Düss Rpfleger **83**, 368 (aber auch hier kommt es ganz auf den Einzelfall an).

Man muß auch hier das *Ob* der Erstattung nach dem deutschen Recht beurteilen, Stgt RR **04**, 1582, demgegenüber aber die *Höhe* der erstattungsfähigen Kosten nach dem ausländischen Recht prüfen, Rn 224, Ffm AnwBl **95**, 378, Mü AnwBl **95**, 378, aM Stgt RR **04**, 1582. Die Reisekosten der Partei sind nur ausnahmweise zusätzlich erstattungsfähig, Ffm Rpfleger **88**, 163.

Die Kosten des inländischen Verkehrsanwalts sind insoweit *nicht* erstattungsfähig, als er nur, wenn auch notwendigerweise, die Schriftsätze der ausländischen Partei *übersetzt,* aM Düss MDR **87**, 851 (aber das ist keine typische Anwaltsaufgabe). Eine Erstattungsfähigkeit fehlt auch, soweit die ausländische Partei sprachkundig, geschäfts- oder sogar prozeßerfahren ist und außerdem eine solche inländische Niederlassung hat, die eine schriftliche Information des ProzBev hätte vornehmen können, Hbg MDR **86**, 61, Köln JB **86**, 1028, LG Freibg AnwBl **81**, 162, aM Kblz AnwBl **89**, 683 rechts unten (aber der Grundsatz geht auch hier dahin, die Kosten niedrig halten zu müssen). Das gilt auch bei der Wahrnehmung einer eigenen Angelegenheit, Mü AnwBl **87**, 245, oder soweit auch ein Gerichtsstand am Sitz des inländischen Anwalts infrage kam, Hbg MDR **99**, 443. Die Kosten einer Teilnahme des Verkehrsanwalts neben dem ProzBev an einem Termin im Inland sind nicht schon deshalb erstattungsfähig, weil die Partei ihm besonders vertraut, Bbg JB **86**, 438.

Vgl auch Rn 213, 220.

B. Ausländer im Inland. Er darf grds die Kosten eines inländischen oder ausländischen Verkehrs- 226
anwalts erstattet fordern, Ffm AnwBl **84**, 619, Hbg JB **86**, 1085, Stgt AnwBl **82**, 25. Man muß einen Ausländer wie einen Inländer behandeln, wenn er sich regelmäßig in Deutschland geschäftlich aufhält oder regelmäßig mit Inländern geschäftliche Beziehungen unterhält und wie ein Inländer am deutschen Rechtsverkehr teilnimmt, Düss Rpfleger **97**, 188, Karlsr JB **93**, 352, Kblz VersR **88**, 1164. Das gilt auch bei der Wahrnehmung einer eigenen Angelegenheit, Mü AnwBl **87**, 245.

C. Inländerprobleme. Man kann die Erstattungsfähigkeit der Kosten eines inländischen oder aus- 227
ländischen Verkehrsanwalts dann bejahen, wenn es sich um Spezialfragen eines ausländischen Rechtsgebiets handelt. Freilich darf man auch dann eine Erstattbarkeit keineswegs schematisch annehmen, Hbg RR **00**, 876 (nur bei Zeitdruck; streng). Ein vorübergehender Auslandsaufenthalt gibt nicht stets einen Erstattungsanspruch, Ffm Rpfleger **82**, 311.

S auch Rn 232, 255, 259.

– **(Behinderung):** Sie kann einen Verkehrsanwalt erlauben, Kblz MDR **93**, 484, Oldb AnwBl **83**, 558, Stgt AnwBl **83**, 567.

– **(Beiderseitige Verkehrsanwälte):** Ob ihre Einschaltung schon wegen der Beiderseitigkeit notwendig 228
war, läßt sich nur von Fall zu Fall klären. Freilich ist dann eher eine gewisse Großzügigkeit ratsam.

– **(Berufung):** Im Berufungsverfahren gelten strengere Maßstäbe als in der ersten Instanz. Denn es liegt 229
schon eine tatsächliche und rechtliche Würdigung durch das Erstgericht vor, BGH BB **06**, 1656, Brdb FamRZ **02**, 254, Kblz VersR **88**, 839, aM Ffm AnwBl **81**, 506, Köln BB **00**, 277 (je: dieser Grundsatz gelte nur, falls derselbe Anwalt wie in der ersten Instanz tätig werde. Aber es kommt darauf an, daß das *Gericht* bereits sorgfältig geprüft hatte). Deshalb kommt es auch nicht nur darauf an, daß die Kosten des Verkehrsanwalts nur gering über den sonst entstandenen Kosten einer Informationsreise der Partei und einer Parteireise zu einem Beweistermin lagen, aM LG Stgt AnwBl **85**, 214 (aber es handelt sich zunächst nur um das Ob). Auch muß man mitbeachten, daß jetzt jeder überhaupt als Anwalt Zugelassene außer vor dem BGH vor jedem deutschen Gericht postulationsfähig ist. Man darf die Anforderungen aber auch nicht überspannen, Stgt AnwBl **84**, 380, Dinslage AnwBl **83**, 563. Jedenfalls können die Kosten des Verkehrsanwalts ausnahmsweise erstattungsfähig sein, Hbg MDR **02**, 542.

Beispiele der Erstattungsfähigkeit: Es geht um einen lebenswichtigen Prozeß, Kblz VersR **88**, 839; es 230
geht nur die Geschäftsfähigkeit einer Partei, Kblz JB **91**, 243; es handelt sich um einen neuen Tatsachenvortrag, Ffm Rpfleger **99**, 463, Hbg MDR **02**, 542; es handelt sich um eine unübersichtliche oder umfangreiche und daher oder ohnehin schwierige Sache, Ffm JB **92**, 333, Hbg JB **90**, 888, Kblz VersR **87**, 1225. Das gilt auch dann, wenn es sich um eine geschäftsgewandte Partei handelt, LG Stgt AnwBl **84**, 101, und wenn kein neuer Tatsachenvortrag erfolgt; es gibt neue Probleme, Ffm WRP **92**, 312, Hbg MDR **02**, 542, Hamm JB **87**, 270; die Sache hat für die Partei eine besondere Bedeutung, Schlesw SchlHA **84**, 151; die Partei kann den Berufungsanwalt nicht oder nur schlechter selbst informieren, Ffm JB **92**, 407, Hbg JB **90**, 888 (Alter, Behinderung), Kblz VersR **87**, 996 (Krankheit) und 1225 (Vorprozeß); die Einschaltung des Verkehrsanwalts ermöglicht erst einen Vergleich; die Streitverkündung erfolgt erst während der Berufungsfrist, Kblz VersR **88**, 193.

Unter diesen Voraussetzungen können sogar diejenigen Kosten des Verkehrsanwalts des Berufungsbekl erstattungsfähig sein, die durch seine Tätigkeit *vor* dem Eingang der Berufungsbegründung entstehen, Ffm AnwBl **80**, 462, aM Hamm JB **84**, 1835, ZöHe 13 „Berufung" (aber auch hier gilt der Grundgedanke der Erstattbarkeit gewisser Vorbereitungskosten zumindest entsprechend). Im übrigen sind die Kosten des Verkehrsanwalts bis zur Höhe der dadurch ersparten an sich zweckmäßigen Informationsreise der Partei zum Berufungsanwalt erstattungsfähig, BGH BB **06**, 1656, aM Schlesw JB **80**, 1854 (aber eine Informationsreise wäre stets erstattungsfähig gewesen). Freilich muß der Berufungsanwalt selbst bei einer starken beruflichen Belastung grds zB ein auswärtiges Grundbuch selbst einsehen, soweit das nur dort möglich ist, Schlesw SchlHA **80**, 218.

– **(Beschwerde):** Wenn eine Partei gegen einen Kostenfestsetzungsbeschluß nur teilweise eine Be- 231
schwerde eingelegt hat, tritt auch wegen des Rests unter Umständen keine Bindung wegen der Erstattungsfähigkeit der Verkehrsanwaltskosten ein, KG MDR **77**, 937.

– **(Betreuer):** Seine Gebühr ist meist *nicht* erstattungsfähig, Rn 234, Mü RR **97**, 1286, Stgt JB **98**, 487.

– **(Bierbezugsvertrag):** Ffm MDR **92**, 193.

– **(Dolmetscher):** Die Kosten des Verkehrsanwalts sind insoweit erstattungsfähig, als sich dadurch Dolmetscherkosten vermeiden ließen, Kblz JB **00**, 145.

232 – **(Dritter):** Rn 261.

(Drittort): Auch die Kosten eines Verkehrsanwalts am dritten Ort (weder am Sitz des Prozeßgerichts noch am Wohnort der Partei) können erstattungsfähig sein, aM Hbg MDR **03**, 1019 (aber auch dann kann zB Rn 240 gelten).

– **(Ehegatte):** Es kommt auch hier auf die Gesamtumstände an. Der Ehegatte eines für ihn vorprozessual tätig gewesenen Richters mag einen Verkehrsanwalt einschalten dürfen, Hbg MDR **92**, 616, strenger Kblz JB **84**, 758, Köln JB **83**, 1047, Schlesw SchlHA **86**, 144. Das gilt auch für denjenigen eines Anwalts. Auch der Ehegatte eines Richters mag einen Verkehrsanwalt haben dürfen, Hbg MDR **92**, 616.

233 – **(Ehesache):** Soweit eine Beiordnung erfolgt ist, zB nach § 121 III in Verbindung mit § 76 FamFG, sind die Kosten des Verkehrsanwalts erstattungsfähig. Sie können darüber hinaus erstattungsfähig sein, KG FamRZ **82**, 1227, strenger Kblz JB **83**, 758, Köln JB **83**, 1047.

S auch Rn 247 „Prozeßkostenhilfe".

234 – **(Eigene Sache):** Hier muß man die folgenden Fallgruppen unterscheiden.

A. Gesetzliche Vertretung. Derjenige Anwalt, der als ein gesetzlicher Vertreter auftritt, kann die Kosten eines Verkehrsanwalts insoweit erstattet fordern, als ein nicht rechtskundiger Vertreter einen Anwalt hinzuziehen dürfte, Düss BB **77**, 1575, Kblz VersR **81**, 865, Schlesw SchlHA **79**, 60, oder soweit die Information nicht zum Aufgabenkreis des gesetzlichen Vertreters zählt, KG MDR **87**, 679. Im übrigen besteht *keine* Erstattungsfähigkeit, Düss MDR **80**, 320, Stgt JB **98**, 142. Nach diesen Grundsätzen muß man die Erstattungsfähigkeit beurteilen, wenn der Anwalt in einer der folgenden Eigenschaften auftritt:

- **Als Betreuer,** Rn 231;
- **als Pfleger,** Düss BB **77**, 1575, KG Rpfleger **76**, 248, aM Stgt JB **76**, 192;
- **als Vereinsvorstand,** Düss MDR **80**, 320, Ffm MDR **78**, 62, KG MDR **87**, 679;
- **als Vormund,** Kblz VersR **81**, 865, Schlesw SchlHA **79**, 60.

Soweit die Tätigkeit des Anwalts über diejenige *hinausgeht,* die er als ein gesetzlicher Vertreter wahrnehmen muß, kann die Erstattungsfähigkeit vorliegen, Düss BB **77**, 1575.

235 **B. Partei kraft Amts.** Derjenige Anwalt, der als eine Partei kraft Amts handelt, kann grds *keine* Kosten eines Verkehrsanwalts erstattet fordern. Denn man kann die Rechtslage in diesem Fall nicht anders als dann beurteilen, wenn er in einer eigenen Sache handelt, Mü OLGR **94**, 36. Es gehört ja zu den Amtspflichten, die nun einmal vorhandenen Kenntnisse und daher eben auch Rechtskenntnisse im Interesse des Vertretenen und im Rahmen der für die Amtsführung als eine Partei kraft Amts erhaltenen generellen Vergütung wahrzunehmen.

Demgemäß *fehlt* eine Erstattungsfähigkeit zB dann, wenn der Anwalt in folgenden Eigenschaften auftritt:

- **Als Insolvenzverwalter,** Ffm GRUR **88**, 487, KG Rpfleger **81**, 411, Stgt Rpfleger **83**, 501, aM Karlsr KTS **78**, 260;
- **als Liquidator,** Köln JB **78**, 71;
- **als Nachlaßverwalter,** Ffm Rpfleger **80**, 69;
- **als Testamentsvollstrecker,** Stgt AnwBl **80**, 360;
- **als sonstiger Vermögensverwalter,** aM Köln AnwBl **83**, 562.

236 **C. Persönliche Angelegenheit.** Derjenige Anwalt, der sich in einer persönlichen Angelegenheit selbst vertritt, II 3, kann grds *nicht* die Kosten eines Verkehrsanwalts erstattet fordern. Denn er könnte einen auswärtigen ProzBev mündlich oder schriftlich informieren, BGH NJW **08**, 1087, Mü AnwBl **87**, 245, Rostock MDR **01**, 115 (billigt freilich eine Auslagenpauschale von [jetzt ca] 20 EUR zu). Das alles gilt auch bei einem ausländischen Anwalt, Mü AnwBl **87**, 245.

S auch Rn 170.– **(Einigung):** Rn 261 „Vergleich".

237 – **(Einstellung):** Rn 262 „Vollstreckungsabwehrklage".

238 – **(Einstweilige Verfügung):** Rn 222.

– **(Entfernung):** Sie ist nur *sehr bedingt* ein ausreichender Maßstab, aM Köln BB **00**, 277 (ab 40 km. Das mag praktisch sein, vergröbert aber zu sehr).

– **(Factoring Bank):** Sie kann grds *schriftlich* informieren, Kblz VersR **89**, 929.

– **(Finanzmakler):** Er kann grds *schriftlich* informieren, Kblz VersR **89**, 929.

239 – **(Fischereirecht):** Rn 252.

– **(Gebührenvereinbarung):** Höhere als die gesetzlichen Gebühren sind (noch) allenfalls bei demjenigen ausländischen Verkehrsanwalt erstattungsfähig, der keine solchen kennt und zB auf einer Stundensatzbasis abrechnen darf, Ffm AnwBl **90**, 48.

S auch Rn 224.

– **(Gegnerverhalten):** Eine Erstattungsfähigkeit kann vorliegen, wenn sich der Gegner direkt an den Verkehrsanwalt gewandt hat, Bbg JB **87**, 1517, Hamm JB **88**, 492, Hansens JB **89**, 145.

– **(Gerichtsstandswahl):** Man darf sie auch im an sich erlaubten Bereich *nicht* kostenmäßig ohne einen sachlich vertretbaren Grund auf dem Rücken des Gegners ausüben. Man muß also die Kosten niedrig halten, Drsd Rpfleger **06**, 44, KG Rpfleger **76**, 323, Köln MDR **76**, 496, großzügiger Hbg MDR **99**, 638, KG MDR **08**, 653, Mü JB **94**, 477 (aber Kostensparsamkeit ist ein selbstverständliches Gebot).

– **(Geschäftsfähigkeit):** Ein Streit um ihr Vorliegen kann zur Erstattungsfähigkeit führen, Kblz JB **91**, 243.

– **(Gewerblicher Rechtsschutz):** Rn 251, 252.

240 – **(Hausanwalt):** Rn 256. Die dort erläuterten Regeln können auch zB beim langjährigen Vertrauensanwalt einer Interessengemeinschaft gelten, Hbg MDR **05**, 1317, Kblz AnwBl **92**, 548, Köln JB **02**, 591.

241 – **(Immobilienfirma):** Sie kann grds *schriftlich* informieren, Kblz VersR **89**, 929.

– **(Informationsreise):** Die Kosten eines Verkehrsanwalts sind grds jedenfalls bis zur Höhe derjenigen Kosten erstattungsfähig, die für *eine* Informationsreise der Partei je Instanz zu dem ProzBev notwendig sind, BGH BB **03**, 72, Düss BB **97**, 2397, Hamm AnwBl **00**, 323. Es kann auch zmindest ein geringer Betrag darüber hinaus erstattungsfähig sein, Bbg JB **91**, 703 (Drittort), Karlsr AnwBl **82**, 248, Köln AnwBl **83**, 189. Das gilt insbesondere dann, wenn die Information des ProzBev durch die Partei nur deshalb ausreicht, weil der Verkehrsanwalt vor dem Prozeßbeginn bereits tätig war, KG JB **76**, 204, Bbg JB **77**, 1140. Bei einem tatsächlich oder rechtlich schwierigen Fall kann man eine Erstattungsfähigkeit auch in Höhe derjenigen Beträge bejahen, die für *mehrere* Informationsreisen der Partei zum ProzBev notwendig würden, Ffm AnwBl **85**, 211, LG Wiesb AnwBl **99**, 180. Die Reisekosten sind, falls überhaupt, wie bei einem Zeugen nach dem JVEG erstattungsfähig, Düss BB **97**, 2397. **242**

Man darf eine Erstattungsfähigkeit allerdings *keineswegs schematisch* annehmen, Ffm JB **88**, 486, Hamm MDR **88**, 61, etwa sobald die Partei zur Unterrichtung des ProzBev mehr als einen halben Arbeitstag brauchen würde, Kblz MDR **94**, 630, Mü AnwBl **88**, 69, aM Ffm Rpfleger **85**, 212 (aber man muß trotz aller Prozeßwirtschaftlichkeit doch alle Umstände des Einzelfalls mitbeachten). Ebensowenig darf man die Erstattungsfähigkeit schematisch verneinen, sofern die Informationsreise zB nur einen vollen Tag dauern würde, aM Celle Rpfleger **84**, 287. Man darf auch keine Grenze der Erstattbarkeit bei einer starren Entfernung ziehen, aM Ffm OLGR **00**, 123 (50 km), Köln MDR **00**, 234 (40 km). In einer einfachen Sache mag nicht einmal ein Betrag in Höhe einer Informationsreise erstattungsfähig sein, Ffm AnwBl **84**, 508, Schlesw SchlHA **78**, 23. Es kommt eben darauf an, ob eine telefonische oder schriftliche Information des ProzBev ausreichen würde, Düss AnwBl **99**, 288, Kblz JB **76**, 96, zB durch einen auswärtigen Sozius einer überörtlichen Anwaltssozietät, Rn 254.

S auch Rn 216, 220, 246.

– **(Inkassobüro):** Es muß grds den ProzBev *schriftlich* informieren können, LG Saarbr JB **87**, 753.

– **(Insolvenzverwalter):** Rn 235.

– **(Klagerücknahme):** Die Kosten des Verkehrsanwalts können auch dann erstattungsfähig sein, wenn es wegen einer Klagerücknahme nicht mehr zur Bestellung eines ProzBev kommt, Karlsr JB **97**, 144, Mü AnwBl **78**, 110. **243**

– **(Kontakt):** Mangels seiner Notwendigkeit ist er *unbeachtlich,* Schlesw AnwBl **96**, 477.

– **(Krankenversicherung):** Rn 262 „Versicherungsgesellschaft".

– **(Krankheit):** Eine Erkrankung kann zur Erstattungsfähigkeit führen, Kblz JB **91**, 243.

– **(Leasing):** In der Regel muß der Leasinggeber den ProzBev *schriftlich* informieren können, Kblz VersR **88**, 583, LG Hanau Rpfleger **91**, 173. **244**

– **(Lebensalter):** Rn 221 „Alter".

– **(Lohnsteuerverein):** Er muß grds den ProzBev *schriftlich* informieren können, Bbg JB **87**, 1701.

– **(Mahnverfahren):** Rn 114. **245**

– **(Mehrheit von Anwälten):** Rn 124.

– **(Milchwirtschaft):** Rn 251.

– **(Nachlaßverwalter):** Rn 235. **246**

– **(Niederlassung):** Soweit sie nach § 21 vorliegt, kommt die Erstattung *weder* von Verkehrsanwaltskosten *noch* von fiktiven Informationsreisekosten in Betracht, Mü Rpfleger **88**, 162.

– **(Parallelprozeß):** Die Möglichkeit der Information in ihm kann die Erstattungsfähigkeit *ausschließen,* Bbg JB **91**, 705. **247**

– **(Passivlegitimation):** Die Kosten ihrer vorprozessualen Klärung durch den späteren Verkehrsanwalt sind grds *nicht* erstattungsfähig, Karlsr Rpfleger **99**, 435.

– **(Patent):** Rn 251.

– **(Pfleger):** Rn 234 „Gesetzliche Vertretung".

– **(Prozeßkostenhilfe):** Soweit eine Beiordnung nach § 121 III erfolgt ist, sind die erstinstanzlichen Kosten des Verkehrsanwalts grds erstattungsfähig, Nürnb RR **87**, 1202, aM Hamm MDR **83**, 584, Kblz MDR **99**, 445 (aber man muß dem beigeordneten Anwalt dieselben Möglichkeiten zubilligen wie einem anderen ProzBev). Sie können darüber hinaus erstattungsfähig sein. Man muß aber ihre Notwendigkeit wie sonst prüfen, Ffm AnwBl **82**, 381, Kblz JB **90**, 733. Vgl aber auch § 127 IV, dort Rn 103.

S auch Rn 232, 233.

– **(Prozeßstandschaft):** Die nur in ihr beteiligte Partei kann die Kosten des Verkehrsanwalts des Trägers des sachlichen Rechts *nicht* erstattet fordern, Kblz Rpfleger **86**, 449.

– **(Prozeßvergleich):** Rn 261 „Vergleich".

– **(Ratsgebühr):** Manche halten sie neben den gedachten Kosten einer Informationsreise für erstattungsfähig, Karlsr JB **96**, 39, Stgt AnwBl **82**, 439, strenger Bre JB **92**, 681, Düss JR **96**, 423, kritischer Düss JB **99**, 533. **248**

S auch Rn 156.

– **(Rechtskundigkeit):** Eine Erstattungsfähigkeit kommt beim Verkehrsanwalt eines Rechtsunkundigen in Betracht, Hbg JB **91**, 1516, Karlsr Just **92**, 126.

Ein Referendar kann kurz vor dem Assessorexamen die Information grds *selbst* geben, Kblz VersR **87**, 914. Besitzt eine juristische Person ein rechtskundiges Organ, kann sie *schriftlich* informieren, Kblz GRUR **87**, 941.

S auch Rn 234, 255.

– **(Revision):** Die Kosten eines solchen Anwalts, der für die Partei mit dem beim BGH zugelassenen ProzBev korrespondiert, sind *grds nicht* erstattungsfähig. Denn ein neues tatsächliches Vorbringen ist grds unzulässig, und der beim BGH zugelassene ProzBev ist zu einer rechtlichen Beurteilung durchweg ausreichend geeignet, Drsd MDR **98**, 1372, Hamm AnwBl **03**, 185, Köln BB **00**, 277. **249**

Die Erstattungsfähigkeit kann nur *ausnahmweise vorliegen,* etwa in folgenden Fällen: Es ist eine tatsächliche Aufklärung erforderlich, Hamm AnwBl **03**, 185, Nürnb AnwBl **05**, 152, LG Hanau AnwBl **80**,

166; es geht um einen schwierigen Briefwechsel des bisherigen Anwalts mit dem Revisionsanwalt über die Aussichten der Revision; es handelt sich um eine außergewöhnlich schwierige Rechtslage; der BGH knüpft an frühere Vergleichsverhandlungen an; bei einem schwierigen Sachverhalt rügt die Revision die Verletzung des § 139, Ffm AnwBl **76**, 219, Zweibr VersR **76**, 475, aM Karlsr JB **99**, 86 (aber eine solche Situation erfordert stets eine intensive Fühlungnahme mit dem Anwalt der Vorinstanz); es geht um eine Äußerung gegenüber dem BGH, KG AnwBl **98**, 103, Mü MDR **84**, 950, aM Karlsr JB **97**, 484, Saarbr RR **97**, 198, Stgt AnwBl **82**, 199.

Die Kosten eines beim BGH *nicht* zugelassenen Anwalts sind grds *nicht* erstattungsfähig, Brdb JB **06**, 319.

Die Kosten einer Stellungnahme des Berufungsanwalts des *Revisionsbekl* gegenüber dem BGH sind *grds nicht* erstattungsfähig, KG MDR **81**, 324, Mü AnwBl **77**, 256, Saarbr RR **97**, 190, es sei denn, der Berufungsanwalt hätte die Stellungnahme auf eine Veranlassung des BGH hin abgegeben, aM Hbg AnwBl **80**, 35, Mü AnwBl **78**, 471 (aber dann *muß* der Verkehrsanwalt tätig werden). Wegen Bayern Mü AnwBl **77**, 309.

250 – **(Scheckprozeß):** Es ist *nicht* schon wegen dieser Prozeßart ein Verkehrsanwalt nötig, Bbg JB **78**, 1022, auch nicht bein einem Scheck eines Kaufmanns, Düss JB **81**, 75 (zu einem Wechsel), Kblz AnwBl **89**, 683 rechts oben (zu einem Scheck).

S auch Rn 259.

– **(Selbständiges Beweisverfahren):** Eine Kostenübernahme durch einen Vergleich nach Rn 261 umfaßt evtl auch die Kosten des selbständigen Beweisverfahrens nach §§ 485 ff, Hbg MDR **86**, 591.

– **(Sozietät):** Rn 254 „Überörtliche Sozietät".

– **(Sparkasse):** Sie kann *grds schriftlich* informieren, Kblz VersR **89**, 929.

251 – **(Spezialrecht):** Ein Allgemeinjurist kann heute oft einen Spezialisten nicht mehr entbehren. Deshalb muß man die Erstattungsfähigkeit bei ausgefallenen Rechtsfragen großzügig bejahen, Hamm JB **84**, 439, Kblz VersR **82**, 1173. Freilich darf das auch bei rechtlichen Spezialfragen keineswegs schematisch geschehen, BVerfG NJW **93**, 1460, Mü AnwBl **85**, 47, Schlesw SchlHA **82**, 60.

252 Die Grundsätze sind zB auf *folgende Rechtsgebiete* anwendbar: Betriebsrentenrecht, LAG Düss AnwBl **81**, 505, und zugehöriges Insolvenzrecht, LAG Düss AnwBl **80**, 267; Europarecht, Ffm MDR **92**, 193; Fischereirecht, Stgt AnwBl **81**, 196; Heilmittelrecht, Karlsr AnwBl **98**, 540; internationales Privat- und Prozeßrecht, Kblz VersR **82**, 1173; Internetrecht, Düss AnwBl **99**, 289 (dort verneint); Kartellrecht, Ffm MDR **92**, 193; Allgemeine Bedingungen für die Kraftverkehrsversicherung; Lebensmittelrecht, Karlsr AnwBl **98**, 540; Milchwirtschaftsrecht; Patentrecht, Kblz GRUR **87**, 941 rechts. Der Verzicht auf einen Patentanwalt führt aber nicht schon zur Erstattungsfähigkeit der Kosten eines Verkehrsanwalts, Düss Rpfleger **86**, 278; Scheckrecht, Köln MDR **85**, 243; spanisches Recht, Kblz VersR **82**, 1173; Termingeschäft, Düss JB **96**, 539; Verfassungsrecht, aM Karlsr MDR **90**, 159; Waffenrecht, VGH Mannh JB **96**, 92; Waldrecht, aM Stgt AnwBl **81**, 505 (abl Schmidt); Wettbewerbsrecht, Kblz GRUR **87**, 941 links, Mü Rpfleger **90**, 314 (Wettbewerbsverein), aM Kblz BB **87**, 1494, Mü AnwBl **98**, 485 (je: Wettbewerbsverein).

253 – **(Strafprozeß):** Eine Akteneinsicht in Strafakten durch den Verkehrsanwalt kann bei deren Verwertung zur Erstattbarkeit führen, Düss JB **93**, 484.

– **(Streitgenosse):** Die Kosten des Verkehrsanwalts eines Streitgenossen können durchaus erstattungsfähig sein, Düss AnwBl **83**, 190, Hbg MDR **84**, 588. Es kommt aber auch hier selbst bei einem gemeinsamen Verkehrsanwalt auf die Notwendigkeit seiner Einschaltung an, Bbg AnwBl **85**, 215, Düss (10. ZS) Rpfleger **84**, 32, Mü MDR **91**, 256, großzügiger Düss (21. ZS) JB **83**, 1094.

254 Die Kosten des Verkehrsanwalts können unter dieser Voraussetzung erstattungsfähig sein, wenn sie nicht diejenigen Kosten übersteigen, die dann angefallen wären, wenn *jeder* Streitgenosse einen *eigenen* ProzBev bestellt hätte, Mü MDR **91**, 256, aM Düss Rpfleger **84**, 33, Hbg MDR **84**, 588, Kblz VersR **85**, 672 (aber jeder darf seinen eigenen Prozeß führen). Die Erstattungsfähigkeit läßt sich jedenfalls dann bejahen, wenn ein Verkehrsanwalt die Bestellung eines gemeinsamen ProzBev erleichtert, Celle JB **77**, 66, Düss AnwBl **83**, 190, Schlesw SchlHA **79**, 181, aM Düss (10. ZS) Rpfleger **84**, 32, Hbg JB **77**, 1005 (aber es kommt auf eine Gesamtbetrachtung an).

– **(Streithelfer):** Die notwendigen Kosten eines Verkehrsanwalts können auch zugunsten des Streithelfers erstattungsfähig sein, Ffm AnwBl **78**, 68.

– **(Streitverkündung):** Erfolgt sie erst während einer Rechtsmittelfrist, kann die Kürze der Zeit usw einen Verkehrsanwalt rechtfertigen, Kblz VersR **88**, 193.

– **(Teilzahlungsbank):** Sie muß grds den ProzBev *schriftlich* informieren können, Saarbr JB **87**, 895.

– **(Überörtliche Sozietät),** dazu *Bischof* JB **98**, 60, *Herrlein* Rpfleger **95**, 399 (je: Üb): Man muß die Notwendigkeit der Hinzuziehung eines Verkehrsanwalts unabhängig davon klären, ob der Verkehrsanwalt und der ProzBev eine überörtliche Sozietät bilden, Brdb MDR **99**, 635, strenger Hbg MDR **96**, 532, KG MDR **00**, 669, Schlesw JB **95**, 32 (aber es kommt trotz der Gesamtgläubiger- und -schuldnerschaft von Sozien doch auch auf deren tatsächliche Funktionen und deren Teilungen an).

255 – **(Unternehmen):** Auch hier kommt es darauf an, ob eine fernmündliche oder schriftliche Unterrichtung des ProzBev zumutbar ist, Düss AnwBl **93**, 40 (Sprachprobleme), Kblz VersR **07**, 1580 links, Köln BB **00**, 277. Dabei muß man die Bedeutung des Rechtsstreits und seine tatsächliche oder rechtliche Problematik beachten, ferner die Größe des Unternehmens und damit unter Umständen die Tatsache, daß es über juristisch geschulte Mitarbeiter verfügt, zB in einer eigenen Rechtsabteilung, BGH BB **05**, 294, Düss Rpfleger **06**, 512, Köln BB **00**, 277, aM Kblz VersR **07**, 1580 rechts.

256 Ein *größeres* Unternehmen kann Kosten im allgemeinen *nicht* erstattet fordern, Bbg JB **94**, 959, Ffm JB **93**, 292, Köln AnwBl **02**, 116. Ein *kleineres* auf die Arbeitskraft des Inhabers zugeschnittenes Unternehmen kann die Kosten eines Verkehrsanwalts oft erstattet fordern, Nürnb AnwBl **89**, 113. Das

gilt allerdings *nicht* in jeder Alltagsfrage, Düss AnwBl **84**, 380, Ffm AnwBl **84**, 378, Kblz VersR **85**, 273. Die Kosten eines *„Hausanwalts"* können erstattungsfähig sein, wenn er besser als die Partei den ProzBev informieren kann, Bbg JB **88**, 1362 (Fremdsprache), Celle GRUR-RR **05**, 72, Düss JB **07**, 371. Sie sind aber *keineswegs stets* erstattungsfähig, Celle GRUR-RR **05**, 72, Kblz JB **92**, 26, OVG Lüneb JB **87**, 607. Andernfalls würde jeder, der ein Unternehmen zum Gegner hat, mit doppelten Kosten rechnen müssen, LG Bayreuth JB **76**, 1379.

Auch ein Prozeß von *existentieller Bedeutung* rechtfertigt *nicht automatisch* die Hinzuziehung eines **257**
„Hausanwalts", Kblz JB **92**, 26. Auch eine Bank muß im allgemeinen jedenfalls bei einem Rechtsstreit über eine Alltagsfrage ihres Arbeitsgebiets ohne einen Verkehrsanwalt auskommen, Bbg JB **77**, 1006, Köln BB **00**, 277, Schlesw AnwBl **88**, 356. Ähnliches gilt zB: Für eine GmbH (sie muß entsprechend organisiert sein), Düss VersR **87**, 1019, KG JB **77**, 63 (Geschäftsführer ist Anwalt), für ein Versicherungsunternehmen, Hbg MDR **88**, 782, Kblz Rpfleger **75**, 99, Schlesw JB **82**, 411, aM Ffm VersR **77**, 921, für eine Versorgungskasse, Kblz VersR **75**, 958; für einen Wettbewerbsverband, Stgt JB **83**, 1836. Freilich kann ein tatsächlich oder rechtlich schwieriger Prozeß zur Erstattungsfähigkeit der Verkehrsanwaltskosten auch eines solchen Unternehmens führen, Düss BB **89**, 399, Ffm AnwBl **80**, 263, Hbg JB **02**, 319. Das gilt aber gerade nicht schon wegen eines ständigen Wechsels der Bearbeiter bei der Partei, aM Kblz RR **96**, 315 (aber das begünstigt eine bloße Mißorganisation).

Wenn die *Zweigniederlassung* eines Unternehmens am Prozeßort klagt, sind die Kosten eines Verkehrs- **258**
anwalts mit dem Sitz am Ort der Hauptverwaltung auch dann *nicht* erstattungsfähig, wenn in Wahrheit die Hauptverwaltung den Prozeß führt, Ffm JB **96**, 39, Köln BB **00**, 277, Stgt JB **92**, 688. Verklagt man sie am Ort der Zweigniederlassung, kann sie nicht die Kosten des Verkehrsanwalts am Ort der Hauptniederlassung oder gar an einem dritten Ort ersetzt fordern, Hbg MDR **88**, 782, Kblz VersR **86**, 171, Köln VersR **93**, 1172.

S auch Rn 213, 223, 242, 251.

– **(Urkundenprozeß):** Es ist *nicht* schon wegen dieser Prozeßart ein Verkehrsanwalt nötig, Bbg JB **78**, **259**
1022 (wegen eines Schecks). Die Verkehrsgebühr des auswärtigen Vertrauensanwalts des ausländischen Klägers kann zB in Höhe einer 0,2-Ratsgebühr selbst dann erstattungsfähig sein, wenn ein deutschsprachiges Schuldanerkenntnis vorliegt, Kblz VersR **84**, 545.

S auch Rn 250, 267.

– **(Verein):** Ein Verein zur Bekämpfung des unlauteren Wettbewerbs ist grds in der Lage, den ProzBev *schriftlich* zu informieren, Karlsr JB **89**, 102, Mü BB **90**, 950, Stgt JB **83**, 1836.

– **(Vereinsvorstand):** Rn 234 „Gesetzliche Vertretung". **260**

– **(Verfassungsrecht):** Rn 252.

– **(Vergleich):** Die Einigungsgebühr eines Verkehrsanwalts kann in der Übernahme „sämtlicher Ko- **261**
sten" stecken, Düss MDR **99**, 118, Kblz JB **00**, 477 (krit Gottwald FamRZ **01**, 843), Saarbr JB **87**, 700 (Auslegungsfrage). Sie steckt nicht in den Wörtern „dieses Vergleichs" für die Revisionsinstanz, KG RR **07**, 212. Sie ist grds nur in demjenigen Umfang erstattungsfähig, in dem er an der Einigung mitwirken muß, Brdb MDR **99**, 1349, Düss MDR **91**, 258, Schlesw SchlHA **88**, 146, aM Ffm AnwBl **84**, 101, Mü AnwBl **83**, 558 (abl Schmidt), LG Freibg AnwBl **84**, 98 (sie sei neben derjenigen eines ProzBev nie erstattbar. Aber das verkennt die gar nicht seltene Notwendigkeit der Mitwirkung auch gerade des Verkehrsanwalts, der „seine" Partei am besten kennt). Das gilt unabhängig davon, ob sie gegenüber dem Auftraggeber entstanden ist, Mü MDR **81**, 681, aM Ffm AnwBl **82**, 248.

Die Mitwirkung des Verkehrsanwalts ist zB dann *notwendig*, wenn sich der Prozeßgegner direkt an den Verkehrsanwalt zu Vergleichsverhandlungen wendet und wenn der letztere am Zustandekommen der Einigung mitwirkt, Hbg AnwBl **88**, 356, Kblz MDR **84**, 587, Schlesw SchlHA **87**, 191, aM Schlesw AnwBl **96**, 477, oder bei einer völligen Schreibungewandtheit der Partei, Hbg MDR **83**, 1034. Eine Verhandlung des Verkehrsanwalts mit einem solchen Dritten, der sich an den Auswirkungen des Prozeßvergleichs wirtschaftlich beteiligen soll, kann aber als solche *keine* Erstattungsfähigkeit der Vergleichsgebühr begründen.

– **(Verkehrsunfallsache):** Im Normalfall ohne besondere Umstände sind die Kosten des Verkehrsanwalts *nicht* erstattungsfähig, Düss JB **91**, 88.

– **(Vermögensverwalter):** Rn 235.

– **(Versicherungsgesellschaft):** Wenn eine auswärtige Versicherungsgesellschaft für die am Gerichtsort **262**
wohnende Partei einen auswärtigen Anwalt benannt hat, sind seine Kosten grds *nicht* erstattungsfähig, Kblz JB **07**, 370, Schlesw JB **82**, 411. Davon kann bei einer ausländischen Versicherungsgesellschaft eine Ausnahme gelten, wenn sie eine Vielzahl von internationalen Autoverschiebungen aus Deutschland verfolgt, Kblz VersR **94**, 196. Vom vorgenannten Grundsatz kann ferner in einem tatsächlich oder rechtlich schwierigen Fall eine Ausnahme gelten, BGH RR **04**, 1724, Ffm AnwBl **80**, 263. Rationalisierungserwägungen reichen freilich *nicht* zur Erstattungsfähigkeit aus, Hbg MDR **88**, 782. Eine umfassende Tätigkeit in einem großen Komplex kann aber im Einzelfall zur Erstattungsfähigkeit führen, Karlsr VersR **89**, 715.

– **(Versorgungskasse):** Sie kann grds *schriftlich* informieren, Kblz VersR **89**, 929.

– **(Vertrauensanwalt):** Rn 240 „Hausanwalt".

– **(Verwandtschaft):** Eine nahe Verwandtschaft zum Verkehrsanwalt steht der Erstattungsfähigkeit grds nicht entgegen, Schlesw JB **92**, 170.

– **(Verweisung):** Soweit es sich nicht um Mehrkosten nach § 281 III 2 handelt, kommt eine Erstattung der Verfahrensgebühr des ersten Anwalts als Verkehrsgebühr in Betracht, aM Hbg MDR **97**, 888 (aber man muß die Gesamtumstände beachten).

– **(Verwertungsgesellschaft):** Sie muß sich so ausstatten, daß sie den ProzBev *selbst* informieren kann, Ffm MDR **85**, 327.

S auch Rn 132.

– **(Vollstreckungsabwehrklage):** Erhält ihr Bekl nur 5 Tage Zeit zur Stellungnahme zum Einstellungsantrag, ist die Hinzuziehung eines Verkehrsanwalts gerechtfertigt, Kblz VersR **88**, 643.

– **(Vormund):** Rn 234 „Gesetzliche Vertretung".

263 – **(Vorprozeß):** Keine Partei ist verpflichtet, zur Ersparung sonst anfallender Kosten eines Verkehrsanwalts den Anwalt des Vorprozesses stets erneut zum ProzBev zu bestellen, Hbg AnwBl **80**, 372. Die Kosten des Verkehrsanwalts sind erstattungsfähig, wenn er den ProzBev über einen schwierigen Vorprozeß informiert, etwa bei einer solchen Erbauseinandersetzungsfrage, die eine nicht juristisch geschulte Partei nicht übersehen kann. Eine Erstattungsfähigkeit besteht auch dann, wenn der Verkehrsanwalt wegen seiner Beschäftigung mit dem Streitstoff vor dem Prozeß oder in einem anderen Prozeß eine umfassendere Auskunft geben kann als die Partei selbst, Bbg JB **80**, 285, 1369, Ffm JB **83**, 276, Kblz VersR **82**, 1173.

264 Das gilt insbesondere dann, wenn der Verkehrsanwalt aus Anlaß eines Vorprozesses den nachfolgenden Prozeß *maßgeblich vorbereitet* hat, zB ein Scheidungsverfahren, Düss NJW **76**, 2065. Im letzteren Fall kann man die Erstattungsfähigkeit der Verkehrsanwaltskosten ohnehin eher bejahen, weil eine oft nur schwer abschätzbare Zahl notwendiger Rücksprachen vorliegt, KG Rpfleger **75**, 143, aM Hamm Rpfleger **76**, 106.

265 Eine Erstattungsfähigkeit liegt auch dann vor, wenn ein Verkehrsanwalt die Bestellung eines *gemeinsamen* ProzBev erleichtert, Celle JB **77**, 66, Düss Rpfleger **76**, 105, Schlesw SchlHA **79**, 181, aM Hbg JB **77**, 1105 (aber es kommt auf eine Gesamtbetrachtung an). Man kann die Erstattungsfähigkeit ferner dann bejahen, wenn der Verkehrsanwalt seine Kenntnis durch die Einsicht in solche Strafakten erworben hat, die der Partei selbst nicht zugänglich waren. Die Erstattungsfähigkeit liegt ferner vor, soweit vorprozessuale Kosten der Partei nahezu ebenso hoch gewesen wären wie die Einschaltung eines Verkehrsanwalts, Bbg JB **77**, 1140. Natürlich darf man auch solche Kosten nicht schematisch anerkennen, Düss JB **75**, 627. Das gilt insbesondere bei einem einfacheren Sachverhalt, Hamm AnwBl **82**, 378.

266 – **(Wahrnehmungsgesellschaft):** Rn 262 „Verwertungsgesellschaft".

– **(Wasserrecht):** Rn 252.

267 – **(Wechselprozeß):** Es ist *nicht* schon wegen dieser Prozeßart ein Verkehrsanwalt nötig, Bbg JB **78**, 1022 (zu einem Scheck), auch nicht bei einem Wechsel eines Kaufmanns, Düss JB **81**, 75, Karlsr Just **90**, 362, Kblz AnwBl **89**, 683 rechts oben (zu einem Scheck).

S auch Rn 250, 259.

– **(Widerklage):** Man darf die Erstattungsfähigkeit von Kosten des Verkehrsanwalts nicht für die Klage und die Widerklage unterschiedlich beurteilen, sofern beide Klagen denselben Sachverhalt betreffen, Stgt JB **76**, 1075.

– **(Wirtschaftsverband):** Soweit Prozesse zu seinen Aufgaben zählen, sind Verkehrsanwaltskosten für ihn grds *nicht* notwendig, Stgt JB **02**, 536.

– **(Zeitaufwand):** Rn 242.

Verklarung: Die Kosten eines solchen Verfahrens sind notwendige Kosten des Hauptprozesses, Köln JB **95**, 208, aM Nürnb JB **00**, 537 (sachlichrechtlicher Anspruch, dazu Üb 66 vor § 91 „Schiffahrtsrecht").

268 **Verkündungstermin:** Rn 209.

Vermiedene Kosten: Soweit sich durch nicht erstattungsfähige Kosten erstattungsfähige vermeiden lassen, ist nur der Mehrbetrag *nicht* erstattungsfähig, BPatG GRUR **92**, 690.

Versäumnisurteil: Hat das Gericht bei seinem Erlaß eine vorherige teilweise Klagerücknahme übersehen, darf der Bekl für den vollen Einspruch trotz seiner Kenntnis der Teilrücknahme einen Anwalt beauftragen und diese Kosten erstattet fordern, LG Bln VersR **88**, 303. Ist das Versäumnisurteil gesetzwidrig ergangen und wußte der Klägervertreter das, sind die Gebühren für seinen Antrag auf ein Versäumnisurteil *nicht* erstattungsfähig, Kblz AnwBl **89**, 237.

269 **Versicherungsgesellschaft:** Wenn sie kraft einer vertraglichen Bindung in Wahrheit den Prozeß führt, sind auch ihre Kosten Prozeßkosten, soweit die Partei die Beträge verständigerweise selbst aufgewendet hätte, Kblz Rpfleger **92**, 129, Mü MDR **87**, 148 (Privatgutachten). Das gilt auch für Detektivkosten, soweit die Partei sie im wohlverstandenen objektiven Interesse des Versicherungsnehmers aufgewendet hat, Ffm VersR **78**, 1146, strenger Hbg MDR **00**, 1460 (nur bei einem prozeßentscheidenden Ergebnis. S aber Rn 90). Die Erstattungsfähigkeit läßt sich evtl erst recht für notwendige Aufwendungen der Gesellschaft bejahen, etwa wegen eines Gutachtens, Celle JB **00**, 205, Hbg MDR **00**, 1459, krit Karlsr JB **07**, 321, oder wegen eines Aktenauszugs, Kblz JB **91**, 88, aM Karlsr VersR **80**, 337 (aber auch eine solche Gesellschaft kann ihre wirklich notwendigen Kosten erstattet fordern).

Nicht erstattungsfähig sind die allgemeinen Kosten ihrer Unterrichtung, Stgt Rpfleger **82**, 233, oder die Kosten einer Unterrichtung des ProzBev durch einen Verkehrsanwalt, Rn 262.

S auch Rn 101, 132, 217, 220, 262, 270, 297.

Versorgungsausgleich: Die Kosten des vom ProzBev zugezogenen Rentenberaters sind *nicht* erstattungsfähig, auch nicht stets Kosten für Fotokopien, Rn 184, Bbg JB **81**, 275, Stgt Just **80**, 442, Köln AnwBl **82**, 114.

Vertragsabschluß: Anwaltskosten aus seinem Anlaß sind *nicht* erstattungsfähig, Kblz NJW **78**, 1751.

Vertreter: Rn 83, 92, 157.

Verwahrung: Ihre Kosten können erstattungsfähig sein, um dem Vorwurf einer Beweisvereitelung vorzubeugen, Kblz MDR **97**, 511.

Verwaltungsaufwand: Rn 81.

Verweisung: Rn 72, 114, 124.

270 **Vollmachtloser Vertreter:** Er mag für die Kosten haften, Bbg JB **05**, 548.

Vorbereitungskosten, vgl auch Üb 21, 22, 43 ff vor § 91. Man muß sehr differenzieren.

A. Allgemeines, dazu *Hösl,* Kostenerstattung bei außergerichtlicher Verteidigung gegen unberechtigte Rechtsverfolgung, 2004: Die Vorbereitungskosten sind in demjenigen Umfang erstattungsfähig, der gerade der Vorbereitung dieses bestimmten Prozesses mit seinen Anträgen dient, BPatG GRUR **80**, 986, KG Rpfleger **08**, 127, AG Hbg JB **07**, 264, aM Hamm JB **78**, 386, Köln FamRZ **06**, 1051, Naumb JB **02**, 372 (aber § 91 a ist nicht so eng). Man sollte eine solche Sachdienlichkeit auch aus Gründen der Prozeßwirtschaftlichkeit großzügig bejahen, Grdz 14 vor § 128, BPatG GRUR **80**, 987, LG Stendal MDR **07**, 389, AG Hbg JB **07**, 264 und 265, aM BGH MDR **06**, 353, Hbg 8 W 50/08 v 10. 3. 08, Köln MDR **07**, 119 (aber hinterher ist man immer klüger). Schon die sachlichrechtliche wie prozessuale Kostenminderungspflicht gebietet geradezu eine nicht zu enge Handhabung. Das alles erörtert BGH NJW **07**, 3500 nicht mit).

Die Maßnahme muß natürlich vernünftigerweise zur Rechtsverfolgung *erforderlich* scheinen, BPatG GRUR **80**, 987, KG MDR **76**, 670, Mü MDR **76**, 670 und 846 (Testkauf). Insofern ist eine strengere Prüfung notwendig, KG Rpfleger **08**, 281. Die Maßnahme muß auch in einem vernünftigen Verhältnis zur Sache stehen, BPatG GRUR **80**, 987 (es stellt auf die Angemessenheit ab), Ffm GRUR **85**, 401 (kein Auskauf beim Testkauf), LG Köln WoM **86**, 19. Denn II bezieht sich nur auf das eigentliche Prozeßverfahren, nicht zB auf ein zugehöriges Eilverfahren. Die Kosten eines gestellten Zeugen können erstattungsfähig sein, Kblz VersR **86**, 666. Soweit eine prozessuale Erstattungsfähigkeit ausscheidet, kann ein sachlichrechtlicher Ersatzanspruch bestehen, Üb 43 vor § 91. Zu solchen Anwaltskosten Ruess MDR **05**, 313 (ausf mit Rechenbeispielen).

B. Einzelfragen. Nach den Regeln Rn 270 lassen sich im Einzelfall etwa die folgenden Feststellungen **271**
treffen.

– **(Abhilfeverfahren):** Bei einem Anspruch gegen den Staat zählt das sog Abhilfeverfahren *nicht* zu demjenigen Abschnitt, der erstattungsfähige Vorbereitungskosten auslösen kann.
  S auch Rn 290.
– **(Abmahnung):** Rn 286.
– **(Abtretung):** Kosten der Abtretung der späteren Klageforderung sind *grds keine* (notwendigen) Vorbereitungskosten, Düss MDR **85**, 1032.
– **(Abschlußschreiben):** Soweit es nach § 93 Rn 77 notwendig ist, können seine Kosten erstattungsfähig sein, aM Ffm GRUR **89**, 374, LG Hbg WRP **81**, 58, LG Lüb WRP **81**, 62 (aber zumindest soweit man ein solches Schreiben für notwendig hält, muß man auch seine Kosten für erstattungsfähig erklären).
  S auch Rn 271 „Abschlußschreiben".
– **(Aktenauszug):** Die Kosten der Beschaffung eines Auszugs aus einer Akte oder aus einem Register sind grds erstattungsfähig, Kblz JB **91**, 88 (auch zu den Grenzen), LG Ffm VersR **82**, 809, strenger Ffm MDR **91**, 527, Karlsr JB **95**, 31.
– **(Anzeige):** Die Kosten einer Anzeige zwecks Zeugenermittlung können bei einer Beweisnot im angemessenen Umfang erstattungsfähig sein, LG Mönchengladb MDR **04**, 299.
  S auch Rn 259 „Fahndungsanzeige", Rn 288 „Strafanzeige".
– **(Anwaltskosten):** Es gelten die Grundsätze Rn 270, Köln FamRZ **06**, 1051, aM Dittmar NJW **86**, 2087, ThP 7 (aber warum nicht?).
– **(Arrest, einstweilige Verfügung):** Wegen der Erstattungsfähigkeit der Kosten einer Schutzschrift, die **272**
man vor dem Beginn eines Verfahrens auf den Erlaß einer einstweiligen Verfügung angefertigt oder beim Gericht eingereicht hat, Ffm MDR **78**, 675, Hbg Rpfleger **79**, 28.
  Die Kosten eines Eilverfahrens sind grds *nicht* im Hauptprozeß als dessen Vorbereitungskosten erstattungsfähig, soweit im Eilverfahren eine eigene Kostenentscheidung ergeht.
  S auch Rn 192, 277.
– **(Aufenthaltsermittlung):** Ihre Kosten können erstattungsfähig sein, LG Bonn WoM **90**, 585. Allerdings entstehen kaum zusätzliche Anwaltsgebühren, (zum alten Recht) Zweibr JB **98**, 468.
– **(Auskunft, Auslobung):** Ihre Kosten können erstattungsfähig sein, Mü JB **92**, 335. **273**
– **(Beratung):** Rn 156.
– **(Besichtigung):** Die Kosten einer Reise zum Unfallort zum Zweck der Besichtigung der Unfallstelle sind grds erstattungsfähig.
– **(Beweissicherung):** Rn 193.
– **(Datenbankrecherche):** Ihre Kosten können als ein zeitgemäßer Aufwand erstattungsfähig sein, aM **274**
Stgt JB **98**, 424.
– **(Detektiv):** Die Kosten eines Detektivs können auch im Rahmen der Vorbereitung eines Rechtsstreits grds erstattungsfähig sein, sofern sie zumindest als notwendig erscheint und nicht unverhältnismäßig hoch sind, BGH **111**, 177, Kblz FamRZ **06**, 1217 links unten, Schlesw MDR **06**, 175 links, aM BAG BB **87**, 689 (sachlichrechtlicher Ersatzanspruch), Düss VersR **97**, 382 (keine Notwendigkeit. Aber beide Varianten beachten die Prozeßwirtschaftlichkeit zu wenig, Grdz 14 vor § 128). Alles das gilt auch bei der Einschaltung sonstiger Fachleute, Ffm NJW **99**, 366 (Scientology-Kenntnis). Bei einer Versicherungsgesellschaft können Detektivkosten meist nur beim Verdacht einer Vortäuschung des Versicherungsfalls reichen. Düss VersR **06**, 990.
  S auch Rn 89, 270.
– **(Durcharbeitung des Streitstoffs):** Ihre Kosten sind *grds nicht* erstattungsfähig, Kblz AnwBl **96**, 412, Schlesw JB **81**, 122. Das gilt bei einer persönlichen Vornahme wie bei der Beauftragung eines solchen Dritten, der nicht der ProzBev usw ist, Hbg MDR **85**, 237, KG MDR **85**, 414, Vogl Rpfleger **98**, 138.
  Ausnahmen können bestehen, wenn die Partei keine ausreichende Kenntnis hat, KG MDR **85**, 414, Vogl Rpfleger **98**, 138.
– **(Einigungsstelle):** Rn 60.
– **(Fahndungsanzeige):** Die Kosten einer Fahndungsanzeige nebst einer Auslobung in einer Zeitung **275**
sind *grds nicht* erstattungsfähig, KG MDR **78**, 762.
– **(Fangprämie):** Rn 297.

– **(Foto):** Wegen der Erstattungsfähigkeit von Fotokopien zur Vorbereitung des Prozesses Crämer AnwBl **77**, 50 (Übersicht).

S auch Rn 96 „Foto".

276 – **(Geschäftsgebühr):** § 103 Rn 19 „Geschäftsgebühr". Die Gebühren nach (jetzt) § 34 RVG, VV 2300 sind also evtl auch im Rahmen von § 91 erstattungsfähig, BPatG GRUR **80**, 987, LG Bückebg ZMR **79**, 19, Wolf Rpfleger **05**, 341, aM BGH NJW **07**, 3500, Ffm JB **03**, 201, Ruess MDR **07**, 1404 (aber § 91 ist nicht so eng). Schon die sachlichrechtliche wie prozessuale Kostenminderungspflicht gebietet geradezu eine nicht zu enge Handhabung. Zur Anrechnung Enders JB **07**, 452.

– **(Güteverfahren):** Vgl Rn 106.

277 – **(Gutachten):** Wegen derjenigen *im* Prozeß Rn 102.

Vorprozessual gilt, dazu *Gruber* NVersZ **02**, 153, *Sattler* (bei Rn 101, je Üb): Es muß ein gewisser Bezug zum bevorstehenden Prozeß bestehen, BGH NJW **08**, 1598 links, Hbg MDR **07**, 181 rechts, Kblz MDR **08**, 472. Es kommt darauf an, ob die Partei ohne ein Gutachten ausreichend vortragen kann, BGH NJW **06**, 2415, Hamm RR **96**, 830, Nürnb RR **05**, 1664. Die Kosten von Arbeiten der Partei zur Vorbereitung einer vom Gericht anzuordnenden Begutachtung, etwa vom Aufbau eines Baugerüsts oder von Abschlepparbeiten am Unfallwagen oder von Arbeiten zur Freilegung eines Mauerwerks, sind grds erstattungsfähig, Düss RR **97**, 1360, Hbg MDR **93**, 87, Kblz MDR **04**, 1025. Erstattungsfähig sind auch die Kosten der Beseitigung von solchen Schäden, die der Sachverständige nicht verhindern konnte, Kblz JB **78**, 120, aM Düss MDR **97**, 886, KG JB **78**, 1247 (aber sie sind die unvermeidbare Folge seines korrekten Einsatzes). Erstattbar sind die Beträge jeweils in Höhe der üblichen Vergütung, soweit sie zum Geschäftsbereich der Partei zählen und deren gewöhnlichen zumutbaren Prozeßaufwand übersteigen, Schlesw SchlHA **84**, 132, aM KG Rpfleger **81**, 203, oder soweit sie die Kosten eines gerichtlich bestellten Sachverständigen übersteigen, Kblz AnwBl **88**, 298. Die Stundensätze (jetzt) des JVEG sind nur Anhaltspunkte, Kblz VersR **88**, 702.

278 *Beispiele der Erstattungsfähigkeit:* Die Kosten sind aus der Sicht einer vernünftigen Partei erforderlich, BGH MDR **03**, 413, Karlsr JB **05**, 544 rechts, Nürnb RR **05**, 1664. Das gilt auch für ein zukünftiges Eilverfahren wegen einer Glaubhaftmachung, KG AnwBl **87**, 239, Schlesw JB **79**, 1518. In diesem Zusammenhang muß man den Grundsatz der Waffengleichheit für beide Parteien beachten, LG Mü VersR **86**, 1246, FG Hann EFG **86**, 303. Eine Erstattungsfähigkeit kann dann vorliegen, wenn die Partei sonst gar nicht sachlich fundiert vortragen kann, BGH NJW **06**, 2415, Düss RR **96**, 572, Hbg JB **90**, 1476, oder wenn der Gegner auf dem betreffenden Sachgebiet kundig ist, Karlsr JB **05**, 544 links, Mü NJW **72**, 2273. Das alles übersieht BVerfG NJW **93**, 2793, das die Regeln der Erstattungsfähigkeit eines vorprozessualen Gutachtens mit denjenigen eines (dort gar nicht erfolgten) im Prozeß eingeholten Gutachtens verwechselt.

279 Erstattungsfähig können also die Kosten eines solchen Privatgutachtens sein, das man zur *Beurteilung der konkreten Prozeßaussichten* einholt, BGH **153**, 235 (Üb), Bre VersR **82**, 362, Nürnb FamRZ **02**, 1719, strenger Kblz JB **95**, 87 (direkte Prozeßabsicht. Aber das ist praktisch nicht kontrollierbar), Köln JB **03**, 313. Das gilt auch zwecks Vorbereitung eines Rechtsmittels, Hamm JB **78**, 1079, Kblz AnwBl **88**, 298. Beim ausländischen Recht ist § 293 beachtbar, Mankowski MDR **01**, 199.

280 Soweit nach den vorstehenden Regeln eine Erstattungsfähigkeit vorliegt, besteht sie auch dann, wenn ein selbständiges Beweisverfahren möglich gewesen wäre, Stgt Just **80**, 328, oder wenn das Gutachten den Ausgang des nachfolgenden Prozesses *nicht beeinflußt,* Düss RR **96**, 572, Hamm OLGR **99**, 11, Saarbr JB **90**, 623, aM Hamm RR **96**, 830, Mü RR **95**, 1470, LG Bln JB **85**, 126 (aber auch andere Beweiskosten sind unabhängig vom Ausgang der Beweisaufnahme erstattbar).

Die Erstattungsfähigkeit besteht jedenfalls unabhängig von einem gleichartigen *sachlichrechtlichen* Ersatzanspruch, etwa nach § 2314 I 2 BGB, Mü Rpfleger **83**, 486. Ein Anzeichen für die Erstattungsfähigkeit ist natürlich die Verwendung des Gutachtens durch das Gericht, Stgt VersR **79**, 849, oder seine Ursächlichkeit für eine Einigung, Nürnb Rpfleger **02**, 482, LG Brschw MDR **79**, 320.

281 Die Kosten eines Privatgutachtens können insbesondere dann erstattungsfähig sein, wenn eine *Versicherungsgesellschaft* es vor dem Prozeß eingeholt hat, Brdb VersR **06**, 287, Karlsr JB **05**, 656, Kblz MDR **08**, 472 (jedenfalls nach einem angeblichen Versicherungsbetrug), strenger Celle JB **00**, 205, Karlsr VersR **04**, 931 (zustm Otto), Kblz VersR **04**, 803 (aber die Grundregeln Rn 277 bleiben auch zugunsten einer Versicherungsgesellschaft bestehen).

282 Eine Erstattungsfähigkeit besteht auch dann, wenn die *gegnerische* Versicherungsgesellschaft nunmehr ihrerseits ein Privatgutachten eingeholt hat, Bre VersR **82**, 362, Ffm VersR **81**, 69, LG Mü VersR **86**, 1246, aM KG VersR **80**, 387, Karlsr VersR **80**, 337. Eine Erstattungsfähigkeit besteht ferner dann, wenn die Versicherungsgesellschaft das Gutachten während eines Strafverfahrens mit Rücksicht auf einen bestimmt gegen den Versicherten bevorstehenden Schadensersatzprozeß eingeholt hat. Dann gelten zur Höhe des erstattungsfähigen Betrags die Regeln (jetzt) des JVEG als Richtsätze, Kblz VersR **76**, 1051. Wenn man im Zeitpunkt der Einholung des Privatgutachtens noch keineswegs an einen Prozeß denken konnte, kann man die Kosten dieses Gutachtens unter Umständen zusammen mit der Klageforderung geltend machen. Man darf die Erledigung eines Strafverfahrens gegen sich abwarten, Hbg JB **90**, 1469.

283 *Beispiele des Fehlens der Erstattungsfähigkeit:* Die Kosten eines Gutachtens über nur innerdeutsche Rechtsfragen, Düss OLGR **95**, 102, Ffm Rpfleger **78**, 385, Kblz Rpfleger **86**, 107, es sei denn, man braucht es zB zum Nachweis eines Verstoßes des Berufungsgerichts gegen Denkgesetze usw zwecks Revision, Hamm JB **78**, 1079; die Kosten eines nach § 558 BGB vor einer Mieterhöhungsforderung eingeholten Privatgutachtens, LG Köln WoM **97**, 269, LG Mainz NZM **05**, 15, LG Saarbr AnwBl **85**, 210; die Kosten eines weiteren derartigen vorprozessualen Gutachtens, aM AG Lehrte WoM **83**, 320 (abl Röchling); die Kosten eines Privatgutachtens bei § 93 c, Hamm Rpfleger **79**, 142; die Kosten einer Meinungsumfrage in einer Markensache, die eine nicht beweispflichtige Partei ohne ein privates Gegen-

gutachten eingeholt hat, Kblz GRUR-RR **04**, 312; die Kosten eines Gutachtens für den Versicherer vor der Entstehung einer Prozeßgefahr, Karlsr JB **07**, 321, Kblz VersR **07**, 1100, Naumb VersR **05**, 1704.

– **(Information):** Reisekosten zur Information zwecks Ermittlung des Sachverhalts können erstattungsfähig sein, Kblz DB **90**, 2260. 284

– **(Inkasso):** Rn 108.

– **(Insolvenzverfahren):** Die Kosten eines dem Rechtsstreit vorangegangenen Insolvenzverfahrens sind in der Regel *nicht* erstattungsfähig, KG JB **76**, 1103. 285

– **(Kündigung):** Die Kosten einer vorprozessualen Kündigung sind regelmäßig *nicht* erstattungsfähig. Denn die Kündigung macht den Klaganspruch meist erst fällig, LG Bückebg ZMR **79**, 20.

– **(Mahnung),** dazu *Steinmetz,* Der „kleine" Wettbewerbsprozeß, 1993; *Wilke,* Abmahnung und Schutzschrift im gewerblichen Rechtsschutz, 1991: Die Kosten einer vorprozessualen Mahnung, Abmahnung usw und ihrer Abwehr etwa auf Grund eines Testkaufs einschließlich seiner Kosten wegen eines unlauteren Wettbewerbs sind erstattungsfähig, Drsd GRUR **97**, 318, Mü GRUR-RR **05**, 40, Nürnb JB **92**, 614, aM BGH NJW **08**, 2040, Hbg AnwBl **06**, 680, Nürnb JB **07**, 594 (aber die Abwehr soll die Verteidigung fördern). Daher gibt es auch keine von vornherein begrenzte Pauschale, aM AG Brdb NZM **08**, 41. 286

Vgl aber auch Rn 81, § 93 Rn 66 ff.

– **(Markensache):** Die Kosten der Aufforderung der Glaubhaftmachung der Zeichenbenutzung sind *nicht* erstattungsfähig, BGH MDR **81**, 24.

– **(Meinungsumfrage):** Ihre Kosten können dann erstattungsfähig sein, wenn der Antragsteller im Eilverfahren mit der Notwendigkeit einer Glaubhaftmachung rechnen mußte, Hbg JB **89**, 812, Köln JB **95**, 475, Mü Rpfleger **87**, 331, oder wenn die Partei entsprechende Gerichtskosten befürchten muß, Mü GRUR-RR **05**, 296. Dann ist keine Entscheidungserheblichkeit nötig, Hamm MDR **79**, 234.

– **(Obligatorisches Güteverfahren):** Anwaltskosten des Verfahrens können dann, wenn man sie nicht schon nach Rn 106 als erstattungsfähig einstuft, als Vorbereitungskosten zumindest insoweit erstattungsfähig sein, als sie sinnvoll, zweckmäßig oder eben gar „obligatorisch", zwingend waren, BayObLG RR **05**, 724, LG Mönchengladb JB **03**, 207 und 208, Hartmann NJW **99**, 3748.

– **(Patentanwalt):** Seine Mitwirkung bei einer Abmahnung kann zu den Vorbereitungskosten zählen, Düss AnwBl **01**, 187, Hamm AnwBl **03**, 186. 287

– **(Patentrecherchen):** Ob Ermittlungen nach dem vorveröffentlichten Stand der Technik notwendig waren, muß man nach einem großzügigen Maßstab anhand des Angemessenen aus der Sicht des Zeitpunkts der Einleitung der Ermittlungen beurteilen, BPatG GRUR **80**, 986, Ffm GRUR **97**, 967.

– **(Prozeßkostenhilfe):** Rn 153. Vgl auch § 19 I 2 Z 4 RVG, VV 3334. Man muß stets die Notwendigkeit prüfen, unabhängig von § 121 III, Ffm AnwBl **82**, 381, Schlesw SchlHA **89**, 162.

– **Rechtsschutzversicherung:** § 2 I a ARB knüpft die Erstattung von Verkehrsanwaltskosten nicht an deren Notwendigkeit nach § 91 an, BGH VersR **07**, 488 rechts.

– **(Reisekosten):** Sie können als ein Teil von Vorbereitungskosten zu den Prozeßkosten zählen, aM Mü FamRZ **02**, 680 (s aber Rn 270).

– **(Schiedsgutachten):** Der Grundsatz Rn 270 gilt auch hier, strenger Düss RR **99**, 1667 (keine Erstattbarkeit).

– **(Schiedsrichterliches Verfahren):** Die Kostenfragen richten sich nach §§ 1029, 1030, 1047. 288

– **(Selbständiges Beweisverfahren):** Soweit zB ein Vollstreckungsbescheid eine Kostengrundentscheidung enthält, können auch die Kosten eines zugehörigen selbständigen Beweisverfahrens erstattungsfähige Prozeßkosten sein, LG Saarbr JB **99**, 532. Soweit eine Abtretung erfolgt ist, sind Kosten des selbständigen Beweisverfahrens im Prozeß des neuen Gläubigers als Vorbereitungskosten evtl erstattungsfähig, KG JB **81**, 1392, aM Köln JB **93**, 684, Schlesw JB **91**, 1357. Natürlich kann ein Vergleich eine vorrangige „andere Vereinbarung" treffen, § 98 Rn 50. Ist nach dem Ergebnis der Beweissicherung ein Dritter der Schadensverursacher, sind im Hauptprozeß gegen ihn die Beweissicherungskosten evtl als Vorbereitungskosten erstattungsfähig, Rn 277, aM Mü JB **92**, 105 (aber man darf und muß auch prozeßwirtschaftlich urteilen, Grdz 14 vor § 128).

S auch Rn 193.

– **(Stoffsammlung):** Ihre Anwaltskosten sind *nicht* erstattungsfähig, Mü Anw **91**, 276.

– **(Strafanzeige):** Die Anwaltskosten wegen eines Ermittlungsverfahrens können erstattungsfähig sein, Bbg JB **03**, 145 rechts (Verteidigungskosten), KG AnwBl **83**, 363, Saarbr OLGR **98**, 136.

– **(Testkauf):** Auch hier gilt der Grundsatz, daß die Erstattungsfähigkeit von der Notwendigkeit abhängt, Ffm JB **01**, 260, Mü GRUR RR **05**, 40, Zweibr GRUR-RR **04**, 343, aM Hamm MDR **85**, 414, KG Rpfleger **83**, 172 (aber der Testkauf darf keine Sonderbehandlung beanspruchen). 289

Man muß *sparsam* und wirtschaftlich vorgehen, Ffm JB **01**, 259. Man darf zwar evtl eine größere und nur deshalb beim Verkäufer kein Mißtrauen erregende Partie kaufen. Man darf aber keinen Auskauf betreiben, Ffm GRUR **85**, 401. Der Erstattungspflichtige kann einen sachlichrechtlichen Anspruch auf die Übereignung der Testkaufsachen haben, Üb 67 vor § 91.

Nicht erstattungsfähig sind solche Kosten, die nur einen weiteren Gerichtsstand begründen sollen, Mü Rpfleger **76**, 219.

– **(Verein):** Ein Verein zur Bekämpfung des unlauteren Wettbewerbs ist grds in der Lage, den ProzBev ohne einen Verkehrsanwalt *schriftlich* zu informieren, Mü BB **90**, 950. 290

– **(Vergleich):** Die Kosten seiner Vorbereitung, zB eine Geschäftsgebühr nach (jetzt) VV 2300, können erstattungsfähig sein, Bbg JB **03**, 144 links oben, LG Saarbr JB **02**, 38.

– **(Versicherung):** Die Prüfkosten der Einstandspflicht sind als allgemeine Betriebskosten *nicht* erstattungsfähig, Celle JB **00**, 205, Hbg MDR **00**, 1459.

– **(Verwahrung):** Die Kosten der Verwahrung bis zur Rückgabe Zug um Zug nach einer Wandlung sind sachlichrechtliche Kosten, *keine* Prozeßkosten, Mü AnwBl **88**, 484.

– **(Verwaltungsverfahren):** Die Kosten eines notwendigerweise vorgeschalteten Verwaltungsverfahrens sind erstattungsfähig, falls man sie als Kosten des Rechtsstreits ansehen kann, Rn 15, 16, Mü MDR **90**, 1020, aM Hbg JB **92**, 336, Schlesw JB **92**, 170, Stgt JB **91**, 84 (aber auch hier ist eine prozeßwirtschaftliche Betrachtung notwendig, Grdz 14 vor § 128).

Wegen der Entstehungsgeschichte sind aber in einer Baulandsache die Kosten eines vorangegangenen Enteignungsverfahrens *nicht* erstattungsfähig, Stgt JB **91**, 84 (für das Verfahren nach § 43 II BauGB). Nicht erstattungsfähig sind auch die Kosten eines Bevollmächtigten bei einem Sieg im steuerrechtlichen Vorverfahren, BVerfG **35**, 283. Das gilt auch dann, wenn man nur den Kostenteil der Einspruchsentscheidung des Finanzamts angefochten hat. Nicht erstattungsfähig sind die Kosten vor dem Amt für Verteidigungslasten, Ffm AnwBl **77**, 310.

S auch Rn 271 „Abhilfeverfahren".

– **(Verzug):** Auch er kann sehr wohl Vorbereitungskoten auslösen. Das übersehen viele zB bei der praktisch meist durchaus überflüssigen Diskussion um die Anrechnungsfragen beim Zusammentreffen einer Geschäftsgebühr und einer Verfahrensgebühr, Rn 276 „Geschäftsgebühr".

– **(Vorgerichtliche Mahnkosten):** Man darf die vorprozessualen Mahnkosten entgegen einer weitverbreiteten Übung *nicht* als einen Teil der Hauptforderung im Rahmen des Erkenntnisverfahrens bescheiden. Man darf sie vielmehr als einen Teil der etwaigen Vorbereitungskosten nur im Kostenfestsetzungsverfahren nach §§ 103 ff prüfen. Soweit eine Partei trotzdem eine Entscheidung des Spruchrichters nach § 308 I durch einen Sachantrag verlangt, muß das Gericht diesen Teil der Klage mangels Rechtsschutzbedürfnisses wegen der einfacheren Klärungsart im Festsetzungsverfahren nach Einf 2, 3 vor §§ 103–107 als unzulässig abweisen.

291 – **(Wandlung):** S „Verwahrung".

292 **Vormundschaft:** Rn 152 „Pflegschaft, Vormundschaft."

Vorpfändung: § 788 Rn 48 „Vorpfändung".

Vorprozeß: Man muß die Erstattungsfähigkeit für die Kosten eines jeden Rechtsstreits grds selbständig beurteilen. Kosten im Zusammenhang mit einem Vorprozeß können als ein sachlichrechtlicher Ersatzanspruch zum Hauptanspruch eines nachfolgenden Prozesses werden, wenn sie im Vorprozeß nicht erstattungsfähig werden. Zur Problematik Klimke VersR **81**, 17 (ausf).

Vorschuß: Die Summe eines Vorschusses und des Erstattungsbetrags muß denjenigen Betrag übersteigen, den der Vorschußempfänger insgesamt für den Prozeß aufwenden muß, Bbg JB **99**, 28.

Vgl auch § 103 Rn 23, Rn 301 (Vorschußverzinsung).

Vorsorglicher Prozeßauftrag: Rn 192.

Wahl des Gerichtsstands: Rn 239 „Gerichtsstandswahl".

Widerspruch: Rn 114 ff „Mahnverfahren".

Wirtschaftsprüfer: Beim Erfolgshonorar gilt praktisch dasselbe wie beim Rechtsanwalt, § 55 a WiPrO. Vgl daher Rn 88.

293 **Wohnungseigentum:** Es gelten (jetzt) § 49 WEG, abgedruckt vor Rn 1, und § 50 WEG, abgedruckt bei Rn 130 „– (Wohungseigentum)", Sauren NZM **07**, 859. In diesen Grenzen gilt (Nachweise teils zum alten Recht): Erstattungsfähig kann auch ein zur Prozeßführung ausgesetztes Sonderhonorar des Verwalters sein, KG WoM **89**, 94. Freilich darf man nicht stets ein zwischen dem Verwalter und den Eigentümer vereinbartes Honorar in Höhe einer Anwaltsvergütung gegen den Gegner festsetzen, LG Bln JB **01**, 648. Auch bleibt zu prüfen, ob seine Tätigkeit überhaupt (jetzt) mit dem RDG vereinbar ist, § 134 BGB, (zum alten Recht) KG MDR **91**, 455, AG Neuss WoM **89**, 89. Erstattungsfähig können auch Verwalterkosten zur Information der Wohnungseigentümer über einen Prozeß sein, ZöHe 13 „Wohnungseigentümer", aM LG Hann NZM **98**, 121 (aber der Verwalter erfüllt insoweit meist eine Pflicht). Der Verwalter ist oft, wenn auch nicht stets, zwecks Kostenersparnis verpflichtet, Ansprüche der Gemeinschaft im eigenen Namen geltend zu machen, Mü JB **98**, 596, LG Brschw NZM **01**, 776, LG Essen Rpfleger **02**, 101, aM Kblz JB **85**, 711, LG Frankenth Rpfleger **84**, 201 (aber er darf kostenmäßig keine Besserstellung als eine andere Partei haben). Erstattungsfähig sind angemessene Kosten der Ermittlung der Wohnungseigentümer, vor allem auf Grund einer Gerichtsauflage, KG WoM **05**, 147. Erstattungsfähig ist der Mehrvertretungszuschlag VV 1008, Zweibr MDR **05**, 1378, strenger LG Mönchengladb NZM **07**, 813. Bei einer Beschlußanfechtung entstehen viele Probleme, Schneid NZM **08**, 385 (Üb).

Zentrale Behörde (Generalbundesanwalt) nach AUG: Vgl Üb 6, 8 vor § 78.

294 **Zeitversäumnis:** Erstattungsfähig sind die Kosten notwendiger Reisen, Ffm JZ **77**, 97, Köln JB **96**, 94. Erstattungsfähig sind auch die Kosten einer notwendigen Informationsreise, Kblz MDR **82**, 590, Köln JB **96**, 94, VGH Mannh JB **90**, 1002, Rn 81 „Bearbeitung des Prozesses". Erstattungsfähig sind auch die Kosten einschließlich Verdienstausfall wegen einer notwendigen Terminswahrnehmung, Stgt AnwBl **89**, 166. Das gilt auch dann, wenn ein Mitarbeiter der Partei den Termin wahrnimmt, KG MDR **07**, 920, Köln JB **00**, 84, Stgt JB **01**, 484, strenger Rostock OLGR **00**, 237, Stgt JB **01**, 484, LG Bln MDR **89**, 917 (aber auch der Mitarbeiter verbraucht Zeit und Geld).

295 Dabei ist jetzt *§ 19 JVEG* anwendbar, Hamm MDR **97**, 206, Karlsr JB **06**, 35 links, LAG Halle JB **00**, 535, auch zugunsten eines „Hausmanns". Ferner sind §§ 5–7, 13, 14 JVEG anwendbar, § 91 I ZPO. Der Ausfall im Betrieb rechtfertigt evtl die Annahme eines Verdienstausfalls, Stgt Just **81**, 204, aM KG MDR **85**, 851 (aber im allgemeinen sitzt man im Betrieb nicht nutzlos herum). Mit einer Vertagung braucht im allgemeinen keine Partei im voraus zu rechnen. Auch eine juristische Person kann einen Erstattungsanspruch haben, Hamm MDR **97**, 206, Köln JB **00**, 84, Stgt JB **01**, 484, aM BVerwG NVwZ **05**, 467. Das gilt aber nicht automatisch auch zugunsten einer Behörde, BVerwG NVwZ **95**, 467, LG Köln JB **94**, 229, aM Bbg JB **92**, 243, Stgt RR **90**, 1344, LG Ffm MDR **85**, 589 (aber auch eine Behörde unterliegt normalen Regeln).

Die einer mittellosen Partei wegen der Anordnung ihres *persönlichen Erscheinens* gezahlten Reisekosten sind erstattungsfähige Gerichtskosten. Der Partei muß man unter Umständen auch den Aufwand einer Reise im Kraftfahrzeug oder Flugzeug erstatten. Erstattungsfähig sind auch die Kosten der Bereitstellung eines Beweisgegenstands, etwa die Kosten der Vorführung eines Lastzugs. Über die vorgenannten Fälle hinaus ist keine Erstattung möglich.

Nicht erstattungsfähig sind also zB: Grundsätzlich die Kosten der Bearbeitung des Prozesses, Rn 81, 296
BGH **66**, 114, Drsd RR **94**, 1141, Kblz Rpfleger **03**, 384 (Durcharbeitung eines Gutachtens, auch zu engen Ausnahmen), VGH Mannh JB **90**, 1002; Kosten zur sonstigen Vorbereitung eines Ortstermins, KG JB **78**, 1248; die Reisekosten eines Vertreters von einem anderen Ort her, sofern der Kläger die Firma an einem ihrer Gerichtsstände nach den §§ 17, 19, 21 verklagt hat, Bbg JB **76**, 90; ein Verdienstausfall als solcher allgemein, Ffm MDR **84**, 501, Stgt Just **81**, 204; derjenige eines Liquidators, Hamm Rpfleger **82**, 82, oder gar eines Beamten; ein entgangener Urlaub, Köln JB **86**, 445. Die Deutsche Bahn AG als Partei kann keinen solchen Betrag erstattet fordern, den ein Mitarbeiter für eine notwendige Reise hätte aufwenden müssen, wenn er keinen Freifahrschein erhalten hätte. Denn er *hat* ihn erhalten.

S auch Rn 81, 92, 209 „Terminswahrnehmung", Rn 215, 216.

Zeuge und Sachverständiger: Wegen seiner Ermittlung Rn 89 ff. Soweit ihn das Gericht geladen oder 297
doch zB auf Grund einer durch die Partei erfolgten Gestellung oder Sistierung vernommen hat und daher nach dem JVEG entschädigen muß, sind diese Kosten ein Teil der Gerichtskosten und in diesem Rahmen stets erstattungsfähig, KV 9005, Ffm JB **85**, 1402, Hbg MDR **00**, 666, Kblz JB **83**, 1661, aM Bbg JB **77**, 1619, Hbg MDR **87**, 147, Kblz OLGR **97**, 231. Die Kosten einer Belohnung oder Auslobung für die Benennung eines Zeugen sind erstattungsfähig, falls die Partei diese Maßnahme zB wegen des Verhaltens des Gegners für nötig halten darf, Kblz NJW **75**, 173, aM Hbg JB **91**, 1518 (aber hier gelten ähnliche Regeln wie bei Rn 274 „Detektiv". Denn die Lagen sind vergleichbar). Freilich darf die Partei den Zeugen auch nicht „gekauft" haben, Hbg MDR **98**, 496.

Im übrigen sind die Kosten insoweit erstattungsfähig, als das Gericht die *Gestellung* des Zeugen oder 298
Sachverständigen zu einer zweckentsprechenden Rechtsverfolgung oder Rechtsverteidigung angeregt hatte oder soweit eine Gestellung sonstwie der Partei als notwendig erscheinen kann, etwa im Verfahren auf den Erlaß einer einstweiligen Verfügung, Hbg MDR **95**, 210 (auch bei vielen Zeugen), Kblz MDR **97**, 888, Mü GRUR **92**, 345, aM Ffm VersR **83**, 841, Kblz DB **86**, 1820 (erstattungsfähig sei auch dann nur der nach dem JVEG gezahlte Betrag. Aber hier geht es zunächst nur um das Ob).

Erstattungsfähig sind in diesem Rahmen zumindest diejenigen einem Zeugen von der Partei im 299
Rahmen (jetzt) des *JVEG* gezahlten Auslagen (zu ihnen Bach JB **92**, 8) und Entschädigungen, durch die ein *Gebührenverzicht* des Zeugen erfolgte, Ffm JB **83**, 1253, KG JB **82**, 1247, Karlsr JB **91**, 1514, aM Bbg JB **77**, 1619, Kblz RR **98**, 717 (aber solche Ansicht widerspricht dem Gebot der Prozeßwirtschaftlichkeit, Grdz 14 vor § 128).

Nicht erstattungsfähig sind die Kosten einer privaten Zeugenanhörung. Denn ein solches Vorgehen ist 300
nicht zweckmäßig, weil eine Zeugenvernehmung grundsätzlich allein dem Gericht zusteht.

Zinsen: Avalzinsen können erstattungsfähig sein, Kblz JB **98**, 494, Mü MDR **99**, 1525. 301

Zinsen zur Finanzierung von Prozeßkosten einschließlich einer Sicherheitsleistung und Vorschuß-Zinsausfall sind *nicht* erstattungsfähig, Düss Rpfleger **81**, 121, Kblz RR **98**, 718, Mü MDR **89**, 267. Freilich kann ein sachlichrechtlicher Ersatzanspruch unter dem Gesichtspunkt eines Verzugsschadens bestehen, Gödicke JB **01**, 515. Nicht erstattungsfähig sind Finanzierungskosten des Prozesses, Kblz AnwBl **06**, 289.

Zug um Zug: Rn 290 „Verwahrung".

Zurücknahme der Klage: Rn 111 „Klagerücknahme".

Zurücknahme der Berufung: § 516 Rn 19.

Zuständigkeitsbestimmung: Im Verfahren nach § 36 I Z 3 sind die Kosten eines Anwalts durchweg erstattungsfähig, (zum alten Recht) Zweibr JB **85**, 925.

Zustellung: Ihre Kosten sind erstattungsfähig, soweit sie für die berechtigten Parteiinteressen in einem 302
zweckdienlichen Umfang notwendig waren. Die Mehrkosten der Zustellung durch einen Gerichtsvollzieher sind erstattungsfähig, soweit die Zustellung andernfalls von Anwalt zu Anwalt erfolgt wäre und soweit die zustellende Partei ein berechtigtes sachliches Interesse an einer schnellen und sicheren Zustellung hat. Das gilt etwa bei der Zustellung einer einstweiligen Verfügung, Hbg NJW **04**, 3723 (Flugkosten), KG Rpfleger **81**, 121, oder bei einem berechtigten Zweifel an der Zuverlässigkeit desjenigen gegnerischen Anwalts, der das Empfangsbekenntnis einer Zustellung von Anwalt zu Anwalt ausstellen müßte, KG Rpfleger **81**, 121. Die Kosten der Hinzuziehung eines Anwalts in den neuen Bundesländern waren anfangs evtl in einer Eilsache notwendig, Ffm JB **91**, 1347. Die Mehrkosten einer Zustellung nach der VO (EG) Nr 1348/2000, Einf 3 vor § 1067, sind erstattungsfähig, Hbg MDR **07**, 118.

Die Mehrkosten der Zustellung durch einen Gerichtsvollzieher sind *nicht* erstattungsfähig, soweit die Zustellung andernfalls durch die Post usw zuverlässig genug erfolgt wäre.

Zwangsvollstreckung: § 104 Rn 22 ff.

Zweigstelle: Rn 166.

91a ***Kosten bei Erledigung der Hauptsache.*** [1]1 **Haben die Parteien in der mündlichen Verhandlung oder durch Einreichung eines Schriftsatzes oder zu Protokoll der Geschäftsstelle den Rechtsstreit in der Hauptsache für erledigt erklärt, so entscheidet das Gericht über die Kosten unter Berücksichtigung des bisherigen Sach- und Streitstandes nach billigem Ermessen**

durch Beschluss. [2] Dasselbe gilt, wenn der Beklagte der Erledigungserklärung des Klägers nicht innerhalb einer Notfrist von zwei Wochen seit der Zustellung des Schriftsatzes widerspricht, wenn der Beklagte zuvor auf diese Folge hingewiesen worden ist.

II [1] Gegen die Entscheidung findet die sofortige Beschwerde statt. [2] Dies gilt nicht, wenn der Streitwert der Hauptsache den in § 511 genannten Betrag nicht übersteigt. [3] Vor der Entscheidung über die Beschwerde ist der Gegner zu hören.

Schrifttum: *Becker-Eberhard,* Die Entwicklung der höchstrichterlichen Rechtsprechung zur Erledigung der Hauptsache im Zivilprozeß, Festgabe *50 Jahre Bundesgerichtshof* (2000) III 273; *El-Gayar,* Die einseitige Erledigungserklärung des Klägers im Zivil-, Arbeits- und Verwaltungsgerichtsprozeß, 1998; *Grunsky,* Grenzen des Gleichlaufs von Hauptsache- und Kostenentscheidung. Zugleich ein Beitrag zur einseitigen Erledigungserklärung, Festschrift für *Schwab* (1990) 165; *Lüke,* Zur Erledigung der Hauptsache, Festschrift für *Weber* (1975) 323; *Richter,* Die Erledigung der Hauptsache im Verfahren der freiwilligen Gerichtsbarkeit, Diss Saarbr 1986; *Schiller,* Klageerneuerung nach Erledigung des Rechtsstreits in der Hauptsache im Zivilprozeß, Diss Bonn 1979; *Schumann,* Erledigungserklärung und Klageübernahme nach Erledigung der Hauptsache, Festgabe für *Vollkommer* (2006) 155; *Shen,* Die Erledigung der Hauptsache usw, 2000; *Stahlnecker,* Die einseitige Erledigungserklärung im Zivil- und Verwaltungsprozeß, 1994; *Ulrich* NJW **94,** 2793 (Üb); *Vogeno,* Die einseitige Erledigungserklärung im Zivilprozeß, 1996; *Westermeier,* Die Erledigung der Hauptsache im Deutschen Verfahrensrecht usw, 2005; *Wosgien,* Konkurs und Erledigung der Hauptsache, 1984.

Gliederung

1) Systematik, I, II. Man muß eine breit aufgefächerte Lehre und Rechtsprechung beachten. 1

A. Verhältnis der Vorschriften zueinander. Der nur scheinbar übersichtliche § 91 a bietet in Wahrheit eine Fülle von Problemen. Das rührt vor allem daher, daß die Vorschrift nur einen Teil der Voraussetzungen und Folgen einer Erledigung der Hauptsache regelt. Denn sie behandelt nur den Fall der vollen beiderseitigen wirksamen Erledigterklärungen. Sie regelt den sehr häufigen Fall einer einseitigen vollen oder teilweisen Erledigterklärung des Klägers oder Widerklägers nur teilweise und indirekt neben §§ 91, 92 ff ZPO, Schumann (vor Rn 1) 196. Selbst bei beiderseitigen übereinstimmenden vollen Erledigterklärungen erfaßt § 91 a die Kostenfolge nicht stets. § 98 ist grundsätzlich vorrangig, Mü JB **83**, 1882. Vgl freilich § 98 Rn 30 „Anrufung des Gerichts" und Rn 41 „Hauptsache". Auch andere Vorschriften können vorrangig sein, zB § 788 ZPO, § 83 FamFG. Andererseits enthält *II* eine Sonderregelung gegenüber §§ 99, 269 (jetzt) V, Brdb Rpfleger **98**, 484. Es liegt also insgesamt ein Nebeneinander von Vorrang, Gleichrang und Nachrang vor. Man kann nur im bestimmten Einzelfall feststellen, welche der Vorschriften anwendbar ist.

B. Aufbau der Kommentierung. Aus der dogmatischen Unübersichtlichkeit nach Rn 1 folgen Probleme beim Aufbau einer Kommentierung. Man könnte zB den Komplex der einseitigen Erledigterklärung bei § 91 behandeln. Man könnte die von § 91 a I, II ausdrücklich erfaßte Situation der beiderseitigen vollen Erledigterklärungen an den Beginn stellen. 2

Die folgende Kommentierung versucht *anders* vorzugehen: Nach der Klärung des Regelungszwecks und des sachlichen Geltungsbereichs ist es immerhin vertretbar, zunächst die Begriffe „Hauptsache", „erledigendes Ereignis" und „Erledigterklärung" zu erörtern. Denn sie sind sowohl bei beiderseitigen Erledigterklärungen als auch bei einer nur einseitigen derartigen Erklärung beachtlich. Anschließend sollen die beiderseitigen Erledigterklärungen dargestellt werden. Ihm schließen sich die einseitigen derartigen Erklärungen an.

2) Regelungszweck, I, II. Wie schon die Stellung der Vorschrift im Abschnitt über die Prozeßkosten zeigt, dient § 91 a der Kostengerechtigkeit, Zweibr ZMR **92**, 403. Ohne die Vorschrift würde zB der Kläger trotz einer anfänglich zulässigen und begründeten Klage das volle Kostenrisiko tragen, wenn nur die Klageforderung vor der Entscheidung über die Hauptsache etwa durch eine Erfüllung erlischt. Er müßte dann nämlich entweder die Klage zurücknehmen, soweit noch zulässig, und dann die Kosten nach § 269 III 2 tragen, wenn nicht der Sonderfall § 269 III 3 vorliegt, oder er müßte sogar auf den Anspruch verzichten und ein Verzichtsurteil mit derselben Kostenlast nach § 306 riskieren. Insofern bietet § 91 a ein gewisses Grundstück zu § 93. Dessen Grundgedanken sind evtl mitbeachtlich. Das alles gilt allerdings nur bei beiderseitigen wirksamen vollen Erledigterklärungen. Bei einer nur einseitigen derartigen Erklärung sind aus § 91 a allenfalls die Anknüpfungsbegriffe anwendbar, während die Kostenfolgen nach den normalen Regeln eintreten, Rn 1. 3

Dogmatische Unsauberkeit beherrscht die praktische Handhabung der Vorschrift oft bis in die höchstrichterliche Rechtsprechung hinein. Das gilt zB dann, wenn man zwei äußerlich übereinstimmende volle Erledigterklärungen der Parteien als ausreichend erachtet, nur noch über die Kostenverteilung nachzudenken, ohne überhaupt zu prüfen, ob und unter welchen Bedingungen solche Parteiprozeßhandlungen auch *wirksam* geworden sind, wie man es sonst für selbstverständlich halten würde, Grdz 47, 51 ff vor § 128. Gewiß soll das Kostenrecht kein Eigenleben führen. Der Prozeß ist ja kein Selbstzweck, Einl III 10. Ein Verzicht auf die Klärung elementarer Voraussetzungen prozessualer Erklärungen nur um einer rascheren und bequemeren

Arbeitsbeendigung willen ist aber verfänglich, Rn 24. Das Argument, die Parteien hätten es ja selbst so gewollt, ist eine Verdrehung von Voraussetzung und Folge: Es ist in Wahrheit ja gerade die zu klärende Vorfrage, ob sie es überhaupt auch rechtswirksam so wollten. Indessen redet man an dieser Stelle in solcher Art gegen Windmühlenflügel.

4 **3) Geltungsbereich, I, II.** Der umfassende Grundgedanke des § 91 a bestimmt seinen Geltungsbereich.

A. Grundsatz: Umfassende Anwendbarkeit. Der Zweck einer Kostengerechtigkeit nach Rn 2 hat zur Folge, daß § 91 a und auch die Folgen einer nur einseitigen Erledigterklärung grundsätzlich in allen Verfahren anwendbar sind, auf die die ZPO überhaupt anwendbar ist. Das gilt in allen Instanzen. Freilich ist eine wirksame Erledigterklärung unter anderem davon abhängig, daß der Anspruch überhaupt der Parteiherrschaft, dem Beibringungsgrundsatz und der Verhandlungsmaxime unterliegt, Grdz 18 vor § 128, und daß überhaupt eine Kostengrundentscheidung in Betracht kam, BGH MDR **01**, 647. Soweit das nicht der Fall ist, gelten die in Rn 1 genannten Sonderregeln mit einem Vorrang. Die Regelung gilt entsprechend auch in einer Reihe von Verfahren außerhalb der ZPO.

5 **B. Beispiele zur Frage des Geltungsbereichs**

6 **Arbeitsgericht,** dazu *Schumann* Festschrift für *Richardi* (2007) 403 (Üb): Die Regelung ist im arbeitsgerichtlichen Verfahren grds anwendbar, BAG NJW **08**, 1977, LAG Bre NZA-RR **06**, 655. Wegen des arbeitsgerichtlichen Beschlußverfahrens nach §§ 83 a I, 90 II, 95 S 4 ArbGG BAG NJW **08**, 1977, LAG Bln BB **76**, 420, Lepke DB **75**, 1938 und 1988.

Arrest, einstweilige Verfügung: Die Regelung ist in diesen Verfahrensarten anwendbar, Ffm OLGZ **94**, 92, Hamm MDR **79**, 407, LG Köln RR **06,** 909. Die Regelung gilt auch im Aufhebungsverfahren nach § 926, dort Rn 3 ff, 13, und im Beschwerdeverfahren, Ulrich GRUR **82**, 15.

Aufhebungsverfahren: S „Arrest", „einstweilige Verfügung".

Ausländisches Urteil: Für das Verfahren auf seine Vollstreckbarerklärung wendet Hbg MDR **89**, 553 *nicht* § 91 a an, sondern bei einer „Erledigterklärung" den § 788.

7 **Baulandsache:** Die Regelung ist entsprechend in einer Baulandsache anwendbar, Kblz NJW **83**, 2036.

Beschwerdeverfahren: Die Regelung ist auch im Beschwerdeverfahren anwendbar, Rn 159. Wegen einer Erledigterklärung eines Rechtsmittels Rn 195, Kblz JB **82**, 1897.

S auch Rn 6 „Arrest", „einstweilige Verfügung".

Beweissicherung: Rn 16 „Selbständiges Beweisverfahren".

Deckungsprozeß: Rn 19 „Versicherung".

8 **Eheaufhebung, -scheidung:** Die Regelung ist grds anwendbar. Jedoch enthält § 132 FamFG eine vorrangige Sonderregelung, (je zum alten Recht) BGH RR **86**, 369. Wegen des Übergangsrechts nach dem KindRG Rn 9 „Folgesache".

Ehrengericht: Rn 15 „Rechtsanwaltsordnung".

Einstweilige Anordnung oder Verfügung: Rn 6 „Arrest, einstweilige Verfügung", Rn 8 „Eheaufhebung, -scheidung", Rn 9 „Folgesache".

Erinnerungsverfahren: Rn 21 „Zwangsvollstreckung".

9 **Finanzgericht:** Die Regelung ist im finanzgerichtlichen Verfahren entsprechend anwendbar, § 138 I FGO.

Folgesache: Die Regelung ist grds anwendbar. Jedoch enthält § 150 FamFG eine vorrangige Sonderregelung.

S auch Rn 8 „Eheaufhebung, -scheidung".

Freiwillige Gerichtsbarkeit: Im Bereich des § 113 I 2 FamFG gilt § 91 a entsprechend. Es gibt aber vorrangige Sonderregeln, zB § 83 FamFG.

Gebrauchsmuster: Die Regelung ist im Löschungsverfahren vor dem Patentamt und -gericht entsprechend anwendbar, BGH **135**, 61.

10 **Handlungsvornahme:** Rn 21 „Zwangsvollstreckung".

Hausratssache: Rn 20 „Wohnungszuweisung".

11 **Insolvenz,** dazu *Wosgien,* Konkurs und Erledigung der Hauptsache, 1984: Die Regelung ist im Verfahren auf die Eröffnung eines Insolvenzverfahrens nach § 4 InsO entsprechend anwendbar, BGH NJW **02**, 516, Celle OLGR **01**, 96, Köln OLGR **02**, 261, aM AG Hbg ZIP **02**, 2270 (aber § 4 InsO verweist allgemein).

Kapitalanleger: § 91 a ist *unanwendbar,* § 14 III KapMuG, SchlAnh VIII, Schneider BB **05**, 2255.

Kartellsache: Auf das Kartellverwaltungsverfahren sind §§ 70 II 2, 77, 78 GWB und *nicht* § 91 a anwendbar, BGH BB **00**, 482, Mü GRUR **87**, 316, aM BGH RR **06**, 1341. Zu § 96 II GWB Köln MDR **86**, 1025.

Kostenfestsetzung: § 91 a ist im Verfahren nach §§ 103 ff entsprechend anwendbar, Kblz JB **95**, 208.

12 **Mahnverfahren:** Die Regelung ist im Mahnverfahren anwendbar, Karlsr MDR **88**, 1066.

Miete: Rn 21 „Zwangsvollstreckung".

13 **Nichtzulassungsbeschwerde:** § 91 a ist anwendbar, BGH GRUR **07**, 448.

Notarsache: Die Regelung ist entsprechend bei § 111 BNotO anwendbar. Bei einer Notarkostenbeschwerde ist *nicht* § 91 a anwendbar, sondern (jetzt) das FamFG, Köln FGPrax **02**, 101.

14 **Patentsache:** Die Regelung ist entsprechend im Verfahren nach (jetzt) § 84 II PatG anwendbar, BGH **135**, 61, BPatG MDR **84**, 665, aM Hövelmann GRUR **07**, 290 (wegen des Einspruchsverfahrens). Dasselbe gilt im Verfahren nach § 110 III 2 PatG, BGH GRUR **84**, 339.

Prozeßkostenhilfe: Die Regelung ist grds *unanwendbar.* Denn das Verfahren verläuft nicht zwischen den Parteien der Hauptsache, § 118 Rn 6, Brdb MDR **00**, 1393, selbst bei einer gleichzeitigen Klagerhebung.

Räumung: Rn 21 „Zwangsvollstreckung".

15 **Rechtsanwaltsordnung:** § 91 a ist entsprechend anwendbar bei §§ 90, 91 BRAO, BGH **84**, 151.

Rechtsweg: § 91 a ist im Vorabverfahren zu seiner Klärung *unanwendbar,* BGH RR **01**, 1007.

Selbständiges Beweisverfahren: Wegen der Kostenregelung im Fall der Erledigung eines selbständigen Beweisverfahrens § 91 Rn 193. 16

Sozialgericht: Die Regelung ist im dortigen Verfahren entsprechend anwendbar, § 193 I Hs 2 SGG.

Tod: § 131 FamFG ist *vorrangig*, Rn 1. 17

Unterhalt: Es gilt *vorrangig* (jetzt) § 243 FamFG, Nürnb MDR **01**, 590. 18

Unterlassung: Rn 21 „Zwangsvollstreckung".

Verfassungsgericht: Wegen § 89 BVerfGG sind *keine* übereinstimmenden Erledigterklärungen als die Voraussetzung einer Kostenentscheidung notwendig, BVerfG **85**, 113. 19

Vergleich: Die Regelung ist grds auch auf den Fall anwendbar, daß die Erledigung durch einen Vergleich eintritt. Indessen muß man im einzelnen unterscheiden. Wenn die Parteien in einem Vergleich keine Kostenregelung getroffen haben, ist zunächst der vorrangige *§ 98* anwendbar, Saarbr RR **96**, 320. Nur wenn sie überdies die Anwendbarkeit des § 98 ausgeschlossen haben, § 98 Rn 22, ist § 91 a anwendbar, aM ThP 3, 6. Im übrigen ist aber wiederrum vorrangig § 98 anwendbar, und zwar sowohl auf einen Prozeßvergleich als auch (entsprechend) auf einen solchen außergerichtlichen Vergleich, in dem sich die Parteien auch über die Kosten geeinigt haben. Denn dann ist auch der Kostenstreit schon selbst erledigt, Hamm AnwBl **82**, 73, aM Bre MDR **79**, 500, StJL 30 (aber die Parteiherrschaft hat den Vorrang, Grdz 18 vor § 128). Wegen der Einzelheiten vgl bei § 98.

Versicherung: § 91 a ist im Deckungsprozeß anwendbar, LG Köln VersR **00**, 1412.

Vollstreckbarerklärung: Rn 6 „Ausländisches Urteil".

Vollstreckungsvereinbarung: Rn 21 „Zwangsvollstreckung". Bei einer internationalen derartigen Vereinbarung ist § 91 a *unanwendbar*, Hbg NJW **87**, 2165.

Vornahme einer Handlung: Rn 21 „Zwangsvollstreckung".

Wahl: Rn 13, 15 „Rechtsanwaltsordnung". 20

Wettbewerbssache: Die Regelung ist grds im Wettbewerbsprozeß voll anwendbar. Einzelheiten zB bei Ulrich GRUR **82**, 14 (ausf).

S auch Rn 6 „Arrest, einstweilige Verfügung".

Wohnungseigentum: § 91 a ist anwendbar, AG Dortm NJW **08**, 1090 (auch zu den Folgen). Vgl auch § 91 Rn 131 „– (Wohnungseigentum)".

Wohnungszuweisung: Im Verfahren nach §§ 200 ff FamFG gelten §§ 80 ff FamFG.

Zwangsversteigerung: Die Regelung ist in einem Zwangsversteigerungsverfahren anwendbar, BGH NJW **07**, 2993. 21

Zwangsvollstreckung: Die Regelung ist im gesamten Bereich der Zwangsvollstreckung anwendbar, soweit nicht *§ 788* vorrangig gilt, BayObLG NZM **02**, 623, Düss JB **96**, 235 (§ 788 bei Erledigung), Karlsr FamRZ **05**, 50. Das gilt zB: Im Verfahren nach § 733, Karlsr FamRZ **05**, 50; im Vollstreckungsschutzverfahren nach § 765 a, Düss RR **96**, 637; im Erinnerungsverfahren nach § 766, LG Frankenth Rpfleger **84**, 361; im Verfahren nach § 794 a, LG Waldshut-Tiengen WoM **93**, 621: wegen § 891 S 3 in einem Verfahren nach §§ 887–890, BGH WoM **05**, 140 (dort nur im Einzelfall verneint), BayObLG RR **97**, 489, Mü MDR **91**, 357. Freilich tritt eine Erledigung nicht schon durch bloße Leistung zwecks Vollstrekkungsabwehr ein, BGH WertpMitt **77**, 1308.

S auch Rn 6 „Ausländisches Urteil", „Zwangsversteigerung".

Zwischenstreit: Die Regelung ist in einem Zwischenstreit beliebiger Art anwendbar. Das gilt zB in einem Verfahren nach § 71.

4) Hauptsache, I, II. Sowohl die Regelung des § 91 a als auch die Grundsätze einer nur einseitigen Erledigterklärung setzen voraus, daß gerade die Hauptsache erledigt ist oder doch sein soll. Unter dem Begriff „Hauptsache" versteht man den jeweiligen Streitgegenstand des Erkenntnisverfahrens, § 2 Rn 4. In den anderen Verfahrensarten muß man unter Hauptsache die vom Antragsteller begehrte Rechtsfolge verstehen, zB die Erklärung einer Pfändung als unzulässig. Nebenforderungen nach § 4 I Hs 2 bleiben unberücksichtigt. Sie werden erst nach der Erledigung der anderen Hauptsache ihrerseits allenfalls zur Hauptsache, § 4 Rn 11. Auch die Kosten des Rechtsstreits zählen jedenfalls zunächst nicht zur Hauptsache. Sie werden auch nicht etwa schon dadurch zur Hauptsache, daß der Streitgegenstand ohne eine Kostenregelung voll durch ein Anerkenntnisurteil oder durch einen Vergleich erledigt ist. Die Formulierung, der Kostenpunkt sei „in der Hauptsache" erledigt, führt also nicht schon zur Anwendbarkeit von § 91 a. 22

5) Erledigung, I, II. Wie sich zeigen wird, kommt es sowohl bei übereinstimmenden Erledigterklärungen als auch bei einer nur einseitigen Erledigterklärung unter anderem auf die Frage an, ob die Hauptsache überhaupt objektiv erledigt ist, Rn 68. Von diesem Vorliegen des erledigenden Ereignisses muß man dann die entsprechende Erledigterklärung unterscheiden. Schon für die Frage, ob überhaupt objektiv eine Erledigung vorliegt, kommt es auf den Zeitpunkt des fraglichen Ereignisses an. 23

A. Begriff des erledigenden Ereignisses. § 91 a spricht nur von der Erklärung „für erledigt", nicht auch ausdrücklich davon, daß die Erledigung auch wirklich eingetreten sein muß. Die Vorschrift enthält auch weder den Begriff „Erledigung" noch denjenigen eines „erledigenden Ereignisses". Gleichwohl kommt es sehr wohl stets unter anderem auf das erledigende Ereignis an. Denn wenn dieses in Wahrheit überhaupt fehlen würde, könnten die Parteien das Gericht auf eine bloße Kostengrundentscheidung abdrängen, die obendrein von bloßen Mutmaßungen über den ohne Erledigterklärungen voraussichtlichen Beurteilungsstand abhinge. Es käme dann überhaupt nicht darauf an, ob objektiv ein erledigendes Ereignis eingetreten wäre. Das würde auch über eine weitgefaßte Parteiherrschaft nach Grdz 18 vor § 128 hinausgehen, selbst wenn keine Rechtskraftwirkung eintritt. Das Gesetz soll eine Kostenabwägung gerade nicht auch für den Fall erlauben, daß in Wahrheit ein ganz anderer Vorgang als ein erledigendes Ereignis eingetreten ist. Denn wenn zB in Wahrheit gar kein Prozeßrechtsverhältnis nach Grdz 4, 6 vor § 128 eingetreten war, bleibt keinerlei Anlaß zu einer etwaigen Kostenverteilung bestehen, Rn 28. 24

Ein erledigendes Ereignis hängt keineswegs nur von dem sachlichrechtlichen Zustand ab, wie man nach Prütting/Wesser ZZP **116**, 302 vermuten möchte. Es liegt vielmehr schon und erst dann und insoweit vor, wenn und soweit ein tatsächlicher Vorgang dazu führt, daß man eine bei rechtlicher Betrachtung bisher zulässige und begründete Klageforderung *nicht mehr* mit *Erfolgsaussicht* weiter im Prozeß verfolgen kann, BGH NJW **92**, 2236, AG Hann ZMR **03**, 612, sei es, daß die Klage unzulässig geworden ist, sei es, daß sie unbegründet geworden ist, sei es, daß die Forderung nicht mehr gerichtlich durchsetzbar ist, etwa wegen einer Verjährung, Rn 59. Dabei kommt es zwar zunächst und immer auch darauf an, daß dieses Ereignis die Hauptsache betrifft, Rn 22. Es kommt aber sodann weiter darauf an, ob auch die Nebenforderungen nach § 4 I Hs 2, II wirklich nunmehr wegfallen oder nicht mehr durchsetzbar sind. Soweit sie noch durchsetzbar bleiben, mögen sie allerdings ihrerseits zur Hauptsache werden. Soweit es nicht um ein Erkenntnisverfahren erster Instanz geht, sondern um ein solches anderes Verfahren, auf das die Regelung nach Rn 5 ff anwendbar ist, tritt an die Stelle der Klageforderung der Hauptantrag oder das sonstige hauptsächliche Rechtsschutzbegehren, also der Streitgegenstand, § 2 Rn 4, Grdz 11 vor § 916. Freilich darf man diesen Gegenstand des besonderen Verfahrens nicht mit demjenigen des Erkenntnisverfahrens verwechseln.

Keine Erledigung liegt vor, soweit die Klage auch ohne das angeblich erst „erledigende" Ereignis von vornherein unzulässig war, BGH NJW **91**, 1116, Hbg RR **96**, 1065, aM Ffm MDR **81**, 676 (vgl aber Rn 26 ff), oder soweit sie auch ohne ein „erledigendes" Ereignis von vornherein unbegründet war, BGH BB **05**, 1359, BAG **80**, 382, aM BGH MDR **86**, 560, BAG NZA **93**, 1054, Brox JA **83**, 292 (vgl aber auch hier Rn 26 ff).

25 **B. Abgrenzung zur Erledigterklärung.** Man muß scharf zwischen dem objektiv erledigenden Ereignis einerseits und der Erklärung einer oder beider Parteien „für erledigt" unterscheiden, also der Erledigterklärung (auch: Erledigungserklärung), BGH NJW **86**, 589, Prütting/Wesser ZZP **116**, 302. Es muß mindestens eine der Parteien die objektiv eingetretene Erledigung auch dem Gericht gegenüber erklären, Düss JB **91**, 409 (freilich ist eine mündliche Verhandlung nicht mehr nötig). Solange das nicht geschieht, mag sie zwar dem Gericht einen Anlaß zu einer Anregung nach § 139 geben, eine solche Erklärung abzugeben, um deren Rechtsfolgen herbeizuführen. Unterbleibt aber eine derartige Erledigterklärung, ist jedenfalls nicht § 91 a anwendbar. Soweit umgekehrt eine oder mehrere Erledigterklärungen vorliegen, treten die Rechtsfolgen unter anderem erst dann ein, wenn auch objektiv ein erledigendes Ereignis vorliegt, Rn 24, 26 ff, 68. Dabei unterscheidet BVerwG NVwZ **91**, 160 zwischen der Erledigterklärung und dem Antrag, die Hauptsache für erledigt zu erklären. Diese Unterscheidung ist indessen in Wahrheit gar nicht möglich. Denn im Antrag liegt stets die Erklärung, und umgekehrt, und zwar auch und gerade dann, wenn die Erledigungswirkung streitig ist.

Nachfolgend wird zunächst weiter dargelegt, unter welchen Voraussetzungen das objektiv erledigende Ereignis eintritt. In Rn 62 ff folgt sodann die Darstellung der Voraussetzungen wirksamer „Erledigterklärungen".

26 **C. Kein erledigendes Ereignis vor Anhängigkeit der Hauptsache.** Ein objektiv erledigendes Ereignis kann nicht eintreten, solange die Hauptsache nach Rn 22 noch nicht einmal anhängig ist, Hamm MDR **01**, 470 (mit falscher Folgerung), Köln FamRZ **92**, 334, Bonifacio MDR **02**, 499, aM BAG NJW **08**, 1977 (Beschlußverfahren), Köln JB **89**, 217, LG Düss RR **03**, 213 (vgl aber Rn 28, 29). Eine Klage wird grundsätzlich durch ihre Einreichung bei irgendeinem zuständigen oder unzuständigen Gericht anhängig, § 261 Rn 1. Maßgeblich ist der Eingang auf der Posteingangsstelle, auch im Nachtbriefkasten dieses Gerichts, § 233 Rn 20. Soweit es um einen anderen ein Verfahren einleitenden Antrag geht, zB um den Scheidungsantrag oder um den Antrag auf den Erlaß eines Arrests, einer einstweiligen Anordnung oder einer einstweiligen Verfügung nach §§ 916 ff, 935 ff ZPO, 49 ff FamFG, ist deren Eingang für die Anhängigkeit maßgeblich. Bei einer Erweiterung der Klage oder des sonstigen Antrags nach § 263 ist derjenige Zeitpunkt maßgeblich, in dem diese Erweiterung erstmals zur Kenntnis des Gerichts kommt, etwa beim Eingang des entsprechenden Schriftsatzes oder bei der Geltendmachung in einer mündlichen Verhandlung. Bei einer Widerklage nach Anh § 253 kommt es auf deren Eingang oder auf deren Geltendmachung in der mündlichen Verhandlung an.

27 Es ist unerheblich, ob der Antrag, die Klage usw zulässig sind, ob insbesondere das zunächst angegangene Gericht örtlich und sachlich zuständig ist. Auch eine *unzulässige* Klage kann die Anhängigkeit (und Rechtshängigkeit) begründen. Solange nach diesen Regeln noch keine Anhängigkeit vorliegt, kann auch keine Rechtshängigkeit bestehen. Selbst dann, wenn die Anhängigkeit und die Rechtshängigkeit zusammenfallen, geht die Rechtshängigkeit keineswegs zeitlich vor.

28 Im Stadium *vor der Anhängigkeit* liegt nämlich weder ein Sach- und Streitstand noch eine Hauptsache vor. Ein solches Ereignis, das den Kläger daran hindert, seine Forderung gerichtlich zu verfolgen, ist daher keineswegs ein erledigendes Ereignis nach § 91 a. Es fehlt nämlich noch die Grundlage jeder prozessualen Verpflichtung, das Prozeßrechtsverhältnis, Grdz 4, 6 vor § 128. Prozeßwirtschaftliche Erwägungen können daran nichts ändern. Sie würden nur tragende prozessuale Grundsätze verwischen. Daran ändert auch ein etwaiger sachlichrechtlicher Schadensersatzanspruch nichts, auch nicht ein solcher aus dem Gesichtspunkt eines Verzugsschadens. Das alles verkennt AG Bln-Spandau ZMR **03**, 585.

29 Die Frage, ob es bei übereinstimmenden Erledigterklärungen auch auf das *wirkliche Vorliegen* eines objektiv erledigenden Ereignisses ankomme, ist streitig, Rn 24, 68. Auch zur Frage, ob vor der Anhängigkeit ein erledigendes Ereignis eintreten kann, gibt es keine Einigkeit, Bücking ZZP **88**, 317, ThP 4, 5, aM ZöV 16. Aus der Unanwendbarkeit von § 91 a in diesem Stadium folgt die auch nur entsprechende Unanwendbarkeit des § 93 in diesem Stadium, aM Haubelt ZZP **89**, 196 (aber § 93 ist nur eine andere Ausprägung desselben Grundgedankens).

30 **D. Kein erledigendes Ereignis zwischen Anhängigkeit und Rechtshängigkeit.** Sofern zwar eine Anhängigkeit nach Rn 26 vorliegt, aber noch keine Rechtshängigkeit nach § 261 Rn 1, kann objektiv kein erledigendes Ereignis eintreten, Brdb FamRZ **07**, 909 (terminologisch allerdings falsch). Das ergibt sich schon sprachlich: Eine Hauptsache kann sich begrifflich nur dann erledigen, wenn sie vorher *bestanden* hat, wenn also ein Prozeßrechtsverhältnis vorlag, Grdz 4 vor § 128. Das gilt unabhängig von § 269 III 3 Hs 2.

Jene Vorschrift gilt nur für die dort dogmatisch ohnehin unsauber ausgeweitete Klagerücknahme. Ein Prozeßrechtsverhältnis kann grundsätzlich erst dann entstehen, wenn und soweit Beziehungen nicht nur zwischen einer Partei und dem Gericht entstanden sind, sondern auch zwischen den Parteien, Grdz 6 vor § 128. Denn erst von diesem Augenblick an können grundsätzlich irgendwelche prozessualen Pflichten des Antragsgegners oder Bekl eintreten. Vorher kann er ja noch gar nicht von seiner Einbeziehung in ein gerichtliches Vorgehen des Gegners wissen. Auch für das Stadium der Anhängigkeit vor dem Eintritt der Rechtshängigkeit müssen gegenüber diesen Erwägungen prozeßwirtschaftliche Gesichtspunkte außer Betracht bleiben. Man muß eben auch hier zwischen dem objektiv erledigenden Ereignis und der entsprechenden Erledigterklärung einer oder beider Parteien unterscheiden, Rn 25.

Die *Rechtshängigkeit* tritt bei der Klage nicht schon mit dem Eingang beim Gericht (Anhängigkeit) ein, **31**
sondern erst mit der ordnungsgemäßen Zustellung einer unbedingten Klage an den oder die Bekl, § 261 Rn 4, Bbg FamRZ **01**, 1380. Bei einem ein sonstiges Verfahren einleitenden Antrag kommt es grundsätzlich auf dessen Zustellung an den Gegner an. Bei einer Klagerweiterung nach §§ 263, 264 kommt es auf die Zustellung des entsprechenden Schriftsatzes an den Bekl oder auf ihre Geltendmachung in der mündlichen Verhandlung an. Das gilt auch bei einer Säumnis des Bekl. Die Widerklage nach Anh § 253 ist mit der Zustellung des entsprechenden Schriftsatzes an den Widerbekl oder mit der Geltendmachung in der mündlichen Verhandlung rechtshängig.

Ausnahmsweise genügt für die Möglichkeit eines erledigenden Ereignisses der Eingang beim Gericht. **32**
Denn insofern *fallen* die Anhängigkeit und die Rechtshängigkeit *zusammen,* § 920 Rn 7. Das gilt aber nur wegen der Eilsache, Rn 42.

Die *bloße Anhängigkeit genügt also* grundsätzlich aus den Gründen Rn 30–32 *nicht,* BGH WettbR **97**, 211, **33**
Karlsr RR **02**, 220, Greger NJW Sonderheft „BayObLG" **05**, 39, aM Kblz RR **00**, 1092, Köln RR **00**, 1456, Naumb FamRZ **02**, 1043 (aber auch seit der ZPO-„Reform" von 2001 ist ein Prozeßrechtsverhältnis nötig).

Wegen der Notwendigkeit eines *Prozeßrechtsverhältnisses* als einer der wesentlichen Voraussetzungen für die **34**
Herbeiführung sowohl der Wirkungen des § 91 a bei übereinstimmenden Erledigterklärungen als auch der Wirkungen der §§ 91, 92 ff bei einer einseitigen Erledigterklärung kann man auch nicht argumentieren, die übereinstimmenden Erledigterklärungen genügten, so daß dann nicht mehr zu prüfen sei, ob die Hauptsache auch wirklich vorhanden und erledigt worden sei.

Noch weniger würde übrigens eine *einseitige* Erledigterklärung des Klägers und eine zunächst als zulässig und **35**
begründet erscheinende Klageschrift vor dem Stadium der Rechtshängigkeit ausreichen, Karlsr FamRZ **01**, 501, aM Mü NJW **79**, 274.

Ohne ein *Prozeßrechtsverhältnis* kann eben grundsätzlich auch keine solche Lage entstehen, in der man **36**
überhaupt von Prozeßkosten oder von deren Erstattungsfähigkeit sprechen könnte, Bbg FamRZ **01**, 1380, aM Kblz MDR **94**, 1046 (wendet § 93 entsprechend an), Feldhahn NJW **84**, 2929 (der Eintritt der Rechtshängigkeit sei allerdings „besser"). Daher ist auch keine Klage auf eine Feststellung der Erledigung möglich, Ffm MDR **89**, 166. Der Rechtsstreit läßt sich auch insofern nicht etwa nur wegen der Kosten „fort"-führen, § 99 I. Er hat ja noch gar nicht begonnen, Köln NJW **78**, 112, aM KG MDR **91**, 63, LG Stgt RR **87**, 660. Es ist vielmehr nach einer Rücknahme der bisherigen Klage nach § 269 wegen der bisher entstandenen Unkosten des Klägers wegen des dadurch allenfalls entstandenen sachlichrechtlichen Ersatzanspruchs entweder ein Antrag nach § 269 III 3, IV oder mangels einer solchen Lösung ein neuer Prozeß möglich, BGH **83**, 16, Ffm MDR **89**, 166, aM Mertins DRiZ **89**, 289.

Er wäre mangels eines Verfahrens nach § 269 III 3, IV nur dann entbehrlich, wenn diese Unkosten sich **37**
schon für eine *Klagänderung* nach §§ 263, 264 beziffern ließen, BGH **83**, 16, Ffm MDR **89**, 166 (je zum alten Recht). Eine Änderung des Klagantrags auf eine Feststellung der Kostentragungspflicht ist aber schon deshalb unzulässig, weil der Kläger dann ja nicht eine Leistungsklage vorbereiten will, sondern das (bisherige) Kostenfestsetzungsverfahren, Stöhr JR **85**, 491, ZöV 40, aM BGH WertpMitt **81**, 232, 387, KG MDR **91**, 63, LG Bln RR **04**, 647 (aber das sind Folgen eines leider unrichtigen systematischen Ansatzes, Rn 24, 68. Die Prozeßwirtschaftlichkeit ist wichtig, Grdz 14 vor § 128, aber weder der einzige noch der stets vorrangige Gesichtspunkt).

Man kann auch nicht bei einer *Erfüllung vor der Rechtshängigkeit* die Kosten trotz einer einseitigen sofortigen **38**
Erledigterklärung des Klägers dem Bekl auflegen, nur weil dieser einen Klaganlaß gegeben habe. Denn es liegt eben überhaupt noch kein erledigendes Ereignis vor. Das übersieht Ffm MDR **89**, 166 nur scheinbar eingangs nicht, im Ergebnis aber dann doch.

E. Möglichkeit eines erledigenden Ereignisses ab Rechtshängigkeit. Indessen kann ein erledigendes **39**
Ereignis eintreten, sobald die Hauptsache nach Rn 22 rechtshängig geworden ist, § 261 Rn 4. Denn jetzt liegen ein Prozeßrechtsverhältnis nach Grdz 4, 6 vor § 128, ein Sach- und Streitgegenstand nach § 2 Rn 4, eine Hauptsache vor, Karlsr GRUR **85**, 454. Das gilt auch nach dem Verhandlungsschluß nach §§ 136 IV, 296 a, LAG Bln MDR **06**, 57.

F. Kein erledigendes Ereignis ab Rechtskraft oder Wegfall der Rechtshängigkeit. Indessen endet **40**
die Möglichkeit, objektiv ein erledigendes Ereignis anzunehmen, mit dem Eintritt der formellen Rechtskraft der Hauptsacheentscheidung nach § 705 oder mit dem Wegfall der Rechtshängigkeit. Denn jetzt endet derjenige Zeitraum, in dem der Kläger oder Antragsteller überhaupt noch auf das Gericht zur Erzielung der gewünschten Hauptsacheentscheidung einwirken darf. Das übersieht BayObLG DB **96**, 927. Freilich bleibt bei einer einseitigen Erledigterklärung trotz I 2 die Grenze des § 296 a bestehen. Das übersieht LG Hbg MDR **95**, 204.

G. Beispiele zur Frage des erledigenden Ereignisses **41**

Abtretung: Wegen § 265 II kann der frühere Gläubiger den Prozeß nunmehr zwecks einer Leistung an den neuen Gläubiger weiterführen. Insofern ist die Abtretung *kein* erledigendes Ereignis, AG Köln WoM **89**, 31.

Abwehr der Zwangsvollstreckung: Rn 61 „Zwangsvollstreckung".

Aktivlegitimation: Ihr Verlust kraft Gesetzes kann ein erledigendes Ereignis sein, Karlsr RR **00**, 626.

Anhängigkeit: Vgl Rn 26, 30.

42 **Anordnung der Klagerhebung:** Rn 42 „Arrest, einstweilige Verfügung".

Anschlußrechtsmittel: Die Rücknahme des Hauptrechtsmittels erledigt das unselbständige Anschlußrechtsmittel, Ffm FamRZ **95**, 945. Vgl aber Rn 40.

Arrest, einstweilige Verfügung: Ein Wegfall des Eilbedürfnisses ist ein erledigendes Ereignis, Köln WRP **85**, 661, ebenso der Wegfall einer Wiederholungsgefahr.

Der Eingang des Gesuchs auf den Erlaß eines Arrests oder einer einstweiligen Verfügung macht zwar das Arrestverfahren in *seiner* „Hauptsache" nach § 261 Rn 6 rechtshängig, Köln GRUR **01**, 425, *nicht* aber auch die Hauptsache des geplanten oder laufenden Hauptprozesses. Denn Streitgegenstand des vorläufigen Verfahrens ist noch nicht der sachlichrechtliche Anspruch, sondern nur die Sicherung dieses Anspruchs, Grdz 11 vor § 916, § 920 Rn 9, 10. Infolgedessen liegt noch *kein* erledigendes Ereignis wegen der eigentlichen Hauptsache vor, solange zwar beim Gericht der Antrag im Eilverfahren eingegangen ist, das Gericht aber noch nicht zB eine Aufforderung an den Antragsgegner zustellen ließ, sich zu äußern, oder eine etwa verfügte Ladung zu einer mündlichen Verhandlung zustellen ließ, aM Köln GRUR **88**, 646, AG Weilheim MDR **85**, 148. Ein erledigendes Ereignis fehlt auch dann, wenn der Antragsgegner nach dem Eingang eines Antrags im Eilverfahren zufällig von diesem hört, Brdb RR **97**, 1470, aM Hbg MDR **77**, 498 (aber in dieser besonderen Lage sollte man auch im Eilverfahren noch kein Prozeßrechtsverhältnis annehmen).

Es reicht unter diesen Voraussetzungen auch nicht aus, daß sich der Antragsgegner vor dem Zugang einer Aufforderung des Gerichts usw an ihn von sich aus an einer Erledigterklärung des Antragstellers *beteiligt*. Wenn allerdings der Schuldner einen Antrag auf eine Aufhebung des Arrests usw nach § 926 II stellt und gezahlt hat und der Gläubiger ihn alsdann vor der Arrestlast befreit hat, ist auch die Hauptsache erledigt, § 926 Rn 4, 5, Ffm MDR **82**, 328, Mü MDR **76**, 761. Dasselbe gilt dann bei einer Erhebung der Hauptsacheklage, Ffm GRUR **87**, 651.

Die Versäumung der *Vollziehungsfrist* nach § 929 II ist *kein* erledigendes Ereignis, Düss OLGZ **94**, 95, Hamm GRUR **89**, 932. Dasselbe gilt für eine erst nach der Versäumung der Vollziehungsfrist abgegebene strafbewehrte Unterlassungserklärung, Hamm GRUR **89**, 932, Nürnb WRP **96**, 145. Wohl aber kann ein nach der vorgenannten Versäumung erklärter Verzicht auf die Rechte aus der einstweiligen Verfügung ein erledigendes Ereignis sein, Ffm OLGZ **94**, 92. Ein vorläufig vollstreckbarer Titel zur Hauptsache erledigt die Eilsache nicht stets, Schlesw WettbR **98**, 116. Der Schuldner kann zwischen einer Abschlußerklärung und einer Unterwerfung wählen, § 93 Rn 79.

43 **Aufrechnung:** Da auch durch eine Aufrechnung eine Erfüllung eintreten kann und grds jede Art von Erfüllung reicht, kann auch die Aufrechnungs*erklärung* ein erledigendes Ereignis darstellen, LG Bln (51. ZK) RR **02**, 1655 (sogar eine solche des Klägers), aM LG Bln ZMR **89**, 98. Das gilt auch, wenn die Aufrechnungs*lage* vor der Rechtshängigkeit bestand, BGH **155**, 396 (zustm Luckey VersR **04**, 129, Schröcker NJW **04**, 2205, abl Lindacher LMK **04**, 13), BayObLG RR **02**, 373, Düss RR **01**, 492, aM Hamm MDR **00**, 297, ZöV 58 (aber es muß zum sachlichrechtlich nach § 389 BGB rückwirkenden Erlöschen infolge der Aufrechnung prozessual die Aufrechnungserklärung hinzutreten).

44 **Auskunft:** Rn 55 „Stufenklage".

Begründetheit: Erledigend kann ein solches Ereignis sein, das den Antragsteller, Kläger usw rechtlich daran hindert, den Streitgegenstand nach § 2 Rn 4 zu fordern, eine Rechtsfolge weiter zu begehren, meist also die bisher zulässige und begründete Klageforderung einschließlich der Nebenforderungen weiter geltend zu machen, BGH NJW **86**, 589, BAG NZA **85**, 636, Düss FamRZ **88**, 1071, aM RoSGo § 132 I 1 (aber auch dann würde sich der bisherige Klagantrag nicht aufrechterhalten lassen). Vgl im übrigen Rn 24. Die Klage usw muß aber bis in den Zeitraum der Rechtshängigkeit nach Rn 40 begründet gewesen sein. Daran fehlt es, wenn etwa wegen einer rückwirkenden Nichtigkeit einer Kündigung rechtlich eine Begründetheit in Wahrheit schon von vornherein fehlte, auch bei § 569 III Z 2 S 1 BGB, Rn 52 „Mietrecht". Eine erst nach dem erledigenden Ereignis und nicht rückwirkend eintretende Unbegründetheit ist als solche unschädlich, BGH NJW **86**, 589. Den umgekehrten Fall, daß eine zunächst unbegründet gewesene Klage im Lauf des Prozesses nach der Rechtshängigkeit zu einer begründeten wird, regelt § 93, falls der Bekl die dortigen Voraussetzungen seines Schutzes vor Kosten erfüllt.

S auch Rn 60 „Zulässigkeit".

Beteiligung: Rn 6, 42 „Arrest, einstweilige Verfügung".

Betriebsstillegung: Sie kann ein erledigendes Ereignis sein, BAG BB **01**, 2653.

Beweislast: Anh nach § 286 Rn 90.

45 **Dritter:** Die Erfüllung oder Zahlung durch einen Dritten kann ein erledigendes Ereignis darstellen. Sie muß allerdings ebenso vorbehaltlos erfolgen wie diejenige des Schuldners.

S auch Rn 61 „Zwangsvollstreckung".

Drittschuldnerklage: Die Freigabe ist ein erledigendes Ereignis.

Ihre Hauptsache ist *nicht* erledigt, soweit erst die Erklärung des Drittschuldners ergibt, daß keine Forderung des Schuldners bestand, BGH **79**, 276, oder wenn der Drittschuldner eine verneinende Auskunft gab, BGH **91**, 130.

46 **Ehesache:** Rn 8 „Ehescheidung", Rn 56 „Tod".

Einreichung der Klageschrift: Rn 41 „Anhängigkeit".

Entwurf der Klageschrift: Rn 53 „Prozeßkostenhilfe".

Erbausschlagung: Der wirksam Ausschlagende gilt schon wegen § 1953 I BGB sachlichrechtlich von Anfang an als Nichterbe, BGH **106**, 364. Daher war die auf seine nur scheinbare Erbenstellung gestützte Klage in Wahrheit von Anfang an unbegründet, ähnlich wie bei § 569 III Z 2 S 1 BGB, Rn 52 „Mietrecht". Eine Erledigung ist daher *nicht* eingetreten, aM BGH **106**, 366 (aber für das erledigende Ereignis kommt es nur auf die objektive Rechtslage an).

Erbschaft: Soweit eine Partei den Gegner beerbt, endet der Prozeß *von selbst*. Über die Kosten muß das Gericht dann entsprechend § 97 I entscheiden, BGH RR **99**, 1152. Eine Erbschaftsausschlagung kann ein erledigendes Ereignis sein, BGH **106**, 366, aM AG Northeim RR **07**, 9.

Erfüllung: Jede Art von freiwilliger Erfüllung kann grds ein erledigendes Ereignis darstellen. Den Gegensatz bildet eine Leistung nur zur Abwendung einer drohenden Zwangsvollstreckung, Rn 61. Zur Erfüllung können zB zählen: Eine Aufrechnung; der Abdruck einer Gegendarstellung, Karlsr OLGZ **79**, 353; eine Herausgabe; die Vornahme der verlangten Handlung; der Wegfall einer Wiederholungsgefahr, BGH **81**, 222, Hamm GRUR **84**, 70; die vorbehaltlose Zahlung oder sonstige Leistung, Hamm OLGR **95**, 80 (erst die Gutschrift); die Leistung durch einen Gesamtschuldner, aM BGH NJW **00**, 1120 (aber § 422 I 1 BGB ist eindeutig, Einl III 39).

Erledigterklärung: Man darf eine Erledigterklärung nach Rn 62, 168, 189 nicht mit dem objektiv er- **47**
ledigenden Ereignis verwechseln, Rn 25. Daher reichen auch übereinstimmende Erledigterklärungen der Parteien trotz aller scheinbarer Bequemlichkeit der Folge nur noch eines Beschlusses nach § 91 a in Wahrheit doch schon wegen Rn 24, 68, 69 nicht dazu aus, schon als solche auch objektiv zur Erledigung der Hauptsache zu führen. Erst wenn beides zusammentrifft, können die Kostenfolgen des § 91 a eintreten, BGH NJW **99**, 955, aM BGH (I. ZS) NJW **04**, 508, Karlsr Just **85**, 51, Finkenauer FamRZ **99**, 81. Erst recht reicht eine Erledigterklärung des Klägers selbst dann nicht aus, wenn die Klage zunächst zulässig und begründet scheint. Es muß eben auch ein erledigendes Ereignis hinzutreten, aM Mü NJW **79**, 274.

Erlöschen des Anspruchs: Sie kann ein erledigendes Ereignis sein, Rn 46 „Erfüllung".

Feststellungsklage: Bei der verneinenden ist die folgende Leistungsklage des Bekl ein erledigendes Ereignis, BGH NJW **99**, 2517, Keller WRP **00**, 911. Auch der Wegfall des rechtlichen Interesses nach § 256 Rn 21 hat diese Wirkung.

Feststellungswiderklage: Wenn der Bekl eine verneinende Feststellungswiderklage in der Revisionsinstanz verfolgt und wenn der Kläger nunmehr eine Leistungsklage erhebt, ist die Feststellungswiderklage *nicht* erledigt. Denn wenn der Widerkläger siegen würde, stünde fest, daß die Leistungsklage unbegründet war. Stets ist *nicht* § 91 a, sondern sind §§ 91, 92 ff anwendbar.

Gegendarstellung: Der Abdruck einer Gegendarstellung kann als eine freiwillige Erfüllung ein erledigendes **48**
Ereignis darstellen, Rn 46 „Erfüllung", Karlsr OLGZ **79**, 353.

Anders muß man den Fall beurteilen, daß der Abdruck nur zwecks der Abwendung einer Zwangsvollstreckung erfolgt, Rn 61 „Zwangsvollstreckung", BGH **94**, 274, Karlsr OLGZ **79**, 353, Mü NJW **88**, 349.

Gesellschaft: Vgl *Bräutigam*, Die Rechtsnachfolge in die Gesellschafterstellung als erledigendes Ereignis einer Ausschließungsklage, in: Festschrift für *Quack* (1991). Das Ausscheiden eines Gesellschafters kann ein erledigendes Ereignis sein, Karlsr RR **00**, 626.

Gesetzesänderung: Rn 54 „Rechtsänderung".

Handlung: Rn 59 „Vornahme einer Handlung". **49**

Herausgabe: Die Herausgabe kann als eine freiwillige Erfüllung ein erledigendes Ereignis darstellen.

Anders muß man die Herausgabe nur zwecks der Abwendung einer drohenden Zwangsvollstreckung beurteilen, Rn 61 „Zwangsvollstreckung", BGH **94**, 274.

Hinterlegung: Die Auszahlung erledigt meist umfassend, BGH ZMR **97**, 171.

Höchstpersönlicher Anspruch: Rn 56 „Tod". **50**

Klagegrund: Der Wegfall nur eines einzelnen Klagegrundes ist *kein* erledigendes Ereignis, solange nicht die Klageforderung insgesamt wegfällt, Düss MDR **78**, 762.

Klagerhebung: Rn 54 „Rechtshängigkeit".

Konfusion: Rn 60 „Zusammenfall".

Kündigung: Eine wirksame Kündigung kann ein erledigendes Ereignis darstellen.

Das gilt aber *nicht*, soweit sie zum rückwirkenden Wegfall des sachlichrechtlichen Anspruchs führt, etwa bei § 569 III Z 2 S 1 BGB, Rn 52 „Mietrecht". Denn dann war die Forderung in Wahrheit von Anfang an unbegründet.

Mangelbeseitigung: Rn 59 „Vorschußklage". **51**

Mahnverfahren, dazu *Liebheit* NJW **00**, 2235, Schneider JB **02**, 511, Wolff NJW **03**, 553 (je: Üb): Auch im Mahnverfahren vor seiner Abgabe an das Gericht des streitigen Verfahrens oder vor einer Verweisung dieses Gerichts an ein anderes Gericht nach § 696 V kann ein erledigendes Ereignis eintreten, sofern die Hauptsache eben schon rechtshängig geworden war, KG Rpfleger **03**, 162, Stgt MDR **84**, 673, aM KG MDR **83**, 323, Hofmann Rpfleger **82**, 326 (aber es kommt stets auf die Rechtshängigkeit an). Diesen Zeitpunkt muß man nach § 696 III beurteilen. Es hängt also davon ab, ob die Abgabe alsbald nach der Erhebung des Widerspruchs erfolgte, unklar Karlsr MDR **88**, 1066. Wegen einer alsbaldigen Abgabe § 696 Rn 14.

Mieterhöhung: Rn 52 „Mietrecht".

Mietrecht: Ein erledigendes Ereignis tritt *nicht* schon dadurch ein, daß der Bekl dem nach § 558 b III 1 **52**
BGB im Prozeß nachgeholten Mieterhöhungsverlangen in der Frist des § 558 b III 2 BGB zustimmt, LG Verden JG **76**, 812, AG Hildesh NdsRpfl **76**, 112. Denn dann war die Klage in Wahrheit zu keinem Zeitpunkt begründet. Bei § 569 III Z 2 S 1 BGB kann im Umfang der Räumungsklage wegen der Rückwirkung der Nichtigkeit der Kündigung kein erledigendes Ereignis eintreten, PalH Üb 26 vor § 104 BGB. Das übersieht wohl LG Hbg WoM **98**, 422 (aber eine sachliche Unbegründetheit führt zur Abweisung). Nur im Umfang der Zahlungsklage kann natürlich durch die Zahlung nach der Rechtshängigkeit ein erledigendes Ereignis eingetreten sein, LG Bochum WoM **89**, 411.

Motivation: Die bloßen Motive einer Partei für ihre Erledigterklärung sind *unbeachtlich*. Der Wegfall des Klagemotivs ist *kein* erledigendes Ereignis, AG Köln WoM **89**, 31.

Parteifähigkeit: Es gilt dasselbe wie bei Rn 54 „Rechtsfähigkeit". **53**

Parteiwechsel: Es kann ein erledigendes Ereignis vorliegen, BGH NJW **06**, 1352.

Prozeßkostenhilfe: Auch im Verfahren auf die Bewilligung einer Prozeßkostenhilfe kommt es auf die Rechtshängigkeit der Hauptsachen an, also auf die Zustellung der etwa schon zugleich erhobenen Klage usw. Soweit der Antragsteller die Klage nach § 117 Rn 8 nur bei einer Prozeßkostenhilfe erheben will, kann ein erledigendes Ereignis grundsätzlich *nicht* schon ab dem Klageingang (Anhängigkeit, § 261 Rn 1) eintreten, sondern erst ab der Zustellung der Klageschrift, Hamm FamRZ **01**, 1514. Ein erledigendes Ereignis kann freilich auch dann vorliegen, wenn das Gericht den bloßen Klagentwurf gleichwohl schon bereits als eine Klageschrift und nicht nur als eine Anlage zum Prozeßkostenhilfegesuch dem Bekl hat förmlich zustellen lassen. Soweit der Bekl eine Prozeßkostenhilfe für die Verteidigung gegen eine bereits zugestellte Klage begehrt, kann ein erledigendes Ereignis sofort eintreten.

Soweit er als Antragsgegner auf Grund seiner Anhörung im bloßen Bewilligungsverfahren seinerseits einen Prozeßkostenhilfeantrag stellt, bevor das Gericht ihm die Klageschrift zugestellt hat, kann noch *kein* erledigendes Ereignis eintreten. Denn es bezieht sich ja auf die Hauptsache, die der Kläger mit der Klage geltend machen will.

Prozeßrechtsverhältnis: Ein erledigendes Ereignis kann nur eintreten, sobald, soweit und solange ein Prozeßrechtsverhältnis zwischen den Parteien besteht, Grdz 4, 6 vor § 128.

S auch Rn 26, 30.

54 **Räumungsklage:** Jede freiwillige Räumung kann ein erledigendes Ereignis sein, Rn 46 „Erfüllung".

Rechnungslegung: Rn 55 „Stufenklage".

Rechtsänderung: Sie kann ein erledigendes Ereignis sein, BayObLG **92**, 57, Ffm GRUR **95**, 151, KG RR **95**, 1511, Karlsr OLGR **02**, 134.

S auch „Rechtsprechungsänderung", Rn 58 „Verfassungsverstoß".

Rechtsfähigkeit: Ein erledigendes Ereignis kann durch den Verlust der Rechtsfähigkeit eintreten, BGH NJW **02**, 1207 (Erlöschen), ZöV 58 „Parteifähigkeit", aM Hamm RR **88**, 1307, Kblz ZIP **98**, 967 (aber das ist gerade ein typischer Fall).

S auch Rn 60 „Zulässigkeit".

Rechtshängigkeit: Vgl Rn 26, 30, 39.

Rechtsirrtum: Seine Aufklärung ist *kein* erledigendes Ereignis, LG Mü IPRax **01**, 460.

Rechtsprechungsänderung: Sie ist *kein* erledigendes Ereignis, BGH NJW **04**, 1665.

Rechtsverlust, -verzicht: Dergleichen ist ein erledigendes Ereignis, BGH RR **93**, 1320, aM ZöV 5 (aber der Anspruch erlischt auch dadurch).

Rückgabe: Die Rückgabe kann als eine freiwillige Erfüllung ein erledigendes Ereignis darstellen. Etwas *anderes* gilt, soweit die Rückgabe nur zwecks einer Abwendung der drohenden Zwangsvollstreckung erfolgt, BGH **94**, 274.

S auch Rn 46 „Erfüllung", Rn 61 „Zwangsvollstreckung".

55 **Sachlichrechtlicher Anspruch:** Die Erfüllung eines sachlichrechtlichen Anspruchs kann ein erledigendes Ereignis sein. Im übrigen kann gerade beim Fehlen eines solchen Ereignisses etwa wegen des Wegfalls der bisherigen Klageforderung vor der Rechtshängigkeit der Hauptsache ein sachlichrechtlicher Anspruch entstehen, zB auf den Ersatz des Schadens des Klägers dadurch, daß er nun die Klage zurücknehmen muß. Der Rechtsgrund kann zB ein Verzug sein. Der Kläger mag zu einer bezifferten Kostenklage übergehen können, evtl sogar zu einer bloßen Klage auf die Feststellung der Pflicht des Bekl, die Kosten zu tragen, Sannwald NJW **85**, 898. Freilich ist in der Regel ein neuer Prozeß erforderlich. Denn die Bezifferung läßt sich durchweg nicht sogleich vornehmen, und der bisherige Prozeß ist meist nunmehr nach § 300 Rn 6 entscheidungsreif geworden. Für eine Entscheidung nach § 91a in einem in Wahrheit ja erst bevorstehenden Prozeß ist jedenfalls *kein* Raum, Üb 57 vor § 91, BGH **83**, 16, Köln NJW **78**, 112, Mü NJW **76**, 974, aM LG Stgt RR **87**, 660 (aber ein Prozeßrechtsverhältnis nach Grdz 4 vor § 128 ist nun wirklich unentbehrlich).

Schuldübernahme: Sie kann ein erledigendes Ereignis sein, BGH **61**, 141.

Selbständiges Beweisverfahren: Die Vornahme der Mangelbeseitigung durch einen mithaftenden Dritten ist *kein* erledigendes Ereignis, Mü MDR **99**, 639.

Stufenklage: Ein erledigendes Ereignis liegt vor, wenn der Bekl dem Kläger die Auskunft erst in der Rechtsmittelinstanz erteilt, BGH NJW **99**, 2522 (wegen der Erteilung in erster Instanz § 254 Rn 8).

Ein erledigendes Ereignis *fehlt,* soweit der Kläger eine Stufenklage nach § 254 erhoben hat und nun den Anspruch auf eine Auskunft und auf eine Rechnungslegung fallen läßt, um zur Leistungsklage überzugehen, BGH MDR **01**, 408, Karlsr FamRZ **02**, 1719 (dann Bezifferung durch Klagänderung), Naumb FamRZ **01**, 845, aM Ffm MDR **89**, 1108, oder wenn sich ergibt, daß kein Leistungsanspruch bestand, BGH NJW **94**, 2895 (krit Bork JZ **94**, 1011), Karlsr FER **99**, 163, Naumb FamRZ **01**, 502 (ein sachlichrechtlicher Ersatzanspruch mag allerdings bestehen, Üb 43 vor § 91), aM Ffm OLGR **00**, 49, Karlsr RR **98**, 1434, Nürnb MDR **01**, 590 (aber es zählt nur das Endergebnis). Ein erledigendes Ereignis fehlt ferner dann, wenn sich der Kläger nach dem Auskunftserhalt außerstande erklärt, den Zahlungsanspruch zu beziffern, Karlsr FamRZ **02**, 1719. Bei einer Rücknahme des Leistungsantrags muß man nach § 269 vorgehen, Naumb FamRZ **01**, 845.

56 **Teilweise Erledigung:** Eine teilweise Erledigung kann wegen desjenigen Teils der Hauptsache eintreten, der sich überhaupt ziffernmäßig oder doch sonstwie bestimmbar vom restlichen Streitgegenstand und damit von der restlichen Hauptsache abgrenzen läßt. Die strengen Voraussetzungen des § 301 brauchen nicht vorzuliegen, soweit Teilerledigterklärungen wirksam sind und inhaltlich übereinstimmen, Rn 103, 104.

Titelschutz: Auch eine willkürliche Beendigung der Benutzung des nach dem UWG geschützten Titels reicht aus, BGH RR **93**, 1320, aM Schlesw RR **86**, 39, ZöV 5, 50 „Verjährung" (aber das ist geradezu ein klassischer Fall einer Erledigung).

S auch Rn 59 „Verjährung".

Tod: Der Tod kann ein erledigendes Ereignis darstellen, soweit es um einen höchstpersönlichen Anspruch geht, BGH NJW **05**, 2385, oder soweit es sich um eine Ehesache handelt (Erledigung kraft Gesetzes), Nürnb FER **97**, 117, Stgt FamRZ **08**, 529, aM BGH FamRZ **86**, 253 (aber man kann den Erben dann durchweg nicht mehr belangen).

S auch Rn 46 „Erbschaft".

Übergang zur Leistungsklage: Rn 55 „Stufenklage". 57

Unbegründetheit: Rn 44 „Begründetheit".

Unterhalt: Eine Erledigung kann (jetzt) beim vertraglichen Unterhalt infolge des Wegfalls der gesetzlichen Vertretungsmacht eintreten, Köln FamRZ **05**, 1999.

Unterlassungsverpflichtung: Rn 59 „Wiederholungsgefahr".

Unzulässigkeit: Rn 60 „Zulässigkeit".

Veräußerung: Die Veräußerung der Sache durch den Käufer nach der Erhebung seiner Rücktrittsklage 58 bedeutet *nicht stets* eine Erledigung der Hauptsache. Denn er hat sich selbst klaglos gemacht, Schlesw MDR **02**, 475.

Verfahrensgebühr: Der Umstand, daß der Kläger die Verfahrensgebühr nach § 12 GKG noch nicht bezahlt hat, kann unschädlich sein, soweit das Gericht rechtswidrig gleichwohl die Klage hat zustellen lassen. Auch die Zahlung der Verfahrensgebühr vor der Zustellung ändert noch nichts daran, daß mangels einer Rechtshängigkeit nach Rn 26–39 kein erledigendes Ereignis eingetreten sein kann.

Verfassungsverstoß: Die Nichtigkeit eines Gesetzes ist kein erledigendes Ereignis. Denn sie bestand in Wahrheit von Anfang an, BVerfG **66**, 153, Schumann Festschrift *50 Jahre BGH* (2000) 39.

Vergleich: Der Vergleich mit oder ohne eine Kostenregelung kann ein erledigendes Ereignis darstellen. 59 Einzelheiten bei § 98.

Verjährung, dazu *El-Gayar* MDR **98**, 698 (Üb): Der bloße Ablauf der Verjährungsfrist stellt noch *kein* erledigendes Ereignis dar. Denn der sachlichrechtliche Anspruch fällt dadurch nicht weg, Peters NJW **01**, 2289. Soweit sich der Schuldner auch auf eine Verjährung beruft und damit die prozessuale Durchsetzbarkeit der Forderung vernichtet, halten Hamm BB **79**, 1378, Schlesw RR **86**, 38, Ulrich WRP **90**, 651 gleichwohl den Vorgang nicht für ein erledigendes Ereignis. Daran ist jedenfalls richtig, daß auch durch diese Einrede der sachlichrechtliche Anspruch nicht entfallen ist. Trotzdem müßte das Gericht aber die Klage jetzt abweisen, Ffm GRUR RR **02**, 184, Mü WRP **87**, 268, Stgt RR **96**, 1520, aM Peters NJW **01**, 2291 (aber § 214 I BGB schafft ein nun wirklich klares Leistungsverweigerungsrecht. Seine Geltendmachung beseitigt die Möglichkeit eines zusprechenden Urteils).

S auch Rn 56 „Titelschutz".

Versicherung: Im Deckungsprozeß liegt in der Deckungszusage ein erledigendes Ereignis, LG Köln VersR **00**, 1412.

Verwirkung: Die in jeder Lage von Amts wegen nach § 242 BGB beachtbare sachlichrechtliche Verwirkung kann ein erledigendes Ereignis darstellen. Sie führt ja sogar weitergehend als eine bloße Verjährung zum Wegfall des sachlichrechtlichen Anspruchs, BAG NZA **05**, 363.

Vorbehalt: Soweit der Schuldner nur unter einem Vorbehalt zahlt, *fehlt* ein erledigendes Ereignis, BGH **80**, 272 und WertpMitt **77**, 1308, aM BGH FamRZ **88**, 263 (warum keine Vorlage?).

S auch Rn 61 „Zwangsvollstreckung".

Vornahme einer Handlung: Die Vornahme der verlangten Handlung kann als eine freiwillige Erfüllung ein erledigendes Ereignis darstellen.

Etwas anderes gilt, soweit die Vornahme nur zur Abwendung einer drohenden Zwangsvollstreckung erfolgt, BGH **94**, 274.

S auch Rn 46 „Erfüllung", Rn 61 „Zwangsvollstreckung".

Vorschußklage: Die Mangelbeseitigung kann ein erledigendes Ereignis sein, Kblz RR **90**, 981.

Wirtschaftliches Interesse: Sein Fortfall reicht nicht, BGH FamRZ **06**, 199 rechts Mitte.

Wiederholungsgefahr: Der Wegfall einer Wiederholungsgefahr kann ein erledigendes Ereignis darstellen, BGH BB **06**, 70, Hamm GRUR **84**, 70, Bernreuther GRUR **07**, 660.

Wohnungseigentum: Vgl zunächst Rn 20. Ein erledigendes Ereignis liegt vor, wenn der Antrag nach der Verfahrenseinleitung durch ein tatsächliches Ereignis gegenstandslos wird und wenn die Fortführung des Verfahrens keinen Sinn mehr hat, BayObLG NZM **01**, 1043.

Zahlung: Die freiwillige Zahlung kann ein erledigendes Ereignis darstellen. Das gilt auch bei der Zahlung 60 durch einen Dritten.

Wenn allerdings die Zahlung bei § 569 III Z 2 S 1 BGB innerhalb der Monatsfrist seit der Rechtshängigkeit erfolgt, gilt die Kündigung als rückwirkend nichtig und kann daher wegen der Räumungsklage anders als wegen der Zahlungsklage *kein* erledigendes Ereignis eingetreten sein, Rn 52 „Mietrecht". Auch eine Zahlung nur unter einem Vorbehalt stellt kein erledigendes Ereignis dar, BGH NJW **94**, 943.

Zeitablauf: Ein Zeitablauf kann ein erledigendes Ereignis darstellen, BGH MDR **84**, 665.

Zulässigkeit: Da als erledigendes Ereignis der Umstand gilt, daß eine bisher zulässige und begründete Klageforderung usw nach der Rechtshängigkeit unzulässig oder unbegründet wird, ist die anfängliche Zulässigkeit eine der Voraussetzungen eines erledigenden Ereignisses, mag auch seinen Eintritt nicht hindern. Daher ist der nachträgliche Wegfall der Zulässigkeit ebenfalls durchweg ein erledigendes Ereignis, BGH GRUR **83**, 560. Diese Unzulässigkeit kann etwa durch den Verlust der Rechtsfähigkeit eintreten, BGH NJW **82**, 238 (zustm Grundmann JR **82**, 104). Eine erst nach dem erledigenden Ereignis und nicht rückwirkend eintretende Unzulässigkeit ist als solche unschädlich, BGH NJW **86**, 589.

Zusammenfall: Derjenige des Gläubigers und Schuldners ist *kein* erledigendes Ereignis, Grdz 16 vor § 50.

Zustellung der Klage: Solange sie nicht erfolgte, kommt eine Erledigung der Hauptsache *nicht* in Betracht, da noch keine Rechtshängigkeit vorliegt, Rn 26–39.

S auch Rn 55 „Sachlichrechtlicher Anspruch".

Zustimmung: Rn 52 „Mietrecht".

61

Zwangsvollstreckung: Eine Erledigung kann zwar insoweit eintreten, als nur eine vorläufige Vollstreckung erfolgt und noch keine Rechtskraft eingetreten ist, *nicht* aber während der endgültigen Zwangsvollstreckung. Denn die Rechtshängigkeit ist mit der Rechtskraft weggefallen, Rn 40. Das übersieht BayObLG DB **96**, 977. Die Beitreibung aus einem vorläufig vollstreckbaren Titel ist als eine auflösend bedingte Erfüllung ein erledigendes Ereignis, Czub ZZP **102**, 287, aM VerfGH Mü NJW **97**, 1001, Saarbr RR **98**, 1068, Becker-Eberhard JuS **98**, 884. Soweit eine Leistung des Schuldners nur zur Abwendung einer drohenden Zwangsvollstreckung erfolgt, liegt *kein* erledigendes Ereignis vor. Denn der Bekl wendet sich ja in Wahrheit nach wie vor gegen den sachlichrechtlichen Anspruch, BGH **94**, 274, VerfGH Mü NJW **97**, 1001, Saarbr RR **98**, 1068. Freilich kann eine Zahlung durch einen Dritten freiwillig und ohne einen Vorbehalt erfolgen. Das kann unabhängig von der Zwangsvollstreckung gegen den Schuldner zu einem erledigenden Ereignis führen.

S auch Rn 59 „Vorbehalt".

62 **6) Erledigterklärung, I.** Die Kostenfolgen des § 91 a wie diejenigen der §§ 91, 92 ff hängen unter anderem davon ab, daß der Rechtsstreit in der Hauptsache „für erledigt erklärt" wird.

A. Begriff der Erledigterklärung. § 91 a enthält weder den Begriff der „Erledigung" noch denjenigen eines „erledigenden Ereignisses", auch nicht denjenigen der „Erledigungserklärung", sondern denjenigen der „Erklärung für erledigt". Die Praxis benutzt die Ausdrücke „Erledigterklärung" und „Erledigungserklärung" gleichwertig. Die Erledigterklärung ist eine Parteiprozeßhandlung, Grdz 47 vor § 128, BGH RR **91**, 1211, Drsd JB **01**, 589, Beuermann DRiZ **78**, 312. Es müssen daher die allgemeinen Voraussetzungen einer Parteiprozeßhandlung vorliegen. Die Erledigterklärung bezweckt die Herbeiführung der Kostenfolgen des § 91 a. Das gilt auch dann, wenn sie zunächst nur von einer der Parteien erfolgt. Sie dient zugleich der Verhinderung der ohne solche Erklärung evtl zulasten des Klägers eintretenden Kostenfolgen einer Klagerücknahme usw, Rn 3.

63 **B. Auslegung.** Man muß diese Zielrichtung bei der nach Grdz 52 vor § 128 möglichen und oft nur unter Schwierigkeiten möglichen *Auslegung* der Erklärung einer Partei beachten. Soweit sie keine Kostenfolge nach § 91 a erstrebt oder sich nicht wenigstens der gegnerischen derartigen Zielrichtung notgedrungen anschließt, liegt auch mangels eines eindeutigen Wortlauts keine Erledigterklärung vor. Das gilt zunächst dann, wenn die Erklärung in Wahrheit weiter geht, wenn sie also etwa die Rücknahme der Klage nach § 269 Rn 1, des Antrags oder eines Rechtsmittels enthält, §§ 516, 565. Das gilt ferner auch dann, wenn die Erklärung inhaltlich in Wahrheit nicht lediglich noch auf die Kostenfolge des § 91 a abzielt. Dagegen kommt es nicht entscheidend darauf an, ob die Erklärung ergibt, daß die in ihr stets enthaltene Rechtsansicht vom Eintritt eines erledigenden Ereignisses nach Rn 24 durchdacht war, zutreffen könnte oder überhaupt ein Motiv der Erklärung war. Die bloße tatsächliche Erledigterklärung reicht bereits zur Notwendigkeit der Prüfung aus, ob wirklich auch rechtlich eine derartige Erklärung besteht und ob auch objektiv ein erledigendes Ereignis vorliegt usw.

Man muß nicht das Wort „Erledigung" benutzen, BGH RR **91**, 1211. Die Erledigterklärung ist sogar *stillschweigend* möglich, Rn 88, BGH RR **95**, 1090. Im allgemeinen ist eine zugunsten des Erklärenden großzügige Auslegung statthaft, Ffm MDR **77**, 56. Das gilt allerdings nicht, wenn objektiv kein erledigendes Ereignis vorliegt, Hamm VersR **86**, 1113. Es reicht aus, daß die Partei eine solche Äußerung abgibt, die man nur als eine Erledigterklärung auslegen kann, BGH RR **91**, 1211, BFH BB **79**, 1595. Ein reines Schweigen mag selbst dann nicht ausreichen, wenn das Gericht mitgeteilt hat, es gehe mangels einer Stellungnahme des Adressaten von dessen Anschließung aus, Düss MDR **03**, 1013 (streng).

Freilich läßt sich die beliebte Erklärung, man stelle den Klagantrag „*abzüglich* am … geleisteter *Zahlungen*" usw, keineswegs stets oder auch nur grundsätzlich, als eine auch nur teilweise Erledigterklärung auslegen, aM Ffm MDR **77**, 56. Denn der Kläger kann auch eine gänzliche oder teilweise Klagerücknahme gemeint haben, deren Kostenfolgen nur vordergründig für den Kläger ungünstig wären. Er mag auch einen außergerichtlichen Teilvergleich geschlossen haben usw. Solche Erklärungen muß das Gericht daher nach § 139 behandeln.

64 **C. Abgrenzung zum erledigenden Ereignis,** dazu *Lange* NJW **01**, 2150 (ausf): Es gelten die in Rn 25 genannten Regeln.

65 **D. Form.** Die Erledigterklärung ist auch in einem Verfahrem mit einer notwendigen mündlichen Verhandlung nach § 128 Rn 4 grundsätzlich zulässig, sobald sie in einer der drei der Partei zur Wahl gestellten Formen nach I 1 ergeht, also entweder in der mündlichen Verhandlung oder durch einen ankündigenden Schriftsatz, Hamm JB **96**, 85, Drsd JB **01**, 989, oder zum Protokoll der Geschäftsstelle, auch jedes anderen Amtsgerichts, § 129 a. Freilich wird sie im letzteren Fall erst mit dem Eingang beim Prozeßgericht wirksam, § 129 a Rn 14. Das alles gilt auch im schriftlichen Verfahren nach § 128 II und im schriftlichen Vorverfahren, §§ 276, 697 II, 700 IV. Nach schriftsätzlichen Erklärungen hat eine etwa doch noch mündliche Wiederholung nur eine klarstellende Bedeutung, Hamm JB **96**, 85.

Im übrigen ist sogar eine *stillschweigende* Erklärung möglich, Rn 63, 88. Es reicht also aus, daß sich aus dem Gesamtverhalten der Partei in der Verhandlung oder in ihren Schriftsätzen ergibt, daß sie eine Erledigterklärung abgibt. Wegen der Auslegung Rn 62. Wer keinen Antrag zur Hauptsache stellt, kann bereits damit der Sache nach die Hauptsache für erledigt erklärt haben. Denn die Erledigterklärung tritt ja an die Stelle des ursprünglichen Hauptsacheantrags, weil sie eine zulässige Klage- oder Antragsänderung ist, § 264 Z 2, also weder eine Klagerücknahme noch ein Anspruchsverzicht.

66 **E. Kein Anwaltszwang.** Auch soweit im Verfahren an sich nach § 78 Rn 1 ein Anwaltszwang besteht, unterliegt die Erledigterklärung diesem Anwaltszwang doch nicht, Rn 146, BGH **123**, 266, BAG NZA **05**, 839 (zumindest nicht außerhalb der Verhandlung), Schlesw MDR **99**, 253, aM Pape/Notthoff JuS **95**, 913, ThP 10, ZöV 10 (aber § 78 III Hs 2 gilt auch hier).

67 **F. Inhalt.** Wie schon in Rn 62, 63 dargelegt, kommt es wesentlich darauf an, daß die Erklärung bezweckt, an die Stelle des ursprünglichen Hauptsacheantrags weder dessen Rücknahme noch den Verzicht auf den

Anspruch zu setzen, sondern die Rechtsfolgen des § 91 a herbeizuführen. Man muß jede Erledigterklärung unter diesem Gesichtspunkt für sich allein auslegen. Allerdings richtet sich natürlich die zeitlich nachfolgende Erklärung meist schon sprachlich auf die vorangegangene gegnerische entsprechende Erklärung aus. Das muß man bei der Auslegung berücksichtigen. Je weniger ein erledigendes Ereignis nach Rn 23 ff objektiv vorliegt, desto weniger darf das Gericht eine nicht eindeutige Erklärung als eine Erledigterklärung auslegen. Wegen der Möglichkeit einer stillschweigenden Erledigterklärung nach Rn 65 kann schon im bloßen Ausbleiben eines Hauptsacheantrags eine Erledigterklärung liegen. Auch eine Antragsrücknahme nebst einem Kostenantrag kann eine Erledigterklärung sein, Köln RR **98**, 143, ebenso ein Anerkenntnis der Erledigung, ferner zB das Ausbleiben eines Widerspruchs gegenüber einer Erledigterklärung, BayObLG RR **99**, 1687, KG FamRZ **94**, 910, Müther MDR **97**, 528.

G. Unwirksamkeit der Erledigterklärung vor Rechtshängigkeit der Hauptsache, dazu *Herrlein/ Werner* JA **95**, 55 (ausf): Die zahlenmäßig wohl ganz überwiegende Meinung, zB BGH **83**, 14, Drsd RR **03**, 195, Karlsr FamRZ **04**, 960, geht dahin, jedenfalls bei übereinstimmenden vollen Erledigterklärungen aller Beteiligten sei das Gericht zu einem Kostenausspruch nach § 91 a auch dann berechtigt und verpflichtet, wenn objektiv gar kein erledigendes Ereignis vorliege. Denn die Parteien könnten infolge der Parteiherrschaft nach Grdz 18 vor § 128 über den Streitgegenstand ja noch weitergehend verfügen, zB durch eine Rücknahme der Klage nach § 269 oder durch ein Anerkenntnis, § 307. Infolgedessen bestehe bei übereinstimmenden Erledigterklärungen kein Bedürfnis zur Prüfung solcher Tatsachen, die erst bei einer einseitigen Erledigterklärung eine Bedeutung erlangten. 68

Diese Auffassung ist zwar für das Gericht angenehm, aber sie *überzeugt nicht,* Rn 24, 25, 47. Über die Kosten entscheidet das Gericht von Amts wegen, § 308 II. Von dieser Regel gelten nur in denjenigen Fällen Ausnahmen, in denen das Gesetz eine Kostenfolge unmittelbar zwingend und abschließend selbst an eine Parteiprozeßhandlung knüpft, Grdz 47 vor § 128, etwa bei einer Klagerücknahme, § 269 III 2, oder soweit das Gericht auf einen Antrag im Sonderfall § 269 III 3, IV entscheiden muß, oder soweit die Parteien sich direkt über die Kostenfolgen einigen, etwa in einem Prozeßvergleich mit einer umfassenden Kostenregelung, Anh § 307. Im übrigen bleibt es bei der Pflicht des Gerichts zur Prüfung von Amts wegen, wer welche Kosten tragen muß. § 91 a enthält auch nicht eine unmittelbare zwingende abschließende Kostenregelung für den Einzelfall. Denn er eröffnet dem Gericht gerade einen weiten Ermessensspielraum für den Einzelfall.

H. Objektive Erledigung. Zwar stellt I dem bloßen Wortlaut nach scheinbar nur auf die übereinstimmenden Erledigterklärungen ab, nicht auch auf das Vorliegen des objektiv erledigenden Ereignisses. Indessen setzt die Vorschrift erkennbar als selbstverständlich voraus, daß die Hauptsache auch objektiv erledigt ist. Denn es besteht kein Anlaß zu einer besonderen Kostenregelung, soweit überhaupt noch keine Hauptsache vorgelegen hat, Rn 24. Auch spricht I vom „bisherigen Sach- und Streitstand" als der Grundlage der Kostenentscheidung. Ein „Sach- und Streitstand" setzt aber ein Prozeßrechtsverhältnis zwischen den Parteien voraus, Grdz 4, 6 vor § 128. Dieses entsteht erst mit der Rechtshängigkeit, Rn 26–39. 69

Parteiherrschaft reicht *nicht* allein. Trotz aller Parteiherrschaft kann nämlich zB beim Prozeßunfähigen eine Unwirksamkeit seiner Parteiprozeßhandlung vorliegen, § 51 Rn 5, um nur *eine* der Grenzen zu nennen. Das Gericht darf und muß bei jeder Parteiprozeßhandlung ihre Wirksamkeit prüfen, also auch bei einer Erledigterklärung. Daran ändert auch eine gedankenlose, bequeme Übernahme einer (nur) bei § 91 a abweichenden und dann auch noch rasch als „allgemeine" Meinung überhöhten Übung in Wahrheit gar nichts. Das gilt erst recht beim geflissentlichen Verschweigen des Umstands, daß solche Meinung gar nicht so „allgemein" ist und daß das bewußte Übergehen einer Auseinandersetzung mit einer immerhin mit nachvollziehbaren Gründen versehenen anderen Ansicht sonst sogar als Willkür gilt, § 281 Rn 39.

Aus alledem folgt unter anderem: Eine Erledigterklärung ist als solche nur insoweit beachtlich, als sie während der Rechtshängigkeit derjenigen Hauptsache ergeht, auf die sie sich bezieht. Weder reicht das Stadium *vor* der Anhängigkeit der Hauptsache, zu diesem Zeitraum Rn 26, noch reicht die Erklärung im Stadium *zwischen* der Anhängigkeit und der Rechtshängigkeit der Hauptsache, Rn 30 ff, noch reicht das Stadium nach dem Ende der Rechtshängigkeit, also etwa während der endgültigen Vollstreckung. Dasselbe gilt sogar bei übereinstimmenden vollen Erledigterklärungen aller Beteiligten. Jedenfalls ist BGH **21**, 298 (Ausreichen übereinstimmender Erledigterklärungen) längst durch BGH (1. ZS) RR **88**, 1151 und (5. ZS) **83**, 14 auch zur Frage des Ausreichens bloßer übereinstimmender Erledigterklärungen *überholt,* Hamm MDR **79**, 407, KG RR **98**, 1074, Köln NJW **78**, 111, aM Brüchert AnwBl **89**, 83 (ebenfalls überholt). 70

I. Wirksamkeit der Erledigterklärung bis zum Schluß der ersten Instanz. Eine Erledigterklärung ist bis zu demjenigen Zeitpunkt wirksam möglich, in dem die erste Instanz endet, BGH NJW **84**, 1901, LG Hbg MDR **95**, 204. Wegen der Einzelheiten Rn 41 ff. 71

J. Erledigterklärung zwischen den Instanzen. Eine Erledigterklärung zwischen den Instanzen kann wirksam sein, wenn sie vor dem Eintritt der Rechtskraft ergeht, Celle ZMR **02**, 813. Das gilt freilich nur dann, wenn beide Parteien übereinstimmende volle wirksame Erledigterklärungen abgeben. Denn sie beenden die Rechtshängigkeit unmittelbar, Rn 108. Vgl freilich auch Rn 107. 72

K. Wirksamkeit der Erledigterklärung in höherer Instanz. § 91 a ist auch in jeder höheren Instanz ab ihrem Beginn anwendbar, BGH VersR **07**, 84, Ffm WoM **08**, 82, Karlsr JB **00**, 477. Für die Dauer dieser höheren Instanz gelten dieselben Regeln wie in der ersten Instanz. Das gilt auch dann, wenn das erledigende Ereignis schon in erster Instanz eingetreten war, Düss RR **01**, 1029. Erledigterklärungen zum Rechtsmittel können ein Anschlußrechtsmittel bestehen lassen, BGH NJW **86**, 852. Sie sind bis zur formellen Rechtskraft nach § 705 wirksam möglich, BGH NJW **95**, 1096 rechts. 73

L. Keine Anfechtbarkeit. Die Erledigterklärung ist eine Parteiprozeßhandlung, Grdz 47 vor § 128. Sie ist vor der Wirksamkeit ihrer Abgabe frei anfechtbar oder widerrufbar, LG Nürnb-Fürth NJW **81**, 2587. Ab der Wirksamkeit der Abgabe ist die Erledigterklärung grundsätzlich unanfechtbar und unwiderruflich, Grdz 56, 58 vor § 128, ZöV 11, aM BGH NJW **02**, 442, Düss FamRZ **94**, 170, Mü OLGR **95**, 107 (aber eine 74

Parteiprozeßhandlung ist eben *doch* grundsätzlich unwiderruflich, Grdz 58 vor § 128. Die dort genannten Ausnahmen bestätigen gerade diese Regel).

75 **M. Bedingte Erledigterklärung.** Eine bedingte Erledigterklärung ist grundsätzlich zulässig, BPatG GRUR **93**, 115, KG RR **98**, 1074, etwa dann, wenn die Parteien einen Prozeßvergleich mit einem Widerrufsvorbehalt geschlossen haben, Anh § 307 Rn 10, Ffm MDR **78**, 499, oder für den Fall der Zulässigkeit eines Rechtsmittels, Düss RR **98**, 777. Der Kläger kann übrigens neben einer unbedingten Erledigterklärung des bisherigen Antrags zur Hauptsache auch einen Hilfsantrag stellen, § 260 Rn 8. Dann muß das Gericht über den Hilfsantrag entscheiden, falls in Wahrheit kein erledigendes Ereignis vorliegt, BGH NJW **03**, 3203 links, BFH BB **79**, 1757. Allerdings ist eine Erledigterklärung wegen des gesamten Anspruchs, aber nur für einen seit dem erledigenden Ereignis nochmals eingeschränkten Zeitraum unzulässig, Brschw RR **96**, 380, aM Melullis GRUR **93**, 245 (aber entweder liegt nun eine Erledigung vor oder nicht).

76 **N. Hilfsweise Erledigterklärung.** Der Kläger darf neben dem Hauptantrag die Hauptsache hilfsweise für erledigt erklären, LG Hanau RR **00**, 1234, Piepenbrock ZZP **112**, 364 (zulässige Klagerweiterung), aM BGH FamRZ **06**, 1266, Teubner/Prange MDR **89**, 588 (vgl aber § 260 Rn 8). Diese Möglichkeit besteht allerdings nur, solange sich der Bekl der Erledigterklärung nicht ebenfalls hilfsweise anschließt, BGH (I. ZS) RR **98**, 1572 (zustm Piepenbrock ZZP **112**, 353), LG Hanau RR **00**, 1234 (abl Lange NJW **01**, 2150), ZöV 13, aM BGH (IV a-ZS) **106**, 366, BVerwG NVwZ **82**, 560, Teubner/Prange MDR **89**, 586 (aber bei übereinstimmenden wirksamen, wenn auch nur hilfsweisen Erledigterklärungen liegt eine ganz andere Gesamtlage vor). Der Bekl darf zwar neben dem Hauptantrag auf eine Klagabweisung davon absehen, die Hauptsache hilfsweise für erledigt zu erklären, um einen Kostenbeschluß nach § 91 a zu verhindern. Er darf aber auch hilfsweise eine Erledigterklärung abgeben, BFH BB **80**, 1842, ZöV 13, aM Düss JB **91**, 1545, Teubner/Prange MDR **89**, 588 (aber seine Stellung darf insofern nicht schlechter sein als diejenige des Klägers). Das Gericht entscheidet dann im Urteil über den Hilfsantrag.

77 **O. Teilweise Erledigterklärung.** Es ist eine Erledigterklärung für einen Teil der Hauptsache statthaft, soweit dieser abtrennbar ist, § 301 Rn 4.

78 **P. Erledigterklärung bei Streitgenossenschaft.** Der einfache Nebenintervenient nach § 67 braucht nicht zuzustimmen. Beim streitgenössischen ist die Zustimmung Voraussetzung, § 69 ThP 18, aM Mü MDR **00**, 1152 (aber auch übereinstimmende Erledigterklärungen müssen zur Beachtlichkeit wirksam sein). Jeder einfache Streitgenosse kann nur für seine Person wirksam für erledigt erklären. Beim notwendigen Streitgenossen gilt § 62. Die Kostenregelung muß nicht stets einheitlich ausfallen, BGH MDR **85**, 915.

79 **Q. Beispiele zum Vorliegen einer Erledigterklärung**

Abweisungsantrag: Der Abweisungsantrag des Bekl scheint das Gegenteil einer Erledigterklärung zu sein. Denn er bezweckt die Herbeiführung eines Urteils, das den Klaganspruch abweist. Indessen mag ein Anlaß zur Erörterung nach § 139 bestehen, wenn zB ein nicht anwaltlich vertretener Bekl zwar zunächst den Abweisungsantrag stellt, der Sache aber erkennbar ebenfalls meint, die Klage sei bis zur Rechtshängigkeit zulässig und begründet gewesen.

Soweit er allerdings meint, das angeblich erledigende Ereignis habe in Wahrheit nicht bestanden, der Klaganspruch habe von Anfang an nicht existiert, ist zu einer solchen Auslegung des Abweisungsantrags *kein* Raum, BGH VersR **80**, 385. Das gilt auch dann, wenn der Bekl den Abweisungsantrag trotz einer jetzt außergerichtlich erfolgenden vorbehaltlosen Leistung aufrechterhält, BGH NJW **81**, 686. Zur hilfsweisen Erklärung Rn 76.

80 **„abzüglich am ... gezahlter ... EUR“:** Ein derartiger Antrag ist zwar in der Praxis beliebt. Er stellt aber *keineswegs stets* oder auch nur grds eine auch nur teilweise Erledigterklärung dar, Rn 63, aM Ffm MDR **77**, 56. Denn es kann auch eine teilweise Klagerücknahme vorliegen, deren Kostenfolgen nur vordergründig für den Kläger ungünstig wären. Er mag auch einen (außergerichtlichen) Teilvergleich geschlossen haben usw. Das Gericht darf und muß eine solche Erklärung daher nach § 139 behandeln. Mangels einer klaren Antwort liegt keine Erledigterklärung vor, Schneider MDR **83**, 370.

Anerkenntnis: Will der Bekl anerkennen, kann ein Anerkenntnisurteil auf eine Feststellung der Erledigung sinnvoll sein, LG Tüb MDR **95**, 860.

Trotz eines Anerkenntnisses kann es ausnahmsweise an einer Erledigterklärung *fehlen,* Hamm RR **95**, 1073. Vgl aber Rn 174.

Anfechtung: Rn 74.

S auch Rn 93 „Widerruf“.

Anhängigkeit: Die bloße Anhängigkeit der Hauptsache kann *nicht* zur Wirksamkeit einer in diesem Stadium abgegebenen Erledigterklärung führen, Rn 68.

Anschließung: Diejenige Partei, die sich der gegnerischen Erledigterklärung anschließen will, braucht ebensowenig wie der Gegner die Worte des Gesetzes zu benutzen. Jede Partei kann ihre Anschließung sogar stillschweigend erklären. Ihr Verhalten muß natürlich ergeben, daß sie gegenüber der gegnerischen Erledigterklärung keinen Widerspruch erheben will, Ffm MDR **77**, 56 (sehr großzügig), LG Oldb MDR **88**, 591. Ein Streit nur noch über die Kosten kann zB gerade die Folge beiderseitiger stillschweigender Erledigterklärungen sein und daher auch eine stillschweigende Anschließung an die gegnerische Erklärung bedeuten. Die Erledigterklärung zur Hauptsache im Berufungsverfahren erfaßt nicht stets auch eine Anschlußberufung, BGH **139**, 15, aM (zum alten Recht) Mü MDR **84**, 320. Etwas anderes kann bei einer Rücknahme des Rechtsmittels zur Hauptsache gelten, Ffm FamRZ **92**, 81, aM Ffm FamRZ **95**, 945.

Antragsrücknahme: Rn 67.

Außergerichtlicher Vergleich: Rn 92 „Vergleich“.

Auslegung: Vgl zunächst Rn 67. Sie ist stets zulässig und notwendig, BFH BB **79**, 1595. Das Gericht darf sie grds großzügig zugunsten des Erklärenden vornehmen. Er kann die Erledigterklärung ja sogar stillschweigend abgeben.

S auch Rn 80 „abzüglich am ... gezahlter ... EUR", „Anschließung", Rn 88 „Stillschweigende Erklärung".

Bedingung: Rn 75.

Begründung: Die Partei braucht grds keine Begründung für ihre Erledigterklärung zu geben, jedenfalls soweit übereinstimmende derartige Erklärungen vorliegen. Allerdings kann es zur Klärung des wahren Sinns ihrer Worte notwendig sein, sie nach § 139 zu ergänzenden Ausführungen zu veranlassen. Bei einer einseitigen Erledigterklärung nimmt der Prozeß seinen streitigen Fortgang. Man muß dann zwar nicht die Rechtsauffassung begründen, der Rechtsstreit sei erledigt, wohl aber die zugehörigen Tatsachen darlegen und evtl beweisen, wie sonst. 81

Feststellung der Erledigung: Soweit eine Partei beantragt, die Erledigung der Hauptsache „festzustellen", 82
gibt sie eine Erledigterklärung ab. In einem Streit um die Zulässigkeit und Begründetheit der Klage kann beim Kläger auch stillschweigend ein Antrag auf eine „Feststellung der Erledigung der Hauptsache" liegen. Das Gericht muß das durch eine Auslegung ermitteln.

Hauptsacheantrag: Die Erledigterklärung tritt an die Stelle des ursprünglichen Hauptsacheantrags. Sie ist jetzt 83
der Sachantrag der Partei. Denn diese begehrt jetzt nur noch eine Kostenentscheidung. Die Unterlassung des früheren Hauptsacheantrags kann bereits eine stillschweigende Erledigterklärung darstellen. Das gilt erst recht dann, wenn keine der Parteien im Termin noch überhaupt ihre bisherigen Sachanträge stellt. Freilich empfiehlt sich ein Verhandeln ohne jeden Antrag trotz § 308 II schon wegen § 251 a III nicht. Im übrigen sollte das Gericht stets nach § 139 zum Protokoll klären, ob tatsächlich Erledigterklärungen vorliegen.

Hilfsantrag: Rn 75.

Höherer Rechtszug: Rn 71, 103, 159, 195.

Klagänderung: Eine Änderung des Klagantrags zur bisherigen Hauptsache dahin, daß der Kläger nur noch 84
eine eingeschränkte Forderung stellt, kann eine Erledigterklärung sein, BGH RR **91**, 1211 (zustm Deubner JuS **91**, 761), Ffm MDR **77**, 56. Das gilt etwa dann, wenn der Kläger nur noch die Feststellung der Pflicht des Gegners zur Tragung der Prozeßkosten begehrt. Diese Umstellung ist auch als solche evtl als eine Klagänderung zulässig, § 264 Rn 16 „Leistung – Erledigung". Denn es soll ja nach dem Willen des Antragstellers nun nicht mehr um ein Urteil auf eine Leistung gehen, sondern er will nur das bisherige bloße Kostenfestsetzungsverfahren durch eine Kostengrundentscheidung nach § 91 a beeinflussen. Zum Problem Sannwald NJW **85**, 898, Stöhr JR **85**, 491.

Klagerücknahme: In der Erklärung der Partei kann sogar trotz der von ihr benutzten Worte, etwa einer Erklärung „für erledigt", in Wahrheit eine teilweise oder gänzliche *Klagerücknahme* stecken. Das gilt etwa dann, wenn die von ihr vorgetragenen oder zugestandenen oder die inzwischen bewiesenen Tatsachen ergeben, daß der Klaganspruch von Anfang an oder doch bis zur Rechtshängigkeit nicht bestand oder rückwirkend weggefallen ist usw.

Bei einer nach dem Wortlaut und dem erkennbaren Sinn allerdings eindeutigen bloßen Erledigterklärung ist eine Umdeutung in eine Klagerücknahme und dergleichen schon wegen der dort evtl ganz anderen Kostenfolgen *unzulässig*, VGH Mü BayVBl **86**, 87. Eine Erklärung des Bekl, der Kläger habe die Klage zurückgenommen, läßt sich *nicht* stets in eine Erledigterklärung umdeuten, Karlsr FamRZ **02**, 1719.

S auch Rn 80 „abzüglich am ... gezahlter ... EUR".

Kosteneinigung: Rn 92 „Vergleich".

Kostenstreit: Ein Streit nur noch über die Kosten kann gerade die Folge stillschweigender Erledigterklärungen sein. Er schließt diese also keineswegs aus. Freilich kann in Wahrheit auch eine teilweise oder gänzliche Klagerücknahme vorliegen oder ein Vergleich erfolgt sein. Das Gericht muß die Erklärungen daher auslegen, wie stets.

Leistung: In der bloßen Leistung des Bekl entsprechend dem bisherigen Hauptsacheantrag des Klägers liegt 85
keine Erledigterklärung des Bekl. Sie mag aber dem Kläger den Anlaß für eine durch eine Auslegung ermittelbare stillschweigende Erledigterklärung geben. Im übrigen kann eine vorbehaltlose Leistung des Bekl evtl auch als eine stillschweigende Erledigterklärung auslegbar sein. Andernfalls ändert die Leistung nichts daran, daß das Gericht die Klage evtl abweisen muß, BGH NJW **81**, 686. Das gilt zB dann, wenn sich bei einer einseitigen Erledigterklärung des Klägers ergibt, daß jedenfalls ein Rechtsanspruch auf die Leistung von vornherein gar nicht bestand.

Prozeßrechtsverhältnis: Eine Partei kann ihre Erledigterklärung wirksam nur während eines Prozeßrechts- 86
verhältnisses zwischen den Parteien erklären, Rn 68–71.

Prozeßvergleich: Rn 92 „Vergleich".

Prozeßvertrag: Bei eindeutigen übereinstimmenden Erledigterklärungen ist ihre Umdeutung in einen Prozeßvertrag oder eine prozessuale Vereinbarung nach Grdz 48 vor § 128 nicht ohne weiteres zulässig. Indessen hängt auch hier alles von der Auslegung im Einzelfall ab.

Rechtshängigkeit: Eine Partei kann ihre Erledigterklärung nur während der Rechtshängigkeit der Haupt- 87
sache wirksam abgeben, Rn 68, 72.

Rechtskraft: Man kann eine Erledigterklärung nur während der Rechtshängigkeit der Hauptsache wirksam abgeben, Rn 68, 72. Daher beendet die formelle Rechtskraft nach § 705 grds den Zeitraum der Zulässigkeit einer Erledigterklärung, Hamm MDR **79**, 407.

Eine *Ausnahme* gilt allerdings bei einer Wiederaufnahme des Verfahrens.

Ruhen des Verfahrens: Eine Erledigterklärung ist auch nach der Anordnung des Ruhens des Verfahrens wirksam möglich, solange noch keine formelle Rechtskraft nach § 705 eingetreten ist. Denn die Anordnung des Ruhens beseitigt nicht die Rechtshängigkeit.

Schriftliches Verfahren: Im schriftlichen Verfahren ist eine schriftliche Erledigterklärung notwendig und 88
ausreichend, § 128 II, ebenso im schriftlichen Vorverfahren, Rn 65.

Schweigen: Das bloße Schweigen gilt jetzt nach I 2 unter den dortigen Voraussetzungen als eine Zustimmung.

S aber auch „Stillschweigende Erklärung".

Stillschweigende Erklärung: Eine Erledigterklärung kann stillschweigend erfolgen, Rn 65. Es muß sich aus dem Verhalten der Partei nur eindeutig ergeben, daß sie eben eine Erledigterklärung und nicht etwa eine teilweise oder gänzliche Klagerücknahme, einen Anspruchsverzicht, einen bereits geschlossenen Vergleich mit Kostenfolge und dergleichen meint. Man kann sich auch der gegnerischen Erledigterklärung stillschweigend anschließen.

S auch Rn 80 „Anschließung", „Auslegung", Rn 85, Rn 88 „Schweigen".

89 **Streit über die Wirksamkeit der Erklärung:** Soweit die Parteien über die Wirksamkeit einer oder mehrerer Erledigterklärungen streiten, kann und muß das Gericht den bisherigen Rechtsstreit zur Klärung dieser Streitfrage fortführen, ähnlich wie dann, wenn die Parteien über die Wirksamkeit eines Prozeßvergleichs streiten, Anh § 307 Rn 37. Soweit die Parteien vordergründig um die Wirksamkeit der Erledigterklärung des Klägers streiten, streiten sie nämlich in Wahrheit über die Zulässigkeit der Klage oder des sonstigen Verfahrens, BayObLG **83**, 18, und über deren Begründetheit, BFH VersR **82**, 296, LG Bochum MDR **82**, 675, LG Mannh ZMR **77**, 306, aM ZöV 35 (man müsse die Erledigterklärung des Klägers dann dahin verstehen, daß er nunmehr die Feststellung beantrage, die Hauptsache sei erledigt. Aber der Kläger muß keineswegs immer einen zum Antrag des Bekl passenden Gegenantrag stellen. Der Kläger und nicht der Bekl führt zunächst einmal den Rechtsstreit und verfügt über den Streitgegenstand. Außerdem besteht bei einem Streit um die Berechtigung einer Klagerücknahme dieselbe Prozeßlage).

Vgl ferner Rn 169 ff.

90 **Streitgenossenschaft:** Wegen der Selbständigkeit jedes einfachen Streitgenossen nach § 61 Rn 4 ff wirkt seine Erledigterklärung nur für ihn. Anders liegt es evtl bei einer notwendigen Streitgenossenschaft nach § 62, BGH MDR **85**, 915, Rape/Notthoff JuS **95**, 914.

Teilerledigterklärung: Vgl Rn 77.

Teilvergleich: Rn 92 „Vergleich".

91 **Tod:** Soweit die Erledigung nach § 619 kraft Gesetzes eingetreten ist, hat eine Erledigterklärung nur noch eine bestätigende Bedeutung, Hamm FamRZ **95**, 101, aM Bbg FamRZ **84**, 302 (Rechtslage verkannt).

Unanfechtbarkeit: Rn 80 „Anfechtung".

Unterwerfung: Eine Unterwerfungserklärung des Bekl und damit sein freiwilliges Unterliegen können sachlichrechtlich dazu führen, daß der Kläger seinen bisherigen Hauptanspruch verliert und daß damit ein erledigendes Ereignis eintritt. Insofern kann in der Unterwerfungserklärung eine Erledigterklärung zumindest des Bekl stecken.

Die bloße Leistung ist aber *nicht stets* als eine Erledigterklärung umdeutbar, Rn 85.

Urteilsverkündung: Eine Erledigterklärung kann während des gesamten Zeitraums der Rechtshängigkeit der Hauptsache wirksam erfolgen. Daher ist sie auch nach der Verkündung oder nach dem Erlaß des Urteils möglich, solange noch keine formelle Rechtkraft nach § 705 eingetreten ist, ZöV 17, aM ThP 10. Man muß sie dann bei demjenigen Gericht abgeben, das das Urteil erlassen hat. Eine andere Frage ist freilich die, ob die Erklärung noch einen Einfluß auf den Prozeß hat. Das kann bei übereinstimmenden Erklärungen der Fall sein, weil diese die Rechtshängigkeit unmittelbar beenden können, Rn 108. Die nur einseitige Erledigterklärung nach dem Urteilserlaß usw mag in der nächsten Instanz Rechtswirkungen herbeiführen. Vgl auch Rn 71.

92 **Vergleich:** Man muß zwischen dem Prozeßvergleich einerseits, dem außergerichtlichen Vergleich andererseits, dem Vergleich mit oder ohne eine Kostenregelung, mit oder ohne einen Widerrufsvorbehalt, dem teilweisen oder gänzlichen Vergleich unterscheiden. Im übrigen besteht für eine Umdeutung oder Auslegung in eine oder mehrere Erledigterklärungen nur insofern ein Bedürfnis, als die Parteien sich noch nicht auch über die gesamten Kosten des Rechtsstreits einschließlich derjenigen des Vergleichs oder etwa einbezogener weiterer Streitpunkte eindeutig geeinigt haben, Düss MDR **93**, 1120. Denn bei einer solchen völligen Einigung ist für eine Kostenentscheidung auch nach § 91 a ja kein Raum mehr, Naumb RR **96**, 1216.

Einzelheiten bei § 98 Rn 18, 21.

Verzicht: Er liegt *meist nicht* schon in der Erledigterklärung, § 306 Rn 2.

Vorbehaltlose Leistung: Rn 85.

Vorverfahren: Eine Erledigterklärung ist auch im schriftlichen Vorverfahren möglich. Sie ist dann natürlich schriftlich notwendig. Vgl Rn 65.

S auch Rn 88 „Schriftliches Verfahren".

93 **Wegfall der Rechtshängigkeit:** Eine Erledigterklärung ist wirksam während der Rechtshängigkeit der Hauptsache möglich. Sobald die Rechtshängigkeit wegfällt, kann man *keine* Erledigterklärung mehr wirksam einreichen, Hamm MDR **79**, 407. Vgl Rn 68, 71.

Widerruf: Die Erledigterklärung ist eine Parteiprozeßhandlung ist, Rn 62. Daher ist sie ab ihrer Wirksamkeit grds nicht mehr frei widerruflich, Grdz 56, 58 vor § 128, Düss WertpMitt **93**, 1750, ThP 15, ZöV 11, aM Mü JB **76**, 971 (aber eine Parteiprozeßerklärung ist etwas teilweise anderes als die evtl in ihr steckende sachlichrechtliche Willenserklärung). Von diesem Grundsatz gilt dann eine Ausnahme, wenn ein Wiederaufnahmegrund vorliegt. Denn man muß dann die Fortsetzung des Prozesses aus Gründen der Prozeßwirtschaftlichkeit zulassen, Grdz 14 vor § 128. Das gilt ähnlich wie beim Streit um die Wirksamkeit eines Vergleichs, Rn 89, oder nach dessen wirksamem Widerruf, Ffm MDR **78**, 499.

94 **Widerspruch des Beklagten:** Soweit der Bekl einer Erledigterklärung des Klägers ausdrücklich oder erkennbar eindeutig widerspricht, will er zum Ausdruck bringen, der Kläger habe seine Erledigterklärung zu Unrecht abgegeben, das vom Kläger genannte Ereignis habe die Hauptsache also in Wahrheit nicht erledigt, vielmehr bestehe der Klaganspruch entweder von Anfang an nicht oder sei doch aus anderen Gründen oder zu einem anderen Zeitpunkt erloschen, BGH VersR **80**, 385. Das gilt auch dann, wenn der Bekl den Abweisungsantrag trotz einer jetzt außergerichtlichen vorbehaltlosen Leistung aufrechterhält, BGH NJW **81**, 686. Das Gericht muß dann also untersuchen, ob die Klageforderung bis zu demjenigen Zeitpunkt bestanden hatte, in dem dasjenige unbestrittene, zugestandene oder bewiesene Ereignis eintrat, das nach der Rechtsauffassung des Klägers zur Erledigung der Klage geführt haben soll. Es liegt also nur eine einseitige Erledigterklärung des Klägers vor, Rn 169 ff. Der Bekl will mit seinem Widerspruch ja verhindern, daß der Kläger im Lauf des Verfahrens infolge einer besseren Erkenntnis seiner Rechtslage durch eine bloße Erledigterklärung von einer in Wahrheit von vornherein erfolglosen Klage abläßt, nur

um sich kostenmäßig eine bessere Stellung als bei einer Klagrücknahme nach § 269 III 2 oder bei einem Anspruchsverzichts zu verschaffen, § 306, Bbg JB **77**, 1620, Düss MDR **78**, 763.

Fehlen eines Widerspruchs hat jetzt die Folgen I 2.

Widerrufsvorbehalt: Rn 93 „Widerruf".

Wiederaufnahme: Rn 87 „Rechtskraft", Rn 89.

Wohnungseigentumsverwalter: Soweit er nicht ein Anwalt oder Rechtsbeistand ist, darf er *nicht* nach Pauschsätzen abrechnen und sind solche Pauschsätze nicht erstattungsfähig, KG NJW **91**, 1304.

Zeitpunkt der Erledigterklärung: Eine Erledigterklärung ist nur insoweit wirksam, als sie während der Rechtshängigkeit der Hauptsache erfolgte, Rn 101–104. Innerhalb dieses zulässigen Zeitraums ist der Zeitpunkt ihrer Abgabe unbeachtlich und kommt es nur darauf an, wann das angeblich erledigende Ereignis eingetreten ist, BGH NJW **86**, 589, Ffm FamRZ **87**, 293, aM Grunsky AcP **186**, 525 (§ 93 entsprechend. Aber § 91 a hat Vorrang). **95**

Vgl auch Rn 71.

Zwischen den Instanzen: Vgl Rn 72, 101.

7) Beiderseitige Erledigterklärungen, I. Die Vorschrift regelt direkt nur den Fall, daß beide Parteien oder alle am Verfahren Beteiligten die Hauptsache übereinstimmend vollständig für erledigt erklären. Das ergibt sich beim Eingang der zweiten Erklärung, Düss JB **07**, 256. **96**

A. Begriff übereinstimmender Erledigterklärungen, I 1. Übereinstimmende Erledigterklärungen liegen vor, soweit jede Erklärung für sich allein betrachtet die Anforderungen an eine wirksame Erledigterklärung nach Rn 62 ff erfüllt und soweit außerdem die Erklärungen dem Sinn und der Zweckrichtung nach übereinstimmen. Dabei mögen die Parteien natürlich durchaus unterschiedliche Vorstellungen davon haben, zu wessen Gunsten das Gericht nun über die Kosten nach I entscheiden wird. Wesentlich ist nur, daß sie überhaupt inhaltlich übereinstimmend zum Ausdruck bringen oder bringen wollen, daß sie den Streit zur Hauptsache bis auf den Kostenpunkt abbrechen und beenden wollen, ohne daß der eine die Klage zurücknimmt, der andere den Klaganspruch anerkennt usw und ohne daß sie auch zur Kostenfrage einen Vergleich abschließen. Unter diesen Voraussetzungen mögen die Erklärungen einen durchaus unterschiedlichen Wortlaut haben, mag die eine Erklärung ausdrücklich, die andere stillschweigend erfolgen, mag die eine Auslegung brauchen, die andere nicht. Wesentlich bleibt nur, daß sie sich schließlich als inhaltlich übereinstimmend herausstellen.

Soweit die Erledigterklärungen inhaltlich übereinstimmen, kommt es *nicht* auf die *Reihenfolge* an, in der sie abgegeben oder wirksam wurden. Maßgeblich ist nur, daß jede Erklärung innerhalb desjenigen Zeitraums erfolgte, in dem sie überhaupt wirksam werden konnte, Rn 68, 71. Eine im Urteil getroffene Feststellung übereinstimmender Erledigterklärungen hat die Beweishaft des Tatbestands nach § 314. Das gilt auch dann, wenn die Feststellung formell in den Entscheidungsgründen steht, § 313 Rn 17, Düss RR **04**, 564.

B. Kein Widerspruch des Bekl, I 2. Der Lage Rn 96 steht nach I 2 der Fall gleich, daß (nur) der Bekl der Erledigterklärung (nur) des Klägers nicht binnen einer Notfrist nach § 224 I 2 von 2 Wochen seit der Zustellung der klägerischen Erledigterklärung trotz eines gerichtlichen Hinweises auf die Folgen widerspricht. Die Fristberechnung erfolgt nach § 222. Der Hinweis muß unmißverständlich sein. Der Widerkläger ist als solcher kein Bekl nach I 2. **97**

C. Notwendigkeit einer Wirksamkeit beider Erledigterklärungen. Die Erledigterklärung jeder Partei und jedes Beteiligten muß nach den Grundsätzen Rn 62 ff wirksam sein, sowohl nach dem Zeitpunkt ihrer Abgabe als auch nach der Form, dem Inhalt, etwaigen Einschränkungen usw. **98**

D. Erster Rechtszug. Im ersten Rechtszug können übereinstimmende Erledigterklärungen usw nach Rn 96, 97 ab der Rechtshängigkeit nach § 261 Rn 1 bis zu ihrem Ende oder Wegfall eintreten, Rn 68, 71, Hamm MDR **79**, 407. Sie können also auch nach der Anordnung des Ruhens des Verfahrens ergehen, §§ 251 a, 331 a, oder nach dem Schluß der Verhandlung, §§ 136 IV, 296 a, Karlsr JB **94**, 678, oder nach der Verkündung oder dem Erlaß des Urteils, solange es noch nicht nach § 705 formell rechtskräftig ist, ZöV 17, aM ThP 14 (aber mit der Rechtskraft erlischt das Prozeßrechtsverhältnis bis auf die Zwangsvollstreckung). Man muß sie dann bei demjenigen Gericht abgeben, das das Urteil erlassen hat. Eine andere Frage ist die, welche Rechtsfolgen übereinstimmende Erledigterklärungen nach dem Verhandlungsschluß haben, Rn 142. **99**

E. Zwischen den Instanzen. Übereinstimmende Erledigterklärungen usw nach Rn 96, 97 können bis zum Ende der Rechtshängigkeit oder bis zu ihrem Wegfall und daher auch zwischen den Instanzen grundsätzlich bis zur formellen Rechtskraft nach § 705 ergehen, BGH NJW **95**, 1096 rechts, Hamm RR **91**, 1343, LG Oldb RR **95**, 717. Vgl freilich auch Rn 101. **100**

F. Höherer Rechtszug. Die Parteien können die Hauptsache auch in der höheren Instanz bis zum Ende der Rechtshängigkeit übereinstimmend für erledigt erklären, BGH GRUR **05**, 41, BAG NJW **06**, 2718, LG Tüb JB **01**, 157. Das bedeutet zunächst: Das Rechtsmittel muß überhaupt zur Hauptsache allgemein statthaft und auch im konkreten Einzelfall zulässig sein, BGH WertpMitt **86**, 534, Köln VersR **89**, 163. Es muß also zB eine ausreichende Beschwer wie sonst vorliegen, Grdz 13 vor § 511, Köln VersR **89**, 163, Schlesw MDR **01**, 51. Sie bleibt auch nach einer Klagabweisung bestehen, sofern der Kläger eben das Rechtsmittel eingelegt hat. Die Zulässigkeit des Rechtsmittels fehlt, soweit ein erledigendes Ereignis zwar nach der Einreichung der Rechtsmittelbegründung eintritt, das Erstgericht das Rechtsmittel aber nicht zugelassen hat, (zum alten Recht) BGH NJW **77**, 1883, oder wenn sich die Hauptsache dadurch erledigt, daß zB der Bekl zwischen den Instanzen zahlt oder leistet, BGH NJW **00**, 1120, ThP 28, aM StJBo 48, 51, ZöV 20. **101**

Die Zulässigkeit des Rechtsmittels fehlt ferner, wenn sich die Hauptsache *auf eine andere Weise erledigt*, etwa durch eine Zug-um-Zug-Leistung gegen Empfang, und wenn der Beschwerdeführer erst anschließend sein Rechtsmittel einlegt, § 99 Rn 3, Bbg VersR **76**, 890, Hbg RR **89**, 570, aM Düss RR **98**, 776, Ffm OLGZ **94**, 93, Bergerfurth NJW **92**, 1656 (aber dann fehlt es wegen der Hauptsache an einer Beschwer).

G. Abgrenzung. Man muß zwischen Erledigterklärungen im höheren Rechtszug wegen der Hauptsache und Erledigterklärungen des Rechtsmittels während des Rechtszugs zur Hauptsache unterscheiden. Zum **102**

letzteren Fall gilt Rn 195. Eine Anfechtung nur des Kostenpunkts ist wegen § 99 I unzulässig, aM Hbg VersR **83**, 1040, Zweibr OLGZ **75**, 46, Gottwald NJW **76**, 2251 (aber die Vorschrift ist nach ihrem Text und Sinn eindeutig, Einl III 39).

103 **H. Beiderseitige teilweise Erledigterklärungen.** Nach den vorstehenden Regeln kann sich herausstellen, daß die Erledigterklärungen zwar teilweise, aber nicht voll übereinstimmen, Düss JB **07**, 256. Diesen Fall erfaßt I nicht direkt. Man muß dann vielmehr wegen des streitigen Rests der Hauptsache wie sonst verfahren. Kommt es im streitigen Verfahren zu einer instanzabschließenden Entscheidung, muß das Gericht nach §§ 91 ff über die gesamten Kosten entscheiden einschließlich derjenigen, die auf den übereinstimmend für erledigt erklärten Teil des Streitgegenstands entfallen. Das Gericht kann dabei die Grundsätze der Kostenverteilung des § 91 a entsprechend auf den übereinstimmend für erledigt erklärten Teil anwenden. Das bedeutet aber nicht, daß § 91 a den abschließenden Maßstab gäbe. Vielmehr finden seine Grundgedanken zur Kostenentscheidung nur auf die streitige Entscheidung über die gesamten Prozeßkosten entsprechende teilweise Anwendung, Ffm GRUR **89**, 934, Jena FamRZ **97**, 219.

104 *Keineswegs* darf das Gericht sogleich *nach* der Wirksamkeit der beiderseitigen *Teil*erledigterklärungen über die diesbezüglichen Kosten etwa durch einen Beschluß nach § 91 a entscheiden. Geschieht das dennoch, liegt ein Verstoß gegen § 308 I, §§ 91, 92 ff vor. Ihn kann der Benachteiligte nur mit den dagegen möglichen Rechtsmitteln bekämpfen, BGH NJW **02**, 1501. Es ist also unter anderem eine Anfechtung nur in diesem Kostenpunkt nach § 99 I unzulässig, aM Ffm GRUR **89**, 934 (aber die Vorschrift gilt uneingeschränkt). Im übrigen setzt die Wirksamkeit beiderseitiger teilweiser Erledigterklärungen voraus, daß überhaupt eine Teilerledigung vorliegt, Rn 56 „Teilweise Erledigung".

105 **I. Beispiele zum Vorliegen beiderseitiger Erledigterklärungen.** Vgl zunächst die Beispiele Rn 79 ff. Man sollte sodann prüfen, ob jede Erledigterklärung den Anforderungen einer wirksamen derartigen Erklärung entspricht, Rn 68. Soweit das so ist, muß man anschließend prüfen, ob und wie weit die Erklärungen inhaltlich übereinstimmen, Rn 96. Bei einer nur teilweisen inhaltlichen Übereinstimmung gelten die Regeln Rn 103.

106 **8) Folgen beiderseitiger wirksamer Erledigterklärungen: Kostenentscheidung, I.** Wenn die Parteien die Hauptsache übereinstimmend wirksam voll für erledigt erklären, liegt der einzige Fall vor, auf den I direkt anwendbar ist, Rn 1. Dann entscheidet das Gericht mangels einer zB vergleichsweisen Einigung der Parteien wegen der Kosten über sie unter einer Berücksichtigung des bisherigen Sach- und Streitstands von Amts wegen nach §§ 91 a, 308 II, BGH NJW **07**, 3429, BAG NJW **06**, 2718, AG Saarbr WoM **07**, 507, aM Brox JA **83**, 290 (vgl aber Rn 103 ff).

Es entscheidet insoweit nach seinem billigen und in Wahrheit nach seinem pflichtgemäßen *Ermessen* durch einen besonderen Beschluß. Auch bei inhaltlich übereinstimmenden vollen Erledigterklärungen können die Rechtsfolgen nur unter der weiteren Voraussetzung eintreten, daß auch objektiv ein erledigendes Ereignis eingetreten ist, Rn 24, 68. In allen anderen Fällen ergeht die Entscheidung nach §§ 91, 92 ff zusammen mit derjenigen über die Kosten des gesamten restlichen Rechtsstreits wie sonst, meist also durch ein Urteil. Das gilt sowohl bei übereinstimmenden Erledigterklärungen nur wegen eines Teils der Hauptsache als auch dann, wenn und soweit die Erledigterklärungen inhaltlich nicht übereinstimmen oder soweit nur eine einseitige Erledigterklärung vorliegt.

107 **A. Zulässigkeit der Kostenentscheidung.** Selbst bei beiderseitigen vollen wirksamen Erledigterklärungen ist eine Kostenentscheidung nach I nicht stets zulässig und notwendig. Sie setzt wie jede Entscheidung ein Rechtsschutzbedürfnis voraus, Grdz 33 vor § 253. Dieses kann fehlen. Das gilt zB bei einem solchen Vergleich nach Anh § 307, in dem die Parteien auch den Kostenpunkt für die bisherige Hauptsache einschließlich des Vergleichs und etwa einbezogener weiterer Streitpunkte vollständig geregelt haben, § 98.

108 **B. Entscheidung nur noch über die Kosten.** Das Gericht entscheidet nur noch „über die Kosten", BGH NJW **99**, 955. Denn der Streitgegenstand nach § 2 Rn 4 ist durch wirksame übereinstimmende vollständige Erledigterklärungen aller Beteiligten weggefallen, die Rechtshängigkeit ist eben bis auf die Kostenfrage unmittelbar kraft Gesetzes weggefallen, BGH NJW **99**, 1337, Bbg FamRZ **97**, 1225 (keine Klagerücknahme mehr), BayObLG ZMR **99**, 572. Es ist nicht schon infolge der Erledigung eine formelle Rechtskraft in der Hauptsache eingetreten, Celle FamRZ **98**, 684, Hamm FER **00**, 64. Auch ist in der Hauptsache keine innere Rechtskraft entstanden, Rn 110, 167. Etwa noch nicht rechtskräftige Sachentscheidungen sind rückwirkend wirkungslos geworden, VerfGH Mü NJW **90**, 1784, Nürnb GRUR **96**, 79, ZöStö § 890 Rn 9 a, aM Hbg RR **87**, 1024, ThP § 890 Rn 10 (aber die Lage ist derjenigen eines wirksamen Einspruchs nach §§ 338 ff nur bedingt vergleichbar. § 91 a regelt sie gerade anders als § 343).

109 **C. Nicht mehr zur Hauptsache.** Daher kann keine Partei jetzt noch wirksam einen Sachantrag stellen, BayObLG JB **96**, 97. Daher darf das Gericht jetzt auch nicht mehr über die Hauptsache entscheiden, § 308 I 1. Es gibt dazu auch keinen Hinweis mehr, Düss ZMR **04**, 29. Es darf den Rechtsstreit nicht einmal mehr wegen einer Unzuständigkeit nach § 281 verweisen, Brdb RR **96**, 955, Ffm MDR **81**, 676, Mü MDR **86**, 61. Es darf nach dem Eingang schriftlicher Erledigterklärungen im Verfahren mit einer notwendigen mündlichen Verhandlung nach § 128 Rn 4 zur Hauptsache lediglich noch zwecks der Herbeiführung der Wirksamkeit der Erklärungen und wegen der Kostenentscheidung einen Termin bestimmen. Eine weitere Terminsbestimmung kommt nur noch beim Streit über die Wirksamkeit der übereinstimmenden Erledigterklärungen in Betracht, Rn 89. Eine mündliche Verhandlung ist nicht mehr notwendig, § 128 III. Es ist keine Verfassungsbeschwerde mehr statthaft, BayVerfGH NJW **90**, 1784.

110 **D. Rechtshängigkeitsende.** Infolge der unmittelbaren Beendigung der Rechtshängigkeit im Zeitpunkt der Wirksamkeit beiderseitiger Erledigterklärungen kann keine innere Rechtskraft in der Hauptsachefrage entstehen, § 322 Rn 9, 36 „Erledigung", Ffm MDR **81**, 676, LG Verden JB **78**, 431. Sie ist vielmehr nur zur etwa noch ergehenden Kostenentscheidung möglich, Nürnb NJW **79**, 169. Daher ist ein neuer Prozeß über denselben Streitgegenstand der Hauptsache grundsätzlich jederzeit zulässig, Hamm FamRZ **81**, 1065, ThP 50, aM Brox JA **83**, 295, RoSGo § 132 II 4 (für einen neuen Prozeß bestehe kein Rechtsschutz-

bedürfnis. Aber das Gericht hat im alten nicht mehr zur Sache entschieden). Erst recht darf nach übereinstimmenden wirksamen bloßen Teilerledigterklärungen der Kläger den Rest weiterverfolgen und die Klage erweitern, BGH NJW **99**, 1337. Selbst über die Kosten darf keine Entscheidung mehr ergehen, soweit die Parteien auch zu dieser Frage durch einen Vergleich eine abschließende eindeutige umfassende Regelung getroffen haben, § 98 Rn 22. Eine Kostenentscheidung ergeht auch nicht im außerprozessualen selbständigen Beweisverfahren, § 91, Rn 193.

Ein besonderer *Ausspruch,* die Hauptsache sei erledigt, ist nicht gesetzlich notwendig, Wallisch/Spinner **111**
JuS **00**, 378. Er kann evtl zur Verwechslung mit einer streitigen derartigen Feststellung auf Grund einer nur einseitigen Erledigterklärung führen. Das Gericht darf aber entsprechend § 269 III 1, IV die Wirkungslosigkeit eines etwa bereits erlassenen Urteils aussprechen.

E. Berücksichtigung des bisherigen Sach- und Streitstands. Soweit es überhaupt noch nach **112**
Rn 108–111 zu einer Kostenentscheidung kommt, muß man klären, ob die Klage voraussichtlich Erfolg gehabt hätte, BGH NJW **07**, 3429, Düss WoM **07**, 567, Saarbr VersR **07**, 635. Diese Prüfung erfolgt nur summarisch, BGH VersR **07**, 84, BAG NZA **05**, 878. Sie erfolgt unter einer Berücksichtigung nur des bisherigen Sach- und Streitstands, BGH NJW **05**, 2385, Düss FamRZ **08**, 154, Ffm WoM **08**, 82. Maßgeblich ist der Zeitpunkt des erledigenden Ereignisses, Rn 24 ff, BGH NJW **86**, 588, Köln RR **01**, 1387 (also kein früherer Zeitpunkt), AG Lpz WoM **03**, 276. Dabei darf man von sachdienlichen Anträgen ausgehen, Ffm RR **99**, 980. Das bedeutet nicht, daß man die voraussichtliche weitere Entwicklung eines streitig weitergelaufenen Prozesses völlig unbeachtet lassen dürfte. Das Gericht darf und muß sie vielmehr im Rahmen der Prüfung der Kostenentscheidung in gewissem Umfang durchaus mitbeachten, BVerfG NJW **93**, 1061, BGH RR **04**, 377, Stgt WettbR **00**, 100, aM Hamm FamRZ **98**, 444 (stellt nur auf die Rechtshängigkeit ab. Inzwischen kann aber viel geschehen sein).

F. Mitbeachtung von §§ 91, 92. Insofern sind also §§ 91, 92 ff mitbeachtlich, Düss FamRZ **82**, 431, **113**
Zweibr NJW **86**, 939. Das gilt insbesondere auch für § 93, Rn 120 „Anerkenntnis“, BGH NZA **06**, 567, KG FamRZ **94**, 911, Mü FamRZ **85**, 530, ferner für § 93 b, LG Frankenth ZMR **91**, 303, für § 97 I, II, BGH RR **86**, 369, Ffm WRP **84**, 692, für § 98, Rn 139 „Vergleich“, für § 99 II, Hamm MDR **88**, 325, Köln RR **95**, 509, und für § 101, Stgt MDR **99**, 116. Es gilt auch für § 344, Brschw WRP **92**, 487. Bei einer Erledigung der Hauptsache in der Berufungsinstanz sind §§ 92 II, 97 II mitbeachtlich, Hamm MDR **00**, 296 (Hilfsaufrechnung mit unstreitiger Gegenforderung). Bei einer Erledigung in der Revisionsinstanz kommt es darauf an, ob das Rechtsmittel Erfolg gehabt hätte, BGH GRUR-RR **04**, 350.

Das Gericht darf und muß aber nur diejenigen Tatsachen beachten, die die Parteien bis zum Eintritt des erledigenden Ereignisses *in den Prozeß eingeführt* hatten, Karlsr KTS **89**, 719, aM Ffm RR **99**, 981 (bevorstehende Zustellung. Aber maßgeblich bleibt der vorgenannte Zeitpunkt. Denn es muß Klarheit über ihn bestehen). Das Gericht muß auch nur die zugehörigen Beweisangebote im Rahmen ihrer Zulässigkeit beachten, Ffm GRUR **87**, 472 rechts, KG BB **79**, 487, freilich auch 1102. Der Rechtsstreit braucht also keineswegs schon nach § 300 Rn 6 entscheidungsreif zu sein und schon gar nicht zur Entscheidungsreife in der Hauptsache weiterzugehen. Letzteres ist bei beiderseitigen vollen übereinstimmenden wirksamen Erledigterklärungen sogar unzulässig. Eine etwaige Willkür ist wie stets mitbeachtbar, AG Ludwigslust FamRZ **05**, 1493, links.

Diese Grundsätze gelten auch in der *höheren Instanz,* BGH VersR **07**, 84, BayObLG ZMR **99**, 775, Hamm OLGR **99**, 316. § 570 ist jedenfalls grundsätzlich unanwendbar, Ffm GRUR **87**, 472 rechts, Mü GRUR **83**, 342. Freilich darf das Gericht dem Prozeßgegner die Möglichkeit einer Erwiderung auf einen Vortrag zur bloßen Kostenfrage nicht versagen. Das rechtliche Gehör nach Artt 2 I, 20 III GG (Rpfl), BVerfG **101**, 404, Art 103 I GG (Richter) ist vor einer Verwerfung oder Zurückweisung der sofortigen Beschwerde auch in diesem Stadium und in jeder Instanz notwendig. Das gilt auch in der Beschwerdeinstanz, Düss JR **95**, 205, und im Revisionsverfahren, BVerfG **64**, 227, BGH GRUR **05**, 41. Das gilt zB dann, wenn der Bekl die Klageschrift bis zum Eintritt des erledigenden Ereignisses und seine Anschließung an die klägerische Erledigterklärung noch nicht näher beantworten konnte.

G. Keine Beweisaufnahme. Andererseits kommt eine Beweisaufnahme grundsätzlich nicht mehr in **114**
Betracht, Rn 121, und zwar auch nicht mithilfe solcher Beweismittel, die das Gericht im Zeitpunkt des erledigenden Ereignisses oder der Wirksamkeit der beiderseitigen Erledigterklärungen sogleich auswerten könnte, Düss JR **95**, 205, Hamm AnwBl **90**, 48 (Ausnahme: Urkundenwürdigung), Köln GRUR **89**, 705, aM Bbg FamRZ **99**, 174, Stgt MDR **89**, 1000 (abl Becht MDR **90**, 122. Aber der Text und Sinn von I sind eindeutig, Einl III 39, Rn 116).

Noch weniger kommt eine Beweisaufnahme in einem sog *Ausnahmefall* in Betracht, LG Mannh ZMR **77**, **115**
64, Smid MDR **85**, 191. Freilich: Welcher Fall ist ein Ausnahmefall?

Eine Beweisaufnahme läßt sich eben nicht mit der Anordnung schon des Gesetzeswortlauts vereinbaren, **116**
daß das Gericht nur den *„bisherigen“* Sach- und Streitstand berücksichtigen darf. Wo wäre auch das Ende einer solchen Beweisaufnahme? Das Gericht darf und muß natürlich eine bis zur Wirksamkeit der Erledigterklärungen bereits durchgeführte Beweisaufnahme nach §§ 286, 287 für die Kostenentscheidung wie sonst würdigen. Beim Streit über die Zulässigkeit einer Kostenentscheidung nach I mag eine Beweisaufnahme stattfinden. Andererseits darf das Gericht nach übereinstimmenden wirksamen Erledigterklärungen nicht einmal noch einen unstreitigen neuen Sachvortrag zulassen, Karlsr RR **90**, 978, aM Düss MDR **93**, 1120, ThP 46, ZöV 26 (aber auch das wäre ein Überschreiten des „bisherigen“ Sach- und Streitstands).

H. Unterwerfung. Eine Unterwerfungserklärung der Partei und damit ihr „freiwilliges Unterliegen“ erst **117**
nach der Wirksamkeit der Erledigterklärungen ist nur noch bedingt beachtlich, Celle RR **86**, 1061, Kblz GRUR **88**, 566, LG Mainz RR **00**, 168. Es kann zB § 281 III 2 entsprechend anwendbar sein, Hbg GRUR **84**, 82. Der Bekl mag während der Rechtshängigkeit „freiwillig“ und nicht nur zwecks einer Abwendung der Zwangsvollstreckung geleistet oder sonstwie erfüllt haben, Karlsr MDR **86**, 240. Dann wird das Gericht den Kläger in der Regel von Kosten freistellen. In diesem Zusammenhang muß es allerdings prüfen, ob der Bekl vorwerfbar handelte oder nicht.

118 **I. Ermessen.** Soweit überhaupt noch eine Kostenentscheidung erfolgt, Rn 108, muß das Gericht nach Rn 112 auf der Basis nur des bisherigen Sach- und Streitstands „nach billigem Ermessen" entscheiden, BGH MDR **07**, 1066 rechts oben, AG Hbg-Wandsbeck WoM **08**, 22, AG Saarburg WoM **08**, 34. Mit diesen letzteren Worten räumt das Gesetz dem Gericht den weitestmöglichen Spielraum ein, Hamm RR **00**, 212, ohne dem Gericht sachfremde Erwägungen und damit eine Willkür zu erlauben. In Wahrheit hat das Gericht ein pflichtgemäßes Ermessen, wie stets. Diesen Ermessensspielraum unterschätzt die Praxis gelegentlich unnötig. Es geht ja immerhin nicht mehr um die Hauptsache. Wenn auch die Kostenfragen insbesondere bei einem hohen Streitwert oft wirtschaftlich eine erhebliche Bedeutung haben, haben sie doch eben nach den Grundgedanken des Zivilprozeßrechts nicht die zentrale alles überragende Bedeutung. Selbst bei einer streitigen Kostenentscheidung hat das Gericht zB bei einer Kostenteilung nach § 92 einen erheblichen Spielraum, ohne daß dort gar von „billigem" Ermessen gesprochen würde. Erst recht besteht dieser Ermessensspielraum bei § 91 a I 1, aM LG Magdeb WoM **98**, 43, ZöV 24–26 a (systemwidrig zu eng). Ein Kosten-„Einverständnis" ist nur im Ermessensrahmen evtl mitbeachtlich, aM Köln MDR **98**, 1250 (solches sei stets beachtlich. Aber ein Ermessen zwingt gerade nicht zu einer steten Beachtung).

119 **J. Beispiele zur Kostenentscheidung**

Abmahnung: Soweit in einem Wettbewerbsprozeß nach einer Abmahnung eine strafbewehrte Unterlassungserklärung erfolgt, sollte der Bekl nicht automatisch die Kosten tragen, sondern nur nach einer Abwägung der Gesamtumstände freilich meist, Hamm JB **81**, 278, Karlsr WRP **85**, 103, Stgt WRP **84**, 576. Zum zunächst nicht strafbewehrt gewesenen Unterlassungsversprechen § 93 Rn 68 ff.

S auch Rn 138 „Unterlassungsversprechen", Rn 140 „Wettbewerbsrecht".

Abschlußerklärung: Eine im Verfahren auf einen Arrest oder eine einstweilige Verfügung abgegebene Abschlußerklärung erledigt zwar auch eine gleichzeitige diesbezügliche Hauptklage. Jedoch ist § 93 mitbeachtlich, Hamm MDR **86**, 241.

S auch Rn 120 „Arrest, einstweilige Verfügung", Rn 138 „Unterlassungsversprechen".

120 **Anerkenntnis:** Soweit der Bekl die Verpflichtung wegen aller Hauptsacheanträge uneingeschränkt anerkannt hat, ist zwar grds Anlaß vorhanden, ihn die Kosten tragen zu lassen, Ffm MDR **96**, 426, KG FamRZ **94**, 909 (Vaterschaft). Indessen ist § 93 mitbeachtlich, Rn 135 „sofortiges Anerkenntnis". Im übrigen ist bei einem „sofortigen Anerkenntnis" nach Rn 135 der Grundgedanke des § 93 zwar nicht allgemein mitanwendbar, wohl aber nach den Gesamtumständen, Ffm GRUR-RR **01**, 72, LG Bln NZM **99**, 1095, LG Brschw RR **02**, 1210. Wenn eine Partei erklärt, sie übernehme die Kosten, handelt es sich meist um eine „andere Vereinbarung" nach § 98 S 1. Sie bindet das Gericht, § 98 Rn 29 ff. § 307 ist entsprechend anwendbar, soweit die Partei eine Kostenpflicht anerkennt, BGH JZ **85**, 854, BAG NJW **04**, 533. Das Gericht muß eine derartige außergerichtliche Einigung in seinen Beschluß übernehmen, aM Hamm MDR **76**, 148 (aber die Parteiherrschaft hat den Vorrang, Grdz 18 vor § 128). Soweit eine bloße schriftsätzliche Ankündigung eines solchen Anerkenntnisses vorliegt, das zu seiner Wirksamkeit nach § 307 Rn 8 die Erklärung in einer Verhandlung braucht, muß das Gericht prüfen, ob ein erledigendes Ereignis eingetreten ist, Mü MDR **93**, 475.

Eine freiwillige Zahlung bedeutet *nicht* stets ein Anerkenntnis, AG Hbg WoM **93**, 458.

S auch Rn 127 „Gesetzesänderung", Rn 135 „Sofortiges Anerkenntnis".

Arrest, einstweilige Verfügung: Wenn in einem Verfahren auf den Erlaß eines Arrests oder einer einstweiligen Verfügung die Dringlichkeit fehlte oder wenn der Antragsteller die Vollziehungsfrist des § 929 II nicht eingehalten hatte und die Parteien nun die Hauptsache des Eilverfahrens für erledigt erklären, muß der Antragsteller meist die Kosten des Eilverfahrens tragen, Hamm MDR **87**, 589, Kblz GRUR **81**, 93. Eine im Eilverfahren abgegebene Abschluß- und Unterwerfungserklärung erledigt zwar auch eine gleichzeitige diesbezügliche Hauptklage. Jedoch ist § 93 meist mitbeachtlich, Hamm MDR **86**, 241. Eine erst in der Widerspruchsbegründung erhobene Verjährungseinrede mag vor Kosten nicht bewahren, Celle GRUR-RR **01**, 285. Zur Kostenentscheidung im Arrestaufhebungsverfahren Ffm MDR **82**, 328, Mü MDR **76**, 761.

S auch Rn 119 „Abmahnung", Rn 138 „Unterwerfungserklärung".

Aufrechnung, dazu *Schneider* MDR **00**, 507 (ausf): Bei einer alsbald nach dem Eintritt der Rechtshängigkeit erklärten Aufrechnung kommt es darauf an, ob die Aufrechnungslage objektiv schon beim Eintritt der Rechtshängigkeit vorhanden war, großzügiger Düss RR **01**, 432, Heistermann NJW **01**, 3528 (aber das sprengt das Prozeßrechtsverhältnis, Rn 30). Dann kann es notwendig sein, dem Kläger die Kosten aufzuerlegen, Kblz FamRZ **02**, 1130, LG Köln WoM **87**, 232, Wiek WoM **89**, 549 (ausf zur Mieterkaution).

Auskunft: Rn 136 „Stufenklage".

Auszug: Rn 130 „Mietrecht".

121 **Baulandsache:** Wegen einer Baulandsache Kblz NJW **83**, 2036.

Berufung: I 1 ist auch in der Berufungsinstanz anwendbar, BGH NJW **86**, 852 (auch zur Ausschlußwirkung auf eine Anschlußberufung), Celle MDR **78**, 235, Düss GRUR **84**, 385. Wenn die Partei in der Berufungsinstanz nur auf Grund eines neuen Tatsachenvortrags nach § 531 II gesiegt hat, muß das Gericht § 97 II mitbeachten. Zur entsprechenden Anwendung bei einem unselbständigen Anschlußrechtsmittel Ffm FamRZ **89**, 993.

Beschwerde: I 1 ist auch bei einer Erledigung der Hauptsache im Verfahren auf eine sofortige Beschwerde anwendbar, BAG DB **86**, 2396, BFH DB **83**, 2124, BayObLG ZMR **99**, 775 (WEG). (Jetzt) § 571 II 1 ist unanwendbar, Mü GRUR **83**, 342.

Bevollmächtigter: Es gilt nach § 85 II dasselbe wie bei Rn 127 „Gesetzlicher Vertreter".

Beweisaufnahme: Vgl zunächst Rn 112. Eine Beweisaufnahme kommt also grds nicht mehr in Betracht, Hamm AnwBl **90**, 48, Karlsr RR **90**, 978, Pape/Notthoff JuS **95**, 1017, aM Düss JR **95**, 205, Bergerfurth NJW **92**, 1657, Merz ZMR **83**, 365 (aber I ist nun wirklich mit dem Wort „bisherig" eindeutig, Einl III 39). Das gilt erst recht in der höheren Instanz, Karlsr RR **90**, 978, aM Düss JR **95**, 205 (aber damit würde man die klare Zeitgrenze „bisherig" vollends sprengen).

Soweit eine Beweisaufnahme nicht mehr stattfindet, kommt es auf die Gesamtumstände und auf die Beweislast an, Smid ZZP **97**, 278, aM Ffm BB **78**, 331, ZöV 26 (dann müsse man grds die Kosten gegeneinander aufheben. Aber die Beweislast gehört durchaus zum „bisherigen Sach- und Streitstand" und dort zur Frage der Erfolgsaussicht).

S auch § 91 Rn 193 „Selbständiges Beweisverfahren".

Bisheriger Sach- und Streitstand: Vgl Rn 112.

Contergan-Gesetz: Das Ermessen nach I 1 kann durch eine gesetzliche zwingende Kostenregelung 122
entfallen, zB nach § 24 ConterganG (mit dem GG vereinbar, BGH **64**, 38).

Dritter: Rn 126. 123

Einspruch: I 1 ist auch nach dem Einspruch gegen einen Vollstreckungsbescheid oder ein Versäumnisurteil 124
anwendbar. Man muß beachten, daß ein zulässiger Einspruch den Prozeß in diejenige Lage zurückversetzt, in der er sich vor dem Eintritt der Versäumnis befand, § 342. § 344 ist mitbeachtlich, Stgt Just **84**, 19.

Entscheidungsreife: Vgl Rn 112.

Der Rechtsstreit braucht also keineswegs schon entscheidungsreif zu sein und darf schon gar nicht mehr grds noch dorthin weitergehen.

Erfolgsaussicht: Im Rahmen des „billigen Ermessens" darf und muß das Gericht prüfen, ob die Klage, 125
der Antrag usw bis zum Eintritt des erledigenden Ereignisses der Hauptsache zulässig war, Hbg GRUR **84**, 82. Es muß sodann prüfen, ob sie auch begründet war, Brdb FamRZ **01**, 503, Düss GRUR **84**, 385, LG Schweinf VersR **90**, 618. Dabei reicht eine summarische Prüfung der Erfolgsaussichten aus, BVerfG **93**, 1061, BGH GRUR **05**, 41. Es ist also keineswegs eine abschließende Prüfung erforderlich, Rn 118, BGH WoM **04**, 725, Nürnb MDR **03**, 295, AG Lpz **03**, 276, aM Ffm GRUR **79**, 809, Herrmann JR **88**, 377 (aber das Gesetz spricht eben nur vom „billigen Ermessen"), Smid MDR **85**, 189 (grds trage der Bekl die Kosten. Aber ein Ermessensspielraum enthält stets eine Pflicht zu einer Gesamtabwägung). Eine halbe Seite der Begründung reicht meist aus. Manchmal genügt schon ein Satz, zB: „Das Gericht hätte den Bekl mangels seiner Zahlung verurteilen müssen, § 433 II BGB".

Im allgemeinen darf und muß das Gericht an dem Grundgedanken des Kostenrechts festhalten, daß ein *Verlierer die Kosten trägt,* §§ 91, 92, 97, 100, 101, 788, BGH GRUR **83**, 560, BayObLG ZMR **99**, 775 (WEG), LG Mainz RR **00**, 168, aM LG Mü ZMR **86**, 125 (aber man sollte nicht ohne einen schwerwiegenden Grund von solchen allgemein befolgten Grundsätzen abweichen).

Insbesondere bei einem rechtlich oder tatsächlich *schwierigen* Fall braucht das Gericht keineswegs jeder Rechtsfrage nachzugehen, BGH **67**, 345. Wenn der Streitstand noch völlig ungeklärt ist, kann schon deshalb eine Kostenverteilung zu gleichen Anteilen oder eine Aufhebung der Kosten gegeneinander angemessen sein, BGH WertpMitt **84**, 65, Kblz MDR **99**, 500, Köln GRUR **89**, 705. Das Gericht darf auch einen sachlichrechtlichen Anspruch auf die Erstattung von Kosten mitberücksichtigen, Köln MDR **79**, 1028. Das gilt jedenfalls, soweit sich sein Bestehen ohne besondere Schwierigkeiten feststellen läßt, insbesondere ohne eine weitere Beweisaufnahme, BGH MDR **81**, 126, LAG Hamm MDR **82**, 659. Der Grundgedanke des § 93 ist nicht allgemein anwendbar, sondern nur im Einzelfall evtl brauchbar, Rn 135. Im übrigen kommt es auf den bisherigen Sach- und Streitstand an, Rn 112.

Erfüllung: Wenn der Bekl erst während des Prozesses „freiwillig" und nicht nur zwecks einer Abwendung 126
einer drohenden Zwangsvollstreckung erfüllt oder in einer sonstigen Weise geleistet hat, muß das Gericht den Kläger im allgemeinen von Kosten freistellen, BGH RR **06**, 929, Köln MDR **94**, 270, Saarbr RR **98**, 1068. Es muß allerdings prüfen, ob der Bekl vor seiner Leistung vorwerfbar gehandelt hatte, Köln MDR **85**, 505. Es kommt auf die Einzelumstände an, BGH NJW **94**, 943, KG MDR **00**, 853 (unschlüssige Klage), Kblz MDR **99**, 500 (wirtschaftlicher Hintergrund), AG Deggendorf JB **05**, 545 (Zahlung, dann Einspruch). Hat ein Dritter geleistet, kann es trotzdem notwendig sein, dem Kläger die Kosten aufzuerlegen, wenn die Klage von vornherein unbegründet war, LG Bln MDR **95**, 638 (Haftpflichtversicherer), AG Mosbach MDR **89**, 72.

S auch Rn 120 „Anerkenntnis", Rn 135 „Sofortiges Anerkenntnis", Rn 139 „Vergleich".

Ergänzung: § 321 ist anwendbar, Stgt MDR **99**, 116.

Feststellungsklage: Soweit sie wegen der Möglichkeit einer Leistungsklage unzulässig war, trägt der Kläger die Kosten, Rostock WoM **05**, 261.

„Freiwilliges Unterliegen": Es gilt das Ergebnis, wie sonst, Bonifacio MDR **04**, 1096.

Gesetzesänderung: Rn 133 „Rechtsänderung". 127

Gesetzlicher Vertreter: Sein Verschulden ist wie sonst mitbeachtlich, aM Köln FamRZ **98**, 443, ZöV 25 (aber § 51 II gilt allgemein).

Herausgabe: Die Herausgabe der herausverlangten Sache ist grds als eine Erfüllung bewertbar, Rn 126.

Höchstpersönliches Recht: Rn 137.

Höhere Instanz: I 1 ist auch in allen höheren Instanzen anwendbar, Rn 121 „Berufung", „Beschwerde", Rn 133 „Rechtsbeschwerde", „Revision". Eine Anfechtung nur des Kostenpunkts ist wegen § 99 I unzulässig, aM Hbg RR **89**, 570, Zweibr OLGZ **75**, 46, ThP 28 (aber die Vorschrift gilt uneingeschränkt).

Insolvenz: Es kommt darauf an, ob der Insolvenzantrag von Anfang an unzulässig war oder doch vor der 128
Zahlung unzulässig wurde, Köln RR **94**, 445. Erfüllt der Insolvenzverwalter die Forderung, muß der Gläubiger die Kosten nicht stets schon deshalb tragen, weil die Leistungsklage inzwischen unzulässig geworden sein mag, Köln BB **95**, 2552.

Klaganlaß: Es kann mitbeachtlich sein, ob ein Klaganlaß bestand, BGH NZA **06**, 567, Karlsr FamRZ **04**, 960, LG Düss VersR **05**, 1278, aM Kblz RR **86**, 1443 (vgl aber Rn 120 „Anerkenntnis").

Klagantrag: Das Fehlen einer nach § 253 II Z 2 erforderlichen Bestimmtheit macht kostenpflichtig, LG Lpz WettbR **00**, 279.

Klagebefugnis: Ihr Wegfall ist ein erledigendes Ereignis, BGH NJW **96**, 2730.

Kostenlast des Klägers: Sie kommt dann in Betracht, wenn er den Gegenstand des Prozesses schuldhaft beiseitegeschafft hat, Hbg MDR **90**, 59, oder wenn er nach einer Klagänderung durch die Einbeziehung eines weiteren Bekl die Hauptsache infolge einer Leistung der neuen Partei für erledigt erklärt hat, Kblz JB **93**, 560.

Kostenlast des Verlierers: Im allgemeinen sollte man an dem Grundgedanken des Kostenrechts festhalten, daß der Verlierer die Kosten trägt, Rn 125.

Kostenübernahme: Wenn eine Partei bei übereinstimmenden Erledigterklärungen mitteilt, sie wolle die Kosten übernehmen, handelt es sich meist um eine „andere Vereinbarung" nach § 98 S 1. Sie bindet das Gericht, § 98 Rn 44. Es kann aber auch § 91 a anwendbar sein, § 98 Rn 30 „Anrufung des Gerichts" und Rn 41 „Hauptsache", BGH BB **04**, 800.

S auch Rn 139.

Kostenverteilung: Wenn der bisherige Sach- und Streitstand noch nicht annähernd eine abschließende Beurteilung ermöglichte, kann eine Kostenverteilung zu gleichen Anteilen angemessen sein, Ffm BB **78**, 331, Köln VersR **01**, 862, LG Bln MDR **95**, 638. Auch im übrigen kann es durchaus zu einer Kostenverteilung im Rahmen des billigen Ermessens kommen, ohne daß das Gericht sie näher oder gar noch präziser als zB bei einer streitigen Kostenverteilung nach § 92 begründen müßte, Rn 118. Eine Kostenaufhebung gegeneinander kann verfehlt sein, wenn nur eine Teilung zu je 50% eine gerechte gleiche Kostenlast herbeiführt, Saarbr VersR **96**, 387, etwa dann, wenn nur eine der Parteien anwaltlich vertreten war und jeder in der Sache zur Hälfte verliert.

S auch Rn 135.

129 **Leistung:** Rn 126.

130 **Mietrecht:** Soweit sich der Vermieter nicht klar sein konnte, ob und wann der Mieter nach einer wirksamen Vermieterkündigung räumen werde, bestand ein Klaganlaß, LG Darmst WoM **93**, 610. Wenn der Mieter während eines Räumungsprozesses auszieht, liegt darin kein automatisches Anerkenntnis, LG Köln WoM **93**, 202, LG Wuppert WoM **91**, 592, aM LG Stgt ZMR **76**, 92 (aber es kann zahlreiche andere Gründe geben). Wegen der Rückwirkung der Nichtigkeit einer Vermieterkündigung kommt bei einer Mietzahlung innerhalb der Frist des § 569 II Z 2 S 1 BGB eine Entscheidung nur wegen des etwaigen gleichzeitigen Zahlungsanspruchs nach I 1 in Betracht, PalH Grdz 26 ff vor § 104 BGB. Wegen des Räumungsanspruchs kann dann überhaupt kein erledigendes Ereignis eingetreten sein. Daher muß der Vermieter dann die diesbezügliche Klage zwecks einer Vermeidung ihrer Abweisung zurücknehmen. Eine Härte für den Mieter gegenüber dem Eigenbedarf kann erheblich sein, AG Stgt WoM **98**, 296. Ein klarer Zahlungsverzug führt zur Kostenlast des Mieters, BGH WoM **04**, 489, LG Dortm WoM **04**, 205.

Auch bei einer Aufrechnung des Vermieters gegenüber dem Anspruch auf die *Rückzahlung einer Mieterkaution* kommt es auf die Gesamtlage an, zB auf die Aufrechnungslage, aM Wiek WoM **89**, 549 (ausf. Aber man muß stets eine Gesamtabwägung vornehmen). § 93 b III ist vorrangig, LG Frankenth ZMR **91**, 303, LG Mü WoM **83**, 118, LG Stgt WoM **83**, 118, aM LG Essen WoM **83**, 118 (aber § 93 b III ist eine speziellere Sondervorschrift). Ein Muster-Vorprozeß kann maßgebend sein, LG Magdeb WoM **98**, 43.

Mutwille: Wer mutwillig klagt oder ein Rechtsmittel einlegt, trägt die Kosten, Einl III 54 ff, Bbg Rpfleger **95**, 289, Hamm RR **93**, 1280.

131 **Nachverfahren:** Der Grundgedanke des Kostenrechts, daß der Verlierer die Kosten trägt, läßt sich auch im Nachverfahren berücksichtigen, sofern dafür überhaupt schon ein Prozeßstoff vorhanden war.

S auch Rn 141.

Neuer Tatsachenvortrag: Da es nur auf den bisherigen Sach- und Streitstand ankommt, ist ein neuer Tatsachenvortrag grds unbeachtlich, selbst wenn er unstreitig werden sollte, Rn 112 ff. Im Rechtsmittelverfahren ist § 97 II mitbeachtlich, Rn 112.

S allerdings auch Rn 133 „Rechtliches Gehör".

Patentsache: Auch nach einem Verzicht des Bekl auf das Streitpatent kann es angemessen sein, die Kosten dem Kläger aufzuerlegen, BGH GRUR **04**, 624.

Pfandfreigabe: Die Freigabe trotz eines Eigentumszweifels ist mitbeachtlich, Düss OLGR **99**, 479.

Prozeßbevollmächtigter: Es gilt nach § 85 II dasselbe wie bei Rn 127 „Gesetzlicher Vertreter".

Prozeßvoraussetzung: Ihr Fehlen, das nach Grdz 14 vor § 253 zur Klagabweisung als unzulässig geführt hätte, macht kostenpflichtig, LG Lpz WettbR **00**, 279.

132 **Räumung:** Rn 130 „Mietrecht".

133 **Rechnungslegung:** Wenn das Gericht den Bekl zu einer Auskunft und Rechnungslegung verurteilt hat und wenn sich aus dem Urteil nichts für den Kläger ergibt und dieser die Zahlungsklage sofort für erledigt erklärt und der Bekl sich vor der formellen Rechtskraft des Urteils der Erledigterklärung anschließt, muß der Bekl grds trotzdem die gesamten Kosten tragen. Denn er hat den Klaganspruch nicht vor der Klagerhebung erfüllt, Ffm MDR **89**, 1108, Karlsr FamRZ **89**, 1101, Köln FamRZ **93**, 346, aM Bbg FamRZ **86**, 371, Kblz FamRZ **94**, 1608 (aber für die Möglichkeit des § 91 a kommt es nun einmal auf den Rechtshängigkeitszeitraum an).

S auch Rn 136 „Stufenklage".

Rechtliches Gehör: Trotz der grundsätzlichen Beschränkung auf den bisherigen Sach- und Streitstand nach Rn 112 kann das Gericht wegen Artt 2 I, 20 III GG (Rpfl), BVerfG **101**, 404, Art 103 I GG (Richter), dem Gegner das rechtliche Gehör geben müssen. Das gilt etwa dann, wenn er auf eine Klageschrift bis zum Eintritt des erledigenden Ereignisses und der beiderseitigen Erledigterklärungen noch nicht näher antworten konnte. Das rechtliche Gehör ist auch zB noch in der Revisionsinstanz notwendig, BVerfG **67**, 99, Smid ZZP **97**, 274. Eine Beweisaufnahme kommt aber selbst nach der Gewährung des Gehörs grds nicht in Betracht.

Rechtsänderung: Nach einer solchen Gesetzesänderung, die zur Erledigung der Hauptsache führte, kann es notwendig sein, die Kosten dem jetzigen Sieger aufzuerlegen, Hbg ZMR **77**, 91 (etwas anderes gilt nur nach einer Änderung der bloßen Rechtsprechung), ZöV 24, aM BFH BB **76**, 1445 (dann trage der Verlierer die Kosten, auch wenn er sonst gesiegt hätte), Ffm GRUR **95**, 151. Es kann sogar eine grundlegende Änderung der Rechtsprechung beachtbar sein, Ffm RR **07**, 788 (Prozeßfähigkeit der WEG). Es kommt maßgeblich auf den mutmaßlichen Verlauf ohne die Rechtsänderung an, Ffm GRUR **95**, 151, KG RR **95**, 1511, aM BFH **119**, 407.

Rechtsbeschwerde: I 1 ist auch im Rechtsbeschwerdeverfahren nach (jetzt) §§ 574 ff anwendbar, BGH RR **87**, 1272.

Rechtsfrage: Rn 134 „Schwieriger Fall".

Rechtsmißbrauch: Er ist wie stets schädlich, Einl III 54, KG WettbR **98**, 160 rechts.

Rechtsschutzbedürfnis: Der Wegfall des Rechtsschutzbedürfnisses nach Grdz 33 vor § 253 ist ein typisches erledigendes Ereignis, Ffm NJW **91**, 49, Hamm MDR **86**, 241, Ulrich WRP **90**, 657. Infolgedessen muß das Gericht trotz dieses Umstands nun über die Kosten im Rahmen seines billigen Ermessens nach den Gesamtumständen entscheiden und darf die Kosten keineswegs stets dem Kläger auferlegen.

Revision: I 1 ist auch im Revisionsverfahren anwendbar, BGH NJW **99**, 2522, BFH BB **85**, 719.

Sachlichrechtlicher Ersatzanspruch: Das Gericht darf und muß evtl auch einen sachlichrechtlichen Anspruch auf den Ersatz von Kosten mitberücksichtigen, BGH NJW **02**, 680, BayObLG **02**, 321, Köln FamRZ **01**, 1718, aM Hamm FamRZ **98**, 444 (vgl aber Rn 118). Das gilt allerdings nur dann, wenn sich sein Bestehen ohne besondere Schwierigkeiten feststellen läßt, insbesondere ohne eine weitere Beweisaufnahme, BGH NJW **02**, 680, LAG Hamm MDR **82**, 695. 134

S auch Üb 57 vor § 91, § 91 Rn 128 „Anerkenntnis", Rn 135, Rn 138 „Unterwerfungserklärung".

Schwieriger Fall: In einem rechtlich und/oder tatsächlich schwierigen Fall braucht das Gericht keineswegs jeder rechtlichen und/oder tatsächlichen Frage nachzugehen, sondern darf summarisch entscheiden, Rn 125. Wenn der Streitstand noch völlig ungeklärt ist, kann eine Kostenverteilung zu gleichen Anteilen oder eine Kostenaufhebung gegeneinander angemessen sein, AG Lpz WoM **03**, 276.

S auch Rn 128 „Anerkenntnis", Rn 130, Rn 134 „Sachlichrechtlicher Anspruch".

Sofortiges Anerkenntnis: Der Grundgedanke des § 93 ist nicht allgemein anwendbar, sondern nur gemessen an den Umständen des Einzelfalls evtl brauchbar. Dann ist er aber durchaus mitbeachtlich, Köln JB **06**, 598 rechts, Rostock JB **06**, 489. Das Gericht entscheidet ja ohnehin im Rahmen eines zwar pflichtgemäßen, aber weiten „billigen" Ermessens, BPatG GRUR **83**, 505, KG WoM **06**, 163, Mü WRP **96**, 931, aM Düss GRUR **80**, 135, Ffm BB **79**, 601, Hamm VersR **84**, 673 (aber man darf das Ermessen in keiner Weise grds einengen). Das Gericht prüft unter anderem, ob ein Anlaß zur Klage bestand, AG Düss AnwBl **03**, 598, AG Köln AnwBl **03**, 598, oder ob der Kläger eine billigere Möglichkeit zur Durchsetzung seines Anspruchs hatte. 135

Sofortige Beschwerde: Rn 121 „Beschwerde".

Streitverkündung: Es gelten keine Besonderheiten, BGH MDR **85**, 915, Celle AnwBl **83**, 176, Nürnb MDR **95**, 533.

Stufenklage: Bei der Stufenklage wird mit dem Anspruch auf eine Rechnungslegung auch der noch nicht bezifferte Leistungsanspruch in seinem ganzen vom Kläger noch festzulegenden Umfang rechtshängig, § 254 Rn 5. Das muß man bei I 1 mitbeachten, Hbg FamRZ **96**, 883. Daher kann es angemessen sein, dem Bekl die Kosten aufzuerlegen, wenn die Auskunftsstufe begründet war und nur die Leistungsstufe infolgedessen unbegründet wurde, (zum alten Recht) Brdb RR **03**, 795. Bei einer Rücknahme der Zahlungsklage ist § 92 anwendbar, dort Rn 22. Ein sachlichrechtlicher leicht feststellbarer Kostenersatzanspruch ist mitbeachtlich, Kblz FamRZ **96**, 882, aM Stgt FamRZ **07**, 1346. Überzogene Wertvorstellungen des Klägers sind auch bei einer Stufenklage dem Kläger schädlich, Drsd JB **00**, 658. 136

S auch Rn 133 „Rechnungslegung".

Summarische Prüfung: Es reicht eine summarische Prüfung der Erfolgsaussichten aus, Rn 125.

Tod: Der Tod des Inhabers eines höchstpersönlichen Rechts eröffnet den Ermessensspielraum nach I 1, BGH NJW **05**, 2385 (Aufhebung gegeneinander). In einer Ehesache gilt (jetzt) der vorrangige § 131 FamFG, Mü OLGR **97**, 131, aM Bbg RR **95**, 1289, Karlsr RR **96**, 773, Nürnb FamRZ **97**, 763 (aber § 131 FamFG gilt umfassend). 137

Untergang: Der Untergang der herausverlangten Sache eröffnet den Ermessensspielraum nach I 1. 138

Unterhalt: Das Gericht muß natürlich den Zeitraum mitbeachten, Düss FamRZ **96**, 881, (jetzt) § 243 FamFG ist ebenfalls mitbeachtlich, Nürnb MDR **01**, 590.

Unterlassungsversprechen: Soweit im Wettbewerbsprozeß nach einer Abmahnung eine strafbewehrte Unterlassungserklärung erfolgt, ist der Bekl nicht stets kostenpflichtig, sondern nur nach einer Abwägung der Gesamtumstände allerdings meist, § 93 Rn 67, Karlsr WRP **85**, 103, Stgt WRP **84**, 576. Erfolgte die Abmahnung erst nach dem Erlaß einer einstweiligen Verfügung und unterwirft sich der Abgemahnte nach einer vergeblichen Bitte um eine Fristverlängerung, können die Kosten des Eilverfahrens dem Antragsteller aufzuerlegen sein, Ffm GRUR-RR **01**, 72. Zum Problem BGH BB **06**, 70, Bernreuther GRUR **07**, 660.

Unterwerfungserklärung: Eine Unterwerfungserklärung der Partei und damit ihr „freiwilliges Unterliegen" sind nur bedingt mitbeachtlich, Kblz MDR **99**, 500, Köln MDR **94**, 270, Stgt RR **99**, 148. Eine im Verfahren auf einen Arrest oder eine einstweilige Verfügung abgegebene Abschluß- und Unterwerfungserklärung erledigt zwar auch eine gleichzeitige diesbezügliche Hauptklage, Hamm GRUR **84**, 68, KG WRP **87**, 672, Borck WRP **87**, 13. Indessen ist § 93 mitbeachtlich, Celle RR **86**, 1061, Hamm MDR **86**, 241, Kblz GRUR **88**, 566.

S auch Rn 120 „Anerkenntnis", Rn 135.

Vaterschaftsanfechtung: Es gilt § 183 FamFG. 139

Vergleich: Wegen der Lage bei einem Vergleich mit oder ohne eine Kostenentscheidung § 98 Rn 21 ff. Soweit nach dem Vergleich § 91 a anwendbar bleibt, kann man bei der Prüfung des „bisherigen Sach- und Streitstands" den Vergleich ohne eine Bindung an § 98 zugrundelegen, Köln RR **95**, 509, Nürnb OLGR **01**, 156, Schlesw MDR **05**, 1437.

Verjährung: Bei ihrer Einrede besteht zwar der sachlichrechtliche Anspruch weiter. Er ist aber jedenfalls nicht mehr gerichtlich durchsetzbar. Das Gericht müßte die Klage von nun an schon deshalb abweisen. Diese Umstände muß es bei der Entscheidung nach I 1 mitbeachten, Ffm WRP **82**, 422, Kblz RR **96**, 1521, ThP 5, aM Schlesw RR **86**, 39, Stgt RR **96**, 1520 (aber der Text und Sinn von I zwingen eindeutig zur Mitbeachtung der Situation zur Zeit des Eintritts des erledigenden Ereignisses, hier also der Einrede, Einl III 39).

Verlust des Prozesses: Im allgemeinen muß man am Grundgedanken des Kostenrechts festhalten, daß der Verlierer die Kosten trägt, Rn 125.

Versicherung: Der Versicherer trägt die Kosten, wenn er mit der Deckungszusage trotz einer Aufforderung des Versicherungsnehmers über sechs Wochen gewartet hat, selbst wenn der letztere vorher eine andere Frist verfrüht gesetzt hatte, LG Köln VersR **00**, 1412.

Verspätung: Ihre Kosten mag der Säumiger tragen müssen, Hbg WettbR **96**, 200, Rostock JB **06**, 489.

Verweisung: Man kann keineswegs eine bisher unzulässige Klage schon deshalb als gerade nach dem bisherigen Sach- und Streitstand erfolgreich ansehen, weil evtl ein Verweisungsantrag geholfen hätte, Brdb RR **96**, 955, Hamm RR **94**, 828, aM Stgt MDR **89**, 1000, AG Bln-Schöneb MDR **94**, 202, Emde MDR **95**, 239 (für §§ 17, 17 a GVG. Aber man weiß schon kaum je, ob die bisherige Unzuständigkeit das einzige Problem gewesen wäre).

Verzug: Er kann mitbeachtlich sein, AG Düss AnwBl **03**, 598, AG Köln AnwBl **03**, 598.

Vollziehungsfrist: Rn 120.

140 **Wechselprozeß:** Es kommt auf den mutmaßlichen Ausgang der Nachverfahren an. Ein Vorbehaltsurteil kann wirkungslos werden, Ffm OLGR **96**, 69.

Weiterbetreiben des Prozesses: Wer nach dem Eintritt eines erledigenden Ereignisses den Prozeß zu Unrecht weiterbetreibt, muß im allgemeinen die diesbezüglichen Kosten tragen, Köln MDR **79**, 408.

Wettbewerbsrecht: Rn 119 „Abmahnung", Rn 120 „Anerkenntnis", „Arrest, einstweilige Verfügung", Rn 138 „Unterlassungsversprechen", „Unterwerfungserklärung".

Wiederholungsgefahr: Ihr Wegfall ist ein erledigendes Ereignis, Ulrich GRUR **82**, 16.

Willkür: Sie ist wie stets schädlich, Einl III 54, BGH RR **93**, 1320, Mü RR **93**, 1279.

Wirtschaftliche Lage: Diejenige der Parteien ist hier *unbeachtlich*.

Wohnungseigentum: Rn 20.

141 **Zeitablauf:** Das Erlöschen eines Rechts infolge eines Zeitablaufs kann zur Ausübung des Ermessens nach I 1 führen.

Zeitpunkt: Ein früherer oder späterer Zeitpunkt der Erledigterklärung(en) ist mitbeachtlich, Düss OLGR **99**, 296, Ffm OLGR **98**, 71, Rostock JB **06**, 489.

Zurückbehaltungsrecht: Wenn die Parteien in Wahrheit über ein Zurückbehaltungsrecht stritten, muß das Gericht prüfen, wie weit ein Gegenanspruch durchgegriffen hätte.

Zustimmung: Diejenige zur gegnerischen Erledigterklärung schadet dem Zustimmenden nicht stets, ZöV 25, aM Smid MDR **85**, 191 (vgl aber Rn 118).

142 **9) Verfahren zur Kostenentscheidung nach beiderseitigen wirksamen Erledigterklärungen, I.** Soweit das Gericht auf Grund wirksamer übereinstimmender voller Erledigterklärungen nach I nur noch über die Kosten entscheiden darf und muß, geschieht das durch einen besonderen Beschluß, Rn 106.

A. Grundsatz: Freigestellte mündliche Verhandlung. Vor der Entscheidung zur Kostenfrage ist eine Verhandlung nicht notwendig, § 128 III, BAG NZA **05**, 878, aM KG NJW **07**, 2195 (IV. Aber III ist spezieller). Freilich erlaubt diese Vorschrift auch eine mündliche Verhandlung. Die Worte „können ... ergehen" in § 128 III stellen ja nicht nur in die Zuständigkeit, sondern in das pflichtgemäße Ermessen des Gerichts. Eine Verhandlung kann zB zur Klärung der Frage zweckmäßig oder notwendig sein, ob überhaupt ein erledigendes Ereignis und/oder wirksame Erledigterklärungen vorliegen. Das gilt insbesondere dann, wenn eine einseitige Erledigterkärung erst unmittelbar vor einem längst anberaumten und bisher notwendig gewesenen Verhandlungstermin eingeht, selbst wenn der Absender die entsprechende Erklärung des Gegners nur ankündigt. Nach Erledigterklärungen in der Verhandlung kann die Kostenentschädigung demnach ohne eine weitere Verhandlung ergehen.

143 **B. Ratsamkeit einer Verhandlung.** Auch im schriftlichen Verfahren nach § 128 II und im schriftlichen Vorverfahren nach § 276 sowie im Mahnverfahren nach § 688 ist eine mündliche Verhandlung zulässig. Es kann nach der Ansicht des Gerichts ratsam oder notwendig sein, zur jetzt allein verbliebenen Kostenfrage in Rede und Gegenrede Klarheit herbeizuführen. Freilich liegt in der Anordnung einer mündlichen Verhandlung in einem bisher schriftlichen Verfahren der Übergang in das mündliche Verfahren. Soweit dieser kraft Gesetzes unzulässig wäre, darf er auch nicht nach I in Verbindung mit § 128 IV stattfinden. Soweit das Gericht eine mündliche Verhandlung nicht durchführen will, muß es den Gegner grundsätzlich schon wegen Artt 2 I, 20 III GG (Rpfl), BVerfG **101**, 404, Art 103 I GG (Richter) zur Kostenfrage anhören, soweit er sich dazu nicht schon von sich aus geäußert hat. Die Anhörung erfolgt dann schriftlich. Das Gericht setzt dem Gegner eine zumutbare Frist zur Äußerung, § 128 Rn 14. Die Anhörung darf ausnahmsweise dann unterbleiben, wenn das Gericht zulasten des Gegners entscheiden will. Denn das rechtliche Gehör dient nur dazu, die Interessen des Anzuhörenden zu schützen.

144 **C. Unanfechtbarkeit.** Die Anordnung wie eine Ablehnung der mündlichen Verhandlung braucht keine Begründung. Denn sie ist unanfechtbar, § 329 Rn 6. Indessen kann es ratsam sein, zur Vermeidung des Vorwurfs eines Ermessensmißbrauchs eine stichwortartige Begründung der Ablehnung der mündlichen Verhandlung zu geben. Es ist weder zur mündlichen Verhandlung noch zu ihrer Ablehnung ein Antrag einer der Parteien nötig. Denn das Gericht muß über die Kosten nach I von Amts wegen entscheiden, da § 308 II auch hier gilt. Einen Antrag muß das Gericht freilich als eine Anregung auslegen und zumindest zur Kenntnis nehmen. Denn er könnte einen beachtlichen Gesichtspunkt für oder gegen eine mündliche Verhandlung enthalten.

145 **D. Kein Unterlaufen.** Keine Partei kann die Hinausschiebung einer mündlichen Verhandlung etwa nur zu dem Zweck erzwingen, sie müsse noch „ergänzend vortragen". Denn die Entscheidung erfolgt ohnehin nur nach dem bisherigen Sach- und Streitstand, Rn 112. Auch außergerichtliche Vergleichsverhandlungen zur Kostenfrage sind nach § 227 I 2 Z 3 solange unbeachtlich, bis es zum Abschluß eines wirksamen Vergleichs (auch außergerichtlich) gekommen ist. Soweit die Parteien ihn mitteilen, darf und muß das Gericht prüfen, ob sie die Kostenfrage tatsächlich abschließend und für das Gericht verbindlich geregelt haben, § 98 Rn 2.

Andernfalls darf und muß das Gericht über die Kosten mit oder ohne mündliche Verhandlung entscheiden. Dann empfiehlt sich in der Regel dringend die Anberaumung einer Verhandlung zur Klärung der meist den Parteien noch gar nicht bewußten, in Wahrheit vorhandenen Zweifelsfragen zur Kostenpflicht.

E. Kein Anwaltszwang. Es besteht kein Anwaltszwang für die Erledigterklärung, Rn 66. Denn nach I ist **146**
sie auch in einem Verfahren mit einer an sich notwendigen mündlichen Verhandlung nach § 128 Rn 4 doch nach der freien Wahl der Partei in der Verhandlung durch die Einreichung eines Schriftsatzes oder zum Protokoll der Geschäftsstelle zulässig. Daher entfällt für sie der Anwaltszwang nach § 78 III Hs 2, selbst wenn sie nicht vor der Geschäftsstelle erfolgt. Das ist jedenfalls der Zweck der sprachlich unklaren Fassung von I 1, BGH **123**, 266, Lindacher Festgabe *50 Jahre Bundesgerichtshof* (2000) III 268, aM Bergerfurth NJW **92**, 1657, MusWo 12.

F. Kostenentscheidung von Amts wegen durch Beschluß. Das Gericht entscheidet von Amts wegen **147**
über die Kosten ohne eine Antragsnotwendigkeit, Rn 144, Hamm JB **01**, 33. I nennt die Entscheidungsform: einen Beschluß, also nicht etwa ein Urteil (dazu Rn 152), BAG NZA **05**, 878, Karlsr JB **94**, 678. Ein Beschluß ist mit oder ohne eine mündliche Verhandlung notwendig. Für ihn gilt § 329 in Verbindung mit den dort genannten Vorschriften. Das Gericht muß also in seiner vollen Besetzung entscheiden, soweit das Verfahren nicht endgültig dem Einzelrichter nach §§ 348, 348a oder dem Vorsitzenden der Kammer für Handelssachen nach § 349 II Z 6 zusteht. In (jetzt) einer FamFG-Sache bleibt das FamG zuständig, Zweibr FamRZ **92**, 830. Im arbeitsgerichtlichen Verfahren zieht der Vorsitzende die ehrenamtlichen Richter nicht hinzu, BAG DB **00**, 152. Das Gericht muß seinen Beschluß grundsätzlich begründen, § 329 Rn 4, Hamm RR **94**, 1407, Schlesw MDR **97**, 1154. Allerdings ist eine Begründung nicht in einem weiteren Umfang als bei einem Urteil erforderlich. Sie soll sich schon bei ihm auf eine knappe Zusammenfassung der maßgeblichen Erwägungen beschränken, § 313 III. Daher braucht auch der Beschluß nur entsprechend kurze Gründe. Soweit ein Urteil überhaupt keine Entscheidungsgründe enthalten müßte, zB bei § 313a, ist ein Beschluß nach I zwar nicht automatisch vom Begründungszwang frei, Hamm MDR **89**, 919. Das Gericht braucht ihn jedoch meist nur stichwortartig zu begründen.

G. Beschlußinhalt. Das Gericht entscheidet ja nur noch „über die Kosten", Rn 108. Daher lautet sein **148**
Beschluß zB: „Nach beiderseitigen vollständigen wirksamen Erledigterklärungen trägt der Beklagte die Kosten". Das Gericht kann die kraft Gesetzes eingetretene rückwirkende Wirkungslosigkeit einer bereits ergangenen Sachentscheidung auf einen Antrag entsprechend § 269 III 1, IV zusätzlich deklaratorisch aussprechen, Ffm MDR **89**, 460, Hamm MDR **85**, 591, Wallisch/Spinner JuS **00**, 378. Erforderlich ist eine solche Erklärung oder Klarstellung jedoch ebensowenig wie ein zusätzlicher Satz, der die „Erledigung der Hauptsache feststellt". Die letztere Feststellung könnte zu dem Mißverständnis führen, es handle sich nach dem Willen des Gerichts um eine in Wahrheit nur einseitige Erledigterklärung. Indessen wäre auch ein solcher Ausspruch im übrigen unschädlich. Soweit die Hauptsache in Wahrheit nur zum Teil erledigt ist, muß das Gericht in seinem Urteil zur Hauptsache über die Kosten mitentscheiden, Rn 183. Die Parteien können auf die an sich nach § 329 Rn 4 notwendige Begründung evtl verzichten, Hamm MDR **06**, 350. Dann liegt aber nicht stets auch ein Rechtsmittelverzicht vor, BGH NJW **06**, 3498, Hamm MDR **03**, 116, Schlesw MDR **97**, 1154, aM Brdb RR **95**, 1212, Hamm (18. ZS) MDR **06**, 350, Köln MDR **02**, 109 (aber es kann mehrere andere Gründe geben).

H. Mitteilung. Das Gericht muß seinen Beschluß verkünden, soweit er auf Grund einer mündlichen **149**
Verhandlung ergeht, § 329 I 1. Es muß ihn förmlich zustellen, soweit er ohne eine mündliche Verhandlung ergeht. Denn er bildet nach Rn 150 einen Vollstreckungstitel und unterliegt nach Rn 151 grundsätzlich der sofortigen Beschwerde nach II 1, § 329 III.

I. Vollstreckbarkeit. Der Beschluß nach I ist als eine Kostenentscheidung kraft Gesetzes vollstreckbar, **150**
§ 794 I Z 3 Hs 1. Er ist aber nicht zunächst nur vorläufig vollstreckbar. Denn § 708 nennt ihn in seiner abschließenden Aufzählung nicht mit. Er ist auch kein „Urteil" nach jener Vorschrift. Die Vollstreckbarkeit ergibt sich eben ohne jeden entsprechenden Ausspruch aus § 794 I Z 3.

10) Sofortige Beschwerde, II 1, 2. Gegen eine nach Rn 147 getroffene Erstentscheidung findet grund- **151**
sätzlich die sofortige Beschwerde statt, § 567 I Z 1, Karlsr FamRZ **05**, 50. Wegen der Ausnahme gilt Rn 156. Beim Rpfl gilt § 11 RPflG, § 104 Rn 41 ff. Eine theoretisch unter den Voraussetzungen des § 574 denkbare Rechtsbeschwerde gegen einen zweitinstanzlichen Beschluß kommt praktisch kaum infrage, BGH BB **04**, 1078.

A. Geltungsbereich: Jede Entscheidung nach I. II 1 bezieht sich auf jede Entscheidung nach I. Das **152**
Gesetz erfaßt also einen Beschluß oder eine Verfügung nur über die Kosten nach beiderseitigen vollständigen wirksamen Erledigterklärungen. Das gilt auch bei der Ablehnung einer Kostengrundentscheidung, Karlsr FamRZ **05**, 50. Soweit das Gericht trotz einer solchen Lage über die Kosten nicht durch einen Beschluß oder eine Verfügung entschieden hat, sondern fehlerhaft durch ein Urteil, gilt der sog Meistbegünstigungsgrundsatz, Grdz 28 vor § 511. Es ist dann wahlweise die sofortige Beschwerde, Schlesw FamRZ **00**, 1513, oder das gegen das Urteil zulässige Rechtsmittel (Berufung) statthaft, Karlsr JB **94**, 678. Über eine in diesem Sinn eingelegte Berufung muß das Berufungsgericht dann durch einen Beschluß und nicht durch ein Urteil entscheiden, Karlsr JB **94**, 678. Gegen diesen Beschluß ist keine Revision statthaft. Eine Rechtsbeschwerde an den BGH gegen einen Beschluß des OLG kommt nur unter den Voraussetzungen des § 574 I Z 2, II–IV in Betracht, BGH BB **04**, 1078.

Soweit das Gericht den Bekl teilweise *streitig* verurteilt hatte und die Hauptsache im übrigen erledigt war, **153**
kommt allenfalls in der Hauptsache eine Berufung in Betracht. Mit ihr könnte man dann auch den Kostenpunkt im Umfang der Teilerledigung angreifen. Dasselbe gilt grundsätzlich dann, wenn es einem durch ein streitiges Urteil oder durch ein unechtes Versäumnisurteil nach Üb 13 vor § 330 abgewiesenen Kläger vorwiegend oder nur auf eine Abänderung der ihn belastenden Kostenentscheidung ankommt. Soweit das Gericht im streitigen Urteil oder im sog unechten Versäumnisurteil korrekt einheitlich über die Kosten des gesamten Rechtsstreits entschieden hat und soweit es dabei auf den übereinstimmend wirksam für erledigt erklärten Teil der Hauptsache im Rahmen seiner Kostenentscheidung nach §§ 91 ff auch die Grundsätze des

§ 91 a mitbeachtet hat, kommt allenfalls die Berufung in Betracht. Das gilt freilich nur, soweit der Berufungskläger auch die Entscheidung zur restlichen Hauptsache angreift, Düss GRUR **84**, 61, aM Köln VersR **80**, 463, Schiffer ZZP **188**, 31 (II gelte dann zur Anfechtung nur der Entscheidung über die Kosten des für erledigt erklärten Teils. Aber insofern gilt § 99 I. Denn es liegt zumindest auch eine Entscheidung zur Hauptsache vor). Dann ist § 91 a isoliert auch nicht entspechend anwendbar, Ffm VersR **81**, 538.

154 **B. Form.** Auf die sofortige Beschwerde ist § 569 II, III anwendbar. Im Umfang der sog Meistbegünstigungsklausel nach Rn 152 muß man klären, welches der beiden möglichen Rechtsmittel vorliegt. Danach richtet sich die erforderliche Form. Im übrigen ist eine irrige Bezeichnung des in Wahrheit eindeutig gemeinten Rechtsmittels unschädlich. Das Gericht muß sie umdeuten, LG Bln ZMR **85**, 305. Man muß diejenige Form wählen, die für das gewollte Rechtsmittel erforderlich ist. Ein Anwaltszwang besteht wie sonst bei der sofortigen Beschwerde, §§ 78, 569 III, 571 IV. Die sofortige Beschwerde kann zum Protokoll nur unter den Voraussetzungen des § 569 III wirksam erfolgen.

155 **C. Frist: Zwei Wochen.** Man muß die sofortige Beschwerde nach §§ 329 III, 569 I 1, 2 Hs 1 grundsätzlich binnen einer Notfrist nach § 224 I 2 von 2 Wochen seit der Zustellung der angefochtenen nach I ergangenen Kostenentscheidung einlegen. Die Notfrist beginnt nach § 569 I 2 Hs 2 spätestens 5 Monate nach der Verkündung des Beschlusses. Soweit das Gericht irrig durch ein Urteil nur über die Kosten entschieden hat und der Beschwerdeführer nach dem sog Meistbegünstigungsgrundsatz nach Rn 152 als sein Rechtsmittel die sofortige Beschwerde wählt, muß er deren Frist einhalten, andernfalls die Berufungsfrist.

156 **D. Zulässigkeitsgrenzen.** Es ist grundsätzlich zunächst der Beschwerdewert nach § 567 II von (jetzt) über 200 EUR notwendig, LG Stendal JB **06**, 39. Beim Verstoß des Erstgerichts gegen Artt 2 I, 20 III GG, BVerfG **101**, 404 (Rpfl), Art 103 I GG (Richter) kann ein Beschwerdewert ausnahmsweise entbehrlich sein, Kblz FamRZ **98**, 1239. Ferner muß nach II 2 die fiktive Rechtsmittelgrenze der bisherigen Hauptsache nach § (jetzt) 511 II Z 1 von 600 EUR überschritten sein, Ffm RR **88**, 838, LG Hann JB **91**, 117, LG Stendal JB **06**, 39. Das gilt jedenfalls bei § 511 I Z 1 (Wertberufung). Bei § 511 I Z 2 (Zulassungsberufung), der ja nur bei einem Wert bis höchstens 600 EUR infrage kommt, liegt wie bei § 99 II 2, dort Rn 44, ebenfalls eine Zulässigkeitsgrenze vor. Maßgeblich für II 2 ist grundsätzlich das voraussichtliche Unterliegen einer Partei, von dem das Gericht bei seinem Kostenanspruch ausgegangen ist, BGH BB **03**, 2093.

Im übrigen muß eine Entscheidung des AG als Prozeßgericht vorliegen, also nicht als FamG im Verfahren nach (jetzt) §§ 49 ff FamFG, Ffm FamRZ **80**, 388.

Soweit die Parteien in einem *Vergleich* die Kosten dem § 91 a unterstellt hatten, gelten die allgemeinen Regeln zur Anfechtbarkeit, § 98 Rn 62. Gegen eine Entscheidung des OLG ist allenfalls unter den Voraussetzungen des § 574 I Z 2, II–IV eine Rechtsbeschwede an den BGH denkbar, BGH BB **04**, 1078. Wer auf eine Begründung des angefochtenen Beschlusses nach Rn 148 verzichtet hatte, hat damit evtl einen Rechtsmittelverzicht vorgenommen, aber nicht stets, Rn 148.

157 **E. Anschlußbeschwerde.** Vgl § 567 III.

158 **F. Unzulässigkeit weiterer sofortiger Beschwerde.** Eine weitere sofortige Beschwerde ist unstatthaft. Das ergibt sich aus § 567 I (nur gegen erstinstanzliche Beschlüsse), § 574 (allenfalls Rechtsbeschwerde, auch dazu krit BGH NJW **03**, 3565). Das gilt auch bei einer Erledigung der Hauptsache im Beschwerdeverfahren und bei einer Entscheidung des OLG über die Kosten.

159 **11) Abhilfeprüfung der ersten Instanz, II.** Das Beschwerdeverfahren richtet sich grundsätzlich nach §§ 567 ff, so schon Karlsr NJW **87**, 287, aM ThP 52 (aber II sieht keine Abweichung von §§ 567 ff vor). Danach erfolgt zunächst eine erstinstanzliche Abhilfeprüfung, § 572 I 1, 2. Dabei bleibt § 318 unberührt, § 572 I 3.

A. Zulässigkeitsprüfung. Das Erstgericht muß zunächst die Statthaftigkeit der sofortigen Beschwerde prüfen. Es muß also klären, ob überhaupt eine Entscheidung nach I vorliegt oder ob nach dem sog Meistbegünstigungsgrundsatz gemäß Rn 152 auch die sofortige Beschwerde statthaft ist. Sodann muß das Erstgericht die Zulässigkeit nach Rn 154–156 prüfen. Denn ungeachtet der Fristgebundenheit der sofortigen Beschwerde ist der bisherige Richter (judex a quo) nach § 572 I 1 Hs 1 berechtigt und daher auch verpflichtet zu prüfen, ob die sofortige Beschwerde begründet ist. Also muß er erst recht vorrangig auch die Zulässigkeitsfrage klären.

160 **B. Begründetheitsprüfung.** Sodann muß das Erstgericht wegen seiner in Rn 159 dargestellten Abhilfe-Zuständigkeit die Begründetheit der sofortigen Beschwerde prüfen. Es darf und muß also eine erneute Ermessensentscheidung nach Rn 108–118 treffen. Dabei darf und muß das Erstgericht die gesamte Entscheidung überprüfen. Es darf und muß neue Tatsachen und Beweismittel im Rahmen des § 571 II 1, III und in den Grenzen des § 571 II 2 berücksichtigen.

161 **C. Anhörung des Beschwerdegegners, II 3.** Schon das Erstgericht darf und muß im Rahmen seiner Abhilfeprüfung den Beschwerdegegner vor einer ihm nachteiligen Entscheidung hören. Das ergibt sich aus der ausdrücklichen Anordnung in II 3. Sie ist ja ein Ausdruck von Art 103 I GG, BVerfG **64**, 227. Zur Anhörung muß das Erstgericht dem Beschwerdegegner eine angemessene Frist setzen.

162 **D. Entscheidung des Erstgerichts.** Es kann zwei Arten von Entscheidungen treffen.

Abhilfe erfolgt, soweit nach der Ansicht des Erstgerichts eine Zulässigkeit und eine Begründetheit zusammentreffen. Die Abhilfe erfolgt durch einen Beschluß. Das Erstgericht muß ihn begründen, § 329 Rn 4. Er muß im Rahmen der Abhilfe nach § 97 über die Kosten des Beschwerdeverfahrens mitentscheiden. Ihn muß das ganze Kollegium unterzeichnen, soweit keine Einzelrichtersache vorlag, als die angegriffene Entscheidung erging.

Vorlage beim „Beschwerdegericht" (nur das übergeordnete heißt nach §§ 568 ff so) ist notwendig, soweit das Erstgericht die sofortige Beschwerde für unstatthaft oder unzulässig oder jedenfalls für unbegründet erkennt. Bei ihrer Unzulässigkeit darf deren Darlegung nicht schon deshalb unvollständig bleiben, weil jedenfalls auch ihre Unbegründetheit vorliegt, ebensowenig wie beim Urteil, Grdz 17 vor § 253. Wie dort belegt, darf die Vorlagebegründung aber zusätzlich zur notwendigen und vollständigen Darlegung der

Unzulässigkeit hilfsweise auch Erwägungen zur etwa erkannten Unbegründetheit enthalten. Das sollte auch getrost geschehen, um zB eine Beschwerderücknahme zu erleichtern.

Floskeln sind keine Begründung. Das Erstgericht muß seinen Nichtabhilfebeschluß vielmehr so begründen, daß das Beschwerdegericht die Ordnungsmäßigkeit der Abhilfeprüfung des Erstgerichts überprüfen kann. Andernfalls droht eine Zurückverweisung, obwohl §§ 567 ff keine ausdrückliche Vorschrift wie § 538 (Berufung) enthalten. Denn es handelt sich um einen allgemeinen Rechtsgedanken.

Das Erstgericht entscheidet nach einer *freigestellten mündlichen Verhandlung,* § 128 IV. Das Beschwerdegericht verwirft die Beschwerde nach § 572 II als unzulässig oder weist sie als unbegründet zurück oder gibt ihr statt. Das Beschwerdegericht darf und muß nach einem erheblichen Verfahrensfehler des Erstgerichts an dieses zurückverweisen, etwa dann, wenn das Erstgericht rechtsirrig über eine einseitige Erledigterklärung nicht nach § 91 durch ein Urteil entschieden hatte, sondern nach I durch einen Beschluß. Nach einer wirksamen Rücknahme der Berufung nach § 516 gegen dasjenige Urteil, das über die Kosten teils nach § 91 und teils nach § 91 a einheitlich entschied, muß man über die etwa in der Berufung steckende Beschwerde nach II entscheiden, soweit sie in der Frist des § 569 I 2 einging.

Das Beschwerdegericht entscheidet über die *Kosten* des Beschwerdeverfahrens nach § 97. Die Vollstreckbarkeit richtet sich nach § 794 I Z 3. Entgegen seinem zu engen Wortlaut kommt es nur darauf an, daß die Entscheidung beschwerdefähig gewesen wäre, wenn sie in der ersten Instanz ergangen wäre, § 794 Rn 15.

E. Mitteilung. Das Erstgericht teilt die Entscheidung mit, § 329. Soweit die Abhilfeentscheidung einen Vollstreckungstitel enthält, sei es auch nur über die Kosten des Beschwerdeverfahrens, braucht sie nach § 329 III Hs 1 eine förmliche Zustellung. Andernfalls ist eine förmliche Zustellung wegen § 574 IV 1 notwendig, § 329 III Hs 2. **163**

12) Verfahren des Beschwerdegerichts, II 1, 3. Dazu die ausführlichen Erläuterungen zu §§ 567 ff, insbesondere § 572 II–IV, 574 ff. **164**

13) Kostenfragen, I, II. Man muß Wert- und Gebührenfragen unterscheiden. **165**

A. Streitwert. Die Streitwertprobleme sind ausführlich im Anh § 3 Rn 45 „Erledigterklärung" dargestellt.

B. Gebühren. Im Beschlußverfahren nach beiderseitigen vollen übereinstimmenden wirksamen Erledigterklärungen in erster Instanz gelten für die Gebühren des Gerichts: KV 1211, 1221 usw. Für den Anwalt gilt § 19 I 2 Z 9 RVG. Im Fall des Beschwerdeverfahrens gelten für das Gericht KV 1811 und für den Anwalt VV 3500.

14) Rechtskraft, I, II. Wie stets, muß man zwischen der formellen und der inneren Rechtskraft unterscheiden. **166**

A. Formelle (äußere) Rechtskraft. Der erstinstanzliche Beschluß nach I 1 wird mit dem fruchtlosen Ablauf der Frist zur Einlegung der sofortigen Beschwerde nach II 1 oder mit einer wirksamen Rücknahme usw des Rechtsmittels formell rechtskräftig, Einf 1 vor §§ 322–327. Der Beschluß des Beschwerdegerichts wird mit der gesetzmäßigen Mitteilung formell rechtskräftig.

B. Persönliche und sachliche (innere) Rechtskraft. Der erst- wie zweitinstanzliche Beschluß ist der inneren Rechtskraft fähig, Einf 2 vor §§ 322–327, Ffm FamRZ **00**, 240. Das gilt natürlich nur zur Kostenfrage, nicht auch zur Hauptsache, BGH NJW **99**, 1337, Celle FamRZ **98**, 684, Bergerfurth NJW **92**, 1657. Man kann daher die Klage grundsätzlich wiederholen, BGH NJW **91**, 2281. **167**

15) Einseitige Erledigterklärung des Klägers, dazu *El Gayar,* Die einseitige Erledigungserklärung des Klägers usw, 1998: Wie in Rn 1 dargestellt, erfaßt § 91 a nicht direkt eine nur einseitige Erledigterklärung einer Partei. Man könnte daher diese Situation bei § 91 behandeln, Rn 2. Wegen des Sachzusammenhangs auf Grund des Umstands, daß immerhin eine wirksame Erledigterklärung vorliegen muß, soll die Situation aber hier behandelt werden. **168**

A. Begriffe. Ob ein erledigendes Ereignis vorliegt, richtet sich nach den Regeln Rn 24. Ob eine wirksame Erledigterklärung des Klägers vorliegt, ergibt sich aus den Umständen Rn 62 ff. Die einseitige Erledigterklärung ist eine Klagänderung, § 264 Rn 16 „Leistung – Erledigung". Als eine Parteiprozeßhandlung nach Grdz 47 vor § 128 ist die einseitige Erledigterklärung ab ihrer Wirksamkeit grundsätzlich unanfechtbar, Rn 74.

B. Unwirksamkeit der Erledigterklärung vor Rechtshängigkeit der Hauptsache. Insbesondere ist eine auch nur einseitige Erledigterklärung des Klägers nur dann wirksam, wenn sie nach dem Eintritt der Rechtshängigkeit der Hauptsache ergeht, Rn 68.

16) Folgen der einseitigen Erledigterklärung des Klägers. Wenn der Bekl mit der Erledigterklärung des Klägers nicht einverstanden ist, wenn er ihr also widerspricht, liegt in diesem Widerspruch seine Behauptung, daß der Kläger die Erledigterklärung zu Unrecht abgegeben habe. Der Bekl will also zum Ausdruck bringen, das vom Kläger genannte Ereignis habe die Hauptsache in Wahrheit nicht erledigt, vielmehr bestehe der Klaganspruch von Anfang an nicht, BGH VersR **80**, 385, Saarbr RR **89**, 1513. Das gilt auch dann, wenn der Bekl den Abweisungsantrag trotz einer jetzt erfolgenden vorbehaltlosen Leistung aufrechterhält, BGH NJW **81**, 686, Bernreuther GRUR **07**, 660. Die Hauptsache bleibt folglich grundsätzlich rechtshängig, BGH NJW **90**, 2682, Düss FamRZ **94**, 170, aM Piepenbrock ZZP **112**, 356 (vgl aber Rn 170). Im selbständigen Beweisverfahren liegt freilich in einer einseitigen Erledigterklärung durchweg eine Antragsrücknahme, BGH BB **04**, 2602 rechts unten. **169**

A. Notwendigkeit einer Entscheidung zur Hauptsache. Das Gericht darf und muß in dieser Situation grundsätzlich (Ausnahme: Insolvenz-Eröffnungsverfahren, BGH NJW **02**, 516) prüfen, ob entweder die Hauptsache tatsächlich erledigt ist, BGH NJW **08**, 2580, KG MDR **99**, 185, oder ob es die Klage als unzulässig oder unbegründet abweisen muß, BGH RR **93**, 391, Celle FamRZ **93**, 438, Düss RR **97**, 1566. Die Hauptsache bleibt also der Streitgegenstand, § 2 Rn 4. Es entfällt lediglich die Möglichkeit, der bisherigen Klageforderung noch stattzugeben, dem Kläger also die bis zu seiner Erledigterklärung verlangte Hauptsache noch zuzusprechen. Denn insofern hat er durch eine wirksame Erledigterklärung ja in einer das **170**

Gericht nach § 308 I bindenden Weise sein bisheriges Ziel eines Vollstreckungstitels zur Hauptsache aufgegeben, Rn 172, BGH NJW **86**, 589, Saarbr RR **89**, 1513, LAG Mü MDR **94**, 305. Dasselbe gilt bei einer Säumnis des Bekl, Martins DRiZ **89**, 288. Man darf die Lage also gerade nicht wie diejenige nach übereinstimmenden wirksamen Erledigterklärungen behandeln, aM Stollwerk NJW **07**, 3754.

171 **B. Rechtsschutzbedürfnis.** Der Kläger hat ein Rechtsschutzbedürfnis nach Grdz 33 vor § 253 an der feststellenden Klärung der Frage, ob die Hauptsache wirklich erledigt ist, BGH NJW **99**, 2522. Auch der Bekl hat ein Rechtsschutzbedürfnis an seinem fortbestehenden Klagabweisungsantrag. Denn es liegt ja ein Prozeßrechtsverhältnis zwischen den Parteien vor, Grdz 4, 6 vor § 128. Der Kläger hat den Bekl in einen Rechtsstreit hineingezogen, über dessen Berechtigung und über dessen Kosten das Gericht noch entscheiden muß, BGH NJW **92**, 2236. Das gilt zumindest, soweit nicht eine insofern das Gericht bindende vergleichsweise Einigung vorliegt, § 98 Rn 37. Daher muß die Prüfung auch dann erfolgen, wenn das erledigende Ereignis erst während der Rechtsmittelinstanz eingetreten sein soll, BGH RR **93**, 1123, LAG Stgt AnwBl **86**, 105, aM BVerwG ZZP **79**, 299 (aber maßgeblich ist der gesamte Rechtshängigkeitszeitraum). Der Bekl will ja mit seinem Widerspruch verhindern, daß der Kläger im Lauf des Verfahrens infolge einer besseren Erkenntnis seiner Rechtslage durch eine Erledigterklärung von einer nach der Meinung des Bekl von vornherein unbegründeten Klage Abstand nimmt, nur um sich durch die Erledigterklärung kostenmäßig eine bessere Stellung zu verschaffen, als er sie sonst hätte, weil er die Klage sonst in Wahrheit zurücknehmen oder auf den Anspruch verzichten müßte, Rn 3.

172 **C. Streit um Zulässigkeit und Begründetheit der Klageforderung.** Vordergründig streiten die Parteien zwar nach einer einseitigen Erledigterklärung des Klägers nur noch um die Feststellung dieser Erledigung und um die Kosten. In Wahrheit streiten sie aber unverändert über die Zulässigkeit, BayObLG **83**, 18, und über die Begründetheit der Klage oder des sonstigen Verfahrens, Rn 170–171, BFH NJW **99**, 2522, Nürnb RR **89**, 445, LAG Mü MDR **94**, 305, aM ThP 31 ff, ZöV 35 (der Kläger habe eine Klagänderung vorgenommen. Dabei übersieht man, daß der Kläger keineswegs immer einen zum Antrag des Bekl passenden Gegenantrag stellen muß. Der Kläger und nicht der Bekl führt zunächst einmal den Rechtsstreit und verfügt über den Streitgegenstand. Außerdem besteht bei einem Streit zB um die Berechtigung einer Klagerücknahme dieselbe Prozeßlage und hat eine Klagerücknahme ganz andere Kostenrisiken).

173 **D. Feststellung der Erledigung.** Wenn die Wirksamkeit der einseitigen Erledigterklärung des Klägers feststeht, muß das Gericht nicht nur klären, ob jetzt ein erledigendes Ereignis vorliegt. Das Gericht muß ferner auch und vor allem prüfen, ob eine Nichtzulassungsbeschwerde des Gegners zulässig und begründet gewesen wäre, BGH NJW **08**, 2580, und erst anschließend, ob die Klageforderung oder der bisherige sonstige Sachantrag bis zum Eintritt des erledigenden Ereignisses bestanden hatte, BGH RR **07**, 640. Der Kläger trägt dazu die Beweislast, Anh § 286 Rn 90. Ist das der Fall, muß das Gericht die Erledigung der Hauptsache grundsätzlich in einem Urteil feststellen, § 300, BGH NJW **08,** 2580, KG MDR **99**, 185, Deppert Festschrift für Wenzel (2005) 28, aM BAG DB **90**, 2378 (für das arbeitsgerichtliche Beschlußverfahren), Assmann Erlanger Festschrift für Schwab (1990) 204, Künzl DB **90**, 2372 (für das arbeitsgerichtliche Urteilsverfahren).

174 Dieses Urteil ist eine Entscheidung in der Hauptsache, ein *Sachurteil*, Mü MDR **86**, 61, LG Nürnb-Fürth NJW **81**, 2587. Es kann sich um ein streitiges Urteil handeln, OVG Saarlouis NJW **78**, 121. Das gilt auch bei einer vorbehaltlosen Erfüllung, Rn 180, BGH NJW **81**, 686 (dann keine Anwendung von § 307). Dieses ist wie sonst anfechtbar, Ffm FamRZ **84**, 1118, Becker-Eberhard (vor Rn 1) 306. Es kann sich auch um ein Versäumnisurteil handeln, Köln MDR **95**, 103. Denn auch bei einer Säumnis des Bekl nach §§ 331 ff liegt ja eine nur einseitige Erledigterklärung des Klägers vor. Es kann sich daher auch um ein Versäumnisurteil im schriftlichen Vorverfahren nach § 331 III handeln, Beuermann DRiZ **78**, 312, vgl allerdings auch § 335 Rn 7. Es kann auch ein Anerkenntnisurteil nach § 307 in Betracht kommen, Hamm RR **95**, 1073, LG Hanau RR **00**, 1233, LG Tüb MDR **95**, 860, aM Lange NJW **01**, 2130 (§ 91 a. Aber diese Vorschrift ist dann gerade nicht anwendbar). Dann kann § 93 entsprechend anwendbar sein, LG Hbg RR **87**, 381, aM Kblz RR **86**, 1443 (inkonsequent). Das gilt aber nur bei einem sofortigen Anerkenntnis, Düss RR **97**, 1566, Stgt OLGR **03**, 139. Es kann auch ein Beschluß nach § 269 IV infragekommen.

175 Der *Tenor* des Urteils kann lauten: „Die Hauptsache ist erledigt“, BGH VersR **82**, 296, Bbg VersR **76**, 891. Vielfach wird auch so formuliert: „Es wird festgestellt, daß die Hauptsache erledigt ist“. Das ist nur bei einer ungenauen Betrachtung zutreffend. Denn während beiderseits übereinstimmende wirksame Erledigterklärungen auf Grund eines tatsächlich eingetretenen erledigenden Ereignisses die Rechtshängigkeit der bisherigen Hauptsache unmittelbar beenden, bleibt die Hauptsache bei einer nur einseitigen Erledigterklärung des Klägers bis zur Rechtskraft des die Erledigung aussprechenden Urteils rechtshängig. Dann führt also genau betrachtet erst der Eintritt der formellen Rechtskraft des Urteils nach § 705 überhaupt die Erledigung der Hauptsache herbei. Indessen endet die Rechtshängigkeit ja auch bei einer Feststellungsklage nach § 256 erst mit der Rechtskraft des Urteils. Insofern ist also eine „Feststellung der Erledigung der Hauptsache“ zulässig.

176 Der Erledigungsausspruch ist auch auf Grund eines bloßen *Hilfsantrags* nur des *Klägers* zulässig, Kblz GRUR **85**, 326, aM RoSGo § 132 III 2, StJL 17 (vgl aber § 260 Rn 8). Das Gericht muß zwar nicht stets, darf aber und sollte eine vorangegangene Entscheidung aufheben, zB durch ein abweisendes oder stattgebendes Versäumnisurteil, zB wegen § 343, obwohl sie in Wahrheit bereits mit dem Eintritt des erledigenden Ereignisses wirkungslos geworden ist. Insofern ist § 269 III 1, 2 entsprechend anwendbar. Soweit ein solcher Ausspruch etwa in einer Beschlußform nach § 329 erfolgt, ist dieser Beschluß ein „Urteil“ nach § 839 II BGB.

177 **E. Fehlen der Erledigung: Klagabweisung.** Wenn das Gericht im Anschluß an eine einseitige Erledigterklärung des Klägers zu dem Ergebnis kommt, daß seine Klage von vornherein aussichtslos war, ist in Wahrheit kein erledigendes Ereignis eingetreten. Das gilt auch dann, wenn sich diese Beurteilung erst während des Prozesses mit einer Rückwirkung vornehmen läßt, Celle FamRZ **93**, 438, oder wenn die Zulässigkeit oder Begründetheit jedenfalls *vor* dem „erledigenden Ereignis“ wegfiel, BAG NJW **96**, 1980. Die Erledigterklärung des Klägers ist also insofern erfolglos, BFH BB **79**, 1757. Seine Erledigterklärung würde eine den Prozeß unmittelbar beendende Wirkung ja ohnehin nur dann haben, wenn sich der Gegner der Erledigterklärung wirksam anschließen würde.

Eine Erledigung *fehlt,* wenn die Klage von vornherein unzulässig war, Rn 60 „Zulässigkeit", BGH NJW **75**, 932, Mü MDR **86**, 61, Vossler NJW **02**, 2373 (notfalls auf einen Klägerantrag Verweisung, § 281). Sie fehlt auch, soweit die Zulässigkeit vor der Rechtshängigkeit weggefallen ist, BGH RR **93**, 391. Sie fehlt auch, wenn die Klage von vornherein unbegründet war, LG Bochum MDR **82**, 675. **178**

Es kann auch ein solches Ereignis eingetreten sein, das die zulässige und begründete Klageforderung gerichtlich *undurchsetzbar* machte, etwa die wirksame Einrede der Verjährung oder der Umstand, daß das BVerfG die der Klage zugrundeliegende Vorschrift rückwirkend für nichtig erklärt hat oder daß sachlichrechtlich eine rückwirkende Nichtigkeit etwa des Räumungsanspruchs des Vermieters wegen der Zahlung der Mietrückstände durch den Mieter innerhalb der Frist des § 569 III Z 2 S 1 Hs 1 BGB vorliegt. Allerdings hat dann infolge dieser rückwirkenden Nichtigkeit ein Klaganspruch eben in Wahrheit auch von Anfang an nicht bestanden. Dann ist auch § 93 nicht einmal entsprechend anwendbar. **179**

Eine *vorbehaltlose Leistung* des Bekl ist zwar evtl als eine stillschweigende Erledigterklärung auslegbar. Andernfalls mag sich aber nichts daran ändern, daß ein Anspruch des Klägers in Wahrheit von vornherein nicht bestand. Daher bleibt seine einseitige Erledigterklärung wirkungslos, BGH NJW **81**, 686. Es kann sich allerdings auch ergeben, daß die Klage in Wahrheit noch zulässig und begründet wäre, wenn nicht der Kläger infolge der Unwiderruflichkeit seiner einseitigen wirksamen Erledigterklärung eine der Klage stattgebende Entscheidung wegen § 308 I vereitelt hätte, Nürnb RR **89**, 445, AG Köln WoM **89**, 31. Dann würde auch ein Hinweis des Gerichts nach § 139 nur unter den Voraussetzungen Grdz 56–59 vor § 128 die Rückkehr zum bisherigen Sachantrag in diesem Verfahren zulassen. In allen diesen Fällen muß das Gericht dem Kläger nach § 139 evtl die Rücknahme der Klage nach § 269 oder einen Verzicht auf den sachlichrechtlichen Anspruch anheimgeben, Einf 2 vor §§ 306, 307, damit er entscheiden kann, ob er das Risiko einer Klagabweisung mit einer inneren Rechtskraftwirkung nach § 322 tragen will. Eine Klagerücknahme mag freilich nach § 269 I nur noch mit einer Einwilligung des Bekl wirksam möglich sein. **180**

Andernfalls muß das Gericht die Klage mit ihrem jetzigen Feststellungsantrag durch ein Urteil in der Hauptsache als unzulässig oder unbegründet *abweisen,* BGH NJW **92**, 2236, BAG ZIP **96**, 558, Nürnb RR **89**, 445. **181**

Das gilt auch dann, wenn der Kläger den früheren Sachantrag nunmehr ausdrücklich dahin *umformuliert,* und zwar auch *hilfsweise,* das Gericht möge „die Erledigung der Hauptsache feststellen", oder wenn man seinen bisherigen Sachantrag nun so auslegen muß, oder wenn er den bisherigen Sachantrag zulässigerweise neben der Erledigterklärung als einen bloßen Hilfsantrag aufrechterhält. Die „Abweisung der Klage" kann und muß evtl auch durch ein sog unechtes Versäumnisurteil erfolgen, also trotz einer Säumnis des Bekl, § 331 II Hs 2. Eine Verweisung etwa nach § 281, auch eine nur hilfsweise beantragte, kommt jedenfalls nicht mehr in Betracht. Denn der Kläger will mit seiner einseitigen Erledigterklärung ja nur noch eine ihm günstige Kostenentscheidung herbeiführen. Er bleibt trotz des gegnerischen Abweisungsantrags oder der gegnerischen Säumnis bei dieser Haltung. Er wünscht also nicht mehr die Entscheidung über den bisherigen Hauptsacheantrag durch das in Wahrheit zuständige Gericht, § 308 I, Mü MDR **86**, 61. **182**

F. Kosten. Über die Kosten muß das Gericht in seinem streitigen Urteil wie sonst nach §§ 91, 92 ff entscheiden, BGH **83**, 15, Ffm MDR **98**, 559, Stgt OLGR **03**, 139, aM Mü NJW **79**, 274, Althammer/Löhnig NJW **04**, 3080 (vgl aber Rn 172, 173). Soweit es die Erledigung feststellt, trägt der Bekl die Kosten. Denn sein Abweisungsantrag hat sich als erfolglos erwiesen, BGH **83**, 15, Köln FamRZ **83**, 1263, StJBo 41, aM Mü RR **93**, 571 (bei „verspäteter" klägerischer Erledigterklärung. Aber bei § 91 kommt es stets nur auf das Ergebnis an, Üb 29 vor § 91). Wegen des Streitwerts Anh § 3 Rn 45 ff. **183**

§ 93 ist auch dann *nicht* entsprechend zulasten des Bekl anwendbar, wenn er einen Klaganlaß gegeben und zwischen der *Anhängigkeit* und der Rechtshängigkeit, § 261 Rn 1, geleistet hat. Im selbständigen Beweisverfahren gilt meist § 269 III 2 entsprechend, BGH BB **04**, 2602 rechts unten. Der Kläger muß dann mangels einer Klagerücknahme nebst einem Antrag auf eine Kostenentscheidung nach § 269 III 3 die Kosten evtl gesondert einklagen.

Wenn das Gericht die Klage *abweist,* muß der Kläger als Verlierer die Kosten tragen. Denn sein Antrag auf eine Feststellung der Erledigung hat sich als erfolglos erwiesen. Das würde sogar dann gelten, wenn die Klage in Wahrheit noch zulässig und begründet wäre, falls der Kläger nicht wirksam von der einseitigen Erledigterklärung Abstand nehmen kann und will. **184**

G. Vorläufige Vollstreckbarkeit. Das die Erledigung feststellende Urteil hat nur noch wegen der Kostenentscheidung den Charakter eines Vollstreckungstitels. Man muß daher nach § 708 Z 11 Hs 2 prüfen, ob eine Vollstreckung im Wert von nicht mehr als 1500 EUR wegen der Kosten infrage kommt. Dann ist das Urteil ohne eine Sicherheitsleistung des Klägers vorläufig vollstreckbar. Jedoch muß man § 711 beachten. Soweit das Gericht die Klage abweist, gelten für die vorläufige Vollstreckbarkeit ebenfalls §§ 708 ff unbeschränkt. **185**

H. Mitteilung. Das Gericht muß sein Urteil wie sonst mitteilen, also nach einer mündlichen Verhandlung verkünden, § 311, darüber hinaus nach § 317 zustellen, im schriftlichen Verfahren nach § 128 II ebenfalls so behandeln, § 228 II 2, und bei §§ 307, 331 III nur zustellen, § 310 III. **186**

I. Rechtsmittel. Es gelten die für sonstige Urteile anwendbaren Regeln, BGH RR **92**, 1033, Köln RR **97**, 956, Nürnb FamRZ **00**, 1025. Es gilt auch der Meistbegünstigungsgrundsatz, Grdz 28 vor § 511, BGH RR **02**, 1501, Köln RR **97**, 956, Stgt RR **97**, 1222. Das gilt auch zur Errechnung des Beschwerdewerts und der Rechtsmittelsumme beim die Erledigung feststellenden Urteil. Vgl § 99 Rn 36. Wegen der Beschwer-Deppert (bei Rn 188). **187**

J. Rechtskraft, dazu *Deppert,* Rechtskraftwirkung und Bemessung der Beschwer einer Entscheidung über die einseitige Erledigungserklärung, Festschrift für *Wenzel* (2005) 23: Das feststellende wie das abweisende Urteil entstehen in formeller und innerer Rechtskraft, Einf 1, 2 vor §§ 322–327, BGH NJW **91**, 2281, Bergerfurth NJW **92**, 1659. Im Folgeprozeß ist das dortige Gericht an den Erledigungsausspruch des Gerichts des Erstprozesses gebunden, Schlesw JB **84**, 1741. Man muß den Umfang der inneren Rechtskraft wie sonst ermitteln, § 322 Rn 27. Dabei kann sich ergeben, daß die Klage von vornherein unzulässig war, Mü MDR **86**, 61, oder daß sie von vornherein unbegründet war, Mü RR **96**, 957, LG **188**

Bochum MDR **82**, 675, oder daß kein erledigendes Ereignis nach Rn 23 ff eingetreten ist, Nürnb RR **89**, 444.

189 **17) Einseitige Erledigterklärung des Beklagten.** Es kommt in der Praxis durchaus vor, daß der Bekl die Hauptsache für erledigt erklärt, daß der Kläger jedoch den bisherigen Sachantrag auch weiterhin aufrechterhält, BGH MDR **06**, 45.

A. Begriff. Ob eine einseitige Erledigterklärung des Bekl vorliegt, muß man nach den Regeln Rn 26 ff prüfen. Man muß also prüfen, ob der Bekl überhaupt eine Erledigterklärung abgibt und ob sich das Gesamtverhalten des Klägers dahin auslegen läßt, daß in Wahrheit auch er die Hauptsache für erledigt erklärt. Im letzteren Fall sind die Regeln über die Folgen beiderseitiger Erledigterklärungen anwendbar, Rn 142 ff.

190 **B. Verfahren.** Soweit die Auslegung ergibt, daß der Kläger einer Erledigterklärung des Bekl widerspricht und seinen Klaganspruch aufrechterhält, ist die einseitige Erledigterklärung des Bekl unbeachtlich, BGH RR **95**, 1090, BAG NJW **94**, 2564, Bergerfurth NJW **92**, 1659.

191 Das gilt selbst dann, wenn nach der Ansicht des Gerichts in der Tat ein *erledigendes Ereignis* nach Rn 23 ff vorliegt und wenn der Kläger daher den bisherigen Sachantrag nicht mehr mit einer Erfolgsaussicht aufrechterhalten kann. Zwar mag das Gericht ihm dann einen entsprechenden Hinweis nach § 139 geben müssen. Der Kläger bestimmt aber allein den Streitgegenstand, § 2 Rn 4, BGH RR **95**, 1090, BAG NJW **94**, 2564, Bergerfurth NJW **92**, 1659, aM BFH **118**, 521 (Finanzamt. Vgl aber Rn 193). Der Bekl könnte ja auch mit einem unter diesen Umständen möglichen Klagabweisungsantrag mehr erreichen als mit der bloßen Erledigterklärung.

192 **C. Sachentscheidung.** Das Gericht muß also trotz der einseitigen Erledigterklärung des Bekl unverändert über den Sachantrag des Klägers entscheiden. Das gilt auch dann, wenn der Bekl neben seinem Abweisungsantrag hilfsweise den Rechtsstreit für erledigt erklärt, § 260 Rn 8, Düss MDR **89**, 72, Piepenbrock ZZP **112**, 360, aM Bergerfurth NJW **92**, 1660. Das Gericht muß also der Klage stattgeben oder die Klage als unbegründet abweisen, Karlsr OLGR **02**, 167, aM BFH NJW **80**, 1592 (als unzulässig. Aber es hat eine Sachprüfung stattgefunden, ZöV 52). Zu einer Feststellung einer Erledigung ist kein Raum, ThP 42, StJBo 50, ZöV 52, aM BGH MDR **06**, 45, BFH NJW **80**, 1592 (es bestehe dann zu einer Sachentscheidung kein Rechtsschutzbedürfnis nach Grdz 33 vor § 253 mehr. In Wahrheit besteht nur für eine einseitige Erledigterklärung des Bekl kein Rechtsschutzbedürfnis, während dasjenige des Klägers natürlich fortbesteht).

193 **D. Anerkenntnis.** Freilich kann sich bei der erforderlichen Auslegung der „Erledigterklärung" des Bekl ergeben, daß er in Wahrheit ein Anerkenntnis nach § 307 erklären wollte und erklärt hat, Brox JA **83**, 289. Darauf muß das Gericht den Kläger evtl nach § 139 zwecks einer Klärung der Notwendigkeit eines Anerkenntnisurteils nach § 307 hinweisen. Auch ohne einen solchen Antrag muß das Gericht dann das Gesamtverhalten des Bekl im Rahmen des dann erforderlichen streitigen Endurteils als ein prozessuales Anerkenntnis würdigen. Es kann also infolgedessen zB die Notwendigkeit einer Beweisaufnahme entfallen. Freilich muß das Gericht natürlich auch den Bekl auf diese Rechtsfolgen seines Verhaltens evtl hinweisen.

194 **E. Widerklage.** Im übrigen kann natürlich der Bekl Widerkläger nach Anh § 253 eine einseitige wirksame Erledigterklärung zur Widerklage abgeben. Das Gericht muß sie dann so wie sonst eine einseitige Erledigterklärung eines Klägers beurteilen. Zur Rechtslage bei einer einseitigen Erledigterklärung des Antragsgegners im Insolvenzverfahren Wieser ZZP **100**, 373.

195 **18) Erledigterklärung eines Rechtsmittels, I, II.** Manchmal erklärt eine Partei nicht die Hauptsache, sondern nur ein Rechtsmittel für erledigt. Das ist grundsätzlich zulässig, BGH RR **01**, 1008, BAG NJW **08**, 1979, Rostock RR **07**, 430, aM Karlsr FamRZ **91**, 464 (aber auch das Rechtsmittel kann nachträglich unzulässig oder unbegründet geworden sein, Rn 196). Dann muß man folgendes beachten.

A. Begriff. Zur Abgrenzung lassen sich drei Fälle unterscheiden. Es kann sich zunächst in Wahrheit um eine oder mehrere Erledigterklärungen während der Rechtshängigkeit der Hauptsache in einer höheren Instanz handeln. Dann gelten die Regeln Rn 73. Es kann sich auch um eine oder mehrere Erledigterklärungen zur Hauptsache während der Anhängigkeit eines Beschwerdeverfahrens nach II handeln. Dann gelten wiederum die Regeln Rn 73. Wie stets, ist auch hier eine Auslegung des Gesamtverhaltens der Parteien nach Grdz 52 vor § 128 notwendig, BGH RR **86**, 369. Dabei kann es sich darum handeln, daß eine oder mehrere Erledigterklärungen nur zu einem Rechtsmittel in der Hauptsache oder zur Beschwerde nach II vorliegen. Dieser Fall wird hier erörtert.

196 **B. Erledigung.** Das Rechtsmittel ist erledigt, wenn ein tatsächliches Ereignis ein bisher allgemein statthaftes, im Einzelfall zulässiges und auch begründetes Rechtsmittel nunmehr im Ergebnis erfolglos macht. Dieser Fall kann zB dann eintreten, wenn das Urteil infolge einer Änderung der Gesetzgebung oder wegen des Eintritts einer Fälligkeit inzwischen richtig geworden ist und wenn der Kläger inzwischen an der weiteren Durchführung der Klage kein Interesse mehr hat, BGH RR **01**, 1007, Ffm MDR **98**, 559, Karlsr JB **00**, 477, aM StJBo 52, ThP 8 (aber das ist sogar ein typischer Fall). Dieselbe Situation kann bei einer wirksamen Klagerücknahme eintreten, BGH NJW **98**, 2454. Der Fall kann ferner dann eintreten, wenn eine Urteilsberichtigung nach §§ 319 ff dem schon eingelegten Rechtsmittel den Boden entzieht, BGH **127**, 76 (auch zu den Grenzen), Bbg Rpfleger **95**, 289, LG Bochum ZZP **97**, 215 (zustm Waldner 217), oder wenn ein Zeitablauf vorliegt, KG RR **87**, 766, oder wenn ein Verfahrensmangel inzwischen geheilt ist, Ffm RR **89**, 63, aM Karlsr OLGR **02**, 56, oder wenn es im Nachverfahren zur Aufhebung des Vorbehaltsurteils kommt, Deubner JuS **00**, 582. Zum Problem Heintzmann ZZP **87**, 199, Schneider MDR **79**, 499. Dagegen zählt eine Klagerücknahme während des Rechtsmittelverfahrens nicht hierher, Ffm RR **95**, 956. Ebensowenig gehört eine Rücknahme des Rechtsmittels nach (jetzt) §§ 516, 565 hierher, aM Ffm FamRZ **93**, 344 (aber eine Rücknahme ist wie bei der Klage etwas ganz anderes als eine Erledigterklärung). Auch reicht nicht eine angebliche Schwierigkeit, eine angemessene Kostenentscheidung zu erhalten, aM Nürnb MDR **08**, 940 (aber §§ 91 ff bieten viele Lösungen).

197 **C. Folgen beiderseitiger derartiger Erledigterklärungen: § 91 a entsprechend anwendbar.** Wenn die Gesamtauslegung ergibt, daß beide Parteien lediglich das Rechtsmittel wirksam für erledigt erklären, ist

§ 91 a entsprechend anwendbar, BGH MDR **01**, 648 (zustm Gaier JZ **01**, 445), BFH DB **83**, 2124, Ffm MDR **98**, 559, aM Hamm FamRZ **86**, 717, KG FamRZ **77**, 562, Karlsr FamRZ **91**, 465 (aber es ist eine prozeßwirtschaftliche Betrachtung erlaubt und notwendig, Grdz 14 vor § 128).

Wenn der *Patentinhaber* im Patentnichtigkeitsverfahren wegen einer erst während der Berufungsinstanz vorgelegten Veröffentlichung auf das Patent verzichtet, muß er wie auch sonst bei einem Verzicht auf das Patent die Kosten tragen. Wenn das erledigende Ereignis während des Beschwerdeverfahrens im Anschluß an eine einstweilige Anordnung nach (jetzt) §§ 49 ff eintritt, faßt das Gericht in einer entsprechenden Anwendung des § 91 a seinen Beschluß nur für den Fall, daß das Beschwerdegericht eine Erfolgsaussicht verneint, Bre FamRZ **78**, 133, Düss FamRZ **80**, 1048. Denn es muß über die Kosten entscheiden. **198**

D. Folgen einer einseitigen derartigen Erledigterklärung: Sachurteil des Rechtsmittelgerichts. Wenn nur der Rechtsmittelführer oder nur der Rechtsmittelgegner das Rechtsmittel einseitig für erledigt erklären, ist für das Rechtsmittelgericht dieselbe Lage vorhanden wie bei einer einseitigen Erledigterklärung in erster Instanz, Ffm RR **89**, 63. Es gelten also die Regeln Rn 168–194, BGH NJW **98**, 2453, Ffm MDR **98**, 559, Karlsr OLGR **02**, 56, aM Rostock RR **07**, 430 (§ 91 a entsprechend). **199**

19) Teilerledigung, I, II. In der Praxis tritt häufig der Fall ein, daß eine oder beide Parteien nur einen Teil der Hauptsache für erledigt erklären und über die restliche Hauptsache weiterhin streiten. **200**

A. Begriff. Die Hauptsache ist dann teilweise erledigt, wenn das erledigende Ereignis nach Rn 24 einen solchen Teil der bisherigen Hauptsache betrifft, der sich durch eine Bezifferung, Bewertung oder auf andere Weise präzise beschreiben läßt, während ein ebenso definierbarer anderer nicht völlig unbeachtlicher Teil der bisherigen Hauptsache davon unberührt bleibt. Die strengen Voraussetzungen eines Teilurteils nach § 301 brauchen für den erledigten Teil nicht vorzuliegen. Sie reichen aber aus. Die Erledigung kann einen oder mehrere der Klagansprüche betreffen. Sie mag auch innerhalb eines einheitlichen Anspruchs einen Teilbetrag oder einen Teilwert oder einen Teil der herausverlangten Sachgesamtheit betreffen. Sie kann einen Teil der verlangten Willenserklärungen, der geforderten Handlungen, Unterlassungen usw betreffen, zB einen Teilzeitraum, Hbg WRP **90**, 424, oder ein Teilgebiet oder eine Teilart. Maßgeblich ist nur, daß der erledigte Teil nach seiner Nämlichkeit und etwaigen Vollstreckbarkeit abtrennbar ist. Auch ein Teil eines Feststellungsbegehrens mag erledigt sein.

B. Auslegung erforderlich. Ob nach der Ansicht der einen, der anderen oder beider Parteien die Hauptsache teilweise erledigt ist, muß man durch eine Auslegung der Erklärungen jeder Partei unter einer Berücksichtigung des Gesamtverhaltens der anderen Partei oder des Gegners wie sonst ermitteln, BGH RR **02**, 1501. Es mag sich ergeben, daß in Wahrheit die Hauptsache nicht nur teilweise, sondern gänzlich erledigt sein soll, Brschw RR **96**, 380, Nürnb WRP **96**, 145. Es mag sich auch ergeben, daß hinter der Teilerledigterklärung eine teilweise Klagerücknahme nach § 269 Rn 9 steckt, oder ein teilweiser Anspruchsverzicht nach § 306 Rn 1, ein außergerichtlicher oder gerichtlicher, etwa in einem anderen Prozeß mitgeschlossener Vergleich nach Anh § 307 über Kostenfolgen des vorliegenden Rechtsstreits. Es kann sich auch ergeben, daß in Wahrheit überhaupt keine Erledigterklärung vorliegt, BGH RR **02**, 1501. Deshalb ist auch der Antrag auf die Zahlung einer Restsumme „abzüglich am ... gezahlter x EUR" auslegungsbedürftig und keineswegs stets eine Teilerledigterklärung, Kblz AnwBl **90**, 172. **201**

C. Folgen beiderseitiger wirksamer Teilerledigterkärungen: Sachurteil über den Rest, einheitliche Kostenentscheidung im Urteil. Soweit sich ergibt, daß beiderseitige Teilerledigterklärungen vorliegen, die denselben Teil des bisherigen Streitgegenstands nach § 2 Rn 4 umfassen, muß das Gericht wie sonst über den streitig gebliebenen restlichen Prozeßstoff verhandeln und evtl durch ein Sachurteil entscheiden. Soweit es überhaupt noch zu einem solchen kommt, muß das Gericht dort eine Entscheidung über die Kosten des gesamten Rechtsstreits nach §§ 91, 92 ff treffen. Denn es liegen nicht beiderseitige volle wirksame Erledigterklärungen vor, wie I 1 es voraussetzt. **202**

Soweit die beiderseitigen Teilerledigterklärungen *unterschiedliche* Teile des bisherigen Streitgegenstands umfassen, gilt im Ergebnis dasselbe. Das Gericht muß also über den in Wahrheit streitig gebliebenen Teil des Gegenstands wie sonst verhandeln und evtl durch ein Sachurteil entscheiden. Es muß auch hier über die gesamten Kosten des Rechtsstreits im etwaigen Urteil einheitlich nach §§ 91, 92 ff urteilen. Es kommt also keineswegs etwa im Umfang der Teilerledigterklärungen ein Beschluß oder ein Urteilsspruch nach § 91 a in Betracht, Ffm RR **93**, 183, aM ZöV 54 (aber es liegt eben keine wirksame Gesamterledigung vor). Daher gibt es auch keine sofortige Beschwerde nach II, aM Ffm WRP **90**, 342, Köln VersR **80**, 463. Das gilt selbst dann, wenn beide Parteien einen derartigen Antrag unzweideutig und unbedingt stellen. § 308 II verpflichtet das Gericht ohnehin, über die Kosten unabhängig von etwaigen Anträgen zu entscheiden. Wenn die Prüfung ergibt, daß § 91 a mangels voller übereinstimmender wirksamer Erledigterklärungen gar nicht anwendbar ist, können die Parteien dem Gericht keine Kostenentscheidung nach jenen Regeln aufzwingen. Sie können dem Gericht nur eine Kostenentscheidung über den übereinstimmend für erledigt erklärten Teil durch einen Vergleich ganz entziehen, § 98 S 1 Hs 1. Ob eine solche „andere Vereinbarung" vorliegt, muß man wieder durch eine Auslegung ermitteln. **203**

D. Folgen einer einseitigen Teilerledigterklärung: Wie bei einseitiger Vollerledigterklärung. Soweit es sich in Wahrheit nur um eine einseitige Erledigterklärung wegen eines Teils der Hauptsache handelt, treten dieselben Folgen wie bei einer vollen einseitigen Erledigterklärung ein, Rn 168–194. Man muß also zwischen der Erklärung des Klägers und derjenigen des Bekl unterscheiden. Wenn nach einer einseitigen Teilerledigterklärung des Klägers die Prüfung ergibt, daß die Hauptsache tatsächlich in diesem Umfang oder in einem geringeren erledigt ist, muß das Gericht diese Erledigung im Sachurteil über den streitig gebliebenen Rest feststellen, etwa mit den Worten: „Die restliche Hauptsache ist erledigt" oder „im übrigen ist die Hauptsache erledigt". Ergibt die Prüfung, daß die Klage in dem vom Kläger einseitig teilweise für erledigt erklärten Umfang von vornherein unzulässig oder unbegründet oder undurchsetzbar war, muß die diesbezügliche Entscheidung zB lauten: „Im Umfang der Teilerledigterklärung des Klägers wird die Klage abgewiesen (oder: das Rechtsmittel verworfen usw)". Man könnte auch tenorieren: „Die restliche Klage wird abgewiesen" **204**

oder „im übrigen wird die Klage abgewiesen". Wenn der Bekl einseitig die Hauptsache teilweise für erledigt erklärt, treten die in Rn 189–194 dargestellten Folgen entsprechend ein. Hat das Gericht die Einseitigkeit verkannt und deshalb nach § 91 a durch einen Beschluß entschieden, kommt nach dem Meistbegünstigungsgrundsatz in Grdz 28 vor § 511 das gegen ein Urteil statthafte Rechtsmittel in Betracht, BGH RR **02**, 1501.

205 **E. Kosten.** Es sind §§ 91, 92 ff anwendbar, nicht dagegen § 91 a. Daher bleibt es bei dem Grundsatz des Kostenrechts, daß das Gericht über die Kosten des gesamten Rechtsstreits einheitlich entscheiden muß, § 91 Rn 23. Es darf und muß evtl eine Kostenverteilung nach § 92 usw vornehmen. Soweit es zu dem Ergebnis kommt, daß die Hauptsache im einseitig teilweise für erledigt erklärten Umfang tatsächlich erledigt ist, darf das Gericht die bei § 91 a I genannten Kostengesichtspunkte nach Rn 112 ff im Rahmen der einheitlichen streitigen Kostenentscheidung mitberücksichtigen, KG MDR **86**, 241, Köln FamRZ **88**, 1274. Soweit es zB zum Ruhen des Verfahrens ohne einen Antrag auf eine neue Verhandlung oder zu einer wirksamen Klagerücknahme kommt, ist nicht etwa nunmehr § 91 a auf den erledigten Teil der Hauptsache entsprechend anwendbar. Vielmehr darf das Gericht dann überhaupt keine Kostengrundentscheidung mehr treffen. Es gilt der Meistbegünstigungsgrundsatz nach Grdz 28 vor § 511, BGH MDR **02**, 534. Für die Gerichtskosten gelten dann die im GKG oder im FamGKG für den Antragsteller usw genannten Haftungsregeln. Für die Anwaltskosten gilt im Verhältnis zwischen dem Anwalt und dem Auftraggeber das RVG.

Die Parteien muß ihre etwaigen Kostenerstattungsansprüche dann notfalls mit einer *neuen Klage* geltend machen. Soweit der für erledigt erklärte Teil der Hauptsache freilich ihren Rest betrifft, weil die gesamte übrige Hauptsache schon durch ein Teilurteil, eine Teilrücknahme, einen Teilvergleich usw entschieden oder aus dem Prozeß ausgeschieden ist, hat das Gericht in Wahrheit den gesamten eben restlichen Rechtsstreit für erledigt erklärt. Das ist keine Teilerledigung. Das Gericht muß den Vorgang vielmehr nach den Regeln der vollen einseitigen oder übereinstimmenden Erledigterklärung beurteilen, LG Mü MDR **89**, 647.

206 **20) Verfassungsbeschwerde.** Sie kann wie sonst zulässig sein, BVerfG **64**, 227, aber auch BVerfG NJW **97**, 1693.

92 *Kosten bei teilweisem Obsiegen.*

I [1] **Wenn jede Partei teils obsiegt, teils unterliegt, so sind die Kosten gegeneinander aufzuheben oder verhältnismäßig zu teilen.** [2] **Sind die Kosten gegeneinander aufgehoben, so fallen die Gerichtskosten jeder Partei zur Hälfte zur Last.**

II Das Gericht kann der einen Partei die gesamten Prozesskosten auferlegen, wenn

1. **die Zuvielforderung der anderen Partei verhältnismäßig geringfügig war und keine oder nur geringfügig höhere Kosten veranlasst hat oder**
2. **der Betrag der Forderung der anderen Partei von der Festsetzung durch richterliches Ermessen, von der Ermittlung durch Sachverständige oder von einer gegenseitigen Berechnung abhängig war.**

Schrifttum: *Grunsky,* Grenzen des Gleichlaufs von Hauptsache- und Kostenentscheidung usw, Festschrift für *Schwab* (1990) 165; *Köcher,* Kostenquote, Berechnungsprogramm für Personal Computer, 1993, mit Ergänzungslieferung; *Olivet,* Die Kostenverteilung im Zivilurteil, 4. Aufl 2006; *Schulte,* Die Kostenentscheidung bei der Aufrechnung durch den Beklagten im Zivilprozeß, Diss Bielef 1990.

Gliederung

1 **1) Systematik, I, II.** Während § 91 den Grundsatz und den Umfang der Kostenpflicht des gänzlich Unterliegenden nach dort Rn 19 regelt, bringt § 92 die Regelung für den Fall eines teilweisen Siegs und eines teilweisen Unterliegens. Die Vorschriften stehen also gleichberechtigt zur Regelung unterschiedlicher Sachverhalte nebeneinander. § 92 ist auch dann anwendbar, wenn beiderseitige Erledigterklärungen nur

einen Teil des Streitgegenstands umfassen oder wenn nur eine Partei die Hauptsache teilweise für erledigt erklärt. Soweit ein sofortiges Anerkenntnis nur zu einem Teil des Streitgegenstands ergeht, ist statt § 93 insoweit § 92 anwendbar. Demgegenüber enthält § 93 b vorrangige Sonderregeln für den dort genannten Spezialfall. Das gilt auch für die vorrangigen §§ 100, 101.

2) Regelungszweck, I, II. Auch § 92 dient der Kostengerechtigkeit, Üb 10 vor § 91, BGH VersR **92**, 2
1285. Die Vorschrift leitet aus dem Grundgedanken des gesamten Kostenrechts nach § 91 Rn 19, daß der Unterliegende die Kosten des Rechtsstreits trägt, Folgerungen beim nur teilweisen Unterliegen ab; krit Grunsky (vor Rn 1) 165. Diesem auch hier fortgeltenden Grundgedanken entsprechend ist es unerheblich, welche Kosten auf die einzelnen Prozeßteile entfallen, daß keine Billigkeitserwägungen über die in I, II genannten Ermessenspielräume hinaus zulässig sind und daß vor allem ein Verschulden beim Teilunterliegen ebenso unbeachtlich ist wie beim gänzlichen Unterliegen, von den Sonderfällen der §§ 95, 96 abgesehen, BGH VersR **92**, 1285.

Gefährlich weites Ermessen mit seinen oft ganz außerordentlich schweren zusätzlichen wirtschaftlichen Auswirkungen kennzeichnet den Spielraum des Gerichts. Zwar läßt sich mithilfe von Spezialvorschriften etwa der gerichtliche Streit- und damit auch der anwaltliche Gegenstandswert manchmal begrenzen, zB nach § 12 UWG. Indessen können Honorarvereinbarungen auch diese Hürde weitgehend unwirksam machen. Nicht nur die Frage, ob der Wert x oder y EUR ausmacht, kann gewaltige Kostenunterschiede bedeuten, sondern auch die in § 92 anstehende Frage, ob x oder y % der Gesamtkosten von dem einen oder anderen oder gar (fast) alles nur von dem einen zu zahlen sind. Im Zeitalter des Taschenrechners sind die Berechnungen leichter und daher zu grobe Verteilungsmaßstäbe seltener geworden. Es bleiben dennoch viele Vergröberungen möglich und manchmal kaum vermeidbar. Die richtige Kostenverteilung von Amts wegen nach § 308 II ist zwar nicht die Hauptaufgabe des Gerichts. Sie ist wohl aber ein für die Parteien oft fast ebenso wichtiger Faktor. Man kann durch § 92 das in der Hauptsache Zugesprochene gleich wieder faktisch nehmen. Das gilt es stets mitzubedenken.

3) Geltungsbereich, I, II. Vgl zunächst § 91 Rn 4–14. Die Vorschrift betrifft jede „Partei" des Rechts- 3
streits. Das gilt sowohl bei I als auch im Sonderfall II. Ergänzend und vorrangig behandeln § 100 die Kostenhaftung von Streitgenossen und § 101 ergänzend und vorrangig die Kosten der Nebenintervention. Der Parteibegriff ist derselbe wie sonst, Grdz 4 vor § 50. § 92 ist auch im WEG-Verfahren anwendbar, (zum alten Recht) BayObLG **04**, 150, und beim Kapitalanlegerschutz entsprechend anwendbar, § 19 III KapMuG, SchlAnh VIII, ebenso in den Grenzen der dem § 92 ähnelnden §§ 80 ff FamFG im Bereich des § 113 I 2 FamFG.

4) Teilsieg, Teilverlust, I 1. Beim Teilunterliegen enthält I nur einige der möglichen Kostenfolgen. 4

A. Begriff des Teilunterliegens. Eine Partei unterliegt immer dann teilweise, wenn sie im Prozeß im Ergebnis nicht völlig Erfolg hatte. Auch hier entscheidet also allein der Grundgedanke des Kostenrechts, daß es allein auf den Erfolg beim Streitgegenstand ankommt, § 2 Rn 4, § 91 Rn 19, BAG KTS **80**, aM Köln MDR **83**, 226 (aber § 91 ist die „Muttervorschrift" der ganzen Reihe §§ 91 ff). Auch zur Klärung, ob ein Teilunterliegen vorliegt, muß man vom Streitgegenstand ausgehen, also nicht etwa von einzelnen Prozeßabschnitten, Prozeßbeendigungsgründen, Streitpunkten, selbständigen Anspruchsgrundlagen usw, Hamm WRP **81**, 111, Köln MDR **81**, 590, aM Kblz JB **84**, 1395 (aber es kommt eben nur auf das Endergebnis an). Dabei ist der sog Kostenstreitwert maßgeblich, Ffm JB **82**, 1701 (das OLG stellt auf das „gesamte Prozeßergebnis" ab).

B. Abgrenzung zu den Fällen II. I enthält nach dem Wortlaut eine scheinbar abschließende Regelung 5
mit nur zwei Wahlmöglichkeiten (Aufhebung gegeneinander oder verhältnismäßige Teilung). In Wahrheit ist es zulässig, auch beim echten Teilunterliegen die Kosten evtl nur der einen Partei aufzuerlegen. Das ergibt sich aus II. Diese letztere Vorschrift ist für einen Teil der Fälle des Teilunterliegens eine vorrangige, eng auslegbare Sondervorschrift. Das muß man schon bei I mitbeachten. Sowohl im Bereich der Sachverhalte nach I als auch derjenigen nach II ist die Vorschrift insofern zwingendes Recht, als das Gericht keine anderen als die dort freigestellten Wahlmöglichkeiten hat.

C. Beispiele zur Frage des Teilunterliegens 6

Anschlußrechtsmittel: § 522 Rn 22, Jacoby ZZP **115**, 201.

Anspruchshäufung: Bei der Abweisung einzelner selbständiger, also teilbarer prozessualer Klagansprüche handelt es sich um ein Teilunterliegen. Denn man muß vom gesamten Kostenstreitwert ausgehen und darf nicht nur den einzelnen selbständigen Klaganspruch zum Ausgangspunkt wählen.

Kein Teilunterliegen besteht, wenn der Kläger nur mit einem Teil seiner Anspruchsgrundlagen Erfolg hat, gleichwohl aber im Ergebnis voll siegt, Rn 4.

Arrest, einstweilige Verfügung: Soweit das Gericht einem Antrag auf den Erlaß einer einstweiligen Verfügung nur teilweise stattgibt, handelt es sich zwar um ein Teilunterliegen. Jedoch kann der vorrangige II eingreifen. Denn das Gericht ist in der Fassung seiner Anordnung im Rahmen des Ermessensspielraums des § 938 ohnehin frei. Eine von ihm gewählte abweichende Fassung kann zwar, muß aber nicht stets gegenüber dem Antrag ein beachtliches Weniger darstellen. Soweit das Gericht einen Arrest oder eine einstweilige Verfügung nur gegen eine Sicherheitsleistung des Antragstellers vollziehbar werden läßt, handelt es sich um ein Teilunterliegen, Hamm GRUR **88**, 478.

Aufrechnung, dazu *Schulte* (vor Rn 1): Wenn eine Hauptaufrechnung nur teilweise Erfolg hat, handelt es sich um ein Teilunterliegen, Köln MDR **83**, 226, Schlesw JB **86**, 1064.

S auch Rn 12.

Bedingte oder befristete Verurteilung: Bei einer nur bedingten oder befristeten statt der beantragten 7
unbedingten Verurteilung handelt es sich um ein Teilunterliegen.

Begründetheit: Wenn die Klage anfangs unbegründet, zuletzt aber begründet war, *fehlt* ein Teilunterliegen, aM LG Stgt ZMR **85**, 128 (aber es kommt im Kostenrecht immer nur auf den Enderfolg an). War die anfänglich begründete Klage schließlich teilweise unzulässig oder unbegründet geworden, handelt es sich um ein Teilunterliegen eben wegen des nur teilweisen Enderfolgs.

Beweissicherung: Rn 21 „Selbständiges Beweisverfahren".

Billigkeitserwägungen: Für Billigkeitserwägungen über den Ermessensspielraum nach I, II hinaus bleibt kein Raum. Man muß die Frage des Teilunterliegens also unabhängig von solchen Erwägungen prüfen.

8 **Ehesache:** Es gelten §§ 80 ff FamFG. Für den Fall der Aufhebung einer Ehe enthält § 132 FamFG eine vorrangige Sonderregelung und § 150 FamFG eine solche auch wegen der Folgesachen. Nur soweit diese Regelung danach unanwendbar ist, kann man nach § 92 vorgehen, sofern der jeweilige Antrag nur teilweise einen Enderfolg hatte.

S auch „Einstweilige Anordnung".

Einstweilige Anordnung: §§ 80 ff FamFG enthalten eine vorrangige Regelung.

Einstweilige Verfügung: Rn 6 „Arrest, einstweilige Verfügung".

Erbenhaftung: Rn 53.

9 **Folgesache:** Rn 8 „Ehesache".

10 **Gesamtschuldner:** Soweit das Gericht mehrere Bekl nicht nur nach Kopfteilen wie beantragt verurteilt, sondern als Gesamtschuldner, unterliegen sie *voll.* Denn ihre Haftung geht weiter als die beantragte.

S auch Rn 15 „Kopfhaftung".

11 **Hauptanspruch:** Da man vom gesamten Streitgegenstand und vom gesamten Kostenstreitwert ausgehen muß, besteht für ein Teilunterliegen kein Unterschied zwischen einem Hauptanspruch und einem Nebenanspruch.

S auch Rn 12.

12 **Hilfsanspruch:** Ein Teilunterliegen *fehlt* bei einem Erfolg zwar nicht des Hauptanspruchs, wohl aber des nach dem Kostenstreitwert gleichwertigen Hilfsanspruchs, aM Düss NJW **91**, 3041 (aber es kommt nur auf den Erfolg auf Grund des Kostenstreitwerts an, wie bei Rn 18 „Nebenanspruch"). Freilich ist dann § 45 I 2, 3 GKG mitbeachtlich. Soweit das Gericht nicht nach dem weitergehenden Hauptantrag verurteilt, sondern nur nach dem auf Grund des Kostenstreitwerts geringerwertigen Hilfsantrag, handelt es sich um ein Teilunterliegen. Das gilt selbst dann, wenn der Kläger den Hilfsantrag erst im Berufungsrechtszug gestellt hat. Dann gilt dieselbe Kostenverteilung für die erste Instanz, aM ZöHe 8 (er verteilt dann nach Rechtszügen. Aber das widerspricht gerade dem auch von ihm Rn 5 vertretenen Prinzip der Kosteneinheit).

Wenn das Gericht statt nach dem Hauptantrag nach einem auf Grund des Kostenstreitwerts *höherwertigen Hilfsantrag* verurteilt hat, BGH **126**, 372, liegt *kein* Teilunterliegen vor, sondern ist § 91 anwendbar. Denn der Hilfsantrag ist dann in Wahrheit nur ein Ausdruck einer andersartigen Begründung des Hauptanspruchs, aM ZöHe 8 (er läßt den prozessualen Verlauf entscheiden, also die Abweisung des Hauptantrags. Aber es kommt nur auf das Gesamtergebnis an). Soweit das Gericht über einen Hilfsantrag nicht entscheidet, *fehlt* ein Teilunterliegen. Denn dann hat der Hilfsantrag keinen Einfluß auf den Kostenstreitwert, ZöHe 8, aM Merle ZZP **83**, 467 ([jetzt] §§ 269 III 2, 516 III 1 entsprechend).

13 **Hilfsaufrechnung,** dazu *Schulte* (vor Rn 1): Wenn bei einer bestrittenen und abgewiesenen Klageforderung eine den Kostenstreitwert erhöhende Hilfsaufrechnung einen teilweisen Erfolg hat, liegt ein Teilunterliegen vor, (jetzt) § 45 III GKG, BGH NJW **85**, 1556, Oldb JB **91**, 1257, Schlesw SchlHA **86**, 143, aM KG MDR **76**, 846 (aber maßgeblich war die Werterhöhung).

S auch Rn 6 „Aufrechnung".

14 **Inzidentfragen:** Da es nur auf den Enderfolg ankommt, sind bloße Zwischenfragen (Inzidentfragen) unbeachtlich.

15 **Kindschaftssache:** Es gelten §§ 80 ff FamFG.

Klagänderung: Bei derjenigen im Berufungsverfahren wendet Münch MDR **04**, 785 II an.

Klaganspruch: Rn 11, 12.

Klagenhäufung: Rn 6 „Anspruchshäufung".

Klagerücknahme: Nach einer wirksamen Teilrücknahme der Klage muß das Gericht bei der etwa noch erforderlichen Kostenentscheidung über den Rest der Klageforderungen prüfen, ob der Kläger mit diesem Rest voll oder wiederum nur teilweise siegt. Auf die danach erforderliche Entscheidung über die gesamten etwa restlichen Kosten ist § 92 mit der Maßgabe anwendbar, daß der Kläger den durch die teilweise Klagerücknahme ausgeschiedenen Teil der Gesamtkosten tragen muß, BGH RR **96**, 256, Nürnb RR **00**, 599. Bei der Rücknahme der Klage nur gegen einen von mehreren Streitgenossen kann das Gericht nur vorweg durch einen Beschluß die außergerichtlichen Kosten dieses Bekl dem Kläger auferlegen und muß über die Restkosten wie sonst nach einer nur teilweisen Klagerücknahme im Schlußurteil entscheiden, Köln MDR **76**, 496, Zweibr JB **83**, 1881.

Vgl im übrigen § 100.

Kopfhaftung: Soweit das Gericht mehrere Bekl nicht wie beantragt als Gesamtschuldner verurteilt, sondern nur nach Kopfteilen, handelt es sich um ein Teilunterliegen. Denn eine gesamtschuldnerische Haftung reicht weiter.

Kostenstreitwert: Für die Frage, ob es sich um ein Teilunterliegen handelt, muß man vom gesamten Kostenstreitwert ausgehen, Ffm JB **82**, 1701 (das OLG stellt auf das „gesamte Prozeßergebnis" ab).

16 **Leistungsart:** Soweit das Gericht den Bekl zu einer solchen Art und Weise der Leistung verurteilt hat, die gegenüber der vom Kläger begehrten für diesen nicht ganz unwesentlich ungünstiger ist, handelt es sich um ein Teilunterliegen.

Leistungsort: Soweit das Gericht den Bekl zur Leistung an einem solchen Ort verurteilt hat, der gegenüber dem vom Kläger beantragten für diesen nicht ganz unwesentlich schlechter ist, handelt es sich um ein Teilunterliegen.

Mahnantrag: Bei seiner teilweisen Rücknahme liegt ein Teilunterliegen vor, LG Schweinf JB **91**, 992.

17 **Mietsache:** Bei einer Räumung von Wohnraum gilt zunächst der vorrangige § 93 b. Soweit in einer Räumungssache diese Vorschrift unanwendbar ist oder soweit es sich überhaupt nicht um eine Räumungssache handelt, muß man das Teilunterliegen nach § 92 beurteilen.

S auch Rn 20 „Räumungsfrist".

Nebenanspruch: Da es nur auf den Enderfolg ankommt, besteht kein Unterschied zwischen einem Hauptanspruch und einem Nebenanspruch, BGH VersR **92**, 1291, LG Ffm JB **91**, 118. Das gilt auch, soweit die Nebenforderung mehr als die Hälfte oder gar fast die Höhe der Hauptforderung erreicht, BGH VersR **92**, 1291, AG Freibg AnwBl **84**, 99. 18

S aber auch Rn 12, 13.

Nebenintervention: Es gilt der vorrangige § 101.

Nichteheliches Kind: Rn 15 „Kindschaftssache".

Prozeßteil: Da es nur auf den Enderfolg ankommt, ist es unerheblich, welche Kosten auf die einzelnen Prozeßteile entfallen. 19

Räumungsfrist: Bei einer Klage auf die Räumung von Wohnraum gilt zunächst der vorrangige § 93 b. Soweit sonst, etwa bei § 721 I, das Gericht den Bekl zur Räumung in einem solchen Zeitpunkt oder mit einer solchen Frist verurteilt, die gegenüber dem vom Kläger Beantragten nicht völlig unerheblich später liegen, handelt es sich um ein Teilunterliegen, aM Mü OLGR **94**, 172, AG Bln-Schöneb MietR **96**, 105, ZöHe 3 (aber dann geht es doch für das ganze Verfahren gerade um die Fristlänge). 20

Scheidung: Rn 8 „Ehesache". 21

Schmerzensgeld: Es handelt sich um eine Teilunterliegen, soweit der Kläger das Schmerzensgeld zulässigerweise nicht beziffert hatte und soweit der ihm schließlich zugesprochene Betrag unter dem von ihm notwendigerweise angegebenen Mindestbetrag oder Eckwert liegt, BGH VersR **79**, 472, oder soweit der Endbetrag außerhalb der von ihm zumindest genannten Größenordnung liegt, § 253 Rn 56, Kblz AnwBl **90**, 398, Köln VersR **95**, 358, Lindacher AcP **182**, 275.

Selbständiges Beweisverfahren: Wenn in einem selbständigen Beweisverfahren die festgestellten Mängel hinter den behaupteten zurückbleiben, handelt es sich um ein Teilunterliegen, LG Verden JB **83**, 1897.

Sicherheitsleistung: Rn 6 „Arrest, einstweilige Verfügung".

Sozialklausel: Es gilt der vorrangige § 93 b. Erst soweit diese Vorschrift keine Regelung enthält, muß man ein Teilunterliegen nach § 92 beurteilen.

S auch Rn 17.

Streitgegenstand: Man muß zur Beurteilung des Teilunterliegens vom gesamten Streitgegenstand nach § 2 Rn 4 und insofern hier vom gesamten Kostenstreitwert ausgehen.

S auch Rn 15 „Kostenstreitwert".

Streitgenossen: Vgl zunächst § 100.

S im übrigen Rn 15 „Klagerücknahme".

Streithilfe: Es gilt der vorrangige § 101, aM Drsd JB **08**, 379.

Stufenklage: Soweit eine Partei mit einer Stufe unterliegt, handelt es sich um ein Teilunterliegen, Hamm RR **95**, 959, Karlsr JB **99**, 37, Mü MDR **90**, 636, aM Zweibr NJW **86**, 939 (aber es liegt kein Enderfolg vor). 22

Unbezifferter Antrag: Rn 21 „Schmerzensgeld". 23

Veröffentlichung: Soweit das Gericht nur die Veröffentlichung des Urteils untersagt, etwa nach § 12 UWG, handelt es sich um ein Teilunterliegen. 24

Verschulden: Ein Verschulden bleibt bei der Frage, ob es sich um ein Teilunterliegen handelt, jedenfalls zunächst außer Betracht. Vgl freilich §§ 95, 96 mit vorrangigen Sonderregelungen.

Vorbehalt beschränkter Erbenhaftung: Rn 53.

Widerklage: Da es nach Rn 4 nur auf den Enderfolg des gesamten Prozesses ankommt, besteht kein Unterschied zwischen der Klage und der Widerklage. Das Gericht muß auch dann über die Gesamtkosten des Rechtsstreits einheitlich entscheiden. Maßgeblich ist das Verhältnis der Streitwerte, Naumb FamRZ **00**, 435, LG Meiningen MDR **04**, 171, Julius DRiZ **84**, 188. Das gilt, soweit man sie überhaupt gesondert berechnen muß. Dabei darf und muß das Gericht mitbeachten, ob zB nur für die Widerklage besondere Kosten entstanden, etwa durch eine Beweisaufnahme. Bei einer Abweisung sowohl der Klage als auch der Widerklage handelt es sich für jede Partei um ein Teilunterliegen. Eine Berichtigung richtet sich nach § 319 Rn 5. 25

Zeitpunkt: Soweit das Gericht den Bekl zu der vom Kläger beantragten Leistung erst zu einem für den Kläger nicht völlig unwesentlich späteren Zeitpunkt als dem begehrten verurteilt, handelt es sich um ein Teilunterliegen. 26

Zinsen: Soweit das Gericht den Bekl zu einem geringeren Zinsfuß oder zu einem späteren Zinsbeginn als dem begehrten verurteilt, handelt es sich um ein Teilunterliegen. Dasselbe gilt, soweit das Gericht eine Verurteilung nur zu Zinsen statt zum Hauptanspruch ausspricht.

Keine Berücksichtigung erfolgt, wenn die Zinsfrage der Hauptsacheentscheidung folgt, Saarbr RR **07**, 426.

S auch Rn 11, 18 „Nebenanspruch".

Zug-um-Zug-Leistung: Soweit die Verurteilung nicht wie beantragt schlechthin erfolgt, sondern nur Zug um Zug, handelt es sich um ein Teilunterliegen. Freilich kann dann oft II anwendbar sein, Hamm MDR **78**, 403. Maßgeblich ist die wirtschaftliche Tragweite, Bachmann BauR **95**, 642, Hensen NJW **99**, 398, Weyer BauR **81**, 432, zB bei einem streitigen Klaganspruch, bei einem unstreitigen Zurückbehaltungsrecht kein Kostennachteil des Klägers, im entgegengesetzten Fall Maßgeblichkeit des Durchdringens mit dem Gegenanspruch, bei der Streitigkeit beider Ansprüche Maßgeblichkeit der jeweiligen Einzelwerte.

Zwischenfrage: Da es nur auf den Enderfolg ankommt, sind bloße Zwischenfragen (Inzidentfragen) unbeachtlich.

5) Verhältnismäßige Kostenteilung, I 1. Soweit es sich um ein Teilunterliegen nach Rn 4 handelt, muß das Gericht zunächst prüfen, ob nicht einer der vorrangigen Sonderfälle nach II oder nach den übrigen Sondervorschriften Rn 6 ff vorliegt. Ist keine jener Sonderregeln anwendbar, muß das Gericht nach I 1 vorgehen. 27

A. Begriff der Kostenteilung. Oberbegriff ist derjenige der „Teilung" der gesamten Prozeßkosten. Man könnte auch von einer „Verteilung" sprechen. Sowohl die „verhältnismäßige" Teilung als auch die „Aufhebung gegeneinander" sind Unterfälle der Kostenteilung. Innerhalb der „verhältnismäßigen" Teilung sind wieder die in Rn 33–38 genannten Teilungsmöglichkeiten untergeordnete Wege.

28 **B. Abgrenzung zur Aufhebung gegeneinander.** Während I 1 den Begriff der „verhältnismäßigen Teilung" nicht näher erläutert, enthält I 2 eine gesetzliche Bestimmung des Begriffs der Aufhebung der Kosten gegeneinander, Rn 40. Indessen kann zumindest im wirtschaftlichen Ergebnis auch eine nach dem Wortlaut der Kostenentscheidung unter I 1 fallende Teilung mit einer Aufhebung gegeneinander nach I 2 zusammenfallen oder dieser doch sehr nahekommen. Das gilt insbesondere dann, wenn das Gericht etwa entschieden hat, daß jede Partei die Kosten des Rechtsstreits zur Hälfte tragen müsse, und wenn die außergerichtlichen Kosten jeder Partei gleich oder nahezu gleich hoch sind.

Man muß im Zweifelsfall durch eine *Auslegung* ermitteln, ob das Gericht in Wahrheit nicht etwa eine Teilung nach I 1 gemeint hat, sondern eine Aufhebung gegeneinander nach I 2. Das letztere ist nicht selten so. Es kommt aber auch in der Praxis vor, in denen sich ergibt, daß das Gericht in Wahrheit nicht nach I 2 vorgehen wollte, sondern nach I 1. Insofern mag jeweils § 319 anwendbar sein, aM Schneider MDR **80**, 762 (aber die Vorschrift gilt allgemein).

29 **C. Notwendigkeit der Klarheit und Einfachheit der Kostenentscheidung.** Das Gericht sollte schon wegen der in Rn 28 genannten möglichen Unklarheiten seiner Ausdrucksweise darauf achten, daß seine Kostenentscheidung gerade beim teilweisen Unterliegen einer Partei möglichst klar und einfach ist. Es muß darauf achten, den nach §§ 103 ff notwendigen Kostenausgleich durch seine Kostengrundentscheidung zu erleichtern und nicht zu erschweren. Es muß vor allem stets über die gesamten evtl restlichen Kosten des Rechtsstreits entscheiden, soweit nicht zB ein bloßes Teilurteil ergeht. Es muß gerade bei § 92 den Grundsatz der Kosteneinheit beachten, § 91 Rn 15.

Die Kostengrundentscheidung ist auch *im Kostenfestsetzungsverfahren auslegbar,* Einf 19 vor §§ 103–107, Mü Rpfleger **91**, 174. Es kommt auch an sich eine Berichtigung nach § 319 in Betracht. Vgl aber dort Rn 5. Es ist auch eine Ergänzung nach § 321 I Hs 2 denkbar. Der Tenor „Jede Partei trägt ihre Kosten" meint ihre außergerichtlichen und die von ihr bereits bezahlten Gerichtskosten, läßt aber wegen der restlichen Gerichtskosten eine evtl nur scheinbare Lücke. Der Rpfl darf sie im Kostenfestsetzungsverfahren nicht echt ergänzen, Einf 17 vor §§ 103–107. Es hilft dann nur das System der Haftung von Kostenschuldnern nach dem GKG oder FamGKG usw.

30 **D. Keine Verteilung Klage – Widerklage.** *Unzulässig* ist insbesondere eine Verteilung der Kosten nach der Klage einerseits, der Widerklage anderseits. Dann muß man vielmehr nach dem Verhältnis der Streitwerte verteilen, Mü Rpfleger **91**, 175, Naumb FamRZ **00**, 435. Unzulässig ist auch eine Verteilung nach einzelnen Anträgen oder Verfahrensgegenständen oder nach einzelnen Prozeßvorgängen, etwa „soweit der Bekl anerkannt hat", Hamm WRP **81**, 111, oder „soweit die Hauptsache erledigt ist". Man kann allerdings eine Verteilung gemäß einer teilweisen Klagerücknahme erlauben, § 269 Rn 9, BFH **141**, 338. Im übrigen kann in einer der eben skizzierten Formulierungen natürlich eine echte Streitwertquote liegen. Sie ist zulässig. Natürlich kann und muß man aber das Ergebnis einzelner Prozeßabschnitte mitberücksichtigen, zB einer Beweisaufnahme, wenn man die Gesamtquote festlegt.

31 **E. Keine Verteilung nach Zeitabschnitten.** Andererseits ist eine Verteilung nach den *Zeitabschnitten* der Instanz *unzulässig,* Kblz GRUR **84**, 838, Mü Rpfleger **91**, 175, StJL 3, aM Köln MDR **81**, 590 (bei einer Streitwertminderung im Lauf des Prozesses sowie beim Ausscheiden eines Streitgenossen könne das Gericht die Kosten für die verschiedenen Zeitabschnitte des Rechtsstreits getrennt in unterschiedlichen Quoten verhältnismäßig teilen; zustm Zschockelt MDR **81**, 536, diesem zögernd zustm Schneider MDR **81**, 539. Aber solche scharfsinnig nachgerechneten und gutgemeinten Auslegungen unterlaufen im Ergebnis notgedrungen eine gesetzliche Regelung, die um leidlicher Klarheit willen kostenmäßige „Ungerechtigkeiten" in Kauf nimmt, die erfahrungsgemäß so oder so entstehen können. Das zeigt sich täglich zB bei der Anwendung von I 1).

32 **F. Maßgeblichkeit des Enderfolgs.** Es entscheidet vorbehaltlich § 97 der endgültige Erfolg am Ende der letzten durchgeführten Instanz auf der Grundlage des Kostenstreitwerts, LG Mü WoM **94**, 337. Das *Wiederaufnahmeverfahren* nach §§ 578 ff mag man gesondert beurteilen müssen. Eine falsche Kostenverteilung mag man durch eine Auslegung als eine Verteilung nach Bruchteilen umdeuten können und müssen, Mü Rpfleger **91**, 175. Das gilt etwa dann, wenn das Gericht fälschlich „die durch die Mehrforderung von x EUR entstandenen Kosten dem Kläger" auferlegt hat oder wenn die Kostenentscheidung in Wahrheit in sich widersprüchlich ist, Mü Rpfleger **91**, 175 (unterschiedliche Kostenbelastung einer BGB-Gesellschaft und ihrer Gesellschafter). Wegen der Situation bei Streitgenossen § 100. Tabellenvorschläge bei Ehlert DRiZ **84**, 484, Held DRiZ **85**, 101. Vgl auch van Gelder DRiZ **85**, 102, Voormann DRiZ **85**, 57. Eine Kostenverteilung erfordert stets Sorgfalt. Denn es handelt sich um den Umgang mit fremdem Geld, Einl III 27–29 (Fürsorgepflicht, Haftung).

33 **G. Kostenteilung nach Bruchteilen.** Soweit das Gericht eine „verhältnismäßige" Teilung nach I 1 vornimmt, kann und sollte es möglichst die Kosten nach Bruchteilen oder Prozenten verteilen, van Gelder DRiZ **85**, 102, Voormann DRiZ **85**, 57. Dabei sollte es einerseits den Grundsatz der Klarheit und Einfachheit beachten, Rn 29. Es darf andererseits aber im Zeitalter des bequemen Taschenrechners versuchen, dem Verhältnis des Siegs und des Unterliegens auch bei der Festlegung der Brüche oder Prozentsätze möglichst nahezukommen. Das Gericht kann zB eine zu 75% siegende Partei mit 25% der gesamten Prozeßkosten belasten, die andere mit 75%. Es kann auch die siegende Partei mit 25% der gesamten Prozeßkosten belasten und die restlichen 75% Kosten gegeneinander aufheben. Solche Kombinationen sollte man allerdings besser vermeiden und stattdessen entweder nur in Brüchen oder nur in Prozenten über die gesamten Kosten entscheiden. Statt einer Verteilung zu je 50% kann sich eine Aufhebung gegeneinander empfehlen, wenn das als gerecht erscheint, Rn 39.

H. Teilbeweisaufnahme. Wenn nur über einen Teil der Klagetatsachen eine *Beweisaufnahme* erforderlich war, kann das Gericht von entsprechenden Streitwerten ausgehen. Es kann also nach I 1 beachten, wieviel jeder Partei von jeder entstandenen Gebühr zur Last fällt, KV 1210 ff, VV 3100 ff. 34

I. Prozeßverhalten. Man darf das *Prozeßverhalten* einer Partei insofern mitberücksichtigen, als nicht die vorrangigen §§ 95, 96 anwendbar sind. Aber Vorsicht. Die Kostenverteilung darf nicht zur Prozeßstrafe werden und den Prozeßerfolg zum bloßen Pyrrhus-Sieg herabmindern. 35

J. Unterhalt. Bei einer Unterhaltsforderung muß das Gericht im allgemeinen § 42 GKG und das FamGKG beachten. Eine Prozeßkostenhilfe bleibt unbeachtet, Brdb JB **07**, 259 links und rechts. 36

K. Kostenteilung nach Prozenten. Vgl zunächst Rn 33. Die Verteilung nach Prozenten statt nach Bruchteilen kann präziser sein und dem tatsächlichen Verhältnis zwischen Sieg und Niederlage genauer entsprechen. Sie empfiehlt sich aber nur dann, wenn man den Wert des gesamten Streitgegenstands nach § 2 Rn 4 beziffern kann oder wenn ihn das Gericht gleichzeitig durch einen Beschluß festsetzt. Man sollte Kommastellen hinter den Prozentsätzen nur bei sehr hohen Streitwerten für notwendig halten, um das Rechenwerk nicht noch mehr zu beschweren. Überhaupt ist eine gewisse vergröbernde Vereinfachung auch bei der Anwendung von Prozentsätzen durchaus statthaft und üblich, etwa 60 (und 40) statt 58 (und 42) Prozent bei einem geringen Streitwert. 37

L. Kostenteilung nach Summe und Rest. Das Gericht kann auch die eine Partei mit einem in EUR bezeichneten Teil der Gerichtskosten belasten, die andere mit dem Rest, etwa so: „Der Beklagte trägt die Kosten bis auf einen Betrag von 100 EUR. Diesen Betrag muß der Kläger zu den Gerichtskosten leisten". Auch dann muß das Gericht zB mitbeachten, ob eine umfangreiche Beweisaufnahme nur durch das Verhalten einer Partei notwendig wurde. Wenn das Gericht eine Partei insgesamt möglichst wenig belasten will, kann sich eine Lösung nach dieser Rn empfehlen. Grundsätzlich sollte das Gericht aber eine Verteilung nach Bruchteilen oder Prozenten vorziehen. Denn sie ist einfacher. 38

6) Aufhebung gegeneinander, I 2. Soweit das Gericht nicht nach einer vorrangigen Sonderregel einschließlich II vorgeht, kann es die Kostenteilung auch dadurch vornehmen, daß es die „Kosten gegeneinander aufhebt". 39

A. Begriff der Aufhebung usw. Hebt das Gericht die Kosten gegeneinander auf, „so fallen die Gerichtskosten jeder Partei zur Hälfte zur Last", BPatG GRUR **91**, 205, während jede Partei ihre außergerichtlichen oft unterschiedlich hohen Kosten selbst trägt, LAG Düss MDR **02**, 725. Damit entfällt (nur) dann die Notwendigkeit einer Kostenfestsetzung nach §§ 103 ff. Die Gerichtskosten bestehen wie stets aus den Gebühren und den Auslagen des Gerichts, (jetzt) § 1 I GKG, Köln RR **01**, 1656. Sie bestehen also auch aus denjenigen Beträgen, die das Gericht einem Sachverständigen oder Zeugen oder einem ehrenamtlichen Richter zahlen muß. Über die außergerichtlichen Kosten trifft I 2 nach dem bloßen Wortlaut scheinbar keine Bestimmung. Man muß die Vorschrift aber nach ihrem Sinn eindeutig dahin verstehen, daß jede Partei ihre außergerichtlichen Kosten bei einer Aufhebung der Kosten gegeneinander selbst tragen muß. Das gilt unabhängig davon, ob überhaupt solche außergerichtlichen Kosten bei ihr entstanden sind und wie hoch sie geworden sind. 40

B. Außergerichtliche Kosten. Zu den außergerichtlichen Kosten zählen vor allem die Gebühren und Auslagen der Anwälte (ProzBev, Verkehrsanwälte, Terminsanwälte, Beweisanwälte usw), außerdem die Auslagen der Partei für Fahrten zum Termin, Köln RR **01**, 1656 (auch nach einer Anordnung des Erscheinens), zum Anwalt, wegen Zeitversäumnis, wegen Verdienstausfalls usw, BPatG GRUR **91**, 205, Hamm Rpfleger **82**, 80, aM Celle KTS **88**, 370 (jede Partei trage bei einer Aufhebung der Kosten gegeneinander auch ihre außergerichtlichen Kosten nur zur Hälfte, wobei von deren genauer Ermittlung allerdings abgesehen werde. Aber dieser Lösungversuch ist jedenfalls formell wesentlich komplizierter und im Ergebnis auch nicht gerechter). 41

C. Gesamtumstände. Man kann nur nach den Gesamtumständen entscheiden, ob eine Aufhebung der Kosten gegeneinander oder eine verhältnismäßige Teilung auf andere Weise gerechter ist. Wenn beide Parteien eine gleiche Zahl von Anwälten jeweils derselben Funktionen haben und wenn beide Parteien in etwa demselben Umfang siegen und unterliegen, ist durchweg die Aufhebung gegeneinander ratsam oder gar nötig, LG Hbg Rpfleger **85**, 374 (krit Schneider). Es kann allerdings auch dann eine Aufhebung der Kosten gegeneinander notwendig sein, wenn nur eine Partei einen ProzBev hat. Das hängt allerdings davon ab, ob die Hinzuziehung eines Anwalts durch nur diese Partei trotz ihrer Zulässigkeit bei einer vernünftigen Betrachtung aus der damaligen Sicht des Auftraggebers nicht sonderlich notwendig war. Dann mag er diesen Zusatzaufwand trotz seines etwa hälftigen Teilsiegs allein tragen müssen. Andernfalls würde man den Gegner gerade wegen seiner Sparsamkeit evtl erheblich kostenrechtlich benachteiligen, Fischer DRiZ **93**, 317, aM LG Bln Rpfleger **92**, 175, LG Hbg Rpfleger **85**, 374 (abl Schneider). 42

D. Abgrenzung zur Kostenteilung. Vgl Rn 28. 43

7) Auferlegung der gesamten Prozeßkosten, II. Soweit das Gericht nicht eine der vorrangigen Sonderregeln außerhalb von § 92 anwenden muß, muß es zunächst klären, ob trotz einer formellen Teilunterliegens einer Partei doch einer der Grenzfälle vorliegt, in denen der gegenüber I vorrangige II anwendbar ist. 44

A. Begriff der Auferlegung usw. Die Auferlegung der gesamten Prozeßkosten zulasten einer Partei ist dasselbe wie die nach § 91 beim völligen Unterliegen notwendige Kostenauferlegung. Soweit das Gericht II anwendet, muß die belastete Partei die gesamten gerichtlichen Gebühren und Auslagen und außerdem die gesamten Gebühren und Auslagen aller am Prozeß beteiligten Parteien tragen, soweit das Gericht nicht für einzelne Streitgenossen, den Streithelfer usw die vorrangigen Sonderregeln beachtet hat. Das muß man bedenken. Soweit das Gericht dieses Ergebnis nicht erzielen will, darf es nicht II anwenden, sondern muß eine der Möglichkeiten nach I wählen, Rn 27 ff, 39 ff. 45

46 **B. Abgrenzung zur verhältnismäßigen Teilung und zur Aufhebung gegeneinander.** Vgl Rn 27, 28, 39 ff. Eine Auferlegung der gesamten Prozeßkosten läßt sich trotz des scheinbar eindeutigen Wortlauts möglicherweise in eine Maßnahme nach I umdeuten. Aber Vorsicht!

47 **C. Notwendigkeit der Kostengerechtigkeit.** Gerade bei II muß das Gericht in hohem Maße auf eine Kostengerechtigkeit achten. Zwar hat das Gericht schon nach dem Wortlaut („... kann") einen weiten Ermessensspielraum. Es muß ihn aber pflichtgemäß ausfüllen und darf nicht willkürlich nur aus sachfremden Motiven vorgehen. Die Kostengrundentscheidung ist insbesondere bei II kein Weg einer Prozeßstrafe. Auf das Verschulden kommt es ohnehin nicht an. Nur der Enderfolg entscheidet. Das Gericht kann zwar die Verhaltensweise der Partei nach §§ 95 ff berücksichtigen. II schafft aber nicht eine zusätzliche weitere Möglichkeit einer solchen Berücksichtigung. Man darf insbesondere den Begriff der „verhältnismäßigen Geringfügigkeit" nicht dahin auslegen, daß man auch einen in Wahrheit nicht mehr geringfügigen Teil als noch derart klein ansieht.

48 **8) Zuvielforderung verhältnismäßig geringfügig, II Z 1 Hs 1.** Die Auferlegung der gesamten Prozeßkosten nur zulasten des Klägers wie des Bekl setzt voraus, daß entweder die in Rn 48–50 genannten Voraussetzungen sämtlich zusammentreffen oder daß die in Rn 51 ff dargestellten Voraussetzungen vorliegen.

A. Begriff der Zuvielforderung. Eine Zuvielforderung (Mehrforderung) liegt zunächst vor, wenn die begehrte Hauptsumme höher liegt als die zugesprochene. Sie kann aber auch dann vorliegen, wenn zB die im Eilverfahren nach §§ 935 ff beantragte Maßnahme bei einer vernünftigen Gesamtbetrachtung weiter reichte als die schließlich unter einer Berücksichtigung von § 938 angeordnete oder wenn beim unbezifferten Klagantrag der zunächst genannte Mindest- oder Eckbetrag oder die zunächst genannte Größenordnung höher lagen als die schließlich im Urteil beziffert zugesprochene Summe etwa des Schmerzensgelds, Mü VersR **89**, 862. Freilich kann man nicht einfach auch bei einem nun einmal bezifferten Antrag trotz seiner halber Abweisung die Kosten allein dem Bekl auferlegen, nur weil der Antrag auch unbeziffert zulässig gewesen wäre, wie es Köln NJW **89**, 720 vorsieht (es übersieht die Notwendigkeit, beim unbezifferten Antrag den Mindestbetrag oder die Größenordnung zu nennen). Es kommt also auf die Ermittlung des Kostenstreitwerts einerseits der Anfangsforderung, andererseits der zugesprochenen Leistung an.

49 **B. Begriff der Geringfügigkeit.** Die Zuvielforderung darf nur geringfügig gewesen sein. Ob nur eine Geringfügigkeit vorliegt, muß man nach den gesamten Umständen und durch eine Ermittlung des Verhältnisses der zugesprochenen Leistung zur ursprünglichen Klageforderung ermitteln, Herr MDR **93**, 837. Man kann eine Grenze der Geringfügigkeit bei 10% des Gesamtanspruchs ziehen, AG Freibg AnwBl **84**, 99 (Nebenforderung gleich hoch oder höher als Hauptforderung), ThP 8, aM Kblz AnwBl **90**, 398 (13% noch unschädlich), Köln NJW **89**, 720 (50%), Mü VersR **89**, 862 (über 40%: jeweils unhaltbar, Rn 48). Auch eine Verurteilung nur Zug um Zug kann nach II beurteilbar sein. Es kommt aber sehr auf den Wert der Zug-um-Zug-Gegenleistung an. II ist natürlich auch zugunsten des fast ganz siegenden Bekl anwendbar.

50 **9) Veranlassung keiner oder nur geringfügig höherer Kosten, II Z 1 Hs 2.** Zu den Voraussetzungen nach Rn 48, 49 muß bei einer Anwendung von II hinzutreten, daß die Zuvielforderung überhaupt keine oder nur geringfügig höhere Kosten veranlaßt hat. Damit ist die frühere Streitfrage zum damaligen Begriff der „besonderen" Kosten erledigt. Zum Begriff der Geringfügigkeit Rn 49. Hierher kann zB das Überschreiten einer Gebürenstufe zählen.

51 **10) Abhängigkeit der Forderung von richterlicher Festsetzung, II Z 2.** II ist auch dann anwendbar, wenn zwar nicht die Voraussetzungen Rn 48–50 vorliegen, wohl aber diejenigen Rn 52 ff bestehen. Das ergibt sich schon aus dem Wort „oder" in II Z 1 aE. Soweit II Z 2 anwendbar ist, genügt es, daß eine der in Rn 52–57 genannten Voraussetzungen vorliegt.

52 **A. Richterliches Ermessen,** dazu *Butzer* MDR **92**, 539, *Röttger* NJW **94**, 368, *Steinle* VersR **92**, 425 (je: Üb): Es reicht zunächst aus und ist erforderlich, daß der Betrag der Forderung von der Festsetzung durch ein richterliches Ermessen abhing. Dieser Fall liegt vor allem beim unbezifferten Klagantrag vor. Das gilt etwa beim Antrag auf die Zahlung eines ins Ermessen des Gerichts gestellten Schmerzensgelds nach (jetzt) § 253 BGB, Düss RR **95**, 955, Kblz AnwBl **90**, 398, Köln VersR **95**, 358. Weitere Beispiele: §§ 315, 319 BGB, 355 HGB, 287 ZPO. Der Schmerzensgeldantrag muß sich freilich in vertretbaren Grenzen gehalten haben, Anh nach § 3 Rn 99, 100, Düss DNotZ **78**, 684, Mü NJW **86**, 3090, Mertins VersR **06**, 47.

53 **B. Kostenrisiko.** Unter einer solchen Voraussetzung kann II Z 2 ein solches Kostenrisiko des Geschädigten verringern, das seinen sachlichrechtlichen Anspruch im Ergebnis mindern könnte, Gerstenberg NJW **88**, 1359, aM Husmann NJW **89**, 3126 (aber die Kostenverteilung darf eben nicht zur sachlichrechtlichen Strafe werden, Rn 47). Freilich darf das Gericht das Kostenrisiko auch nicht entgegen dem Grundsatz des § 91 auf den Bekl verlagern. Wenn das Verfahren ergibt, daß der Kläger tatsächlich einen bestimmten Betrag verlangt, und wenn das Gericht ihm diesen Betrag nicht zusprechen kann, muß auch eine wirkliche Kostenteilung nach I stattfinden, sofern die Zuvielforderung nicht wirklich geringfügig war, Köln OLGR **94**, 284, Nürnb VersR **88**, 301. Ähnlich liegt es, wenn der Kläger einen vermeidbaren Schätzungsfehler beging und durch falsche Angaben eine vermeidbare Beweisaufnahme verursachte, Ffm GRUR **89**, 203. Bei einer Entscheidung nach § 938 kann sich ergeben, daß trotz der nach dem Wortlaut und Sinn gewissen Abweichung der Entscheidung vom Antrag in Wahrheit doch zumindest wirtschaftlich oder psychologisch ein voller Erfolg vorliegt, nicht nur eine wenn auch nur geringfügige Zuvielforderung. Bei § 780 ist § 92 II Z 2 nur insoweit anwendbar, als der Kläger zunächst eine unbeschränkte Verurteilung begehrte, dann aber gegen den Vorbehalt der Haftungsbeschränkung keine Bedenken geltend macht, BayObLG NZM **00**, 44 (sonst ist I anwendbar), Celle OLGR **95**, 204.

C. Ermittlung durch Sachverständige. Es reicht auch aus, daß der Betrag der Forderung von der Ermittlung durch einen Sachverständigen oder mehrere abhängig war. Hier kann es sich sowohl um eine bezifferte als auch um eine unbezifferte Klageforderung handeln. In Betracht kommen alle Fälle, in denen das Gericht bei der Ermittlung einer Schadenshöhe oder bei der Feststellung des Zustands einer Sache etwa im Rahmen einer Beweissicherung zumindest praktisch von einem oder mehreren Sachverständigen abhängig ist, mögen sie auch formell nur als Gehilfen des Richters gelten. Dagegen zählen nicht diejenigen Fälle hierher, in denen nur der Grund, nicht auch oder nur der Betrag einer Forderung von der Ermittlung durch einen Sachverständigen abhängt. 54

Beispiel: Die Feststellung der Vaterschaft als zwingende Voraussetzung einer Unterhaltspflicht dem Grunde nach. 55

D. Gegenseitige Berechnung. Es reicht schließlich aus, daß der Betrag der Forderung von einer gegenseitigen „Berechnung" oder Abrechnung abhängt. 56

Beispiel: Der Kläger kennt zunächst unverschuldet noch nicht die Höhe einer Gegenforderung des Bekl, vor allem bei einer Haupt- oder Hilfsaufrechnung. 57

Der Forderungsbetrag muß von einer solchen gegenseitigen Berechnung „abhängig" sein. Maßgebend ist der Zeitpunkt der Entscheidungsreife nach § 300 Rn 6. Es reicht also nicht aus, daß etwa eine derartige Abhängigkeit nur im Fall einer bloßen *Hilfsaufrechnung* eintreten würde, § 145 Rn 13, solange das Gericht der Klage ohnehin schon wegen des Abweisungsantrags oder der Hauptaufrechnung des Bekl nicht stattgeben konnte.

11) Rechtsmittelinstanz, I, II. Die Vorschriften gelten in allen Instanzen, (zu II) Hamm MDR **80**, 233, Köln VersR **95**, 358, Mü MDR **83**, 1029 (Vorsicht bei der Herabsetzung eines Ordnungsgeldes nach § 890 in der Beschwerdeinstanz). 58

12) Verstoß, I, II. Nach einem Verstoß gegen I oder II muß man § 99 beachten (Einschränkung der Anfechtbarkeit einer bloßen Kostenentscheidung; Ausnahme bei Anerkenntnis). Im übrigen bestehen die Rechtsmittelmöglichkeiten wie sonst. 59

93 *Kosten bei sofortigem Anerkenntnis.* **Hat der Beklagte nicht durch sein Verhalten zur Erhebung der Klage Veranlassung gegeben, so fallen dem Kläger die Prozesskosten zur Last, wenn der Beklagte den Anspruch sofort anerkennt.**

Schrifttum: *Nink,* Die Kostenentscheidung nach § 93 ZPO im Urteilsverfahren des einstweiligen Rechtsschutzes, Diss Gießen 1990.

Gliederung

1) Systematik. Die Vorschrift ergänzt § 307 wegen der Kostenfolgen für einen Teil seines Anwendungsbereichs. Sie stellt nur scheinbar eine Ausnahme von der Grundregel des § 91 dar. In Wahrheit führt sie jene Grundregel folgerichtig fort, nur eben verfeinert. Die Frage, wer unterliegt, beantwortet § 93 anders als bei dem notwendigerweise groben Schema des § 91 nicht vom äußeren Prozeßergebnis her, sondern von dem im Grunde gerechteren Maßstab, ob ein Prozeß überhaupt notwendig war, LG Hbg GRUR-RR **84**, 191. Eine ähnliche Regelung enthält § 269 III 3. 1

Trotzdem muß man § 93 im System der §§ 91 ff formell als eine *Ausnahmevorschrift* ansehen, BGH NJW **94**, 2895 (krit Bork JZ **94**, 1011), Köln FamRZ **88**, 96, LG Mü KTS **86**, 508. Daher ist eine enge Auslegung seiner Voraussetzungen erforderlich. Vgl aber Rn 5 ff. Die Vorschrift erfaßt nach dem Wortlaut nur das volle Anerkenntnis aller Klagansprüche. Beim bloßen Teilanerkenntnis ist § 93 auf die diesbezüglichen Kosten anwendbar, Rn 112. §§ 93 b enthält teilweise vorrangige Sonderregeln. § 96 ist nicht entsprechend anwendbar, Streit/Schade JB **04**, 121. 2

Die Vorschrift stellt keine Einschränkung der Regel dar, daß das Gericht nach § 308 II über die Kosten stets *von Amts wegen* entscheiden muß. Sie macht die Kostenfolge ja ohnehin nicht von einem Antrag abhängig. 3

2) Regelungszweck. § 93 soll dazu beitragen, unnötige Prozesse zu vermeiden, Leuschner AcP **207**, 83. Die Vorschrift dient also der Prozeßwirtschaftlichkeit, Grdz 14 vor § 128, BPatG GRUR **89**, 588. Sie dient ferner dazu, in einem nun einmal unnötigerweise eingeleiteten Prozeß dem Bekl wenigstens die Chance der 4

Entlastung vom Kostenrisiko zu geben, AG Bln-Charlottenb FamRZ **94**, 118, Leuschner AcP **207**, 84. Außerdem ergibt sich als ein Nebenerfolg eine Möglichkeit zur Verkürzung und Vereinfachung des Verfahrens. Insofern dient die Vorschrift auch dem öffentlichen Interesse. Das sollte man trotz der an sich nach Rn 2 notwendigen engen Auslegung der Voraussetzungen mitbeachten.

Schillernd unscharf sind bei einer näheren Prüfung beide Voraussetzungen einer Kostenentscheidung zulasten des Klägers nach § 93. Man findet auch nicht immer eine klare Abgrenzung zu dem ja ohnehin stets zumindest auch anfangs erforderlichen Rechtsschutzbedürfnis, Grdz 33 vor § 253. Soweit es fehlt, muß der Kläger nicht nur die Kosten tragen, sondern er verliert auch in der Hauptsache, weil die Klage unzulässig ist. § 93 setzt also ein Rechtsschutzbedürfnis geradezu voraus, auch wenn das Anerkenntnis das Gericht bindet. Wieso aber ein solches Bedürfnis mangels Veranlassung zur Klagerhebung? Jedenfalls darf sich der Blick bei der Auslegung von § 93 nicht nur auf *dessen* Voraussetzungen verengen.

5 **3) Sachlicher Geltungsbereich.** Während man wegen des formellen Ausnahmecharakters der Vorschrift nach Rn 2 ihre Voraussetzungen an sich eng auslegen muß, läßt sich die Frage großzügig beantworten, ob die Vorschrift überhaupt anwendbar ist.

A. Direkte Anwendbarkeit. § 93 gilt grundsätzlich in jeder solchen Verfahrensart nach der ZPO, in der der Bekl oder Antragsgegner oder Widerbekl ein nach § 307 wirksames Anerkenntnis erklären kann. In dem Verfahren muß also die Parteiherrschaft gelten, nicht nur der Ermittlungsgrundsatz, Grdz 18, 38 vor § 128.

6 **B. Entsprechende Anwendbarkeit.** Der Rechtsgedanke des § 93 ist auch in jedem solchen Verfahren anwendbar, das wenigstens im Kern einem Zivilprozeß mit seiner Parteiherrschaft vergleichbar ist und keine vorrangige Sonderregelung enthält.

7 **C. Unanwendbarkeit.** § 93 ist in einem Verfahren ohne eine Parteiherrschaft und damit ohne eine Möglichkeit eines nach § 307 wirksamen Anerkenntnisses unwirksam, also in demjenigen Verfahren, in dem der Ermittlungsgrundsatz herrscht, Grdz 38 vor § 128, § 26 FamFG.

8 **D. Beispiele zur Frage des sachlichen Geltungsbereichs**

Anspruchsverzicht: Bei einem Verzichts auf den Klaganspruch nach § 306 ist § 93 *unanwendbar,* Hamm MDR **82**, 676, Kblz RR **86**, 1443, LG Hbg RR **87**, 381, aM Ffm OLGZ **93**, 299 (aber § 93 regelt gerade das Gegenteil eines Anspruchsverzichts).

Arbeitsrecht: § 93 ist anwendbar, BAG FamRZ **06**, 120.

9 **Arrest, einstweilige Verfügung:** § 93 gilt auch im Verfahren auf den Erlaß eines Arrests oder einer einstweiligen Verfügung, Ffm RR **99**, 1742, KG RR **00**, 516, Köln RR **88**, 1341. Die Vorschrift gilt auch in dem Verfahren nach einem Widerspruch, §§ 924 ff, Schlesw WettbR **00**, 248, und im Aufhebungsverfahren nach § 927, dort Rn 11. Das gilt freilich nur, wenn in Wahrheit keine Gefährdung vorlag oder wenn eine Gefährdung keine Voraussetzung des Eilverfahrens war, etwa bei §§ 885 I 2, 899 II 2, 1615 o III BGB, §§ 11 I 2, 21 II 3 SchiffsRG, (jetzt) § 12 II UWG, Borck NJW **81**, 2725, Liesegang JR **80**, 99 (Fallfrage).

Aufgebotsverfahren: Im Aufgebotsverfahren nach §§ 433 ff FamFG ist § 93 *unanwendbar.* Das ergibt sich aus der über die Interessen des Antragstellers weit hinausgehenden Bedeutung jenes Verfahrens trotz seiner Anklänge an ein Erkenntnisverfahren.

Aufhebungsverfahren: S „Arrest, einstweilige Verfügung“.

10 **Beschlußverfahren:** § 93 gilt auch in einem Beschlußverfahren, soweit überhaupt die Voraussetzungen Rn 5, 6 auf jene Verfahrensart zutreffen.

11 **Drittwiderspruchsklage:** § 93 gilt auch in einem Drittwiderspruchsprozeß nach § 771, Hamm FamRZ **99**, 725, oder nach § 878. Denn dieses Verfahren ist ein nur äußerlich bei der Zwangsvollstreckung mitgeregeltes, in Wirklichkeit selbständiges weiteres Erkenntnisverfahren.

S auch Rn 27 „Zwangsvollstreckung“.

12 **Eheverfahren:** § 93 ist grds in jeder Art von Eheverfahren wegen des dort geltenden Ermittlungsgrundsatzes nach §§ 26, 127 FamFG *unanwendbar,* (je zum alten Recht) Ffm FamRZ **84**, 1123, Karlsr FamRZ **91**, 1456. I 1 kann jedoch entsprechend anwendbar sein, soweit der Versorgungsausgleich als eine selbständige Familiensache abläuft, BGH MDR **01**, 218.

S freilich auch Rn 23 „Unterhalt“.

Erbausgleich: Rn 25 „Vorzeitiger Erbausgleich“.

13 **Feststellungsklage:** § 93 ist auch bei einer bloßen Feststellungsklage wie sonst anwendbar.

Finanzgerichtsverfahren: § 93 ist im Finanzgerichtsverfahren allenfalls insoweit anwendbar, als dort ausnahmsweise im konkreten Fall kein Ermittlungsgrundsatz herrscht, Grdz 38 vor § 128.

Folgesache: Rn 12 „Eheverfahren“, Rn 23 „Unterhalt“.

Freiwillige Gerichtsbarkeit: Rn 15 „Hausratssache“, Rn 26 „Wohnungseigentumssache“.

14 **Gebrauchsmuster:** Der Rechtsgedanke des § 93 ist im Rahmen einer nach § 17 GebrMG in Verbindung mit § 62 PatG zu treffenden Kostenentscheidung anwendbar, BGH GRUR **82**, 364 und 417, BPatG GRUR **89**, 587.

Gesellschaft: § 93 ist auf eine Anfechtungsklage anwendbar, Naumb RR **98**, 1195.

15 **Gestaltungsklage:** § 93 ist auch bei einer Gestaltungsklage anwendbar, Düss RR **93**, 74, Naumb RR **98**, 1095.

Hausratssache: Es gelten §§ 80 ff FamFG.

Insolvenz: § 93 ist im Insolvenzverfahren *grds unanwendbar.* Denn dort herrscht der Ermittlungsgrundsatz. Grdz 38 vor § 128, Mü KTS **87**, 327, LG Ffm KTS **85**, 751. Die Vorschrift ist aber in einem aus Anlaß eines Insolvenzverfahrens entstehenden Zivilprozeß wie sonst anwendbar, BGH RR **94**, 1213, LG Gött KTS **90**, 137, LAG Hamm MDR **01**, 1379.

16 **Kindschaftssache:** § 93 ist in einem Kindschaftsverfahren wegen des dort herrschenden Ermittlungsgrundsatzes nach § 26 FamFG *unanwendbar.*

S allerdings auch Rn 23 „Unterhalt“, Rn 24 „Vereinfachtes Verfahren“.

Klagerhöhung: § 93 ist auch auf den Mehrbetrag anwendbar. Man muß ihn wie eine weitere Klage beurteilen.

Klagerücknahme: § 93 ist im Fall § 269 III 2 *grds auch nicht entsprechend anwendbar,* Drsd MDR **03**, 1079, Stgt RR **97**, 1222. Denn der Kostenausspruch nach § 269 III 2, IV ist trotz etwaiger „Kostenanträge" in Wahrheit ja nur die bloße Feststellung einer bereits kraft Gesetzes zwangsläufig eingetretenen Kostenfolge. Bei § 93 muß das Gericht immerhin eine unter den Voraussetzungen der Vorschrift ebenso zwangsläufige Kostenfolge durch eine Kostengrundentscheidung erst im Einzelfall herbeiführen, Hamm GRUR **83**, 608, Karlsr MDR **94**, 1245, Schlesw MDR **01**, 1078, aM AG Offenbach MDR **84**, 1032, Schneider MDR **84**, 548 (aber der vorgenannte Unterschied ist unübersehbar und erheblich). 17

Bei *§ 269 III 3* kann § 93 aber mitbeachtlich sein.

Kostenfestsetzungsverfahren: § 93 ist im Kostenfestsetzungsverfahren anwendbar, § 104 Rn 20. Das gilt trotz des Grundsatzes, daß das Gericht stets von Amts wegen über die Kosten entscheiden muß, § 308 II, Karlsr OLGZ **86**, 125. 18

Künftige Leistung: § 93 ist auch in einem Verfahren auf eine künftige Leistung nach §§ 257 ff anwendbar, auch zB in einem Verfahren nach § 259. Denn § 93 setzt einen subjektiven Anlaß und nicht eine objektive Besorgnis voraus.

Leistungsklage: § 93 ist bei einer Leistungsklage wie sonst anwendbar. 19

Mahnverfahren: Nach einem Mahnverfahren tritt beim Übergang in das streitige Verfahren unter Umständen nach § 696 III eine Rückwirkung ein. Im übrigen ist § 93 anwendbar, soweit und sobald der Antragsgegner den Mahnanspruch nach § 307 überhaupt wirksam anerkennen kann oder soweit er nach einem Widerspruch und einer anschließenden Zahlung der Hauptsumme und nach einer Klagänderung die Mahnkosten anerkennt, AG Hann JB **99**, 542. 20

Unanwendbar ist § 93, wenn der Gläubiger wegen mehrerer Rechnungen mehrere Mahnverfahren beantragt hat, AG Düss RR **03**, 862.

Markenrecht: § 93 ist anwendbar, Hbg GRUR **06,** 616, Stgt RR **01**, 259.

Patentverfahren: § 93 ist in einem Verfahren nach § 84 II PatG anwendbar, BGH GRUR **04**, 141. 21

S auch Rn 14.

Prozeßkostenhilfeverfahren: § 93 ist in ihm *nicht* entsprechend anwendbar, Köln RR **04**, 64. 22

Scheidung: Rn 12.

Schriftliches Vorverfahren: § 93 ist auch bei § 307 anwendbar.

Sozialgerichtsverfahren: § 93 ist im SGG-Verfahren *unanwendbar.* Denn dort herrscht der Ermittlungsgrundsatz, Grdz 38 vor § 128, LSG Essen NJW **87**, 1360.

Unterhalt: § 93 ist im Unterhaltsverfahren der §§ 231 ff FamFG wegen § 113 IV Z 6 FamFG *unanwendbar.* 23

Vaterschaftsfeststellung: § 93 ist im Bereich der Amtsermittlung nach § 26 FamFG *unanwendbar.* 24

Versäumnisverfahren: § 93 ist auch nach einem Versäumnisverfahren anwendbar, Köln VersR **92**, 635.

Verteilungsverfahren: § 93 ist bei § 878 wie sonst anwendbar.

Vollstreckbarkeit: § 93 ist anwendbar, soweit es um die Vollstreckbarkeit eines festgestellten Anspruchs geht und soweit nicht der Ermittlungsgrundsatz nach Grdz 38 vor § 128 herrscht. In Betracht kommt zB das Vollstreckbarkeitsverfahren nach § 1059, vgl § 794 I Z 5. 25

Vollstreckungsabwehrklage: § 93 ist bei §§ 767 ff wie sonst anwendbar.

Vorverfahren: Rn 22 „Schriftliches Vorverfahren".

Vorzeitiger Erbausgleich: § 93 ist im Verfahren auf die Zahlung eines vorzeitigen Erbausgleichs anwendbar, Düss RR **93**, 74.

Widerspruchsverfahren: Rn 9 „Arrest, einstweilige Verfügung", Rn 20.

Wiederaufnahmeverfahren: § 93 ist im Wiederaufnahmeverfahren nach §§ 578 ff anwendbar. 26

Wiederkehrende Leistung: Rn 18 „Künftige Leistung".

Wohnungseigentumssache: § 93 ist anwendbar, (zum alten Recht) LG Hbg ZMR **03**, 880.

Zwangsvollstreckung: Im Zwangsvollstreckungsverfahren ist § 93 wegen des dort grds geltenden Ermittlungsprinzips nach Grdz 38 vor § 128 *an sich unanwendbar.* Jedoch ist § 93 auf einen aus Anlaß der Zwangsvollstreckung entstehenden Prozeß anwendbar, etwa nach §§ 767, 771, 878, Hamm FamRZ **99**, 725, ebenso wegen § 891 S 3 bei §§ 887–890. 27

S auch Rn 11, Rn 25 „Vollstreckbarkeit".

4) Keine Veranlassung zur Erhebung der Klage. Erste Voraussetzung der Anwendbarkeit des § 93 ist, daß der Bekl „nicht durch sein Verhalten zur Erhebung der Klage Veranlassung gegeben hat". Dafür trägt der Bekl grundsätzlich die Darlegungs- und Beweislast, Anh § 286 Rn 36. Liegt diese Voraussetzung vor, muß man weiter prüfen, ob auch ein „sofortiges Anerkenntnis" vorliegt, Rn 85. 28

A. Begriff der Klagerhebung. Aus dem Regelungszweck nach Rn 4 folgt: Unter Klagerhebung muß man hier schon die Einreichung der Klage oder der Antragsschrift verstehen, Bbg JB **82**, 1884, Brschw OLGR **96**, 120. Denn bereits durch diesen Vorgang können Kosten entstehen. Diese will § 93 ja gerade vermeiden helfen. Der Begriff der Klagerhebung weicht hier also von demjenigen des § 253 I ab. Es kommt nicht auf die Rechtshängigkeit an, sondern die bloße Anhängigkeit genügt, § 261 Rn 1, AG Ludwigslust FamRZ **05**, 643.

B. Begriff der Klageveranlassung. Man gibt zur Erhebung der Klage durch ein solches Verhalten Anlaß, das vernünftigerweise den Schluß auf die Notwendigkeit eines Prozesses rechtfertigt, BGH BB **05**, 1303, Düss VersR **06**, 1660, LG Hbg GRUR-RR **04**, 191. Vgl aber Rn 59 „Unschlüssigkeit". 29

C. Maßgeblicher Zeitpunkt: Rückblick bei Entscheidungsreife. Das Gericht muß bei der notwendigen Prüfung, ob objektiv ein Klaganlaß bestand, alle im Zeitpunkt der Entscheidungsreife nach § 300 Rn 6 vorliegenden Umstände über den jetzt noch eine Kostenentscheidung brauchenden Teil des Rechtsstreits beachten. Es muß aber auf dieser Grundlage rückblickend darauf abstellen, ob im Zeitpunkt der Klagerhebung nach Rn 28 ein Klaganlaß schon und noch bestand, Ffm RR **93**, 127, Nürnb VersR **98**, 1130. Die rückschau- 30 ende Betrachtungsweise darf und muß freilich das Verhalten der Parteien bis zur Entscheidungsreife mitberücksichtigen, Ffm MDR **84**, 149, Zweibr JB **82**, 1083, aM BGH MDR **79**, 1016, Mü NJW **88**, 270 (aber es kann zumindest ein Anscheinsbeweis nach § 286 vorliegen). Einzelheiten bei den Beispielen in Rn 31 ff.

31 **D. Beispiele zur Frage der Klageveranlassung**

Abänderungsklage: Bei der Klage nach § 323 darf man trotz des Interesses des Klägers an einer baldigen Klagerhebung nach § 323 III die Frage des Klaganlasses nicht anders als bei sonstigen Klagen beurteilen, Hbg FamRZ **88**, 1077. Vgl freilich jetzt § 323 III 2. Der Bekl hat einen Klaganlaß gegeben, wenn er zwar einen erhöhten vertraglichen Unterhalt zahlt, sich aber nicht dazu bereit findet, eine neue vollstreckbare Urkunde zu unterzeichnen, AG Freibg FamRZ **78**, 437, oder wenn er nicht auf die vorprozessuale Aufforderung reagiert, auf die Zwangsvollstreckung aus dem vertraglichen Unterhaltstitel in Höhe von Mehreinnahmen zu verzichten, Brdb FamRZ **05**, 537, Ffm FamRZ **01**, 502, Oldb FamRZ **00**, 1514 (abl Warfsmann). Erst ab dem Erhalt einer schlüssigen Klagebegründung nebst einer angemessenen Prüfungsfrist kann eine Klageveranlassung vorliegen, Köln FamRZ **97**, 1415. Der Gläubiger hat einen Anlaß zur Abänderungsklage gegeben, wenn er sich nicht eine nur noch eingeschränkte Vollstreckungsklausel geben ließ, Karlsr FamRZ **06**, 630.

S auch Rn 23.

Abmahnung: Außerhalb einer Wettbewerbssache kann eine Abmahnung zB vor einer Leistungs- oder Unterlassungsklage ebenfalls notwendig sein, KG RR **00**, 516, Köln MDR **04**, 648, Naumb FamRZ **06,** 1053. Eine für den Gläubiger zumutbare Überlegungsfrist des Schuldners ist auch hier erforderlich. Wegen der Notwendigkeit einer Abmahnung im Wettbewerbsrecht Rn 67 ff. Vor einer einstweiligen Verfügung mag eine Abmahnung außerhalb des Wettbewerbsrechts entbehrlich sein, KG RR **00**, 516, Köln RR **97**, 1242, Stgt RR **01**, 259 (insbesondere beim Vorsatz).

S ferner Rn 33, Rn 41 „Feststellungsklage", Rn 53 ff, Rn 66, 67 „Wettbewerbssache".

Abschlußschreiben: Rn 77 ff.

Änderung der Rechtslage: Rn 52 „Rechtsänderung".

32 **Anfechtungsgesetz:** Der Bekl hat *nicht* schon deshalb einen Klaganlaß gegeben, weil er eine für den Gläubiger nachteilige anfechtbare Handlung vorgenommen hat, Düss KTS **84**, 495 (es komme aber stets auf die Gesamtumstände an), Schlesw MDR **77**, 321. Derjenige Schuldner, der zur Duldung der Zwangsvollstreckung verpflichtet ist, ohne auch der persönliche Schuldner zu sein, gibt erst dann eine Klageveranlassung, wenn er die Duldung verweigert, Saarbr RR **00**, 1668.

S auch Rn 37 „Dingliche Klage".

Annahmeverzug des Gläubigers: Soweit ein solcher Annahmeverzug vorliegt, hat der Bekl *keinen* Klaganlaß gegeben. Dasselbe gilt, soweit der Gläubiger eine von ihm geschuldete Gegenleistung nicht erbracht hat, § 298 BGB.

33 **Arrest, einstweilige Verfügung,** dazu *Liesegang* JR **80**, 95 (Üb): Man muß zwei Fallgruppen trennen.

Anlaß zum Antrag: Soweit der Antragsteller keine Gefährdung glaubhaft machen muß, kann der Antragsgegner einen Anlaß zu dem Antrag gegeben haben, auch wenn sich der Antragsteller ohne eine weitere außergerichtliche Auseinandersetzung sogleich an das Gericht gewendet hat, Köln GRUR **88**, 646, oder wenn er die von ihm gesetzte Frist für eine strafbewehrte Unterlassungserklärung nicht abwartet und wenn die Erklärung dann erst eingeht, wenn auch vor ihrem Fristablauf, Mü MDR **90**, 556. Dieser Fall kann zB eintreten: Bei § 885 I 2 BGB, Köln NJW **75**, 455 (das Gericht betont, der Antragsteller brauche den Antragsgegner auch nicht zur Bewilligung einer Vormerkung aufzufordern, aM Hamm NJW **76**, 1460, Köln ZMR **77**, 109); bei § 899 II 2 BGB; bei § 12 II UWG. Der Antragsteller braucht nicht auf ein Vertragsstrafeversprechen zur Vermeidung der Hauptsacheklage zu drängen, KG WRP **81**, 145.

34 *Kein Anlaß zum Antrag:* Der Antragsgegner hat keinen Anlaß zu dem Antrag gegeben, soweit er nach einem ohne seine Anhörung ergangenen Beschluß (also nicht nach einem Urteil) den Widerspruch zulässigerweise von vornherein auf die Kostenfrage beschränkt, § 924 Rn 9 (sog „Kostenwiderspruch"), Celle GRUR-RR **01**, 200, großzügiger Hbg RR **02**, 215 (auch Voll-Widerspruch unschädlich. Aber dann wehrt sich der Antragsgegner im höchstmöglichen Umfang. Ein solches Verhalten läßt sich nun wirklich als Klaganlaß mitbewerten). Denn der Antragsgegner kann nur durch den Widerspruch seine Bereitschaft zum alsbaldigen Anerkenntnis ausdrücken, sofern der Antragsteller ihn nicht vor dem Beginn des Verfahrens gehört hatte, Zweibr MDR **07**, 925. Das setzt allerdings voraus, daß sein vorheriges Verhalten nicht ergibt, daß er in Wahrheit doch einen Anlaß zu dem Eilverfahren gegeben hatte, Düss RR **86**, 37, Ffm AnwBl **85**, 642, Lemke DRiZ **92**, 339, aM Hbg GRUR **89**, 458, Mü GRUR **85**, 327 (aber es kommt auf das bisherige Gesamtverhalten an). Hat der Schuldner einen Widerspruch eingelegt und dann eine Frist zum Anerkenntnis oder zum Verzicht auf seine Rechte nach §§ 924, 926 verstreichen lassen, hat er eine neben dem Eilverfahren gleichzeitig erhobene Hauptsacheklage veranlaßt, KG WRP **81**, 583.

Hat der Gegner auf eine Abmahnung auf eine Unterlassung nicht reagiert, hat der Bekl die Hauptsacheklage aber *nicht stets* veranlaßt, Drsd WettbR **96**, 138, KG RR **00**, 516. Vor einem selbständigen Aufhebungsantrag wegen einer Versäumung der Vollziehungsfrist muß das Gericht anders als im Widerspruchsverfahren den Antragsteller auf den Aufhebungsgrund hinweisen, damit er auf die Rechte verzichten kann, Ffm RR **99**, 1742. Es kann ratsam sein, dem Gläubiger das Verfahren nach § 927 anzudrohen, Meyer JB **07**, 407.

S auch Rn 34 „Aufhebungsverfahren", Rn 64 „Verwahrung gegen die Kosten", Rn 67 „Wettbewerbssache".

Aufforderung: Rn 31 „Abmahnung", Rn 67 „Wettbewerbssache".

Aufhebungsverfahren: § 927 Rn 10.

S auch Rn 33, 34.

Auskunft: Sie muß zum Anerkenntnis hinzutreten, um einen Klaganlaß zu verhindern, Nürnb MDR **03,** 287. Ein Klaganlaß kann vorliegen, soweit der schon früher gegenüber dem Schuldner für den Gläubiger tätig gewesene Anwalt nur formell seine Vollmacht nicht sogleich im Original beigefügt hatte, Köln FamRZ **03**, 941.

Eine lückenhafte Auskunft gibt *keinen* Klaganlaß, solange eine weitere Auskunftsbereitschaft erkennbar bleibt, Köln WettbR **98**, 115.

S auch Rn 83.

Auslandsaufenthalt: Der bloße, wenn auch unbefristete, Auslandsaufenthalt gibt jedenfalls dann *keinen* Anlaß zur Klage, wenn der Schuldner sicherstellt, daß er die Post nachgesandt erhält, Köln VersR **92**, 635. 35

Bauhandwerkerhypothek: Man muß nach den Gesamtumständen abwägen, ob eine Abmahnung zur Bewilligung einer Vormerkung nötig ist, Heyers BauR **80**, 20, ZöHe 6 „Vormerkung nach §§ 648, 885 BGB", aM Ffm OLGR **92**, 150, LG Osnabr NdsRpfl **83**, 145 (sie sei nicht notwendig. Aber es kommt auf den Grad der Ranggefährdung an).

Bedingung: Rn 38 „Einwendung", Rn 64 „Verwahrung gegen die Kosten".

Befreiung: Rn 41 „Freistellung".

Behörde: Sie muß ausreichend Zeit für einen Bescheid nebst der Leistung haben, LG Bonn VersR **78**, 356. Eine formlose Nachricht ändert aber *nichts* an der Klageveranlassung, Ffm OLGR **96**, 215.

Bestreiten: Soweit der Bekl zwar formell ein Anerkenntnis ausspricht, nach der stets erforderlichen Auslegung seines Gesamtverhaltens aber in Wahrheit die sachlichrechtliche Verpflichtung unverändert bestreitet, kann er einen Klaganlaß gegeben haben, Hamm MDR **88**, 971, Köln MDR **79**, 971. Das gilt auch bei einer bloßen Verwahrung gegen die Kosten, Rn 64, oder beim „vorläufigen" Bestreiten, BGH NZA **06**, 567.

Beweislast: Anh § 286 Rn 36.

Bürge: Er hat *keinen* Klaganlaß gegeben, wenn der Kläger ihn nicht zuvor zur Leistung aufgefordert hatte, Hamm DB **86**, 1719. Bei einer Voraushaftung muß der Kläger die Aufforderung begründet haben. Dasselbe gilt bei einem Wechselrückgriffsschuldner und in ähnlichen Fällen, BGH NJW **79**, 2041.

Darlegungslast: Anh § 286 Rn 36. 36

Dingliche Klage: Zu einer Klage auf eine Duldung der Zwangsvollstreckung auf Grund einer Hypothek usw hat der Bekl *keinen* Anlaß gegeben, wenn der Gläubiger ihn nicht aufgefordert hatte, sich in einer vollstreckbaren Urkunde der Zwangsvollstreckung in dieses Grundstück zu unterwerfen, Hamm MDR **99**, 956, Mü MDR **84**, 674, Schlesw SchlHA **87**, 96, aM Ffm MDR **80**, 855, Köln NJW **77**, 256, RoSGo § 87 III 5 a (1) (aber eine solche Unterwerfung ist keine Selbstverständlichkeit). 37

Ein Klaganlaß fehlt auch dann, wenn der Bekl den Kläger auf Grund von dessen Mahnung *befriedigt* hatte oder wenn der Bekl auf eigene Kosten auch ohne eine weitere Aufforderung eine vollstreckbare Urkunde nach § 794 I Z 5 beigebracht hat. Wenn es um eine Zwangshypothek geht, hat der Bekl keinen Klaganlaß gegeben, falls der Kläger den Bekl nicht aufgefordert hat, eine vollstreckbare Urkunde nach § 794 I Z 5 zu übersenden, und wenn der Bekl nun den Klaganspruch sofort anerkennt, Mü MDR **84**, 674, aM Ffm MDR **80**, 855, Köln NJW **77**, 256 (vgl aber oben). Bei einer Löschungsklage ist eine angemessene Frist zur Beibringung der Urkunden erforderlich.

S auch Rn 32 „Anfechtungsgesetz".

Drittschuldnerklage: § 840 Rn 19.

Drittwiderspruchsklage: Rn 82.

Duldungspflicht: Der Beschl hat einen Klaganlaß gegeben, wenn er eine Duldungspflicht nachträglich von einer Bedingung abhängig macht, LG Hbg ZMR **03**, 880.

S auch Rn 37.

Eidesstattliche Versicherung: Die Bereitschaft zu ihrer Abgabe schließt eine Klageveranlassung *aus*, Nürnb FamRZ **86**, 87. Dasselbe gilt, soweit man die eidesstattliche Versicherung überhaupt nicht schuldet, Mü RR **07**, 273. 38

Eigenbedarf: Rn 48.

Einstweilige Verfügung: Rn 33 „Arrest, einstweilige Verfügung".

Einwendung: Der Bekl hat einen Klaganlaß gegeben, wenn er vorprozessual nicht uneingeschränkt bei der Fälligkeit usw anerkannt hatte, sondern nur unter einem Vorbehalt, nur bedingt, befristet, teilweise, Zug um Zug usw. Es kommt auch nicht darauf an, ob sich das Bestreiten auch prozeßverzögernd auswirkt, ZöHe 6 „Einwendungen", aM Bbg JB **82**, 1884.

S auch Rn 35 „Bestreiten".

Erbe: Er muß sich eine Klageveranlassung durch den Erblasser zurechnen lassen. Im übrigen kommt es zB für einen Verzug nach dem Erbfall auf den Erben an. Der Gläubiger muß den Erben evtl abmahnen. Der Erbe hat eine Veranlassung zur Klage gegeben, wenn er die Zahlungspflicht vorprozessual und dann mittels eines Widerspruchs gegen den Mahnbescheid bestritten hat, selbst wenn er seine Schuldnerstellung als Erbe zunächst nicht kannte, Köln RR **94**, 767, oder wenn er als Bekl einer Klage auf eine Zustimmung zum Auseinandersetzungsplan vorprozessual eine Teilauseinandersetzung verweigert hat, Köln FamRZ **97**, 641.

Der Erbe hat *keinen* Klaganlaß gegeben, soweit er nach der Annahme der Erbschaft und nach dem Ablauf der Fristen der §§ 2014, 2015 BGB die Erfüllung einer Nachlaßverbindlichkeit verweigert hat oder wenn er nicht auf Grund einer Aufforderung eine vollstreckbare Urkunde unter dem Vorbehalt der Haftungsbeschränkung erteilte, solange noch aufschiebende Einreden liefen, Hamm JB **87**, 436, Mü JB **95**, 659. Der Vorerbe muß den Nacherben nach § 2120 BGB auffordern, Düss FamRZ **96**, 315.

S auch Rn 52 „Rechtsvorgänger".

Erfolgsaussicht: Im Zusammenhang mit der Prüfung, ob ein Klaganlaß bestand, muß das Gericht auch untersuchen, ob die Klage objektiv überhaupt eine Erfolgsaussicht gehabt hätte, Zweibr JB **79**, 445, LG Köln WoM **76**, 186, ZöHe 6 „Unschlüssige Klage", aM LG Tüb MDR **81**, 410, ThP 5 (wegen § 307. Aber man muß die „Veranlassung" auch nach ihrer Meinung eben gesondert zum „Anerkenntnis" prüfen). 39

Erfüllung: Der Bekl hat einen Klaganlaß gegeben, wenn er zwar anerkennt, zugleich aber die Forderung bestritten hat, Rn 87, Schlesw GRUR **86**, 840.

Fälligkeit: Rn 42, 53 ff. 40

41 **Feststellungsklage:** Der Bekl kann zur verneinenden Feststellungsklage jedenfalls außerhalb des Wettbewerbsrechts einen Anlaß gegeben haben, ohne daß der Kläger ihn abmahnen mußte. Denn der Bekl berühmt sich ja des umstrittenen Rechts, Ffm JB **81**, 1095, Hamm OLGR **92**, 38, AG Hbg WoM **93**, 458.

Etwas anderes kann beim Nachschieben neuer Klagegründe gelten, ZöHe 6 „Feststellungsklage".

S auch Rn 31 „Abmahnung", Rn 67 ff.

Fiskus: Rn 53.

Freistellung: Das bloße Anerkenntnis, sie zu schulden, genügt zur Entlastung des Bekl nicht. Er muß sie auch tatsächlich vornehmen, und zwar auch wegen der künftigen durch eine Sicherheitsleistung usw, Saarbr FamRZ **90**, 59. Er hat allerdings evtl dazu eine dem Gläubiger zumutbare Frist.

Gegendarstellung: Zur sog gebündelten Gegendarstellung Celle RR **95**, 794. Zur Teilgegendarstellung Brdb RR **00**, 326 rechts.

42 **Geldforderung:** Man muß zwei Fallgruppen unterscheiden.

Klaganlaß: Soweit es um eine bereits fällige Geldforderung geht, hat der Bekl grds einen Klaganlaß gegeben, wenn er sie natürlich nur bei einer Zahlungsfähigkeit nicht alsbald bei deren Fälligkeit bezahlt hat. Ein Überweisungsauftrag reicht keineswegs stets, aM Köln MDR **92**, 813 (aber man kann ihn vor dem Eingang bei der Gläubigerbank zurückziehen usw). Denn das bloße Anerkenntnis schafft noch keinen Vollstreckungstitel. Der Umstand, daß noch kein Verzug vorlag, läßt ja nur die Verzugsfolgen der §§ 286 ff BGB zunächst ausbleiben. Er läßt aber nicht die Zahlungspflicht und grds auch nicht das Rechtsschutzbedürfnis entfallen. Denn es kann ja sogar schon vor der Fälligkeit eintreten, §§ 257 ff, Düss RR **94**, 828, Köln FamRZ **95**, 1216, Saarbr FamR **90**, 58, aM BGH NJW **79**, 2041, Ffm RR **93**, 1472, Stgt Just **96**, 59 (aber es kann eine hochgradige Unsicherheit bestehenbleiben). Erst recht liegt natürlich ein Klaganlaß vor, wenn der Schuldner auch nach dem Verzugseintritt eine geraume Zeit hindurch nicht zahlt, Nürnb MDR **02**, 781 (keine Mahnung nötig).

Ein Klaganlaß kann daher auch dann vorgelegen haben, wenn die Fälligkeit der Forderung erst *während des Prozesses* eintritt und wenn der Bekl die Forderung zwar sofort voll anerkennt, aber eben nicht gleichzeitig bezahlt, aM Schlesw MDR **97**, 887 (aber erst die Leistung schafft eine ausreichende Klarheit). Der Bekl hat ferner dann einen Klaganlaß gegeben, wenn er die Forderung zwar uneingeschränkt anerkennt, gleichzeitig aber erklärt, er könne den Anspruch etwa wegen seiner Vermögenslosigkeit nicht in absehbarer Zeit erfüllen, LG Freibg VersR **80**, 728, oder wenn er auf eine Abmahnung des Klägers nicht reagiert hat, Ffm BB **78**, 892, oder wenn er bei einer Bringschuld nicht auf Grund einer bloßen Aufforderung des Klägers erfüllt hat.

43 *Kein Klaganlaß:* Der Bekl hat keinen Klaganlaß gegeben, wenn er eine noch gar nicht fällige Forderung anerkennt, Karlsr MDR **80**, 501, Köln MDR **00**, 910, oder wenn der Kläger zu hohe Zinsen forderte, Zweibr JB **79**, 445, oder wenn der Kläger seine Forderung trotz einer Bitte des Bekl nicht im einzelnen darlegt und belegt, LG Mü VersR **79**, 459. Freilich helfen unbegründete Bedenken dem Bekl nicht, Köln MDR **79**, 941, Ein Klaganlaß fehlt ferner, wenn der Bekl als persönlicher Schuldner nicht wußte, daß der Eigentümer die Hypothekenzinsen nicht bezahlt hatte, oder wenn der Kläger bei einer Holschuld die Sache nicht abgeholt hat, oder wenn der Kläger dem überschuldeten, unpfändbaren Bekl keinen Hinweis auf die Möglichkeit der Beibringung einer vollstreckbaren Urkunde gegeben hat, Ffm MDR **80**, 855. Man kann das prozessuale Verhalten des Bekl höchstens zur Beurteilung des vorprozessualen heranziehen, BGH NJW **79**, 2040, Mü NJW **88**, 271.

S auch Rn 53.

Geschäftsunfähigkeit: Rn 44 „Handlungsunfähigkeit".

Gesellschaft: Vor einer Anfechtungsklage muß der Kläger den beklagten Mitgesellschafter auffordern, den anzufechtenden Beschluß binnen einer angemessenen Frist gemeinsam aufzuheben, KG MDR **00**, 594.

S auch Rn 49 „Nichtigkeitsklage".

Gesetzesänderung: Rn 52 „Rechtsänderung".

Gewerblicher Rechtsschutz: Rn 67 „Wettbewerbssache".

44 **Haftpflichtversicherung:** Rn 54.

Handlungsunfähigkeit: Ihre bloße Behauptung hilft dem Bekl nicht. Daher gibt er trotzdem bis zu ihrem Nachweis einen Klaganlaß, KG VersR **81**, 464. Vgl auch Anh § 286 Rn 99 „Handlungsunfähigkeit".

Hauptklage: Rn 33, 34.

Herausgabe: Der Bekl hat *keinen* Klaganlaß gegeben, wenn er die Sache bereithält (Holschuld), AG Rastatt JB **97**, 430.

Hilfsanspruch: Der Bekl hat *keinen* Klaganlaß gegeben, wenn der Kläger den Hauptantrag nach einem sofortigen Anerkenntnis des Hilfsanspruchs zurücknimmt oder wenn der Bekl den Hilfsanspruch in demselben Termin anerkennt, in dem der Kläger ihn stellt, Schlesw MDR **98**, 439. Wegen des schriftlichen Verfahrens Drsd ZIP **95**, 1278.

Hypothek: Rn 35 „Bauhandwerkerhypothek".

45 **Insolvenz:** Es gelten zum Klaganlaß keine Sonderregeln, Karlsr KTS **89**, 720, Mü KTS **87**, 267. Auch der Insolvenzverwalter muß eine sonst erforderliche Abmahnung vornehmen, Bbg KTS **72**, 196. Auch der Aussonderungs- oder Absonderungsberechtigte oder der sonstige Kläger, der nach einer Unterbrechung den Prozeß aufnimmt, muß den Bekl zunächst auffordern und sein Vorrecht glaubhaft machen, um einen Klaganlaß herbeizuführen, LAG Hamm MDR **01**, 1379. Der Verwalter hat einen Klaganlaß gegeben, wenn er eine vorprozessuale Aufforderung des Klägers nicht beantwortet hat, LG Gött KTS **90**, 137, oder wenn er eine zur Tabelle angemeldete Forderung ungeprüft bestreitet und erst im Prozeß des Gläubigers anerkennt, Köln JB **95**, 489.

Journalismus: Eine Abmahnung kann bei einem groben Verstoß gegen die Sorgfaltspflicht entbehrlich sein, Mü RR **01**, 43.

Klagänderung: Es kommt nicht darauf an, ob die ursprüngliche Klage berechtigt war, sondern darauf, ob der Bekl zur geänderten Klage einen Anlaß gegeben hat, Ffm MDR **84**, 238, KG MDR **08**, 164.

Klagefrist: Soweit der Versicherer die Frist nach § 12 III VVG nicht eindeutig verlängert usw, gibt er einen Klaganlaß, Kblz NVersZ **99**, 26.

Kostenprotest, Kostenverwahrung: Rn 33, 34, 64 „Verwahrung gegen die Kosten".

Kostenwiderspruch: Rn 33, 34.

Mahnverfahren: Ein Widerspruch oder gar Einspruch begründet grds einen „Klaganlaß", Kblz JB **95**, 323, 46
Schlesw MDR **06**, 228, Sonnentag MDR **06**, 190, aM Celle MDR **01**, 1370, Fischer MDR **01**, 1338 (aber wer den Widerspruch nicht eindeutig zB auf die Kosten beschränkt, fordert geradezu zum streitigen Verfahren heraus).

Kein Klaganlaß liegt vor, wenn der Gläubiger dem Schuldner eine notwendige Unterrichtung vorenthalten hat, Hamm DB **88**, 960, oder wenn der Kläger eine Klagänderung nach § 263 vornimmt und der Bekl den neuen Anspruch sofort anerkennt, Ffm MDR **81**, 410.

S auch Rn 47, 48.

Materielles Recht: Rn 53 „Sachliches Recht". 47

Miete: Man muß zwei Fallgruppen unterscheiden.

Klaganlaß: Der Vermieter hat einen Klaganlaß gegeben, wenn er dem Mieter über die vereinbarte Kostenmiete nicht jederzeit Auskunft geben konnte, AG Langenfeld WoM **86**, 371. Der Mieter hat einen Klaganlaß gegeben, wenn er sich nicht ernsthaft um eine Erfüllung bemüht hat, AG Wiesb WoM **98**, 605, wenn er es zB wirklich zu einer Erhöhungsklage kommen ließ, LG Hann WoM **80**, 14 aE (das Gericht hält freilich die Kosten des vom Vermieter eingeholten vorprozessualen Gutachtens dann nicht für notwendige Kosten nach § 91). Das gilt sogar dann, wenn der Mieter zwar zumindest aus einer Nachlässigkeit nicht der Mieterhöhung zustimmte, aber den verlangten Mehrbetrag tatsächlich zahlte, LG Mü RR **86**, 13, LG Trier WoM **94**, 217. Der Mieter hat zur Modernisierungsklage Anlaß gegeben, wenn er keinen erbetenen und zumutbaren Termin zur Durchführung der Arbeiten durch die Handwerker des Vermieters gegeben hatte, AG Hbg MDR **87**, 768. Eine verspätete Auskunft kann einen Klaganlaß bedeuten, AG Köln MDR **90**, 637. Das gilt erst recht für ihr Ausbleiben, etwa bei einer Vermieteranfrage wegen einer Räumung, Stgt ZMR **99**, 553 (abl Breckerfeld NZM **00**, 328). Der gewerbliche Zwischenvermieter kann einen Klaganlaß gegeben haben, wenn er dem Hauptvermieter nicht rechtzeitig eine Auskunft über Untermieterfragen gegeben hat, AG Köln WoM **90**, 377. Der fristlos gekündigte Mieter von Gewerberäumen hat mangels einer sofortigen Räumung einen Klaganlaß gegeben, Mü ZMR **01**, 616. Der Mieter hat überhaupt einen Anlaß zur Räumungsklage gegeben, wenn er nicht räumen will, Rn 52.

Kein Klaganlaß: Der Mieter hat grundsätzlich für die Eigenbedarfsklage keinen Anlaß gegeben, wenn sie 48
erst die Kündigung enthielt, LG Münst WoM **91**, 105, oder wenn die letztere erst nachfolgte, LG BadBad WoM **96**, 472, oder wenn der Mieter vor der Rechtshängigkeit auszog, LG BadBad WoM **96**, 473. Er hat nicht schon deshalb zur Räumungsklage einen Anlaß gegeben, weil er der Kündigung wegen einer Berufung auf die nicht derzeit „herrschende" Meinung widersprach, aM LG Köln WoM **93**, 541 (aber die „herrschende" Meinung ist ein ohnedies problematischer Begriff, Einl III 47). Er hat für eine Mietzinsklage keinen Klaganlaß gegeben, wenn der Vermieter den Betrag schon am Tag nach dessen Fälligkeit im Mahnverfahren geltend gemacht hat, AG Miesbach WoM **80**, 82, oder wenn das wenigstens in der Schonfrist geschah, LG BadBad WoM **96**, 472, oder wenn er das Mahnverfahren ohne eine Einschaltung der Hausverwaltung schon beim erstmaligen Rückstand einleiten läßt, AG Köln WoM **87**, 144. Der Mieter hat keinen Anlaß für eine Klage des Vermieters auf die Bezahlung von Mietnebenkosten gegeben, wenn er die Nebenkosten erst sofort nach dem Erhalt einer objektiv nachprüfbaren Nebenkostenabrechnung anerkannt hat, LG Kiel WoM **77**, 14, AG Brühl WoM **97**, 631.

Solange infolge einer erkennbaren *Unvollständigkeit* des vom Vermieter zur Begründung eines Mieterhöhungsverlangens verwendeten Gutachtens in Wahrheit noch kein wirksames Erhöhungsverlangen vorlag, hat der Mieter zur Zustimmungsklage *keinen* Anlaß gegeben, AG Bonn WoM **83**, 56. Er hat zu ihr auch keinen Anlaß gegeben, wenn er kein nach § 558 BGB wirksames Zustimmungsverlangen erhalten hat, LG Bln ZMR **87**, 310, AG Trier WoM **04**, 343. Ein nur vorsorglicher Widerspruch gegen die Vermieterkündigung gibt nicht stets einen Anlaß zur Räumungsklage, LG Düss WoM **93**, 465. Der Mieter hat zur Klage nach § 259 keinen Anlaß gegeben, wenn der Vermieter nach einem Anerkenntnis der Räumungspflicht durch den Mieter nicht eine Einigung über den Räumungstermin versucht hat, AG Olpe WoM **96**, 352.

S auch Rn 52 „Räumung", Rn 63 „Vermieterpfandrecht".

Nachgutachten: Der Bekl hat auch bei einer Möglichkeit des Klägers zur Einholung eines vorprozessualen Nachgutachtens evtl einen Klaganlaß gegeben, aM LG Düss VersR **05**, 1278 (zu streng).

Nachlaßanspruch: Rn 38 „Erbe". 49

Nichtigkeitsklage: Der Bekl hat einen Anlaß zur Klage nach § 579 gegeben, wenn der Kläger die Nichtigkeitsgründe glaubhaft dargelegt hat. Vor der Erhebung einer Nichtigkeitsklage wegen unwirksamer Gesellschaftsbeschlüsse einer GmbH braucht der Kläger die GmbH jedenfalls dann nicht abzumahnen, wenn er eine Eintragung mit einem Rechtsschein befürchten muß, Ffm DB **93**, 35.

S auch Rn 50 „Patentverfahren".

Patentverfahren: Der Patentinhaber hat durch eine Verletzungsklage dem Bekl einen Anlaß zur Nichtig- 50
keitsklage gegeben, ohne daß dieser den Inhaber zum Verzicht aufgefordert haben muß, BPatG GRUR **87**, 233.

Der Nichtigkeitsbekl hat *keinen Klaganlaß* gegeben, wenn er erst aus der Klage das entscheidende Material erfuhr, BPatG GRUR **83**, 504, aM (für § 91 a) BPatG GRUR **87**, 233.

Protest gegen die Kosten: Rn 33, 34, 64 „Verwahrung gegen die Kosten".

Prozeßkostenhilfe: Der Bekl hat einen Klaganlaß gegeben, wenn er die Forderung erst nach der Bewilligung der Prozeßkostenhilfe anerkennt, Karlsr FamRZ **04**, 1659. Ein Anerkenntnis bereits während des Bewilligungsverfahrens kann den Klaganlaß je nach der Lage des Einzelfalls beseitigen, Naumb FamRZ **01**, 923, AG Ludwigslust FamRZ **05**, 643, aM Karlsr FamRZ **02**, 1132.

Prozessuales Verhalten: Neben dem vorprozessualen Verhalten nach Rn 65 kann auch das Verhalten im 51
Prozeß für die Frage der Klageveranlassung eine Bedeutung haben. Das gilt zunächst für das Verhalten des

Klägers, etwa dann, wenn es sich nicht um eine kalendermäßig fällige Forderung handelt und wenn der Kläger den Bekl nicht zur Erfüllung aufgefordert hat. Es gilt aber auch für das Verhalten des Bekl. Es kann zB erheblich sein, ob der Bekl zwar ein Anerkenntnis ausspricht, in Wahrheit aber die sachlichrechtliche Verpflichtung bestreitet, oder ob er ein Versäumnisurteil gegen sich ergehen läßt, dann aber einen Einspruch einlegt und sich nun auf § 342 beruft usw, Ffm MDR **84**, 149, Köln RR **88**, 187, ZöHe 3, aM BGH NJW **79**, 2041, Mü MDR **84**, 409 (aber es kommt auf das Gesamtverhalten an), oder ob er sich außergerichtlich zu einem Anerkenntnisurteil gegen sich verpflichtet hatte, Schlesw MDR **07**, 685 (dann § 91).

52 **Räumung:** Vgl zunächst den in seinem Bereich vorrangigen § 93 b. Im übrigen gilt:

Klaganlaß: Der Mieter hat zu einer Räumungsklage einen Anlaß gegeben, wenn er zu erkennen gegeben hat, daß er nicht räumen will, Ffm OLGR **96**, 203, Das gilt zB dann, wenn er dem Vermieter nach einer ordnungsgemäß mitgeteilten Kündigung trotz dessen Aufforderung keinen bestimmten Auszugstermin mitgeteilt und zugesichert hat, Mü ZMR **99**, 255 (evtl Ausnahme bei bloßer Bitte um kurze Räumungsfrist), LG Frankenth WoM **90**, 527, LG Zwickau WoM **97**, 335, aM Hamm ZMR **96**, 449 (aber es kommt auf den eindeutigen Auszugswillen an), oder wenn er nicht eine fehlerhafte Kündigungsfrist in eine objektiv richtige umgedeutet hat, LG Köln WoM **93**, 541, aM LG Gött WoM **91**, 266 (aber auch der Mieter muß sich um eine vernünftige Auslegung bemühen).

Kein Klaganlaß: Der Mieter hat keinen Anlaß für die Räumungsklage gegeben, wenn er die Kündigung erst bei oder nach der Klagezustellung erhalten hat und wenn ihn der Vermieter vorher weder zur Räumung aufgefordert noch ihm einen Räumungsprozeß angekündigt hatte, Karlsr RR **90**, 978, LG Freibg WoM **97**, 335, oder wenn der Mieter schon vor der Zustellung der Räumungsklage auszog, LG BadBad WoM **93**, 473.

S auch Rn 47, 48.

Rechtsänderung: Derjenige Bekl, der den Anspruch zunächst zutreffend abgelehnt hat, hat *keinen* Klaganlaß gegeben, wenn sich die Rechtslage erst nachträglich zugunsten des Klägers ändert und wenn der Bekl sich auch unverzüglich auf diese Änderung einstellt, Celle OLGR **02**, 125, VGH Mannh NJW **91**, 859.

Rechtsschutzbedürfnis: Man darf das Merkmal der Klageveranlassung nicht mit der Notwendigkeit eines Rechtsschutzbedürfnisses verwechseln. Beim Fehlen dieser Prozeßvoraussetzung nach Grdz 33 vor § 253 muß das Gericht die Klage durch ein Prozeßurteil als unzulässig abweisen, Grdz 14 vor § 253. Beim Fehlen des Klaganlasses erfolgt lediglich eine bestimmte Kostenregelung im Zusammenhang mit einer Sachentscheidung.

Rechtsvorgänger: Der Rechtsnachfolger muß sich den vom Rechtsvorgänger geschaffenen Klaganlaß zurechnen lassen.

S auch Rn 38 „Erbe".

53 **Sachliches Recht:** Es kommt *nicht* stets auf die sachlichrechtlich Lage an, Hamm OLGR **93**, 182, Schlesw JB **82**, 1569, Stgt OLGR **98**, 414.

Schadensersatz: Notwendigkeit einer Überprüfungszeit. Der Bekl hat *keinen* Klaganlaß gegeben, wenn ihm der Schädiger nur eine nicht ausreichende Zeit zur Überprüfung der Forderung gegeben hat, Rostock MDR **01**, 935, Leuschner AcP **207**, 67. Das gilt trotz des Grundsatzes, daß der Schuldner eine fällige Geldforderung sofort bei ihrer Fälligkeit bezahlen muß, Rn 42. In Wahrheit gehört zur richtig verstandenen Fälligkeit die Vorlage ausreichend beigefügter Belege, soweit der Schuldner die Art und den Umfang des Schadens noch nicht selbst ausreichend übersehen und vor allem beziffern konnte. Treu und Glauben, § 242 BGB, erfordern eine gewisse Frist zur Überprüfung. Das gilt grds bei allen Arten von Schadensersatzforderungen und gegenüber allen Arten von Schuldnern so, auch zB gegenüber dem Fiskus. Es gilt jedenfalls dann, wenn er einen Zwischenbescheid gibt, LG Bonn VersR **78**, 356. Andererseits kann der Schuldner vom Gläubiger nicht immer von vornherein den vollständigen Nachweis einer spezifizierten Schadensaufstellung verlangen, es sei denn, inzwischen wäre zB schon eine Reparatur durchgeführt, Köln VersR **88**, 1165 (dann nützt dem Gläubiger auch ein vorher eingeholtes Schadensgutachten nicht mehr).

54 *Versicherungsfragen:* Die vorstehenden Regeln gelten insbesondere im Verhältnis zwischen dem Geschädigten und der Haftpflichtversicherung des Schädigers, Rostock MDR **01**, 935. Sie gelten aber auch im Verhältnis zwischen dem Versicherungsnehmer und seiner Versicherung. Die Versicherung muß die Möglichkeit einer Schadensbesichtigung gehabt haben, Ffm VersR **97**, 645. Soweit Allgemeine Geschäftsbedingungen die Notwendigkeit eines Amtsarztattests vorsehen und der Versicherungsnehmer dieses nicht vorlegt, liegt *kein* Klaganlaß vor, Hamm VersR **83**, 1121.

55 Zur Prüfung muß die Versicherung eine nach den gesamten Fallumständen angemessen Frist erhalten, Ffm VersR **97**, 645, Saarbr AnwBl **92**, 397, AG Würzb VersR **02**, 1098. Das gilt unabhängig von einer tatsächlich gesetzten *Frist*, AG Münsingen VersR **97**, 893. Eine vertragliche Frist reicht aus, auch wenn Allgemeine Geschäftsbedingungen sie bestimmen. Eine Frist von nur 5 Arbeitstagen ist regelmäßig zu kurz, Mü VersR **79**, 479, auch eine solche von nur 8 Arbeitstagen, Köln VersR **83**, 451, Mü VersR **79**, 480, auch eine solche von 10 Tagen, wenn der Versicherer innerhalb dieser Frist immerhin ca 65% der Forderung bezahlt und wegen des Rests eine Prüfung zugesagt hatte. Natürlich muß man die selbst gesetzte Frist abwarten, Ffm JB **92**, 164 (zu § 91 a). Auch eine Frist von 2 Wochen kann zu kurz sein, LG Düss VersR **81**, 582, LG Ellwangen VersR **81**, 564. Es kann vielmehr eine Frist von 3–4 Wochen notwendig sein, Ffm VersR **97**, 645, LG Köln VersR **89**, 303, LG Zweibr VersR **87**, 291, oder eine solche von 4–6 Wochen, Rostock MDR **01**, 935. Das gilt insbesondere bei einem ausgefallenen Sachverhalt, Karlsr VersR **80**, 877 (Stationierungsschaden), oder dann, wenn in die Frist eine Reihe von Feiertagen fällt, LG Ellwangen VersR **81**, 564 (Weihnachtszeit).

56 Allerdings darf der Versicherer auch *nicht allzulange zögern,* also grds nicht mehr, wenn er alle Unterlagen erhalten hat, Hamm VersR **99**, 436, oder wenn der Versicherungsnehmer annehmen kann, die Ermittlungen seien beendet, Karlsr VersR **93**, 1547, oder nach dem Ablauf mehrerer Monate, auch nicht in einem Normalfall. Das gilt selbst dann, wenn weder der Versicherungsnehmer noch der Geschädigte die längst etwa erbetene Akteneinsicht erhielten. Denn sonst müßte der Geschädigte allzulang warten. Mag der Versicherer unter einem Vorbehalt zahlen, aM Hamm VersR **88**, 1039 (aber wo läge die Zeitgrenze?).

Daher ist ein Prüfungszeitraum von etwa *4 Monaten* selbst nach einer Anzahlung *zu lang,* LG Mannh VersR **83**, 962. Bei einer Auslandsberührung muß man zwar eine längere Prüfungsfrist als normal zubilligen, LG Trier VersR **73**, 189. Jedenfalls bei einer Grünen Versicherungskarte darf die Frist aber auch hier nicht allzulang andauern, also nicht mehrere Monate.

Nach einem *Sachverständigenverfahren* darf der Versicherer nicht wesentlich länger als die in § 11 AVB **57**
genannten 14 Tage bis zur Fälligkeit zögern, Hamm VersR **86**, 1173, LG Schweinf VersR **90**, 618.

Hat der Gegner einen *Vergleichsvorschlag* gemacht, kann der Bekl auch nach dem Ablauf der Äußerungs- **58**
frist noch eine kurze Zeit prüfen. Nach dem Scheitern eines Regulierungsversuchs hat der Versicherer insofern etwa 8 Tage zur Zahlung Zeit, Köln VersR **83**, 451. Je früher der Versicherer eine Haftungsquote anerkannt und eine Teilzahlung geleistet hat, desto länger kann er endgültig prüfen. Soweit er trotz einer wiederholten Forderung 6 Wochen hindurch weder zahlt noch eine Zahlung ankündigt, liegt ein Klaganlaß vor. S auch Rn 42, 43.

Schlüssigkeit: Rn 59 „Unschlüssigkeit".

Schuldbefreiung: Rn 41 „Freistellung".

Schuldrechtliche Klage: Rn 42, 43, 53 ff, 60 ff.

Stufenklage: Ergibt die Auskunft, daß ein Leistungsanspruch besteht, muß man zur Kostenklage überwechseln, BGH MDR **94**, 717, Vogel FamRZ **95**, 370.

Teilanspruch: Wegen § 266 BGB reicht ein Teilanerkenntnis grds nicht, Schlesw DAVorm **79**, 176. Eine Ausnahme mag bei § 242 BGB gelten, Hamm FamRZ **97**, 1413, Schlesw SchlHA **83**, 138, LG Magdeb DAVorm **96**, 296. Der Schuldner mag für ihn *keinen* Klaganlaß gegeben haben, Brdb RR **00**, 326 rechts.

Telefax: Hat sich der Absender geweigert, die verlangte Originalerklärung ebenfalls zu übersenden, bestehen die Wiederholungsgefahr und damit ein Klaganlaß fort, Mü NJW **93**, 3146.

Überschuldung: Der überschuldete Bekl hat trotz eines wirksamen sofortigen Anerkenntnisses bei der stets **59**
erforderlichen Einbeziehung von Treu und Glauben nach § 242 BGB, Einl III 54, trotzdem einen Klaganlaß gegeben. Denn der Kläger hat schon wegen einer etwa späteren Vermögensverbesserung des Bekl ein Rechtsschutzbedürfnis auf den Erhalt eines Vollstreckungstitels, Ffm MDR **80**, 855, Köln MDR **82**, 584.

Umsatzsteuer: Es kommt auf das vorprozessuale Verhalten an, Düss VersR **06**, 1660.

Unfallschaden: Rn 53 ff.

Unpfändbarkeit: S „Überschuldung".

Unschlüssigkeit: Der Schuldner hat *keinen* Klaganlaß gegeben, soweit die Klage unschlüssig war, Köln MDR **00**, 910, Schlesw JB **00**, 657, Naumb FamRZ **03**, 1576, aM Düss (5. ZS) MDR **99**, 1349, Stgt FamRZ **07**, 1346, Looff DGVZ **08**, 68 (aber die Notwendigkeit, auch bei einer Unschlüssigkeit nach einem wirksamen Anerkenntnis gemäß § 307 Rn 14 ohne eine Sachprüfung zu verurteilen, hat schon wegen § 308 II nicht auch eine Bindung im Kostenpunkt zur Folge).

Unsicherheit: Bestand eine in der Natur der Sache liegende Unsicherheit zur Höhe des Anspruchs und hat der Bekl eine vertretbare Summe geboten, mag ein Klaganlaß *gefehlt* haben, Schlesw JB **93**, 620 (aber Vorsicht!).

Unterbrechung: Wenn der Rechtsnachfolger bei § 239 zur Fortsetzung des Rechtsstreits keine Veranlassung gegeben hatte und wenn er zur Fortsetzung des Rechtsstreits geladen wurde, ohne den Prozeß zu kennen oder verzögert zu haben, hat er *keinen* Klaganlaß gegeben.

Unterhalt: Der Schuldner hat im allgemeinen erst vom Eintritt eines Verzugs an einen Verfahrensanlaß **60**
gegeben, Mü FamRZ **93**, 454. Der Anlaß kann in einer Verweigerung des Realsplittings liegen, Hamm FamRZ **91**, 830. Bei einer Forderung auf einen künftigen Unterhalt hat er nur bei einer objektiven Besorgnis der Verweigerung der Erfüllung einen Verfahrensanlaß gegeben, Hamm FamRZ **92**, 832, Naumb FamRZ **06,** 1053, Stgt RR **01**, 1010. Ein Anlaß kann infolge des Antrags auf eine zweite vollstreckbare Ausfertigung eintreten, Hamm FamRZ **99**, 725, oder infolge einer Verweigerung der erforderlichen Auskunft, Hamm FamRZ **99**, 1153.

Der Schuldner hat *keinen* Anlaß gegeben, wenn der Antragsteller den Anspruch trotz einer Aufforderung des Gegners nicht vorprozessual beziffert und belegt hatte, Düss AnwBl **82**, 485, Karlsr FamRZ **84**, 584, Kblz FamRZ **86**, 826 (zustm Bosch). Das gilt auch dann, wenn der Auskunftspflichtige rechtzeitig zur eidesstattlichen Versicherung bereit war, Mü MDR **88**, 782, Nürnb FamRZ **86**, 87, oder wenn er schon seit langem gezahlt hatte, Bre FamRZ **96**, 886. Es gilt allerdings nicht, wenn der Schuldner die erforderliche Auskunft zwar als seine Pflicht anerkannt, aber noch nicht gegeben hat, Bbg JB **89**, 690, Schlesw SchlHA **79**, 39. Bei einem Titulierungsinteresse besteht auch eine Kostentragungspflicht des Schuldners, aM Hamm FamRZ **07**, 1881.

Ein Anlaß *fehlt auch* insoweit, als der Erzeuger die Vaterschaft *anerkennt,* zwar die Unterschrift unter **61**
einer Zahlungsverpflichtungsurkunde verweigert, aber den Unterhalt regelmäßig zahlt und keine Unterbrechung seiner Zahlung oder andere Unregelmäßigkeiten androht, Ffm FamRZ **98**, 445, Oldb FamRZ **03**, 1575, Stgt RR **01**, 1010, aM Düss FamRZ **94**, 1484, Nürnb MDR **02**, 886, AG Königswinter FamRZ **93**, 468 (aber dann besteht meist kein derzeitiges Rechtsschutzbedürfnis, Grdz 33 vor § 253).

Soweit der Schuldner den in Wahrheit bereits für den fraglichen Zeitraum voll geschuldeten Unterhalt **62**
nach § 266 BGB unzulässigerweise nur *teilweise* anbietet, gibt er dem Gläubiger trotz dieses Angebots einen Anlaß zur Erhebung der vollen Unterhaltsforderung für jenen Zeitraum, Köln RR **98**, 1703, Nürnb RR **01**, 1377, Zweibr FamRZ **02**, 1131, aM Brschw OLGR **98**, 332, Hamm FamRZ **93**, 712, Karlsr FamRZ **85**, 955 (bei einem nur geringen Rest. Aber auch einen kleinen Betrag darf und muß man einklagen, um vollstrecken zu können).

Ein Anlaß *fehlt* aber, wenn der Bekl sofort nach der *Auswechslung des Unterhaltszeitraums* durch den Antragsteller anerkennt, Bbg FamRZ **89**, 520, oder soweit er den Sockelbetrag stets zahlte und alles auch anerkennt, selbst wenn das Gericht ihn dann auch zum bestrittenen Spitzenbetrag verurteilt, Nürnb MDR **99**, 1397, oder soweit der Schuldner zahlte und den Gläubiger vor einer Abänderungsforderung nicht zum entsprechenden Verzicht aufforderte, Oldb FamRZ **00**, 1514 (zustm Warfsmann), aM Brdb FamRZ **03**, 1577 (aber der Antragsteller will jetzt mehr als vorher).

Unterlassung: Rn 31 „Abmahnung“, Rn 58 „Telefax“, Rn 63 „Verjährung“, Rn 67 „Wettbewerbssache“.
Unzuständigkeit: Rn 84 „Zuständigkeit“.
Urheberrecht: Es gilt im wesentlichen dasselbe wie bei einer Wettbewerbssache. S daher Rn 67 ff.
Urkundenprozeß: Ein Vorbehalt gegen die Kosten kann im Nachverfahren zur Kostenlast führen, Schwarz ZZP **110**, 181.
Vaterschaft: Eine Klageveranlassung gibt, wer als vermeintlicher Vater nicht vorpozessual anerkennt, Brdb JB **07**, 546.
Verbraucherverband: Er braucht *nicht* schon wegen § 93 die Namen der Mitglieder offenzulegen, Ffm GRUR-RR **01**, 287.
63 **Verbindlichkeit,** Befreiung von: Rn 41 „Freistellung“.
Verfrühte Klage: Rn 40.
Verjährung: Die Einrede der Verjährung bis zur Klärung etwa der Frage, wann die Zustellung eines Mahnbescheids erfolgte, kann *unschädlich* sein. Eine Aufforderung zum Verzicht auf die Verjährungseinrede ist nicht erforderlich, insbesondere nicht, solange keinerlei (Unterlassungs-)Titel vorliegt, Hamm GRUR **92**, 563.
Vermieterpfandrecht: Der Bekl hat wie bei einer Widerspruchsklage *keinen* Klaganlaß gegeben, soweit der angebliche Eigentümer nicht sein Eigentum glaubhaft gemacht hat.
Versäumnisverfahren: Der Bekl kann trotz eines rechtzeitigen Einspruchs und trotz der dann evtl eintretenden Rückwirkung nach § 342 sehr wohl schon zur Erhebung der Klage einen Anlaß gegeben haben, Köln FamRZ **92**, 831.
Verschulden: Es braucht *nicht* stets vorzulegen, Zweibr JB **82**, 1083.
Versicherungsfragen: Rn 45 „Klagefrist“, Rn 54–58.
Vertagung: Soweit das Gericht eine Vertagung angeordnet hatte, kommt es darauf an, ob der Bekl im vertagten Termin zur Hauptsache einen Antrag hätte stellen können und müssen, aM ZöHe 6 „Vertagung“ (§ 93 sei nach einer Vertagung stets unanwendbar. Aber es gelten die normalen Regeln, insbesondere bei einer vom Gericht oder vom Kläger verschuldeten Vertagung).
64 **Vertreter:** Er muß sich anrechnen lassen, daß der Vertretene einen Klaganlaß gegeben hatte.
Verwahrung gegen die Kosten: Die beliebte Formulierung des Bekl, er erkenne an, verwahre sich aber gegen die Kosten oder protestiere gegen sie, ist wie jede vorprozessuale Willenserklärung oder prozessuale Parteihandlung auslegbar, Grdz 52 vor § 128. Das Gericht muß sie darauf prüfen, ob der Bekl eine den Klaganlaß gebende Bedingung des Anerkenntnisses oder nur eine Bitte aussprechen wollte, ungeachtet eines unbedingten Anerkenntnisses von Kosten möglichst verschont zu bleiben.

S auch Rn 33, 34.

Verzug: Solange er nach §§ 286 ff BGB fehlt, kann ein Klaganlaß *fehlen.* Vgl freilich Rn 42 „Geldforderung“. Ein Klaganlaß liegt jedenfalls vor, soweit der Bekl schon jetzt die Erfüllung endgültig verweigert hatte und soweit schon eine Klage auf eine künftige Leistung nach §§ 257 ff zulässig ist. Auch die Zustellung einer Stufenklage in einer einfachen Ablichtung oder Abschrift schafft einen Verzug, Brschw FamRZ **95**, 876.

Vom *Eintritt* des Verzugs an hat der Bekl meist unabhängig vom prozessualen Verhalten des Klägers einen Klaganlaß gegeben, Mü ZMR **99**, 255.

Vollstreckbarkeit: Zumindest beim streitig gewesenen Anspruch kommt es für § 722 auf das deutsche Recht an, Köln JMBlNRW **02**, 42.
Vollstreckungsabwehrklage: Der Bekl hat als Gläubiger des Vorprozesses zum nachfolgenden Prozeß einen Klaganlaß gegeben, wenn er nicht die Vollstreckungsmaßnahmen aus dem Urteil aufgehoben und dessen Herausgabe nicht angeboten hat, Mü BB **00**, 744. Das gilt erst recht, soweit er auf Grund eines nichtigen Vollstreckungstitels vorgegangen ist, Hamm OLGR **96**, 27, oder soweit er eine weitere vollstreckbare Ausfertigung beantragt hat, Hamm FamRZ **99**, 725, oder sonstwie eine unberechtigte Vollstreckung betreibt, Köln RR **99**, 1520.

Er hat *keinen* Klaganlaß gegeben, wenn er dem Schuldner gegenüber zum Ausdruck bringt, auf die Durchsetzung des Anspruchs zu verzichten, zumindest sofern ein diesbezüglicher Vergleich möglich ist, Köln MDR **96**, 197 (warum eigentlich diese weitere Bedingung?).

Vorbehalt: Rn 38 „Einwendung“.
Vormerkung: Rn 35 „Bauhandwerkerhypothek“.
65 **Vorprozessuales Verhalten:** Das Verhalten des Bekl vor dem Prozeß hat meist eine entscheidende Bedeutung dafür, ob er einen Klaganlaß gegeben hat, BGH NJW **79**, 2041, Köln RR **88**, 187.

S auch Rn 40, 51.

Vorzugsrecht: § 805: Rn 82.
66 **Wechselprozeß:** Der Bekl hat *keinen* Klaganlaß gegeben, solange ihm der Kläger den Wechsel nicht vorgelegt hat. Denn die Wechselforderung wird erst dann fällig, Art 38 I WG, Saarbr MDR **81**, 676.
67 **Wettbewerbssache:** dazu *Köhler,* „Abmahnverhältnis“ und „Unterwerfungsverhältnis“, Festschrift für *Piper* (1996) 309; *Köhler,* Erstattungsfähigkeit von Abmahnkosten, in: Festschrift für *Erdmann* (2002); *Lührig,* Die Behandlung von Mehrfachverstößen gegen strafbewährte Unterlassungserklärungen, in: Festschrift für *Helm* (2002); *Steinmetz,* Der „kleine“ Wettbewerbsprozeß, 1993; *Wilke/Jungeblut,* Abmahnung, Schutzschrift und Unterlassungserklärung im gewerblichen Rechtsschutz, 2. Aufl 1995: Es richtet sich nach den Gesamtumständen, ob der Gläubiger den Schuldner vor der Klagerhebung oder vor dem Antrag auf eine einstweilige Verfügung abmahnen muß, um anschließend einen entsprechenden Anlaß zu haben, Mü GRUR-RR **06**, 176. Man muß also weder grds abmahnen, aM KG GRUR-RR **07**, 255 (Markenrecht), noch ist eine Abmahnung grds oder gar stets entbehrlich.
68 – **(Abmahnungsabwägung):** Vielmehr muß man abwägen, Drsd WettbR **99**, 17, Hbg GRUR-RR **07**, 175, Mü WettbR **99**, 239, strenger Jena RR **07**, 255, Zweibr GRUR **02**, 344, LG Düss GRUR-RR **06**, 144 (diese fordern grds eine vorprozessuale Abmahnung), Mü RR **92**, 731, Borck NJW **81**, 2721, ThP 6 (sie fordern eine Abmahnung jedenfalls grds vor dem Antrag auf eine einstweilige Verfügung). Eine

Abmahnung kann auch beim Eilantrag auf eine Sequestration flüchtiger Ware notwendig sein, Brschw GRUR-RR **05**, 103. Zur Problematik krit Prelinger AnwBl **84**, 472, Vogt NJW **80**, 1500.

– **(Abmahnungsentbehrlichkeit):** Die Abmahnung ist entbehrlich, soweit ihre Erfolglosigkeit von vornherein voraussehbar ist (Vorsicht!), Hbg WettbR **96**, 94, Mü WettbR **99**, 239, Stgt WRP **81**, 116. Sie ist auch entbehrlich, soweit sie auf Grund besonderer Umstände dem Gläubiger unzumutbar ist, Düss WettbR **98**, 235 (Verzögerungsgefahr), Köln WettbR **00**, 303 (Markenpiraterie), LG Hbg GRUR-RR **04**, 191 (Tonträger/Internetverkaufsplattform). Das gilt etwa nach einem vorsätzlichen Wettbewerbsverstoß des Gegners oder in einer sonstigen Pressesache, Ffm GRUR **92**, 565, Köln GRUR **86**, 563, Mü RR **92**, 731, aM Oldb RR **90**, 1330 (aber ein Vorsatz verdient nun wirklich keine Nachsichtigkeit). Zumindest gilt das nach einer fortgesetzten Mißachtung des Verbots Rn 70, und zwar dann auch rückwirkend, Hbg MDR **02**, 716. An die Unzumutbarkeit muß man freilich wegen der Schnelligkeit moderner Nachrichtenübermittlungswege hohe Anforderungen stellen, KG NJW **93**, 3336 (Telefax, Stundenfrist), Schlesw WettbR **00**, 248. **69**

Die Abmahnung ist *ferner dann entbehrlich,* wenn der Verletzer widerspricht, Stgt WRP **83**, 713, oder wem er im Hauptprozeß einen Verstoß bestreitet, Ffm GRUR **92**, 565. Sie ist entbehrlich, wenn der Verletzer trotz einer solchen strafbewehrten Unterlassungsverpflichtung, die an sich die Wiederholungsgefahr beseitigen kann, BGH DB **96**, 771, kurz darauf einen erneuten Verstoß begangen hat, Ffm OLGR **97**, 47, Hbg GRUR **89**, 707, LG Nürnb-Fürth WRP **92**, 521, aM KG GRUR **87**, 942, Köln RR **87**, 1448 (aber eine solche Hartnäckigkeit verdient keinerlei Nachsicht mehr). Eine Abmahnung ist ferner dann entbehrlich, wenn der Verletzer eine vorausgegangene Unterwerfungserklärung widerrufen hat, Nürnb WRP **81**, 229, oder wenn zB in einer Messesache dann keine rechtzeitige Zustellung mehr möglich wäre, LG Köln GRUR **89**, 77, oder bei einer Sonderveranstaltung, Hamm OLGR **93**, 139, oder bei einem Räumungsverkauf usw, Nürnb WRP **81**, 342, oder dann, wenn es um eine verneinende Feststellungsklage geht, Hamm GRUR **85**, 84, LG Hbg RR **93**, 174, aM KG WRP **80**, 206, LG Köln GRUR **89**, 542 (aber es muß dann meist sehr rasch Klarheit geben), oder wenn der Gegner die Abmahnungsfolgen kennt, KG NJW **05**, 2239 (Anwalt, Notar). Die Abmahnung ist beim bloßen Kostenwiderspruch entbehrlich, Ffm GRUR **06**, 264. **70**

Die Abmahnung ist ferner meist dann *entbehrlich,* wenn besondere Umstände einen *erneuten Verstoß* aus der Sicht des Verletzten erwarten lassen, Köln RR **87**, 1448, Nürnb WRP **81**, 229. Sie ist jedenfalls nur dann erforderlich, wenn auch wirklich eine Verletzung vorlag, ferner dann, wenn ein Angestellter des Schuldners verboten handelte und wenn gegen den Betriebsinhaber selbst nichts spricht. Eine nur geringe Abweichung des Verletzers von der Abmahnung ändert nichts an der Entbehrlichkeit einer weiteren Abmahnung, Hbg GRUR-RR **07**, 175. Eine Entbehrlichkeit bei einer Sequestation bedeutet eine solche auch bei einer zugehörigen Auskunft, Düss WettbR **98**, 235. Der Antragsteller muß die Entbehrlichkeit einer Abmachung beweisen, Mü WRP **96**, 930. **71**

– **(Abmahnungserforderlichkeit):** Soweit eine Abmahnung nach den Gesamtumständen erforderlich ist, muß sie eindeutig und *umfassend* sein, KG GRUR **88**, 242, Kblz WRP **83**, 700. Deshalb muß der Gläubiger den Schuldner unter anderem zur Abgabe einer ihm im Entwurf vorgelegten sog strafbewehrten Unterlassungserklärung auffordern, Bre RR **88**, 625, Mü WettbR **98**, 65 (Vorsicht beim Telefon). Der Abmahner muß den Verstoß nachvollziehbar genau kennzeichnen, KG GRUR-RR **08**, 29 (Urheberrecht), Stgt WettbR **96**, 281. Er muß den Abgemahnten instandsetzen, den Verstoß im Kern rechtlich zu würdigen, Bre RR **88**, 625, Jena RR **07**, 255, Kblz GRUR **81**, 671. Der Abmahner braucht zwar grds keine Belege beizufügen. Kündigt er sie aber an, trägt er die Beweislast für ihren rechtzeitigen Zugang, Rn 73. Der Abmahner kann zur Vorlage von Rechtsprechungsnachweisen verpflichtet sein, Ffm AnwBl **84**, 513. **72**

Das Risiko des *Empfangs* trägt wie stets der Absender, Anh § 286 Rn 151–155, Drsd WettbR **99**, 17, Schlesw GRUR-RR **08**, 139, LG Düss GRUR-RR **06**, 144, aM BGH BB **07**, 1360, Brschw NJW **05**, 373, Jena RR **07**, 255 (sie übersehen aber das Problem, vgl auch Anh § 286 Rn 153 „Rechtsgeschäft"). **73**

– **(Abmahnungsform):** Sie richtet sich nach den Gesamtumständen. Bei einer besonderen Eilbedürftigkeit kann zB eine mündliche Abmahnung zulässig und ausreichend sein, Ffm JB **95**, 324, oder eine telefonische, aM Hamm OLGR **93**, 139 (aber es kommt wie stets auf die Gesamtumstände an). Sonst ist die Schriftform erforderlich und üblich, Hamm WRP **79**, 563, aM Ffm WRP **84**, 416 (aber es soll über den Text und die Frist Klarheit herrschen). Freilich ist auch zB ein Telefax usw ausreichend, KG NJW **93**, 3336. Die Erstattung von Anwaltskosten richtet sich nach § 91, AG Bad Kreuzn WettbR **99**, 208. Eine sachlichrechtliche Vollmacht entsprechend § 174 BGB ist meist notwendig, Düss WettbR **99**, 263, Nürnb NJW **91**, 1393, PalH § 174 BGB Rn 1, aM Karlsr RR **90**, 1332, Köln WRP **85**, 361 (aber auch sie dient der Klarheit). Man muß seine Prozeßvollmacht zumindest auf eine Anforderung im Original vorlegen, § 80 Rn 11, Drsd WettbR **99**, 140, Düss AnwBl **01**, 311, Stgt WettbR **00**, 125. Ein Zugang bei der in der beanstandeten Werbung genannten Filiale reicht, Naumb WettbR **99**, 241. **74**

– **(Abmahnungsfrist):** Der Abmahner muß evtl ein Erwiderungsschreiben des Abgemahnten beantworten, Ffm JB **90**, 1217. Er muß dem Empfänger eine nach den Gesamtumständen angemessene Abmahnungsfrist setzen, Köln WettbR **99**, 93. Eine zu kurze Frist ist kostenschädlich, Ffm WettbR **97**, 46, Köln WRP **96**, 1214, Mü OLGR **94**, 177 (je: Umdeutung in eine angemessene Frist). Der Schuldner darf eine objektiv angemessene Frist nicht überschreiten, Köln WettbR **99**, 93, Mü GRUR **80**, 1018. Er darf sie allerdings dann, wenn der Gläubiger keinen abweichenden Schlußzeitpunkt genannt hat, bis zum letzten Tag 24 Uhr ausnutzen, § 233 Rn 164. Der Abmahner muß auch dann bis zum Fristablauf warten, Düss JB **87**, 1407, evtl bis 12 Uhr des folgenden Tags, KG GRUR **79**, 740. Er muß evtl sogar ein weiteres Mal abmahnen, KG DB **86**, 372 (auch zu den Grenzen dieser Anforderung. Rechtspolitisch Sack BB **86**, 954). Eine Abmahnfrist von nur wenigen Stunden kann zB bei der Gefahr einer Wiederholung einer Zeitungsanzeige ausreichend sein, Stgt WRP **83**, 305, eine solche von unter einer Stunde grundsätzlich nicht, Ffm WettbR **97**, 46. Wenn es freilich zB um einen Schlußverkauf geht und wenn der Schuldner eine Karenzzeit vorher mißachtet hat, kann eine nur ganz kurze Abmahnfrist völlig ausreichen. Sie kann dann sogar ganz **75** entbehrlich sein, Hbg GRUR **75**, 39 und 41. Je stärker für den Gläubiger der Eindruck entstehen konnte, der Schuldner wolle nur Zeit gewinnen, desto kürzer kann eine Abmahnfrist sein oder gar wegfallen, Düss DB **85**, 1076. Es sind evtl im Eilverfahren und in der Hauptsache unterschiedliche Fristen nötig, Mü BB **98**, 1443.

76 Der Abgemahnte gibt einen *Klaganlaß,* wenn er nur die Vollmachtsvorlage fordert, ohne eine Verpflichtungserklärung anzukündigen, Hbg NJW **86**, 2119, aM Düss AnwBl **01**, 311, oder wenn er während einer erbetenen und gewährten Bedenkzeit einen weiteren Verstoß begeht, Ffm RR **87**, 37, oder wenn er nicht oder nur unzureichend reagiert, Ffm JB **85**, 131, zB wenn er nur erwidert, sein zuständiger Mitarbeiter sei im Urlaub und werde später antworten, Ffm GRUR **87**, 732, oder wenn er statt einer bestimmten Summe die „gerichtlich festzusetzende" Vertragsstrafe verspricht, KG DB **87**, 272 (dann kann freilich eine nochmalige Abmahnung erforderlich werden), oder wenn er eine frühere Unterwerfungserklärung völlig widerruft, Nürnb WRP **81**, 229. Der Abgemahnte braucht nicht vor der Erhebung einer verneinenden Feststellungsklage seinerseits abzumahnen, Stgt WettbR **00**, 101, LG Hbg RR **93**, 173. Er muß nur im Rahmen der Abmahnung antworten, Kblz WRP **83**, 700, Mü WRP **93**, 42.

77 – **(Abschlußschreiben):** Wenn der Gläubiger eine einstweilige Verfügung erwirkt hat, muß er den Schuldner unter Umständen in einem sog Abschlußschreiben auffordern, den Sachverhalt des Eilverfahrens „als Hauptsacheentscheidung" anzuerkennen, BGH WRP **83**, 264, Ffm GRUR-RR **06**, 112, Zweibr GRUR-RR **02**, 344. Er muß folglich auf die Einlegung aller Rechtsbehelfe nach §§ 924, 926, 927 zu verzichten, Hbg WettbR **96**, 64, Köln WettbR **99**, 92, Zweibr GRUR-RR **02**, 344, einschließlich einer etwaigen Einrede der Verjährung, Köln GRUR **99**, 96. Der Schuldner muß dann zumindest auf die Einlegung eines Widerspruchs verzichten, bevor ein Klaganlaß für eine anschließende Klage zur Hauptsache (Hauptklage) entsteht, BGH WRP **83**, 264, Karlsr WettbR **96**, 257, Köln GRUR **88**, 646. Ein solches Abschlußschreiben ist insbesondere dann erforderlich, wenn die einstweilige Verfügung den Streit praktisch erledigen könnte, weil sich der Antragsgegner möglicherweise nach ihr richten mag, KG WRP **81**, 277 und 583, Wedemeyer NJW **79**, 298.

78 Ein Abschlußschreiben ist erst recht grds dann erforderlich, wenn bereits eine mündliche *Verhandlung* über den Widerspruch des Schuldners im Eilverfahren stattgefunden hat und wenn dort nur noch ein Urteil bevorsteht, Düss GRUR **84**, 81, aM Hbg GRUR **89**, 458 (aber dann muß sich der Abgemahnte entscheiden können). Das Abschlußschreiben braucht nicht ausdrücklich eine Frist zu setzen und Klage anzudrohen, Zweibr GRUR-RR **02**, 344. Soweit der Antragsteller das Abschlußschreiben vor dem Ablauf einer objektiv angemessenen Frist nach dem Erlaß der einstweiligen Verfügung usw absendet, kann ein Anlaß zur Erhebung der Klage in der Hauptsache (Hauptklage) *fehlen,* Köln GRUR **88**, 646 (12 Tage), Celle WRP **96**, 757 (12–14 Tage), AG Mönchengladb RR **86**, 342 (1 Monat, sehr großzügig), aM Düss MDR **01**, 344, Hamm GRUR **91**, 336 (aber das ist jeweils zu großzügig). Eine Abschlußerklärung nach Fristablauf hilft bei § 93 nicht mehr, Köln WettbR **99**, 93.

79 – **(Zweites Abschlußschreiben):** Es kann sogar ein *zweites* Abschlußschreiben nötig werden, Düss GRUR **91**, 479, Köln GRUR **88**, 646. Der Gläubiger braucht allerdings mit dem Abschlußschreiben nicht auch bis zur Rechtskraft der zu seinen Gunsten ergangenen einstweiligen Urteilsverfügung zu warten, LG Hbg RR **88**, 252. Er muß aber dem Antragsgegner die Gelegenheit geben, das die einstweilige Verfügung bestätigende Urteil voll zur Kenntnis zu nehmen, Ffm GRUR-RR **06**, 112. Ein Abschlußschreiben ist ungeeignet, die Wiederholungsgefahr zu beseitigen, wenn der Störer zB statt des vom Gläubiger geforderten Verzichts auf „alle Rechte aus den §§ 926, 927" nur einen solchen „insbesondere auf die Rechte aus § 926" erklärt, Hamm GRUR **93**, 1002, oder wenn der Störer nach einer strafbewehrten Unterlassungsverpflichtung eine erneute Zuwiderhandlung begangen hat, Hamm BB **90**, 2074. Zumindest kann der Schuldner zwischen dem Abschlußschreiben und einer Unterwerfung wählen, Karlsr WettbR **98**, 140. Eine nur mündliche Abschlußerklärung reicht grds nicht, KG GRUR **91**, 258, erst recht nicht eine stillschweigende, großzügiger Stgt WRP **96**, 152 (aber es muß nun endlich Klarheit eintreten). Ein zweites Abschlußschreiben des Gläubigers ist entbehrlich, nachdem der Schuldner einen Widerspruch gegen die einstweilige Verfügung zurückgenommen hat, Hamm MDR **99**, 372.

80 – **(Geschmacksmuster):** Zur Problematik beim Geschmacksmusterverstoß Ffm GRUR **84**, 758, Hbg GRUR **88**, 241.

– **(Patent):** Wenn der Gläubiger einen Schutz beansprucht, der über den Wortlaut eines Patents hinausgeht, muß er den Schuldner vorprozessual ausdrücklich auf diesen Schutzanspruch hinweisen und den Umfang des Unterlassungsbegehrens eindeutig abgrenzen, Düss GRUR **80**, 135. Aus der Reaktion auf die Abmahnung ergibt sich dann, ob ein Klaganlaß besteht, Schulte GRUR **80**, 472.

S auch Rn 33, 34.

81 **Widerspruch:** Rn 34.

82 **Widerspruchsklage,** § 771: Die Frage, ob der Bekl einen Klaganlaß gab, hängt von dem Gesamtumständen ab. Im allgemeinen muß der Kläger diejenigen Urkunden vorlegen, die dasjenige Recht beweisen sollen, das die Veräußerung hindert. Er muß überhaupt das die Veräußerung verhindernde Recht sorgfältig darlegen, Leuschner AcP **207**, 75, und nach § 294 glaubhaft machen, Ffm GRUR **90**, 1535, Mü WertpMitt **79**, 292. Freilich darf man die Anforderungen nicht überspannen, Leuschner AcP **207**, 77. Der Gläubiger gibt eine Veranlassung zur Drittwiderspruchsklage, soweit er die Bemühung eines Dritten vereitelt, den Streit außergerichtlich beizulegen, Mü VersR **93**, 497. Wenn es um eine Sicherungsübereignung geht, muß der Kläger zB nicht nur die Übereignungsurkunden vorlegen, sondern auch diejenigen Unterlagen, aus denen sich ergibt, welchen Bestand die gesicherte Forderung derzeit hat, zB die Kontoauszüge.

Der Bekl hat *keinen* Klaganlaß gegeben, solange die Glaubhaftmachung fehlt, Ffm GRUR **90**, 1535, Mü WertpMitt **79**, 292. Ob der Bekl den Anspruch vorher bestritten hatte, ist unerheblich. Der Bekl muß aber insofern mitwirken, als er angeben muß, inwiefern er eine weitere Aufklärung wünscht. Er trägt das Risiko einer falschen Einschätzung der Rechtslage, Hamm RR **96**, 1024. Er kann warten, bis ihm diejenigen tatsächlichen Umstände und Unterlagen bekannt sein können, die den Klagantrag rechtfertigen. Der Bekl muß eine gewisse Frist zur Erkundigung und zur Prüfung der gegnerischen Glaubhaftmachung und Unterlagen haben, strenger Mü WertpMitt **79**, 292, ThP 6 (es sei stets auch deren voller Nachweis notwendig. Aber der Bekl darf meist nicht alles bis zum letzten Detail an Beweis abwarten). Der Kläger muß sein die Veräußerung hinderndes Recht dem Bekl immerhin einigermaßen wahrscheinlich gemacht haben, Ffm GRUR **90**, 1535, Gerhardt Gedächtnisschrift für Arens (1993) 133.

Unter Umständen schadet also dem Bekl sogar eine *Beweisaufnahme* nicht, Düss RR **98**, 790. Eine privatschriftliche eidesstattliche Versicherung des Klägers reicht zur Glaubhaftmachung keineswegs stets aus, Düss OLGR **98**, 126, wohl aber eine beglaubtigte Ablichtung oder Abschrift einer vor Gericht abgegebenen eidesstattlichen Versicherung. § 771 ist ohnehin die Hoffnung aller faulen Schuldner. Schon gar nicht reicht ein Anruf eines dem Empfänger unbekannten Anwalts, Ffm GRUR **90**, 1535. Ein Pfändungsgläubiger haftet für die Angaben seines Anwalts nach § 278 BGB und nicht nur nach § 831 BGB. Vgl Einf 4 vor §§ 771–774. Bei einem Recht auf eine bevorzugte Befriedigung nach § 805 gelten die Grundsätze zu § 771 entsprechend.

Willenserklärung: Der Bekl hat einen Klaganlaß gegeben, solange er die Erklärung nur ankündigt oder nur anerkennt, zu ihrer Abgabe verpflichtet zu sein, ohne sie eben vorzunehmen, AG Euskirchen WoM **89**, 329, oder solange er bei ihrer Vornahme die erforderliche Form nicht einhält. 83

S auch Rn 40.

Zug-um-Zug-Anspruch: Der Bekl hat einen Klaganlaß gegeben, wenn er gegenüber einer berechtigten Forderung zur Leistung Zug um Zug eine völlige Abweisung der Klage beantragt hat. 84

Der Bekl hat *keinen* Klaganlaß gegeben, wenn er gegenüber einem unberechtigten Anspruch des Klägers auf eine Verurteilung des Bekl zur Leistung schlechthin lediglich eine vorhandene Verpflichtung zur Leistung Zug um Zug anerkannt hat.

Zulässigkeit: Rn 59 „Unschlüssigkeit".

Zurückbehaltungsrecht: Der Bekl hat *keinen* Klaganlaß gegeben, solange sich der Kläger zu einem vorprozessual geltend gemachten Zurückbehaltungsrecht nicht geäußert hat, BGH BB **05**, 1303.

S auch „Zug-um-Zug-Anspruch".

Zuständigkeit: Ein wirksamer Rügeverzicht nach § 295 kann dem Bekl nicht helfen, Karlsr OLGZ **85**, 495.

Zwangsvollstreckung: Der Bekl hat einen Klaganlaß gegeben, soweit er eine unberechtigte Vollstreckungsmaßnahme eingeleitet hat, Köln RR **99**, 1520.

S auch Rn 82.

5) Sofortiges Anerkenntnis des Anspruchs. Die Kostenfolgen des § 93 treten nur dann ein, wenn neben dem Fehlen eines Klaganlasses nach Rn 28 ein sofortiges Anerkenntnis des Anspruchs erfolgt ist. Beide Merkmale müssen also zusammen in allen ihren Teilen vorliegen. 85

A. Begriff des Anspruchs. Gegenstand des Anerkenntnisses muß gerade der „Anspruch" sein. Das ist der in der Klage geltend gemachte prozessuale Anspruch, der Streitgegenstand, § 2 Rn 4. Nach einer Klagänderung gemäß §§ 263, 264 kommt es auf den neuen Klaganspruch an. Im Verfahren auf den Erlaß eines Arrestes nach §§ 916 ff oder einer einstweiligen Verfügung nach §§ 935 ff kommt es solange nur auf den Streitgegenstand jenes Eilverfahrens an, Grdz 11 vor § 916, wie nur jenes Eilverfahren anhängig ist. Sobald auch die zugehörige Hauptklage anhängig ist, kommt es für die in diesem Hauptverfahren entstehenden Kosten auf ihren Streitgegenstand an. 86

B. Begriff des Anerkenntnisses. § 93 übernimmt den Anerkenntnisbegriff des § 307. Es gelten die dortigen Erläuterungen. Das Anerkenntnis muß zB unumschränkt und vorbehaltlos sein, Schlesw GRUR **86**, 840. Es darf also auch keine Bedingung enthalten, BGH NJW **85**, 2716, Brdb FamRZ **02**, 1271. Der Bekl muß es im jeweiligen Verfahren überhaupt wirksam abgeben können. Das Verfahren muß also der Parteiherrschaft unterliegen, Rn 5. Das Anerkenntnis muß in einer ausreichenden Form erfolgen, Einf 1 ff vor §§ 306 ff. Das einmal danach wirksam und ausreichend erklärte Anerkenntnis darf nicht nachträglich rückwirkend unwirksam geworden sein. Zur Unwirksamkeit Grdz 51 ff vor § 128, Einf 8 vor §§ 306 ff. 87

C. Begriff der Sofortigkeit. Ein „sofortiges" Anerkenntnis liegt grundsätzlich nur dann vor, wenn der Bekl den Anspruch nach Rn 86 vor der Stellung seines angekündigten oder nicht angekündigten sonstigen Sachantrags nach § 137 I anerkennt, Düss OLGR **99**, 410, Köln MDR **06**, 226, Mü WRP **85**, 446. Das muß zum Beginn der ersten streitigen mündlichen Verhandlung geschehen, die vor dem endgültig zuständigen Gericht stattfindet und in der der Bekl diejenigen Tatsachen kennen kann, die den Klaganspruch objektiv begründen, Saarbr VersR **02**, 964 (evtl erst nach der Beweisaufnahme!), Schlesw JB **00**, 657, Leuschner AcP **207**, 82, aM Meiski NJW **93**, 1905 (gibt stets 4 Wochen Frist. Aber bis zur Verhandlung lief schon die Einlassungsfrist). Es ist nicht erforderlich, daß es infolge des sofortigen Anerkenntnisses auch zu einem Anerkenntnis-Urteil gekommen ist. 88

D. Beispiele zur Frage der Sofortigkeit des Anerkenntnisses 89

Abweisungsantrag: Er beseitigt eine spätere Sofortigkeit, auch beim Prozeßkostenhilfeverfahren, Naumb FamRZ **07**, 1585, oder beim Unterlassungsantrag, aM KG RR **07**, 648 (aber es gilt erst recht das in Rn 97 „Klagerwiderung" Dargestellte).

Arrest, einstweilige Verfügung: Grundsätzlich ist ein Anerkenntnis allenfalls ab der Schlüssigkeit notwendig, also auch erst ab der Glaubhaftmachung des Verfügungsanspruchs und Verfügungsgrunds, § 920 II, Köln RR **88**, 1341. Ein Anerkenntnis muß auch im Eilverfahren, also wegen des Verfügungsanspruchs, eindeutig und bedingungslos sein, Rn 87, Hamm NJW **76**, 1459 (Bauhandwerkerhypothek). Wegen der etwa notwendigen Abmahnung Rn 67 „Wettbewerbssache".

Aussetzung: Ein sofortiges Anerkenntnis kann auch noch nach einem Abweisungsantrag und nach einer anschließenden Aussetzung vorliegen, Nürnb MDR **97**, 203 (sehr großzügig!).

Bedingung: Das Anerkenntnis muß grds bedingungslos sein, um als ein sofortiges gelten zu können, Rn 87. Wenn der Bekl die Auffassung vertritt, der Anspruch sei rechtlich unbegründet oder verjährt, oder wenn er die Zahlung von einer solchen Abfindungserklärung des Klägers usw abhängig macht, auf die der 90

Bekl keinen Anspruch hat, kann trotz eines äußeren Zahlungswillens ein sofortiges Anerkenntnis vorliegen, Karlsr FamRZ **04**, 1660, aber auch *fehlen,* Hamm MDR **88**, 971. Eine begründete Zulässigkeitsrüge des Bekl ist unschädlich, etwa diejenige der Unzuständigkeit des Gerichts. Eine unbegründete Zulässigkeitsrüge ist aber schädlich. Ein strafbewehrtes Unterlassungsversprechen muß schon mit dem Widerspruch gegen die einstweilige Verfügung erfolgen, Düss MDR **91**, 257.

Berechtigungsanfrage: Auch nach ihrer ablehnenden Beantwortung kann das Anerkenntnis noch sofortig sein, Hbg GRUR **06,** 616.

Betriebskostenabrechnung: Der Mieter hat zur Prüfung angemessene Zeit, evtl 2–3 Wochen, AG Sinzig WoM **08**, 87 (zustm Winning) aM BGH WoM **06**, 202.

Beweisaufnahme: Nach ihrer Durchführung kann man ein diesbezügliches Anerkenntnis grds *nicht mehr* als sofortiges werten. Eine Ausnahme mag gelten, falls die Grundlage erst durch die Beweisaufnahme entsteht, Kblz VersR **00**, 351, Saarbr VersR **02**, 964.

Beweislast: Anh § 286 Rn 36.

91 **Einsichtnahme:** Es reicht aus, wenn der Versicherer erst im Prozeß eine Einsicht nehmen konnte und dann sofort anerkennt, LG Stgt VersR **89**, 408.

Einspruch: Rn 102 „Versäumnisverfahren".

Einwendung: Rn 35 „Bedingung".

92 **Erfüllung:** Soweit eine Forderung fällig ist, muß zur Anerkenntniserklärung grds die Erfüllung hinzutreten, um ein „sofortiges Anerkenntnis" herbeizuführen, Hbg FamRZ **89**, 990, Schlesw SchlHA **77**, 191, ZöHe 4, 6 „Geldschulden", aM Karlsr FamRZ **98**, 846, Mü MDR **03**, 1184, MüKoBe 617 (aber es kommt nicht auf hohle Worte an, sondern auf glaubhafte).

Allerdings muß man dem Bekl eine gewisse angemessene *Prüfungsfrist* nach dem Eingang der die Forderung ausreichend darlegenden Belege usw zubilligen, erst recht demjenigen Dritten, der zahlen soll, also dem Versicherer des Schuldners, Rn 54 „Schadensersatz", LG Bln VersR **00**, 716, LG Schweinf VersR **90**, 618. Das ändert aber nichts an der grundsätzlichen Notwendigkeit der sofortigen Leistung im Zeitpunkt der Fälligkeit. Bei einer erst im Lauf des Prozesses eintretenden Fälligkeit mag ein sogleich daran anschließendes Anerkenntnis reichen, Ffm RR **06**, 1581, Zweibr RR **02**, 138.

93 **Fälligkeit:** Rn 92.

Form: Man muß zwischen dem Anerkenntnis und der Erfüllung der anerkannten Schuld unterscheiden. Während zur letzteren zB bei der Abgabe einer verlangten Willenserklärung über ein Grundstücksgeschäft ein notarielle Beurkundung notwendig sein mag, ist zur bloßen Anerkennung der Schuld grds keine besondere Form erforderlich. Für ein „sofortiges" Anerkenntnis muß zum Anerkenntnis die Erfüllung hinzutreten, Rn 92 „Erfüllung". Daher liegt ein sofortiges Anerkenntnis erst dann vor, wenn eben auch die Erfüllungshandlung selbst in der notwendigen Form erfolgt und wenn alles zusammen noch rechtzeitig geschieht. Ein Anerkenntnis mit einem der modernen Telekommunikationsmittel kann ausreichen, zB Telefax, § 129 Rn 44.

Früher erster Termin: Selbst dann, wenn der Bekl eine Äußerungsfrist erhalten hatte, reicht sein Anerkenntnis im Termin vor einer streitigen Verhandlung aus, Ffm RR **90**, 1535, Zweibr MDR **08**, 354.

Nach einer streitigen Verhandlung im frühen ersten Termin kann man ein diesbezügliches Anerkenntnis *keineswegs* mehr stets als ein sofortiges werten, aM Kblz VersR **00**, 351 (aber auch ein früher erster Termin kann vollwertig sein, § 272 Rn 5).

94 **Gesetzesänderung:** Wenn der Kläger auf Grund einer erst nach dem Erlaß des Berufungsurteils eingetretenen Gesetzesänderung in der Revisionsinstanz voraussichtlich siegen wird, muß der Bekl sofort anerkennen, um die Kostenlast aller Instanzen zu vermeiden.

Güteverfahren: Ein erst in einem Fortsetzungstermin abgegebene Anerkenntnis ist *nicht* mehr sofortig, Jena GRUR-RR **08**, 109.

95 **Haftungsbeschränkung:** Ein Anerkenntnis mit einer Haftungsbeschränkung kann genügen, wenn der Bekl vorher nur die unbedingte Leistung verweigert und hilfsweise die eingeschränkte Leistung angeboten hatte und wenn der Kläger auf die unbedingte Leistung in Wahrheit keinen Anspruch hat, etwa bei einer Leistung Zug um Zug, Rn 106.

Handelssache: In einer Handelssache ist das Anerkenntnis nur dann sofortig, wenn es bis zu einem Verweisungsantrag nach § 98 GVG erfolgt. Denn die Zivilkammer ist bis dahin bereits endgültig zuständig gewesen, Saarbr MDR **81**, 676, aM Düss ZIP **90**, 1429 (vgl aber Rn 104 „Verweisung").

Hilfsvortrag: Eine etwaige Unrichtigkeit ist unschädlich, soweit der Hauptvortrag reicht, LG Bln VersR **00**, 716.

Insolvenz: Die Voraussetzungen des § 93 müssen bei der Eröffnung des Insolvenzverfahrens noch vorgelegen haben, Ffm MDR **06**, 355. Ein vorläufiges Bestreiten kann bis zum Ablauf einer anschließenden Äußerungsfrist zum endgültigen Bestreiten für den Schuldner kostengünstig sein, Düss ZIP **82**, 201.

Ein Bestreiten im Prüfungstermin nach § 179 InsO ist für den Schuldner *kostenschädlich,* Köln KTS **79**, 119, LG Mü WertpMitt **86**, 864.

96 **Klagänderung:** Nach einer Klagänderung kommt es für die Sofortigkeit auf die erste anschließende streitige mündliche Verhandlung an, KG MDR **08**, 164, oder auf den ersten ausschließenden Schriftsatz, Köln RR **99**, 1509, LG Gött MDR **95**, 647, AG Bln-Charlottenb FamRZ **94**, 118.

97 **Klagerwiderung:** In einem schriftlichen Vorverfahren liegt ein sofortiges Anerkenntnis wegen § 307 S 1 nur dann vor, wenn der Bekl den prozessualen Anspruch schon in seinem ersten Schriftsatz anerkennt, KG WoM **06**, 163, Saarbr RR **00**, 1667, AG Ludwigslust FamRZ **05**, 642. Nur in diesem Sinn kann eine „Klagerwiderung" rechtzeitig sein, nicht dann, wenn der Bekl zunächst nur eine Verteidigungsanzeige nach § 276 I 1 eingereicht hatte und erst in der gesonderten Klagerwiderung nach §§ 276 I 2, 277 anerkennt, § 93 b Rn 36 ff, BGH RR **07**, 397, KG WoM **06**, 163, Karlsr FamRZ **03**, 942, aM BGH NJW **06,** 2491, Deichfuß MDR **04**, 190, Vossler NJW **06**, 1035 (aber die bloße Verteidigungsanzeige leitet grds eine streitige Fortführung des Prozesses ein). Das gilt unabhängig davon, ob die Klageschrift zur Zulässigkeit oder Begründetheit ausreichte, aM Bre NJW **05**, 229, Leuschner AcP **207**, 87 (aber der Bekl

muß sich eben entscheiden, ob er sich aus welchem Grund auch immer zumindest zunächst verteidigungsbereit zeigen will).

Mangels eines schriftlichen Vorverfahrens ist ein Anerkenntnis in einer etwa eingereichten Klagerwiderung vor einer notwendigen mündlichen Verhandlung natürlich unschädlich, andererseits auch noch nicht notwendig. Die Klagerwiderung mag also sogar ein vorläufiges oder zunächst scheinbar endgültiges Bestreiten enthalten. Maßgeblich ist das Verhalten des Bekl in der ersten streitigen mündlichen Verhandlung zur Sache vor dem endgültig zuständigen Gericht, LG Köln GRUR **89**, 542, StJL 6, aM zB Bre FamRZ **94**, 1484, Jena GRUR-RR **08**, 109 (aber wie lange soll der Kläger noch auf das Anerkenntnis warten?).

S auch Rn 102 „Verteidigungsanzeige".

Nachverfahren: Rn 101 „Urkunden-, Scheck-, Wechselprozeß". 98

Patentstreit: Der sofortige Verzicht oder die Herbeiführung der Patentbeschränkung reichen, eine nur beschränkte Verteidigung reicht *nicht*, BGH GRUR **04**, 138.

Räumung: Ein Auszug ist *nicht stets* ein Anerkenntnis, § 93 b Rn 36 ff, LG Arnsberg WoM **97**, 232.

Sachantrag: Ein sofortiges Anerkenntnis liegt außerhalb eines schriftlichen Vorverfahrens (bei ihm Rn 97) 99
grds nur dann vor, wenn es in der ersten streitigen mündlichen Verhandlung vor der Stellung des bisher angekündigten oder sonstigen Sachantrags ergeht, § 137 I, Mü WRP **85**, 446, aM Kblz VersR **00**, 351 (vgl aber Rn 97).

S auch Rn 99 „Schriftsatz".

Säumnis: Rn 102.

Schätzung: Soweit der Klaganspruch von einer richterlichen Schätzung abhängig ist, etwa beim unbezifferten Schmerzensgeldantrag, muß der Bekl „den vom Gericht für angemessen gehaltenen Betrag" rechtzeitig anerkennen.

Scheckprozeß: Rn 101 „Urkunden-, Scheck-, Wechselprozeß".

Schlüssigkeit: S „Substantiierung".

Schriftliches Verfahren: S „Schriftsatz".

Schriftliches Vorverfahren: Rn 97 „Klagerwiderung", Rn 99 „Schriftsatz", Rn 102 „Verteidigungsanzeige".

Schriftsatz: Im schriftlichen Verfahren ist der in § 128 II 2 Hs 1 genannte Zeitpunkt maßgeblich. Im schriftlichen Vorverfahren nach § 276 muß das Anerkenntnis wegen § 307 S 1 spätestens in der Klagerwiderung vorliegen, Rn 97 „Klagerwiderung". Mangels eines schriftlichen Vorverfahrens (bei ihm Rn 97) ist ein Anerkenntnis in einem vorbereitenden Schriftsatz natürlich zulässig, aber nicht nötig, sofern es in der ersten streitigen Verhandlung vor dem endgültig zuständigen Gericht vor der Stellung des Sachantrags erfolgt, Ffm GRUR **90**, 1535. Das gilt sogar dann, wenn der Bekl den Klaganspruch im vorbereitenden Schriftsatz zunächst bestritten hat.

Streitige Verhandlung: Nach ihr kann man ein diesbezügliches Anerkenntnis *keineswegs* mehr als ein sofortiges werten, aM Kblz VersR **00**, 351 (aber wie lange soll der Kläger noch auf ein Anerkenntnis warten?).

Stufenklage: Es kann in jeder Stufe ein diesbezüglich rechtzeitiges Anerkenntnis ergehen, Bbg JB **89**, 690, Mü MDR **88**, 782, Rixecker MDR **85**, 635 (auch wegen einer entsprechenden Anwendung auf den Kläger). Zu großzügig stellt Hamm FamRZ **97**, 1414 nur auf die Verhandlung zum Zahlungsantrag ab.

Substantiierung: Soweit der Kläger sie erst im Prozeßverlauf vornimmt, kann das anschließende Anerkenntnis noch sofortig sein, BGH FamRZ **04**, 1021, Kblz JB **05**, 490, Leuschner AcP **207**, 85.

Teilanerkenntnis: Rn 112. 100

Unschlüssigkeit: Rn 99 „Substantiierung".

Unzuständigkeit: Rn 106. 101

Urkunden-, Scheck-, Wechselprozeß: In diesen Verfahrensarten ist ein erst im Nachverfahren erfolgendes Anerkenntnis *nicht mehr* sofortig, Düss MDR **83**, 496. Denn das Nachverfahren bildet mit dem Vorverfahren eine Einheit, § 600 Rn 1. Daher reicht es auch nicht, daß der Bekl im Vorverfahren lediglich widersprochen hat, um im Nachverfahren eine Aufrechnung vorzunehmen, Düss MDR **83**, 496. Soweit sich der Bekl auf eine Verjährung beruft, liegt kein sofortiges Anerkenntnis vor, Hamm MDR **88**, 971.

Versäumnisverfahren: Mangels eines schriftlichen Vorverfahrens (bei ihm Rn 97) gilt: Zugleich mit einem 102
ordnungsgemäßen Einspruch, Köln VersR **92**, 635 (Auslandsfall), sogar nach einem solchen liegt ein sofortiges Anerkenntnis vor, wenn der Bekl es in der ersten streitigen Verhandlung nicht nur zum Einspruch, sondern auch zur Hauptsache vor der Stellung des dortigen Sachantrags erklärt. Das gilt selbst dann, wenn er bis zum Erlaß des Versäumnisurteils schriftsätzlich den Anspruch betritten hatte. Denn § 342 versetzt den Prozeß in den Zeitpunkt des Beginns der ersten streitigen Sachverhandlung zurück, Brdb RR **00**, 1668, LG Siegen WoM **83**, 118. Freilich kann das bisherige prozessuale Verhalten des Bekl bei der Prüfung eines Klaganlasses mitbeachtlich sein, Rn 51, Rn 63 „Versäumnisverfahren".

Verteidigungsanzeige: Soweit der Bekl im schriftlichen Vorverfahren eine Anzeige der Verteidigungsabsicht nach § 276 I 1 eingereicht hat, ist ein gleichzeitiges Anerkenntnis unabhängig von einem Prozeßkostenhilfeverfahren sofortig, Brdb JB **03**, 324.

Es liegt wegen § 307 S 1 *kein* sofortiges Anerkenntnis mehr vor, wenn es erst nachträglich eingeht, sei es auch in der Klagerwiderung nach § 276 I 2, Rn 97, aM BGH NJW **06,** 2491, Brdb MDR **05**, 1310 (Sofortigkeit mangels Klaganlasses).

Verwahrung gegen die Kosten: Das Gericht muß die beliebte Formulierung des Bekl, er erkenne an, 103
verwahre sich aber gegen die Kosten oder protestiere gegen sie, wie jede Parteiprozeßhandlung auslegen, Grdz 52 vor § 128. Das Gericht muß die Erklärung auch darauf prüfen, ob eine kostenschädliche Bedingung des Anerkenntnisses vorliegt oder ob der Bekl nur eine Bitte und Anregung auf den Erlaß einer ihm möglichst günstigen Kostenentscheidung äußern will. Nur im letzteren Fall kann das Anerkentnis unter den weiteren Voraussetzungen ein „sofortiges" sein. Es kommt darauf an, ob der Bekl sich im Kern zumindest auch noch gegen den Klaganspruch wehrt.

104 **Verweisung:** Ein sofortiges Anerkenntnis liegt grds dann vor, wenn der Bekl bis zur ersten streitigen mündlichen Verhandlung anerkennt, die vor dem endgültig zuständigen Gericht stattfindet. Daher kann es auch noch nach einer Verweisung rechtzeitig sein, Saarbr MDR **81**, 676. Allerdings ist eine Verweisung nach § 98 GVG bereits von einem zunächst endgültig zuständigen Gericht erfolgt, Rn 95 „Handelssache".

S aber auch Rn 97 „Klagerwiderung".

Verzug: Ein Anerkenntnis erst nach dem Verzugseintritt ist *nicht mehr* sofortig, LG Hbg ZMR **03**, 880.

Vorbehalt: Ein Anerkenntnis unter einem Vorbehalt ist grds *überhaupt nicht* wirksam und daher auch nicht „sofortig", Rn 90. Eine Ausnahme kann nur bei einem ausreichenden Teilanerkenntnis über den in Wahrheit lediglich begründeten Anspruchsteil gelten, Rn 112, oder bei einem als Annahme geltenden Verhalten des Gläubigers, KG WoM **06**, 46.

Vorverfahren: Rn 97 „Klagerwiderung", Rn 99 „Schriftsatz", Rn 102 „Verteidigungsanzeige".

105 **Wechselprozeß:** Rn 101.

106 **Zug-um-Zug-Leistung:** Eine Anerkennung Zug um Zug kann genügen, sofern die Klage nur insofern berechtigt ist, Köln FamRZ **89**, 878. Andernfalls liegt eine unzulässige Bedingung vor.

Zulässigkeitsrüge: Ein im übrigen ausreichendes Anerkenntnis verliert seine Sofortigkeit nicht dadurch, daß der Bekl gleichzeitig eine objektiv begründete Zulässigkeitsrüge erhebt, etwa diejenige der Unzuständigkeit des Gerichts. Denn das Gericht muß die Zulässigkeit vor der Begründetheit der Klageforderung prüfen. Eine objektiv unbegründete Zulässigkeitsrüge *nimmt* einem Anerkenntnis jedenfalls derzeit die Sofortigkeit.

Zuständigkeit: Rn 106 „Zulässigkeitsrüge".

107 6) **Rechtsfolgen: Kostenlast.** Sofern kein Klaganlaß und ein sofortiges Anerkenntnis vorliegen, „fallen dem Kläger die Prozeßkosten zur Last". Das ist eine zwingende Kostenfolge ohne einen Ermessensspielraum des Gerichts, anders als zB bei § 91 a. Die Regelung unterscheidet sich aber von derjenigen etwa in § 269 III 2 (Kostenlast des Klägers nach Klagerücknahme) dadurch, daß sie trotz des insofern irreführenden Gesetzeswortlauts nach allgemeiner Ansicht eben nicht schon kraft Gesetzes eintritt und daß das Gericht sie nicht allenfalls auf einen Antrag bestätigend (deklaratorisch) aussprechen müßte. Vielmehr ist eine konstitutive Kostengrundentscheidung mit einer Begründung erforderlich, Brdb MDR **00**, 233. Ohne sie kann keine entsprechende Kostenfestsetzung nach §§ 103 ff stattfinden.

108 **A. Kostenlast des Klägers.** § 93 nennt den Regelfall der Kostenlast des Klägers. Soweit kein Klaganlaß und ein volles sofortiges Anerkenntnis aller Klagansprüche durch den Bekl vorliegt, muß der Kläger auch alle Prozeßkosten tragen. Das Gericht hat keinen diesbezüglichen Verteilungsspielraum mehr. Es muß seine Entscheidung als eine Folge des § 308 II von Amts wegen treffen, Karlsr OLGZ **86**, 125. Wegen eines Teilanerkenntnisses Rn 112.

109 **B. Kostenlast des Beklagten.** Man kann § 93 in bestimmten Fällen entsprechend zulasten des Bekl anwenden und damit eine gewisse Umkehr der Vorschrift vornehmen. Das kommt dann in Betracht, wenn der Kläger den Antrag sofort nach demjenigen Zeitpunkt, in dem seine bis dahin objektiv begründete Forderung *nach* dem Eintritt der Rechtshängigkeit (vorher § 91 a Rn 36) unzulässig oder unbegründet wurde, auf die Bitte beschränkt, dem Bekl die Kosten aufzuerlegen, BGH NJW **82**, 238, BPatG GRUR **86**, 811, LG Hbg RR **87**, 328, aM Kblz RR **86**, 1443, LG Tüb JB **91**, 720, StJL 1 (der Kläger habe ja die Möglichkeit, die Hauptsache für erledigt zu erklären, § 91 a. Aber dann bleibt für ihn ein größeres Kostenrisiko. Denn das Gericht hat dort einen Ermessensraum).

110 *Beispiele der Anwendbarkeit:* Es geht um einen Arrest oder eine einstweilige Verfügung, §§ 916 ff, 935 ff, Ffm OLGZ **81**, 101, LG Hbg RR **87**, 382; es geht um die Aufrechnung mit einer erst nach dem Prozeßbeginn entstandenen Forderung, § 145 Rn 10; der Kläger tritt wegen eines Verschuldens des Bekl nach § 326 BGB im Prozeß vom Vertrag zurück; der Bekl wendet eine Verjährung ein, der Kläger verzichtet, § 306, aM Hbg GRUR **89**, 296 (aber das ist ein geradezu typischer derartiger Fall).

Beispiele der Unanwendbarkeit: Es handelt sich um eine wirksame Klagerücknahme (dann ist ein zusätzlicher Kosten-„Antrag" evtl unbeachtlich, da die Kostenfolge jedenfalls des § 269 III 2 anders als bei § 269 III 3 ohnehin kraft Gesetzes eintritt); es geht um ein Insolvenzeröffnungsverfahren, LG Bln Rpfleger **78**, 379 (§ 91 a entsprechend).

111 Das „Anerkenntnis" des Klägers bedeutet in solcher Situation ein Abstandnehmen vom Klaganspruch. Es reicht dann aus, daß der Kläger diesen Verzicht *ohne ein schuldhaftes Zögern* in der nächsten prozessual möglichen Situation erklärt, Ffm OLGZ **81**, 101, aM Hbg GRUR **89**, 296, Hamm MDR **82**, 676, LG Köln GRUR **89**, 77 (der Gegner müsse vorher zum Verzicht aufgefordert haben. Aber es bedeutet schon ein Entgegenkommen, dem Kläger bei einer eigenen Initiative einen Kostenvorteil als Chance einzuräumen).

112 **C. Teilanerkenntnisfolgen.** Soweit der Bekl sein Anerkenntnis in zulässiger Weise auf einen Teil des Klaganspruchs begrenzt und rechtzeitig erklärt hat, § 301, Hamm FamRZ **97**, 1414, gelten die folgenden Regeln. Es kann von Amts wegen nach § 307 S 1 zum Anerkenntnisteilurteil oder Teilanerkenntnisurteil kommen. Damit befindet das Gericht über den anerkannten Teil der Klagansprüche in dieser Instanz endgültig. Die Voraussetzungen des § 301 müssen vorliegen. Es hängt von den Gesamtumständen ab, ob eine Kostenentscheidung über den anerkannten Teil der Klagansprüche erfolgen soll oder muß oder ob sie „dem Schlußurteil vorbehalten bleibt". Grundsätzlich sollte das Gericht über die Kosten des anerkannten Teils bereits jetzt entscheiden, aM Schlesw SchlHA **78**, 172 (aber es ist ungewiß, ob es tatsächlich noch zum Schlußurteil kommt. Es mag zB eine wirksame Klagerücknahme wegen des Rests erfolgen. Die Parteien mögen den streitigen Rest übereinstimmend für erledigt erklären. Es mag zum Ruhen des Verfahrens wegen des Rests ohne eine erneute Terminsbitte kommen usw).

113 Auf die Kostenentscheidung des Teilurteils ist *§ 93 anwendbar.* Die Entscheidung kann zB lauten: „Im Umfang dieses Teilurteils trägt der Beklagte die Kosten". Es läßt sich dann später evtl mithilfe eines Beschlusses über den gesamten und aufgeteilten Kostenstreitwert der auf das Teilurteil entfallende Prozentsatz

oder Bruchteil errechnen. Dementsprechend könnte es dann im etwaigen Schlußurteil heißen: „Im Umfang dieses Schlußurteils trägt ... die Kosten", BGH RR **99**, 1741, ähnlich Jena OLGR **97**, 275 (Beschluß). Freilich muß das Gericht schon bei der Prüfung, ob im Teilurteil eine diesbezügliche Kostenentscheidung erfolgen soll, die gesamten Prozeßkosten einheitlich beurteilen und etwa verteilen. Es muß auf eine möglichst einfache und klare Fassung aller Aussprüche zu den Prozeßkosten achten. Daher kann es ratsam sein, zunächst überhaupt noch keine Kostenentscheidung zu fällen.

7) Verfahrensfragen. Beim Eingang eines schriftsätzlichen Anerkenntnisses in einem Verfahren mit einer notwendigen mündlichen Verhandlung nach § 128 Rn 4 setzt das Gericht wie sonst einen Verhandlungstermin an und wartet ab, ob der Bekl das Anerkenntnis auch im Termin erklärt. Es muß darauf achten, daß das Anerkenntnis vor der Stellung des Sachantrags des Bekl nach § 137 I erfolgt, insbesondere vor einem Klagabweisungsantrag (eine Zulässigkeitsrüge kann unschädlich sein, Rn 106 „Zulässigkeitsrüge"). 114

Im *schriftlichen* Verfahren nach § 128 II oder im schriftlichen Vorverfahren nach §§ 276 f gelten wegen der dann bereits durch die Schriftform wirksamen Anerkenntniserklärung die dortigen Verfahrensregeln wie sonst, zB § 307 S 2 (Anerkenntnisurteil ohne Verhandlung). Da der Kläger keinen Kostenantrag stellen muß, da das Gericht die Kostenfolge vielmehr kraft einer zwingenden gesetzlichen Vorschrift nach Rn 107 konstitutiv aussprechen muß, ist auch keine Anhörung des Klägers zum Anerkenntnis nötig, soweit nicht über dessen Wirksamkeit oder Umfang Zweifel vorhanden sein können. Im übrigen gelten die Regeln § 307 Rn 14 ff zum Verfahren zum Anerkenntnisurteil und zu seiner Mitteilung. Wegen des Teilanerkenntnisses Rn 112. Wer sich als Bekl auf § 93 beruft, muß dessen Voraussetzungen darlegen und beweisen, Ffm RR **96**, 62. 115

8) Rechtsmittel. Vgl zunächst § 307 Rn 19. Die Kostenentscheidung im Anerkenntnisurteil ist nach § 99 nur eingeschränkt angreifbar, BGH RR **08**, 664. § 574 ist in diesen Grenzen anwendbar, BGH FamRZ **04**, 1021. 116

93a

Fassung 1. 9. 2009: (aufgehoben. Abdruck und Kommentierung dieser Altvorschrift im Ergänzungsband zur 67. Aufl 2009)

93b

Kosten bei Räumungsklagen. [I 1] **Wird einer Klage auf Räumung von Wohnraum mit Rücksicht darauf stattgegeben, dass ein Verlangen des Beklagten auf Fortsetzung des Mietverhältnisses auf Grund der §§ 574 bis 574 b des Bürgerlichen Gesetzbuchs wegen der berechtigten Interessen des Klägers nicht gerechtfertigt ist, so kann das Gericht die Kosten ganz oder teilweise dem Kläger auferlegen, wenn der Beklagte die Fortsetzung des Mietverhältnisses unter Angabe von Gründen verlangt hatte und der Kläger aus Gründen obsiegt, die erst nachträglich entstanden sind (§ 574 Abs. 3 des Bürgerlichen Gesetzbuchs).** [2] **Dies gilt in einem Rechtsstreit wegen Fortsetzung des Mietverhältnisses bei Abweisung der Klage entsprechend.**

[II 1] **Wird eine Klage auf Räumung von Wohnraum mit Rücksicht darauf abgewiesen, dass auf Verlangen des Beklagten die Fortsetzung des Mietverhältnisses auf Grund der §§ 574 bis 574 b des Bürgerlichen Gesetzbuchs bestimmt wird, so kann das Gericht die Kosten ganz oder teilweise dem Beklagten auferlegen, wenn er auf Verlangen des Klägers nicht unverzüglich über die Gründe des Widerspruchs Auskunft erteilt hat.** [2] **Dies gilt in einem Rechtsstreit wegen Fortsetzung des Mietverhältnisses entsprechend, wenn der Klage stattgegeben wird.**

[III] **Erkennt der Beklagte den Anspruch auf Räumung von Wohnraum sofort an, wird ihm jedoch eine Räumungsfrist bewilligt, so kann das Gericht die Kosten ganz oder teilweise dem Kläger auferlegen, wenn der Beklagte bereits vor Erhebung der Klage unter Angabe von Gründen die Fortsetzung des Mietverhältnisses oder eine den Umständen nach angemessene Räumungsfrist vom Kläger vergeblich begehrt hatte.**

Gliederung

1 **1) Systematik, I–III.** Die Vorschrift enthält für ihren Geltungsbereich eine vorrangige, gegenüber §§ 91 ff, 94 ff grundsätzlich eng auslegbare Sonderregelung. Sie ähnelt § 721, Köln WoM **97**, 336. Soweit sie unanwendbar ist, bleiben die genannten Vorschriften beachtlich. Zum Geltungsbereich Rn 3.

2 **2) Regelungszweck, I–III.** Die Befugnisse des Gerichts nach § 93 b zu einer Abweichung von dem Grundsatz nach § 91 Rn 19, daß der Unterliegende die Kosten trägt, sind eine Folge des Umstands, daß §§ 574–574 b BGB aus sozialen Erwägungen ihrerseits Abweichungen von den eigentlich geltenden sachlichrechtlichen Folgen einer Vermieterkündigung darstellen. Soziale Gründe, die eine Fortsetzung des Mietverhältnisses trotz einer eigentlich berechtigten Vermieterkündigung rechtfertigen, müssen auch entsprechend im Kostenrecht Beachtung finden, damit die Kostengerechtigkeit erhalten bleibt. Geht der Mieter in seinem Fortsetzungsverlangen zu weit, erfordert dieselbe Kostengerechtigkeit eine entsprechende Besserstellung des Vermieters.

In beiden Fällen spielt das *vorprozessuale* wie prozessuale Verhalten der Beteiligten dabei eine erhebliche Rolle. Man sollte aber weder dem Mieter noch dem Vermieter insofern allzu viel zumuten. Zwar kann auch die schlichte unjuristische Darlegung von einfachen Umständen und Tatsachen ausreichen, dem Vertragspartner die eigene Lage verständlich zu machen. Das bürgerliche Recht ist aber in der Systematik der Folgen solcher Umstände schon so kompliziert, daß selbst der Mietrechtsspezialist aufpassen muß. Der Bürger ist oft glatt überfordert und bringt einfach nicht mehr diejenige Gewissenhaftigkeit auf, die das Gesetz in schöner, nahezu blauäugiger Selbstverständlichkeit schlicht erwartet. Das darf man bei der Auslegung auch der prozessualen Kostenfragen des § 93 b nicht übersehen. Deshalb sollte man auch keineswegs von einer Kostenstrafe sprechen, aM AG Hbg WoM **93**, 549 (aber warum muß eigentlich immer der Mieter besser wegkommen?).

3 **3) Geltungsbereich, I–III.** I–III gelten in den *neuen Bundesländern* entsprechend, Art 232 § 2 VI 2 EGBGB. Allgemein gilt:

A. Nur bei Räumung von Miet-Wohnraum. Wegen der Notwendigkeit, die Vorschrift wegen ihres Ausnahmecharakters nach Rn 1 eng auszulegen, gilt sie nur im Bereich der Räumung eines zur Miete bezogenen Wohnraums. Sie ist also auf andere Arten von Räumlichkeiten und auf andere Nutzungsverhältnisse über einen Wohnraum oder anderen Raum unanwendbar.

4 **B. Beispiele zur Frage des Geltungsbereichs**

Anderer Anspruch: § 93 b ist auf einen anderen als den Räumungsanspruch aus einem Mietverhältnis oder Pachtverhältnis über Wohnraum *unanwendbar.* Das gilt selbst dann, wenn der Kläger diesen anderen Anspruch mit einem der in I–III genannten Ansprüche verbindet. Auf die erstere Forderung sind §§ 91 ff, 94 ff anwendbar. Das ändert freilich nichts an der Notwendigkeit einer einheitlichen Kostenentscheidung, soweit möglich. Das Gericht muß sie eben nur in ihren verschiedenen Bestandteilen aus unterschiedlichen Vorschriften begründen.

S auch Rn 9 „Geschäftsraum“, Rn 13.

Anspruchshäufung: S „Anderer Anspruch“.

Anerkenntnis: Man muß ein Anerkenntnis des Mieters wegen des Räumungsanspruchs zunächst nach § 93 b und nur dann, wenn diese Vorschrift nicht eingreift, nach § 93 beurteilen. Wegen der Einzelheiten Rn 36.

S auch „Auszug“.

Auszug: Man muß den ohne ein Anerkenntnis des Räumungsanspruchs einfach ausziehenden Mieter allein nach *§ 91 a* beurteilen. Er hat ja nicht vergeblich die Fortsetzung des Mietverhältnisses begehrt.

5 **Beschlußverfahren:** Ein im Erkenntnisverfahren übergangener, nach § 721 I 3 in Verbindung mit § 321 nachgeholter Anspruch auf die Gewährung einer Räumungsfrist soll auch die bisherige Kostenentscheidung ändern, und zwar nun unter einer Berücksichtigung von III, § 321 Rn 9. Eine erst nachträglich im Beschlußverfahren nach § 721 II–IV gewährte Räumungsfrist macht § 93 b ebenfalls anwendbar, § 721 Rn 11.

6 **Dienstwohnung:** § 93 b ist auch auf die Dienstwohnung anwendbar. Denn auch sie ist ein Wohnraum, § 576 BGB.

7 **Erledigung der Hauptsache:** Bei beiderseitigen wirksamen Erledigterklärungen zur Hauptsache auch nur wegen der Räumungsfrist muß das Gericht über die Kosten im Rahmen der Entscheidung nach § 91 a die Abwägungsgesichtspunkte nach I mitberücksichtigen. Es entscheidet aber *nicht direkt* nur nach dieser Vorschrift, LG Frankenth ZMR **91**, 303, LG Köln WoM **93**, LG Lübeck WoM **93**, 552.

8 **Fortsetzungsklage:** Rn 29, 34.

9 **Geschäftsraum:** Die Vorschrift ist anwendbar, soweit es sich zumindest auch um die Räumung eines gemieteten Wohnraums handelt. Das gilt selbst dann, wenn das Mietobjekt Wohn- und Geschäftsräume umfaßt. Die Regeln nach § 29 a Rn 2 ff zur örtlichen Zuständigkeit des Gerichts für Wohnraumprozesse entscheiden auch hier dazu, welchen Anteil der Geschäftsraum am Gesamtobjekt haben darf. Sie sind zwar nicht unmittelbar, wohl aber entsprechend anwendbar. Denn die kostengerechte Entscheidung nach § 93 b ist am ehesten dem nach § 29 a ausschließlich zuständigen Gericht möglich. Man kann III auch zwischen dem Hauptvermieter von Geschäftsraum und dem diesen als Wohnung nutzenden Untermieter anwenden, Köln MietR **97**, 247.

Gewerberaum: S „Geschäftsraum“.

Gestaltungsurteil: II erfaßt den typischen Fall eines Gestaltungsurteils eben auf eine Fortsetzung des Mietverhältnisses.

Herausgabe: § 93 b ist *unanwendbar,* soweit der Räumungsanspruch nicht auf Grund eines wenn auch inzwischen angeblich beendeten Mietverhältnisses bestehen soll, sondern nur zB auf Grund von §§ 985 ff BGB. Insofern gelten §§ 91 ff, 94. Sofern dagegen der Kläger die Räumung sowohl auf Grund eines früheren Mietverhältnisses als auch nach §§ 985 ff BGB fordert, kommt es auf die Entscheidungsgrundlage des Räumungsurteils an: Soweit das Gericht sie auf das Mietverhältnis stützt, ist § 93 b anwendbar. Das gilt auch, soweit das Gericht dem Räumungsanspruch hilfsweise nach §§ 985 ff BGB stattgibt. Soweit dagegen der Kläger nur nach den letzteren Vorschriften Erfolg hat, bleibt § 93 b unanwendbar. Soweit die Klage unter beiden Gesichtspunkten erfolglos bleibt, kann II anwendbar sein. 10

Künftige Räumung: § 93 b ist auch auf eine Klage auf künftige Räumung unter den sonstigen Voraussetzungen anwendbar, § 259 Rn 5. 11

Mietzahlungsanspruch: Rn 4 „Anderer Anspruch". 12

Pacht: Die Vorschrift gilt trotz der Notwendigkeit einer engen Auslegung nach Rn 1, 3 vernünftigerweise beim Pacht- oder Unterpachtverhältnis ebenso wie beim Miet- oder Untermietverhältnis. 13

Räumung ohne Frist: Rn 4 „Auszug". 14

Rechtzeitigkeit des Widerspruchs: § 93 b ist *unanwendbar,* soweit der Vermieter seine Einwilligung zur Fortsetzung des Mietverhältnisses verweigern kann, weil der Mieter nicht rechtzeitig nach § 574 b II 1 BGB widersprochen hatte. Denn der Mieter würde durch sein Verhalten den Regelungszweck nach Rn 2 vereiteln.

Untermiete, Unterpacht: Trotz der Notwendigkeit der grds engen Auslegung nach Rn 1, 3 gilt die Vorschrift vernünftigerweise im Untermiet- oder Unterpachtverhältnis ebenso wie im Hauptmiet- oder Hauptpachtverhältnis. Der Begriff „Mietverhältnis" umfaßt alle diese Arten. 15

Verfrühte Klage: § 93 b ist anwendbar, wenn der Vermieter ohne eine vorherige Kündigung usw sofort auf eine Räumung geklagt hat, so daß der Mieter vor dem Erhalt der Klageschrift gar keine Möglichkeit hatte, die Angabe von Kündigungsgründen zu fordern und/oder ein Fortsetzungsverlangen zu stellen.

Versäumnisurteil: Es kommt darauf an, ob der Säumige die nach § 93 b erforderlichen Handlungen vor dem Eintritt der Säumnis wirksam vorgenommen hatte. Nur dann ist § 93 b anwendbar. Auf das unechte Versäumnisurteil nach § 331 II Hs 2 ist § 93 b wie sonst anwendbar. Die vorstehenden Regeln gelten bei einer Klage wie bei einer Widerklage.

Vorübergehende Überlassung von Wohnraum: Soweit der Vermieter den Wohnraum nach §§ 549 II Z 1, 2, 574 III BGB nur zur vorübergehenden Nutzung überlassen hat, sind die in § 93 b genannten anderen Teile des § 574 III BGB *unanwendbar* und ist daher § 93 b insgesamt unanwendbar.

Werkmietwohnung: Rn 6. 16

Widerklage: § 93 b ist auch anwendbar, soweit es um eine Widerklage geht.

Wiederholtes Fortsetzungsverlangen: § 93 b ist anwendbar, soweit es sich um ein wiederholtes Fortsetzungsverlangen des Mieters handelt. § 574 c BGB ist anwendbar, soweit die übrigen Voraussetzungen vorliegen.

Wohnungseitentum: § 93 b ist im WEG-Verfahren anwendbar.

Zurücknahme des Fortsetzungsantrags: § 93 b ist *unanwendbar,* soweit der Kläger die Klage auf eine Räumung oder auf die Fortsetzung des Mietverhältnisses zurücknimmt. Denn durch eine Klagerücknahme entsteht kraft Gesetzes ohne die Notwendigkeit einer Kostengrundentscheidung grds bereits die Kostenfolge des § 269 III 2. Demgegenüber erfordert § 93 b ja erst eine Abwägung und auf ihrer Grundlage eine Kostengrundentscheidung. 17

4) Gemeinsame Begriffe, I–III. In allen Teilen der Vorschrift treten die folgenden gemeinsamen Begriffe auf. 18

A. Räumung von Wohnraum. Es muß um die „Räumung von Wohnraum" gehen, und zwar von solchem, den der Benutzer zur Hauptmiete, Untermiete, Pacht oder Unterpacht innehatte, also nicht nur von solchem, den er ohne jeden Rechtsgrund innehatte, §§ 985 ff BGB, Rn 10. Auch eine erst künftige Räumung kann ausreichen. Die Verbindung von Wohn- und Geschäfts- oder Gewerberaum ist unerheblich, solange der Wohnraum nicht eine völlig untergeordnete Bedeutung hat. Eine Dienst- oder Werkwohnung reicht aus. Eine bloß vorübergehende Nutzung reicht nicht aus. Vgl bei den einzelnen Stichworten in Rn 4 ff.

B. Verlangen, Begehren des Beklagten auf Fortsetzung des Mietverhältnisses. Bei einer Klage auf eine Räumung des Wohnraums muß der Bekl verlangt haben, das Mietverhältnis nach §§ 574–574 c BGB fortzusetzen. Diese Anforderung gilt allerdings nicht bei III. Das „Verlangen" und „Begehren" ist eine Willenserklärung. Man muß sie im Prozeß als eine Parteiprozeßhandlung beurteilen, Grdz 47 vor § 128. Über den zulässigen Zeitraum vgl bei den nachfolgenden Anm. Das Hinzutreten weiterer Erklärungen ist unschädlich, soweit eben das Fortsetzungsverlangen als solches eindeutig ist. Im Zweifel muß man durch eine Auslegung nach Grdz 52 vor § 128 klären, ob schon und noch ein solches Fortsetzungsverlangen vorliegt. Eine Bedingung kann, muß aber nicht schädlich sein. Man muß einen „Widerspruch gegen die Kündigung" zwar nach §§ 574 I 1, 574 b I 1 BGB von dem „Fortsetzungsverlangen" an sich unterscheiden. In der Praxis fallen aber zumindest die Zielrichtungen der einen wie der anderen Erklärung zusammen. Daher reicht auch ein „Widerspruch gegen die Kündigung" meist aus. Indessen kommt es auch hier auf die Gesamtauslegung an. Es ist ja unerheblich, ob der Mieter die Rechtsgrundlage seines Begehrens kennt und nennt. 19

C. Angabe von Gründen. Der Mieter muß die Fortsetzung des Mietverhältnisses „unter Angabe von Gründen" verlangt haben, § 574 b I 2 BGB. Das bedeutet nur: Er muß Tatsachen genannt oder in Bezug genommen haben, die nach seiner erkennbaren Ansicht ein Fortsetzungsverlangen rechtfertigen können. Eine bloße Verweisung auf § 574 b BGB reicht also nicht. Es ist an dieser Stelle noch nicht erforderlich, daß die Gründe auch objektiv aus der Sicht des Gerichts ausreichten. Es genügt also eine Substantiierung. Ihre Schlüssigkeit ist nicht erforderlich. Entsprechend dem Regelungszweck nach Rn 2 darf man die Anforderungen an das Vorliegen einer Begründung nicht überspannen. Die Vorschrift dient der Kostengerechtigkeit 20 gerade bei sozialen Härten und Unbilligkeiten, oft also bei solchen Verhältnissen, die ohnehin keine hohen Anforderungen an eine Schreib- und Redegewandtheit zulassen. Nur beim völligen Fehlen irgendeiner Grundangabe oder bei solchen Darlegungen, die schon aus der Sicht des Mieters offensichtlich völlig unsinnig oder abwegig sind, liegt keine „Angabe von Gründen" vor.

21 **D. Ermessen.** Das Wort „kann" stellt wie so oft nicht etwa nur in die Zuständigkeit, sondern in das pflichtgemäße Ermessen des Gerichts. Es darf und muß eine Gesamtabwägung der Umstände innerhalb des von der Vorschrift jeweils genannten Rahmens vornehmen, LG Arnsberg WoM **95**, 322. Solange seine Begründung noch irgendwie sachlich vertretbar ist, bleibt es im Rahmen seines pflichtgemäßen Ermessens. Das Gericht hat allerdings nicht einen so weiten Spielraum wie bei einem „billigen" Ermessen, etwa bei § 91 a. Das Ermessen muß immerhin erkennen lassen, daß das Gericht sich um eine Kostengerechtigkeit bemüht.

22 **E. Auferlegung der Kosten ganz oder teilweise.** Das Gericht kann im Rahmen seines pflichtgemäßen Ermessens nach Rn 21 der jeweiligen Partei die gesamten Prozeßkosten „ganz oder teilweise" auferlegen, LG Kaisersl WoM **90**, 446. Das ist im Kern die Übernahme der in § 92 I Hs 2, II genannten Möglichkeiten, § 92 Rn 27, 44. Es kommen also eine Kostenteilung nach Bruchteilen oder Prozenten in Betracht, aber auch eine solche nach Summe und Rest oder nach anderen Gesichtspunkten. Die Kostenentscheidung muß stets möglichst einfach und klar sein. Das Gericht darf bei I–III das vorprozessuale und prozessuale Verhalten der Beteiligten mitberücksichtigen, auch die bisherigen Erfolgsaussichten.

23 **5) Räumungsurteil ohne Räumungsfrist, I 1.** Die Vorschrift erfaßt den Erfolg der Klage auf eine Räumung von Wohnraum, ohne daß das Gericht eine Räumungsfrist zubilligt. Es müssen die folgenden Voraussetzungen zusammentreffen.

A. Fortsetzungsverlangen. Die Räumungsklage muß erfolgreich geworden sein, obwohl der Bekl die Fortsetzung des Mietverhältnisses auf Grund der §§ 574–574 c BGB gefordert hatte, Rn 19. Das Fortsetzungsverlangen muß innerhalb der in § 574 b II 1, 576 a II BGB genannten Fristen dem Vermieter zugegangen sein, § 130 BGB. Es kommt also zunächst darauf an, ob der Vermieter rechtzeitig vor dem Ablauf der Widerspruchsfrist den Hinweis nach § 574 b II 2 BGB erteilt hatte, daß der Mieter die Möglichkeit des Widerspruchs und des Fortsetzungsverlangens nach § 574 BGB habe und daß er das in Schriftform und spätestens 2 Monate vor der Beendigung des Mietverhältnisses tun müsse. Hatte der Vermieter diese Belehrung nicht erteilt, reicht die Erklärung des Mieters noch im ersten Termin des Räumungsrechtsstreits. Das Gericht muß den Mieter auf die etwaige Möglichkeit hinweisen, den Widerspruch noch im ersten Termin zu erklären, § 139.

24 **B. Begründung des Fortsetzungsverlangens.** Der Mieter muß sein Fortsetzungsverlangen auch mit Gründen versehen haben, Rn 20.

25 **C. Überwiegen berechtigter Klägerinteressen.** Das Gericht muß zu dem Ergebnis gekommen sein, daß das Fortsetzungsverlangen im Ergebnis nicht gerechtfertigt ist. Es muß zwar schlüssig gewesen sein. Es muß sich aber eben als unbegründet herausgestellt haben, weil die in § 574 I 1 BGB genannte Abwägung der Verhältnisse beider Parteien zu dem Ergebnis führte, daß keine derartige Härte für den Mieter vorliegt, daß er wohnen bleiben dürfte, sei es für eine sogleich zu bestimmende, sei es für eine zunächst unbestimmte Zeit.

26 **D. Abwägung.** Bei der Interessenabwägung muß das Gericht also §§ 574 I, 575 a II BGB mitbeachten. Die Interessen des Vermieters müssen im Ergebnis überwiegen. Das Fortsetzungsverlangen darf also nicht nur deshalb zurückzuweisen sein, weil der Mieter die Frist zur Mitteilung seiner Fortsetzungsgründe versäumt hatte oder weil sie für sich allein betrachtet nicht ausreichten, § 574 I 2 BGB. Das Gericht darf eine bloße Bezugnahme auf § 574 BGB aber wegen der Notwendigkeit einer großzügigen Auslegung des Fortsetzungsbegehrens nach Rn 24 nicht als eine Versäumung der Grundangabe beurteilen. Bei der Interessenabwägung muß das Gericht das Gesamtverhalten jeder Partei angemessen berücksichtigen. Das gilt zB für die Frage, ob der Vermieter dem Mieter auf dessen Verlangen auch vor der Einlegung von dessen Widerspruch schon die Kündigungsgründe bekanntgegeben hatte. Es muß sich sowohl bei dem Kläger als auch bei dem Bekl um die subjektiv wahrhaftigen und vollständigen Gründe handeln, also um geeignete, bestimmte Tatsachen. Der Mieter muß seine Gründe auch unabhängig von einem Verlangen des Vermieters nach § 574 b I 2 BGB genannt haben.

27 **E. Sieg des Klägers wegen erst nachträglich entstandener Gründe.** Soweit die Voraussetzungen Rn 23–26 vorliegen, müssen die bei der Abwägung zugunsten des Klägers ausschlagenden Gründe erst nach § 574 III BGB nachträglich entstanden sein. Sie dürfen also erst nach dem Kündigungsschreiben entstanden sein. Es kommt trotz der Zugangsbedürftigkeit einer Kündigung nicht auf den Zeitpunkt dieses Zugangs an, sondern auf den Zeitpunkt der Absendung. Denn von diesem Augenblick an hatte der klagende Vermieter keine Möglichkeit mehr, die Gründe bereits in dem Kündigungsschreiben nach § 574 III BGB „anzugeben". Z 1 erfordert, daß die schließlich zum Sieg des Klägers führenden Gründe erst nachträglich objektiv entstanden sind.

Beispiel: Der Eigenbedarf ergibt sich erst nach der Absendung der Kündigung. Der Vermieter konnte ihn daher nicht schon in ihr zumindest auch anführen.

28 **6) Abweisung der Klage auf Fortsetzung des Mietverhältnisses, I 2.** Die Regeln I 1 gelten ebenso „in einem Rechtsstreit wegen Fortsetzung des Mietverhältnisses" nach §§ 574–574 c BGB entsprechend, soweit das Gericht diese Gestaltungsklage des Mieters abweist. Auch dann muß also der siegende Vermieter als Bekl die Kosten ganz oder teilweise tragen, wenn der unterliegende Mieter zwar im Ergebnis keine überwiegenden Gründe für sein Fortsetzungsbegehren hatte, wenn aber die für den Räumungsanspruch maßgebenden Gründe des Vermieters objektiv erst entstanden waren, nachdem der Vermieter die Kündigung abgesandt hatte, oder wenn der Vermieter dem Mieter nicht unverzüglich seine berechtigten und im Ergebnis überwiegenden Gründe für den Räumungsanspruch vor der Erhebung der Gestaltungsklage des Mieters auf eine Fortsetzung bekanntgegeben hatte.

7) Abweisung der Räumungsklage, II 1. Die Vorschrift betrifft eine Klage auf die Räumung von 29
Wohnraum, Rn 18. Das Gericht kann den Bekl ganz oder teilweise mit Kosten belasten, soweit das Gericht die Räumungsklage im Ergebnis aus den folgenden Gründen abweist.

A. Fortsetzungsverlangen. Der Bekl muß rechtzeitig und in wirksamer Weise die Fortsetzung des 30
Mietverhältnisses verlangt haben, Rn 19. Das Fortsetzungsverlangen muß also schriftlich erfolgt sein, § 574 b I 2 BGB.

B. Fortsetzungsbestimmung. Das Fortsetzungsverlangen nach Rn 30 muß auch im Ergebnis einen 31
Erfolg gehabt haben. Das Gericht muß die Räumungsklage gerade dergestalt abgewiesen haben, daß es über die Fortsetzung des Mietverhältnisses und über deren Dauer sowie über die Fortsetzungsbedingungen „durch Urteil bestimmt“ hat, § 574 a II 1 BGB, evtl auch dahin, daß das Mietverhältnis „auf unbestimmte Zeit fortgesetzt“ werde, § 574 a II 2 BGB. Es muß also ein Urteil nach § 308 a I erfolgt sein. Es reicht aus, daß das Gericht diesen Ausspruch entweder nach § 319 oder nach § 321 nachholen kann und nachholt. Soweit das Gericht einen Fortsetzungsausspruch nicht vornehmen wollte und nicht vorgenommen hat, aus welchen Gründen auch immer, ist II unanwendbar.

C. Auskunftsverlangen. Der auf Räumung klagende Vermieter muß den Mieter aufgefordert haben, 32
über die Gründe seines Widerspruchs gegen die Kündigung und natürlich über die Gründe seines Fortsetzungsverlangens eine „Auskunft“ zu erteilen. Es muß also zunächst ein „Verlangen“ vorliegen, Rn 19, hier freilich nicht des Bekl, sondern des Klägers. Er muß die Auskunft nach der Sollvorschrift des § 574 b I 2 BGB erbeten haben. Die Auskunft braucht nicht schriftlich erfolgt zu sein. Nur der eigentliche Widerspruch nebst dem Fortsetzungsverlangen brauchte nach § 574 b I 1 BGB die Schriftform, nicht die zusätzliche Begründung. Eine Auskunft hat auch dann vorgelegen, wenn sie objektiv unvollständig war. Es reicht aus, daß der Mieter überhaupt „Gründe angegeben“ hat, Rn 20.

D. Keine Auskunft. Es muß hinzukommen, daß der die Fortsetzung erbittende Bekl ein nach Rn 32 33
ausreichendes Auskunftsverlangen des Klägers nicht nach § 121 I 1 BGB unverzüglich erfüllt hat, soeben nur schuldhaft zögernd. Dem schuldhaften Zögern steht natürlich das völlige Ausbleiben der erbetenen Auskunft bis zur Entscheidungsreife über die Räumungsklage nach § 300 Rn 6 gleich.

8) Erfolg der Fortsetzungsklage, II 2. Soweit das Gericht einer Gestaltungsklage des auf Räumung 34
verklagten Mieters auf eine Fortsetzung des Mietverhältnisses auf eine bestimmte oder unbestimmte Zeit nach Rn 31 stattgibt, kann es zu einer teilweisen oder gänzlichen Kostenlast des siegenden Mieters kommen, wenn die entsprechend anwendbaren Voraussetzungen Rn 30–33 zusammentreffen. Die Vorschrift stellt ein Gegenstück zu I 2 dar. Es müssen also die zugunsten des Mieters sprechenden Gründe überwogen haben. Der im Gestaltungsprozeß beklagte Vermieter muß den Mieter aufgefordert haben, über diejenigen Gründe eine Auskunft zu geben, aus denen nach der Auffassung des Mieters eine Fortsetzung des Mietverhältnisses in Betracht kam. Der Mieter muß mit der Mitteilung dieser Erwägungen schuldhaft gezögert haben, Rn 33.

9) Räumungsfrist, III. Während I, II das Zusammentreffen einer Räumungsklage mit einem Verlangen 35
des Mieters nach einer Fortsetzung des Mietverhältnisses behandeln, erfaßt III den Fall, daß der Bekl den Räumungsanspruch anerkennt und nur eine Räumungsfrist ohne eine echte Fortsetzung des Mietverhältnisses erhält, sei es auch nach seiner eigenen Kündigung, LG Freibg WoM **97**, 716, AG Kassel WoM **93**, 541. Dann hängt eine teilweise oder gänzliche Kostenlast des Klägers vom Zusammentreffen der folgenden Voraussetzungen ab, LG Karlsr ZMR **97**, 303, Harsch WoM **95**, 246 (Üb).

A. Sofortiges Anerkenntnis des Räumungsanspruchs. Der Bekl muß den Räumungsanspruch „so- 36
fort anerkennen“, AG Reutlingen WoM **89**, 430. Es muß also gerade um den Anspruch auf eine Räumung von Wohnraum gehen, Rn 18. Es muß ein wirksames Anerkenntnis gerade dieses Anspruchs vorliegen, § 93 Rn 86. Dieses Anerkenntnis muß auch sofort erfolgen, § 93 Rn 88. Es reicht also im Verfahren ohne eine mündliche Verhandlung aus, daß das Anerkenntnis im ersten Schriftsatz des Bekl erfolgt. Beim bloßen schriftlichen Vorverfahren darf er nicht zuvor eine gesonderte Verteidigungsanzeige erstattet haben, Kblz WoM **04**, 621 links, LG Lüb **93**, 552, LG Regensb WoM **93**, 552, aM LG Köln (6. ZK) WoM **93**, 553 und (10. ZK) WoM **96**, 567, LG Stgt WoM **04**, 620, AG Hann WoM **93**, 551 (vgl aber § 93 Rn 97).

Meldet sich der Bekl erstmals mit einem *Einspruch* oder *Widerspruch*, reicht das dort erklärte Anerkenntnis aus, LG Kiel WoM **93**, 550, LG Köln NZM **98**, 663. Im Verfahren mit einer mündlichen Verhandlung reicht es aus, daß der Bekl vor der Stellung des angekündigten oder nicht angekündigten sonstigen Sachantrags nach § 137 I in der ersten streitigen mündlichen Verhandlung vor dem endgültig zuständigen Gericht anerkennt, in der er diejenigen Tatsachen kennen kann, die den Räumunganspruch objektiv begründen, LG Kblz WoM **89**, 429. Unter diesen Voraussetzungen ist es unschädlich, wenn der Bekl einen Anlaß zur Klage gegeben hatte, LG Freib WoM **93**, 553, ob er zB vor dem maßgeblichen Zeitpunkt der Kündigung widersprochen und/oder eine Fortsetzung des Mietverhältnisses verlangt hatte.

Wenn der Vermieter auf eine Räumung geklagt hatte, ohne einen *Einigungsversuch* unternommen zu 37
haben, und wenn der Mieter nun den Räumungsanspruch sofort uneingeschränkt anerkennt, ist III anwendbar.

Ein Anerkenntnis *vor der Fälligkeit* ist immer sofortig, LG Regensb WoM **93**, 545. Soweit der Räumungs- 38
anspruch erst zugleich mit der Klagerhebung nach § 253 eintritt, weil der Vermieter erst in der Klageschrift kündigt, Grdz 61 vor § 128, kann III entsprechend anwendbar sein. Soweit der Räumunganspruch erst während des Prozesses nach dem Eintritt der Rechtshängigkeit nach § 261 Rn 1 entsteht, reicht das Anerkenntnis im folgenden Schriftsatz oder in der folgenden Verhandlung, LG Karlsr WoM **93**, 461 (evtl sogar erst in der Berufungsinstanz), LG Köln WoM **93**, 542. Der Räumungsanspruch muß auch objektiv begründet gewesen sein, LG Köln WoM **76**, 185. Nach einer Umstellung der Begründung des Räumungsantrags zB von einer fristlosen auf eine ordentliche Kündigung reicht ein nunmehr sofortiges Anerkenntnis aus.

B. Bewilligung einer Räumungsfrist. Das Gericht muß dem sofort anerkennenden Bekl eine „Räu- 39
mungsfrist bewilligt“ haben, AG Reutlingen WoM **89**, 430. Das muß an sich bereits im Räumungsurteil

nach § 721 I 1, 2 geschehen sein. Die Bewilligung der Räumungsfrist braucht nicht auf Grund eines besonderen Antrags erfolgt zu sein. Denn das Gericht muß über die Bewilligung einer Räumungsfrist zwar auf einen Antrag entscheiden, aber auch von Amts wegen, § 721 I 1. Soweit der Mieter allerdings einen Antrag stellt, muß das bis zum Schluß der letzten mündlichen Verhandlung nach §§ 136 IV, 296a geschehen, § 721 I 2, es sei denn, daß das Gericht auf eine künftige Räumung erkennt und über eine Räumungsfrist bisher noch nicht entschieden hat. In diesem letzteren Fall ist der Antrag noch bis 2 Wochen vor demjenigen Tag statthaft, an dem der Bekl nach dem Urteil räumen muß, § 721 II 1. Wegen der Wiedereinsetzungsmöglichkeiten §§ 721 II 2. Soweit das Gericht einen vor dem Schluß der mündlichen Verhandlung gestellten Antrag übergangen hatte, reicht freilich die Nachholung der Bewilligung nach § 321, § 721 I 3, § 321 Rn 12. Natürlich reicht auch eine Berichtigung nach § 319. Die bewilligte Räumungsfrist braucht nicht mit der etwa beantragten übereinzustimmen. Eine zu Unrecht versagte Bewilligung reicht nicht, aM LG BadBad WoM **07**, 75.

40 **C. Nachträgliche Bewilligung.** Eine erst nachträglich im Beschlußverfahren nach § 721 II–IV gewährte Räumungsfrist macht § 93b III ebenfalls anwendbar, § 721 Rn 11. Das gilt auch dann, wenn der Kläger sich auf § 573 II BGB gestützt hat. Die Bewilligung muß allerdings insgesamt eindeutig gerade auf die Gewährung einer Räumungsfrist gehen, LG Mannh WoM **89**, 32. Die Bewilligung nur eines Vollstreckungsschutzes reicht also nicht. Das gilt selbst dann, wenn das Prozeßgericht sie vorgenommen haben sollte.

41 **D. Vorprozessuales Begehren des Beklagten.** Der Bekl muß „bereits vor Erhebung der Klage" vom Kläger entweder die Fortsetzung des Mietverhältnisses oder eine Räumungsfrist begehrt gehabt haben, LG Köln NZM **98**, 663. Ausreichend ist meist ein „Kündigungswiderspruch", LG Köln WoM **98**, 499. Auch das Begehren einer zusätzlichen Frist reicht aus, LG Köln WoM **93**, 544, LG Tüb WoM **93**, 545, AG Lörrach WoM **93**, 543. Nicht ausreichend ist aber das Begehren einer dritten oder weiteren Frist, LG Stgt WoM **93**, 544. Das Begehren einer Fortsetzung ist als solches kein Begehren einer Räumungsfrist, LG Kiel WoM **93**, 550, LG Stgt WoM **93**, 550, aM Harsch WoM **95**, 247. Auch eine bloße Bitte um Nachsicht reicht nicht. Zum „Begehren" Rn 19. Eine vage Andeutung von Ersatzraummöglichkeiten kann kaum als das Begehren einer Räumungsfrist auslegbar sein, AG Münst WoM **93**, 550. Man muß die Klagerhebung nach § 253 I beurteilen. Der Mieter muß seinem Begehren die Angabe von Gründen beigefügt haben, Rn 20. Ein nach § 574b II 1, 2 BGB verspäteter Widerspruch läßt sich evtl in einen Antrag auf eine Räumungsfrist umdeuten.

42 **E. Angemessenheit der begehrten Räumungsfrist.** Falls der Bekl vor der Klagerhebung zwar nicht die Fortsetzung des Mietverhältnisses begehrt hatte, wohl aber eine Räumungsfrist, muß die verlangte Frist grundsätzlich (Ausnahme bei Rn 44) objektiv „angemessen" gewesen sein. Sie darf also nicht unangemessen lang gewesen sein, LG Heidelb WoM **82**, 302, LG Regensb WoM **93**, 545, AG Köln WoM **93**, 546. Diejenige Frist, die das Gericht dann aber schließlich zugebilligt hat, braucht nicht ebenso lang wie die vom Bekl begehrte gewesen zu sein, strenger AG Recklingh WoM **93**, 546. Der Vermieter brauchte keine Nachfrist zu gewähren, LG Stgt WoM **93**, 544.

43 **F. Angaben des Beklagten.** Der Bekl braucht auch keinen bestimmten Auszugstermin genannt zu haben, LG Stgt WoM **93**, 544, aM LG Frankenth WoM **93**, 547, AG Recklingh WoM **93**, 545 (aber so genau kann man sich als Räumungsschuldner oft erst kurz vor dem tatsächlichen Auszug festlegen). Er muß freilich die nach seiner Meinung angemessene Frist einigermaßen sicher umschrieben haben, LG Frankenth WoM **93**, 547, AG Freibg/Br WoM **94**, 551, AG Langenfeld WoM **93**, 459, aM LG Heilbr NZM **98**, 329 (es setzt voraus, daß der Bekl eine bestimmte Frist genannt hatte. Er kann aber zB dann, wenn er in eine noch im Bau befindliche Wohnung umziehen wollte, eine solche Frist nicht immer im voraus bestimmt genannt haben usw, AG Lörrach WoM **93**, 543, strenger LG Mannh DWW **76**, 89, ThP 14, ZöHe 8). Jedenfalls ist eine Bitte um eine erneute kurze Frist wegen eines Umzugs unschädlich.

44 **G. Vergeblichkeit des Begehrens des Beklagten.** Schließlich muß das Begehren des Bekl entweder um die Fortsetzung des Mietverhältnisses oder um eine angemessene Räumungsfrist nach Rn 42 auch „vergeblich" gewesen sein. Da der Bekl dieses Begehren ja bereits vor der Klagerhebung geäußert haben muß, muß also der Vermieter dieses Begehren auch bereits vor der Klagerhebung endgültig abgelehnt haben. Freilich muß der Mieter für den Fall einer Räumungsfrist zur Zahlung einer Nutzungsentschädigung bereit gewesen sein, LG Tüb WoM **90**, 218. Hat der Vermieter jede Räumungsfrist abgelehnt und sogleich eine Räumungsklage erhoben, mag es in einer Abweichung von Rn 42 unschädlich sein, daß die vom Mieter begehrte Frist objektiv zu lang war, LG Wuppert WoM **93**, 548. Eine Ablehnung kann auch stillschweigend erfolgt sein, etwa eben durch eine Klage auf eine künftige oder sofortige Räumung. Sie liegt auch dann vor, wenn der Vermieter die Räumungsfrist davon abhängig macht, daß der Mieter den Räumungsanspruch „in vollstreckbarer Form, notariell beurkundet, schriftlich anerkennt". Denn dergleichen wäre ein Verstoß gegen § 794 I Z 5, LG Mannh WoM **89**, 32.

45 **H. Entsprechende Anwendbarkeit.** III ist schließlich entsprechend anwendbar, wenn der Mieter schon eine Ersatzwohnung hat und daher keine Räumungsfrist mehr benötigt, LG Köln WoM **97**, 568, LG Mannh WoM **78**, 135.

46 **10) Verfahrensfragen, I–III.** Zuständig ist dasjenige Prozeßgericht, das über den Räumungsanspruch, das Fortsetzungsbegehren, die Räumungsfrist entscheiden muß. Eine Anhörung des Gegners zur bloßen Kostenfrage ist wie sonst erforderlich, also vor einer ihm nachteiligen Entscheidung, Artt 2 I, 20 III GG (Rpfl), BVerfG **101**, 404, Art 103 I GG (Richter). Das Gericht trifft seine Kostenentscheidung nach seinem pflichtgemäßen Ermessen, LG Frankenth WoM **93**, 547. Es beachtet dabei ein Verständnis des Vermieters für die Lage des Mieters, LG Köln WoM **93**, 460. Das geschieht im Räumungsurteil oder soweit zulässig bei dessen Berichtigung oder Ergänzung, §§ 319, 321. Die Kostenentscheidung wird ein Urteilsbestandteil. Sie ist nach Maßgabe des Urteilstenors vorläufig vollstreckbar.

47 **11) Rechtsmittel, I–III.** Die unterschiedlichen Ausgangslagen bedingen unterschiedliche Rechtsmittel.

A. Räumung, I, Abweisung der Räumungsklage, II. In beiden Fällen hat der Sieger der Hauptsache, also der Mieter, kein Rechtsmittel. Wegen § 99 I hat er daher auch wegen der Kosten kein Rechtsmittel. Der Verlierer der Hauptsache, also der Vermieter, kann unter den sonstigen Voraussetzungen Berufung einlegen und, soweit die Kostenentscheidung ihn ebenfalls beschwert, nach § 99 I ebenfalls Rechtsmittel einlegen.

B. Räumungsfrist, III. Gegen die Versagung einer Räumungsfrist kommt die sofortige Beschwerde des Mieters in Betracht, § 567 I Z 2. Gegen die Gewährung einer Räumungsfrist kommt die sofortige Beschwerde des Vermieters in Betracht, § 567 I Z 2. Gegen die bloße Bemessung der Räumungsfrist kommt die sofortige Beschwerde beider Parteien in Betracht, §§ 567 I Z 2. Sie muß sich aber jeweils auf die Frage der Versagung, Gewährung oder Bemessung beschränken, § 721 VI 1 Z 1. Es darf sich auch nicht um eine Räumungsfrist-Entscheidung des Berufungsgerichts handeln, § 721 VI 2. Soweit die Hauptsache durch eine auf Grund eines Anerkenntnisses ausgesprochene Verurteilung nach III erledigt ist, hat der Vermieter gegen die ihn belastende Kostenentscheidung die sofortige Beschwerde nach §§ 99 II 1, 567 I Z 1. Eine Rechtsbeschwerde kommt unter den Voraussetzungen des § 574 in Betracht. 48

93c

Fassung 1. 9. 2009: (aufgehoben. Abdruck und Kommentierung dieser Altvorschrift im Ergänzungsband zur 67. Aufl 2009)

93d

Fassung 1. 9. 2009: (aufgehoben. Abdruck und Kommentierung dieser Altvorschrift im Ergänzungsband zur 67. Aufl 2009)

94

Kosten bei übergegangenem Anspruch. **Macht der Kläger einen auf ihn übergegangenen Anspruch geltend, ohne dass er vor der Erhebung der Klage dem Beklagten den Übergang mitgeteilt und auf Verlangen nachgewiesen hat, so fallen ihm die Prozesskosten insoweit zur Last, als sie dadurch entstanden sind, dass der Beklagte durch die Unterlassung der Mitteilung oder des Nachweises veranlasst worden ist, den Anspruch zu bestreiten.**

Gliederung

1) Systematik. Die Vorschrift enthält eine gegenüber §§ 91–92, 95 ff grundsätzlich vorrangige und daher eng auslegbare Sonderregelung. Sie ergänzt § 93 für einen Prozeßabschnitt, in dem jene Vorschrift deshalb nicht anwendbar ist, weil jedenfalls kein sofortiges Anerkenntnis vorliegt. Soweit sich die Anwendungsbereiche von § 94 und § 96 überschneiden, geht § 94 wegen seiner zwingenden Kostenregelung vor. § 94 ist nicht etwa auf diejenigen Fälle anwendbar, in denen der bisherige Rechtsinhaber den Prozeß evtl nunmehr zugunsten des Rechtsnachfolgers selbst weiterführt und ein Urteil erwirkt, §§ 265, 325. Dann gelten vielmehr §§ 91 ff wie sonst. 1

2) Regelungszweck. Die Vorschrift ermöglicht eine sog Kostentrennung, Üb 3 vor § 91. Sie schützt den Schuldner solange, wie dieser von einem Übergang des sachlichrechtlichen Anspruchs des Gläubigers auf den jetzigen Kläger schuldlos keine Kenntnis hat und nur insofern scheinbar mit Recht die Sachbefugnis (Gläubigerschaft) des Klägers bestreitet. Soweit der Bekl den Anspruch ohnehin sofort anerkennt, ist kein besonderer Schutz nötig und ist § 94 unanwendbar, Rn 1. Soweit der Bekl den Anspruch aus anderen als den eben erwähnten Gründen weiter bestreitet, verdient er ebenfalls keinen Schutz und haftet nach §§ 91 ff. 2

Einen erst nach der *Klagerhebung* stattfindender Anspruchsübergang erfaßt natürlich der Regelungszweck nicht mit. Denn dieser Zweck setzt ja einen Schutz vor einer vermeidbaren Unterlassung durch den Kläger voraus. Das muß man bei der ja ohnehin ziemlich engen Auslegung dieser Spezialvorschrift mitbeachten.

3) Geltungsbereich. Vgl Üb 12, 13 vor § 91, § 91 Rn 4–14. 3

4 **4) Geltendmachung des übergegangenen Anspruchs.** Erste Voraussetzung ist, daß der Kläger „einen auf ihn übergegangenen Anspruch geltend macht“. Es müssen die folgenden Bedingungen zusammentreffen.

A. Jede Anspruchsart. Die Art des übergegangenen sachlichrechtlichen Anspruchs und sein Rechtsgrund sind unerheblich. Es kann sich um einen schuldrechtlichen, dinglichrechtlichen oder sonstigen Anspruch handeln. Er mag auf einem Vertrag beruhen, auf einem vertragsähnlichen Verhältnis, auf ungerechtfertigter Bereicherung, unerlaubter Handlung oder sonstwie auf dem Gesetz fußen.

5 **B. Jede Übergangart.** Es ist unerheblich, auf welche Weise der Anspruch auf den Kläger übergegangen ist. Es kann sich um einen Übergang kraft Gesetzes, kraft eines Rechtsgeschäfts oder in sonstiger Weise handeln.

Beispiele für einen gesetzlichen Übergang: Der Versicherungsträger macht nach Leistungen zugunsten eines bei ihm versicherten Verletzten deren Kosten nach §§ 823 ff in Verbindung mit dem SGB gegen den Täter geltend; die Sozialbehörde geht nach Sozialleistungen kraft Übergangs auf sie etwa nach dem SGB XII gegen den unterhaltspflichtigen Angehörigen vor; der gesetzliche Erbe klagt gegen den Schuldner des Erblassers.

Beispiele für *einen rechtsgeschäftlichen* Übergang: Es geht um einen abgetretenen Anspruch; es liegt eine Vermögensübernahme vor.

6 **C. Jeder Übergangszeitpunkt.** Der Zeitpunkt des Übergangs des Anspruchs auf den Kläger ist unerheblich. Der Übergang mag vor der Anhängigkeit, vor der Rechtshängigkeit nach § 261 Rn 1, vor dem Schluß der mündlichen Verhandlung nach §§ 136 IV, 296 a und sogar nach ihrem Schluß eingetreten sein, soweit im letzteren Fall das Gericht aus anderen Gründen wie zB wegen eines Verfahrensfehlers die mündliche Verhandlung wieder eröffnet, § 156. Keineswegs muß er vor der Klagerhebung nach § 253 I erfolgt sein. Etwas Abweichendes ergibt sich nur bei einer flüchtigen Prüfung des Gesetzeswortlauts. Daher kann der jetzige Kläger auch durchaus erst im Weg des Parteiwechsels als einer Klagänderung in den Prozeß eingetreten sein, § 263 Rn 6.

7 **D. Entsprechende Anwendbarkeit bei Prozeßstandschaft und Prozeßgeschäftsführung.** Soweit jemand als sog Prozeßstandschafter nach Grdz 26 vor § 50 oder als sog Prozeßgeschäftsführer nach Grdz 29 vor § 50 handelt, macht er zwar einen solchen sachlichrechtlichen Anspruch geltend, der an sich einem anderen zusteht oder zustand. Da er jedoch jeweils im eigenen Namen handelt, muß man trotz der nach Rn 1, 2, notwendigen engen Auslegung einen solchen Fall ebenfalls nach § 94 beurteilen, zumal die Kosteninteressen vergleichbar sind.

8 **5) Keine Mitteilung des Übergangs vor Klagerhebung.** Eine weitere Voraussetzung ist, daß der Kläger „vor der Erhebung der Klage dem Beklagten den Übergang nicht mitgeteilt“ hat. Es müssen die folgenden Bedingungen zusammentreffen.

A. Erforderlichkeit der Mitteilung. Die Mitteilung muß überhaupt erforderlich gewesen sein. Die Erforderlichkeit hängt zunächst von einer etwaigen gesetzlichen oder vertraglich ausdrücklich vereinbarten Mitteilungspflicht und im übrigen von den Gesamtumständen ab, § 242 BGB. Wie der Wortlaut ergibt, hängt nicht schon die Mitteilung von einem Antrag oder einem Begehren des Bekl ab, sondern erst der in Rn 11 dargestellte Nachweis. Andererseits reicht ein Antrag des Bekl auf eine Mitteilung nicht automatisch. Er wird allerdings meist schon wegen des Prozeßverhältnisses zwischen den Parteien nach Grdz 4, 6 vor § 128 begründet sein. Ein redlicher Kläger hat nichts zu verbergen, § 138 I, II. Eine Mitteilung ist nicht mehr erforderlich, wenn der Bekl aus einer anderen Quelle eine genügende Kenntnis vom Übergang des Anspruchs auf den Kläger hat. Das müßte freilich der Kläger beweisen. Ein bloßes Kennenmüssen reicht nach dem eindeutigen Gesetzeswortlaut nicht.

9 **B. Form der Mitteilung.** Soweit eine Mitteilung nach Rn 8 erforderlich ist, muß sie in der nötigen Klarheit erfolgt sein. Eine besondere Form ist nicht schon nach § 94 notwendig. Sie ist aber evtl nach den sonstigen einschlägigen gesetzlichen oder vertraglichen Vorschriften notwendig. Sie ist dann eine Bedingung für eine „Mitteilung“ nach § 94. Soweit die Mitteilung auch andere Punkte umfaßt und insofern mangelhaft ist, reicht es, daß sie jedenfalls zur hier allein erheblichen Frage des Anspruchsübergangs klar und unmißverständlich ist. Sofern sie im letzteren Punkt unklar ist, heilt auch nicht eine Ordnungsmäßigkeit des weiteren Inhalts der Mitteilung. Wie ausführlich sie sein muß, hängt von den Gesamtumständen und der etwaigen Anfrage des Bekl mit ab.

10 **C. Zeitpunkt der Mitteilung: Erst ab Klagerhebung.** Eine weitere Bedingung ist, daß der Kläger eine nach Rn 8 erforderliche Mitteilung nicht vor, sondern erst ab oder nach der Klagerhebung gemacht hat. Die Klagerhebung erfolgt durch die Zustellung der Klage- oder Antragsschrift nach § 253 I. Soweit also vor diesem Zeitpunkt eine Mitteilung beim Bekl entsprechend § 130 BGB zuging, ist § 94 unanwendbar, Mü MDR **07**, 1394 (Mitteilung schon im Mahnverfahren). Hier handelt es sich allerdings um eine sog Wissenserklärung.

11 **6) Kein Nachweis des Übergangs auf Verlangen.** Eine weitere Voraussetzung ist, daß der Kläger den Anspruchsübergang dem Bekl nicht „auf Verlangen nachgewiesen hat“. Es müssen die folgenden Bedingungen zusammentreffen.

A. Erforderlichkeit nur auf Verlangen. Der Bekl muß einen Nachweis des Anspruchsübergangs „verlangt“ haben. Ohne eine solche Forderung braucht der Kläger den Anspruchsübergang nur mitzuteilen, nicht nachzuweisen. Das ergibt sich schon aus dem Gesetzeswortlaut. Der Bekl braucht sein Verlangen nicht besonders begründet zu haben. Es braucht keine besondere gesetzliche oder vertragliche Befugnis vorhanden gewesen zu sein, ein solches Verlangen zu stellen. Es richtet sich nach den Gesamtumständen, ob ein auch stillschweigend mögliches Verlangen vorliegt.

12 **B. Form des Nachweises.** Soweit der Kläger nach Rn 11 einen Nachweis des Anspruchsübergangs liefern muß, hängt die Form des Nachweises von den Gesamtumständen ab. „Nachweis“ ist mehr als eine

bloße „Glaubhaftmachung" nach § 294. Er ist fast dasselbe wie ein „Beweis". Andererseits spricht man im engeren Sinn erst dann von einem Beweis, wenn das Gericht und nicht schon der Empfänger einer Mitteilung überzeugt ist. Daher liegt ein Nachweis nicht immer erst dann vor, wenn man auch prozessual einen Vollbeweis erbracht hat, § 286 Rn 16. Ein Erbschein ist zB nicht stets notwendig, wohl aber meist auf Verlangen zumindest in einer einfachen Abschrift oder Ablichtung mit dem Anerbieten einer Einsichtnahme des Bekl in das Original oder die Nachlaßakten.

C. Zeitpunkt des Nachweises. Eine weitere Bedingung ist, daß der Bekl den auf Verlangen zu liefernden Nachweis nicht vor, sondern erst ab oder nach der Klagerhebung nach § 253 I geliefert hat, daß der Nachweis also erst dann dem Bekl zugegangen ist, § 130 entsprechend (Wissenserklärung). Vgl Rn 10. **13**

7) Durch die Unterlassung veranlaßt, den Anspruch zu bestreiten. Eine weitere Voraussetzung ist, daß der Bekl gerade „durch die Unterlassung der Mitteilung oder des Nachweises veranlaßt worden ist, den Anspruch zu bestreiten". Es müssen die folgenden Bedingungen zusammentreffen. **14**

A. Begriff des Bestreitens. Der Bekl muß den sachlichrechtlichen Anspruch bestritten haben. Man muß den Begriff des Bestreitens wie sonst verstehen. Den Gegensatz bildet ein Anerkenntnis nach § 307 oder eine Säumnis nach § 331. Ihr steht das Nichtstellen eines Antrags im Termin trotz einer Anwesenheit gleich, § 333. Es kommt in diesem Zusammenhang noch nicht darauf an, bis zu welchem Zeitpunkt der Bekl hätte bestreiten müssen, Rn 12.

B. Begriff der Veranlassung. Das bloße Bestreiten muß auch gerade auf einer Unterlassung der Mitteilung oder des Nachweises nach Rn 7, 11 beruhen. Es muß also ein Ursachenzusammenhang zwischen der gesetzwidrigen Unterlassung des Klägers und dem Bestreiten des Bekl vorliegen. Der Sinn der ganzen Regelung ist ja, den Bekl nur von solchen Kosten freizustellen, die er nach der harten Kostenhaftung des Unterliegenden unabhängig davon tragen müßte, ob er den Anspruch zunächst mit Recht bestreiten konnte. **15**

An dieser Stelle wird auch die *Abgrenzung zu § 93* deutlich. Während dem Bekl dort nur ein „sofortiges" Anerkenntnis nach § 93 Rn 88 hilft, kann bei § 94 auch dann noch eine Veranlassung zum Bestreiten vorliegen, wenn der Bekl den Anspruch noch im schriftlichen Vorverfahren der §§ 276 f nach der Einreichung einer Verteidigungsanzeige und im schriftlichen Verfahren des § 128 II nach der Einreichung des ersten Schriftsatzes sowie im Verfahren mit einer mündlichen Verhandlung gemäß § 128 Rn 4 nach der Stellung des Sachantrags bestritten hatte, § 137 Rn 7. Denn über jene Zeitpunkte hinaus mag die erforderliche Mitteilung oder der verlangte Nachweis des Anspruchsübergangs ausgeblieben sein. Erst von den letzteren Zeitpunkten an fällt eine Veranlassung zum weiteren Bestreiten nach § 94 weg. Erst jetzt wäre ein weiteres Bestreiten nicht mehr unverschuldet. Insofern bedeutet „Veranlassung" in Wahrheit über die bloße Ursache hinaus eine Schuldlosigkeit. Der Bekl braucht aber noch nicht auf Grund bloßer vager Hinweise auf einen Anspruchsübergang sein Bestreiten der Sachbefugnis fallenzulassen. Das bloße Kennenmüssen genügt nicht. Das Gesetz verlangt vielmehr die klare „Mitteilung" und den „Nachweis", also Umstände, die dem Bekl eine positive Kenntnis verschaffen. Im Zweifel muß daher der Kläger diese Kenntnis beweisen. **16**

C. Beispiele: Nach einer Abtretung hat der neue Gläubiger nicht die nach § 409 I BGB vorgesehene Abtretungsanzeige erteilt; der Erbe hat dem Schuldner des Erblassers nicht den erforderlichen Erbschein wenigstens in einer Fotokopie übersandt; die vom Schuldner nach § 410 I BGB wirksam verlangte Aushändigung einer Abtretungsurkunde ist nicht erfolgt. **17**

8) Kostenfolge: Insoweit Kostenlast. Soweit die Voraussetzungen Rn 3–17 zusammentreffen, ordnet das Gesetz als Kostenfolge von Amts wegen nach § 308 II an, daß dem Kläger die Prozeßkosten „insoweit zur Last fallen". **18**

A. Begriff der Kostenlast. „Prozeßkosten" sind sämtliche Gebühren und Auslagen des Gerichts und der Parteien, sofern sie überhaupt nach § 91 erstattungsfähig sind.

B. Kein Ermessen. Soweit das Gericht die Voraussetzungen der Kostenfolge bejaht, hat es bei der Kostenlast kein Verteilungsermessen. Das ergibt sich aus dem klaren Wortlaut („so fallen ihm ... zur Last"). **19**

C. Kostenlast nur insoweit. Der Kläger muß nur diejenigen Kosten tragen, die gerade durch seine pflichtwidrige Unterlassung entstanden. Das ergibt sich aus dem Wort „insoweit". Zum Umfang der Veranlassung Rn 15–17. **20**

Beispiel: Der Bekl hat die Sachbefugnis des Klägers bestritten; es ist zu einer Beweisaufnahme über sie gekommen. An dieser haben für beide Parteien in einem auswärtigen Termin Verkehrsanwälte teilgenommen. Es war auch ein Gutachten notwendig. Nach der Beweisaufnahme erklärt das Gericht, die Sachbefugnis sei erwiesen. Sofort anschließend erkennt der Bekl den Klaganspruch an. Alle Kosten der Beweisaufnahme können unter den weiteren Voraussetzungen dem Kläger zur Last fallen.

D. Notwendigkeit der Klarheit und Einfachheit der Kostenentscheidung. Diejenige Entscheidung, durch die das Gericht die Kosten nach § 94 trennt, sollte ebenso einfach und klar sein wie überhaupt jede Kostenentscheidung. Es gelten dieselben Grundsätze wie zB auch bei einer Kostenteilung, § 92 Rn 30, 31. **21**

Beispiel: „Der Beklagte trägt die Kosten des Rechtsstreits bis auf die durch die Beweisaufnahme entstandenen Kosten. Die letzteren Kosten trägt der Kläger.

9) Rechtsmittel. Es gelten die allgemeinen Regeln. Insbesondere muß man § 99 beachten. Daher ist die Anfechtung der Entscheidung nach § 94 unzulässig, wenn nicht zugleich gegen die Entscheidung in der zugehörigen Hauptsache ein Rechtsmittel erfolgt. Ist die Hauptsache jedoch dadurch beendet, daß der Bekl wie hier meist ein wenn auch nicht sofortiges Anerkenntnis erklärt hat, kommt eine sofortige Beschwerde auch isoliert über den Kostenpunkt in Betracht, § 99 II 1. Eine Rechtsbeschwerde kommt unter den Voraussetzungen des § 574 in Betracht. **22**

95 *Kosten bei Säumnis oder Verschulden.* **Die Partei, die einen Termin oder eine Frist versäumt oder die Verlegung eines Termins, die Vertagung einer Verhandlung, die Anberaumung eines Termins zur Fortsetzung der Verhandlung oder die Verlängerung einer Frist durch ihr Verschulden veranlasst, hat die dadurch verursachten Kosten zu tragen.**

Schrifttum: *Seifert-Cramer,* Kostennachteil statt Präklusion, Diss Gießen 1989.

Gliederung

1 **1) Systematik.** Die Vorschrift enthält eine gegenüber §§ 91 ff eng auslegbare Sonderregelung. Soweit die nach § 95 säumige oder schuldige Partei ohnehin wegen Unterliegens nach §§ 91, 92 die Kosten tragen muß, tritt § 95 zurück, Düss MDR **90**, 832. Soweit sie aber sonst keine Kosten tragen müßte, hat § 95 gegenüber §§ 91 ff den Vorrang. Freilich müssen Kosten nach § 95 überhaupt ausscheidbar sein, Düss MDR **90**, 832. Soweit der Geltungsbereich der Vorschrift mit demjenigen des § 238 IV (Kosten des Wiedereinsetzungsverfahrens) oder des § 344 (Kosten infolge eines Versäumnisurteils) übereinstimmt, gehen jene Vorschriften wegen ihres noch spezielleren Charakters dem § 95 vor. Soweit die Anwendungsbereiche sich nicht überschneiden, gelten jene Vorschriften gleichrangig neben § 96. Die Vorschrift gilt auch im Rechtsmittelverfahren. Sie hat den Vorrang auch gegenüber § 97 II, III. Denn sie ist jenen Vorschriften gegenüber spezieller. §§ 98 ff gelten wie sonst. § 38 GKG (Verzögerungsgebühr), Anh § 95, hat teilweise denselben Geltungsbereich wie § 95 ZPO. Beide Vorschriften sind dann nebeneinander anwendbar. Denn sie verfolgen dasselbe Ziel mit unterschiedlichen Mitteln.

2 **2) Regelungszweck.** § 95 dient der Bekämpfung einer Prozeßverschleppung und damit der Prozeßwirtschaftlichkeit, Grdz 14 vor § 128. Die Vorschrift zwingt unter ihren gesetzlichen Voraussetzungen den Richter zu dem Ausspruch der entsprechenden Kostenfolge. Er hat also dann kein Ermessen. Die in der Praxis verschwindend selten infragekommende Kosten-Sonderverteilung ist selbst dann keineswegs immer gerechtfertigt, anders als die ebenso geringe Bedeutung der Ermessensmaßnahme nach § 38 GKG, Anh § 95. Beides gilt auch für den Familienrichter, Völker MDR **01**, 1332. Indessen entstehen bei einer Prozeßverschleppung keineswegs stets solche Kosten, die sich überhaupt sauber als gerade durch solche Verschleppung bedingt aussondern lassen. Wegen der Notwendigkeit einer engen Auslegung nach Rn 1 ist § 95 im Zweifel nicht anwendbar.

3 **3) Geltungsbereich.** Vgl zunächst Üb 12, 13 vor § 91, § 91 Rn 4–14. Partei ist auch hier, wer tatsächlich klagt oder beklagt ist, auf wen sich die prozeßbegründenden Erklärungen wirklich beziehen, Grdz 4 vor § 50. Maßgeblich ist die Parteistellung in derjenigen Instanz, in der es um die Versäumung oder Veranlassung der Terminsverlegung usw geht. Die Partei kraft Amts nach Grdz 8 vor § 50 ist ebenso Partei wie der Prozeßstandschafter nach Grdz 26 vor § 50 oder der Prozeßgeschäftsführer, Grdz 29 vor § 50. Der gesetzliche Vertreter oder der ProzBev sind als solche nicht Partei, Grdz 7 vor § 50. Soweit sie aber einen Termin versäumen, treten die Kostenfolge auch unabhängig von ihrem Verschulden ein. Denn sie treten ja für die Partei auf und führen für die Partei die Prozeßfolgen herbei. Soweit sie ihrerseits schuldhaft eine Verlegung usw veranlassen, haftet die Partei für sie ohnehin nach §§ 51 II, 85 II. Für den Streithelfer (Nebenintervenienten) nach § 66 gilt neben dem vorrangigen § 101 nicht etwa § 95, sondern die Normalregelung in §§ 91 ff.

4 **4) Versäumung eines Termins oder einer Frist.** Es reicht für die Kostenfolge des § 95 zunächst aus, daß die Partei „einen Termin oder eine Frist versäumt".

A. Begriff des Termins. Unter einem „Termin" muß man an sich jede Terminsart verstehen, Üb 1 vor § 214. Auch ein solcher Termin, den der Sachverständige etwa zur Besichtigung des Beweisobjekts unter einer Verständigung der Parteien anberaumt, § 407a Rn 15, ist ein „Termin", Schlesw SchlHA **75**, 135. Auch die Nichtwahrnehmung eines bloßen Verkündungstermins nach § 311 Rn 6 kann Kostenfolgen haben. Das gilt zB dann, wenn das Gericht im Termin einen fristschaffenden Beschluß etwa über eine Auflage wegen einer Zeugenanschrift oder wegen eines Vorschusses gefaßt oder einen neuen Verhandlungstermin anberaumt hatte, § 218. Dann liegt ein Verstoß zwar nicht gegen eine prozessuale Pflicht vor, wohl aber gegen eine prozessuale Obliegenheit.

5 **B. Begriff der Frist.** „Frist" ist jede gesetzliche oder richterliche Frist, Üb 9 vor § 214. Das Gericht muß die Frist aber gerade der säumigen Partei gesetzt haben.

6 **C. Begriff der Versäumung.** „Versäumung" ist die Nichtvornahme, die verspätete oder unwirksame Vornahme, Üb 1 vor § 230. Wenn allerdings ein Versäumnisurteil nach §§ 330 ff ergeht, muß der Säumige alle Säumnis- und sonstigen Kosten ohnehin nach §§ 91, 344 tragen. Insofern wäre ein zusätzlicher Kosten-

entscheid nach § 95 zwar denkbar. Er wäre aber praktisch überflüssig. Nur insoweit mag man § 91 als gegenüber § 95 vorrangig ansehen.

D. Kein Verschulden notwendig. Eine „Versäumung" ist hier ebensowenig wie sonst von einem Verschulden des Säumigen abhängig. Das gilt unabhängig davon, daß in bestimmten Fällen der Schuldlosigkeit ein Versäumnisurteil nach §§ 335, 337 nicht zulässig wäre. Jene Ausnahmeregeln zur Versäumnis lassen sich nicht in die eng auslegbare Voraussetzung der bloßen Versäumung nach § 95 hineinkonstruieren. 7

5) Verschuldete Veranlassung einer Prozeßverlängerung. Statt der Versäumung nach Rn 4 reicht es für die Kostenfolge nach § 95 auch aus, daß die Partei eine Prozeßverlängerung „durch ihr Verschulden veranlaßt". 8

A. Verlegung eines Termins. Es genügt, daß infolge eines Verschuldens eine Terminsverlegung notwendig wird. Auch hier ist jeder Termin möglich, Rn 4. Praktisch geht es allerdings vor allem um die Verlegung eines Verhandlungstermins, und zwar meist auf einen späteren Zeitpunkt, theoretisch allerdings auch auf einen früheren. Denn auch dadurch können besondere Kosten entstehen. „Verlegung" bedeutet die Bestimmung eines anderen Termins vor dem Beginn des anberaumten, § 227 Rn 5. Sie schließt eine Terminsaufhebung ein. Die bloße Änderung der Terminsstunde ist keine Verlegung. Es ist nur scheinbar unerheblich, ob die Verlegung gesetzmäßig war oder nicht. Im letzteren Fall müßten die Gerichtskosten ohnehin nach § 21 I 1, 2 GKG, § 20 FamGKG unerhoben bleiben. Die außergerichtlichen Kosten wären aber vernünftigerweise dann nicht durch ein auch noch schuldhaftes Verhalten der Partei „verursacht", sondern zumindest auch durch ein Verschulden des Gerichts. § 95 soll ja nicht das fehlerhafte Verhalten des Gerichts kostenmäßig zusätzlich den Parteien anlasten. Daher kommt es praktisch darauf an, ob zB „erhebliche Gründe" im Sinn von § 227 vorlagen.

B. Vertagung einer Verhandlung. Es reicht statt der Bedingung Rn 3 auch aus, daß die Partei „die Vertagung einer Verhandlung" durch ihr Verschulden veranlaßt hat. Vertagung ist diejenige des § 227 I 1, also die Bestimmung eines neuen Termins nach dem Beginn des anberaumten Termins, § 227 Rn 6. 9

Beispiele: Es ergeht ein solcher Beweisbeschluß, der einen neuen Termin erfordert, § 358; eine Partei erhält eine Nachfrist, § 283; es ist ein neuer Termin nach §§ 139, 279 erforderlich. Vgl Rn 8.

C. Anberaumung eines Termins zur Fortsetzung der Verhandlung. Es reicht statt der Voraussetzungen Rn 8, 9 auch aus, daß die Partei „die Anberaumung eines Termins zur Fortsetzung der Verhandlung" durch ihr Verschulden veranlaßt. 10

Beispiele: Die Partei trägt nach dem Verhandlungsschluß gemäß §§ 136 IV, 296 a noch solche Tatsachen und/oder Rechtserwägungen, Beweisanträge usw vor, die das Gericht zu einer Wiedereröffnung der Verhandlung nach § 156 oder zu einer Nachfrist nach § 283 nebst einem anschließenden neuen Verhandlungstermin über fristgerecht nachgereichte Schriftsätze veranlassen. Freilich ist eine Wiedereröffnung in einer solchen Lage grundsätzlich nur dann notwendig, wenn dazu ein wichtiger Grund vorliegt, § 156 Rn 6. Auch eine Nachfrist kommt keineswegs stets schon deshalb in Betracht, weil die Partei einfach Gründe nachschiebt. Man muß nach der Gesamtlage prüfen, ob die Anberaumung eines neuen Verhandlungstermins trotz des Verschuldens der Partei immerhin vertretbar war, § 283 Rn 10 ff. Ist das nicht der Fall, fehlt es an der „Verursachung" der etwa zugehörigen besonderen Kosten gerade durch das Verschulden der Partei. Sie hat dann in Wahrheit zumindest auch das Gericht verschuldet. Die Anberaumung eines bloßen ersten oder weiteren Verkündungstermins nach § 311 IV zählt nicht hierher.

D. Verlängerung einer Frist. Statt der Voraussetzungen Rn 8–10 reicht es auch aus, daß die Partei „die Verlängerung einer Frist" durch ihr Verschulden veranlaßt. Frist ist jede prozessuale Frist nach Rn 5. Eine Verlängerung mag kraft Gesetzes eintreten oder durch eine richterliche Maßnahme erfolgen, § 224 II, III. Soweit zur Verlängerung ein Antrag notwendig ist, muß er natürlich wirksam sein. Die Länge der Fristverlängerung ist grundsätzlich unerheblich. Freilich entstehen bei einer nur sehr kurzen Verlängerung seltener zusätzliche Kosten. 11

E. Veranlassung: Ursächlichkeit. In allen Fällen Rn 8–11 muß gerade das Verhalten der Partei die jeweilige prozessuale Folge „veranlaßt" haben. Es muß also eine Ursächlichkeit vorliegen. Man muß sie wie sonst im Prozeß beurteilen, § 287 Rn 6. Eine Ursächlichkeit fehlt zB, wenn das Gericht die Maßnahme von Amts wegen oder wegen eines eigenen prozessualen Verstoßes oder nur wegen eines Verschuldens eines anderen Prozeßbeteiligten angeordnet hat oder doch hätte anordnen müssen. Im Zweifel liegt keine Veranlassung vor, Rn 1. 12

F. Verschulden. In allen Fällen 8–12 muß ein „Verschulden" der Partei vorliegen. Prozessuales Verschulden ist das bloße Verabsäumen der für einen gewissenhaft geführten Prozeß notwendigen Sorgfalt. Der allgemeine bürgerlichrechtliche Maßstab scheidet aus, Einl III 68. Immerhin gibt § 276 BGB einen gewissen Anhaltspunkt. Ein Verschulden des gesetzlichen Vertreters gilt als solches der Partei, § 51 II. Dasselbe gilt beim ProzBev, § 85 II. Es reicht danach aus, daß die Partei in einer vorwerfbaren prozessualen Nachlässigkeit gehandelt hat. Eine grobe Nachlässigkeit, also das Verabsäumen jeder prozessualen Sorgfalt nach § 296 Rn 62, ist nicht erforderlich. 13

6) Kostenfolge: Kostentragungspflicht. Soweit die Voraussetzungen entweder nach Rn 4–7 oder nach Rn 8–13 jeweils sämtlich vorliegen, muß das Gericht in einer Ausnahme von dem Grundsatz der Einheitlichkeit der Kostenentscheidung nach § 91 Rn 23 eine sog Kostentrennung vornehmen, Üb 3 vor § 91. 14

A. Ausscheidbarkeit der besonderen Kosten. Es müssen gerade infolge der Säumnis und Schuld nach Rn 4–13 überhaupt gesondert berechenbare und ausscheidbare Kosten entstanden sein, Düss MDR **90**, 832. Das läßt sich erst am Instanzende übersehen, Düss MDR **90**, 832.

B. Zwingende Folge. Schon der Wortlaut ergibt eindeutig, daß das Gericht bei einer Bejahung der Voraussetzungen kein Ermessen zur Kostenentscheidung mehr hat. Es muß zwar eine zugehörige Kostenentscheidung treffen. Es muß dabei aber die zwingende Anordnung des Gesetzes befolgen. Das Gericht darf freilich zB nicht über § 95 einen Vorschuß einfordern, etwa für einen Sachverständigen, Düss MDR **90**, 832. 15

16 **C. Verfahrensfragen.** Obwohl das Gericht über die Kosten auch bei § 95 nach § 308 II von Amts wegen entscheiden muß, muß es eine Partei vor einer für sie nachteiligen besonderen Entscheidung nach § 95 wegen Artt 2 I, 20 III GG (Rpfl), BVerfG **101**, 404, Art 103 I GG (Richter) grundsätzlich anhören. Die Anhörung mag unterbleiben, soweit die Partei zB einen Anwalt als ProzBev hat und soweit § 95 ihm ohne Zweifel bekannt ist. Aber Vorsicht, die Vorschrift ist weitgehend unbekannt, Rn 2. Das Gericht muß stets prüfen, ob es in Wahrheit allein oder zumindest auch durch seine eigene Nachlässigkeit jene Sonderkosten veranlaßt hat. Soweit auch der Prozeßgegner als ein Veranlasser in Betracht kommt, kann das Gericht von Amts wegen nach einer Anhörung beider Parteien gegen beide nach § 95 vorgehen müssen, soweit sich die Sonderkosten überhaupt der jeweiligen Veranlassung durch die eine oder andere Partei eindeutig zuordnen lassen. Im Zweifel darf überhaupt keine Kostentrennung ergehen, Rn 1.

17 **D. Entscheidungsform: Urteil.** Über die Kostenfolge nach § 95 entscheidet das Gericht im Endurteil zur Hauptsache. Es ergeht also nicht etwa ein besonderer Beschluß, Düss MDR **90**, 832. Denn § 95 ändert nichts an der Form der Kostenauferlegung. Außerdem fehlt ein Bedürfnis zu einer Vorwegnahme der Kostenentscheidung. Auch kann man erst am Instanzende übersehen, ob überhaupt ausscheidbare Kosten entstanden sind, Rn 14.

18 **E. Notwendigkeit der Klarheit und Einfachheit der Kostenentscheidung.** Stets muß das Gericht auch hier besonders auf eine klare und einfache Fassung im Urteil achten. Keineswegs wäre eine bloße Änderung der nach § 92 erfolgten Quotierung ausreichend.

Beispiel: „Der Beklagte trägt die Kosten bis auf die durch die Verlegung des Termins vom . . . entstandenen. Diese letzteren Kosten trägt Kläger".

19 **7) Rechtsmittel.** Die Entscheidung nach § 95 ist wegen § 99 I nicht isoliert anfechtbar, sondern nur zusammen mit der Hauptsache unter den für diese geltenden Voraussetzungen, Düss MDR **90**, 832. Liegt trotzdem ein isolierter Kostenbeschluß vor, ist er nach BVerfG NJW **03**, 1924 nicht wegen greifbarer Gesetzwidrigkeit mit einer sofortigen Beschwerde anfechtbar, § 99 Rn 19 „Unzulässige Kostenentscheidung", aM Düss MDR **90**, 832 (vgl aber § 567 Rn 10). Eine Rechtsbeschwerde kommt unter den Voraussetzungen des § 574 in Betracht.

Anhang nach § 95

Verzögerungsgebühr nach § 38 GKG

GKG § 38. Verzögerung des Rechtsstreits. [1] **Wird außer im Fall des § 335 der Zivilprozessordnung durch Verschulden des Klägers, des Beklagten oder eines Vertreters die Vertagung einer mündlichen Verhandlung oder die Anberaumung eines neuen Termins zur mündlichen Verhandlung nötig oder ist die Erledigung des Rechtsstreits durch nachträgliches Vorbringen von Angriffs- oder Verteidigungsmitteln, Beweismitteln oder Beweiseinreden, die früher vorgebracht werden konnten, verzögert worden, kann das Gericht dem Kläger oder dem Beklagten von Amts wegen eine besondere Gebühr mit einem Gebührensatz von 1,0 auferlegen.** [2] **Die Gebühr kann bis auf einen Gebührensatz von 0,3 ermäßigt werden.** [3] **Dem Kläger, dem Beklagten oder dem Vertreter stehen gleich der Nebenintervenient, der Beigeladene, der Vertreter des Bundesinteresses beim Bundesverwaltungsgericht und der Vertreter des öffentlichen Interesses sowie ihre Vertreter.**

GKG § 69. Beschwerde gegen die Auferlegung einer Verzögerungsgebühr. [1] **Gegen den Beschluss nach § 38 findet die Beschwerde statt, wenn der Wert des Beschwerdegegenstands 200 Euro übersteigt oder das Gericht, das die angefochtene Entscheidung erlassen hat, die Beschwerde wegen der grundsätzlichen Bedeutung der zur Entscheidung stehenden Frage *in dem Beschluss* zugelassen hat.** [2] **§ 66 Abs. 3, 4, 5 Satz 1 und 4, Abs. 6 und 8 ist entsprechend anzuwenden.**

Vorbem. § 38 GKG S 1, 2 geändert durch Art 16 Z 7 a, b des 2. JuMoG v 22. 12. 06, BGBl 3416, in Kraft seit 31. 12. 06, Art 28 I des 2. JuMoG. Übergangsrecht §§ 71, 72 GKG. In § 69 S 1 GKG hat der Gesetzgeber die Wörter „in dem Beschluss" infolge eines offensichtlichen redaktionellen Versehens hinter dem Wort „Bedeutung" statt wie hier oben hinter dem Wort „Frage" eingerückt.

Schrifttum: *Hartmann* Teil I A; *Schmidt* MDR **01**, 308; *Schneider* JB **76**, 5 (je: ausf).

1 **1) Systematik, § 38 S 1–3.** § 38 GKG sieht einen strafähnlichen Rechtsnachteil vor, so schon Düss MDR **95**, 1172. Ihn kann das Gericht dann verhängen, wenn eine Partei ihre gesetzliche Prozeßförderungspflicht nach Grdz 12 vor § 128, § 282 schuldhaft verletzt hat und wenn es dadurch zu einer Verzögerung des Verfahrens gekommen ist, Mü RR **01**, 72, und zwar ohne ein Mitverschulden des Gerichts, Düss RR **99**, 860. Voraussetzung der Anwendung des § 38 GKG ist ein Verstoß der Partei als solcher. Er kann auch dann vorliegen, wenn das Gericht die Partei zur Aufklärung des Sachverhalts anhören wollte, § 141. Ein derartiger Verstoß ist aber unerheblich, wenn er im Zusammenhang mit einer förmlichen Parteivernehmung nach §§ 445 ff erfolgt ist. Die Vorschrift ist vielen Juristen völlig unbekannt. § 38 GKG ist mit dem GG vereinbar. Die Verzögerungsgebühr ist von einer Kostenverteilung unabhängig. Deshalb ist eine Maßnahme nach § 38 GKG wirkungsvoller als eine Maßnahme nach § 95 Rn 2.

2 **2) Regelungszweck, § 38 S 1–3.** Die Vorschrift dient der Prozeßwirtschaftlichkeit, Grdz 14 vor § 128. Sie ist eine Folge der Prozeßförderungspflicht der Parteien, Grdz 12 vor § 128. Der Sinn ist also eine Ahndung eines prozessualen Verstoßes und damit eine Abschreckung vor weiteren. Das muß man bei der Auslegung mitbeachten. Die Praxis macht von der Möglichkeit des § 38 GKG selten Gebrauch (zum alten Recht) Völker FamRZ **01**, 1332. Im übrigen bleibt ein Rest Problematik. Wer prozessuale Obliegenheiten vorwerfbar vernachlässigt, mag wegen der Parteiherrschaft nach Grdz 18 vor § 128 die Nachteile bis zum Prozeßverlust tragen. Der Richter braucht eine solche Nachlässigkeit nicht unbedingt auch noch zusätzlich zu ahnden.

3) Geltungsbereich, § 38 S 1–3. Man darf und muß evtl § 38 GKG in jedem Verfahren nach der ZPO 3
anwenden, Düss MDR **95**, 1172, Hamm FamRZ **03**, 1192, Mü FamRZ **79**, 300, sofern in ihm eine notwendige oder freigestellte mündliche Verhandlung stattfindet, § 128 Rn 2, 10. Die Bestimmung ist daher auch anwendbar: Im Verfahren auf den Erlaß eines Arrests oder einer einstweiligen Verfügung, §§ 916 ff, 935 ff; im Beschwerdeverfahren, §§ 567 ff; im Verfahren zur Vollstreckbarerklärung eines Schiedsspruchs, §§ 1060, 1061.

Im Verfahren vor den *Arbeitsgerichten* ist § 38 GKG anwendbar, (jetzt) § 1 II Z 4 GKG. Dasselbe gilt für 4
das Verfahren vor den Finanzgerichten, (jetzt) § 1 II Z 2 GKG, BFH DB **82**, 1444, vor den Verwaltungsgerichten, (jetzt) § 1 II Z 1 GKG, und vor den Sozialgerichten, (jetzt) § 1 II Z 3 GKG.

4) Einzelfragen, § 38 S 1–3, § 69. Dazu die Kommentierung bei Hartmann Teil I A §§ 38, 69 GKG. 5

96 ***Kosten erfolgloser Angriffs- oder Verteidigungsmittel.*** **Die Kosten eines ohne Erfolg gebliebenen Angriffs- oder Verteidigungsmittels können der Partei auferlegt werden, die es geltend gemacht hat, auch wenn sie in der Hauptsache obsiegt.**

Gliederung

1) Systematik. Die Vorschrift enthält einen Fall der sog Kostentrennung, Üb 3 vor § 91. Man muß sie als 1
eine Sonderregelung gegenüber §§ 91 ff eng auslegen. Sie hat in ihrem Geltungsbereich den Vorrang vor §§ 94, 95. Die Vorschrift gilt auch in der Rechtsmittelinstanz. Sie hat insoweit den Vorrang gegenüber § 97 II, III, soweit sich die Anwendungsbereiche überschneiden. § 38 GKG, Anh § 95, ist neben § 96 anwendbar. Ein Gegenstück enthält der vorrangige § 100 III für Streitgenossen. Den Vorrang haben §§ 75 S 2, 238 IV, 269 III 2, 344.

2) Regelungszweck. Natürlich dient auch diese Vorschrift der Kostengerechtigkeit. Ohne § 96 würde 2
der Grundsatz der reinen Unterliegenshaftung nach §§ 91 ff zumindest insofern zu problematischen Kostenfolgen führen, als etwa die Kosten eines erfolglosen einzelnen Angriffs- oder Verteidigungsmittels nach Einl III 70 erheblich waren. Das gilt etwa bei den Kosten einer solchen umfangreichen Beweisaufnahme, auf die es schließlich wegen der erst anschließend geltend gemachten Einrede der Verjährung dann nicht mehr ankam. § 92 würde selbst bei einer sehr weiten Auslegung nicht helfen. Denn jene Vorschrift setzt ja ein Teilunterliegen in der Hauptsache voraus. Natürlich setzt § 96 die gesonderte Bezifferbarkeit einzelner Kosten voraus, seien es nun Gebühren oder „nur" Auslagen. Auch die letzteren können ja sehr erheblich sein, etwa bei einem umfangreichen oder schwierigen Gutachten, das ungünstig, aber nicht mehr entscheidungserheblich lautete.

3) Geltungsbereich. Die Vorschrift gilt in allen Verfahren nach der ZPO und in allen Instanzen, auch im 3
WEG-Verfahren. Die Vorschrift gilt auch bei § 17 S 5 KapMuG, SchlAnh VIII, Schneider BB **05**, 2257. Im Bereich von § 113 I 2 FamFG kann § 96 mangels Anwendbarkeit von §§ 80 ff FamFG infragekommen.

4) Angriffs- oder Verteidigungsmittel. Erste Voraussetzung einer Kostentrennung ist, daß die Partei 4
ein „Angriffs- oder Verteidigungsmittel" geltend gemacht hat. Hierzu zählt alles, was dem Prozeßangriff oder der Abwehr dieses Angriffs dient, Einl III 70, § 282 Rn 5, § 296 Rn 57.

Beispiele: Das Bestreiten, BGH JZ **77**, 102; eine Aufrechnung, § 145 Rn 9; ein Beweisantrag, Einf 23 vor § 284, oder eine Beweiseinrede, BGH NJW **84**, 1964; ein Klagegrund, § 264, BGH NJW **80**, 1794, Schneider Festschrift für Madert (2006) 211; ein Antrag auf ein selbständiges Beweisverfahren, § 486, BGH NJW **03**, 1323, KG Rpfleger **79**, 143, AG Bielef RR **00**, 1240, vgl allerdings auch § 91 Rn 193; die Einrede der fehlenden Sicherheit für die Prozeßkosten, § 110 I, BGH NJW **80**, 839.

Keine Angriffs- oder Verteidigungsmittel sind zB: Die Klage, § 253, die Widerklage und deren Begründung, Anh § 253, BGH NJW **86**, 2258; ein neuer durch eine Klagänderung vorgebrachter Anspruch, Karlsr NJW **79**, 879; eine Klagerweiterung, §§ 263, 264, BGH JZ **82**, 512; ein Parteiwechsel § 263 Rn 5; ein Rechtsmittel; ein Privatgutachten.

5) Erfolglosigkeit. Eine weitere Voraussetzung ist, daß das Angriffs- oder Verteidigungsmittel nach Einl 5
III 70 „ohne Erfolg geblieben" ist. Erfolglosigkeit bedeutet das Ausbleiben eines jeden für die Partei vorteilhaften Einflusses auf die Entscheidung in der Hauptsache. Eine Erfolglosigkeit fehlt also, sobald das Angriffs- oder Verteidigungsmittel auf die Endentscheidung einen irgendwie erkennbaren Einfluß gehabt hat, sei es auch nur zu einem durch ein Teilurteil nach § 301 vorweg ausgeurteilten Teil der Klaganträge. Ein derartiger Einfluß nur auf die Hilfsbegründung in den Entscheidungsgründen genügt aber nicht. Das gilt zunächst dann, wenn das Gericht die Klage in erster Linie als unzulässig und hilfsweise als unbegründet abweist, Grdz 17 vor § 253, aber auch bei einer Hilfsbegründung nur innerhalb der Prüfung der Begründetheit der Klagansprüche. Zwar hat das Gericht zu erkennen gegeben, daß es die Hilfserwägungen für ratsam hält. Es stützt seine Entscheidung aber jedenfalls in erster Linie nicht mit auf eine solche Hilfserwägung.

6 **6) Sieg in der Hauptsache.** Weitere Voraussetzung der Anwendbarkeit von § 96 ist, daß diejenige Partei, die das Angriffs- oder Verteidigungsmittel nach Einl III 70 ohne einen Erfolg geltend gemacht hat, dennoch „in der Hauptsache obsiegt". Der Sieg muß mindestens zu demjenigen Teil der Hauptsache vorliegen, zu dem die Partei dieses Angriffs- oder Verteidigungsmittel vorgebracht hat, Streit/Schade JB **04**, 121, aM Matthies JR **93**, 181 (aber es kommt bei § 96 nur gerade auf diesen Teil der Hauptsache an).

Beispiel: Der Vermieter verlangt rückständige Miete und Räumung wegen einer fristlosen Kündigung. Diese stützt er auch auf eine Störung des Hausfriedens. Dazu vernimmt das Gericht Zeugen. Sie bestätigen die Vorwürfe nicht. Der Räumungsanspruch hat schließlich wegen weiterer im Termin fällig gewordener Mietrückstände dennoch Erfolg.

§ 96 ist bei einer Rücknahme der diesbezüglichen Klage also *unanwendbar,* ebenso bei beiderseitigen wirksamen diesbezüglichen Erledigterklärungen. Dann hat die Partei ja nicht gesiegt, Streit/Schade JB **04**, 120.

7 **7) Kostenentscheidung.** Soweit die Voraussetzungen Rn 3–6 zusammentreffen, kommt die „Auferlegung der Kosten" auf die mit dem Angriffs- oder Verteidigungsmittel nach Einl III 70 erfolglose Partei in Betracht.

A. Aussonderbarkeit der Kosten. Man muß allerdings die gerade durch das erfolglose Angriffs- oder Verteidigungsmittel entstandenen Kosten von den übrigen Kosten klar aussondern können, etwa als Kosten einer besonderen Beweisaufnahme. Andernfalls mag die Verzögerungsgebühr Anh § 95 eher geeignet sein.

8 **B. Ermessen des Gerichts.** Das Wort „können" zeigt schon, daß das Gericht im Rahmen eines pflichtgemäßen Ermessens handelt, LG Frankenth MDR **81**, 941. Ein Antrag ist nicht erforderlich. Das Gericht darf und muß sein Ermessen von Amts wegen ausüben. Es muß eine Gesamtabwägung vornehmen. Dabei ist das Gericht nur in der Kostenfolge zum Ermessen befugt, nicht schon in der Feststellung der Voraussetzungen der Kostentrennung.

9 **C. Einfluß eines Verschuldens.** Nach dem Wortlaut kommt es auf ein Verschulden bei der Geltendmachung des erfolglosen Angriffs- und Verteidigungsmittels zwar scheinbar nicht an. Indessen ist ein etwaiges prozessuales Verschulden nach Einl III 68 beim Ermessen zum Ob einer Kostentrennung doch vernünftigerweise mitbeachtlich.

Beispiele: Es kommt also darauf an, ob sich die Erfolglosigkeit mit hoher Wahrscheinlichkeit voraussehen lassen konnte, ob das Gericht vor der ihm durch Beweisanträge fast aufgezwungenen Beweisaufnahme auf solche Umstände hingewiesen hatte, ob die außergewöhnlich hohen Kosten eines Schriftsachverständigen im Verhältnis zum Streitwert standen usw.

10 **8) Verfahren.** Es ergeben sich im wesentlichen die folgenden Anforderungen.

A. Anhörungspflicht. Das Gericht muß beide Parteien anhören, bevor es eine Kostentrennung vornimmt oder auch unterläßt, Artt 2 I, 20 III GG (Rpfl), BVerfG **101**, 404, Art 103 I GG (Richter), es sei denn, daß zB der jeweilige ProzBev ersichtlich die Vorschrift bereits kennt und miterwogen hat, etwa durch einen Antrag. Eine Kostentrennung belastet ja diejenige Partei, deren Angriffs- oder Verteidigungsmittel erfolglos war. Durch die Unterlassung einer Kostentrennung belastet das Gericht aber deren Gegner wirtschaftlich ebenso.

11 **B. Entscheidungsform: Urteil.** Das Gericht entscheidet über eine Kostentrennung oder über deren Unterlassung erst im Endurteil zur Hauptsache, sei es auch im Teilurteil. Denn es handelt sich um einen Bestandteil seiner Kostengrundentscheidung. Für einen besonderen Beschluß würde schon deshalb ein Rechtsschutzbedürfnis nach Grdz 33 vor § 253 fehlen, ähnlich wie bei § 95, dort Rn 16. Der Rpfl klärt die Höhe der abgetrennten Kosten erst im Kostenfestsetzungsverfahren nach §§ 103 ff.

12 **C. Notwendigkeit der Klarheit und Einfachheit.** Das Gericht muß wie stets auf eine klare und einfache Fassung der etwaigen Kostentrennung achten. Keinesfalls darf es einfach eine andere Quotierung nach § 92 vornehmen.

Beispiel: „Der Beklagte trägt die Kosten mit Ausnahme der durch die Einholung des Gutachtens des Sachverständigen X entstandenen Kosten. Diese letzteren Kosten trägt der Kläger".

Soweit das Gericht von einer Kostentrennung *absieht,* braucht es diese im Urteilstenor nicht zu erwähnen, sollte aber in den Entscheidungsgründen stichwortartig angeben, warum es von einer solchen Trennung abgesehen hat. Denn hierin liegt die Beschwer des Gegners der mit dem Angriffs- oder Verteidigungsmittel erfolglos gebliebenen Partei. Das Urteil muß ja insofern mitüberprüfbar sein.

13 **D. Mitteilung.** Es gelten die für das Urteil anwendbaren Regeln.

14 **9) Rechtsmittel.** Es gelten die allgemeinen Regeln. Man kann grundsätzlich weder die Kostentrennung noch deren Unterlassung ohne eine gleichzeitige Anfechtung der Hauptsache bekämpfen, § 99 I.

97 *Fassung 1. 9. 2009:* ***Rechtsmittelkosten.*** **I Die Kosten eines ohne Erfolg eingelegten Rechtsmittels fallen der Partei zur Last, die es eingelegt hat.**

II Die Kosten des Rechtsmittelverfahrens sind der obsiegenden Partei ganz oder teilweise aufzuerlegen, wenn sie auf Grund eines neuen Vorbringens obsiegt, das sie in einem früheren Rechtszug geltend zu machen imstande war.

III (aufgehoben)

Vorbem. III aufgehoben dch Art 29 Z 5 FGG-RG, in Kraft seit 1. 9. 09, Art 112 I Hs 1 FGG-RG, ÜbergangsR Art 111 FGG-RR, Einf 4 vor § 1 FamFG.

Bisherige Fassung III: **Absatz 1 und 2 gelten entsprechend für Familiensachen der in § 621 Abs. 1 Nr. 1 bis 3, 6, 7, 9 bezeichneten Art, die Folgesachen einer Scheidungssache sind, sowie für Lebenspartnerschaftssachen der in § 661 Abs. 1 Nr. 5 und 7 bezeichneten Art, die Folgesache einer Aufhebungssache sind.**

Schrifttum: *Schultzky,* Die Kosten der Berufung und der Revision im Zivilprozess, 2003.

Gliederung

1) Systematik, I, II. Die Vorschrift erfaßt nur einen Teil der Kostenfragen in der Rechtsmittelinstanz. I gilt nur für das erfolglose Rechtsmittel, II nur für einen Teil der erfolgreichen Rechtsmittel. Daraus folgt: § 97 ist nicht etwa neben §§ 91 ff gleichberechtigt, sondern nach der Systematik des Gesetzes eine vorrangige Ausnahmevorschrift und daher grundsätzlich eng auslegbar. Neben § 97 gelten nachrangig §§ 91 ff, 98 ff, Karlsr FamRZ **97**, 1276 (zu § 93 a). Wie weit §§ 94–96, 238 IV, 281 III, 344 gegenüber § 97 als noch speziellere Regelungen den Vorrang haben, muß man nach den Gesamtumständen des Einzelfalles entscheiden. Man darf nicht II mithilfe einer Prozeßkostenhilfe unterlaufen, Jena MDR **99**, 257. 1

2) Regelungszweck, I, II. Die Vorschrift dient in ihren beiden Absätzen unterschiedlichen Zwecken. 2

I könnte sogar fehlen, streng betrachtet. Es handelt sich insofern nur um eine feststellende (deklaratorische) Vorschrift. Denn das erfolglose Rechtsmittel wird ja lediglich als unzulässig verworfen oder als unbegründet zurückgewiesen. Die angefochtene Entscheidung bleibt also auch ohne einen besonderen Ausspruch des Gerichts bestehen, und zwar einschließlich der dort für den ganzen (gemeint freilich nur: bisherigen) Prozeß getroffenen Kostenentscheidung. Diese umfaßt also nach ihrem Wortlaut streng genommen auch die Kosten des weiteren gesamten Verfahrens. Insofern scheint I und sogar auch II überflüssig. Indessen zeigen die unten näher erörterten Mischfälle schon, daß es durchaus ratsam, ja notwendig sein kann, in der das Rechtsmittel zurückweisenden Entscheidung auch einen zusätzlichen Kostengrundtitel für die Rechtsmittelkosten zu schaffen. Jedenfalls ist das der Wille des Gesetzes, ein Fall der sog Kostentrennung, Üb 3 vor § 91. 3

II scheint demgegenüber nur lückenhafte Regelungen zu treffen. Denn beim Erfolg des Rechtsmittels hebt das Rechtsmittelgericht die bisherige Entscheidung nebst ihrer Kostenentscheidung ja auf. Es würde also stets eine nunmehr erste umfassende Kostenregelung nötig. II setzt aber als selbstverständlich voraus, daß die in der Tat notwendige Kostenentscheidung des Rechtsmittelgerichts nach dem Grundprinzip der Kostenhaftung des letztendlich Unterliegenden nach § 91 die Kosten des gesamten Rechtsstreits umfaßt, Oldb FamRZ **98**, 1528, also auch diejenigen des erfolgreichen Rechtsmittels. 4

Es würde zwar *näherliegen*, diese Folge gerade beim erfolgreichen Rechtsmittel ausdrücklich gesetzlich klarzustellen. Das ist indes unterblieben, ohne daß diese Folge irgendwie streitig wäre. II nennt vielmehr lediglich einen Fall der sog Kostentrennung nach Üb 3 vor § 91 zum Zweck der Kostengerechtigkeit: Wenn im Grunde die ganze Rechtsmittelinstanz überflüssig war, weil das schließlich siegreiche Vorbringen schon in der Vorinstanz möglich war, soll der Sieger wenigstens die Kosten dieses überflüssigen Rechtsmittels tragen, Hamm FamRZ **93**, 456. 5

3) Sachlicher Geltungsbereich, I, II. Die Vorschrift gilt in jeder Verfahrensart, auf die die ZPO anwendbar ist. Das gilt zB: Für ein Grundurteil nach § 304 oder ein Teilurteil, § 301, BGH **110**, 205, Oldb JB **92**, 492; für den Hauptprozeß und alle zugehörigen Nebenverfahren, Vorverfahren wie Nachverfahren; für das WEG-Verfahren. Wegen des Prozeßkostenhilfeverfahrens § 91 Rn 153, 154. Wegen der Streitwertbeschwerde Einf 10 ff vor § 3. Wegen des Kostenfestsetzungsverfahrens § 104 Rn 21. Im Beschwerdeverfahren nach §§ 116 ff GWB gilt I entsprechend, BGH **146**, 216. 6

4) Persönlicher Geltungsbereich, I, II. Die Kosten eines Rechtsmittels können den folgenden Personen zur Last fallen. 7

8 **A. Partei.** I, II nennen als denjenigen, der die Kosten tragen muß, die „Partei“ direkt. Partei nach Grdz 4 vor § 50 sind auch: Die Partei kraft Amts, Grdz 8 vor § 50, zB der Insolvenzverwalter; der Testamentsvollstrecker; der Sequester. Ferner gehört hierhin: Der Prozeßstandschafter, Grdz 26 vor § 50, zB der Elternteil nach § 1629 II 2, III BGB; der alleinverwaltende Ehegatte, § 1422 BGB; der Prozeßgeschäftsführer, Grdz 29 vor § 50, zB der Inkassozessionar, der Verband zur Förderung geschäftlicher Interessen.

9 **B. Streitgenosse.** Streitgenossen nach §§ 59 ff sind zwar zunächst wegen der Kostenhaftung nach § 100 beurteilbar. Soweit diese Vorschrift unanwendbar sein sollte, kann man § 97 anweden.

10 **C. Streithelfer.** Der Streithelfer (Nebenintervenient) nach § 66 ist wegen der Kostenhaftung zwar zunächst nach § 101 beurteilbar. Soweit diese Vorschrift unanwendbar ist, kann man aber § 97 anwenden.

11 **D. Gesetzlicher Vertreter.** Der gesetzliche Vertreter ist nicht Partei. Sein Verschulden nach § 51 II kann sich aber auch bei § 97 zulasten der Partei auswirken.

12 **E. Prozeßbevollmächtigter.** Der ProzBev nach § 81 ist ebenfalls nicht Partei. Auch sein Verschulden nach § 85 II kann sich zum Nachteil seiner Partei auswirken. Soweit ein Anwalt aus seinem eigenen Recht ein Rechtsmittel einlegt, zB nach § 32 II RVG, ist er selbst Partei. Soweit er ohne Vollmacht für den Auftraggeber ein Rechtsmittel einlegt, muß das Gericht nicht nur evtl das Rechtsmittel auf Kosten des Vollmachtlosen verwerfen, sondern ihn sogar als Partei ansehen, § 88 Rn 13–27, es sei denn, der Vertretene hat das Auftreten veranlaßt oder nachträglich genehmigt.

13 **F. Dritter.** Soweit ein Dritter ein Rechtsmittel einlegt, kommt seine Kostenhaftung nach § 97 ebenfalls in Betracht, KG FamRZ **81**, 381.

14 **5) Vorliegen eines Rechtsmittels, I, II.** Die Vorschrift erfaßt nur die Kosten eines „Rechtsmittels“.

A. Weite Auslegung. Trotz des Ausnahmecharakters des § 97 nach Rn 1 muß man den Begriff Rechtsmittel weit auslegen. Denn die Vorschrift soll ersichtlich alle diejenigen Maßnahmen regeln, die dasselbe Gesetz unter unterschiedlichen Bezeichnungen mit unterschiedlichen Funktionen, aber gleicher Zielrichtung und derselben Anfallwirkung behandelt, Rn 15.

15 **B. Abgrenzung zum Rechtsbehelf: Anfallwirkung.** Ein Rechtsmittel unterscheidet sich vom bloßen Rechtsbehelf hauptsächlich durch die sog Anfallwirkung, also durch die Notwendigkeit der Nachprüfung in einer höheren Instanz, Grdz 3 vor § 511. Ohne Anfallwirkung also kein Rechtsmittel nach § 97. Die Abgrenzung nach der Anfallwirkung (Devolutiveffekt) hat auch gerade kostenmäßig durchaus ihren Sinn. Gerade weil die Arbeit eines weiteren Gerichts erforderlich wird, auch evtl weiterer Anwälte, entstehen ja meist überhaupt besondere Kosten.

16 **C. Beispiele zur Frage des Vorliegens eines Rechtsmittels**

Anschlußrechtsmittel: Auch das Anschlußrechtsmittel zählt hierher, sofern das Gericht überhaupt über dieses Anschlußrechtsmittel entscheidet, BGH **67**, 306. Das gilt auch dann, wenn der Rechtsmittelführer etwa wegen § 522 II 2 das Rechtsmittel zurücknimmt, BGH RR **05**, 727, Zweibr RR **05**, 507, oder wenn die Anschlußberufung wegen einer Rücknahme des Hauptrechtsmittels wirkungslos geworden ist, LAG Drsd MDR **05**, 719. Zum Problem Celle NJW **03**, 2755, Düss FamRZ **99**, 1674, Maurer NJW **91**, 72.

Bedingtes Rechtsmittel: Auch ein bedingtes Rechtsmittel zählt hierher, mag die Bedingung zulässig sein oder nicht. Es kommt nur darauf an, ob das Gericht überhaupt über dieses bedingte Rechtsmittel entscheidet und es zB als unzulässig verwirft.

17 **Berufung:** Sie ist natürlich ein Rechtsmittel, BGH GRUR **92**, 109, Hbg FamRZ **90**, 299. Das gilt auch für die Anschlußberufung, Rn 16 „Anschlußrechtsmittel“. Wer also die Berufung zurücknimmt, muß auch die Kosten der gegnerischen Anschlußberufung tragen, Ffm FamRZ **92**, 81. Es kommt nicht auf die Zulässigkeit an, sondern nur auf die Entscheidung über die Berufung insgesamt.

18 **Beschwerde:** Auch die sofortige Beschwerde nach §§ 567 ff und die Rechtsbeschwerde nach §§ 574 ff sind Rechtsmittel, Sturm MDR **07**, 385. Das gilt auch für die Anschlußbeschwerde, Rn 16 „Anschlußrechtsmittel“. Eine Erinnerung nach § 573 I wird erst unter den Voraussetzungen des § 573 II zur sofortigen Beschwerde. Kosten der sofortigen Beschwerde liegen auch dann vor, wenn es nicht zu einer Vorlegung nach §§ 572 I 1 Hs 2, 573 II kommt. Von der Vorlegung ab gehören die vor ihr entstandenen Kosten erst recht zu denjenigen des Rechtmittels, mag die Vorlegung nun zulässig oder unzulässig sein. Das gilt, sofern nur das Rechtsmittelgericht über die nun als sofortige Beschwerde zu beurteilende Erinnerung entscheidet. Hierher kann auch die Erinnerung nach § 104 III in Verbindung mit § 11 II RPfG gehören, Ffm RR **00**, 362, Nürnb MDR **99**, 1408, oder die Erinnerung oder Beschwerde nach (jetzt) § 11 RVG, Rn 19, Karlsr Rpfleger **96**, 83.

S auch Rn 24 „Sofortiges Rechtsmittel“.

19 **Einspruch:** Er ist zwar ein Rechtsbehelf, aber *kein* Rechtsmittel. Denn der Einspruch hat keine Anfallwirkung beim höheren Gericht. Das gilt sowohl beim Einspruch gegen das Versäumnisurteil als auch bei demjenigen gegen den Vollstreckungsbescheid oder bei einem sonstigen Einspruch zB gegen einen solchen die Wiedereinsetzung zurückweisenden Beschluß, der sich auf die Versäumung einer Einspruchsfrist bezieht, ThP § 338 Rn 1 (aM dieselben § 97 Rn 1), ZöHe § 338 Rn 1, aM ZöHe § 97 Rn 1 (aber die Situationen gleichen sich weitgehend).

Erinnerung: Sie ist zunächst ein Rechtsbehelf, aber *noch kein* Rechtsmittel, solange noch dasjenige Gericht sie bearbeiten muß, das den angefochtenen Bescheid erlassen hat. Die vorstehende Regelung gilt auch für die bedingte oder befristete (sofortige) Erinnerung. Es kommt nicht darauf an, ob die Vorlage zulässig oder unzulässig war, sondern nur darauf, ob sie erfolgt ist, § 104 Rn 69 ff.

20 **Gegenvorstellung:** Sie ist allenfalls ein Rechtsbehelf, jedenfalls aber *kein* Rechtsmittel. Denn sie richtet sich auf eine Änderung der angefochtenen Entscheidung ohne eine Anrufung der übergeordneten Instanz, Üb 6 vor § 567. Man kann ihre Kosten also allenfalls nach §§ 91 ff beurteilen.

Nachverfahren: Das Nachverfahren ist als solches *kein* Rechtsmittel, sondern gerade die Fortsetzung des vorangegangenen Verfahrens in derselben Instanz, zB im Urkundenprozeß, § 600 Rn 1, im Wechselprozeß, § 602, und im Scheckprozeß, § 605 a. Seine Kosten zählen zu denjenigen der nun weiterlaufenden Instanz. 21

Prozeßkostenhilfebeschwerde: Man muß sie an sich wie eine sonstige Beschwerde beurteilen, Rn 18. Allerdings muß man auch § 127 IV beachten. 22

Rechtsbeschwerde: Rn 18 „Beschwerde". 23

Rechtspflegererinnerung: Rn 18 „Beschwerde", Rn 19 „Erinnerung".

Revision: Sie ist natürlich ein Rechtsmittel. Das gilt auch bei einer Anschlußrevision, bei einer Sprungrevision, bei einer zulassungsgebundenen Revision.

Selbständige Anschließung: Rn 16 „Anschlußrechtsmittel". 24

Sofortiges Rechtsmittel: Sofern überhaupt ein Rechtsmittel vorliegt, bleibt es natürlich auch durch die Notwendigkeit einer befristeten Einlegung ein solches. Das gilt unabhängig davon, ob der Rechtsmittelführer die Frist eingehalten hat oder nicht. Es kommt nur darauf an, ob das Gericht über das sofortige Rechtsmittel entscheidet.

S auch Rn 18 „Beschwerde".

Sprungrechtsmittel: Es ist natürlich ein Rechtsmittel.

Unselbständige Anschließung: Rn 16 „Anschlußrechtsmittel". 25

Verfassungsbeschwerde: Sie hat gerade *nicht* den Charakter eines Rechtsmittels. Denn sie wird ja grds überhaupt erst nach der Erschöpfung der Rechtsmittel statthaft. Das BVerfGG und das GKG regeln ihre Kosten. 26

Vollstreckungsabwehrklage: Sie ist *kein* Rechtsmittel, sondern eine rein prozessuale eigenständige Gestaltungsklage, § 767 Rn 1. Man muß sie wie die Klage überhaupt als einen Angriff der ersten Instanz beurteilen. 27

Widerklage: Sie ist eine zwar im Lauf des Prozesses des Klägers und gegen ihn und doch selbständig erhobene Klage, Anh § 253 Rn 1. Sie ist also gerade *kein* Rechtsmittel. Ihre Kosten gehören zu denjenigen der Instanz, vor der die Klage anhängig ist.

Widerspruch: Er ist zwar ein Rechtsbehelf, aber *kein* Rechtsmittel. Denn über ihn muß dasselbe Gericht abschließend entscheiden, das die angefochtene Entscheidung getroffen hat. Das geschieht auch evtl durch eine andere Gerichtsperson. Es entscheidet etwa der Richter über den Widerspruch gegen den Mahnbescheid des Rpfl oder des dem Rpfl funktionell nach dem etwaigen Landesrecht gleichgestellten Urkundsbeamten der Geschäftsstelle, Grdz 4 vor § 688. Die Widerspruchskosten zählen zu den Kosten der laufenden Instanz.

Wiederaufnahmeverfahren: Im Wiederaufnahmeverfahren sind natürlich *weder* die Nichtigkeitsklage nach § 579 *noch* die Restitutionsklage nach § 580 Rechtsmittel. Es sind aber Rechtsmittel auch in diesen Verfahren insoweit zulässig, als sie gegen die Entscheidung der mit den Klagen befaßten Gerichte überhaupt stattfinden, § 591. Vgl daher bei den einzelnen Rechtmitteln.

Wiedereinsetzungsverfahren: Es ist *kein* Rechtsmittel. Denn der Wiedereinsetzungsantrag nach §§ 234 ff hat keine Anfallwirkung. Ihn muß vielmehr dasselbe Gericht beurteilen, dem die Entscheidung über die nachgeholte Prozeßhandlung zusteht, § 237, § 238. Seine Kosten muß man zunächst nach § 238 IV und im übrigen nach §§ 91 ff in der jeweiligen Instanz mitbeurteilen. Ob ein nach § 238 III unzulässiger Angriff gegen eine Wiedereinsetzung oder ein Angriff gegen eine die Wiedereinsetzung ablehnende Entscheidung als ein Rechtsmittel einstufbar ist, richtet sich nach der Form der angegriffenen Entscheidung und den für sie geltenden Anfechtungsregeln.

Zurückverweisung: Rn 42. 28

6) Kosten des Rechtsmittels, I, II. Die Vorschrift erfaßt jedenfalls nach dem Wortlaut direkt nur die jeweiligen „Kosten des Rechtsmittels", oder „Rechtsmittelverfahrens". Gemeint sind sämtliche Kosten dieses Rechtsmittels, also gerichtliche wie außergerichtliche Gebühren und Auslagen. Für die letzteren kommt es wie bei § 91 I 1 auf ihre Notwendigkeit an. Hierher gehören sämtliche durch das Rechtsmittel objektiv veranlaßten, erforderlich gewordenen Kosten. Das gilt unabhängig davon, ob die ganze Rechtsmittelinstanz überhaupt erforderlich oder ob sie wie bei II im Grunde überflüssig war. Für die Zugehörigkeit zu den „Kosten des Rechtsmittels" reicht es, daß die Instanz eben entstand, sei es auch durch ein unstatthaftes oder unzulässiges Rechtsmittel, und daß die Kosten auch zB für den Rechtsmittelgegner notwendig waren. Der Rechtsmittelgegner darf auch gegenüber einem in der Zulässigkeit und Erfolgsaussicht sowie überhaupt in der weiteren Durchführung zweifelhaften Rechtsmittel grundsätzlich sogleich einen Anwalt beauftragen, ohne zB eine notwendige Rechtsmittelbegründung abzuwarten, § 91 Rn 158. 29

Bei *beiderseitigen* (wechselseitigen) Rechtsmitteln muß man für jedes prüfen, ob und wieweit Kosten gerade durch diese Maßnahme entstanden und notwendig waren. Soweit die Trennung nicht möglich ist, bleibt § 97 unanwendbar. Zu den Kosten des Rechtsmittels zählen auch diejenigen, die nach einer Zurückverweisung an ein Rechtsmittelgericht entstehen. Denn diese Instanz ist dann zunächst noch nicht abgeschlossen gewesen, Rn 40. 30

7) Erfolglosigkeit, I. Die Vorschrift stellt entsprechend dem Grundsatz der Unterliegenshaftung darauf ab, ob man das Rechtsmittel nach Rn 14 „ohne Erfolg eingelegt" hat. 31

A. Begriff der Erfolglosigkeit. Man muß entsprechend dem Grundsatz des Kostenrechts auf das Endergebnis abstellen, § 91 Rn 19. Das gilt auch bei einer Gesetzesänderung während des Prozesses, Rn 55. Eine Erfolglosigkeit liegt vor, wenn sich die rechtliche Lage des Rechtsmittelführers trotz des Rechtsmittels schließlich in keinem Punkt irgendwie verbessert hat. In der Regel treffen dabei eine rechtliche und eine wirtschaftliche Erfolglosigkeit zusammen. Maßgebend ist aber nur die rechtliche. Die Beschwer nach Grdz 13 vor § 511 muß schließlich voll geblieben sein. Es ist unerheblich, ob die Erfolglosigkeit wegen einer Unstatthaftigkeit oder Unzulässigkeit (Verwerfung) oder wegen einer Unbegründetheit (Zurückweisung) des Rechtsmittels eintritt. Dazu muß man den höchsten Antrag des Rechtsmittelführers mit der zugehörigen 32 abschließenden Entscheidung vergleichen, Zweibr RR **99**, 1666. Es ist auch unerheblich, ob der Rechtsmittelgegner dem Rechtsmittel entgegentreten wollte, Nürnb MDR **99**, 1408. Soweit der Rechtsmittelführer sein Rechtsmittel wirksam teilweise zurückgenommen hatte, kommt es für den Vergleich auf den restlichen Rechtsmittelantrag und die dazu gehörende etwaige abschließende Entscheidung an. Soweit er das Rechtsmittel erweitert hatte, muß man den erweiterten Antrag und die zugehörige abschließende Entscheidung vergleichen. Das Gericht muß jedes Rechtsmittel selbständig beurteilen, Rn 36. Nach einer Zurückverweisung nach Rn 33 ist der Vergleich erst am Ende der anschließenden erneuten ersten Instanz möglich, Rn 40.

33 **B. Abgrenzung zur Zurückverweisung.** I, II regeln eine Zurückverweisung wegen eines Verfahrensfehlers nach § 538 kostenmäßig nur scheinbar nicht. In Wahrheit liegt im Zeitpunkt der Zurückverweisung weder eine Erfolglosigkeit nach I noch ein Sieg nach II vor. Daher kommt dann grundsätzlich überhaupt noch keine Kostenentscheidung in Betracht, Rn 76. Das gilt trotz des Umstands, daß die zurückverweisende Entscheidung die angefochtene zunächst regelmäßig „aufhebt“. Es handelt sich eben noch nicht um eine abschließende Entscheidung über das Rechtsmittel. Wegen der Ausnahmen Rn 77.

34 **C. Völlige Erfolglosigkeit.** I erfaßt eine völlige Erfolglosigkeit des Rechtsmittels. Das gilt sowohl dann, wenn es sich gegen die gesamte Entscheidung der Vorderinstanz richtet, als auch dann, wenn es sich von vornherein nur gegen einen Teil jener Entscheidung richtete, wenn es aber eben in diesem beschränkten Umfang keinerlei Besserstellung bringt. Das gilt sowohl zur Hauptsache als auch zu denjenigen Nebenpunkten, die einen eigenen Streitwert auslösen, Karlsr JB **94**, 682. Ob das letztere so ist, muß das Gericht prüfen.

35 **D. Teilweise Erfolglosigkeit.** I gilt auch bei einem teilweise erfolglos gebliebenen Rechtsmittel. Das gilt sowohl dann, wenn sich das Rechtsmittel gegen die gesamte Entscheidung der Vorderinstanz richtet, als auch dann, wenn das Rechtsmittel auf einen Teil der Entscheidung der Vorderinstanz beschränkt war und in diesem Bereich nun eben seinerseits teilweise erfolglos bleibt. Das gilt zur Hauptsache und zu den Nebenpunkten mit einem besonderen Streitwert, Rn 34. Soweit der erstrebte Erfolg nur zum Teil eingetreten ist, muß das Gericht freilich die Kosten nach § 92 verteilen, BGH NJW **92**, 2970, Karlsr JB **94**, 682. Das Gericht kann und muß dabei evtl die Kostenentscheidung des Vordergerichts nach Rn 39 ändern, und zwar auch diejenige, die einen im Rechtsmittelverfahren nicht mehr beteiligten Streitgenossen traf, BGH NJW **81**, 2360. Das gilt auch bei wechselseitigen Rechtsmitteln oder bei einer Nichtannahme der Revision nebst einer Wertänderung, BGH MDR **01**, 596.

Nach einer nur *teilweisen Annahme der Revision* kommt eine Überprüfung der Kostenentscheidung allerding nur in diesem Umfang in Betracht, BGH RR **86**, 549. Nach einem Teilurteil nach § 301 ohne eine Kostenentscheidung bleibt für die Verurteilung im Schlußurteil die Quote des Hauptsachespruchs im Teilurteil trotz der Geltendmachung eines Restitutionsgrundes maßgeblich, BGH NJW **80**, 839. In der bloß teilweisen Zurückverweisung nach § 538 liegt weder eine Erfolglosigkeit noch ein Teilerfolg, Rn 33. Man muß den nicht zurückverwiesenen Rest beurteilen. Nach der Rücknahme des Hauptrechtsmittels kann man über die diesbezüglichen Kosten zusammen mit denjenigen über ein Anschlußrechtsmittel entscheiden, Düss FamRZ **99**, 1674.

36 **E. Erfolglosigkeit bei beiderseitigen Rechtsmitteln.** Soweit beide Parteien Rechtsmittel oder Anschlußrechtsmittel eingelegt haben, muß man jedes dieser Rechtsmittel kostenmäßig gesondert nach den Regeln Rn 32–35 beurteilen.

37 **8) Bei Erfolglosigkeit: Kostenlast des Rechtsmittelführers, I.** Soweit das Rechtsmittel erfolglos blieb, Rn 31, tritt die in I genannte Kostenlast ein.

A. Begriff des Rechtsmittelführers. Die Kostenlast trifft den Rechtsmittelführer. Das mag die „Partei“ sein, Rn 8, evtl aber auch einer der in Rn 9–12 genannten weiteren Beteiligten.

38 **B. Zwingende Kostenfolge.** Anders als nach II tritt die Kostenfolge nach I schon nach seinem Wortlaut zwingend ein, aber auch nach dem Grundsatz der Unterliegenshaftung, § 91 Rn 19. Es handelt sich um eine der sog Kostentrennung, Grdz 3 vor § 91. Denn die angefochtene Entscheidung bleibt mit ihrem Kostenausspruch ja bestehen. Es besteht nur ein Bedarf zur zusätzlichen Entscheidung über die Kosten des Rechtsmittels, Rn 29. Die Kostenfolge ist auch dann zwingend, wenn der Rechtsstreit im übrigen zB wegen einer Zurückverweisung weiterläuft. Das gilt auch bei einem Grundurteil nach § 304, BGH GRUR **92**, 625, Hamm FamRZ **02**, 104, Oldb JB **92**, 492, aM Ffm RR **88**, 1213 (aber dieses Rechtsmittel ist eben auf jeden Fall verloren). Die Kostenfolge tritt auch zB dann ein, wenn es wegen einer außergerichtlichen Vereinbarung der Rücknahme mangels ihrer Vornahme zur Verwerfung des Rechtsmittels kommt, BGH NJW **89**, 40, oder wenn das Rechtsmittel gegen ein Räumungsurteil nur dazu führt, daß der Mieter eine längere Räumungsfrist erhält, LG Stgt FamRZ **77**, 200, oder wenn nur eine Änderung bei den Zinsen erfolgt, oder nur bei den Kosten.

39 **C. Entscheidung des Rechtsmittelgerichts.** Das Rechtsmittelgericht darf und muß über die Kosten seiner Instanz selbst entscheiden, soweit es in der Hauptsache über das Rechtsmittel abschließend entscheidet. Es darf und muß daher evtl eine fehlerhafte Kostenentscheidung des Vordergerichts wegen § 308 II von Amts wegen ändern, BGH GRUR **92**, 625, Hamm FamRZ **02**, 104, Kblz JB **93**, 115, aM Hamm OLGR **93**, 299 (aber § 308 II ist eindeutig, Einl III 39). Bei einem Verstoß gelten §§ 319 ff, 329.

40 **D. Entscheidung des Vordergerichts nach Zurückverweisung.** Soweit das Rechtsmittelgericht den Prozeß nach § 538 an das Erstgericht zurückverwiesen hat und deshalb nach Rn 76 über die Kosten dieses Teils des Rechtsmittels noch nicht selbst entscheiden durfte, darf und muß es in der zurückverweisenden Entscheidung das Erstgericht anweisen, über die gesamten Kosten des Rechtsstreits einschließlich der durch den zurückverwiesenen Teil des Rechtsmittels entstandenen Kosten einheitlich zu entscheiden. Die bisherige erstinstanzliche Kostenentscheidung entfällt ja zusammen mit der notwendigen Aufhebung jener Entscheidung zur Hauptsache. Das Erstgericht kann erst nach einer erneuten Prüfung übersehen, welche Entschei-

dung es in der Hauptsache treffen muß. Erst danach richtet sich die entsprechende Kostenentscheidung nach §§ 91 ff. Insofern mag sich also herausstellen, daß schließlich weder eine völlige noch eine teilweise Erfolglosigkeit des Rechtsmittels eingetreten ist. Der Enderfolg in der Sache entscheidet.

E. Erneute Entscheidung des Rechtsmittelgerichts. Nach einer Zurückverweisung und einer weiteren Entscheidung des Vordergerichts über die Kosten mag das Rechtsmittelgericht erneut vor die Frage kommen, ob ein gegen jene letztere Entscheidung eingelegtes Rechtsmittel seinerseits erfolglos war. Er muß diese Frage dann nach Rn 37–40 entscheiden. **41**

9) Obsiegen, II. Die Vorschrift trifft eine nur scheinbar lückenhafte Regelung, in Wahrheit eine vollständige, Rn 2. **42**

A. Begriff. Man kann sagen: Soweit ein Rechtsmittel nicht nach Rn 31 ff erfolglos war, hat der Rechtsmittelführer gesiegt. Das würde dem äußeren Aufbau von § 97 gerecht. Man kann auch sagen: Jeder rechtliche Erfolg, jede Verringerung der Beschwer nach Grdz 13 vor § 511 bedeutet einen Sieg. Auch hier kommt es wiederum auf den rechtlichen und nicht nur auf den wirtschaftlichen Vergleich an.

B. Abgrenzung zur Zurückverweisung. Es gelten dieselben Gesichtspunkte wie in Rn 33. Auch der Ausspruch der Aufhebung der angefochtenen Entscheidung in der zurückverweisenden des Rechtsmittelgerichts bedeutet weder einen Erfolg noch ein Unterliegen. Die Zurückverweisung kann zum einen wie zum anderen führen. Das übersieht Nürnb MDR **96**, 1301.

C. Völliges Obsiegen. II erfaßt zunächst den völligen Sieg mit dem Rechtsmittel. Das gilt sowohl dann, wenn sich das Rechtsmittel gegen die gesamte Sachentscheidung des Vordergerichts richtete, als auch dann, wenn es sich von vornherein oder nachträglich auf einen Teil jener Entscheidung beschränkte und eben in diesem schließlichen Umfang einen vollen Erfolg hatte. **43**

D. Teilweises Obsiegen. II meint aber auch einen jedenfalls teilweisen Sieg. Hier sind genau wie bei einer teilweisen Erfolglosigkeit nach Rn 35 mehrere Kombinationen denkbar. Es können zB ein teilweiser Sieg und ein teilweises Unterliegen zusammentreffen, Hbg FamRZ **98**, 299. Infrage kommen aber auch ein teilweiser Sieg und eine restliche Zurückverweisung, schließlich ein teilweiser Sieg, eine teilweise Zurückverweisung und eine teilweise Erfolglosigkeit des Rechtsmittels. Bei einer nur teilweisen Zulassung der Revision kommt eine Überprüfung der Kostenentscheidung nur in diesem Umfang in Betracht, (zum alten Recht) BGH RR **86**, 549. **44**

E. Obsiegen bei beiderseitigen Rechtsmitteln. Es gelten dieselben Regeln wie bei der Erfolglosigkeit beiderseitiger Rechtsmittel, Rn 35. Man muß also jedes Rechtsmittel selbständig beurteilen. **45**

10) Beim Obsiegen: Grundsatz der Unterliegenshaftung, II. Soweit die Partei siegt, muß ihr Gegner grundsätzlich die Kosten aller bisherigen Instanzen tragen. Es hätte zwar nahegelegen, diese Folgen ausdrücklich gesetzlich klarzustellen. Das ist indes unterblieben, ohne daß diese Folge irgendwie streitig wäre, Rn 2. Das Rechtsmittelgericht hebt also die angegriffene Entscheidung auf. Manche sprechen auch beim vollen Erfolg von „Abänderung“. Das Rechtsmittelgericht formuliert die Sachentscheidung neu. Es verurteilt den Verlierer der Hauptsache zu sämtlichen Prozeßkosten aller bisherigen Instanzen nach §§ 91–96, 100–101, BGH VersR **79**, 444, Ffm RR **00**, 362. Das gilt auch für außergerichtliche Kosten, Drds JB **05**, 456. Die ZPO zählt die Kosten eines erfolgreichen Rechtsmittels stillschweigend grundsätzlich zu denjenigen des Rechtsstreits, Hbg MDR **02**, 479. Das Rechtsmittelgericht muß von Amts wegen über die gesamten Kosten entscheiden. Das gilt selbst dann, wenn das Vordergericht einen Kostenausspruch fälschlich oder zu Recht unterlassen hatte. **46**

Diese Regel gilt auch nach einem bloßen Zeitablauf zugunsten einer Partei, Oldb FamRZ **98**, 1528, oder entsprechend nach einer *Zurückverweisung* nach §§ 538 II, 563 I 1, 566 VII 2 für das erneut befaßte untere Gericht. Denn auch dann stellt sich ja der Erfolg oder Mißerfolg erst bei der anschließenden neuen Prüfung heraus, Rn 40. Von diesem Grundsatz der Unterliegenshaftung nach § 91 Rn 19 gibt es neben den in Rn 47–71 erläuterten Ausnahmen weitere Abweichungen nur nach §§ 94–96, 238 IV, Hamm MDR **82**, 501, sowie nach § 254, Hamm OLGR **94**, 72, und nach §§ 281 III, 344.

11) Beim Obsiegen: Ausnahmsweise Haftung des Siegers, II. Auch soweit die Partei nach Rn 42 siegt, kann als eine Ausnahme vom Grundsatz der Haftung des unterliegenden Gegners nach Rn 46 eine Kostenentscheidung zulasten des Rechtsmittelführers eintreten. Man muß diese Ausnahmevorschrift eng auslegen. Es müssen die folgenden Voraussetzungen zusammentreffen. **47**

A. Grund: Neues Vorbringen. Der Sieg darf gerade nur infolge eines neuen Vorbringens eben dieser Partei als Rechtsmittelführerin eingetreten sein. Das Rechtsmittel muß also rückblickend ohne das neue Vorbringen mit Sicherheit erfolglos gewesen sein. Eine bloß mögliche Erfolglosigkeit auf Grund des vorinstanzlichen Vorbringens reicht nicht aus. Es muß vielmehr feststehen, daß das neue Vorbringen die alleinige Ursache für den Erfolg des Rechtsmittels war, BVerfG NJW **81**, 272, Hbg FamRZ **85**, 712, aM BGH RR **05**, 867 (ohne Erwähnung der vorgenannten Entscheidung des BVerfG, schon deshalb nach Einl III 16, 21 bedenklich, vgl auch die sonst so strenge Haltung des BGH zur Willkür etwa bei § 281 Rn 39). „Vorbringen“ umfaßt alle Angriffs- und Verteidigungsmittel nach Einl III 70, alle Behauptungen, Beweismittel, Beweisantritte, Erklärungen, Tatsachen, Anträge, LG Freibg WoM **02**, 97, und alle sonstigen tatsächlichen Umstände. Nicht hierher zählt zB eine bloße Rechtsansicht. **48**

B. Begriff des Neuen. „Neu“ ist das Vorbringen, wenn die Partei es erstmals in der Rechtsmittelinstanz in den Prozeß einführt. Es ist unerheblich, ob das Vorbringen dem Rechtsmittelgegner und/oder dem Gericht in diesem Zeitpunkt schon anderswie bekannt war. Die Partei muß es eben nur in der Vorinstanz zurückgehalten haben, Ffm MDR **02**, 843, Hamm NJW **84**, 1244, StJL 13, aM Düss RR **89**, 600, Hamm MDR **84**, 1032, AG Überlingen MDR **84**, 588 (aber im Bereich der Parteiherrschaft nach Grdz 18 vor § 128 zählt systematisch zunächst noch nicht die bloße Möglichkeit einer Parteiprozeßhandlung nach Grdz 47 vor § 128, sondern erst deren tatsächliche Vornahme. Die Möglichkeit tritt erst als ein weiteres Merkmal *hinzu,* Rn 50). Eine Arglist ist freilich wie stets schädlich, Rn 51. **49**

50 **C. Säumigkeit des Rechtsmittelführers.** Zur Voraussetzung Rn 48, 49 muß hinzutreten: Der siegende Rechtsmittelführer muß „imstande" gewesen sein, sein neues Vorbringen „in einem früheren Rechtszug geltend zu machen", Brschw OLGR **94**, 228.

„Imstandesein" bedeutet: Vorwerfbare Säumigkeit, Nachlässigkeit, prozessuales Verschulden, Einl III 68. Es kommt also einerseits auf die prozessuale Sorgfaltspflicht einer jeden Partei, ihre Förderungspflicht an, Grdz 12 vor § 128, BGH GRUR **92**, 109, zB nach §§ 138 II, 282, 296. Eine Verschleppungsabsicht oder grobe Fahrlässigkeit ist nicht nötig, Rn 55. Andererseits kommt es aber unabhängig von den dortigen Verschuldensmaßstäben hier darauf an, daß der Partei das rechtzeitige Vorbringen bis zum Abschluß der Vorinstanz möglich war, bei einer mündlichen Verhandlung also bis zu deren Schluß, §§ 136 IV, § 296 a. Maßgeblich ist also, daß für eine vernünftige Partei ein Anlaß zum damaligen Vorbringen bestanden hatte, Ffm MDR **02**, 843, Schlesw SchlHA **78**, 172. Es mag zwar ein Anlaß erst im letzten Verhandlungstermin der Vorinstanz bestanden haben. Es braucht auch weder eine Verschleppungsabsicht noch eine grobe Nachlässigkeit nach § 296 Rn 61 vorgelegen zu haben. Man muß aber insgesamt den Vorwurf erheben können, der Rechtsmittelführer habe diesen Vortrag in der Vorinstanz unterlassen, BGH GRUR **92**, 109, Köln ZMR **93**, 415, Zweibr FamRZ **97**, 839 (ein gerichtliches Mitverschulden ist unerheblich).

In *„einem"* früheren Rechtszug bedeutet: Es ist schädlich, daß das neue Vorbringen in irgendeinem der vorangegangenen Rechtszüge vorwerfbar unterblieben war.

Beispiele: Unterlassung in erster Instanz; Zurückverweisung durch das Rechtsmittelgericht; endgültiger Erfolg bei erneuter Verhandlung vor dem Berufungsgericht nur auf Grund des jetzt erst neuen Vortrags.

51 **D. Beispiele zur Frage der Kostenlast des Siegers**

Abtretung: Eine jetzt erst erfolgte erfolgreiche Abtretung an den Kläger kann ein neues Vorbringen sein, Karlsr OLGR **00**, 128.

Von Amts wegen: Ein von Amts wegen beachtbarer Umstand, zB eine von Amts wegen notwendige oder jedenfalls durchgeführte Beweisaufnahme, sind *kein* neues Vorbringen, Karlsr OLGZ **80**, 385. Soweit es um ein Wechselvorbehaltsurteil in der Berufungsinstanz geht und das Berufungsgericht den Rechtsstreit in die erste Instanz zum Nachverfahren zurückverweist, kommt in einer Abweichung von dem Grundsatz, daß die zurückverweisende Entscheidung nicht über Kosten befindet, Rn 76, eine Kostenentscheidung in Betracht.

Anerkenntnis: Der Kläger siegt auch dann, wenn nach dem Berufungsurteil eine Gesetzesänderung erging und der Bekl den Klaganspruch nicht anschließend sofort anerkannt hat.

Im bloßen Zeitablauf liegt *kein* neues Vorbringen, soweit der Gegner die erst jetzt fällige Forderung wirksam sofort anerkennen kann, § 93.

Angriffs- oder Verteidigungsmittel: Jeder derartige Vorgang nach Einl III 70 kann ein neues Vorbringen sein. Vgl bei den einzelnen weiteren Stichworten.

Anschlußrechtsmittel, dazu *Jacoby* ZZP **115**, 185 (ausf): Soweit das Gericht über ein gegnerisches Anschlußrechtsmittel (Anschlußberufung, -revision, -beschwerde) gemeinsam mit dem Rechtsmittel entscheidet, kommt es auch für das Anschlußrechtsmittel auf die Voraussetzungen II an, Celle MDR **05**, 1018, aM Ludwig MDR **03**, 671 (aber II gilt uneingeschränkt, Einl III 39). Dasselbe gilt, wenn das Gericht über die Berufung nach § 522 II entscheidet und damit für die Anschlußberufung § 524 IV wirkt, Brdb MDR **03**, 1261, Düss NJW **03**, 1260, Pape NJW **03**, 1150. Man muß den Streitwert eines jeden Rechtsmittels gesondert klären.

Anspruchsverzicht: II gilt, wenn der Kläger nur wegen eines erst in 2. Instanz vom Bekl vorgetragenen Umstands auf den Anspruch verzichtet hat, Schlesw SchlHA **78**, 172.

Arglist: II setzt keine Arglist des Rechtsmittelführers voraus, ebensowenig wie seine Verschleppungsabsicht oder seine grobe Nachlässigkeit vorliegen müssen. Soweit der Gegner des Rechtsmittelführers die vom letzteren in der Rechtsmittelinstanz neu vorgebrachten Umstände aber nur infolge einer Arglist „nicht kannte", mag es an der Ursächlichkeit des neuen Vorbringens für den Rechtsmittelsieg fehlen, Einl III 54, Karlsr FamRZ **99**, 726.

Auskunft: Ihre verspätete Erteilung oder Berichtigung kann kostenpflichtig machen, Naumb FamRZ **01**, 1383 links.

52 **Berichtigung:** II ist auch dann anwendbar, wenn der mit dem Rechtsmittel erstrebte Erfolg auch durch eine bloße Berichtigung nach § 319 erreichbar war. Evtl muß man die Werte je Instanz unterschiedlich ansetzen, Ffm OLGZ **90**, 77.

Beschwerdeinstanz: II ist direkt und nicht nur entsprechend anwendbar, aM KG Rpfleger **81**, 495 (aber die Anfallwirkung tritt bei einer Nichtabhilfe ein). Das gilt auch (jetzt) für eine Rechtsbeschwerde, Köln ZMR **96**, 86.

Betragsurteil: Rn 55 „Grundurteil".

Beweismittel: Jede Art von Beweismittel kann ein neues Vorbringen sein. Allerdings fehlt es an der erforderlichen Ursächlichkeit („... auf Grund"), soweit das Gericht eine erste oder weitere Beweisaufnahme von Amts wegen durchführen mußte oder durchgeführt hat, Karlsr OLGZ **80**, 385.

53 **Erbschaft:** § 91 a Rn 46 „Erbschaft".

Erklärung: Jede nachgeholte Erklärung kann ein neues Vorbringen darstellen.

Das gilt allerdings *nicht* bei der bloßen Rechtsansicht, s dort.

S auch Rn 57 „Kündigung", Rn 65 „Unterlassungserklärung".

54 **Fälligkeit:** Rn 68 „Zeitablauf".

Förderungspflicht: Ein vorwerfbarer Verstoß gegen Grdz 12 vor § 128 kann II anwendbar machen, Hamm MDR **84**, 1032.

55 **Genehmigung:** Eine solche behördliche Genehmigung, die der Rechtsmittelführer erst nach dem Schluß der mündlichen Verhandlung der ersten Instanz nach §§ 136 IV, 296 a beantragt und erhalten hat, ist ein Umstand, der eine sachlichrechtliche Klagevoraussetzung nachträglich erfüllt. Er zählt *nicht* als neues Vorbringen, selbst wenn der Antrag und die Genehmigung früher möglich gewesen wären, aM Ffm FamRZ **94**, 119 (aber man muß II aus den Gründen Rn 4 eng auslegen).

Schädlich wäre es aber, wenn der Rechtsmittelführer die Genehmigungsbedürftigkeit schon in einer früheren Instanz direkt gekannt hatte, KG Rpfleger **86**, 445, Kblz NJW **88**, 3099.

Gesellschaft: Die Geltendmachung eines neuen, selbständigen Kündigungsgrundes kann ein neues Vorbringen sein, Ffm RR **94**, 500.

Gesetzesänderung: Ein Sieg des Klägers kann auch dann vorliegen, wenn der Bekl auf Grund einer erst nach dem Erlaß des Vorderurteils eingetretenen Gesetzesänderung den Klaganspruch nicht anschließend sofort anerkannt hat.

Kein neues Vorbringen liegt vor, soweit sich eine Partei lediglich auf eine erst während der Rechtsmittelinstanz eingetretene Gesetzesänderung beruft (vgl aber § 93 Rn 94).

Grobe Nachlässigkeit: Eine solche des Rechtsmittelführers braucht nicht vorgelegen zu haben, ebensowenig wie eine Verschleppungsabsicht oder Arglist. Eine solche des Rechtsmittelgegners mag dazu führen, daß ähnlich wie bei seiner Arglist nach Rn 51 eine Ursächlichkeit des neuen Vorbringens des Rechtsmittelführers vorliegt.

Grundurteil: Bei einem Grundurteil nach § 304 ist abweichend von dem Grundsatz, daß bei einer Zurückverweisung keine Kostenentscheidung erfolgt, ausnahmsweise eine Kostenentscheidung statthaft, Rn 74.

Hilfsantrag: Ein erst in der Rechtsmittelinstanz gestellter Hilfsantrag kann ein neues Vorbringen sein. 56

Kenntnis des Gegners: Es ist bei II grds unerheblich, ob das neue Vorbringen des Rechtsmittelführers dem 57
Rechtsmittelgegner bekannt war, Rn 49. Etwas anderes gilt bei einer Arglist des Gegners, Rn 51 „Arglist".

Klagänderung: Eine Klagänderung kann ein neues Vorbringen sein, Düss FER **97**, 87, Zweibr FamRZ **97**, 839. Die Erwiderung auf sie kann unschädlich sein, Hamm RR **03**, 1720.

Klagegrund: Eine neue tatsächliche Begründung der Klage kann ein neues Vorbringen sein.

Eine nur rechtlich neue Begründung desselben Tatsachenstoffs wäre als eine bloße Rechtsansicht *kein* „neues Vorbringen", Rn 62 „Rechtsansicht".

Kostenfestsetzung: Vgl § 104 Rn 20. Jedenfalls ist eine zurückhaltende Anwendung von II notwendig, großzügiger AG Überlingen MDR **84**, 588.

Kündigung: Wenn sie schon in erster Instanz möglich gewesen wäre, ist ihre Erklärung in zweiter Instanz trotz des durch sie erreichten Siegs kostenschädlich, Hamm MDR **90**, 450.

Leistungsverweigerungsrecht: Die Geltendmachung eines Leistungsverweigerungsrechts kann ein neues 58
Vorbringen sein, Hamm MDR **78**, 403, Schlesw SchlHA **78**, 172.

Nebenverfahren: Soweit in einem Nebenverfahren in der Vorinstanz keine Kostenentscheidung erfolgt, 59
weil die dortigen Kosten zu denjenigen der Hauptsache zählen, ergeht auch in der Rechtsmittelinstanz des Nebenverfahrens keine Kostenentscheidung, Ffm JB **82**, 934 (zu §§ 719, 769), § 127 Rn 21 (wegen Prozeßkostenhilfe).

Neues Vorbringen: Rn 48 ff.

Ordnungsmittel: Ein Sieg kann auch dann vorliegen, wenn sich ein Zeuge erfolgreich gegen einen 60
Ordnungsmittelbeschluß wendet, Karlsr Just **77**, 97.

Prozeßbevollmächtigter: Man muß sein Verschulden dem Gegner gegenüber wie sonst nach § 85 II 61
beurteilen und kann ihn dem Auftraggeber schadensersatzpflichtig machen, Köln VHR **98**, 265.

Prozeßförderungspflicht: Für die Frage, ob die Partei zum früheren Vortrag „imstande war", kommt es auf ihre Prozeßförderungspflicht an, BGH GRUR **92**, 209, Zweibr FamRZ **97**, 839, zB nach §§ 282, 296, aber auch darüber hinaus, Grdz 12 vor § 128.

S auch Rn 67 „Verschulden".

Prozeßstandschaft: Auch ein vorwerfbar erst in der höheren Instanz geltendgemachter Anspruch aus einer gewillkürten Prozeßstandschaft nach Grdz 29 vor § 50 kann die Folgen nach II auslösen, BGH GRUR **92**, 109.

Rechtsansicht: Die bloße Rechtsansicht ist *kein* neues Vorbringen, daher auch nicht die bloß rechtlich 62
andere Begründung des Sachverhalts, Bbg JB **84**, 737.

Rücknahme: Soweit der Rechtsmittelführer sein Rechtsmittel wirksam zurücknimmt, hat er letztlich ohne Erfolg eingelegt, I, Ffm FamRZ **91**, 587, aM Karlsr FamRZ **02**, 1053 (aber das Prozeßrecht ist kein Selbstzweck, Einl III 10). Das gilt auch dann, wenn der Anschlußberufungskläger der Rücknahme der Hauptberufung zustimmt, Mü MDR **89**, 552. Man mag auch § 269 III 2 entsprechend anwenden. Jedenfalls ist II insoweit *unanwendbar.*

Schlußurteil: Rn 55 „Grundurteil". 63

Selbständiges Anschlußrechtsmittel: Rn 51 „Anschlußrechtsmittel".

Sorgfaltspflicht: Für die Frage, ob der Rechtsmittelführer zum Vorbringen schon in einer früheren Instanz „imstande war", kommt es auf seine prozessuale Sorgfaltspflicht an, auf sein prozessuales Verschulden, Einl III 68.

S auch Rn 51 „Arglist", Rn 61, Rn 67 „Verschulden".

Straftat: Nach einer Straftat des Gegners hat eine vernünftige Partei grds einen Anlaß zum alsbaldigen 64
Vorbringen gehabt.

II ist *unanwendbar,* soweit der Rechtsmittelführer lediglich eine eigene Straftat verschwiegen hatte.

Übergang: Rn 57 „Klagänderung". 65

Umstand: Jeder dem Rechtsmittelsieger zurechenbare Umstand kann ein neues Vorbringen gewesen sein. Das gilt allerdings *nicht* bei einer bloßen Rechtsansicht, s dort.

Unselbständiges Anschlußrechtsmittel: Rn 51 „Anschlußrechtsmittel".

Unterlassungserklärung: Eine jetzt erst abgegebene Unterlassungserklärung kann ein vermeidbar spätes neues Vorbringen sein, Ffm WRP **76**, 47.

Unredlichkeit: Jede prozessuale Unredlichkeit des Rechtsmittelführers nach Einl III 54 kann eine Säumigkeit nach II sein, Schlesw SchlHA **78**, 172, Zweibr FamRZ **97**, 839.

II ist aber *unanwendbar,* wenn der Gegner des Rechtsmittelführers nur durch eine eigene unredliche Prozeßführung in der Vorinstanz gesiegt hatte, Hamm RR **97**, 1474, Karlsr FamRZ **99**, 727.

S auch Rn 61, Rn 67 „Verschulden".

Ursächlichkeit: Vgl zunächst Rn 48. S auch Rn 52 „Berichtigung".

66 **Verjährung:** Wenn die in der höheren Instanz erhobene Einrede der Verjährung einen Erfolg hat und wenn die Sache dadurch nach § 300 Rn 6 entscheidungsreif geworden ist, prüft das Gericht nicht der Sache nach, ob die Partei etwa auch noch aus einem anderen Grund siegen würde, BGH **61**, 227. Als ein neues Vorbringen kann auch eine solche Einrede der Verjährung gelten, die eindeutig schon in einer früheren Instanz sinnvoll gewesen wäre, Celle RR **06**, 1531, Hamm VersR **82**, 1086. Der Sieger trägt sowohl die erstinstanzlichen Beweis- als auch die zweitinstanzlichen Kosten, Düss RR **99**, 283.

II ist aber *unanwendbar*, soweit rückblickend objektiv zweifelhaft ist, ob die Einrede schon in einer früheren Instanz sinnvoll gewesen wäre, oder wenn Zweifel bestehen, ob die Verjährung objektiv überhaupt schon während der früheren Instanz eingetreten war, BGH **61**, 227, oder wenn der Gläubiger sich mit der Verjährungseinrede nicht zufrieden gegeben hätte, Hamm WRP **79**, 327.

67 **Verschulden:** Jedes einfache prozessuale Verschulden nach Einl III 68 führt zur Säumigkeit nach II, also dazu, daß die Partei „imstande war", Drsd NZM **02**, 437. Eine Arglist, eine Verschleppungsabsicht oder eine grobe Nachlässigkeit brauchen nicht vorgelegen zu haben. Es reicht, daß eine vernünftige Partei einen Anlaß zum Vorbringen bis zum Schluß der früheren Instanz gehabt hatte, zB nach §§ 282, 296, Schlesw SchlHA **78**, 172. II ist anwendbar, soweit die Fälligkeit erst im Prozeß eintrat, Hamm FamRZ **96**, 1078.

S auch Rn 62.

Verwirkung: II kann *unanwendbar* sein, wenn der Gegner unredlich handelte, Hamm RR **96**, 1474.

Weitere Beschwerde: Rn 52 „Beschwerdeinstanz".

68 **Zeitablauf:** II ist anwendbar, soweit die Fälligkeit erst im Prozeß eintrat, Hamm FamRZ **96**, 1078.

Ein bloßer Zeitablauf ist *kein* nach II schädlicher Umstand, soweit der Gegner die erst jetzt fällige Forderung wirksam sofort anerkennen kann, § 93.

Zeuge: Rn 60.

Zurückbehaltungsrecht: Die Geltendmachung eines Zurückbehaltungsrechts kann ein neues Vorbringen sein, Hamm MDR **78**, 403. II ist nur dann anwendbar, wenn der Gegner sofort nach der Einrede den Klagantrag entsprechend beschränkt, Saarbr MDR **04**, 412.

S auch Rn 58.

Zwangsvollstreckung: II gilt, wenn die Auskunft nach einem Zwangsgeld und vor der Beschwerdeentscheidung ergeht, Mü FamRZ **98**, 180. Ein neues Vorbringen liegt vor, wenn der Gläubiger erst in dritter Instanz die Vollstreckungsvoraussetzungen nachweist, Köln JB **96**, 214.

69 **12) Kostenauferlegung ganz oder teilweise, II.** Soweit die Voraussetzungen Rn 47–68 vorliegen, hat das Gericht die nachfolgenden Möglichkeiten.

A. Eingeschränktes Ermessen. Aus den Worten „die Kosten ... sind ... ganz oder teilweise aufzuerlegen" ergibt sich: Einerseits ist eine Kostenlast des siegenden Rechtsmittelführers zwingend. Das Gericht darf ihn von den Kosten des Rechtsmittels nach Rn 29 nicht völlig befreien. Andererseits hat das Gericht ein pflichtgemäßes Ermessen bei der Beurteilung der Frage, wieviel von diesen Kosten es ihm auferlegt, Brschw FamRZ **97**, 223, Köln NZM **01**, 715. Es kann sie ihm ganz oder teilweise auferlegen. Es muß alle Umstände abwägen. Es muß sich von dem Grundsatz der Kostengerechtigkeit leiten lassen, Üb 10 vor § 91. Der Umstand, daß Kosten gerade nur auf Grund des neuen Vortrags während der Rechtsmittelinstanz entstanden und daß der Rechtsmittelführer den neuen Vortrag schon früher hätte geltend machen können, zwingt noch nicht dazu, ihm die Kosten des Rechtsmittelverfahrens ganz aufzuerlegen. Er eröffnet vielmehr gerade erst ein Ermessen zum Wie der Kostenverteilung. Man muß also zusätzliche Umstände beachten, zB: Eine ungewöhnliche Höhe der Rechtsmittelkosten gerade infolge jenes neuen Vorbringens; einen nur hier beachtlichen besonders hohen Grad prozessualen Verschuldens; eine durch das gerade noch zulässige neue Vorbringen verursachte erhebliche Verlängerung des Rechtsmittelverfahrens usw.

Die bloße Notwendigkeit einer *Zurückverweisung* ist regelmäßig kein zusätzlicher Umstand zulasten des letztlich siegenden Rechtsmittelführers. Denn die Zurückverweisung beruht grundsätzlich auf einem Verfahrensfehler nur des Gerichts, §§ 538, 562 II, 577 IV. Ein etwaiges sonstiges Mitverschulden des Gerichts und/ oder des Rechtsmittelgegners ist erst recht in diesem Zusammenhang unbeachtlich. Es hat schon dazu geführt, daß II unanwendbar wurde, weil die Partei in Wahrheit nicht „auf Grund" des neuen Vorbringens gesiegt hat, Rn 48.

70 **B. Möglichkeiten der Kostenverteilung.** Es gelten ähnliche Möglichkeiten wie bei § 92 I, dort Rn 27, 39. Das Gericht kann also die Kosten des Rechtsmittelverfahrens dem Sieger nach einem Bruchteil oder nach einem Prozentsatz oder nach einer festen Summe oder nach dem Rest auferlegen oder auch die Kosten des Rechtsmittelverfahrens gegeneinander aufheben. Das Gericht kann aber auch dem Rechtsmittelführer die gesamten Kosten (hier allerdings nur: des Rechtsmittelverfahrens) auferlegen, wie bei § 92 II. Vgl § 92 Rn 44.

71 **C. Notwendigkeit einer klaren und einfachen Kostenentscheidung.** Wie stets bei einer Kostenverteilung, um die es sich ja hier im Grunde handelt, muß das Gericht eine möglichst klare und einfache Fassung wählen, zB § 92 Rn 29.

72 **13) Zurückverweisung, I, II.** Soweit das Rechtsmittelgericht das Verfahren zurückverweist, liegt in diesem Zeitpunkt weder eine Erfolglosigkeit noch ein Sieg vor, Rn 33, 42. Denn es entscheidet ja erst der endgültige Ausgang im Umfang der Zurückverweisung über den Erfolg.

73 **A. Grundsatz: Noch keine Kostenentscheidung.** Das zurückverweisende Gericht trifft grundsätzlich keine Entscheidung im Umfang der Zurückverweisung. Es überläßt vielmehr am besten ausdrücklich im Tenor oder in den Entscheidungsgründen dem erneut mit der Sache befaßten unteren Gericht die notwendige Entscheidung über die gesamten Kosten des Rechtsstreits einschließlich derjenigen des Rechtsmittelverfahrens, und zwar nach §§ 91 ff, aber natürlich auch nach § 97. Das hat zur Folge, daß das untere

Gericht sehr wohl auch prüfen muß, ob die Voraussetzungen I–III vorliegen. Das übersehen viele, selbst wenn das zurückverweisende Gericht ausdrücklich im Entscheidungssatz darauf hingewiesen hatte, das untere Gericht müsse „auch über die Kosten der Rechtsmittelinstanz" befinden. Übrigens ist ein solcher Hinweis streng genommen überflüssig. Jedenfalls ist sein Fehlen unschädlich. Denn das untere Gericht muß § 97 von Amts wegen mitbeachten.

B. Ausnahmsweise: Kostenentscheidung. Nur in einigen wenigen Ausnahmefällen darf und muß das 74
zurückverweisende Gericht im Umfang der Zurückverweisung sogleich eine eigene Kostenentscheidung treffen und dabei auch I–III mitbeachten.

Beispiele: Es handelt sich um ein Grundurteil nach § 304. Dann kann das Rechtsmittelgericht über die Kosten des Rechtsmittels selbst befinden, Köln OLGZ **76**, 91, oder die Entscheidung dem Betragsurteil überlassen. Das letztere ist zweckmäßiger; es handelt sich um ein Wechselvorbehaltsurteil in der Berufungsinstanz, das Nachverfahren wird in die erste Instanz zurückverwiesen; das Rechtsmittelgericht hat wegen eines Streitgenossen endgültig entschieden und im übrigen zurückverwiesen; das Rechtsmittelgericht bestätigt zugleich mit der Zurückverweisung eine Vorabentscheidung über den Grund, § 538 II 1 Z 3. Dann muß der erfolglose Rechtsmittelkläger, bei einem Sieg im Betragsverfahren, die Kosten des Rechtsmittels zum Grundverfahren nach dem vollen Streitwert tragen, BGH MDR **76**, 379 (Erledigung in der Revisionsinstanz).

C. Teilweise Zurückverweisung. Soweit das Gericht die Sache nur teilweise zurückverweist, kann auf 75
den endgültig beschiedenen restlichen Teil I, II anwendbar sein. Auf den zurückverwiesenen Teil sind die Regeln Rn 76, 77 anwendbar. Wenn irgend möglich, sollte das Gericht die Kostenentscheidung noch nicht treffen, aM ZöHe 8 (er will schutzwürdige Interessen des Erstattungsberechtigten zB durch die Zwangsvollstreckung beachten).

14) Rechtsmittelmöglichkeiten, I, II. Es gelten die allgemeinen Regeln. Insbesondere muß man § 99 76
beachten. Eine Ermessensentscheidung nach Rn 69 läßt sich nur eingeschränkt überprüfen, Köln NZM **01**, 715.

98 *Vergleichskosten.* [1] **Die Kosten eines abgeschlossenen Vergleichs sind als gegeneinander aufgehoben anzusehen, wenn nicht die Parteien ein anderes vereinbart haben.** [2] **Das Gleiche gilt von den Kosten des durch Vergleich erledigten Rechtsstreits, soweit nicht über sie bereits rechtskräftig erkannt ist.**

Gliederung

1) Systematik, S 1, 2. Die Vorschrift ist nach ihrer Stellung im Kostenabschnitt eine vorrangige und 1
deshalb scheinbar eng auslegbare Ausnahmebestimmung. Das gilt aber nur bedingt. Denn S 1 Hs 2, auf den auch S 2 verweist, enthält in Wahrheit im Geltungsbereich der ganzen Vorschrift einen Grundsatz, der über den Regeln der §§ 91 ff steht. Demgegenüber sind S 1 Hs 1, S 2 nur hilfsweise Auffangregelungen. Im übrigen enthält § 101 I 1 Hs 1 wegen der durch eine Streithilfe (Nebenintervention) nach § 66 verursachten Kosten eine gegenüber § 98 wiederum vorrangige Sonderregelung.

§§ 91 ff sind *grundsätzlich unanwendbar.* Denn § 98 setzt ja einen Vergleich nach Anh § 307 voraus und keine streitige Hauptsacheentscheidung usw. Freilich muß man die Begriffsbestimmung der Aufhebung von Kosten gegeneinander in § 92 I 2 natürlich auch bei § 98 anwenden. Die vorstehende Aufzählung enthält nur einen Teil der Rangverhältnisse. Vgl im übrigen bei den einzelnen Anm.

2) Regelungszweck, S 1, 2. Die Vorschrift dient unterschiedlichen Zwecken. 2
S 1 Hs 2, der Ausgangspunkt nach Rn 1, dient weniger einer Kostengerechtigkeit nach Üb 10 vor § 91 und auch nicht einer Vereinfachung der Kostenregelung, sondern vielmehr der Parteiherrschaft nach

Grdz 18 vor § 128. Aus ihr folgt die Zulässigkeit eines Prozeßvertrags, Grdz 48 vor § 128. Soweit die Parteien überhaupt über den Streitgegenstand einen wirksamen Vergleich schließen können, tritt als eine Abweichung von § 308 II ihr übereinstimmender Wille wegen der Kosten an die erste Stelle. Er erübrigt eine gerichtliche Kostengrundentscheidung. Das gilt sowohl für die Kosten des Vergleichs als auch für die entsprechend geregelten Kosten des zugrundeliegenden Rechtsstreits, S 2. Bei ihnen hat lediglich die Rechtskraft nach §§ 322, 705 den Vorrang vor dem Parteiwillen, jedenfalls vor Gericht, wie stets.

3 *S 1 Hs 1* mit einer Auffangklausel der Kostenaufhebung dient ebenfalls nicht so sehr der Kostengerechtigkeit, sondern vielmehr der Vereinfachung. Die zwingende Kostenfolge braucht nicht das Vergleichsergebnis in der Hauptsache zu spiegeln. Wenn die Parteien eine Kostenregelung im Vergleich nicht für nötig hielten, soll sich auch das Gericht nicht mehr sonderlich mit der Kostenfrage beschäftigen müssen. Das gilt selbst dann, wenn die bloße Aufhebung gegeneinander dem „Erfolg“ oder „Mißerfolg“ der Vergleichspartner nicht annähernd entspricht. Man muß diese Regelungszwecke sowohl beim Vorliegen einer Kostenvereinbarung als auch bei ihrer Auslegung im einzelnen berücksichtigen.

4 **3) Sachlicher Geltungsbereich, S 1, 2.** Maßgeblich kann die Verfahrensart sein.

A. Grundsatz: Umfassende Geltung. Die Vorschrift gilt grundsätzlich in jedem Verfahren, auf das die ZPO anwendbar ist. Das gilt auch im WEG-Verfahren, (zum alten Recht) BayObLG WoM **89**, 468, und auch nach der Verweisung aus einem arbeitsgerichtlichen Verfahren, LAG Düss NZA-RR **06**, 658, auch bei § 113 I 2 FamFG. Es kommt allerdings weiter darauf an, daß die Parteien des Verfahrens überhaupt einen wirksamen Prozeßvergleich schließen können, Anh § 307 Rn 8. Das setzt voraus, daß das Verfahren der Parteiherrschaft unterliegt, Grdz 18 vor § 128, § 26 FamFG.

5 **B. Streit über Wirksamkeit des Vergleichs.** Die Vorschrift gilt auch in einem solchen Verfahren, in dem die Parteien über die Wirksamkeit eines Prozeßvergleichs streiten. Denn dieser Streit führt zur Fortsetzung des bisherigen Prozesses trotz dessen umstrittener Beendigung durch den umstrittenen Vergleich, Köln RR **95**, 509, aM ThP 3 (es sei dann ein neuer Prozeß erforderlich. Vgl aber Anh § 307 Rn 37). Wenn die Parteien also in dem Streit eine Einigkeit über die Wirksamkeit des bisherigen Vergleichs erzielen, gilt § 98 für den bisherigen. Wenn die Parteien sich im Streit über die Wirksamkeit des bisherigen Vergleichs nunmehr endgültig anders einigen, gilt § 98 zumindest für den endgültigen Vergleich.

6 **C. Scheidungssache.** Die Vorschrift gilt nach Rn 4 theoretisch in einem Scheidungsverfahren, soweit dieses überhaupt der Parteiherrschaft unterliegt, Grdz 18 vor § 128. Praktisch hat aber § 150 FamRG den Vorrang. Das gilt insbesondere bei einer einverständlichen Scheidung nach § 134 FamFG. Bei der Rücknahme eines Scheidungsantrags nach der Aussöhnung ist also S 1 Hs 1 unanwendbar, aM ZöHe 4 (§ 98. Aber es liegt keine Parteiherrschaft vor).

7 **D. Scheidungsfolgesache.** Soweit die Folgesache überhaupt der Parteiherrschaft nach Grdz 18 vor § 128 unterliegt, ist § 98 an sich anwendbar, Bergerfurth FamRZ **76**, 583, Kblz MDR **77**, 57, Göppinger AnwBl **77**, 436. Praktisch geht allerdings auch insofern § 150 FamFG meist vor. Soweit es um einen solchen Vergleich geht, den die Parteien im Verfahren der einstweiligen Anordnung geschlossen haben, verweist § 51 IV FamFG auf §§ 80 ff FamFG

8 **E. Außergerichtlicher Vergleich oder Einigung.** § 98 ist zumindest sinngemäß anwendbar, soweit die Parteien innerhalb eines Rechtsstreits nach seinem Beginn und vor seinem Ende aus seinem Anlaß usw einen außergerichtlichen Vergleich nach § 779 BGB schließen, Rn 43 „Kostenübernahme“, BGH FamRZ **06**, 853, Brdb MDR **99**, 188, Hbg JB **97**, 482. Dasselbe gilt bei einer Einigung nach VV 1000, 1003, BGH DGVZ **07**, 37, Ffm NJW **05**, 2465. Denn auch dann ist es sinnvoll, zunächst den Parteiwillen wegen der Vergleichskosten zu beachten und hilfsweise den Grundsatz der Kostenaufhebung gegeneinander eintreten zu lassen, Rn 2. Die Geltendmachung erfolgt durch die Fortsetzung des Prozesses oder der Klage, soweit nicht das Gericht inzwischen nach § 322, 705 rechtskräftig entschieden hat, LG Mü JB **98**, 85, etwa nach § 269.

9 Freilich können die Parteien auch beim außergerichtlichen Vergleich den § 98 ausdrücklich *ausgeschlossen* haben. Dann ist § 91 a anwendbar. Allerdings muß man diese letztere Vorschrift nicht schon deshalb beachten, weil der außergerichtliche Vergleich den Rechtsstreit überhaupt erledigt. Denn gerade den Erledigungsfall regelt ja § 98 schon nach seinem Wortlaut mit, BVerwG RiA **85**, 46, Karlsr JB **91**, 89, Kblz JB **91**, 263, aM Bre MDR **79**, 500 (§ 91 a sei stets anwendbar), Mü AnwBl **98**, 287 (mangels Antrags keine Kostenentscheidung. Aber beide Varianten sehen nicht genug, daß der Wortlaut und Sinn von § 98 ziemlich eindeutig sind, Einl III 39).

10 **F. Rücknahme von Klage oder Rechtsmittel.** § 98 ist auch anwendbar, soweit der Angreifer seine Klage oder ein Rechtsmittel auf Grund eines gerichtlichen oder außergerichtlichen Vergleichs zurückgenommen hat, BGH FamRZ **06**, 853. Denn insofern liegt eine Lage vor, die im Ergebnis mit einem „rechtskräftigen Erkenntnis“ nach § 269 III 2 Hs 1 übereinstimmt, Stgt MDR **04**, 717, LAG Mü MDR **94**, 737, LAG Nürnb JB **94**, 304, aM Düss Rpfleger **99**, 132, Ffm Rpfleger **90**, 91, Mü Rpfleger **92**, 272 (aber Rücknahme ist Rücknahme).

Bei einer *Einigkeit* der Parteien *zur Hauptsache* kann trotz des Fehlens einer Kostenregelung im Vergleich ausnahmsweise (jetzt) § 516 III maßgeblich sein, BGH NJW **89**, 40, KG MDR **85**, 678. Für die Haftung der Staatskasse gegenüber gelten auch hier die allgemeinen Grundsätze, Üb 15 vor § 91.

11 **4) Persönlicher Geltungsbereich, S 1, 2.** Man muß die folgenden Personengruppen unterscheiden.

A. Parteien. Die Vorschrift erfaßt den Vergleich zwischen den „Parteien“ des Rechtsstreits, Grdz 4 vor § 50. Hierher gehören auch der Prozeßstandschafter nach Grdz 26 vor § 50 und der Prozeßgeschäftsführer, Grdz 29 vor § 50. Eine minderjährige Partei handelt durch den gesetzlichen Vertreter usw, § 51.

B. Vertreter. Da unter den Voraussetzungen des § 89 auch derjenige kostenpflichtig geworden sein kann, der als Bevollmächtigter ohne Prozeßvollmacht handelte, ist bei einem anschließenden Vergleich § 98 auch insoweit anwendbar, als dieser Vertreter sich persönlich am Vergleich beteiligt hat. Er ist insofern kein Dritter. 12

C. Streitgenossen. Soweit nicht § 100 vorrangig gilt, ist § 98 auch auf Streitgenossen nach §§ 59 ff anwendbar. 13

D. Streithelfer. Auf den Streithelfer (Nebenintervenienten) nach § 66 ist der vorrangige § 101 I Hs 1 anwendbar. Freilich ist auch für die Kosten des Streithelfers ein Vergleich zur Hauptsache notwendig, damit § 101 anwendbar ist, Hbg JB **97**, 482, Zweibr OLGZ **83**, 21, aM Ffm MDR **79**, 763 (aber § 101 I Hs 1 nimmt eindeutig auch auf § 98 Bezug, Einl III 39). Es reicht aber aus, daß die Parteien den Vergleich dahin geschlossen haben, daß er die Kosten der Streithilfe ausdrücklich ausnimmt. Das gilt selbst dann, wenn sich der Streithelfer am Vergleich nicht beteiligt hatte, Hbg JB **97**, 482, LG Rottweil AnwBl **83**, 558. 14

E. Dritter. § 98 ist nicht anwendbar, soweit es um einen Vergleich nur mit einem solchen Dritten geht, Anh § 307 Rn 18, den man nicht nach Rn 12 behandeln muß. 15

5) Kosten eines abgeschlossenen Vergleichs, S 1. Die Vorschrift behandelt die gerade durch den Vergleich entstandenen Kosten, Rn 17. Demgegenüber behandelt S 2 die restlichen Prozeßkosten. 16

A. Begriff des Vergleichs. Die Vorschrift umfaßt den Prozeßvergleich nach Anh § 307, Oldb RR **92**, 1466, aber auch in einer entsprechenden Anwendung den außergerichtlichen, Rn 8. Man muß die Rechtsnatur des Prozeßvergleichs, seine Zulässigkeit, Wirksamkeit, die Formerfordernisse, die Fragen der Vertretung beim Vergleichsabschluß usw nach den in Anh § 307 dargestellten Regeln beurteilen.

B. Begriff der Vergleichskosten. S 1 erfaßt die gerade durch den Vergleich entstandenen Kosten. 17

Beispiele: Gerichtliche Auslagen, etwa für einen solchen Sachverständigen, dessen Mitwirkung für das Zustandekommen des Prozeßvergleichs ursächlich war; vor allem die Einigungsgebühren der etwa beteiligten Anwälte, VV 1000, Hartmann Teil X, einschließlich der sog Differenzgebühr, Hamm JB **98**, 544, Köln MDR **01**, 653 (abl Schneider), Mü RR **98**, 430, aM Kblz JB **07**, 138 (aber sie zählt ganz klar dazu), und der gerade durch die Mitwirkung am Vergleich ausgelösten Auslagen; evtl auch die Gebühren und Auslagen eines zum Vergleichsabschluß eingeschalteten Verkehrsanwalts usw.

Den *Gegensatz* bilden die restlichen, nicht gerade durch den Vergleich ausgelösten Prozeßkosten, Rn 18, Drsd Rpfleger **02**, 98 (keine Vergleichsprotokollierung), aM LG Bonn JB **98**, 33 (aber man muß nun einmal eine klare Grenze ziehen).

Auch die Kosten des Vergleichs müssen sich wie alle Prozeßkosten im Rahmen des *Notwendigen* halten, um erstattungsfähig zu sein, soweit es überhaupt auf eine Kostenerstattung ankommt § 91 Rn 28.

6) Kosten des durch Vergleich erledigten Rechtsstreits, S 2. Die Vorschrift erfaßt alle diejenigen Prozeßkosten, die nicht gerade durch den Vergleichsabschluß entstanden. 18

A. Begriff des erledigten Rechtsstreits. Der Wortlaut von S 2 ist etwas irreführend. Man sollte besser von den Kosten des durch Vergleich „beendeten" Rechtsstreits sprechen. Einerseits führt ja ein Vergleich im weiteren Sinne zur Erledigung der Hauptsache, soweit er sie voll erfaßt. Mit der Wirksamkeit des Prozeßvergleichs ist der Rechtsstreit beendet, die Rechtshängigkeit erloschen. Andererseits liegt im Vergleich nicht unbedingt stets die Abgabe übereinstimmender Erledigterklärungen. Denn die Kostenfolgen solcher Erledigterklärungen können durchaus von denjenigen abweichen, die die Parteien im Vergleich vereinbaren oder die mangels einer Vereinbarung nach § 98 eintreten. Freilich ist die Voraussetzung einer wirksamen Kostenvereinbarung auch, daß die zugehörige Hauptsache wenigstens gleichzeitig mit dem Abschluß des außergerichtlichen oder gerichtlichen Vergleichs zu ihr voll endet, Brdb JB **03**, 324. Eine Kostenvereinbarung vor diesem letzteren Zeitpunkt wäre wirkungslos. Dann auch ein Urteil zu den Kosten könnte dann noch nicht ergehen.

B. Begriff der zugehörigen Kosten. S 2 erfaßt sämtliche Gebühren und Auslagen des Gerichts und der am Vergleich Beteiligten, die weder gerade durch den Vergleich entstanden noch unter eine bereits rechtskräftige Kostengrundentscheidung fallen. 19

C. Begriff des rechtskräftigen Erkenntnisses. Eine etwa bereits rechtskräftig gewordene Kostengrundentscheidung nach Üb 34 vor § 91 bleibt gegenüber § 98 vorrangig, soweit sie sich nur auf diejenigen Prozeßkosten bezieht, die nicht gerade nach Rn 17 durch den abschließenden Vergleich entstanden. Das stellt S 2 Hs 2 klar. Insofern können die Parteien auch nicht durch eine sachlichrechtliche Kostenabrede nach S 1 prozessual wirksam etwas Abweichendes vereinbaren, Hamm Rpfleger **89**, 522. Denn S 1 erfaßt eben nur die gerade durch den Vergleich verursachten Kosten. Freilich kann das Gericht die Parteien nicht daran hindern, auch über restliche rechtskräftig ausgeurteilte Prozeßkosten andere Abreden zu treffen oder sich nach anderen Regeln zu richten. Nur bleiben diese eben für das Kostenfestsetzungsverfahren nach §§ 103 ff unbeachtlich, soweit es überhaupt noch stattfinden muß. Das ist der Sinn des Hs 2. Im übrigen erfaßt zB eine „Kostenaufhebung" wegen der obigen Regelung die bereits rechtskräftig ausgeurteilten Kosten im Zweifel nicht mit, Stgt MDR **89**, 1108, aM Kblz MDR **87**, 852 (aber die Rechtskraft hat weitere gerichtliche Regelungsmöglichkeiten grundsätzlich beendet). 20

7) Kostenfolgen: Grundsatz der Maßgeblichkeit einer anderen Vereinbarung, S 1, 2. Soweit die Voraussetzungen Rn 4–20 vorliegen, kommt es zunächst darauf an, ob und in welchem Umfang sowie mit welchem Inhalt die Parteien über die jeweiligen Kosten etwas „vereinbart" haben. 21

A. Vorrang der Kostenvereinbarung. Soweit überhaupt eine Kostenvereinbarung zulässig ist, hat sie auch den Vorrang, BGH FamRZ **06**, 853, Köln JB **06**, 598 rechts, Rostock MDR **07**, 58. Das ist die Folge des Grundsatzes der Parteiherrschaft, Grdz 18 vor § 128, BGH FamRZ **06**, 853, ArbG Bln AnwBl **94**, 95. Es ist dann auch eine Folge der Zulässigkeit eines Prozeßvertrags in diesem Rahmen, Grdz 48 vor § 128. Die Parteien können zB einen Verzicht auf die Erstattung von Vergleichs- oder Einigungskosten vereinbaren, Stgt NJW **05**, 2162. Freilich bleibt durch eine wirksame Kostenvereinbarung die gesetzliche Haftung für 22

Gerichtskosten (Gebühren und Auslagen) nach §§ 22 ff, 29 GKG unberührt, Üb 16 ff vor § 91. Die Übernahme auch der Kosten kann zB eine Haftung als Übernahmeschuldner nach § 29 Z 2 GKG auslösen und den Schutz des § 31 II 2 GKG wegfallen lassen, Hartmann Teil I A § 31 GKG Rn 22. Ein Vergleich wirkt gegenüber der Staatskasse nur, soweit er sie nicht benachteiligt, LG Köln AnwBl **84**, 624.

23 **B. Rechtsnatur der Kostenvereinbarung.** Die Vereinbarung über die Kosten entweder des Vergleichs oder des übrigen Rechtsstreits ist ein Prozeßvertrag nach Grdz 48 vor § 128. Man muß ihn darüber hinaus nach den Regeln Anh § 307 beurteilen.

24 **C. Notwendigkeit weiter Auslegung.** Dem Regelungszweck des § 98 entspricht es, die etwaige Kostenvereinbarung weit auszulegen, sei es nur über die Vergleichskosten, sei es über die übrigen Prozeßkosten, LAG Köln BB **96**, 2256. Man muß wie stets vom Wortlaut ausgehen, ergänzend aber den Sinn und Zweck der Regelung und damit den Parteiwillen erforschen und dabei Treu und Glauben nach § 242 BGB wie stets im Prozeßrecht mitbeachten, Einl III 54, Mü Rpfleger **94**, 227, Nürnb MDR **98**, 861, Rostock MDR **07**, 58. Auch ist § 157 BGB beachtlich, LAG Hbg MDR **87**, 962.

25 **D. Keine Überspannung.** Bei der Auslegung muß man beachten, daß die Parteien sowohl vor Gericht als auch beim außergerichtlichen Vergleich zwar sehr wesentlich auch und manchmal ganz vorwiegend an die Prozeßkosten denken. Erfahrungsgemäß verwenden aber bedauerlicherweise oft weder das Gericht noch die ProzBev noch die Parteien selbst die notwendige und wünschenswerte Sorgfalt bei der Formulierung der Kostenvereinbarung. Eine bei einer nachträglichen Prüfung insofern scheinbar lückenhafte, widersprüchliche oder sonst unklare Formulierung sollte nicht zu rasch zu der Beurteilung führen, es sei in Wahrheit keine ausreichende Kostenvereinbarung zustande gekommen und es müsse daher die ja nur hilfsweise annehmbare Kostenaufhebung gegeneinander stattfinden. Gerade in einer scheinbar lückenhaften Formulierung kann der deutliche Wille beider Parteien stecken, die Kosten anders als durch eine Aufhebung gegeneinander zu regeln.

Freilich darf man unklare Formulierungen auch *nicht überstrapazieren*. Man sollte bedenken, daß eine Auslegung ja regelmäßig erst im Kostenfestsetzungsverfahren durch den Rpfl stattfindet. Auch wenn er den Kostengrundtitel nach Einf 17–19 vor §§ 103–107 auslegen darf und muß, darf er ihn doch nicht abändern. Man darf ihn auch nicht überfordern, Naumb RR **96**, 1216. Dann aber hat auch das Gericht im etwaigen Erinnerungs- bzw Beschwerdeverfahren nach § 104 nicht die Aufgabe, auf diesem prozessualen Nebenschauplatz nach einem Vergleich allzu quälende Erwägungen zur Ausdeutung unklarer Parteivereinbarungen anzustellen, nur um zwecks Kostengerechtigkeit zu einer Abweichung von einer solchen gesetzlichen Hilfsregelung zu kommen, die ja gerade erkennbar der Vereinfachung den Vorrang vor der Kostengerechtigkeit geben soll, Rn 2. Das alles bedenken viele zu § 98 zu wenig. Im Zweifel kann § 91 a ergänzend helfen, Köln RR **95**, 509. Mangels einer Kostenvereinbarung gelten die Kosten meist als gegeneinander aufgehoben, Rn 57.

26 **E. Maßgeblicher Zeitpunkt: Kostenreife.** Für die Auslegung der Kostenvereinbarung nach Rn 25 muß man auf denjenigen Zeitpunkt abstellen, in dem die Parteien ihre Vereinbarung wenigstens im Kern getroffen haben. Der Wortlaut von S 1 deutet schon an, daß die „Vereinbarung" zeitlich nicht mit dem „Vergleich" zur Hauptsache zusammenfallen muß. Die Kostenvereinbarung kann wirksam vor, zugleich in einer anderen Urkunde usw oder nach dem Vergleichsabschluß zustande gekommen sein, aM Brdb FamRZ **03**, 1574 (aber eine Auslegung kann auch eine eindeutige nachträgliche Einigung ergeben. Die Parteiherrschaft nach Grdz 18 vor § 128 hat einen hohen Rang). Beim zeitlichen Auseinanderfallen kommt es also nicht auf den Zeitpunkt der Einigung zur Hauptsache an, sondern auf denjenigen zu den Kosten sei es des Vergleichs, sei es auch oder nur der Hauptsache.

27 **F. Teilweise Kostenvereinbarung.** Soweit die Parteien eine Einigung nur über einen Teil der Kosten des gerichtlichen oder außergerichtlichen Vergleichs oder nur über einen Teil der restlichen Prozeßkosten getroffen haben, muß man diese Einigung mit dem Vorrang wie sonst beurteilen, Rn 22, Kblz AnwBl **90**, 48. Man muß auch hier versuchen, durch eine weite Auslegung nach Rn 25 zu einer vernünftigen und den Parteiwillen auch nicht überstrapazierenden Lösung zu kommen. Auf den Rest muß man die gesetzliche Hilfsregelung der Kostenaufhebung gegeneinander anwenden. Natürlich kann der Vergleich auch gerade die restliche Hauptsache erfassen, Zweibr OLGZ **83**, 80.

28 **G. Grenzen des Vorrangs: Rechtskräftige Erkenntnis über die Kosten.** Vgl Rn 22.

29 **H. Beispiele zur Frage einer anderen Vereinbarung**

Andere Instanz: Auch eine dem Wortlaut nach vollständige Kostenübernahme bedeutet *nicht stets* eine Erstattungsfähigkeit auch derjenigen Kosten, die durch die Mitwirkung des erstinstanzlichen ProzBev bei zweitinstanzlichen Vergleichsverhandlungen entstanden, Düss AnwBl **78**, 426. Es kommt aber auch hier auf die Gesamtumstände an.

Anderer Prozeßvergleich: Die Bezugnahme auf einen anderen Prozeßvergleich ohne eine ausdrückliche Mitbezugnahme auch auf dessen Kostenregelung reicht *meist nicht* aus, um eine Kostenvereinbarung auch im vorliegenden Rechtsstreit anzunehmen, LAG Hamm MDR **85**, 611.

30 **Anrufung des Gerichts:** Die Parteien können grds ausdrücklich vereinbaren, das Gericht solle über die Kosten ganz oder teilweise (zB nur über die Gerichtskosten) entscheiden, BGH NJW **07**, 836, Brdb MDR **08**, 234, Ffm WoM **08**, 82. Das kann bedeuten, daß die Hilfsregelung des § 98 eintreten soll, also die Aufhebung der Kosten gegeneinander. Denn die Parteien übersehen meist, daß nach dieser gesetzlichen Regelung überhaupt keine „Entscheidung" des Gerichts mehr nötig ist, weil sie ja von Amts wegen eintritt. Nur deshalb mögen sie rechtsirrig vereinbart haben, das Gericht solle „entscheiden". Es kann aber auch bedeuten, daß das Gericht eine echte Entscheidung nach § 91 a treffen soll, BGH NJW **07**, 836, Köln JB **06**, 598 rechts, oder nach anderen Vorschriften, etwa nach § 92, Mü MDR **90**, 344, Nürnb FamRZ **01**, 1383, LG Gießen WoM **04**, 723.

Das muß man insbesondere dann eher annehmen, wenn die Parteien Anwälte als ProzBev hatten und wenn über die Frage, wie sie die Vergleichskosten oder Prozeßkosten am gerechtesten teilen könnten, ein *erheblicher Streit* herrscht. § 91 a gilt zumindest dann, wenn die Parteien ausdrücklich vereinbaren, das Gericht solle „über die Kosten entscheiden“, Hamm MDR **03**, 116, oder es solle „an § 98 ZPO nicht gebunden sein“, AG Haßfurt WoM **93**, 55, oder wenn sie Kostenanträge stellen, BGH RR **97**, 510, oder wenn sie vereinbaren, das Gericht solle „nach § 91 a ZPO entscheiden“, Hbg MDR **97**, 202, Nürnb FamRZ **01**, 1383, LG Tüb RR **95**, 1142. Das gilt freilich nur, soweit eine solche Vereinbarung überhaupt zulässig ist.

S auch Rn 37, Rn 41 „Hauptsache“, Rn 43.

Anwaltshaftung: Der Anwalt kann haften, wenn er nicht rechtzeitig auf den Umstand hinweist, daß die Haftung nach §§ 49 ff, 54 GKG bestehen bleibt, Rn 22, Schneider MDR **85**, 771.

Arbeitsrecht: Eine Ausgleichsklausel im Abfindungsvergleich erfaßt *grds keine* Verfahrenskosten, LAG Köln MDR **98**, 228.

Ausklammerung: Man muß durch eine Auslegung ermitteln, ob die Parteien bei einer Kostenvereinbarung 31
bestimmte Teile der gesamten Kosten ausdrücklich oder doch stillschweigend eindeutig ausgeklammert haben, Rostock MDR **07**, 58, LAG Köln BB **96**, 2256. Sie mögen das auch ausdrücklich tun. In diesem Umfang gilt dann zunächst eine etwaige diesbezügliche Anrufung des Gerichts, Rn 30. Ganz hilfsweise gilt die gesetzliche Hilfsregelung der Aufhebung gegeneinander, Drsd Rpfleger **02**, 98, LAG Düss NZA-RR **06**, 658.

Auslegung: Wegen der Notwendigkeit einer weiten Auslegung der Kostenvereinbarung Rn 25.

Ausschluß: Die Parteien können im gerichtlichen wie im außergerichtlichen Vergleich den § 98 ausdrück- 32
lich oder stillschweigend ausgeschlossen haben. Dann kann § 91 a anwendbar sein, Drsd JB **00**, 657. Dabei muß man den mutmaßlichen Fortgang des Prozesses mitbeachten. Die Parteien können auch zB das Gericht gebeten haben, über die Kosten zu entscheiden, dabei aber nicht nach § 91 a, sondern nach § 92 vorzugehen. Eine Kostenvereinbarung hat stets den Vorrang, Rn 22. Daher darf und muß das Gericht im Rahmen einer wirksamen Kostenvereinbarung auch solche Ausschlüsse beachten.

Freilich kann sich ergeben, daß in Wahrheit überhaupt keine *wirkliche* Kostenvereinbarung vorliegt. Dann tritt doch wieder die gesetzliche Hilfsregelung des § 98 ein, also eine Kostenaufhebung gegeneinander.

Außergerichtliche Kosten: Die beim außergerichtlichen Vergleich (jetzt) entstandene Einigungsgebühr ist erstattungsfähig, soweit er den Streit beenden sollte, Karlsr JB **91**, 89. Die bloße Übernahme der außergerichtlichen Kosten ohne eine Vereinbarung wegen der Gerichtskosten führt zu der Teilung beider Kostenarten in je 50%, Bre MDR **79**, 500. Kosten eines außergerichtlichen Vergleichs über einen rechtshängigen Anspruch gehören nicht ohne eine besondere Vereinbarung zu der gerichtlichen Kostengrundentscheidung, Mü FamRZ **99**, 1674, aM Köln Rpfleger **00**, 208 (aber grds hat das Gericht nur mit den Kosten vor Gericht zu tun).

Außergerichtlicher Vergleich: Rn 8, 43 „Kostenübernahme“.

Begründungsverzicht: Er kann einen stillschweigenden Rechtsmittelverzicht umfassen, Brschw MDR **01**, 1008 (abl Schneider).

Berufungsrücknahme: Rn 48 „Rechtsmittelrücknahme“. 33

Beweissicherung: Rn 50.

Bezugnahme: Soweit die Parteien in ihrer Kostenvereinbarung auf Urkunden, andere Akten und andere 34
Vorgänge Bezug nehmen, muß man prüfen, ob diese Bezugnahme überhaupt ausreichend genau ist. Dabei gelten allerdings nicht die strengeren Grundsätze einer Bezugnahme in bestimmenden oder vorbereitenden Schriftsätzen. Denn es handelt sich ja um einen Prozeßvertrag.

S auch Rn 29 „Anderer Prozeßvergleich“.

Dritter: Für einen Vergleich mit einem Dritten gilt § 98 nicht, Rn 15. 35

Ehesache: Rn 6, 7. 36

Einstweilige Anordnung: Rn 7.

Einverständliche Scheidung: Rn 6.

Erforderlichkeit: Die Parteien können die Frage der „Erforderlichheit“ oder „Notwendigkeit“ und damit der Erstattungsfähigkeit von Kosten im Vergleich bindend regeln, KG Rpfleger **90**, 244.

S auch Rn 45.

Erledigung: Die Parteien können das Gericht bitten oder anweisen, über die Kosten des gerichtlichen oder 37
außergerichtlichen Vergleichs oder über die sonstigen Kosten des Rechtsstreits nach den Kostenvorschriften bei einer Erledigung der Hauptsache nach § 91 a zu entscheiden, Rn 30 „Anrufung des Gerichts“. In diesem Zusammenhang muß das Gericht den Inhalt des Vergleichs und den Umfang des gegenseitigen Nachgebens bei der Ausübung seines Ermessens nach § 91 a mitberücksichtigen, BGH VersR **07**, 1086, Ffm WoM **08**, 82, Karlsr FamRZ **07**, 1584, aM Bbg MDR **80**, 60, Drsd Rpfleger **02**, 98, Hamm AnwBl **82**, 73, (je: § 98 auch dann. Ihn konnten aber die Parteien schon beim Abschluß der Kostenvereinbarung berücksichtigen. Sie wollten es ja aber gerade offensichtlich nicht so halten).

Fortsetzung des Rechtsstreits: Rn 51 „Streit über den Vergleich“. 38

Freiwillige Gerichtsbarkeit: Ein Vergleich über die Kosten ist auch im Bereich des § 113 I 2 FamFG möglich und nach § 98 prüfbar.

„Gericht soll entscheiden“: Rn 30 „Anrufung des Gerichts“. 39

Gesamtkosten: Die Übernahme der „gesamten Kosten des Rechtsstreits“ ergreift grds die gesamten Kosten 40
aller Instanzen, Hamm Rpfleger **89**, 522, Kblz MDR **87**, 857, aM Ffm BB **80**, 1720 (diese Vereinbarung erfasse nicht ohne weiteres die Gerichtskosten einer auch im Kostenpunkt rechtskräftig entschiedenen Berufung gegen ein vorangegangenes Grundurteil), Schlesw SchlHA **82**, 61 (aber „gesamte Kosten des Rechtstreits“ ist nun wirklich umfassend). Die „Gesamtkosten des Rechtsstreits“ erfassen im Zweifel auch die Kosten des gerichtlichen wie außergerichtlichen Vergleichs, Düss MDR **99**, 119. Denn diese dienen ja der Beendigung des Rechtsstreits.

Anders müßte man die bloße Übernahme der „Kosten“ statt der „Gesamt-“Kosten beurteilen. Denn § 98 unterscheidet ja gerade zwischen den Kosten des Vergleichs und den übrigen Kosten des durch den

Vergleich beendeten Rechtsstreits. Indessen muß man auch bei einer Übernahme nur der „Kosten" eine Auslegung vornehmen.

Gutachten: Die Erstattungsfähigkeit der Kosten eines Parteigutachtens entfällt mangels anderweitiger Absprachen nicht schon infolge des Vergleichs, Karlsr JB **08**, 208, LG Brschw MDR **79**, 320.

41 **Hauptsache:** Wenn die Parteien einen Vergleich ausdrücklich nur über die Hauptsache abschließen, ohne zu den Kosten irgendetwas zu sagen, muß man durch eine Auslegung ermitteln, ob sie trotzdem in Wahrheit auch eine Kostenregelung getroffen haben. Andernfalls haben sie durch die Hilfsregelung des § 98 die Kosten gegeneinander aufheben wollen.

Die Parteien mögen auch einen Vergleich nur zur Hauptsache abgeschlossen und eine Kostenregelung nach § 98 ausdrücklich oder erkennbar *ausgeschlossen* haben. Dann kann § 91 a anwendbar sein, obwohl er an sich nachrangig ist, Mü JB **83**, 1882. Denn die Parteien haben dann insofern „etwas anderes vereinbart", Bre OLGZ **89**, 101 (es läßt im Rahmen von § 91 a den Vergleich maßgebend sein), Karlsr FamRZ **96**, 1335, LG Bonn NJW **04**, 76, aM Bbg MDR **80**, 60, RoSGo § 87 II 4, StJL 7 (aber die hier vertretene Lösung ist einfach und prozeßwirtschaftlich, Grdz 14 vor § 128).

S auch Rn 30 „Anrufung des Gerichts", Rn 37, 43.

Höhere Gebühren: Wenn der Vergleich eine Erstattung anderer oder höherer als der gesetzlichen Anwaltsgebühren vorsieht, ist diese Regelung nur insofern beachtlich, als die Vereinbarung nach (jetzt) § 4 RVG wirksam geworden ist, Kblz Rpfleger **77**, 107. Dann aber ist die Vereinbarung auch für das Kostenfestsetzungsverfahren maßgeblich, KG Rpfleger **90**, 224.

42 **Klagerücknahme:** Vgl Rn 10.

Kostenschuldner: Rn 51 „Staatskasse".

43 **Kostenübernahme:** Eine Partei kann im außergerichtlichen oder im Prozeßvergleich „die Kosten des Prozesses" übernehmen. Das kann mehr als die „notwendigen" Kosten nach Rn 45 bedeuten. Dann schließt diese Bereitschaft die Übernahme der Vergleichskosten grds ein, Brdb MDR **06**, 1017, Rostock JB **05**, 655, LAG Düss MDR **01**, 655. Das gilt erst recht bei einer ausdrücklichen Mitübernahme auch außergerichtlicher Vergleichskosten, Brdb MDR **99**, 188. Natürlich muß man die Vereinbarung nach ihren Gesamtumständen auslegen, Karlsr JB **06**, 541. Immerhin meint die Übernahme der Kosten des Prozesses die Vergleichskosten wohl meist selbst dann, wenn der Vergleich solche Gegenstände umfaßt, die über diejenigen des Prozesses hinausgehen. Natürlich gelten diese Regeln nur, soweit die Parteien über die Vergleichskosten keine besondere ausdrückliche oder stillschweigende und ja vorrangige Regelung getroffen haben, Bbg AnwBl **89**, 111, Hbg JB **00**, 205.

S auch Rn 8, Rn 30 „Anrufung des Gerichts", Rn 40 „Gesamtkosten", Rn 41 „Hauptsache", Rn 45 „Notwendige Kosten".

44 **Nachverfahren:** Rn 53 „Urkundenprozeß".

Nebenintervention: Rn 51 „Streithelfer".

45 **Notwendige Kosten:** Soweit kein eindeutiger abweichender Parteiwille erkennbar ist, bezieht sich eine Kostenvereinbarung grds nur auf die notwendigen, also erstattbaren Kosten nach § 91 Rn 28. Sie bezieht sich aber natürlich auch auf alle solchen Kosten, BPatG GRUR **82**, 485, Ffm MDR **83**, 760, Kblz Rpfleger **02**, 281, strenger LAG Hbg MDR **87**, 962. Diese Regelung gilt unabhängig davon, ob und wieweit die Parteien die Kosten schon beim Vergleichsabschluß kannten. Im übrigen können die Parteien bindend regeln, welche Kosten „notwendig" sind, KG Rpfleger **90**, 224, Kblz Rpfleger **02**, 281.

46 **Parteiwille:** Man muß stets zunächst prüfen, ob und inwieweit die Parteien die Kosten des Vergleichs und/oder die übrigen Prozeßkosten regeln wollten, Rn 22. Dabei ist eine weite Auslegung erforderlich, Rn 25. Das gilt beim gerichtlichen wie beim außergerichtlichen Vergleich, Rn 16.

47 **Prozeßkostenhilfe:** Bei einer Prozeßkostenhilfe ist ein Kostenvergleich mit Wirkung gegen die Staatskasse zulässig, soweit er nicht die Staatskasse schädigen soll und vor der formellen Rechtskraft der Kostenentscheidung zustande kommt, LG Köln AnwBl **84**, 624.

S auch Rn 51 „Staatskasse".

Prozeßvergleich: Rn 16.

48 **Rechtskraft:** Rn 20.

Rechtsmittelrücknahme: Rn 10. Soweit der Rechtsmittelführer sein Rechtsmittel vor dem Vergleichsabschluß zurückgenommen hatte, kann die Vergleichsregelung über die Kosten „des Rechtsstreits einschließlich des Vergleichs" das Rechtsmittelverfahren umfassen, Kblz JB **91**, 116.

Rücknahme: Rn 48 „Rechtsmittelrücknahme".

49 **„Sämtliche Kosten"**: Rn 40 „Gesamtkosten".

Säumniskosten: Die Übernahme der „Kosten des Rechtsstreits" bezieht sich zwar auf alle notwendigen Kosten nach Rn 45, nicht aber grds auch auf die Kosten einer Säumnis, Kblz MDR **08**, 112, aM Düss MDR **80**, 233, Mü Rpfleger **79**, 345 (aber der Gegner des Säumigen will im Zweifel auch nicht mehr an Kosten des Gegners auch nur mitübernehmen, als durch den Prozeß wirklich bedingt).

Scheidungsfolgesache: Rn 7.

Scheidungssache: Rn 6.

50 **Selbständiges Beweisverfahren:** Wenn die an einem den Streitgegenstand betreffenden vorprozessualen Beweisverfahren nicht beteiligt gewesene Partei trotzdem zusammen mit dem damaligen Antragsgegner durch einen Vergleich in Kenntnis der damaligen Kosten jetzt die „Kosten des Rechtsstreits" übernimmt, umfaßt diese Übernahme auch die Kosten jenes Beweisverfahrens, Ffm VersR **81**, 265. Im übrigen muß man die Kostenvereinbarung wie sonst dahin prüfen, ob ihre Auslegung ergibt, daß sie die Kosten eines vorprozessualen Beweisverfahrens miterfaßt, Hamm MDR **94**, 1051, Kblz MDR **98**, 562, Mü Rpfleger **94**, 227, aM Hbg MDR **86**, 591, Nürnb MDR **98**, 862 (aber eine Parteiprozeßhandlung unterliegt stets der Auslegung, Grdz 52 vor § 128). Die Vereinbarung der Aufhebung der Kosten gegeneinander bedeutet, daß man gegnerische außergerichtliche Beweiskosten nicht übernimmt, Ffm JB **83**, 1875. Die Kosten eines erst im Prozeß durchgeführten Beweisverfahrens zählen ohnehin zu den außergerichtlichen Prozeßkosten, § 91 Rn 193. Wenn die Parteien das Gericht

gebeten haben, nach § 91a auch über die Kosten des selbständigen Beweisverfahrens mitzuentscheiden, umfaßt die folgende Kostenaufhebung gegeneinander auch die Kosten des Beweisverfahrens, Nürnb MDR **02,** 1275. Der Streithelfer darf nicht einen vom Kostenvergleich der Parteien abweichenden Antrag stellen, BGH MDR **07**, 1443 links oben.

Staatskasse: Für die Haftung der Staatskasse gegenüber gelten auch hier die allgemeinen Grundsätze, Üb 16 vor § 91. Die Übernahme auch der Kosten kann eine Haftung als Übernahmeschuldner nach § 29 Z 2 GKG auslösen und den Schutz des § 31 II 2 GKG wegfallen lassen, Hartmann Teil I A § 31 GKG Rn 22. Ein Vergleich wirkt gegenüber der Staatskasse, soweit er sie nicht benachteiligt, LG Köln AnwBl **84**, 624 (Prozeßkostenhilfe). 51

Streitgenossen: Vgl zunächst § 100. Eine Teilübernahme durch Streitgenossen mit demselben Anwalt meint meist nicht fiktive, sondern tatsächliche Kosten, Mü AnwBl **86**, 542. Die vereinbarte Quote bildet die Obergrenze, Mü MDR **93**, 804.

Streithelfer: Die ausdrückliche Regelung in § 101 I Hs 1 hat gegenüber § 98 den Vorrang, Rn 1. Es gilt für die durch eine Nebenintervention verursachten Kosten gerade dann die dortige Sonderregelung (Auferlegung zulasten des Gegners der Hauptpartei). Freilich hat ein Vergleich auch dann den Vorrang, Rn 22, § 101 Rn 23, 25, Karlsr MDR **97**, 401, Kblz JB **06**, 260, Nürnb MDR **05**, 473. Eine Kostenaufhebung gegeneinander im Vergleich kann dem Streithelfer einen Anspruch auf die Erstattung seiner halben außergerichtlichen Kosten geben, § 101 Rn 27.

Streit über den Vergleich: Das Gericht muß einen Streit über die nach einem Prozeßvergleich erstattungsfähigen Kosten im Weg einer Fortsetzung des Prozesses entscheiden, Köln Rpfleger **87**, 430, aM ThP 3 (es sei ein neuer Prozeß notwendig. Vgl aber die entsprechende Lage nach Anh § 307 Rn 37 ff). Es kann dann ein lediglich feststellender Beschluß ergehen. Diese Regelung gilt auch wegen der Kosten eines außergerichtlichen Vergleichs, soweit das Gericht nicht darüber im Prozeß rechtskräftig entschieden hat, etwa nach § 269.

Teilübernahme: Eine Teilübernahme durch Streitgenossen mit demselben Anwalt meint meist nicht fiktive, sondern tatsächliche Kosten, Mü AnwBl **86**, 542. 52

S auch „Teilurteil", „Teilvergleich".

Teilurteil: Die Übernahme der Kosten „des Rechtsstreits" kann auch die Kosten eines bereits rechtskräftigen Teilurteils umfassen, aM Mü MDR **82**, 760 (für den Fall der Kostenteilung).

Teilvergleich: Bei einem Vergleich nur über einen Teil des Streitgegenstands gilt nur S 1, Bre OLGR **99**, 239, es sei denn, es gehe jetzt in Wahrheit um den gesamten restlichen Streitgegenstand, Zweibr OLGZ **83**, 80.

Übernahme: Die Übernahme irgendwelcher Kosten ist eine Kostenvereinbarung. Vgl bei den einzelnen weiteren Stichworten. 53

Übernahmeschuldner: Rn 51 „Staatskasse".

Übersteigender Streitwert: Rn 44.

Unterhaltsverzicht: Beim Unterhaltsverzicht der Eheleute kann man § 98 anwenden.

Vgl im übrigen Rn 7.

Urkundenprozeß: Im Urkundenprozeß mit einem Nachverfahren meint eine Übernahme „der Kosten des Rechtsstreits" meist die gesamten Kosten des ja als einheitlich geltenden Verfahrens, Hamm Rpfleger **75**, 322.

Verkehrsanwalt: Wegen der Übernahme von Kosten des Verkehrsanwalts § 91 Rn 261, Düss MDR **99**, 119 (sie kann in der Übernahme „sämtlicher Kosten" stecken), KG RR **07**, 212 („dieses Vergleichs" deckt nicht das Revisionsverfahren). 54

Versorgungsrechtlicher Anspruch: Rn 7.

Verweisung: Die Übernahme der Kosten „des Rechtsstreits" bezieht sich meist wohl auch auf solche Kosten, die nach § 281 III 2 entstanden sind, dort Rn 56, Düss MDR **99**, 568, LAG Bre MDR **02**, 606, LAG Düss MDR **02**, 725, aM Bre JB **87**, 285, Köln Rpfleger **87**, 430, Zweibr MDR **96**, 972 (aber die Parteien hätten vernünftigerweise sehr wohl eine Einschränkung erklären können und müssen. Diese Einschränkung haben sie jedoch eben gerade nicht erkennbar vorgenommen). 55

Verzicht: Die Parteien können einzeln oder gemeinsam auf die Erstattbarkeit der Vergleichs- und sonstigen Kosten verzichten, Stgt NJW **05**, 2161, LAG Köln NZA-RR **06**, 44.

Zwangsvollstreckung: Die Übernahme der Kosten „des Rechtsstreits" bezieht sich nicht stets auch auf die Kosten einer Zwangsvollstreckung, § 788 Rn 45, KG Rpfleger **81**, 410, Karlsr MDR **96**, 971. 56

Zwischenvergleich: Auch bei ihm kann § 98 anwendbar sein. Auch bei ihm kann eine „andere Vereinbarung" vorliegen, Kblz JB **91**, 120.

8) Kostenfolgen: Hilfsweise Aufhebung der Kosten gegeneinander, S 1, 2. Soweit die Parteien keine „andere Vereinbarung" getroffen haben, Rn 21 ff, sind die Kosten „als gegeneinander aufgehoben anzusehen", BGH DGVZ **07**, 37, LG Kblz RR **04**, 1510, LAG Düss MDR **02**, 725. Das gilt sowohl wegen der Kosten des Vergleichs nach S 1 als auch wegen der noch nicht rechtskräftig ausgeurteilten Kosten des durch diesen Vergleich beendeten Rechtsstreits, S 2. 57

A. Rechtsnatur: Kostenfolge kraft Gesetzes. Die mangels einer Vereinbarung vorgesehene Kostenfolge der Aufhebung gegeneinander tritt unmittelbar kraft Gesetzes ein, ebenso wie zB nach § 269 III 2 bei einer Klagerücknahme eine unmittelbare Kostenfolge kraft Gesetzes eintritt. Das ergibt sich bei einer genauen Prüfung schon des Wortlauts. Denn während zB § 92 I 1 davon spricht, daß die Kosten gegeneinander „aufzuheben sind", setzt § 98 S 1 fest, daß die Kosten als gegeneinander „aufgehoben anzusehen sind". Das ist auch sinnvoll. Denn die Vorschrift erfaßt ja die Kostenfolgen eines Vergleichs zur Hauptsache. Er braucht zwar eine mitverantwortliche Protokollierung durch das Gericht, soweit es sich um einen Prozeßvergleich handelt. Maßgebend ist aber letztlich der Parteiwille und nicht derjenige des Gerichts. Daher bleibt kein Raum für eine „Entscheidung" über die Kosten, auch nicht nach § 308 II. 58

Soweit nun der Vergleich nicht auch eine Kostenvereinbarung enthält, soll § 98 die Kostenabwicklung doch vor allem erleichtern und vereinfachen, Rn 2. Das geschieht am besten durch die Unterstellung (Fiktion) eines Parteiwillens. Denn dadurch wird ebenfalls eine zusätzliche Entscheidung des Gerichts überflüssig.

Daher ist gerade beim Fehlen einer Kostenvereinbarung zu den Vergleichskosten oder zu den Prozeßkosten ein Kostenausspruch durch das Gericht erforderlich. Während § 269 IV immerhin vorsieht, daß das Gericht auf einen Antrag des Bekl die bei § 269 III 2 kraft Gesetzes eingetretene dortige Kostenfolge durch einen Beschluß ausspricht, ist eine entsprechende Regelung im § 98 nicht erfolgt. Das bedeutet: Das Gericht ist auch auf einen Antrag einer Partei *nicht verpflichtet,* die Aufhebung der Kosten gegeneinander auch nur bestätigend (deklaratorisch) auszusprechen. Einem solchen Antrag fehlt ein Rechtsschutzbedürfnis nach Grdz 33 vor § 253. Das Gericht müßte ihn allenfalls als unzulässig zurückweisen. Es ist zumindest zweifelhaft, ob das Gericht unter diesen Umständen überhaupt berechtigt wäre, eine derartige Bestätigung vorzunehmen, sei es von Amts wegen, sei es auf einen Antrag. Sie würde ja eine Kostengrundentscheidung nach §§ 103 ff ZPO schaffen. Auch § 308 II berechtigt nicht zu einer solchen Maßnahme, soweit für diese kein Rechtsschutzbedürfnis besteht. Wenn freilich das Gericht einen solchen Ausspruch getan *hat,* muß man diese Kostengrundentscheidung im Festsetzungsverfahren ebenso wie andere Entscheidungen beachten.

59 **B. Begriff der Kostenaufhebung.** Obwohl § 98 den §§ 91 ff grundsätzlich vorgeht, Rn 1, ist natürlich eine „Aufhebung gegeneinander“ dasselbe wie im § 92 I 2. Die Gerichtskosten fallen also jeder Partei zur Hälfte zur Last. Jede Partei trägt ihre außergerichtlichen Kosten selbst, § 92 Rn 40, LAG Mü AnwBl **88**, 72. Das gilt dann für die Kosten des Vergleichs wie für die Kosten des durch ihn beendeten Prozesses. Die Voraussetzung ist nur, daß die Hauptsache gleichzeitig mit dem Prozeßvergleich voll beendet ist.

60 **C. Teilweise Kostenaufhebung.** Soweit nur ein Teilvergleich vorliegt, also ein Vergleich über nur einen Teil des jetzt noch anhängigen Streitgegenstands nach § 2 Rn 4, kommt es wiederum zunächst auf eine etwaige Kostenvereinbarung an, Rn 52 „Teilvergleich“. Nur soweit diese fehlt, darf man die Kosten in dem Umfang dieses Teilvergleichs zur Hauptsache als gegeneinander aufgehoben ansehen. Über den streitigen Rest muß das Gericht dann je nach dem Ausgang des Prozesses nach §§ 91 ff wie sonst entscheiden. Nur wenn der Teilvergleich bereits den Rest einer irgendwie anderweitig zB durch einen früheren ersten Teilvergleich, durch eine teilweise Klagerücknahme nach § 269 Rn 9 oder durch teilweise übereinstimmende wirksame Erledigterklärungen nach § 91 a Rn 202, ausgeschiedenen Streitgegenstands erfaßt, bleibt es bei der kraft Gesetzes eintretenden hilfsweisen Kostenfolge nach § 98.

61 **9) Verfahrensfragen, S 1, 2.** Wie in Rn 58 dargelegt, ist mangels einer Kostenvereinbarung die Aufhebung gegeneinander kraft Gesetzes eingetreten. Es kommt grundsätzlich insofern keine „Entscheidung“ mehr in Betracht. Im übrigen muß man § 98 im Kostenfestsetzungsverfahren nach §§ 103 ff beachten. Insbesondere muß bereits der Rpfl dort den Vergleich und die etwa gesonderte Kostenvereinbarung vorrangig beachten. Er muß zu diesem Zweck auch bei einer Unklarheit oder Widersprüchlichkeit ebenso wie eine derartige Kostengrundentscheidung auslegen, Einf 19 vor §§ 103–107. Denn auch ein Vergleich ist ja ein zur Kostenfestsetzung geeigneter Vollstreckungstitel, soweit es sich um einen Prozeßvergleich nach § 794 I Z 1 handelt, § 103 Rn 4 ff. Da § 98 auch auf den außergerichtlichen Vergleich nach § 779 BGB entsprechend anwendbar ist, Rn 8, 9, muß das hier auch für die Kostenfestsetzung entsprechend gelten. Soweit eine Auslegung stattfindet, muß das Gericht den davon etwa Benachteiligten unter einer angemessenen Fristsetzung anhören, Artt 2 I, 20 III GG (Rpfl), BVerfG **101**, 404, Art 103 I GG (Richter). Zuständig sind die in § 104 Genannten. Für den Kostenfestsetzungsbeschluß, seine Mitteilung, Vollstreckbarkeit gelten §§ 103 ff.

62 **10) Rechtsmittel, S 1, 2.** Soweit das Gericht trotz einer Kostenvereinbarung oder wegen ihres angeblichen oder wirklichen Fehlens eine Entscheidung über die Kosten des gerichtlichen und/oder außergerichtlichen Vergleichs oder der übrigen Kosten jenes Rechtsstreits getroffen hat, liegt nun einmal eine – vorausgesetzt: äußerlich wirksame – Entscheidung vor, mag sie auch mangelhaft sein, Üb 19 vor § 300, evtl in Verbindung mit § 329. § 98 sieht anders als der vergleichbare § 269 V I zwar nicht ausdrücklich vor, wie weit die Entscheidung anfechtbar sei. Denn das Gesetz sieht sie eben überhaupt nicht vor. Indessen gelten die allgemeinen Regeln zur Anfechtbarkeit einer mangelhaften Entscheidung, Kblz JB **91**, 263. Freilich muß man § 99 beachten, Nürnb MDR **97**, 974. Ein Verzicht auf eine Begründung einer Kostenentscheidung kann ein Rechtsmittelverzicht nach §§ 515, 565 sein, Brdb MDR **95**, 743, Brschw MDR **01**, 1008 (abl Schneider). Soweit das Gericht in seinem Kostenfestsetzungsbeschluß § 98 entweder durch eine Anwendung der dort festgestellten Kostenvereinbarung oder durch eine Anwendung der hilfsweisen gesetzlichen Kostenaufhebung beachtet hat oder soweit das Gericht diese Vorschrift fälschlich oder gar nicht beachtet hat, gelten die Regeln zur Anfechtung des Kostenfestsetzungsbeschlusses, § 104.

99

Anfechtung von Kostenentscheidungen. [I] **Die Anfechtung der Kostenentscheidung ist unzulässig, wenn nicht gegen die Entscheidung in der Hauptsache ein Rechtsmittel eingelegt wird.**

[II] [1] **Ist die Hauptsache durch eine auf Grund eines Anerkenntnisses ausgesprochene Verurteilung erledigt, so findet gegen die Kostenentscheidung die sofortige Beschwerde statt.** [2] **Dies gilt nicht, wenn der Streitwert der Hauptsache den in § 511 genannten Betrag nicht übersteigt.** [3] **Vor der Entscheidung über die Beschwerde ist der Gegner zu hören.**

Schrifttum: *Heintzmann,* Die Anfechtung der gemischten Kostenentscheidung, Festschrift für *Baumgärtel* (1990) 137.

Gliederung

1) Systematik, I, II. Die Vorschrift stellt eine in I erhebliche Einschränkung der sonstigen Regeln zur Statthaftigkeit eines Rechtsmittels dar. Ohne I würde die Anfechtung der Kostenentscheidung nur den allgemeinen Vorschriften für Rechtsmittel unterliegen. Insofern ist I eine Ausnahmevorschrift. Sie enthält nicht etwa einen gleichberechtigten weiteren Grundsatz. Sie enthält ja überhaupt keine abschließende Regelung der Voraussetzungen eines Rechtsmittels. Soweit es nach § 99 statthaft ist, muß man seine Statthaftigkeit, Zulässigkeit und Begründetheit nach den allgemeinen Regeln wie sonst zusätzlich prüfen. 1

Aus dem Ausnahmecharakter von I folgt die Notwendigkeit seiner *engen Auslegung.* Das ergibt auch die erhebliche Zahl derjenigen Fälle, in denen die Anfechtung der Kostenentscheidung eben doch zulässig ist, Hbg MDR **76**, 674, aM Mü GRUR **85**, 327, Oldb MDR **76**, 674 (aber die enge Auslegbarkeit einer Ausnahmevorschrift entspricht der allgemeinen Methode. Vgl auch Rn 3). 2

Demgegenüber stellt *II 1* eine „Ausnahme von der Ausnahme“ dar. In seinem Umfang ist unter den weiteren allgemeinen Voraussetzungen ein nur gegen die Kostenentscheidung gerichtetes Rechtsmittel statthaft. Daher ist II 1 an sich als eine Rückkehr zum Grundsatz der Anfechtbarkeit *weit auslegbar.* Freilich sind seine Grenzen ziemlich klar. Man muß eine entsprechende Anwendbarkeit immerhin sorgfältig prüfen, § 924 Rn 9 (Kostenwiderspruch). II 2 hat demgegenüber wieder einen Ausnahmecharakter und ist auch wegen des klaren Wortlauts nur begrenzt auslegbar, Rn 44.

2) Regelungszweck, I, II. Die Vorschrift dient in *I* der Prozeßwirtschaftlichkeit, Grdz 14 vor § 128. Das Rechtsmittelgericht soll nicht nur wegen der Kostenfrage tätig werden müssen, solange sie nicht zur Hauptsache geworden ist, BGH FamRZ **03**, 1269, Karlsr FamRZ **02**, 682, Köln RR **97**, 707. I nimmt zur Erreichung dieses Ziels bewußt eine wenn auch evtl erhebliche Kostenungerechtigkeit gegenüber einer Partei in seinen engen Grenzen nach Rn 1 in Kauf. 3

II 1 dient demgegenüber der Vermeidung allzu ungerechter Kostenentscheidungen dann, wenn anders als bei I eine Anfechtung der Hauptsache praktisch nicht in Betracht kommt, weil der Bekl ja insofern anerkannt hat. Daraus kann man allgemein ableiten: Sofern nur eine Kostenanfechtung überhaupt in Betracht kommt, soll sie auch statthaft sein. Dieser Gedanke kommt in zahlreichen Einzelbeispielen aus der Praxis zum Ausdruck, Rn 5 ff.

II 2 hat freilich wiederum denselben Zweck wie I und ist entsprechend auslegbar, Rn 1, 44.

3) Sachlicher Geltungsbereich, I, II. Einem Grundsatz stehen manche Ausnahmen gegenüber. 4

A. Grundsatz: Anfechtbarkeit der Kostenentscheidung. Da I als eine Ausnahme eng, II als eine Rückkehr zum Grundsatz weit auslegbar sind, Rn 2, ist im Zweifel eine auf den Kostenpunkt beschränkte Anfechtung insofern statthaft. Freilich muß man die übrigen Voraussetzungen der Statthaftigkeit, Zulässigkeit und Begründetheit eines Rechtsmittels wie sonst prüfen.

5 **B. Beispiele zur Frage des sachlichen Geltungsbereichs**

Ablehnung einer Kostenentscheidung: Soweit das Gericht es abgelehnt hat, überhaupt eine Kostenentscheidung zu treffen, muß man zunächst prüfen, ob (kaum) ein Antrag auf eine Ergänzung nach § 321 sinnvoll ist. Falls nicht, ist ein Kostenrechtsmittel jedenfalls nicht wegen I unstatthaft, Celle RR **03**, 1510, Zweibr MDR **90**, 253. Denn es liegt in Wahrheit noch gar keine „Entscheidung über den Kostenpunkt" vor. Dasselbe gilt, soweit das Gericht es einfach unterlassen hat, eine Kostenentscheidung zu treffen, Zweibr FamRZ **97**, 622. Insofern mag es allerdings zusätzlich zunächst nötig sein, einen Berichtigungsantrag nach § 319 zu stellen, BGH KTS **87**, 738, Köln FamRZ **95**, 379, Zweibr MDR **90**, 253.

Anerkenntnis: Rn 37–58.

Anschlußrechtsmittel: Mit einem bloßen Anschlußrechtsmittel kann man auch eine auf den Kostenpunkt beschränkte Anfechtung vornehmen.

Arrest, einstweilige Verfügung: Die Vorschrift gilt auch im Verfahren auf den Erlaß eines Arrests oder einer einstweiligen Verfügung.

II ist bei einem auf die Kostenfrage beschränkten Widerspruch trotzdem auch *nicht entsprechend* anwendbar, Mü WettbR **96**, 140. Das gilt schon deshalb, weil der Widerspruch mangels einer Anfallwirkung nach Grdz 3 vor § 511 überhaupt kein Rechtsmittel ist, Rn 28, § 925 Rn 11.

6 **Berichtigung:** Rn 8 „Ergänzung der Hauptsacheentscheidung".

Beschluß: § 99 ist auf einen Beschluß entsprechend anwendbar, soweit nicht eine Beschwerde nur eine Ergänzung der fehlenden Kostenentscheidung bezweckt.

Bloße Kostenentscheidung: Soweit die angefochtene Entscheidung überhaupt nur zum Kostenpunkt vorliegt, nicht auch zur Hauptsache, scheitert ein Rechtsmittel zum Kostenpunkt jedenfalls nicht an I. Denn dieser setzt eine Entscheidung auch zur Hauptsache voraus, Karlsr FamR **02**, 682, Köln OLGZ **87**, 470, Teplitzky DRiZ **82**, 45, aM Mü GRUR **85**, 327, Zweibr FamRZ **83**, 1154 (aber Text und Sinn von I sind eindeutig, Einl III 39).

S auch Rn 5 „Arrest, einstweilige Verfügung", Rn 9 „Finanzgericht".

7 **Dritter:** Rn 26.

8 **Einspruch:** Er ist wie sonst zulässig. Denn er stellt als bloßer Rechtsbehelf mangels einer Anfallwirkung nach Grdz 3 vor § 511 überhaupt *kein* Rechtsmittel und daher auch keine „Anfechtung" nach I dar, Rn 16.

Einstweilige Verfügung: Rn 5 „Arrest, einstweilige Verfügung", Rn 16 „Rechtsbehelf".

Ergänzung der Hauptsacheentscheidung: Soweit es nur um einen Antrag auf eine Berichtigung nach §§ 319 ff geht, liegt *kein* Rechtsmittel und daher auch keine „Anfechtung" nach I vor. Daher ist der Antrag auch bei einer Beschränkung auf die Kostenfrage nicht schon wegen I unstatthaft, Zweibr FamRZ **83**, 621. Das gilt unabhängig davon, ob der Antrag nach §§ 319 ff zulässig ist. § 99 ist auch bei der Anfechtung einer Entscheidung nach § 321 anwendbar, Ffm OLGR **94**, 179, Zweibr FamRZ **83**, 621. Bei § 319 III (Stattgabe) geht jene Vorschrift aber vor, Karlsr RR **00**, 730.

Erinnerung: Die Statthaftigkeit einer auf den Kostenpunkt beschränkten Erinnerung ist von § 99 *unabhängig*. Denn die Erinnerung ist als ein bloßer Rechtsbehelf mangels einer Anfallwirkung nach Grdz 3 vor § 511 kein Rechtsmittel, Rn 16 „Rechtsbehelf". Sie stellt daher keine „Anfechtung" nach I dar, Rn 27. Beim Rpfl gilt § 11 RPflG, § 104 Rn 41 ff.

Erledigung der Hauptsache: Rn 36.

9 **Finanzgericht:** Gegen eine bloße Kostenentscheidung des Finanzgerichts ist keine sofortige Beschwerde statthaft, BFH BB **76**, 1111.

S auch Rn 6 „Bloße Kostenentscheidung".

10 **Greifbare Gesetzwidrigkeit:** Rn 19 „Unzulässige Kostenentscheidung".

11 **Insolvenzverfahren:** I ist entsprechend anwendbar, Köln (2. ZS) JB **00**, 550, Zweibr RR **01**, 193, aM Köln (2. ZS) JB **01**, 496 (es liege kein Widerspruch zur eigenen bisherigen Beurteilung vor. Aber § 4 InsO macht I uneingeschränkt mitanwendbar).

Isolierte Kostenentscheidung: Rn 5 „Arrest, einstweilige Verfügung", Rn 6 „Bloße Kostenentscheidung".

Kapitalanleger-Musterverfahren: § 99 ist entsprechend anwendbar, § 19 IV 2 KapMuG, SchlAnh VIII.

12 **Klagerücknahme:** Bei einer Klagerücknahme ist § 99 *unanwendbar.* Denn die dann eintretende Kostenfolge ergibt sich aus dem vorrangigen § 269 III 2, IV, § 91 Rn 17, Stgt RR **97**, 1222. Anders liegt es allenfalls bei § 269 III 3, IV.

Kostenwiderspruch: § 924 Rn 9.

S auch Rn 5 „Arrest, einstweilige Verfügung", Rn 16 „Rechtsbehelf".

13 **Mischfälle:** Rn 46 ff.

14 **Nebenforderung:** Die Entscheidung über eine Nebenforderung zählt zur Entscheidung „in der Hauptsache", Rn 32.

15 **Prozeßfähigkeit:** Rn 19 „Unzulässige Kostenentscheidung".

Prozeßkostenhilfe: § 118 Rn 23.

S auch Rn 19 „Unzulässige Kostenentscheidung".

Prozeßvergleich: Rn 56.

Prozeßvoraussetzung: Die Entscheidung über eine Prozeßvoraussetzung zählt zur Entscheidung „in der Hauptsache", Rn 35.

16 **Rechtsbehelf:** Auf den bloßen Rechtsbehelf ist § 99 *unanwendbar.* Denn er ist mangels einer Anfallwirkung nach Grdz 3 vor § 511 kein Rechtsmittel, Rn 28. Beim Rpfl gilt § 11 RPflG, § 104 Rn 41 ff.

Reine Kostenentscheidung: Rn 6 „Bloße Kostenentscheidung".

Restkosten: Rn 56.

17 **Sachlichrechtlicher Ersatzanspruch:** Die Entscheidung über einen solchen Anspruch, Üb 43 vor § 91, ist ein Teil der Entscheidung „in der Hauptsache", Rn 35.

Schiedsrichterliches Verfahren: I ist anwendbar, BGH RR **08**, 664.

Schlußurteil: Rn 46 ff.

Stufenklage: II kann beim Nichtbetreiben ihrer zweiten Stufe entsprechend anwendbar sein, Brdb FamRZ **07**, 161.

Teilurteil: Rn 46 ff.

Unterlassung der Kostenentscheidung: Rn 5. 18

Unzulässige Kostenentscheidung: Soweit der Richter eine nach dem Gesetz wegen § 574, § 567 Rn 10 völlig unzulässige „greifbar gesetzwidrige" Kostenentscheidung erlassen hat, ist § 99 *unanwendbar,* § 494 a Rn 19. Denn es kann nicht sein Zweck sein, der damit belasteten Partei auch in einem so krassen Fall nur zwecks einer Arbeitsentlastung der Gerichte eine solche Kostenungerechtigkeit aufzuerlegen. Die völlig unhaltbare Kostenentscheidung ist also nicht schon wegen § 99 unanfechtbar. Das Gericht darf und muß daher insoweit die Statthaftigkeit, Zulässigkeit und Begründetheit eines bloßen Kostenrechtsmittels nach den übrigen Rechtsmittelvorschriften prüfen, BGH MDR **97**, 1066, Karlsr FamRZ **03**, 943, Kblz VersR **92**, 634, aM Ffm MDR **82**, 152, Karlsr FamRZ **97**, 1417, Kblz MDR **85**, 852 (beim Übersehen oder bei der fälschlichen Heranziehung von Kostenvorschriften sei § 99 anwendbar. Aber wie will man eindeutig abgrenzen?). Nach einer unzulässigen Kostenentscheidung des Rpfl gilt § 11 RPflG, Brdb RR **00**, 1593. 19

Verfassungsbeschwerde: Rn 61.

Versäumnisurteil: Rn 46 ff. 20

Verweisung: Soweit in der verweisenden Entscheidung fälschlich eine Kostenentscheidung wegen der durch die Verweisung entstandenen Kosten enthalten ist, gelten die Regeln zur „unzulässigen Kostenentscheidung", Rn 19. Soweit das Gericht richtigerweise in der Verweisungsentscheidung nicht über die Verweisungskosten befunden hat, gilt für sie § 281 III. Soweit man die in der Kostenentscheidung des Schlußurteils usw nach jener Vorschrift behandelten Kosten angreift, gilt § 99 wie sonst, § 281 Rn 58, 59.

Vollstreckbarkeit: Die Entscheidung über die vorläufige oder endgültige Vollstreckbarkeit ist eine solche „in der Hauptsache", Rn 35.

Widerspruch: Rn 16 „Rechtsbehelf".

Wiederaufnahme: § 99 gilt auch im Wiederaufnahmeverfahren. Denn es ähnelt einem Rechtsmittel in der Hauptsache vielfach. 21

Wohnungseigentum: § 99 gilt auch im WEG-Verfahren.

4) Persönlicher Geltungsbereich, I, II. Man muß die folgenden Gruppen unterscheiden. 22

A. Parteien. Die Vorschrift erfaßt die Parteien des Rechtsstreits. Grdz 4 vor § 50. Hierher gehören auch der Prozeßstandschafter nach Grdz 26 vor § 50 und der Prozeßgeschäftsführer, Grdz 29 vor § 50. Ein Minderjähriger handelt durch den gesetzlichen Vertreter usw, § 51.

B. Vertreter. Soweit ihn das Gericht nach § 89 persönlich zu den infolge seiner vollmachtlosen Zulassung entstandenen Kosten verurteilt hat, ist § 99 unanwendbar. Denn das Gericht hat ihn ja nicht auch in der Hauptsache verurteilt. Die etwaige Verurteilung zur zusätzlichen Erstattung der infolge seiner vorläufigen Zulassung dem Prozeßgegner seiner Partei entstandenen Schäden nach § 89 I 3 Hs 2 ist ja nicht eine Verurteilung in der „Hauptsache" des Prozesses seiner Partei mit ihrem Gegner. Infolgedessen muß das Gericht die Statthaftigkeit eines Rechtsmittels des Vertreters gegen seine persönliche Verurteilung unabhängig von den Schranken des § 99 wie sonst prüfen, BGH NJW **88**, 50, Ffm OLGR **95**, 249, Schneider Rpfleger **76**, 232. 23

C. Streitgenossen. Soweit nicht § 100 vorrangig gilt, ist § 99 grundsätzlich auch auf Streitgenossen nach §§ 59 ff anwendbar. Allerdings ist ein durch Kosten beschwerter Streitgenosse nicht stets auch in der Hauptsache ebenso wie ein anderer Streitgenosse beschwert. Er kann also in der Hauptsache evtl nicht zulässigerweise ein Rechtsmittel einlegen. Deshalb mag für ihn auch die Kostenanfechtung an I scheitern, Rn 31. 24

D. Streithelfer. Auf den Streithelfer (Nebenintervenienten) nach § 66 ist § 101 anwendbar. Im übrigen bleibt § 99 anwendbar. 25

E. Dritter. Wegen des vorläufig zugelassenen vollmachtlosen Vertreters Rn 23. Im übrigen ist § 99 anwendbar, soweit der Dritte in einem Zwischenstreit zu dessen Partei geworden ist, zB nach §§ 71 II, 135 II, 372 a II, 387 ff, 402. In denjenigen Fällen, in denen eine Kostenentscheidung nicht zwischen den Parteien des Rechtsstreits oder dieses Zwischenstreits ergangen ist, sondern nur während des Rechtsstreits zulasten eines Dritten, zB des ProzBev, ist das Kostenrechtsmittel dieses Dritten nicht von § 99 abhängig, BAG NJW **06**, 462, Schneider MDR **87**, 729. Das gilt zB bei §§ 380 III, 409 II, Düss RR **93**, 828. 26

5) Anfechtung der Kostenentscheidung, I, II. Die Vorschrift begrenzt die Statthaftigkeit einer Anfechtung gerade der Kostenentscheidung. 27

A. Begriff der Kostenentscheidung. I, II meinen mit der „Kostenentscheidung" diejenige zur prozessualen Kostenpflicht, Üb 26 vor § 91. Eine solche Entscheidung kann auch dann vorliegen, wenn nach einer Erledigung der Hauptsache die Kosten ihrerseits zur restlichen oder jetzigen Hauptsache geworden sind, solange es eben nur um die prozessuale Kostenerstattungspflicht geht, Schneider MDR **84**, 265.

Keine Kostenentscheidung ist diejenige zur übrigen Hauptsache, BGH RR **92**, 315, und diejenige zur sachlichrechtlichen Kostenpflicht, Üb 43 vor § 91. Wegen der Überschneidung der prozessualen und der sachlichrechtlichen Kostenpflicht Üb 47 vor § 91. Vgl Rn 5 ff.

B. Begriff der Anfechtung: Rechtsmittel. Unter „Anfechtung" versteht I ein Rechtsmittel, nicht auch einen bloßen Rechtsbehelf, Rn 16. Das ergibt sich aus dem Umstand, daß die Kostenanfechtung nur zusammen mit einem „Rechtsmittel" in der Hauptsache statthaft ist. Zur Abgrenzung der Hauptsacheentscheidung von der Kostenentscheidung Rn 26. Unter „Rechtsmittel" muß man dasselbe wie in § 97 verstehen, dort Rn 14. Dazu gehören also: Berufung, §§ 511 ff; Revision, §§ 542 ff; sofortige Beschwerde, §§ 567 ff; Rechtsbeschwerde, §§ 574 ff; die einem Rechtsmittel ähnliche Wiederaufnahmeklage, §§ 578 ff; eine Ergänzungsentscheidung, Zweibr FamRZ **83**, 621. 28

Nicht zu den Rechtsmitteln zählen mangels einer Anfallwirkung nach Grdz 3 vor § 511 die Rechtsbehelfe zB: Des Einspruchs, §§ 338, 700, Brdb RR **00**, 1668; der sofortigen Erinnerung, zB § 104 Rn 69 ff, Stgt

Rpfleger **84**, 200; des Widerspruchs, zB nach § 924, dort Rn 1 sowie § 925 Rn 11 (dort zum Streitstand). In diesen Fällen muß man also die Statthaftigkeit eines bloßen Kosten-Rechtsbehelfs unabhängig von § 99 prüfen. Vgl Rn 5 ff.

29 **C. Teilurteil usw ohne Kostenentscheidung.** Wegen derjenigen Fälle, in denen eine Sachentscheidung nicht auch einen Kostenausspruch enthält, also eine Kostenentscheidung noch fehlt, vgl Rn 46.

30 **6) Statthaftigkeitsprüfung, I.** Die Vorschrift spricht zwar davon, daß die Kostenanfechtung evtl „unzulässig" sei. Sie erfaßt aber schon die Unstatthaftigkeit. Diese zählt zwar zur Unzulässigkeit im weiteren Sinn. Sie besagt aber, daß das Gesetz ein Rechtsmittel schon seiner Art nach überhaupt nicht erlaubt. Das gilt unabhängig davon, ob es seiner Art nach in der einzelnen Hauptsache zur Verfügung steht und dort nur von weiteren Zulässigkeitsvoraussetzungen abhängig wäre, etwa von einer Beschwer. Daß es sich in Wahrheit schon um die Statthaftigkeit handelt, ergibt sich indirekt aus den Worten „so findet ... statt" in II 1 für den dortigen weiteren Bereich.

31 **7) Zulässigkeitsprüfung zur Hauptsache, I.** Voraussetzung der Anfechtbarkeit der Kostenentscheidung nach I ist, daß auch gegen die Entscheidung in der Hauptsache ein Rechtsmittel „eingelegt wird", BGH RR **91**, 510.

A. Notwendigkeit der Zulässigkeitsprüfung. Entgegen dem Wortlaut kommt es nicht nur darauf an, daß das Hauptsache-Rechtsmittel eben tatsächlich eingelegt „wird", sondern daß das auch *zulässig* ist. Die Einlegung eines in der Hauptsache unstatthaften oder unzulässigen Rechtsmittels macht die Kostenanfechtung nicht schon nach I statthaft. Andernfalls wären Umgehungen möglich. Man könnte ein zB offensichtlich unzulässiges Hauptsache-Rechtsmittel einlegen, zugleich die Kostenentscheidung anfechten und so deren Überprüfung erzwingen, wenn auch um den Preis der Verwerfung des Hauptsache-Rechtsmittels, falls man es nicht zurücknehmen könnte. Das ist nicht der Sinn des Gesetzes, BGH FamRZ **81**, 451, Düss FamRZ **91**, 351, LG Duisb JB **83**, 449. Freilich reicht ein bloßer derartiger Verdacht der Umgehung nicht aus, um die isolierte Kostenanfechtung unzulässig zu machen, BGH JR **76**, 246 krit Schreiber, Schlesw MDR **03**, 51. Die Abgrenzung zwischen einem bloßen Verdacht und einer eindeutigen Umgehung läßt sich nur nach den Gesamtumständen treffen. Dabei ist wegen des nach Rn 1 bloßen Ausnahmecharakters von I erst der eindeutige Umgehungsfall schädlich.

32 **B. Notwendigkeit einer Beschwer in der Hauptsache.** Da es auf die Zulässigkeit des Hauptsacherechtsmittels ankommt, muß unter anderem zur Hauptsache eine Beschwer vorliegen, Grdz 13 vor § 511. Sie muß allerdings nur bei der Einlegung des Rechtsmittels vorliegen. Ein späterer Wegfall schadet regelmäßig nicht, Grdz 23 vor § 511. In der Hauptsache muß evtl eine ausreichende Beschwerdesumme vorliegen, §§ 511 II Z 1 usw.

33 **C. Notwendigkeit einer Beschwer im Kostenpunkt.** Zusätzlich zur Beschwer in der Hauptsache nach Rn 32 muß auch im Kostenpunkt die jeweils gesetzlich vorgeschriebene Beschwer vorliegen, zB nach § 567 II, BGH WertpMitt **82**, 1336, Schlesw SchlHA **78**, 67, LG Duisb JB **83**, 449. Diese Vorschrift gilt aber zB bei einer Rechtsbeschwerde nicht mehr, BGH BB **04**, 2602 rechts Mitte. Auch hier reicht allerdings das Vorliegen der Beschwerdesumme im Zeitpunkt der Einlegung des Kosten-Rechtsmittels aus. Eine Kostenanfechtung ist zulässig, wenn die Beschwerdesumme durch eine Aufrechnung mit einem solchen Schadensersatzanspruch entsteht, nach dem der Kläger die Prozeßkosten der Vorinstanz nach dem sachlichen Recht erstatten müßte.

34 **D. Keine weitere Prüfung zur Hauptsache.** Das Gericht darf grundsätzlich nicht prüfen, ob das Hauptsache-Rechtsmittel auch begründet wäre und ob die Partei an der Entscheidung des Rechtsmittelgerichts zur Hauptsache ein wirtschaftliches Interesse hat oder ob es ihr im wesentlichen doch nur auf die Kostenanfechtung ankommt. Es darf eben nur keine Umgehung vorliegen, Rn 31. Freilich bleiben so grundlegende Gesichtspunkte wie derjenige einer Sachbefugnis zur Hauptsache nach Grdz 22 vor § 50 auch bei der Prüfung der Zulässigkeit des Kostenrechtsmittels mitbeachtlich, Zweibr FamRZ **89**, 195 (sie liegt zB bei § 1629 III BGB nicht mehr ab der Volljährigkeit des Kindes vor).

35 **8) Entscheidung in der Hauptsache, I.** Ob überhaupt eine Kostenanfechtung statthaft ist, hängt unter anderem davon ab, ob überhaupt eine „Entscheidung in der Hauptsache" vorliegt.

A. Begriff. Entscheidung in der Hauptsache ist jede Entscheidungsform (Urteil, Beschluß, Düss MDR **90**, 62, Verfügung), die zumindest auch den Streitgegenstand betrifft, § 2 Rn 4, und nicht nur den Kostenpunkt.

Beispiele: Die Entscheidung über eine Nebenforderung, § 4; über eine Prozeßvoraussetzung, Grdz 13 vor § 253; über die vorläufige Vollstreckbarkeit, §§ 708 ff.

36 **B. Erledigung der Hauptsache.** Eine Entscheidung „in der Hauptsache" kann auch dann vorliegen, wenn es sich um die Erledigung der Hauptsache nach § 91 a handelt, BGH NJW **92**, 1514, Karlsr FamRZ **05**, 50, Oldb RR **93**, 1339. Eine Erledigung der Hauptsache macht die Kosten nicht selbst stets zur Hauptsache. Im einzelnen sollte man zusätzlich zu den Erläuterungen zu § 91 a im vorliegenden Zusammenhang folgende Regeln beachten: Wenn sich die Hauptsache zwischen dem Schluß der letzten mündlichen Verhandlung und der Urteilsverkündung nach § 91 a Rn 72 erledigt hat, ist eine Berufung zum Zweck der Änderung nur der Kostenentscheidung unzulässig, aM Hbg RR **89**, 570, Hamm GRUR **84**, 69 (aber das wäre nicht der Sinn der Vorschrift, Rn 2, 3). Wenn sich die Hautpsache nach der Urteilsverkündung, aber vor der Einlegung des Hauptsache-Rechtsmittels erledigt hat, ist keine Anfechtung der Kostenentscheidung zulässig, falls kein sachlicher Streit mehr vorliegt, falls zB das Feststellungsinteresse erloschen ist oder falls der Bekl inzwischen erfüllt hat, Hamm GRUR **84**, 69. Wenn sich die Hauptsache erst nach der Einlegung des zugehörigen Rechtsmittels erledigt hat, bleibt das Kostenrechtsmittel grundsätzlich zulässig. Dann gilt dasselbe wie bei einer Erledigung in der ersten Instanz. Der Rechtsmittelkläger trägt die Kosten, soweit er die Erledigung der Hauptsache willkürlich herbeigeführt hat. Wenn das Gericht nach wirksamen Teilerledigterklärungen teils nach § 91 a und im Rest nach §§ 91, 92 II entschieden hat, ist eine isolierte Kostenanfechtung nur gegen den ersten Beschluß möglich, Saarbr JB **05**, 97.

9) Verurteilung auf Grund eines Anerkenntnisses, II. Erste Voraussetzung der Statthaftigkeit einer sofortigen Beschwerde über den Kostenpunkt ist, daß eine „Verurteilung auf Grund eines Anerkenntnisses" vorliegt. § 93 d paßt nicht, dort Rn 9, Nürnb MDR **05**, 151. 37

A. Begriff des Anerkenntnisses. II meint die prozessuale Anerkenntniserklärung. Man muß sie von dem in ihr steckenden etwaigen sachlichrechtlichen Anerkenntnis unterscheiden, Einf 2 vor §§ 306 ff. Es muß sich also um ein Anerkenntnis nach § 307 handeln. Das Anerkenntnis mag also in der notwendigen mündlichen Verhandlung nach § 128 Rn 4 stattgefunden haben, Brdb MDR **99**, 504, oder im schriftlichen Verfahren nach § 128 II oder im schriftlichen Vorverfahren nach §§ 276, 277 schriftsätzlich, Brdb RR **00**, 1668. Es mag den Hauptanspruch ganz oder nur zum Teil umfassen usw. Im Eilverfahren kann ein Anerkenntnis im bloßen Kostenwiderspruch liegen, Stgt WettbR **00**, 125.

B. Wirksamkeitsprüfung. Das Gericht braucht das Anerkenntnis zwar im Verfahren der Kostenanfechtung nicht im einzelnen auf seine Voraussetzungen zu überprüfen. Das Anerkenntnis muß daber immerhin grundsätzlich wirksam sein, § 307 Rn 10. Es darf also nicht eine Anerkennung nur über einen solchen Punkt vorliegen, der der Parteiherrschaft nicht unterlag, Grdz 18 vor § 128, etwa in einer Ehesache oder in einer sonstigen Familiensache nach (jetzt) dem FamFG, Ffm FamRZ **84**, 1123, Kblz JB **82**, 446. Es darf auch nicht nur ein eingeschränktes oder bedingtes Anerkenntnis vorliegen § 307 Rn 4, 5, Düss MDR **89**, 825, Mü MDR **92**, 184, Naumb RR **97**, 893, es sei denn, das Gericht hätte trotz eines solchen nur eingeschränkten Anerkenntnisses eine uneingeschränkte Verurteilung vorgenommen, Düss MDR **90**, 59, oder das Gericht hätte fälschlich erklärt, es liege ein Anerkenntnis vor, Karlsr FamRZ **91**, 1456 (wendet II dann entsprechend an). 38

C. Ausreichen eines streitigen Urteils. Es ist nicht erforderlich, daß ein Anerkenntnisurteil nach § 307 in der Hauptsache ergangen ist, Mü MDR **92**, 184. Das ergibt sich schon aus dem Wortlaut von II. Er verlangt nur eine Verurteilung „auf Grund" eines Anerkenntnisses. Nach § 307 erfolgt eine Verurteilung „dem Anerkenntnis gemäß" durch ein Anerkenntnisurteil nicht nur dann, wenn zum Anerkenntnis des Bekl auch ein Antrag des Klägers gerade auf ein Anerkenntnisurteil hinzutritt, sondern von Amts wegen. Das Gericht darf und muß ein Anerkenntnis stets frei würdigen. Es muß sowohl ein Versäumnisurteil zB in einer dem Anerkenntnis folgenden solchen Verhandlung treffen, in der der Bekl ausblieb, als auch ein streitiges Urteil „auf Grund", also unter einer Berücksichtigung des Anerkenntnisses fällen, wenn es das Anerkenntnis nicht als ein solches nach § 307 beurteilt. Das reicht auch bei II, Düss MDR **90**, 59, Mü MDR **92**, 184. Denn auch dann wäre sonst eine Richtigstellung der Kostenentscheidung nicht möglich, auf die es ja bei II ankommt, Rn 3, Düss MDR **89**, 825, Köln FamRZ **89**, 878. 39

Eine *sofortige Beschwerde* ist auch dann statthaft, wenn das Gericht seine Entscheidung zur Hauptsache auf ein nach seiner Meinung wirksames Anerkenntnis gestützt hat, wenn auch zu Unrecht, Brdb FamRZ **98**, 1247, Düss MDR **89**, 825, aM ThP 10 (aber dann liegt ein wirksamer Staatshoheitsakt vor, Üb 19 vor § 300). Eine sofortige Beschwerde ist ferner dann statthaft, wenn das Gericht § 93 entsprechend zulasten des sonst siegenden Bekl angewendet hat, LG Verden MDR **98**, 1435, oder wenn das Gericht ein streitiges Urteil erließ, Düss MDR **89**, 825. Es findet also im Kostenanfechtungsverfahren keine Nachprüfung darüber statt, ob die Voraussetzungen des § 307 im Zeitpunkt des Erlasses eines vorliegenden Anerkenntnisurteils wirklich vorlagen.

10) Beendigung der Vorinstanz, II 1. Durch die Verurteilung muß die Hauptsache „erledigt" sein. Das meint aber nicht etwa eine Erledigung nach § 91 a. Der Wortlaut von II 1 ist insofern mißverständlich. In Wahrheit erfaßt II 1 vielmehr eine Beendigung der Instanz durch ein Anerkenntnisurteil oder doch durch eine solche Schlußentscheidung, die auf einem prozessualen Anerkenntnis beruht. 40

11) Sofortige Beschwerde, II 1. Die sofortige Beschwerde ist unter den Voraussetzungen Rn 37–40 und unter folgenden weiteren Voraussetzungen möglich (beim Rpfl gilt § 11 RPflG, § 104 Rn 41 ff). 41

A. Begriff. Er ist derselbe wie in § 567 I. Man muß die Notfrist des § 224 I 2 der in § 569 I genannten Wochen oder Monate beachten. Die Einlegung bei dem Beschwerdegericht genügt, § 569 I 1. Wegen einer Anschlußbeschwerde § 567 III.

B. Grenzen der Statthaftigkeit. Die sofortige Beschwerde ist unstatthaft, soweit das OLG als Berufungs- oder Beschwerdegericht entschieden hat. Dann kommt allenfalls eine Rechtsbeschwerde nach § 574 I–III infrage. 42

C. Notwendigkeit einer Beschwer. Ferner muß eine Beschwer nach Rn 44 vorliegen, also ein Zurückbleiben des Zugesprochenen hinter dem Beantragten. Ferner muß eine Beschwerdesumme vorliegen, § 567 II 1, so schon Schlesw SchlHA **78**, 67, ThP 11, aM Gölzenleuchter/Meier NJW **85**, 2813 (aber eine Beschwer ist bei jedem Rechtsbehelf erforderlich). Der Beschwerdewert berechnet sich nach den Kosten. Der Beschwerdeführer kann nicht mehr rügen, die Klage sei unzulässig oder unbegründet gewesen. Er hätte ja nicht anzuerkennen brauchen, Hamm MDR **90**, 638. Nach einem Anerkenntnisurteil ohne eine Begründung der Kostenentscheidung trotz streitiger Kostenanträge muß das Gericht das Verfahren evtl auf einen Antrag zurückverweisen, Brdb MDR **00**, 233. 43

12) Erreichen des Hauptsachewerts von 600,01 EUR, II 2. Die Vorschrift fordert im Umkehrschluß ihres unglücklich verneinenden Wortlauts: Die zugehörige Hauptsache muß einen Wert von mindestens 600,01 EUR haben. Denn nur dann liegt ein für eine Berufung nach § 511 II Z 1 ausreichender Wert vor. Die Mindestsumme von 600,01 EUR für den Hauptsachewert gilt unabhängig davon, ob das Gericht eine Berufung nach § 511 II Z 2, IV zulassen dürfte, müßte oder zugelassen hat. Denn II 2 stellt schlicht auf einen „Betrag" in EUR ab, obwohl gleichzeitig die Zulassungsberufung unabhängig von *diesem* Wert statthaft wurde. Ein Versehen des Gesetzgebers sollte daher nicht vorliegen. Zwar würde der Sinn (keine Nebenentscheidung, soweit keine Hauptsacheentscheidung zulässig, wie bei I) eher für eine weite Auslegung sprechen. Sie findet aber am klaren Wortlaut von II 2 ihre Grenze, Einl III 39. Zumindest ist ohnehin eine enge Auslegung notwendig, Rn 2, 3. Vgl auch die vergleichbare Lage bei § 91 a II 2, dort Rn 156. 44

45 **13) Anhörung des Gegners, II 3.** Die Vorschrift stellt eine überflüssige, weil selbstverständliche Ergänzung zu den im Verfahren der sofortigen Beschwerde nach §§ 567 ff geltenden Regeln dar. Sie enspricht dem Art 103 I GG, BVerfG **64**, 227. Gegenstand der Anhörung kann freilich praktisch nur die Frage sein, ob § 91 oder §§ 93, 93 b anwendbar waren oder ob überhaupt in einem Teilanerkenntnisurteil schon eine Kostenentscheidung zulässig war.

46 **14) Teilanerkenntnis und sonstige Mischfälle, I, II.** Bei einem bloßen Teilanerkenntnis nach § 307 Rn 5 und in zahlreichen weiteren sog Mischfällen gehen die Meinungen weit auseinander.

A. Grundsatz: Anfechtbarkeit. Der in Rn 4 dargestellte Grundsatz, daß die Kostenentscheidung im Zweifel anfechtbar ist, gilt zB auch beim unzulässigen streitigen Teilurteil, Drsd FamRZ **00**, 34, und auch im Bereich des Teilanerkenntnisses, Brdb FamRZ **99**, 725, und der weiteren Mischfälle, BGH RR **99**, 1741. Freilich muß man stets II 2 beachten, Rn 44.

47 **B. Notwendigkeit einfacher und klarer Kostenentscheidung.** Das Gericht sollte sich stets um eine einfache und klare Formulierung der Entscheidung über das Kostenrechtsmittel usw gerade bei den sog Mischfällen bemühen, § 91 Rn 22. Sie verursachen ohnehin schon erhebliche Probleme. Diese sollte man nicht in das Kostenfestsetzungsverfahren verlagern. Zwar darf und muß der Rpfl die Kostengrundentscheidung auslegen, Einf 19 vor §§ 103–107. Das entbindet aber den Richter nicht von der Pflicht, gerade im sog Mischfall eindeutig festzulegen, wer welche Kosten tragen soll.

Beispiel: „Der Beklagte trägt die Kosten. Von den Kosten entfallen auf den streitig entschiedenen Teil des Rechtsstreits 75%, auf den für erledigt erklärten Teil des Rechtsstreits und auf den durch ein Anerkenntnisurteil behandelten Teil des Rechtsstreits je 12,5%". Durch eine solche Kostensonderung in der Entscheidungsformel kann man die Frage erleichtern, ob und in welchem Umfang eine Anfechtung zB die erforderliche Beschwerdesumme erreicht. Denn diese Frage entscheidet man ja nicht nach § 99, sondern nach den sonstigen Vorschriften zu dem jeweiligen Rechtsmittel, Rn 31. Im übrigen kann man etwa die folgenden Situationen unterscheiden.

48 **C. Teilurteil ohne Kostenentscheidung.** Wenn sich ein Rechtsmittel in der Hauptsache gegen ein Teilurteil ohne eine Kostenentscheidung richtet, § 301 Rn 19, ist neben diesem Rechtsmittel immer eine Anfechtung der Kostenentscheidung des Schlußurteils statthaft, BGH RR **99**, 1741, Karlsr RamRZ **02**, 682. Denn diese letztere Kostenentscheidung ergänzt das Teilurteil.

49 Man kann auch nicht etwa die Anfechtbarkeit der das Teilurteil betreffenden Kostenentscheidung des Schlußurteils davon abhängig machen, ob in der Hauptsache ein Rechtsmittel gegen das Teilurteil zulässig ist und ob das Gericht über dieses Rechtsmittel schon entschieden hatte oder ob jedenfalls die Entscheidung über jenes Rechtsmittel noch nicht rechtskräftig ist. Eine solche Lösung ließe sich mit der Kostengerechtigkeit nach Üb 10 vor § 91 kaum vereinbaren, Ffm FamRZ **84**, 1230, ThP 8, aM BGH KTS **87**, 738, Ffm MDR **77**, 143 (aber auch bei den Kosten ist Gerechtigkeit des Hauptziel, Einl III 9, 36). Jedenfalls muß man die Kostenentscheidung des Schlußurteils besonders angreifen, wenn sie nicht rechtskräftig werden soll, BGH VersR **86**, 1210, ThP 8, aM BGH NJW **84**, 496 (aber § 322 gilt auch hier).

50 **D. Teilurteil in der Sache, Schlußurteil über die Hauptsache und die Kosten.** Hier empfiehlt sich die Lösung Rn 48, 49 ebenfalls, KG MDR **90**, 160.

51 **E. Teilurteil in der Sache, Schlußurteil nur über die Kosten.** Auch hier empfiehlt sich die Lösung Rn 48, 49.

52 **F. Teilanerkenntnisurteil ohne Kostenentscheidung, Schlußurteil über den Rest und alle Kosten oder alles in einem Urteil.** Vgl zunächst Rn 48, 49. Hier ist die sofortige Beschwerde und nicht die Berufung statthaft, und zwar wegen der Kosten aus jeder der beteiligten Entscheidungen, Hamm FamRZ **97**, 221, Saarbr AnwBl **92**, 397, aM BGH RR **99**, 1741, Köln RR **94**, 767 (aber die sofortige Beschwerde ist die nach dem Sinn von § 99 näherliegende Lösung). Das gilt auch dann, wenn es sich um ein teilweises Anerkenntnis, eine teilweise Klagerücknahme und eine spätere streitige Schlußentscheidung handelt, Düss FamRZ **82**, 724.

53 **G. Anerkenntnisurteil und gleichzeitiges streitiges Schlußurteil.** Hier ist grundsätzlich die Berufung statthaft, aM Kblz MDR **86**, 1032, Schlesw SchlHA **85**, 178, LG Stgt JB **90**, 98 (sofortige Beschwerde. Aber hier geht es auch um die Hauptsache). Falls die Berufung aber wegen § 511 II Z 1 unzulässig ist, kann und muß das Gericht sie unter Umständen in eine sofortige Beschwerde nach II umdeuten, LG Mannh WoM **75**, 15.

54 **H. Streitiges Teilurteil, Schlußurteil über sämtliche Kosten.** Hier ist vieles streitig. Wegen der getrennt berechenbaren Kosten des „erledigten" Teils ist nur die sofortige Beschwerde zulässig, § 91 a II, Bbg JB **89**, 1740, Karlsr FamRZ **97**, 221, Schlesw JB **86**, 107, aM KG MDR **86**, 241 (es sei auch die Berufung statthaft, auch eine Anschlußberufung, BGH MDR **01**, 648. Aber es gilt die Erwägung Rn 52 entsprechend). Im übrigen ist die Berufung statthaft. Man kann eine sofortige Beschwerde gegen die Kostenentscheidung als durch die gleichzeitig erfolgte Berufung des Bekl mitumfaßt ansehen. Daher ist keine besondere Entscheidung über die sofortige Beschwerde erforderlich. Die Berufung ist auch statthaft, soweit das Gericht im Urteil zum Teil die Hauptsache für erledigt erklärt, zum Teil eine streitige Entscheidung bringt und über sämtliche Kosten befindet.

55 **I. „Schlußurteil", in Wahrheit Teilurteil mit Kostenentscheidung.** Hier ist die Berufung statthaft, Grdz 29–33 vor § 511, Zweibr FamRZ **83**, 1154.

56 **J. Prozeßvergleich über den Rest.** Es gilt § 98.

57 **K. Rücknahme des Rests nebst Anerkenntnis-Schlußurteil über die Kosten des erledigten Teils.** Es gilt II.

58 **L. Versäumnisurteil, Einspruch nur zu den Kosten, streitiges Kostenurteil.** I ist anwendbar, Stgt JB **81**, 1894, aM Brdb RR **00**, 1668 (II sei entsprechend anwendbar. Aber I paßt wesentlich besser).

15) Weitere Verfahrensfragen, I, II. Soweit nun einmal ein Rechtsmittel oder ein Rechtsbehelf gegen 59
eine Kostenentscheidung vorliegen, trifft das Gericht seine Entscheidung darüber in dem für jene Anfechtungsart jeweils gesetzlich vorgesehenen Verfahren, zB bei II nach § 567. Das gilt, sofern es sich überhaupt um eine wirkliche sofortige Beschwerde handelt. Liegt gegen die Kostenentscheidung eine sofortige Beschwerde und gegen die Hauptsacheentscheidung eine Berufung vor, erfaßt das Berufungsverfahren zunächst das Beschwerdeverfahren mit, Hamm AnwBl **89**, 614. Nimmt der Rechtsmittelführer dann die Berufung zurück, nicht aber die Beschwerde, lebt das Beschwerdeverfahren wieder auf, Hamm AnwBl **89**, 614. Eine mündliche Verhandlung ist nicht notwendig, § 128 III. Eine nicht überprüfbare, weil ohne Begründung ergangene Entscheidung kann zur Zurückverweisung führen, KG MDR **08**, 45 (nennt einen nicht bestehenden § 571 Z 7).

16) Verstoß, I, II. Es gelten die für eine fehlerhafte Entscheidung des Rechtsmittelgerichts anwendbaren 60
Vorschriften wie sonst.

17) Verfassungsbeschwerde, I, II. Eine Verfassungsbeschwerde ist allenfalls nach einer erfolglosen 61
Gegenvorstellung nach Grdz 6 vor § 567 statthaft, BVerfG NJW **03**, 1924. Sie ist nur zulässig, soweit sich der behauptete Verstoß nur auf die Kostenentscheidung bezieht und die Hauptsache nicht berührt, BVerfG MDR **87**, 555. Sie ist aber im übrigen unzulässig, soweit eine Beschwer nicht mehr wegen der streitig entschiedenen Hauptsache vorliegt, sondern nur noch wegen der Kosten, BVerfG **33**, 256.

100 *Kosten bei Streitgenossen.* **I Besteht der unterliegende Teil aus mehreren Personen, so haften sie für die Kostenerstattung nach Kopfteilen.**

II Bei einer erheblichen Verschiedenheit der Beteiligung am Rechtsstreit kann nach dem Ermessen des Gerichts die Beteiligung zum Maßstab genommen werden.

III Hat ein Streitgenosse ein besonderes Angriffs- oder Verteidigungsmittel geltend gemacht, so haften die übrigen Streitgenossen nicht für die dadurch veranlassten Kosten.

IV 1 Werden mehrere Beklagte als Gesamtschuldner verurteilt, so haften sie auch für die Kostenerstattung, unbeschadet der Vorschrift des Absatzes 3, als Gesamtschuldner. 2 Die Vorschriften des bürgerlichen Rechts, nach denen sich diese Haftung auf die im Absatz 3 bezeichneten Kosten erstreckt, bleiben unberührt.

Schrifttum: *Olivet,* Die Kostenverteilung im Zivilprozeß, 4. Aufl 2006.

Gliederung

1) Systematik, I–IV. Die Vorschrift erfaßt nach ihrem Wortlaut nur einen Teil, nach ihrem Sinn aber 1
zumindest weitere Teile der Fälle, in denen als Prozeßgegner mindestens zwei oder mehr Personen vorhanden sind. Sie enthält für diese Gruppierungen eine vorrangige Regelung des Außenverhältnisses der

Prozeßgegner zueinander. Sie ist insofern eng auslegbar. Zum Verhältnis von III zu I, II, IV Rn 38. Ergänzend gelten §§ 91 ff. Für einen einfachen Streithelfer nach § 66 gelten vorrangig § 101 I, BGH BB **07**, 1524, sodann § 100 und schließlich hilfsweise §§ 91 ff. Den streitgenössischen Streithelfer nach § 69 muß man wie einen Streitgenossen im Sinn von § 59 nach § 100 beurteilen, § 101 II, BGH BB **07**, 1524. II hat den Vorrang gegenüber § 92. III, auch in Verbindung mit IV 1, hat den Vorrang vor § 96. Allerdings enthalten §§ 97, 98 auf ihren engeren Spezialgebieten vorrangige Regelungen. §§ 238 IV, 788 bleiben unberührt. Auf das Innenverhältnis der Streitgenossen untereinander ist das sachliche Recht anwendbar, BGH NJW **07**, 1872. Das gilt auch bei Gesamtschuldnern.

2 **2) Regelungszweck, I–IV.** Die Vorschrift dient in erster Linie der Vereinfachung, einem Gesichtspunkt der Prozeßwirtschaftlichkeit nach Grdz 14 vor § 128. Sie nimmt zu diesem Zweck gewisse Kostenungerechtigkeiten bewußt in Kauf. Das muß man bei der Auslegung mitbeachten. Der Vereinfachungszweck wird in I, IV 1 Hs 1 zum Grundsatz. Zur Vermeidung allzu erheblicher Ungerechtigkeiten bietet II eine Möglichkeit der Anpassung. III enthält sowohl I, II als auch für IV 1 zur Vermeidung offensichtlicher Ungerechtigkeiten eine Ausnahmeklausel. Sie tritt im Gegensatz zu der vergleichbaren des § 96 zwingend ein.

Praktische Schwierigkeiten ergeben sich gerade beim Bemühen um eine möglichst gewissenhafte Beachtung des jeweiligen Regelungszwecks. Das zeigen nicht nur die unten aufgeführten Beispiele aus der umfangreichen Rechtsprechung zum richtigen Kostenausspruch, sondern auch die entsprechend vielfältigen Auswirkungen bei der Kostenerstattung. Wie überhaupt bei §§ 91 ff und insbesondere bei § 92 gilt die Überlegung, daß man die Kostengerechtigkeit trotz ihrer enormen wirtschaftlichen Bedeutung für die Beteiligten nicht in den Mittelpunkt des Zivilprozesses stellen sollte. Das gilt selbst dann, wenn es praktisch „nur noch" um die Kosten geht, wie so oft. Das wünschenswerte Bestreben um eine Einzelfallgenauigkeit darf nicht zur Überbeanspruchung durch immer unübersichtlichere Verästelungen in der Auslegung führen.

3 **3) Sachlicher Geltungsbereich, I–IV.** Es stehen ein einschränkendes Prinzip und innerhalb von ihm weitere Anwendungen gegenüber.

A. Grundsatz: Nur im Außenverhältnis. I gilt grundsätzlich nur im Verhältnis der Prozeßgegner zueinander, also im sog Außenverhältnis, KG NZM **06**, 112. Demgegenüber enthalten III, IV 1 Hs 2 ausnahmsweise Sonderregeln für das Innenverhältnis der Streitgenossen zueinander. Sie gehen die dem sachlichen Recht vor, zB der für Gesamtschuldner geltenden Auffangklausel des § 426 I 1 BGB mit ihrer Haftung zu gleichen Anteilen wegen der unterschiedlichen prozessualen Gestaltungsmöglichkeiten. Eine weitere Ausnahme ist zB möglich, falls ein Mitschuldner einen Freistellungsanspruch verletzt haben kann.

4 **B. Erfassung aller derartigen Kosten.** Die Vorschrift erfaßt in ihrem Bereich die Kosten aller Beteiligten in jeder Prozeßlage und in jeder Instanz. Das gilt unabhängig von der Art ihrer Entstehung und von ihrem Umfang. Die Vorschrift regelt also sowohl gerichtliche als auch außergerichtliche Gebühren wie Auslagen.

5 **C. Erfassung aller Gruppierungen von Streitgenossen.** Entgegen dem Wortlaut und trotz der systematisch an sich nach Rn 1, 2 notwendigen engen Auslegung ergibt sich bei Streitgenossen nach § 59 aus § 100 zumindest in Verbindung mit §§ 91 ff nach übereinstimmender Lehre und Rspr jedenfalls auch in den nicht ausdrücklich geregelten Fällen eine Grundlage für die Kostenhaftung, für die etwa erforderliche Kostengrundentscheidung und damit für die Kostenerstattung (Kostenfestsetzung). Die Vorschrift regelt also nicht nur die Lage, wenn dem Sieger A die Verlierer X und Y gegenüberstehen, sei es als einfache Schuldner (I), sei es als Gesamtschuldner (IV). Anhaltspunkte ergeben sich auch für die Variante, daß zwei Siegern A und B ein Verlierer X oder zwei Verlierer X, Y oder drei Verlierer X–Z gegenüberstehen oder daß drei Siegern A–C ein Verlierer X, zwei Verlierer X, Y oder drei Verlierer X–Z gegenüberstehen usw. Insbesondere ist § 100 mitbeachtlich, soweit von mehreren Streitgenossen einer siegt, der andere unterliegt, sei es nur auf der einen Seite, sei es auf beiden Seiten des Prozesses. Ferner gehört hierhin auch das Ausscheiden eines oder mehrerer Streitgenossen im Lauf einer Instanz. Alle diese Gruppierungen sind in Rn 46–66 erörtert.

6 **D. Beispiele zur Frage des sachlichen Geltungsbereichs**

Anschlußrechtsmittel: § 100 gilt für jede Art eines Anschlußrechtsmittels, sofern nicht § 97 eine speziellere vorrangige Sonderregelung enthält. § 99 bleibt beachtlich.

Außenverhältnis: Vgl Rn 3. Im Innenverhältnis findet keine Kostenfestsetzung statt, soweit nicht das Urteil oder die sonstige Kostengrundentscheidung oder ein Vergleich etwas anderes bestimmen.

Außergerichtlicher Vergleich: Soweit nicht der vorrangige § 98 ff Abweichungen enthält, ist § 100 vorsichtig ergänzend zur Auslegung mit heranziehbar.

Ausgleichsanspruch: Der nur im Innenverhältnis geltende etwaige vertragliche oder gesetzliche Ausgleichsanspruch zB nach § 426 I 1 BGB bleibt durch § 100 grds unberührt. Ihn können allerdings die vorrangigen Regeln II, III, IV 1 Hs 2 verdrängen.

Ausscheiden eines Streitgenossen: Rn 56.

7 **Berufung:** Mehrere in der ersten Instanz als Gesamtschuldner verurteilte Bekl haften auch für die Kosten ihrer erfolglosen Berufung nach §§ 97 I, 100 IV als Gesamtschuldner, ohne daß ein entsprechender Ausspruch im Berufungsurteil notwendig wäre, LG Köln MDR **81**, 502, ZöHe 11, aM ThP 9.

Beschwerde: § 100 ist neben § 97 anwendbar. III enthält auch für die Beschwerdeinstanz eine gegenüber § 96 vorrangige Sonderregelung.

S allerdings auch Rn 17 „Rechtsmittel".

Bürgschaft: Entgegen § 767 II BGB haften ein Hauptschuldner und ein Bürge nicht als Gesamtschuldner für die Kosten. Daher muß man die etwa sachlichrechtliche Haftung eines selbstschuldnerischen Bürgen mit einer besonderen Klage verfolgen, aM Mü MDR **98**, 624 (aber § 767 II BGB gilt uneingeschränkt).

8 **Drittwiderspruchsklage:** Vgl Meinhart DRiZ **84**, 188 (ausf).

9 **Einspruch:** Mangels einer Anfallwirkung nach Grdz 3 vor § 511 ist er kein Rechtsmittel. Folglich gilt § 100 voll.

Erinnerung: Solange nicht das Erstgericht mangels seiner Abhilfe die Erinnerung dem Beschwerdegericht zur Entscheidung vorlegt, ist die Erinnerung mangels einer Anfallwirkung nach Grdz 3 vor § 511 kein Rechtsmittel und gilt § 100 uneingeschränkt. Für die zur sofortigen Beschwerde gewordene Erinnerung gelten die Regeln der Beschwerde, Rn 7. Beim Rpfl gilt § 11 RPflG, § 104 Rn 41 ff.

Gesamtgläubiger: I, II, IV gilt auch für Gesamtgläubiger, Rn 46–66. **10**

IV ist auf unterliegende Gesamtgläubiger *unanwendbar.* Sie werden ja zu Gesamtschuldnern. Daher gilt ebenfalls I usw.

Vgl im übrigen Rn 41.

Gesamtschuldner: Rn 41.

Gesellschaft: Eine Gesellschaft und ihr Gesellschafter sind Gesamtschuldner nach IV, Tilmann GRUR **86**, 697. Das gilt selbst dann, wenn sie sachlichrechtlich keine Gesamtschuldner sind, Mü MDR **98**, 624, ThP 9, aM KG Rpfleger **75**, 144. Das gilt auch bei der BGB-Außengesellschaft. Bei ihr muß man streng zwischen dem Prozeß der Gesellschaft mit ihrer eigenen Rechts-, Partei- und Prozeßfähigkeit und dem Prozeß einzelner oder sämtlicher Gesellschafter unterscheiden, BGH **146**, 341, Schmidt NJW **01**, 999. Denn es kann dazu kommen, daß neben oder anstelle der Gesellschaft einzelne oder alle Gesellschafter auftreten. Das gilt gerade auch aus Vollstreckungs- wie Kostenerwägungen. Stehen freilich die Gesellschafter nur zur Identifizierung der in Wahrheit allein klagenden oder beklagten Gesellschaft im Rubrum, liegt keine Gesamtschuld vor, sondern die Alleinschuld der BGB-Außengesellschaft.

Hauptschuldner: Rn 7 „Bürgschaft". **11**

Innenverhältnis: Vgl zunächst Rn 3. Die im Außenverhältnis nach II mögliche Verteilung der Kosten nach dem Verhältnis der Beteiligung am Rechtsstreit ist auch im Innenverhältnis nach § 426 BGB mitbeachtlich. **12**

Kapitalanleger: §§ 100, 101 sind anwendbar, Schneider BB **05**, 2257. **13**

Klagerücknahme: Rn 54.

Mehrheit von Prozeßbevollmächtigten: Rn 56 ff. **14**

Nachträgliche Streitgenossenschaft: § 100 ist auch bei einer Prozeßverbindung nach § 147 und einer dadurch eintretenden oder zB infolge einer Klagerweiterung beginnenden nachträglichen Streitgenossenschaft zumindest ab ihrem Beginn anwendbar. Die Vorschrift erfaßt wegen des Grundsatzes der Unterliegenshaftung dann auch die vorangegangenen Kosten des alleinigen Streitgenossen, soweit insofern nicht II, III zu anderen Ergebnissen führen. **15**

Nebenintervention: Es gilt zunächst § 101 und nur hilfsweise § 100, Rn 1.

Notwendige Streitgenossenschaft: § 100 ist sowohl bei der einfachen als auch natürlich bei der notwendigen Streitgenossenschaft des § 62 anwendbar. Der Fall, daß ein Streitgenosse siegt, der andere unterliegt, kann allerdings nur bei solchen Streitgenossen vorkommen, die keine notwendigen sind. Das Gericht muß dann § 92 anwenden, Rn 49 ff.

Patentsache: Bei einer Nichtigkeitsklage können I, III anwendbar sein, BGH GRUR **08**, 60. **16**

Prozeßbevollmächtigter: Rn 56 ff.

Prozeßtrennung: Rn 15, 54.

Prozeßverbindung: Rn 15.

Prozeßvergleich: Auf einen am Prozeßvergleich beteiligten Streitgenossen sind I–III direkt, IV entsprechend anwendbar.

Rechtsbehelf: Mangels einer Anfallwirkung nach Grdz 3 vor § 511 handelt es sich nicht um ein Rechtsmittel. Daher ist § 100 uneingeschränkt anwendbar. Beim Rpfl gilt § 11 RPflG, § 104 Rn 41 ff. **17**

S auch Rn 9 „Einspruch", „Erinnerung", Rn 23 „Widerspruch".

Rechtsmittel: § 100 ist anwendbar, soweit nicht §§ 97, 99 vorrangige Regeln enthalten.

Soweit nur ein Streitgenosse ein Rechtsmittel einlegt und siegt, ist § 100 allerdings selbst bei einer in Wahrheit notwendigen Streitgenossenschaft *unanwendbar.* Das Rechtsmittelgericht darf dann die Kostenentscheidung des Erstgerichts ändern, auch zulasten des am Rechtsmittel unbeteiligten Streitgenossen, BGH NJW **81**, 2360, Schneider MDR **82**, 373. Beim Rpfl gilt § 11 RPflG, § 104 Rn 41 ff.

Rechtsmittelkosten: S „Rechtsmittel".

Revision: S „Rechtsmittel".

Sofortige Erinnerung, sofortige Beschwerde: Rn 7 „Beschwerde", Rn 17 „Rechtsmittel". **18**

Staatskasse: Die Haftung eines jeden Streitgenossen, sei es trotz eines Siegs, sei es infolge des Unterliegens, bleibt unabhängig vom Zeitpunkt seines Eintritts oder Ausscheidens nach §§ 59 ff GKG bestehen, Hartmann Teil I A. **19**

Streitgenössische Streithilfe: § 100 ist anwendbar. Denn es handelt sich in Wahrheit um eine Streitgenossenschaft, § 69.

Streithilfe: Vgl § 101.

S aber auch „Streitgenössische Streithilfe".

Teilerledigung: § 91 a Rn 103, 200, ferner unten Rn 54. **20**

Teilobsiegen, Teilunterliegen: Rn 49–66.

Teilrücknahme: S „Ausscheiden eines Streitgenossen":

Teilurteil: Wenn das Gericht die Klage durch ein Teilurteil gegen einen der Streitgenossen abweist, darf und soll es über seine außergerichtlichen Kosten entscheiden. Hat eine Klage gegen einen von mehreren Streitgenossen einen Erfolg, darf insofern keine Kostenentscheidung schon im Teilurteil ergehen. Sie bleibt vielmehr dem Schlußurteil nach den Regeln Rn 49–66 vorbehalten. IV ist auch dann anwendbar, wenn das Gericht den einen Streitgenossen durch ein Teilurteil verurteilt hat, den anderen durch ein Schlußurteil.

S auch Rn 56.

Teilvergleich: Rn 6 „Außergerichtlicher Vergleich", Rn 16 „Prozeßvergleich".

Trennung: Rn 56.

Übernahme von Kosten: Rn 6 „Außergerichtlicher Vergleich", Rn 16 „Prozeßvergleich". **21**

22 **Verbindung:** § 100 ist auch bei einer Prozeßverbindung nach § 147 anwendbar.

Vollstreckungskosten: Rn 24.

23 **Widerklage:** Die Widerklage zB des Halters im Prozeß gegen ihn und den Haftpflichtversicherer wird durch eine Zahlung des Versicherers an den Kläger nicht gegenstandslos. Das Gericht muß über die auf die Widerklage fallende Kostenquote entscheiden. Es muß eine Kostenentscheidung wegen der außergerichtlichen Erledigung im übrigen unterlassen, Schneider VersR **80**, 953, ZöHe 2, aM LG Freibg VersR **80**, 725 (der Widerkläger müsse die gesamten Kosten tragen, weil eine außergerichtliche Kostenvereinbarung erfolgt sei).

Widerspruch: Mangels einer Anfallwirkung nach Grdz 3 vor § 511 handelt es sich nicht um ein Rechtsmittel. Daher ist § 100 uneingeschränkt anwendbar.

Wiederaufnahmeverfahren: § 100 ist auf seine Kosten anwendbar.

Wiedereinsetzung: Es gilt zunächst § 238 IV und nur im übrigen § 100.

Wohnungseigentum: § 100 gilt auch im WEG-Verfahren, (zum alten Recht) Düss WoM **03**, 45.

24 **Zwangsvollstreckung:** Die Zwangsvollstreckung aus einem Kostenfestsetzungsbeschluß kann ohne eine Vorlage des zugrundeliegenden Urteils erfolgen. Daher sollte der Rpfl spätestens im Kostenfestsetzungsbeschluß klarstellen, ob eine gesamtschuldnerische oder eine andere Art von Kostenhaftung vorliegt. Freilich darf der Rpfl die Kostengrundentscheidung nur auslegen, nicht abändern oder berichtigen, Einf 19 vor §§ 103–107. Auf die Vollstreckungskosten ist bei der §§ 887–890 wegen § 891 S 3 der § 100 anwendbar. Im übrigen ist der vorrangige § 788 anwendbar.

25 **4) Persönlicher Geltungsbereich, I–IV.** Man muß Streitgenossen und Streithelfer unterscheiden.

A. Streitgenossen. Unter den Worten „mehrere Personen" in I muß man dasselbe wie unter „Beteiligung am Rechtsstreit" in II und „Verurteilung als Gesamtschuldner" in IV verstehen, nämlich die „Streitgenossenschaft", die III endlich direkt ausspricht. § 100 ist auf eine Streitgenossenschaft beliebiger Art nach §§ 59 ff anwendbar, insbesondere auf die notwendige Streitgenossenschaft, § 62. Er gilt auch bei der streitgenössischen Streithilfe. Denn auch dieser stellt eine Streitgenossenschaft dar, § 69.

26 **B. Abgrenzung zur Streithilfe.** § 101 gilt mit einen Vorrang gegenüber § 100 bei einer einfachen unselbständigen Streithilfe (Nebenintervention), §§ 66–68, Celle MDR **05**, 778. Aus § 101 II ergibt sich zusätzlich, was schon aus § 69 folgt: Eine streitgenössische Streithilfe ist eine Streitgenossenschaft und daher nach § 100 beurteilbar, Celle MDR **05**, 778.

27 **C. Gesamtschuldner.** I–III gilt, sofern Streitgenossen in der Hauptsache in Wahrheit keine Gesamtschuldner sind und soweit das Gericht sie auch nicht als Gesamtschuldner verurteilt oder soweit sie zwar in Wahrheit Gesamtschuldner sind, aus irgendwelchen Gründen aber nicht auch gerade „als Gesamtschuldner" verurteilt werden. Nur in diesem letzteren Fall gilt IV evtl in Verbindung mit III und den BGB-Sonderregeln. Dabei kommt es auf die etwa berichtigte oder ergänzte Kostenentscheidung an, §§ 319 ff.

Vgl im übrigen Rn 41.

28 **5) Unterliegen mehrerer Personen: Grundsatz der Kostenhaftung nach Kopfteilen, I.** Die Vorschrift erfaßt den Fall, daß einem oder mehreren Siegern mindestens zwei in der Hauptsache nicht gerade „als Gesamtschuldner verurteilte" Streitgenossen gegenüberstehen.

A. Abgrenzung zu den Mischfällen. I ist anwendbar, soweit die mehreren einfachen Streitgenossen nach § 59 jeweils zur Hauptsache voll unterliegen. Dieser Fall kann sowohl dann eintreten, wenn der Sieger nur aus einer Person besteht, als auch dann, wenn mehrere Streitgenossen völlig siegen. In diesem letzteren Fall gilt I–III für die Haftung der Verlierer wie für die entsprechenden Erstattungsansprüche der Sieger, zu den letzteren Rn 46 ff. Soweit von den einfachen Streitgenossen einer oder mehrere siegen, einer oder mehrere andere Streitgenossen aber unterliegen, sowie beim Ausscheiden eines Streitgenossen gelten die Regeln Rn 49–66.

29 **B. Begriff der Kopfteilshaftung.** Man muß zunächst prüfen, ob das Gericht die Streitgenossen überhaupt in der Hauptsache verurteilt hat, ob sie also überhaupt den „unterliegenden Teil" bilden. Das richtet sich natürlich zunächst nach dem Urteilstenor. Man kann und muß ihn aber wie stets notfalls auslegen, sowohl aus dem Tatbestand als auch aus den Entscheidungsgründen, § 322 Rn 6. Maßgeblich ist die letztlich entstandene Fassung, evtl nach ihrer Berichtigung oder Ergänzung nach §§ 319 ff. Das Urteil usw muß keine Haftung „nach Kopfteilen" oder „anteilig" usw aussprechen, Bbg FamRZ **93**, 588. Es reicht aus, daß es zB heißt: „Die Beklagten tragen die Kosten". Soweit die Auslegung keine Klarheit ergibt, ist keine Verurteilung gerade „als Gesamtschuldner" nach IV erfolgt. Es bleibt mangels einer solchen Verurteilung unerheblich, in welchem Umfang der eine oder der andere Streitgenosse im Prozeß beteiligt war, falls das Gericht nicht nach II vorgeht. Das gilt auch zwischen Eheleuten, und zwar auch bei § 743. Die etwaigen Ersatzansprüche der Streitgenossen untereinander richten sich ja grundsätzlich nach dem sachlichen Recht.

30 **C. Kostenfolge: Haftung zu gleichen Anteilen.** Soweit eine Verurteilung nach Rn 29 erfolgt ist, haften die Streitgenossen ein jeder mit demselben Kostenanteil, KG Rpfleger **75**, 143. Hierin kann eine Kostenungerechtigkeit liegen. I nimmt sie zwecks einer Vereinfachung bewußt hin, Rn 2. Das muß man bei der Auslegung der Kostenentscheidung mitbeachten. Diese Haftung zu gleichen Anteilen gilt auch bei einer unterschiedlichen Beteiligung am Rechtsstreit, mag sie auch erheblich sein, solange nicht das Gericht eindeutig nach II vorgeht. Die gesetzliche Haftung gegenüber der Staatskasse bleibt unberührt, Rn 19 „Staatskasse".

31 **6) Unterliegen mehrerer Personen: Ausnahmsweise Beteiligungshaftung, II.** Das Gericht kann unter den Voraussetzungen II eine von I abweichende Kostenverteilung vornehmen.

A. Verschiedenheit der Beteiligung. Erste Voraussetzung ist, daß überhaupt eine „Verschiedenheit der Beteiligung am Rechtsstreit" der nicht gerade als Gesamtschuldner verurteilten Streitgenossen bestand. Unter einer „Beteiligung am Rechtsstreit" muß man denjenigen Umfang verstehen, in dem die Partei einen Streitgenossen in den Rechtsstreit hineingezogen hat und in dem er im Rechtsstreit verblieb, Kblz RR **99**,

728. Man muß diese Situation von derjenigen unterscheiden, in der mehrere zu gleichen Teilen in den Rechtsstreit gezogene Streitgenossen schließlich unterschiedlich siegen oder verlieren.

Beispiele: Eine verschiedene Beteiligung liegt vor, wenn nach dem Klagantrag X nur 900 EUR, Y nur weitere 100 EUR zahlen soll. Sie fehlt dagegen, wenn X und Y als Gesamtschuldner insgesamt 1000 EUR zahlen sollen und wenn das Gericht den X auf 800 EUR, Y auf weitere 100 EUR verurteilt und die Klage gegen beide im übrigen abweist.

Die letzteren Fälle lassen sich nach Rn 46–66 beurteilen.

B. Erhebliche Verschiedenheit. Weitere Voraussetzung ist, daß der Grad der Verschiedenheit der Beteiligung auch „erheblich" war. Diese Frage muß man nach den Gesamtumständen beantworten. Zwar darf man an sich die Vorfrage der Erheblichkeit nicht vom erwünschten Ergebnis her beantworten, nämlich nicht von der Absicht einer Kostenverteilung zu unterschiedlichen Anteilen statt nach Kopfteilen. Indessen spielt natürlich praktisch die Kostengerechtigkeit doch die entscheidende Rolle. Wenn eine Haftung zu gleichen Anteilen für die Kosten als unzumutbar erscheint, wird in der Regel auch eine erhebliche Verschiedenheit der Beteiligung vorliegen. Als Faustregel empfiehlt sich die Grenze von etwa 66,6% der Beteiligung. Man kann aber auch die Grenze bei etwa 75% ziehen. Natürlich darf und muß man das etwaige Verschulden des einen wie des anderen Beteiligten in die Abwägung zu seinen Lasten einbeziehen. 32

C. Abgrenzung zum besonderen Angriffs- oder Verteidigungsmittel. Man muß zwischen der in II geregelten „erheblichen Verschiedenheit der Beteiligung am Rechtsstreit" und dem in III geregelten „besonderen Angriffs- oder Verteidigungsmittel" unterscheiden. Durch das letztere ändert sich der Grad der Beteiligung am Rechtsstreit grundsätzlich nicht. Ein Angriffs- oder Verteidigungsmittel nach Einl III 70 ist ja gerade nicht dasselbe wie der Angriff selbst, wie also zB eine Klagerweiterung nach § 263 oder eine Widerklage, Anh § 253. Deshalb kann sich auch der Grad der Verschiedenheit der Beteiligung zB durch Maßnahmen der letzteren Art ändern, ohne daß man dazu ein besonderes Angriffs- oder Verteidigungsmittel einführen müßte. Soweit sich die Beteiligung ändert und zu diesem Zweck oder soweit eine Partei unabhängig davon vorher, gleichzeitig oder anschließend ein besonderes Angriffs- oder Verteidigungsmittel eingeführt hat, können II, III nebeneinander anwendbar sein. Es kann also zunächst zu einer grundsätzlichen Kostenverteilung etwa 2 : 1 und außerdem dazu kommen, daß eine Partei vorweg die Kosten ihres besonderen Angriffs- oder Verteidigungsmittels trägt. Das Gericht muß das in seinem Urteil eindeutig und klar aussprechen. 33

Beispiele für II: Die Sache hat sich gegenüber nur einem Streitgenossen in der Hauptsache erledigt; ein Streitgenosse ist durch sein Anerkenntnis vor einer Erörterung ausgeschieden, Kblz RR **99**, 728; ein Streitgenosse ist säumig gewesen, LG Münst JB **78**, 753. Man könnte auch das Anerkenntnis nur eines Streitgenossen hierher rechnen. Es zählt aber besser nach III.

D. Ermessen. Das Gericht kann bei II im Rahmen eines pflichtgemäßen Ermessens handeln, anders als bei III. Es muß also nur die Gesamtumstände sorgfältig abwägen. Es darf durchaus eine gewisse Kostenungerechtigkeit hinnehmen, um die einfache Haftung nach Kopfteilen nach I bestehen zu lassen, Rn 2. Es sollte aber in den Entscheidungsgründen wenigstens stichwortartig andeuten, daß es den Ermessensspielraum nach II gesehen und geprüft hat. Freilich ist ein Verstoß nur nach Maßgabe des § 99 anfechtbar, Rn 68. Die Ausübung des Ermessens ist dann auch bei dem sachlichrechtlichen Kostenersatz der Streitgenossen im Innenverhältnis mitbeachtlich, etwa nach § 426 BGB. 34

Soweit das Gericht von I abweichen und nach II anders verteilen will, muß eine richterliche *Kostengrundentscheidung* ergehen. Diese ist dann für das Kostenfestsetzungsverfahren nach §§ 103 ff verbindlich, Kblz RR **99**, 728, Schlesw SchlHA **83**, 173. Freilich kann der Rpfl die Kostenentscheidung wie sonst auslegen, Einf 19 vor §§ 103–107, KG MDR **77**, 321, LG Mü JB **78**, 754, ebenso wie den zugehörigen Erstattungsantrag, Mü AnwBl **85**, 43. Er darf aber eine Verteilung nach II nicht von sich aus nachholen, Kblz RR **99**, 728, Mü MDR **89**, 167.

E. Ermessensgrenzen. Das Revisionsgericht kann das Ermessen des Berufungsgerichts grundsätzlich nicht voll überprüfen, wohl aber darauf, ob der Vorderrichter die Grenzen des Ermessens eindeutig verkannt hat. Wegen der gesetzlichen Hinnahme einer gewissen Kostenungerechtigkeit nach Rn 2 sollte man allerdings einen Ermessensmißbrauch nur sehr zurückhaltend annehmen. Das gilt selbst dann, wenn die Entscheidungsgründe zu diesem Punkt praktisch nichts hergeben. Das Urteil soll ohnehin schon zur Hauptsache ja nur noch eine „kurze Zusammenfassung" der tatsächlichen und rechtlichen Erwägungen sein, § 313 III. Vgl auch Rn 36. 35

F. Beteiligung als Maßstab. Soweit das Gericht eine von I abweichende Kostenverteilung beschließt, ist es trotz seines Ermessens nach Rn 34 nicht so frei wie zB beim ähnlichen § 92 II. Vielmehr muß man die „Beteiligung" zum Maßstab nehmen. Das bedeutet: Die Auferlegung der gesamten Prozeßkosten auf nur einen oder einige der mehreren Streitgenossen ist erst dann zulässig, wenn sie fast völlig verloren haben, etwa zu 95% oder mehr. Andernfalls muß man eben die dem Hauptsacheurteil entsprechende Quotelung auch bei den Kosten wenigstens im Prinzip übernehmen und eine Abweichung von diesem Grundsatz mit sachlich vertretbaren Erwägungen etwa zum Verschulden eines Beteiligten begründen. Im übrigen lassen sich die Verteilungsmöglichkeiten wie bei § 92 wählen, dort Rn 33–39. Stets sollte das Gericht auf eine klare und einfache Fassung der Kostenverteilung achten. 36

7) Ausnahmsweise Einzelhaftung für besonderes Angriffs- oder Verteidigungsmittel, III. Sowohl bei einer gleichen Beteiligungshöhe als auch bei einer unterschiedlichen Beteiligung kann III anwendbar sein. Das gilt insbesondere bei einer erheblichen Verschiedenheit der Beteiligung. Die Vorschrift tritt zu I, II oder IV 1 jeweils hinzu, ohne jene Regeln zu verdrängen. 37

A. Begriff. Ein „Angriffs- oder Verteidigungsmittel" ist alles, was dem Angriff oder dessen Abwehr dient, zB ein Beweisantrag, eine Beweiseinrede, Einl III 70. Der Angriff oder die Verteidigung selbst, zB die Klage nach § 253, eine Widerklage nach Anh § 253, eine Klagänderung nach § 263 sind keine Angriffs- oder Verteidigungsmittel. Zur Abgrenzung von einer „erheblichen Verschiedenheit der Beteiligung" Rn 33. Es 38 ist für III anders als bei § 96 unerheblich, ob das besondere Angriffs- oder Verteidigungsmittel auch Erfolg gehabt hat. Die Vorschrift ist aber nicht auf solche Mittel anwendbar, die nicht von, sondern gegenüber einem Streitgenossen ausgegangen sind. Auf ein Rechtsmittel ist § 97 I anwendbar.

Beispiele der Anwendbarkeit: Ein Streitgenosse hat den Klaganspruch nur für seine Person anerkannt; er hat eine Beweisaufnahme nur wegen seiner eigenen Behauptungen und/oder Beweisantritte verursacht.

Beispiel der Unanwendbarkeit: Die Beweisaufnahme war ohnehin von Amts wegen notwendig, etwa nach § 448 oder im Ehe- oder Statusverfahren.

39 **B. Dadurch verursachte Kosten.** III setzt weiter voraus, daß Kosten gerade „dadurch" veranlaßt wurden, daß ein besonderes Angriffs- oder Verteidigungsmittel stattfand. Es muß also ein klarer Ursachenzusammenhang zwischen beidem vorliegen. Im Zweifel ist daher III unanwendbar.

40 **C. Kostenfolge: Einzelhaftung dieses Streitgenossen.** Soweit die Voraussetzungen Rn 38, 39 zusammentreffen, schließt III anders als bei § 96 kraft Gesetzes die übrigen Streitgenossen von der Haftung für diese besonderen Kosten zwingend aus. Das bedeutet praktisch: Derjenige, der sie veranlaßt hat, haftet für sie stets allein und voll. Das Gericht hat nach der Bejahung der Voraussetzungen keinen Ermessensspielraum mehr. Ein Verstoß wäre in den Grenzen des § 99 anfechtbar und auch in der Revisionsinstanz beachtlich.

Zwar wäre nach dem Wortlaut von III ein besonderer *Ausspruch* der zwingenden Kostenfolge nicht nötig. Indessen ist es dringend ratsam, sie zusätzlich und eindeutig in die Kostengrundentscheidung aufzunehmen, obwohl das Gesetz keine derartige Befugnis wie zB in § 269 III 2, IV nennt. Sie versteht sich aus dem Sinn und Zweck der Regelung von selbst, Rn 2, Schlesw JB **93**, 742. Beim Verstoß gelten §§ 319 ff. Der Rpfl kann die etwa unklare oder fehlende Entscheidung nach III in einem nach dem Sachverhalt klaren Fall auslegen. Einf 19 vor §§ 103–107, Schlesw JB **93**, 743. Er darf sie aber nicht im übrigen nachholen, Schlesw JB **93**, 743.

Beispiel: „Von den Kosten des Rechtsstreits tragen der Beklagte X ein Drittel, der Beklagte Y zwei Drittel. Jedoch trägt X die Kosten der Beweisaufnahme vom ...".

41 **8) Verurteilung mehrerer Beklagter als Gesamtschuldner, IV.** Falls das Gericht in der Hauptsache eine gesamtschuldnerische Verurteilung vorgenommen hat, enthält IV einige Sonderregeln. Im übrigen gelten I–III ergänzend. Auf das letztere weist IV 1 Hs 2 zusätzlich hin.

42 **A. Zur Hauptsache gerade als Gesamtschuldner.** Das Gericht muß mehrere Bekl gerade als Gesamtschuldner verurteilt haben. Das bedeutet: Es kommt nicht darauf an, ob sie tatsächlich sachlichrechtlich in der Hauptsache Gesamtschuldner waren, §§ 421 ff BGB. Auch die fälschliche Verurteilung gerade als Gesamtschuldner macht IV anwendbar. Umgekehrt ist die Vorschrift unanwendbar, soweit das Gericht echte Gesamtschuldner zur Hauptsache nicht auch gerade „als Gesamtschuldner" verurteilt hat, aus welchen Gründen auch immer. Dann bleiben I–III anwendbar.

43 **B. Auslegung.** Bei einem Verstoß gelten zunächst §§ 319 ff. Im übrigen gibt es gerade in diesem Punkt schon zur Hauptsache bloße Formulierungsfehler. Man kann das Urteil dann wie stets unter einer Berücksichtigung des Tatbestands und der Entscheidungsgründe richtig auslegen, § 322 Rn 6, Ffm VersR **84**, 490, KG Rpfleger **75**, 144. Das gilt auch zB auch bei der Erfolglosigkeit eines Rechtsmittels gegen eine erstinstanzliche gesamtschuldnerische Verurteilung, Ffm VersR **84**, 490, LG Köln MDR **81**, 502. Auch der Rpfl darf die Entscheidung auslegen Rn 40, LG Mü JB **78**, 754. Er darf sie nur eben nicht wirklich nachholen, Einf 19 vor §§ 103–107. IV ist auch dann anwendbar, wenn das Gericht den einen Streitgenossen durch ein Teilurteil verurteilt hat, den anderen durch ein Schlußurteil. Es reicht aus, daß sich die gesamtschuldnerische Haftung zur Hauptsache aus dem Schlußurteil ergibt. Der Hauptschuldner und ein Bürge haften aber nicht als Gesamtschuldner, Rn 7 „Bürgschaft". Eine Gesellschaft und ihr Gesellschafter sind Gesamtschuldner, Rn 10 „Gesellschaft".

IV ist auf unterliegende *Gesamtgläubiger* unanwendbar, Kblz MDR **91**, 257. Dann gilt vielmehr I, aM Deckenbrock/Dötsch JB **04**, 181. Auf Vollstreckungskosten ist nur § 788 anwendbar, dort Rn 1, 2. Auf einen im Vergabeverfahren Beigeladenen ist IV unanwendbar, Mü Rpfleger **05**, 572.

44 **C. Kostenfolge: Grundsatz der gesamtschuldnerischen Kostenhaftung, IV 1.** Soweit die Voraussetzungen Rn 42, 43 vorliegen, tritt die in IV 1 als Grundsatz festgelegte gesamtschuldnerische Haftung nicht nur nach § 58 I GKG gegenüber der Staatskasse ein, sondern „auch für die Kostenerstattung" kraft Gesetzes. Das Gericht braucht diese gesamtschuldnerische Haftung in der Kostenentscheidung nicht ausdrücklich auszusprechen, auch nicht im Rechtsmittelurteil, LG Köln MDR **81**, 502. Es darf aber die gesamtschuldnerische Kostenhaftung ebenso wie bei III im Urteil klarstellen, Rn 40. Soweit eine gesamtschuldnerische Kostenhaftung vorliegt, darf sich jeder erstattungsberechtigte Gläubiger wegen der Kosten an jeden der Gesamtschuldner und vor allem nach seiner freien Wahl an denjenigen halten, den er für den Leistungsfähigsten hält, wie stets bei Gesamtschuldnerhaftung.

45 **D. Ausnahmsweise Einzelhaftung für besonderes Angriffs- oder Verteidigungsmittel, IV 1, 2.** III stellt mit seiner Verweisung klar, daß die zwingende Kostenfolge nach III auch bei IV an sich bestehen bleibt. Diese ausnahmsweise Einzelhaftung für ein besonderes Angriffs- oder Verteidigungsmittel nach Rn 37 mag nur in denjenigen Sonderfällen eingeschränkt sein oder entfallen, in denen sich die Haftung eines Kosten-Gesamtschuldners nach Vorschriften des Bürgerlichen Rechts auch auf diejenigen Kosten erstreckt, die eine Partei durch ein besonderes Angriffs- oder Verteidigungsmittel geltend gemacht hat. Das stellt IV 2 als „Ausnahme von der Ausnahme" und damit weit auslegbar klar. Auch hier empfiehlt sich dringend ein entsprechender klarstellender Kostenausspruch im Urteil.

46 **9) Alle Streitgenossen siegen, I–IV.** Das Gegenstück zu dem in § 100 ausdrücklich geregelten Unterliegen mehrerer oder aller Streitgenossen ist der Sieg mehrerer oder aller Streitgenossen. Diesen Fall erfaßt § 100 nicht ausdrücklich. Es haben sich im wesentlichen die folgenden Regeln herausgebildet.

47 **A. Keine Gesamtgläubigerschaft.** Siegende einfache wie notwendige Streitgenossen nach §§ 59, 62 sind selbst dann, wenn das Gericht ihnen die Hauptsache ausdrücklich als Gesamtgläubigern zugesprochen

hat, nicht auch wegen der Kosten Gesamtgläubiger, Karlsr JB **06**, 205. Sie sind vielmehr Gläubiger nach Kopfteilen, genauer hier: nach ihrem Anteil an der Hauptsache, also nicht stets zu gleichen Anteilen. Das gilt auch dann, wenn das Gericht die Verlierer „als Gesamtschuldner" verurteilt hat und wenn sie daher wegen der Kosten nach IV ebenfalls als Gesamtschuldner haften. Das alles gilt jedenfalls, soweit das Gericht nicht im Urteil ausdrücklich die Sieger auch wegen der Kosten fehlerhaft, aber nun einmal wirksam „als Gesamtgläubiger" bezeichnet hat. Diese Beurteilung wirkt sich nicht nur auf die Fassung der Kostenentscheidung aus, sondern vor allem auf die Kostenerstattung. Alle diese Fragen sind heftig umstritten. Nachweise Rn 55 ff.

B. Bei erheblicher Verschiedenheit der Beteiligung: Entsprechende Kostenverteilung. Soweit eine erheblich verschiedene Beteiligung am Rechtsstreit dazu führt, daß jeder dieser unterschiedlich beteiligten Streitgenossen jeweils voll siegt, sind die in II enthaltenen Grundsätze entsprechend anwendbar. Vgl für die Kostenentscheidung Rn 31 ff und für die Kostenerstattung Rn 55 ff. **48**

10) Ein Streitgenosse siegt, einer verliert, I–IV. Auch den Fall, daß von zwei Streitgenossen der eine voll siegt, der andere voll verliert, regelt § 100 nicht direkt. Dasselbe gilt für die Varianten, daß von mehr als zwei Streitgenossen einer oder mehrere ganz siegen, einer oder mehrere ganz verlieren oder daß zB der Streitgenosse A ganz siegt, B halb siegt, halb verliert und C ganz verliert usw. Diese Situationen können allerdings nur bei einfachen Streitgenossen entstehen, nicht bei notwendigen nach § 62. Für die Kosten*entscheidung* gelten die nachfolgenden Regeln. Für die Kosten*erstattung* ergeben sich daraus die in Rn 55 ff dargestellten Folgen. **49**

A. Grundsatz der Kostenteilung. Das Gericht muß in allen diesen Fällen zunächst § 92 anwenden und darf § 100 nur ergänzend mit heranziehen. Es muß immer bedenken, daß es sich in Wahrheit nur um eine willkürliche Zusammenfassung mehrerer Klagen in demselben Prozeß handelt. Der siegende Streitgenosse soll natürlich grundsätzlich keine Kosten tragen, von § 96 abgesehen. Er soll vielmehr nur einen Erstattungsanspruch erhalten. Das Gericht darf den Gegner grundsätzlich nur seinem Teil entsprechend belasten, BGH FamRZ **05**, 1740. Ausnahmsweise mag bei einem vermögenden Elternteil und einem erwerbslosen Kind nur der erstere belastbar sein, Kblz JB **00**, 145. **50**

B. Grundsatz der Kostentrennung. §§ 91 ff gehen an sich von der Regel aus, daß das Gericht im Interesse der Einheit der Kostenentscheidung nach § 91 Rn 23 nicht zwischen den Gerichtskosten und den außergerichtlichen Kosten unterschiedliche Quoten bilden soll und darf. Bei Streitgenossen ist aber gerade der entgegengesetzte Grundsatz erforderlich. Denn es liegt ja eine andere Ausgangsgrundlage vor. Es wäre nicht zu verantworten, denjenigen Streitgenossen mitzubelasten, der in diesem Umfang gar nicht unterlegen ist, und umgekehrt. Daher muß das Gericht in der Kostengrundentscheidung über die Gerichtskosten (Gebühren und Auslagen) einerseits und über die außergerichtlichen Gebühren und Auslagen andererseits gesonderte Aussprüche formulieren. Darüber besteht Einigkeit. **51**

C. Baumbach'sche Formel. Streit besteht allerdings darüber, welche Fassung die Kostengrundentscheidung in solchen Mischfällen am zweckmäßigsten erhalten soll. Hierüber gingen die Meinungen früher noch erheblich stärker auseinander. Der von Baumbach angeregte Weg hat sich bewährt, VerfGH Mü NJW **01**, 2962, lt ZöHe 7, 8 „trotz seiner Tücken ... seit vielen Jahrzehnten", LG Bonn Rpfleger **89**, 521. Er „beherrscht die Praxis völlig", Mü Rpfleger **89**, 128, Stgt Rpfleger **90**, 183, Herr DRiZ **89**, 87 (er erstrebt mit seiner von ihm selbst als „Säcketheorie" referierten Fortentwicklung eine Präzisierung und Vereinfachung mit eindrucksvoll komplizierten Rechenbeispielen). Die sog Baumbach'sche Formel erfaßt einen Fall, in dem bei einer etwa gleichhohen Beteiligung der Bekl X siegt, der Bekl Y unterliegt. *Sie lautet:* **52**

„Die Gerichtskosten tragen der Kläger und der Beklagte Y je zur Hälfte. Von den außergerichtlichen Kosten tragen der Kläger die des Beklagten X voll und 1/2 der eigenen, der Beklagte Y die eigenen und 1/2 der dem Kläger erwachsenen Kosten".

Entsprechendes gilt dann, wenn von zwei *Klägern* der eine siegt, der andere unterliegt. Bei mehr als zwei Streitgenossen muß man die Quoten entsprechend ändern.

Diese Fassung läßt sich anderen Lösungsversuchen etwa von Roeder DRiZ **91**, 93 (im Ergebnis ähnlich) *erfahrungsgemäß vorziehen.* Man sollte also nicht etwa schreiben, der Kläger und der Bekl Y trügen je die Hälfte der Kosten. Denn eine solche Fassung würde dem siegenden Bekl X endgültig jeden Kostentitel nehmen. Unzweckmäßig wäre auch die Fassung, die dem siegenden Bekl X entstandenen besonderen Kosten trage der Kläger. Denn sie würde dem Kostenaufbau der ZPO widersprechen. Wenn das Gericht trotzdem in solcher Weise entschieden hat, bleibt nur übrig, die Kostenentscheidung bei der Kostenfestsetzung so auszulegen, daß der Gegner und der unterliegende Streitgenosse die Kosten im Verhältnis ihrer Beteiligung und nach I–III tragen. **53**

11) Ausscheiden eines Streitgenossen, I–IV. An sich soll das Teilurteil überhaupt keine Kostenentscheidung enthalten, § 301 Rn 19. Jedoch bleibt § 100 auf den Zeitraum bis zum Ausscheiden eines Streitgenossen anwendbar. Man darf also für diesen Zeitraum auch schon im Teilurteil eine Kostenentscheidung treffen. Man muß sie dann im etwaigen Schlußurteil mit berücksichtigen, BGH RR **91**, 187. IV ist auch dann anwendbar, wenn das Gericht den einen Streitgenossen durch ein Teilurteil verurteilt hat, den anderen durch ein Schlußurteil. Es reicht aus, daß sich die gesamtschuldnerische Haftung zur Hauptsache aus dem Urteil ergibt. Wenn sich ein ausgeschiedener Streitgenosse nicht am Rechtsmittel beteiligt, ist § 100 unanwendbar. Das gilt selbst dann, wenn es sich um einen einfachen, nicht notwendigen Streitgenossen handelt. Auf die restlichen Streitgenossen ist § 97 anwendbar. Bei einer Klagerücknahme nach § 269 gegenüber nur einzelnen Streitgenossen unterbleibt eine Kostenentscheidung. Wegen der Kostenerstattung Rn 55 ff. **54**

12) Kostenerstattungsfragen, I–IV. Man muß die Frage, ob, wann und wie eine Kostengrundentscheidung notwendig ist und wie man sie berichtigen, ergänzen oder anfechten kann, von der Frage unterscheiden, welche Regeln im einzelnen bei der aus der Kostengrundentscheidung natürlich folgenden Kostenerstattung entstehen. Zwar darf der Rpfl die Kostengrundentscheidung im Erstattungsverfahren nur **55**

auslegen, nicht ändern, Einf 17–19 vor §§ 103–107. Gerade bei der Auslegung können aber zusätzliche Probleme entstehen. Fast alle Fragen zur Kostenerstattung sind vor allem in der Praxis heftig umstritten. Das hängt zum Teil damit zusammen, daß man vom erwünschten Ergebnis her argumentiert und Widersprüche zu den eigentlich als Ausgangspunkt geltenden Grundsätzen hinnimmt, nach denen man die Kostengrundentscheidung formulieren müßte. Im wesentlichen ergeben sich etwa die folgenden Meinungen.

56 **A. Grundsatz: Nur anteilige Erstattung.** Aus den Grundsätzen der Kostenteilung und Kostentrennung nach Rn 50, 51 und aus der daraus am besten ableitbaren Baumbach'schen Formel nach Rn 52 folgt für die Kostenerstattung aus der Sicht des Gläubigers der Grundsatz: Jeder siegende Streitgenosse kann grundsätzlich die Erstattung nur, aber auch aller derjenigen nach Rn 58 notwendigen Kosten fordern, die auf ihn persönlich entfallen, also auf seinen Kopfteil, BGH FamRZ **06**, 694, Düss MDR **08**, 594 (auch nach einer Klagänderung), Kblz MDR **07**, 686, es sei denn, er hätte entweder mit seinen Streitgenossen eine für ihn abweichende Vereinbarung getroffen, Mü MDR **95**, 856, oder er könnte glaubhaft machen, daß er im Innenverhältnis allein zahlungspflichtig sei, Kblz RR **04**, 72, Schütt MDR **04**, 137. Entsprechendes gilt beim ausgeschiedenen Streitgenossen: Er trägt seinen Kopfteil, Brdb MDR **04**, 842.

57 Er kann also auch *nicht von vornherein* ohne die Notwendigkeit einer weiteren Glaubhaftmachung nach § 294 die Erstattung derjenigen gesamten Summe fordern, für die er einem gemeinsamen Anwalt als *Gesamtschuldner* haftet. Denn eine solche Lösung könnte zu einer Bereicherung des Siegers führen, Kblz RR **04**, 72 (großzügig beim Haftpflichtversicherer), Schlesw JB **99**, 29, LG Saarbr JB **99**, 310, aM Düss MDR **88**, 325, Ffm JB **86**, 96, Hamm JB **05**, 91 (vgl aber Rn 56). Die weiteren Varianten im Meinungsbild haben in der Praxis keine Bedeutung.

58 **B. Nur wegen notwendiger Kosten.** Auch soweit ein Streitgenosse nach Rn 56, 57 grundsätzlich eine Kostenerstattung fordern kann, gilt das doch nur, aber auch sehr wohl wegen aller derjenigen Kosten, die für ihn nach § 91 auch objektiv notwendig waren, Kblz JB **00**, 85 rechts. Solche Kosten, die er zwar für notwendig hielt, die aber ihrer Art oder Höhe nach schon außerhalb der Sonderfälle einer Streitgenossenschaft nach den Regeln des § 91 nicht erstattungsfähig wären, werden nicht dadurch erstattungsfähig, daß sie ein Streitgenosse geltend macht. Diese Einschränkung der Erstattungsfähigkeit ist im Grunde unabhängig von dem Meinungsstreit zu Rn 56, 57 unstreitig. Streitig ist nur weiterhin die Frage der Glaubhaftmachung, Rn 60.

59 **C. Notwendigkeit von Anwaltskosten.** Man muß die Frage, ob insbesondere Anwaltskosten notwendig waren, nach § 91 beantworten, dort Rn 114, 124, 157, 220 usw. Hier nur einige Ergänzungen speziell für die Fälle der Streitgenossenschaft.

60 **D. Aufträge an gesonderte Anwälte.** Grundsätzlich darf jeder Streitgenosse einen eigenen Anwalt beauftragen. Der Erstattungspflichtige muß also die Kosten der Anwälte aller Streitgenossen erstatten, soweit es nicht mehr Anwälte als Streitgenossen gab, Düss AnwBl **83**, 190, Ffm AnwBl **88**, 74, Kblz MDR **95**, 263 (jedenfalls bei Interessengegensätzen). Das gilt unabhängig von etwaigen AKB. Denn sie berühren nur das Innenverhältnis. Der vorstehende Grundsatz gilt nur eingeschränkt, wenn eine Versicherung ihren Anwalt auch für den Versicherungsnehmer beauftragt hatte und wenn der Versicherungsnehmer außerdem einen eigenen Anwalt hat, § 91 Rn 137.

61 **E. Aufträge an gemeinsamen Anwalt.** Wenn alle Streitgenossen oder einige von mehreren Streitgenossen gemeinsam einen Einzelanwalt oder eine Anwaltssozietät beauftragt haben, muß man § 7 RVG beachten, § 91 Rn 136 „Sozius" zur Streitfrage. Die Streitgenossen können zusammen höchstens einmal die vollen Gebühren und Auslagen des gemeinsamen ProzBev fordern, Hbg JB **77**, 199, Mü Rpfleger **88**, 38. Wenn ein Streitgenosse eine Kostenerstattung verlangt, kann er zunächst grundsätzlich die Festsetzung derjenigen Kosten fordern, die ihn allein betreffen, BGH RR **03**, 1217, Ffm MDR **02**, 236. Er kann aber außerdem auch die Festsetzung derjenigen Kosten fordern, für die er dem Anwalt gesamtschuldnerisch haftet, Stgt Rpfleger **01**, 566 (Umsatzsteuer), LG Kref AnwBl **80**, 365, aM Ffm AnwBl **85**, 263 (inkonsequent). Er muß aber dazu nach § 294 glaubhaft machen, daß er die Kosten bezahlt hat oder daß seine Streitgenossen wegen einer eigenen Vermögenslosigkeit nicht zahlen können. Es kommt also darauf an, ob er die Kosten dem Anwalt gegenüber bezahlen muß.

62 Soweit er nicht die Zahlung der gesamten gesamtschuldnerisch geschuldeten Vergütung glaubhaft machen kann, kann er nur eine Erstattung des bei einem Kostenausgleich *auf ihn fallenden* Kostenteils fordern, Rn 56, BGH RR **03**, 1217, Celle JB **92**, 94, Schütt MDR **04**, 137, aM Ffm VersR **81**, 194, KG JB **99**, 417, LAG Köln MDR **01**, 357 (je: inkonsequent).

63 **F. Gemeinsame Festsetzungsanträge.** Wenn Streitgenossen die Kostenfestsetzung gemeinsam betreiben, muß der Rpfl für jeden Streitgenossen auf seinen Bruchteil nach dem Innenverhältnis zwischen ihnen festsetzen, falls das den Gegner dadurch besonders berührt, KG RR **01**, 1435 (evtl auf ein Rechtsmittel hin). Viele beachten diese Notwendigkeit nicht. Im Zweifel liegt eine Gesamtgläubigerschaft vor, BGH AnwBl **85**, 524 (zustm Japes/Joswig).

64 **G. Verbot des Rechtsmißbrauchs.** Jeder Rechtsmißbrauch ist auch bei der Kostenerstattung verboten, Einl III 54. Das gilt zB dann, wenn ein Komplementär einen eigenen ProzBev bestellt, Hamm Rpfleger **78**, 329, Stgt Just **80**, 20, aM Düss JB **81**, 762 (aber ein Rechtsmißbrauch ist nie erlaubt). Ein Rechtsmißbrauch liegt auch bei einem grundlosen Anwaltswechsel vor, Bbg JB **86**, 923, Hbg JB **82**, 767, Mü MDR **90**, 555, aM Hbg JB **80**, 761, Mü JB **81**, 138 (mit einer bedenklichen Großzügigkeit beseitigt man aber kein Unrecht. Ein grundloser Anwaltswechsel auf Kosten des Gegners läßt sich nicht rechtfertigen).

65 **H. Notwendigkeit einer Glaubhaftmachung.** Vgl zunächst Rn 58, 61. Die Glaubhaftmachung erfolgt wie sonst, § 294. Zusätzlich enthält § 104 II 1 denselben Grundsatz. § 104 II 2 enthält einige Ausnahmen wegen der einem Anwalt entstandenen Auslagen an Post-, Telefax- und Fernsprechgebühren. Dazu genügt die bloße anwaltliche Versicherung.

I. Weitere Verfahrensfragen. Da der Rpfl die Kostenerstattung praktisch im Kostenfestsetzungsverfahren prüfen muß, gelten §§ 103–107, insbesondere § 104. 66

13) Teilunterliegen, Teilsieg mehrerer Streitgenossen, I–IV. Soweit von mehreren Streitgenossen der eine oder mehrere oder alle jeweils für die eigene Person teilweise siegen und teilweise unterliegen, liegt eine andere Situation als bei Rn 49 ff vor. Man muß aber die Grundsätze Rn 46–66 auch auf ein Teilunterliegen und einen Teilsieg entsprechend anwenden und zusätzlich § 92 hinzuziehen. Stets sollte das Gericht auf eine möglichst gerechte, aber auch einfache und klare Fassung der Kostengrundentscheidung achten. Es sollte versuchen, die obigen Grundsätze für und gegen einen jeden der Streitgenossen einzuhalten. 67

14) Rechtsmittel, I–IV. Gegen die Kostengrundentscheidung sind diejenigen Rechtsmittel statthaft, die ihrer Form entsprechen, jeweils eingeschränkt durch § 99. Gegen die Entscheidungen im Kostenfestsetzungsverfahren sind die in § 104 genannten und erläuterten Rechtsbehelfe (befristete Erinnerung) oder Rechtsmittel (sofortige Beschwerde) möglich. Stets muß man bei der Anfechtung einer Kostenentscheidung beachten, daß ein Beschwerdewert von mehr als 200 EUR eine Voraussetzung ist, § 567 II (Kostengrundentscheidung, § 91 Rn 4). Beim Rpfl gilt § 11 RPflG, § 104 Rn 41 ff. 68

101 *Kosten einer Nebenintervention.*

[I] Die durch eine Nebenintervention verursachten Kosten sind dem Gegner der Hauptpartei aufzuerlegen, soweit er nach den Vorschriften der §§ 91 bis 98 die Kosten des Rechtsstreits zu tragen hat; soweit dies nicht der Fall ist, sind sie dem Nebenintervenienten aufzuerlegen.

[II] Gilt der Nebenintervenient als Streitgenosse der Hauptpartei (§ 69), so sind die Vorschriften des § 100 maßgebend.

Gliederung

1) Systematik, I, II. Die Vorschrift enthält in I, II zunächst jeweils nur scheinbar eine vorrangige Sonderregelung, in Wahrheit infolge der jeweiligen Verweisung in deren Umfang jeweils keine Sonderregeln, sondern nur die Bestätigung der Geltung der dort erwähnten anderen Vorschriften. Wegen des formellen Charakters einer Spezialvorschrift meint I Hs 1, II allerdings die Verweisung an sich nur in einem eng auslegbaren Sinn. Die Praxis verfährt allerdings teilweise anders, Rn 21, 30. I Hs 2 enthält eine Auffangklausel zulasten des einfachen unselbständigen Streithelfers, §§ 66–68. Sie hat gegenüber §§ 91 ff den Vorrang. §§ 99, 238 IV, 269 III ZPO, §§ 22 ff GKG bleiben unberührt. 1

2) Regelungszweck, I, II. Soweit die Vorschrift Verweisungen enthält, bezweckt sie sowohl im Interesse der Vereinfachung als einem Gesichtspunkt der Prozeßwirtschaftlichkeit nach Grdz 14 vor § 128 als auch im Interesse der Kostengerechtigkeit nach Üb 10 vor § 91 Angleichungen der Kostenfolgen der einfachen unselbständigen Streithilfe nach §§ 66–68 an die Kostenfolgen im Verhältnis zwischen den Parteien, Ffm MDR **00**, 786, Saarbr MDR **96**, 968. I Hs 2 enthält mit einer Auffangklausel im Grunde nur eine klarstellende Anweisung, über sämtliche entstandenen Kosten mitzuentscheiden. Man kann darüber streiten, ob die Gesamtregelung überzeugt, soweit sie zulasten der eigentlichen Parteien ergeht. 2

Auch insofern ist aber der Vereinfachungsgedanke vorrangig. Das muß man bei der Auslegung mitbeachten.

3 **3) Geltungsbereich, I, II.** Vgl Üb 12, 13 vor § 91, § 91 Rn 4–14. Die Vorschrift gilt auch im WEG-Verfahren, (zum alten Recht) LG Hbg ZMR **01**, 1014.

4 **4) Einfache unselbständige Nebenintervention, I.** Die Vorschrift erfaßt nur einen Teil der Fälle von Streithilfe, BGH BB **07**, 1524.

A. Begriff der Nebenintervention. I erfaßt lediglich die sog einfache unselbständige Streithilfe nach §§ 66–68. Es ist unerheblich, ob der Streithilfe eine Streitverkündung nach §§ 72 ff vorausgegangen ist. Soweit die Streitverkündung zur Streithilfe führte, muß man die Kosten des Verkündungsverfahrens mit als Kosten der Streithilfe beurteilen, § 74 I. Soweit keine Streithilfe entstand, muß der Verkünder die Kosten der Streitverkündung nach den in § 72 Rn 6 genannten Regeln selbst tragen, KG JB **06**, 34, Mü MDR **89**, 548. Die Haftung für die Gerichtsgebühren ergibt sich ohnehin nach §§ 22 ff GKG (Antragsschuldner).

5 **B. Abgrenzung zur streitgenössischen Streithilfe.** Nach II ist die streitgenössische Streithilfe nach § 69 wegen der dort enthaltenen Gleichstellung dieses Streithelfers mit dem Streitgenossen nach § 61 auch kostenmäßig eine Streitgenossenschaft, Rn 34, BGH BB **07**, 1524.

6 **C. Geltung nur im Außenverhältnis.** I betrifft nur das Verhältnis zwischen dem unselbständigen Streithelfer und „dem Gegner der Hauptpartei", also nur das sog Außenverhältnis, nicht das Innenverhältnis zwischen dem unselbständigen Streithelfer und der von ihm unterstützten „Hauptpartei" selbst. Denn zwischen diesen beiden besteht ja gar kein Rechtsstreit und daher auch jedenfalls keine hier allein beachtbare prozessuale Erstattungspflicht, Hbg JB **80**, 932, Karlsr RR **96**, 448, Schneider MDR **83**, 801. Im Innenverhältnis ist wegen einer etwaigen sachlichrechtlichen Ersatzpflicht evtl ein besonderer Prozeß erforderlich, Bischof MDR **99**, 790. Es ist also jedenfalls kein Vollstreckungstitel im Prozeß zwischen den Hauptparteien statthaft, Hbg JB **80**, 932. Wechselt der Streithelfer die Fronten, kann er die früheren Kosten nicht erstattet fordern, Hbg MDR **89**, 825.

7 **5) Durch eine Nebenintervention verursachte Kosten, I.** Die Vorschrift erfaßt nur diejenigen Kosten, die gerade infolge der Streithilfe entstanden.

A. Begriff der Ursächlichkeit. Man kann grundsätzlich den Begriff der Ursächlichkeit übernehmen, wie ihn Lehre und Rspr entwickelt haben, § 287 Rn 6. Dabei ist allerdings wegen des formellen Ausnahmecharakters von I eine enge Auslegung notwendig, Rn 2.

Beispiele der Zugehörigkeit: Die dem Streithelfer entstandenen Kosten des Beitritts mit Ausnahme eines Zwischenstreits über dessen Zulässigkeit, § 71, Rn 8; Kosten der Zuziehung des Streithelfers mit Ausnahme der Kosten einer Streitverkündung, § 72, soweit sie erfolglos blieb, Rn 4; Kosten einer Zustellung und einer Vertretung; diejenigen Kosten, die der beigetretene Streithelfer durch eigene Prozeßhandlungen verursacht, da sie keine „eigentlichen" Kosten des Rechtsstreits sind, vielmehr in I mitbehandelt werden, Hamm AnwBl **85**, 215, aM ThP 5. Wegen eines Rechtsmittels des Streithelfers Rn 18 „§ 97".

8 **B. Abgrenzung zu weiteren Kosten.** Alle bei einer engen Auslegung nach Rn 2 nicht zu Rn 7 zählenden Kosten sind nicht gerade solche der Streithilfe. Man darf sie daher nicht nach I beurteilen. I gibt im übrigen keine allgemeine Rechtsgrundlage dafür, den Streithelfer mit solchen Kosten des Rechtsstreits zu belasten, die über die Kosten der Streithilfe hinausgehen. Eine so allgemeine Belastung ist auch nicht nach § 22 I 1 GKG möglich. Die letztere Vorschrift gilt nur für die durch gerade seine Anträge verursachten Kosten.

Beispiele der Nichtzugehörigkeit: Kosten der erfolglosen Streitverkündung, Rn 4; Kosten eines Zwischenstreits über die Zulassung nach § 71. Denn über sie muß das Gericht nach § 91 entscheiden und sie bei einer Erfolglosigkeit des Streithilfeantrags dem Antragsteller auferlegen. Wegen eines Rechtsmittels des Streithelfers Rn 18 „§ 97".

9 **6) Kostenlast des Gegners der Hauptpartei, I Hs 1.** Die Vorschrift macht den Prozeßgegner der vom Streithelfer unterstützten Hauptpartei kostenpflichtig, soweit er überhaupt Prozeßkosten tragen muß.

10 **A. Begriff des Gegners.** Wie schon der Wortlaut klarstellt, handelt es sich um den Gegner „der Hauptpartei", also um den oder die Prozeßgegner des oder der Unterstützten. Dabei kommt es nur darauf an, ob und in welchem Umfang einer dieser Gegner Prozeßkosten überhaupt tragen muß. Daher scheiden diejenigen Gegner der Hauptpartei aus, die zwar zunächst in den Rechtsstreit hineingerieten, dann aber ohne eine Kostengrundentscheidung über auch nur Teile der Prozeßkosten ihnen gegenüber ausgeschieden sind und auch nicht mehr nach §§ 91–98 zahlen könnten und müßten. Allerdings mag insofern ein Antrag auf eine Berichtigung oder Ergänzung nach §§ 319 ff zulässig sein und zur Haftung der bisher noch nicht Belasteten auch für die Kosten der Streithilfe führen.

11 **B. Zwingende Kostenfolge.** Soweit die Hauptpartei Kosten des Rechtsstreits tragen muß, ist das Gericht nicht nur im Rahmen eines Ermessens berechtigt, sondern nach dem eindeutigen Wortlaut verpflichtet, dieser Partei auch die Kosten der Streithilfe aufzuerlegen, KG RR **04**, 720. Andernfalls könnte ein unwirksamer Vertrag zulasten eines Dritten vorliegen, Nürnb MDR **01**, 415. Das Gericht muß diese Frage wie bei § 308 II von Amts wegen beachten, Hamm AnwBl **85**, 215, Köln JB **83**, 1882, Nürnb MDR **01**, 415. Es darf in diesem Zusammenhang die Zulässigkeit des Beitritts nicht mehr nachprüfen, LG Itzehoe AnwBl **85**, 215.

12 **C. Notwendigkeit einer Kostenentscheidung.** Freilich tritt die zwingende Kostenfolge nach Rn 11 nicht schon in einer für das Festsetzungsverfahren nach §§ 103 ff ausreichenden Weise kraft Gesetzes ein. Vielmehr ist schon nach dem auch insofern eindeutigen Wortlaut von I („sind aufzuerlegen") eine Kostengrundentscheidung nach § 91 Rn 35 über die Kosten der Streithilfe notwendig, Hamm JB **02**, 39, Kblz MDR **02**, 1339, Nürnb MDR **05**, 473. Es empfiehlt sich dringend, im Urteil usw über diese Kosten der Streithilfe ausdrücklich gesondert zu entscheiden, um Mißverständnisse zu vermeiden. Freilich trifft der

Richter nur die Kostengrundentscheidung darüber, wer die Kosten „des Rechtsstreits" und wer diejenigen „der Streithilfe" tragen muß, Celle RR **03**, 1510.

Das Gericht überläßt die Klärung der Frage, was nun im einzelnen zu beiden Kostenarten zählt, dem *Kostenfestsetzungsverfahren.* Soweit das Urteil auslegungsfähig ist, darf und muß man es wie sonst notfalls unter einer Heranziehung des Tatbestands und der Entscheidungsgründe auslegen, § 322 Rn 6, Kblz MDR **02**, 1339. Soweit Entscheidungsgründe zulässig fehlen, darf und muß man auch den Akteninhalt mitbeachten. Der Rpfl darf im Kostenfestsetzungsverfahren ebenso vorgehen. Er darf aber keine darüber hinausgehende Änderung oder Ergänzung oder Nachbesserung der Kostengrundentscheidung des Gerichts vornehmen, Einf 19 vor §§ 103–107.

D. Auslegung. Die bloße Entscheidung über „die Kosten des Rechtsstreits" oder auch nur „die Kosten" kann, muß aber nicht auch diejenigen der Streithilfe mitumfassen. Auch hier kommt es also auf eine Auslegung an. Das gilt insbesondere beim „Frontenwechsel" des Streithelfers, BPatG GRUR **87**, 235, Hamm Rpfleger **89**, 127, Mü Rpfleger **89**, 128. **13**

E. Berichtigung. Notfalls muß man eine Berichtigung oder Ergänzung nach §§ 319 ff beantragen, Stgt MDR **99**, 116, LG Itzehoe AnwBl **85**, 215. Bei einer streitgenössischen Streithilfe gilt II, Rn 34, BPatG GRUR **87**, 235. **14**

F. Mißbrauch. Bei einem Beitritt erst nach dem Verhandlungsschluß nach §§ 136 IV, 296 a ergeht allerdings weder im Urteil noch durch eine Ergänzung eine Entscheidung über die Kosten der Streithilfe. Denn dann liegt ein Rechtsmißbrauch vor, Einl III 54: Man erstrebt nur noch einen Kostentitel, selbst wenn zugleich ein Wiedereröffnungsantrag vorliegt. Dasselbe gilt beim „Beitritt" erst nach einem Vergleichsabschluß. Wegen eines Vergleichs Rn 21. **15**

7) Anwendbarkeit der §§ 91 bis 98, I Hs 1. Unter den Voraussetzungen Rn 4–18 hängt die Kostenlast des Gegners der Hauptpartei wegen der Streithilfekosten ferner von folgenden Voraussetzungen ab. **16**

A. Grundsatz: Soweit Gegner die Kosten tragen muß. Es kommt zunächst darauf an, ob und in welchem Umfang kraft Gesetzes oder infolge einer Kostengrundentscheidung des Gerichts der Gegner der Hauptpartei überhaupt Prozeßkosten tragen muß, Saarbr MDR **96**, 968. Auch im letzteren Fall muß er die Kosten der Streithilfe mittragen. Denn die Vorschrift sagt nicht nur, er sei insofern verpflichtet, soweit er Prozeßkosten „trägt", sondern, soweit er sie „zu tragen hat". **17**

B. Anwendbarkeit der allgemeinen Kostenvorschriften im einzelnen. Es gelten die bei §§ 91 ff dargestellten Regeln zur Kostenlast der Hauptpartei gegenüber dem Gericht und dem Prozeßgegner, KG RR **04**, 720. **18**

§ 91: Keine besonderen Abweichungen.

§ 91 a: Die Vorschrift ist grundsätzlich anwendbar, BGH MDR **85**, 914, ThP 10, aM Celle VersR **79**, 155, ZöHe 10 (aber I verweist auch auf § 91 a). Vgl im übrigen bei „§ 98".

§§ 92–96: Keine besonderen Abweichungen.

§ 97: Vgl Rn 19. Soweit der Streithelfer erst im zweiten Rechtszug beitrat, muß der unterliegende Gegner die Kosten der Streithilfe auch dann tragen, wenn die siegende Partei Kosten nach § 97 II tragen muß, Hamm MDR **94**, 311.

§ 98: Vgl Rn 21.

§ 100: Vgl Rn 30.

8) Insbesondere: Rechtsmittel des Streithelfers (§ 97), I Hs 1. Soweit der Streithelfer nach § 66 II zwar zulässigerweise, aber im übrigen erfolglos oder sogar schon unzulässigerweise ein Rechtsmittel im Namen der unterstützten Hauptpartei oder für diese eingelegt hat, muß man wie folgt unterscheiden. **19**

Bei einer *Nichtbeteiligung* der Hauptpartei an dem Rechtsstreit muß der Streithelfer die Kosten des Rechtsmittels entsprechend § 97 und nicht nach § 101 tragen, soweit nicht das Gericht den Gegner der Hauptpartei zu den Kosten des Rechtsmittels verurteilt. Das gilt selbst dann, wenn die Hauptpartei dem Rechtsmittel auch nicht widersprochen hat.

Bei einer *Nicht-mehr-Beteiligung* der Hauptpartei muß der Streithelfer auch diejenigen Kosten tragen, die von dem Zeitpunkt an entstehen, in dem die Hauptpartei erklärt hat, sie sei an der Fortführung des Rechtsmittels oder des Rechtsstreits nicht mehr interessiert, Mü Rpfleger **79**, 141.

Bei einer *Beteiligung* der Hauptpartei in irgendeiner Form etwa durch die Einreichung eines Schriftsatzes oder durch ein Erscheinen in der mündlichen Verhandlung muß sie bei einer Erfolglosigkeit des Rechtsmittels ihre Kosten tragen, während er nur seine eigenen Kosten tragen muß, Hbg VersR **87**, 379. **20**

Beim *Erfolg* des Rechtsmittels des Streithelfers muß der Gegner der Hauptpartei die Kosten des Streithelfers auch dann tragen, wenn sich die vom Streithelfer unterstützte Hauptpartei am Rechtsmittel nicht beteiligte.

Bei einer *Zurückverweisung* nach § 538 gilt: Wenn zB der BGH das Berufungsurteil anschließend aufhebt, muß der Streithelfer die Kosten der Berufung und der Revision tragen. I gibt aber keine Rechtsgrundlage dafür, den Streithelfer auch im übrigen mit den Kosten des Rechtsstreits zu belasten, und zwar auch nicht in Verbindung mit § 49 I 1 GKG.

Bei einer *Zurücknahme* des Rechtsmittels des Streithelfers gilt § 516 III entsprechend, Mü Rpfleger **79**, 141. War der Beitritt erst nach einer Ankündigung nach § 522 II erfolgt, entstand kein notwendiger Aufwand, Kblz JB **07**, 320. Wenn der Verfügungsbekl seinen Widerspruch nach § 924 Rn 10 zurücknimmt, trägt er die Kosten des Widerspruchsverfahrens, der Streithelfer diejenigen der Streithilfe, Mü JB **77**, 92.

9) Insbesondere: Vergleich (§ 98), I Hs 1. Die Anwendbarkeit auch des § 98 hat die folgenden Auswirkungen. **21**

A. Begriff des Vergleichs. Es muß sich entweder um einen Prozeßvergleich nach Anh § 307 oder um einen außergerichtlichen Vergleich nach § 779 BGB handeln. Denn auch auf den letzteren ist § 98 entsprechend anwendbar, § 98 Rn 8, 9. Zur Rechtsnatur des Prozeßvergleichs usw Anh § 307.

22 **B. Beteiligung des Streithelfers am Vergleich.** Der unselbständige Streithelfer nach § 66, auf den sich ja I bezieht (wegen des selbständigen vgl II), muß am Zustandekommen des Vergleichs nicht persönlich mitgewirkt haben, Düss RR **98**, 1691. Es reicht vielmehr aus, daß die von ihm unterstützte Hauptpartei und deren Prozeßgegner den Vergleich geschlossen haben, Hamm MDR **90**, 252, Köln MDR **93**, 472, Nürnb MDR **03**, 598. Andernfalls würden die Kosten der Streithilfe „in der Luft hängen", wenn man die übrigen Prozeßkosten nach § 98 beurteilen muß. Das kann nicht der Sinn von I sein, Mü OLGZ **92**, 326.

23 **C. Maßgeblichkeit der Vereinbarungen über die Streithilfekosten.** Wie bei § 98 überhaupt, kommt es zunächst auf die „andere Vereinbarung" an. Maßgeblich sind also grundsätzlich die etwaigen Abreden der Parteien untereinander und diejenigen etwaigen Abreden, an denen der Streithelfer beteiligt ist, über die Streithilfekosten, § 98 Rn 22, Celle RR **02**, 140, Hamm JB **01**, 592, Zweibr RR **03**, 143. Freilich bleibt auch hier trotz einer wirksamen Kostenvereinbarung die gesetzliche Haftung für Gerichtskosten nach §§ 22 ff GKG bestehen, § 98 Rn 22. Die Parteien können dem Streithelfer allerdings nicht ohne seine Zustimmung wirksam Kosten insbesondere der Streithilfe auferlegen, auch nicht indirekt durch eine Kostenaufhebung gegeneinander. Denn das wäre ein verbotener Vertrag zulasten eines Dritten, Drsd RR **99**, 1668, Mü (28. ZS) MDR **98**, 989, Zweibr RR **03** ,143, aM BGH AnwBl **05**, 507, Mü (3. ZS) JB **95**, 480 (aber das bürgerliche Recht hat auch beim Prozeßvertrag seine Bedeutung). Soweit der Vergleich die Hauptsache eines weiteren Rechtsstreits miterfaßt, muß man auch die in jenem anderen Rechtsstreit durch eine dortige Streithilfe verursachten Kosten evtl zulasten eines anderen als des jetzigen Streithelfers mit titulieren, Schlesw SchlHA **78**, 177.

24 **D. Notwendigkeit weiter Auslegung.** Dem Regelungszweck des § 98 nach dort Rn 2, 3 entspricht es, die etwaige Kostenvereinbarung weit auszulegen, dort Rn 24, aM Mü Rpfleger **90**, 269 (aber eine gewisse Vertragsfreiheit gehört zur Prozeßwirtschaftlichkeit, Grdz 14 vor § 128). Das gilt auch für die Frage, ob und in welchem Umfang der Vergleich die Kosten der Streithilfe miterfaßt. Es gilt aber auch für die Frage, ob der Vergleich mit oder ohne eine Beteiligung des Streithelfers zustande gekommen ist. Denn der Vergleich ist auch wegen der Streithilfekosten jedenfalls insoweit wirksam, als die Parteien sie unter sich aufgeteilt haben. Das gilt selbst dann, wenn der Streithelfer an diesem Vergleich nicht mitgewirkt hat. §§ 320, 321 sind allerdings beim Vergleich unanwendbar. Denn er ist kein Urteil.

25 **E. Kostenfolge bei Aufhebung der Prozeßkosten gegeneinander.** Soweit die Prozeßparteien im Vergleich lediglich die „Aufhebung der Prozeßkosten (oder der Kosten) gegeneinander" vereinbart haben, ohne auch über die Kosten der Streithilfe eine ausdrückliche oder doch klare Vereinbarung zu treffen, muß man zunächst prüfen, ob sie auch wirklich eine Kostenaufhebung nach § 92 I 2 gemeint haben, dort Rn 40. Es könnte ja zB auch eine hälftige Teilung der Gesamtkosten der Parteien bestehen. Sie bedeutet etwas anderes.

26 **F. Etwa nur wegen Prozeßkosten.** Die Parteien können auch eine echte Aufhebung gegeneinander „nur" für die Prozeßkosten und nicht eindeutig auch für die Streithilfekosten vereinbart haben. Das mag insbesondere bei einer ausdrücklichen Ausnahme der Streithilfekosten von der Regelung für die Prozeßkosten gelten. Dann muß der Prozeßgegner der unterstützten Hauptpartei unter anderem auch die Hälfte der Kosten des Streithelfers tragen. Das gilt unabhängig vom Verhältnis ihrer Höhe zu derjenigen der Parteikosten. Es gilt selbst dann, wenn der Streithelfer zwar am Vergleich beteiligt war, ihn aber wirksam widerrufen hatte, Karlsr Just **79**, 17, oder wenn der Vergleich ohne seine Beteiligung zustande gekommen war, Celle RR **02**, 140, Nürnb MDR **03**, 598, Stgt RR **02**, 215, aM BGH NJW **03**, 1948 (zustm Wax LMK **03**, 132), Drsd RR **99**, 1668, Stgt RR **02**, 215 (kein Erstattungsanspruch wegen der außergerichtlichen Kosten des Streithelfers. Aber die erstere Lösung ist gerechter). § 269 bleibt anwendbar, KG RR **04**, 720.

27 **G. Kostenfolge bei Halbierung der Prozeßkosten.** Die Parteien können die Prozeßkosten nicht gegeneinander aufgehoben, sondern nur einfach halbiert haben, ohne daß sie über die Kosten der Streithilfe ebenfalls eine klare Einigung getroffen haben. Man muß dann also zunächst alle gerichtlichen und außergerichtlichen Kosten addieren und sie dann hälftig verteilen. Dann empfiehlt es sich, die Kosten der Streithilfe in die Gesamtkosten des Rechtsstreits einzubeziehen und sie daher hälftig von der unterstützten Hauptpartei und dem Prozeßgegner tragen zu lassen. Denn immerhin ist auch dann § 98 anwendbar und der Prozeßgegner zu einer Beteiligung an den Prozeßkosten verpflichtet. Freilich kann man auch mit gewichtigen Gründen den Streithelfer die eine Hälfte und der Prozeßgegner die andere übernehmen lassen, Celle AnwBl **83**, 176, Karlsr Just **79**, 17.

28 **H. Kostenfolge bei Teilübernahme der Prozeßkosten durch den Gegner der Hauptpartei.** Es mag auch der Gegner der unterstützten Hauptpartei einen Teil der Prozeßkosten in Höhe von mehr oder weniger als 50% übernommen haben, ohne daß die Parteien eine Kostenaufhebung gegeneinander vereinbart haben. Soweit diese Teilübernahme nicht eindeutig auch die Kosten der Streithilfe miterfaßt hat, empfiehlt sich eine entsprechende Quotelung der Kosten der Streithilfe zulasten des Prozeßgegners und die Übertragung der restlichen Streitkostenhilfe auf die unterstützte Partei, Nürnb MDR **01**, 416, Stgt Just **79**, 62, ZöHe 12, aM Mü Rpfleger **90**, 269 (besonderer Beschluß nötig. Aber das ist unnötig aufwendig).

29 **I. Kostenfolge bei Übernahme aller Prozeßkosten durch die Hauptpartei.** Soweit die vom Streithelfer unterstützte Hauptpartei im Vergleich alle Prozeßkosten übernimmt, ohne daß der Vergleich auch die Streithilfekosten eindeutig miterfaßt, ist die in Rn 27, 28 genannte Kostenfolge hier nicht möglich. Denn es liegt eben wegen der Streithilfekosten keine Vereinbarung gerade zulasten des Gegners der Hauptpartei vor, wie sie Hs 1 auch bei § 98 als eine weitere Voraussetzung nennt. Vielmehr liegt Hs 2 vor. Der Streithelfer

muß daher seine Kosten selbst tragen. Wenn eine Klagerücknahme nach § 269 auf einem außergerichtlichen Vergleich beruht, gilt dasselbe wie bei der vergleichsweisen „Übernahme aller Prozeßkosten" durch die Hauptpartei.

10) Insbesondere: Streitgenossen (§ 100), I Hs 1. Die Vorschrift meint nicht die in II vorgeschriebene Anwendung des § 100, Rn 34. Vielmehr geht es hier um die Anwendbarkeit des § 100 dann, wenn der „Gegner der Hauptpartei" aus mehreren Streitgenossen besteht, § 59. Dann ist § 100 wie sonst anwendbar. Das ergibt sich zwar nicht aus dem Wortlaut von I Hs 1 mit seiner bloßen Verweisung auf §§ 91–98. Es ergibt sich aber aus dem Sinn jener Vorschrift. Man muß sie zwar grundsätzlich eng auslegen, Rn 2. I Hs 1 soll aber natürlich den unterliegenden Gegner der Hauptpartei auch dann für die Kosten der Streithilfe mithaften lassen, wenn er seinerseits aus mehreren Streitgenossen besteht. 30

11) Kostenlast des Streithelfers, I Hs 2. Es gelten mehrere Auswirkungen. 31

A. Auffangklausel. Schon aus dem Wortlaut ergibt sich der Charakter einer Auffangklausel des Hs 2. Man muß alle nicht eindeutig unter I Hs 1 fallenden Situationen kostenmäßig zulasten des Streithelfers beurteilen. Das ergibt sich auch aus der grundsätzlichen Notwendigkeit einer engen Auslegung des Hs 1, Rn 1.

B. Grundsatz: Gleichbehandlung mit der Hauptpartei. Das Gesetz stellt den Streithelfer in Hs 2 wegen seiner Kosten nicht schlechter, aber auch nicht besser als die von ihm unterstützte Partei, Ffm MDR **90**, 929, Köln RR **95**, 1215. Eine Besserstellung wäre ja auch nicht gerecht, Berding/Deckenbrock NZBau **06**, 341. Soweit sie also Prozeßkosten tragen muß, soll er wenigstens die Kosten seiner Streithilfe ebenfalls tragen. Ist die Hauptpartei für die Prozeßkosten auf Grund eines Urteils oder eines Vergleichs allein kostenpflichtig, muß auch der Streithelfer seine Kosten allein tragen. Das gilt sogar ohne Rücksicht auf etwa abweichende Parteiwünsche, soweit diese nicht in einem vorrangigen Vergleich ihren Niederschlag gefunden haben, Celle NJW **78**, 2170, Nürnb AnwBl **89**, 105. 32

C. Zwingende Kostenfolge. Auch bei einer Kostenlast des Streithelfers gilt dasselbe wie bei einer Kostenlast des Gegners der Hauptpartei, Rn 11. Insoweit muß der Streithelfer die eigenen Kosten tragen und diejenigen des Gegners der Hauptpartei erstatten, §§ 91 ff. 33

12) Nebenintervenient gilt als Streitgenosse der Hauptpartei, II. Soweit eine streitgenössische Streithilfe vorliegt, gilt vorrangig II. 34

A. Begriff der streitgenössischen Streithilfe. Nach § 69 gilt der Nebenintervenient nach § 61 als ein Streitgenosse der Hauptpartei, soweit nach dem BGB die Rechtskraft der im Hauptprozeß erlassenen Entscheidungen für das Rechtsverhältnis zwischen dem Streithelfer und dem Gegner der Hauptpartei wirksam ist, § 69 Rn 1–4.

B. Geltung nur im Außenverhältnis. Auch II gilt ebenso wie I nur im Außenverhältnis zwischen dem hier streitgenössischen Streithelfer und dem Gegner der unterstützten Hauptpartei, nicht im Innenverhältnis zwischen dem Streithelfer und seiner Hauptpartei, Rn 6. 35

C. Kostenfolgen: Anwendbarkeit des § 100. Soweit diejenigen Voraussetzungen Rn 34, 35 vorliegen, „sind die Vorschriften des § 100 maßgebend", also nicht diejenigen des § 101 I, BGH JZ **85**, 854. Der streitgenössische Streithelfer muß also beim Unterliegen seiner Partei nach Kopfteilen mithaften. § 100 IV ist allerdings unanwendbar. Denn der streitgenössische Streithelfer wird nicht zur Hauptsache verurteilt. 36

13) Verfahrensfragen, I, II. Das Gericht muß die Entscheidungen bei I, II jeweils grundsätzlich von Amts wegen treffen, § 308 II, Ffm MDR **90**, 929. Das gilt auch insoweit, als diejenigen Vorschriften, auf die das Gesetz verweist, ihrerseits ein Ermessen gestatten. Es bezieht sich ja nur auf das Wie, nicht auf das Ob einer Kostengrundentscheidung. Das gilt auch bei einem Vergleich nach Anh § 307, Köln JB **83**, 1882, aM ZöHe 9 (nur auf einen Antrag. Aber eine Kostenregelung durch das Gericht ist ja überhaupt nur dann notwendig, wenn der Vergleich die Kosten der Streithilfe eben nicht eindeutig mitumfaßt hat. Dann dürfen diese nicht „in der Luft hängen"). Die Entscheidung über die Titulierung des Kostenerstattungsanspruchs eines Streithelfers oder eines beigetretenen Streitverkündeten erfolgt durch einen Beschluß, Drsd RR **99**, 1668. Zuständig ist das Rechtsmittelgericht, Drsd RR **99**, 1668. Das gilt auch dann, wenn sich der Streithelfer am Rechtsmittel nicht beteiligt hat, Ffm MDR **90**, 929. 37

14) Rechtsmittel, I, II. Es gelten die allgemeinen Regeln zur Anfechtbarkeit derjenigen Entscheidung, in deren Form das Gericht über die Kosten der Streithilfe befunden hat. Man muß stets § 99 beachten. Beim Rpfl gilt § 11 RPflG, § 104 Rn 41 ff. 38

102 (weggefallen)

Einführung vor §§ 103–107

Kostenfestsetzung

Schrifttum: *Brieske,* Die anwaltliche Praxis in Kostensachen, 1991; *von Eicken/Hellstab/Lappe/Madert/Mathias,* Die Kostenfestsetzung, 19. Aufl 2006; *Hellstab* Rpfleger **08**, 241 (Üb); *Hünnekens,* Kostenabwicklung in Zivil- und Familiensachen und bei Prozeßkostenhilfe, 2. Aufl 1999; *Lappe,* Justizkostenrecht, 2. Aufl 1995; *Zenke/Brandenburg,* Kosten des finanzgerichtlichen Prozesses, 1997.

Gliederung

1 **1) Systematik.** Das Kostenfestsetzungsverfahren ist ein zur ersten Instanz gehörendes selbständiges Nebenverfahren, BGH NJW **08**, 2040, Düss MDR **91**, 357, Kblz RR **97**, 1023, AG Kiel JB **96**, 261.

A. Entstehung des Erstattungsanspruchs. Der Anspruch auf eine Erstattung von Prozeßkosten entsteht bereits im Zeitpunkt der Begründung eines Prozeßrechtsverhältnisses, Üb 33 vor § 91. Er ist in diesem Zeitpunkt allerdings noch aufschiebend bedingt. Das noch nicht rechtskräftige Urteil wandelt die aufschiebende in eine auflösende Bedingung, Üb 35 vor § 91. Erst der Eintritt der formellen Rechtskraft einer Entscheidung nach § 705 beseitigt diese auflösende Bedingung, BGH NJW **88**, 3205. Soweit aber eine Zwangsvollstreckung schon vor der Rechtskraft zulässig ist, Einf 1 vor §§ 708–720, ist auch schon vor der Rechtskraft eine Kostenerstattung möglich. Auch eine wirksame volle Klagerücknahme löst wegen der mit ihr verbundenen gesetzlichen Kostenfolge des § 269 III 2 oder wegen einer Kostengrundentscheidung nach § 269 III 3, IV den Erstattungsanspruch nach § 103 I aus, sobald der Kostenfestsetzungsbeschluß des § 103 II hinzutritt.

2 **B. Notwendigkeit der Kostenfestsetzung.** Das Urteil selbst stellt eine Erstattungspflicht immer nur dem Grunde nach fest, Üb 35 vor § 91. Das Gesetz überläßt dem Kostenfestsetzungsverfahren die Klärung der Frage, welchen Betrag der Erstattungspflichtige an den Gegner zahlen muß, Üb 37 ff vor § 91, Schlesw SchlHA **78**, 22. Nur der Kostenfestsetzungsbeschluß nach § 104 entscheidet daher darüber, ob bestimmte Kosten auch notwendige Kosten waren. Eine Zwangsvollstreckung wegen der Kosten darf nur auf Grund eines Vollstreckungstitels stattfinden, § 103 I, also vor allem auf Grund des Kostenfestsetzungsbeschlusses, §§ 104, 794 I Z 2, Üb 37 vor § 91.

3 **C. Alleiniger Erstattungsweg.** Das Kostenfestsetzungsverfahren der §§ 103 ff ist also grundsätzlich der *allein zulässige Weg,* eine Erstattung der Prozeßkosten zu erlangen, § 91 Rn 290, BVerfG NJW **77**, 145, BGH **111**, 171, LG Bln ZMR **88**, 341 (auch bei vorprozessualen Mahnkosten). Anders ist es bei sachlichrechtlichen Kosten, Üb 9 vor § 91, Brschw WettbR **97**, 233). Wegen der Wahlmöglichkeit bei § 788 dort Rn 10 und Üb 43 vor § 91. Das Kostenfestsetzungsverfahren ist auch gegenüber einem Ausländer anwendbar, Kblz JB **91**, 1508. Es ist ein selbständiges gerichtliches Nachverfahren, Rn 1. Es schließt sich an die erste Instanz an, Kblz RR **97**, 1023. Daher muß das Gericht dem Gegner vor einer ihm nachteiligen Entscheidung das rechtliche Gehör geben, Artt 2 I, 20 III GG (Rpfl), BVerfG **101**, 404, Art 103 I GG (Richter).

4 **D. Begründungszwang.** Das Gericht muß seine Entscheidung im Kostenfestsetzungsverfahren *grundsätzlich begründen,* § 329 Rn 4. Es muß daher eine Begründung spätestens dann nachholen, wenn ein Beteiligter gegen seine Entscheidung die Erinnerung eingelegt hat.

5 **E. Einfluß anderer Verfahrensschritte.** Eine erstinstanzliche *Aussetzung* nach §§ 148 ff oder eine *Unterbrechung* des Hauptprozesses nach §§ 239 ff oder das *Ruhen* des Verfahrens in erster Instanz nach §§ 251 a, 331 a können sich ohne weiteres auf das Kostenfestsetzungsverfahren auswirken, Hamm Rpfleger **88**, 380, wenn auch nicht stets, Mü MDR **90**, 252, Naumb MDR **94**, 514, Schlesw SchlHA **79**, 58, aM Brdb MDR **01**, 471, KG RR **00**, 731. Eine Aussetzung oder Unterbrechung in der zweiten Instanz wirkt sich grundsätzlich nicht auf den Fortgang des Kostenfestsetzungsverfahrens der ersten Instanz aus, Hbg MDR **90**, 350. Nach der Beendigung des Prozesses muß man eine Aussetzung und eine Unterbrechung im Kostenfestsetzungsverfahren selbständig beurteilen, §§ 239 ff, Üb 5 vor § 239. Wegen der Besonderheiten bei einer Unterbrechung infolge eines Insolvenzverfahrens § 240 Rn 2. § 246 ist anwendbar, Celle NdsRpfl **98**, 90.

Über das Verhältnis zwischen dem Kostenfestsetzungsbeschluß und einem *sachlichrechtlichen* Kostenersatzanspruch Üb 49 vor § 91. Zu Zweifelsfragen Mümmler JB **77**, 1169. Soweit im Kostenfestsetzungsverfahren einerseits und im Verfahren nach § 4 JVEG andererseits jeweils rechtskräftige Entscheidungen miteinander unvereinbar sind, bleibt eine Erinnerung nach § 66 GKG, § 57 FamGKG letztlich zulasten der Staatskasse denkbar, Kblz VersR **88**, 297. Man muß das Verfahren nach §§ 103 ff und dasjenige nach § 156 KostO unterscheiden, BayObLG FGPrax **99**, 78.

6 **2) Regelungszweck.** §§ 103–107 dienen der Durchführung der §§ 91 ff, 80 ff, 113 I 2 FamFG. Die Vorschriften dienen insbesondere der Klärung, ob notwendige Kosten vorliegen, Rostock FamRZ **99**, 598. Sie dienen damit auch der Prozeßwirtschaftlichkeit, Grdz 14 vor § 128. Sie dienen in diesem Zusammenhang auch der Entlastung des Spruchrichters.

Genauigkeit der Kostengrundentscheidung ist eine wesentliche Voraussetzung einer brauchbaren Anmeldung zur Festsetzung von Prozeßkosten. Das gilt nicht nur für den eigentlichen Kostenausspruch, sondern auch für dessen Begründung. Fehlt sie oder beschränkt sie sich allzu sehr auf eine floskelhafte Wiederholung des Gesetzestextes oder gar nur auf die Erwähnung der angewandten Vorschriften, kann es manchmal bei der Festsetzung erhebliche Schwierigkeiten geben. Freilich reicht im klaren Fall auch eine ganz knappe „Begründung".

Wirtschaftliches Verständnis ist eine weitere Bedingung einer überzeugenden Kostenfestsetzung. Man kann die Frage der Notwendigkeit etwa der Beauftragung des „Hausanwalts" mit dem auswärtigen Prozeß nicht nur vom grünen Tisch sauberer Dogmatik aus befriedigend beantworten, ebensowenig die Frage, von welcher Größe ab ein Unternehmen eine (billigere?) eigene Rechtsabteilung statt eines Anwalts oder gar eines Gutachters hätte einsetzen müssen.

Anfechtbarkeit scheint auf diesem „Neben-"Kampfplatz manchmal fast ein Luxus. In Wahrheit erzwingt die wirtschaftliche Bedeutung sehr wohl die Möglichkeit einer Überprüfung notfalls in einer höheren Instanz.

In der Praxis scheint das mit deutscher Überperfektion geschaffene System der Rechtsbehelfe nach § 104 Rn 41 ff freilich alles andere als prozeßwirtschaftlich zu sein. Immerhin sind Erinnerungen in diesen Massenverfahren relativ selten.

Großzügige Auslegung sollte insgesamt dieses notwendige Ergänzungsverfahren zur Kostengrundentscheidung fördern. Es soll möglichst einfach und übersichtlich bleiben, Düss JB **02**, 590.

3) Geltungsbereich. Üb 12, 13 vor § 91. In Arbeitsgerichtsverfahren schließt § 12a I 1 ArbGG die Festsetzung von Anwaltskosten erster Instanz aus, LAG Köln MDR **01**, 775. §§ 103 ff gelten auch im WEG-Verfahren und wegen der Verweisung in § 85 FamFG auch im FamFG-Verfahren entsprechend. Im Patentverfahren sind §§ 103–107 entsprechend anwendbar, § 80 V PatG. Dasselbe gilt im markenrechtlichen Verfahren, §§ 63 III 2, 71 V, 90 IV MarkenG. 7

4) Abhängigkeit des Festsetzungsverfahrens. Viele verkennen sie. 8

A. Kein selbständiger Vollstreckungstitel. Der Kostenfestsetzungsbeschluß nach § 104 ergänzt nur die Kostengrundentscheidung wegen der Höhe des Kostenbetrags, BVerwG Rpfleger **87**, 172, Düss Rpfleger **01**, 273, Köln JB **06**, 598 links. Deshalb gibt es ohne einen Erstattungsanspruch keine Kostenfestsetzung, BGH MDR **08**, 873 links Mitte, LG Frankenth Rpfleger **83**, 412, LG Weiden Rpfleger **98**, 532.

Der Kostenfestsetzungsbeschluß stellt *keinen selbständigen Vollstreckungstitel* im vollen Sinn dar, Ffm Rpfleger **80**, 481, Karlsr Rpfleger **00**, 555, Köln JB **06**, 598 links. Er bildet zunächst einen Vollstreckungstitel nach § 794 I Z 2. Er erwächst in innere und formelle Rechtskraft, § 104 Rn 31. Er teilt grundsätzlich unmittelbar und ohne die Notwendigkeit einer Aufhebungs- oder Erledigterklärung usw das Schicksal der Kostengrundentscheidung, sei es derjenigen eines Urteils oder Beschlusses, sei es derjenigen in einem Prozeßvergleich, sog Akzessorietät, Karlsr Rpfleger **00**, 555, Mü MDR **01**, 414, Naumb Rpfleger **02**, 38.

Wegen einiger *Ausnahmen* Rn 10. Die Aufhebung ist zur Klarstellung zulässig, Hamm Rpfleger **76**, 408. Die unmittelbar kraft Gesetzes eintretende Kostengrundfolge des § 269 III 2 (und nicht erst der natürlich zusätzlich mögliche Feststellungsbeschluß nach § 269 IV) reichen bereits zur Kostenfestsetzung aus, § 269 Rn 33. Der Rpfl darf also nicht einen zusätzlichen Beschluß nach § 269 IV fordern. Erst recht ist natürlich eine Kostengrundentscheidung nach § 269 III 3, IV ausreichend. Soweit eine erforderliche Kostengrundentscheidung nach Üb 35 vor § 91 fehlt, ist ein auf ihrer Grundlage erlassener Kostenfestsetzungsbeschluß nichtig, Üb 16 vor § 300, OVG Saarlouis Rpfleger **95**, 128. Man braucht ihn daher nicht aufzuheben. Freilich sollte das zur Klarstellung geschehen, Hamm Rpfleger **76**, 408. Es ist ein neuer Antrag notwendig, KG Rpfleger **93**, 462.

B. Prüfungsumfang. Der Kostenfestsetzungsbeschluß darf nicht über die Kostengrundentscheidung hinausgehen, BVerfG **62**, 193, Hbg MDR **98**, 1502, Karlsr FamRZ **04**, 967 (auch zum Austausch, § 104 Rn 18). Er kann zB auf Grund einer Vollstreckungsabwehrklage nach § 767 nicht auch Kosten aus demjenigen Titel erfassen, gegen den sich die Vollstreckungsabwehrklage richtet, sondern nur solche Kosten, die im Abwehrprozeß entstanden sind, Stgt Rpfleger **80**, 195. § 145 ist grundsätzlich unanwendbar, LG Bln Rpfleger **96**, 397. Eine Verbindung etwa nach § 147 nur zur Kostenfestsetzung ist ebenfalls unzulässig, Hamm Rpfleger **80**, 439. 9

C. Prüfungsgrenzen. Der Rpfl darf nur die formelle Wirksamkeit der Kostengrundentscheidung prüfen, Rn 18, aM Nürnb FamRZ **01**, 1720 (aber man darf nicht einen zumindest wirtschaftlich oft ganz erheblichen Teil der typisch dem Spruchrichter vorbehalten Arbeit auf den erst mit der Durchführung des Richterspruchs betrauten Rpfl übertragen). Wenn das Gericht also zB eine Partei im Erkenntnisverfahren als prozeßfähig behandelt hat, gilt die Partei auch im Kostenfestsetzungsverfahren nach §§ 51, 52 als prozeßfähig, Hbg MDR **89**, 826, Hamm AnwBl **82**, 71, selbst wenn sie in Wahrheit nicht prozeßfähig ist, aM Zweibr JB **05**, 89. Im Zweifel darf und muß der Rpfl das vollbesetzte Gericht fragen, Kblz JB **07**, 368. Hat der Spruchrichter Kosten entgegen § 281 III 2 verteilt, bindet das den Rpfl, Rn 17. 10

Das *Prozeßrechtsverhältnis* nach Grdz 4 vor § 128 bleibt prüfbar. Wenn der Vollstreckungstitel seine Vollstreckbarkeit zumindest im Kostenpunkt verliert, etwa nach § 718 oder deshalb, weil die Parteien nach dem Erlaß des Urteils einen Prozeßvergleich nach Anh § 307 schließen, verliert auch der inzwischen etwa ergangene Kostenfestsetzungsbeschluß grundsätzlich seine Vollstreckbarkeit, KG MDR **79**, 408, Stgt Rpfleger **88**, 39, ThP § 103 Rn 3, aM Hbg MDR **81**, 763 (aber der Kostenfestsetzungsbeschluß hat den Bestand der Kostengrundentscheidung als seiner Basis zum Ob der Kostenerstattung als eine ganz selbstverständliche Bedingung zur Voraussetzung). Wegen eines Vergleichs nach dem Eintritt der Rechtskraft Karlsr MDR **77**, 937. Nur soweit die Parteien im Vergleich das Fortbestehen der erstinstanzlichen Kostengrundentscheidung vereinbaren, berührt der Vergleich den zugehörigen Festsetzungsbeschluß ausnahmsweise nicht, Mü MDR **01**, 414.

D. Vorrang des neuen Titels. Auch wenn der neue Kostentitel etwa wegen eines Einspruchs gegen ein Versäumnisurteil mit dem früheren sachlich übereinstimmt, ist für die Kostenfestsetzung nur der neue Titel maßgebend, Ffm MDR **83**, 941. 11

C. Zwangsvollstreckungsfragen. Die Festsetzung der nach § 788 I entstandenen, erstattungsfähigen Kosten erfolgt nach § 788 II 1 in Verbindung mit §§ 103 II 2, 104, 107, Drsd JB **05**, 50 (Zuständigkeit des Vollstreckungsgerichts). Bei §§ 887–890 gelten nach § 891 S 3 für die Festsetzung der Kosten nach §§ 91 ff die §§ 106, 107 entsprechend. Das Urteil mag für die Zwangsvollstreckung besondere Voraussetzungen aufstellen, etwa eine Sicherheitsleistung oder die Möglichkeit der Abwendung der Zwangsvollstreckung nach §§ 708 ff. Es mag auch um eine in den Haupttitel aufgenommene und auf die Kostenentscheidung miterstreckte beschränkte Erbenhaftung nach § 780 Rn 4 gehen, Hamm MDR **82**, 855, KG MDR **81**, 851. Dann kann zwar die Kostenfestsetzung erfolgen. Jedoch muß der Rpfl des Vollstreckungsgerichts diese Voraussetzungen und Bedingungen in den Kostenfestsetzungsbeschluß ebenfalls aufnehmen, Düss Rpfleger **81**, 409, Ffm Rpfleger **80**, 481. Dasselbe gilt bei vollstreckungsbeschränkenden Vereinbarungen in einem Vergleich, Mü Rpfleger **79**, 466. Der Rpfl nimmt aber eine gegen den Gläubiger der Hauptsache angeordnete Zug-um-Zug-Leistung nicht in den Kostenfestsetzungsbeschluß auf, Ffm Rpfleger **80**, 481. Denn die Erstattungsfähig- 12 keit der Prozeßkosten hängt nicht von dieser Zug-um-Zug-Leistung ab. Eine Vollstreckungsabwehrklage nach § 767 bleibt statthaft, und zwar ohne § 767 II, Schlesw SchlHA **78**, 22, aM Ffm MDR **87**, 331.

13 **F. Sicherheitsleistung.** Der Rpfl darf im Kostenfestsetzungsbeschluß die Höhe einer vom Gericht angeordneten Sicherheitsleistung nicht vom Urteil abweichend festsetzen, KG Rpfleger **84**, 246, Stgt Rpfleger **88**, 39. Denn die Sicherheitsleistung bezieht sich auf den ganzen Urteilsinhalt. Eine Bemessung der Sicherheitsleistung nur in der Höhe der festgesetzten Kosten wäre unzulässig, aM Bbg Rpfleger **81**, 455 (aber das liefe auf eine Erhöhung der Sicherheit hinaus. Denn man dürfte diese neue Sicherheitsleistung nicht von derjenigen abziehen, die das Gericht im Urteil angeordnet hatte).

14 **G. Rechtsschutzbedürfnis.** Auch der Erlaß eines Kostenfestsetzungsbeschlusses setzt ein Rechtsschutzbedürfnis voraus, Grdz 33 vor § 253, BGH Rpfleger **08**, 40 (Neumassegläubiger), Brdb Rpfleger **06,** 441, LAG Düss Rpfleger **04**, 65. Nach einer Kostenerstattung fehlt für eine weitere Kostenfestsetzung durchweg das Rechtsschutzbedürfnis, Oldb Rpfleger **92**, 407. Dasselbe gilt bei einer Aufhebung der Kosten gegeneinander nach § 92 Rn 40 für die außergerichtlichen Kosten jeder Partei, LG Bielef Rpfleger **92**, 406. Es gilt auch gegenüber dem Insolvenzverwalter bei einer Masseunzulänglichkeit, Brdb Rpfleger **06,** 441. Es gibt ferner nach einer sog Generalquittung, mag der Gläubiger sie auch anläßlich eines anderen Prozesses erteilt haben, Hbg MDR **96**, 209. Es gibt im Verhältnis zwischen der Partei und ihrem Anwalt keine Rechtskraft nach § 322. Dann ist § 11 RVG anwendbar, oder der Anwalt kann eine Gebührenklage erheben, BVerfG NJW **77**, 145. Bei einer Anhörung nach § 94 III BVerfGG ergeht im vorangegangenen Prozeß keine Kostenfestsetzung, Mü Rpfleger **78**, 420.

15 **H. Sonstiges.** Der Kostenfestsetzungsbeschluß darf und soll zwecks einer Klarstellung trotz seiner Bindung an die Kostengrundentscheidung nach Rn 8 eine dort vorhandene Beschränkung wiederholen, etwa eine Sicherheitsleistung, Karlsr Rpfleger **00**, 555. Wenn freilich der Kostenfestsetzungsbeschluß eine notwendige Beschränkung nicht ausdrücklich ausspricht, gilt diese Beschränkung trotzdem, Stgt Rpfleger **88**, 39. Sobald aus dem Kostenfestsetzungsbeschluß eine über die Beschränkungen hinausgehende Zwangsvollstreckung beginnt, kann der davon Betroffene die Erinnerung nach § 766 einlegen, KG Rpfleger **84**, 246. Wenn das Gericht die Zwangsvollstreckung ohne eine Sicherheitsleistung schlechthin eingestellt hat, muß der Rpfl zwar einen Kostenfestsetzungsbeschluß erlassen. Die Zwangsvollstreckung aus diesem Kostenfestsetzungsbeschluß kann aber derzeit nicht stattfinden. Deshalb muß der Rpfl im Kostenfestsetzungsbeschluß einen Hinweis auf die Einstellung der Zwangsvollstreckung geben, Stgt Rpfleger **88**, 39.

16 Wenn der *Haupttitel* bestehen bleibt und wenn das Gericht nur seine Wirkung wegen der Hauptsache *aufhebt,* nicht wegen der Kosten, etwa bei einer Vollstreckungsabwehrklage nach § 767, berührt diese Aufhebung die Wirksamkeit des Kostenfestsetzungsbeschlusses ausnahmsweise nicht, LG Bln Rpfleger **82**, 482. Wenn das Rechtsmittelgericht den erstinstanzlichen Kostengrundtitel nur zugunsten derjenigen Partei ändert, die den Kostenfestsetzungsbeschluß erwirkt hat, bleibt er zur Rangsicherung in der Zwangsvollstreckung ebenfalls wirksam, LG Köln Rpfleger **84**, 112.

Man darf auf Grund desselben Haupttitels wiederholt eine Kostenfestsetzung beantragen, also auch Kosten *nachfordern,* § 103 Rn 40. Die Mehrkosten sind aber nicht erstattungsfähig. Auch derselbe Posten läßt grundsätzlich eine Nachforderung zu. Denn die Rechtskraft des ersten Kostenfestsetzungsbeschlusses bezieht sich nur auf die damals geforderten Kosten, § 104 Rn 33.

17 **I. Grundsatz: Keine Abänderung der Kostengrundentscheidung.** Der Rpfl darf die Kostengrundentscheidung nach Üb 35 vor § 91 grundsätzlich nicht abändern, Kblz MDR **00**, 113. Das gilt selbst dann, wenn sie verfehlt ist, § 281 Rn 58, Mü Rpfleger **86**, 108, Naumb Rpfleger **01**, 372, Nürnb MDR **95**, 966, aM Düss RR **98**, 71, Mü MDR **00**, 542 (aber die Kostenentscheidung nach § 281 III 2 ist allein eine Aufgabe des Prozeßgerichts, Rn 10).

18 **J. Ausnahmen.** Ausnahmen gelten nur bei einer sofortigen Erinnerung nach § 104 III in Verbindung mit § 11 II 2 RPflG nach einer Zurückverweisung an den Rpfl sowie nach einer Aufhebung oder Abänderung der Kostengrundentscheidung, Hamm JB **01**, 593 Köln JB **06**, 598 links. *Keine* solche Ausnahme ergibt sich aber schon wegen der Wirkungslosigkeit der Kostengrundentscheidung, LG Bonn Rpfleger **91**, 359, aM LG Kblz Rpfleger **91**, 360 (vgl aber Üb 18 vor § 300). Kein Gericht darf die Kostenentscheidung eines höheren Gerichts abändern oder ergänzen, Mü Rpfleger **79**, 388 und 465. Eine solche Abänderung ist auch dann nicht statthaft, wenn das höhere Gericht zB eine zwingende Bestimmung mißachtet hatte, etwa den § 281 III 2, KG MDR **76**, 405, Kblz AnwBl **88**, 650, Schlesw SchlHA **80**, 220, aM Ffm MDR **81**, 58 (aber mit solcher Haltung verstößt ein unteres Gericht gegen einen Elementargrundsatz des Prozeßrechts. Man darf sich nicht einfach über diejenige Entscheidung hinwegsetzen, die das höhere Gericht in derselben Sache ohne eine Zurückverweisung endgültig getroffen hat). Die insoweit unrichtige Kostengrundentscheidung läßt sich dann nur vom zuständigen Gericht ändern, sofern ihre Änderung überhaupt zulässig ist. Im Änderungsfall ist für die neue Kostenfestsetzung eine Aufhebung des früheren Festsetzungsbeschlusses vielleicht nicht nötig, Ffm VersR **84**, 895. Sie ist aber meist zur Vermeidung von Mißständnissen usw ratsam.

19 **K. Auslegung.** Der Rpfl darf und muß aber eine unklare oder widersprüchliche Kostengrundentscheidung auslegen, Hamm Rpfleger **89**, 522, Kblz VersR **04**, 491, Mü Rpfleger **91**, 175, strenger KG MDR **79**, 408, LAG Hbg MDR **87**, 962 (aber eine Auslegung ist nach Einl III 35 stets ein methodisch einwandfreies Mittel, solange nicht der Wortlaut und Sinn eindeutig sind, Einl III 39). Der Rpfl muß eine praktisch möglichst brauchbare Auslegung wählen, soweit die Kostengrundentscheidung eine solche Auslegung irgend zuläßt, Kblz VersR **04**, 491, Mü Rpfleger **79**, 466.

20 **5) Prozeßkostenhilfe.** Eine Festsetzung derjenigen Kosten, die die Staatskasse einem im Verfahren auf eine Prozeßkostenhilfe nach § 121 beigeordneten Anwalt ersetzen muß, hat mit der Kostenfestsetzung nach den §§ 103 ff nichts gemeinsam. Die Festsetzung der Kosten im Zusammenhang mit der Prozeßkostenhilfe verlangt keinen vollstreckbaren Titel. Sie schafft auch keinen solchen. Sie wirkt nur der Staatskasse gegenüber wie eine Feststellung. Die §§ 45 ff RVG sprechen daher auch von einer „Vergütung".

103 *Kostenfestsetzungsgrundlage; Kostenfestsetzungsantrag.* [1] **Der Anspruch auf Erstattung der Prozesskosten kann nur auf Grund eines zur Zwangsvollstreckung geeigneten Titels geltend gemacht werden.**

[II 1] **Der Antrag auf Festsetzung des zu erstattenden Betrages ist bei dem Gericht des ersten Rechtszuges anzubringen.** [2] **Die Kostenberechnung, ihre zur Mitteilung an den Gegner bestimmte Abschrift und die zur Rechtfertigung der einzelnen Ansätze dienenden Belege sind beizufügen.**

Gliederung

1) Systematik, I, II. Die Vorschrift regelt den erforderlichen Festsetzungsantrag und seine Voraussetzungen. § 104 regelt das anschließende Verfahren. 1

2) Regelungszweck, I, II. Die Vorschrift ist eine Folge der Parteiherrschaft, Grdz 18 vor § 128. Als eine das Verfahren einleitende Formvorschrift ist § 103 nicht zu großzügig auslegbar. Mag der Antragsteller mit aller ihm zumutbaren Sorgfalt dasjenige beantragen, was er erstattet haben will. 2

Überhöhte Festsetzung würde sich ergeben, wenn so mancher Antrag vollen Erfolg hätte. Selbst eine Zurückweisung im vollen Antragsumfang führt aber nicht zu einer weiteren (Kosten-)Folge. Das entspricht allerdings nicht dem Grundgedanken der §§ 91 ff, daß der Verlierer auch Verfahrenskosten tragen soll. Auch § 97 sieht ja für ein Rechtsmittel eine solche Folge vor. Man könnte also auch die oft beträchtliche erstinstanzliche Arbeit des Gerichts wie des ProzBev des Antragsgegners ohne einen Systembruch kostenrechtlich ausgleichen. Indessen entsteht ein Kostenrisiko erst im Beschwerdezug des Festsetzungsverfahrens. Der Antragsteller überquert freilich eine erst- wie zweitinstanzliche Risikogrenze beim Schritt zur Unwahrheit, zum bewußt nicht nur rechtlich Unerbetenen, sondern auch tatsächlich bewußt Unrichtigen. Umso sorgfältiger darf und muß das Gericht den Antrag prüfen. Das gilt trotz der Anforderung einer bloßen Glaubhaftmachung in § 104 II 1 und noch weiteren Entgegenkommens in § 104 II 3. Vgl freilich auch Einf 6 vor §§ 103–107.

3) Geltungsbereich, I, II. Vgl Üb 12, 13 vor § 91 und Einf 7 vor §§ 103–107. II 2 gilt auch in der Zwangsvollstreckung, § 788 II 1, auch im WEG-Verfahren und im FamFG-Verfahren, (jetzt) § 85 FamFG Mü RR **07**, 424. 3

4) Erstattungsanspruch, I. Die Vorschrift regelt den in Üb 26 ff vor § 91 dargestellten Anspruch näher. 4

A. Begriff des Vollstreckungstitels. Ein Anspruch auf die Erstattung von Prozeßkosten (freilich nicht schon der Festsetzungsantrag, II) setzt grundsätzlich voraus, daß ein beliebiger vorläufig vollstreckbarer oder rechtskräftiger zivilprozessualer bundesgesetzlicher oder landesgesetzlicher Vollstreckungstitel nach Grdz 15–27 vor § 704, § 794 mit einer für eine Festsetzung geeigneten Kostengrundentscheidung nach Üb 35 vor § 91 formell für dasselbe Verfahren wirksam vorliegt, Ffm MDR **92**, 813, KG MDR **95**, 531, Kblz JB **05**, 262. Ihn darf auch nicht ein nachfolgender Vergleich nach Anh § 307 überholt haben, Ffm JB **79**, 604, Schlesw SchlHA **88**, 31. Ihn darf ferner kein Gericht wegen der vorläufigen Vollstreckbarkeit aufgehoben haben, etwa nach § 717 I.

B. Beispiele zur Frage des Vorliegens eines Vollstreckungstitels 5

Abweisende Entscheidung: Rn 6 „Beschluß", Rn 14 „Urteil", Rn 15 „Vollstreckungsabwehrklage".

Anwaltsvergleich: Vgl §§ 796 b Rn 7.

Arrest, einstweilige Verfügung: Es handelt sich zumindest insoweit um einen Vollstreckungstitel, als die Entscheidung einen Kostengrundausspruch enthält, BGH NJW **06**, 3010 (Sequestration). Vgl aber wegen etwaiger Blankettabreden KG Rpfleger **79**, 388. Das gilt auch dann, wenn ein Vollzug der Entscheidung nicht mehr statthaft ist, Hamm JB **07**, 207, zumindest bis zur Aufhebung, Hamm JB **07**, 207. Etwas anderes gilt bei einer einstweiligen Anordnung, Rn 5. Bei entgegengesetzten Entscheidungen nach § 927 ist jeder Titel für sich verwendbar, Mü AnwBl **88**, 416, Schlesw JB **95**, 308. Für die Kosten des Vollzugs nach § 929 ist der Eilbeschluß ein Vollstreckungstitel. Eine Kostenentscheidung nach § 942 I erfaßt auch die vor dem AG entstandenen Kosten, Zweibr JB **85**, 1715. Ein Aufhebungsbeschluß nach § 942 III ist ein Vollstreckungstitel, soweit er über die Kosten entscheidet.

Außergerichtliche Vereinbarung: Die außergerichtliche und nicht anschließend gerichtlich protokollierte Vereinbarung ist mit Ausnahme eines Anwaltsvergleiches nach §§ 796 a–c *kein* Vollstreckungstitel, Düss JB **82**, 1672, KG Rpfleger **80**, 233, Mü Rpfleger **90**, 136. Dasselbe gilt für eine entgegen § 12 a I 1 ArbGG getroffene Kostenerstattungsvereinbarung, LAG Düss NZA-RR **04**, 550.

S auch Rn 10 „Prozeßvergleich", Rn 12 „Schiedsvergleich".

6 **Bedingung, Betagung:** Eine solche Entscheidung, deren Vollstreckung in der Hauptsache bedingt oder betagt ist, ist ein Vollstreckungstitel wegen der Kosten. Denn die Bedingung oder Betagung ergreift die Kostenfolge nicht mit, es sei denn, die Parteien hätten auch die Kostenfrage unter eine Bedingung gestellt, Mü MDR **99**, 1157.

S auch Rn 13 „Sicherheitsleistung".

Beschluß: Der Beschluß kann beim Stattgeben zur Hauptsache und im übrigen stets wegen der Kosten ein Vollstreckungstitel sein. Es gelten grds die Regeln zum Urteil nach Rn 14 auch beim Beschluß.

7 **Eidesstattliche Versicherung:** Zwar muß man eine solche Erklärung dann vor dem Abgabegericht mit einer Kostengrundentscheidung beantragen, wenn der Schuldner sie nicht vor dem Prozeßgericht des Zivilprozesses abgegeben hat, sondern vor einem FamFG-Gericht. Wenn nun aber gleichwohl das Prozeßgericht eine Kostengrundentscheidung getroffen hat, muß sich der Rpfl auch an sie halten, § 104 Rn 10 ff. Das übersieht KG RR **93**, 63.

Einstweilige Anordnung: Wegen der Eigenschaft als Vollstreckungstitel auch dann, wenn ein Vollzug nicht mehr statthaft ist, vgl (jetzt) § 51 IV FamFG, KG MDR **82**, 328.

S auch Rn 3 „Arrest, einstweilige Verfügung".

Erledigung der Hauptsache: Soweit die Kostenentscheidung nach § 91 a die Vergleichskosten mitregelt, liegt ein Vollstreckungstitel vor. Dasselbe gilt, soweit sich die Parteien darüber einig sind, KG MDR **88**, 1063, Karlsr MDR **88**, 1063, Mü MDR **96**, 1194.

Festsetzungsbeschluß: Er ist Vollstreckungstitel nach § 794 I Z 2.

Feststellungsurteil: Rn 14 „Urteil".

Insolvenztabelle: Eine dortige Eintragung ist wegen der Kosten der Zwangsvollstreckung ein Vollstreckungstitel, LG Köln KTS **85**, 124.

Klagerücknahme: § 269 Rn 33.

Mahnbescheid, dazu *Hofmann* Rpfleger **82**, 325, *Mertes* Rpfleger **82**, 117: Erst der etwa nachfolgende Vollstreckungsbescheid nach Rn 15 ist ein Vollstreckungstitel.

8 **Nicht vollstreckbare Entscheidung:** Eine in der Hauptsache nicht vollstreckbare Entscheidung ist ein Vollstreckungstitel, soweit sie äußerlich vollstreckbar ist, etwa wegen der Kosten, zB bei § 91 a, Rn 5 „Erledigung der Hauptsache", oder bei § 516 III.

S auch Rn 4 „Beschluß", Rn 14 „Urteil".

Ordnungsmittel: Eine Entscheidung zB nach § 380 ist ein Vollstreckungstitel, allerdings *nicht* zugunsten des ProzBev, LG Bln Rpfleger **78**, 331.

S auch Rn 4 „Beschluß".

9 **Privatklage, Nebenklage:** Wenn die Parteien in einem Prozeßvergleich andere Streitigkeiten mitverglichen, ist der Vergleich natürlich auch insoweit ein Vollstreckungstitel, zB bei einem sachlichrechtlichen Anspruch aus Anlaß einer Privat- oder Nebenklage.

S auch Rn 13 „Strafverfahren".

10 **Prozeßvergleich:** Ein gerichtlicher Vergleich nach § 794 I Z 1 ist ein Vollstreckungstitel, Oldb JB **07**, 35. Das gilt auch für den zwar von den Parteien außergerichtlich ausgehandelten, dann aber ordnungsgemäß protokollierten Vergleich, BGH NJW **06**, 1524, Düss AnwBl **84**, 383, Mü Rpfleger **90**, 136. Hierher gehört auch der Vergleich nach § 278 VI. Der Vergleich muß natürlich formell wirksam sein, §§ 160 III Z 1, 162, BGH VersR **04**, 395, Nürnb MDR **02**, 354, Zweibr Rpfleger **00**, 461. Das Nachgeben nur einer Partei genügt, Anh § 307 Rn 3, Zweibr MDR **89**, 362 (auch nach einem jetzt aufgehobenen Urteil). Es genügt auch ein Vergleich im Verfahren nach § 118 I 3 Hs 2 oder vor dem Arbeitsgericht, einschränkend LAG Nürnb MDR **00**, 1340. Ausreichend ist ein Vergleich ferner: Im Eilverfahren, auch wenn er die künftige Kostengrundentscheidung des Hauptsacheverfahrens für maßgeblich erklärt, KG MDR **79**, 1029 (ab Rechtskraft des letzteren); dann, wenn die Parteien andere Streitigkeiten mitverglichen haben, KG MDR **84**, 590, Mü JB **78**, 1024.

Gegen einen Dritten erfolgt *keine* Festsetzung, Ffm JB **98**, 599.

11 **Scheidungsvergleich:** Ein Vergleich in einem Scheidungsverfahren ist grds nur wegen der Kosten vollstreckbar, Zweibr JB **78**, 1884.

S auch Rn 2 „Außergerichtlicher Vergleich", Rn 10 „Prozeßvergleich".

12 **Schiedsgutachten:** Es ist *kein* Vollstreckungstitel, Hbg JB **82**, 769.

Schiedsspruch: Er ist ein Vollstreckungstitel nach I, sofern er nach § 1055 rechtskräftig oder für vorläufig vollstreckbar erklärt ist, § 794 I Z 4 a.

S auch „Schiedsspruch mit vereinbartem Wortlaut".

Schiedsspruch mit vereinbartem Wortlaut: Der nach § 1053 zustande gekommene Vergleich ist ein Vollstreckungstitel, § 794 I Z 4 a.

S auch „Schiedsspruch".

Selbständiges Beweisverfahren: Man muß seine Kosten im Hauptprozeß nach §§ 103 ff festsetzen, § 91 Rn 195, BGH **132**, 104.

13 **Sicherheitsleistung:** Wenn der Haupttitel eine Sicherheitsleistung voraussetzt, handelt es sich um eine Bedingung der Beitreibung des Hauptanspruchs, aber nicht um eine Bedingung der Kostenfestsetzung. Vgl freilich Einf 13 vor § 103.

S auch Rn 4 „Bedingung, Betagung".

Sozietät: Der Titel muß jeden Sozius genau bezeichnen.

Strafverfahren: Auch eine im Strafprozeß ergangene Entscheidung kann ein Vollstreckungstitel nach I wegen der Kosten sein, §§ 103 ff entsprechend, § 104 Rn 3, Kblz Rpfleger **89**, 78.

S auch Rn 9 „Privatklage, Nebenklage".

14 **Unklarheit:** Sie läßt sich evtl durch eine Auslegung beheben, KG MDR **02**, 722, Kblz JB **03**, 93, Mü JB **91**, 121, aber nicht durch eine Beweisaufnahme, Schlesw SchlHA **82**, 173.

Urteil: Das Urteil jeder Art über einen Leistungs- oder Gestaltungsanspruch ist ein Vollstreckungstitel, soweit es der Klage stattgibt, zur Hauptforderung und darüber hinaus wegen der Kosten und, soweit es die

Klage abweist, wegen der Kosten. Das stattgebende behauptende oder verneinende Feststellungsurteil ist wegen der Kosten ein Vollstreckungstitel, das abweisende ebenso. Das verneinende Feststellungsurteil kann zur Hauptsache indirekt ein Vollstreckungstitel sein.

Verfassungsbeschwerde: §§ 103 ff sind auf Entscheidungen des BVerfG *unanwendbar,* Mü VersR **79**, 90.

Vergleich: Rn 3 „Außergerichtlicher Vergleich", Rn 10 „Prozeßvergleich", Rn 12 „Scheidungsvergleich".

Vermerk: Ein richterlicher Vermerk, die Parteien hätten sich über eine bestimmte nicht protokollierte Kostenregelung geeinigt, genügt *nicht,* Mü JB **96**, 261.

Versäumnisurteil: S zunächst Rn 14 „Urteil". Ein Versäumnisurteil bleibt auch dann wegen seiner Kostenentscheidung ein Vollstreckungstitel, wenn die Parteien nach einem rechtzeitigen Einspruch des Unterlegenen die Hauptsache beiderseits wirksam für erledigt erklärt haben, solange keine Entscheidung nach § 91 a ergangen oder das Versäumnisurteil sonst gegenstandslos geworden ist, Kblz MDR **80**, 320.

Vollstreckbare Urkunde: Sie ist ein Vollstreckungstitel. 15

Vollstreckungsabwehrklage: Bei der Abweisung einer Klage nach § 767 gibt dieses Urteil *keinen* Vollstreckungstitel wegen der Kosten eines Vollstreckungsversuchs aus dem Ursprungstitel. Dieser bleibt auch bei einer stattgebenden Vollstreckungsklage wegen § 322 insoweit bestehen, BGH NJW **95**, 3318, Ffm Rpfleger **80**, 194.

Vollstreckungsbescheid: Der Vollstreckungsbescheid ist ein Vollstreckungstitel, § 699 III. Er muß freilich eine Kostengrundentscheidung enthalten, LG Bln Rpfleger **96**, 298, LG Saarbr JB **99**, 532, aM KG MDR **95**, 531, Kblz JB **85**, 780, LG Saarbr JB **01**, 532 (aber eine Kostengrundentscheidung ist fast stets eine Bedingung einer entsprechenden Vollstreckbarkeit, § 750). Zum Mahnverfahren generell Hofmann Rpfleger **82**, 325.

Vorläufige Vollstreckbarkeit: Wenn das Verfahren nach § 704 Rn 4 keine vorläufig vollstreckbare Entscheidung zuläßt, muß das Urteil rechtskräftig sein, um zum Vollstreckungstitel zu werden, Mü Rpfleger **81**, 71, Schlesw SchlHA **79**, 214.

Zwischenstreit: Seine Kostengrundentscheidung eignet sich nur zur Festsetzung der Kosten gerade dieses Zwischenstreits.

C. Gesetzliche Kostenfolge. Eine richterliche Entscheidung ist an sich nicht erforderlich, wenn die Kostenfolge kraft Gesetzes feststeht, zB bei § 269 III 2, IV, den viele verkennen, § 269 Rn 33. Freilich kann dann zB ein Beschluß nach § 269 IV notwendig werden. Dann bildet er den Vollstreckungstitel. 16

5) Gegenstand der Kostenfestsetzung, I, II. Die Vorschrift grenzt gegenüber einem sachlichrechtlichen Erstattungsanspruch ab. 17

A. Grundsatz: Nur Prozeßkosten. Der Kostenfestsetzung unterliegen grundsätzlich nur, aber auch alle Prozeß- oder Verfahrenskosten, § 91 Rn 70 ff, BGH NJW **07**, 2858, Mü FamRZ **02**, 680, LAG Köln MDR **01**, 775, §§ 80 ff FamFG. Sie umfassen die Vorbereitungskosten, also solche Kosten, die für den Beginn des Prozesses entstanden waren und zur Durchführung des Prozesses nötig wurden, § 91 Rn 270 ff, aM Ffm JB **03**, 201, Mü MDR **02**, 237, Naumb JB **02**, 371. Die letzteren muß man unabhängig von einer Prozeßkostenhilfe prüfen, Mü JB **97**, 535.

B. Beispiele zur Frage des Vorliegens von Prozeßkosten 18

Abmahnkosten: Sie können nach §§ 103 ff festsetzbar sein, Nürnb JB **92**, 614, aM Hbg MDR **93**, 388, Zweibr JB **05**, 313 (aber auch dann gelten die allgemeinen Regeln uneingeschränkt. Die Abmahnung erfolgt ja meist auch zwecks einer etwaigen Vorbereitung eines Prozesses. Das gilt auch beim UKlaG, aM KG JB **06**, 85. Auch Vorbereitungskosten sind Prozeßkosten, § 91 Rn 270 ff).

Außergerichtliche Kosten: Sie können zB als Vorbereitungskosten nach § 91 Rn 270 ff festsetzbar sein. Das hätte Stgt JB **06**, 135 (zu VV 3104) mitbeachten sollen.

Darlehenskosten: Rn 21 „Kreditkosten".

Freiwillige Gerichtsbarkeit: Im FamFG-Verfahren sind §§ 103 ff entsprechend anwendbar, Einf 7 vor §§ 103–107. 19

Geschäftsgebühr: Eine solche nach VV 2300 kann durchaus als ein Teil der Vorbereitungskosten zu den folgenden Prozeßkosten zählen, Rn 17, 27, BGH FamRZ **08**, 1346 rechts oben, KG JB **08**, 305, Oldb JB **07**, 35, ähnlich Junglas NJW **08**, 2378, aM BGH NJW **08**, 1324 (zustm Fölsch MDR **08**, 886, krit Schons AnwBl **08**, 136), Ffm NJW **05**, 759, OVG Lüneb NJW **08**, 535, Streppel MDR **08**, 424 und (hier) 66. Aufl. Das gilt unabhängig von einer Unstreitigkeit oder Titulierung, Kblz JB **07**, 636, Nürnb AnwBl **08**, 150, Ostermeier JB **08**, 10, aM Celle JB **08**, 191, Hamm JB **08**, 80 und 138, Karlsr JB **07**, 636, Kblz AnwBl **08**, 149, Mü JB **07**, 637, Rostock JB **08**, 137, Saarbr JB **08**, 136, Stgt JB **08**, 24, LG Heidelb JB **07**, 638, AG Fritzlar JB **08**, 81, AG St Goar JB **08**, 26. Deshalb darf man auch nicht einfach auf Überlegungen allein zur Prozeßwirtschaftlichkeit abstellen, aM VGH Mü JB **08**, 26.

Hebegebühr: Eine Hebegebühr nach VV 1009 gehört zu den Prozeßkosten, soweit sie erstattungsfähig ist, Schlesw AnwBl **89**, 170, LG Ffm AnwBl **89**, 109. 20

Hinterlegung: Die Kosten eines Hinterlegungsverfahrens unterliegen nur dann der Kostenfestsetzung, wenn die Parteien die Erstattung in einem Vergleich vereinbart haben, Düss MDR **75**, 675.

Kreditkosten: Die Kosten eines solchen Darlehens, das der Kostenschuldner zwecks Bezahlung von Prozeßkosten aufgenommen hat, sind *nicht* Prozeßkosten nach I, Kblz AnwBl **88**, 296, Köln JB **92**, 819. 21

Mahnverfahren: Die Kosten eines Mahnverfahrens nach §§ 688 ff sind *nicht* Prozeßkosten nach I, Nürnb JB **06**, 141. Denn wegen der §§ 692, 699 fehlt insofern ein Rechtsschutzbedürfnis. 22

Markensache: Im Verfahren vor dem Patentgericht nach §§ 66 ff MarkenG sind §§ 103 ff entsprechend anwendbar, § 71 V MarkenG. Dasselbe gilt im Rechtsbeschwerdeverfahren vor dem BGH, § 90 IV MarkenG.

Nicht entstandene Kosten: Solche Beträge sind natürlich *keine* Prozeßkosten nach I, BVerfG **62**, 193.

Notwendigkeit der Kosten: § 91 Rn 28.

Prozeßkostenvorschuß: Ein derartiger Vorschuß eines Ehegatten an den anderen zählt *grds nicht* zu den Prozeßkosten nach I. Denn es handelt sich insofern um einen sachlichrechtlichen Unterhaltsanspruch. 23

Deshalb ist zu dieser Frage evtl ein neuer Prozeß unvermeidbar, Düss MDR **96**, 610, Hamm FamRZ **99**, 728, Mü Rpfleger **95**, 84, aM Stgt FamRZ **87**, 968, Zweibr Rpfleger **98**, 261, RoSGo § 88 III 2 c (aber man darf nicht den prozessualen Anspruch mit dem etwaigen sachlichrechtlichen vermengen). Ausnahmen gelten bei einer Offenkundigkeit oder bei einer Unstreitigkeit, § 104 Rn 12, Düss JB **05**, 314, Kblz Rpfleger **85**, 209, Köln JB **98**, 309.

Ebenfalls *nicht* zu den Prozeßkosten gehört ein Vorschuß eines *Elternteils* an das auf einen Unterhalt klagende Kind, Kblz Rpfleger **85**, 209. Der Antrag des Erstattungspflichtigen zur Berücksichtigung eines *gezahlten* Vorschusses ist unbeachtlich, Zweibr Rpfleger **81**, 455.

24 **Sachlichrechtlicher Anspruch:** Ein solcher ist *kein* Teil der Prozeßkosten nach I. Das gilt zB: Für einen Verzugsschaden, selbst nach einer Antragsumstellung wegen Erledigung zwischen der Anhängigkeit und der Rechtshängigkeit, Kblz MDR **02**, 357; für den Anspruch eines Schiedsgutachters, §§ 317 ff BGB, Düss Rpfleger **90**, 135; für einen Anspruch nach § 717 II, dort Rn 13; für einen Anspruch nach (jetzt) VV 2300, Kblz AnwBl **87**, 53; für einen Prozeßkostenvorschuß nach § 1360 a IV BGB, Rn 23; für einen von § 12 a I 1 ArbGG abweichenden Anspruch, LAG Mainz BB **99**, 2252.

Scheidungsfolgenvergleich: Rn 26 „Vergleich".

Selbständiges Beweisverfahren: Soweit ein Vollstreckungsbescheid eine Kostengrundentscheidung enthält, Rn 15, können auch die Kosten eines zugehörigen selbständigen Beweisverfahrens Prozeßkosten sein, LG Saarbr JB **99**, 532.

Sequestration: Ihre Kosten können Prozeßkosten sein, BGH NJW **06**, 3010.

Terminsgebühr: Diejenige nach VV 3104, 3202 in Verbindung mit VV amtliche Vorbemerkung 3 III (Vermeidung einer gerichtlichen Besprechung usw) ist *kein* Teil der Prozeßkosten, Stgt NJW **06**, 2196, aM BGH NJW **07**, 2858 und 2859 sowie RR **07**, 1578.

25 **Überzahlung:** Überzahlte Kosten etwa auf einen dann abgerundeten Kostentitel sind Prozeßkosten, wenn die Zahlung durch eine Quittung nachweisbar ist, KG Rpfleger **80**, 69.

Das gilt aber dann *nicht,* wenn der Rpfl sachlichrechtliche Fragen entscheiden müßte, Düss Rpfleger **77**, 260, aM Kblz MDR **86**, 674.

Umsatzsteuer: Vgl § 91 Rn 213 sowie § 104 II 3.

26 **Vergleich:** Es ist zur Festsetzung eine eindeutige Regelung nötig, LAG Nürnb MDR **00**, 1340. Hierher zählt auch zB ein Vergleich über die Hauptsache im zulässigen Eilverfahren, Hamm JB **07**, 200.

Soweit die Parteien in einem Vergleich nur die Kosten „des Verfahrens" geregelt haben, gehören die Kosten einer vorangegangenen Zwangsvollstreckung *nicht* zu den Prozeßkosten nach I, Düss RR **99**, 943, Karlsr MDR **94**, 734, Kblz MDR **76**, 584. Nicht hierher gehören die Kosten eines Scheidungsfolgenvergleichs, (zum alten Recht) Kblz JB **77**, 817, und die Kosten außergerichtlicher Verhandlungen, selbst wenn die Parteien ihr Ergebnis in den Prozeßvergleich einbezogen haben, BGH BB **05**, 516, aM Mü JB **07**, 594.

S auch Rn 20 „Hinterlegung".

Verweisung: Die Anwaltskosten vor dem ArbG gehören im Fall einer Verweisung an das ordentliche Gericht *nicht* zu den Prozeßkosten, § 12 a ArbGG, Ffm MDR **83**, 942.

27 **Vorangegangene Vollstreckung:** Rn 26 „Vergleich".

Vorbereitungskosten: Sie können zu den Prozeßkosten zählen, § 91 Rn 156, 270 ff. Es ist eine strenge Prüfung nötig, KG Rpfleger **08**, 281.

Vorprozeß: Die Kosten eines Vorprozesses sind *nicht* Kosten des jetzigen Verfahrens, Kblz BB **85**, 357.

28 **Zeugengeld:** Diejenigen Zeugengelder, die eine Partei verauslagt hat, zählen grds zu den Prozeßkosten.

Für sie ist allerdings eine Festsetzung dann *unzulässig,* wenn diejenige siegende Partei, die einen Kostentitel gegenüber dem Zeugen besitzt, nicht vorher erfolglos versucht hatte, eine Beitreibung gegenüber dem Zeugen zu erwirken, oder wenn es sich nur um Auslagen des zu den Kosten Verurteilten handelt, Hamm MDR **92**, 814.

29 **Zwangsvollstreckungskosten:** Die Kosten der Zwangsvollstreckung einschließlich derjenigen nach § 887 Rn 8 sind Prozeßkosten, BGH NJW **86**, 2438, Kblz JB **99**, 328. Der Gläubiger kann sie zwar ohne ein förmliches Festsetzungsverfahren beitreiben, § 788 I. Er darf es aber durchführen, § 788 II, § 891 S 3.

Keine Prozeßkosten sind Schadensersatzansprüche gegen den Drittschuldner nach § 840, LAG Köln MDR **01**, 775.

S aber auch Rn 26 „Vergleich".

30 **Zweitschuldner:** Kosten, die der Erstattungsberechtigte als Zweitschuldner an die Justizkasse gezahlt hat, sind Prozeßkosten mit Ausnahme beigetriebener Kosten, LG Bln AnwBl **90**, 567.

31 **6) Festsetzungsantrag, II.** Man muß zwischen dem Erstattungsanspruch nach I und dem auf ihn abzielenden Festsetzungsantrag nach II unterscheiden. Der Kostenfestsetzungsbeschluß schafft den nach I erforderlichen Vollstreckungstitel, § 794 I Z 2. Denn erst er und nicht schon die gesetzliche oder richterliche Kostengrundentscheidung enthalten diejenigen Kostenbeträge, derentwegen die Zwangsvollstreckung möglich wird.

A. Antragsteller. Es ist grundsätzlich ein Antrag erforderlich, Mü JB **95**, 427. Dieser ist nur bei § 105 II entbehrlich. Der Antragsteller muß den Rechtsstreit genau bezeichnen. Er muß gerade eine Kostenfestsetzung begehren. Zum Antrag ist jeder berechtigt, den ein vollstreckbarer Titel zumindest wegen der Prozeßkosten als einen Gläubiger oder nach der Umschreibung der Vollstreckungsklausel als den Rechtsnachfolger des Gläubigers ausweist, §§ 727 ff, KG Rpfleger **82**, 353. Als einen Rechtsnachfolger darf und muß der Rpfl auch denjenigen Gläubiger ansehen, der den Erstattungsanspruch pfänden und sich überweisen ließ. Der Rpfl muß § 308 I beachten, Hamm AnwBl **02**, 437, Mü JB **95**, 427. Kein Rechtsnachfolger ist derjenige, den nach den Erlöschen des Vorgängers und nach einer anschließenden gegnerischen Klagerücknahme nicht das Beklagtenrubrum nennt, Kblz JB **00**, 316, aM ZöHe 21 (aber bis zur etwaigen Berichtigung nach § 319 muß es schon wegen § 418 beim bisherigen Rubrum bleiben). Ein Festsetzungsantrag läßt sich nicht als ein Antrag auf eine Ergänzung der Kostengrundentscheidung nach § 321 umdeuten, Mü RR **03**, 1440.

B. Beispiele zur Frage eines Antragsrechts 32

Abtretung: Antragsberechtigt ist derjenige, der den Erstattungsanspruch dem Grunde nach oder sicherungshalber abgetreten hat, BGH NJW **88**, 3205, LG Itzehoe AnwBl **89**, 164, aM Bre MDR **89**, 460. Es erfolgt freilich keine Festsetzung in der Weise, daß an den Abtretungsnehmer zu zahlen sei, und zwar auch dann nicht, wenn es sich bei ihm um den ProzBev handelt. Der neue Gläubiger muß den Anspruch vielmehr nach § 727 ff auf sich umschreiben lassen, Kblz JB **06**, 646 rechts (auch als ProzBev), Stgt Just **78**, 472.

Ausgeschiedener: Antragsberechtigt ist eine ausgeschiedene Partei, Hamm JB **75**, 1503. Gegen einen ausgeschiedenen Streitgenossen muß eine wirksame Kostengrundentscheidung vorliegen, Düss JB **06**, 143.

Ausländischer Anwalt: Ein Rechtsschutzbedürfnis zur Antragstellung kann trotz einer ausländischen Festsetzung von Kosten eines ausländischen Anwalts bestehen, Kblz Rpfleger **86**, 151.

Beigeordneter Anwalt: Antragsberechtigt ist der im Verfahren auf eine Prozeßkostenhilfe nach § 121 beigeordnete Anwalt, § 126, Lappe Rpfleger **84**, 129 (auch zum Verhältnis zu der begünstigten Partei als der etwaigen weiteren Antragstellerin).

Dritter: Antragsberechtigt ist ein an einer Kostenregelung beteiligter Dritter.

Höhere Instanz: Eine abändernde Rechtsmittelentscheidung führt nicht zur Unwirksamkeit des Festsetzungsgesuchs aus der Vorinstanz, Hamm AnwBl **82**, 384.

Nichtbestehender: Antragsberechtigt ist derjenige rechtlich Nichtbestehende, der einen Kostentitel erlangt hat, BGH NJW **08**, 528 rechts.

Parteifähigkeit: Antragsgegner ist derjenige, dessen Parteifähigkeit das Gericht in dem zugrunde liegenden Titel verneint hat, Schlesw SchlHA **78**, 178.

Parteiwechsel: Maßgebend ist der Gesamtinhalt des Urteils, Hamm JB **75**, 1503.

Pfändung: Rn 31.

Prozeßbevollmächtigter: Er ist für den Antraggeber antragsberechtigt und tut das im Zweifel auch bei der „Ich"-Form der Antragstellung, Kblz JB **02**, 199.

Prozeßfähigkeit: Der Beteiligte ist beim Streit prozeßfähig, Ffm JB **82**, 452, Hamm AnwBl **82**, 70, Köln OLGR **94**, 320.

Prozeßgegner: *Nicht* antragsberechtigt ist der Prozeßgegner mit Ausnahme der ihm selbst zustehenden 33
Erstattungsforderung, LG Wuppert Rpfleger **75**, 370.

Rechtsmittel: Rn 32 „Höhere Instanz".

Rechtsnachfolger: Rn 31.

Sozius: Jeder Sozius ist ein Gesamtgläubiger des zugunsten der Sozietät ergangenen Festsetzungsbeschlusses, BGH NJW **96**, 2859.

Streitgenosse: Antragsberechtigt ist ein Streitgenosse. Das gilt auch dann, wenn das Gericht den Ausgleichsanspruch im Urteil, Beschluß oder Vergleich geregelt hat, Rn 34. Dabei ist der Antrag mehrerer Streitgenossen nur zulässig, soweit jeder einzelne Antragsteller den gerade von ihm begehrten Erstattungsbetrag nennt, KG JB **08**, 208, Kblz Rpfleger **90**, 436, LG Bln Rpfleger **96**, 397.

S auch Rn 32 „Ausgeschiedener".

Streithelfer: Antragsberechtigt ist ein Streithelfer, Mü NJW **75**, 1367.

Umschreibung: Rn 31.

Vergleich: Rn 32 „Dritter".

Verkehrsanwalt: Er ist *nicht* für sich antragsberechtigt, Kblz RR **97**, 1023, Mü MDR **81**, 502.

Wahlanwalt: Der zum Wahlanwalt gemachte ProzBev kann seine Vergütung gegenüber dem Vollmachtgeber nur nach § 11 RVG festsetzen lassen, hat also *kein eigenes* Antragsrecht nach § 103, Hüttenhofer AnwBl **89**, 153. Es besteht daher für eine Gebührenklage kein Rechtsschutzbedürfnis.

Zweitschuldner: Ein solcher Zweitschuldner, den die Gerichtskasse nach § 31 II GKG, § 26 III FamGKG in Anspruch genommen hat, kann die Gerichtskosten gegenüber dem Entscheidungsschuldner nach § 29 Z 1 GKG, § 24 Z 1 FamGKG als dem Erstschuldner zur Zahlung an die Kasse festsetzen lassen.

C. Antragsgegner. Man muß den Antrag auf die Festsetzung der Prozeßkosten gegenüber demjenigen 34
stellen, dem die Kostengrundentscheidung nach Üb 35 vor § 91 die Kosten auferlegt, Düss MDR **80**, 853, Naumb Rpfleger **02**, 369, ferner gegenüber dem Rechtsnachfolger oder gegenüber demjenigen, gegen den das Gericht sonst eine Vollstreckungsklausel nach §§ 724 ff erteilt hat. Wenn sich die Kostengrundentscheidung in einem Vergleich nach Anh § 307 befindet, kommt als Antragsgegner auch ein Streitgenosse in Betracht, § 59, Köln VersR **93**, 203, Mü Rpfleger **75**, 323. Dasselbe gilt dann, wenn den Kostenausgleichsanspruch eines Streitgenossen gegen den anderen der Tenor eines Urteils oder Beschlusses oder ein Vergleich eindeutig regelt, Bre MDR **03**, 1080, LG Bln Rpfleger **96**, 397, aM LG Bln Rpfleger **82**, 391, ZöHe 21 „Streitgenossen" (keine Kostenerstattung zwischen Streitgenossen. Aber auch ihr Kostenausgleich läßt wegen der Prozeßwirtschaftlichkeit nach Grdz 14 vor § 128 eine Festsetzung sinnvollerweise zu). Ferner kommt ein Streithelfer in Betracht, § 66, Mü NJW **75**, 1367, oder derjenige Dritte, der die Kosten übernommen hat. Der Insolvenzverwalter nach Grdz 10 vor § 50 kommt als Antragsgegner nur bis zu dem Zeitpunkt der Einstellung des Insolvenzverfahrens in Betracht, Schlesw JB **78**, 445, und auch nicht mehr nach seiner Anzeige der Masseunzulänglichkeit, BGH Rpfleger **05**, 382 (Altgläubiger).

Eine Zwangsvollstreckung gegenüber einer solchen Person, die das Gericht nicht zur Bezahlung der Kosten verurteilt hat, kann nur nach einer *Umschreibung* des Vollstreckungstitels gegen diese Person stattfinden. Eine Unterbrechung oder eine Aussetzung des Verfahrens nach § 249 Rn 6 sind hier unerheblich. Denn es handelt sich bei der Kostenfestsetzung um ein Nebenverfahren. Die Unterbrechung oder die Aussetzung sind also nicht etwa nur dann wirkungslos, wenn man den Aussetzungsantrag erst während des Kostenfestsetzungsverfahrens nachgeholt hat.

D. Form, II 1. Man kann den Antrag schriftlich mit einer eigenhändigen Unterschrift nach § 129 Rn 9 35
oder elektronisch nach § 130 a oder zum Protokoll der Geschäftsstelle einreichen. Die allgemeinen Prozeßvoraussetzungen müssen zur Zulässigkeit des Antrags vorliegen, Grdz 12 vor § 253, Mü AnwBl **85**, 42. Für das gesamte Kostenfestsetzungsverfahren einschließlich des Erinnerungsverfahrens vor dem Rpfl besteht kein

Anwaltszwang, § 13 RPflG, Mü AnwBl **87**, 288. Über den Nachweis der Prozeßvollmacht § 88 Rn 1. Es gibt weder einen Formularzwang noch ein Abrechnungsschema, LAG Hamm AnwBl **85**, 106.

36 **E. Kostenberechnung, II 2.** Der Antragsteller muß eine Kostenberechnung vorlegen. Sie muß klar sein und die einzelnen Beträge nach ihrem Grund, ihrem Datum und ihrer Höhe angeben, Brdb AnwBl **01**, 306, LG Bonn Rpfleger **01**, 559. Das gilt insbesondere bei einer ungewöhnlichen Höhe, KG JB **76**, 814. Der Antragsteller muß die Kosten nachweisen, (jetzt) § 10 RVG, BVerfG **65**, 74, LG Bonn Rpfleger **01**, 559. Er muß die Kosten für mehrere Gegner getrennt berechnen, Mü JB **81**, 1512. Ein Sozius oder der allgemeine Vertreter können unterzeichnen, großzügiger Brdb AnwBl **01**, 306 (vgl aber § 10 I 1 RVG). Wenn die Kostenberechnung mangelhaft ist, muß der Rpfl den Antrag nach einer vergeblichen angemessen langen Frist zur Nachbesserung zurückweisen, BVerfG **65**, 74.

37 **F. Ablichtung, II 2.** Der Antragsteller muß neben der Urschrift eine Ablichtung der Kostenberechnung, nicht der Belege, für den Gegner beifügen. Wenn die Ablichtung fehlt, stellt die Geschäftsstelle eine Ablichtung auf Kosten des Antragstellers her, KV 9000, KVFam 2000.

38 **G. Einzelnachweis, II 2.** Der Antragsteller muß schließlich die Belege zu jedem einzelnen Kostenansatz beifügen, soweit sie sich nicht schon bei der Gerichtsakte befinden, Mü Rpfleger **93**, 104. Vgl aber § 104 II 2. Es reicht aus, daß ein Anwalt seine Handakten beifügt, wenn er sie übersichtlich geführt hat und wenn die Kostenrechnung auf die betreffende Stelle der Handakten verweist. Der Antragsteller braucht den Vollstreckungstitel nur dann beizufügen, wenn er sich nicht in den Gerichtsakten befindet, wenn es sich zB um eine vollstreckbare Urkunde handelt, § 794 I Z 5. Eine bloße Bezugnahme auf die Gerichtsakten reicht grundsätzlich, soweit sich zB die Gerichtskosten dort einfach errechnen lassen. Nicht ausreichend ist eine bloße Bezugnahme auf Vollstreckungsunterlagen, etwa auf eine nicht vom Schuldner nachvollziehbare „Forderungsaufstellung" des Gläubigers, LG Bonn Rpfleger **01**, 559.

39 **H. Weitere Unterlagen, II 2.** Natürlich müssen der Vollstreckungstitel nach §§ 704, 794, die Prozeßvollmacht nach § 80, evtl ein Rechtskraftzeugnis nach § 706 und zB bei § 727 die entsprechenden Urkunden vorliegen. Der Antragsteller sollte prüfen, ob sich der Vollstreckungstitel zur Zwangsvollstreckung eignet, Grdz 15 ff vor § 704. Das Gericht prüft nicht, ob die Voraussetzungen einer Zwangsvollstreckung vorliegen, Grdz 14 vor § 704. Denn der Kostenfestsetzungsbeschluß ergänzt das Urteil. Er gehört also nicht zur Zwangsvollstreckung. Vgl aber Einf 8 vor §§ 103–107. Deshalb ist die Vorlage einer vollstreckbaren Ausfertigung entbehrlich, vgl auch § 105. Die Vorlage einer einfachen Ausfertigung reicht also. Sie ist auch nur dann erforderlich, wenn sich der Titel nicht bei den Akten befindet. Etwas anderes gilt nur dann, wenn das Gericht den Vollstreckungstitel auf eine andere Person umgeschrieben hat. Eine Zustellung des Vollstreckungstitels ist nur zum Nachweis der Rechtskraft notwendig.

40 **I. Frist; Nachforderung.** Der Antrag unterliegt keiner Frist. Eine verspätete Antragstellung kann aber einen Rechtsmißbrauch darstellen, Einl III 54, § 104 Rn 13 „Rechtsmißbrauch". Formulare können nützlich sein, Engels AnwBl **78**, 222. Eine auch evtl nur teilweise Rücknahme ist bis zur Rechtskraft der Festsetzung zulässig, bindend und unwiderruflich, Grdz 58 vor § 128, Kblz Rpfleger **76**, 324. Dann ist ein Festsetzungsbeschluß nicht mehr statthaft. Ein ergangener, noch nicht rechtskräftiger Festsetzungsbeschluß ist entsprechend § 269 III 1 wirkungslos.

Eine *Nachforderung* (sog Nachliquidation) ist grundsätzlich zulässig, § 104 Rn 51 (zur Erinnerung), BVerfG NJW **95**, 1886, Mü RR **06**, 1006, Zweibr JB **99**, 552, aM Karlsr MDR **94**, 413 (aber schon die Prozeßwirtschaftlichkeit spricht für eine Zulässigkeit, Grdz 14 vor § 128). Eine solche Nachforderung kann freilich rechtsmißbräuchlich oder verjährt sein, Einl III 54, Hbg MDR **79**, 235, LAG Düss MDR **01**, 416.

41 **J. Zuständigkeit.** Für das Kostenfestsetzungsverfahren ist zunächst grundsätzlich der Rpfl des Prozeßgerichts der ersten Instanz zuständig, § 104 Rn 4, aber auch § 104 Rn 29. Das gilt auch nach einem Beschluß des Mahngerichts entsprechend § 269 nach der Rücknahme des Mahnantrags, BayObLG Rpfleger **03**, 35, Hamm Rpfleger **03**, 35, Köln RR **99**, 1737, oder bei einem Nebenverfahren, OVG Lüneb Rpfleger **86**, 319. Nur bei § 55 RVG (Prozeßkostenhilfe) ist der Urkundsbeamte der Geschäftsstelle zuständig, Mü Rpfleger **80**, 203, LG Bln AnwBl **83**, 573, Hartmann Teil X § 59 RVG Rn 15, 18. In einer FamFG-Sache ist der Rpfl des FamG zuständig, (je zum alten Recht) BGH FamRZ **78**, 586, Celle FamRZ **79**, 57. Das gilt auch dann, wenn das Gericht eine Nicht-Familiensache mitbeschieden hat und eine einheitliche Kostengrundentscheidung getroffen hat, BGH MDR **78**, 739. Der Rpfl des Erstgerichts ist auch dann zuständig, wenn das Rechtsmittelgericht einen Arrest oder eine einstweilige Verfügung angeordnet hat, §§ 916 ff, 935 ff, OVG Lüneb Rpfleger **86**, 319, einschließlich eines Wiederaufnahmeverfahrens. Bei einer vollstreckbaren Urkunde nach § 794 I Z 5 ist das Vollstreckungsgericht des § 764 zuständig, § 788 Rn 11. Die Kosten eines Prozeßvergleichs nach Anh § 307 gehören zu den Kosten desjenigen Prozesses, in dem er zustandekam, Mü Rpfleger **90**, 136.

42 Wenn es um die Festsetzung von *Zwangsvollstreckungskosten* geht, gelten §§ 788 II, 891 S 3.

43 Welcher Rpfl innerhalb des Erstgerichts tätig sein muß, hängt von der etwaigen *Geschäftsverteilung für die Rechtspfleger* ab. Die Verwaltung kann diese Geschäftsverteilung nach ihrem pflichtgemäßen Ermessen vornehmen. Bei einer Teilverweisung können mehrere Rpfl zuständig sein, ein jeder für den dort verbliebenen oder dorthin geratenen Prozeßteil, Oldb Rpfleger **84**, 432. Bei einer Zurückverweisung nach § 354 II 1 StPO wird dasjenige Gericht zuständig, an das die letzte Zurückverweisung erfolgte, Mü Rpfleger **87**, 331. Soweit die Parteien einen Rechtsstreit in einem anderen ohne eine Verbindung nach § 147 mitverglichen haben, sind getrennte Festsetzungen notwendig, KG MDR **84**, 590.

104 ***Kostenfestsetzungsverfahren.*** [1] [1] **Über den Festsetzungsantrag entscheidet das Gericht des ersten Rechtszuges.** [2] **Auf Antrag ist auszusprechen, dass die festgesetzten Kosten vom Eingang des Festsetzungsantrags, im Falle des § 105 Abs. 3 von der Verkündung des Urteils ab mit fünf Prozentpunkten über dem Basiszinssatz nach § 247 des Bürgerlichen Gesetzbuchs zu verzinsen sind.** [3] **Die Entscheidung ist, sofern dem Antrag ganz oder teilweise entsprochen wird, dem Gegner des Antragstellers unter Beifügung einer Abschrift der Kostenrechnung von Amts wegen**

zuzustellen. [4] **Dem Antragsteller ist die Entscheidung nur dann von Amts wegen zuzustellen, wenn der Antrag ganz oder teilweise zurückgewiesen wird; im Übrigen ergeht die Mitteilung formlos.**

II [1] **Zur Berücksichtigung eines Ansatzes genügt, dass er glaubhaft gemacht ist.** [2] **Hinsichtlich der einem Rechtsanwalt erwachsenden Auslagen für Post- und Telekommunikationsdienstleistungen genügt die Versicherung des Rechtsanwalts, dass diese Auslagen entstanden sind.** [3] **Zur Berücksichtigung von Umsatzsteuerbeträgen genügt die Erklärung des Antragstellers, dass er die Beträge nicht als Vorsteuer abziehen kann.**

III [1] **Gegen die Entscheidung findet sofortige Beschwerde statt.** [2] **Das Beschwerdegericht kann das Verfahren aussetzen, bis die Entscheidung, auf die der Festsetzungsantrag gestützt wird, rechtskräftig ist.**

Vorbem. I 2 Hs 2 klargestellt dch Art 10 Z 3 des 2. JuMoG v 22. 12. 06, BGBl 3416, in Kraft seit 31. 12. 06, Art 28 I des 2. JuMoG, ÜbergangsR Einl III 78.

Gliederung

1) Systematik, I–III. Die Vorschrift behandelt im Anschluß an die Regelung des Antrags nach § 103 das 1
weitere Festsetzungsverfahren. Sie ist wegen der funktionellen Zuständigkeit des Rpfl bis zur Festsetzung nur zusammen mit § 21 Z 1 RPflG verständlich und für das dem Beschwerdeverfahren nach III vorgeschaltete Erinnerungsverfahren vor dem Rpfl und sodann vor seinem Richter nur zusammen mit § 11 II RPflG verständlich. Diese Verzahnung ist alles andere als übersichtlich, Rn 41 ff.

2 **2) Regelungszweck, I–III.** Die Vorschrift soll das Festsetzungsverfahren mit aller rechtsstaatlich notwendigen Sorgfalt ablaufen lassen. Das funktioniert auch durchweg beim Rpfl gut. Bei der Nachprüfung im Erinnerungs- oder Beschwerdeverfahren ergeben sich freilich nicht ganz selten erhebliche Verfahrensfehler des Rpfl, wie zB die Verletzung des Gebots eines fairen Verfahrens nach Rn 5 durch eine unkorrekte und daher nicht wirksame Fristsetzungen bei der Anhörung des Betroffenen, Ffm Rpfleger **99**, 121, oder durch die Verkennung des Umstands, daß etwa mit einer Klagerücknahme grundsätzlich bereits eine gesetzliche Kostenfolge nach § 269 III 2 eintritt (Ausnahme: § 269 III 3), sodaß der in § 269 IV für den Grundsatzfall ermöglichte lediglich feststellende Ausspruch des Gerichts für die Kostenfestsetzung gar nicht nötig ist. Dann muß man zwar als Richter evtl zurückverweisen, Rn 95. Grundsätzlich sollte man aber an das Festsetzungsverfahren keine überspannten Anforderungen stellen, Einf 6 vor §§ 103–107.

3 **3) Geltungsbereich, I–III.** Vgl Einf 3 vor §§ 103–107. Die Vorschrift gilt auch in der Zwangsvollstreckung, § 788 II 1, und im WEG-Verfahren. Sie gilt infolge der Verweisung in § 464 b S 3 StPO auch im Strafverfahren, BGH NJW **03**, 763, Oldb JB **05**, 655 (auch zur Verwirkung), Popp Rfleger **04**, 83, aM (jetzt) Düss Rpfleger **04**, 121, Hamm Rpfleger **04**, 733, Kblz NJW **05**, 917. Das gilt einschließlich III 1 in Verbindung mit § 569 I 1 (Zweiwochenfrist). Es verweist nämlich § 464 b S 3 StPO schlicht auf die entsprechende Anwendung der „Vorschriften der Zivilprozessordnung". Dadurch ist die frühere diesbezügliche Streitfrage überholt, aM LG Kblz JB **06**, 597. I 2 gilt entsprechend im Bußgeldverfahren, § 106 I 2 OWiG. Die Vorschrift gilt im Insolvenzverfahren trotz einer Anzeige der Masseunzulänglichkeit, Naumb Rpfleger **02**, 332, aM BGH JB **05**, 424. § 107 gilt entsprechend im FamFG-Verfahren, § 85 FamFG.

4 **4) Behandlung des Kostenfestsetzungsgesuchs, I, II.** Es sind zahlreiche Punkte beachtbar.

A. Zuständigkeit. Vgl zunächst § 103 Rn 41. Zur Prüfung des Kostenfestsetzungsgesuchs ist zunächst der Rpfl zuständig, § 21 Z 1 RPflG, Düss Rpfleger **03**, 146 (wegen des ArbGG LAG Kblz JB **78**, 1253), § 103 Rn 41. Nach einem Mahnverfahren ist der Rpfl des Streitgerichts zuständig, BayObLG Rpfleger **06**, 418 (auch bei §§ 724, 727, 796 I). Der Rpfl entscheidet selbständig, § 9 RPflG. Er darf zwar nicht generell eine „Vorentscheidung" des Richters einholen. Er muß das Kostenfestsetzungsgesuch dem Richter aber dann vorlegen, wenn zwischen dem Rpfl-Geschäft und einem Richter-Geschäft ein zu enger Zusammenhang besteht, § 5 I Z 2 RPflG. Er kann vorlegen, wenn ein Auslandsrecht in Betracht kommt, § 5 II RPflG. Rechtliche Schwierigkeiten berechtigen nicht zur Vorlage. Soweit der Richter darauf eine Stellungnahme abgegeben hat, bindet sie den Rpfl, § 5 III 3 RPflG.

5 **B. Antrag; allgemeine Verfahrensregeln.** Die Prozeßkosten sind nur auf Grund eines *Antrags* festsetzbar. Der Antrag ist in allen Verfahrensarten zulässig, zB im Mahnverfahren, §§ 688 ff, AG Norden AnwBl **62**, 316, (jetzt) im FamFG-Verfahren, ZöHe §§ 103, 104 Rn 6, aM AG Solingen Rpfleger **81**, 456, oder im SGG-Verfahren, SG Heilbr RR **00**, 952, SG Mü MDR **96**, 646, SG Trier RR **92**, 317, aM SG Münst AnwBl **82**, 394 (aber alle diese Verfahren brauchen eine Kostenfestsetzung und kennen keine Spezialvorschriften dazu, § 85 FamFG). Der Antrag ist schon ab dem Titelerlaß oder Vergleichsabschluß statthaft, Göppinger JB **80**, 803. Man kann ihn aber nachholen, auch noch nach der Rechtskraft des Festsetzungsbeschlusses, Hamm Rpfleger **79**, 71, KG Rpfleger **78**, 385.

Der Rpfl muß grundsätzlich den jeweils Betroffenen vor einer Entscheidung *anhören,* Artt 2 I, 20 III GG, BVerfG **101**, 404 (faires Verfahren, Einl III 23, nicht Art 103 I GG), Drsd RR **01**, 861, Nürnb MDR **04**, 169, aM Bbg JB **90**, 1478, Hbg MDR **76**, 324, Mü Rpfleger **93**, 104 (aber die vorgenannten Vorschriften des GG gelten uneingeschränkt). Das gilt evtl auch gegenüber dem Antragsteller, Ffm NJW **99**, 1265, oder gegenüber dem Bezirksrevisor, LG Lüneb Rpfleger **99**, 491. Ein Verstoß kann zur Zurückverweisung führen, §§ 567 ff, 538, LG Bln JB **00**, 32 und 33. Er kann bei einer Willkür zur Verfassungsbeschwerde führen, BVerfG MDR **87**, 373. Er ist aber unter Umständen heilbar, Rn 58, § 295 Rn 44. Der Rpfl prüft das Rechtsschutzbedürfnis, Düss Rpfleger **04**, 321. Es kann nach einer umstreitigen vorbehaltlosen Zahlung fehlen, Düss Rpfleger **04**, 321.

Der Rpfl muß dem Antragsgegner daher die in I 3 erwähnte *Ablichtung oder Abschrift der Kostenrechnung* schon vor der Entscheidung zur Stellungnahme übersenden, BayObLG AnwBl **89**, 161, Mü Rpfleger **93**, 104, Meyer-Stolte Rpfleger **82**, 43, oder ihn mündlich anhören, Schneider MDR **91**, 124. Er muß einen etwaigen Eröterungstermin unverzüglich bestimmen, § 216. Wegen der Zeit vom 1. 7. bis 31. 8. kommt es auf die Art des Erkenntnisverfahrens an, § 227 III 2 Hs 1. Die dortige Aufzählung von Sommersachen nennt das Kostenfestsetzungsverfahren nicht. § 139 ist zumindest entsprechend anwendbar, dort Rn 1.

Der Rpfl darf und muß in den Grenzen seiner Prüfungsaufgabe *alle Beweismittel berücksichtigen,* § 286, Kblz BB **05**, 1136. Er darf eine überwiegende Wahrscheinlichkeit ausreichen lassen, Kblz BB **05**, 1136. Ein pauschales Bestreiten kann ungenügend sein, Kblz BB **05**, 1136. Er darf auch nach § 287 verfahren, Kblz VersR **81**, 361. Er kann solche Beweise erheben, die eine Partei angetreten hat, Ffm Rpfleger **80**, 70. Er darf insbesondere einen Sachverständigen hinzuziehen, § 402, Kblz Rpfleger **85**, 333, zB zur Ermittlung des Streitwerts nach §§ 3 ff oder als eine Rechnungsperson. Der im Kostenfestsetzungsverfahren Unterliegende trägt die Kosten einer solchen Hinzuziehung aber nur dann, wenn es sich um eine besonders schwierige Berechnung handelte. Der Rpfl darf und muß unter Umständen schriftliche Äußerungen von Parteien, ProzBev, Zeugen und Sachverständigen einholen, BGH AnwBl **07**, 551 und 552. Er darf und muß evtl Akten beiziehen oder dienstliche Erklärungen anfordern, soweit das Protokoll für die Kostenfestsetzung nicht ausreicht, Ffm Rpfleger **80**, 70, Kblz Rpfleger **80**, 393, BGH AnwBl **07**, 551 und 552.

Der Rpfl nimmt eine Amtsprüfung vor, Grdz 39 vor § 128, Ffm AnwBl **83**, 186, LG Bln JB **00**, 364. Er betreibt aber grundsätzlich *keine Amtsermittlung,* Grdz 38 vor § 128, Brschw JB **99**, 301 (doppelt unrichtig zitierend), Drsd JB **99**, 301, Hägele AnwBl **77**, 139 und 403, aM Lappe AnwBl **77**, 302 (aber er handelt grundsätzlich im Prozeß mit einer Parteiherrschaft, Grdz 18 vor § 128, LG Memmingen Rpfleger **07**, 288). Es besteht kein Anwaltszwang, § 103 Rn 35. Eine erneute Vollmachtsprüfung ist grds entbehrlich, BVerwG AnwBl **87**, 236, Köln JB **92**, 421.

C. Vollstreckungstitel. Der Rpfl prüft, ob ein wegen Prozeßkosten zur Zwangsvollstreckung geeigneter Titel vorliegt, § 103 Rn 5, BGH VersR **04**, 395, Düss Rpfleger **05**, 55 (Bindungswirkung). Soweit der Titel keine Umschreibung auf einen Dritten zeigt, prüft der Rpfl nicht den Einwand des Schuldners, der Dritte habe gepfändet, Mü MDR **93**, 83. Soweit eine gerichtliche Kostengrundentscheidung fehlt, Üb 35 vor § 91, ist die Tätigkeit des Rpfl im Kostenfestsetzungsverfahren wirkungslos, Einf 10 vor §§ 103–107. Soweit das höhere Gericht eine Kostengrundentscheidung des unteren Gerichts aufgehoben, abgeändert oder durch einen Vergleich ersetzt hat, ist das bisherige Kostenfestsetzungsverfahren zugleich erledigt, Düss NJW **75**, 2301. Das Gericht muß diese Folge aussprechen, Ffm VersR **78**, 1073, Mü Rpfleger **70**, 98, aM Hbg JB **77**, 562 (eine Klärung sei im Kostenfestsetzungsverfahren zulässig. Aber es geht um die Kostengrundentscheidung. Sie bleibt gerade dem erkennenden Richter vorbehalten). Über eine Auslegung und Abänderung des Vollstreckungstitels Einf 19 vor § 103. 6

D. Prozeßkosten. Der Rpfl prüft, ob der Kostenansatz unter den Vollstreckungstitel fällt. Er klärt also, ob die geltend gemachten Kosten zu den Kosten dieses Prozesses gehören, § 103 Rn 17. Maßgeblich sind nur die tatsächlich entstandenen Kosten. Nicht hierher gehören sachlichrechtliche Ansprüche, KG JB **04**, 437. 7

E. Kostenentstehung. Der Rpfl prüft, ob die angesetzten Kosten auch wirklich entstanden sind, Rn 36. 8

F. Erforderlichkeit der Kosten. Der Rpfl prüft grundsätzlich, ob die geltend gemachten Kosten auch wirklich notwendige Kosten waren, § 91 Rn 34, 70, Bre NJW **02**, 2962 ([jetzt] §§ 80 ff FamFG), Kblz MDR **99**, 444, Naumb FamRZ **07**, 1182. Es prüft also evtl auch, ob Mehrkosten getrennter Verfahren vermeidbar waren, Düss FamRZ **86**, 824, Kblz AnwBl **88**, 654. Er prüft ferner, ob vom Gegner bezahlte Gerichtskosten überhöht waren, Mü JB **79**, 122, oder ob der Gegner zB Sachverständigenauslagen oder eine -vergütung hätte an die Staatskasse zahlen müssen, Kblz VersR **85**, 648 (großzügig). Er prüft die Zahl der mit einer Beratungshilfe bedachten Angelegenheiten nach, LG Hann JB **88**, 194. Soweit zB Reisekosten wahrscheinlich wegen einer Amtspflichtverletzung entstanden, muß der Rpfl ihre Festsetzung vor der Klärung der Amtspflichtverletzung als zur Zeit unzulässig ablehnen, Kblz VersR **85**, 273, aM LG Bln MDR **88**, 237 (Festsetzung Zug um Zug gegen Abtretung des Anspruchs aus Amtshaftung. Aber für eine wie immer geartete Festsetzung besteht ein Rechtsschutzbedürfnis erst ab einer Klärung der Vorfrage). 9

Sämtliche unter Rn 5–8 genannten tatsächlichen Voraussetzungen brauchen einen *Beweis.* Eine Glaubhaftmachung nach § 294 genügt nur für die einzelnen Ansätze, Rn 38. Die Prüfung der Erforderlichkeit erfolgt ohne eine Bindung an eine Stellungnahme des Prozeßrichters, (je zum alten Recht) Brschw MDR **90**, 935, Kblz AnwBl **95**, 108, Mü MDR **90**, 936. Die Prüfung entfällt ausnahmsweise, soweit die Parteien zB nach § 98 zulässig und wirksam vereinbart haben, daß Kosten notwendig oder erstattungsfähig sind, Bbg Rpfleger **07**, 228, Kblz JB **00**, 476, Oldb JB **07**, 35. Auch eine Anrechnung einer Geschäftsgebühr auf eine Verfahrensgebühr kann beachtbar sein, aM BGH NJW **07**, 3500, Mü AnwBl **07**, 797 (aber auch das ist ein Teil der Berechnung der Prozeßkosten, nämlich der Vorbereitungskosten, § 91 Rn 276 „Geschäftsgebühr", § 103 Rn 19 „Geschäftsgebühr").

G. Entbehrliche Punkte. Der Rpfl prüft grundsätzlich nicht, ob folgende Voraussetzungen vorliegen: Ob die Kostenfestsetzung zweckmäßig oder notwendig ist, Düss Rfleger **04**, 321; ob die Klage zulässig war, LG Dortm Rpfleger **81**, 319; ob die Partei ein Wahlrecht nach § 35 kostensparend ausgeübt hat, Hbg JB **78**, 920 (in diesem Zusammenhang kann aber eine ja stets von Amts wegen notwendige Prüfung erfolgen, ob ein Rechtsmißbrauch vorliegt, Einl III 54); ob die Beiordnung nach §§ 78 b, 121 erfolgte, Mü Rpfleger **86**, 108; ob der Vollstreckungstitel sachlichrechtlich oder prozessual zu Recht ergangen ist, Bbg JB **79**, 1515, Schlesw SchlHA **78**, 22; ob die gerichtliche Entscheidung richtig ist, daß ein Anwalt für einzelne Verfahrensabschnitte keine Vollmacht gehabt habe; wie das Innenverhältnis zwischen Streitgenossen ausgestaltet ist, § 100 Rn 49 ff; ob der Schuldner Leistungen nach dem SGB erhält, Naumb FamRZ **07**, 1182. Freilich ist evtl eine Auslegung notwendig, Einf 19 vor § 103. 10

Soweit das Gericht den *Streitwert* nach § 63 GKG, § 55 FamGKG festgesetzt hat, bindet seine Entscheidung den Rpfl ebenfalls, Hamm Rpfleger **79**, 222. Evtl kommt eine Nachfestsetzung in Betracht, Hamm Rpfleger **82**, 80. Soweit eine solche Wertfestsetzung des Gerichts fehlt, darf und muß der Rpfl den Streitwert selbständig annehmen, (jetzt) § 63 GKG, Hamm Rpfleger **79**, 222. Notfalls, vor allem bei etwaigen Zweifeln, darf und muß der Rpfl das Gericht um eine Wertfestsetzung bitten, Hamm Rpfleger **79**, 222. Natürlich kann auch eine Streitwertbeschwerde vorliegen, Düss JB **88**, 1176. Diese Bitte mag schon deshalb praktisch sein, weil das Gericht den Wert ja nach § 63 III 1 GKG evtl anders festsetzen könnte. Das Gericht ist freilich zu einer Wertfestsetzung nur dann verpflichtet, wenn eine Partei, ein Verfahrensbeteiligter oder der Bezirksrevisor als der Vertreter der Staatskasse diesen Antrag stellt oder wenn es nicht um eine bestimmte Geldsumme in EUR geht, § 63 I 1 GKG. Der Rpfl mag sich deshalb notfalls zunächst an den Bezirksrevisor wenden. Soweit das Gericht eine Änderung der Wertfestsetzung vornimmt, muß der Rpfl die Gebührenansätze unabhängig von § 107 auch entsprechend von Amts wegen korrigieren.

5) Einwendungen gegen die Erstattungspflicht, I, II. Einem Grundsatz stehen wichtige Ausnahmen gegenüber. 11

A. Grundsatz: Keine sachlichrechtliche Nachprüfung. Das Kostenfestsetzungsverfahren erlaubt grundsätzlich keine Überprüfung der Kostengrundentscheidung, Kblz JB **08**, 428 links, LG Hanau Rpfleger **00**, 184 (StPO), OVG Hbg NVwZ **06**, 1302 (VwGO). Es erlaubt also nicht die Prüfung, ob überhaupt eine Kostenerstattung stattfindet, Üb 35 vor § 91. Das Festsetzungsverfahren betrifft vielmehr nur die Frage, wer wem welchen Betrag auf Grund der Kostengrundentscheidung erstatten muß, Ffm VersR **81**, 194, Köln JB **92**, 819. Daher sind Einwendungen gegen die Erstattungspflicht nur wegen solcher Umstände zulässig, die das unter Rn 5–9 erwähnte Verfahren betreffen. Ändert sich die Kostengrundentscheidung, entfällt insoweit selbst ein rechtskräftiger Kostenfestsetzungsbeschluß, Einf 8, 17 vor §§ 103–107.

Das Kostenfestsetzungsverfahren ist ferner *grundsätzlich in keiner Weise* dazu *geeignet, sachlichrechtliche Vorgänge* des Rechtsstreits *nachzuprüfen,* BGH RR **07**, 422, Düss JB **04**, 538, KG JB **08**, 316. Man muß solche sachlichrechtlichen Einwendungen vielmehr nach § 767 oder nach § 775 Z 4, 5 geltend machen, BPatG

GRUR **92**, 506, Kblz RR **98**, 718 (Kreditzinsen, § 91 Rn 301 „Zinsen"), Naumb Rpfleger **02**, 332, aM Celle FamRZ **94**, 1607, LG Kblz JB **96**, 424, Stgt Rpfleger **92**, 316 (aber das ist eine grundsätzliche Verkennung der ganz unterschiedlichen Funktionen der richterlichen Kostengrundentscheidung und ihrer bloßen Durchführung durch das Festsetzungsverfahren).

Vorbereitungskosten nach § 91 Rn 276 „Geschäftsgebühr", § 103 Rn 19 „Geschäftsgebühr" usw sind aber ein Teil der Prozeßkosten und daher nachprüfbar.

12 **B. Ausnahmen: Evtl Nachprüfbarkeit bei Offenkundigkeit oder Unstreitigkeit.** Soweit eine Einwendung auf einem unstreitigen oder offenkundigen Vorgang beruht, darf der Rpfl ausnahmsweise wegen der Prozeßwirtschftlichkeit nach Grdz 14 vor § 128 selbst eine Nachprüfung vornehmen, BGH RR **07**, 422 (Nichtigkeit), OVG Hbg NVwZ **06**, 1302, Kblz JB **06**, 480 (Verzicht), Köln FamRZ **06**, 218 (Vorschuß), Kblz MDR **05**, 416, Naumb Rpfleger **02**, 332 (je: Masseunzulänglichkeit), Düss JB **78**, 1569, Hamm JB **79**, 54, LG Lpz **99**, 222 (je: Erfüllung. Aber Vorsicht!), LG Deggendorf JB **06**, 83 (Beratung), LG Wuppert JB **08**, 364 (Erstattungspflicht). Dabei ist § 138 III anwendbar, Hbg JB **76**, 516, KG Rpfleger **76**, 23, Oldb Rpfleger **92**, 407, aM Hamm MDR **77**, 408, Mü Rpfleger **87**, 336, Zweibr JB **89**, 1287 (aber die Vorschrift gilt allgemein). Das gilt sogar unabhängig von einer Kostenquotelung, § 106, sobald nur die gegenseitigen Festsetzungsanträge vorliegen, Mü MDR **00**, 850, aM Saarbr JB **78**, 1089.

13 **C. Beispiele zur Frage der Erheblichkeit einer Einwendung**

Abtretung: Sie ist erst nach einer Titelumschreibung nach § 727 beachtbar, Kblz JB **08**, 91.

Anspruchsverzicht: Trotz seiner Erklärung nebst der Titelherausgabe kann ein Recht aus der Kostengrundentscheidung als eine Einwendung beachtlich bleiben, Düss GRUR-RR **01**, 96.

Anwaltsvertrag: Seine Nichtigkeit läßt sich hier *nicht* prüfen, Hamm AnwBl **00**, 320.

Aufrechnung: Der Einwand einer gänzlichen oder teilweisen Aufrechnung ist *grds unerheblich* (Ausnahme: Rn 12), Düss JB **05**, 599, LG Detm Rpfleger **90**, 477, LG Köln MDR **00**, 730. Etwas anderes gilt bei einer sachlichrechtlich unstreitig wirksamen Aufrechnung, Düss JB **05**, 599, Ffm JB **07**, 367, KG MDR **84**, 150.

Erbenhaftung: Die Einwendung einer etwaigen Erbenhaftung ist *unerheblich.* Dasselbe gilt für einen Vorbehalt der beschränkten Erbenhaftung, Hamm AnwBl **82**, 385.

Erfüllung: Der Einwand einer gänzlichen oder teilweisen Erfüllung der Schuld ist *grds unerheblich,* aM Kblz FamRZ **96**, 887 (Vorschuß).

S aber auch Rn 12 sowie unten „Streitgenossen".

Erstattungsabrede: Die Einwendung einer Erstattungsabrede ist *grds unerheblich.*

S auch „Kostenteilung unter Anwälten", „Kostenvergleich".

Insolvenz: Die Einwendung einer Unzulänglicheit der Masse ist *unerheblich,* Düss MDR **91**, 357, Kblz JB **08**, 428 links, Mü MDR **04**, 175 (Beschränkung auf die Kostenerstattung der Höhe nach), aM LAG Erfurt Rpfleger **05**, 219 (unterscheidet zwischen Alt- und Neumassegläubigern). Eine Einwendung aus einem aufgehobenen Insolvenzverfahren ist unerheblich, LG Zweibr Rpfleger **04**, 379 (§ 767). Es gibt keinen Unterschied zwischen Kosten vor einer Insolvenz und nach deren Aufhebung, Düss Rpfleger **05**, 485. Die Anzeige der Masseunzulänglichkeit ist beachtbar, Düss RR **06**, 1557.

Klagerücknahme: Das Fehlen einer Klagezustellung ist nach § 269 III 3 Hs 2 *nicht mehr* erheblich. Die Einwendung einer von § 269 III abweichenden Kostenvereinbarung ist unerheblich, Zweibr JB **78**, 1882.

S auch „Kostenvergleich".

Kostenfreiheit: Sie ist eine zulässige Einwendung, Ffm JB **77**, 1778.

Kostenteilung unter Anwälten: Die Einwendung einer Kostenteilungsabrede unter Anwälten ist *unerheblich,* Ffm Rpfleger **91**, 126.

S auch „Kostenvergleich".

Kostenvergleich: Die Einwendung eines außergerichtlichen Kostenvergleichs ist grds (Ausnahme Rn 12) *unerheblich,* Hbg JB **85**, 1720, Kblz VersR **89**, 929, Zweibr JB **78**, 1881, aM Karlsr MDR **88**, 1063 (stellt auf Einigkeit der Parteien ab), LG Heilbr MDR **94**, 729, LG Köln JB **03**, 200 (aber das ist nur ein sachlichrechtlicher Vorgang, Rn 10). Das gilt auch für einen Gebührenverzicht, Nürnb MDR **00**, 908.

Kostenverzicht: Er kann eine erhebliche Einwendung sein, wenn er unstreitig ist oder wenn man ihn zugestanden hat, § 138 III, Bbg JB **81**, 768, Hbg MDR **03**, 294.

Pfändung: Man darf sie (erst) nach der Titelumschreibung beachten, Mü MDR **93**, 83.

Prozeßkostenhilfe: Ein Anspruch auf eine Rückzahlung ist *unbeachtlich,* Oldb FamRZ **98**, 445. Eine gebührenmäßige Beschränkung der Beiordnung läßt sich nicht erst jetzt nachholen, Fischer JB **99**, 344.

Rechtliches Gehör: Der Rpfl prüft seine Gewährung durch das Prozeßgericht *nicht,* Düss MDR **78**, 677.

Rechtsmißbrauch: Die Einwendung, eine Geltendmachung des Kostenerstattungsanspruchs sei rechtsmißbräuchlich, kann erheblich sein. Denn Rechtsmißbrauch ist stets unstatthaft, Einl III 54, Düss JB **02**, 486, Kblz MDR **06**, 1194, Stgt MDR **02**, 117, aM Bbg JB **83**, 130 (abl Mümmler), ThP 12 (aber das Verbot des Rechtsmißbrauchs gilt nun wirklich uneingeschränkt).

S auch „Verjährung".

Rückerstattungsanspruch: Man kann ihn als eine Einwendung geltendmachen, Drsd MDR **01**, 476, Düss Rpfleger **85**, 255, Kblz JB **85**, 135, aM Mü AnwBl **90**, 396.

S auch Rn 14.

Streitgenossen: Es ist *unerheblich,* aus wessen Mitteln eine Zahlung erfolgte. Etwas anderes gilt nur dann, wenn zwischen den Streitgenossen Einigkeit über ihre Zahlungen untereinander oder wegen der Zahlung des einen für den anderen besteht, Ffm Rpfleger **91**, 203 (zur Verrechnung eines sachlichrechtlichen Kostenvorschusses), Stgt FamRZ **92**, 1462, LG Landau FamRZ **92**, 1462.

S auch „Erfüllung".

Stundung: Der Einwand einer gänzlichen oder teilweisen Stundung der Schuld ist *unerheblich.*

Unzulässigkeit: S „Zulässigkeit der Klage".

Verjährung: Die Einrede der Verjährung ist *grds unerheblich,* aM Karlsr MDR **96**, 750, Kblz Rpfleger **86**, 319 (aber es handelt sich nicht nur um einen prozessualen Vorgang, sondern auch um ein sachlichrechtliches Leistungsverweigerungsrecht). Das gilt zB gegenüber einem Auftragsverhältnis, Bbg JB **77**, 1440, (solche Einrede ist nur nach § 775 Z 4 oder nach § 767 möglich). Eine Ausnahme ist evtl unter den Voraussetzungen Rn 12 möglich, BGH NJW **06**, 1962, VGH Mü Rpfleger **04**, 65. Im übrigen verjährt der Erstattungsanspruch vor der Rechtskraft seiner Feststellung in 3 Jahren, § 195 BGB, ab der Rechtskraft in 30 Jahren, § 197 I Z 3 BGB, Üb 40 vor § 91, BGH NJW **06**, 1962.

S auch „Rechtsmißbrauch".

Verwirkung: Eine gänzliche oder teilweise Verwirkung ist *grds unerheblich.* Denn auch sie betrifft den sachlichrechtlichen Vorgang, Rn 10, Düss MDR **88**, 972, KG Rpfleger **94**, 385, Karlsr FamRZ **93**, 1228, aM Bbg JB **87**, 1412, Ffm Rpfleger **77**, 261, LG Ffm Rpfleger **87**, 332 (aber eine Verwirkung führt zum Untergang des Anspruchs).

Verzicht: Er bleibt hier grds *unbeachtet,* Nürnb MDR **00**, 908. Davon kann bei seiner Unstreitigkeit eine Ausnahme gelten, Kblz JB **06**, 480.

Vollziehungsfrist: Rn 5 „Arrest, einstweilige Verfügung".

Vorbereitungskosten: Rn 9, 11.

Widerklage: Das Fehlen ihrer Rechtshängigkeit ist erheblich, Kblz JB **84**, 481.

Zulässigkeit der Klage: Der Rpfl prüft sie *nicht,* LG Dortm Rpfleger **81**, 319.

D. Rückfestsetzung, dazu *Schmidt-Räntsch* MDR **04**, 1329 (Üb). Eine Rückforderung überzahlter 14
gerichtlicher wie außergerichtlicher Kosten führt zur sog Rückfestsetzung, Düss MDR **91**, 449. Sie läßt sich auch nach § 91 IV mit einer befristeten Erinnerung oder sofortigen Beschwerde geltend machen, soweit der Empfänger die Richtigkeit des Rückzahlungsbetrags zugestanden hat, Kblz JB **03**, 200, Oldb MDR **05**, 418, Zweibr JB **04**, 657. Das gilt aus prozeßwirtschaftlichen Gründen nach Grdz 14 vor § 128 entsprechend § 717 II auch nach einer Änderung der erstinstanzlichen Entscheidung durch einen Vergleich im höheren Rechtszug, Anh § 307 Rn 19, Mü JB **05**, 598, Oldb MDR **05**, 418, Zweibr JB **04**, 657. Es gilt auch bei einer nachträglichen Wertänderung, Düss JB **05**, 599. Es gilt ferner nach dem Wegfall einer Sachentscheidung zB infolge beiderseitiger wirksamer Erledigterklärungen, § 91 a Rn 98, Düss Rpfleger **89**, 39. Dasselbe gilt, soweit der Rückzahlungsbetrag sonstwie feststeht, Düss JB **98**, 309, Kblz JB **03**, 199, Zweibr JB **04**, 657, aM KG Rpfleger **80**, 438, Köln Rpfleger **87**, 474, Mü MDR **93**, 1130 (aber auch dann bleibt die Prozeßwirtschaftlichkeit entscheidend).

Andernfalls ist vorbehaltlich § 91 IV ein besonderer Prozeß notwendig, Hbg MDR **03**, 416. Jedenfalls ist *keine* Rückfestsetzung zulässig, *solange* die Überzahlung *umstritten* ist, Düss Rpfleger **89**, 40, Ffm MDR **83**, 587, Oldb MDR **05**, 418 (Aufrechnung), aM Hbg JB **90**, 1483 (auch bei streitiger Aufrechnung. Aber gerade dann müßte der Rpfl sachlichrechtlich entscheiden, also eine typische Spruchrichterentscheidung treffen, Knauer/Wolf NJW **04**, 2860). Eine Rückfestsetzung ist ferner dann unzulässig, wenn es um die Verrechnung eines Prozeßkostenvorschusses geht, KG Rpfleger **80**, 438, aM Nürnb MDR **99**, 506 (überbetonte Streitfrage), oder wenn die Staatskasse Gerichtskosten nach (jetzt) § 30 S 2 GKG zurückerstatten muß, LAG Düss JB **92**, 470, aM Drsd RR **01**, 862, oder wenn es um Nebenklagekosten geht, Hamm JB **98**, 265.

Das alles gilt trotz § 91 IV mit seiner Möglichkeit für den Verlierer, bei einem späteren Sieg seine dem Gegner überzahlten Kosten als Prozeßkosten zur Erstattung nach §§ 103 ff anmelden zu können, Knauer/Wolf NJW **04**, 2860.

6) Entscheidung des Rechtspflegers, I, II. Man muß zahlreiche Punkte beachten. 15

A. Form. Der Rpfl entscheidet unverzüglich, § 216 Rn 16, Schneider MDR **91**, 124 (auch zum Verstoß). Er entscheidet durch einen Beschluß, § 329. Er entscheidet auch in der Sommerzeit vom 1. 7.–31. 8. Der Beschluß muß schon wegen seiner Bestimmung als ein Vollstreckungstitel nach § 329 III Hs 1, § 794 I Z 2 ein vollständiges sog Rubrum (Parteienbezeichnung) enthalten, Rn 16, außerdem wegen der befristeten Anfechtbarkeit, § 329 III Hs 2, sei es nach § 11 I RPflG in Verbindung mit § 567 I, sei es nach § 11 II 1 RPflG in Verbindung mit § 567 I, II. Der Rpfl muß den Beschluß grundsätzlich begründen, § 329 Rn 4, Brdb NJW **99**, 1266 (auch kein Nachschieben von Gründen), Hbg MDR **02** 1274, KG MDR **99**, 1151. Das gilt insbesondere bei einer Teil- oder Ganzabweisung, LG Bln JB **99**, 481, Hansens Rpfleger **99**, 109, oder wenn es um § 574 I 2 geht. Bloße Floskeln sind keine Begründung, Ffm JB **99**, 494. Die Begründung muß sich insbesondere auf Streitpunkte erstrecken, Mü JB **90**, 630, LG Bln JB **99**, 481, LAG Düss JB **89**, 536. Er muß den Beschluß mit senem vollen Nachnamen unterschreiben, § 329 Rn 8, Karlsr RR **04**, 1507. Andernfalls liegt rechtlich nur ein Entwurf vor, Brdb Rpfleger **98**, 208, Karlsr RR **04**, 1507. Die Entscheidung muß aus sich heraus nachprüfbar sein, Hbg MDR **02**, 1274. Sie ist auslegbar, KG MDR **02**, 722, Kblz JB **03**, 297. Der Rpfl darf aber nicht einfach einen Schriftsatz einer Partei von sich aus korrigieren, Kblz Rpfleger **78**, 330, Stgt JB **78**, 1252. Der Rpfl darf nicht die Kostenrechnung des Anwalts auf dem Original zwecks einer Anfertigung des Festsetzungsbeschlusses korrigieren, Kblz Rpfleger **78**, 329, Stgt Just **78**, 279.

B. Parteibezeichnung. Der Rpfl muß die Parteien schon zwecks einer Vollstreckungsfähigkeit nach 16
§ 794 I Z 2 genau bezeichnen, § 329 Rn 15 „§§ 313–313 b", § 750 Rn 3 ff.

C. Betragsbezeichnung. Der Rpfl muß den zugrunde liegenden Titel genau angeben. Er muß den 17
erstattungspflichtigen Gesamtbetrag ziffernmäßig feststellen, § 308 I, und zwar in EUR, Mü MDR **99**, 1347 (zum alten Recht). Er muß diejenigen Kosten absetzen, die die Gegenpartei unstreitig bezahlt hat. § 138 III ist unanwendbar. Ein beharrliches Schweigen auf den gegnerischen Vortrag und die Nichtbeachtung einer gerichtlichen Anfrage sind aber als eine stillschweigende Erklärung auslegbar, KG MDR **76**, 406. Der Rpfl muß auch einen solchen Vorschuß absetzen, den der Unterliegende an den Anwalt der Gegenpartei gezahlt hat, etwa als Ehemann, § 103 Rn 23.

D. Begrenzung durch Antrag. Der Rpfl darf keinen solchen Betrag zusprechen, den der Antragsteller 18
nicht zur Kostenfestsetzung beantragt hat, § 308 I, Einf 9 vor §§ 103–107. Indessen läßt die allgemeine Praxis mit Recht innerhalb des begehrten Gesamtbetrags eine anderweitige Abgrenzung oder Auswechslung der Einzelposten zu, soweit nicht die innere Rechtskraft nach § 322 entgegensteht, Rn 31, Karlsr FamRZ **04**, 967, Kblz JB **92**, 474 (auch zu einer Ausnahme), OVG Münst AnwBl **00**, 377. Freilich ist eine solche

anderweitige Abgrenzung von Einzelposten nur innerhalb derselben Kostenart zulässig, Kblz JB **92**, 610. Der Rpfl darf nicht zB statt unberechtigt geltend gemachter Anwaltskosten solche Parteiauslagen berücksichtigen, die der Antragsteller überhaupt nicht geltend gemacht hatte, Kblz JB **90**, 1012. Eine Haftungsbeschränkung im Urteil bezieht sich nur auf die Hauptforderung, Hamm MDR **82**, 855, KG MDR **81**, 851, es sei denn, das Gericht hätte sie in die Kostengrundentscheidung übernommen, KG MDR **81**, 851, Mü MDR **80**, 147, LG Bln JB **87**, 710. Eine Zug-um-Zug-Hauptentscheidung enthält eine solche Beschränkung nicht auch im Kostenfestsetzungsbeschluß, Einf 12 vor §§ 103–107.

19 **E. Haftungsart.** Der Rpfl sollte im Beschluß aussprechen, ob eine gesamtschuldnerische Haftung oder eine Kopfhaftung besteht. Denn die Zwangsvollstreckung aus dem Kostenfestsetzungsbeschluß kann ohne eine Vorlage der zugehörigen Kostengrundentscheidung stattfinden, § 100. Über eine Sicherheitsleistung Einf 13 vor § 103. Es ist an sich eine Aufgabe der Streitgenossen, die Haftung untereinander zu verteilen. Der Rpfl muß aber eine getrennte Kostenfestsetzung unter einer Beachtung von § 100 vornehmen, Kblz Rpfleger **95**, 382, LG Bln Rpfleger **78**, 422. Das gilt insbesondere für den Kläger und für den unterliegenden Streitgenossen des Bekl einerseits, für dessen siegenden Streitgenossen und den Kläger andererseits. Wegen der Kostenerstattung bei einer Streitgenossenschaft § 100 Rn 49. Wenn der Rpfl die Kostenfestsetzung im Prozeß A falsch vorgenommen hatte, kann er diesen Fehler nicht in dem zur Beweisaufnahme mit A verbundenen Prozeß B nach § 104 korrigieren, Schmidt AnwBl **79**, 156, aM Nürnb AnwBl **79**, 156 (aber auch ein Kostenfestsetzungsbeschluß bindet nach §§ 318, 329).

20 **F. Kosten des Festsetzungsverfahrens: Mitentscheidung; Bezifferung.** Der Rpfl muß im Kostenfestsetzungsbeschluß zugleich über die Kosten des Festsetzungsverfahrens entscheiden, § 308 II, § 329 Rn 14 „§ 308", Düss MDR **91**, 449, Zweibr Rpfleger **03**, 101, LG Karlsr MDR **03**, 178, und zwar in EUR, wie bei der Hauptforderung, Rn 17. In diesem Zusammenhang muß er §§ 91–101 entsprechend anwenden, BVerfG NJW **77**, 145, Kblz JB **95**, 208 (§ 91 a). Er muß die Kosten des Festsetzungsverfahrens im Kostenfestsetzungsbeschluß der Höhe nach beziffern. Dazu gehören auch Zustellungskosten nach I 3, aM LG Bln AnwBl **87**, 493 (aber auch solche Auslagen unterliegen KV 9000). Es entscheidet hier allein das Unterliegen im Kostenfestsetzungsverfahren, Üb 27 vor § 91, Düss MDR **91**, 449, KG Rpfleger **78**, 384, nicht etwa eine Kostenübernahme in einem Vergleich, Anh § 307. Die Gegenpartei bleibt kostenfrei, wenn sie sich vorher dem Gegner gegenüber dazu bereit erklärt hat, die Kosten zu bezahlen, sobald er ihr eine Kostenrechnung übersandt habe, und wenn er ihr diese Kostenrechnung dann nicht übersandt hat, Ffm RR **00**, 362, aM Nürnb MDR **99**, 1407. § 516 III 1 ist entsprechend anwendbar, Kblz JB **02**, 651.

21 **G. Zurückverweisungsfolgen.** Nach einer Zurückverweisung trägt derjenige die Kosten des Erinnerungs- und Beschwerdeverfahrens, der diejenige Kostenfestsetzung betrieb, die nun etwa gegenstandslos geworden ist, KG Rpfleger **78**, 384. Auf Grund der Kostengrundentscheidung in einer die bisherige aufhebenden Entscheidung leitet der Rpfl von Amts wegen ein neues Festsetzungsverfahren ein. In ihm ist evtl eine Bezugnahme auf den früheren Antrag und seine Anlagen ausreichend, LG Bln AnwBl **92**, 497. § 717 II 3 ist anwendbar, Hamm JB **77**, 1141, KG Rpfleger **78**, 384, aM LG Bln JB **78**, 432 (§ 91 a I). Das Festsetzungsverfahren ist gerichtsgebührenfrei, § 11 IV RPflG. Es zählt für die Anwaltsgebühren zum Rechtszug, § 19 I 2 Z 14 RVG. Man braucht die Kosten der Zustellung nicht vorzuschießen, LG Bln Rpfleger **86**, 73, aM ZöHe §§ 103, 104 Rn 7 (aber es handelt sich um eine Zustellung von Amts wegen). Sie sind auf Grund des Vollstreckungstitels mitfestsetzbar.

22 **H. Verzinsung der Prozeßkosten,** dazu *Risse/Harbst* AnwBl **07**, 74, *Schlamann* Rpfleger **03**, 7 (je: Üb): I 2 betrifft nur die Prozeßkosten der §§ 91 ff, nicht die Vollstreckungskosten des § 788 I, LG Bielef Rpfleger **89**, 522, LG Saarbr JB **91**, 970, MüKoBe 48, aM Hamm Rpfleger **92**, 315, Köln Rpfleger **93**, 121, AG Germersheim Rpfleger **96**, 255 (aber I 2 tritt hinter § 788 zurück, dort Rn 10, 11). Sie betrifft auch nicht die Vergütung des Insolvenzverwalters, Zweibr Rpfleger **02**, 477.

23 **I. Zinsbeginn.** Die Kosten sind seit demjenigen Tag verzinsbar, an dem der erste Kostenfestsetzungsantrag beim Gericht einging, bei I 2 Hs 2 seit der Urteilsverkündung, also nicht für die Zeit vorher, BSG MDR **87**, 171, SG Heilbr RR **00**, 952, SG Konst AnwBl **84**, 573. Das gilt auch in einer Ehesache, aM Mü Rpfleger **81**, 71 (erst ab Rechtskraft. Aber §§ 80 ff, 121 ff FamFG kennen nach § 85 FamFG keine Sonderregeln). Es gilt auch bei einer Kostenfreiheit des Erstattungspflichtigen, LG Stgt RR **98**, 1691. Nach der Rechtskraft der Festsetzung kann man keine Nachforderung wegen einer Gesetzesänderung stellen, BGH NJW **03**, 1462, Düss JB **03**, 87.

24 **J. Zinsfuß.** Vgl zunächst Rn 2. Er errechnet sich über dem jeweiligen Basiszinssatzes nach § 247 BGB, KG JB **02**, 482. Er betrug seit 1. 7. 07 3,19%, BAnz Nr 117 S 6530, seit 1. 1. 08, 3,32%, BAnz Nr 242 S 8415. Er beträgt seit 1. 7. 08 3,19% BAnz Nr 94 S 2232. Evtl erfolgt eine Nachfestsetzung, Hamm JB **02**, 482, Mü MDR **02**, 1338, AG Siegb RR **02**, 1218.

25 **K. Späterer Antrag.** Die Verzinsungspflicht besteht bei I 2 Hs 1 auch dann schon vom Zeitpunkt des *Eingangs des Kostenfestsetzungsgesuchs* an, wenn der weiter erforderliche Verzinsungsantrag erst später eingegangen ist. Denn I 2 stellt auch in der jetzigen Fassung auf den Festsetzungsantrag nach I 1 ab, also nicht auf den Verzinsungsantrag. Wenn in demselben Verfahren mehrere Kostengrundentscheidungen oder -festsetzungen stattgefunden haben, etwa infolge eines Rechtsmittels, einer Streitwertänderung, wirksamer Erledigterklärungen oder einer Klagerücknahme, entscheidet für die Verzinsungspflicht derjenige Zeitpunkt, in dem der erste Kostenfestsetzungsantrag beim Gericht einging, jedenfalls soweit der Erstattungsanspruch bestehen bleibt, BGH NJW **06**, 1140, Bbg JB **98**, 32, Düss Rpfleger **06**, 42, aM Hamm MDR **93**, 585, Kblz MDR **88**, 61 (aber I 2 meint klar den erstmöglichen Festsetzungsantrag, Einl III 39). Wenn sich die Bezugsgröße freilich einmal oder wiederholt nach § 247 BGB nach oben oder unten ändert, ist jede solche Veränderung gegenüber dem Zeitpunkt des Eingangs des ersten Kostenfestsetzungsantrags mitbeachtlich. Denn das ist der Sinn eines gleitenden Zinsfußes.

26 **L. Vergleich usw.** Wenn die Parteien die Kostengrundentscheidung durch eine abweichende Kostenregelung in einem nachfolgenden *Prozeßvergleich* nach Anh § 307 ersetzt haben, ist die Verzinsung erst ab

seinem Zustandekommen statthaft, Hamm MDR **93**, 585, Karlsr MDR **92**, 1007, Mü MDR **96**, 532. Denn jetzt gibt es nur noch diese Kostengrundregelung als die Basis der Kostenfestsetzung. Freilich kann der Verzinsungszeitraum grundsätzlich nicht vor dem Erlaß des Vollstreckungstitels zur Hauptforderung beginnen. Etwas anderes gilt eben nur, wenn die Parteien die Fälligkeit des Zinsanspruchs vorrangig abweichend vereinbart haben, Mü MDR **01**, 414. Im übrigen bleibt die Verzinsung ab dem Eingang des Festsetzungsantrags unverändert, wenn der Prozeßvergleich die erstinstanzliche Kostengrundentscheidung aufrecht erhält, wenn er sie also nicht durch eine andere Regelung ersetzt, Mü MDR **01**, 414. Eine Unterbrechung des Kostenfestsetzungsverfahrens nach §§ 239ff etwa wegen der Insolvenz des Erstattungsberechtigten ist unschädlich, soweit der Insolvenzverwalter das Verfahren aufnimmt, § 240, Hamm Rpfleger **81**, 243. Die Voraussetzungen des § 103 müssen auch für den Zinsanspruch vorliegen, Ffm JB **75**, 662, KG Rpfleger **77**, 218, Mü Rpfleger AnwBl **82**, 124. Die Zinsen stehen dem Auftraggeber zu, nicht seinem Anwalt. Mag der letztere einen Vorschuß fordern, Hüttenhofer AnwBl **89**, 153. Der Rpfl darf und muß eine etwaige bloße Teilentscheidung ergänzen, auch auf Grund einer dann umdeutbaren Erinnerung, Kblz RR **00**, 69.

M. Mitteilung des Festsetzungsbeschlusses. Der Rpfl muß seinen Kostenfestsetzungsbeschluß folgendermaßen bekanntgeben. 27

Dem *Antragsteller* teilt der Rpfl seinen Beschluß formlos mit, soweit er seinem Antrag voll stattgegeben hat, § 329 II 1. Hier gilt also nicht II 2 oder III. Denn es ist keine Vollstreckung *gegen* den Antragsteller ergangen. Das setzt § 329 III Hs 1 als selbstverständlich voraus. Der Antragsteller ist auch nicht beschwert. Er hat daher keinen Rechtsbehelf nach § 329 III Hs 2. Soweit der Rpfl den Antrag zurückweist, läßt er den Beschluß dem Antragsteller förmlich zustellen, I 4, § 329 III Hs 2.

Dem *Antragsgegner* läßt der Rpfl seinen Beschluß in einer beglaubigten Ablichtung oder Abschrift insoweit förmlich zustellen, als er dem Festsetzungsantrag stattgegeben hat, I 4, § 329 III Hs 1. Soweit der Rpfl den Festsetzungsantrag zurückgewiesen hat, braucht er den Antragsgegner überhaupt nicht zu benachrichtigen. Denn dann ist der Antragsgegner nicht beschwert. Soweit der Antragsgegner eine formlose Mitteilung erhält, § 329 II 1, fügt das Gericht eine beglaubigte oder einfache Ablichtung oder Abschrift der Kostenrechnung hinzu, § 103 II. Ein Verstoß dagegen ist nur dann erheblich, wenn der Beschluß die Kostenrechnung zu seinem Bestandteil machte und wenn der Rpfl die Kopie der Kostenrechnung dem Antragsgegner nicht schon vor der Entscheidung zur Stellungnahme zugesandt hatte, LG Stade NdsRpfl **81**, 208, Meyer-Stolte Rpfleger **82**, 43. 28

Eine erforderliche Zustellung erfolgt im einzelnen (Durchführung) auf *Veranlassung der Geschäftsstelle,* irreführend AG Köln Rpfleger **87**, 461. Sie kann und muß an den ProzBev der ersten Instanz gehen, (jetzt) § 172, Kblz RR **97**, 1023. Das gilt auch dann, wenn der Anwalt eine Schutzschrift nach § 91 Rn 192 eingereicht hatte, Hbg JB **80**, 771. Es gilt ferner, wenn es um Rechtsmittelkosten geht, es sei denn, die Partei hätte den Antrag oder das Rechtsmittel persönlich eingelegt. Dagegen ist eine Zustellung nicht an denjenigen zulässig, den die Partei nur zu einzelnen Prozeßhandlungen bevollmächtigt hat. In Beitreibungsverfahren nach § 126 muß das Gericht die Zustellung an den beigeordneten Anwalt richten, nicht an den etwa davon zu unterscheidenden erstinstanzlichen ProzBev. 29

Soweit der Auftrag des ProzBev *erloschen* ist, erfolgt die Zustellung an die Partei selbst, 104 Rn 7, Kblz Rpfleger **78**, 316, Mü MDR **80**, 146, ZöHe §§ 103, aM Bre Rpfleger **86**, 99, Celle Nds Rpfl **77**, 21 (aber jetzt ist § 172 nicht mehr anwendbar). § 174 II ist auch hier beachtlich, Kblz Rpfleger **78**, 261. Der Rpfl muß evtl eine öffentliche Zustellung bewilligen, § 186 Rn 3. 30

N. Rechtskraft. Der Rpfl darf seinen Kostenfestsetzungsbeschluß nicht ohne einen gesetzlichen Grund aufheben oder ändern, § 329 Rn 16ff, Düss Rpfleger **78**, 269, Saarbr AnwBl **80**, 299. Eine Abänderung kommt freilich wegen eines Verstoßes gegen Art 103 I GG in Betracht, Mü AnwBl **82**, 533. Der Kostenfestsetzungsbeschluß erwächst grundsätzlich in innere und formelle Rechtskraft, Einf 1, 2 vor §§ 322–327, Düss Rpfleger **96**, 372, Kblz JB **95**, 92 (auch zu Ausnahmen), Mü MDR **00**, 666. Das gilt, sobald gegen ihn kein Rechtsbehelf mehr zulässig ist. Es gilt unabhängig davon, ob sich die Kostengrundentscheidung noch ändern mag und ob nur infolgedessen auch der Festsetzungsbeschluß entfallen kann, Einf 8 vor §§ 103–107, Hamm FamRZ **87**, 1289. Das gilt grundsätzlich auch bei einer sog Rückfestsetzung, Rn 14, BGH NJW **84**, 126, Kblz VersR **90**, 1161. Die Rechtskraft erstreckt sich aber nur auf den Gesamtbetrag und die Absetzung bestimmter Rechnungsposten, Rn 50, OVG Saarlouis Rpfleger **95**, 128. 31

Eine Rechtskraftwirkung tritt selbst dann ein, wenn der Kostenfestsetzungsbeschluß in einem *Widerspruch* zur Kostengrundentscheidung des Erkenntnisverfahrens steht, Üb 35 vor § 91, aM OVG Saarlouis Rpfleger **95**, 128 (aber es liegt ein äußerlich wirksamer Staatsakt vor, Üb 10 vor § 300, solange überhaupt eine Kostengrundentscheidung vorhanden ist, dazu auch Üb 16 vor § 300). Soweit der bisherige Kostenfestsetzungsbeschluß über einen Posten nicht – und nicht etwa nur irrig nicht – entschieden hat, liegt auch keine zugehörige Rechtskraft vor, Mü Rpfleger **87**, 263. 32

O. Berichtigung. Der Rpfl kann und muß unter Umständen den Beschluß in einer entsprechenden Anwendung des § 319 berichtigen, Hamm MDR **77**, 760, Stgt Just **80**, 439, aM Zweibr Rpfleger **03**, 101 (aber die Vorschrift gilt in Verbindung mit § 329 allgemein). Wegen eines echten Rechtsfehlers ist aber nur ein Rechtsbehelf nach Rn 41 ff zulässig. Das Prozeßgericht kann keine Berichtigung des Kostenfestsetzungsbeschlusses vornehmen. Eine Ergänzung des Kostenfestsetzungsbeschlusses nach § 321 ist zulässig, § 329 Rn 20, Hamm Rpfleger **80**, 482, KG Rpfleger **80**, 158, Mü AnwBl **88**, 249. Ein Kostenfestsetzungsbeschluß ist auslegbar, KG AnwBl **83**, 324. Für eine Wiederaufnahmeklage nach §§ 578ff besteht kein Rechtsschutzbedürfnis, Grdz 33 vor § 253. Denn innerhalb der für die Wiederaufnahmeklage geltenden Klagefrist ist ein befristetes Rechtsmittel statthaft, Rn 41 ff. Die Rechtskraft des Kostenfestsetzungsbeschlusses steht nicht der Möglichkeit entgegen, solche Gebühren geltend zu machen, die der Antragsteller im bisherigen Kostenfestsetzungsverfahren nicht mitangegeben hat, sog Nachliquidation, § 103 Rn 40. 33

F. Zwangsvollstreckung. Der Kostenfestsetzungsbeschluß ermöglicht eine Zwangsvollstreckung, § 794 I Z 2, sofern er eine Vollstreckungsklausel trägt, §§ 724, 725, 750, LG Ffm Rpfleger **81**, 204, außer bei § 105, s § 795 a. Der Gläubiger muß die zweiwöchige Wartefrist nach § 798 oder die einmonatige nach § 798 a abwarten, außer bei § 105. Mit der Zwangsvollstreckung auf Grund des Urteils hat die Zwangsvoll- 34 streckung auf Grund des Kostenfestsetzungsbeschlusses nichts zu tun. Der Kostenfestsetzungsbeschluß ist zwar ein von der zugrunde liegenden Kostengrundentscheidung abhängiger Titel, Einf 8 vor §§ 103–107. Er ist im übrigen aber ein selbständiger Vollstreckungstitel, § 794 I Z 2. Deshalb setzt eine Zwangsvollstreckung auf Grund des Kostenfestsetzungsbeschlusses keine vorherige oder gleichzeitige Urteilszustellung voraus, LG Ffm Rpfleger **81**, 204.

35 Eine *Einstellung* der Zwangsvollstreckung aus dem zugrunde liegenden Titel nach §§ 707, 719 wirkt sich auch auf den Kostenfeststellungsbeschluß aus, Einf 12 vor §§ 103–107. Eine Einstellung nur aus dem Kostenfestsetzungsbeschluß ist durchaus denkbar, zB bei einem Widerspruch gegen einen Arrestbefehl nach § 924. Über die Einwirkung der Aufhebung des Urteils Einf 8 vor § 103.

Gebühren: Des Gerichts: keine; des Anwalts: keine, § 19 I 2 Z 14 RVG.

36 **7) Berücksichtigung eines Ansatzes, II.** Die Vorschrift regelt schwierige Einzelfragen.

A. Entstehung der Kosten. Der Rpfl darf einen Kostenansatz berücksichtigen, soweit Kosten entstanden sind, BVerfG NJW **83**, 809. Der Rpfl darf bloß unterstellte, fingierte Kosten nicht aufnehmen, vgl aber § 91 Rn 268 „Vermiedene Kosten". Eine bloße Rechtsauffassung der einen oder der anderen oder beider Parteien etwa dazu, ob eine Gebühr entstanden sei, bindet den Rpfl nicht, Ffm Rpfleger **80**, 158, LG Köln AnwBl **82**, 84. Wenn Auslagen noch nicht bezahlt worden sind, muß der Rpfl auch die Zahlung an den Dritten festsetzen. Doch genügt bei Gerichtskosten, Anwaltskosten, KG RR **92**, 404, oder Gerichtsvollzieherkosten der Umstand, daß eine Zahlungspflicht feststeht, Mü Rpfleger **82**, 115. Denn damit ist bereits glaubhaft gemacht, daß die Zahlung notwendig werden wird. Die Erstattungsfähigkeit bleibt davon unberührt, daß ein Dritter für den Erstattungsberechtigten zahlte, Köln JB **80**, 449.

Allerdings muß der Rpfl solche Gerichtskosten absetzen, für die auch der verurteilte *Gegner* dem Staat haftet, § 31 II GKG, § 26 III FamGKG und die er auch gezahlt hat. Denn sonst würde eine Doppelzahlung drohen. Aus demselben Grund muß der Rpfl solche Kosten absetzen, die der Gegner derjenigen Partei gezahlt hat, die eine Prozeßkostenhilfe erhalten hatte, § 122 II.

37 **B. Notwendigkeit der Kosten.** Die Kosten müssen notwendig sein, § 91 Rn 28. Der Antragsteller muß auch diese Notwendigkeit glaubhaft machen, Rn 38 ff, LG Weiden MDR **75**, 669.

38 **C. Grundsatz: Erforderlichkeit der Glaubhaftmachung, II 1.** Grundsätzlich ist eine Glaubhaftmachung nach § 294 im Kostenfestsetzungsverfahren über den Wortlaut von II 1 hinaus mangels einer Offenkundigkeit nach § 291 notwendig, BGH AnwBl **07**, 551, Nürnb JB **75**, 191, LG Aachen AnwBl **99**, 59, LG Darmst Rpfleger **88**, 333. Sie ist grundsätzlich auch ausreichend. Zu Einzelfragen beim Verdienstausfall Marx Rpfleger **99**, 157 (ausf).

39 **D. Ausnahme: Versicherung von Postauslagen usw, II 2.** Soweit es um die Auslagen eines Anwalts wegen seiner Auslagen für Post- und Telekommunikationsdienstleistungen geht, genügt statt einer Glaubhaftmachung grundsätzlich die schlichte Versicherung des Anwalts wegen derjenigen Tatsachen, die zu ihrer Entstehung führten, II 2, Köln MDR **86**, 152, Mü MDR **92**, 1005, LG Aachen AnwBl **99**, 59. Es kann eine stichwortartige Angabe der Tatsachen ausreichen, LG Köln AnwBl **82**, 84. Allerdings darf man die Anforderungen nicht gering bemessen, Kblz VersR **87**, 914, strenger Hbg JB **81**, 454 (Einzelnachweis), großzügiger Mü AnwBl **83**, 569. Soweit ein Streit über die Notwendigkeit der Porto- und Telefonauslagen usw besteht, genügt jetzt die Versicherung des Anwalts. Freilich bleiben unrichtige Angaben evtl strafbar, § 263 StGB. Immerhin muß der Gegner einen (Gegen-)Beweis erbringen, Karlsr JB **95**, 35. § 287 II ist freilich entsprechend anwendbar, Mü MDR **92**, 1005 (zum alten Recht). Für einen Vollstreckungsauftrag kann ein Pfändungsprotokoll nach §§ 762, 763 ausreichen, LG Darmst Rpfleger **88**, 333. Sofern es um derartige Auslagen eines anderen Bevollmächtigten geht, ist eine volle Glaubhaftmachung nach § 294 erforderlich. Die Glaubhaftmachung nach § 294 muß schriftlich oder zum Protokoll der Geschäftsstelle erfolgen. Denn sonst fehlt derjenige Beleg, den § 103 II erforderlich macht. Die Unterschrift unter der Kostenrechnung reicht nicht stets. Bei ungewöhnlich hohen Auslagen entstehen entsprechend hohe Anforderungen an die Darlegung und auch an die Glaubhaftmachung, KG NJW **76**, 1272. § 139 ist anwendbar.

40 **E. Weitere Ausnahme: Versicherung bei Umsatzsteuer, II 3.** Soweit es um eine Umsatzsteuer geht, ist erforderlich und genügt nach II 3 ausnahmsweise die Erklärung des Antragstellers, daß er diese Beträge nicht als Vorsteuer abziehen kann, BGH NJW **03**, 1534, Saarbr MDR **99**, 61, Schlesw JB **96**, 260. Das gilt auch bei einer juristischen Person, Düss Rpfleger **04**, 184. Der Antragsteller braucht diese Erklärung also weder nach § 294 glaubhaft zu machen noch sonstwie zu bekräftigen, LG Hann JB **99**, 29. Es ist eine Aufgabe des Gegners, den Gegenbeweis zu erbringen, BVerfG NJW **96**, 383, Düss JB **05**, 369, Karlsr MDR **94**, 1252, großzügiger Hbg MDR **98**, 1250. Die bloße Erklärung genügt aber nur, wenn sie wenigstens dem Sinn nach eindeutig ist, Saarbr MDR **99**, 61. Die Rechtsform GmbH reicht nicht stets zu Abziehbarkeit, KG JB **08**, 152. Die Erklärung muß auch unmißverständlich sein, KG MDR **95**, 321. Man darf eine stillschweigende Erklärung nur ausnahmsweise unter einer Berücksichtigung der Gesamtumstände annehmen, LG Karlsr JB **96**, 428, AG Bln-Charlottenb JB **96**, 428. Sie liegt nicht schon im bloßen Ansatz der Umsatzsteuer, Karlsr JB **00**, 477, LAG Ffm DB **99**, 2272. Der Rpfl braucht insofern nicht nachzufragen, Düss JB **02**, 590, Schlesw RR **04**, 356, VGH Mannh NVwZ-RR **04**, 311.

Greifbarer Unsinn bleibt aber ebenfalls unbeachtet, Einl III 54, BGH NJW **03**, 1534, Düss JB **05**, 369, KG JB **06,** 373 (Partnergesellschaft). Es gilt die letzte Erklärung, Düss JB **00**, 478. Eine Nachlieferung der Versicherung kann man nur im Rechtsmittelverfahren beachten, Mü RR **04**, 69. Sie kann als ein Rechtsmittel umdeutbar sein, Kblz RR **00**, 364, aber Vorsicht!, LAG Düss MDR **01**, 416 (schon nach 8 Monaten evtl „Verwirkung", dazu freilich Einl III 65). Bei Streitgenossen mit demselben Anwalt, von denen nur ein Teil vorsteuerabzugsberechtigt ist, muß der Rpfl grundsätzlich von unterschiedlicher Beteiligung am Prozeß ausgehen, Karlsr Rpfleger **00**, 240, Köln JB **01**, 428 (zustm Schulte), LG Hagen JB **01**, 370. Einen Vorsteuerabzug kann ein Unternehmer für Betriebsausgaben auch nach der Betriebsaufgabe vornehmen, Hamm NJW **07**, 3291.

8) Rechtsbehelfe – Übersicht: Sofortige Beschwerde oder sofortige Erinnerung, III, § 11 I, II RPflG. Das System der Rechtsbehelfe gegen die Entscheidung des Rpfl ist nach wie vor alles andere als übersichtlich. III 1 bestimmt, daß gegen die Entscheidung die sofortige Beschwerde stattfindet. Gemeint ist dabei eine Erstentscheidung des Richters. Soweit indessen der Rpfl die Erstentscheidung trifft, weil er nach § 103 Rn 41 zuständig ist, muß man den vorrangigen spezielleren § 11 I, II RPflG beachten. 41

§ 11 I RPflG erklärt grundsätzlich dasjenige Rechtsmittel für gegeben, das nach den allgemeinen verfahrensrechtlichen Vorschriften zulässig ist, also die sofortige Beschwerde nach III 1. Insofern muß man also die Entscheidung des Rpfl ebenso behandeln wie diejenige Entscheidung, die der Richter getroffen hätte. Im einzelnen Rn 49 ff, BayLBG für Heilberufe Rpfleger **01**, 48. 42

§ 11 II RPflG enthält demgegenüber eine vorrangige Ausnahmevorschrift für den in seinem S 1 genannten Fall, daß nach den allgemeinen verfahrensrechtlichen Vorschriften ein Rechtsmittel gegen eine Entscheidung, die der Richter getroffen hätte, nicht „gegeben", also entweder allgemein unstatthaft oder im Einzelfall unzulässig ist. Das gilt schon wegen Art 19 IV GG, BVerfG FamRZ **01**, 828. Nur die letztere Situation kommt hier infrage, sie aber immer dann, wenn der für eine sofortige Beschwerde nach § 567 II erforderliche *Beschwerdewert* von mehr als 200 EUR *nicht erreicht* wird, aM Nürnb MDR **05**, 534. Denn es handelt sich bei der Erstentscheidung des Rpfl nach I um eine „Entscheidung über Kosten" nach § 567 II. Die frühere gesetzliche Unterscheidung zwischen der „Verpflichtung, die Prozeßkosten zu tragen," also der sog Kostengrundentscheidung, und andersartigen Kostenrechtsentscheidungen mit einem anderen Beschwerderecht ist weggefallen. 43

Auch ein Verstoß gegen die *Beschwerdefrist* des § 569 I 2, 3 macht eine sofortige Beschwerde unzulässig und damit § 11 II RPflG anwendbar. Auch ein Formverstoß kann diese Rechtsfolge haben, etwa eine Unwirksamkeit oder gar ein Fehlen der für die sofortige Beschwerde wie für jeden sog bestimmenden Schriftsatz erforderlichen Unterschrift, § 129 Rn 9 ff. Auch alle übrigen Fehler, die zur Unzulässigkeit einer sofortigen Beschwerde führen, sodaß sie „nicht gegeben" ist, eröffnen nur den Rechtsbehelf nach § 11 II RPflG. 44

Er besteht nach § 11 II 1 Hs 2 RPflG in der „Erinnerung binnen der für die sofortige Beschwerde geltenden Frist", also in der *sofortigen Erinnerung*. In einer FamFG-Sache verweist Hs 1 auf die „Beschwerde", also auf die nach § 63 I oder II FamFG unterschiedlich befristete von grundsätzlich einem Monat und bei § 63 II Z 1, 2 FamFG wiederum nur 2 Wochen. Die sofortige Erinnerung ist weder eine einfache unbefristete noch eine sog Durchgriffs-Erinnerung früherer Art, Ffm NJW **99**, 1265. Ebenso wie bei einer sofortigen Beschwerde das bisherige Gericht bei einer Begründetheit dem Rechtsmittel nach § 572 I 1 Hs 1 abhelfen darf und daher evtl auch muß, § 572 I 1 Hs 1, bestimmt auch § 11 II 2 RPflG gerade für die sofortige Erinnerung ausdrücklich, daß der Rpfl ihr abhelfen „kann" und daher prüfen muß, ob er abhelfen muß. Hier liegt also keine Systemabweichung gegenüber §§ 567 ff mehr vor. 45

Es gibt aber eine *wichtige Abweichung*. Während bei der sofortigen Beschwerde wegen der indirekten Verweisung von § 11 I RPflG auf III 1 und damit auch auf § 572 I 1 Hs 2 das bisherige Gericht die Sache dem höheren zur Entscheidung vorlegen muß, soweit das bisherige die sofortige Beschwerde nicht für begründet hält, darf und muß der Rpfl bei einer solchen sofortigen Erinnerung, der er nicht abhelfen will, die Sache nur seinem Richter und damit *derselben Instanz vorlegen,* § 11 II 3 RPflG. 46

Es gibt noch eine *weitere* Abweichung vom Verfahren der sofortigen Beschwerde. Während das Erstgericht bei ihr unter den Voraussetzungen Rn 46 dem Beschwerdegericht vorlegen muß, muß der Erstrichter auf eine zulässige Vorlage seines Rpfl nach Rn 46 hin nur scheinbar wegen § 11 II 4 RPflG mit seiner Verweisung „im übrigen" auf §§ 567 ff dem Beschwerdegericht vorlegen (frühere sog Durchgriffserinnerung). In Wahrheit *muß* er *stets selbst entscheiden*. Denn Voraussetzung der sofortigen Erinnerung statt sofortigen Beschwerde war ja gerade, daß gegen die Entscheidung des Rpfl dann, wenn von vornherein der Richter sie getroffen hätte, nach den allgemeinen Verfahrensregeln kein Rechtsmittel gegeben gewesen wäre. Würde der Richter der unteren Instanz auf Vorlage des Rpfl nunmehr dem höheren Gericht vorlegen dürfen, würde aus einer gesetzlich unangreifbaren Richterentscheidung eine angreifbare, nur weil der Rpfl tätig war. Diese Komplikation soll § 11 II RPflG nach einer jahrzehntelang verunglückten Praxis gerade verhindern. Die Vorlagepflicht nach § 11 II 3 RPflG beim Richter des Rpfl besteht nur aus verfassungsrechtlichen Erwägungen, Art 101 I 2 GG. Sie ist eine Folge der unveränderten Zwitterstellung des Rpfl. Er ist einerseits „Gericht", anderseits aber eben immer noch nicht ein echter „Richter", obwohl sich seine früher echt richterlichen Aufgaben verzehnfacht haben. 47

Nimmt man nun noch hinzu, daß dieses ganze „System" eine Fülle von Falschbehandlungen bei sämtlichen Beteiligten nahezu unvermeidbar macht, wird das *gesetzliche Durcheinander* erst in seinem ganzen gegenüber früher nur umgeschichteten Ausmaß deutlich, aM von König Rpfleger **00**, 8 (aber man kann wegen der Gesetzesfassung leider nicht mit einem angeblichen Entlastungszweck argumentieren, den der Gesetzgeber selbst gerade nicht umgesetzt hat). Es bleibt die Alltagslast der Praxis, sich gegenseitig durch eine vernünftige und im Rahmen der Zuständigkeitsgrenzen großzügige Verfahrensweise zu helfen, um auf diesem Nebenschauplatz am Ende des Erkenntnisverfahrens den Prozeßbeteiligten vor der Zwangsvollstreckung nicht zusätzliche Probleme als eine Folge deutscher Überperfektion zu schaffen. 48

9) Sofortige Beschwerde im einzelnen, III, § 11 I RPflG. Vgl zunächst die Rechtsbehelfsübersicht Rn 41–48. III ist in Verbindung mit § 11 I RPflG als Rechtsmittel gegen die Entscheidung schon des Rpfl nach Rn 15–40 statthaft, soweit gegen diese Entscheidung dann, wenn der Richter sie erlassen hätte, eben die sofortige Beschwerde nach III statthaft und zulässig wäre. Dazu müssen die folgenden Voraussetzungen zusammentreffen. 49

A. Beschwerdeberechtigung, III 1. Zur sofortigen Beschwerde sind grundsätzlich nur die Parteien berechtigt, Grdz 4 vor § 50, nicht der Wahlanwalt oder ProzBev, § 81, BVerfG JB **98**, 78, Brdb FamRZ **02**, 254, VGH Kassel JB **99**, 36. Auch die Staatskasse ist grundsätzlich nicht zur sofortigen Beschwerde berechtigt. Das gilt auch dann, wenn der Rpfl die Auffassung vertreten hat, eine Anwaltsgebühr sei nicht entstanden. Die sofortige Beschwerde eines Anwalts kann in einen Antrag auf eine Festsetzung des Streitwerts 50 nach §§ 3 ff oder nach (jetzt) § 63 GKG umdeutbar sein, Bbg JB **76**, 185, Ffm JB **79**, 601 und 1873. Sie gilt im Zweifel als eine sofortige Beschwerde der von ihm vertretenen Partei. Soweit der Anwalt auf Grund seiner Beiordnung im Verfahren auf die Bewilligung einer Prozeßkostenhilfe nach §§ 114 ff selbst Antragsteller nach § 126 ist, ist er allerdings auch persönlich zur sofortigen Beschwerde berechtigt, § 126 Rn 18. Er kann freilich mit seiner eigenen Beschwerde nicht eine Umstellung des Verfahrens seiner Partei auf ihn selbst erreichen. Eine Anschlußbeschwerde ist möglich, Bbg JB **81**, 1679.

51 **B. Beschwer.** Der Beschwerdeführer muß wie bei jedem Rechtsmittel im Ergebnis beschwert sein, KG Rpfleger **78**, 225, LG Bln JB **00**, 70, LG Ulm JB **07**, 367. Das gilt zB auch dann, wenn der Kostenfestsetzungsbeschluß die im Urteil genannte Sicherheitsleistung nicht in voller Höhe oder nicht eine im Urteil genannte Vollstreckungsbeschränkung erwähnt, KG Rpfleger **84**, 246. Eine Beschwer durch einen Teil des Kostenfestsetzungsbeschlusses genügt, zB wegen einzelner zu- oder aberkannter Posten, Rn 52. Es kommt insofern auch ein Ergänzungsantrag in Betracht, Rn 33. Eine Beschwer im Kostenpunkt genügt hier entgegen § 99 I, Stgt Rpfleger **84**, 199 (freilich keine Durchgriffsbeschwerde). Eine Beschwer kann bei der Zurückweisung gar nicht beantragter Posten entstehen, Hamm AnwBl **02**, 437. Die sofortige Beschwerde ist auch wegen angeblich überhobener Gerichtskosten zulässig, aM LG Bln JB **00**, 90 (aber es ist die Aufgabe des Gegners, sich solche Kosten von der Staatskasse zurückzahlen zu lassen, § 6 GKG), oder wegen eines Kostenverstoßes gegen § 308 I, Hamm AnwBl **02**, 437. Die sofortige Beschwerde ist auch wegen überhöhter Zeugengebühren oder wegen einer überhöhten Sachverständigenvergütung nach dem JVEG zulässig, Hartmann Teil V. Wegen des Beschwerdewerts Rn 70.

Eine bloße *Nachliquidation* nach § 103 Rn 40 gehört nicht in das Beschwerdeverfahren und nimmt diesem das Rechtsschutzbedürfnis, Grdz 33 vor § 253, Kblz VersR **90**, 1255. Man muß vielmehr eine Ergänzung des bisherigen Kostenfestsetzungsbeschlusses beantragen, Ffm Rpfleger **78**, 29, Kblz JB **91**, 968, Saarbr AnwBl **80**, 299, aM KG MDR **91**, 356, Kblz JB **77**, 1778 (aber man darf an das Ergänzungsverfahren keine geringeren formalen Anforderungen stellen als an das Hauptverfahren).

52 **C. Nachschieben.** Demgegenüber darf man einen berechtigten Einzelposten anstelle eines unberechtigten nachschieben, ähnlich einer Klagänderung, Ffm Rpfleger **88**, 163, KG RR **91**, 768. Das gilt, soweit nicht ein Teilverzicht auf die sofortige Beschwerde vorliegt, Stgt Just **78**, 234, und soweit der bisherige Kostenfestsetzungsbeschluß nicht schon rechtskräftig geworden ist. Man „soll" die sofortige Beschwerde begründen, § 571 I. Es besteht aber keine allgemeine Begründungspflicht. Vgl freilich § 571 III 2, 3. Im Zweifel gilt der gesamte Kostenfestsetzungsbeschluß als angegriffen. Ein vor dem Erlaß der Entscheidung des Rpfl nachgereichter Schriftsatz läßt sich nicht als eine rechtzeitige sofortige Beschwerde umdeuten, Stgt Rpfleger **82**, 309.

53 **D. Berichtigung.** Ein Berichtigungsantrag nach § 319 ist unabhängig von einer sofortigen Beschwerde statthaft. Er zwingt den Rpfl zur Überprüfung und evtl Berücksichtigung. Daher kommt dann keine Vorlage beim Rechtsmittelgericht mehr in Betracht, LG Bln JB **99**, 538 (gegen Ablehnung sofortige Erinnerung. Er kann das Rechtschutzbedürfnis für eine sofortige Beschwerde hemmen oder beseitigen, Bbg Rpfleger **95**, 289. Einen überhöhten Wertansatz muß man mit dem Verfahren nach (jetzt) §§ 63, 66 GKG bekämpfen, Ffm JB **79**, 601 und 1873 (evtl Umdeutung), anschließend mit dem Verfahren nach § 107.

Eine *Teilanfechtung* ist grundsätzlich statthaft, sofern die für jede Anfechtung selbständig erforderliche Beschwer vorliegt, Düss Rpfleger **98**, 104 (keine Addition). Soweit sie zur Zurückverweisung an den Rpfl führt, kann man beim Vorliegen einer weiteren Beschwer nun auch einen anderen Teil des Festsetzungsbeschlusses anfechten, Stgt JB **78**, 1251.

54 **E. Beschwerdewert über 200 EUR.** Die sofortige Beschwerde ist nur dann zulässig, wenn der Beschwerdewert mindestens 200,01 EUR beträgt, (jetzt) § 567 II, Rn 43, LG Ulm JB **07**, 367. Dabei zählen Zinsen und die Umsatzsteuer mit, Kblz MDR **92**, 196. Bei einer teilweisen Zurückweisung ist nur ihr Wert maßgeblich, Düss Rpfleger **98**, 103.

Der Beschwerdewert von mehr als 200 EUR gilt auch für die sofortige Beschwerde gegen eine Entscheidung über eine Umschreibung oder Änderung nach § 126. Der Beschwerdewert kann auch durch eine *Zusammenrechnung* entstehen, wenn der Rpfl statt eines einzigen Beschlusses mehrere erlassen hat, Nürnb JB **75**, 191, aM Stgt JB **79**, 609. Es kommt auf den Vorlagezeitpunkt an, also auf den Eingang beim Gericht. Eine „Erinnerung" gegen den Streitwert kann eine Wertbeschwerde sein, Ffm JB **79**, 1873. Eine nachträgliche Erweiterung bei einem unveränderten Sachverhalt ist natürlich zulässig, Düss Rpfleger **78**, 188. Eine nachträgliche Ermäßigung unter die Beschwerdesumme zwingt nicht zur Rückgabe an den Rpfl, § 567 Rn 18, KG JB **91**, 1522.

Eine auch umdeutbare *Anschlußbeschwerde* ist auch ohne einen Beschwerdewert von mehr als 200 EUR zulässig und umgekehrt, (jetzt) § 567 III, Kblz VersR **80**, 338, Schlesw JB **93**, 489. Jedoch ist eine sog Nachliquidation nach Rn 51 auch auf diesem Weg unstatthaft, Ffm Rpfleger **78**, 29, Hamm JB **96**, 262, Kblz JB **91**, 968. Man kann die Entscheidung auch wegen derjenigen Kosten angreifen, die man im Erinnerungsverfahren nicht angegriffen hatte, sofern man im früheren Teilangriff den Beschwerdewert erreicht hatte, Düss Rpfleger **76**, 188, aM Bbg JB **83**, 129.

55 **F. Notfrist: 2 Wochen (FamFG: Evtl 1 Monat).** Die sofortige Beschwerde unterliegt einer zweiwöchigen Notfrist, §§ 224 I 2, 569 I 1, bei einer FamFG-Sache evtl 1 Monat, Rn 45. Das gilt sowohl dann, wenn der Rpfl den Kostenfestsetzungsantrag aus förmlichen Gründen ohne eine sachliche Prüfung als unzulässig zurückgewiesen hat, als auch insoweit, als der Rpfl über den Kostenfestsetzungsantrag aus sachlichen Gründen entschieden hat, also über dessen Begründetheit, etwa weil keine Erstattungsfähigkeit vorliege. Die Frist in beiden Fällen ergibt sich aus III 1 in Verbindung mit § 11 I RPflG. Die Einlegung beim Beschwerdegericht genügt zur Fristwahrung, § 569 I 1 Hs 2. Bei einer Fristversäumung kommt eine Wiedereinsetzung in Betracht, §§ 233 ff. Die Zweiwochenfrist gilt auch im Strafverfahren, Rn 3, Düss JB **05**, 422.

G. Form. Als ein bestimmender Schriftsatz nach § 129 Rn 5 braucht die sofortige Beschwerde eine grundsätzlich eigenhändige und handschriftliche Unterschrift des Rechtsmittelführers, § 129 Rn 9 ff. Beim Telefax muß man die Kopiervorlage unterschreiben, BGH NJW **94**, 2097. Zur digitalen Signatur § 129 Rn 19. Eine Paraphe nach § 129 ZPO Rn 31 reicht nicht, BAG BB **97**, 947, aM BGH DB **96**, 557 (aber erst durch die volle Unterschrift übernimmt der Beschwerdeführer erkennbar die volle Verantwortung). 56

Ein *Anwaltszwang* besteht bei der bloßen *Einlegung nicht,* BGH NJW **06**, 2261. Das gilt schon wegen des gegenüber §§ 78, 569 III vorrangigen § 13 RPflG, Drsd Rpfleger **00**, 447, Hbg MDR **01**, 1192, Nürnb (3. ZS) MDR **00**, 233 und (4. ZS) MDR **01**, 597, aM Ffm MDR **99**, 705, Nürnb (6. ZS) Rpfleger **99**, 268 (aber nach § [jetzt] 569 I 1 Hs 2 ist die Einlegung gerade nicht zwingend beim Beschwerdegericht notwendig und daher auch beim Rpfl möglich. Daher ist § 13 RPflG anwendbar).

H. Verfahren des Rechtspflegers bei sofortiger Beschwerde: Bei Begründetheit Abhilfe durch ihn selbst. Es kann zunächst eine nach §§ 319, 329 und Rn 53 zulässige Berichtigung auch notwendig sein, Bbg JB **95**, 648, Kblz RR **99**, 867, LG Bln JB **99**, 538. Sie entfällt zB oft beim bloßen Übersehen einer Entscheidung über einen angemeldeten Kostenpunkt, § 319 Rn 22 „Übersehen". Gegen ihre Ablehnung ist nach § 567 I Z 2 in Verbindung mit § 11 I Hs 2 RPflG die sofortige Beschwerde statthaft. Mangels einer Notwendigkeit einer Berichtigung gilt: Soweit der Rpfl die sofortige Beschwerde nach seiner pflichtgemäßen Prüfung für statthaft, zulässig und begründet hält, darf und muß er nach § 572 I 1 Hs 1 in Verbindung mit § 11 II 1 Hs 2 RPflG der sofortigen Beschwerde selbst abhelfen. Das ist der wesentliche Unterschied zum früheren Verfahren des Rpfl bei einer sofortigen Beschwerde. Vgl auch Rn 59. 57

Das *Verfahren* des Rpfl erfolgt nach §§ 569 ff in Verbindung mit § 11 I RPflG. Neue Angriffs- oder Verteidigungsmittel sind zulässig, Kblz Rpfleger **02**, 319. Ein Anwaltszwang besteht im gesamten Verfahren des Rpfl bis zu seiner Abhilfeentscheidung wegen § 13 RPflG, § 78 I nicht. Der Rpfl muß den Beschwerdegegner vor einer Abhilfe anhören, Artt 2 I, 20 III GG, BVerfG **101**, 404 (faires Verfahren). Dazu muß er eine angemessene Frist setzen, und zwar durch eine förmlich zuzustellende Verfügung, § 329 II 2. Eine mündliche Verhandlung ist zulässig, aber nicht notwendig, § 128 IV.

Die *Abhilfeentscheidung* des Rpfl erfolgt durch einen Beschluß. Der Rpfl muß ihn nachvollziehbar begründen, § 329 Rn 4. Eine floskelhafte „Begründung" reicht nicht aus. Sie kann vielmehr zur Zurückverweisung wegen eines Verfahrensfehlers führen. Soweit im Abhilfeverfahren Kosten entstanden sein können, muß der Rpfl in seiner Abhilfeentscheidung über sie mitbefinden, § 97, Kblz AnwBl **03**, 315 (zu [jetzt] § 11 RVG), LG Karlsr MDR **03**, 178. Der Rpfl muß seine Abhilfeentscheidung verkünden oder mangels einer mündlichen Verhandlung dem siegenden Beschwerdeführer nach § 329 III Hs 1 zustellen, soweit sie auch nur wegen der Kosten einen Vollstreckungstitel enthält, § 794 I Z 2, im übrigen formlos nach § 329 II 1 mitteilen. Dem unterliegenden Beschwerdegegner muß der Rpfl seine Abhilfeentscheidung förmlich zustellen. Denn sie kann entweder nach § 567 I Z 1, II (ausreichende Beschwer) in Verbindung mit § 11 I Hs 2 RPflG oder nach § 567 I Z 2 in Verbindung mit § 11 I Hs 2 RPflG (Zurückweisung des Antrags auf Kostenfestsetzung) nunmehr seitens des bisherigen Beschwerdegegners (Gläubigers) befristet anfechtbar sein, § 329 III. Mit der gesetzmäßigen Bekanntgabe bei einer Abhilfe endet das bisherige Beschwerdeverfahren. Es besteht ja kein Anlaß zu weiteren Maßnahmen.

Eine *irrige Verfahrensweise* muß der fälschliche Adressat, etwa der Richter des Rpfl oder das Beschwerdegericht, durch eine formlose Zurücksendung korrigieren, notfalls durch einen zurückverweisenden Beschluß.

I. Verfahren des Rechtspflegers bei sofortiger Beschwerde: Bei Unbegründetheit Vorlage beim Beschwerdegericht. Soweit der Rpfl die sofortige Beschwerde nach einer Prüfung gemäß Rn 57 jedenfalls für unbegründet hält, muß er das Rechtsmittel unverzüglich nach § 121 I 1 BGB (allgemeiner Rechtsgedanke; ohne schuldhaftes Zögern) gemäß § 572 I 1 Hs 2 in Verbindung mit § 11 I RPflG dem Beschwerdegericht vorlegen, also dem LG nach § 72 GVG oder dem OLG nach § 119 I Z 1, III, IV GVG. Das muß ohne jede weitere Prüfung geschehen. Eine Klage beim BVerfG ist für ihn unstatthaft, BVerfG **30**, 170. Die Vorlage erfolgt an das Kollegium, SchlHA **80**, 57, oder an den Einzelrichter, Hamm MDR **93**, 384. 58

Die *Nichtabhilfe- und Vorlageentscheidung* erfolgt durch eine Verfügung oder einen Beschluß des Rpfl. Beide Formen erfordern eine wenigstens im Kern nachvollziehbare Kurzbegründung, Hbg MDR **02**, 1274. Denn das Beschwerdegericht muß erkennen können, daß der Rpfl keinen Verfahrensfehler beging. Der Rpfl teilt diese Begründung den Parteien formlos mit. Die Vorlage enthält keine Kostenentscheidung. Eine floskelhafte „Begründung" reicht trotz aller Erlaubnis zur Kurzfassung nicht. Die Nichtbeachtung dieser Erfordernisse kann zur Zurückverweisung an den Rpfl führen, Kblz JB **02**, 200.

Es ist *keine Vorlage beim Richter des Rechtspflegers* zulässig. Denn dieser nimmt am Verfahren über die sofortige Beschwerde nicht teil, Brdb NJW **99**, 1268, Düss AnwBl **99**, 288, Ffm NJW **99**, 1265. Eine Vorlage an den Richter des Rpfl kommt auch nicht nach § 5 RPflG infrage. Denn der Rpfl muß die Akten bei einer unbegründeten sofortigen Beschwerde mangels einer eigenen Abhilfe eben unverzüglich dem Beschwerdegericht vorlegen und alles weitere diesem überlassen.

J. Keine Nichtabhilfe des Erstrichters. Es gibt bei einer sofortigen Beschwerde keinen Nichtabhilfebeschluß des *Richters* des Rpfl. Folglich gibt es beim Verstoß auch keine förmliche Zurückverweisung vom Richter an seinen Rpfl. Vielmehr gibt der Richter die Sache formlos an den Rpfl unter einem Hinweis darauf zurück, daß *dieser* sie dem Beschwerdegericht vorlegen muß, oder er leitet die Akte zweckmäßigerweise formlos an das Beschwerdegericht mit der Anregung weiter, den Nichtabhilfebeschluß des Rpfl als dessen Vorlage umzudeuten. Freilich mag bei einer Sturheit des Rpfl auch einmal eine Aufhebung nur des Nichtabhilfebeschlusses nebst einer Zurückverweisung seitens des Richters des Rpfl ratsam sein und wäre wirksam. 59

K. Verfahren des Beschwerdegerichts. Sein Verfahren ist alles andere als einfach. Das Beschwerdegericht prüft zunächst, ob der Vorlagebeschluß des Rpfl berechtigt ist. Eine unberechtigte Vorlage hebt das Beschwerdegericht auf. Es kann und muß evtl das Verfahren entsprechend (jetzt) § 538 an den Rpfl der ersten Instanz (nicht an seinen Richter) zurückverweisen, BGH RR **05**, 1299, Ffm JB **99**, 482, Hamm MDR **00**, 174. Dann muß der Rpfl auch über die Beschwerdekosten entscheiden, Bbg JB **79**, 1713. Eine 60

Zurückverweisung ist nicht in eine Vorlage umdeutbar, Ffm VersR **78**, 261, Hamm Rpfleger **78**, 421, KG Rpfleger **78**, 337. Sofern die Vorlage statthaft war, entscheidet das Beschwerdegericht nach § 572 II 1 über die Statthaftigkeit, Zulässigkeit und Begründetheit der sofortigen Beschwerde. Auch das Beschwerdegericht muß grundsätzlich den gesamten Beschluß überprüfen, aber nur im Rahmen von dessen Anfechtung, § 308 Rn 16, Mü MDR **00**, 666. Es braucht trotz § 571 I nicht schon auf Grund eines bloßen Vorbehalts des Beschwerdeführers dessen Begründung abzuwarten. Es muß nur eine angemessene Frist ablaufen lassen, Brschw MDR **93**, 1116 (2–3 Wochen). Dabei beachtet das Beschwerdegericht §§ 567–572.

61 **L. Anwaltszwang.** Ein *Anwaltszwang* ist für die *Einlegung* nach Rn 56 entbehrlich. Grundsätzlich besteht aber im Verlauf des Beschwerdeverfahrens vor dem Beschwerdegericht ein Anwaltszwang, § 78 I 2. Indessen kann dort im Beschwerdeverfahren nach § 571 IV 1 auch jeder Anwalt auftreten, § 78 Vorbem. Darüber hinaus besteht vor dem Beschwerdegericht insoweit überhaupt kein Anwaltszwang, als das Gericht eine schriftliche Erklärung angeordnet hat, falls man die Beschwerde auch zum Protokoll der Geschäftsstelle eingelegen *durfte* (§ 569 III), selbst wenn man sie nicht so eingelegt *hatte.* Denn dann entfällt der Anwaltszwang für die angeordnete Erklärung nach § 78 III Hs 2. Diese Ausnahme ist freilich nicht weit auslegbar. Eine mündliche Verhandlung findet nicht zwingend statt, §§ 128 IV, 572 IV. Wohl aber ist das rechtliche Gehör notwendig, Art 103 I GG, soweit das Beschwerdegericht zulasten des Anzuhörenden entscheiden will.

62 **M. Entscheidung des Beschwerdegerichts.** Das Beschwerdegericht entscheidet durch einen Beschluß, §§ 329, 572 IV. Es muß seinen Beschluß unabhängig von seiner etwaigen Anfechtbarkeit grundsätzlich begründen, § 329 Rn 4.

63 **N. Begrenzung durch Antrag.** Das Beschwerdegericht darf dem Beschwerdeführer nicht mehr zusprechen, als er begehrt hat, § 308 I, vgl Rn 17, Ffm JB **75**, 662, OVG Hbg AnwBl **87**, 290. Das Beschwerdegericht verwirft eine *unzulässige* Beschwerde, § 572 II 2. Es weist eine zulässige, aber *unbegründete* sofortige Beschwerde zurück. Es hebt die angefochtene Entscheidung bei einer zulässigen und begründeten Beschwerde auf. Es entscheidet dann selbst, indem es die Kosten festsetzt. Es kann auch nach § 572 III an den Rpfl zurückverweisen, Rn 60. Im Umfang einer Zurückverweisung kann das Beschwerdegericht Weisungen für die neue Festsetzung erteilen, § 572 III. Soweit die Vorlage unzulässig war, zB wegen des Nichterreichens der Beschwerdesumme, gibt das Beschwerdegericht die Sache an den Rpfl zurück, ohne eine Aufhebung auszusprechen, so schon Kblz Rpfleger **76**, 11. Die innere Rechtskraft des Beschlusses des Beschwerdegerichts tritt nach § 322 unabhängig von derjenigen der Hauptsache ein. Das Beschwerdegericht muß mangels einer Zurückverweisung über die Kosten des Beschwerdeverfahrens entscheiden, §§ 91, 97, Kblz MDR **02**, 909, aM Karlsr FamRZ **02**, 1501. § 93 ist entsprechend anwendbar, auch wenn der Gegner der sofortigen Beschwerde nicht entgegengetreten war, LG Halle MDR **00**, 480, Schneider MDR **02**, 1221 (je: Üb zur Streitfrage). Gebühren: Des Gerichts (jetzt) KV 1811, Kblz MDR **02**, 909, Auslagen wie sonst; des Anwalts: 0,5 Gebühr, VV 3500 ff. Das Rechtsmittel ist bis zur Wirksamkeit einer Rechtsmittelentscheidung rücknehmbar. Die Rücknahme ist als eine Parteiprozeßhandlung unwiderruflich, Grdz 58 vor § 128, Kblz JB **76**, 116. Der Rpfl muß die Anwaltsgebühren nach einer Rücknahme der sofortigen Beschwerde entsprechend § 516 III von Amts wegen festsetzen.

64 **O. Verbot der Schlechterstellung.** Das Beschwerdegericht muß grundsätzlich das *Verbot der Schlechterstellung* beachten, Mü Rpfleger **82**, 196, Oldb JB **78**, 1811, LG Würzb JB **79**, 1034. Es kann den angefochtenen Beschluß aber klarstellend aufheben, soweit die Kostengrundentscheidung wegfällt oder fehlt, Mü JB **82**, 1563, Pauling JB **02**, 61 (auch zu weiteren Ausnahmen). Es muß § 97 beachten, dort Rn 32. Es muß aber auch § 99 I beachten. Wegen der Kosten nach einer Zurückverweisung Rn 21. Wenn der Rpfl die sofortige Beschwerde zurückgewiesen hatte, statt die Akten vorzulegen, kann das Beschwerdegericht in der Sache entscheiden, ohne den angefochtenen Beschluß aufheben zu müssen, aM Ffm VersR **78**, 261, Kblz JB **76**, 1346 (das Beschwerdegericht müsse die angefochtene Entscheidung dann aufheben, wenn der Ablehnungswille des Erstgerichts klar erkennbar sei. Aber die erstere Lösung ist prozeßwirtschaftlicher, Grdz 14 vor § 128). In einer Familiensache ist der Familiensenat des OLG für die Entscheidung zuständig, BGH FamRZ **78**, 586, Bischof MDR **78**, 716.

65 **P. Mitteilung.** Das Beschwerdegericht muß seinen Beschluß förmlich zustellen lassen, § 329 III Hs 1, evtl auch §§ 329 III Hs 2, 574, und zwar stets dem ProzBev, § 172.

66 **Q. Änderung.** Das Beschwerdegericht darf seine Entscheidung nicht abändern, §§ 318, 329. Wegen der Einstellung der Zwangsvollstreckung § 570 III. Eine Rechtsbeschwerde nach § 574 ist nur nach ihrer Zulassung durch das Beschwerdegericht statthaft, BGH RR **04**, 356 (krit Timme/Hülk MDR **04**, 467), BayObLG Rpfleger **03**, 43.

67 **R. Aussetzung des Beschwerdeverfahrens, III 2.** Das Beschwerdegericht kann nicht nur die Vollziehung nach § 570 III Hs 2 aussetzen, sondern darüber hinaus das gesamte Beschwerdeverfahren solange aussetzen, bis diejenige Kostengrundentscheidung nach Üb 35 vor § 91, auf die sich der Festsetzungsantrag gestützt hat, formell rechtskräftig ist. „Kann" stellt nicht nur in die Zuständigkeit, sondern in das pflichtgemäße Ermessen (nur) des Beschwerdegerichts, Hamm JB **07**, 207. Ergänzend gilt § 570. Die Aussetzung oder deren Ablehnung sind unanfechtbar.

68 **S. Gegenvorstellung, Verfassungsbeschwerde.** Eine Gegenvorstellung ist unstatthaft. Eine Verfassungsbeschwerde kommt wie sonst in Betracht, zB bei einem Verstoß gegen das Willkürverbot durch eine grob fehlerhafte Berechnung, Einl III 21, BVerfG MDR **83**, 372.

Eine danach unzulässige erste Beschwerde liegt aber dann *nicht* vor, wenn es sich in Wahrheit (jetzt) um einen Erstantrag im gesonderten Verfahren nach § 156 KostO handelt, BayObLG FGPrax **99**, 78.

69 **10) Sofortige Erinnerung im einzelnen, III 1, § 11 II RPflG.** Vgl zunächst wiederum die Rechtsbehelfsübersicht Rn 41–48. Soweit gegen die Entscheidung dann, wenn der Richter sie erlassen hätte, *keine* sofortige Beschwerde und kein anderes Rechtsmittel statthaft und zulässig wäre, kommt nach § 11 II RPflG

der dort genannte Rechtsbehelf in Betracht, Rn 43. Das übersieht Schütt MDR **99**, 85. Dazu müssen die folgenden Voraussetzungen zusammentreffen.

A. Erinnerungsberechtigung. Zur sofortigen Erinnerung sind alle in Rn 50 Genannten berechtigt. 70
Die sofortige Erinnerung kann in einen Antrag auf die bloße Festsetzung des Gegenstandswerts umdeutbar sein, Bbg JB **76**, 185, oder in eine Erinnerung gegen den Kostenansatz, Düss JB **06**, 143. Eine Anschlußerinnerung ist möglich, LG Bln Rpfleger **96**, 397 (auch zu den Grenzen).

B. Beschwer, Beschwerdewert bis 200 EUR. Wegen der Beschwer Rn 51–53. Der Beschwerdewert 71
darf 200 EUR nicht übersteigen. Denn nur dann wäre eine Entscheidung des Richters unangreifbar, § 567 II ZPO in Verbindung mit § 11 II 1 RPflG. Vgl im übrigen wie bei Rn 54, auch zur Nachliquidation.

C. Notfrist: 2 Wochen (FamFG: Evtl 1 Monat). Zwar bezeichnet § 11 II 1 Hs 2 RPflG die dortige 72
Anfechtungsform nur als „die Erinnerung", nicht als „sofortige Erinnerung" und schon gar nicht wie § 11 I Hs 2 RPflG als „sofortige Beschwerde". Trotzdem ist die Frist zur Einlegung eine Notfrist, § 224 I 2. Denn § 11 II 1 Hs 2 RPflG spricht von der „für die sofortige Beschwerde geltenden Frist", und das ist eine Notfrist, Rn 55. Daran ändert sich auch nichts durch den Umstand, daß zum einen § 11 II 2 RPflG ebenso wie der hier nachrangige § 572 I 1 Hs 1 ZPO den Rpfl ermächtigt und daher evtl verpflichtet, der Erinnerung abzuhelfen, und daß zum anderen nach § 11 II 4 RPflG nur „im übrigen" die Vorschriften über die „Beschwerde" (gemeint jetzt: über die „sofortige Beschwerde") sinngemäß auf die sofortige Erinnerung anwendbar sind.

Auch *§ 224 I 2 ändert nichts.* Danach sind Notfristen nur diejenigen Fristen, die „in diesem Gesetz" als 73
solche bezeichnet sind. Durch die Verweisung in § 11 II 1 Hs 2 RPflG auf die gerade für die sofortige Beschwerde der ZPO geltende Frist nimmt das Gesetz aber auf die ZPO Bezug. Wegen einer FamFG-Sache vgl Rn 45.

Die *Notfrist* richtet sich nach § 222. Es gibt keine Abkürzung oder Verlängerung, § 224. Die Notfrist 74
beginnt mit der Zustellung des Festsetzungsbeschlusses, §§ 11 II 1 RPflG, 569 I 2 ZPO. Der Fristanlauf ist von einer Belehrung unabhängig. Da der Rpfl aber im Verfahren bis zum Erlaß seines Beschlusses das rechtliche Gehör gewähren mußte, Artt 2 I, 20 III GG, BVerfG **101**, 404, beginnt die Notfrist ferner nur dann zu laufen, wenn er spätestens bei der Zustellung des Kostenfestsetzungsbeschlusses eine Ablichtung oder Abschrift der Kostenberechnung des Prozeßgegners (nicht der Gerichtskosten, Hbg JB **85**, 1884) beigefügt hat, ThP 30, aM Mü Rpfleger **90**, 503, ZöHe 14 (aber es ist eine vollständige Fassung des Festsetzungsbeschlusses ohne dessen Unterlagen kaum vorhanden). Die Frist läuft ferner nicht, soweit der Rpfl eine Position einfach ohne eine Anhörung stillschweigend gestrichen hatte. Soweit der Festsetzungsbeschluß nach § 105 auf das Urteil oder den Vergleich gesetzt wurde, beginnt die Frist mit der Zustellung dieses einheitlichen Titels nach § 317. Eine inhaltliche Berichtigung erfordert eine neue Zustellung.

Die sofortige Erinnerung muß innerhalb der Notfrist nach § 129 a II 2 bei demjenigen Gericht *eingehen,* 75
dessen Rpfl den angefochtenen Beschluß erlassen hat, Hamm AnwBl **95**, 270, Mü Rpfleger **92**, 425, aM Bbg JB **75**, 1498 (aber das ist ein allgemeines Erfordernis jeder fristgebundenen Anfechtung). Der Eingang auf der Posteinlaufstelle ist ausreichend. Ein Eingang auf der Geschäftsstelle derjenigen Abteilung, deren Rpfl entschieden hat, ist nicht erforderlich. Soweit man die sofortige Erinnerung nach § 129 a I zum Protokoll des Urkundsbeamten der Geschäftsstelle eines anderen Gerichts eingelegt hat, wird sie erst dann wirksam, wenn sie bei dem Gericht desjenigen Rpfl eingeht, der den angefochtenen Beschluß erlassen hatte, § 129 a II 2. Eine Einlegung der Erinnerung bei dem Beschwerdegericht wahrt die Frist allerdings auch dann, wenn kein dringlicher Fall vorliegt. Das ergibt sich aus §§ 11 II 1 RPflG, 569 I Hs 2. Soweit der Erinnerungsführer auf einen Schriftsatz Bezug nimmt, muß er doch eine eindeutige Rechtsmittelerklärung innerhalb der Frist abgeben, Düss MDR **78**, 477, Ffm Rpfleger **83**, 117, Stgt Rpfleger **82**, 309.

Die *nachträgliche Erweiterung* der sofortigen Erinnerung ist zulässig, Karlsr Rpfleger **92**, 494, ebenso eine 76
unselbständige Anschließung, Bbg JB **78**, 593. Das stellt § 567 III klar. Da es sich um eine Notfrist handelt, kommt gegen ihre Versäumung die Wiedereinsetzung nach §§ 233 ff in Betracht.

D. Form. Die Bezeichnung des Rechtsbehelfs bindet nicht. Der Rpfl prüft, was der Einreicher gemeint 77
hat, und deutet notfalls von Amts wegen erkennbar in die richtige Bezeichnung um, Rn 79, Karlsr AnwBl **99**, 247. Man kann die sofortige Erinnerung schriftlich einlegen. Dann ist die eigenständige Unterschrift notwendig, § 129 Rn 9, LG Bln MDR **76**, 407. Man kann die sofortige Erinnerung auch per Telefax, elektronisch nach § 130 a oder zum Protokoll der Geschäftsstelle einlegen, nicht aber telefonisch, auch nicht durch eine bloße Bezugnahme auf einen vor der Erinnerung eingegangenen Schriftsatz, Celle Rpfleger **94**, 290. Zur Entgegennahme ist der Urkundsbeamte der Geschäftsstelle sowohl desjenigen Gerichts zuständig, dessen Rpfl den angefochtenen Beschluß erlassen hatte, Köln MDR **75**, 671, als auch derjenige der Geschäftsstelle eines jeden anderen AG, § 129 a I.

Es besteht zur Einlegung *kein Anwaltszwang,* Rn 56. Er besteht auch dann nicht, wenn der Rpfl der 78
sofortigen Erinnerung nicht abhilft, § 11 II 2 RPflG, und sie daher nach § 11 II 3 RPflG dem Richter vorlegt. Das gilt, zumal dieser die sofortige Erinnerung nicht dem Beschwerdegericht zuleiten darf, sondern stets selbst abschließend entscheiden muß, Rn 92 ff. Ein Anwaltszwang besteht auch dann nicht, wenn der Richter die sofortige Erinnerung fälschlich dem Beschwerdegericht zuleitet, Bbg JB **78**, 1366, Düss JB **78**, 1570, Kblz VersR **80**, 539. Wegen des Anwaltszwangs im *weiteren* Verfahren Rn 61.

Als eine Parteiprozeßhandlung nach Grdz 47 vor § 128 duldet die sofortige Erinnerung *keine Bedingung,* 79
Stgt Rpfleger **82**, 309. Eine fehlerhafte Bezeichnung läßt sich aber heilen, Rn 77. Eine ausdrückliche Erklärung der sofortigen Erinnerung ist nicht stets notwendig.

E. Aussetzung der Vollziehung. Nach § 11 II 4 RPflG sind auf die sofortige Erinnerung „im übrigen" 80
§§ 567 ff sinngemäß anwendbar. Nach § 570 II kann derjenige Rpfl, dessen Entscheidung man angefochten hat, im Erinnerungsverfahren bis zu seiner Entscheidung über eine Abhilfe oder Nichtabhilfe die Vollziehung des angefochtenen Beschlusses aussetzen. Dagegen ist kein Rechtsbehelf statthaft, § 567 I Z 1, 2.

81 **F. Allgemeines zum Verfahren des Rechtspflegers bei sofortiger Erinnerung, § 11 II 2, 3 RPflG.** Der Rpfl kann der sofortigen Erinnerung abhelfen, Rn 84, §§ 11 II 2, 21 Z 2 RPflG, Stgt NJW **99**, 368, aM Schneider Rpfleger **98**, 500 (aber der Wortlaut und Sinn sind eindeutig, Einl III 39). Er muß abhelfen, soweit er die sofortige Erinnerung für zulässig und begründet hält, Ffm Rpfleger **79**, 388. Daher ist er zunächst sowohl zur Prüfung der Zulässigkeit berechtigt und verpflichtet als auch zur Prüfung der Begründetheit der sofortigen Erinnerung, Hamm Rpfleger **86**, 484, Rostock MDR **06**, 538, LG Bln JB **99**, 313. Das gilt auch beim etwaigen Wiedereinsetzungsgesuch wegen einer Versäumung der Erinnerungsfrist, § 233, Düss Rpfleger **83**, 29, KG Rpfleger **85**, 456. Das alles gilt ferner trotz § 8 I RPflG auch dann, wenn der Richter rechtswidrig über die Abhilfe entschieden hatte, ohne die Entscheidung des Rpfl abzuwarten, LAG Düss Rpfleger **93**, 439. Man muß auch eine als sofortige Beschwerde bezeichnete Eingabe aus den Gründen Rn 41 ff, 57 ff zunächst dem Rpfl vorlegen.

82 Der Rpfl darf und muß insbesondere prüfen, ob er Erinnerung *teilweise* abhilft, Düss Rpfleger **86**, 404 (abl Lappe/Meyer-Stolte). Der Urkundsbeamte der Geschäftsstelle und notfalls der Richter des Rpfl, Hamm Rpfleger **86**, 277, legen daher die sofortige Erinnerung zunächst dem Rpfl vor. Eine mündliche Verhandlung ist statthaft, aber nicht notwendig, § 128 IV in Verbindung mit § 11 II 4 RPflG, § 572 IV.

Der Rpfl muß bereits von sich aus dem Gegner des Erinnerungsführers vor einer diesem ungünstigen Entscheidung wie bei Rn 5 grundsätzlich das *rechtliche Gehör* gewähren, Artt 2 I, 20 III GG, BVerfG **101**, 404. Diese Anhörung ist also nur dann nicht erforderlich, wenn der Rpfl der sofortigen Erinnerung nicht abhelfen will. Der Rpfl muß grundsätzlich den gesamten Kostenfestsetzungsbeschluß überprüfen, selbst wenn die sofortige Erinnerung nicht den gesamten Beschluß angreift. Denn selbst die etwaige Unrichtigkeit einzelner Posten mag am Ergebnis des angefochtenen Beschlusses nichts ändern.

83 Im Verfahren vor dem Rpfl ist die *Rücknahme* der sofortigen Erinnerung zulässig. Sie führt auf einen Antrag des Gegners zur Auferlegung von dessen außergerichtlichen Kosten zulasten des Erinnerungsführers. Das Erinnerungsverfahren ist gerichtsgebührenfrei, § 11 IV RPflG.

84 **G. Abhilfe durch den Rechtspfleger, § 11 II 2 RPflG.** Soweit der Rpfl der sofortigen Erinnerung abhilft, entscheidet er durch einen Beschluß, §§ 329, 572 I 1 Hs 1, IV. Er darf also nicht bei einer Vorlage an den Richter offen lassen, wie weit er abhilft, Düss MDR **86**, 503, Mü Rpfleger **81**, 412, LG Bln Rpfleger **89**, 56, aM Lappe/Meyer-Stolte Rpfleger **86**, 405 (vgl aber Rn 86). Er hebt den angefochtenen Beschluß auf und erläßt einen neuen Kostenfestsetzungsbeschluß oder einen Ergänzungsbeschluß, Mü Rpfleger **81**, 71, Meyer-Stolte Rpfleger **83**, 30. Der Rpfl muß seinen Beschluß begründen, soweit er den Beteiligten belastet, § 329 Rn 4. Kosten des Gerichts: Keine Gebühren, § 11 IV RPflG, jedoch Auslagen wie sonst, des Anwalts: 0,5 Gebühr, VV 3500. Diese Entscheidung des Rpfl beendet das bisherige Erinnerungsverfahren. Sie ist, soweit sie eine neue Beschwer enthält, wiederum beschwerde- oder erinnerungsfähig, KG Rpfleger **82**, 230, Mü Rpfleger **89**, 55. Freilich muß der jetzt Beschwerte insoweit dann auch eine neue Notfrist einhalten, Mü Rpfleger **89**, 55. Das gilt auch dann, wenn der Rpfl auf eine sofortige Erinnerung den ursprünglichen Kostenfestsetzungsbeschluß wieder herstellt. Die erste Erinnerung lebt nicht wieder auf, Mü Rpfleger **89**, 55.

85 Der Rpfl muß auch dann den ganzen Festsetzungsbeschluß *neu fassen*, wenn er der sofortigen Erinnerung nur teilweise stattgeben will. Freilich muß der unveränderte Teil vollstreckbar bleiben, Mü Rpfleger **84**, 235. Er darf also nicht auch nur zunächst den übrigen Teil vorlegen, Düss MDR **86**, 503 (abl Lappe/Meyer-Stolte Rpfleger **86**, 404), auch nicht bei wechselseitigen Erinnerungen, aM LG Detm Rpfleger **96**, 238 (abl Lappe). Ihn bindet aber ein nur wegen der Höhe eingelegter Antrag auch dann, wenn die Kosten gar nicht entstanden waren. Wenn der Rpfl der sofortigen Erinnerung voll abhilft, muß er wegen § 308 II auch über die außergerichtlichen Kosten des Erinnerungsverfahrens entscheiden. Bei einer nur teilweisen Abhilfe ergeht keine Kostenentscheidung, Mü Rpfleger **77**, 70. Die Kostenentscheidung darf den Erinnerungsführer nicht schlechter stellen als vorher, Köln NJW **75**, 2347.

86 **H. Keine Abhilfe durch den Rechtspfleger: Vorlage bei seinem Richter, § 11 II 3 RPflG**, dazu *Peters,* Die Rechtsnatur des Nichtabhilfe- und Vorlagebeschlusses, Festschrift für *Gaul* (1997) 517: Nur soweit der Rpfl der sofortigen Erinnerung nicht abhilft, vermerkt er das in der Akte und verfügt die Vorlage an den Richter. Spätestens in diesem Zeitpunkt muß er eine etwa bisher fehlende Begründung des angefochtenen Beschlusses nachholen, § 329 Rn 4, 19, Düss Rpfleger **85**, 255, Mü Rpfleger **92**, 382. Der bloße Vermerk des Rpfl „ich helfe nicht ab" ist ein Verstoß gegen Artt 2 I, 20 III GG, BVerfG **101**, 404 (also noch nicht Art 103 I GG). Er führt auf einen Antrag zur Zurückverweisung entsprechend § 538 an den Rpfl, BayObLG Rpfleger **93**, 485 (KostO), Mü Rpfleger **90**, 156, Rostock MDR **06**, 538. Besser, wenn auch nicht notwendig, ist ein förmlicher Nichtabhilfebeschluß. Ihn muß der Rpfl natürlich ebenso begründen. Stets ist seine volle Unterschrift nötig, § 329 Rn 8, 9. Wegen einer teilweisen Nichtabhilfe Rn 85.

87 Eine *Bezugnahme* auf die Gründe des angefochtenen Beschlusses kann genügen. Jedoch muß sich der Rpfl mit den etwa zusätzlichen Erwägungen der Erinnerungsbegründung natürlich erkennbar ernsthaft auseinandersetzen. Eine Leerfloskel „aus den zutreffenden Gründen des angefochtenen Beschlusses" reicht ebensowenig wie beim Richter.

88 **I. Allgemeines zum Verfahren des Richters bei sofortiger Erinnerung, § 11 II 3, 4 RPflG.** Erst sobald der Rpfl auf Grund der Vorlage der Akte bei ihm nach Rn 81 den erforderlichen Nichtabhilfevermerk oder Nichtabhilfebeschluß unterschrieben hat, Hamm Rpfleger **86**, 277, darf und muß der Urkundsbeamte der Geschäftsstelle des Rpfl die Akten dem Richter des Rpfl vorlegen. Das muß dann freilich auch unverzüglich geschehen, § 11 II 4 RPflG in Verbindung mit § 572 I 1 Hs 2, also ohne ein schuldhaftes Zögern, § 121 II 1 BGB (allgemeiner Rechtsgedanke).

89 Erst jetzt darf und muß dieser Richter den Beschluß in seinem *ganzen Umfang überprüfen,* soweit der Rpfl ihn nicht bereits aufgehoben oder abgeändert hatte. Der Richter darf also nicht etwa über eine Abhilfe auch oder zunächst nur gewissermaßen für den Rpfl befinden, solange der Rpfl nicht in eigener Zuständigkeit über die Abhilfe nach Rn 80, 84 befunden hatte, LAG Düss Rpfleger **93**, 439. Denn nunmehr gilt der Fall so, als ob der Richter die Sache an sich gezogen hätte, BayObLG Rpfleger **90**, 201.

Hat der Rpfl also ordnungsgemäß in einer eigenen Zuständigkeit eine *Abhilfe abgelehnt* und hat der Urkundsbeamte die Akte anschließend dem Richter erstmals oder erneut vorgelegt, darf der Rpfl seine Entscheidung grundsätzlich nicht mehr von sich aus ändern, Mü Rpfleger, **82**, 196, es sei denn nach einer Zurückverweisung an ihn. Eine etwaige Abänderung darf den Erinnerungsführer nicht schlechter stellen als vorher, Mü MDR **00**, 665. Der Rpfl darf also jetzt nicht mehr doch noch abhelfen, KG Rpfleger **85**, 455. Soweit nicht bereits der Rpfl den Gegner des Erinnerungsführers nach Rn 82 angehört hatte, muß sein Richter diese Anhörung nachholen, und zwar erst jetzt nach Art 103 I GG, BVerfG **101**, 404, es sei denn, auch er will der sofortigen Erinnerung nicht abhelfen. Die Anhörung heilt einen früheren Verstoß, BVerfG **5**, 22. Zur Frage eines Anwaltszwangs Rn 61. 90

Der Richter prüft zunächst, ob die sofortige Erinnerung im vorgelegten Umfang *statthaft und zulässig* ist. Wenn er sie für unzulässig hält, weil sie nicht rechtzeitig eingegangen ist, prüft er, ob eine etwa beantragte Wiedereinsetzung in den vorigen Stand notwendig ist, §§ 233 ff, Düss MDR **75**, 233, Mü Rpfleger **76**, 301 (abl Stöber), Schlesw SchlHA **80**, 56. Wenn er sie für unzulässig hält, weil wegen einer Überschreitung des Beschwerdewerts von 200 EUR eine sofortige Beschwerde statthaft ist, verfährt er nach Rn 59. Im Anschluß an eine Bejahung der Zulässigkeit der sofortigen Erinnerung klärt der Richter, ob sie auch *begründet* ist. Er muß den Eingang einer etwa fehlenden Erinnerungsbegründung abwarten oder dazu eine angemessene Frist setzen, § 224, LG Ffm Rpfleger **90**, 285. 91

J. Entscheidung des Richters, § 11 II 3 RPflG. Der Richter des Rpfl entscheidet unter einer Mitbeachtung von §§ 569 ff über die sofortige Erinnerung, wenn sie im Zeitpunkt dieser seiner Entscheidung statthaft ist, Rn 43, Schlesw SchlHA **81**, 56. Das ist so, wenn gegen einen von vornherein vom Richter erlassenen Festsetzungsbeschluß kein Rechtsmittel zulässig gewesen wäre, Rn 43, Kblz Rpfleger **91**, 298 (zu [jetzt] § 11 RVG). Das kommt vor allem dann in Betracht, wenn der Wert des Beschwerdegegenstands 200 EUR nicht übersteigt oder unter die Beschwerdesumme sinkt, § 567 II, BVerfG FamRZ **01**, 828, Düss Rpfleger **98**, 104, Kblz Rpfleger **92**, 242. 92

Die Entscheidung erfolgt *in voller richterlicher Besetzung*. Der Einzelrichter des § 348 muß allein entscheiden. Derjenige des § 348 a muß über die sofortige Erinnerung entscheiden, soweit das Gericht den Rechtsstreit dem Einzelrichter übertragen hat und der Einzelrichter den Rechtsstreit weder an das Gericht in voller Besetzung zurückverwiesen noch zurückübertragen hat, so schon Kblz Rpfleger **78**, 329. Der Einzelrichter muß ferner im Rahmen von §§ 526, 527 III Z 5 entscheiden. Der Vorsitzende der Kammer für Handelssachen muß im Rahmen von § 349 II Z 12 selbst entscheiden. In einer Familiensache ist der Familienrichter zuständig. 93

Die Entscheidung erfolgt durch einen *Beschluß*, § 329 in Verbindung mit § 11 II 3 RPflG, § 572 IV ZPO. Der Richter muß ihn begründen, § 329 Rn 4, Bbg JB **87**, 569. Er muß ihn voll unterschreiben, § 329 Rn 8, 9. Er darf den Erinnerungsführer nicht schlechter stellen als vorher. Der Richter darf auch nicht über die Anträge hinaus Kosten festsetzen. Er darf nicht formlos an den Rpfl zurück „abgeben". Der Rpfl mag einen erheblichen Verfahrensfehler begangen haben, etwa wegen einer Mißachtung des rechtlichen Gehörs nach Rn 82 oder wegen einer rechtsfehlerhaften Anordnung einer in Wahrheit schon nach § 269 III, IV erfolgten Kostenfolge oder Kostengrundentscheidung, Einf 8 vor §§ 103–107, § 269 Rn 33. Dann darf und muß der Richter schon zwecks einer Vermeidung der Verkürzung der Instanz unter einer Aufhebung des angefochtenen Beschlusses auf einen Antrag entsprechend § 538 an den Rpfl zurückverweisen und evtl auch § 21 GKG, § 20 FamGKG anwenden. Das Gericht entscheidet bei einer vollen Entscheidung über die Kosten der sofortigen Erinnerung nach §§ 91, 97, BayObLG AnwBl **99**, 354, Zweibr Rpfleger **03**, 101, LG Karlsr MDR **03**, 178. Das gilt aber nicht bei einer bloß teilweisen Abhilfe, Mü Rpfleger **77**, 70. Das Erinnerungsverfahren ist freilich gerichtsgebührenfrei, § 11 IV RPflG. Gerichtsauslagen wie sonst; Kosten des Anwalts: 0,5 Gebühr, VV 3500. Das Gericht muß seine Entscheidung den Beteiligten formlos mitteilen, § 329 II 1. 94

K. Zurückverweisung, Zurück- oder Weiterleitung durch den Erstrichter, § 11 II 4 RPflG. Soweit der Richter die „sofortige Erinnerung" für eine sofortige Beschwerde nach § 11 I RPflG hält oder soweit er das Verfahren des Rpfl sonstwie für fehlerhaft hält, kann er im ersteren Fall korrekterweise mangels seiner eigenen Sachzuständigkeit nur entweder die Akten unter einem Hinweis auf letztere formlos an den Rpfl zurückleiten oder sie ebenso formlos oft zweckmäßigerweise an das Beschwerdegericht weiterleiten. Eine förmliche Zurückverweisung unter einer Aufhebung des angefochtenen Beschlusses kommt nur bei einer statthaften und dann vom Rpfl verfahrensfehlerhaft weiterbehandelten sofortigen Erinnerung in Betracht. Sonst hat der Erstrichter ja keine Entscheidungsbefugnis. Freilich mag bei einer hartnäckigen Wiederholung fehlerhaft eingestufter Vorlagen durch den Rpfl auch nach § 11 I RPflG eine förmliche Zurückverweisung zweckmäßig sein. Sie ist stets wirksam. Sie erfolgt durch einen zu begründenden Beschluß. Eine formlose Zurück- oder Weiterleitung wegen § 11 I RPflG sollte anstandshalber eine stichwortartige Kurzbegründung enthalten. 95

L. Zurückverweisung durch Beschwerdegericht, § 11 II 4 RPflG. Da über eine sofortige Erinnerung im Fall ihrer Statthaftigkeit nach Rn 43 stets entweder der Rpfl oder *sein* Richter entscheiden müssen, wäre eine Vorlage gar mittels eines Nichtabhilfebeschlusses durch den Erstrichter beim Beschwerdegericht insofern stets verfahrensfehlerhaft. Das Beschwerdegericht verweist dann auf einen Antrag durch einen in voller Besetzung gefaßten und unterschriebenen Beschluß nebst Kurzbegründung (Anstandspflicht) an den Richter zurück und unterrichtet die Beteiligten. 96

105 *Vereinfachter Kostenfestsetzungsbeschluss.* I [1] **Der Festsetzungsbeschluss kann auf das Urteil und die Ausfertigungen gesetzt werden, sofern bei Eingang des Antrags eine Ausfertigung des Urteils noch nicht erteilt ist und eine Verzögerung der Ausfertigung nicht eintritt.** [2] **Erfolgt der Festsetzungsbeschluss in der Form des § 130 b, ist er in einem gesonderten elektronischen Dokument festzuhalten.** [3] **Das Dokument ist mit dem Urteil untrennbar zu verbinden.**

II [1] Eine besondere Ausfertigung und Zustellung des Festsetzungsbeschlusses findet in den Fällen des Absatzes 1 nicht statt. [2] Den Parteien ist der festgesetzte Betrag mitzuteilen, dem Gegner des Antragstellers unter Beifügung der Abschrift der Kostenberechnung. [3] Die Verbindung des Festsetzungsbeschlusses mit dem Urteil soll unterbleiben, sofern dem Festsetzungsantrag auch nur teilweise nicht entsprochen wird.

III Eines Festsetzungsantrags bedarf es nicht, wenn die Partei vor der Verkündung des Urteils die Berechnung ihrer Kosten eingereicht hat; in diesem Fall ist die dem Gegner mitzuteilende Abschrift der Kostenberechnung von Amts wegen anzufertigen.

Gliederung

1 **1) Systematik, Regelungszweck, I–III.** Die Vorschrift bringt im Interesse der Prozeßwirtschaftlichkeit nach Grdz 14 vor § 128 zwei gegenüber § 104 vorangige Spezial-Vereinfachungen. Sie ist im Verfahren vor dem AG und LG anwendbar. Sie ist auch bei einem Versäumnisurteil nach § 331 III anwendbar, LG Stgt AnwBl **81**, 197. Sie ist bei anderen Vollstreckungstiteln als den Urteilen entsprechend anwendbar. Das gilt zB bei einem vollstreckbaren Beschluß oder bei einem Vergleich. Für die Zwangsvollstreckung bringt § 795 a weitere Erleichterungen.

2 **2) Geltungsbereich, I–III.** Vgl Einf 7 vor §§ 103–107.

3 **3) Verbindung von Kostenfestsetzung und Urteil, I, II.** Es besteht ein Ermessensspielraum.

A. Zulässigkeit. Der Rpfl darf den wie sonst nach §§ 103, 104 erstellenbaren Kostenfestsetzungsbeschluß und das Urteil nach seinem pflichtgemäßen Ermessen miteinander verbinden, wenn die Geschäftsstelle im Zeitpunkt des Eingangs des Kostenfestsetzungsantrags noch keine einfache oder vollstreckbare Ausfertigung des Urteils nach § 317 erteilt hatte und wenn eine Verbindung die Erteilung der Urteilsausfertigung nicht verzögern würde. Der Rpfl fertigt unter diesen Voraussetzungen den Kostenfestsetzungsbeschluß nach II 1 nicht gesondert aus und stellt ihn auch nicht gesondert zu, sondern setzt ihn auf das Urteil und auf die Ausfertigungen, Rn 14.

Die Verbindung wirkt im allgemeinen rein räumlich. Die Voraussetzungen und die Anfechtbarkeit beider Vollstreckungstitel lassen sich so beurteilen, als ob das Gericht die Titel nicht miteinander verbunden hätte. Insbesondere muß jeder der Titel zur Zwangsvollstreckung geeignet sein. Soweit der Festsetzungsbeschluß nach § 130 b elektronisch erfolgt, muß das Gericht ihn nach I 2, 3 in einem gesonderten elektronischem Dokument festhalten und dieses mit dem Urteil elektronisch untrennbar verbinden.

Ein *Rechtsbehelf* gegen den Kostenfestsetzungsbeschluß nach § 104 und eine Anfechtung des Urteils sind unabhängig voneinander statthaft. Eine Entscheidung über den Rechtsbehelf gegen den Kostenfestsetzungsbeschluß läßt das Urteil unberührt. Die Notfristen für eine Anfechtung beider Titel beginnen freilich im Ergebnis deshalb zu demselben Zeitpunkt zu laufen. Denn beide Titel sind eben räumlich miteinander verbunden.

4 **B. Wirkung.** Darüber hinaus ergeben sich aber folgende besondere Wirkungen: Der Kostenfestsetzungsbeschluß wird für die Ausfertigungen und die Zustellungen zu einem Teil des Urteils. Deshalb braucht der Rpfl nur unter der Urteilsausfertigung zu unterschreiben, § 317 III. Die Zwangsvollstreckung auf Grund des Kostenfestsetzungsbeschlusses erfolgt wie eine Zwangsvollstreckung auf Grund des Urteils, also ohne eine besondere Vollstreckungsklausel nach § 795 a und ohne die Notwendigkeit der Einhaltung einer Wartefrist, § 798. Die Verbindung der beiden Vollstreckungstitel kann die Vollstreckbarkeit also fördern. Eine Einstellung der Zwangsvollstreckung kann gegenüber jedem der beiden Vollstreckungstitel unabhängig vom anderen Titel erfolgen, §§ 707, 719.

5 **C. Aufhebung.** Die Verbindung der beiden Vollstreckungstitel läßt sich jederzeit aufheben, vor allem beim Bekanntwerden eines der Gründe nach Rn 7–13 oder 14. Das geschieht durch eine Verfügung des Rpfl, § 329 Rn 11. Er muß nur den Festsetzungsbeschluß dem Schuldner gesondert in einer Ausfertigung zustellen lassen. Er vermerkt den Tag dieser Zustellung auf der vollstreckbaren Ausfertigung des Festsetzungsbeschlusses und leitet diesen dem Gläubiger formlos zu. Im Rechtsbehelfsverfahren nach § 104 ist das für den Rechtsbehelf nunmehr zuständige Gericht zur Aufhebung der Verbindung zuständig.

6 **D. Unzulässigkeit.** Eine Verbindung des Kostenfestsetzungsbeschlusses und des Urteils ist dann unzulässig, wenn es sich um eine Kostenteilung nach Bruchteilen oder Quoten handelt, § 106 I 2, oder wenn im Zeitpunkt des Eingangs des Kostenfestsetzungsantrags schon eine einfache oder vollstreckbare Ausfertigung des Urteils nach § 317 vorlag. Denn im ersteren Fall ist eine gemeinsame Zustellung der beiden Vollstrekkungstitel nicht gesichert und würde eine bereits erteilte Urteilsausfertigung unrichtig werden.

7 Eine Verbindung des Festsetzungsbeschlusses und des Urteils ist also nur dann statthaft, wenn es sich um ein nach §§ 708 ff vorläufig vollstreckbares Ersturteil und um eine Kostenentscheidung nach § 91 a handelt. Andere Ersturteile müssen bereits nach § 705 formell rechtskräftig sein. Ein Rechtsmittelurteil wird nicht von der Geschäftsstelle des Erstgerichts ausgefertigt. Es ist allerdings nicht erforderlich, daß der Inhalt des Urteils in der Hauptsache zur Zwangsvollstreckung geeignet ist.

E. Teilzurückweisung. Die Verbindung ist nicht ratsam, wenn der Rpfl einen Festsetzungsantrag teilweise zurückgewiesen hatte, II 3. Da eine Sollvorschrift vorliegt, hat ein Verstoß keine prozessualen Folgen. 8

F. Teilunzulässigkeit der Zwangsvollstreckung. Die Verbindung ist ferner dann nicht ratsam, wenn die Zwangsvollstreckung zwar wegen der Kosten zulässig, nicht aber in der Hauptsache sofort zulässig ist oder wenn die Zwangsvollstreckung zB in der Hauptsache bedingt oder betagt ist, wie bei § 726 I. Eine Verbindung würde dann die Zwangsvollstreckung wegen der Kosten erschweren. 9

G. Ausfertigungsproblem. Die Verbindung ist ferner dann nicht ratsam, wenn Bedenken gegen eine Ausfertigung nicht des Urteils, aber des Festsetzungsbeschlusses bestehen. Dann tritt eine Verzögerung ein. 10

H. Kein Antrag. Die Verbindung ist ferner dann nicht ratsam, wenn kein Antrag auf die Erteilung einer Urteilsausfertigung vorliegt. 11

I. Arrest- oder Verfügungstitel. Die Verbindung ist ferner in der Regel dann nicht ratsam, wenn es sich um einen derartigen Titel handelt, §§ 916 ff, 935 ff. Denn die Zwangsvollstreckung aus ihm erfolgt grundsätzlich ohne eine vollstreckbare Ausfertigung, §§ 929 I, 936. 12

J. Antragszurückweisung. Die Verbindung ist schließlich dann nicht ratsam, wenn der Rpfl den Kostenfestsetzungsantrag zurückgewiesen hatte. Denn zur Verbindung dieses Beschlusses mit dem Urteil fehlt jeder vernünftige Grund. 13

K. Weitere Einzelheiten. Wenn der Rpfl die Verbindung vorgenommen hat, obwohl sie unzulässig oder unzweckmäßig war, ordnet das Gericht auf Grund eines Rechtsbehelfs die Trennung an. Soweit eine Verbindung zulässig ist und der Rpfl die Kostenrechnung schnell prüfen kann, sollte er die Verbindung vornehmen. Denn die Partei hat dann von der Verbindung Vorteile. Der Kostenfestsetzungsbeschluß enthält dann nur die Formel. Der Rpfl muß sie unterschreiben. Er setzt sie auf die Urschrift des Urteils, bei § 317 IV auf die Urschrift oder auf die Ablichtung oder Abschrift der dabei mitausgefertigten Klageschrift. Bei einer elektronischen Aktenführung verfährt er nach I 2, 3, Rn 3. Der Rpfl fügt für die Gegenpartei eine Ablichtung der Kostenberechnung bei. Wenn diese Kopie fehlt, kann die Zwangsvollstreckung dennoch stattfinden. Der Rpfl vermerkt die Übersendung der Kostenrechnung bei der Urschrift des Beschlusses. Er läßt die vollstreckbare Urteilsausfertigung und den Festsetzungsbeschluß dem Antragsteller formlos übersenden. Die 2-Wochen-Frist nach § 104 Rn 42 beginnt mit dem Ablauf des Tages der Urteilszustellung an den Schuldner. 14

4) Kostenfestsetzung, III. Wenn die Partei vor der Urteilsverkündung nach § 311 eine Kostenberechnung eingereicht hat, liegt darin der Sache nach ein stillschweigendes Kostenfestsetzungsgesuch. Daher ist ein ausdrückliches Gesuch hier abweichend vom Grundsatz des § 103 II 1 entbehrlich. Das stellt Hs 1 klar. Der Rpfl muß diesem Antrag stattgeben, falls die Partei die nötigen Belege beigefügt hat, § 103 II. Die Geschäftsstelle muß dann von Amts wegen eine Ablichtung der Kostenberechnung für die Gegenpartei gebührenfrei anfertigen. Dieses Verfahren steht mit demjenigen nach I in keinem notwendigen Zusammenhang. 15

Wenn eine Verbindung nach I, II *unzulässig oder unzweckmäßig* ist, erläßt der Rpfl einen besonderen Kostenfestsetzungsbeschluß. Auf einen Antrag besteht eine Verzinsungspflicht in Höhe von 5 Prozentpunkten über dem Basiszinssatz, § 104 Rn 22. Das Verfahren nach III ist unzulässig, wenn das Gericht die Kosten nach Bruchteilen verteilt hat, § 106 I 2. 16

106 *Verteilung nach Quoten.*

I 1 Sind die Prozesskosten ganz oder teilweise nach Quoten verteilt, so hat nach Eingang des Festsetzungsantrags das Gericht den Gegner aufzufordern, die Berechnung seiner Kosten binnen einer Woche bei Gericht einzureichen. 2 Die Vorschriften des § 105 sind nicht anzuwenden.

II 1 Nach fruchtlosem Ablauf der einwöchigen Frist ergeht die Entscheidung ohne Rücksicht auf die Kosten des Gegners, unbeschadet des Rechts des letzteren, den Anspruch auf Erstattung nachträglich geltend zu machen. 2 Der Gegner haftet für die Mehrkosten, die durch das nachträgliche Verfahren entstehen.

Gliederung

1) Systematik, I, II. § 106 ist für seinen Geltungsbereich eine gegenüber § 104 vorrangige Sondervorschrift. 1

2) Regelungszweck: Keine Doppelfestsetzung, I, II. Die Vorschrift soll auch im Interesse der Prozeßwirtschaftlichkeit nach Grdz 14 vor § 128 verhindern, daß der Rpfl die Kosten doppelt festsetzen muß. Sie zwingt daher ohne ein Ermessen zu einer Kostenausgleichung, Rn 7. Das liegt im wohlverstandenen Interesse aller Beteiligten und sollte daher strikt erfolgen. 2

3 **3) Geltungsbereich, I, II.** Vgl Einf 7 vor §§ 103–107. Im Verfahren nach §§ 887–890 gilt § 106 nach § 891 S 3 entsprechend.

4 **4) Beiderseitige Kostengrundentscheidungen, I.** Voraussetzungen einer Kostenausgleichung ist stets, daß beide Parteien einen zur Kostenfestsetzung geeigneten Titel besitzen, § 103 Rn 1.

5 **5) Beispiele zur Frage der Anwendbarkeit, I**

Arrest, einstweilige Verfügung: § 106 ist *unanwendbar,* wenn das Eilverfahren und der Hauptprozeß jeweils selbständige Kostengrundentscheidungen enthalten, Karlsr MDR **89**, 826.

Berichtigung: S „Falschverteilung".

Falschverteilung: § 106 kann in einer berichtigenden Auslegung anwendbar sein, soweit das Gericht Kosten offenkundig falsch verteilt hat, § 319.

Festbetrag: § 106 ist *unanwendbar,* wenn das Gericht die Kosten gemäß § 92 nach Festbeträgen verteilt hat, KG Rpfleger **77**, 107.

Gesamtschuldner: § 106 ist *unanwendbar,* soweit der Anteil eines gesamtschuldnerisch haftenden Kostenschuldners unbestimmt ist, Köln NJW **91**, 3157 (abl Schmitz Rpfleger **92**, 270).

Kostenaufhebung: § 106 ist *unanwendbar,* wenn das Gericht die Kosten nach § 92 I gegeneinander aufgehoben hat, Brschw Rpfleger **77**, 177, Hbg MDR **79**, 942.

S auch „Kostenbruchteile".

Kostenbeitrag: § 106 ist *unanwendbar,* soweit die Partei nur einen Beitrag zu den Prozeßkosten zahlen muß, zB nach § 281 III 2 (Verweisung), KG AnwBl **77**, 29, oder nach § 344 (Versäumniskosten), Bbg JB **82**, 1258, Köln Rpfleger **92**, 448.

Kostenbruchteile: § 106 ist anwendbar, wenn das Gericht die Kosten nach § 92 nach Bruchteilen verteilt hatte, KG RR **02**, 140, LG Bonn Rpfleger **84**, 33. Das gilt auch dann, wenn solche Art der Verteilung nur bei den Gerichtskosten oder nur bei den außerrichtlichen Kosten erfolgt war.

S auch „Kostenaufhebung".

Mehrheit von Instanzen: § 106 ist anwendbar, wenn das Gericht nur einer Instanz eine Kostenverteilung vorgenommen hat oder wenn in jeder Instanz unterschiedliche Quoten entstanden sind, Hamm Rpfleger **77**, 373, LG Bln RR **98**, 216.

Nachforderung: Über sie ist ein *gesonderter* Festsetzungsbeschluß nötig, Saarbr AnwBl **80**, 299.

Nebenintervention: § 106 ist *unanwendbar,* soweit eine solche Partei, die einen Teil der Kosten der Nebenintervention tragen muß, gegenüber dem Erstattungsanspruch des Nebenintervenienten ihre eigenen allgemeinen Prozeßkosten erstattet haben will, LAG Düss MDR **96**, 644 (§ 12 a II ArbGG ist unanwendbar).

Prozeßabschnitt: § 106 ist *unanwendbar,* wenn das Gericht die Kosten nach Abschnitten aufgeteilt hat, Hbg MDR **79**, 942, ThP 3, ZöHe 1, aM BPatG GRUR **91**, 206 (aber I 1 spricht von und meint eindeutig nur Quoten, Einl III 39). Etwas anderes gilt aber dann, wenn dort ausdrücklich nach § 126 II eine Aufrechnung erfolgte.

Säumnis: S „Kostenbeitrag".

Streitgenossen: § 106 ist anwendbar, wenn Streitgenossen nach einem Prozeßvergleich Kosten einander erstatten müssen, Mü MDR **75**, 1366. Dabei muß der Rpfl aber die etwa unterschiedliche Beteiligungshöhe mitbeachten, Kblz JB **08**, 428 rechts.

§ 106 ist *unanwendbar,* wenn eine Kostenerstattungspflicht nur gegenüber einem von mehreren Streitgenossen besteht, LG Mü Rpfleger **85**, 254 (keine Berücksichtigung bloß gedachter Kosten der Beauftragung je eines eigenen Anwalts).

Streithilfe: § 106 ist *unanwendbar,* soweit es nur um eine Streithilfe geht, Hbg JB **77**, 724, LAG Düss MDR **96**, 644.

Teilentscheidung: § 106 ist *unanwendbar,* soweit das Gericht nur über einen Teil der Kosten entschieden hat, etwa nach § 301.

Teilunterliegen: S „Festbetrag", „Kostenaufhebung".

Vergleich: § 106 ist anwendbar, soweit es um einen Prozeßvergleich nach Anh § 307 geht, Kblz FamRZ **02**, 1134 (Vorschuß), Mü MDR **75**, 1366 (Streitgenossen).

Die Vorschrift ist *unanwendbar,* soweit es um einen nur außergerichtlichen Vergleich geht, Karlsr VersR **79**, 947.

Versäumniskosten: S „Kostenbeitrag".

Verweisung: S „Kostenbeitrag".

Wohnungseigentum: § 106 ist im WEG-Verfahren anwendbar.

6 **6) Aufforderung, I.** Mit Rücksicht auf den allgemein geltenden Amtsbetrieb muß die Partei ihren Kostenfestsetzungsantrag bei dem Gericht einreichen, § 103 Rn 31. Es besteht kein Anwaltszwang, § 13 RPflG. Im allgemeinen beantragt die erstattungsberechtigte Partei eine Kostenfestsetzung. Auch die Gegenpartei kann aber einen solchen Antrag stellen. Denn auch sie hat ein Interesse am Ausgleich. Der Rpfl fordert den Antragsgegner zugleich mit der Zuleitung des Festsetzungsantrags wegen Artt 2 I, 20 III GG, BVerfG **101**, 404, zwingend unter Beifügung einer Ablichtung oder Abschrift der Kostenberechnung auf, seine eigene Kostenberechnung innerhalb einer Woche bei dem Gericht einzureichen, Naumb FamRZ **07**, 1350 (sonst evtl Zurückverweisung). Man berechnet die Frist nach § 222. Sie ist eine gesetzliche Frist. Ihre Verlängerung ist unzulässig, § 224 II. Es reicht jedoch aus, daß der Antragsgegner seine Kostenberechnung bis zu demjenigen Zeitpunkt nachreicht, in dem der Rpfl über die Kostenausgleichung entscheidet, § 231 Rn 4.

Die Kostenberechnung des *Gegners* muß ebenfalls die einzelnen Ansätze enthalten. Es reicht also nicht aus, den Gesamtbetrag anzugeben oder zu erklären, man habe dieselben Kosten wie der Antragsteller gehabt, aM Oldb MDR **93**, 390 (aber die Anforderungen des § 104 gelten auch hier voll mit). Eine Aufforderung nach I ist dann entbehrlich, wenn man die Kosten des Gegners ohnehin nach § 107 auf Grund eines neuen Streitwerts berechnen muß.

7 **7) Ausreichende Kostenberechnung, II.** Wenn eine dem § 103 II genügende Kostenberechnung eingeht, dort Rn 36, erläßt der Rpfl einen Beschluß, § 329.

A. Alle Kosten. Der Beschluß erfaßt sämtliche gerichtlichen und außergerichtlichen Kosten aller bisherigen Rechtszüge einheitlich, Hamm Rpfleger **77**, 373, aM BVerfG Rpfleger **83**, 84 (abl Lappe). Der Rpfl hat insofern kein Ermessen, Hamm Rpfleger **77**, 373, LG Bonn Rpfleger **84**, 33. Der Beschluß muß angeben, welchen Überschußbetrag eine Partei der anderen erstatten muß oder welche Ansprüche auf die Staatskasse übergegangen sind, (jetzt) § 59 RVG, Mü Rpfleger **82**, 119. Diejenigen Beträge, die eine Partei abgesetzt hat, gehören in die Kostenausgleichung, § 308 I. Der Rpfl muß einen unstreitig erhaltenen Prozeßkostenvorschuß zwecks Vermeidung einer ungerechtfertigten Bereicherung absetzen, Brschw FamRZ **05**, 1190, Ffm JB **85**, 305, Mü FamRZ **94**, 1607, aM KG RR **02**, 140 (aber auch hier ist die Prozeßwirtschaftlichkeit ebenso wie die Gerechtigkeit maßgebend). Zinsen lassen sich nur für den Saldo festsetzen, Düss JB **06**, 142.

B. Prozeßkostenhilfe. Bei einer Prozeßkostenhilfe nach §§ 114 ff vor allem an beide Parteien muß der Rpfl sie so behandeln, als ob sie keine solche Hilfe erhielten, § 123, Bbg FamRZ **88**, 967, Brdb JB **99**, 419, Bre JB **84**, 609. Er muß den sich ergebenden Erstattungsanspruch zunächst auf die dem nach § 121 beigeordneten Anwalt aus der Landeskasse noch demnächst zu erstattenden Beträge verrechnen, sodann auf die Auslagen der Partei, Mü Rpfleger **82**, 119, nicht aber auf die von der Staatskasse bereits erstatteten Beträge, LG Bonn Rpfleger **84**, 34. 8

Der Erstattungsanspruch ist jedenfalls der Höhe nach *begrenzt durch* die Differenz zwischen dem Gesamtbetrag der Kosten einerseits und andererseits derjenigen Vergütung, die der Anwalt aus der Staatskasse erhalten hat oder beanspruchen kann, Bbg FamRZ **88**, 967. Wegen des auf die Landeskasse nach § 59 RVG übergegangenen Anspruchs findet keine Ausgleichung nach § 106 statt, Kblz AnwBl **01**, 373, Schlesw SchlHA **82**, 32. Wegen einer teilweisen Prozeßkostenhilfe Lappe MDR **84**, 638. Bei einem gemeinsamen Anwalt von Streitgenossen nach § 59 muß man auch im Rahmen der Kostenausgleichung die Obergrenze des (jetzt) § 7 II 2 RVG beachten, Hbg JB **77**, 199.

C. Kosten beider Parteien. Der Rpfl entscheidet in seinem Beschluß über die Kosten *beider* Parteien, Hamm AnwBl **82**, 385. Er muß den Beschluß grundsätzlich begründen, § 329 Rn 4. Er läßt ihn jeder Partei von Amts wegen förmlich zustellen, § 329 III. Wenn das Gericht den Streitwert nach §§ 144 PatG, 142 MarkenG, 26 GebrMG, 12 UWG, 247 AktG herabgesetzt hat, erfolgt die Ausgleichung auf Grund des herabgesetzten Werts. Daneben erfolgt eine Festsetzung nach dem vollen Streitwert für den Anwalt der begünstigten Partei. 9

D. Rechtsbehelf. Jede Partei ist zum Rechtsbehelf nach § 11 RPflG berechtigt, soweit der Beschluß sie beschwert, § 104 Rn 41 ff, (je zum alten Recht) Hbg JB **78**, 283, KG JB **78**, 1253. Im Rechtsbehelfsverfahren kann die beschwerte Partei nicht verlangen, daß das Gericht eine solche Gebühr berücksichtigt, die auf beiden Seiten gleich hoch ist oder die gar nicht entstanden ist, KG Rpfleger **78**, 225, aM Karlsr Rpfleger **96**, 374, oder daß das Gericht einen solchen Betrag in die Ausgleichung einbezieht, den sie bisher nicht mitgeteilt hatte. Insofern muß die Partei eine Ergänzung des Ausgleichungsbeschlusses beantragen, § 104 Rn 45, 51. Wegen einer Anschließung § 567 III und § 104 Rn 76. Das Rechtsschutzbedürfnis für eine sofortige Beschwerde entfällt mit der Möglichkeit nach II, Hbg MDR **05**, 1138. 10

E. Streitwert, Kosten. Als Streitwert der Kostenfestsetzung kommt nur der beanspruchte Überschuß in Betracht. Je nachdem, ob der Rpfl diesen Überschuß ganz oder teilweise zuspricht, muß er der Gegenpartei die ganzen Kosten auferlegen oder die Kosten verteilen. § 105 I ist unanwendbar. 11

Gebühren: Des Gerichts: keine; des Anwalts: keine, § 19 I 2 RVG.

8) Keine ausreichende Kostenberechnung, II. Wenn keine dem § 103 II genügende Kostenberechnung eingeht, entscheidet der Rpfl ohne Rücksicht auf die Kosten der Gegenpartei, BPatG GRUR **93**, 387 (auch zur Umsatzsteuer). Seine Entscheidung ergeht also dahin, daß die Gegenpartei dem Antragsteller einen solchen Bruchteil seiner Kosten ersetzen muß, der dem Urteil entspricht. Der Rpfl muß bei der Berechnung des Erstattungsbetrags vom Gesamtbetrag ausgehen. Eine Änderung erfolgt auch dann nicht von Amts wegen, wenn die Entscheidung beim Eingang einer verspäteten Kostenberechnung noch nicht herausgegangen war, Hamm JB **96**, 262, LG Bln Rpfleger **86**, 194, oder wenn sie gar schon hinausgegangen war, Köln Rpfleger **75**, 66, LG Hann Rpfleger **89**, 342, aM Oldb MDR **93**, 390, LG Bln Rpfleger **86**, 194 (abl Schriftleitung), in sich widersprüchlich ZöHe 4 (aber dann besteht die Bindungswirkung). 12

Die säumige Partei behält grundsätzlich das Recht, ihren Kostenanspruch *nachträglich* in einem gesonderten weiteren Festsetzungsverfahren geltend zu machen, Lappe MDR **83**, 992 (Ausnahme nach einer Absetzung der Mehrwertsteuer, Karlsr JB **07**, 317). Sie muß aber die durch die Verspätung verursachten Mehrkosten tragen. Die Zwangsvollstreckung hindert dieses Recht nicht. Einer Erinnerung oder sofortigen Beschwerde statt eines solchen gesonderten späteren Festsetzungsantrags fehlen ein Rechtsschutzbedürfnis, Grdz 33 vor § 253, Celle NdsRpfl **76**, 92, Kblz RR **00**, 519, und eine Beschwer, Hbg JB **78**, 283.

9) Anfechtung nur einer Partei, II. Wenn nur eine Partei die Kostenfestsetzung anficht, darf das Gericht das Ergebnis nicht zu ihren Lasten verschieben. 13

107 ***Änderung nach Streitwertfestsetzung.*** I [1] **Ergeht nach der Kostenfestsetzung eine Entscheidung, durch die der Wert des Streitgegenstandes festgesetzt wird, so ist, falls diese Entscheidung von der Wertberechnung abweicht, die der Kostenfestsetzung zugrunde liegt, auf Antrag die Kostenfestsetzung entsprechend abzuändern.** [2] **Über den Antrag entscheidet das Gericht des ersten Rechtszuges.**

II [1] **Der Antrag ist binnen der Frist von einem Monat bei der Geschäftsstelle anzubringen.** [2] **Die Frist beginnt mit der Zustellung und, wenn es einer solchen nicht bedarf, mit der Verkündung des den Wert des Streitgegenstandes festsetzenden Beschlusses.**

III **Die Vorschriften des § 104 Abs. 3 sind anzuwenden.**

1 **1) Systematik, I–III.** Wenn das Gericht den Streitwert nach dem Erlaß eines Kostenfestsetzungsbeschlusses zum erstenmal oder in einer Abänderung nach §§ 3 ZPO, 63 GKG festsetzt und wenn diese Festsetzung nach oben oder nach unten von demjenigen Wert abweicht, den der Rpfl der Kostenfestsetzung zugrunde gelegt hatte, geht diese Wertfestsetzung dem abweichenden bisherigen Wertansatz des Rpfl vor. § 107 zieht daraus eine Folgerung. Das entspricht einem allgemeinen Rechtsgedanken, Köln DGVZ **00**, 75.

2 **2) Regelungszweck, I–III.** Die Vorschrift dient einerseits der sachlichrechtlichen Gerechtigkeit, Einl III 9, 36. Sie dient andererseits der Prozeßwirtschaftlichkeit, Grdz 14 vor § 128, wie auch der Parteiherrschaft, Grdz 18 vor § 128. Es erfolgt nämlich keine Änderung der Kostenfestsetzung von Amts wegen. Der Betroffene kann und muß sie vielmehr beantragen. Ein Rückfestsetungsgesuch kann ausreichen, Rn 5, Kblz Rpfleger **89**, 40.

Anpassung an Veränderungen im Ausgangspunkt sind ja überall im Recht und auch im Kostenrecht zulässig und notwendig, etwa über § 319, dort Rn 5. Freilich setzt II mit seiner Fristenregelung eine klare Grenze im Interesse der Rechtssicherheit auf diesem Nebenkampfplatz des Zivilprozesses, Einl III 43. Folglich darf man zwar I großzügig anwendbar. Man muß aber II eng auslegen.

3 **3) Geltungsbereich, I–III.** Vgl zunächst Einf 7 vor §§ 103–107. § 107 gilt auch in der Zwangsvollstreckung, §§ 788 II 1, 891 S 3, und im WEG-Verfahren. § 107 gilt im Zeitraum vor dem Eintritt der Rechtskraft des Kostenfestsetzungsbeschlusses. Dann ist wahlweise der Rechtsbehelf nach § 11 RPflG oder ein Antrag nach § 107 zulässig, ThP 1, ZöHe 1, aM LG Mönchengladb Rpfleger **84**, 330 (krit Schmidt). Im Zeitraum seit der Rechtskraft des Kostenfestsetzungsbeschlusses nach § 322 ist nur der Antrag nach § 107 zulässig. Dieser Antrag geht stets an den Rpfl des Gerichts der ersten Instanz. Eine nur mittelbare Entscheidung etwa auf die Zulassung eines Rechtsmittels reicht nicht aus. Die Entscheidung muß sich auf die jeweilige Instanz beziehen. Denn sie betrifft sonst die Kostenberechnung nicht.

4 **4) Verfahren, II, III.** Man muß den Antrag innerhalb eines Monats seit der Verkündung oder der förmlichen Zustellung des Streitwertbeschlusses bei dem Erstgericht einreichen, § 329 III Hs 1, Mü Rpfleger **91**, 340 (formlose Mitteilung reicht nicht). Das gilt auch im Berufungsrechtszug, aM Hbg MDR **90**, 253 (erst ab Verkündung der Entscheidung zur Hauptsache. Aber II stellt eindeutig auf die Streitwertfestsetzung ab, Einl III 39). Das gilt sowohl dann, wenn die frühere Festsetzung antragsgemäß erfolgt war, Mü Rpfleger **91**, 340, als auch dann, wenn eine Partei den Beschluß angreift. Freilich kann die Frist dann, wenn die zugehörige Hauptsacheentscheidung noch aussteht, aus praktischen Gründen bis zu deren Verkündung „gehemmt" sein, Hbg MDR **90**, 253. Es handelt sich um eine gesetzliche Frist. Man berechnet sie nach § 222. Sie läuft unabhängig davon, ob der bisherige Festsetzungsbeschluß schon formell rechtskräftig ist, Mü Rpfleger **91**, 340, ZöHe 3, aM KG Rpfleger **75**, 324, ThP 2 (aber der Wortlaut ist eindeutig, Einl III 39). Das Gericht darf die Frist nicht verlängern, § 224 II. Das Verfahren verläuft wie nach §§ 103 ff.

5 **5) Entscheidung, I, III.** Die Entscheidung ändert wegen der inneren Rechtskraftwirkung der früheren Festsetzung nur diejenigen Posten der früheren Kostenberechnung, die die Streitwertänderung betrifft. Auf dieser Basis muß der Rpfl das Gesamtergebnis berichtigen. Dabei ist es ratsam, die etwa nachzahlbare Summe als solche deutlich zu kennzeichnen. Im übrigen erfolgt keine Nachprüfung zB der Erstattungsfähigkeit, Hamm Rpfleger **83**, 456, Mü MDR **83**, 137, oder der Erfüllung, LG Bln Rpfleger **97**, 454. Der Rpfl kann eine Verpflichtung zur Rückgewähr des zuviel gezahlten Betrags aussprechen, also eine sog Rückfestsetzung vornehmen, sofern die in § 104 Rn 14 genannten Voraussetzungen vorliegen, Düss Rpfleger **81**, 409, Kblz Rpfleger **89**, 40.

Der Rpfl muß den Änderungsbeschluß *begründen,* § 329 Rn 4. Er läßt ihn jedem von der Änderung zu seinem Nachteil betroffenen Beteiligten oder dessen ProzBev nach § 172 in einer Ausfertigung von Amts wegen förmlich zustellen, § 329 III Hs 2. Er läßt dem jeweils Begünstigten eine vollstreckbare Ausfertigung nebst einem Vermerk des Tages der Zustellung an den Gegner zustellen, § 329 III Hs 1. Gegen eine Vollstreckung aus dem früheren Beschluß hilft § 775 Z 1.

6 **6) Fristverstoß, II, III.** Wenn die Partei die Frist des II versäumt hat, kann sie bis zum Ende der Zwangsvollstreckung eine Vollstreckungsabwehrklage nach §§ 767, 794 I Z 2, 795 einreichen, Mü MDR **83**, 137. Nach Ende der Zwangsvollstreckung hat sie nur noch die Möglichkeit einer Bereicherungsklage nach § 812 BGB, Mü MDR **83**, 137, ThP 2, ZöHe 3, aM KG AnwBl **75**, 236 (wenn die frühere Wertfestsetzung antragsgemäß erfolgt, dann aber geändert worden sei, laufe keine Frist. Aber das Ende der Zwangsvollstreckung beendet auch eines zugehörigen Rechtsbehelf)). Denn § 107 meint nur das Festsetzungsverfahren, Mü MDR **83**, 137.

Gebühren: Keine, § 104 Rn 35. Wegen des Kostenansatzes § 20 GKG.

7 **7) Rechtsbehelfe, I–III.** Gegen die geänderte Kostenfestsetzung ist derselbe Rechtsbehelf wie gegen eine erste Kostenfestsetzung zulässig, § 104 III, § 11 RPflG, § 104 Rn 41 ff.

Titel 6. Sicherheitsleistung

Übersicht

Schrifttum: *Blomeyer,* Soll man die vermögenslose GmbH für den Fall ihrer Klage oder ihres Rechtsmittels zur Sicherheitsleistung für die Prozeßkosten verpflichten?, Festschrift für *Baumgärtel* (1990) 29; *Goedecke,* Grundfragen der Sicherheitsleistung im Zivilprozeß, Diss Hann 1988.

1 **1) Systematik.** Titel 6 betrifft nur eine solche prozessuale Sicherheitsleistung, durch die man einen prozessualen Vorteil erreichen will, und gibt für diese Art einer Sicherheitsleistung einige allgemeine Vorschriften.

2 **2) Regelungszweck.** §§ 108 ff sollen nur den Gegner sichern, nicht die Staatskasse, Stgt MDR **85**, 1032. Damit ergibt sich als Regelungszweck die möglichste Wahrung der Gerechtigkeit durch eine Begrenzung des

Kostenrisikos, wie es sich insbesondere aus der Haftung des Antragstellers nach dem GKG ergibt. Ihre Voraussetzungen, ihre Leistungen und ihre Folgen richten sich nach der ZPO. Man muß deren Vorschriften durch eine sinngemäße Anwendung der §§ 232–240 BGB ergänzen. Eine sachlichrechtliche Sicherheitsleistung folgt wesentlich anderen Grundsätzen, §§ 232–240 BGB.

3) Geltungsbereich. §§ 108–113 gelten in allen Verfahren nach der ZPO. Sie gelten auch im WEG- 3
Verfahren und im arbeitsgerichtlichen Verfahren, §§ 46 II 1, 80 II ArbGG, sowie im Bereich des § 113 I 2 FamFG.

4) Arten von Sicherheitsleistung. Eine prozessuale Sicherheitsleistung kommt vor: Als diejenige des 4
ausweislosen Prozeßvertreters, § 89; als diejenige des Klägers für die Prozeßkosten, §§ 110 ff; als diejenige zur Erlangung der Vollstreckbarkeit, zur Abwendung oder Einstellung der Zwangsvollstreckung, §§ 707, 709–713, 719, 720, 720a, 732, 769, 771, 890; zur Erlangung, Abwendung, Aufhebung eines Arrests oder einer einstweiligen Verfügung, §§ 921, 923, 925, 927, 936, 939; bei (jetzt) §§ 49 ff FamFG, KG FamRZ **76**, 99. S auch §§ 69, 153 II ZVG. Auch wenn die ZPO eine Hinterlegung des Streitgegenstands oder des Erlöses vorschreibt, dient diese nur der Sicherheit, nicht der Erfüllung.

108

Art und Höhe der Sicherheit. I 1 **In den Fällen der Bestellung einer prozessualen Sicherheit kann das Gericht nach freiem Ermessen bestimmen, in welcher Art und Höhe die Sicherheit zu leisten ist.** 2 **Soweit das Gericht eine Bestimmung nicht getroffen hat und die Parteien ein anderes nicht vereinbart haben, ist die Sicherheitsleistung durch die schriftliche, unwiderrufliche, unbedingte und unbefristete Bürgschaft eines im Inland zum Geschäftsbetrieb befugten Kreditinstituts oder durch Hinterlegung von Geld oder solchen Wertpapieren zu bewirken, die nach § 234 Abs. 1 und 3 des Bürgerlichen Gesetzbuchs zur Sicherheitsleistung geeignet sind.**

II **Die Vorschriften des § 234 Abs. 2 und des § 235 des Bürgerlichen Gesetzbuchs sind entsprechend anzuwenden.**

Schrifttum: *Heinsius,* Bürgschaft auf erstes Anfordern usw, in: Festschrift für *Merz* (1992).

Gliederung

1) Systematik, I, II. Nur das Gericht kann eine prozessuale Sicherheitsleistung anordnen oder zulassen. 1
Sie ist nur in den gesetzlich vorgesehenen Fällen statthaft. Sie folgt anderen Regeln als eine sachlichrechtliche Sicherheitsleistung, Böckmann/Kluth MDR **02**, 2046. Man muß zwischen der Art einer solchen Sicherheitsleistung und ihrer Höhe, ihrem Betrag unterscheiden. Grundsätzlich können die Parteien sowohl die Art als auch die Höhe einer prozessualen Sicherheitsleistung frei vereinbaren. Eine solche Vereinbarung ist auch im Anschluß an eine gerichtliche Anordnung und zum Zweck ihrer Abänderung zulässig und vorrangig.

2) Regelungszweck, I, II. Die Vorschriften der ZPO dienen nur dem Schutz der Parteien, also nicht 2
demjenigen der Staatskasse, Üb 2 vor § 108. Deshalb ist auch keine Verrechnung mit Gerichtskosten statthaft, Stgt Rpfleger **85**, 375. Eine gesetzliche Begrenzung der Höhe einer prozessualen Sicherheitsleistung enthält nur § 112 (Ausländersicherheit). In allen übrigen Fällen auch des § 709 ist auch für die Höhe § 108 maßgebend.

Entgegenkommen sollte die Ermessensausübung kennzeichnen, soweit sie überhaupt erforderlich wird. Solches Entgegenkommen ist aber dann auch gegenüber den Wünschen *beider* Parteien ratsam. Es führt evtl zur Notwendigkeit einer überzeugend begründbaren Abwägung. Durchweg ist ja eine Sicherheitsleistung die gesetzliche oder richterliche Bedingung für eine vorläufige Vollstreckbarkeit. Ein Schadensersatzanspruch des Vollstreckungsschuldners nach einer Aufhebung oder Änderung des Titels kann wirtschaftlich ins Leere laufen. Je höher solche Gefahr, desto strenger muß man schon beim Wie und Wie hoch der Sicherheitsleistung vorgehen. Die Sicherheitsleistung darf freilich auch nicht zur wirtschaftlichen Knebelung führen. Man muß also eine ganze Reihe teils schwer überschaubarer Gesichtspunkte in die Abwägung einbeziehen. Sie ist keineswegs immer so „frei", wie nach I 1 auf den ersten Blick vermutbar.

3) Geltungsbereich, I, II. Vgl Üb 3 vor § 108. 3

4) Anordnung der Sicherheitsleistung, I. Man muß viele schwierige Fragen klären. 4

A. Ermessen. I ist ungenau. Das freie Ermessen des Gerichts ist nämlich nur insofern uneingeschränkt, als es um die Art einer prozessualen Sicherheitsleistung geht, LG Mannh DGVZ **88**, 187. Das Gericht kann zB statt einer Bürgschaft als Sicherheitsleistung eine Garantieerklärung zulassen, eine Mitschuldnerschaft eines zahlungsfähigen Dritten, eine Grundschuldbestellung, eine Sicherungsübereignung oder eine Sicherungsabtretung BayObLG **88**, 256. Es kommen auch alle nach § 232 BGB gleichwertigen Sicherheitsarten in Betracht, BayObLG **88**, 256. Die gewählte Art muß aber eine Befriedigung ermöglichen. Wegen des Sicherungszwecks wäre zB ein Pfandstück ungeeignet. Denn der Gläubiger könnte nach einer Aufhebung der Pfändung die Sicherheit verlieren. Auch ein Hypothekenbrief reicht nicht aus.

5 Ein *Antrag* und eine mündliche *Verhandlung* ist bei §§ 110, 710, 712, 925, 927 erforderlich, § 128 Rn 4. Auch dann ist eine Verhandlung nur zur Höhe der Sicherheitsleistung erforderlich. Dann kommt statt einer mündlichen Verhandlung auch ein Vorgehen nach §§ 128 II, 251 a, 331 a in Betracht. In allen anderen Fällen ist eine mündliche Verhandlung nicht notwendig, § 128 IV, insbesondere nicht zur Art der Sicherheitsleistung. Deshalb kann das Gericht dann auch die im Urteil getroffene Anordnung ohne eine mündliche Verhandlung ändern oder ergänzen, Rn 21.

6 **B. Art der Sicherheitsleistung.** Das Gericht sollte die Art einer prozessualen Sicherheitsleistung nur dann bestimmen, wenn die Partei einen entsprechenden Antrag gestellt hat. § 232 BGB ist unanwendbar. Das Gericht wählt frei, Rn 2, §§ 232 II, 239 BGB, BayObLG **88**, 256. Zuständig ist auch wegen einer Abänderung dasjenige Gericht, das eine Sicherheit überhaupt angeordnet hat. Das gilt auch dann, wenn eine Partei ein Rechtsmittel eingelegt hat. Ffm (8. ZS) RR **86**, 486, Kblz MDR **90**, 733, Köln MDR **97**, 392, aM Ffm MDR **81**, 677 (aber es geht um die nähere Ausgestaltung eines noch nicht vom Rechtsmittelgericht geänderten Ersturteils). Zuständig sein können auch der Einzelrichter nach §§ 348, 348 a, 526, 527 oder der Vorsitzende der Kammer für Handelssachen, § 349 II Z 7. Soweit das Vollstreckungsgericht zB eine Einstellung nach §§ 707, 719, 732 II, 769 gegen eine Sicherheitsleistung verfügt oder deren Aufhebung gegen eine Sicherheitsleistung zugelassen hat, ist dieses Gericht für die Bestimmung der Art und Höhe zuständig, § 769 II.

7 Die Bürgschaft einer *angesehenen Bank* ist oft den anderen Wegen einer Sicherheitsleistung nach § 232 BGB vorziehbar, Rn 10. Das gilt, obwohl die letztere Vorschrift die Bürgschaft nur hilfsweise vorsieht. Das Gericht entscheidet nach seinem pflichtgemäßen Ermessen, welche Banken es zur Bürgschaft zuläßt. Es muß in diesem Zusammenhang die Höhe der erforderlichen Sicherheitsleistung berücksichtigen. Die „Bürgschaft einer namentlich nicht bezeichneten Großbank" reicht aus, ZöHe 8, aM LG Bln Rpfleger **78**, 331 (aber der Kreis der Großbanken läßt sich leicht klären. Im übrigen reicht ja ein Kreditinstitut nach Rn 15. Notfalls kann das Gericht entsprechend zusätzlich entscheiden). Manche meinen, dann sei eine solche Bank zulässig, die jederzeit eine Sicherheit gewährleisten könne, LG Düss DGVZ **77**, 43. Vgl dazu Rn 16. Es darf keine Übersicherung stattfinden, OVG Bln NVwZ-RR **05**, 762.

8 *Wertpapiere* muß man nach dem Wert und der Deckungsfähigkeit genau bezeichnen, wenn sie nicht mündelsicher sind. Das Gericht muß bei allen Wertpapieren bestimmen, ob und wo man sie hinterlegen muß, etwa beim ProzBev einer Partei oder gesperrt bei einer Bank. Soweit das Gericht keine anderweitige Bestimmung getroffen hat, muß man die Wertpapiere nach Rn 17, 18 behandeln.

Hypotheken sind wegen der Gefahren und der Weiterungen, die sie dem Gläubiger auferlegen, regelmäßig nicht zu einer Sicherheitsleistung geeignet. Noch weniger ist eine Verweisung auf inzwischen gepfändetes Haushaltsgut geeignet. Ffm MDR **77**, 409 wendet bei einer Grundschuld § 238 BGB entsprechend an.

9 **C. Höhe der Sicherheitsleistung.** Die Bestimmung der Höhe einer Sicherheitsleistung muß von Amts wegen im Urteil erfolgen, § 709 Rn 5, 6. Dabei hat das Gericht nur ein begrenztes Ermessen. Die Sicherheitsleistung soll ja den Gegner gegen etwaige Nachteile schützen. Daher muß das Gericht die Höhe der Sicherheitsleistung der Höhe des möglichen Nachteils des Gegners anpassen. Das Gericht muß also grundsätzlich den Hauptanspruch nebst Zinsen und Kosten zugrundelegen, Edelmann/Hellmann AnwBl **94**, 385. Andernfalls würde das Gericht sein Ermessen unsachgemäß ausüben. Es reicht wegen § 709 S 2 jetzt aus, die Sicherheitsleistung „in Höhe des jeweils beizutreibenden Betrages" festzusetzen, § 709 Rn 6. Das gilt erst recht dann, wenn das Gericht einen bestimmten Prozentsatz zur Absicherung des etwaigen Schadens nach § 717 II zusätzlich festsetzt. Ein Pfandstück läßt sich zB bei der Einstellung der Zwangsvollstreckung nach einer Pfändung auf die an sich erforderliche Höhe anrechnen. Eine Teilsicherheitsleistung ist statthaft, § 752, Beler JB **00**, 118, Nies MDR **00**, 131, Rehbein Rpfleger **00**, 55. Dann sollte das Gericht aber im Urteil klarstellen, für welchen Teil eine Sicherheit notwendig ist, Düss OLGR **94**, 197.

10 **5) Bürgschaft, I 2,** dazu *Foerste* ZBB **01**, 483 (Üb); *Schmitz,* Höchstbetragsbürgschaften, insbesondere bei mehreren Bürgen, im materiellen Recht und im Prozeß, 2000: Die Sicherheitsleistung durch eine Bürgschaft ist als eine hinterlegungsgleichwertige Sicherheit zulässig, BGH NJW **05**, 2159 (zustm Brehm JZ **05**, 956). Das gilt freilich nur unter den in I 2 aufgezählten Voraussetzungen. Sie müssen sämtlich zusammentreffen. Bei der Auslegung der Bürgschaftserklärung ist ihr Zweck beachtlich, zB bei § 717 II oder bei § 720 a die Absicherung nicht nur eines Verzögerungsschadens, sondern des Anspruchs, Mü Rpfleger **91**, 67, Köln RR **89**, 1396, LG Saarbr DGVZ **97**, 170.

11 **A. Schriftlichkeit der Bürgschaftserklärung.** Erstes Wirksamkeitserfordernis ist die Schriftlichkeit der Bürgschaftserklärung. Der Bürgschaftsvertrag kommt nämlich nach §§ 765, 766 BGB zustande. Die sonst notwendige Annahme der Erklärung durch den Gläubiger, zu dessen Gunsten die Bürgschaft erfolgt, ist aber entbehrlich. Denn das Gericht hat ihn durch die Zulassung der Bürgschaft als Sicherheitsleistung, zur Annahme der Erklärung verpflichtet. Es hat also einen Zwangsvertrag begründet, § 151 S 1 BGB, BayObLG Rpfleger **76**, 67, Hbg MDR **82**, 588, LG Augsb Rpfleger **98**, 166, aM Pecher WertpMitt **86**, 1513 (diese Konstruktion sei entbehrlich. Aber sie liegt vor als eine rein öffentlichrechtliche Verpflichtung). Die Bürgschaft soll den Gläubiger nicht schlechter stellen als eine Hinterlegung, BGH **69**, 273, aM Hbg EWS **95**, 280 (aber die in der Praxis am weitesten verbreitete Art von Sicherheitsleistung würde kaum diesen Platz einnehmen, wenn sie nur eine geringere Sicherheit bieten könnte und sollte). Wenn ein Prozeßstandschafter nach Grdz 26 ff vor § 50 den Vollstreckungstitel erwirkt, kann man die Prozeßbürgschaft als einen Vertrag zugunsten des wahren Gläubigers ansehen, BGH MDR **89**, 252.

B. Aushändigung an Berechtigten. Deshalb kommt ein Bürgschaftsvertrag auch dann wirksam zustande, wenn eine ausreichende Bürgschaftserklärung dem Sicherungsberechtigten nach § 130 I BGB entweder je nach dem Vertragsinhalt in einer beglaubigten Ablichtung oder Abschrift oder in der Urschrift zur Verfügung kommt. Denn nur mit diesen Formen der Urkunde kann der Begünstigte notfalls aus ihr gerichtlich vorgehen, Hamm MDR **95**, 412, LG Kblz AnwBl **87**, 332. Es reicht auch aus, wenn der Gerichtsvollzieher die Bürgschaftserklärung dem Sicherungsberechtigten nach § 132 I BGB zustellt, Düss GRUR **87**, 577, Nürnb WertpMitt **86**, 215, LG Aachen Rpfleger **83**, 31, aM Meyer-Stolte Rpfleger **85**, 43 (aber auch dann ist der Zweck erfüllt). 12

C. Aushändigung an Prozeßbevollmächtigten usw. Eine Übergabe und Zustellung auch an den ProzBev zB von Anwalt zu Anwalt nach §§ 174, 195 ist ohne einen Verstoß gegen den Sicherungszweck zulässig. Das gilt trotz des Umstands, daß § 132 I BGB förmelnd nur von der Zustellung „durch Vermittlung des Gerichtsvollziehers" spricht, Karlsr MDR **96**, 525, Kblz JB **01**, 213, LG Augsb Rpfleger **98**, 166, aM LG Aurich DGVZ **90**, 10, StJL 21 (aber die Übermittlungsform ist weit weniger wichtig als das Übermittlungsergebnis). Die Übergabe und Zustellung auch an den ProzBev ist aber nicht auch geradezu notwendig. (Jetzt) § 172 ist nicht anwendbar, Düss MDR **78**, 489, Karlsr MDR **96**, 525, LG Aurich DGVZ **90**, 10, aM Kblz JB **01**, 213, LG Augsb Rpfleger **98**, 166, LG Mannh JB **89**, 859 (vgl aber § 132 I BGB). Auch § 195 ist unanwendbar. 13

Ebensowenig ist eine *Hinterlegung* der Bürgschaftsurkunde notwendig, Schlesw JB **78**, 440. Sie ist aber jedenfalls dann zulässig und ausreichend, wenn das Gericht diese Hinterlegung gestattet hat, Hbg WertpMitt **82**, 915. Zulässig ist ein Bürgschaftsaustauch nach Treu und Glauben bei einer Gleichwertigkeit der neuen Bürgschaft, BGH NJW **94**, 1351, Düss OLGZ **94**, 442 (Verweigerung durch den Gläubiger kann Rechtsmißbrauch sein). Eine Bürgschaft für Gesamtgläubiger reicht aus, aM LG Düss Rpfleger **03**, 677 (aber § 432 I 1 BGB besagt das Gegenteil).

D. Unwiderruflichkeit, Unbedingtheit, Unbefristetheit. Weitere sämtlich notwendige Wirksamkeitserfordernisse sind die Unwiderruflichkeit, Unbedingtheit und Unbefristetheit. Eine bloße sog Ausfallbürgschaft oder sonstige befristete oder aufschiebend oder auflösend bedingte Bürgschaft ist ungeeignet. Denn das wäre zu ungewiß, Hamm MDR **95**, 412, Nürnb MDR **86**, 241, LG Bielef MDR **85**, 238. Es kommt auch keine solche auflösende Bedingung mehr in Betracht, bei der der Bürge evtl in bar hinterlegen will oder deren Eintritt in der Hand des Sicherungsberechtigten liegt, zB die Rückgabe der Erklärung an den Bürgen, aM Hbg MDR **82**, 588 (aber I 2 ist eindeutig, Einl III 39). 14

Natürlich muß man eine Bürgschaft als eine selbstschuldnerische anordnen und erklären. Sie muß daher den *Verzicht auf die Einrede der Vorausklage* nach § 771 BGB enthalten, § 239 II BGB entsprechend, Beuthien/Jöstingmeier NJW **94**, 2071. Das ist bei einer Bank als Kaufmann kraft Gesetzes nach § 349 HGB ohnehin so. Zur AGB-Problematik der Bürgschaft oder Bankgarantie auf erstes Anfordern (ein wolkiger Begriff) BGH NJW **01**, 282.

E. Im Inland zum Geschäftsbetrieb befugtes Kreditinstitut. Letztes Wirksamkeitserfordernis, das zu den in Rn 11–14 genannten hinzutreten muß, ist die Tauglichkeit des Bürgen, §§ 232 II, 239 I BGB, BayObLG **88**, 256 entsprechend, Hbg NJW **95**, 2859. Er muß ein im Inland zum Geschäftsbetrieb befugtes Kreditinstitut sein. Es mag ausländisch sein, wenn es eben nur auch im Inland zugelassen ist. 15

Formell bestehen *keine weiteren* allgemeinen Anforderungen. Eine „Großbank" ist nicht erforderlich, Falkenkötter MDR **02**, 622. Auch eine kleinere Genossenschaftsbank kann daher als Bürgin ausreichen, so schon Beuthien/Jöstingmeier NJW **94**, 2073. Ein Unternehmen, das kein „Kreditinstitut" ist, kann schon deshalb nicht als Bürge ausreichen. Das ergibt sich aus dem klaren Wortlaut von I 2. Er läßt für eine Auslegung über den Kreis der „Kreditinstitute" hinaus keinen Raum, Einl III 39. Ob eine Versicherungsgesellschaft auch ein „Kreditinstitut" ist, kann zweifelhaft sein. Das gilt unabhängig von ihrer Größe und Finanzkraft, großzügiger Grams AnwBl **02**, 358. Zwar vergibt natürlich auch ein großes Versicherungsunternehmen Kredit. Das ist aber nicht seine eigentliche Haupttätigkeit. Jede große Firma kann auch Kredite vergeben, ohne damit zu einem Kredit-„Institut" zu werden, wie es I 2 voraussetzt.

F. Weitere Einzelfragen. Im übrigen kann das Gericht besondere Anforderungen stellen. Denn es kann ja nach I 2 ohnehin vorrangig allgemein und daher auch zur Bürgschaft „Bestimmung" treffen. Es kann also zB den Kreis der tauglichen Banken bestimmen, Kblz JB **01**, 213 („deutsche Bank oder Sparkasse" meint auch eine Volksbank), AG Bln-Spandau DGVZ **97**, 189. Es kann verlangen, daß die Bürgschaftsurkunde die nach § 717 II zu ändernde Hauptforderung bezeichnet, LG Mannh DGVZ **95**, 27, daß unter der Bürgschaftserklärung eine notariell beglaubigte Unterschrift steht und daß ein Nachweis der Vertretungsbefugnis des Unterzeichners vorliegt, § 751 Rn 8. 16

Zwar soll man den Geschäftsverkehr nicht unnötig erschweren. Dieser Gesichtspunkt darf aber nicht dazu führen, daß das Gericht die *Sicherung des Schuldners* vernachlässigt. Wenn es die vorgenannten Bedingungen nicht stellen würde, könnte zB der Gerichtsvollzieher dem Schuldner unmittelbar vor der Pfändung eine Bürgschaftserklärung mit der Unterschrift eines in Wahrheit nicht Vertretungsberechtigten zustellen. Man darf dem Schuldner auch nicht zumuten, eine Erinnerung nach § 766 einzulegen. Mit einer solchen Lösung würde man dem Schuldner die Aufklärung der Zweifelsfragen zumuten und dem Gläubiger damit die Zwangsvollstreckung in einer Weise erleichtern, die nach der Grundsatzentscheidung des Gerichts zur Notwendigkeit einer Sicherheitsleistung eben gerade nicht erfolgen darf, Vogel NJW **97**, 555.

Eine solche Bürgschaft, die den vorstehenden Anforderungen *nicht entspricht,* reicht als eine Sicherheitsleistung nicht aus, BGH MDR **89**, 252. Sie berechtigt nicht zu einer Zwangsvollstreckung. Wegen der Gefahren, die dem Sicherungsberechtigten dann drohen, wenn die Bürgschaft nicht ausreicht, sollte das Gericht den Schuldner und den Gläubiger vor einer Bürgschaftsanordnung anhören. Das gilt mindestens insoweit, als es sich nicht um die Bürgschaft einer zuverlässigen Großbank handelt. Der Bürge darf den Gesicherten nicht auf eine Pfandsache verweisen. Der Bürge haftet nicht nur für einen Schaden infolge einer Verzögerung der Vollstreckung, sondern für die volle Urteilssumme, BGH NJW **79**, 417. Der Einwand nach

§ 777 trifft auf § 768 BGB nicht zu. Ein „Prozeßbürge" erkennt in der Regel den Ausgang des Rechtsstreits als für sich verbindlich an. Wegen einer einseitigen „Befreiungs"-Hinterlegung des Bürgen Rn 17. Die Klausel „Zahlung auf erstes Anfordern" reicht nicht, Weth AcP **189**, 329. Zum Problem Heinsius (vor Rn 1). Eine auflösende Bedingung ist unschädlich, soweit sie die Sicherheit des Gläubigers nicht beeinträchtigt. Das gilt unabhängig von §§ 109, 715, LG Mainz MDR **00**, 229.

17 **6) Hinterlegung, I, II.** Eine Sicherheitsleistung läßt sich durch eine Hinterlegung von Geld oder von mündelsicheren Papieren nach §§ 234 I, III BGB erbringen, soweit sich die Parteien nicht über eine andere Sicherheitsleistung geeinigt haben und soweit das Gericht keine andere Art der Sicherheitsleistung angeordnet hat, etwa die Hinterlegung von Kostbarkeiten oder von ausländischem Geld, § 5 HO. Eine Einzahlung bei der Gerichtskasse oder -zahlstelle steht einer Hinterlegung nicht gleich, BGH NJW **02**, 3260. Die Hinterlegung erfolgt beim AG als Hinterlegungsstelle, § 1 HO. Die Überweisung auf das Konto der Gerichtskasse reicht aus. Eine Verrechnung mit Gerichtskosten ist unzulässig. Denn die Sicherheitsleistung dient nur dem Gegner, Üb 1 vor § 108. Eine Annahmeanordnung ist stets erforderlich.

Unter *Geld* kann man jedes gesetzliche und jedes gesetzlich zugelassene Zahlungsmittel verstehen. Geld geht ins Eigentum des Staats über, § 7 HO. *Wertpapiere* darf man nur im Rahmen des § 234 BGB hinterlegen (Berechtigungsscheine nach II in Verbindung mit § 234 II BGB), und nur mit 75% ihres Kurswerts, § 234 II BGB. Auch ein Umtausch nach § 235 BGB ist nur gegen Geld oder gegen Wertpapiere nach § 234 BGB zulässig. Zur Mündelsicherheit § 1807 Z 2–4 BGB, Art 212 EG BGB, VO über die Mündelsicherheit der Pfandbriefe und verwandten Schuldverschreibungen v 7. 5. 40, RGBl 756, desgleichen wegen der Schiffspfandbriefe VO v 18. 3. 41, RGBl 156.

18 *Andere Wertpapiere* kann das Gericht ausdrücklich zulassen. Es kann auch die Hinterlegung eines Sparbuchs oder einer Sparcard anordnen. Am Hinterlegten erlangt der Gesicherte ein Pfandrecht, § 233 BGB. Deshalb ist ein Umtausch von seiner Zustimmung abhängig. Mit dem Eintritt des Sicherungsfalls kann er die Auszahlung oder Herausgabe fordern, § 13 HO, auch durch eine Klage, § 894. Er kann auch auf die Feststellung seiner Berechtigung klagen, § 13 Z 2 HO. Er kann das Pfand verkaufen, § 1233 BGB. Er kann den Bürgen in Anspruch nehmen, BGH NJW **78**, 43. Es ist nicht wirksam, wenn der Bürge einseitig erklärt, er könne sich durch eine Hinterlegung befreien, Düss DGVZ **90**, 156, LG Wuppert DGVZ **90**, 124, AG Oberkirch DGVZ **92**, 14, aM LG Ffm JB **89**, 264 (aber die Bürgschaft läßt sich als ein Vertrag nicht einteilig ändern, Rn 11–13).

19 **7) Rechtsbehelfe, I, II.** Die gerichtliche Anordnung einer Sicherheitsleistung ist nach Grund und Höhe nur zusammen mit der Entscheidung in der Sache anfechtbar, BGH NJW **02**, 3259. Natürlich ist § 319 anwendbar, BGH RR **99**, 213. Soweit das Gericht versehentlich die Höhe nicht bestimmt oder offenbar fehlerhaft errechnet hat, sind §§ 321, 716, 717 anwendbar, BGH RR **99**, 213. Im übrigen ist gegen die Anordnung, daß überhaupt eine Sicherheitsleistung notwendig sei, kein Rechtsbehelf statthaft. Beim Rpfl gilt § 11 RPflG, § 104 Rn 41 ff.

20 Die Bestimmung der *Art* einer Sicherheitsleistung stellt nicht den Beginn einer Zwangsvollstreckung dar. Deshalb ist gegen die Bestimmung *keine* sofortige Beschwerde zulässig, Ffm (17. ZS) MDR **81**, 677, ZöHe 16, aM Ffm (13. ZS) MDR **75**, 323. Gegen die Ablehnung der beantragten Art der Sicherheitsleistung ist eine sofortige Beschwerde zulässig, § 567 I Z 2. Das gilt unabhängig von einer schon eingelegten Berufung, Düss MDR **84**, 852, aM Mü MDR **84**, 321 (aber § 567 I Z 2 gilt uneingeschränkt). Eine Rechtsbeschwerde kommt unter den Voraussetzungen des § 574 in Betracht.

21 Das Gericht kann die Bestimmung der Art der Sicherheitsleistung *abändern* oder ergänzen, BGH NJW **94**, 1351, Pecher WertpMitt **86**, 1516, Treber WertpMitt **00**, 343, zweifelnd Ffm MDR **81**, 677. Da die Sicherheitsleistung nicht der Staatskasse dient, sondern nur dem Gegner, Üb 1 vor § 108, lassen sich Art und Höhe jederzeit durch eine gerichtliche oder außergerichtliche Parteivereinbarung ergänzen oder ändern und kann der dadurch Begünstigte auch darauf klagen.

22 Wenn das Gericht einen Abänderungsantrag zurückweist, ist eine sofortige Beschwerde zulässig, § 567 I Z 2, aM Mü MDR **84**, 321, Nürnb MDR **86**, 241 (nur bei neuen Umständen). Eine Rechtsbeschwerde kommt auch hier unter den Voraussetzungen des § 574 in Betracht.

23 Gegen einen *Abänderungsbeschluß* ist kein Rechtsbehelf statthaft, Schneider MDR **83**, 906, ThP 18, aM Ffm MDR **75**, 323 (sofortige Beschwerde).

109 *Rückgabe der Sicherheit.* [I] **Ist die Veranlassung für eine Sicherheitsleistung weggefallen, so hat auf Antrag das Gericht, das die Bestellung der Sicherheit angeordnet oder zugelassen hat, eine Frist zu bestimmen, binnen der ihm die Partei, zu deren Gunsten die Sicherheit geleistet ist, die Einwilligung in die Rückgabe der Sicherheit zu erklären oder die Erhebung der Klage wegen ihrer Ansprüche nachzuweisen hat.**

II [1] **Nach Ablauf der Frist hat das Gericht auf Antrag die Rückgabe der Sicherheit anzuordnen, wenn nicht inzwischen die Erhebung der Klage nachgewiesen ist; ist die Sicherheit durch eine Bürgschaft bewirkt worden, so ordnet das Gericht das Erlöschen der Bürgschaft an.** [2] **Die Anordnung wird erst mit der Rechtskraft wirksam.**

III [1] **Die Anträge und die Einwilligung in die Rückgabe der Sicherheit können vor der Geschäftsstelle zu Protokoll erklärt werden.** [2] **Die Entscheidungen ergehen durch Beschluss.**

IV **Gegen den Beschluss, durch den der im Absatz 1 vorgesehene Antrag abgelehnt wird, steht dem Antragsteller, gegen die im Absatz 2 bezeichnete Entscheidung steht beiden Teilen die sofortige Beschwerde zu.**

Schrifttum: *Sprick,* Kostentabelle zur Berechnung der Sicherheitsleistung und Abwendungsbefugnis (§§ 709 ff ZPO), DRiZ **81**, 116.

Gliederung

1) Systematik, I–IV. Die Vorschrift erfaßt die Abwicklung einer prozessualen Sicherheitsleistung. Sie 1
stellt dabei eine Ergänzung zu § 108 dar. Sie hat den Vorrang vor einer Klage auf die Rückgabe der Sicherheitsleistung. Für diese besteht daher grundsätzlich kein Rechtsschutzbedürfnis nach Grdz 33 vor § 253, BGH NJW **94**, 1352 (auch zu einer Ausnahme). Zu ihr tritt eine weitere Ergänzung bei einer Auslandsberührung nach § 110 hinzu. § 715 hat den Vorrang.

2) Regelungszweck, I–IV. Die Sicherheitsleistung dient je nach ihrem Grund der Sicherung eines 2
entstandenen oder eines erwarteten Anspruchs und der Durchsetzbarkeit eines Schadensersatzanspruchs infolge einer Vollstreckung vor der formellen Rechtskraft, solange nicht die Veranlassung zur Sicherheitsleistung weggefallen ist, Ffm Rpfleger **93**, 410. Von diesem Zeitpunkt an hat das Interesse des Sicherheitsleistenden am Rückerhalt der Sicherheit den Vorrang. § 109 soll die Rückgabe erleichtern und die Beendigung des Sicherungsverhältnisses klären, Pecher WertpMitt **86**, 1515. Ferner soll das Gericht zwecks Prozeßwirtschaftlichkeit nach Grdz 14 vor § 128 rasch über den Zwischenstreit entscheiden. Das muß man bei der Auslegung beachten, Hbg NJW **91**, 3103.

Ermessen kennzeichnet bei einer näheren Prüfung auch diese Vorschrift. Denn letztlich kann man wohl meist durchaus verschieden darüber denken, ob der Zweck der Sicherheitsleistung inzwischen ganz oder doch so weitgehend erfüllt ist, daß man dem Vollstreckungsschuldner eine solche Belastung abnehmen kann. Ob er immer dringender frei verfügen möchte, ist die eine Frage. Ob man aber für den Gläubiger die durch eine gegnerische Sicherheitsleistung geminderte Gefahr oder die durch eine eigene Sicherheitsleistung erhöhte Möglichkeit jetzt wirklich anders beurteilen kann und muß, das ist die entscheidende andere Frage. Wiederum muß man vorsichtig abwägen und die Entscheidung überzeugend oder wenigstens vom höheren Gericht überprüfbar begründen können.

3) Geltungsbereich, I–IV. Vgl zunächst Üb 3 vor § 108. § 109 gilt für alle Arten von Sicherheits- 3
leistung, BGH NJW **94**, 1351.

A. Bestehender Anspruch. Soweit der Anspruch besteht, kann der Gesicherte gegen den Besteller auf eine Einwilligung in die Auszahlung an ihn oder in die Verwertung des Pfands klagen. Die Herausgabe erfolgt vor allem auf Grund einer rechtskräftigen Entscheidung oder einer schriftlichen Bewilligung der Beteiligten, § 13 HO.

B. Nichtbestehender Anspruch. Soweit der Anspruch nicht besteht oder nach Rn 6 weggefallen ist, 4
kann der Besteller das Hinterlegte zurückverlangen, BGH NJW **90**, 2129, falls eine der folgenden Voraussetzungen vorliegt:

– *Einwilligung des Gesicherten.* Der Gesicherte willigt in die Rückgabe ein, § 13 II 1 Z 1 HO. Wenn die Einwilligung der Hinterlegungsstelle nicht ausreicht, muß das Gericht die Rückgabe anordnen.

– *Rückgabeanordnung.* Das Gericht ordnet die Rückgabe nach § 109 an. Soweit der Vollstreckungsschuldner auf eine Rückgabe verzichtet, kann eine Erfüllungswirkung eintreten, BGH Rpfleger **84**, 74.

– *Einwilligung des Bestellers.* Der Besteller klagt auf die Einwilligung zur Rückgabe. Dieser Weg kommt nur in Betracht, soweit sich das kürzere und billigere Verfahren nach § 109 nicht durchführen läßt. Denn für die Klage fehlt sonst ein Rechtsschutzbedürfnis, Grdz 33 vor § 253. Die Klage kommt etwa dann in Betracht, wenn feststeht, daß der Gesicherte einen Anspruch erhebt, oder wenn er die Frist nach § 109 unangemessen lang verlängern ließ.

– *Antrag nach § 717.* Im Prozeß erfolgt nach § 717 ein Rückgabeantrag.

Eine *Feststellungsklage* nach § 256 ist wegen der Unzulässigkeit der Rückgabe während des Verfahrens nach § 109 unstatthaft.

C. Sonderfragen der Bürgschaft usw. Die Vorschrift gilt auch dann, wenn der Schuldner die Sicher- 5
heitsleistung durch eine Bürgschaft erbracht hat, BGH NJW **79**, 417, KG NJW **76**, 1752. Das Gericht ordnet dann freilich nicht die Rückgabe der Sicherheitsleistung an, sondern das Erlöschen der Bürgschaft, II 2. Die Ausführung der gerichtlichen Anordnung erfolgt dadurch, daß die verwahrende Stelle die Bürgschaftsurkunde an den Schuldner zurückgibt oder daß der Gläubiger den Bürgen aus seiner Verpflichtung entläßt. Die bürgende Bank braucht ein Pfand erst nach dem Rückerhalt ihrer Bürgschaftsurkunde oder nach der Entlassung durch den Bürgschaftsgläubiger aus ihrer Bürgschaft zurückzugeben.

4) Wegfall der Veranlassung, I. Ein einfacher Grundsatz läßt sich oft nur schwer durchführen. 6

A. Grundsatz: Maßgeblichkeit des Zweckwegfalls. Die Veranlassung für eine Sicherheitsleistung ist dann weggefallen, wenn ihr Zweck weggefallen ist, Köln MDR **93**, 270, wenn also zB der gesicherte Anspruch nach den Umständen des Falles nicht mehr entstehen kann, BGH NJW **90**, 2129, Düss Rpfleger

96, 165. Das trifft vor allem dann zu, wenn eine vorläufige Maßnahme endgültig geworden ist, § 715 I, und wenn dem entstandenen Anspruch kein Hindernis mehr entgegensteht. Der Antragsteller muß den Wegfall der Veranlassung beweisen. Er braucht aber nicht zu beweisen, daß kein Schaden entstanden ist. Wenn das Gericht diejenige Maßnahme aufgehoben hat, die zur Anordnung der Sicherheitsleistung führte, ist der Fall der Sicherheitsleistung recht eigentlich eingetreten.

Das gilt zB dann, wenn das Gericht die Zwangsvollstreckung gegen eine Sicherheitsleistung eingestellt hatte und wenn es diesen Beschluß aufgehoben hat. Denn dann deckt die Sicherheitsleistung denjenigen Schaden, der dem Gläubiger durch den früheren Einstellungsbeschluß entstanden sein mag. Wenn freilich feststeht, daß kein Schaden entstanden ist, ist das Verfahren nach § 109 unbedenklich. Dasselbe gilt dann, wenn sich der Schaden endgültig berechnen läßt. Denn dann kann der Gesicherte innerhalb der Frist klagen. Wenn die Veranlassung nur für einen Teil des Streitgegenstands weggefallen ist, ist § 109 auf diesen Teil anwendbar.

7 **B. Beispiele zur Frage des Wegfalls der Veranlassung**

Änderung, Aufhebung des Urteils: Rn 15 „Urteilsänderung".

8 **Arrest, einstweilige Verfügung:** Die Veranlassung für eine Sicherheitsleistung entfällt bei einer Aufhebung des Arrests oder der einstweiligen Verfügung nach § 923 Rn 2, § 943 Rn 4 oder dann, wenn es nicht zum Arrestvollzug gekommen und wenn die Frist des § 929 II, III verstrichen ist. Die Veranlassung entfällt ferner bei einer rechtskräftigen Klagabweisung im Hauptsacheverfahren, auch durch ein bloßes Prozeßurteil, § 926 Rn 9, Fingerhut BB **75**, 765, aM Mü NJW **75**, 1665 (die Veranlassung sei nur dann weggefallen, wenn das Gericht die Klage als unbegründet abgewiesen habe. Aber auch ein Prozeßurteil beendet den Prozeß).

Die Veranlassung entfällt *nicht,* soweit das Gericht einen Arrest rechtskräftig bestätigt, wenn die Hauptsache anhängig ist.

S auch Rn 16 „Verzicht".

9 **Ausländer:** Die Veranlassung für eine Sicherheitsleistung entfällt bei einem Ausländer durch den Eintritt der Kostenpflicht oder durch den Wegfall der Sicherungspflicht oder durch die Rechtskraft eines klagabweisenden Urteils, Stgt Rpfleger **85**, 375.

10 **Beiderseitige Sicherheitsleistungen:** Die Veranlassung für eine Sicherheitsleistung entfällt, soweit beide Parteien eine Sicherheit erbracht haben, für diejenige des Schuldners, zumindest soweit der Gläubiger vollstreckt, Köln MDR **93**, 270, Oldb Rpfleger **85**, 504, aM Jena JB **07**, 608.

Die Veranlassung entfällt aber *nicht* schon dann, wenn das Gericht nunmehr dem Bekl gestattet, die Zwangsvollstreckung gegen eine Sicherheitsleistung abzuwenden, BGH NJW **90**, 2129, Mü OLGZ **85**, 458, ZöHe 3, aM Haakshorst/Comes NJW **77**, 2344 (aber bis zur Erbringung einer letzteren Sicherheit besteht die Unsicherheit fort).

Bestätigung des Ersturteils: Die Veranlassung für eine Sicherheitsleistung entfällt *nicht,* soweit das Berufungsgericht ein Ersturteil bestätigt, solange das Berufungsurteil noch nicht rechtskräftig ist, KG NJW **76**, 1753, Mü OLGZ **85**, 458, oder gar *vor* einer Bestätigung.

11 **Einstweilige Einstellung:** Die Veranlassung für eine Sicherheitsleistung entfällt *nicht* schon dann, wenn eine einstweilige Einstellung wegfällt, zB nach §§ 707, 719, BGH NJW **79**, 417, Düss Rpfleger **96**, 165, Ffm Rpfleger **93**, 410.

EU-Aufenthalt: Die Veranlassung für eine Sicherheitsleistung entfällt, wenn der Kläger seinen Aufenthalt in einem EU-Staat hat, EGH BB **06**, 465 rechts unten.

Gesetzesänderung: Die Veranlassung für eine Sicherheitsleistung entfällt evtl bei einer Änderung der Gesetzeslage oder der Beurteilungslage, Hbg NJW **91**, 3103.

Landpachtvertrag: § 109 gilt entsprechend beim Landpachtvertrag, § 590 II 6 Hs 2 BGB.

Miete: Die Veranlasssung für eine Sicherheitsleistung entfällt *nicht,* soweit noch eine Nutzungsentschädigung in Betracht kommt, LG Bielef Rpfleger **93**, 354.

12 **Prozeßvergleich:** Die Veranlassung für eine Sicherheitsleistung entfällt *nicht* beim noch nicht erfüllten Prozeßvergleich, Ffm MDR **87**, 239, aM ThP 4 (aber erst die Erfüllung beseitigt die Unsicherheit).

13 **Räumung:** Die Veranlassung für eine Sicherheitsleistung entfällt beim Räumungsurteil mit der Räumung, LG Ffm Rpfleger **04**, 235.

Rechtliche Würdigung: Rn 11 „Gesetzesänderung".

Rechtskraft: Die Veranlassung für eine Sicherheitsleistung entfällt mit dem Eintritt der formellen Rechtskraft eines zB nach § 709 vorläufig vollstreckbar gewesenen Urteils, Ffm NJW **76**, 1326. Bei einem Ausländer entfällt sie auch durch die Rechtskraft eines klagabweisenden Urteils, Stgt Rpfleger **85**, 375.

Rechtsmittel: Rn 15 „Urteilsänderung", Rn 17 „Zurückverweisung", Rn 18 „Zurückweisung der Berufung".

14 **Sicherheitsleistung des Beklagten:** Rn 10 „Beiderseitige Sicherheitsleistung".

Sicherungsvollstreckung: Die Veranlassung für eine Sicherheitsleistung entfällt bei einer bloßen Sicherungsvollstreckung auf Grund eines solchen Urteils des OLG ohne eine Sicherheitsleistung, das ein Ersturteil bestätigt, Mü OLGZ **85**, 459.

S auch Rn 18 „Zurückweisung der Berufung".

Teilweiser Wegfall: Es ist auch ein teilweiser Wegfall der Veranlassung zu einer Sicherheitsleistung möglich, Düss MDR **82**, 413, Mü OLGR **97**, 23.

15 **Übersicherung:** Sie kann bei einer Unzumutbarkeit in ihrem Umfang § 109 anwendbar machen, Düss MDR **82**, 412.

Urteilsänderung: Die Veranlassung für eine Sicherheitsleistung entfällt, wenn endgültig feststeht, daß ein Schaden nach § 717 weder entstanden ist noch entstehen kann. Eine Leistung des Schuldners unter Vorbehalt genügt dazu *nicht,* KG NJW **76**, 1752. Unabhängig von einem Schaden entfällt die Veranlassung ferner mit der Aufhebung eines solchen vorläufig vollstreckbaren Urteils, dessen Vollstreckung die Sicherheitsleistung abwenden sollte. Das gilt selbst dann, wenn noch keine Rechtskraft eingetreten ist, Düss RR **02**, 1252, Hamm MDR **82**, 942, Mü OLGR **94**, 226.

Vergleich: Es kommt auf seinen Inhalt an, Ffm MDR **87**, 239, Köln RR **87**, 251. 16

Verzicht: Die Veranlassung für eine Sicherheitsleistung entfällt mit einem Verzicht des Gesicherten auf eine Durchführung derjenigen Maßnahme, die die Sicherheitsleistung veranlaßt hat, Mü DB **78**, 2021, etwa auf die Rechte an einem Arrest. Der Schuldner kann nach dem Wegfall der Veranlassung auf die Rückgabe der Sicherheit schuldbefreiend verzichten, BGH WertpMitt **83**, 1337.

Vollmacht: Die Veranlassung zu einer Sicherheitsleistung entfällt mit einer Genehmigung nach § 89.

Widerklage: Die Veranlassung zur Sicherheitsleistung entfällt *nicht,* soweit der Sicherungsnehmer klagt, Stgt RR **95**, 1148.

Wohnsitz: Rn 11 „EU-Aufenthalt".

Zurückverweisung: Die Veranlassung für eine Sicherheitsleistung entfällt grds mit einer Zurückverweisung, 17
Rn 9, Düss RR **02**, 1292, Ffm (21. ZS) Rpfleger **85**, 32 (zustm Acher), Karlsr OLGZ **85**, 82, aM Ffm (6. ZS) Rpfleger **76**, 222 (aber nun hat das Rechtsmittelricht das bisherige Urteil als Grundlage einer Pflicht zur Sicherheitsleistung jedenfalls erst einmal aufgehoben).

Die Veranlassung entfällt ausnahmsweise *nicht* bei einer Zurückverweisung bei einer Vollstreckungsabwehrklage nach § 767, BGH NJW **82**, 1397.

Zurückweisung der Berufung: Die Veranlassung für eine Sicherheitsleistung entfällt *nicht,* soweit es um 18
die Vollstreckung aus einem Urteil des LG und um die Zurückweisung der Berufung geht und soweit das Urteil des OLG ohne eine Sicherheitsleistung vorläufig vollstreckbar ist, Mü OLGZ **85**, 458 (auch zur Ausnahme der bloßen Sicherungsvollstreckung).

5) Frist, I. Ihre Bestimmung erfordert eine sorgfältige Abwägung der Interessen. 19

A. Grundsatz: Erreichen der Einwilligung zur Sicherheitsrückgabe. Wenn die Veranlassung für eine Sicherheitsleistung weggefallen ist, macht das Gericht dem Gesicherten auf Grund eines Antrags eine Auflage. Es gibt ihm auf, innerhalb einer Frist in die Rückgabe der Sicherheitsleistung in der Form der §§ 13 II Z 1, 14 HO einzuwilligen oder nachzuweisen, daß er gerade wegen derjenigen Ansprüche eine Klage erhoben hat, denen die Sicherheitsleistung dienen sollte, Düss GRUR **82**, 168. Eine Androhung der Folgen oder eine Belehrung über sie sind nicht notwendig, § 231 I. Eine Klage gegen den Bürgen reicht aus, Köln OLGZ **91**, 217.

B. Verfahren. Das Verfahren erfordert einen Antrag des Bestellers, auch zum Protokoll der Geschäfts- 20
stelle, Rn 26. Zuständig ist dasjenige Gericht, das die Sicherheitsleistung angeordnet oder zugelassen hat oder das durch eine Verweisung des Rechtsstreits für diesen zuständig geworden ist. Das höhere Gericht ist nur insoweit zuständig, als es die Anordnung selbst getroffen und nicht nur die Anordnung des unteren Gerichts bestätigt hat. Wegen des vorläufigen Verfahrens auf den Erlaß eines Arrests oder einer einstweiligen Verfügung § 943 II. Im Gericht wird der Rpfl tätig, § 20 Z 3 RPflG. Er gewährt das rechtliche Gehör, Artt 2 I, 20 III GG, BVerfG **101**, 404.

C. Ermessen. Der Rpfl braucht die Folgen nicht anzudrohen, § 231 I. Er entscheidet nach seinem pflicht- 21
gemäßen *Ermessen.* Im Rahmen dieses Ermessens bemißt er auch die Frist, §§ 221, 222. Er kann sie verlängern, § 224 II. Die Entscheidung ergeht durch einen Beschluß, III 2, § 329, auf Grund einer freigestellten mündlichen Verhandlung, § 128 IV. Der Rpfl muß seinen Beschluß grundsätzlich begründen, § 329 Rn 4. Der Beschluß enthält mangels Kosten, s unten, auch keine Kostenentscheidung. Der Rpfl muß ihn verkünden oder dann, wenn er den Antrag abgelehnt hat, dem Antragsteller förmlich zustellen und dann, wenn er dem Antrag stattgegeben hat, dem Antragsgegner förmlich zustellen und dem Antragsteller formlos mitteilen, § 329 II, III. Das Verfahren erhält keine Störung dadurch, daß schon eine Klage auf die Einwilligung in die Rückgabe der Sicherheit vorliegt. Denn für eine solche Klage fehlt das Rechtsschutzbedürfnis, Rn 5. Ein Nachweis der Einwilligung oder der Klagerhebung bis zu demjenigen Augenblick, in dem das Gericht die Anordnung der Rückgabe nach § 329 Rn 23 hinausgibt, wahrt die Frist, § 231 Rn 4, Mü OLGR **95**, 155. Es reicht aus, daß die Klagerhebung nachweislich während des Erinnerungs- oder Beschwerdeverfahrens über die Freigabe erfolgt.

Gebühren: Des Gerichts: keine; des Anwalts: keine, § 19 I 2 Z 7 RVG (gehört zum Rechtszug).

6) Anordnung der Rückgabe bzw des Erlöschens, II. Der Rpfl muß sie unverzüglich vornehmen. 22

A. Verfahren. Nach einem ergebnislosen Fristablauf ordnet der Rpfl die Rückgabe der genau zu bezeichnenden Sicherheitsleistung an den genau zu bezeichnenden Empfänger oder bei einer Sicherheitsleistung durch eine evtl genau zu bezeichnende Bürgschaft deren Erlöschen an. Er braucht die Rückgabe der Bürgschaftsurkunde nicht außerdem anzuordnen. Denn man kann ihre Rückgabe grundsätzlich nicht erzwingen, Pecher WertpMitt **86**, 1515. Im übrigen ist allerdings keine zusätzliche Anordnung der Herausgabe gegenüber der Hinterlegungsstelle notwendig. Diese Anordnung erfordert einen besonderen Antrag. Dieser Antrag läßt sich allerdings bereits mit dem Fristantrag verbinden. Er ist dann durch die Entscheidung über den Fristantrag bedingt. Der Rpfl darf und muß die Voraussetzungen des Fristantrags noch im Anordnungsverfahren prüfen, § 231 II.

Es ist *unerheblich, ob* die *Klage aussichtsreich* wäre. Eine Klage gegen den Bürgen reicht aus, Köln OLGZ **91**, 23
217. Die Erhebung des Anspruchs nach § 717 steht einer Klagerhebung gleich. Auch die Rechtshängigkeitswirkung nach § 696 III genügt. Eine Widerklage im Prozeß des Gesicherten gegen den Besteller genügt, Anh § 253, ebenso ein Antrag auf eine Kostenfestsetzung nach §§ 103 ff, wenn die Sicherung nur noch die Prozeßkosten sichern soll. Eine Einwilligung in die Rückgabe dem Gericht gegenüber erspart die Anordnung, falls die Einwilligung schriftlich oder nach § 130 a elektronisch oder zum Protokoll des Gerichts oder des Urkundsbeamten der Geschäftsstelle erfolgt ist, § 13 II Z 1 HO. Andernfalls verfügt die Hinterlegungsstelle die Herausgabe der Sicherheitsleistung nur auf Grund des Nachweises eines rechtskräftigen Rückgabebeschlusses, § 13 II Z 2 HO. Denn die Anordnung der Rückgabe wird ebenso wie die Anordnung des Erlöschens der Sicherheitsleistung erst mit der Rechtskraft wirksam, II 2. Es kommt auch eine teilweise Anordnung in Betracht, Düss GRUR **82**, 169.

24 **B. Entscheidung.** Die Entscheidung erfolgt durch den Rpfl, § 20 Z 3 RPflG. Er entscheidet auf Grund einer freigestellten mündlichen Verhandlung nach § 128 IV durch einen Beschluß, III 2. Er muß einen verspätet eingegangenen Nachweis usw bis zur Hinausgabe seiner Entscheidung berücksichtigen. Der Rpfl muß seinen Beschluß grundsätzlich begründen, § 329 Rn 4. Der Beschluß enthält keine Kostenentscheidung, Rn 12. Der Rpfl muß ihn beiden Parteien oder deren ProzBev zustellen, § 329 III. Die Rückgabe erfolgt an den Besteller. Falls aber ein Dritter im eigenen Namen hinterlegt hat, erfolgt die Rückgabe an den Dritten.

Gebühren: Rn 12. Hinterlegungskosten sind landesgesetzlich geregelt, Hartmann Teil VIII B.

25 **C. Verzinsung.** Hinterlegte Gelder erbringen nach folgenden Ländervorschriften Zinsen:
Baden-Württemberg: G v 23. 7. 56, GBl 106;
Bayern: G v 29. 10. 56, BayBS III 148;
Berlin: G v 12. 7. 56, GVBl 916;
Brandenburg:
Bremen: G v 3. 7. 56, GVBl 93;
Hamburg: G v 3. 7. 56, GVBl 138;
Hessen: G v 18. 10. 56, GVBl 147;
Mecklenburg-Vorpommern:
Niedersachsen: G v 21. 7. 56, GVBl 98;
Nordrhein-Westfalen: G v 3. 7. 56, GVBl 183;
Rheinland-Pfalz: G v 24. 10. 56, GVBl 122;
Sachsen:
Sachsen-Anhalt:
Saarland: G v 24. 5. 63, ABl 339;
Schleswig-Holstein: G v 16. 7. 56, GVBl 128;
Thüringen:

26 **7) Antrag und Einwilligung, III.** Der Antrag und die Einwilligung sind schriftlich oder nach § 130 a elektronisch oder zum Protokoll der Geschäftsstelle möglich. Es besteht kein Anwaltszwang, § 78 III Hs 2. Der Antrag ist eine Parteiprozeßhandlung, Grdz 47 vor § 128. Zum Antrag sind der Besteller und sein Rechtsnachfolger berechtigt, auch wenn ein Dritter die Sicherheit geleistet hat, BGH NJW **79**, 417. Ein Dritter ist also nicht antragsberechtigt, auch nicht als Bürge, MüKoBe 18, ThP 2, aM Schreiber JR **79**, 249, ZöHe 6 (aber der Bürge ist nur der Erfüllungsgehilfe des Schuldners). Dagegen ist auch ein Überweisungsgläubiger nach § 835 antragsberechtigt. Antragsgegner ist der Prozeßgegner oder sein Rechtsnachfolger. Eine Prozeßvollmacht berechtigt zur Antragstellung und Einwilligung, § 81 Rn 3. Der Antragsteller muß den Wegfall der Veranlassung darlegen und evtl beweisen.

27 **8) Rechtsbehelfe, IV.** Man muß je nach der Antragsart unterscheiden.

A. Fristantrag. Soweit der Rpfl einem Fristantrag stattgegeben hat, gilt § 11 II RPflG, § 104 Rn 41 ff, Ffm NJW **76**, 1326, Köln JB **05**, 554 (notfalls Zurückverweisung). Soweit der Richter dem Fristantrag stattgegeben hat, ist kein Rechtsbehelf statthaft. Das gilt auch dann, wenn das Beschwerdegericht dem Antrag stattgegeben hat. Soweit der Rpfl einen Fristantrag zurückgewiesen hat, gilt für den Antragsteller wiederum § 11 RPflG, Ffm Rpfleger **76**, 222. Soweit der Richter so handelte, ist die sofortige Beschwerde statthaft, IV, § 11 III RPflG, § 567 I Z 2.

28 **B. Rückgabe- bzw Erlöschensantrag.** Soweit das Gericht einem solchen Antrag stattgegeben oder einen solchen Antrag zurückgewiesen hat, gilt für jede Partei nach IV der § 11 RPflG, Düss GRUR **82**, 168, und zwar ohne eine aufschiebende Wirkung, § 570 I. Die Rückgabe der Sicherheit erfolgt wegen II 2 nicht vor dem Eintritt der Rechtskraft des Rückgabebeschlusses. Ein rechtskräftiger Rückgabebeschluß bindet die Hinterlegungsstelle, § 13 Z 2 HO.

29 **C. Gemeinsame Einzelheiten.** Bei einer sofortigen Beschwerde besteht stets ein Anwaltszwang, § 78 Rn 1, 2, sofern nicht §§ 569 III, 571 IV 2 anwendbar sind. Im Beschwerdeverfahren muß das Gericht die Rechtmäßigkeit der Fristsetzung nachprüfen. Eine Rechtsbeschwerde kommt unter den Voraussetzungen des § 574 in Betracht.

110

Prozesskostensicherheit. **I Kläger, die ihren gewöhnlichen Aufenthalt nicht in einem Mitgliedstaat der Europäischen Union oder einem Vertragsstaat des Abkommens über den Europäischen Wirtschaftsraum haben, leisten auf Verlangen des Beklagten wegen der Prozesskosten Sicherheit.**

II Diese Verpflichtung tritt nicht ein:

1. **wenn auf Grund völkerrechtlicher Verträge keine Sicherheit verlangt werden kann;**
2. **wenn die Entscheidung über die Erstattung der Prozesskosten an den Beklagten auf Grund völkerrechtlicher Verträge vollstreckt würde;**
3. **wenn der Kläger im Inland ein zur Deckung der Prozesskosten hinreichendes Grundvermögen oder dinglich gesicherte Forderungen besitzt;**
4. **bei Widerklagen;**
5. **bei Klagen, die auf Grund einer öffentlichen Aufforderung erhoben werden.**

Schrifttum: *Ahrens,* Ausländersicherheit im einstweiligen Verfügungsverfahren, in: Festschrift für *Nagel* (1987) 1; *Gottwald,* Die Stellung des Ausländers im Prozeß, in: Tagungsbericht 1987 Nauplia, 1991; *Klamaris,* Der Ausländer im Prozeß, in: Tagungsbericht 1987, Nauplia, 1991; *Linke,* Internationales Zivilprozeßrecht, 4. Aufl 2006, § 6; *Sandrock,* Zur Prozeßkostensicherheit im internationalen Schiedsverfahren, Festschrift für *Gaul* (1997) 607; *Schütze* RIW **99**, 10 (Üb) and Toward Comparative Law in the 21st Century (Japan) **98**, 11.30 (737).

Gliederung

1) Systematik, I, II. Die Vorschrift bringt in I eine Ausnahme vom innerdeutschen Grundsatz der Freiheit von Sicherheitsleistung wegen Prozeßkosten. II bringt als „Ausnahme von der Ausnahme" die Rückkehr zum Grundsatz auch bei bestimmten Fällen mit internationalen Beziehungen. Das deutsche Recht kennt eine Sicherheitsleistung für die Prozeßkosten nur in einigen Fällen nach dem Gesellschaftsrecht, Üb 3 vor § 108, ferner jetzt eben nur in den in I abschließend genannten Fällen. 1

2) Regelungszweck, I, II. Aus den in Rn 1 genannten systematischen Gründen muß man I eng, II weit auslegen, aM Köln JB **01**, 149 (Sicherheit auch bei schlechter Vermögenslage, die nicht gerade auf Ausländereigenschaft beruhe. Aber wo sind die Grenzen?). Die Forderung an einen im Ausland Lebenden, eine Sicherheitsleistung zu erbringen, ist dessen ungeachtet eine international anerkannte Einrichtung. Sie hat ihren Grund in der bekannten Schwierigkeit, eine Kostenentscheidung in manchem Ausland zu vollstrecken, BGH NJW **84**, 2762, Bork/Schmidt-Parzefall JZ **94**, 18. Auch sie dient aber nicht dem Interesse der Staatskasse, sondern nur noch demjenigen des Prozeßgegners, Üb 1 vor § 108. Daher darf die Gerichtskasse eine Einzahlung zwecks solcher Sicherheitsleistung nicht auf Gerichtskosten anrechnen, Stgt Rpfleger **85**, 375. Das BJM erwägt eine Ausweitung auf den Fall, daß er mittellose Kläger mithilfe vermögender Dritter auch bei einer Aussichtslosigkeit und daher bei einer Ablehnung einer Prozeßkostenhilfe klagt. 2

3) Sachlicher Geltungsbereich, I, II. Vgl zunächst Üb 3 vor § 108, ferner unten Rn 9, 13 ff. § 110 berücksichtigt mehrere Grundsatzentscheidungen. Zunächst hat EuGH NJW **93**, 2431 entschieden, daß Artt 59, 60 EGV es verbieten, von einer in einer Ausübung ihres Berufs handelnden Person mit einem Wohnsitz in einem anderen Mitgliedsstaat, die vor einem inländischen Gericht klagt, die Zahlung einer Prozeßkostensicherheit zu verlangen, nur weil sie Angehörige eines anderen Mitgliedsstaats ist. Der EuGH hat dort auch das Bestehen von Gegenseitigkeitsabkommen insofern für unvereinbar mit dem im Gemeinschaftsrecht verankerten Anspruch auf Gleichbehandlung erklärt, Bork/Schmidt-Parzefall JZ **94**, 18, Schack ZZP **108**, 47, Steinz/Leible IPRax **98**, 162 (je ausf). EuGH NJW **96**, 3407 sowie NJW **98**, 2127 legt § 6 I EGV dahin aus, daß es unstatthaft ist, von einer natürlichen oder juristischen Person eines anderen EU-Staats eine Sicherheitsleistung wegen Prozeßkosten zu fordern, wenn eine inländische solche Person davon frei ist und wenn die Klage eine vom Gemeinschaftsrecht gewährleistete Grundfreiheit berührt; krit Jäger NJW **97**, 1220. Zum bisherigen Recht ferner Mü NJW **93**, 865 (Art 7 I EWGV – Diskriminierungsverbot), Kaum IPRax **94**, 180, Schlosser EuZW **93**, 659. – Vgl ferner § 81 VII 1 PatG (dort Hs 2: § 110 II Z 1–3 ZPO entsprechend). 3

EuGH NJW **97**, 3299 hat ferner entschieden, daß eine Sicherheitsleistung entfällt, soweit es um den Angehörigen eines anderen Mitgliedstaats geht, der zugleich Angehöriger eines *Drittstaats* ist und dort einen Wohnsitz, im Mitgliedstaat aber weder einen Wohnsitz noch Vermögen hat und vor einem seiner Zivilgerichte als Aktionär gegen eine dort ansässige Gesellschaft klagt, sofern ein Erfordernis der Sicherheitsleistung für diejenigen eigenen Staatsangehörigen nicht gilt, die im Inland weder Vermögen noch einen Wohnsitz haben. Alles das gilt nicht im Verhältnis zu einem Nicht-EU-Staat, Kblz RR **98**, 65, LG Mü GRUR-RR **05**, 335 (USA). Daran ändern auch Artt 3, 4 TRIPS nichts, LG Mü GRUR-RR **05**, 335 (zustm Rinnert/von Falck 297), aM Ffm IPRax **02**, 222.

4) Persönlicher Geltungsbereich, I, II. Es besteht keine Vorschußpflicht der Staatskasse gegenüber zur Sicherheit des Anspruchs auf Gerichtskosten mehr, so schon Stgt Rpfleger **85**, 375. Man kann eine Sicherheitsleistung nur wegen der Prozeßkosten des Gegners verlangen, nicht wegen der Hauptsache, I 1, auch nicht wegen etwaiger Prozeßschäden. Eine Sicherheit müssen die folgenden Personen leisten. 4

A. Gewöhnlicher Aufenthalt nicht in EU oder EWR. Es besteht eine Abkehr vom früheren Anknüpfungsprinzip der Staatsangehörigkeit (ius sanguinis), LG Mü GRUR-RR **05**, 335. I nennt als den maßgeblichen Anknüpfungspunkt jetzt den gewöhnlichen Aufenthalt (ius soli), BGH BB **06**, 465 rechts unten. I nennt also weder den Wohnsitz noch den letzten Wohnsitz oder den letzten inländischen Wohnsitz, auch nicht schlicht – wie § 16 – den „Aufenthalt", erst recht nicht denjenigen im Ausland. Bei einer Personenvereinigung oder juristischen Person ist der Sitz nach § 17 in Verbindung mit § 24 BGB maßgeblich. Die Anknüpfung findet auch in anderer Weise statt als im gleichzeitig eingeführten § 917 II 2. Maßgeblich ist zunächst das deutsche Recht, Einl III 74 (lex fori), Schütze RIW **99**, 10.

„Gewöhnlich" ist mehr als „überhaupt" oder „derzeit" oder gar „vorübergehend". Eher nähert sich der Begriff dem „ständigen" Aufenthalt, ohne den letzteren zu fordern. Man könnte auch vom „durchweg gewählten" Aufenthalt sprechen, ja sogar vom „grundsätzlich bevorzugten". Dabei kommt es nicht nur auf die subjektiven Vorstellungen des Klägers allein an. Sie spielen freilich eine erhebliche Rolle. Es kommt auch nicht nur auf die subjektiven Vorstellungen des Bekl an. Maßgeblich ist vielmehr die bei einer pflicht-

gemäßen Abwägung feststellbare Lage, wie das Gericht sie beurteilt. Es betreibt dabei eine Amtsprüfung nach Grdz 39 vor § 128, aber keine Amtsermittlung nach Grdz 38 vor § 128, soweit nicht das ganze Verfahren der Amtsermittlung unterliegt.

Nicht entscheidend ist, ob und wo eine polizeiliche oder ordnungsamtliche Anmeldung vorliegt. Sie bietet freilich einen erheblichen Ansatzpunkt auch für den gewöhnlichen Aufenthaltsort. Indessen mag jemand hier gemeldet sein, sich aber längst anderswo tatsächlich die meiste Zeit hindurch aufhalten.

Mehrere gewöhnliche Aufenthaltsorte sind durchaus denkbar. Das gilt etwa bei stets beruflich pendelnden Leuten, die auch wirklich jeweils dort den Lebensmittelpunkt haben, wo sie gerade arbeiten, und die etwa gleich starke solche Bindungen an verschiedene Orte haben. Wegen der Notwendigkeit einer engen Auslegung von I nach Rn 1 kommt es dann darauf an, ob alle solche Aufenthaltsorte außerhalb der EU oder des EWR liegen.

5 **B. Nicht Mitgliedstaat der EU oder Vertragsstaat des EWR.** Der gewöhnliche Aufenthaltsort nach Rn 3, 4 muß außerhalb eines Mitgliedstaats der EU oder des Abk zum EWR liegen, BGH NJW **02**, 3259. Es kommt darauf an, ob das Aufenthaltsland eine der vorstehenden Vereinbarungen derart ratifiziert hat, daß sie in seinem Gebiet bereits gilt. Das EWR-Abk ist noch keineswegs allseitig ratifiziert. Üb bei Schütze RIW **99**, 10. Eine Doppelmitgliedschaft wäre natürlich unschädlich.

6 **C. Maßgeblicher Zeitpunkt: Entscheidungsreife nach § 112 I.** Die in Rn 3–5 genannten Bedingungen müssen schon und noch in demjenigen Zeitpunkt vorliegen, in dem das Gericht nach § 112 I entscheiden muß oder nach § 112 III ergänzend entscheiden muß, also bei einer Entscheidungsreife, ähnlich wie bei § 119, dort Rn 5 ff. Das gilt auch zur Notwendigkeit einer nachträglichen Anordnung, etwa bei einer Verlegung des gewöhnlichen Aufenthalts ins Ausland, Schütze RIW **99**, 10. Die Verhältnisse vor und nach den eben genannten Zeitpunkten sind grundsätzlich unerheblich. Insbesondere kommt es nicht auf den Zeitpunkt der Anhängigkeit oder der Rechtshängigkeit nach § 261 Rn 1 an. Das gilt schon deshalb, weil eine Entscheidung nach § 112 ja von einem Antrag des Bekl abhängt, einem „Verlangen" nach § 110 I.

7 **5) Klägerstellung, I.** Eine Pflicht zur Sicherheitsleistung besteht auch für einen Angehörigen des vorgenannten Personenkreises nur dann, wenn er als Kläger auftritt. Das ist auch dann so, wenn er gegen ein klagabweisendes Versäumnisurteil einen Einspruch nach § 338 einlegt oder wenn er als ein Einmischungskläger nach § 64 gilt oder wenn er nach § 69 ein streitgenössischer Streithelfer des Klägers ist oder wenn er als Wiederaufnahmekläger auftritt, §§ 578 ff. Es ist unerheblich, wer den Prozeß in Wahrheit betreibt. Wenn allerdings eine offenbare Umgehung des § 110 vorliegt oder wenn es sich lediglich um eine treuhänderische Berechtigung handelt, wenn zB ein Einziehungsabtretungsnehmer eines ausländischen Gläubigers klagt, ist eine Sicherheitsleistung erforderlich, unklar Hbg VersR **79**, 847. Ein gewöhnlicher Streithelfer des Klägers nach § 66 muß eine Sicherheit nur für die Kosten der Streithilfe leisten.

8 Auch in der *höheren Instanz* ist nur der Kläger zur Sicherheitsleistung verpflichtet, auch wenn er der Rechtsmittelbekl ist. Der Bekl wird nicht schon als Einspruchsführer oder als Rechtsmittelkläger zur Sicherheitsleistung verpflichtet. Der Widerkläger nach Anh § 253 ist nur nach einer Abtrennung der Widerklage zur Sicherheitsleistung verpflichtet, II Z 4.

9 Eine Pflicht zur *Sicherheitsleistung* besteht *nicht,* soweit keine Klage vorliegt, also zB nicht: Im Mahnverfahren, §§ 688 ff (sondern erst im anschließenden streitigen Verfahren); im selbständigen Beweisverfahren, §§ 485 ff; im Aufgebotsverfahren, §§ 433 ff FamFG; in einem vorläufigen Verfahren, §§ 916 ff, 935 ff ZPO, §§ 49 ff FamFG; nach einem Widerspruch gegen einen Arrest usw entsprechend Z 2, RoSGo § 89 I 2 a, StJB 13, ZöHe 3, aM Köln NJW **87**, 76, Leible NJW **95**, 2819 (aber II ist die „Ausnahme von der Ausnahme" des I und daher sehr wohl weit auslegbar, Rn 1). Eine Pflicht zur Sicherheitsleistung fehlt ferner, wenn ein Angehöriger des in I genannten Personenkreises die Vollstreckbarerklärung eines Schiedsspruchs beantragt und wenn das Gericht über diesen Antrag durch einen Beschluß entscheidet oder wenn das Gericht eine mündliche Verhandlung anberaumt und durch ein Urteil entscheidet, soweit der Gegner Aufhebungsgründe geltend macht. Die Staatsangehörigkeit oder der Aufenthaltsort des Bekl sind erst recht unerheblich. Die Aussichten der Klage sind ebenfalls unerheblich.

10 **6) Verlangen des Beklagten, I.** Man braucht eine Sicherheit nur insoweit zu leisten, als der Bekl es verlangt. Er kann sie auch gegenüber einem nicht Parteifähigen fordern, Karlsr RR **08**, 945. Das Verlangen ist eine Parteiprozeßhandlung Grdz 47 vor § 128. Der Bekl macht mit seinem Verlangen eine verzichtbare Prozeßvoraussetzung geltend, Grdz 22 vor § 253, BGH NJW **01**, 3631, Zweibr NJW **95**, 538. Das ist eine Rüge der Unzulässigkeit, § 282 III, § 112 Rn 7, BGH NJW **01**, 3631, Zweibr NJW **95**, 538. Auch der streitgenössische Streithelfer des Bekl nach § 69 kann für den Bekl eine Sicherheitsleistung fordern. Der streitgenössische Streithelfer kann eine Sicherheitsleistung auch auf Grund des eigenen Rechts begehren, nicht aber der unselbständige Streithelfer (Nebenintervenient), § 66, Hbg NJW **90**, 650, aM Rützel NJW **98**, 2088 (aber Druck ist fragwürdig). Die Vermögensverhältnisse des Klägers sind jeweils unerheblich. Das Verlangen ist grundsätzlich bis zu den in § 111 Rn 1 genannten Zeitpunkten zulässig. Es ist auch noch in der Berufungsinstanz und in der Revisionsinstanz statthaft, BGH NJW **01**, 3631, Ffm MDR **92**, 189, Hamm OLGR **99**, 248.

Das gilt auch (jetzt) schon *vor der Zulassung* der Revision, (zum alten Recht) BGH WertpMitt **80**, 504, aM BGH NJW **01**, 3631, Hamm VersR **01**, 734 (für alle Rechtszüge grundsätzlich vor der ersten erstinstanzlichen Verhandlung zur Hauptsache, später nur dann, wenn die Voraussetzungen erst danach entstanden oder die Rüge schuldlos unterblieb. Aber das ist eine Überspannung. Man kann nicht für eine noch gar nicht absehbare etwaige höhere Instanz von vornherein Obliegenheiten haben). Freilich muß man (jetzt) §§ 532, 565 beachten, BGH NJW **01**, 3631, Ffm MDR **92**, 189.

11 **7) Verfahren, I.** Soweit ein Antrag vorliegt, muß das Gericht die Voraussetzungen einer Sicherheitsleistung nach § 110 von Amts wegen prüfen. Das geschieht freilich nur im Rahmen des Beibringungsgrundsatzes, Grdz 39 vor § 128, BGH NJW **82**, 1223. Das kann durch ein Zwischenurteil nach § 280 geschehen, dort Rn 1, BGH RR **93**, 1021, Zweibr NJW **95**, 538. Das die Sicherheitsleistung anordnende Zwischen-

urteil ist ausnahmsweise selbständig anfechtbar, § 112 Rn 3. Ein unberechtigtes Verlangen kann Kostenfolgen nach §§ 96, 97 haben, BGH NJW **80**, 839. Es kann einen Schadensersatzanspruch begründen.

8) Höhe der Sicherheitsleistung, I. Vgl § 112. 12

9) Ausnahmen, II. Es müssen bei einer weiten Auslegung nach Rn 1 die Voraussetzungen Rn 13 und 13
wenigstens eine der weiteren Voraussetzungen Rn 14–18 zusammentreffen.

A. Grundsatz: Ausreichen der Glaubhaftmachung, II Z 1–5. Das Gericht muß die Ausnahmen des II von Amts wegen beachten, Grdz 39 vor § 128. Der Bekl braucht nur die Zugehörigkeit des Klägers zum Personenkreis nach I zu beweisen, BGH NJW **82**, 1223. Zu diesem Nachweis genügt unter Umständen eine Glaubhaftmachung nach § 294, wenn der Kläger seinerseits nichts unternimmt, um nachzuweisen, daß er zumindest auch zum Personenkreis oder zu einem der Fälle nach II gehört. Der Kläger muß einen Ausnahmefall dartun und beweisen, BGH NJW **82**, 1223. Ein ratifizierter Staatsvertrag ist aber deutsches Recht. Das Gericht muß ihn kennen, § 293 Rn 1.

B. Völkerrechtlicher Vertrag verbietet Sicherheit, II Z 1. Ein im Verhältnis zu Deutschland wirk- 14
samer völkerrechtlicher Vertrag muß bestimmen, daß man keine Sicherheit verlangen kann, BGH NJW **02**, 3259. Das ist meist, aber nicht mehr zwingend eine sachliche Gegenseitigkeit. Es kommt nur auf das Ergebnis der Befreiung an. Diese muß aber unverändert völlig und bedingungslos sein. Artt 3, 4 des TRIPS-Übk befreien nicht, von Falck/Rinnert GRUR **05**, 225, aM Ffm IPRax **02**, 222.

Wenn das jedenfalls in der Praxis *nicht* der Fall ist, ist der unter I fallende Kläger in Deutschland voll sicherheitspflichtig, BGH NJW **02**, 3259, LG Nürnb-Fürth MDR **89**, 74. Die Klausel „freier und ungehinderter Zutritt zu den Gerichten" gibt keine Befreiung von I, sondern eröffnet nur zusätzlich den Rechtsweg. Das Gericht muß aber auch eine etwaige teilweise Befreiung berücksichtigen, LG Hbg RR **98**, 430. Es kann zB eine Sicherheitsleistung dann nicht verlangen, wenn es sich um einen Grundbesitz oder um einen Wohnsitz im Inland handelt, Anh § 110 Rn 3. Deshalb bleiben die dort genannten Verträge usw bedingt beachtlich.

Es ist unschädlich, wenn der Kläger persönlich, auch als eine juristische Person, zwar nach dem völkerrechtlichen Vertrag befreit ist, aber aus dem abgetretenen Recht eines nicht Befreiten klagt, selbst wenn die Abtretung nur zum Inkasso erfolgte, BGH VersR **85**, 43. Dagegen ist eine Abtretung nur zum Zweck der *Umgehung* des II Z 1 als ein prozessualer Rechtsmißbrauch *unstatthaft,* Einl III 54, aM BGH VersR **85**, 43 (aber Rechtsmißbrauch ist stets verboten).

Im Patentnichtigkeitsverfahren gilt § 81 VII 1 PatG. Es stellt wegen Rn 1, 2 problematisch auf den ausländischen Wohnsitz ab. Dasselbe gilt in einer entsprechenden Anwendung auch bei einer Zwangslizenz nach § 11 a GebrMG.

C. Völkerrechtlicher Vertrag erlaubt Vollstreckung wegen Kostenerstattung, II Z 2. Auf Grund 15
eines im Verhältnis zu Deutschland wirksamen völkerrechtlichen Vertrags muß man die Entscheidung über die Erstattung der Prozeßkosten an den Bekl vollstrecken können, SchlAnh V, VI. Eine Vollstreckung über die vorgenannte Entscheidungsart muß nicht (mit)statthaft sein. Wegen einer bedingten Erlaubnis einerseits, einer teilweisen andererseits Rn 13.

D. Hinreichendes Grundvermögen usw, II Z 3. Der unter I fallende Kläger muß „im Inland" ein zur 16
Deckung der Prozeßkosten hinreichendes Grundvermögen oder dinglich gesicherte Forderungen besitzen. „Inland" meint das deutsche Hoheitsgebiet. „Hinreichend" meint: im Zeitpunkt der Entscheidungsreife, Rn 6, bei pflichtgemäßer Schätzung (nicht mehr!) die voraussehbaren, überhaupt abzusichernden Kosten nicht erheblich unterschreitend. Abzusichern sind ungeachtet des mißverständlichen Ausdrucks „Prozeß"-kosten aus den Gründen Rn 1 nur die Kosten des Prozeßgegners, also gerade nicht die gesamten Prozeßkosten. Andernfalls würde sich die Staatskasse entgegen der klaren Zielbegrenzung von I auf dem Hintertreppenweg von II Z 3 doch wieder als weiterer Schutzbedürftiger einschleichen können. Der voraussichtliche Prozeßverlauf läßt sich oft genug nur ganz grob abschätzen. Das darf auch kostenrechtlich nicht zur Benachteiligung des Klägers führen, zumal man II weit auslegen muß, Rn 1. Im Zweifel muß der Kläger also auch nach Z 3 befreit sein.

E. Widerklage, II Z 4. Vgl Anh § 253. 17

F. Klage auf Grund öffentlicher Aufforderung, II Z 5. Vgl zB §§ 946 ff. 18

Anhang nach § 110

Zwischenstaatliche Vorschriften über Sicherheitsleistung nach § 110 II Z 1, 2

Gliederung

1) Systematik. Man kann die Staatsverträge, soweit sie die Sicherheit betreffen, in drei Gruppen teilen: 1
Solche, die nur einen freien Zutritt zu den Gerichten (libre accès devant les tribunaux) geben; solche, die Ausländer und Inländer bei der gerichtlichen Verfolgung ihrer Rechte gleich stellen (ius standi in iudicio, Rechtsschutzklausel); solche, die Ausländer ausdrücklich von der Sicherheit befreien. Nur die **letztere Gruppe** genügt ungeachtet der Umstellungen in § 110 I, dort Rn 3 ff, dem § 110 II Z 1 und 2, nicht die beiden ersteren Gruppen. Daher ist die **Länderübersicht Rn 5 ff nur mit dieser Einschränkung** verwendbar. Sie gibt auch sonst keine abschließende Darstellung, sondern nur eine erste Orientierung.

Soweit ein völkerrechtlicher Vertrag nach II Z 1, 2 *im Ergebnis befreit,* wenn auch vielleicht nur teilweise, § 110 Rn 13, brauchen die Voraussetzungen § 110 I nicht mehr vorzuliegen. Vorsorglich führen Rn 5 ff weiterhin alle nach bisherigem Recht beachtlichen Verträge usw weiterhin auf, auch schon wegen der in

§ 110 Rn 2 genannten Drittstaatsproblematik. Das gilt auch für Verträge usw mit einem der in § 110 I genannten Staaten.

Eine *Befragung der Justizverwaltung* kann zu evtl nicht (mehr) mit der maßgeblichen Praxis übereinstimmenden Auskünften führen, Rn 16 „Libyen". Deshalb empfiehlt sich eher eine Anfrage bei der deutschen Auslandsvertretung, LG Nürnb-Fürth MDR **89**, 74.

2 **2) Regelungszweck.** Die Vorschrift dient der Vermeidung unersetzbarer Nachteile für die inländische Partei und damit der Gerechtigkeit, Einl III 9. Das muß man bei der Auslegung mitbeachten.

3 **3) Geltungsbereich.** Vgl Üb 3 vor § 108.

4 **4) Befreiung nach dem HZPrÜbk**, zT auch HZPrAbk. Zum Geltungsbereich beider Verträge und zum Verhältnis zueinander (beide Art 17 beinhalten dasselbe) Einl IV 3 ff. Vgl auch Bülow/Böckstiegel/Geimer/Schütze A I 1 u A I 2. Im Übereinkommen ist Art 17 zusammen mit Art 18 und 19 überschrieben: „III. Sicherheitsleistung für die Prozeßkosten".

HZPrÜbk Art 17. I **Den Angehörigen eines der Vertragsstaaten, die in einem dieser Staaten ihren Wohnsitz haben und vor den Gerichten eines anderen dieser Staaten als Kläger oder Intervenienten auftreten, darf wegen ihrer Eigenschaft als Ausländer oder wegen Fehlens eines inländischen Wohnsitzes oder Aufenthalts eine Sicherheitsleistung oder Hinterlegung, unter welcher Bezeichnung es auch sei, nicht auferlegt werden.**

II **Das gleiche gilt für Vorschüsse, die zur Deckung der Gerichtskosten von den Klägern oder Intervenienten einzufordern wären.**

III **Die Abkommen, durch die Vertragstaaten für ihre Angehörigen ohne Rücksicht auf den Wohnsitz Befreiung von der Sicherheitsleistung für die Prozeßkosten oder von der Zahlung von Vorschüssen zur Deckung der Gerichtskosten vereinbart haben, sind weiter anzuwenden.**

5 **5) Übersicht über die Pflicht der Ausländer zur Sicherheitsleistung**, dazu *Dilger* ZZP **72**, 408, *Schütze* RIW **99**, 15 (Üb). **Vgl zunächst Rn 1 (nur noch bedingte Geltung der Länderübersicht)!**

Es bedeuten mit der vorgenannten Einschränkung: *„ja"* befreit, *„nein"* nicht befreit, also sicherheitspflichtig: *„HZPrAbk"* Haager Zivilprozeßabkommen v 17. 7. 1905, Einl IV 3; *„HZPrÜbk"* Haager Übereinkommen v 1. 3. 54 über den ZivProz, Einl IV 3 ff sowie (Art 17) Rn 2; *„dt-brit Abk"* deutsch-britisches Abkommen v 20. 3. 28 über den Rechtsverkehr, Einl IV 6; *„UNÜbk"* Übereinkommen v 20. 6. 56 über die Geltendmachung von Unterhaltsansprüchen im Ausland, § 168 GVG Anh II; *„HUVÜbk 58"* Haager Übereinkommen v 15. 4. 58 über die Anerkennung und Vollstreckung von Entscheidungen auf dem Gebiet der Unterhaltspflicht gegenüber Kindern, BGBl **61** II 1005, **62** II 15, SchlAnh V A 2; *„NdlAbk"* Europäisches Niederlassungsabkommen v 13. 12. 55, BGBl **59** II 997, **65** II 1099; *„HUVÜbk 73"* Haager Übereinkommen v 2. 10. 73 über die Anerkennung und Vollstreckung von Unterhaltsentscheidungen, BGBl **86** II 825, **87** II 220, SchlAnh V A 2; *„LJM Kiel"* Bek des LJustMin Kiel v 7. 2. 89, SchlHA **89**, 55; „BBGS" Bülow/Böckstiegel/Geimer/Schütze, Der internationale Rechtsverkehr in Zivil- und Handelssachen (Loseblattsammlung), 3. Aufl 1990.

Nicht aufgeführte Staaten: nein, zumindest unklar. Wenn nach HZPrÜbk befreit ist, entfällt die Prüfung der Gegenseitigkeit des § 110 II Z 1, BGH **12**, 152. S auch Bülow BAnz 234/52.

Ägypten ja, Art 17 HZPrÜbk, BGBl **81** II 1028, beim Wohnsitz des Klägers in einem der Vertragsstaaten

Äthiopien ja, Art 200–202 äthiopische ZPO, wenn der Kläger entweder in Deutschland einen Wohnsitz oder ohne einen solchen hier ausreichenden Grundbesitz hat, in den eine Zwangsvollstreckung möglich ist, aM ZöGei Anh IV (nein)

Albanien nein, Schütze NJW **95**, 497

Afghanistan zumindest unklar, LJM Kiel

Algerien ja, wenn der Kläger in Deutschland einen ausreichenden Grundbesitz hat, LJM Kiel, aM Dilger ZZP **72**, 412 (nein, anders sofern der Gegner es nicht verlangt, aaO 416); Unterhalt ja, Art 9 II UNÜbk, BGBl **71** II 852

Andorra zögernd ja, BBGS/Rau. Wegen seiner Sonderstellung Schütze RIW **99**, 10 (aM 15)

Anguilla ja, wenn der Kläger seinen Wohnsitz in Deutschland hat, BGH MDR **05**, 45

Angola nein

Antigua und Barbuda ja beim Wohnsitz des Klägers in Deutschland, BBGS/Schütze

Argentinien ja, Art 17 HZPrÜbk, BGBl **88** II 939, beim Wohnsitz des Klägers in einem der Vertragsstaaten; außerdem Unterhalt ja, Art 9 II UNÜbk, BGBl **73** II 352, und ja bei Widerklage oder Prozeßkostenhilfe oder Zuständigkeitsvereinbarung, BBGS/Piltz

Armenien im Ergebnis wohl nein, vgl Meyer WiRO **97**, 216, aM (Art 17 HZPrÜbk) Schütze RIW **99**, 15

Asserbaidschan nein

Australien ja bei einem Wohnsitz des Klägers in Deutschland, Art 14 dt-brit Abk, BGBl **55** II 699, **57** II 744; außerdem Unterhalt ja, Art 9 II UNÜbk, BGBl **85** II 1003

6 **Bahamas** ja bei einem Wohnsitz des Klägers in Deutschland, Art 14 dt-brit Abk, BGBl **78** II 915, aM ZöGei Anh IV (nein)

Bangladesch ja bei Wohnsitz oder unbeweglichem Vermögen in Deutschland, BBGS/Otto

Barbados ja bei einem Wohnsitz des Klägers in Deutschland, Art 14 dt-brit Abk, BGBl **60** II 1518, **71** II 467; außerdem Unterhalt ja, Art 9 II UNÜbk, BGBl **70** II 1045

Belarus im Ergebnis ja, Art 17 HZPrÜbk, Schütze RIW **99**, 15; Unterhalt außerdem ja, Art 9 II UNÜbk, Schütze RIW **99**, 15

Belgien ja, EU; außerdem ja bei einem Wohnsitz des Klägers in einem der Vertragsstaaten, Art 17 HZPrÜbk, BGBl **59** II 1388; außerdem bei einem Wohnsitz oder gewöhnlichen Aufenthalt im Gebiet eines anderen Vertragsstaats ja, Art 9 Z 1 NdlAbk, BGBl **65** II 1099; Unterhalt außerdem ja, Art 9 II UNÜbk, BGBl **66** II 1439, Art 9 II HUVÜbk 58, BGBl **62** II 15, und nach HUVÜbk 73, Schütze RIW **99**, 15

Benin nein
Bermuda ja bei einem Wohnsitz des Klägers in Deutschland, Art 14 dt-brit Abk, BGBl **60** II 1518
Bhutan nein
Bolivien ja, Art 12 bolivianische ZPO, wenn der Kläger in Deutschland einen ausreichenden Grundbesitz hat, aM ZöGei Anh IV (nein)
Bosnien-Herzegowina ja, Art 17 HZPrÜbk, Art 9 II UNAbk, Schütze RIW **99**, 15
Botswana nein
Brasilien grds ja, wenn der Kläger in Deutschland ansässig ist oder (ausreichendes) Grundvermögen hat, Art 835 brasilian ZPO von 1973; ja ferner bei einer Vollstreckung eines ausländischen Titels oder bei einer Widerklage, Art 836 I, II brasilian ZPO von 1973; außerdem Unterhalt ja, Art 9 II UNÜbk, BGBl **61** II 80, Schütze RIW **99**, 15
Britische Jungferninseln s „Großbritannien und Nordirland", BGBl **60** II 1512
Bulgarien ja, Zivilprozeßkodex v 8. 2. 52, BGH NJW **82**, 1223, LJM Kiel, Schütze NJW **95**, 497, aM ZöGei Anh IV (nein)
Burkina Faso ja, wenn der Kläger in Deutschland einen ausreichenden Grundbesitz hat, LJM Kiel; Unterhalt ja, Art 9 II UNÜbk, BGBl **63** II 108 im Ergebnis ebenso Schütze RIW **99**, 15
Burma nein
Burundi nein
Chile ja, da Chile keine Vorschriften über eine Sicherheitsleistung kennt; Unterhalt ja, Art 9 II UNÜbk, **7**
BGBl **61** II 356
China Volksrepublik jetzt wohl nein, LG Hbg RR **00**, 919. Taiwan ja für Unterhalt, Art 9 II UNÜbk, BGBl **59** II 1377, im übrigen nein, so wohl AG Bre JB **99**, 203
Costa Rica nein
Cuba zumindest unklar
Dänemark ja, EU; außerdem ja bei einem Wohnsitz des Klägers in einem der Vertragsstaaten, Art 17 **8**
HZPrÜbk, BGBl **59** II 1388; außerdem ja bei einem Wohnsitz oder gewöhnlichen Aufenthalt des Klägers in einem anderen Vertragsstaat, Art 9 Z 1 NdlAbk, BGBl **65** II 1099; Unterhalt außerdem ja, Art 9 II UNÜbk, BGBl **59** II 1377, Art 9 II HUVÜbk 58, BGBl **66** II 56, und Art 15 HUVÜbk 73, BGBl **88** II 98
Dominikanische Republik die Frage wird vom Freundschafts- und Handelsvertrag, G v 16. 12. 59, BGBl II 1468, nicht erfaßt, Prot Z 3; jedoch ja, Art 166, 167 dominikanische ZPO, bei Wohnsitz des Klägers in Deutschland oder bei einer Aufenthaltsgenehmigung einer natürlichen Person, aM ZöGei Anh IV (nein)
Dubai nein
Ecuador ja, da Ecuador keine Vorschriften über eine Sicherheitsleistung kennt; Unterhalt außerdem ja, **9**
Art 9 II UNÜbk, BGBl **74** II 1395
Elfenbeinküste nein
El Salvador nein
Estland ja, Art 17 HZPrAbk 1905, Schütze RIW **99**, 15; ja außerdem bei Unterhalt, UNÜbk, Schütze RIW **99**, 15
Falklandinseln (Malvinen) s „Großbritannien und Nordirland", BGBl **60** II 1518 **10**
Fidschi ja bei einem Wohnsitz des Klägers in Deutschland, Art 14 dt-brit Abk, BGBl **72** II 904, aM ZöGei Anh IV (nein)
Finnland ja, EU; außerdem ja bei einem Wohnsitz des Klägers in einem der Vertragsstaaten, Art 17 HZPrÜbk, BGBl **59** II 1388; Unterhalt außerdem ja, Art 9 II UNÜbk, BGBl **63** II 108, Art 9 II HUVÜbk 58, BGBl **67** II 2311, und Art 15 HUVÜbk 73, BGBl **87** II 220
Frankreich (einschließlich der französischen Überseegebiete) ja, EU; außerdem ja bei einem Wohnsitz des Klägers in einem der Vertragsstaaten, Art 17 HZPrÜbk, BGBl **59** II 1388, **61** II 355, **62** II 854; Unterhalt außerdem ja, Art 9 II UNÜbk, BGBl **60** II 2328, Art 9 II HUVÜbk 58, BGBl **67** II 1810, **69** II 2124, und Art 15 HUVÜbk 73, BGBl **87** II 220
Gabun ja, wenn der Kläger in Deutschland einen ausreichenden Grundbesitz hat, aM ZöGei Anh IV (nein) **11**
Gambia ja bei einem Wohnsitz des Klägers in Deutschland, Art 14 dt-brit Abk, BGBl **60** II 1518, **69** II 2177, aM ZöGei Anh IV (nein)
Georgien im Ergebnis ja, Art 17 HZPrÜbk, Schütze RIW **99**, 15
Ghana nein
Gibraltar s „Großbritannien und Nordirland", BGBl **60** II 518
Grenada s „Großbritannien und Nordirland", BGBl **75** II 366
Griechenland ja, EU; außerdem ja, Art 15 dt-griech Abk v 11. 5. 38, RGBl **39** II 848, BGBl **66** II 251; außerdem ja bei einem Wohnsitz oder gewöhnlichen Aufenthalt des Klägers in einem anderen Vertragsstaat, Art 9 Z 1 NdlAbk, BGBl **75** II 1090; Unterhalt außerdem ja, Art 9 II UNÜbk, BGBl **66** II 251
Großbritannien und Nordirland (einschließlich der Kanalinseln und der britischen Überseegebiete) ja, EU, BGH **151**, 209 (Jersey; zustm Gronstedt BB **02**, 2033); außerdem ja bei einem Wohnsitz des Klägers in Deutschland, Art 14 dt-brit Abk, BGBl **53** II 116; außerdem ja bei einem Wohnsitz oder gewöhnlichen Aufenthaltsort des Klägers in einem anderen Vertragsstaat, Art 9 I NdlAbk, BGBl **70** II 843 (auch wegen eines Vorbehalts), noch großzügiger Kblz IPRax **92**, 42 (im Ergebnis zustm Kaum IPRax **92**, 18); Unterhalt außerdem ja, Art 9 II UNÜbk, BGBl **75** II 927, **85** II 1207, und Art 15 HUVÜbk 73, BGBl **87** II 220. Zur neueren britischen Praxis Kampf NJW **90**, 3057
Guatemala ja (das dortige Recht macht die Befreiung von der Gegenseitigkeit von dem Heimatrecht des Klägers abhängig), LJM Kiel; Unterhalt außerdem ja, Art 9 II UNÜbk, BGBl **59** II 1377
Guernsey: S „Großbritannien und Nordirland"
Guinea ja, Art 7 G 52/1962, wenn der Kläger in Deutschland einen ausreichenden Grundbesitz hat, aM ZöGei Anh IV (nein)

GUS Rn 21 „Russische Föderation" sowie bei den Einzelstaaten

Guyana ja bei einem Wohnsitz des Klägers in Deutschland, Art 14 dt-brit Abk, BGBl **60** II 1518, aM ZöGei Anh IV (nein)

12 **Haiti** ja, G v 27. 9. 1864; Unterhalt außerdem ja, Art 9 II UNÜbk, BGBl **59** II 1377

Honduras nein

Hongkong s China Volksrepublik

13 **Indien** nein, Stgt RIW **83**, 460 (zustm Schütze), aM zB Nagel IPR (1980) 113, Bek JM Baden-Württemb Just **73**, 234 (ja wegen der indischen Order 25 der rules zum Code Civil of Procedure, wenn der Kläger in Deutschland einen Wohnsitz oder einen ausreichenden Grundbesitz habe)

Indonesien nein, Karlsr RR **98**, 66

Irak bis zum Frühjahr 2003 ja, vgl irakisches Zivilprozeßgesetz Nr 83 von 1969, vgl auch BayJMBl **82**, 7, Erlaß des Hessischen Justizministers v 13. 12. 83 (1430 E/1 – II/7 – 887/83), LJM Kiel, aM Dilger ZZP **72**, 416, ZöGei Anh IV (nein). Jetzt wohl unklar

Iran ja, Art 218, 219 Nr 1 der iranischen ZPO, BGH NJW **81**, 2646 und NJW **82**, 1224, LJM Kiel v 30. 1. 92 – V 330/9200 – 100 –, abw Schütze JZ **83**, 386, ZöGei Anh IV (nein). Vgl aber auch Düss RR **99**, 1588

Irland (s auch Großbritannien) ja, EU; außerdem ja bei einem Wohnsitz oder gewöhnlichen Aufenthalt des Klägers in einem anderen Vertragsstaat, Art 9 Z 1 NdlAbk, BGBl **66** II 1519 (auch wegen eines Vorbehalts); Unterhalt außerdem ja, UNÜbk, Schütze RIW **99**, 15; nein bei Wohnsitz in China, LG Darmst IPrax **98**, 198

Island ja, EWR; außerdem ja bei einem Wohnsitz des Klägers in einem der Vertragsstaaten, Art 17 HZPrAbk v 17. 7. 05, RGBl **09**, 406, **26** II 553, vgl LJM Kiel, Dilger ZZP **72**, 408 ff Fußnote 26

Israel ja bei einem Wohnsitz des Klägers in einem der Vertragsstaaten, Art 17 HZPrÜbk, BGBl **68** II 809; außerdem ja, deutsch-israelischer Vertrag, Schütze RIW **99**, 15; Unterhalt außerdem ja, Art 9 II UNÜbk, BGBl **59** II 1377

Italien ja, EU; außerdem bei einem Wohnsitz des Klägers in einem der Vertragsstaaten, Art 17 HZPrÜbk, BGBl **59** II 1388, BGH **12**, 152; außerdem ja bei einem Wohnsitz oder gewöhnlichen Aufenthalt des Klägers in einem anderen Vertragsstaat, Art 9 Z 1 NdlAbk, BGBl **65** II 1099; Unterhalt außerdem ja, Art 9 II UNÜbk, BGBl **59** II 1377, Art 9 II HUVÜbk 58, BGBl **62** II 15, und Art 15 HUVÜbk 73, BGBl **73** II 220

14 **Jamaika** ja bei einem Wohnsitz des Klägers in Deutschland, Art 14 dt-brit Abk, BGBl **66** II 835, aM ZöGei Anh IV (nein)

Japan ja bei einem Wohnsitz des Klägers in einem der Vertragsstaaten, Art 17 HZPrÜbk, BGBl **70** II 751

Jemen nein

Jersey: Rn 11 „Großbritannien und Nordirland"

Jordanien ja, tatsächliche Übung, LJM Kiel, soweit die ordentlichen Gerichte zuständig wären, Dilger ZZP **72**, 419, aM BGH WertpMitt **82**, 880 (krit Schütze JZ **83**, 386), ZöGei Anh IV (nein)

Jugoslawien, früheres ja bei einem Wohnsitz des Klägers in einem der Vertragsstaaten, Art 17 HZPrÜbk, BGBl **63** II 1328, Hamm VersR **01**, 733 (Serbien); Unterhalt außerdem ja, Art 9 II UNÜbk, BGBl **59** II 1377: zu alledem Schütze RIW **99**, 10. Jetzige Bundesrepublik Jugoslawien (Serbien/Montenegro) Rn 22 „Serbien-Montenegro". S auch bei den einzelnen Staaten

15 **Kaimaninseln** s „Großbritannien und Nordirland", BGBl **70** II 43

Kamerun nein

Kanada ja bei einem Wohnsitz des Klägers in Deutschland, Art 14 dt-brit Abk, BGBl **54** II 15, aM ZöGei Anh IV (nein)

Kap Verde Unterhalt ja, Art 9 II UNÜbk, BGBl **68** II 415

Kasachstan im Ergebnis ja, Art 17 HZPrÜbk, Schütze RIW **99**, 15

Kenia ja bei einem Wohnsitz des Klägers in Deutschland, Art 14 dt-brit Abk, BGBl **60** II 1518, aM ZöGei Anh IV (nein)

Khmer, Republik nein

Kirgisistan im Ergebnis ja, Art 17 HZPrÜbk, Schütze RIW **99**, 15

Kolumbien nein, aM ZöGei Anh IV (ja, Art 9 II UNÜbk)

Kongo nein

Korea, Süd nein

Kroatien ja für kroatische Bürger, Art 17 HZPrÜbk, Art 9 II UNÜbk, Ffm NJW **95**, 538, im übrigen nein, Schütze NJW **95**, 497

Kuba ja, Art 533 kubanisches Zivilprozeßgesetz, der eine Befreiung von der Verbürgung der Gegenseitigkeit abhängig macht

16 **Kuwait** nein

Lesotho ja bei einem Wohnsitz des Klägers in Deutschland, Art 14 dt-brit Abk, BGBl **60** II 1518, aM ZöGei Anh IV (nein)

Lettland ja, Art 17 HZPrÜbk von 1905, Schütze RIW **99**, 15

Libanon ja bei einem Wohnsitz des Klägers in einem der Vertragsstaaten, Art 17 HZPrÜbk, BGBl **75** II 42

Liberia nein

Libyen LJM Kiel meint, Libyen kenne keine Sicherheitsleistung, vgl Dilger ZZP **72**, 421. Indessen wird sie in der maßgeblichen Praxis derzeit offenbar doch verlangt, LG Nürnb-Fürth MDR **89**, 74

Liechtenstein ja, EWR; außerdem ja, §§ 57, 58, 62 II liechtensteinische ZPO, wenn der Kläger in Deutschland einen Wohnsitz oder einen ausreichenden Grundbesitz hat, sowie in Ehesachen; Unterhalt außerdem ja, Art 9 II HUVÜbk 73, BGBl **73** II 74, aM Schütze RIW **99**, 15 (HUVÜbk 58)

Litauen im Ergebnis ja, Art 17 HZPrÜbk, Schütze NJW **95**, 497, aM ZöGei Anh IV (nein)

Luxemburg ja, EU; außerdem ja bei einem Wohnsitz des Klägers in einem der Vertragsstaaten, Art 17 HZPrÜbk, BGBl **59** II 1388, und ja bei einem Wohnsitz oder gewöhnlichen Aufenthalt des Klägers in einem anderen Vertragsstaat, Art 9 Z 1 NdlAbk, BGBl **69** II 1725; Unterhalt außerdem ja, Art 9 II UNÜbk, BGBl **72** II 31, und Art 15 HUVÜbk 73, BGBl **87** II 220

Madagaskar ja, wenn der Kläger in Deutschland einen ausreichenden Grundbesitz hat, Art 13 madag ZPO, aM ZöGei Anh IV (nein) 17

Malawi ja bei einem Wohnsitz des Klägers in Deutschland, Art 14 dt-brit Abk, BGBl **57** II 1276, **67** II 1748, aM ZöGei Anh IV (nein)

Malaysia ja bei einem Wohnsitz des Klägers in Deutschland, Art 14 dt-brit Abk, BGBl **76** II 576, aM ZöGei Anh IV (nein)

Mali ja, wenn der Kläger in Deutschland einen ausreichenden Grundbesitz oder Wertpapiere hat, Art 20 malische ZPO, aM ZöGei Anh IV (nein)

Malta ja bei einem Wohnsitz des Klägers in Deutschland, Art 14 dt-brit Abk, BGBl **61** II 1108, **68** II 95, aM ZöGei Anh IV (nein)

Malvinen s „Großbritannien und Nordirland", BGBl **60** II 1518

Marokko ja, vgl jetzt Art 14 des deutsch-marokkanischen Vertrags v 29. 10. 85, BGBl **88** II 1055; vorher schon ja bei einem Wohnsitz des Klägers in einem der Vertragsstaaten, Art 17 HZPrÜbk, BGBl **72** II 1472, BGH NJW **88**, 3093, vgl Dilger ZZP **72**, 412, 421; Unterhalt schon vor dem deutsch-marokkanischen Vertrag ja, Art 9 II UNÜbk, BGBl **59** II 1377

Mauretanien nein

Mauritius ja bei einem Wohnsitz des Klägers in Deutschland, Art 14 dt-brit Abk, BGBl **72** II 695, aM ZöGei Anh IV (nein)

Mazedonien ja für mazed Kläger, Art 17 HZPrÜbk, Art 9 II UNÜbk, sonst nein, Schütze NJW **95**, 497

Mexiko ja, LG Bielef IPRax **90**, 110, Prinz von Sachsen Gessaphe IPRax **90**, 89, LJM Kiel; Unterhalt außerdem ja, UNÜbk, Schütze RIW **99**, 15

Moldau im Ergebnis ja, Schütze RIW **99**, 15

Monaco ja bei Unterhalt, Art 9 II UNÜbk, BGBl **61** II 1629

Montenegro Rn 22 „Serbien-Montenegro"

Montserrat ja bei einem Wohnsitz des Klägers in Deutschland, Art 14 dt-brit Abk, BGBl **60** II 1518

Nauru ja bei einem Wohnsitz des Klägers in Deutschland, Art 14 dt-brit Abk, BGBl **82** II 750 18

Nepal nein

Neuseeland (einschl Cookinseln) ja bei einem Wohnsitz des Klägers in Deutschland, Art 14 dt-brit Abk, BGBl **53** II 118; Unterhalt außerdem ja, UNÜbk, Schütze RIW **99**, 15

Nicaragua nein

Niederlande (einschließlich der niederländischen Antillen und Aruba) ja, EU; außerdem ja bei einem Wohnsitz des Klägers in einem der Vertragsstaaten, Art 17 HZPrÜbk, BGBl **59** II 1388, **68** II 95, **87** II 255; außerdem ja bei einem Wohnsitz oder gewöhnlichen Aufenthaltsort des Klägers in einem anderen Vertragsstaat, Art 9 Z 1 NdlAbk, BGBl **69** II 1988; Unterhalt außerdem ja, Art 9 II UNÜbk, BGBl **63** II 108, **69** II 2178, **87** II 255, Art 9 II HUVÜbk 58, BGBl **64** II 784, 1407, **87** II 255, und Art 15 HUVÜbk 73, BGBl **73** II 220. S auch Rn 22 „Suriname"

Niger Unterhalt ja, Art 9 II UNÜbk, BGBl **67** II 2580

Nigeria ja bei einem Wohnsitz des Klägers in Deutschland, Art 14 dt-brit Abk, BGBl **60** II 1518, **67** II 827, aM ZöGei Anh IV (nein)

Norwegen ja, EWR; außerdem ja bei einem Wohnsitz des Klägers in einem der Vertragsstaaten, Art 17 HZPrÜbk, BGBl **59** II 1388; außerdem ja bei einem Wohnsitz oder gewöhnlichen Aufenthalt des Klägers in einem anderen Vertragsstaat, Art 9 Z 1 NdlAbk, BGBl **65** II 1099; Unterhalt außerdem ja, Art 9 II UNÜbk, BGBl **59** II 1377, Art 9 II HUVÜbk 58, BGBl **65** II 1584, und Art 15 HUVÜbk 73, BGBl **73** II 220

Österreich ja, EU; außerdem ja bei einem Wohnsitz des Klägers in einem der Vertragsstaaten, Art 17 HZPrÜbk, BGBl **59** II 1388; Unterhalt außerdem ja, Art 9 II UNÜbk, BGBl **69** II 2055, Art 9 II HUVÜbk 58, BGBl **62** II 15 19

Oman nein

Pakistan ja, Order 25 der rules zur pakistanischen ZPO, wenn der Kläger in der BRep einen Wohnsitz oder einen ausreichenden Grundbesitz hat; Unterhalt außerdem ja, Art 9 II UNÜbk, BGBl **59** II 1377; aM ZöGei Anh IV (nein) 20

Panama seit 1. 10. 98 nein, auch für ein laufendes Verfahren, BGH NJW **01**, 1219 (wegen der Zeit davor vgl 59. Aufl); aM ZöGei Anh IV (nein)

Papua-Neuguinea ja, wenn der Kläger in Deutschland einen Wohnsitz hat, LJM Kiel

Paraguay ja, wenn der Kläger in Deutschland einen Wohnsitz hat, aM ZöGei Anh IV (nein)

Peru ja, peruanisches Zivilprozeßrecht, das keine Sicherheitsleistung kennt, aM ZöGei Anh IV (nein)

Philippinen ja für den ersten Rechtszug, da die Philippinen insoweit keine Sicherheitsleistung kennen; Unterhalt außerdem ja, Art 9 II UNÜbk, BGBl **63** II 508

Polen ja bei einem Wohnsitz des Klägers in einem der Vertragsstaaten, Art 17 HZPrÜbk, BGBl **63** II 1466; ja im Rahmen von Artt 17, 18 HZPrÜbk auch bei einer juristischen Person, Artt 8 ff der deutsch-polnischen Vereinbarung v 14. 12. 92, Bek v 21. 2. 94, BGBl II 361, Unterhalt außerdem ja, Art 9 II UNÜbk, BGBl **61** II 16, zu alldem Schütze NJW **95**, 498, außerdem HUVÜbk 73, Schütze RIW **99**, 15

Portugal (einschließlich Azoren, Madeira und portugiesischen Überseeprovinzen) ja, EU; außerdem ja bei einem Wohnsitz des Klägers in einem der Vertragsstaaten, Art 17 HZPrÜbk, BGBl **67** II 2299, **68** II 809; Unterhalt außerdem ja, Art 9 II UNÜbk, BGBl **66** II 251, Art 9 II HUVÜbk 58, BGBl **74** II 1123, und Art 15 HUVÜbk 73, BGBl **87** II 220

Quatar nein

Rumänien ja bei einem Wohnsitz des Klägers in einem der Vertragsstaaten, Art 17 HZPrÜbk, BGBl **72** II 78; Unterhalt außerdem ja, Art 9 II UNÜbk, BGBl **91** II 956 21

Russische Föderation wohl grds ja wie ihre Rechtsvorgängerin, die frühere Sowjetunion, Art 17 HZPrÜbk, BGBl **67** II 2046, Köln JB **01**, 149, LG Hbg VersR **94**, 242; wegen der Einzelstaaten s aber auch dort; vgl Schütze RIW **99**, 10

Rußland im Ergebnis ja, Art 17 HZPrÜbk, Schütze NJW **95**, 498

Rwanda nein

22 **Salomonen** ja bei einem Wohnsitz des Klägers in Deutschland, Art 14 dt-brit Abk, BGBl **80** II 1346

Sambia ja bei einem Wohnsitz des Klägers in Deutschland, Art 14 dt-brit Abk, BGBl **57** II 1276, aM ZöGei Anh IV (nein)

San Domingo s Dominikanische Republik

San Marino nein

San Salvador s El Salvador

Saudi-Arabien ja, Art 3 dt-saudiarabischer Vertrag v 26. 4. 29, RGBl **30** II 1063, BGBl **52** II 724, aM ZöGei Anh IV (nein)

Schweden ja, EU; außerdem ja bei einem Wohnsitz des Klägers in einem der Vertragsstaaten, Art 17 HZPrÜbk, BGBl **59** II 1388, außerdem ja bei einem Wohnsitz oder gewöhnlichen Aufenthalt des Klägers in einem anderen Vertragsstaat, Art 9 Z 1 NdlAbk, BGBl **72** II 38; Unterhalt außerdem ja, Art 9 II UNÜbk, BGBl **59** II 1377, Art 9 II HUVÜbk 58, BGBl **66** II 156, und Art 15 HUVÜbk 73, BGBl **87** II 220

Schweiz ja, LugÜbk; außerdem ja bei einem Wohnsitz des Klägers in einem der Vertragsstaaten, Art 17 HZPrÜbk, BGBl **59** II 1388; Unterhalt außerdem ja, Art 9 II UNÜbk, BGBl **77** II 1299, Art 9 II HUVÜbk 73, BGBl **87** II 220

Senegal ja, Art 111 senegalesische ZPO, wenn der Kläger in Deutschland einen ausreichenden Grundbesitz hat, aM ZöGei Anh IV (nein)

Serbien-Montenegro ja für serbische Kläger, Art 17 HZPrÜbk, Zweibr NJW **95**, 537 (im Ergebnis zustm Schweissfurth/Blöcker IPRax **96**, 9); Unterhalt außerdem ja, UNÜbk, Schütze RIW **99**, 15, aM ZöGei Anh IV (nein)

Seychellen ja bei einem Wohnsitz des Klägers in Deutschland, Art 14 dt-brit Abk, BGBl **77** II 1271

Sierra Leone ja bei einem Wohnsitz des Klägers in Deutschland, Art 14 dt-brit Abk, BGBl **60** II 1518, **67** II 2366, aM ZöGei Anh IV (nein)

Singapur, ja bei einem Wohnsitz des Klägers in Deutschland, Art 14 dt-brit Abk, BGBl **60** II 1518, **76** II 576, aM ZöGei Anh IV (nein)

Slowakei ja, Art 17 HZPrÜbk, BGBl **93** II 1936, Art 9 II UNÜbk, BGBl **94** II 3838, Unterhalt außerdem ja, Art 16 HUVÜbk 73, BGBl **93** II 2170, Schütze NJW **95**, 498

Slowenien ja für slowenische Bürger, Art 17 HZPrÜbk, BGBl **93** II 934, Art 9 II UNÜbk, BGBl **93** II 741, Schütze RIW **99**, 15

Somalia nein

Sowjetunion, frühere s Rn 21 „Russische Föderation" sowie Schütze RIW **99**, 15

Spanien (einschließlich Kanarische Inseln) ja, EU; außerdem ja bei einem Wohnsitz des Klägers in einem der Vertragsstaaten, Art 17 HZPrÜbk, BGBl **61** II 1660; Unterhalt außerdem ja, Art 9 II UNÜbk, BGBl **66** II 1577, Art 9 II HUVÜbk 58, BGBl **73** II 1592, und Art 15 HUVÜbk 73, BGBl **87** II 404

Sri Lanka ja, lankische ZPO, wenn der Kläger in Deutschland einen Wohnsitz hat, LJM Kiel, abw Bülow/Arnold E 916, 31 (wenn beide Parteien in Deutschland einen Wohnsitz oder einen gewöhnlichen Aufenthaltsort haben); Unterhalt außerdem ja, Art 9 II UNÜbk, BGBl **59** II 1377

St. Christoph-Nevis-Anguilla ja bei Wohnsitz des Klägers in Deutschland, Art 14 dt-brit Abk, BGBl **60** II 1518

St. Lucia ja bei einem Wohnsitz des Klägers in Deutschland, Art 14 dt-brit Abk, BGBl **83** II 798

St. Vincent und die Grenadien ja bei einem Wohnsitz des Klägers in Deutschland, Art 14 dt-brit Abk, BGBl **87** II 523

Sudan nein

Südafrika ja, wenn der Kläger in der BRep einen Wohnsitz oder ausreichenden Grundbesitz hat, LJM Kiel, aM ZöGei Anh IV (nein)

Südkorea, nein, Ffm NJW **80**, 2032

Surinam ja bei einem Wohnsitz des Klägers in einem der Vertragsstaaten, Art 17 HZPrÜbk, BGBl **77** II 641; Unterhalt außerdem ja, Art 9 II UNVÜbk, BGBl **80** II 25, Art 9 II HUVÜbk 58, BGBl **77** II 467, **80** II 1416

Swasiland ja bei einem Wohnsitz des Klägers in Deutschland, Art 14 dt-brit Abk, BGBl **60** II 1518, **71** II 224, aM ZöGei Anh IV (nein)

Syrien ja, da das syrische Zivilprozeßrecht keine Sicherheitsleistung kennt, aM ZöGei Anh IV (nein)

23 **Taiwan** s „China"

Tansania ja bei einem Wohnsitz des Klägers in Deutschland, Art 14 dt-brit Abk, BGBl **60** II 1518

Thailand Section 253 der thailänd ZPO enthält eine bedingt vergleichbare Regelung. Der dt-thailänd Vertrag v 30. 12. 37 besteht nicht mehr, Böhmer/Siehr, Das gesamte Familienrecht, Bd 2 Nr 6.7.3

Togo ja, togoisches Zivilprozeßrecht, wenn der Kläger in Deutschland einen ausreichenden Grundbesitz hat, aM ZöGei Anh IV (nein)

Tonga ja, da das tongaische Zivilprozeßrecht keine Sicherheitsleistung kennt

Trinidad und Tobago ja bei einem Wohnsitz des Klägers in Deutschland, Art 14 dt-brit Abk, BGBl **61** II 1681, **66** II 1564, aM ZöGei Anh IV (nein)

Tschad nein

Tschechien ja für tschechische Bürger, Art 17 HZPrÜbk, BGBl **93** II 934; Unterhalt außerdem ja, Art 9 II UNÜbk, BGBl **94** II 3838, Art 9 II HUVÜbk 58, BGBl **71** II 988, und Art 15 HUVÜbk 73, BGBl **93** II 1008

Türkei ja, Art 2 dt-türk Abk, BGBl **52** II 608, Düss NJW **73**, 2165; außerdem ja bei einem Wohnsitz des Klägers in einem der Vertragsstaaten, Art 17 HZPrÜbk, BGBl **73** II 1415; Unterhalt außerdem ja, Art 9 II UNÜbk, BGBl **71** II 1074, Art 9 II HUVÜbk 58, BGBl **73** II 1280, und Art 15 HUVÜbk 73, BGBl **93** II 1008

Tunesien ja, Art 3 dt-tun Vertrag v 19. 7. 66, BGBl **69** II 889, **70** II 125; Unterhalt außerdem ja, Art 9 II UNÜbk, BGBl **69** II 764

Uganda nein

Ukraine im Ergebnis ja, Art 17 HZPrÜbk, Schütze RIW **99**, 15

Ungarn ja bei einem Wohnsitz des Klägers in einem der Vertragsstaaten, Art 17 HZPrÜbk, BGBl **66** II 84; 24
Unterhalt außerdem ja, Art 9 II UNÜbk, BGBl **59** II 1377, Art 9 II HUVÜbk 58, BGBl **65** II 123, zu alledem Schütze RIW **99**, 10

Uruguay ja, Art 120, 121 uruguayische ZPO, wenn der Kläger in Deutschland einen Wohnsitz oder einen ausreichenden Grundbesitz hat; Unterhalt außerdem ja, UNÜbk, Schütze RIW **99**, 15

Usbekistan ja, Art 17, HZPrÜbk, Schütze RIW **99**, 15

Vatikanstadt ja bei einem Wohnsitz des Klägers in einem der Vertragsstaaten, Art 17 HZPrÜbk, BGBl **67** II 25
1536; Unterhalt außerdem ja, Art 9 II UNÜbk, BGBl **65** II 462

Venezuela ja bei einem inländischen Wohnsitz oder hinreichendem Vermögen und in einer Handelssache, Rau RIW/AWD **77**, 339, aM LJM Kiel (ja, wenn der Kläger in Deutschland einen Wohnsitz oder ein ausreichendes Vermögen habe), ZöGei Anh IV (nein)

Vereinigte Arabische Emirate nein

Vereinigtes Königreich s „Großbritannien und Nordirland"

Vereinigte Staaten von Amerika, dazu *Schack,* Prozeßkostensicherheit im Verhältnis Deutschland – USA, Festschrift für *Schütze* (1999) 745: Maßgeblich sind zunächst bundesrechtlich für *alle* Einzelstaaten Artt VI Abs 1, XXVI Abs 1 Vertrag v 29. 10. 54, BGBl **56** II 487, 763 iVm Nr 6 des Protokolls zum Vertrag, BGBl **56** II 502, BGH NJW **02**, 3259. Danach darf einem Kläger *keine* Sicherheitsleistung auferlegt werden, soweit ein *eigener* Staatsangehöriger befreit ist, sofern er im Inland wohnt oder einen ausreichenden Grundbesitz hat.

Im Hinblick auf die zusätzlich zu beachtenden Vorschriften der *Einzelstaaten,* dazu Schütze JZ **83**, 386, StJBo § 110 Rn 41 FN 243, ist die Gegenseitigkeit wie folgt als verbürgt anzusehen:

Ja, wenn der Kläger in Deutschland einen *Wohnsitz* hat: Alabama, Alaska (wenn der Kläger einen Wohnsitz im Bezirk des Prozeßgerichts hat), Arizona (wenn der Kläger in Deutschland einen Wohnsitz oder ein ausreichendes Vermögen hat), Arkansas, California, Colorado, Connecticut, Delaware, District of Columbia, Florida, Georgia, Idaho, Illinois, Indiana, Iowa, Kansas, Kentucky, Maine, Maryland, Massachusetts, Michigan (wenn der Kläger einen Wohnsitz im Bezirk des Prozeßgerichts hat), Minnesota, BPatG GRUR **79**, 396 (vgl aber auch § 110 Rn 13), Missouri, Montana, Nebraska, Nevada, New Hampshire, New Jersey, New York, BGH DB **82**, 802, aM LG Hbg RR **98**, 430, North Dakota, Ohio, Oregon, Pennsylvania, Puerto Rico, Rhode Island, South Carolina, South Dakota, Utah, Virginia, Washington, West Virginia, Wyoming;

ja, wenn dem Kläger eine *Prozeßkostenhilfe* bewilligt wurde: Louisiana, North Carolina, Oklahoma, Tenessee, Texas, Wisconsin;

im übrigen *nein,* BGH NJW **02**, 3259 (Üb). Die Bundesgerichte wenden grds das Recht des Einzelstaats ihres Sitzes an

Zentralafrikanische Republik ja bei Unterhalt, Art 9 II UNÜbk, BGBl **63** II 108 26

Zypern ja bei einem Wohnsitz des Klägers in Deutschland, Art 14 dt-brit Abk, BGBl **60** II 1518, **75** II 1129; Unterhalt außerdem ja, UNÜbk, Schütze RIW **99**, 15

111 *Nachträgliche Prozesskostensicherheit.* **Der Beklagte kann auch dann Sicherheit verlangen, wenn die Voraussetzungen für die Verpflichtung zur Sicherheitsleistung erst im Laufe des Rechtsstreits eintreten und nicht ein zur Deckung ausreichender Teil des erhobenen Anspruchs unbestritten ist.**

1) Systematik, Regelungszweck. Die Forderung nach einer Sicherheitsleistung ist eine Zulässigkeits- 1
rüge, § 282 III. Sie ist grundsätzlich nach dem Ablauf der Frist des § 282 III 2 oder doch nach dem Beginn der Verhandlung zur Hauptsache nicht mehr zulässig, §§ 282 III 1, 296 III, Hamm OLGR **99**, 248. Abweichend von dieser Regel läßt § 111 die Rüge zwecks Prozeßwirtschaftlichkeit nach Grdz 14 vor § 128 auch nach diesem Zeitpunkt zu.

2) Geltungsbereich. Vgl Üb 3 vor § 108. 2

3) Voraussetzungen. Zunächst dürfen die Voraussetzungen der Befreiung von der Sicherheitsleistung 3
erst während des Prozesses weggefallen sein. Das kann auch in einer höheren Instanz geschehen sein. Das gilt auch in folgenden Fällen: Wenn ein Urkundenprozeß in das ordentliche Verfahren übergeht, § 600 I, Hbg NJW **83**, 526; wenn der Kläger die deutsche Staatsangehörigkeit oder die klagende juristische Person usw ihren inländischen Sitz verlieren; wenn ein Staatsvertrag abläuft; wenn der inländische Staatenlose seinen Wohnsitz ins Ausland verlegt; wenn ein Sicherheitspflichtiger anstelle des Befreiten in den Prozeß eintritt, etwa als Erbe, weil das inhaltlich gleichsteht.

Außerdem darf nicht ein zur Deckung der Prozeßkosten ausreichender Teil der Klageforderung *unstreitig* 4
sein. In allen diesen Fällen ist ein Verlangen des Bekl eine weitere Voraussetzung, wie bei § 110, dort Rn 10. Er darf auch nicht schon auf die Rüge wirksam vollständig verzichtet haben. Ein Verzicht wegen einer Geringfügigkeit des Streitwerts erstreckt sich im Zweifel nicht auf einen erst später anfallenden erheblich höheren Kostenanteil. Im übrigen muß man § 296 III beachten. Andernfalls geht die Rüge verloren, BGH MDR **90**, 432. Soweit die Sicherheitspflicht wegfällt, hebt das Gericht den Beschluß nach § 110 auf. Die Rückgewähr der Sicherheit erfolgt nach § 109. Wenn sich die Nämlichkeit des Klägers und seine Vermögensverhältnisse nicht wesentlich ändern, kann § 111 unanwendbar sein, BGH NJW **80**, 839.

112 *Höhe der Prozesskostensicherheit.* [I] **Die Höhe der zu leistenden Sicherheit wird von dem Gericht nach freiem Ermessen festgesetzt.**

[II] [1] **Bei der Festsetzung ist derjenige Betrag der Prozesskosten zugrunde zu legen, den der Beklagte wahrscheinlich aufzuwenden haben wird.** [2] **Die dem Beklagten durch eine Widerklage erwachsenden Kosten sind hierbei nicht zu berücksichtigen.**

[III] **Ergibt sich im Laufe des Rechtsstreits, dass die geleistete Sicherheit nicht hinreicht, so kann der Beklagte die Leistung einer weiteren Sicherheit verlangen, sofern nicht ein zur Deckung ausreichender Teil des erhobenen Anspruchs unbestritten ist.**

1 **1) Systematik, I–III.** Die Vorschrift ergänzt und vervollständigt zusammen mit § 113 die §§ 108–111.

2 **2) Regelungszweck, I–III.** § 112 dient sowohl den in Einf 2 vor § 108 genannten Zwecken als auch der Vermeidung eines Verstoßes gegen den Grundsatz der Verhältnismäßigkeit, Einl III 23. Das muß man bei der Auslegung mitbeachten, Primozic/Broich MDR **07**, 188 (krit zur Vereinbarkeit mit dem GG).

3 **3) Geltungsbereich, I–III.** Vgl Üb 3 vor § 108.

4 **4) Voraussetzungen, I, II.** Das Gericht bestimmt die Höhe der Ausländersicherheit auf Grund einer notwendigen mündlichen Verhandlung, § 128 Rn 2. In Betracht kommen die folgenden Fälle.

A. Streit um Sicherheitsleistungspflicht. Es kann um einen Streit über die Pflicht gehen, auch wegen der Höhe. Hier können folgende Entscheidungen ergehen: Die Anordnung kann beim Streit über die Höhe nicht schon durch einen als solchen unanfechtbaren Beschluß erfolgen, BGH RR **90**, 378, sondern korrekterweise nur durch ein Zwischenurteil nach §§ 280 II, 303, BGH MDR **05**, 45. Es darf bei § 122 I Z 2 nicht zulasten des Begünstigten ergehen, Brdb RR **03**, 210. Es ist ausnahmsweise selbständig anfechtbar, Bre NJW **82**, 2737, Karlsr MDR **86**, 593, Demharter MDR **86**, 186, aM BGH RR **90**, 378, Ffm IPRax **02**, 222 (unanfechtbar), Spieker MDR **97**, 223 (Beschluß). Eine Zurückweisung des Antrags auf eine Sicherheitsleistung erfolgt durch ein ebenfalls selbständig anfechtbares Zwischenurteil nach § 280 II, § 280 Rn 5–7, Bre NJW **82**, 2737. Das Gericht kann aber auch im Endurteil entscheiden.

5 **B. Frist.** Es kann auch um einen Streit nicht über die Pflicht zur Sicherheitsleistung und um die Höhe der Sicherheitsleistung gehen, sondern nur über die Frist nach § 113. Dann entscheidet das Gericht durch einen nicht anfechtbaren Beschluß. Ein fälschlich ergangener Beschluß ist nur mit dem Urteil anfechtbar. Er wirkt nicht nach § 113 S 2.

6 **5) Entscheidung, I, II.** II engt das freie Ermessen des § 107 wegen der Höhe der Sicherheitsleistung ein. Es bleibt nur bei der Schätzung derjenigen Kosten erhalten, die gerade und nur dem Bekl vermutlich entstehen werden, BGH DB **82**, 802. Gerichtskosten bleiben unbeachtet, Einf 2 vor § 108. Das Gericht muß bei einem sonstigen Verlust der Rüge alle entstandenen und sämtliche bei einer überschlägigen nicht abschließenden Schätzung bevorstehenden Kosten aller möglichen Instanzen berücksichtigen, BGH MDR **05**, 45, also unter Umständen auch schon die Kosten der Revisionsinstanz, BGH RR **90**, 378, LG Düss MDR **89**, 267, ZöHe 2, aM Schmieder GRUR **82**, 14 (zum Patentnichtigkeitsverfahren, § 81 VII PatG), StJL 6 (nur für diese und die nächsthöhere Instanz), Söffing MDR **89**, 599 (aber die Prozeßwirtschaftlichkeit fordert eine einzige Maßnahme ohne weiteres Hin und Her, Grdz 14 vor § 128). Daher erfolgt auch eine Anordnung nach § 109 erst nach dem Eintritt der formellen Rechtskraft. Bei Streitgenossen muß das Gericht § 100 beachten. Die Art der Sicherheitsleistung liegt auch hier ganz im pflichtgemäßen weiten Ermessen des Gerichts. Allerdings darf das Gericht nur einen Erstattungsanspruch des Gegners berücksichtigen, nicht einen Anspruch der Staatskasse, Stgt Rpfleger **85**, 375. Kosten der Widerklage nach Anh § 253 sind unbeachtlich, II 2.

7 **6) Abänderung, III.** Wenn sich im Prozeß eine vom Ausländer geleistete Sicherheit als unzulänglich ergibt oder wenn der Wert der geleisteten Sicherheit sinkt, kann der Bekl von demjenigen Gericht, bei dem der Prozeß jetzt schwebt, eine Erhöhung der Sicherheitsleistung verlangen, BGH MDR **05**, 45. Das gilt, soweit er nicht einen zur Deckung seiner Kosten ausreichenden Teil der unbestrittenen Forderung einbehalten kann.

Beispiele: Der Kläger erweitert die Klage, § 263; es entstehen unvorhergesehene Kosten; eine verlangte Sicherheit ist schon verbraucht, weil sie zu niedrig war; in der Berufungsinstanz reicht die erstinstanzliche Sicherheitsleistung nicht mehr aus, BGH RR **90**, 378, Ffm NJW **80**, 2032 (StPO).

Es handelt sich um eine verzichtbare *Rüge der Unzulässigkeit*, § 282 III, § 110 Rn 10. § 296 III ist anwendbar, BGH NJW **01**, 3630. Die Entscheidung ergeht wie bei § 112 I. III ist entsprechend zugunsten des Klägers anwendbar, wenn sich endgültig herausstellt, daß die geleistete Sicherheit zu hoch war. Das Gericht muß sie dann herabsetzen.

8 **7)** ***VwGO:*** *Entsprechend anwendbar, § 173 VwGO, vgl § 110 Rn 19.*

113 *Fristbestimmung für Prozesskostensicherheit.* [1] **Das Gericht hat dem Kläger bei Anordnung der Sicherheitsleistung eine Frist zu bestimmen, binnen der die Sicherheit zu leisten ist.** [2] **Nach Ablauf der Frist ist auf Antrag des Beklagten, wenn die Sicherheit bis zur Entscheidung nicht geleistet ist, die Klage für zurückgenommen zu erklären oder, wenn über ein Rechtsmittel des Klägers zu verhandeln ist, dieses zu verwerfen.**

1 **1) Systematik, Regelungszweck, S 1, 2.** Vgl § 112 Rn 1.

2 **2) Geltungsbereich, S 1, 2.** Vgl Üb 3 vor § 108.

3 **3) Anordnung, S 1.** Bei der Anordnung einer jeden Sicherheitsleistung für die Prozeßkosten muß das Gericht eine Frist für die Sicherheitsleistung bestimmen, und zwar wie bei § 112 Rn 4. Es handelt sich um eine richterliche Frist. Das Gericht darf sie verlängern, § 224 II. Gegen die Versäumung der Frist ist zwar keine Wiedereinsetzung statthaft, § 233. Der Kläger kann aber die Sicherheit bis zum Erlaß der Entscheidung nach S 2 nachleisten, Rn 3. Hat er die Sicherheit geleistet, bestimmt das Gericht einen Termin, §§ 216, 495.

4) Erfolgloser Fristablauf, S 2. Nach einem erfolglosen Fristablauf wird nicht etwa die Sicherheit beigetrieben, sondern der Prozeß läuft weiter. Das Gericht bestimmt also auch dann einen Verhandlungstermin und lädt wie sonst. Der Bekl darf nicht etwa die Verhandlung zur Sache verweigern, sondern nur nach S 2 den evtl zusätzlichen Antrag stellen, die Klage für zurückgenommen zu erklären, soweit das Gericht nicht den Gegner nach § 122 I Z 2 behandeln muß, Brdb RR **03**, 210. Bei einer Verweigerung der Einlassung zur Hauptsache kann der Kläger gegen den Bekl ein Versäumnisurteil wie sonst erwirken, § 331. Der Kläger darf die Sicherheit bis zur Entscheidung leisten, § 231 II. 4

A. Erste Instanz. Dort ergeht ein Urteil. Das Gericht erklärt die Klage auf einen Antrag des Bekl und nicht von Amts wegen für zurückgenommen. Das Gesetz unterstellt also ihre Rücknahme mit deren Wirkungen nach § 269. Im übrigen ergeht eine Entscheidung wie bei § 269 III, IV. Gegen das Urteil ist die Berufung §§ 511 ff oder eine Sprungrevision nach den allgemeinen Grundsätzen zulässig, (jetzt) § 566, Karlsr MDR **86**, 593, ZöHe § 112 Rn 1, aM Demharter MDR **86**, 186, ThP 3 (aber die vorgenannten Vorschriften gelten uneingeschränkt). Zum Zwischenurteil § 112 Rn 4. Hat das Gericht fälschlich durch einen Beschluß entschieden, ist die sofortige Beschwerde nach §§ 567 ff zwecks einer Aufhebung des Beschlusses und der Erlaß eines Urteils nach einer Zurückverweisung statthaft. Dann ist zwar keine Verlängerung einer bereits abgelaufenen Frist möglich. Es kann aber der Kläger die Sicherheit noch bis zum Erlaß des Urteils nachleisten. 5

B. Rechtsmittelinstanz. Dort ergeht ebenfalls ein Urteil, das die Klage für zurückgenommen erklärt, falls der Sicherungspflichtige der Rechtsmittelbekl ist. Wenn er der Rechtsmittelkläger ist, verwirft das Berufungsgericht sein Rechtsmittel als unzulässig, BGH NJW **02**, 3260, Kblz JB **86**, 119. Das gilt auch dann, wenn das OLG fälschlich zur Sache entschieden hatte, BGH NJW **02**, 3260. Wenn beide Parteien Rechtsmittelkläger sind, muß das Gericht wie bei Rn 4 verfahren. Bei einer Säumnis des Klägers kann der Bekl ein Versäumnisurteil in der Sache beantragen, § 330, oder eine Entscheidung nach § 113 fordern (nach StJL 7, ZöHe 3 ist das kein Versäumnisurteil, weil es nicht auf einer Versäumnis beruht. Vgl aber Üb 11 ff vor § 330). Bei einer Säumnis des Bekl und einem Versäumnisurteil gegen ihn nach § 331 kann der Kläger nach einem Einspruch des Bekl die Sicherheitsleistung bis zur neuen Entscheidung nachholen. Eine ordnungsgemäße Bestimmung der Sicherheitsleistung nach § 112 I ist eine Voraussetzung der Entscheidung. 6

Titel 7. Prozesskostenhilfe und Prozesskostenvorschuss

Übersicht

Schrifttum: *Behn,* Probleme der Prozeßkostenhilfe usw, 1985; *Büttner* AnwBl **07**, 477 (Üb); *Burgdorf,* Prozeßkostenhilfe im Ehescheidungsverbundverfahren, Diss Gött 1984; *Dörndorfer,* Prozeßkostenhilfe und Beratungshilfe für Anfänger, 4. Aufl 2006; *Engels,* Prozeßkostenhilfe, 1990; *Friedrich* NJW **95**, 617 (Üb); *Hellstab* Rpfleger **08**, 181 (Rspr-Üb); *Hoffmann,* Prozeßkostenhilfe: Berechnungsprogramm für Personal-Computer, 1990; *Hünnekens,* Kostenabwicklung ... bei Prozeßkostenhilfe, 3. Aufl 2002; *Hundt,* Prozesskosten- und Beratungshilfe, 2008; *Kalthoener/Büttner/Wrobel-Sachs,* Prozeßkostenhilfe und Beratungshilfe, 4. Aufl 2005; *Keil,* Gerichtskosten und Prozeßkostenhilfe, in: Festschrift zum 100jährigen Bestehen des *Deutschen Arbeitsgerichtsverbandes,* 1993; *Künzel,* Unstimmigkeiten im Recht der Prozeßkostenhilfe, 1994; *Künzl/Koller,* Prozeßkostenhilfe usw, 2. Aufl 2003; *Nickel,* ADVOexpert Prozesskostenhilfe, Formular- und Berechnungsprogramm, 2002; *Nickel* MDR **07**, 749 (Rspr-Üb); *Philippi,* Prozeßkostenhilfe und Grundgesetz, Festschrift für *Schneider* (1997) 267; *Schoreit/Groß,* Beratungshilfe, Prozeßkostenhilfe, 9. Aufl 2007; *Smid,* Rechtsprechung: Zur Unterscheidung von Rechtsfürsorge und Prozeß, 1990; *Thalmann,* Prozeßkostenhilfe in Familiensachen, 1992; *Walters,* Leitfaden der Beratungs- und Prozeßkostenhilfe im Europäischen Wirtschaftsraum, 1997; *Wax,* Prozeßkostenhilfe. EDV-Programm-Benutzerhandbuch, 1991; *Zimmermann,* Prozeßkostenhilfe insbesondere in Familiensachen, 3. Aufl 2007 (Bespr *Maurer* FamRZ **07**, 1156). Rechtsvergleichend: *Gottwald* ZZP **89**, 136.

Gliederung

1) Systematik. Die staatliche Prozeßkostenhilfe, die Wipfelder DRiZ **84**, 387 wohl zu hoch als soziales Grundrecht einstuft, ist eine Form der höchstpersönlichen Sozialhilfe im Bereich der Rechtspflege, Brdb FamRZ **02**, 1200, soweit sie erforderlich ist, BGH **109**, 168, Brdb FamRZ **06**, 1397, OVG Lüneb NVwZ-RR **05**, 861. Sie ist gegenüber dem KJHG vorrangig, Stgt FamRZ **94**, 385, OVG Hbg FER **97**, 43. Diese Aufgaben des Prozeßgerichts sind mit der EMRK vereinbar, EGMR NJW **06**, 1255, und mit dem GG vereinbar, BVerfG **35**, 355, Hbg FamRZ **78**, 916. Es handelt sich um eine Form staatlicher Daseinsvorsorge, BGH **109**, 168, Ffm FamRZ **92**, 838. 1

Sie hat ihre Regelung aus Zweckmäßigkeitsgründen in der ZPO. Aus derselben Erwägung ist sie nicht Aufgabe einer Verwaltungsbehörde, sondern des Gerichts. Das gesamte PKH-Verfahren ist also ein eigenständiges gerichtliches Verfahren und *kein Zivilprozeß,* BGH RR **89**, 675, Karlsr RR **03**, 796, Tombrink DRiZ **07**, 187. Dem Antragsteller steht das Gericht „gegenüber", besser: zur Seite, BGH NJW **84**, 740. Der Prozeßgegner steht also dem Antragsteller nicht als direkte Partei des PKH-Verfahrens gegenüber, Brdb RR **03**, 796, Karlsr FamRZ **03**, 621. Das Gericht entscheidet in seiner Unabhängigkeit und nicht als eine 2

Verwaltungsbehörde. Seine Entscheidung ist nicht als ein Verwaltungsakt anfechtbar, sondern nur nach § 127. Daher sind auch zB §§ 38 VwVfG, 34 SGB X unanwendbar. Der nach § 121 beizuordnende oder beigeordnete Anwalt ist kein Verfahrensbeteiligter, kein Geschützter und daher kein Dritter nach § 839 I 1 BGB wegen seines Honorars, BGH **109**, 170.

Private sog *Prozeßfinanzierung*, dazu LG Bonn AnwBl **06**, 851, *Buschbell* AnwBl **06**, 825, *Gleußner* Festgabe für *Vollkommer* (2006) 25 (Üb), *Wilde* AnwBl **06**, 813, ist eine zwiespältige Alternative des bürgerlichen Rechts.

3 **2) Regelungszweck.** Das GG gebietet es, dem Minderbemittelten einen solchen Rechtsschutz zu sichern, der demjenigen des Bemittelten wenigstens einigermaßen entspricht, BVerfG RR **05**, 1448, BGH **109**, 168, Düss FamRZ **06**, 1614. Dieses Ergebnis läßt sich aus Art 1 I (je:) GG (Schutz der Menschenwürde) ableiten, ferner aus Art 2 I GG, BVerfG FamRZ **02**, 531, aus Art 3 I (Gleichheit vor dem Gesetz), BVerfG NVwZ **05**, 323, BGH **109**, 168, aus Artt 12 I, 20 III (je:) GG (Rechtsstaatsprinzip, Justizgewährungsanspruch), BVerfG FamRZ **08**, 1403 und NJW **08**, 1061, aus Art 19 IV (je:) GG (Rechtsweggarantie, effektiver Rechtsschutz), BVerfG NVwZ **04**, 335, VGH Mannh NVwZ-RR **05**, 438, aus Art 20 I (je:) GG (sozialer Rechtsstaat), BVerfG NJW **03**, 1857, BGH **109**, 168, Hbg FamRZ **01**, 235, aus Artt 2 I, 20 III GG (Rpfl: faires Verfahren), BVerfG **101**, 404, Naumb MDR **04**, 356, und aus Art 103 I GG (Richter: rechtliches Gehör). Das Kostenrisiko darf nicht zu einer Rechtswegsperre werden, BVerfG NVwZ **04**, 335, LG Siegen MDR **93**, 1116. Finanzerwägungen des Staats müssen zurücktreten, Kilian AnwBl **08**, 236.

Hohes soziales Bemühen kennzeichnet die ganz außerordentlich vielfältige Rechtsprechung zur Prozeßkostenhilfe. Aus den in überreicher Fülle sprudelnden Belegen wird aber auch deutlich, welche merkwürdigen Vorstellungen manche Prozeßbeteiligten von der sozialen Aufgabe haben, die der Gesetzgeber statt den Sozialbehörden zusätzlich den Gerichten wahrhaft aufgebürdet hat, wenn auch aus sehr verständlichen Gründen und zur Vermeidung zusätzlicher Kämpfe vor Verwaltungsbehörden und -gerichten. Die Mühe bei dem Bestreben nach Gerechtigkeit, die manches Gericht auf diesem Nebenkampfplatz des Zivilprozesses aufwendet, ist bewundernswert, aber auch nicht ganz frei von Problematik.

Insbesondere Fragen der *Ratenzahlung,* der Beiordnung eines auswärtigen Anwalts oder der Anforderungen an ein Prozeßkostenhilfegesuch und an die Darstellung der eigenen wirtschaftlichen Lage nehmen einen zu breiten Raum ein. Das gilt trotz aller wirtschaftlichen Bedeutung. Der Spruchrichter kann nicht annähernd nun auch noch das ganze finanzielle und soziale Umfeld etwa eines solchen Bürgers ausleuchten, der als Partei eine Prozeßkostenhilfe begehrt, aber im unbelasteten Eigenheim mit einem eigenen Pkw nicht weit draußen wohnt.

Großzügige Bewilligung ist wegen ihrer praktisch weitgehenden Unanfechtbarkeit für den überlasteten Praktiker ein oft fast zwingender und keineswegs „fauler" Weg zur Bewältigung der Probleme, Neumann DRiZ **06**, 311. Vereinzelt gibt es ähnlich wie bei § 323 Rn 38 Leitlinien zur Prozeßkostenhilfe, zB des AG Hann (Stand 1. 1. 03). Sie sind ein zwiespältiger Weg zur Lösung der wuchernden Probleme. Wohin käme man, wenn auch solche Leitlinien wuchern würden? Etwas mehr Rechtssicherheit läßt sich doch wieder nur örtlich begrenzt erzielen. Der Richter soll das Gesetz und nicht offiziöse Leitlinien anwenden.

Supranational muß man auf Grund der Richtlinie 2003/8/EG des Rates der Europäischen Gemeinschaften zur Verbesserung des Zugangs zum Recht bei Streitsachen mit grenzübergreifendem Bezug vom 27. 1. 03, ABlEG Nr L 26 S 41 beachten ferner das Gesetz zur Umsetzung gemeinschaftsrechtlicher Vorschriften über die grenzüberschreitende Prozeßkostenhilfe in Zivil- und Handelssachen in den Mitgliedstaaten (EG-Prozeßkostenhilfegesetz) vom 15. 12. 04, BGBl 3392, mit seiner Festlegung gemeinsamer Mindestvorschriften für die Prozeßkostenhilfe und für andere mit Zivilverfahren verbundenen Aspekte sowie die zugehörige EG-Prozesskostenhilfevordruckverordnung – EGPKHVV vom 21. 12. 04, BGBl 3538. Beides ist an den zugehörigen Stellen (§§ 114, 116 S 1 Z 2, 1076–1078) kommentiert.

4 **3) Geltungsbereich.** §§ 114 ff gelten für jede Art des Erkenntnisverfahrens vor dem Prozeßgericht, seiner Nebenverfahren und der Zwangsvollstreckung. Sie gelten nach §§ 76 ff FamFG weitgehend auch im dortigen Verfahren. Sie gelten auch im WEG-Verfahren und für vorläufige Verfahren. Einzelheiten § 114 Rn 22 ff, § 119 Rn 32 ff (zum Rechtszug). Sie gelten nicht für ein ausländisches Verfahren, KG FamRZ **06**, 1210 (AUG). Der Beitritt Deutschlands zum bereits von allen anderen Mitgliedstaaten der EU ratifizierten Europäischen Übereinkommen über die Übermittlung von Anträgen auf Bewilligung der Prozeßkostenhilfe vom 27. 1. 77 steht noch aus. Vgl vielmehr Rn 3.

5 Im *FamFG-Verfahren* enthalten §§ 76–78 FamFG eine den §§ 114 ff ZPO angenäherte vorrangige Sonderregelung. Sie heißt Verfahrenskostenhilfe.

Unanwendbar sind §§ 114 ff auf eine nur außergerichtliche Tätigkeit zB nach VV 2100, BGH FamRZ **07**, 1088.

6 **4) Fürsorgepflicht.** Die stets geltende gerichtliche Fürsorgepflicht gilt nach Einl III 27 natürlich besonders im Bereich der Prozeßkostenhilfe. Gerade hier muß das Gericht Helfer und Schützer des Rechtssuchenden sein, weil er sozial schwach ist. Das muß man bei der Auslegung des Gesetzes über die allgemeinen Regeln hinaus nach Einl III 35 beachten. Das Gericht sollte eine gewisse Großzügigkeit gegenüber dem Antragsteller wahren, auch um den Nebenschauplatz der Prozeßkostenhilfe nicht zu einem weiteren Hauptkampfplatz zu machen, Herget MDR **85**, 617. Das Gericht trägt ohnehin im Erkenntnisverfahren stark genug eine Last, Rn 3.

7 **5) Rechtsmißbrauch.** Andererseits ist jeder Rechtsmißbrauch umstatthaft, wie auch sonst, Einl III 54, Zweibr JB **07**, 438 links unten. Das gilt nicht nur beim Verbot der Unterstützung von Mutwillen, § 114. Es gilt vielmehr auch im gesamten übrigen Bewilligungsverfahren, Stgt FamRZ **97**, 1410, LAG Kiel MDR **96**, 644. Es soll kein Prozessieren aus fremder Tasche stattfinden, AG Syke RR **93**, 1479. Die Vorschiebung eines Bedürftigen zum Zweck der Benachteiligung des Prozeßgegners oder der Staatskasse führt zur Versagung der Prozeßkostenhilfe auch dann, wenn scheinbar alle übrigen Voraussetzungen vorliegen, Schneider DB **78**, 288. Der Versuch ihrer Erschleichung kann eine versuchter Prozeßbetrug sein, § 117 Rn 37.

6) Beispiele zur Frage eines Rechtsmißbrauchs

Abtretung: Rechtsmißbrauch liegt dann vor, wenn ein Bemittelter eine Treuhandabtretung an einen Bedürftigen vornimmt.

S auch „Sicherungsabtretung".

Einstweilige Anordnung: §§ 49 ff FamFG.

Entzug des Mandats: Rechtsmißbrauch liegt dann vor, wenn der Begünstigte seinem nach § 121 beigeordneten Anwalt das Mandat grundlos entzieht, Ffm MDR **88**, 501.

Folgesache: §§ 76 ff FamFG.

Kostenvorschuß: Rechtsmißbrauch liegt dann vor, wenn ein nach § 1360 a IV BGB Berechtigter sich dadurch mittellos macht, daß er auf den Vorschuß verzichtet oder den Prozeß verschleppt, Oldb FamRZ **94**, 1184.

Nichtbetreiben: Rechtsmißbrauch kann dann vorliegen, wenn keine Partei das Verfahren (weiter)betreibt, Stgt FamRZ **05**, 810 (Scheidung).

Prozeßführungsrecht: Rechtsmißbrauch liegt dann vor, wenn ein Bemittelter eine Prozeßführungsermächtigung des bedürftigen Mitberechtigten ausübt.

Rechtsantragstelle: Rechtsmißbrauch liegt zB dann vor, wenn sich eine Partei mühelos der Hilfe einer Rechtsantragstelle bedienen könnte, AG Syke RR **93**, 1479 (Scheidungsantragsgegner. Vgl freilich § 114 Rn 102).

Sicherungsabtretung: Bei ihr kann Rechtsmißbrauch vorliegen. Es kommt auf die Lage des Treunehmers in seinem Prozeß an, Hamm VersR **82**, 1068.

Sozialhilfe: Rechtsmißbrauch liegt dann vor, wenn ein Sozialhilfeempfänger mit einer Ermächtigung des Sozialhilfeträgers vorgeht, § 114 Rn 18 „Sozialhilfe".

Uneigennützige Treuhand: Bei ihr kann Rechtsmißbrauch vorliegen. Es kommt grds auf den Treugeber an, Hamm VersR **82**, 381. Nur beim Fehlen eines eigenen Interesses des sachlichrechtlichen Rechtsinhabers an der Rechtsverfolgung kommt es lediglich auf die Partei an, BGH NJW **87**, 783.

7) Sorgfältigkeit der Prüfung. Trotz der in Rn 3 empfohlenen gewissen Großzügigkeit muß das 8
Gericht vor der Bewilligung sorgfältig prüfen, ob ihre Voraussetzungen vorliegen, Rosenau NJ **97**, 151, Tombrink DRiZ **07**, 187. Für die Staatskasse ist die Prozeßkostenhilfe mehr denn je eine schwere Belastung. So sehr der Minderbemittelte unverzüglich Beistand verdient, um zu seinem Recht zu kommen, so verwerflich ist es, ihm einen faulen Prozeß aus fremder Tasche zu ermöglichen. Freilich kann die Verweigerung einer Prozeßkostenhilfe aus solchen grundsätzlichen Erwägungen, die keine sachliche Rechtfertigung haben, wegen eines Verstoßes gegen Art 3 I GG, verfassungswidrig sein, BVerfG **56**, 144 (zum alten Recht). Eine vermeidbare Verzögerung oder eine Überspannung kann gegen das Gebot eines fairen Verfahrens verstoßen, Einl III 23, Naumb MDR **04**, 356, OVG Mannh NVwZ-RR **05**, 438.

8) Abgrenzung zu anderen Vergünstigungen. Die Prozeßkostenhilfe heißt in manchen Verfahrens- 9
arten Verfahrenskostenhilfe, § 114 Rn 22 ff, §§ 76 ff FamFG. Neben ihr gibt es eine Reihe anderer kostenrechtlicher Vergünstigungsmöglichkeiten.

9) Beispiele zur Frage anderer Vergünstigungen 10

Absehen vom Kostenansatz: Er gehört hierher, § 10 KostVfg, Hartmann Teil VII A.

AUG: zum Verfahren KG FamRZ **92**, 1319, Uhlig/Berard NJW **87**, 1521 (Üb).

Befreiung von Vorauszahlung: Sie gehört hierher, § 12 II GKG, Anh § 271, § 15 FamGKG.

Beratungshilfe: Hierher gehört die Finanzierung der Kosten eines durch eine Beratungshilfe beigeordneten Anwalts, Anh § 127.

Herabsetzung des Streitwerts: Sie gehört hierhier, §§ 247 I AktG, 26 GebrMG, 54 GeschmMG, 142, 144 PatG, 12 IV UWG. Sie ist jeweils zusätzlich zur PKH statthaft.

Kostenfreiheit: Sie gehört hierhier, § 2 GKG, § 2 FamGKG.

Nichterhebung: Hierher gehört die Nichterhebung solcher Kosten, die durch eine falsche Sachbehandlung entstanden sind, §§ 21 GKG, § 20 FamGKG, 16 KostO.

Niederschlagung: Hierher gehört eine Niederschlagung von Kosten wegen Vermögenslosigkeit, § 2 VO vom 20. 3. 35, RGBl 406, und AVen der Länder hierzu, Hartmann Teil VII D.

Notar: Hierher gehört eine vorläufige Gebührenfreiheit oder eine Ratenzahlungsmöglichkeit zugunsten eines Beteiligten nach einer Prozeßkostenhilfe wegen einer Urkundstätigkeit des Notars, § 17 II BNotO, Appell DNotZ **81**, 596.

Reiseentschädigung: Hierher gehört eine Reisekostenentschädigung an einen Mittellosen, Hartmann Teil V § 25 JVEG Anh I, II.

10) Kritik. Vgl zunächst Rn 3. Die Regelung der Prozeßkostenhilfe stellt keine Meisterleistung dar, 11
schon abgesehen von der Frage, ob sie das Kostenrisiko überhaupt ausreichend abmildert, Müller JZ **87**, 1. Neben guten Lösungen findet man sowohl im Bereich des Sprachlichen als auch im Verfahren, vor allem aber auch unter dem Gesichtspunkt der Abänderbarkeit von Bewilligungsentscheidungen erhebliche oder gar schwere Mängel, „Steine statt Brot", Bischof NJW **82**, 2549, Schneider MDR **84**, 815. Sie sind im nachfolgenden bei den einschlägigen Vorschriften erläutert. Dort findet man auch, inwiefern unverändert verfassungsrechtliche Bedenken gegen einzelne Teile der Regelung bestehen.

114 *Voraussetzungen.* [1] **Eine Partei, die nach ihren persönlichen und wirtschaftlichen Verhältnissen die Kosten der Prozessführung nicht, nur zum Teil oder nur in Raten aufbringen kann, erhält auf Antrag Prozesskostenhilfe, wenn die beabsichtigte Rechtsverfolgung oder Rechtsverteidigung hinreichende Aussicht auf Erfolg bietet und nicht mutwillig erscheint.** [2] **Für die grenzüberschreitende Prozesskostenhilfe innerhalb der Europäischen Union gelten ergänzend die §§ 1076 bis 1078.**

Gliederung

1 **1) Systematik, §§ 114–127.** Vgl zunächst Üb 1–8 vor § 114. Das Verfahren beginnt nicht von Amts wegen, sondern nur auf Grund eines Antrags, § 117 I, II. Er erfordert zum einen eine Darstellung des Streitverhältnisses, zum anderen eine Erklärung über die persönlichen und wirtschaftlichen Verhältnisse. Die letztere muß der Antragsteller grundsätzlich durch ein Formular abgeben, § 117 III, IV.

2 Das Gericht nimmt nur eine *vorläufige* Prüfung der Erfolgsaussicht vor, §§ 114–116, BVerfG NJW **97**, 2103. Es prüft vorher oder anschließend die Bedürftigkeit nach denselben Vorschriften. Es nimmt evtl ergänzende Ermittlungen vor, § 118. Es hört den Prozeßgegner an, § 118 I 1, 2. Es trifft dann seine Entscheidungen nur für diesen Rechtszug, § 119. Eine mündliche Verhandlung findet nicht statt, § 127 I 1. Eine nur scheinbare Ausnahme gilt nach § 118 I 3. Diese Bestimmung ermöglicht in Wahrheit nur eine Erörterung, nicht auch eine Verhandlung.

3 *Zuständig* ist das Gericht des jeweiligen Rechtszugs, § 127 I 2, und zwar grundsätzlich der Richter, wegen der Zwangsvollstreckung der Rpfl des Vollstreckungsgerichts, §§ 117 I 3, 119 II, 764, 802, sonst nur in Ausnahmefällen der Rpfl, § 20 Z 4, 17 RPflG. Ein unzuständiges Gericht darf und muß vor einer Zurückweisung der Anträge eine Abgabe oder einen Verweisungsantrag anregen, Brdb RR **03**, 796. Die Entscheidung erfolgt durch einen Beschluß, § 329. Falls er erst im Lauf einer mündlichen Verhandlung zur Hauptsache ergeht, verkündet ihn das Gericht kraft Gewohnheitsrechts mündlich, § 329 I 1. Andernfalls gibt es ihn formlos dem Antragsteller, dem Prozeßgegner, nicht aber dem Vertreter der Landeskasse (Bezirksrevisor) bekannt, § 329 II 1. Das Gericht muß seinen Beschluß an sich grundsätzlich begründen. Bei einer vollen ratenlosen Bewilligung genügt aber durchweg eine allenfalls stichwortartige Begründung, § 329 Rn 4. Sie fehlt dann in der Praxis meist folgenlos ganz. Der Beschluß enthält keine Entscheidung zu den Kosten und zur vorläufigen Vollstreckbarkeit.

4 Das Gericht kann und muß evtl bestimmen, daß der Antragsteller *Monatsraten* aus dem Einkommen und/oder Beträge aus dem Vermögen zahlen muß, soweit er dazu imstande ist, § 120.

5 Im Anwaltsprozeß nach § 78 Rn 1 muß das Gericht grundsätzlich einen *Anwalt* beiordnen, § 121 I. Im Parteiprozeß nach § 78 Rn 1 ist die Beiordnung auf Antrag notwendig, falls eine anwaltliche Vertretung als erforderlich erscheint, § 121 II. Grundsätzlich darf das Gericht nur einen von der Partei vorgeschlagenen und bereiten Anwalt beiordnen, § 121 Rn 2.

6 Die Bewilligung hat zur *Folge,* daß die Staatskasse jedenfalls bis zur Beendigung des Hauptverfahrens keine weiteren als die vom Gericht angeordneten Zahlungen vom Antragsteller fordern kann, § 122 I, und daß der beigeordnete Anwalt einen Vergütungsanspruch grundsätzlich nicht gegenüber dem Auftraggeber hat, sondern nur gegenüber der Staatskasse, § 122 I Z 3. Auch der Prozeßgegner ist einstweilen von Zahlungspflichten befreit. Wer im Hauptprozeß unterliegt, muß dem Gegner dessen Kosten erstatten, § 123. Bei einer Täuschung und in anderen Ausnahmefällen kann und muß das Gericht die PKH aufheben, § 124.

Soweit eine Entscheidung den Antragsteller oder die Landeskasse nach Grdz 13 vor § 511 beschwert, können diese nach § 127 II, III *sofortige Beschwerde* einlegen oder nach § 11 RPflG vorgehen, § 127 Rn 94 ff. Das ist grundsätzlich jedoch nicht an ein solches Gericht möglich, zu dem die Hauptsache nicht kommen könnte, § 127 Rn 37. Die sofortige Beschwerde ist nach dem Abschluß des Hauptverfahrens nur noch ausnahmsweise zulässig.

7 **2) Regelungszweck, §§ 114–127.** Vgl zunächst Üb 3 vor § 114. Zweierlei nahezu entgegengesetzte Ziele charakterisieren die Vorschrift. Einerseits soll sie dem mittellosen Bürger den Zugang zum Gericht eröffnen, BVerfG NVwZ-RR **07**, 361, Köln FamRZ **04**, 1117. Andererseits soll sie ihn gerade davon abhalten. Beide Ziele haben Gewicht, das erstere wohl ein größeres, das letztere aber keineswegs ein geringes. Bei der Einschätzung soll der Richter etwas leisten, was er eigentlich erst ganz am Schluß seiner Tätigkeit tun darf, nämlich seine jetzige Bewertung nicht nur vornehmen, sondern auch noch immerhin rechtsmittelfest kundtun und begründen. Der deshalb notwendige Kompromiß einer bloßen Vorläufigkeit ist eine Hilfe und Belastung zugleich. Die eine Partei mag sich zu schnell auf einem Erfolgskurs wähnen, die andere zu rasch verzagen.

Behutsamkeit wie Mut sind in einer solchen Lage auch für das Gericht erforderlich. Es muß sich zu einer immerhin sorgfältigen Beurteilung durchringen, meist schon ganz von Anfang an. Es muß sich aber zugleich vor einer allzu weitgehenden Festlegung hüten. Obendrein muß es wenigstens ein bißchen hinter die wirtschaftlichen Kulissen blicken. Es darf sich nicht einer auch nur verborgenen Befangenheit aussetzen. Es soll aber im Prozeßverlauf auch nicht hin- und herschwanken. Vor allem darf es nicht zu viel Energie auf die

Frage der Bedürftigkeit verwenden, wenn sie nicht ohnehin auch beim eigentlichen Streitgegenstand eine Rolle spielt. Alles das müssen alle Prozeßbeteiligten mitbedenken.

3) Antrag, S 1, 2. PKH erfolgt nur auf Grund eines „Antrags", nicht von Amts wegen, § 117 Rn 4. Zum Antrag ist die Partei berechtigt, Grdz 4 vor § 50. Wer im übrigen dazu zählt, das ergibt sich aus Rn 3 ff. Auch der ProzBev nach Üb 4 vor § 78, § 81 Rn 1 ist für die Partei antragsberechtigt. Wegen einer Antragswiederholung § 127 Rn 104. Wegen eines Verstoßes § 117 Rn 35. 8

4) Partei, S 1, 2. PKH kann nur eine Partei beantragen, Grdz 4 vor § 50. 9

A. Begriff der Partei. Sie muß beim Antragseingang und auch noch im Zeitpunkt der Entscheidung über ihn Partei sein, § 119 Rn 4, 10. Der Antragsteller muß parteifähig sein, § 50. Er muß auch prozeßfähig sein, §§ 51, 52. Maßgeblich ist die Stellung im Haupt- einschließlich Nebenverfahren, etwa einer Folgesache.

B. Beispiele zur Parteifrage 10

Abtretung: Es kommt darauf an, ob der Antragsteller schon und noch Gläubiger ist. Bei der Sicherungsabtretung kommt es im Prozeß des Treunehmers auf seine Lage an, Hamm VersR **82**, 1068. Bei der uneigennützigen Treuhand kommt es grds auch auf den Treugeber an, Hamm VersR **82**, 381. Nur beim Fehlen eines eigenen Interesses des sachlichrechtlichen Rechtsinhabers an der Rechtsverfolgung kommt es lediglich auf die Partei an, Celle NJW **87**, 783.

Antrag: Wer keinen eigenen Antrag stellen will, kann *nicht* Partei nach § 114 sein, Brdb FamRZ **03**, 1755.

Asyl: Der Bundesbeauftragte für Asylangelegenheiten kann Partei sein, zB wenn er gegen ein das Asyl gewährendes Urteil Rechtsmittel einlegt, VGH Kassel FamRZ **89**, 82.

S auch „Ausländer, Mehrstaater, Staatenloser".

Ausländer, Mehrstaater, Staatenloser, dazu Üb 4 vor § 114: Das Gericht muß ihn ebenso wie einen Inländer behandeln, BGH Rpfleger **08**, 502, Brdb FamRZ **07**, 2003, LAG Ffm MDR **01**, 478. Es kommt also auf eine etwaige Gegenseitigkeit nicht für einen Prozeß im Inland an, BFH Rpfleger **97**, 171, sondern allenfalls für einen solchen im Ausland. Das gilt allerdings nur für eine natürliche Person als Antragsteller. Das übersieht Grunsky NJW **80**, 2043. Eine juristische Person oder eine parteifähige Vereinigung muß nach § 116 Z 2 ihren (Haupt-)Sitz im Inland haben, Düss MDR **94**, 301. Vgl freilich jetzt § 50 Rn 7. Wegen der zwischenstaatlichen Vorschriften Anh § 114. Wegen § 8 AUG kann der Generalbundesanwalt PKH beantragen, Hbg FamRZ **03**, 318. Wegen eines sog eingehenden Gesuchs um Auslandsunterhalt nach § 9 S 1 AUG vgl bei § 122.

S auch „Asyl".

Beiladung: Auch der (jetzt) nach § 48 WEG, Anh § 72, Beigetretene kann grds PKH beantragen, Düss FamRZ **01**, 1468, Hamm FamRZ **91**, 347, Karlsr FamRZ **92**, 701 (je zum alten Recht). 11

Dritter: Soweit er nicht mit irgendeiner der in diesem ABC genannten Funktionen beteiligt ist, ist er *nicht* Partei nach § 114, Celle FamRZ **04**, 1879. 12

Flüchtling: Rn 10 „Ausländer, Mehrstaater, Staatenloser". 13

Fremdes Recht: Rn 10 „Abtretung", Rn 16 „Nachlaßpfleger", Rn 17 „Partei kraft Amts", Rn 19 „Treuhand".

Gemeinschaft: Es kommt auf den einzelnen Gemeinschafter an. 14

S auch „Gesetzlicher Vertreter".

Gesellschaft: S „Gemeinschaft".

Gesetzlicher Vertreter: Es kommt bei PKH für den Prozeß des Vertretenen grds auf diesen an, Stgt FamRZ **88**, 166.

S auch Rn 15, 16, 17 „Partei kraft Amts".

Juristische Person: § 116. Es kommt nicht auf die Verhältnisse ihres gesetzlichen Vertreters an, sondern auf ihre eigenen, Rn 14 „Gesetzlicher Vertreter". 15

Nachlaßpfleger: Es kommt auf den Nachlaßbestand an, Elzer Rpfleger **99**, 165 (ausf), aM OVG Hbg Rpfleger **96**, 464 (aber der Nachlaßpfleger haftet ohnehin nicht mit seinem eigenen Vermögen). 16

S auch Rn 14 „Gesetzlicher Vertreter", Rn 17 „Partei kraft Amts".

Partei kraft Amts: § 116. 17

Parteiwechsel: Der Nachfolger rückt *nicht automatisch* in die Position des Ausgeschiedenen ein, Mü FamRZ **96**, 422, aM Hamm FamRZ **94**, 1268 (aber es kommt auf die individuelle Bedürftigkeit usw an). Der Nachfolger haftet nicht stets für Kosten des Ausgeschiedenen, Düss Rpfleger **88**, 42.

Prozeßbevollmächtigter: Eine PKH kommt *nicht* nur zu seinen Gunsten infrage, Karlsr MDR **07**, 546.

Prozeßstandschaft: Wer wegen eines fremden Rechts im eigenen Namen vorgehen darf, ist Prozeßstandschafter kraft Gesetzes, Grdz 26 ff vor § 50, KG FamRZ **89**, 82, Naumb FamRZ **03**, 1115 (Vertretung des Kindes als Bekl). Wegen der Person, auf deren Bedürftigkeit man abstellen muß, vgl Rn 55 „Fremdes Recht".

S auch Rn 10 „Abtretung", Rn 16, Rn 17 „Partei kraft Amts", Rn 19.

Sozialhilfe: §§ 114 ff gehen grds zB dem SGB VIII vor, soweit sie nicht direkt darauf verweisen, Köln FamRZ **95**, 820, OVG Münst NJW **93**, 483. Vgl freilich § 115 I, II und die dort abgedruckten Regeln. Das Gesetz erlaubt dem Sozialhilfeträger, den auf ihn übergegangenen Unterhaltsanspruch im Einvernehmen mit dem Hilfeempfänger auf diesen zur gerichtlichen Geltendmachung rückzuübertragen und sich den geltend gemachten Unterhaltsanspruch abtreten zu lassen, BGH FamRZ **08**, 1160 (zustm Günther), Kblz FER **97**, 257, Köln FamRZ **98**, 176, aM Hamm FamRZ **98**, 175, Karlsr FamRZ **99**, 1508, Kblz FamRZ **97**, 1086 (aber Wortlaut und Sinn des SGB XII sind eindeutig, Einl III 39). Die Rückübertragung muß allerdings überhaupt wirksam sein, Celle FamRZ **97**, 1088, aM Nürnb FamRZ **97**, 1087 (aber die Wirksamkeit ist Bedingung der Rechtstellung). Sie bleibt wegen eines Vorschusses unerheblich, soweit der Leistungsempfänger nun auch für die Zukunft klagt, KG FamRZ **00**, 758. 18

Streitgenossen, Streithelfer: §§ 114 ff gelten auch für ihn, Ffm FamRZ **84**, 1041, Kblz FamRZ **86**, 1233, Stgt DAVorm **84**, 610. Man muß jeden Streitgenossen grds unabhängig vom anderen beurteilen, Kblz JB **04**, 384, aM Bbg OLGR **01**, 28, Düss Rpfleger **97**, 533, Köln RR **99**, 725. Eine Ausnahme kann bei einer gleichen Beteiligung und der Möglichkeit vorliegen, sich durch den Anwalt des anderen mitvertreten zu lassen, BGH NJW **93**, 1715, Stgt JB **97**, 200 (Bewilligung nur wegen des Erhöhungsbetrags von (jetzt) VV 1008 amtliche Anmerkung I, abl Rönnebeck NJW **94**, 2273).

19 **Tod,** dazu *Fischer* Rpfleger **03**, 637 (Üb): Der Tod des Antragstellers macht die Bewilligung von PKH *unzulässig,* BSG MDR **88**, 610, Ffm FamRZ **07**, 1995, 240, OVG Bautzen NJW **02**, 1667, soweit sie nicht rückwirkend erfolgen muß. Er kann aber auch zur Möglichkeit und Notwendigkeit eines etwaigen neuen Antrags des Erben führen, Ffm FamRZ **07**, 1995, Karlsr FamRZ **99**, 240, OVG Hbg FER **97**, 43.

Treuhand: Bei der uneigennützigen Treuhand kommt es grds auch auf den Treugeber an, Hamm VersR **82**, 381. Nur beim Fehlen eines eigenen Interesses des sachlichrechtlichen Rechtsinhabers an der Rechtsverfolgung kommt es lediglich auf die Partei an, BGH NJW **87**, 783.

S auch Rn 10 „Abtretung".

20 **Vereinigung:** Wegen einer parteifähigen Personenvereinigung § 116.

S auch Rn 14 „Gemeinschaft", „Gesellschaft".

Vertreter: Rn 14 „Gesetzlicher Vertreter".

Wohnungseigentümergemeinschaft: Sie ist prozeßkostenhilfefähig, LG Bln NZM **07**, 493.

21 **Zeuge:** Er ist gerade *nicht* Partei, aM Stgt Rpfleger **92**, 313 (StPO). Er mag Beratungshilfe erhalten können, Anh § 127. Im Strafprozeß wendet Düss MDR **93**, 70 §§ 114 ff evtl entsprechend an, aM Böhmer IPRax **93**, 223.

Zwangsverwalter: Man muß ihn nach § 114 beurteilen, nicht nach § 116, soweit er aus einem abgetretenen Recht handelt, Hamm VersR **89**, 929.

22 **5) Sachlicher Geltungsbereich, S 1, 2,** dazu *Kindermann,* Prozeßkostenhilfe im Familienrecht usw, in: Festschrift für *Madert,* 2006: Die scheinbar einfache Regelung enthält manche Unklarheit.

A. Umfassende Anwendbarkeit. PKH kann nur für alle Prozeß- und sonstigen gerichtlichen Verfahrensarten in Betracht kommen, Brdb FamRZ **07**, 1994 rechts unten, AG Weilbg FamRZ **00**, 756. Das gilt unmittelbar für die nach der ZPO geregelten Verfahren, auch solche mit einer Amtsermittlung nach Grdz 38 vor § 128, Nürnb MDR **04**, 96. Viele andere Verfahrensgesetze verweisen auf ihre Bestimmungen. Unabhängig davon, daß das Gericht PKH nach § 119 Rn 29 je Rechtszug gesondert beantragt und bewilligen muß, kann sie auch für einzelne Verfahrensabschnitte in Betracht kommen. Das gilt etwa dann, wenn man sie erst im Lauf des Rechtszugs beantragt und wenn trotz eines früheren Antrags bei der späteren Entscheidung keine rückwirkende Bewilligung in Betracht kommt. Im Zweifel umfaßt ein Antrag alle bei diesem Spruchkörper anhängigen und erkennbar beabsichtigten Verfahren, strenger KG FamRZ **90**, 183. Soweit der Antragsteller ihn nur an „das ...gericht" richtet, kann eine Behandlung bei mehreren solchen Spruchkörpern notwendig werden. Im Zweifel umfaßt eine Bewilligung nur die eindeutig erfaßten Verfahren ohne eine Rückwirkung. Wegen der Zwangsvollstreckung §§ 117 I 3, 119. Für die grenzüberschreitende PKH im EU-Raum gelten nach S 2 nur ergänzend §§ 1076–1078.

Nicht hierher gehören bloße außergerichtliche Verfahren, etwa einer Mediation oder bei einer Jugendamtsurkunde, Brdb FamRZ **07**, 1994 rechts unten. Das ergibt sich schon aus den Worten „Kosten der Prozeßführung", Drsd RR **07**, 81, Ffm AnwBl **90**, 176, LAG Nürnb JB **98**, 93.

23 **B. Beispiele zur Frage des sachlichen Geltungsbereichs**

Abschiebungsverfahren: Wegen den Anforderungen BVerfG NVwZ **05**, 323.

Abstammungsverfahren: PKH ist auch bei ihm statthaft, (jetzt) §§ 76 ff FamFG, Brdb FamRZ **07**, 2003, Köln FER **01**, 131.

Arbeitsgericht: Im Verfahren vor den Arbeitsgerichten gelten die §§ 114 ff entsprechend, § 11 a I, III ArbGG, LAG Kiel NZA-RR **05**, 51, LAG Mainz NZA-RR **04**, 233, ArbGG Nürnb MDR **05**, 697. Darin liegt keine Befreiung von den Gerichtskosten, LAG Hamm DB **81**, 1576. Die erforderlichen Formulare für die Angaben über die persönlichen und wirtschaftlichen Verhältnisse des Antragstellers führt nach § 11 a IV ArbGG der Bundesminister für Arbeit und Sozialordnung ein. Vgl die VO v 24. 11. 80, BGBl 2163. Einzelheiten und Kritik Lepke DB **85**, 488. Eine Beiordnung nach § 11 a I ArbGG mag zwar eine Art beschränkter PKH sein. Man muß sie aber trotzdem nach den Voraussetzungen und Rechtsfolgen anders beurteilen, LG Halle MDR **97**, 1131. Manche sehen im Antrag nach §§ 114 ff ZPO als „minus" denjenigen nach § 11 a I ArbGG enthalten, LAG Bre MDR **86**, 525. Eine verspätete Entscheidung über das PKH-Gesuch kann gegen Art 103 I GG verstoßen, LAG Mü AnwBl **88**, 122.

Unanwendbar sind §§ 114 ff vor einem Schlichtungsausschuß nach § 111 II ArbGG, LAG Düss JB **90**, 748.

24 **Arrest:** PKH ist auch für dieses Verfahren statthaft.

Arzthaftung: PKH ist auch bei ihrer Klärung statthaft, Stgt VersR **05**, 524.

Asylverfahren: PKH ist auch für dieses Verfahren statthaft, OVG Weimar NJW **98**, 3660.

Auslandsunterhalt: Rn 41 „Unterhalt".

Beschwerdeverfahren: § 127 Rn 35.

Betreuungsverfahren: Rn 26 „Freiwillige Gerichtsbarkeit".

Beweissicherung: Rn 38.

25 **Eheverfahren:** PKH ist auch für dieses Verfahren statthaft, Üb 5 vor § 114, Ffm FamRZ **92**, 700, Köln FamRZ **04**, 1117, Wax FamRZ **85**, 10 (Üb). Es gilt vorrangig § 76 FamFG, Üb 5 vor § 114. Man muß beachten, daß im Eheverfahren die Rechtsverteidigung schon dann aussichtsreich ist, wenn die Partei das Verfahren irgendwie in einem ihr günstigen Sinn beeinflussen kann, Celle FamRZ **78**, 606, Hamm NJW **78**, 171, etwa indem sie als Scheidungsantragsgegner die Aussöhnung behauptet. Es ist zumindest ein Antrag erforderlich, Düss FamRZ **79**, 158. Manche lassen die Zustimmung zum Scheidungsantrag des Gegners nur dann ausreichen, wenn die Voraussetzungen des § 1566 I BGB hinreichend vorliegen, Düss FamRZ **79**, 159, AG Lüdenscheid FamRZ **94**, 314 wegen § 1565 II BGB. Wegen einer sog Schutzschrift Grdz 7 vor § 128.

Die Bewilligung erstreckt sich nach § 148 FamFG (nur noch) auf eine Versorgungsausgleichsfolgesache, sofern das Gericht die Erstreckung nicht ausdrücklich ausschließt.

Es gibt *keine* Bewilligung nur für die Folgesachen bei einer gleichzeitigen Ablehnung für den Scheidungsantrag, Düss NJW **78**, 1866, Hamm FamRZ **77**, 800, aM Karlsr FamRZ **78**, 124 (aber ohne Scheidung keine Folgesache), oder für Folgesachen, für die kein Antrag oder keine Erfolgsaussicht vorliegt, Schlesw SchlHA **78**, 162, oder für eine isolierte Forderung auf einen Ehegattenunterhalt, Schlesw FamRZ **00**, 430, oder nur für außergerichtliche Vergleichsverhandlungen, die nicht zu einem Verfahrensvergleich führen sollen, Ffm MDR **89**, 550, oder nur für einen außergerichtlichen Vergleich, Ffm MDR **89**, 550. Eine Abtrennung kann einen neuen Antrag und eine neue Entscheidung zur PKH notwendig machen, Naumb FamRZ **01**, 1469 rechts.

Einrede: §§ 114 ff gelten *nicht* schon für solche einzelne Handlung.

Einstweilige Verfügung: PKH ist auch für diese Verfahren statthaft, Ffm FamRZ **02**, 401 (sogar trotz Hauptverfahrens), KG FamRZ **05**, 526, Saarbr MDR **08**, 594, aM Düss Rpfleger **94**, 28 (aber Buch 1 gilt auch bei diesen Eilverfahren, solange sie keine Sonderregeln enthalten). Das gilt auch für eine notwendige Schutzschrift, aM Düss FamRZ **85**, 502 (nicht bei Unterhalt. Gerade dann mag sie aber notwendig sein).

Entschädigungsverfahren: §§ 114 ff gelten auch in einer Entschädigungssache, § 209 I BEG. 26

Finanzgericht, dazu *Zenke/Brandenburg,* Kosten des finanzgerichtlichen Prozesses, 1997: Im Verfahren vor dem FG gelten nach § 142 FGO auch §§ 114 ff, BFH DB **88**, 536. Der Antrag ist auch vor der Klagerhebung zulässig, BFH BB **87**, 221. Es kommen die Beiordnung eines ProzBev, BFH BB **86**, 2402, auch eines Steuerberaters und seine Vergütung im Weg der PKH in Betracht, § 46 StBGebV, Hartmann Teil VII B 6 C. Zur Begründung einer Ablehnung BFH DB **87**, 568. Zu einigen Besonderheiten des finanzgerichtlichen Verfahrens BFH BB **85**, 2160.

Folgesache: Rn 25 „Eheverfahren".

Freiwillige Gerichtsbarkeit: Vgl Üb 5 vor § 114.

Gebrauchsmustersache: §§ 129 ff PatG, Rn 34 „Patentgericht", sind entsprechend anwendbar, § 21 II 27 GebrMG.

Geschmacksmustersache: Rn 34 „Patentgericht".

Hilfsantrag: Rn 32 „Mehrheit von Klaganträgen". 28

Insolvenz, dazu *König* NJW **00**, 2485 und 2487 (Rspr-Üb zur Verbraucherinsolvenz); *Lumpert,* Prozeßkostenhilfe im Verbraucherinsolvenzverfahren usw, Diss Würzb 2000: §§ 114 ff sind im Verfahren nach der InsO anwendbar. § 4 InsO erfaßt nach seinem Wortlaut und Zweck *alle* Verfahrensarten, BGH NJW **03**, 2911, Zweibr FamRZ **06**, 437, LG Gött Rpfleger **03**, 317, aM Ffm Rpfleger **99**, 559, LG Mannh JB **00**, 162, LG Memmingen RR **00**, 129 (je: Eröffnungsverfahren), LG Duisb Rpfleger **00**, 294 (nach Eröffnung), LG Bad Kreuznach BB **00**, 384, LG Mannh JB **00**, 162 (je: überhaupt nicht), AG Köln NJW **99**, 1642, AG Osnabr JB **00**, 271 (je: nur für einzelne Abschnitte), Maier Rpfleger **99**, 5 (nicht bei Vorstufe der Restschuldbefreiung), LG Bre MDR **00**, 110, Vallender MDR **99**, 601 (je: wegen § 26 I InsO nicht beim Eigenantrag des Schuldners. Aber § 4 InsO erfaßt entgegen AG Köln NJW **99**, 1642 auch alle diese Formen).

Wegen einer *Stundung* gelten §§ 4 a–d InsO. Sie verweisen auf einzelne Vorschriften der §§ 114 ff. Es mag aber eine Beratungshilfe ausreichen können, BGH FamRZ **07**, 1014. Stets muß ein eigenes Interesse vorliegen, BGH MDR **08**, 468 links Mitte.

Justizverwaltung: §§ 114 ff gelten auch bei der Anfechtung einer Maßnahme der Justizverwaltung, § 29 III 29 EGGVG.

Kindschaftsverfahren: Vgl zunächst Üb 5 vor § 114. PKH ist auch für das Kindschaftsverfahren zulässig, 30 Hbg FamRZ **96**, 224, Karlsr FamRZ **95**, 1163, Naumb FamRZ **06**, 960. In einer Kindschaftssache muß man aus den obigen Gründen auch dem Antragsgegner die PKH bewilligen. Das gilt auch dann, wenn sich die Mutter des Kindes ungünstig zum Antrag geäußert hat, Ffm FamRZ **85**, 419. Es steht nicht entgegen, daß das Gericht den Sachverhalt dort von Amts wegen untersuchen muß, Naumb FamRZ **06**, 960. Darauf allein darf das Gericht die Ablehnung der PKH nicht stützen. Es würde nämlich Art 103 I GG verletzen, BVerfG NJW **57**, 1228.

Das schließt aber nicht aus, daß das Gericht dann, wenn das Kind der Anfechtungsforderung nichts 31 Erhebliches entgegensetzen kann, die PKH *ablehnen* darf und muß, BVerfG NJW **59**, 1028, Naumb FamRZ **06**, 960. Großzügiger Köln FamRZ **87**, 400, ZöPh 53 (aber die weiteren Regeln zu §§ 76 ff FamFG, §§ 114 ff gelten hier ebenfalls). Ausreichend ist ein Gegenantrag desjenigen Kindes, das die Vaterschaft auf die gleichgerichtete Klage des Vaters ebenfalls anficht. Jedenfalls dürfen niemals fiskalische Interessen den Vorrang vor der Möglichkeit für den Beteiligten erhalten, seine Lage durch die Beiordnung eines Anwalts vorteilhafter zu gestalten, Mü AnwBl **81**, 507. Das gilt auch dann, wenn lediglich eine Tatsachenerklärung erforderlich ist. Sie ist oft die schwierigste Seite eines Verfahrens, Karlsr FamRZ **01**, 1532.

PKH kommt für einen Ehelichkeitsanfechtungsantrag *nicht* in Betracht, wenn das in Deutschland lebende klagende Kind nach dem maßgeblichen (italienischen) Heimatrecht nicht als ehelich gilt, Düss FER **99**, 147. Die für ein Kindschaftsverfahren gewilligte PKH erstreckt sich *nicht* auf das Verfahren über eine einstweilige Anordnung nach § 157 FamFG, das ein selbständiges Verfahren nach § 76 FamFG ist. Denn dort liegt ein anderer Streitgegenstand und eine geringere Höhe des Streitwerts vor.

Mahnverfahren: PKH kommt zwar grds schon für das Mahnverfahren in Betracht, Hamm FamRZ **00**, 32 1023, Oldb MDR **02**, 910, LG Wiesb JB **05**, 659. Wegen des dortigen Wegfalls einer Schlüssigkeitsprüfung nach § 691 Rn 6 erfolgt aber eine Prüfung der Erfolgsaussichten nach § 114 nur bei einem Rechtsmißbrauch usw nach § 691 Rn 7 und ist eine PKH nur ausnahmsweise notwendig, LG Stgt Rpfleger **94**, 170. Es ist aber eine Beschränkung auf den gerade von der Auskunft gedeckten Zahlungsbetrag möglich, Brdb FamRZ **08**, 1354. Wegen der Fortwirkung im streitigen Verfahren § 119 Rn 40.

Markenrecht: PKH ist im markenrechtlichen Rechtsbeschwerdeverfahren entsprechend § 82 I, II 1 MarkenG möglich, BGH DB **99**, 1901, BPatG GRUR **03**, 728, im übrigen *nicht,* BPatG GRUR **02**, 735.

Mediation: §§ 114 ff sind selbst bei einer vom Gericht angeregten außergerichtlichen Mediation *unanwendbar,* Rn 22, Drsd RR **07**, 81.

Mehrheit von Anträgen: Das Gericht kann eine PKH für den einen Klagantrag bewilligen, für den anderen ablehnen, Rn 40. Wenn auch der Hilfsantrag erfolgversprechend ist, kommt auch für ihn eine Bewilligung in Betracht. Das Gericht darf aber nicht mehrere Klagegründe trennen.

33 **Nebenkläger:** Rn 39 „Strafgericht".

34 **Patentgericht,** dazu *Kelbel* GRUR **81**, 5 (Üb): Im Verfahren vor dem Patentgericht und vor dem BGH in einer Patentsache gibt es neben dem Unterschied, daß das Gesetz dort von Verfahrenskostenhilfe spricht, einige inhaltliche Abweichungen, §§ 129 ff PatG. Im übrigen gelten die §§ 114 ff sinngemäß, § 130 I 1 PatG, BPatG GRUR **00**, 307. Dasselbe gilt nach § 21 II GebrMG, BPatG GRUR **86**, 734, auf den auch § 11 II Halbleiterschutzgesetz verweist, nach § 24 GeschmMG und nach § 44 V 2, 46 III 2 SortenSchG.

Privatkläger: Rn 39 „Strafgericht".

35 **Prozeßkostenhilfeverfahren:** Die Bewilligung einer PKH kommt *grundsätzlich nicht* schon für das Bewilligungsverfahren in Betracht, BGH **159**, 265 (abl Wax LMK **04**, 236: rät, den BGH „nicht zu beachten"!?), Brdb WoM **06**, 510, Rostock JB **07**, 150, aM Bbg RR **05**, 652, Düss FamRZ **01**, 1155, Mü MDR **97**, 891 (es hält sich für die „herrschende Meinung". Vgl aber zu diesem Problembegriff Einl III 47). Das gilt auch gegenüber dem Antragsgegner, solange keine förmliche Zustellung der Klageschrift vorliegt, Naumb FamRZ **08**, 1088. PKH kommt auch nicht schon deswegen stets in Betracht, weil im Bewilligungsverfahren eine Beweisaufnahme erfolgt, LG Aachen MDR **86**, 504 (krit Schneider MDR **86**, 857), aM Köln JMBlNRW **83**, 125, ThP 1 (vgl aber Rn 86). Sie kommt auch nicht schon deshalb in Betracht, weil das PKH-Verfahren dem Hauptsacheverfahren nahekommt, Nürnb MDR **02**, 237, oder weil der Gegner einen völlig überzogenen Anspruch stellt, aM AG Bergisch-Gladb JB **02**, 149, oder weil es um schwierige Tat- oder Rechtsfragen geht, aM Bbg RR **05**, 652.

PKH kommt allerdings *ausnahmsweise für* einen *Vergleich* nach § 118 in Betracht, Rn 43 „Vergleich". Sie kann ferner im Stadium der Anhängigkeit der durch die Bewilligung einer PKH bedingten Klage in Betracht kommen, Rn 84 „Anhängigkeit", oder dann, wenn man nicht ohne die Beiordnung eines Anwalts sachgerecht vorgehen kann, KG JB **06**, 430. Eine Bewilligung erfolgt auch nicht im Beschwerdeverfahren nach § 127, dort Rn 88.

Prozeßkostenvorschuß: §§ 114 ff sind für das Verfahren auf seinen Erhalt anwendbar, Bbg FamRZ **86**, 484.

36 **Rechtsmittelinstanz:** Die Bewilligung erfolgt für jeden Rechtszug gesondert, § 119 Rn 29. Wegen des Beschwerdeverfahrens nach § 127 Rn 35, PKH kommt auch für eine Rechtsbeschwerde infrage, BGH NJW **04**, 2022.

Ruhen des Verfahrens: Für seine Dauer kommt *keine* PKH infrage, LAG Hamm NZA **04**, 102.

37 **Scheidung:** Rn 25 „Eheverfahren".

Schiedsrichterliches Verfahren: PKH kommt *grds nicht* für dieses Verfahren in Betracht, Stgt BauR **83**, 486. Möglich ist aber eine PKH im Verfahren nach §§ 1032 II, III, 1041 ff, 1050, 1059.

Schmerzensgeld: Rn 41 „Unbezifferter Anspruch".

Schutzschrift: Grdz 9 vor § 128.

38 **Selbständiges Beweisverfahren:** PKH kommt auch für das selbständige Beweisverfahren in Betracht, Oldb MDR **02**, 910, Saarbr MDR **03**, 1436. Das gilt auch für ein solches ohne einen Hauptprozeß, Köln Rpfleger **95**, 303, LG Karlsr MDR **93**, 914, LG Stade MDR **04**, 470, aM LG Bonn MDR **85**, 415, LG Flensb SchlHA **87**, 154 (es reicht aber eine „beabsichtigte" Rechtsverfolgung). Dabei kommt es auf die Erfolgsaussicht nicht der beabsichtigten oder schon erhobenen Klage an, sondern nur auf diejenige des Beweisantrags, Oldb MDR **02**, 910, Saarbr MDR **03**, 1436, LG Stade MDR **04**, 470.

Eine Bewilligung ist grds auch für den *Antragsgegner* möglich, Saarbr MDR **03**, 1436, LG Augsb WoM **96**, 233, ZöPh 2, aM LG Hann JB **86**, 765 (aber §§ 114 ff stehen grds beiden Parteien offen). Eine gesonderte Bewilligung neben derjenigen für ein schon und noch anhängiges Hauptverfahren ist stets erforderlich. Denn das Verfahren nach §§ 485 ff gehört nicht zum Rechtszug, § 48 IV Z 4 RVG, § 119 Rn 43 „Selbständiges Beweisverfahren".

39 **Sorgerecht:** Vgl zunächst Üb 5 vor § 114. PKH kommt bei § 1640 I BGB nicht erst nach der Anordnung einer Nachlaßverwaltung infrage, Köln FamRZ **04**, 1117. Ein Großelternteil ist kein Beteiligter, Zweibr FamRZ **07**, 302.

S auch Rn 25 „Eheverfahren".

Sortenschutzsache: Rn 34 „Patentgericht".

Sozialgericht: Im Verfahren vor den Sozialgerichten sind §§ 114 ff entsprechend anwendbar, § 73a I 1 SGG, BSG JB **96**, 533, LSG Mü AnwBl **88**, 421 (strengere Maßstäbe), Becker SGB **02**, 428 (ausf). Dabei enthalten §§ 114–127 a auch für das sozialgerichtliche Verfahren eine abschließende Regelung, OVG Hbg FEVS **33**, 476. Wegen der evtl Zuständigkeit des EuGH BSG NJW **84**, 576. Die Versagung der Beiordnung eines Anwalts verstößt nicht stets gegen Art 3 I, 103 I GG, BVerfG AnwBl **86**, 211. Zur entsprechenden Anwendung von § 575 Behn DRiZ **88**, 331.

Sozialhilfe: Vgl Rn 18 „Sozialhilfe".

Strafgericht: §§ 114 ff gelten entsprechend auch im Strafprozeß, § 379 III StPO, BGH NJW **92**, 2306, Ruppert MDR **95**, 556 (je: Nebenkläger, Revision), Düss MDR **93**, 70 (evtl sogar für Zeugen), aM Düss MDR **88**, 990 (nur für den Privat*kläger,* nicht den dortigen Angeklagten). §§ 114 ff gelten ferner entsprechend im Strafvollzug, BVerfG Rpfleger **01**, 188. Zu den Anforderungen im Klageerzwingungsverfahren Düss MDR **92**, 1071. Für das Adhäsionsverfahren ist eine gesonderte Beiordnung auch beim Pflichtverteidiger nötig, Jena Rpfleger **08**, 529, aM Hamm JB **01**, 531.

Stufenklage: Die Stufenklage ist eine Verbindung mehrerer Ansprüche in derselben Klage nach § 254 Rn 1. Sie werden zugleich rechtshängig. Deshalb ist es *unzulässig,* eine PKH nur für die erste Stufe zu bewilligen, Brdb FamRZ **07**, 1028, Celle RR **07**, 225, KG FamRZ **08**, 702, aM Naumb FamRZ **07**, 1755. Denn der Kläger müßte dann für die nächsten Stufen einen Vorschuß zahlen, § 119 Rn 43 „Stufenklage" (dort zur Streitfrage), Hamm FamRZ **06**, 134, Karlsr FamRZ **04**, 547, aM KG FamRZ **05**, 461.

Das gilt auch für den Bekl, aM Brdb FamRZ **98**, 1177, Köln FamRZ **85**, 623 (aber die Voraussetzungen der PKH gelten grds für beide Parteien). Mag das Gericht PKH nur in einem vernünftigen Rahmen bewilligen oder den Leistungsantrag vorläufig beziffern, Karlsr FamRZ **04**, 547.

Teilklage: Die Notwendigkeit einer bloßen Teilklage ist keineswegs die Regel, ZöPh 36, aM Ffm FamRZ **84**, 809 (vgl aber § 322 Rn 51 ff „Nachforderung"). Bei einer notwendigen Teilklage darf das Gericht nur und muß für diese Teilforderung unter den übrigen Voraussetzungen eine PKH bewilligen, JB **81**, 611, Bbg FamRZ **85**, 1142. Wenn freilich wegen des Restbetrags der Gesamtforderung eine Verjährung droht, hat der Antragsteller im allgemeinen ein Feststellungsinteresse wegen des Rests, § 256 I. **40**

Teilungsversteigerung: Rn 45 „Zwangsversteigerung".

Unbezifferter Anspruch: Soweit er nach § 253 Rn 51 ff zulässig ist, muß das Gericht schätzen, ob er voll oder teilweise Erfolg haben kann, und evtl wie bei einer Teilklage vorgehen, Rn 40. **41**

Unterbrechung: Während ihrer Dauer kommt *keine* PKH infrage, LAG Hamm NZA **04**, 102, aM LAG Nürnb JB **07** 212 (bei bloßer Bedürftigkeitsfrage).

Unterhalt: Die Entscheidung über eine PKH nach dem AUG erfolgt für das Verwaltungsverfahren durch das AG. Sie ist nach § 23 EGGVG anfechtbar, §§ 76 ff FamFG, §§ 114 ff sind also *unanwendbar*, Brschw IPRax **87**, 236, Ffm FamRZ **87**, 302, KG RR **93**, 69, §§ 76 ff FamFG, §§ 114 ff gelten sowohl im Haupt-, als auch im vereinfachten Verfahren (jetzt) der §§ 249 ff FamFG, Kblz FER **00**, 131, Naumb Rpfleger **99**, 450, Zweibr FER **00**, 95. Vgl ferner Rn 25 „Eheverfahren", Rn 30, 31, Rn 43 „Vergleich".

Verfassungsgericht: §§ 114 ff gelten entsprechend auch im verfassungsgerichtlichen Verfahren, zB evtl im Verfahren der Verfassungsbeschwerde, BVerfG NJW **95**, 1415 und 2911, oder bei einer Vorlage nach Art 100 I GG, BVerfG **93**, 180. **42**

Vergleich: Grundsätzlich kommt zwar eine PKH nicht schon für das Bewilligungsverfahren in Betracht, Rn 35 „Prozeßkostenhilfeverfahren". Indessen ist ausnahmsweise eine Bewilligung von PKH für einen gerichtlichen Vergleich im Verfahren nach § 118 I 3 Hs 2 statthaft, BGH **159**, 265 (abl Wax LMK **04**, 236), Brschw Rpfleger **08**, 427, Karlsr FamRZ **08**, 1354, aM Brdb FamRZ **07**, 487. Der Vergleich darf über den beabsichtigten oder bereits eingeklagten Klaganspruch hinausgehen. Denn die Vorschrift gestattet die Protokollierung eines umfassenden Vergleichs, Brdb FamRZ **07**, 487, aM Hbg JB **96**, 26 (aber § 118 I 3 Hs 2 gibt gar nichts für eine solche Einschränkung her. Sie würde auch der Prozeßwirtschaftlichkeit klar widersprechen, Grdz 14 vor § 128). Daher kann die Bewilligung auch in diesem Vergleichsfall für das gesamte PKH-Verfahren in Betracht kommen, Düss FamRZ **01**, 1155, Hamm FamRZ **05**, 528, Mü RR **04**, 65. Das gilt jedenfalls dann, wenn die beabsichtigte Rechtsverfolgung oder -verteidigung Erfolgsaussicht hat oder gehabt hatte, Kblz FamRZ **90**, 181, Köln MDR **02**, 232. Die Bewilligung muß aber eindeutig sein, Hamm AnwBl **85**, 654, Köln MDR **02**, 232. **43**

Eine solche Bewilligung erstreckt sich *nicht* auch auf einen *außergerichtlichen* Vergleich, Ffm MDR **89**, 550, Nürnb JB **92**, 49, Schneider MDR **85**, 814, aM Nürnb (10. FamS) FamRZ **02**, 760 (aber der Prozeß war schon Monate vorher erledigt). Überhaupt ist eine Bewilligung nicht für solche außergerichtlichen Verhandlungen zulässig, die nicht zu einem Prozeßvergleich führen sollen.

Versäumnisurteil: §§ 114 ff gelten *nicht* schon für diese einzelne Handlung, Köln MDR **88**, 588.

Verwaltungsgericht: §§ 114 ff sind anwendbar, VGH Kassel NVwZ-RR **07**, 426, VGH Mü NVwZ **06**, 1311, Brehm/Zimmerling NVwZ **04**, 1208 (verstärkte Bedeutung seit 1. 7. 04).

Verwaltungssache: §§ 114 ff gelten *nicht* für ein Verwaltungsverfahren, AG Weilbg FamRZ **00**, 756.

Widerklage: Wenn das Gericht dem Kläger für seine Klage einer PKH bewilligt, sind trotz der grundsätzlichen Notwendigkeit einer getrennten Prüfung der Klage und der Widerklage im allgemeinen auch die sachlichen Voraussetzungen für die Bewilligung der PKH zur Rechtsverteidigung gegenüber einer etwaigen Widerklage erfüllt, und umgekehrt. In einer Ehesache erstreckt sich die Beiordnung eines Anwalts auch ohne eine diesbezügliche ausdrückliche Anordnung auf die Rechtsverteidigung gegenüber der Widerklage, § 48 IV Z 4 RVG. **44**

Wohnungseigentum: §§ 114 ff sind im WEG-Verfahren anwendbar, LG Bln NZM **07**, 493.

Zuständigkeitsbestimmung: PKH kann auch im Verfahren nach § 36 I Z 6 in Betracht kommen, ZöPh 2, aM BGH MDR **84**, 214 (aber Buch 1 enthält allgemeine Vorschriften. Außerdem ist es prozeßwirtschaftlich, eine PKH auch in diesem Verfahren für statthaft zu halten, Grdz 14 vor § 128). **45**

Zustellung: §§ 114 ff gelten *nicht* schon für solche einzelne Handlung, aM LG Trier DAVorm **87**, 684 (vgl aber § 119 I 1).

Zwangsversteigerung: PKH kommt auch im Zwangsversteigerungsverfahren in Betracht, BGH FamRZ **04**, 177 rechts unten. Das gilt auch zB bei einer Teilungsversteigerung nach § 180 ZVG, LG Frankenth Rpfleger **02**, 219, LG Heilbr Rpfleger **07**, 40. Vgl aber § 119 Rn 68 (Notwendigkeit näherer Darlegung).

Zwangsverwaltung: PKH kommt auch im Zwangsverwaltungsverfahren in Betracht, § 117 Rn 23, Hamm VersR **89**, 929.

Zwangsvollstreckung, dazu *Fischer* Rpfleger **04**, 190 (Üb): § 119 Rn 68–70.

6) Persönliche und wirtschaftliche Verhältnisse, S 1, 2. Man sollte drei Aspekte beachten. § 76 I FamFG nennt dieselben Voraussetzungen wie S 1. **46**

A. Bedürftigkeit. Es kommt auf die persönlichen Verhältnisse gerade des Antragstellers an, § 115 Rn 5, Bbg NJW **05**, 1286, Karlsr JB **04**, 383 links, Köln FamRZ **03**, 1394 (also nicht auch der Angehörigen). Man muß sie nach dem Gesetzeswortlaut von seinen wirtschaftlichen Verhältnissen unterscheiden. In der Praxis läßt sich eine solche Trennung kaum durchführen. Immerhin ist zB denkbar, daß ein Antragsteller zwar derzeit noch bemittelt ist, daß er jedoch nachweisbar langfristig derart erkrankt ist, daß diese immaterielle Beeinträchtigung dazu zwingt, ihm sein Vermögen und seine derzeitigen Einkünfte zu belassen. Denn man muß ihnen einen entsprechend hohen Augenblicksbedarf und eine ausreichende Vorsorgepauschale entgegensetzen. Das Gericht braucht nicht mehr zu prüfen, ob durch die auch nur teilweise Bezahlung der voraussichtlichen Prozeßkosten sogar eine Gefährdung des notwendigen Unterhalts des Antragstellers und seiner Familie eintreten würde. Insofern ist das jetzige Recht für den Antragsteller günstiger.

Eine Bewilligung kommt schon dann in Betracht, wenn man *noch keineswegs* von einer *Gefährdung* des notwendigen Unterhalts sprechen kann. Andererseits darf das Gericht eine PKH aber weder in voller Höhe noch wegen eines Teils der Prozeßkosten schon dann bewilligen, wenn eine bloße Gefährdung der Zahlungsfähigkeit vage möglich ist oder sich nicht ausschließen läßt. Es muß im Zeitpunkt der Entscheidung über den Antrag nach Rn 48 ein echtes, wenn auch vielleicht nur teilweises oder vorübergehendes persönliches Unvermögen zur Zahlung vorliegen, Düss AnwBl **84**, 445, eine wenigstens wahrscheinliche Unfähigkeit. Nach einer bereits erfolgten Kostenzahlung gibt es daher keine PKH mehr, auch nicht zwecks rückwirkender Erstattung, Celle JB **07**, 96, AG Ffm DGVZ **89**, 190.

47 **B. Prüfungsmaßstab: Großzügigkeit.** Das Gericht sollte die Anforderungen an diese Voraussetzung der Bewilligung bei aller Sorgfalt der Prüfung nach Üb 7 vor § 114 doch großzügig ansetzen, BGH MDR **05**, 1231, Köln FamRZ **97**, 1087 Neumann DRiZ **06**, 311. Der Gesetzgeber hat zwar keinen Nulltarif eingeführt, KG NJW **82**, 111. Er hat ebensowenig denjenigen nachgegeben, die in noch weit stärkerem Maße das finanzielle Risiko eines Zivilprozesses herabmindern wollten. Dennoch zwingt schon die Kompliziertheit des PKH-Rechts zu einer gewissen Großzügigkeit, Üb 3 vor § 114.

Überspannte Anforderungen sind unzulässig, BVerfG NVwZ **04**, 335. So entgegenkommend das Gericht bei der Prüfung der formellen Voraussetzungen und der wirtschaftlichen Einzelfaktoren vorgehen darf, so wenig sollte es allerdings schon im Grundsatz jedem eine PKH bewilligen, der irgendwelche kaum nachprüfbaren Behauptungen aufstellt, durch die er ein finanzielles Unvermögen dartun möchte, Brdb FamRZ **07**, 1336. Die meisten Abgrenzungsgesichtspunkte sind dadurch überholt, daß das jetzige Recht die Möglichkeit der Ratenzahlung oder der finanziellen Beteiligung an den Prozeßkosten aus dem Vermögen des Antragstellers geschaffen hat und dadurch versucht, die Grenzfälle der nicht völlig Unbemittelten und doch eben auch nicht genügend Bemittelten zu erfassen. Eine Bewilligung kommt sowohl für die eine Partei des Hauptprozesses als auch für ihren Prozeßgegner gleichzeitig oder nacheinander in Betracht.

48 **C. Maßgeblicher Zeitpunkt: Bewilligungsreife.** Für die Frage, ob der Antragsteller die Kosten der Prozeßführung nach Rn 76 gar nicht, nur zum Teil oder nur in Raten aufbringen kann, ist wie bei der Prüfung der Erfolgsaussicht nach Rn 80 derjenige Zeitpunkt maßgeblich, zu dem das Gericht bei einer ordnungsgemäßen Behandlung des Antrags über ihn entscheiden muß, § 119 Rn 5, Bbg JB **90**, 1644 (evtl also Zeitpunkt der Beschwerdeentscheidung), Köln FamRZ **97**, 177, OVG Hbg (4. Sen) FamRZ **05**, 464 (Eilverfahren), aM OVG Hbg FamRZ **05**, 45 (aber die Entscheidungsreife ist bei allen Teilfragen der durchgängig allein verantwortbare Zeitpunkt). Dieser Zeitpunkt kann erheblich vor demjenigen liegen, in dem das Gericht seine Entscheidung tatsächlich getroffen hat, § 119 Rn 4. Dann ist eine rückwirkende Bewilligung erforderlich und zulässig, § 119 Rn 3. Soll das Scheidungsverfahren im Zeitpunkt der Entscheidung über das PKH-Gesuch nicht mehr weiterlaufen, so ist keine PKH mehr statthaft, auch kaum rückwirkend, Ffm FamRZ **84**, 306. Für den Zeitraum vor dem Eingang eines ordnungsgemäßen Antrags kommt keine rückwirkende Bewilligung in Betracht. Eine allzu lange Dauer des PKH-Verfahrens ist unzulässig, Art 19 IV GG, BVerfG NVwZ **04**, 335. Wegen einer Gesetzesänderung Karlsr FamRZ **05**, 630 (bitte im einzelnen lesen).

49 **D. Beispiele zur Frage der Bedürftigkeit**

Abfindung: Der Antragsteller braucht eine arbeitsrechtliche Abfindung kaum zur Beseitigung seiner Bedürftigkeit einzusetzen, LAG Bln NJW **81**, 2775, ebensowenig eine Entschädigung nach dem Contergan-Stiftungs-Gesetz, Celle FamRZ **83**, 1156, Hamm FamRZ **86**, 1102, oder eine Abfindung, durch deren Einsatz er seinen durch sie gedeckte notwendige Unterhalt beeinträchtigen würde, Kblz FamRZ **87**, 1284.

Abtretung: Rn 55 „Fremdes Recht".

Abzahlungspflicht: Das Gericht darf eine PKH darf nicht schon deshalb ablehnen, weil der Antragsteller nur solche Abzahlungspflichten hat, die seinem Einkommen angemessen waren, Hamm MDR **87**, 1031 (vor allem bei einer Unkenntnis vom bevorstehenden Prozeß), KG FamRZ **84**, 413, aM Düss MDR **84**, 150, Ffm FamRZ **82**, 416, Hbg AnwBl **75**, 139 (die Möglichkeit der §§ 114 ff dienten nicht der Finanzierung solcher Pflichten. Aber solche Pflichten können zu einer sorgfältigen Lebensplanung gehören. Sie können längst vor dem Prozeß entstanden sein).

Arbeitsaufnahme: Rn 72, 73.

Arbeitseinsatz: § 115 Rn 17.

Arbeitsgerichtsverfahren: Wegen der Bedürftigkeitsfrage gelten nicht § 19 a I 1 ArbGG, sondern §§ 114 ff, Leser NJW **81**, 791.

Ausländer: Das Gericht muß ihn ist auch für die Bedürftigkeit nach den Regeln Rn 10 „Ausländer, Mehrstaater, Staatenloser" beurteilen, BFH Rpfleger **97**, 172 (Niederländer).

50 **Bank:** Ein teilweises Schwärzen von Kontoauszügen ist grds unstatthaft, Brdb NJW **06**, 2861. Eine ja meist vermögende Bank darf nicht durch eine Abtretung den bedürftigen Kunden vorschieben, Rn 55.

Bausparguthaben: Rn 58 „Kapital".

Brandentschädigung: Der Antragsteller braucht sie ebensowenig wie eine andere Abfindung zu verwenden, Rn 49 „Abfindung".

51 **Contergan-Stiftungs-Gesetz:** Rn 49 „Abfindung".

52 **Darlehen:** Der Antragsteller muß sich die Möglichkeit anrechnen lassen, in einem ihm zumutbaren Umfang ein Darlehen aufzunehmen, das zB seinen Unterhalt nicht gefährdet, BGH FamRZ **07**, 461 links, Ffm MDR **79**, 587, KG FamRZ **83**, 1267, aM Kothe DB **81**, 1176, Schneider MDR **81**, 2 (aber der Staat ist kein billigerer Kreditgeber). Das gilt insbesondere bei einem nur kurzfristigen Zwischenkredit, Köln VersR **01**, 1307. Er braucht allerdings grds kein Darlehen aufzunehmen, wenn er nicht im größeren Umfang am Wirtschaftsleben teilnimmt, Ffm FamRZ **87**, 179, Mü NJW **81**, 2129, Schneider MDR **81**, 796, aM VG Ffm RR **87**, 1535, Christel NJW **81**, 790, ThP § 115 Rn 20 (aber eine Privatverschuldung ist oft eine sehr starke psychologische Familienlast). Eine vergleichsweise übernommene Tilgungspflicht ist keine Bedürftigkeitsbegründung, Zweibr FamRZ **02**, 1341.

Selbst bei einer Teilnahme am Wirtschaftsleben braucht man durch ein Darlehen *nicht* die Existenz zu gefährden, selbst wenn es grds zumutbar sein mag, Brdb JB **97**, 30.

Deckungsprozeß: Rn 73 „Versicherung".

Dritter: Wenn die Partei zu einem am Prozeßausgang interessierten Dritten in engen Rechtsbeziehungen anderer als der in § 116 erwähnten Art steht, muß sie die Vermögenslosigkeit auch des Dritten glaubhaft machen, etwa beim ständigen Freund, Kblz FamRZ **87**, 612. Dazu gehört aber nicht ein Gläubiger-Schuldner-Verhältnis, Schneider DB **78**, 289. Man muß einen solchen Unterhalt usw, den ein Dritter dem volljährigen Unterhaltsgläubiger freiwillig oder sonstwie zahlt, als Einkommen berücksichtigen, Hamm FamRZ **88**, 1271, Köln FamRZ **00**, 1093. Der Pfändungsschuldner ist trotz der Überweisung der Forderung zur Einziehung an einen Dritten weiter selbst an der Zahlung an diesen interessiert. Er braucht also dessen Vermögenslosigkeit nicht nachzuweisen, Schneider DB **78**, 289.

Ehe: Rn 56 „Getrenntleben", Rn 59, Rn 70 „Unterhalt", Rn 68 „Scheinehe". 53

Eheähnliche Gemeinschaft: Auch hier kommt es nur auf das Einkommen und Vermögen des Antragstellers an, Rn 46, Karlsr FamRZ **05**, 44, aM LAG Köln NZA-RR **04**, 552 (fingiert 50% der Differenz der Einkommen als Zuwendung).

Eigenheim, Familienheim: Bei den nach § 115 abzugsfähigen Belastungen nach dem SGB XII sind Zins- und Tilgungsleistungen für ein sozial angemessenes Eigenheim bedingt absetzbar. Es ist eine Gesamtabwägung erforderlich, OVG Münst FamRZ **86**, 188. So kann zB ein sehr hoher Zinsverlust zumutbar sein, Düss FamRZ **86**, 1123. Der voraussichtliche Überschuß aus einer Teilungsversteigerung zählt kaum hierher, Bre FamRZ **83**, 637, aM LG Saarbr Rpfleger **87**, 126 (aber eine bloße Erwartung ist noch keine gegenwärtige Verbesserung). Man muß den Erlös aus dem Verkauf eines Familienheims natürlich berücksichtigen, Ffm FamRZ **86**, 925, selbst wenn er der Beschaffung einer Wohnung dient, Schlesw SchlHA **84**, 128, Schneider Rpfleger **85**, 49. Allerdings kommt eine Teilungsversteigerung während des Getrenntlebens der Miteigentümer-Eheleute keineswegs stets als zumutbar in Betracht, Celle MDR **87**, 502. Man muß den Nutzungswert der eigengenutzten Wohnung mitbeachten, Haas DB **76**, 2198, aM Karlsr FamRZ **87**, 613, Christel NJW **81**, 787 (aber Wert ist Wert).

S auch Rn 52 „Darlehen", Rn 58 „Kapital".

Einstweilige Verfügung: Die Grundsätze zur Berücksichtigung eines Anspruchs auf einen Kostenvorschuß nach Rn 59 sind nicht anwendbar, wenn es um eine einstweilige Anordnung oder Verfügung auf die Zahlung eines vorläufigen Unterhalts geht, Düss FamRZ **82**, 513, aM Karlsr MDR **86**, 242 (aber ein solcher Vorschuß kann auch dann voll bestehen). 54

Elterngeld: Man muß es mitbeachten, wie jede Sozialleistung.

Erbengemeinschaft: Derjenige mittellose Miterbe, der sich vom Anwalt des nicht hilfsbedürftigen anderen mitbeklagten Miterben mitvertreten lassen kann, verdient *keine* Begünstigung, Schneider DB **78**, 288. Die Erbengemeinschaft darf nicht einen mittellosen Miterben vorschieben, BGH VersR **84**, 989, Karlsr OLGZ **90**, 231. Schwierigkeiten der Ermittlung dürfen nicht zu überspannten Anforderungen führen, BVerfG RR **98**, 1082.

S auch „Fremdes Recht".

Erkrankung: Eine PKH kommt in Betracht, wenn der Antragsteller zwar derzeit noch bemittelt ist, jedoch nachweisbar langfristig derart krank ist, daß er sein Vermögen und seine derzeitigen Einkünfte behalten muß, Rn 46.

Erstattungsanspruch: Rn 58 „Kostenerstattungsanspruch".

Familienrecht: Vgl zunächst Üb 5 vor § 114. 55

S auch Rn 56 „Getrenntleben", Rn 58 „Kostenvorschuß", Rn 70 „Unterhalt" usw.

Fiktives Einkommen: § 115 Rn 17 „Arbeitseinsatz".

Forderungsübergang: S „Fremdes Recht".

Fremdes Recht: Wer als Prozeßstandschafter ein fremdes Recht aus dem eigenen oder einem fremden Recht nach Grdz 26, 29 vor § 50 geltend macht oder nach einer „Rückabtretung" fordert,, muß grds dartun, daß er und der Dritte unvermögend sind. Man darf also den Mittellosen *nicht vorschieben,* Bbg NJW **05**, 1286, KG VersR **08**, 557. Das gilt auch beim Rechtsmittelbekl, BGH VersR **92**, 594, Celle JB **02**, 540, KG FamRZ **96**, 38, aM Karlsr Rpfleger **01**, 245, Stgt MDR **99**, 41 (es komme nur auf die Bedürftigkeit des Kindes an), Hamm FamRZ **01**, 924, Karlsr Rpfleger **01**, 246, Nürnb JB **07**, 43 (es komme nur auf die Bedürftigkeit des Prozeßstandschafters an. Beide Varianten vernachlässigen die stets notwendige wirtschaftliche Gesamtabwägung).

Jeder *Rechtsmißbrauch* ist unstatthaft, Einl III 54, KG MDR **04**, 710, Kblz MDR **99**, 831, Köln FamRZ **95**, 940. Das gilt aber auch umgekehrt, KG MDR **04**, 710, Stgt VersR **87**, 1048. Auch die Sozialbehörde darf nicht den Hilfsbedürftigen vorschieben, auch nicht durch eine „treuhänderische Rückabtretung" oder „Einziehungsermächtigung", BGH NJW **96**, 3273, KG FamRZ **03**, 99, Karlsr RR **99**, 1227 (auch zu Ausnahmen), aM Köln FamRZ **03**, 100, Stgt FamRZ **02**, 1044, Zweibr FamRZ **02**, 105 (aber das ist ein geradezu klassischer Fall von Mißbrauch der PKH-Regeln). Soweit aber der vermögenslose Zedent sein Prozeßführungsrecht sonst nicht durchsetzen könnte, kommen nur seine persönlichen Vermögensverhältnisse in Betracht, Celle RR **99**, 580.

Gefangener: Der sog Freigänger kann nur einen *eingeschränkten* Selbstbehalt geltend machen, Köln FamRZ **04**, 1744. 56

Gesellschaft: Das Gericht darf einen solchen mittellosen Gesellschafter *nicht* begünstigen, der sich vom Anwalt der nichtshilfsbedürftigen beklagten Gesellschafter oder des mitbeklagten anderen Gesellschafters mitvertreten lassen kann.

Gesetzlicher Forderungsübergang: Rn 55 „Fremdes Recht".

Getrenntleben: Eine Teilungsversteigerung kommt während des Getrenntlebens der Miteigentümer-Eheleute keineswegs stets als zumutbar in Betracht, Celle MDR **87**, 502.

S auch Rn 59, Rn 70 „Unterhalt" usw.

Gewerkschaft: Man muß ein Mitglied so beurteilen wie jemanden, der eine Rechtsschutzversicherung abgeschlossen hat, Rn 67 „Rechtsschutzversicherung", BSG JB **96**, 533, LAG Bre MDR **92**, 269, LG Hamm NZA **05**, 544. Das gilt allerdings nur insoweit, als die Gewerkschaft eine Hilfe nicht verweigern kann und darf, LAG Hann AnwBl **84**, 164, LAG Kiel NJW **84**, 830 (abl Grunsky). Beim Vorliegen einer Vertrauensstörung ist dem Arbeitnehmer die Inanspruchnahme des gewerkschaftlichen Rechtsschutzes unter Umständen allerdings unzumutbar, LAG Bln MDR **89**, 572, LAG Bre MDR **95**, 293, LAG Kiel NZA **04**, 104.

Hartz IV: Sein Bezug reicht für die Bedürftigkeit evtl nicht ohne zusätzliche Darlegungen aus, Brdb FamRZ **07**, 2014 (streng).

57 **Juristische Person:** § 116.

58 **Kapital:** Der Antragsteller muß ein verfügbares Kapital natürlich *einsetzen,* Bbg FamRZ **85**, 504 (evtl sogar die Klageforderung), Hamm FamRZ **84**, 725 (es muß realisierbar sein). Das gilt zB für ein Bausparguthaben, das die Freibeträge nach § 115, (jetzt) §§ 82 ff SGB XII, beträchtlich übersteigt, Kblz FamRZ **86**, 82 (auch zu einer Ausnahme), oder für eine Lebensversicherung, BGH VersR **85**, 455, Köln VersR **01**, 1307. Man muß auch die Erträge eines Hausverkaufs natürlich einsetzen, selbst wenn man davon ein Ferienhaus erworben hatte, Kblz AnwBl **90**, 164. Entscheidend ist die Höhe der sofort aufbringbaren Kosten im Verhältnis zum zumutbar Verfügbaren. Bei sehr hohen Kosten ist man also trotz eines verhältnismäßig hohen Einkommens evtl unbemittelt. Darlegen und nach § 294 glaubhaft machen muß man, warum ein früheres Kapital jetzt nicht mehr vorhanden ist, BGH FamRZ **08**, 1164.

S auch Rn 49 „Abfindung", Rn 50 „Brandentschädigung", Rn 68 „Schmerzensgeld" usw.

Kostenerstattungsanspruch: Ein solcher gegen den Prozeßgegner *mindert* die Bedürftigkeit entsprechend, BGH AnwBl **90**, 328, sofern der Gegner leistungsfähig ist, Köln FamRZ **98**, 632. Freilich muß er schon fällig sein, LG Siegen MDR **93**, 1116, etwa aus einer anderen Sache. Ein Verzicht auf ihn durch einen Vergleich kann unschädlich sein, LG Köln Rpfleger **90**, 371.

59 **Kostenvorschuß,** dazu *Caspary,* NJW **05**, 2577, *Duderstadt* FamRZ **95**, 1305 (je: Üb): Rechtsprechung und Lehre sind umfangreich. Das Gericht darf und muß einen Anspruch auf einen Prozeßkostenvorschuß nur berücksichtigen, soweit er bereits rechtlich unzweifelhaft besteht und darüber hinaus auch tatsächlich einigermaßen sicher durchsetzbar ist, BGH Mü MDR **02**, 647, BAG NJW **08**, 1400, Ffm MDR **05**, 590, aM Kblz FamRZ **96**, 226, Knops JB **92**, 448 (aber dann liegt ein echter Vermögenswert vor). Der Antragsteller muß darlegen, daß beides nicht der Fall ist, Kblz FamRZ **02**, 1126.

Der Grundsatz, daß man einen durchsetzbarer Anspruch auf einen Vorschuß berücksichtigen muß, gilt ferner auch gegenüber dem neuen Ehegatten, Kblz FamRZ **86**, 466, aM Schlesw FamRZ **91**, 855 (aber Eheleute haben keine Sonderstellung). Er gilt ferner während der Scheidung gegenüber demjenigen neuen nichtehelichen „Lebensgefährten", der ohnehin bereits voll einen Unterhalt zahlt, Kblz Rpfleger **91**, 375, und auch gegenüber demjenigen betreuenden Elternteil, der neben dem barunterhaltspflichtigen vorschußpflichtig sein kann, Karlsr FamRZ **96**, 1100, Kblz FamRZ **01**, 632, sowie gegenüber einem volljährigen Kind bis zu dessen beruflichem Regelabschluß, OVG Hbg FamRZ **06**, 1615. Er besteht auch gegenüber einem Ausländer, Karlsr MDR **86**, 242.

60 – **(Abstammung):** Dem Kind ist es zwecks Feststellung der Vaterschaft *nicht* zumutbar, einen Vorschuß gegen den Scheinvater einzufordern, Karlsr MDR **08**, 940.

– **(Ausländer):** Anrechenbarkeit besteht auch gegenüber einem Ausländer, Karlsr MDR **86**, 242.

– **(Dritter):** Derjenige, dem ein Dritter einen Vorschuß leisten muß, muß vergeblich versucht haben, einen Vorschuß zu erlangen, Köln FamRZ **79**, 964. Er muß also diesen Versuch oder das Unvermögen des Vorschußpflichtigen dartun, Mü FamRZ **79**, 42,

– **(Durchsetzung des Anspruchs):** *Keine* Anrechnung erfolgt, soweit es bei der Anspruchsdurchsetzung Schwierigkeiten gibt, Brdb FamRZ **03**, 1933, Kblz FamRZ **86**, 284 (der vorschußpflichtige Prozeßgegner hat einen Anspruch auf eine PKH), OVG Münst FamRZ **00**, 21.

Vgl auch „– (Raten)".

– **(Ehelichkeitsanfechtung):** *Keine* Anrechnung erfolgt in einem solchen Verfahren, Ffm FamRZ **83**, 827, KG FamRZ **87**, 303, Karlsr FamRZ **96**, 872 (krit Gottwald). Das gilt auch dann, wenn das anfechtende Kind den Scheinvater in Anspruch nehmen müßte, Hbg FamRZ **96**, 224.

– **(Eigene Prozeßkostenhilfe):** *Keine* Anrechnung erfolgt, soweit der Vorschußberechtigte selbst eine PKH erhalten könnte, Oldb FamRZ **99**, 1148, oder soweit der Unterhaltspflichtige selbst eine PKH erhalten würde, Düss FamRZ **93**, 1474.

– **(Hilfsbedürftigkeit):** *Keine* Anrechnung erfolgt, soweit der Vorschußpflichtige selbst hilfsbedürftig würde, Düss FamRZ **99**, 1673, Köln RR **89**, 967, Oldb MDR **94**, 618.

– **(Neuer Ehegatte):** Anrechenbarkeit liegt auch gegenüber einem neuen Ehegatten vor, Kblz FamRZ **86**, 466, aM Schlesw FamRZ **91**, 855 (aber Eheleute haben keine Sonderstellung).

– **(Neuer Lebensgefährte):** Anrechenbarkeit erfolgt auch gegenüber einem neuen nichtehelichen „Lebensgefährten", der ohnehin bereits voll einen Unterhalt zahlt, Kblz Rpfleger **91**, 375.

61 – **(Raten):** Anrechenbarkeit liegt auch dann vor, wenn der Anspruch auf den Vorschuß nur ratenweise durchsetzbar ist, BGH FamRZ **04**, 1633 (zustm Wax LMK **05**, 10), Celle RR **06**, 1304, AG Rosenheim FamRZ **06**, 1612, aM Bbg JB **90**, 1643, Karlsr FamRZ **87**, 1062 (aber bloße Raten ändern nichts am Anspruchsbestand).

– **(Rechtskraft):** *Keine* Anrechnung erfolgt, wenn das Gericht über einen rechtzeitigen PKH-Antrag erst nach der Rechtskraft der Scheidung entschieden hat, Mü FamRZ **97**, 1542.

– **(Sorgerecht):** *Keine* Anrechnung erfolgt, soweit der Minderjährige von einem Nichtsorgeberechtigten einen solchen Unterhalt fordert, den er allenfalls vom Sorgeberechtigten fordern könnte, Mü FamRZ **97**, 347.

– **(Sozialhilfe):** Wegen einer Rückabtretung bei ihr Rn 18 „Sozialhilfe".

– **(Volljährigkeit):** Anrechenbarkeit liegt beim volljährigen Kind bis zu seinem beruflichen Regelausbildungsabschluß vor, OVG Hbg FamRZ **06**, 1615.

Keine Anrechnung erfolgt, soweit ein Volljähriger schon eine von den Eltern finanziell unabhängige Stellung hat, Hamm FamRZ **96**, 1433, Köln (13. ZS) FER **00**, 31 und (27. ZS) FamRZ **00**, 757, Zweibr RR **05**, 306 (also Berücksichtigung vor solcher Unabhängigkeit), aM Köln FamRZ **86**, 1031.

– **(Vollwertigkeit):** *Keine* Anrechnung erfolgt, soweit der Anspruch auf einen Vorschuß nicht vollwertig ist, Ffm NJW **81**, 2129, Karlsr FamRZ **84**, 919, Mü AnwBl **84**, 314 (PKH mit einer Ratenzahlungsanordnung, wenn solche auch dem Vorschußpflichtigen zustünde), aM Grunsky NJW **80**, 2043 (aber man muß wirtschaftlich denken).

– **(Vorläufiger Unterhalt):** *Keine* Anrechnung erfolgt in einem Eilverfahren auf die Zahlung eines vorläufigen Unterhalts, Düss FamRZ **82**, 513, aM Karlsr MDR **86**, 242 (aber eine Eilsache erfordert eine großzügige Bewilligung).

Krankheit: Rn 54 „Erkrankung".

Kreditaufnahme: Rn 51 „Darlehen". 62

Lebensversicherung: Der Antragsteller muß eine verfügbare Lebensversicherung natürlich *einsetzen*, BGH VersR **85**, 455, Bbg FamRZ **85**, 504 (evtl sogar die Klageforderung), Hamm FamRZ **84**, 725. 63

Miete: Rn 67 „Rechtsschutzversicherung".

Minderjähriger: Maßgeblich sind grds nur *seine* Verhältnisse, Hamm MDR **03**, 458, Naumb FamRZ **02**, 1711, AG Essen FamRZ **02**, 1713. 64

S aber auch Rn 55 „Fremdes Recht".

Nachlaßpfleger: Soweit er als Antragsteller auftritt, muß der Nachlaß bedürftig sein, aM OVG Hbg Rpfleger **96**, 464 (aber der Nachlaßpfleger haftet ohnehin nicht mit seinem Vermögen). 65

Nutzungswert: Rn 74 „Wohnung".

Partei kraft Amts: § 116.

Pkw: Ein besonders teurer Pkw kann auch dann *gegen* die Bewilligung sprechen, wenn der Antragsteller angeblich von der Unterstützung anderer lebt, Ffm Rpfleger **82**, 159. 66

Prozeßkostenerstattung: Rn 58 „Kostenerstattungsanspruch".

Prozeßkostenvorschuß: Rn 59–61.

Prozeßstandschaft: Rn 55 „Fremdes Recht".

Realisierbarkeit: Ein Anspruch oder ein Kapital müssen in absehbarer Zeit durchsetzbar sein, Hamm FamRZ **84**, 725, Grunsky NJW **80**, 2042. 67

Rechtsmißbrauch: Üb 6 vor § 114.

Rechtsschutzversicherung: Eine derartige Versicherung, die die Kosten dieses Prozesses deckt, führt im Umfang einer Deckungszusage zur *Versagung* der PKH, BGH NJW **91**, 110, LAG Düss AnwBl **82**, 77, LSG Schlesw JB **04**, 146. Der Versicherungsnehmer muß evtl einen sog Stichentscheid nach § 17 II ARB herbeiführen, BGH BB **87**, 1845, BSG JB **96**, 533. Freilich braucht er sich nicht generell auf einen Dekkungsprozeß verweisen zu lassen, LAG Düss AnwBl **82**, 77. Der mitbeklagte Mitmieter ist auch wegen der Erhöhungsgebühr (jetzt) des VV 1008 nach § 29 ARB mitversichert, Ffm ZMR **88**, 231. Soweit kein Versicherungsschutz besteht, gibt es natürlich auch keine Erfolgsaussicht, LG Osnabr JB **04**, 149.

S auch Rn 56 „Gewerkschaft".

Scheinehe: Eine Bedürftigkeit kann beim Fehlen einer Gegenleistung vorliegen, Ffm FamRZ **06**, 1128. Sie mag aber mangels Rücklagen auch fehlen, Rostock FamRZ **07**, 1335. 68

Schmerzensgeld: Der Antragsteller braucht es wegen seines immateriellen Hintergrunds grds nicht zu verwenden, Köln FamRZ **04**, 1499, Stgt FamRZ **07**, 1661, Zweibr (5. ZS) VersR **03**, 526, aM BGH NJW **06**, 1068 (Fallfrage), Nürnb JB **92**, 756, Zweibr JB **98**, 478 (aber damit würde man den Sinn des Schmerzensgelds entwerten). Freilich kann bei einem kleinen Streitwert die Verwendung eines *Teils* eines erhaltenen hohen Schmerzensgeldbetrags zumutbar sein, Hamm FamRZ **87**, 1284, aM KG VersR **79**, 870, LG Mönchengladb ZfSH **82**, 206, Kohte DB **81**, 1177 (aber man darf und muß auch wirtschaftlich denken). Dabei sind (jetzt ca) 10 000 EUR kein kleiner Streitwert mehr, Düss RR **92**, 221, erst recht nicht (jetzt ca) 15 000 EUR, Oldb AnwBl **96**, 54, oder gar (jetzt ca) 20 000 EUR, Köln MDR **94**, 407.

S auch Rn 49 „Abfindung".

Selbständiger: Er muß Rücklagen gebildet und verbraucht haben, Celle FamRZ **07**, 154. Eine Überschußrechnung zum Vorjahr reicht meist, Brdb FamRZ **98**, 1301. Eine Steuerberaterauskunft reicht zur Klärung der Bedürftigkeit *nicht stets* aus, LG Kblz FamRZ **96**, 806.

Sicherheitsleistung: Wer zu ihr imstande ist, *muß so* vorgehen, BGH FamRZ **96**, 933.

Sonderbedarf: Man sollte eher großzügig sein, zB bei einer Konfirmation usw, BGH MDR **05**, 1232.

Sozialhilfe: Die Belastbarkeitsgrenzen ergeben sich im einzelnen aus § 115 und den dort genannten Vorschriften des KJHG oder des SGB, großzügiger (keine Anrechnung) Düss Rpfleger **94**, 29, Karlsr FamRZ **94**, 714, Mü FamRZ **96**, 42 (aber § 115 gilt auch dann). Nach einer Rückübertragung besteht grds keine Bedürftigkeit mehr, BGH FamRZ **08**, 1160 (zustm Günther). Wegen Unterschreitung der Sozialhilfe LAG Bre MDR **93**, 696. Wegen einer Scheinehe Stgt FamRZ **97**, 1410.

S auch Rn 55 „Fremdes Recht", Rn 58 „Kapital", Rn 70 „Unterhalt".

Streitgenossen: Das Gericht muß jeden Streitgenossen grds für sich allein beurteilen, Stgt MDR **00**, 545. Vertritt ein Anwalt einen Bedürftigen und einen Nichtbedürftigen wegen desselben Streitgegenstands nach § 2 Rn 4, beschränkt sich die PKH auf den Erhöhungsbetrag nach (jetzt) VV 1008, Naumb Rpfleger **04**, 168, AG Andernach FamRZ **02**, 1711.

Teilungsversteigerung: Rn 75.

Treuhand: Der Antragsteller muß als Treuhänder darlegen, daß auch der Treugeber bedürftig ist, Kblz MDR **99**, 831. 69

Umschulung: Der Eigenbedarf während einer längeren Umschulung kann demjenigen eines Erwerbstätigen gleichstehen, Hamm FamRZ **84**, 727. 70

S auch Rn 70 „Unterhalt".

Unterhalt: Eine Möglichkeit, über eine Abtretung nach § 48 SGB I einfacher und kostengünstiger zum Unterhalt zu kommen, behindert den Anspruch auf PKH für eine Unterhaltsforderung nicht, Rn 46, Oldb

FamRZ **82**, 418. Man darf einen Unterhaltsanspruch gegen den neuen Ehegatten bei der Beurteilung, ob nachträglich eine PKH für das Scheidungsverfahren möglich ist, nicht berücksichtigen, Celle JB **92**, 187 (aber man muß auf den Zeitpunkt der Entscheidungsreife abstellen. Diese kann auch bei einer nachträglichen Bewilligung nicht nach der Scheidung eintreten. Vorher gab es aber keinen Anspruch gegen den neuen Ehegatten). Wer sich wegen Leistungsunfähigkeit wehrt, muß hinreichende Bewerbungsnachweise vorlegen, Köln FamRZ **05**, 1098. Freilich hat der Schuldner ohne eine qualifizierte Ausbildung kaum noch eine Chance auf eine Vollzeitarbeit, Ffm NJW **07**, 383. Kindesunterhalt gehört grds ins Verfahren nach §§ 249 ff FamFG und nur bei bloßen Rechtsfragen ins Hauptverfahren, Hamm FamRZ **99**, 995. Grundsätzlich schaden der Erhalt weder eines Vorschusses noch von Sozialhilfe beim laufenden Anspruch, Stgt FamRZ **04**, 1297. Es kann einen Berufsbonus geben, BGH FamRZ **04**, 1868 links.

Bei bloßem *Rückstand* für die Vergangenheit kann die Bedürftigkeit des Sozialhilfeberechtigten *fehlen*. Das gilt aber nur insoweit, als der Sozialhilfeträger die Kosten erstatten muß, Ffm FamRZ **99**, 1283, KG FamRZ **03** 100, aM Zweibr FamRZ **01**, 629 (aber maßgebend ist die Bewilligungsreife, nicht das Prozeßende), sonst nicht, Kblz RR **00**, 78. Bei § 1603 II 1 BGB kann eine Abwägung unter einer Beachtung von Altschulden des Unterhaltsschuldners nötig sein, Köln FamRZ **06**, 1060. Bei § 1629 III BGB kommt es auf die Verhältnisse beim Kind und nicht beim antragstellenden Elternteil an, Drsd FamRZ **02**, 1413, Hamm MDR **03**, 458, Köln FamRZ **01**, 1535, aM BGH FamRZ **05**, 1166 (stellt formell auf den Parteibegriff ab).

S auch Rn 18 „Sozialhilfe“, Rn 55 „Fremdes Recht“, Rn 59–62.

71 **Vaterschaftsanfechtung:** Man darf einen Anspruch auf einen Kostenvorschuß nicht schon dann berücksichtigen, wenn es um eine Vaterschaftsanfechtung geht, Ffm FamRZ **83**, 827, Hbg FamRZ **96**, 224, aM Celle RR **95**, 6, Kblz MDR **97**, 267 (aber gerade dann ist ein solcher Anspruch oft zweifelhaft).

Vereinigung: Vgl § 116.

72 **Vermögen:** Rn 58 „Kapital“, Rn 72 „Verschulden“.

Verschulden: Die Rechtsprechung ist umfangreich.

a) Unschädlichkeit. Ein Verschulden bei der Entstehung des wirtschaftlichen Unvermögens steht der Bewilligung einer PKH nicht grds entgegen, Ffm AnwBl **82**, 491, Hamm MDR **02**, 1208, Schlesw SchlHA **79**, 40. Das Gericht darf also nicht schon deshalb ablehnen, weil der Antragsteller vor dem Prozeßbeginn (sonst Rn 73) solche Abzahlungspflichten übernommen hat, die seinem Einkommen angemessen waren, Hamm MDR **87**, 1031 (vor allem bei einer Unkenntnis vom bevorstehenden Prozeß), KG FamRZ **84**, 413, aM Düss MDR **84**, 150, Ffm FamRZ **82**, 416 (die Möglichkeiten der §§ 114 ff dienten nicht der Finanzierung solcher Pflichten. Vgl aber Rn 49 „Abzahlungspflicht“). Der Schuldner braucht auch keine Rücklagen wegen der Kosten eines Insolvenzverfahrens anzulegen, BGH FamRZ **06**, 1837.

73 **b) Schädlichkeit.** Eine im Entscheidungszeitpunkt nach Rn 48 vorliegende Bedürftigkeit bleibt ausnahmsweise unbeachtet, wenn sich der Antragsteller gezielt oder doch klar vorwerfbar unvermögend gemacht hat, um eine PKH zu erlangen, BGH VersR **84**, 79, Bre FamRZ **07**, 74 (streng), KG VersR **08**, 803. Das muß aber klar feststehen. Das gilt zB dann, wenn er sich durch die Aufnahme einer zumutbaren Arbeit die erforderlichen Mittel unschwer beschaffen könnte, BVerfG RR **05**, 1448 und 1725 (auch zu den Grenzen), BGH FamRZ **85**, 159, KG MDR **04**, 710, Zweibr Rpfleger **02**, 84, großzügiger Düss FamRZ **87**, 398 (nur beim Rechtsmißbrauch. Dort ist [jetzt] das SGB XII nicht beachtbar, Albers Gedächtnisschrift für Martens [1987] 287), Karlsr AnwBl **86**, 161. Eine Bedürftigkeit bleibt ferner unbeachtbar, wenn sich der Antragsteller erst nach der Anhängigkeit verschuldet hat, Bbg FamRZ **85**, 503, Zweibr Rpfleger **81**, 366, oder wenn er es versäumt hat, vor der Rechtskraft des Scheidungsausspruchs eine einstweilige Anordnung auf einen Prozeßkostenvorschuß für eine Folgesache zu beantragen, Zweibr FamRZ **00**, 757. Der Antragsteller muß in solchen Fällen zumindest einen „Notgroschen“ angreifen, Düss FamRZ **87**, 729.

Versicherung: Der Versicherungsnehmer braucht sich nicht auf einen Deckungsprozeß verweisen zu lassen, LAG Düss AnwBl **82**, 77. Er muß aber evtl einen sog Stichentscheid nach § 17 II ARB herbeiführen, BGH BB **87**, 1845. Neben der Kfz-Haftpflichtversicherung kommt es auf die Bedürftigkeit des mitbeklagten Fahrers grds nicht an, Hamm RR **05**, 760, Karlsr NJW **04**, 785 (Ausnahme etwa beim Interessenkonflikt).

S auch Rn 67 „Rechtsschutzversicherung“.

Vertreter: Soweit er klagt, muß der Vertretene bedürftig sein, Rn 14 „Gesetzlicher Vertreter“.

Völlige Mittellosigkeit: Vor ihrer Annahme ist Vorsicht ratsam, noch strenger LAG Kiel NZA-RR **04**, 606.

74 **Vorschuß:** Rn 59–62.

Wohnung: Das Gericht muß den Nutzungswert der eigengenutzten Wohnung mitbeachten, Haas DB **76**, 2198, aM Karlsr FamRZ **87**, 613, Christel NJW **81**, 787 (aber Wert ist Wert).

S auch Rn 52 „Darlehen“.

Wohnungseigentümergemeinschaft: Maßgeblich sind ihre Verhältnisse wie diejenigen aller Eigentümer, (zum alten Recht) LG Bln NZM **07**, 493.

75 **Zwangsversteigerung:** Das Gericht muß einen solchen Erlös mitberücksichtigen, der für die Prozeßkosten ausreicht, Hamm MDR **82**, 500. Es darf aber den aus einer Teilungsversteigerung während des Getrenntlebens fließenden Ertrag keineswegs stets berücksichtigen, Celle MDR **87**, 502. Ohnehin zählt der Erlös auch einer bloßen Teilungsversteigerung kaum zu den anrechenbaren Beträgen, Bre FamRZ **83**, 637, aM LG Saarbr Rpfleger **87**, 126 (aber man muß bedenken, daß ein solcher Erlös meist unmittelbaren Bedürfnissen dient).

76 **7) Kosten der Prozeßführung, S 1, 2.** Die Bedürftigkeit nach Rn 46 muß sich gerade auf die Prozeßführungskosten beziehen, §§ 91 ff, also nicht auf außergerichtliche Verfahren, sei es, daß der Antragsteller diese Kosten nicht, nur zum Teil oder nur in Raten aufbringen kann.

77 **A. Gesamtkosten der Instanz.** Die Kosten umfassen sowohl die Gebühren als auch die Auslagen. Das gilt für die Gerichtskosten nach § 1 GKG, § 1 FamGKG und für die außergerichtlichen Kosten. Das Gericht

muß grundsätzlich die voraussichtlichen Gesamtkosten des im Antrag genannten bevorstehenden oder bereits anhängigen Rechtsstreits berücksichtigen. Das gilt aber naturgemäß nur für denjenigen Abschnitt, den das jeweils zuständige Prozeßgericht prüfen darf, also nur für die jeweilige Instanz, §§ 119, 127 I 2. Das Erstgericht darf also keineswegs Kosten eines etwaigen anschließenden Rechtsmittelverfahrens einkalkulieren, und zwar auch dann nicht, wenn im Zeitpunkt seiner Entscheidung die erste Instanz nahezu beendet und eine höhere Instanz wahrscheinlich ist.

B. Schätzung. Natürlich kann man die Kosten auch für den jeweiligen Rechtszug nur überschlägig 78
schätzen. Das gilt vor allem dann, wenn die Entscheidung in einem Zeitpunkt notwendig wird, in dem der Antragsteller seine Klage noch nicht eingereicht oder das Gericht sie jedenfalls noch nicht zugestellt hat. Aber auch im Stadium der Rechtshängigkeit nach § 261 Rn 1 mag der volle Kostenumfang schwer übersehbar sein. Zwar muß das Prozeßgericht vermeiden, daß es infolge oberflächlicher Erwägungen später zu krassen Abweichungen der wahren Kosten von den geschätzten kommen kann. Auch hier ist aber eine gewisse Großzügigkeit am Platz, wie überhaupt bei allen Fragen der PKH, Rn 47.

C. Maßgeblicher Zeitpunkt: Bewilligungsreife. Auch hier kommt es auf die Bewilligungsreife an, 79
Rn 48, § 119 Rn 5. Daher ist evtl eine rückwirkende Schätzung nur auf den damaligen Zeitpunkt notwendig, § 119 Rn 11 ff.

8) Hinreichende Erfolgsaussicht, S 1, 2. Die Voraussetzung ist verfassungsgemäß, BVerfG FamRZ **08**, 80
132, Ffm NJW **05**, 3727. Eine PKH setzt neben der Bedürftigkeit grundsätzlich eine hinreichende Aussicht auf Erfolg der beabsichtigten Rechtsverfolgung oder Rechtsverteidigung voraus. Das gilt auch bei einem bloßen Antragsverfahren nach § 23 FamFG. Das ergibt sich aus § 76 I FamFG. Man muß *bei beiden Parteien dieselben Maßstäbe* anlegen, BVerfG RR **05**, 141, Ffm FamRZ **93**, 1333, Karlsr FamRZ **92**, 77 (aber Art 3 I GG gilt auch hier). Deshalb kommt auch eine PKH zugunsten beider Parteien infrage. Es darf keine Überspannung derjenigen Anforderungen erfolgen, die den in Rn 1 genannten Zweck der PKH gefährden könnte, BVerfG FamRZ **08**, 132 und 1403, BGH FamRZ **05**, 29 links, OVG Greißer NVwZ-RR **06**, 77, LAG Mainz MDR **07**, 1027.

A. Vorläufigkeit der Prüfung. Das Wort „hinreichend“ kennzeichnet, daß sich das Gericht mit einer vorläufigen Prüfung der Erfolgsaussicht begnügen darf und muß, BVerfG NJW **03**, 3191, Hamm FamRZ **06**, 1767. Das gilt schon wegen Art 19 IV 1 GG, VGH Mannh NVwZ-RR **05**, 438. Der Erfolg braucht also zwar noch nicht gewiß zu sein, Böncker NJW **83**, 2430. Er muß aber immerhin nach den bisherigen Umständen eine gewisse Wahrscheinlichkeit für sich haben, BFH DB **87**, 568, Kblz AnwBl **89**, 48, Tombrink DRiZ **07**, 187. Das muß sich aus der Darlegung des Antragstellers ergeben, Naumb FamRZ **08**, 68 (freilich ist § 253 II Z 2 unanwendbar). Eine nur entfernte Erfolgsaussicht reicht nicht, BVerfG FamRZ **05**, 1893, LAG Mainz NZA-RR **04**, 233.

Der Standpunkt des Antragstellers muß zumindest *objektiv vertretbar* sein, BGH NJW **94**, 1161, Brdb FamRZ **06**, 1776, LAG Köln JB **07**, 328. Es muß eine Beweismöglichkeit vorliegen, Stgt VersR **05**, 524 (großzügig bei Arzthaftung). Eine überwiegende Wahrscheinlichkeit ist aber nicht nötig, Kblz AnwBl **89**, 48, Schlesw SchlHA **89**, 111. Eine bereits klar erkennbare Unschlüssigkeit zwingt zur Abweisung schon des PKH-Gesuchs, LG Itzehohe SchlHA **84**, 147.

B. Keine Oberflächlichkeit. Es ist also keine abschließende Erfolgsprüfung notwendig oder auch nur 81
zulässig, BVerfG NJW **03**, 3191, Naumb FamRZ **06**, 1287 links oben, Stgt FamRZ **05**, 1274. Es ist aber auch keine allzu summarische Abschätzung erlaubt. Das gilt auch wegen ständig steigender PKH-Antragsmengen. Der Staat ist nicht die Bank des zu riskanten Mittellosen. Im übrigen ist immerhin eine Glaubhaftmachung der tatsächlichen Angaben des Antragstellers nach § 294 nicht nur zu seinen persönlichen und wirtschaftlichen Verhältnissen ausreichend, sondern auch zu denjenigen Umständen, die für die Erfolgsaussichten maßgeblich sind, § 118 II 1. Eine solche Glaubhaftmachtung befreit das Gericht zwar nicht von der Verpflichtung zur Amtsermittlung im Rahmen des § 118. Sie bietet aber immerhin stets erhebliche Anhaltspunkte für die Beurteilung.

Die Erfolgsaussicht der Rechtsverfolgung oder -verteidigung muß sich auf das Ergebnis in *tatsächlicher und rechtlicher Hinsicht* beziehen, Ffm FamRZ **05**, 2006, Köln VersR **83**, 126. Sie muß zur Zulässigkeit und Begründetheit des Hauptanspruchs vorliegen, zu großzügig BVerfG FamRZ **05**, 1893 (Erfolgsaussicht sogar bei gleichzeitigem Mißerfolg der Hauptsache). Sie darf sich also nicht nur auf ein Rechtsmittel beziehen, BVerfG NJW **97**, 2745. Das Gericht darf sie nicht so streng beurteilen wie bei § 78 b, dort Rn 3. Überhaupt ist eine gewisse Großzügigkeit ratsam, wie stets im PKH-Verfahren, Rn 47. Das gilt besonders beim Bekl, Karlsr FamRZ **91**, 1458. Für die höhere Instanz enthält § 119 S 2 eine teilweise Sonderregelung.

C. Maßgeblicher Zeitpunkt: Bewilligungsreife. Es kommt auch hier mangels eines ausdrücklich 82
abweichenden vorrangigen Beschlußzeitpunkts auf den Zeitpunkt einer ordnungsgemäßen Entscheidung des zuständigen Gerichts über das jeweilige Gesuch an, also auf die Bewilligungsreife nach § 119 Rn 5, BGH FamRZ **82**, 368, KG FamRZ **07**, 1470, OVG Greifsw NVwZ-RR **06**, 509, aM Karlsr FamRZ **06**, 799 links (Klageinreichung), Stgt FamRZ **06**, 797 (Klagerhebung), Zweibr JB **00**, 483 links oben (aber das ist der praktisch allein halbwegs befriedigende Zeitpunkt). Der Zeitpunkt der Bewilligungsreife gilt auch für das Beschwerdegericht, Hamm RR **06**, 7, LG Osnabr MDR **87**, 1031. Es genügt, daß das Beschwerdegericht eine Rechtsbeschwerde wegen grundsätzlicher Bedeutung zulassen würde, (jetzt) § 574, Karlsr FamRZ **88**, 297. Der Grundsatz gilt auch im Verfahren auf ein sog eingehendes Gesuch auf Auslandsunterhalt nach § 9 S 1 AUG.

Bei tatsächlichen *Veränderungen* bleibt es bei dem Zeitpunkt der Bewilligungsreife, KG FamRZ **07**, 1470. 83
Denn die PKH ergeht ja nach Rn 78 auf Grund einer nur vorläufigen Prüfung, und die wäre eben früher anders ausgefallen. Daher ist es durchaus zulässig und evtl nötig, in demselben Zeitpunkt die Bewilligung rückwirkend nach § 119 Rn 10 nachzuholen und dennoch zugleich ein dem Antragsteller ungünstiges Urteil zu fällen, Karlsr FamRZ **90**, 81, Kblz JB **94**, 232, Stgt MDR **05**, 1115, aM BFH BB **84**, 2249, Düss RR **89**, 384, Ffm MDR **86**, 857 (aber man muß nun einmal *einen* und denselben Zeitpunkt nehmen, um ein Hin- und Herschwanken zu vermeiden).

84 **D. Beispiele zur Frage einer Erfolgsaussicht**

Abänderung: Vgl zunächst Üb 5 vor § 114. Es kann *unzureichend* sein, lediglich auf die Unterhaltstabellen einzelner OLG abzustellen, KG FamRZ **78**, 933.

S auch Rn 103 „Unterhalt".

Abschiebungsverfahren: Dazu BVerfG NVwZ **05**, 323.

Abstammungsklage: Rn 104 „Vaterschaftsverfahren".

Abweichende Ansicht: Rn 100 „Rechtsfrage".

Amtsermittlung: Sie darf nicht schon als solche zur Versagung einer PKH führen, BVerfG NJW **97**, 2104. Es gilt § 76 I FamFG.

Amtshaftung: Man darf die Anforderungen auch hier nicht überspannen, BVerfG RR **04**, 933.

Anerkenntnis: Soweit der Antragsgegner nach § 93 keinen Klaganlaß gegeben hat, kann sein Anerkenntnis unschädlich sein, Brdb FamRZ **02**, 1271, Hamm MDR **06**, 890, KG MDR **06**, 534, aM Karlsr FamRZ **02**, 1132 (aber dann hat der Bekl doch sehr wohl eine Erfolgsaussicht wegen der allein verbleibenden Kostenfrage).

Protest gegen die Kosten ist aber schädlich, Brdb FamRZ **02**, 1271.

Anhängigkeit: Die bloße Anhängigkeit des Klag- oder Widerklaganspruchs reicht aus, § 261 Rn 1. Das gilt auch für die beabsichtigte Verteidigung, Karlsr RR **01**, 644, aM Karlsr FamRZ **88**, 1183, Rostock JB **07**, 656, Zweibr FamRZ **85**, 301 (dann sei die Rechtshängigkeit des Klaganspruchs notwendig. Aber es kann auch schon vorher prozeßwirtschaftlich sein, jedenfalls nach einer vom Gericht verlangten Stellungnahme des Antragsgegners zumindest ihm eine PKH zuzubilligen, Grdz 14 vor § 128).

Anscheinsbeweis: Die Erfolgsaussicht kann *fehlen,* soweit ein Anscheinsbeweis nach Anh § 286 Rn 15 gegen den Antragsteller vorliegt oder ein angebotener Zeuge schon in einem Parallel-(Straf-)verfahren ungünstig ausgesagt hat, aM BFH DB **87**, 568, LG Duisb AnwBl **84**, 458 (aber andernfalls könnte der Mittellose eine PKH mit jedem fadenscheinigen, aber formell korrekten und prozessual nicht übergehbaren Beweisantritt erzwingen).

S auch Rn 86–88.

Arzthaftung: Ihre Probleme erlauben meist die Annahme einer Erfolgsaussicht, Karlsr RR **06**, 205.

Asyl: Die Erfolgsaussicht des Antrags nur eines Familienangehörigen kann vor dem VG für die Beurteilung zugunsten seiner weiteren Angehörigen (Familienasyl) beachtlich sein, VGH Kassel FamRZ **92**, 315.

Aufrechnung: Die Erfolgsaussicht entfällt nicht schon wegen einer begründeten Hilfsaufrechnung, falls der Kläger nicht seinerseits aufrechnen konnte, Hamm FamRZ **98**, 1603, Karlsr FamRZ **00**, 1585, Köln FamRZ **91**, 1194.

Sie *fehlt* aber bei einer Aufrechnung nach einem gesetzlichen Anspruchsübergang auf den Sozialhilfeträger, Düss FamRZ **06**, 1533.

Ausdrucksfähigkeit: Sie und ihre Grenzen sind mitbeachtlich, BVerfG Rpfleger **02**, 212.

Auskunftsklage: Der Antragsteller muß zumindest die Voraussetzungen zB des Unterhaltsanspruchs darlegen, Hamm FamRZ **05**, 1839.

Ausländisches Recht: Es kommt auf das anwendbare Recht an, Ffm FamRZ **00**, 37, Hamm RR **98**, 1540, Stgt FamRZ **92**, 946. Das Gericht muß eine PKH gewähren, wenn es seine internationale Zuständigkeit nur auf Grund weiterer Nachforschungen klären kann, Ffm FamRZ **92**, 700. Eine Erfolgsaussicht muß auch im Verfahren auf ein sog eingehendes Gesuch auf Auslandsunterhalt bestehen, § 9 S 1 AUG. Soweit eine Rechtshängigkeit im Ausland in Betracht kommt, ist die auch im Hauptverfahren evtl ausreichende bloße Prognose nach § 261 Rn 10 im PKH-Verfahren natürlich nicht noch strenger durchführbar, Hamm NJW **88**, 3103 (zustm Geimer).

85 **Auslandsunterhalt:** Rn 84 „Ausländisches Recht".

Auslandswohnsitz: Ein solcher des Bekl schadet grds nicht, Hamm DAVorm **79**, 199.

Berufung: Bei Bedürftigkeit kann das Berufungsgericht keinen Entwurf der Berufungsbegründung verlangen, BGH RR **01**, 1147, Drsd BB **00**, 588. Ein Angriff gegen die erstinstanzliche Beweiswürdigung setzt voraus, daß sich eine Wiederholung der Beweisaufnahme förmlich aufdrängt, Drsd RR **03**, 211.

Die Erfolgsaussicht *fehlt* dann, wenn der Berufungsantrag nur teilweise mit einem Wert unterhalb der etwa notwendigen Berufungssumme als sinnvoll erscheint, Rn 105 „Zuständigkeit", BGH NJW **83**, 1063, Ffm MDR **02**, 843, Fischer MDR **07**, 439, aM Hbg FamRZ **93**, 579, Kblz FamRZ **96**, 557 (aber es gibt nun einmal eine klare Beschwerdewertgrenze). Wenn der Gegner die Berufung schon zurückgenommen hat, kommt es darauf an, ob man selbst eine PKH beantragt hatte, § 91 Rn 159, aM Düss RR **99**, 142. Nach einem Hinweis nach § 522 II ist keine PKH für den Berufungskläger möglich, Drsd MDR **07**, 423.

Bestreiten: Für den zukünftigen oder gegenwärtigen Bekl kann bereits ein nach § 138 II–IV substantiiertes Bestreiten eine hinreichende Erfolgsaussicht geben, selbst wenn er überhaupt keinen Beweis antritt, Schneider MDR **77**, 621. Auch die Rechtsverteidigung ist ja im Grunde eine Rechtsverfolgung. Auch der künftige Bekl befindet sich ja in einem gerichtlichen Verfahren, § 118 Rn 6. Das beachtet Bre FamRZ **89**, 198 nicht genug. Das Gericht darf dem mittellosen Bekl eine PKH nur dann versagen, wenn für ihn keinerlei Erfolgsaussicht besteht, Ffm MDR **87**, 61, Karlsr FamRZ **92**, 78. Es kann also eine PKH für beide Parteien in Betracht kommen.

86 **Beweisaufnahme:** Man sollte die Anforderungen nicht überspannen, BVerfG NJW **08**, 1061, Hamm VersR **83**, 577. Man muß wie folgt unterscheiden.

a) Bewilligung. Sobald eine Beweisaufnahme im Zeitpunkt der Bewilligungsreife nach § 119 Rn 5 auch nur ernsthaft in Betracht kommt, sei es zu einer Behauptung des Antragstellers, sei es gar zu einer solchen des Prozeßgegners, darf und muß das Gericht die Erfolgsaussicht wegen der grundsätzlichen Notwendigkeit einer Beweiserhebung annehmen, BVerfG NJW **08**, 1061, Mü NJW **07**, 1987, Naumb FamRZ **07**, 910. Das gilt bei gewisser nicht zu erheblicher Unwahrscheinlichkeit der Beweisbarkeit zwar nicht stets, BVerfG RR **04**, 61, Hamm RR **00**, 1669, Köln MDR **97**, 106. Das Gericht muß eine Erfolgsaussicht dann aber doch im allgemeinen bejahen, BVerfG NJW **08**, 1061, BGH NJW **88**, 267, Hamm VersR **02**, 1234. Das gilt grds selbst dann, wenn der Antragsteller zum Beweis lediglich einen

Antrag auf die Vernehmung des Prozeßgegners als Partei stellen will oder kann, Schlesw SchlHA **79**, 142, aM Köln MDR **07**, 605, es sei denn, dieser habe sich schon einigermaßen überzeugend eindeutig geäußert, Köln FER **01**, 67. Die Möglichkeit nach § 411 a kann reichen, Bbg VersR **08**, 987. Selbst dann darf man im bloß vorläufigen Prüfungsverfahren aber nicht einfach eine Beweiswürdigung vorwegnehmen, Rn 88 „Beweiswürdigung", § 286 Rn 35, BVerfG RR **04**, 61, OVG Saarlouis NJW **06**, 2202.

Freilich darf man sie ebensowenig *von vornherein verweigern,* BVerfG RR **05**, 141, KG DS **04**, 71. Der Gegner mag ja auch zB unter Eid anders aussagen wollen oder müssen. Auch eine Vergleichsbereitschaft beider Parteien kann ausreichen, Schlesw SchlHA **84**, 116. Erst recht muß das Gericht die Ergebnisse einer bereits stattgefundenen Beweisaufnahme beachten, Hamm RR **98**, 1686, VG Greifsw MDR **96**, 98. Die Beweislast gilt nur in den vorgenannten Grenzen, Naumb FamRZ **07**, 910 rechts.

b) Versagung. Freilich ist auch insofern kein Schematismus und keine gedankenlose Großzügigkeit zulässig, Becht NJW **99**, 2350. Es ist also zB nicht die grundsätzliche Höherbewertung der einen Beweismittelart gegenüber einer anderen erlaubt. Man muß evtl die Erfolgsaussicht trotz eines Beweisantrags und der Notwendigkeit einer Beweisaufnahme verneinen, weil bereits ein ungünstiges Urteil nach einer dortigen umfangreichen Beweisaufnahme vorliegt, Nürnb MDR **85**, 1033, oder weil eine Täuschung erfolgt ist, Düss FamRZ **97**, 1088. **87**

Andernfalls könnte der Mittellose die PKH mit jedem fadenscheinigen, aber formell korrekten und prozessual nicht übergehbaren Beweisantritt erzwingen. Zwar darf auch im PKH-Verfahren nicht eine *unzulässige Vorwegnahme* der Beweiswürdigung stattfinden, BVerfG NJW **03**, 2976, Brdb MDR **03**, 111, Hamm VersR **02**, 1234, großzügiger BGH NJW **88**, 267, Karlsr FamRZ **99**, 92 (aber das wäre noch nicht einmal im Hauptverfahren erlaubt, § 286 Rn 13). Indessen darf sich das Gericht auch nicht seinen Ermessensspielraum nach §§ 114, 118 durch bloße Beweisanträge völlig verbauen lassen, BVerfG NJW **03**, 2976, BGH NJW **88**, 267, LAG Kiel NZA-RR **04**, 435 . Es darf aber nicht den Antrag zurückweisen und sogleich anschließend eine Beweisaufnahme vornehmen, BVerfG NVwZ **87**, 786, Hamm FamRZ **89**, 1203. **88**

S auch Rn 84 „Anscheinsbeweis", Rn 88 „Beweiswürdigung", Rn 103 „Urkunde", Rn 105 „Zusatzgutachten" usw.

Beweisbedürftigkeit: Rn 86–88.

Beweissicherung: Rn 102 „Selbständiges Beweisverfahren".

Beweiswürdigung: Das PKH-Verfahren darf grds nicht zu einer Vorwegnahme der Beweiswürdigung führen, Rn 88. Das gilt insbesondere, soweit zB ein Zeuge noch nicht vor Gericht ausgesagt hat, Hamm VersR **02**, 1234. Indessen darf sich das Gericht auch nicht den Abwägungsspielraum durch bloße Beweisanträge völlig verbauen lassen, Rn 88. Er mag eine eindeutige Aussage würdigen müssen, wenn es die Glaubhaftigkeit überprüfen kann, Hamm VersR **01**, 1175. In der höheren Instanz hängt die Erfolgsaussicht des Angriffs auf die Beweiswürdigung des Vordergerichts natürlich von bestimmten ausreichenden Zweifeln an ihrer Richtigkeit ab, Drsd MDR **03**, 289.

Bürgschaft: Rn 99. **89**

Ehe: Rn 101, 102 „Scheidung". **90**

Ehelichkeitsanfechtung: Rn 104 „Vaterschaftsverfahren".

Erbrecht: Wegen eines DDR-Falls (Nachlaßspaltung) BayObLG FamRZ **02**, 1294.

Erfüllung: Die in Aussicht gestellte Erfüllung reicht grds *nicht* aus, LG Mannh WoM **88**, 269.

S aber auch Rn 96 „Mietrecht".

Erledigung der Hauptsache: Die Erfolgsaussicht kann *fehlen,* wenn die „Erledigung" schon vor der Rechtshängigkeit eintritt, Bbg FamRZ **01**, 922, Brdb FamRZ **07**, 910, OVG Saarlouis NVwZ-RR **06**, 656, oder wenn der Antragsteller sein Rechtsmittel erst nach einer Erledigung der Hauptsache einlegen oder zur Entscheidung bringen könnte, BayObLG FamRZ **91**, 467 (FGG).

Eine Erfolgsaussicht *fehlt,* wenn die Parteien die Hauptsache übereinstimmend wirksam für erledigt erklärt haben, Köln FamRZ **08**, 1259, OVG Schlesw NVwZ-RR **04**, 460.

Erwerbsmöglichkeit: Man darf die Anforderungen nicht überspannen, BVerfG FamRZ **08**, 1403.

Familienrecht: Es gilt § 76 I FamFG. **91**

S auch Rn 101, 102.

Feststellungsklage: Das bei § 256 I erforderliche Feststellungsinteresse ist bei einer bloßen Zwischenfeststellungsklage nach § 256 II entbehrlich. Dort muß das Gericht die Vorgreiflichkeit prüfen, Kblz AnwBl **89**, 48.

Folgesache: Rn 101, 102.

Fristversäumung: Eine verschuldete unheilbare Fristversäumung des Antragstellers ist *schädlich,* BayObLG JB **84**, 773, OVG Lüneb NVwZ-RR **03**, 906.

Gerichtskostenfreiheit: Sie kann unschädlich sein, OVG Greifsw NVwZ-RR **06**, 78.

Gerichtsverschulden: Sie kann ausnahmsweise zur Bewilligungspflicht trotz des eigentlichen Fehlens einer Erfolgsaussicht führen, Karlsr FamRZ **99**, 994.

Gewaltschutz: Man darf nicht eine einstweilige Anordnung anders als die Hauptsache beurteilen, Jena FamRZ **07**, 1338.

Gewerkschaft: Wegen eines Ausschlusses auf Grund des Verdachts eines verfassungswidrigen Verhaltens Düss RR **94**, 1402.

Glaubhaftmachtung: Eine Glaubhaftmachung nach § 118 II 1 kann auch zur Erfolgsaussicht ausreichen. Sie befreit das Gericht aber nicht von der Verpflichtung zur Amtsermittlung im Rahmen des § 118. Sie bietet immerhin bereits erhebliche Anhaltspunkte für die Beurteilung. **92**

S auch Rn 88 „Beweiswürdigung".

Glaubwürdigkeit: Das Gericht darf und muß ihr Vorliegen oder Fehlen mitbeachten, Karlsr MDR **02**, 882.

Gläubigerschaft: Der Antragsteller muß im maßgeblichen Zeitpunkt nach Rn 82, 83 schon und noch der Gläubiger der fraglichen Forderung sein, Hamm FamRZ **80**, 457 (auch zu Ausnahmen danach nach §§ 90, 91 BSHG).

Grundsätzliche Bedeutung: Sie führt meist zur Bejahung der Erfolgsaussicht, BGH NJW **03**, 1127 links, Brdb FamRZ **05**, 2094 links.

Gutachten: Die Erfolgsaussicht kann bestehen, soweit ein an sich ungünstiges Gutachten zweifelhafte Feststellungen aufweist, Karlsr VersR **06**, 969.

93 **Haftungsausschluß:** Zur Erfolgsaussicht kann beim Bekl die Geltendmachung eines Haftungsausschlußgrunds ausreichen, etwa nach §§ 831 I 2, 832 I 2 BGB, 18 I 2 StVG.

Hauptsache: Es kommt auf die Erfolgsaussicht gerade in der Hauptsache an, sofern die Partei für sie PKH beantragt, Saarbr RR **90**, 575. Soweit sie dagegen eine PKH nur für ein Nebenverfahren oder eine Folgesache beantragt, ist letztere maßgeblich.

S auch Rn 98.

Hilfsaufrechnung: Rn 84 „Aufrechnung".

Insolvenz: Die Erfolgsaussicht des Schuldners erlischt nicht etwa schon wegen eines Fortfalls der Prozeßvollmacht seines Anwalts, § 86 Rn 12. Wegen des Insolvenzverwalters gilt § 116. Im Verbraucherinsolvenzverfahren kann eine Prüfung der Erfolgsaussichten wegen einer tatsächlichen Unmöglichkeit evtl entfallen, LG Gött NJW **99**, 2886. Eine Erfolgsaussicht besteht schon bei einer Möglichkeit nur teilweiser Befriedigung, selbst nach einer vergeblichen Einzelvollstreckung, LG Gött Rpfleger **03**, 371.

Im Schuldenbereinigungsverfahren kann das Gericht die Erfolgsaussicht *verneinen* müssen, wenn nur 8% getilgt werden sollen, LG Lüneb NJW **99**, 2287.

Kindergeld: Die Forderung des Sorgeberechtigten auf Kindergeld für ein ihm vom anderen Elternteil widerrechtlich entzogenes Kind hat grds eine Erfolgsaussicht, BFH DB **99**, 1740.

Kindeswohl: Bei § 1666 BGB kann die Zustimmung eines Elternteils unschädlich sein, Karlsr FamRZ **04**, 706. Die Prüfung der Erfolgsaussicht erfolgt grds auch im Beschwerdeverfahren, Stgt FamRZ **05**, 1274.

94 **Kindschaftssache:** Vgl zunächst Üb 5 vor § 114. Auch hier darf man die Bewilligung nicht vom Beweisergebnis abhängig machen Karlsr OLGZ **88**, 128.

S auch Rn 104 „Vaterschaftsverfahren".

Klagerücknahme: In ihrem Umfang *entfällt* für den Bekl die Erfolgsaussicht, zumal er nach § 269 III vorgehen kann, Brdb JB **07**, 150, Hamm FamRZ **03**, 1761, OVG Schlesw NVwZ-RR **04**, 460.

95 **Letzter Augenblick:** Solange das Gericht die instanzbeendende Hauptsacheentscheidung noch nicht erlassen hat, kann noch eine Erfolgsaussicht vorliegen, § 127 Rn 61, aM Düss Rpfleger **88**, 548 (zu § 127).

96 **Mietrecht:** Der auf die Miete klagende Vermieter muß genau angeben, seit wann welcher Mietrückstand besteht, Brdb WoM **07**, 142. Eine Wohnungsnot erhöht *nicht allgemein* die Erfolgsaussicht des auf Räumung beklagten Mieters, aM LG Detm WoM **90**, 355 (aber es können ganz individuelle Bedenken vorliegen). Der Mieter muß gegen Feuchtigkeit lüften, LG Aurich WoM **05**, 573. Bei einer Räumungsfrist nach § 721 I kann unter den Voraussetzungen des § 92 Rn 20 „Räumungsfrist" (Teilunterlagen des Gegners) eine Erfolgsaussicht vorliegen, aM AG Bln-Schöneb MietR **96**, 105. Die glaubhafte Ankündigung des auf Räumung in Anspruch genommenen Mieters, er könne und werde in der Schonfrist des § 569 II Z 2 BGB und vor der Entscheidungsreife noch eine Zahlung leisten oder die Zahlungszusage einer öffentlichen Stelle beibringen, reicht wegen der dann eintretenden Nichtigkeit der Vermieterkündigung aus, LG Mannh WoM **88**, 269, aM LG Aachen RR **93**, 829, LG Bln WoM **92**, 143, LG Stade WoM **90**, 160 (aber das BGB konstruiert nun einmal dann evtl eine Rückwirkung). Eine Nutzungsentschädigung entfällt, wenn der Vermieter sein Pfandrecht ausübt oder die Schlösser auswechselt, Rostock WoM **07**, 509. Das Recht auf eine Parabolantenne kann eine Erfolgsaussicht begründen, LG Hbg WoM **08**, 550.

S aber auch Rn 118 „Mietrecht".

Mitverschulden: Das Gericht muß ein Mitverschulden des Geschädigten von Amts wegen berücksichtigen, KG MDR **79**, 672.

Mitwirkung des Antragstellers: Eine Erfolgsaussicht kann *fehlen,* soweit der Antragsteller nicht im notwendigen Umfang bei der Sachaufklärung mitwirkt, Köln DAVorm **80**, 850.

Mutwille: Rn 106.

97 **Nebenklage:** Das Gericht muß ihre Erfolgsaussicht zwar nicht grds prüfen, BGH AnwBl **89**, 688, wohl aber ausnahmsweise dann, wenn der Nebenkläger mit ihr ein Rechtsmittel verbindet, BGH AnwBl **89**, 688.

Nichteheliche Gemeinschaft: Es besteht bis zu einer etwaigen besonderen Regelung kein Ausgleichs- oder Erstattungsanspruch wegen erbrachter Leistungen, Brschw MDR **98**, 1294.

Nichtigkeitsklage: Rn 104 „Wiederaufnahmeverfahren".

Notanwalt: Soweit das Gericht nach dem strengeren § 78 b, dort Rn 4, 5, sogar keinen Notanwalt beiordnen durfte, kommt auch *keine* PKH in Betracht, BGH FamRZ **88**, 1153.

Obligatorisches Güteverfahren: Es muß erfolglos geblieben sein, LG Itzehoe RR **03**, 353.

98 **Parteivernehmung:** Rn 86–88.

Prozeßfähigkeit: Eine PKH kommt *nicht* in Betracht, solange kein wirksamer PKH-Antrag vorliegt. Das gilt auch bei § 57. Das Gericht darf eine PKH nicht schon wegen eines Zweifels an der Prozeßfähigkeit des Antragsgegners ablehnen, Ffm FamRZ **94**, 1125.

Prozeßkostenvorschuß: Das Gericht darf eine PKH *nicht* gewähren, wenn eine Erfolgsaussicht fehlt, BGH NJW **01**, 1646. Das darf man nicht mit einer Unbilligkeit verwechseln, Bißmaier FamRZ **02**, 866.

Prozeßvergleich: Rn 104 „Vergleich".

Prozeßvoraussetzung: Das Prozeßgericht muß auch schon im Vorverfahren über die PKH stets prüfen, ob die Prozeßvoraussetzungen des Hauptprozesses vorliegen, vor allem zur Zuständigkeit. Die Zulässigkeit einer öffentlichen Zustellung gehört hierher, aM Karlsr FamRZ **98**, 486 (aber ohne sie kein Erfolg). Eine Entscheidung in der Hauptsache bindet das Gericht, Hamm FamRZ **85**, 825, aM Ffm MDR **83**, 137 (aber § 318 gilt uneingeschränkt).

99 **Ratenkredit:** Der in Anspruch genommene Bürge sieht sich beim angeblich sittenwidrigen Ratenkredit meist schwierigen Rechtsfragen gebenüber, Rn 100. Man sollte seine Verteidigungschancen insofern großzügig beurteilen, Düss RR **86**, 48, Kblz RR **86**, 405, Mü RR **90**, 112.

Räumungsfrist: Rn 96 „Mietrecht".

Rechtsfähigkeit: Mit ihrem Wegfall *entfällt* grds eine PKH, OVG Weimar NJW **98**, 2993 (auch zu einer Ausnahme).

Rechtsfrage: Man muß wie folgt unterscheiden. 100

a) Bewilligung. Die Rechtsverfolgung und die Rechtsverteidigung sind im allgemeinen schon wegen Art 3 I GG dann hinreichend aussichtsreich, sobald sich Fragen von erheblicher rechtlicher Tragweite abzeichnen, BVerfG NJW **08**, 1061, Brdb FamRZ **06**, 1776, OVG Greifw NVwZ-RR **06**, 79. Dasselbe gilt grds, soweit schwierigere, noch nicht eindeutig geklärte Rechtsfragen im Hauptprozeß entstehen, BVerfG FamRZ **07**, 1876, BGH FamRZ **07**, 1006 rechts unten, Brdb RR **07**, 216. Das gilt auch dann, wenn das Gericht einer Grundsatzentscheidung nicht folgen will, Köln MDR **08**, 645.

Denn das Gericht ist im Verfahren über die PKH *nicht* befugt, über solche schwierigen Fragen des Hauptprozesses auch nur halbwegs *abschließend* zu entscheiden, BVerfG NJW **03**, 3191, BGH RR **03**, 1002, Brdb FamRZ **07**, 1028. Es genügt grds, daß das Beschwerdegericht (jetzt) eine Rechtsbeschwerde wegen einer grundsätzlichen Bedeutung zulassen würde, BGH NJW **03**, 1127 links, Celle FamRZ **01**, 700, Köln MDR **00**, 601. Das gilt aber nicht stets, wenn es auch dort um Tatfragen geht, BGH MDR **07**, 337.

b) Versagung. Freilich ist auch für eine rückwirkende Bewilligung kein Raum mehr, wenn die für die Entscheidungen erheblichen Rechtsfragen höchstrichterlich in einem auch für den Antragsteller ungünstigen Sinn anderweitig geklärt sind, § 119 Rn 23, BGH MDR **03**, 109. Das gilt trotz einer etwaigen Zulassung der Revision, BGH MDR **03**, 109. Auch darf das Gericht eine bei ihm bestehende rechtliche Auffassung zugrundelegen, Schlesw SchlHA **84**, 148. Es darf auch nicht etwa wegen einer ihm bekannten bisher abweichenden Ansicht des vorgeordneten Gerichts entgegen der eigenen Überzeugung entscheiden. Das gilt selbst bei einer entgegenstehenden höchstrichterlichen Rspr, aM Köln MDR **00**, 601 (aber diese Art vorauseilenden Gehorsams stößt im Ergebnis fast an Rechtsbeugung. Denn jedes Gericht muß nach *seinem* Gewissen entscheiden, auch vorläufig. Manchmal ändert auch ein hohes Gericht schließlich – zögernd – seine bisherige Haltung. Vgl auch Einl III 47). Wegen einer tatsächlichen Veränderung Rn 78. Keine Bewilligung erfolgt zwar bei einer zwar noch nicht höchstrichterlich entschiedenen, aber leicht klärbaren Frage, BVerfG AnwBl **06**, 591. Das Gericht darf aber sonst nicht „durchentscheiden", BVerfG NVwZ-RR **07**, 569.

Rechtsbeschwerde: Auch in diesem Verfahren ist die Prüfung der Erfolgsaussicht statthaft, BVerfG NJW **06**, 496. Ist das Beschwerdegericht der Ansicht, daß die Voraussetzungen der Zulassung einer Rechtsbeschwerde vorliegen, dann muß es insoweit eine PHK bewilligen, BFH NJW **04**, 2033.

Rechtshängigkeit: Eine Erfolgsaussicht *fehlt* für den Bekl vor ihrem Eintritt, Bre FamRZ **89**, 198, Karlsr FamRZ **00**, 1022, Kblz FamRZ **98**, 1300.

Rechtsmittel: Vgl zunächst § 119 I 2. Maßgeblich ist die Sache selbst, nicht das Rechtsmittel, BVerfG NJW **97**, 2745, BGH AnwBl **07**, 94. Es kann auf eine Wiedereinsetzungschance ankommen, Rn 104 „Wiedereinsetzung". Für den Revisionsbekl kommt eine PKH erst nach dem Vorliegen der Revisionsbegründung in Betracht, BGH RR **01**, 1009. Trotz einer Bindung an die Revisionszulassung kann das wahre Fehlen ihres Grundes der Erfolgsaussicht entgegenstehen, BGH FamRZ **03**, 1552.

S auch Rn 85 „Berufung", Rn 100 „Revision".

Rechtsschutzbedürfnis: Das Gericht muß das Rechtsschutzbedürfnis wie bei jedem Antrag stets prüfen, BayObLG Rpfleger **90**, 127 (FGG). Es *fehlt* ab dem Erhalt eines Vollstreckungstitels, Ffm FamRZ **82**, 1223, Hamm FamRZ **80**, 708, Karlsr AnwBl **82**, 491.

Rechtsweg: Er muß zulässig sein. Auf einen Antrag muß das Gericht nach § 17 a III GVG vorab entscheiden, VGH Mannh NJW **92**, 707.

Restitutionsklage: Rn 104 „Wiederaufnahmeverfahren".

Revision: Eine Erfolgsaussicht fehlt trotz einer Zulassung, soweit eine Zurückverweisung nach § 552 a nötig wäre, BGH AnwBl **08** 76.

Schadensersatz: Das Gericht muß ein mögliches Mitverschulden mitbeachten, Düss JB **88**, 1057, KG MDR **79**, 672. 101

Scheidung: Es gilt wegen des Antragserfordernisses des § 124 FamFG nur § 76 I FamFG. Die Rechtsprechung zum bisherigen Recht war außerordentlich umfangreich. Danach gilt: Der Antragsteller muß die für eine Scheidung sprechenden Tatsachen darlegen, Drsd FamRZ **02**, 891, Köln FamRZ **95**, 1503. Eine Erfolgsaussicht vor dem Ablauf des Trennungsjahrs besteht grds nicht, Köln MDR **06**, 1294. Das gilt auch beim Härtefall und dann, wenn die Voraussetzungen einer einverständlichen Scheidung vorliegen, Drsd FamRZ **02**, 891. Auch bei einem auf §§ 1565, 1566 I BGB gestützten Scheidungsantrag muß der Antragsteller für das PKH-Gesuch die Voraussetzungen (jetzt) des § 134 FamFG darlegen, Karlsr FamRZ **80**, 681, aM KG MDR **80**, 675 (aber aus einem Antragszwang folgt fast stets auch ein eigentlich auch selbstverständlicher gewisser Begründungszwang). Der Antragsteller muß seine Angaben auch evtl nach §§ 118 II 1, 294 glaubhaft machen, Zweibr FamRZ **83**, 1132.

Wenn der *Gegner* des Scheidungsantrags PKH beantragt, muß das Gericht prüfen, ob sein Antrag eine hinreichende Erfolgssausicht hat, Düss FamRZ **86**, 697, aM Bbg RR **95**, 6 (aber so allgemein darf man nicht vorgehen. Es ist die folgende Differenzierung notwendig). Es kommt auf den Erfolg der beabsichtigten Rechtsverfolgung oder Rechtsverteidigung für das Verbundverfahren als Ganzes an, weniger also auf die Abwehraussicht gegenüber dem Scheidungsantrag, Düss (2. FamS) FamRZ **86**, 697, (3. FamS) FamRZ **90**, 80, Jena FamRZ **98**, 1179 rechts, aM Düss (5. FamS) JB **85**, 461 und (7. FamS) JB **82**, 1731, Rostock FamRZ **05**, 1914 (aber es ist immer eine Gesamtabwägung notwendig). Ein Versöhnungsversuch ist unschädlich, Hbg FamRZ **03**, 1018. Vgl freilich zum etwaigen Mutwillen Rn 124.

Die *Ausfüllung der Formulare* in Scheidungsverfahren zB für den Versorgungsausgleich kann nicht stets eine Voraussetzung der Bewilligung einer PKH werden, AG Syke RR **93**, 1479, wohl aber je nach der Lage des Einzelfalls, Hamm FamRZ **80**, 180, Karlsr FamRZ **84**, 1233. Der Unterhaltsberechtigte braucht sich nicht mit freiwilligen Zahlungen ohne einen Vollstreckungstitel zu begnügen, BGH FamRZ **98**, 1165, Mü FamRZ **94**, 313, Zweibr FamRZ **97**, 620. Er kann dem Gegner den Einwand mangelnder Zahlungsfähigkeit überlassen, Hamm FamRZ **98**, 1602. Soll das Scheidungsverfahren im Zeitpunkt der Entscheidung über das PKH-Gesuch nicht mehr weiterlaufen, ist grds *keine* PKH statthaft, auch kaum 102 rückwirkend, Ffm FamRZ **84**, 306. Vgl freilich § 119 Rn 10 ff und ausnahmsweise wegen § 1587 II BGB Karlsr FER **00**, 130. Das Gericht soll die Frage, ob eine grobe Unbilligkeit nach § 1579 BGB vorliegt, *nicht* im PKH-Verfahren entscheiden müssen, BVerfG FamRZ **93**, 664, Karlsr FamRZ **96**, 1289. Soweit in Wahrheit noch keine Entscheidung über eine Nutzungsentschädigung an der zugewiesenen Ehewohnung ergangen ist, kann trotz einer Rechtskraft der Scheidung eine Erfolgsaussicht zur Nutzungsentschädigung bestehen, Mü FamRZ **89**, 200.

Ist bei Anwendung *ausländisches* Rechts auch eine Abweisung für einen späteren Scheidungsantrag hilfreich, kann eine Erfolgsaussicht infrage kommen, Brschw FamRZ **97**, 1409, Celle FamRZ **98**, 758. Solange kein Antrag nach § 107 IV FamFG vorliegt, bleibt eine ausländische Ehescheidung unbeachtlich. Das Verfahren kann freilich zur Aussetzung führen, Karlsr RR **01**, 5.

Schlichtungsstelle: Ihr Gutachten bindet nicht, Enders Festschrift für Schneider (1997) 446.

Schmerzensgeld: Auch der Mittellose hat einen Anspruch auf ein so hohes Schmerzensgeld, wie es ein Bemittelter fordern könnte, Köln VersR **89**, 519. Wegen des Vorsatzumfangs beim Arbeitsunfall LAG Kiel NZA-RR **04**, 658.

Schwierige Frage: Rn 100 „Rechtsfrage".

Selbständiges Beweisverfahren: Das Gericht muß die Erfolgsaussicht auch im selbständigen Beweisverfahren prüfen, Rn 38 „Selbständiges Beweisverfahren". Es kommt auf die Erfolgsaussicht in *diesem* Verfahren an, nicht auf diejenige der Klage, Oldb MDR **02**, 910, Saarbr MDR **03**, 1436, LG Dortm RR **00**, 516.

Sorgerecht: Vgl. zunächst Üb 5 vor § 114. Das Gericht sollte nur zurückhaltend eine Erfolgsaussicht verneinen, Brdb FamRZ **06**, 1775. Eine Erfolgsaussicht besteht bei einem Handlungsbedarf, Nürnb FamRZ **02**, 109. Sie besteht bei einiger Wahrscheinlichkeit für einen Anspruch nach § 1632 IV BGB, Brdb FamRZ **06**, 1132.

Eine Erfolgsaussicht für die Übertragung auf den Antragsteller *fehlt* bei dessen erheblichen alkoholischen Problemen, Brdb FamRZ **02**, 120.

Steuerklasse: Eine Erfolgsaussicht besteht meist beim Streit um die sogar evtl rückwirkende Wahl der Steuerklasse bei getrennten Eheleuten wegen der schwierigen Rechtsfragen, Rn 100, BVerfG NJW **03**, 1858.

Streithilfe: Es kommt natürlich auch bei ihr auf die Gesamtumstände an, Ffm VersR **05**, 1550, Hamm JB **04**, 38.

Stufenklage: § 119 Rn 43 „Stufenklage".

Teilerfolg: Soweit nur ein Teilbetrag usw eine Erfolgsaussicht hat, darf das Gericht eine PKH grds auch nur dementsprechend bewilligen, Drsd DAVorm **93**, 845, Düss FamRZ **93**, 1217, Karlsr (15. ZS) RR **07**, 881, aM Karlsr FamRZ **06**, 1396, LSG Hbg JB **07**, 375. Wegen des Rests muß es eine PKH ablehnen. Eine Ausnahme kann bei einer Unerheblichkeit des Rests für den Kostenstreitwert gelten. VGH Mannh NVwZ-RR **06**, 856.

S auch Rn 105 „Zuständigkeit".

Überspannung: Rn 80.

103 **Umgangsrecht:** Eine Erfolgsaussicht liegt vor, soweit der Antragsteller seine Lage irgendwie verbessern kann, Brdb FamRZ **05**, 2011, Ffm FamRZ **05**, 2006, Hamm FamRZ **08**, 420. Beim Antrag auf eine Verpflichtung zum Umgang kommt ein etwa entgegenstehender Wille des Antragsgegners noch nicht jetzt in Betracht, Stgt FamRZ **06**, 1060. Eine Erfolgsaussicht besteht bei einem Handlungsbedarf, Nürnb FamRZ **02**, 109.

Eine Erfolgsaussicht *fehlt* meist erst dann, wenn das Kindeswohl gefährdet ist und wenn man es auch nicht durch Zusatzmaßnahmen sichern kann, Düss FamRZ **99**, 1670.

Unerfahrenheit: Sie hat erst bei § 121 II eine Mitbedeutung, VGH Mü NVwZ-RR **07**, 143.

Unterhalt: Es gilt § 76 I FamFG. Auch schwierige Fragen sind evtl im PKH-Verfahren vorprüfbar, Karlsr FER **98**, 121 (§ 1579 Z 6 BGB). Die Billigkeitsprüfung nach § 1581 BGB muß dem Hauptprozeß vorbehalten bleiben. Dasselbe gilt für einzelne Punkte einer computergestützten Berechnung, Köln NJW **07**, 307. Daher ist insoweit im PKH-Verfahren eine Großzügigkeit ratsam, Celle FamRZ **04**, 1573, und die die Wahrung des sog kleinen Selbstbehalts ausreichend, Karlsr FamRZ **91**, 1458. Das gilt auch beim Trennungsunterhalt, Karlsr FamRZ **07**, 838. PKH für „1/3 der Sätze der Düsseldorfer Tabelle" ist mangels Bestimmtheit *nicht* statthaft, Ffm FamRZ **91**, 1458. Eine PKH kommt auch für ein Gesuch nach dem Ausführungsgesetz zum UNÜbk über Unterhaltsansprüche im Ausland in Betracht, Ffm FamRZ **87**, 302. Eine Leistungsfähigkeit des Antragsgegners ist nicht stets erforderlich, Mü FamRZ **05**, 1859. Die Betreuung des Kindes kann eine Unterhaltspflicht mindern, Ffm FamRZ **06**, 439. Nach einem Forderungsübergang auf das Jugendamt muß der Antragsteller darlegen, inwieweit er noch vollstreckungsbefugt ist, LG Kassel FamRZ **06**, 494. Ein Kindergeldabzug ist unbeachtlich, Naumb FamRZ **06**, 496. Der Schuldner hat eine Erfolgsaussicht, wenn die Berechnung des Gläubigers unrealistisch ist, Schlesw FamRZ **07**, 486. Es kann eine eidesstattliche Versicherung notwendig werden, § 117 Rn 20, Bbg FamRZ **07**, 1182.

Ab Volljährigkeit des Berechtigten *entfällt* für den bisher nach § 1629 III BGB in eigenem Namen vorgegangenen Elternteil insoweit die Erfolgsaussicht, Mü FamRZ **96**, 422, Zweibr FamRZ **89**, 194. Das volljährige Kind muß am Wohnsitz des Unterhaltspflichtigen vorgehen, Hamm FamRZ **05**, 1259. Man muß Schwierigkeiten am Arbeitsmarkt beachten, Schlesw FER **98**, 187. Bei § 1603 II 1 BGB gelten strenge Maßstäbe, Nürnb FamRZ **98**, 982. Ein Antrag nach § 655 reicht grds, Brschw MDR **02**, 539, Mü MDR **02**, 702, Zweibr FamRZ **06**, 577. Der Gläubiger kann zwischen dem vereinfachten Verfahren und einem „normalen" FamFG-Verfahren wählen, Ffm FamRZ **08**, 420, Naumb FamRZ **01**, 924 links oben. Bei bloßen Teilzahlungen besteht ein volles Titulierungsinteresse, Kblz FamRZ **06**, 1611. Eine hinreichende Erfolgsaussicht auf Verneinung der Unterhaltspflicht kann bestehen, soweit eine Haftung des anderen Elternteils nach § 1603 II 3 BGB in Betracht kommt, Karlsr FamRZ **03**, 1676. Wenn der Schuldner eine Minderung erst in zwei Jahren vornehmen will, besteht jetzt noch keine Erfolgsaussicht für eine Titulierung, Köln RR **04**, 297.

S auch Rn 84 „Aufrechnung", „Auskunftsklage", Rn 101 „Scheidung".

Unwahrscheinlichkeit: Auch bei großer Unwahrscheinlichkeit der Beweisbarkeit kann die Erfolgsaussicht wegen der grundsätzlichen Notwendigkeit einer Beweiserhebung zwar nicht stets, aber doch im allgemeinen ausreichend vorhanden sein, Rn 86 „Beweisaufnahme".

Unzuständigkeit: Rn 105 „Zuständigkeit".

Urkunde: Ihre Vorlage begründet eine Erfolgsaussicht, es sei denn, sie spricht das Beweisthema nur indirekt an, Köln FER **01**, 67.

Urkundenprozeß: Eine Erfolgsaussicht erst im Nachverfahren genügt auch für ein Verfahren bis zum Vorbehaltsurteil, Saarbr MDR **02**, 1211.

Vaterschaftsverfahren: Es gilt wegen § 171 I FamFG (Antragszwang) nur § 76 I FamFG. Eine Erfolgsaussicht besteht bei der ernsthaften Möglichkeit einer Beweisaufnahme, Rn 86, Hbg DAVorm **84**, 708, Karlsr Just **87**, 64. Bei der Vaterschaftsfeststellung nach § 169 Z 1 FamFG ist es unschädlich, daß der Aufenthalt des etwaigen Vaters noch unbekannt ist, Karlsr FamRZ **98**, 486, Stgt DAVorm **95**, 751, oder daß das etwa erforderliche Blutgruppengutachten erst später möglich sein wird, Hbg DAVorm **86**, 367, Karlsr FER **98**, 271, oder daß man das erbbiologische Gutachten erst später einholen kann, Ffm DAVorm **85**, 508, aM ZöPh 46 (aber es kommt auf die Chance bei der Bewilligungsreife an. Die Abhängigkeit von einem Gutachten reicht meist aus, Zweibr MDR **06**, 271. Das Gutachten kann ebenso positiv wie negativ ausfallen), oder daß das DNA-Gutachten heimlich entstand, Schlesw FamRZ **05**, 1097. Ein Auslandswohnsitz des Antragsgegners schadet grds nicht, Hamm DAVorm **79**, 199. Ebensowenig schadet die Notwendigkeit einer Beweisaufnahme im Ausland, Hamm DAVorm **79**, 199. 104

Für den *Antragsgegner* liegt eine Erfolgsaussicht erst beim ernsthaften Zweifel an seiner Vaterschaft vor, Brdb FamRZ **07**, 152. Drsd RR **06**, 292, Stgt MDR **05**, 1115 (je streng), aM Hbg DAVorm **86**, 387, MusFi 14 (je: milder). Bei der Anfechtung der Anerkennung der nichtehelichen Vaterschaft kann die bloße Behauptung zur Vaterschaftsfrage kaum ausreichen, Karlsr FamRZ **95**, 1163, aM AG Bln FamRZ **95**, 1228 (zu großzügig. Man hat immerhin anerkannt gehabt). Nach dem Tod des angeblichen Vaters muß der Antragsteller eine Möglichkeit oder Durchführbarkeit einer etwaigen Exhumierung darlegen, § 372 a Rn 8, Köln FER **01**, 131. Eine Vergleichsbereitschaft ist ein deutliches Anzeichen einer Erfolgsaussicht, Karlsr FamRZ **04**, 550.

Im *Anfechtungsverfahren* nach § 169 Z 2 FamFG muß das Gericht der Mutter eine PKH auch nur zur Wahrung der eigenen Interessen gewähren, Celle NJW **01**, 3419, oder derjenigen des Unterstützten, Düss MDR **95**, 1038. Es kann die Behauptung ausreichen, der Antragsteller sei nicht der Vater, Köln NJW **98**, 2985, das Kind sei ihm ganz unähnlich, Düss FamRZ **85**, 1275. Zwar sind konkrete Anhaltspunkte notwendig, Karlsr FamRZ **01**, 1532. Man darf aber auch keine übertriebenen Anforderungen stellen, Karlsr MDR **01**, 1532. Deshalb kann der Beweisantrag „Vernehmung der Mutter" sehr wohl ausreichen, aM Köln FamRZ **05**, 43 (aber jeder zulässige Beweisantritt reicht grds. Denn sonst würde das Gericht das Beweisergebnis – negativ! – vorwegnehmen). In diesem Verfahren muß das Gericht dem Antragsgegner wegen der Notwendigkeit ihrer Beteiligung eine PKH gewähren, Köln FamRZ **96**, 1290, Nürnb JB **93**, 231. Es ist auch eine Beteiligung des Antragsgegners zwecks Unterstützung des Antrags ausreichend, Celle FamRZ **91**, 978 (erst recht für seinen Gegenantrag), Karlsr JB **99**, 253, Stgt DAVorm **90**, 469, aM Düss Fam **96**, 616, Hamm FamRZ **92**, 454, KG FamRZ **87**, 502 (aber es kommt auf eine auch wirtschaftliche Gesamtabwägung an). Die Erfolgsaussicht entfällt für den Antragsgegner nicht schon deshalb, weil er dem Antrag nicht entgegentritt, Kblz FamRZ **02**, 1194. Daran ändert auch § 1599 II BGB nichts, aM Naumb FamRZ **08**, 432. Drei erfolgreiche Anfechtungen ergeben nicht stets eine Erfolgsaussicht für eine vierte, Köln MDR **05**, 993.

Vereinfachtes Verfahren: Rn 103 „Unterhalt".

Verfahrensfehler: Es kommt nur auf die infolge des Verfahrensfehlers selbst nach einer Zurückverweisung wahrscheinliche Endentscheidung an, BGH RR **07**, 194 rechts oben, Bbg FamRZ **95**, 378.

Verfassungsmäßigkeit: Rn 100 „Rechtsfrage".

Vergleich: Auch hier kommt es auf die Erfolgsaussicht eines streitigen Verfahren wie sonst an, Kblz FamRZ **90**, 180, Köln FamRZ **02**, 760, Zweibr JB **88**, 221. Eine Vergleichsbereitschaft beider Parteien kann zur PKH ausreichen, Nürnb FamRZ **98**, 492. Das gilt auch in Amtsverfahren, LSG Mainz AnwBl **81**, 409. Freilich sind auch insofern kein Schematismus und keine gedankenlose Großzügigkeit zulässig. Ein Vergleich bedeutet zumindest eine Erfolgsaussicht in seinem Umfang, Köln FamRZ **00**, 1094. Er kann darüber hinaus eine Erfolgsaussicht des gesamten Verfahrens bedeuten, Bbg FamRZ **95**, 939, Köln FamRZ **02**, 760, Nürnb FamRZ **02**, 758, aM Köln FamRZ **98**, 835, Mü MDR **87**, 239, Mümmler JB **83**, 287 (aber es kommt auf die Gesamtumstände an). Ein Widerrufsvergleich kann reichen, AG Groß Gerau MDR **81**, 853.

Unzulässig ist eine PKH für das Bewilligungsverfahren *nach* einer PHK für den Hauptprozeß. Ein Vergleich nur zwecks Protokollierung einer vorgerichtlichen Einigung reicht nicht, Nürnb JB **92**, 49.

Verjährung: Die Einrede der Verjährung kann zur Erfolgsaussicht für den Bekl ausreichen. Eine Verjährung ist nur nach einer entsprechenden Einrede (Rüge) beachtlich, LG Siegen DAVorm **78**, 651, ArbG Regensb JB **92**, 697.

S auch Rn 91 „Fristversäumung".

Vertretbarkeit: Der Standpunkt des Antragstellers muß vertretbar sein.

Widerklage: Man muß ihre Voraussetzungen selbständig prüfen. Ihre Anhängigkeit genügt, Rn 84 „Anhängigkeit".

Wiederaufnahme: Das Gericht muß die Erfolgsaussicht auch zur Hauptsache prüfen, BGH NJW **93**, 3140.

Wiedereinsetzung: Das Gericht muß ihre Möglichkeit mitbeachten, BVerfG Rpfleger **01**, 188 (StVollzG).

Zugewinnausgleich: Eine Erfolgsaussicht scheitert nicht an dem Besitz eines notwendigen Pkw, Kblz FamRZ **04**, 1880. Zum Problem auch Jena FamRZ **05**, 1186. 105

Zug-um-Zug-Leistung: Bei einem Zug-um-Zug-Anspruch muß die Gegenleistung nach §§ 756, 765 erbringbar sein, Düss MDR **85**, 59.

Zurückbehaltungsrecht: Für den Bekl kann die Geltendmachung eines Zurückbehaltungsrechts ausreichen. Es fehlt gegenüber einem Auskunftsanspruch nach § 1379 BGB, Jena FamRZ **97**, 135.

Zusatzgutachten: Seine Notwendigkeit kann ausreichen, Karlsr FamRZ **84**, 702.

S auch Rn 86–88.

Zuständigkeit: Eine Erfolgsaussicht kann auch dann vorliegen, wenn das nach § 117 angerufene Gericht nach § 17 a GVG vorgehen müßte, Gsell/Mehring NJW **02**, 1994.

Es *fehlt* die Erfolgsaussicht vor diesem Gericht, wenn es unzuständig ist, BGH RR **04**, 1437, Hamm FamRZ **05**, 1259. Freilich kann dann eine Verweisung infragekommen und reichen, BGH RR **04**, 1437. Die Erfolgsaussicht kann ferner insgesamt fehlen, wenn nur ein solcher Teil in seiner Erfolgsaussicht bestehenbleibt, dessen Wert unterhalb der sachlichen Zuständigkeit des angerufenen Gerichts liegt, Rn 85 „Berufung", BGH RR **04**, 1437, Brdb MDR **01**, 769, Düss JB **07**, 438, aM Drsd MDR **95**, 202, Mü MDR **98**, 922 (aber dann müßte das Gericht mangels einer Verweisung oder Klagerücknahme die Klage als unzulässig abweisen). § 261 III Z 2 bleibt freilich beachtlich, aM Saenger MDR **99**, 853 (aber die Vorschrift gilt uneingeschränkt). Außerdem läßt sich bei einer statthaft unbezifferten Klage die Zuständigkeit des LG nicht schon deshalb bereits im PKH-Verfahren leugnen, weil ein Betrag aus seinem Zuständigkeitsbereich zweifelhaft ist, Schlesw RR **99**, 1667.

Zwangsversteigerung: Bei einer Teilungsversteigerung muß eine Aussicht auf ein Gebot bestehen, LG Heilbr Rpfleger **07**, 40.

Zwangsvollstreckung: Ein erfolgversprechender Antrag nach § 765 a kann auch dann genügen, wenn das Gericht nicht von § 788 IV Gebrauch macht, LG Hann WoM **90**, 398. Die völlige Aussichtslosigkeit der Zwangsvollstreckung zumindest auf absehbare Zeit kann auch schon eine entsprechende Aussichtslosigkeit der Rechtsverfolgung im Erkenntnisverfahren bedeuten, Celle NJW **97**, 532, Köln JB **91**, 275, Hamm RR **99**, 1737 (Vorsicht!). Man muß nicht einen Vollstreckungsauftrag beifügen, LG Kassel FamRZ **06**, 494.

Eine Erfolgsaussicht kann *fehlen*, soweit der Antragsteller eine nach §§ 756, 765 notwendige Gegenleistung nicht erbringen kann, Düss MDR **82**, 59, oder soweit die Vollstreckung von Amts wegen erfolgt, Brdb FamRZ **96**, 421, oder soweit unklar ist, gegen was sich der Schuldner als Antragsteller wenden will, BGH VersR **05**, 1705.

S auch „Zug-um-Zug-Leistung".

Zwischenfeststellungsklage: Rn 91 „Feststellungsklage".

106 **9) Fehlen von Mutwillen, S 1, 2.** Die Vorschrift entspricht Art 6 I MRK, EGMR NJW **08**, 2317. Selbst wenn die beabsichtigte Rechtsverfolgung oder Rechtsverteidigung eine hinreichende Erfolgsaussicht bietet, darf das Gericht eine PKH doch nur dann gewähren, wenn das gesamte Prozeßverhalten des Antragstellers nicht als mutwillig erscheint, Köln FamRZ **87**, 1168. Das gilt auch im Verfahren auf ein sog eingehendes Gesuch um einen Auslandsunterhalt, § 9 S 1 AUG, und wegen § 76 I FamFG. Die Regelung ist mit dem GG vereinbar, BVerfG FamRZ **08**, 132. Sie bezweckt nicht eine Sanktion, BFH RR **00**, 1374.

107 **A. Begriff des „Mutwillens".** Mutwillig handelt derjenige, der davon abweicht, was bei der auch hier erlaubten und notwendigen lediglich vorläufigen Prüfung nach Rn 80 eine verständige ausreichend bemittelte Partei in einem gleichliegenden Fall tun würde, BVerfG Rpfleger **02**, 213, Brdb MDR **05**, 1296, LAG Bln NZA-RR **06**, 214. So hat die Klage gegen einen völlig Vermögenslosen nur selten einen Sinn, selbst wenn derzeit ein gewisses Rechtsschutzbedürfnis bestehen mag. Es müßte wenigstens eine kleine Aussicht dafür bestehen, daß der Verurteilte einmal wieder zu Geld kommt, Peters FamRZ **75**, 121. Deshalb muß das Gericht die Bewilligung lediglich zur Erwirkung eines Kostenurteils gegen einen Vermögenslosen meist ablehnen.

Maßgeblich ist also der *Nutzen* einer Entscheidung *überhaupt*, BSG MDR **76**, 611. Mutwille liegt zB vor, wenn ein einfacherer und billigerer Weg möglich wäre, BFH RR **00**, 1374, Karlsr FamRZ **04**, 550, Kblz AnwBl **05**, 296 (Widerklage). Denn dann fehlt ein Rechtsschutzbedürfnis, Grdz 46 vor § 253. Man muß aber auch den Verhältnismäßigkeitsgrundsatz beachten, Einl III 23. Der Bedürftige darf den sichersten Weg gehen, Düss MDR **89**, 826, Ffm RR **86**, 944. Man muß den Begriff Mutwillen streng auslegen, Hbg FamRZ **98**, 1178 (nur bei schwerwiegendem Fall). Er darf evtl mehrere Parallelverfahren bei verschiedenen Gerichten beginnen, zB zwecks Zulassung, OVG Lüneb NVwZ-RR **05**, 861.

108 **B. Maßgeblicher Zeitpunkt: Bewilligungsreife.** Es kommt auch hier auf den Zeitpunkt der Entscheidungsreife an, § 119 Rn 5, Köln RR **04**, 64. Evtl muß das Gericht daher eine Rückwirkung aussprechen. § 119 Rn 10.

109 **C. Beispiele zur Frage eines Mutwillens**

Abänderung: Mutwillig ist der Antrag auf die Feststellung, daß kein Unterhaltsanspruch besteht, obwohl schon und noch ein Abänderungsverfahren nach (jetzt) § 54 FamFG statthaft ist, Hamm FamRZ **87**, 962, aM Köln FamRZ **84**, 717, oder soweit ein solches Verfahren nach § 56 FamFG statthaft ist. Mutwillig sein kann der Antrag auf eine Herabsetzung von Unterhalt wegen eines solchen Berufswechsels, den der Antragsteller zumindest grob leichtfertig verursacht hat, Bbg JB **90**, 1646, oder die Abänderungsforderung trotz einer bevorstehenden Herausgabe des bisherigen Titels an den Schuldner, Köln FamRZ **06**, 718.

S auch Rn 128 „Unterhalt", Rn 131 „Vorprozeß".

Abtretung: Mutwillig ist eine Klage auf Grund einer nur zu diesem Zweck erfolgten Abtretung oder Rückabtretung, Naumb FamRZ **04**, 381.

Anerkenntnis: Es bedeutet für den Gegner anschließend *nicht stets* Mutwillen, Bbg FamRZ **92**, 456.

Anhängigkeit: Mutwillig ist die Einreichung einer sog Schutzschrift nach Grdz 7 vor § 128 vor der Anhängigkeit des gegnerischen Antrags, § 261 Rn 1.

Arbeitserlaubnis: Rn 124.

Arbeitsrecht: Mutwille liegt vor, wenn der Arbeitgeber eine Kündigungsfrist nur ganz gering unterschritten hat und wenn der Arbeitnehmer ohne einen vorherigen außergerichtlichen Klärungsversuch eine Klage einreichen läßt, LAG Mainz MDR **00**, 650. Mutwille kann bei einem solchen Weiterbeschäftigungsantrag vorliegen, den der Kläger nicht als einen unechten Hilfsantrag stellt, LAG Bln NZA-RR **06**, 214, LAG Düss JB **89**, 1441.

S auch Rn 128 „Unzuständigkeit".

Ärztliche Behandlung: Mutwille liegt *keineswegs stets* schon deshalb vor, weil der Antragsteller nicht vorher die Gutachterkommission für ärztliche Haftpflichtfragen angerufen hat, Düss MDR **89**, 826, Stegers AnwBl **89**, 140, aM LG Aurich NJW **86**, 792 (abl Matthies), LG Dortm JZ **88**, 255 (abl Giesen. Aber es kann gewichtige Zeit- und andere -gründe für die sofortige Ausrufung des Gericht geben).

Aufrechnung: Mutwille *fehlt,* solange der Gegner eine Aufrechnung noch nicht einmal angekündigt hat. Mutwille fehlt evtl auch noch nach ihrer Vornahme, Karlsr MDR **00**, 902.

S auch Rn 131 „Widerklage".

Auskunft: Mutwillig ist eine Zahlungsklage, soweit eine Auskunftsklage zumutbar ist, Hamm FamRZ **86**, 924, Schlesw SchlHA **78**, 84, und umgekehrt, Schlesw FamRZ **86**, 1031. Mutwillig ist der Antrag auf einen Zugewinnausgleich ohne eine Auskunft über das Endvermögen, Schlesw SchlHA **78**, 84. Mutwillig ist eine Auskunftsforderung, obwohl kein Zweifel an der Leistungsunfähigkeit des Gegners besteht, Schlesw FamRZ **86**, 1031. Mutwillig sind getrennte Klagen statt der Stufenklage, soweit sie sinnvoll ist, Düss FamRZ **89**, 204. Die isolierte Auskunftsforderung statt derjenigen im Verbundverfahren nach (jetzt) § 137 FamFG kann mutwillig sein, Düss FamRZ **91**, 94. Vgl aber auch Stgt FamRZ **07**, 1109, Rn 131. Mutwillig sein kann die Auskunftsklage des Unterhaltsberechtigten neben derjenigen des Sozialhilfeträgers, Köln FamRZ **01**, 1713, oder die Forderung nach einer persönlichen Auskunft statt derjenigen des ProzBev, Naumb FamRZ **07**, 1814. Mutwillig ist die Rechtsverteidigung nach einer verspäteten Auskunft, Düss FamRZ **97**, 1017.

Auslandsunterhalt: Mutwillen muß auch im Verfahren auf ein sog eingehendes Gesuch um Auslandsunterhalt fehlen, § 9 S 1 AUG, abgedruckt bei § 122.

Mutwille *fehlt* grds bei einer Wahl des deutschen statt des ausländischen Gerichts, aM Hamm FamRZ **01**, 1534 (aber ein Auslandsverfahren ist in aller Regel schon wegen der Entfernung und der Problematik eines inländischen Verkehrs- oder Vertrauensanwalts mindestens ebenso schwierig durchführbar).

Auslandsvollstreckung: Mutwillig ist ein Verfahren auf eine Zwangsvollstreckung gegen einen im Ausland lebenden Schuldner, soweit sie dort kaum durchführbar wäre, Celle NJW **97**, 532, Drsd JB **04**, 147, LG Wuppert Rpfleger **85**, 210. Das gilt erst recht bei einer dortigen bloßen sog Briefkastenfirma, zu großzügig Hamm RR **05**, 723.

Beitritt: Mutwillig ist im Vaterschaftsanfechtungsverfahren, in dem das Kind einen von seiner Mutter als **110**
gesetzlicher Vertreterin bestellten Anwalt hat, der Beitritt der Mutter zum Rechtsstreit, Düss FamRZ **80**, 1147, Hamm FamRZ **94**, 386, aM Karlsr FamRZ **98**, 485 (aber man muß auch die Prozeßwirtschaftlichkeit mitbedenken, Grdz 14 vor § 128).

S auch Rn 112 „Ehelichkeitsanfechtung".

Beratungshilfe: Mutwillig ist eine Klage, soweit man eine Beratungshilfe beanspruchen kann, Anh § 127, Oldb NdsRpfl **81**, 253.

Berufswechsel: Rn 109 „Abänderung".

Deckungsprozeß: Rn 130 „Versicherung".

Ehesache: Rn 124, 125, 128. **111**

Ehescheidung: Rn 124, 125. **112**

Einspruch: Rn 129 „Versäumnisurteil".

Einstweilige Anordnung, Verfügung: Mutwillig ist eine Unterhaltsklage, soweit schon eine einstweilige **113**
Anordnung im Eheverfahren besteht, (je zum alten Recht) Düss FamRZ **91**, 1083, Ffm FamRZ **82**, 1223, Kblz FamRZ **88**, 308 sowie 1182, aM Hbg FamRZ **90**, 181, Schlesw JB **91**, 1229, Stgt FamRZ **92**, 1196 (aber es liegt schon ein immerhin zunächst ausreichender Vollstreckungstitel vor).

Mutwille *fehlt*: Bei einer verneinenden Feststellungsklage gegen eine einstweilige Anordnung, Köln FamRZ **84**, 717; soweit bei eines Unterhaltsantrags oder einer Sorgerechtsstreitigkeit eine einstweilige Anordnung noch nicht vorliegt, (je zum alten Recht) Düss FamRZ **78**, 192, Hbg FamRZ **90**, 642, KG FamRZ **88**, 93, aM Hamm FamRZ **83**, 1150 (abl Ricken), Schlesw SchlHA **78**, 67 (aber ungeachtet unterschiedlicher Chancen und Risiken sollte ein Verfahrens-Wahlrecht bestehenbleiben).

S auch Rn 126 „Sorgerecht", Rn 128 „Unterhalt".

Einwendung: Rn 122 „Rechtsmißbrauch".

Erledigung der Hauptsache: Mutwille liegt beim PKH-Gesuch nach ihrem Eintritt vor, OVG Schlesw NVwZ-RR **04**, 460.

Erschleichung des Gerichtsstands: Mutwillig ist eine unnötige Zerreißung des Sachverhalts, um vor verschiedenen Gerichten Teilansprüche geltend zu machen, Einl III 56, Karlsr MDR **88**, 972, Schneider MDR **89**, 606.

Erwerb: Mutwille liegt vor, soweit sich der Antragsteller nicht zur Behebung seiner Bedürftigkeit um einen Erwerb bemüht, Brdb JB **05**, 371, Stgt DAVorm **86**, 728. Vgl auch Rn 46 ff.

Feststellungsklage: Mutwillig ist eine Widerklage mit dem Ziel der Feststellung des Nichtbestehens der **114**
ganzen Forderung gegenüber einer Klage auf die Leistung eines Teilbetrags, soweit man die Widerklage vor jeder Klärung erhebt. Mutwillig ist eine verneinende Feststellungswiderklage, obwohl das Gericht voraussichtlich im Rahmen der Forderung auf den Zugewinnausgleich über die Gesamthöhe der Ansprüche abschließend entscheiden wird, Hamm FamRZ **84**, 481.

Mutwille *fehlt* bei einer verneinenden Feststellungsklage gegen eine einstweilige Anordnung, Köln FamRZ **84**, 717.

Folgesache: Rn 124, 125.

Gerichtsstand: Rn 113 „Erschleichung des Gerichtsstands". **115**

Gesellschaft: Mutwillig sein kann eine Revision zwecks einer Umstellung des Titels auf die Gesellschaft bürgerlichen Rechts statt auf die Gesellschafter, aM BGH NZM **03**, 108 (aber man kann dadurch praktisch meist nicht mehr erreichen).

Gutachterkommission: Rn 109 „Ärztliche Behandlung".

Hausratssache: Rn 124, 125. **116**

Insolvenz: Mutwillig ist der Antrag eines Gläubigers, wenn keine Masse vorhanden ist, § 26 InsO. Mutwillig ist die Aufnahme durch den Gegner des Schuldners, soweit der Insolvenzverwalter erklärt, er selbst werde nicht aufnehmen, Kblz OLGZ **88**, 124. Mutwillig ist die Einforderung einer Stammeinlage vom Gesellschafter und vom Rechtsvorgänger in getrennten Prozessen, Hamm MDR **05**, 350.

Mutwille *fehlt,* wenn das Insolvenzverfahren über das Vermögen des Antragstellers nicht den Streitgegenstand erfaßt, Düss MDR **00**, 909, oder soweit er einen Anspruch auf einer Aufbringung oder Erhaltung eines Kapitals gegen einen Gesellschafter verfolgt, Hbg MDR **05**, 776.

117 **Klaganlaß:** Mutwillig ist eine Klage, obwohl voraussichtlich ein Antrag auf den Erlaß eines Mahnbescheids ausreichen wird, weil der Prozeßgegner die Forderung bisher nicht bestritten hat oder anerkennen will, Düss MDR **08**, 881 (wegen der PKH für die Zwangsvollstreckung Grdz 38 vor § 704), LG Lüneb RR **02**, 647. Mutwillig ist eine solche Unterlassungsklage, für die ein besonderes Interesse fehlt, zumal eine Privatklage billiger zu demselben Ziel führen wird. Mutwillig ist es, wenn der Antragsteller nicht die verneinende Feststellungsklage des Schuldners abwartet, soweit ihm ein solches Zuwarten zumutbar ist, Künkel DAVorm **83**, 348 (Vorsicht!). Mutwillig ist die Erhebung einer weiteren Klage statt der Erweiterung der bisherigen, Bbg FamRZ **90**, 187, LAG Düss JB **86**, 605.

Vgl auch Rn 107.

Klagerwiderung: Das anfängliche Schweigen des (künftigen) Bekl macht seinen eigenen PKH-Antrag nicht mutwillig, Hamm FamRZ **08**, 1264, Schlesw MDR **07**, 118.

Klagerücknahme: Mutwille liegt beim PKH-Gesuch nach der Klagerücknahme vor, OVG Schlesw NVwZ-RR **04**, 460.

Mutwille *fehlt,* soweit eine frühere Klagerücknahme unnötig war, Düss FamRZ **76**, 277. Die – auch wiederholte – Rücknahme eines früheren Scheidungsantrags ist unschädlich, sofern an der Ernsthaftigkeit des jetzigen Scheidungsantrags kein Zweifel besteht, Ffm FamRZ **82**, 1224. Das kann sogar noch beim dritten Scheidungsantrag solcher Art gelten, Ffm FamRZ **82**, 1224. Strengere Maßstäbe gelten aber zB beim vierten Scheidungsantrag nach einer vorher jeweils eingetretenen Aussöhnung, Köln FamRZ **88**, 92. Mutwille kann fehlen, wenn man ankündigt, die Klage nach einer Bewilligung der PKH zurückzunehmen, LAG Mü AnwBl **90**, 176. Mutwille fehlt, wenn man die ohne eigenes Verschulden gescheiterte Klage neu und diesmal richtig erhebt.

118 **Kostenersparnis:** Rn 121 „Prozeßförderung".

Leistung statt Feststellung: Mutwillig ist eine Leistungsklage, soweit eine verneinende Feststellungsklage reicht, LAG Stgt NZA-RR **05**, 325. Freilich fließen die Grenzen.

119 **Mahnantrag:** Rn 117 „Klaganlaß".

Mediation: Mutwille *fehlt,* wenn man keine Mediation versucht hat, Hamm FamRZ **03**, 1758.

Mehrkosten: Rn 121 „Prozeßförderung".

Mietrecht: Mutwille kann auch dann vorliegen, wenn der antragstellende Mieter den Rückstand schon vor der Rechtshängigkeit hätte zahlen können, LG Mannh WoM **88**, 269.

Mutwille kann *fehlen,* wenn der rechtskundige Vermieter vor dem zugesagten Räumungstermin klagt, aM AG Hagen WoM **90**, 83 (aber der Kläger kann kaum einigermaßen sicher wissen, ob das Gericht zB auch noch Vollstreckungsschutz gewähren wird).

S auch Rn 96 „Mietrecht".

120 **Öffentliche Zustellung:** Mutwille *fehlt* bei ihrer Notwendigkeit, Köln FamRZ **05**, 460.

Offenbarungsversicherung: Mutwille *fehlt,* soweit eine oder mehrere Offenbarungsversicherungen des Schuldners mehr als drei Jahre zurückliegen, LG Saarbr Rpfleger **86**, 70.

121 **Patent:** Mutwillig liegt vor, soweit ein Patent nicht verwertbar sein dürfte, Rn 107, BPatG GRUR **00**, 307.

Patient: Rn 126 „Schiedsstelle".

Privatklage: Mutwillig ist eine solche Unterlassungsklage, für die ein besonderes Interesse fehlt, zumal eine Privatklage billiger zu demselben Ziel führen wird.

S auch Rn 117 „Klaganlaß".

Protokollierung: Mutwille kann vorliegen, soweit die Partei vorinstanzlich keinen Berichtigungsantrag nach § 164 gestellt hatte, Brdb FamRZ **05**, 1843.

Prozeßförderung: Mutwille liegt vor, soweit der Antragsteller seinen Prozeß nicht fördert, Düss FamRZ **79**, 159. Er muß auch den billigeren Weg wählen, wenn dieser ebenso zum Ziel führt, Hamm FamRZ **01**, 1533, Köln RR **93**, 1480, Zweibr FamRZ **00**, 756.

Prozeßkostenvorschuß: Mutwille kann vorliegen, wenn sich ein Vorschuß doch nicht durchsetzen ließe, AG Westerburg FamRZ **03**, 1759, etwa durch einen gemeinsamen Anwalt, LG Tüb JB **90**, 506, oder durch eine Eingabe zum Protokoll einer nahen Geschäftsstelle, BayObLG FamRZ **90**, 648 und 1123.

122 **Rechtsanwalt:** S „Prozeßförderung".

Rechtsmißbrauch: Mutwillig ist jeder Rechtsmißbrauch, Einl III 54, Üb 6 vor § 114. Das gilt zB für das Vorschieben eines mittellosen Strohmanns, BPatG GRUR **98**, 45, oder des einzigen vermögenslosen Miterben, oder für das Zurückhalten einer Einwendung, die zur teilweisen Versagung der gegnerischen PKH geführt hätte, Oldb FamRZ **02**, 1713, oder für die Ablehnung einer Stellungnahme zum klägerischen PKH-Antrag mit einer erst später folgenden Verteidigung, Brdb JB **06**, 37.

S aber auch „Rechtswidrigkeit", Rn 131 „Vollstreckbarkeit".

Rechtsmittel: Mutwillig ist ein solches, das erst auf Grund eines solchen Arguments eine Erfolgsaussicht hat, das man auch in der Vorinstanz hätte vortragen können. Denn andernfalls würde man § 97 II unterlaufen, Brdb FamRZ **06**, 1549, Jena MDR **99**, 257. Mutwillig ist ein Antrag trotz der Absicht des Berufungsgerichts, die gegnerische Berufung nach § 522 II zurückzuweisen, Köln MDR **06**, 947.

Mutwille *fehlt* durchaus bei einem Antrag des Berufungsbekl vor einer gegnerischen PKH-Bewilligung, aM Hamm FamRZ **06**, 348 (aber der Grundgedanke § 91 Rn 159 gilt allgemein).

Rechtsschutzbedürfnis: Das Gericht muß das Rechtsschutzbedürfnis grds unabhängig von der Frage der Mutwilligkeit prüfen, (zum alten Recht) BayObLG Rpfleger **90**, 127. Freilich wird bei seinem Fehlen meist auch Mutwille vorliegen. Das Rechtsschutzbedürfnis kann zB dann *fehlen,* wenn man eine Vorentscheidung des Berufungsgerichts in seiner Eigenschaft auch als Beschwerdegericht erschleichen will, Köln JB **70**, 67.

Rechtsschutzversicherung: Mutwille kann vorliegen, soweit die Klage äußerst riskant ist, Kblz VersR **05**, 974.

S aber auch Rn 67 „Rechtsschutzversicherung".

Rechtsverteidigung: Mutwillig ist sie nur dann, wenn der Gegner dem Antrag in Wahrheit nicht entgegentritt, Köln RR **01**, 870.

Rechtswidrigkeit: *Nicht jedes* rechtswidrige Verhalten ist mutwillig, LG Heilbr Rpfleger **92**, 206. S aber auch „Rechtsmißbrauch".

Sachantrag: Mutwille liegt vor, soweit der einen Prozeßantrag stellende Bekl anschließend gar keinen 123
Sachantrag stellen will.

Scheidung: Es gilt wegen § 133 FamFG (Antragszwang) nur § 76 I FamFG. Mutwillig ist der Aufhebungs- 124
oder Scheidungsantrag desjenigen Partners, der dem ausländischen Antragsgegner durch die Ehe lediglich gegen ein Entgelt eine Aufenthaltserlaubnis verschaffen wollte, Hamm FamRZ **00**, 1092, Kblz RR **04**, 157, Nürnb RR **95**, 901, aM Hamm FamRZ **01**, 1081, Karlsr FamRZ **03**, 1760, Köln FamRZ **08**, 1260 (aber ein Rechtsmißbrauch verdient nie einen Schutz, Einl III 54).

Mutwillig ist grds ein Scheidungsantrag, gar nur 2 Monate, nach der Schließung der *Scheinehe,* Brdb FamRZ **06**, 133, Hamm FamRZ **82**, 1073, AG Bochum FamRZ **04**, 1497, aM Ffm FamRZ **04**, 1882, Naumb FamRZ **01**, 629, Stgt FamRZ **02**, 890 (aber ein Rechtsmißbrauch ist stets schädlich, Einl III 54, BGH NJW **05**, 2782). Auch innere Vorbehalte bei der Eheschließung können eine Mutwilligkeit des Aufhebungsauftrags zur Folge haben, Naumb FamRZ **04**, 548. Mutwillig ist ein Scheidungsantrag vor dem Ablauf des Trennungsjahres nach § 1565 II BGB, Drsd FamRZ **02**, 941, AG Lüdenscheid FamRZ **94**, 314. Nachvollziehbare Gründe können eine Ausnahme rechtfertigen, Karlsr FER **99**, 280, Stgt FamRZ **02**, 890. Mutwillig ist grds eine selbständige Forderung auf eine Auskunft in einer Folgesache oder auf Unterhalt usw statt seiner Geltendmachung im Verbundverfahren, Brdb FamRZ **02**, 1412, Karlsr FamRZ **04**, 1880, Zweibr FamRZ **00**, 756, aM Brdb JB **07**, 211 links, Hamm FamRZ **05**, 1100 links, Karlsr (20. ZS) FamRZ **05**, 1099 (aber die Prozeßwirtschaftlichkeit muß stets eine erhebliche Bedeutung behalten, Grdz 14 vor § 128). Mutwillig sein kann die Unterlassung einer unaufgeforderten aktiven Mitwirkung an der Klärung der Vermögensverhältnisse beim Trennungsunterhalt, Brdb FamRZ **04**, 120 (dort wohl zu streng).

Mutwillig ist grds der *erneute* Antrag nach der Rücknahme desjenigen früheren, für den der Antragsteller eine PKH erhalten hatte, Hamm FamRZ **90**, 1375, Karlsr FamRZ **98**, 486, Köln RR **88**, 1477, es sei denn nach einer zwischenzeitlichen Versöhnung, Karlsr FamRZ **89**, 1313. Mutwillig ist die Geltendmachung eines Zugewinnausgleichs außerhalb des diesbezüglich laufenden Verfahrens, Jena FamRZ **98**, 1179 links, Köln FER **97**, 67. Mutwille liegt vor, soweit die Anerkennung der Auslandsscheidung nur an der Berufung auf einen Zustellungsmangel scheitert, Stgt FamRZ **03**, 1019. Mutwille liegt bei demjenigen Antragsgegner vor, der die erforderliche Mitwirkung verweigert, der zB beim Jugendamt nicht zum Gespräch erscheint, Karlsr FamRZ **04**, 549.

Mutwille *fehlt* zB in folgenden Fällen: Man hat die Trennung verschuldet, Ffm FamRZ **97**, 618; man 125
begehrt im Anschluß an den Scheidungsantrag des anderen Ehegatten jetzt auch selbst die Scheidung, Jena FamRZ **96**, 416, aM AG Syke RR **93**, 1479; man erhebt eine Forderung auf die Herstellung des ehelichen Lebens, selbst wenn man keine wirkliche Aussicht auf ihre Herstellung hat; man betreibt das Hauptverfahren, statt eine einstweilige Anordnung zu erwirken, Rn 113 „einstweilige Anordnung, Verfügung"; der nichtvermögende Partner stellt den Scheidungsantrag, Hamm FamRZ **86**, 1014, Karlsr FamRZ **94**, 1124; man stellt einen Scheidungsantrag gegen eine Scheinehe, die immerhin schon eine Reihe von Jahren formell bestanden hat, Karlsr FamRZ **86**, 681; man nimmt wegen der Versöhnungschance den ersten Scheidungsantrag zurück und stellt bei einer wieder verschlechterten Lage einen neuen, Karlsr FamRZ **89**, 1314; man macht aus besonderen vernünftigen Gründen von der Möglichkeit Gebrauch, eine Folgesache, etwa eine Hausratssache oder eines Kindesunterhalt, nicht im Scheidungsverbund durchzuführen, sondern isoliert, Ffm FamRZ **01**, 629, Naumb Rpfleger **96**, 206, Schlesw MDR **04**, 398; man verfährt so wegen des Zugewinnausgleichs, BGH NJW **05**, 1497, Rostock FamRZ **99**, 597, oder wegen des nachehelichen Unterhalts, Kblz FamRZ **05**, 460; man konnte vor der Geltendmachung eines nachehelichen Unterhalts außerhalb des Verbundverfahrens auf eine außergerichtliche Einigung hoffen, Schlesw FamRZ **03**, 318; man macht eine unterhaltsrechtliche Folgesache geltend, obwohl das FamG sie schon durch eine einstweilige Anordnung geregelt hat, Hbg FamRZ **90**, 181; man erstrebt eine Grundstücksübertragung durch einen Vergleich vor dem FamG statt vor dem Notar, Kblz FamRZ **92**, 836; man wählt statt des Wegs nach § 1599 II BGB das teurere, aber klarere Statusverfahren, Karlsr FamRZ **01**, 232.

S auch Rn 117 „Klagerücknahme", Rn 126 „Sorgerecht", Rn 128 „Unterhalt".

Schiedsstelle, dazu *Sieg* NJW **92**, 2992 (Üb): Mutwille *fehlt* meist, soweit es nur darum geht, daß der 126
Antragsteller nicht zuvor eine Gutachter- oder Schlichtungs- oder Schiedsstelle angerufen hat, Hamm VersR **02**, 1002, aM Köln MDR **90**, 638, Oldb zit bei Giesen JZ **88**, 255, LG Dortm JZ **88**, 255 (abl Giesen. Meist kann man mit der Schiedsstelle dasselbe erreichen).

Schutzschrift: Mutwillig ist die Einreichung einer Schutzschrift nach Grdz 7 vor § 128 vor der Anhängigkeit des gegnerischen Antrags, § 261 Rn 1.

Schweigen: § 118 Rn 12.

Sorgerecht: Es gilt § 76 I FamFG. Mutwillig ist die Klage der Mutter auf eine Übertragung des Sorgerechts für die Zeit des Getrenntlebens, obwohl sie es schon einverständlich tatsächlich erhielt, Düss RR **92**, 197, Köln FamRZ **80**, 929, AG Hamm FamRZ **87**, 1069, aM Mü FamRZ **97**, 619 (aber dann fehlt das Rechtsschutzbedürfnis, Grdz 33 vor § 253). Mutwillig ist die Geltendmachung von Sorgerecht und Wohnung in getrennten Verfahren, Düss JB **91**, 708, Hamm FamRZ **00**, 1092, Karlsr FamRZ **06**, 494, oder ein Antrag auf eine einstweilige Anordnung wegen bloß gelegentlicher verbaler Störungen, AG Westerstede FamRZ **96**, 1224. Mutwillig ist ein Antrag auf eine Übertragung des Sorgerechts nach § 1672 BGB, obwohl das Gericht bereits das Ruhen des Sorgerechts des Gegners nach § 1674 I BGB festgestellt hat, Ffm FamRZ **92**, 583. Mutwillig ist ein Antrag wegen des Umgangsrechts, wenn ihn der Antragsteller nicht zuvor mit dem sorgeberechtigten Elternteil, dem Kind, Düss FamRZ **98**, 758, und dem Jugendamt besprochen hat, Brdb FamRZ **03**, 1761, Drsd FamRZ **06**, 808, AG Bochum FamRZ **03**, 772, aM Hamm FamRZ **07**, 1337, Karlsr FamRZ **04**, 1115, Mü FamRZ **08**, 1089 (aber man versucht sich grds vernünftigerweise vorgerichtlich zu besprechen). Mutwillig sein kann die Forderung oder auch die Verteidigung mangels einer vorherigen Teilnahme an einem Jugendamtsgespräch, Brdb MDR **05**, 1296, Kblz FamRZ **05**, 1915. Mutwillig ist eine nur bestätigende Feststellung des Ruhens des Sorgerechts, Rostock FamRZ **08**, 1080.

Im übrigen kann Mutwille durchaus *fehlen,* weil das Getrenntleben Spannungen erzeugen kann, Nürnb FamRZ **95**, 371.

S auch Rn 113 „Einstweilige Anordnung, Verfügung", Rn 119 „Mediation", Rn 124 „Scheidungsverfahren".

Sozialhilfe: Rn 18 „Sozialhilfe", Rn 128 „Unterhalt".

Sozialversicherung: Mutwillig ist es, wenn der Antragsteller nicht abwartet, ob der Anspruch auf einen Sozialversicherungsträger übergeht.

Strafverfahren: Mutwille fehlt, wenn der Antragsteller nur versäumt hat, als Nebenkläger im Adhäsionsverfahren vorzugehen, Ffm MDR **07**, 1389.

Streithelfer: Auch beim Streithelfer muß das Gericht die vorliegenden Regeln Rn 107, 108 beachten, Düss FamRZ **80**, 1147, Kblz FamRZ **86**, 1233. Ein Streit zwischen dem Streithelfer und dem Bekl kann für den letzteren unschädlich sein, Köln VersR **97**, 597.

Stufenklage: Mutwillig ist meist ihre Beschränkung auf das Auskunftsverlangen, Düss FamRZ **97**, 1017, aM Bbg JB **92**, 622, Kblz FamRZ **85**, 416, Naumb FamRZ **94**, 1042 (vgl aber § 119 Rn 43). Sie ist aber *nicht* stets mutwillig, Naumb FamRZ **00**, 101. Es gibt keine rückwirkende Mutwilligkeit, Hamm FamRZ **07**, 153.

127 **Teilforderung,** dazu *Schlößer/Mucke* MDR **98**, 753 (Üb): Mutwillig ist eine Widerklage zwecks Feststellung des Nichtbestehens der ganzen Forderung gegenüber einer Teilklage, soweit die Widerklage vor jeder Klärung erfolgt.

Teilungsversteigerung: Sie ist *nicht* schon wegen einer hohen Belastung des Grundstücks mutwillig, LG Gießen, FamRZ **08**, 1090.

128 **Umgangsrecht:** Rn 126 „Sorgerecht".

Unbekanntheit des Aufenthalts: Rn 120 „Öffentliche Zustellung".

Unterhalt: Es gilt wegen des Antragszwangs § 76 I FamFG. Soweit §§ 246 ff FamFG anwendbar sind, kann Mutwille vorliegen, falls der Antragsteller einen Unterhalt im streitigen Verfahren fordert, bevor seine Notwendigkeit feststeht, Zweibr FER **00**, 95. Wegen §§ 246 ff FamFG versagt (zum alten Recht) Zweibr MDR **99**, 486 sogar eine einstweilige Verfügung auf einen Notbedarf als mutwillig. Jedenfalls gilt sonst: Mutwillig ist die Aufspaltung in mehrere Verfahren für die Zeit vor und ab der Scheidung, Oldb FamRZ **99**, 240 (das ältere Verfahren hat den Vorrang). Mutwillig ist eine Unterhaltsforderung, soweit der Gläubiger schon einen ausreichenden Auskunftstitel gegen den Sozialhilfeträger besitzt, Kblz FamRZ **04**, 1118, Köln FamRZ **01**, 1713, oder wenn er schon einen nicht nur vorläufigen Unterhaltstitel besitzt, Zweibr FER **00**, 53 (er wirkt evtl über die Volljährigkeit hinaus). Mutwille liegt grds vor, soweit der Schuldner bisher stets pünktlich und vollständig freiwillig und vorbehaltslos bezahlt hat, Hamm NJW **07**, 1758, Kblz FER **00**, 163 ([jetzt ca] 550 EUR Ausbildungsunterhalt), Karlsr NJW **03**, 2922 (auch zu einer Ausnahme), Hamm FamRZ **08**, 1260, Zweibr RR **00**, 150 (je: jedenfalls mangels einer Aufforderung zur Titulierung), aM Düss FamRZ **93**, 1218, Köln FamRZ **97**, 618, Zweibr FamRZ **97**, 620 (bei § 323. Aber auch dort ist ein Rechtsschutzbedürfnis erforderlich). Ein nur einstweiliger Titel macht die endgültige Klärung aber *nicht* mutwillig, Naumb FamRZ **01**, 1082.

Mutwillig ist ein Antrag des Kindes auf einen solchen Unterhalt, für den der Vater schon auf Grund eines *Scheidungsfolgenvergleichs* für das Kind an die Mutter zahlt, Schlesw SchlHA **84**, 164. Das betrifft aber nur den Unterhalt nach der Scheidungsrechtskraft, Zweibr FR **98**, 80. Mutwillig ist ein Antrag nach § 1629 III 1 BGB trotz einer Freistellungsabrede, AG Ludwigslust FamRZ **05**, 1915. Mutwillig ist ein Antrag auf eine Zahlung des Unterhalts am jeweiligen 1. statt der am jeweiligen 15. stets erhaltenen Zahlung, Schlesw SchlHA **78**, 19, berichtigt 44, oder grds im isolierten statt im Verbundverfahren, Brdb FamRZ **03**, 458, Zweibr FamRZ **03**, 1759 (Ausnahme, wenn das volljährige Kind auch einen Unterhalt für die Zeit vor Rechtskraft der Scheidung fordert, Zweibr FER **99**, 15), Schlesw FamRZ **00**, 430, aM Mdb FamRZ **03**, 1757. Mutwille kann, muß aber nicht vorhanden sein, wenn schon ein hoher Rückstand besteht und der Gläubiger nun eine Erhöhung fordert, strenger Naumb FamRZ **01**, 1467 (abl Zieroth). Mutwillig sind zwei in der Zielrichtung unterschiedliche Stufenanträge, Zweibr FamRZ **07**, 152.

Mutwille *fehlt* infolge der Änderung des Gesetzes, Rn 18 „Sozialhilfe", soweit der Sozialhilfeträger den Unterhaltsanspruch auf den Sozialhilfeempfänger usw wirksam zurückübertragen hat, Köln FamRZ **03**, 101, aM Oldb FamRZ **98**, 435 (aber das Sozialrecht hindert nicht). Mutwille fehlt dem Bezieher einer Sozialhilfe usw, soweit er einen künftigen Unterhalt fordert, Stgt MDR **00**, 164, aM Naumb FamRZ **01**, 1082 links oben (aber der Unterhalt hat andere Qualität als eine bloße Sozialhilfe). Mutwille fehlt, soweit die bisherigen Zahlungen nicht sämtliche Forderungen erfüllten, selbst wenn nur ein verhältnismäßig geringer Spitzenbetrag fehlte, Hamm FamRZ **06**, 627, aM Karlsr RR **94**, 68, Jena FamRZ **97**, 1016, Mü FamRZ **96**, 1021 (aber der Gläubiger kann den ganzen Betrag fordern und muß ihn eben notfalls geltendmachen). Mutwille fehlt bei einer Einbeziehung weiterer Ansprüche in die rückabgetretenen, Hamm FamRZ **05**, 1101. Mutwille fehlt, soweit die Antragsgegnerin nur derzeit aus einem Unterhaltstitel keinen Anspruch geltend machen will, Ffm RR **86**, 944. Mutwille fehlt, soweit es nur um Abgrenzungen der Pflichten beider Eltern geht, Zweibr FamRZ **97**, 178 (aber Nichterfüllung bleibt Nichterfüllung).

Mutwille fehlt ferner, soweit der Antragsteller die Einkommensverhältnisse des Antragsgegners noch nicht kennt, Hamm FamRZ **98**, 1602. Mutwille fehlt, soweit der Antragsteller keine Auskunft verlangt, sondern wegen einer Bezifferung des gegnerischen Einkommens sogleich eine Zahlung fordert, Hamm FamRZ **00**, 838. Mutwille fehlt, soweit der Antragsteller einen verneinenden Feststellungsantrag statt der Überprüfung einer einstweiligen Anordnung wählt, Kblz FER **00**, 263 (anders, wenn der Gläubiger noch keine Forderung nennt, Brdb MDR **02**, 702), Naumb FamRZ **01**, 924, aM Hamm FamRZ **00**, 1021, Zweibr JB **00**, 655. Mutwille fehlt, soweit der Schuldner die Herabsetzung eines überhöht titulierten Unterhalts verlangt, es sei denn, der Gläubiger oder das Jugendamt machen die Spitze gar nicht geltend, Nürnb FamRZ **01**, 1084. Mutwille fehlt, soweit der Antragsgegner zum gegnerischen PKH-Antrag nicht Stellung nahm, jetzt aber selbst eine PKH fordert, Karlsr FamRZ **02**, 1132. Mutwille fehlt beim isolierten Anspruch, wenn während eines Folgeverfahrens kein Vergleich zustandekam, Nürnb FamRZ **03**, 772. Mutwille fehlt bei einer Forderung nach der Leitlinie eines OLG, aM Naumb FamRZ **05**, 1913 (aber das Gericht kann sie beziffern lassen). Mutwille fehlt, wenn eine Vollstreckbarkeit unsicher ist, Karlsr FamRZ **05**, 1099.

S auch Rn 109 „Abänderung", Rn 124, 125 „Scheidungsverfahren".

Unterlassungsklage: Mutwillig ist eine Unterlassungsklage, für die ein besonderes Interesse fehlt, zumal eine Privatklage zu demselben Ziel billiger führen wird.

Unwirtschaftlichkeit: Mutwille kann bei ihr *fehlen,* BPatG GRUR **98**, 45.

Unzuständigkeit: Mutwillig sind zB: Eine Klage vor dem LG, obwohl der Anspruch eindeutig zum AG gehört, Hamm VersR **85**, 77; eine Klage vor dem ordentlichen Gericht, obwohl eine Klagenverbindung vor dem Arbeitsgericht zulässig wäre, § 2 III, IV ArbGG; die Anrufung des unzuständigen Gerichts, das verweisen kann, Schlesw SchlHA **81**, 126.

Vaterschaft: Es gilt § 76 I FamFG. Mutwillig ist die Einholung eines DNA-Gutachtens ohne einen 129
Vorschuß trotz einer zuvor bewilligten PKH, wenn die Vaterschaft biostatistisch praktisch feststeht, Hamm FamRZ **92**, 455. Mutwillig ist in demjenigen Anfechtungsverfahren, in dem das Kind einen von der Mutter als gesetzlicher Vertreterin bestellten Anwalt hat, der Beitritt der Mutter zum Verfahren, Düss FamRZ **95**, 1506, Karlsr FamRZ **98**, 485, ZöPh 54, aM Düss (1. FamS) FamRZ **01**, 1468 (aber in solchem Sonderfall tritt der Grundsatz Rn 11 „Beitritt" zurück). Mutwillig ist der Antrag desjenigen Manns, der das Vaterschaftsanerkenntnis anficht, soweit er nicht die Unrichtigkeit des Anerkenntnisses darlegt, Köln FamRZ **83**, 736, AG Wuppert FamRZ **06**, 493. Mutwillig ist der Antrag der Mutter auf eine Anfechtung der Vaterschaft, Hamm FamRZ **93**, 842, zumindest, soweit sie den Anfechtungsantrag des Kindes erreichen könnte, BVerfG FamRZ **93**, 1423 (streng), Hbg FER **00**, 28 (nicht, soweit keine Rechtskraft im Scheidungsverfahren absehbar ist), oder soweit die Mutter ein nicht vom Ehemann stammendes Kind gebiert, Köln FamRZ **01**, 244. Das gilt nicht schon mit dem Argument aus § 1592 Z 1 BGB, Köln FamRZ **01**, 244. Nach dem Tod des angeblichen Vaters muß klar sein, daß ein begüteter Antragsteller die Kosten einer etwa notwendigen Exhumierung nach § 372a Rn 8 tragen würde, Köln FER **01**, 131.

Mutwille *fehlt* bei dem Antrag auf eine Feststellung der Vaterschaft, wenn der Antragsgegner die Vaterschaft innerhalb eines Jahres nicht anerkannt hat, Hamm FamRZ **04**, 549, oder bei dem Statusantrag des Ehemanns, dessen Ehefrau im Scheidungsverfahren ein Kind gebiert, das angeblich vom Dritten stammt, Köln FamRZ **05**, 743, oder bei einem Anfechtungsantrag trotz eines vorherigen bewußt falschen Anerkenntnisses usw, Köln FamRZ **06**, 1281, oder bei einem Anfechtungsantrag trotz vorheriger Zweifel an der Vaterschaft, Rostock MDR **07**, 958, oder bei einer Anfechtung statt § 1599 II BGB, Brdb FamRZ **08**, 68, überhaupt bei einer Unterstützung durch den Antragsgegner für ihn, Hamm FamRZ **07**, 1753.

S auch Rn 112 „Ehelichkeitsanfechtung".

Vereinfachtes Verfahren: Es gilt § 76 I FamFG. Mutwille *fehlt,* soweit der Gläubiger nach seiner freien Wahl das Haupt- oder das vereinfachte Verfahren nach (jetzt) §§ 249 ff FamFG einschlägt, Kblz FER **00**, 131, Naumb Rpfleger **99**, 450, oder soweit ein streitiges Verfahren voraussichtlich unvermeidbar sein wird, Nürnb MDR **02**, 585, Zweibr JB **00**, 655. Das gilt selbst in einem tatsächlich und rechtlich einfachen Fall, Naumb FamRZ **99**, 995, van Els FamRZ **99**, 298, aM Naumb FamRZ **99**, 1670.

Vergleich: Mutwillig sein kann ein streitwertüberschreitender Vergleich, Karlsr FamRZ **04**, 550.

Vermögenslosigkeit: Sie kann mangels jeglicher Vollstreckungsmöglichkeit eine Mutwilligkeit zur Folge haben, Kblz JB **00**, 99.

Versäumnisurteil: Mutwille *fehlt,* soweit der Antragsteller gegen ein solches Versäumnisurteil Einspruch einlegt, das vor einer notwendigen Entscheidung über sein PKH-Gesuch erging, LAG Mü AnwBl **88**, 122.

Verschulden: Mutwille liegt vor, soweit der Antragsteller im Verlauf des Verfahrens die Entpflichtung des 130
beigeordneten Anwalts verschuldet, Köln FamRZ **87**, 1168. Wer auf Kosten des Staates prozessiert, muß oft den billigsten Weg wählen, wenn er ebenso zum Ziel führt, Hbg FamRZ **81**, 1095, Karlsr FamRZ **87**, 729, Köln FamRZ **83**, 736. Ein weniger effektiver Weg ist aber nicht notwendig vorrangig, Oldb NdsRpfl **82**, 13. Man darf aber grds den sichersten Weg wählen, Ffm RR **86**, 944. Das Gericht muß ein Verschulden des gesetzlichen Vertreters oder des ProzBev auch im PKH-Verfahren beachten, § 85 Rn 4, Brdb RR **05**, 872.

Versicherung: Mutwille *fehlt,* wenn der Versicherungsnehmer gegen den Versicherer im Deckungsprozeß klagt, bevor der Prozeß des Geschädigten gegen den Versicherer endet, Hamm VersR **84**, 626.

Versorgungsausgleich: Es gilt § 76 I FamFG. Mutwille liegt vor, wenn der Antragsteller einen Auskunfts- 131
anspruch zur Vorbereitung des Versorgungsausgleichs oder den Anspruch auf den Ausgleich im selbständigen Verfahren statt im billigeren Verbundverfahren geltend macht, Hamm FamRZ **92**, 576, AG Dettm FamRZ **87**, 1061, StJL 33, aM Kblz FamRZ **88**, 308 (nur beim Fehlen triftiger Gründe im Einzelfall liege eine Mutwilligkeit vor), Saarbr FamRZ **82**, 948 (aber auch in diesem Fall muß man zwecks einer Schadensminderung den einfacheren und billigeren Weg wählen, wenn man schon eine PKH beantragt, Grdz 14 vor § 128). Mutwille liegt vor, sofern der Ehegatte auf den Zugewinnausgleich ohne eine Auskunft über das Endvermögen vorgeht, Schlesw SchlHA **78**, 84, oder soweit er im Verfahren nicht ausreichend mitwirkt, Brdb MDR **06**, 1118.

Vollstreckbarkeit: Mutwille kann beim endgültigen Fehlen der Vollstreckbarkeit vorliegen, Düss RR **98**, 503.

Er *fehlt,* solange die Vollstreckbarkeit nur ungewiß ist, zB wegen der Notwendigkeit einer öffentlichen Zustellung, Köln FamRZ **05**, 460.

Vorprozeß: Mutwillig ist eine solche Klage, deren Ziel der Kläger bereits im Vorprozeß hatte geltend machen können Bbg RR **90**, 74.

Widerklage: Mutwille liegt vor, soweit eine Aufrechnung genügen würde, Naumb RR **03**, 210. Mutwille liegt für eine gesonderte „Gegen"-Klage vor, soweit eine Widerklage reichen würde, Kblz AnwBl **05**, 296.

132 **Zugewinnausgleich:** Rn 125.

Zug-um-Zug-Leistung: Mutwillig ist eine Klage, soweit der Antragsteller finanziell nicht imstande ist, bei der vermutlichen Zug-um-Zug-Verurteilung seine Gegenleistung zu erbringen, Düss MDR **82**, 59.

Zurückverweisung: War sie nur wegen der Bedürftigkeit erfolgt, darf der Vorderrichter nicht jetzt wegen Mutwillens eine PKH ablehnen, Hamm FamRZ **05**, 528.

Zwangsvollstreckung: Mutwillig ist die Einleitung der Zwangsvollstreckung trotz des einfacheren Wegs nach § 767 oder trotz Zahlungen des Schuldners, LG Schweinf DAVorm **85**, 507. Mutwillig ist eine Vollstreckungsabwehrklage trotz der Versicherung des Gläubigers, nicht mehr vollstrecken zu wollen, Bbg FamRZ **92**, 456, Kblz FamRZ **84**, 1236, und trotz der Rückgabe des Titels an den Schuldner, Ffm RR **86**, 944. Mutwille kann vorliegen, wenn eine Zwangsvollstreckung langfristig keine Erfolgsaussicht hat, Köln MDR **90**, 1020, AG Westerburg FamRZ **03**, 1759 (aber Vorsicht, insbesondere bei einer Klage auf einen Mindestunterhalt, Hamm FamRZ **97**, 619). Mutwillig ist ein Antrag, soweit das Gericht oder der Gerichtsvollzieher eine Vollstreckungsmaßnahme von Amts wegen durchführen muß, Mü FamRZ **95**, 373.

Mutwille *fehlt*, wenn ein Antrag nach § 765 a einen Erfolg verspricht, LG Hann WM **90**, 398.

Zweitklage: Rn 117 „Klagerücknahme", Rn 124.

Anhang nach § 114

Zwischenstaatliche Prozeßkostenhilfe

Schrifttum: *Linke,* Internationales Zivilprozeßrecht, 4. Aufl. 2006, § 6 (Bespr *Gruber* FamRZ **06**, 1508).

1 **1) Systematik.** Vgl zunächst im Bereich der EU das EG-Prozesskostenhilfegesetz nebst VordruckVO, Üb 3 vor § 114. Ferner verweist § 43 IntFamRVG auf §§ 114 ff.

Die *Staatsverträge* über das Armenrecht und die ausländischen einschlägigen Vorschriften zur Gegenseitigkeit beim Armenrecht haben nur noch dann eine Bedeutung, wenn der Rechtsstreit entweder vor dem ausländischen Gericht stattfindet oder wenn vor dem inländischen Gericht als Antragsteller eine ausländische juristische Person oder eine ausländische parteifähige Vereinigung auftritt. Mit dieser Einschränkung sind die in diesem Anh bis zur 46. Aufl genannten Bestimmungen weiterhin beachtlich, Artt 20–24 HZPrÜbk und das AusfG v 18. 12. 58, BGBl 939, Bülow/Böckstiegel/Geimer/Schütze, Der Internationale Rechtsverkehr in Zivil- und Handelssachen (Loseblattsammlung), 3. Aufl seit 1990, Gottwald ZZP **89**, 136, BAnz Nr 234 v 3. 12. 52 S 5 ff (Gegenseitigkeit bei PKH).

Für *Marokko* gilt Art 17 des deutsch-marokkanischen Vertrags v 29. 10. 85, BGBl **88** II 1055. Für *Polen* gelten Artt 12, 13 der deutsch-polnischen Vereinbarung v 14. 12. 92, Bek v 21. 2. 94, BGBl II 361.

Nach Art 5 Z 2 G v 13. 6. 80, BGBl 677, muß man in solchen völkerrechtlichen Vereinbarungen, die die Bezeichnung *Armenrecht* verwenden, bei der Anwendung auf die neuen Begriffe Prozeßkostenhilfe usw abstellen. Das G v 13. 6. 80 enthält keine Klausel, nach der man auch das nationale ältere Recht schlechthin sprachlich an die neuen Begriffe Prozeßkostenhilfe usw angleichen muß.

115 ***Einsatz von Einkommen und Vermögen.*** **I [1] Die Partei hat ihr Einkommen einzusetzen. [2] Zum Einkommen gehören alle Einkünfte in Geld oder Geldeswert. [3] Von ihm sind abzusetzen:**

1. a) die in § 82 Abs. 2 des Zwölften Buches Sozialgesetzbuch bezeichneten Beträge;
b) bei Parteien, die ein Einkommen aus Erwerbstätigkeit erzielen, ein Betrag in Höhe von 50 vom Hundert des höchsten durch Rechtsverordnung nach § 28 Abs. 2 Satz 1 des Zwölften Buches Sozialgesetzbuch festgesetzten Regelsatzes für den Haushaltsvorstand;

2. a) für die Partei und ihren Ehegatten oder ihren Lebenspartner jeweils ein Betrag in Höhe des um 10 vom Hundert erhöhten höchsten durch Rechtsverordnung nach § 28 Abs. 2 Satz 1 des Zwölften Buches Sozialgesetzbuch festgesetzten Regelsatzes für den Haushaltsvorstand;
b) bei weiteren Unterhaltsleistungen auf Grund gesetzlicher Unterhaltspflicht für jede unterhaltsberechtigte Person 70 vom Hundert des unter Buchstabe a genannten Betrages;

3. die Kosten der Unterkunft und Heizung, soweit sie nicht in einem auffälligen Missverhältnis zu den Lebensverhältnissen der Partei stehen;

4. weitere Beträge, soweit dies mit Rücksicht auf besondere Belastungen angemessen ist; § 1610 a des Bürgerlichen Gesetzbuchs gilt entsprechend.

[4] Maßgeblich sind die Beträge, die zum Zeitpunkt der Bewilligung der Prozesskostenhilfe gelten. [5] Das Bundesministerium der Justiz gibt jährlich die vom 1. Juli bis zum 30. Juni des Folgejahres maßgebenden Beträge nach Satz 3 Nr. 1 Buchstabe b und Nr. 2 im Bundesgesetzblatt bekannt.*

*** Amtl. Anm.: Zum Stichtag 21. Oktober 2005 ist die letzte Bekanntmachung zu § 115 Zivilprozessordnung (Zweite Prozesskostenhilfebekanntmachung 2005) vom 23. März 2005 (BGBl. I S. 924) gültig.**

Bem.: Überholt seit der PKHB 2006 v 6. 6. 06, BGBl 1292, in Kraft für die Zeit vom 1. 7. 06 bis 30. 6. 07.

[6] Diese Beträge sind, soweit sie nicht volle Euro ergeben, bis zu 0,49 Euro abzurunden und von 0,50 Euro an aufzurunden. [7] Die Unterhaltsfreibeträge nach Satz 3 Nr. 2 vermindern sich um eigenes Einkommen der unterhaltsberechtigten Person. [8] Wird eine Geldrente gezahlt, so ist sie anstelle des Freibetrages abzusetzen, soweit dies angemessen ist.

II Von dem nach den Abzügen verbleibenden, auf volle Euro abzurundenden Teil des monatlichen Einkommens (einzusetzendes Einkommen) sind unabhängig von der Zahl der Rechtszüge höchstens 48 Monatsraten aufzubringen, und zwar bei einem

	einzusetzenden Einkommen (Euro)	eine Monatsrate von (Euro)
bis	15	0
	50	15
	100	30
	150	45
	200	60
	250	75
	300	95
	350	115
	400	135
	450	155
	500	175
	550	200
	600	225
	650	250
	700	275
	750	300
über	750	300 zuzüglich des 750 übersteigenden Teils des einzusetzenden Einkommens.

III [1] Die Partei hat ihr Vermögen einzusetzen, soweit dies zumutbar ist. [2] § 90 des Zwölften Buches Sozialgesetzbuch gilt entsprechend.

IV Prozesskostenhilfe wird nicht bewilligt, wenn die Kosten der Prozessführung der Partei vier Monatsraten und die aus dem Vermögen aufzubringenden Teilbeträge voraussichtlich nicht übersteigen.

SGB XII § 28. Regelbedarf, Inhalt der Regelsätze. **II [1] Die Landesregierungen setzen durch Rechtsverordnung erstmals zum 1. Januar 2005 und dann zum 1. Juli eines jeden Jahres die Höhe der monatlichen Regelsätze im Rahmen der Rechtsverordnung nach § 40 fest. [2] Sie können dabei die Träger der Sozialhilfe ermächtigten, auf der Grundlage von in der Rechtsverordnung festgelegten Mindestregelsätzen regionale Regelsätze zu bestimmen. [3] Die Regelsätze für den Haushaltsvorstand (Eckregelsätze) in den Ländern Brandenburg, Mecklenburg-Vorpommern, Sachsen, Sachsen-Anhalt und Thüringen dürfen bis zur Festsetzung im Jahre 2010 nicht mehr als 14 Euro unter dem durchschnittlichen Eckregelsatz in den anderen Ländern festgesetzt werden.**

SGB XII § 82. Begriff des Einkommens. **II Von dem Einkommen sind abzusetzen**

1. **auf das Einkommen entrichtete Steuern,**
2. **Pflichtbeiträge zur Sozialversicherung einschließlich der Beiträge zur Arbeitsförderung,**
3. **Beiträge zu öffentlichen oder privaten Versicherungen oder ähnlichen Einrichtungen, soweit diese Beiträge gesetzlich vorgeschrieben oder nach Grund und Höhe angemessen sind, sowie geförderte Altersvorsorgebeiträge nach § 82 des Einkommensteuergesetzes, soweit sie den Mindesteigenbeitrag nach § 86 des Einkommensteuergesetzes nicht überschreiten,**
4. **die mit der Erzielung des Einkommens verbundenen notwendigen Ausgaben,**
5. **das Arbeitsförderungsgeld und Erhöhungsbeträge des Arbeitsentgelts im Sinne von § 43 Satz 4 des Neunten Buches.**

SGB XII § 83. Nach Zweck und Inhalt bestimmte Leistungen. **I Leistungen, die auf Grund öffentlich-rechtlicher Vorschriften zu einem ausdrücklich genannten Zweck erbracht werden, sind nur so weit als Einkommen zu berücksichtigen, als die Sozialhilfe im Einzelfall demselben Zweck dient.**

II Eine Entschädigung, die wegen eines Schadens, der nicht Vermögensschaden ist, nach § 253 Abs. 2 des Bürgerlichen Gesetzbuches geleistet wird, ist nicht als Einkommen zu berücksichtigen.

SGB XII § 84. Zuwendungen. **I [1] Zuwendungen der freien Wohlfahrtspflege bleiben als Einkommen außer Betracht. [2] Dies gilt nicht, soweit die Zuwendung die Lage der Leistungsberechtigten so günstig beeinflusst, dass daneben Sozialhilfe ungerechtfertigt wäre.**

II Zuwendungen, die ein anderer erbringt, ohne hierzu eine rechtliche oder sittliche Pflicht zu haben, sollen als Einkommen außer Betracht bleiben, soweit ihre Berücksichtigung für die Leistungsberechtigten eine besondere Härte bedeuten würde.

SGB XII § 85. Einkommensgrenze. [I] Bei der Hilfe nach dem Fünften bis Neunten Kapitel ist der nachfragenden Person und ihrem nicht getrennt lebenden Ehegatten oder Lebenspartner die Aufbringung der Mittel nicht zuzumuten, wenn während der Dauer des Bedarfs ihr monatliches Einkommen zusammen eine Einkommensgrenze nicht übersteigt, die sich ergibt aus

1. einem Grundbetrag in Höhe des zweifachen Eckregelsatzes,
2. den Kosten der Unterkunft, soweit die Aufwendungen hierfür den der Besonderheit des Einzelfalles angemessenen Umfang nicht übersteigen und
3. einem Familienzuschlag in Höhe des auf volle Euro aufgerundeten Betrages von 70 vom Hundert des Eckregelsatzes für den nicht getrennt lebenden Ehegatten oder Lebenspartner und für jede Person, die von der nachfragenden Person, ihrem nicht getrennt lebenden Ehegatten oder Lebenspartner überwiegend unterhalten worden ist oder für die sie nach der Entscheidung über die Erbringung der Sozialhilfe unterhaltspflichtig werden.

[II] [1] Ist die nachfragende Person minderjährig und unverheiratet, so ist ihr und ihren Eltern die Aufbringung der Mittel nicht zuzumuten, wenn während der Dauer des Bedarfs das monatliche Einkommen der nachfragenden Person und ihrer Eltern zusammen eine Einkommensgrenze nicht übersteigt, die sich ergibt aus

1. einem Grundbetrag in Höhe des zweifachen Eckregelsatzes,
2. den Kosten der Unterkunft, soweit die Aufwendungen hierfür den der Besonderheit des Einzelfalles angemessenen Umfang nicht übersteigen und
3. einem Familienzuschlag in Höhe des auf volle Euro aufgerundeten Betrages von 70 vom Hundert des Eckregelsatzes für einen Elternteil, wenn die Eltern zusammenleben, sowie für die nachfragende Person und für jede Person, die von den Eltern oder der nachfragenden Person überwiegend unterhalten worden ist oder für die sie nach der Entscheidung über die Erbringung der Sozialhilfe unterhaltspflichtig werden.

[2] Leben die Eltern nicht zusammen, richtet sich die Einkommensgrenze nach dem Elternteil, bei dem die nachfragende Person lebt. [3] Lebt sie bei keinem Elternteil, bestimmt sich die Einkommensgrenze nach Absatz 1.

[III] [1] Der maßgebende Eckregelsatz bestimmt sich nach dem Ort, an dem der Leistungsberechtigte die Leistung erhält. [2] Bei der Leistung in einer Einrichtung sowie bei Unterbringung in einer anderen Familie oder bei den in § 107 genannten anderen Personen bestimmt er sich nach dem gewöhnlichen Aufenthalt des Leistungsberechtigten oder, wenn im Falle des Absatzes 2 auch das Einkommen seiner Eltern oder eines Elternteils maßgebend ist, nach deren gewöhnlichem Aufenthalt. [3] Ist ein gewöhnlicher Aufenthalt im Inland nicht vorhanden oder nicht zu ermitteln, ist Satz 1 anzuwenden.

SGB XII § 86. Abweichender Grundbetrag. Die Länder und, soweit landesrechtliche Vorschriften nicht entgegenstehen, auch die Träger der Sozialhilfe können für bestimmte Arten der Hilfe nach dem Fünften bis Neunten Kapitel der Einkommensgrenze einen höheren Grundbetrag zu Grunde legen.

SGB XII § 90. Einzusetzendes Vermögen. [I] Einzusetzen ist das gesamte verwertbare Vermögen.

[II] Die Sozialhilfe darf nicht abhängig gemacht werden vom Einsatz oder von der Verwertung

1. eines Vermögens, das aus öffentlichen Mitteln zum Aufbau oder zur Sicherung einer Lebensgrundlage oder zur Gründung eines Hausstandes erbracht wird,
2. eines Kapitals einschließlich seiner Erträge, das der zusätzlichen Altersvorsorge im Sinne des § 10 a oder des Abschnitts XI des Einkommensteuergesetzes dient und dessen Ansammlung staatlich gefördert wurde,
3. eines sonstigen Vermögens, solange es nachweislich zur baldigen Beschaffung oder Erhaltung eines Hausgrundstücks im Sinne der Nummer 8 bestimmt ist, soweit dieses Wohnzwecken behinderter (§ 53 Abs. 1 Satz 1 und § 72) oder pflegebedürftiger Menschen (§ 61) dient oder dienen soll und dieser Zweck durch den Einsatz oder die Verwertung des Vermögens gefährdet würde,
4. eines angemessenen Hausrats; dabei sind die bisherigen Lebensverhältnisse der nachfragenden Person zu berücksichtigen,
5. von Gegenständen, die zur Aufnahme oder Fortsetzung der Berufsausbildung oder der Erwerbstätigkeit unentbehrlich sind,
6. von Familien- und Erbstücken, deren Veräußerung für die nachfragende Person oder ihre Familie eine besondere Härte bedeuten würde,
7. von Gegenständen, die zur Befriedigung geistiger, insbesondere wissenschaftlicher oder künstlerischer Bedürfnisse dienen und deren Besitz nicht Luxus ist,
8. eines angemessenen Hausgrundstücks, das von der nachfragenden Person oder einer anderen in den § 19 Abs. 1 bis 3 genannten Person allein oder zusammen mit Angehörigen ganz oder teilweise bewohnt wird und nach ihrem Tod von ihren Angehörigen bewohnt werden soll. Die Angemessenheit bestimmt sich nach der Zahl der Bewohner, dem Wohnbedarf (zum Beispiel behinderter, blinder oder pflegebedürftiger Menschen), der Grundstücksgröße, der Hausgröße, dem Zuschnitt und der Ausstattung des Wohngebäudes sowie dem Wert des Grundstücks einschließlich des Wohngebäudes,
9. kleinerer Barbeträge oder sonstiger Geldwerte; dabei ist eine besondere Notlage der nachfragenden Person zu berücksichtigen.

III [1] Die Sozialhilfe darf ferner nicht vom Einsatz oder von der Verwertung eines Vermögens abhängig gemacht werden, soweit dies für den, der das Vermögen einzusetzen hat, und für seine unterhaltsberechtigten Angehörigen eine Härte bedeuten würde. [2] Dies ist bei der Leistung nach dem Fünften bis Neunten Kapitel insbesondere der Fall, soweit eine angemessene Lebensführung oder die Aufrechterhaltung einer angemessenen Alterssicherung wesentlich erschwert würde.

Aus der VO zum SGB XII § 90 II Z 9:

VO § 1. **I [1] Kleinere Barbeträge oder sonstige Geldwerte im Sinne des § 90 Abs. 2 Nr. 9 des Zwölften Buches Sozialgesetzbuch sind,**

1. wenn die Sozialhilfe vom Vermögen der nachfragenden Person abhängig ist,
   a) bei der Hilfe zum Lebensunterhalt nach dem Dritten Kapitel des Zwölften Buches Sozialgesetzbuch 1600 Euro, jedoch 2600 Euro bei nachfragenden Personen, die das 60. Lebensjahr vollendet haben, sowie bei voll Erwerbsgeminderten im Sinne der gesetzlichen Rentenversicherung und den diesem Personenkreis vergleichbaren Invalidenrentnern,
   b) bei den Leistungen nach dem Fünften bis Neunten Kapitel des Zwölften Buches Sozialgesetzbuch 2600 Euro, zuzüglich eines Betrages von 256 Euro für jede Person, die von der nachfragenden Person überwiegend unterhalten wird,

2. wenn die Sozialhilfe vom Vermögen der nachfragenden Person und ihres nicht getrennt lebenden Ehegatten oder Lebenspartner abhängig ist, der nach Nummer 1 Buchstabe a oder b maßgebende Betrag zuzüglich eines Betrages von 614 Euro für den Ehegatten oder Lebenspartner und eines Betrages von 256 Euro für jede Person, die von der nachfragenden Person, ihrem Ehegatten oder Lebenspartner überwiegend unterhalten wird,

3. wenn die Sozialhilfe vom Vermögen einer minderjährigen unverheirateten nachfragenden Person und ihrer Eltern abhängig ist, der nach Nummer 1 Buchstabe a oder b maßgebende Betrag zuzüglich eines Betrages von 614 Euro für einen Elternteil und eines Betrages von 256 Euro für die nachfragende Person und für jede Person, die von den Eltern oder von der nachfragenden Person überwiegend unterhalten wird.

[2] Im Falle des § 64 Abs. 3 und des § 72 des Zwölften Buches Sozialgesetzbuch tritt an die Stelle des in Satz 1 genannten Betrages von 614 Euro ein Betrag von 1534 Euro, wenn beide Eheleute oder beide Lebenspartner (Nummer 2) oder beide Elternteile (Nummer 3) die Voraussetzungen des § 72 Abs. 5 des Zwölften Buches Sozialgesetzbuch erfüllen oder so schwer behindert sind, dass sie als Beschädigte die Pflegezulage nach den Stufen III bis VI nach § 35 Abs. 1 Satz 2 des Bundesversorgungsgesetzes erhielten.

II [1] Ist im Falle des Absatzes 1 Satz 1 Nr. 3 das Vermögen nur eines Elternteils zu berücksichtigen, so ist der Betrag von 614 Euro, im Falle des § 64 Abs. 3 und des § 72 des Zwölften Buches Sozialgesetzbuch von 1534 Euro, nicht anzusetzen. [2] Leben im Falle von Leistungen nach dem Fünten bis Neunten Kapitel des Zwölften Buches Sozialgesetzbuch die Eltern nicht zusammen, so ist das Vermögen des Elternteils zu berücksichtigen, bei dem die nachfragende Person lebt; lebt sie bei keinem Elternteil, so ist Absatz 1 Satz 1 Nr. 1 anzuwenden.

VO § 2. **I [1] Der nach § 1 Abs. 1 Satz 1 Nr. 1 Buchstabe a oder b maßgebende Betrag ist angemessen zu erhöhen, wenn im Einzelfall eine besondere Notlage der nachfragenden Person besteht. [2] Bei der Prüfung, ob eine besondere Notlage besteht, sowie bei der Entscheidung über den Umfang der Erhöhung sind vor allem Art und Dauer des Bedarfs sowie besondere Belastungen zu berücksichtigen.**

II Der nach § 1 Abs. 1 Satz 1 Nr. 1 Buchstabe a oder b maßgebende Betrag kann angemessen herabgesetzt werden, wenn die Voraussetzungen der §§ 103 oder 94 des Gesetzes vorliegen.

Vorbem. VO zu I (jetzt) 5, 6 für die Zeit vom 1. 7. 07–30. 6. 08 dch ErrV v 11. 6. 07, BGBl 1058.
Schrifttum: *Nickel* MDR **05**, 729 (Üb mit Synopse).

Gliederung

1 **1) Systematik, I–IV.** Während § 114 nur andeutet, daß eine PKH unter Umständen von Ratenzahlungen usw abhängt, nennt der verfassungsgemäße § 115 die Bedingungen und das Verfahren der Feststellung, ob und in welcher Zahl und Höhe der Antragsteller Raten aus dem Einkommen und/oder Leistungen aus dem Vermögen erbringen muß. Beides hat denselben Rang. Dabei kommt es im wesentlichen auf eine erhebliche Beeinträchtigung des angemessenen Lebensunterhalts an, wie I es nur scheinbar lediglich für den „reichen" Antragsteller vorschreibt. Raten dürfen das Existenzminimum nicht gefährden, BVerfG **78**, 118. Das Gericht muß das maßgebliche Einkommen nach I ermitteln. II ergibt die Höchstzahl der in Betracht kommenden Raten. Das Gericht muß das Vermögen nach III berechnen. IV ergibt, ob trotz einer Bedürftigkeit überhaupt keine PKH erfolgen darf, weil die gesamten Verfahrenskosten zu gering sind. § 115 gilt in Verbindung mit § 82 II SGB XII und damit praktisch auch §§ 83 ff sowie in Verbindung mit der jeweiligen VO zu (jetzt) § 82 II 1 SGB XII, (zum alten Recht) KG FamRZ **82**, 420.

2 **2) Regelungszweck; Notwendigkeit großzügiger Auslegung, I–IV.** Die Regelung entspricht typisch deutschem Perfektionismus, den Grunsky NJW **80**, 2048 nicht sieht. Sie ist zwar im Interesse der Einzelfall-Gerechtigkeit gut gemeint. Sie ist jedoch so kompliziert, daß man sie kaum noch verstehen kann. Was der Gesetzgeber gerade solchen Menschen zumutet, für die er derartige Vorschriften schafft, also vorwiegend Bürgern mit geringem Einkommen oder Vermögen und erfahrungsgemäß allenfalls knapp durchschnittlichen Rechtskenntnissen, streift die Grenze des Grotesken. Die Bezugnahme auf die Vorschriften des SGB XII mit deren Fachausdrücken und mit Berechnungsmethoden, die man erst nach vielfachem Lesen halbwegs versteht, bietet das genaue Gegenteil jener Rechtsklarheit, die als ein wesentlicher Bestandteil der Rechtssicherheit zum Kern der Rechtsidee gehört, Einl III 9, 36. Die Folge ist ein ständiges Herumbessern des Gesetzgebers. Krit auch Schachtel NJW **82**, 89.

Die ZPO verweist auf das *SGB XII.* Jenes verweist auf eine (jetzt) zum SGB XII gehörige VO, so schon Ffm FamRZ **90**, 1011. Diese verweist wiederum auf andere Vorschriften des SGB XII. Auf diese nimmt die ZPO jedenfalls nicht unmittelbar Bezug. Die in I 5 vorgeschriebene amtliche Bekanntgabe maßgebender Beträge kann zwar praktisch hilfreich sein (wehe, wenn sie Rechenfehler enthalten sollte. Dann würde man natürlich die in Wahrheit richtige Zahl mühsam genug errechnen müssen). Aber auch diese Erleichterung ändert wenig an einem neuerlichen meisterhaften gesetzgeberischen Verwirrspiel für die Rechtsantragstelle und für Anwälte wie Richter. Sie alle haben aber durchaus andere Hauptaufgaben.

Insgesamt verliert vor allem der Prozeßrichter fast in ähnlicher Weise seine eigentlichen Aufgabe der Entscheidung von Rechtsstreitigkeiten. Er wird zu einer Art richterlichem Fürsorgebeamten, wie man es schon bei anderen Reformen des Familienrechts immer wieder eindringlich erlebt. Er muß ja alle hier einschlägigen Fragen weitgehend *selbst entscheiden* und darf sie keineswegs dem Rpfl übertragen.

Die Formularisierung des Verfahrens weist in Verbindung mit der Amtsermittlungspflicht des Gerichts deutliche Ähnlichkeiten mit dem Verfahren auf die Abgabe einer eidesstattlichen Versicherung zwecks Offenbarung im Rahmen einer Zwangsvollstreckung auf. Damit wird auch einer der *rechtspolitischen Zwecke* der Vorschriften fragwürdig. Sie sollen dem Bürger bekanntlich die angebliche Peinlichkeit des Gangs zur Sozialbehörde ersparen. In Wahrheit muß der Bürger umfassend und detailliert trotz §§ 117 II 2, 127 I 2 Auskunft über seine persönlichen und wirtschaftlichen Verhältnisse geben. Das gilt zwar nicht theoretisch, wohl aber oft genug faktisch auch zur Kenntnis seines Prozeßgegners und möglicher anderer Prozeßbeteiligter.

Das Prüfungsverfahren ist bei einer gewissenhaften Beachtung des Gesetzes derart aufwendig, daß auch im Bereich des § 115 nur eine *großzügige Bejahung* der Voraussetzungen zur Bewilligung der PKH vor einem Wust von Problemen im bloßen Vorfeld eines zukünftigen oder gerade anlaufenden Zivilprozesses retten kann, Düss FamRZ **89**, 883, Köln Rpfleger **81**, 319. Das darf natürlich theoretisch nicht dazu führen, eine PKH praktisch ohne die Beachtung der einschlägigen Vorschriften zu bewilligen. Das gilt unabhängig davon, daß die Bewilligung nur begrenzt anfechtbar ist, § 127 II 1, III. Bei einer erforderlichen Kurzbegründung eines auch nur teilweise ablehnenden Beschlusses nach § 329 Rn 4 braucht der Richter aber keineswegs in allen Einzelheiten über seine Abwägungen Auskunft zu geben, vgl auch § 313 II, III.

3 **3) Geltungsbereich, I–IV.** Vgl Üb 4 vor § 114, § 114 Rn 9–45. Im Stundungsverfahren nach der InsO verweisen § 4b I 2 InsO auf I, II, § 292 I 5 InsO auf I. Im sozialgerichtlichen Verfahren ist § 115 anwendbar, Becker SGB **02**, 429 (ausf).

4 **4) Prüfungsreihenfolge, I–IV.** Die Reihenfolge der Prüfung der Voraussetzungen einerseits des § 114, andererseits des § 115 und bei ihm derjenigen von I–IV ist nicht zwingend. Man kann innerhalb des § 115 mit der Prüfung des Vermögens beginnen, Behr/Hantke Rpfleger **81**, 281, aber auch mit derjenigen des Einkommens, Kohte DB **81**, 1175, Schneider MDR **81**, 2. Bei den meisten Antragstellern kommt praktisch wohl nur eine Einkommensprüfung in Betracht.

5 **5) Einkommen, I, 1, 2,** dazu *Zimmermann,* Abzüge vom Einkommen im PKH-Recht, Festschrift für *Schneider* (1997) 277:

A. Begriff des Einkommens, I 2. Zum „Einkommen" gehören alle Einkünfte in Geld oder Geldeswert, I 2, § 114 Rn 46, BGH NJW **05**, 1722, Köln FamRZ **81**, 489, LAG Stgt BB **84**, 1810. Maßgeblich ist nur das tatsächliche Einkommen, Karlsr FamRZ **04**, 1120, und zwar dasjenige gerade des Antragstellers, Bbg JB **94**, 751, Kblz FamRZ **01**, 925, Köln FamRZ **03**, 1394, aM LAG Düss JB **89**, 1442, LAG Nürnb JB **90**, 512 (Familieneinkommen. Aber wo läge die Grenze?). Daher bleibt auch das Einkommen des Ehegatten nur nach IV beachtbar, Rn 22 „Ehe". Die Quelle ist unerheblich, BGH FamRZ **84**, 607, Hamm FamRZ **84**, 409, Kblz Rpfleger **85**, 323. Zwar muß man vom Bruttoeinkommen ausgehen. Man muß aber nach I 3 Z 1 in Verbindung mit § 82 II SGB XII und der VO zu § 28 II 1 SGB XII, jeweils abgedruckt oben, Steuern, Sozialversicherungs- und andere Versicherungsbeiträge und Betriebsausgaben abziehen. Daher muß man praktisch das sog Nettoeinkommen feststellen, ähnlich Nickel MDR **05**, 1151. Selbst dieses mag sich vor der Festsetzung des anrechenbaren Betrags noch nach I 3 Z 4 um „weitere Beträge" mindern. Im übrigen muß man eine Unterhaltspflicht nach I 3 Z 2 in den dort bestimmten Grenzen ebenfalls einkommensmindernd abziehen. Daher kommt es schließlich auf einen Betrag unterhalb des sog Nettoeinkommens an.

B. Maßgeblicher Zeitpunkt: Bewilligungsreife. Es kommt auf den Zeitpunkt einer ordnungsgemäßen Entscheidung des Gerichts an, § 119 Rn 5, ArbG Regensb Rpfleger **94**, 70. Ein Einkommensteil, der nicht in Bargeld besteht, muß in diesem Einkommenszeitpunkt schon und noch einen Geldeswert haben. Er muß tatsächlich bestehen, Karlsr FamRZ **04**, 644 (Ausnahme: Arbeitsunwilligkeit). Er muß also zumindest alsbald und ohne unzumutbare Schwierigkeiten realisierbar sein, BVerwG **21**, 208, KG FamRZ **85**, 1068. Dabei ist eine Realisierung nur um den Preis erheblicher Untererlöse unzumutbar. Der Einkommensteil braucht der Partei noch nicht unmittelbar zur Verfügung zu stehen, aM Düss NJW **82**, 1792, Kohte DB **81**, 1175 (aber man muß auch wirtschaftlich denken). Evtl muß das Gericht also eine Rückwirkung aussprechen, § 119 Rn 10. 6

6) Absetzungen, I 3–6. Von dem nach Rn 5–6 ermittelten Einkommen muß man die in I 3 Z 1–3 genannten Beträge absetzen. Erst von dem danach verbleibenden Saldo darf das Gericht die nach II aus der Tabelle ablesbaren etwaigen Monatsraten errechnen. 7

A. Steuern usw, I 3 Z 1 a, 4. Absetzen muß man zunächst die in (jetzt) § 82 II SGB XII, oben abgedruckt, bezeichneten Beträge für Steuern usw in voller Höhe, Düss FamRZ **07**, 645 (Pkw-Kosten), Hbg Rpfleger **96**, 164, Zimmermann (bei Rn 5) 278.

Unanwendbar ist I 3 Z 1 a auf eine Prämie für eine Ausbildungsversicherung zugunsten eines Kindes des Antragstellers, Karlsr FamRZ **07**, 1109.

B. Unterhaltsleistungen: Grundsatz der Pauschale, I 3 Z 1 b, 2 a, b, 4. Absetzen muß man ferner die in Z 1 b, Z 2 a, b, 4 genannten Unterhaltsleistungen in Höhe der sich aus dieser Bestimmung ergebenden Beträge. Das gilt für jeden Elternteil, Hamm MDR **07**, 973. Es findet also eine gesetzlich pauschalierte Berechnung des Absetzbaren statt, Schlesw JB **96**, 433. Das bedeutet einerseits eine Vereinfachung, andererseits eine Vergröberung des Maßstabs des Absetzbaren. Die „Vereinfachung" stellt dabei in Wahrheit eine äußerste Komplikation des Rechenwerks dar. Sie bleibt nur deshalb halbwegs erträglich, weil das Bundesministerium der Justiz jährlich zum 1. 7. die maßgebenden Beträge (hoffentlich fehlerfrei errechnet) im BGBl bekanntgibt, I 5. Die zahlreichen Streit- und Zweifelsfragen zum alten Recht sind durch die jetzige Regelung teilweise überholt. Es bleibt im Prinzip das folgende Rechenwerk. 8

C. Ermittlung der Zahl der Unterhaltsberechtigten, I 3 Z 2 a, b, 4. Man muß zunächst klären, ob und wie viele Personen der Antragsteller unterhalten muß. Denn I 3 Z 2 a, b berücksichtigen eine Unterhaltspflicht nicht nur gegenüber dem Ehegatten oder Lebenspartner, sondern gegenüber jedem weiteren Unterhaltsberechtigten. Freilich kommt nur eine „gesetzliche" Unterhaltspflicht in Betracht, nicht also auch eine freiwillig übernommene vertragliche. Dabei mindert die Unterhaltspflicht gegenüber dem Ehegatten oder Lebenspartner das Einkommen nach Z 2 a anders als eine Unterhaltspflicht gegenüber weiteren Personen nach Z 2 b. Auch der Grundbetrag nach dem SGB XII kann sich ändern. Man darf diese Änderung nicht mit der aus ihr erst abgeleiteten jährlichen Neubekanntmachung nach I 5 verwechseln. 9

D. Unterkunft und Heizung, I 3 Z 3. Absetzen muß das Gericht unabhängig davon, ob Unterhaltsleistungen usw nach Z 2 abziehbar sind, jedenfalls die Kosten der Unterkunft und Heizung, Z 3, Karlsr RR **06**, 1522. Das geschieht grundsätzlich in ihrer vollen tatsächlichen Höhe, also einschließlich aller weiteren umlagefähigen Mietnebenkosten, mithin in Höhe des monatlichen Brutto- (Gesamt-)Betrages. Bei einer Gemeinschaftsunterkunft usw sind die entsprechenden anteiligen Kosten absetzbar, Kblz FamRZ **97**, 680 (abl Atzler FamRZ **97**, 1018). Strom- und Wasserkosten gehören nicht hierher, Brdb MDR **07**, 1338. 10

Allerdings sind die Bruttokosten insoweit nicht absetzbar, als sie in einem „*auffälligen Mißverhältnis* zu den Lebensverhältnissen der Partei" stehen, Z 3 Hs 2. Luxus ist nicht schon deshalb voll absetzbar, weil der Nutzer ihn tatsächlich bezahlt. Nur derjenige Teil ist absetzbar, der wegen der Gesamtverhältnisse des Antragstellers nicht auffällig zu teuer ist, Brdb FamRZ **01**, 1085. Der Spitzenverdiener darf natürlich auch luxuriös wohnen. Sein Luxus steht gerade nicht im auffälligen Mißverhältnis. Aber er dürfte natürlich auch nur bei einem extrem hohen Streitwert eine PKH erbitten müssen. Z 3 Hs 2 erfaßt daher praktisch denjenigen, der in normalen oder bescheidenen Verdienst- und Einkommensverhältnissen lebt, aber fürs Wohnen auffällig zu viel ausgibt, aus welchem Grund auch immer, Brdb FamRZ **01**, 1085. Ein vernünftiger nachvollziehbarer Grund führt nicht zu einem auffälligen Mißverhältnis, sondern allenfalls zu einem bedauerlich unvermeidbaren. Man darf natürlich auch nicht einen nur vorübergehend besonders teueren Zeitraum beachten. Wer sich an der Grundrenovierung des Hauses jetzt und dann frühestens nach 20 Jahren wieder beteiligen muß, lebt nicht schon deshalb in auffällig überteuerten Wohnverhältnissen. Denn irgendwann muß man nun einmal renovieren oder reparieren. Vgl Rn 30 „Mietausgaben". 11

E. Besondere Belastungen, I 3 Z 4. Absetzbar sind schließlich unabhängig von den Möglichkeiten Rn 7–14 weitere Beträge, soweit das mit Rücksicht auf besondere Belastungen angemessen ist, Z 4 Hs 1. Diese Auffangklausel hat nicht mehr umfassenden Charakter, insbesondere weder bei der in Z 2 im Grundsatz abschließend geregelten Unterhaltspflicht noch bei den in Z 3 im Grundsatz umfassend geregelten Wohnungskosten. Sie erfaßt immerhin alle übrigen „besonderen" Belastungen mit dem Ziel einer gerechten Verminderung des Einkommens vor der Anwendung der Tabelle. Es kommen Belastungen jeder Art und Höhe sowie Dauer infrage. Sie müssen aber über das Übliche hinausgehen. Der Antragsteller darf sie nicht bewußt herbeigeführt haben (direkter oder bedingter Vorsatz). Seine bloße bewußte oder unbewußte Fahrlässigkeit bleibt demgegenüber meist unschädlich. Aus einer Bedarfsgemeinschaft nach §§ 9 I SGB II, 36 SGB XII kann sich eine besondere Belastung ergeben, KG FamRZ **06**, 963, ebenso aus einer Leistung für den Lebensgefährten, Karlsr FamRZ **08**, 421. Eine Geldstrafe mit Raten ist meist keine besondere Belastung, KG FamRZ **06**, 871. 12

13 **F. Ermittlung des jährlich neu bekanntgemachten Betrags, I 5, 6,** dazu *Giers* FamRZ **05**, 1220: Auf der Basis der Zahl der Unterhaltsberechtigten nach Rn 9 muß das Gericht grundsätzlich den jährlich zum 1. 7. neu bekanntgemachten Betrag ableiten, S 1 Hs 2, Bbg FamRZ **98**, 1604. Er betrug für den Zeitraum vom 1. 7. 04 unverändert bis zum 31. 12. 04 in ganz Deutschland für die Partei 364 EUR, für den Ehegatten oder Lebenspartner 364 EUR, für jede weitere Person, der die Partei auf Grund gesetzlicher Unterhaltspflicht Unterhalt leistet, 256 EUR, PKHB 2004 v 21. 6. 04, BGBl 1283 in Verbindung mit § 26 Z 3 EGZPO. Auch die Bek enthielt bereits den jeweils errechneten Prozentsatz, Büttner NJW **95**, 1472, aM Friedrich NJW **95**, 619 (je zur früheren Bek vom 10. 10. 94. Aber bitte möglichst nicht noch mehr Probleme in das Gesetz hineinlesen als ohnehin schon reichlich vorhanden). Die so ermittelten Beträge erhalten anschließend eine Auf- oder Abrundung nach I 6.

Seit 1. 1. 05 galt sodann zunächst bis zum 31. 3. 05 die 1. PKHB 2005 vom 21. 12. 04, BGBl 3842, mit einer verfassungsrechtlich evtl problematischen und auch zeitlich wie räumlich zumindest nicht direkt aus § 115 ZPO ableitbaren neuartigen Unterteilung. *Seit 1. 4. 05* war an die Stelle dieser 1. PKHB 2005 eine 2. PKHB 2005 vom 23. 3. 05 getreten, BGBl 924. Sie war sodann seit 1. 7. 06 durch die PKHB 2006 vom 6. 6. 06, BGBl 1292, ersetzt worden. Sodann galt die PKHB 2007 v 11. 6. 07, BGBl 1058. Nunmehr gilt die PKHB 2008 v 12. 6. 08, BGBl 1025), betragsmäßig ebenso wie die vorangegangene PKHB 2005, nämlich wie folgt:

***PKHB 2008.* Die vom 1. Juli 2008 bis zum 30. Juni 2009 maßgebenden Beträge, die nach § 115 Abs. 1 Satz 3 Nr. 1 Buchstabe b und Nr. 2 der Zivilprozessordnung vom Einkommen der Partei abzusetzen sind, betragen**

1. **für Parteien, die ein Einkommen aus Erwerbstätigkeit erzielen (§ 115 Abs. 1 Satz 3 Nr. 1 Buchstabe b der Zivilprozessordnung), 176 Euro,**
2. **für die Partei und ihren Ehegatten oder ihren Lebenspartner (§ 115 Abs. 1 Satz 3 Nr. 2 Buchstabe a der Zivilprozessordnung), 386 Euro,**
3. **für jede weitere Person, der die Partei auf Grund gesetzlicher Unterhaltspflicht Unterhalt leistet (§ 115 Abs. 1 Satz 3 Nr. 2 Buchstabe b der Zivilprozessordnung), 270 Euro.**

14 **G. Verminderung durch eigenes Einkommen jedes Unterhaltsberechtigten, I 7.** Von dem nach Rn 7–13 ermittelten Betrag muß das Gericht das eigene Einkommen eines jeden gesetzlich Unterhaltsberechtigten abziehen. Denn um diese Beträge vermindert sich nach S 2 die Absetzmöglichkeit des Antragstellers. Der Begriff Einkommen ist hier derselbe wie beim Antragsteller, I 2, Rn 5, 6.

15 **H. Geldrente, I 8.** Statt der Rechenweise Rn 7–14 ist dann, wenn statt eines gesetzlich geschuldeten Unterhalts eine Geldrente gezahlt wird, ihre tatsächliche Höhe abziehbar, „soweit dies angemessen ist", (jetzt) I 8, Karlsr FamRZ **04**, 1119. Eine Naturalleistung ist keine Geldrente. Ob eine Geldrente vorliegt, läßt sich nur nach den Gesamtumständen des Einzelfalls sagen. Sie kann über das gesetzlich Geschuldete hinausgehen. Sie kann aber auch hinter ihm zurückbleiben. Gerade im ersteren Fall ist sie daher nur im Rahmen des Angemessenen abziehbar. Ist sie zu hoch, bleibt es bei ihrer Abziehbarkeit (statt Rn 7–14) in den Grenzen des Angemessenen.

16 **I. Beispiele zur Frage des Einkommens, I 3 Z 1–4**

Abfindung: Das Gericht darf eine zweckgebundene Abfindung zB wegen einer gerichtlichen Auflösung des Arbeitsverhältnisses *nicht* als Einkommen berücksichtigen, Nürnb FamRZ **95**, 942, LAG Bre MDR **98**, 801, LAG Hamm JB **98**, 593, aM Karlsr FamRZ **02**, 1196 (aber die Zweckbindung würde gefährdet. So weit darf der Schutz des Fiskus nicht gehen). Das gilt insbesondere dann, wenn das FamG oder ein Vergleich den Antragsteller verpflichtet hat, von der Abfindung einen Unterhalt zu zahlen, Kblz FamRZ **01**, 631, Köln JB **96**, 143, aM Celle Rpfleger **05**, 320.

17 **Absetzungen:** Vom Einkommen muß das Gericht nach I 3 Z 1 diejenigen Beträge absetzen, die § 82 II SGB XII, oben abgedruckt, nennt. Vgl bei den folgenden Stichworten. Ferner sind nach I 3 Z 4 weitere Beträge absetzbar, soweit das „mit Rücksicht auf besondere Belastungen angemessen ist". Hier tut sich zunächst das weite Feld der entsprechenden Anwendbarkeit steuerlicher Maßstäbe auf. Die Finanzämter sind zur Hilfe durch Auskunft usw jedenfalls über allgemeine Berechnungsmethoden auch dann verpflichtet, wenn sie im konkreten Einzelfall ein Steuergeheimnis wahren müssen, Art 35 I GG. Zum anderen bietet die Generalklausel „angemessen" im Rahmen eines weiten, wenn auch pflichtgemäßen Ermessens bei der nötigen Großzügigkeit nach § 114 Rn 47 dem Gericht die Möglichkeit zur Berücksichtigung im Prinzip aller denkbaren „besonderen" Belastungen, keineswegs nur zB der in § 34 EStG genannten. Das Gericht ist ohnehin nicht an steuerrechtliche Maßstäbe gebunden.

Abtretung: Ein wirksam abgetretener Anspruch ist *kein* Einkommen.

Alleinerziehung: Ihre Aufwendungen (Mehrbedarf) sind *absetzbar*, KG FamRZ **07**, 915.

Altersvorsorge: Sie ist zweckgebunden und daher *kein* Einkommen. Stgt FamRZ **06**, 1282.

Arbeitnehmersparzulage: Sie zählt zum Einkommen.

Arbeitsamt: Rn 14.

Arbeitseinsatz: Ein unterlassener Arbeitseinsatz ist grds *kein* Einkommen, BVerfG FamRZ **07**, 273 (Fallfrage), Brdb RR **08**, 734 (nur beim Mißbrauch), Karlsr FamRZ **04**, 1120, aM Ffm RR **08**, 888, Köln FamRZ **07**, 1338, Mü RR **99**, 433 (nur bei Schuldlosigkeit unschädlich. Man sollte aber die Gesamtumstände abwägen). Vgl aber auch Hamm FamRZ **96**, 958 (Überstunden usw).

Arbeitsförderungsgesetz: Mann kann § 138 I AFG anwenden und dem geringerverdienenden Ehegatten die Hälfte des Differenzbetrags zwischen seinem Einkommen und dem höheren des anderen Ehegatten anrechnen, Hbg FamRZ **86**, 187, LAG Köln MDR **87**, 964.

S auch Rn 35 „Streitgenossen".

Arbeitsloser: Er hat grds *kein* Einkommen nach § 115, Nürnb FamRZ **99**, 1673. Arbeitslosengeld und -hilfe usw, zB „Hartz IV", können freilich zum Einkommen zählen, BGH WoM **08**, 158 links, Naumb FamRZ **01**, 1471, LG Kblz JB **01**, 98. Dasselbe gilt für einen Zuschlag nach § 24 SGB II, Zweibr FamRZ **06**, 135.

Arztkosten: Sie können zu den *„besonderen Belastungen"* nach I 3 Z 4 zählen, soweit sie nicht erstattet werden, Düss FamRZ **81**, 76.

Aufwandsentschädigung: Sie läßt sich zu einem Drittel als Einkommen bewerten, Karlsr FamRZ **04**, 645 links unten.

Ausbildungsförderungsgeld: Es zählt auch als ein derzeit noch nicht rückzahlbares Darlehen zum Einkommen, Karlsr FamRZ **02**, 1195, Köln FamRZ **94**, 1534.

Ausländer: Höhere Lebenskosten sind *absetzbar,* niedrigere sind unschädlich, Stgt FamRZ **07**, 486.

Auslandszuschuß: Er zählt zum Einkommen, BGH DAVorm **80**, 286.

Bankguthaben: Rn 24 „Geld, Geldeswert".

Bausparvertrag Rn 33 „Raten".

Behinderter: (jetzt) § 82 II SGB XII, oben abgedruckt, dazu LSG Stgt FamRZ **01**, 234.

Beihilfe: Die Zahlung erfolgt nur zum Ausgleich bereits entstandener Unkosten. Sie ist insofern *kein* Einkommen. **18**

S auch „Bundesentschädigungsgesetz".

Beitrag: Soweit er gesetzlich vorgeschrieben oder nach Grund und Höhe angemessen ist, ist ein Betrag zu einer öffentlichen oder privaten Versicherung oder einer ähnlichen Einrichtung nach § 82 II SGB XII, oben abgedruckt, vom Einkommen *absetzbar.*

Berufsschadensausgleich: Rn 19 „Bundesversorgungsgesetz".

Besondere Belastung: Sie ist nach I 3 Z 4 *abzugsfähig.* Dabei hat das Gericht ein ziemlich weites, wenn auch pflichtgemäßes Ermessen, Kohte DB **81**, 1176. Die Steigerungen der allgemeinen Lebenskosten zählen nicht hierher, Hamm Rpfleger **91**, 117.

S auch bei den einzelnen Stichworten.

Betriebsausgaben: Die mit der Erzielung des Einkommens verbundenen notwendigen Ausgaben sind nach § 82 II Z 4 SGB XII, oben abgedruckt, vom Einkommen *absetzbar.*

Blindengeld oder Blindenhilfe: Sie zählen zwar formell zum Einkommen. Man muß sie freilich im Zusammenhang mit (jetzt) § 82 II SGB XII, oben abgedruckt, beurteilen, Jena FamRZ **99**, 1673, Saarbr FamRZ **88**, 1183.

Bundesausbildungsförderungsgesetz: Leistungen nach dem BAföG zählen zum Einkommen, AG Recklingh FamRZ **87**, 729, aM Köln FamRZ **94**, 1534 (nicht bei einer Unzumutbarkeit. Aber die Quelle ist unerheblich, Rn 5).

S auch Rn 14.

Bundesentschädigungsgesetz: Eine Rente oder Beihilfe nach dem BEG zählt zum Einkommen, Albers Gedächtnisschrift für Martens (1987) 291.

Bundeserziehungsgeld: Rn 22 „Erziehungsgeld".

Bundesversorgungsgesetz: Die Grundrente nach dem BVG zählt zum Einkommen, Hamm NJW **92**, 515, LAG Stgt JB **89**, 667, OVG Münst JB **91**, 1371, aM LSG Celle NdsRpfl **84**, 24, Schneider MDR **85**, 443 (aber die Quelle ist unerheblich, Rn 5). **19**

Bußgeld: Es ist als ein Teil normaler Lebenskosten nicht absetzbar, Brdb FamRZ **04**, 646.

Darlehen: Das Darlehen, das der Antragsteller von einem nahestehenden Dritten erhalten hat und in absehbarer Zeit nicht zurückzahlen muß, zählt zum Einkommen, Hamm FamRZ **84**, 409, Köln FamRZ **84**, 304, aM Bbg FamRZ **86**, 700 (aber die Quelle ist unerheblich, Rn 5). Dasselbe gilt vor der Fälligkeit von einem als Darlehen gezahlten Unterhaltsgeld des Arbeitsamts, Karlsr FamRZ **02**, 1194, oder einer Bank, Hamm NVersZ **00**, 478. Tilgungsraten sind *absetzbar,* Jena FamRZ **97**, 622, wenn der Antragsteller ein Darlehen vor dem Prozeßbeginn aufgenommen hatte, Köln MDR **95**, 314, strenger LAG Köln NZA-RR **04**, 663. Dasselbe gilt sogar beim Berufs-Pkw für Raten ab dem Prozeßbeginn, Hamm FamRZ **07**, 155. Es gilt aber nicht bei einer Darlehensaufnahme erst nach dem Prozeßbeginn, LG Neubrdb WoM **07**, 390. Nicht rückgezahlte Beträge sind nicht absetzbar, Zweibr Rpfleger **00**, 537. **20**

S auch Rn 26.

Dienstwohnung: Ihre Überlassung zählt evtl zum Einkommen.

Doppelverdiener: Bei doppelverdienenden Eheleuten darf man grds nur das Einkommen des Antragstellers ansetzen, Bbg JB **94**, 751, Celle FamRZ **93**, 1334, Köln JB **94**, 751, aM Hbg FamRZ **86**, 188, LG Flensb SchlHA **87**, 185 (stellt auf einen Unterhaltsanspruch des geringer Verdienenden ab), LAG Köln MDR **89**, 765 (50% der Differenz sei hinzuzurechnen. Aber zumindest beim gesetzlichen Güterstand besteht keine Gesamtverwaltung). Sind Ehegatten Streitgenossen, muß man freilich ihr Einkommen zusammenrechnen, Rn 8 „Arbeitsförderungsgesetz". Das gilt zumindest bei § 138 I AFG. **21**

Dritter: Solche Leistungen, die ein Dritter als Unterhalt dem Unterhaltsgläubiger erbringt, zählen zum Einkommen des letzteren, Hamm FamRZ **88**, 1271, Köln FamRZ **96**, 873.

Ehe: Vgl zunächst Rn 3. Man muß auch eine Unterhaltspflicht gegenüber dem jetzigen Ehegatten berücksichtigen, mag er auch getrennt leben, und gegenüber dem früheren Ehegatten, soweit die Ehe sachlichrechtlich noch besteht. Soweit jener Ehegatte ein eigenes Einkommen hat, muß das Gericht IV beachten, Rn 42, BAG NZA **06**, 694. Ob der mitverdienende Ehegatte des alleinigen Antragstellers unterhaltsberechtigt ist, richtet sich danach, wie weit der Antragsteller ihn sachlichrechtlich finanziell unterstützt oder seine Bedürfnisse mitbezahlen muß. Wegen der Lage, falls beide Eheleute mit jeweils eigenem Einkommen gemeinsamen Kindern unterhaltspflichtig sind und falls beide eine PKH beantragen, LAG Bre NJW **82**, 2462 (Aufteilung der Freibeträge im Verhältnis der Einkommen und entsprechende Anrechnung, abl Christl Rpfleger **83**, 95), Düss Rpfleger **01**, 434 (Berücksichtigung nur der Angehörigen mit eigenem Einkommen). **22**

S auch Rn 21 „Doppelverdiener", Rn 24 „Getrenntleben".

Eheähnliche Gemeinschaft: § 114 Rn 52.

Eigenes Einkommen des Unterhaltsberechtigten: Die Frage, ob man es dem Einkommen des Unterhaltspflichtigen zurechnen muß, läßt sich (jetzt) nach I 7 beantworten, Rn 69 ff, Hoppenz FamRZ **89**, 133.

Eigenheim: Rn 38 „Vermietung".
Elterngeld: Man muß es mitbeachten, wie jede Sozialleistung, Scholz FamRZ **07**, 9.
Einkommensteuer: Rn 35 „Steuern".
Elterngeld: Man muß es mitbeachten, wie jede Sozialleistung, Scholz FamRZ **07**, 9.
Erziehungsgeld: Das Gericht darf es *nicht* berücksichtigen, Mü FamRZ **04**, 1498, Nürnb FamRZ **02**, 104, VGH Mü JB **07**, 375, aM Bre FamRZ **98**, 759, Mü FamRZ **99**, 598 (aber dann wäre die vorrangige Zweckbindung gefährdet, wie bei Rn 17).

S auch Rn 23 „Familiengeld".

Essensgeld: Es zählt vernünftigerweise wie Fahrgeld *nicht* zum Einkommen, Düss FamRZ **89**, 883.

23 **Fahrgeld:** Es zählt *nicht* zum Einkommen. Notwendige Fahrtkosten sind mit den üblichen Sätzen absetzbar, Bbg FamRZ **08**, 1541 (5,20 EUR/km Entfernung), Karlsr FamRZ **08**, 69, Nürnb MDR **08**, 941 rechts (0,30 EUR/km).

Familiengeld: Man muß es meist wie ein Erziehungsgeld beurteilen, KG FamRZ **90**, 1120.

S auch Rn 22 „Erziehungsgeld".

Feiertagsarbeitsgeld: Es zählt zum Einkommen.
Fiktives Einkommen: Rn 17 „Arbeitseinsatz".
Forderung: Eine anerkannte kann die Bedürftigkeit entfallen lassen, Brdb FamRZ **05**, 991.
Freiwillige Zahlung: Die erhaltene zählt zum Einkommen, Bbg JB **89**, 1108, Kblz FamRZ **92**, 1197, Köln FamRZ **96**, 1021.

24 **Geburt:** Ausgaben wegen einer Geburt können zu den *„besonderen Belastungen"* nach I 3 Z 4 zählen.

Geld, Geldeswert: Bargeld zählt natürlich zum Einkommen, sofern es nicht zB zu den nach I 3 Z 1 in Verbindung mit § 82 SGB XII usw *absetzbaren* demnächst oder sofort zahlbaren Belastungen zählt oder nach I 3 Z 4 unberücksichtigt bleiben muß.

Alles übrige „Geldeswerte" ist ebenfalls Teile des Einkommens, zB ein Bankguthaben, Bbg FamRZ **97**, 300. Wegen des maßgeblichen Zeitpunkts vgl Rn 6.

Geldstrafe: Sie kann *absetzbar* sein, Brdb FamRZ **04**, 646 (sogar bei Raten), Hbg FamRZ **01**, 235 (großzügig), aM Karlsr FamRZ **08**, 1541, Mü FamRZ **07**, 1340, AG Ludwigslust FamRZ **03**, 1934 (aber es sollte stets auf die gesamten Fallumstände ankommen).
Geschenk: Man sollte Geschenke etwa zum Geburtstag oder zum Jubiläum nur zurückhaltend zum Einkommen zählen.
Getrenntleben: Die zum „Doppelverdiener" nach Rn 21 geltenden Regeln sind natürlich erst recht bei getrennt lebenden Eheleuten anwendbar, Bischof AnwBl **81**, 370.
Gewerbesteuer: Rn 35 „Steuern".
Good will: Er kann zum Einkommen zählen.
Grundrente: Rn 19 „Bundesversorgungsgesetz".

25 **Haushalt:** Es ist grds unerheblich, ob ein Unterhaltsgläubiger außerhalb des Haushalts des Antragstellers oder bei ihm lebt. Das ergibt sich daraus, daß das Gesetz nur dem Wortlaut nach scheinbar zwischen einer Barleistung oder einer Naturalleistung unterscheidet, in Wirklichkeit aber Leistungen beider Arten im Rahmen der „Angemessenheit", als *abzugsfähig* ansieht, Rn 57 „Barleistung", Düss FamRZ **88**, 414, Köln FamRZ **89**, 525, aM Bbg FamRZ **87**, 961, Karlsr Just **86**, 21, Kblz Rpfleger **85**, 323 (aber auch die Naturalleistung hat einen Wert).

Heirat: Ausgaben wegen einer Heirat können zu den *„besonderen Belastungen"* nach I 3 Z 4 zählen.
Heizung: Rn 30 „Mietausgaben".
Insolvenz: Die unverschuldete Insolvenz ist wegen ihrer Einkommens*minderung* beachtlich, Stgt FamRZ **04**, 297.

26 **Jubiläum:** Ausgaben aus Anlaß eines privaten oder geschäftlichen Jubiläums können zu den *„besonderen Belastungen"* nach I 3 Z 4 zählen.

27 **Kaltmiete:** Rn 30 „Mietausgaben".

Kapitalertragssteuer: Rn 35 „Steuern".
Kinderausgaben: Solche für Kinder über 15 Jahren können *besondere Belastungen* nach I 3 Z 4 sein, Naumb FamRZ **00**, 1093. Wer trotz eines Kleinkinds arbeitet, darf einen Mehrbedarf absetzen, Köln FamRZ **03**, 773.

Kindergartenkosten sind *keine* besonderen Belastungen, Naumb FamRZ **00**, 1093.

28 **Kindererziehungsleistung:** Eine Kindererziehungsleistung nach §§ 294 ff SGB VI stellt *kein* Einkommen dar, LSG Bln FmRZ **93**, 743, LSG Celle MDR **92**, 1160. Sie kann als eine Belastung nach I 3 Z 4 absetzbar sein, wenn dem Elternteil deshalb kein Beruf zumutbar ist, Karlsr RR **99**, 1228, Stgt FamRZ **05**, 1184 (zum alten Recht).

Kindergeld: Es zählt zum Einkommen, zumindest insoweit, als es der Partei auch tatsächlich zufließt, BGH NJW **05**, 2394, Bbg JB **07**, 376, Ffm FamRZ **06**, 962 (je: Grenze: notwendiger Kindesunterhalt), Karlsr MDR **08**, 941, Rostock FamRZ **05**, 992, aM Brdb FamRZ **01**, 1085, Ffm FamRZ **03**, 460, Köln FamRZ **03**, 103 (je: allenfalls Anrechnung mit 50%), Kblz (9. ZS) FamRZ **04**, 120 (überhaupt nicht. Aber es gelten die sozialrechtlichen Begriffe schon wegen des sozialen Zwecks der §§ 114 ff, auch wenn das hier zu einer gewissen Strenge führt).
Kirchensteuer: Rn 35 „Steuern".
Know how: Er kann zum Einkommen zählen.
Kostenerstattung: Sie zählt *nicht* zum Einkommen. Denn sie bringt ja nur einen Ausgleich für erbrachte Ausgaben.
Kostgeld: Das Kostgeld des bei den Eltern lebenden Kindes ist keine besondere Belastung, es sei denn, es enthielte einen Anteil an der Kaltmiete von über 18%, LAG Köln MDR **91**, 1096.
Kraftfahrzeug: Seine Überlassung zählt evtl zum Einkommen, Köln FamRZ **81**, 489.
Krankengeld: Es zählt evtl zum Einkommen.
Krankheit: Es gilt dasselbe wie bei einer „Geburt", Rn 60.

Kurzarbeitergeld: Es zählt zum Einkommen.

Lebensgefährtin: Ihr Einkommen bleibt *unbeachtet,* Kblz JB **01**, 1153, Köln FamRZ **88**, 306, OVG Münst Rpfleger **86**, 406, aM Kblz RR **92**, 1348 (s aber § 114 Rn 46, 53). Sie und das angeblich vom Antragsteller stammende Kind sind nicht unterhaltsberechtigt, ArbG Regensb BB **89**, 707 (abl Gottwald FamRZ **89**, 1104). 29

S auch Rn 30 „Mietausgaben".

Lebenskosten: Ihre Erhöhung kann als eine *„besondere Belastung"* nach I 3 Z 4 gelten, freilich nicht generell, sondern nur im Ausnahmefall, § 114 Rn 133. Das gilt auch nach der Neuregelung von 1994 im Kern weiter, BFH DB **85**, 214 (großzügig), KG FamRZ **94**, 713, Köln FamRZ **94**, 711, aM Kblz FamRZ **86**, 1230, LAG Düss Rpfleger **93**, 498, ArbG Regensb Rpfleger **94**, 70 (aber das Gericht darf und muß auch eine wirtschaftliche Gesamtabwägung vornehmen).

Lebensversicherung: Ihr Rückkaufswert ist oberhalb der Schongrenze (jetzt) des § 90 SGB XII Einkommen, KG FamRZ **03**, 1394, aM LG Münst FamRZ **06**, 496, LAG Ffm NZA-RR **06**, 269 (auch zu einer Ausnahme).

Lohnsteuer: Der Anspruch auf Lohnsteuerjahresausgleich kann Einkommen sein, Bre FamRZ **98**, 1180.

Er zählt jedenfalls dann *nicht* zum Einkommen, wenn es sich nur um einen geringen Betrag handelt, Düss FamRZ **81**, 986, Ffm FamRZ **83**, 633.

S auch Rn 22 „Ehe", Rn 35 „Steuern".

Luxusausgaben: Das Gericht darf sie ebensowenig wie andere objektiv unvertretbare Belastungen vom Einkommen abziehen, Bbg FamRZ **86**, 700, Ffm FamRZ **87**, 179.

S auch Rn 30 „Mietausgaben".

Mehrheit von Unterhaltsgläubigern: Man muß die Unterhaltspflicht des Antragstellers gegenüber jedem Unterhaltsgläubiger zunächst gesondert ermitteln und sodann die sich ergebenden Beträge addieren, um zur anrechenbaren *Gesamtbelastung* zu kommen. Dabei können sich zB gegenüber gleichnahen Angehörigen wegen deren unterschiedlicher Verhältnisse verschieden hohe Unterhaltspflichten ergeben. 30

Mehrheit von Verfahren: Auch bei ihrer Zulässigkeit darf man nur die Kosten eines einzigen von ihnen ansetzen, OVG Lüneb NVwZ-RR **05**, 861.

Mietausgaben: Normale negative Einkünfte und normale Mieten sind jetzt *abzugsfähig,* Karlsr FamRZ **05**, 465. Das gilt, soweit sie eben nicht in einem auffälligem Mißverhältnis zu den Lebensverhältnissen der Partei stehen, I 3 Z 3, soweit sie also keine Luxusausgaben sind, Rn 13, 14, 29. Das gilt auch in Höhe fingierter Mietkosten für den Obdachlosen, Köln FamRZ **03**, 774. Ob ein Luxus vorliegt, läßt sich nur nach den Gesamtumständen beurteilen. Im Zweifel kein Luxus, Mü FamRZ **97**, 299. Die „Kosten der Unterkunft und Heizung" umfassen alle umlagefähigen festen oder schwankenden Nebenkosten, Karlsr FamRZ **99**, 600, Kblz MDR **95**, 1166, also die Bruttomiete, aM Karlsr FamRZ **07**, 1995 (aber das wäre kaum praktikabel). Im Wohnheim usw muß man den Bruttoanteil schätzen. Bei Eheleuten kann eine anteilige Berechnung infrage kommen, LG Kblz JB **06**, 656. Bei „Lebensgefährten" mit etwa gleichem Einkommen halbiert Kblz MDR **00**, 728 die Miete unabhängig vom Innenverhältnis. Maßgeblich ist nur die tatsächlich gezahlte Miete, LG Kblz FamRZ **01**, 1155, LAG Erfurt MDR **01**, 237. Bei durchschnittlichen Verhältnissen können 50% des Einkommens angemessen sein, Brdb FamRZ **01**, 1085. Es können bei höheren Mieten am Ort sogar über 50% des Nettoeinkommens absetzbar sein, LAG Erfurt MDR **01**, 237. Verbrauchsunabhängige Nebenkosten sind evtl *nicht* abziehbar, Düss FamRZ **08**, 895.

Mieteinnahmen: Rn 38 „Vermietung".

Mietzuschuß: Er zählt zum Einkommen, Bbg JB **85**, 1108.

Nachtarbeitsgeld: Es zählt zum Einkommen. 31

Naturalunterhalt: Der erhaltene kann zum Einkommen zählen, Celle FamRZ **93**, 1334, LAG Stgt BB **84**, 1810, Anders kann es beim Heimbewohner liegen, LG Kblz FamRZ **98**, 487. Die Verpflichtung zu ihm kann eine *besondere Belastung* nach I 3 Z 4 darstellen, Bre FamRZ **89**, 300.

S auch Rn 25 „Haushalt".

Nebeneinkünfte: Sie sind beim fleißigen Schuldner und keineswegs ganz armen Gläubiger evtl unbeachtlich, Stgt FamRZ **04**, 1380.

Pauschalsatz: Ein nach der VO zu (jetzt) § 90 SGB XII beachtlicher Pauschalsatz für Fahrten zur Arbeitsstätte kann *heraufsetzbar* sein, Ffm FamRZ **90**, 1011, aM Mü FamRZ **94**, 898. 32

Pflegegeld: Es zählt zum Einkommen, BGH NJW **93**, 322, aM Karlsr FamRZ **04**, 645 (bei § 39 SGB VIII nur mit dem Anteil „Erziehungskosten").

Pflegeversicherung: Rn 38 „Versicherung".

Pkw-Stellplatz: Seine Kosten sind *nicht* abziehbar, Brdb FamRZ **08**, 69 links oben.

Prozeßkostenhilferaten: Der Unterhaltsschuldner darf nicht solche PKH-Raten vorab vom Einkommen als Schulden absetzen, die er für den laufenden Unterhaltsprozeß und für weitere familienrechtliche Auseinandersetzungen aufbringen muß, Kblz FamRZ **91**, 438, Schlesw FamRZ **00**, 1586.

Prozeßkostenvorschuß: Man muß das volljährige unverheiratete in Ausbildung befindliche Kind evtl auf einen Anspruch verweisen, insbesondere bei einem wichtigen Prozeß, BGH NJW **05**, 1722 (zustm Borth FamRZ **05**, 886), Mü RR **07**, 657, LG Kblz FamRZ **96**, 44, aM Bbg FamRZ **00**, 1093, Düss FamRZ **86**, Stgt FamRZ **88**, 758 (aber man muß eine behutsame wirtschaftliche Gesamtabwägung vornehmen). Im Ehelichkeitsanfechtungsverfahren kann das Kind einen Anspruch auf einen Prozeßkostenvorschuß gegen den Antragsteller des Hauptverfahrens haben, Kblz FamRZ **96**, 45, oder gegenüber dem Antragsgegner, Kblz FamRZ **96**, 44, auch gegenüber Großeltern, Kblz Rpfleger **97**, 72. Er zählt zum Einkommen. Beim Trennungsunterhalt kommt ein Vorschuß nur ausnahmsweise infrage, Mü RR **06**, 292.

Raten: Bereits fällige Raten nach § 120 aus anderen Verfahren oder Ursachen können zu den *„besonderen Belastungen"* nach I 3 Z 4 zählen, Karlsr FamRZ **08**, 70 (Bausparvertrag), Köln VersR **98**, 76. Geldbußraten zählen nicht hierher, Kblz JB **97**, 31. 33

S auch Rn 30 „Mietausgaben".

Rente: Sie zählt grds zum Einkommen, Bre RR **07**, 512. Das gilt auch für die sog Riester-Rente, Brdb FamRZ **06**, 1397. Freilich kann das Gesetz eine solche Zuordnung ausschließen.
S auch Rn 18 „Bundesentschädigungsgesetz", Rn 19 „Bundesversorgungsgesetz".

Rücklage: Man darf eine PKH nicht schon deshalb versagen, weil der Antragsteller ab dem Verfahrensbeginn aus dem Einkommen Rücklagen bilden könnte, Celle JB **07**, 96, KG FamRZ **88**, 1078.

Sanatorium: Die Verpflegung kann zum Einkommen zählen, LG Kblz FamRZ **95**, 941.

34 **Schulden:** Solche aus der Zeit *vor* der Antragstellung können als *„besondere Belastungen"* nach I 3 Z 4 zählen, Köln FamRZ **96**, 873 (Fallfrage), LAG Köln NZA-RR **08**, 323, ArbG Regensb Rpfleger **94**, 70. Schulden aus der Zeit *nach* der Antragstellung kommen insofern nur dann in Betracht, wenn sie aus einem lebenswichtigen Anlaß notwendig waren, Brdb FamRZ **08**, 158, Kblz MDR **92**, 80, strenger Stgt FamRZ **96**, 873. Der Antragsteller muß sie auch tatsächlich tilgen, um sie absetzen zu können, LAG Mainz MDR **04**, 718. Nicht rückgezahlte Beträge sind nicht absetzbar, Zweibr Rpfleger **00**, 537.

Schulungskosten: Sie können zu den *Belastungen* nach I 3 Z 4 zählen, Düss FamRZ **81**, 59.

Schwerbehinderter: Vgl *Zimmermann* (bei Rn 5) 291. Bei einem Behinderungsgrad bis 50% mag man nur den Pauschbetrag nach § 33 b EStG berücksichtigen dürfen, AG Bayreuth JB **92**, 756. Indessen sollte man stets die Gesamtumstände abwägen.

Selbstbehalt: Das Gericht muß einen angemessenen Selbstbehalt gegenüber einem volljährigen Kind ohne eine Unterscheidung nach erwerbstätigen und nicht erwerbstätigen Schuldnern beurteilen, Karlsr FamRZ **85**, 593, aM Düss FamRZ **82**, 1101. Eine pauschale Herabsetzung des Selbstbehalts wegen ländlicher Lebensverhältnisse ist unzulässig, Düss FamRZ **90**, 1028.

SGB II: Der ausschließliche Bezug der Regelleistung nach § 20 SGB II zählt *nicht* zum Einkommen, Karlsr FamRZ **07**, 155, aM Stgt FamRZ **08**, 1261.

SGB XII: Eine Leistung nach dem SGB XII zählt grds zum Einkommen, Celle NdsRpfl **85**, 311, AG Kblz Rpfleger **92**, 117, aM Kblz MDR **07**, 1446. Das gilt zB für eine Hilfe zum Lebensunterhalt, Celle NdsRpfl **85**, 311, Hamm JB **86**, 768, LG Hbg WoM **93**, 462 (freilich ist sie ein Anhalt für eine PKH ohne Raten), aM Düss Rpfleger **94**, 29, Karlsr FamRZ **94**, 714, Köln MDR **93**, 805 (aber die Quelle ist unerheblich, Rn 5).

Sonntagsarbeitsgeld: Es zählt zum Einkommen.

Sozialhilfe: § 114 Rn 68 „Sozialhilfe" und oben Rn 19 „Bundessozialhilfegesetz".

Sozialversicherung: Die Pflichtbeiträge zählen zu den abzugsfähigen Beträgen nach I 3 Z 1 in Verbindung mit § 82 II Z 1 SGB XII, oben abgedruckt.

Sparguthaben: Es zählt grds zum Einkommen, Stgt FamRZ **05**, 1184.
S aber auch Rn 38 „Vermögenswirksame Leistungen".

35 **Steuern:** Sie zählen zu den *abzugsfähigen* Beträgen nach Rn 7 nach I 3 Z 1 in Verbindung mit § 82 II Z 1 SGB XII, oben abgedruckt. Das gilt für alle Arten von Steuern. Der Antragsteller muß sie aber bereits „entrichtet" haben. Der noch im Vermögen des Antragstellers stehende und in allernächster Zeit mit Sicherheit fällige Betrag kann der bereits „entrichteten" Abführungssumme gleichstehen. Die Überschußrechnung reicht, Brdb FamRZ **98**, 1301. Man braucht sie nicht zu aktualisieren, BGH JB **93**, 106. Abschreibungen nach dem EStG sind kaum absetzbar, Jena FamRZ **97**, 622. Auch der Steuererstattungsanspruch ist evtl Einkommen, Bre FamRZ **98**, 1181, Nürnb FamRZ **06**, 1132.

Stiefeltern: Ein solcher Unterhalt, der zwar nicht zur Erfüllung einer Rechtspflicht erfolgt, wohl aber einer sittlichen Pflicht entspricht, kann zumindest als eine *„besondere Belastung"* nach I 3 Z 4 abzugsfähig sein. Es kommt aber auch eine Berücksichtigung im Rahmen von V in Betracht.

Streitgenossen: Grundsätzlich muß das Gericht für jeden Antragsteller das Einkommen gesondert berechnen. Ebenso muß es die bei jedem Antragsteller abzugsfähigen Beträge und besonderen Belastungen gesondert ermitteln. Sind Ehegatten Streitgenossen, muß man zumindest bei einer Anwendung von § 138 I AFG, Rn 8 „Arbeitsförderungsgesetz" ihr Einkommen freilich zusammenrechnen.

Stromkosten: Sie zählen nicht zu den Belastungen nach I 3 Z 4, BGH WoM **08**, 158 links, Bbg FamRZ **05**, 1183.

Taschengeld: Es kann zum Einkommen zählen, Karlsr FamRZ **05**, 1182 (Ehepartner), Kblz RR **05**, 1167 (5%), Zweibr FamRZ **01**, 1470, aM Bbg JB **94**, 751 (aber ein Taschengeld ist grds auch pfändbar, § 850 b Rn 4). Eine Zurückhaltung ist beim Heimbewohner nötig, LG Kblz FamRZ **98**, 487.

36 **Tilgung:** Eine Tilgungsleistung auf einen Kredit ist als eine *„besondere Belastung"* nach I 3 Z 4 abzugsfähig, soweit sie im Rahmen einer üblichen und vertretbaren Lebensführung entstanden ist und soweit der Antragsteller sie nicht in einer Kenntnis des bevorstehenden Prozesses übernommen hat, LAG Kiel MDR **89**, 485. Eine Tilgungsleistung zur Finanzierung eines Eigenheims ist nur abzüglich einer fiktiven Miete abziehbar, Bbg FamRZ **84**, 721, Schlesw SchlHA **89**, 141, OVG Bre JB **85**, 1411, aM Mü MDR **81**, 852, OVG Bre JB **91**, 1114 (aber das Eigenheim hat auch einen immateriellen Wert. Ihn darf man möglichst nicht zugunsten der Staatskasse beseitigen).

Titulierter Anspruch: Einer Unterhaltszahlung kann ein titulierter Unterhaltsanspruch gleichstehen, LSG Essen FamRZ **87**, 731.

37 **Tod:** Ausgaben wegen eines Tods können zu den *„besonderen Belastungen"* nach I 3 Z 4 zählen.

Überstundenlohn: Er zählt zum Einkommen, BGH NJW **80**, 2251.

Überzahlung: Es ist grds unerheblich, ob ein Unterhaltsgläubiger weniger oder mehr als die in die Tabelle I 4 eingearbeiteten durchschnittlichen Leistungen erhält, Bre FamRZ **84**, 411 unten, Karlsr FamRZ **82**, 948 (offen bei krassen Abweichungen), Nürnb FamRZ **84**, 409. Eine sog Interpolation der Tabelle findet ohnehin nicht statt.

Umsatzbeteiligung: Sie zählt zum Einkommen.

Umschulung: Wer sie nicht zumutbar nutzt, kann ein fiktives Einkommen haben, Bre FamRZ **96**, 957. Ein Erwerbstätigenfreibetrag ist auf ein Umschulungsgeld anrechenbar, Nürnb FamRZ **03**, 774 links unten.

Unterhalt: Vgl zunächst Rn 3. Ein erhaltener Unterhalt zählt grds zum Einkommen, Kblz Rpfleger **92**, 439, Mü FamRZ **99**, 598. Das gilt selbst beim Rückforderungsvorbehalt, Karlsr FamRZ **02**, 1195.

Eine *besondere Belastung* nach I 3 Z 4 kann in einer freiwilliger Zahlung bestehen, Bre FamRZ **97**, 298, auch einer Geldrente, Stgt FamRZ **07**, 487. Unterhaltszahlungen für ein Kind sind selbst dann absetzbar, wenn der andere mitbetreuende Elternteil auch verdient, LAG Mainz MDR **07**, 411. Auch das Einkommen eines Unterhaltsgläubigers des Antragstellers mindert sich nach § 115, zB wegen der Kosten für Unterkunft und Heizung, LAG Nürnb MDR **01**, 297.

Nicht zum Einkommen zählt ein zwecks Vermeidung einer Zwangsvollstreckung gezahlter Unterhalt, BGH VersR **99**, 1435.

S auch Rn 20 „Darlehen", Rn 21 „Dritter".

Urheberpersönlichkeitsrecht: Es kann zum Einkommen zählen. Freilich muß es schon und noch einen „Geldeswert" haben, Rn 24.

Urlaubsgeld: Es zählt ebenso wie das Weihnachtsgeld zum Einkommen, Düss NJW **81**, 1791, Ffm FamRZ 38
83, 632, Karlsr FamRZ **04**, 1652, aM Celle JB **06**, 262 (abl Bund 234), Düss FamRZ **89**, 883 (bei kleinem Einkommen. Aber Geld ist Geld).

Vermietung: Einnahmen aus Vermietung zählen zum Einkommen, BGH JB **84**, 51.

Vermögenswirksame Leistung: Sie ist eine *besondere Belastung,* Köln FamRZ **93**, 1333, Stgt FamRZ **05**, 1184, ArbG Regensb Rpfleger **94**, 70, aM Bbg JB **87**, 1414.

Vermögenssteuer: Rn 35 „Steuern".

Versicherung: Pflichtbeiträge zur Sozialversicherung einschließlich der Arbeitslosenversicherung sowie Beiträge zu öffentlichen oder privaten Versicherungen und ähnlichen Einrichtungen sind vom Einkommen *absetzbar,* soweit sie gesetzlich vorgeschrieben sind oder nach Grund und Höhe angemessen sind, I 3 Z 1 in Verbindung mit (jetzt) § 82 II Z 2, 3 SGB XII, oben abgedruckt, LAG Stgt Rpfleger **89**, 29 (aM Bratfisch, auch zu den einzelnen Versicherungsarten), ArbG Regensb Rpfleger **94**, 70 (zu einer Lebensversicherung), Zimmermann (bei Rn 5) 278.

Nicht zum Einkommen zählt eine Leistung der Pflegeversicherung, LG Kblz FamRZ **01**, 308.

Verwarnungsgeld: Es ist als Teil normaler Lebenskosten nicht absetzbar, Brdb FamRZ **04**, 646.

Volljährigkeit: Der volljährige Unterhaltsgläubiger steht dem minderjährigen grds gleich. Er wird freilich oft ein eigenes Einkommen haben. Dann muß das Gericht IV beachten. Im übrigen muß er eine Auskunft über das Einkommen der Eltern geben, wenn sie die Kosten als einen Sonderbedarf tragen müssen, AG Gießen FamRZ **91**, 581.

Wasserkosten: Sie zählen nicht zu den Belastungen nach I 3 Z 4, BGH WoM **08**, 158 links, Nürnb FamRZ 39
97, 1542.

Weihnachtsgeld: Weihnachtsgeld muß man wie Urlaubsgeld zum Einkommen zählen, Düss NJW **81**, 1791, Ffm FamRZ **83**, 632, Karlsr FamRZ **04**, 1652, aM Celle JB **06**, 262 (abl Bund 234), Düss FamRZ **89**, 883 (bei kleinem Einkommen. Aber Geld ist Geld).

Wohngeld: Es zählt zum Einkommen, BGH VersR **80**, 923, Drsd FamRZ **02**, 1413, ArbG Regensb JB **90**, 1302. Das gilt auch für den Auszahlungsanspruch, LAG Freibg NJW **82**, 847.

Wohnvorteil: Er muß *nicht* stets zum Einkommen zählen, Hbg FamRZ **05**, 927.

Zinsen: Es gelten dieselben Grundsätze wie bei der „Tilgung", Rn 36. 40

7) Abrundung; Tabellenanwendung, II. Von dem nach sämtlichen Abzügen Rn 7–41 verbleibenden 41
auf volle EUR abgerundeten monatlichen sog „einzusetzenden Einkommen", muß das Gericht nach der amtlichen Tabelle in II ableiten, ob und welche Monatsraten der Antragsteller zahlen soll. Das Gericht mußte die Zahl der Unterhaltsberechtigten bereits vorher ermitteln und berücksichtigen, Rn 9. Daher enthält die Tabelle jetzt nur noch die Einkommens- und die Ratenspalte.

8) „Höchstens 48 Monatsraten", II. Dabei braucht der Antragsteller höchstens 48 Raten zu zahlen, II 42
Hs 1. Das gilt zwar unabhängig von der Zahl der Rechtszüge, II Hs 1. Die Mindestzahl der Raten beträgt fünf. Das läßt sich aus III ableiten. Wegen des Übergangsrechts § 26 Z 4 EGZPO. Die Vorschrift ist mit dem GG vereinbar, BVerfG BGBl **88**, 1040. Auch bei einer rüchwirkenden Bewilligung einer PKH darf das Gericht Raten erst ab seiner Beschlußfassung anordnen, Brdb JB **07**, 44.

A. Abgrenzung von IV. Während IV den Mindestbetrag umschreibt, den der Antragsteller wegen § 119 43
je Rechtszug selbst zu den Prozeßkosten beisteuern muß, nennt II den Höchstbetrag der etwa überhaupt zu zahlenden Raten. Allerdings erfaßt II nicht den Fall, daß der Antragsteller außerdem oder nur Vermögensbeiträge aus dem Vermögen erbringen muß. Hier gibt es keine absolute Höchstgrenze.

B. Betragsobergrenze. Das Gericht muß II auch dann beachten, wenn es nach § 120 IV nachträglich 44
eine Änderung über die Ratenzahlungen beschließt. Die mit der Einziehung befaßten Stellen müssen die Höchstgrenze von 48 Raten von Amts wegen in jeder Lage des Verfahrens beachten, Grdz 38 vor § 128. Ein im Ergebnis über die Höchstgrenze hinausreichender Gerichtsbeschluß ist ohne die Notwendigkeit seiner förmlichen Aufhebung insofern unbeachtlich. Er gibt dem trotzdem zahlenden Antragsteller einen Rückforderungsanspruch unabhängig davon, ob er gutgläubig war.

C. Keine Zeitobergrenze. II bestimmt zwar eine Höchstzahl von Raten, nicht aber einen Höchstzeit- 45
raum, in dem man sie zahlen muß. Die Ratenzahlungspflicht kann sich daher zB nach einer anfänglichen Ratenfreiheit oder etwa nach einer Unterbrechung der Zahlungen auf eine Dauer von mehr als 4 Jahren solange verteilen, bis man tatsächlich 48 Monatsraten erreicht. Das entspricht nicht nur dem Wortlaut, sondern auch dem Sinn der Regelung, Bbg JB **98**, 316, Karlsr FamRZ **95**, 1505, Fischer Rpfleger **97**, 465, aM Saarbr FamRZ **93**, 1335, Grunsky NJW **80**, 2046, MüKoWax 69 (aber „höchstens 48" ist schon eindeutig genug, Rn 46, Einl III 39).

Beispiel: Das Erstgericht bejaht die Zumutbarkeit einer finanziellen Beteiligung des Antragstellers bei seiner Vorausschätzung nach § 120 I zunächst nur für etwa zwei Jahre, da man nach dem Ablauf dieser Frist mit einem wesentlich geringeren Einkommen rechnen muß, etwa wegen einer Pensionierung oder wegen der Berufsausbildung eines Kindes. Demgegenüber bejaht das Rechtsmittelgericht die Zumutbarkeit von Ratenzahlungen für weitere zwei Jahre. Es trifft seine Entscheidung aber erst nach dem Ablauf der ersten zwei Jahre.

46 **D. Unabhängigkeit von der Zahl der Rechtszüge.** II bestimmt ausdrücklich, daß die Höchstzahl von 48 Raten nicht etwa je Rechtszug gilt, sondern insgesamt für alle Rechtszüge „unabhängig von der Zahl der Rechtszüge". Das gilt natürlich nur innerhalb desselben Prozesses. Bei einer Aufspaltung des einheitlichen Prozesses in mehrere selbständige Verfahren etwa nach § 145 würde man den Sinn der Regelung unterlaufen, wenn der Antragsteller schon deshalb insgesamt mehr als 48 Raten zahlen müßte, Düss Rpfleger **92**, 30. Ratenzahlungen können allerdings innerhalb desselben Prozesses gleichzeitig für mehrere Instanzen in Betracht kommen, Behn Rpfleger **83**, 341. Zur Auswirkung einer Ratenzahlungsbewilligung nach einer Zurückverweisung BGH NJW **83**, 944.

47 **9) Vermögen, III, IV.** Man muß drei Aspekte beachten.

A. Begriff des Vermögens, III 1. Während I, II das „Einkommen" im wesentlichen im Sinn der laufenden Einnahmen in Geld oder Geldeswert auch aus einem Vermögen behandeln, Burgard NJW **90**, 3241, zwingt III auch zum Einsatz des „Vermögens". Die Vorschrift gibt durch die Verweisung auf § 90 SGB XII die Richtung dahin an, daß der Antragsteller sein „gesamtes verwertbares" Vermögen einsetzen muß, (zum alten Recht) Nürnb FamRZ **97**, 247. Auch hier ist die Quelle unerheblich. III 2 verweist auf (jetzt) § 90 SGB XII, OVG Münst NJW **97**, 2900. Zu § 90 SGB XII ist die oben ebenfalls abgedruckte VO ergangen. Beide Verweisungen führen den Zivilrichter weit in das Sozialrecht hinein. Sie machen mangels im Gericht vorhandener Nachschlagewerke usw die Arbeit für ihn außerordentlich schwierig, aM Burgard NJW **90**, 3245 (wenig praxisnah).

48 **B. Rechtsermittlung.** Das Prozeßgericht ist *nicht* unmittelbar an diejenige Auslegung *gebunden,* die die Sozialgerichte, die Verwaltungsgerichte oder die Finanzgerichte den (jetzt) in SGB XII genannten Begriffen geben, Bbg FamRZ **84**, 721, Christl NJW **81**, 785, aM Burgard NJW **90**, 3241 (aber § 318 gilt dann gerade nicht). Andererseits darf der Prozeßrichter die zum Steuer-, Sozialversicherungsrecht usw entwickelten Kriterien nicht völlig außer Acht lassen. Denn er muß das deutsche Recht insgesamt kennen, § 293 Rn 1. Er muß es notfalls von Amts wegen ermitteln, Grdz 38 vor § 128. Er kann eine Amtshilfe nach Art 35 GG beanspruchen, Christl NJW **81**, 791. Die VO zu (jetzt) § 90 SGB XII ist als eine Rechtsverordnung nach Art 80 GG auch für den Prozeßrichter verbindlich, LSG Chemnitz JB **06**, 604 (zustm Breyer), VG Freibg NJW **83**, 1926, Christl NJW **81**, 785.

49 **C. Zumutbarkeit des Einsatzes, III 1.** Der Antragsteller muß sein Vermögen einsetzen, „soweit dies zumutbar ist", Karlsr AnwBl **87**, 340. Das bedeutet: Bei der Auslegung darf und soll das Gericht den Antragsteller nicht allzu sehr finanziell bedrängen, BFH MDR **90**, 955, sondern ein „Schonvermögen" belassen, Nürnb FamRZ **06**, 1398 (2600 EUR), LG Oldb JB **97**, 543 (nicht nach dem Tod). Das gilt freilich nicht, wenn der Antragsteller das Schonvermögen erst in einer Kenntnis bevorstehender Prozeßkosten erworben hat, Nürnb MDR **02**, 171, und wenn er es dann anderweitig verbraucht hat, Brdb FamRZ **07**, 154. Das Gericht sollte eine gewisse Großzügigkeit bei der Bewilligung auch hier beachten, § 114 Rn 47. Das gilt, obwohl die Zumutbarkeitsgrenze natürlich keine allzu ungehemmte Beurteilung der wirtschaftlichen Schwäche des Antragstellers erlaubt. Keineswegs muß der Zivilrichter in die letzten Verästelungen des Sozialrechts leuchten, zumal eine einigermaßen erschöpfende Aufklärung der Vermögensverhältnisse ohnehin praktisch kaum je möglich sein wird.

Darlegen und nach § 294 glaubhaft machen muß der Antragsteller aber, warum früheres Geld nicht mehr vorhanden ist, BGH FamRZ **08**, 1164.

50 **D. Maßgeblicher Zeitpunkt: Bewilligungsreife.** Es gilt auch hier derjenige Zeitpunkt, zu dem das Gericht bei seiner ordnungsgemäßen Bearbeitung über den Antrag entscheiden muß, § 119 Rn 5. Evtl muß das Gericht also eine Rückwirkung aussprechen, § 119 Rn 10. Der Antragsteller brauchte nicht ab dem Antrag Rücklagen zu bilden, Celle JB **07**, 96, KG MDR **99**, 510. Das Vermögen muß tatsächlich zugeflossen sein, BAG NJW **06**, 2206. Es muß bereits und noch verwertbar sein, Bbg JB **89**, 414, Hamm DAVorm **87**, 921, KG MDR **89**, 167, aM Bbg RR **86**, 62, Ffm RR **86**, 798 (aber man muß wirtschaftlich rechnen).

51 **D. Beispiele zur Frage des Vermögens**

Abfindung: Das Gericht darf eine zweckgebundene Abfindung zB wegen einer gerichtlichen Auflösung des Arbeitsverhältnisses *nicht* als Vermögen berücksichtigen, Kblz FamRZ **87**, 1284, Nürnb FamRZ **95**, 942, LAG Kiel NZA-RR **07**, 156, aM BAG NJW **06**, 2206, LAG Kiel NZA **06**, 541 (mit grds 10%, Ausnahme: Notlage), LAG Köln NZA-RR **08,** 323 (aber die Zweckbindung hat vernünftigerweise den Vorrang. Sonst könnte die Staatskasse eine solche Zweckbindung aushöhlen). Das gilt insbesondere dann, wenn das FamG den Antragsteller verpflichtet, von der Abfindung Unterhalt zu zahlen usw, Köln JB **96**, 143, Nürnb MDR **08**, 406.

Alterssicherung: Soweit eine angemessene Alterssicherung wesentlich schwieriger würde, liegt eine verbotene *„Härte"* nach III Hs 2 in Verbindung mit (jetzt) § 90 III SGB XII vor, Ffm MDR **03**, 535, Karlsr FamRZ **04**, 1122, Stgt FamRZ **06**, 1851, strenger Ffm FamRZ **05**, 466 (abl Weil), AG Pforzheim FamRZ **05**, 467. Das muß der Antragsteller darlegen, Drsd FamRZ **01**, 632.

Anwaltskosten: Sie können absetzbar sein, Karlsr FamRZ **08**, 1542.

Arbeitskraft: Ob auch sie zum Vermögen gehört, läßt sich schon *grds bezweifeln,* Biebrach NJW **88**, 1769, strenger Köln MDR **98**, 1434. Zumindest dann, wenn ein Berufswechsel erforderlich wäre, ist eine solche Auslegung zu streng, aM Bieberach NJW **88**, 1770 (aber ein solcher Berufswechsel kann auch zB Sozialleistungen erübrigen).

Auslandsvermögen: Der Antragsteller braucht es grds nur dann einzusetzen, wenn es sofort verwertbar ist, VG Ffm NJW **92**, 648 (nicht bei Grundvermögen).

S aber auch Rn 58 „Hausgrundstück".

52 **Aussteuerversicherung:** Das Gericht muß sie grds als einen Vermögensbestandteil beurteilen, Köln FamRZ **88**, 1298.

Bargeld: Zum Vermögen zählt ein größerer Betrag zB aus einem Hausverkauf, Köln MDR **96**, 197, selbst wenn der Antragsteller es während des Prozesses verbraucht hat, Kblz Rpfleger **89**, 417, oder wenn der

Betrag dem Erwerb eines Grundstücks oder einer Wohnung dienen soll, Celle Rpfleger **90**, 263, Zweibr JB **00**, 483 rechts unten, aM Nürnb Rpfleger **95**, 465, AG Kandel FamRZ **08**, 614 (aber eine Wohnung kann einen Schutz nach Rn 52 „Hausgrundstück" erhalten). Man muß aber *Schulden abziehen,* Bbg FamRZ **97**, 300.

Nicht zum Vermögen zählen „kleinere" Barbeträge und (gemeint: „kleinere") sonstige „Geldwerte", III Hs 2 in Verbindung mit § 90 II Z 9 SGB XII. Was man unter „kleineren" Beträgen und Werten verstehen soll, besagt im einzelnen die oben abgedruckte VO zu (jetzt) § 90 SGB XII, Bbg FamRZ **97**, 300, Hbg FamRZ **84**, 71, KG FamRZ **82**, 420.

Bausparvertrag: Seine Einsatz ist grds erforderlich, BGH RR **91**, 1532, BAG JB **06**, 487 (vor Zuteilungsreife), Drsd JB **00**, 314, Kblz Rpfleger **99**, 133. Dieser Einsatz kann aber ausnahmsweise *unzumutbar* sein, Nürnb JB **06,** 431, LAG Hamm MDR **05**, 299 (zur Ablösung einer Zwischenfinanzierung bestimmt), AG Andernach FamRZ **06**, 628 (Dachreparatur).

Berufsbedarf: *Nicht* zum Vermögen gehören Gegenstände, die bei der nötigen großzügigen Auslegung zugunsten des Bedürftigen zur Aufnahme oder Fortsetzung der Berufsausbildung unentbehrlich sind, III Hs 2 in Verbindung mit § 90 II Z 5 SGB XII. In diesem Zusammenhang kann man die Vorschriften des Buchs 8 der ZPO über eine Unpfändbarkeit und über Pfändungsfreibeträge usw berücksichtigen.

S auch Rn 35 „Arbeitskraft", Rn 63 „Pkw".

Berufswechsel: Rn 35 „Arbeitskraft". 53

Betriebsvermögen: Es ist ebenso wie ein Privatvermögen in den Grenzen der Zumutbarkeit einsetzbar, zumal wenn man es als Betriebsausgaben absetzen kann, Nürnb MDR **03**, 594.

Bundesschatzbrief: Rn 68 „Wertpapier".

Darlehen: Seine Aufnahme ist einem Vermögenderen zumutbar, BGH RR **90**, 450, Brdb FamRZ **97**, 681, Hamm JB **91**, 1231. Tilgungsraten können zum Vermögen zählen, Karlsr FamRZ **98**, 489. Aber Vorsicht, Fallfrage, Brdb WoM **07**, 282.

Eigenheim: Rn 58 „Hausgrundstück".

Eigentumswohnung: Sie kann (jetzt) zu § 90 II Z 8 SGB XII zählen. BVerwG NJW **91**, 1968, BayObLG **97**, 83, Kblz MDR **02**, 904. Freilich darf der Antragsteller sie nicht erst in einer Kenntnis bevorstehender Prozeßkosten erworben haben, Nürnb MDR **03**, 271, Stgt FamRZ **96**, 873. Er darf sie auch nicht zwecks Mieteinkünften besitzen, Kblz MDR **02**, 904. Ihre Belastung muß zumutbar sein, LG Rostock MDR **03**, 1438. Ihre Verwertung kann derzeit *unzumutbar* sein, AG Pankow/Weißensee FamRZ **04**, 1120.

Erbstück: *Nicht* zum Vermögen zählt ein solches Erbstück, dessen Veräußerung für den Antragsteller oder seine Familie eine besondere Härte bedeuten würde, III Hs 2 in Verbindung mit § 90 II Z 6 SGB XII, oder an dem er nur in einer ungeteilten mit einem Nießbrauch belasteten Erbengemeinschaft teilhat, Köln JB **96**, 143.

Erwerb: *Nicht* zum Vermögen zählen Gegenstände, die zur Aufnahme oder Fortsetzung einer Erwerbstätigkeit unentbehrlichen Sachen, III Hs 2 in Verbindung mit § 90 II Z 5 SGB XII. In diesem Zusammenhang kann man die Vorschriften über eine Unpfändbarkeit und über Pfändungsfreibeträge usw mitberücksichtigen.

Familienheim: Rn 36 „Bargeld", Rn 58 „Hausgrundstück". 54

Familienstück: *Nicht* zum Vermögen gehört ein solches Familienstück, dessen Veräußerung für den Antragsteller oder seine Familie eine besondere Härte bedeuten würde, III Hs 2 in Verbindung mit § 90 II Z 6 SGB XII. In diesem Zusammenhang kann man die Vorschriften des Buchs 8 der ZPO über eine Unpfändbarkeit und über Pfändungsfreibeträge usw berücksichtigen.

Ferienhaus: Rn 42 „Hausgrundstück".

Festgeld: Das Guthaben zählt zum Vermögen, Köln FamRZ **94**, 1127, Naumb FamRZ **06**, 1283.

Forderung: Auch eine Forderung kann statt zum Einkommen zum Vermögen zählen, Düss FamRZ **86**, 55
288, KG MDR **89**, 167, LAG Düss JB **86**, 608. Das kann insbesondere bei einer titulierten oder sonstwie anerkannten Forderung so sein, Brdb JB **08**, 322. Sie muß aber schon und noch verwertbar sein. Die erst in dem jetzigen Prozeß eingeklagte Forderung zählt also grds *nicht* hierher, Rn 34, Celle MDR **07**, 1458, KG MDR **89**, 167, Burgard NJW **90**, 3242, aM Bbg JB **90**, 1645 (auch künftige und bestrittene Forderungen), Nürnb FamRZ **89**, 995. (aber man muß wirtschaftlich rechnen). Die Forderung muß auch gerade dem Antragsteller zurechenbar sein, Karlsr MDR **00**, 1136 (nicht, soweit eine Weiterleitung an zB einen solchen Elternteil erforderlich oder beabsichtigt ist, der Leistungen für einen minderjährigen Antragsteller erbracht hatte).

Geistiges Bedürfnis: *Nicht* zum Vermögen gehören solche Gegenstände, die zur Befriedigung geistiger und 56
besonders wissenschaftlicher oder künstlerischer Bedürfnisse dienen und deren Besitz kein Luxus ist, III Hs 2 in Verbindung mit § 90 II Z 7 SGB XII. In diesem Zusammenhang kann man die Vorschriften des Buchs 8 der ZPO zur Unpfändbarkeit, zu den Pfändungsfreibeträgen usw berücksichtigen, § 811 I Z 5.

Gewerkschaft: § 114 Rn 56 „Gewerkschaft" und Rn 67 „Rechtsschutzversicherung".

Grabpflege: Ihre Vorsorgeaufwendungen können zum sog Schonvermögen zählen, BVerwG NJW **04**, 2914.

Grundstück: Es kann ein Darlehen nebst Grundpfandrecht nötig sein, Kblz MDR **05**, 1369 (auch zu den Grenzen).

Nicht zum Vermögen zählt ein solcher Grundbesitz, der die einzige Einnahmequelle des Gläubigers ist, Zweibr RR **99**, 796, LG Ingolstadt Rpfleger **97**, 538.

Vgl auch Rn 42 „Hausgrundstück".

Härte: *Nicht* zum Vermögen gehört ein solches Familien- oder Erbstück, dessen Veräußerung für den 57
Antragsteller oder seine Familie eine besondere Härte bedeuten würde, III Hs 2 in Verbindung mit § 90 II Z 6 SGB XII. In diesem Zusammenhang kann man die Vorschriften des Buchs 8 der ZPO über eine Unpfändbarkeit, über Pfändungsfreibeträge usw berücksichtigen. Ferner gehört nicht zum Vermögen ein solches Stück, dessen Einsatz für den Antragsteller und seine unterhaltsberechtigten Angehörigen eine Härte bedeuten würde, III Hs 2 in Verbindung mit § 90 III 1, 2 SGB XII. Dieser Gedanke stellt eine

Wiederholung des Zumutbarkeitsmaßstabs des III Hs 1 dar, Rn 33. Auch hier ist eine gewisse Großzügigkeit zugunsten des Antragstellers ratsam.

58 **Hausgrundstück:** Zum Vermögen zählt ein gewerblich genutztes Haus als Kapitalanlage, Kblz FamRZ **04**, 468 links, oder ein Ferienhaus im Ausland, das der Antragsteller auch im wesentlichen nur im Urlaub usw bewohnt, Nürnb FamRZ **96**, 41 (LS), Stgt JB **94**, 46, oder der Betrag zum Kauf, Stgt FamRZ **07**, 915. Freilich darf die Kreditrate nicht so hoch sein wie eine nach § 115 geschuldete Monatsrate, KG FamRZ **01**, 631. Man muß zB einen Hausanteil auch dann angeben, wenn ein Angehöriger ihn mietfrei bewohnt, Celle MDR **03**, 356.

Nicht zum Vermögen zählt jedoch im übrigen ein einigermaßen ständig selbst bewohntes „angemessenes" Hausgrundstück. Es zählt vielmehr zum sog Schonvermögen, BVerwG Rpfleger **91**, 257, Bbg FamRZ **99**, 996, Kblz FamRZ **05**, 468 links. Das gilt besonders für ein Familienheim oder für eine Eigentumswohnung nach §§ 7, 12 des 2. WoBauG, soweit der Antragsteller oder eine andere der in SGB III genannten Personen ein solches Objekt allein oder zusammen mit solchen Angehörigen ganz oder teilweise bewohnt, denen es nach seinem Tod weiterhin als ihre Wohnung dienen soll, (jetzt) III Hs 2 in Verbindung mit (jetzt) § 90 II Z 8 SGB XII, Celle MDR **03**, 356, Ffm FamRZ **86**, 925, strenger BGH AnwBl **08**, 152, Kblz FamRZ **06**, 1612, LG Kblz MDR **96**, 744. Einzelheiten Bbg FamRZ **96**, 42, Kblz FamRZ **06**, 1612 (je: Kauf einer Wohnung aus dem Zugewinnausgleich), Ffm FamRZ **90**, 643 (Zweifamilienhaus mit Wohnrecht eines Dritten), Bbg FamRZ **98**, 247 (Nießbrauch), Hamm Rpfleger **84**, 432 (Anteil am nicht selbstgenutzten Eigenheim), LG Bonn Rpfleger **88**, 104.

Man sollte wegen des überall gestiegenen Wohnkomforts den Begriff *„angemessen"* beim Hausgrundstück *großzügig auslegen*, Rn 33. Ein Einfamilienhaus mit 140 m² Wohnfläche auf 590 m² Boden ist wohl nicht mehr „klein", BGH FamRZ **90**, 389. Das gilt erst recht für ein Haus mit über 160 m² für 2 Personen, LG Kblz RR **03**, 662, oder für einen Elternteil und Kind im Wohnhaus von über 150 m², Kblz FamRZ **00**, 760, strenger Karlsr FamRZ **01**, 236 (130 m² für vier Personen). „Klein" ist ein Objekt im unteren Wertbereich vergleichbarer Stücke am Ort, BVerwG NJW **91**, 1968. Maßgeblich ist nur der Wohnteil, BVerwG JB **93**, 361.

Den Begriff der *Angemessenheit* bestimmt (jetzt) § 90 II Z 8 SGB XII, Karlsr FamRZ **01**, 236. Soweit die vorstehenden Voraussetzungen nicht zutreffen, kann allerdings eine Beleihung zumutbar sein, BGH RR **90**, 450, Celle FamRZ **05**, 1185, Köln FamRZ **04**, 1121. Ein Einsatz kommt auch dann in Betracht, wenn der Antragsteller das Grundstück doch in absehbarer Zeit veräußern will, Ffm FamRZ **86**, 925, Zweibr Rpfleger **03**, 253 (bis dahin Stundung), LG Kblz FamRZ **96**, 874. Grenzen zumutbarer Kreditkosten können beim Betrag der Tabelle zu § 115 liegen, Köln FamRZ **99**, 997. Ein Beschaffungs- und Erhaltungsaufwand ist im Umfang von (jetzt) § 90 II Z 3 SGB XII ebenfalls *kein* Vermögen, Bbg FamRZ **99**, 996, Karlsr FamRZ **98**, 488.

Nicht zumutbar ist die unwirtschaftliche Veräußerung, Brdb WoM **07**, 282 (Vermietung), Karlsr FamRZ **04**, 1499 (zu hohe Kosten), LAG Nürnb MDR **05**, 419 (Mißverhältnis), oder eine unwirtschaftliche Teilungsversteigerung des Anteils an einem Gartengrundstück, Nürnb MDR **98**, 50, oder an einem Auslandsgrundstücksanteil, Ffm FamRZ **99**, 1671. Unzumutbar ist ferner der Einsatz des Erlöses eines Familienheims, soweit der Antragsteller von ihm eine neue Wohnung finanzieren will, strenger BGH AnwBl **08**, 152, Köln MDR **96**, 197, Schlesw JB **99**, 590. Nicht einsetzbar ist ein Schonbetrag nach (jetzt) § 90 II Z 9 SGB XII neben einem angemessenen Hausgrundstück, Köln FamRZ **04**, 647.

S auch Rn 36 „Bargeld", Rn 68 „Zugewinnausgleich".

Hausrat: *Nicht* zum Vermögen zählt angemessener Hausrat. Dabei muß das Gericht die bisherigen Lebensverhältnisse des Antragstellers berücksichtigen, III Hs 2 in Verbindung mit § 90 II Z 4 SGB XII. In diesem Zusammenhang kann man die Vorschriften des Buchs 8 der ZPO zur Unpfändbarkeit und zu den Pfändungsfreibeträgen usw berücksichtigen.

Hausstandsgründung: *Nicht* zum Vermögen gehören solche Vermögensteile, die der Antragsteller aus öffentlichen Mitteln zur Gründung eines Hausstands erhält, III Hs 2 in Verbindung mit § 90 II Z 2 SGB XII.

Haustier: Rn 67 „Tier".

59 **Kapitalabfindung:** Sie kann zum Vermögen zählen, Kblz FamRZ **01**, 631.

Kapitalanteil: Der Antragsteller muß ihn nach dem Zufließen zur Deckung von Prozeßkosten einsetzen, Bbg JB **90**, 1652.

Kraftwagen: Rn 63 „Pkw".

Künstlerisches Bedürfnis: Rn 40 „Geistiges Bedürfnis".

60 **Lebensgrundlage:** *Nicht* zum Vermögen zählt ein Vermögensstück, das die öffentliche Hand zum Aufbau oder zur Sicherung einer Lebensgrundlage gewährt, III Hs 2 in Verbindung mit (jetzt) § 90 II Z 1, III 2 SGB XII, Düss FamRZ **99**, 1673.

S auch Rn 63 „Pflegekosten".

Lebensversicherung: Bei einer Prämie von ca 4% des Bruttoeinkommens gehört sie *nicht* zum Vermögen, Celle FamRZ **07**, 913, noch großzügiger Stgt FamRZ **07**, 914. Ihr Rückkaufwert gehört *nicht* zum Vermögen, Hbg FamRZ **01**, 925, Naumb MDR **06**, 238, Nürnb JB **06**, 431, großzügiger Ffm FamRZ **06**, 942, Köln RR **01**, 645, Zweibr FamRZ **08**, 524 (je: Fallfrage), strenger BVerwG NJW **98**, 1879, Köln FamRZ **04**, 382, Stgt FamRZ **04**, 1651. Ihr Verkauf zu einem Preis über dem Rückkaufwert kann zumutbar sein, BAG FamRZ **06**, 1445, Brschw FamRZ **06**, 135, großzügiger Nürnb MDR **07**, 906. Ihre Kündigung ist bei einer nur kleinen Rente unzumutbar, Hbg FamRZ **01**, 925, Köln VersR **01**, 1307. Bei einer nur unwirtschaftlichen Verwertbarkeit muß deutlich mehr als das Schonvermögen bleiben, Karlsr FamRZ **08**, 423. Die Finanzierung der Altersversorgung muß sicher bleiben, Ffm FamRZ **06**, 136, aM Brdb MDR **06**, 1174. Eine Direktversicherung des Arbeitgebers scheidet aus, Kblz FamRZ **06**, 628. Es entscheiden stets die Gesamtumstände, Bre FamRZ **07**, 1341.

Luxus: Zum Vermögen zählt ein solcher Gegenstand, dessen Besitz ein Luxus ist, selbst wenn er zur Befriedigung geistiger Bedürfnisse dient, III Hs 2 in Verbindung mit § 90 II Z 7 SGB XII. Man muß einen Luxus auch sonst dem Vermögen zurechnen, ebenso wie beim Einkommen, I 3 Z 3 Hs 2, Rn 13.

Minderjähriger: Rn 36 „Bargeld" sowie § 1 Z 3, II der VO zu § 90 SGB XII, oben abgedruckt. **61**

Notlage: Das Gericht darf und muß eine besondere Notlage des Antragstellers stets zu seinen Gunsten **62**
berücksichtigen, nicht nur beim „kleineren" Barbetrag oder sonstigen Geldwert, III Hs 2 in Verbindung mit § 90 II Z 9 SGB XII, § 2 I der VO zu § 90 SGB XII, beide oben abgedruckt, sondern überhaupt.

Öffentliche Mittel: *Nicht* zum Vermögen zählt ein solches Stück, das die öffentliche Hand zum Aufbau **63**
oder zur Sicherung einer Lebensgrundlage oder zur Gründung eines Hausstands gewährt, III Hs 2 in Verbindung mit § 90 II 1 SGB XII.

Persönlichkeitsrechtsverletzung: § 114 Rn 68.

Pflegekosten: *Nicht* zum Vermögen zählen diejenigen selbst größeren Werte, die man zur Deckung dauernder Pflegekosten braucht, Schlesw FamRZ **99**, 1672.

S auch Rn 60 „Lebensgrundlage".

Pkw: Ein solcher der Ober- oder Mittelklasse zählt meist zum verwertbaren Vermögen, Brdb MDR **06**, 1174, KG MDR **06**, 946 (Unfall-Mercedes), Karlsr FamRZ **99**, 1508, AG Kblz RR **06**, 1005 (bei Beratungshilfe). Beim Berufs-Pkw kann man einen Freibetrag von 1600 EUR ansetzen, LSG Chemnitz JB **06**, 604.

Nicht zum Vermögen zählt ein zum Beruf nötiger Kraftwagen, Bbg FamRZ **99**, 1508, Hamm FamRZ **07**, 155, Karlsr FamRZ **04**, 646.

Prozeßkostenvorschuß: § 114 Rn 59–61. **64**

Rechtsmißbrauch: Er hat die Pflicht zur Rücklagenbildung zwecks einer Finanzierung von absehbaren Folgeprozessen zur Folge, Rostock JB **07**, 150 links.

Rechtsschutzversicherung: § 114 Rn 56 „Gewerkschaft", § 114 Rn 67 „Rechtsschutzversicherung". **65**

Rente: Sie kann zum Vermögen zählen, KG FamRZ **82**, 624, Karlsr FamRZ **08**, 1262 (krit Büttner), aM Celle FamRZ **83**, 1156 (aber auch eine Rente kann durchaus beträchtlich hoch sein).

Rücklagen: Rn 50.

Schmerzensgeld: § 114 Rn 68. **66**

Schmuck: Er zählt grds zum Vermögen, Zweibr Rpfleger **02**, 368.

Sozialleistung: Sie kann neben anderen Einkünften eine Ratenzahlungspflicht erfordern, Kblz FamRZ **07**, 1824. Grundsätzlich ist aber das sog Schonvermögen *kein* Vermögen nach § 115, LG Münst FamRZ **99**, 1362. Nach der Kenntnis eines Rechtsstreits muß man das verbleibende Vermögen aber ausnahmsweise evtl auch dann einsetzen, wenn es unter dem Schonbetrag nach § 90 II Z 9 SGB XII in Verbindung mit § 1 Z 1 VO zu (jetzt) § 90 SGB XII bleibt, Bbg JB **92**, 623. Ein Anspruch wegen einer Kostenübernahme des Sozialhilfeträgers ist ein einsetzbares Vermögen, Karlsr FER **01**, 162, aM Zweibr FamRZ **02**, 105. Das gilt auch für einen Anspruch auf eine Rückübertragung von Unterhaltsansprüchen, Oldb RR **03**, 1227.

Sparguthaben: Rn 36 „Bausparvertrag". Der Antragsteller braucht einen Betrag von (jetzt ca) 1500 EUR *nicht* einzusetzen, BGH VersR **00**, 384, aM Celle FamRZ **05**, 992. Er braucht auch nicht einen solchen von (jetzt ca) 2500 EUR einzusetzen, Kblz FamRZ **00**, 1094, oder von sogar 2600 EUR, AG Konst RR **07**, 210. Ein künftig fälliger Sparbrief kann zum Vermögen zählen, Kblz FamRZ **00**, 1094.

Teilungsversteigerung: Ihr Erlös kann zum Vermögen zählen, Kblz FamRZ **01**, 1715. **67**

Termingeld: Rn 54 „Festgeld".

Tier: Es kann zum Vermögen zählen, LAG Halle JB **02**, 376 (Zuchtstuten). Eine Ausnahme mag beim seelisch wichtigen Haustier gelten.

Unfallversicherung: Sie kann wegen einer Prämienrückgewähr zum Vermögen zählen, Brdb FamRZ **06**, 1399 (krit Zimmermann).

Unpfändbarkeit: Bei allen Fragen der Zurechenbarkeit zum Vermögen kann man das Buch 8 der ZPO im Zusammenhang mit der Unpfändbarkeit und mit Pfändungsfreibeträgen usw berücksichtigen.

Verwertbarkeit: Der Antragsteller muß ein Vermögensstück nur dann einsetzen, wenn es schon und noch verwertbar ist, Rn 48, Bbg FamRZ **85**, 504, Bre FamRZ **83**, 637, aM Bbg RR **86**, 62, Ffm RR **86**, 798 (aber man muß wirtschaftlich werten).

Wertpapier: Es zählt zum Vermögen, soweit es verwertbar ist, Nürnb MDR **97**, 1153 (Bundesschatzbrief). **68**
Das gilt auch dann, wenn zB der Ehegatte ebenfalls verfügungsberechtigt ist, Kblz Rpfleger **04**, 110, oder wenn der Kurs schlecht ist, aM Bbg JB **82**, 293.

Wissenschaftliches Bedürfnis: Rn 40 „Geistiges Bedürfnis".

Wohnung: *Nicht* zum Vermögen zählen Mittel zum Aufbau einer eigenen Wohnung und zur bisher gewohnten Lebensführung nach der Scheidung, Brdb FamRZ **08**, 703.

S auch Rn 42, 58 „Hausgrundstück".

Wohnwagen: Er kann wie ein Hausgrundstück *geschützt* sein, LG Bad Kreuzn JB **95**, 312.

Zugewinnausgleich: Ein Anspruch auf ihn kann zum Vermögen gehören, BGH FamRZ **07**, 1721 (krit Looff FamRZ **08**, 1049), Bbg FamRZ **86**, 484, Kblz FamRZ **06**, 1612, aM Bbg FamRZ **96**, 42 (aber er ist ein echter Vermögenswert).

Zukunftssicherungsbrief: Der Auszahlungsanspruch zählt zum Vermögen, soweit er einen Schonbetrag von (jetzt ca) 2250 EUR übersteigt, Kblz MDR **99**, 1346.

10) Bewilligungsgrenze: Kosten höchstens vier Monatsraten, IV. Die Regelung ist problematisch. **69**

A. Abgrenzung von I–III. Selbst wenn die Voraussetzungen einer Bewilligung nach I–III vorliegen, darf das Gericht eine PKH nach dem zwingenden IV ohne einen Ermessensraum doch nicht bewilligen, falls die Kosten vier Monatsraten und die aus dem Vermögen etwa aufzubringenden Teilbeträge voraussichtlich nicht übersteigen, BayObLG FamRZ **84**, 73. Damit ist IV eine stets ebenfalls zu prüfende Barriere zwecks einer Eindämmung der PKH bei kleinen Streitwerten oder bei ziemlich guten wirtschaftlichen Verhältnissen des Antragstellers, KG FamRZ **88**, 1079, Köln RR **01**, 644.

B. Begriff der Kosten. Gemeint sind die Gesamtkosten „der Prozeßführung", also dieses Rechtsstreits, **70**
§§ 91 ff, also jedes selbständigen Verfahrens, § 114 Rn 76, freilich nicht jeder einstweiligen Anordnung. Es

kommt auf die Kosten in dieser Instanz an, § 119 S 1. Einbeziehen muß man Gerichtskosten (Gebühren und Auslagen), die eigenen Parteikosten einschließlich der Anwaltskosten (Gebühren und Auslagen) und diejenigen des oder der Gegner (etwa mehrerer gegnerischer Anwälte), Karlsr Just **88**, 367.

71 **C. Begriff der Voraussichtlichkeit.** Maßgeblich sind natürlich nur die voraussichtlichen Gesamtkosten, KG Rpfleger **84**, 477. Diese muß das Gericht freilich vollständig schätzen. Die Schätzung darf nicht nur grob sein, Schneider MDR **81**, 2, aM Mümmler JB **80**, 1452 (aber es kann um beträchtliche Summen gehen). Sie muß vielmehr eine möglichst exakte Vorherberechnung enthalten, auch zB der Auslagenpauschalen und Umsatzsteuern der Anwälte. Freilich ist auch hier wieder die im PKH-Bewilligungsverfahren stets ratsame Großzügigkeit notwendig.

72 **D. Begriff der Monatsraten.** Hierher zählen diejenigen Werte der Tabelle (jetzt) II, BayObLG FamRZ **84**, 73, also zB bei IV 2 die schließlich herauskommenden geringeren Monatsraten, Rn 70.

73 **E. Kritik.** Selbst wenn der Antragsteller völlig vermögenslos ist, muß er solange wie ein vermögender oder einkommenstarker Antragsteller auf eine staatliche Hilfe verzichten, bis einigermaßen feststeht, daß er voraussichtlich mehr als vier Raten aufbringen müßte. Es gibt auch nicht etwa eine „Beweislast" zulasten des Staats. Denn das Gericht kann zu Erhebungen von Amts wegen nach § 118 verpflichtet sein, Grdz 38 vor § 128. Diese Situation zwingt manche Partei dazu, den Bewilligungsantrag solange zurückzustellen, bis sich abzeichnet, daß das Gericht zB eine Beweisaufnahme vornehmen wird. Denn erst dann mögen sich die voraussichtlichen Gesamtkosten so erhöhen, daß die Grenze von vier Monatsraten überschritten würde. Diese Situation ist eine der gesetzlichen Ungereimtheiten. Sie führt zur faktischen vorläufigen Versagung einer PKH gerade in demjenigen Anfangsstadium des Prozesses, in dem die volle Intensität aller Prozeßbeteiligten notwendig ist, damit man den Rechtsstreit rasch und möglichst billig beenden kann.

Ein *rechtlich komplizierter* Fall muß wegen IV unter Umständen monatelang ohne die Beiordnung eines Anwalts ablaufen, bis endlich klar wird, ob das Gericht eine Beweisaufnahme beschließen und damit zB erhebliche Auslagen für Sachverständige auslösen wird. Es hilft wiederum nur die stets ratsame Großzügigkeit.

74 **11) Verfahren, Entscheidung, Rechtsbehelfe, I–IV.** § 114 Rn 1–7.

116 *Partei kraft Amtes; juristische Person; parteifähige Vereinigung.* [1] **Prozesskostenhilfe erhalten auf Antrag**

1. eine Partei kraft Amtes, wenn die Kosten aus der verwalteten Vermögensmasse nicht aufgebracht werden können und den am Gegenstand des Rechtsstreits wirtschaftlich Beteiligten nicht zuzumuten ist, die Kosten aufzubringen;

2. eine juristische Person oder parteifähige Vereinigung, die im Inland, in einem anderen Mitgliedstaat der Europäischen Union oder einem anderen Vertragsstaat des Abkommens über den Europäischen Wirtschaftsraum gegründet und dort ansässig ist, wenn die Kosten weder von ihr noch von den am Gegenstand des Rechtsstreits wirtschaftlich Beteiligten aufgebracht werden können und wenn die Unterlassung der Rechtsverfolgung oder Rechtsverteidigung allgemeinen Interessen zuwiderlaufen würde.

[2] **§ 114 Satz 1 letzter Halbsatz ist anzuwenden.** [3] **Können die Kosten nur zum Teil oder nur in Teilbeträgen aufgebracht werden, so sind die entsprechenden Beträge zu zahlen.**

Vorbem. S 2 ergänzt dch Art 10 Z 3 a des 2. JuMoG v 22. 12. 06, BGBl 3416, in Kraft seit 31. 12. 06, Art 28 I des 2. JuMoG. ÜbergangsR Einl III 78.

Gliederung

1 **1) Systematik, S 1, 2.** § 116 enthält in seinem personellen Geltungsbereich vorrangige Sonderregeln gegenüber §§ 114, 115, LAG Bln AnwBl **88**, 421. Freilich ist die Mutwilligkeitsklausel des § 114 Hs 1 nach § 116 S 2 auch hier anwendbar. §§ 117–127 gelten auch für die in § 116 genannten Antragsteller voll.

2 **2) Regelungszweck, S 1, 2.** Die in Üb 1 ff vor § 114 genannten Bedürfnisse können auch bei den in § 116 aufgeführten Personen auftreten. Dem trägt das Gesetz in einer Weise Rechnung, die auf die besonderen Verhältnisse bei diesen Personen abzustellen bemüht ist. Dabei sollte man in einer behutsamen Abwägung der gerade bei § 116 erheblichen Interessengegensätze eine letztlich auf die Prozeßwirtschaftlichkeit abstellende Linie wahren, Grdz 14 vor § 128.

Soziale Reibungspunkte treten sowohl beim Begriff der Unzumutbarkeit nach Rn 11 als auch bei demjenigen der Gefährdung allgemeiner Interessen auf, Rn 18. In beiden Fällen tut man gut daran, die in § 114

Rn 7 dargelegte Abwägung weder zu streng noch zu großzügig vorzunehmen. Allgemeine Interessen haben daher nicht stets einem höheren Rang als private. Den Kreis der wirtschaftlich Beteiligten nach Rn 9 darf man aber nicht zu klein ziehen. Schließlich soll man vor allem die öffentliche Hand nicht vor sich selbst schützen müssen.

3) Geltungsbereich, S 1, 2. Vgl Üb 4 vor § 114, § 114 Rn 9–45. 3

4) Antrag, S 1. Auch nach § 116 darf das Gericht eine PKH nur auf Grund eines Antrags bewilligen. Zu 4
ihm sind der gesetzliche Vertreter und der ProzBev berechtigt. Einzelheiten § 117 Rn 4–7.

Unter den gesetzlichen Voraussetzungen hat jede Partei kraft Amts nach Grdz 8 vor § 50, jede inländische juristische Person und jede inländische parteifähige Vereinigung einen Rechtsanspruch auf die Gewährung der PKH. Das ergibt sich aus der Formulierung „erhalten auf Antrag".

5) Kosten, S 1 Z 1, 2. PKH kommt nach § 116 nur dann in Betracht, wenn der Antragsteller die 5
„Kosten" nicht oder nur teilweise aufbringen kann. Die Vorschrift erfaßt die Kosten „der Prozeßführung", § 114 Rn 76 ff.

6) Maßgeblicher Zeitpunkt: Bewilligungsreife, S 1 Z 1, 2. Auch bei § 116 kommt es auf die 6
Verhältnisse des Antragstellers zu demjenigen Zeitpunkt an, zu dem das Gericht bei einer ordnungsgemäßen Behandlung seines Gesuchs entscheiden muß oder mußte, § 119 Rn 5. Notfalls muß das Gericht rückwirkend entscheiden, § 119 Rn 10.

7) Partei kraft Amtes, S 1 Z 1. Zum Kreis der nach § 116 nur Antragsberechtigter gehört zunächst die 7
Partei kraft Amtes.

A. Begriff der Partei kraft Amtes. Die Partei kraft Amtes wird auf Grund eines amtlichen Treuhandverhältnisses tätig. Sie und nicht der Vertretene ist Partei. Wer Partei kraft Amtes sein kann, ergibt sich zunächst aus Grdz 8 vor § 50. Hierher gehört auch der Sequester, LG Ffm RR **97**, 796, und der Kanzleiabwickler, LG Aachen JB **93**, 614. Z 1 unterscheidet im Gegensatz zu Z 2 nicht zwischen einer inländischen und einer ausländischen Partei. Begünstigt ist also auch eine ausländische Partei kraft Amtes. Der Nachlaßpfleger ist Partei kraft Amtes, ebenso zB der Insolvenzverwalter, Grdz 11 vor § 50, Düss MDR **02**, 846, Stgt MDR **04**, 1206. Das gilt beim Anwaltszwang auch zugunsten eines solchen Insolvenzverwalters, der selbst Anwalt ist, BFH Rpfleger **05**, 319. Auf ihn kann bei der Insolvenz einer juristischen Person usw neben Z 1 auch Z 2 anwendbar sein, Art 102 EG InsO, Mü DB **90**, 1130, aM BGH JB **07**, 376 (vgl aber Rn 18).

Nicht hierher gehören: Der Pfleger einer Leibesfrucht, § 1912 BGB, oder der Nachlaßpfleger, § 1960 BGB. Sie sind gesetzliche Vertreter. Vgl auch die weiteren Fälle einer gesetzlichen Vertretung § 51 Rn 12 ff. Dann gelten also §§ 114, 115. Nicht hierher zählt auch der Generalbundesanwalt im Verfahren nach dem AUG, Üb 4, 8 vor § 78. Wegen des Prozeßstandschafters § 114 Rn 17, 55 „Fremdes Recht".

B. Unzulänglichkeit der Vermögensmasse. PKH nach Z 1 setzt voraus, daß der Antragsteller die 8
Kosten nach Rn 5 aus der „verwalteten Vermögensmasse" nicht oder nur zum Teil oder nur in Teilbeträgen aufbringen kann, BGH FamRZ **05**, 1166. Ob eine solche Unzulänglichkeit vorliegt, muß das Gericht nach seinem pflichtgemäßen Ermessen prüfen. Dabei kommt es auf die Zumutbarkeit an, Steenbuck MDR **04**, 1159. Dabei muß das Gericht die wirtschaftlichen Gesamtverhältnisse des Antragstellers einerseits und die absehbaren voraussichtlichen Kosten der gesamten Prozeßführung dieses Rechtsstreits andererseits abwägen.

Bei der Partei kraft Amtes kommt es auf die Vermögensverhältnisse der *verwalteten Masse* und nicht auf die eigenen persönlichen an, Ffm DB **88**, 1062. Messekosten und -schulden sind abziehbar, Köln ZIP **94**, 724, Mü OLGR **98**, 300, Stgt MDR **04**, 1206. Man darf dem Antragsteller nicht soviel Kapital entziehen, daß er seine sonstige außergerichtliche übliche Tätigkeit nahezu völlig einstellen müßte, Hamm MDR **98**, 1498. Man kann dem von ihm verwalteten Vermögen aber auch ein gewisses Opfer ebenso wie einer natürlichen Person abverlangen, soweit er eine Rechtsverfolgung oder Rechtsverteidigung betreiben will. Deshalb gelten im wesentlichen dieselben Gesichtspunkte wie bei den persönlichen und wirtschaftlichen Verhältnissen nach § 114, dort Rn 46. Es kommt zB nicht nur auf den tatsächlichen Bestand an Bargeld an, sondern auch auf die zumutbaren Möglichkeiten der Beschaffung von Barmitteln, etwa durch einen Verkauf, eine Darlehensaufnahme oder einen Forderungseinzug ohne Schwierigkeiten. Wegen der Notwendigkeit nach Rn 5, auf den Zeitpunkt einer ordnungsgemäßen Entscheidung abzustellen, darf und muß das Gericht evtl Veränderungen zwischen der Antragseinreichung und diesem letzteren Zeitpunkt berücksichtigen. Daher muß der Antragsteller solche Veränderungen unverzüglich wahrheitsgemäß mitteilen. § 138 gilt auch im PKH-Bewilligungsverfahren.

C. Wirtschaftliche Beteiligung. Selbst wenn die Voraussetzungen Rn 6, 7 vorliegen, kommt eine PKH 9
nach Z 1 doch nur dann in Betracht, wenn man es den „am Gegenstand des Rechtsstreits wirtschaftlich Beteiligten" nicht zumuten kann, die Kosten aufzubringen, Mü JB **86**, 127. Das muß der Antragsteller belegen und auf einen Wunsch des Gerichts nach § 118 II 1 gemäß § 294 glaubhaft machen. Das Gesetz enthielt früher den Begriff des „an der Führung des Prozesses" wirtschaftlich Beteiligten. Durch die jetzige Fassung wird deutlich, daß man den Kreis größer ziehen muß. Man kann am „Gegenstand des Rechtsstreits" beteiligt sein, ohne schon an der eigentlichen Prozeßführung beteiligt zu sein. Wirtschaftlich beteiligt ist jedenfalls derjenige, dessen endgültigen Nutzen der geplante Rechtsstreit objektiv zumindest miterbringen kann, Bbg RR **90**, 638, Düss MDR **02**, 846. Es ist unerheblich, ob man sich das auch erhofft, Mü JB **86**, 127.

D. Beispiele zur Frage einer wirtschaftlichen Beteiligung 10

Erbe: S „Nachlaßpfleger", „Nachlaßverwalter", „Testamentsvollstrecker".

Finanzamt: Es ist grds wirtschaftlich beteiligt, Celle RR **00**, 728, Nürnb JB **05**, 156.

Gesellschafter: Er ist fast stets wirtschaftlich beteiligt, Stgt NJW **75**, 2022.

Gläubiger, vgl auch Rn 11: Wirtschaftlich beteiligt ist natürlich stets der Gläubiger, BGH NJW **99**, 1404, Hamm MDR **08**, 171, Nürnb JB **05**, 156 (je: Finanzamt), KG RR **00**, 1001 (Sozialbehörde). Das gilt bei einer nicht ganz geringen Quotenerwartung.

Insolvenzschuldner: Wirtschaftlich beteiligt ist im Prozeß des Insolvenzverwalters (kraft Amtes) der Schuldner, BGH NJW **91**, 41, Köln Rpfleger **95**, 126. Das gilt auch bei einer Nachtragsverteilung, § 192 InsO.

S auch „Insolvenzverwalter", „Vorläufiger Insolvenzverwalter", „Zwangsverwalter".

Insolvenzverwalter, dazu *Gelpacke/Hellstab/Wache/Weigelt*, Der Prozeßkostenhilfeanspruch des Insolvenzverwalters, 2007: Er ist *nicht* wirtschaftlich beteiligt, LAG Erfurt MDR **00**, 231, Gundlach/Frenzel/Schmidt NJW **03**, 2413, aM Hamm MDR **06**, 173. Er ist schon wegen Art 12 I GG auch nicht als ein Honorargläubiger beteiligt, BGH RR **04**, 136, aM Celle Rpfleger **95**, 178, Köln KTS **00**, 644, Timme MDR **06**, 1381 (aber das Verfahren dient nicht hauptsächlich dem Honorarinteresse). Das gilt auch im eigenen Prozeß kraft Amtes, es sei denn, es handle sich um eine Nebenintervention wegen eines freien Vermögens. Erforderlich ist eine Gesamtschau, auch auf ein Nachfolgeverfahren, also auf das Endergebnis, Hbg RR **02**, 1054. Dabei sollte man nicht zu streng sein, Hbg MDR **05**, 776, Schlesw ZIP **95**, 759, Gundlach/Frenzel/Schmidt NJW **03**, 2417, Köln JB **94**, 480.

S auch „Insolvenzschuldner", „Partei kraft Amtes".

Kirche: *Nicht* hierher gehört der Anspruch einer Kirchenstiftung katholischen Rechts (im Verhältnis zur katholischen Kirche), Bbg RR **90**, 638.

Nachlaßpfleger: Wirtschaftlich beteiligt ist im Prozeß des Nachlaßpflegers der unbekannte Erbe.

Nachlaßverwalter: Wirtschaftlich beteiligt sind im Prozeß des Nachlaßverwalters der Erbe und der Nachlaßgläubiger.

Öffentliche Hand: S „Gläubiger".

Partei kraft Amtes: Wirtschaftlich beteiligt ist die Partei kraft Amtes wie zB der Insolvenzverwalter nur wegen eines persönlichen Anspruchs, etwa auf ihr Honorar, s „Insolvenzverwalter".

Nicht hierher gehört ein Anspruch gegen die Partei kraft Amtes usw, BAG KTS **87**, 725.

Testamentsvollstrecker: Wirtschaftlich beteiligt sind im Prozeß des Testamentsvollstreckers der Erbe, der Pflichtteilsberechtigte und der Vermächtnisnehmer.

Verein: *Nicht* wirtschaftlich beteiligt sind der Vorstand und die Mitglieder eines Idealvereins, Hbg MDR **87**, 502, aM OVG Münst NJW **05**, 3512.

Vorläufiger Insolvenzverwalter: In seinem Prozeß ist der Insolvenzgläubiger wirtschaftlich beteiligt, (je zum alten Recht) BGH NJW **98**, 3134, LG Ffm RR **97**, 796, aM Johlke ZIP **85**, 1013 (es gelte nur Rn 7. Aber man muß eine Gesamtabwägung vornehmen).

Wohnungsverwalter: § 116 ist auf den WEG-Verwalter anwendbar.

Zwangsverwalter: Wirtschaftlich beteiligt ist im Prozeß des Zwangsverwalters der betreibende Gläubiger, Hamm VersR **89**, 929 (§ 102 VVG steht nicht entgegen).

S auch „Gläubiger".

11 **E. Unzumutbarkeit.** Es darf dem wirtschaftlich Beteiligten „nicht zuzumuten" sein, die Kosten aufzubringen. Es kommt also nicht auf die bloße Zahlungswilligkeit an, sondern darauf, ob und in welchem Umfang man es aus der Sicht eines unbeteiligten vernünftigen Dritten, also des Gerichts, den wirtschaftlich Beteiligten objektiv zumuten kann, die Kosten aufzubringen, BGH AnwBl **06**, 423, Hamm MDR **08**, 171, Rostock MDR **03**, 1077. Deshalb kann der Insolvenzverwalter keine PKH erhalten, soweit er die Beteiligten zu einem Vorschuß heranziehen kann, BGH RR **07**, 993, Düss MDR **02**, 846, Köln MDR **00**, 51, aM Uhlenbruck KTS **88**, 441 (aber Bargeld bleibt Bargeld). Er muß die Unzumutbarkeit ausreichend darlegen und beweisen, BGH MDR **98**, 1248, Hbg ZIP **87**, 385, Köln MDR **00**, 51.

Das gilt auch zulasten der *öffentlichen Hand.* Denn § 2 GKG, § 2 FamGKG geben ihr keine generelle Vorschußfreiheit, Rn 10 „Gläubiger", BGH RR **99**, 275, Celle RR **00**, 728, Köln VersR **02**, 912, aM BGH NJW **94**, 3171, Hbg RR **94**, 572, Hamm RR **94**, 1342 (aber die öffentliche Hand verdient nur im Rahmen von S 1 Z 2 Hs 2 eine Bevorzugung).

Die Insolvenzgläubiger einer vom Verwalter *bestrittenen Forderung* sind nicht von der Vorschußpflicht frei, Hamm MDR **08**, 171, es sei denn, daß für sie kaum noch eine Quote übrig bliebe, BGH NJW **93**, 135. Sie ist freilich nicht allein maßgeblich, Rostock MDR **03**, 1077. Man darf allerdings Arbeitnehmer grundsätzlich nicht heranziehen, BGH NJW **93**, 135, Hamm ZIP **95**, 758, Schlesw ZIP **95**, 759, ebesowenig die Bundesagentur für Arbeit bei einer Insolvenz des Arbeitgebers, BGH NJW **91**, 41, Düss ZIP **95**, 1277, Hamm MDR **98**, 1498, auch nicht die Träger der Sozialversicherung, BGH **119**, 374, und auch nicht die AOK, Düss ZIP **95**, 1277, oder eine Berufsgenossenschaft, Ffm **95**, 1556, Köln ZIP **94**, 724. Wohl aber darf man den Steuer- und Zollfiskus heranziehen, Kblz KTS **99**, 137, aM Düss RR **93**, 1149 (aber die öffentliche Hand verdient auch hier keine Bevorzugung). Unter anderem kommt es auf die zumutbaren Möglichkeiten an, Barmittel zu beschaffen, zB durch einen Verkauf, eine Darlehnsaufnahme oder einen Forderungseinzug ohne Schwierigkeiten. Auch hier muß das Gericht im Rahmen eines pflichtgemäßen Ermessens prüfen. Soweit das Gericht die Zumutbarkeit verneint, muß es jedoch eine PKH bewilligen, und umgekehrt. Zur Altmasseverbindlichkeit BGH MDR **08**, 107.

12 **8) Inländische juristische Person, S 1 Z 2.** Als Antragsteller kommt auch die inländische juristische Person in Betracht, Ffm RR **96**, 552 (GmbH), Stgt NJW **75**, 2022 (OHG, KG). Die Vorschrift gilt auch im Verfahren vor den Finanzgerichten, BFH DB **88**, 536 (KG). Die gewisse Benachteiligung dieses Kreises ist mit dem GG vereinbar, BVerfG **35**, 355 (freilich gibt es auch dafür Grenzen).

13 **A. Begriff der inländischen juristischen Person.** In Betracht kommt nur die inländische Antragstellerin. Wer zum Kreis der juristischen Personen zählt, das ergibt sich aus § 50 Rn 6. Vgl freilich auch Art 50 EuGVVO, SchlAnh V C 2.

14 **B. Unzulänglichkeit des Vermögens.** Eine PKH kommt nur dann in Betracht, wenn weder die inländische juristische Person selbst noch ein „am Gegenstand des Rechtsstreits wirtschaftlich Beteiligter" die Kosten ganz oder teilweise aufbringen kann. Es kommt also auf das wirtschaftliche Unvermögen an. Das muß sie darlegen, Mü JB **90**, 755, etwa durch eine Auskunft der Industrie- und Handelskammer. Im Gegensatz zu Z 1 scheint die Unzumutbarkeit der Mittelaufbringung unerheblich zu sein, aM Mü JB **86**, 127, OVG Bre JB **87**, 770. Freilich fließen die Begriffe des Unvermögens und der Unzumutbarkeit praktisch

ineinander. Wegen des Begriffs der „Kosten“ Rn 5. Wegen des Begriffs des „wirtschaftlich Beteiligten“ Rn 9. Wirtschaftlich beteiligt ist hier derjenige, auf dessen Vermögenslage sich der Sieg oder die Niederlage der Partei wirtschaftlich auswirkt, zB der Gesellschafter, stille Gesellschafter, Gläubiger, Aufsichtsrat, Vorstand, auch die von einer Tagesstätte betreuten Personen, LAG Bln AnwBl **88**, 421. Eine solche Auswirkung ist auch auf ein Mitglied eines ideellen Vereins denkbar, LAG Halle MDR **97**, 858, Schneider DB **78**, 288. Im Prozeß der Aktiengesellschaft können die Aktionäre außerstande sein, die Kosten aufzubringen, wenn die Ausschüttung einer Dividende davon abhängt, daß die Gesellschaft gewinnt.

Ein *rechtliches* Interesse ist *nicht* erforderlich. Ein bloßes Gläubigerverhältnis reicht nicht aus. Die Mittel- **15**
losigkeit ist oft durch eine amtliche Auskunft einer unterrichteten Stelle ermittelbar, etwa bei einer Industrie- und Handelskammer. Mangels einer Fortdauer des Betriebs kommt allenfalls Z 1 infrage, BGH RR **05**, 1640.

9) Parteifähige Vereinigung, S 1 Z 2. Antragsteller kann auch eine parteifähige Vereinigung sein. **16**

A. Begriff der parteifähigen Vereinigung. Die Worte „parteifähige Vereinigung“ bedeuten nicht etwa nur eine Beschränkung auf einen Verein, etwa auf einen gemeinnützigen Sozialdienst, Düss FamRZ **95**, 374. Vielmehr zählen hierher alle diejenigen Personengesamtheiten, die einerseits parteifähig sind, § 50 Rn 8–23, die aber andererseits keine juristische Person nach § 50 Rn 6 darstellen.

Hierher zählen zB: Die BGB-Gesellschaft, Drsd MDR **08**, 818 (zustm Niebling); die OHG; die KG; die Reederei; der nicht rechtsfähige Verein, LAG Halle AnwBl **98**, 543, insbesondere als Bekl, Stgt NJW **75**, 2022. Das Wort „inländische“ bezieht sich auf die 2. Alternative der Z 2. Begünstigt ist also nur die inländische parteifähige Vereinigung.

B. Unzulänglichkeit des Vermögens. Wie bei der juristischen Person muß auch bei der parteifähigen **17**
Vereinigung ein Unvermögen vorliegen, die Kosten ganz oder teilweise aufzubringen. Vgl zu dem Begriff des Unvermögens Rn 14. Auch die am Gegenstand des Rechtsstreits „wirtschaftlich Beteiligten“ müssen dazu außerstande sein, Stgt NJW **75**, 2022. Zum Begriff des Beteiligten Rn 10. Zu den Beteiligten zählen allerdings grundsätzlich nicht der Vorstand und die Mitglieder desjenigen gemeinnützigen Vereins, der im wesentlichen öffentliche Mittel erhält, Hbg MDR **87**, 502, ferner nicht die BGB-Gesellschaft, § 50 Rn 12. Das Gericht muß die Lage für jeden ihrer Gesellschafter gesondert nach §§ 114, 115 prüfen. Dasselbe gilt bei einer Miteigentümergesellschaft und bei einer Erbengemeinschaft. Die Insolvenzmasse kann oft nicht zahlen, BGH MDR **08**, 770 (reichlich großzügig).

10) Gefährdung allgemeiner Interessen, S 1 Z 2. Selbst wenn die Voraussetzungen der Rn 12 oder 16 **18**
vorliegen, kommt eine PKH doch nur dann in Betracht, wenn außerdem die Unterlassung der Rechtsverfolgung oder der Rechtsverteidigung „allgemeinen Interessen zuwiderlaufen würde“, Bbg JB **91**, 1671, Ffm RR **96**, 552, LAG Köln VersR **94**, 1254. Das gilt auch dann, wenn es um einen Fall nach S 1 Z 1 geht und wenn die Partei kraft Amtes nach Grdz 8 vor § 50 eine juristische Person verwaltet (Insolvenzverwalter), Ffm NJW **88**, 2053, Mü Rpfleger **90**, 311, aM BGH JB **07**, 376, Hamm ZIP **95**, 758, KG NJW **90**, 459 (aber Z 2 ist gegenüber Z 1 entgegen BGH auch im Insolvenzfall eine Sonderregel. Gerade aus den sozialen Erwägungen des BGH rechtfertigt sich bei einer Insolvenz der in Z 2 Genannten sein zusätzliches Erfordernis, BVerfG **35**, 353, BGH WerpMitt **86**, 405. Im übrigen liegen gerade dann meist die Voraussetzungen Rn 20, 21 vor).

A. Zweck. Die Einschränkung ist erforderlich, um zu verhindern, daß eine juristische Person oder **19**
parteifähige Vereinigung mit einem nur begrenzt vorhandenen oder haftenden Vermögen und nur einer begrenzten Möglichkeit des Rückgriffs auf das Vermögen der Mitglieder, Hintermänner oder Gesellschafter auf Staatskosten prozessiert, nur um private, wirtschaftliche Interessen wahrzunehmen, Ffm RR **96**, 552, Hbg MDR **88**, 783. Deshalb muß das Gericht die Einschränkung auch bei einer Abtretung eines Gesellschaftsanspruchs usw beachten, Hbg MDR **88**, 783. Die Regelung ist verfassungsrechtlich unbedenklich, BVerfG **35**, 348 (zum alten Recht), ThP 6, ZöPh 17 (zum neuen Recht).

B. Begriff der allgemeinen Interessen. Sie liegen vor, soweit die Antragstellerin ohne eine PKH eine **20**
der Allgemeinheit dienende Aufgabe nicht erfüllen könnte oder wenn die Entscheidung größere Kreise der Bevölkerung oder das Wirtschaftsleben berührt und soziale Wirkungen hat oder haben könnte, BVerfG **35**, 353, BGH DB **90**, 678, BFH Rpfleger **93**, 290. Der Antragsteller muß das darlegen, BFH BB **82**, 1586. Er muß es auf ein Verlangen des Gerichts auch nach § 294 glaubhaft machen, § 118 II 1. Das Gericht muß alle denkbaren allgemeinen Interessen berücksichtigen, BVerfG **35**, 362, BGH NJW **91**, 703. Es muß also im konkreten Einzelfall eine Auslegung und Abwägung der Interessen vornehmen. Es darf sich nicht auf allgemeine, für alle denkbaren Fälle gleichermaßen gültige Gesichtspunkte beschränken.

C. Beispiele zur Frage allgemeiner Interessen **21**

Abtretung: Allgemeine Interessen liegen *nicht* schon wegen der Abtretung eines Anspruchs zwecks Umgehung des § 116 vor, Hbg MDR **88**, 782, Köln VersR **89**, 277.

Einstellung des Geschäftsbetriebs: Allgemeine Interessen liegen *nicht* vor, soweit der Geschäftsbetrieb bereits ruht, BFH Rpfleger **93**, 290, Celle RR **86**, 742, Hamm RR **89**, 383 (selbst bei einem Neugründungsplan usw).

Entlassung: Allgemeine Interessen liegen vor, wenn man zahlreiche Entlassungen befürchten muß, BFH Rpfleger **93**, 290, LAG Bln AnwBl **88**, 421 (betreute Kinder).

S auch „Gemeinwirtschaftlicher Nachteil“.

Gemeinnützigkeit: Allgemeine Interessen sollen *nicht* schon stets vorliegen, OVG Magdeb NVwZ-RR **08**, 583 (aber wann beginnen sie dann eigentlich?).

Gemeinwirtschaftlicher Nachteil: Allgemeine Interessen liegen vor, soweit ein Zusammenbruch weittragende gemeinwirtschaftliche Nachteile haben würde, soweit er also zahlreiche am Prozeß nur mittelbar beteiligte Personen mitbenachteiligen würde, BVerfG **35**, 353, BGH NJW **91**, 703, Köln GRUR **07**, 86 (auch zu den Grenzen beim UWG).

S auch „Entlassung“.

Gläubigerinteressen: Allgemeine Interessen liegen nur dann vor, wenn feststeht, daß die Antragstellerin Gelder, die sie einklagen will, auch tatsächlich an ihre eigenen zahlreichen Gläubiger weiterleitet, BGH NJW **91**, 703, Ffm RR **96**, 552.

Großer Senat: Allgemeine Interessen liegen *nicht* vor, soweit der BGH die Sache dem Großen Senat vorlegen müßte.

22 **Quote:** Allgemeine Interessen liegen *nicht* vor, soweit nur eine begrenzte Zahl von Gläubigern eine geringere Quote erhalten würde, BFH Rpfleger **93**, 290, Bbg JB **82**, 1733.

Rechtsfrage: Allgemeine Interessen liegen *nicht* vor, wenn es nur um die richtige Entscheidung einer bestimmten Rechtsfrage geht, BGH DB **90**, 679, LAG Bre RR **87**, 894.

Steuern: Allgemeine Interessen liegen *nicht* vor, soweit Steuern beitreibbar würden, Bbg JB **82**, 1733, Köln JB **85**, 1259.

Straftat: Allgemeine Interessen liegen *nicht* schon deshalb vor, weil sich der Anspruch infolge einer Straftat ergibt, Köln JB **85**, 1259.

23 **11) Hinreichende Erfolgsaussicht; Fehlen von Mutwillen, S 2.** Selbst wenn sämtliche vorstehenden Voraussetzungen vorliegen, muß das Gericht vor der Bewilligung doch außerdem noch prüfen, ob die beabsichtigte Rechtsverfolgung oder Rechtsverteidigung auch eine hinreichende Erfolgsaussicht bietet und auch nicht mutwillig ist. Das ergibt sich aus der Verweisung in S 2 in Verbindung mit 114 S 1 letzter Hs. Einzelheiten § 114 Rn 80–132. Eine Umgehungsabsicht ist schädlich, Hbg MDR **88**, 782, Köln VersR **89**, 277.

117

Fassung 1. 9. 2009: ***Antrag.*** I [1] **Der Antrag auf Bewilligung der Prozesskostenhilfe ist bei dem Prozessgericht zu stellen; er kann vor der Geschäftsstelle zu Protokoll erklärt werden.** [2] **In dem Antrag ist das Streitverhältnis unter Angabe der Beweismittel darzustellen.** [3] **Der Antrag auf Bewilligung von Prozesskostenhilfe für die Zwangsvollstreckung ist bei dem für die Zwangsvollstreckung zuständigen Gericht zu stellen.**

II [1] **Dem Antrag sind eine Erklärung der Partei über ihre persönlichen und wirtschaftlichen Verhältnisse (Familienverhältnisse, Beruf, Vermögen, Einkommen und Lasten) sowie entsprechende Belege beizufügen.** [2] **Die Erklärung und die Belege dürfen dem Gegner nur mit Zustimmung der Partei zugänglich gemacht werden; es sei denn, der Gegner hat gegen den Antragsteller nach den Vorschriften des bürgerlichen Rechts einen Anspruch auf Auskunft über Einkünfte und Vermögen des Antragstellers.** [3] **Dem Antragsteller ist vor der Übermittlung seiner Erklärung an den Gegner Gelegenheit zur Stellungnahme zu geben.** [4] **Er ist über die Übermittlung seiner Erklärung zu unterrichten.**

III **Das Bundesministerium der Justiz wird ermächtigt, zur Vereinfachung und Vereinheitlichung des Verfahrens durch Rechtsverordnung mit Zustimmung des Bundesrates Formulare für die Erklärung einzuführen.**

IV **Soweit Formulare für die Erklärung eingeführt sind, muss sich die Partei ihrer bedienen.**

Vorbem. II 2 Hs 2, II 3, 4 angefügt dch Art 29 Z 6 FGG-RG, in Kraft seit 1. 9. 09, Art 112 I Hs 1 FGG-RG, ÜbergangsR § 111 FGG-RG, Einf 4 vor § 1 FamFG.

Bisherige Fassung II 2: **Die Erklärung und die Belege dürfen dem Gegner nur mit Zustimmung der Partei zugänglich gemacht werden.**

Schrifttum: *Liebscher,* Datenschutz bei der Datenübermittlung im Zivilverfahren, 1994.

Gliederung

1) Systematik, I–IV. Während §§ 114–116 die persönlichen und sachlichen Bedingungen der PKH nennen, enthält § 117 die verfahrensmäßigen Bedingungen für den Antragsteller. § 118 nennt ergänzend auch die vom Gericht zu erfüllenden „Bedingungen". § 138 ergänzt I 2, Oldb NJW **94**, 807. Die weiteren Regeln bis zur Entscheidung über das Gesuch enthält § 127 I. § 119 stellt klar, daß jede Instanz ein eigenes Bewilligungsverfahren einhalten muß. 1

2) Regelungszweck, I–IV. Die Vorschrift dient zunächst der Rechtssicherheit, Einl III 43. Man muß sie aber auch im Interesse der Prozeßwirtschaftlichkeit sehen (Vermeidung unnötiger Nachfragen usw), Grdz 14 vor § 128. Daher darf man nicht in übertriebene Anforderungen verfallen. Freilich sollte man den dem Persönlichkeitsschutz der Artt 1, 2 GG dienenden Datenschutz durchaus streng durchführen. Man sollte auch in der Sache selbst nicht durch eine allzu großzügige Handhabung dazu verleiten, daß ein Antragsteller die Ausfüllung der Formulare usw kaum noch als Pflicht zur Wahrheit und Vollständigkeit auch auf diesem Nebenschauplatz des Prozesses erkennt. 2

Gewissenhaftigkeit ist keine Frage des wirtschaftlichen Vermögens. Der Staat kann sie von demjenigen erwarten, der seine Hilfe begehrt. Das gilt zum Ob, Wann und Wie des Antrags, seiner Begründung und deren vorgeschriebene Anlagen. Die Geschäftsstelle, meist die sog Rechtsantragstelle, darf und muß helfen. Sie kann dem Antragsteller aber die eigentliche Arbeit nicht abnehmen. Eine Nachfrist mag manchmal notwendig sein. Sie darf aber nicht dazu führen, daß das Gericht und der Gegner nicht vorankommen. Das muß auch ein ProzBev seinem Auftraggeber klarmachen. Wer Obliegenheiten versäumt, muß Nachteile daraus in Kauf nehmen. So darf man die Regelung ohne eine Notwendigkeit eines mühsamen Hinterherfragens handhaben.

3) Geltungsbereich, I–IV. Vgl Üb 4 vor § 114, § 114 Rn 9–45. Im Verfahren vor dem Patentgericht ist lediglich I 2 entsprechend anwendbar, und zwar nur im Einspruchsverfahren sowie im Verfahren wegen der Erklärung der Nichtigkeit oder der Zurücknahme eines Patents oder wegen der Erteilung einer Zwangslizenz, § 136 S 2 PatG. III gilt auch im Insolvenzverfahren, BGH BB **02**, 2410. Im FamFG-Verfahren gilt § 117 entsprechend, § 76 FamFG. 3

4) Antrag, I 1, 3. Man muß drei Voraussetzungen beachten. Das gilt für jedes bei diesem Gericht anhängige Verfahren gesondert, Bbg FamRZ **01**, 628. 4

A. Notwendigkeit ausdrücklicher Antragstellung. Das Gericht darf eine PKH grundsätzlich nur auf Grund eines ausdrücklichen Antrags bewilligen, nicht also schon auf Grund eines stillschweigenden, BGH NJW **94**, 2097, Karlsr AnwBl **87**, 340, Oldb MDR **89**, 268, aM BGH VersR **91**, 1424 (unwirksame Rechtsmittelschrift), LAG Halle JB **06**, 320 (grds zur Widerklage), Schneider MDR **85**, 441 (aber wo sind die Grenzen?). Es muß auch ein gerichtliches Verfahren schon und noch anhängig sein, Ffm JB **94**, 177, Hbg JB **96**, 26. Es müssen auch noch irgendwelche Kosten entstehen können, KG FamRZ **00**, 839, Karlsr FamRZ **96**, 1287, Zweibr JB **00**, 312. Andernfalls müßte das Gericht eine versehentliche Bewilligung evtl ausnahmsweise aufheben, Mü JB **84**, 1851. Es besteht auch im Anwaltsprozeß kein Anwaltszwang, Naumb FamRZ **08**, 68. Der Antragsteller braucht keinen beiordnungsbereiten Anwalt zu nennen, VGH Mannh FamRZ **02**, 1197. Die Einreichung durch einen Anwalt läßt sich meist zugleich als eine Prozeßvollmacht bewerten, selbst ohne die Beifügung einer solchen Urkunde, vgl § 88 II.

Eine Bewilligung *von Amts wegen* kommt nur ausnahmsweise beim Vorliegen der übrigen Voraussetzungen im Verfahren auf Grund eines sog Eingehenden Gesuchs um Auslandsunterhalt in Betracht, § 9 S 1 AUG. Es kann eine Anregung des Gerichts zur Antragstellung ratsam sein, § 139. Eine möglich gewesene, nicht mit einem notwendigen Antrag eingeleitete Bewilligung bleibt wirksam, Oldb FamRZ **89**, 300, Zweibr Rpfleger **02**, 627, OVG Lüneb JB **90**, 637.

B. Auslegbarkeit des Antrags; erstinstanzlich keine Frist. Der Antrag ist eine Parteiprozeßhandlung, Grdz 47 vor § 128. Er ist auslegbar, Grdz 52 vor § 128, BGH FamRZ **07**, 1727, BayObLG JB **84**, 773, Hbg FamRZ **83**, 1133. Er erstreckt sich im Zweifel auf das gesamte Verfahren dieser Instanz, BGH FamRZ **07**, 1727 (PKH-Antrag und Rechtsmittel), LAG Köln Rpfleger **96**, 414 (auch auf einen umfassenderen Vergleich), LAG Bre AnwBl **82**, 443. Er läßt sich umdeuten, Hbg FamRZ **83**, 1133. 5

Er ist in erster Instanz *nicht fristgebunden,* Rn 7, Bbg FamRZ **97**, 179 (daher keine Wiedereinsetzung). Im Scheidungsverbund nach § 137 FamFG ist eine gesonderte Antragstellung nötig. Im PKH-Antrag liegt meist auch ein Beiordnungsantrag, auch im Anwaltsprozeß, § 78 Rn 1, 2, Mü FamRZ **02**, 1196. Im Bewilligungsantrag für den Hauptprozeß kann auch ein solcher für das Bewilligungsverfahren liegen, Hamm NJW **82**, 287. Er hat freilich als letzterer oft keinen Erfolg, § 114 Rn 35. Ein Vergleichs-PKH-Antrag kann rückwirkend das ganze Verfahren meinen, Karlsr RR **98**, 1085. Ein PKH-Antrag kann zugleich eine Rechtsmittelbegründung sein, BGH RR **99**, 212. Ein Antrag für das noch fehlende Rechtsmittel muß innerhalb der Rechtsmittelfrist eingehen. Der Antrag unterliegt nicht § 253 II Z 2, Naumb FamRZ **08**, 68.

C. Bedingung, Rücknahme, Wiederholung. Als eine Parteiprozeßhandlung duldet der Antrag grundsätzlich keine Bedingung, Grdz 54 vor § 128. Man kann aber wegen der Parteiherrschaft nach Grdz 18 vor § 128 die Zeitbestimmung einer Entscheidung erst nach dem Ablauf des Trennungsjahrs treffen, Stgt FamRZ **04**, 1298. Der Antragsteller kann ihn jederzeit zurücknehmen, Grdz 58 vor § 128, BGH FamRZ **07**, 1727. Das kann er auch ohne eine Zustimmung des künftigen oder gegenwärtigen Prozeßgegners tun, selbst wenn dieser einer Klagerücknahme nach § 269 I bereits eine erforderliche Zustimmung verweigern könnte. Denn der Prozeßgegner ist im Bewilligungsverfahren zwischen dem Antragsteller und dem Staat trotz der Anhörungspflicht des Gerichts nach § 118 I 1 nicht im engeren Sinn ein Verfahrensbeteiligter, Holch NJW **81**, 154. Eine Antragswiederholung nach einer Rücknahme oder Ablehnung ist grundsätzlich zulässig, BVerfG **56**, 145. Es darf freilich kein Rechtsmißbrauch vorliegen, Einl III 54. Eine Antragswiederholung ist bei einem veränderten Sachverhalt zulässig, § 127 Rn 102. Sie kann auch als eine sofortige Beschwerde nach § 127 umdeutbar sein. 6

D. Wirkung des Antrags. Der Antrag hemmt nach (jetzt) § 204 I Z 14 BGB die Verjährung, (zum alten Recht) BGH NVersZ **98**, 71 Schlee AnwBl **89**, 156. Das gilt auch dann, wenn der Schuldner auf die Einrede 7 der Verjährung nachträglich verzichtet, BGH VersR **81**, 483. Die Hemmung dauert an, solange der Antragsteller das Verfahren nicht weiter betreiben kann, BGH VersR **81**, 61. Freilich gilt das alles nur, soweit er den Antrag ordnungsgemäß und rechtzeitig begründet und belegt hat, Rn 25, 26, BGH JZ **89**, 504, Brdb RR **99**, 1297, Stgt FamRZ **05**, 527, großzügiger Bernards JB **99**, 119 (aber die Einhaltung der Form ist eine selbstverständliche Voraussetzung der Wirkung). Außerdem gilt das alles nur bei einer Übermittlung des Antrags an den Prozeßgegner, BGH NJW **08**, 1940. Zu ihr ist das Gericht freilich nicht schon auf Grund eines solchen Wunsches des Antragstellers verpflichtet, aM BGH NJW **08**, 1940 (aber das Gericht ist kein Briefträger). Die Hemmung endet nach § 204 II BGB sechs Monate nach der Rechtskraft oder der sonstigen Beendigung des Hauptprozesses. Das gilt auch dann, wenn der Antragsteller zwar eine sofortige Beschwerde einlegt, das Rechtsmittel aber freiwillig nicht weiter betreibt, BGH FamRZ **95**, 797. Auch höhere Gewalt kann hemmen, § 206 BGB. Der Antrag hemmt. Er muß aber nicht die Frist des § 12 III VVG oder des § 4 KSchG wahren, BGH RR **89**, 675, Hamm RR **01**, 1395. Der Antrag hindert nicht den Eintritt der Rechtskraft, BGH **100**, 205. Der Antrag wahrt die Frist des § 46 I 2 WEG nicht, Dötsch NZM **08**, 313.

Eine *unbedingte Klageinreichung* setzt grundsätzlich neben dem Verfahren auf die Bewilligung einer PKH auch den Rechtsstreit als solchen in Gang, Bbg JB **76**, 1195. Das ist im Interesse der Klarheit und wegen der weittragenden Rechtsfolgen der Klagerhebung notwendig. Nur die unbedingte und endgültige Klage ist nach §§ 167, 496 eingereicht. Dasselbe gilt beim Rechtsmittel, BGH VersR **86**, 40. Das Gericht stellt aber auch die unbedingt eingereichte Klage zunächst solange nicht nach § 271 I dem Bekl zu, bis es entweder die PKH bewilligt hat oder bis der Kläger den erforderlichen Vorschuß bezahlt hat, (jetzt) § 12 I GKG, Celle AnwBl **83**, 92. Vgl § 168. § 12 I GKG kann freilich unanwendbar sein, etwa im Verfahren auf einen Arrest oder auf eine einstweilige Verfügung nach §§ 916 ff, 935 ff, ins Verfahren nach §§ 49 ff FamFG, bei einer Berufung nach §§ 511 ff mit Ausnahme der Fälle § 12 I 2 Hs 2 GKG, § 14 I 2 Hs 2 FamGKG, bei einer Revision. Dann stellt das Gericht die Klage oder den Antrag allerdings sofort dem Bekl oder dem Antragsgegner zu. Wegen der Abänderung §§ 323 ff.

Das Gericht sollte eine *formlose Mitteilung* der Klageschrift nach § 118 I 1 stets als solche in seiner Übersendungsverfügung kennzeichnen. Man darf sie grundsätzlich nicht nach § 189 als eine Klagezustellung ausdeuten, dort jeweils Rn 6. Im Zweifel muß das Gericht rückfragen. Eine Bewilligung ohne einen Antrag läßt die folgende Bewilligung für alle Begünstigten eintreten.

8 **5) Bewilligungsantrag und Klage usw, I 1.** Die Regelung bringt nur bei ihrer genauen Beachtung Vorteile.

A. Zulässigkeit. Es steht dem Antragsteller frei, die Klage, den Antrag nach dem FamFG oder ein Rechtsmittel usw vor, zusammen mit oder nach dem Antrag auf eine PKH einzureichen, Rn 7 (keine Frist), BGH FamRZ **96**, 1142, Kblz FamRZ **98**, 312, Zweibr JB **08**, 94. Das kann nach der Wahl des Antragstellers derart geschehen, daß der Bewilligungsantrag unabhängig von der Klage, dem Scheidungsantrag usw gelten soll, BGH FER **96**, 65. Der Bewilligungsantrag kann aber auch vorrangig sein, wenn der Kläger eine Klage usw nur für den Fall einer PKH einreicht, Rn 9. Etwas anderes gilt bei der Einlegung eines Rechtsmittels, BGH FamRZ **05**, 1537, VGH Kassel AnwBl **90**, 55 (zur VwGO), aM Ffm FamRZ **00**, 240 (Anschlußberufung), Stgt FamRZ **00**, 240 (Berufung. Aber schon wegen der Rechtsmittelfrist muß Klarheit darüber bestehen, was der Antragsteller nun begehrt).

9 **B. Bedingte Klage usw.** Der Kläger darf einen Eilantrag, die Klage, den Antrag nach dem FamFG, das Rechtsmittel usw auch nach seinem Belieben nur für den Fall einer PKH einreichen, BGH FamRZ **07**, 1727, Saarbr MDR **08**, 594, Zweibr JB **08**, 94, aM AG Luckenwalde FamRZ **06**, 1130. Er muß aber diese Bedingung eindeutig zum Ausdruck bringen, BGH FamRZ **07**, 1727, Köln JB **05**, 546, Zweibr JB **08**, 94.

Er muß die Klageschrift zB als einen bloßen *Entwurf* kennzeichnen, BGH RR **00**, 879 (zur Berufung), Karlsr FamRZ **03**, 1935 (dann ist selbst eine unterschriebene Klageschrift nur bedingt), Köln FamRZ **80**, 1144. Er mag es auch unterlassen, die Klageschrift nach § 129 Rn 9 zu unterzeichnen. Er mag auch von einer „bedingten Klage" schreiben, BGH MDR **03**, 1314, aM AG Luckenwalde FamRZ **06**, 1130. Wenn er den Antrag auf eine PKH und die Klageschrift in demselben Schriftsatz einreicht, genügt es im allgemeinen, daß er zum Ausdruck bringt, er beantrage eine PKH „für die beabsichtigte Klage", BGH RR **00**, 879, aM LG Saarbr FamRZ **02**, 1260. Er kann auch die Klageschrift „im Prozeßkostenhilfe(prüfungs)verfahren" einreichen. Er kann ferner „vorab" um eine PKH bitten, KG MDR **08**, 585, Kblz MDR **04**, 177, oder er kann um PKH und „sodann" um eine Klagezustellung bitten, Karlsr FamRZ **88**, 92, oder die Durchführung des Rechtsmittels abhängig machen, BGH FamRZ **07**, 1727. Es kann sogar die bloße Verbindung „Klage und PKH-Gesuch" reichen, Celle FamRZ **81**, 791, Düss FamRZ **87**, 1281, VGH Mannh FamRZ **97**, 681. Indes insoweit Vorsicht, Kblz FamRZ **98**, 312, Köln FamRZ **97**, 375 (ein Antrag nach [jetzt] § 14 Z 1 GKG genügt als solcher nicht), Zweibr RR **01**, 1653. Eine spätere Klärung wirkt nicht zurück, Köln JB **05**, 546, Mü MDR **97**, 1063. Nach einem Widerspruch gegen einen Mahnbescheid kommt keine Bedingung mehr infrage.

10 Freilich kann trotz einer dem Wortlaut nach bloßen *„Ankündigung"* in Wahrheit schon die Vornahme der angekündigten Parteiprozeßhandlung vorliegen, Grdz 47 vor § 128, BGH FamRZ **90**, 995, LG Saarbr FamRZ **02**, 1261. Stets muß aber zum ausreichenden Inhalt der beabsichtigten Parteiprozeßhandlung der eindeutig erkennbare Wille hinzutreten, sie (bedingt) vorzunehmen, BGH FamRZ **07**, 1727 (zur Berufungsbegründung), Kblz MDR **04**, 177 (Verjährungshemmung usw). Wegen eines Antrags auf eine PKH in Verbindung mit einer Berufung oder deren Begründung § 518 Rn 22, 23, BGH VersR **91**, 937, Ffm FamRZ **99**, 1150. Maßgebend ist die Zustellungsverfügung des Gerichts, Hamm FamRZ **08**, 1540.

11 **C. Nur für den Fall voller Bewilligung.** Die Zulässigkeit einer bedingten Klage usw ist eine Ausnahme vom Grundsatz, daß zumindest die den Prozeß oder die Instanz einleitende Prozeßhandlung keine Bedingung duldet, Grdz 54 vor § 128. Daher muß wenigstens der Umfang der Bedingung von vornherein klar sein. Daher ist bei einer nur teilweisen PKH entweder eine berechtigte entsprechend beschränkte Klageschrift oder die Erklärung notwendig, die Klage bleibe voll aufrechterhalten, um den Rechtsstreit anhängig oder rechtshängig zu machen, Mü MDR **88**, 972, aM Karlsr RR **89**, 512 (er werde nur im Bewilligungsumfang, dann aber eben auch anhängig usw. Aber eine solche Auslegung beachtet nicht genug die Parteiherr-

schaft, Grdz 18 vor § 128. Man muß es dem Kläger überlassen klar zu sagen, was er nun nach einer teilweisen Abweisung des PKH-Gesuchs noch begehren will).

6) Prozeßgericht, I 1 Hs 1. Man muß den Antrag für das Erkenntnisverfahren bei dem „Prozeßgericht" stellen. Das ist dasjenige Gericht, bei dem derjenige Rechtsstreit derzeit schwebt oder anhängig werden soll, für den der Kläger eine PKH beantragt, BGH RR **94**, 706. Der Kläger kann den Antrag nach § 130a elektronisch oder auch schriftlich einreichen. Dann muß er ihn als einen bestimmenden Schriftsatz unterzeichnen, Rn 13, 14, BGH NJW **94**, 2097 (auch zum Telefax). In einer FamFG-Sache ist das FamG zuständig. Prozeßgericht kann auch das Rechtsmittelgericht sein, §§ 606ff, § 119 S 1. **12**

In einer *Handelssache* kommt auch die Kammer für Handelssachen in Betracht, deren Vorsitzender zuständig ist, § 349 II Z 7. Im Rahmen einer Zwangsvollstreckung ist grundsätzlich das Vollstreckungsgericht zuständig, § 764. Denn es kann die Aussichten allein beurteilen, BGH Rpfleger **79**, 195, Celle NdsRpfl **81**, 232, LG Bielef AnwBl **82**, 534. Das gilt auch bei der Vollstreckung einer einstweiligen Anordnung nach (jetzt) §§ 49ff FamFG, Celle FamRZ **79**, 57, Düss FamRZ **79**, 843. Freilich kann das Prozeßgericht auch in der Zwangsvollstreckung zuständig sein, zB bei §§ 887, 888, 890 (nicht: bei § 889, dort Rn 3), Kblz FamRZ **78**, 605 (FamG).

7) Vor der Geschäftsstelle zum Protokoll, I 1 Hs 2. Der Antrag ist ein bestimmender Schriftsatz, § 129 Rn 5. Er ist auch zum Protokoll der Geschäftsstelle zulässig, BGH NJW **94**, 2097. **13**

A. Zuständigkeit. Zur Entgegennahme ist jedes AG zuständig, § 129a I. Den Antrag nimmt grundsätzlich der Urkundsbeamte der Geschäftsstelle oder der Rechtsantragsstelle entgegen. In einem schwierigen Fall soll der Rpfl den Antrag entgegennehmen, § 24 II Z 3 RPflG. Er ist auch für einen Antrag im Vollstrekkungsverfahren zuständig, § 20 Z 5 RPflG. Der Urkundsbeamte übersendet den Antrag unverzüglich an das Prozeßgericht, § 129a II 1, oben Rn 12. Der Antrag wird erst dann wirksam, wenn er beim Prozeßgericht eingeht, § 129a II 2, Rn 13. Die Geschäftsstelle des entgegennehmenden AG kann dem Antragsteller die Übermittlung an das Prozeßgericht überlassen, sofern dieser zustimmt, § 129a II 3. Das alles gilt auch dann, wenn der Antrag erst in der höheren Instanz erstmalig oder erneut nunmehr für diesen Rechtszug erfolgt. Zur Verweisung und zu deren Bindungswirkung § 281 Rn 3.

B. Kein Anwaltszwang, kein Unterschriftszwang zu Protokoll. Ein Anwaltszwang besteht nicht, auch nicht im Anwaltsprozeß, § 78 III Hs 2. Eine Unterzeichnung des Antrags ist zwar grundsätzlich wie bei jedem bestimmenden Schriftsatz nötig, § 129 Rn 9ff. Sie ist aber bei einer Einreichung zum Protokoll nicht erforderlich, Ffm AnwBl **83**, 319, Karlsr FamRZ **04**, 647. Sie ist freilich auch dann empfehlenswert, um klarzustellen, daß der Antragsteller den Antrag auch wirklich einreichen will und daß das Gericht ihn daher bearbeiten muß. **14**

C. Beratung durch Urkundsbeamten. Der Urkundsbeamte der aufnehmenden Geschäftsstelle und derjenige des wirklichen Prozeßgerichts sind verpflichtet, den Antragsteller sachgemäß zu beraten, BGH **91**, 314, und ihn insbesondere auf den gesetzlichen Zwang zur Benutzung des nach III eingeführten Formulars hinzuweisen, IV, Christl NJW **81**, 791. Der Urkundsbeamte des Prozeßgerichts darf und muß auf Grund eines Antrags die Akten heranziehen. Eine Bezugnahme auf die Akten ist nämlich grundsätzlich zulässig, Nürnb JB **84**, 610. Sie sollte freilich nicht sorglos erfolgen. Der Urkundsbeamte ist nicht zu einer umfassenden Beratung über die Aussichten der Rechtsverfolgung oder Rechtsverteidigung oder zu anderen solchen Auskünften oder Ratschlägen verpflichtet oder berechtigt, die über die Erfordernisse des § 117 und evtl diejenigen des § 118 I, II hinausgehen. **15**

8) Darstellung des Streitverhältnisses, I 2. Man muß mehrere Punkte beachten. **16**

A. Begriff des Streitverhältnisses. In dem Antrag muß man das Streitverhältnis „darstellen". Zweck ist die Erleichterung des weiteren Bewilligungsverfahrens nach § 118. Zwar kann und muß das Gericht nach der letzteren Vorschrift notfalls ergänzende Fragen stellen. Das ändert aber nichts an der Notwendigkeit, schon dem Antrag die Darlegung des Streitverhältnisses beizufügen.

B. Vortrag als Kläger. Für die Art und den Umfang dieser Darlegung kommt es einerseits auf die Festlegung der Nämlichkeit des Streitgegenstands an, § 2 Rn 4, BGH AnwBl **06**, 75. Zum anderen kommt es auf die zur Zuständigkeitsklärung notwendigen Angaben an und schließlich auf diejenigen Angaben, die das Gericht zur vorläufigen Beurteilung der Erfolgsaussicht und der Bedürftigkeit des Antragstellers benötigt, § 114 Rn 46ff, 80ff, Karlsr FamRZ **06**, 1852, Nürnb JB **96**, 25. Der Antragsteller muß einen bestimmten Anspruch geltend machen. Er muß den beabsichtigten Klagantrag formulieren und nach § 253 II Z 2 eine tatsächliche Begründung beifügen, zumal das Gericht den Sachverhalt grundsätzlich nicht nach Grdz 38 vor § 128 von Amts wegen ermittelt, LAG Hamm MDR **82**, 83. Er muß auch die übrigen nach § 253 II–IV für eine Klage- oder Antragsschrift erforderlichen Angaben jedenfalls so weit machen, daß das Gericht die beabsichtige Klage in ihren wesentlichen Umrissen erkennen kann. Eine Bewilligung umfaßt nicht eine spätere Klagerweiterung, BGH AnwBl **06**, 75. **17**

C. Vortrag als Beklagter. Als Bekl muß er im wesentlichen die beabsichtigten Verteidigungsmittel vorbringen, soweit es ihm derzeit möglich ist, § 277 I. Er muß dabei bereits den auch im Bewilligungsverfahren geltenden Grundsatz der Wahrhaftigkeits- und Vollständigkeitspflicht beachten, § 138 I, Oldb NJW **94**, 807. Er muß sich auch bereits über die etwa vom Gegner schon vorgebrachten Tatsachen und Beweismittel erklären, § 138 II. Ein etwa unzulässiges Bestreiten mit Nichtwissen nach § 138 III, IV erleichtert dem Gegner das Ziel einer eigenen PKH und kann sich im Hauptverfahren nachteilig auswirken. Die Antragsbegründung braucht zwar nicht in allen Einzelheiten schlüssig zu sein, zumal das Gericht rückfragen darf und muß, § 139. Indessen gehört nach I 2 die Angabe aller derjenigen Tatsachen in die Darlegung, aus denen das Gericht wenigstens im Kern und nicht bloß in vagen Umrissen erkennen kann, um was es gehen wird. **18**

D. Angabe der Beweismittel. Bereits im Antrag muß man der Darstellung des Streitverhältnisses die „Angabe der Beweismittel" beifügen. Der Antragsteller kann nicht stets damit rechnen, daß das Gericht etwa nach § 139 nach einem noch fehlenden Beweisantritt fragt, auch nicht nach § 118. Der Antrag kann also schon **19**

am Fehlen ausreichender Beweisanträge scheitern. Sie müssen für alle diejenigen wahrscheinlich streitigen oder bereits vorprozessual streitig gewordenen, entscheidungserheblichen Tatsachen erfolgen, für die der Antragsteller nach Anh § 286 die Beweislast trägt oder für die der Gegner voraussichtlich einen Beweis antreten wird, soweit jeweils erkennbar. Das Gesetz sieht zwar vor, daß das Gericht den Prozeßgegner grundsätzlich anhört, § 118 I 1 Hs 1. Das Gericht ist aber nicht verpflichtet, dem Antragsteller eine etwaige gegnerische Stellungnahme zu einer Gegenerklärung vorzulegen. §§ 275 IV, 276 III sind auch nicht entsprechend anwendbar. Grundsätzlich muß der Antragsteller alle gesetzlich zulässigen Beweismittel angeben, §§ 371 ff. Jedoch muß eine Parteivernehmung nach der Darstellung des Antragstellers voraussichtlich zulässig sein, zB § 448.

20 **E. Glaubhaftmachung.** Eine Glaubhaftmachung ist noch nicht im Antrag erforderlich. Sie wird nur auf ein Verlangen des Gerichts notwendig, § 118 II 1, Bbg FamRZ **07**, 1182, Köln RR **00**, 288. Trotzdem kann eine Glaubhaftmachung schon bei der Antragseinreichung im Interesse des Antragstellers liegen. Soweit sie erfolgt, gilt § 294. Als „Beweismittel" ist eine Glaubhaftmachung allenfalls im gesetzlichen Ausnahmefall ausreichend, §§ 920 II, 936. Ein „Untertauchen" reicht nicht zur Glaubhaftmachung, Köln RR **00**, 288.

21 **F. Rechtsmittelinstanz.** In der Rechtsmittelinstanz ist eine vollständige Darlegung des Streitverhältnisses evtl nach § 119 I 2 und auch sonst meist nicht mehr erforderlich, Drsd MDR **03**, 1015. Der Antragsteller muß aber innerhalb der Rechtsmittelfrist das ihm nach den Umständen Zumutbare tun, um die persönlichen Bedürftigkeits- und sonstigen Voraussetzungen für die Bewilligung der PKH darzulegen, BGH RR **93**, 451 (betr eine Wiedereinsetzungsmöglichkeit), zumindest bis zum Ablauf der Frist des § 93 I 1 BVerfGG, BVerfG NJW **00**, 3344. Er muß daher unter anderem (erneut) die Erklärung über die persönlichen und wirtschaftlichen Verhältnisse nach II einreichen, BGH RR **93**, 451, BFH NJW **76**, 1232, Saarbr RR **00**, 664. Es kann eine Bezugnahme auf die richtigen und vollständigen erstinstanzlichen Angaben ausreichen, Drsd MDR **00**, 1272. Das gilt jedoch nur, falls sich die Verhältnisse nicht geändert haben, BGH RR **93**, 451, Bbg FamRZ **01**, 628.

Seine Angaben müssen auch jetzt *richtig und vollständig* sein, BGH VersR **76**, 932, Drsd MDR **00**, 1272. Er muß auch Tatsachen dazu angeben, in welchen Punkten und weshalb er das Rechtsmittel einlegen will, Schlesw RR **99**, 432, ob das Rechtsmittel statthaft und sonst zulässig ist, ob insbesondere die Rechtsmittelsumme erreicht ist. Eine Begründung ist im Zweifel nicht auch eine Rechtsmittelbegründung, Drsd MDR **03**, 1015. Als Rechtsmittelgegner braucht der Antragsteller jedenfalls zur Erfolgsaussicht der Rechtsverteidigung grundsätzlich keine Angaben mehr zu machen, § 119 Rn 57.

22 **G. Zwangsvollstreckung.** Im Vollstreckungsverfahren sind Darlegungen zum Erkenntnisverfahren im Sinn von I 2 nicht mehr notwendig und ist die Bezugnahme auf Akten eher ausreichend, Bobenhausen Rpfleger **84**, 396.

23 **9) Für die Zwangsvollstreckung zuständiges Gericht, I 3.** Ein Antrag auf eine PKH ist nach § 119 II für die gesamte Zwangsvollstreckung in das bewegliche Vermögen und außerdem auch für eine Vollstreckung in das unbewegliche Vermögen möglich. I 3 klärt die funktionelle Zuständigkeit des Vollstreckungsgerichts, §§ 764, 802, also seines Rpfl, § 764 Rn 6.

24 **10) Erklärung der Partei, II 1.** Dem Antrag muß man eine Erklärung der Partei beifügen, auch einer juristischen Person, BGH Rpfleger **93**, 290, bei einer Prozeßstandschaft eine Erklärung des Antragstellers, Grdz 26 vor § 50, Saarbr FamRZ **91**, 961, über ihre persönlichen und wirtschaftlichen Verhältnisse (Familienverhältnisse, Beruf, Vermögen, Einkommen und Lasten), II 1, Celle RR **06**, 1304. Die Erklärung dient der Klärung der Bedürftigkeit, Brdb RR **05**, 872. Die Enreichung einer Bescheinigung über ein Arbeitslosengeld macht eine Erklärung nach II, III nicht entbehrlich, Hamm RR **99**, 1679. Ohne eine Beifügung der nach II erforderlichen Belege ist das Gesuch unvollständig, BGH RR **00**, 879, Hamm FamRZ **04**, 1616. Ihre Unterlassung führt nach einer vergeblichen Fristsetzung nach Rn 35 oder nach dem Ablauf einer gesetzlichen Frist etwa nach § 1600 b BGB zur Antragsablehnung, BGH FamRZ **04**, 99, Brdb RR **05**, 872, Kblz Rpfleger **99**, 133. Notwendig sind auch Angaben über das Bruttoeinkommen eines auch nur evtl zum Kostenvorschuß Verpflichteten, AG Kblz FamRZ **07**, 1753, und Angaben dazu, ob dieser über ein einsetzbares Vermögen verfügt, LG Kblz MDR **99**, 1410.

A. Kein Gang zur Sozialbehörde. Die Erklärung des Antragstellers ist kein sog Armutszeugnis alten Rechts und auch keine behördliche Bescheinigung. Der Antragsteller wendet sich direkt an das Gericht. Freilich erfordert auch die Erklärung einschließlich des Benutzungszwangs der bundeseinheitlichen Formulare nach III, IV eine weitgehende Offenbarung der eigenen Verhältnisse. Sie bringt damit erhebliche Probleme, Grunsky NJW **80**, 2044, Holch NJW **81**, 152.

25 **B. Inhalt: Formularzwang.** Der Antragsteller muß die in II 1 genannten Einzelheiten über die persönlichen und wirtschaftlichen Verhältnisse praktisch nach dem bundeseinheitlichen Formular angeben. Für dieses besteht ein Benutzungszwang, Rn 30. Natürlich muß der Antragsteller solche Angaben hinzufügen, die ersichtlich für die Entscheidung erheblich sind, die jedoch im Formular als Fragen nicht oder nur ungenügend erscheinen. Der Formularzwang bedeutet nämlich keine Freigabe unvollständiger oder unwahrhaftiger Erklärungen. Die Angaben müssen insgesamt aus sich heraus verständlich sein, Ffm FamRZ **97**, 682.

26 **C. Entsprechende Belege.** Der Antragsteller muß der Erklärung „entsprechende Belege" beifügen, und zwar in deutscher Sprache, § 184 GVG, Hamm JB **00**, 259. Von dieser Pflicht zur Beifügung befreit ihn weder die Angabe der Beweismittel noch die Angabe von Mitteln der Glaubhaftmachung noch die Einreichung des vorgeschriebenen Formulars, BGH JZ **89**, 504, aM Karlsr FamRZ **04**, 647 (aber II 1 ist eindeutig, Einl III 39). Das Gesetz geht von einer ziemlich umfassenden Belegpflicht aus. Denn die Belege sollen ersichtlich allen Angaben in der Erklärung und dem Formular entsprechen. Das ist in der Praxis kaum möglich und auch nicht notwendig. Einen ohnehin bereits glaubhaften Umstand braucht der Antragsteller nicht zusätzlich zu belegen, Karlsr FamRZ **86**, 372. Es ist freilich üblich und notwendig, zB Belege über Einkünfte aus einer nichtselbständigen Arbeit und Renten sowie über geltend gemachte Belastungen bei-

zufügen, BGH JZ **89**, 504, und auch eine Steuererklärung beizufügen, obwohl sie durchweg auch Angaben enthält, die das Gericht keineswegs benötigt.

Das Gericht ist umso mehr verpflichtet, den *Datenschutz* zu beachten, Rn 27 ff. Eine einigermaßen aktuelle Einnahmenüberschußberechnung kann reichen, BGH Rpfleger **92**, 440. Selbst der letzte Steuerbescheid kann andererseits unzureichend sein, wenn er nicht den jetzigen Stand ergibt, BGH RR **91**, 637. Das Gericht ist berechtigt und wegen Art 103 I GG auch evtl verpflichtet, etwa fehlende Belege vor einer Zurückweisung des Antrags nach Rn 35 nachzufordern, soweit das als sinnvoll erscheint, BFH Rpfleger **93**, 73, Bbg FamRZ **01**, 628 rechts unten (je: keine Überspannung der Nachforderungspflicht), VGH Mannh JB **91**, 1114. Es liegt gleichwohl im Interesse des Antragstellers, sie lieber zu großzügig als zu knapp schon dem Antrag beizufügen. Soweit nur einzelne Belege fehlen, darf das Gericht nur insoweit eine PKH ablehnen, Bbg FamRZ **01**, 628 rechts oben. Eine Angabe über die Eröffnung eines Insolvenzverfahrens reicht evtl aus, LAG Kiel NZA-RR **07**, 264 links.

11) Persönlichkeitsschutz, II 2–4. Die Regelung findet oft nur ungenügend Beachtung. 27

A. Einschränkung des Einsichtsrechts. Das Gericht muß grundsätzlich den Persönlichkeitsschutz des Antragstellers gewährleisten. Das gilt auch zugunsten seiner Angehörigen, soweit er über ihre Verhältnisse mitberichten muß. Das Gericht muß das BDSG beachten, Prütting ZZP **106**, 445. Es muß vor allem II 2 Hs 1 mitberücksichtigen. Deshalb darf das Gericht die Erklärung und die Belege dem Prozeßgegner grundsätzlich nur mit einer vorherigen Zustimmung des Antragstellers zugänglich machen, BVerfG NJW **91**, 2078, BGH **89**, 65. Der diesbezügliche frühere Streit ist überholt. Vgl allerdings auch Rn 29.

B. Gesonderte Beiakte. Der Urkundsbeamte muß die Erklärung nach II–IV folglich in eine gesonderte Beiakte nehmen. Dazu heißt es in den Durchführungsbestimmungen zum Gesetz über die Prozeßkostenhilfe und zur Stundung der Kosten des Insolvenzverfahrens (DB-PKHG/DB-InsO), abgedruckt zB bei Hartmann Teil VII B 5, geändert zuletzt mit Wirkung vom 1. 1. 07, vgl (soweit zugänglich:) 28

Baden-Württemberg: AV zuletzt Just **04**, 284;
Bayern: Bek zuletzt JMBl **04**, 133;
Berlin: VV zuletzt ABl **96**, 2502;
Brandenburg: AV zuletzt JMBl **04**, 78;
Bremen: VerwAnO v 10. 12. 80;
Hamburg: AV zuletzt JVBl **94**, 62;
Hessen: RdErl zuletzt JMBl **04**, 615;
Mecklenburg-Vorpommern: AV zuletzt ABl **96**, 656;
Niedersachsen: AV zuletzt NdsRpfl **04**, 173;
Nordrhein-Westfalen: AV zuletzt JMBl **04**, 158;
Rheinland-Pfalz: VV zuletzt JBl **04**, 182;
Saarland; AV zuletzt ABl **04**, 1378;
Sachsen: AV zuletzt JMBl **04**, 78;
Sachsen-Anhalt: AV zuletzt JMBl **06**, 235;
Schleswig-Holstein: AV zuletzt SchlHA **07**, 87;
Thüringen: VV zuletzt JMBl **04**, 59.

DB-PKHG/DB-InsO. **2.1 I [1] Die Vordrucke mit den Erklärungen über die persönlichen und wirtschaftlichen Verhältnisse und die dazugehörenden Belege sowie die bei der Durchführung der Prozesskostenhilfe entstehenden Vorgänge sind in allen Fällen unabhängig von der Zahl der Rechtszüge für jeden Beteiligten in einem besonderen Beiheft zu vereinigen. [2] Das gilt insbesondere für Kostenrechnungen und Zahlungsanzeigen über Monatsraten und sonstige Beträge (§ 120 Abs. 1 ZPO).**

II [1] In dem Beiheft sind ferner die Urschriften der die Prozesskostenhilfe betreffenden gerichtlichen Entscheidungen und die dazugehörigen gerichtlichen Verfügungen aufzubewahren. [2] In die Hauptakten ist ein Abdruck der gerichtlichen Entscheidungen aufzunehmen. [3] Jedoch sind zuvor die Teile der gerichtlichen Entscheidungen zu entfernen oder unkenntlich zu machen, die Angaben über die persönlichen und wirtschaftlichen Verhältnisse der Partei enthalten. [4] Enthält die gerichtliche Entscheidung keine Angaben über die persönlichen und wirtschaftlichen Verhältnisse der Partei, so kann die Urschrift auch zur Hauptakte genommen werden; in diesem Fall ist ein Abdruck im Beiheft aufzubewahren.

III [1] Das Beiheft sowie die darin zu verwahrenden Schriftstücke erhalten hinter dem Aktenzeichen den Klammerzusatz (PKH). [2] Werden die Prozessakten zur Entscheidung über ein Rechtsmittel dem Rechtsmittelgericht vorgelegt, so ist den Akten das Beiheft beizufügen. [3] Das Beiheft ist dagegen zurückzubehalten, wenn die Akten an nicht beteiligte Gerichte oder Behörden versandt werden. [4] Gleiches gilt, wenn dem Verfahrensgegner, seinem Prozessbevollmächtigten, Dritten oder ihren Bevollmächtigten Akteneinsicht (auch in Form der Übersendung der Akten) gewährt wird.

2.2 Hat das Gericht Prozesskostenhilfe bewilligt, so vermerkt die Gechäftsstelle auf dem Aktendeckel neben dem Namen der Partei „Prozesskostenhilfe mit/ohne Zahlungsbestimmung bewilligt Bl. ...".

2.3 I Der Geschäftsstelle des Gerichts, bei dem sich das Beiheft befindet, obliegen die Anforderungen der Zahlungen mit Kostennachricht (Nr. 4.1) und die Überwachung des Eingangs dieser Beiträge.

[II] Ist der Zahlungspflichtige mit einem angeforderten Betrag länger als einen Monat im Rückstand, so hat ihn die Geschäftsstelle einmal unter Hinweis auf die Folgen des § 124 Nr. 4 ZPO an die Zahlung zu erinnern.

2.4 Dem Kostenbeamten sind die Akten – unbeschadet der Bestimmungen der Kostenverfügung – vorzulegen, sobald

2.4.1 das Gericht Prozesskostenhilfe bewilligt hat,

2.4.2 die Entscheidung über die Prozesskostenhilfe geändert worden ist,

2.4.3 das Rechtsmittelgericht andere Zahlungen als das Gericht der Vorinstanz bestimmt hat,

2.4.4 das Gericht die Entscheidung über die zu leistenden Zahlungen geändert oder die Bewilligung der Prozesskostenhilfe aufgehoben hat,

2.4.5 47 Monatsraten eingegangen sind.

2.5 Dem Rechtspfleger sind die Akten in folgenden Fällen vorzulegen:

2.5.1 nach Eingang der auf die Absendung der Kostennachricht (Nr. 4.5) folgenden ersten Zahlung der Partei zur Bestimmung einer Wiedervorlagefrist zwecks Prüfung der vorläufigen Einstellung der Zahlungen (§ 120 Abs. 3 Nr. 1 ZPO),

2.5.2 wenn die Partei, der Prozesskostenhilfe mit Zahlungsbestimmung bewilligt ist, mit der Zahlung einer Monatsrate oder eines sonstigen Betrages länger als drei Monate im Rückstand ist (§ 124 Nr. 4 ZPO),

2.5.3 wenn sich nach einer vorläufigen Einstellung der Zahlungen (§ 120 Abs. 3 Nr. 1 ZPO) Anhaltspunkte dafür ergeben, dass die bisherigen Zahlungen die voraussichtlich entstehenden Kosten nicht decken,

2.5.4 bei jeder Veränderung des Streitwertes,

2.5.5 wenn der Gegner Zahlungen auf Kosten leistet,

2.5.6 wenn eine Entscheidung über die Kosten ergeht oder diese vergleichsweise geregelt werden (§ 120 Abs. 3 Nr. 2 ZPO),

2.5.7 wenn die Akten nach Beendigung eines Rechtsmittelverfahrens an die erste Instanz zur Überprüfung zurückgegeben werden, ob die Zahlungen nach § 120 Abs. 3 ZPO vorläufig einzustellen sind,

2.5.8 wenn nach Ansatz der Kosten zu Lasten des Gegners eine Zweitschuldneranfrage der Gerichtskasse eingeht und die Partei, der Prozesskostenhilfe mit Zahlungsbestimmung bewilligt ist, als Zweitschuldner nach [jetzt] § 31 Abs. 2 Satz 1 GKG in Anspruch genommen werden kann (Nr. 4.8).

Dieses in deutscher Perfektionsliebe erdachte Beiheft dient also der Sache nach auch dem *Datenschutz* und dem Persönlichkeitsschutz des Antragstellers, wie ihn jetzt II 2 vorschreibt, so schon Liebscher (vor Rn 1) 78 ff, Prütting ZZP **106**, 445. Er funktioniert wegen der hoffnungslosen Überlastung der Geschäftsstellen und ihrer vielfach ungenügenden Ausbildung freilich in der Praxis kaum noch voll. Die Geschäftsstelle darf das Beiheft bei einer Versendung der Hauptakten an andere Stellen als den Antragsteller des Bewilligungsverfahrens oder an seinen Bevollmächtigten grundsätzlich nicht mit versenden. Eine Einsicht erhalten ebenfalls grundsätzlich nur die letzteren Personen, Düss FamRZ **84**, 391. Sie können das Gericht zur Weiterleitung der Akten usw ermächtigen, II 2. Nicht das Gericht kann eine solche Ermächtigung erzwingen, sondern allenfalls der Prozeßgegner. Die Ermächtigung sollte stets eindeutig vorliegen und aktenkundig sein.

29 **C. Schutzgrenzen.** Das alles gilt an sich trotz des schutzwürdigen Interesses des Prozeßgegners daran, nicht durch falsche Angaben des Antragstellers zur Mittellosigkeit in einen Prozeß hineinzugeraten. Mag der Prozeßgegner des PKH-Gesuchs auch ohne eine Kenntnis der Angaben zur Mittellosigkeit auf diesbezügliche Zweifel aufmerksam machen. Indessen muß der Persönlichkeitsschutz evtl zurücktreten. Maßgeblich sind ein gesetzlicher sachlichrechtlicher Auskunftsanspruch nach II 2 Hs 2 sowie unabhängig davon eine Verhütung eines Rechtsmißbrauchs, Einl III 54. Beim Auskunftsanspruch muß das Gericht II 3, 4 beachten. Im übrigen mag ja der Antragsteller mit der Kenntnisnahme des Prozeßgegners einverstanden sein. Man darf ein solches Einverständnis freilich schon wegen II 2 Hs 2 nicht als grundsätzlich stillschweigend erteilt ansehen. Soweit der Antragsteller in demselben Schriftsatz Angaben zur Mittellosigkeit und zur Erfolgsaussicht schon räumlich vermischt, stimmt er unwiderruflich ihrer gesamten Kenntnisnahme durch den Prozeßgegner zu. Treu und Glauben helfen auch hier, die Abgrenzung zu finden.

30 **12) Formulare, III, IV.** Die lästige Regelung ist unvermeidbar.

A. Formulareinführung, III. Der Bundesjustizminister ist zur Einführung von Formularen zur Vereinfachung und Vereinheitlichung des Verfahrens durch Rechtsverordnung mit Zustimmung des Bundesrats berechtigt. Der amtliche schriftliche Vordruck ist veröffentlicht in der neugefaßten Prozeßkostenhilfevordruckverordnung (PKHVV) vom 17. 10. 94, BGBl 3001, geändert zuletzt durch Art 36 G vom 27. 12. 03, BGBl 3022, in Kraft seit 1. 1. 05, Art 70 I G (Änderung der Anlage). Er enthält Ausfüllhinweise. Er soll sicherstellen, daß die Erklärung aufgegliedert und substantiiert ist, vgl schon (zum alten Recht) BGH NJW **83**, 2146. Wegen des Rechtsmittelzugs § 119 Rn 64. Wegen des grenzüberschreitenden Verkehrs vgl § 1077 II sowie die EG-PKHVV vom 21. 12. 04, BGBl 3538.

PKHVV § 1. Vordruck. **[I] Für die Erklärung der Partei nach § 117 Abs. 2 der Zivilprozeßordnung wird der in der Anlage bestimmte Vordruck eingeführt.**

II Absatz 1 gilt nicht für die Erklärung einer Partei kraft Amtes, einer juristischen Person oder einer parteifähigen Vereinigung.

III Für eine Partei, die die Erklärung nach § 2 in vereinfachter Form abgeben kann, gilt Absatz 1 nur, soweit ein Gericht die Benutzung des in der Anlage bestimmten Vordrucks anordnet.

PKHVV § 2. Vereinfachte Erklärung. **I [1] Ein minderjähriges unverheiratetes Kind, das in einer Kindschaftssache nach** *§ 640 Abs. 2 der Zivilprozeßordnung* **oder in einem Verfahren über Unterhalt seine Rechte verfolgen oder verteidigen oder das einen Unterhaltsanspruch vollstrecken will, kann die Erklärung nach § 117 Abs. 2 der Zivilprozeßordnung formfrei abgeben, wenn es über Einkommen und Vermögen, das nach § 115 der Zivilprozeßordnung einzusetzen ist, nicht verfügt. [2] Die Erklärung des Kindes muß in diesem Fall enthalten:**

1. **Angaben darüber, wie es seinen Lebensunterhalt bestreitet, welche Einnahmen es im Monat durchschnittlich hat und welcher Art diese sind;**
2. **die Erklärung, daß es über Vermögen, das nach § 115 der Zivilprozeßordnung einzusetzen ist, nicht verfügt; dabei ist, soweit das Kind oder sein gesetzlicher Vertreter davon Kenntnis hat, anzugeben,**
   a) **welche Einnahmen im Monat durchschnittlich brutto die Personen haben, die dem Kind auf Grund gesetzlicher Unterhaltspflicht Unterhalt gewähren;**
   b) **ob diese Personen über Vermögensgegenstände verfügen, deren Einsatz oder Verwertung zur Bestreitung eines dem Kind zu leistenden Prozeßkostenvorschusses in Betracht kommt; die Gegenstände sind in der Erklärung unter Angabe ihres Verkehrswertes zu bezeichnen.**

[3] Die vereinfachte Erklärung im Antragsvordruck für das Vereinfachte Verfahren *zur Abänderung von Unterhaltstiteln* **bleibt unberührt; sie genügt auch, soweit die Verfahren maschinell bearbeitet werden.**

II Eine Partei, die nach dem Zwölften Buch Sozialgesetzbuch laufende Leistungen zum Lebensunterhalt bezieht, muß die Abschnitte E bis J des Vordrucks zunächst nicht ausfüllen, wenn sie der Erklärung den letzten Bewilligungsbescheid des Sozialamtes beifügt.

III Die Partei kann sich auf die Formerleichterung nach den Absätzen 1 und 2 nicht berufen, wenn das Gericht die Benutzung des in der Anlage bestimmten Vordrucks anordnet.

PKHVV § 3. Zulässige Abweichungen. **I Folgende Abweichungen von dem in der Anlage bestimmten Vordruck und dem Hinweisblatt zu dem Vordruck sind zulässig:**

1. **Berichtigungen, die auf einer Änderung von Rechtsvorschriften beruhen;**
2. **eine Ergänzung oder Anpassung des Hinweisblattes zu dem Vordruck, soweit eine solche mit Rücksicht auf Besonderheiten des Verfahrens in den einzelnen Gerichtszweigen erforderlich ist.**

II Wird das Hinweisblatt nach Absatz 1 Nr. 2 in einer abweichenden Fassung verwendet, so ist die Bezeichnung „Allgemeine Fassung" unten auf der ersten Seite des Hinweisblattes und des Vordrucks durch eine Bezeichnung des Gerichtszweiges und des Bundeslandes zu ersetzen, in dem die abweichende Fassung des Hinweisblattes verwendet wird.

Anlagen (Vordrucke oder Formulare) sind hier nicht mit abgedruckt. Die mager kursiv abgedruckten Partien beziehen sich auf nicht mehr geltende ZPO-Teile (jetzt FamFG; im FGG-RG wohl versehentlich nicht mitgeändert).

B. Benutzungszwang, IV. Die Partei muß sich eines für sie eingeführten Formulars „bedienen", BGH FER **01**, 58, auch als Prozeßstandschafter nach Grdz 21 ff vor § 50, Saarbr FamRZ **91**, 961. Das gilt auch im Rechtsmittelverfahren, BGH FamRZ **06**, 1523, und nach der Eröffnung des Insolvenzverfahrens über das Vermögen des Antragstellers, BGH NJW **02**, 2793. Wegen der Ausnahmen Rn 32. Die Benutzungspflicht bedeutet: Man muß sich das Formular selbst besorgen, etwa auf der Rechtsantragsstelle jedes AG oder im Handel oder im Internet. Man muß das Formular sorgfältig, vollständig und gewissenhaft ausfüllen, BGH FER **01**, 58, Köln FamRZ **06**, 1854, OVG Hbg FamRZ **92**, 79. Das gilt auch, soweit man die Fragen vernünftigerweise für unerheblich halten darf, BGH FamRZ **04**, 177 oder soweit man regelmäßige Einkünfte hat, BGH VersR **92**, 898. Soweit man eine Frage verneinen will, darf man sie nicht völlig unausgefüllt lassen. Vielmehr muß man sie eben entsprechend beantworten. Allerdings kann auch das wenigstens teilweise ausgefüllte Formular zur vernünftigen Auslegung zwingen, BGH FamRZ **05**, 2062. Denn das ist bei jeder Parteiprozeßhandlung notwendig, Grdz 52 vor § 128. Daher kann zB bei einer wiederholten Ausfüllung und bei einer anschließenden Verschlechterung der Lage auch einmal eine Einzelausfüllung fehlen, BGH RR **00**, 1520. **31**

Man darf und muß *Unzulänglichkeiten* des Formulars durch eigene Zusätze ergänzen oder berichtigen, ohne Teile der Fragen damit unbeantwortet zu lassen. Man ist nicht verpflichtet, nur zur Beantwortung des Formulars einen Anwalt einzuschalten. Man kann sich der Hilfe der Rechtsantragsstelle jedes AG bedienen. Die Bitte an das Gericht, etwa für notwendig gehaltene ergänzende Fragen zu stellen, kann eine Umgehung des Benutzungszwangs mit ihren Rechtsfolgen darstellen. Der Antragsteller muß das unterschriebene oder qualifiziert signierte Original einreichen. Denn nur damit übernimmt er die Verantwortung wie bei jedem bestimmenden Schriftsatz, § 129 Rn 9, aM Karlsr FamRZ **96**, 806 (aber es gibt keinen Anlaß zur Abweichung von § 129). Eine Bezugnahme auf einen früher eingereichten Vordruck reicht nur beim Fortbestand der damaligen Verhältnisse aus, BGH FamRZ **04**, 1961. Zwar soll das Gericht nicht formalistisch sein, Köln FamRZ **06**, 1854. Das befreit aber nicht von den vorstehenden gesetzlichen Regeln.

C. Ausnahmen vom Benutzungszwang. Nach § 1 II PKHVV brauchen die dort genannten Parteien **32**
kraft Amts nach Grdz 8 vor § 50, juristische Personen oder parteifähige Vereinigungen grundsätzlich das

Formular nicht zu benutzen. Sie müssen den Antrag individuell begründen. BFH Rpfleger **93**, 290. Ein minderjähriges unverheiratetes Kind unterliegt dem Formularzwang nach § 1 III, § 2 I PKHVV nur eingeschränkt (vereinfachte Erklärung) oder gar nicht (Formfreiheit), soweit es um einen Unterhaltsanspruch oder um die Feststellung der Vaterschaft geht, Kblz FER **98**, 114 (vgl aber § 2 I 2 Z 2 a, b PKHVV, Rn 30, BGH FamRZ **04**, 1549 links oben). Es braucht zB keine Einnahmen der Großeltern anzugeben, LG Kblz FamRZ **00**, 761. Man darf die genannten Ausnahmefälle an sich als Ausnahmen von der Regel des Formularzwangs nicht weit auslegen. Die Ausfüllung des Formulars kann unterbleiben, soweit Anlagen die Lücken in ihm vollständig schließen, BGH NJW **86**, 62.

33 **D. Sozialhilfe.** Ein Sozialhilfeempfänger usw muß die Abschnitte E–J des schriftlichen Formulars zusätzlich zum vorgelegten Bescheid nach § 2 III PKHVV nur auf Grund einer etwa notwendigen gerichtlichen Aufforderung inhaltlich nachtragen, aM Hamm MDR **96**, 861, OVG Hbg FamRZ **92**, 79, dann freilich sehr wohl, LG Kblz MDR **99**, 503.

34 **E. Befreiungsgrenzen.** Eine Befreiung vom Formularzwang läßt natürlich die Möglichkeit offen, das Formular dennoch zu benutzen. Die Befreiung vom Formular befreit nicht auch von der Erklärung nach II, Hamm FamRZ **88**, 1183, Kblz Rpfleger **97**, 72. Freilich genügt in der Regel eine dienstliche Erklärung des Jugendamts, das Kind habe weder einen durchsetzbaren Anspruch auf einen Prozeßkostenvorschuß noch sonst ein Vermögen oder Einkommen, Brüggemann DAVorm **87**, 238, noch großzügiger Ffm DAVorm **81**, 871 (das Gericht dürfe die Zahlungsfähigkeit des nichtehelichen Kindes nur bei entsprechenden Anhaltspunkten prüfen), Kblz JB **98**, 651 (Vermögen der Großeltern evtl unerheblich), LG Dortm DAVorm **86**, 36 (aber allzu viel Großzügigkeit kann zum Unterlaufen des Benutzungszwangs führen).

35 **13) Verstoß, I–IV.** Soweit der Antragsteller den Antrag, die persönliche Erklärung oder das Formular nicht, fehlerhaft, unvollständig, widersprüchlich oder sonst mangelhaft formulieren oder ausfüllt, gelten die folgenden Regeln.

A. Fristsetzung. Eine Bewilligungsreife entsteht erst bei einer Vorlage der vollständig ausgefüllten Erklärung, Rn 33, BGH FamRZ **05**, 196, Ffm JB **94**, 177, ArbG Regensb Rpfleger **02**, 319. Bis dahin ist der Antrag nicht gesetzmäßig, LAG Kiel NZA-RR **05**, 52. Das übersieht Mü FamRZ **96**, 418. Der Antrag muß grundsätzlich vor dem Ablauf einer gesetzlichen Klagefrist eingehen, BGH NJW **81**, 1550, Jena FamRZ **94**, 1596, LAG Kiel NZA-RR **05**, 51. Er muß auch bis zum Ablauf der Rechtsmittelfrist vorliegen, BGH FamRZ **06**, 1523. Er muß außerdem vor dem Instanzende eingehen, Hbg MDR **79**, 851, LAG Köln MDR **05**, 1138, beim Prozeßvergleich vor dem Ablauf der Widerrufsfrist, § 119 Rn 21. Eine bloße Unordnung schadet nicht stets, Ffm FamRZ **97**, 682. Grundsätzlich darf und muß das Gericht bei einer rechtzeitigen Einreichung eine Frist zur Behebung eines Mangels setzen, Rostock FamRZ **03**, 1396 links, LAG Köln NZA-RR **08**, 431. Das ergibt sich aus Art 103 I GG und aus seiner Fürsorgepflicht, Einl III 27, Bbg FamRZ **01**, 628, Stgt MDR **84**, 58, VGH Mannh FamRZ **04**, 125, aM BFH JB **93**, 548, Oldb NdsRpfl **81**, 166. Sie ist ja insbesondere im Bereich der PKH ausgeprägt. Ein Hinweis erübrigt sich natürlich bei der Ankündigung der Nachreichung, selbst wenn die letztere dann ausbleibt, Bbg FamRZ **01**, 628.

36 **B. Fristlänge.** Das Gericht muß seine Frist unverzüglich setzten, Mü FamRZ **98**, 630. Es muß die Frist so bemessen, daß der Antragsteller die etwa noch fehlenden Unterlagen voraussichtlich beschaffen kann. Er darf freilich auch nicht trödeln. Ist er bereits anwaltlich vertreten, ist eine etwas längere Frist erforderlich. Das Gericht muß seine Frist in einer ordnungsgemäßen Form setzen, § 329 Rn 11, 13, 32, LAG Köln NZA-RR **08**, 431. Freilich darf das Gericht den Gang des etwa schon anhängigen Hauptprozesses nicht schon wegen der PKH-Probleme verzögern lassen, Ffm JB **94**, 177. Eine Frist mag ausnahmsweise sogar über das Instanzende hinausgehen dürfen, Ffm Rpfleger **93**, 251, Karlsr FamRZ **99**, 305, Oldb JB **92**, 248. Andernfalls gilt § 119 Rn 19. Die Frist ist keine Notfrist nach § 224 I 2. Ihre Versäumung läßt daher keine Wiedereinsetzung zu, § 233 Rn 8 „Prozeßkostenhilfe".

37 **C. Unverzügliche Entscheidung.** Der Prozeßgegner hat bei einer Entscheidungsreife den Anspruch auf eine unverzügliche Entscheidung zur Sache, § 300 I. Daher kann sich ergeben, daß zB noch in demjenigen Termin eine Bewilligungsreife eintritt, an dessen Beginn das Gericht eine Frist setzte. Dann kommt eine rückwirkende Bewilligung in Betracht, § 119 Rn 10. Sie ist jedoch nicht stets notwendig. Es kommt auf die Gesamtsituation und die etwaige Fristverfügung des Gerichts an. Eine Frist mag zB auch deshalb entfallen, weil der Antragsteller schon in einem Parallelprozeß oder Vorverfahren wußte, daß er die jetzt fehlenden Unterlagen vorlegen müsse, und weil er dennoch keine diesbezüglichen Entschuldigungsgründe vorgebracht hat.

38 **D. Nach Fristablauf usw.** Geht das Fehlende auch innerhalb einer etwaigen Frist nicht ein, muß das Gericht prüfen, ob das Bild unzuverlässig bleibt, BGH NJW **86**, 62, Mü FamRZ **96**, 418, Naumb JB **94**, 231. Das Fehlende mag sich aus den Antrag mit seinen sonstigen Angaben ausreichend ergeben, BGH FamRZ **08**, 868 und 871 rechts. Das Gericht muß auch die Entscheidungserheblichkeit des Fehlenden klären, Ffm Rpfleger **93**, 251, Hamm FamRZ **95**, 374, Schneider MDR **81**, 678, aM Köln MDR **82**, 152. Notfalls darf und muß das Gericht unverzüglich eine PKH „insoweit" ablehnen, II 4, § 118 Rn 42. Es darf dann auch keine Wiedereinsetzung bewilligen, Zweibr MDR **08**, 228. Denn ein zunächst auf Staatskosten prozessierender Bürger muß sich zumindest der durchweg wirklich kleinen Mühe unterziehen, das Formular wenigstens innerhalb einer gewährten Nachfrist zu vervollständigen und es bei einem auswärtigen Wohnsitz evtl stattdessen nochmals und diesmal vollständig ausgefüllt einzureichen, BGH RR **02**, 138, Karlsr Rpfleger **04**, 168, LAG Kiel NZA-RR **05**, 217, aM Hess MDR **89**, 870 (Verstoß gegen Sozialstaatsprinzip. Man kann das GG aber auch überstrapazieren). Dasselbe gilt, soweit eine vom Gericht erforderte Glaubhaftmachung fehlt. Freilich gilt das alles nur nach einer ordnungsgemäßen Fristsetzung, Rn 35, LAG Köln NZA-RR **08**, 431, aM OVG Hbg FamRZ **92**, 79 (abl Gottwald). Man kann auch nicht durch eine Nachreichung im Beschwerdeverfahren eine Rückwirkung erzielen, LAG Kiel NZA-RR **05**, 217, LAG Köln NZA-RR **04**, 552, OVG Bautzen NVwZ-RR **03**, 791, aM Schneider MDR **89**, 965. Nur bei einer Schuldlosigkeit kommt eine rückwirkende Bewilligung infrage, ArbG Regensb Rpfleger **02**, 319.

E. Falsche Angaben. § 138 gilt auch im PKH-Bewilligungsverfahren. Solche Angaben, die gegen jene 39
Pflicht zur Wahrhaftigkeit verstoßen, können erhebliche zivilprozessuale Nachteile nach sich ziehen, § 138 Rn 63, 64. Sie können zur Aufhebung der Bewilligung zwingen, § 124 Z 1, 2. Sie können Schadensersatzpflichten auslösen, § 138 Rn 65. Sie können als ein zumindest versuchter Prozeßbetrug usw strafbar sein, § 138 Rn 66.

F. Wirksamkeit fälschlicher Bewilligung. Eine zB ohne einen Antrag erfolgte Bewilligung ist bis zur 40
Aufhebung wirksam, Oldb MDR **89**, 268, Zweibr Rpfleger **02**, 627, aM Schneider MDR **83**, 441 (aber es liegt im Staatshoheitsakt vor, Üb 19 vor § 300).

118 *Bewilligungsverfahren.*

I 1 Vor der Bewilligung der Prozesskostenhilfe ist dem Gegner Gelegenheit zur Stellungnahme zu geben, wenn dies nicht aus besonderen Gründen unzweckmäßig erscheint. 2 Die Stellungnahme kann vor der Geschäftsstelle zu Protokoll erklärt werden. 3 Das Gericht kann die Parteien zur mündlichen Erörterung laden, wenn eine Einigung zu erwarten ist; ein Vergleich ist zu gerichtlichem Protokoll zu nehmen. 4 Dem Gegner entstandene Kosten werden nicht erstattet. 5 Die durch die Vernehmung von Zeugen und Sachverständigen nach Absatz 2 Satz 3 entstandenen Auslagen sind als Gerichtskosten von der Partei zu tragen, der die Kosten des Rechtsstreits auferlegt sind.

II 1 Das Gericht kann verlangen, dass der Antragsteller seine tatsächlichen Angaben glaubhaft macht. 2 Es kann Erhebungen anstellen, insbesondere die Vorlegung von Urkunden anordnen und Auskünfte einholen. 3 Zeugen und Sachverständige werden nicht vernommen, es sei denn, dass auf andere Weise nicht geklärt werden kann, ob die Rechtsverfolgung oder Rechtsverteidigung hinreichende Aussicht auf Erfolg bietet und nicht mutwillig erscheint; eine Beeidigung findet nicht statt. 4 Hat der Antragsteller innerhalb einer von dem Gericht gesetzten Frist Angaben über seine persönlichen und wirtschaftlichen Verhältnisse nicht glaubhaft gemacht oder bestimmte Fragen nicht oder ungenügend beantwortet, so lehnt das Gericht die Bewilligung von Prozesskostenhilfe insoweit ab.

III Die in Absatz 1, 2 bezeichneten Maßnahmen werden von dem Vorsitzenden oder einem von ihm beauftragten Mitglied des Gerichts durchgeführt.

Schrifttum: *Lösch,* Die Stellung des Antragsgegners im Prozeßkostenhilfeverfahren usw, 1997.

Gliederung

1) Systematik, I–III. Während §§ 114–116 die personellen und sachlichen Bewilligungsvoraussetzungen 1
nennen und § 117 den verfahrenseinleitenden Antrag regelt, nennt § 118 in Verbindung mit § 127 I den weiteren Verfahrensgang bis zur Entscheidung. Sie ist in §§ 119 ff geregelt.

I 1, 2 ist eine Ausprägung von Artt 2 I, 20 III GG (Rpfl), BVerfG **101**, 404, Art 103 I GG (Richter), BVerfG **20**, 282, LSG Hbg JB **83**, 1181. Die Regelung behandelt die Anhörung des Prozeßgegners. *I 3* nennt die Voraussetzungen einer mündlichen Erörterung (nicht: Verhandlung). *I 4, 5* enthalten Regeln zur Erstattung von Kosten des etwaigen Anhörungsverfahrens. Dem I 3 entspricht im selbständigen Beweisverfahren § 492 III. *II* umschreibt die Einzelheiten etwaiger Erhebungen des Gerichts. Daneben gilt zB (jetzt) § 571 II, Schneider MDR **89**, 513, aM LAG Düss FamRZ **89**, 411 (aber die Vorschrift gilt uneingeschränkt). *III* enthält in Ergänzung zu § 127 I 2 und dem RPflG Zuständigkeitsregeln.

2 **2) Regelungszweck: Zügigkeit des Verfahrens, I–III.** Das Gericht ist einerseits zu einer sorgfältigen Klärung der Voraussetzungen der Bewilligung verpflichtet. Es muß andererseits dieses Vorverfahren im Interesse der Prozeßwirtschaftlichkeit unverzüglich abwickeln, Grdz 14 vor § 128, BGH FamRZ **01**, 416 links (jedenfalls so bald, daß die Entscheidung noch rechtzeitig vor einem dem Antragsteller drohenden Fristablauf ergeht), Karlsr MDR **95**, 636, LAG Nürnb MDR **03**, 1022. Das gilt, zumal sich in der Regel erst an das PKH-Verfahren das Hauptverfahren anschließt. Das Verfahren nach § 118 dient nicht dazu, den bevorstehenden oder bereits angelaufenen Rechtsstreit entscheidungsreif zu machen, BVerfG Rpfleger **01**, 554, Mü FamRZ **94**, 1126, OVG Lüneb FamRZ **06,** 964. Deshalb darf und sollte das Gericht Erhebungen usw nur zurückhaltend anordnen. Andererseits besteht die Gefahr einer unrichtigen Einschätzung der Verhältnisse. Das Gericht muß daher von Fall zu Fall sorgfältig prüfen, ob es unter diesen Umständen die Erklärung nach § 117 II ausreichen läßt oder wenigstens eine Glaubhaftmachung nach II 1 verlangt. Eine Übertragung der Ermittlungen auf die Sozialbehörde würde das Verfahren im Kern wieder dorthin zurückversetzen, von wo der Gesetzgeber es vor Jahrzehnten auf den Richter übertragen hatte. Zum Problem Roller/Neumann DRiZ **06**, 310.

3 Gerade eine korrekte Handhabung sowohl des PKH-Gesuchs insbesondere des Bekl als auch des gleichzeitigen Hauptverfahrens kann dazu führen, daß eine Entscheidung über das Bewilligungsgesuch erst *nach* einem *Gütetermin* oder nach einem Fristablauf sinnvoll ist, LAG Nürnb MDR **03**, 1022. Sie mag sogar erst im Termin des Hauptverfahrens möglich werden, Kblz MDR **90**, 255, Klein FamRZ **89**, 1203, aM BVerfG RR **93**, 382, Jena FamRZ **03**, 1673, Naumb FamRZ **00**, 106 (aber dann müßte das Gericht eine PKH oft ablehnen, auch wenn es diese später rückwirkend bewilligen könnte). Gleichwohl mag (nicht: muß) eine Vertagung nötig werden, § 227 Rn 7. Soweit der ProzBev zur Sache verhandelt, braucht das Gericht nur zusammen mit der Hauptsache zu entscheiden, Köln RR **99**, 649. Mag der ProzBev die Antragstellung von der PKH-Bewilligung abhängig machen, Köln RR **99**, 649, Zweibr RR **03**, 1079. Mag er riskieren, daß mangels eines Sachantrags der Streitstoff noch nicht klar erkenbar ist und daß das Gericht daher derzeit eine PKH ablehnen muß.

Unzulässig ist aber trotz der Möglichkeit einer rückwirkenden Bewilligung nach § 119 Rn 10 ff meist eine *Hinauszögerung* der Entscheidung bis zur Beendigung der Beweisaufnahme, Bbg JB **91**, 1669, Köln FamRZ **99**, 305, Mü FamRZ **98**, 630, erst recht nach ihr nur gegen den Streitgenossen, § 59, Düss JB **80**, 1085.

4 Eine *Aussetzung* des Bewilligungsverfahrens zB nach §§ 148, 149 ist unzulässig, Fischer MDR **04**, 255. Keine der gesetzlichen Voraussetzungen kann vorliegen, Hamm FamRZ **85**, 827, Mü MDR **88**, 783. Es kommt auch keine Unterbrechung nach §§ 239, 244, 246 in Betracht, sondern nur eine solche nach § 240, Köln MDR **03**, 526. Das Verfahren ist nur insoweit eine Sommersache nach § 227 III, als auch der Hauptprozeß eine Sommersache ist. Ein diesbezüglicher Verstoß ist allerdings unanfechtbar, Mü MDR **82**, 59. Eine Zurückstellung der Bewilligungsentscheidung kann im allseitigen eindeutigen Einverständnis in Betracht kommen, BVerfG **62**, 397. Der Tod, die Beendigung der Liquidation der Partei oder ihr Ausscheiden erledigen das Bewilligungsverfahren. Eine verzögerte Entscheidung kann einen Verstoß gegen Artt 2 I, 20 III GG (Rpfl), BVerfG **101**, 404, Art 103 I GG (Richter) bedeuten, LSG Hbg JB **83**, 1181. Sie kann zur Untätigkeitsbeschwerde nach § 567 Rn 9 führen, Jena FamRZ **03**, 1673. Dann kann auch eine Kostenniederschlagung nach (jetzt) § 21 GKG, § 20 FamGKG in Betracht kommen, OVG Hbg Rpfleger **86**, 68. Das gilt aber dann nicht, wenn zB der Bekl der Verzögerung nicht widersprochen hat, Köln FamRZ **99**, 998.

5 **3) Geltungsbereich, I–III.** Vgl Üb 4 vor § 114, § 114 Rn 9–45. § 118 gilt auch im WEG-Verfahren. § 278 VI ist auch bei § 118 I 3 anwendbar, LG Lüneb RR **03**, 1506, Nachmann/Fridgen ZInsO **07**, 1319. Im FamFG-Verfahren gilt vorrangig § 77 I FamFG.

6 **4) Gelegenheit zur Stellungnahme, I 1, 2.** Die bei einer Bewilligung umgehbare Regelung hat Vor- und Nachteile.

A. Gewährungspflicht, I 1 Hs 1. Grundsätzlich ist das Gericht verpflichtet, dem Prozeßgegner des Antragstellers eine Gelegenheit zur Stellungnahme zu geben, BGH **89**, 65, Brdb JB **07**, 150, Köln Rpfleger **02**, 573. Das ist eine Folge aus Artt 2 I, 20 III GG (Rpfl), BVerfG **101**, 404, Art 103 I GG (Richter), Rn 1. Die Anhörungspflicht scheint allerdings nicht selbstverständlich zu sein. Denn das Bewilligungsverfahren verläuft als eine Form der Sozialhilfe nach Üb 2 vor § 114 zwischen dem Antragsteller und dem Staat, nicht zwischen dem ersteren und dem Prozeßgegner, Brdb RR **03**, 796, Düss MDR **87**, 941, Karlsr FamRZ **95**, 1163. Das wird insbesondere dann deutlich, wenn der Antragsteller während des Bewilligungsverfahrens noch keine Klage einreicht. In diesem Stadium besteht noch kein engeres Prozeßrechtsverhältnis zwischen den Parteien, Grdz 6 vor § 128, Bre FamRZ **89**, 198. Demgemäß entsteht dann auch noch keine Rechtshängigkeit nach § 261 I schon durch die Übersendung des bloßen PKH-Antrags nebst seinen Unterlagen, Köln FamRZ **99**, 29. Es sind dann auch nur Maßnahmen nach § 769 II zulässig, nicht nach § 769 I, Ffm MDR **99**, 828, Köln FamRZ **87**, 963, Naumb FamRZ **01**, 839. Auch die Staatskasse ist zumindest erstinstanzlich kein Gegner, sondern sie hat nur ein Akteneinsichtsrecht, Karlsr JB **88**, 1226. Wohl aber besteht ein *öffentlichrechtliches* Verhältnis auch gegenüber dem Antragsgegner, soweit das Gericht ihn hineinzieht. Das beachtet Bre FamRZ **89**, 198 nicht genug.

I 1 Hs 1 stellt *indessen* schon nach dem Wortlaut „... ist ... zu geben" klar, daß eine *Anhörungspflicht* vorliegt, BVerfG **20**, 282 und 347, Schultz MDR **81**, 525. Das Verfahren läuft ja auch nicht als ein Verwaltungsverfahren, sondern als ein gerichtliches, Üb 3 vor § 114. Im übrigen ist der Prozeßgegner allerdings nur insofern beteiligt, als er auf Grund der Bewilligung schon und noch in ein gerichtliches Hauptverfahren geraten kann, Hbg FamRZ **88**, 1077, Köln MDR **80**, 407, ohne daß er sich sonst gegen die

Bewilligung wehren könnte, § 127 Rn 80, 89. Das übersieht BGH NJW **08**, 1940. Freilich begründet das zwar eine Obliegenheit, aber keine Rechtspflicht zur Stellungnahme, Kumme JB **91**, 1155. Ihre Unterlassung kann allerdings mutwillig sein, Kumme JB **91**, 1155 aM Cambeis JB **91**, 1603, Walter JB **91**, 1601 (aber §§ 114 ff begründen sehr wohl gewisse Obliegenheiten auch für den Prozeßgegner des Antragstellers schon vor der Rechtshängigkeit).

B. Nur zur Erfolgsaussicht. Die Anhörungspflicht bezieht sich allerdings nur auf die Erfolgsaussicht der beabsichtigten Rechtsverfolgung oder -verteidigung, § 114 Rn 80. Das Gericht darf den Prozeßgegner also nicht auch zu den persönlichen und wirtschaftlichen Verhältnissen des Antragstellers nach § 114 Rn 46 stets anhören, BVerfG NJW **91**, 2078, BGH **89**, 65, BFH Rpfleger **93**, 251. Eine Anhörung auch zur Bedürftigkeit des Antragstellers ist nur zulässig, soweit das Gericht den Persönlichkeitsschutz nach § 117 II 2 beachtet, § 117 Rn 27. In diesen Grenzen kann sie freilich durchaus zweckmäßig sein. 7

C. Unzweckmäßigkeit, I 1 Hs 2. Das Gericht kann von der Anhörung absehen, wenn das aus besonderen Gründen als unzweckmäßig erscheint. Es prüft diese Voraussetzung nach seinem pflichtgemäßen Ermessen unter einer Abwägung aller Fallumstände, Grdz 38 vor § 128. Dabei kann sich die Lage während des Bewilligungsverfahrens dahin ändern, daß die Anhörung doch noch als notwendig erscheint. Das Gericht muß diese Prüfung daher vor der Bewilligungsreife nach § 119 Rn 5 nochmals vornehmen. Als eine Ausnahmevorschrift ist Hs 2 jedenfalls eng auslegbar. 8

Beispiele der Unzweckmäßigkeit der Anhörung: Das Gericht will den PKH-Antrag ohnehin schon nach dem Tatsachenvortrag des Antragstellers zurückweisen, Fischer MDR **04**, 670; der Prozeßgegner hält sich für längere Zeit im Ausland auf; das Verfahren ist besonders eilbedürftig, BVerfG **19**, 51, etwa weil es sich um einen Antrag auf den Erlaß eines Arrests nach § 922 I 1 oder einer einstweiligen Verfügung nach § 937 II oder einer einstweiligen Anordnung auf einen Unterhalt handelt oder um eine Forderungspfändung nach § 834, Bobenhausen Rpfleger **84**, 396, um eine Wohnungsdurchsuchung oder um eine Nachtpfändung nach (jetzt) §§ 758, 758 a, Schneider NJW **80**, 2377, aM Behr/Hantke Rpfleger **81**, 269; der Streit geht bisher um bloße Rechtsfragen; es müßte eine öffentliche Zustellung stattfinden, § 185, Stgt DAVorm **95**, 751; es wäre eine Auslandszustellung nötig, Brdb RR **07**, 216; der Aufwand wäre zu hoch, Fischer MDR **04**, 670; das Hauptverfahren ist schon beendet, Fischer MDR **04**, 670. 9

D. Frist; Erklärung, I 2. Die Länge der Frist richtet sich nach den Gesamtumständen unter einer Beachtung des Zügigkeitsgebots nach Rn 2–4. Meist sind ca 2 Wochen nötig. Man kann die Stellungnahme schriftlich oder nach § 130 a elektronisch oder vor dem Urkundsbeamten der Geschäftsstelle des Prozeßgerichts oder jedes AG zum Protokoll erklären, I 2 in Verbindung mit § 129 a I. Unter den Voraussetzungen des § 24 II Z 3 RPflG ist der Rpfl zur Entgegennahme verpflichtet. Man wahrt die Frist nur dann, wenn die Stellungnahme vor ihrem Ablauf beim Prozeßgericht eingeht, § 129 a II 2, § 117 Rn 12, 13. Ein Anwaltszwang besteht in keinem Fall, § 78 III Hs 2 in Verbindung mit § 129 a. Er besteht also auch dann nicht, wenn für das Hauptverfahren ein Anwaltszwang nach § 78 Rn 1 besteht. 10

E. Keine Notwendigkeit einer Gegen-Stellungnahme des Antragstellers. Eine Stellungnahme des Antragstellers zur Stellungnahme des Antragsgegners, also eine sog Replik, ist keineswegs stets erforderlich. Ihre Einholung steht dem Gericht als eine weitere „Erhebung" nach II 2 zwar frei. Sie ist aber nur im Ausnahmefall ratsam. Das Bewilligungsverfahren ist schon umständlich genug. Es soll den Hauptprozeß eben keineswegs vorwegnehmen. Das gilt selbst bei solchen Beweisantritten des Antragsgegners, mit denen der Antragsteller offenbar noch nicht rechnet. Dann mag das Gericht eine PKH bewilligen. 11

F. Weitere Einzelfragen. Die Übersendung eines PKH-Gesuchs nebst einer Klageschrift bedeutet im Zweifel keine Zustellung nach §§ 253, 261, Karlsr FamRZ **88**, 91 Köln NJW **94**, 3360, Nürnb FamRZ **00**, 36. Bei Schwierigkeiten des Klägers mit einer Vorauszahlung nach § 14 Z 3 a GKG mag zunächst die Klagezustellung notwendig sein, Karlsr JB **92**, 179. Die Stellungnahme nach I 1, 2 ist keine Parteivernehmung nach §§ 445 ff. Trotzdem ist der Prozeßgegner schon bei der Stellungnahme zur Wahrhaftigkeit verpflichtet. § 138 III, IV ist anwendbar, Karlsr FamRZ **02**, 1132. Ein unzulässiges Bestreiten mit Nichtwissen kann also zum Erfolg des Bewilligungsantrags führen. Eine bewußte Unterlassung der Stellungnahme des beigeordneten Anwalts aus Gebührenerwägungen ist in jeder Hinsicht unhaltbar, Kumme JB **91**, 1155, Lange AnwBl **88**, 275. Ein Schweigen kann einen eigenen PKH-Antrag mutwillig machen, Brdb FamRZ **08**, 70 (krit Gottwald. In der Tat: Die Gesamtumstände entscheiden), Zweibr MDR **08**, 104 (krit Nickel 65). 12

5) Mündliche Erörterung, I 3 Hs 1. Das Gericht kann die Parteien zur mündlichen Erörterung laden, Zweibr RR **03**, 1079. Dieselbe Regelung gilt im selbständigen Beweisverfahren, § 492 III. Dabei handelt das Gericht nach seinem pflichtgemäßen nicht nachprüfbaren Ermessen, Zweibr RR **03**, 1079. Seine Entscheidung ist unanfechtbar, Brdb FamRZ **08**, 228. 13

A. Abgrenzung von Erörterung und Verhandlung. Zwar ergeht die Entscheidung im Bewilligungsverfahren nach § 127 I 1 ohne mündliche „Verhandlung". Dem widerspricht § 118 I 3 aber auch nicht. Diese Vorschrift sieht nur eine mündliche „Erörterung" vor. Das Gesetz bestimmt die Begriffe „Erörterung" nicht, „Verhandlung" nach § 137 I usw als „Antragstellung". Letztere Vorschrift meint die streitigen Sachanträge zur Hauptsache. Einen Antrag gibt es nun allerdings auch im PKH-Bewilligungsverfahren. Er kann sogar mit demjenigen zur Hauptsache zusammenfallen. Man kann ihn in einer streitigen Verhandlung zur Hauptsache (mit-) stellen. Trotzdem geht das Gesetz davon aus, daß zum PKH-Antrag allenfalls eine Erörterung und keine Verhandlung stattfindet, schon gar nicht stets bis zur Entscheidungsreife des Hauptprozesses nach § 300 Rn 6, Hamm MDR **83**, 674, Karlsr FamRZ **92**, 1198. Die Praxis vermengt beides allerdings meist. „Erörterung" ist eine tatsächliche und/oder rechtliche.

B. Einigung zu erwarten. Eine mündliche Erörterung darf nur dann stattfinden, „wenn eine Einigung zu erwarten ist", Zweibr RR **03**, 1079. Sie muß nicht nur nach der Ansicht eines der Beteiligten erwartbar sein, sondern auch nach derjenigen des Gerichts, Schlesw SchlHA **84**, 116. Sie darf nicht nur vage möglich sein, sondern muß immerhin bereits einigermaßen naheliegen, Karlsr MDR **95**, 635. Man darf die Anforderungen also nicht zu gering ansetzen, aM Grunsky NJW **80**, 2044 (aber eine mündliche Erörterung soll die 14

Ausnahme bleiben, Rogalsky DRiZ **85**, 413). Wenn auch eine Einigung immerhin einigermaßen naheliegen muß, braucht sie noch nicht völlig eindeutig bevorzustehen. Die Erörterung soll ja gerade dazu dienen, etwa restliche Probleme zu klären, die Gesamtumstände abzuwägen und eine Entscheidungsreife des Bewilligungsverfahrens herbeizuführen. Im übrigen soll das Gericht ja nach § 278 I „in jeder Lage des Verfahrens", auf eine gütliche Beilegung des Streits hinwirken, also auch im PKH-Verfahren, Lüke NJW **94**, 234. Das muß man bei I 3 mitbeachten. Die Einigung braucht keineswegs in einem Vergleich zu bestehen. Sie kann zB auch in der Antragsrücknahme oder einem Schuldanerkenntnis liegen, auch in einem Verbindungsantrag oder in einer Vereinbarung von Ratenzahlungen auf die Schuld.

Eine Einigung ist *nicht* schon dann zu erwarten, wenn das Gericht lediglich die Erfolgsaussichten näher prüfen will, Karlsr FamRZ **92**, 1198, oder wenn es den Prozeß der Entscheidungsreife näherbringen will, Hamm MDR **83**, 674. Das Gericht muß überhaupt eine Vorwegnahme des Hauptprozesses verhindern, Grunsky NJW **80**, 2044. Freilich kann aus praktischen Erwägungen auch dann eine mündliche Erörterung ratsam sein. Denn sie kann der gütlichen Beilegung eher dienen als eine ablehnende Entscheidung mit einem nachfolgenden Beschwerdeverfahren, dessen Ergebnis den eine PKH erstinstanzlich ablehnenden Richter nicht für den Hauptprozeß bindet und die Parteien zusätzlich dort belasten mag.

15 **C. Ladung.** Die Befugnis des Gerichts, die Parteien zur Erörterung zu „laden", beinhaltet nicht das Recht, das persönliche Erscheinen nach § 141 sei es des Antragstellers, sei es gar des Prozeßgegners anzuordnen oder gar zu erzwingen. Denn es handelt sich noch nicht um eine Verhandlung zwischen den Parteien zur Hauptsache, § 141 Rn 11, LG Hechingen Just **92**, 158.

16 **6) Vergleich, I 3 Hs 2.** Das Gericht muß einen bei der mündlichen Erörterung zustandekommenden Vergleich protokollieren.

A. Rechtsnatur: Prozeßvergleich. Wie die Anweisung zeigt, den Vergleich „zu gerichtlichem Protokoll zu nehmen", handelt es sich um einen Prozeßvergleich, Anh § 307 Rn 3, nicht um einen außergerichtlichen. Das ist insofern eigenartig, als er in einem Verfahren zustandekommt, das überhaupt noch keinen „Prozeß" darstellen muß und das man mit ihm auch dann nicht verwechseln darf, wenn es gleichzeitig mit dem Hauptverfahren stattfindet.

17 **B. Umfassender Vergleichsgegenstand.** § 118 a III aF sprach von einer Einigung der Parteien „über den streitigen Anspruch". Die jetzige Fassung des Gesetzes enthält eine solche Präzisierung nicht. Sie spricht nur von einer zu erwartenden „Einigung" und von einem „Vergleich". Das bedeutet, wie schon nach altem Recht, daß sich die Parteien im Vergleich auch über solche Punkte einigen dürfen, die sie weder im Verfahren auf die Bewilligung der PKH noch in der etwa gleichzeitig eingereichten Klageschrift oder im bereits rechthängigen Hauptprozeß angesprochen hatten, Schlesw SchlHA **84**, 116. Das ist um so überraschender, als die Parteien einen Vergleich auch vor dem Rpfl schließen können, § 20 Z 4 a RPflG. Im oft schwierigsten Teil des Bewilligungsverfahrens hält das Gesetz also den Rpfl für geeignet, den es für einfachere andere Abschnitte nicht für zuständig erklärt.

18 **C. Vergleichswirkung.** Der Vergleich muß vor der Bewilligung der PKH zustandegekommen sein, um nach I 3 zu wirken, Köln AnwBl **82**, 113. Der wirksam zustandegekommene Prozeßvergleich im Bewilligungsverfahren ist ein Vollstreckungstitel nach § 794 I Z 1 und beendet dieses. Es gibt also keine nachträgliche Bewilligung mehr, sofern sie nicht rückwirkend erfolgen muß, § 119 Rn 10, Stgt AnwBl **86**, 414, aM Bbg JB **83**, 455 (aber nun ist das PKH-Verfahren beendet). Der Vergleich wirkt darüber hinaus so, als ob der Gegenstand des Bewilligungsverfahrens auch im Hauptprozeß rechtshängig gewesen wäre, Köln FamRZ **00**, 1094. Er kann sogar darüber hinaus auf andere bisher nur außergerichtlich umstrittene Punkte oder anhängige Ansprüche wirken, Brdb FamRZ **07**, 487. Er kann die etwa schon rechtshängige Hauptsache erledigen. Er hat also eine umfassende sachlichrechtliche und prozessuale Wirkung, Anh § 307 Rn 34. Er duldet dieselben Bedingungen wie ein im Hauptprozeß geschlossener Vergleich, Anh § 307 Rn 42. Mit dem Eintritt der auflösenden Bedingung ist der frühere Zustand wiederhergestellt. Der nicht im vorstehenden Sinn, etwa nicht vom beauftragten Rpfl, protokollierte Vergleich ist ein außergerichtlicher. Er kann als solcher wirksam sein.

19 **D. Protokollierung.** Das Gericht muß einen Vergleich protokollieren. Das gilt sowohl dann, wenn er im Rahmen einer mündlichen Erörterung zustande kommt, als auch dann, wenn die Parteien sich im Bewilligungsverfahren außerhalb einer solchen vergleichen. Daher brauchen sie zur Protokollierung auch nicht gleichzeitig zu erscheinen. Zuständig ist der Rpfl nur für den vom Richter ihm übertragenen Vergleich, nicht auch für die PKH, § 25 a RPflG, (zum alten Recht) Köln Rpfleger **86**, 493, ferner der verordnete Richter nach §§ 361, 362. Für die Form der Protokollierung gilt dasselbe wie beim Prozeßvergleich im Hauptverfahren, Anh § 307 Rn 21. Es gibt während des PKH-Verfahrens für den Vergleich keinen Anwaltszwang, Anh § 307 Rn 26, wohl aber evtl für den erst später zustandegekommenen im Hauptprozeß, Köln AnwBl **82**, 113.

20 **E. Streit über die Wirksamkeit.** Es gelten dieselben Regeln wie beim Prozeßvergleich im Hauptverfahren, Anh § 307 Rn 37.

21 **7) Keine Kostenerstattung, I 4.** Die dem Prozeßgegner entstandenen erstinstanzlichen Kosten sind nicht erstattungsfähig.

A. Zweck. Die Vorschrift widerspricht nur teilweise den §§ 91 ff. Denn der Prozeßgegner ist im Bewilligungsverfahren noch keine „unterliegende Partei" nach § 91 I 1. Das gilt auch nach einer Anhörung. Es gilt auch dann, wenn mit der Bewilligung der Hauptprozeß praktisch entscheidungsreif geworden ist, § 300 Rn 6. In seinem Geltungsbereich geht I 4 allerdings den §§ 91 ff, 123 vor, § 91 Rn 153–155. Das mag im Einzelfall unbillig wirken. Das Gesetz ist gleichwohl eindeutig. I 4 hat den Vorrang vor § 269 III 3. Er behandelt einen ganz anderen Fall, Hamm FamRZ **05**, 1185.

22 **B. Begriff der Kosten.** „Kosten" umfassen sämtliche Unkosten des Prozeßgegners für seine wie immer geartete Beteiligung, Vertretung oder Anhörung im Bewilligungsverfahren. Kosten des Beschwerdeverfah-

rens sind in keinem Fall erstattungsfähig, § 127 IV, dort Rn 103. Wegen der Erstattungsfähigkeit der Kosten des PKH-Verfahrens im anschließenden Hauptprozeß § 91 Rn 153–155. Die vorgenannten Kosten können allerdings als ein Verzugsschaden eine sachlichrechtliche Ersatzforderung begründen, § 91 Rn 158 ff, Karlsr AnwBl **82**, 491, Schlesw SchlHA **78**, 170.

C. Keine erstinstanzliche Kostenentscheidung. Schon wegen des Wegfalls der Erstattungsfähigkeit der Kosten des Prozeßgegners gibt es bei der erstinstanzlichen Bewilligung der PKH mit oder ohne Auflagen usw keine Kostenentscheidung, § 91 Rn 153–155, Ffm RR **05**, 943. Wegen der Beschwerdeinstanz § 127 Rn 20, 21. Dasselbe gilt, soweit das Erstgericht eine PKH ablehnt. Wegen des Beschwerdegerichts auch insofern § 127 Rn 20, 21. Ein solcher Beschluß, der dem Antragsteller oder dem Prozeßgegner zugleich mit der Entscheidung über das Bewilligungsgesuch die Kosten dieses Verfahrens fehlerhaft auferlegt, ist trotz § 99 (jetzt) mit der sofortigen Beschwerde entsprechend § 127 II, IV anfechtbar, § 99 Rn 19, LG Bln Rpfleger **88**, 204, Schneider MDR **87**, 725. Das Gericht kann ihn kann aber vor einer Abänderung im Kostenfestsetzungsverfahren nicht überprüfen, Einf 19 vor §§ 103–107. 23

8) Gerichtskosten, I 5. Diejenige Partei, der das Gericht die Kosten des Rechtsstreits auferlegt, muß auch die durch eine Vernehmung von Zeugen und Sachverständigen nach II 3 entstandenen Auslagen als Gerichtskosten tragen. 24

A. Gebührenfreiheit. Das Bewilligungsverfahren ist gerichtsgebührenfrei. Das ergibt sich schon aus § 1 I GKG. Danach werden Gerichtskosten nur nach jenem Gesetz erhoben. § 1 I Z 1 GKG nennt zwar generell das Verfahren vor den ordentlichen Gerichten „nach der Zivilprozeßordnung". Jedoch sind die Vorschriften über die PKH gegenüber dem GKG vorrangig. Daher besteht auch ein Verbot der Analogie, BGH **91**, 314, Mü MDR **85**, 783, Hartmann Teil I A § 1 GKG Rn 16. Das gilt selbst dann, wenn ein nach I 3 zustandegekommener Prozeßvergleich nach Anh § 307 auch solche Ansprüche umfaßt, die nicht zum Gegenstand des Verfahrens auf die Bewilligung der PKH wurden, Hartmann Teil I A KV 1900 Rn 7 ff. Es gilt auch dann, wenn die Parteien den Vergleich vor der Einlegung eines Rechtsmittels im Bewilligungsverfahren höherer Instanz geschlossen haben. Rechtsgrund ist die kostenrechtliche Begünstigung des gesamten PKH-Bewilligungsverfahrens. In der Beschwerdeinstanz haftet allerdings der unterliegende Beschwerdeführer für die Gerichtsgebühr, KV 1900. Es kommt auch eine Übernahmehaftung nach § 29 Z 2 GKG beim Vergleich in Betracht, § 123 Rn 6. 25

B. Auslagen: Begrenzte Erstattungspflicht. Das Bewilligungsverfahren ist zwar erstinstanzlich gerichtsgebührenfrei. Es ist aber nicht auslagenfrei. Allerdings gelten nur die durch die „Vernehmung von Zeugen und Sachverständigen" entstandenen Auslagen als Gerichtskosten. Diese Auslagen nach KV 9005 fallen zunächst der Staatskasse zur Last, BGH **91**, 314. Der Antragsteller haftet der Staatskasse nach § 22 I 1 GKG. Das Gericht darf zunächst keinen Vorschuß fordern. Es muß ja gerade über die Befreiung von der Vorschußpflicht befinden, § 122 I Z 1 a. Freilich entscheidet das Gericht auch im Rahmen der §§ 114 ff der Sache nach über eine Vorschußpflicht. Soweit das Gericht eine PKH bewilligt, muß der Verlierer des Hauptprozesses die oben genannten Auslagen nach §§ 91 ff tragen. Er ist als Entscheidungsschuldner nach § 29 Z 1 GKG ein sog Erstschuldner. 26

C. Keine Kostenentscheidung. Es gelten dieselben Regeln wie in Rn 23. 27

9) Glaubhaftmachung, II 1. Das Gericht kann im Rahmen seines pflichtgemäßen Ermessens verlangen, daß der Antragsteller seine tatsächlichen Angaben nach § 294 glaubhaft macht, Brdb FamRZ **02**, 1415. Die Glaubhaftmachung ist dann nicht statt der Formularangaben nach § 117 notwendig, sondern sie ist neben ihnen zusätzlich erforderlich, Brdb FamRZ **02**, 1415. 28

A. Umfassende Geltung. Diese Forderung kann sich sowohl auf die Tatsachen zur Erfolgsaussicht der Rechtsverfolgung oder -verteidigung nach § 114 Rn 80 als auch auf die Tatsachen zur Hilfsbedürftigkeit des Antragstellers beziehen, § 114 Rn 46, Köln FER **97**, 175. Das gilt freilich nur im Umfang der Beweislast, Schlesw SchlHA **82**, 71. Es gilt zur Frage der Hilfsbedürftigkeit wegen § 117 II–IV nur hilfsweise, Köln FamRZ **92**, 701, Nürnb FamRZ **07**, 159 (nicht bei Hilfe zur Sicherung des Lebensunterhalts nach dem SGB II). Es kann sich zB um die Glaubhaftmachung der im Formular nach § 117 III, IV eingetragenen Umstände handeln, Düss AnwBl **86**, 162.

B. Nur auf Verlangen des Gerichts. Eine Glaubhaftmachung ist nicht von vornherein erforderlich, sondern nur, soweit das Gericht sie „verlangt", Hamm FamRZ **96**, 417. Mü FamRZ **89**, 83. Natürlich ist eine solche Maßnahme nur aus sachlich vertretbaren Erwägungen statthaft, Mü FamRZ **89**, 83. Eine Willkür wäre auch dem Gericht verboten. Freilich hat es ein weites Ermessen. Es sollte sein Ermessen auch hier wie im gesamten Bewilligungsverfahren großzügig zugunsten des Antragstellers nutzen. Es sollte aber auch nicht bedenkenlos handeln, sondern nur dann eine Glaubhaftmachung fordern, wenn bestimmte Zweifel an der Richtigkeit eines Parteivertrags bestehen, Hamm FamRZ **96**, 417. Das Verlangen kann auch dann vorliegen, wenn das Gericht weder § 294 ausdrücklich nennt, noch ausdrücklich eine „Glaubhaftmachung" fordert. Indessen liegt im Zweifel keine solche Forderung vor. Die bloße Anberaumung einer mündlichen Erörterung stellt kein Verlangen nach einer Glaubhaftmachung dar. 29

C. Mittel der Glaubhaftmachung: Alle Beweismittel. Der Antragsteller kann sich „aller Beweismittel bedienen, auch zur Versicherung an Eides statt zugelassen werden", § 294 I. Insofern darf das Gericht sein Verlangen daher nicht auf bestimmte Arten von Angaben oder Beweismitteln beschränken. Eine eidesstattliche Versicherung hat allerdings oft nur wenig Wert, Düss AnwBl **86**, 162. Sie ist auch unzulässig, soweit es sich um solche Tatsachen handelt, für die der Antragsteller beweispflichtig ist, § 445, Hamm FamRZ **96**, 417. Unstatthaft ist eine solche Beweisaufnahme, die nicht sofort erfolgen kann, § 294 II. Ein bloßer Beweisantritt reicht kaum, Köln FER **97**, 175. 30

D. Verstoß. Vgl Rn 38.

10) Erhebungen, II 2, 3. Sie finden im Rahmen des pflichtgemäßen Ermessens nur notfalls statt, Köln FamRZ **98**, 631. Sie kommen eher in Betracht, wenn der Antragsteller unbeholfen ist. 31

A. Zweck. Das PKH-Bewilligungsverfahren bezweckt nicht eine Vorwegnahme des Hauptprozesses. Das bedeutet: Das Gericht braucht nur solche Erhebungen vorzunehmen, die zu einer vorläufigen Klärung der Erfolgsaussicht führen. Es muß allerdings die Bedürftigkeit bereits endgültig klären. § 273 ist im Bewilligungsverfahren unanwendbar. §§ 114 ff sind vorrangige Spezialregeln. Keineswegs darf eine umfassende Beweisaufnahme stattfinden, schon gar nicht sogleich nach einer Antragszurückweisung, BVerfG NVwZ **87**, 786, Hamm FamRZ **89**, 1203, sondern allenfalls eine begrenzte, zB eine Schätzungsvernehmung nach § 287, Kblz RR **92**, 707. Eine Beweisaufnahme entfällt grundsätzlich, soweit der beweisbelastete Kläger als Antragsteller seine Behauptung nach § 294 glaubhaft macht, Brdb MDR **03**, 111. Das Gericht darf nicht gegen die Regeln zur Beweislast nach Anh § 286 verstoßen, Hamm FamRZ **86**, 80.

32 **B. Begriff der Erhebungen.** Das Gericht sollte den Regelungszweck nach Rn 31 beachten. Im übrigen ist „Erhebungen" ein allgemeiner Begriff. Er reicht weiter als bloße Beweiserhebungen. Er umfaßt auch die „Vorlegung von Urkunden" und die Einholung von „Auskünften", II 2. Das sind aber nur Beispiele zulässiger Erhebungen. Das ergibt sich aus dem Wort „insbesondere" in II 2. Das Gericht ist also im Prinzip zu allen sachdienlichen Maßnahmen zur Klärung des Sachverhalts befugt. Es darf und sollte auch mitbedenken, daß das objektive Fehlen der Voraussetzungen der Bewilligung eine Aufhebung nach § 124 Z 3 erzwingen kann. Eine Aufklärung erfolgt zur Erfolgsaussicht keineswegs von Amts wegen, soweit das Hauptverfahren nicht nach dem Ermittlungsgrundsatz abläuft, Grdz 38 vor § 128, Hamm FamRZ **86**, 80. Eine schriftliche Anhörung ist unbeschränkt zulässig. Eine mündliche Erörterung ist nur innerhalb Rn 6 zulässig.

33 **C. Vorlegung von Urkunden, II 2.** Als Urkunde kann auch eine ganze Akte gelten, auch eine Strafakte. Zur Vorlegung sind neben dem Antragsteller zwar nicht sein Prozeßgegner verpflichtet (ihn braucht das Gericht nur anzuhören und kann ihn daher zu nichts zwingen), wohl aber evtl Behörden, Art 35 GG, vgl § 299.

34 **D. Auskünfte, II 2.** Das Gericht kann auch die Einholung einer Auskunft beschließen. Zu ihr ist auch der Antragsteller verpflichtet, Köln DAVorm **80**, 850. Daneben ist dazu nicht der Antragsgegner verpflichtet, Rn 33, wohl aber unter Umständen ein Dritter, insbesondere eine Behörde, Art 35 GG. Die Auskunft braucht nicht von einer amtlichen Stelle zu stammen. Das Gericht kann jetzt zB auch von einer Bank oder dem Arbeitgeber eine Auskunft einholen. Die Parteien können auch der späteren Verwertung nicht widersprechen. Ob die angesprochene Stelle zur Auskunft verpflichtet und bereit ist, ist eine andere Frage.

Beachten muß das Gericht zB: Eine ärztliche Schweigepflicht; § 117 II 2; das BDSG, Becker SchlHA **80**, 25, Wax FamRZ **80**, 976; das Steuergeheimnis, solange der Betroffene keine Befreiung erteilt. Sie kann, muß aber nicht in der Antragstellung liegen, § 385 Rn 9. Das Gericht kann sie anheimstellen. Es darf aber im Verfahren ohne eine Amtsermittlung nach Grdz 38 vor § 128 nicht zu dergleichen übergehen, Hamm FamRZ **86**, 80, Zweiter FamRZ **94**, 908, Wax FamRZ **80**, 976.

35 **E. Zeugen und Sachverständige, II 3 Hs 1.** Das Gericht darf Zeugen und Sachverständige nicht vernehmen, es sei denn, daß es auf andere Weise nicht klären kann, ob die Rechtsverfolgung oder Rechtsverteidigung eine hinreichende Aussicht auf Erfolg bietet und nicht als mutwillig erscheint, Köln MDR **98**, 923. Die Vorschrift schränkt den Grundsatz der Zulässigkeit aller sachdienlichen Erhebungen ein, Rn 32, um eine Vorwegnahme der Beweisaufnahme des eigentlichen Hauptprozesses zu verhindern, BVerfG NJW **91**, 413, Brdb MDR **03**, 111, Nürnb FamRZ **03**, 1020. Der Wahrscheinlichkeitsgrad ist unbeachtlich, Bbg JB **91**, 1669. Das Gericht darf grundsätzlich eine Beweisperson des Antragstellers nur bei *seiner* Beweislast vernehmen, Brdb MDR **03**, 111, Köln FamRZ **88**, 1077, Schneider MDR **98**, 180. Eine Ausnahme mag bei einer Erheblichkeit der Tatsache für beide Parteien gelten, Köln MDR **90**, 728. § 357 ist anwendbar.

36 Soweit freilich die Vernehmung auch und nicht nur der Klärung der persönlichen und wirtschaftlichen Verhältnisse und damit der *Bedürftigkeit* des Antragstellers dient, ist die Vernehmung zulässig, Grunsky NJW **80**, 2044. Im übrigen können weder der Antragsteller noch der Prozeßgegner verhindern, daß das Gericht einen Zeugen oder Sachverständigen außerhalb der gesetzlichen Voraussetzungen anhört, Bbg JB **91**, 1670. Eine entsprechende Anordnung ist unanfechtbar, Köln MDR **90**, 728, aM Köln FamRZ **99**, 306 (aber die Voraussetzungen des § 127 liegen nicht vor), es sei denn, die Anhörung soll erst nach einer so langen Zeit erfolgen, daß die Anordnung einer Aussetzung gleichkäme, Zweibr FamRZ **84**, 75. Infolge einer wenn auch evtl gesetzwidrigen Anordnung der Vernehmung entsteht ein evtl isolierter Anspruch auf eine PKH wenigstens für diesen Abschnitt, Köln MDR **83**, 323, Schneider AnwBl **87**, 466. Der Vernommene hat nach dem JVEG einen gesetzlichen Anspruch auf eine Vergütung oder Entschädigung. Das Gericht muß allerdings solche Kosten unter Umständen nach § 21 GKG, § 20 FamGKG niederschlagen.

37 **F. Keine Beeidigung, II 3 Hs 2.** Eine Beeidigung „findet nicht statt", weder bei der Vernehmung eines Zeugen oder Sachverständigen noch nach der Erörterung mit dem Antragsteller oder gar dem Prozeßgegner oder aus einem anderen Grund. Das Gesetz verbietet die Beeidigung schlechthin. Unstatthaft ist natürlich auch eine eidesgleiche Bekräftigung nach § 484. Oft geradezu notwendig ist aber eine eidesstattliche Versicherung als ein Mittel der „Glaubhaftmachung", Rn 28.

38 **11) Ablehnung mangels Glaubhaftmachung usw, II 4.** Das Gericht muß das Gesuch unter jeder der beiden folgenden Voraussetzungen ablehnen, Bbg JB **92**, 623.

A. Keine Glaubhaftmachung. Der Antragsteller mag die Angaben über seine persönlichen und wirtschaftlichen Verhältnisse nicht glaubhaft gemacht haben. Ob und in welcher Art und Weise ihre Glaubhaftmachung erforderlich ist, richtet sich nach den Regeln Rn 28. Freilich darf das Gericht den Antrag erst nach einem vergeblichen Verlangen nach II 1 zurückweisen, Köln MDR **96**, 310.

39 **B. Keine oder ungenügende Antwort.** Es reicht aus, daß der Antragsteller bestimmte Fragen des Gerichts nicht oder ungenügend beantwortet hat, Schlesw SchlHA **78**, 197. Aus dem Ausdruck „beantwortet" ergibt sich, daß das Gesetz nur solche Fragen meint, die das Gericht gestellt hat, also nicht den Fall, daß der Antragsteller die gesetzlichen Voraussetzungen der Bewilligung von sich aus ungenügend dargelegt hat. Das Gericht muß ihm auch „bestimmte" Fragen gestellt haben. Es darf ihn also nicht nur allgemein zB zu

ergänzenden Angaben zur Bedürftigkeit oder Erfolgsaussicht aufgefordert haben. Freilich genügt es, daß das Gericht die Richtung „bestimmt" angegeben hat, in der der Antragsteller antworten soll. Im Zweifel liegt mangels einer Bestimmtheit keine „ungenügende" Beantwortung vor. Nicht jede Antwort auf eine bestimmte Gerichtsfrage reicht aus. Sie muß auch der Frage genügen. Eine „ungenügende" Beantwortung kann auch mangels eines diesbezüglichen Verschuldens des Antragstellers vorliegen. Es kommt darauf an, ob er wenigstens im Kern ausreichend geantwortet hat. Dabei muß man den vorläufigen Charakter des Bewilligungsverfahrens im Hinblick auf die Erfolgsaussicht beachten. Evtl kommt nur eine entsprechend geringere Bewilligung in Betracht, Karlsr FamRZ **92**, 579. § 124 Z 2 ist aber in diesem Stadium noch nicht auch nur entsprechend anwendbar, Köln FamRZ **96**, 617.

C. Fristsetzung. Das Gericht muß bei Rn 38 und/oder Rn 39 vergeblich eine angemessene Frist zur **40**
Beantwotung gesetzt haben, BFH Rpfleger **93**, 73, LAG Kiel NZA-RR **07**, 216, OVG Lüneb NVwZ-RR **07**, 143. Die Frist ist weder eine Ausschlußfrist, Bbg JB **91**, 623, noch eine Notfrist nach § 224 I 2, § 233 Rn 8. Das Gericht muß sie so bemessen, daß der Antragsteller die etwa noch fehlenden Unterlagen voraussichtlich beschaffen kann und daß er genug Zeit zur Formulierung einer genügenden Antwort hat. Er darf freilich auch hier nicht trödeln. Ist er anwaltlich bereits vertreten, ist eine etwas längere Frist erforderlich. Eine Woche mag zu kurz sein. Mehr als zwei Wochen werden außerhalb der Ferienzeit usw kaum nötig sein. Es kommt auf die Fragen des Gerichts und die Abhängigkeit etwa von einer Rückfrage beim Steuerberater oder beim Finanzamt an, auch auf einen etwa direkt bevorstehenden Urlaub des Antragstellers und dergleichen. Das Gericht muß seine Frist in einer ordnungsmäßigen Form gesetzt haben, § 329 Rn 11, 12, 32, Karlsr FamRZ **92**, 579.

D. Ablehnungsumfang. Eine Ablehnung der PKH kommt nach einem ergebnislosen Fristablauf nur **41**
„insoweit" in Betracht, als der Antragsteller säumig ist oder unzulänglich reagiert hat. Das Gericht mag also zB zwar eine Bewilligung aussprechen müssen, aber nur gegen eine Ratenzahlung statt ohne Raten, wenn der Antragsteller eine angebliche Darlehnsschuld nicht genügend glaubhaft gemacht hat usw, Karlsr FamRZ **92**, 579.

E. Ablehnungspflicht. Soweit die Voraussetzungen Rn 38–41 vorliegen, muß das Gericht nach dem **42**
eindeutigen Gesetzeswortlaut den Antrag zurückweisen, Düss JB **88**, 1722, Kblz FamRZ **90**, 537 (diese Gerichte gehen freilich offenbar selbst dann so vor, wenn der Antragsteller das Fehlende vor der Entscheidung über die PKH nachgereicht hatte. Das ist zu förmelnd, Schneider MDR **89**, 965), OVG Lüneb NVwZ-RR **07**, 143. Das Fehlende läßt sich freilich dann auch nicht stets nachholen, BAG MDR **04**, 415, Düss MDR **04**, 410. Natürlich bleibt ein neuer Antrag möglich, § 127 Rn 102.

12) Zuständigkeit, III. Zur Anordnung einer Maßnahme nach I, II ist der Vorsitzende oder ein von ihm **43**
beauftragtes Mitglied des Gerichts zuständig.

A. Prozeßgericht. Zuständig ist das Prozeßgericht des jeweiligen Rechtszugs, § 127 I 2, § 117 Rn 12. **44**
Bei einer Revision ist der BGH zuständig, BGH **98**, 322 (zum früheren BayObLG). Auch bei einer Unzuständigkeit für das Hauptverfahren bleibt das angegangene Gericht bis zu einer Abgabe oder Verweisung für das zugehörige PKH-Gesuch zuständig. Es muß dieses notfalls als unbegründet abweisen, Saarbr RR **90**, 575. Bei einer Unzuständigkeit für das Bewilligungsverfahren ist § 281 entsprechend anwendbar, § 281 Rn 3. Es ist dann also auch ein Antrag auf eine Verweisung zulässig, KG MDR **08**, 708. Das Gericht muß ihn evtl anregen, § 139 entsprechend. Wegen der Zuständigkeit für das Vollstreckungsverfahren § 119 Rn 53.

B. Vorsitzender. Innerhalb des Prozeßgerichts ist grundsätzlich der Vorsitzende allein zuständig, also **45**
nicht das Kollegium. Das Verfahren der Bewilligung liegt also anders als teilweise das Änderungsverfahren nach § 120 IV grundsätzlich in der Hand des Richters und nicht des Rpfl, Bischof AnwBl **81**, 373, Schneider Rpfleger **80**, 365.

C. Beauftragtes Mitglied des Gerichts. Der Vorsitzende kann auch ein „Mitglied des Gerichts" **46**
beauftragen. Gemeint ist hier ein richterliches Mitglied, genauer: ein anderer Richter desselben Spruchkörpers (Kammer oder Senat). Es handelt sich also um einen beauftragten Richter, wie er zB auch bei § 361 I in Betracht kommt. Davon unberührt bleibt die Befugnis, im gesetzlich zulässigen Umfang ein Rechtshilfeersuchen an ein anderes Gericht zu richten, §§ 156 ff GVG. Der Vorsitzende trifft seine Entscheidung über die Beauftragung im Rahmen seines pflichtgemäßen Ermessens unter einer Abwägung der dafür und dagegen sprechenden Gesichtspunkte. Welches Mitglied er beauftragt, unterliegt demselben Ermessen.

D. Rechtspfleger/Urkundsbeamter kraft Gesetzes. Der Rpfl ist für die nach § 118 in Betracht **47**
kommenden Maßnahmen zuständig, soweit sie im Mahnverfahren erforderlich sind, das er ja selbständig bearbeitet, §§ 688 ff in Verbindung mit §§ 4 I, 20 Z 1 RPflG. Infrage kommt auch der etwa landesrechtlich mit dem Mahnverfahren betraute Urkundsbeamte der Geschäftsstelle, Grdz 4 vor § 688. Wegen der Zuständigkeit für das Vollstreckungsverfahren § 119 Rn 53. Sofern freilich der Richter auch schon im Mahnverfahren tätig wird, ist er auch für die zugehörigen Maßnahmen nach § 118 zuständig.

E. Rechtspfleger kraft Auftrags. Der Rpfl ist ferner im Bewilligungsverfahren für die nach I 3 Hs 2 **48**
erforderliche Beurkundung eines Prozeßvergleichs nach Anh § 307 und für die nach II in Betracht kommenden Maßnahmen (nicht Entscheidungen) zuständig, soweit der Vorsitzende ihn mit solchen Geschäften beauftragt, § 20 Z 4 a RPflG, LAG Düss Rpfleger **96**, 295 und 326. Der Rpfl oder der Urkundsbeamte wird also auch im Umfang der vorgenannten Geschäfte keineswegs schon auf Grund des Antrags einer Partei oder gar von Amts wegen tätig. Der Rpfl legt einen solchen Antrag, den die Geschäftsstelle irrig zunächst ihm vorgelegt hat, seinerseits dem Vorsitzenden zur Entscheidung darüber vor, ob der Vorsitzende ihn beauftragt.

F. Ermessen bei der Beauftragung. Der Vorsitzende trifft seine Entscheidung über eine Beauftragung **49**
des Rpfl/Urkundsbeamten in seiner eigenen Zuständigkeit und im Rahmen seines pflichtgemäßen Ermessens unter einer Abwägung der dafür und dagegen sprechenden sachlichen Erwägungen. Er muß dabei erwägen, ob der Rpfl oder Urkundsbeamte nach der Art des Falls, der Persönlichkeiten des Rpfl oder Urkundsbeamten und der am Verfahren Beteiligten, aber auch nach der allgemeinen Geschäftsbelastung und

nach der sonstigen personellen Gesamtsituation geeignet ist. Der Vorsitzende braucht den Rpfl oder Urkundsbeamten keineswegs sofort zu beauftragen. Die Zweckmäßigkeit seiner Beauftragung mag sich vielmehr gerade erst im Lauf des Verfahrens ergeben, etwa dann, wenn sich eine Vergleichsbereitschaft der Parteien infolge einer Anhörung abzeichnet oder wenn die richterlichen Erhebungen ergeben haben, daß nur noch einzelne zusätzliche Klärungen erforderlich sind.

Der Vorsitzende kann die Beauftragung des Rpfl oder Urkundsbeamten auch auf *einzelne Maßnahmen* beschränken und ihn anweisen, die Akten anschließend unverzüglich wieder vorzulegen. Der Vorsitzende darf die Befugnis zur Beauftragung grundsätzlich ohne eine Angabe von Gründen ausnutzen. Er darf den Rpfl oder Urkundsbeamten also routinemäßig einschalten, sofern er immerhin im Einzelfall noch einmal prüft, ob diese Maßnahme sachgerecht ist (Ermessen), Christl NJW **81**, 791. Er darf diese Befugnis natürlich nicht mißbrauchen. Ein Mißbrauch liegt noch nicht vor, wenn er sich und das Kollegium entlasten will. Denn genau diese Entlastung ist einer der Zwecke des Gesetzes.

50 **G. Beauftragungsverfahren im übrigen.** Die Beauftragung des Rpfl oder Urkundsbeamten erfolgt durch eine prozeßleitende Verfügung des Vorsitzenden, § 329. Sie ist mehr als ein innerdienstlicher Vorgang. Denn durch sie wechselt die funktionelle Zuständigkeit auf eine andere Gerichtsperson über. Die Parteien haben einen Anspruch darauf, den genauen Umfang der Beauftragung des Rpfl oder Urkundsbeamten zu erfahren. Denn davon mag unter anderem abhängen, ob und in welchem Umfang sie einer Anordnung des Rpfl oder Urkundsbeamten folgen müssen. Deshalb muß der Vorsitzende die Verfügung dem Antragsteller und mit Rücksicht auf I 1 grundsätzlich auch dem Prozeßgegner formlos mitteilen, § 329 II 1. Die Verfügung braucht jedoch nur in Ausnahmefällen eine stichwortartige Begründung, § 329 Rn 4, 6, zumal sie grundsätzlich völlig unanfechtbar ist. Die Beauftragung des Rpfl oder Urkundsbeamten bindet das Gericht nur im Rahmen des Auftrags und seiner Bedingungen. Im übrigen bleibt der Rpfl oder Urkundsbeamte zuständig, solange er den Auftrag nicht erledigt hat und nicht zur Vorlage an den Richter nach § 4f RPflG Veranlassung sieht oder gezwungen ist. Der Vorsitzende kann die Sache also nicht jederzeit ohne eine Angabe von Gründen wieder an sich ziehen.

51 **H. Verfahren des Rechtspflegers.** Der Rpfl oder Urkundsbeamte bearbeitet die ihm übertragene Sache grundsätzlich bis zur Erledigung des Auftrags. Er ist im Rahmen der §§ 5/36 b RPflG zur Vorlage bei dem (Vorsitzenden) verpflichtet, also nicht mehr dann, wenn sich bei der Bearbeitung rechtliche Schwierigkeiten ergeben, etwa bei der Formulierung eines komplizierten Prozeßvergleichs, wohl aber evtl dann, wenn sich im Lauf des Verfahrens ergibt, daß ein ausländisches Recht anwendbar sein könnte. Im Umfang der Übertragung ist der Rpfl oder Urkundsbeamte keinerlei Weisungen unterworfen und nur an Recht und Gesetz gebunden, § 9 RPflG. Soweit er ein solches Geschäft des Richters wahrnimmt, das das Gesetz oder der Vorsitzende dem Rpfl oder Urkundsbeamten nicht übertragen hat und auch nicht übertragen dürfte, ist das Geschäft unwirksam, § 8 IV 1 RPflG, Köln Rpfleger **86**, 493. Umgekehrt ist ein solches Geschäft wirksam, das der Vorsitzende dem Rpfl oder Urkundsbeamten übertragen hat, das er dann aber selbst vornahm oder durch das Kollegium vornehmen ließ, § 8 I RPflG, dort auch zu den weiteren Einzelheiten im Verhältnis zwischen dem Gericht und dem Rpfl.

52 Soweit der Rpfl oder Urkundsbeamte die Sache dem Vorsitzenden *vorlegt,* verfährt dieser einerseits im Rahmen seines Ermessens nach § 20 Z 4 a RPflG, andererseits nach § 5 III 1, 2 RPflG. Soweit der Richter die Sache also erneut zur Bearbeitung an den Rpfl oder Urkundsbeamten zurückgibt, bindet eine von dem Richter mitgeteilte Rechtsauffassung, insbesondere bei der Protokollierung eines Prozeßvergleichs, § 5 III 3 RPflG. Rechtsbehelfe: § 127.

119 *Bewilligung.* **I 1 Die Bewilligung der Prozesskostenhilfe erfolgt für jeden Rechtszug besonders. 2 In einem höheren Rechtszug ist nicht zu prüfen, ob die Rechtsverfolgung oder Rechtsverteidigung hinreichende Aussicht auf Erfolg bietet oder mutwillig erscheint, wenn der Gegner das Rechtsmittel eingelegt hat.**

II Die Bewilligung von Prozesskostenhilfe für die Zwangsvollstreckung in das bewegliche Vermögen umfasst alle Vollstreckungshandlungen im Bezirk des Vollstreckungsgerichts einschließlich des Verfahrens auf Abgabe der eidesstattlichen Versicherung.

Gliederung

1) Systematik, I, II. Während §§ 114–116 die grundsätzlichen Bewilligungsvoraussetzungen regeln und §§ 117, 118, 120 ff, 127 das Verfahren bis zur Entscheidung festlegen, regelt § 119 in S 1 nur bei einer Bewilligung einen Teil ihres Umfangs, in S 2 eine Einzelfrage der Bedürftigkeitsprüfung im höheren Rechtszug. Insofern ist S 2 gegenüber § 114 vorrangig. 1

2) Regelungszweck, I, II. Die Notwendigkeit einer neuen Prüfung und Entscheidung in jedem weiteren Rechtszug ergibt sich aus dem Umstand, daß durch die vorangegangene Entscheidung in der Hauptsache eine gerichtliche Beurteilung der Erfolgsaussicht stattgefunden hat. Daraus folgt für die erste Instanz eine Begrenzung auf sie auch im PKH-Verfahren. 2

Unterschiedliche Bewertung ist eine Chance und ein Risiko bei jedem Rechtsbehelf. Das höhere Gericht darf und muß sich sein Urteil selbst bilden, soweit das Erstgericht nicht teilweise auch für das höhere bindend entschieden hat. Auch das höchere Gericht sollte aber ein Hin und Her vermeiden. Die Vorläufigkeit auch seiner Bewertung im PKH-Verfahren tritt gerade wegen der meist möglichen Unanfechtbarkeit der Hauptentscheidung wie derjenigen zur PKH wohltuend zutage, wenn sie in der anstandshalber gleichwohl ratsamen Kurzbegründung klar zum Ausdruck kommt, § 329 Rn 6.

3) Geltungsbereich, I, II. Vgl Üb 4 vor § 114, § 114 Rn 9–45. § 119 gilt auch im WEG-Verfahren. Im FamFG-Verfahren gilt inhaltlich bei ähnlich § 78 I und inhaltlich mit II praktisch identisch § 78 II FamFG. 3

4) Bewilligungszeitpunkt, I 1, 2. Man muß zwischen demjenigen Zeitpunkt unterscheiden, zu dem die Bewilligung erfolgen *soll* und *muß,* und demjenigen, zu dem sie tatsächlich erfolgt *ist.* 4

A. Ausdrückliche Festsetzung im Bewilligungsbeschluß. Maßgeblich ist zunächst derjenige Zeitpunkt, von dem ab das Gericht eine PKH ausdrücklich festsetzt, Mü RR **04**, 65, Stgt Rpfleger **03**, 200, LAG Hamm NZA-RR **07**, 602. Das gilt unabhängig davon, ob die Festsetzung zu einem anderen früheren oder späteren Zeitpunkt hätte erfolgen müssen oder gar nicht hätte erfolgen dürfen, Düss JB **94**, 176, Köln FamRZ **97**, 1545, LAG Hamm NZA-RR **07**, 602, aM Nürnb MDR **00**, 657 (aber es liegt ein wirksamer Staatshoheitsakt vor, Üb 10 vor § 300). Im letzteren Fall mag der Beschluß anfechtbar sein. Er ist aber zunächst einmal nicht etwa schon wegen einer fehlerhaften Festsetzung des Bewilligungsbeginns unwirksam. Er bleibt vielmehr bis zu seiner Abänderung oder Aufhebung ebenso gültig wie andere gerichtliche Entscheidungen, Üb 19 vor § 300 (zum Urteil). Es liegt auch keineswegs stets schon wegen einer fehlerhaften Rückwirkung eine greifbare Gesetzwidrigkeit vor, zum problematischen Begriff § 127 Rn 25, § 567 Rn 10, Ffm Rpfleger **93**, 251. Zur Bindungswirkung § 329 Rn 16 „§ 318". Das Gericht bestimmt zweckmäßigerweise in seinem Bewilligungsbeschluß ausdrücklich den Anfangstag seiner Wirkung, Kblz AnwBl **78**, 316.

B. Mangels ausdrücklicher Festsetzung: Bewilligungsreife. Soweit das Gericht den Anfangstag der PKH-Bewilligung nicht im Beschluß nach Rn 4 ausdrücklich festgesetzt hat, nehmen zwar viele an, daß die Bewilligung grundsätzlich nur für die Zukunft gelte, also für die Zeit seit der formlosen Mitteilung der Bewilligung an den Antragsteller, § 329 Rn 27, BGH NJW **85**, 921, Karlsr RR **89**, 1465, Köln JB **06**, 657 rechts. Es kann aber nicht einfach der Wunsch des Antragstellers allein maßgeblich sein. Er kann ja nicht einfach mit einem sofortigen Gehorsam des Gerichts rechnen. 5

In Wahrheit gilt vielmehr die *Regel:* Maßgeblich ist stets der Zeitpunkt der *Bewilligungsreife.* Das ist derjenige Zeitpunkt, zu dem das Gericht eine PKH bei einem ordnungsgemäßen unverzüglichen Geschäftsgang bewilligen muß oder mußte, § 114 Rn 48, BGH BB **98**, 665, Brdb JB **07**, 150, VGH Mü NJW **05**, 1677, aM BGH NJW **82**, 1104, Düss FamRZ **00**, 1224, Zweibr FamRZ **97**, 683 (wegen Bedürftigkeit stets nur der aktuelle Stand), Brdb JB **07**, 656, LSG Erfurt Rpfleger **00**, 166 (je: Antragseingang), OVG Lüneb FamRZ **05**, 463 (tatsächlicher Entscheidungszeitpunkt. Aber auch ein Urteil gehört in den Zeitpunkt der Entscheidungsreife nach § 300 Rn 6, nicht vorher und nicht später). Diese Regel ist praktisch unentbehrlich, um grobe Unbilligkeiten zu verhüten, evtl sogar einen Verstoß gegen Artt 2 I, 20 III GG (Rpfl), BVerfG **101**, 404, Art 103 I GG (Richter), Düss FamRZ **89**, 81.

Sie ist auch deshalb unentbehrlich, um den Antragsteller vor denjenigen Nachteilen zu schützen, die eine für ihn *unverschuldete Verzögerung* des Verfahrens bringen würde, Düss FamRZ **97**, 1088, aM Hamm FamRZ **97**, 1018, Köln RR **00**, 1606 (aber der Antragsteller hat einen Anspruch auf eine unverzügliche Entscheidung). Der Zeitpunkt der Bewilligungsreife entspricht dem Regelungszweck der gesamten PKH, Üb 1 vor

§ 114, und der gerichtlichen Fürsorgepflicht im gesamten Bewilligungsverfahren, Üb 5 vor § 114. Er schließt einerseits die Notwendigkeit einer sorgfältigen Prüfung der Bewilligungsvoraussetzungen ein, Üb 8 vor § 114, andererseits das Gebot der Zügigkeit des Verfahrens, § 118 Rn 2. Die Bewilligungsreife setzt eine Kenntnis des beabsichtigten Sachantrags voraus. Der Bewilligungsantrag muß vollständig belegt vorliegen, Köln FamRZ **01**, 232.

6 Aus dem Grundsatz der Bewilligungsreife kann sich die Notwendigkeit einer *Rückwirkung* der Bewilligung ergeben, Rn 10, BGH BB **98**, 665, KG FamRZ **00**, 838 und 839, Zweibr FamRZ **04**, 1500, aM BGH NJW **87**, 2379, Düss FamRZ **89**, 81, Stgt MDR **87**, 329 (grundsätzlich nur für die Zukunft. Aber das ist nicht konsequent. Alle Beteiligten können und müssen sich auf eine Wirkung ab der Bewilligungsreife einstellen. Auch ein Urteil kann und muß evtl rückwirkend ergehen).

Ebenso ergibt sich ein *Verbot* der Rückwirkung vor der Bewilligungsreife. Daher gibt es keine Bewilligung für einen vom Antragsgegner vertretbaren Verzögerungszeitraum, Karlsr FamRZ **96**, 1287, VGH Mannh JB **91**, 1115.

7 In der *Beschwerdeinstanz* tritt die Bewilligungsreife für das Beschwerdegericht frühestens mit der Vorlage des etwa notwendigen Nichtabhilfebeschlusses des Erstgerichts ein, VGH Kassel AnwBl **90**, 55.

8 **C. Entsprechende Auslegbarkeit der Bewilligung.** Nach dem Grundsatz der Bewilligungsreife nach Rn 4–6 darf und muß man eine solche Entscheidung auslegen, die über den Zeitpunkt des Beginns der PKH keine ausdrückliche nach Rn 4 bindende abweichende Festsetzung enthält. Denn man muß dem Gericht seinen Willen zu einer sachgemäßen Entscheidung unterstellen. Deshalb kann eine Bewilligung auch ohne eine ausdrückliche rückwirkende Festsetzung rückwirkend erfolgt sein, Bbg FamRZ **88**, 1081, Celle JB **78**, 125, OVG Bln JB **94**, 350.

9 Freilich muß die Absicht der Rückwirkung doch einigermaßen *eindeutig erkennbar* sein, BGH NJW **82**, 446, Hamm Rpfleger **84**, 448. Man kann nicht aus der Erkenntnis, daß eine PKH ab der Bewilligungsreife erfolgen *soll,* stets darauf schließen, daß das Gericht auch den richtigen Zeitpunkt gewählt *hat,* Christl MDR **83**, 628, aM Düss Rpfleger **86**, 108, Mü Rpfleger **86**, 108, LAG Bre AnwBl **82**, 443 (im Zweifel wirke der Beschluß stets auf den Tag der Antragstellung zurück. Aber das ist ohnehin nur ausnahmsweise möglich). Man darf also keine gewaltsame Auslegung im Sinn des Gesollten statt des Gewollten vornehmen.

10 **5) Rückwirkung der Bewilligung, I 1, 2.** Es gelten wegen des Grundsatzes der Bewilligungsreife nach Rn 5 zur Rückwirkung ziemlich komplizierte oft verkannte Regeln.

A. Grundsätzlich keine Rückwirkung vor Antragseingang. Eine rückwirkende Bewilligung auf einen Zeitpunkt *vor* dem Eingang des PKH-Antrags ist grundsätzlich unzulässig, BGH JB **93**, 51, Celle JB **07**, 96, Karlsr FamRZ **04**, 122. Infolgedessen will sie bei einer vernünftigen Auslegung auch niemand, Rn 8. Soweit unklar bleibt, ob der rechtzeitig gefertigte Antrag auch vor dem Instanzende eingegangen ist, muß das Gericht den Antrag jedenfalls dann zurückweisen, wenn sich der Antragsteller nicht im Verfahren nach seinem Schicksal erkundigt hat, Brdb AnwBl **98**, 670, Celle JB **96**, 141.

Allerdings muß das Gericht ausnahmsweise im *Amtsprüfungsverfahren* nach Grdz 38 vor § 128 auch einen PKH-Antrag anregen und beim eigenen Verstoß rückwirkend ab einem möglichen Antragseingang entscheiden, Brdb FamRZ **97**, 1542, Karlsr FamRZ **01**, 1156.

Fälschlich erfolgte absichtliche derartige Rückwirkung *vor* Antragseingang bindet allerdings, Rn 4, Bbg FamRZ **89**, 884.

11 **B. Ausnahmsweise Rückwirkung ab Antragseingang.** Das Gericht kann zu Recht oder zu Unrecht nach Rn 4 bindend die Bewilligung rückwirkend auf den Zeitraum *seit dem Antragseingang* festgesetzt haben, KG FamRZ **80**, 580. Andernfalls kommt eine Rückwirkung auf diesen frühestmöglichen Bewilligungszeitpunkt nach Rn 10 nur ausnahmsweise in Betracht, Stgt Rpfleger **03**, 200, OVG Bln-Brdb NVwZ-RR **08**, 288. Sie kann zB dann erfolgen, wenn das Gericht den Prozeßgegner nicht nach § 118 I 1 hört, weil das „aus besonderen Gründen unzweckmäßig erscheint", dort Rn 18. Die Bewilligungsreife kann etwa dann bereits im Zeitpunkt des Antragseingangs eintreten, wenn der Antrag erst während einer mündlichen Verhandlung im Hauptprozeß erfolgt und wenn die Klagerwiderung usw schon vorliegt oder wenn schon eine Beweisaufnahme erfolgt ist oder wenn der Antragsteller zwar eine Frist voll ausnutzt, das Gericht aber eben deshalb nicht mehr vor dem Fristablauf entscheiden kann, KG JR **88**, 436, ArbG Regensb JB **91**, 1230. Es reicht kaum aus, den Antrag erst am Schluß der letzten Verhandlung zu stellen, §§ 136 IV, 296 a. Denn dann braucht man kaum noch eine Hilfe, Karlsr FamRZ **96**, 1288.

Der Antrag muß natürlich *vollständig* vorliegen, BGH JB **92**, 823 (StPO), LG Regensb JB **02**, 84, LAG Halle AnwBl **00**, 62. Der Antragsteller muß insbesondere die persönlichen Voraussetzungen nach § 117 rechtzeitig ausreichend dargetan und etwa belegt haben, BGH JB **92**, 823, BVerwG JB **95**, 304, LG Regensb JB **02**, 84, aM Oldb JB **92**, 248, LAG Hamm MDR **93**, 91 (aber eine Bewilligungsreife nach Rn 5 liegt eben doch erst ab dem Eingang des zuvor Fehlenden vor. Das gilt auch dann, wenn das Gericht das Fehlende pflichtgemäß nachfordert). Eine unrichtige Namensschreibweise kann bei einer Eindeutigkeit der Nämlichkeit und bei einer formell ordnungsgemäßen Zustellung unschädlich sein, Bbg FamRZ **01**, 291.

12 **C. Rückwirkung erst nach Prüfung.** Der Zeitpunkt des Antragseingangs kann also eigentlich niemals mit demjenigen der Bewilligungsreife zusammenfallen. Dazwischen muß immer die ordnungsgemäße Prüfung des Gesuchs liegen. Sie mag aber ja nur wenige Sekunden dauern müssen, BGH NJW **82**, 446, Düss FamRZ **89**, 81, Karlsr RR **89**, 1466, aM Düss Rpfleger **86**, 108, Ffm AnwBl **86**, 255, Hbg JB **85**, 655 (Rückbeziehung für den Bekl schon vom Zeitpunkt des Klageingangs beim Gericht ab. Aber dann liegt grundsätzlich noch gar kein Prozeßrechtsverhältnis vor, Grdz 4 vor § 128).

13 **D. Rückwirkung erst nach Unterlagenvorlage.** Man darf die Bewilligung auch nicht etwa schon dann auf den Zeitpunkt des Antragseingangs zurückbeziehen, wenn der Antragsteller die erforderlichen Unterlagen zwar nicht schon vollständig oder gar nicht vorgelegt hatte, wenn das Gericht aber eine angemessene Frist zur Nachreichung eingehalten hat, Karlsr FamRZ **96**, 1288. Denn die Bewilligungsreife nach Rn 5 ist dann eben erst mit dem Eingang des noch Fehlenden und nach seiner anschließenden unverzüglichen

Prüfung eingetreten, Karlsr FamRZ **96**, 1288, AG Regensb Rpfleger **92**, 29, aM Ffm Rpfleger **93**, 251, Nürnb MDR **01**, 1435, Oldb JB **92**, 248 (aber die fristgemäße Nachreichung ändert nichts am anfänglichen Fehlen des für eine PKH Entscheidungerheblichen). Eine Rückwirkung kann notwendig sein, wenn das Gericht das Fehlen der Unterlagen weder gerügt noch ihre Nachreichung befristet hatte, Karlsr FamRZ **99**, 305, oder wenn es einen sonstigen Verfahrensfehler gemacht hatte, Naumb AnwBl **00**, 456 (nur zur Erfolgsaussicht).

E. Sonstige Rückwirkung vor Instanzende. Soweit das Gericht nicht zu Recht oder zu Unrecht, aber nach Rn 4 bindend den Beginn der PKH im Bewilligungsbeschluß ausdrücklich festgesetzt hatte, kommt nach dem Grundsatz der Bewilligungsreife nach Rn 5 eine sonstige Rückwirkung eines vor dem Ende dieser Instanz ergangenen oder zu erlassenden Bewilligungsbeschlusses auf einen Zeitpunkt nach dem Antragseingang in Betracht. Maßgebend ist also auch hier wiederum, ob das Gericht bei einer einerseits gründlichen, andererseits zügigen Behandlung über den Bewilligungsantrag früher hätte entscheiden können und müssen, Karlsr FamRZ **90**, 81, oder ob es einen Vertrauenstatbestand geschaffen hatte, wie oft durch Güteverhandlungen usw, etwa nach § 278 II–VI oder im Arbeitsgerichtsverfahren, LAG Halle AnwBl **00**, 62. 14

Beispiele: Das Gericht hat den Antrag zunächst übersehen; es hat das Formular nach § 117 vermeidbar verspätet geprüft; es hätte eine Frist zur Nachreichung von Belegen oder zur Glaubhaftmachung früher setzen müssen; es hat einen Beweisbeschluß erlassen und damit die Erfolgsaussicht bejaht, § 114 Rn 86, gleichwohl noch ergänzende Angaben zur Erfolgsaussicht gefordert und erst nach deren Eingang entschieden; es hat die Bezugnahme auf ein bei ihm schwebendes Parallelverfahren zunächst als ausreichend erachtet und dann jene Akten versandt, Köln FamRZ **88**, 1297. 15

Freilich darf *kein Verschulden* des Antragstellers mitwirken, Köln FamRZ **99**, 1143, aM Karlsr FamRZ **06**, 1852 (aber die Pflicht nach § 117 II gilt uneingeschränkt).

F. Rückwirkung bei Antrag vor Instanzende. Soweit der Antrag vor dem Abschluß der Instanz eingegangen war, kommt es mangels einer abweichenden ausdrücklichen Festsetzung im Bewilligungsbeschluß nach Rn 4 zunächst darauf an, ob schon vor dem Instanzende eine *Bewilligungsreife* nach Rn 5 eingetreten war, Karlsr FamRZ **06**, 874. Nur insoweit ist die Rückwirkung zulässig und notwendig, BGH NJW **85**, 922, Hamm FamRZ **05**, 463, LAG Köln MDR **05**, 1138, aM OVG Bre JB **90**, 1191 (nicht mehr nach einer Erledigung. Aber es kommt für die „Beabsichtigung" eben auf die Bewilligungsreife an). 16

Beispiele: Das Gericht hatte vor dem Ablauf seiner Frist zur Stellungnahme des Prozeßgegners bereits zur Hauptsache entschieden, Düss MDR **87**, 941 (zum gegenteiligen Fall); es war dem Antragsteller nicht zuzumuten, den Bewilligungsantrag vor dem Sachantrag der Hauptsache zu stellen, Karlsr FamRZ **87**, 1167 (Vorsicht!); der Antragsteller konnte die erforderlichen Unterlagen erst nach dem Abschluß der Instanz nachreichen, BGH VersR **84**, 600, Bbg JB **85**, 141, Zweibr FamRZ **04**, 1500; die Widerrufsfrist eines Vergleichs war noch nicht abgelaufen, LG Hbg FamRZ **99**, 600; das Gericht hatte die Partei durch eine unrichtige Belehrung von einem rechtzeitigen Antrag abgehalten, Brdb FamRZ **97**, 1542; es hatte nicht rechtzeitig einen Anwalt von Amts wegen beigeordnet, Karlsr FamRZ **01**, 1155, Mü FamRZ **02**, 1196; erst nach dem Instanzende konnte das Beschwerdegericht zurückverweisen, Kblz FamRZ **96**, 44. 17

Freilich muß der Wahlanwalt auch *bereit* gewesen sein, sich beiordnen zu lassen, Christl MDR **83**, 538 und 624. 18

G. Unzulässigkeit bei Antrag nach Instanzende. Soweit das Gericht nicht fälschlich, aber nach Rn 4 bindend eine rückwirkende PKH im Bewilligungsbeschluß nach Rn 10 ausdrücklich festgesetzt hat, Bbg FamRZ **89**, 884, ist eine Rückwirkung grundsätzlich unzulässig, soweit der Bewilligungsantrag erst nach dem Ende dieser Instanz nach § 119 S 1, Rn 30 beim Gericht vollständig eingegangen war, BGH JB **91**, 1116, KG JB **08**, 263, OVG Münst NJW **07**, 1485, aM Karlsr MDR **07**, 1447. Dasselbe gilt, wenn die Erklärung nach § 117 II–IV erst nach dem Instanzende eingeht, ohne daß das Gericht eine so lange Frist nach § 117 Rn 35 gesetzt hatte, Bbg FamRZ **01**, 628, KG FamRZ **00**, 839, OVG Münst NJW **07**, 1485. Eine Ausnahme kann (jetzt) im FamFG-Verfahren vor einer Kostenentscheidung bestehen, Mü FamRZ **01**, 1309. Das Gericht dieser Instanz kann den erst nach ihrem Ende eingegangenen Antrag unbearbeitet zu den Akten nehmen. Es kann aber die rückwirkende Bewilligung auch zur Klarstellung ausdrücklich ablehnen, BGH (St) AnwBl **87**, 55, BVerwG JB **92**, 346, Hbg WoM **93**, 462. Eine rückwirkende Bewilligung kommt nur ausnahmsweise bei einer Schuldlosigkeit des Antragstellers infrage, ArbG Regensb Rpfleger **02**, 319. Dem Antragsteller bleibt evtl ein neuer Antrag ohne eine Rückwirkung offen, Rn 102. 19

Ein *Anwaltsverschulden* gilt auch hier als ein solches der Partei, § 85 Rn 8, OVG Hbg FamRZ **92**, 79. Es kommt dann allenfalls eine Entscheidung der Justizverwaltung in Betracht, und zwar nicht nach § 23 EGGVG, sondern nach § 30 a EGGVG. Man kann sie auch nach dieser Vorschrift anfechten, (zum alten Recht) Hbg MDR **83**, 234.

H. Zulässigkeit bei Beschwerde gegen Ablehnung von Prozeßkostenhilfe. Soweit nicht das Gericht nach Rn 4 bindend im Bewilligungsbeschluß einen abweichenden Zeitpunkt bestimmt hat, kommt eine Rückwirkung auch bei einer Entscheidung erst nach dem Abschluß dieser Instanz nach § 119 I 1, Rn 30 auch dann in Betracht, wenn der Antragsteller gegen einen die PKH-Bewilligung ablehnenden Beschluß eine mit Gründen versehene sofortige Beschwerde eingelegt hat, LG Dortm AnwBl **84**, 222 (abl Chemnitz). Das gilt zunächst dann, wenn das Erstgericht den dortigen PKH-Antrag verzögerlich behandelt hatte, Schlesw JB **02**, 85. Es gilt ferner auch dann, wenn die sofortige Beschwerde gegen die PKH-Ablehnung vor dem Ende der Instanz der Hauptsache einging. Es gilt schließlich auch dann, wenn der Antragsteller seine sofortige Beschwerde schuldlos erst später eingelegt hatte, etwa deshalb, weil das Gericht die ablehnende Entscheidung dem Antragsgegner nicht vor dem Instanzende der Hauptsache mitgeteilt hatte, § 127 Rn 64. 20

Unstatthaft ist eine Rückwirkung jedoch, soweit erstinstanzlich kein Bedürfnis für die Beiordnung eines Anwalts bestand, VGH Mannh NVwZ-RR **05**, 367.

I. Zulässigkeit während Vergleichs-Widerrufsfrist. Soweit das Gericht nicht in seinem Beschluß nach Rn 4 bindend einen abweichenden Zeitpunkt des Beginns der PKH festgesetzt hat, ist eine rück- 21 wirkende Bewilligung auch dann statthaft, wenn der Antragsteller das Bewilligungsgesuch erst nach dem Abschluß eines widerruflichen Prozeßvergleichs nach Anh § 307 Rn 42 vor dem Ablauf der Widerrufsfrist eingereicht hat, LG Hbg FamRZ **99**, 600, AG Groß Gerau MDR **81**, 853.

22 **J. Zulässigkeit nach Rechtskraft einer günstigen Entscheidung.** Soweit das Gericht den Bewilligungsbeginn nicht nach Rn 4 bindend ausdrücklich abweichend festgesetzt hat, steht die formelle Rechtskraft eines dem Antragsteller günstigen Urteils nach § 705 einer Rückwirkung der Bewilligung grundsätzlich nicht entgegen, Ffm MDR **83**, 137, Hbg FamRZ **83**, 1230, Karlsr RR **98**, 1086, aM Ffm AnwBl **82**, 533 (zu einer Feststellungsklage. Aber auch dann ist die Bewilligungsreife der richtige Zeitpunkt). Der günstigen Entscheidung steht die Rücknahme des gegnerischen Rechtsmittels gleich, BGH AnwBl **88**, 420 (wegen [jetzt] § 516 III).

23 **K. Unzulässigkeit nach Rechtskraft einer ungünstigen Entscheidung usw.** Soweit das Gericht nicht nach Rn 4 bindend den Bewilligungsbeginn ausdrücklich abweichend festgesetzt hatte, kommt eine Rückwirkung jedenfalls insoweit nicht mehr in Betracht, als im Zeitpunkt der Entscheidung über das Bewilligungsgesuch bereits ein dem Antragsteller ungünstiges Urteil formell nach § 705 rechtskräftig geworden ist, Ffm MDR **86**, 857, Hamm FamRZ **85**, 825, OVG Lüneb NVwZ **05**, 470, aM VGH Mannh FamRZ **88**, 857, Hamm FamRZ **85**, 825 (aber auch dann ist die Bewilligungsreife der richtige Zeitpunkt). Der dem Antragsteller ungünstigen Entscheidung steht seine Klagerücknahme nach § 269 in der Regel gleich, LAG Bln DB **89**, 2440, aM Köln MDR **97**, 690 (aber wer die Klage zurücknimmt, gibt zumindest zunächst den Kampf auf, wie es nicht einmal der Verlierer stets tut).

24 **L. Zulässigkeit bei Erledigung der Hauptsache.** Soweit nicht das Gericht nach Rn 4 bindend den Bewilligungszeitpunkt ausdrücklich abweichend festgesetzt hat, kommt nach einer wirksamen Erledigung der Hauptsache eine rückwirkende Bewilligung jedenfalls nicht mehr für den früheren Hauptantrag in Betracht, BFH BB **86**, 187, LAG Hamm NZA **04**, 102, Pentz NJW **85**, 1820, aM ThP 4 (auch dann könne das Gericht unter den übrigen Voraussetzungen rückwirkend bewilligen. Aber inzwischen ist die Rechtshängigkeit entfallen, § 91 a Rn 110). Freilich kommt eine rückwirkende Bewilligung wenigstens noch im Umfang der inzwischen stattgefundenen Erledigterklärungen in Betracht, Köln FamRZ **81**, 486.

25 **M. Schädlichkeit von Verschulden des Antragstellers.** Sofern nicht das Gericht nach Rn 4 bindend den Beginn der PKH im Bewilligungsbeschluß ausdrücklich abweichend festgesetzt hatte, schadet bei Rn 19–24 ein Verschulden des Antragstellers wie sonst. Er muß sich das Verschulden eines gesetzlichen Vertreters nach § 51 II wie dasjenige eines ProzBev nach § 85 II anrechnen lassen, § 85 Rn 8. Ein solches Verschulden fehlt, soweit der Antragsteller die Entscheidung abwartet, statt das Gericht zu mahnen, Düss AnwBl **78**, 418. Dagegen kann man nicht nur deshalb ein Verschulden verneinen, weil ein stillschweigender Antrag vorliege. Denn er reicht nicht aus, § 117 Rn 4, aM AG Stgt AnwBl **82**, 254.

26 **N. Keine Rückwirkung bei Tod, Erlöschen, Ausscheiden usw.** Durch den Tod des Antragstellers würde eine PKH ohnehin enden, Ffm JB **96**, 141, Kblz FamRZ **96**, 809. Mit ihm erledigt sich das bisherige Bewilligungsverfahren. Daher kommt jetzt auch keine rückwirkende oder sonstige Bewilligung mehr in Betracht, BSG MDR **88**, 611, Hamm MDR **77**, 409, aM LSG Darmst Rpfleger **97**, 392 (aber es liegt kein Rechtsschutzbedürfnis mehr vor). Das scheint nicht selbstverständlich zu sein. Der Erbe rückt ja sachlichrechtlich in die Position des Erblassers ein. Er kann und muß indessen für seine Person eine PKH und die etwaige Beiordnung eines Anwalts neu beantragen, OVG Lüneb NJW **07**, 1224 (Ende des Insolvenzverfahrens). Eine Anrechnung der vom Erblasser erbrachten Zahlungen ist übrigens nur in demselben Prozeß denkbar, aM KG Rpfleger **86**, 281, LG Bielef Rpfleger **89**, 113 (wegen der vor dem Erbfall entstandenen Kosten. Aber man sollte prozeßwirtschaftlich bewerten, Grdz 14 vor § 128).

27 Entsprechendes gilt beim *Erlöschen* der antragstellenden juristischen Person oder beim Ausscheiden und ähnlichen endgültigen Vorgängen der Beendigung der Parteistellung nach § 114 Rn 15. Mit dem Ausscheiden usw des Begünstigten erlischt sie nämlich. Das gilt unabhängig davon, daß eine Prozeßvollmacht nicht automatisch erlicht, § 86. Daher kann der Ausgeschiedene evtl entsprechend § 674 BGB gegen die Staatskasse vorgehen. Dem Erlöschen steht auch die Beendigung der Liquidation gleich, § 50 Rn 22.

28 **6) Bewilligung, I 1.** Die Vorschrift spricht zwar nur von der „Bewilligung". Das erfaßt aber nicht nur die uneingeschränkte Bewilligung, sondern auch diejenige nur gegen eine Zahlung von Raten und/oder Vermögensbeiträgen, § 120 I, LAG Düss MDR **95**, 750. I 1 erfaßt auch jede Ablehnung eines PKH-Antrags. Jeder Antragsteller hat beim Vorliegen eines wie stets notwendigen Rechtsschutzbedürfnisses, BayObLG RR **90**, 1033, und der sonstigen gesetzlichen Voraussetzungen einen Anspruch auf die Bewilligung, KG FamRZ **88**, 1079. Mit der Bewilligung endet das PKH-Verfahren zunächst, Köln MDR **97**, 299.

29 **7) Für jeden Rechtzug besonders, I 1.** Es ist für jedes Verfahren und für jeden Rechtszug ein gesonderter Antrag nötig. Es ist eine gesonderte Entscheidung über die Bewilligung oder Ablehnung erforderlich, Rn 31. Der Antrag muß innerhalb der Rechtsmittelfrist beim Rechtsmittelgericht vorliegen, VGH Mannh FamRZ **03**, 104 (krit Gottwald).

A. Zweck. Sinn der Beschränkung auf den jeweiligen Rechtszug ist die Erwägung, daß nur das jeweils mit dem Streitstoff der Hauptsache voraussichtlich oder bereits in diesem gesamten Abschnitt des Hauptverfahrens befaßte Gericht eine einigermaßen vollständige Übersicht über die jetzige Prozeßlage hat und die Bedürftigkeit jetzt einigermaßen abschätzen kann. Das höhere Gericht soll außerdem nicht zusätzlich solche Erwägungen anstellen müssen, die es für die untere Instanz im Hinblick auf den damaligen Entscheidungszeitpunkt und daher stets rückwirkend vornehmen müßte.

30 **B. Begriff des Rechtszugs.** „Rechtszug" bedeutet hier dasselbe wie in § 35 GKG. Denn es handelt sich auch bei S 1 um eine Kostenvorschrift, Köln NJW **95**, 2728, Hamm MDR **83**, 847, VGH Kassel JB **97**, 648, anders als zB bei § 172. Daher sind die Abgrenzungsmerkmale § 172 Rn 8, 16, 17 hier nur eingeschränkt brauchbar. Eher ergeben sich nützlich Wechselwirkungen zu den §§ 15 II 2, 19 RVG. Rechtszug ist auch jeder kostenträchtige Verfahrensabschnitt, BVerwG JB **95**, 309.

C. Notwendigkeit gesonderter Antragstellung. Die Befugnis des Gerichts zur Bewilligung ist auf den jeweiligen Rechtszug begrenzt, BVerwG JB **92**, 346, LAG Düss MDR **95**, 750. Daraus folgt die Notwendigkeit, für jeden Rechtszug einen gesonderten Bewilligungsantrag zu stellen, BGH VersR **84**, 600, Bbg FamRZ **02**, 628, Stgt MDR **02**, 1396. Er muß nebst den erforderlichen Unterlagen bis zum Ende der Rechtsmittelfrist vorliegen, BGH FamRZ **06**, 1523. Die allgemeinen Voraussetzungen der Wirksamkeit des Antrags müssen in jeder Instanz vorliegen, Schlesw SchlHA **80**, 72. Auch dann, wenn sich ein Antrag von vornherein oder nachträglich auf mehrere Rechtszüge erstreckt, darf das Gericht ihn nur für seinen Rechtszug bearbeiten und bescheiden, und zwar für den ganzen jeweiligen Rechtszug, Köln MDR **88**, 588. Es muß den weitergehenden Teil des Antrags unter Umständen von Amts wegen an das Gericht des anderen unteren oder oberen Rechtszugs weiterleiten, VGH Mannh FamRZ **03**, 104. Zu den Einzelheiten des Antrags § 117 Rn 4 ff. 31

D. Beispiele zur Frage des Rechtszugs 32

Ablehnung: Die Ablehnung des Richters oder Sachverständigen auch in anderen Nebenverfahren innerhalb derselben Instanz gehören zum Rechtszug, Bischof AnwBl **81**, 373.

Angriffs-, Verteidigungsmittel: Es gehört zur jeweiligen Instanz. Jedoch ist eine Bewilligung für nur ein einzelnes Angriffs- oder Verteidigungsmittel unzulässig, Bre OLGZ **89**, 366 (Beweismittel).

Anschließung: Sie kann für den Anschließenden einen *besonderen* Rechtszug bedeuten.

Arrest, einstweilige Anordnung oder Verfügung: Man muß wie folgt unterscheiden. 33

a) Anordnungsverfahren. Das Verfahren auf den Erlaß eines Arrests nach §§ 916 ff, einer einstweiligen Anordnung nach §§ 49 ff FamFG oder einer einstweiligen Verfügung nach §§ 935 ff gehört grundsätzlich *nicht* zum Rechtszug des Hauptprozesses, Bbg FamRZ **86**, 701, Düss FamRZ **82**, 1096, Karlsr FamRZ **85**, 1274. Die Auslegung kann aber das Gegenteil ergeben, Brdb FamRZ **07**, 57 links unten.

b) Widerspruchsverfahren. Die Beiordnung für das Anordnungsverfahren umfaßt das Widerspruchsverfahren nach §§ 924, 936.

c) Abänderungsverfahren. Die Beiordnung für das Anordnungsverfahren nach § 49 FamFG umfaßt ein Abänderungsverfahren nach § 54 FamFG, (je zum alten Recht) Hamm MDR **83**, 847, KG JB **80**, 1673, aM KG JB **84**, 578.

d) Aufhebungsverfahren. Ein Verfahren auf die Aufhebung eines Arrests oder einer einstweiligen Anordnung oder Verfügung gehört *ebensowenig* wie das Anordnungsverfahren nach a) zum Rechtszug.

e) Vollziehungsverfahren. Die Beiordnung eines Anwalts bei der Anordnung eines Arrests oder einer einstweiligen Verfügung schließt die Beiordnung für die Vollziehung ein, falls das Gericht nicht ausdrücklich etwas anderes bestimmt, § 45 IV Z 2 RVG.

S auch Rn 50 ff.

Aufhebungsverfahren: Rn 33 „d) Aufhebungsverfahren". 34

Aufrechnung: Die Haupt- wie die Hilfsaufrechnung gehören zum Rechtszug, LG Bln AnwBl **79**, 273.

Außergerichtlicher Vergleich: Rn 46.

Berufung: Die Berufung eröffnet natürlich einen *neuen* Rechtszug und erfordert daher eine neue Prüfung, Brdb FamRZ **01**, 1714. 35

Beschwerde: Jede sofortige oder befristete Beschwerde eröffnet einen *neuen* Rechtszug, Hamm Rpfleger **81**, 322. Das gilt unabhängig davon, bei welchem Gericht der Beschwerdeführer sie eingelegt hat. Beim Rpfl gilt § 11 RPflG, § 104 Rn 41 ff.

Beweisaufnahme: Sie zählt zum Rechtszug.

Beweissicherung: Rn 43 „Selbständiges Beweisverfahren".

Ehesache: Rn 46. 36

Einmischungsklage: Das Verfahren auf Grund einer Einmischungsklage nach § 64 zählt *nicht* zum Rechtszug.

Einrede, Rüge: Sie zählen grds zum Rechtszug. Indessen ist eine Bewilligung für nur eine einzelne Einrede oder Rüge unstatthaft, Bre OLGZ **89**, 366.

Einspruch: Das Verfahren auf Grund eines Einspruchs gegen ein Versäumnisurteil nach § 338 oder gegen einen Vollstreckungsbescheid nach § 700 gehört zum Rechtszug.

Einstellung der Zwangsvollstreckung: Rn 68–70.

Einstweilige Anordnung, Verfügung: Rn 33.

Erinnerung: Rn 68–70.

Feststellung und Leistung: Es kommt darauf an, ob sich bei der Leistungsklage der Inhalt ändert.

Folgesache: Es gelten §§ 137 ff FamFG.

Ganzer Rechtszug: Das Gericht darf eine PKH grds nur für den gesamten Rechtszug und als Ganzes bewilligen, Bre OLGZ **89**, 365. 37

Hilfsaufrechnung: Sie gehört ungeachtet ihrer streitwerterhöhenden Wirkung nach Anh § 3 Rn 16 zum Rechtszug, LG Bln AnwBl **79**, 273. 38

Insolvenzverfahren: Es besteht aus mehreren *gesonderten* Rechtszügen, LG Gött ZIP **99**, 890, LG Kblz MDR **00**, 542, LG Konst ZIP **99**, 1643: Aus dem Eröffnungsverfahren, dem eröffneten Verfahren, dem Schuldenbereinigungsverfahren und dem Restschuldbefreiungsverfahren.

Klagänderung: Die vorherige Bewilligung umfaßt sie *nicht,* BGH BB **05**, 2602. 39

Klagerücknahme: Bei ihr bleibt die Bewilligung für die Widerklage bestehen.

S auch Rn 48 „Widerklage".

Klagerweiterung: Das Verfahren, in dem der ursprüngliche Antrag und der erweiterte vor der Endentscheidung über den ersteren laufen, kann zu demselben Rechtszug zählen, LAG Bln DB **92**, 2404. Freilich kann sich die gewährte PKH nicht automatisch auf jede noch so erhebliche Klagerweiterung miterstrecken. Es kommt auf die Gesamtumstände an. Im Zweifel muß man einen zusätzlichen PKH-Antrag stellen.

Das Verfahren nur auf Grund einer Klagerweiterung zählt *nicht* zum Rechtszug, Karlsr AnwBl **87**, 340, auch nicht für den Bekl., Kblz JB **07**, 603.

Klagumdeutung: Die Bewilligung erfaßt auch eine Umdeutung, etwa zwischen § 323 und § 767, Brdb FamRZ **02**, 1194.

Kostenfestsetzung: Das Verfahren nach §§ 103 ff gehört nur zur ersten Instanz, § 103 Rn 41. Das gilt auch dann, wenn das Hauptverfahren durch mehrere Instanzen gelaufen war.

40 **Mahnverfahren:** Eine für das Mahnverfahren nach §§ 688 ff bewilligte PKH umfaßt das nachfolgende streitige Verfahren nach § 696, soweit sich dieses letztere Verfahren auf denselben Anspruch wie im Mahnverfahren erstreckt. Denn insofern hat nur die Form der Durchführung gewechselt, Bischof AnwBl **81**, 372, aM ZöPh 16 (aber man darf und muß jede Parteiprozeßhandlung vernünftig auslegen, Grdz 52 vor § 128. Meist will der Antragsteller eine PKH natürlich auch gleich für das streitige Verfahren erhalten). Natürlich kann der Antragsteller seinen Antrag auch auf das Mahnverfahren beschränken, Mü MDR **97**, 891, Oldb NZM **99**, 134. Soweit erst im streitigen Verfahren eine Klagerweiterung erfolgt und soweit die Parteien über den ursprünglichen Anspruch sowie den jetzt hinzugekommenen vor der Endentscheidung über den ersteren verhandeln, liegt ebenfalls noch derselbe Rechtszug vor.

S auch Rn 39 „Klagerweiterung".

41 **Nachverfahren:** Das Verfahren im Anschluß an ein Grund- oder Vorbehaltsurteil auch im Urkunden- oder Wechselprozeß gehört grds zum Rechtszug, Saarbr MDR **03**, 1211, aM Fischer JB **99**, 341 (aber beides gehört grds zusammen).

S auch Rn 39 „Klagerweiterung".

Nebenverfahren: Ein Nebenverfahren innerhalb derselben Instanz gehört zum Rechtszug, Bischof AnwBl **81**, 373.

S auch Rn 32 „Ablehnung".

Nichtzulassungsbeschwerde: Das anschließende Revisionsverfahren gehört zum Rechtszug, BVerwG JB **95**, 309.

42 **Prozeßkostenhilfeverfahren:** Das Bewilligungsverfahren selbst gehört *nicht* zum Rechtszug. Die Bewilligung ist nicht schon für das Bewilligungsverfahren statthaft, § 114 Rn 35.

Vgl auch § 45 RVG, abgedruckt hinter § 121.

Prozeßvergleich: Rn 46.

Rechtsmittelaussicht: Ihre außergerichtliche Prüfung zählt *nicht* zu einem Rechtszug, BGH FamRZ **07**, 1088.

Rechtsmittelverfahren: Es bildet einen *neuen* Rechtszug.

S aber auch Rn 41 „Nichtzulassungsbeschwerde".

43 **Scheckprozeß:** Rn 41 „Nachverfahren".

Selbständiges Beweisverfahren: Das Verfahren nach §§ 485 ff gehört *nicht* zum Rechtszug, § 45 IV Z 3 RVG.

Stufenentscheidung: Sie ist außerhalb einer Stufenklage, zu ihr sogleich hinter diesem Stichwort, grds unzulässig, Naumb FamRZ **05**, 42.

Stufenklage: Bei der Stufenklage nach § 254 muß sich die PKH grds auf alle anhängig gemachten Ansprüche erstrecken, Jena FamRZ **05**, 1186, also auch auf einen noch nicht bezifferten Zahlungsanspruch, soweit ihn die Auskunft deckt, Brdb MDR **03**, 172, Mü FamRZ **05**, 42, Zweibr FamRZ **07**, 1110 (in sich widersprüchlich), aM Hamm FamRZ **00**, 429 (wegen des Bekl), Karlsr FamRZ **97**, 98, Naumb FamRZ **00**, 101 (aber man darf und muß jede Parteiprozeßhandlung vernünftig auslegen, Grdz 52 vor § 128. Meist will der Antragsteller eine PKH für alle Stufen erhalten).

Sie erstreckt sich aber *nicht* auf eine Mehrforderung, Brdb MDR **03**, 172, Düss AnwBl **00**, 59, Nürnb FamRZ **97**, 100, aM Düss FamRZ **87**, 1281.

44 **Teilanspruch:** Eine Bewilligung nur für einen Teilanspruch setzt die Teilbarkeit des gesamten Streitgegenstands voraus, Bre OLGZ **89**, 366. Zur Formulierung Karlsr FamRZ **92**, 966.

45 **Urkundenprozeß:** Rn 41 „Nachverfahren".

Urteilsberichtigung: Das Verfahren nach § 319 gehört zum Rechtszug.

Urteilsergänzung: Das Verfahren nach § 321 gehört zum Rechtszug.

Vereinfachtes Unterhaltsverfahren: Es gilt dasselbe wie bei Rn 40 „Mahnverfahren".

46 **Vergleich:** Man muß die folgenden Situationen unterscheiden.

a) Prozeßvergleich. Der die bisherigen Ansprüche erledigende Prozeßvergleich gehört zum Rechtszug, Düss AnwBl **82**, 378, Oldb JB **93**, 155, LAG Köln MDR **90**, 747 (Mehrwert beim Gesamtvergleich). Das gilt auch dann, wenn ihn die Parteien zwischen den Instanzen geschlossen haben. Ausnahmsweise gehört eine Erörterung vor einem Vergleichsabschluß zum bisherigen Umfang der PKH, Celle Rpfleger **99**, 451. Der über die bisherigen Ansprüche hinausgehende Prozeßvergleich gehört nur insoweit zum Rechtszug, als das Gericht auch für ihn antragsgemäß eine PKH bewilligt hatte, Kblz FamRZ **01**, 1394, Zweibr RR **07**, 7, Schneider MDR **85**, 814. Ein zusätzlicher Antrag und eine *besondere* Entscheidung sind nur über solche Gegenstände nötig, die (jetzt) § 45 RVG nicht aufführt, Düss JB **81**, 399, Stgt JB **76**, 1062 (Befreiung von einer Verbindlichkeit des Ehegatten). Die Fortsetzung eines solchen Verfahrens, das durch einen Prozeßvergleich beendet schien, wegen seiner Anfechtung zählt zum Rechtszug, Anh § 307 Rn 37.

47 **b) Außergerichtlicher Vergleich.** Er zählt *nicht* zum Rechtszug, KG MDR **98**, 1454, Kblz RR **95**, 1389, Nürnb JB **90**, 1170, aM Düss Rpfleger **92**, 449, Ffm MDR **91**, 450, Nürnb MDR **03**, 658 (aber es geht um *Prozeß*kostenhilfe).

48 **Verordneter Richter:** Das Verfahren vor dem verordneten (beauftragten, ersuchten) Richter nach §§ 361, 362 gehört zum Rechtszug, aM Düss RR **91**, 63 (wendet S 2 entsprechend an. Aber dazu besteht gar kein Bedarf).

Versäumnisurteil: Ein Antrag nur „für ein Versäumnisurteil" ist *unzulässig*, Köln MDR **88**, 588.

S auch Rn 36 „Einspruch".

Verweisung: Das Verfahren nach einer Verweisung zB nach §§ 281, 506 ZPO, 48, 48a ArbGG, 17a II 1, 96ff GVG gehört zum Rechtszug, Köln NJW **95**, 2728. 49

S auch Rn 49 „Zurückverweisung".

Vollstreckungsabwehrklage: Rn 70.

Vollstreckungsbescheid: Rn 40 „Mahnverfahren", Rn 32 „Einspruch". 50

Vorbehalt: Grundsätzlich ist ein Vorbehalt bei der Bewilligung von PKH *unzulässig,* Bre OLGZ **89**, 366. Freilich sind Auflagen von Ratenzahlungen usw nach § 115 zulässig.

Vorbehaltsurteil: Rn 41 „Nachverfahren".

Vorläufiges Verfahren: Rn 33.

Wechselprozeß: Rn 41 „Nachverfahren". 51

Widerklage: Das Verfahren auf Grund einer Widerklage nach Anh § 253 einschließlich der Verteidigung ihr gegenüber zählt *nicht* zum Rechtszug, Karlsr AnwBl **87**, 340. Etwas anderes gilt bei der Verteidigung in einer Ehesache, § 45 IV Z 4 RVG. Bei einer Klagerücknahme bleibt die Bewilligung für die Widerklage bestehen.

Widerspruchsverfahren: Rn 33.

Wiederaufnahme: Das Verfahren nach §§ 578ff gehört *nicht* zum Rechtszug.

Wiedereinsetzung: Das Verfahren nach §§ 233ff gehört zum Rechtszug. Es ist auch eine Bewilligung nur für diesen kostenrechtlich evtl selbständigen Verfahrensabschnitt zulässig. 52

Zulassungsverfahren: Es kann einen *besonderen* Rechtszug darstellen, VGH Kassel JB **97**, 648.

Zurückverweisung: Das Verfahren nach einer Zurückverweisung nach §§ 538, 565 zählt zum Rechtszug, Düss Rpfleger **87**, 263, OVG Münst JB **94**, 176. Zur weiteren Auswirkung einer vor der Zurückverweisung erteilten Bewilligung BGH NJW **83**, 944. 53

S auch Rn 47 „Verweisung".

Zuständigkeit: Ihre Klärung gehört zum Rechtszug.

Zwangsvollstreckung: Rn 68–70.

Zwischenverfahren: Das Verfahren etwa über ein Zeugnisverweigerungsrecht nach §§ 387ff zählt zum Rechtszug. 54

8) Frage erneuter Prüfung der Erfolgsaussicht und Mutwilligkeit im höheren Rechtszug, I 2. In einer Einschränkung von § 114 weist die Vorschrift das Gericht grundsätzlich an, von der Prüfung der hinreichenden Aussicht der Rechtsverfolgung oder Rechtsverteidigung ebenso wie von der Mutwilligkeitsprüfung abzusehen, wenn der Gegner ein Rechtsmittel eingelegt hat. Im FamFG-Verfahren gilt vorrangig § 77 II 2 Z 1, 2 FamFG. 55

A. Begriff des höheren Rechtszugs. Es muß sich bereits um eine höhere Instanz handeln, Rn 30, also um das Verfahren auf eine Berufung oder Revision oder sofortige oder befristete Beschwerde oder Rechtsbeschwerde, BGH MDR **03**, 1245. Die Prüfung der Voraussetzungen des § 114 erfolgt also unverändert, soweit das Verfahren zum bisherigen Rechtszug gehört, Rn 29, 32. 56

B. Gegnerisches Rechtsmittel: Grundsätzlich keine erneute Prüfung. Der Wortlaut von I 2 ist entgegen BVerfG NJW **05**, 409 nur scheinbar eindeutig. Danach darf das Gericht dann, wenn der Prozeßgegner der Rechtsmittelführer ist, die Erfolgsaussicht des Antragstellers nach § 114 Rn 80 und seine etwaige Mutwilligkeit nach § 114 Rn 106 nicht prüfen. In Wahrheit ergibt sich: Nur grundsätzlich unterbleiben eine erneute Prüfung der Erfolgsaussichten der Rechtsverfolgung oder Rechtsverteidigung oder der Mutwilligkeit, BVerfG NJW **05**, 409, Köln FamRZ **03**, 1664, LG Düss FamRZ **85**, 518 (zu einer [jetzt] FamFG-Beschwerde). Daher darf das Gericht auch keineswegs stets den Eingang der Rechtsmittelbegründung oder gar ihrer Erwiderung abwarten, Karlsr (2. ZS) FamRZ **96**, 807 und (13. ZS) AnwBl **84**, 619, aM BGH FamRZ **03**, 522, BAG NJW **05**, 1213, Nürnb MDR **07**, 1337 (aber das wäre inkonsequent). Es kommt auch nicht darauf an, ob der bisherige Sieger auch schon in der Vorinstanz eine PKH erhalten hatte. Denn sonst stünde er jetzt schlechter da als der von Anfang an Bedürftige. Es kommt ferner nicht darauf an, ob schon ein Beschluß nach § 522 II bevorsteht, Brdb MDR **08**, 285, Schlesw FamRZ **06**, 1550. Vgl freilich § 114 Rn 85 „Berufung". Die Vermutung der Richtigkeit des vorinstanzlichen Urteils kann sich andererseits als offensichtlich unhaltbar erweisen. Dann muß man die Erfolgsaussicht erneut prüfen, Köln FamRZ **03**, 1664, Nürnb MDR **04**, 962, Stgt MDR **05**, 1071. Zum Versorgungsausgleich Karlsr FamRZ **04**, 1500. 57

C. Erneute Prüfung bei PKH-Antrag beider Parteien. Solange das Gericht aber über einen etwaigen Antrag auch des gegnerischen Rechtsmittelführers auf die Bewilligung einer PKH für den Rechtsmittelzug noch nicht entschieden hat oder nach einer Ablehnung jenes Antrags noch keinen Verhandlungstermin anberaumt hat und solange nicht feststeht, ob das gegnerische Rechtsmittel überhaupt weiterlaufen wird, muß das Rechtsmittelgericht einen Antrag des Rechtsmittelgegners auf eine Bewilligung im allgemeinen vorläufig ablehnen, Celle MDR **04**, 598, Schneider MDR **79**, 367, es sei denn, daß der Rechtsmittelgegner jetzt schon eine anwaltliche Hilfe braucht, § 91 Rn 158, BGH AnwBl **88**, 420, Karlsr FamRZ **87**, 844. Das gilt auch dann, wenn das Rechtsmittelgericht dem Rechtsmittelführer schon vor einer Terminsanberaumung mitteilt, es beabsichtige die Zurückweisung des Rechtsmittels, Düss MDR **03**, 659. 58

Beispiele der Notwendigkeit einer sofortigen anwaltlichen Tätigkeit: Infolge eines Antrags zwecks Einstellung der Zwangsvollstreckung soll eine Anhörung erfolgen; es geht um eine selbständige Anschlußberufung.

D. Erneute Prüfung bei Änderung der Verhältnisse. Eine erneute Prüfung der Voraussetzungen der §§ 114ff ist auch dann erforderlich, wenn seit der bisherigen Bewilligung solche Umstände im früheren oder jetzigen Rechtszug eingetreten oder bekanntgeworden sind, die eine Bewilligung für den Rechtsmittelzug jedenfalls nicht mehr rechtfertigen, BGH FamRZ **89**, 266, Bbg FamRZ **99**, 111, Kblz MDR **03**, 1435. 59

Beispiele der Änderung: Die Sachlage hat sich infolge eines Wandels der Gesetzgebung oder der sonstigen Rechtlage einwandfrei geändert, Celle FamRZ **77**, 648; der Gegner des jetzigen Antragstellers trägt etwas einwandfrei Neues vor, das offensichtlich zu einer Aufhebung der angefochtenen Entscheidung führen muß,

Kblz MDR **03**, 1435, LG Ffm JB **83**, 1107, ZöPh 56, aM StJL 17 (aber das bedeutet eine erhebliche Änderung der Verhältnisse); das Erstgericht hat einen offensichtlichen Fehler gemacht, BVerfG **71**, 135, Brdb FamRZ **04**, 1036, Düss FamRZ **88**, 416; der Antragsteller hat das Ersturteil erschlichen, Bbg JB **85**, 1111, Karlsr FamRZ **99**, 728; das Berufungsgericht beabsichtigt die gegnerische Berufung nach § 522 II zurückzuweisen, Köln MDR **06**, 947.

60 **E. Erneute Prüfung bei Streithilfe.** S 2 gilt nur zugunsten des Gegners des Rechtsmittelführers, nicht zugunsten seines Streithelfers, § 66. Außerdem liegt die Interessenlage des Streithelfers unter Umständen anders als diejenige des Rechtsmittelgegners. Denn das Rechtsmittel richtet sich nicht gegen den Streithelfer, Schneider MDR **79**, 367.

61 **F. Erneute Prüfung bei Anschließung.** Eine Prüfung der Erfolgsaussicht oder des Fehlens einer Mutwilligkeit ist auch erforderlich, soweit das Gericht eine Anschließung an ein Rechtsmittel zB nach §§ 521, 556 beurteilen muß. Denn S 2 gilt nur zugunsten des Rechtsmittelführers. Bei einer unselbständigen Anschließung kommt es (jetzt) darauf an, ob das Berufungsgericht eine Zulassung der Revision ablehnt, (zum alten Recht) BGH NJW **85**, 498.

Karlsr MDR **90**, 930 versagt eine PKH für eine unselbständige *Anschlußberufung* nach § 521 Rn 8 nach der Rücknahme der gegnerischen Berufung. BGH NJW **85**, 498 versagt (zum alten Recht) eine PKH für eine unselbständige Anschlußrevision, wenn (jetzt) das Berufungsgericht die Annahme der Revision ablehnt.

62 **G. Eigenes Rechtsmittel: Grundsätzlich erneute Prüfung.** Soweit der Antragsteller selbst der Rechtsmittelführer ist, ist S 2 schon nach seinem Wortlaut unanwendbar. Insofern muß der Antragsteller zwar sein PKH-Gesuch nicht zur Erfolgsaussicht begründen, BGH RR **01**, 1146, Drsd MDR **00**, 659, Schneider MDR **99**, 1036, aM Celle MDR **03**, 420, Saarbr FamRZ **93**, 715, Schlesw RR **99**, 1036. Indessen darf und muß das Gericht grundsätzlich die Erfolgsaussicht prüfen, BGH FamRZ **03**, 1378, Stgt FamRZ **05**, 1274. Wegen des maßgeblichen Zeitpunkts § 114 Rn 82. Es muß auch das Fehlen eines Mutwillens prüfen, Karlsr FamRZ **99**, 726, Schlesw SchlHA **89**, 111. Bei der Erfolgsaussicht gilt: Ein für den Antragsteller ungünstiges Ersturteil schließt die Erfolgsaussicht für das Rechtsmittel keineswegs automatisch aus, BVerfG FamRZ **08**, 581, Karlsr FamRZ **06**, 1134, Schlesw SchlHA **76**, 10, aM BGH BB **84**, 2249, Düss FamRZ **02**, 1713 (aber das käme einer Mißachtung des Rechtsmittelgerichts nahe). Freilich muß der erfolgversprechende Anspruch oder Anspruchsteil die Rechtsmittelsumme erreichen, § 114 Rn 85 „Berufung".

Im übrigen muß der Antragsteller *wenigstens stichwortartig* darlegen, warum und in welchem Punkt das Ersturteil unrichtig sein soll, Drsd MDR **03**, 1443, Fischer MDR **04**, 1162. Man muß die Prüfung der Erfolgsaussicht wie bei § 114 Rn 80 vornehmen und die Prüfung des Fehlens eines Mutwillens wie bei § 114 Rn 106 durchführen. Ein Angriff gegen die erstinstanzliche Beweiswürdigung setzt voraus, daß sich die Wiederholung förmlich aufdrängt, Drsd RR **03**, 211. Besteht eine Erfolgsaussicht nur auf Grund eines vorwerfbar erst jetzt abgeschlossenen neuen Vertrags, kann ein Mutwille vorliegen, Karlsr FamRZ **99**, 726. Das Rechtsmittelgericht muß ein im letzten Moment vor dem Ablauf der Rechtsmittelfrist eingehendes unzureichend begründetes und belegtes Gesuch für die Rechtsmittelinstanz zurückweisen, Celle FamRZ **03**, 470, Düss RR **90**, 126, Hbg FamRZ **97**, 1410, aM BGH MDR **93**, 172, Drsd MDR **00**, 659 (aber man darf nicht mithilfe einer PKH § 97 II unterlaufen, Jena MDR **99**, 257).

Bei einer wahrscheinlichen *Rückverweisung* kommt es auf das anschließende voraussichtliche Endergebnis an, BGH MDR **03**, 1245. Hat der Berufungskläger alsbald nach einer gegnerischen unselbständigen Anschlußberufung das eigene Rechtsmittel zurückgenommen, muß das Rechtsmittelgericht sein PKH-Gesuch grundsätzlich ohne eine Prüfung der Erfolgsaussicht abweisen, Karlsr FamRZ **94**, 386. Dasselbe gilt natürlich erst recht, soweit der Beschwerdeführer rechtskräftig in der Vorinstanz unterlegen war, Drsd AnwBl **00**, 59. Auch eine Revisionszulassung nach (jetzt) § 543 II 1 Z 1 läßt die Prüfungsnotwendigkeit bestehen, BGH NJW **98**, 1154.

63 **9) Erneute Prüfung der Bedürftigkeit im höheren Rechtszug, I 2.** Viele beachten sie zu wenig. Im FamFG-Verfahren gilt I 2 entsprechend, § 76 I FamFG.

A. Notwendigkeit. In jedem Fall muß das Rechtmittelgericht für diesen Rechtszug erneut prüfen, ob und inwieweit der Antragsteller nach seinen persönlichen und wirtschaftlichen Verhältnissen nunmehr die Kosten der Prozeßführung dieser Rechtsmittelinstanz nicht, nur zum Teil oder nur in Raten aufbringen kann, § 114 Rn 46, OVG Münst FamRZ **93**, 715. Das gilt sowohl dann, wenn der Antragsteller der Rechtsmittelführer ist, als auch dann, wenn der Prozeßgegner das Rechtsmittel eingelegt hat, BGH VersR **86**, 342, BayObLG FamRZ **85**, 520 (zu einer [jetzt] FamFG-Beschwerde), Hamm FamRZ **86**, 1015. Das Gericht hat die Pflicht, die Bedürftigkeit der Partei auch anhand der vorhandenen Unterlagen neu nachzuprüfen, Celle FamRZ **78**, 783. Das gilt natürlich erst recht insofern, als das Rechtsmittelgericht Anlaß zu dem Verdacht hat, daß die Voraussetzungen der Bedürftigkeit nicht oder nicht mehr vorliegen.

64 **B. Beispiele zur Frage einer Bedürftigkeit**

Besserung der Lage: Eine Bedürftigkeit kann *fehlen,* wenn das Gericht eine zwischenzeitliche Besserung der wirtschaftlichen Lage der Partei kennt.

Bezugnahme: S „Erklärung".

Durchführungsabsicht: Es muß einigermaßen feststehen, daß der Rechtsmittelkläger das Rechtsmittel auch wirklich durchführen wird.

Erklärung: Das Rechtsmittelgericht muß erneut eine Erklärung nach § 117 II anfordern, BGH Rpfleger **90**, 372. Sie wird deshalb erforderlich, weil etwaige Änderungen der persönlichen und wirtschaftlichen Verhältnisse trotz § 120 IV jedenfalls in der höheren Instanz grds nicht von vornherein zu einer Änderung der in der Vorinstanz getroffenen Bestimmungen führen sollen, § 120 Rn 22, LAG Düss MDR **95**, 750, und weil die Partei auch nicht zu einer Anzeige der Änderung ihrer persönlichen und wirtschaftlichen Verhältnisse abgesehen von § 120 IV 2 verpflichtet sein soll. Die Erklärung muß in der Rechtsmittelfrist eingehen, BGH FamRZ **03**, 89.

Wie weit man aber in der höheren Instanz auf *erstinstanzliche* Erklärungen und deren Anlagen Bezug nehmen darf, ist eine andere Frage, BGH Rpfleger **148**, 69. Auch hier ist eine gewisse Großzügigkeit ratsam, Rn 66, BGH NJW **01**, 2721, Bbg FamRZ **01**, 628, strenger BGH VersR **97**, 383. Die Partei muß allerdings bei einer Bezugnahme auf frühere Angaben in der jetzigen Erklärung zu ihren gegenwärtigen Verhältnissen Stellung nehmen, BGH Rpfleger **90**, 372. Die Partei muß zumindest unmißverständlich erklären, es seien keine Änderungen eingetreten, BGH BB **148**, 69, Ffm MDR **99**, 569, Hamm MDR **00**, 1094. Es genügt nicht, daß sich das Fortbestehen der Verhältnisse aus der Rechtsmittelbegründung ergibt, BGH RR **00**, 1520. Die Partei muß unter dem jetzigen Datum eine neue Glaubhaftmachung vornehmen, soweit das Rechtsmittelgericht diese fordert, § 118 II 1. Das muß innerhalb der Rechtsmittelfrist geschehen, § 234 Rn 10, BGH FamRZ **03**, 90. Eine erkennbare Bezugnahme auf die vorinstanzlichen Angaben ist zumindest erforderlich, BGH VersR **98**, 1397. Das gilt auch, soweit eine Änderung der Verhältnisse seither eindeutig ausscheidet, BGH VersR **97**, 383.

Nicht erforderlich ist innerhalb der Rechtsmittelfrist ein Beiordnungsantrag, VGH Mannh FamRZ **02**, 1197.

Fristablauf: S „Nachweis". 65

Fristverlängerung: Das Rechtsmittelgericht muß evtl eine Bewilligung *ablehnen*, wenn der Rechtsmittelkläger wiederholt eine Verlängerung der Rechtsmittelbegründungsfrist beantragt, § 225 II.

Nachweis: Das Gericht kann und muß evtl ergänzende Nachweise fordern, BFH BB **83**, 1656. Auch nach dem Ablauf der Rechtsmittelfrist kann die Partei solche Nachweise erbringen oder erbieten. Sie darf aber nicht trödeln, BGH MDR **75**, 129, BFH BB **78**, 292.

Raten: Eine erneute Prüfung muß auch wegen der Ratenfrage erfolgen, aM KG Rpfleger **85**, 166 (aber I 2 befreit von keinem Teil der Bedürftigkeitsprüfung). Dabei muß das Gericht auf die Gesamtkosten aller bisherigen Instanzen abstellen, AG Emden FamRZ **97**, 385. Eine Bewilligung ohne Raten im 2. Rechtszug beseitigt die erstinstanzliche Ratenpflicht, Hamm FamRZ **86**, 1014, Stgt MDR **02**, 1396, aM KG Rpfleger **85**, 166 (inkonsequent). Dasselbe gilt bei zweitinstanzlich geringeren Raten, BGH NJW **83**, 944, Hamm FamRZ **86**, 1014, Stgt Just **85**, 317. Eine Ratenauferlegung im 2. Rechtszug gilt für diesen 2. Rechtszug, Oldb MDR **03**, 110, LAG Düss MDR **95**, 750. Sie berechtigt den erstinstanzlichen Rpfl nicht zur nachträglichen erstinstanzlichen Auferlegung von Raten, Stgt MDR **02**, 1396, soweit nicht § 120 IV gilt, Köln FamRZ **97**, 754, Oldb MDR **03**, 110, aM Hamm Rpfleger **94**, 469, AG Emden FamRZ **97**, 385 (inkonsequent). Solange das nicht geschieht, bleibt es ohnehin bei der erstinstanzlichen Ratenfreiheit, Oldb MDR **03**, 110.

Rechtsschutzversicherung: Eine Bedürftigkeit kann *fehlen,* wenn jetzt eine Rechtsschutzversicherung besteht, BGH ZIP **81**, 1034, KG VersR **79**, 479.

Rückwirkung: Rn 20.

Vaterschaftssache: Eine Bewilligung kommt in Betracht, wenn das Jugendamt das Kind vertritt.

Verschlechterung der Lage: Eine Bedürfigkeit kann vorliegen, wenn das Gericht eine Verschlechterung der wirtschaftlichen Lage der Partei kennt oder kennen muß, LAG Bre AnwBl **88**, 78.

Vollstreckbarkeit: Das Rechtsmittelgericht muß evtl eine Bewilligung *ablehnen,* wenn ein Antrag auf eine einstweilige Einstellung der Vollstreckbarkeit vorliegt, etwa nach § 719.

Zeitablauf: Eine Bedürftigkeit kann *fehlen,* wenn seit der letzten Erklärung nach § 117 II längere Zeit verstrichen ist.

Zulässigkeit: Das Rechtsmittelgericht muß auch die Zulässigkeit eines neuen Vorbringens prüfen. Daher darf es dem Rechtsmittelbekl eine PKH erst dann bewilligen, wenn die Zulässigkeit des Rechtsmittels feststeht.

10) Maßstab bei erneuter Prüfung im höheren Rechtszug: Großzügigkeit, I 2. Das Gebot einer 66
schon in erster Instanz nach § 114 Rn 47 ratsamen generellen Großzügigkeit gilt naturgemäß erst recht in der höheren Instanz, solange die Verhältnisse unverändert sind, BGH FamRZ **05**, 789. Nur andernfalls kann eine erneute Prüfung notwendig sein, BGH (12. ZS) FamRZ **00**, 750, strenger BGH VersR **97**, 383 (stellt auf Förmelei ab). Das Gericht sollte auch von der Beurteilung der Vorinstanz bei unveränderten Verhältnissen nur zurückhaltend abweichen. Es muß die zulässige Höchstzahl von 48 Raten für alle Instanzen beachten, § 115 Rn 84. §§ 707, 719 sind entsprechend anwendbar, Brdb JB **05**, 430.

11) Form der Entscheidung: Beschluß, I 1, 2. Die Bewilligung wie die Ablehnung erfolgt durch 67
einen Beschluß, § 329. Das Gericht muß ihn jedenfalls insoweit begründen, als es vom Wortlaut des S 2 abweicht, schon um nicht gegen das Willkürverbot zu verstoßen, § 329 Rn 4, BVerfG **71**, 135, Ffm RR **97**, 1085. Es ergeht keine Kostenentscheidung, § 127 Rn 20. Eine Bewilligung für den Rechtsmittelzug umfaßt im Zweifel nicht auch eine solche für die Vorinstanz. Eine förmliche Zustellung ist weder bei einer Bewilligung noch übrigens bei einer Ablehnung notwendig, § 329 Rn 31. Wegen der Wirksamkeit und der Mitteilung § 329 Rn 23–30. Vor einer Ablehnung muß das Gericht über einen auch nur hilfsweisen Abgabe- oder Verweisungsantrag entscheiden, Köln FER **99**, 190 rechts. Vgl § 127 Rn 10.

12) Bewilligung für die Zwangsvollstreckung, II. Die Neuregelung befriedigt nur bedingt. Im 68
FamFG-Verfahren gilt vorrangig, aber inhaltlich praktisch identisch mit II § 77 III FamFG.

A. Zulässigkeit. Soweit der Gläubiger nicht zulässigerweise eine nur begrenztere Bewilligung beantragt, etwa bei einer zunächst geplanten bloßen Sicherungsmaßnahme oder Teilvollstreckung, sondern einfach eine PKH „für die Zwangsvollstreckung" beantragt, darf und muß die Bewilligung durch das nach § 117 I 3 zuständige Gericht nach dort Rn 69 grundsätzlich zunächst nur „für die Zwangsvollstreckung in das bewegliche Vermögen" erfolgen, LG Rostock JB **03**, 385. Sie umfaßt dann auch § 850 d, LG Deggendorf JB **02**, 663. Diese sog eingeschränkte Pauschalbewilligung umfaßt alle Vollstreckungshandlungen im Bezirk des Vollstreckungsgerichts nach §§ 764, 802 einschließlich der Zustellung eines Pfändungs- und Überweisungsbeschlusses an den außerhalb des Bezirks wohnenden Drittschuldner, AG Dortm DGVZ **06**, 126, und einschließlich des Verfahrens auf eine Abgabe der Offenbarungsversicherung nach §§ 807, 899 ff, LG Rostock JB **03**, 385, aM LG Deggendorf JB **02**, 663 (aber gerade das Offenbarungsverfahren kann besondere Probleme bringen). Für die Vollstreckung in das unbewegliche Vermögen nach §§ 864 ff bleibt es bei der Notwendigkeit einer besonderen Antragstellung und Bewilligung, Behr/Hantke Rpfleger **81**, 266 (Zwangshypothek: Grundbuchamt). Dazu muß der Antragsteller darlegen, gegen welche Vollstreckungsmaßnahme er sich wendet und wie er sich sonst am Verfahren beteiligen will, BGH FamRZ **04**, 177 rechts unten.

69 **B. Zuständigkeit: Vollstreckungsgericht.** Die Bewilligung erfolgt durch das Vollstreckungsgericht, § 764. Das ist dasjenige Gericht, in dessen Bezirk die erste Vollsteckungshandlung erfolgen soll, Brüggemann DAVorm **87**, 238. Funktionell zuständig ist dort grundsätzlich der Rpfl, § 25 a RPflG. Landesrechtlich kann im Mahnverfahren der Urkundsbeamte zuständig sein, Grdz 4 vor § 688. Dem Richter bleibt in jedem Abschnitt die Bewilligung nur in den dort genannten Sonderfällen vorbehalten, LG Stgt Rpfleger **82**, 309. Allerdings bleibt für einen während der Zwangsvollstreckung erforderlichen Rechtsstreit das Prozeßgericht und damit der Richter zuständig, Rn 52. Zuständig ist das Prozeßgericht auch in den ihm in der Zwangsvollstreckung zugewiesenen Fällen, zB nach §§ 887, 888, 890, LG Frankenth Rpfleger **82**, 235, LG Stgt AnwBl **82**, 309. Es erfolgt evtl eine Abgabe von Amts wegen, LG Wuppert DAVorm **86**, 909. Den Gerichtsvollzieher bindet die Bewilligung auch dann, wenn ein unzuständiges Gericht sie vornahm, AG Ffm DGVZ **93**, 29.

70 **C. Einzelfragen.** Die Zwangsvollstreckung umfaßt an sich auch solche Handlungen vor dem Grundbuchamt, die zugleich ein Vollsteckungsakt sind, etwa zwecks Eintragung einer Zwangshypothek. Indessen ist insofern ein besonderer Bewilligungsantrag zumindest ratsam. Er ist erforderlich, soweit es um eine PKH für eine sofortige Beschwerde innerhalb der Zwangsvollstreckung geht, S 1. Die Bewilligung „für die Zwangsvollstreckung" umfaßt nicht einen im Rahmen der Vollstreckung notwendig werdenden Rechtsstreit, etwa eine Vollstreckungsabwehrklage nach § 767 oder eine Drittwiderspruchsklage, § 771. In diesen Fällen muß man den Bewilligungsantrag auch vor dem Prozeßgericht stellen. Diesen Antrag muß auch der Richter bearbeiten, nicht der Rpfl. Eine rückwirkende Bewilligung erfolgt grundsätzlich nicht, AG Essen DGVZ **97**, 46. Das Gericht muß die Frage der Beiordnung eines Anwalts ist wie sonst prüfen, § 121, LG Ulm AnwBl **00**, 63.

Zu den zahlreichen weiteren *Einzelfragen* Behr/Hantke Rpfleger **81**, 265, Bobenhausen Rpfleger **84**, 394, Brehm DAVorm **82**, 497. Eine fehlerhafte Bewilligung bleibt allerdings bis zur Aufhebung wirksam. Ein Antrag auf die Bewilligung für das Erkenntnisverfahren kann auch schon einen solchen für die Zwangsvollstreckung umfassen, auch stillschweigend. Für den letzteren besteht ein Rechtsschutzbedürfnis freilich erst ab vorläufiger Vollstreckbarkeit, LG Wuppert DAVorm **86**, 908.

120 *Festsetzung von Zahlungen.* **I [1] Mit der Bewilligung der Prozesskostenhilfe setzt das Gericht zu zahlende Monatsraten und aus dem Vermögen zu zahlende Beträge fest. [2] Setzt das Gericht nach § 115 Abs. 1 Satz 3 Nr. 4 mit Rücksicht auf besondere Belastungen von dem Einkommen Beträge ab und ist anzunehmen, dass die Belastungen bis zum Ablauf von vier Jahren ganz oder teilweise entfallen werden, so setzt das Gericht zugleich diejenigen Zahlungen fest, die sich ergeben, wenn die Belastungen nicht oder nur in verringertem Umfang berücksichtigt werden, und bestimmt den Zeitpunkt, von dem an sie zu erbringen sind.**

II Die Zahlungen sind an die Landeskasse zu leisten, im Verfahren vor dem Bundesgerichtshof an die Bundeskasse, wenn Prozesskostenhilfe in einem vorherigen Rechtszug nicht bewilligt worden ist.

III Das Gericht soll die vorläufige Einstellung der Zahlungen bestimmen,
1. wenn abzusehen ist, dass die Zahlungen der Partei die Kosten decken;
2. wenn die Partei, ein ihr beigeordneter Rechtsanwalt oder die Bundes- oder Landeskasse die Kosten gegen einen anderen am Verfahren Beteiligten geltend machen kann.

IV [1] Das Gericht kann die Entscheidung über die zu leistenden Zahlungen ändern, wenn sich die für die Prozesskostenhilfe maßgebenden persönlichen oder wirtschaftlichen Verhältnisse wesentlich geändert haben; eine Änderung der nach § 115 Abs. 1 Satz 3 Nr. 1 Buchstabe b und Nr. 2 maßgebenden Beträge ist nur auf Antrag und nur dann zu berücksichtigen, wenn sie dazu führt, dass keine Monatsrate zu zahlen ist. [2] Auf Verlangen des Gerichts hat sich die Partei darüber zu erklären, ob eine Änderung der Verhältnisse eingetreten ist. [3] Eine Änderung zum Nachteil der Partei ist ausgeschlossen, wenn seit der rechtskräftigen Entscheidung oder sonstigen Beendigung des Verfahrens vier Jahre vergangen sind.

Schrifttum: *Huhnstock,* Abänderung und Aufhebung der Prozeßkostenhilfebewilligung, 1995.

Gliederung

1) Systematik, I–IV. § 114 deutet an, daß das Gericht eine PKH evtl nur gegen Ratenzahlungen und/ oder Vermögensbeiträge bewilligen darf. § 115 einschließlich seiner Tabelle bestimmt, wie das Gericht solche Leistungen des Antragstellers ermitteln muß. § 120 enthält zusammen mit § 124 als eine Ergänzung zu § 119 bei einer Bewilligung nur gegen Raten und/oder Vermögensbeiträge weitere Regeln für das Festsetzungsverfahren und für eine nachträgliche Einstellung oder sonstige Änderung dieses Teils der Gesamtentscheidung. III Z 1 ist eine notwendige Begleitvorschrift zu der Regelung, daß man einen Zahlungsanspruch im Verwaltungszwang beitreiben kann, § 1 I Z 4 a JBeitrO, Hartmann Teil IX A, daß der Zahlungsanspruch aber nur bis zur Höhe der gesamten Prozeßkosten entsteht, Bischof AnwBl **81**, 371. IV erfaßt nur die Entscheidung über die notwendigen Zahlungen, nicht die Entscheidung über einen völligen Wegfall einer PKH. Den letzteren regelt § 124. Auch Entscheidungen nach § 120 ergehen ohne eine mündliche Verhandlung, § 127 I 1. Ihre Anfechtbarkeit richtet sich nach § 127 II. 1

2) Regelungszweck, I–IV. Das komplizierte Geflecht von Möglichkeiten der Anordnung, Änderung oder Beendigung oder Aufhebung von Ratenzahlungspflichten ist ein Ausdruck der Bemühung des Gesetzes um Gerechtigkeit auch auf diesem Nebenschauplatz des Prozesses, Einl III 43. Man kann aus noch so achtbaren fiskalischen Gründen mit einer erheblichen Hintergrundrolle das ohnehin ständig überlastete Gericht aber auch wirklich mit den nach §§ 115, 120 erforderlichen Kontrollen überstrapazieren. Deshalb sollte das Gericht die letztere Vorschrift ebensowenig wie die erstere zu streng auslegen, zumindest nicht zulasten des Antragstellers. 2

Überlastung berechtigt zwar nicht zu einer völlig unüberlegten Bewilligung ohne Raten, obwohl sie in ihrer Unanfechtbarkeit verführerisch lockt. Das Gericht braucht sich aber auch wahrhaftig nicht zwecks einer Schonung der Staatskasse noch mehr von seiner Hauptaufgabe abhalten zu lassen. Man kann bei §§ 115, 120 infolge einer ganz peniblen Anwendung zum Verzweifeln kommen und doch oft das Gefühl nicht loswerden, nur die halbe Wahrheit berücksichtigt zu haben. Solche Mißlichkeiten begleiten schon so manche Hauptentscheidung zur Genüge.

3) Geltungsbereich, I–IV. Vgl Üb 4 vor § 114, § 114 Rn 9–45. § 120 gilt auch im WEG-Verfahren und entsprechend im FamFG-Verfahren, (jetzt) § 76 I FamFG, KG FamRZ **95**, 629. § 4b I 2, II 3 InsO verweisen im dortigen Stundungsverfahren auf II bzw IV 1. 3

4) Festsetzung mit der Bewilligung, I 1. Der scheinbar einfache Wortlaut braucht eine nähere Prüfung. 4

A. Kein Zwang zu Raten usw. Entgegen dem Wortlaut muß das Gericht keineswegs immer mit der Bewilligung Raten usw festsetzen. Denn die Bedürftigkeit kann so erheblich sein, daß weder Raten noch Vermögensbeiträge in Betracht kommen, §§ 114, 115. Es kann also zu einer uneingeschränkten Bewilligung kommen. Nur diesen Fall meinen § 127 II 1, III (Anfechtung nur durch die Staatskasse). Hat das Gericht weder Raten noch Vermögensbeiträge festgesetzt, kommt eine Änderung nur unter den Voraussetzungen nach IV 2 in Betracht. Das ist rechtspolitisch bedenklich. Einzelheiten Rn 29.

B. Keine Einheit von Bewilligung und Ratenfestsetzung usw. Eine Festsetzung von Monatsraten und/oder Vermögensbeiträgen nach § 120 ist zwar grundsätzlich zeitlich und räumlich mit der eigentlichen Bewilligung nach § 119 verbunden. Dieser Grundsatz gilt aber nicht lückenlos. Ebensowenig bildet die Entscheidung nach § 120 mit derjenigen nach § 119 eine untrennbare Einheit. Die Bewilligung nach § 119 befindet darüber, ob das Gericht überhaupt eine PKH gewähren darf. Im Grunde erst nach einer Bejahung dieser Vorfrage muß das Gericht prüfen, ob es dem Antragsteller wenigstens Ratenpflichten usw auferlegen muß. Diese Unterscheidung hat erhebliche Folgen für die Anfechtbarkeit, § 127 Rn 23 ff, Köln FamRZ **84**, 1121, LAG Köln MDR **82**, 789, aM Bbg RR **86**, 742, Hbg MDR **83**, 584, Hamm Rpfleger **84**, 432 (aber es handelt sich um durchaus unterschiedliche Arten einer Beschwer). 5

C. Ermessen des Gerichts. Die Formulierung in I 1 „setzt das Gericht ... fest" bedeutet: Das Gericht hat zwar ein pflichtgemäßes Ermessen. I 2, IV und §§ 114–118 und insbesondere § 115 binden es aber. Das Gericht muß also anhand aller dieser Vorschriften feststellen, ob und in welchem Umfang eine finanzielle Beteiligung des Antragstellers an den Prozeßkosten in Betracht kommt. Maßgebend ist der Entscheidungszeitpunkt. Raten kommen nur in Betracht, soweit der Antragsteller eine Forderung auch nur in Raten einziehen kann, Naumb FamRZ **00**, 1095. Nur im Rahmen der dortigen Kriterien besteht ein Ermessen. Deshalb bindet auch eine bloße Zusage der künftigen Bewilligung nicht, ZöPh 1, aM KG FamRZ **86**, 925 (aber das Verfahren ist eben gerade kein bloßes Verwaltungshandeln, sondern ein gerichtliches Verfahren, Üb 3 vor § 114). 6

D. Mangels Festsetzung keine Zahlungspflicht. Soweit das Gericht nicht ausdrücklich und eindeutig Raten usw festsetzt, besteht schon wegen des Fehlens eines Zwangs zu solchen Anordnungen keine Zahlungspflicht, Rn 3. 7

8 **E. Zuständigkeit.** Zuständig ist „das Gericht“. Gemeint ist dasjenige Gericht, das nach § 119 überhaupt über die Bewilligung entscheidet, also dasjenige Gericht, für dessen Rechtszug der Antrag vorliegt, § 117 Rn 12, § 119 Rn 12. Es entscheidet grundsätzlich in seiner vollen richterlichen Besetzung, nicht durch den Vorsitzenden allein. Er darf bei I 1 die Entscheidung auch nicht dem Rpfl übertragen. § 20 Z 4 RPflG sieht insofern keine Möglichkeit der Beauftragung des Rpfl vor. Das Gericht muß seinen Beschluß begründen, § 329 Rn 4, Karlsr FamRZ **91**, 349 (sonst evtl Zurückverweisung). Das Beschwerdegericht kann grundsätzlich auch nach Rn 9 rückwirkend verbösern, LG Osnabr Rpfleger **94**, 363.

9 **5) Monatsraten usw, I 1.** Es ergibt sich aus den dortigen Vorschriften, ob und in welchem Umfang der Antragsteller entweder wegen § 115 II aus dem Vermögen einen einmaligen oder theoretisch auch insofern einen ratenweisen Betrag zahlen oder wegen § 115 I aus dem Einkommen (Selbstbehalt, Hamm FamRZ **94**, 446) Monatsraten nach der Tabelle in § 115 zahlen muß, und zwar wegen § 115 III mindestens 5 Raten.

A. Anordnung zugleich mit Bewilligung. Sofern überhaupt Raten und/oder Vermögensbeiträge notwendig sind, ist das Gericht grundsätzlich verpflichtet, über die Zahl der Raten und die Höhe der Vermögensbeiträge zugleich mit der Bewilligung einer PKH zu entscheiden, Hamm MDR **03**, 1021, Kblz FamRZ **06**, 1285, ArbG Münst MDR **82**, 84. Das Gericht hat also kein Ermessen, ob es etwa die weitere wirtschaftliche Entwicklung des bereits „Begünstigten“ noch einige Wochen oder Monate hindurch abwarten will.

Es darf auch *nicht* eine Entscheidung nach I „*vorbehaltlich* einer erneuten Überprüfung nach ... Monaten“ oder unter einem ähnlichen Vorbehalt oder einer ähnlichen Bedingung treffen, Hbg FamRZ **96**, 1424, Kblz VersR **80**, 1176. Es muß vielmehr unter einer Beachtung von I 2 bereits jetzt eine endgültige finanzielle Beurteilung im Zeiptunkt der Bewilligung der PKH überhaupt vornehmen, Bre FamRZ **83**, 637. Ein etwaiger Vorbehalt der Ratenzahlungsanordnung entfällt jedenfalls mit einer Hauptsacheentscheidung, Düss FamRZ **96**, 1424, Hbg FamRZ **96**, 1424, Hamm MDR **03**, 1021, und gar mit deren formeller Rechtskraft nach § 705, Düss Rpfleger **96**, 808. Das Gericht muß auch über den Beginn einer Zahlungsfrist bereits jetzt entscheiden. Die gesetzliche Fälligkeit gilt nur mangels einer abweichenden gerichtlichen Bestimmung, ThP 1, ZöPh 11, aM LAG Hamm MDR **82**, 612, Fischer SchlHA **81**, 5 (maßgebend seien §§ 7, 12 GKG, 59 RVG und in einer Arbeitssache § 11 a III ArbGG), Grunsky NJW **80**, 2045 (aber Wortlaut und Sinn der Vorschrift sind eindeutig, Einl III 39).

Bei einer *rückwirkenden Bewilligung* nach § 119 Rn 10 kommen Raten usw trotzdem durchweg erst ab der Mitteilung ihrer Anordnung in Betracht. Denn sonst müßte der Antragsteller evtl eine erhebliche Kapitalsumme sofort zahlen. Das wäre systemfremd. Eine rückwirkende Verschlechterung der Bewilligung nach Rn 8 ist nur unter den Voraussetzungen des § 124 zulässig, Zweibr AnwBl **79**, 440.

10 **B. Zahlungszeitpunkte.** Während die amtliche Tabelle in § 115 das Gericht bindet, falls es überhaupt Raten festsetzt, hat es im Rahmen seines pflichtgemäßen Ermessens nach Rn 6 in den Grenzen von I 2 und unter einer Beachtung der gesetzlichen Höchstzahl von 48 Monatsraten einerseits und der Mindestzahl von 5 Raten andererseits nach § 115 III einen weiten Spielraum für die Entscheidung, zu welchen Zeitpunkten und in welcher Reihenfolge der Antragsteller finanzielle Beiträge aus dem Vermögen oder Raten leisten soll, Düss FamRZ **86**, 1124, KG Rpfleger **84**, 477. Im Zweifel beginnt die Ratenzahlungspflicht usw mit dem Wirksamwerden des Beschlusses nach § 329 Rn 26 und mit der Fälligkeit von Gebühren sowie der Zahlungsaufforderung, KG JB **97**, 52, Schneider MDR **81**, 793, LAG Hamm MDR **82**, 612, aM Nürnb Rpfleger **92**, 399 (6–8 Wochen nach der Beschlußfassung. Aber das Gesetz nennt eine solche Stundungsmöglichkeit nicht einmal andeutungsweise). Es kommt auch eine Stundung bis zur Zumutbarkeit von Zahlungen in Betracht, Düss FamRZ **86**, 1123, Kblz FamRZ **00**, 1094, Nürnb JB **95**, 312. Eine rückwirkende Zahlungsanordnung ist unzulässig, KG MDR **99**, 510, ebenso eine Ratenfälligkeit erst ab der Rechtskraft der Entscheidung zur Hauptsache, Zweibr JB **85**, 1264.

11 **6) Raten usw: Keine Bewilligungsbedingungen, I 1.** Es wäre ungenau, eine Zahlungspflicht aus dem Vermögen oder Einkommen des Antragstellers als eine aufschiebende oder auflösende Bedingung der Bewilligung der PKH zu bezeichnen. Sie wäre ohnehin ebenso wie eine bloße Bewilligung unter einem Vorbehalt unzulässig, Rn 9, Kblz VersR **80**, 1076. Denn die PKH setzt im bewilligten Umfang sogleich und nicht etwa erst dann ein, wenn und solange die Partei die ihr auferlegten eigenen Zahlungen pünktlich leistet. Die PKH läuft vielmehr im einmal bewilligten Umfang solange fort, bis das Gericht sie nach I 2 oder IV ändert oder nach § 124 aufhebt. Selbst im letzteren Fall steht die Bewilligung aber nicht unter einer auflösenden Bedingung. Denn dann würde die Bewilligung mit dem Eintritt der Bedingung automatisch enden, § 158 II BGB. Eine Aufhebung nach § 124 wäre nicht erforderlich. Im Umfang der Bewilligung treten deren Wirkungen also unabhängig davon ein, ob die Zahlungspflichten endgültig sind, ob der Antragsteller sie pünktlich erfüllt, ob eine vorläufige Einstellung nach III erfolgt usw.

12 **7) Voraussichtlicher Wegfall besonderer Belastungen, I 2.** Man sollte nicht kleinlich prüfen.

A. Pflicht zur Vorausschau. Nach § 115 I 3 Z 4 kann es notwendig sein, von dem Einkommen Beträge abzusetzen, soweit das wegen besonderer Belastungen angemessen ist. Jedoch mag das Gericht schon im Zeitpunkt der Bewilligung der PKH erkennen können, daß solche besonderen Belastungen vor dem Ablauf derjenigen vier Jahre ganz oder teilweise entfallen, für die der Antragsteller höchstens Raten zahlen muß. Dann wäre es unzweckmäßig, die voraussichtliche Verbesserung der Verhältnisse des Antragstellers zunächst völlig unbeachtet zu lassen. Deshalb verpflichtet I 2 das Gericht dazu, bereits mit der Erstentscheidung über die Raten usw und daher zugleich mit der Bewilligung der PKH überhaupt zu bestimmen, von welchem Zeitpunkt an der Antragsteller höhere Raten oder Vermögensbeiträge leisten soll, Ffm FamRZ **92**, 1451.

13 **B. Einzelfragen.** Die Entscheidung darf nur auf fällige oder vorzuschießende Kosten des Gerichts und eines etwa beizuordnenden Anwalts abstellen, VGH Kassel MDR **93**, 914, dagegen nicht auf die noch nicht fälligen Kosten, Rn 21. Das Gericht darf trotz der Notwendigkeit einer Vorausschau nicht versuchen, allzu ungewisse zukünftige Entwicklungen schon jetzt einzubeziehen, etwa eine mögliche Beförderung usw, BGH MDR **87**, 918, strenger Ffm FamRZ **84**, 809 (streitige Forderung), LG Saarbr Rpfleger **87**, 125 (Verstei-

gerungserlös. Aber dergleichen ist doch meist ganz ungewiß). Es darf und muß aber einen gesicherten Einkommens- und Vermögenszuwachs berücksichtigen, Düss Rpfleger **90**, 305, Hamm FamRZ **93**, 1474, KG RR **89**, 511. Ein bloß vorläufig titulierter Anspruch bleibt unbeachtet, Hbg JB **89**, 1145, Zweibr JB **87**, 1704. Das Gericht muß im Zweifel zugunsten des Antragstellers entscheiden. Denn nur so läßt sich das Gebot der Sozialstaatlichkeit verwirklichen, Üb 2, 4 vor § 114. Die Staatskasse muß etwaige Ungerechtigkeiten hinnehmen. Man darf auch nicht etwa im Zweifel schärfere Bedingungen schon wegen eines möglichen neuen Antrags stellen.

8) Zahlungsgläubiger: Landeskasse, Bundeskasse, II. Die Vorschrift enthält wegen der Zahlungsgläubiger eine Klarstellung, die der Verteilung des Gebührenaufkommens im übrigen Bereich der Justiz im wesentlichen entspricht. Nach einer Zurückverweisung an ein OLG und dessen PKH-Bewilligung ist die Landeskasse Gläubigerin, BGH NJW **83**, 944. 14

9) Vorläufige Einstellung der Zahlungen, III. Man muß zwischen der vorläufigen Zahlungseinstellung unter den Voraussetzungen Z 1, 2 einerseits und einer Änderung der Entscheidung über Zahlungen unter den Voraussetzungen IV unterscheiden. 15

A. Voraussichtliche Kostendeckung, III Z 1. Die Anordnung der vorläufigen Einstellung der Zahlungen erfolgt, sobald „abzusehen ist, daß die Zahlungen der Partei die Kosten decken". Denn dann besteht natürlich kein Bedarf mehr für Leistungen des Begünstigten. Der Rpfl oder der etwa im Mahnverfahren landesrechtlich nach Grdz 4 vor § 688 zuständige Urkundsbeamte leitet das Verfahren nach III, Rn 19. Er darf nur die bisher fälligen gerichtlichen und außergerichtlichen Kosten berücksichtigen, Rn 10, nicht auch die erst in Zukunft evtl anfallenden Gebühren, Schlesw SchlHA **83**, 142.

B. Bis zur Differenzgebühr. Das Gericht muß die Raten allerdings nach der verfassungsrechtlich problematischen Regelung des § 50 I 1 RVG bis zur instanzübergreifenden vollen Deckung der Regelgebühren des beigeordneten Anwalts und damit der sog *Differenzgebühr* einziehen, Köln Rpfleger **97**, 313, LG Mainz AnwBl **03**, 374, Hartmann Teil X § 50 RVG Rn 6, aM Hamm Rpfleger **94**, 469, LAG Hbg AnwBl **95**, 204, LAG Kiel AnwBl **02**, 62 (aber Wortlaut und Sinn der Regelung ist eindeutig, Einl III 39). 16

Beispiele voraussichtlicher Kostendeckung: Es erfolgt eine teilweise Klagerücknahme, LG Bln MDR **82**, 413; ein teures Gutachten ist nicht mehr erforderlich; es findet eine Unterbrechung nach § 240 statt, LG Bln MDR **83**, 413.

C. Beitreibungsmöglichkeit gegen anderen Beteiligten, III Z 2. Die Anordnung der vorläufigen Einstellung der Zahlungen erfolgt auch dann, wenn „die Partei, ein ihr beigeordneter Rechtsanwalt oder die Bundes- oder Landeskasse die Kosten gegen einen anderen am Verfahren Beteiligten geltend machen kann", BGH RR **91**, 827. Dieser Fall kann zB dann eintreten, wenn der Begünstigte siegt, Köln FamRZ **86**, 926, und wenn der Prozeßgegner keine PKH erhalten hatte, Düss JB **86**, 1878, wenn er durch einen Vergleich einen Kostenerstattungsanspruch erhält, BGH Rpfleger **91**, 259, oder wenn sonst die Voraussetzungen des § 123 vorliegen. Man muß allerdings mitbeachten, daß die Staatskasse die Haftung eines anderen Kostenschuldners nur dann geltend machen soll, wenn eine Zwangsvollstreckung in das bewegliche Vermögen des Entscheidungs- oder des Übernahmeschuldners nach § 29 Z 1, 2 GKG erfolglos geblieben ist oder wenn sie als aussichtslos erscheint. Ferner soll die Staatskasse die Haftung eines anderen Kostenschuldners nicht geltend machen, soweit ein Entscheidungsschuldner eine PKH erhalten hatte, (jetzt) § 31 II GKG, Hamm Rpfleger **82**, 197, Köln FamRZ **86**, 926. Daher hat Z 2 kaum Bedeutung. 17

D. Anordnung der Wiederaufnahme der Zahlungen, III Z 1, 2. Unter den nachfolgenden Voraussetzungen darf und muß das Gericht eine „Wiederaufnahme der Zahlungen" anordnen. Das ergibt sich aus § 25 a RPflG und auch aus der Natur der Sache. 18

Beispiele: Es stellt sich eine restliche Kostenschuld heraus; die Beitreibung gelingt nicht, Hbg MDR **85**, 941, Bischof AnwBl **81**, 374, Lappe MDR **85**, 463; der Antragsteller haftet als Zweitschuldner, LG Gött JB **90**, 1466.

Eine *Stundung* zählt nicht hierher, Hamm Rpfleger **82**, 197.

E. Verfahren des Rechtspflegers oder Urkundsbeamten, III Z 1, 2. Zum Verfahren und der Entscheidung nach III Z 1, 2 ist der Rpfl zuständig, § 25 a RPflG. Das gilt auch beim Berufungsgericht, OVG Hbg FamRZ **90**, 81. Im Mahnverfahren kann landesrechtlich auch der Urkundsbeamte zuständig sein, Grdz 4 vor § 688. Damit der Rpfl oder der Urkundsbeamte die erforderliche Überwachung vornehmen kann, muß ihm der Registraturbeamte die Akten nach Maßgabe des § 3 I KostVfg unverzüglich vorlegen, Hartmann Teil VII A. Eine Verzögerung usw kann einen Staatshaftungsanspruch des Begünstigten auslösen. Er kann unter den Voraussetzungen III einen Antrag auf die Prüfung der Frage einreichen, ob eine vorläufige Zahlungseinstellung erforderlich ist. Hat der Rpfl oder der Urkundsbeamte nicht nur „vorläufig", sondern „endgültig" gehandelt, hat er einen Vertrauenstatbestand geschaffen. Dieser verbietet eine Nachforderung, Kblz Rpfleger **99**, 497. Evtl muß eine Rückzahlung erfolgen, Kblz FamRZ **00**, 1095. 19

10) Änderung der Entscheidung, IV, dazu *Büttner* Rpfleger **97**, 347 (Üb): Während III bei einer voraussichtlichen Kostendeckung oder bei einer anderen Beitreibungsmöglichkeit die Anordnung vorläufiger Einstellungen oder deren Wiederaufnahme vorsieht, schafft IV die Möglichkeit einer Änderung der Entscheidung über die Zahlungspflicht überhaupt bei einer nachträglichen wesentlichen Änderung der Verhältnisse. Sie wirkt abschließend, KG Rpfleger **06**, 662. 20

A. Wesentlichkeit der Änderung, IV 1. Sowohl bei einer objektiven Verschlechterung der persönlichen oder wirtschaftlichen Verhältnisse des Antragstellers oder der ihm gegenüber Unterhaltsberechtigten als auch vor allem bei einer Verbesserung der objektiven Gesamtsituation ist das Gericht zu einer Änderung einer Entscheidung über die Höhe von Zahlungen berechtigt, Brdb Rpfleger **04**, 54, Kblz MDR **05**, 107, Mü FamRZ **98**, 631. Die Änderung muß freilich nach der bisherigen Entscheidung eingetreten sein, Bbg FamRZ **03**, 1199, Kblz RR **03**, 1079, Köln RR **01**, 644. Es reicht nicht aus, daß das Gericht die bisherige 21 objektiv fortbestehende Lage fehlerhaft beurteilt hatte, Bbg NJW **05**, 1286, Düss FamRZ **06**, 1551, Köln FamRZ **07**, 297. Wegen dieses Falls § 124 Rn 48.

Die Änderung muß *bereits vorliegen.* Sie darf also nicht nur bevorstehen, Ffm FamRZ **92**, 1451, Karlsr FamRZ **99**, 1145, großzügiger Köln Rpfleger **99**, 30. Sie kann schon einige Zeit zurückliegen, Köln MDR **94**, 1045. Eine vorwerfbare erneute Verarmung ist dann unbeachtlich, Bbg FamRZ **95**, 1590, Brdb FamRZ **97**, 1543, Kblz FamRZ **96**, 617. Eine Schuldentilgung hat nicht stets den Vorrang, Brdb FamRZ **06**, 1851, Kblz FamRZ **07**, 645, Köln FamRZ **05**, 2003. Eine Anhebung der Pfändungsfreigrenzen reicht nicht, LAG Bre MDR **93**, 695. Bei einer Verschlechterung der Verhältnisse kommt auch ein neuer PKH-Antrag in Betracht, Karlsr Just **83**, 388, Mü OLGZ **85**, 490.

Die Änderung muß *„wesentlich"* sein, Brdb FamRZ **05**, 2004, Celle MDR **01**, 230, Karlsr FamRZ **92**, 704. Hier ist grundsätzlich die Tabelle zu § 115 anwendbar, Brdb FamRZ **96**, 1291, LAG Mainz NZA-RR **03**, 660. Auch kann man die bei § 323 entwickelten Regeln übernehmen, dort Rn 36 ff, Köln Rpfleger **99**, 282. Die Saldierung sollte also etwa 10% überschreiten, LAG Düss JB **89**, 1446, strenger Hamm MDR **91**, 62, ZöPh 22 (aber selbst § 323 ist nicht so streng). (Jetzt) ca 50 EUR sind kaum wesentlich, Düss Rpfleger **91**, 425, ebensowenig 7,7%, Nürnb FamRZ **93**, 818.

Soweit es nur um eine Änderung der *Unterhaltslage* geht, darf das Gericht eine Änderung nur auf einen Antrag und nur dann berücksichtigen, wenn der Antragsteller infolge dieser Änderung keinerlei Raten mehr zahlen muß, IV 1 letzter Hs in Verbindung mit § 115 I 3 Z 1 b, 2.

22 **B. Beispiele zur Frage einer wesentlichen Änderung, IV 1**

Abfindung: Wesentlich sein kann eine nicht ganz unbedeutende Abfindung an den Antragsteller, LAG Mainz NZA-RR **03**, 660.

Arbeitslosigkeit: Wesentlich ist meist der Eintritt einer Arbeitslosigkeit.

Durchsetzbarkeit: *Nicht wesentlich* ist eine Änderung dann, wenn sich ein theoretisch erworbener Anspruch nicht realisieren läßt.

S auch „Nichtehelichkeit".

Erbschaft: Wesentlich sein kann eine nicht völlig unbedeutende Erbschaft des Antragstellers, soweit er nicht die Einrede nach § 1990 BGB erhoben hat, Sommerfeld Rpfleger **89**, 113. Wesentlich sein können sechs Erbausschlagungen beim Erstschuldner, Brdb FamRZ **04**, 384.

Gehaltserhöhung: Wesentlich ist eine deutliche Gehaltserhöhung.

Hausverkauf: S „Vermögenserwerb", „Vermögensform".

Klageforderung: „Vermögenserwerb".

Kostenvorschuß: *Nicht wesentlich* ist der Umstand, daß ein Prozeßkostenvorschuß erst nach dem Prozeßende infrage käme, Köln MDR **06**, 357.

Lebensbedarf: S „Zugewinnausgleich".

Nichtehelichkeit: *Nicht wesentlich* ist eine Änderung dann, wenn es nach einer Feststellung der Nichtehelichkeit keinen hochgradig durchsetzbaren Anspruch gegen den leiblichen Vater gibt, Drsd FamRZ **99**, 303.

S auch „Durchsetzbarkeit".

Prozeßerfolg: *Nicht wesentlich* ist der Umstand eines Prozeßerfolgs, BGH AnwBl **06**, 859.

Ratenrückstand: *Nicht wesentlich* ist eine Änderung dann, wenn es nur um Raten beim Rückstand geht, Hamm FamRZ **07**, 1662, oder wenn die Partei es nur versäumt hat, eine Ratenzahlungsanordnung rechtzeitig mit der sofortigen Beschwerde nach § 127 anzugreifen, und wenn dann später nur geringe Änderungen eingetreten sind, Bgb FamRZ **95**, 1592.

Tilgungsabsicht: *Nicht wesentlich* ist der Umstand, daß der Antragsteller mit einer erhaltenen Summe Schulden tilgen will, Kblz JB **06**, 152 links.

Unterhalt: *Nicht wesentlich* ist der Umstand, daß man einen Unterhaltsanspruch nach § 1613 II Z 1 Hs 2 BGB nicht mehr geltend machen kann, Bbg FamRZ **95**, 1591.

Vaterschaftsanerkenntnis: Wesentlich ist dasjenige des leiblichen Vaters, Mü FamRZ **97**, 1284, Nürnb FamRZ **95**, 1593.

Vergleich: S „Vermögenserwerb".

Vermögenserwerb: Wesentlich ist ein erheblicher Vermögenserwerb, BGH Rpfleger **08**, 143, Brdb FamRZ **02**, 403, Celle MDR **01**, 230. Das gilt auch beim Erhalt der Klageforderung, Brdb FamRZ **06**, 1851, oder einer Vergleichssumme, Kblz JB **06**, 152 links, LG Mainz NJW **05**, 230. Das gilt besonders dann, wenn sie unerwartet hoch ausfiel, Hamm JB **93**, 687 (Vorsicht!).

Freilich sind vorherige angemessene *Dispositionen* beachtbar, Drsd FamRZ **08**, 1543 (Unterhalt).

S auch „Tilgungsabsicht", „Vermögensform".

Vermögensform: *Nicht wesentlich* ist eine bloße Änderung der Vermögensform zB infolge eines Hausverkaufs, Köln FamRZ **07**, 297.

Waschmaschine: Wesentlich ist die Notwendigkeit des Erwerbs einer neuen Waschmaschine, Zweibr FamRZ **04**, 1501 (großzügig).

Zahlung: Wesentlich ist die Zahlung der Klagesumme an den Antragsteller, Kblz MDR **05**, 107.

Zugewinnausgleich: Wesentlich ist meist der Erhalt eines nicht ganz unbedeutenden Zugewinnausgleichs, Köln FamRZ **05**, 2203.

Nicht wesentlich ist ein Geldzufluß im Rahmen des Zugewinnausgleichs, soweit er dem Erwerb eines Familienheims dient und soweit das der Schutzzweck (jetzt) des § 90 II Z 8 SGB XII (abgedruckt bei § 115) erfassen würde, Bbg FamRZ **96**, 42, oder derjenige (jetzt) des § 90 III Z 9 SGB XII, Celle JB **06**, 605, aM Mü FamRZ **99**, 303. § 90 III SGB XII erfaßt nur den gegenwärtigen Lebensbedarf für etwa drei Monate, Köln FamRZ **07**, 488.

23 **C. Änderungspflicht, IV 1.** Das Wort „kann" stellt, wie so oft, nur in die Zuständigkeit. Es bedeutet also hier keine Ermessensfreiheit, aM Bbg FamRZ **89**, 1204 (aber der Sinn des Gesetzes ist eindeutig, Einl III 39. Das Gericht soll die Ungerechtigkeiten einer unveränderten PKH trotz veränderter Verhältnisse beseitigen können). Das Gericht ist daher beim Vorliegen der gesetzlichen Voraussetzungen zur Änderung seiner

Entscheidung von Amts wegen verpflichtet, nicht nur berechtigt, Grdz 38 vor § 128, LAG Köln Rpfleger **91**, 512, Bratfisch Rpfleger **87**, 100, ferner bei einer Verschlechterung der Verhältnisse zu einem weit auslegbaren Hinweis zwecks eines Antrags des PKH-Empfängers, LAG Bre AnwBl **88**, 78. Es kommt auch ein Antrag der Staatskasse in Betracht, Bratfisch Rpfleger **87**, 100. Der nach § 121 beigeordnete Anwalt kann eine Änderung nur anregen, Schlesw JB **98**, 93. Wegen des Antrags nach IV 1 letzter Hs Rn 21.

Eine Änderung kommt nur insoweit in Betracht, als es um „die zu leistenden Zahlungen" geht, also um *Ratenzahlungen* oder Vermögensbeiträge, I 1, Brdb FamRZ **02**, 403, KG MDR **90**, 450 (es übersieht bei seiner Kritik das vorstehende Wort „Vermögensbeiträge"), Kblz Rpfleger **96**, 206 (sofortige Fälligkeit aller Raten), Maurer FamRZ **89**, 245. Das Gericht darf und muß also aus einer Bewilligung ohne Raten usw (sog Nulltarif) eine solche gegen Raten usw machen, Bbg JB **93**, 28, Karlsr FamRZ **94**, 1268, Nürnb Rpfleger **94**, 421, aus einer niedrigeren Ratenpflicht eine höhere, Bbg JB **93**, 28, aus einer bisherigen Raten-Bewilligung eine solche nur noch mit weniger Raten, Zweibr Rpfleger **92**, 357. Der nach § 25 a RPflG zuständige Rpfl kann auch die sofortige Zahlung aller fälligen Raten anordnen, Brdb FamRZ **02**, 403, Drsd FamRZ **02**, 1415. Das zeigt insbesondere IV 1 letzter Hs in Verbindung mit § 115 I 3 Z 2 S 1.

D. Keine völlige Versagung, IV 1. Das Gericht darf aber nicht aus einer Bewilligung mit oder ohne Raten usw nunmehr eine völlige Versagung oder eine Aufhebung jeder Art von PKH machen, BGH NJW **94**, 3294, Brdb FamRZ **02**, 403, Köln FamRZ **99**, 304. Das gilt selbst dann, wenn das verfassungsrechtlich zulässig wäre, BVerfG NJW **85**, 1767, und wenn es auch fiskalisch wünschenswert wäre, Brdb FamRZ **97**, 1544, Karlsr MDR **99**, 1408, aM Köln AnwBl **93**, 299, Mü Rpfleger **91**, 26, LG Frankenth Rpfleger **01**, 194 (zustm Bachmann. Aber Wortlaut und Sinn der Vorschrift verbieten trotz Rn 25–27 doch eindeutig eine solche Auslegung, Einl III 39). 24

E. Kritik, IV 1. Die Regelung ist rechtspolitisch unbefriedigend, Maurer FamRZ **89**, 245 (IV sei „stumpf genug geraten"). Es kann sich zB ergeben, daß der Unbemittelte heute eine PKH ohne jede Ratenanordnung usw für einen voraussichtlich allein in dieser Instanz jahrelangen Rechtsstreit erhält, übermorgen durch eine Erbschaft, einen Lottogewinn oder durch neue Geschäftsabschlüsse zum Millionär werden und trotzdem grundsätzlich ungerührt seine PKH nunmehr gegen Raten genießen kann, ohne von sich aus aktiv werden zu müssen und ohne sich insofern vor einem etwaigen Abänderungsbeschluß des Gerichts irgendwie rechtswidrig zu verhalten. Wenn das Gericht ihm bisher eine PKH ohne eine eigene finanzielle Beteiligung bewilligt hatte, muß die Staatskasse mangels einer Möglichkeit einer sofortigen Beschwerde nach III unverändert sogar darauf verzichten, wenigstens vom Prozeßgegner Vorschüsse zu fordern usw, § 122 II. 25

Soweit der vorgenannte Antragsteller einen *Anwalt* beauftragt hat, muß die Staatskasse schon deshalb auch seinem Prozeßgegner dessen Anwalt zumindest vorfinanzieren, sofern die persönlichen und sachlichen Voraussetzungen für eine PKH beim Prozeßgegner vorlagen. Das gilt selbst im Parteiprozeß, § 121 II 1 Hs 2. Alle diese Ergebnisse haben mit einer Gerechtigkeit der angestrebten Art kaum noch etwas gemein, sobald sich die wirtschaftliche Lage des ohne jede Zahlungsanordnung Begünstigten nach der Bewilligung verbessert hat. 26

Andererseits läuft der Antragsteller auch dann kein Risiko, wenn sich seine wirtschaftliche Lage seit der Entscheidung wesentlich *verschlechtert* hat. Denn jedenfalls bis zur Entscheidung in der Hauptsache kann er unabhängig von einem Änderungsantrag nach IV jederzeit auf Grund neuer Zahlenangaben ein neues PKH-Gesuch stellen oder eine Herabsetzung oder Streichung der Ratenzahlungspflicht fordern, Bbg JB **83**, 456, Celle NdsRpfl **83**, 31, Hbg MDR **83**, 234, aM Brschw FamRZ **86**, 82, Mü MDR **85**, 942 (aber diese Möglichkeit besteht stets und reicht aus). Die Gerichtsentscheidung bindet die Staatskasse demgegenüber bis auf die Fälle des § 127 III, Ffm FamRZ **91**, 1327, Nürnb JB **92**, 756. Daher bleibt im Ergebnis eine erhebliche Verlagerung des wirtschaftlichen Risikos zulasten der Staatskasse bestehen. 27

F. Einzelfragen, IV 1. Wirksam ist nur die zuletzt erfolgte Ratenfestsetzung. Das gilt unabhängig davon, in welcher Instanz das Gericht sie beschlossen hat, BGH NJW **83**, 944, Hamm FamRZ **86**, 1014. Auch nach einem rechtskräftigen Abschluß des Prozesses bleibt das Prozeßgericht zuständig. Nicht etwa ist der Verwaltungsweg eröffnet, Bbg JB **92**, 251, Düss (6. FamS) FamRZ **94**, 1268, Köln Rpfleger **99**, 282, aM (teilweise zum alten Recht) Düss (10. ZS) AnwBl **88**, 125, Hbg MDR **83**, 234, Schlesw SchlHA **88**, 67 (aber der Wortlaut und Sinn von IV ist eindeutig, Einl III 39). Im Insolvenzverfahren kann die Staatskasse nur zur Tabelle anmelden, Bbg FamRZ **05**, 1187. 28

G. Erklärungspflicht nur auf Verlangen des Gerichts, IV 2. Der Antragsteller hat keine gesetzliche Anzeigepflicht über Veränderungen seiner Lage nach IV 1, Bbg FamRZ **95**, 374. Er braucht nur „auf Verlangen des Gerichts" Erklärungen abzugeben. Das stellt IV 2 klar, Mü FamRZ **92**, 702, Stgt Rpfleger **06**, 415, Zweibr MDR **97**, 886. Darin liegt eine weitere Schwäche und Inkonsequenz der geltenden Regelung. Der Gesetzgeber hat sie indes eindeutig hingenommen. Sie läßt Änderungsmöglichkeiten praktisch davon abhängen, daß der Antragsgegner eine Änderung der Verhältnisse des Antragstellers anzeigt oder daß das Gericht sonstwie im Verfahren zufällig davon erfährt. Ein nochmaliges Formular nach § 117 ist nicht erforderlich, Hamm MDR **05**, 341, Karlsr JB **06**, 153, Naumb JB **02**, 539. Eine vergebliche Aufforderung zur Vervollständigung usw ist ein Anlaß zur Änderung, Karlsr JB **06**, 153. Der Betroffene kann einen Antrag nach IV stellen. Man muß den Hinweis auf eine Verschlechterung im Verfahren nach § 124 IV evtl als einen Antrag nach § 120 IV umdeuten, Brdb FamRZ **01**, 633. 29

Das Gericht ist zu einer *Anfrage* nach IV 2 nur dann verpflichtet, wenn dazu ein bestimmter Anlaß besteht, VGH Kassel NVwZ-RR **06**, 512. Es ist zB beim Verdacht oder gar bei einer Kenntnis von Veränderungen unverzüglich verpflichtet, LAG Köln Rpfleger **91**, 512. Es muß sich an den ProzBev wenden, Brdb MDR **07**, 1392, LAG Mainz MDR **07**, 432. Der Antragsteller hat keinen Vertrauensschutz dahin, daß eine Überprüfung nach IV 2 unterbleibt, LAG Köln Rpfleger **91**, 512. Das Gericht kann nur eine Glaubhaftmachung der gemachten Angaben nach § 118 II 4 fordern, Hamm FamRZ **96**, 1291. Das Gericht muß eine angemessene Frist setzen, LAG Bre BB **90**, 2196. Es muß dabei die erforderliche Form einhalten, § 329 Rn 11, 12, 31, aM Hamm Rpfleger **03**, 35 (aber § 329 II 2 gilt bei jeder Frist). Die Frist ist keine Notfrist nach § 224 I 2 und keine Ausschlußfrist, BAG NZA **04**, 1063, Hamm Rpfleger **03**, 35; KG MDR **07**, 357. Eine zeitnahe ausreichende Äußerung im parallelen Eilverfahren mag eine solche im Hauptprozeß erübrigen, VGH Kassel NVwZ-RR **06,** 512. Die Äußerung kann nach dem Instanzende nachfolgen, Brdb MDR **07**, 1392, oder im Beschwerdeverfahren der §§ 567 ff, BAG NZA **04**, 1063, Hamm FamRZ **00**, 1225 links, Karlsr FamRZ **02**, 1419. Das gilt nicht nur bei einer Schuldlosigkeit am Fristablauf, BAG NZA **04**, 1063, Bbg FamRZ **99**, 308. Nach dem Instanzende geht das Verlangen des Gerichts an die Partei selbst und nicht an ihren früheren ProzBev, Brdb FamRZ **02**, 403, LAG Düss Rpfleger **03**, 138. Mangels einer fristgemäßen ausreichenden Antwort kommt eine Aufhebung der PKH nach § 124 Z 2 Hs 2 in Betracht, Zweibr JB **95**, 310. Eine wiederholte Antwort kann nach den Gesamtumständen notwendig sein, aM Köln JB **06**, 657 links oben (aber es handelt sich um ein Dauerverhältnis).

30 **H. Verböserungsverbot, IV 3.** Die Änderung *zugunsten* des Antragstellers scheint zwar, wenn überhaupt, sogar rückwirkend zulässig und notwendig, Düss FamRZ **95**, 1592, Mü Rpfleger **94**, 218, LAG Kiel SchlHA **88**, 91, aM (teilweise zum alten Recht) Düss FamRZ **92**, 837, Ffm RR **86**, 358, Mü OLGZ **89**, 382 (aber IV 3 ist eindeutig, Einl III 39). Eine Änderung zum Nachteil des Antragstellers ist aber abweichend von den eben genannten Regeln nur unter den folgenden besonderen Voraussetzungen statthaft. Sie ist zum Schutz des Antragstellers zunächst nur bis zum Ablauf von immerhin vier Jahren seit der Rechtskraft der Entscheidung oder seit der sonstigen Verfahrensbeendigung zulässig, § 322, BGH NJW **07**, 846, also seit der Beendigung dieses gesamten Hauptsachestreits, Brdb FamRZ **02**, 1416, Drsd FamRZ **02**, 1416, KG FamRZ **07**, 646 (je: also evtl erst nach Ende des Scheidungsverbundverfahrens), Naumb FamRZ **01**, 237, Stgt Rpfleger **06**, 415 (je: auch infolge einer Untätigkeit des Gerichts oder infolge des Ruhens des Verfahrens), nicht etwa schon seit der Bewilligung der PKH, Kblz Rpfleger **94**, 259, Mü Rpfleger **94**, 219.

Sonstige Beendigung ist zB ein Prozeßvergleich nach Anh § 307, das Nichtweiterbetreiben oder die Anordnung des Ruhens.

Innerhalb der Frist muß die Entscheidung ergehen, Zweibr Rpfleger **07**, 478. Die Einleitung des Änderungsverfahrens reicht also grundsätzlich nicht, Naumb FamRZ **00**, 1225 rechts, aM ZöPh 15 (aber IV 3 nennt und meint eindeutig andere Fristbeginnzeitpunkte, Einl III 39). Eine Ausnahme kann beim Trödeln der Partei mit einer Antwort gelten, Kblz FamRZ **02**, 892, Naumb FamRZ **96**, 1425, Zweibr Rpfleger **07**, 478, aM Bbg FamRZ **95**, 1590, Zweibr JB **95**, 310 (aber eine Arglist ist in keiner auch nur abgeschwächten Form erlaubt, Einl III 54). Während dieser langen Frist ist das Gericht und auf sein Verlangen auch der Antragsteller zu einer notfalls jahrelangen Rückaufrollung der Verhältnisse verpflichtet, Düss (3. ZS) FamRZ **95**, 1592, aM Düss (2. FamS) FamRZ **92**, 837 (aber diese lästige Aufgabe folgt nun einmal aus dem klaren Gesetzesauftrag). Es handelt sich um eine sog uneigentliche Ausschlußfrist, Üb 11 vor § 214. Sie ist keine Notfrist, § 224 I 2. Sie ermöglicht daher keine Wiedereinsetzung nach § 233.

31 **I. Keine rückwirkende Verböserung.** Eine rückwirkende Verböserung ist allerdings entgegen dem Wortlaut von IV 3 in Wahrheit ohnehin grundsätzlich unzulässig, Düss FamRZ **98**, 837, Karlsr MDR **83**, 1031, ZöPh 17, aM Lepke DB **85**, 493. Das gilt jedenfalls dann, wenn es im Ergebnis nur um eine Änderung der Ratenzahl gehen dürfte. Die gerichtlichen Aufgaben im PKH-Verfahren entfernen den Richter ohnehin schon bedenklich weit von seiner verfassungsmäßigen Aufgabe der Streitentscheidung. Nach dem Abschluß des Prozesses kommt keine Änderung mehr in Betracht, § 119 Rn 16, Düss (10. ZS) AnwBl **88**, 125, aM Düss (3. ZS) Rpfleger **90**, 306 und (9. ZS) Rpfleger **93**, 165 (aber nun ist der Gesamtprozeß beendet).

32 **J. Verfahren des Rechtspflegers oder Urkundsbeamten, IV 1–3.** Für das Verfahren und insbesondere für IV ist der Rpfl kraft Gesetzes zuständig, § 25 a RPflG, (je zum alten Recht) Bbg JB **92**, 251, Ffm FamRZ **91**, 1327, Köln Rpfleger **00**, 398. Es kann im Mahnverfahren auch der landesrechtlich etwa bestimmte Urkundsbeamte zuständig sein, Grdz 4 vor § 688. Der Bezirksrevisor hat kein Recht, den Rpfl oder den Urkundsbeamten zur Einhaltung einer bestimmten Prüfungsfrist anzuweisen, Köln Rpfleger **00**, 398. Nach einer Aktenrücksendung ist der erstinstanzliche Rpfl oder der dortige Urkundsbeamte zuständig, Celle Rpfleger **96**, 278. Er muß den Betroffenen vor der Entscheidung anhören, Artt 2 I, 20 III GG, BVerfG **101**, 404, also evtl auch den früheren ProzBev, LAG Hamm JB **98**, 593. Maßgeblich ist also nur die jetzige Gesamtlage, Karlsr FamRZ **86**, 1126, Zweibr JB **83**, 1720. Der Rpfl nimmt bei der Beurteilung der Entwicklung der Vermögensverhältnisse eine Saldierung vor, Bbg JB **93**, 233. Er erfaßt auch die sog Differenzkosten nach (jetzt) § 50 RVG, Düss Rpfleger **01**, 245. Er entscheidet durch einen Beschluß, § 329. Diesen muß er begründen, § 329 Rn 4. Er muß ihn wegen § 127 Rn 94 ff nach § 329 III förmlich zustellen. Das gilt zumindest dann, wenn er sich im Abänderungsverfahren gemeldet hat, Brdb FamRZ **08**, 72 rechts. Es ergeht keine Kostenentscheidung. Jede Instanz prüft gesondert, § 119 Rn 31.

33 **11) Rechtsbehelfe, I–IV.** Vgl zunächst § 127. Bei einer Entscheidung des Rpfl gilt § 11 RPflG, § 127 Rn 94 ff. Bei einer Entscheidung des Urkundsbeamten gilt § 573 I. Der Antragsteller kann bei IV 2 die Erklärung im Beschwerdeverfahren nachholen. Daher darf das Beschwerdegericht evtl auch noch nach dem Abschluß des Hauptprozesses zugunsten des Antragstellers entscheiden, Drsd JB **98**, 478, Ffm MDR **92**, 293. Der beigeordnete Anwalt hat kein Beschwerderecht, Hamm FamRZ **06**, 350, Schlesw JB **98**, 92, Zweibr Rpfleger **00**, 339, aM bei III Ffm JB **85**, 1728, Köln FamRZ **97**, 1283, Stgt AnwBl **85**, 49 (aber der Anwalt muß sich der Staatskasse fügen).

121 *Beiordnung eines Rechtsanwalts.*

I Ist eine Vertretung durch Anwälte vorgeschrieben, wird der Partei ein zur Vertretung bereiter Rechtsanwalt ihrer Wahl beigeordnet.

II Ist eine Vertretung durch Anwälte nicht vorgeschrieben, wird der Partei auf ihren Antrag ein zur Vertretung bereiter Rechtsanwalt ihrer Wahl beigeordnet, wenn die Vertretung durch einen Rechtsanwalt erforderlich erscheint oder der Gegner durch einen Rechtsanwalt vertreten ist.

III Ein nicht in dem Bezirk des Prozessgerichts niedergelassener Rechtsanwalt kann nur beigeordnet werden, wenn dadurch weitere Kosten nicht entstehen.

IV Wenn besondere Umstände dies erfordern, kann der Partei auf ihren Antrag ein zur Vertretung bereiter Rechtsanwalt ihrer Wahl zur Wahrnehmung eines Termins zur Beweisaufnahme vor dem ersuchten Richter oder zur Vermittlung des Verkehrs mit dem Prozessbevollmächtigten beigeordnet werden.

V Findet die Partei keinen zur Vertretung bereiten Anwalt, ordnet der Vorsitzende ihr auf Antrag einen Rechtsanwalt bei.

Vorbem. III geändert dch Art 4 Z 2 G v 26. 3. 07, BGBl 358, in Kraft seit 1. 6. 07, Art 8 G, ÜbergangsR Einl III 78.

Gliederung

1) Systematik, I–V. Man muß zwischen der Bewilligung einer PKH und der logisch stets und zeitlich oft 1
nachfolgenden Beiordnung eines Anwalts einerseits sowie seiner Bevollmächtigung durch die Partei und seiner Bestellung zum ProzBev nach § 81 andererseits unterscheiden, Düss MDR **89**, 827, LG Ulm AnwBl **00**, 63. § 121 regelt die Beiordnung zwingend, BGH JB **07**, 97, und deutet an, daß eine Bevollmächtigung nach §§ 78 ff hinzutreten muß. § 172 Rn 5 ff nennen die Voraussetzungen der Bestellung zum ProzBev. Der Vergütungsanspruch des beigeordneten Anwalts richtet sich nach § 122 I Z 1 b, Z 3, § 126 sowie (jetzt) nach §§ 45 ff RVG, LG Bln Rpfleger **96**, 294. Eine Aufhebung der Beiordnung erfolgt nach Rn 21.

2) Regelungszweck, I–V. Der Begünstigte, könnte ohne eine Anwaltshilfe im Anwaltsprozeß fast nichts 2
erreichen, im Parteiprozeß oft nichts, § 78 Rn 1. Daher muß die PKH auch eine Anwaltshilfe im sachlich notwendigen Umfang zur Folge haben, LAG Hamm NZA **05**, 544, OVG Münst AnwBl **93**, 300 links. Diesen Umfang klärt § 121. Damit dient die Vorschrift der Durchführung eines wesentlichen Teils der Ziele einer PKH und insoweit allen Teilen der Rechtsidee. Gleichwohl darf man nicht durch eine allzu großzügige Beiordnung die Begrenzung von Kosten des Unterliegenden auf das wirklich Notwendige vernachlässigen, § 91 Rn 28. Vgl ferner Rn 31, 52, 64, 73.

Auswärtige Anwälte machen den Gerichten wegen III oft Schwierigkeiten, wenn sie Mehrkosten gegenüber Ortsansässigen verursachen würden. Nach den Regeln Rn 58 ff sind die Möglichkeiten einer derartigen Beiordnung sehr begrenzt. Allerdings ist letzthin nur dasjenige maßgeblich, was im Bewilligungsbeschluß richtig oder falsch steht. Umso unangenehmer kann eine zu großzügige Handhabung mindestens psychologisch werden, wenn dann der Prozeßverlierer zahlen soll und verständlicherweise prüft, ob er solche Mehrkosten tatsächlich miterstatten muß. Deutliche Worte der Kritik durch das Rechtsmittelgericht sollten sich an dieser Stelle vermeiden lassen.

3 **3) Geltungsbereich, I–V.** Üb 4 vor § 114, § 114 Rn 9–45. § 121 gilt auch in einer eigenen Sache des Anwalts als Antragsteller, BAG NJW **08**, 604. Die Vorschrift gilt auch im WEG-Verfahren. § 11 a ArbGG ist anwendbar, LAG Mainz MDR **06**, 716. Auch § 4 a II 2 InsO ist anwendbar, BGH RR **03**, 697. Die Vorschrift verweist im dortigen Stundungsverfahren auf III–V. Im FamFG-Verfahren gelten formell vorrangig § 78 I–V FamFG (bis auf dessen II inhaltlich mit § 121 fast übereinstimmend. Zum alten Recht Bre FamRZ **08**, 1544). Wegen des sozialgerichtlichen Verfahrens LSG Erfurt NZS **04**, 56 (Unanwendbarkeit), Keller NZS **03**, 521.

4 **4) Freie Wahl des Anwalts, I–V.** Viele übersehen die Regelung.

A. Grundsatz: Wahlrecht. Der Antragsteller hat eine freie „Wahl", welchen Anwalt er beiordnen lassen will, Celle FamRZ **04**, 1881, Düss FamRZ **95**, 241. Diesen Grundsatz nennt I und wiederholt ihn sowohl für den ProzBev im Anwalts- wie Parteiprozeß nach § 78 Rn 1 in III als auch für den Beweis- oder Verkehrsanwalt in IV. Der Insolvenzverwalter wählt unabhängig vom Schuldner, Rostock JB **07**, 324. Nur für den Fall, daß die Partei keinen Anwalt ihrer Wahl findet, enthält V Sonderregeln. Der Antragsteller hat also einen grundsätzlichen Rechtsanspruch darauf, daß das Gericht nur den Anwalt seines Vertrauens (Wahlanwalt) und keinen anderen beiordnet, soweit dieser Anwalt überhaupt für diese Partei tätig werden darf, Bre FamRZ **08**, 1544, Schlesw SchlHA **82**, 197. Freilich darf zB ein Streitgenosse nicht mutwillig einen anderen als den Anwalt des anderen Streitgenossen benennen, Einl III 54. Das Gericht darf dem Antragsteller keinen solchen Anwalt durch eine Beiordnung aufzwingen, den der Antragsteller nicht wünscht, solange er einen anderen zu seiner Vertretung bereiten Anwalt findet. Aber auch dann, wenn er keinen solchen findet, erfolgt die Beiordnung nicht von Amts wegen, sondern nur „auf Antrag". Das stellt V klar.

5 **B. Form der Wahl.** Die Wahl ist eine Parteiprozeßhandlung, Grdz 47 vor § 128. Sie kann dem Gericht gegenüber ausdrücklich oder durch ein schlüssiges Verhalten erfolgen, Köln MDR **83**, 847. Wenn ein Anwalt beim Prozeßgericht für eine Partei einen PKH-Antrag stellt, liegt darin regelmäßig die Mitteilung, die Partei habe ihr Wahlrecht zu seinen Gunsten ausgeübt, soweit er eine Prozeßvollmacht hat, Rn 15, Köln MDR **83**, 847, Mü FamRZ **02**, 1196. Die Bemessung ist ebenso eine Obliegenheit wie diejenigen nach § 117. Sie läßt sich aber im Gegensatz zu dort nachholen, sogar noch in einer Wiedereinsetzungsfrist, BVerwG NVwZ **04**, 888.

6 **C. Wählbarkeit nur eines einzelnen Anwalts.** Wählbar ist stets nur ein einzelner Sozius, auch wenn die Partei die gesamte Sozietät bevollmächtigt oder beauftragt hat, Düss AnwBl **91**, 223, Karlsr FamRZ **96**, 1428, LAG Nürnb MDR **02**, 1094 (auch wegen seines Ausscheidens), aM Köln JB **93**, 616, Ganter AnwBl **07**, 847 (aber eine Bestellungsanzeige mehrerer Sozies ändert nichts an der Wählbarkeit nur eines einzelnen Sozius). Vgl. freilich Rn. 7. Im Zweifel hat die Partei den Unterzeichner oder Bearbeiter der Sozietät gewählt, Rn 5, Karlsr FamRZ **96**, 1428, Zweibr FamRZ **86**, 288, aM Ffm MDR **88**, 874 (aber man darf und muß den Vorgang vernünftig auslegen, Einl III 36 ff).

7 **5) Rechtsanwalt, I–V.** In allen Fällen des § 121 kommt nur ein „Rechtsanwalt" zur Beiordnung in Betracht. Zu diesem Kreis gehören grundsätzlich zumindest alle in Deutschland zugelassenen Anwälte, Bbg NJW **77**, 113, Köln NJW **75**, 1607. Dazu zählt wegen § 59 BRAO in den Grenzen von Rn 6 an sich auch eine Anwalts-GmbH, Nürnb NJW **02**, 3715. Die Zulassungsbeschränkungen ausländischer Anwälte nach SchlAnh VII sind weitgehend nichtig, EuGH NJW **88**, 887 (zum alten Recht). Zu ihrer Beiordnung Bbg FamRZ **97**, 1543, Bach Rpfleger **91**, 9 (auch zur Vergütung). Auch ein angestellter Anwalt kommt infrage, BGH FamRZ **05**, 261. Ein Kammerrechtsbeistand nach §§ 1 II 1, 3 I Z 1 RDGEG, § 209 BRAO steht dem Anwalt gleich, so schon BGH NJW **03**, 2244. Ein selbst bedürftiger Anwalt läßt sich evtl beiordnen, Rn 26. Auch ein Rentenberater oder ein Prozeßagent kommen nicht infrage, LSG Schlesw NZS **04**, 390. Ein Dolmetscher kommt hier nicht in Frage, Hamm FamRZ **08**, 1463.

8 **6) Vertretungsbereitschaft, I–IV.** Soweit der Antragsteller einen Wahlanwalt nennt, muß das Gericht prüfen, ob dieser auch „zur Vertretung bereit" ist. Seine Bereitschaft führt zur Verfassungsmäßigkeit geringer Gebühren, BVerfG NJW **08**, 1063.

A. Keine Vertretungspflicht vor Anwaltsvertrag. Der Wahlanwalt ist zur Vertretung des Antragstellers nicht verpflichtet, solange er sich mit diesem noch nicht über das Mandat geeinigt hat. Das Gericht darf den noch nicht oder nicht mehr „bereiten" Anwalt also jedenfalls nicht nach I–IV beiordnen, Brdb FamRZ **07**, 1754. Es kann der Partei keinen Anwalt durch Beiordnung aufzwingen, soweit die Partei von ihrem Wahlrecht einen anderen Gebrauch macht, Rn 4. Es darf den Anwalt vor einem Abschluß des Anwaltsvertrags nicht gegen seinen Willen nach I–IV beiordnen. Es darf einen Anwalt nach der Niederlegung des Mandats nicht mehr beiordnen, Stgt FamRZ **06**, 800.

9 **B. Kein Beiordnungsanspruch des Anwalts.** Der Wahlanwalt hat trotz seiner Bereitschaft zur Vertretung nicht aus eigener Person einen Anspruch auf seine Beiordnung und daher auch kein entsprechendes Beschwerderecht, Rn 23, BGH **109**, 166, Karlsr FamRZ **96**, 1428, LAG Nürnb MDR **02**, 1084, aM Hbg FamRZ **00**, 1227 (aber die Beiordnung ist allenfalls von der Partei abhängig). Erst von der Beiordnung ab entstehen zwischen ihm persönlich und dem Staat verfahrensrechtliche, berufsrechtliche und gebührenrechtliche Beziehungen.

10 **7) Beiordnung, II, III.** Man sollte die Vorschrift genau beachten. Zuständig ist das Gericht der PKH-Bewilligung, evtl das Beschwerdegericht, Köln Rpfleger **83**, 124.

A. Beiordnungspflicht des Gerichts. Soweit es um die Beiordnung eines ProzBev nach § 81 und nicht nur um die Beiordnung eines Beweis- oder Verkehrsanwalts nach IV geht, ist das Gericht unter den gesetzlichen Voraussetzungen zur Beiordnung verpflichtet und nicht nur berechtigt, hat also kein Ermessen, Hamm FamRZ **00**, 1226. Das ergibt sich schon aus dem Wortlaut „. . . wird beigeordnet". Die Beiordnung ist unverzüglich erforderlich, also ohne schuldhaftes Zögern, § 121 I 1 BGB. Die Beiordnung ist gegenüber dem Beigeordneten keine Amtspflicht nach § 839 I BGB, BGH NJW **90**, 836. Das Beschwerdegericht kann die Auswahl und Beiordnung dem Prozeßgericht überlassen, § 575, Karlsr MDR **92**, 1178.

B. Umfang der Beiordnung. Die Beiordnung muß grundsätzlich in demjenigen Umfang erfolgen, in dem das Gericht dem Antragsteller in gesetzlicher Weise eine PKH bewilligt, Celle MDR **00**, 1038. Das gilt auch im Fall der rückwirkenden Bewilligung, § 119 Rn 10, Christl MDR **83**, 539. In der Regel erfolgt die Beiordnung für den gesamten Rechtszug, § 119 S 1. Was dazugehört, ist in § 119 Rn 30 dargestellt. Auch für die Zwangsvollstreckung erfolgt die Beiordnung umfassend, § 119 Rn 49 „Zwangsvollstreckung“. Der beigeordnete Anwalt darf im Umfang der Beiordnung umfassend tätig werden, also auch bei einem Prozeßvergleich nach Anh § 307, Schneider MDR **85**, 814 (also nicht beim außergerichtlichen), oder in einem Beweistermin vor einem beauftragten oder ersuchten Richter. Vgl freilich § 46 II 1 RVG. **11**

Für den Fall einer *Beweisaufnahme* vor dem ersuchten Richter usw nach §§ 361, 362 enthält IV aber die Möglichkeit der zusätzlichen Beiordnung eines Beweisanwalts. Daher ist sie insofern auch zusätzlich erforderlich. Es kommt allerdings auch eine innerhalb des Rechtszugs oder der Zwangsvollstreckung beschränkte Beiordnung auf einen oder mehrere selbständige Verfahrensabschnitte in Betracht, soweit der Beiordnungs- oder Bewilligungsantrag nicht weitergeht, BPatG GRUR **88**, 368. Einen vollen Untervertreter oder einen solchen nur für eine Verhandlung darf das Gericht nicht zusätzlich beiordnen, BVerwG NJW **94**, 3243, Brdb AnwBl **96**, 54, Schneider MDR **99**, 959.

C. Verstoß. Eine überhaupt fehlerhafte Beiordnung zB trotz des Fehlens der Bewilligung nach § 119 schafft keinen Vergütungsanspruch gegen die Staatskasse, aM LG Bln Rpfleger **96**, 294. Eine fehlerhafte rückwirkende Bewilligung ist für den beigeordneten Anwalt bis zur etwaigen Aufhebung wirksam, Bbg JB **86**, 768. Dasselbe gilt zu seinen Gunsten für das Kostenfestsetzungsverfahren nach §§ 103 ff, Mü Rpfleger **86**, 108. Eine verzögerte Beiordnung kann Staatshaftung auslösen. **12**

8) Beiordnungsfolgen, I–V. Sie sind vielfältig. **13**

A. Übernahmepflicht. Der beigeordnete Anwalt muß das Mandat übernehmen, Bbg JB **92**, 622, Kleinwegener FamRZ **90**, 1067. Er hat ja bereits vor der Beiordnung seine Bereitschaft zur Übernahme der Partei und/oder dem Gericht gegenüber erklärt. Andernfalls wäre die Beiordnung nicht ordnungsgemäß erfolgt. Es ist also zwischen der Partei und dem Anwalt strenggenommen bereits vor der Beiordnung nach I–IV ein Anwaltsvertrag nach Rn 14 zustandegekommen. Er stand lediglich unter der aufschiebenden Bedingung einer ordnungsgemäßen Beiordnung. Mit dem Eintritt dieser Bedingung ist der Vertrag endgültig wirksam. Bei einer Beiordnung nach V gilt Rn 68, 69.

B. Notwendigkeit eines Anwaltsvertrags. Die Beiordnung ersetzt nicht die Notwendigkeit einer besonderen zusätzlichen vertraglichen Einigung zwischen dem Anwalt und der begünstigten Partei, §§ 164, 670 ff BGB. Der Anwaltsvertrag kann spätestens dadurch entstehen, daß der Anwalt im Einverständnis der Partei für sie tätig wird, BGH FamRZ **05**, 261, Karlsr FamRZ **05**, 384. Die Beiordnung ersetzt auch nicht die Notwendigkeit einer Vollmachtserteilung durch die Partei, Rn 16. Die Beiordnung bedeutet auch keineswegs eine Weisungsgebundenheit des beigeordneten Anwalts gegenüber dem Gericht. Sie bewirkt weder ein besonderes Gewaltverhältnis zwischen der Justizverwaltung und dem Anwalt, Kleinwegener FamRZ **90**, 1067, noch greift sie in die freie Berufsausübung des Anwaltsstands ein, Hamm AnwBl **75**, 95 (nach altem Recht). **14**

C. Fürsorgepflicht des Anwalts. Der beigeordnete Anwalt hat von der Beiordnung an Fürsorge-, Belehrungs- und Betreuungspflichten, § 85 Rn 8 ff. Das gilt zB dazu, ob und welche Eilmaßnahmen er treffen und welche Fristen er sogleich beachten muß. Der beigeordnete Anwalt kann sogar schon vor der Vollmachtserteilung an ihn in solchem Umfang haften, sofern die Parteien schon in Verhandlungen über den zukünftigen Vertrag standen (Verschulden bei Vertragsschluß). Ihm kann auch schon vor dem Erhalt der Prozeßvollmacht ein Anspruch gegen den Vertragspartner und gebührenrechtlich wegen § 122 I Z 3 nur gegen die Staatskasse daraus entstehen, daß er die vorgenannten Fürsorgepflichten usw bereits wahrgenommen hat, etwa aus einer auftraglosen Geschäftsführung, BAG ZIP **80**, 404, KG Rpfleger **85**, 39. Eine Genehmigung der Partei heilt. Beim Verstoß kann sich der Anwalt schadensersatzpflichtig machen. **15**

D. Unterstützungspflicht der Partei. Aus der Förderungspflicht der Partei nach Grdz 12 vor § 128 ergibt sich, daß die Partei sich zur Vermeidung von Nachteilen nach Kräften bemühen muß, den beigeordneten Anwalt durch ihre unverzügliche Vollmachtserteilung und durch eine ausreichende und rechtzeitige Information sowie durch die Vermeidung einer Gefährdung des Vertrauensverhältnisses usw zu unterstützen. Natürlich kann der Anwalt an seinem Ausscheiden alleinschuldig sein. Daran kann aber auch die Partei schuld sein. Eine Verwirkung ist zwar in der Form eines Rechtsmißbrauchs denkbar, Einl III 54. Sie sollte aber allenfalls als ein Mutwillen nach § 114 gelten. **16**

9) Beiordnung und Prozeßvollmacht, I–V. Es handelt sich um ganz verschiedene und sorgfältig trennbare Vorgänge. **17**

A. Keine automatische Vollmacht. Weder die PKH-Bewilligung noch die Beiordnung noch der Abschluß eines Anwaltsvertrags zwischen der begünstigten Partei und dem beigeordneten Anwalt haben automatisch schon eine Prozeßvollmacht auf den Anwalt zur Folge, BGH NJW **87**, 440, BPatG GRUR **86**, 734, BSG MDR **83**, 877. Das übersieht Hbg MDR **98**, 1123. Erst recht erhält der Bewilligungsantrag noch keine Bevollmächtigung, selbst wenn die Partei dem Gericht die Auswahl ausdrücklich überläßt, BGH **60**, 258, aM ZöPh 30 (aber sie muß die Verantwortung für einen so weitreichenden Schritt schon selbst übernehmen. Vgl auch Rn 18). Das gilt auch wegen der Auslagen, § 46 RVG, Hartmann Teil X.

B. Möglichkeit der Vollmachtsverweigerung. Die Partei kann auch davon absehen, dem beigeordneten Anwalt eine Prozeßvollmacht zu erteilen, Goebel FamRZ **91**, 1271. Das gilt sowohl dann, wenn sie ihn selbst gewählt hatte, I–IV, als auch dann, wenn sie keinen Anwalt gefunden hatte, V. Eine solche Partei, die aus unzureichenden Gründen eine Vollmacht verweigert oder eine erteilte Vollmacht widerruft, kann im **18**

Hauptprozeß nach §§ 330 ff als säumig gelten. Eine Zustellung muß bis zur Erteilung der Vollmacht an die Partei gehen. Sie darf also noch nicht an den beigeordneten Anwalt gehen, § 172 Rn 5. Die Partei kann sich dem Anwalt gegenüber schadensersatzpflichtig machen, soweit er auf Grund ihrer Wahl inzwischen bereits Aufwendungen gemacht hatte, dann aber keine Vollmacht erhält.

19 **C. Mitwirkungspflicht des Gerichts.** Soweit der beigeordnete Anwalt aus rechtlichen oder tatsächlichen Gründen nicht tätig werden kann, muß das Gericht in den Fällen I–IV abwarten, ob die Partei einen anderen Anwalt ihrer Wahl benennt, Karlsr MDR **92**, 1178. Es besteht evtl die Pflicht des Gerichts, die Partei von Amts wegen auf die Hinderungsgründe beim bisher beigeordneten Anwalt hinzuweisen und ihr eine Gelegenheit zu geben, einen anderen Wahlanwalt zu benennen, Grdz 39 vor § 128. Bei V muß das Gericht abwarten, ob die Partei beantragt, ihr einen anderen Anwalt beizuordnen, Köln FamRZ **92**, 967. Das Gericht sollte grundsätzlich darauf dringen, daß die Partei einen solchen Antrag stellt. Dem beigeordneten Anwalt muß genügend Zeit zur Einarbeitung verbleiben. Andernfalls könnte in einer voreiligen Maßnahme des Gerichts eine Verweigerung des rechtlichen Gehörs der begünstigten Partei liegen, Art 103 I GG. Die Beiordnung bleibt als solche bestehen, bis der Anwalt vom Tod usw des Begünstigten Kenntnis hat oder haben kann.

20 **D. Mitwirkungspflicht des Anwalts.** Der beigeordnete Anwalt muß unabhängig von etwa notwendigen Eilmaßnahmen nach Rn 15 einerseits auf die Erteilung einer Prozeßvollmacht an ihn dringen. Er muß andererseits deren Erteilung abwarten. Soweit die begünstigte Partei den Anwalt mit der Wahrnehmung ihrer Interessen betraut, muß er sie auch über andere Klagemöglichkeiten beraten, wenn die erste Klage nicht zum Erfolg führt, selbst wenn das über den Rahmen seiner Beiordnung hinausgeht. Im Auftrag, einen Antrag auf eine PKH-Bewilligung einzureichen, liegt die Ermächtigung, die Entscheidung entgegenzunehmen.

21 **E. Weitere Einzelfragen.** Der beigeordnete Anwalt wird nicht etwa zum gesetzlichen Vertreter der begünstigten Partei. Die Prozeßvollmacht ist auch dann wirksam, wenn das Gericht eine PKH zu Unrecht bewilligt hat. Die Partei kann dem beigeordneten Anwalt Weisungen geben. Sie kann ihm die Vollmacht wie einem Wahlanwalt sonstiger Art jederzeit entziehen, Ffm FamRZ **01**, 237, Rostock FamRZ **03**, 1938. Eine solche Maßnahme kommt auch dann infrage, wenn der Anwalt etwa krankheitsbedingt nicht mehr tätig werden kann. Das Gericht hat in solchen Fällen zum Ob kein Ermessen, Hamm FamRZ **00**, 1226. Dann muß es zumindest im Anwaltsprozeß nach § 78 Rn 1 auf einen nachvollziehbar begründeten Parteiantrag auch ohne einen wichtigen Grund unverzüglich einen anderen Anwalt beiordnen, Hamm FamRZ **06**, 1552, Nürnb MDR **03**, 713, Rostock FamRZ **03**, 1938 (zumindest mangels Mehrkosten), aM Brdb FamRZ **02**, 38, Ffm FamRZ **01**, 237 (nur beim Entzug aus triftigem Grund), Brdb FamRZ **04**, 213, Köln FamRZ **04**, 124 (nur mangels zusätzlicher Kosten. Aber die Fürsorgepflicht geht deutlich weiter, Einl III 27).

Die Benennung eines anderen Anwalts durch die Partei *bindet* das Gericht, Düss JB **86**, 298. Das gilt allerdings nicht bei einem Rechtsmißbrauch, Einl III 54. Dann entsteht kein neuer Beiordnungsanspruch, Ffm MDR **88**, 501, Zweibr JB **94**, 749. Der Beigeordnete ist kein Verfahrensbeteiligter und kein Dritter nach § 839 I 1 BGB wegen seines Honorars, BGH **109**, 170.

22 **F. Einige Vergütungsfragen.** Das Gericht darf eine Beiordnung nicht von der später nach § 55 RVG usw klärbaren Höhe der Vergütung abhängig machen, LG Bln Rpfleger **96**, 294, auch nicht beim notwendigen Anwaltswechsel, Köln RR **02**, 134. Der beigeordnete Anwalt kann für den Beiordnungszeitraum und nur im Beiordnungsumfang Gebühren und Auslagen ab der Rechtshängigkeit fordern, § 261, KG FamRZ **80**, 580, OVG Bre NVwZ-RR **05**, 862, und zwar nach §§ 45 ff RVG und nur aus der Staatskasse, Zweibr JB **99**, 590. Diese Möglichkeit besteht auch nur bis zur Kenntnis oder bis zum Kennenmüssen des Tods usw des Begünstigten, § 674 BGB. Das gilt allerdings nicht, wenn dieses Ergebnis vor der Bewilligung eingetreten war. Eine Aufhebung der Beiordnung darf zwecks der Vermeidung einer Verkürzung der Vergütung nicht rückwirkend erfolgen, Brdb FamRZ **04**, 213.

Der Anwalt kann seine Kostenansprüche also für die Dauer der Bewilligung der PKH *nicht gegenüber dem Auftraggeber* geltend machen, § 122 I Z 3. Er kann außerdem nach § 126 I unmittelbar aus eigenem Recht gegenüber dem in die Prozeßkosten nach §§ 91 ff verurteilten Prozeßgegner seines Auftraggebers vorgehen. Soweit das Gericht eine PKH nach § 124 aufgehoben hat, kann er seine gesetzlichen Ansprüche nunmehr gegenüber dem Auftraggeber geltend machen, und zwar auch rückwirkend. Der anstelle eines anderen Anwalts jetzt beigeordnete Anwalt hat einen vollen Vergütungsanspruch gegenüber der Staatskasse. Seine Beiordnung kann ohne seine Zustimmung nicht wirksam zu einem nur eingeschränkten Maß erfolgen, Hamm FamRZ **06**, 1552, Karlsr FamRZ **98**, 633, Zweibr RR **06**, 1434, aM Bre JB **93**, 51 (aber Beiordnung ist Beiordnung). Die Festsetzung der Vergütung ist kein Justizverwaltungsakt, Naumb NJW **03**, 2921.

Einen *Auslagenvorschuß* kann der beigeordnete Anwalt von der Staatskasse nur im Rahmen des § 47 RVG verlangen. Eine Vergütungsvereinbarung mit dem Auftraggeber begründet keine Verbindlichkeit. Soweit der Auftraggeber aber freiwillig und vorbehaltslos gezahlt hat, hat er kein Rückforderungsrecht, (jetzt) § 4 V 2 RVG, AG Würzb DGVZ **79**, 188.

23 **G. Rechtsbehelfe.** Beim Rpfl gilt § 11 RPflG, § 104 Rn 41 ff, § 127 Rn 94 ff. Beim etwa landesrechtlich nach Grdz 4 vor § 688 für das Mahnverfahren zuständigen Urkundsbeamten gilt § 573 I. Sowohl gegen die Ablehnung der Beiordnung als auch gegen die Beiordnung etwa eines nicht gewählten Anwalts durch den Richter ist für die Partei bei einem ausreichenden Hauptsachewert von über 600 EUR grundsätzlich die sofortige Beschwerde nach § 567 I Z 1 zulässig, (jetzt) § 127 II 2 Hs 1 (Ausnahme: Hs 2), Drsd FamRZ **01**, 634, Hamm FamRZ **06**, 1552, Mü FamRZ **99**, 1355, aM Düss JB **87**, 1830, Kblz AnwBl **85**, 48 (aber die Vorschrift gilt uneingeschränkt). Eine Ausnahme gilt, soweit das Berufungsgericht die Entscheidung getroffen hat. Dagegen kommt allenfalls unter den Voraussetzungen des § 574 eine Rechtsbeschwerde in Betracht. Auch gegen die Ablehnung der Aufhebung der Beiordnung hat die Partei eine sofortige Beschwerde, (jetzt) § 567 I Z 2, Düss FamRZ **95**, 241. Das gilt trotz ihres eigenen Kündigungsrechts. Denn sie ist zu einem solchen Schritt mit weitergehenden Folgen nicht gezwungen. Gegen die Ablehnung der Beiordnung hat der vorgeschlagene Anwalt nicht ein Beschwerderecht aus eigenem Recht, § 127 Rn 73, BGH **109**, 166, Karlsr RR **96**, 1339, aM Hbg FamRZ **00**, 1227 (aber er hat auch keinen eigenen

Beiordnungsantrag, Rn 9). Die vorgenannten Rechtsbehelfe sind auch insofern statthaft, als den angefochtenen Beschluß fälschlich der Vorsitzende statt das gesamte Prozeßgericht erlassen hatte. Sofern der Vorsitzende fälschlich durch eine Verfügung entschieden hat, ist ebenfalls eine sofortige Beschwerde statthaft.

Die *Staatskasse* hat keinen Rechtsbehelf, § 127 Rn 23 ff, Düss MDR **89**, 827. Eine Dienstaufsichtsbeschwerde ist nur bei einem krassen offensichtlich völlig sachfremden Mißbrauch des Auswahlrechts statthaft.

H. Aufhebungsantrag. Der beigeordnete Anwalt kann nach § 48 II BRAO aus einem wichtigen Grund einen Antrag auf die *Aufhebung* seiner Beiordnung stellen und daher nach einer erstinstanzlichen Ablehnung einer solchen Aufhebung eine sofortige Beschwerde einlegen, Bbg FamRZ **01**, 633, Karlsr FamRZ **99**, 306, Köln JB **95**, 127. Das gilt zB bei einer erheblichen Beeinträchtigung des Vertrauensverhältnisses, BGH RR **92**, 189, nicht aber mangels jeder Erfolgsaussicht. Ist der Prozeß nach einer langen Dauer und Beweisaufnahme nach § 300 Rn 6 entscheidungsreif, reicht selbst eine tiefgreifende Störung des Vertrauensverhältnisses nicht mehr zur Aufhebung, Ffm MDR **89**, 167. Der Anwalt kann gegen die Ablehnung der Aufhebung seiner Beiordnung keinen Rechtsbehelf einlegen, soweit das Berufungsgericht abgelehnt hat. Gegen eine Entlassung hat der beigeordnete Anwalt keinen Rechtsbehelf, Naumb FamRZ **07**, 916 rechts unten. 24

10) Anwaltsprozeß, I. Die Vorschrift regelt die Beiordnung beim Anwaltsprozeß. Hier muß eine Beiordnung auch ohne Beiordnungsantrag erfolgen, BGH JB **07**, 97, Naumb FamRZ **07**, 916 rechts oben. 25

A. Begriff des Anwaltsprozesses. Vgl § 78 Rn 1. Im Revisionsverfahren nach dem BEG kann ein Nicht-BGH-Anwalt amtieren, § 224 IV BEG, soweit er erklärt, keine höheren Kosten als ein BGH-Anwalt entstehen zu lassen, BGH RR **97**, 507.

B. Selbstvertretung des Anwalts. Soweit die Partei oder ihr gesetzlicher Vertreter selbst ein Anwalt ist, kann das Gericht sie auch selbst nach I zu ihrer eigenen Vertretung beigeordnen, Mü AnwBl **81**, 507, Wax FamRZ **85**, 18, AG Holzminden FamRZ **02**, 760, aM BAG NZA **08**, 375, Ffm FamRZ **92**, 1320 (aber ein Anwalt kann sich auch sonst selbst vertreten, auch mit erheblichen kostenrechtlichen Folgen für den etwaigen gegnerischen Verlierer). Die Zulässigkeit der Selbstvertretung gilt auch dann, wenn ein Betreuer oder ein Pfleger ein Anwalt ist, Bre RR **86**, 309, LSG Darmst Rpfleger, **97**, 392, aM OVG Bre Rpfleger **86**, 12 (abl Damrau). Das gilt ferner, soweit der Anwalt als Partei kraft Amts tätig wird, Grdz 8 vor § 50, etwa als Insolvenzverwalter, BGH MDR **02**, 1142. Denn die Partei kraft Amts darf nicht schlechter dastehen. Die Beiordnung erfolgt nicht bei einem Mißbrauch, Einl III 54, Kblz FamRZ **86**, 376, Mü AnwBl **81**, 507. Sie erfolgt auch nicht in einer eigenen Sache des Anwalts. Evtl muß das Gericht ihm aber einen anderen Anwalt beiordnen. 26

C. Einzelfragen. Soweit der Anwalt zur Übernahme des Mandats bereit ist, muß er entsprechend tätig werden, § 48 I Z 1 BRAO, solange das Gericht die Beiordnung nicht auf einen Antrag des Anwalts aus einem wichtigen Grund aufhebt, § 48 II BRAO, Brangsch AnwBl **82**, 99. Soweit der beigeordnete Anwalt ohne ein Verschulden der Partei wegfällt, hat die Partei die Befugnis zur Benennung eines anderen zu ihrer Vertretung bereiten Anwalts und das Gericht eine entsprechende Beiordnungspflicht, Rn 21. 27

Beispiele des Wegfalls: Die Partei kündigt dem Anwalt aus einem triftigen Grund, Kblz FamRZ **86**, 375; der Anwalt legt das Mandat ohne einen von der Partei zu vertretenden Grund nieder. 28

Soweit der in Wahrheit zur Übernahme des Mandats nicht endgültig bereit gewesene und dennoch zunächst beigeordnete Anwalt die Tätigkeit auch nach der Beiordnung ablehnt, kann das Gericht die Beiordnung nicht bestehen lassen. Denn das Gesetz enthält zwingend als ein Wirksamkeitserfordernis der Beiordnung die Bereitschaft des Anwalts zur Übernahme des Mandats, Rn 8. Der Anwalt mag sich zwar im Verhältnis zur Partei schadensersatzpflichtig machen, wenn er zB zunächst eine Bereitschaft angekündigt hatte, diese dann aber erst nach der Beiordnung endgültig ablehnt. Die Partei mag sogar die Möglichkeit haben, den Anwalt auf die Abgabe der Bereitschaftserklärung zu verklagen, § 894. Das Prozeßgericht muß aber im Bewilligungsverfahren abwarten, ob er seine Bereitschaft erklärt. Das Prozeßgericht prüft, ob ein Anwaltszwang besteht, § 78 Rn 1. Es stellt anheim, einen Anwalt zu benennen, Grdz 39 vor § 128. Im Zweifel liegt im Bewilligungsantrag der Beiordnungsantrag, Rn 4, Düss MDR **81**, 502, LAG Bre Rpfleger **86**, 279.

11) Parteiprozeß, II. Die Vorschrift regelt die Beiordnung des ProzBev im sog Parteiprozeß. 29

A. Begriff des Parteiprozesses. Vgl § 78 Rn 1, 35 ff. Wegen des Selbstvertretungsrechts des Anwalts Rn 26. Im Zwangsvollstreckungsverfahren besteht grundsätzlich kein Anwaltszwang, § 764 I. Ein Anwaltszwang besteht aber, soweit im Vollstreckungsverfahren das LG oder ein höheres Gericht als Prozeßgericht tätig wird, zB nach §§ 767, 887, 888, 890. Vor dem LAG besteht kein Anwaltszwang, BAG NJW **08**, 604.

B. Beiordnung nur auf Antrag. Während im Anwaltsprozeß nach Rn 25 die Beiordnung keinen besonderen Beiordnungsantrag voraussetzt, sondern „nur" die Wahl eines Anwalts und dessen Bereitschaft, erfordert im Parteiprozeß die Beiordnung einen Beiordnungsantrag. Das Gericht braucht einen Beiordnungsantrag zwar nicht grundsätzlich anzuregen, wohl aber unter den Voraussetzungen des § 139. Das gilt zB dann, wenn das Gericht erkennt, daß der Partei die Befugnis zur Benennung eines Anwalts unbekannt ist oder daß sie die Erforderlichkeit einer Vertretung durch einen Anwalt nicht erkennt. Ein Beiordnungsantrag ist formlos und stillschweigend möglich (Vorsicht!), LAG Hamm MDR **99**, 190, VGH Kassel AnwBl **90**, 571. In einem Abstammungsverfahren nach (jetzt) §§ 169 ff FamFG enthält der Antrag auf die Bewilligung einer PKH durchweg den Antrag auf die Beiordnung, Drsd FamRZ **01**, 634, KG JB **00**, 312, ZöPh 7, aM LG Bayreuth JB **82**, 1735 (aber die Beiordnung entspricht fast stets dem von Amts wegen mitbeachtbaren Sinn eines nur scheinbar auf die bloße PKH-Bewilligung gerichteten Anwaltsantrags, Einl III 40). 30

Ähnliches kann vor dem *Arbeitsgericht* gelten, LAG Halle MDR **97**, 1131. Dort kann man sich auch in einer eigenen Sache selbst beiordnen lassen, solange das nicht teurer als bei einem anderen Anwalt wird, aM BAG NJW **08**, 604. In einer vom ProzBev unterzeichneten PKH-Antrag liegt durchweg ein Beiordnungsantrag der Partei, Bbg JB **87**, 139, Düss MDR **81**, 502, LAG Hamm MDR **99**, 190, aM LG Bayreuth JB **82**, 1735, LAG Kiel NZA-RR **05**, 327, VGH Mannh JB **89**, 124 (aber was meint der Anwalt dann eigentlich?). Das gilt auch bei einer Klagerweiterung, LAG Düss JB **86**, 609, aM Karlsr AnwBl **87**, 340, oder im

Beschwerdeverfahren, Köln MDR **83**, 847, oder beim Prozeßvergleich. Das Gericht darf den Anwalt nur dann beiordnen, wenn er zur Vertretung bereit ist, Rn 8. Der Antragsteller kann die Benennung im Lauf des Bewilligungsverfahrens nachholen.

31 **12) Erforderlichkeit der Vertretung, II Hs 1.** Im Parteiprozeß muß das Gericht prüfen, ob die Vertretung durch einen Anwalt als erforderlich erscheint oder ob für den Prozeßgegner ein Anwalt auftritt.

A. Zweck: Waffengleichheit. Der Sinn der Regelung ist wie bei Hs 2 die Durchsetzung der Waffengleichheit, Art 3 GG, Einl III 21, BVerfG RR **07**, 1713, Drsd FamRZ **04**, 122 (FGG), Köln FamRZ **06**, 350.

32 **B. Begriff der Erforderlichkeit.** Eine Vertretung durch einen Anwalt erscheint dann als „erforderlich", wenn aus der Sicht des Gerichts die anwaltliche Vertretung und nicht nur eine Beratung nützlich, förderlich oder beschleunigend wirken könnte und wenn eine Vertretung außerdem als unentbehrlich erscheint, LAG Erfurt MDR **00**, 231, LAG Hamm NZA **05**, 544, OVG Greifsw NVwZ-RR **06**, 78. Dabei muß man auf den bestimmten Antragsteller mit seinen erkennbaren rechtlichen, kaufmännischen oder sonstigen Fähigkeiten zur Meinungsbildung und zur Formulierung abstellen, BVerfG RR **07**, 1713, Hamm FamRZ **90**, 892. Andererseits muß man zwar die Fürsorgepflicht des Gerichts nach Einl III 27 berücksichtigen, Köln FamRZ **03**, 1399. Man darf sie aber nicht in den Vordergrund stellen. Aus der Sicht der Partei mag eine anwaltliche Beratung und Vertretung auch dann als dringend erforderlich erscheinen, wenn das Gericht zB im weiteren Verfahren helfend eingreifen könnte und will. Die Erforderlichkeit kann sich aus tatsächlichen und/oder rechtlichen Gründen ergeben, Nürnb MDR **01**, 819, LAG Hamm NZA **05**, 544, OVG Greifsw NVwZ-RR **06**, 78. Sie kann auch bei einem einfachen Sachverhalt und/oder einer einfachen Rechtslage vorliegen, soweit die Partei hilflos scheint, BVerfG RR **07**, 1713, LSG Mü AnwBl **88**, 421, oder wenn das Gericht fehlerhaft gehandelt hatte, Bbg RR **90**, 1407, oder wenn der Anwalt die Fremdsprache der Partei versteht, LG Duisb MDR **04**, 538.

33 **C. Ermessen des Gerichts.** Das Gericht muß bei der Klärung der Erforderlichkeit einer anwaltlichen Vertretung nach seinem pflichtgemäßen Ermessen unter einer Abwägung aller für und gegen die Erforderlichkeit sprechenden Gesichtspunkte vorgehen, Hamm FamRZ **97**, 1096 ([jetzt] FamFG). Notwendig ist ein objektiver Maßstabs, LAG Hamm NZA **05**, 544, OVG Bre AnwBl **84**, 49. Man darf aber die Erforderlichkeit nicht kleinlich verneinen, Brdb FamRZ **97**, 1285, Nürnb FamRZ **97**, 215, LG Aachen FamRZ **98**, 109 ([jetzt] FamFG). Fiskalische Gesichtspunkte sind zwar nicht unbeachtlich, aber auch nicht entscheidend, Mü FamRZ **99**, 793. Unerheblich ist es, ob es als zweifelhaft erscheint, ob zwischen dem benannten Anwalt und dem Antragsteller ein Vertrauensverhältnis entstehen kann oder ob der Wahlanwalt ein besonders hohes Vertrauen des Prozeßgerichts hat usw.

34 **D. Maßgeblicher Zeitpunkt: Bewilligungsreife.** Für die Erforderlichkeit der anwaltlichen Vertretung kommt es wie immer im PKH-Bewilligungsverfahren auf denjenigen Zeitpunkt an, zu dem das Gericht bei einer ordnungsgemäßen Behandlung über den Beiordnungsantrag entscheiden muß, § 119 Rn 5, Köln FamRZ **99**, 1146. Das Gericht darf und muß daher evtl eine Rückwirkung der Bewilligung aussprechen, § 119 Rn 10ff.

35 **E. Beispiele zur Frage der Erforderlichkeit**

Abstammung: Im Verfahren nach (jetzt) §§ 169ff FamG ist eine Beiordnung im allgemeinen erforderlich, BVerfG **7**, 53, BGH FamRZ **07**, 3644, Ffm (5. FamS) NJW **07**, 230, 1195, aM KG FamRZ **07**, 1472, Oldb MDR **02**, 35, Schlesw (13. FamS) MDR **03**, 393 (nur von Fall zu Fall klärbar. Aber auch der Untersuchungsgrundsatz ändert nichts am wohlverstandenen Interesse des Beteiligten, in derart weitreichenden Fragen gerade *seinen* Standpunkt überzeugend vortragen zu lassen). Das gilt auch dann, wenn der Anwalt als Pfleger tätig ist, Köln FamRZ **03**, 1397 links, aM OVG Bre JB **85**, 1103 (aber auch dann bleiben meist schwierige Rechtsfragen klärungsbedürftig usw).

Allerdings gilt dieser Grundsatz *nicht*, soweit kein vernünftiger Grund für die Beiordnung besteht, Bbg FamRZ **97**, 377, Köln FamRZ **96**, 1290 (Bekl will anerkennen), Ffm (4. FamS) RR **06**, 1376, Köln MDR **02**, 1195, Schlesw MDR **03**, 393 (je: tatsächlich und rechtlich einfache Sache), aM Ffm (5. FamS) NJW **07**, 231. Die Beiordnung ist für einen Beteiligten insbesondere grds nicht erforderlich, soweit das Jugendamt für ihn bereits tätig wird, Drsd FamRZ **99**, 600, Jena FamRZ **96**, 419, großzügiger Saarbr AnwBl **84**, 624, strenger Kblz FamRZ **87**, 503, Köln FamRZ **87**, 401 (nur bei einem echten Streit. Aber das Jugendamt ist meist kundig genug). Freilich braucht man sich das Jugendamt keineswegs stets als einen Beistand aufdrängen zu lassen, Köln RR **04**, 1590.

Freilich ist in den letztgenannten Fällen die Beiordnung für den *Gegner* meist erforderlich, Düss MDR **94**, 1224, Hamm FamRZ **95**, 747, Nürnb JB **93**, 231, aM Brdb FamRZ **97**, 1285, Hbg RR **00**, 1605, Schlesw DAVorm **91**, 1112 (aber das verstößt gegen den Gleichheitsgrundsatz: Das Jugendamt ist besser sachkundig und nicht stets ganz objektiv).

Amtsermittlung: Im Verfahren nach Grdz 38 vor § 128 kann eine Beiordnung erforderlich sein, BVerfG Rpfleger **02**, 212, Hamm FamRZ **95**, 747, aM Oldb FamRZ **02**, 106, LG Frankenth DAVorm **84**, 320 (aber gerade dann können schwierige Fragen auftreten).

Analphabet: Bei einer einfachen Sach- und Rechtslage liegt *keine* Erforderlichkeit schon wegen des Analphabetentums vor, Hbg FamRZ **89**, 525.

S auch Rn 47 „Sorgerechtsverfahren".

Anwaltsprozeß: Im Verfahren mit einem Anwaltszwang nach § 78 Rn 1 kann die Partei evtl einzelne Prozeßhandlungen nicht selbst wirksam vornehmen. In diesem Umfang ist eine Beiordnung durchweg erforderlich, BGH NJW **84**, 2413. Das gilt auch zugunsten eines solchen Anwalts, der sich selbst vertritt, BGH NJW **02**, 2179.

Ausdrucksfähigkeit: Man muß sie bei der Abwägung mitbeachten, BVerfG FamRZ **02**, 531, Brdb FamRZ **02**, 1199, Drsd FamRZ **01**, 634.

Auskunft: Eine Beiordnung ist grds erforderlich, wenn ein gerade Volljähriger vom Vater eine Auskunft zwecks einer Unterhaltsklärung begehrt, Zweibr FamRZ **86**, 287.

Ausländer: Eine Beiordnung kann selbst dann erforderlich sein, wenn der Anwalt die Sprache der ausländischen Partei versteht, LG Duisb MDR **04**, 538.

Bankkonto: Die Beordnung ist erforderlich, soweit es um die Pfändung eines Bankkontos geht, LG Arnsb Rpfleger **06**, 89, LG Heidelb AnwBl **86**, 211. 36

S auch Rn 50 „Zwangsvollstreckung".

Bedeutung der Sache: Sie kann eine Erforderlichkeit begründen, KG FamRZ **95**, 629.

Betreuung: Eine Beiordnung ist schon wegen der Hilflosigkeit des Betreuten nach Rn 40 meist dringend erforderlich, LG Karlsr FamRZ **99**, 1091, LG Mönchengladb RR **07**, 1084 (je: Betreuungsverfahren). Man kann den als einen Betreuer bestellten Anwalt beiordnen, LSG Bln FamRZ **07**, 488. Ob der Betreuer einen Anwalt braucht, das ist eine Fallfrage, LG Lüneb FamRZ **08**, 1030.

Beweisanwalt: Das Erfordernis seiner Beiordnung richtet sich nach III, Rn 67.

Bundesausbildungsförderungsgesetz: Seine etwaige Anwendbarkeit kann die Erforderlichkeit begründen, OVG Greifsw NVwZ-RR **06**, 78.

Ehesache: Die Beiordnung ist grds erforderlich, Brdb FamRZ **99**, 1357. Das gilt auch dann, wenn der Antragsteller selbst ein Anwalt ist, Ffm FamRZ **01**, 1533. 37

Ehewohnung: Die Beiordnung kann erforderlich sein, Hamm FamRZ **90**, 892.

Einfachheit der Sach- und Rechtslage: Rn 40 „Hilflosigkeit".

Einstellung: Rn 50 „Zwangsvollstreckung".

Einstweilige Anordnung oder Verfügung: Eine Beiordnung ist grds schon wegen des Eilcharakters erforderlich, Bbg FamRZ **79**, 527, Düss FamRZ **82**, 513, Hamm FamRZ **90**, 892, aM Hbg FamRZ **83**, 1133, Hamm FamRZ **84**, 1245 (aber gerade ein Eilverfahren bringt oft erhebliche tatsächliche und rechtliche Probleme mit sich). Diese Regel gilt im einzelnen auch bei einer einstweiligen Maßnahme auf die Zahlung eines vorläufigen Unterhalts, Düss FamRZ **82**, 513.

S auch Rn 47 „Sorgerechtsverfahren".

Entfernung: Auch eine weitere Entfernung (ca 35 km) erfordert eine Beiordnung erst bei der Unzumutbarkeit einer Reise zum Gericht, LAG Kiel NZA-RR **05**, 383.

Erinnerung: Rn 50 „Zwangsvollstreckung".

Fiskus: Fiskalische Gesichtpunkte sind zwar nicht unbeachtlich, aber auch nicht entscheidend. 38

Freiwillige Gerichtsbarkeit: Rn 47 „Sorgerechtsverfahren".

Gegnerische Vertretung: Vgl Rn 29 ff, 51 ff. 39

Grundbuchsache: Eine Beiordnung ist zumindest bei einer nicht ganz einfachen Lage erforderlich, BayObLG FamRZ **93**, 348, strenger Ffm FamRZ **98**, 31.

Hausanwalt: Man kann die zur Erstattung von Verkehrsanwaltskosten entwickelten Gesichtspunkte auch für die Frage der Erforderlichkeit einer Beiordnung mitheranziehen, 91 Rn 255–258. 40

Hilflosigkeit: Eine Beiordnung kann auch bei einem einfachen Sachverhalt und/oder bei einer einfachen Sachlage erforderlich sein, soweit die Partei hilflos zu sein scheint, BVerfG NJW **83**, 1600, OVG Bre JB **84**, 133, LG Karlsr FamRZ **99**, 1091. So liegt es leider oft, aber wegen der Fürsorgepflicht des Gerichts nach Einl III 27 keineswegs stets, aM ZöPh 9 (aber die Fürsorgepflicht ist heutzutage ziemlich umfassend). Das gilt zB bei einer Betreuung, Rn 36.

Insolvenzverfahren: Sehr großzügig zählt LG Hann AnwBl **85**, 596 auch die Anmeldung einer Insolvenzforderung zu denjenigen Lagen, in denen die Beiordnung als erforderlich erscheint. Erforderlich ist eine Beiordnung auch im Insolvenzverfahren nur, soweit ein Nichtjurist nicht mit Erfolg tätig werden kann, BGH NJW **06**, 1598 links, Kblz JB **06**, 322, LG Mönchengladb JB **06**, 261, großzügiger LG Hann AnwBl **85**, 596. Hat der Gegner einen Anwalt, ist II Hs 2 anwendbar, BGH (9. ZS) NJW **06**, 1881, aM BGH RR **03**, 697 (aber der Wortlaut ist eindeutig, Einl III 39). 41

Eine Erforderlichkeit *fehlt* zB grds im Verbraucherinsolvenzverfahren, AG Ffo Rpfleger **03**, 144 (streng), LAG Köln NZA **06**, 540 (Gegner anwaltlich vertreten), oder evtl dann, wenn der Gegner eine Rechtsabteilung hat, BGH RR **03**, 697, oder dann, wenn das Scheitern des Schuldenbereinigungsplans schon feststeht, LG Gött Rpfleger **00**, 227, LG Kblz AnwBl **02**, 66.

Isoliertes Sorgerechtsverfahren: Rn 47 „Sorgerechtsverfahren".

Jugendamt: Soweit für die Partei bereits das Jugendamt tätig ist, *fehlt meist* die Erforderlichkeit der Beiordnung auch eines Anwalts, großzügiger Bre FamRZ **06**, 964 links (Beiordnung für die Gegenpartei). Etwas anderes gilt bei einer nachfolgenden Vertretung des Gegners durch einen Anwalt, Karlsr JB **04**, 383 rechts.

S auch Rn 35 „Abstammung".

Kindschaftsverfahren: Rn 35 „Abstammung". 42

Mahnverfahren: Es gibt durchweg noch *keine* Erforderlichkeit in diesem vereinfachten Verfahrensabschnitt, Mü FamRZ **99**, 1355, LG Stgt Rpfleger **94**, 170.

Mietrecht: Eine Beiordnung kann erforderlich sein, soweit der Gegner einen sachkundigen Vertreter hat, etwa den Haus- und Grundstückseigentümerverein oder den Mieterverein, LG Trier WoM **93**, 203, oder soweit eine Geschäftsfähigkeit streitig ist, LG Mainz WoM **06**, 269.

Nebenkläger: Auch zu seinen Gunsten kann eine Beiordnung erforderlich sein, Bbg AnwBl **85**, 319, Düss MDR **86**, 166, Ffm NJW **86**, 2587. 43

Vgl aber auch Rn 57.

Pfändung: Rn 50 „Zwangsvollstreckung". 44

Pfleger: Rn 26, Rn 35 „Abstammung". Wegen der Aufhebung einer Amtspflegschaft (jetzt) im FamFG-Verfahren LG Bln FamRZ **89**, 209.

Rechtsfrage: Wenn das Gericht eine schwierige Rechtsfrage klären muß, ist eine Beiordnung grds erforderlich, Zweibr FamRZ **86**, 287, LG Gött AnwBl **84**, 516. 45

S auch Rn 37 „Einfachheit der Sach- oder Rechtslage".

Schwierigkeit der Sach- oder Rechtslage: Eine Beiordnung kommt in Betracht, wenn der Sachverhalt tatsächlich oder rechtlich schwierig ist, BVerfG RR **07**, 1713 (aber nicht nur dann), KG FamRZ **95**, 629, AG Mannh RR **04**, 208. 46

47 **Sorgerechtsverfahren:** Bei ihm ist eine Beiordnung grds erforderlich, Hamm FamRZ **96**, 808, Karlsr FamRZ **98**, 248, Köln FamRZ **87**, 180. Das gilt auch bei einem isolierten Sorgerechtsverfahren (jetzt) nach dem FamFG, Hamm MDR **03**, 957, Mü FamRZ **99**, 793, Nürnb MDR **96**, 609, aM Hbg FamRZ **89**, 525, Köln FamRZ **04**, 289, Nürnb FamRZ **95**, 371 (aber wann ist die Sache schon einfach?).

Die Beiordnung kommt *ferner* etwa in folgenden Fällen in Betracht: Die Eltern haben einen einverständlichen Vorschlag zur Regelung des Sorgerechts gemacht, Düss FamRZ **87**, 963; es geht um eine Unterbringung, LG Arnsb FamRZ **84**, 1150.

Nicht stets erforderlich ist die Beiordnung dann, wenn es bei einer Einigkeit über das Sorgerecht nur noch um die Abgabe der Erklärung nach § 1671 II Z 1 BGB geht, Bbg FamRZ **00**, 763.

Sozialgerichtsverfahren: Im Rahmen der grds entsprechenden Anwendbarkeit nach § 114 Rn 39 „Sozialgericht" können strengere Maßstäbe gelten, LSG Mü AnwBl **88**, 421. Bei einem Schwerbehinderten kommt es wie stets auf die Gesamtumstände an, LSG Essen FamRZ **89**, 1315.

Statusverfahren: Rn 35 „Abstammung".

Streithelfer: Soweit das Gericht für die Hauptpartei einen Anwalt beiordnen muß, gilt das auch für den Streithelfer, Köln MDR **02**, 661.

Umfang der Sache: Sie kann eine Erforderlichkeit begründen, KG FamRZ **95**, 629.

48 **Umgangsrecht:** Rn 47 „Sorgerechtsverfahren".

Unerfahrenheit: Sie hat meist eine Mitbedeutung, VGH Mü NVwZ-RR **07**, 143.

Unterbringungsverfahren: Hier ist eine Beiordnung grds erforderlich, LG Arnsb FamRZ **84**, 1150.

Unterhalt: Im Unterhaltsverfahren ist wegen seiner regelmäßigen Schwierigkeiten die Beiordnung meist erforderlich, BGH FamRZ **06**, 856 links unten, Köln MDR **02**, 1195, LG Mainz FamRZ **08**, 161. Das gilt auch bei der zugehörigen Zwangsvollstreckung, BGH FamRZ **03**, 1921 (Fallfrage), LG Kassel FamRZ **88**, 181, LG Verden FamRZ **03**, 1938, aM LG Stgt Rpfleger **90**, 128 (aber gerade sie bringt oft erhebliche Probleme, Rn 50 „Zwangsvollstreckung"). Das gilt auch bei einer Auskunft zwecks einer Unterhaltsklärung, Zweibr FamRZ **86**, 287. Es kommt allerdings auch hier auf die Gesamtumstände an, BGH FamRZ **04**, 790, Celle FamRZ **06**, 1613, Köln MDR **02**, 1195 (je: keine Beiordnung in leichtem Fall), Mü MDR **99**, 301. Im Hauptverfahren ist für den Bekl der Eintritt der Rechtshängigkeit der Bewilligungsbeginn, KG FamRZ **05**, 526.

Nicht stets erforderlich ist die Beiordnung bei §§ 722, 723, Celle FamRZ **06**, 1612, oder im vereinfachten Verfahren nach (jetzt) §§ 249 ff FamFG, Brdb JB **02**, 31 (je: Fallfrage), Brschw FamRZ **02**, 539, Drsd FamRZ **01**, 634, großzügiger Brdb (2. FamS) FamRZ **02**, 1199, Schlesw MDR **07**, 736, Zweibr FamRZ **06**, 577, (aber dieses Verfahren ist doch trotz fortbestehender Probleme einfacher).

49 **Vaterschaftsverfahren:** Rn 35 „Abstammung".

Vereinfachtes Verfahren: S „Unterhalt".

Verkehrsanwalt: Rn 68.

Versorgungsausgleich: Die Beiordnung ist im Verfahren auf ihn grds erforderlich, Hamm AnwBl **78**, 461, Schlesw SchlHA **78**, 117.

Vertrauensverhältnis: Es ist unerheblich, ob zwischen dem beizuordnenden Anwalt und dem Antragsteller ein Vertrauensverhältnis entstehen kann oder ob der Wahlanwalt des Antragstellers ein besonders hohes oder nicht sonderlich hohes Vertrauen des Prozeßgerichts hat.

50 **Zeuge:** Hs 2 paßt *nicht* auf den Rechtsbeistand eines Zeugen, BVerfG AnwBl **83**, 457, aM LG Verden MDR **90**, 1135 (StPO).

Zwangsvollstreckung: Sowohl für die Vollstreckung im ganzen als auch für die einzelne Parteihandlung des Gläubigers oder Schuldners im Vollstreckungsverfahren ist eine Beiordnung grds *nicht* schon wegen § 119 II notwendig, LG Ulm AnwBl **00**, 63. Es kommt vielmehr außerhalb eines Anwaltszwangs oder einer gegnerischen Anwaltsvertretung auf die Erforderlichkeit an, LG Kblz Rpfleger **05**, 201. Sie läßt sich nicht stets von vornherein für die ganze Zwangsvollstreckung übersehen, LG Rostock Rpfleger **03**, 304. Natürlich kann eine Beiordnung erforderlich werden, LG Bayreuth JB **93**, 546. Das gilt zB bei rechtlichen Problemen, etwa bei einer Erinnerung oder bei einem Einstellungsantrag, LG Bln Rpfleger **03**, 35, LG Hann JB **86**, 766, LG Kblz Rpfleger **05**, 201.

Das gilt ferner zB: Bei der Vollstreckung eines Unterhaltsanspruchs, BGH NJW Bl **06**, 1205, LG Bln FamRZ **03**, 318, LG Kblz Rpfleger **05**, 201, großzügiger LG Bad Kreuzn FamRZ **07**, 1473, zu streng LG Münst JB **93**, 360; bei der Pfändung, BGH NJW **03**, 3136, LG Bayreuth JB **93**, 546, zB eines Bankkontos, LG Heidelb AnwBl **86**, 211, freilich nicht stets, LG Düss JB **93**, 361, LG Münst JB **93**, 360; bei der Pfändung des Taschengeldanspruchs, LG Zweibr JB **97**, 665; bei einer Neufestsetzung nach § 48 SGB X, LSG Essen FamZRZ **87**, 731; bei der Offenbarungsversicherung, LG Kblz JB **02**, 321; bei der Eintragung einer Zwangssicherungshypothek, LG Detm Rpfleger **05**, 32 (meist keine Erforderlichkeit – ? –); wegen einer Anordnung nach dem GewSchG, Brdb FamRZ **07**, 57 rechts oben.

Die Beiordnung eines Anwalts für eine *Mobiliarzwangsvollstreckung* ist aber meist *nicht* erforderlich, LG Kleve Rpfleger **00**, 554, LG Trier Rpfleger **02**, 271, LG Ulm AnwBl **00**, 63, aM Kblz FamRZ **05**, 529.

51 **13) Gegner durch einen Anwalt vertreten, II Hs 2.** Eine Beiordnung erfolgt auch insoweit, als der Prozeßgegner des Antragstellers bereits einen Anwalt in dem Verfahren als ProzBev hat, für das die Beiordnung erfolgen soll, Brdb MDR **08**, 977 ([jetzt] FamFG), KG FamRZ **86**, 1024, LAG Kiel NZA-RR **05**, 327.

A. Zweck: Waffengleichheit. Sinn auch dieser Regelung ist wie bei Hs 1 die Durchsetzung der Waffengleichheit der Prozeßbeteiligten, ähnlich wie in § 11 a I 1 ArbGG, Art 3 GG, Einl III 21, BVerfG NJW **89**, 3271, Zweibr FamRZ **03**, 1936, LG Mainz JB **04**, 42 (zustm Reicholt), aM KG RR **01**, 902.

52 **B. Keine Erforderlichkeit der Vertretung.** Wegen der Waffengleichheit nach Rn 51 kommt es für die Beiordnung dann, wenn der Prozeßgegner bereits einen Anwalt als ProzBev hat, nicht darauf an, ob eine Vertretung des Antragstellers durch einen Anwalt als erforderlich erscheint, Ffm FamRZ **98**, 32, Zweibr Rpfleger **03**, 303.

C. Begriff des Gegners. „Gegner" ist jeder Prozeßgegner in demjenigen Verfahren, für das man die Beiordnung beantragt. Es reicht eine prozessuale Gegnerschaft, Grdz 1 vor § 50, ZöPh 10a. Ein schon angekündigter oder bereits vorliegender gegnerischer streitiger Antrag ist nicht erforderlich, aM Hamm MDR **83**, 410, ThP 7 (aber schon die Vorbereitung kann einen Anwalt erforderlich gemacht haben). Eine derartige Gegnerschaft fehlt zwischen Streitgenossen nach § 59 oder bei der Streithilfe, § 66. 53

D. Gegnerischer Anwalt. Der Prozeßgegner muß bereits einen „Rechtsanwalt" nach Rn 7 als ProzBev haben, Karlsr JB **04**, 383 rechts. Soweit der Prozeßgegner keinen Anwalt hat oder soweit eine solche Vertretung nicht mehr wirksam besteht, entfällt die Notwendigkeit einer Beiordnung nach Hs 2 und bleibt die Notwendigkeit einer Beiordnung nach Hs 1 zu prüfen. Freilich kann die Notwendigkeit der Beiordnung nach Hs 2 zB später deshalb entstehen, weil der Prozeßgegner jetzt einen Anwalt hat, Grunsky NJW **80**, 2045. Man darf einen rechtskundigen Beamten nicht einem Anwalt gleichsetzen, LSG Essen AnwBl **86**, 457, wohl aber evtl eine Versicherungsfirma, BVerfG NJW **97**, 2103. 54

E. Maßgeblicher Zeitpunkt: Bewilligungsreife. Wie stets im Bewilligungsverfahren kommt es auch hier auf denjenigen Zeitpunkt an, in dem das Gericht bei einer ordnungsgemäßen Bearbeitung entscheiden muß, zB § 119 Rn 5, Bbg FamRZ **90**, 538. Es kann daher notwendig sein, eine Rückwirkung der Bewilligung auszusprechen, Oldb JB **93**, 155, oder die Beiordnung im Lauf des Prozesses vorzunehmen, Köln FamRZ **98**, 1522. 55

F. Einzelfragen. II besagt nicht, daß das Gericht dem Gegner einer anwaltlich vertretenen Partei immer eine PKH bewilligen und einen Anwalt beiordnen müsse, BGH **91**, 314, Hamm FamRZ **00**, 1228, Köln FamRZ **97**, 1543 (zB nicht bei einer Einigkeit in der Sache), LG Stgt Rpfleger **94**, 170 (nicht im Mahnverfahren), großzügiger Köln (4. ZS) FamRZ **98**, 1522. Die Regelung der Beiordnung wegen einer gegnerischen anwaltlichen Vertretung gilt zB (jetzt) auch im FamFG-Verfahren, BayObLG FamRZ **91**, 224, Hamm (7. FamS) FamRZ **86**, 488, Köln FamRZ **87**, 180, aM Hamm (2. FamS) FamRZ **86**, 83 und (10. FamS) FamRZ **84**, 1245, Zweibr RR **87**, 953 (aber dort entsteht oft ein gesteigertes Bedürfnis nach einer Anwaltshilfe trotz der Amtsermittlung. Das zeigt die Praxis). Eine Waffengleichheit nach Rn 51 ist auch im Sorgerechtsverfahren nötig, Bbg JB **87**, 1098, Hamm FamRZ **86**, 82, Köln FamRZ **97**, 377, aM Nürnb FamRZ **87**, 731, und im Umgangsrechtsverfahren, Köln FamRZ **86**, 1015. 56

Auf den *Nebenkläger oder Privatkläger* im Strafverfahren paßt Hs 2 (anders als Hs 1) nicht, BVerfG **63**, 380, KG JR **82**, 169, Düss MDR **88**, 990. Zur Anwendbarkeit in anderen Verfahrensordnungen, insbesondere im SGG, LSG Essen AnwBl **86**, 456, Behn MDR **84**, 106. Zu den Grenzen der Anwendbarkeit BVerfG NJW **89**, 3271 (Insolvenz). 57

14) Nicht in dem Bezirk des Prozeßgerichts niedergelassener Anwalt, III. Im bloßen Parteiprozeß kommt die Beiordnung eines auswärtigen Anwalts auch nach dem Wegfall des Lokalisierungsgebots beim LG wegen Rn 62 grundsätzlich unabhängig vom Einverständnis des Beigeordneten nur unter den nachfolgenden eng auslegbaren Voraussetzungen in Betracht, (je zum alten Recht) Drsd MDR **07**, 494, Düss FamRZ **06**, 1613, Kblz FamRZ **07**, 1754. Das gilt trotz des RVG, Rn 62, Brschw FamRZ **06**, 1855, Hamm FamRZ **06**, 350, Nürnb NJW **05**, 687 (großzügige Anwendung von § 121 III ratsam), noch großzügiger Karlsr Rpfleger **06**, 23, aM Karlsr MDR **08**, 51, Oldb AnwBl **06**, 219. Das ist verfassungsgemäß, Düss FamRZ **06**, 1614. 58

A. Keine Niederlassung des Wahlanwalts. Es darf keine Niederlassung im Bezirk des Prozeßgerichts vorliegen, Celle JB **08**, 261. Niederlassung ist die Errichtung der Kanzlei nach § 27 I BRAO. 59

B. Keine weiteren Kosten. Soweit der Anwalt unter Rn 59 fällt, darf das Gericht ihn nur dann beiordnen, wenn dadurch keine weiteren Kosten entstehen, (je zum alten Recht) BGH MDR **84**, 924, Ffm FamRZ **08**, 1355, Kblz FamRZ **07**, 1754. Daher kommt er neben einem im Bezirk des Prozeßgerichts niedergelassenen Anwalt allenfalls als ein Verkehrsanwalt in Betracht, Rn 68, (je zum alten Recht) Karlsr MDR **99**, 959, Köln FamRZ **08**, 554, Zweibr FamRZ **04**, 707, aM Karlsr Rpfleger **06**, 23, Schütt MDR **03**, 236 (aber III ist verfassungsgemäß, BVerfG **81**, 357). Auch wer einen Verkehrsanwalt beauftragen dürfte, steht nicht schon deshalb schon bei III besser da, aM Drsd FamRZ **08**, 164 (aber es zeigte sich, daß er es nicht getan *hat*). 60

C. Notwendigkeit einer Kostenschätzung. Das Gericht muß nach der voraussichtlichen Fallentwicklung abschätzen, ob durch den unter Rn 59 fallenden Anwalt weitere wesentliche Kosten entstehen können, (je zum alten Recht) Hamm FamRZ **05**, 2006, Köln JB **05**, 429. Diese Schätzung kann im einzelnen nach den bei § 114 Rn 78 dargelegten Regeln auf vorläufiger Basis erfolgen. 61

D. Beiordnung zu den Bedingungen eines Gerichtsansässigen. Die Regelung gilt auch beim ArbG, Fölsch NZA **07**, 421, aM LAG Hamm NZA-RR **07**, 32. Sinn der Regelung ist eine Entlastung der Staatskasse, ArbG Hbg MDR **88**, 434. Eine Beiordnung des Auswärtigen kann auch insoweit erfolgen, als er gegenüber dem Prozeßgericht wirksam erklärt, er wolle zu den Bedingungen eines im Bezirk Prozeßgerichts niedergelassenen Anwalts tätig werden, (je zum alten Recht) Brdb FamRZ **06**, 212, Rostock FamRZ **01**, 510, LAG Halle NZA-RR **04**, 210, großzügiger Hamm Rpfleger **07**, 33, ferner aM Düss FamRZ **93**, 819 (aber dann entstehen eben keine weiteren Kosten. Außerdem sind der Wortlaut und Entlastungssinn hier auch seit § 46 RVG eindeutig, Einl III 39). (Jetzt) § 46 RVG steht nicht entgegen, Rn 58, Brschw FamRZ **06**, 1855, Köln JB **00**, 480, LAG Stgt DB **90**, 944, aM Celle FamRZ **06**, 1552, Karlsr Rpfleger **06**, 24, Oldb NJW **06**, 852 (aber die Regelung der ZPO ist von jenen anderen Vorschriften unabhängig). Der Anwalt mag auch sein Einverständnis mit einer Anrechnung auf seine späteren etwaigen Verkehrsanwaltsgebühren erklären dürfen, Karlsr FamRZ **00**, 838. Eine Beiordnung des Auswärtigen, „soweit dadurch keine Nachteile entstehen", gehört auch hierher, Düss JB **08**, 209 rechts oben. 62

Die Erklärung kann auch meist *stillschweigend* erfolgen, BGH NJW **06**, 3783, Hbg FamRZ **00**, 1227, Hamm MDR **01**, 832. Sie liegt im Zweifel im Beiordnungsantrag, BGH NJW **06**, 3783, Brdb Rpfleger **00**, 280, Hamm MDR **01**, 832, aM Hbg Rpfleger **06**, 661 (krit Eberhardt), Köln JB **05**, 429, Rostock FamRZ **08**, 1356 (aber auch eine Parteiprozeßhandlung ist auslegbar, Grdz 52 vor § 128). Man darf diesen aber nicht entgegen der erkennbaren Zielrichtung auslegen, Karlsr FamRZ **91**, 348, Schneider MDR **89**, 226. Das Einverständnis des Anwalts ist allerdings auch unverzichtbar, Brschw JB **06**, 261. Sonst darf das Gericht ihn grundsätzlich überhaupt nicht beiordnen, Brdb FamRZ **06**, 212, Düss Rpfleger **05**, 710, LAG Hamm MDR **01**, 1322 („eindeutige Rechtslage"), aM BGH NJW **04**, 2750, Nürnb MDR **07**, 1346, Saarbr JB **06**, 96 (schon bei einem Bedürfnis nach einem Rechtsrat. Aber das widerspricht direkt dem Sinn von III, Rn 60). Das Gericht muß die Beschränkung auf die Kosten des im Bezirk des Prozeßgerichts Niedergelassenen im Beiordnungsbeschluß eindeutig aussprechen. Ist das geschehen, gilt es auch bei § 55 RVG, Düss Rpfleger **08**, 317. Andernfalls sind die Kosten des unter Rn 59 Fallenden voll erstattungsfähig, Celle Rpfleger **07**, 402, Nürnb MDR **08**, 112, Stgt FamRZ **08**, 1012, strenger Düss Rpfleger **04**, 710.

63 **E. Hinweispflicht des Gerichts.** Das Gericht muß vor der Ablehnung der Beiordnung eines auswärtigen Anwalts den Antragsteller auf seine Bedenken hinweisen und ihm die Gelegenheit geben, innerhalb einer angemessenen Frist einen im Bezirk Prozeßgerichts niedergelassenen Anwalt statt des bisher Vorgeschlagenen zu wählen oder eine Einverständniserklärung des Auswärtigen zu den Bedingungen eines Gerichtsansässigen beizubringen, Rn 62, Grdz 39 vor § 128, aM BAG NJW **05**, 3083, Hbg FamRZ **00**, 1227, KG RR **05**, 924 (aber § 139 geht – leider – sehr weit).

64 **15) Beweisanwalt, Verkehrsanwalt, IV.** Die Vorschrift regelt unterschiedliche Aufgaben einheitlich.

A. Zweck: Kostendämpfung. Eine PKH führt grundsätzlich zur Beiordnung nur eines ProzBev, nicht auch eines Anwalts zu weiteren Funktionen, Brdb AnwBl **96**, 54, Zweibr FamRZ **04**, 708. Denn man darf die Staatskasse nicht übermäßig strapazieren. Man kann vom beigeordneten ProzBev daher in einem erhöhten Maße einen Einsatz mit dem Ziel erwarten, daß er die Einschaltung eines Beweis- und/oder Verkehrsanwalts auch überflüssig macht. Natürlich muß das Gericht ihm die entsprechenden Mehraufwendungen vergüten. Indessen kann es aus prozessualen oder terminlichen Gründen usw in besonderen Lagen erforderlich werden, neben dem ProzBev auch einen Beweisanwalt und/oder einen Verkehrsanwalt beizuordnen, BGH NJW **04**, 2750, BAG NZA **07**, 472. Diesen Fall regelt III. Die Vorschrift ist also neben I, II immer nur ergänzend anwendbar, Hamm JB **78**, 1569, aM ThP 9 (aber die vorgenannte Systematik ist eindeutig). Sie gilt im Anwaltsprozeß und im Parteiprozeß. Der Beigeordnete muß ein Anwalt sein, Bbg NJW **77**, 113, Köln MDR **75**, 669. Er kann auch ein nach § 209 BRAO behandelter Rechtsbeistand sein.

65 **B. Besondere Umstände.** Aus dem Regelungszweck nach Rn 64 folgt, daß man den Begriff „besondere Umstände" als eine Voraussetzung der Beiordnung eng auslegen muß, BGH NJW **04**, 2750, BAG NZA **07**, 1317, LAG Mainz MDR **06**, 716, aM Hbg Rpfleger **06**, 661 (krit Eberhardt). Die Beiordnung gerade des Beweis- und/oder Verkehrsanwalts muß aus der Sicht eines unbeteiligten Dritten nach einem parteiobjektiven Maßstab wie demjenigen des § 42 Rn 10 geradezu unentbehrlich sein, BGH NJW **04**, 2750. Das gilt etwa wegen einer zu großen Entfernung zum ProzBev, BAG NZA **07**, 1317, Karlsr FamRZ **04**, 1299 (250 km), oder wegen Alters, Krankheit, Behinderung, sozialer oder wirtschaftlicher Bindung, Hamm FamRZ **00**, 1227 rechts, wegen Sprachschwierigkeiten, BGH NJW **04**, 2750, BAG NZA **07**, 1317, BayObLG Rpfleger **78**, 315, oder wegen Unerfahrenheit, Brdb JB **01**, 429. Die Partei kann die Gründe für diese „besonderen Umstände" in ihrem Antrag darlegen. Diese binden das Gericht aber nicht. Eine rein tatsächliche Verhinderung reicht nur unter den Voraussetzungen Rn 67–69, OVG Bre JB **85**, 1421, OVG Weimar FamRZ **96**, 418.

66 **C. Antrag, Verfahren.** Die Beiordnung erfolgt nur auf Grund eines Antrags, also nicht von Amts wegen, Mü AnwBl **89**, 58. Das Gericht kann und muß evtl einen solchen Antrag im Rahmen seiner Fürsorgepflicht nahelegen, Einl III 27, Grdz 39 vor § 128. Der Antrag muß vor dem Instanzende eingehen, Zweibr JB **80**, 1888. Zuständig ist das Prozeßgericht, § 127 I 2, sein Vorsitzender nur nach V. Es gibt keine mündliche Verhandlung, § 127 I 1. Die Entscheidung erfolgt durch einen Beschluß.

67 **D. Termin zur Beweisaufnahme vor dem ersuchten Richter, IV Hs 1.** In Betracht kommt die Beiordnung zunächst für einen Beweistermin vor dem ersuchten Richter nach § 362 (nicht § 361), BVerwG NJW **94**, 3243. Infrage kommt ferner ein Termin nach (jetzt) § 128 II FamFG, Brdb AnwBl **96**, 54, Köln FamRZ **91**, 349, Köln MDR 08, 352. Zur Abgrenzung des Beweisanwalts vom Verkehrsanwalt Mü AnwBl **89**, 58.

Beispiele zur Frage der Erforderlichkeit eines Beweisanwalts: Große Entfernung; besondere tatsächliche oder rechtliche Schwierigkeiten; erhöhte Glaubwürdigkeitszweifel; die Notwendigkeit einer besonderen Sachkunde bei der Befragung; höhere Reisekosten des ProzBev.

68 **E. Vermittlung des Verkehrs mit dem Prozeßbevollmächtigten, IV Hs 2.** Es kommt auch die Beiordnung eines sog Verkehrsanwalts in Betracht, BAG NJW **05**, 3082, LAG Köln NZA-RR **06**, 380. Das gilt freilich kaum im Revisionsverfahren, BGH WertpMitt **82**, 881. Er ist nicht ProzBev, LAG Nürnb JB **06**, 260, auch nicht ein bloßer Beweisanwalt, Mü AnwBl **89**, 58. Er darf auch nicht in der mündlichen Verhandlung lediglich Parteirechte ausüben, ohne ProzBev zu sein, LAG Hamm NZA-RR **06**, 597. Er vermittelt eben vielmehr den Verkehr der Parteien mit dem ProzBev, BGH NJW **88**, 1079, Ffm AnwBl **80**, 462, LAG Düss Rpfleger **06**, 267. Zur Abgrenzung Hartmann Teil X VV 3400. Die Prüfung erfolgt weder strenger noch milder als bei der Frage der Erstattungsfähigkeit der Kosten eines Verkehrsanwalts, § 91 Rn 220, Hamm FamRZ **86**, 374, Mü MDR **83**, 675, strenger Naumb FamRZ **03**, 107 (aber dafür ergibt sich kein Anhalt im Gesetz).

69 **F. Beispiele zur Frage der Erforderlichkeit eines Verkehrsanwalts**

Betreuung: Ausreichend ist der Umstand, daß der Verkehrsanwalt der Betreuer der Partei ist, Hamm FamRZ **00**, 763.

Mehrere Informationsreisen: Ausreichen kann ihre Notwendigkeit, Kblz JB **97**, 593.

Pflegschaft: Ausreichend ist er Umstand, daß der Verkehrsanwalt der Pfleger der Partei ist, LG Ffm AnwBl **89**, 274, aM Schlesw SchlHA **76**, 140 (aber gerade seine Beiordnung kann sinnvoll sein. Denn er kennt die Partei).

Reisekosten: Ausreichend sind unverhältnismäßig hohe Reisekosten der Partei, BAG NJW **05**, 3082, Hamm MDR **76**, 319.

Eine bestimmte Mindestentfernung ist aber *nicht* erforderlich, aM Ffm FamRZ **08**, 1355 (50 km).

Scheidungssache: Ausreichend ist ein solches Verfahren, Bbg FamRZ 97, 1543 (sogar ausländischer Verkehrsanwalt), Brdb FER **01**, 243, Köln FamRZ **91**, 349, aM Hamm FamRZ **86**, 375 (eine schriftliche Information müsse auch hier unzumutbar, eine Informationsreise zu teuer sein), Karlsr FamRZ **99**, 304 (aber wann ist eine Scheidungssache schon wirklich einfach), Köln FamRZ **82**, 1226 (es reiche aus, daß eine bemittelte Partei einen Anspruch auf die Erstattung eines Verkehrsanwalts haben würde).

Sprachprobleme: Sie können ausreichen, BayObLG Rpfleger **78**, 305.

Telefonkosten: Ausreichend ist es, wenn die Partei nicht einmal die Telefonkosten für die an sich mögliche Information des ProzBev aufbringen kann, strenger ArbG Regensb Rpfleger **01**, 357 (sie könne den ProzBev um dessen Rückruf bitten. Aber er ist nicht ihre Bank).

Unterhalt: Ausreichend ist ein solches Verfahren bei einem nicht Rechtskundigen, Brdb FamRZ **99**, 1219, oder bei einem Schreibungewandten oder bei jemandem, dem man keine Informationsreise zumuten kann, Hamm FamRZ **00**, 763, Karlsr FamRZ **99**, 304, Naumb FamRZ **03**, 107.

Verhinderung: Ausreichend ist eine Verhinderung der Partei aus irgendwelchen Gründen daran, ihren ProvBev selbst ausreichend zu informieren, Bbg JB **84**, 616.

Wohnsitzwechsel: Ausreichen kann ein solcher der Partei während des Verfahrens.

G. Beiordnung: Ermessen. Das Gericht hat bei IV anders als bei I, II auch beim Vorliegen der Voraussetzungen der Beiordnung nach dem Wortlaut ein Ermessen. Das zeigt wie das Wort „kann" im Gegensatz zu „wird". Indessen erfordert schon die Fürsorgepflicht nach Üb 4 vor § 114 beim Vorliegen der besonderen Umständen in aller Regel auch die Beiordnung des Beweis- und/oder Verkehrsanwalts. Eine Rückwirkung ist unstatthaft, Zweibr JB **80**, 1888. 70

H. Weitere Einzelfragen. Die Beiordnung als Verkehrsanwalt bedeutet nicht auch zugleich die Beiordnung als Beweisanwalt, Mü AnwBl **89**, 58, und umgekehrt. Sie umfaßt auch nicht stets einen Vergleichsabschluß, Bbg MDR **99**, 569, Mü JB **03**, 469, Fischer JB **99**, 341, aM Oldb JB **92**, 100 (aber man muß auf die Gesamtumstände abstellen). Die Beiordnung eines Berufungsanwalts als Verkehrsanwalt während der Revisionsinstanz ist grundsätzlich nicht statthaft, BGH WertpMitt **82**, 881. Eine Beiordnung zugunsten einer im Ausland lebenden Partei kommt nicht in Betracht, aM Bbg FamRZ **97**, 1543, Nürnb MDR **04**, 1017 (je: Beiordnung sogar eines ausländischen Anwalts. Aber das ist nicht der Sinn von IV). Ein bloßer Unterbevollmächtigter zählt als solcher nicht hierher, Rn 11. 71

16) Kein zur Vertretung bereiter Anwalt, V. In einer Abweichung von dem Grundsatz der Wahlfreiheit des Antragstellers nach Rn 2 kommt eine Beiordnung eines vom Gericht ausgewählten und damit verpflichteten Anwalts in Betracht. 72

A. Zweck: Keine Verkürzung des Rechtsschutzes. V soll gewährleisten, daß sich der Rechtsschutz einer Partei nicht dadurch verkürzt, daß sie keinen Anwalt ihrer Wahl finden kann. Damit entspricht die Vorschrift in hohem Maße dem Regelungszweck des ganzen PKH-Bewilligungsverfahrens, Üb 1, 2 vor § 114. Das erfordert eine großzügige Auslegung wie auch sonst, § 114 Rn 47. Man darf IV nicht mit dem allerdings ähnlich konstruierten § 78 b I oder mit § 78 c verwechseln. Die letzteren Vorschriften gelten im Hauptprozeß. Demgegenüber gilt V im Bewilligungsverfahren als eine Spezialvorschrift vorrangig. Ergänzend kann man allerdings die Rechtsprechung und Lehre zu §§ 78 b, c beiziehen, soweit die dortigen Konstruktionen nicht abweichen. Dem Regelungszweck entsprechend gilt V sowohl im Anwaltsprozeß nach I als auch im Parteiprozeß nach II. V gilt im übrigen auch in den Fällen der Notwendigkeit eines Beweis- und/oder Verkehrsanwalts, IV. 73

B. Vergebliche Suche der Partei. Der Antragsteller muß unter den nach I–IV in Betracht kommenden Anwälten vergeblich nach einem zu seiner Vertretung bereiten Anwalt gesucht haben, BFH NJW **78**, 448 (zu § 78 b). Man darf die Anforderungen an die Bemühungen des Antragstellers nicht überspannen, Rn 73, 74. Er braucht nicht sämtliche im Bezirk des Prozeßgerichts niedergelassenen oder gar weiteren Anwälte gebeten zu haben. Er muß allerdings jedenfalls in einer Großstadt zumindest eine gewisse Anzahl von Anwälten nachweisbar vergeblich um eine Übernahme der Vertretung gebeten haben, KG OLGZ **77**, 247 (zu § 78 b). Die Notlage kann auch, muß aber nicht schon infolge eines verschuldeten oder unverschuldeten Wegfalls des bisherigen Anwalts eingetreten sein. Sie kann auch zB bei dem als Anwalt tätigen Pfleger fehlen, BVerwG NJW **79**, 2170. Überhaupt ist ein Verschulden des Antragstellers daran unerheblich, daß niemand ihn vertreten will. Auch der unbeliebte oder querulatorisch wirkende Antragsteller braucht einen Rechtsschutz. Soweit der Antragsteller die Vergeblichkeit seiner Bemühungen zwar behauptet, aber nicht im einzelnen dargelegt hat, kommt eine angemessene Frist zur Nachreichung von Belegen oder zur Glaubhaftmachung nach § 118 II 1, § 294 in Betracht. 74

17) Beiordnung, V. Zuständig ist das Gericht der PKH-Bewilligung, evtl das Beschwerdegericht. Die Sonderbestimmung ist eng auslegbar. 75

A. Auswahlrecht des Vorsitzenden. Die Partei hat nach I–IV einen Anspruch darauf, daß das Gericht nur den Anwalt ihrer Wahl beiordnet, Goebel FamRZ **91**, 1271. Sie hat aber nach V keinen solchen Anspruch. Sie kann die Beiordnung eines ihr nicht genehmen Anwalts nur dadurch verhindern, daß sie notfalls den Beiordnungsantrag ganz zurücknimmt. Das ist bis zur Entscheidung jederzeit zulässig. Die Regelung ist rechtspolitisch nicht selbstverständlich. Es ist denkbar, daß eine Partei gerade einen bestimmten Anwalt beigeordnet haben möchte, der nur zu ihrer Vertretung nicht bereit ist. Es wäre keineswegs abwegig, der Partei auch dann ein Wahlrecht zu geben, etwa um sicherzustellen, daß ein objektiv mit den Problemen besonders vertrauter Anwalt für sie tätig werde. Indessen hat das Gesetz die diesbezüglichen Grundsätze zur früheren Standespflicht der Anwälte, BGH **60**, 258, nur eingeschränkt aufrechterhalten. Der Anspruch der Partei ist auf die Beiordnung eines Anwalts beschränkt. Die Bestimmung der Person des Anwalts bleibt dem Vorsitzenden überlassen.

76 **B. Ermessen des Vorsitzenden.** Der Vorsitzende übt bei der Auswahl ein pflichtgemäßes Ermessen aus. Er muß die Beiordnungsgrenzen des III auch bei V mitbeachten. Er muß in diesen Grenzen zwar nicht, sollte aber eine Anregung der Partei zurückhaltend miterwägen, soweit sie vernünftig scheint, Schlesw SchlHA **78**, 84. Er sollte die Erforderlichkeit einer besonderen Sachkunde des Auszuwählenden bedenken. Er ist aber in seiner Auswahl nicht davon abhängig, daß der fragliche Anwalt zur Übernahme des Mandats auch bereit ist.

77 **C. Zuständigkeit nur des Vorsitzenden.** Zur Beiordnung nach V ist anders als nach I–IV nur der Vorsitzende des Prozeßgerichts des Rechtszugs und evtl des höheren Gerichts zuständig, also nicht das Kollegium. Er darf diese Zuständigkeit nicht auf den Rpfl übertragen. Denn § 20 Z 4 RPflG sieht eine solche Übertragungsmöglichkeit nicht vor. Soweit der Rpfl als Prozeßgericht zuständig ist, zB im Mahnverfahren nach §§ 688 ff, § 20 Z 1 RPflG, ist er der „Vorsitzende" nach IV. Dasselbe gilt vom etwa landesrechtlich nach Grdz 4 vor § 688 bestimmten Urkundsbeamten.

78 **D. Entscheidung.** Eine mündliche Verhandlung findet nicht statt, § 127 I 1. Die Beiordnung umfaßt die Tätigkeit als ProzBev dieser Instanz. Der Vorsitzende entscheidet grundsätzlich zugleich mit der PKH-Bewilligung. Er entscheidet für diese Instanz. Er entscheidet durch einen Beschluß, § 329. Er muß ihn zumindest bei einer Ablehnung der Beiordnung grundsätzlich begründen, § 329 Rn 4. Er teilt die Beiordnung dem Antragsteller, dem Prozeßgegner, dem beigeordneten Anwalt entsprechend § 172 und den etwa sonst am Verfahren Beteiligten formlos mit, § 329 II 1, BGH VersR **85**, 68. Er muß die Ablehnung der Beiordnung förmlich zustellen, §§ 127 II 2 Hs 1, 329 III Hs 2. Wirksam wird der Beschluß bereits mit der Hinausgabe, § 329 Rn 27, aM Stgt Just **79**, 137 (aber das ist der allgemein geltende Zeitpunkt). Er kann auch wie die PKH-Beteiligung rückwirken, § 119 Rn 10 ff. Er bindet das Gericht, auch wenn es ihn fälschlich erlassen hat, als ein Staatshoheitsakt nach Üb 10 vor § 300 bis zur etwa zulässigen und wirksam erfolgten Änderung oder Aufhebung. Das gilt auch im Kostenfestsetzungsverfahren nach §§ 103 ff, Schneider MDR **89**, 226. Der Beiordnungsbeschluß enthält anders als eine Entscheidung nach § 78 b nicht nur die grundsätzliche Entscheidung zur Beiordnung irgendeines Anwalts, sondern bereits die Bezeichnung der Person des Beigeordneten. Insofern enthält der Beschluß nach IV Elemente des § 78 c. Der Beiordnungsbeschluß enthält keine Kostenentscheidung, § 127 Rn 20. Eine fälschlich vorgenommene Kostenentscheidung ist anfechtbar, § 118 Rn 23.

79 **E. Tätigkeitspflicht des beigeordneten Anwalts.** Anders als der Wahlanwalt nach I–IV ist der nach V beigeordnete Anwalt zur Übernahme der Vertretung verpflichtet. Es besteht ein sog Abschlußzwang, § 48 I Z 1, 2 BRAO, Brangsch AnwBl **82**, 99, zum erforderlichen Anwaltsvertrag Zweibr JB **94**, 749. Die Übernahme ist eine Berufspflicht, BGH **60**, 258. Das ist mit der Menschenrechtskonvention vereinbar, EKMR AnwBl **75**, 137. Der beigeordnete Anwalt hat im Umfang der Beiordnung einen Anspruch nur gegen die Staatskasse, § 122 I Z 3. Wegen der Prozeßvollmacht Rn 16 ff. Der beigeordnete Anwalt kann und muß zB wegen einer Unzumutbarkeit oder Kündigung des Auftraggebers die Aufhebung der Beiordnung verlangen, § 48 II BRAO, BGH RR **92**, 198, Bbg JB **92**, 622, Karlsr FamRZ **07**, 645, aber nicht aus anderen Gründen, Karlsr FamRZ **99**, 306. Das gilt auch bei einer Interessenskollision, Celle FamRZ **83**, 1045, LG Siegen AnwBl **93**, 401.

122 *Wirkung der Prozesskostenhilfe.* **I Die Bewilligung der Prozesskostenhilfe bewirkt, dass**

1. die Bundes- oder Landeskasse
a) die rückständigen und die entstehenden Gerichtskosten und Gerichtsvollzieherkosten,
b) die auf sie übergegangenen Ansprüche der beigeordneten Rechtsanwälte gegen die Partei
nur nach den Bestimmungen, die das Gericht trifft, gegen die Partei geltend machen kann,
2. die Partei von der Verpflichtung zur Sicherheitsleistung für die Prozesskosten befreit ist,
3. die beigeordneten Rechtsanwälte Ansprüche auf Vergütung gegen die Partei nicht geltend machen können.

II Ist dem Kläger, dem Berufungskläger oder dem Revisionskläger Prozesskostenhilfe bewilligt und ist nicht bestimmt worden, dass Zahlungen an die Bundes- oder Landeskasse zu leisten sind, so hat dies für den Gegner die einstweilige Befreiung von den in Absatz 1 Nr. 1 Buchstabe a bezeichneten Kosten zur Folge.

Gliederung

1) Systematik, I, II. Die Vorschrift enthält Regelungen eines Teils der Wirkungen einer PKH-Bewilli- 1
gung. Andere Wirkungen kraft Gesetzes ergeben sich aus zB aus § 204 I Z 1 BGB (Verjährungshemmung), BGH FamRZ **04**, 177, oder aus § 119 zB mit der Begrenzung der Bewilligung auf den jeweiligen Rechtszug und aus §§ 123, 125, 126. § 119 enthält darüber hinaus diejenigen Wirkungen, die das Gericht von Fall zu Fall nach den Gesamtumständen aussprechen muß. Demgegenüber treten die Wirkungen nach § 122 dem Grunde nach kraft Gesetzes ein. Die Möglichkeiten einer rückwirkenden Bewilligung sind in § 119 Rn 10 ff dargestellt. §§ 122 ff stehen in engem Zusammenhang einerseits mit §§ 20, 32 GKG, andererseits mit § 50 RVG. Dieser Zusammenhang ist unten im einzelnen näher dargestellt. Vgl auch Rn 21, 25, 30.

2) Regelungszweck, I, II. Er besteht auch in dieser Vorschrift darin, dem Antragsteller eine finanzielle 2
Erleichterung zu verschaffen, darüber hinaus aber auch evtl seinem Prozeßgegner aus Gründen der Waffengleichheit unabhängig von dessen finanzieller Lage gewisse Erleichterungen zu geben, Art 3 GG, Einl III 21. Das Gericht darf daher etwaige fiskalische Interessen im Rahmen der Auslegung nur begrenzt beachten. Insgesamt gilt wieder das allgemeine Gebot der Großzügigkeit zugunsten des Antragstellers, § 114 Rn 47.

Prozeßverlust beendet freilich auch für den PKH-Begünstigten das Ende dieses angenehmen, aber eben nur vorläufigen Zustands. Eine PKH ist kein endgültiges Geschenk, soweit man nicht gewinnt. Der Sieger bleibt freilich von irgendeiner nur dadurch bedingten Erstattungspflicht gegenüber dem Staat wegen einer vorherigen PKH frei. Das ist fiskalisch keineswegs selbstverständlich, aber gegenwärtiges Recht. Ob es gegenüber dem Verlierer gerecht ist, steht auf einem anderen Blatt.

3) Geltungsbereich, I, II. Üb 4 vor § 114, § 114 Rn 9–45. § 122 gilt auch im WEG-Verfahren. Im 3
FamFG-Verfahren gilt § 122 entsprechend, § 76 I FamFG.

4) Kostenerleichterung für den Antragsteller, I. Die Vorschrift gibt dem Antragsteller in Z 1–3 4
unterschiedliche Arten von Kostenerleichterungen. Sie gelten nur für ihn, nicht für einen Dritten, auch nicht für einen Streithelfer oder für den Rechtsnachfolger. Diese treten mit der PKH-Bewilligung kraft Gesetzes ein, Brdb RR **03**, 210. Sie sieht Einschränkungen bei der Geltendmachung von Gerichts- und Anwaltskosten in Z 1, 3 vor. Sie gelten allerdings grundsätzlich nur einstweilen. Z 2 sieht die Möglichkeit einer endgültigen Befreiung von der Pflicht zur Sicherheitsleistung vor.

5) Bestimmungen des Gerichts, I Z 1. Die in dieser Vorschrift vorgesehenen Kostenerleichterungen 5
treten zwar dem Grund nach kraft Gesetzes ein, Rn 1. Sie sind dem Umfang nach aber von dem jeweiligen Bewilligungsbeschluß abhängig. Dabei kommt es sowohl für den Bewilligungszeitpunkt als auch für den übrigen Umfang der Bewilligung auf die tatsächliche Bestimmung des Gerichts an, solange es diese nicht aufgehoben oder abgeändert hat. Insofern hängen also die Wirkungen von der Bewilligung nach § 119 ab.

6) Geltendmachung, I Z 1. Es erfolgt nur eine Einschränkung der „Geltendmachung". Das ist der 6
Sache nach die Einschränkung auf eine nur einstweilige Kostenbefreiung, also eine Stundung, AG Ffm DGVZ **89**, 191. Der Wegfall der früheren Worte des Gesetzestextes „einstweilen" und „vorläufig unentgeltlich" diente nur dazu, Mißverständnisse zu vermeiden, die dadurch eintreten könnten, daß die vorgenannten Zahlungen zulässig sind. Das Gericht mag zB die Ratenhöhen nach § 120 IV ändern oder die Bewilligung teilweise aufheben müssen, § 124. Demgegenüber hat die Pflicht zur Erstattung gegnerischer Kosten nach § 123 nichts mit den vom Antragsteller zu zahlenden Gerichts- und Gerichtsvollzieherkosten und nichts mit den Ansprüchen des ihm beigeordneten Anwalts zu tun, BGH NJW **01**, 3188. Von diesem Grundsatz gilt nur im Bereich des § 9 AUG eine Ausnahme: Eine diesbezügliche Bewilligung hat eine endgültige Befreiung von den im § 122 I genannten Kosten zur Folge, soweit keine Aufhebung nach § 124 Z 1 erfolgt.

7) Gerichts- und Gerichtsvollzieherkosten, I Z 1 a. Die einstweilige Kostenbefreiung erfaßt die 7
„rückständigen und die entstehenden" Gerichts- und Gerichtsvollzieherkosten, App DGVZ **90**, 166.

A. Kostenbegriff. Zu den Kosten zählen sowohl Gebühren als auch Auslagen, § 1 I GKG, § 1 FamGKG, § 1 I RVG, §§ 1 ff JVEG (Ausnahme: [jetzt] § 13 JVEG, Ffm JB **86**, 79), § 1 I GVKostG. Gemeint sind natürlich nur die notwendigen Kosten, §§ 91 ff, LAG Stgt JB **92**, 401.

B. Rückständige und entstehende Kosten. Z 1 a stellt folgendes klar: Es erfolgt eine einstweilige 8
Befreiung sowohl wegen der bei der Wirksamkeit des Bewilligungsbeschlusses schon fällig gewordenen, aber noch nicht bezahlten und deshalb „rückständigen" Kosten, Düss JB **02**, 83, Kblz FamRZ **95**, 1367, Stgt Rpfleger **84**, 114, als auch wegen der im vorgenannten Zeitpunkt noch erst zukünftigen oder gleichzeitig „entstehenden" Kosten, Naumb JB **02**, 150. Es kommt daher nicht darauf an, ob die Kosten in diesem Zeitpunkt bereits fällig geworden waren.

C. Rückerstattungsfragen. Soweit der Antragsteller auf die rückständigen oder entstehenden Gerichts- 9
kosten und Gerichtsvollzieherkosten im Zeitpunkt der PKH-Bewilligung bereits Zahlungen über die vom Gericht getroffenen Anordnungen hinaus geleistet hat, aus welchem Grunde auch immer, erlischt natürlich ein Anspruch der Staatskasse, AG Ffm DGVZ **89**, 191. Soweit er auf Grund eines irrigen Kostenansatzes gutgläubig gezahlt hat, kommt ein Rückerstattungsanspruch in Betracht, Hbg MDR **99**, 1287, Köln JB **99**, 591, Stgt Rpfleger **03**, 201. Im übrigen muß man bereits erhobene Kosten nur insoweit zurückzahlen, als das Gericht die Bewilligung von PKH nach § 124 aufgehoben hat, Düss FamRZ **90**, 299, KG AnwBl **84**, 456, AG Ffm DGVZ **89**, 191, aM Hbg MDR **99**, 1287, Köln Rpfleger **99**, 450, LG Hbg JB **99**, 478 (aber nur das

Gericht kann in einem gerichtlichen Verfahren eben nach §§ 119, 124 klären, ob die Zahlungsverpflichtung fortbesteht oder nicht). Das gilt selbst dann, wenn die Zahlung der Partei unter einem Vorbehalt erfolgte. Freilich kann infolge einer wirksamen Rückwirkung nach § 119 Rn 10 eine Erstattungspflicht eintreten, § 9 KostVfg und DB-PKHG/DB-InsO, Hartmann Teil VII B 5, Düss Rpfleger **86**, 108, Hbg MDR **99**, 1287, LG Hbg JB **99**, 478, aM AG Leverkusen DGVZ **80**, 31 (aber § 119 muß auch insoweit Rechtsfolgen haben). Eine Aufhebung der Beiordnung steht nicht stets einer Aufhebung der allein maßgeblichen PKH-Bewilligung gleich, Bbg JB **84**, 292, KG MDR **84**, 410, Nürnb JB **84**, 293, aM Hbg MDR **85**, 416 (aber das sind ganz verschiedene Vorgänge).

10 **D. Befreiung von der Vorauszahlungspflicht.** Zur Frage, ob und in welchem Umfang der Antragsteller von einer Vorauszahlungspflicht befreit ist, §§ 7, 12 I GKG, Anh § 271.

11 **E. Beispiele zur Frage des Vorliegens von Gerichts- und Gerichtsvollzieherkosten**

Anordnung persönlichen Erscheinens: Die Reisekosten infolge einer solchen Anordnung zählen zu den Kosten nach Z 1 a, Mü Rpfleger **85**, 165.

Auflage des Gerichts: Soweit infolge einer Auflage des Gerichts zur Vornahme einer Parteihandlung nicht nur beim Antragsteller Kosten entstehen, sondern auch oder nur beim Gericht, erfaßt die einstweilige Befreiung sie natürlich, Mü Rpfleger **85**, 165.

S auch Rn 13 „Freigestellte Parteiprozeßhandlung".

Auslagenvorschuß: Die einstweilige Befreiung erfaßt einen Vorschuß nach §§ 379, 402 oder nach anderen Vorschriften. Das gilt auch zugunsten des Gegners, Hamm MDR **99**, 502. Deshalb kann das Gericht zB keinen Vorschuß für einen Zeugen oder Sachverständigen fordern, Hamm MDR **99**, 502 (bei einem Verstoß: evtl Zurückverweisung), Stgt MDR **84**, 151.

12 **Beamter:** Das Gesetz enthält nicht die Erwähnung der „Gebühren der Beamten" usw. Alle diese Kosten sind Gerichtskosten.

Bereitstellung des Beweisgegenstands: Soweit beim Gericht oder beim Sachverständigen Kosten zwecks oder infolge der Bereitstellung eines Beweisgegenstands entstehen, tritt die einstweilige Befreiung ein.

S auch Rn 16.

Dolmetscher: Die Kosten eines Dolmetschers zur Verständigung mit dem beigeordneten Anwalt gehören *nicht* zu den in Z 1 a genannten Kosten. Auf sie ist (jetzt) § 46 RVG anwendbar, Brdb Rpfleger **02**, 367, AG Köln AnwBl **84**, 518 (zur Beratungshilfe), aM LAG Hamm AnwBl **85**, 276 (aber die vorgenannten Vorschriften haben den Vorrang als Spezialregeln).

Entscheidung: Rn 18.

13 **Freigestellte Parteihandlung:** Kosten, die dadurch entstehen, daß das Gericht dem Antragsteller eine Handlung lediglich freistellt, zählen *nicht* zu den in Z 1 a genannten Kosten.

S aber auch Rn 9 „Auflage des Gerichts".

Hinweis auf Prozeßkostenhilfe. Ein Rückerstattungsanspruch kann auch dann entstehen, wenn die Partei bei der Zahlung zB von Gerichtsvollzieherkosten versäumt hatte, auf die gewährte PKH hinzuweisen, LG Wiesb JB **91**, 1234, AG Wiesb JB **91**, 1233.

Insolvenzverfahren: Die Vorschußpflicht nach § 26 I 2 InsO bleibt bestehen, LG Kblz JB **97**, 479.

Mediation: AG Eilenberg FamRZ **07**, 1670 behandelte die Kosten einer FGG-Zwangsmediation (?!) nach § 122, statt sie nach § 21 GKG nichtzuerheben.

14 **Parteihandlung:** Rn 9 „Auflage des Gerichts", Rn 13 „Freigestellte Parteihandlung".

Parteivernehmung: Rn 15 „Reisekosten".

Protokoll: Rn 18 „Übersetzung".

15 **Reisekosten:** Soweit eine Auflage des Gerichts sie verursacht hat, erfaßt Z 1 a auch sie, Brdb FamRZ **06**, 134, Nürnb JB **90**, 1023, LAG Düss JB **05**, 483, aM KG Rpfleger **93**, 74, OVG Bre Rpfleger **87**, 386 (aber das Gericht hat sie direkt veranlaßt). Vgl wegen der Reisekosten im übrigen die Verwaltungsbestimmungen, abgedruckt bei Hartmann Teil V § 25 JVEG Anh I, II.

Es gibt also *keine automatische* Erstattung, Nürnb Rpfleger **90**, 172, großzügiger Düss MDR **91**, 679, Mü MDR **97**, 194 (unvollständig zitierend). Jedenfalls ist BGH NJW **75**, 1125 weitgehend überholt, aM Köln Rpfleger **88**, 80. Soweit das Gericht der Partei eine Handlung lediglich freistellt, ist Z 1 a nicht anwendbar. Gegen die Ablehnung der Reisekostenerstattung oder eines Reisekostenvorschusses ist eine sofortige Beschwerde statthaft, § 127 Rn 55 „Reisekostenvorschuß".

16 **Sachverständiger:** Zu den Gerichtskosten gehören auch Vorschüsse nach §§ 379, 402 und sonstige Auslagen für einen gerichtlich bestellten Sachverständigen, KV 9005, 9008, Stgt MDR **84**, 151. Sie umfassen die Kosten für die Bereitstellung des Beweisgegenstands. Das Gericht darf eine Beweiserhebung nicht von einem Auslagenvorschuß abhängig machen. Das gilt selbst dann, wenn der Beweis auch für den Prozeßgegner des Antragstellers wichtig sein mag.

17 **Teilweise Bewilligung:** Soweit das Gericht die PKH nur für einen Teil des oder der Ansprüche bewilligt hat, muß man den „bewilligten" Streitwert dem Gesamtstreitwert gegenüberstellen. Eine Kostenschuld ist nur wegen der sich ergebenden Differenzsumme begründet, Düss Rpfleger **05**, 268, Mü MDR **97**, 299, Schlesw MDR **06**, 176, aM Köln JB **81**, 1013 (aber I Z 3 versagt in der Tat dem beigeordneten Anwalt jeden Anspruch gegen die Partei). Das gilt auch für die nichtausscheidbaren Auslagen.

18 **Übersetzung:** Die Kosten der Übersetzung zB eines Protokolls oder einer Entscheidung zählen zu den von Z 1 a erfaßten Kosten. Das gilt unter Umständen auch für die Kosten der Übersetzung durch einen beigeordneten Anwalt, aM OVG Bre Rpfleger **87**, 386 (aber es ist dann oft eine Großzügigkeit ratsam).

19 **Verdienstausfall:** Der reine Verdienstausfall als solcher fällt *nicht* unter Z 1 a, Ffm MDR **84**, 500, § 91 Rn 296, aM Stgt MDR **85**, 852 (vgl aber § 91 Rn 296).

S auch Rn 11 „Auflage des Gerichts".

Verlangen einer Handlung: Rn 11 „Auflage des Gerichts".

Verzögerungsgebühr: Die Verzögerungsgebühr nach § 38 GKG, Anh § 95, zählt *nicht* zu den Gerichtskosten nach Z 1 a, Hartmann Teil I A § 38 GKG Rn 22.

Vorschuß: Rn 16 „Sachverständiger", Rn 20 „Zeuge".
Zeitversäumnis: Rn 19 „Verdienstausfall".
Zeuge: Zu den Gerichtskosten gehören auch Vorschüsse nach § 379 und sonstige Auslagen für einen Zeugen nach KV 9005, Stgt MDR **84**, 151. 20

Nicht hierher zählt die Differenz zwischen der gesetzlichen und einer nach dem JVEG zugestandenen höheren Zeugenentschädigung, Ffm JB **86**, 79.

S auch Rn 11 „Auflage des Gerichts", Rn 15 „Reisekosten".

8) Übergegangene Ansprüche der beigeordneten Rechtsanwälte, I Z 1 b. Im Umfang der Bewilligung einer PKH und den dazugehörigen Anordnungen des Gerichts kann die Staatskasse auch einen etwa auf sie nach § 59 RVG übergegangenen Anspruch eines beigeordneten Anwalts zunächst nicht gegen den Antragsteller geltend machen. 21

A. Zweck: Klarstellung. Der beigeordnete Anwalt hat einen Anspruch auf die Zahlung seiner Gebühren und Auslagen gegenüber der Staatskasse. Das ergibt sich nicht direkt aus §§ 121 ff ZPO, wohl aber dem Grunde nach aus § 45 I RVG, der Höhe nach aus § 48 RVG, § 121 ZPO. Soweit die Staatskasse den beigeordneten Anwalt befriedigt, geht sein Anspruch auf sie nach § 59 RVG über. Soweit der Antragsteller diese Kosten durch seine Zahlungen bereits gedeckt hat, erlischt der Anspruch der Staatskasse. Aber auch soweit er noch nicht erloschen ist, muß jedenfalls der Antragsteller vorerst von Zahlungspflichten freibleiben. Deshalb stellt I Z 1 b klar, daß auch die Staatskasse nach einem Übergang auf sie diesen Anspruch zunächst nicht geltend machen kann.

B. Umfang der Kostenerleichterung. Das Verbot der Geltendmachung erfaßt auch einen nach § 59 RVG übergegangenen Anspruch desjenigen Anwalts, den das Gericht nicht dem Antragsteller beigeordnet hatte, sondern seinem Prozeßgegner etwa auf Grund eines Antrags auch jenes Gegners nach §§ 114 ff. Das gilt also dann, wenn das Gericht beiden Parteien eine PKH bewilligt hat, LG Itzehoe SchlHA **84**, 79. Die ersatzpflichtige Partei soll auch dann nur höchstens diejenigen Beiträge an die Staatskasse zahlen, die das Gericht bestimmt hat, Brschw JB **90**, 509, Mü MDR **01**, 597, Zweibr Rpfleger **89**, 114, aM BGH JB **97**, 648, Düss Rpfleger **97**, 484, Nürnb Rpfleger **01**, 602 (aber auch der Gegner ist schutzbedürftig). 22

Man muß daher auch dann die etwaigen nach § 115 erlassenen *Ratenzahlungsanordnungen* des Gerichts usw beachten. Die Staatskasse darf nicht darüber hinausgehen, Hbg MDR **85**, 941, Mü MDR **01**, 597. Auch ein nach § 59 RVG übergegangener Anspruch des beigeordneten Anwalts gegenüber dem nach § 126 zur Zahlung verpflichteten Gegner des Auftraggebers steht der Staatskasse nicht mehr zu, soweit eine Zahlung des Antragstellers an die Staatskasse die an den beigeordneten Anwalt geleistete Vergütung deckt. Soweit das Gericht den Prozeßgegner in die Kosten verurteilt hat, kann der Antragsteller von ihm die Erstattung nach § 123 fordern. 23

Natürlich gilt I Z 1 b *nicht* zulasten desjenigen Anwalts, den der Antragsteller gar nicht auf Grund seiner Beiordnung beauftragt hat, sondern ohne eine solche, Schneider MDR **88**, 282.

9) Befreiung von der Verpflichtung zur Sicherheitsleistung, I Z 2. Die Vorschrift erfaßt die Verpflichtung des Angehörigen eines fremden Staats als Klägers sowie eines Staatenlosen ohne einen inländischen Wohnsitz, dem Bekl auf sein Verlangen wegen der Prozeßkosten eine Sicherheit zu leisten. Soweit diese Verpflichtung nicht nach § 110 II ohnehin wegfällt, entfällt sie im Umfang der Bewilligung einer PKH nach I Z 2 nicht nur vorläufig, sondern endgültig, Brdb RR **03**, 210. Das gilt allerdings im Umfang des § 9 AUG ohnehin kraft Gesetzes. 24

I Z 2 befreit *nicht* von der ganz andersartigen Sicherheitsleistung nach *§ 709.* Sie erfolgt wegen § 717 II, § 709 Rn 1. Mag der Bedürftige die Rechtskraft abwarten.

10) Keine Geltendmachung des Vergütunganspruchs des beigeordneten Anwalts gegen die Partei, I Z 3. Es handelt sich um eine stundungsähnliche Regelung, Kblz JB **00**, 146. 25

A. Zweck: Schutz des Auftraggebers. Da der beigeordnete Anwalt nach Rn 21 einen Vergütungsanspruch gegen die Staatskasse hat, kann man seinen Auftraggeber einstweilen von Zahlungspflichten dem beigeordneten Anwalt gegenüber freistellen, Celle Rpfleger **07**, 151, Stgt FamRZ **04**, 1802. Das gilt unabhängig davon, ob und wann und in welchem Umfang der beigeordnete Anwalt seine Vergütung von dem in die Prozeßkosten verurteilten Gegner des Auftraggebers im eigenen Namen beitreiben kann, § 126, Hamm JB **99**, 591. Denn zunächst haftet ja einmal die Staatskasse, wenn auch nur im verringerten Umfang nach § 45 RVG. Die Vorschrift bezweckt also den Schutz des Auftraggebers, Düss Rpfleger **88**, 505. Schon deshalb ist sie zwingend, Köln FamRZ **95**, 240, AG Bad Iburg FamRZ **08**, 1014. Das gilt auch dann, wenn der beigeordnete Anwalt den Anspruch gegen die Staatskasse wegen Verjährung nicht mehr einklagen kann, Köln RR **95**, 634, oder wenn wegen eines nachträglichen Vermögenserwerbs eine Zahlung von Raten nach § 120 infrage kommt, Stgt FamRZ **04**, 1802. Die Vorschrift schützt auch einen persönlich nicht bedürftigen Erben des Auftraggebers.

Dem *unterliegenden Prozeßgegner* gegenüber bleibt ein Erstattungsanspruch in voller Höhe nach §§ 91 ff unberührt, Kblz JB **00**, 146. Das gilt auch bei einer nur teilweisen PKH, Hamm JB **99**, 591.

B. Begriff der Geltendmachung. Wie bei I Z 1 kommt auch bei I Z 3 nur die „Geltendmachung" nicht in Betracht. Das bedeutet: Der Vergütungsanspruch nach §§ 45 ff RVG besteht zwar sachlichrechtlich. Der beigeordnete Anwalt kann ihn aber während der Bewilligungszeit vor einer etwaigen Aufhebung der Bewilligung, Düss Rpfleger **05**, 268, oder vor dem im § 125 II genannten Zeitpunkt der rechtskräftigen Verurteilung des Prozeßgegners in die Prozeßkosten oder vor der Beendigung des Rechtsstreits ohne eine Entscheidung über die Kosten dem Auftraggeber gegenüber nicht geltend machen, Düss RR **92**, 1529, Hamm JB **99**, 591, Kblz JB **00**, 146. Während der Befreiung hat der PKH-Begünstigte folglich insoweit auch keinen Schaden, Köln WoM **99**, 288. 26

Das alles gilt unabhängig davon, ob der Auftraggeber den beigeordneten Anwalt entpflichtet hat und ob der Auftraggeber oder der Anwalt daran schuldig sind. Das Verbot der Geltendmachung gilt auch unabhängig von einer etwaigen *Gebührenvereinbarung,* Köln FamRZ **95**, 240, Nürnb AnwBl **83**, 570. Vgl freilich § 4 27

V 2 RVG. Es gilt ferner unabhängig davon, ob, inwieweit und warum der Auftraggeber dem beigeordneten Anwalt eine Vergütung als ein Ausfallhonorar zugesagt oder inwiefern der Anwalt auf Ansprüche gegen die Staatskasse verzichtet hat, Düss Rpfleger **88**, 505, KG FamRZ **04**, 1737. Das Verbot gilt ferner auch für eine Vergütung auf Grund einer vorausgegangenen Tätigkeit als Wahlanwalt vor der Beiordnung, soweit diese nur denselben Gebührentatbestand wie die Beiordnung herbeiführte, BGH FamRZ **08**, 982 links unten, Oldb RR **07**, 792, VGH Mannh NVwZ-RR **04**, 156. Das gilt selbst dann, wenn das Gericht die Beiordnung (nicht aber die PKH) später aufhebt, BGH NJW **93**, 1715, Köln FamRZ **95**, 240, Stgt JB **97**, 649, aM Hbg MDR **85**, 416, LG Bayr JB **92**, 740 (aber es kommt nur auf den Tätigkeitszeitraum an, und der lag *vor* der Aufhebung, Rn 26). Das Verbot gilt natürlich nur, soweit das Gericht den Anwalt beigeordnet hatte, Nürnb FamRZ **01**, 1157.

28 Bei einer *teilweisen* Bewilligung einer PKH kann der beigeordnete Anwalt die *Differenzsumme* zwischen der von der Staatskasse geschuldeten Vergütung und den Gebühren eines Wahlanwalts nicht gegenüber dem Auftraggeber geltend machen, Hbg MDR **89**, 74, Mü MDR **95**, 422. Vgl freilich § 120 Rn 16 sowie § 50 RVG.

29 **11) Kostenerleichterung für den Prozeßgegner, II.** Während I Kostenerleichterungen für den Antragsteller enthält, gibt II auch seinem Prozeßgegner schon wegen dieser Eigenschaft ebenfalls gewisse Kostenerleichterungen.

30 **A. Zweck: Waffengleichheit.** Zwar ist der Gegner nach § 125 I ohnehin gegenüber der Staatskasse bis zur Rechtskraft seiner Verurteilung in die Kosten vor Zwangsmaßnahmen sicher. Das Bewilligungsverfahren läuft ja ohnehin nur zwischen dem Staat und dem Antragsteller, von der grundsätzlichen Anhörungspflicht nach § 118 I 1 abgesehen. Daher scheint eine zusätzliche einstweilige Kostenerleichterung auch zugunsten des Prozeßgegners zunächst nicht notwendig zu sein. Überdies könnte er ja seinerseits jederzeit einen eigenen PKH-Antrag stellen und sich so zum Antragsteller machen. Zwecks Waffengleichheit nach § 121 Rn 31, 32 gibt II gleichwohl auch dem vermögenden Prozeßgegner eine einstweilige Kostenbefreiung. Sie dient auch der Vereinfachung der kostenrechtlichen Behandlung für die Dauer der Bewilligung. Aus diesem letzteren Grund ist die rechtspolitisch nicht unbedingt überzeugende Regelung immerhin vertretbar. § 125 II ergänzt sie: Der einstweilen befreite Gegner muß mit einer Einziehung rechnen, sobald das Gericht ihn rechtskräftig verurteilt oder sobald der Prozeß ohne ein Urteil über die Kosten endet.

31 **B. Kläger, Berufungskläger, Revisionskläger.** Die einstweilige Befreiung kommt nur diesen Personen zugute. Bei einer solchen Partei ist unerheblich, ob sie in der vorangegangenen Instanz Bekl war. Maßgeblich ist vielmehr nur die Rolle des Angreifers in der jetzigen Instanz. Soweit der Prozeßgegner des bisher alleinigen Antragstellers nun seinerseits als Angreifer auftritt, ist II auf ihn nicht anwendbar. Das gilt zB dann, wenn der Prozeßgegner Kläger ist, LG Kref Rpfleger **84**, 479, oder wenn er Widerkläger nach Anh § 253 oder Anschlußberufungskläger ist, § 524. Er mag dann seinerseits einen eigenen Antrag auf eine PKH-Bewilligung stellen, um eine einstweilige Befreiung zwar nicht nach II zu erreichen, wohl aber nach I.

32 **C. Sachlicher Geltungsbereich.** II gilt in allen denjenigen Verfahren, für die das Gericht eine PKH bewilligen kann, § 114 Rn 22. Die Vorschrift umfaßt also auch zB das Kostenfestsetzungsverfahren, §§ 103 ff. Es steht in engster Verbindung mit demjenigen Rechtszug, für den die Bewilligung jeweils erfolgt, § 119 Rn 30. Aus den Worten „Kläger", „Berufungskläger" und „Revisionskläger" wird aber deutlich, daß II nur für das Erkenntnisverfahren gilt, also nicht für eine vom Antragsteller betriebene Zwangsvollstreckung. Das gilt selbst dann, wenn er auch oder nur für sie eine PKH erhalten hatte. Eine Rückwirkung kann wie sonst in Betracht kommen, § 119 Rn 10. Dann kommt sogar eine Rückforderung von solchen Kosten in Betracht, die der Antragsteller vor der Bewilligung bezahlt hatte.

33 **D. Keine Bestimmung von Zahlungen an die Staatskasse.** Zu den Voraussetzungen Rn 31, 32 muß als eine weitere Bedingung der einstweiligen Befreiung des Prozeßgegners treten, daß das Gericht dem Antragsteller keine „Zahlungen an die Bundes- oder Landeskasse" nach § 120 auferlegt hatte. Das Gericht darf also weder „Monatsraten" noch „aus dem Vermögen zu zahlende Beträge" festgesetzt haben, § 120 I 1. Soweit das Gericht auch nur eine dieser Belastungen dem Antragsteller gegenüber angeordnet und noch nicht aufgehoben hat, ist II auf seinen Prozeßgegner nicht anwendbar, Düss MDR **89**, 921. Das gilt, solange dieser nicht selbst durch einen eigenen PKH-Antrag zum Antragsteller wird. Eine bloße Änderung der Zahlungen nach § 120 IV reicht nicht aus, nun auch den Prozeßgegner einstweilen zu befreien.

34 **E. Einstweilige Befreiung von den Gerichts- und Gerichtsvollzieherkosten.** Während I nur die „Geltendmachung" solcher Kosten ausschließt und damit nach Rn 4 allerdings auch eine einstweilige Befreiung meint, spricht II direkt die „einstweilige Befreiung" aus. Sie beschränkt sich auf die in I Z 1 a genannten Kosten und damit praktisch auf einen Auslagenvorschuß nach §§ 379, 402, Hamm FamRZ **99**, 453. Sie endet nach § 125 I, II mit der formellen Rechtskraft seiner Verurteilung in die Prozeßkosten oder mit der Beendigung des Rechtsstreits ohne ein Urteil über die Kosten. Man darf die Kosten des Prozeßgegners für einen Anwalt niemals nach II behandeln. Um von der Zahlungspflicht gegenüber dem eigenen Anwalt auch nur einstweilen freizukommen, muß der Prozeßgegner selbst eine PKH erhalten.

35 **F. Einzelfragen.** Wegen der Anrechnung von Zahlungen an den beigeordneten Anwalt § 58 II RVG. Die Vorauszahlungspflicht entfällt, § 14 Z 1 GKG, Anh § 271.

123 *Kostenerstattung.* **Die Bewilligung der Prozesskostenhilfe hat auf die Verpflichtung, die dem Gegner entstandenen Kosten zu erstatten, keinen Einfluss.**

1 **1) Systematik.** § 122 regelt das Verhältnis zwischen dem Antragsteller und dem Staat einerseits, dem nach § 121 beigeordneten Anwalt andererseits und schließlich das Verhältnis des Prozeßgegners zur Staatskasse, und zwar jeweils nur für die Dauer des Hauptprozesses und ergänzt von § 125. Demgegenüber regelt § 123 das kostenrechtliche Verhältnis zwischen dem Antragsteller und seinem Prozeßgegner, also die sog

Kostenerstattung für den Fall, daß der Antragsteller den Prozeß verliert, BGH NJW **01**, 3188. Diese Fragen regeln schon §§ 91 ff. Jene Vorschriften gelten nämlich auch im gesamten PKH-Verfahren. Insofern hat § 123 eine nur klarstellende (deklaratorische) Bedeutung, Düss MDR **91**, 451. Allerdings ist das Verbot der Erstattung von Kosten des PKH-Verfahrens nach § 118 I 4 eine gegenüber §§ 91 ff und auch gegenüber § 123 vorrangige Sondervorschrift, soweit überhaupt Überschneidungen vorliegen, § 118 Rn 21.

2) Regelungszweck. Die Kostenerstattungspflicht des im Hauptprozeß Unterlegenen soll die Staatskasse entlasten. Sie soll auch zugleich vor einer ungehemmten Prozessierlust des Mittellosen schützen. Eine PKH bedeutet eben oft nur eine vorübergehende, einstweilige Kostenerleichterung. Das soll dem Antragsteller bewußt bleiben. Wenn sich eine der Hauptvoraussetzungen der Bewilligung, nämlich die Erfolgsaussicht als schließlich doch nicht eingetreten herausstellt, soll der Antragsteller trotz seiner Mittellosigkeit wenigstens die Kosten des Gegners wie jeder andere Unterlegene erstatten müssen. Diese Regelung ist nicht nur rechtspolitisch diskutabel, sondern auch verfassungsrechtlich problematisch, Grunsky NJW **80**, 2046. Denn sie engt im Ergebnis die verfassungsrechtlich notwendige Kostenerleichterung nach Üb 1 vor § 114 wieder beträchtlich ein. Zum Unterliegen kann es grundsätzlich ja nur deshalb kommen, weil dasselbe Gericht seine Beurteilung der Erfolgsaussichten nach § 114 Rn 80 im Lauf des Hauptprozesses entscheidend geändert hat. Sonst hätte es gar nicht erst eine PKH bewilligen dürfen. Vgl aber BVerfG **51**, 296. 2

Prozeßgewinn, das Gegenstück, löst keine Pflicht aus, dem Staat für dessen PKH-Leistung etwas zu zahlen, von restlichen schon festgesetzten Raten abgesehen, § 122 Rn 2. Das ist ebenfalls nicht selbstverständlich, aber geltendes Recht.

3) Geltungsbereich. Vgl Üb 4 vor § 114, § 114 Rn 9–45. § 123 gilt auch im WEG-Verfahren. Im FamFG-Verfahren gilt § 123 entsprechend, § 76 I FamFG. 3

4) Wirkung auf Kosten des Hauptprozesses. Man muß unterschiedliche Situationen unterscheiden. 4

A. Grundsatz: Erstattungspflicht des Antragstellers. Derjenige im Hauptprozeß unterliegende Antragsteller, dem das Gericht eine PKH bewilligt hatte, muß grundsätzlich (Ausnahmen Rn 6) im Umfang der Kostengrundentscheidung nach §§ 91 ff dem siegenden Prozeßgegner dessen Kosten erstatten, soweit sie eben im Hauptprozeß entstanden sind, BGH NJW **01**, 3188, Celle FamRZ **99**, 242, Nürnb FamRZ **97**, 755 (krit Rasch 1411). Der Gegner kann diese Kosten nach §§ 103 ff festsetzen lassen und mit dem Festsetzungsbeschluß nach § 794 I Z 2 vollstrecken. Dazu gehören die vollen Wahlanwaltskosten auch nach einer beiderseitigen PKH, Bbg FamRZ **88**, 967 (abzüglich der aus der Staatskasse Gezahlten). Er muß dazu einen entsprechenden Antrag stellen, § 103 Rn 33. Das gilt insbesondere für diejenigen Gerichtskosten, die der siegende Prozeßgegner des Antragstellers bereits bezahlt hatte, BGH Rpfleger **89**, 376, Brschw MDR **97**, 1072, Düss Rpfleger **96**, 354, aM ZöPh § 123 Rn 24 f (aber dort besteht erst recht ein Erstattungsbedürfnis).

Erstattungspflichtig ist auch derjenige durch eine PKH Begünstigte, der in einem Vergleich Kosten *übernimmt,* BVerfG NJW **00**, 3271, BGH NJW **04**, 366, Kblz MDR **08**, 473, aM Drsd Rpfleger **02**, 214, Ffm JB **02**, 1418, Vester NJW **02**, 3225. Das gilt auch bei einer anschließend gleichen Kostenentscheidung, Mü RR **01**, 1578. Es gilt ferner bei auch nur einem Kostenteil, etwa bei einer vereinbarten Kostenaufhebung gegeneinander, Karlsr MDR **00**, 113, Nürnb NJW **00**, 370, aM Hamm Rpfleger **00**, 554 (aber der Kostenübernehmer verdient nun wirklich keine Besserstellung mehr, Rn 6).

Soweit dem siegenden Prozeßgegner die Kosten im Verhältnis zur Staatskasse *endgültig* zur Last fallen, MDR **78**, 59, kann er diese Kosten von demjenigen unterlegenen Antragsteller beitreiben, dem das Gericht die PKH bewilligt hatte, Bbg JB **77**, 1594, KG Rpfleger **77**, 76. Der unterliegende Antragsteller ist auch der Staatskasse erstattungspflichtig, soweit der Kostenerstattungsanspruch des siegenden Prozeßgegners nach (jetzt) § 59 RVG auf diese übergegangen ist, BGH MDR **97**, 887, Kblz MDR**08**, 172, LG Möchengladb AnwBl **03**, 595, aM Mü JB **01**, 310 (aber die Entstehungsgeschichte interessiert gegenüber dem Wortlaut und Sinn nur begrenzt, Einl III 42).

B. Auswirkung auf vom Prozeßgegner gezahlten Vorschuß. Soweit der siegende Prozeßgegner des unterlegenen Antragstellers der Staatskasse einen Vorschuß gezahlt hatte, muß sie diesen an ihn zurückzahlen, LG Osnabr JB **78**, 107, AG Marbg AnwBl **88**, 248, aM Schlesw SchlHA **79**, 182 (aber jeder Zahlungsgrund ist entfallen). Das ist eine Auswirkung der Regelung des § 31 II GKG, Hartmann Teil I A § 31 GKG Rn 16 ff. Zur Lage bei einer teilweisen PKH Kblz FamRZ **07**, 1759. 5

C. Ausnahmen von der Erstattungspflicht des Antragstellers. Entgegen dem Wortlaut des § 123 gibt es einige Ausnahmen von dem in Rn 3 genannten Grundsatz der Erstattungspflicht. So haftet zB der siegende Prozeßgegner desjenigen Antragstellers, der eine PKH erhalten hatte, soweit der Sieger nach § 122 II ebenfalls einstweilen befreit war. Eine solche Befreiung fehlt allerdings, soweit dieser Sieger als ein sog Zweitschuldner nach § 31 II GKG haftet. Eine solche Haftung kommt freilich für die nach § 31 II 2 GKG beurteilbaren Fälle kaum noch in Betracht, Ffm MDR **78**, 413, Hartmann Teil I A § 31 GKG Rn 16 ff, aM Hamm Rpfleger **92**, 206, Mü MDR **80**, 855. BVerfG MDR **99**, 1089 (krit Schneider 1090, Schütt MDR **99**, 1405), Bre FamRZ **99**, 1147, AG Königswinter JB **99**, 594 sehen den durch eine PKH begünstigten unterlegenen Bekl zu Unrecht ungleichmäßig benachteiligt: Der Bekl war im Gegensatz zum Kläger kein Antragsschuldner nach § 22 I 1 GKG. 6

Der siegende Prozeßgegner desjenigen Antragstellers, der eine PKH erhalten hatte, haftet ferner als ein sog *Übernahmeschuldner* nach § 29 Z 2 GKG (Zweitschuldner) auch für solche Kosten, die er in einem Vergleich ganz oder teilweise übernommen hat, Rn 4. Das gilt auch dann, wenn das Gericht den Übernahmeschuldner sonst verurteilt hätte, Hamm Rpfleger **79**, 230. Ob die Parteien im Vergleich eine Kostenübernahme vereinbart haben, muß man nach den in § 98 Rn 21 ff genannten Regeln ermitteln. Andernfalls bleibt der Schutz des § 31 II 2 GKG bestehen.

5) Wirkung auf Kosten im Prozeßkostenhilfeverfahren. Wegen des Vorrangs des § 118 I 4 vor §§ 91 ff, 123 nach Rn 1 entfällt eine Kostenerstattungspflicht desjenigen im Hauptprozeß unterliegenden Antragstellers, dem das Gericht die PKH bewilligt hatte, gegenüber seinem Prozeßgegner auch insoweit, als jenem Gegner im Bewilligungsverfahren Kosten entstanden sind. Zu diesem Kostenbegriff § 118 Rn 22. 7

124 *Aufhebung der Bewilligung.* **Das Gericht kann die Bewilligung der Prozesskostenhilfe aufheben, wenn**
1. **die Partei durch unrichtige Darstellung des Streitverhältnisses die für die Bewilligung der Prozesskostenhilfe maßgebenden Voraussetzungen vorgetäuscht hat;**
2. **die Partei absichtlich oder aus grober Nachlässigkeit unrichtige Angaben über die persönlichen oder wirtschaftlichen Verhältnisse gemacht oder eine Erklärung nach § 120 Abs. 4 Satz 2 nicht abgegeben hat;**
3. **die persönlichen oder wirtschaftlichen Voraussetzungen für die Prozesskostenhilfe nicht vorgelegen haben; in diesem Fall ist die Aufhebung ausgeschlossen, wenn seit der rechtskräftigen Entscheidung oder sonstigen Beendigung des Verfahrens vier Jahre vergangen sind;**
4. **die Partei länger als drei Monate mit der Zahlung einer Monatsrate oder mit der Zahlung eines sonstigen Betrages im Rückstand ist.**

Schrifttum: *Huhnstock,* Abänderung und Aufhebung der Prozeßkostenhilfebewilligung, 1995.

Gliederung

1 **1) Systematik, Z 1–4.** Während § 120 IV die Voraussetzungen nennt, unter denen das Gericht beim Fortbestand der Bewilligung doch deren Umfang durch eine Veränderung der zu leistenden Raten oder Vermögensbeiträge ändern kann, bestimmt § 124 abschließend die Voraussetzungen einer völligen oder teilweisen Aufhebung der Bewilligung dem Grunde nach, KG Rpfleger **06**, 662, Köln MDR **03**, 771. Neben der Aufhebung der Bewilligung können infolge eines Verlusts des Rechtsstreits die nur einstweiligen Wirkungen der Bewilligung entfallen, § 125. Die Pflicht zur Erstattung der Kosten des Prozeßgegners im Fall des Unterliegens bleibt ohnehin unberührt, § 123.

2 **2) Regelungszweck, Z 1–4.** § 124 nennt Sanktionen, ungünstige Rechtsfolgen, Brdb FamRZ **05**, 47, LG Mainz FamRZ **01**, 1157, zwecks Einhaltung der Förderungspflicht nach Grdz 12 vor § 128. Die Vorschrift nennt Kostenfolgen, aber keine Strafe, Bbg JB **87**, 1419, Düss JB **86**, 296, LAG Düss JB **86**, 1097. Sie enthält zwecks Rechtssicherheit nach Einl III 43 eine abschließende Aufzählung der Aufhebungsgründe, BGH NJW **94**, 3293, Brdb FamRZ **00**, 1229, Köln Rpfleger **99**, 30. Man darf diese Aufzählung nicht ausdehnend auslegen, sondern muß eine enge Auslegung vornehmen, Ffm Rpfleger **91**, 65. Denn eine Aufhebung der Bewilligung stellt einen Eingriff in einen sozialstaatlich geschützten Besitzstand des Antragstellers dar, Bbg FamRZ **89**, 884, ähnlich wie bei der Aufhebung eines sog begünstigenden Verwaltungsakts. Zwar sind die dort anwendbaren Regeln hier nicht direkt beachtlich. Denn das PKH-Verfahren ist eben kein Verwaltungsverfahren, sondern ein gerichtliches Verfahren, Üb 3 vor § 114. Trotzdem darf und muß man jene Grundgedanken auch hier im Kern entsprechend mitberücksichtigen.

Arglist oder sonstige Täuschungshandlungen ändern an alledem nichts. Zwar verdient Rechtsmißbrauch auch im PKH-Verfahren keinen Schutz, Einl III 54, Rn 4, Üb 5 vor § 114. Es liegt aber bereits eine in einem gerichtlichen Bewilligungsverfahren erarbeitete Bewilligungsentscheidung vor. Man darf eine solche Wirkung nicht durch sachlichrechtliche Erwägungen und eine daraus folgende zu weite Auslegung der Aufhebungsgründe beeinträchtigen, aM Bbg FamRZ **89**, 885 (aber ein Staatshoheitsakt nach Üb 10 vor § 300 verdient bis zum Zeitpunkt seiner Aufhebung einen Vertrauensschutz). Eine Aufhebung wegen Rechtsmißbrauchs außerhalb der Z 1–4 mag nur in seltenen Ausnahmefällen in Betracht kommen. Das gilt etwa dann, wenn der Begünstigte seinem beigeordneten Anwalt hartnäckig die Unterrichtung versagt oder wenn er von sich aus ohne triftige Gründe einen anderen Anwalt beauftragt und den beigeordneten Anwalt ohne eine Grundangabe überhaupt nicht mehr informiert, KG Rpfleger **79**, 152, Köln MDR **75**, 236, oder wenn der Antragsteller eine bloße Scheinehe verschwiegen hat, § 114 Rn 124, aM Ffm FamRZ **04**, 1883.

Übertreibung der vorstehenden Erwägungen sollten natürlich auch nicht stattfinden. Das Gericht darf sich durchaus nicht scheuen, bei einem klaren Verstoß nach Z 1–4 alsbald und unmißverständlich zu reagieren. Man darf sich nicht ängstlich scheuen, einen solchen Verstoß festzustellen, nur weil man ihn etwa ausführlicher und vielleicht anfechtbar begründen müßte. Die Rechtsprechung hat schon genug Hindernisse vor einer Aufhebung errichtet.

3) Geltungsbereich, Z 1–4. § 124 gilt auch im WEG-Verfahren. Im FamFG-Verfahren gilt § 124 entsprechend, § 76 I FamFG. Ein einfacher Grundsatz zeigt manchmal Probleme. 3

A. Grundsatz. Die Vorschrift gilt in allen Verfahren nach der ZPO, Üb 4 vor § 114, § 114 Rn 9–45. Sie gilt auch im arbeitsgerichtlichen Verfahren, LAG Bre Rpfleger **01**, 308 (zu Z 4). Sie gilt ab Anhängigkeit, § 261 Rn 1.

B. Beispiele zur Frage der Anwendbarkeit 4

Änderung der Beurteilung: Rn 8 „Beurteilungswechsel".

Änderung der Verhältnisse: Eine Aufhebung kommt in Betracht, soweit die Änderung zwischen dem Antrag und der Bewilligung eintrat und soweit der Antragsteller sie nicht mitgeteilt hatte, Mü FamRZ **98**, 633. 5

Sie kommt *nicht* schon deshalb in Betracht, weil sich die Verhältnisse seit ihrer Bewilligung irgendwie verändert haben, Kblz AnwBl **83**, 571, Köln MDR **03**, 771. Solche Veränderungen darf das Gericht allenfalls dann berücksichtigen, wenn es um eine vorausschauende oder spätere Änderung der Ratenzahlungspflichten geht, § 120 I 2, IV, oder wenn es über einen Rechtsbehelf entscheiden muß, oder wenn es im höheren Rechtszug der Hauptsache einen erneuten PKH-Antrag bearbeiten muß, Schuster NJW **81**, 28. Es kann also der Fall eintreten, daß der Antragsteller alsbald nach der Bewilligung in solche Verhältnisse gerät, die den Fortbestand der Vergünstigung eigentlich nicht mehr rechtfertigen würden.

Gleichwohl bleibt die Bewilligung *unberührt,* solange das Gericht sie nicht auf Grund eines statthaften Rechtsbehelfs oder nach § 124 aufhebt oder solange sie nicht ihre Wirkung auf Grund einer Entscheidung in der Hauptsache zumindest mittelbar verliert, Brdb FamRZ **97**, 1544, Hamm MDR **91**, 62, LAG Bre MDR **90**, 471, aM (vom BVerfG NJW **85**, 1767 überraschenderweise offenbar unter dem gar nicht einschlägigen Aspekt des § 124 Z 3 als mit dem GG vereinbar betrachtet) Düss RR **87**, 252, Ffm Rpfleger **86**, 69, Kblz (7. ZS) Rpfleger **84**, 160 (vgl aber zu alledem Rn 2).

Auslandsaufenthalt: Im Verfahren auf ein sog Eingehendes Gesuch um Auslandsunterhalt kommt nur Z 1 in Betracht, § 9 S 2 Hs 2 AUG. 6

Beurteilungswechsel: Eine Aufhebung kommt *keineswegs* schon deshalb in Betracht, weil das Gericht trotz objektiv unveränderter wirtschaftlicher Verhältnisse die Frage der Mittellosigkeit jetzt aus einem anderen Grund als damals anders beurteilt. Das Gesetz will kein Hin- und Herschwanken nach dem jeweiligen Prozeßstand und der jeweiligen Besetzung des Gerichts, zumal praktisch dabei nichts herauskäme, Düss MDR **93**, 583, Ffm MDR **02**, 785, Hamm FamRZ **94**, 1269, aM Bre FamRZ **85**, 728, Köln FamRZ **82**, 1226, LAG Rpfleger **01**, 308 (aber wo lägen die Grenzen?). 7

Beweisergebnis: Eine Aufhebung der Bewilligung kommt *keineswegs* schon deshalb in Betracht, weil das Gericht das Ergebnis einer Beweisaufnahme des Hauptprozesses zugunsten des Prozeßgegners des begünstigten Antragstellers bewertet, Düss ZMR **93**, 117, Hamm JB **77**, 98. Das gilt erst recht dann nicht, wenn der Hauptprozeß bereits nach § 300 Rn 6 entscheidungsreif ist. Auch hier soll kein Hin- und Herschwanken erfolgen, Rn 8 „Beurteilungswechsel". 8

Entscheidungsreife des Hauptprozesses: Rn 7 „Beweisergebnis". 9

Erlöschen: Beim Erlöschen des Antragstellers ist eine Aufhebung nicht nötig und kommt daher *nicht* in Betracht, soweit nicht auch der Rechtsnachfolger eine PKH erhält, § 119 Rn 26, 27.

Juristische Person: Die Regeln Rn 2 gelten auch bei der juristischen Person als Antragstellerin. 10

Nebenkläger: Die Regeln Rn 2 gelten auch beim Nebenkläger als Antragsteller, Ffm NJW **86**, 2002. 11

Partei kraft Amtes: Die Regeln Rn 2 gelten auch bei der Partei kraft Amts als Antragstellerin. 12

Pfändung: Eine Aufhebung der Bewilligung kommt *nicht* in Betracht, wenn ein Dritter den Anspruch des klagenden Antragstellers pfändet, Schneider DB **78**, 289.

S auch Rn 15 „Zwangsvollstreckung".

Rechtsänderung: Eine Aufhebung der Bewilligung kommt *keineswegs* schon deshalb in Betracht, weil eine Gesetzesänderung oder eine Änderung der Rechtsprechung vorliegt.

S auch Rn 8 „Beurteilungswechsel", Rn 13 „Rechtsirrtum".

Rechtsirrtum: Eine Aufhebung der Bewilligung kommt *keineswegs* schon deshalb in Betracht, weil das Gericht die PKH nur wegen eines Rechtsirrtums bewilligt hatte, Brdb FamRZ **02**, 1293, OVG Münst JB **94**, 176, Zweibr Rpfleger **02**, 628, aM Bbg FamRZ **89**, 885, Bre FamRZ **85**, 728, Saarbr FamRZ **79**, 796 (aber § 124 zählt die Aufhebungsgründe abschließend auf, Rn 2, vgl auch §§ 318, 329). 13

S auch Rn 7 „Beurteilungswechsel", Rn 13 „Rechtslagenänderung".

Rechtsmißbrauch: Rn 2.

Tod: Beim Tod des Antragstellers oder bei seinem Erlöschen endet die PKH automatisch. Deshalb ist eine Aufhebung *nicht* nötig, soweit nicht auch der Rechtsnachfolger eine PKH erhält, § 119 Rn 26, Düss MDR **99**, 830, Ffm JB **96**, 141, LG Bielef Rpfleger **89**, 1288. 14

15 **Zwangsvollstreckung:** Eine Aufhebung der Bewilligung erfolgt *nicht,* sofern mehrere Vollstreckungsversuche gegen einen böswilligen Schuldner erfolglos waren, LG Limburg AnwBl **79**, 274.

S auch Rn 12 „Pfändung".

16 **4) Aufhebungspflicht, Z 1–4.** § 124 enthält zwar dem Wortlaut nach eine Kannvorschrift. Das bedeutet aber nicht die Einräumung eines Ermessenspielraums, sondern eine bloße Zuständigkeitsregelung. Diese Auslegung entspricht allein den Interessen des Prozeßgegners und vor allem demjenigen der Staatskasse. Sie haben beim Vorliegen der gesetzlichen Voraussetzungen einen Anspruch darauf, daß das Gericht die PKH aufhebt.

17 Das Gericht übt nur insofern ein pflichtgemäßes *Ermessen* aus, als es klären muß, ob die Voraussetzungen einer der Z 1–4 vorliegen. Sobald es diese Frage bejaht hat, besteht eine Rechtspflicht zu einer unverzüglichen Aufhebung der Bewilligung, Brdb FamRZ **05**, 47, Drsd FamRZ **97**, 1522, Düss Rpfleger **93**, 410, aM Drsd FamRZ **98**, 1523, Düss MDR **91**, 791, Hamm Rpfleger **92**, 257 (aber die Rechtssicherheit erfordert die Rechtspflicht, Einl III 43).

18 **5) Verfahren, Z 1–4.** Man muß fünf Aspekte beachten. Sie gelten abschließend, Rn 1.

A. Keine mündliche Verhandlung. Das Gericht trifft seine Entscheidung im Aufhebungsverfahren nach denselben Grundsätzen wie im Bewilligungsverfahren ohne eine mündliche Verhandlung, § 127 Rn 5.

19 **B. Anhörungspflicht.** Das Gericht muß den bisher Begünstigten über seinen beigeordneten Anwalt im Aufhebungsverfahren vor irgendeinem Nachteil anhören, LAG Mainz MDR **07**, 412, sei es auch nur vor einem Nachteil nach §§ 122 ZPO, 31 II 2 GKG, Artt 2 I, 20 III GG (Rpfl), BVerfG **101**, 404, Art 103 I GG (Richter), Brdb FamRZ **02**, 1419, LG Kblz AnwBl **00**, 64. Denn ein Aufhebungsbeschluß würde in ihre Rechte eingreifen, Rn 3. Deshalb war es auch nicht notwendig, die in § 126 III 1 Hs 2 aF genannte Anhörungspflicht ausdrücklich in das geltende Gesetz zu übernehmen, BPatG GRUR **86**, 734.

Eine nach § 120 IV 2 gesetzte *Frist* ist keine Ausschlußfrist, § 120 Rn 29. Das Gericht muß den bisher Begünstigten insbesondere im Verfahren nach Z 4 anhören, LG Aachen AnwBl **83**, 327. Eine Anhörungsfrist läuft nur dann wirksam an, wenn das Gericht die Verfügung mit seinem vollen Namen und nicht nur mit einer sog Paraphe unterzeichnet hat, § 329 Rn 8, 11, und wenn es seine Verfügung dem bisher Begünstigten in einer Ausfertigung oder beglaubigten Ablichtung oder Abschrift förmlich zugestellt hat, § 329 Rn 32, Bbg JB **92**, 251. Der beigeordnete Anwalt kann übrigens eine Aufhebung anregen, sofern er das mit seinen Pflichten gegenüber dem Auftraggeber vereinbaren kann.

20 **C. Amtsermittlung.** Das Gericht verfährt nach den Grundsätzen der Amtsermittlung, Grdz 38 vor § 128, § 26 FamFG. Es findet also nicht nur eine Amtsprüfung statt, Grdz 39 vor § 128. Denn das gesamte Bewilligungsverfahren ist trotz seiner Ausrichtung auf einen gleichzeitigen oder zukünftigen Zivilprozeß doch kein solcher. Es entfließt vielmehr der sozialstaatlich verankerten Fürsorgepflicht, Üb 5 vor § 114. Es kennt ja auch gegenüber dem Antragsteller keinen echten Antragsgegner. Das alles gilt auch beim Rpfl, Lepke DB **85**, 491.

21 **D. Keine Beweislast.** Wegen der Amtsermittlungspflicht nach Rn 20 gibt es im Aufhebungsverfahren keine Beweislast. Im Zweifel erfolgt auch keine Aufhebung, Bbg FamRZ **96**, 1427. Das ändert nichts an den Folgen einer unzureichenden Mitwirkung des bisher Begünstigten bei der Aufklärung, Rn 39.

22 **E. Keine umfassende Prozeßaufklärung.** Trotz der Amtsermittlungspflicht nach Rn 20 dient das Aufhebungsverfahren ebensowenig wie das Bewilligungsverfahren einer umfassenden Aufklärung der Prozeßlage. Es gibt also weder eine vollständige Aufklärung des Sachverhalts gar von Amts wegen, noch etwa eine umfassende Vorwegnahme derjenigen sonstigen Klärungen, die das Gericht dem Hauptverfahren vorbehalten muß.

23 **6) Entscheidung: Beschluß, Z 1–4.** Die Entscheidung über eine Aufhebung erfolgt wie die Entscheidung über eine Bewilligung durch einen Beschluß, § 119 Rn 67. Das gilt unabhängig davon, ob die Aufhebung von Amts wegen oder auf Anregung eines Beteiligten erfolgt. Der Beschluß geht an den ProzBev, Brdb MDR **07**, 1392. Zu Einzelheiten § 127 Rn 10–22. Eine förmliche Zustellung ist nicht erforderlich, § 127 Rn 18. Denn der Beschluß enthält weder bei einer Ablehnung der Aufhebung noch bei einer Aufhebung einen Vollstreckungstitel, § 329 III. Zwar kann auf Grund der Aufhebung die Zwangsvollstrekkung möglich werden, soweit es um die Nachentrichtung solcher Beträge geht, die der bisher Begünstigte während der Dauer der PKH nicht zu zahlen brauchte, § 122 I. Indessen bildet dann nicht schon der bloße Aufhebungsbeschluß den Vollstreckungstitel, sondern dessen Grundlage ist die jeweilige Vorschrift über die Haftung der bisher Begünstigten als Kostenschuldner.

24 Insbesondere bezeichnet das Gesetz den Aufhebungsbeschluß auch nicht nach § 794 als *Vollstreckungstitel.* Insofern liegt auch nicht ein bloßes Redaktionsversehen des Gesetzgebers vor. Denn er hat § 794 I Z 1 seinerzeit gleichzeitig aus anderem Anlaß geändert. Eine Teilaufhebung zB wegen eines Teils der Bewilligung oder wegen einzelner Beweismittel usw ist unzulässig. Die Möglichkeit einer Abänderung nach § 120 IV bleibt dann unberührt. Eine Aufhebung wegen einer Scheidungssache bezieht sich im Zweifel auch auf die Folgesachen.

25 **7) Wirkung der Aufhebung, Z 1–4.** Prozessuale und sonstige Folgen sind unterschiedlich.

A. Stets Rückwirkung. Wie in § 119 Rn 4 für den Bewilligungszeitpunkt dargestellt, geht es dort um die Bewilligungsreife. Demgegenüber muß man bei einer Aufhebung auf denjenigen Zeitpunkt abstellen, zu dem das Gericht die PKH tatsächlich fälschlich bewilligt hatte. Denn der Aufhebungsbeschluß korrigiert den fälschlichen Bewilligungsbeschluß, Ffm Rpfleger **91**, 65. Das zwingt dazu, den bisher fälschlich Begünstigten rückwirkend als zumindest ausreichend bemittelt zu behandeln, Karlsr FamRZ **90**, 1121. Nur das entspricht zumindest bei Z 1, 2 und 4 der Gerechtigkeit. Bei Z 3 ist die Rückwirkung insofern verantwortbar, als eine Aufhebung dort ja ohnehin nur innerhalb einer 4-Jahres-Frist zulässig ist, Köln RR **86**, 358, Saarbr NJW **83**, 1068, Lepke DB **85**, 488, aM Düss Rpfleger **82**, 396, Zweibr Rpfleger **84**, 115, ZöPh 1, 2 (aber man muß gleichartige Lagen gleichartig beurteilen).

Hebt das *Beschwerdegericht* die erstinstanzliche Aufhebung seinerseits auf, kommt eine Erstattung der inzwischen eingezogenen Beträge infrage.

B. Unbeschränkte Geltendmachung der Kosten. Man kann die nach dem GKG, dem FamGKG und dem JVEG entstandenen Gerichtskosten und die nach dem GvKostG angefallenen Gerichtsvollzieherkosten sowie die nach § 59 RVG auf die Staatskasse übergegangenen Ansprüche des beigeordneten Anwalts nach dem RVG infolge der Aufhebung der PKH gegen den früheren Begünstigten unbeschränkt geltend machen. Dasselbe gilt für einen übergegangenen Vergütungsanspruch des beigeordneten Anwalts, soweit die Staatskasse ihn erst nach der Aufhebung der Bewilligung befriedigt. Das darf er noch fordern, Kblz FamRZ **97**, 755, und das darf sie noch tun, Zweibr Rpfleger **84**, 115. Das muß er wegen der zur Zeit der Aufhebung bereits entstandenen Ansprüche auch tun, Düss Rpfleger **82**, 396, LG Kblz JB **84**, 935. 26

Ferner hindert § 122 I Z 3 den beigeordneten Anwalt nach der *Aufhebung der Bewilligung* nicht mehr, seinen Vergütungsanspruch gegenüber dem Auftraggeber geltend zu machen, BPatG GRUR **86**, 734, Köln FamRZ **05**, 2008 links. Das gilt auch im Verfahren nach § 11 RVG. Mit der Aufhebung der Bewilligung entfällt schließlich eine einstweilige Befreiung des Prozeßgegners von Kosten nach § 122 II. Wenn das Gericht die durch eine PKH begünstigte Partei in die Prozeßkosten nach § 91 verurteilt hat, schuldet sie nach § 29 Z 1 GKG auch diejenigen Beträge, von deren Zahlung der Prozeßgegner nach § 122 II einstweilen befreit war. Der Schutz nach (jetzt) § 31 II 2 GKG entfällt, Düss MDR **89**, 365. Eine neue Bewilligung in derselben Instanz kommt kaum in Betracht, Düss Rpfleger **95**, 467.

C. Fortbestand der Prozeßvollmacht. Die Prozeßvollmacht des beigeordneten Anwalts entfällt nicht schon wegen der Aufhebung nun etwa nach § 87. Für ihren Fortfall gelten die sonstigen Regeln, §§ 86 ff. 27

8) Vortäuschung beim Streitverhältnis, Z 1. Die Aufhebung muß (nicht etwa nur: kann) erfolgen, Rn 16, 17, wenn die nachfolgenden Voraussetzungen zusammentreffen. 28

A. Unrichtige Darstellung des Streitverhältnisses. Es muß um das „Streitverhältnis" gehen. Das ist derselbe Begriff wie in § 117 I 2, dort Rn 16. Es geht also nur um solche Unrichtigkeiten, die sich auf die Beurteilung der hinreichenden Erfolgsaussicht beziehen, § 114 Rn 80, Oldb NJW **94**, 807, LAG Hamm MDR **07**, 246, und die sich auf das Fehlen eines Mutwillens erstrecken, § 114 Rn 106. Das Gericht muß die Bewilligung nach Z 1 auch dann aufheben, wenn die Partei zwar das Streitverhältnis unrichtig dargestellt und dadurch die sachlichen Bewilligungsvoraussetzungen vorgetäuscht hat, wenn sie aber zutreffende Angaben über die persönlichen und wirtschaftlichen Verhältnisse gemacht hat. Das Gericht darf eine Unrichtigkeit der Darstellung persönlicher Verhältnisse demgegenüber nur nach Z 2 prüfen.

Der Antragsteller muß das Streitverhältnis *„unrichtig"* dargestellt und dadurch die sachlichen Bewilligungsvoraussetzungen „vorgetäuscht" haben, Kblz FamRZ **85**, 302, AG Westerburg FamRZ **06**, 1285. Das gilt auch im Verfahren auf ein sog Eingehendes Gesuch um Auslandsunterhalt, § 9 S 2 Hs 2 AUG. 29

B. Täuschungshandlung. Die Lage ist ähnlich wie bei § 263 StGB, Köln FamRZ **88**, 470. Es ist also zunächst eine Täuschungshandlung erforderlich, obwohl Z 1 keinen Straftatbestand schafft, Rn 2. Sie kommt bereits dann infrage, wenn der Antragsteller die maßgeblichen Tatsachen in einem nicht völlig unbeachtlichen Teil falsch angegeben hatte. Es müssen also zumindest diejenigen Angaben unrichtig gewesen sein, die das Gericht im Kern für die Entscheidung über die Bewilligung zunächst mitbenötigt hatte, LAG Hamm MDR **07**, 246. Die Vortäuschung kann in der Behauptung unrichtiger günstiger oder im Verschweigen richtiger ungünstiger Umstände gelegen haben, Jena FamRZ **04**, 1501 (2. Instanz), Köln NJW **98**, 2985, AG Westerburg FamRZ **06**, 1285. Denn es bestand für den Antragsteller eine Rechtspflicht zur Ehrlichkeit, § 138 I, II. Er durfte keinen Rechtsmißbrauch treiben, Einl III 54, Üb 5 vor § 114. Es kann zB ausreichen, daß er einen in Wahrheit unbrauchbaren Zeugen oder ein anderes untaugliches Beweismittel angeboten hat oder daß er die Aussichtslosigkeit einer Vollstreckung verschwiegen hat, Köln MDR **90**, 1020, oder daß er ein wichtiges Dokument unterdrückt hat, Oldb NdsRpfl **93**, 162. 30

Eine *Vortäuschung* kann auch darin liegen, daß der Antragsteller zur rechtlichen Seite Unkorrektheiten beging. Er mag etwa wahrheitswidrig behauptet haben, er habe eine Verjährung geltend gemacht. Es reicht aus, daß er ursprünglich richtige Angaben im Bewilligungsverfahren bis zur Bewilligung nicht berichtigt hatte, obwohl eine Pflicht zur Berichtigung während dieses Stadiums bestand, Zweibr FamRZ **95**, 374 (Vergleich während der Instanz). Es reicht aus, daß er ursprünglich unvollständige, aber richtige Angaben trotz der Möglichkeit der Vervollständigung nicht vervollständigt hatte, falls sich dadurch die Chancen des Antragstellers verschlechtert hätten usw.

C. Irrtumserregung. Das Gericht muß jedenfalls im Zeitpunkt der tatsächlichen Bewilligung und bei einer rückwirkenden Bewilligung schon im Zeitpunkt der Bewilligungsreife nach § 119 Rn 5, 10 in einem Irrtum über die Voraussetzungen der Erfolgsaussicht und/oder des Fehlens von Mutwillen gehandelt haben. 31

D. Ursächlichkeit: durch unrichtige Darstellung. Der Antragsteller muß gerade „durch" seine unrichtige Darstellung die Bewilligung erreicht haben. Es muß also zwischen der Täuschungshandlung, der Irrtumserregung und der Bewilligung eine Ursächlichkeit bestanden haben, Brdb Rpfleger **01**, 503, Köln FamRZ **98**, 1523, LAG Düss JB **86**, 1097, aM Hamm Rpfleger **86**, 238 (aber § 124 nennt keine Strafe, Rn 2). Zum Ursächlichkeitsbegriff § 287 Rn 5. 32

E. Vorsatz: Vortäuschung. Wie schon das Wort „vorgetäuscht" in Z 1 ergibt, ist ein mindestens bedingter Vorsatz erforderlich, Kblz FamRZ **85**, 302, LAG Hamm MDR **07**, 246, also eine völlige Gleichgültigkeit gegenüber den Folgen der als unrichtig erkannten Angaben. Das ist mehr als eine bloße Fahrlässigkeit oder auch grobe Nachlässigkeit. Von dieser spricht lediglich Z 2. Andererseits ist eine Vortäuschungs-„Absicht" nicht erforderlich, Kblz FamRZ **85**, 302. Vorsatz genügt. Denn auch bei ihm liegt schon eine Täuschungshandlung vor. Für die Frage, ob mindestens ein bedingter Vorsatz vorliegt, kommt es auf die Person an, auf die Rechtskenntnis, auf die etwaige Beratung eines Anwalts vor der Beiordnung usw ebenso wie auf den Grad der Schwierigkeit des Sachverhalts, auf etwaige Vorprozesse, auf eine etwaige mündliche Erörterung nach § 118 I usw. Ein Verschulden dieser Art in der Person des gesetzlichen Vertreters nach § 51 II oder des ProzBev nach § 85 II gilt auch hier als ein solches der Partei, § 85 Rn 26. 33

34 **F. Zuständigkeit des Richters, Z 1.** Bei einer Aufhebung nach Z 1 ist das nach § 117 I 1 zuständige Prozeßgericht des jeweiligen Rechtszugs zuständig, § 127 I 2, Köln MDR **83**, 847, LAG Bre MDR **83**, 789. Funktionell ist das volle Kollegium zuständig, also nicht nur sein Vorsitzender. Der Einzelrichter entscheidet insofern, als ihm das Verfahren nach §§ 348, 348 a, 526, 527 zusteht oder übertragen wurde, als volles Prozeßgericht. Der nach §§ 361, 362 beauftragte oder ersuchte Richter entscheidet keineswegs.

35 **9) Verschuldete Angaben über persönliche Verhältnisse usw, Z 2.** Eine Aufhebung muß (und nicht nur: kann, Rn 16, 17) als eine Sanktion erfolgen, Brdb Rpfleger **02**, 34, Kblz Rpfleger **99**, 450, LG Kblz MDR **99**, 826, wenn die folgenden Voraussetzungen zusammentreffen.

A. Unrichtigkeit bei den persönlichen oder wirtschaftlichen Verhältnissen, Z 2 Hs 1. Während Z 1 das „Streitverhältnis" betrifft, erfaßt Z 2 die „persönlichen oder wirtschaftlichen Verhältnisse" des Antragstellers. Das ist derselbe Begriff wie in § 114, dort Rn 46, und wie in § 117 II.

36 Es reicht aus, daß die fraglichen Angaben *teilweise* unrichtig oder unvollständig sind. Es ist unerheblich, ob sich die Unrichtigkeit oder Unvollständigkeit nur auf persönliche oder nur auf wirtschaftliche Fragen erstreckte. Es reicht zB aus, daß der Antragsteller den bevorstehenden oder doch endgültig geplanten nahen Verkauf eines erheblichen Vermögensobjekts verschwiegen hat.

37 **B. Ursächlichkeit, Z 2 Hs 1.** Auch bei Z 2 ist eine gewisse Ursächlichkeit der unrichtigen Angaben für die Bewilligung erforderlich, Zweibr FamRZ **08**, 161. Das gilt, obwohl hier der Gesetzestext nicht das Wort „durch" enthält. Die Unrichtigkeit braucht für die Entscheidung über die Bewilligung nicht besonders erheblich gewesen zu sein, Hamm Rpfleger **86**, 238, aM ZöPh 8 (aber Z 2 gibt für eine solche Steigerung der Anforderungen nichts her). Es ist unerheblich, ob eine Veränderung der wirtschaftlichen Lage nach der Bewilligung eintrat, Hamm MDR **75**, 1024, aM Ffm JB **90**, 1193 (aber es kommt auf das Verhalten vor der Bewilligung an). Irgendeine Mitursächlichkeit für die Bewilligung oder Abänderung oder für deren Unterbleiben reicht aus, Köln Rpfleger **87**, 432. Sie reicht auch dann aus, wenn sie sich nur auf einen Teil des Anspruchs bezogen hat, BGH FamRZ **84**, 677, LAG Bre MDR **83**, 789.

Die Ursächlichkeit *fehlt,* soweit die Bewilligung auch bei einer Kenntnis der wahren wirtschaftlichen Verhältnisse notwendig gewesen wäre, Bbg FamRZ **87**, 1170, Zimmermann JB **93**, 646, aM Köln JB **88**, 649 (aber der Wortlaut und Sinn von Hs 1 zwingen zur Ursächlichkeitsprüfung, Einl III 39. Diese Prüfung erfordert aber klar eine Abhängigkeit der Folge von einer Ursache).

38 **C. Absichtlichkeit, grobe Nachlässigkeit, Z 2 Hs 1.** Der Antragsteller muß entweder absichtlich oder direkt oder bedingt vorsätzlich (Begriff Rn 33) oder doch zumindest „grob nachlässig" gehandelt haben, Düss JB **91**, 980, Kblz MDR **97**, 780, Zweibr FamRZ **08**, 161. Grobe Nachlässigkeit ist die Versäumung der einem jeden einleuchtenden prozessualen Sorgfalt, Brdb FamRZ **06**, 213 rechts, Köln FamRZ **88**, 470, wie bei § 296 II, dort Rn 62, Bbg JB **89**, 510. Es kommt auf die Gesamtumstände an, wie stets, Zweibr FamRZ **08**, 161, LAG Köln JB **91**, 1529. Es reicht auch aus, daß der Antragsteller sich mutwillig bedürftig gemacht hat, Düss JB **87**, 1715. Grobe Nachlässigkeit kann zB dann vorliegen, wenn die Partei eine ausreichende Äußerungsfrist ohne eine Entschuldigung verstreichen läßt, LAG Köln JB **91**, 1529, oder wenn sie glaubt, daß Belastungen die Einkünfte aufzehren, Brdb FamRZ **06**, 213 rechts. Eine grobe Nachlässigkeit fehlt, wenn triftige Gründe eine Zurückhaltung rechtfertigen, Brdb FamRZ **06**, 214, Oldb MDR **79**, 503, oder wenn die Partei die Bedeutung des Vorbringens wirklich nicht erkennen konnte, Köln FamRZ **88**, 470, oder wenn sie eine Unterlage nicht erbringen konnte, Kblz FamRZ **01**, 1157.

Die zumindest *grobe* Nachlässigkeit braucht sich nicht auf die Darstellung des Streitverhältnisses ausgewirkt zu haben. Es genügt, daß die Partei zwar das Streitverhältnis richtig dargestellt, die Angaben über persönliche oder wirtschaftliche Verhältnisse aber grob nachlässig falsch gemacht hat. Ein Verschulden des gesetzlichen Vertreters nach § 51 II oder des ProzBev nach § 85 II gilt auch hier als ein Verschulden der Partei, § 85 Rn 26, aM Kblz Rpfleger **96**, 516 (aber § 85 II hat den Vorrang vor strafrechtlichen, obendrein hier zu weitgehenden Erklärungen). Eine leichte Fahrlässigkeit reicht nicht aus. Die Partei hat für das Fehlen eines Verschuldens keine Darlegungslast, aM Zweibr FamRZ **08**, 161, LG Kblz MDR **99**, 826 (aber der Gesetzestext sagt das Gegenteil, Einl III 39). Angaben zum Vermögen des Ehegatten sind nicht erforderlich, aM Kblz FamRZ **06**, 630 (viel zu streng).

39 **D. Nichtabgabe der Erklärung, Z 2 Hs 2.** Eine Aufhebung ist auch dann notwendig, wenn die Partei zwar nicht nach Rn 35–38 vorwerfbar unrichtige Angaben gemacht hat, wenn sie aber ähnlich § 118 II 4 die nach § 120 IV 2 erforderliche Erklärung überhaupt nicht abgegeben hat, Hamm FamRZ **00**, 1225 links, Kblz FamRZ **01**, 635, LAG Köln MDR **96**, 1304. Es handelt sich allerdings nicht um eine Ausschlußfrist, § 120 Rn 29, KG MDR **07**, 357. Eine Erklärungspflicht besteht allerdings nur „auf Verlangen des Gerichts", § 120 Rn 29. Daher liegt ein Verstoß gegen Z 2 Hs 2 vor, wenn und soweit die Partei gerade die Fragen des Gerichts eben überhaupt nicht beantwortet hat, wie soeben belegt. Die bloße Aufforderung zur erneuten Vorlage eines Formulars nach § 117 reicht nicht, Brdb FamRZ **96**, 806, Karlsr FamRZ **05**, 48 links, Naumb FamRZ **00**, 1224. Eine zwar formell vorhandene, inhaltlich aber völlig unzureichende Beantwortung kann der völligen Nichtbeantwortung gleichstehen, LG Hbg Rpfleger **97**, 442.

Wie bei Rn 35–38 muß auch hier die pflichtwidrige Unterlassung für die Entscheidung des Gerichts zumindest *mitursächlich* gewesen sein, Rn 37. Es ist zumindest eine grobe Nachlässigkeit erforderlich, Rn 38, Brdb FamRZ **06**, 213 links, Hamm FamRZ **00**, 1225 links (je: Nachholung möglich), Kblz Rpfleger **97**, 442 (ein Beschwerdeführer ist freilich insoweit entlastungsbeweispflichtig). Die Pflicht zur Amtsermittlung bleibt, Rn 20, Bbg FamRZ **96**, 1427. Die bloße Nachholung reicht nicht, Brdb Rpfleger **98**, 205, Naumb FamRZ **06**, 216, LG Mainz FamRZ **01**, 1157, aM Brdb Rpfleger **08**, 265, Kblz FamRZ **01**, 635, Oldb FamRZ **04**, 37, Zweibr FamRZ **08**, 161 (aber auch der Minderbemittelte muß sich ans Gesetz halten. § 571 II meint nur „neue" Angriffs- oder Verteidigungsmittel, keine mangelhaft vorgebrachten alten). Es kann auch eine bloß teilweise Aufhebung infragekommen, Brdb FamRZ **06**, 214.

E. Zuständigkeit des Rechtspflegers, Z 2. Über eine Aufhebung nach Z 2 entscheidet im Prozeßgericht nach Rn 34 dessen Rpfl, § 25 a RPflG, (zum alten Recht) LAG Bre Rpfleger **83**, 365. Er entscheidet zwar von Amts wegen, Lepke DB **85**, 491, ohne daß eine Beauftragung durch den Vorsitzenden nötig war. Eine gleichwohl ergangene Entscheidung des Richters bleibt wirksam, § 8 RPflG, Köln FamRZ **88**, 740, Schlesw SchlHA **83**, 60. Düss MDR **86**, 325 hält nach der Rechtskraft der Hauptsacheentscheidung nach § 322 die Justizverwaltung für zuständig, aM Karlsr FamRZ **86**, 1126. Die Zustellung der Entscheidung erfolgt nach dem Instanzende an die Partei selbst und nicht an ihren früheren ProzBev, LAG Düss Rpfleger **03**, 138. **40**

10) Nichtvorliegen der persönlichen oder wirtschaftlichen Voraussetzungen, Z 3. Eine Aufhebung muß (und nicht nur: kann, Rn 16, 17) auch beim Zusammentreffen von Rn 42–44 erfolgen. **41**

A. Fehlen der Voraussetzungen: Geltungsbereich, Z 3 Hs 1. Während Z 1 das „Streitverhältnis" erfaßt, also die Frage der Erfolgsaussicht oder des Fehlens von Mutwillen, befassen sich sowohl Z 2 als auch Z 3 mit den „persönlichen oder wirtschaftlichen Verhältnissen" oder „Voraussetzungen", also mit der Bedürftigkeit des Antragstellers, § 114 Rn 46. Insofern haben sie denselben Geltungsbereich. Indessen ist eine Aufhebung nach Z 2 von dem dort genannten Verschuldensgrad abhängig. Demgegenüber setzt Z 3 kein Verschulden voraus, Rn 44. Dafür hat Z 3 aber eine Zeitschranke, Hs 2. Insofern ist Z 3 strenger als Z 2. Z 3 gilt nicht beim Fehlen der sachlichen Voraussetzungen (Erfolgsaussicht, Nichtvorlage von Mutwillen). **42**

B. Objektives Nichtvorliegen, Z 3 Hs 1. Es reicht aus, daß die Voraussetzungen objektiv nicht vorgelegen haben. Das muß sich bei einer rückschauenden Betrachtung ergeben, bezogen auf den Zeitpunkt der tatsächlichen Entscheidung und bei einer rückwirkenden Bewilligung im Zeitpunkt der Bewilligungsreife, § 119 Rn 5, 10. **43**

C. Verschulden nicht erforderlich, Z 3 Hs 1. Während nach Z 1 oder 2 die dort genannten Verschuldensgrade erforderlich sind, ist ein Verschulden für eine Aufhebung nach Z 3 keine Voraussetzung, Brdb FamRZ **02**, 762 (sogar bei Mutwilligkeit), Hamm Rpfleger **84**, 432, Köln FamRZ **88**, 471, aM Bbg FamRZ **84**, 1244, Stgt FamRZ **86**, 1125, Schneider MDR **85**, 532 (es sei einfache Fahrlässigkeit erforderlich. Aber Hs 1 nennt im Gegensatz zu Z 1, 2 nicht einmal andeutungsweise ein Verschulden als Voraussetzung. Auch aus einem solchen Vergleich ergibt sich die Eindeutigkeit von Wortlaut und Sinn, Einl III 39). Natürlich reicht erst recht ein Hinzutreten eines etwaigen Verschuldens des Antragstellers aus. Insofern ist natürlich auch eine leichte Fahrlässigkeit ausreichend, Stgt FamRZ **86**, 1125. **44**

D. Aufhebungszwang, Z 3 Hs 1. Auch bei Z 3 bedeutet das Wort „kann" im Eingangssatz des § 124 nur, daß das Gericht beim Vorliegen der gesetzlichen Voraussetzungen aufheben darf und muß, Bre FamRZ **85**, 728, Kblz FamRZ **85**, 302, Hbg MDR **86**, 243, aM Ffm MDR **02**, 785, Stgt FamRZ **84**, 722 (aber die Voraussetzungen sind etwas anderes als die daraus zwingend ableitbaren Folgen). **45**

E. Beispiele zur Frage des Fehlens der persönlichen oder wirtschaftlichen Voraussetzungen, Z 3 Hs 1, § 114 Rn 49 ff: Der Antragsteller hat eine solche Rechtsschutzversicherung abgeschlossen, die die Kosten des Hauptprozesses deckt, BGH Rpfleger **81**, 437; er hat eine Auflage nicht erfüllt, ein Negativattest des Versicherers nachzureichen, Düss MDR **93**, 583; die Entscheidung zur Ratenzahlung war nach den tatsächlichen damaligen Verhältnissen objektiv nicht vertretbar, Bbg FamRZ **84**, 1244, Düss JB **88**, 1059, Zweibr JB **85**, 1569. **46**

F. Bloße Änderung der Voraussetzungen, Z 3 Hs 1. Z 3 erfaßt nur den Fall, daß die Voraussetzungen überhaupt „nicht" vorgelegen haben. Wenn sie sich nur nachträglich geändert haben, ist Z 3 ersichtlich unanwendbar, Köln FamRZ **86**, 1224, Stgt FamRZ **86**, 1124, aM BVerfG NJW **85**, 1767 (die Entscheidung überrascht; Z 3 sei mit dem GG vereinbar. Die Vorschrift ist auf den dortigen Fall aber in Wahrheit gar nicht anwendbar). **47**

G. Bloß unrichtige Beurteilung der damaligen Voraussetzungen, Z 3 Hs 1. Eine bloß unrichtige Beurteilung der objektiv bereits damals unzureichenden Voraussetzungen durch das Gericht bei seiner Bewilligungsentscheidung reicht nicht zur Aufhebung nach Z 3 aus, Brdb MDR **00**, 174, Ffm MDR **02**, 785, Köln FamRZ **01**, 1534, aM Bre FamRZ **85**, 728, Köln FamRZ **82**, 1226 (aber der Grundsatz eines Vertrauensschutzes gegenüber einer staatlichen Einrichtung muß auch gegenüber einem Gericht gelten, Üb 10 vor § 300). Eine rückwirkende bloß belastende Änderung statt einer Aufhebung ist unzulässig, Zweibr Rpfleger **85**, 165. **48**

H. Keine Aufhebung nach mehr als vier Jahren, Z 3 Hs 2. Selbst wenn die Voraussetzungen Rn 42–46 vorliegen, kommt eine Aufhebung doch dann nicht in Betracht, „wenn seit der Rechtskraft der Entscheidung nach § 322 oder sonstigen Beendigung des Verfahrens vier Jahre vergangen sind". Das entspricht § 120 IV 3. **49**

Der schuldlose Antragsteller, den allein Z 3 belasten könnte, soll vor finanziellen Belastungen in demjenigen Zeitpunkt *Schutz* erhalten, in dem er normalerweise nicht mehr mit einer Nachzahlungspflicht rechnen muß. Das ist eine Ausprägung des allgemein geltenden Rechtsgedankens der Verwirkung. Es ist konsequent, diesen Gedanken nur insofern anzuwenden, als den Antragsteller kein Verschulden trifft. Deshalb gilt die Zeitschranke nicht bei Z 1, 2 und 4.

I. Fristberechnung. Die *Vierjahresfrist beginnt* entweder mit einer „rechtskräftigen Entscheidung" oder einer „sonstigen Beendigung des Verfahrens". Z 3 Hs 2 meint den jeweiligen Hauptprozeß oder das Hauptverfahren, aM Brdb FamRZ **05**, 47 (Rechtskraft der letzten Folgesachenentscheidung). Die Frist beginnt um 0.00 Uhr desjenigen Tages, der dem Tage folgt, an dem um 24.00 Uhr die Rechtskraft der Entscheidung eintrat oder an dem das Verfahren endeten, §§ 187 ff BGB. Die Regelung ähnelt der Verjährungsregelung des § 5 I GKG. Dort gibt es als Beendigungsgrund auch einen Vergleich. Obwohl Z 3 ihn nicht mitnennt, ist natürlich auch er geeignet, die Vierjahresfrist anlaufen zu lassen. Eine „sonstige" Beendigung kann auch zB dadurch eintreten, daß eine Aussetzung des Hauptverfahrens auf unbestimmte Zeit nach §§ 148 ff oder **50**

das Ruhen dieses Verfahrens eintreten, §§ 251 a, 331 a. Man muß notfalls den Parteiwillen ermitteln. Eine Verwirkung des Anspruchs der Staatskasse aus einer Aufhebung vor dem Fristablauf ist wie stets bei einer Verwirkung denkbar, aM ZöPh 18 (aber es reicht, sie nur zurückhaltend anzunehmen, Einl III 65).

51 **J. Zuständigkeit des Rechtspflegers, Z 3.** Es gilt dieselbe Regelung wie bei Z 2. Vgl Rn 40.

52 **11) Zahlungsrückstand der Partei, Z 4.** Eine Aufhebung muß auch (und nicht nur: darf, Rn 16, 17) dann erfolgen, wenn die Partei länger als drei Monate mit der Zahlung einer Monatsrate oder eines sonstigen Betrags im Rückstand ist, Brdb FamRZ **01**, 633, Nürnb MDR **05**, 48, aM ZöPh 19 (aber der Wortlaut und Sinn der Z 3 sind eindeutig, Einl III 39). Anschließend kommt grundsätzlich keine Neubewilligung infrage, Bre FamRZ **01**, 1534, Kblz Rpfleger **96**, 354, Nürnb MDR **05**, 48. Eine Neubewilligung kommt aber ausnahmsweise infrage, soweit eine wirklich ganz andere Lage entstanden ist und kein erneuter Verstoß gegen Z 4 bevorsteht, BGH BB **05**, 2435, Zweibr Rpfleger **02**, 526. Das gilt zumindest dann, wenn man die Veränderung im Aufhebungs- oder Beschwerdeverfahren hätte geltend machen können, Nürnb MDR **05**, 48. Eine Nachholung der Zahlung ist noch im Beschwerdeverfahren statthaft, Karlsr FamRZ **02**, 1199.

A. Monatsrate, sonstiger Betrag. Es muß sich um einen Rückstand derjenigen Leistungen des Begünstigten handeln, den das Gericht nach § 120 I 1 in Verbindung mit § 115 I, II festgesetzt hat, § 120 Rn 8.

53 **B. Rückstand: Erforderlichkeit von Verzug.** Zwar enthält Z 4 nicht den Begriff „Verzug", sondern nur das Wort „Rückstand". Sachlich ist aber doch ein Verzug erforderlich. Der Antragsteller kommt also nicht in „Rückstand", solange die Leistung infolge eines Umstands unterbleibt, den er nicht zu vertreten hat, (jetzt) § 286 IV BGB, BGH NJW **97**, 1077, Köln FamRZ **03**, 774, LAG Nürnb JB **07**, 211, aM Bre FamRZ **84**, 411, LG Dortm JMBlNRW **83**, 162 (aber eine solche Grundregel gilt auch hier zumindest entsprechend). Für einen Verzug ist eine leichte Fahrlässigkeit ausreichend, etwa weil der Antragsteller nicht auf eine Mahnung reagiert hat, Hamm Rpfleger **92**, 257, Stgt Just **86**, 14. Andererseits ist keine absichtliche Nichtzahlung erforderlich. Wenn sich eine Partei in einem Vergleich verpflichtet Raten zu zahlen, ist nicht Z 4 anwendbar, sondern das Gericht muß eine Ratenzahlungsanordnung aufheben, Köln FamRZ **95**, 372. Solange die Gerichtskasse keine Zahlungsaufforderung geschickt hat, tritt kein Verzug ein, Brdb FamRZ **01**, 633. Das Beschwerdegericht prüft nicht mit, ob im Beschwerdeverfahren wiederum ein Rückstand eintrat, Brdb FamRZ **02**, 1419.

54 **C. Im Zweifel kein Rückstand.** Man muß auch Z 4 als eine Ausnahmeregel eng auslegen, Rn 3. Das bedeutet: Im Zweifel liegt kein Rückstand (Verzug) vor und bleibt es bei der Bewilligung der PKH. Der nach Rn 58 ja zuständige Rpfl darf keine zu hohen Anforderungen an die Zahlungsfähigkeit des Antragstellers stellen. Er muß bedenken, daß auch die Prüfung der Zahlungsfähigkeit nur im Rahmen eines bloß vorläufigen Verfahrens erfolgt ist, § 114 Rn 2, trotz der umfangreichen gesetzlichen Regelung, der Formulareinzelheiten und der Möglichkeiten des Gerichts zu zusätzlichen Erhebungen. Dann kann es leicht zu einer Fehleinschätzung der wirtschaftlichen Belastbarkeit des Antragstellers gekommen sein. Z 4 soll den Antragsteller nicht dafür bestrafen, daß das Gericht seine Zahlungsfähigkeit überschätzt hat, BGH NJW **97**, 1077, Celle FamRZ **97**, 1089, KG FamRZ **84**, 412. Das gilt unabhängig davon, ob er gegen einen Ratenzahlungsbeschluß den zulässigen Rechtsbehelf geltend gemacht hat. Auch mag ein Mitverschulden des Gerichts usw vorliegen, zB eine Ungenauigkeit bei der Angabe des Zahlungsbeginns, der Ratenhöhe oder der Zahlstelle, Brdb FamRZ **01**, 633, LAG Hamm NdsRpfl **85**, 1575. Man muß einen Hinweis der Partei auf eine Verschlechterung ihrer wirtschaftlichen Lage als einen Antrag auf eine Änderung der Ratenzahlungsanordnung ansehen und berücksichtigen, selbst wenn der Hinweis erst im Beschwerdeverfahren erfolgt, Brdb FamRZ **06**, 1855, Nürnb MDR **05**, 646.

55 **D. Keine Aufhebung erst kurz vor Instanzabschluß.** Eine Aufhebung nach Z 4 sollte nicht mehr direkt vor dem Abschluß der Instanz erfolgen. Das Gericht darf die Hauptsache in ihrer Entscheidungsreife nach § 300 Rn 6 nicht durch eine Nebenentscheidung hinauszögern, etwa durch eine Vertagung, aM ZöPh 20 (aber auch dann kommt es auf das Ergebnis an).

56 **E. Länger als drei Monate.** Der Zahlungsverzug nach Rn 53 muß „länger als drei Monate" vorliegen. Der Verzug beginnt mit einer Nichtzahlung „nach dem Eintritt der Fälligkeit" trotz einer „Mahnung", § 286 I 1 BGB, und bei einer nach dem Kalender bestimmten Zahlungspflicht mit einer Nichtzahlung „zu der bestimmten Zeit", § 286 II Z 1 BGB. In der Regel hat das Gericht den jeweiligen Zahlungszeitpunkt im Bewilligungsbeschluß oder später festgesetzt. Bei Unklarheiten des Beschlusses oder beim sonstigen Zweifel über den Zahlungszeitpunkt müßte der Rpfl also zunächst klären, ob überhaupt die Fälligkeit eingetreten ist, falls ja: ob das Gericht „gemahnt" hat. Im Zweifel unterbleibt auch insofern eine Aufhebung, Rn 54. Ein Hinweis der Partei auf eine Verschlechterung ihrer Lage kann als ein Antrag nach § 120 IV umdeutbar sein, Brdb FamRZ **01**, 633, LAG Bre MDR **88**, 81. Das Gericht muß dann evtl rückwirkend die Raten verringern oder wegfallen lassen, Düss FamRZ **93**, 1474, Hamm FamRZ **86**, 1127, LG Marbg Rpfleger **94**, 469.

57 **F. Keine Teilaufhebung.** Soweit die Voraussetzungen der Z 4 vorliegen, muß der Rpfl die Bewilligung insgesamt aufheben. Das Gericht darf nicht etwa nur die rückständigen Raten für sofort vollstreckbar erklären oder die Raten herabsetzen usw, sofern nicht außerdem die Voraussetzungen des § 120 IV vorliegen. Dadurch können erhebliche Härten für den bisher Begünstigten eintreten. Es bleibt ihm dann nur übrig, einen neuen Bewilligungsantrag einzureichen. Das Gericht muß trotz der Aufhebung der bisherigen Bewilligung über einen solchen neuen Antrag unverzüglich entscheiden, soweit nicht ersichtlich wird, daß der Antragsteller lediglich einen Rechtsmißbrauch treibt, daß er also auf Grund derselben Tatsachen eine unzulässige Zweitentscheidung fordert, Schlesw SchlHA **84**, 174. Im letzteren Fall nimmt das Gericht den neuen Antrag unbearbeitet zu den Akten. Denn das Gesetz schützt einen Rechtsmißbrauch nirgends, Rn 4.

58 **G. Zuständigkeit des Rechtspflegers, Z 4.** Zur Aufhebung nach Z 4 ist im Prozeßgericht nach Rn 34 der Rpfl zuständig, wie bei Z 2 und 3, Rn 40. Der Rpfl muß den Antragsteller vor der Aufhebung anhören, Artt 2, 20 III GG, BVerfG **101**, 404, Brdb FamRZ **01**, 633.

12) Zusammentreffen von Z 3 und 4. Es können die Voraussetzungen der Z 3 und 4 zusammentreffen. 59
Grundsätzlich umfaßt allerdings Z 4 nur die Frage, ob der PKH-Begünstigte festgesetzte Raten usw hätte zahlen müssen, während Z 3 die weitergehende Frage umfaßt, ob das Gericht gar keine PKH hätte bewilligen dürfen. Soweit die Voraussetzungen beider Vorschriften zusammentreffen, erfolgt die Aufhebung auch nach beiden Vorschriften.

125 *Einziehung der Kosten.* **[I] Die Gerichtskosten und die Gerichtsvollzieherkosten können von dem Gegner erst eingezogen werden, wenn er rechtskräftig in die Prozesskosten verurteilt ist.**

[II] Die Gerichtskosten, von deren Zahlung der Gegner einstweilen befreit ist, sind von ihm einzuziehen, soweit er rechtskräftig in die Prozesskosten verurteilt oder der Rechtsstreit ohne Urteil über die Kosten beendet ist.

Gliederung

1) Systematik, I, II. Während § 122 II die einstweilige Befreiung des Prozeßgegners des Antragstellers 1
von Kosten regelt und § 123 eine Kostenerstattungspflicht des Prozeßgegners des Begünstigten klarstellt, regelt § 125 das Verhältnis zwischen diesem Prozeßgegner und der Staatskasse, falls er unterliegt. Ergänzend regelt § 126 das Verhältnis zwischen dem beigeordneten Anwalt des Begünstigten und dem verurteilten Prozeßgegner. Dabei erfaßt I nur die in § 122 I Z 1 a genannten Kosten, während II die in § 122 II genannten Kosten betrifft. § 125 enthält Regelungen, die zwar die grundsätzlichen Kostenvorschriften der §§ 91 ff unberührt lassen, wohl aber den §§ 7, 17, 18 GKG vorgehen.

2) Regelungszweck, I, II. Die Vorschrift soll einen unersetzbaren Schaden verhindern, der dem Prozeß- 2
gegner des Begünstigten drohen würde. Denn der unterliegende Prozeßgegner wird nach § 29 Z 1 GKG zum sog Entscheidungsschuldner. Er müßte daher ohne die Sonderregelung des § 125 mit einer Einziehung vor der Rechtskraft seiner Verurteilung rechnen. Würde er dann im Rechtsmittelzug oder zB infolge eines gerichtlichen oder außergerichtlichen Vergleichs im Ergebnis doch keine Kosten tragen müssen, bestünde das Risiko, daß er mit einem dann natürlich theoretisch entstehenden Erstattungsanspruch nach §§ 91 ff gegenüber dem nun erst endgültig kostenpflichtigen „Begünstigten" leer ausginge, weil jener mittellos ist. Auch die einstweilige Befreiung des Prozeßgegners nach § 122 II würde nicht helfen, nachdem das Gericht eine Kostengrundentscheidung zu seinen Lasten erlassen hat.

Aus diesem Schutzzweck ergibt sich auch die *unterschiedliche Regelung* von I und II. Solche Kosten, die zunächst nur der Antragsteller hätte zahlen müssen, soll das Gericht vom unterliegenden Prozeßgegner erst nach der Rechtskraft einziehen dürfen. Solche Kosten, die eigentlich er entrichten sollte und von denen ihn nur § 122 II einstweilen (mit)befreit hatte, kann die Staatskasse bei ihm auch dann schon einziehen, wenn der Rechtsstreit ohne ein Urteil über die Kosten endet, also nicht nur bei einem rechtskräftigen Unterliegen.

3) Geltungsbereich, I, II. Vgl Üb 4 vor § 114, § 114 Rn 9–45. § 125 gilt auch im WEG-Verfahren. Im 3
FamFG-Verfahren gilt § 125 entsprechend, § 76 I FamFG.

4) Einziehung nach einstweiliger Befreiung des Antragstellers, I. Man muß die Spezialvorschrift 4
eng auslegen.

A. Kosten nach § 122 I Z 1 a. Es geht um diejenigen Gerichtskosten und Gerichtsvollzieherkosten, die die Staatskasse infolge der Bewilligung der PKH dem Antragsteller gegenüber nur nach denjenigen Bestimmungen geltend machen konnte, die das Gericht nach § 120 I getroffen hatte.

B. Einziehung erst nach rechtskräftiger Verurteilung in die Prozeßkosten. Ohne I würde der 5
Prozeßgegner des durch eine PKH Begünstigten nach dem Prozeßverlust als sog Entscheidungsschuldner nach § 29 Z 1 GKG (Erstschuldner) der Staatskasse gegenüber schon ab der Wirksamkeit der Bekanntgabe der Kostengrundentscheidung haften. Sie brauchte weder rechtskräftig noch vorläufig vollstreckbar zu sein, Hartmann Teil I A § 29 GKG Rn 3. Diesen kostenrechtlichen Grundsatz schränkt I ein. Die Staatskasse kann sowohl Gerichtskosten als auch Gerichtsvollzieherkosten von dem unterliegenden Prozeßgegner des Begünstigten erst dann einziehen, wenn die ihn belastende Kostengrundentscheidung nach Üb 35 vor § 91 rechtskräftig geworden ist. Eine bloß vorläufig vollstreckbare Entscheidung zur Kostenfrage oder gar nur zur Hauptsache nach §§ 708 ff erlaubt der Staatskasse die Einziehung insofern also noch nicht. Es kommt auf die Rechtskraft der Entscheidung zu den Prozeßkosten an, §§ 322, 705. Die Verurteilung nur zur Sache bedingt nicht stets eine Verurteilung auch in die Prozeßkosten, zB § 344. § 31 III Hs 1 GKG mit seiner Haftung eines anderen Kostenschuldners, wenn der Entscheidungsschuldner eine PKH erhalten hatte, gilt übrigens sachlich unverändert für den Fall fort, daß auch der unterliegende Prozeßgegner eine PKH erhalten hatte.

5) Einziehung nach einstweiliger Befreiung des Antragsgegners, II. Auch diese Vorschrift ist eng 6
auslegbar.

A. Kosten nach § 122 II. Die Vorschrift erfaßt diejenigen Gerichtskosten, von denen nicht der Antragsteller nach § 122 I Z 1 a, sondern infolge jener Befreiung nun nach § 122 II auch sein Prozeßgegner einstweilen befreit war. Wegen dieser Kosten § 122 Rn 29.

7 **B. Einziehung nach rechtskräftiger Verurteilung in die Prozeßkosten.** Die Einziehung ist zunächst dann möglich, wenn das Gericht den Prozeßgegner des Begünstigten nach § 322 rechtskräftig gerade in die Prozeßkosten verurteilt hat. Insofern gelten dieselben Regeln wie in Rn 5.

8 **C. Einziehung auch nach Beendigung des Rechtsstreits ohne Urteil über die Kosten.** Eine Einziehung von dem Prozeßgegner des bisher Begünstigten kommt allerdings unabhängig von der Rechtskraft eines ihm ungünstigen Kostenurteils nach Rn 7 auch dann in Betracht, wenn der Rechtsstreit „ohne Urteil über die Kosten beendet ist". Insofern gelten wie bei § 124 Z 3, dort Rn 56, ähnliche Erwägungen wie bei § 5 I GKG.

9 **D. Beispiele zur Frage der Beendigung des Rechtsstreits ohne Kostenurteil:** Das Gericht hat schon vor längerer Zeit das Ruhen des Verfahrens angeordnet, § 251; die Parteien betreiben den Rechtsstreit längere Zeit hindurch absichtlich nicht weiter; das Verfahren ruht auch ohne eine entsprechende gerichtliche Anordnung; der Kläger nimmt die Klage zurück, ohne daß das Gericht über die Kosten nach § 269 III 3 beschließt; die Parteien haben einen außergerichtlichen Vergleich nach § 779 BGB oder einen Prozeßvergleich geschlossen, Anh § 307, und der Prozeßgegner des Begünstigten ist durch eine Kostenübernahme nach § 98 Rn 43 zum sog Übernahmeschuldner nach § 29 Z 2 GKG geworden. Eine Kostenübernahme liegt evtl auch in einer Erklärung des ProzBev „Kosten zahle ich", nicht aber stets in „Ich sage für die Kosten gut", Hartmann Teil I A § 29 GKG Rn 11 ff. Es ist auch eine Teilübernahme und dann eine entsprechende Teileinziehung möglich.

126 *Beitreibung der Rechtsanwaltskosten.*

I Die für die Partei bestellten Rechtsanwälte sind berechtigt, ihre Gebühren und Auslagen von dem in die Prozesskosten verurteilten Gegner im eigenen Namen beizutreiben.

II 1 Eine Einrede aus der Person der Partei ist nicht zulässig. 2 Der Gegner kann mit Kosten aufrechnen, die nach der in demselben Rechtsstreit über die Kosten erlassenen Entscheidung von der Partei zu erstatten sind.

Gliederung

1 **1) Systematik, I, II.** Der nach § 121 beigeordnete Anwalt kann nach § 122 I Z 3 seinen Vergütungsanspruch gegen den Auftraggeber während des Hauptverfahrens einstweilen nicht geltend machen. Er braucht aber natürlich nicht kostenlos tätig zu werden. Daher hat er einen eigenen und nicht nur kraft Gesetzes auf ihn übergegangenen Vergütungsanspruch gegen die Staatskasse nach (jetzt) §§ 45 ff RVG, Düss FamRZ **98**, 847, Rostock MDR **06**, 418, Schlesw RR **04**, 718. Dadurch erhält er einen stets zahlungsfähigen Kostenschuldner. Er hat insofern sogar eine bessere Stellung als ein Wahlanwalt im Verfahren ohne eine PKH. Trotzdem gibt § 126 ihm zusätzlich zu jener Möglichkeit einen Weg, seine Vergütung nicht nur geltend zu machen, sondern sogar beizutreiben, also zu vollstrecken. Er kann sich nämlich auch an den in die Prozeßkosten verurteilten oder zur Kostenübernahme bereit erklärten Gegner des Auftraggebers halten. Dieses eigene Beitreibungsrecht des Anwalts steht selbständig neben dem verbleibenden Erstattungsanspruch des Auftraggebers, Schlesw RR **04**, 718.

Insofern stellt die Vorschrift eine *Ergänzung* zu §§ 91 ff, 103 ff dar, nach denen der unterliegende Prozeßgegner des Begünstigten die gesamten Kosten des Rechtsstreits tragen und gegen sich festsetzen lassen muß, Hamm AnwBl **88**, 544. Die Beitreibung nach § 126 erfolgt nämlich im Weg der Kostenfestsetzung, Rostock MDR **06**, 418. Auf Grund des Festsetzungsbeschlusses findet dann die Zwangsvollstreckung nach § 794 I Z 2 statt. Demgegenüber regelt § 123 in Verbindung mit §§ 91 ff die etwaige Kostenerstattungspflicht des bisher begünstigten, dennoch unterliegenden Auftraggebers. § 126 schafft auch keine Regelung im Verhältnis des beigeordneten Anwalts zu seinem Auftraggeber. Das gilt selbst dann, wenn dieser unterliegt. Insofern entfällt zwar schließlich das Verbot der Geltendmachung nach § 122 I Z 3 mit dem Ende des Hauptverfahrens. Der beigeordnete Anwalt ist aber auch dann wie ein ohne eine PKH gewählter Anwalt darauf angewiesen, seine Vergütungsansprüche im Innenverhältnis zu seinem Auftraggeber geltend zu machen, sei es im Verfahren nach § 11 RVG, sei es mangels Anwendbarkeit jener Vorschrift auf dem Klageweg.

2) Regelungszweck, I, II. Sinn der Regelung ist nicht etwa eine Sicher- oder Besserstellung des beigeordneten Anwalts, aM BGH Rpfleger **07**, 270. Er ist ja bereits durch den Anspruch gegen die Staatskasse jedenfalls bei der Durchsetzbarkeit bessergestellt, Rn 1. Das gilt, auch wenn er erheblich geringere Gebühren erhält als ein ohne eine Beiordnung, weil ohne eine PKH beauftragter Anwalt. Es geht daher zumindest auch um eine gewisse weitere Entlastung der Staatskasse. Sie kann und darf zwar den beigeordneten Anwalt nicht zu einem Antrag nach § 126 zwingen oder auch nur durch eine Hinhaltetaktik faktisch drängen. Er kann aber nach freier Wahl nur oder auch die unmittelbare Beitreibung nach § 126 vornehmen, wenn er sich zB von diesem Weg einen rascheren oder problemloseren Erfolg verspricht. Insofern bringt ihm die Vorschrift doch einen unter Umständen jedenfalls aus seiner Sicht merkbaren Vorteil. Das alles geschieht allerdings auf dem Rücken des unterliegenden Prozeßgegners. Denn er kann sich unter Umständen Ansprüchen des siegenden PKH-Begünstigten, der Staatskasse und des dem Gegner beigeordneten Anwalts gegenübersehen. Insofern ist die Regelung problematisch. Freilich braucht er in keinem Fall mehr als diejenigen gegnerischen Anwaltskosten zu bezahlen, die bei einem Prozeß ohne eine PKH entstanden wären. Daher ist die Regelung immerhin erträglich. Vgl auch Rn 29. Sie beschränkt nicht die Entscheidungsfreiheit des Auftraggebers in seiner Prozeßführung. 2

3) Geltungsbereich, I, II. Vgl Üb 4 vor § 114, § 114 Rn 9–45. § 126 gilt auch im WEG-Verfahren. Im FamFG-Verfahren gilt § 126 entsprechend, § 76 I FamFG. 3

4) Beitreibungsberechtigung, I. Man muß mehrere Punkte unterscheiden. 4

A. Für die Partei bestellter Rechtsanwalt. Das Gericht muß den Anwalt „für die Partei bestellt" haben. I meint die „Beiordnung" nach § 121. Wegen der Beiordnung eines Patentanwalts vgl § 136 S 2 PatG. Danach ist § 126 nur im Einspruchsverfahren sowie im Verfahren zur Klärung der Nichtigkeit oder der Rücknahme eines Patents oder wegen der Erteilung einer Zwangslizenz entsprechend anwendbar.

B. Nur wegen des Beiordnungszeitraums. Aus der Notwendigkeit der „Bestellung", also einer Beiordnung nach Rn 4 folgt: Eine Beitreibung nach I ist nur wegen solcher Vergütungsansprüche zulässig, die für eine Tätigkeit während des Beiordnungszeitraums entstanden. Sie ist also unstatthaft, sofern der später beigeordnete Anwalt eine Vergütung für eine Tätigkeit vor der Wirksamkeit der Beiordnung oder für einen Zeitraum nach ihrer Beendigung verlangt. Dabei ist unerheblich, ob das Gericht ihn auch für diese Tätigkeit hätte beiordnen dürfen oder müssen, solange es das eben nicht wenigstens rückwirkend getan hat. Eine Tätigkeit, für die die gesetzliche Vergütung eines Wahlanwalts ohne eine PKH bereits entstanden war, fällt nicht deshalb unter die nach I beitreibungsfähigen Gebühren und Auslagen, weil der Anwalt sie im Beiordnungszeitraum fortgesetzt hatte. Sie wird erst dann beitreibungsfähig, wenn sie im Beiordnungszeitraum nach dem RVG erneut oder zusätzlich entsteht, etwa infolge einer jetzt erst vorgenommenen Klagerhöhung nach § 263. 5

C. Mehrheit von Rechtsanwälten. Wie schon der Wortlaut von I andeutet, können unter Umständen mehrere Anwälte unabhängig voneinander einen Beitreibungsanspruch haben. Das gilt zunächst für den praktisch allerdings kaum denkbaren Fall, daß das Gericht (theoretisch möglich) nicht nur „einen", sondern mehrere Anwälte nach § 121 I beiordnet. Praktisch häufiger ist die Beiordnung eines zusätzlichen Beweis- oder Verkehrsanwalts nach § 121 III. Hinzu tritt der Fall eines etwa notwendigen Wechsels des beigeordneten Anwalts, sei es als ProzBev, Beweis- oder Verkehrsanwalt. Sie alle haben ja für eine Tätigkeit im Beiordnungszeitraum Vergütungsansprüche unabhängig von den übrigen beigeordneten Anwälten. Jeder kann aber natürlich nur wegen seiner eigenen Vergütung nach § 126 vorgehen, aM Kblz JB **00**, 145. 6

5) Umfang des Beitreibungsrechts: Gebühren und Auslagen, I. Das Beitreibungsrecht jeder der nach Rn 4–6 Berechtigten umfaßt „Gebühren und Auslagen", also die gesetzliche Vergütung, § 1 RVG, Naumb JB **08**, 373. 7

A. Volles Beitreibungsrecht. Die Vergütung beschränkt sich der Staatskasse gegenüber auf die in §§ 45 ff RVG ermäßigten Beträge. Sofern der beigeordnete Anwalt nach dem Wegfall des Verbots der Geltendmachung nach § 122 I Z 3 ZPO seine Vergütung auch auf Grund des Anwaltsvertrags vom Auftraggeber fordern kann, kann er die volle gesetzliche Vergütung eines ohne eine PKH gewählten Anwalts fordern, also auch die sog Differenzkosten zwischen dieser und der niedrigeren Vergütung nach §§ 45 ff RVG, Rn 9. Der sowohl für das Erkenntnisverfahren als auch für die zugehörige Zwangsvollstreckung beigeordnete Anwalt kann die Beitreibung auch wegen der Vollstreckungskosten vornehmen. Denn der Kostentitel umfaßt die Vollstreckungskosten nach § 788 I mit. Der nur zweitinstanzlich beigeordnete Anwalt kann erstinstanzliche Anwaltskosten allenfalls auf Grund einer Abtretung an ihn beitreiben, Kblz JB **06**, 152 rechts. Der nur für die Zwangsvollstrekkung beigeordnete Anwalt kann allerdings nur auf Grund einer im Vollstreckungsverfahren ergangenen Kostenentscheidung eine Beitreibung vornehmen, LG Bln Rpfleger **79**, 346. 8

B. Auch wegen der Differenzkosten. Diese Differenzkosten sind auch gegenüber dem Prozeßgegner beitreibungsfähig, Düss JB **93**, 29, Zweibr JB **93**, 680. Denn er muß ja ohnehin nach §§ 123, 91 ff dem siegenden Begünstigten die gesamten Prozeßkosten erstatten. Er stünde auf Kosten des beigeordneten 9

Anwalts besser da, wenn jedenfalls das Beitreibungsrecht dieses Anwalts nach § 126 nicht auch die Differenzkosten umfassen würde. Das ist nicht einsehbar. Das alles gilt unabhängig davon, daß eine PKH die sog Differenzkosten im Verhältnis zur Staatskasse nicht deckt, Kblz Rpfleger **96**, 253.

10 **C. Keine Beitreibung schon erhaltener Teilbeträge.** Natürlich kann der Anwalt nicht mehr solche Teile der gesetzlichen Gesamtvergütung eines ohne eine PKH gewählten Anwalts fordern, die er bereits von dem Auftraggeber oder von einem Dritten oder von der Staatskasse erhalten hat, bei der letzteren nach §§ 45 ff und wegen § 59 RVG, VGH Mannh JB **92**, 542. Denn er kann die gesamte Vergütung natürlich insgesamt nur einmal von allen Kostenschuldnern fordern.

11 **6) Kostenschuldner: In die Prozeßkosten verurteilter Gegner, I.** Die Beitreibung kann und darf nur gegen den „in die Prozeßkosten verurteilten Gegner" (gemeint: des Auftraggebers des beigeordneten Anwalts) erfolgen. Es muß also eine Kostengrundentscheidung gegen den Prozeßgegner vorliegen. Das gilt auch nach einer Klagerücknahme, Brdb FamRZ **96**, 683, Düss Rpfleger **99**, 132, § 788 ist anwendbar, soweit das Gericht den Anwalt schon im Erkenntnisverfahren beigeordnet hatte, LG Bln Rpfleger **79**, 346. Die Beitreibung ist also nicht etwa gegen den eigenen Auftraggeber möglich, Dieser ist grundsätzlich am Verfahren nach § 126 nicht direkt beteiligt, Brdb JB **07**, 261. Die Beitreibung erfolgt auch nicht gegenüber der Staatskasse. Dort gilt § 55 RVG. Sie ist auch nicht gegenüber einem Dritten zulässig. Das gilt selbst dann, wenn dieser sich gegenüber dem beigeordneten Anwalt und/oder dessen Auftraggeber oder gar gegenüber dem Prozeßgegner des Begünstigten in einer rechtswirksamen Form zu einer Kostenübernahme verpflichtet hat. Das wiederum gilt selbst dann, wenn das Gericht diesen Dritten auf Grund einer solchen Verpflichtungserklärung zur Zahlung rechtskräftig verurteilt hatte. Denn er ist auch dann nicht der „Gegner" nach I geworden, Brdb JB **07**, 261. Dem Verurteilten steht der Übernehmer gleich, Düss JB **93**, 29.

12 **7) Im eigenen Namen, I.** Das Beitreibungsrecht ist ein gesetzlicher Anspruch des Beitreibungsberechtigten „im eigenen Namen".

A. Gesetzlicher Erstattungsanspruch. I schafft nicht einen privatrechtlichen Gebührenanspruch, sondern einen gesetzlichen Erstattungsanspruch. Dieser tritt zu demjenigen des siegenden Auftraggebers nach §§ 91 ff, 103 hinzu, Rn 1, 21, 22, Naumb JB **08**, 373. Es handelt sich also weder um eine Abtretung kraft Gesetzes oder um einen Forderungsübergang kraft Gesetzes noch um eine bloße Prozeßstandschaft. Vielmehr entsteht das Beitreibungsrecht aus einem eigenen gesetzlichen Recht, Rostock MDR **06**, 418. Es ist vergleichbar allenfalls dem Einziehungsrecht nach § 835, Düss Rpfleger **97**, 484, Kblz AnwBl **90**, 56. Der Umstand, daß I weder die §§ 91 ff (Erstattungsanspruch des Auftraggebers) noch § 59 RVG (Erstattungsanspruch der Staatskasse aus übergegangenem Recht) beeinträchtigt, ergibt sich schon aus § 123, dort Rn 1, 2, Dörndörfer Rpfleger **87**, 448.

13 **B. Entstehung des Anspruchs: Aufschiebend bedingt.** Wie jeder gesetzliche Kostenerstattungsanspruch entsteht auch der Beitreibungsanspruch nicht erst im Zeitpunkt der Kostengrundentscheidung des Hauptverfahrens, Üb 35 vor § 91. Es entsteht vielmehr aufschiebend bedingt schon im Zeitpunkt der Begründung des auf Grund der Beiordnung abgeschlossenen Anwaltsvertrags, § 121 Rn 14. Diesen aufschiebend bedingten Anspruch verwandelt eine nicht rechtskräftige in die Kosten verurteilende Entscheidung in einen auflösend bedingten, Üb 35 vor § 91, Ffm Rpfleger **90**, 468. Er entfällt mit der formellen Rechtskraft einer abändernden Entscheidung oder mit einem Vergleich nach Anh § 307, Stgt MDR **89**, 744, LG Köln AnwBl **84**, 624. Dann kann eine Anwaltshaftung nach § 717 II eintreten, Rn 19.

14 **8) Beitreibung, I.** Mit der Berechtigung, die Vergütung im eigenen Namen „beizutreiben", gibt I dem beigeordneten Anwalt den Anspruch nicht nur auf die Geltendmachung, sondern auch auf die Vollstreckung seines Vergütungsanspruchs.

A. Anspruch auf Festsetzung der Vergütung. Die Beitreibung erfolgt im Kostenfestsetzungsverfahren nach §§ 103 ff, Rostock MDR **06**, 418, und zwar durch den Rpfl, § 21 I Z 1 RPflG. Es findet also nicht etwa das Festsetzungsverfahren nach § 11 RVG statt. Denn dort ist Antragsgegner nur der Auftraggeber, Hbg MDR **84**, 593, Schlesw SchlHA **85**, 31. Gegen diesen ist die Festsetzung und daher Beitreibung nach § 126 I jedenfalls solange ja ohnehin nicht zulässig, als der Anwalt dem Auftraggeber gegenüber einen Anspruch gar nicht geltend machen kann, § 122 I Z 3. Das Erwirken eines Festsetzungsbeschlusses als eines zur Vollstreckung nach § 794 I Z 2 geeigneten Titels ist ja bereits eine Geltendmachung. Bei einer Kostenverteilung nach Bruchteilen nach § 92 ZPO ist § 106 auch auf den Beitreibungsanspruch anwendbar.

15 **B. Kein Klagerecht des Anwalts gegenüber dem Prozeßgegner.** Soweit der beigeordnete Anwalt nach I die Beitreibung im Kostenfestsetzungsverfahren vornehmen kann, fehlt das Rechtsschutzbedürfnis nach Grdz 33 vor § 253 für eine Klage auf die Zahlung der Vergütung auch gegenüber dem in die Prozeßkosten verurteilten Gegner des Auftraggebers. Denn das Festsetzungsverfahren ist grundsätzlich wegen seiner größeren Einfachheit und speziellen Ausrichtung der allein zulässige Weg, Kosten erstattet zu verlangen, Üb 3 vor §§ 103–107. Deshalb ist auch nach einer Klagerücknahme ein Beschluß nach § 269 III 2, 3 erforderlich, KG MDR **88**, 420. Der beigeordnete Anwalt hat neben dem Bekl ein eigenes derartiges Antragsrecht.

16 **C. Notwendigkeit eines Antrags.** Wie bei jedem Kostenfestsetzungsverfahren ist ein Antrag erforderlich, § 103 Rn 31–35. Man muß ihn eindeutig auf eine Beitreibung des beigeordneten Anwalts im eigenen Namen richten, Rostock MDR **06**, 418. Natürlich kann der beigeordnete Anwalt sich auch darauf beschränken, ein Kostenfestsetzungsverfahren nach §§ 91 ff, 103 ff nur im Namen und Auftrag des siegenden Aufftraggebers zu betreiben, Rostock MDR **06**, 418. Dann ist natürlich § 126 unanwendbar, Schlesw JB **90**, 1195. Solange unklar ist, ob der Anwalt nach I nur oder auch im eigenen Namen oder nur im Namen des Auftraggebers die Festsetzung fordert, muß das Gericht evtl nach § 139 rückfragen, Rostock MDR **06**, 418.

Nach dem Ablauf einer angemessenen *Frist* muß es mangels einer Klärung davon ausgehen, daß der Antrag nur im Namen des Auftraggebers vorliegt, Brdb FamRZ **99**, 1219, Rostock MDR **06**, 418, AG Nürnb AnwBl **86**, 455, aM ZöPh 8 (aber man kann erwarten, daß sich der Anwalt klar ausdrückt). Eine solche

Festsetzung wäre natürlich nicht nur wegen der eigenen Zahlungen des Auftraggebers statthaft, sondern auch wegen der Vergütung des beigeordneten Anwalts. Denn auch sie zählt ja zu den Prozeßkosten nach §§ 91 ff, aM KG AnwBl **83**, 324 (aber der Beitreibungsanspruch des Anwalts und der Festsetzungsanspruch des siegenden Auftraggebers stehen nebeneinander, Rn 20). Eine etwaige Sicherheitsleistung ist nur wegen der Anwaltskosten notwendig, Bbg Rpfleger **81**, 455.

D. Weitere Einzelheiten. Für das weitere Festsetzungsverfahren gelten §§ 103 ff hier zugunsten des beigeordneten Anwalts und nicht seines Auftraggebers. Zustellungen erfolgen nur an den beitreibenden Anwalt, nicht etwa an den jetzt inzwischen in höherer Instanz beigeordneten anderen Anwalt oder gar an den Auftraggeber. Der beitreibende Anwalt ist auf denjenigen Betrag beschränkt, der für seinen Auftraggeber festzusetzen wäre, und er erstreckt sich selbst dann nicht auf Reisekosten des Auftraggebers, Jena MDR **98**, 1438, und auch nicht auf Gebühren, die nicht beim Anwalt entstanden sind, aM Kblz JB **00**, 145. Auf den Festsetzungsbeschluß ist § 319 wie sonst anwendbar, § 329 Rn 19 „§ 319". Diese Vorschrift gilt also zB dann nicht, wenn der Rpfl den Antrag anders verstanden hatte, KG Rpfleger **77**, 451. Der Beitreibungsanspruch verjährt in 3 Jahren, § 195 BGB entsprechend, und in 30 Jahren beim rechtskräftig festgesetzten Anspruch, § 197 I Z 3 BGB. Er läßt als ein prozeßrechtlicher Anspruch keinen Verwirkungseinwand zu, Schlesw SchlHA **79**, 58. Eine Pfändung wirkt nicht gegenüber dem beigeordneten Anwalt, soweit sie dem Zeitpunkt der sog „Umschreibung" nach Rn 25 auf den Anwalt nachfolgt, wohl aber vorher, Mü Rpfleger **92**, 257, aM Habscheid/Schlosser ZZP **75**, 336 (sie halten eine Pfändung für unwirksam, bevor der durch eine PKH Begünstigte seinen Anwalt befriedigt hat). 17

Für die *Kosten des Festsetzungsverfahrens* haftet derjenige, auf dessen Namen die Festsetzung erfolgt. Vgl aber auch § 19 I 2 Z 14 RVG. Soweit die Festsetzung auf den Namen der siegenden Partei erfolgte und soweit diese ihren beigeordneten Anwalt persönlich bezahlt hat, muß er die Vergütung zurückzahlen, soweit der Vollstreckungstitel wegfällt. Eine Mehrwertsteuer ist nicht erstattungsfähig, soweit der Auftraggeber vorsteuerabzugsberechtigt ist, BGH BB **06**, 2103, Hamm JB **02**, 33.

E. Rechtsbehelfe. Der beitreibende Anwalt ist im Festsetzungs-(Beitreibungs-)Verfahren Partei. Er hat also die einer Partei zustehenden Rechtsbehelfe. Sein Auftraggeber und die Staatskasse sind insofern nicht beteiligt, Brdb JB **07**, 261. Infolgedessen haben die letzteren auch grundsätzlich keine Rechtsbehelfe. Der Auftraggeber kann aber ausnahmsweise dann beschwert und deshalb zum Rechtsmittel berechtigt sein, wenn er seinen Einziehungsanspruch verliert, Brdb JB **07**, 261. 18

F. Haftung aus der Beitreibung. Soweit der beitreibende Anwalt aus dem Festsetzungsbeschluß nach § 794 I Z 2 vollstreckt, kommt seine Haftung auf einen Schadensersatz nach § 717 II in Betracht, wenn die Kostengrundentscheidung des Hauptprozesses aufgehoben oder abgeändert wird. Denn bis zu ihrer Rechtskraft ist sein Erstattungsanspruch nur auflösend bedingt. 19

9) Nebeneinander der verschiedenen Erstattungsansprüche, I. Wie in Rn 1, 2 angedeutet, verdrängt § 126 nicht etwa die übrigen Erstattungsansprüche, sondern tritt zu ihnen hinzu, bis der jeweils beitreibende beigeordnete Anwalt befriedigt ist, BGH NJW **94**, 3293, Naumb JB **08**, 373. 20

A. Mehrheit beitreibender Anwälte. Soweit das Gericht mehrere Anwälte beigeordnet hat, kann jeder von ihnen die Beitreibung vornehmen, Rn 6.

B. Erstattungsanspruch des Auftraggebers. Soweit der beigeordnete Anwalt überhaupt noch einen Beitreibungsanspruch nach I hat, darf auch sein siegender Auftraggeber gleichberechtigt neben seinem Anwalt nach den §§ 91 ff, 103 ff die Kostenfestsetzung und die Zwangsvollstreckung in die Kosten gegenüber dem insofern unterlegenen Prozeßgegner betreiben, Hamm AnwBl **82**, 384, Naumb JB **08**, 373. Rostock MDR **06**, 418. Das stellt § 123 zusätzlich klar, Dörndörfer Rpfleger **87**, 448. Das kann natürlich auch für ihn der beigeordnete Anwalt tun, Rn 16, ohne dadurch auf das Beitreibungsrecht im eigenen Namen zu verzichten, aM Kblz MDR **87**, 1032 (aber man muß Rn 22 miterwägen). Insofern kann der Auftraggeber auch rechtsmittelberechtigt sein, Rn 18. 21

C. Gleichberechtigung der Ansprüche. Zu weitgehend halten BGH FamRZ **07**, 123, Kblz Rpfleger **91**, 323 („Verzicht"), ThP 2 den Festsetzungsanspruch des Auftraggebers für durch den Anspruch des beigeordneten Anwalts gleichsam verstrickt. Beide Ansprüche stehen vielmehr voll gleichberechtigt nebeneinander, bis der jeweilige Kostengläubiger befriedigt ist, BGH NJW **94**, 3292, Düss FamRZ **98**, 847, Hbg JB **90**, 1312. Es liegt ja auch nicht etwa eine Abtretung oder gar Prozeßstandschaft zugunsten des beigeordneten Anwalts vor. Der beigeordnete Anwalt kann daher auch keinen Rechtsbehelf gegen die Festsetzung zugunsten des Auftraggebers mit dem Ziel einer Festsetzung nur auf sich selbst einlegen, Kblz JB **82**, 775. Sein eigenes Beitreibungsrecht entsteht im eigenen Namen, Rn 12. Das bedeutet für den in die Kosten verurteilten Prozeßgegner: Er muß evtl die Kosten des seinem siegenden Gegner beigeordneten Anwalts sowohl auf Grund der Kostenfestsetzung des Prozeßgegners als auch auf Grund derjenigen des beigeordneten Anwalts solange zahlen, bis der beigeordnete Anwalt die volle gesetzliche Vergütung erhalten hat, Rn 8. Freilich kann der in die Kosten verurteilte Prozeßgegner infolge dieser Haftung natürlich jedenfalls in dem Festsetzungsverfahren des siegenden Prozeßgegners die Erinnerung usw nach § 104 einlegen oder Vollstrekkungsabwehrklage nach § 767 erheben, Lappe Rpfleger **84**, 130. Wegen der sog „Umschreibung" Rn 25. 22

D. Erstattungsanspruch der Staatskasse. Soweit der beigeordnete Anwalt nach §§ 45 ff RVG auch oder zunächst nur die Staatskasse in Anspruch nimmt und soweit sie ihn befriedigt hat, geht sein Vergütungsanspruch auf sie nach § 59 I 1 RVG über, Düss Rpfleger **90**, 80. Für die Geltendmachung des Anspruchs gelten nach § 59 II RVG die Vorschriften über die Einziehung der Kosten des gerichtlichen Verfahrens sinngemäß. Der auf die Staatskasse übergegangene Anspruch besteht zunächst unabhängig von dem Beitreibungsrecht nach § 126 I und unabhängig von dem Festsetzungsanspruch und Vollstreckungsrecht des siegenden Prozeßgegners nach §§ 91 ff, 103 ff solange, bis der in die Prozeßkosten Verurteilte die volle Vergütung des beigeordneten Anwalts bezahlt hat oder bis ein Vergleich den Anspruch nach § 126 beseitigt, Rn 13, Nürnb MDR **08**, 233. Der Prozeßgegner kann sich also sogar drei Beitreibungs-, Festsetzungs- bzw Vollstreckungsverfahren wegen der Vergütung jenes beigeordneten Anwalts gegenübersehen, Rn 1, 2. 23

24 Natürlich braucht er insofern auch die *Gesamtschuld nur einmal zu erfüllen.* Er kann daher eine Erinnerung nach § 766 oder eine Vollstreckungsabwehrklage nach § 767 erheben, Rn 21, 22. Trotz der Zahlung der Staatskasse geht kein Erstattungsanspruch auf sie über, soweit die durch die PKH begünstigte Partei wirksam auf eine Kostenerstattung verzichtet hatte oder soweit ihr Prozeßgegner gegen einen auf sie erlassenen Festsetzungsbeschluß wirksam aufgerechnet hatte. Der Geltendmachung nach § 59 RVG steht nicht entgegen, daß das Gericht dem erstattungspflichtigen Gegner ebenfalls eine PKH bewilligt hatte, KG MDR **88**, 420.

25 **10) Umschreibung, I.** Die Praxis läßt vielfach eine sog „Umschreibung" des auf die siegende Partei lautenden Vollstreckungstitels auf den Namen des ihr beigeordneten Anwalts zu, Naumb JB **08**, 373. Freilich gibt es auch Bestrebungen, solche Umschreibungsmöglichkeiten einzuschränken.

A. Zulässigkeit. Jedenfalls ist im Fall der Zulassung einer solchen „Umschreibung" § 727 auch nicht entsprechend anwendbar. Denn es handelt sich nicht um eine vollstreckungsrechtliche Umschreibung, Schlesw SchlHA **79**, 181, sondern auch dann um einen neuen selbständigen Kostenfestsetzungsbeschluß, Düss AnwBl **80**, 377, Hamm AnwBl **82**, 383. Man muß ihn auch wegen der Rechtsbehelfe nach § 104 III als einen selbständigen Festsetzungsbeschluß behandeln, Düss FamRZ **98**, 847, KG Rpfleger **77**, 451.

26 **B. Folgen für die bisherige Festsetzung.** Der auf den beigeordneten Anwalt lautende Beschluß muß den früheren Beschluß, der auf seinen siegenden Auftraggeber lautete, nach der „Umschreibung" wegen der Erstattungspflicht im Umfang der Kosten des beigeordneten Anwalts für wirkungslos erklären. Der Inhaber, der siegende Auftraggeber, muß den bisherigen Festsetzungsbeschluß nicht an das Gericht zurückgeben, Stgt RR **01**, 718 (jedenfalls nicht nach dem Mandatsende), aM KG Rpfleger **77**, 451 (aber die Partei soll ohnehin alle ihr entstehenden Kosten einheitlich festsetzen lassen). Soweit die siegende Partei bestreitet, sind §§ 732, 768 entsprechend anwendbar.

27 **C. Umschreibung.** Die Rechtskraft des ersten Festsetzungsbeschlusses für den siegenden Auftraggeber nach § 322 hindert eine „Umschreibung" auf seinen beigeordneten Anwalt nicht. Ebensowenig hindert ein Verlust seiner Zulassung, solange sein Vergütungsanspruch nicht verjährt ist. Eine unbedingte Voraussetzung für die „Umschreibung" ist natürlich, daß er in ihrem Zeitpunkt noch ein eigenes Beitreibungsrecht nach I hat. Daher muß das Gericht vor einer Umschreibung immer den unterliegenden Prozeßgegner anhören, Artt 2 I, 20 III GG (Rpfl), BVerfG **101**, 404, Art 103 I GG (Richter). Eine Umschreibung erfolgt zB dann nicht, wenn der siegende Auftraggeber auch nur behauptet, vor dem Zeitpunkt der Zustellung des ihm günstigen Festsetzungsbeschlusses über den Erstattungsanspruch bereits eine Verfügung getroffen zu haben. Im übrigen muß der beigeordnete Anwalt die Tilgung des Erstattungsanspruchs durch eine Zahlung gegenüber seinem Auftraggeber gegen sich gelten lassen, soweit diese Tilgung vor der Zustellung des auf den beigeordneten Anwalt lautenden Festsetzungsbeschlusses erfolgt ist, KG JB **02**, 374.

28 **11) Unzulässigkeit einer Einrede aus der Person der Partei, II 1.** Die Vorschrift schränkt die Verteidigungsmöglichkeiten des in die Prozeßkosten verurteilten Prozeßgegners des durch eine PKH Begünstigten ein.

29 **A. Zweck: Entlastung der Staatskasse.** Würde der Kostenschuldner alles dasjenige geltend machen können, was ihm gegen den Erstattungsanspruch seines siegenden Prozeßgegners an Einreden zustände, könnte er auch den Beitreibungsanspruch des diesem beigeordneten Anwalts erheblich beeinträchtigen. Damit wäre die durch I bezweckte Entlastung der Staatskasse nach Rn 3 im Ergebnis doch wieder oft gefährdet. Deshalb soll man dieser Beitreibung nur begrenzt mit Einreden entgegentreten dürfen, Schlesw RR **04**, 718. Die Regelung ist mit dem GG vereinbar, BGH JB **91**, 714. Einreden sind lediglich in II 2 und in einigen weiteren Fällen zulässig, Düss JB **93**, 29.

30 **B. Einrede aus der Person der Partei.** Der schwerverständliche Text meint: Der in die Kosten verurteilte Prozeßgegner kann keine solchen Einreden geltend machen, die ihm gegenüber dem siegenden Gegner direkt zustehen würden, Düss Rpfleger **90**, 80, Hamm AnwBl **88**, 544, Kblz VersR **84**, 473. Im Gegensatz dazu kann er schon nach dem Wortlaut von II 1 ohne weiteres solche Einreden geltend machen, die ihm nur gegenüber der Person des beitreibenden beigeordneten Anwalts zustehen. Da die Beitreibung stets nur aus einem eigenen Recht erfolgt, nicht infolge einer Abtretung oder Prozeßstandschaft usw, Rn 12, kann man auch nicht diejenigen Personen trennen, aus denen der Kostenschuldner eine Einrede geltend macht. Wohl aber können sich seine Einreden aus der Person des beitreibenden Anwalts und des siegenden Gegners ergeben. Dann sind nur die ersteren zulässig, nicht auch die letzteren, von der unten genannten Ausnahme II 2 abgesehen.

31 **C. Umfang des Einreden-Ausschlusses.** II 1 erfaßt alle Einreden gegenüber dem siegenden Prozeßgegner. Das gilt jedenfalls, soweit eine Einrede nur das Erlöschen des Erstattungsanspruchs und dieses auch erst jetzt herbeiführen könnte. Zulässig sind Einreden gegenüber einem solchen Anspruch, den der beigeordnete Anwalt des siegenden Prozeßgegners gegenüber seinem Auftraggeber hat.

32 **D. Beispiele zur Frage der Zulässigkeit einer Einrede**

Abtretung: Zulässig ist die Einrede der Abtretung des für den Auftraggeber festgesetzten Erstattungsbetrags, Hbg JB **83**, 291, Mü Rpfleger **92**, 257.

Aufrechnung: Rn 40.

33 **Befriedigung:** Rn 34 „Erfüllung", Rn 39 „Zahlung".

34 **Erfüllung:** Rn 39 „Zahlung".

Erlaßvertrag: Die Einrede, die Prozeßparteien hätten einen Vertrag auf den Erlaß der Kostenerstattungsschuld des Unterliegenden geschlossen, ist als eine bloße Einrede aus der Person des Gegners grundsätzlich gegenüber dem beitreibenden beigeordneten Anwalt *unzulässig,* Hamm AnwBl **88**, 544, aM Mü MDR **97**, 786.

35 **Mehrheit von Anwälten:** Wenn mehrere beigeordnete Anwälte Ansprüche nach I verfolgen, gehen diejenigen des zeitlich früher beigeordneten Anwalts vor. Inwieweit der später beigeordnete Anwalt eine

Erstattung fordern kann, richtet sich nach § 91. Im übrigen muß man jeden Anwalt selbständig beurteilen.

Pfändung: Es gilt dasselbe wie bei Rn 32 „Abtretung".

Rechtskraft: Rn 37 „Vergleich". 36

Vereinbarung: Rn 34 „Erlaßvertrag", Rn 37 „Vergleich". 37

Vergleich: Soweit die Prozeßparteien nach dem Erlaß einer lediglich vorläufig vollstreckbaren Entscheidung *vor* deren Rechtskraft einen solchen gerichtlichen oder außergerichtlichen Vergleich geschlossen haben, in dem sie auch über die Kostenerstattungsfrage Bestimmungen trafen, ist das Recht des beigeordneten Anwalts mitbetroffen, Düss FamRZ **90**, 420. Denn sein Anspruch hängt vom Erstattungsanspruch des Auftraggebers dem Grunde nach ab, §§ 91 ff, 123. I erweitert nur die Beitreibungsmöglichkeiten.

Dagegen kann ein solcher zulässiger *außergerichtlicher* Vergleich der Prozeßparteien über Kostenerstattungsfragen, den sie erst *nach* der Rechtskraft schließen, dem beigeordneten Anwalt seinen Erstattungsanspruch *nicht mehr* nehmen.

Verschulden des beigeordneten Anwalts: Soweit der Kostenschuldner geltend macht, der beigeordnete Anwalt habe sein Amt schuldhaft falsch geführt oder zB vorwerfbar niedergelegt, ist die Einrede zulässig. Vgl allerdings auch § 91 Rn 128.

Verzicht: Grundsätzlich ist die Einrede *unstatthaft,* der siegende Prozeßgegner habe auf eine Kostener- 38
stattung dem Unterliegenden gegenüber verzichtet, Hamm AnwBl **88**, 544. Zulässig ist aber der Einwand, der beigeordnete Anwalt habe selbst auf sein Beitreibungsrecht nach I verzichtet, Düss FamRZ **98**, 847. Soweit er den Auftraggeber nur bei dessen Festsetzungsgesuch vertritt, kann darin ein stillschweigender Verzicht auf das eigene Recht nach I liegen, Kblz MDR **87**, 1032. Soweit das Gericht die Festsetzung fälschlich auf den Namen des Auftraggebers vorgenommen hat, kann der Prozeßgegner mit einer Befreiungswirkung an diesen zahlen und ist durch die fehlerhafte Festsetzung dann auch nicht mehr beschwert, Bre JB **86**, 1413. Ein Verzicht des siegenden Prozeßgegners auf eine Kostenerstattung ist natürlich nur insofern wirksam, als er über einen solchen Anspruch überhaupt durch einen Vergleich verfügen kann.

Vollstreckungsabwehrklage: Eine solche Einrede, die die Entstehung des Anspruchs betrifft, richtet sich nicht nur gegen die Person des siegenden Prozeßgegners, sondern auch oder nur gegen diejenige des beitreibenden Anwalts. Denn sein Vergütungsanspruch ist ja dem Grunde nach von einem Kostenerstattungsanspruch seines Auftraggebers abhängig. Daher ist insofern eine Vollstreckungsabwehrklage zulässig, § 767, Düss AnwBl **79**, 184.

Vorläufige Vollstreckbarkeit: Rn 37 „Vergleich".

Zahlung: *Unstatthaft* ist der Einwand der Zahlung, soweit sie erst nach der Zustellung eines sog „Umschrei- 39
bungsbeschlusses" nach Rn 25 erfolgt ist oder soweit eine solche Umschreibung überhaupt nicht erfolgt ist, Ffm Rpfleger **90**, 468, Hamm AnwBl **88**, 544, Stgt Rpfleger **87**, 218, aM Mü Rpfleger **97**, 485 (aber dann liegt eine Einrede gerade aus der Person der Partei vor). Zulässig ist natürlich die Einwendung, der Kostenschuldner habe direkt an den beitreibenden beigeordneten Anwalt gezahlt oder dieser sei von seinem Auftraggeber und/oder einem Dritten oder der Staatskasse befriedigt worden. Denn durch solche Zahlungen erlischt das Erstattungs- und Beitreibungsrecht des beigeordneten Anwalts nach I, Bre JB **86**, 1413, Ffm Rpfleger **90**, 468.

Zustimmung: Soweit der Schuldner behauptet, der beitreibende Anwalt habe im Hinblick auf eine Ermäßigung oder einen Erlaß des Kostenerstattungsanspruchs aus eigenem Recht und/oder aus dem Recht seines Auftraggebers selbst nicht nur im Namen des Auftraggebers zugestimmt, ist eine Einrede statthaft.

12) Befugnis zur Aufrechnung, II 2. Als eine Ausnahme vom Grundsatz der Einschränkung von 40
Einredemöglichkeiten nach Rn 28, 29 läßt II 2 in bestimmtem Umfang die Einrede des Kostenschuldners mit Ansprüchen an den siegenden Prozeßgegner auch im Beitreibungsverfahren von dessen Anwalt zu, KG JB **02**, 374, Mü AnwBl **91**, 167, Schlesw RR **04**, 718, aM Hamm AnwBl **88**, 544, Schlesw FamRZ **07**, 752 (je: Aufrechnung offenbar schon grundsätzlich unzulässig. Aber das Gesetz differenziert sehr wohl).

A. Eigener Kostenerstattungsanspruch. Der nach I in Anspruch genommene Prozeßgegner des 41
Auftraggebers muß einen eigenen Kostenerstattungsanspruch gegen den Auftraggeber des beitreibenden Anwalts haben. Denn er „kann mit Kosten aufrechnen, die ... von der Partei zu erstatten sind". Dieser Fall kann zB dann eintreten, wenn das Gericht die Kosten nach §§ 92 ff aufgeteilt hat oder soweit der Prozeßsieger Kosten infolge einer Verweisung nach § 281 III 2 oder Kosten einer eigenen Säumnis nach § 344 tragen muß. Denn zu diesen Kosten können solche zählen, die zunächst beim Prozeßgegner entstanden waren.

B. Derselbe Rechtsstreit. Es muß sich allerdings um solche Kosten handeln, die der siegende Prozeß- 42
gegner gerade nach der „in demselben Rechtsstreit" erlassenen Kostenentscheidung erstatten muß, Düss Rpfleger **90**, 80. Es ist unerheblich, ob die Kosten in einer anderen Instanz entstanden sind, Hamm JB **75**, 946, oder ob es sich um eine Kostenverteilung nach Verfahrensabschnitten handelt. Unzulässig ist also die Aufrechnung mit einer Kostenforderung aus einem anderen Verfahren, BGH FamRZ **06**, 190, Jena MDR **98**, 1438, LG Bln AnwBl **83**, 327, aM Zweibr JB **84**, 1044 (abl Mümmler). Das vorangegangene Mahnverfahren zählt aber zu „demselben Rechtsstreit", aM LG Bln AnwBl **83**, 327 (aber wozu soll es denn sonst eigentlich zählen?).

C. Erstattungsanspruch auf Grund einer über die Kosten erlassenen Entscheidung. Die Aufrech- 43
nung ist nur auf Grund eines solchen Anspruchs statthaft, den der dem beigeordneten Anwalt an sich zahlungspflichtige Prozeßgegner des Auftraggebers gerade auf Grund einer „über die Kosten erlassenen" Entscheidung selbst erstattet fordern kann, Schlesw RR **04**, 718. Es muß also ein ihm günstiger Kostengrundtitel vorliegen, sei es ein Beschluß, sei es ein Urteil.

D. Unzulässigkeit einer Aufrechnung. *Unzulässig* ist eine Aufrechnung vor dem Zeitpunkt der Fest- 44
setzung zugunsten der Partei, KG Rpfleger **77**, 451, Kblz AnwBl **90**, 56, Stgt Rpfleger **87**, 218, aM Schlesw

JB **79**, 1205, ZöPh 18 (aber die Festsetzung ist die Grundlage). Man kann die Aufrechnung allerdings für zulässig halten, sobald ein auf den Namen der Partei des beigeordneten Anwalts lautender Festsetzungsbeschluß vorliegt, BGH NJW **94**, 3294, Düss FamRZ **98**, 847, Schlesw JB **90**, 1195.

45 Unzulässig ist die Aufrechnung auf Grund eines *fehlerhaften* Kostenfestsetzungsbeschlusses, Kblz Rpfleger **94**, 422. Unzulässig ist ferner eine Aufrechnung auch dann, wenn die Gegenforderung des Aufrechnenden schon fällig war, ehe der Erstattungsanspruch nach I durch die Beiordnung verstrickt wurde, Schlesw JB **97**, 368. Die Aufrechnung ist nicht schon dann unzulässig, wenn nur der im eigenen Namen beitreibende Anwalt die Kostenfestsetzung betrieben hat, aM Ffm Rpfleger **90**, 468 (aber das überzeugt nicht, sofern die übrigen Voraussetzungen Rn 41–43 vorliegen). Solange der beigeordnete Anwalt keinen Antrag nach I im eigenen Namen gestellt hat, ist II nach Rn 16 unanwendbar und bindet daher eine Aufrechnung des Gegners den Anwalt, Schlesw RR **04**, 718. Man kann auch nicht zB mit einem solchen Kostenvorschuß aufrechnen, den man dem siegenden Prozeßgegner etwa auf Grund von § 1360 a IV BGB geleistet hat.

127 *Entscheidungen.*

I [1] Entscheidungen im Verfahren über die Prozesskostenhilfe ergehen ohne mündliche Verhandlung. [2] Zuständig ist das Gericht des ersten Rechtszuges; ist das Verfahren in einem höheren Rechtszug anhängig, so ist das Gericht dieses Rechtszuges zuständig. [3] Soweit die Gründe der Entscheidung Angaben über die persönlichen und wirtschaftlichen Verhältnisse der Partei enthalten, dürfen sie dem Gegner nur mit Zustimmung der Partei zugänglich gemacht werden.

II [1] Die Bewilligung der Prozesskostenhilfe kann nur nach Maßgabe des Absatzes 3 angefochten werden. [2] Im Übrigen findet die sofortige Beschwerde statt; dies gilt nicht, wenn der Streitwert der Hauptsache den in § 511 genannten Betrag nicht übersteigt, es sei denn, das Gericht hat ausschließlich die persönlichen oder wirtschaftlichen Voraussetzungen für die Prozesskostenhilfe verneint. [3] Die Notfrist des § 569 Abs. 1 Satz 1 beträgt einen Monat.

III [1] Gegen die Bewilligung der Prozesskostenhilfe findet die sofortige Beschwerde der Staatskasse statt, wenn weder Monatsraten noch aus dem Vermögen zu zahlende Beträge festgesetzt worden sind. [2] Die Beschwerde kann nur darauf gestützt werden, dass die Partei nach ihren persönlichen und wirtschaftlichen Verhältnissen Zahlungen zu leisten hat. [3] Die Notfrist des § 569 Abs. 1 Satz 1 beträgt einen Monat und beginnt mit der Bekanntgabe des Beschlusses. [4] Nach Ablauf von drei Monaten seit der Verkündung der Entscheidung ist die Beschwerde unstatthaft. [5] Wird die Entscheidung nicht verkündet, so tritt an die Stelle der Verkündung der Zeitpunkt, in dem die unterschriebene Entscheidung der Geschäftsstelle übermittelt wird. [6] Die Entscheidung wird der Staatskasse nicht von Amts wegen mitgeteilt.

IV Die Kosten des Beschwerdeverfahrens werden nicht erstattet.

Gliederung

1 **1) Systematik, I–IV.** Während § 117 die Einzelheiten des erforderlichen Bewilligungsantrags regelt und § 118 Einzelheiten des Bewilligungsverfahrens erfaßt, stellt I 2 die Zuständigkeit klar und nennt I 1 den Grundsatz, daß keine mündliche Verhandlung über den Bewilligungsantrag als solchen erfolgt. Die „Erörterung" in § 118 I 3 ist keine „Verhandlung", § 118 Rn 13. §§ 119 ff regeln die Art der Entscheidung. II, III beschreiben die Rechtsbehelfe. Die dortige Aufzählung ist lückenhaft. Ergänzend sind für I § 329 und die dort in Bezug genommenen Vorschriften über Beschlüsse und für II, III die §§ 567 ff anwendbar.

2 **2) Regelungszweck, I–IV.** Der Grundsatz des Bewilligungsverfahrens ohne eine mündliche Verhandlung in I bezweckt im Interesse der Prozeßwirtschaftlichkeit nach Grdz 14 vor § 128 eine gewisse Vereinfachung und Beschleunigung schon des PKH-Bewilligungsverfahrens. Ihn durchbricht aber nicht nur § 118 vielfach. Er erweist sich auch als in der Praxis oft unbrauchbar. Nicht selten muß das Gericht über einen erst in der mündlichen Verhandlung zur Hauptsache eingereichten Antrag sogleich entscheiden. Oft geht auch der Antrag erst so spät ein, daß das Gericht erst in der Verhandlung zur Hauptsache die erforderliche Anhörung des Prozeßgegners vornehmen kann. Es kann daher dann praktisch doch nur auf Grund derjenigen „Verhandlung" entscheiden, die eigentlich gar nicht stattfinden soll. Die Regelung II, III bezweckt eine Eindämmung der Rechtsmittel. Auch diese Regelung ist lückenhaft. Man kann sie aber im Prinzip begrüßen. Jedenfalls gibt es keine Erlaubnis, II 2 einfach durch eine entsprechende Anwendung zulasten des Beschwerten zu umgehen, aM Bbg FamRZ **04**, 38.

Abhilfe ist eine schon dem Erstgericht nach wie vor eröffnete Möglichkeit und evtl auch seine Pflicht. Sie liegt also nicht nur in seinem Ermessen, § 572 I 1 Hs 1. Das liegt gerade auch im PKH-Verfahren eher im Sinn einer möglichsten Entlastung wenigstens des Beschwerdegerichts. Deshalb muß das Erstgericht spätestens die etwa erforderliche Nichtabhilfeentscheidung mit mehr als nur mit der Floskel „aus den zutreffenden Gründen des angefochtenen Beschlusses" begründen, um keine Zurückverweisung wegen eines erheblichen Verfahrensfehlers der mangelnden Nachprüfbarkeit zu riskieren. Immerhin ergibt sich ja im Abhilfe-Prüfungsverfahren auch die Möglichkeit, die vorangegangene Entscheidung noch besser verständlich darzulegen und/oder weitere neue Gründe hinzuzufügen.

3 **3) Geltungsbereich, I–IV.** Vgl Üb 4 vor § 114, § 114 Rn 9–45. Die Vorschrift gilt auch im WEG-Verfahren. Im FamFG-Verfahren gilt vorrangig § 76 II FamFG für die „sofortige Beschwerde" nach §§ 567–572 bei jedem Beschluß unabhängig von seinem Inhalt, soweit eben überhaupt eine Beschwer vorliegt. Denn § 76 II FamFG hat den Vorrang vor § 76 I FamFG. § 127 gilt auch im Insolvenzverfahren, BGH NJW **00**, 1869. Die Vorschrift gilt ferner bei einer Vertagung einer Reisekostenentschädigung oder -erstattung, Brdb FamRZ **06**, 134. Im Adhäsionsverfahren gilt § 11 II RPflG, Stgt Rpfleger **07**, 427.

4 **4) Entscheidungen, I 1.** Das PKH-Verfahren führt zu einer Entscheidung, wenn es nicht zB durch den Tod des Antragstellers ohne sie kraft Gesetzes endet. Die einzelnen Arten der möglichen Entscheidungen sind in §§ 119–121, 124 aufgeführt und in den zugehörigen Anm erläutert. Eine Ablehnung kann schon darin liegen, daß das Gericht eine abschließende Entscheidung über den PKH-Antrag vorwerfbar hinauszögert, Rn 44 „Aussetzung", Rn 58 „Verzögerung der Entscheidung". Allerdings kann eine Verzögerung bis zur Verhandlung über die Hauptsache erforderlich sein. Das gilt zB dann, wenn der Prozeßgegner nicht früher eine Gelegenheit zur Stellungnahme nach § 118 I 1 erhalten kann oder wenn das Gericht in Anwesenheit der

Parteien noch weitere Punkte klären muß, § 118 II 2. Eine stillschweigende Ablehnung oder Einschränkung der bisherigen Bewilligung ist unzulässig und unwirksam, Ffm JB **86**, 79 (zur Stufenklage), aM Köln MDR **90**, 728 (aber wenigstens jede evtl rechtsmittelfähige Entscheidung braucht eine ausdrückliche Form).

5 **5) Keine Verhandlung, I 1.** Durch den Wortlaut ist zusätzlich zu § 128 IV und deshalb überflüssigerweise wohl infolge eines bloßen Redaktionsversehen des Gesetzgebers klar, daß eine mündliche Verhandlung nicht erfolgen darf, und zwar scheinbar ausnahmslos, Rn 2. Auch sind die in § 118 I 1, II 2 genannten Anhörungs-, Erörterungs- und Erhebungsmöglichkeiten und -pflichten nicht notwendig mit einer „Verhandlung" nach § 127 I 1 verbunden. Dasselbe gilt, soweit das Gericht Artt 2 I, 20 III GG (Rpfl), BVerfG **101**, 404, Art 103 I GG (Richter) beachten muß. Auch im Aufhebungsverfahren erfolgt keine mündliche Verhandlung mit streitigen Anträgen auch nur zum Aufhebungspunkt. Indessen kann man aus den Gründen Rn 2 in der Praxis oft ein kaum noch trennbares Durcheinander von mündlicher Verhandlung zur Hauptsache und mündlicher Erörterung zum Bewilligungsantrag usw beobachten. Es ist auch kaum vermeidbar, aM Karlsr FamRZ **89**, 768 (aber die Praxis zeigt das Durch- und Nebeneinander allzu oft). Jedenfalls ist eine tatsächlich auch zur PKH durchgeführte „Verhandlung" kein Anfechtungsgrund. Sie ist daher auch nicht geeignet, die Wirksamkeit der folgenden Entscheidung zu beeinträchtigen.

Andererseits ist die Entscheidung *ebensowenig unwirksam* oder anfechtbar, nur weil das Gericht keine echte mündliche Verhandlung auch über den Bewilligungsantrag durchgeführt habe. Der Prozeßgegner des Antragstellers hat ohnehin kein eigenes Beschwerderecht. Schon gar nicht soll das Gericht im Bewilligungsverfahren eine Entscheidungsreife zur Hauptsache herbeiführen, § 300 Rn 6. Daran ändert der Umstand nichts, daß der Bewilligungsantrag erst zugleich mit dem Hauptsacheantrag entscheidungsreif werden mag.

6 **6) Zuständigkeit, I 2.** Man muß drei Zuständigkeitsarten unterscheiden.

A. Prozeßgericht. Unter „Gericht" versteht die Vorschrift das Prozeßgericht, soweit es um eine Bewilligung für das Erkenntnisverfahren geht oder um ein vorläufiges Verfahren (Arrest, einstweilige Anordnung, einstweilige Verfügung, §§ 49 ff FamFG, §§ 916 ff, 935 ff). Das ergibt sich schon aus § 117 I 1. Im Mahnverfahren ist der Rpfl nach § 20 Z 1 RPflG oder der etwa nach dem Landesrecht betraute Urkundsbeamte nach Grdz 4 vor § 688 funktionell zuständig. Der Einzelrichter ist nach §§ 348 I 1, 526 I zuständig, auch nach §§ 348 a I, 527 IV nach einer Übertragung auf ihn. Wegen weiterer Einzelheiten § 117 Rn 12. Das Prozeßgericht ist auch zuständig, soweit es um eine PKH für ein nach §§ 704 ff geregeltes Verfahren geht und für dieses nicht nach §§ 764, 802 das Vollstreckungsgericht zuständig ist, sondern eben das Prozeßgericht, zB nach §§ 758, 887, 888, 890.

7 **B. Vollstreckungsgericht.** Soweit es um eine PKH für die Zwangsvollstreckung oder einzelne Akte in ihr geht und nicht nach Rn 6 auch dort das Prozeßgericht zuständig ist, ist als „Gericht" nach I 2 das Vollstreckungsgericht nach §§ 764, 802 zuständig, also zunächst der Rpfl, § 764 Rn 6. Das gilt auch für ein Aufhebungsverfahren nach § 124 während der Zwangsvollstreckung.

8 **C. Rechtsmittelgericht.** Wie Hs 2 klarstellt, ist das Gericht des „höheren Rechtszugs" zuständig, soweit das Verfahren in diesem höheren Rechtszug zur Hauptsache schon „anhängig" ist. Das gilt natürlich nur für das Rechtsmittelverfahren, BayObLG RR **89**, 836. Soweit ein Antrag noch oder schon wieder das Verfahren erster Instanz oder die Zwangsvollstreckung betrifft, bleiben die nach Rn 6, 7 genannten Gerichte zuständig, Karlsr Rpfleger **00**, 448. Das gilt auch, soweit sich die Akten schon oder noch wegen eines anhängigen Rechtsmittelverfahrens beim Rechtsmittelgericht befinden, aM OVG Hbg FamRZ **90**, 81 (aber diese Zuständigkeitsregel gilt allgemein im Prozeßrecht). Das Rechtsmittelgericht sendet die Akten an das Erstgericht, soweit zur unverzüglichen Bearbeitung erforderlich.

Das Rechtsmittelgericht entscheidet allerdings auch, soweit eine Partei die PKH für ein erst *beabsichtigtes* Rechtsmittel beantragt, selbst wenn also das Verfahren im höheren Rechtszug noch nicht anhängig ist, sondern erst anhängig werden soll, BGH **98**, 322, BFH BB **81**, 1513, Drsd AnwBl **94**, 87. Nach der Beendigung des Rechtsmittelverfahrens durch die Verkündung oder wirksame Mitteilung der dortigen Entscheidung ist für das jetzt folgende Verfahren wiederum das Erst- oder das Vollstreckungsgericht zuständig, Karlsr Rpfleger **00**, 448. Nach einer Zurückverweisung im Bewilligungsverfahren wie im Hauptverfahren nach § 538 ist wiederum das Erstgericht zuständig. Dazu, wer im jeweils zuständigen Gericht funktionell tätig werden muß, vgl die einschlägigen Anm in den einzelnen Vorschriften.

9 **7) Entscheidungsform: Beschluß, I–IV.** Alle Entscheidungen im Bewilligungs-, Änderungs- und Aufhebungsverfahren müssen ausdrücklich erfolgen, also nicht stillschweigend, Ffm JB **86**, 79. Sie ergehen durch einen Beschluß, § 329 I oder II. Eine bloße Verfügung beeinträchtigt allerdings die Wirksamkeit der Entscheidung nicht, sofern das zuständige Gericht sie in einer ebenso verständlichen nachprüfbaren Weise erlassen und ordnungsgemäß unterzeichnet hat, § 329 Rn 8, 11, 23.

10 **8) Entscheidungsbegründung, I–IV.** Entsprechend der allgemeinen Regel zur Begründungspflicht von Beschlüssen und Verfügungen nach § 329 Rn 4 gilt der Grundsatz: Ein eindeutiger Tenor des Beschlusses nebst einer Begründung ist eine Rechtspflicht, soweit eine Nachprüfbarkeit durch die Partei wie durch das Gericht erforderlich ist. Das kann nicht nur bei einer durch ein Rechtsmittel angreifbaren Entscheidung der Fall sein, sondern auch dann, wenn es um eine Verfassungsbeschwerde geht. Diese braucht das Gericht freilich nicht von vornherein einzukalkulieren.

11 **A. Uneingeschränkte Bewilligung: Kein Begründungszwang zur Erfolgsaussicht usw.** Soweit das Gericht eine PKH uneingeschränkt ohne Ratenzahlungen oder Vermögensbeiträge für alle genannten Ansprüche des Hauptverfahrens bewilligt, ist eine Begründung zur Bejahung der Erfolgsaussicht und zum Fehlen von Mutwillen nicht erforderlich. Denn insoweit ist die Entscheidung weder von der Staatskasse noch gar vom Prozeßgegner anfechtbar, Rn 26.

12 **B. Uneingeschränkte Bewilligung: Begründungszwang allenfalls zur Bedürftigkeit.** Allenfalls muß das Gericht stichwortartig begründen, warum es auch die Bedürftigkeit als so erheblich angesehen hat, daß es weder Ratenzahlungen noch Vermögensbeiträge festsetzen durfte. Denn insoweit unterliegt gerade

die uneingeschränkte Bewilligung grundsätzlich der sofortigen Beschwerde der Staatskasse, II 1 in Verbindung mit III. Diese besteht allerdings eher theoretisch, Rn 19. Die Begründungspflicht besteht evtl auch dann, wenn der Antragsteller bisher keine Zustimmung zur Mitteilung dieses Teils der Gesamtentscheidung an den Prozeßgegner erfüllt hat. Denn I 3 verbietet dann nur die entsprechende Mitteilung. Das letztere Verbot gilt freilich dann auch im Beschwerdeverfahren, Brdb JB **00**, 367.

C. Eingeschränkte Bewilligung: Begründungszwang. Soweit das Erstgericht eine PKH nur gegen Ratenzahlungen und/oder Vermögensbeiträge bewilligt, ist eine Begründung erforderlich, Brdb FamRZ **04**, 389, Schlesw JB **96**, 534, LAG Stgt JB **83**, 293. Denn eine sofortige Beschwerde ist zwar seitens der Staatskasse unzulässig, weil sie nur gegen eine uneingeschränkte Bewilligung statthaft wäre, III 1, und der Prozeßgegner hat ohnehin kein Rechtsmittel. Jedoch kann der Antragsteller die sofortige Beschwerde einlegen, Rn 35. Wegen des Fehlens einer nach I 2 erforderlichen Zustimmung Rn 12. 13

D. Ablehnung: Grundsatz eines Begründungszwangs. Soweit das Erstgericht den Bewilligungsantrag ablehnt, sei es wegen Fehlens der Erfolgsaussicht, sei es wegen Mutwilligkeit des Antrags, sei es mangels Bedürftigkeit, sei es wegen mehrerer solcher Bedenken (umfassende Begründung ratsam), ist grundsätzlich eine Begründung notwendig. Denn der Antragsteller kann die Entscheidung grundsätzlich nach II 2 Hs 1 anfechten, Celle NdsRpfl **90**, 43, Köln DAVorm **93**, 586. Wegen des Fehlens einer nach I 2 erforderlichen Zustimmung Rn 12. Ein Verstoß kann zur Zurückverweisung nach § 572 III führen, Karlsr FamRZ **91**, 349. 14

E. Ablehnung: Kein Begründungszwang bei Unzulässigkeit einer Beschwerde. Soweit eine sofortige Beschwerde ausnahmsweise nach Rn 37, 38 unzulässig wäre, braucht das Erstgericht auch die ablehnende Entscheidung nicht zu begründen. 15

F. Rechtsmittelentscheidung: Bedingter Begründungszwang. Das im PKH-Verfahren entscheidende Rechtsmittelgericht braucht seine Entscheidung unabhängig von deren Art nur zu begründen, soweit es eine Rechtsbeschwerde zuläßt, § 574 I Z 2. Denn dann muß für den BGH erkennbar sein, ob das OLG verfahrensfehlerfrei entschieden hat, § 329 Rn 4. 16

G. Nichtabhilfe bei Erinnerung: Begründungszwang. Soweit der Rpfl entschieden und einer sofortigen Erinnerung nicht abgeholfen hat, Rn 98, ist es nicht nur eine Anstands-, sondern seine Rechtspflicht, seinen erforderlichen Nichtabhilfebeschluß zu begründen. Denn sonst würde auch hier die Grundlage der Nachprüfbarkeit durch die Partei wie durch das Gericht fehlen, § 329 Rn 4. Wegen des Fehlens einer Zustimmung nach I 2 vgl Rn 12. Dasselbe gilt, soweit im Mahnverfahren der etwa nach dem Landesrecht nach Grdz 4 vor § 688 zuständige Urkundsbeamte entschieden hat, wegen der befristeten Erinnerung nach § 573 I. 17

9) Mitteilung der Entscheidung, I–IV. Man muß die folgenden Fälle unterscheiden. 18

A. Verkündung. Soweit das Gericht entgegen I 1 nach einer auch zum PKH-Gesuch mündlichen Verhandlung entscheidet, muß es den Beschluß verkünden, § 329 I 1. Eine Verkündung ist auch zulässig, soweit sie nur anläßlich der mündlichen Verhandlung zur Hauptsache und ohne eine eigene mündliche Verhandlung zum PKH-Verfahren erfolgt. § 329 verbietet diesen Mitteilungsweg nicht. Er ist sogar dann notwendig, wenn das Gericht die Entscheidung nur auf diese Weise in der erforderlichen Zügigkeit und zur Vermeidung des Vorwurfs der verzögerlichen Behandlung mitteilen kann und muß. Das gilt zB dann, wenn die Bewilligungsreife erst im Lauf der Verhandlung zur Hauptsache eintritt, aber noch vor dem Eintritt in die dortige Beweisaufnahme. Soweit das Gericht den PKH-Antrag nur anläßlich einer Verhandlung zur Hauptsache usw entgegengenommen hat, ist eine Verkündung nicht erforderlich, wenn die PKH-Entscheidung noch nicht während jener Verhandlung zur Hauptsache ergehen muß. Insoweit können die Parteien das Gericht auch nicht durch einen „Antrag auf sofortige Entscheidung" zu einer Verkündung noch in jenem Termin zwingen. Das können sie ohnehin faktisch nicht erreichen.

Soweit die Entscheidungsgründe auch nur „Angaben" zu den persönlichen und wirtschaftlichen Verhältnisses der Partei enthalten, darf das Gericht diesen Teil der Gesamtentscheidung dem Prozeßgegner nach I 3 nur mit *seiner Zustimmung* „zugänglich" machen. Es darf ihn also weder in der Gegenwart des Prozeßgegners oder in öffentlicher Sitzung mitverkünden noch dem Gegner übersenden. Das gilt auch im Beschwerdeverfahren, Brdb MDR **00**, 1095. Zur Vermeidung von Mißverständnissen empfiehlt es sich, an den geschwärzten Stellen oder am Schluß einen Hinweis zu geben, daß wegen I 3 eine Schwärzung erforderlich war.

Ein *Verstoß* hat freilich keine direkten prozessualen Folgen. Er kann aber eine Amtshaftung auslösen. Ihn kann allerdings wegen des umfassenden Spruchrichterprivilegs nicht die Dienstaufsicht überprüfen, solange das PKH-Verfahren dem Gericht zusteht.

Die *Staatskasse* erhält ungeachtet III 3 keine Nachricht. Sie muß vielmehr die Akten anfordern, Karlsr JB **88**, 1226. Das ist mit dem GG vereinbar, BVerfG NJW **95**, 581.

B. Formlose Mitteilung. Sie kommt nur dann in Betracht, wenn die Entscheidung unzweifelhaft unanfechtbar ist. Den Parteien formlos mitteilbar ist zB meist ungeachtet Rn 12 in der Praxis die uneingeschränkte Bewilligung einer PKH, BGH VersR **85**, 69. 19

C. Förmliche Zustellung. Das Gericht muß eine auch nur teilweise ablehnende Entscheidung schon wegen II 2, III 1 nach § 329 III Hs 1 förmlich dem Benachteiligten zustellen, nicht auch der Staatskasse, Philippi Rpfleger **95**, 466. Eine förmliche Zustellung der PKH-Entscheidung ist ferner erforderlich, soweit sie zugleich eine Terminsbestimmung enthält, § 329 II 2. Dabei muß man natürlich prüfen, ob solche Maßnahmen gerade im PKH-Verfahren ergehen oder in Wahrheit im zugehörigen Hauptsacheverfahren und ob das Gericht sie nur irrig oder zwecks Vereinfachung äußerlich in den Beschluß des PKH-Verfahrens aufgenommen hat. Wegen I 2 vgl Rn 12. Von der Notwendigkeit einer förmlichen Zustellung wegen einer Terminsbestimmung muß man wieder eine Ausnahme für den Fall machen, daß das AG den Kläger zugleich zum ersten Verhandlungtermin lädt, § 497 I 1. Eine Fristbestimmung erfolgt zB auch nach § 234 I, II. Diese Fristen beginnen aber auch bei einer formlosen Mitteilung, BGH VersR **85**, 69. Auch eine solche 20

Entscheidung, die das Gericht an sich förmlich zustellen müßte, braucht es der Staatskasse nur formlos mitzuteilen, selbst wenn sie beschwerdeberechtigt ist. Denn das Gericht braucht sie ihr überhaupt nicht von Amts wegen mitzuteilen, III 6.

21 **10) Kostenentscheidung, I–IV.** Eine Entscheidung über Kosten (gemeint: des PKH-Verfahrens) findet weder bei einer uneingeschränkten oder bei einer eingeschränkten Bewilligung statt, noch bei einer völligen oder ganzlichen Ablehnung, noch bei einer Änderung nach § 120, der Aufhebung nach § 124 oder beim vollen Erfolg des Beschwerdeverfahrens, § 91 Rn 153, 154. Denn das PKH-Verfahren kennt eine Gerichtsgebühr nur bei einer Verwerfung oder Zurückweisung der sofortigen Beschwerde, KV 1956, Düss FamRZ **90**, 892, Schlesw SchlHA **89**, 162. Es kennt keine Pflicht zur Erstattung der außergerichtlichen erstinstanzlichen Kosten des Antragsgegners, selbst wenn das Gericht ihn angehört hat, § 118 I 4, dort Rn 21. Die Staatskasse erstattet die Kosten des Beschwerdeverfahrens ohnehin nicht, IV, Rn 103. Nur bei einer teilweisen oder völligen Verwerfung oder Zurückweisung der sofortigen Beschwerde ist daher eine Kostenentscheidung möglich. Man muß den Wert dann nach § 3 berechnen, evtl nach dem erfolglosen Teil, Nürnb FamRZ **89**, 201.

Ob eine etwa vorhandene Kostenentscheidung in Wahrheit nur oder zumindest auch das zugehörige *Hauptverfahren* erfassen soll und insofern erforderlich und wirksam sein mag, ist eine Frage der Auslegung. Eine Kostenentscheidung ist auch nicht etwa deshalb erforderlich, weil Gerichtsauslagen wegen einer Vernehmung von Zeugen und Sachverständigen nach § 118 I 5 entstehen können. Denn sie folgen der Kostengrundentscheidung im Hauptprozeß nach §§ 91 ff. Wenn es nicht zu einer solchen kommt, muß man sie nach den §§ 22, 29, 31 GKG einziehen. Eine Kostenentscheidung ist auch nicht wegen der Haftung des Antragstellers gegenüber dem beigeordneten Anwalt für den Zeitpunkt nach der Aufhebung der Bewilligung erforderlich. Denn er erhält seine Vergütung zumindest auf seinen Antrag aus der Staatskasse, §§ 45 ff RVG, wenn er sie nicht schon vom Auftraggeber, von einem Dritten oder von dem nach § 126 I im Weg der Beitreibung in Anspruch genommenen Prozeßgegner erhalten hat. Wegen einer fälschlichen Kostenentscheidung § 118 Rn 23.

22 **11) Keine Prozeßkostenhilfe für das Bewilligungsverfahren, I.** Für das Bewilligungsverfahren gibt es keine PKH, § 114 Rn 35. Daher enthält die Entscheidung insofern auch keinen Ausspruch, es sei denn, daß der Antragsteller ausdrücklich für das Bewilligungsverfahren eine PKH beantragt hatte. Insoweit muß das Gericht den Antrag zurückweisen.

23 **12) Sofortige Beschwerde der Staatskasse gegen uneingeschränkte Bewilligung, II 1, III,** dazu in *Baden-Württemberg* AV v 15. 4. 87, Just 176. Wegen des FamFG vgl Rn 3. Gegen die Bewilligung einer PKH durch den Richter ist eine (jetzt) sofortige Beschwerde der Staatskasse nicht schlechthin unzulässig, KG JB **90**, 908, insofern mißverständlich BGH **119**, 374. Diese Regelung ist anders als im Strafprozeß, §§ 397 a II 2, 403, 404 V 3 Hs 2 StPO, Düss JB **90**, 909, Kblz Rpfleger **91**, 209 (kein Beschwerderecht). Eine sofortige Beschwerde der Staatskasse ist vielmehr mit dem Vorrang von §§ 567 ff nur dann statthaft, wenn das Gericht überhaupt keine Monatsraten oder überhaupt keine aus dem Vermögen zu zahlenden Beträge festgesetzt hat, III 1 in Verbindung mit II 1 und mit § 567 I Z 1 (je zum alten Recht), Brdb RR **04**, 64, KG FamRZ **00**, 839 LAG Nürnb Rpfleger **02**, 17, aM Nürnb Rpfleger **95**, 465 (aber es bleibt der Weg Rn 94 ff). Die Staatskasse wird dabei durch den Bezirksrevisor als ihren gesetzlichen Vertreter tätig. Er darf auf Grund von Stichproben vorgehen, BVerfG **91**, 122.

24 **A. Beim Fehlen jeglicher Zahlungsanordnung, III 1.** Wie schon der Gesetzestext klarstellt, hängt die Zulässigkeit der sofortigen Beschwerde zunächst davon ab, daß das Gericht „weder Monatsraten noch aus dem Vermögen zu zahlende Beträge festgesetzt" hat, Jena FamRZ **93**, 821, Zweibr Rpfleger **00**, 339. Irgendwelche Anordnungen nach §§ 115, 120 I führen zur Unzulässigkeit der sofortigen Beschwerde auch dann, wenn das Gericht die Anordnung nicht schon im Bewilligungsbeschluß getroffen hatte, sondern in einem gesonderten gleichzeitigen oder späteren Beschluß, aber noch vor der Einlegung der sofortigen Beschwerde der Staatskasse. Eine Zahlungsanordnung usw nach der Beschwerdeeinlegung macht das Rechtsmittel ebenso erfolglos wie sonst der nachträgliche Wegfall einer Beschwer, Nürnb FamRZ **88**, 1080.

Die sofortige Beschwerde der Staatskasse ist *auch dann unzulässig,* wenn die Staatskasse die vom Gericht bereits festgesetzten *Monatsraten* und/oder Beträge aus dem Vermögen als zu gering, zu variabel oder sonst nicht belastend genug ansieht. Ebensowenig ist eine sofortige Beschwerde gegen die Ablehnung einer Nachzahlungsanordnung nach § 120 IV zulässig, Ffm FamRZ **91**, 1327, ZöPh 45, aM Nürnb Rpfleger **95**, 465 (aber der Wortlaut und Sinn von III 1 sind eindeutig, Einl III 39). Unzulässig ist eine sofortige Beschwerde auch gegen die Ablehnung der Aufhebung einer PKH, aM ZöPh 45 (aber auch diese Fälle deckt der klare Wortlaut des III 1 nicht, Einl III 39, ebensowenig III 2, und § 567 I Z 2 tritt jedenfalls hinter der Spezialregelung des § 127 III 1, 2 zurück). Auch bei der bloßen Rüge einer unzulässigen Rückwirkung der Bewilligung ist die sofortige Beschwerde der Staatskasse unstatthaft, Köln FamRZ **97**, 683. Sie ist ferner dann unstatthaft, wenn wegen getrennter Verfahren höhere Anwaltskosten entstanden, Oldb FamRZ **96**, 1428.

25 **B. Nicht mehr wegen greifbarer Gesetzwidrigkeit,** dazu *Ebbeler,* Die Fragwürdigkeit der Judikatur zur greifbaren Gesetzwidrigkeit, 1995; *Jauernig,* Außerordentliche Rechtsbehelfe, Festschrift für *Schumann* (2001) 241; *Kley,* Die außerordentliche Beschwerde usw, 1999; *Kreft,* „Greifbare Gesetzeswidrigkeit" – Gedanken zur Entlarvung eines Phantoms, in: Festschrift für *Graßhof* (1998); *Lotz* NJW **96**, 2130 (ausf); *Pawlowski,* Zu den „Außerordentlichen Beschwerden" wegen „Greifbarer Gesetzeswidrigkeit", Festschrift für *Schneider* (1997) 97; *Schneider* MDR **02**, 1047; *Wax,* Von der Beschwerde wegen greifbarer Gesetzeswidrigkeit zur Beschwerde wegen unzumutbarer Härte, Festschrift für *Lüke* (1997) 941:

Entgegen dem scheinbar eindeutigen Wortlaut von II 1, III in Verbindung mit § 567 I war früher eine sofortige Beschwerde der Staatskasse (nicht zum BGH, s unten) gegen die uneingeschränkte Bewilligung einer PKH in wenigen Ausnahmefällen nach einer verbreiteten Ansicht evtl auch mit der Begründung statthaft, das stelle einen Rechtsmißbrauch dar, Einl III 54, nämlich eine *greifbare Gesetzwidrigkeit,* sie stelle also einen Widerspruch zum Wortlaut und Sinn des Gesetzes dar, eine mit dem Gesetz schlechthin unvereinbare, dem Gesetz fremde, durch das Gesetz ersichtlich ausgeschlossene Anwendung. Das war wegen Einl III 54 (Rechtsmißbrauch verdient nie Schutz) nicht unproblematisch.

Diese Erwägungen galten wohl auch wegen des in II 2 Hs 2 geregelten Grundsatzes, daß das PKH-Verfahren grundsätzlich nicht vor ein Gericht kommen soll, vor das die Hauptsache nicht kommen kann. Zwar enthält die ZPO diesen Grundsatz jetzt an manchen Stellen. Um so näher hätte es gelegen, das Problem der greifbaren Gesetzwidrigkeit gesetzlich mitzuregeln. Der Gesetzgeber sollte nun lt BVerfG NJW **03**, 1924 bis Ende 2004 sprechen. Das hat er aber bisher nicht getan. Inzwischen hat sich allerdings die Erkenntnis einer Unstatthaftigkeit einer sofortigen Beschwerde wegen greifbarer Gesetzeswidrigkeit durchgesetzt, § 567 Rn 10.

Die Notwendigkeit der *Beseitigung krassen Unrechts* hat zwar an sich den Vorrang vor Entlastungsbestrebungen. Man muß die Zulässigkeit eigentlich im Kern ähnlich beurteilen wie zB im Fall eines schweren Verfahrensverstoßes bei einer Verweisung, § 281 Rn 38–40, oder bei einem schweren Gesetzesverstoß bei einer vorläufigen Einstellung der Zwangsvollstreckung, § 707 Rn 17, § 769 Rn 13. Freilich gilt auch: Was noch streitig und/oder nicht unzumutbar hart ist, ist nicht greifbar gesetzwidrig. Was aus sich heraus verständlich ist, ist ebenfalls nicht greifbar gesetzwidrig, BGH RR **99**, 1585, ebensowenig eine unkorrekt rückwirkende Bewilligung einer PKH, KG FamRZ **00**, 839. Im übrigen ist wegen der Möglichkeit einer Rechtsbeschwerde nach § 574 I jedenfalls keine außerordentliche Beschwerde zum BGH mehr zulässig. Es ist allenfalls nach erfolgloser Gegenvorstellung eine Verfassungsbeschwerde denkbar, BGH NJW **02**, 1577.

C. Nur wegen Zahlungspflicht, III 2. Die sofortige Beschwerde der Staatskasse „kann nur darauf 26
gestützt werden, daß die Partei nach ihren persönlichen und wirtschaftlichen Verhältnissen Zahlungen zu leisten hat". Sie ist also auf die Rüge einer zu günstigen Beurteilung der Bedürftigkeit des Antragstellers nach § 114 Rn 46 beschränkt, BGH NJW **93**, 135, KG FamRZ **00**, 838, Kblz FamRZ **07**, 1996. Zwar ist die Staatskasse auch dann belastet, wenn das Gericht die Erfolgsaussicht oder das Fehlen von Mutwillen zu günstig beurteilt hatte. Indessen soll die nochmalige Bemühung des Gerichts zwecks einer Entlastung der Staatskasse eben auf die reine Frage der Bedürftigkeit beschränkt bleiben, BGH **119**, 374. Das gilt, obwohl nach II 2 Hs 3 eine sofortige Beschwerde zur Frage der Erfolgsaussicht ausnahmsweise an eine solche Instanz gelangen darf, zu der die Hauptsache nicht kommen könnte. Die sofortige Beschwerde der Staatskasse nach II 1, III ist auch nicht zur Überprüfung der Person des beigeordneten Anwalts und/oder der Bedingungen seiner Beiordnung zulässig, § 121 Rn 22, Düss MDR **89**, 827. Die Staatskasse muß also mit der sofortigen Beschwerde geltend machen, das Gericht habe eine Zahlung festsetzen müssen. Soweit sie auch zur Erfolgsaussicht usw kritisch Stellung nimmt, muß das Gericht die sofortige Beschwerde nach einem erfolglosen Hinweis als unzulässig verwerfen. Sobald und soweit das Gericht wenn überhaupt irgendeine Zahlungspflicht anordnet, erlischt das Beschwerderecht der Staatskasse, Brdb JB **07**, 211.

D. Beschwerdefrist, III 3–5. Die sofortige Beschwerde der Staatskasse ist an eine Notfrist gebunden, 27
Brdb Rpfleger **04**, 54. Diese beträgt, wie von § 569 I 1 erlaubt, in einer Abweichung von der dortigen 2-Wochen-Regelfrist wegen der vorrangigen Sonderregel des III 3 einen Monat seit der Bekanntgabe des Beschlusses durch eine förmliche Zustellung, Brdb Rpfleger **04**, 54. Beim FamFG-Verfahren vgl Rn 3. § 189 ist anwendbar. In jedem Fall gilt außerdem: Die sofortige Beschwerde der Staatskasse ist nur bis zum Ablauf von drei Monaten seit der Verkündung der Entscheidung oder seit demjenigen Zeitpunkt statthaft, in dem das Gericht die unterschriebene Entscheidung der Geschäftsstelle übermittelt, III 5, aM Brdb Rpfleger **04**, 54 (fünf Monate). Nach diesem Zeitraum ist die sofortige Beschwerde grundsätzlich unzulässig, Brdb FamRZ **02**, 1714, Köln FamRZ **03**, 1399. Wegen der Lage bei einer Berichtigung der Hauptsacheentscheidung LAG Bre AnwBl **88**, 123. Mit „Entscheidung" meint das Gesetz hier diejenige über die uneingeschränkte Bewilligung der PKH und nicht etwa die Entscheidung im zugehörigen Hauptsacheverfahren. Das gilt allseits als selbstverständlich und wird daher nirgends näher erörtert. III erfaßt in allen seinen Teilen im Gegensatz zu II 2 die Entscheidung im PKH-Verfahren. Das ergibt sein Sinnzusammenhang.

Wenn indessen die PKH-Bewilligung unter dem *Vorbehalt einer nachträglichen Auferlegung von Raten* erfolgte 28
und wenn eine solche dann bis zur Hauptsacheentscheidung nicht nachfolgte, mag die Dreimonatsfrist erst ab der Verkündung der Hauptsacheentscheidung laufen, *III 4*, Nürnb Rpfleger **95**, 260. Wegen *III 5* sollte das Gericht darauf achten, daß der Urkundsbeamte jeden Eingang einer uneingeschränkten PKH-Bewilligungsentscheidung auf der Geschäftsstelle mit Datum und Uhrzeit notiert, ähnlich wie jeden Eingang eines im schriftlichen Vorverfahren erlassenen Versäumnisurteils wegen § 331 III 1 Hs 2. Fehlt ein solcher Nachweis in der Akte, mag eine dienstliche Äußerung des Urkundsbeamten erforderlich werden. Bringt auch sie keine Klarheit, muß man zugunsten der Staatskasse von der Rechtzeitigkeit der sofortigen Beschwerde ausgehen.

E. Keine Mitteilung der Entscheidung an die Staatskasse, III 6. „Die Entscheidung wird der Staats- 29
kasse nicht von Amts wegen mitgeteilt". Das ist eine Maßnahme zur Begrenzung der Arbeit der Geschäftsstelle. Das Gesetz nimmt in Kauf, daß infolgedessen vielfach eine an sich zulässige sofortige Beschwerde der Staatskasse durch einen Fristablauf mangels einer Kenntnis der Staatskasse von der Bewilligung unstatthaft wird. Wie die Worte „wird ... nicht ... mitgeteilt" zeigen, ist der Urkundsbeamte nicht einmal berechtigt, von Amts wegen eine Mitteilung vorzunehmen.

Ob er freilich dem Bezirksrevisor eine Akte oder auch ganze Bündel von Fällen zu einer „routinemäßigen 30
Prüfung" usw zur *Einsicht* vorlegen sollte, ist eine andere Frage. Immerhin ist III 6 mit dem GG vereinbar, BVerfG **91**, 122 (zum alten Recht). Stichproben genügen also. III verbietet dem Bezirksrevisor auch nicht, sich aus einem anderen Anlaß eine Kenntnis zu verschaffen. Er kann die gesamten Prozeßakten einsehen, § 299 Rn 9, Karlsr Rpfleger **88**, 424. Ein etwaiger Mißbrauch nach Einl III 54 droht schon wegen der Überlastung der Bezirksrevisoren wohl kaum. Die Beschwerdefrist von einem Monat beginnt mit dem Akteneingang. Die Staatskasse muß stets auch die 3-Monats-Frist einhalten, Mü Rpfleger **94**, 218, Nürnb FamRZ **95**, 751.

31 **F. Kein Beschwerderecht des Prozeßgegners.** Wie sich aus II 1 in Verbindung mit III 1 und mit § 567 I Z 1, 2 schon dem Wortlaut nach eindeutig ergibt, hat der Prozeßgegner gegen die uneingeschränkte Bewilligung kein Beschwerderecht. Er hat es insbesondere nicht gegen das Fehlen von Zahlungsanordnungen usw, Grunsky NJW **80**, 2045, Holch NJW **81**, 154. Das gilt trotz des Umstands, daß ihn gerade das Fehlen einer vielleicht objektiv nur zu sehr notwendigen Zahlungsanordnung im Ergebnis mit einer solchen Prozeßführung gegen sich belastet, die bei Ratenzahlungspflichten vielleicht unterblieben wäre.

32 **G. Keine sofortige Beschwerde gegen Bewilligung durch das OLG.** Gegen eine Entscheidung des OLG ist allenfalls eine Rechtsbeschwerde an den BGH unter den Voraussetzungen des § 574 statthaft, Rn 25.

33 **H. Weitere Einzelfragen.** III ist im Verfahren vor den Patentgerichten entsprechend anwendbar, § 135 III 2 PatG. Man darf III nicht verwechseln mit dem Beschwerderecht der Staatskasse nach einer nur eingeschränkten Bewilligung, einer teilweisen oder gänzlichen Versagung von PKH, Rn 78.

34 **13) Sofortige Beschwerde gegen Untätigkeit, Übergehung oder nur eingeschränkte Bewilligung, teilweise oder gänzliche Versagung, II 2, 3.** Die Regelung ist ziemlich kompliziert. Wegen des FamFG-Verfahrens vgl Rn 3.

A. Ausgangspunkt: Tatsächlich ergangene Entscheidung. Eine sofortige Beschwerde ist in einer Reihe von Fällen statthaft. II 2 umschreibt sie nur mit den Worten „im Übrigen" vage. Das Gesetz meint im Prinzip jede solche einstweilige oder endgültige Entscheidung, die keine Bewilligung nach II 1 ist, Hamm FamRZ **89**, 412, LG Kassel FamRZ **06**, 215. Dazu kann auch eine vorwerfbare Untätigkeit des Gerichts zählen, Hamm FamRZ **85**, 827, ferner die Übergehung eines Gesuchs etwa nach § 118, Düss FamRZ **86**, 485, Köln MDR **99**, 444, Schneider MDR **99**, 1035. Was man unter einer derartigen „Bewilligung" verstehen muß, ist in Rn 23 ff dargestellt. Ob eine sofortige Beschwerde auch „im Übrigen" statthaft ist, das hängt zunächst davon ab, wie die tatsächlich ergangene Entscheidung lautet, also nicht davon, wie sie hätte lauten sollen oder müssen. Denn die Entscheidung gilt so, wie sie äußerlich vorliegt. Das gilt unabhängig davon, ob sie irgendwie falsch war, Kblz VersR **80**, 1076, Schlesw SchlHA **82**, 13. Es ist also zB unerheblich, ob das Gericht seine PKH-Entscheidung irrig in ein Urteil aufgenommen hatte oder ob es sie in eine bloße Verfügung gekleidet hat. Allerdings darf man eine bloße Anordnung nach § 118 grundsätzlich nicht als eine „Entscheidung" nach § 127 I ansehen, Zweibr FamRZ **84**, 75, aM Celle MDR **85**, 591, ThP 2 (aber jede solche rechtsmittelfähige Entscheidung, die gesetzlich ein Beschluß sein soll, muß wenigstens formell auch solche Fassung haben). Es kommt auch darauf an, wer tatsächlich entschieden hat, also nicht darauf, wer hätte entscheiden sollen, Köln FamRZ **88**, 740 (Richter statt Rpfl).

35 **B. Grundsatz: Statthaftigkeit, II 2 Hs 1, 3.** Wie schon der Wortlaut ergibt, ist „im Übrigen" eine sofortige Beschwerde grundsätzlich statthaft. Das gilt also für alle diejenigen Fälle, die man nicht als eine uneingeschränkte Bewilligung nach II 1, III bewerten kann, Hs 1. Beschwerdefähig sind also grundsätzlich jede nur eingeschränkte Bewilligung, also eine solche nur gegen Ratenzahlungen und/oder Vermögensbeiträge, Karlsr FamRZ **91**, 350, Schlesw JB **96**, 534, oder eine Bewilligung zu einem späteren als dem beantragten Zeitpunkt oder eine ungesetzliche Auflage, Mü FamRZ **92**, 702, und jede teilweise oder gänzliche Versagung oder Ablehnung einer PKH sowie jede solche Entscheidung, die die Elemente der eingeschränkten Bewilligung und der Versagung verbindet, etwa bei einer Bewilligung wegen eines Teils der Klagansprüche (jedoch nur gegen Raten) in Verbindung mit einer Ablehnung wegen des Rests der Klagansprüche. Ausreichen kann auch eine Antragsänderung, Brdb FamRZ **98**, 1521, oder ein Verstoß gegen § 118 II 3, Nürnb FamRZ **03**, 1020, oder ein Verstoß gegen § 120 III oder IV 1 oder gegen § 124.

36 Auch eine *Verzögerung* kann einer Ablehnung gleichstehen, Rn 58. Solche Untätigkeit kann zB in einer Anordnung des Ruhens liegen, Rn 55.

37 Statthaft nach Hs 3 ist auch die sofortige Beschwerde an dasjenige Gericht, zu dem die *Hauptsache* nicht kommen könnte. Das gilt, sofern es in der Beschwerdeinstanz nur um die persönlichen oder wirtschaftlichen Verhältnisse des Beschwerdeführers gehen soll, nicht auch oder gar nur um die Erfolgsaussicht nach § 114 Rn 80 oder nur um die Frage der Mutwilligkeit, § 114 Rn 106. Diesen Fall darf man nicht mit dem entgegengesetzten Fall verwechseln, Hamm FamRZ **89**, 412, LG Mainz Rpfleger **86**, 297, ZöPh 22, aM LAG Bre Rpfleger **86**, 279. Allerdings ist die Abgrenzung oft nur schwer möglich.

38 **C. Unzulässigkeit neuer Prüfung der Erfolgsaussicht usw bei Nichterreichen des Hauptsache-Berufungswerts von über 600 EUR, II 2 Hs 2.** Nach II 2 Hs 2 ist eine sofortige Beschwerde ausnahmsweise insoweit unzulässig, als sie auch oder nur die Frage der Erfolgsaussicht und/oder des Fehlens von Mutwillen zur Überprüfung stellt und zu demjenigen Beschwerdegericht kommen müßte, zu dem die zugehörige Hauptsache gerade nur wegen des Nichterreichens der in § 511 II Z 1 genannten Berufungssumme von über 600 EUR nicht kommen könnte, so schon Düss MDR **91**, 895, Hamm FamRZ **06**, 352, Dauster JB **00**, 455, 512. Es handelt sich insofern um eine Regelung zur Eindämmung der Arbeitslast der Beschwerdegerichte. Sie entspricht jetzt einem allgemeinen Rechtssatz, daß der Beschwerderechtszug nicht länger als der Rechtszug in der Hauptsache sein darf, Brdb JB **03**, 267. Das gibt aber nun auch nicht die Erlaubnis, II 2 einfach zulasten eines Beschwerdeführers notfalls entsprechend anzuwenden, aM Bbg FamRZ **04**, 38.

39 **D. Unzulässigkeit der sofortigen Beschwerde gegen Beschluß des OLG.** Gegen seine Entscheidung ist allenfalls eine Rechtsbeschwerde an den BGH unter den Voraussetzungen des § 574 statthaft, BayObLG NJW **02**, 2573, Hamm RR **02**, 1375.

40 **E. Unstatthaftigkeit weiterer Beschwerde.** Eine weitere Beschwerde kommt wegen der Möglichkeit einer Rechtsbeschwerde unter den Voraussetzungen des § 574 nicht mehr in Betracht, Mü FamRZ **06**, 279 (stellt noch auf II 2 Hs 2 ab).

41 **F. Beispiele zur Frage der Zulässigkeit der sofortigen Beschwerde nach II 2**

Abänderung: S „Änderung".

Ablehnung: Die sofortige Beschwerde ist grds gegen eine erstinstanzliche teilweise oder gänzliche Ablehnung einer PKH zulässig, LG Oldb Rpfleger **99**, 560 (Insolvenzverfahren), LAG Köln MDR **93**, 798. Sie ist auch dagegen zulässig, daß das Gericht eine unverzügliche Entscheidung über den Bewilligungsantrag zurückstellt oder ablehnt. Denn auch die pflichtwidrige Unterlassung der Entscheidung ist eine Ablehnung, Rn 3. Auch die Ablehnung der Beiordnung des gewählten Verteidigers ist anfechtbar.

Änderung: Die sofortige Beschwerde ist gegen eine den beigeordneten Anwalt beschwerende Änderungsentscheidung statthaft, Schlesw SchlHA **82**, 13, Zweibr Rpfleger **84**, 115. Sie ist auch grds gegen eine Änderungsentscheidung nach § 120 IV statthaft, dort Rn 33.

Anforderung von Vorschuß: Rn 58 „Vorschuß".

Anhörung: Auch soweit eine sofortige Beschwerde an sich unzulässig wäre, ist eine solche Beschwerde insoweit statthaft, als das Erstgericht dem Beschwerten nicht ein erforderliches rechtliches Gehör gegeben hatte, LG Kiel MDR **86**, 944. Zum Umfang der Anhörungspflicht Rn 89, 90.

Antragswiederholung: Soweit eine sofortige Beschwerde vorliegt, aber unzulässig ist, darf und muß das Gericht sie evtl in einen neuen Antrag umdeuten. Dieser mag zulässig sein, soweit der Antragsteller einen veränderten Sachverhalt zur Erfolgsaussicht usw und/oder zur Bedürftigkeit vorträgt. Denn der ablehnende Erstbeschluß hat keine innere Rechtskraft, Karlsr FamRZ **86**, 1126, Köln MDR **88**, 501. Allerdings muß das Gericht das Rechtsschutzbedürfnis streng prüfen. Das gilt insbesondere dann, wenn zweifelhaft ist, ob neue Umstände vorliegen, Köln MDR **88**, 501. 42

Es kann auch *fehlen,* soweit eine Gegenvorstellung in Betracht kommt, Rn 102, Köln MDR **88**, 501.

Anwaltswechsel: Der „Begünstigte" kann bei einem notwendigen Anwaltswechsel nach § 121 Rn 21 gegen die Verweigerung der Beiordnung des gewählten neuen Anwalts eine sofortige Beschwerde einlegen, Celle FamRZ **06**, 1552.

Dem Prozeßgegner steht *kein* solches Recht zu, Rn 80.

Aufhebung: Soweit sie eine Beschwer herbeiführt, kann man sie mit einer sofortigen Beschwerde grds angreifen. Das gilt zB für die Partei gegen die Aufhebung der Beiordnung des gewählten, zur weiteren Vertretung bereiten und von der Partei nicht entlassenen Anwalts, gegen die Aufhebung der PKH im ganzen oder wegen eines Teils der Hauptansprüche nach § 124, Karlsr FamRZ **97**, 756, Kblz FamRZ **88**, 1184. Der beigeordnete Anwalt kann die gegen seinen Willen erfolgte Aufhebung der Beiordnung angreifen, Brdb FamRZ **04**, 213. Insofern hat der Antragsteller dasselbe Recht, Nürnb AnwBl **85**, 219. Auch der beigeordnete Anwalt kann durch eine Aufhebung der PKH beschwert sein, Karlsr FamRZ **96**, 1428, Zweibr Rpfleger **84**, 115. 43

Gegen die *Ablehnung* der Aufhebung der PKH-Bewilligung hat der Begünstigte natürlich *kein* Beschwerderecht, ebensowenig die Staatskasse oder der beigeordnete Anwalt oder der Prozeßgegner, Zweibr JB **86**, 1096. Gegen die Ablehnung der Aufhebung der Beiordnung hat der Anwalt keinen Rechtsbehelf, soweit das Berufungsgericht abgelehnt hat, § 78c III 3 entsprechend, Ffm MDR **89**, 168, auch nicht die Partei, § 574. Der Prozeßgegner ist durch die Aufhebung grds nicht beschwert, LG Kblz FamRZ **98**, 252.

S auch Rn 45 „Beiordnung".

Aussetzung: Soweit im Vorgehen des Gerichts eine gesetzwidrige Aussetzung des Bewilligungsverfahrens liegt, ist eine sofortige Beschwerde zulässig, Rn 58 „Verzögerung der Entscheidung". Der beigeordnete Anwalt hat dieses Recht auch dann, wenn er schon in dieser Eigenschaft tätig geworden war und insofern Vergütungsansprüche nach §§ 45 ff RVG behält. 44

Auswahl des Anwalts: Gegen die Auswahl des nach § 121 IV beigeordneten Notanwalts ist eine sofortige Beschwerde zulässig.

Der noch *nicht* beigeordnete Anwalt hat gegen die Ablehnung gerade seiner Beiordnung *kein* eigenes Beschwerderecht, § 121 Rn 9.

Auswärtiger Anwalt: Soweit das Gericht den auswärtigen Anwalt nur zu den Bedingungen eines im Bezirk des Prozeßgerichts Niedergelassenen beigeordnet und damit öffentlichrechtlich verpflichtet hat, statt seine Beiordnung in einer für ihn nur dann unanfechtbaren Weise ganz abzulehnen, kommt eine sofortige Beschwerde in Betracht, Brdb Rpfleger **00**, 279, aM Hamm FamRZ **04**, 708, Schlesw SchlHA **85**, 127, Stgt FamRZ **07**, 1111 links (aber das Gesetz unterscheidet eindeutig so, wie zuvor dargelegt).

Beiordnung: Der Antragsteller wie auch der beigeordnete Anwalt haben grds ein Beschwerderecht, soweit sie beschwert sind, § 121 Rn 23. Das gilt auch bei einer Beiordnung nur zu den Bedingungen eines im Bezirk des Prozeßgerichts Niedergelassenen nach § 121 Rn 62, soweit sie ohne oder gegen seinen Willen erfolgt war, Brdb FamRZ **00**, 1385, Köln FamRZ **05**, 2009, Nürnb FamRZ **02**, 106, aM Düss FamRZ **93**, 819 (aber er ist dann beschwert). 45

Der *beizuordnende Anwalt* hat gegen die Ablehnung einer PKH *kein* eigenes Beschwerderecht, BGH **109**, 169, Köln RR **00**, 238. Er hat auch gegen die Ablehnung gerade seiner Beiordnung kein eigenes Beschwerderecht, § 121 Rn 9 und 23. Dasselbe gilt gegen die Beiordnung nur zu den Bedingungen eines im Bezirk des Prozeßgerichts Niedergelassenen nach § 121 Rn 62, soweit er damit einverstanden war. LAG Ffm BB **89**, 1982 prüft bei der bloßen Anfechtung der Beiordnung die Voraussetzung des § 114 in der Beschwerdeinstanz nicht nochmals. Die Staatskasse hat aus den Gründen Rn 78, 79 gegen die Beiordnung *keine* sofortige Beschwerde, LG Bielef JB **87**, 1100.

S auch Rn 43 „Aufhebung", Rn 44 „Auswärtiger Anwalt" usw.

Berufungssumme: Rn 38.

Beschwer: Sie ist stets notwendig, Rn 70.

Beschwerdesumme: Eine Beschwerdesumme ist im PKH-Verfahren an sich nicht erforderlich. Denn bei einer sofortigen Beschwerde liegen die Voraussetzungen des § 567 II nicht vor, Rn 85. Stets ist aber eine Beschwer erforderlich.

Auch kann das Fehlen der Rechtsmittelsumme zur Hauptsache die Beschwerde *unzulässig* machen, II 2 Hs 2.

Beweisaufnahme zur Hauptsache: Sie kann eine sofortige Beschwerde rechtfertigen, wenn sie vor einer PKH-Entscheidung erfolgt, Köln FamRZ **00**, 1588.

Dritter: Er hat *kein* Beschwerderecht, Rn 82. 46

47 **Einstellung:** Der beigeordnete Anwalt kann eine sofortige Beschwerde gegen die Anordnung der Einstellung von Ratenzahlungen vor der Deckung der sog Differenzkosten einlegen, Ffm JB **85**, 1728, Hamm FamRZ **89**, 412, aM Düss FamRZ **86**, 1230 (aber auch dann ist der Anwalt beschwert).

48 **Freiwillige Gerichtsbarkeit:** Gegen die Ablehnung einer PKH in einem FamFG-Verfahren ist eine sofortige Beschwerde grds auch an das OLG zulässig, (je zum alten Recht) Karlsr OLGZ **86**, 129, aM BayObLG (GSZ) Rpfleger **92**, 165, Bre FamRZ **92**, 584 (aber der Wortlaut und Sinn sind eindeutig, Einl III 39). II 3 gilt auch bei einer isolierten Familiensache, BGH NJW **06**, 2122. § 76 II FamFG hat den Vorrang vor § 57 S 1 FamFG. Denn § 76 II spricht als speziellere Vorschrift von einem (jeden) in diesem Verfahren ergangenen Beschluß, also auch von einem ablehnenden.

Unzulässig ist aber die sofortige Beschwerde im Verfahren der einstweiligen Anordnung (jetzt) nach §§ 49 ff FamFG, BGH **162**, 232, Naumb FamRZ **08**, 165.

Eine Rechtsbeschwerde ist auch dann *nicht statthaft,* so schon BayObLG NJW **02**, 2573, Hamm FamRZ **03**, 165, Zweibr Rpfleger **92**, 166, aM BayObLG FamRZ **02**, 1714 (aber § 574 läßt sich nicht entsprechend anwenden).

49 **Gegenvorstellung:** Zu ihrer Zulässigkeit Rn 100.

Geschäftsunfähiger: Auch er kann beschwerdeberechtigt sein, § 51 Rn 6, LG Mannh AnwBl **82**, 23.

Gesetzlicher Vertreter: Er ist im Namen der Partei so beschwerdeberechtigt wie sie, im eigenen Namen nur, soweit er selbst beschwert ist. Als eine Partei kraft Amts ist er nicht nur gesetzlicher Vertreter und hat daher ein eigenes Beschwerderecht.

50 **Greifbare Gesetzwidrigkeit:** Vgl Rn 25.

Insolvenzverfahren: Es gelten wegen § 114 Rn 28 „Insolvenz" keine Einschränkungen, aM LG Kassel RR **99**, 1137.

Kostenanforderung: Bis zur Aufhebung der PKH-Bewilligung hat der Begünstigte die sofortige Beschwerde. Der Prozeßgegner kann als Belasteter ebenfalls eine sofortige Beschwerde einlegen.

Kostenfestsetzung: Gegen eine fehlerhafte Festsetzung kann der Beschwerte bei einem ausreichenden Beschwerdewert eine sofortige Beschwerde einlegen, Schlesw SchlHA **94**, 100, Schneider MDR **87**, 725.

51 **Mißbrauch:** Rn 55 „Rechtsmißbrauch".

52 **Nichtigkeitsklage:** Eine sofortige Beschwerde ist *nicht* bei Ablehnung einer Nichtigkeitsklage gegenüber einem Berufungsurteil des LG zulässig, Rn 38. Wegen einer Rechtsbeschwerde § 574.

Notanwalt: Gegen eine solche Beiordnung eines Notanwalts, die das Gericht ermessensfehlerhaft vornahm, kommt für den Antragsteller eine sofortige Beschwerde in Betracht, § 121 Rn 78.

Partei kraft Amts: Die Staatskasse hat wegen Rn 78, 79 gegen die Anwendung des § 116 Z 2 *keine* sofortige Beschwerde.

53 **Prozeßgegner:** Er hat grds *kein* eigenes Beschwerderecht, Zweibr JB **86**, 1096, Holch NJW **81**, 154. Denn das Bewilligungsverfahren verläuft insgesamt ungeachtet der Notwendigkeit seiner gewissen Anhörung nach § 118 nur zwischen dem Antragsteller und dem Staat, § 118 Rn 11. Vgl ferner Rn 80.

54 **Raten:** Die sofortige Beschwerde des Begünstigten ist gegen die Anordnung von Raten wie gegen die Ablehnung einer Aufhebung von Ratenzahlungsanordnungen statthaft, Karlsr FamRZ **85**, 724, Nürnb AnwBl **85**, 219. Die sofortige Beschwerde der Staatskasse ist gegen die Ablehnung einer Anordnung von Raten statthaft, Mü Rpfleger **94**, 218, Nürnb FamRZ **95**, 1592, aM Ffm FamRZ **91**, 1326 (aber dann liegt III 1 vor). Ihre sofortige Beschwerde ist auch gegen die vorläufige Einstellung der auferlegten Ratenzahlungen statthaft, Schlesw AnwBl **00**, 63.

S auch Rn 41 „Änderung", Rn 43 „Aufhebung", Rn 45 „Einstellung".

55 **Rechtliches Gehör:** Rn 41 „Anhörung".

Rechtskraft: Die sofortige Beschwerde ist ab der Rechtskraft der Hauptsacheentscheidung *unzulässig,* Bbg JB **96**, 254, Köln JB **96**, 254.

Rechtsmißbrauch: Er ist, wie stets, verboten. Er führt zur *Unzulässigkeit* auch einer sonst statthaften Beschwerde. Das gilt zB bei einer Verwirkung, wenn also das Bewilligungsverfahren längst beendet ist und die Partei die zugehörige Entscheidung seinerzeit als sachlich berechtigt hingenommen hatte, sie aber jetzt erst nach längerer Zeit angreift, selbst wenn die Beschwerdefrist noch nicht abgelaufen wäre, Kblz RR **03**, 1080, Köln FamRZ **85**, 828, Schlesw SchlHA **84**, 174. Es kann ein Rechtsmißbrauch vorliegen und das Rechtsschutzbedürfnis daher fehlen, wenn die Partei nur noch Sachfragen vorentschieden wissen will. Eine solche Partei, der das Gericht die angefochtene Entscheidung über den rechtzeitigen Antrag allerdings erst nach dem Abschluß der Instanz bekanntgegeben hatte, kann zunächst abwarten, freilich nicht bis zum Ende der Rechtsmittelinstanz, aM Celle MDR **85**, 591 (aber dann ist der Gesamtprozeß beendet).

Keine Verwirkung liegt vor, wenn man zB die Frist nach § 120 IV 2 schuldlos ablaufen ließ, Bbg FamRZ **99**, 308.

Rechtsmittelsumme: Rn 45 „Berufungssumme", „Beschwerdesumme".

Rechtsschutzbedürfnis: Das Gericht muß das Rechtsschutzbedürfnis wie stets prüfen. Es fehlt beim Rechtsmißbrauchs, s dort, und evtl auch insoweit, als eine Gegenvorstellung in Betracht kommt, Rn 102, Köln MDR **88**, 501.

Reisekostenvorschuß: Die Ablehnung der Bewilligung eines Reisekostenvorschusses für den Antragsteller, dazu Hartmann Teil V § 25 JVEG Anh I, II, ist für den Antragsteller anfechtbar, BGH **64**, 139.

Rückwirkende Bewilligung: Die Staatskasse hat wegen Rn 78, 79 gegen sie *keine* sofortige Beschwerde, KG FamRZ **00**, 839, Köln FamRZ **97**, 683.

Ruhen des Verfahrens: Eine solche Anordnung kann als eine Verzögerung eine sofortige Beschwerde statthaft machen, Karlsr MDR **95**, 635.

56 **Staatskasse:** Rn 23–33 sowie § 121 Rn 23.

Tod: Mit dem Tod des Beschwerdeführers *endet* das Rechtsschutzbedürfnis, Brdb FamRZ **02**, 1199, Kblz Rpfleger **96**, 808.

Umdeutung: Eine sofortige „Beschwerde" kann als ein bloßer Änderungsantrag nach § 120 IV oder auch als ein neuer Antrag auslegbar sein, Rn 42 „Antragswiederholung". 57

Untätigkeitsbeschwerde: Sie kommt wegen einer Verweigerung des Rechtschutzes in Betracht, Zweibr RR **03**, 1654.

Verfahrenspfleger: Man darf die Problematik der Vergütung des Verfahrenspflegers in einer Unterbringungssache nicht durch seine gesetzwidrige Beiordnung unterlaufen. Geschieht das dennoch, ist evtl die befristete Beschwerde der Staatskasse zulässig, LG Brschw FamRZ **94**, 525, aM Klüsener FamRZ **94**, 488 (aber ein Rechtsmißbrauch verdient keinen Schutz, Einl III 54). 58

Vergleich: Die Staatskasse hat gegen die Ausdehnung der PKH-Bewilligung auf einen Vergleich aus den Gründen Rn 78, 79 *keine* sofortige Beschwerde, Ffm Rpfleger **88**, 380, LAG Köln MDR **90**, 747.

Verkehrsanwalt: Die Beiordnung eines Verkehrsanwalts ist für die Staatskasse anfechtbar, Düss MDR **88**, 61.

S auch Rn 45 „Beiordnung".

Vermögensbetrag: Die Auferlegung eines Vermögensbetrags im Bewilligungsbeschluß oder die Ablehnung der Aufhebung einer solchen Anordnung berechtigen zur sofortigen Beschwerde.

Verwirkung: Rn 55 „Rechtsmißbrauch", „Rechtsschutzbedürfnis".

Verzögerung der Entscheidung: Gegen die vorwerfbare Hinauszögerung einer Entscheidung ist eine sofortige Beschwerde statthaft, Köln MDR **99**, 444, Zweibr RR **03**, 1079, Schneider MDR **04**, 1098, aM Karlsr FamRZ **89**, 769, Köln MDR **98**, 179, OVG Bre NJW **84**, 992 (aber das läuft auf wie stets auf eine Ablehnung hinaus, § 216 Rn 31).

S auch Rn 41 „Ablehnung", Rn 44 „Aussetzung".

Vorschuß: Rn 55 „Reisekostenvorschuß".

Wiederholung: Rn 42 „Antragswiederholung".

Wirtschaftlich Beteiligter: Bei § 116 ist nur der Antragsteller beschwerdeberechtigt. Er kann aber die sofortige Beschwerde darauf stützen, das Gericht habe einen wirtschaftlich Beteiligten falsch beurteilt. 59

Zwangsversteigerung: Eine sofortige Beschwerde ist im Zwangsversteigerungsverfahren *unzulässig*, Stgt Just **86**, 423, insbesondere gegen die Versagung im Verfahren nach § 74 a V ZVG, Ffm Rpfleger **77**, 66. 60

Zweitschuldner: Der Prozeßgegner hat auch dann *kein* Beschwerderecht, wenn es um die Aufhebung nach § 124 geht und wenn er nun als ein sog Zweitschuldner haftet, (jetzt) § 31 III Hs 1 GKG, KG Rpfleger **79**, 152.

14) Zur Beschwerdefrist, II 3, zusätzliche zeitliche Grenzen des Beschwerderechts, II 2. Auch eine grundsätzlich statthafte sofortige Beschwerde ist zeitlich nicht unbegrenzt zulässig. Das gilt unabhängig von der in II 3, § 569 1, genannten und in Rn 27 erläuterten Notfrist. 61

A. Zulässigkeit bis zum Instanzende. Solange die sofortige Beschwerde nicht nur innerhalb der Notfrist des II 3 eingeht, sondern außerdem vor dem Zeitpunkt, in dem eine die Instanz beendete Entscheidung zur Hauptsache ergeht, ist sie schon deshalb durchweg zulässig, vom seltenen Fall einer bei extrem langer Verfahrensdauer schon jetzt denkbaren Verwirkung abgesehen, Rn 55 „Rechtsmißbrauch", Jena FamRZ **94**, 1596, aM Düss Rpfleger **88**, 548 (Unzulässigkeit beim Eingang erst so kurz vor Instanzende, daß das Beschwerdeverfahren erst nach dem Ende der Hauptsacheinstanz durchführbar sei. Aber man darf eine Frist stets bis zum letzten Moment ausnutzen). Sie ist also auch dann zulässig, wenn die PKH-Entscheidung schon am Anfang der Hauptsacheinstanz erging und diese wegen einer Beweisaufnahme, des Ruhens des Verfahrens, einer Vertagungen usw bereits lange andauert.

B. Grundsatz: Unzulässigkeit ab Instanzende. Soweit das Gericht zur Hauptsache bereits eine die erste Instanz beendende Entscheidung verkündet oder sonstwie mitgeteilt hat, ist eine erst gleichzeitig oder später eingehende sofortige Beschwerde unabhängig von der Einhaltung der Notfrist des II 3 grundsätzlich unzulässig geworden, so schon BFH BB **86**, 187, Ffm MDR **98**, 494, Mü MDR **00**, 1456, aM Karlsr RR **01**, 656, Naumb FamRZ **00**, 69, Nürnb FamRZ **04**, 1220 (aber jetzt ist ein Rechtsschutzbedürfnis entfallen, Rn 55). 62

C. Zulässigkeit bei Rückwirkung der angefochtenen Entscheidung. Soweit sich die sofortige Beschwerde allerdings gegen eine solche PKH-Entscheidung richtet, die das Gericht nach § 119 Rn 16 mit einer Rückwirkung auf einen Zeitpunkt vor der die Instanz zur Hauptsache beendenden Entscheidung getroffen hatte, ist die sofortige Beschwerde auch dann wirksam, wenn sie zwar innerhalb der Notfrist des II 3 eingeht, aber erst nach dem Erlaß jener Hauptsacheentscheidung, so schon Hamm MDR **85**, 592, Köln FamRZ **85**, 1168, OVG Münst AnwBl **85**, 54, aM Düss Rpfleger **88**, 548 (aber eine Rückwirkung muß konsequent durchführbar sein). 63

D. Zulässigkeit bei Beschlußzugang erst kurz vor Instanzende. Soweit die angefochtene PKH-Entscheidung erst kurz vor dem Erlaß der die Instanz zur Hauptsache beendenden Entscheidung dem Beschwerdeführer zugegangen ist, ist die innerhalb der Notfrist des II 3 eingelegte sofortige Beschwerde auch noch dann zulässig, wenn sie erst bei oder nach dem Erlaß dieser Hauptsacheentscheidung eingeht. Denn er konnte die sofortige Beschwerde dann praktisch nicht mehr vor dem Abschluß der Hauptsacheinstanz zumutbar einlegen, BFH DB **84**, 2495, Bbg FamRZ **90**, 181, Karlsr FamRZ **90**, 82, aM KG FamRZ **86**, 825, Schlesw SchlHA **84**, 175, Zweibr FamRZ **80**, 909 (aber das würde auf einen Verstoß zumindest gegen Art 103 I GG hinauslaufen). 64

E. Zulässigkeit bei Beschlußzugang erst mit oder nach Instanzende. Soweit die angefochtene PKH-Entscheidung dem Beschwerdeführer zwar innerhalb der Notfrist des II 3 zugegangen ist, aber erst im Zeitpunkt der die Hauptsache in dieser Instanz beendenden Entscheidung oder gar erst hinterher, kann die sofortige Beschwerde zulässig sein, falls er sie nicht bis zum Instanzende einreichen konnte, Brdb MDR **99**, 55, Karlsr FamRZ **00**, 102, Oldb RR **91**, 189. Freilich muß der Beschwerdeführer dann innerhalb der Frist II 3, § 569 I 2 Hs 2, unverzüglich und daher ohne ein schuldhaftes Zögern handeln, um nicht die Zurückweisung wegen Verwirkung zu riskieren, Rn 55 „Rechtsmißbrauch", Brdb MDR **99**, 55. 65

66 **F. Unzulässigkeit bei Verwirkung.** Rechtsmißbrauch erhält auch im Prozeßrecht nie Schutz, Einl III 54, auch nicht im PKH-Verfahren, Üb 6 vor § 114. Daher ist auch eine nach den Regeln Rn 61–65 an sich zulässige und innerhalb der Notfrist II 3 eingelegte sofortige Beschwerde im Ergebnis doch unzulässig, soweit eine Verwirkung vorliegt, Rn 55 „Rechtsmißbrauch", so schon Kblz MDR **97**, 498, Karlsr FamRZ **92**, 705. Das muß so sein, wenn die sofortige Beschwerde vorwerfbar erheblich nach dem zumutbaren Zeitpunkt eingegangen ist, LAG Mainz BB **98**, 1539. Es richtet sich nach den Gesamtumständen des Einzelfalls, ob eine Verwirkung vorliegt, Bbg FamRZ **90**, 182. Dabei muß das Gericht an sich eine gewisse Großzügigkeit zugunsten des Antragstellers beachten, wie stets im PKH-Verfahren. Andererseits ist diese Regel durch diejenige andere eingeschränkt, daß eine erst nach dem Instanzende eingehende sofortige Beschwerde nicht mehr zulässig ist, Rn 62.

Es kommt also doch im Ergebnis auf den *Einzelfall* an. Ein Verschulden des gesetzlichen Vertreters oder des ProzBev ist wie sonst schädlich, §§ 51 II, 85 II, dort Rn 26. Diejenige Partei, der das Gericht seine Entscheidung über einen rechtzeitigen Antrag erst nach dem Abschluß der Instanz zur Hauptsache bekanntgegeben hatte, kann allerdings innerhalb der Fristen II 3, § 569 I 2 Hs 2 zunächst abwarten, wenn auch nicht bis zum Ende der Rechtsmittelinstanz.

67 **G. Unzulässigkeit bei Entscheidung auch des Rechtsmittelgerichts zur Hauptsache.** Soweit inzwischen sogar das Rechtsmittelgericht der Hauptsache in jener Rechtsmittelinstanz abschließend entschieden hat, ist eine sofortige Beschwerde trotz einer Einlegung innerhalb der Notfrist des II 3 auch dann unzulässig, wenn jene Rechtsmittelentscheidung zur Hauptsache noch nicht rechtskräftig geworden ist. Denn das PKH-Verfahren muß nun ein Ende haben. Das gilt jedenfalls dann, wenn eine Revision nicht zulässig ist, Karlsr MDR **87**, 240. Eine Ausnahme mag innerhalb der Fristen II 3, § 569 I 2 Hs 2 notwendig sein, soweit das Gericht seine Entscheidung zum PKH-Gesuch vorwerfbar hinausgezögert hat, Celle MDR **85**, 592, Düss FamRZ **86**, 485.

68 **H. Unzulässigkeit bei Prozeßvergleich zur Hauptsache.** Soweit eine nach Rn 61–65 an sich zulässige sofortige Beschwerde zwar innerhalb der Notfrist des II 3 eingeht, aber erst nach demjenigen Zeitpunkt, in dem ein Prozeßvergleich zur Hauptsache nach Anh § 307 wirksam geworden ist, ist sie doch im Ergebnis unzulässig geworden, ZöPh 27, aM KG FamRZ **86**, 825 (aber inzwischen ist ein Rechtsschutzbedürfnis entfallen). Hier gilt dieselbe Erwägung wie bei der Rechtskraft, Rn 69.

69 **I. Unzulässigkeit bei Rechtskraft der Entscheidung zur Hauptsache.** Soweit eine nach Rn 61–65 an sich zulässige sofortige Beschwerde zur Frage der Erfolgsaussicht zwar innerhalb der Notfrist des II 3 eingeht, aber erst nach demjenigen Zeitpunkt, in dem die Entscheidung zur Hauptsache im Umfang des PKH-Antrags nach § 322 rechtskräftig geworden ist, ist die sofortige Beschwerde unzulässig geworden, Karlsr FamRZ **95**, 240. Denn auch dann muß das PKH-Verfahren mit dem Hauptverfahren ein Ende haben, BFH DB **84**, 2495, Hamm MDR **01**, 349, Naumb FamRZ **01**, 358, aM BGH DB **84**, 2495, Karlsr (20. FamG) MDR **00**, 1212 (Verstoß gegen Art 19 IV GG), LG Saarbr JB **99**, 144 (Zulässigkeit, aber Unbegründetheit. Aber das GG garantiert bekanntlich keine zweite Instanz).

70 **15) Beschwerdeberechtigung, II 2.** Der Kreis der Beschwerdeberechtigten ist umfangreich.

A. Notwendigkeit einer Beschwer. Beschwerdeberechtigt ist grundsätzlich jeder, den die angefochtene Entscheidung beschwert. Wer nicht beschwert ist, kann auch keine sofortige Beschwerde einlegen.

Beschwert ist derjenige, den die Entscheidung irgendwie benachteiligt, Grdz 13 vor § 511, KG AnwBl **79**, 434, Schlesw SchlHA **76**, 9. Dabei kommt es auf den tatsächlichen Inhalt der angefochtenen Entscheidung an, nicht auf denjenigen, den sie haben sollte. Zur Beschwer auch Rn 45.

71 **B. Antragsteller.** Der Antragsteller ist beschwert, soweit das Gericht irgendwie hinter seinem Antrag zurückgeblieben ist. Wer eine PKH beantragt, bittet jedenfalls im Zweifel um eine uneingeschränkte Bewilligung ohne Raten und/oder Vermögensbeiträge für alle derzeit beabsichtigten Anträge zur Hauptsache und um die Beiordnung des Anwalts seiner Wahl und der etwa zusätzlich erbetenen Beweis- oder Verkehrsanwälte. Jedes Zurückbleiben hinter diesen Anträgen führt grundsätzlich zu einer Beschwer. Sie kann auch zB darin liegen, daß das Gericht ablehnt, einen vom Begünstigten aus einem triftigen Grund entbundenen Anwalt durch die Beiordnung eines anderen Anwalts der Wahl des Antragstellers zu ersetzen, oder daß das Gericht es ablehnt, seine Entscheidungen zur Zahl oder Höhe der Raten oder Vermögensbeiträge zugunsten des Antragstellers zu ändern oder einen Aufhebungsbeschluß nach § 124 zurückzunehmen, Rn 43.

72 **C. Streitgenosse, Streithelfer.** Soweit sie nach § 114 Rn 9 überhaupt Partei sind, gelten für sie auf seiten des Antragstellers dieselben Regeln wie Rn 71, auf seiten seines Prozeßgegners dieselben Regeln wie Rn 80.

73 **D. Noch nicht beigeordneter Anwalt.** Der noch nicht beigeordnete Anwalt hat gegen die Ablehnung gerade seiner Beiordnung grundsätzlich kein eigenes Beschwerderecht, § 121 Rn 9, 23, BGH **109**, 166, Karlsr RR **96**, 1339. Freilich kann sein Auftraggeber als Antragsteller ein solches haben, Rn 71.

74 **E. Beigeordneter Prozeßbevollmächtigter.** Der nach § 121 wirksam zum ProzBev beigeordnete Anwalt hat aus seinem eigenen Recht nur gegen jede gerade *ihn* beschwerende Entscheidung eine Beschwerdemöglichkeit, Düss FamRZ **06**, 1613, Hamm FamRZ **06**, 350, Köln JB **05**, 429. Außerdem kann er natürlich im Namen und Auftrag des Antragstellers nach Rn 71 vorgehen. Das gilt sowohl für den im Bezirk des Prozeßgerichts niedergelassenen Anwalt als auch für den auswärtigen, zB soweit das Gericht ihn ohne sein Einverständnis nach § 121 Rn 62 nur zu den Bedingungen eines beim Prozeßgericht niedergelassenen Anwalts beigeordnet und damit öffentlichrechtlich verpflichtet hat, statt seine Beiordnung in einer für ihn nur dann unanfechtbaren Weise ganz abzulehnen, Köln JB **05**, 429, ZöPh 36, aM Schlesw SchlHA **85**, 127 (aber im Ergebnis liegt eindeutig eine Beschwer vor, Rn 70, 71). Der beigeordnete Anwalt kann ferner die gegen seinen Willen erfolgte Aufhebung der Beiordnung anfechten. Dasselbe gilt gegen die Anordnung der Einstellung von Ratenzahlungen vor der Deckung der sog Differenzkosten, Düss Rpfleger **92**, 399, Hamm

FamRZ **06**, 350, Köln Rpfleger **97**, 313 (nicht bei § 120 IV), aM Düss FamRZ **86**, 1230 (aber auch insofern liegt eine zumindest wirtschaftliche Unsicherheit und damit eine Beschwer vor). Dasselbe gilt gegen eine ihn beschwerende Änderungsentscheidung, Schlesw SchlHA **82**, 13, Zweibr Rpfleger **84**, 115, oder gegen die Ablehnung der Aufhebung der PKH.

F. Beigeordneter Beweisanwalt. Der nach § 121 IV beigeordnete Beweisanwalt hat wie ein ProzBev gegen eine ihn beschwerende Entscheidung aus eigenem Recht eine Beschwerdemöglichkeit. Allerdings kann er nur im Umfang seiner Beiordnung auch im Namen des Auftraggebers sofortige Beschwerde einlegen, im Zweifel also nicht. Denn das Beschwerderecht dürfte grundsätzlich nach dem Vertrag zwischen dem Auftraggeber und dem Beweisanwalt nicht diesem, sondern nur dem ProzBev zustehen. Es gibt auch kein Beschwerderecht wegen der Differenzgebühr nach § 120 Rn 16 Köln FamRZ **97**, 1283. **75**

G. Beigeordneter Verkehrsanwalt. Der nach § 121 IV zum Verkehrsanwalt beigeordnete Anwalt, dort Rn 68, hat dieselben Beschwerdemöglichkeiten wie ein Beweisanwalt, Rn 75. **76**

H. Beigeordneter Notanwalt. Der nach § 121 V beigeordnete Notanwalt hat gerade wegen seiner Tätigkeitspflicht nach § 121 Rn 79, die ihn natürlich beschweren kann, ein Beschwerderecht. Auch der Antragsteller hat wegen ermessensfehlerhafter Beiordnung eines Notanwalts ein Beschwerderecht, auch gegen den Willen des Notanwalts. **77**

I. Staatskasse. Man muß zunächst scharf unterscheiden zwischen einerseits der uneingeschränkten Bewilligung einer PKH ohne Monatsraten oder Vermögensbeiträge und andererseits der nur eingeschränkten Bewilligung oder gänzlichen oder teilweisen Versagung. Im ersteren Fall richtet sich das Beschwerderecht der Staatskasse nach II 1 in Verbindung mit (jetzt) IV, Karlsr FamRZ **06**, 1614. Dieses Recht ist in Rn 23–33 dargestellt. Hier interessiert nur der letztere Fall, II 2. Insofern gilt: Soweit eine sofortige Beschwerde überhaupt nach Rn 34–69 statthaft ist, kann auch die Staatskasse als Beschwerdeführerin auftreten. Denn das gesamte Bewilligungsverfahren verläuft zwischen dem Antragsteller und dem Staat. Es ist eine Folge der Sozialstaatlichkeit mit ihrer Fürsorgepflicht, Üb 5 vor § 114. Es berührt die finanziellen Interessen der Staatskasse unmittelbar. **78**

Dabei vertritt der *Bezirksrevisor* beim örtlich zuständigen LG oder dem jeweils zuständigen höheren Gericht die Staatskasse, Düss MDR **88**, 61, Hamm FamRZ **84**, 724, Kblz FamRZ **88**, 417, aM Düss Rpfleger **83**, 39, Ffm FamRZ **91**, 1326, Hbg MDR **83**, 584 (aber man darf und muß auch prozeßwirtschaftlich auslegen, Grdz 14 vor § 128). **79**

Den Bezirksrevisor kann man als einen weisungsgebundenen Beamten der Verwaltung *nicht als befangen ablehnen,* Kblz MDR **85**, 257. Er kann allerdings nicht mithilfe eines formellen Beschwerderechts nach II 2 gegen eine Entscheidung nur nach § 120 I oder III angehen, wenn sich herausstellt, daß sich die Verhältnisse des Antragstellers seit der Entscheidung zu seinen Gunsten und damit zulasten der Staatskasse geändert haben und wenn kein Fall nach § 120 IV oder nach § 124 vorliegt, Mü Rpfleger **94**, 218, Nürnb FamRZ **95**, 1592, aM Ffm FamRZ **91**, 1326.

J. Prozeßgegner. Der Prozeßgegner des Antragstellers in dem von diesem beabsichtigten oder durchgeführten Verfahren zur Hauptsache hat grundsätzlich kein Beschwerderecht, BGH MDR **02**, 1388. Das gilt selbst dann, wenn er nach Rn 70 beschwert sein mag. Denn er ist überhaupt kein Beteiligter des Bewilligungs-, Änderungs- oder Aufhebungsverfahrens, selbst wenn das Gericht ihn im Verfahren nach § 118 anhören muß. Das gilt nicht nur gegenüber einer uneingeschränkten Bewilligung nach Rn 29, sondern auch gegenüber der eingeschränkten oder gegenüber der teilweisen Versagung, Zweibr JB **86**, 1096, Holch NJW **81**, 154. Der Prozeßgegner hat sogar dann kein Beschwerderecht, wenn infolge einer Aufhebung nach § 124 jetzt seine Haftung als ein sog Zweitschuldner in Betracht kommt, (jetzt) § 31 III Hs 1 GKG, KG Rpfleger **79**, 152. **80**

Als eine *Ausnahme* kommt eine sofortige Beschwerde des Prozeßgegners allenfalls in Betracht, soweit das Gericht unter einem Verstoß gegen § 122 II von ihm einen Vorschuß anfordert. Beim Fehlen eines solchen Verstoßes gibt aber die Vorschußpflicht kein Beschwerderecht.

K. Anwalt des Prozeßgegners. Der vom Prozeßgegner bestellte ProzBev, Beweisanwalt oder Verkehrsanwalt hat persönlich ebensowenig ein Beschwerderecht wie sein Auftraggeber. **81**

L. Weitere Einzelfragen. Ein Dritter hat ein Beschwerderecht, sofern ihn eine fälschlich einbeziehende Entscheidung beschwert. Er muß eine sofortige Beschwerde unverzüglich einlegen. Ein Geschäftsunfähiger kann beschwerdeberechtigt sein, § 51 Rn 6, LG Mannh AnwBl **82**, 23. Das Verschulden eines gesetzlichen Vertreters oder eines ProzBev ist wie sonst beachtlich, § 51 II, § 85 II, dort Rn 26. Ein wirtschaftlich Beteiligter hat auch nach § 116 grundsätzlich kein eigenes Beschwerderecht, selbst wenn er beschwert sein mag. Indessen hat der Antragsteller insofern eine Beschwerdemöglichkeit. **82**

16) Beschwerdeverfahren, II 2. Beim FamFG-Verfahren vgl zunächst Rn 3. Die sofortige Beschwerde nach II, III ist lediglich ein Sonderfall der in §§ 567 ff geregelten sofortigen Beschwerde. Es gelten daher für das Verfahren jene Vorschriften, soweit nicht §§ 114–127 vorrangige Sonderregeln enthalten. Nötig ist die endgültige Absicht, die bisherige Entscheidung der Nachprüfung durch das Beschwerdegericht zu unterstellen, also nicht nur eine Ankündigung von dergleichen Absicht, BayObLG RR **00**, 672 (zu § 238). Man muß nicht unbedingt „Beschwerde" oder „sofortige Beschwerde" einlegen, Rn 100, Gottwald FamRZ **05**, 49. Es sind zB in den Grenzen des (jetzt) § 571 II, III neue Tatsachen und Beweismittel zulässig, Brdb FamRZ **02**, 1419, Hamm FamRZ **00**, 1230, LAG Köln NZA-RR **08**, 323. Beschwerdegegenstand ist die gesamte Bewilligung. Daher kann zB die Zurückweisung der sofortigen Beschwerde wegen des Fehlens jeglicher Bewilligungsmöglichkeit notwendig werden, auch wenn der Beschwerdeführer nur die Ratenentscheidung angegriffen hat, Bbg JB **88**, 771, BayObLG FamRZ **91**, 1341, aM BGH NJW **93**, 135, Schlesw JB **91**, 1371, oder wenn es nur um eine Beiordnung ging, aM Köln FamRZ **99**, 1146. Das Rechtsschutzbedürfnis muß wie bei Grdz 33 vor § 253 vorliegen, Bbg FamRZ **97**, 757. **83**

Das *Verschlechterungsverbot* gilt auch hier, Celle FamRZ **93**, 1334, Ffm FamRZ **92**, 1451, Nürnb FamRZ **84**, 410. Eine Rückwirkung zB einer Ratenzahlungsanordnung ist wegen des Vertrauensschutzes erst ab einer Kenntnis des Schuldners von der sofortigen Beschwerde zulässig, Karlsr FamRZ **06**, 1614. Eine Zurückverweisung ist möglich, etwa wegen des Fehlens einer Begründung des erstinstanzlichen Nichtabhilfebeschlusses, Karlsr FamRZ **91**, 349, Köln DAVorm **93**, 586. Die Verjährung wird wie beim Antrag gehemmt, Rn 6, BGH BB **01**, 1380.

Die *Entscheidung* erfolgt durch einen Beschluß. Er enthält wegen IV keine Kostenentscheidung, Rn 101. Eine Begründung erfolgt nach den Regeln § 329 Rn 4. Der Prozeßgegner erhält keine Mitteilung über die Bedürftigkeitsgründe, Brdb FamRZ **01**, 636.

84 **A. Beschwerdesumme: 600,01 EUR, II 2 Hs 2 erster Fall.** Die Zulässigkeit der sofortigen Beschwerde hängt dann davon ab, daß die Hauptsache einen Streitwert von mindestens 600,01 EUR hat. Das ergibt sich im Umkehrschluß aus II 2 Hs 1 erster Fall. Denn dort steht eine Verweisung auf § 511 und damit auf § 511 II Z 1, also auf ein Übersteigen von 600 EUR. Es kommt in diesem ersteren Fall nicht darauf an, ob eine Zulassung nach § 511 II Z 2 erfolgen könnte, müßte oder erfolgt ist. Denn II 2 Hs erster Fall stellt nur auf den Mindestwert der Hauptsache von 600,01 EUR ab. Dieser Betrag ist immer dann notwendig, wenn es nicht ausschließlich um den in Rn 85 erläuterten zweiten Fall geht. Vgl auch Rn 37, 38.

85 **B. Keine Beschwerdesumme, II 2 Hs 2 zweiter Fall.** Die Zulässigkeit der sofortigen Beschwerde hängt dann nicht von einer Beschwerdesumme ab, wenn es nur darum geht, daß das Erstgericht zu Unrecht die Bedürftigkeit verneint hatte, also nur um die persönlichen oder wirtschaftlichen Verhältnisse, §§ 114–116. Das stellt II 2 Hs 2 zweiter Fall klar. Dann ergibt sich auch keine Notwendigkeit einer Beschwerdesumme aus § 567 II 1, 2. Denn trotz § 122 ist eine PKH-Beschwerde keine solche über „die Verpflichtung, die Prozeßkosten zu tragen", weil das Gesetz damit nur die Kostengrundentscheidung nach § 91 Rn 4 meint. Die PKH-Beschwerde ist auch keine „andere Entscheidung über Kosten". Vgl auch Rn 37, 38.

86 **C. Beschwerdefrist: 1 Monat, II 3.** Vgl zunächst Rn 27, 28. Mangels einer Verkündung oder Zustellung beginnt die Frist fünf Monate nach dem Erlaß des Beschlusses nach § 329 Rn 24. Das folgt aus § 569 I 2, Hamm FamRZ **06**, 1552, Kblz RR **03**, 1079.

87 **D. Bedingter Anwaltszwang; Form.** Im Beschwerdeverfahren ist ein Anwaltszwang nur eingeschränkt vorhanden. Denn die Erklärungen sind auch im Beschwerdeverfahren unter den Voraussetzungen des § 569 III Z 1–3 zum Protokoll der Geschäftsstelle statthaft, § 78 III Hs 2.

Die sofortige Beschwerde braucht die *Form* des § 569 II 1, 2. Man kann sie nach § 569 III Z 1–3 auch zum Protokoll der Geschäftsstelle des Erstgerichts oder des Beschwerdegerichts einlegen.

88 **E. Keine Prozeßkostenhilfe für das Beschwerdeverfahren.** Für das Beschwerdeverfahren ist eine PKH nicht möglich, ebensowenig wie für das erstinstanzliche Bewilligungsverfahren, § 114 Rn 35, Karlsr JB **94**, 606, LAG Ffm BB **95**, 468, ThP § 114 Rn 1, aM Celle NdsRpfl **77**, 190, Waldner JB **82**, 801 (vgl aber die auch hier maßgeblichen Erwägungen § 114 Rn 35). Im Verfahren vor dem BFH gelten Abweichungen, BFH DB **87**, 144.

89 **F. Anhörung des Beschwerdegegners.** Soweit das Beschwerdegericht nicht die sofortige Beschwerde schon nach dem Vortrag des Beschwerdeführers als unzulässig oder unbegründet zurückweisen muß, ist eine Anhörung des Beschwerdegegners erforderlich, soweit es um die Erfolgsaussicht und das Fehlen von Mutwillen geht. Das ergibt sich schon aus Art 103 I GG. Als Beschwerdegegner muß man bei Rn 71–77 die Staatskasse und bei ihrer sofortigen Beschwerde den Antragsteller ansehen.

90 **G. Anhörung der Staatskasse.** Soweit das Gericht die Staatskasse nicht nach Rn 89 als den Beschwerdegegner anhören muß, braucht es sie nach II 2 keineswegs einzuschalten. Die routinemäßige Benachrichtigung des Bezirksrevisors von sämtlichen Anträgen, Verfahrensvorgängen und Entscheidungen in jedem Bewilligungsverfahren oder Beschwerdeverfahren würde zum Zusammenbruch des Betriebs bei den Bezirksrevisoren führen. Auch der Kontrollzweck des Bezirksrevisors zugunsten der Staatskasse erfordert sie ersichtlich nicht, ArbG Münst DB **81**, 1940.

91 **H. Abhilfe: Entscheidung des unteren Gerichts.** Zunächst muß das Erstgericht prüfen, inwieweit überhaupt eine sofortige Beschwerde vorliegt. Sodann muß es prüfen, ob es sie als statthaft, zulässig und begründet erachtet und ihr insofern selbst abhelfen darf und muß, § 572 I 1 Hs 1. Dabei muß das Erstgericht auch ein neues Vorbringen beachten, Ffm FamRZ **92**, 838. Es muß eine angekündigte Beschwerdebegründung abwarten, Kblz FamRZ **08**, 288, freilich nur eine angemessene Zeit hindurch, nicht monatelang. Soweit eine Abhilfe erfolgt, ist eine erneute Entscheidung des Erstgericht erforderlich. Sie ergeht in Beschlußform. In ihr muß das Erstgericht den abänderbaren Teil des angefochtenen Beschlusses oder den Beschluß insgesamt aufheben oder besser: abändern und die neue Entscheidung treffen. Das Erstgericht muß seine neue Entscheidung nach denselben Grundsätzen wie bei einer Erstentscheidung begründen, Rn 13, 14. Es handelt sich ja auch noch nicht um eine „Rechtsmittelentscheidung", Rn 15. Denn auf Grund der neuen Entscheidung des Erstgerichts kommt wiederum eine sofortige Beschwerde nun evtl des anderen am Verfahren Beteiligten in Betracht. Die Abhilfeentscheidung enthält keine Kostenentscheidung. Das Erstgericht teilt sie ebenso wie die angefochtene mit.

92 **I. Nichtabhilfe: Vorlage beim Beschwerdegericht.** Soweit das Erstgericht der angefochtenen Entscheidung nicht abhilft, muß es sie dem Beschwerdegericht unverzüglich zur Entscheidung vorlegen, § 572 I 1 Hs 2. Das gilt auch dann, wenn das Erstgericht die sofortige Beschwerde für unstatthaft oder unzulässig hält. Zuständig ist das Kollegium, wenn es die angefochtene Entscheidung erlassen hat, aber nicht der Vorsitzende, Stgt MDR **03**, 110. Die Nichtabhilfe erfolgt durch einen Beschluß nach § 329, also nicht durch eine bloße Verfügung. Eine Begründung nach § 329 Rn 4 ist zumindest dann erforderlich, wenn die Beschwerde solche neuen Tatsachen vorbringt, die das Erstgericht für widerlegt oder unerheblich hält, oder wenn dem angefochtenen Beschluß die erforderliche Begründung fehlte, oder wenn der Beschwerdeführer die sofortige Beschwerde darauf stützt, die tatsächlichen Gründe der angefochtenen Entscheidung träfen nicht zu, Köln FamRZ **94**, 1126. Eine wenigstens stichwortartige Begründung ist aber auch im übrigen ratsam, schon um einer Zurückverweisung vorzubeugen, Celle NdsRpfl **90**, 43, Mü Rpfleger **04**, 168. „Ich

helfe nicht ab" ist keine Begründung, Köln FamRZ **02**, 893. Die bloße Bezugnahme „auf zutreffende Gründe" eines Schriftsatzes usw kann ausreichen. Man sollte aber nicht auf Floskeln zurückgreifen, statt den Sachverhalt umfassend nachzuprüfen, § 329 Rn 4. Auch der Nichtvorlagebeschluß enthält keine Kostenentscheidung.

Zugleich mit dem Beschluß *benachrichtigt* das Erstgericht den Beschwerdeführer, die Staatskasse zwingend nur als Beschwerdeführerin, von der Nichtabhilfe und übersendet die Akten dem Beschwerdegericht.

J. Einfluß auf das Hauptsacheverfahren. Die Beschwerde beeinträchtigt den weiteren Ablauf des Verfahrens zur Hauptsache grundsätzlich nicht, auch nicht zur Zulässigkeitsfrage. Sie hat dort keine aufschiebende Wirkung. Denn sie zählt nicht zu den in § 570 I genannten Ausnahmefällen. Sie gehört ja überhaupt nicht in das Hauptsacheverfahren. Deshalb kann das Gericht auch nicht nach § 570 II die Aussetzung der Vollziehung im Hauptsacheverfahren oder des angefochtenen PKH-Beschlusses anordnen. 93

17) Gegen Entscheidung des Rechtspflegers oder des Urkundsbeamten: Sofortige Beschwerde oder sofortige Erinnerung, II, III, § 11 RPflG oder § 573 I. Beim FamFG-Verfahren vgl auch Rn 3. Soweit im PKH-Verfahren der Rpfl oder der im Mahnverfahren nach Grdz 4 vor § 688 etwa landesrechtlich zuständige Urkundsbeamte entschieden hat, ist entgegen dem Wortlaut von II, III entweder eine sofortige Beschwerde nach § 11 I RPflG zulässig, Naumb Rpfleger **02**, 526, oder eine sofortige Erinnerung jeweils nur des Beschwerten zulässig, § 11 II 1 RPflG, LAG Nürnb Rpfleger **02**, 464, oder eine befristete Erinnerung nach § 573 I. Es kommt dabei beim Rpfl darauf an, ob gegen eine entsprechende Entscheidung des Richters eine sofortige Beschwerde statthaft wäre. Eine sofortige Beschwerde nach §§ 567 ff ist nur bei Rn 23 statthaft. Zum Verfahren § 104 Rn 41 ff, § 573 Rn 3 ff, dort jeweils ausführliche Erläuterungen. Deshalb hier nur einige Haupthinweise zum Verfahren gegen eine Entscheidung des Rpfl. 94

A. Voraussetzung: Entscheidung des Rechtspflegers. Es muß zunächst eine Entscheidung des Rpfl vorliegen, LAG Nürnb Rpfleger **02**, 464. Maßgeblich ist, ob er entschieden *hat,* nicht, ob er entscheiden durfte, Rn 34. Soweit statt des an sich zuständigen Rpfl der Richter entschieden hat, kommt allenfalls direkt eine sofortige Beschwerde in Betracht, Köln FamRZ **88**, 740. Eine bloße Anordnung nach § 118 oder andere Maßnahme ohne eine Anhörung des Antraggegners ist keine Entscheidung.

B. Abhängigkeit von Anfechtbarkeit unterstellter Richterentscheidung. Es kommt entweder eine sofortige Beschwerde oder eine sofortige Erinnerung in Betracht, Rn 94. Im Zweifel muß man die für den Rechtsmittelführer richtige statthafte Rechtsbehelfsart annehmen. 95

C. Keine Rechtsbehelfssumme, bedingte Abhängigkeit vom Hauptsache-Berufungswert, bedingter Anwaltszwang, Formzwang, keine Prozeßkostenhilfe. Es gelten dieselben Regeln wie bei der sofortigen Beschwerde, Rn 84–88. 96

D. Abhilfe durch den Rechtspfleger. Der Rpfl kann sowohl bei der Statthaftigkeit einer sofortigen Beschwerde nach § 11 I RPflG als auch bei der Statthaftigkeit einer sofortigen Erinnerung nach § 11 II 1 RPflG jetzt stets prüfen, ob er abhelfen will, § 572 I 1 Hs 1 oder § 11 II 2 RPflG. Er muß daher eine derartige Prüfung vornehmen, Köln FamRZ **99**, 1144, Naumb Rpfleger **02**, 526. Dabei darf und muß er auch ein neues Vorbringen beachten, Rn 91. Soweit er die Akten sogleich dem Beschwerdegericht nach § 572 I 1 Hs 2 oder dem Erstgericht nach § 11 II 3 RPflG vorlegt, statt wenigstens stichwortartig mitzuteilen, daß und warum (!) er nicht abhelfe, geben diese sie ihm zur Entscheidung über die Nichtabhilfe zurück. 97

E. Weiteres Verfahren. Soweit der Rpfl die Nichtabhilfe mit einer Begründung versehen hat, LG Bayreuth JB **93**, 546, richtet sich das weitere Verfahren nach der Rechtsbehelfsart, § 104 Rn 41 ff, dort ausführliche Erläuterungen. 98

18) Rechtsbeschwerde, § 574. Gegen eine Entscheidung des Beschwerdegerichts kommt allenfalls eine Rechtsbeschwerde an den BGH unter den Voraussetzungen des § 574 in Betracht, BVerfG NJW **06**, 496, BGH FamRZ **05**, 1165 (kein BGH-Anwaltszwang für den Bezirksrevisor). Das schließt im FamFG-Verfahren § 76 II FamFG nicht ausdrücklich aus. Vgl dort also §§ 70 ff FamFG. Eine „weitere" sofortige Beschwerde ist grundsätzlich nicht statthaft (Ausnahme evtl [jetzt] im FamFG-Verfahren, BGH RR **04**, 1077, Ffm FGPrax **03**, 175, KG NZM **03**, 816). Indessen mag eine Umdeutung einer „weiteren Beschwerde" in eine Rechtsbeschwerde, in eine Gegenvorstellung nach Rn 100, in einen Abänderungsantrag oder in einen neuen Bewilligungsantrag möglich und notwendig sein. Der Gegner kann die Bewilligung selbst dann nicht mit der Rechtsbeschwerde anfechten, wenn das Gericht sie irrig zugelassen hatte, BGH NJW **02**, 3554 (zustm Fölsch MDR **02**, 1388). Eine Abweisung und der Umfang einer Abweisungsbegründung lassen für § 574 noch keinen ausreichenden Anhalt zu, BGH JB **08**, 40. Auch im Rechtsbeschwerdeverfahren darf man die Erfolgsaussicht prüfen, BVerfG NJW **06**, 496, BGH JB **08**, 40. Eine Rechtsbeschwerde kommt aber nicht schon wegen einer schwierigen Rechtsfrage in Betracht, BGH RR **06**, 356. 99

Eine *außerordentliche* Beschwerde ist nicht mehr statthaft, BGH FamRZ **06**, 696, BVerwG NJW **02**, 2657, Nürnb JB **07**, 438, auch keine Nichtzulassungsbeschwerde.

19) Zulässigkeit einer Gegenvorstellung, II, III. Im Gesetz nicht ausdrücklich geregelt, aber allgemein anerkannt ist die Zulässigkeit einer Gegenvorstellung unter den Voraussetzungen Grdz 3 vor § 567, VerfGH Sachsen NJW **99**, 780, Köln FamRZ **96**, 809, also nicht für den Gegner des mit dem PKH-Antrag Abgewiesenen, AG Sinzig FamRZ **00**, 1095, aM Karlsr FamRZ **05**, 49 (abl Gottwald. Vgl auch Rn 102). Dazu Vorlage an den GemS der Obersten Gerichtshöfe des Bundes durch BFH NJW **08**, 844. 100

20) Keine Kostenerstattung, IV. Die Kosten des Beschwerdeverfahrens sind unabhängig vom Ausgang des Hauptprozesses in keinem Fall erstattbar, Hbg MDR **02**, 910, Kblz MDR **95**, 101 (je: IV ist mit dem GG vereinbar), Mü JB **93**, 160. Das stellt IV klar, Mü RR **01**, 1437. Die Kosten des Antragstellers können dann, wenn das Gericht eine PKH erst in der Beschwerdeinstanz bewilligt hatte, nach einem anschließenden Prozeß insofern erstattungsfähig sein, als sie für die erste Instanz des PKH-Verfahrens entstanden, § 91 Rn 153, 154. 101

102 **21) Neuer Antrag auf Prozeßkostenhilfe.** Unabhängig von der Zulässigkeit einer sofortigen Beschwerde oder sofortigen Erinnerung ist ein neuer PKH-Antrag auf Grund neuer Tatsachen sei es auf eine Bewilligung, sei es auf die Aufhebung einer Ratenzahlungsanordnung usw grundsätzlich zulässig, BVerfG **56**, 145, Karlsr JB **05**, 545, Kblz MDR **07**, 677. Denn ein belastender Beschluß im PKH-Verfahren erwächst zwar in formelle Rechtskraft nach § 705, aber nicht in innere Rechtskraft, Einf 2 vor §§ 322–327, BGH NJW **04**, 1806 (abl Gottwald FamRZ **04**, 941), Ffm MDR **07**, 1286, Hamm FamRZ **04**, 1218, aM Nürnb MDR **04**, 410 rechts Mitte, Oldb MDR **03**, 1071. Das alles gilt auch im FamFG-Verfahren, vgl § 76 I FamFG.

Indessen muß das Gericht das *Rechtsschutzbedürfnis* nach Grdz 33 vor § 253 streng prüfen, BGH Rpfleger **04**, 359. Das Rechtsschutzbedürfnis dürfte durchweg fehlen, soweit neue Tatsachen fehlen oder soweit eine Partei sie ersichtlich nur vorschützt, zB § 124 Rn 52, (Rechtsmißbrauch, Einl III 54), Ffm MDR **07**, 1286, Naumb FamRZ **07**, 649, Stgt JB **07**, 43. Andernfalls könnte der Antragsteller das Gericht mit immer neuen PKH-Anträgen im Lauf des Verfahrens zur Hauptsache zu einer fortgesetzten neuen Prüfung der Erfolgsaussicht und Bedürftigkeit zwingen. Das ist nicht der Sinn des PKH-Gedankens. Andererseits kann das Rechtsschutzbedürfnis gerade auch für eine erste sofortige Beschwerde fehlen, wenn der Beschwerdeführer nur ein zuvor unterlassenes Vorbringen nachschieben will, Karlsr MDR **89**, 918. Bei neuen Tatsachen kann die Nichtbeachtung eines „aufrechterhaltenen" neuen Antrags gegen Art 103 I GG verstoßen, BSG NJW **98**, 2998. Eine Rückwirkung auf die Zeit vor dem neuen Antrag kommt nicht infrage, LAG Hamm NZA **04**, 102.

Natürlich ermöglicht auch ein *neuer Streitgegenstand* nach § 2 Rn 4 einen neuen Antrag und macht ihn sogar vor der Zulässigkeit einer Beschwerde notwendig, VGH Mannh NVwZ-RR **06**, 508.

103 **22) Verfassungsbeschwerde.** Ihre Zulässigkeit richtet sich nach den für sie allgemein geltenden Regeln, BVerfG NJW **06**, 496. Sie kommt zB dann in Betracht, wenn das Gericht eine Prüfung nach §§ 114 ff ohne einen zureichenden Grund unterlassen hat, BVerfG **78**, 96, BSG NJW **98**, 2998. Wegen ihrer bloßen Hilfsfunktion nach Einl III 17 muß man grundsätzlich zunächst die Rechtsbehelfe erschöpft haben, zB ein Wiedereinsetzungsgesuch, BVerfG AnwBl **99**, 487, oder eine Gegenvorstellung nach Rn 100, BVerfG NJW **87**, 1319.

Anhang nach § 127

Beratungshilfegesetz

(Auszug)

BerHG § 1. Voraussetzungen. **I Hilfe für die Wahrnehmung von Rechten außerhalb eines gerichtlichen Verfahrens und im obligatorischen Güteverfahren nach § 15 a des Gesetzes betreffend die Einführung der Zivilprozeßordnung (Beratungshilfe) wird auf Antrag gewährt, wenn**

1. **der Rechtsuchende die erforderlichen Mittel nach seinen persönlichen und wirtschaftlichen Verhältnissen nicht aufbringen kann,**
2. **nicht andere Möglichkeiten für eine Hilfe zur Verfügung stehen, deren Inanspruchnahme dem Rechtsuchenden zuzumuten ist,**
3. **die Wahrnehmung der Rechte nicht mutwillig ist.**

II Die Voraussetzungen des Absatzes 1 Nr. 1 sind gegeben, wenn dem Rechtsuchenden Prozeßkostenhilfe nach den Vorschriften der Zivilprozeßordnung ohne einen eigenen Beitrag zu den Kosten zu gewähren wäre.

BerHG § 2. Beratung, Vertretung. **I 1 Die Beratungshilfe besteht in Beratung und, soweit erforderlich, in Vertretung.**

II 1 Beratungshilfe nach diesem Gesetz wird gewährt in Angelegenheiten

1. **des Zivilrechts einschließlich der Angelegenheiten, für deren Entscheidung die Gerichte für Arbeitssachen zuständig sind,**
2. **des Verwaltungsrechts,**
3. **des Verfassungsrechts,**
4. **des Sozialrechts.**

2 In Angelegenheiten des Strafrechts und des Ordnungswidrigkeitenrechts wird nur Beratung gewährt. 3 Ist es im Gesamtzusammenhang notwendig, auf andere Rechtsgebiete einzugehen, wird auch insoweit Beratungshilfe gewährt.

III Beratungshilfe nach diesem Gesetz wird nicht gewährt in Angelegenheiten, in denen das Recht anderer Staaten anzuwenden ist, sofern der Sachverhalt keine Beziehung zum Inland aufweist.

BerHG § 3. Beratungshelfer. **I Die Beratungshilfe wird durch Rechtsanwälte und durch Rechtsbeistände, die Mitglied einer Rechtsanwaltskammer sind, gewährt, auch in Beratungsstellen, die auf Grund einer Vereinbarung mit der Landesjustizverwaltung eingerichtet sind.**

II Die Beratungshilfe kann auch durch das Amtsgericht gewährt werden, soweit dem Anliegen durch eine sofortige Auskunft, einen Hinweis auf andere Möglichkeiten für Hilfe oder die Aufnahme eines Antrags oder einer Erklärung entsprochen werden kann.

BerHG § 4. Zuständigkeit. Antrag. **I 1 Über den Antrag auf Beratungshilfe entscheidet das Amtsgericht, in dessen Bezirk der Rechtssuchende seinen allgemeinen Gerichtsstand hat. 2 Hat der Rechtssuchende im Inland keinen allgemeinen Gerichtsstand, so ist das Amtsgericht zuständig, in dessen Bezirk ein Bedürfnis für Beratungshilfe auftritt.**

II 1 Der Antrag kann mündlich oder schriftlich gestellt werden. 2 Der Sachverhalt, für den Beratungshilfe beantragt wird, ist anzugeben. 3 Die persönlichen und wirtschaftlichen Verhältnisse des Rechtsuchenden sind glaubhaft zu machen. 4 Wenn sich der Rechtsuchende wegen Beratungshilfe unmittelbar an einen Rechtsanwalt wendet, kann der Antrag nachträglich gestellt werden.

BerHG § 5. Verfahren. **1 Für das Verfahren gelten die Vorschriften des Gesetzes über das Verfahren in Familiensachen und in den Angelegenheiten der freiwilligen Gerichtsbarkeit entsprechend, soweit in diesem Gesetz nichts anderes bestimmt ist. 2 § 185 Abs. 3 und § 189 Abs. 3 des Gerichtsverfassungsgesetzes gelten entsprechend.**

BerHG § 6. Berechtigungsschein. **I Sind die Voraussetzungen für die Gewährung von Beratungshilfe gegeben und wird die Angelegenheit nicht durch das Amtsgericht erledigt, stellt das Amtsgericht dem Rechtsuchenden unter genauer Bezeichnung der Angelegenheit einen Berechtigungsschein für Beratungshilfe durch einen Rechtsanwalt seiner Wahl aus.**

II Gegen den Beschluß, durch den der Antrag zurückgewiesen wird, ist nur die Erinnerung statthaft.

BerHG § 7. Angaben des Rechtsuchenden. **Der Rechtsuchende, der unmittelbar einen Rechtsanwalt aufsucht, hat seine persönlichen und wirtschaftlichen Verhältnisse glaubhaft zu machen und zu versichern, daß ihm in derselben Angelegenheit Beratungshilfe bisher weder gewährt noch durch das Amtsgericht versagt worden ist.**

BerHG § 9. Kostenerstattung. **1 Ist der Gegner verpflichtet, dem Rechtsuchenden die Kosten der Wahrnehmung seiner Rechte zu ersetzen, hat er die gesetzliche Vergütung für die Tätigkeit des Rechtsanwalts zu zahlen. 2 Der Anspruch geht auf den Rechtsanwalt über. 3 Der Übergang kann nicht zum Nachteil des Rechtsuchenden geltend gemacht werden.**

BerHG § 10. Grenzüberschreitender Bezug. **I Bei Streitsachen mit grenzüberschreitendem Bezug nach der Richtlinie 2003/8/EG des Rates vom 27. Januar 2003 zur Verbesserung des Zugangs zum Recht bei Streitsachen mit grenzüberschreitendem Bezug durch Festlegung gemeinsamer Mindestvorschriften für die Prozesskostenhilfe in derartigen Streitsachen (ABl. EG Nr. L 26 S. 41, ABl. EU Nr. L 32 S. 15) wird Beratungshilfe gewährt**

1. für die vorprozessuale Rechtsberatung im Hinblick auf eine außergerichtliche Streitbeilegung,
2. für die Unterstützung bei einem Antrag nach § 1077 der Zivilprozessordnung, bis das Ersuchen im Mitgliedstaat des Gerichtsstands eingegangen ist.

II § 2 Abs. 3 findet keine Anwendung.

III Für die Übermittlung von Anträgen auf grenzüberschreitende Beratungshilfe gilt § 1077 der Zivilprozessordnung entsprechend.

IV 1 Für eingehende Ersuchen um grenzüberschreitende Beratungshilfe ist das in § 4 Abs. 1 Satz 2 bezeichnete Amtsgericht zuständig. 2 § 1078 Abs. 1 Satz 2, Abs. 2 Satz 2 und Abs. 3 der Zivilprozessordnung gilt entsprechend.

BerHG § 13. Übergangsrecht. **§ 9 ist in Fällen, in denen die Bundesgebührenordnung für Rechtsanwälte nach § 61 des Rechtsanwaltsvergütungsgesetzes weiter anzuwenden ist, in der vor dem 1. Juli 2004 geltenden Fassung anzuwenden.**

Vorbem. § 5 idF Art 27 FGG-RG, in Kraft seit 1. 9. 09, Art 112 I 1 FGG-RG, ÜbergangsR Art 111 FGG-RG, Einf 4 vor § 1 FamFG.

Schrifttum: *Dörndorfer,* Prozesskosten- und Beratungshilfe für Anfänger, 4. Aufl 2006; *Greißinger,* Beratungshilfegesetz, 1990; *Greißinger* AnwBl **89**, 573; *Hellstab* Rpfleger **08**, 181 (je: Rspr-Üb); *Hundt,* Prozesskosten- und Beratungshilfe, 2008; *Kalthoener/Büttner/Wrobel-Sachs,* Prozeßkostenhilfe und Beratungshilfe, 4. Aufl 2005; *Kammeier* Rpfleger **98**, 501 (Üb); *Lindemann/Trenk-Hinterberger,* Beratungshilfegesetz, Komm, 1987; *Lissner* Rpfleger **07**, 448 (Üb); *Schoreit/Groß,* Beratungshilfe, Prozeßkostenhilfe, 9. Aufl 2007; *Vallender,* Beratungshilfe, 1990; *Walters,* Leitfaden der Beratungs- und Prozeßkostenhilfe im Europäischen Wirtschaftsraum, 1997.

1) Systematik. Das BerHG stellt eine Ergänzung zu §§ 114 ff für seinen vor- und außergerichtlichen Geltungsbereich dar. Es folgt eigenen Regeln. Sie gelten vorrangig. Sie lassen eine entsprechende Anwendung auch der §§ 114 ff nur begrenzt zu, obwohl sich viele Grundgedanken ähneln. Auch die übrigen Vorschriften des Buchs 1 der ZPO sind in dem Geltungsbereich des BerHG nur ganz bedingt anwendbar. Vielmehr folgt sein Verfahren nach § 5 BerHG dem FamFG und §§ 185 III, 189 III GVG. 1

2) Regelungszweck. Im Prinzip bestehen dieselben Ziele wie bei der Prozeßkostenhilfe. Vgl daher Üb 3 vor § 114. Deshalb gelten keine strengeren Maßstäbe als dort, BVerfG RR **07**, 1369. Die Einschaltung des AG in diese Aufgabe der Sozialhilfe ist noch weniger selbstverständlich als bei der Prozeßkostenhilfe. Das gilt auch für die Überprüfbarkeit. Zweckmäßigkeitserwägungen wie eine Vorprüfung eines möglichen Prozesses wiegen diese Ungereimtheit nur bedingt auf. Das ändert nichts an der Ratsamkeit, über einen Beratungshilfeantrag nicht zu streng zu entscheiden. Die Prüfung braucht auch nicht den letzten Rest an gerichtlicher Arbeitskraft zu beanspruchen. Das Verfahren ist schon kompliziert genug, etwa bei der Abgrenzung einzelner Beratungssachen voneinander beim Auftreten einer Gruppe von Antragstellern derselben Zielsetzung. 2

3) Geltungsbereich. Das BerHG gilt auch für Ausländer, Deumeland JB **93**, 707 (ausf). § 43 IntFamRVG verweist auf das BerHG. Es gilt nach seinem § 1 nur für den Bereich außerhalb eines gerichtlichen Verfahrens und „im" obligatorischen Güteverfahren nach § 15 a EGZPO, aM AG Nürnb JB **02**, 147 (aber das ganze BerHG hat seine Funktion gerade nur im außergerichtlichen Bereich). Zur Problematik des außergewöhnlichen Einigungsversuchs nach der InsO Landmann Rpfleger **00**, 196. „Außerhalb" kann 3 auch: (nur) außergerichtlich während eines gerichtlichen Verfahrens bedeuten, Hamm Rpfleger **87**, 82, LG Mainz Rpfleger **87**, 160 (auch zu den Grenzen), Reuter NJW **85**, 2012, aM AG Montabaur AnwBl **83**, 476 (aber auch insofern gilt die Begrenzung auf den außergerichtlichen Bereich). Unter gerichtlichem Verfahren muß und darf man ein Verfahren beliebiger Art vor einem beliebigen staatlichen Gericht verstehen, auch zB (jetzt) ein FamFG-Verfahren, LG Mainz Rpfleger **87**, 160, jetzt auch bei einer Zuständigkeit der Arbeitsgerichte, § 2 II Z 1 Hs 2. Das Gesetz lehnt sich zum Teil an die Vorschriften zur PKH nach §§ 114 ff ZPO an. „Im" Güteverfahren meint „Zusammenhang mit" und „zwecks" dieses Verfahrens, Hartmann NJW **99**, 3749.

4 **4) Antrag; Zuständigkeit.** Das gerichtliche Verfahren findet auf einen Antrag statt. Man muß ihn mithilfe eines Formulars stellen. Dieses regelt die BerHVV idF vom 17. 12. 94, BGBl 3839, zuletzt geändert durch Art 6 Z 1–3 G vom 13. 12. 01, BGBl 3574. Das Verfahren ist zum Teil dem Rpfl übertragen, §§ 3 Z 3 f, 24 a RPflG. Zuständig ist insoweit der Rpfl der in §§ 3 II, 4 I 1 BerHG genannten AG, Düss Rpfleger **84**, 471, Köln Rpfleger **84**, 471, und zwar derjenige des Prozeßgerichts, oder des BetreuungsG oder des FamG.

5 Für die Entscheidung über eine *nachträgliche* Gewährung ist jetzt grundsätzlich nach § 4 I 1 BerHG ebenfalls nur dasjenige AG zuständig, in dessen Bezirk der Rechtssuchende seinen inländischen allgemeinen Gerichtsstand hat, §§ 12 ff, BayObLG JB **95**, 366. Maßgebend ist dabei die Zeit des Antragseingangs, Zweibr JB **98**, 197. Nur beim Fehlen eines inländischen allgemeinen Gerichtsstands kommt es darauf an, wo ein Beratungsbedürfnis auftritt, § 4 I 2 BerHG. Wegen des Verfahrens bei einem Zuständigkeitsstreit BayObLG Rpfleger **88**, 470. Das Berufungsgericht ist unzuständig, Rostock JB **07**, 150 rechts.

6 Das *obligatorische Güteverfahren* erfordert ebenfalls einen Antrag. Das folgt zumindest indirekt aus § 15 a I 3 EGZPO, Hartmann NJW **99**, 3749. Auch deshalb muß man die Anwaltstätigkeit schon „zwecks" oder „im Zusammenhang mit" einem bevorstehenden oder etwaigen Antrag als „im" Güteverfahren beurteilen, Rn 1.

7 **5) Mehrheit von Beratungen.** Die Abgrenzung der einen Beratung von einer weiteren erfolgt am besten entsprechend § 15 II 1 RVG nach dem Begriff derselben Angelegenheit. Man sollte die im BerHG angestrebte einfache Handhabung des Vergütungsanspruchs nicht bei der Festsetzung unterlaufen, AG Gött AnwBl **88**, 126.

8 **6) Rechtsbehelfe,** dazu *Landmann* Rpfleger **00**, 320 (Üb): Es gilt § 6 II BerHG in Verbindung mit § 11 RPflG, § 127 Rn 94 ff, AG Kblz JB **03**, 369.

9 **7) Weitere Einzelheiten.** Wegen weiterer Verfahrenseinzelheiten Bischof NJW **81**, 894, Derleder MDR **81**, 448, Herget MDR **84**, 529.

127a *Fassung 1. 9. 2009:* (aufgehoben. Abdruck und Kommentierung dieser Altvorschrift im Ergänzungsband zur 67. Aufl 2009)

Abschnitt 3. Verfahren

Grundzüge

Gliederung

1) Systematik. Die Vorschriften des Abschnitts 3 enthalten etwas bunt gemischt einen Teil der allgemeinen Verfahrensregeln. Andere befinden sich zB in §§ 12 ff. Die nachfolgenden Regeln Rn 3 ff enthalten eine Zusammenfassung des wohl Wichtigsten. Nach dem Aufbau des Gesetzes ist das Verfahren der ersten Instanz das Kernstück des gesamten Zivilprozesses. 1

2) Regelungszweck. Das erstinstanzliche Verfahren zielt darauf ab, den tatsächlichen Sachverhalt möglichst erschöpfend aufzuklären. Freilich besteht keine Pflicht zur Ermittlung von Amts wegen nach Rn 38, von besonderen Verfahrensarten wie etwa dem Kindschaftsverfahren usw abgesehen. Trotzdem hat das Gericht eine erhebliche Pflicht zur Mitwirkung an der Aufklärung des Sachverhalts. Die Parteien sind freilich in einem noch größeren Maße zu einer solchen Mitwirkung verpflichtet. Grundlage dieser Pflicht ist das Prozeßrechtsverhältnis, Rn 4. Durch eine Verletzung dieser Pflicht können schwere Rechtsfolgen entstehen. 2

Fürsorge ist eine wichtige Aufgabe des Gerichts in jeder Verfahrenslage, Einl III 27. Manche geben ihr aber ein ungebührliches Gewicht, Rn 26, 27. In einer so verstandenen Fürsorge würde auch ein Element der kalten Bevormundung stecken, Rn 27. Das verträgt sich weder mit Artt 1, 2 GG noch mit der den Zivilprozeß immer noch gerade deshalb bestimmenden Parteiherrschaft, Rn 18. Auch aus § 139 läßt sich keine umfassende ständige Bemutterungspflicht ableiten. Hilfe ist etwas anderes und Besseres. Sie ist auch in vernünftigen Grenzen etwas für die Partei Würdevolleres und deshalb auch Sozialeres. Diese Erkenntnis zieht sich durch alle grundlegenden Verfahrensvorschriften und bestimmt den Umfang und die Grenzen der Gerichtsaufgaben mit.

Parteiobliegenheiten haben also eine erhebliche Bedeutung. Zwar bleibt eine Taktik in Grenzen durchaus erlaubt, § 282 Rn 8. Indessen führt eine zumutbare Bemühung um Offenheit, Wahrhaftigkeit, Vollständigkeit und Unverzüglichkeit von Vortrag und Erwiderung erfahrungsgemäß doch weiter. An solchen Maßstäben darf das Gericht die Auslegung und Einordnung des Parteiverhaltens messen. Daß es solche Maßstäbe auch an sich selbst legen sollte, bedarf hoffentlich keiner Betonung.

3) Geltungsbereich. Die Regeln Rn 3–65 und §§ 128 ff gelten teils in allen Verfahren nach der ZPO, auch im WEG-Verfahren. Sie gelten teils nur in denjenigen, aus denen sie sich gerade ableiten lassen, zB bei Rn 31, 38. Vgl daher bei den einzelnen Vorschriften. Ergänzend gelten §§ 169 ff GVG. In arbeitsgerichtlichen Verfahren gelten die Regeln grundsätzlich ebenfalls, §§ 46 II 1, 80 II ArbGG. Im FamFG-Verfahren gelten §§ 128 ff im Bereich des § 113 I 2 FamFG. Es gilt zB § 139 mindestens so wie im Zivilprozeß, § 139 Rn 5. Wegen des Kapitalanleger-Musterverfahrens SchlAnh VIII § 9. 3

4) Prozeßrechtsverhältnis 4

Schrifttum: *Arens,* Die Grundprinzipien des Zivilprozeßrechts, in: *Gilles,* Humane Justiz (1977) 1; *Baumann,* Grundbegriffe und Verfahrensprinzipien des Zivilprozeßrechts, 2. Aufl 1979; *Baur,* Grundlagen und Grundsätze des Zivilprozesses (Beiträge zur Gerichtsverfassung und zum Zivilprozeßrecht, 2. Kapitel), 1983; *Damrau,* Die Entwicklung einzelner Prozeßmaximen usw, 1975; *Jestaedt,* Prozeßförderungs- und Mitwirkungspflichten im Patentnichtigkeitsverfahren, Festschrift für *Piper* (1996) 695; *Kawano,* Wahrheits- und Prozeßförderungspflicht als Verhaltenspflicht der Parteien gegeneinander, Festschrift für *Henckel* (1975) 411; *Konzen,* Rechtsverhältnisse zwischen Prozeßparteien usw, 1976; *Peters,* Auf dem Wege zu einer allgemeinen Prozeßförderungspflicht der Parteien?, Festschrift für *Schwab* (1990) 399; *Schmidt,* Mehrseitige Gestaltungsprozesse bei Personengesellschaften, 1992; *Schmidt,* Das Prozeßrechtsverhältnis bei Umstrukturierung, Auflösung und Konkurs einer Handelsgesellschaft, Festschrift für *Henckel* (1995) 749.

A. Allgemeines. Die Lehre vom Prozeßrechtsverhältnis erschließt das Verständnis vieler prozessualer Vorgänge. Aus dem Prozeßrechtsverhältnis ergeben sich zahlreiche unmittelbare Rechtsfolgen. Das Prozeßrechtsverhältnis äußert sich in einer Reihe von Grundsätzen und Pflichten. Es darf nicht unklar sein. Es duldet daher grundsätzlich keine Bedingung, BGH NJW **07**, 914.

Es ist allerdings *keineswegs unstreitig,* ob, zwischen wem und mit welchem Inhalt ein Prozeßrechtsverhältnis besteht. Manche ließen ein Prozeßrechtsverhältnis nur zwischen dem Gericht einerseits, den Parteien andererseits bestehen. Andere ließen ein solches Verhältnis auch zwischen den Parteien entstehen. Man hat ein solches Verhältnis auch ganz geleugnet und den Prozeß auf sog Rechtslagen zurückgeführt, also auf bloße Aussichten, Möglichkeiten und Lasten, auf Entwicklungsstufen des Prozesses (Goldschmidt). Aus solchen bloßen Entwicklungsstufen lassen sich keine unmittelbaren Pflichten ableiten. Demgegenüber sehen manche im Prozeßrechtsverhältnis die Gesamtheit der Rechtsfolgen, welche die Prozeßordnung an die Tatsache knüpft, daß ein Prozeß begonnen hat und fortläuft. Der früher fast allgemein vertretene Standpunkt, es gebe keine prozeßrechtlichen Pflichten, war immer falsch, vgl nur § 138 I.

B. Einzelne Partei und Gericht. Die Beziehungen einer jeden einzelnen Partei zum Gericht lassen sich kaum als Prozeßrechtsverhältnis kennzeichnen. Denn diese Beziehungen sind nicht anders als die Beziehungen sonstiger Personen zu beliebigen anderen Behörden. Jede Behörde muß ihr Amt pflichtgemäß ausüben. Wer ihren Schutz beansprucht, muß sich ihren Anordnungen in einem gesetzlich bestimmten Umfang fügen und muß die Behörde in einem gesetzlich bestimmten Umfang durch seine Mitwirkung unterstützen. Insofern besteht allerdings eine Mitwirkungspflicht, wie sie auch innerhalb eines Prozeßrechtsverhältnisses vorliegt, Rn 11. Dessen ungeachtet sind solche Beziehungen zwischen der einzelnen Partei und dem Gericht eben nicht typisch prozessual. 5

C. Parteien untereinander. Das Prozeßrechtsverhältnis ist eine Beziehung zwischen mindestens zwei Parteien. Manche sehen bei bestimmten Fällen einheitlicher Gestaltungsprozesse zB nach §§ 117, 127, 133, 140 HGB auch ein mehrseitiges Prozeßrechtsverhältnis, das nicht nur jeden Streitgenossen nach § 59 mit je einem Prozeßgegner betreffe, sondern auch die Streitgenossen untereinander verbinde, Schmidt (bei Rn 3) 6

118. Die dem Prozeßrechtsverhältnis entfließenden Rechte und Pflichten wirken sich im Spannungsfeld zwischen dem Gericht und beiden Parteien aus. Deshalb entsteht das Prozeßrechtsverhältnis auch grundsätzlich erst mit der Klagerhebung nach § 253 oder mit der Zustellung der Rechtsmittelschrift an den Gegner, Mü MDR **87**, 1030, also evtl dann für diesen Rechtszug neu, Mü MDR **87**, 1030. Die bloße Einreichung der Klage begründet zunächst nur Rechtsbeziehungen zwischen dem Einreicher und dem Gericht. Solange der Gegner des Einreichers von dem Vorgang nichts weiß und nichts zu wissen braucht, kann man ihm in Bezug auf diesen Vorgang an sich weder Rechte noch Pflichten geben.

Von diesem Grundsatz gibt es allerdings erhebliche *Ausnahmen,* etwa im Verfahren auf die Bewilligung einer Prozeßkostenhilfe nach §§ 114 ff, aM Bre FamRZ **89**, 198 (förmelnd), oder im vorläufigen Verfahren auf den Erlaß eines Arrests oder einer einstweiligen Verfügung nach §§ 916 ff, 935 ff. Dort hat das Gericht schon wegen des evtl notwendigen Unterbleibens einer an sich ja nach Artt 2 I, 20 III GG (Rpfl), BVerfG **101**, 404, Art 103 I GG (Richter) notwendigen Anhörung des Antragsgegners für ihn eine Prozeßtreuhänderstellung, Düss JZ **95**, 316. Sie begründet für ihn ein Prozeßverhältnis, § 261 Rn 8, § 920 Rn 8.

7 **D. Schutzschrift.** Zur sog „Schutzschrift“, auch „vorbeugender Schriftsatz“ genannt, Köln MDR **98**, 432 (zustm Schneider), *Ehler* BB **00**, 978 (zum arbeitsgerichtlichen Verfahren); *Hirte* ZZP **104**, 64 (auch zum amerikanischen „amicus-curiae-brief“); *Wilke/Jungeblut,* Abmahnung, Schutzschrift und Unterlassungserklärung im gewerblichen Rechtsschutz, 2. Aufl 1995.

8 Das *Gesetz* sieht die Schutzschrift *nicht vor.* Sie ist schon als eine bedingte Parteiprozeßhandlung nach Rn 47, 54 sowohl dogmatisch als auch praktisch problematisch, Leipold RdA **83**, 164. Das gilt zumindest insofern, als sie auf Pflichten des Gerichts abzielt, die zumindest teilweise unbestimmt lange Zeit vor der bloßen Anhängigkeit eines Rechtsschutzgesuchs des Klägers oder Antragstellers entstehen sollen, Pastor Mü NJW **93**, 1604. Das Recht auf rechtliches Gehör setzt einen verfahrenseinleitenden Antrag voraus, Schneider MDR **98**, 433. Andernfalls müßte das Gericht jede Eingabe irgendeines Bürgers schon deshalb bearbeiten, weil er irgendwann ein Verfahren gegen sich befürchtet. Das kann nicht rechtens sein.

9 Die Schutzschrift hat sich freilich bedauerlicherweise im *Wettbewerbsrecht* eingebürgert, KG MDR **88**, 239, Deutsch GRUR **90**, 327, Teplitzky NJW **80**, 1667. Manche empfehlen sogar ihre vorsorgliche Einreichung bei jedem etwa zuständigen Gericht, ThP § 935 Rn 9, noch gar reihum per Internet. Zu diesem „Unsinn“ Herr GRUR **86**, 436. Zu welchen uferlosen Folgen die allgemeine Zulassung von Schutzschriften führen kann, zeigt sich erschreckend am Beispiel des Familienrechts, van Els FamRZ **96**, 651, oder am Gedanken, die Schutzschrift auch im Vollstreckungsverfahren einzuführen, Vogel NJW **97**, 554. Das zeigt das Ausmaß der Problematik, insbesondere bei einer Anwendbarkeit des § 32. Am ehesten kommt noch die Übersendung an den künftigen Gegner infrage, damit er sie dann nach § 138 I von Anfang an mitvortragen müsste(?). Eine Prozeßkostenhilfe kommt für sie allenfalls innerhalb des Wettbewerbsrechts in Betracht, LG Lübeck JB **05**, 265, und jedenfalls außerhalb des Wettbewerbsrechts kaum, Düss FamRZ **85**, 503. Die Kosten der Schutzschrift können erstattungsfähig sein, § 91 Rn 192.

10 **E. Klagerhebung.** Sie erfolgt durch die Zustellung der Klage. Für die Entstehung des Prozeßrechtsverhältnisses ist es grundsätzlich unerheblich, ob die Klagezustellung mangelhaft ist, § 589. Die Klagerhebung zieht den privatrechtlichen Anspruch aus dem privaten Bereich in denjenigen der Rechtsgemeinschaft. Der Kläger ruft sie in Form der Staatsgewalt an. Sie muß darüber wachen, daß Recht Recht bleibt. Das Prozeßrechtsverhältnis ist öffentlichrechtlich. Die privaten Beziehungen der Parteien untereinander während des Prozesses sind für das Prozeßrechtsverhältnis grundsätzlich unwesentlich. Das Prozeßrechtsverhältnis begründet prozessuale Pflichten. Ihre Verletzung zieht prozessuale Nachteile nach sich. Sie kann außerdem sachlichrechtliche Folgen haben. Sie kann strafbar sein.

11 **F. Mitwirkungspflicht, Obliegenheit.** Keine Partei muß wie ein Zeuge zur Vermeidung eines unmittelbaren Zwangs handeln oder Erklärungen abgeben. Nur ihr Ausbleiben kann zu einem unmittelbaren Rechtsnachteil führen, § 141. Wer sich aber an einem Verfahren nicht beteiligt, obwohl er einen anderen oder obwohl ihn ein anderer vor Gericht gezogen hat, der erleidet als „Säumiger“ erhebliche prozessuale Nachteile. Sie können bis zum Verlust des Prozesses gehen, §§ 330 ff. Wer unzureichende Erklärungen abgibt, kann entsprechende Nachteile erleiden. Insofern bestehen sehr erhebliche und weitreichende sog Obliegenheiten, Mitwirkungs-„Pflichten“ im weiteren Sinn.

12 **G. Förderungspflicht.** Während die Mitwirkungspflicht die Frage regelt, ob eine Partei überhaupt durch ihr Erscheinen und/oder durch ihre Erklärungen am Fortgang des Verfahrens mithelfen muß, regelt die Förderungspflicht der Parteien (wegen derjenigen des Gerichts § 139 Rn 8) zusammen mit dem Grundsatz der Prozeßwirtschaftlichkeit und zusammen mit der Lauterkeitspflicht nach Rn 14–16 den Umfang der erforderlichen Mitwirkung näher. Die Förderungspflicht ist die Pflicht, nach Kräften dazu beizutragen, daß das Gericht den Prozeßstoff unverzüglich voll sammeln kann. Diese Pflicht kann sich sowohl in zeitlicher Beziehung als auch in räumlicher Hinsicht und schließlich in der Art und Weise der Mitwirkung ausdrücken. In jeder dieser Beziehungen muß jede Partei während des gesamten Prozesses den Grundsatz von Treu und Glauben beachten, Einl III 54.

13 Die *Verletzung* der Förderungspflicht kann erhebliche Nachteile herbeiführen, etwa die Aufhebung der Bewilligung einer Prozeßkostenhilfe nach § 124 oder eine Zurückweisung des Vortrags wegen Verspätung, § 296. Die Verletzung der Förderungspflicht kann als Prozeßbetrug strafbar sein. Die Geltendmachung eines Rechts kann überhaupt als Rechtsmißbrauch unzulässig sein, Einl III 54. Die Förderungspflicht kann recht weit gehen. Zu ihr kann die Pflicht gehören, sich einer erbkundlichen Untersuchung zu unterwerfen, § 372 a.

Bei einem *Verstoß* gegen die Förderungspflicht sollte man allerdings nicht von einer prozessualen Verwirkung sprechen. Denn der Prozeß als ein öffentlichrechtliches Verhältnis kennt keine echte Verwirkung.

14 **H. Prozeßwirtschaftlichkeit**

Schrifttum: *Hütten,* Die Prozeßökonomie usw, Diss Würzb 1975; *Noske,* Die Prozeßökonomie als Bestandteil des verfassungsrechtlichen Grundsatzes der Verhältnismäßigkeit, Diss Mainz 1989.

Das Gericht und beide Parteien haben die Pflicht, den Prozeß möglichst *zweckmäßig* und *billig* zu gestalten, BVerfG NJW **04**, 501, BGH FamRZ **05**, 972, AG Ffm NJW **04**, 1605. Es handelt sich nicht um eine nur technische Aufgabe, sondern um eine ethische und daher auch rechtliche Pflicht des Gerichts. Das Gericht ist für die Rechtsuchenden da und nicht umgekehrt. Die Pflicht der Parteien zur Prozeßwirtschaftlichkeit ergibt sich aus dem Prozeßrechtsverhältnis, Rn 4, BGH **92**, 211, BPatG GRUR **78**, 559. Wer die Rechtsgemeinschaft anruft, muß sich einordnen. Diese Einordnung verlangt auch eine Rücksicht auf berechtigte Belange des Prozeßgegners, soweit eine solche Rücksicht zumutbar ist.

Darum muß nicht nur das Gericht, sondern auch jede Partei den *einfachsten und billigsten Weg* zur Erreichung des Ziels wählen. Jede Partei muß unter anderem darauf achten, die Prozeßkosten möglichst niedrig zu halten, § 91 Rn 31, AG Ffm NJW **04**, 1605. Auf dem Grundsatz der Pflicht zur Prozeßwirtschaftlichkeit beruhen teilweise die Wirkungen der Rechtshängigkeit und Rechtskraft. Die Grenzen der Beachtlichkeit der Prozeßwirtschaftlichkeit liegen dort, wo man grundlegende andere Erfordernisse preisgeben müßte, BGH NJW **99**, 2119.

I. Verstoß. Ein *Verstoß* gegen die Pflicht zur Prozeßwirtschaftlichkeit kann dazu führen, daß der Kläger das Rechtsschutzbedürfnis verliert, Grdz 33 vor § 253, Düss FamRZ **85**, 1153. Das gilt zB bei einer objektiven und bereits deshalb verbotenen Gerichtsstandserschleichung, Einl III 56, § 2 Rn 7, Üb 22 vor § 12, oder bei einer sonstigen Zerlegung desselben Anspruchs in Teilklagen vor verschiedenen Gerichten, AG Ffm NJW **04**, 1605. In solchen Fällen muß das Gericht die Klage durch ein Prozeßurteil ohne eine Sachprüfung als unzulässig abweisen, Grdz 14, 33 vor § 253. So kann zB eine Leistungsklage dazu führen, daß die daneben erhobene Feststellungsklage zu demselben Sachverhalt unzulässig wird. Man sollte aber das Rechtsschutzbedürfnis nicht zu schnell verneinen. Eine solche Methode wäre nämlich ein Mißbrauch des Gebots der Prozeßwirtschaftlichkeit. 15

J. Lauterkeitspflicht. Die Parteien haben ebenso wie das Gericht die Pflicht, alle ihre Handlungen, Unterlassungen und Entscheidungen in voller Aufrichtigkeit zu treffen und zu führen, also Treu und Glauben zu beachten, Einl III 54. Man kann diese Pflicht gar nicht ernst genug nehmen. Sie enthält vor allem die Wahrhaftigkeitspflicht, die § 138 besonders ausspricht. 16

K. Rechtsnachfolge. Wer zum Rechtsnachfolger einer Partei wird, wird auch ihr Rechtsnachfolger im Prozeßrechtsverhältnis. Etwas anderes gilt nur dann, wenn eine Rechtsnachfolge außerhalb der im Gesetz geregelten Fälle stattfindet, § 263. Nur in diesem letzteren Fall wirkt eine Prozeßhandlung der alten Partei nicht für oder gegen die neue. 17

5) Parteiherrschaft, Beibringungsgrundsatz, Verhandlungsmaxime 18

Schrifttum: *Bathe,* Verhandlungsmaxime und Verfahrensbeschleunigung bei der Vorbereitung der mündlichen Verhandlung, 1977; *Benedicter,* Die Sachverhaltsermittlung im Zivilprozeß, Diss Erl-Nürnb 2005 (auch rechtsvergleichend und -politisch); *Brehm,* Bindung des Richters an den Parteivortrag und Grenzen freier Verhandlungswürdigung, 1982; *Goebel,* Zivilprozeßdogmatik und Verfahrenssoziologie, 1994; *Grunsky,* Dispositionsgrundsatz und Verfahrensbeteiligung im europäischen Vergleich, Festschrift für *Baur* (1992) 25; *Hahn,* Kooperationsmaxime im Zivilprozeß? usw, 1983; *Hahn,* Anwaltliche Rechtsausführungen im Zivilprozeß, 1998; *Heinze,* Parteiherrschaft versus Richtermacht im Zivilprozeß, Festschrift für *Beys* (Athen 2004) 515; *Jacoby,* Der Musterprozeßvertrag, 2000; *Kawano,* Verfahrensstruktur und Parteiverhalten im Zivilprozess, Festschrift für *Beys* (Athen 2004) 675; *Rimmelspacher,* Zur Prüfung von Amts wegen im Zivilprozeß, 1966; *Rinsche,* Prozeßtaktik, 1987; *Schmidt-Hieber,* Richtermacht und Parteiherrschaft über offenkundige Tatsachen, Diss Freibg 1975; *Schönfeld,* Zur Verhandlungsmaxime im Zivilprozeß usw, 1981; *Stickelbrock,* Die Kollision von Prozeßmaximen im Scheidungsverbundverfahren, 1996; *Stürner,* Die Aufklärungspflicht der Parteien im Zivilprozeß, 1976; *Stürner,* Verfahrensgrundsätze des Zivilprozesses und Verfassung, Festschrift für *Baur* (1981) 647 (650); *Stürner,* Parteidisposition über das anwendbare Recht im europäischen Zivilprozess?, in: Festschrift für *Weber* (2004); *Stürner,* Parteidisposition über Anfang, Gegenstand und Umfang des Verfahrens in wichtigen europäischen Prozessordnungen, Festschrift für *Heldrich* (2005) 1061; *Stürner,* Die Informationsbeschaffung im Zivilprozess, Festgabe für *Vollkommer* (2006) 201; *Trepte,* Umfang und Grenzen des sozialen Zivilprozesses, 1994; *Ullmann,* Gedanken zur Parteimaxime im Patentverletzungsstreit usw, Festschrift für *Ballhaus* (1985) 809; *Vollkommer,* Die Stellung des Anwalts im Zivilprozeß, 1984; *Wagner,* Prozeßverträge, Privatautonomie im Verfahrensrecht, 1998.

A. Parteiherrschaft. Private Rechtsbeziehungen lassen ganz überwiegend eine freie Gestaltung durch die Beteiligten zu. Oft setzt allerdings das Gesetz dieser Freiheit Schranken. Eine gesetzliche Aufhebung dieser Gestaltungsfreiheit ist selten. Sie liegt meist dann vor, wenn die Belange der Allgemeinheit überwiegen. Das gilt zB teilweise im FamFG-Recht, Einl III 2, § 26 FamFG. Zum Patentverletzungsstreit Ullmann Festschrift für Ballhaus (1985) 809. 19

Soweit die Parteien ihre Rechtsbeziehungen frei gestalten dürfen, müssen sie das auch im Prozeß tun können, BVerfG **63**, 392. Denn der Prozeß bezweckt ja nur die Durchsetzung eines *privaten Rechts,* KG JR **82**, 170. Deshalb kann man von einer Parteiherrschaft im Zivilprozeß sprechen, BGH MDR **05**, 767. Sie ist auch ein Ausdruck des Grundrechts der informationellen Selbstbestimmung nach Artt 1, 2 GG und des statt eines Mißtrauens und statt einer verborgenen Bevormundung notwendigen Vertrauens auf die Fähigkeit des mündigen Bürgers, seine Interessen im Prinzip ganz gut darstellen und erkämpfen zu können. Die Parteiherrschaft kann zB sogar zur Unterlassung einer Termininierung nach § 216 II führen, BGH MDR **05**, 767. Soweit die Parteien freilich keine hiernach zulässigen abweichenden Regelungen treffen, gilt die ZPO als „zwingendes" öffentliches Recht, BAG MDR **83**, 1053.

Die Parteien bestimmen den Gegenstand des Prozesses grundsätzlich selbst, auch soweit sie nicht postulationsfähig sind Üb 1 vor § 78, Hamm MDR **98**, 286 (Geständnis). Freilich geschieht das meist durch ihre *Anträge.* Das Gericht darf einer Partei bis auf die Kostenfrage nichts zusprechen, was sie nicht begehrt hat, § 308 I. Mit dem Beibringungsgrundsatz, unter den man diese Regel meistens bringt, hat das nichts zu tun.

20 **B. Beibringungsgrundsatz, Verfügungsgrundsatz.** Selbst wenn zwei Parteien ihre privaten Rechtsbeziehungen grundsätzlich frei untereinander gestalten dürften, steht damit noch nicht fest, daß sie auch den Zivilprozeß völlig frei gestalten dürften. Die ZPO geht trotz zahlloser tiefgreifender Änderungen im Kern immer noch von liberalen Grundsätzen aus. Sie läßt den Parteien immer noch und bei einer genaueren Betrachtung heutzutage wieder erheblich mehr als in vergangenen Jahrzehnten eine erhebliche Macht, Bettermann ZZP **91**, 387, Herr AnwBl **85**, 187, Leipold JZ **82**, 448. Diese Macht nennt man üblicherweise den Verhandlungsgrundsatz, die *„Verhandlungsmaxime"*, BGH NJW **90**, 3151, Celle NZS **04**, 216. Kennzeichnender ist aber der Ausdruck Beibringungsgrundsatz, BGH **146**, 211. Er gilt auch im arbeitsgerichtlichen Verfahren, BAG NJW **08**, 2733.

21 Der Beibringungsgrundsatz bezeichnet die noch in einem weiten Umfang bestehende Herrschaft über das *Verfahren,* BVerfG **67**, 42. Die Herrschaft über den sachlichen *Anspruch* nennt man zweckmäßig den Verfügungsgrundsatz *(Dispositionsgrundsatz).* Die Entscheidungsfreiheit einer Partei, ob sie das Gericht überhaupt anrufen will, gehört weder zum Beibringungsgrundsatz noch zum Verfügungsgrundsatz. Sie folgt einfach daraus, daß der Staat seinen Schutz im zivilrechtlichen Bereich niemandem aufdrängt, sofern es um das Interesse der Allgemeinheit nur in zweiter Linie geht. Die Prozeß- und Entscheidungsvoraussetzungen entziehen sich der Parteiverfügung weitgehend. Derjenige Richter, der den Beibringungsgrundsatz verletzt, riskiert seine Ablehnbarkeit, LG Gött RR **01**, 64.

22 **C. Tatsachenstoff.** Der Beibringungsgrundsatz hat vor allem die Folge, daß die Parteien darüber entscheiden können, welchen Tatsachenstoff sie dem Gericht unterbreiten, also behaupten, bestreiten, zugestehen wollen, BVerfG NJW **79**, 1927, BAG NJW **08**, 2734, LG Ffm RR **01**, 589.

23 Das Gericht darf solche *Tatsachen, die die Parteien nicht vorbringen* oder nur vermuten und nicht nach § 138 behaupten, grundsätzlich *nicht berücksichtigen,* BGH NJW **01**, 1287, LG Bln NJW **78**, 1061, LG Kassel ZMR **99**, 713. Das gilt selbst dann, wenn es sich um offenkundige Tatsachen handelt, § 291 Rn 1, oder wenn ein Zeuge eine vom Beweisführer vorinstanzlich gerade nicht behauptete Tatsache der Aussage zugrundelegt, Celle NZS **04**, 216. Vgl freilich auch § 291 Rn 6. Das Gericht darf auch nicht an die Stelle nicht vorgetragener Tatsachen solche Tatsachen setzen, die sonst aufgetaucht sind. Was die Parteien übereinstimmend nicht berücksichtigt haben wollen, scheidet für die Urteilsfindung aus. Das gilt sogar in der zweiten Instanz für solche Tatsachen, die die Parteien nur in der ersten Instanz vorgebracht hatten. Dieser Grundsatz gilt auch nicht etwa deshalb nur lückenhaft, weil das Gericht zB eine von den Parteien übersehene Textstelle eines Vertrags zur Sprache bringt oder eine gerichtskundige Tatsache pflichtgemäß als solche mitteilt, aM Schneider DRiZ **80**, 221 (aber er prüft nicht genügend, wie weit man den Begriff der Beibringung ziehen muß).

24 Andererseits *bindet* eine *übereinstimmend* vorgetragene Tatsache das Gericht, LG Bln NJW **78**, 1061, Cahn AcP **198**, 36, aber nur der reine Tatsachenvortrag, nicht eine etwa übereinstimmende rechtliche Beurteilung beider Parteien, Rn 35, BGH NJW **78**, 1255. Vgl aber auch § 138 Rn 28.

25 **D. Durchbrechung des Beibringungsgrundsatzes: Allgemeines,** dazu *Stackmann* NJW **07**, 3521 (Üb): Der Gesetzgeber hat den Beibringungsgrundsatz fortlaufend abgeschwächt. Er hat ihn allerdings *keineswegs* restlos *abgeschafft,* Bettermann ZZP **91**, 390, aM Baur AnwBl **86**, 424 (er spricht von einer „Richterherrschaft"), Schmidt Festschrift für Schneider (1997) 203 (er spricht in einer schlimmen Verkennung der Würde der Parteien nach Rn 27 von einem „inhaltlosen Schlagwort"), Wassermann DRiZ **83**, 5 (er spricht beim richtigen Hinweis auf die Notwendigkeit einer „anregenden Verhandlungsleitung" verfehlt von einer heute nur noch „angeblichen" Verhandlungsmaxime. Die Praxis zeigt täglich auch das genaue Gegenteil).

26 **E. Keine Sozialautonomie.** Daran ändern auch die an sich bedingt wünschenswerten, in der Praxis aber zeitweise zum Teil unerfreulich zugenommenen Richtungen nichts, statt von der Privatautonomie im Zivilpropzeß von einer *„Sozialautonomie"* zu sprechen, Schmidt JZ **80**, 153, oder vom „bürgerlichen Prozeß" zum „sozialen Prozeß" zu kommen, Wassermann AnwBl **83**, 482, oder zum „Runden Tisch" als Konfliktlösungsform zu führen, Greger DRiZ **05**, 28, Wassermann NJW **98**, 1686, oder von einer „Kooperationsmaxime" zu sprechen, ähnlich Greger, Kooperation als Prozessmaxime, in: Gottwald/Greger/Prütting, Dogmatische Grundfragen des Zivilprozesses im geeinten Europa (2000), Hamacher DRiZ **85**, 331, Reischl ZZP **116**, 81, oder vom „Servicebetrieb Justiz", zu schwärmen, Marly, Wettbewerbsprozeß und kommunikatorisches Verfahren usw, 1988, oder gar die Ziviljustiz „als Reservat des Obrigkeitsstaats" zu beschreiben, Greger JZ **97**, 1079, und schließlich (Hahn) den Zeugenbeweis von Amts wegen in das Gesetz hineinzulesen. Gegen seine Vorstellung vom Prozeß als einer „Arbeitsgemeinschaft" Henckel, Gedächtnisschrift für Bruns (1980) 125. Birk NJW **85**, 1496 spricht von einer „Arbeitsteilung", aM Brinkmann NJW **85**, 2460, Herr DRiZ **85**, 349 (aber ungeachtet einer ständigen Arbeitsteilung in jedem Prozeß liegt der Kern im beantragten Urteil).

Vielmehr zeigt das Gesetz überall, daß der Zivilprozeß in erheblichem Umfang der *Prozeß zweier Parteien* ist, die um ihr Recht miteinander streiten mögen und an dessen objektiv gerechtem Ausgang die Allgemeinheit durch das Gericht nur in begrenztem Maße interessiert ist, nämlich nur insoweit, als die Parteien die Allgemeinheit nicht übermäßig lange oder übermäßig umfangreich in Anspruch nehmen.

27 Gerade das entspricht der auch in Artt 1, 2 GG den Richter verpflichtenden *Würde* der Parteien als der eigentlichen Herren des Zivilprozesses weit eher als allzu „soziale" Bevormundungen. Deren Befürworter verwechseln die Herrschaft der Parteien über den Anspruch mit ihrer notgedrungen nur eingeschränkten Herrschaft über das Wo, Wann und Wie seiner verfahrensmäßigen Durchsetzbarkeit, Rn 2, Herr DRiZ **88**, 57, Stürner JZ **86**, 1095 und Festgabe für Vollkommer (2006) 206.

Deshalb verdienen auch weder die bewußten Versuche einer versteckten oder direkten *„Sozialisierung"* des Zivilprozesses noch die ihnen im Ergebnis nahezu gleichstehenden Bemühungen eine Unterstützung, ständig nur *einer* Komponente der Rechtsidee, der Gerechtigkeit, vor den anderen Komponenten der Zweckmäßigkeit und Rechtssicherheit den Vorrang einzuräumen. Vgl auch § 296 Rn 2. Dabei hat das Wort Gerechtigkeit oft ohnehin nur eine weltanschaulich mitgeprägte wolkige Bedeutung ohne eine ausreichende Einbeziehung der gerade sozialen Einbindung in jene anderen Bestandteile der Rechtsidee. Abschwächungen des Beibringungsgrundsatzes finden sich etwa in den folgenden Beziehungen.

F. Aufklärungspflicht. Das Gericht hat im Rahmen seiner Aufgabe der Prozeßleitung eine Frage- und Aufklärungspflicht, Üb 7 vor § 128 und § 139. Diese besteht aber trotz Artt 2 I, 20 III GG (Rpfl), BVerfG **101**, 404, Art 103 I GG (Richter) nicht allgemein und umfassend, BVerfG **42**, 79, 85, BGH **85**, 291. Die Parteien haben eine Wahrhaftigkeitspflicht, § 138 I. 28

G. Beweiserhebung von Amts wegen. Das Gericht darf von Amts wegen anordnen, daß im Zivilprozeß der Beweis des Augenscheins oder der Sachverständigenbeweis erfolgen soll, § 144. In einem Verfahren mit dem Amtsermittlungsgrundsatz nach Rn 38 darf das Gericht alle Arten von Beweis von Amts wegen erheben. Das gilt auch in einer Baulandsache nach § 221 II BauGB trotz des dort abgeschwächten Ermittlungsgrundsatzes. 29

H. Zurückweisungspflicht. Das Gericht darf und muß unter Umständen ein verspätetes Vorbringen zB nach §§ 296, 531 zurückweisen. Das gilt selbst dann, wenn beide Parteien um die Berücksichtigung des verspäteten Vortrags bitten. Denn der Parteiherrschaft unterliegt nur die Frage, welche Tatsachen die Parteien wann vorbringen, nicht aber die Frage, mit welchem Grad von Sorgfalt das Gesetz ihr Tun mißt, aM Schneider NJW **79**, 2506 (aber damit würde man jede prozessuale Sorgfalt der Willkür der Parteien überlassen, statt sie vor allem dem Gericht aufzuerlegen). 30

I. Ermittlung im FamFG-Verfahren. In ihm besteht in einem erheblichen Umfang der Grundsatz der Ermittlung von Amts wegen, Rn 38, §§ 26, 127 FamFG. Das gilt also im Aufgebotsverfahren nach §§ 433 ff FamFG und während der Zwangsvollstreckung, Grdz 37 vor § 704. Wegen des arbeitsgerichtlichen Beschlußverfahrens Fenn Festschrift für Schiedermair (1976) 139. Abgeschwächt gilt dieser Grundsatz auch in einer Baulandsache, § 221 I, II BauGB. 31

J. Prüfung in sonstigen Verfahren. Im Bereich Rn 39 muß das Gericht Vorgänge und Umstände unabhängig vom Parteiwillen beachten. Das gilt etwa für die Rechtskraft nach Einf 23 vor §§ 322–327 oder für eine anderweitige Rechtshängigkeit, § 261 III Z 1, BGH NJW **89**, 2064. 32

K. Wahrheitspflicht. Trotz des Beibringungsgrundsatzes gilt die Wahrhaftigkeitspflicht der Parteien, § 138 I. Sie bedeutet freilich nicht, daß die Partei nur solche Tatsachen vortragen darf, die sie höchstwahrscheinlich oder sicher kennt, BGH VersR **85**, 545. 33

L. Informationspflicht. Es kann eine Amtspflicht des Gerichts bestehen, einen Betroffenen von der Einleitung einer Klage gegen einen anderen oder Mitbetroffenen zu informieren. Solche Pflicht besteht etwa wegen Art 103 I GG gegenüber einem Mitgesellschafter, BVerfG **60**, 14. 34

M. Würdigungsfreiheit des Gerichts. Der Beibringungsgrundsatz besagt nur, daß die Parteien die Herrschaft über den Tatsachenstoff haben. Das Gericht behält die alleinige Entscheidungsfreiheit über die Würdigung der beigebrachten Tatsachen in tatsächlicher und rechtlicher Hinsicht: da mihi facta, dabo tibi ius. Das Gericht kann also einen rechtlichen Gesichtspunkt grundsätzlich auch dann heranziehen, wenn keine Partei ihn für erheblich hält oder wenn beide Parteien meinen, das Gericht dürfe ihn nicht beachten. Das Gericht darf dann freilich keine Überraschungsentscheidung treffen, § 139 Rn 36. 35

Eine Ausnahme von dieser Auswirkung mag etwa dann bestehen, wenn es um die Frage geht, ob das Gericht eine *Verjährung* beachten darf. Denn es muß dem Schuldner freistehen, die Einrede der Verjährung geltend zu machen. Sie bedeutet ja ein bloßes Leistungsversteigerungs*recht*, § 214 I BGB. Das Gericht darf eine beigebrachte Tatsache anders als die Parteien würdigen. Das gilt sowohl für die tatsächliche Beurteilung wie etwa für die Prüfung der Glaubhaftigkeit einer Erklärung als auch für die rechtliche Einordnung.

Das Gericht darf und muß Erklärungen der Partei und Urkunden frei *auslegen,* Rn 52. Es ermittelt und benutzt etwaige Erfahrungssätze grundsätzlich nach einem eigenen Befinden. Das gilt auch im Bereich des sog Anscheinsbeweises, Anh § 286 Rn 15. Die etwaige Frage- und Erörterungspflicht des Gerichts nach § 139 ändert an dieser grundsätzlichen Würdigungsfreiheit nichts. 36

Die Parteien können also zB das *Gericht nicht dazu zwingen,* einen nach seiner Auffassung nichtigen Grundstückskaufvertrag als einen gültigen Vertrag zu behandeln. Was eine Partei vorträgt, muß sie umgekehrt regelmäßig auch dann gegen sich gelten lassen, wenn sie die Rechtsfolge ihres Tatsachenvortrags nicht eintreten lassen möchte.

N. Verstoß. Ein Verstoß gegen die Parteiherrschaft oder den Beibringungsgrundsatz ist ein wesentlicher Verfahrensmangel. Man sollte solchen Verstößen möglichst frühzeitig entgegentreten, Stackmann NJW **07**, 3526. Dieser Verstoß kann aber durch einen Verzicht oder nach § 295 heilen, BGH VersR **77**, 1125. 37

O. Amtsermittlung im einzelnen. Im Gegensatz zum Beibringungsgrundsatz steht der Amtsermittlungsgrundsatz (Inquisitionsgrundsatz), Rn 31. Man muß ihn wiederum von dem Grundsatz einer bloßen Prüfung von Amts wegen nach Rn 39 unterscheiden. 38

Der Amtsermittlungsgrundsatz nötigt das Gericht zu einer Ermittlung der entscheidungserheblichen Tatsachen und sonstigen Umstände *von Amts wegen,* BGH JZ **91**, 371, Stgt FamRZ **95**, 1161. Er beherrscht den Strafprozeß, das Bußgeldverfahren, in großem Umfang auch das FamFG-Verfahren, (jetzt) §§ 26, 127 FamFG, BGH JZ **91**, 371, Düss RR **95**, 1219, und daher auch das Aufgebotsverfahren, §§ 433 ff FamFG, also das sog Ermittlungsverfahren (Offizialverfahren). Er hat aber auch im Zivilprozeß eine gewisse Bedeutung. Das gilt etwa dann, wenn das Gericht im Zusammenhang mit der Klärung von Schadensersatzansprüchen den Ausgang eines stattgefundenen oder nur zu unterstellenden Vorprozesses nur mithilfe fremder Verfahrensordnungen feststellen kann. Zu seiner Bedeutung im Patentnichtigkeitsverfahren Schmieder GRUR **82**, 348. Wegen einer Markensache §§ 73 ff MarkenG.

P. Amtsprüfung im einzelnen. Man muß den Grundsatz der Amtsprüfung (Offizialprüfung, Prüfung von Amts wegen) vom Ermittlungsgrundsatz nach Rn 38 unterscheiden, Rn 32. Bei einer Amtsprüfung findet *keine amtliche Untersuchung* statt. Das Gericht macht vielmehr nur von Amts wegen nach § 139 III auf gewisse Bedenken aufmerksam, BVerfG NJW **92**, 361, BGH NJW **95**, 1354, Zweibr MDR **98**, 123. Das übersieht Zweibr FamRZ **98**, 1446. Das Gericht fordert daher die Parteien auf, diese Bedenken durch 39

Nachweise zur Gewißheit zu machen oder zu entkräften, BVerfG NJW **92**, 361, BGH NJW **76**, 149. Im Rahmen einer Amtsprüfung muß das Gericht eine volle Überzeugung von der Wahrheit desjenigen Punkts erlangen, der der Amtsprüfung unterliegt, Ffm Rpfleger **80**, 70, also ohne eine Bindung an ein Geständnis nach § 288, Balzer NJW **92**, 2722, und unabhängig von einem Verzicht nach § 306 oder von einer Säumnis, §§ 330 ff, BGH NJW **76**, 149. In einem Eilverfahren nach §§ 916 ff, 935 ff oder nach §§ 49 ff FamFG genügt meist statt einer vollen Überzeugung derjenige Grad von Wahrscheinlichkeit, der zur Glaubhaftmachung ausreicht, § 294.

40 Die Amtsprüfung findet vor allem im Zusammenhang mit der Prüfung der *Zulässigkeit* des Prozesses statt, ferner bei § 56, dort Rn 4, oder im Zusammenhang mit der Prüfung der Zulässigkeit einer Prozeßhandlung. Sie findet ferner bei der Prüfung der Rechtskraft statt, Einf 23 vor §§ 322–327, oder bei der Prüfung der Rechtshängigkeit, § 261 III Z 1, BGH NJW **89**, 2064. Darüber hinaus benutzt man den Ausdruck Amtsprüfung oft bei der Klärung der Voraussetzungen einer Rechtsanwendung. Das gilt etwa bei der Prüfung einer Notfrist nach § 224 I 2, BGH NJW **76**, 149. Ferner hat die Amtsprüfung eine Bedeutung bei der Würdigung eines Beweisergebnisses nach § 286. Hier entfällt eine Einwirkungsmöglichkeit der Parteien weitgehend, §§ 452, 439, 391. Vgl auch § 127 FamFG.

41 **6) Rechtliches Gehör**

Schrifttum: *Schwartz,* Gewährung und Gewährleistung des rechtlichen Gehörs usw, Diss Bln 1977; *Waldner,* Der Anspruch auf rechtliches Gehör, 1989. Zu den Sanktionen *Henckel* ZZP **77**, 321. Vgl auch Einl III 19, 24.

A. Verfassungsgebot. Das rechtliche Gehör oder ein faires Verfahren (Rpfl) ist ein Verfassungsgebot, Artt 2 I, 20 III GG (Rpfl), BVerfG **101**, 404, Art 103 I GG (Richter), Einl III 16–20, BVerfG **42**, 367. Das rechtliche Gehör ist ein Eckpfeiler des gesamten Zivilprozeßrechts und jedes geordneten Verfahrens, auch zB des FamFG-Verfahrens. Das Gericht darf eine jede Entscheidung grundsätzlich nur im Anschluß an eine ausreichende Anhörung beider Parteien treffen. Diesen Grundsatz beachtet die Praxis vielfach noch zu wenig. Er durchzieht jede einzelne einfache Verfahrensvorschrift. Er hat ihr gegenüber den *Verfassungsvorrang,* Däubler JZ **84**, 357. Ihn durchbrechen nur wenige Ausnahmen.

Das rechtliche Gehör erfolgt dann, wenn das Gesetz nach § 128 Rn 4 eine mündliche Verhandlung vorschreibt, grundsätzlich nur mündlich ausreichend. Soweit das Gesetz dem Gericht die Durchführung einer mündlichen Verhandlung nach § 128 IV freistellt oder ein schriftliches Verfahren nach § 128 II zuläßt oder anordnet, darf das Gericht das Gehör auch *schriftlich* gewähren, Nürnb MDR **82**, 943, Geffert NJW **78**, 1418.

42 **B. Gelegenheit zur Äußerung.** Das rechtliche Gehör besteht darin, daß der Betroffene eine ausreichende Gelegenheit erhält, sich sachlich zu äußern, BVerfG **42**, 367. Das Gericht darf der Entscheidung demgemäß nur solche Tatsachen, Beweisergebnisse und nach § 139 II auch nur solche rechtlichen Gesichtspunkte zugrunde legen, zu denen die Beteiligten ausreichend Stellung nehmen konnten. Wie lange Zeit eine Partei benötigt, um ausreichend Stellung nehmen zu können, das hängt natürlich von den gesamten Umständen ab. Gesetzliche Mindestfristen reichen unter dem Gesichtspunkt des Art 103 I GG nicht immer aus. Sie sind aber als Rahmenbedingungen des Gesetzgebers immerhin erhebliche Anhaltspunkte dafür, welche Fristen das Gericht oberhalb der gesetzlichen Mindestfristen im allgemeinen als ausreichend ansehen darf. Soweit eine Partei von dem ihr gewährten rechtlichen Gehör keinen Gebrauch macht, läuft das Verfahren fort. Die Partei muß unter Umständen in einem zumutbaren Umfang im Rahmen der Prozeßregeln um das Gehör bitten, bevor sie einen Verstoß gegen Artt 2 I, 20 III GG (Rpfl), BVerfG **101**, 404, Art 103 I GG (Richter) rügen kann. Das gilt zB dann, wenn das Gesetz die Verlesung einer Aussage nicht vorschreibt, BVerwG NJW **76**, 1283.

Das Gericht muß die Gewährung des rechtlichen Gehörs im Fall einer mündlichen Verhandlung im *Protokoll* feststellen, § 160 II. In anderen Fällen muß es die Gewährung des rechtlichen Gehörs in einem Aktenvermerk feststellen. Bei § 29 IV FamFG genügt eine „Aktenkundigkeit".

43 **C. In jeder Lage.** Das Gericht muß die Notwendigkeit auch eines erneuten rechtlichen Gehörs *in jeder Lage* des Verfahrens von Amts wegen prüfen, Rn 39. Diese Notwendigkeit kann sich unter Umständen erst in einem fortgeschrittenen Prozeßstadium ergeben. Wenn zB zunächst die Voraussetzungen einer öffentlichen Zustellung nach §§ 185 ff vorlagen und wenn das Gericht dann die neue Anschrift des zunächst Unbekannten erhält, muß das Gericht ihm jetzt noch eine ausreichende Gelegenheit zu einer Äußerung geben.

44 **D. Keine Überspannung.** Man sollte nun allerdings das Gebot des rechtlichen Gehörs auch *nicht überstrapazieren.* Das Gericht kann insbesondere von einer anwaltlich vertretenen Partei erwarten, aber auch von einem nicht rechtskundig beratenen Prozeßbeteiligten erhoffen, daß er im Rahmen seiner Pflichten aus dem Prozeßrechtsverhältnis nach Rn 4 mitdenkt, mithandelt und mitreagiert. Das Gericht braucht nicht wegen jeder winzigen Veränderung der tatsächlichen oder rechtlichen Situation oder wegen jeder sonstigen Einzelheit ängstlich zu einer solchen Stellungnahme aufzufordern, die bei einer vernünftigen Betrachtung schon durch das bisherige Verhalten der Partei zumindest stillschweigend zum Ausdruck gekommen ist.

45 **E. Verstoß.** Wenn das Gericht das rechtliche Gehör nicht oder nicht in der richtigen Weise gewährt hat, liegt darin ein wesentlicher Verfahrensmangel, BVerfG **42**, 373. Das gilt zB: Dann, wenn das Gericht einen eingereichten Schriftsatz nicht beachtet, § 286 Rn 14, BVerfG DRiZ **78**, 282, besonders wenn es ihn trotz § 222 II als zu spät beurteilt, obwohl er nach einer nur scheinbar an einem Feiertag abgelaufenen Frist am darauf folgenden Werktag eingegangen ist, BVerfG NJW **65**, 579; wenn das Gericht die Sache unkorrekt aufgerufen hatte, BVerfG JZ **77**, 22 (OWiG); wenn es nur *einer* Partei das rechtliche Gehör gewährt hatte; wenn es den Betroffenen nicht vor der Verhängung einer Verzögerungsgebühr nach § 38 GKG angehört hatte. Ein etwaiger Mangel ist gleichwohl heilbar. Die Partei könnte ja sogar ein Versäumnisurteil hinneh-

men. Dann kann sie auch auf ihr rechtliches Gehör verzichten. Eine Rechtsmittelfrist läuft unabhängig vom Verstoß, BGH FamRZ **01**, 830. Vgl auch § 139.

7) Prozeßhandlung 46

Schrifttum: *Beys,* Stillschweigend vorzunehmende Prozeßhandlungen?, Festschrift für *Baumgärtel* (1990); *Fenge,* Prozeßrecht und materielles Recht als Teilsystem einer Rechtsordnung, in: Rechtstheorie, Beiheft 10 (1986) 251; *Gaul,* „Prozessuale Betrachtungsweise" und Prozeßhandlungen in der Zwangsvollstreckung, Gedächtnisschrift für *Arens* (1993) 89; *Orfanides,* Die Berücksichtigung von Willensmängeln im Zivilprozeß, 1982; *Schwab,* Probleme der Prozeßhandlungslehre, Festschrift für *Baumgärtel* (1990) 503; *Stadlhofer-Wissinger,* Das Gebot in der Zwangsversteigerung – eine nicht anfechtbare Prozeßhandlung, 1993; *Wagner,* Prozeßverträge, Privatautonomie im Verfahrensrecht, 1998; *Weber,* Prozessuale Regelungen im materiell-rechtlichen Gewand, 1988; *Würthwein,* Umfang und Grenzen des Parteieinflusses auf die Urteilsgrundlagen im Zivilprozeß, 1977.

A. Allgemeines. Unter den Oberbegriff der prozeßrechtlichen Tatsachen fallen Prozeßhandlungen und andere Umstände, wie der Tod eines Beteiligten oder die Eröffnung eines Insolvenzverfahrens über sein Vermögen. Prozeßhandlung im weiteren Sinn ist eine auf die Prozeßentwicklung gerichtete Handlung des Gerichts, BGH **134**, 389, oder einer Partei gegenüber einer Partei, BGH VersR **89**, 602, oder gegenüber dem Gericht. Zur Prozeßentwicklung gehören die Einleitung, die Führung und die Beendigung des Prozesses. Nicht dazu gehört aber die Vorbereitung der Einleitung, soweit nicht ihr Ziel die unmittelbare Einleitung ist, wie bei der Bestellung eines ProzBev, § 80 Rn 6. Zu den Handlungen gehören auch Unterlassungen, bei denen die Handlungen mit dem Willen der Parteien unterbleiben. Etwas anderes gilt bei solchen Handlungen, die ohne den Willen der Parteien unterbleiben, bei denen es sich also um ein bloßes Unterbleiben handelt. Das zeigen die §§ 44 IV, 296 II, 510, 531 II. Sie gehen ja von einem subjektiven Verhalten aus. Den Handlungen der Parteien stehen diejenigen ihrer gesetzlichen Vertreter, ProzBev und Beistände gleich, BGH BB **02**, 1067.

B. Parteiprozeßhandlung. Prozeßhandlung im engeren und gewöhnlichen Sinn ist nur eine solche, die eine Partei vornimmt, nicht eine solche, die das Gericht vornimmt. Die Einteilung der Prozeßhandlungen in reale Handlungen oder Realakte, BGH NJW **83**, 123, Willenserklärungen und Wissenserklärungen führt im allgemeinen zu nichts. Eine Ausnahme gilt zB bei § 840 Rn 10. Eine reale Handlung, zB die Einreichung eines Schriftsatzes, gibt ja auch einen Willen kund. Auch die Einteilung in Prozeßrechtsgeschäfte und Prozeßrechtshandlungen führt in der Praxis kaum weiter. 47

C. Rechtsgeschäft, Prozeßvertrag, dazu *Jacoby,* Der Musterprozeßvertrag, 2000; *Wagner,* Prozeßverträge, 1998: Man muß von der Prozeßhandlung das sachlichrechtliche Rechtsgeschäft über prozessuale Beziehungen unterscheiden, also den Prozeßvertrag, BVerwG JB **99**, 599. Ein solches Rechtsgeschäft ist immer dann zulässig, wenn es nicht in die Justizhoheit oder in gesetzlich geregelte Tätigkeiten der Staatsorgane eingreift, Einl III 10, BGH NJW **01**, 2551, Häsemeyer AcP **188**, 163, Teubner/Künzel MDR **88**, 726, und wenn es nicht sittenwidrig ist, BGH **109**, 28. Es unterliegt auch im Anwaltsprozeß keinem Anwaltszwang, § 78 Rn 1, BGH RR **87**, 307, Saarbr FamRZ **92**, 111. 48

D. Beispiele zur Frage der Zulässigkeit eines Prozeßvertrags 49

Arglist: *Unzulässig* ist sie auch hier, wie stets, Einl III 54, § 269 Rn 10, BGH RR **87**, 307, großzügiger Teubner/Künzel MDR **88**, 726.

Begründungsverzicht: Zulässig ist die Vereinbarung der Parteien, gegenüber dem Gericht auf dessen Begründung seiner Entscheidung zu verzichten, § 313 a I, Ffm NJW **89**, 841.

Beweisbeschränkung: Zulässig ist ihre Vereinbarung, BGH **109**, 29.

Beweiswürdigung: *Unzulässig* ist eine Vereinbarung mit einem Eingriff in die Freiheit der richterlichen Beweiswürdigung nach § 286, Köln OLGR **97**, 66, oder in das Beweismaß. Musielak NVZ **90**, 468.

Geständnis: Zulässig ist ein vereinbartes Geständnis, BGH NJW **01**, 2551, Drsd FamRZ **02**, 681.

Klagänderung: Zulässig ist ihre Vereinbarung.

Klagerücknahme: Zulässig ist die Vereinbarung einer Klagerücknahme nach § 269, BGH RR **87**, 307.

Klagerweiterung: Zulässig ist ihre Vereinbarung.

Klageverzicht: Zulässig ist ein vereinbarter Verzicht auf eine Klagemöglichkeit, BGH FamRZ **82**, 784, BAG BB **85**, 1071 (Ausgleichsquittung).

Mediationsvertrag: Zulässig ist ein solcher Vertrag mit einer Vertraulichkeitsklausel, Eckardt/Dendorfer MDR **01**, 790, Wagner NJW **01**, 1498 (er ist dann freilich vor Gericht evtl nur bedingt verwendbar, schon wegen der grundsätzlichen Öffentlichkeit einer etwaigen mündlichen Verhandlung, § 169 GVG, vgl allerdings auch § 171 b GVG). 50

Musterprozeß: *Unzulässig* sein kann eine Vereinbarung außerhalb des KapMuG, SchlAnh VIII, über die Maßgeblichkeit und alleinige Zulässigkeit eines Musterpozesses, (zum alten Recht) BGH BB **84**, 1575.

Rechtsmittelrücknahme: Zulässig ist die Vereinbarung einer Rechtsmittelrücknahme nach § 516, BGH RR **87**, 307, Aden BB **85**, 2282.

Rechtsmittelverzicht: Zulässig ist wohl auch ein solcher vereinbarter Verzicht nach § 515, BGH **109**, 28, Brschw MDR **01**, 1009 (abl Schneider), Naumb FamRZ **01**, 831, aM BGH VersR **89**, 602 (einseitige Parteiprozeßhandlung, auch wenn gegenüber dem Gegner erklärt. Einen solchen Verzicht kann man aber jedenfalls auch vereinbaren).

Sprungrevision: Zulässig ist die Vereinbarung, daß der Verlierer statt der Berufung nur eine Sprungrevision einlegen darf, BGH NJW **86**, 198.

Verfahrensart: Zulässig ist in den gesetzlichen Grenzen zB nach dem FamFG ihre Vereinbarung sowie das Absehen von einer bestimmten Prozeßart, BGH **109**, 28.

Weiterer Anspruch: Zulässig ist die Vereinbarung der Einbeziehung eines weiteren Anspruchs in denselben Prozeß.

Widerklage: Zulässig ist ihre Vereinbarung.

51 **E. Form.** Man darf und muß jede Prozeßhandlung nach dem deutschen Recht beurteilen. Das gilt unabhängig davon, wo sie erfolgte. Es entscheidet der Zeitpunkt der Vornahme der Prozeßhandlung. Über die Form einer Prozeßhandlung läßt sich nichts Allgemeines sagen. Die Prozeßhandlung muß zum Prozeßvorgang und damit grundsätzlich zu den Gerichtsakten erfolgen. Eine Erklärung zum Protokoll ersetzt regelmäßig eine etwa notwendige Schriftform. Soweit die Beteiligten eine Schriftform vereinbart haben, richtet sie sich nicht nach dem BGB, aM BGH FamRZ **01**, 1704 (aber für die Beurteilung einer Prozeßhandlung ist das Prozeßrecht die einzige Quelle, Rn 52). Mangels der Notwendigkeit einer Schriftform kann auch eine stillschweigende Parteiprozeßhandlung vorliegen und wirksam sein, Jena FamRZ **03**, 1843.

52 **F. Auslegung.** Deshalb darf und muß auch das Gericht in jeder Lage des Verfahrens eine Prozeßhandlung des Gerichts wie einer Partei oder eines sonstigen Prozeßbeteiligten frei nachprüfen, § 286, BGH GRUR **01**, 1036. Der BGH ist also nicht an die Auffassung des Berufungsgerichts gebunden, BGH FamRZ **01**, 1704, BAG MDR **83**, 1053. Das Gericht muß zwar den Willen der Partei möglichst erforschen, BGH GRUR **01**, 1036, etwa durch eine Befragung. Es kommt aber nur derjenige Wille in Betracht, den die Erklärung verkörpert, BGH NJW **94**, 1538, BFH BB **79**, 362.

Auslegen darf und muß das Gericht den Parteiwillen daher mangels seiner eindeutigen Formulierung zur Klärung des wahren Inhalts, BGH BB **08**, 1141, BAG NJW **08**, 1900, Hamm DGVZ **08**, 64. Maßstab ist dasjenige, was vernünftig ist und der recht verstandenen Interessenlage entspricht, BGH NJW **05**, 3415, BPatG FamRZ **04**, 1713, Drsd FamRZ **02**, 681. Dabei muß das Gericht jede Kleinlichkeit vermeiden, Einl III 40, Anh § 307 Rn 11. Ein klarer Wortlaut und Sinn bindet, wie beim Gesetz, Einl III 39, Zweibr RR **01**, 1653, Henke ZZP **112**, 437. Insoweit kann auch eine Umdeutung zB eines unzulässigen Rechtsbehelfs in einen zulässigen anderen notwendig sein, BGH NJW **83**, 2200, Karlsr RR **88**, 1337. Ebenso kann die Umleitung einer unwirksamen Rechtsmittelrücknahme in einen Rechtsmittelverzicht infrage kommen, BGH BB **02**, 1067, oder die Umdeutung einer unzulässigen Nachforderungsklage in eine zulässige Abänderungsklage, BGH FamRZ **04**, 1713. Nur die Vorschriften des sachlichen Rechts sind bei der zulässigen Auslegung unanwendbar, OGB BGH **75**, 348, zumindest mißverständlich BGH NJW **91**, 1176, BVerwG JZ **90**, 824 (das sachliche Recht sei direkt oder entsprechend anwendbar), aM BAG NJW **82**, 1174, Teubner/Künzel MDR **88**, 726 (vgl aber Rn 51). Bei alledem darf die Auslegung nicht eine nachlässige Partei zulasten des korrekten Gegners begünstigen, BGH BB **03**, 1866.

53 **G. Berichtigung.** Eine Berichtigung einer Prozeßhandlung wegen eines offenbaren Irrtums ist ausnahmsweise zulässig, BGH NJW **88**, 2541, BVerwG NVwZ-RR **05**, 739. Doch muß bei einer empfangsbedürftigen Prozeßhandlung die Unrichtigkeit dem Empfänger irgendwie erkennbar gewesen sein, BVerwG NVwZ-RR **05**, 739. Fast alle Prozeßhandlungen sind empfangsbedürftig.

54 **H. Unbedingtheit.** Eine Prozeßhandlung läßt grundsätzlich keine Bedingung zu, soweit die Prozeßhandlung eine Einleitung oder Beendigung eines Prozesses oder einer Instanz usw betrifft. Denn dann verträgt sie keinen Schwebezustand, BGH RR **90**, 68, BVerwG NJW **06**, 2648, BayObLG **87**, 49, aM Karlsr FamRZ **90**, 84 (die sog bloße Rechtsbedingung sei unschädlich. Aber man muß auf die Rechtssicherheit achten, Einl III 43).

Beispiele: Es gibt keinen bedingten Antrag, Zweibr FamRZ **82**, 1094; keine bedingte Klage, Drsd RR **00**, 903 (wegen der ausnahmsweisen Zulässigkeit einer Klage „nur bei Bewilligung von Prozeßkostenhilfe" usw § 117 Rn 7–11); keine bedingte Klagerücknahme (vgl wegen der etwa erforderlichen Einwilligung des Bekl aber § 269 Rn 17–21); keine bedingte Erledigterklärung, § 91 a, OVG Kblz JZ **77**, 796; keine bedingte Berufung (freilich ist auch hier eine Auslegung nötig, BGH FamRZ **01**, 1704, Pantle NJW **88**, 2775 für den Fall der Zweitberufung wegen einer etwaigen Fehlerhaftigkeit der ersten); keinen bedingten Scheidungsantrag, Ffm FamRZ **78**, 432; keine bedingte Erinnerung, Düss AnwBl **78**, 234; keine bedingte Streithilfe, § 66; keine bedingte Streitverkündung, § 72, BGH MDR **89**, 539; keine Berufung nur für den Fall der Unzulässigkeit der gleichzeitig eingelegten sofortigen Beschwerde.

55 **I. Hilfsvortrag.** Zulässig ist aber ein Hilfs-(Eventual-)Vorbringen für den Fall der Erfolglosigkeit des in erster Linie Vorgebrachten, § 260 Rn 8. Diese Möglichkeit besteht zB bei einem Klagegrund oder bei einer Einrede. Vereinzelt läßt die ZPO auch sonst eine Bedingung zu. KG OLGZ **77**, 130 läßt eine Beschwerde unter der Bedingung zu, daß überhaupt eine Entscheidung vorliege. Über eine bedingte Widerklage § 253 Rn 3, Anh § 253 Rn 11. Eine unzulässige Bedingung macht die ganze Prozeßhandlung unwirksam. Zur Genehmigung einer unwirksamen Prozeßhandlung § 56 Rn 9, 10, § 78 Rn 33, 34. Zum Begriff der Prozeßhandlungsvoraussetzung Grdz 18 vor § 253.

56 **J. Willensmangel.** Der Willensmangel einer Partei ist bei einer Prozeßhandlung unerheblich, soweit nicht das Gesetz einen Widerruf usw ausdrücklich gestattet. Die Grundsätze des sachlichen Rechts über eine Nichtigkeit oder Anfechtbarkeit sind in diesem Zusammenhang *nicht* einmal sinngemäß *anwendbar*, BGH FamRZ **07**, 375 links, Düss RR **99**, 1514, Naumb FamRZ **01**, 831 (Rechtsmittelverzicht). Eine Vortäuschung (Simulation) ist unbeachtlich. Denn sie ist unerkennbar. Billigkeitserwägungen dürfen im Prozeß nicht zur Untergrabung der Rechtssicherheit führen, Einl III 43, Karlsr NJW **75**, 1933. Auch die Vorschriften über eine Schikane sind unanwendbar. Möglicherweise besteht dann allerdings kein Rechtsschutzbedürfnis, Grdz 33 vor § 253. Freilich hat man das Problem der Heilbarkeit einer fehlerhaften Prozeßhandlung noch nicht voll durchdacht. Man sollte solche Situationen möglichst elastisch beurteilen, BGH FamRZ **01**, 1704 (Auslegbarkeit).

57 **K. Treu und Glauben.** Dieser Grundsatz beherrscht das gesamte Prozeßrecht, Einl III 6, 54. Deshalb greift die prozessuale Einrede einer Arglist oder eines Rechtsmißbrauchs auch gegenüber einer Prozeßhandlung durch.

Das gilt zB: Bei einer rechtswidrigen Drohung; bei einer Erschleichung des Gerichtsstands, 42 Rn 9, Üb 22 vor § 12 usw; bei der Erschleichung einer öffentlichen Zustellung, §§ 185 ff; dann, wenn die Partei A entweder offenbar irrig, BGH FamRZ **88**, 496, oder arglistig die Partei B zu einer Prozeßhandlung verursacht hat und sie nun trotz des Vorliegens eines Restitutionsgrundes an dieser Prozeßhandlung festhalten will, BGH NJW **85**, 2335 (zustm Zeiss JR **85**, 424).

Die *Einrede* macht zwar die ganze Prozeßhandlung wirkungslos. Eine auf dieser Prozeßhandlung beruhende Entscheidung des Gerichts bleibt aber grundsätzlich wirksam, Üb 20 vor § 300. Das gilt zB für die Bewilligung einer öffentlichen Zustellung und für deren Vornahme, (jetzt) §§ 185 ff, BGH **64**, 8. Diese Entscheidung läßt sich nur mit dem jeweils zulässigen Rechtsbehelf beseitigen. Über die Einrede gegenüber einem rechtskräftigen Urteil Einf 25 vor § 322. Davon abgesehen gibt es eine Nichtigkeit wegen einer Sittenwidrigkeit im Zivilprozeß nicht. Eine Prozeßhandlung ist ohne weiteres nichtig, soweit sie nicht in derjenigen Form oder unter denjenigen anderen gesetzlichen Voraussetzungen erging, die für ihre Wirksamkeit notwendig waren. Ob eine sittenwidrige Prozeßhandlung ersatzpflichtig macht, ist eine Frage des sachlichen Rechts. Über die Wirkung der Verletzung prozessualer Vorschriften Einl III 30–34.

L. Unwiderruflichkeit. Das Gesetz sieht zwar an verschiedenen Stellen die Möglichkeit des Widerrufs **58**
einer Prozeßhandlung vor. Auch unabhängig von diesen Spezialvorschriften ergibt sich die Zulässigkeit eines Widerrufs oft aus dem Zweck einer gesetzlichen Vorschrift. So darf eine Partei ihr tatsächliches Vorbringen im Prozeß regelmäßig willkürlich ändern. Sie muß freilich die Wahrhaftigkeitspflicht beachten, § 138 I, II. Eine Prozeßhandlung, die einen Prozeßvorgang endgültig feststellen soll, ist aber *grundsätzlich unwiderruflich,* BGH JR **94**, 21 (zustm Zeiss), Hamm NZM **03**, 685, LAG Köln MDR **04**, 902.

M. Beispiele zur Frage einer Unwiderruflichkeit **59**

Anerkenntnis: Unwiderruflich ist grds ein Anerkenntnis nach § 307, BGH **80**, 392, Düss RR **99**, 1514, Mü FamRZ **92**, 698 (auch wegen etwaiger Widerruflichkeit bei § 323 oder bei §§ 528 ff).

Anspruchsverzicht: Unwiderruflich ist grds ein Verzicht auf den Klaganspruch nach § 306.

Aufrechnung: Unwiderruflich ist grds eine Aufrechnung, Zweibr FamRZ **04**, 1032.

Begründungsverzicht: Unwiderruflich ist grds ein Verzicht auf Entscheidungsgründe nach § 313 a I 2, Ffm NJW **89**, 841.

Berichtigung: S „Richtigstellung".

Einverständnis: Unwiderruflich ist grds das Einverständnis zB mit einer schriftlichen Entscheidung nach § 128 II. Etwas anderes gilt bei einer wesentlichen Änderung der Prozeßlage.

Geständnis: Unwiderruflich ist grds ein Geständnis nach § 288, vgl freilich § 290, BGH DB **77**, 628.

Insolvenzverfahren: Unwiderruflich ist grds die Ablehnung der Aufnahme durch den Insolvenzverwalter, OVG Lüneb NVwZ-RR **08**, 358.

Klagerücknahme: Unwiderruflich ist grds eine Klagerücknahme nach § 269.

Mängelrüge: Unwiderruflich ist grds die Unterlassung einer solchen Rüge nach § 295.

Rechtsmittelrücknahme: Unwiderruflich ist grds eine Rechtsmittelrücknahme zB nach §§ 516, 565, BGH DB **77**, 628, LAG Köln AnwBl **01**, 71.

Rechtsmittelverzicht: Unwiderruflich ist grds ein Verzicht auf ein Rechtsmittel nach (jetzt) §§ 515, 565, BGH FamRZ **94**, 301.

Richtigstellung: Widerruflich ist eine offensichtlich unrichtige, widersprüchliche Parteiprozeßhandlung, LAG Köln AnwBl **01**, 71.

Unwirksamkeit: „Widerruflich" ist eine in Wahrheit noch gar nicht wirksame Erklärung, BGH BB **02**, 1067 (dogmatisch unsauber).

Widersprüchlichkeit: S „Richtigstellung".

Wideraufnahmegrund: Widersprüchlich sein kann eine Parteiprozeßhandlung beim Vorliegen eines Wiederaufnahmegrundes nach Grdz 5 vor §§ 578 ff.

N. Sachlichrechtliche Folgen. Oft knüpft das sachliche Recht an eine Prozeßhandlung eine Folge, **60**
etwa an die Klagerhebung, § 253. Dann folgt die sachlichrechtliche Wirksamkeit der prozeßrechtlichen. Von solchen Fällen abgesehen besteht zwischen einer Prozeßhandlung und einem sachlichrechtlichen Rechtsgeschäft folgender Unterschied: Das letztere kann schlechthin gestaltend wirken, die erstere liefert nur die Grundlagen für eine richterliche Entscheidung. Wenn die richterliche Entscheidung unterbleibt, sind diese Grundlagen verpufft, BGH **84**, 208.

O. Prozeßhandlung und Rechtsgeschäft. Die Prozeßhandlung und eine rechtsgeschäftliche Erklärung **61**
können rein äußerlich verbunden sein. Dann muß man jeden Teil getrennt beurteilen. Die Prozeßhandlung und eine rechtsgeschäftliche Erklärung können auch inhaltlich verbunden sein, indem die Prozeßhandlung zugleich eine sachlichrechtliche Verfügung enthält, BGH **88**, 176, Saarbr FamRZ **92**, 111. Dann muß man grundsätzlich den prozessualen Inhalt von dem sachlichrechtlichen unterscheiden, Saarbr FamRZ **92**, 111. So kann zB eine schriftsätzliche Erklärung sachlichrechtlich bereits im Zeitpunkt des Zugangs des Schriftsatzes wirksam werden, § 130 BGB. Demgegenüber mag sie prozessual erst im Zeitpunkt ihres Vortrags in der mündlichen Verhandlung wirksam werden. Freilich muß man prüfen, ob der Schriftsatz die Erklärung tatsächlich enthält oder ob er nur deren Ankündigung für die mündliche Verhandlung darstellen soll. Eine prozessual wirksame Prozeßhandlung ist für die Form und den Zeitpunkt des Wirksamwerdens immer auch sachlichrechtlich wirksam. Alles das ist allerdings umstritten.

P. Beispiele zur Frage einer Verbindung von Prozeßhandlung und Rechtsgeschäft **62**

Anerkenntnis: Eine inhaltliche Verbindung kann bei einem Anerkenntnis vorliegen.

Anfechtung: Eine inhaltliche Verbindung kann bei einer Anfechtung vorliegen, BGH **88**, 176.

Aufrechnung: Eine inhaltliche Verbindung kann bei einer Aufrechnung vorliegen, BGH **88**, 176.

Ehescheidung: Eine inhaltliche Verbindung kann bei einer Zustimmung zur Scheidung nach (jetzt) § 134 FamFG vorliegen, Saarbr FamRZ **92**, 111.

Gestaltungsrecht: Eine inhaltliche Verbindung kann bei ihm vorliegen, BayObLG FamRZ **79**, 952. **63**

Kündigung: Eine inhaltliche Verbindung kann bei einer Kündigung vorliegen, BGH RR **87**, 395 (auch zum Formerfordernis), Hamm RR **93**, 273 (eindeutige rechtsgeschäftliche Erklärung nötig), LG Hbg WoM **87**, 209 (auch zur Unverzüglichkeit einer Zurückweisung wegen Fehlens einer Vollmacht), LG Tüb RR **91**, 972 (die zur Akte gereichte Prozeßvollmacht reicht).

Mieterhöhung: Eine inhaltliche Verbindung kann beim Erhöhungsbegehren nach (jetzt) § 558 BGB vorliegen, LG Karlsr WoM **85**, 320, LG Mannh WoM **85**, 320 (mit Recht fordert das LG eine klare Erklärung), ebenso bei der Zustimmung des Mieters.

Prozeßvollmacht: Eine inhaltliche Verbindung kann bei der Erteilung einer Prozeßvollmacht einerseits und dem Abschluß des zugrundeliegenden Vertrags andererseits vorliegen. Dann muß man jeden Vorgang getrennt beurteilen.

64 **Rücktritt:** Eine inhaltliche Verbindung kann bei einem Rücktritt vorliegen.

Unterhalt: Eine inhaltliche Verbindung kann bei einem Bestimmungsrecht nach § 1612 II 1 BGB vorliegen, Hbg FamRZ **82**, 1112.

Widerruf: Eine inhaltliche Verbindung kann bei der Verteidigungsanzeige nach § 276 I 1 vorliegen, Karlsr RR **98**, 1438.

Titel 1. Mündliche Verhandlung

Übersicht

Schrifttum: *Klein,* Die Grundsätze der Öffentlichkeit und Mündlichkeit im Zivilprozeß usw, Diss Köln 1995; *Leipold,* Wege zur Konzentration von Zivilprozessen, 1999; *Möhring/Nirk,* Die mündliche Verhandlung in der Revisionsinstanz usw, Festschrift *„25 Jahre BGH"* (1975), 305; *Stürner,* Verfahrensgrundsätze des Zivilprozesses und Verfassung, Festschrift für *Baur* (1981) 647 (661).

1 **1) Systematik, Regelungszweck.** Vgl zunächst Grdz 1, 2 vor § 128. Der Titel 1 enthält mit seinen Kernvorschriften in §§ 128–139 und der Fülle der sich anschließenden Ergänzungen in §§ 140–165 die Grundsätze jeder mündlichen Verhandlung in jeder Instanz und jeder Verfahrensart, § 495 a. Sonderregeln anderer Art zB im FamFG wandeln diese Grundsätze freilich vielfältig ab.

2 **2) Geltungsbereich.** Vgl Grdz 3 vor § 128.

3 **3) Mündlichkeit.** Einem Grundsatz stehen gewichtige Ausnahmen gegenüber.

A. Grundsatz: Notwendigkeit. Die ZPO von 1877 war vom grünen Tisch aus auf den Grundsatz der unbedingten Mündlichkeit des Verfahrens zugeschnitten. Sie ahmte damit den Code de Procédure Civile nach, ging aber weit über ihr Vorbild hinaus. Dieses Verfahren versagte in der Handhabung. Verschiedene Novellen schwächten daher den Grundsatz der Mündlichkeit immer mehr ab. Er war praktisch zu einer Spiegelfechterei geworden. Trotzdem beherrscht der in vernünftigen Grenzen segensreiche Gedanke der Mündlichkeit grundsätzlich den gesamten Zivilprozeß noch heute, Köln FamRZ **05**, 1205, Hendel DRiZ **92**, 91. Das verkennt Karlsr MDR **91**, 1195 bei seiner Ansicht, das Gericht müsse seine Wahl der mündlichen Verhandlung statt des beantragten schriftlichen Verfahrens auch noch näher als mit dem Hinweis auf seine ständige Praxis begründen. Wesentlich ist der Vorrang des Mündlichen vor dem Schriftlichen, BGH NJW **04**, 3778, Bettermann ZZP **91**, 374. Die mündliche Verhandlung ist immer noch der Kern des Verfahrens und eine Folge des Art 103 I GG. Dieser gibt nämlich einen Anspruch auch auf ein Rechtsgespräch, (jetzt) § 139 II, Möhring/Nirk Festschrift „25 Jahre BGH" (1975), 312. Das folgt auch aus Art 6 I EMRK und aus Art 14 I des Internationalen Pakts vom 19. 12. 66, BGBl **73** II 1534, Knauer/Wolf NJW **04**, 2861. Freilich gibt Art 103 I GG nicht stets einen Anspruch auf eine mündliche Verhandlung, BVerfG NJW **05**, 1486.

4 **B. Ausnahmen.** Dem Grundsatz Rn 3 stehen gewichtige ebenfalls nachfolgend genannte Ausnahmen gegenüber, zB § 32 I 1 FamFG. Der Satz ist nicht mehr haltbar, eine mündliche Verhandlung sei immer dann notwendig, wenn das Gesetz nicht eindeutig eine Ausnahme vorschreibe. Soweit das Gesetz keine Mündlichkeit vorschreibt, muß man prüfen, ob eine mündliche Verhandlung im Geist des Gesetzes sinnvoll ist. Ein bloßer Antrag führt bei der Unterlassung einer nicht notwendigen Verhandlung keineswegs stets zum Verstoß gegen Art 103 I GG, aM BGH GRUR **03**, 1066 (aber eine Partei muß auch dann mit einem gesetzmäßigen Vorgehen des Gerichts rechnen, wenn sie sich einen anderen Verfahrensablauf erhofft hat). Eine mündliche Erörterung findet aber im allgemeinen beim Gericht zu selten statt. Sie fördert oft Wichtiges zutage, ermöglicht eine straffe Leitung des Verfahrens und eine enge Fühlung mit den Parteien und ist gerade deshalb ein unentbehrliches Mittel einer schnellen und richtigen Prozeßerledigung, auf die das Gesetz mit Recht besonderes Gewicht legt. Auch für die Parteien und ProzBev ist ein geschickter mündlicher Vortrag oft wirksamer als die beste schriftliche Vorbereitung.

5 **4) Prozeßleitung.** Man sollte drei Hauptaspekte beachten.

A. Allgemeines. Eine sichere, sorgfältige und souveräne Prozeßleitung hat für einen sachgemäßen Verlauf des Prozesses die größte Bedeutung, Möhring/Nirk Festschrift „25 Jahre BGH" (1975), 308 ff, Wassermann DRiZ **86**, 41. Die Prozeßleitung umfaßt die förmliche Leitung, die Sorge für ein geordnetes Verfahren. Hierher gehören die Aufrechterhaltung der äußeren Ordnung (Sitzungspolizei) nach §§ 176 ff GVG und die Sorge für einen äußerlich geordneten Prozeßbetrieb, soweit er ein sog Amtsbetrieb ist. Das gilt für die Terminsbestimmung, für die Ladung, den Aufruf, die Reihenfolge und Art der mündlichen Vorträge, §§ 136 I, II, IV, 137 ZPO, § 28 FamFG. Die Prozeßleitung umfaßt ferner die sachliche Leitung, also die Sorge für ein gesetzmäßiges und zweckmäßiges Verfahren, BGH RR **86**, 1061. Das gilt von der Terminsbestimmung nach § 216 über Fristenänderungen etwa nach § 226 III oder über eine Entscheidung nach § 227 oder die Bestimmung des Vorbereitenden Einzelrichters nach § 527 bis zur Verkündung des Urteils nach §§ 310, 311. § 140 benutzt den Ausdruck „Sachleitung". Die ZPO vermengt die förmliche und die sachliche Prozeßleitung. Man kann nur aus dem Zusammenhang einer Vorschrift ersehen, was jeweils gemeint ist.

6 **B. Zuständigkeit.** Die Prozeßleitung steht zu: teils dem Vorsitzenden oder dem Originären Einzelrichter nach § 348 oder dem obligatorischen Einzelrichter des § 348 a oder dem Vorsitzenden der Kammer für Handelssachen nach § 349 oder dem Entscheidenden Richter nach § 526 oder dem Vorbereitenden Einzelrichter nach § 527 oder dem Amtsrichter nach § 495, dem Familienrichter nach § 28 FamFG, teils dem

gesamten Kollegium oder Gericht, zB § 172 GVG. Sie ist eine richterliche Tätigkeit, keine Verwaltungstätigkeit. Das Ob ihrer Ausübung ist eine Amtspflicht, die Art ihrer Ausübung steht weitgehend im richterlichen, freilich ebenfalls pflichtgemäßen Ermessen. Sie unterliegt regelmäßig der Nachprüfung ihrer Sachgemäßheit in der höheren Instanz.

C. Umfang. Die sachliche Prozeßleitung umfaßt die gesamte Beschaffung des Prozeßstoffs, soweit das Gericht bei seiner Beschaffung mitwirken darf oder muß, zB nach § 273, ferner im Prozeßkostenhilfeverfahren, § 118. Sie bürdet dem Richter eine schwere Verantwortung für die sachgemäße und schnelle Erledigung des Prozesses auf. Die Richter und nicht die Partei ist auch nach dem jetzt geltenden Recht in weitem Umfang der Herr des Verfahrens, Grdz 28 ff vor § 128. 7

Zu den wichtigsten Pflichten des Vorsitzenden gehören die *Aufklärungs-(Frage-)pflicht* nach § 139. Das ist also die Pflicht, durch Fragen und Anregungen die Klärung und Vervollständigung des Parteivorbringens herbeizuführen. Ferner gehört hierher der gerichtliche Förderungszwang. Hier muß man von der parteilichen Förderungspflicht nach Grdz 12 vor § 128 unterscheiden. Das ist also die Pflicht, auf eine rasche Prozeßerledigung bedacht zu sein. Diese Pflicht folgt aus vielen Vorschriften, wie etwa aus den §§ 141, 251 a, 272, 273, 275, 278, 279, 296, 530 Die Erfüllung dieser letzteren Pflicht ist sehr wichtig. Nichts schädigt das Ansehen der Zivilrechtspflege mehr als eine langsame Prozeßerledigung. Freilich darf die Güte der Bearbeitung dabei nicht leiden.

5) Inhalt des Titels 1. Dieser Titel enthält eine Reihe von allgemeinen Vorschriften. Sie gelten für die gesamte ZPO, soweit sich nicht aus dem Gesetz oder aus dem Zweck der jeweiligen Vorschrift etwas anderes ergibt. 8

128 *Grundsatz der Mündlichkeit; schriftliches Verfahren.* **I Die Parteien verhandeln über den Rechtsstreit vor dem erkennenden Gericht mündlich.**

II 1 Mit Zustimmung der Parteien, die nur bei einer wesentlichen Änderung der Prozesslage widerruflich ist, kann das Gericht eine Entscheidung ohne mündliche Verhandlung treffen. 2 Es bestimmt alsbald den Zeitpunkt, bis zu dem Schriftsätze eingereicht werden können, und den Termin zur Verkündung der Entscheidung. 3 Eine Entscheidung ohne mündliche Verhandlung ist unzulässig, wenn seit der Zustimmung der Parteien mehr als drei Monate verstrichen sind.

III Ist nur noch über die Kosten zu entscheiden, kann die Entscheidung ohne mündliche Verhandlung ergehen.

IV Entscheidungen des Gerichts, die nicht Urteile sind, können ohne mündliche Verhandlung ergehen, soweit nichts anderes bestimmt ist.

Schrifttum: *Klein,* Die Grundsätze der Öffentlichkeit und Mündlichkeit im Zivilprozeß usw, Diss Köln 1995; *Westerwelle,* Der Mündlichkeitsgrundsatz in der deutschen Zivilprozeßordnung, Diss Bochum 1998.

Gliederung

1) Systematik, I–IV. § 128 enthält zwei Verfahrensgrundsätze. Es gibt zunächst den Grundsatz der *Mündlichkeit,* Üb 1 vor § 128. Ihn schwächen II–IV und § 495 a S 1 (Kleinverfahren) ab. § 128 enthält ferner den Grundsatz der *Unmittelbarkeit.* Beide Regeln gelten nicht für alle Teile des Verfahrens. Das Gericht muß aber beide möglichst weitgehend beachten, soweit sie gelten. Unmittelbarkeit bedeutet: Die Parteien müssen 1 vor dem Gericht selbst verhandeln, nicht vor einem Dritten oder vor einem anderen Gericht, das nur dasjenige übermitteln kann, das vor ihm geschehen ist. Während sich aber die Mündlichkeit nur auf das Verfahren vor dem erkennenden Gericht erstreckt, beherrscht die Unmittelbarkeit grundsätzlich auch die Beweisaufnahme vor einem ersuchten Gericht, § 355.

Im *schriftlichen Vorverfahren* gelten andere Regeln, §§ 307, 331 II. I ist im abgetrennten Verfahren über den Versorgungsausgleich unanwendbar, BGH NJW **83**, 824, KG FamRZ **84**, 495 (es gilt [jetzt] das FamFG) ,aM Diederichsen NJW **77**, 656 (aber das FamFG hat als ein Spezialgesetz den Vorrang).

2 **2) Regelungszweck, I–IV.** Die Vorschrift dient in beiden unterschiedlichen Bereichen von I einerseits, II–IV andererseits im Grunde denselben Prinzipien der Gerechtigkeit nach Einl III 9, 36 wie der Prozeßwirtschaftlichkeit nach Grdz 14 vor § 128, nur eben auf verschiedene Art und Weise. Dabei ist wegen des letzteren Prinzips auch die Parteiherrschaft nach Grdz 18 vor § 128 begrenzt. Die Vorschrift dient auch dem rechtlichen Gehör nach Art 103 I GG, BayObLG NZM **04**, 392. Das alles sollte man bei der Auslegung mitbeachten.

In der Praxis besteht weitverbreitet die Gewohnheit, ein weitgehend schriftliches Verfahren auch ohne eine ausdrückliche vorherige Parteizustimmung bald einzuleiten, bald zu unterbrechen und dann wieder nach einer Verhandlung ganz unumwunden erneut aufzunehmen, manchmal mehrfach in demselben Prozeß und in derselben Instanz. Dazu ergehen dann prozeßleitende Anordnungen, auch in Beschlußform, die das ja nun schon genügend ausgeklügelte System der ZPO so gar nicht vorsieht. Die Parteien und insbesondere ihre ProzBev spielen erstaunlicher-, aber auch verständlicherweise mit. Denn sie gewinnen dabei meist diejenige Zeit, die sie sonst sogar beantragen würden. Das überlastete Gericht hat ähnliche Motive des Zeitgewinns. Das gilt vor allem dann, wenn man die Sach- und Rechtslage erstmalig früher hätte genauer durchdenken müssen.

Gerichtsmacht ist groß. Überzeugend wirkt sie nicht schon deshalb. Freilich verscherzt man nicht ohne einen triftigen Grund das Wohlwollen des Richters, den favor judicis. Auch diese Erkenntnis sollte man beachten, selbst lange nach dem Ablauf der Dreimonatsfrist des II 3. Ob das alles im Grunde noch mehr Arbeit schafft, ist eine ganz andere Frage.

3 **3) Geltungsbereich, I–IV.** Vgl Grdz 3 vor § 128. Im Urteilsverfahren vor dem ArbG ist II unanwendbar. Im übrigen ist II im arbeitsgerichtlichen Verfahren anwendbar, §§ 46 II, 64 VI, 72 V ArbGG, ferner im markenrechtlichen Verfahren, § 82 I MarkenG, BGH GRUR **03**, 547.

4 **4) Mündlichkeit, I.** Vgl zunächst Üb 3, 4 vor § 128.

A. Grundsatz: Notwendigkeit einer Verhandlung. Vor dem erkennenden Gericht müssen die Parteien in jedem Verfahren nach der ZPO und in jedem Rechtszug grundsätzlich mündlich verhandeln, Zweibr OLGZ **83**, 329. Das gilt auch zB nach einem Grundurteil nach § 304, BGH NJW **79**, 2307, oder nach einer Zurückverweisung gemäß § 538, oder evtl beim Antrag auf die Vollstreckbarerklärung eines ausländischen Schiedsspruchs, § 1063 II, BayObLG **99**, 56. Dieser Grundsatz bedeutet: Das Gericht darf nur dasjenige berücksichtigen, das die Parteien in der mündlichen Verhandlung vorgetragen haben, Rn 7. Im Kleinverfahren ist eine Verhandlung stets erlaubt und auf einen Antrag auch stets notwendig, § 495 a S 2.

Ein *Parteiantrag* kann allerdings die Voraussetzung einer zwingenden mündlichen Verhandlung sein. Das gilt zB bei § 320 III (Tatbestandsberichtigung), § 495 a S 2 (Kleinverfahren beim AG).

5 **B. Ausnahme: Entbehrlichkeit einer Verhandlung.** Oft stellt die ZPO eine mündliche Verhandlung allerdings in das zwar stets pflichtgemäße, aber doch auch ziemlich freie und jedenfalls grundsätzlich nicht nachprüfbare Ermessen des Gerichts. Das ist immer dann so, wenn das Gericht in einer Beschlußform entscheiden kann, IV Hs 1, § 329, und wenn das Gesetz nicht ausdrücklich eine mündliche Verhandlung anordnet, IV Hs 2. Man spricht dann von einer freigestellten (fakultativen) mündlichen Verhandlung. Oft verbietet die ZPO sogar eine an sich notwendige mündliche Verhandlung.

Das gilt in folgenden Fällen: Im Verfahren vor dem verordneten (beauftragten oder ersuchten) Richter, §§ 361, 362; bei einer Maßnahme der Prozeßleitung, Begriff Üb 5 vor § 128, etwa bei einer Terminsbestimmung, § 216, bei einer Prozeßverbindung, § 147, bei einer Aussetzung des Verfahrens, §§ 148 ff; bei einer Handlung der Justizverwaltung und bei gewissen rechtspflegerischen Geschäften, Begriffe Anh § 21 GVG; bei einem Zwischenstreit zwischen der einen Partei oder beiden Parteien einerseits und einem Dritten andererseits, §§ 71, 135, 387; bei einer Beweisaufnahme, §§ 355 ff; bei Erledigterklärungen, § 91 a I 2; bei einer Verweisung wegen Unzuständigkeit, § 281 II 2; bei einem schriftlichen Verfahren, II, III; bei einer Entscheidung nach Lage der Akten, §§ 251 a, 331 a; im Fall eines schriftlichen Nachbringens, § 283; im FamFG-Verfahren, § 32 I 1 FamFG.

6 **5) Verhandlungsgrundregeln, I.** Soweit eine mündliche Verhandlung stattfindet, muß man drei Aspekte beachten.

A. Verhandlung vor dem erkennenden Gericht. „Verhandlung" ist die Abgabe einer den Prozeß betreffenden Erklärung, Grdz 41–44 vor § 128, Zweibr OLGZ **83**, 329. Die Erklärung kann einseitig oder zweiseitig sein. Bei einer einseitigen Erklärung verhandelt der Erklärende nur mit dem Gericht, bei einer zweiseitigen verhandelt er außerdem mit seinem Gegner. Die Erklärung kann die Hauptsache oder eine Prozeßfrage oder eine Vorfrage betreffen, § 39 Rn 1. Hierher zählt auch die Verhandlung etwa über ein Ablehnungsgesuch nach § 46 I oder über ein Prozeßkostenhilfegesuch, § 118 I 3, aM ThP 4 (aber auch das ist eine echte Verhandlung). Die Beweisaufnahme ist als solche keine Verhandlung. Wohl aber ist natürlich die Erörterung ihrer Ergebnisse eine Verhandlung, § 285. „Parteien" nach Grdz 4 vor § 50 sind in § 128 also auch: Der Streithelfer, §§ 66 ff; ein Vertreter der Partei, mag er ein gesetzlicher Vertreter, § 51, ein vertretungsberechtigter Bevollmächtigter, § 79, ein ProzBev, § 81, oder ein Beistand sein, § 90. Sie alle unterliegen dem Mündlichkeitsgebot. „Erkennendes Gericht" sind auch die Einzelrichter der §§ 348, 348 a, 526, 527, 568 und der Vorsitzende der Kammer für Handelssachen, § 349.

Nicht hierher gehören: Der verordnete (beauftragte, ersuchte) Richter, §§ 361, 362; der Vorsitzende bei einer nur ihm außerhalb der Verhandlung zustehenden Maßnahme; der Rpfl und Urkundsbeamte der Geschäftsstelle, soweit sie nicht „das (erkennende) Gericht" sind; ein Zustellungsbeamter; ein bloßer Justizverwaltungsakt, etwa über eine Entschädigung.

B. Mündlicher Vortrag. Grundsätzlich darf das Gericht nur den mündlichen Vortrag seiner Entscheidung zugrunde legen, BGH NJW **99**, 1339, LG Saarbr RR **93**, 830. Zu den Entscheidungen zählen neben denjenigen durch ein Urteil auch zB nach §§ 714, 925, 926 II, 927 II, 1054 diejenigen durch einen Beschluß, soweit sie nur auf Grund einer mündlichen Verhandlung ergehen dürfen, zB nach § 320. Gebärdensprache usw ist beim Behinderten ausreichend, §§ 6, 9 I 2 BGG, §§ 186, 191 a GVG. Das Gericht darf dasjenige, das keine Partei vorträgt, allenfalls als einen Erfahrungssatz berücksichtigen. Das gilt zB beim Anscheinsbeweis, Anh § 286 Rn 15, BGH WertpMitt **78**, 244. II sowie §§ 137 III, 251 a, 283, 307 II, 331 III, 358 a durchbrechen diese Regel. § 137 III läßt trotz der grundsätzlichen Notwendigkeit des mündlichen Vortrags auch eines Schriftsatzes bei einem allseitigen Einverständnis einen Bezug auf Schriftstücke zu, LG Saarbr RR **93**, 830. Eine Urkunde muß zum Gegenstand der mündlichen Verhandlung geworden sein. Das gilt aber nicht, wenn sie sich in einer solchen Beiakte befindet, in die eine Partei keinen Einblick nehmen darf, § 299 Rn 12. In diesem Fall ist freilich auch keine Verwertung zulässig. Das Gericht braucht eine längere Urkunde grundsätzlich nicht ihrem ganzen Inhalt nach zu verlesen. Denn das ist sinnlos, weil doch niemand folgen kann. **7**

C. Parteiaufgaben. Die Parteien und an sich nicht das Gericht müssen das Ergebnis einer Beweisaufnahme mündlich vortragen, § 285 II, am besten inhaltlich. Dasselbe gilt für den Prozeßstoff der Vorinstanzen. Eine Bezugnahme auf eine andere mündliche Verhandlung ist insoweit zulässig, als das gesamte Gericht den Streitstoff aus der früheren Verhandlung derselben oder einer ganz gleichliegenden Sache kennt. Wenn die Richter auch nur zum Teil gewechselt haben, muß trotz der Einheit der gesamten Verhandlung nach Üb 58 vor § 253 doch wegen § 309 eine neue mündliche Verhandlung stattfinden. Dabei darf man aber auf schriftsätzliche Ausführungen oder auf den Inhalt der Protokolle Bezug nehmen. Vorherige unwiderrufliche Prozeßhandlungen nach Grdz 47 vor § 128 behalten ihre Wirkung. **8**

Die *Praxis* verfährt freilich gerade mit der Notwendigkeit des mündlichen Vortrags reichlich *lax,* Rn 2, Redeker NJW **02**, 193. Daher sind mündliche Verhandlungen in Zivilsachen für Außenstehende oft überhaupt nicht mehr verständlich. Zwar kommt es nicht in erster Linie auf den Zuhörer an, sondern auf die Verständnismöglichkeit der Parteien. In diesem Zusammenhang nimmt man aber auf anwesende nicht rechtskundige Parteien, Zeugen usw oft zu wenig Rücksicht. Andererseits ist der Prozeß kein Selbstzweck und kein Ritual, Einl III 10. Er dient vielmehr harten Interessen. Er soll ohne jede vermeidbare Verzögerung ablaufen. Die Grenzen zulässiger Abweichungen vom strikten Gebot des mündlichen Vortrags liegen jedenfalls dort, wo die Gefahr erheblicher Mißverständnisse eintritt.

D. Verstoß. Ein Verstoß gegen die Grundsätze der Mündlichkeit und Unmittelbarkeit ist zwar ein wesentlicher Verfahrensmangel, BGH NJW **90**, 839, Zweibr FamRZ **01**, 638. Durch einen solchen Verstoß wird aber ein auf ihm beruhendes Urteil nicht etwa zu einem Scheinurteil im Sinn von Üb 11 vor § 300. Der Betroffene muß es vielmehr wie jedes andere Urteil mit dem etwa zulässigen Rechtsbehelf anfechten, Üb 20 vor § 300, BGH NJW **90**, 839. Dasselbe gilt für einen solchen Beschluß, den das Gericht unter einem Verstoß gegen die Grundsätze der Mündlichkeit oder Unmittelbarkeit erlassen hat. § 514 II ist grundsätzlich unanwendbar, vom Fall II abgesehen (dazu Rn 34). Diese Auffassung verstößt nicht gegen das GG, BVerfG **72**, 121. Eine Heilung erfolgt entweder infolge eines ausdrücklichen Verzichts oder nach §§ 295, 534. Die Grundsätze der Mündlichkeit und Unmittelbarkeit nach Üb 1 vor § 128 dienen ja nur den Belangen der Parteien, und II zeigt, daß die Parteien ein schriftliches Verfahren vereinbaren können, § 295 Rn 16 ff. **9**

6) Freigestellte mündliche Verhandlung, I, III, IV. Man muß zahlreiche Punkte beachten. **10**

A. Oft Zulässigkeit. Ein Verfahren mit einer freigestellten mündlichen Verhandlung ist nach IV Hs 1 bei vielen solchen Vorschriften möglich, in denen das Gericht eben durch einen Beschluß entscheidet, auch deshalb zB bei § 32 I 1 FamFG. Es setzt im Zivilprozeß grundsätzlich einen Antrag voraus, falls nicht das Gesetz etwas anderes bestimmt. Ein Anwaltszwang besteht für das Gesuch nur dann, wenn keine Erklärung zum Protokoll der Geschäftsstelle zulässig wäre, § 78 III Hs 2, also zB insoweit, als das Gericht von der Möglichkeit der mündlichen Verhandlung auch Gebrauch macht. Die Anordnung oder Ablehnung der freigestellten mündlichen Verhandlung erfolgt nach einem zwar pflichtgemäßen, jedoch in dieser Instanz für die Parteien nicht überprüfbaren richterlichen Ermessen. Man kann das Gesuch bis zur Entscheidung zurücknehmen. Außerhalb der Verhandlung muß die Rücknahme in derselben Form wie für die Einlegung des Gesuchs erfolgen. Innerhalb der Verhandlung erfolgt die Rücknahme mündlich. Der Gegner kann die Rücknahme nicht verhindern. Er hat aber nach einer wirksamen Rücknahme ein Recht auf den Erlaß einer Kostengrundentscheidung.

Wenn die Geschäftsstelle eine *Ladung* herausgegeben hat, ohne daß das Gericht eine mündliche Verhandlung angeordnet hatte, ist die Ladung ungesetzlich und daher unbeachtlich. Das Gericht kann die Anordnung einer mündlichen Verhandlung ausnahmsweise auch von Amts wegen treffen, zB bei § 319. Es kann die Anordnung der Verhandlung auch bis zu ihrem Beginn jederzeit rückgängig machen. Es kann aber nicht die Verhandlung selbst ungeschehen machen.

B. Anordnung der mündlichen Verhandlung. Die Anordnung erfolgt durch eine Entscheidung des Gerichts oder durch eine prozeßleitende Verfügung des Vorsitzenden, § 329. Wenn die Anordnung nach § 216 zugleich die Bestimmung des Verhandlungstermins enthält, muß das Gericht sie den Parteien förmlich zustellen, § 329 II 2. Sowohl im Parteiprozeß als auch im Anwaltsprozeß erfolgt in der Regel gleichzeitig eine Terminsbestimmung und eine Ladung von Amts wegen, § 168 I. Der Grundsatz, daß das Gericht in seiner Entscheidung nach Rn 7 nur das Vorgetragene verwerten darf, gilt hier nicht. Denn das Verfahren dient nur einer besseren Unterrichtung des Gerichts. Deshalb darf das Gericht neben dem Ergebnis der mündlichen Verhandlung auch den Akteninhalt benutzen. Es kann zB ein Geständnis in einem Schriftsatz verwerten. Die Beweisaufnahme erfolgt wie sonst. Eine Parteivernehmung nach §§ 445 ff ist statthaft, auch eine Parteibeeidigung. **11**

C. Verfahren mit Verhandlung. Die Entscheidung ergeht durch einen *Beschluß,* § 329, es sei denn, daß eine Vorschrift ausdrücklich ein Urteil vorschreibt, etwa bei den §§ 341 II, 922, 937. Das Gericht muß seinen Beschluß grundsätzlich begründen, § 329 Rn 4. Das Verfahren läuft wie bei einer notwendigen **12**

mündlichen Verhandlung ab, Rn 4, zB §§ 922 I, 936, 1047 ff. Ein Anwaltszwang besteht ab der Anordnung einer Verhandlung wie sonst, § 78 Rn 1. Ein Versäumnisverfahren nach §§ 330 ff ist nicht möglich. Das Gericht darf und muß die Säumnis der einen oder der anderen Partei frei würdigen, soweit es sich nicht um eine Versäumung einer einzelnen Prozeßhandlung handelt. Diese unterliegt den allgemeinen Vorschriften. Im Verfahren auf den Erlaß eines Arrests oder einer einstweiligen Verfügung nach §§ 916 ff, 935 ff findet ein notwendiges Versäumnisverfahren wie bei einer mündlichen Verhandlung statt. Denn es handelt sich dann um ein Verfahren wie vor einem Urteil. Das Gericht muß eine Kostengrundentscheidung treffen, wenn sein Beschluß eine Endentscheidung nach § 91 darstellt, Üb 35 vor § 91. Bei einer Antragsrücknahme ist § 269 II anwendbar.

13 **D. Unterbleiben einer mündlichen Verhandlung.** Das Gericht muß in diesem Fall prüfen, ob es den Gegner anhören muß, Artt 2 I, 20 III GG (Rpfl), BVerfG **101**, 404, Art 103 I GG (Richter). Diese Anhörung ist grundsätzlich erforderlich, vgl auch (jetzt) § 139 II, BVerfG **50**, 285. Eine solche Anhörung erfolgt schriftlich. Das Gericht setzt dem Gegner eine zumutbare Frist zur Äußerung. Die Anhörung des Gegners darf ausnahmsweise unterbleiben, wenn das Gericht auch ohne diese Anhörung zulasten des Antragstellers entscheiden muß. Denn das rechtliche Gehör dient nur dazu, die Interessen des Antragsgegners zu schützen.

14 **E. Dann Anhörung des Gegners.** Soweit eine Anhörung des Antragsgegners notwendig ist, wäre eine Entscheidung vor dem Ablauf der ihm gesetzten Äußerungsfrist ein wesentlicher *Verfahrensmangel,* sofern das Gericht bei einer rückschauenden Betrachtung einen erheblichen Vortrag des Antragsgegners unbeachtet gelassen hat. Wenn das Gericht den Antragsgegner mündlich anhören will, muß es eine mündliche Verhandlung anordnen. Wenn das Gericht unzweckmäßigerweise keine bestimmte Äußerungsfrist gesetzt hat, muß es vor seiner Entscheidung während einer angemessenen Zeit abwarten, ob sich der Antragsgegner meldet. Auch nach einer Fristsetzung genügt es, daß die Äußerung des Antragsgegners bis zu demjenigen Zeitpunkt beim Gericht eingeht, in dem das Gericht seine Entscheidung hinausgibt. Der Eingang in der Posteinlaufstelle reicht aus. Ein Eingang auf der Geschäftsstelle der zuständigen Abteilung oder Kammer ist nicht erforderlich.

15 **F. Verfahren ohne Verhandlung.** Ein Anwaltszwang besteht wie sonst, § 78 Rn 1. Ein Geständnis innerhalb eines Schriftsatzes ist grundsätzlich wirksam, § 288. Eine Beweisaufnahme ist zulässig, §§ 355 ff, insbesondere eine Zeugen- oder Parteivernehmung. Sie geschieht nach den allgemeinen Vorschriften. Das Gericht muß dabei die Parteiöffentlichkeit nach § 357 unter allen Umständen wahren. Eine Glaubhaftmachung nach § 294 genügt nicht.

Die *Entscheidung* ergeht durch einen Beschluß, § 329. Das Gericht muß ihn grundsätzlich begründen, § 329 Rn 4. Es muß ihn von Amts wegen nach § 329 II, III je nachdem formlos mitteilen oder förmlich zustellen. Er wird mit dieser Bekanntmachung wirksam. Er bindet das Gericht vom Zeitpunkt der Hinausgabe ab, nicht aber schon vom Zeitpunkt der Beschlußfassung oder der Unterschrift ab. Bis zur Hinausgabe bleibt der Beschluß also ein innerer Vorgang des Gerichts und ist frei abänderlich, § 329 Rn 24. Eine Kostenentscheidung ergeht wie bei einer mündlichen Verhandlung nach §§ 91 ff.

16 **7) Schriftliches Verfahren mit Zustimmung der Parteien, II.** Die Regelung ist kompliziert und nicht sehr praxisfreundlich.

A. Grundsatz: Zulässigkeit bei Entbehrlichkeit einer Verhandlung. II mildert den starren Mündlichkeitsgrundsatz des I im Interesse der Vereinfachung und Beschleunigung, nicht etwa zwecks Verschleppungsmöglichkeit. Eine mündliche Verhandlung ist entbehrlich, wenn alle Prozeßbeteiligten sie für entbehrlich halten. Das schriftliche Verfahren ist grundsätzlich auch nach einer mündlichen Verhandlung zulässig (Ausnahme: Entscheidungsreife, Rn 17). II ist in allen Verfahrensarten und Instanzen vor dem ordentlichen Gericht anwendbar, soweit eine Entscheidung an sich nur auf Grund einer mündlichen Verhandlung ergehen dürfte. Im FamFG-Verfahren paßt II wegen § 32 I 1 FamFG nicht. Wegen Art 101 I GG ist eine Änderung von II dahin erwägenswert, daß das Gericht auch den Beratungszeitpunkt in einer den Parteien mitgeteilten Form bestimmen müsse, Krause MDR **82**, 186.

17 **B. Grenzen der Zulässigkeit.** Das Gericht darf das schriftliche Verfahren wegen des Grundsatzes der Prozeßwirtschaftlichkeit nach Grdz 14 vor § 128 nur dann anwenden, wenn es vereinfacht und verkürzt, BGH NJW **92**, 2147. Es darf auch vor dem AG nicht eine schreibungewandte Partei schädigen. Das schriftliche Verfahren ist unzulässig, wenn bereits eine volle mündliche Verhandlung stattgefunden hatte und wenn eine Entscheidungsreife eingetreten ist, § 300 Rn 6. Das gilt selbst dann, wenn ein besonderer Verkündungstermin nach § 310 I in Betracht kommt. Das Gericht muß diese Entscheidungsreife also zunächst prüfen. Es handelt sich insofern aber nicht um einen unbedingten Revisionsgrund. Das schriftliche Verfahren ist auch dann unzulässig, wenn seit der Zustimmung der Parteien mehr als drei Monate verstrichen sind. Dann ist auch die Nachholung einer versäumten Verkündung nicht mehr zulässig, Ffm FamRZ **78**, 430. Die Parteien können nämlich weiteres tatsächliches Material vorlegen wollen und deshalb das schriftliche Verfahren beantragen, BGH ZMR **76**, 55.

18 **C. Notwendigkeit der Zustimmung beider Parteien.** Eine schriftliche Entscheidung nach II setzt die Zustimmung beider Parteien voraus. Bei einer gewöhnlichen Streitgenossenschaft nach § 59 handelt jeder Streitgenosse nur für sich. Bei einer notwendigen Streitgenossenschaft nach § 62 müssen alle zustimmen, bei einer mündlichen Verhandlung also nur alle anwesenden Streitgenossen. Bei einem außerhalb der Verhandlung nur in einer Schriftform wirksamen Einverständnis müssen sämtliche notwendigen Streitgenossen zustimmen, BVerwG NJW **81**, 1852. Der Streithelfer kann seine Zustimmung für seine Partei in der mündlichen Verhandlung wirksam erklären, wenn die Partei abwesend ist oder nicht widerspricht, § 67, oder auch nicht mehr widersprechen darf, § 71. Im letzteren Fall kann er seine Zustimmung auch schriftlich erklären. Im übrigen ist seine Zustimmung weder notwendig noch ausreichend. Ein streitgenössischer Streithelfer nach § 69 kann die Zustimmung durch seinen Widerspruch vereiteln. Bei § 387 ist auch die Zustimmung der Zeugen notwendig. Soweit eine notwendige Zustimmung fehlt, kommen eine Trennung nach § 145 oder ein Teilurteil nach § 301 in Betracht, wenn nicht das Gericht ganz vom schriftlichen Verfahren absieht.

8) Zustimmungserklärung, II. Die Zustimmung ist eine einseitige dem Gericht gegenüber erforderliche Parteiprozeßhandlung, Grdz 47 vor § 128. 19

A. Eindeutigkeit. Die Zustimmung muß unzweideutig sein, BVerwG NJW **81**, 1853, BGH NJW **07**, 2122. Maßgeblich ist der objektive Erklärungsinhalt, Zweibr FamRZ **99**, 456. Unter diesen Voraussetzungen kann sie stillschweigend erfolgen. Wenn das Gericht der Partei geschrieben hat, es werde beim Schweigen auf seine Anfrage eine Zustimmung annehmen, kann man das Schweigen der Partei nicht stets als eine wirksame Zustimmungserklärung umdeuten, BGH NJW **07**, 2122, LG Nürnb-Fürth NJW **81**, 2586. Denn das Schweigen genügt grundsätzlich nicht, Beuermann DRiZ **78**, 312. Freilich kann das Schweigen zB bei einer klaren Unzuständigkeit als eine Zustimmung gelten, ebenso bei einer Anfrage, ob gegen eine Verweisung Bedenken bestehen, § 281 Rn 9, BGH **102**, 341. Das Gericht darf einen Antrag auf eine Entscheidung nach Lage der Akten nach §§ 251 a, 331 a nicht als eine Zustimmung zum schriftlichen Verfahren umdeuten. Denn eine Entscheidung nach Lage der Akten ist etwas ganz anderes als eine schriftliche Entscheidung.

B. Form usw. Die Zustimmung duldet keine Bedingung, BAG BB **75**, 1486. Sie ist zB unstatthaft „für den Fall, daß ein Beweisbeschluß ergeht", oder bei dem Abhängigmachen in einer bestimmten Besetzung des Gerichts oder einer bestimmten Art der Entscheidung. Eine solche Erklärung ist also keine wirksame Zustimmung. Zulässig ist aber eine Zustimmung für den Fall des Vergleichswiderrufs, Anh § 307 Rn 10. Zulässig ist auch die „Bedingung", das Gericht müsse noch einen Sachvortrag bis zu einem angemessenen Fristablauf berücksichtigen, Rn 21. Wenn noch keine mündliche Verhandlung stattgefunden hat, kann sich der Bekl allerdings beim Antrag auf ein schriftliches Verfahren nach II die Rüge der örtlichen Unzuständigkeit vorbehalten. 20

Die Partei muß eine ausdrückliche Zustimmung entweder in der *mündlichen* Verhandlung *oder schriftlich* oder nach § 130 a elektronisch oder per Telefax erklären. Man kann sie im Parteiprozeß nach § 78 Rn 1 auch zum Protokoll jeder Geschäftsstelle erklären. Insoweit herrscht auch wegen § 78 III Hs 2 kein Anwaltszwang. Wenn die Partei ihre Zustimmung nicht gegenüber der Geschäftsstelle des Prozeßgerichts abgibt, wird sie erst mit dem Eingang bei dieser Geschäftsstelle wirksam, § 129 a II 2. Eine fernmündliche Erklärung genügt grundsätzlich nicht. Denn eine solche Erklärung gewährleistet meist nicht die Nämlichkeit der Person des Erklärenden. Eine Unwirksamkeit liegt zumindest beim geringsten Zweifel über den Inhalt der telefonischen Erklärung vor, BVerwG NJW **81**, 1853. Ein Anwaltszwang besteht im übrigen wie sonst, § 78 Rn 1.

C. Teilzustimmung. Die Zustimmungserklärung kann sich auf einen Teil des Prozeßstoffs beschränken, den das Gericht durch eine selbständige Entscheidung erledigen kann, auch auf ein Vorbehaltsurteil nach §§ 302, 599 oder auf eine Vorabentscheidung über den Grund, § 304. Sie kann sich aber nicht auf einen Teil des in demselben Rechtsstreit geltend gemachten sachlichrechtlichen Anspruchs beschränken, also auch nicht auf die Kostenfrage, solange die Hauptsache noch anhängig ist, es sei denn, daß ein Teil der Hauptsache erledigt ist oder daß die Entscheidung den noch anhängigen Teil nicht berührt. Die Partei kann ihre Erklärung nicht auf die derzeitige Besetzung des Gerichts beschränken. Denn darin läge eine unzulässige Bedingung. Eine Befristung ist zulässig, etwa dahin, daß jede Partei noch einen Schriftsatz einreichen soll, Rn 20. 21

D. Nächste Entscheidung. Die Zustimmung bezieht sich immer nur auf die nächste Sachentscheidung des Gerichts, BSG MDR **78**, 348, also auf eine solche Entscheidung, die die Endentscheidung unmittelbar und wesentlich sachlich vorbereitet, Kramer NJW **78**, 1412. Dazu gehören zB: Ein Beweisbeschluß, § 358; eine Verweisung, § 281. Die Zustimmung vor dem Vorsitzenden deckt auch die Entscheidung durch die Kammer für Handelssachen. Die Zustimmung vor dem Einzelrichter nach §§ 348 a, 527 deckt nicht die Entscheidung durch das Kollegium. Eine rein förmliche prozeßleitende Maßnahme des Gerichts oder ein Hinweis nach § 139 oder eine Auflage des Gerichts gegenüber einer Partei mit dem Ziel einer Erklärung nach § 273 erschöpft den Wirkungsbereich der erteilten Zustimmung nicht. 22

Denn die förmliche Maßnahme ist ein *innerer Vorgang* des Gerichts, keine Entscheidung in der Sache. Auch eine Auflage nach § 273 ist eine prozeßleitende Maßnahme und ebenfalls keine Entscheidung. Vgl aber auch Rn 40. Eine Zustimmungserklärung vor einer Beweisaufnahme, aber nach dem Erlaß des Beweisbeschlusses ermöglicht die Berücksichtigung des Ergebnisses der Beweisaufnahme bei der Entscheidung. Verfehlt ist die Meinung, das Gericht dürfe noch nicht mündlich verhandelt haben. Vgl aber Rn 17.

E. Unwiderruflichkeit. Die Zustimmung ist ein Verzicht auf die Unmittelbarkeit, BGH **66**, 274. Sie ist unanfechtbar, Grdz 56 vor § 128. Sie ist grundsätzlich unwiderruflich, BGH NJW **01**, 2480, sobald der Gegner ebenfalls eine Zustimmungserklärung abgegeben hat, Grdz 59 vor § 128 (Prozeßhandlungen). Die Partei darf ihre Zustimmungserklärung aber ausnahmsweise dann widerrufen, wenn sich eine wesentliche Änderung der Prozeßlage ergeben hat, II 1. Das gilt etwa bei neuen gegnerischen Sachanträgen, Beweismitteln oder Behauptungen, Kramer NJW **78**, 1412. Auch ein rechtlicher Hinweis nach § 139 II kann eine solche wesentliche Veränderung der Sachlage mit sich bringen. Ein schlechter Ausgang der Beweisaufnahme reicht aber nicht, OVG Lüneb NVwZ-RR **04**, 390. Das zum Widerruf Gesagte gilt entsprechend bei (jetzt) § 527 IV, BGH **105**, 273. Entscheidend ist der Umstand, daß die Partei dem Gericht durch die Zustimmungserklärung erlaubt, von dem gewöhnlichen Verfahrensablauf abzuweichen. Das Gericht mag eine solche Abweichung nicht für zweckmäßig halten, etwa deshalb, weil der Sachverhalt noch nicht genügend feststeht. Dann darf und muß das Gericht trotzdem eine mündliche Verhandlung anordnen. Die Zustimmungserklärung bindet also zwar die Partei, nicht aber das Gericht. 23

F. Unanfechtbarkeit. Ein Irrtum über die Voraussetzungen der Zustimmungserklärung ermöglicht keine Anfechtung, Grdz 56 vor § 128. Eine mündliche Abgabe der Zustimmungserklärung muß sich entweder aus dem Sitzungsprotokoll oder aus dem Tatbestand der anschließenden Entscheidung ergeben. 24

9) Ermessensgrundsatz, II. Das Gericht kann jede nach der Prozeßlage zulässige Entscheidung treffen. Es ist nur bei § 251 a vor einer Endentscheidung von einer früheren mündlichen Verhandlung zur Sache abhängig. Das Gericht kann und muß im Rahmen eines pflichtgemäßen nicht nachprüfbaren Ermessens 25 auch beim Vorliegen der Voraussetzungen von II klären, ob es ohne eine erstmalige oder wiederholte Verhandlung entscheiden will. So mag ein Widerruf der Zustimmungserklärung das Gericht selbst dann veranlassen, von einer schriftlichen Entscheidung abzusehen, wenn der Widerruf unzulässig und damit unwirksam ist. Das Gericht darf von einer schriftlichen Entscheidung ohne einen ausdrücklichen Beschluß absehen, Rn 11–15. Es muß dann geeignete Förderungsmaßnahmen anordnen. Es muß etwa einen Verhandlungstermin nach § 216 bestimmen oder einen Auflagenbeschluß nach § 273 fassen. Wenn das Gericht das Ruhen des Verfahrens nach §§ 251 a, 331 a angeordnet hat, liegt in einem gemeinsamen Antrag beider Parteien auf eine schriftliche Entscheidung ein Antrag, das Verfahren aufzunehmen. Das Gericht stimmt dieser Aufnahme durch den Erlaß einer Entscheidung zu, § 251. Gegen die Ablehnung einer schriftlichen Entscheidung ist kein Rechtsbehelf statthaft.

26 **A. Ermessensvoraussetzungen, II 1.** Die Voraussetzungen einer Entscheidung nach II sind nicht dieselben wie diejenigen einer Entscheidung nach § 251 a. Denn bei II fehlt jede Säumnis. Die Sache liegt vielmehr so, als ob die Parteien den gesamten Akteninhalt in einer mündlichen Verhandlung vorgetragen hätten. Dem Beginn der mündlichen Verhandlung nach §§ 39, 267 entspricht der Eingang der letzten Zustimmungserklärung.

27 **B Einreichungsfrist, II 2.** Das Gericht ordnet das schriftliche Verfahren durch einen Beschluß an, § 329. Es muß seinen Beschluß begründen, § 329 Rn 4. Es muß ihn entweder verkünden oder „alsbald" mitteilen, II 2, also unverzüglich nach dem Eingang der letzten notwendigen Zustimmungserklärung. Zugleich muß das Gericht einen Zeitpunkt bestimmen, bis zu dem die Parteien Schriftsätze einreichen können, BGH NJW **86**, 3080. Der Zeitpunkt muß nicht stets für alle Beteiligten derselbe sein. Das Gericht muß zugleich den Termin zur Verkündung einer Entscheidung bestimmen, II 2. Dieser Termin steht dem Verhandlungsschluß nach §§ 136 IV, 296 a gleich. Er hat vielfache Bedeutung, §§ 322, 323 II 1, (jetzt) 348 a I Z 3, Mü RR **86**, 1512. Er ist formell nicht an eine bestimmte gesetzliche Frist seit demjenigen Zeitpunkt gebunden, bis zu dem die Parteien Schriftsätze einreichen konnten. Vgl aber II 3, Rn 32. Für eine vorschriftsmäßige Besetzung des Gerichts ist derjenige Zeitpunkt maßgeblich, in dem die letzte Beratung über denjenigen Stoff stattfindet, den das Gericht seinem Urteil zugrunde legt, wie bei § 309. Wenn das Fristende auf einen Sonnabend, Sonntag oder allgemeinen Feiertag fällt, muß das Gericht einen am nächsten Werktag eingehenden Schriftsatz berücksichtigen, § 222 II, BVerfG **61**, 122.

28 **C. Wiedereröffnung, II 2.** Wenn erst kurz vor dem Ablauf der Schriftsatzfrist ein erheblicher Schriftsatz eingeht, auf den der Gegner nicht mehr vor dem Fristablauf erwidern kann, muß das Gericht die mündliche Verhandlung unter Umständen nach § 156 wieder eröffnen oder den Verkündungstermin verlegen, § 227, BVerfG **50**, 285. Dasselbe gilt trotz der grundsätzlichen Ausschlußwirkung des Fristablaufs nach §§ 136 IV, 296, 296 a, 323 II, 767 II doch ferner auch dann, wenn nach dem Ablauf der Schriftsatzfrist noch vor der Beratung ein erheblicher Schriftsatz eingeht. Das Gericht darf nicht eine Ergänzung des Vorbringens und der bisherigen Beweisantritte durch Urkunden auferlegen und dann ohne eine mündliche Verhandlung entscheiden. Denn in dieser Situation hätte ein Auflagen- und Beweisbeschluß ergehen müssen, und das Gericht hätte auf Grund dieses Beschlusses grundsätzlich nach Rn 43, 44 mündlich verhandeln lassen müssen.

29 **D. Weitere Einzelfragen, II 2.** An dem Verfahren ändert sich nichts, insbesondere auch nicht an den Anträgen, wenn ein Anwalt die Vertretung der Partei erst nach dem Zeitpunkt der Wirksamkeit einer Zustimmungserklärung niederlegt. Soweit schon eine mündliche Verhandlung stattgefunden hat, darf und muß das Gericht auch das Ergebnis dieser Verhandlung verwerten. Insoweit schadet ein Wechsel in der Besetzung des Gerichts nicht, BGH GRUR **03**, 547, aM Krause MDR **82**, 184, ZöGre 15 (wegen Art 101 I 2 GG. Aber das Verfahren bleibt ein schriftliches).

Soweit das Gericht freilich das Ergebnis der Beweisaufnahme nicht protokolliert hat, ist eine *Verwertung* nur möglich, falls richterliche Aufzeichnungen bei den Akten sind. Ein Vortrag in der mündlichen Verhandlung, der von dem schriftsätzlichen Vortrag abweicht, muß insofern aktenkundig sein. Maßgeblich ist der spätere Vortrag. Wenn weder die richterliche Aufzeichnung noch der Vermerk zu den Akten vorliegt, können nur dieselben Richter entscheiden, die an der mündlichen Verhandlung teilgenommen hatten. Bei einem verspäteten Schriftsatz muß das Gericht §§ 156, 296 a beachten.

30 Ein *Versäumnisverfahren* ist unstatthaft. Zur Notwendigkeit des rechtlichen Gehörs Schneider MDR **79**, 793.

31 **10) Sachverhaltsklärung, II.** Ob eine genügende Klärung des Sachverhalts die Voraussetzung einer Entscheidung nach II ist, das richtet sich nach dem Sinn der Zustimmungs- oder sonstigen Erklärung. Wenn die Erklärung den Inhalt hat, daß die Partei keineswegs etwas Neues vorbringen will, verzichtet die Partei dadurch auf eine weitere etwa mögliche Klärung des Sachverhalts. Andernfalls muß das Gericht einen rechtzeitig eingereichten Schriftsatz in seinem ganzen Umfang berücksichtigen. Soweit der Schriftsatz etwas Wesentliches enthält, muß das Gericht dann in der Regel die Verhandlung schon deshalb wieder eröffnen, weil es dem Gegner das rechtliche Gehör gewähren muß. Für eine Bindung der Partei an den in den Prozeß eingeführten Stoff gilt § 251 a Rn 15 nicht ganz entsprechend. Eine Bindung tritt bei II nicht nur bei einem Urteil ein, sondern auch bei einem Beweisbeschluß. Denn beim Beweisbeschluß ist die Prozeßlage dieselbe wie bei einer mündlichen Verhandlung.

32 **11) Dreimonatsfrist, II 3.** Das Gericht muß eine Entscheidung ohne eine mündliche Verhandlung entsprechend § 310 verkünden und nach § 317 zustellen. Eine Zustellung kann die Verkündung nicht ersetzen, Ffm MDR **80**, 320. Die Verkündung ist wegen des Beschleunigungszwecks von II nur binnen drei Monaten seit dem Eingang der letzten Zustimmungserklärung zulässig, II 3, BGH NJW **92**, 2147. Andernfalls muß das Gericht einen Verhandlungstermin bestimmen, § 310 Rn 3, Franzki DRiZ **77**, 165, ZöGre 18, aM Schneider MDR **79**, 795 (aber eine Frist beansprucht stets eine strenge Beachtung). Die Frist läuft auch in der Zeit vom 1. 7. bis 31. 8. weiter. Denn § 227 III betrifft nur einen Termin, nicht eine Frist.

33 **12) Sachentscheidung, II.** Das Gericht muß sie wie sonst verkünden, § 310.

13) Verstoß, II. Soweit das Gericht ohne eine mündliche Verhandlung entscheidet, obwohl eine erforderliche Zustimmung fehlte, liegt in diesem Verfahren ein Verstoß gegen das Gebot des rechtlichen Gehörs. Er kann zur Zurückverweisung nach (jetzt) § 538 führen, Köln RR **87**, 1152. Er ist aber kein unbedingter Revisionsgrund nach § 547 Z 4. Er ist auch kein Grund zur Erhebung der Nichtigkeitsklage nach § 579 I Z 4, dort Rn 7. Allerdings kann eine Partei ihre erforderliche Zustimmung auch nach dem Urteilserlaß wirksam erteilen, Rn 9. 34

Ein Verstoß gegen das Gebot der Festsetzung des Zeitpunkts des II 2 ist *kein absoluter Revisionsgrund,* BGH NJW **86**, 3080. Eine solche Zustimmung wirkt wie ein Verzicht auf den bis zu diesem Zeitpunkt bestehenden Anfechtungsgrund. Nach einer anderen Entscheidung als einem Urteil kann eine Heilung des Verstoßes nach denselben Grundsätzen wie bei § 295 eintreten, dort Rn 7. Soweit die Voraussetzungen des II fehlten, ist das Urteil zwar wirksam. Man kann es aber mit dem gegen dieses Urteil zulässigen Rechtsmittel anfechten. (Jetzt) § 514 II ist nach Rn 9 nur in diesem Fall II entsprechend anwendbar, BVerfG NJW **99**, 1177, BGH NJW **90**, 839, ZöGre 19, aM Schlesw NJW **88**, 68 (aber die Vorschrift unterliegt als eine Ausnahme einer engen Auslegung). Ein nicht verkündetes, sondern nur zum Zweck der Verkündung zugestelltes Urteil ist ein Scheinurteil, Üb 12 vor § 300, Kblz GRUR **89**, 75. 35

14) Restliche bloße Kostenentscheidung, III. Es müssen die folgenden Voraussetzungen zusammentreffen. 36

A. Ermessen des Gerichts. Wenn das Gericht nur noch eine Kostenentscheidung treffen muß, kann es zur Erleichterung und Beschleunigung des Verfahrens und zur Begrenzung des Kosten- und Zeitaufwands der Prozeßbeteiligten von Amts wegen von einer mündlichen Verhandlung absehen. Das gilt zB beim bloßen Kostenwiderspruch im Eilverfahren vorrangig vor § 924 II 2, dort Rn 4. Fast dasselbe gilt, soweit ein bloßer Beschluß zur Hauptsache infragekommt, IV. Das Gericht ist zu einem Verfahren ohne eine mündliche Verhandlung nach III berechtigt, aber keineswegs verpflichtet. Es trifft seine Entscheidung dazu im Rahmen eines pflichtgemäßen Ermessens.

B. Verfahren. Ein Antrag nach III ist zulässig, aber nicht notwendig und jedenfalls auch nicht bindend. Eine Anhörung der Parteien ist nicht notwendig. Das Gericht ist bei einem Zeugen nicht zu dessen Vernehmung gezwungen, sondern kann ihn auch ohne eine Zustimmung der Parteien unter den übrigen Voraussetzungen des § 377 III zu einer schriftlichen Beantwortung der Beweisfragen nebst einer Versicherung der Richtigkeit veranlassen, um das Verfahren zu beschleunigen. 37

15) Beschluß, IV. Man muß zwei Fallgruppen unterscheiden. 38

A. Freigestellte mündliche Verhandlung, IV Hs 1. Eine solche Entscheidung des Gerichts (Richter oder Rpfl), die kein Urteil ist, kann ohne eine mündliche Verhandlung ergehen. Hs 1 regelt diese Möglichkeit für alle nach der ZPO in Betracht kommenden Lagen einheitlich, wie es für andere Gerichtsbarkeiten in § 32 I 1 FamFG, § 90 I 2 FGO, § 124 III SGG, § 101 III VwGO geschieht. Hs 1 erfaßt also alle Vorschriften, nach denen das Gericht „durch Beschluß" entscheiden muß oder darf, Karlsr JB **05**, 596. Auch eine Verfügung ist evtl eine Entscheidung und dann eben keine solche durch ein Urteil. Sie ist folglich nach Hs 1 ohne eine mündliche Verhandlung zulässig. Ein Urteil gleich welcher Art fällt nicht unter Hs 1. Soweit es ohne eine mündliche Verhandlung zulässig ist, muß das Gesetz diese Möglichkeit ausdrücklich bestimmen, zB in § 341 II (Einspruchsverwerfung).

Zulässig bleibt eine mündliche Verhandlung nach dem pflichtgemäßen Ermessen des Gerichts auch in allen Fällen des Hs 1. Dann gelten die in Regeln Rn 10–15.

B. Notwendige mündliche Verhandlung, IV Hs 2. Nicht etwa nur als eine förmliche Ausnahme, sondern als eine gegenüber Hs 1 formell vorrangige weitere Regel schreibt Hs 2 eine mündliche Verhandlung auch vor einer solchen Entscheidung vor, die kein Urteil ist, soweit das Gesetz eben auch eine Verhandlung vorschreibt. Beispiele: §§ 320 III 1, 1063 II. Dagegen fällt ein wirksamer Verzicht auf eine mündliche Verhandlung im Urteilsverfahren etwa nach II, §§ 331 III, 341 I nicht unter Hs 2. Denn Hs 2 bezieht sich wie Hs 1 nur auf Entscheidungen ohne die Urteilsform. 39

Zulässig bleibt eine mündliche Verhandlung nach dem pflichtgemäßen Ermessen des Gerichts auch in allen Fällen des Hs 2. Dann gelten auch hier die Regeln Rn 10–15.

128a *Verhandlung im Wege der Bild- und Tonübertragung.*

I [1] Im Einverständnis mit den Parteien kann das Gericht den Parteien sowie ihren Bevollmächtigten und Beiständen auf Antrag gestatten, sich während einer Verhandlung an einem anderen Ort aufzuhalten und dort Verfahrenshandlungen vorzunehmen. [2] Die Verhandlung wird zeitgleich in Bild und Ton an den Ort, an dem sich die Parteien, Bevollmächtigten und Beistände aufhalten, und in das Sitzungszimmer übertragen.

II [1] Im Einverständnis mit den Parteien kann das Gericht gestatten, dass sich ein Zeuge, ein Sachverständiger oder eine Partei während der Vernehmung an einem anderen Ort aufhält. [2] Die Vernehmung wird zeitgleich in Bild und Ton an den Ort, an dem sich ein Zeuge oder ein Sachverständiger während der Vernehmung aufhalten, und in das Sitzungszimmer übertragen. [3] Ist Parteien, Bevollmächtigten und Beiständen nach Absatz 1 gestattet worden, sich an einem anderen Ort aufzuhalten, so wird die Vernehmung zeitgleich in Bild und Ton auch an diesen Ort übertragen.

III [1] Die Übertragung wird nicht aufgezeichnet. [2] Entscheidungen nach den Absätzen 1 und 2 sind nicht anfechtbar.

Schrifttum: *Kodek* ZZP **111**, 445 (Üb); *Nissen,* Die Online-Videokonferenz im Zivilprozess, 2004; *Haug* AnwBl **05**, 327 (Beispiel); *Schultzky* NJW **03**, 313; *Stadler* ZZP **111**, 413 (je: Üb).

Gliederung

1 **1) Systematik, I–III.** Die Vorschrift ermöglicht die sog Videokonferenz auch im Zivilprozeß. Sie gilt für jede Art von „Verhandlung", nicht nur für die eigentliche „mündliche" Verhandlung. Sie geht als eine Sonderregel den anderen Vorschriften zur Anwesenheitspflicht vor. Sie macht diese aber ergänzend anwendbar, soweit nicht direkte Besonderheiten nach § 128 a bestehen. Man muß § 128 a von § 130 a (elektronisches Dokument) unterscheiden. § 128 a setzt indes wie § 130 a natürlich die Einführung brauchbarer technischer Vorrichtungen bei allen im Einzelfall derzeit konkret Beteiligten als selbstverständlich voraus und gibt keine Möglichkeit, dergleichen bei einem Beteiligten zu erzwingen. Man muß das Urheberrecht an Bild und Ton mitbeachten, ebenso ein Persönlichkeitsrecht.

2 **2) Regelungszweck, I–III.** Die Vorschrift dient der Prozeßwirtschaftlichkeit, Grdz 14 vor § 128. Sie kann den Prozeß erheblich vereinfachen, weil verbilligen und beschleunigen. Sie macht den Prozeßbeteiligten die modernste Technik zunutze. Dem kann der Verlust der Atmosphäre bei einer persönlichen Anwesenheit aller Beteiligten im Sitzungssaal entgegenstehen. Es hängt wesentlich von technischen wie psychischen Faktoren ab, ob die Videokonferenz den wahren Hergang wiedergeben kann. Wenn die Kamera beim bloßen Schwarz-Weiß-Bild das Erröten des Betroffenen nicht erkennbar macht, wenn der Bildausschnitt des Schwörenden nicht die „Abschwör"-Bewegung seiner linken Hand mitzeigt, wenn gar der hinter der Kamera postierte heimliche „Zuflüsterer" oder „Teleprompter" dem Gericht nicht bekannt wird, können erhebliche Täuschungseffekte eintreten.

3 **3) Geltungsbereich, I–III.** Die Vorschrift gilt in allen Verfahrensarten nach der ZPO und der auf sie verweisenden anderen Gesetze, auch im WEG-Verfahren. Vor den Finanzgerichten gelten die inhaltlich entsprechenden §§ 91 a, 93a FGO, Schaumburg ZRP **02**, 313 (ausf). § 128 a gilt auch im patentgerichtlichen Verfahren, BPatG GRUR **03**, 176, und im Bereich des § 113 I 2 FamFG.

4 **4) Einverständnis, I, II.** Stets ist das Einverständnis aller Beteiligten erforderlich. Das gilt nach dem ausdrücklichen Text von I 1 zunächst für die Parteien, ihre ProzBev und sonstigen Bevollmächtigten nach § 79 oder Beistände nach § 90 und bei II über seinen Wortlaut hinaus wohl schon wegen Artt 1, 2 GG (Persönlichkeitsschutz) auch für den betreffenden Zeugen oder Sachverständigen. Das gilt außerdem stets für das Gericht einschließlich einer etwa gesonderten Urkundsperson. Es muß nämlich schon aus den eben genannten Gründen für alle diejenigen gelten, die man über Bild- oder/und Tonleitung beobachten kann.

Das Gericht muß auch solche *Zuhörer,* die an einer per Videokonferenz veranstalteten Verhandlung teilnehmen wollen, vorher auf die Videokonferenzfolgen aufmerksam machen. Erst wenn sie anschließend im Raum bleiben, können sie sich nicht mehr gegen Abbildungen wehren, § 24 KUG, aM Schultzky NJW **03**, 315 (aber so weit sollte man diese Vorschrift nicht auslegen. Zuhörer sind nicht stets zum Zweck der Rechtspflege nötig. Im übrigen zeigt schon das Erfordernis des „Einverständnisses", daß sogar die unmittelbar Beteiligten nicht wegen § 24 KUG schutzlos sind. Der ganze § 128 a geht nach seinem Wortlaut und Sinn eher für alle Beteiligten als eine Spezialvorschrift vor. Er stellt damit eine Rückkehr zu Artt 1, 2 GG dar. Auch deshalb darf und muß man ihn weit auslegen). Das Gericht darf die Öffentlichkeit nach §§ 169 ff GVG nicht durch Kameras und Mikrofone faktisch auf solche Zuhörer beschränken, die sich vor solcher Technik nicht scheuen. Ob ein Einverständnis vorliegt, muß man durch eine vernünftige Abwägung des Gesamtvorgangs ermitteln. Im Zweifel kein Einverständnis.

5 **5) Antrag, I.** Selbst beim Einverständnis nach Rn 4 ist nach I nur auf einen Antrag eine Videokonferenzschaltung zulässig, Schaumburg ZRP **02**, 313 (FGO), also nicht von Amts wegen. Ein Anwaltszwang besteht wie sonst, § 78. Der Antragsteller kann nur *sein* Einverständnis wirksam erklären. Die Prozeßvollmacht nach § 80 umfaßt eine solche Erklärung auch für den Auftraggeber. Bei II ist ein Antrag nur scheinbar entbehrlich. In Wahrheit steckt der Fall II ja durchweg als ein Verhandlungsteil im Fall I.

6 **6) Anderer Ort, I–III.** Dieser Begriff meint natürlich nicht schon ein nur hundert Meter entferntes Anwaltsbüro usw, sondern vernünftigerweise erst einen wirklich deutlich weiter vom Prozeßgericht entfernten Raum, wenn auch vielleicht in Berlin, Hamburg oder München schon einen solchen am anderen Ende der Stadt. Der Raum mag sich in einem privaten oder öffentlichen Gebäude befinden, in einem eigenen des Zugeschalteten oder in einem gemieteten oder sonstwie fremden. Wegen Art 35 I GG, § 158 GVG muß jedes andere Gericht, jede andere Staatsanwaltschaft oder Behörde grundsätzlich im Rahmen des Zumutbaren ihre Geräte und Vorrichtungen nur dem Prozeßgericht und den von *ihm* dorthin beorderten Beteiligten zur Verfügung stellen. Eine öffentlichrechtliche oder privatrechtliche Fernsehanstalt ist dazu nicht schon kraft Gesetzes verpflichtet. Für eine Zuschaltung aus dem Ausland wäre eine zwischenstaatliche Regelung nötig, Schaumburg ZRP **02**, 315 (FGO), zumindest ein Rechtshilfeersuchen, Niebling NJW **03**, 123.

7 **7) Vornahme einer Verfahrenshandlung, I 1.** Gemeint ist jede denkbare Parteiprozeßhandlung nach Grdz 47 vor § 128 von einem Antrag bis zur Rücknahme der Klage, des Antrags, des Rechtsmittels usw. Die Handlung muß nur verfahrensbezogen sein. Auch eine Frage, ein Vorhalt, eine Einwendung oder Rüge gehören hierher. Es ist unerheblich, ob die Handlung die Statthaftigkeit, Zulässigkeit oder Begründetheit betrifft und ob sie sich an das Gericht, den Gegner oder einen sonstigen Verfahrensbeteiligten richtet.

8) Zeitgleiche gegenseitige Übertragung, I 2, II 2, 3. Voraussetzung der Wirksamkeit einer Verhandlung per Videokonferenz ist die ständige Live-Übertragung von jedem beteiligten Ort zu jedem anderen, evtl also zB zwischen einem in München aufhältlichen ProzBev, einem anderen in Berlin, einem Zeugen in Frankfurt und dem Gericht in Hamburg. Sobald die Übertragung auch nur auf einem Teil dieser Wege und/oder auch nur für entscheidende Sekunden gestört ist, muß das Gericht mangels einer sofortigen Nachbesserungsmöglichkeit diese Verhandlung abbrechen und sie später unter einer erneuten Einhaltung von Ladungsfristen usw auf dieselbe Art oder am Gerichtssitz in einer herkömmlichen Weise fortsetzen. 8

9) Ermessen, I–III. Selbst beim Vorliegen der Voraussetzungen Rn 4–8 steht die Anordnung im pflichtgemäßen Ermessen des Gerichts, Schaumburg, ZRP **02**, 314 (FGO). „Kann" in I 1, II 1 stellt nicht nur in die Zuständigkeit. 9

10) Keine Aufzeichnung, III 1. Zwar muß das Gericht im Protokoll nach § 160 I Z 4 vermerken, welche Orte an der Videokonferenz teilnehmen. Eine Aufzeichnung der Übertragung ist aber weder im Bild noch im Ton statthaft, Schaumburg ZRP **02**, 314 (FGO, auch zu einer Ausnahme), zumindest nicht mangels einer diesbezüglichen zusätzlichen eindeutigen Zustimmung aller Beteiligten nach Rn 4. Das dient dem Datenschutz und dem Persönlichkeitsrecht. Man muß die etwaigen Beweiserschwerungen hinnehmen. 10

11) Unanfechtbarkeit, III 2. Eine Entscheidung nach I, II ist grundsätzlich unanfechtbar, Schaumburg ZRP **02**, 314 (FGO). Das gilt sowohl für die Gestattung einer Übertragung als auch für ihren Abbruch, für ihre Wiederaufnahme, für eine Einschränkung und für eine andere zugehörige Entscheidung, natürlich auch für die Ablehnung einer Gestattung. Nicht der auswärtige Beteiligte darf über die Notwendigkeit einer Reise zum Gerichtsort das letzte Wort haben, sondern nur das Gericht. Sein pflichtgemäßes Ermessen soll nicht zum Gegenstand irgendwelcher Auseinandersetzungen auf diesem nicht unwichtigen Nebenschauplatz werden. 11

Greifbare Gesetzwidrigkeit kann schon wegen § 567 Rn 10 nicht zur Anfechtbarkeit einer Entscheidung mithilfe der §§ 252, 567 ff führen. Man darf einen Ausfall der Technik nicht zulasten der Parteien hinnehmen. Ein Verstoß gegen das Gebot eines fairen Verfahrens nach Einl III 23, könnte eine Verfassungswidrigkeit bedeuten, Schaumburg ZRP **02**, 314 (FGO).

129 *Vorbereitende Schriftsätze.* **I In Anwaltsprozessen wird die mündliche Verhandlung durch Schriftsätze vorbereitet.**

II In anderen Prozessen kann den Parteien durch richterliche Anordnung aufgegeben werden, die mündliche Verhandlung durch Schriftsätze oder zu Protokoll der Geschäftsstelle abzugebende Erklärungen vorzubereiten.

Schrifttum: *Braun,* Metaphysik der Unterschrift, Festschrift für *Schneider* (1997) 447; *Heinemann,* Neubestimmung der prozessualen Schriftform, 2002; *Kuntz-Schmidt,* Das Unterschriftserfordernis für bestimmende Schriftsätze im Zivilprozeß, Diss Marbg 1985; *Lindemeyer,* Der Verzicht auf das Erfordernis einer eigenhändigen Unterschrift im deutschen Prozeßrecht, 1985; *Michel/von der Seipen,* Der Schriftsatz des Anwalts im Zivilprozeß, 6. Aufl 2004; *Schwarz,* Strukturierter Parteivortrag und elektronische Akte, Diss Tüb 1992; *Stenz,* Anwendung von Telekommunikationsmitteln im Prozeß, 1993; *Vollkommer,* Formzwang und Formzweck, in: Festschrift für *Hagen* (1999).

Gliederung

1) Systematik, I, II. Die Vorschrift enthält eine Grundregel einerseits des Anwaltsprozesses, andererseits des Parteiprozesses, § 78 Rn 1. §§ 129 a ff gestalten sie näher aus. Sie sind keineswegs die einzigen Vorschriften über Schriftsätze. Solche finden sich vielfach verstreut zB in § 253 (Klageschrift), dort insbesondere IV (Verweisung auf die allgemeinen Vorschriften über die vorbereitenden Schriftsätze), ferner in § 273 II Z 1 (Anordnung eines ergänzenden Schriftsatzes), in § 275 III, IV (Anordnung einer schriftlichen Klagerwiderung oder einer Stellungnahme auf diese), in § 283 (Regelung des nachgereichten Schriftsatzes), in § 296 (Zurückweisung eines verspäteten Schriftsatzes) usw. Im Verfahren vor dem Amtsgericht gilt II über § 495. § 130 a (elektronisches Dokument, Signatur) hat als eine Spezialvorschrift den Vorrang. 1

2) Regelungszweck, I, II. Die Vorschrift dient schon nach ihrem Wortlaut der „Vorbereitung" der mündlichen Verhandlung. Sie soll den Prozeßstoff sammeln helfen. Sie soll dem Gegner wie dem Gericht die Übersicht über das Vorbringen der Partei erleichtern. Sie soll prozeßleitende Anordnungen ermöglichen, zB nach § 273. Sie soll die Entscheidungsreife nach § 300 Rn 6 möglichst schon im ersten Termin erreichbar 2 machen, Düss RR **95**, 639. Sie dient damit im Interesse der Prozeßwirtschaftlichkeit nach Grdz 14 vor § 128 der Verfahrensbeschleunigung. Darüber hinaus dient sie auch der Wahrhaftigkeit des Vortrags der Parteien, § 138 I, II. Sie dient der Vermeidung unnötiger Prozeßkosten durch überflüssige Beweisaufnahmen wegen einer ungenügender Erklärung dazu, ob eine Partei den gegnerischen Vortrag bestreite. Sie dient der Information eines Dritten, etwa des Streitverkündeten usw. In der Praxis haben Schriftsätze auch im Parteiprozeß eine außerordentliche Bedeutung. Auch dort treten ja überwiegend Anwälte auf und machen von der Möglichkeit Gebrauch, ihren mündlichen Vortrag schriftsätzlich vorzubereiten. Soweit das freiwillig geschieht, gelten die Regeln zum Inhalt wie beim Schriftsatzzwang. Das sollte man bei der Auslegung bedenken. Viele übersehen das leider.

3 **3) Sachlicher Geltungsbereich, I, II.** I gilt nur im Anwaltsprozeß, § 78 Rn 1. II gilt in allen „anderen" Prozessen, also im Parteiprozeß, Begriff § 78 Rn 1, auch im WEG-Verfahren und im Bereich des § 113 I 2 FamFG (nicht bei einem Amtsverfahren). Innerhalb der jeweiligen Prozeßart mag je nach der Instanz zunächst nur II, in der nächsthöheren Instanz wegen des dortigen Anwaltszwangs I anwendbar sein. Im übrigen gelten die Vorschriften in allen Verfahrensarten nach der ZPO und in jeder Lage des Prozesses. II ist im arbeitsgerichtlichen Verfahren grundsätzlich anwendbar, BAG NJW **01**, 316. Bei einer arbeitsgerichtlichen Güteverhandlung hat aber § 47 II ArbGG den Vorrang, Lorenz BB **77**, 1003.

4 **4) Persönlicher Geltungsbereich, I, II.** Die Vorschriften gelten für alle Parteien nach Grdz 4 vor § 50, für den ProzBev nach § 81, für den gesetzlichen Vertreter nach § 51, für den vertretungsberechtigten Bevollmächtigten nach § 79, für den Beistand nach § 90, für jeden Streitgenossen nach § 59, für den gewöhnlichen und streitgenössischen Streithelfer, §§ 66, 69. Andere, die sich als Dritte im Prozeß melden, mögen zwar grundsätzlich etwa wegen ihrer Wahrhaftigkeitspflicht inhaltlich im Kern denselben Regeln wie die Parteien unterliegen. Sie brauchen aber jedenfalls § 129 nicht förmlich zu beachten, solange sie nicht mit dem Anspruch auftreten, förmliche Prozeßbeteiligte zu sein oder werden zu wollen.

5 **5) Schriftsatz, I, II.** Man unterscheidet die folgenden Arten von Schriftsätzen.

A. Bestimmender Schriftsatz. Der Ausdruck stammt aus den Motiven. Die ZPO verwendet ihn nicht. Es handelt sich um einen solchen Schriftsatz, der eine für das Verfahren wesentliche Parteiprozeßhandlung nach Grdz 47 vor § 128 unmittelbar vollzieht oder doch vollziehen soll, BGH **92**, 253, BAG DB **88**, 920, der zB eine Parteierklärung in die notwendige Form faßt, LG Heidelb VersR **78**, 357. Insbesondere gehört hierher jeder Schriftsatz, der ein Verfahren einleiten oder beendigen soll.

6 **B. Beispiele zur Frage eines bestimmenden Schriftsatzes**

Arrest, einstweilige Verfügung: Hierher gehört der Antrag nach § 920 oder § 936.

Einspruch: Hierher gehört ein Einspruch nach §§ 340 I, 700, LG Bln NJW **00**, 3291, LG Heidelb RR **87**, 1214, LG Kiel SchlHA **87**, 43.

Empfangsbekenntnis: Hierher gehört eine solche Erklärung nach (jetzt) §§ 174, 195, Hamm NJW **89**, 3289 (auch zur Ausnahme bei einem Rechtsmißbrauch nach Einl III 54).

Erledigterklärung: Hierher gehört eine solche Erklärung nach § 91 a Rn 62.

Klage: Hierher gehört die Klageschrift nach § 253 Rn 102, BGH NJW **94**, 2097, BAG DB **88**, 920.

Klagerücknahme: Hierher gehört die Klagerücknahme nach § 269.

Prozeßkostenhilfe: Hierher gehört das schriftliche Gesuch um ihre Bewilligung nach § 117.

Rechtsmittelbegründung: Sie gehört hierher, BGH VersR **02**, 589, LAG Hamm DB **99**, 644.

Rechtsmittelfrist: Hierher gehört ein Antrag auf eine Verlängerung der Rechtsmittelfrist oder -begründungsfrist, zB §§ 520 II 2, 551 II 4.

Rechtsmittelschrift: Hierher gehört diejenige nach zB §§ 519, 549, 566 II, 569 II, 575 I, BGH VersR **02**, 589, BAG NJW **90**, 3165, BFH BB **84**, 1673, einschließlich der Angabe der Parteien, BGH NJW **85**, 2650.

Rechtsmittelverzicht: Hierher gehört ein solcher Verzicht, (jetzt) §§ 515, 565, Volhard DNotZ **87**, 528.

Scheidungsantrag: Hierher gehört der Scheidungsantrag, BGH **87**, 323, Zweibr FamRZ **89**, 191.

Streithelfer: Hierher gehört sein Beitritt nach § 70.

Streitverkündung: Hierher gehört sie nach § 72, BGH NJW **85**, 328.

Vergleichswiderruf: Hierher gehört ein Widerruf eines Prozeßvergleichs nach Anh § 307 Rn 42, LAG Düss BB **90**, 562, LAG Mü DB **89**, 836.

Wiedereinsetzung: Hierher gehört ein Wiedereinsetzungsantrag nach § 236.

7 **C. Vorbereitender Schriftsatz.** Vgl § 130 Rn 4. Hierher zählt also derjenige Schriftsatz, der einen späteren mündlichen Vortrag zunächst nach § 130 schriftsätzlich ankündigen soll, ohne als ein bestimmender Schriftsatz zu gelten, BAG DB **88**, 920, LG Heidelb VersR **78**, 357. Er kann den mündlichen Vortrag nur im schriftlichen Verfahren nach § 128 II sowie bei einer Entscheidung nach Aktenlage ersetzen, §§ 251 a, 331 a, 358 a. Grundsätzlich macht erst der mündliche Vortrag in der Verhandlung das Vorbringen prozessual wirksam. Sachlichrechtlich kann es unabhängig vom Vortrag wirksam werden, Grdz 61–63 vor § 128, Mü NJW **79**, 2570. Die meisten bestimmenden Schriftsätze bereiten zugleich vor.

8 **6) Unterschriftszwang, I, II.** Zunächst gilt der vorrangige § 130 a (elektronisches Dokument nebst Signatur). Über die grundsätzliche Notwendigkeit einer eigenhändigen und handschriftlichen Unterzeichnung findet man in § 130 Z 6 direkte Anweisungen einerseits für den Anwaltsprozeß, § 78 Rn 1. Dort ist die Unterschrift des Anwalts erforderlich. Sie finden sich andererseits für die sonstigen Prozeßarten. Dort ist die Unterschrift der Partei selbst oder desjenigen erforderlich, der für sie als ein Bevollmächtigter oder als ein Geschäftsführer ohne Auftrag handelt. Dazu zunächst § 130 Rn 25. Zur Frage, ob eine Unterschrift insbesondere unter einem sog bestimmenden Schriftsatz nach Rn 5 erforderlich ist und wie man sie dann vornehmen muß, hat sich eine umfangreiche Lehre und Rechtssprechung mit teilweise unterschiedlichen Auffassungen entwickelt.

9 **A. Grundsatz: Notwendigkeit eigenhändiger und handschriftlicher Unterzeichnung.** Zunächst gilt § 130 a, Rn 8. Den bestimmenden Schriftsatz muß grundsätzlich derjenige eigenhändig und hand-

schriftlich unterschreiben, der ihn nach § 130 Z 6 überhaupt einreicht, BVerfG NJW **07**, 3117 (Ausnahme: Einscannung beim Computerfax), BGH FamRZ **05**, 434, und zwar in deutscher Sprache, § 184 GVG, FG Saarbr NJW **89**, 3112 (auch zu einer Ausnahme). Daher reicht auch nicht eine persönliche Abgabe eines solchen Schriftsatzes auf der Geschäftsstelle aus, der keine Unterschrift hat, BGH NJW **80**, 291.

B. Verantwortungsübernahme. Es soll schon aus dem Schriftsatz selbst erkennbar sein und feststehen, 10
daß kein bloßer Entwurf vorliegt, auch kein versehentlich etwa vom Büropersonal vor der Genehmigung durch den Verfasser usw und daher zu früh in den Postweg gegebener „auf Verdacht" abgezeichneter Text, wie es in der Praxis durchaus vorkommt, Schmidt BB **99**, 1127. Vielmehr soll feststehen, daß es sich um eine prozessual gewollte Parteiprozeßhandlung oder Erklärung handelt. Es soll feststehen, daß sie vom Unterzeichner herrührt und daß er für ihren gesamten Inhalt die zivilrechtliche, strafrechtliche, berufsrechtliche und sonstige volle Verantwortung übernimmt, BGH NJW **05**, 3773 und 3775, BAG NJW **01**, 316, KG MDR **08**, 535, aM Ffm NJW **77**, 1246, Kuntz-Schmidt NJW **87**, 1301 (aber die in Rn 9 genannte Form ist eigentlich selbstverständlich. Daran ändert das unerfreuliche Bild Rn 13 ff ebensowenig etwas wie zB das kaum noch überblickbare Fallrecht bei § 233 zu einer sorgfältigen Ausformung der dortigen Voraussetzungen). Eine Scannerunterschrift kann ausreichen, Rn 41.

C. Keine Überspannung, dazu *Schneider* NJW **98**, 1844: Indessen darf man die Anforderungen an das 11
Unterschriftserfordernis auch nicht überspannen, etwa bei einer Verschiedenartigkeit der Unterschriften eines Anwalts, die natürlich sind, BGH VersR **02**, 590. Überhaupt ist beim Anwalt seine Sorgfaltspflicht als ein Organ der Rechtspflege auch zu seinen Gunsten mitbeachtlich, BGH NJW **01**, 2888. Das Prozeßrecht dient zwar auch der Rechtssicherheit, Einl III 43. Man muß daher oft strenge Formerfordernisse stellen. Das Prozeßrecht ist aber kein Selbstzweck, Einl III 10. Deshalb darf man es nicht so handhaben, daß sachlichrechtliche Ansprüche schlechterdings undurchsetzbar werden, BVerfG **78**, 126 (es meint sogar, man solle eine „durchaus wünschenswerte Großzügigkeit" zeigen. Damit geht es sehr weit, strenger denn auch BVerfG NJW **98**, 1853), BGH **97**, 285 (kein Selbstzweck), BAG NJW **76**, 1285 (eine bloße Unterschrift der rechtzeitig eingereichten Vollmacht reicht aber nicht aus), Karlsr FamRZ **88**, 82 (im Parteiprozeß kann eine solche Durchschrift reichen, auf der die Unterschrift der nicht anwaltlich vertretenen Partei durchgedruckt vorhanden ist). Im einzelnen bestehen zwischen den verschiedenen Prozeßordnungen erhebliche Unterschiede, OGB BGH **75**, 349, BAG NJW **01**, 316, BVerwG NJW **89**, 1175.

D. Zulässigkeit der Nutzung moderner Übermittlungswege, dazu *Fritzsche/Malzer* DNotZ **95**, 3 12
(rechtspolitisch), *Kuhn,* Rechtshandlungen mittels EDV und Telekommunikation, 1991: Ein gerichtliches Gewohnheitsrecht läßt auch bei einem fristgebundenen Schriftsatz und erst recht bei einem unbefristeten bestimmenden Schriftsatz grundsätzlich diejenige Übermittlungsart zu, die sich aus dem Fortschritt der Technik und der Eilbedürftigkeit zwingend ergibt, zB beim Scanner nach Rn 41 oder beim Telefax, Rn 44, BGH RR **97**, 250. Freilich muß man je nach dem Übermittlungsweg unterschiedliche Sorgfaltsanforderungen beachten, zB beim Computerfax, BGH NJW **98**, 3649.

E. Beispiele zur Frage des Vorliegens einer ausreichenden Unterschrift 13

Ablichtung, Abschrift: Zwar muß man grds eine ordnungsgemäß unterzeichnete Urschrift als Original des Schriftsatzes einreichen. Indessen kann es ausnahmsweise ausreichen, daß man eine diesen Anforderungen nicht genügende nicht oder fehlerhaft unterzeichnete Urschrift zusammen mit einer diesen Anforderungen entsprechenden ordnungsgemäß unterschriebenen Ablichtung oder Abschrift einreicht. Die Stelle der Urschrift kann insbesondere eine eigenhändig und handschriftlich beglaubigte Ablichtung oder Abschrift einnehmen, BGH VersR **93**, 459, LG Kiel SchlHA **87**, 43.

S auch Rn 15 „Begleitschreiben", „Beiheftung", Rn 28 „Kopie", Rn 38 „Prozeßvollmacht".

Absicht der Unterschrift: Man muß aus dem Schriftsatz erkennen können, daß der Unterzeichner auch die Absicht hatte, eine volle Unterschrift zu leisten und nicht nur mit einem Namenskürzel (Paraphe) abzuzeichnen, BGH NJW **05**, 3775.

S auch Rn 26, Rn 30 „Nachahmung", Rn 41.

Adelsname: Ein vor dem 14. 8. 1919 erworbener Adelstitel ist nach Art 109 III Weimarer Reichsverfassung als ein Bestandteil des Namens bestehen geblieben. Das gilt auch seit dem Inkrafttreten des GG zumindest als ein Gewohnheitsrecht. Daher darf und muß der Adlige einen Schriftsatz unter einer Hinzufügung des Adelsprädikats unterschreiben, wenn er eine ganz korrekte Unterschrift vornehmen will. Die Praxis verstößt ständig und vielfach gegen diese Anforderungen. Immerhin ist der Nichtgebrauch eines Adelsprädikats im formellen Rechtsverkehr keine bloß gesellschaftliche Attitüde, sondern ein Formverstoß. Er könnte bei streng formgebundenen Schriftsätzen durchaus erheblich sein, falls zumindest auch der verbleibende Namensbestandteil nach den übrigen Regeln einen Mangel hat.

S auch Rn 19 „Doppelname".

Amtlich bestellter Vertreter: Der Umstand, daß er nach § 53 VII BRAO diesselben anwaltliche Befug- 14
nisse wie der vertretene Anwalt hat, gibt ihm *nicht* das Recht, nur mit dem Namen des Vertretenen oder zwar unter seinem eigenen Namen, jedoch insofern nicht nach den für ein Handeln im eigenen Namen notwendigen Regeln zu unterzeichnen. Der Zusatz unter dem eigenen Namen „als amtlich bestellter Vertreter für ..." ist korrekt.

Der bloße Zusatz „im Auftrag" kann *unzureichend* sein, Rn 14 „Im Auftrag".

Anderer Name: Es besteht der Grundsatz der Notwendigkeit einer eigenhändigen handschriftlichen Unterzeichnung desjenigen, der nach dem Inhalt des Schriftsatzes sein Absender sein soll oder will und der mit der Unterschrift die inhaltliche Verantwortung übernimmt. Daher ist eine Unterzeichnung zwar mit einer Genehmigung des wahren Absenders, jedoch durch einen anderen nur mit dem fremden Namen bedenklich. Das gilt unabhängig davon, ob dieser andere mit seinem eigenen Namen denselben Schriftsatz wirksam unterzeichnen könnte. Selbst bei einer Blankounterschrift nach Rn 16 handelt es sich ja immerhin um eine echte eigenhändige Unterschrift mit dem eigenen Namen. Sofern ganz ausnahmsweise im Zeitpunkt des Zugangs des Schriftsatzes oder etwa zulässig in einem späteren etwa heilenden Zeitpunkt feststeht, daß derjenige die inhaltliche Verantwortung übernahm oder übernimmt, dessen Namen der Unterzeichner benutzte, mag der Vorgang unschädlich bleiben. Zurückhaltung bleibt ratsam.

Anwaltszwang: In seinem Bereich genügt die Unterschrift des Anwalts. Er braucht sich nicht als ein solcher zu bezeichnen, LAG Ffm DB **97**, 938.

Arrest, einstweilige Verfügung: Rn 37 „Parallelprozeß".

Im Auftrag: Ausreichen kann die Unterschrift „für XY", etwa mit Zusatz „nach Diktat verreist", BGH NJW **03**, 2028.

Grundsätzlich *unzureichend* ist eine Unterschrift nur „im Auftrag" oder „i. A." (statt: „in Vertretung"), BGH FamRZ **07**, 1638, LG Rostock MDR **03**, 1134, LAG Ffm DB **02**, 1116 (je auch wegen einer Ausnahme), aM Späth VersR **78**, 605 (aber ob zB eine Berufung vorliegt, darf nicht so unklar sein, daß das Gericht erst noch dazu eine Rückfrage halten müßte).

S auch Rn 14 „Amtlich bestellter Vertreter", „Anderer Name", Rn 28 „I. V.", Rn 48 „Vertreter".

15 **Beglaubigung:** Soweit überhaupt die Unterzeichnung nur einer Ablichtung oder Abschrift ausreicht, Rn 13 „Ablichtung, Abschrift", ist die Beglaubigung dieser Kopie nicht unbedingt notwendig. Immerhin ist diese Frage noch nicht vollständig geklärt. Eine eigenhändig und handschriftlich beglaubigte Ablichtung oder Abschrift kann die Stelle der Urschrift einnehmen, BGH MDR **04**, 1252, LG Kiel SchlHA **87**, 43. Das gilt selbst dann, wenn die beglaubigte Ablichtung oder Abschrift bei den Akten verbleibt. Die Unterschrift des Anwalts unter einem Beglaubigungsvermerk gilt als seine Unterschrift unter der Urschrift, Naumb MDR **05**, 1432.

S auch Rn 40.

Begleitschreiben: Für die Wirksamkeit zB einer Rechtsmittelbegründung kann die Unterzeichnung (nur) eines beigehefteten Begleitschreibens genügen, BGH FamRZ **06**, 1269. Indessen ist Vorsicht ratsam. Es kommt auf den Text des Begleitschreibens an. Er muß unzweideutig ergeben, daß sein Unterzeichner die eigentliche Schrift ebenfalls schon und noch einreichen will und für deren Inhalt auch die volle Verantwortung übernimmt, BGH FamRZ **06**, 1269.

S aber auch „Beiheftung", Rn 16 „Bezugnahme".

Behörde: Rn 19 „Dienstsiegel".

Beiheftung: Die bloße Beiheftung einer nichtunterschriebenen Schrift, etwa einer Rechtsmittelbegründung, an eine unterschriebene Schrift, etwa an die Rechtsmittelschrift, genügt den Anforderungen an die nur beigeheftete Eingabe *nicht,* Kirberger Rpfleger **76**, 238.

S aber auch „Begleitschreiben", Rn 16 „Bezugnahme".

16 **Bezugnahme:** Es kann ausreichen, daß der Unterzeichner eines Begleitschreibens in ihm eindeutig auf die nicht ordnungsgemäß unterzeichnete Eingabe Bezug nimmt, Rn 15 „Begleitschreiben". Es kann auch ausreichen, in einem weiteren Schreiben auf eine nicht unterzeichnete Anspruchsbegründung des Mahnverfahrens Bezug zu nehmen, selbst wenn sie erst nach der Abgabe an das Gericht des streitigen Verfahrens eingeht, BGH **84**, 136. Es kann auch genügen, auf einen parallelen Arrest- oder Verfügungsprozeß Bezug zu nehmen, soweit man den dort unterzeichneten Schriftsatz im jetzigen Prozeß in einer Ablichtung oder Abschrift vorlegt. Ausreichend ist auch die Bezugnahme auf ein vom Anwalt selbst unterzeichnetes Prozeßkostenhilfegesuch. Vgl auch § 137 III.

Nicht ausreichend ist es, daß ein ProzBev im Anwaltsprozeß auf die Unterschrift nur der Partei unter der Klageschrift oder auf diejenige eines Dritten Bezug nimmt, BGH **92**, 251. Grundsätzlich reicht auch nicht die Bezugnahme des Anwalts auf einen solchen Schriftsatz, den ein anderer Anwalt unterschrieben hat, (zum alten Recht) BGH NJW **90**, 3087. In einer solchen Bezugnahme kann aber eine Genehmigung liegen, BGH NJW **90**, 3087.

S auch Rn 15 „Begleitschreiben", „Beiheftung".

Blankounterschrift: Die Verwendung einer Blankounterschrift ist nur in einem unvorhersehbaren Fall und nur auf Grund einer ansich auf jeden Einzelfall bezogenen Anleitung und Überwachung zulässig, BAG DB **83**, 1052, Mü NJW **89**, 1166. Die weisungsgemäße Fertigstellung eines blanko unterschriebenen Schriftsatzes reicht aus, eine nur stichwortartige Vorgabe reicht aber nicht, BGH NJW **05**, 2709.

Btx-Telex: Rn 21, 22.

17 **Bleistift:** Er ersetzt *weder* Tinte *noch* den Kugelschreiber. Denn er ist seiner Natur nach „kurzlebig". Man kann ihn zu leicht verwischen oder ausradieren und verfälschen.

Briefkopf: Selbst ein eigenhändiger ist keine Unterschrift, Düss FamRZ **02**, 547.

Buchstaben: Es kommt darauf an, daß die Unterschrift zeigt, daß der Unterzeichner für den gesamten Inhalt des Schriftsatzes die volle Verantwortung übernimmt und ihn auch endgültig einreichen will. Das muß man bei der oft nicht einfachen Frage beachten, ob die etwa noch erkennbaren Buchstaben des Namens des Unterzeichners ausreichen. Es genügt freilich, daß jeder, der den Namen bereits kennt, ihn aus der Unterschrift herauslesen kann. Man muß allerdings auch herauslesen können, daß der Unterzeichner eindeutig beabsichtigte, seinen vollen Namen zu schreiben, BAG NJW **05**, 3775, und daß er nicht nur eine bloße Namensabkürzung (Paraphe) vornehmen wollte.

Es reicht *nicht* aus, nur mit dem Anfangsbuchstaben zu unterzeichnen, LAG Bln NJW **02**, 990, oder nur mit einem anderen erkennbaren einzelnen Buchstaben oder eben nur mit einer solchen Buchstabenfolge, die sich als eine bewußte und *gewollte Namensabkürzung* darstellt, BGH NJW **85**, 1227, LAG Düss BB **90**, 562. Eine Auflösung des Schriftbilds in willkürliche Striche und Linien ohne charakteristische Merkmale ist nicht ausreichend, BGH NJW **82**, 1467, BAG BB **77**, 899. Eine ausreichende Unterschrift fehlt also auch dann, wenn man überhaupt keine Buchstaben mehr erkennen kann, BGH NJW **85**, 1227, aM BGH NJW **92**, 243 (zu großzügig), oder nur einen einzelnen, BFH NJW **87**, 343.

S auch Rn 41„Schlangenlinie".

18 **Büropersonal:** Man muß unterscheiden. Grundsätzlich reicht die Unterschrift eines Mitarbeiters des Anwalts im Anwaltsprozeß nur dann aus, wenn er seinerseits ein Anwalt ist. Er muß also überhaupt zur Anwaltschaft zugelassen sein. Soweit er dann allerdings nur „im Auftrag", statt „in Vertretung" unterzeich-

net, kann selbst diese Unterschrift unzulänglich sein, Rn 14 „Im Auftrag". Dieselben Regeln gelten bei einer Übermittlung durch Telefax, Telekopie und die ihnen gleichstehenden Arten technischer Übermittlung zumindest für die Aufgabeschrift (Original beim Absender).

S auch Rn 14 „Anderer Name".

Computerfax: Eine eingescannte Unterschrift reicht, BVerfG NJW **07**, 3117.

S auch Rn 19 „Digitale Signatur", Rn 44 „Telefax".

Dienstsiegel: BGH (GmS) **75**, 348 hält zB im Verfahren nach dem SGG eine Revisionsschrift einer Behörde oder einer Körperschaft oder Anstalt des öffentlichen Rechts dann für ausreichend, wenn der Verfasser nur maschinenschriftlich unterzeichnet hat und wenn ein handschriftlicher Beglaubigungsvermerk des dazu zuständigen Beamten mit der oder ohne die Beifügung eines Dienstsiegels beiliegt, LG Köln JB **91**, 1410. Grundsätzlich dürfte ein bloßes Dienstsiegel aber *keineswegs* ausreichen, sonstige Mängel der Unterzeichnung auszugleichen. Selbst wenn feststeht, daß der Unterzeichner der alleinige Verwahrer des Dienstsiegels war, ist nicht gesichert, daß die Beidrückung ein Ausdruck gerade der Übernahme der inhaltlichen Verantwortung und des endgültigen Absendewillens war. **19**

Digitale Signatur, dazu *Richtlinie* 1999/93/EG, ABl L 13 v 19. 1. 00: Es gilt der gegenüber § 129 vorrangige § 130 a. Wegen der VwGO VG Ffm NJW **02**, 2488.

S auch Rn 44 „Telefax".

Doppelname: Es reicht aus, daß sein Träger den einen Bestandteil lesbar voll geschrieben hat, den anderen aber gar nicht, BGH NJW **96**, 997, Karlsr JB **00**, 207, oder daß er diesen letzteren nur abgekürzt hat, BAG DB **88**, 920. Denn die Unterschrift soll nur sicherstellen, daß das Schriftstück auch vom Unterzeichner stammt, BGH BB **96**, 612. Freilich muß das gesamte Schriftbild klar ergeben, wer unterzeichnet hat. Wenn zB in einer Sozietät einer der Anwälte einen solchen Namen trägt, der in demjenigen eines anderen einen Bestandteil bildet (etwa bei Verwandten oder Eheleuten), kann zweifelhaft sein, ob die Wiedergabe nur des „gemeinsamen" Namens beim Träger des Doppelnamens ausreicht. Das gilt selbst dann, wenn er seinen weiteren Namensbestandteil andeutet. Das hätte BGH NJW **96**, 997 miterörtern sollen. Es kommt auf die Gesamtumstände an.

S auch Rn 13 „Adelsname".

Durchschrift: S zunächst „Ablichtung, Abschrift", „Beglaubigung". Im Parteiprozeß kann eine solche Durchschrift ausreichen, auf der es die Unterschrift der nicht anwaltlich vertretenen Partei durchgedruckt gibt, Karlsr FamRZ **88**, 82.

S ferner Rn 47 „Überspannung".

Eigenhändigkeit: Rn 9. S ferner Rn 49 „Willenlosigkeit". **20**

Einstweilige Verfügung: Rn 37 „Parallelprozeß".

Elektronische Übermittlung: § 130 a.

Endgültigkeit: Rn 9. Es muß stets erkennbar sein, daß es sich um eine endgültige Erklärung handelt, BAG NJW **82**, 1016. Daran kann bei einer bloßen Namensabkürzung (Paraphe) ein Zweifel bestehen, auch wenn die Übung vorherrscht, Schriftsätze nur noch recht flüchtig zu unterzeichnen. Es kommt auch in solchem Fall auf die Gesamtumstände an. Derjenige Anwalt, dessen Art der „Unterzeichnung" der Richter kennt, mag eher zu erkennen geben, daß er den Schriftsatz endgültig einreichen will, als ein unbekannter.

Entzifferbarkeit: Rn 26.

Erkennbarkeit: Rn 26.

Erklärungen beider Parteien: Übereinstimmende Erklärungen beider Parteien, die Unterschrift sei ein bloßes Handzeichen, binden das Gericht nicht, BGH NJW **78**, 1255. Ebensowenig können sie das Gericht dann aber durch übereinstimmende Erklärungen dahin binden, es handle sich um eine volle Unterschrift.

Faksimilie: Rn 34. **21**

Firma: Sie reicht aus, § 17 I HGB.

Fotokopie: Rn 19 „Durchschrift", Rn 21 „Fernschreiben". **22**

Fremder Name: Rn 14 „Anderer Name"

Frist: Soweit ein Schriftsatz fristgebundene Erklärungen enthält, muß auch seine Unterschrift innerhalb der Frist ordnungsgemäß erfolgen. Das ist selbstverständlich. Eine Nachreichung einer ordnungsgemäßen Unterschrift nach dem Fristablauf reicht also nicht. Es mag dann allenfalls ein Wiedereinsetzungsgesuch möglich sein, §§ 233 ff. Nur in diesem letzteren Zusammenhang kommt es also auf die Frage an, ob der Einreicher mit einem rechtzeitigen Eingang gerechnet hat, rechnen konnte, das ihm Zumutbare zur Fristeinhaltung getan hatte usw. **23**

Generell gilt: Der Eingang am letzten Tag der Frist nach dem Dienstschluß reicht, BVerfG **41**, 323. Der Eingang auf einer gemeinsamen Empfangsstelle mehrerer Behörden kann ausreichen. BVerfG **69**, 385, BGH RR **88**, 894 (die Weitergabe durch Boten wahrt keine Frist), BGH NJW **90**, 990 (das Schriftstück ist nur bei demjenigen Gericht eingereicht, an das es andressiert ist). Soweit das Postamt am Gerichtsort die Telekopie aufnimmt (empfängt) und fristgerecht als eine Postsendung an das Gericht weitergibt, ist das Verfahren ordnungsgemäß, BGH **87**, 63, BAG NJW **84**, 199, BFH NJW **82**, 2520. Dasselbe gilt, soweit ein Brief usw fristgerecht in das Postfach des Gerichts kommt, BGH NJW **86**, 2646.

Unzureichend ist eine ohne jede Inhaltsprüfung erfolgende Unterschrift in letzer Minute, BGH RR **06**, 342.

S auch Rn 44 „Telefax", „Telefonische Einreichung, Übermittlung", Rn 45.

Genehmigung durch Auftraggeber: Rn 14 „Anderer Name", „Im Auftrag", Rn 16 „Blankounterschrift". **24**

Handschriftlichkeit: Vgl zunächst Rn 9. S ferner Rn 17 „Buchstaben", Rn 21 „Faximile", Rn 41. **25**

Handzeichen: Rn 31–33.

Heilung: Eine Nachholung der Unterschrift oder eine Vervollständigung oder Verbesserung bisher mangelhafter Schriftzüge ist grds zulässig, LSG Schlesw MDR **84**, 260, ebenso wie eine ausdrückliche Genehmigung des bisher nicht ordnungsgemäß unterschriebenen Schriftsatzes durch den Einreicher (Unterzeichner) in einer weiteren schriftlichen oder mündlichen, fernmündlichen oder sonstigen Erklärung. Man muß durch den Nachholakt klarstellen, daß man für den mangelhaften Erstvorgang die inhaltliche volle Verantwortung übernimmt und daß man ihn auch endgültig einreichen wollte, BGH AnwBl **06**, 76. Bei einem fristgebundenen Schriftsatz gelten Einschränkungen: Grundsätzlich ist keine rückwirkende Heilung möglich, BAG NJW **88**, 210.

S auch Rn 23.

26 **Herauslesenkönnen:** Vgl zunächst Rn 9 und BVerfG NJW **98**, 1853. Es genügt, daß gegen den Ursprung der Unterschrift kein begründeter Verdacht besteht, daß vielmehr jeder, der den Namen kennt, ihn aus der Unterschrift auch als einen eindeutig beabsichtigten vollen Namenszug und nicht nur als eine evtl beabsichtigte bloße Namensabkürzung (Paraphe) herauslesen kann, BGH FamRZ **97**, 610 und 737, BAG NJW **01**, 316, Ffm MDR **05**, 919. Es muß immerhin ein individuell gestalteter Namensteil vorliegen, der eine Unterscheidung gegenüber anderen Unterschriften zuläßt und der die Absicht einer vollen Unterschrift erkennen läßt, BGH FamRZ **97**, 610.

Nicht ausreichend ist eine Unterzeichnung nur mit dem Anfangsbuchstaben oder einer anderen bewußten und gewollten Namensabkürzung (Paraphe), oder gar eine Auflösung des Schriftbilds in willkürliche Striche und Linien ohne charakteristische Merkmale, so daß man keine Buchstaben mehr erkennen kann, BGH NJW **85**, 1227, aM BGH NJW **92**, 243 (zu großzügig), oder daß zB man von zehn zum Namen gehörenden Buchstaben nur einen einzigen entziffern kann, BFH NJW **87**, 343.

S auch Rn 17 „Buchstaben", Rn 31 „Namensabkürzung", Rn 41 „Schlangenlinie".

Hinnahme: Eine langjährige Hinnahme der objektiv unzureichenden Unterschrift mag bei diesem Gericht eine plötzliche Beanstandung in diesem ersten solchen Fall unzulässig machen, LAG Bln MDR **04**, 52.

27 **„I. A.":** Rn 14 „Im Auftrag", Rn 27 „I. V.".

Identität: Rn 35 „Nämlichkeit".

Individualität: Vgl zunächst Rn 9. Es muß mindestens ein individuell gestalteter Namensteil vorliegen, der eine Unterscheidung gegenüber anderen Unterschriften zuläßt, der auch die Absicht einer vollen Unterschrift erkennen läßt, BGH FamRZ **97**, 610, BAG NJW **01**, 316, und der die Nachahmung durch einen beliebigen Dritten mindestens erschwert, BGH FamRZ **97**, 610, Ffm MDR **05**, 919, Nürnb NJW **89**, 235. Das gilt selbst dann, wenn der Verfasser ihn nur flüchtig geschrieben hat, BGH VersR **89**, 167 und 588. Diese Anforderung ist aber auch unerläßlich. Die lediglich bewußte und gewollte Namensabkürzung (Paraphe) reicht nicht aus.

S auch Rn 17 „Buchstaben", Rn 26, Rn 31 „Namensabkürzung", Rn 41 „Schlangenlinie".

„I. V.": Dieser Zusatz läßt die Unterschrift wirksam, Kblz VersR **91**, 1034 (anders als „i. A."), LAG Ffm DB **02**, 1116 (im Arbeitsrecht reicht auch „i. A.").

28 **Kenntnis des Namenszugs:** Rn 26.

Klagefrist: Mangels einer ausreichenden Unterschrift reicht es allenfalls dann, wenn ein in der Frist nachgereichter Schriftsatz ergibt, daß die ursprüngliche Eingabe mit dem Wissen und Wollen des Verfassers erfolgt war, LAG Hamm BB **90**, 1708.

Kopie: Im Parteiprozeß kann eine solche Durchschrift ausreichen, auf der die Unterschrift der nicht anwaltlich vertretenen Partei durchgedruckt vorhanden ist, Karlsr FamRZ **88**, 82.

Trotz des Verbots einer Überspannung nach Rn 11 reicht aber *nicht* jede Durchschrift (Kopie) aus. Es kommt auf die Gesamtumstände des Einzelfalls an. Ein solcher Abzug oder eine solche Fotokopie, deren Original (Matrize) eine eigenhändige Unterschrift hat, reicht meist ebenfalls *nicht* aus, Rn 34.

Kreuz: Es ist jedenfalls beim Schreibgewandten natürlich *keine* Unterschrift, Karlsr NJW **90**, 2475.

Kugelschreiber: Er ist statt Tinte ausreichend. Das gilt trotz der Möglichkeit, ihn zu „killen". Denn er beherrscht die Praxis.

29 **Lesbarkeit:** Rn 26 „Herauslesenkönnen".

Mahnverfahren: § 690 II, III Hs 2.

Mängelheilung: Rn 25 „Heilung".

Maschinenschrift: Wegen des grundsätzlichen Erfordernisses der eigenhändigen und handschriftlichen Unterzeichnung Rn 9, 10, BFH **106**, 4. Im Parteiprozeß kann es immerhin ausreichen, daß eine solche Durchschrift vorliegt, auf der die Unterschrift der nicht anwaltlich vertretenen Partei durchgedruckt vorhanden ist, Karlsr FamRZ **88**, 82. Im Verfahren nach dem SGG ist eine Revisionsschrift einer Behörde oder einer Körperschaft oder Anstalt des öffentlichen Rechts dann ausreichend, wenn der Verfasser nur maschinenschriftlich unterzeichnet hat und wenn ein handschriftlicher Beglaubigungsvermerk des dazu zuständigen Beamten mit einer oder ohne eine Beifügung des Dienstsiegels beiliegt, BGH (GmS) **75**, 348. Bei einer bloßen „Ablichtung oder Abschrift" muß immerhin die Unterschrift wiederum ihrerseits grds handschriftlich, wenn auch nicht notwendig stets beglaubigt, vorhanden sein, BGH **92**, 255, LG Kiel SchlHA **87**, 43.

S auch Rn 13 „Abschrift", Rn 21, 22, 45, 46.

30 **Nachahmung:** Es soll schon aus dem Schriftsatz selbst erkennbar sein und feststehen, daß eine prozessual gewollte endgültige Erklärung vorliegt und daß sie auch vom Unterzeichner herrührt. Daher muß zumindest ein individuell gestalteter Namensteil vorliegen, der unter anderem die Nachahmung durch einen beliebigen Dritten mindestens erschwert, BGH FamRZ **97**, 610, Ffm NJW **93**, 3079, Nürnb NJW **89**, 235. Das gilt, selbst wenn der Verfasser ihn nur flüchtig geschrieben hat, BGH FamRZ **97**, 610.

S auch Rn 26, 31–33, 41–43.

Nachholung: Rn 25 „Heilung".

31 **Namensabkürzung (Paraphe):** Dem in Rechtsprechung und Lehre klaren Grundsatz der Notwendigkeit einer eigenhändigen und handschriftlichen Unterzeichnung mit dem vollen Namen als einer Gewähr für die Übernahme der vollen inhaltlichen Verantwortung und der Absicht der endgültigen Einreichung nach Rn 9, 10 steht eine in der Praxis weitverbreitete Übung der Unterzeichnung mit einer bloßen mehr oder minder knappen oder klaren Namensabkürzung auch unter bestimmenden Schriftsätzen gegenüber. Dieser Mißstand ist eine Quelle erheblicher rechtlicher Fehler im folgenden Verfahren sowohl durch die Gerichte

als auch durch die übrigen Prozeßbeteiligten. Viele übersehen ihn glatt oder überlesen ihn. Nun dient zwar das Prozeßrecht den Parteien und nicht umgekehrt. Der Prozeß ist kein Selbstzweck, Einl III 10. Immerhin gibt es unverzichtbare formelle Mindestanforderungen, insbesondere beim bestimmenden Schriftsatz, Rn 5. Beides muß man bei der Beurteilung des Einzelfalls in die Abwägung einbeziehen. Dabei kommt es auf das äußere Erscheinungsbild an, BGH NJW **94**, 55.

Beispiele des Ausreichens: Es liegt ein paraphenähnlicher Schriftzug vor, der eindeutig den ganzen Namen des Unterzeichners darstellen soll, BGH NJW **92**, 243 (äußerst großzügig); es liegt ein individuell gestalteter Namensteil aus Buchstaben einer üblichen Schrift vor, BGH NJW **85**, 1227, LG Düss MDR **88**, 149, oder wenigstens aus deren Andeutungen, BGH VersR **89**, 167 (großzügig!). Er läßt eine Unterscheidung gegenüber anderen Unterschriften zu. Er läßt die Absicht einer vollen Unterschrift erkennen, BGH FamRZ **97**, 610, BAG NJW **01**, 316. Er erschwert mindestens die Nachahmung durch einen beliebigen Dritten, BGH FamRZ **97**, 610, Nürnb NJW **89**, 235. Das gilt selbst dann, wenn man nur flüchtig geschrieben hat, BGH FamRZ **97**, 610. Es genügt, daß gegen den Ursprung der Unterschrift kein begründeter Verdacht besteht, daß vielmehr jeder, der den Namen kennt, ihn aus der Unterschrift auch als einen eindeutig beabsichtigten vollen Namenszug und nicht nur als eine evtl beabsichtigte bloße Namensabkürzung herauslesen kann, Rn 26. Wegen einer Wiedereinsetzung § 233 Rn 167. **32**

Beispiele des Nichtausreichens: Es handelt sich nur um den Anfangsbuchstaben, BFH BB **96**, 520 (zustm Woerner), oder um einen anderen erkennbaren Buchstaben oder um eine solche Buchstabenfolge, die sich als eine bewußte und gewollte bloße Namensabkürzung darstellt, BGH RR **07**, 351, Ffm NJW **93**, 3079, LAG Düss BB **90**, 562; es handelt sich um eine Auflösung des Schriftbilds in willkürliche Striche und Linien ohne charakteristische Merkmale, BGH NJW **82**, 1467, BAG BB **77**, 899; man kann keine Buchstaben mehr erkennen, BGH NJW **85**, 1227; von zehn zum Namen gehörenden Buchstaben ist nur ein einziger entzifferbar, BFH NJW **87**, 343; der Schriftzug hat keinen individuellen Charakter mehr, BGH VersR **84**, 142, BFH BB **84**, 1089, LG Heidelb VersR **78**, 357; es liegt ein Handzeichen nur auf Begleitpapieren vor, BGH VersR **01**, 915. Dabei kommt es nicht darauf an, daß der Einreicher nachträglich versichert, er habe die unzulänglich unterzeichnete Schrift einreichen wollen, sofern man nicht aus dieser späteren Erklärung eine Nachholung oder Genehmigung des gesamten Inhalts der ursprünglichen, ungenügend unterzeichneten Schrift ableiten kann und muß. Selbst im letzteren Fall ist eine Heilung bei einem fristgebundenen Schriftsatz nicht stets rückwirkend möglich, Rn 23 „Frist", Rn 25 „Heilung". **33**

Namensstempel (Faksimile): Ein Namensstempel reicht grds *weder* in der Form von Druckbuchstaben *noch* in der Form einer von einem Original abkopierten handschriftlichen Form des Schriftzugs aus, BGH NJW **98**, 3649, BFH DB **75**, 88 linke Spalte, VG Wiesb NJW **94**, 537 (zum Telefax). Soweit überhaupt keine Unterschrift erforderlich ist, kann freilich ein Namensstempel beliebiger Art nicht schädlich sein. Er mag vielmehr ein Anzeichen dafür sein, daß der Unterzeichner die Schrift einreichen wollte und daß er die inhaltliche Verantwortung übernimmt. Indessen kommt es auch hier auf die Gesamtumstände des Einzelfalls an. **34**

Nämlichkeit (Identität): Man muß grds schon aus dem Schriftsatz selbst erkennen können, daß die Erklärung unter anderem vom Unterzeichner herrührt und daß er für ihren gesamten Inhalt die volle Verantwortung übernimmt, Rn 9. Es genügt, daß gegen den Ursprung der Unterschrift kein begründeter Verdacht besteht, daß vielmehr jeder, der den Namen kennt, ihn aus der Unterschrift auch als einen eindeutig beabsichtigten vollen Namenszug und nicht nur als eine evtl beabsichtigte bloße Namensabkürzung herauslesen kann, Rn 26. **35**

S auch Rn 19 „Doppelname", Rn 21, 22, Rn 25 „Heilung", Rn 44 „Telefonische Einlegung, Übermittlung", Rn 45, 46.

Paraphe: Rn 31. **36**

Parallelprozeß: Grundsätzlich muß die Unterschrift unter demjenigen Schriftsatz stehen, dessen Original beim Prozeßgericht vorliegt und der sich auf diesen und keinen anderen Prozeß bezieht. Das gilt jedenfalls, solange keine Verbindung mehrerer Verfahren stattgefunden hat. Ab einer Verbindung und bis zur Trennung ist es unerheblich, ob die Geschäftsstelle den Schriftsatz richtig eingeheftet hat. Maßgeblich ist, an welches Gericht und zu welchem Prozeß er sich richtete oder richten sollte. Das gilt selbst dann, wenn der Absender das derzeitige oder frühere Aktenzeichen irrig falsch angegeben hat. Es kann ausreichen, auf einen parallelen Arrest- oder Verfügungsprozeß Bezug zu nehmen, soweit der dort unterzeichnete Schriftsatz im jetzigen Verfahren in Abschrift vorliegt. **37**

Personal: Rn 18.

Postamt: Rn 21, 22, Rn 44 „Telefonische Einlegung, Übermittlung", Rn 45, 46.

Postfach: Rn 21, 24, Rn 44 „Telefonische Einlegung, Übermittlung", Rn 45, 46.

Private Aufnahme: Die Absendung eines Telefax vom Privatanschluß eines Dritten kann genügen, BAG NJW **89**, 1822. Die Weitergabe eines solchen Schreibens durch einen privaten Boten wahrt keine Frist, BGH RR **88**, 894. Eine Übermittlung an einen privaten Teilnehmer und die Weiterleitung durch ihn können genügen, VGH Mü BB **77**, 568.

S auch Rn 23 „Frist".

Private Übermittlung: S „Private Aufnahme".

Prozeßkostenhilfe: Soweit der Anwalt seinen Schriftsatz mangelhaft unterzeichnet hatte, kann es ausreichen oder heilen, daß er auf ein von ihm selbst unterzeichnetes Prozeßkostenhilfegesuch in demselben Verfahren Bezug nimmt. Freilich kann grds keine rückwirkende Heilung dadurch eintreten, Rn 23 „Frist", Rn 25 „Heilung". **38**

Prozeßvollmacht: Die Unterschrift nur unter der gleichzeitig eingereichten Vollmacht reicht für den unzulänglich unterzeichneten Schriftsatz *nicht* aus, BAG NJW **76**, 1285.

Rechtsmittelbegründung: Für die Wirksamkeit der Rechtsmittelbegründung kann die Unterzeichnung (nur) des beigehefteten Begleitschreibens genügen, BGH NJW **86**, 1760. **39**

Die Beiheftung einer nicht unterschriebenen Berufungsbegründung an eine unterschriebene Berufungsschrift genügt den Anforderungen an eine Berufungsbegründung *nicht,* Kirberger Rpfleger **76**, 238. Wegen der Überprüfbarkeit in der Revisionsinstanz Rn 55.

S auch Rn 13 „Abschrift", Rn 23 „Frist".

40 **Rechtsmittelschrift:** Eine Berufung ist auch dann wirksam eingelegt, wenn die Urschrift ohne eine Unterschrift und eine richtig beglaubigte Ablichtung oder Abschrift eingehen. Dasselbe gilt für eine Revisionsschrift. Es reicht auch aus, daß ein Anwalt eine nicht unterschriebene Berufungsschrift zum Berufungsgericht bringt und sich dort die Einlegung der Berufung bescheinigen läßt, Ffm NJW **77**, 1246.

Es reicht aber *nicht* aus, wenn diese Bescheinigung fehlt, BGH NJW **80**, 292. Es reicht auch nicht aus, daß lediglich eine beglaubigte Ablichtung oder Abschrift ohne eine unterschriftslose Urschrift eingeht, BAG BB **78**, 1573. Nicht ausreichend ist ferner eine Unterzeichnung durch einen Dritten „iA", selbst auf einem Briefbogen der Partei, LG Rostock MDR **03**, 1134 (zur sofortigen Beschwerde).

S auch Rn 13 „Ablichtung, Abschrift", Rn 15 „Beglaubigung", Rn 23 „Frist", Rn 36, Rn 39 „Rechtsmittelbegründung".

Revision: Rn 55.

41 **Sachbearbeiter:** Rn 18, 36, Rn 43 „Sozius".

Scanner: Er kann ausreichen, BVerfG NJW **07**, 3117, OGB NJW **00**, 2340, BGH NJW **08**, 2650, aM BGH NJW **06**, 3785 (zum Faxversand), LG Ingolstadt DGVZ **03**, 39 (zu § 753. Aber dort darf es keine höheren Anforderungen geben).

S auch Rn 19 „Digitale Signatur", Rn 44 „Telefax".

Schlangenlinie: Es soll grds bereits aus dem Schriftsatz selbst erkennbar sein und feststehen, daß kein bloßer Entwurf vorliegt, sondern daß der Unterzeichner eine prozessual gewollte Erklärung endgültig einreichen will und für ihren gesamten Inhalt die volle Verantwortung übernimmt, Rn 9. Daher ist es trotz des Verbots einer Überspannung nach Rn 11 im allgemeinen erforderlich, daß ein individuell gestalteter Namenszug vorliegt, der eine Unterscheidung gegenüber anderen Unterschriften zuläßt und die Absicht einer vollen Unterschrift erkennen läßt, BGH NJW **05**, 3775, Köln NJW **05**, 3789 (BGB), und der die Nachahmung durch einen beliebigen Dritten mindestens erschwert, BGH FamRZ **97**, 610, Nürnb NJW **89**, 235. Das gilt selbst dann, wenn er nur flüchtig geschrieben worden ist, BGH FamRZ **97**, 610. Es genügt, daß gegen den Ursprung der Unterschrift kein begründeter Verdacht besteht, daß vielmehr jeder, der den Namen kennt, ihn aus der Unterschrift als einen eindeutig beabsichtigten vollen Namenszug und nicht nur als eine evtl beabsichtigte bloße Namensabkürzung herauslesen kann, Rn 26. Auf diesen Boden ist eine Auflösung des Schriftbilds in willkürliche Striche und Linien ohne charakteristische Merkmale *nicht* ausreichend, BGH NJW **82**, 1467, BAG BB **77**, 899.

42 Eine ausreichende Unterschrift *fehlt* also, wenn man *keine Buchstaben mehr erkennen kann,* BGH NJW **85**, 1227, oder wenn man von zehn zum Namen gehörenden Buchstaben nur einen einzigen entziffern kann, BFH NJW **87**, 343, oder wenn der Schriftzug keinen individuellen Charakter mehr hat, BGH VersR **84**, 142, BFH BB **84**, 1089, LG Heidelb VersR **78**, 357.

Aus den in Rn 31–33 zur Namensabkürzung entwickelten Erwägungen ergibt sich, daß eine bloße *Schlangenlinie* erst recht *keine* ausreichende Unterschrift darstellt. Das gilt selbst dann, wenn sie einer schlechten Gewohnheit des Anwalts wie manchen Richters entsprechen mag. Es kommt auch nicht darauf an, daß das Gericht oder der Prozeßgegner diese Unsitte des Absenders bereits kennen und daß der Briefkopf immerhin eindeutig ist. Die Art und Weise der Unterschrift soll eben mitklären, daß der Unterzeichner nicht nur einen bloßen Entwurf abzeichnen oder eine vorläufige Unterschrift vornehmen wollte, sondern daß er eine endgültige prozessual wirksame Erklärung abgeben und die volle Verantwortung in jeder Beziehung übernehmen wollte. Das läßt sich bei einer bloßen Schlangenlinie beim besten Willen nicht sagen. Es ist unter diesen Umständen unerheblich, ob die Linie mehr in „Schlangen"-Form oder in willkürlichen Ab- und Aufstrichen und dergleichen besteht.

43 Im Einzelfall muß man die *Abwägung* unter einer Beachtung aller Umstände vornehmen, auch des bisherigen Prozeßverlaufs und der dort vorliegenden „Unterschriften" dieses Absenders. Diese Abwägung darf weder zu streng noch zu großzügig sein.

Schreibhilfe: Sie ist unschädlich, sofern es nicht um eine willenlose, rein passiv bleibende Person geht, BGH NJW **81**, 1901.

Schriftliches Verfahren: Das schriftliche Verfahren nach § 128 II verlangt streng genommen bei jedem Schriftsatz die Unterschrift. Denn das Gericht darf in diesem Verfahren keine solche Parteierklärung berücksichtigen, deren Echtheit nicht feststeht. Doch kann das Fehlen der Unterschrift im schriftlichen Verfahren zweckmäßigerweise insoweit unschädlich sein, als es sich nicht um einen bestimmenden Schriftsatz handelt, Rn 5. Zur letzteren Gruppe gehört allerdings auch schon der Antrag auf ein schriftliches Verfahren. Wie das schriftliche Verfahren muß man auch das schriftliche Vorverfahren beurteilen.

44 **Telefax,** dazu *Bodendorf,* Vorab per Fax, eine zweifelhafte Methode, Festschrift für *Schütze* (1999) 129; *Hennecke* NJW **98**, 2194; *Liwinska* MDR **00**, 500; *Maniotis* ZZP **112**, 315 (je: Üb): *Schnittmann,* Telefaxübermittlung im Zivilrecht usw, 1999: Zunächst darf man das Telefax nicht mit der elektronischen Übermittlung nach § 130 a verwechseln. Beim Telefax gelten im wesentlichen folgende Regeln. Das Telefax ist schriftformwahrend, BAG NJW **01**, 989 (für außergerichtliches Schreiben), LG Köln NJW **05**, 79, FG Hbg NJW **01**, 99 (für bestimmenden Schriftsatz). Es ist auch fristwahrend, BVerfG MDR **00**, 836, Kblz MDR **04**, 409, LG Wiesb NJW **01**, 3636, aM LG Bln NJW **00**, 3291 (nur bei zusätzlichem rechtzeitigem Schriftsatz. Aber gerade das letztere würde die moderne Technik übergehen). Das gilt auch bei einer Textdatei mit eingescannter Unterschrift (Computerfax), OGB NJW **00**, 2340 (zustm Wirges AnwBl **02**, 88, verfassungsrechtlich krit Düwell NJW **00**, 3334), BGH FamRZ **08**, 1348 links Mitte, strenger BGH (11. ZS) NJW **05**, 2087 (aber die moderne Technik erzwingt die vorgenannte großzügigere Haltung des BGH). Diese eingescannte Unterschrift läßt sich allenfalls durch den Vermerk ersetzten, die Unterzeichnung könne wegen der gewählten Übertragungsform nicht erfolgen, Brschw NJW **04**, 2024 (reichlich großzügig). Der Absender

muß die Kopiervorlage unterschreiben, BGH FamRZ **98**, 425 (dann reichen deren Übermittlung an das eigene Büro und von dort weiter an den Empfänger), Kblz MDR **04**, 409, LG Wiesb NJW **01**, 3636. Evtl reicht sogar eine maschinenschriftliche Absenderangabe, LG Köln NJW **05**, 79. Der Absender muß als ProzBev postulationsfähig sein, (zum alten Recht) Kblz MDR **04**, 409.

Eine Paraphe nach Rn 31 reicht *nicht,* BAG BB **97**, 947, aM BGH DB **96**, 557 (vgl aber Rn 31 ff). Noch weniger reicht grds das Fehlen der Unterschrift, aM LG Köln NJW **05**, 79, AG Kerpen NJW **04**, 2761. Denn man darf den Grundgedanken Rn 10 nicht aufweichen, BGH NJW **98**, 3650. Ausnahmsweise kann das Fehlen unschädlich sein, soweit die Übernahme der Verantwortung anderswie eindeutig klar ist, BGH NJW **05**, 2087 (in dieser Frage großzügig widersprüchlich zu seiner Haltung zu demselben Urteil beim Computerfax, s oben). Zu den Einzelheiten des Zugangszeitpunkts § 233 Rn 164. Ein Telefax ist bei einem Formularzwang *unzulässig,* LG Hagen (zu § 703 c).

S auch Rn 19 „Digitale Signatur", Rn 34 „Namensstempel", Rn 48 „Verstümmelung".

Telefonische Einlegung, Übermittlung: Wegen des grundsätzlichen Erfordernisses einer eigenhändigen handschriftlichen Unterschrift nach Rn 9, 10 reicht *nicht einmal* eine persönliche Abgabe eines nicht unterzeichneten Schriftsatzes auf der Geschäftsstelle aus, BGH NJW **80**, 291. Noch weniger reicht folglich eine nur telefonische Einreichung einer dem Inhalt nach einen bestimmenden „Schriftsatz" darstellenden Erklärung. Das gilt auch dann, wenn der Empfänger eine amtliche Notiz über das Telefonat anfertigt. Von der lediglich telefonischen Einreichung muß man den Fall unterscheiden, daß man den Schriftsatz per Telefax usw einreicht oder übermittelt oder zustellt und daß man auf diesem Übermittlungsweg auch (nicht: nur!) das Telefon einschaltet. Zur grundsätzlichen Zulässigkeit dieser letzteren Übermittlungswege Rn 44 „Telefax". **45**

Telekopie: Rn 20 „Elektronische Übermittlung", Rn 44 „Telefax". **46**

Telex: Rn 21, 22.

Titel: Der akademische oder sonstige Titel ist kein Bestandteil des bürgerlichen Namens mit Ausnahme der früheren Adelstitel, Rn 13 „Adelsname". Daher ist seine Aufnahme in die Unterschrift überhaupt nicht erforderlich. Sofern sie erfolgt, ist daher ihre etwaige Unvollständigkeit oder sonstige Mangelhaftigkeit unerheblich, soweit die Nämlichkeit des Unterzeichners nicht beeinträchtigt ist.

Übermittlung: Rn 36 „Nicht zugelassener Anwalt", Rn 37 „Private Aufnahme, Übermittlung", Rn 44 „Telefonische Einlegung, Übermittlung". **47**

Überspannung: Rn 11.

Untervollmacht: Sie kann ausreichen, soweit der Unterbevollmächtigte erkennbar die Verantwortung (mit)übernimmt, BAG NJW **90**, 2706.

Urheberschaft: Es soll schon aus dem Schriftsatz selbst erkennbar sein und feststehen, daß die Erklärung vom Unterzeichner herrührt und daß er für ihren gesamten Inhalt die zivilrechtliche, strafrechtliche, berufsrechtliche Verantwortung übernimmt, Rn 9. Ein Zusatz eines nach außen als Sozius auftretenen Anwalts mit dem Hinweis auf die Eigenschaft eines anderen als des Sachbearbeiters läßt dennoch die Übernahme der Verantwortung des Unterschreibenden durchweg erkennen, BAG NJW **87**, 3297 (offen für den im Briefkopf oder der Vollmacht nicht Erwähnten). Es genügt, daß gegen den Ursprung der Unterschrift kein begründeter Verdacht besteht. Sie soll nur sicherstellen, daß das Schriftstück auch vom Unterzeichner stammt.

Verantwortlichkeit: Es soll schon aus dem Schriftsatz selbst erkennbar sein und feststehen, daß der Unterzeichner für den gesamten Inhalt des Schriftsatzes die zivilrechtliche, strafrechtliche, berufsrechtliche Verantwortung übernimmt, Rn 9. **48**

S auch Rn 31–33.

Verfasserschaft: Rn 47 „Urheberschaft".

Verstümmelung: Ein unlesbares oder verstümmeltes Telefax reicht nur insoweit aus, als erst der Empfänger diese Fehler zu verantworten hatte, so schon (zum Fernschreiben) BGH FamRZ **91**, 548, BVerwG NJW **91**, 1193.

Beim Telefax bestätigt der sog Übertragungsbericht *nicht* den Inhalt und das Fehlen einer etwaigen Störung des Empfangsgeräts, Köln NJW **89**, 594. Überhaupt besteht wegen der vorhandenen Manipulationsmöglichkeiten zumindest ein Anlaß zu einer genauen Überprüfung im Einzelfall, ob dieser Übermittlungsweg ausreicht, LAG Hamm NJW **88**, 3286.

Vertreter: Rn 14 „Amtlich bestellter Vertreter", „Anderer Name", Rn 28 „I. V.", Rn 35 „Nämlichkeit", Rn 43 „Sozius", Rn 46 „Urheberschaft".

Vorname: Er reicht *nicht* aus, BGH BB **03**, 328 (zu § 13 BeurkG), Karlsr JB **00**, 2070. **49**

Weiterleitung: Rn 21, 22, 23, 45, 46.

Willenlosigkeit: Rn 43 „Schreibhilfe".

7) Parteiprozeß, II. Es gelten unterschiedliche Regeln. **50**

A. Scheingrundsatz: Kein Schriftsatzzwang. Die Parteien sind nach dem bloßen Gesetzeswortlaut grundsätzlich nicht verpflichtet, die mündliche Verhandlung überhaupt durch Schriftsätze vorzubereiten, § 496, KG MDR **86**, 503. Daher ist scheinbar auch keine Unterschrift unter einem eingereichten Schriftsatz erforderlich, BGH **75**, 340. Folglich wäre ein Mangel der Unterschrift schon aus diesen Gründen unerheblich.

B. Wahrer Grundsatz: Schriftsatzzwang bei richterlicher Anordnung. Den Scheingrundsatz Rn 50 durchbricht in der Praxis weitgehend die Übung, daß das Gericht entsprechend seiner in II ausdrücklich eröffneten Befugnis durch eine Anordnung der einen oder der anderen oder beiden Parteien aufgibt, „die mündliche Verhandlung durch Schriftsätze oder durch zum Protokoll der Geschäftsstelle abzugebende Erklärungen vorzubereiten". Das ist auch im Verfahren mit einem frühen ersten Termin zulässig, § 275 I 1, III, IV. Es ist auch vielfach üblich, wenn auch keineswegs ein gesetzlicher Zwang. Es ist erst recht im schriftlichen Vorverfahren notwendig. Das gilt zwar nicht unmittelbar kraft Gesetzes, wohl aber wegen der zwingenden gesetzlichen Anweisung an den Vorsitzenden, dem Bekl nach § 276 I 2 eine Frist zu einer schriftlichen Klagerwiderung zu setzen, und wegen der auch dort vorgesehenen Möglichkeit zu weiteren Fristsetzungen, §§ 276 III, 277. Die Möglichkeit einer Anordnung nach II besteht auch in allen anderen **51**

Verfahrensarten außerhalb des Anwaltszwangs und in jedem dortigen Verfahrensstadium, zB nach § 273 I, II Z 1, 2. Ohnehin kann natürlich jede Partei mit oder ohne einen Anwalt oder sonstigen ProzBev oder vertretungsberechtigten Bevollmächtigten auch im Parteiprozeß jederzeit einen bestimmenden oder vorbereitenden Schriftsatz einreichen.

52 **C. Folge: Insoweit Unterschriftszwang wie im Anwaltsprozeß.** Die Partei muß also insoweit, als das Gericht einen Schriftsatz verlangt, die Unterschrift wie im Anwaltsprozeß vornehmen. Das gilt auch für den ProzBev, BGH **92**, 251, oder vertretungsberechtigten Bevollmächtigten. Es soll ja auch dann schon aus dem Schriftsatz selbst erkennbar sein und feststehen, daß der Unterzeichner eine endgültige prozessuale Erklärung einreichen will und für ihren gesamten Inhalt die zivilrechtliche, strafrechtliche, berufsrechtliche Verantwortung übernimmt, wie im Anwaltsprozeß, Rn 10.

53 **D. Evtl Ausreichen einer Erklärung zu Protokoll.** Das Gericht kann in seiner Anordnung der Partei aufgeben, einen Schriftsatz einzureichen. Es kann ihr aber auch anheimstellen oder aufgeben, eine Erklärung zum Protokoll der Geschäftsstelle abzugeben. Das Gericht übt insofern ein pflichtgemäßes Ermessen aus. II bedeutet nicht etwa, daß das Ermessen bei der Partei verbleibe, ob ein Schriftsatz oder eine Erklärung zum Protokoll erfolgen soll. Der Wortlaut von II würde zwar beide Auslegungen zulassen. Auch kann eine Erklärung zum Protokoll der nicht anwaltlich vertretenen Partei zunächst Kosten zB eines Vorschusses gegenüber einem Anwalt ersparen und eine Formulierungshilfe durch die Rechtsantragsstelle bedeuten. Gerade wegen dieser unterschiedlichen Auswirkungen soll zunächst das Gericht entscheiden, welche Form der Erklärung die Partei einhalten muß. Wenn das Gericht beide Möglichkeiten zuläßt oder keine von ihnen ausdrücklich als allein zulässige nennt, hat die Partei das Wahlrecht zwischen einem Schriftsatz und einer Erklärung zum Protokoll. Soweit sie einen Schriftsatz wählt, gelten die im Anwaltsprozeß notwendigen Regeln zur Unterschrift wie sonst, Rn 10. Soweit eine Erklärung zum Protokoll der Geschäftsstelle zulässig ist und gewählt wird, gelten §§ 129 a, 496. Im übrigen muß man §§ 282, 335 I 3 beachten.

54 **8) Verstoß der Partei, I, II.** Bei einem Verstoß gegen eine erforderliche Unterschrift können empfindliche prozessuale, strafrechtliche, berufsrechtliche und sachlichrechtliche Folgen eintreten. Der Vortrag kann rechtlich bedeutungslos sein, AG Bln-Tempelhof-Kreuzb FamRZ **05**, 1261. Für sie kann die Partei im Außenverhältnis nach §§ 51 II, 85 II auch beim Verstoß ihres gesetzlichen Vertreters oder ProzBev verantwortlich sein, während sie im Innenverhältnis ihnen gegenüber Rückgriff nehmen mag. Bei einem Verstoß im Parteiprozeß nach § 78 Rn 1 können dieselben Folgen wie im Anwaltsprozeß eintreten. Es kann auch eine Zurückweisung wegen Verspätung in Betracht kommen, § 296. Wegen der Heilungsmöglichkeiten Rn 23 „Frist", Rn 25 „Heilung". Eine Nachholung der fehlenden Unterschrift erst nach dem Schluß der mündlichen Verhandlung nach §§ 136 IV, 296 a kann unbeachtlich sein, §§ 296 a, 156.

55 **9) Rechtsbehelfe, I, II.** Bei einem Verstoß des Gerichts gegen § 129 durch eine zu großzügige Anerkennung einer Unterschrift als wirksam oder wegen einer zu strengen Zurückweisung kann die sofortige Beschwerde wegen der Zurückweisung eines das Verfahren betreffenden Gesuchs statthaft sein, § 567 I Z 2. Im übrigen mag die Partei noch ohne einen Fristverstoß das vom Gericht angeblich zu Unrecht Beanstandete einfach nachholen können. Eine Rechtsbeschwerde kommt unter den Voraussetzungen des § 574 in Betracht. Im übrigen ist erst gegen die auf dem Verstoß beruhende Endentscheidung das dafür statthafte Rechtsmittel möglich. Das Revisionsgericht muß die Ordnungsmäßigkeit der Unterschrift von Amts wegen selbständig überprüfen, BGH NJW **92**, 243. Soweit in der Zurückweisung ein Verstoß gegen Art 103 I GG liegt, mag nach der Erschöpfung des Rechtswegs auch die Verfassungsbeschwerde in Betracht kommen, Einl III 17.

129a *Anträge und Erklärungen zu Protokoll.*

[I] Anträge und Erklärungen, deren Abgabe vor dem Urkundsbeamten der Geschäftsstelle zulässig ist, können vor der Geschäftsstelle eines jeden Amtsgerichts zu Protokoll abgegeben werden.

[II] [1] Die Geschäftsstelle hat das Protokoll unverzüglich an das Gericht zu übermitteln, an das der Antrag oder die Erklärung gerichtet ist. [2] Die Wirkung einer Prozesshandlung tritt frühestens ein, wenn das Protokoll dort eingeht. [3] Die Übermittlung des Protokolls kann demjenigen, der den Antrag oder die Erklärung zu Protokoll abgegeben hat, mit seiner Zustimmung überlassen werden.

Gliederung

1) Systematik, I, II. § 78 I, II nennt diejenigen Fälle, in denen sich die Parteien durch einen Anwalt vor Gericht vertreten lassen müssen (sog Anwaltsprozeß, selbst dort Ausnahmen, Rn 6). In den übrigen Fällen, in denen eine Vertretung durch einen Anwalt nach § 79 nicht notwendig ist (sog Parteiprozeß), kann man eine Erklärung mangels einer nach § 129 II abweichenden Anordnung des Gerichts nach seiner eigenen Wahl schriftlich einreichen, auch nach § 130 a elektronisch, per Telefax, durch einen Bevollmächtigten oder mündlich zum Protokoll der zuständigen Geschäftsstelle abgeben oder das Schriftstück dort einreichen. Grundsätzlich ist zur Entgegennahme zunächst diejenige Geschäftsstelle zuständig, die die Akten desjenigen Prozesses oder Verfahrens führt, zu dem man die Erklärung einreicht oder abgibt. Das kann ein örtlich weit entferntes Gericht sein. Für diesen Fall gibt § 129 a eine erleichternde Zusatzbestimmung. Man kann also der Vorschrift nicht entnehmen, ob die Erklärung zum Protokoll überhaupt statthaft ist. Das ergibt sich vielmehr erst aus den jeweiligen einchlägigen Einzelvorschriften, Rn 6. Im FamFG-Verfahren gilt § 25 FamFG. 1

2) Regelungszweck, I, II. Wenn die Erklärung zum Protokoll nach Rn 1 überhaupt zulässig ist, schafft § 129 a eine erleichternde zusätzliche örtliche Zuständigkeit eines jeden AG. Damit soll die Vorschrift dazu beitragen, daß die anwaltlich nicht vertretene Partei sich der Fach- und Rechtskunde des Urkundsbeamten der Geschäftsstelle bedienen kann, statt ihre Erkärungen in einem vielleicht unklar formulierten mißverständlichen und zu Rechtsnachteilen führenden Schriftsatz niederzulegen. Damit dient § 129 a nicht nur der Erleichterung der Prozeßführung, sondern auch der Rechtssicherheit nach Einl III 43 und der Gerechtigkeit. Freilich bleibt der Erklärende für den Inhalt in erster Linie selbst verantwortlich. Ob eine vom Urkundsbeamten mißverständlich oder fehlerhaft aufgenommene Erklärung eine Amtshaftung wegen Mitverschuldens des Beamten auslösen kann, ist eine andere Frage. Im übrigen gibt § 129 a nur eine örtliche Erleichterung, keine zeitliche. Das stellt II 2 klar. Andernfalls könnte man jede gesetzliche oder richterliche Frist bequem nach dem eigenen Belieben dadurch verlängern, daß man als ein Auswärtiger bis zum letzten Moment wartet und dann einfach zum nächsten AG geht, statt dafür zu sorgen, daß die Erklärung fristgerecht beim auswärtigen Prozeßgericht eingeht. Das könnte nicht rechtens sein. 2

3) Sachlicher Geltungsbereich, I, II. Die Vorschrift gilt in jeder Verfahrensart nach der ZPO und in jedem Verfahrensstadium, soweit eben kein Anwaltszwang herrscht, Rn 1. Sie gilt auch im WEG-Verfahren. Sie ist anwendbar zB: Im Verfahren auf die Bewilligung einer Prozeßkostenhilfe, § 114; im Mahnverfahren, § 688; zwecks eines sonst verfahrenseinleitenden Antrags. Es kommt auch zB ein Antrag auf einen Arrest oder eine einstweilige Verfügung selbst dann in Betracht, wenn das weitere Verfahren ab dem Eingang des Antrags dem Anwaltszwang unterliegt, §§ 920 III, 936. I ist auch im arbeitsgerichtlichen Urteilsverfahren anwendbar, Lorenz BB **77**, 1003 (§ 13 ArbGG beachten), Philippsen pp NJW **77**, 1133, ebenso natürlich über § 4 InsO bei § 305 InsO. Im FamFG-Verfahren gilt § 25 FamFG. 3

4) Persönlicher Geltungsbereich, I, II. Die Vorschrift ist zugunsten jeder Partei und jedes anderen irgendwie am einzuleitenden oder bereits laufenden Verfahren Beteiligten anwendbar. 4

Beispiele: Der Streithelfer, § 66; der Zeuge, § 373; der Sachverständige, § 402; ein Beauftragter; ein Bevollmächtigter, § 79, auch der ProzBev, § 81, falls er diesen Weg wählt; ein sonstwie Beteiligter, etwa der andere Elternteil im Kindschaftsverfahren nach dem FamFG.

5) Anträge und Erklärungen, I, II. Innerhalb des sachlichen und persönlichen Geltungsbereichs nach Rn 3, 4 erfaßt § 129 a jeden Antrag und jede Erklärung, soweit kein Anwaltszwang herrscht, Rn 6. Zu den Anträgen und Erklärungen gehören nicht nur die Parteiprozeßhandlungen nach Grdz 47 vor § 128, sondern jede wie immer geartete Äußerung, die man abgeben möchte oder etwa nach §§ 129 II, 273 usw abgeben muß. 5

In Frage kommen zB: Der Mahnantrag, § 690; der Antrag auf eine Prozeßkostenhilfe, § 117; die Klageschrift, § 253; die Klagerwiderung; eine Widerklage, Anh § 253; eine Streitverkündung, § 72; der Beitritt zum Prozeß; ein Gesuch um eine Terminsverlegung oder Fristverlängerung, §§ 224, 227; eine Stellungnahme zu einem gegnerischen Schriftsatz; die Beantwortung einer gerichtlichen Anfrage oder Auflage; ein Rechtsmittel oder ein Rechtsbehelf, soweit man ihn auch ohne einen Anwalt wirksam einlegen kann, etwa ein Einspruch gegen ein amtsgerichtliches Versäumnisurteil, § 340; ein Arrestantrag, § 920; ein Antrag auf eine einstweilige Anordnung oder Verfügung, §§ 916 ff, 935 ff ZPO, §§ 49 ff FamFG; ein Kostenfestsetzungsgesuch, § 103 II; ein Antrag auf die Einstellung der Zwangsvollstreckung, §§ 707, 719, 769; ein Vollsteckungsschutzantrag, zB § 765 a; ein Räumungsfristgesuch, § 721.

6) Abgabe vor der Geschäftsstelle, I. Es muß nach irgendeiner gesetzlichen Vorschrift statthaft sein, den Antrag oder die Erklärung nach Rn 5 wegen § 78 III Hs 2 ohne einen Anwaltszwang vor dem Urkundsbeamten der Geschäftsstelle abzugeben. Das Gesetz enthält solche Fälle in großer Zahl. 6

Beispiele: §§ 44 I Hs 2, 109 III 1, 117 I 1 Hs 2, 129 II Hs 2, 248 I Hs 2, 381 II, 386 I, 389 I, 406 II 3, 486 I Hs 2, 496, 569 II 2, 920 III, 924 II 3.

Soweit das Gesetz die Schriftform vorschreibt, erlaubt es meistens ausdrücklich *wahlweise* auch die Abgabe zum Protokoll. Ist das nicht der Fall, kann im Einzelfall die Erklärung zum Protokoll unzureichend sein, auch wenn ein trotzdem angefertigtes gerichtliches Protokoll grundsätzlich jede andere Form ersetzt. Man muß bedenken, daß § 129 a ja nur die Protokollierung durch den Urkundsbeamten behandelt, nicht eine solche vor dem Richter.

7) Zuständigkeit, I. Man muß drei Aspekte beachten. 7

A. Örtliche Zuständigkeit jedes AG. Soweit die Voraussetzungen Rn 3–6 vorliegen, ist jedes AG zur Entgegennahme berechtigt und verpflichtet. Es muß ein amtliches Protokoll durch den zuständigen Urkundsbeamten der Geschäftsstelle aufnehmen. Das Protokoll hat die Beweiskraft einer öffentlichen Urkunde, §§ 415, 418. Es ist unerheblich, ob der Erklärende im Bezirk dieses AG wohnt, ob er sich dort aufhält, ob er anderswo einen Wohnsitz oder gewöhnlichen Aufenthalt hat und ob er ein Deutscher ist. Es ist ebenso unerheblich, ob das Prozeßgericht nahe oder weit entfernt ist, ob das aufnehmende AG im Bezirk des Prozeßgerichts liegt usw. Der etwaige Geschäftsverteilungsplan oder Organisationsplan bestimmt, welche Geschäftsstelle zur Protokollierung zuständig ist. Im allgemeinen ist die bei jedem AG vorhandene Rechtsantragsstelle zumindest ebenfalls zuständig. Andernfalls ist zumindest diejenige Geschäftsstelle zuständig, die den Vorgang bearbeiten müßte, falls das Verfahren, zu dem er gehört, bei jenem AG anhängig wäre. Wegen einer Ablehnung des Urkundsbeamten § 49.

Die Tätigkeit nach § 129 a ist als solche *gebühren- und auslagenfrei,* § 1 I GKG. Das gilt also auch für die Kosten der Weiterleitung an das Prozeßgericht. Denn die Weiterleitung als solche erfolgt zwar auch auf Grund eines gestellten Sachantrags nebst einer Bitte um die Weiterleitung, aber doch in Wahrheit in der Erfüllung einer auch ohne eine solche Bitte bestehenden Amtspflicht, Rn 10, also von Amts wegen. Ob das Prozeßgericht freilich für die weitere Bearbeitung etwa der Klage einen Vorschuß zB nach § 12 GKG fordern kann und muß, ist eine andere Frage.

8 **B. Abgabe zum Protokoll.** Der Erklärende braucht keine schriftliche Fassung anzufertigen oder gar mitzubringen. Er ist nicht verpflichtet, sein Anliegen in einer bereits rechtlich geordneten Form vorzutragen. Freilich darf er nicht mit völlig wirren Worten die Arbeit der ganzen Geschäftsstelle lahmlegen. Man kann von ihm eine ernsthafte Bemühung um einen sachbezogenen verständlichen Vortrag und vor allem eine in der Laiensphäre klare Zielrichtung seiner Wünsche erwarten. Immerhin muß der Urkundsbeamte infolge seiner Fürsorgepflicht nach Einl III 27 bemüht sein, das Anliegen in rechtlich brauchbare Worte zu kleiden. Das gilt insbesondere auf der Rechtsantragsstelle. Soweit der Antragsteller dem Antrag oder der Erklärung Unterlagen beifügen will, muß er sie grundsätzlich bei der Abgabe zum Protokoll übergeben, und zwar im Original. Soweit das nicht erfolgt, ist jedoch das aufnehmende AG gleichwohl nach II 1 zur unverzüglichen Weiterleitung des Protokolls eben noch ohne Anlagen berechtigt und verpflichtet, soweit nicht der Antragsteller die Übermittlung selbst vornehmen will, II 3. Das aufnehmende AG muß dann die Nachforderung der Anlagen dem Prozeßgericht überlassen.

9 **C. Pflicht zur Entgegennahme.** II 1 spricht nur von der Pflicht zur unverzüglichen Übermittlung an das Prozeßgericht. Natürlich ist auch die unverzügliche Entgegennahme eine Amtspflicht, § 839 BGB. Das gilt freilich nur gegenüber dem Erschienenen, nicht auch bei einer bloß telefonischen Erklärung oder bei einer solchen durch e-mail usw. Gerade bei einer fristgebundenen Parteiprozeßhandlung nach Grdz 47 vor § 128 kann es auf eine unverzügliche Aufnahme ankommen. Deshalb darf der Urkundsbeamte den Antragsteller keineswegs ohne einen triftigen Grund hinhalten, gar bis zum nächsten Arbeitstag. Die Einzelheiten der Protokollierung richten sich in einer entsprechenden Anwendung der §§ 159 ff nach den Erfordernissen des Einzelfalls. Der Erklärende muß das Protokoll insoweit unterzeichnen oder qualifiziert signieren, als nach dem Gesetz eine Unterschrift erforderlich ist, § 129 Rn 2, § 130 Z 6 Hs 2 usw. Es empfiehlt sich dringend, den Antrag dem Erklärenden vorzulesen und von diesem genehmigen zu lassen und einen entsprechenden Vermerk anzufertigen. Denn hiervon kann die Wirksamkeit des Antrags abhängen. Das Protokoll ist eine öffentliche Urkunde nach §§ 415, 418.

10 **8) Übermittlungspflicht, II 1.** Sie besteht im engeren Sinn nur für einen dort nach I eingegangenen Antrag, Ffm RR **05**, 1157. Im FamFG-Verfahren gilt § 25 III FamFG. Es gibt zeitliche und örtliche Aufgaben.

A. Unverzüglichkeit. Der Urkundsbeamte der Geschäftsstelle ist zur Unverzüglichkeit verpflichtet, Rn 8, 9. Das gilt nicht nur bei der Aufnahme der Erklärung, sondern vor allem bei ihrer Weiterleitung von Amts wegen an das Prozeßgericht. Unverzüglich bedeutet wie stets: ohne schuldhaftes Zögern, § 121 I 1 BGB. Schuldhaft ist ein vorwerfbares Verhalten. Vorsatz ist nicht erforderlich. Einfache, leichte Fahrlässigkeit genügt. Die Pflicht zur Unverzüglichkeit bedeutet keinen Zwang zu einer jagenden Hetze, BGH NJW **05**, 3777, Zweibr MDR **05**, 592, LAG Bln MDR **04**, 1378. Der Urkundsbeamte braucht nicht alles stehen und liegen zu lassen, nur weil ein Antragsteller am Tag vor dem Fristablauf gegen Dienstschluß erscheint oder weil zB ein Rechtsmittel erst am Tag des Fristablaufs unzuständig eingeht, Zweibr MDR **05**, 591. Der Urkundsbeamte braucht nicht grundsätzlich ein Telefax zu benutzen, BGH AnwBl **06**, 212, sondern nur ausnahmsweise, OVG Lüneb NJW **07**, 3225. Er braucht den Einreicher auch nicht von der Unzuständigkeit zu verständigen, BGH-AnwBl **06**, 212. Andererseits liegt eine Eilsache vor. Daher müssen andere Aufgaben evtl zunächst zurückstehen. Im Eilfall ist es ratsam, nachdrücklich auf die Möglichkeit aufmerksam zu machen, daß der Antragsteller die Übermittlung des Protokolls nach II 3 selbst vornimmt, daß er zB das nun erst einmal ausreichend formulierte Gesuch mit dem eigenen Pkw zum Nachtbriefkasten des Prozeßgerichts bringt, wo es auf dem Amtsweg keineswegs mehr vor 24.00 Uhr eintreffen könnte, oder es per Telefax weiterleitet, soweit das aufnehmende AG zur Stunde nicht über ein funktionierendes Telefaxgrät verfügt. Andernfalls wäre es am Tag eines Fristablaufs zu dessen Einsatz verpflichtet, Rn 12.

11 **B. Empfangsgericht der Weiterleitung.** Die Übermittlung muß in der Regel an das Prozeßgericht erfolgen, gelegentlich auch an ein anderes, etwa im Fall eines Beweissicherungsantrags an das Gericht des § 486 II oder im Fall einer einstweiligen Verfügung an das Gericht der Belegenheit, § 942 I. Der Urkundsbeamte hat die Amtspflicht, das richtige Gericht herauszufinden, soweit ihm möglich. Ihn bindet freilich diejenige Beziehung und Adressierung, die der Antragsteller nach einer Belehrung wünscht. Auf einen solchen Umstand sollte der Urkundsbeamte im Protokoll oder in einem Vermerk hinweisen, um nicht eine Amtshaftung nach Rn 19 zu riskieren.

12 **C. Art und Form der Übermittlung.** Sie richtet sich nach den Gesamtumständen und vor allem nach dem etwaigen Zeitdruck. Im Zweifel sollte der Urkundsbeamte die dem Gericht schnellstmögliche Übermittlungsart wählen, Rn 10. Der Urkundsbeamte nach § 129 a kann nicht immer zuverlässig übersehen, ob die Frist wirklich erst in drei oder vier Tagen abläuft. Die Postlaufzeiten lassen sich leider in der Praxis keineswegs immer zuverlässig berechnen. Portoersparnisse dürfen kein ausschlaggebender Gesichtspunkt sein. Andererseits muß der Urkundsbeamte eine zuverlässige sichere Übermittlungsart wählen, die auch einen gesetzmäßigen Eingang sicherstellt. Wegen Telefax usw § 129 Rn 21, Rn 48 „Verstümmelung". Der Urkundsbeamte wählt die Übermittlungsform nach seinem pflichtgemäßen Ermessen. Ihn binden Weisungen des Antragstellers nicht. Wenn diesem die vom Urkundsbeamten beabsichtigte Übermittlungsart nicht gefällt, mag er nach II 3 die Übermittlung selbst vornehmen. Übermitteln muß der Urkundsbeamte bei

einer schriftlichen Übersendung die Urschrift des Protokolls nebst der Urschrift der Anlagen. Denn meist muß die Urschrift eingehen, damit überhaupt ein wirksames Gesuch beim Prozeßgericht eingeht. Das gilt natürlich nicht bei einer elektronischen Übermittlung.

9) Wirkung einer Prozeßhandlung, II 2. Wenn die Partei die Erklärung nicht vor der Geschäftsstelle des Prozeßgerichts zum Protokoll abgegeben hat, sondern vor der Geschäftsstelle eines anderen AG, tritt ihre Rechtswirkung erst mit dem Zeitpunkt des Eingangs bei demjenigen Gericht ein, an das sich der Antrag oder die Erklärung richtet. 13

A. Begriff der Prozeßhandlung. Gemeint ist jede Parteiprozeßhandlung, Grdz 47 vor § 128.

B. Eingang beim zuständigen Gericht. Man muß abstellen auf den tatsächlichen Eingang bei dem letztendlich zuständigen Gericht. Das gilt auch und gerade bei einer fristgebundenen Maßnahme oder Prozeßhandlung. Andernfalls könnte der Antragsteller die Frist auch dann retten, wenn er einen nahen, aber falschen Adressaten nennt. Das wäre unhaltbar. Deshalb besagt II 2, die Rechtswirkung trete „frühestens" mit dem eben genannten Eingang beim in Wahrheit zuständigen Gericht ein. Das kann auch eine ausgelagerte Abteilung sein, BGH AnwBl **06**, 491. Es muß ein zunächst angegangenes objektiv ebenfalls nicht zuständiges Gericht für eine unverzügliche Weiterleitung sorgen und notfalls die schnellstmögliche Weiterleitung vornehmen, Rn 9–11. Auch diese ist als solche gebührenfrei, § 1 I GKG. Sie ist freilich nicht auslagenfrei, KV 9000, 9002 (auch bei einer Versendung der Akten von Amts wegen). Maßgeblich ist bei dem letztendlich zuständigen Gericht der Zeitpunkt des Eingangs schon bei der Posteinlaufstelle, nicht erst bei der objektiv richtigen Einzelgeschäftsstelle. Es kommt auf den Eingangsstempel an. Der Nachweis seiner Unrichtigkeit ist zulässig. Beim Nachtbriefkasten gelten die üblichen Regeln, § 233 Rn 20. 14

10) Überlassung der Übermittlung, II 3. Die Vorschrift regelt die Voraussetzungen und die Wirkung. 15

A. Wahlfreiheit des Erklärenden. Der Urkundsbeamte darf die Übermittlung dem Antragsteller nur dann überlassen, wenn dieser seine Zustimmung dazu erklärt. Er hat also die Wahlfreiheit einer Übermittlung von Amts wegen oder der persönlichen Übermittlung. Wenn er den letzteren Weg nicht wählt, ist der Urkundsbeamte zur unverzüglichen amtlichen Übermittlung verpflichtet, Rn 10. Der Urkundsbeamte muß den Antragsteller über beide Übermittlungsmöglichkeiten aufklären. Er darf keinerlei Druck auf ihn ausüben. Er kann und muß dem Antragsteller die Vor- und Nachteile des einen oder anderen Übermittlungswegs verständlich erläutern. Je eilbedürftiger die Übermittlung ist, um so eher kann es ratsam sein, sie dem Antragsteller insbesondere dann zu überlassen, wenn er elektronisch ausgerüstet oder doch motorisiert ist und sich imstande sieht, selbst zum vielleicht weit entfernten Empfangsgericht sofort zu fahren. Freilich kann gerade beim Fristablauf an demselben Tag eine Übermittlung von Amts wegen durch Telefax in Betracht kommen, Rn 10. Es kommt also auf die Gesamtumstände an.

B. Wirkung wie sonst. Auch bei einer Übermittlung durch den Antragsteller nach II 3 tritt die Wirkung einer Parteiprozeßhandlung nach Grdz 47 vor § 128 nach II 2 frühestens beim Eingang des Protokolls beim Empfangsgericht ein, Rn 14. Auch darauf muß der Urkundsbeamte den Antragsteller eindeutig und unmißverständlich hinweisen. Es empfiehlt sich, diesen Hinweis in das Protokoll oder in einen Vermerk zu den Akten aufzunehmen. 16

11) Verstoß, I, II. Es kommen die folgenden Möglichkeiten in Betracht. 17

A. Prozessuale Folgen. Eine nicht rechtzeitig beim Prozeßgericht eingegangene Erklärung (Protokoll) wahrt eine Frist auch dann nicht, wenn die Verzögerung auf einem Verschulden nur des aufnehmenden Urkundsbeamten oder einer weiteren an der Übermittlung von Amts wegen beteiligten Gerichtsperson beruht. Das ergibt sich eindeutig aus II 2. Ein Verschulden des gesetzlichen Vertreters oder des ProzBev gilt nach §§ 51 II, 85 II wie sonst als das Verschulden der Partei, LAG Bln MDR **04**, 1378. Soweit das beim Prozeßgericht eingehende Protokoll gegenüber der Originalfassung lückenhaft oder sonstwie nachteilig verändert ist, etwa durch den Verlust von Teilen auf dem Übermittlungsweg, gilt nur diejenige Fassung, die beim Prozeßgericht tatsächlich eingeht. Man muß die Verschuldensfragen wie beim Fristablauf beurteilen. Soweit der Antragsteller die Übermittlung nach II 3 selbst übernommen hat, endet natürlich die Verantwortlichkeit des aufnehmenden Urkundsbeamten mit der Aushändigung des Protokolls an den Antragsteller. Wegen einer Wiedereinsetzung Rn 22.

B. Amtshaftung, Wiedereinsetzung. Soweit der aufnehmende Urkundsbeamte oder eine weitere bei der Übermittlung beteiligte Gerichtsperson vorsätzlich oder fahrlässig ihre Amtspflicht verletzt, kommt eine Haftung nach § 839 I, III BGB in Betracht. Es kann ferner die Amtshaftung nach Art 34 GG eintreten. Außerdem kann eine Wiedereinsetzung infragekommen, BVerfG NJW **05**, 2138 links. 18

C. Bestrafung. Aus dem Bereich der Urkundendelikte nach §§ 276 ff, 348 StGB kommt vor allem § 274 StGB (Urkundenunterdrückung) in Betracht. 19

12) Rechtsbehelfe, I, II. Es gibt sehr unterschiedliche Wege. 20

A. Sofortige Beschwerde gegen Ablehnung der Aufnahme. Soweit der Urkundsbeamte die Aufnahme eines Antrags oder einer Erklärung nach I ablehnt oder die erbetene Übermittlung von Amts wegen nach II 1 ablehnt oder hinauszögert oder untätig bleibt, liegt eine solche Entscheidung vor, die eine mündliche Verhandlung nicht erfordert und die ein das Verfahren betreffendes Gesuch zurückweist. Daher ist die befristete Erinnerung nach § 573 I 1 statthaft, KG RR **95**, 638 (nicht das Verfahren nach § 23 EGGVG). Man muß sie ist entweder bei dem ablehnenden Gericht oder beim Beschwerdegericht einlegen, §§ 569 I 1, 2 usw, 573 I 2. Eine Rechtsbeschwerde kommt unter den Voraussetzungen des § 574 in Betracht.

B. Anfechtung der Endentscheidung. Soweit die Verweigerung einer Aufnahme oder die fehlerhafte und insbesondere verzögerte Aufnahme oder Weiterleitung an das Prozeßgericht zum Nachteil des Antragstellers den Prozeßausgang beeinflußt hat, kommen gegen die Endentscheidung des Prozeßgerichts die sofortige Beschwerde nach §§ 567 ff in Betracht. Das Rechtsmittelgericht darf und muß dann über das 21

Verhalten des nach § 129 a angegangenen Gerichts mitentscheiden. Beim Rpfl gilt § 11 RPflG, § 104 Rn 41 ff.

22 **C. Wiedereinsetzung.** Wenn der Einreicher die Frist in einem der Fälle des II nicht eingehalten hatte, etwa wegen einer nicht unverzüglichen Weiterleitung von Amts wegen, kommt unter den Voraussetzungen der §§ 233 ff eine Wiedereinsetzung in den vorigen Stand in Betracht, Düss MDR **04**, 831. Das Gericht muß sie evtl auch dann gewähren, wenn der Antragsteller die Übermittlung nach II 3 selbst übernommen hatte und nun schuldlos die Frist versäumt hat, etwa durch einen unverschuldeten Unfall auf dem Weg zum Prozeßgericht.

23 **D. Dienstaufsichtsbeschwerde.** Gegen denjenigen, der bei der Aufnahme oder Weiterleitung bis zum Eingang beim Prozeßgericht Amtspflichten verletzte, kann eine Dienstaufsichtsbeschwerde in Betracht kommen, KG RR **95**, 638. Sie richtet sich an den Dienstvorgesetzten desjenigen Beamten, der den Fehler begangen haben soll. Sie darf den Fortgang des Prozesses in keiner Weise hinauszögern.

24 **13) Verfassungsbeschwerde.** Soweit etwa infolge einer fehlerhaften Behandlung des Antrags oder seiner Übermittlung ein Grundrecht verletzt wurde, insbesondere infolge einer verzögerten Weiterleitung den Anspruch auf rechtliches Gehör, Art 103 I GG, kommt nach der Erschöpfung des Rechtswegs eine Verfassungsbeschwerde in Betracht, Einl III 17.

130 *Inhalt der Schriftsätze.* **Die vorbereitenden Schriftsätze sollen enthalten:**

1. die Bezeichnung der Parteien und ihrer gesetzlichen Vertreter nach Namen, Stand oder Gewerbe, Wohnort und Parteistellung; die Bezeichnung des Gerichts und des Streitgegenstandes; die Zahl der Anlagen;
2. die Anträge, welche die Partei in der Gerichtssitzung zu stellen beabsichtigt;
3. die Angabe der zur Begründung der Anträge dienenden tatsächlichen Verhältnisse;
4. die Erklärung über die tatsächlichen Behauptungen des Gegners;
5. die Bezeichung der Beweismittel, deren sich die Partei zum Nachweis oder zur Widerlegung tatsächlicher Behauptungen bedienen will, sowie die Erklärung über die von dem Gegner bezeichneten Beweismittel;
6. die Unterschrift der Person, die den Schriftsatz verantwortet, bei Übermittlung durch einen Telefaxdienst (Telekopie) die Wiedergabe der Unterschrift in der Kopie.

Schrifttum: *Fischer,* Bezugnahmen ... in Schriftsätzen im Zivilprozeß usw, 1994; *Heinemann,* Neubestimmung der prozessualen Schriftform, 2002; *Michel/von der Seipen,* Der Schriftsatz des Anwalts im Zivilprozess, 6. Aufl 2004; *Oelkers/Müller,* Anwaltliche Strategien im Zivilprozeß ..., 4. Aufl 2001; *Schwarz,* Strukturierter Parteivortrag und elektronische Akte, Diss Tüb 1992; *Stenz,* Anwendbarkeit von Telekommunikationsmitteln im Prozeß, 1993.

Gliederung

1 **1) Systematik, Z 1–6.** Die Vorschrift regelt nicht das Ob, sondern das Wie eines vorbereitenden Schriftsatzes. Sie enthält insofern wiederum nur die Grundregeln. Ergänzungen finden sich zB in §§ 131 ff, 138, 356, 373 ff. Für die Klageschrift als eine besondere Form des vorbereitenden Schriftsatzes gilt zunächst der vorrangige § 253 I–III, V. Sein IV verweist ergänzend indirekt auch auf §§ 130 ff. Ähnliche Vorschriften über den wesentlichen Inhalt des Parteivortrags finden sich bei den Regelungen zum Protokoll nach §§ 160 ff und zum Urteilsinhalt, § 313.

2) Regelungszweck, Z 1–6. Die Vorschrift dient zunächst der Klarstellung des Kreises der Prozeßbeteiligten und der Art und des Umfang des Streitgegenstands nach § 2 Rn 4. Sie dient darüber hinaus im Interesse der Prozeßwirtschaftlichkeit nach Grdz 14 vor § 128 der Prozeßförderung nach Grdz 12 vor § 128, der Wahrhaftigkeit des Parteivortrags nach § 138 I, II und der Klärung der Verantwortlichkeit eines Parteivertreters, §§ 51 II, 85 II. Alles das sind wesentliche Verfahrensziele. Sie tragen zur Straffung, Beschleunigung und gleichzeitig zur Redlichkeit des Prozesses bei. Deshalb enthält § 130 trotz des scheinbar bloßen Sollinhalts in Wirklichkeit weitgehende Mußvorschriften, Rn 6. Man darf daher auch die Anforderungen der in Z 1–6 im einzelnen genannten Voraussetzungen keineswegs zu großzügig gering bemessen. Es ist vielmehr eine strenge Auslegung erforderlich. 2

Taktische Zurückhaltung ist allerdings in Grenzen erlaubt. Niemand braucht sich selbst ans Messer zu liefern, § 282 Rn 8. Oft kann man beim besten Willen nicht genau voraussagen, ob das Gericht eine Einzelheit überhaupt für entscheidungserheblich halten und ob der Gegner eine Tatsache überhaupt bestreiten wird. Wegen der immer weiteren Verschärfung richterlicher Frage- und Hinweispflichten nach § 139 mag es mehr und mehr im Ergebnis statthaft und sogar sinnvoll sein, zunächst im Zweifel abzuwarten, welche Details und Beweisantritte man noch nennen soll.

Parteiherrschaft nach Grdz 18 vor § 128 ist aber kein Freibrief für eine etwaige derart pure Taktik. Das zeigen nicht nur §§ 183, 296 usw. Wenn das Gericht nach § 139 IV 1 so bald wie überhaupt nur möglich auf Lücken, Unklarheiten und dergleichen aufmerksam machen muß, kann es auch eine ebenso von Anfang an funktionierende Bemühung der Parteien um eine Lückenlosigkeit und Klarheit erwarten. Auch das sollte man mitbedenken.

3) Geltungsbereich, Z 1–6. Die Vorschrift gilt entgegen ihrem Wortlaut nicht nur für den sog vorbereitenden Schriftsatz, sondern auch und vor allem für den sog bestimmenden, § 129 Rn 5. Sie gilt also in Wahrheit für jeden wie immer gearteten Schriftsatz in jeder wie immer gearteten Prozeßart nach der ZPO in jedem Verfahrensstadium, in jedem Rechtszug und für alle Prozeßbeteiligten, auch im WEG-Verfahren und im Bereich des § 113 I 2 FamFG. Das gilt unabhängig davon, ob und welche etwaigen vorrangigen Spezialvorschriften vorhanden sind, etwa in §§ 253 II (Klageschrift), 275 I, III, IV, 276 I 2, III (schriftliches Vorverfahren), 518 II (Berufungsschrift), 519 II (Berufungsbegründung), 553 I (Revisionsschrift), 554 III (Revisionsbegründung), 587 (Wiederaufnahme) usw. Diejenigen Vorschriften, die einen wesentlich präziseren Vortrag als nach § 130 erforderlich machen, gehen dem § 130 als Sonderregeln vor. 3

4) Begriff des vorbereitenden Schriftsatzes, Z 1–6. § 129 I erörtert die Vorbereitung der mündlichen Verhandlung durch Schriftsätze. Alle diesem Zweck dienenden Schriftsätze sind vorbereitende. Einige unter ihnen haben darüber hinaus einen besonderen Charakter. In ihnen vollzieht der Absender eine für das Verfahren wesentliche Parteiprozeßhandlung nach Grdz 47 vor § 128 und faßt sie in die notwendige Form. Diese Art des vorbereitenden Schriftsatzes ist der bestimmende Schriftsatz, § 129 Rn 5. Vorbereitend ist auch ein solcher Schriftsatz, der weder einen neuen tatsächlichen Vortrag noch neue rechtliche Ausführungen noch neue Beweismittel enthält, sondern der etwa nur Anregungen für den weiteren Verfahrensfortgang gibt, eine bisher schon vertretene Behauptung oder Ansicht ausdrücklich aufrechterhält, den bisherigen Streitgegenstand einschränkt, eine erst in einer mündlichen Verhandlung wirksam werdende verfahrensbeendende Erklärung enthält usw. Auch die bloße Nachreichung etwa einer bisher fehlenden Zeugenanschrift nach § 373 Rn 2 oder die Einreichung von Kostenmarken und dergleichen geschieht technisch durch einen vorbereitenden Schriftsatz. Vgl ferner § 129 Rn 7. 4

Es *kommt nicht darauf an, ob* die Ausführungen entscheidungserheblich sind oder nicht, ob sie aus der Sicht des Absenders, des Gegners oder des Gerichts auch sachlichrechtliche Erklärungen enthalten, ob sie verfrüht erfolgen (Rechtsmitteleinlegung vor Verkündung der anfechtbaren Entscheidung) oder verspätet sind. Auch der Schriftsatz eines Streithelfes nach § 66, eines Streitgenossen nach § 59, eines in den Rechtsstreit ohne seine erforderliche Zustimmung einbezogenen Dritten ist zumindest dann ein vorbereitender, wenn eine mündliche Verhandlung über den Vorgang wenigstens zulässig oder gar notwendig ist. Im schriftlichen Vorverfahren nach §§ 276, 277 und im schriftlichen Verfahren nach § 128 II liegt auch dann ein vorbereitender Schriftsatz vor, wenn es voraussichtlich überhaupt nicht zu einer mündlichen Verhandlung kommen wird. 5

5) Inhaltlich weitgehende Mußvorschriften, Z 1–6. Entgegen dem Wortlaut enthält § 130 nicht nur sog Sollvorschriften, sondern weitgehend zwingende Mußvorschriften. Das gilt nicht nur für Z 1, BGH **102**, 335 (zustm Nierwetberg NJW **88**, 2095), BVerwG NJW **99**, 2609, und für Z 6, BAG NJW **90**, 3165, sondern in Wahrheit für die gesamte Vorschrift, Rn 2, aM BVerfG NJW **93**, 1319 (aber nur durch eine solche strenge Auslegung des Gesetzes läßt sich sein Zweck der Verfahrensförderung usw erreichen, Rn 2). 6

6) Bezeichnung der Parteien usw, Z 1. Es gelten dieselben Regeln wie bei § 253 Rn 22 ff. Es treffen also mehrere Voraussetzungen zusammen. 7

A. Parteien. Das sind wie stets diejenigen Personen, die tatsächlich klagen oder beklagt werden, Grdz 4 vor § 50, auf die sich also die prozeßbegründeten Erklärungen wirklich beziehen. Soweit also der vorbereitende Schriftsatz jemanden als Partei bezeichnet, steht damit noch nicht immer fest, wer tatsächlich diese Partei ist oder sein soll. Das muß das Gericht notfalls durch seine Auslegung ermitteln, Grdz 4 vor § 50. Bei einer Parteil kraft Amts nach Grdz 8 vor § 50 wie zB beim Insolvenzverwalter muß man beachten, daß sie nicht ein bloßer gesetzlicher Vertreter, sondern selbst Partei ist. Daher ist eine entsprechende Klarstellung schon bei Rn 7 erforderlich.

B. Gesetzlicher Vertreter. Das ist derjenige, der eine nicht prozeßfähige Partei im Prozeß vertreten muß, § 51 I. Wer tatsächlich der richtige Vertreter ist, das muß das Gericht wiederum wie stets notfalls durch eine Auslegung ermitteln. Beispiele einer gesetzlichen Vertretung: § 51 Rn 12 ff. Der Kläger kann die Benennung eines gesetzlichen Vertreters insbesondere bei einer Kapitalgesellschaft nachholen. Allerdings trägt der Kläger das Risiko einer nicht ordnungsgemäßen Klagezustellung etwa im Fall des § 204 I Z 1 BGB, Ffm MDR **84**, 943. Wegen einer Vollmachtsurkunde Rn 28. 8

Auch den *Prozeßbevollmächtigten* muß man schon wegen § 172 ausreichend genau benennen. Bei einer Sozietät genügt deren Angabe. Stets ist die dafür maßgebende unter mehreren Kanzleianschriften erforderlich.

9 **C. Namen, Stand oder Gewerbe.** Dem Zweck der Festlegung der Nämlichkeit der Prozeßbeteiligten entsprechend sind alle diejenigen Angaben notwendig, die zur Abgrenzung des Betreffenden von einer anderen natürlichen oder juristischen Person unentbehrlich sind. Grundsätzlich erforderlich sind wenigstens der Rufname, Nachname, ferner eine möglichst genaue Bezeichnung des erlernten oder gegenwärtigen Berufs. Bei mehreren etwa in demselben Haus wohnenden Leuten mit denselben Vor- und Nachnamen kann die Hinzufügung der unterscheidenden Merkmale erforderlich werden, etwa „junior" oder „Vater".

10 **D. Wohnort.** Entsprechend dem Sinn der Vorschrift, den Prozeß zu fördern, ist nicht nur die Gemeinde oder der Gemeindeteil erforderlich, sondern grundsätzlich die volle ladungsfähige Anschrift, soweit das nach § 253 Rn 22 ff zumutbar ist, bei einem Zeugen also dessen Privatanschrift, § 373 Rn 4, 5, Stgt RR **01**, 424. Auch insofern handelt es sich nach dem Wortlaut scheinbar nur um eine Sollvorschrift, Späth VersR **78**, 605. In Wahrheit handelt es sich gerade bei dieser Einzelheit um eine Mußbestimmung, Rn 6. Es kann innerhalb der ladungsfähigen Postanschrift ein weiterer Zusatz notwendig werden, etwa die Etage oder die Bezeichnung der Wohnung im Mehrparteienhaus oder die Angabe „rechts" oder „Hinterhaus".

11 **E. Parteistellung.** Entsprechend dem Zweck der Klarstellung der Rolle der Prozeßbeteiligten muß man angeben, ob das Gericht den Betreffenden als den Kläger oder Antragsteller, als den Bekl oder Antragsgegner, als einen Widerkläger nach Anh § 253, als eines Rechtsmittelkläger behandeln soll oder als einen Streitverkündeten nach § 72, als eines Dritten im Beanspruchersteit nach § 75 oder als einen Sachbesitzer bei der Urheberbenennung nach §§ 76, 77.

12 **F. Gericht.** Jeder vorbereitende Schriftsatz muß dasjenige Gericht nennen, an das sich der Absender wendet. Man muß das Gericht so genau bezeichnen, daß Fehlleitungen unterbleiben können. Das gilt zunächst bei einem fristgebundenen Schriftsatz. Bei ihm könnte die vermeidbare Falschbezeichnung des Gerichts zur Versagung einer Wiedereinsetzung führen. Es gilt aber auch bei jedem wie immer gearteten sonstigen Schriftsatz. Dabei kann eine nähere Bezeichnung derjenigen Funktion erforderlich sein, in der der Absender das Gericht anspricht, etwa beim AG der Zusatz „Familiengericht" oder „Abteilung für freiwillige Gerichtsbarkeit" oder „Abteilung für Zivilstreitigkeiten". Beim LG empfiehlt sich der Zusatz „Kammer für Zivilsachen" oder „Kammer für Handelssachen". Entsprechend sollte der Absender bei jedem Gericht möglichst sorgfältig darstellen, an welchen Senat, welche Kammer, welche Abteilung usw sich der Schriftsatz richtet. Indessen können das Fehlen oder die irrige Angabe eines solche Zusatzes unschädlich sein, wenn der Schriftsatz in der Posteinlaufstelle des insgesamt richtig bezeichneten Gerichts rechtzeitig eingeht.

13 **G. Streitgegenstand.** Dem Zweck der Vorschrift, den Prozeß nicht nur in seiner Nämlichkeit von vornherein möglichst präzise festzulegen, sondern auch zu fördern, entspricht eine möglichst genaue Angabe des Streitgegenstands, § 2 Rn 4. Üblich und meist ausreichend ist eine stichwortartige Umschreibung, etwa „wegen Kaufpreisforderung" oder „wegen Verkehrsunfalls".

14 **H. Zahl der Anlagen.** Die Vorschrift dient nicht zuletzt der Selbstkontrolle des Absenders. Mit ihr soll es unterbleiben, daß er durch eine Nachlässigkeit bei der Zusammenstellung eines mit Anlagen zu versehenden Schriftsatzes prozessuale Nachteile erleidet, weil sich etwa der Prozeßgegner nicht zu solchen Anlagen äußern kann, die der Absender nicht einmal dem Gericht in der Urschrift vorgelegt hatte. In diesem Punkt verfahren viele auch gerade anwaltlich vertretene Parteien erstaunlich und bedauerlich oberflächlich. Das kann zu einer Verzögerungsgebühr nach § 38 GKG führen, auch zu einer besonderen Kostenauferlegung nach § 95, vor allem aber zur Zurückweisung wegen verspäteten Nachreichens, § 296. Deshalb ist Sorgfalt auch bei der Angabe der Anlagen durchaus ratsam.

15 **I. Sonstige Angaben.** Z 1 nennt zwar die erforderlichen Einzelheiten zur Festlegung der Nämlichkeit der Prozeßbeteiligten und des Gerichts grundsätzlich abschließend. Indessen kann sich aus der Eigenart des konkreten Prozesses ergeben, daß schon dazu weitere Angaben durchaus erforderlich sind. Im übrigen enthalten Z 2–6 zahlreiche weitere Mußvorschriften zum Inhalt des vorbereitenden Schriftsatzes. Die Angabe des etwa schon vorhandenen Aktenzeichens ist zwar natürlich dringend ratsam. Sie ist aber nur dann notwendig, wenn die vorwerfbare Unterlassung dieser Angabe etwa bei einem fristgebundenen Schriftsatz zur Versagung der Wiedereinsetzung nach §§ 233 ff führen könnte, falls das Gericht den Schriftsatz nicht von Amts wegen rechtzeitig an das in Wahrheit richtige Gericht weiterleiten konnte, § 129 a Rn 17, BGH WoM **03**, 636.

16 **7) Anträge usw, Z 2.** Man muß die Antragsart und den Antragszeitpunkt beachten.

A. Sach- und Prozeßanträge. Die Vorschrift meint entsprechend dem Zweck einer möglichst klaren Festlegung des Streitgegenstands nach § 2 Rn 4 und desjenigen Umfangs, über den das Gericht nach § 308 I entscheiden soll, sowohl den sog Sachantrag als auch den sog Prozeßantrag, zu den Begriffen § 297 Rn 1, 5. Natürlich kann man den Antrag schon nach dem Wortlaut von Z 2 nur in derjenigen Fassung ankündigen, in der man ihn in der (gemeint: nächsten) Verhandlung stellen will, um prozessual wirksam zu werden. Ankündigen muß man auch jede Art von Hilfsantrag nach § 260 Rn 8, jede Hilfsaufrechnung nach § 145 Rn 9, jeden Widerklagantrag nach Anh § 253, jede Anschließungserklärung usw, §§ 524 I, 554 I, 567 III. Eine Bezugnahme, sogar in einem anderen Schriftsatz, etwa in einem Prozeßkostenhilfegesuch nach § 117, kann bei einem engen zeitlichen und sachlichen Zusammenhang ausreichen, BGH NJW **92**, 840 links oben (großzügig), aM BGH NJW **92**, 840 links unten (aber eine vernünftige Auslegung ist stets erlaubt und ratsam, Grdz 52 vor § 128). Auch eine Änderung der bisher angekündigten Anträge muß durch einen vorbereitenden Schriftsatz erfolgen, soweit überhaupt ein Schriftsatzzwang besteht. Dasselbe gilt für die Zurücknahme eines bereits schriftsätzlich angekündigten oder mündlich gestellten Antrags, soweit der Absender meint, die Zurücknahme überhaupt noch wirksam vornehmen zu können, sei es auch erst nach einer noch fehlenden Einwilligung des Prozeßgegners.

B. Notwendigkeit einer Antragsankündigung. Nach dem Wortlaut von Z 2 braucht man die Anträge nur dann anzukündigen, wenn es überhaupt zu einer mündlichen Verhandlung kommen soll. In Wahrheit sind sie auch im schriftlichen Vorverfahren und im schriftlichen Verfahren und überhaupt immer dann notwendig, wenn der Absender nicht übersehen kann, ob das Gericht schon und noch eine mündliche Verhandlung anberaumen will oder muß. Das gilt etwa im Fall einer Erledigterklärung nach § 91 a Rn 62, wenn man mit einer entsprechenden Erklärung des Prozeßgegners rechnen kann und wenn die Sachlage einfach ist. Es gilt ebenso etwa dann, wenn man im schriftlichen Vorverfahren mit einer Entscheidung nach § 331 III rechnen kann. Im schriftlichen Verfahren nach § 128 II ist natürlich erst recht eine schriftsätzliche Antragstellung notwendig. **17**

8) Angabe der tatsächlichen Verhältnisse, Z 3. Man sollte Notwendigkeiten und bloße Befugnisse unterscheiden. **18**

A. Umfassende tatsächliche Angaben. In Wahrheit ist auch Z 3 eine Mußvorschrift, aM ZöGre 4 (aber die Partei ist ohnehin nach § 138 I zur vollständigen und wahrhaftigen Angabe aller tatsächlichen Umstände verpflichtet). Der Umfang des Erforderlichen richtet sich nach den Gesamtumständen des Einzelfalls und nach derjenigen konkreten Prozeßlage, in der der Schriftsatz dem Gericht zugeht. Maßgeblich ist wie stets dasjenige, was nach Treu und Glauben zumutbar ist, § 138 Rn 23. Dabei erfaßt Z 3 dasjenige, was die Partei selbst (gemeint: erstmals) in den Prozeß an Tatsachen einführt, während Z 4 die Erklärungspflicht zu gegnerischen tatsächlichen Behauptungen erfaßt, § 138 II. Es ist weder dem Gericht noch dem Prozeßgegner zumutbar, sich das möglicherweise „Passende" aus umfangreichen Unterlagen des Einreichers herauszusuchen, BVerfG NJW **94**, 2683, Hamm RR **05**, 894, Köln RR **03**, 540. Allerdings bleibt eine ungenügend substantiierte Klage zulässig. Das gilt etwa im Fall einer Teilklage oder Anspruchshäufung. Ob sie die Verjährung hemmen kann, ist eine andere Frage. Dasselbe gilt für die Frage, ob die Klagerhebung eine Ausschlußfrist wahren kann. Einzelheiten auch zur nachträglichen Heilung solcher Mängel bei § 253 und bei § 295. Eine bloße Bezugnahme auf eine Anlage reicht evtl nicht, § 131 Rn 9.

B. Nur ausnahmsweise Rechtsausführungen nötig. Trotz der grundsätzlichen Notwendigkeit einer strengen Auslegung im Interesse der Prozeßförderung nach Rn 2 stellt doch Z 3 mit dem bloßen Wort „tatsächlich" klar, daß Rechtsausführungen grundsätzlich nicht erforderlich sind. Von dieser Regel gelten Ausnahmen, etwa im Revisionsrechtszug nach §§ 542 ff oder im Wiederaufnahmeverfahren nach §§ 578 ff. Im übrigen kann eine rechtliche Darlegung auch in der Tatsacheninstanz ratsam sein, um etwa im Interesse der Partei Irrtümer oder Versehen des Gerichts zu verhindern. Das Gericht darf eine Partei auch im Rahmen des § 139 zwar grundsätzlich nicht zu einer Darlegung einer Rechtsauffassung oder zu einer Stellungnahme zu einer gegnerischen Rechtsauffassung nötigen. Es darf aber im Rahmen des Zumutbaren eine gewisse aktive Teilnahme auch an einem schriftlichen Rechtsgespräch im Rahmen der allgemeinen Prozeßförderungspflicht des § 282 und daher auch im Rahmen des § 130 erwarten und voraussetzen. Schon daher kann man nicht sagen, rechtliche Ausführungen seien nie erforderlich, aM ZöGre 4 (aber gerade § 139 II kann geradezu dazu zwingen, sich auch zu einer Rechtsfrage schriftsätzlich zu äußeren). **19**

9) Erklärung über die tatsächlichen Behauptungen des Gegners, Z 4. Man muß dieselben Unterschiede wie bei Rn 18, 19 beachten. **20**

A. Umfassende tatsächliche Erklärung. Die Vorschrift entspricht dem § 138 II. Im Rahmen des nach § 138 Rn 30 Zumutbaren ist eine umfassende Erklärung über die gesamten tatsächlichen Behauptungen des Gegners notwendig. Der Umfang des Zumutbaren richtet sich nach Treu und Glauben und nach dem Umfang des gegnerischen Vortrags und der Art des Rechtsstreits, etwa danach, ob es sich um eine sog Posten- oder Punktensache handelt. Es gilt auch hier das Verbot der sog Leerformel, § 138 Rn 33.

B. Nur ausnahmsweise Rechtsausführungen notwendig. Vgl Rn 19. **21**

10) Bezeichnung der Beweismittel usw, Z 5. Man muß drei Bedingungen erfüllen. **22**

A. Notwendigkeit genauer Angaben. Gerade bei der Bezeichnung der Beweismittel der Partei enthalten vorbereitende Schriftsätze bedauerlich oft vermeidbar ungenaue Angaben. Diese können zum Verlust des Rechtsstreits führen, weil etwa die Voraussetzungen einer Nachfrist aus den Gründen § 356 Rn 1–5 nicht vorliegen, zB beim „Zeugnis NN". Auch die beliebte Angabe einer Anschrift eines Polizisten lediglich unter seinem Revier statt unter seiner Privatanschrift ist ungesetzlich, § 373 Rn 5, soweit nicht das Gericht diesen Zustellweg als ausreichend erachtet. Ferner ist beim Urkundenbeweis die bloße Bezeichnung „auf Anfordern nachzureichen" und dergleichen unzureichend, § 420. Auch ist die bloße pauschale Bezugnahme auf irgendwelche Parallelakten, Ermittlungsakten, Vorprozeßakten usw ebenso wie eine pauschale Bezugnahme auf andere einzelne Schriftsätze als ein in Wahrheit bloßer Ausforschungsbeweisantrag meist unzulässig, Einf 27 vor § 284, Düss MDR **93**, 798, Hamm RR **05**, 894, Lange NJW **89**, 441 (ausf), aM BGH **105**, 200 (zu § 340, zu großzügig) und NJW **93**, 1866 (betr viele Urkunden bei § 519 III Z 2. Aber auch dann gilt § 420). Freilich muß das Gericht § 139 beachten, Schlesw MDR **76**, 50.

B. Notwendigkeit von Angaben zum Hauptbeweis wie Gegenbeweis. Schon der Wortlaut von Z 5 stellt klar, daß man auch diejenigen Beweismittel bezeichnen muß, deren man sich lediglich zur Widerlegung tatsächlicher gegnerischer Behauptungen bedienen will, § 138 II. Man muß also auch dann die Beweismittel präzise angeben, wenn man sich nicht für beweispflichtig hält. Daher ist auch eine Zurückhaltung mit bloßen Gegenbeweisanträgen evtl ein Verstoß gegen die Prozeßförderungspflicht nach § 282. Er kann zur Zurückweisung wegen Verspätung führen, § 296. **23**

C. Notwendigkeit umfassender Angabe der Beweismittel. Aus den Erwägungen 22, 23 folgt auch: Die Bezeichnung der Beweismittel muß so umfassend erfolgen, wie es dem Absender nach den Gesamtumständen in der konkreten Prozeßlage zumutbar ist. Trotz der Zulässigkeit einer gewissen Taktik im Zivilprozeß nach § 282 Rn 8 bleiben doch die in § 138 festgesetzten Grundsätze maßgeblich. Sie müssen auch im Inhalt der vorbereitenden Schriftsätze ihren Niederschlag finden. **24**

25 **11) Unterschriftszwang, Z 6.** Man muß eine Form und die Prozeßart beachten.

A. Grundsätzliche Notwendigkeit eigenhändiger und handschriftlicher Unterzeichnung. Der Absender muß zumindest seinen sog bestimmenden Schriftsatz grundsätzlich eigenhändig und handschriftlich unterschreiben, BGH VersR **02**, 589 (das muß das Revisionsgericht ohne eine Bindung an das Berufungsgericht prüfen). Wegen der Einzelheiten § 129 Rn 11 ff.

26 **B. Verantwortung.** Wie es eigentlich selbstverständlich ist, muß einen Schriftsatz derjenige unterschreiben, der ihn „verantwortet", auch im Anwaltsprozeß, so schon (je zum alten Recht) BGH VersR **00**, 646, Brdb MDR **95**, 1263. Wegen der Einzelheiten § 129 Rn 11 ff.

Z 6 verlangt nur die Unterschrift des Verantwortenden, *nicht weitere Angaben* über ihn. Ein Zusatz „als amtlich bestellter Vertreter" oder „als Abwickler" ist nicht notwendig. Er ist wohl aber schon zur Vermeidung unnötiger Rückfragen zweckmäßig. Der Unterbevollmächtigte darf „für" einen anderen unterzeichnen, soweit er selbst erkennbar die Verantwortung (mit)übernimmt, (zum alten Recht) BAG NJW **90**, 2706. Der Praxisvertreter oder Abwickler muß jedoch im Text des Schriftsatzes zumindest diese Funktion zu erkennen geben. Wegen der Übermittlung durch Telefax usw § 129 Rn 12, 44. Auch im sog Parteiprozeß ohne einen Anwaltszwang nach § 78 Rn 1 muß die Partei persönlich oder derjenige unterzeichnen, der für sie als gesetzlicher Vertreter, AG Coesfeld WoM **93**, 468, oder als Bevollmächtigter oder als Geschäftsführer oder Auftrag handelt, also derjenige, der den Schriftsatz „verantwortet", BGH NJW **87**, 2588. Wegen der Form der Unterschrift und der Art der sonstigen Übermittlung § 129 Rn 13 ff.

27 **C. Telekopie.** Beim Telefax genügt und ist erforderlich, daß die Telekopie die Originalunterschrift nach Rn 25, 26 wiedergibt, daß man also dort das Bild des Originalschriftzugs erkennt, Kblz MDR **04**, 409. Nicht ausreichend wäre etwa stattdessen ein maschinenschriftlicher Vermerk „gez. Name" usw oder gar das gänzliche Fehlen der Unterschrift, aM AG Kerpen NJW **04**, 2761 (vgl aber § 129 Rn 44).

28 **12) Vollmachtsnachweis, Z 1–6.** Die Notwendigkeit des Nachweises einer Vollmacht ergibt sich nicht aus § 130. Sie kann sich aber aus §§ 78 ff und aus anderen Spezialvorschriften ergeben. Freilich gilt das nur in den Grenzen wie bei § 80 Rn 13, § 88 Rn 8, 9.

29 **13) Verstoß, Z 1–6.** Es zeigen sich unterschiedliche Folgen.

A. Prozeßrechtliche, sachlichrechtliche, strafrechtliche, berufsrechtliche Folgen. Es gelten die Regeln § 138 Rn 63–67. Wenn ein Schriftsatz etwa wegen einer ungenügenden Beachtung von Z 1 nicht zu den richtigen Akten gelangt, trägt die Partei oder ihr Anwalt oder gesetzlicher Vertreter die Folgen. Das gilt namentlich dann, wenn das Gericht den Schriftsatz infolgedessen nicht demnächst dem richtigen Empfänger zustellen kann, (jetzt) § 167, Ffm MDR **84**, 943, oder im schriftlichen Verfahren. Ein falsches Aktenzeichen im Schriftsatz kann allerdings unschädlich sein. Das Fehlen einer nach Rn 26 erforderlichen Unterschrift läßt sich nicht schon durch die Unterschrift eines Anwalts unter einem bloßen Verweisungsantrag heilen. Denn damit deckt er nicht eindeutig den Inhalt auch des von ihm nicht unterzeichneten Schriftsatzes des Kollegen, § 129 Rn 10, BGH VersR **00**, 646.

30 **B. Verschulden des Vertreters oder des Prozeßbevollmächtigten.** Ein etwaiges Verschulden (Vorsatz oder Fahrlässigkeit) des gesetzlichen Vertreters oder des ProzBev gilt auch hier als ein Verschulden der Partei, §§ 51 II, 85 II. Rückfragepflichten des Gerichts mögen nach § 139 bestehen. Sie mögen auch zu einer Auflage nach § 273 eine Veranlassung geben. Sie dürfen aber nicht dazu führen, daß man allzu grobe oder allzu zahlreiche Fehler, Unsauberkeiten, Widersprüchlichkeiten und dergleichen einfach unkorrigiert dem Gericht zumuten darf. Das Gericht braucht einen nicht unterzeichneten Schriftsatz nach Rn 26 im Säumnisverfahren nicht auch nur (mit)zubeachten, aM Brdb MDR **95**, 1263 (aber das unterläuft direkt die Hauptregel des § 331 I 1).

31 **C. Rückgaberecht des Gerichts.** Ein Schriftsatz soll eine bündige Kürze haben. Weitschweifigkeit ist meist ein Zeichen eines mangelhaften Durchdenkens oder einer mangelhaften Konzentrationsfähigkeit und oft eine Folge der Schreibmaschine, des Computers oder des Diktatgeräts usw. Sie ist meist unnötig und oft psychologisch nachteilig. Sie ist außerdem eine Ungehörigkeit gegenüber dem Gericht und gegenüber dem Prozeßgegner. In einem krassen Fall oder dann, wenn ein Schriftsatz entweder äußerlich unlesbar ist oder wenn er allzu viele sinnentstellende Diktat- oder Schreibfehler enthält oder wenn ungeordnet zahlreiche Anlagen die Übersicht allzu erschweren, darf das Gericht den Schriftsatz zurückgeben und dem Absender anheimstellen, ein lesbares oder geordnetes Stück einzureichen, Karlsr RR **87**, 127. Es wäre grotesk (aber ist manchmal zu beobachten), solchen Schritt dem Gericht auch noch vorzuwerfen, gar durch die höhere Instanz.

32 **D. Kopie.** Es empfiehlt sich freilich nicht zuletzt deswegen, von dem fehlerhaften Originalschriftsatz eine Kopie in der Gerichtsakte zu belassen. Der Absender riskiert, daß erst der Eingangszeitpunkt eines daraufhin verbesserten Schriftsatzes diejenigen Rechte wahrt, die fristgebunden sein mögen. Das Gericht sollte die häufige Nachlässigkeit auch im Verkehr mit ihm durchaus nicht als eine scheinbar unvermeidliche Zeiterscheinung hinnehmen. Es ist das Recht und vielfach die Pflicht des Gerichts, auch eine anwaltlich vertretene Partei von Anfang an und mit allem Nachdruck dazu anzuhalten, selbstverständliche Mindestanforderungen im Schriftverkehr zu erfüllen, Karlsr RR **87**, 127. Eine Rechtsmittel-„Schrift" auf einem Empfangsbekenntnis kann zB unzureichend sein, Hbg NJW **86**, 3090. Infolge der Rückgabe des derart fehlerhaften Schriftsatzes mag auch eine Verzögerungsgebühr nach § 38 GKG oder eine Kostenfolge nach § 95 notwendig werden.

130a

Elektronisches Dokument. [I 1] **Soweit für vorbereitende Schriftsätze und deren Anlagen, für Anträge und Erklärungen der Parteien sowie für Auskünfte, Aussagen, Gutachten und Erklärungen Dritter die Schriftform vorgesehen ist, genügt dieser Form die Aufzeichnung als elektronisches Dokument, wenn dieses für die Bearbeitung durch das Gericht geeignet ist.** [2] **Die verantwortende Person soll das Dokument mit einer qualifizierten elektronischen Signa-**

tur nach dem Signaturgesetz versehen. [3] Ist ein übermitteltes elektronisches Dokument für das Gericht zur Bearbeitung nicht geeignet, ist dies dem Absender unter Angabe der geltenden technischen Rahmenbedingungen unverzüglich mitzuteilen.

II [1] Die Bundesregierung und die Landesregierungen bestimmen für ihren Bereich durch Rechtsverordnung den Zeitpunkt, von dem an elektronische Dokumente bei den Gerichten eingereicht werden können, sowie die für die Bearbeitung der Dokumente geeignete Form. [2] Die Landesregierungen können die Ermächtigung durch Rechtsverordnung auf die Landesjustizverwaltungen übertragen. [3] Die Zulassung der elektronischen Form kann auf einzelne Gerichte oder Verfahren beschränkt werden.

III Ein elektronisches Dokument ist eingereicht, sobald die für den Empfang bestimmte Einrichtung des Gerichts es aufgezeichnet hat.

Schrifttum: *Ahrens,* Elektronische Dokumente und technische Aufzeichnungen als Beweismittel usw, Festschrift für *Geimer* (2002) 1; *Becker,* Elektronische Dokumente als Beweismittel im Zivilprozess, 2004; *Fischer,* Justiz-Kommunkation usw, 2004; *Gassen,* Digitale Signaturen in der Praxis, 2003; *Gottwald,* Auswirkungen des elektronischen Rechtsverkehrs usw, Festgabe für *Vollkommer* (2006) 259; *Kodeck* ZZP **111**, 445; *Konecny,* Neue Technik und alte Verfahrensprobleme usw, in: Festschrift für *Beys* (Athen 2003); *Krüger/Bütter* MDR **03**, 181; *Lindloff,* E-Mail-Kommunikation von Rechtsanwälten mit Mandanten und Gerichten, 2005; *Maniotis,* Über die Rechtswirkung elektronischer Signaturen usw, Festschrift für *Geimer* (2000) 615; *Dästner* NJW **01**, 3469; *Nowak* MDR **01**, 841; *Roßnagel* NJW **01**, 1817 (je: Üb); *Schoenfeld* DB **02**, 1629 (FGO); *Stadler* ZZP **111**, 413 (Üb).

Gliederung

1) Systematik, I–III. Die Vorschrift ist eine Ergänzung zu § 130. Sie gilt demgemäß nur für die in I 1 genannten Schriftstücke usw der Parteien, nicht auch für solche des Gerichts. Für das letztere muß man § 174 III beachten. § 130 a hat gegenüber § 130 als eine Spezialregelung den Vorrang. Ihn ergänzen §§ 292 a, 299 III, 299 a, 371. § 690 III hat den Vorrang vor § 130 a. Die letztere Vorschrift fußt auf dem SignG. Dessen Begriffe muß man folglich stets mitheranziehen. Die Vorschrift zwingt noch nicht zum elektronischen Dokument, sondern nur für den Fall seiner Wahl zur Einhaltung zugehöriger Wirksamkeitsbedingungen. Das gilt, mag auch eine Tendenz zu immer mehr Elektronik bestehen, Prütting Festgabe für Vollkommer (2006) 289. Manche Mode ist kurzlebig. Im FamFG-Verfahren gilt § 14 FamFG. **1**

Nicht hierher gehört das Telefax einschließlich des sog Computerfax, § 129 Rn 44 „Telefax". Dästner NJW **01**, 3470.

2) Regelungszweck, I–III. Die Vorschrift dient der Prozeßwirtschaftlichkeit, Grdz 14 vor § 128. Das erfordert eine an sich weite Auslegung. Als eine Spezialvorschrift nach Rn 1 muß man § 130 a aber nach allgemeinen Regeln eigentlich eher eng auslegen. Die Praxis sollte sich beider Umstände bei einer vernünftigen Abwägung bewußt sein. Der Perfektionismus im Gesetz nach Rn 4 mit seinem als Art 1 neugefaßten SignG erfordert schon genug Exaktheit und zeigt wenig von der ohnehin die Sache etwas einseitig akzentuierenden Forderung nach einer „Bürgerfreundlichkeit". **2**

3) Elektronische Aufzeichnung statt Schriftform, I 1. Sie genügt, soweit sie für die Bearbeitung durch das Gericht geeignet ist, BGH NJW **08**, 2650. Die Eignung setzt eine Zulassung der elektronischen Form nach II voraus. Elektronisches Dokument ist auch eine Video-, Audio- oder Grafikkartei sowie Software, Berger NJW **05**, 1017. Darüber hinaus muß natürlich auch das einzelne Dokument brauchbar elektronisch verwertbar sein. Das muß man nach den Regeln Rn 2 beurteilen. Zum e-Mail Degen NJW **08**, 1473 (Üb). **3**

4) Signatur, I 2. Es handelt sich um eine bloße Sollvorschrift, keine Muß-Bestimmung. Qualifizierte elektronische Signatur ist nach § 2 Z 3 a, b SignG eine elektronische Signatur im Sinn von § 2 Z 2 SignG, die auf einem zum Zeitpunkt ihrer Erzeugung gültigen qualifizierten Zertifikat beruht und mit einer sicheren Signaturerstellungseinheit erzeugt wird. Die letztere liegt nach § 2 Z 10 SignG vor, wenn es sich um eine Soft- oder Hardwareeinheit zur Speicherung und Anwendung des jeweiligen Signaturschlüssels handelt usw. Signaturschlüssel ist ein in § 2 Z 4 SignG bestimmter Begriff: Einmalige elektronische Daten wie öffentliche kryptographische Schlüssel, die zur Überprüfung einer elektronischen Signatur verwendet werden. Elektronische Signatur sind nach § 2 Z 1 SignG Daten in elektronischer Form, die anderen elektronischen Daten beigefügt oder logisch mit ihnen verknüpft sind und die zur Authentifizierung dienen. Wieder einmal eine deutsche begriffliche Überperfektion zwecks Vereinfachung des Prozesses. Zur Problematik der Bankkarte Roßnagel NJW **05**, 385. Eine Beschränkung der Verwendbarkeit nach § 7 I Z 7 SignG ist statthaft, BFH DStRE **07**, 515, Fischer-Dieskau/Hornung, NJW **07**, 2897. Im Arbeitsgerichtsverfahren enthält § 46 c ArbGG eine entsprechende Regelung. **4**

5) Mitteilung mangelnder elektronischer Bearbeitungsmöglichkeit, I 3. Soweit das Empfangsgericht ein ihm übermitteltes elektronisches Dokument nach seinem technischen Stand oder wegen irgendwelcher Mängel des Dokuments noch nicht oder überhaupt nicht bearbeiten kann, muß das Gericht das dem Absender unverzüglich und daher ohne ein schuldhaftes Zögern nach § 121 I 1 BGB mitteilen, und zwar auf dem dem Gericht technisch möglichen Weg. Das setzt eine gewisse Lesbarkeit der Eingabe voraus, Viefhues NJW **05**, 1011. Das Gericht muß seine derzeitigen technischen Rahmenbedingungen derart nennen, daß **5**

der Absender erkennen kann, welchen Übermittlungsweg er insbesondere zur Frist- und Formwahrung wählen kann oder muß.

6 6) **Rechtsverordnungen, II.** Es sind die folgenden Rechtsverordnungen ergangen.

Bund: BGH/BPatGERVV v 24. 8. 07, BGBl 2130, in Kraft seit 1. 9. 07, § 4 S 1 VO (Einreichbarkeit beim BGH usw); VO über den elektronischen Rechtsverkehr beim BAG v 9. 3. 06, BGBl 519; VO über den elektronischen Rechtsverkehr beim BVerwG und beim BFH v 26. 11. 04, BGBl 3091.

Die **BGH/BPatGERVV** lautet:

§ 1. Zulassung der elektronischen Kommunikation. **Bei den in der Anlage bezeichneten Gerichten können elektronische Dokumente in den dort jeweils für sie näher bezeichneten Verfahrensarten und ab dem dort für sie angegebenen Datum eingereicht werden.**

§ 2. Form der Einreichung. I [1] **Zur Entgegennahme elektronischer Dokumente sind elektronische Poststellen der Gerichte bestimmt.** [2] **Die elektronischen Poststellen sind über die auf den Internetseiten**

1. **www.bundesgerichtshof.de/erv.html und**
2. **www.bundespatentgericht.de/bpatg/erv.html**

bezeichneten Kommunikationswege erreichbar.

II **Die Einreichung erfolgt durch die Übertragung des elektronischen Dokuments in die elektronische Poststelle.**

III [1] **Eine qualifizierte elektronische Signatur und das ihr zugrunde liegende Zertifikat müssen durch das adressierte Gericht oder eine andere von diesem mit der automatisierten Überprüfung beauftragte Stelle prüfbar sein.** [2] **Die Eignungsvoraussetzungen für eine Prüfung werden gemäß § 3 Nr. 2 bekannt gegeben.**

IV [1] **Das elektronische Dokument muss eines der folgenden Formate in einer für das adressierte Gericht bearbeitbaren Version aufweisen:**

1. **ASCII (American Standard Code for Information Interchange) als reiner Text ohne Formatierungscodes und ohne Sonderzeichen,**
2. **Unicode,**
3. **Microsoft RTF (Rich Text Format),**
4. **Adobe PDF (Portable Document Format),**
5. **XML (Extensible Markup Language),**
6. **TIFF (Tag Image File Format),**
7. **Microsoft Word, soweit keine aktiven Komponenten (zum Beispiel Makros) verwendet werden,**
8. **ODT (OpenDocument Text), soweit keine aktiven Komponenten verwendet werden.**

[2] **Nähere Informationen zu den bearbeitbaren Versionen der zulässigen Dateiformate werden gemäß § 3 Nr. 3 bekannt gegeben.**

V [1] **Elektronische Dokumente, die einem der in Absatz 4 genannten Dateiformate in der nach § 3 Nr. 3 bekannt gegebenen Version entsprechen, können auch in komprimierter Form als ZIP-Datei eingereicht werden.** [2] **Die ZIP-Datei darf keine anderen ZIP-Dateien und keine Verzeichnisstrukturen enthalten.** [3] **Beim Einsatz von Dokumentensignaturen muss sich die Signatur auf das Dokument und nicht auf die ZIP-Datei beziehen.**

VI **Sofern strukturierte Daten übermittelt werden, sollen sie im Unicode-Zeichensatz UTF 8 (Unicode Transformation Format) codiert sein.**

§ 3. Bekanntgabe der Betriebsvoraussetzungen. **Die Gerichte geben auf den in § 2 Abs. 1 Satz 2 genannten Internetseiten bekannt:**

1. **die Einzelheiten des Verfahrens, das bei einer vorherigen Anmeldung zur Teilnahme am elektronischen Rechtsverkehr sowie für die Authentifizierung bei der jeweiligen Nutzung der elektronischen Poststelle einzuhalten ist, einschließlich der für die datenschutzgerechte Administration elektronischer Postfächer zu speichernden personenbezogenen Daten;**
2. **die Zertifikate, Anbieter und Versionen elektronischer Signaturen, die nach ihrer Prüfung für die Bearbeitung durch das jeweilige Gericht geeignet sind; dabei ist mindestens die Prüfbarkeit qualifizierter elektronischer Signaturen sicherzustellen, die dem Profil ISIS-MTT (Industrial-Signature-Interoperability-Standard – Mail-TrusT) entsprechen;**
3. **die nach ihrer Prüfung den in § 2 Abs. 3 und 4 festgelegten Formatstandards entsprechenden und für die Bearbeitung durch das jeweilige Gericht geeigneten Versionen der genannten Formate sowie die bei dem in § 2 Abs. 4 Nr. 5 bezeichneten XML-Format zugrunde zu legenden Definitions- oder Schemadateien;**
4. **die zusätzlichen Angaben, die bei der Übermittlung oder bei der Bezeichnung des einzureichenden elektronischen Dokuments gemacht werden sollen, um die Zuordnung innerhalb des adressierten Gerichts und die Weiterverarbeitung zu gewährleisten.**

Baden-Württemberg: VO v 15. 6. 04, GBl 590, und v 11. 12. 06, GBl 393;
Bayern: VO v 15. 12. 06, GVBl 1084;
Berlin: VO v 19. 12. 06, GVBl 1167, und v 27. 12. 06, GVBl 1183;
Brandenburg: VO v 18. 12. 06, GBl 548;
Bremen:
Hamburg: VO v 1. 8. 06, GVBl 455 (Weiterübertragung auf die Justizbehörde);
Hessen:

Mecklenburg-Vorpommern:
Niedersachsen:
Nordrhein-Westfalen: VO idF v 27. 6. 08, GVBl 542 (AG Olpe);
Rheinland-Pfalz: VO v 12. 12. 06, GVBl 444;
Saarland:
Sachsen: VO v 12. 12. 06, GVBl 544;
Sachsen-Anhalt:
Schleswig-Holstein:
Thüringen: VO v 5. 12. 06, GVBl 560.

7) Einreichung, III. Die Vorschrift setzt den allgemeinen Grundsatz um, daß es zum Eingang ausreicht, 7
wenn ein Schriftstück usw in den Machtbereich des Empfängers kommt, § 130 BGB. Das Empfangsgerät kann zB ein zentrales elektronisches Postfach sein, Viefhues NJW **05**, 1011. Eine Aufzeichnung muß natürlich einigermaßen fehlerfrei erfolgt sein. Vgl dazu die zum Telefax entwickelten Regeln bei § 233 Rn 164. Zum Eingang beim E-Mail Bacher MDR **02**, 669 (ausf). Eine Diskette geht körperlich ein, auch zB beim Pförtner einer Gerichts-Außenstelle, Karlsr RR **07**, 1223.

8) Verstoß, I–III. Es gelten die normalen Regeln, § 189, ferner zB §§ 233 ff, 295. 8

130b *Gerichtliches elektronisches Dokument.* **Soweit dieses Gesetz dem Richter, dem Rechtspfleger, dem Urkundsbeamten der Geschäftsstelle oder dem Gerichtsvollzieher die handschriftliche Unterzeichnung vorschreibt, genügt dieser Form die Aufzeichnung als elektronisches Dokument, wenn die verantwortenden Personen am Ende des Dokuments ihren Namen hinzufügen und das Dokument mit einer qualifizierten elektronischen Signatur versehen.**

1) Systematik, Hs 1, 2. Während § 130 a I, III das elektronische Dokument einer Partei, eines 1
ProzBev und eines anderen Beteiligten regelt, enthält § 130 b die Regelung der anstelle einer Unterschrift tretenden Form eines elektronischen gerichtlichen Dokuments (Urteil, Beschluß, Verfügung, Vermerk). Wann dergleichen technisch und rechtlich möglich wird, richtet sich nach § 130 a II und damit nach den Rechtsverordnungen des Bundes und der Länder für ihre Gerichte. Im FamFG-Verfahren gilt § 14 FamFG.

2) Regelungszweck, Hs 1, 2. Er ist derselbe wie bei § 130 a Rn 2. 2

3) Elektronische Aufzeichnung, Hs 1. Sie kann die nach der ZPO sonst etwa erforderliche hand- 3
schriftliche Unterzeichnung nach § 129 Rn 8 ff, § 130 Rn 25 ff ersetzen, soweit überhaupt eine elektronische Bearbeitung nach § 130 a II in Betracht kommt.

4) Signatur, Hs 2. Es ist erforderlich und ausreichend, daß alle das Dokument formell und etwa darüber 4
hinaus inhaltlich verantwortenden Personen gerade am Ende des Dokuments und nicht etwa vorweg oder nur zwischendurch oder nur irgendwo am Rand des Inhalts mindestens ihren vollen Nachnamen ohne politische oder akademische Titel, aber mit dem seit der Weimarer Verfassung in Verbindung mit Art 140 GG zum Bestandteil des bürgerlichen Namens gewordenen Adelstitels hinzufügen und daß sie außerdem das Dokument mit einer sog qualifizierten elektronischen Signatur versehen. Zu ihr im einzelnen § 130 a Rn 4 und die dort aufgeführten Vorschriften des SignG. Einzelheiten Viefjues NJW **05**, 1011 (Smartcard usw).

5) Verstoß Hs 1, 2. Es gelten wie bei § 130 a Rn 7 die normalen Regeln, § 189, ferner zB §§ 233 ff, 5
295.

131 *Beifügung von Urkunden.* [I] **Dem vorbereitenden Schriftsatz sind die in den Händen der Partei befindlichen Urkunden, auf die in dem Schriftsatz Bezug genommen wird, in Urschrift oder in Abschrift beizufügen.**

[II] **Kommen nur einzelne Teile einer Urkunde in Betracht, so genügt die Beifügung eines Auszugs, der den Eingang, die zur Sache gehörende Stelle, den Schluss, das Datum und die Unterschrift enthält.**

[III] **Sind die Urkunden dem Gegner bereits bekannt oder von bedeutendem Umfang, so genügt ihre genaue Bezeichnung mit dem Erbieten, Einsicht zu gewähren.**

Gliederung

1 **1) Systematik, I–III.** Die Vorschrift stellt zunächst eine Ergänzung zu § 130 dar, der ja nur denjenigen Inhalt regelt, den ein vorbereitender Schriftsatz unmittelbar vollständig enthalten soll. § 131 zwingt den Einreicher dazu, auch ohne eine Aufforderung des Gerichts die dort genannten Urkunden bereits bei der Einreichung des Schriftsatzes beizufügen. Sofern das Gericht dergleichen etwa bei der Anforderung einer Stellungnahme zu einem gegnerischen Schriftsatz für erforderlich hält, kann und darf der Vorsitzende usw nach § 273 II Z 1 auch von sich aus die Vorlegung einer Urkunde fordern, noch bevor die Partei den zugehörigen Schriftsatz überhaupt eingereicht hat. Er darf dergleichen natürlich erst recht nach jener Vorschrift zur Ergänzung oder Erläuterung des vorbereitenden Schriftsatzes anordnen. Soweit es um die Durchführung eines Urkundenbeweises geht, enthalten §§ 420 ff vorrangige Sonderregeln. Im Urkundenprozeß gelten vorrangig § 593 II, im Wechsel- oder Scheckprozeß in Verbindung mit §§ 602, 605 a. Soweit es um die bloßen Ablichtungen oder Abschriften des Schriftsatzes und seiner Anlagen geht, die ja rein formell ebenfalls Urkunden sind, gilt § 133. Im übrigen enthalten §§ 134, 135, 142 in allen Fällen des § 131 besondere Regeln zur Durchführung der in § 131 nur grundsätzlich festgelegten Beifügungspflicht. Der Tarnschutz eines gefährdeten Zeugen hat den Vorrang, § 10 II ZSHG. § 130 a ist anwendbar.

2 **2) Regelungszweck, I–III.** Die Vorschrift dient der in § 138 I, II genannten Pflicht der Parteien zur Vollständigkeit und Wahrhaftigkeit. Sie dient darüber hinaus der Beschleunigung des Prozesses in allen Verfahrensstadien. Sie dient insbesondere der Entlastung der mündlichen Verhandlung und der Herbeiführung einer Entscheidungsreife schon im ersten Termin, § 300 Rn 6. Das gilt auch dann, wenn das Gericht ihn als einen vollwertigen Verhandlungstermin angesetzt hatte, § 272 Rn 5. Sie ist damit letzthin ein Ausdruck des Gebots von Treu und Glauben, Einl III 54. Diese Regelungszwecke muß man bei der Auslegung stets beachten.

Verlust der Urkunde ist eine häufig befürchtete Gefahr der Einreichung des Originals. Man braucht aber nach dem klaren Wortlaut von I zunächst nur eine einfache Kopie beizufügen, solange nicht ein Beweisantritt nach § 420 notwendig wird und auch dann nur mithilfe einer Kopie erfolgen könnte, dort Rn 4. Eine unnötige Offenbarung eines voraussichtlich zwar den Gegner brennend mitinteressierenden, gleichwohl voraussichtlich gar nicht entscheidungserheblichen Teils eines Vertrags oder einseitigen Dokuments oder Attests läßt sich nach II ebenfalls durchaus vermeiden, ohne das ganze Dokument zurückzuhalten. Das Gericht müßte ein wertvolles Dokument ohnehin besonders gesichert verwahren. Manchmal muß es einem ProzBev regelrecht zureden, ehe er die Urkunde herausrückt. Deren Rückgabe nach einer sofortigen amtlichen Anfertigung von Kopien für die Beteiligten löst ein solches Problem erfahrungsgemäß eher.

3 **3) Sachlicher Geltungsbereich, I–III.** Die Vorschrift gilt in allen Verfahren nach der ZPO, auch im WEG-Verfahren und im Bereich des § 113 I 2 FamFG. Das gilt unabhängig davon, ob diese dem Beibringungsgrundsatz nach Grdz 20 vor § 128 oder dem Ermittlungsgrundsatz unterfallen, Grdz 38 vor § 128. Ebenso ist § 131 anwendbar, soweit das Gericht auf gewisse Bedenken nur von Amts wegen aufmerksam macht (Amtsprüfung), Grdz 39 vor § 128. Die Vorschrift gilt in allen Instanzen und Verfahrensabschnitten innerhalb und außerhalb der mündlichen Verhandlung. Wegen der vorrangigen Sonderregeln Rn 1.

4 **4) Persönlicher Geltungsbereich, I–III.** Die Vorschrift gilt für alle Parteien nach Grdz 4 vor § 50, also auch zB für die Partei kraft Amts nach Grdz 8 vor § 50, für die Partei kraft einer Ladung nach Grdz 14 vor § 50, ferner für den unselbständigen und selbständigen Streithelfer, §§ 66, 69. Soweit eine Urkunde sich in Händen nicht der Partei persönlich befindet, sondern in denjenigen ihres ProzBev oder ihres gesetzlichen Vertreters, ist § 131 unmittelbar anwendbar. Soweit ein sonstiger Dritter die Urkunde in Händen hat, ist jedenfalls § 131 unanwendbar, aber evtl § 142 anwendbar. §§ 420 ff bleiben unberührt.

5 **5) Vorbereitender Schriftsatz, I–III.** Die Vorschrift bezieht sich auf solche Urkunden, auf die die Partei gerade in einem vorbereitenden Schriftsatz Bezug genommen hat. Zum Begriff dieses Schriftsatzes § 130 Rn 4. Soweit die Bezugnahme in der mündlichen Verhandlung ohne die Einreichung eines solchen Schriftsatzes erfolgt, ist § 131 auch dann unanwendbar, wenn kraft Gesetzes oder richterlicher Anordnung ein Schriftsatzzwang besteht. § 131 wird allerdings anwendbar, soweit die Partei den Schriftsatz bereits vorher eingereicht hat oder soweit sie ihn gleichzeitig angekündigt oder später nachgereicht hat.

6 **6) Urkundenbegriff, I–III.** Die Vorschrift erfaßt alle Arten von Urkunden nach §§ 415 ff. Sie erfaßt auch die in § 142 I gesondert genannten sonstigen Unterlagen. § 131 bezieht sich auch und gerade auf die fremdsprachige Urkunde. Das zeigen die Worte „Urschrift oder Abschrift" in I. Ob man sie vorher übersetzen muß, richtet sich nach § 142 III und nach § 184 GVG.

7 **7) Beifügungspflicht, I, II.** Die Vorschrift stellt klar, daß grundsätzlich eine Partei die in Bezug genommene Urkunde dem Schriftsatz beifügen muß, sie also nicht nur zitieren oder erläutern, sondern körperlich beilegen muß. Denn erst durch die Inaugenscheinnahme des Originals oder einer Ablichtung oder Abschrift läßt sich oft der prozeßentscheidende Eindruck von der Brauchbarkeit oder Bedeutung der Urkunde gewinnen. Wie der Vergleich mit II zeigt, muß man nach I grundsätzlich die gesamte Urkunde beifügen. Das gilt unabhängig von ihrem Umfang, ihrem Format, ihrer Art, ihrem Gewicht, ihrer Empfindlichkeit usw. Mag der Einreicher die Vorkehrungen durch eine richtige Verpackung sowie durch entsprechende Hinweise an das Gericht dagegen treffen, daß die Urkunde beschädigt oder zerstört wird. Natürlich hat auch das Gericht eine der Urkunde entsprechende Sorgfaltspflicht bei der Verwahrung. Die Art der Einreichung unterliegt keiner besonderen Vorschrift. Die Einreichung soll grundsätzlich gleichzeitig mit dem Schriftsatz erfolgen. Eine alsbaldige Nachreichung kann unschädlich sein, Rn 20.

8 **A. In Händen der Partei.** Beifügen muß man nur eine solche Urkunde, die sich im Zeitpunkt der Bezugnahme wie Einreichung des vorbereitenden Schriftsatzes schon und noch in den Händen der Partei befindet, Rn 4. Ob die Partei auf eine Anordnung des Gerichts etwa nach § 273 II Z 1 zur Herbeischaffung auch einer derzeit nicht in ihren Händen befindlichen Urkunde verpflichtet ist, richtet sich jedenfalls nicht nach § 131. Wie schon der Wortlaut von I zeigt, muß das Original (Urschrift) in Händen der Partei sein. Hat sie freilich nur eine Abschrift oder Fotokopie in Händen und bezieht sie sich auf diese, ist sie auch nur zu deren Vorlegung verpflichtet.

B. Bezugnahme. Weitere Voraussetzung ist, daß die Partei auch gerade auf diese Urkunde im Schriftsatz Bezug genommen hat. Eine Bezugnahme kann auch indirekt oder stillschweigend erfolgen. Sie muß aber eindeutig sein. Was eine Partei nicht in Bezug genommen hat, gilt nicht als vorgetragen oder behauptet und unterliegt daher jedenfalls zunächst nicht dem § 131. §§ 142, 273 II Z 1 können auch dann zu einer gerichtlichen Anordnung der Vorlegung oder Herbeischaffung führen. §§ 420 ff enthalten auch hier vorrangige Sonderregeln, Rn 1. Eine bloße Bezugnahme auf eine umfangreichere Anlage reicht nicht, Hbg GRUR-RR **08**, 102. Einer fremdsprachigen Anlage muß eine Übersetzung zumindest des Kerns beiliegen, Hbg GRUR-RR **08**, 102. 9

C. Urschrift oder Ablichtung bzw Abschrift. Die Partei hat ein Wahlrecht, LAG Hamm AnwBl **84**, 316. Sie muß freilich die Kosten und damit auch die Auslagen möglichst gering halten, § 91 Rn 29. Bei der Beifügung einer Ablichtung oder Abschrift ist deren Beglaubigung grundsätzlich nicht erforderlich. Eine Sonderregelung gilt beim Urkundenbeweis, § 422. Das Gericht kann die Vorlage weder der Urschrift noch der Ablichtung oder Abschrift nach § 131 direkt erzwingen. Es kann freilich eine Anordnung nach §§ 142, 273 II Z 1 usw erlassen. Die Urschrift der Urkunde bleibt bei einer Zustellung von Anwalt zu Anwalt jedenfalls bis zum Instanzende in den Handakten des empfangenden Anwalts, § 135. Sonst bleibt sie bei den Gerichtsakten. Der Gegner und bei einer Zustellung von Anwalt zu Anwalt auch das Gericht erhalten eine Ablichtung oder Abschrift, § 133. Der Gegner kann sich auch durch die Geschäftsstelle im Rahmen des Zumutbaren nach § 299 Ablichtungen oder Abschriften fertigen lassen. 10

8) Ausreichen eines Auszugs, II. Abweichend von dem Grundsatz in I, daß man die gesamte Urkunde beifügen muß, gestattet II die Einreichung eines bloßen Auszugs unter den folgenden wegen des Ausnahmecharakters eng auslegbaren Voraussetzungen. 11

A. Erheblichkeit nur einzelner Teile. Es muß bei einer objektiven Bewertung durch das Gericht nach seinem pflichtgemäßen Ermessen derzeit jedenfalls wahrscheinlich sein, daß nur einzelne Teile derjenigen Urkunde entscheidungserheblich sein werden, auf die die Partei Bezug nimmt. Dabei mag es sich um einen kleinen, mittleren oder größeren Teil handeln. Es muß jedenfalls klar sein, daß man nicht die gesamte Urkunde benötigt.

Entscheidend ist weder die subjektive Auffassung des Einreichers noch diejenige des Prozeßgegners. Das gilt trotz des Umstands, daß jedenfalls im Verfahren mit dem Beibringungsgrundsatz nach Grdz 20 vor § 128 an sich der Umfang des Tatsachenvortrags zunächst von der Partei abhängt und daß sie eben das Risiko des Unterliegens im Fall ihres unzureichenden Vortrags trägt. § 131 zwingt die Partei eben grundsätzlich auch dann zur Einreichung der vollen Urkunde, wenn sie nur überhaupt auf diese irgendwie Bezug nimmt. Würde die Vorlage eines bloßen Auszugs von ihrem persönlichen Gutdünken abhängen, wäre weder dem Gegner noch dem Gericht eine Überprüfung der Wahrhaftigkeit auch nur einigermaßen möglich. Zu ihr ist der Einreicher ja schon nach § 138 I, II verpflichtet. Erst wenn nach dem Tatsachenvortrag auch aus der Sicht des Gerichts ersichtlich nur einzelne Urkundenteile erheblich sein können, darf sich der Einreicher also mit einem entsprechenden Auszug begnügen. 12

B. Auszugsumfang im einzelnen. Den Mindestumfang eines etwa überhaupt ausreichenden Auszugs bestimmt II ausdrücklich. Zum Eingang (Rubrum) gehören Absender, Empfänger, etwaiger Betreff, Bezug usw. Was „zur Sache gehört", ergibt sich zunächst aus dem Parteivortrag, dann aber letzthin aus dem Ermessen des Gerichts, soweit es den Gesamtumfang überhaupt nach dem Parteivortrag erahnen kann. Zum Auszug gehören auch diejenigen Partien, die nach der Aussonderung anderer nicht zur Sache gehörender Teile wieder auf die hier entscheidenden Abschnitte zurückkommen und die zB eine Frist, allgemeine Bedingungen und dergleichen enthalten. Der Auszug muß die vollständige Unterschrift wiedergeben, um dem Leser eine Überprüfung zu ermöglichen. 13

9) Ausreichen des Einsichtserbietens, III. In einer Abweichung von I und auch von II kann nach III die bloße Bezeichnung mit dem Einsichtserbieten genügen. Das gilt unter den folgenden wegen des Ausnahmecharakters ebenfalls eng auslegbaren Voraussetzungen. 14

A. Entweder: Urkunde dem Gegner bekannt. Es reicht aus, daß die Urkunde dem Prozeßgegner bereits bekannt ist. Das muß nicht nur nach der Ansicht der Partei der Fall sein, die auf die Urkunde Bezug nimmt, sondern auch nach der Ansicht des Gerichts. Sofern das Gericht nach seiner pflichtgemäßen Prüfung zu diesem Ergebnis kommt, ist die bloße Behauptung des Gegners unbeachtlich, er kenne die Urkunde noch nicht, nicht mehr oder nicht vollständig. Ob die Urkunde dem Gegner bereits bekannt ist, muß notfalls diejenige Partei beweisen, die das behauptet.

Eine *frühere Kenntnis* kann ausreichen. Sie kann aber auch unzureichend sein. Es kommt auf die Gesamtumstände am Schluß der letzten mündlichen Verhandlung nach §§ 136 IV, 296 a an. Maßgeblich ist nach dem Sinn und Zweck, ob der Gegner jetzt schon und noch nach Treu und Glauben im Sinn von Einl III 54 jedenfalls im Kern noch eine solche Kenntnis vom Urkundeninhalt hat, daß es überflüssig wäre, ihm die Urkunde auch nur in einem Auszug wenigstens abschriftlich vorzulegen. Es kommt nicht darauf an, ob auch dem Gericht die Urkunde bereits bekannt ist oder war. Das zeigt sich schon am Wortlaut an III. Das bloße Kennenkönnen oder Kennenmüssen steht dem Bekanntsein nicht gleich. Selbst eine grob fahrlässige Unkenntnis ist also für III nicht ausreichend. Indessen sind die Grenzen zum Bekanntsein fließend. Im Zweifel ist III als eine Ausnahmevorschrift unanwendbar. 15

B. Oder: Urkunde von bedeutendem Umfang. Statt der Voraussetzungen Rn 14, 15 genügt es auch, daß die Urkunde einen bedeutenden Umfang hat. Ob ihr Umfang bedeutend ist, hängt von der Beurteilung des Gerichts ab. Es ist freilich weitgehend auf die Darstellung des Umfangs durch die vortragende Partei angewiesen. Es darf aber auch die Bewertung durch den Prozeßgegner berücksichtigen. Denn Rn 16 kann sowohl dann anwendbar sein, wenn er die Urkunde kennt, als auch dann, wenn er sie nicht kennt oder kennen muß. 16

Beispiele: Große Handelsbücher; wissenschaftliche Nachschlagewerke; eine schon im prozeßentscheidenden Teil ungewöhnlich zahlreiche Sammlung von Belegen; eine jahrelange Korrespondenz; die Unterlagen einer langfristigen Abrechnung. Denn III erfaßt auch eine Vielzahl von solchen Urkunden, die einzeln keinen besonderen Umfang haben, sofern der Gesamtumfang aller Urkunden bedeutend ist.

17 **C. Notwendigkeit einer genauen Bezeichnung.** Unter den Voraussetzungen von entweder Rn 14, 15 oder von Rn 16 ist III unter der weiteren stets beachtlichen Voraussetzung anwendbar, daß die Partei diejenige Urkunde oder denjenigen Auszug oder diejenigen Urkundenteile genau bezeichnet, die sie lediglich zur Einsicht anbietet. Auch hierbei kommt es weder auf die Ansicht der Partei an noch auf diejenige des Prozeßgegners, sondern auf diejenige des Gerichts. Denn dieses muß im Rahmen der Sachaufklärung prüfen, ob der Einsichtnehmer durch die von der Partei gegebenen Bezeichnungen ausreichend fähig wird, auch wirklich das Entscheidungserhebliche einzusehen. Die Art der Bezeichnung im einzelnen hängt von der Buchführung und von der Beschriftung der Urkunden usw ab.

18 **D. Notwendigkeit des Erbietens einer Einsichtnahme.** Unter den Voraussetzungen von entweder Rn 14, 15 und Rn 17 oder von Rn 16 und Rn 17 hängt die Anwendbarkeit von III schließlich davon ab, daß die Partei sich eindeutig erbietet, eine Einsicht zu gewähren. Das bezieht sich auf eine Einsicht zunächst durch den oder die Prozeßgegner. Dazu gehören natürlich auch deren ProzBev oder gesetzliche Vertreter. In Wahrheit muß die Partei aber die Einsicht auch jedem Mitglied des erkennenden Gerichts gestatten, sei es in der Regel an der Gerichtsstelle, sei es in den Räumen der Partei, etwa bei einer nur dort lagerfähigen Dokumentensammlung. Das Erbieten kann sich aus dem gesamten Inhalt des Parteischriftsatzes stillschweigend ergeben. Es darf unter keinen den Vortrag nun wieder einengenden Bedingungen stehen. Bedingungen technischer Art, die sich vernünftigerweise nicht umgehen lassen, stören aber keine derart. Infrage kommt etwa eine Einsicht in Mikrokopien unter einer Beachtung von Schutzvorschriften in dem Einsichtsraum oder das Einverständnis mit der Einsicht nur zu derjenigen Zeit, in der die Bank in ihren Tresorräumen dem Kunden (Einreicher) eine Einsicht geben muß. Es ist unerheblich, ob die Partei die durch die Einsicht dem Prozeßgegner oder dem Gericht entstehenden Kosten vorschießt. Solche Kosten können als Prozeßkosten gelten.

19 **10) Verstoß der Partei, I–III.** Gegen I finden zahlreiche Verstöße statt. Das Gericht kann die Vorlage der Urkunde ebensowenig direkt erzwingen wie eine Einsichtsgewährung. Es kann freilich eine Anordnung nach § 142 erlassen. Ein Verstoß der Partei hat jedenfalls dieselben Folgen wie ein Verstoß gegen § 129. Etwas anderes gilt im Urkundenprozeß, § 593 II 1. Das Gericht würdigt den Verstoß der Partei frei, § 286. Soweit es um die Nichtbeifügung oder Verweigerung der Vorlage oder Einsichtsgewährung im Rahmen eines vom Gericht bereits angeordneten Urkundenbeweises geht, können die in §§ 420 ff genannten vorrangigen Sonderregeln eingreifen. Auch kann ein vorwerfbarer Verstoß der Partei eine Beweisvereitelung sein, Anh § 286 Rn 26.

20 Ein nur kurzfristiger Verstoß kann durch eine rechtzeitige *Nachreichung* usw vor dem Schluß der letzten mündlichen Verhandlung der Instanz nach §§ 136 IV, 296 a heilen. Das Gericht braucht allerdings nicht schon wegen der Nachreichung im letzten Moment eine Verhandlung zu vertagen oder die bereits ordnungsgemäß geschlossene Verhandlung etwa nach § 296 a wieder zu eröffnen, soweit es sein Verfahren im übrigen ordnungsgemäß durchgeführt hatte, § 156. Daran ändert auch Art 103 I GG nichts. Der Prozeßgegner der Partei erfährt durch die Nichtbeachtung des verspätet Angebotenen ohnehin keine Verkürzung seiner Rechte. Das Gericht darf und muß vor der Gewährung einer Nachfrist nach § 283 prüfen, ob sich der Einreicher auf II, III berufen konnte oder kann. Falls ja, mag der Prozeßgegner sofort Stellung nehmen müssen, um zB eine Unterstellung nach § 138 III, IV oder eine Zurückweisung wegen Verspätung nach § 296 zu vermeiden.

21 **11) Rechtsbehelfe, I–III.** Gegen einen Verstoß des Gerichts kann die davon benachteiligte Partei grundsätzlich erst zusammen mit dem auf ihm beruhenden Endurteil durch das dann statthafte Rechtsmittel vorgehen. Soweit im Verhalten des Gerichts die Zurückweisung eines das Verfahren betreffenden Gesuchs liegt, kommt eine sofortige Beschwerde nach § 567 I Z 2 in Betracht. Eine Rechtsbeschwerde kommt unter den Voraussetzungen des § 574 in Betracht. Beim Rpfl gilt § 11 RPflG, vgl § 104 Rn 44 ff.

132 *Fristen für Schriftsätze.*

I [1] **Der vorbereitende Schriftsatz, der neue Tatsachen oder ein anderes neues Vorbringen enthält, ist so rechtzeitig einzureichen, dass er mindestens eine Woche vor der mündlichen Verhandlung zugestellt werden kann.** [2] **Das Gleiche gilt für einen Schriftsatz, der einen Zwischenstreit betrifft.**

II [1] **Der vorbereitende Schriftsatz, der eine Gegenerklärung auf neues Vorbringen enthält, ist so rechtzeitig einzureichen, dass er mindestens drei Tage vor der mündlichen Verhandlung zugestellt werden kann.** [2] **Dies gilt nicht, wenn es sich um eine schriftliche Gegenerklärung in einem Zwischenstreit handelt.**

Gliederung

1) Systematik, I, II. Die Vorschrift enthält Ergänzungen zu den für jeden vorbereitenden Schriftsatz 1
geltenden gesetzlichen Fristen. Soweit das Gericht eine Frist gesetzt hat, hat seine Anordnung den Vorrang auch vor § 132. Das gilt auch dann, wenn das Gericht die Fristen des § 132 unterschreitet. Man muß dann klären, ob ein etwaiger Verstoß zB gegen Artt 2 I, 20 III GG (Rpfl), BVerfG **101**, 404, Art 103 I GG (Richter) vorliegt, Rn 23. Soweit das Gesetz oder das Gericht überhaupt keine sonstige Frist enthält oder setzt, muß man § 132 jedenfalls in seinem sachlichen Geltungsbereich beachten, Rn 3.

2) Regelungszweck, I, II. Die Vorschrift dient der rechtzeitigen Vorbereitung der mündlichen Ver- 2
handlung. Sie dient damit der Chance, auch bei frühen ersten Termin zur Entscheidungsreife nach § 300 Rn 6 zu kommen, soweit das Gericht ihn als einen vollgültigen Verhandlungstermin geplant hat und durchführt, § 272 Rn 4. Die Vorschrift dient auch dem rechtlichen Gehör, Rn 1. Die Überrumpelung des Prozeßgegners soll unterbleiben, Einl III 54. Dabei gelten im einzelnen unterschiedliche Voraussetzungen. In einem Zwischenstreit kommt es nicht darauf an, daß der Schriftsatz ein neues Vorbringen enthält oder beantwortet. Das ergibt sich aus dem Wesen des Zwischenstreits. Er enthält ja fast stets ein gewissermaßen neues, überraschendes Element, das den Hauptprozeß vorübergehend beeinflußt. Trotz der damit verbundenen Hinauszögerung des Hauptprozesses soll doch auch der Zwischenstreit ohne eine würdelose Hetze durchführbar sein.

Stramme Terminierung macht manchmal die Einhaltung der Vorschrift unmöglich. Andererseits könnte der Gegner mit der Rüge ihrer Nichtbeachtung so manchen gar nicht zu rasch anberaumten Termin platzen lassen. Das Gericht kann bei seiner Terminierung meist nicht wissen, ob es noch wegen § 132 zusätzlich Zeit geben muß. Im Ergebnis kann daher der Vorschrift nur eine begrenzte Bedeutung zukommen. Das sollte man bei ihrer Handhabung besser mitbedenken.

3) Sachlicher Geltungsbereich, I, II. § 132 gilt nur im sog Anwaltsprozeß, § 78 I. Denn nur in ihm 3
sind vorbereitende Schriftsätze stets notwendig, § 129 I. Dann gilt § 132 auch im Bereich des § 113 I 2 FamFG. Im sog Parteiprozeß ohne einen Anwaltszwang nach § 78 ist die Einreichung des mangels einer Anordnung nach § 129 II der Partei ja nur freigestellten Schriftsatzes noch in der mündlichen Verhandlung statthaft. Daher braucht man jedenfalls keine Frist nach § 132 zu beachten, Ffm FamRZ **93**, 1468. Ob ein solcher Schriftsatz, den die Partei ohne einen Anwaltszwang im letzten Moment einreicht, das Gericht zur Vertagung zwingt oder eine Zurückweisung etwa wegen Verspätung herbeiführt, ist eine andere Frage. Soweit überhaupt ein Anwaltszwang besteht, gilt § 132 auch zB: Nach einem Mahnverfahren nach §§ 688 ff, Hamm MDR **80**, 147; für eine Klagerweiterung nach § 263, überhaupt für einen neuen Klagantrag; für ein Beweismittel nach §§ 371 ff; für eine Einwendung.

Indessen gilt § 132 eben nur für den vorbereitenden Schriftsatz, Rn 5. Die Vorschrift gilt daher zB *nicht:* Für die Klageschrift selbst nach § 253; für eine Rechtsmittelschrift. In diesen Fällen laufen besondere Fristen, §§ 74 III, 520, 523 II, 553 II; im Verfahren auf den Erlaß eines Arrests oder einer einstweiligen Verfügung nach §§ 916 ff, 935 ff, weil die Vorschrift nicht der Natur dieser vorläufigen Verfahrensarten entspricht. Im Urkunden- und Wechselprozeß enthalten §§ 593 II 2, 602 vorrangige Sonderregeln.

4) Persönlicher Geltungsbereich, I, II. Es gilt dasselbe wie bei § 131, dort Rn 4. 4

5) Vorbereitender Schriftsatz, I, II. Es gilt dasselbe wie bei § 131, dort Rn 5. 5

6) Neue Tatsachen oder ein anderes neues Vorbringen, I 1. Die Vorschrift ist nur unter den folgen- 6
den wegen des ergänzenden Sondercharakters eng auslegbaren Voraussetzungen anwendbar.

A. Begriff der neuen Tatsachen. Der Schriftsatz muß jedenfalls auch neue Tatsachen enthalten. Zum Tatsachenbegriff Einf 17 vor § 284. Den Gegensatz zur Tatsache bildet eine bloße rechtliche Würdigung. Ob eine Tatsache neu ist, richtet sich nach den Gesamtumständen des Einzelfalls. Maßgeblich ist die pflichtgemäße Beurteilung durch das Gericht, nicht die Bewertung durch die Partei oder den Prozeßgegner allein. Was die Partei jedenfalls im Kern bereits vorgetragen hatte, braucht trotz einiger klärender weiterer Einzelheiten insgesamt nicht neu zu sein. Was die Partei nur scheinbar bereits derart vorgetragen hatte, kann gerade deshalb neu sein, weil sie die wesentliche Einzelheit erst jetzt vorträgt.

B. Begriff des anderen Vorbringens. Es reicht auch aus, daß statt neuer Tatsachen ein anderes 7
Vorbringen vorliegt, wenn es nur ebenfalls „neu" ist. Scheinbar umfaßt diese Alternative alle anderen denkbaren Inhalte eines vorbereitenden Schriftsatzes. In Wahrheit bezieht sich I 1 aber überhaupt nicht auf bloße Rechtsausführungen, Rn 8. Deshalb hat der in Rn 7 behandelte Begriff in der Praxis kaum eine Bedeutung. Die Vorschrift bezieht sich überhaupt nicht auf die bloßen Sachanträge der Klageschrift. Sie bezieht sich vielmehr allenfalls auf eine Klagerweiterung oder Klagänderung, Rn 3.

C. Unanwendbarkeit auf Rechtsausführungen. Aus dem Regelungszweck nach Rn 2 folgt: Bloße 8
Rechtsausführungen unterliegen auch dann keiner Frist nach I 1, wenn die Partei sie bisher überhaupt nicht oder jedenfalls nicht so geäußert hatte. Eine Rechtsansicht bindet das Gericht so gut wie nie. Daher braucht der Gegner auch grundsätzlich keine Frist zu einer Äußerung. Unberührt bleiben die Pflichten des Gerichts, die Partei vor einer rechtlichen Überrumpelung zu schützen und daher im Rahmen eines etwa nach § 139 II erforderlichen Rechtsgesprächs auch dem Betroffenen eine Gelegenheit zur Stellungnahme zur gegnerischen Rechtsansicht oder zu derjenigen des Gerichts zu geben.

7) Rechtzeitigkeit der Einreichung, I 1. Sofern die Voraussetzungen Rn 6–8 vorliegen, muß die 9
Partei im Anwaltsprozeß nach Rn 3 den vorbereitenden Schriftsatz so rechtzeitig einreichen, daß das Gericht

ihn mindestens eine Woche vor der mündlichen Verhandlung zustellen kann. Das gilt nicht vor einem frühen ersten Termin ohne eine Fristsetzung nach § 275 und überhaupt nicht bei der Unzumutbarkeit einer früheren Einreichung etwa wegen eines erst kurz vor dem Termin erhaltenen Hinweises des Gerichts.

10 **A. Begriff der Einreichung.** Maßgeblich ist der Eingang bei der Posteinlaufstelle des erkennenden Gerichts. Das ergibt sich aus dem Sinn der Vorschrift. Erst das erkennende Gericht kann die in I 1 genannte Zustellung an den Prozeßgegner wirksam veranlassen. Daher reicht eine Einreichung bei einem anderen Gericht nur dann, wenn der vorbereitende Schriftsatz rechtzeitig beim erkennenden Gericht eingeht. § 129a II 2 ist insoweit entsprechend anwendbar. Bei einer Zustellung von Anwalt zu Anwalt nach § 195 kommt es auf den Zeitpunkt des tatsächlichen Eingangs beim Empfänger und nicht auf denjenigen an, in dem dieser das Empfangsbekenntnis unterschreibt. Den Zeitpunkt muß der Absender notfalls beweisen.

11 **B. Zustellbarkeit vor Verhandlung.** Zwischen der Einreichung nach Rn 10 und dem Beginn der (gemeint: nächsten tatsächlichen) mündlichen Verhandlung zur Hauptsache muß mindestens eine Woche liegen. Die Frist berechnet man nach § 222 in Verbindung mit §§ 187 ff BGB. Es kommt nicht darauf an, wann der Schriftsatz nun tatsächlich vom Gericht oder von Anwalt zu Anwalt zugestellt wird. Maßgeblich ist, daß eine rechtzeitige Zustellung nach dem gewöhnlichen, vorhersehbaren Lauf der Ereignisse möglich ist. Daher bleibt eine unvorhersehbare Verzögerung der Zustellung an sich unbeachtbar. Das gilt etwa nach einem Poststreik. Sie kann aber zu einer Verletzung des rechtlichen Gehörs führen, Rn 1. Insofern kann sie dann doch beachtbar sein.

12 Eine *Fristabkürzung* nach § 226 darf nicht zur Versagung eines ausreichenden Gehörs führen. Eine Fristverlängerung nach § 224 kann im Einzelfall notwendig sein, Hamm NJW **80**, 294, Mü MDR **80**, 147. Soweit der Prozeßgegner den Schriftsatz rechtzeitig erhalten hat, kommt es nicht darauf an, ob auch das Gericht ihn rechtzeitig erhielt, soweit er die Vorbereitung des Gerichts auf die mündliche Verhandlung nicht beeinträchtigt hat, aM ZöGre 2 (aber der Prozeß ist kein Selbstzweck, Einl III 10). Eine Verhandlung zwar zur Hauptsache und nicht nur zum Zwischenstreit, dort aber nur zu Verfahrensfragen oder nur zur Zulässigkeit kann als eine Verhandlung nach I 1 gelten, soweit sich der vorbereitende Schriftsatz gerade auch auf die dort anstehenden Fragen erstreckt.

13 **8) Schriftsatz im Zwischenstreit, I 2.** Die Vorschrift enthält eine Sonderregel wegen eines Schriftsatzes in einem sog Zwischenstreit.

A. Begriff des Zwischenstreits. Vgl § 303 Rn 1, 2. Es muß also um einen solchen einzelnen verfahrensrechtlichen Streitpunkt zwischen den Parteien oder zwischen einer von ihnen und einem Dritten gehen, der für den Hauptprozeß entscheidungserheblich sein kann, aber nicht sein muß.

14 **B. Unerheblichkeit neuer Ausführungen.** Trotz der nach dem Wortlaut mißverständlichen Formulierung „Das gleiche gilt" in I 2 ist bei einem Schriftsatz in einem Zwischenstreit keine Neuheit der Tatsachen oder des sonstigen Vorbringens erforderlich. Das ergibt sich aus dem Regelungszweck. Ein Zwischenstreit ist seiner Natur nach ja fast stets ein gewissermaßen unvermutbares und insofern „neues" Ereignis im Lauf des Hauptprozesses. Gerade weil er sich in den Hauptprozeß schiebt und ihn aufhält, stellt I 2 klar, daß die Frist nach I 1 stets zwingend ist, sofern überhaupt ein Anwaltszwang besteht.

15 **C. Zustellbarkeit vor Verhandlung.** I 2 setzt dieselbe Frist wie I 1, Rn 11.

16 **9) Gegenerklärung auf neues Vorbringen, II 1.** Auch die Stellungnahme auf ein gegnerisches Vorbringen zB nach § 138 II kann eine gewisse Besinnung vor der mündlichen Verhandlung erforderlich machen.

A. Begriff der Gegenerklärung. Die Gegenerklärung ist eine Stellungnahme zum gegnerischen Vortrag. Dieser kann in der Klageschrift liegen. Dann liegt die Gegenerklärung in der Klagerwiderung nach §§ 275 I 1, III, 276 I 2. Die Gegenerklärung kann aber auch eine Erwiderung auf die Äußerung des Bekl darstellen, beispielsweise auf seine Klagerwiderung. Sie stellt dann eine „Stellungnahme" nach §§ 275 IV, 276 III usw dar. Sie braucht sich nicht auf diesen Charakter zu beschränken.

17 **B. Begriff des neuen Vorbringens.** Vgl Rn 6–8. Auch hier ist also eine bloße Rechtsausführung nicht fristgebunden.

18 **C. Zustellbarkeit vor Verhandlung.** Unter der Voraussetzungen Rn 16, 17 muß man ab der Einreichung der Gegenerklärung nach Rn 16 eine Frist beachten. Sie berechnet sich wie bei Rn 11, 15. Sie beträgt jedoch abweichend von dort nur drei Tage. Die Frist ermittelt sich nach § 222 in Verbindung mit §§ 187 ff BGB.

19 **10) Schriftliche Erklärung im Zwischenstreit, II 2.** In einer Abweichung von II 1 braucht man keine Frist zu beachten, wenn sich die schriftliche Gegenerklärung lediglich auf einen Zwischenstreit bezieht.

A. Begriffe. Zum Begriff einer Gegenerklärung Rn 16. Zum Begriff des Zwischenstreits Rn 13.

20 **B. Unanwendbarkeit der Frist des II 1.** Der Sinn ist: Um den Hauptprozeß nicht durch den ohnehin lästigen Zwischenstreit zeitlich noch stärker zu belasten, soll zwar derjenige eine Frist erhalten, den erstmals ein gegnerischer Schriftsatz im Zwischenstreit überzieht. Die bloße Erwiderung auf jenen Schriftsatz soll man aber auch im Anwaltsprozeß notfalls noch in der Verhandlung über den Zwischenstreit einreichen dürfen. Insofern gelten Regeln wie beim Parteiprozeß, Rn 3.

21 **11) Verstoß der Partei, I, II.** Ein Verstoß hat dieselben Folgen wie ein solcher gegen § 129, dort Rn 54, § 273 Rn 7. Wenn man eine Frist versäumt hat, darf der Prozeßgegner außerdem eine Erklärung im Verhandlungstermin ablehnen. Er darf den gegnerischen Vortrag aber nicht einfach bestreiten. Denn das würde gegen seine Pflicht zur Wahrhaftigkeit nach § 138 I verstoßen, BVerfG NJW **80**, 277, BGH NJW **85**, 1543, Mü MDR **80**, 148.

22 **12) Vertagung, I, II.** Die Ablehnung einer Erklärung gegenüber einem gegnerischen erheblichen Vorbringen kann das Gericht dazu zwingen, die Verhandlung nach §§ 227, 337 zu vertagen oder nach § 273

oder § 283 eine Frist zu setzen. Die Unterlassung einer insofern notwendigen Maßnahme wäre eine Verweigerung des rechtlichen Gehörs, Artt 2 I, 20 III GG (Rpfl), BVerfG **101**, 404, Art 103 I GG (Richter), BGH NJW **89**, 716, Hamm NJW **80**, 294. Indessen besteht keineswegs stets ein Anspruch auf eine Vertagung usw, BVerfG NJW **87**, 705, BGH **94**, 195, Mü MDR **80**, 148. Es gelten vielmehr die allgemeinen Regeln zu den Grenzen der Beachtlichkeit eines allzu späten Vorbringens, §§ 283, 296. Das Gericht sollte eine solche Partei, die durch eine verspätete Einreichung eines Schriftsatzes zu einer Vertagung zwingt, zumindest mit einer Verzögerungsgebühr belegen, (jetzt) § 38 GKG, Anh § 95, aM Mü MDR **75**, 495 (die Gebühr sei unzulässig. Aber sie ist eine gerade auch für solche Fälle gedachte gesetzliche Möglichkeit). Zwar kann § 296 I anwendbar sein. § 296 II ist allerdings grundsätzlich unanwendbar, BGH MDR **89**, 49. Vgl im übrigen § 296 a.

13) Rechtsbehelfe, I, II. Gegen einen Verstoß des Gerichts kann die Partei grundsätzlich nur nach dem darauf beruhenden Endurteil durch das insoweit statthafte Rechtsmittel vorgehen. Soweit man das Verhalten des Gerichts als eine Zurückweisung eines das Verfahren betreffenden Gesuchs beurteilen muß, kann aber die sofortige Beschwerde statthaft sein, § 567 I Z 2. Eine Rechtsbeschwerde kommt unter den Voraussetzungen des § 574 in Betracht. Soweit das Gericht durch seinen Verstoß das Gebot des rechtlichen Gehörs verletzt hat, Rn 22, kommt nach der Erschöpfung des Rechtsmittelzugs eine Verfassungsbeschwerde in Betracht, Einl III 17. Beim Rpfl gilt § 11 RPflG, § 104 Rn 41 ff. **23**

133 *Abschriften.*

I 1 Die Parteien sollen den Schriftsätzen, die sie bei dem Gericht einreichen, die für die Zustellung erforderliche Zahl von Abschriften der Schriftsätze und deren Anlagen beifügen. 2 Das gilt nicht für elektronisch übermittelte Dokumente sowie für Anlagen, die dem Gegner in Urschrift oder in Abschrift vorliegen.

II Im Falle der Zustellung von Anwalt zu Anwalt (§ 195) haben die Parteien sofort nach der Zustellung eine für das Prozessgericht bestimmte Abschrift ihrer vorbereitenden Schriftsätze und der Anlagen bei dem Gericht einzureichen.

Gliederung

1) Systematik, I, II. Die Vorschrift ergänzt § 129. Sie gilt für jeden vorbereitenden Schriftsatz unabhängig davon, ob das Gericht ihn angefordert hat oder nicht, ob er eine Erwiderung auf einen gegnerischen Schriftsatz darstellt, ob er ein Verfahren einleitet oder nicht. Zusätzlich kann das Gericht zB nach § 273 in einer vorbereitenden Anordnung auch die Zahl von Ablichtungen oder Abschriften der Schriftsätze und deren Anlagen bestimmen und über denjenigen Umfang Anordnungen treffen, in dem die Partei etwa Anlagenteile auch in einer Ablichtung oder Abschrift beifügen soll. Im Urkundenprozeß usw enthalten §§ 593 II, 602, 605 a vorrangige Sonderregeln. Beim förmlichen Urkundenbeweis reicht die Einreichung einer bloßen Kopie grundsätzlich nicht aus, §§ 420 ff. Das gilt auch dann, wenn sich die Urkunde nach der Behauptung des Beweisführers in den Händen eines Dritten befindet, § 428. Das Gericht kann auch dann die Vorlage einer Kopie anordnen. **1**

2) Regelungszweck, I, II. Die Vorschrift soll dem Vorsitzenden und dem Berichterstatter die Vorbereitung des Verhandlungstermins ermöglichen oder wenigstens erleichtern. Sie soll die Information des Prozeßgegners durch die Geschäftsstelle erleichtern. Sie dient damit auch der Prozeßwirtschaftlichkeit, Grdz 14 vor § 128. Sie dient nämlich der Verfahrensförderung und der Beschleunigung. Sie hat auch Kostenwirkungen. Soweit die Geschäftsstelle eine von der Partei nicht eingereichte notwendige Ablichtung oder Abschrift von Amts wegen herstellen muß, kann eine Dokumentenpauschale entstehen, Hartmann Teil I A KV 9000 Rn 15. **2**

Erst im Termin erhält das Gericht oft einen Schriftsatz nebst Anlagen. Das gilt vor allem im frühen ersten Termin ohne eine notwendige vorangegangene Güteverhandlung. Auch der Gegner kann dann erst jetzt seine Ablichtung oder Abschrift erhalten. Das alles hat weder bei § 133 noch übrigens bei anderen Vorschriften stets nachteilige Folgen. Die Verteilung von mehreren Schriftsätzen in Kopien an den jeweiligen Gegner zum Terminsbeginn ist ein Alltagsvorgang. Er berechtigt keineswegs stets zur Vertagung, selbst wenn der Empfänger sie prompt beantragt.

3) Sachlicher Geltungsbereich, I, II. § 133 betrifft sowohl den Anwaltsprozeß als auch den Parteiprozeß, § 78 Rn 1, § 195 Rn 3. Er gilt auch im WEG-Verfahren. Im Familienverfahren gilt § 133 wegen des vorrangigen § 624 IV allerdings nur eingeschränkt. Im übrigen gilt die Vorschrift in jeder Verfahrenslage und in jeder Instanz. Nach dem Schluß der letzten mündlichen Verhandlung nach §§ 136 IV, 296 a hat allerdings eine Partei außerhalb einer ihr etwa nach § 283 gewährten Nachfrist grundsätzlich nicht mehr das Recht, einen Schriftsatz auch nur im Original einzureichen. Freilich darf und muß das Gericht einen **3**

trotzdem eingereichten Schriftsatz durchprüfen, etwa unter dem Gesichtspunkt, ob die Wiedereröffnung der Verhandlung notwendig wäre, § 156. Das darf allerdings nicht zu dem Mißbrauch führen, in einem nachgereichten Schriftsatz einfach das mündlich Vorgetragene noch einmal niederzulegen. Es ist oft gerade zweifelhaft, ob sich der nachgereichte Vortrag auf die bloße Wiederholung beschränkt. Immerhin muß die Partei auch § 133 vorsorglich mitbeachten, wenn sie überhaupt einen Schriftsatz nachreicht.

4 **4) Persönlicher Geltungsbereich, I, II.** Die Vorschrift gilt für jede Partei, Grdz 4 vor § 50. Soweit sie durch einen ProzBev nach § 81 oder durch einen vertretungsberechtigten Bevollmächtigten nach § 79 oder durch ihren gesetzlichen Vertreter nach § 51 einreicht, müssen natürlich diese letzteren den § 133 beachten. Die Vorschrift gilt auch für den gewöhnlichen und streitgenössischen Streithelfer nach §§ 66, 69 und für den Widerkläger oder den Widerbekl nach Anh § 253, für Streitgenossen nach § 59, ferner in einem Zwischenstreit.

5 **5) Schriftsatz, I 1.** § 133 gilt für jeden von der Partei beim Gericht eingereichten oder einzureichenden Schriftsatz. Es kann sich um einen vorbereitenden Schriftsatz nach § 129 handeln, um die Klageschrift, die Klagerwiderung, um eine Widerklage usw. Zum Einreichungsbegriff § 132 Rn 10. Bei einer Zustellung von Anwalt zu Anwalt nach II handelt es sich immerhin ebenfalls um einen auch und gerade zur Kenntnis des Gerichts bestimmten Schriftsatz, auch wenn die Partei ihn nicht direkt dort im Original einreicht. Bei einem solchen Schriftsatz, den sie zwar aus Anlaß des Prozesses verfaßt und absendet, aber nur zur Kenntnis des Prozeßgegners oder eines Dritten bestimmt hat, ist § 133 unanwendbar. Natürlich steht es der Partei frei, dem Gericht nachträglich eine Kenntnis auch von ihm zu geben.

6 **6) Notwendigkeit der Beifügung von Abschriften und Anlagen, I 1.** Grundsätzlich soll die Partei dem beim Gericht eingereichten Schriftsatz die für die Zustellung erforderliche Zahl von Ablichtungen oder Abschriften sowohl des Schriftsatzes selbst als auch seiner etwaigen Anlagen beifügen. Davon kann nach § 130 a eine Ausnahme gelten.

A. Umfang der Schriftstücke. Vom eigentlichen Schriftsatz ist natürlich stets eine vollständige Kopie erforderlich. Dasselbe gilt aber auch von denjenigen Anlagen, die zum Original des Schriftsatzes gehören sollen. Selbst wenn die Partei etwa nach § 131 II nur Teile einer Urkunde beifügt, muß sie wenigstens diese Teile abschriftlich auch der Kopie des Schriftsatzes beifügen. Dieser Grundsatz gilt, soweit der Prozeßgegner keine Urschrift oder Kopie des betreffenden Teils besitzt.

7 **B. Zahl der Abschriften.** Beifügen muß man diejenige Zahl von Ablichtung oder Abschriften, die zur ordnungsgemäßen Zustellung an den oder die Prozeßgegner nach dem Gesetz erforderlich sind. Das ist streng genommen je Prozeßgegner nur ein Exemplar, selbst wenn er zB anwaltlich vertreten ist. Denn dann darf und muß die Zustellung nur an den ProzBev erfolgen, § 172. Üblich und ratsam ist indessen eine solche Zahl von Kopien, daß jeder Prozeßgegner und jeder, der ihn vertritt, ein Exemplar erhalten kann, also meist zwei Kopien neben der Urschrift, Karlsr AnwBl **86**, 546, Mü Rpfleger **82**, 438, LG Mü MDR **91**, 256. Sie sind aber kein Zwang, Düss WoM **03**, 621, Mü OLGR **94**, 105. Das alles gilt auch beim Telefax, VGH Kassel NJW **91**, 316. Im WEG-Verfahren sind auch wegen der nach § 48 WEG, Anh § 72, erforderlichen Beiladung entsprechend viele Ablichtungen oder Abschriften nötig, Sauren NZM **07**, 859.

8 **C. Ausreichen einfacher Abschriften.** § 133 fordert anders als § 270 keine Beglaubigung oder Beurkundung. Das gilt selbst dann, wenn das Original eine solche Form braucht. Auch ein Anwalt braucht die von ihm hergestellte Kopie nicht zu beglaubigen. Zweckmäßig vermerkt er bei einer eigenen Zustellung deren Tag wegen §§ 128 II, 251 a auf der Kopie. Eine sachlichrechtliche Erklärung kann formbedürftig sein.

9 **D. Keine Ablichtung oder Abschrift der Prozeßvollmacht.** Man muß eine Prozeßvollmacht zwar stets im Original einreichen, § 80 Rn 11, auch eine sog Generalvollmacht, dort Rn 13. Man braucht aber nicht auch von ihr eine auch nur einfache Kopie beizufügen, soweit der vorbereitende Schriftsatz nicht auch solche sachlichrechtlichen Erklärungen enthält, die zur Wirksamkeit die Aushändigung einer Vollmacht brauchen, etwa eine Kündigung, § 130 BGB. In diesem Fall muß man zwischen der sachlichrechtlichen Vollmacht und der Prozeßvollmacht unterscheiden. Soweit der ProzBev die Kündigung usw auf seine Prozeßvollmacht stützt und stützen kann, muß er natürlich zumindest diesen Teil der Prozeßvollmacht unter einer Beachtung der für Urkundenauszüge in § 131 II genannten Grundsätze dem Gegner übersenden (lassen), und zwar in Urschrift.

10 **7) Entbehrlichkeit beim elektronischen Dokument und von Anlagen, I 2.** Natürlich braucht der Prozeßgegner nicht eine Ablichtung oder Abschrift, wenn es um ein elektronisch übermitteltes Dokument geht oder wenn er bereits die Urschrift oder eine Kopie besitzt. Das stellt I 2 als eine eng auslegbare Ausnahmevorschrift klar. Die Beifügung ist daher nur insoweit entbehrlich, als dem Gegner bereits mindestens derselbe Umfang des elektronischen Dokuments oder des Schriftstücks oder der Anlage vorliegt. Soweit er sie bereits früher erhalten hatte, jetzt aber zumindest schuldlos glaubhaft nicht mehr besitzt, liegt sie ihm eben nicht mehr nach I 2 vor. Eine vorwerfbare Vernichtung erst nach der Erkennbarkeit der auch nur etwaigen Prozeßerheblichkeit mag als ein Verstoß gegen Treu und Glauben unbeachtlich sein, Einl III 54. Indessen hätte der Prozeßgegner dann zumindest dem Gericht gegenüber die Möglichkeit, gegen einen Vorschuß den Ausdruck eines elektronischen Dokuments oder dessen Übermittlung oder eine Kopie des in der Gerichtsakte liegenden Originals anzufordern.

11 **8) Zustellung von Anwalt zu Anwalt, II.** Während I die Einreichung des Schriftsatzes beim Gericht und die Zustellung an den Prozeßgegner von Amts wegen meint, enthält II eine vorrangige Sonderregel für eine zulässige Zustellung von Anwalt zu Anwalt, § 195. Vgl auch Rn 5 (Erlaubnisträger).

A. Begriff. Die Voraussetzungen einer Zustellung von Anwalt zu Anwalt nach § 195 müssen vollständig vorliegen, dort Rn 2 ff. Ein Kammerrechtsbeistand steht nach §§ 1 II 1, 3 I Z 1 RDGEG, § 209 BRAO einem Anwalt gleich.

12 **B. Einreichung beim Gericht.** Soweit der Inhalt des nach § 195 zugestellten Schriftstücks überhaupt zur Kenntnis auch des Gerichts bestimmt ist, muß die Partei eine Ablichtung oder Abschrift usw beim

Gericht einreichen, Rn 13. Erst damit löst sie die daraus etwa folgenden Rechtswirkungen aus. Die Kopie kommt zu den Gerichtsakten. Es genügt die Zusendung durch die Post. Maßgeblich ist auch dann der Eingang auf der Posteinlaufstelle, nicht erst derjenige auf der Geschäftsstelle des erkennenden Gerichts.

C. Abschrift für Prozeßgericht. Man muß eine für das Prozeßgericht bestimmte Kopie des vorbereitenden Schriftsatzes und seiner sämtlichen Anlagen einreichen. Das ist eigentlich selbstverständlich. Keineswegs darf die Einreichung weniger als dasjenige umfassen, was man von Anwalt zu Anwalt zugestellt hat. Bei einem elektronischen Dokument genügt zur Einreichung die Aufzeichnung durch die für den Empfang bestimmte Stelle des Gerichts, § 130 a III. **13**

D. Sofort nach Zustellung. Die Einreichung muß sofort und nicht nur unverzüglich nach der Zustellung von Anwalt zu Anwalt erfolgen. Andernfalls wäre das erkennende Gericht über den Prozeßstand schlechter informiert als die Parteien. Das würde niemandem nützen. **14**

9) Verstoß der Partei, I, II. Soweit die Partei gegen die Sollvorschrift des I oder gegen die Mußvorschrift des II verstößt, kann und muß zunächst die Geschäftsstelle das Fehlende unter einer angemessenen Fristsetzung nachfordern oder nach ihrem pflichtgemäßen Ermessen auch sogleich eine Anfertigung veranlassen. Das gilt insbesondere bei einem bereits anberaumten nahen Termin, insbesondere auch von Abschriften oder Ablichtungen sämtlicher Anlagen. Das alles erfolgt auf Kosten des nach § 133 Verpflichteten, KV 9000. Der Urkundsbeamte muß diese Schriftstücke dem Prozeßgegner zuleiten. Im übrigen kann natürlich auch der Vorsitzende dergleichen veranlassen. Ein Verstoß der Partei zieht keinen sachlichen Nachteil nach sich. Das Gericht muß allerdings den Verhandlungstermin notfalls von Amts wegen vertagen, um sich genügend vorbereiten zu können. Es kann auch erforderlich sein, den Prozeßgegner nach Artt 2 I, 20 III GG (Rpfl), BVerfG **101**, 404, Art 103 I GG (Richter) anzuhören, soweit das Gericht überbaupt noch einen Vortrag des Einreichers berücksichtigen muß. Das Gericht kann eine Verzögerungsgebühr nach § 38 GKG verhängen, Anh § 95. Er kann auch dem Säumigen Kosten nach § 95 auferlegen. **15**

10) Rechtsbehelfe, I, II. Ein Verstoß des Gerichts ist ein Verfahrensfehler. Gleichwohl kann der Betroffene den Verstoß grundsätzlich nur zusammen mit der darauf beruhenden Endentscheidung anfechten. Soweit das Verhalten des Gerichts eine Zurückweisung eines das Verfahren betreffenden Gesuchs wäre, kommt eine sofortige Beschwerde nach § 567 I Z 2 in Betracht. Eine Rechtsbeschwerde kommt unter den Voraussetzungen des § 574 in Betracht. Soweit ein Verstoß zur Versagung des rechtlichen Gehörs führte, Rn 15, kommt nach der Erschöpfung des Rechtswegs eine Verfassungsbeschwerde in Betracht, Einl III 17. Beim Rpfl gilt § 11 RPflG, § 104 Rn 41 ff. **16**

134 *Einsicht von Urkunden.* [I] **Die Partei ist, wenn sie rechtzeitig aufgefordert wird, verpflichtet, die in ihren Händen befindlichen Urkunden, auf die sie in einem vorbereitenden Schriftsatz Bezug genommen hat, vor der mündlichen Verhandlung auf der Geschäftsstelle niederzulegen und den Gegner von der Niederlegung zu benachrichtigen.**

[II] [1] **Der Gegner hat zur Einsicht der Urkunden eine Frist von drei Tagen.** [2] **Die Frist kann auf Antrag von dem Vorsitzenden verlängert oder abgekürzt werden.**

Gliederung

1) Systematik, I, II. Die Vorschrift stellt eine Ergänzung zu §§ 131, 133 dar. Eine weitere Ergänzung enthält § 135. Die Abgrenzung ist nur fein, aber doch deutlich erkennbar. Sie beruht auf den unterschiedlichen Regelungszwecken der Vorschriften, vgl ihre jeweiligen Rn 2. Im Urkundenprozeß ist § 134 trotz § 593 II anwendbar. Beim förmlichen Urkundenbeweis gelten die vorrangigen Sonderregeln der §§ 420 ff. Wegen der Handelsbücher enthalten §§ 258 ff HGB vorrangige Sonderregeln. **1**

2) Regelungszweck, I, II. Der Zweck des § 134 besteht darin, dem Prozeßgegner der sich auf eine Urkunde beziehenden Partei die Einsicht des Urstücks zu ermöglichen, auch die Einsicht in eine nicht eingereichte Prozeßvollmacht. Diese Einsicht kann deswegen bedeutungsvoll sein, weil sich die Partei über die Echtheit der Urkunde klarwerden und notfalls unverzüglich dazu eine Erklärung abgeben muß. § 131 würde zu dieser Frage oft nicht weiterhelfen. Denn nach ihm würde die Beifügung einer bloßen unbeglaubigten Ablichtung oder Abschrift ausreichen. § 133 wäre aus demselben Grund nicht ausreichend. Dem Regelungszweck nach enthält § 134 ähnliche Gedanken wie §§ 420 ff. Letztere gelten aber nur beim förmlichen Urkundenbeweis, nicht im Stadium der Klärung, ob man zB die Echtheit der Urkunde überhaupt bestreiten soll. Auch dem Gericht dient § 134. Denn auch das Gericht soll unverzüglich imstande sein, sich über die Brauchbarkeit und Echtheit einer Urkunde nicht nur nach einer Kopie Gewißheit zu verschaffen, sondern eben durch eine Einsicht in das Urstück. Insofern dient die Vorschrift ebenfalls der **2**

Prozeßförderung und Beschleunigung, Grdz 14 vor § 128. Sie hat trotz der Möglichkeiten der Fotokopie usw keineswegs an Bedeutung verloren. Erst die Einsicht in das Original ergibt oft den entscheidungserheblichen Eindruck, nicht nur für den Sachverständigen.

3 **3) Sachlicher Geltungsbereich, I, II.** Die Vorschrift gilt in jeder Verfahrensart, in jedem Verfahrensstadium und in jeder Instanz. Sie gilt im Anwalts- wie im Parteiprozeß, § 78 Rn 1, auch im WEG-Verfahren und im Bereich des § 113 I 2 FamFG.

4 **4) Persönlicher Geltungsbereich, I, II.** Die Vorschrift gilt für alle Parteien, Grdz 4 vor § 50. Bei der Vertretung durch einen ProzBev nach § 81 oder durch einen Bevollmächtigten nach § 79 oder durch einen gesetzlichen Vertreter nach § 51 gilt sie auch für diese Personen. Sie gilt auch für den Widerkläger oder Widerbekl nach Anh § 253 sowie für den Streitgenossen nach § 59, den gewöhnlichen und streitgenössischen Streithelfer nach §§ 66, 69 und für den an einem Zwischenstreit Beteiligten.

5 **5) Rechtzeitigkeit der Aufforderung, I.** Erste Voraussetzung einer Niederlegungspflicht ist, daß die Partei „rechtzeitig aufgefordert wird". Die Aufforderung kann durch den Prozeßgegner oder durch das Gericht erfolgen. Es wird auch von Amts wegen tätig, §§ 142, 273, und zwar formlos. Sie kann also auch stillschweigend erfolgen, sofern sie nur eindeutig den Willen erkennen läßt, in das Original einen Einblick nehmen zu können.

Rechtzeitig bedeutet: So früh, daß die Partei der Aufforderung bei einer unverzüglichen Bemühung nachkommen kann, also ohne schuldhaftes Zögern, § 121 I 1 BGB, noch vor dem Schluß der nächsten mündlichen Verhandlung zur Sache, §§ 136 IV, 296 a, im schriftlichen Verfahren vor dem diesem Schluß gleichstehenden Zeitpunkt, § 128 II. Es richtet sich nach den Gesamtumständen des Einzelfalls, welcher Zeitraum dazu erforderlich ist. Er kann Wochen betragen, sich aber auch auf wenige Minuten beschränken, wenn zB die Herbeischaffung durch einen Mitarbeiter des Anwaltsbüros aus den dort lagernden Handakten noch im Lauf desselben Termins möglich ist. Im Rahmen des § 134 besteht kein Anwaltszwang, also auch nicht für die Aufforderung.

6 **6) Urkunde in Parteihänden, I.** Eine weitere Voraussetzung der Niederlegungspflicht ist, daß sich die Urkunde derzeit schon und noch gerade in den Händen derjenigen Partei befindet, die auf sie im vorbereitenden Schriftsatz Bezug genommen hat. Vgl § 131 Rn 8.

7 **7) Bezugnahme, I.** Eine weitere Voraussetzung ist, daß die Partei auf die Urkunde gerade in einem vorbereitenden Schriftsatz auch Bezug genommen hat. Vgl § 131 Rn 9. Eine gerichtliche Anordnung nach §§ 142, 273 reicht hier nicht.

8 **8) Niederlegung auf Geschäftsstelle, I.** Unter den Voraussetzungen Rn 5–7 besteht die vorgenannte Verpflichtung. Es handelt sich also nicht nur um eine Sollvorschrift. Man muß diese Verpflichtung bereits vor der mündlichen Verhandlung erfüllen, soweit das noch möglich ist. Erfolgt die Aufforderung nach Rn 5 zu spät, kann § 134 zur entsprechenden Anwendung während der Verhandlung führen. Wegen der Niederlegung § 133 Rn 12. Die Niederlegung erfolgt natürlich auf der Geschäftsstelle des Prozeßgerichts. Das Gericht darf einem Antrag auf eine Versendung nach außerhalb stattgeben. Es muß so entscheiden, wenn keine unzumutbare Verzögerung und kein anderer Hinderungsgrund erkennbar sind, aM ZöGre 3 (aber auch das Gericht darf nicht einen Formalismus betreiben). Durch die Niederlegung entsteht ein öffentlichrechtliches Rechtsverhältnis zwischen dem Staat und der Partei. Es hat eine gewisse Ähnlichkeit mit einer Verwahrung.

9 **9) Benachrichtigung des Gegners, I.** Zusätzlich zu der Pflicht zur Niederlegung nach Rn 8 entsteht unter den Voraussetzungen Rn 5–7 die weitere Pflicht, den Prozeßgegner von der Niederlegung auch zu benachrichtigen. Die bloße Niederlegung reicht also selbst dann nicht aus, wenn sie rechtzeitig erfolgt ist. Der Sinn besteht darin, dem Prozeßgegner die möglichst baldige Einsicht in das Original zu ermöglichen. Er soll nicht ständig beim Gericht rückfragen müssen, ob die Urkunde dort vorliegt. Die Benachrichtigung muß ebenfalls rechtzeitig und mindestens unverzüglich nach der Niederlegung erfolgen. Sie kann formlos geschehen. Sie muß aber unmißverständlich sein. Gegenüber dem anwaltlich vertretenen Prozeßgegner erfolgt die Benachrichtigung an ihn, vgl den in § 172 enthaltenen Grundgedanken.

10 **10) Einsichtsfrist, II 1.** Der Prozeßgegner hat zur Einsicht des Originals auf der Geschäftsstelle des Prozeßgerichts eine Frist von drei Tagen. Diesen Grundsatz muß man auch im Rahmen des Begriffs „rechtzeitige Aufforderung" mitbeachten, Rn 5. Indessen darf man nicht starr derart rechnen. Das ergibt sich schon aus II 2. Vielmehr ist die Drei-Tages-Frist lediglich ein Anhaltspunkt eines ausreichenden Zeitraums. Die Frist ist keine Notfrist. Denn das Gesetz bezeichnet sie nicht als eine solche, § 224 I 2.

11 **11) Fristverlängerung oder -abkürzung, II 2.** Der Vorsitzende kann auf einen Antrag die Frist verlängern oder abkürzen. Das stellt II 2 klar. Insofern bestehen Abweichungen von § 224 I 1, der ja eine Vereinbarung der Parteien fordert, aber auch ausreichen läßt. In II ist ein Antrag des an der Friständerung Interessierten erforderlich, aber auch ausreichend. Aber auch gegenüber § 224 II bestehen Abweichungen. Dort ist eine Friständerung nur aus erheblichen Gründen statthaft. Hier sind solche Gründe nicht von vornherein erforderlich. Freilich darf und muß der Vorsitzende im Rahmen seines pflichtgemäßen Ermessens abwägen, ob der Antrag ausreichend begründet ist. Er muß dabei einerseits den Grundsatz der Prozeßförderung beachten, Grdz 12 vor § 128, andererseits das Gebot eines ausreichenden rechtlichen Gehörs, Einl III 16. Drei Tage können auch heute sehr kurz sein. Man berechnet sie nach § 222. Das Verfahren bei einer Friständerung richtet sich nach § 225. Daher ist eine Abkürzung oder wiederholte Verlängerung nach § 224 nur nach einer Anhörung des Gegners statthaft.

12 **12) Verbleib der niedergelegten Urkunde, I, II.** Die Urkunde wird abgesehen von der Prozeßvollmacht im Parteiprozeß nach § 80 I nicht zum Bestandteil der Gerichtsakten, § 299. Sie wird zwar dort eingeheftet oder im hinteren Aktendeckel verwahrt. Der Urkundsbeamte muß sie aber bei einer korrekten Behandlung beim Prozeßende aussondern und von Amts wegen dem Einreicher zurückgeben, zweckmäßig durch ein Einschreiben gegen Rückschein, durch ein Empfangsbekenntnis oder durch eine Zustellungsur-

kunde. Die Partei kann die Urkunde auch jederzeit zurückfordern. Sie muß freilich die Einsichtsfrist des Gegners beachten. Bei einer verdächtigen Urkunde gilt § 443. Der Vorsitzende entscheidet über den Umfang und Zeitpunkt der Rückgabe.

13) Verstoß der Partei, I, II. Die Bezugnahme der Partei bleibt bei ihrer Verweigerung der Niederlegung unbeachtlich. Bei einer Verzögerung können §§ 282, 296 anwendbar sein, ZöGre 3, aM StJL 4 (aber diese Vorschriften gelten uneingeschränkt im dort genannten Umfang). Soweit der Gegner der niederlegenden Partei eine ihm mögliche und ihm zumutbare Einsicht unterläßt, verliert er das Recht, aus der Unkenntnis der Urkunde etwas herzuleiten. Außerdem kann dann auch eine Einwendung gegenüber der Urkunde verspätet sein, § 296 II. Im übrigen wirkt ein Verstoß gegen I wie ein solcher gegen § 129. 13

14) Verstoß des Gerichts, I, II. Soweit der Richter oder der Urkundsbeamter usw eine ordnungsgemäß niedergelegte Urkunde vorwerfbar unsachgemäß behandeln, beschädigen, vernichten oder abhanden kommen lassen, kann eine Staatshaftung in Betracht kommen, § 839 BGB. Vgl Rn 15. 14

15) Rechtsbehelfe, I, II. Die Partei kann grundsätzlich erst die auf einem Verstoß des Gerichts beruhende Endentscheidung anfechten. Die Anfechtung eines solchen Beschlusses nach § 329, durch den das Gericht ein Gesuch um eine Fristverlängerung nach II 2 zurückgewiesen hat, ist unzulässig. § 225 III. Im übrigen kann § 567 I Z 2 bei einer Zurückweisung eines Antrags anwendbar sein. Eine Rechtsbeschwerde kommt unter den Voraussetzungen des § 574 in Betracht. Beim Rpfl gilt § 11 RPflG, § 104 Rn 41 ff. 15

135 *Mitteilung von Urkunden unter Rechtsanwälten.*

I Den Rechtsanwälten steht es frei, die Mitteilung von Urkunden von Hand zu Hand gegen Empfangsbescheinigung zu bewirken.

II Gibt ein Rechtsanwalt die ihm eingehändigte Urkunde nicht binnen der bestimmten Frist zurück, so ist er auf Antrag nach mündlicher Verhandlung zur unverzüglichen Rückgabe zu verurteilen.

III Gegen das Zwischenurteil findet sofortige Beschwerde statt.

Gliederung

1) Systematik, I–III. I bezieht sich anders als § 133 II weder auf den von Anwalt zuzustellenden Schriftsatz noch auf dessen Ablichtungen oder Abschriften oder auf die Kopien seiner Anlagen, sondern auf die im Schriftsatz etwa in Bezug genommene Urkunde, mag sie nun als Anlage zum Schriftsatz dienen oder mag der Absender sie in ihm nur erwähnt haben. Die Vorschrift gilt nicht beim Einsichtsverlangens nach § 134, sondern auch unabhängig davon. Das gilt, wenn das Gericht die Partei zur Vorlage des Originals an den Gegner aufgefordert hat. Es gilt auch, wenn die Partei dem Gegner das Original unabhängig von einer solchen Aufforderung zukommen lassen will, um ihn zB zu einer unverzüglichen Stellungnahme dazu zu veranlassen, ob er die Echtheit der Urkunde usw bestreiten will. II, III enthalten Verfahrensregeln für den Fall, daß der Empfänger die Urkunde nicht ordnungsgemäß zurückgibt. Ergänzend ist § 195 bei I, § 280 bei II anwendbar. Im Urkundenprozeß nach §§ 592 ff gelten ansich vorrangig §§ 420 ff. Sie enthalten aber zu II, III keine Sonderregeln. 1

2) Regelungszweck, I–III. Wie bei § 134 Rn 2 besteht auch bei § 135 der Zweck insgesamt darin, das Verfahren zur Hauptsache zwecks Prozeßwirtschaftlichkeit nach Grdz 14 vor § 128 zu erleichtern und zu beschleunigen. Die sachlichrechtliche Haftung des jeweiligen Gewahrsamsinhabers der Urkunde gegenüber dem Gericht oder den anderen Prozeßbeteiligten bleibt unberührt. § 135 enthält also eine rein prozessuale Vorschrift. Freilich dient II auch der Rechtssicherheit, Einl III 43. Die Vorschrift soll das Vertrauen des bisherigen Urkundsbesitzers auf den Rückerhalt stärken. Immerhin ist ein Rückgabe-Zwischenurteil auch ein Vollstreckungstitel. Allerdings nimmt die nach II notwendige Einschränkung einer Unverzüglichkeit mit ihrer indirekten Verweisung auf § 121 I 1 BGB auf den Umstand Rücksicht, daß der ProzBev evtl die etwa an den Auftraggeber zu dessen vorübergehender Einsicht übergebene Urkunde wegen dessen Verzugs derzeit nicht nach II zurückgeben kann. Vor diesem Risiko kann § 135 nicht bewahren. 2

3) Sachlicher Geltungsbereich, I–III. Die Vorschrift setzt voraus, daß beide Parteien anwaltlich vertreten sind. Sie gilt unter dieser Bedingung aber auch im Parteiprozeß, § 78 Rn 1. Sie gilt in jeder Verfahrenslage und in allen Instanzen, auch im WEG-Verfahren und im Bereich des § 113 I 2 FamFG. Beim förmlichen Urkundenbeweis kann sich aus §§ 420 ff eine vorrangig geregelte abweichende Art der Vorlage oder Übermittlung von Urkunden ergeben. 3

4) Persönlicher Geltungsbereich, I–III. Die Vorschrift bezieht sich auf die „Rechtsanwälte" der Parteien, genauer: Auf den oder die jeweiligen ProzBev, insbesondere auch nach deren Ausscheiden aus dem 4

Amt nach §§ 86, 87 und auch bei einem Mangel der Prozeßvollmacht, §§ 88, 89. Soweit ein Anwalt als gesetzlicher Vertreter der Partei nach § 51 auftritt, kann § 135 wie § 195 ebenfalls anwendbar sein. § 135 gilt auch für denjenigen Anwalt, der sich als Partei selbst nach § 172 zum ProzBev bestellt. Dem Anwalt steht ein Kammerrechtsbeistand nach §§ 1 II 1, 3 I Z 1 RDGEG gleich.

5 **5) Wahlrecht des Anwalts, I.** Die Vorschrift stellt klar, daß der Anwalt das in I und in § 195 genannte Verfahren wählen darf, aber nicht einhalten muß. Er kann die Übermittlung auch dadurch bewirken, daß er die Urkunde dem Gericht einreicht und von dort die Zustellung nach §§ 166 ff von Amts wegen vornehmen läßt. Dieses Verfahren kann im Interesse des Auftraggebers ratsam und ausnahmsweise sogar notwendig sein. Das gilt etwa dann, wenn er in früheren Prozessen mit dem gegnerischen Anwalt wegen einer Urkundenrückgabe schlechte Erfahrungen gemacht hatte oder wenn der ProzBev schon häufiger auf die Rückgabe des Empfangsbekenntnisses oder auf dessen ordnungsgemäße Unterzeichnung durch den gegnerischen Kollegen hatte warten müssen. Die Art der Wahl braucht weder dem Prozeßgegner noch dem Gericht gegenüber eine Begründung.

6 **6) Mitteilung von Hand zu Hand, I.** Der Anwalt darf also die Mitteilung einer Urkunde von Hand zu Hand gegen eine Empfangsbescheinigung bewirken. Gemeint ist das in § 195 im einzelnen geregelte Verfahren. Die Art der Übermittlung von Hand zu Hand steht dem Übermittler frei. Sie kann zB durch eine direkte Aushändigung erfolgen, aber auch durch eine Übersendung mit der Post auf den verschiedenen zulässigen Postwegen.

7 **7) Empfangsbescheinigung, I.** Die Vorschrift stellt klar, daß das ohnehin nach § 195 notwendige anwaltliche Empfangsbekenntnis bei einer Übermittlung von Hand zu Hand stets erforderlich ist. Einzelheiten bei § 195.

8 **8) Rückgabestreit, II.** Gibt ein Anwalt die ihm ausgehändigte Urkunde nicht fristgemäß zurück, muß das Gericht ihn auf einen Antrag nach einer mündlichen Verhandlung zur unverzüglichen Rückgabe verurteilen.

A. Rückgabefrist. Zunächst ist der Empfänger nach der in 134 II genannten und evtl vom Vorsitzenden nach § 224 verlängerten oder abgekürzten Frist von sich aus unverzüglich verpflichtet. Der aushändigende Anwalt kann dem empfangenden auch eine abweichende Frist gesetzt haben. Im Zweifel hat er eine solche Frist „bestimmt“, die zu einer gründlichen und unverzüglichen Prüfung der Echtheit usw ausreichte.

9 **B. Fristverstoß.** Eine weitere Voraussetzung eines Zwischenstreits nach II ist, daß der Anwalt die Urkunde nicht nach Rn 8 fristgerecht zurückgegeben hat. Die Art der Rückgabe mag wiederum durch eine Übermittlung von Hand zu Hand nach § 195 erfolgen sollen oder über das Gericht oder formlos, etwa auf dem Postweg. Maßgeblich ist, ob der ursprünglich aushändigende Anwalt die Urkunde vom gegnerischen Kollegen tatsächlich zurückerhalten hat. Der Einwurf in das Anwaltsfach im Gerichtsgebäude reicht.

10 **C. Antragserfordernis.** Der in II geregelte Zwischenstreit erfolgt nicht von Amts wegen, sondern nur „auf Antrag“, und zwar des ursprünglich aushändigenden Anwalts oder seines Auftraggebers gegen den gegnerischen Anwalt. Der Antrag braucht keine Form. Es besteht wie ja überhaupt bei § 135 kein Anwaltszwang, § 78 Rn 1. Daher kann zB die nun nicht mehr anwaltlich vertretene Partei den Antrag auf eine Rückgabe an sich selbst auch persönlich stellen. Sie muß also dazu nicht einen anderen Anwalt beauftragen.

11 **D. Notwendigkeit mündlicher Verhandlung.** Erforderlich ist über die Rückgabepflicht grundsätzlich eine mündliche Verhandlung vor dem Prozeßgericht im Zwischenstreit, § 128 Rn 4. Das Gericht kann anordnen, daß der Zwischenstreit eine gesonderte Verhandlung erhält, § 280. Es kann über ihn aber auch zusammen mit der Hauptsache verhandeln lassen, § 137 Rn 7. Das Gericht sollte das zur Vermeidung einer Verzögerung möglichst tun. Parteien des Zwischenstreits sind der aushändigende Anwalt oder sein Auftraggeber und der sich weigernde gegnerische Anwalt persönlich, soweit er die Urkunde noch in Händen hat, also nicht sein Auftraggeber. Eine mündliche Verhandlung ist allerdings dann nicht erforderlich, wenn das Gericht ein schriftliches Verfahren nach § 128 II zur Hauptsache durchführt.

12 **E. Verurteilung zur unverzüglichen Rückgabe.** Soweit das Gericht die Rückgabepflicht bejaht, muß es den Bekl des Zwischenstreits zur unverzüglichen Rückgabe verurteilen. Andernfalls erfolgt eine Abweisung des Antrags des Zwischenklägers. Das Wort „unverzüglich“ in II hat allerdings verständigerweise nicht nur die Bedeutung eines Handelns ohne schuldhaftes Zögern, § 121 I 1 BGB. Vielmehr meint es in der Regel eine sofortige Rückgabe. Das muß das Gericht auch im Urteil klarstellen. Es ist ohnehin in einer solchen Lage schon zuviel Zeit verlorengegangen. Es gibt kein Säumnisverfahren. Vielmehr muß auch bei einer Säumnis des einen oder anderen Beteiligten des Zwischenstreits ein streitmäßiges Urteil ergehen. Das Urteil ist ein Zwischenurteil, § 280. Das ergibt sich aus III. Es ergeht also nicht nur ein Beschluß, § 329. Hat das Gericht seine Entscheidung trotzdem als einen Beschluß bezeichnet oder gemeint, muß man sie in ein Zwischenurteil umdeuten. Das gilt zumindest wegen des Rechtsbehelfs, III.

13 **F. Kosten.** Die Kosten trägt je nach dem Ausgang des Zwischenstreits entweder der beklagte Anwalt persönlich, also nicht sein Auftraggeber, oder der Auftraggeber des Klägers des Zwischenstreits.

Gebühren: Des Gerichts: Für das Zwischenurteil keine, § 1 I 1 GKG. Wegen des Rechtsmittels Rn 15. Des Anwalts: Gehört erstinstanzlich zum Rechtszug, § 19 I 2 Z 3 RVG. Wegen des Rechtsmittelzugs Rn 15.

14 **G. Vollstreckung.** Da die sofortige Beschwerde nach Rn 15 keine aufschiebende Wirkung hat, § 570 I, ist eine sofortige Zwangsvollstreckung nach §§ 794 I Z 3, 883 statthaft.

15 **9) Sofortige Beschwerde, III.** Gegen das Zwischenurteil nach II ist die sofortige Beschwerde statthaft, § 567 I Z 1. Sie hat keine aufschiebende Wirkung, § 570 I. Eine Rechtsbeschwerde kommt unter den Voraussetzungen des § 574 in Betracht. Für das Beschwerdeverfahren entstehen bei einer Verwerfung oder Zurückweisung der sofortigen Beschwerde Kosten nach KV 1811 (Gericht) und VV 3500 (Anwalt).

136 *Prozessleitung durch Vorsitzenden.* **[I] Der Vorsitzende eröffnet und leitet die Verhandlung.**

[II 1] Er erteilt das Wort und kann es demjenigen, der seinen Anordnungen nicht Folge leistet, entziehen. [2] Er hat jedem Mitglied des Gerichts auf Verlangen zu gestatten, Fragen zu stellen.

[III] Er hat Sorge zu tragen, dass die Sache erschöpfend erörtert und die Verhandlung ohne Unterbrechung zu Ende geführt wird; erforderlichenfalls hat er die Sitzung zur Fortsetzung der Verhandlung sofort zu bestimmen.

[IV] Er schließt die Verhandlung, wenn nach Ansicht des Gerichts die Sache vollständig erörtert ist, und verkündet die Urteile und Beschlüsse des Gerichts.

Schrifttum: *Heilmann/Schlichting,* Verfahrensgestaltung im Zivilprozeß, 1984; *Scheuerle,* Vierzehn Tugenden für vorsitzende Richter, 1983.

Gliederung

1) Systematik, I–IV. Die Vorschrift ist Teil eines Geflechts von Regeln, die sich an verschiedenen Stellen der ZPO und des GVG befinden und erst insgesamt die Arbeitsweise des Vorsitzenden mit ihren Möglichkeiten und Grenzen darstellen. Dabei muß man grundsätzlich zwischen der sog Prozeßleitung und der sog Sachleitung unterscheiden, Üb 5 vor § 128. § 136 betrifft die förmliche und die sachliche Leitung durch den Vorsitzenden während der Verhandlung. Dabei erfaßt die Vorschrift nicht nur die „mündliche" Verhandlung nach § 279 I 1, sondern jede „Verhandlung", also auch die Güteverhandlung des § 278 II–V. §§ 139, 140 betreffen die Sachleitung. Insofern gilt ergänzend § 279. Im einzelnen regelt die ZPO die Sachleitung an vielen Stellen, zB bei der Zeugenvernehmung in § 396. Sowohl bei der Prozeß- als auch bei der Sachleitung können Fragen der sog Sitzungspolizei auftreten. Sie liegt nach §§ 176 ff GVG beim Vorsitzenden. 1

I stellt die umfassende Befugnis des Vorsitzenden zur Leitung der gesamten Verhandlung klar. *II* präzisiert diese Befugnis. *III* nennt den Grund dieser Befugnis, nämlich die Pflicht zur erschöpfenden Erörterung des Tatsachenstoffs usw. *IV* verdeutlicht ein gewisses Spannungsverhältnis zwischen dem Vorsitzenden und dem Kollegium, aber auch seinen Vorrang bei der Verhandlungsleitung.

2) Regelungszweck, I–IV. Die gesamte Verhandlung muß in der Hand nur eines der Mitglieder des Kollegiums liegen, eben des Vorsitzenden. Andernfalls bestünde die Gefahr endloser Diskussionen und eines erheblichen Autoritätsverlusts des Gerichts. Während der Vorsitzende bei der Beratung und Abstimmung eine grundsätzlich lediglich gleichberechtigte Stimme haben soll, wäre es fast undurchführbar, jede einzelne Frage des Fortgangs der Verhandlung durch eine Abstimmung (Beratung) klären zu müssen. Die Vorschrift dient also der Straffung der Verhandlung wie dem Ansehen des Gerichts. Zwar ist das Gericht für die Parteien da, nicht umgekehrt. Es kann seine Aufgabe aber nur auf der Basis einer klaren Leitungsbefugnis erfüllen. Daher muss auch der Anwalt der Partei trotz seiner Stellung als unabhängiges Organ der Rechtspflege nach § 1 BRAO in den Grenzen der §§ 176 ff GVG die Anordnungen des Vorsitzenden befolgen. Das gilt erst recht für alle übrigen Prozeßbeteiligten und sonstigen Anwesenden, bis hin zum Hausherrn nach Rn 6 oder bis zum Gerichtspräsidenten oder Justizminister. Zur Behandlung der Prozeßbeteiligten Correll DRiZ **87**, 178. Zu der notwendigen Fürsorge für Zeugen im Gerichtsgebäude Schädler ZRP **89**, 4. Der Vorsitzende muß auf einen Behinderten Rücksicht nehmen, § 6, 9 I 2, 10 usw BGG. 2

Ausnahmsweise kann freilich zB die Parteiherrschaft nach Grdz 14 vor § 128 den kurzfristigen, manchmal nur sekundenkurzen Vorrang vor § 136 haben. Das gilt etwa dann, wenn man im letzten Moment eine

Berufung zurücknimmt, Hartmann NJW **01**, 2591. Dann muß man auch ohne eine förmliche Wortbitte und -erteilung sprechen dürfen, solange das in einer ruhigen Form geschieht. Kein vernünftiger Vorsitzender wird dergleichen auch noch als Ungebühr ahnden. Die Verfahrenslage kann Blitzreaktionen notwendig machen. Wenn der Vorsitzende zB in einer Hauptverhandlung nach einem Ortstermin vergessen hat, die Beweisnahme im Sitzungssaal zu schließen und die Plädoyers nebst letztem Wort zuzulassen, vielmehr stattdessen im Saal sogleich den Tenor seiner Verurteilung zu verkünden begonnen hat, wie sollte wohl ein Verteidiger anders als mit einer blitzschnellen Ablehnungserklärung mitten in die Verkündung hinein zu retten versuchen, was noch zu retten ist (und wie es mit Erfolg geschehen ist: Einstellung des Verfahrens)? Prozeßrecht ist niemals Selbstzweck, Einl III 10. Eine souveräne Prozeßleitung verträgt einen solchen Einwurf, der um der Sache willen nur scheinbar zur Unzeit erfolgt, mit Verblüffung, heimlicher Anerkennung des Reaktionstempos und mit Gelassenheit. Man darf ja eine Frist bis zur letzten Sekunde ausnutzen, BVerfG NJW **01**, 3473, BGH NJW **05**, 679, BayObLG **04**, 230. Dann darf man das auch beim Angriff oder seiner Beendigung in einem Verfahren tun, das obendrein gerade diese beiden Schritte weitgehend eben den Parteien überläßt, Rn 13.

3 **3) Geltungsbereich, I–IV.** Vgl Grdz 3 vor § 128. Die Vorschrift gilt auch im WEG-Verfahren und im Bereich des § 113 I 2 FamFG (§ 28 FamFG entspricht nur § 139 ZPO). Im arbeitsgerichtlichen Verfahren gilt grundsätzlich dasselbe, §§ 53 II, 80 II ArbGG, mit Abweichungen in § 53 I 1 ArbGG.

4 **4) Vorsitzender, I–IV.** Auf ihm ruht die Hauptlast der Verantwortung für einen sachgemäßen Prozeßbetrieb, Rn 2. Wenn ein Kollegium langsam und unsachgemäß arbeitet, ist er durchweg jedenfalls mitschuldig.

A. Begriff. Man muß stets darauf achten, ob das Gesetz von dem Gericht spricht, also vom gesamten Spruchkörper, oder vom Vorsitzenden. Er bildet freilich in der jeweiligen Verhandlung oft den gesamten für sie zuständigen Spruchkörper, sei es als Einzelrichter nach §§ 348, 348 a, als beauftragter oder ersuchter Richter nach §§ 361 ff, 372 II, 375, sei es als Amtsgericht, §§ 495 ff, oder als FamFG, §§ 1 ff FamFG. Im Sprachgebrauch heißen auch alle diese einzelnen Richter in der Verhandlung Vorsitzender. Soweit im Kollegialgericht der Vorsitzende in der Verhandlung einen der übrigen Richter nach Rn 5 mit einem Teil der Aufgaben des Vorsitzenden betraut, etwa mit einer Vernehmung, übernimmt dieser Beisitzer die Funktion des Vorsitzenden nur bis zu demjenigen Zeitpunkt, in dem der eigentliche Vorsitzende diese Funktion wieder auch nur stillschweigend an sich zieht. Inzwischen wirkt der letztere als ein bloßes Mitglied des Kollegiums.

Obwohl das Gesetz unter dem Ausdruck Gericht grundsätzlich den für die Verhandlung zuständigen gesamten Spruchkörper versteht, also das Kollegium, ist der *Sprachgebrauch* des Gesetzes *keineswegs einheitlich.* Man muß von Fall zu Fall prüfen, ob das Gesetz im Verfahren vor dem Kollegialgericht unter dem Ausdruck Gericht das Kollegium oder doch nur seinen Vorsitzenden meint. Soweit es das Kollegium meint, ist der Vorsitzende nicht etwa ausgeschlossen, sondern ein gleichberechtigtes Mitglied.

Nicht zum Gericht zählen hier der etwa noch gesondert vorhandene Protokollführer oder ein dem Kollegium zugeteilter Referendar, soweit ihn der Vorsitzende nicht zulässigerweise mit richterlichen Aufgaben betraut.

5 **B. Aufgabenübertragung.** Soweit der Vorsitzende einem Beisitzer oder einem Referendar nach Rn 4 Aufgaben des Vorsitzenden überträgt, hat dieser andere fast die volle Funktion des Vorsitzenden, also alle Rechte und Pflichten. Der Vorsitzende darf freilich eine solche Aufgabenübertragung keineswegs systematisch und ohne einen sachlichen Grund vornehmen. Verstößt er dagegen, bleibt eine formell ordnungsgemäße Übertragung wirksam. Seine Haftung etwa bei einem ungenügenden rechtlichen Gehör durch den Vertreter bleibt bestehen, auch dienstrechtlich.

6 **5) Eröffnung und Leitung der Verhandlung, I.** Die knappen Gesetzesworte umfassen eine Fülle unterschiedlichster Aufgaben, Üb 5 vor § 128.

A. Begriff der Verhandlung. Das Gesetz verwendet den Begriff mit einer unterschiedlichen Bedeutung. Dabei bestehen insbesondere zwischen dem Prozeßrecht und dem Gebührenrecht teilweise erhebliche Unterschiede. Infolge des Wegfalls des früheren Worts „mündliche" (Verhandlung) stellt I klar, daß auch die Güteverhandlung des § 278 II–V 1 hierher gehört. Entsprechend dem Regelungszweck nach Rn 2 meint § 136 den gesamten Ablauf der Ereignisse im Sitzungssaal sowie zB vor der Saaltür (Aufruf, Aushang des Terminszettels usw). Darüber hinaus meint die Vorschrift dasjenige, was zur Durchführung der Verhandlung im Sitzungssaal erforderlich ist. Allerdings überschneiden sich die Befugnisse des Vorsitzenden zum Teil mit denjenigen des Hausherrn. So kann zB der Vorsitzende einen Pressefotografen aus dem Sitzungssaal weisen, nicht aber stets auch aus dem gesamten Gerichtsgebäude. Er kann und muß notfalls insofern den Behördenleiter zum Erforderlichen veranlassen. Andererseits darf der Hausherr den Verlauf im Sitzungssaal keineswegs ohne zwingende Gründe (etwa Attentatsdrohung, Feuergefahr) stören oder unterbrechen. Mit den letzteren Einschränkungen unterliegt auch er der Sitzungspolizei des Vorsitzenden, Rn 2.

7 **B. Begriff der Eröffnung.** Da der Termin mit dem Aufruf der Sache nach § 220 I beginnt, gehört schon diese Aufgabe zur Eröffnung der Verhandlung, nicht erst der nochmalige Aufruf im Saal mit der Feststellung derjenigen, die erschienen sind usw. Soweit der Vorsitzende den Aufruf einem Wachtmeister, dem Protokollbeamten oder etwa einem hilfsbereiten Dritten (etwa einem Anwalt) überträgt, bleibt der Vorsitzende für die ordnungsmäßige Durchführung des wichtigen Aufrufs nach § 220 Rn 1, 2 verantwortlich.

8 **C. Begriff der Leitung.** Die Verhandlungsleitung umfaßt sowohl die Prozeßleitung als auch die Sachleitung, Rn 1, Üb 5 vor § 128. Damit hat der Vorsitzende Aufgaben der unterschiedlichsten Art und Bedeutung. Seine Funktion ist bis zum Schluß der gesamten Verhandlung nach §§ 136 IV, 296 a einschließlich der etwa sogleich anschließenden Beratung und Verkündung der Entscheidung umfassend. Sie hat nur in den gesetzlich bestimmten eng auslegbaren Sonderfällen durch ein Votum des gesamten Kollegiums oder etwa durch ein wirksames Ablehnungsgesuch nach §§ 42 ff Grenzen. Soweit der Vorsit-

zende verhandlungsunfähig wird, geht seine Aufgabe auf den dienstältesten Beisitzer über. Freilich kann das Kollegium zunächst beschlußunfähig werden. Der einspringende Beisitzer ist dann nur zu den unaufschiebbaren Maßnahmen zwecks einer Beendigung dieses Termins befugt und verpflichtet. § 136 regelt nicht die Befugnisse des Vorsitzenden zur Leitung des Prozesses außerhalb der Verhandlung. Das gilt für die Verteilung der Geschäfte unter die Beisitzer nach § 69 GVG ebenso wie für alle anderen prozeßleitenden und -fördernden Maßnahmen. Beim sog Sammeltermin nach § 216 Rn 20 bestimmt der Vorsitzende die Reihenfolge. Er sollte aber keineswegs anwaltliche „Vortrittslisten", BVerwG NJW **84**, 191, beachten, wenn nicht alle Zurücktretenden eindeutig auch von sich aus und nicht nur auf Grund eines berufsrechtlichen Drucks einverstanden sind.

D. Verstoß, I. Soweit der Vorsitzende bei der Verhandlungsleitung gegen das Gesetz verstößt, sind die Rechtsbehelfe Rn 36 ff möglich. Soweit ein anderes Mitglied des Kollegiums oder eine sonstige Gerichtsperson die Verhandlungsleitung stört, darf und muß der Vorsitzende im Rahmen der Sitzungspolizei nach §§ 176 ff GVG vorgehen. Soweit ein sonstiger Prozeßbeteiligter die Verhandlungsleitung stört, sind §§ 175 ff GVG mit unterschiedlichen Rechten beachtlich, je nachdem, ob es sich um einen Anwalt handelt, insbesondere um einen ProzBev, oder um einen sonstigen Dritten. Es empfiehlt sich, bei einer kritischen Zuspitzung der Lage im Sitzungssaal eine kurze Pause anzuordnen und zu veranlassen, daß die Gerichtspersonen den Saal verlassen und daß der Hausherr und die Wachtmeisterei die äußere Ordnung wieder herstellen, bevor das Gericht die Verhandlung fortführt. **9**

6) Worterteilung, Wortentzug, II 1. An sich umfaßt die Verhandlungsleitung schon nach I natürlich auch die Worterteilung und den Wortentzug. II stellt die letzteren Befugnisse zusätzlich klar. **10**

A. Begriff der Worterteilung. Der Vorsitzende hat mit der Worterteilung natürlich keine Befugnis zur Willkür. Er erhält andererseits ein weites Ermessen, insbesondere zum Zeitpunkt und zur Reihenfolge der Worterteilungen, BGH **109**, 44. Es hat nur durch die vom Gesetz zwingend vorgeschriebenen Pflichten Grenzen, zB bei der Erteilung des rechtlichen Gehörs, Artt 2 I, 20 III GG (Rpfl), BVerfG **101**, 404, Art 103 I GG (Richter). Soweit man die Entscheidung über die Erteilung und den Entzug des Worts noch mit irgendwelchen sachlich vertretbaren Argumenten begründen kann, muß jeder Anwesende sie unbedingt beachten und führt jeder Verstoß gegen die Anordnung des Vorsitzenden zu den gesetzlich vorgesehenen Folgen, zB nach §§ 176 ff GVG.

B. Zeitpunkt. Insbesondere liegt es beim Vorsitzenden, ob und wann er einem Beisitzer das Wort erteilt, einem Anwalt oder sonstigen ProzBev, einer Partei oder gar einem Dritten, etwa einem Zeugen oder einem Zuhörer. Man muß auch eine Abweichung vom „normalen" Gang einer Verhandlung bei der Worterteilung durchaus respektieren. Denn sie kann sich aus einer ungewöhnlichen und unvermuteten Situation ergeben, etwa dadurch, daß der Anwalt des Bekl erklärt, er wolle nur zunächst rasch seinen Sachantrag stellen und verzichte dann auf eine weitere Teilnahme an der Verhandlung, so daß das Gericht zunächst den Antrag des Bekl, dann erst später denjenigen des Klägers aufnimmt. Die Befugnis zur Worterteilung ist ein wesentliches Instrument der geordneten Verhandlungsleitung. Das müssen alle Beteiligten stets beachten. Es ist die Pflicht des Vorsitzenden dafür zu sorgen, daß immer nur einer zur Zeit spricht, daß auch ein Angegriffener sich zurückhält, eben bis auch er das Wort erhält, und daß eine ruhige, sachliche, weder steife noch gekünstelt würdevolle, aber auch nicht allzu temperamentvolle, allzu streitbare Atmosphäre entsteht. Er braucht zur Ausübung dieser viel Fingerspitzengefühl erfordernden Aufgabe die vertrauensvolle Disziplin aller Anwesenden. Wer ein kritisches Argument hat, wird es auch einige Sekunden oder sogar Minuten später noch rechtzeitig vortragen können und kann daher warten, bis er das verlangte und ihm evtl durchaus zustehende Wort erhält. **11**

C. Fragen. Der Vorsitzende muß seine Pflicht nach II 2, jedem Mitglied des Gerichts auf Verlangen Fragen zu gestatten, nach dem eindeutigen Sinn jener Vorschrift jeweils in dem sachlich gebotenen Zeitpunkt ausüben. Der Vorsitzende muß zB bereits unmittelbar nach der eigenen Vernehmung eines Zeugen einem Beisitzer ergänzende Fragen gestatten, noch bevor der Beweisführer das Wort zu weiteren Fragen an den Zeugen erhält. Gleichwohl bleibt die etwa zu Unrecht getroffene Entscheidung des Vorsitzenden wirksam, dem Beisitzer das Wort noch nicht zu gestatten. Weder eine Partei oder ihr ProzBev noch gar irgendein anderer im Saal darf zB demjenigen, dem der Vorsitzende das Wort erteilt hat, durch störende Zwischenrufe, Vorhalte, Fragen oder Entrüstungsrufe Schwierigkeiten bereiten. Selbst „hilfreiche" Zwischenbemerkungen können aus der Sicht des Vorsitzenden durchaus im Augenblick störend sein, auch wenn sie harmlos gemeint sind. **12**

Das alles bedeutet *keine sklavische Unterordnung* unter den Vorsitzenden, sondern eine Wahrnehmung der Mitverantwortung gerade auch dann, wenn man den Prozeß – wie bei manchen, Grdz 25, 26 vor § 128 – als eine bloße „Arbeitsgemeinschaft" betrachtet. Das Recht auf Gehör nach Rn 10 gibt wegen des Grundsatzes der Einheit der Verhandlung nach Üb 3 vor § 253 nicht schon in demjenigen Augenblick einen Anspruch auf das Wort, in dem der Anlaß zur Äußerung entsteht, sondern erst dann, wenn der Vorsitzende der Wortmeldung stattgibt, evtl also erst am Schluß der Verhandlung.

D. Zuspitzung. Selbst ein Ablehnungsgrund nach § 42 rechtfertigt grundsätzlich nicht ein völlig ungezügeltes Dazwischenreden, nur um ihn in derselben Sekunde bereits vorzubringen. Ausnahme Rn 2 und unten. Würde man ihn gleichwohl derart unkontrolliert vortragen, handelt der Vorsitzende im Rahmen einer „unaufschiebbaren" Handlung nach § 47, wenn er sich etwa in der Zeugenvernehmung nicht mitten im Satz unterbrechen läßt. Eine nach Ansicht eines Prozeßbeteiligten vom Vorsitzenden unkorrekt in den Protokollentwurf diktierte Maßnahme oder Äußerung gibt dem Betroffenen schon deshalb kein Recht, das Wort an sich zu ziehen, weil überhaupt noch kein fertiges Protokoll vorliegt. Entsprechend muß man alle vergleichbaren anderen Situationen beurteilen. **13**

Auch und gerade derjenige Vorsitzende verdient Respekt, der sich aus irgendwelchen Gründen in einer *sich plötzlich zuspitzenden Situation* nicht sofort als ein souveräner Verhandlungsleiter zeigt. Auch er bleibt nämlich Mensch. Auch er darf irren oder auch einmal unbeherrscht sein oder wirken, ohne seine Funktion als der die Verhandlung leitende Vorsitzender zu verlieren. Mag man ihn später mit den gesetzlichen Mitteln zur Rechenschaft ziehen. Fast jeder kritische Einwand hat in der Verhandlung in Wahrheit durchaus noch ein paar Sekunden oder Minuten Zeit, bis man ihn wirklich vorbringen muß. Das gilt selbst dann, wenn der Vorsitzende etwa einen Zeugen nach der Ansicht der Partei oder ihres Anwalts zu hart anpackt oder wenn er den Sachverhalt nicht richtig verstanden zu haben scheint. Der Vorsitzende mag im Rahmen seines auch hier weiten Ermessens durchaus die Notwendigkeit oder doch Berechtigung sehen so zu verfahren, um die Wahrheit herauszubekommen oder ein besseres Bild von der Glaubwürdigkeit zu gewinnen usw. Es bleibt eben dabei: Der Vorsitzende und kein anderer leitet die Verhandlung. Er soll das im menschlichen, verständlichen Stil tun, Wassermann DRiZ **90**, 34. Aber er leitet einen Prozeß, also meist einen Kampf und keine Arbeitsgemeinschaft, Grdz 26 vor § 128.

Sogar nach dem Verhandlungsschluß im Sinn von Rn 27 mag allerdings ausnahmsweise eine Pflicht entstehen, das Wort nochmals zu erteilen, etwa dann, wenn ein Prozeßbeteiligter auf eine gerade erst in dieser letzten Sekunde entstandene Lage blitzschnell reagiert und zB ein Ablehnungsgesuch oder eine Rechtsmittelrücknahme unter einer Ausnutzung der Prozeßlage gerade noch rechtzeitig erklären möchte, Rn 2, Hartmann NJW **01**, 2591. Das übersieht v Cube NJW **02**, 40. Es mag durchaus eine Wiedereröffnung der Verhandlung notwendig sein, § 156, solange das Gericht seinen Urteilstenor noch nicht vollständig verkündet hat, BGH NJW **02**, 1427.

14 **E. Begriff des Wortentzugs.** Der Wortentzug ist eine Maßnahme der Verhandlungsleitung. Seine bloße Möglichkeit soll einen heilsamen Einfluß auf die Selbstdisziplin aller Anwesenden ausüben. Deshalb hat der Vorsitzende auch hier ein weites Ermessen. Dessen Grenzen beginnen erst bei einem klaren Mißbrauch ohne jegliche sachlich vertretbare Erwägung.

Der Wortentzug bedeutet *keineswegs stets* eine *Verletzung* des rechtlichen *Gehörs,* Art 103 I GG. Das gilt jedenfalls dann, wenn das Gericht nicht mit ihm zugleich den Verhandlungsschluß verkündet. Denn der Betroffene mag in der restlichen Verhandlung sehr wohl das Wort schon auf Grund zB einer Entspannung von Amts wegen oder zumindest auf einen Antrag erneut erhalten können. Sogar dann bleibt der in der Unterbrechung liegende vorübergehende Wortentzug meist im Rahmen des Ermessens des Vorsitzenden und schon deshalb beachtlich, wenn der Vorsitzende etwa die Verhandlung unterbricht, um zB in einer später anberaumten Sache lediglich einen Antrag auf ein Versäumnisurteil zu protokollieren und dann in der unterbrochenen umfangreichen Verhandlung fortzufahren.

Ein bloßer *Vorhalt,* eine Ermahnung, die Androhung von Rechtsfolgen bei einer Fortsetzung der bisherigen Ausführungen usw sind kein Wortentzug. Dasselbe gilt für eine lediglich technisch bedingte Unterbrechung der Anhörung, etwa deshalb, weil sich das Gericht um einen plötzlich unruhigen oder kranken Dritten kümmern muß. Wer das Wort nicht derzeit erhalten hatte, dem entzieht es der Vorsitzende auch nicht schon dadurch, daß er es nicht jetzt sogleich erteilt. Der Wortentzug kann auch stillschweigend erfolgen, etwa dadurch, daß der Vorsitzende ersichtlich nicht nur vorübergehend nicht mehr zuhört. Man kann und muß aber evtl als Vorsitzender gleichzeitig zuhören und seine Aufmerksamkeit auch auf einen anderen Vorgang in der Verhandlung lenken können, etwa auf einen verspätet eintretenden Zeugen, ohne daß dies letztere einem Wortentzug gleichkäme. Man muß die in II genannte Befugnis des Vorsitzenden von der in § 157 II genannten Befugnis des Gerichts zur Untersagung des weiteren Vortrags unterscheiden. Freilich kann der Vorsitzende vor einem Beschluß des Gerichts nach der letzteren Vorschrift doch schon in seiner eigenen Zuständigkeit zunächst nach II vorgehen.

15 **F. Voraussetzung des Wortentzugs: Ungehorsam.** Trotz allen Ermessens nach Rn 12–14 ist natürlich die Voraussetzung einer berechtigten Entziehung des Worts, daß der Betroffene ungehorsam war. Das ist nicht stets dasselbe wie eine Ungebühr nach § 178 I 1 GVG. Auch eine zwar ruhige und sachbezogene, aber allzu weitschweifige oder gegenüber der augenblicklichen Lage im Verhandlungsraum rücksichtslose Erklärung eines Prozeßbeteiligten kann einen Ungehorsam darstellen. Es empfiehlt sich, das Wort erst nach einer ernsthaften Androhung und nach dem Versuch der gütlichen Beilegung zu entziehen, dann aber auch den Vorgang sogleich nach § 160 II in den Protokollentwurf aufzunehmen.

16 **G. Rechtsfolgen des Wortentzugs.** Der Betroffene darf zwar anwesend bleiben, solange er keine allzu störende Ungebühr nach §§ 173 ff GVG zeigt, Rn 17. Er darf und muß in diesen Grenzen zumindest beobachtend seine bisherige Funktion zur Vermeidung von Rechtsnachteilen weiter ausüben. Derjenige Anwalt, dem der Vorsitzende das Wort entzogen hat, darf nicht schon deshalb für die gesamte weitere Verhandlung den Saal verlassen, ohne zB ein Versäumnisurteil gegen seine Partei zu riskieren. Er kann ja nicht wissen, ob sich die Lage dahin ändert, daß er das Wort vor dem Verhandlungsschluß erneut erhält und erhalten muß. Bis zur Wiedererteilung darf sich der Betroffene aber nur zum Zweck dieser Wiedererteilung äußern. Über die genannten Obliegenheiten hinaus ist er bis zum Wiedererhalt des Worts von einer Verantwortung frei.

17 **H. Verstoß, II 1.** Soweit der Vorsitzende das Wort zu Unrecht nicht erteilt oder entzieht, kann man das Kollegium anrufen, § 140. Im übrigen kann im endgültigen Wortentzug bis zum Verhandlungsschluß die Verletzung des Gebots des rechtlichen Gehörs nach Rn 10 mit allen ihren verfahrensrechtlichen und sonstigen Folgen liegen. Vgl ferner Rn 36. Ein Verstoß der Partei gegen den Wortentzug hat zunächst zur Folge, daß ihre Äußerungen nicht mehr beachtlich sind und daß das Gericht sie nicht mehr protokollieren muß. Es sollte freilich vielleicht vorsichtshalber einen Vermerk über ihr Verhalten im Protokoll festhalten, falls zB eine Beschwerde droht. Ein noch nicht wirksam gestellter Antrag kann nun nicht mehr wirksam erfolgen, solange die Partei oder der ProzBev das Wort nicht erneut erhalten hat. Es treten daher vergleichbare Rechtsfolgen wie bei § 333 ein (Nichtverhandeln der erschienenen Partei). Die noch anwesende Partei bleibt trotz des Wortentzugs der Sitzungsgewalt des Vorsitzenden §§ 176 ff GVG unterworfen. Diejenige Partei, der der Vorsitzende das Wort mit Recht entzogen hat, kann sich nicht mehr auf eine Verletzung des rechtlichen Gehörs berufen, es sei denn, daß nach dem Wortentzug eine prozessual neue Situation eintritt, die keinen weiteren Wortentzug mehr rechtfertigt. Auf den gesetzlichen Vertreter ist § 51 II anwendbar. Auf den ProzBev ist § 85 II anwendbar.

7) Gestattungspflicht, II 2. Die Vorschrift enthält eigentlich eine selbstverständliche Pflicht des Vorsitzenden. Deren Klarstellung stärkt die Stellung jedes Beisitzers im Kollegium. Sie engt das Ermessen des Vorsitzenden bei der sachlichen Verhandlungsleitung ein. 18

A. Gegenüber jedem Mitglied des Gerichts. II 2 meint jeden Besitzer, jedes richterliche Mitglied dieses Spruchkörpers in dieser Verhandlung. II 2 meint nicht solche Mitglieder des Senats oder der Kammer, die nicht an dieser bestimmten Verhandlung teilnehmen, aus welchem Grund auch immer. Denn II 2 betrifft ohnehin grundsätzlich nur die Vorgänge in der Verhandlung. Andererseits erlischt das Recht des Beisitzers zur Fragestellung keineswegs dadurch, daß er im ersten Termin schweigt. Er kann es im folgenden selbstverständlich ausüben. Die klare Befehlsform von II 2 stellt klar, daß der Vorsitzende grundsätzlich kein Recht hat, eine Frage des Beisitzers als ungehörig oder als zur Unzeit gestellt zurückzuweisen. Die Grenze des Fragerechts liegt aber jedenfalls dort, wo die äußere Sitzungsgewalt des Vorsitzenden nach § 176 GVG beginnt. Andererseits kann der Vorsitzende gegen den Beisitzer selbstverständlich nicht nach §§ 177 ff GVG vorgehen.

B. Nur auf Verlangen. Der Vorsitzende braucht nicht von sich aus zu fragen, ob die Beisitzer das Wort wünschen. Er kann abwarten, ob sie es fordern. Er kann im übrigen in einem gewissen, allerdings ziemlich engen Rahmen die Worterteilung zurückstellen, wenn er zB in der Befragung eines Zeugen zunächst noch selbst sogleich fortfahren möchte und wenn er bei einer pflichtgemäßen Abwägung auch die Zurückstellung der Worterteilung verantworten kann. Andernfalls könnte jeder Beisitzer durch Fragestellungen die Verhandlungsleitung des Vorsitzenden nahezu zu einer Farce machen. Das ist nicht der Sinn von II 2. Andererseits mag die besondere Entwicklung etwa bei der Vernehmung eines Zeugen oder Sachverständigen eine vom Vorsitzenden noch nicht gestellte Frage so unaufschiebbar machen, daß der Beisitzer das Wort mit guten Gründen sogleich fordern kann. Es gehört auch hier zum Fingerspitzengefühl des Vorsitzenden, bei allem Freimut der Verhandlung die Leitung straff in den eigenen Händen zu behalten, ohne den Beisitzer zu brüskieren. 19

C. Umfang: Fragestellung. Der Wortlaut von II 2 stellt klar, daß der Beisitzer das Wort nur zu einer Fragestellung fordern kann, nicht zur Übernahme der Verhandlungsleitung oder zu Erörterungen oder Hinwirkungen nach § 139, erst recht nicht zu irgendeinem Referat oder Plädoyer. Notfalls bittet der Vorsitzende den Beisitzer, eine präzise Frage zu formulieren. Er kann im äußersten Notfall nach II 1 auch einem Beisitzer trotz II 2 das Wort entziehen. Bei einer Unstimmigkeit empfiehlt sich eine gewissenhafte Protokollierung der Vorgänge, für deren zutreffende Darstellung ja nur der Vorsitzende und der Protokollführer verantwortlich sind. Denn ein Verstoß kann erhebliche Verfahrensfolgen haben. 20

D. Verstoß, II 2. Es gelten dieselben Regeln wie bei § 139, dort Rn 96, 97. 21

8) Erschöpfende Sacherörterung, III. Die Vorschrift umschreibt die wesentliche Pflicht des Vorsitzenden und die Grundlagen seiner Befugnisse nach I, II und IV. Erst eine gewissenhafte Erfüllung der dem Vorsitzenden übertragenen Aufgaben rechtfertigt seine Machtbefugnisse in der Verhandlung. 22

A. Begriff der erschöpfenden Sacherörterung, III Hs 1. Der Vorsitzende muß zumindest den Tatsachenstoff nach § 286 so weit klären, daß eine Entscheidungsreife eintritt, § 300 Rn 6. Darüber hinaus kann eine Pflicht bestehen, für ein gewisses Rechtsgespräch zu sorgen, Möhring/Nirk Festschrift „25 Jahre BGH“ (1975) 312, 323, § 139 Rn 75 „Rechtsgespräch“. Der Vorsitzende muß dieses Rechtsgespräch im Rahmen des § 139 II auf entscheidungserhebliche rechtliche Gesichtspunkte erstrecken. Er muß auch dafür sorgen, daß die Verhandlung nicht zur Farce wird, LG Duisb RR **91**, 1022. Vor der Entscheidung des Vorsitzenden darüber, ob die Erörterung „erschöpfend“ war, muß er sich zumindest kurz mit den Beisitzern darüber verständigen, ob er auch nach deren Ansicht die Sache „vollständig“ nach IV erörtert hat. Er trifft aber die abschließende Entscheidung auch zu dieser Frage selbst.

Es kommt nicht darauf an, ob auch die Partei oder deren gesetzliche Vertreter oder ProzBev die Erörterung für erschöpfend halten. Wegen des Grundsatzes der *Einheit der Verhandlung* nach Üb 3 vor § 253 gilt im Zweifel der gesamte Akteninhalt als mündlich vorgetragen und erörtert. Das übersehen viele. Es ermöglicht den Verhandlungsschluß nach IV, § 296 a oft zu einem Zeitpunkt, den mancher andere Prozeßbeteiligte für zu früh halten mag. Notfalls kann man die Verhandlung wiedereröffnen, § 156. Dessen ungeachtet sollte der Vorsitzende im Zweifel einen von der Partei noch gewünschten tatsächlichen oder rechtlichen Gesichtspunkt wenigstens stichwortartig anschneiden. Der Vorsitzende darf nicht eine Gefahr laufen, die Partei tatsächlich oder rechtlich zu überrumpeln. Es kann ratsam sein, im Protokoll kurz zu vermerken, daß die Parteien auf Fragen das Wort nicht mehr wünschten, § 160 II. Nach einer Beweisaufnahme ist eine nochmalige kurze Verhandlung oder evtl eine Erörterung nach §§ 285 I, II, 370 ohnehin notwendig, Rn 22, 25.

B. Begriff der Verhandlung ohne Unterbrechung bis zum Ende, III Hs 1. Aus dem Zusammenfassungsgrundsatz nach Üb 6 vor § 253, § 273 Rn 1 folgt unter anderem: Das Gericht muß die Verhandlung grundsätzlich ohne eine Unterbrechung bis zu dem an diesem Tag möglichen und zumutbaren Punkt führen, wenn möglich bis zur Entscheidungsreife, § 300 Rn 6. Es muß sie sogar möglichst ohne eine Pause durchführen. Denn auch diese schwächt die Konzentrationsfähigkeit der Prozeßbeteiligten und kann erfahrungsgemäß zu unerwünschten Unterhaltungen von Zeugen untereinander usw führen. 23

Andererseits kann eine kurze *Pause* oder gar längere Unterbrechung an demselben Sitzungstag durchaus verfahrensfördernd wirken, etwa um den Parteien eine Gelegenheit zur Vereinbarung eines Prozeßvergleichs nach Anh § 307 zu bieten oder um einen ausgebliebenen Prozeßbeteiligten herbeizuschaffen. Auch mögen eine vorgerückte Terminsstunde, eine schon lange Verhandlungsdauer, eine Ermüdung eines Prozeßbeteiligten usw eine Pause oder Unterbrechung sogar notwendig machen. Eine Zwischenberatung ist keine Unterbrechung nach Hs 1. Der streitigen Verhandlung soll eine Beweisaufnahme grundsätzlich unmittelbar folgen, § 279 II. Im Anschluß an die Beweisaufnahme muß das Gericht den Sach- und Streitstand grundsätzlich sogleich erneut mit den Parteien erörtern, §§ 279 III, 370, und über das Beweisergebnis grundsätzlich sogleich verhandeln, Rn 22, 25.

24 **C. Begriff der Sitzungsbestimmung zur Fortsetzung der Verhandlung, III Hs 2.** Die Regelung ist eine Folge der Förderungspflicht gerade auch des Vorsitzenden, Grdz 12 vor § 128, § 272 I. Hs 2 regelt die Anberaumung eines neuen Verhandlungstermins, während § 310 I diejenige eines etwa notwendigen bloßen Verkündungstermins erfaßt. Das gilt auch dann, wenn der Vorsitzende dann im Verkündungstermin einen neuen Verhandlungstermin anberaumen muß, § 218.

25 **D Sofortigkeit.** Wenn am Ende der Verhandlung ein neuer Termin zur Verhandlung erforderlich wird, muß ihn der Vorsitzende nicht nur „sofort" anberaumen, also noch in der bisherigen Verhandlung, sondern außerdem unverzüglich, § 216 II. Eine Ladung der erschienenen Prozeßbeteiligten zum nächsten Verhandlungstermin ist jedenfalls nur dann entbehrlich, wenn der Vorsitzende den neuen Termin entweder noch während der bisherigen Verhandlung oder in einem in ihr bestimmten Verkündungstermin bekanntgibt, § 218. Auch eine bloße Beweisaufnahme vor dem Prozeßgericht ist eine „Fortsetzung der Verhandlung" nach Hs 2. Überdies muß das Gericht allerdings schon nach § 285 auch zur Vermeidung eines Verstoßes gegen Artt 2 I, 20 III GG (Rpfl), BVerfG **101**, 404, Art 103 I GG (Richter) über das Ergebnis der Beweisaufnahme stets noch streitig oder unstreitig „verhandeln", Rn 22, 23. Es ist dringend ratsam, den Charakter des neuen Termins „zur Beweisaufnahme und Fortsetzung der mündlichen Verhandlung" klarzustellen, § 370. Soweit das Kollegium den Rechtsstreit nach dem Beginn der ersten Verhandlung dem Einzelrichter oder dem beauftragten oder ersuchten Richter zunächst oder endgültig überträgt, bleibt die Bestimmung eines Termins vor ihm diesem anderen Richter überlassen.

26 **E. Verstoß, III.** Soweit der Vorsitzende gegen Hs 2 verstößt, kommen die in Rn 36 ff genannten Rechtsbehelfe in Betracht.

27 **9) Verhandlungsschluß, IV.** Der Verhandlungsschluß hat eine prozessual erhebliche Bedeutung, § 296 a. Er beendet nicht auch die Sitzungsgewalt nach §§ 176 ff GVG. Das gilt selbst dann, wenn mit dieser Verhandlung der Sitzungstag endet. Zumindest aus der letzten Verhandlung dieses Tages ergibt sich gegenüber allen noch Anwesenden, auch Zuhörern, das Recht und die Pflicht des Vorsitzenden, im Rahmen des Schlusses jener Verhandlung und der Sitzung für eine geordnete Beendigung des Geschehens im Sitzungsraum zu sorgen, notfalls unter einer Hinzurufung der Wachtmeisterei.

28 **A. Begriff des Verhandlungsschlusses, IV Hs 1.** Die Vorschrift meint diejenige Maßnahme, an die sich die Rechtswirkung anschließt, daß keine Partei mehr Angriffs- oder Verteidigungsmittel nach Einl III 70 vorbringen kann, § 296 a. Der Verhandlungsschluß kann ausdrücklich oder stillschweigend erfolgen, auch durch die Verkündung eines Beweisbeschlusses oder durch die Bestimmung eines Verkündungstermins nach § 310 oder durch den Aufruf einer anderen Sache, Meyer-Stolte Rpfleger **91**, 520. Eine bloße Vertagung nach §§ 227 I, 275 II, 278 IV, 335 II, 337 ist noch kein Verhandlungsschluß. Denn es gilt der Grundsatz der Einheit der gesamten Verhandlung, Üb 3 vor § 253.

Beim *Vergleich mit einem Widerrufsvorbehalt* liegt der Verhandlungsschluß in der Verkündung der Widerrufsbedingungen mit oder ohne eine gleichzeitige Mitteilung, wann das Gericht für den Fall eines rechtzeitigen Widerrufs eine Entscheidung verkünden werde. Denn es bleibt solange nichts mehr zu verhandeln, bis der Vergleich entweder endgültig wirksam wird oder bis die auflösende oder aufschiebende Bedingung eines wirksamen Widerrufs eintritt. Erst im letzteren Fall bleibt dann zu beachten, ob wegen einer Entscheidungsreife das Urteil ergeht oder ob das Gericht die Verhandlung nun etwa infolge eines jetzt erst notwendigen oder jetzt erst weiter zu erledigenden Beweisbeschlusses oder zwecks einer jetzt erst entscheidungserheblichen Notwendigkeit einer weiteren Erörterung usw wieder aufnehmen muß. Daran ändert auch die Notwendigkeit nichts, selbst einen nicht nachgelassenen Schriftsatz zu prüfen, ob er zum Wiedereintritt in die mündliche Verhandlung nach § 156 etwa zwecks Vermeidung eines Verstoßes gegen Art 103 I GG eine Veranlassung gibt. Denn falls ja, gibt es eben einen Wiedereintritt, nicht einfach die Fortsetzung einer gar nicht beendeten Verhandlung.

29 Der Schluß der Verhandlung erfolgt also dadurch, daß der Vorsitzende mitteilt, daß er oder das Kollegium nunmehr zunächst beraten und eine *Entscheidung an einem anderen Tag* verkünden werden, oder daß die bereits verkündeten Maßnahmen wie etwa ein Beweisbeschluß erst an einem anderen Sitzungstag stattfinden sollen, wenn auch evtl am folgenden. Weder eine größere oder längere Pause bis zur Fortsetzung an demselben Tag noch eine Unterbrechung aus irgendeinem Grund bis zu einer späteren Terminsstunde an demselben Tag bedeuten einen Verhandlungsschluß. Im schriftlichen Verfahren ergibt sich der dem Verhandlungsschluß rechtlich gleichstehende Zeitpunkt aus § 128 II 2, dort Rn 27. Die etwaige Notwendigkeit einer Frist zum weiteren Vortrag nach § 283 oder zur Wiedereröffnung der bereits geschlossenen Verhandlung nach § 156 ändert nichts daran, daß der Vorsitzende zumindest die bisherige Verhandlung für beendet erklären darf und muß. Zeugen dürfen sich erst bei ihrer Entlassung vor oder nach dem Verhandlungstermin entfernen, ebenso Sachverständige.

30 **B. Vollständige Sacherörterung, IV Hs 1.** Begriff Rn 22.

31 **C. Maßgeblichkeit der Ansicht des Kollegiums, IV Hs 1.** Wie sich aus dem Gesetzeswortlaut ergibt, kommt es darauf an, ob auch nach der Ansicht „des Gerichts" eine vollständige Erörterung der Sache (gemeint: an diesem Sitzungstag) erfolgt ist. Daher muß der Vorsitzende sich mit dem übrigen Kollegium abstimmen. Das kann freilich ohne eine förmliche Beratung im Sitzungssaal geschehen. Ein Stillschweigen der Beisitzer bedeutet durchweg ihre Zustimmung.

32 **D. Entscheidungsbefugnis des Vorsitzenden, IV Hs 1.** Ungeachtet der Pflicht nach Rn 31 bleibt der Vorsitzende zur Anordnung des Verhandlungsschlusses nach außen allein funktionell zuständig. Er handelt auch ohne eine Abstimmung mit dem Kollegium wirksam. Das ergibt sich ebenfalls aus dem Wort „Er" in Hs 1.

33 **E. Rechtsfolgen des Verhandlungsschlusses, IV Hs 1.** Der Verhandlungsschluß bewirkt unter anderem den Eintritt der Folgen einer Versäumnis, §§ 220 II, 231 II, 330 ff. Er bewirkt den Ausschluß des Rechts auf einen weiteren Vortrag nach § 296 a, Köln NJW **75**, 788. Es tritt auch die Folge ein, daß sich die Gerichtsbesetzung bei einer Entscheidungsreife nicht mehr ändern darf, § 309. Der Verhandlungsschluß führt in den Fällen § 138 III, IV zur Geständniswirkung. Er beendet eine Unterbrechungswirkung, § 249 III. Es tritt auch die Ausschlußwirkung nach §§ 323 II, 767 II ein.

F. Begriff der Verkündung, IV Hs 2. Wie § 310 I 1 Hs 1 klärt, muß das Gericht sein Urteil in demjenigen Termin verkünden, in dem der Vorsitzende die mündliche Verhandlung geschlossen hat. Das gilt, wenn nicht ein sofort anzuberaumender besonderer Verkündungstermin erforderlich wird. Entsprechendes gilt für eine abschließende Verfügung oder einen abschließenden Beschluß, § 329 Rn 14 „§§ 309, 310 I". Die Verkündung eines Urteils nach § 300, eines Versäumnisurteils nach §§ 336 ff, eines Anerkenntnisurteils nach § 307 oder eines entsprechenden Teil- oder Grundurteils nach §§ 301, 304 erfolgt in den Formen des § 311. Beim Beschluß oder der Verfügung sind § 311 I–III grundsätzlich unanwendbar, § 311 IV anwendbar, § 329 I 2. 34

G. Verstoß, IV Hs 1, 2. Wegen der erheblichen Bedeutung der korrekten Verkündung jedenfalls eines Urteils auch bei einer befugten oder unbefugten Abwesenheit der betroffenen Partei ergibt sich die Folge eines Verstoßes nach den in § 310 Rn 3, 10, § 311 Rn 7 genannten Regeln. Im übrigen gelten die in Rn 36 ff dargestellten Rechtsbehelfe. 35

10) Rechtsbehelfe, I–IV. Beim Rpfl gilt § 11 RPflG, § 104 Rn 41 ff. Im übrigen gilt folgendes. 36

A. Ablehnung des Vorsitzenden. Es gelten §§ 42 ff. Die Ablehnung kann sich zB aus der Ausdrucksweise des Vorsitzenden ergeben, also etwa aus seinem Festhalten an einer verfehlten Ansicht, seiner Gestik oder Mimik, aus dem Verharren auf einem Irrtum, einer politischen Äußerung in der Verhandlung, aus einem unerlaubten Ratschlag, einer in der Verhandlung aufgetretenen Spannung zwischen ihm und einem übrigen Prozeßbeteiligten, überhaupt bei irgendeiner Unsachlichkeit und insbesondere auch bei einem unberechtigten Wortentzug, § 42 Rn 10. Wie stets kann die Partei nach § 43 eine Ablehnung dann nicht mehr anbringen, wenn sie sich auf eine Verhandlung eingelassen oder Anträge gestellt hat, ohne den ihr bekannten Ablehnungsgrund geltend zu machen. Das gilt selbst dann, wenn der Ablehnungsgrund objektiv erst unmittelbar vorher eintrat.

B. Sofortfolgen. Ein auch nur irgendwie möglicherweise begründetes Ablehnungsgesuch zwingt dazu, die bisherige Verhandlung zunächst zu schließen. Der Vorsitzende darf und muß aber darauf achten, daß die Partei nicht durch ein fadenscheiniges Ablehnungsgesuch versucht, eine ihr ungünstige, erkennbar direkt bevorstehende Sachentscheidung in letzter Minute abzuwenden. Zwar ist auch ein erkennbar rechtmißbräuchliches oder sonst unzulässiges Ablehnungsgesuch zunächst einmal vorhanden. Wenn es lediglich unflätige oder hemmungslose Beschimpfungen usw enthält, braucht das Gericht es aber nicht zu bearbeiten, Einl III 66, § 42 Rn 7, § 46 Rn 4. Ein eindeutig rechtsmißbräuchliches Ablehnungsgesuch läßt die Rechte und Pflichten des Vorsitzenden unverändert bestehen, und zwar nicht etwa nur als eine „unaufschiebbare Handlung" nach § 47, sondern wegen der von Amts wegen beachtbaren prozessualen völligen Unstatthaftigkeit prozessualer Arglist, Einl III 59. Diejenige Partei, die nach einer rechtsmißbräuchlichen Ablehnung den Saal verläßt, kann säumig werden. Unabhängig von der Zulässigkeit eines Ablehnungsgesuchs unterliegt der Ablehnende weiterhin der Sitzungspolizei bis zum Verhandlungsschluß, § 47, §§ 176 ff GVG. 37

C. Anrufung des Kollegiums. Vgl § 140. 38

D. Eventuell sofortige Beschwerde. Soweit der Vorsitzende einen solchen Antrag eines Prozeßbeteiligten zurückweist, der das Verfahren betrifft, ist nach § 567 I Z 2 eine sofortige Beschwerde nur dann zulässig, wenn die Entscheidung des Vorsitzenden keine mündliche Verhandlung erforderte. § 136 erfaßt seine Entscheidungen innerhalb einer Verhandlung im weiteren Sinn, Rn 1. Dazu kann die Güteverhandlung nach § 278 II–V zählen. Sie ist gerade noch keine „mündliche" Verhandlung. Das zeigt § 279 I 1. Insofern kommt also eine sofortige Beschwerde in Betracht. Soweit es aber gerade um eine mündliche Verhandlung und nur um diese geht, ist § 567 I Z 2 grundsätzlich unanwendbar. Deshalb ist ja gerade § 140 maßgeblich. 39

E. Anfechtung der Sachentscheidung. Soweit eine Maßnahme des Vorsitzenden in der Verhandlung einen Einfluß auf die in ihr oder später verkündete Sachentscheidung des Gerichts oder des Vorsitzenden hatte, ist der gegen eine solche Entscheidung jeweils statthafte Rechtsbehelf nach den für ihn geltenden Regeln möglich. 40

F. Dienstaufsichtsbeschwerde. Neben oder anstelle der anderen Rechtsbehelfe ist die Dienstaufsichtsbeschwerde denkbar. Sie ist gesetzlich kaum geregelt. Sie findet die Grenzen ihrer Zulässigkeit dort, wo der Bereich der richterlichen Unabhängigkeit beginnt. Zur Abgrenzung § 26 DRiG, SchlAnh I A. Vgl ferner etwa die bei § 216 Rn 29 genannten Regeln. Der Dienstvorgesetzte hat das Recht und auch sehr wohl die Pflicht der Fürsorge für den Untergebenen und nicht in erster Linie für die Prozeßbeteiligten. Das letzteres ist zunächst eine Aufgabe des erkennenden Gerichts. Das übersehen viele bedauerlicherweise bei allzu eilfertigen Bemühungen, den Beschwerdeführer zufriedenzustellen. Zwar macht auch in der Verhandlung der Ton die Musik. Derjenige Vorsitzende, der sich eindeutig erheblich vorwerfbar im Ausdruck oder in der sonstigen Verhaltensweise vergreift, kann schon und nur deshalb der Dienstaufsicht unterliegen. 41

G. Grenzen der Dienstaufsicht. Der Vorgesetzte sollte sich aber *peinlich hüten*, auch nur den Anschein zu erwecken, unter dem Deckmantel einer ihm vorliegenden Dienstaufsichtsbeschwerde irgendeinen Einfluß auch nur auf verfahrensleitende Maßnahmen während jener Sitzung oder in Zukunft nehmen zu wollen. Auch eine solche Maßnahme, die zum Verfahrensstillstand führt, kann sehr wohl in richterlicher Unabhängigkeit erarbeitet und mit vertretbaren Argumenten begründbar, sogar zwingend notwendig sein, etwa wegen eines unbehebbaren oder gerügten erheblichen Mangels der Klageschrift usw. Auch ein sehr kritisches Wort des Vorsitzenden gegenüber irgendeinem anderen im Saal kann bei einer vernünftigen und die Aufgaben des Vorsitzenden gebührend berücksichtigenden Betrachtungsweise sehr wohl noch gerechtfertigt sein, § 193 StGB (Wahrnehmung berechtigter Interessen), und eine Einmischung des Vorgesetzten verbieten. Der ihm nur bedingt unterstellte Richter ist kein der ständigen Aufsicht bedürftiges Kind, selbst wenn er sich sehr individuell verhält. Die Verwaltung dient auch dann noch dem Richter und nicht umgekehrt, wenn er ihr unbequem ist. 42

43 **H. Strafbarkeit falscher Anschuldigung.** Die Justiz wäre gut beraten, evtl unmißverständlich zu verdeutlichen, daß eine unberechtigte Dienstaufsichtsbeschwerde immerhin als eine *falsche Anschuldigung* nach § 164 StGB und/oder als eine Beleidigung nach §§ 185 ff StGB gelten kann und daß sie übrigens auch zu berufsrechtlichen Folgen führen könnte. Ein diesbezügliches Unterlassen des Vorgesetzten könnte als eine Begünstigung des unberechtigten Beschwerdeführers und sogar als eine Teilnahme an einer evtl fortdauernden Beleidigung zu werten sein.

44 **I. Verfassungsbeschwerde.** Soweit der Vorsitzende insbesondere das Wort unberechtigt nicht erteilt oder entzogen hat oder keine erschöpfende Sacherörterung durchführte, kann grundsätzlich erst nach der Erschöpfung des Rechtswegs eine Verfassungsbeschwerde insbesondere wegen eines Verstoßes gegen Art 103 I GG durch den Richter in Betracht kommen, Einl III 17. Das setzt freilich die übrige Unanfechtbarkeit der auf dem Verstoß beruhenden Sachentscheidung des Gerichts voraus.

137 *Gang der mündlichen Verhandlung.* **I Die mündliche Verhandlung wird dadurch eingeleitet, dass die Parteien ihre Anträge stellen.**

II Die Vorträge der Parteien sind in freier Rede zu halten; sie haben das Streitverhältnis in tatsächlicher und rechtlicher Beziehung zu umfassen.

III 1 Eine Bezugnahme auf Dokumente ist zulässig, soweit keine der Parteien widerspricht und das Gericht sie für angemessen hält. 2 Die Vorlesung von Dokumenten findet nur insoweit statt, als es auf ihren wörtlichen Inhalt ankommt.

IV In Anwaltsprozessen ist neben dem Anwalt auch der Partei selbst auf Antrag das Wort zu gestatten.

Schrifttum: *Fischer,* Bezugnahmen ... in Schriftsätzen usw, 1994.

Gliederung

1 **1) Systematik, I–IV.** Die Vorschrift enthält einige, aber keineswegs alle Regeln zum Gang der eigentlichen mündlichen Verhandlung nach § 279 I 1 im Gegensatz zur bloßen „Verhandlung" nach § 278 II–V. Für die letztere kann aber § 137 jedenfalls entsprechend mitbeachtlich sein. § 137 ist also nur ein Teil eines ganzen Geflechts einschlägiger Vorschriften. Zu den letzteren gehören zB die Regelung der Befugnisse des Vorsitzenden nach § 136 und derjenigen etwa für den frühen ersten Termin nach § 275, für den Haupttermin nach § 279, für alle Verhandlungstermine nach §§ 138–140, für die Beweisaufnahme nach § 357 I und etwa für die Vernehmung eines Zeugen nach §§ 394 ff usw.

I scheint sogar dem § 279 III zu widersprechen. In Wahrheit meint I jedoch nur den Beginn der eigentlichen streitigen Verhandlung. *III* wird, soweit es um die Anträge geht, durch den vorrangigen § 297 verdrängt, ergänzt ihn aber hilfsweise.

2 **2) Regelungszweck, I–IV.** Die Vorschrift dient unterschiedlichen Zwecken. *I* soll zur Klärung des Streitgegenstands nach § 2 Rn 4 bewirken, daß die eigentlichen Sachanträge am Beginn der Verhandlung stehen. *II, III* enthalten nicht nur den Mündlichkeitsgrundsatz nach Üb 1 vor § 128, sondern zwecks einer noch schärferen Durchführung dieses Grundsatzes sogar innerhalb der mündlichen Verhandlung noch den Grundsatz des Gebots der freien Rede zum Zweck der in aller Öffentlichkeit und in Rede wie Gegenrede sich entwickelnden Klärung des Streitstoffs bis zur erschöpfenden Erörterung, zur Entscheidungsreife, § 300 Rn 6. *IV* dient vor allem der Verhinderung prozessualer und sachlichrechtlicher Nachteile der Partei infolge

einer ungenügenden Information des ProzBev. Bei einem Widerspruch hat ja sogar der Parteivortrag unter Umständen einen Vorrang vor demjenigen des ProzBev, § 78 Rn 17. Man muß den jeweiligen Regelungszweck bei der Auslegung mitbeachten.

Wolken anderer Äußerungen als gerade der Anträge geben manche Kläger- wie Beklagtenvertreter zum Beginn der Verhandlung von sich. Es mag dann zunächst um eine Vertagung, Unzuständigkeit, Nachfrist, Gegenäußerung gehen oder gleich um eine Vergleichsverhandlung, um das Fehlen von Information, um eine Überlastung oder um Erwägungen einer Erledigterklärung, Klagerücknahme, eines Anerkenntnisses oder einer Widerklage usw. Jeder dieser Gesichtspunkte mag durchaus nach einer sofortigen Vorweg-Erörterung statt nach der sofortigen einleitenden Stellung der Sachanträge schreien. Ein verständiger Vorsitzender zeigt sich deshalb bereit, die Klärung der Sachanträge evtl zurückzustellen, Rn 6. Es kann ja auch Kostengründe haben, vorerst einmal abzutasten, was das Gericht und der Gegner denn vom eigenen Vortrag halten.

Flucht in die Säumis kann aber auch eine der Folgen einer richterlichen Sorglosigkeit sein. Die Verlängerung der Wirksamkeit einer einseitigen Klagerücknahme ohne eine gegnerische Zustimmungsbedürftigkeit nach § 269 I kann eine andere Folge sein. Die Souveränität des Gerichts kann, muß sich aber durchaus nicht stets darin zeigen, daß es den vom Gesetz aus guten Gründen vorgeschriebenen eigentlichen Gang der Verhandlung mehr oder minder regelmäßig ins Gegenteil verkehrt. Fingerspitzengefühl im Einzelfall und Erfahrung helfen bei einer unmerklichen, umso klareren Führung.

3) Geltungsbereich, I–IV. Vgl Grdz 3 vor § 128. Die Vorschrift gilt auch im WEG-Verfahren und im Bereich des § 113 I 2 FamFG. 3

4) Einleitung der mündlichen Verhandlung: Antragstellung, I. Die Vorschrift scheint sowohl zu § 220 I (Terminsbeginn mit Aufruf) als auch jedenfalls im Haupttermin nach einem schriftlichen Vorverfahren zu § 139 in einem Widerspruch zu stehen. In Wahrheit sind die Vorschriften durchaus aufeinander abgestimmt. Das Gesetz drückt sich nur nicht ganz unmißverständlich aus. Es erfaßt auch nicht alle Vorgänge in zeitlicher Reihenfolge in einer einzigen Bestimmung. 4

A. Begriff der Einleitung der mündlichen Verhandlung. Während der Aufruf der Sache nach § 220 I den Beginn des Termins darstellt, also den zeitlich ersten Abschnitt des Gesamtgeschehens, meint I mit dem Ausdruck „mündliche Verhandlung" einen späteren Vorgang. Zwischen dem Aufruf und dem Zeitpunkt nach I liegen noch grundsätzlich die Eröffnung der Verhandlung nach § 136 I, die weiteren Vorgänge formeller Art und daher sogar die etwaige Einführung des Gerichts in den Sach- und Streitstand, Nürnb RR **94**, 1343 (für die Berufungsinstanz) nebst einer persönlichen Anhörung der Parteien hierzu, soweit sie zur Zulässigkeit und evtl sogar zur Klagebegründetheit gehören, und ein etwaiger Einigungsversuch im Rahmen jenes Verfahrensabschnitts, §§ 278 I, 279. Die in I erfaßte Einleitung der mündlichen Verhandlung bezieht sich daher erst auf die eigentliche streitige Verhandlung. Düss MDR **87**, 852, Jena MDR **99**, 501, Mü RR **89**, 575. 5

Eine *Erörterung* und persönliche Anhörung mag zwar sogar den Schwerpunkt des Verhandlungstermins bilden. Sie unterfällt auch nach § 136 I sowie nach § 176 GVG der Funktion des Vorsitzenden, Bauer ZZP **91**, 329 Sie gehört aber noch nicht zur „eigentlichen streitigen Verhandlung", Mü MDR **85**, 943. Soweit es dann überhaupt nicht zu streitigen Sachanträgen kommt, ist doch jedenfalls erst die nach dem Aufruf usw am Beginn der eigentlichen Klärung des Streitstands erfolgende Antragstellung die „Einleitung der mündlichen Verhandlung" nach I. Damit ist allerdings wiederum nur der Regelfall umschrieben, und auch er nur im prozessualen Sinn. Gebührenrechtlich können andere Maßstäbe gelten.

B. Bloße Sollvorschrift. I stellt trotz des scheinbar zwingenden Wortlauts („wird ... eingeleitet") in Wahrheit jedenfalls in der Praxis eine bloße Sollvorschrift dar. Denn der Akteninhalt bis zum Terminsbeginn sowie derjenige von etwa unmittelbar nach dem Aufruf dem Gericht überreichten Schriftsätzen oder andere Erwägungen können dazu führen, daß der Vorsitzende es für ratsam hält, die Entgegennahme der Sachanträge zunächst zurückzustellen und zunächst in den Sach- und Streitstand einzuführen, Rn 2, BGH **109**, 44, zB um eine Klagerücknahme nach § 269 statt der angekündigten Forderung zu erreichen. Auch mag etwa bei einer sich abzeichnenden Unzuständigkeit des Gerichts eine Erörterung mit dem Ziel erfolgen, daß der Kläger seinem angekündigten Sachantrag zumindest sogleich hilfsweise einen Verweisungsantrag nach § 281 hinzufügt, § 260 Rn 8. Es wäre lebensfremd, solche unter Umständen auch zeitlich ausgedehnten Phasen der Erörterung nicht als „mündliche Verhandlung" zu betrachten, nur weil die Sachanträge etwa erst am Schluß des gesamten Gesprächs zum Protokoll kommen. Es wäre andererseits oft keineswegs gerechtfertigt, die Anträge in solchen Fällen als schon zum Beginn der Erörterung grundsätzlich zulässigerweise stillschweigend gestellt anzusehen. Daraus folgt vernünftigerweise der bloße Sollcharakter von I. 6

C. Begriff der Antragstellung. Weder I noch übrigens §§ 139 I 1, 297 enthalten gesetzliche Bestimmungen des Begriffs „Anträge". Gemeint ist jeweils der sog Sachantrag nach § 297 Rn 1, Nürnb RR **94**, 1343 (für die Berufungsinstanz), im Gegensatz zum bloßen Prozeßantrag, § 297 Rn 5. Denn die Antragstellung nach I leitet ja die eigentliche streitige Verhandlung zur Sache, zum Streitgegenstand ein, Rn 4 ff. Freilich kann die Partei einen Prozeßantrag etwa auf eine Verweisung oder auf das Ruhen des Verfahrens zumindest gleichzeitig mit dem Sachantrag stellen, wenn nicht schon vor ihm, oder sie kann ihn doch jedenfalls vor einer weiteren Erörterung im Anschluß an den Sachantrag stellen. 7

D. Verhältnis zur Anhörung oder Erörterung. Die Antragstellung ist der förmliche Höhepunkt des Parteivortrags. Mit dem Sachantrag legt die Partei den Umfang ihres Angriffs oder ihrer Verteidigung und damit den Umfang desjenigen Streitstoffs fest, über den das Gericht entscheiden darf und muß, § 308 I. Dieser Grundsatz gilt lediglich nicht bei den Kosten, § 308 II, und nicht im Verfahren mit einem Amtsermittlungsgrundsatz, Grdz 38 vor § 128. 8

Demgegenüber zählen die Formen der *Anhörung,* Erörterung usw zu denjenigen vorbereitenden oder nachbereitenden Formen, in denen das Gericht mit der einen oder anderen oder beiden Parteien spricht. 9

Sie können der Herbeiführung oder der Verhinderung von Sachanträgen dienen. Sie können streitig oder unstreitig erfolgen. Sie können mit einer Einigung oder ohne eine solche enden. Sie können einseitig oder beiderseitig stattfinden. Natürlich kann auch bei der Anwesenheit einer Partei ihr Sachantrag aus welchen Gründen auch immer unterbleiben, so daß sie nach § 333 „nicht verhandelt" und daher säumig ist.

10 **E. Form der Antragstellung.** Die Form ergibt sich aus § 297 I, II. Die Vorschrift enthält mehrere grundsätzlich gleichberechtigte Formen, in denen man den Sachantrag wirksam stellen kann. Jede Partei ist in der Wahl einer dieser Formen unabhängig von der anderen frei. Bei einer der Formen muß allerdings der Vorsitzende genehmigend mitwirken, um den Sachantrag wirksam werden zu lassen. Wegen der erheblichen Auswirkung einer wirksamen Antragstellung empfiehlt sich eine gewissenhafte Beachtung des § 297 bei der erforderlichen Protokollierung, § 160 III Z 2. Ein Anwaltszwang besteht wie sonst, § 78.

Zulässig sind also: Die Verlesung aus einem vorbereitenden Schriftsatz, § 297 I 1, oder aus einer dem Protokoll als Anlage beizufügenden Schrift, § 297 I 2; die Erklärung zum Protokoll, soweit der Vorsitzende sie gestattet, § 297 I 3; die Bezugnahme auf einen Schriftsatz, § 297 II. Die etwa notwendige Gestattung muß eindeutig vorliegen. Sie kann aber auch stillschweigend erfolgt sein.

11 **F. Vorsitzender.** In der Praxis liest der Vorsitzende freilich die schriftsätzlich angekündigten Anträge meist vor oder weist auf ihre Fundstelle in den Gerichtsakten hin. Er befragt die Partei nur, ob sie bei diesen Anträgen bleibe. Sie braucht dann nur etwaige Abänderungen oder Ergänzungen von sich aus zur Sprache zu bringen. Sie hat aber keinen Anspruch auf eine Einhaltung dieser praxisüblichen Methode. Sie muß ganz besonders bei der Antragstellung streng darauf achten, ihre Rechte zu wahren.

Zwar soll der Vorsitzende in jeder Verfahrenslage für *sachdienliche Anträge* sorgen, § 139 I 2 Hs 2. Dennoch ist eine korrekte und vollständige Stellung derjenigen Anträge, die das Gericht jetzt schon und noch beurteilen soll, in allererster Linie die Aufgabe (Obliegenheit) der Partei, auch und gerade der nicht anwaltlich vertretenen. In der Praxis verstößt so mancher Anwalt in einem erstaunlichen Maß gegen diesen sehr wesentlichen Teil seiner prozessualen wie sachlichrechtlichen Pflichten. Diese Erfahrungstatsache darf nicht dazu führen, daß man etwa eine Art gewohnheitsrechtlicher Entlastung von der Parteipflicht bejaht, die Anträge in eigener Verantwortung vorzubereiten und zu stellen.

12 **G. Bezugnahme.** Stillschweigend kann man den Antrag zwar nicht verlesen. Denn das ist ein Vorgang des unmittelbaren Sprechens. Stillschweigend kann man auch nicht die Erklärung zum Protokoll geben. Denn auch sie erfordert ein Sprechen. Wohl aber kann die bloße Bezugnahme auf einen Schriftsatz je nach der gesamten Lage auch stillschweigend erfolgen, Hbg JB **95**, 30, KG SchiedsVZ **07**, 277. Denn das Gericht darf und muß das gesamte Verhalten einer Partei, ihres gesetzlichen Vertreters und ihres ProzBev als den Inbegriff ihrer Parteiprozeßhandlungen nach Grdz 47 vor § 128 wie jede Willenserklärung auslegen, Grdz 52 vor § 128, und zwar nach Treu und Glauben, Grdz 3 vor § 128. Wegen des Grundsatzes der Einheit der Verhandlung nach Üb 52 vor § 253 kann diese stillschweigende Antragstellung als sogar schon an einem früheren Terminstag erfolgt gelten. Man darf und muß dergleichen im Protokoll verdeutlichen, auch durch eine nachträgliche Klarstellung oder Berichtigung. Das kann erhebliche Auswirkungen auf den gesamten Prozeßverlauf haben. Wegen eines noch oder endgültig unrichtigen Protokolls oder Tatbestands § 314 Rn 7, 8.

13 **H. Rechtsfolgen der Antragstellung.** Die Sachanträge haben eine ganze Reihe von prozessualen und sachlichrechtlichen Auswirkungen. Sie bestimmen den Umfang des derzeitigen Streitstoffs, der Entscheidungsbefugnis des Gerichts. Das gilt sowohl zur Zulässigkeit, hier vor allem der Zuständigkeit, als auch zur Begründetheit, hier vor allem der Beweisbedürftigkeit. Erst der Sachantrag läßt überhaupt klar erkennen, ob das Gericht zB örtlich oder sachlich zuständig ist. Daher ist die weitverbreitete Ansicht, bei einer Unzulässigkeit genüge ein Verweisungsantrag des Klägers, falsch: Erst der entgegengenommene Sachantrag ermächtigt und befähigt das Gericht zu einer abschließenden Beurteilung seiner Zuständigkeit. Daher darf es die Partei nach § 139 I 2 Hs 2 auffordern, zunächst ihren Sachantrag zu stellen, und muß den bloßen Verweisungsantrag mangels eines Sachantrags als eine Säumigkeit nach § 333 behandeln. Der Verweisungsantrag hängt ohne den Sachantrag „in der Luft". Das übersehen viele. Freilich kann man einen Sachantrag stillschweigend stellen, Rn 10.

14 **I. Verhandlung.** Vom Sachantrag einer jeden Partei hängt der weitere Prozeßverlauf schon in dieser Verhandlung entscheidend ab. Andererseits ist auch eine wirksame Stellung der Sachanträge zunächst nur ein bloß formeller Vorgang und nicht immer auch schon eine Verhandlung nach § 333, Düss MDR **87**, 852, Schlesw SchlHA **86**, 91, LG Tüb RR **87**, 1212. Das gilt zB bei einer Güte- oder Vergleichsverhandlung, Bbg MDR **88**, 148. Der Antrag zur Widerklage nach Anh § 253 ist freilich dann eine Verhandlung zur Klage, wenn ein Gerichtsstand für die Widerklage nur aus § 33 folgt.

15 **J. Verhandlung zur Hauptsache.** Die Antragstellung ist auch nicht stets eine Verhandlung zur Hauptsache nach §§ 39, 282 III, 253 usw. Wegen der mündlichen Verhandlung auch des Bekl vgl §§ 269 I, 516 I, BGH **100**, 390. Freilich gibt das Protokoll oft nicht klar genug wieder, daß die Parteien zB nach der Antragstellung auf eine Frage des Vorsitzenden, ob sie noch etwas vortragen wollten, verneinend antworteten und zumindest dadurch verhandelt haben. Bei einer späteren Verhandlung in demselben Rechtszug vor denselben Richtern ist eine ausdrückliche Wiederholung der schon zum Protokoll gestellten Anträge entbehrlich, Hbg MDR **86**, 65. Dasselbe gilt wegen des Grundsatzes der Einheit der Verhandlung nach Üb 3 vor § 253 und wegen des Grundsatzes der Gleichwertigkeit aller Verhandlungsteile nach Üb 5 vor § 253 aber auch beim Wechsel der Besetzung des Gerichts, ThP 1, aM StJL § 128 Rn 38, ZöGre 1 (eine stillschweigende Bezugnahme auf frühere Anträge reiche aus. Aber eine solche Hilfskonstruktion ist gar nicht notwendig).

16 **K. Erneute Protokollierung.** Die erneute Feststellung der Anträge zum Protokoll empfiehlt sich aber zur Klärung der Rechtsfolgen ausnahmslos. Der Umfang des nach § 286 Rn 13 entscheidungserheblichen Streitstoffs sollte in jeder Phase einer jeden mündlichen Verhandlung völlig eindeutig klarliegen. Die Rechts-

folgen treten auch wegen scheinbar nebensächlicher Punkte ein. Das gilt etwa bei der Frage, welche Zinsen der Kläger für welchen Zeitraum auf welchen Teilbetrag der Gesamtforderung geltend macht. Nach einer teilweisen Klagerücknahme nach § 269 Rn 9 entstehen oft Formulierungsschwierigkeiten. Dasselbe gilt: Nach einem teilweisen Anerkenntnis, § 307 Rn 5; nach einer teilweisen einseitigen Erledigterklärung, § 91 a Rn 204; nach beiderseitigen solchen Erklärungen, § 91 a Rn 202; nach einem Einspruch gegen einen Vollstreckungsbescheid, §§ 699, 700, oder gegen ein Versäumnisurteil usw, §§ 338 ff. Wegen der auch dann erheblichen Rechtsfolgen sollte das Gericht solche Formulierungsprobleme sofort und mit allem Nachdruck beseitigen, damit alle Prozeßbeteiligten übersehen können, über welche restlichen Anträge das Gericht noch entscheiden soll.

L. Begriff der Parteien. Zum Parteibegriff Grdz 4 vor § 50. Auch der Streithelfer nach § 66 gilt als Partei. Daher erfaßt I auch seine Anträge. 17

M. Kosten. Es kann unabhängig von einem Sachantrag eine Terminsgebühr entstehen, VV 3104 usw. 18

N. Verstoß. Soweit das Gericht gegen die Pflicht zur Herbeiführung und Aufnahme ordnungsgemäßer Sachanträge und/oder Prozeßanträge verstößt, können die in Rn 48 genannten Rechtsbehelfe anwendbar sein. Eine Partei kann einen Sachantrag oder den notwendigen Prozeßantrag unterlassen, auch einen etwa nur hilfsweise notwendigen, sei es infolge mangelhafter Hinweise des Gerichts nach § 139 I 2 und anderen Vorschriften, sei es „in der Eile des Gefechts" wegen einer bloßen Vergeßlichkeit aller Prozeßbeteiligten einschließlich des Vorsitzenden, sei es deshalb, weil sie einen Antrag nicht stellen will, aus welchen Gründen auch immer. Dann kann sie nach § 333 als säumig gelten. Das kann auf einen Antrag zur Zurückverweisung nach (jetzt) § 538 führen, Kblz MDR **02**, 415. Das kann ferner etwa im Termin zum Einspruch gegen ein ihr ungünstig gewesenes Versäumnisurteil zum endgültigen Prozeßverlust führen, § 345. Nach einer früheren streitigen Verhandlung kann der Prozeßverlust auch nach §§ 251 a II, 331 a eintreten. Andererseits kann die Partei durch eine solche „Flucht in die Säumnis" unter Umständen die strengen Vorschriften zum verspäteten Vorbringen nach § 296 unterlaufen. 19

5) Vorträge der Parteien, II. Die Vorschrift enthält eine konsequente Durchführung des Mündlichkeitsgrundsatzes, Üb 1 vor § 128. Nach dem klaren Wortlaut ist sie zwingend. Dennoch beachtet sie die Gerichtspraxis oft nicht genug. 20

A. Begriff der Partei. Vgl Rn 17.

B. Begriff des Vortrags. Der Parteivortrag soll eine zumindest im Bereich der Tatsachen erschöpfende Erörterung bewirken, §§ 136 III, 138 I, II, 139. Der Vortrag umfaßt sämtliche Äußerungen in der Verhandlung einschließlich aller Bezugnahmen auf vorbereitende Schriftsätze usw. Er umfaßt darüber hinaus aber auch diejenigen eindeutigen stillschweigenden Reaktionen der Partei auf ein gegnerisches Vorbringen oder auf Hinweise des Gerichts, die man durch eine Auslegung als solche Reaktionen erkennen kann und muß. 21

C. Begriff der freien Rede. Die Parteien dürfen sich keineswegs auf eine bloße Bezugnahme auf vorbereitende Schriftsätze nach § 129 Rn 7 beschränken, soweit nicht das Gericht sie nach III 1 gestattet. Eine Vorlesung kommt nur unter den Voraussetzungen III 2 in Betracht. Grundsätzlich sollen die Parteien also in Rede und Gegenrede zur Sache verhandeln. Daher kann der Vorsitzende jede Partei, ihren gesetzlichen Vertreter oder ihren ProzBev auffordern, alle nach der Auffassung der Partei in tatsächlicher und rechtlicher Beziehung derzeit schon und noch entscheidungserheblichen Gesichtspunkte, Tatsachen, Beweismittel usw auch dann mündlich zusammenfassend vorzutragen, wenn sie schon mehr oder minder umfangreiche Schriftsätze eingereicht hatte. Gerade in einem schwierigen Fall kann ein solcher Zwang zum Vortrag in freier Rede sehr heilsam sein und dem Gericht zeigen, auf was es der Partei eigentlich überhaupt noch ankommt und was sie noch für streitig hält. Dadurch kann das Gericht den weiteren Verfahrensablauf erfahrungsgemäß ganz erheblich vereinfachen und beschleunigen. Oft ergibt sich gerade erst bei einem solchen auf eine Aufforderung des Gerichts gehaltenen mündlichen Vortrag eine vom Gegner oder Gericht bisher übersehene Einzelheit, die dem Verfahren eine völlige Wendung geben kann. Das alles gilt erfahrungsgemäß gerade auch im frühen ersten Termin, insbesondere wenn das Gericht ihn zulässigerweise als einen abschließenden Termin mit dem Ziel der Entscheidungsreife nach § 300 Rn 6 plant und durchführt, § 272 Rn 5. 22

D. Notwendigkeit der Vorbereitung. Deshalb darf die Partei oder ihr Anwalt *keineswegs erklären,* sie sei auf einen solchen mündlichen Vortrag nicht vorbereitet. Das gilt auch und gerade für denjenigen ProzBev, der für einen Sozius oder einen verhinderten anderen Anwalt eingesprungen ist. Das Gericht ist keineswegs dazu da, einem ersichtlich überhaupt nicht mit dem Sachverhalt vertrauten ProzBev aus den Akten klarzumachen, um was es sich handelt, oder gar, wen er eigentlich vertritt usw. Der Vortrag eines Richters ersetzt den Parteivortrag nicht. Auch die Einführung des Gerichts nach § 139 I 1 ersetzt die Notwendigkeit des Parteivortrags grundsätzlich nicht. Dasselbe gilt für Ausführungen etwa des Vorsitzenden oder des Berichterstatters zu seiner Auslegung des Akteninhalts usw. Das Gericht darf sich im Anschluß an einen mündlichen Parteivortrag aber auch nicht rein zuhörend verhalten, solange es noch irgendeinen Punkt klären muß, (jetzt) § 139, Möhring/Nirk Festschrift „25 Jahre BGH" (1975) 312. Das Gericht muß selbstverständlich jeder Ausführung einer Partei im tatsächlichen und rechtlichen Bereich mitdenkend folgen und durch Rückfragen usw reagieren. Das Recht und die Pflicht zum Vortrag in freier Rede bedeutet keine Befugnis zu uferlosen Weitschweifigkeiten. Nach einer vergeblichen Ermahnung kann und muß der Vorsitzende dann notfalls das Wort entziehen, §§ 136 III, 157 II. 23

E. Begriff des Streitverhältnisses. Unter diesem Ausdruck muß man zunächst den Streitgegenstand verstehen, § 2 Rn 4. Darüber hinaus gehört aber auch jeder solche Punkt zum Streitverhältnis, den die Partei nicht zu ihrem Streitgegenstand zählt, den aber das Gericht oder ein anderer Prozeßbeteiligte zur Sprache gebracht und für erheblich gehalten hat, sei es auch nach der Ansicht der Partei überflüssigerweise. Denn die Verhandlung dient einer erschöpfenden Sacherörterung, § 136 III. Diese umfaßt auch die Klärung der 24

Unbeachtlichkeit etwaiger Gegenargumente. Im übrigen stellt Hs 2 dar, daß auch die rechtliche Beziehung des Streitverhältnisses in den Vortrag gehört, also nicht nur der Tatsachenstoff. Das bedeutet allerdings nur scheinbar eine Pflicht der Partei zu einer umfassenden eigenen rechtlichen Beurteilung. Grundsätzlich braucht die Partei die von ihr erstrebten Rechtsfolgen nicht juristisch zu benennen, § 253 Rn 37 (Kläger). Das gilt, zumal das Gericht in der Würdigung des ihm unterbreiteten Tatsachenstoffes ohnehin frei ist, Grdz 35 vor § 128. Immerhin verpflichtet schon Hs 2 und darüber hinaus auch die allgemeine Mitwirkungs- und Förderungspflicht der Parteien nach Grdz 11, 12 vor § 128 wenigstens bei einem Rechtsgespräch nach § 139 die Partei dazu, im Rahmen des ihr Zumutbaren auf die rechtlichen Gesichtspunkte wenigstens im Kern einzugehen.

25 **F. Rechtsfolgen des Vortrags.** Alle Beteiligten müssen das einmal wirksam mündlich Vorgetragene wegen der Grundsätze der Einheit der Verhandlung und der Gleichwertigkeit aller Verhandlungsteile nach Üb 3, 4 vor § 253 solange beachten, bis die Partei ihre Erklärung (Tatsachenbehauptung, Angriffs- oder Verteidigungsmittel, Einl III 70) wirksam widerrufen oder zurückgenommen oder sonstwie aufgegeben hat.

26 **G. Änderung der Einlassung.** Eine Änderung der Einlassung macht die frühere keineswegs automatisch unbeachtlich. So kann zB ein anfängliches bloßes Bestreiten mit Nichtwissen nach einem Hinweis auf dessen Unbeachtlichkeit nach § 138 III, IV nicht durch die bloße Erklärung, dann wolle man eben unbedingt bestreiten, zu einem beachtlichen Vollbestreiten werden. Vielmehr bleibt die Widersprüchlichkeit des Parteivortrags als solche solange bestehen und beachtlich, bis sie eine befriedigende Aufklärung findet. Ein Geständnis nach § 288 bleibt bis zum Widerruf nach § 290 wirksam. Entsprechendes gilt für alle anderen prozessual oder sachlichrechtlich wirksam abgegebenen Erklärungen. Wegen einer Bedingung, einer Irrtumsanfechtung usw Grdz 51–61 vor § 128. Die Erklärung kann unabhängig davon wirksam sein, ob das Gericht sie ordnungsgemäß protokolliert hatte. Alle wesentlichen Vorgänge und daher auch alle wesentlichen Teile des Parteivortrags gehören nach § 160 II in das Protokoll. Das Gericht muß insbesondere die in § 160 III Z 1–3, 8, 9 genannten Vorgänge im Protokoll feststellen. Ebenso muß das Gericht auf einen Antrag der Partei solche Vorgänge oder Äußerungen protokollieren, von deren Aufnahme das Gericht nicht nach § 160 IV 2, 3 absieht.

27 **F. Verstoß.** Soweit das Gericht gegen die Pflicht verstößt, den Vortrag der Partei anzuordnen, zu gestatten und störungsfrei zu halten, gelten die in Rn 48 genannten Rechtsbehelfe. Soweit die Partei gegen ihre Obliegenheit zum Vortrag in freier Rede verstößt, kann sie als säumig gelten, § 333. Ferner muß sie mit einer Zurückweisung eines etwa später erfolgenden Vortrags etwa nach § 296 rechnen. Überdies kann eine Verzögerungsgebühr nach § 38 GKG, Anh § 95, oder eine Kostenfolge nach § 95 eintreten. Ferner kann der Vorsitzende der trotz seiner Ermahnung weiterhin lediglich vorlesenden oder bezugnehmenden Partei oder der zu weitschweifig vortragenden das Wort entziehen, §§ 136 III, 157 II.

28 **6) Bezugnahme auf Dokumente, III 1.** Wegen des Grundsatzes des freien Parteivortrags nach Rn 20 ff ist eine bloße Bezugnahme nur unter den eng auslegbaren Voraussetzungen der Sonderregelung nach III 1 statthaft. Das gilt für Dokumente sei es des Gegners, sei es eines eigenen oder gegnerischen Streitgenossen, Schneider MDR **97**, 527, sei es eines anderen Prozeßbeteiligten, auch eines Zeugen oder Sachverständigen, soweit sich diese schriftlich oder elektronisch geäußert haben.

A. Begriff des Dokuments. Der Begriff umfaßt sowohl den Schriftsatz nach § 129 I als auch ein elektronisches Dokument nach §§ 130 a, b als auch eine Erklärung oder einen solchen Antrag, den die Partei bereits zu irgendeinem Protokoll gegeben hat, § 129 a, BGH NJW **04**, 1732, als auch alle dem Gericht eingereichten Urkunden und sonstigen Beilagen, Anlagen und Ergänzungen, §§ 131 ff, BGH NJW **02**, 681. Das gilt unabhängig von ihrer Form. Daher gehören hierher auch zB Fotos, Fotokopien, Telefax- und Teletex-Schriftstücke, Tonbänder und sonstige technische Aufzeichnungsmittel, Gegenstände, die man als Anlage zu Schriftsätzen usw eingereicht hatte, etwa der beschädigte Pullover oder ein Bild. Insofern ist wegen des Ausnahmecharakters von III 1 eine enge Auslegung ratsam. Es darf keine Bezugnahme auf irgendein Dokument außerhalb der Voraussetzungen des Gesetzes erfolgen.

29 **B. Begriff der Bezugnahme.** Die Partei braucht natürlich nicht ausdrücklich „Bezug zu nehmen". Es genügt vielmehr, daß sie erkennbar den Inhalt des Dokuments zum Gegenstand ihres mündlichen Vortrags macht. Im Zweifel gilt mit der Antragstellung ohnehin der gesamte Inhalt der bisher dem Gericht vorgelegten Dokumente nebst Anlagen als vorgetragen, also zumindest stillschweigend in Bezug genommen. Es erstreckt sich die mündliche Verhandlung und insbesondere die vorbehaltlose Antragstellung also im Zweifel auf den gesamten bis zum Termin angefallenen Akteninhalt, Üb 3 vor § 253, BGH NJW **99**, 2123, Hamm RR **97**, 764, Lange NJW **89**, 444, und zwar auch auf den vorinstanzlichen, KG NJW **90**, 844, strenger BVerfG RR **95**, 828 (aber das wäre ziemlich praxisfern). Evtl muß das Gericht nachfragen, BGH NJW **98**, 2977. Ein ausdrücklicher Hinweis auf einen der dokumentarisch erfolgten Beweisanträge enthält daher grundsätzlich nicht den Verzicht auf die übrigen. Man braucht einen solchen Beweisantritt im Verhandlungstermin nicht ausdrücklich zu wiederholen, BGH RR **96**, 1459, Hamm RR **97**, 764. Die pauschale Bezugnahme auf zB eine ganze Akte reicht aber erst insoweit, als die Partei sie näher eingrenzt oder als die Akte diesen Sachverhalt betrifft, BGH NJW **94**, 3296.

Eine nicht beigefügte, auch nicht nachgereichte *Anlage* wird trotz einer „Bezugnahme" nicht zum Vortrag, soweit die Partei sie nicht im Hauptdokument inhaltlich wiedergibt, BGH NJW **95**, 1842. Es empfiehlt sich zur Vermeidung von Mißverständnissen, die erfahrungsgemäß leider bis zur Strafanzeige wegen Falschbeurkundung (Falschprotokollierung) gehen können, im Protokoll durch die Formulierung ganz klarzustellen, daß eine Bezugnahme erfolgt ist. Das geschieht durch die Worte „Die Partei nahm Bezug auf ..." besser als durch die Formulierung „Die Partei verhandelt wie im Dokument vom ..." oder gar nur „Die Partei stellt den Antrag aus dem Dokument vom ...". Natürlich ist aber auch das Protokoll nach Treu und Glauben auslegbar.

C. Abgrenzung zur Antragstellung. Man kann den Antrag nach § 297 II auch ohne eine Genehmigung des Gerichts durch die bloße Bezugnahme auf ein Dokument wirksam stellen, § 297 Rn 8. Demgegenüber ist eine wirksame Bezugnahme auf den übrigen Teil eines Antrags-Dokuments oder gar auf andere Dokumente oder gar auf deren Anlagen nach dem klaren Wortlaut von III 1 von weiteren Zulässigkeitsvoraussetzungen abhängig, Rn 31, 32. Das scheint nur auf den ersten Blick formell zu sein. Zwar hat der Antrag eine besondere Bedeutung. Er erhält aber auch grundsätzlich im Dokument eine besondere Hervorhebung. Deshalb wird der Sinn des Parteivortrags auch ohne eine Zustimmung des Gegners und des Gerichts deutlich, wenn die Partei auf den Antrag Bezug nimmt. Wenn sie dagegen schon durch eine eigene pauschale Bezugnahme auf alle möglichen Dokumente wirksam vortragen könnte, wäre für den Gegner wie das Gericht oft kaum erkennbar, was wirklich noch als vorgetragen gelten soll. Man könnte sich zB durch eine pauschale Bezugnahme auf eine umfangreiche Vorkorrespondenz oder auf erst noch beizuziehende Ermittlungsakten fast völlig um die Notwendigkeit drücken, als Kläger schon wegen § 253 II Z 2 mit seiner sog Darlegungslast zu präzisieren, welche Tatsachen man für entscheidungserheblich hält. 30

D. Kein Parteiwiderspruch. Aus den Gründen Rn 29, 30 erfordert daher die Bezugnahme auf ein Dokument zunächst, daß keine der übrigen Parteien widerspricht. Sie braucht nicht ausdrücklich oder stillschweigend zuzustimmen. Es genügt eben, daß sie nicht mindestens erkennbar Bedenken hat. Anfängliche Bedenken mögen sich im Lauf der Verhandlung beiseiteräumen lassen. Es empfiehlt sich, den Vorgang im Protokoll zu verdeutlichen. Das bloße Schweigen des Prozeßgegners ist noch kein erkennbarer Widerspruch. Sein Bestreiten ist keineswegs stets auch ein Widerspruch nach III 1. Da der Prozeß der Kampf zweier gleichberechtigter Parteien ist und der Parteiherrschaft, dem Beibringungsgrundsatz und der Verhandlungsmaxime unterliegt, Grdz 20 vor § 128, mag sich die Partei erkennbar widersprechend melden. Daher liegt im Zweifel kein Widerspruch vor. 31

E. Angemessenheit der Bezugnahme. Zusätzlich muß aber auch das Gericht die Bezugnahme schon nach dem klaren Wortlaut von III 1 für angemessen halten, um sie zulässig zu machen. Das Gericht hat dabei ein pflichtgemäßes Ermessen. Es darf weder eine Bezugnahme grundsätzlich unbeschränkt zulassen noch sie ausnahmslos verbieten. Maßgeblich ist der Sinn und Zweck der Vorschrift, Rn 2. Das Gericht darf und muß dafür sorgen, daß der Parteivortrag nicht durch eine bloße Bezugnahme unklar, uferlos, unübersehbar wird, BGH NJW **05**, 2929. Es muß den Grundsatz der Prozeßwirtschaftlichkeit beachten, Grdz 14 vor § 128. Es darf muß auch nach § 138 dafür sorgen, daß die Erklärungen der Partei eindeutig und präzise sind, LG Ffm AnwBl **01**, 589, Lange NJW **89**, 442. Jedenfalls darf das Gericht sich nicht zwingen lassen, sich das Wesentliche selbst aus umfangreichen Dokumenten, Anlagen oder Beiakten, aus Ermittlungsakten usw zusammenzusuchen, BGH NJW **94**, 3296. Im Berufungsrechtszug ist eine Bezugnahme auf ein erstinstanzliches Vorbringen eher zulässig, BVerfG **60**, 311. 32

F. Rechtsfolgen der Bezugnahme. Eine ordnungsgemäße Bezugnahme hat dieselben Rechtsfolgen wie Rn 25, BGH RR **96**, 1460. 33

G. Verstoß. Soweit das Gericht eine Bezugnahme gesetzwidrig zuläßt oder verbietet, gelten die in Rn 48 genannten Rechtsbehelfe. Soweit eine Partei eine gesetzwidrige Bezugnahme vornimmt, kann sie wegen Verstoßes gegen den Grundsatz der Prozeßwirtschaftlichkeit nach Grdz 14 vor § 128 das Rechtsschutzbedürfnis verlieren, Grdz 33 vor § 253, Düss FamRZ **85**, 1153. Im übrigen darf und muß das Gericht nach einem erfolglosen Hinweis nach §§ 138, 139 den Vortrag unberücksichtigt lassen, soweit die Partei ihre bloße Bezugnahme nicht wenigstens in den vom Gericht genannten Punkten präzisiert oder ergänzt. Bei einer Nichtberücksichtigung kann eine Zurückverweisung nach (jetzt) § 538 erfolgen, Düss RR **98**, 1530. 34

7) Vorlesung von Dokumenten, III 2. Eine Vorlesung des Antrags ist wegen des vorrangigen § 297 I 1 nicht nur erlaubt, sondern sogar ansich stets notwendig, sofern schon ein vorbereitendes Dokument vorliegt. Eine Vorlesung anderer Teile von Dokumenten ist von weiteren Voraussetzungen abhängig. 35

A. Begriff des Dokuments. Es gelten dieselben Regeln wie Rn 28.

B. Begriff der Vorlesung. Gemeint ist das direkte Ablesen vom Papier oder vom Bildschirm, wenn auch das Dokument vielleicht nur aus Kürzeln, Telegrammstil usw besteht. Natürlich muß das abgelesene Dokument anschließend zur Gerichtsakte kommen, wenn es nicht schon in ihr liegt. 36

C. Erheblichkeit des Wortlauts. Nach dem Wortlaut von III 2 „findet die Vorlesung nur insoweit statt". Das ist eine Zulässigkeitsvoraussetzung. Sie tritt verständigerweise zu denjengen von III 1 hinzu, also zum Fehlen eines Widerspruchs des Prozeßgegners und zur Erlaubnis durch das Gericht, Rn 31, 32. Andernfalls könnte die Partei zwar nicht eine Bezugnahme, wohl aber eine Vorlesung leichter erzwingen. Das steht im direkten Widerspruch zum Grundsatz der Prozeßwirtschaftlichkeit, Grdz 14 vor § 128. Es kommt weder auf die bloße Ansicht der Partei zur Bedeutung des wörtlichen Inhalts an noch auf diejenige des Prozeßgegners, sondern auf diejenige des Gerichts. Es muß sich seine Meinung nach dem gesamten bisherigen Akteninhalt und Verhandlungsinhalt bilden. Es sollte bloße Ablesereien energisch unterbinden. Wenn alle anderen Prozeßbeteiligten den Wortlaut bereits in Händen haben, mag eine Vorlesung wesentlich sein, um etwa die nach der Ansicht der Partei erforderliche besondere Art der Betonung oder Aussprache etwa eines fremdsprachlichen Ausdrucks zu klären oder um darzustellen, daß sie das Gesetz anders liest. Zur Problematik § 380 Rn 12 (dritte und weitere Auferlegung von Kosten usw). 37

D. Rechtsfolgen der Vorlesung. Die Partei hat ihr wirksam Vorgelesenes unmißverständlich vorgetragen. Das Gericht sollte es im Protokoll nach § 160 II–IV festhalten. Man muß die Vorlesung durch die Partei von derjenigen durch das Gericht unterscheiden. Das gilt etwa bei der Protokollierung einer Zeugenaussage oder eines Prozeßvergleichs. Deshalb braucht das Gericht keinen zusätzlichen Genehmigungsvermerk in das Protokoll aufzunehmen. 38

39 **E. Verstoß.** Soweit das Gericht eine Vorlesung gesetzwidrig anordnet oder verbietet, gelten die Rechtsbehelfe Rn 48. Soweit die Partei eine Vorlesung gesetzwidrig vornimmt, darf und muß evtl das Gericht ihr den weiteren diesbezüglichen Vortrag verbieten und das Wort entziehen, § 138 III. Es kann auch ein Ungehorsam vorliegen, §§ 176 ff GVG. Das trotzdem weiter einfach Vorgelesene bleibt prozessual und sachlichrechtlich unbeachtlich. Soweit die Partei eine nötige Vorlesung trotz einer Aufforderung durch das Gericht nicht vornimmt, liest einfach der Vorsitzende die Partie vor und macht sie damit zum Gegenstand der Verhandlung. Im übrigen kann er natürlich auch etwa dann, wenn es auf die Entscheidung der Partei ankommt, nach einem vergeblichen Hinweis auf die Rechtsfolgen unklar bleibender Ausführungen den ganzen diesbezüglichen Vortrag unbeachtet lassen. Das gilt zB bei der Frage, ob ein angekündigtes Anerkenntnis nun tatsächlich erfolgt. Dasselbe gilt insbesondere wegen unklarer sachlichrechtlicher Erklärungen für den Prozeßgegner.

40 **8) Vortrag der Partei persönlich im Anwaltsprozeß, IV.** Die Vorschrift dient der Verhütung von Unklarheiten, Auslassungen oder Widersprüchlichkeiten infolge einer mangelhaften Information des ProzBev zum Schaden seines Auftraggebers und der Prozeßwirtschaftlichkeit. Sie soll unnötige Verzögerungen durch sonst notwendige Rückfragen verhindern. Oft kann ja nur die Partei etwa aus einer Zeugenaussage die entscheidend falsche oder widersprüchliche Stelle sogleich erkennen und zur Sprache bringen. IV kann auch § 141 oder § 448 erübrigen, BVerfG NJW **08**, 2170.

A. Begriff des Anwaltsprozesses. Es gilt die gesetzliche Begriffsbestimmung in § 78 I.

41 **B. Sonstiger sachlicher Geltungsbereich.** In einigen Fällen ist die Anhörung der Partei unabhängig davon, ob ein Anwaltsprozeß nach § 78 Rn 1 vorliegt, zusätzlich zu den Ausführungen des von ihr freiwillig eingeschalteten Anwalts ein zwingendes Formerfordernis. Das gilt zB beim Erbvertrag nach § 2274 BGB oder beim Erbverzicht nach § 2347 II BGB oder bei einem Prozeßvergleich, Anh § 307. Wegen einer Aufrechnung im Prozeß § 145 Rn 10–12. In einer Patent-, Gebrauchsmuster- oder Markensache muß das Gericht auf Grund eines Antrags der Partei auch ihrem Patentanwalt das Wort gestatten, § 4 I PatAnwO.

42 **C. Begriff der Partei.** Vgl Grdz 4 vor § 50. Auch der Streithelfer nach §§ 66 ff ist Partei. Ein Dritter hat keinen Anspruch darauf, persönlich zu Wort zu kommen. Das gilt auch für den gesetzlichen Vertreter und für einen bloß rechtsgeschäftlichen Vertreter der Partei oder des Streithelfers. Vgl freilich § 79. Das Gericht kann der Partei aber gestatten, das Recht auf eine persönliche Erklärung ausnahmsweise durch einen Dritten auszuüben, etwa durch einen technischen Beistand. Einen Prokuristen muß das Gericht in dieser Eigenschaft als Zeugen behandeln.

43 **D. Neben dem Anwalt.** Im Anwaltsprozeß erhält die Partei abgesehen von § 141 das Wort nur „neben" dem Anwalt, nicht „anstelle" ihres ProzBev. Das gilt jedenfalls, soweit es um den „Vortrag" nach II, III geht. Weitere Anhörungsrechte hat die Partei zB bei der Vorlegung einer Frage an einen Zeugen, § 397 I. Daher hat die Partei im Anwaltsprozeß keinen Anspruch nach IV, wenn ihr Anwalt entweder nicht erscheint oder nicht verhandelt oder gar nur um eine Vertagung gebeten hat, BVerwG NJW **84**, 625. Dasselbe gilt für den anstelle der Partei zum persönlichen Vortrag antragsberechtigten Verkehrsanwalt.

44 **E. Auf Antrag.** Die Partei usw erhält das Wort nur „auf Antrag", also nicht zwingend von Amts wegen. Das ändert natürlich nichts an der Befugnis des Gerichts, der Partei Fragen vorzulegen und sie zum ergänzenden Vortrag aufzufordern, sofern es sie nicht ohnehin kraft Gesetzes persönlich anhören muß. Andererseits darf nicht der Prozeßgegner erzwingen, daß die Partei selbst neben dem Anwalt das Wort nimmt. Es kommt auf den Antrag gerade derjenigen Partei an, die neben dem Anwalt sprechen will oder soll. Ein bloßes Handerheben kann als eine Antragshandlung zu wenig sein. Die Partei mag vernehmlich das Wort erbitten, BayVGH NJW **84**, 1027. Auch ohne einen Parteiantrag soll das Gericht die erschienene Partei auch im Anwaltsprozeß zum Sach- und Streitstand anhören, wenn auch nicht ununterbrochen.

45 **F. Vortragsrecht.** Unter den Voraussetzungen Rn 41–44 hat die Partei einen Anspruch darauf, das Wort neben dem Anwalt zu erhalten, ThP 4, ZöGre 4, aM Röhl NJW **84**, 278 (aber das wäre evtl ein Verstoß gegen Art 103 I GG). Sie kann das Wort grundsätzlich jederzeit fordern. Freilich darf sie es nicht zur Unzeit verlangen. Es bleibt dabei, daß der Vorsitzende und nicht die Partei oder irgendein anderer, etwa der ProzBev, das Wort erteilt und entzieht. Das Gericht mag durchaus Gründe dafür haben, die Partei noch ein wenig warten zu lassen, bevor sie neben ihrem Anwalt persönlich zu Wort kommt. Dafür kann zB die Absicht reichen, eine entstandene Erregung abklingen zu lassen. Das muß die Partei respektieren, auch wegen des Grundsatzes der Einheit der gesamten Verhandlung, Üb 3 vor § 253.

46 **G. Rechtsfolgen der Gestattung des Worts.** Soweit die Partei neben ihrem Anwalt gesetzmäßig zu Wort kommt, sind ihre Erklärungen auch im Anwaltsprozeß für alle Prozeßbeteiligten wirksam und beachtlich. Sie kann lediglich nicht „anstelle" des ProzBev wirksame Anträge stellen. Soweit der Vortrag der Partei persönlich von einer Erklärung ihres ProzBev abweicht, kann er sogar den Vorrang haben, § 85 Rn 6, § 288 Rn 7.

47 **H. Verstoß.** Soweit das Gericht der Partei persönlich gesetzwidrig das Wort gestattet oder entzieht, gelten die Rechtsbehelfe Rn 48. Soweit diejenige Partei, die das Wort erhält, sachwidrig oder sonst rechtsmißbräuchlich redet, Einl III 54, darf und muß ihr der Vorsitzende das Wort entziehen, § 136 II. Soweit die Partei trotz einer Gestattung des Worts nicht die etwa vom Gericht zusätzlich erbetenen persönlichen Ergänzungen gibt oder sich gar gesetzwidrig mit einem Nichtwissen erklärt, kann zB der gegnerische Vortrag nach § 138 III, IV als zugestanden gelten und können auch bei einem später nachfolgenden Vortrag etwa die Folgen des § 296 eintreten. Es kann also eine Zurückweisung wegen verspäteten Vorbringens erfolgen. Eine Übergehung des Antrags Rn 44 trotz einer klaren Wortmeldung kann nach einer Erschöpfung des § 140 einen Verstoß gegen Art 103 I GG bedeuten, BayVerfGH NJW **84**, 1026.

48 **9) Rechtsbehelfe, I–IV.** Es gibt grundsätzlich dieselben Rechtsbehelfe wie bei § 136, dort Rn 36 ff. Eine unberechtigte Versagung des persönlichen Vortrags nach IV ist ein Verfahrensmangel, BVerfG NJW **84**,

626. Er kann auf einen Antrag zur Zurückverweisung führen, § 538. Er ist zusammen mit dem Endurteil anfechtbar. Er kann auch eine Versagung des rechtlichen Gehörs darstellen, Artt 2 I, 20 III GG (Rpfl), BVerfG **101**, 404, Art 103 I GG (Richter), wenn die Partei den Vortrag des ProzBev in tatsächlicher Hinsicht ergänzen wollte, für die Revisionsinstanz mit Recht einschränkend BVerwG NJW **84**, 625. Beim Rpfl gilt § 11 RPflG, § 104 Rn 41 ff.

138 ***Erklärungspflicht über Tatsachen; Wahrheitspflicht.*** **I Die Parteien haben ihre Erklärungen über tatsächliche Umstände vollständig und der Wahrheit gemäß abzugeben.**

II Jede Partei hat sich über die von dem Gegner behaupteten Tatsachen zu erklären.

III Tatsachen, die nicht ausdrücklich bestritten werden, sind als zugestanden anzusehen, wenn nicht die Absicht, sie bestreiten zu wollen, aus den übrigen Erklärungen der Partei hervorgeht.

IV Eine Erklärung mit Nichtwissen ist nur über Tatsachen zulässig, die weder eigene Handlungen der Partei noch Gegenstand ihrer eigenen Wahrnehmung gewesen sind.

Schrifttum: *Ambs,* Bestreiten mit Nichtwissen usw, 1997; *Bottke,* Materielle und formelle Verfahrensgerechtigkeit im demokratischen Rechtsstaat, 1991; *Brehm,* Die Bindung des Richters an den Parteivortrag und Grenzen freier Verhandlungswürdigung (1982) § 10; *Eckstein-Puhl,* Prozessbetrug im Schiedsverfahren usw, 2004; *Fleck,* Die Redlichkeitspflicht der Parteien im Zivilprozess usw, 2004; *Garbe,* Antrags- und Klageerwiderungen in Ehe- und Familiensachen, 3. Aufl 2003; *Grunsky,* Taktik im Zivilprozeß, 6. Aufl 1996; *Hackenberg,* Die Erklärung mit Nichtwissen (§ 138 IV ZPO), 1995; *Hahn,* Anwaltliche Rechtsausführungen im Zivilprozeß usw, 1998; *Hartwieg,* Die Kunst des Sachvortrags im Zivilprozeß, 1988 (rechtsvergleichend); *Kawano,* Wahrheits- und Prozeßförderungspflicht als Verhaltenspflicht der Parteien gegeneinander, Festschrift für *Henckel* (1995) 411; *Lindenberg,* Wahrheitspflicht und Dritthaftung des Rechtsanwalts im Zivilverfahren, 2002; *Michel/von der Seipen,* Der Schriftsatz des Anwalts im Zivilprozeß, 6. Aufl 2004; *Morhard,* Die Informationspflicht der Parteien bei der Erklärung mit Nichtwissen, 1993; *Oelkers,* Anwaltliche Strategien im Zivilprozeß usw, 2001; *Peters,* Auf dem Wege zu einer allgemeinen Prozeßförderungspflicht der Parteien?, Festschrift für *Schwab* (1990) 399; *Popp,* Die Verpflichtung des Anwalts zur Aufklärung des Sachverhalts, 2001; *Prange,* Materiell-rechtliche Sanktionen bei Verletzung der prozessualen Wahrheitspflicht durch Zeugen und Parteien, 1995; *Prechtel,* Erfolgreiche Taktik im Zivilprozess, 3. Aufl 2006; *Rinsche,* Prozeßtaktik, 4. Aufl 1999; *Roth,* Die Wahrheitspflicht der Parteien im Zivilprozeß, Diss Erl/Nürnb 1991; *Ruppel,* Standeswidriges Verhalten des Anwalts im Zivilprozeß und seine prozessualen und materiellrechtlichen Folgen, Diss Gießen 1984; *Schlosser,* Wirtschaftsprüfervorbehalt und prozessuales Vertraulichkeitsinteresse der nicht primär beweis- und substantiierungsbelasteten Prozeßpartei, Festschrift für *Großfeld* (1999) 997; *Schoofs,* Entwicklung und aktuelle Bedeutung der Regeln über Geständnis und Nichtbestreiten im Zivilprozeß, Diss Münster 1980; *Schwarz,* Strukturierter Parteivortrag und elektronische Akte, Diss Tüb 1992; *Singer,* Das Verbot widersprüchlichen Verhaltens, 1993; *Stürner,* Die Aufklärungspflicht der Parteien im Zivilprozeß, 1976.

Gliederung

1 **1) Systematik, I–IV.** Während §§ 136, 139 einige der Hauptaufgaben des Vorsitzenden in der Sitzung regeln, enthält § 138 als eine außerordentlich wichtige Vorschrift einige der Hauptregeln zum Vortrag der Parteien und ihrer ProzBev, Popp (vor Rn 1). Die Bestimmung steht zwar im Abschnitt über die mündliche Verhandlung. Sie gilt aber auch für jedes schriftsätzliche Vorbringen, auch im Parteiprozeß ohne Anwaltszwang, § 78 Rn 1. Die Vorschrift regelt die Pflichten der Parteien keineswegs umfassend. Sie steht in einem Geflecht weiterer Regeln. Zu ihnen zählen vor allem §§ 282, 283, aber auch zB die Vorschriften über den Antritt eines jeweiligen Beweismittels, also etwa beim Zeugenbeweis § 373. Ergänzend muß man aber zB bei der Parteivernehmung auch § 453 II mit seinen Folgen der Verweigerung der Aussage beachten. Auf die Klagerwiderung im schriftlichen Vorverfahren ist ergänzend § 277 I anwendbar. Auf die Stellungnahme zur Klagerwiderung ist § 277 IV anwendbar. II, III darf man nicht mit dem Geständnis nach § 288 verwechseln. Sie können aber auch bei seinem Fehlen anwendbar sein, BGH NJW **99**, 580.

2 **2) Regelungszweck, I–IV.** Der Hauptzweck besteht in der Herbeiführung eines möglichst hohen Grades von Wahrhaftigkeit und Aufrichtigkeit bei der Aufklärung des entscheidungserheblichen Sachverhalts, oft einer wahren Knochenarbeit des Gerichts. Sie sollte freilich keineswegs zur Amtsermittlung nach Grdz 38 vor § 128 ausarten. Die Wahrhaftigkeitspflicht ist unabhängig von einer sachlichrechtlichen Pflicht zur Wahrheit oder Offenbarung etwa nach §§ 242, 666, 1379, 2027, 2028, 2314 BGB ein Teil der prozessualen Lauterkeitspflicht, Grdz 16 vor § 128. Sie ist schon wegen des Beibringungsgrundsatzes nach Grdz 20, 28 vor § 128 notwendig. Er begrenzt sie aber auch. Es gibt zwar keine allgemeine Aufklärungspflicht der Parteien, BGH **116**, 56, BAG NJW **04**, 2851, Hamm NJW **98**, 3558. Wenn das Gesetz aber schon den Parteien gestattet, denjenigen Streitstoff selbst beizubringen, über den das Gericht entscheiden soll, muß zur Vermeidung einer bloßen Willkür und eines abgekarteten Spiels wenigstens eine Pflicht zur Wahrhaftigkeit bestehen.

3 Daher hat jede Partei sowohl gegenüber dem Prozeßgegner als auch gegenüber dem Gericht die prozessuale *Pflicht,* ihre Erklärungen über Tatsachen durch Behauptungen, Bestreiten, Beweisantritt, Beweiseinrede usw entsprechend ihrer notgedrungen subjektiven Vorstellung wahrheitsgemäß, genauer also: *wahrhaftig* richtig abzugeben, Rn 15. Sie darf sich also nicht nur das ihr Günstige heraussuchen. Darüber hinaus muß sie ihre Erklärungen auch vollständig abgeben. Sie darf sich nicht auf lückenhafte Halbwahrheiten beschränken, Dieckmann Gedächtnisschrift für Arens (1993) 63. Diese Regeln gelten grundsätzlich unabhängig von der Frage der Beweislast. Zum Problem Arens ZZP **96**, 1. Der ProzBev muß selbstverständlich die Wahrhaftigkeitspflicht des Auftraggebers achten. Er kann beim Verstoß (mit)haften.

4 Die Vorschrift soll also eine redliche Prozeßführung sichern. Sie ist im Grunde ein Ausfluß von *Treu und Glauben* im Prozeß, Einl III 54. Daher darf keine Partei etwas ihr bewußt Unwahres gegen besseres Wissen vorbringen. Sie darf auch nicht bewußt eine zur Klarstellung erkennbar erforderliche Tatsache verschweigen. Sie darf nicht lügen, weder bei einer Behauptung noch bei deren Bestreiten, mag sie noch sehr von ihrem Recht überzeugt sein und mag die Wahrheit ihre Aussichten im Prozeß auch noch so stark gefährden. Treu und Glauben beherrschen ja die gesamte Prozeßführung. Darüber hinaus entnimmt Peters (vor Rn 1) 407 auch dem I eine allgemeine Prozeßförderungspflicht der Parteien, auch bei der Sammlung des Tatsachenstoffes. Diese Zwecke sind bei der Auslegung von I–IV, die keineswegs immer einfach ist, mitbeachtlich.

Bestreiten mit persönlichem (Noch-)Nichtwissen ist eine häufige Art der Einlassung so manches ProzBev. Verständlich ist das oft. Jeder Anwalt weiß, wie oft der Auftraggeber absichtlich oder arglos Einzelheiten „vergißt" mitzuerwähnen, die juristisch eine entscheidende Bedeutung haben, ohne dem Auftraggeber immer als so wichtig zu erscheinen. Eine Unerbittlichkeit kann sich selbst der „Hausanwalt" manchmal bei seiner Befragung nur unter der Gefahr leisten, diesen Mandanten jedenfalls in Zukunft zu verlieren.

Unerheblich sind solche Entschuldigungen dennoch im Außenverhältnis zum Gericht und zum Gegner. Beide lassen sie viel zu häufig und zu großzügig zu. Das Gericht darf eine Halbwahrhaftigkeit, Trödelei, Verkennung prozessualer Obliegenheiten im Verhältnis zu weniger lästigen anderen Aufgaben nicht zulasten der Prozeßbeteiligten praktisch immer wieder hinnehmen. Insbesondere eine anwaltliche Überlastung ist eben gerade kein Entschuldigungsgrund, auch nicht vorläufig. Jeder Auftraggeber kann die volle Konzentration verlangen. Gegner und Gericht haben dieselben Pflichten und deshalb keine geringeren Rechte. Es ist obendrein gerade bei einer starken Arbeitsbelastung unwirtschaftlich, die Erteilung der Information immer neu hinauszuschieben. Das muß das Gericht bei der Zumutbarkeitsprüfung nach Rn 23 mitbeachten, Rn 45.

5 **3) Sachlicher Geltungsbereich, I–IV.** Die Pflichten zur Wahrhaftigkeit und Vollständigkeit gelten grundsätzlich in jedem Verfahren nach der ZPO, auch im WEG-Verfahren. Sie gelten in allen Instanzen und in jeder Verfahrenslage, also auch in der Revisionsinstanz, §§ 542 ff, BAG NZA **05**, 174, im Kostenfestsetzungsverfahren, §§ 103 ff, LG Heilbr Rpfleger **93**, 260, und grundsätzlich in der Zwangsvollstreckung, §§ 704 ff, Düss RR **91**, 1088 (zu III), LG Lüneb MDR **99**, 704 (zu IV). Wegen des schiedsrichterlichen Verfahrens vgl §§ 1025 ff. Sie gelten ansich auch in denjenigen Verfahrensarten, in denen der Ermittlungsgrundsatz oder der Grundsatz der Amtsprüfung herrschen, Grdz 38, 39 vor § 128. Allerdings gilt III nur in einem Verfahren mit dem sog Beibringungsgrundsatz, Grdz 20 vor § 128, BVerfG RR **93**, 382, BPatG GRUR **92**, 507 (also auch im Kostenfestsetzungsverfahren), Karlsr FamRZ **77**, 205. Im FamFG-Verfahren

gilt inhaltlich weitgehend übereinstimmend § 27 II FamFG und § 138 nur „im übrigen" im Bereich des § 113 I 2 FamFG. Vgl aber Rn 42. Unanwendbar ist III, IV in Ehesachen nach §§ 121 ff FamFG. Das zeigt § 113 IV Z 1 FamFG. III ist bei § 727 unanwendbar, dort Rn 11. I–IV können auch im arbeitsgerichtlichen Verfahren gelten, BAG NZA **05**, 1234.

4) Persönlicher Geltungsbereich, I–IV. Es gibt zahlreiche Beteiligungsarten. 6

A. Parteien. Wie schon der Wortlaut von I–IV zeigt, gilt die gesamte Vorschrift für jede Partei nach Grdz 4 vor § 50. Das gilt unabhängig von ihrer Stellung als Kläger, Bekl usw. Die Vorschrift gilt auch zB für die Partei kraft Amts oder kraft Ladung usw, Grdz 8, 14 vor § 50. Sie gilt auch für den einfachen oder notwendigen Streitgenossen nach §§ 59 ff und für den unselbständigen oder streitgenössischen Streithelfer, §§ 66 ff.

B. Gesetzlicher Vertreter. Wie stets, muß auch der gesetzliche Vertreter die Pflichten der Partei einhalten. Das zeigt schon zB ihre Haftung für sein Verschulden, § 51 II. Zum Begriff des gesetzliches Vertreters § 51 Rn 12 ff. 7

C. Prozeßbevollmächtigter. Auch der ProzBev nach § 81 hat dieselbe Pflicht wie die Partei, Hirtz AnwBl **06**, 783. Das ergibt sich bereits aus ihrer Haftung für sein Verschulden, § 85 II. Das hat in der Praxis eine erhebliche, immer wieder verkannte Bedeutung mit oft irreparablen prozessualen Nachteilen für die Partei. Ein Anwalt darf insbesondere die Behauptung eines Prozeßgegners nur dann dahin bestreiten, daß er eine gegenteilige Behauptung aufstellt, wenn er von der Unrichtigkeit der gegnerischen Behauptung überzeugt ist. Er darf sich also keineswegs eine als unwahr erkannte Behauptung seines Auftraggebers zu eigen machen. Ein Anwalt hat zu einem bloßen Bestreiten ins Blaue hinein um so weniger Anlaß, Köln RR **92**, 573, als § 283 helfen mag, soweit der Auftraggeber bisher unvorwerfbar nicht genügend Kenntnis über die vom Gegner behauptete Tatsache hatte. 8

D. Aufklärungsaufgaben. Ein Anwalt darf insbesondere keineswegs schon dann eine gegnerische Behauptung bestreiten, wenn er zwar persönlich bisher über diesen Punkt nichts weiß, wenn aber seine Partei im Rahmen der Prozeßförderungspflicht nach Grdz 12 vor § 128, § 282 Veranlassung *gehabt* hätte, ihren Anwalt bereits zuvor auch über diesen Punkt aufzuklären, oder wenn der Anwalt im Rahmen seiner Vertragspflichten gegenüber seinem Auftraggeber wie im Rahmen seiner Stellung als ein Organ der Rechtspflege und als ProzBev verpflichtet gewesen wäre, sich über diesen Punkt zuvor Näheres sagen zu lassen oder dazu Ermittlungen anzustellen usw, § 85 Rn 20 „Sachverhaltsklärung". Ein Anwalt darf auch nicht etwa zunächst erklären, er sei zu einer Erwiderung auf eine gegnerische Behauptung außerstande, er beantrage zB eine Nachfrist nach § 283, und nach einer Ablehnung dieses Antrags erklären, unter diesen Umständen bestreite er die gegnerische Behauptung. Das letztere ist vielmehr erst dann zulässig, wenn der Anwalt nunmehr von der Unrichtigkeit der gegnerischen Behauptung überzeugt ist und auch sein darf. 9

E. Nachfrist. Die vorstehenden Grundsätze gelten auch dann, wenn der Prozeßgegner eine Behauptung erst in der Verhandlung aufstellt. Es richtet sich dann nach den Gesamtumständen des Einzelfalls, ob eine Nachfrist in Betracht kommt, § 283. Man kann sie als ProzBev keineswegs schon deshalb erzwingen, weil man persönlich die gegnerische Behauptung im Termin erstmals hört. Das Gericht ist vielmehr gerade in einer solchen Lage durchaus berechtigt und auch verpflichtet, sogleich in Rede und Gegenrede klären zu lassen, ob diese angeblich neue Behauptung wenigstens dem Auftraggeber des Anwalts schon vor dem Termin bekannt gewesen sein soll, etwa durch eine schriftliche Mitteilung in der vorprozessualen Korrespondenz. In einem solchen Fall darf der Anwalt auch keineswegs stets einfach erklären, dann bestreite er eben den Zugang eines solchen Schreibens. Zumindest darf und muß das Gericht eine solche Erklärung nach § 286 frei und sehr kritisch würdigen. Der Anwalt hat ja persönlich meist keine Schuld, wenn ihn der Auftraggeber über solche Vorgänge nicht umfassend genug informiert hatte. Dieser Umstand ermächtigt ihn aber noch nicht, einfach ins Blaue hinein vorsorglich wegen seiner nur höchstpersönlich derzeitigen Noch-Unkenntnis zu bestreiten. 10

F. Förderungspflicht. Viele verkennen bei dieser Problematik die Stellung des Gerichts. So verständlich es ist, daß der nur höchstpersönlich „überraschte" Anwalt Zeit zu gewinnen versucht, so sehr muß er bedenken, daß das Gericht wegen des Gebots seiner Unparteilichkeit nach § 139 Rn 13 auch die Interessen des Prozeßgegners wahren muß. Die Förderungspflicht nach Grdz 12 vor § 128 zwingt jede Partei, ihren ProzBev unter Umständen schon zB im schriftlichen Vorverfahren nach §§ 276 ff bis zur vom Gericht geforderten Stellungnahme, spätestens aber bis zum Termin umfassend auch über solche Umstände zu unterrichten, die vernünftigerweise im Prozeß entscheidungserheblich sein können. Das gilt trotz des Grundsatzes, daß keine Partei sich selbst ans Messer liefern muß, § 282 Rn 8. Sie kann ja ihrem Anwalt die Prüfung überlassen, wieviel von ihrer Information er dann tatsächlich dem Gericht und dem Gegner gegenüber verwendet. Das ändert nichts an ihrer internen Obliegenheit, ihn rechtzeitig redlich und umfassend auch über solche Umstände zu informieren, die ihr möglicherweise unangenehm sind, die aber im Termin zur Sprache kommen können. 11

G. Sonstige Beteiligte. Die Vorschrift gilt auch für alle sonstigen Prozeßbeteiligten, jedenfalls in einer entsprechenden Anwendung. 12

5) Wahrheitspflicht, I. Es handelt sich um wirklich zentrale, zu oft mißachtete Aufgaben. 13

A. Begriff der Erklärung über tatsächliche Umstände. Bereits der Gesetzeswortlaut stellt klar, daß sich die Wahrhaftigkeitspflicht nach I nur auf „tatsächliche Umstände" bezieht, Cahn AcP **198**, 37. Das sind alle inneren und äußeren Vorgänge, die der Nachprüfung durch einen Dritten offenstehen, Einf 19 vor § 284. Wie dort dargelegt, kann auch ein Werturteil zu den „tatsächlichen Umständen" gehören. Die Grenzen können fließend sein. Zum Begriff der inneren Tatsache Einf 20 vor § 284. Auch eine juristische Tatsache nach Einf 21 vor § 284 zählt hierher, BGH NZM **98**, 413. Dasselbe gilt für einen Erfahrungssatz, Einf 22 vor § 284. Es kommt nicht darauf an, ob die Partei den tatsächlichen Umstand für entscheidungserheblich hält und ob er auch wirklich entscheidungserheblich ist, sondern nur darauf, ob sie ihn überhaupt vorträgt, BGH NZM **05**, 705. Sie trägt ein ihr günstiges Beweisergebnis wegen dessen Tatsachen im allgemeinen stillschweigend mit vor, BGH GRUR **04**, 50 (dann besteht freilich in Wahrheit gerade *kein* „Zweifel" mehr).

14 **B. Abgrenzung zu Rechtsausführungen.** I bezieht sich schon nach seinem Wortlaut nicht auch auf Rechtsaufführungen. Zu ihnen ist die Partei grundsätzlich nicht verpflichtet: Jura novit curia. Die Partei mag allerdings verpflichtet sein, im Rahmen einer rechtlichen Erörterung etwa nach § 139 II jedenfalls insofern eine Stellungnahme abzugeben, als sie rechtskundig oder anwaltlich vertreten ist. Auch muß sie bei einer sog Rechtstatsache § 138 beachten, also zB bei der Verwendung der Begriffe Kauf, Eigentum, BGH DtZ **95**, 328, Erbe, öffentlicher Weg, BGH NJW **98**, 2060, Besitz, Vergleich usw. Wegen des ausländischen Rechts § 293 Rn 5 ff, Küppers NJW **76**, 489. Die Äußerung einer bloßen Rechtsauffassung hat aber grundsätzlich nichts mit der Wahrhaftigkeitspflicht nach I zu Tatsachenerklärungen zu tun.

15 **C. Wahrhaftigkeitspflicht.** Mit den Worten „der Wahrheit gemäß" meint I entgegen der amtlichen Überschrift „Wahrheitspflicht" in Wirklichkeit nur eine subjektive, der Überzeugung der Partei entsprechende Wahrheit, Rn 3, BGH **116**, 56 und MDR **80**, 214, also eine Wahrhaftigkeit, Graf von Westphalen AnwBl **04**, 668, Olzen ZZP **98**, 415. Eine objektive, auch der Überzeugung eines verständigen Dritten entsprechende Wahrheit, deren Ermittlung die Aufgabe des Gerichts ist, ist der Partei oft unbekannt, BGH VersR **85**, 545. „Unsere Augen, unsere Ohren, unser Geruchssinn, unser Geschmack schaffen so viele Wahrheiten, als es Menschen auf Erden gibt" (de Maupassant, „Der Roman"). Daher ist die Partei grundsätzlich auch sehr wohl verpflichtet, ihre Angaben zu nur inneren Vorgängen beim Prozeßgegner in Erfüllung der Wahrhaftigkeitspflicht zu machen, soweit man der Partei überhaupt solche Angaben zumuten kann. Das kann zB sehr wohl dann gelten, wenn es um den angeblichen Vorsatz oder die böse Absicht bei der behaupteten unerlaubten Handlung geht. Soweit der Kläger Anhaltspunkte für mindestens eine völlige Gleichgültigkeit des Gegners und damit für dessen bedingten Vorsatz hat, darf und muß er die Anhaltspunkte seiner subjektiven Überzeugung entsprechend wahrheitsgemäß schildern. Das gilt auch im Zweitprozeß etwa beim Rückgriffsanspruch, Köln VersR **02**, 1107.

16 **D. Redlichkeitspflicht.** I soll eine redliche Prozeßführung sichern. Die Vorschrift ist eine Folge des Gebots von Treu und Glauben im Prozeß, Einl III 54. Daher darf keine Partei etwas ihr bewußt Unwahres wider besseres Wissen vorbringen. Sie darf also nicht lügen, weder bei einer Behauptung noch bei deren Bestreiten, mag sie noch so sehr von ihrem Recht überzeugt sein und mag die Wahrheit ihre Aussichten im Prozeß auch noch so stark gefährden. Sie darf auch nicht in zweiter Instanz direkt widersprüchlich zur ersten vortragen, Köln MDR **04**, 391. Auch eine Prozeßtaktik erlaubt keinen Verstoß gegen die Wahrhaftigkeitspflicht, Köln MDR **05**, 168. Sie sollte auch keine ungehemmten Ehrverletzungen usw erlauben, Piekenbrock JZ **06**, 593.

17 **E. Keine Ausforschung.** Eine ins Blaue hinein aufgestellte Behauptung, an die die Partei im Grunde selbst gar nicht glaubt, ist eine nach Rn 21 unzulässige sog Ausforschungsbehauptung nach Einf 27 vor § 284 (Ausforschungsbeweis), BGH FamRZ **07**, 1644 (im dortigen Einzelfall verneint), BAG NZA-RR **08**, 457. Das Gericht darf sie nicht anders beurteilen, BGH BB **04**, 1360, Köln RR **92**, 573. Das Gericht kann erst nach einer Erörterung mit der Partei über deren Anhaltspunkte für das Behauptete feststellen, ob die Partei ins Blaue hinein geredet hat, BGH NJW **07**, 990 (längere Lebensplanung). Das Gericht darf nicht die Anforderungen überspannen, also keine unzumutbaren Kenntnisse fordern, BGH FamRZ **07**, 128 (längere Lebensplanung). Freilich darf es zumutbare Bemühungen fordern, wie bei Rn 30, 54. Die Partei darf sich in vielen Fällen auch nicht mit einem bloßen Nichtwissen erklären, IV. Sie kann dann aber evtl mehrere Behauptungen in einer Wahlform aufstellen. Eine bloße Vermutung ist keine Behauptung, LG Kassel ZMR **99**, 713. Die Bezugnahme auf ein Privatgutachten ist nicht schon dann schädlich, wenn dieses das nach § 286 erforderliche Beweismaß verkennt, BGH RR **03**, 71.

Beispiel: Der Bekl meint, er habe die eingeklagte Forderung bereits bezahlt, sei sich aber nicht sicher. Er darf behaupten, er habe bezahlt, zumindest habe der Kläger ihm die Schuld gestundet.

Die Partei ist dem Gericht in der Regel keine Rechenschaft darüber schuldig, *wie* sie ihre Kenntnis von einer Tatsache erlangt hat, BGH VersR **85**, 545. Sie darf eine Behauptung unter einen Zeugenbeweis stellen, wenn sie hinreichend darlegen kann, der Zeuge habe anders als sie selbst das notwendige Wissen, BGH FamRZ **03**, 1741; Kiethe MDR **03**, 1329. Die Partei mag auch eine solche gegnerische Behauptung gegen sich gelten lassen, deren Unwahrheit ihr bekannt ist, und einen ihr günstigen Umstand verschweigen.

18 **F. Verbot der Halbwahrheit.** Schon aus dem Gesetzeswort „vollständig" folgt: Die Partei darf nicht bewußt eine zur Klarstellung erkennbar erforderliche Tatsache verschweigen, BGH MDR **99**, 1069. Sie darf also nicht bei einer sog Halbwahrheit stehen bleiben, LAG Kiel NZA-RR **06**, 302, Graf von Westphalen AnwBl **04**, 665. Sie hat eine Darlegungslast, BGH NZM **05**, 705, Kblz MDR **07**, 1411, Köln RR **99**, 1155 (je: Unfallhergang). Sie darf und muß es dem Gericht überlassen, ob es auch seinerseits diese weitere Tatsache im Grunde für entscheidungsunerheblich hält, § 253 Rn 32, Köln RR **99**, 1155. Natürlich ist die Abgrenzung zwischen dem Notwendigen und dem Entbehrlichen gerade in diesem Bereich oft schwierig. Sie muß wiederum nach dem Grundsatz von Treu und Glauben erfolgen, Einl III 54, BGH RR **95**, 725. Eine gewisse Prozeßtaktik ist erlaubt, § 282 Rn 8. Man braucht dem Gegner nicht dessen Darlegungslast abzunehmen, BGH MDR **91**, 226, BAG NJW **04**, 2851. Ein eigenes strafbares oder sonstwie unehrenhaftes Verhalten berechtigt nicht zu einer bewußten Halbwahrheit. Vgl aber Rn 24. Dabei kommt es auch auf den eigenen Wahrnehmungsbereich an, BGH NJW **99**, 1407 oben links.

Im Zweifel sollte die Partei lieber etwas zu viel als etwas zu wenig vortragen, ohne weitschweifig zu werden. Gerade die bloße Halbwahrheit kann beim Gericht wie beim Prozßgegner zu Mißverständnissen und zum Prozeßverlust führen. Allerdings wird ein Vortrag nicht schon dadurch unvollständig, daß der Prozeßgegner sich nicht mit einem bloßen Nichtwissen erklärt, Kblz VersR **90**, 591. Man darf die Anforderungen an die Schlüssigkeit nicht überspannen, BGH RR **99**, 813, Köln RR **99**, 1155 („Ausrotten" als Kritik ist freilich ein starker Ausdruck), strenger Seutemann MDR **97**, 619.

G. Hilfsvortrag. Auch ein Hilfsantrag ist statthaft, selbst wenn er sich mit dem Hauptantrag nicht verträgt, § 260 Rn 8, BGH NJW **85**, 1842. So kann man auch in verschiedenen Verfahrensarten (ZPO, FamFG) Ansprüche mit widersprechenden Begründungen geltend machen. Der Kläger kann sich auch für den Fall, daß er seine Klagebehauptung nicht beweisen kann, hilfsweise auf eine Behauptung des Bekl stützen, die er im Hauptvortrag für unrichtig hält, BGH NJW **95**, 2846, krit Musielak ZZP **103**, 220. Das ist ein sog gleichwertiges, äquipollentes Vorbringen, dazu LAG Bln BB **07**, 2300, Jauernig Festschrift für Schwab (1990) 247, Schneider MDR **00**, 193. Es muß freilich unmißverständlich erfolgen. Der Kläger kann derart vorgehen, um wenigstens im Ergebnis eine Verurteilung des Bekl zu einer Teilleistung zu erreichen (zB: Der Kläger behauptet einen Kaufpreis von 15 000 EUR, der Bekl gibt nur einen Preis von 5000 EUR zu). Eine Hilfsaufrechnung kann für den Fall zulässig sein, daß die gegnerische Behauptung wahr ist. Bei einer Abrechnung muß der Kläger so genau vortragen, daß sich der Bekl sachgerecht verteidigen kann. Der Kläger darf dabei aber im Verlauf abweichend vortragen, BGH RR **02**, 1532. 19

Der Bekl *darf aber zB nicht* die Schuld leugnen, nur um Zeit zur Auffindung einer Quittung zu gewinnen. 20
Soweit eine Partei auf einen widersprüchlichen gegnerischen Vortrag auch nur zwecks einer Beweisantritts Bezug nimmt, muß sie klären, auf welchen Teil dieses Vortrags sie sich genau bezieht, BGH RR **87**, 1469.

H. Verbot der Ausforschung des Gegners. Nicht ganz selten ist auch eine sog Ausforschung des Gegners zum Zweck der Ermittlung einer Grundlage für den eigenen Vortrag, vgl auch bei § 282 und Einf 27 vor § 284. Sie ist ein Rechtsmißbrauch, Einl III 54. Sie berechtigt den Gegner zur Verweigerung einer Erklärung, Rn 17, BGH **93**, 205. Denn die Wahrheitspflicht hat nicht den Sinn, der Partei eine Behauptungslast (Darlegungslast) abzunehmen, BGH NJW **83**, 2879, BAG NJW **04**, 2851. Auch braucht keine Partei dem Gegner die Grundlage für einen Gegenanspruch zu verschaffen, für eine Widerklage, für eine Einrede, für eine Mitschuldigerklärung usw. Die Partei ist in den strafrechtlichen Grenzen nach Rn 26 nicht verpflichtet, mehr zu offenbaren als ein Zeuge, aM Gottwald BB **79**, 1782 (er stellt darauf ab, ob der genaue Hergang der Tat nur *einer* Partei bekannt sein kann. Aber auch die dann in der Tat erhöhte Mitwirkungspflicht verändert nicht die Grenzen der Wahrhaftigkeitspflicht und des Beibringungsgrundsatzes nach Grdz 20 vor § 128). Die Partei braucht auch insbesondere nichts zu erklären, was ihr Unehre bringen oder ihre Strafverfolgung oder eine Verfolgung wegen einer Ordnungswidrigkeit herbeiführen könnte, § 384 Z 2, LG Kblz MDR **75**, 766, ThP 7, aM Celle VersR **77**, 361, Gottwald BB **79**, 1785 (aber niemand braucht sich selbst ans Messer zu liefern). Die Partei muß aber in einem Fall der letzteren Art schweigen oder eine Erklärung ablehnen. 21

I. Anerkenntnis. Aus dem Beibringungsgrundsatz nach Grdz 20 vor § 128 folgt: In seinem Umfang ist ein prozessuales Anerkenntnis zulässig und unter den Voraussetzungen des gegenüber § 138 vorrangigen § 307 wirksam. Das bedeutet aber nicht, daß die Partei schon vor einem Anerkenntnis mit Rücksicht auf die bloße Absicht, es vielleicht abzugeben, beliebig lange mit der Wahrheit zurückhalten dürfte. 22

J. Maßstab: Zumutbarkeit, Treu und Glauben. Insgesamt gilt im gesamten Bereich von I als Maßstab das Gebot von Treu und Glauben, Einl III 54, und der Grundsatz der Zumutbarkeit, BGH NJW **99**, 580, Hök MDR **95**, 773 (ausf). Es gibt keine allgemeine Aufklärungspflicht der Parteien, Rn 2. Eine Überspannung kann gegen das Gebot des rechtlichen Gehörs verstoßen, Artt 2 I, 20 III GG (Rpfl), BVerfG **101**, 404, Art 103 I GG (Richter), BVerfG NJW **91**, 2824. Ob sie freilich vorliegt, darf das Gericht weder zu streng noch zu ängstlich prüfen, insofern problematisch BVerfG NJW **91**, 2824, BGH RR **98**, 1409 (aber gerade an dieser Stelle sollte das Gericht nicht eine behutsame Abwägung *aller* Gesichtspunkte für und gegen die Beachtung der Zentralvorschrift des I unterlassen). Die Wahrhaftigkeitspflicht ergibt sich nicht nur aus dem Prozeßrechtsverhältnis nach Grdz 4 vor § 128, sondern auch aus der Stellung der Partei zur Allgemeinheit. Sie soll daher nicht nur den Prozeßgegner schützen. 23

Treu und Glauben beherrschen auch die Prozeßführung. Daraus ergibt sich für jede Partei eine echte Rechtspflicht zur Wahrhaftigkeit, Einl III 54. Daher kann man die Partei auch nach § 290 an einem bewußt unwahren Geständnis einer ihr ungünstigen Tatsache festhalten. Sie darf und muß jederzeit die bisherige Unwahrheit bekennen. Freilich kann eine Zurückweisung des nun endlich ehrlichen Vortrags nach § 296 notwendig sein. Die Partei darf im übrigen nicht arglistig mit dem Prozeßgegner zulasten eines Dritten zusammenwirken. Der Prozeß ist ungeachtet manchmal so pointierter Schlagwörter wie „Abseitsfalle" kein Sport und keine Spiegelfechterei.

K. Keine Überspannung. Man darf allerdings auch die Pflichten nach I nicht überspannen. Die Partei ist nur im Rahmen des ihr Zumutbaren verpflichtet, BGH **116**, 56, Hamm NJW **98**, 3358, Köln VHR **96**, 38. Es kommt daher auf die Umstände des Einzelfalls an. Die Pflicht zur Wahrhaftigkeit und Vollständigkeit gilt zwar für alle bei einer redlichen Bemühung möglichen Angaben, BVerfG NJW **91**, 29 (Rechtsstaatsprinzip, Wahrnehmung berechtigter Interessen). Sie gilt aber nicht darüber hinaus, BGH NJW **01**, 2633. Freilich kann man von der Partei durchaus eine gewisse Anstrengung und Bemühung fordern. Man darf annehmen, daß eine Partei ein ihr günstiges gegnerisches Vorbringen zumindest hilfsweise stillschweigend übernimmt, BGH RR **95**, 684. Erschwerungen seitens des ProzBev können zwar die Anforderungen an den Vortrag der Partei persönlich herabsetzen, BGH NJW **02**, 826. Das darf aber nicht auf dem Rücken des Prozeßgegners geschehen. Die Zumutbarkeitsgrenze liegt dort, wo man eine eigene Straftat offenbaren würde, aM LAG Ffm DB **04**, 444 (aber man darf sogar als Angeklagter lügen). 24

Vertraulichkeitsaspekte wie der sog Wirtschaftsprüfervorbehalt können eine Zurückhaltung rechtfertigen. Sie können den gegnerischen ProzBev aber nicht nach einer Entgegennahme der Information zum Schweigen gegenüber seinem Auftraggeber verpflichten. Evtl sollte das Gericht nach § 273 vorgehen, Schlosser (vor Rn 1) 1015.

L. Zeitraum: Bis zum Verhandlungsschluß. Alle vorstehenden Anforderungen gelten in jeder Lage des Verfahrens bis zum Verhandlungsschluß nach §§ 136 IV, 296 a. Sie gelten bei einem nachgereichten Vortrag evtl noch später, §§ 283, 156. Das gilt für jede Instanz. Im schriftlichen Verfahren nach § 128 II, III 25 gilt der dem Verhandlungsschluß entsprechende Zeitpunkt. Die Partei muß eine Änderung der Verhältnisse während der Instanz mitteilen, und zwar ungefragt, Rn 41, BGH MDR **99**, 1069.

26 **M. Verstoß.** Rn 63.

27 **6) Erklärungspflicht, II**, dazu *Schlosser* (vor Rn 1); *Zerbe,* Die Einlassung des Beklagten auf die Klage aus anwaltlicher Sicht, 1998: Schon aus dem Prozeßrechtsverhältnis nach Grdz 4 vor § 128, aber auch aus der Wahrhaftigkeitspflicht nach Rn 15 ergibt sich für jede Partei die Notwendigkeit, auf die im Prozeß aufgestellten Behauptungen des Gegners zu erwidern, BAG NZA **05**, 1234. Das ist verfassungsgemäß, BAG NJW **08**, 1179. Ein Anwaltszwang besteht wie sonst, § 78 I, II.

28 **A. Begriff der von dem Gegner behaupteten Tatsachen.** Es muß sich zunächst um den Tatsachenvortrag gerade des Prozeßgegners der Partei handeln. Dazu gehört auch der gegnerische Streithelfer nach § 66, der Streitgenosse nach § 59, ferner ein Dritter, auf dessen Erklärungen der Prozeßgegner schriftsätzlich oder mündlich Bezug nimmt und sie so zum Teil des eigenen Vortrags macht. Das gilt zB bei Ausführungen in einem solchen Privatgutachten, das der Gegner eingeholt hat und das Tatsachen enthält, Üb 21 vor § 402. Ferner muß der Gegner seine Behauptung gerade im Prozeß aufgestellt haben. Es reicht also nicht, daß er lediglich irgendwann vorprozessual Behauptungen aufgestellt hat, BGH NJW **83**, 2880. Natürlich mag er aber durch die Bezugnahme im Prozeß den vorprozessualen Vortrag zum prozessualen gemacht haben. Schließlich muß es sich beim gegnerischen Vortrag gerade um die Behauptung einer Tatsache und nicht nur um eine rechtliche Beurteilung handeln. Zur Abgrenzung der Tatsache von einer Rechtsausführung Rn 13, 14. Eine scheinbar bloße Wertung kann in Wahrheit zumindest auch eine Tatsachenbehauptung sein, Einf 21 vor § 284.

29 **B. Begriff der Erklärung.** II umschreibt die Pflicht, „sich ... zu erklären", die sog sekundäre Behauptungslast oder Erklärungslast, BGH VersR **08**, 242, BAG NZA **06**, 174, Mü RR **02**, 1428, nur scheinbar abweichend von I. In Wahrheit verlangt natürlich auch II eine „vollständige und der Wahrheit gemäße" Erklärung. Daher gilt auch hier die Wahrhaftigkeitspflicht nach Rn 15 ebenso wie die Vollständigkeitspflicht, Rn 18.

30 **C. Maßstab: Zumutbarkeit, Treu und Glauben.** Wie schon bei der Wahrhaftigkeitspflicht nach I, Rn 23, gelten auch bei der Erklärungspflicht nach II der Maßstab der sog sekundären Behauptungs- oder Darlegungslast, BGH NJW **08**, 984, Mü RR **07**, 999. Es gilt dann verstärkt das Gebot von Treu und Glauben, Einl III 54, und der Grundsatz der Zumutbarkeit, BVerfG NJW **00**, 1483, BGH NJW **07**, 213, BAG NZA **06**, 174. Das verkennen viele mit erheblichen prozessual nachteiligen Folgen. Es gibt auch bei II keine allgemeine Auskunftspflicht, BAG NJW **04**, 2851. Es kommt vielmehr wie stets auf den bestimmten Einzelfall an, BGH NJW **96**, 1827. Es kommt im übrigen für den notwendigen Umfang eines sog substantiierten oder qualifizierten Bestreitens darauf an, wie präzise und ausführlich der Prozeßgegner vorgetragen hat, BGH NJW **05**, 2615, 2711, BAG NZA **05**, 1131, Mü RR **02**, 1428.

Man darf dabei aber die Parteipflichten zur Aufklärung des Sachverhalts auch im Rahmen von II *keineswegs unterschätzen,* Arens ZZP **96**, 1, Lange DRiZ **85**, 248, Stürner ZZP **98**, 254. Zwar darf man auch die Pflichten nach II nicht überspannen, BGH NJW **08**, 1802, insbesondere nicht beim Vertraulichkeitsinteresse, wie bei Rn 24, Naumb MDR **99**, 1441, Schlosser (vor Rn 1) 1015. Man kann aber auch hier durchaus eine gewisse Anstrengung und Bemühung fordern, Ffm RR **06**, 7 (Obliegenheit). Andererseits kann der Fall eintreten, daß nur man selbst und nicht der Prozeßgegner die maßgebende Tatsache näher kennt. Dann ist ein näheres Bestreiten zumutbar und notwendig, Rn 34, BGH VersR **06**, 1230 (sogar beim früheren Geschäftsführer), VerfGH Bln FamRZ **08**, 170, Mü GRUR **07**, 999. Ein Strafurteil kann die gegnerische Darlegungslast erhöhen, Mü MDR **07**, 1038.

Diese Regeln gelten zunächst in Verfahren mit dem sog *Beibringungsgrundsatz,* Grdz 20 vor § 128. Es ist der Prozeß der Parteien und nicht des Gerichts. Mögen sie den Tatsachenstoff in einer redlichen Bemühung auch durch ein gewissenhaftes Eingehen auf gegnerische Behauptungen zusammentragen, um dem Gericht eine gerechte Entscheidung zu ermöglichen. Aber auch im Verfahren mit dem Ermittlungsgrundsatz nach Grdz 38 vor § 128 oder bei der sog Amtsprüfung nach Grdz 39 vor § 128 verdrängt die Pflicht des Gerichts zur verstärkten Mitwirkung an der Klärung des Sachverhalts keineswegs die Parteipflicht nach II.

31 **D. Verbot des pauschalen Bestreitens ins Blaue.** Wie bei I nach Rn 15 ist auch bei der Erklärung über die vom Gegner behaupteten Tatsachen ein pauschales Bestreiten ins Blaue hinein unstatthaft und daher unbeachtlich, BGH NJW **96**, 1827, Düss OLGZ **94**, 80, AG Recklingh RR **98**, 1495. Die Erklärungspflicht ist ja auch ein Teil der prozessualen Förderungspflicht, Grdz 12 vor § 128. Sie gibt keineswegs auch das Recht, irgendetwas an Behauptungen aufzustellen, was in Wahrheit der bloßen Fantasie ohne konkrete tatsächliche Anhaltspunkte entspringt, Köln RR **99**, 1154 (Vorsicht!). Man darf keineswegs einfach schon deshalb schlicht und klar bestreiten, weil man in Wahrheit überhaupt nicht übersehen kann, ob der Prozeßgegner die Wahrheit sagt oder lügt. Man darf erst recht nicht in solcher Lage zusätzliche abweichende Schilderungen geben, die man glatt erfunden hat oder die nur irgendwelchen denkgesetzlichen Möglichkeiten entstammen. Ob dann ein Nichtbestreiten nach III zulässig ist, das ist eine andere Frage. Vor der Annahme einer Willkür ist eine Zurückhaltung ratsam, Einl III 21, BGH RR **99**, 361, Köln RR **99**, 1154.

32 **E. Postensache, Punktensache.** Da es auf die Art und den Umfang des gegnerischen Vortrags ankommt, Rn 30, gilt im sog Posten- oder Punkteprozeß: Jede Partei muß auf jeden gegnerischen Rechnungsposten usw ebenso sorgfältig antworten, Ffm RR **06**, 7. Sie muß also evtl eine ebenso eingehende Gegenrechnung aufstellen, BGH RR **90**, 80, Köln MDR **75**, 848. Dasselbe gilt beim sachlichrechtlichen Auskunftsanspruch des Gegners, Köln FamRZ **79**, 179. Andererseits setzt die Erklärungspflicht keineswegs erst dann ein, wenn der Gegner seinerseits vollständig dargelegt oder gar Beweis angetreten hat, BAG NJW **04**, 2851, aM ZöGre 8 (aber das würde zum genauen Gegenteil der Förderung des Verfahrens führen können). Keine Partei muß dem Gegner dasjenige verschaffen, über das er nicht schon selbst verfügt, BAG NJW **04**, 2851. Es ist ratsam, sich der vom Gegner gewählten Reihenfolge seiner einzelnen Rechnungsposten usw auch in der Erwiderung grundsätzlich anzuschließen, es sei denn, die gegnerische Aufstellung ist weder

zeitlich noch sachlich geordnet. Beide Parteien sollten durchaus schon zur selbstkritischen Überprüfung einzelne Rechnungsposten am Schluß jeder Seite des Schriftsatzes addieren und die Zwischensumme entsprechend übertragen. Denn so lassen sich erfahrungsgemäß Rechenfehler aufdecken, bevor sie zu falschen Endsummen in den Sachanträgen führen.

F. Verbot der sog Leerformel und vorweggenommenen Bestreitens. Die beliebte Floskel, man bestreite alles, was man nicht im folgenden ausdrücklich zugestehe, ist als eine glatte Leerformel unbeachtlich, Schlesw SchlHA **81**, 189. Ihre Benutzung kann zur Zurückweisung einer späteren „Ausfüllung" als verspätet führen, § 296. Das gilt natürlich erst recht von dem verbreiteten Versuch, dem Gericht die Ermittlung des Sachverhalts dadurch aufzubürden, daß man einfach verlangt, das Gericht möge zusätzliche Fragen stellen, soweit ihm das als erforderlich erscheine. § 139 macht keineswegs § 138 I, II überflüssig, aM Doms MDR **91**, 499 (aber beide Vorschriften stehen seit jeher kraftvoll nebeneinander). Auch das sog vorweggenommene Bestreiten ist wegen II unzulässig, BVerfG FamRZ **91**, 1284. **33**

G. Weitere Einzelfragen. Solange Zweifel an der Richtigkeit der gegnerischen Behauptung bestehen, mag man eine solche Tatsache schlicht bestreiten dürfen, deren Kenntnis nur dem Gegner möglich ist, BGH **159**, 13, Hamm FamRZ **96**, 641. Das gilt zB beim sog „Insiderwissen", BGH RR **87**, 754. Auch an die prozessuale Mitwirkungspflicht des Klägers muß man ja strenge Anforderungen stellen, BAG DB **84**, 885. Andererseits sind die Anforderungen an die Erklärung zur gegnerischen Behauptung umso höher, je leichter man sich selbst dazu äußern kann, während der Gegner dazu nicht oder nur schwer imstande sein mag, Rn 30. Daher muß zB der Arbeitgeber bei einer Kündigung wegen häufiger Kurzerkrankungen nur diese darlegen, der Arbeitnehmer aber dartun, weshalb trotzdem die Besorgnis weiterer Erkrankungen unberechtigt sein soll, BAG NJW **90**, 2340 und 2342, Anh nach § 286 Rn 46–49. Es ist also unzulässig, „das gesamte Vorbringen" des Gegners oder sämtliche Posten einer solchen Rechnung zu bestreiten, die man selbst ohne einen unzumutbaren Aufwand in einzelnen Punkten präzisieren könnte, Schlesw SchlHA **81**, 189, LG Hbg Rpfleger **85**, 35. Soweit der Gegner allerdings sein bereits bestrittenes Vorbringen nur wiederholt, braucht man die früheren eigenen gegenteiligen Behauptungen und Darlegungen nicht stets ausdrücklich zu wiederholen, Schlesw SchlHA **78**, 68. **34**

H. Zeitraum: Bis zum Verhandlungsschluß. Wie bei I, Rn 25, gelten alle vorstehenden Anforderungen in jeder Lage des Verfahrens bis zum Verhandlungsschluß nach §§ 136 IV, 296a, bei einem nachgereichten Vortrag evtl noch später, §§ 156, 283. Natürlich kommt es innerhalb dieses Zeitraumes auf denjenigen Zeitpunkt an, zu dem überhaupt eine Erklärung nötig ist; BGH RR **02**, 612, BAG NJW **08**, 1179. Das Bestreiten braucht der gegnerischen Behauptung nicht stets nachzufolgen, BVerfG NJW **92**, 679, BGH RR **01**, 1294. Das alles gilt für jede Instanz. Im schriftlichen Verfahren nach § 128 II, III gilt der dem Verhandlungsschluß entsprechende Zeitpunkt. **35**

I. Verstoß. Rn 63. **36**

7) Nichtbestreiten, III. Das Gericht darf und muß eine nicht ausdrücklich bestrittene Tatsache unter den nachfolgenden Voraussetzungen als zugestanden behandeln (bejahende Einlassung, kauderwelsch: affirmative Litiskontestation), BAG NJW **94**, 3246. Dann entfällt die Beweisbedürftigkeit. Zum Unterschied vom gerichtlichen Geständnis Einf 2 vor §§ 288–290, BVerfG NJW **01**, 1565. **37**

A. Bloße Tatsache. Es muß sich um eine reine Tatsache handeln. Es darf also kein Umstand vorliegen, der eine wertende Beurteilung erfordert, BGH NJW **89**, 1084, Lappe Rpfleger **89**, 318. Zur Abgrenzung eines tatsächlichen Umstands von einer Rechtsausführung Rn 13, 14.

B. Kein ausdrückliches Bestreiten. Die Geständniswirkung nach III kann eintreten, wenn die Partei die gegnerische Behauptung weder ausdrücklich noch durch eine schlüssige Handlung bestritten hat, Karlsr GRUR **94**, 135, Kblz VersR **06**, 1262, Köln RR **05**, 704. Der bloße Klagabweisungsantrag bedeutet nicht ohne weiteres auch ein Bestreiten der gegnerischen Tatsachenbehauptungen. Unzureichend ist auch die bloße Bitte, das Gericht möge erkennen, „was rechtens ist", BAG NJW **90**, 2643. Ein einfaches, schlichtes Bestreiten genügt nur, soweit man der Partei keine näheren Angaben zumuten kann, Rn 25, 30, BGH NJW **89**, 162, BAG NZA **05**, 1131, Kblz FamRZ **05**, 1007. Ein stillschweigendes Bestreiten kann in einem früheren widersprechenden Vertrag liegen, BGH NJW **01**, 1294, LAG Hamm NZA-RR **05**, 524. Ein nicht unterschriebener Schriftsatz reicht nicht, AG Bln-Tempelhof-Kreuzb FamRZ **05**, 1261. **38**

C. Keine Überspannung. Der notwendige Grad der Anforderungen ist eine Fallfrage, BGH RR **97**, 985. Man darf auch hier die Anforderungen nicht überspannen, BGH RR **90**, 80. Die Anforderungen an die Ausführlichkeit des Bestreitens hängen auch hier davon ab, wie ausführlich der darlegungspflichtige Gegner vorgetragen hat, BVerfG NJW **92**, 1031, BGH GRUR **82**, 683, BAG NZA **04**, 492. Man muß sich stets so genau ausdrücken, daß das Gericht nicht irrig annehmen kann, man wolle die gegnerische Behauptung nicht mit Gründen bestreiten, Rn 30–35, BVerfG NJW **92**, 1031, Schlesw SchlHA **78**, 172. Zur Abgrenzung von einem bloßen Bestreiten mit Nichtwissen Rn 45. **39**

D. Keine Absicht des Bestreitens. Die Geständniswirkung hängt davon ab, daß die Partei auch nicht schlüssig bestreitet, daß also nicht „aus den übrigen Erklärungen der Partei hervorgeht", daß sie bestreiten will, Kblz RR **93**, 572. In diesem Zusammenhang kommt es nicht darauf an, ob sie nähere Angaben machen müßte, sondern nur darauf, ob sie erkennbar ernsthaft bestreiten will. Dabei ist freilich eine unzulässige sog Leerformel nach Rn 33 unbeachtlich. Man darf keineswegs im Zweifel unterstellen, die Partei wolle die fragliche gegnerische Behauptung ebenfalls bestreiten. Es kommt auch hier auf die Gesamtumstände an. Die Partei kann die Geständniswirkung nach III nicht durch eine eindeutig unzulässige „übrige Erklärung" verhindern. Man darf ihr aber auch nicht einfach unterstellen, sie wolle nicht über ihre ausdrücklichen Erklärungen hinaus bestreiten. **40**

E. Zeitraum: Bis zum Verhandlungsschluß. Vgl 25, 35. Die Partei muß im Verhandlungstermin anwesend gewesen sein und verhandelt haben. Wegen des schriftlichen Verfahrens § 128 II, III. Bei einer Säumnis gelten §§ 330 ff, 542. Man kann also die Erklärung, nicht (mehr) bestreiten zu wollen, bis zum **41**

Verhandlungsschluß nach §§ 136 IV, 296a nachholen, BGH NJW **83**, 1497, ZöGre 9, aM Mü MDR **84**, 322 (für den zweiten Rechtszug. Aber auch dann gilt die Einheitlichkeit der gesamten mündlichen Verhandlung). Dagegen muß das Gericht evtl ein erst im Lauf des Prozesses klar erkennbares Bestreiten nach §§ 296, 528 als verspätet beurteilen. Die Erklärung, die Partei wolle die gegnerische Behauptung „für diese Instanz nicht bestreiten", kann eine reine Prozeßtaktik sein. Sie beweist deshalb regelmäßig nichts gegen die Partei. Wenn die Partei aber auf eine Stellungnahme zu einem Sachverständigengutachten verzichtet, kann sie im allgemeinen dessen Unrichtigkeit oder Unvollständigkeit in der Revisionsinstanz nicht mehr rügen. Ein Nicht-mehr-Bestreiten muß eindeutig sein, BGH MDR **08**, 633 (Erörterungspflicht des Gerichts nach § 139).

42 **F. Beibringungsgrundsatz.** Eine weitere Voraussetzung der Geständniswirkung ist, daß es sich um ein solches Verfahren handelt, in dem weder der Ermittlungsgrundsatz nach Grdz 38 vor § 128 noch eine Amtsprüfung herrschen, Grdz 39 vor § 138, sondern in dem der Beibringungsgrundsatz besteht, Grdz 20 vor § 128. Daher ist III zB (jetzt) in einer FamFG-Sache bei einem dortigen Amtsverfahren weitgehend unanwendbar, Karlsr FamRZ **77**, 205.

43 **G. Folge: Unterstellung des Zugeständnisses.** Soweit die Voraussetzungen Rn 34, 37–42 vorliegen, unterstellt (fingiert) III ein Geständnis mit den Wirkungen des § 288, BGH **159**, 13, LAG Nürnb NZA-RR **07**, 195, Rugullis KTS **07**, 289. Das gilt allerdings nur unter den in § 288 Rn 3ff genannten weiteren Voraussetzungen, BGH MDR **79**, 1001, Rugullis KTS **07**, 289. Vgl im übrigen §§ 289, 532.

44 **H. Verstoß.** Rn 63.

45 **8) Erklärung mit Nichtwissen, IV**

Schrifttum: *Ambs,* Bestreiten mit Nichtwissen usw, 1997; *Hackenberg,* Die Erklärung mit Nichtwissen (§ 138 IV ZPO), 1995; *Morhard,* Die Informationspflicht der Parteien bei der Erklärung mit Nichtwissen, 1993.

A. Begriff. „Eure Rede aber sei: Ja, ja; nein, nein. Was darüber ist, das ist vom Übel" (Matth 5, 37). Es handelt sich um eine gegenüber I eng auslegbare Ausnahmevorschrift, BAG NZA **05**, 1233, Mühlhausen NZA **06**, 969. Man muß eine Erklärung mit Nichtwissen von der Ablehnung einer Erklärung unterscheiden, ebenso aber vom direkten Bestreiten, vom bloßen Schweigen und vom Geständnis nach § 288. Die Frage, ob das eine oder das andere vorliegt, läßt sich oft nur schwer beantworten. Gerade derjenige, der die nachteiligen Rechtsfolgen einer bloßen Erklärung mit Nichtwissen kennt, bemüht sich erfahrungsgemäß, statt der schlichten Worte „Ich weiß es nicht" um den „heißen Brei" herumzureden, sich „blindzustellen" oder zu „mauern", BAG NZA **05**, 600. Dergleichen Versuche dürfen das Gericht keineswegs davon abhalten, ganz klar und unmißverständlich herauszuarbeiten, ob die Partei bestreiten will oder ob sie sich nur mit Nichtwissen erklärt, Rn 2. Denn die Rechtsfolgen sind ganz erheblich unterschiedlich. Das Gericht darf und muß nach § 139 vorgehen. Es muß auch verdeutlichen, daß es ein bloßes Bestreiten mit Nichtwissen mit den Rechtsfolgen von III, IV annimmt, wenn die Partei ihren Vortrag nicht klarstellend ergänzt. Es mag zu einem solchen Hinweis auch und gerade einer anwaltlich vertretenen Partei gegenüber auch nach § 139 II verpflichtet sein.

46 **B. Kein Unterlaufen.** Das Gericht darf sich aber auch *keineswegs* mit bloßen Umschreibungen der Partei zufriedenstellen lassen. Wer zunächst ausgeführt hat, er könne sich zu einer gegnerischen Behauptung nicht erklären, hat bereits in Wahrheit mit seinem bloßen Nichtwissen bestritten. Das gilt unabhängig davon, ob er einen Grund für seine Unfähigkeit zu einem weiteren Vortrag angegeben hat und ob ein solcher aus den Akten erkennbar ist. Wenn er nach einem Hinweis auf die möglichen Rechtsfolgen des bloßen Bestreitens mit Nichtwissen dann antwortet, unter diesen Umständen „bestreite er eben", wechselt er seine Einlassung und verpflichtet das Gericht zur Prüfung, welche der widersprüchlichen Einlassungen nun die maßgebliche sein kann. Dabei ist keineswegs stets die zeitlich nachfolgende Art des Bestreitens die allein maßgebliche.

Es kommt vielmehr auf die *Gesamtumstände* an. Wenn erkennbar wird, daß das zeitlich nachfolgende direkte Bestreiten in Wahrheit nur der Verhinderung der Rechtsfolgen von IV dient, daß also in Wahrheit unverändert ein bloßes Nichtwissen vorherrscht, ist diese Wendung im Verhalten der Partei arglistig und daher unbeachtlich, Einl III 54. Denn sie verstößt ja gegen ihre Wahrhaftigkeitspflicht nach I, II. Zumindest darf und muß der Richter dann das zeitlich nachgeschobene direkte Bestreiten im Rahmen der freien Würdigung des gesamten Vortrags nach § 286 äußerst zurückhaltend beurteilen. Er darf sehr wohl zu der Überzeugung kommen, in Wahrheit habe sich die Partei eben doch nur mit ihrem bloßen Nichtwissen erklären können. Das alles gilt auch für den ProzBev, Rn 8–11 ff.

47 **C. Sorgfalt.** Wegen der oft prozeßentscheidenden Bedeutung dieser feinen Unterschiede ist eine große Sorgfalt ratsam. Es ist eine gewisse Beharrlichkeit des Gerichts nötig. Es ist im übrigen eine präzise Protokollierung der jeweiligen Äußerungen der Partei trotz allen nötigen Verständnisses für ihre oft nicht leichte prozessuale Lage ratsam, § 160 II. Das Gericht ist gerade an dieser Stelle im wohlverstandenen Interesse beider Parteien und bei einer Beachtung seiner Pflicht zur Unparteilichkeit nicht nur berechtigt, sondern klar verpflichtet, im Rahmen des Zumutbaren durchaus ernsthafte Anforderungen zu stellen. Das gilt insbesondere wegen des Grundsatzes, daß das bloße Bestreiten mit Nichtwissen beim Fehlen der in Rn 50ff erörterten Ausnahmen unzulässig ist. Daher muß man im Zweifel vom bloßen Bestreiten mit Nichtwissen ausgehen und darf erst dann prüfen, ob eine der Ausnahmen (Zulässigkeit) vorliegt. Bei alledem kommt es natürlich nicht auf den Wortlaut an, sondern auf den Sinn und die Gesamtumstände, wie stets.

48 **D. Noch-Nichtwissen.** Das bloße Bestreiten mit Noch-Nichtwissen ist ein Bestreiten mit einem bloßen Nichtwissen, Rn 45. Auch das übersehen viele. Es führt zu völlig anderen prozessualen Folgen als den eigentlich notwendigen. Auch insofern darf und muß das Gericht nach einem Hinweis gemäß § 139 von der Erklärung des bloßen Nichtwissens ausgehen. Das gilt auch und gerade bei einer solchen Erklärung, die ein gesetzlicher Vertreter oder ein ProzBev abgegeben hat, Rn 7, 8.

E. Grundsatz der Unzulässigkeit. Schon aus dem Wort „nur" in IV wird deutlich, daß das Gesetz von dem Grundsatz der Unzulässigkeit der Erklärung mit einem bloßen Nichtwissen ausgeht. Es läßt sie nur unter den genannten Voraussetzungen ausnahmsweise zu, BAG MDR **07**, 279. Das ist verfassungsgemäß, BAG NJW **08**, 1179. Man kommt zu demselben Ergebnis, wenn man erkennt, das IV schon in seiner äußerlichen Stellung eine Ausnahme (Sonderregel) gegenüber I–III darstellt und daß man die Vorschrift daher in ihren Voraussetzungen eng auslegen muß, wie stets bei einer Ausnahmeregel, Einl III 41, ThP 20, aM ZöGre 2 (aber eine solche Art Auslegung ist seit jeher üblich). Man muß daher im Rahmen der Auslegung strenge Anforderungen an das Vorliegen der nachfolgenden Zulässigkeitsvoraussetzungen stellen. Unzulässig ist das Bestreiten mit einem bloßen Nichtwissen schon dann, wenn nach der Lebenserfahrung ein eigenes Wissen durchaus vorhanden sein muß, BAG NZA **05**, 600. 49

F. Ausnahme: Zulässigkeit beim Fehlen eigener Handlung. Soweit eine Tatsache nicht in einer eigenen Handlung der Partei bestand, kann diese sich zur gegnerischen Behauptung grundsätzlich mit ihrem Nichtwissen erklären, BGH NJW **93**, 1783, BAG NJW **08**, 1179, LAG Hamm NZA **04**, 215. Es ist eine aber strenge Prüfung der Frage erforderlich, ob man das Vorliegen einer eigenen Handlung der Partei verneinen darf. Denn es handelt sich um eine Ausnahmevorschrift, Rn 49. Zu den „eigenen Handlungen" zählen sowohl aktive Vorgänge in Wort und Tat als auch passive eigene Verhaltensweisen, also Unterlassungen in Wort oder Tat, sofern der Gegner gerade die letzteren behauptet. Es kommt nicht darauf an, ob der Gegner die Ansicht vertritt, man habe etwas gerade pflichtwidrig getan oder unterlassen, sondern nur darauf, ob er behauptet, man habe überhaupt eine eigene Handlung oder Unterlassung vorgenommen. 50

Dabei stehen Handlungen oder Unterlassungen des *gesetzlichen Vertreters* nach § 51 Rn 12 denjenigen gleich, die die Partei persönlich vorgenommen haben soll, Rn 7, 8, BGH NJW **99**, 54, LG Bln VersR **01**, 1226, Lange NJW **90**, 3235. Dasselbe gilt bei Handlungen oder Unterlassungen des ProzBev der Partei nach § 81 oder des Rechtsvorgängers des Vermieters wegen § 566 BGB, AG Hbg NZM **07**, 802. Aber auch der Erfüllungs- oder Verrichtungsgehilfe der Partei nach §§ 278, 831 BGB ist „Partei" nach IV. Die Partei darf sich daher nicht mit ihrem bloßen Nichtwissen zur Behauptung des Prozeßgegners äußern, ihr derartiger Gehilfe habe etwas getan oder unterlassen.

G. Weitere Ausnahme: Zulässigkeit beim Fehlen eigener Wahrnehmbarkeit. Eine Erklärung mit einem bloßen Nichtwissen ist ferner ausnahmsweise auch dann zulässig, wenn es sich nach der Behauptung des Prozeßgegners um solche Tatsachen handelt, die kein Gegenstand der eigenen Wahrnehmung oder Wahrnehmbarkeit der oder durch die Partei gewesen sind, BGH RR **93**, 1262, BAG NJW **08**, 1179, Düss RR **00**, 411 (Anwaltshaftung). Man muß auch hier einen strengen Maßstab vor der Bejahung einer solchen Situation anwenden, BVerfG NJW **92**, 2217, AG Nettetal RR **07**, 1217. Denn auch insofern liegt eine Ausnahme vom Grundsatz der Unzulässigkeit vor, Rn 49. 51

H. Wahrnehmungsarten. Zu den Wahrnehmungen gehören solche beliebiger Art mit jedem menschlichen Sinn, BVerfG NJW **92**, 2217, BGH **109**, 208, Brause NJW **89**, 2520. Die Wahrnehmung kann auch indirekt erfolgt sein, zB über ein Medium, etwa über das Fernsehen oder durch die Zeitung. Das gilt, sofern der Gegner nur behauptet, man habe eben die betreffende Sendung usw tatsächlich gesehen oder gehört. Auch hier sind Wahrnehmungen des gesetzlichen Vertreters nach § 51 Rn 12 oder des ProzBev nach § 81 ebenso schädlich, Rn 7–11, wie solche eines Erfüllungs- oder Verrichtungsgehilfen, Rn 50. 52

I. Wahrnehmbarkeit. Nur scheinbar ist das Bestreiten mit einem bloßen Nichtwissen dann zulässig, wenn die Tatsache nach der Behauptung des Prozeßgegners zwar nicht ein Gegenstand der tatsächlichen Wahrnehmung der Partei war, wenn sie wohl aber ein Gegenstand ihrer Wahrnehmungsmöglichkeit war, LG Hann WoM **01**, 444, LG Stendal WoM **94**, 264 und 266. Aus dem Ausnahmecharakter der Zulässigkeit des Bestreitens mit Nichtwissen ergibt sich, daß auch die vom Gegner behauptete bloße Wahrnehmungsmöglichkeit dazu zwingt, mit einem klaren Ja oder Nein statt mit einem bloßen Nichtwissen zu antworten, sofern man dieses Nein überhaupt verantworten kann. Nur so läßt sich der Grundsatz der Zumutbarkeit wahren, BGH NJW **99**, 580, LAG Köln MDR **99**, 304. Er gilt im gesamten Bereich von § 138, auch bei IV. Nur dieser Grundsatz entspricht dem ohnehin von Amts wegen in jeder Lage des Verfahrens für alle Prozeßbeteiligten geltenden Gebot von Treu und Glauben, Einl III 54. 53

J. Informationspflicht. Auch aus dem Prozeßrechtsverhältnis nach Grdz 4 vor § 128 und der ihm entstammenden Mitwirkungs- und Förderungspflicht nach Grdz 11, 12 vor § 128 ergibt sich: Jedenfalls insoweit, als der Prozeßgegner behauptet, man habe eine Tatsache wahrnehmen können, folgt meist eine gründliche Informationspflicht, BGH RR **02**, 613, Celle RR **97**, 290, LG Bln VersR **01**, 1226. Wer selbst einen Schaden vorprozessual entdeckt hatte, darf ihn nicht mehr mit seinem Nichtwissen bestreiten, Düss MDR **06**, 763 (Frachtführer). 54

K. Sorgfaltspflicht. Das bloße Bestreiten mit Nichtwissen ist also unzulässig, soweit die Partei bei der ihr zumutbaren Sorgfalt nach § 283 Rn 6 zumindest bis zum Schluß des Verhandlungstermins nach Rn 60 hätte wissen können und müssen, ob sich der fragliche Vorgang ereignet hat oder nicht, Rostock NZM **06**, 520, LG Bln VersR **03**, 195 (Besichtigung des Regulierers genügt), LG Hann WoM **01**, 444 (Besichtigungsrecht genügt), sei es auch nur auf Grund zumutbarer Stichproben, AG Hanau FamRZ **00**, 306, LAG Bln MDR **02**, 1441. Auch dabei ist es wieder schädlich, wenn die Partei den fraglichen Vorgang zwar vielleicht nicht höchstpersönlich hätte wahrnehmen (lassen) können und müssen, aber doch mithilfe solcher Personen, die als ihr gesetzlicher Vertreter nach § 51 Rn 12 oder als ihr ProzBev nach § 81 oder als ihr Erfüllungs- oder Verrichtungsgehilfe tätig waren oder hätten tätig werden können und müssen, LG Bln VersR **01**, 1226, LAG Hamm NZA-RR **06**, 292, oder als ihr Zedent, Düss ZMR **02**, 588, Köln VersR **92**, 78. 55

L. Prozeßförderungspflicht. Auch die Prozeßförderungspflicht nach § 282 zwingt dazu, dann im Rahmen des Zumutbaren eine Information einzuholen, bevor man einfach mit Nichtwissen bestreiten darf. Das gilt schon dann, wenn der Gegner wenigstens behauptet, man habe wahrnehmen (lassen) können, BGH **109**, 209, Celle RR **89**, 784. Im einzelnen verfahren allerdings viele zu großzügig. Man darf zB keineswegs schon die bloße Behauptung ausreichen lassen, die Partei könne sich nicht erinnern. Es kommt darauf an, ob 56 sie auch darlegen und zumindest nach § 294 glaubhaft machen kann, daß sie sich auch beim besten Willen wirklich nicht erinnern kann. Das übersehen viele, BGH RR **02**, 213, Hamm VHR **96**, 204, LAG Bre BB **86**, 1992. Zu demselben Ergebnis führt auch die Darlegungslast nach § 253 Rn 32, die über die Pflichten nach I, II hinausgeht, BAG DB **86**, 1578.

Verdacht bösartigen Zusammenwirkens zB zwischen Fahrer und Unfallgegner mag andererseits ein Bestreiten mit Nichtwissen der Versicherung und dem Halter erlauben, LG Erfurt VersR **03**, 193.

57 **M. Nachfrist.** Nur soweit man einer Partei eine Erklärung auf eine Behauptung des Gegners verständigerweise nicht sofort zumuten kann, darf und muß das Gericht auf einen Antrag der Partei nach § 283 eine Gelegenheit zur Unterrichtung und Nachholung geben, evtl auch durch eine Vertagung, BGH **94**, 214, Mü FamRZ **97**, 944. Das gilt vor allem dann, wenn der Gegner eine Partei mit Behauptungen überfällt, die immerhin abgelegen scheinen und die er der Partei nicht in dem nach der Prozeßlage erforderlichen Maß angekündigt hatte. Indessen liegt kein ausreichender Grund zu solchen Maßnahmen vor, soweit sich am Verhandlungsschluß nach §§ 136 IV, 296 a ergibt, daß die Partei ihren gesetzlichen Vertreter oder vor allem ihren ProzBev nicht genügend vorbereitet und unterrichtet hatte. Dasselbe gilt, soweit man vor allem dem ProzBev den Vorwurf machen muß, sich nicht im zumutbaren Umfang bei der Partei kundig gemacht zu haben, §§ 51 II, 85 II, Rn 7, 8. Zwar mag zB der ProzBev dann versuchen, eine Vertagung, eine Ladung der Partei nach § 141 oder eine Frist nach § 283 zu beantragen. Auch solche Möglichkeiten sind aber durchaus begrenzt. Vgl bei den einzelnen Vorschriften.

58 **N. Sonderfall des beiderseitigen Bestreitens mit Nichtwissen.** Soweit sich beide Parteien zu einer vom Gericht für entscheidungserheblich gehaltenen und daher zur Sprache gebrachten tatsächlichen Frage übereinstimmend mit ihrem bloßen Nichtwissen erklären, kommt es nicht darauf an, ob eine solche Erklärung dann zulässig wäre, wenn der Gegner die Tatsache behauptet hätte. Denn IV setzt gerade eine direkte derartige Behauptung als erfolgt voraus. Vielmehr entfällt dann die Möglichkeit einer Geständniswirkung. Man muß dann diese Tatsache als nicht geklärt zulasten der insoweit beweispflichtigen Partei berücksichtigen.

59 **O. Zulässigkeit einer Hilfserklärung.** Eine Partei kann für den Fall, daß ihr Bestreiten mit einem bloßen Nichtwissen unzulässig sein sollte, evtl eine Hilfserklärung abgeben, § 260 Rn 8.

Beispiel: Der Kläger behauptet, der Bekl habe ihm ein Darlehen versprochen. Der Bekl kann erwidern: Er bestreite dieses Versprechen mit Nichtwissen oder als unbekannt. Falls er das Versprechen aber abgegeben habe, dann habe er es doch nur für einen späteren Zeitpunkt erklärt.

60 **P. Zeitraum: Bis zum Verhandlungsschluß.** Es gelten dieselben Erwägungen wie Rn 25, 41. Für die Beurteilung auch der Zulässigkeit des Bestreitens mit Nichtwissen ist derjenige Zeitpunkt maßgeblich, zu dem sich die Partei nach der Prozeßlage zu dieser Frage an sich äußern muß, BGH BB **01**, 2187. Spätestens ist der Schluß der letzten mündlichen Behandlung maßgeblich, §§ 136 IV, 296 a.

61 **Q. Rechtsfolgen des zulässigen Bestreitens mit Nichtwissen.** Soweit die Erklärung mit einem bloßen Nichtwissen zulässig ist, handelt es sich um ein echtes, schlichtes Bestreiten, BGH NJW **89**, 162.

62 **R. Verstoß.** Ein Verstoß gegen IV führt zur Geständniswirkung nach III, AG Bruchsal VersR **86**, 498.

Beispiele: Der Empfänger von Allgemeinen Geschäftsbedingungen will sich an ihren Inhalt nicht erinnern können; der Haftpflichtversicherer beruft sich auf die Unauffindbarkeit des Versicherten; der Empfänger von Kontoauszügen will sie verloren haben, AG Geesthacht VersR **88**, 929. Vgl Rn 63.

63 **9) Weitere Verstoßfolgen, I–IV.** Neben den Folgen Rn 26, 36, 44, 62 können mehrere Konsequenzen zusammentreffen.

A. Prozeßrechtliche Folgen. Das Gericht prüft zwar ansich wegen des Beibringungsgrundsatzes nach Grdz 20 vor § 128 auch die Wahrheit einer Parteibehauptung zunächst anhand des Merkmals, ob der Prozeßgegner die Tatsache überhaupt bestreitet. Es muß aber schon wegen des den ganzen Prozeß beherrschenden Grundsatzes von Treu und Glauben nach Einl III 54 doch zumindest ein arglistiges Zusammenwirken der Parteien etwa zum Nachteil eines Dritten unbeachtet lassen, Rn 56. Es muß überhaupt eine von ihm als offensichtlich unwahr erkannte Behauptung unbeachtet lassen, § 286, Seetzen WertpMitt **85**, 214, Vollkommer Rpfleger **78**, 83.

64 Eine unwahre Behauptung kann zu einer *der Partei nachteiligen Würdigung* führen. So kann zB ein widersprüchlicher Vertrag unbeachtlich sein, Köln MDR **04**, 391. Das Gericht kann von der Unwahrheit einer streitigen Behauptung auch insofern ausgehen, als eigentlich der Gegner beweispflichtig wäre, § 286 Rn 4, KG JR **78**, 379, § 439 III, BGH NJW **06**, 157 links oben. Soweit eine Unwahrheit den Prozeß verzögert, ist neben der Zurückweisung wegen verspäteten Vorbringens nach §§ 296, 528 unter Umständen eine Verzögerungsgebühr nach § 38 GKG erforderlich, Anh § 95. Im übrigen entsteht der Partei kein unmittelbarer prozeßrechtlicher Nachteil. Die Partei darf und muß eine unwahre Erklärung jederzeit berichtigen. Durch die Berichtigung kann sie die unwahre Erklärung unwirksam machen, § 290 Rn 4. Eine fehlerhafte Beurteilung der Darlegungslast kann ein Verfahrensfehler des Gerichts sein, §§ 529 II 1, 557 III 2. Eine Verletzung der Wahrhaftigkeitspflicht kann im übrigen ein Anlaß für eine Restitutionsklage nach § 580 Z 4 sein, auch wenn sich die Partei nicht auf ein falsches Beweismittel beruft, aM BGH NJW **85**, 2335 (aber es kommt dort nur auf den objektiven Strafverstoß an). Bei einem Verstoß gegen IV tritt die Geständniswirkung nach III ein, Rn 62.

Ein *anschließendes Bestreiten* mag zulässig sein, Münzberg NJW **92**, 205. Das Gericht muß es aber natürlich mit großer Zurückhaltung würdigen. Der beliebte Satz im Anschluß an den Hinweis des Richters auf III, IV: „Dann bestreite ich eben" ist kaum geeignet, dieses „Bestreiten" anders zu werten als dahin, daß die Partei oder ihr Vertreter jetzt in eine Erklärung sehr nahe beim versuchten Prozeßbetrug flüchtet, Rn 66. Das Gericht darf deshalb die derart überraschend „bestrittene" Behauptung des Gegners glauben, § 286 Rn 4.

65 **B. Bürgerlichrechtliche Folgen**, dazu *Kiethe* MDR **07**, 625; *Lindenberg* (vor Rn 1) 92 ff; *Prange,* Materiell-rechtliche Sanktionen bei Verletzung der prozessualen Wahrheitspflicht durch Zeugen und Par-

teien, 1995; *Schreiber* ZZP **105**, 129: Eine Schadensersatzpflicht besteht nach § 826 BGB, sobald eine Lüge der Partei zu einer Schädigung des Gegners führt. Außerdem bietet sich auf Grund eines solchen Bestreitens wider besseres Wissen, das die Entscheidung beeinflußt hat, evtl ein Weg an, das sachliche Recht gegenüber der Rechtskraft siegen zu lassen, Einf 25, 33 vor § 322. § 85 II gilt auch hier, Schlesw FamRZ **93**, 336. § 138 ist aber kein Schutzgesetz nach § 823 II BGB. Denn sein Sinn besteht darin, zur staatlichen Ordnung des Zivilprozesses beizutragen. Die Gegenmeinung brächte auch die Gefahr des Wiederaufrollens jeder rechtskräftig erledigten Sache mit sich, ThP 10, aM ZöGre 7 (aber man sollte sich vor jeder Verminderung der Rechtskraft hüten, Einf 27 ff vor §§ 322–327). Zum Ehrenschutz gegenüber Parteivorbringen Walter JZ **86**, 614. Der ProzBev kann als Anwalt vertraglich, vertragsähnlich, deliktisch haften.

C. Strafrechtliche Folgen, dazu *Piech,* Der Prozeßbetrug im Zivilprozeß, 1998: Ein Verstoß gegen die **66**
Wahrhaftigkeitspflicht kann ein zumindest versuchter Prozeßbetrug sein, BGH MDR **98**, 615, Kblz NJW **01**, 1364 (dort im Ergebnis großzügig verneint). Er kann auch eine Anstiftung, Beihilfe, Mittäterschaft oder mittelbare Täterschaft zu dieser Straftat darstellen, Saarbr DRiZ **85**, 279. Eine falsche Einlassung, die ein Zeuge eidlich bekräftigt hat, kann für diejenige Partei ein Verfahren wegen Beihilfe zum Meineid oder zur uneidlichen Aussage zur Folge haben, die es unterläßt, dieser Einlassung entgegenzutreten, BGH MDR **98**, 615. Eine eidesstattliche Versicherung ist schon dann falsch, wenn man in ihr so Wesentliches verschwiegen hatte, daß man dadurch die Bedeutung des Erklärten grundlegend beeinträchtigte. Zum Ehrenschutz Rn 65. Es kann infolge der Straftat ein Restitutionsgrund vorliegen, § 580 Z 4.

D. Berufsrechtliche Folgen, dazu *Lindenberg* (vor Rn 1) 110 ff: Derjenige Anwalt, der gegen I, II **67**
verstößt, muß sich regelmäßig auch berufsrechtlich verantworten. Das dürfte im Prinzip auch nach der weitgehenden Aufhebung der bisherigen standesrechtlichen Grundsätze durch das BVerfG gelten. Denn auch jetzt würde es sich bei einem derartigen Verstoß meist um einen so schwerwiegenden handeln, daß die Grundlagen des ordnungsgemäßen Prozeßbetriebs in Gefahr kämen, auch wenn das im Einzelfall infolge mancher Umstände verdeckt bleiben mag. Hinzu treten auch für den Anwalt Schadensersatzansprüche des durch ihn Geschädigten, Rn 65.

139 *Materielle Prozessleitung.*

I [1] **Das Gericht hat das Sach- und Streitverhältnis, soweit erforderlich, mit den Parteien nach der tatsächlichen und rechtlichen Seite zu erörtern und Fragen zu stellen.** [2] **Es hat dahin zu wirken, dass die Parteien sich rechtzeitig und vollständig über alle erheblichen Tatsachen erklären, insbesondere ungenügende Angaben zu den geltend gemachten Tatsachen ergänzen, die Beweismittel bezeichnen und die sachdienlichen Anträge stellen.**

II [1] **Auf einen Gesichtspunkt, den eine Partei erkennbar übersehen oder für unerheblich gehalten hat, darf das Gericht, soweit nicht nur eine Nebenforderung betroffen ist, seine Entscheidung nur stützen, wenn es darauf hingewiesen und Gelegenheit zur Äußerung dazu gegeben hat.** [2] **Dasselbe gilt für einen Gesichtspunkt, den das Gericht anders beurteilt als beide Parteien.**

III **Das Gericht hat auf die Bedenken aufmerksam zu machen, die hinsichtlich der von Amts wegen zu berücksichtigenden Punkte bestehen.**

IV [1] **Hinweise nach dieser Vorschrift sind so früh wie möglich zu erteilen und aktenkundig zu machen.** [2] **Ihre Erteilung kann nur durch den Inhalt der Akten bewiesen werden.** [3] **Gegen den Inhalt der Akten ist nur der Nachweis der Fälschung zulässig.**

V **Ist einer Partei eine sofortige Erklärung zu einem gerichtlichen Hinweis nicht möglich, so soll auf ihren Antrag das Gericht eine Frist bestimmen, in der sie die Erklärung in einem Schriftsatz nachbringen kann.**

Schrifttum: *Bahlmann,* ZPO-Reform 2002: Stärkung der ersten Instanz? Eine Untersuchung zu §§ 139 und 278 ZPO n. F., 2005; *Baur,* Richterliche Verstöße gegen die Prozeßförderungspflicht, Festschrift für *Schwab* (1990) 53; *Benedicter,* Die Sachverhaltsermittlung im Zivilprozess, Diss Erl-Nürnb 2005 (auch rechtsvergleichend und -politisch); *Born,* Wahrunterstellung zwischen Aufklärungspflicht und Beweisablehnung wegen Unerheblichkeit, 1984; *Bottke,* Materielle und formelle Verfahrensgerechtigkeit im demokratischen Rechtsstaat, 1991; *Brehm,* Die Bindung des Richters an den Parteivortrag usw, 1982; *Chang,* Das Verhältnis der gerichtlichen Aufklärungspflicht aus § 139 Abs. 1 S. 2 ZPO und der gerichtlichen Hinweispflicht aus § 139 Abs. 2 ZPO, 2003; *Hahn,* Anwaltliche Rechtsausführungen im Zivilprozeß usw, 1998; *Heilmann/Schlichtung,* Verfahrensgestaltung im Zivilprozeß, 1984; *Hensen,* Das Rechtsgespräch im Zivilprozeß, Festgabe für *Reimers* (1979) 167; *Koch,* Die richterliche Förderungspflicht nach dem ZPO-Reformgesetz, 2003; *Kunz,* Rechtsmittelbelehrung durch die Zivilgerichte usw, 2000; *Leipold,* Wege zur Konzentration von Zivilprozessen, 1999; *Neuhaus* MDR **02**, 438 (Üb); *Nowak,* Richterliche Aufklärungspflicht und Befangenheit, 1991; *Peters,* Richterliche Hinweispflichten und Beweisinitiativen im Zivilprozeß, 1983; *Peters,* Wachsende Beachtung der richterlichen Hinweispflicht, Festschrift für *Beys* (Athen 2004) 1243. Es wächst aber gerade eine Gegenströmung; *Prütting,* Prozessuale Aspekte der richterlichen Rechtsfortbildung, Festschrift 600-Jahr-Feier der Universität *Köln* (1988) 305; *Prütting,* Die materielle Prozessleitung, Festschrift für *Musielak* (2004) 397; *Scheuerle,* Vierzehn Tugenden für vorsitzende Richter, 1983; *Schmidt,* Zivilgerichtliche Prozeßförderung – Zur Handhabung des § 139 Abs. 1 ZPO usw, Festschrift für *Schneider* (1997) 193; *Seelig,* Die prozessuale Behandlung materiellrechtlicher Einreden – heute und einst, 1980; *Smid,* Rechtsprechung – Zur Unterscheidung von Rechtsfürsorge und Prozeß, 1989; *Späth,* Die Parteiöffentlichkeit des Zivilprozesses – die Informationspflicht des Gerichts gegenüber den Parteien, 1995; *Spickhoff,* Richterliche Aufklärungspflicht und materielles Recht, 1999; *Sticken,* Die „neue" materielle Prozeßleitung (§ 139 ZPO) und die Unparteilichkeit des Richters, 2004; *Strodthoff,* Die richterliche Frage- und Erörterungspflicht im deutschen Zivilprozess in historischer Perspektive, 2004; *Stürner,* Verfahrensgrundsätze des Zivilprozesses und Verfassung, Festschrift für *Baur* (1981)

647 (657); *Stürner,* Die richterliche Aufklärung im Zivilprozeß, 1982; *Ventsch,* Die materielle Prozeßleitung nach der Reform der Zivilprozessordnung: § 139 ZPO, 2005; *Vollkommer,* Der Grundsatz der Waffengleichheit im Zivilprozeß – eine neue Parteimaxime? –, Festschrift für *Schwab* (1990) 503. S auch bei § 278.

Gliederung

1 **1) Systematik, I–V.** Es handelt sich um eine der wichtigsten und auch schwierigsten Vorschriften der ZPO. Sie enthält die Magna Charta des Zivilprozesses. Sie beschreibt einen Teil der Pflichten zur sachlichrechtlichen Prozeßleitung, Üb 5 vor § 128. Sie ist ein Teil eines Geflechts anderer Vorschriften mit richterlichen Pflichten. Sie bildet aber deren Kernstück. Sie gilt in erster Linie während der mündlichen Verhandlung. Ihre Grundregeln sind aber im schriftlichen Verfahren nach § 104 zumindest entsprechend anwendbar, Köln JB **99**, 257. Dasselbe gilt im Verfahren nach § 128 II oder § 495 a. Sie hat Auswirkungen auch auf das Verhalten des Gerichts im Anschluß an die erste Verhandlung. Innerhalb und außerhalb der Verhandlung gelten ergänzend zahlreiche weitere teilweise vorrangige Vorschriften, zB §§ 141, 142, 144, 273, 396 II, 448. Diese Vorschriften enthalten eine nähere Festlegung bestimmter Handlungen, zu denen die Fürsorgepflicht des Gerichts führen kann, Einl III 27. Bei der Anwendung aller dieser weiteren Vorschriften ist aber eben § 139 mit seiner zentralen Zusammenfassung zumindest mitbeachtlich. Die Vorschrift regelt die richterliche Aufklärungs-, Frage- und Fürsorgepflicht im Tatsächlichen wie im Rechtlichen. Zum Verhältnis zu § 278 dort Rn 3.

2 **2) Regelungszweck, I–V.** Die Vorschrift dient der Herbeiführung einer Entscheidung. Sie soll das sachliche Recht verwirklichen helfen, Einl III 9, 36, BGH NJW **98**, 156. Sie dient also auch der Gerechtigkeit und in diesem Rahmen einem fairen Verfahren und dem rechtlichen Gehör, Artt 2 I, 20 III GG (Rpfl), BVerfG **101**, 404, Art 103 I GG (Richter), BGH FamRZ **05**, 701. Das ändert nichts an der Unparteilichkeit, zu der das Gericht in jeder Lage des Verfahrens gegenüber jedem Prozeßbeteiligten strikt verpflichtet ist, Rn 13, BVerfG **42**, 78, Henke JZ **05**, 1035, Vollkommer (vor Rn 1) 520. Das kommt zwar nicht im Wortlaut des § 139 direkt zum Ausdruck. Es ist aber selbstverständlich. Es ergibt sich ohnehin aus der Stellung des Gerichts.

3 *Beide Gesichtspunkte,* Gerechtigkeitsstreben einerseits, Unparteilichkeit andererseits müssen bei der Auslegung des § 139 stets *zusammen* Beachtung finden, Zierl NJW **02**, 2695. Das klingt selbstverständlich. Es ist aber in der Praxis das eindeutige Hauptproblem. Die Rechtsidee hat drei Komponenten: Gerechtigkeit, Rechtssicherheit, Zweckmäßigkeit. Das muß man nicht nur zB bei § 296 beachten, dort Rn 2, sondern auch bei § 139. Der Richter, der sich nur von dem Bestreben nach einer sachlichrechtlichen Gerechtigkeit leiten lassen würde, läuft die Gefahr, sich zum Rechtsberater bald der einen, bald der anderen Partei zu machen, Henke JZ **05**, 1035, und schon deshalb dann schließlich auch ein falsches, ungerechtes Urteil zu fällen. Aber auch derjenige, der immer nur ängstlich auf seine Unparteilichkeit bedacht wäre, würde wesentliche Elemente seiner der Richtermacht folgenden Fürsorgepflicht nach Einl III 27 mißachten und oft genug ungerechte Entscheidungen herbeiführen.

In Wahrheit ist also im konkreten Einzelfall und dort in jeder bestimmten Einzelsituation im Lauf des Prozesses eine oft recht schwere *Abwägung* zwischen Erlaubtem, Ratsamem, Erforderlichem einerseits und Gefährlichem, Untunlichem, Verbotenem notwendig. Den richtigen Mittelweg zu finden ist nicht nur eine Sache des Fingerspitzengefühls, sondern auch eine Aufgabe, die vom Grundverständnis des Zivilprozesses mitbestimmt wird.

In diesem Zusammenhang muß man jedenfalls beachten, daß im Zivilprozeß meist die auch aus dem Grundrecht der informationellen Selbstbestimmung ableitbare *Parteiherrschaft* nach Grdz 18 vor § 128 und der Beibringungsgrundsatz nach Grdz 20 vor § 128 mit seiner Darlegungslast nach § 253 Rn 32 (von BGH MDR **98**, 1178 nicht genug erörtert) gelten und daß der Prozeß durchaus mehr als eine bloße „Arbeitsgemeinschaft" darstellt, Grdz 26 vor § 128. Die Würde der Parteien als der eigentlichen Herren des Zivilprozesses erfordert entgegen den in Grdz 20 ff vor § 128 Genannten durchaus keine „soziale" Bevormundung, Henke JZ **05**, 1034. Diese Erkenntnis hat direkte Auswirkungen auf die Art und den Umfang der Ausübung der richterlichen Tätigkeit nach § 139 in jedem Einzelfall. Hinter allzu viel Fürsorge kann sich auch ein Mißtrauen und eine Bevormundung verstecken und das notwendige Vertrauen untergraben. Das muß man bei der Auslegung der Vorschrift stets mitbeachten. 4

3) Sachlicher Geltungsbereich, I–V. Die Vorschrift gilt in allen Verfahrensarten der ZPO, LG Kblz AnwBl **87**, 332, auch im WEG-Verfahren. Sie gilt in jeder Lage des Verfahrens, BGH FamRZ **06**, 262. Sie gilt auch zB bei § 287, BGH RR **87**, 797. Sie gilt natürlich auch im Scheidungsverfahren nach (jetzt) §§ 121 ff FamFG, Ffm FamRZ **85**, 824. Sie gilt in der mündlichen Verhandlung, Rn 1, dort allerdings für jedes Mitglied des Spruchkörpers. Sie gilt auch für den Richter außerhalb der mündlichen Verhandlung in jeder Verfahrenslage ab einem Schriftsatzeingang, Stgt NJW **01**, 1145. Vor der Verhandlung gilt auch § 273. Im Versäumnisverfahren nach §§ 330 ff ist § 139 nur anwendbar, soweit das Versäumnisverfahren eine solche Fragetätigkeit zuläßt. Es erfolgt also keine schriftliche Befragung des Säumigen. Die Vorschrift gilt im übrigen selbst in der mündlichen Verhandlung nur gegenüber einer nicht nur anwesenden, sondern auch überhaupt verhandlungsbereiten Partei. Sie gilt auch im Eilverfahren, krit Teplitzky GRUR **08**, 39 zum dortigen „einseitigen" Verfahren (aber Rn 13 ff helfen auch dann gegen ein Übermaß an Fürsorge). 5

Sie gilt natürlich auch im *schriftlichen Verfahren* nach § 128 II oder § 495 a, soweit es um eine schriftliche Aufklärung geht. Im Zwangsvollstreckungs- oder -versteigerungsverfahren ist § 139 anwendbar und hat eine besondere Bedeutung, BVerfG NJW **93**, 1699, BayObLG ZMR **99**, 117, Jena FGPrax **02**, 100. Im FamFG-Verfahren hat der inhaltlich weitgehend übereinstimmende § 28 FamFG den Vorrang. Freilich hat § 18 GBO nochmals den Vorrang, BayObLG DNotZ **93**, 596. § 139 ist auch im arbeitsgerichtlichen Urteilsverfahren anwendbar, BAG DB **92**, 1195, während das Arbeitsgericht im Beschlußverfahren weitergehende Ermittlungsaufgaben hat, BAG DB **81**, 897. Zum Patenterteilungsverfahren BPatG GRUR **87**, 286, aber auch BPatG GRUR **92**, 604. Die Vorschrift gilt in allen Instanzen und in jeder mündlichen Verhandlung. Allerdings sind die Aufgaben in den höheren Instanzen eingeschränkt, Rn 57 „Berufungsinstanz", Rn 80 „Revisionsinstanz".

4) Persönlicher Geltungsbereich, I–V. § 139 gilt schon nach seinem klaren Wortlaut in allen seinen Teilen für jedes Mitglied des Gerichts, nämlich für „das" Gericht, also auch für den Rpfl, Ffm Rpfleger **80**, 303, LG Potsd GRUR-RR **05**, 240. Das gilt unabhängig von den Aufgaben des Vorsitzenden etwa nach §§ 136, 216, 273 II. Daraus folgt unter anderem für jeden Beisitzer das Recht und die Pflicht, das Wort zu Fragestellungen, Hinweisen usw zu fordern. Ein etwaiger besonderer Protokollführer wendet sich mit etwaigen Fragen, Bitten um Klarstellungen, Bedenken usw an den Vorsitzenden. Aus der Fürsorgepflicht des Gerichts nach Rn 7 ergibt sich ein Rechtsanspruch der Partei auf eine entsprechende Betreuung. Insofern hat § 139 eine unmittelbare Bedeutung auch für sie wie ihren ProzBev oder gesetzlichen Vertreter. 6

5) Fürsorgepflicht, I–V. Der Richter hat im Rahmen seiner ohnehin hohen Verantwortung schon nach Art 20 III GG eine prozessuale Fürsorgepflicht, Einl III 27, BVerfG NJW **06**, 1579. Sie geht über die Pflicht zur Gewährung des rechtlichen Gehörs nach Einl III 16 hinaus, BVerfG NJW **94**, 849. Es würde den Richter adeln, von seiner Fürsorgebefugnis zu sprechen. Er darf und soll im Rahmen des Beibringungsgrundsatzes nach Grdz 20 vor § 128 und der Parteiherrschaft nach Grdz 18 vor § 128 sowie des Gesetzes grundsätzlich unter einer Beachtung seiner Unparteilichkeit nach Rn 2, 13 alles tun, um eine sachlich richtige Entscheidung herbeizuführen, BGH NJW **80**, 1795, KG OLGZ **77**, 481, Schneider MDR **77**, 970. § 139 bestimmt dabei nur den Mindestumfang seiner Aufgaben. I–V nennen in diesem Zusammenhang nur grob die Art und den Umfang der Aufgaben des Gerichts. Es richtet sich nach den Gesamtumständen des Einzelfalls und der jeweiligen prozessualen Lage, ob weniger oder mehr als nach dem Gesetzeswortlaut erforderlich ist. Der Vorsitzende wie auch jeder Beisitzer haben bei der Erfüllung aller dieser zahlreichen Aufgaben zumindest tatsächlich ein weites Ermessen. Das gilt trotz der Worte „... hat dahin zu wirken" in I 2. Dabei darf der Richter auch außerhalb einer Verhandlung gegenüber beiden Parteien und auch nur gegenüber einer von ihnen tätig werden, auch per Telefon, Telefax, Internet, Videoschaltung usw. Das Gericht muß diesen Spielraum aber pflichtgemäß ausfüllen. Es muß auf einen Behinderten im Sinn des BGG Rücksicht nehmen. 7

A. Förderungspflicht. Jedes Mitglied des Spruchkörpers hat vor allem eine Pflicht, den Prozeß in jeder Verfahrenslage im Rahmen des ihm Erlaubten und Zumutbaren nach Kräften bis zur Entscheidungsreife zu fördern, § 300 Rn 6. § 139 nennt nur einzelne Arten dieser Förderungspflicht, Grdz 12 vor § 128. Sie umfaßt in Wahrheit alle technisch möglichen im Rahmen der nötigen Unparteilichkeit zulässigen Handlungen oder auch Unterlassungen vor allem des Vorsitzenden, etwa ein geduldiges schweigendes weiteres Zuhören statt einer Unterbrechung der nur scheinbar weitschweifig werdenden Partei. Sie könnte ja im nächsten Satz in Wahrheit etwas sehr Entscheidungserhebliches sagen. Auch etwa die Anordnung einer kurzen Pause zwecks einer Möglichkeit der kritischen Selbstbesinnung einer Partei oder deren Rücksprache mit einem Mitarbeiter oder mit dem ProzBev kann zur richtig verstandenen Förderungspflicht sehr wohl gehören. 8

9 **B. Hinwirkungs- und Hinweispflicht.** Wie I 2 ausdrücklich bestimmt, trifft jeden Richter und natürlich wegen § 136 III zunächst und vor allem den Vorsitzenden eine Pflicht dahin zu wirken, daß sich die Parteien rechtzeitig und vollständig erklären und sachdienliche Anträge stellen. Das Gericht muß dabei natürlich als Maßstab auch § 138 beachten. Indessen gehen seine Pflichten weiter. Es darf und muß auch solche Vervollständigungen usw veranlassen, die eine Partei bei der Erfüllung ihrer Wahrhaftigkeitspflicht nach § 138 Rn 15 nicht für notwendig halten mag. Das Gericht sollte an sich ohne eine Angst vor einem Befangenheitsantrag offenherzig sein, Piepenbrock NJW **99**, 1360. Es sollte ausdrücklich „vorläufig" seine Ansicht äußern und dazugehörige Hinweise geben und Fragen stellen, Redeker NJW **02**, 193. Freilich liegen die Grenzen solcher Richterpflichten unabhängig von der Aufgabe der Wahrung seiner Unparteilichkeit nach Rn 13 schon in dem Umstand begründet, daß den Zivilprozeß der Beibringungsgrundsatz und die Parteiherrschaft prägt, Grdz 18, 20 vor § 128, Doms MDR **91**, 499. Daher darf das Gericht auch zB nicht auf einen solchen möglichen neuen Klagegrund hinweisen, den die Partei nicht einmal andeutungsweise genannt hat, BGH MDR **04**, 409. Im Verfahren mit dem Amtsermittlungsgrundsatz nach Grdz 38 vor § 128 gehen die Pflichten des Gerichts nach § 139 entsprechend weiter.

10 **C. Abwägung.** Das Gericht und wegen § 136 III zunächst und vor allem der Vorsitzende muß nach dem ausdrücklichen Befehl in I 1 im Rahmen des Erforderlichen zum Zweck der vollständigen Aufklärung des Sachverhalts das Sach- und Streitverhältnis mit den Parteien sowohl nach der tatsächlichen als auch nach der rechtlichen Seite erörtern. Auch und gerade hier muß er eine vorsichtige Abwägung zwischen dem Bestreben nach einer sachlichrechtlichen Gerechtigkeit und der Wahrung seiner Unparteilichkeit vornehmen, Rn 2. Das klingt einfach und ist schwer. Einzelheiten Rn 51. Vollständig sein sollen die Erklärungen der Parteien sowohl über alle sachlichrechtlichen wie auch über alle aus der Sicht des Gerichts prozessual erheblichen Tatsachen, Kblz MDR **88**, 966. Das Gericht muß immer bestimmte Tatsachen oder Gesichtspunkte mit klaren und eindeutigen Fragen erörtern, BGH NJW **02**, 3317. Hinweise wie „der Vortrag ist unvollständig" oder Fragen wie etwa diejenige, ob die Partei noch etwas vortragen wolle, besagen meist wenig und reichen evtl nicht aus, BGH NJW **99**, 2124. Eine Ausnahme mag am Ende einer nach der Meinung aller Prozeßbeteiligten ausreichenden Verhandlung gelten. Alle diese Pflichten gelten in allen Instanzen, Rn 5, Hamm MDR **77**, 940.

11 **D. Fragepflicht.** Es gibt keine allgemeine Aufklärungs- und Fragepflicht des Gerichts, Einl III 24, unten Rn 15, 20, BVerfG NJW **94**, 1274, BGH **85**, 291, Düss RR **96**, 2021. Wie I 1 Hs 2 aber ausdrücklich bestimmt, muß das Gericht im vorstehenden Rahmen auch Fragen stellen. Das bedeutet eine Steigerung gegenüber einer bloßen Hinweis- oder Erörterungspflicht nach Rn 9, 10. Denn das Gericht muß gezielte Fragen stellen, soweit erforderlich. Damit trägt jeder Richter die Verantwortung für eine hilfreiche Formulierung seiner zu präzisierenden Frage. Zwar darf er nicht den Parteien die Darlegungslast abnehmen, soweit er nicht den Sachverhalt von Amts wegen aufklären muß, Grdz 38 vor § 128. Im Rahmen des Beibringungsgrundsatzes nach Grdz 20 vor § 128 gibt es aber erfahrungsgemäß eine Fülle von solchen Situationen, in denen die Fragepflicht sehr wohl und voll einsetzt. Einzelheiten Rn 51.

12 **E. Pflicht zur Fristsetzung.** Rn 95.

13 **6) Pflicht zur Unparteilichkeit, I–V.** Die Fürsorgepflicht findet ihre Grenzen. Das Gericht muß in jeder Lage des Verfahrens und gegenüber jedem Prozeßbeteiligten die seiner eigenen streitentscheidenden Stellung entsprechende unbedingt erforderliche Unabhängigkeit bewahren, BVerfG NJW **79**, 1928, BPatG GRUR **04**, 953, Rostock OLG-NL **05**, 206 (abl Rensen MDR **06**, 368 in einer Überbetonung einer Fürsorgeaufgabe zulasten einer Parteiherrschaft, der eine gerade beim Anwaltszwang zu fordernde Parteiverantwortung zugehört, Henke JZ **05**, 1035). Zur Unabhängigkeit ist das Gericht schon nach Art 97 I GG verpflichtet. Nur in ihrem Rahmen darf es überhaupt Recht sprechen. Daher darf es auch nur in ihrem Rahmen irgendeine prozessuale Fürsorge nach Einl III 27 ausüben. Die Würde des Gerichts erfordert freilich auch keine ängstliche Überbetonung seiner Unparteilichkeit. Der Richter hat auch im Zivilprozeß einen weiten Handlungsspielraum. Er muß gerade in seiner Unabhängigkeit gerecht sein, Rn 2. Es liegt an seiner Persönlichkeit und seinem Feingefühl, ob er mit fürsorglichen Maßnahmen auch nur den Anschein der Parteilichkeit erweckt und sich damit der Gefahr der Ablehnung wegen Befangenheit nach § 42 aussetzt.

14 **A. Funktionsteilung.** Es liegt aber auch an seiner Sicht von der Funktionsteilung zwischen Gericht und Parteien im Zivilprozeß, ob er einer Partei hilft oder das lieber unterläßt. Die Überbetonung der Sozialisierung und des Prozesses als eine „Arbeitsgemeinschaft" nach Grdz 26 vor § 128 ist dabei ebenso verfehlt wie eine allzu formalistische Beschränkung auf eine mehr oder weniger nur beobachtende Funktion des Gerichts. Nach dem Verständnis der ZPO darf und soll der Richter sehr wohl helfend, fördernd, lenkend auch bei der Sachaufklärung und darüber hinaus bei der rechtlichen „Weichenstellung" eingreifen.

15 **B. Umstandsabwägung.** Er handelt bei alledem also in einem Kräftefeld. Wie weit die richterlichen Pflichten im einzelnen gehen dürfen, hängt von den gesamten Fallumständen und der jeweiligen Prozeßsituation ab. Das Gericht hat eine recht weite, aber keine allgemeine Aufklärungs-, Frage- und Hinweispflicht, Rn 11, 20, 77. Indessen berechtigt eben keine noch so klar erforderliche Gerechtigkeit, BVerfG NJW **76**, 1391, und keine noch so soziale Zielsetzung des Prozesses den Richter dazu, sich zum Rechtsberater noch gar bald der einen, bald der anderen oder abwechselnd beider Parteien zu ernennen, Rn 3. Das gilt auch dann, wenn eine Partei erkennbar nicht näher vortragen kann oder will, BGH RR **04**, 395, Henke JZ **05**, 1035, Piepenbrock NJW **99**, 1360. Das muß er immer bedenken, und das sollten die Parteien stets ihrerseits achten.

16 **C. Bedeutung von Parteiherrschaft und Beibringungsgrundsatz.** Stets muß das Gericht also unter anderem darauf achten, daß der Zivilprozeß grundsätzlich unter der Parteiherrschaft und unter dem Beibringungsgrundsatz steht, Grdz 18, 20 vor § 128. Die Parteien bestimmen nicht nur den Umfang des Streitgegenstands durch ihre Anträge, § 308 I. Sie haben auch im Rahmen des nach § 138 Zulässigen die Möglichkeit sogar zu einer gewissen Prozeßtaktik, § 282 Rn 8. Sie können sich jederzeit vergleichen, Anh § 307. Sie können anerkennen, § 397. Sie können ein Versäumnisurteil gegen sich ergehen lassen usw,

§§ 330 ff. Auch das darf und muß der Richter mitbedenken, bevor er die Grenzen einer noch so gutgemeinten fürsorgerischen Tätigkeit überschreitet.

D. Berücksichtigung von Amts wegen. Soweit im Verfahren ausnahmsweise der Ermittlungsgrundsatz nach Grdz 38 vor § 128 oder derjenige der Amtsprüfung nach Grdz 39 vor § 128 herrscht, ergibt sich aus § 139 und auch allgemein aus der Art jenes Verfahrens ansich eine weitergehende Fürsorgepflicht. Auch dann muß das Gericht aber die Unparteilichkeit jederzeit unmißverständlich und strikt einhalten. **17**

E. Abgrenzung von Fürsorge und Unparteilichkeit. Die rechte Abgrenzung zu finden gehört zu den schwierigsten Aufgaben auch des erfahrenen Richters. Sie erfordert Fingerspitzengefühl und Takt statt Überfürsorglichkeit, Henke JZ **05**, 1035. Der Richter ist auf Verständnis und Achtung durch die Parteien und alle übrigen Prozeßbeteiligten angewiesen. So wenig er die Parteien mit seinen Entscheidungen überrumpeln darf, so wenig darf er sich durch noch so gutgemeinte Bestrebungen um das sachliche Recht zu ihrem Spielball machen lassen oder auch nur ungewollt mit seinen ansich richtigen, sogar naheliegenden Hinweisen dem Prozeß eine völlig andere Wendung geben, als die Parteien es bisher erkennbar überhaupt bezweckten. Zwar mag gerade rechtlich ein Gespräch zur Vermeidung von Überrumpelung und Überraschung notwendig sein. Im übrigen vergibt sich derjenige Richter kaum etwas, der die Parteien freimütig an seinen bisherigen ja stets nur vorläufigen tatsächlichen und rechtlichen Erwägungen und Beurteilungen teilnehmen läßt. Er zeigt ja gerade durch eine solche freie Äußerung in der Verhandlung seine wahre Unparteilichkeit und Bereitschaft, sich eines Besseren belehren zu lassen. Das ehrt ihn. Indessen ist es nicht die Aufgabe des Gerichts, die Parteien an allen Verästelungen seines Denkprozesses in jeder Lage des Verfahrens vollständig teilnehmen zu lassen, BGH NJW **91**, 704. **18**

F. Würdigungsfreiheit. Gerade auch aus den vorstehenden Erwägungen ergibt sich: Das Gericht bleibt jedenfalls in der Würdigung des Sachverhalts in tatsächlicher und rechtlicher Hinsicht frei. Das gilt unabhängig davon, ob und wie weit es nach § 139 gehen könnte oder hätte gehen dürfen und müssen. Das gilt sogar bei einem in Wahrheit eindeutigen Verstoß gegen § 139. Es gilt aber auch dann, wenn zB das Vorbringen einer Partei trotz der Bemühung des Gerichts nicht ausreicht, um ihren Vortrag hinreichend zu stützen. Mag der Verlierer gegen die Endentscheidung das zulässige Rechtsmittel einlegen. Dieser Gesichtspunkt darf den Richter nicht zur Mißachtung des § 139 verleiten. Er darf sich von dieser Vorschrift aber auch keineswegs in seiner stets verbleibenden Würdigungsfreiheit beeinträchtigen lassen. **19**

7) Erörterungs- und Fragepflicht, I 1. Es gibt keine allgemeine Aufklärungs- und Fragepflicht des Gerichts, Rn 11, 15, 24, BVerfG NJW **94**, 1274, VerfGH Bln NZM **99**, 898. I 1 stellt aber klar: Das Gericht und dort wegen § 136 vor allem der Vorsitzende, aber auch jeder Beisitzer muß im Rahmen der im Einzelfall bestehenden Pflicht zur Hinwirkung auf vollständige Erklärungen und sachdienliche Anträge usw nach I 2 unter Umständen auch mehr als bloße Hinweise geben. Es muß vielmehr eine Erörterung anstellen und Fragen stellen. Es muß also in eine gezielte aktive und evtl gründliche Diskussion mit Rede und Gegenrede, Argument und Gegenargument eintreten. I 2 ergänzt und vertieft zugleich I 1. **20**

A. Erforderlichkeit. Freilich stellt das Gesetz klar, daß die Erörterungspflicht keineswegs grundsätzlich alle entscheidungserheblichen Punkte umfassen muß. Sie besteht nur dann, wenn eben aus der Sicht des Gerichts noch keine vollständigen Erklärungen vorliegen, keine sachdienlichen Anträge, ergänzungsbedürftige Tatsachen oder ungenügende Bezeichnungen von Beweismitteln. Es kommt auf die Sicht des Gerichts ohne Rücksicht auf deren wirkliche Richtigkeit an, BGH **90**, 341, und nicht auf diejenige der einen oder anderen Partei. Freilich muß das Gericht prüfen, ob auf Grund der Äußerung oder Untätigkeit einer Partei deutlich wird, daß diese eine Erörterung oder eine Frage braucht, um ihre Aufgaben nach § 138 vollständig und gewissenhaft erfüllen zu können. **21**

Nur im Rahmen des *vom Gericht für erforderlich* gehaltenen Umfangs ist das Sach- und Streitverhältnis also erörterungsbedürftig. Das gilt sowohl in tatsächlicher als auch in rechtlicher Hinsicht, BGH NJW **78**, 1379. Im übrigen liegt der Schwerpunkt in der Pflicht nach I 1 bei der Herbeiführung der nach I 2 erforderlichen Angaben, insbesondere bei dem Ziel sachdienlicher Anträge. Die Pflicht zur Erörterung und Fragestellung besteht auch gegenüber einer anwaltlich vertretenen Partei und einer solchen, die einen nach § 141 III 2 bestellten und unterrichteten Vertreter entsendet. Einzelheiten Rn 51.

B. Sach- und Streitverhältnis. Dabei muß das Gericht das gesamte Sach- und Streitverhältnis überprüfen, soweit erforderlich. Das gilt für den Vortrag zur Zulässigkeit der Klage, ihrer Begründetheit, der Schlüssigkeit von Einwendungen oder Einreden, überhaupt zu allen entscheidungserheblichen Gesichtspunkten. **22**

C. Tatsächliche und rechtliche Seite. Die Vorschrift stellt klar, daß schon nach I und nicht erst nach II auch eine rechtliche Erörterung infrage kommt. Gerade auf diesem Gebiet soll keine Überrumpelung der Partei mit einer weder von ihr noch von dem Gegner gesehenen Würdigung der Tatsachen und demgemäß mit einer völlig anderen rechtlichen Beurteilung des Gerichts eintreten. Eine solche Überraschungsentscheidung wäre des Gerichts unwürdig. Sie würde nur zu oft das bessere Wissen der Parteien um solche Tatsachen ausschalten, die unter diesen Umständen erheblich würden und die die Parteien vorgetragen hätten, wenn das Gericht seine Fragepflicht ausgeübt hätte, BVerfG RR **93**, 765, BGH MDR **80**, 576, Düss RR **96**, 1021. Man kann einen Hinweis auf ein der Partei zustehendes Rügerecht für ratsam halten, um einer Überraschungsentscheidung vorzubeugen. Neben I, II verpflichten auch Artt 2 I, 20 III GG (Rpfl), BVerfG **101**, 404, Art 103 I GG (Richter) zwar nicht stets zu einer allgemeinen umfassenden Erörterung, wohl aber zu einem gezielten Rechtsgespräch, BGH NJW **82**, 582. Einzelheiten Rn 75. **23**

D. Gezielte Fragen. Die Vorschrift schreibt nicht nur eine Erörterung vor, sondern soweit erforderlich auch eine gezielte Fragestellung und Hinweisrichtung, BGH NJW **02**, 3317. Damit erhöht sie die Verantwortung des Gerichts für eine möglichst vollständige Aufklärung auch im Verfahren mit dem Beibringungsgrundsatz, Grdz 20 vor § 128. Der Ausdruck „Aufklärungspflicht", BGH NJW **84**, 2576, ist mißverständlich, Bettermann ZZP **91**, 390. Die Fragepflicht ist ein Kernstück der prozessualen Fürsorgepflicht, Einl III 27. Allerdings hat das Gericht keineswegs stets eine allgemeine, umfassende Fragepflicht, Einl III 29 Rn 11, **24**

15, 20. Sie besteht auch nicht auf Grund von Artt 2 I, 20 III GG (Rpfl), BVerfG **101**, 404, Art 103 I GG (Richter). Es geht also nur um die Aufklärung des Sachverhalts im Rahmen des vom Kläger oder Widerkläger bestimmten Streitgegenstands, § 2 Rn 4, § 308 I, BVerfG **67**, 95, BGH **85**, 291, aM Birk NJW **85**, 1491, Brinkmann NJW **85**, 2460, Herr DRiZ **85**, 349 (aber die Parteiherrschaft gilt uneingeschränkt im Verfahren mit dem Beibringungsgrundsatz, Grdz 18, 20 vor § 128). Das Gericht hat auch keineswegs stets eine Belehrungspflicht über Rechtsbehelfe oder Rechtsmittel, BGH NJW **91**, 296, sondern allenfalls nach §§ 39, 113 I 2 FamFG. Weitere Einzelheiten Rn 51.

25 **8) Hinwirkung auf vollständige Erklärungen usw, I 2.** Es treffen mehrere Pflichten zusammen.

A. Erheblichkeit einer Tatsache. Das Gericht muß alle diejenigen Tatsachen erfassen, die nach einer pflichtgemäßen vorläufigen Beurteilung zumindest des Vorsitzenden schon und noch entscheidungserheblich sein können oder sind, BVerfG RR **94**, 189. Es kommt also nicht nur darauf an, ob auch die Partei sie schon und noch für entscheidungserheblich hält. Noch weniger ist maßgeblich, wie ihr ProzBev oder gesetzlicher Vertreter insoweit denkt. Das Gericht muß also auch solche Behauptungen anschneiden, erwirken oder klären lassen, die nach der erkennbaren Meinung der Partei entweder nicht erheblich sind oder die sie bereits vollständig vorgetragen hat. Das Gericht braucht andererseits keineswegs auf eine weitere Klärung solcher Tatsachen hinzuwirken, die nur nach der Ansicht der Partei noch eine Bedeutung haben könnten.

26 **B. Rechtzeitigkeit einer Erklärung.** Das Gericht muß dahin wirken, daß sich die Parteien rechtzeitig erklären. Es soll nach Möglichkeit keine Gefahr der Zurückweisung wegen einer Verspätung nach § 296 entstehen. Ebensowenig soll eine Nachfrist nach § 283 erforderlich werden, soweit bereits jetzt vermeidbar. Natürlich bleibt die Parteiherrschaft bestehen, Grdz 18 vor § 128. Daher muß das Gericht auch eine gewisse zeitliche Parteitaktik respektieren, § 282 Rn 2. Ein Hinwirken auf die Rechtzeitigkeit des Vertrags ist trotzdem erlaubt und sinnvoll, solange es nicht zur Bedrängung oder gar Bedrohung wird. Sie könnte sogar eine Ablehnung wegen Befangenheit zur Folge haben.

27 **C. Vollständigkeit einer Erklärung.** Das Gericht muß dahin wirken, daß die Parteien sich auch wirklich vollständig erklären. Die Partei ist ohnehin zur Vollständigkeit der Erklärung nach § 138 I, II verpflichtet. § 139 I 2 bildet insofern das Gegenstück der richterlichen Aufgaben. Man muß auch die Vollständigkeit aus dem Blick des Gerichts und nicht nur der Partei beurteilen. Freilich kann oft nur die Partei übersehen, ob sie wirklich vollständig vorgetragen hat. Der Richter darf und muß sich dann mit dem Hinweis auf die möglichen Rechtsfolgen des bisherigen möglicherweise unvollständigen Vortrags begnügen. Er muß die Partei veranlassen, nicht nur die selbst vorgetragenen Tatsachen zu vervollständigen, sondern auch zu den vom Gegner behaupteten Tatsachen vollständig Stellung zu nehmen, notfalls also auch auf sie Punkt für Punkt zu erwidern.

28 **D. Ergänzung ungenügender Angaben.** I 2 stellt klar, daß das Gericht eine direkte Pflicht hat, auf ergänzende Angaben hinzuwirken, soweit ihm die bisherigen Angaben als ungenügend erscheinen, Kblz MDR **07**, 1411, Köln ZMR **02**, 660. Es darf also nicht vor einem solchen Versuch zu einer Entscheidung kommen, die sich zum Nachteil der Partei darauf stützt, sie habe ungenügende tatsächliche Angaben gemacht. Das gilt trotz der Pflicht der Partei, schon von sich aus vollständige Angaben zu machen. Das Gericht muß mitdenken und auch beachten, daß die Partei oft verständlicherweise solche Einzelheiten anzugeben vergißt, die in Wahrheit entscheidungserheblich sind.

Natürlich *braucht das Gericht der Partei nicht* wie einem „lahmen Esel *zuzureden*". Keineswegs muß das Gericht nunmehr von neuem darauf hinweisen, daß die erbetene Erläuterung seine Bedenken nicht ausgeräumt habe, aM BGH FamRZ **04**, 262, Mü RR **97**, 1425 (aber wie lange soll es eigentlich so weitergehen?). Es genügt durchaus ein klarer Hinweis darauf, daß aus der Sicht des Gerichts in einem allerdings genau zu bezeichnenden Punkt oder Umfang der Vortrag als ergänzungsbedürftig erscheint. Keineswegs darf die Partei sich um ihre Pflicht zur vollständigen Darlegung damit drücken, daß sie das Gericht beliebtermaßen einfach auffordert, es möge ergänzende Fragen stellen usw. Je weniger Bemühung die Partei zeigt, desto geringer sind auch die Hinweispflichten des Gerichts. Es ist und bleibt der Prozeß der Parteien, zumindest im Bereich des Beibringungsgrundsatzes, Grdz 20 vor § 128. Einzelheiten Rn 51.

29 **E. Bezeichnung der Beweismittel.** I 2 stellt ferner klar, daß das Gericht die Pflicht hat, die Partei zur ausreichenden Bezeichnung ihrer Beweismittel aufzufordern, §§ 371 ff. Das ist eine sehr weitreichende Aufgabe. Sie erfordert eine besonders vorsichtige Abwägung der Fürsorgepflicht nach Einl III 27 einerseits und der Unparteilichkeit andererseits, Rn 13. Zwar bestehen in der Regel keinerlei Bedenken dagegen, daß das Gericht eine beweispflichtige Partei auf deren Beweislast hinweist und hinzufügt, es liege noch kein oder kein prozessual geeigneter Beweisantritt vor. Schwieriger wird es, wenn die Partei zB erwidert, sie könne „keinen Beweis" oder doch „keinen Zeugenbeweis" antreten.

Einem *Laien* gegenüber muß das Gericht zB im Versicherungsprozeß gezielte Hinweise als Hilfe geben, auch beim Beweisantrag, LG Mü NVersRZ **00**, 568. Vielfach ist unbekannt, daß die Partei evtl beantragen darf, sich selbst förmlich vernehmen zu lassen, § 447. Mag der Prozeßgegner das erforderliche Einverständnis verweigern. Aus diesem letzteren Grunde darf er es auch nicht verübeln, daß das Gericht die Partei auf die Möglichkeit eines Antrags nach § 447 jedenfalls hinweist. Der Gegner hat es ja in der Hand, einen solchen Antrag zu Fall zu bringen. Soweit sogar die Voraussetzungen einer Vernehmung der Partei von Amts wegen nach § 448 vorliegen, ist natürlich keine Anregung eines Antrags nach § 447 notwendig. Freilich muß das Gericht dann auch nach § 448 vorgehen.

30 **F. Urkundenvorlegung.** Schwierig kann die Lage für das Gericht auch dann werden, wenn zB eine Urkundenvorlegung nur durch den Prozeßgegner nach §§ 421 ff oder gar durch einen Dritten nach §§ 430 ff in Betracht zu kommen scheint. Da das Gesetz aber die Rechte und Pflichten des Besitzers der Urkunde jeweils ohnehin regelt, kann der Prozeßgegner des Beweisführers dem Gericht einen Hinweis auf solche oft unbekannten Möglichkeiten des Urkundenbeweises nicht als eine Parteilichkeit auslegen.

31 **G. Parteisorgfalt.** Indessen ist das Gericht nicht verpflichtet, der nachlässigen oder gedankenlosen oder ungenügend informierten Partei oder ihrem ProzBev die erforderliche Sorgfalt beim Ermitteln und Zusam-

menstellen der prozessual richtigen Beweisantritte von vornherein oder doch im wesentlichen anschließend *abzunehmen,* Hamm RR **03**, 526. Das gilt erst recht nach einem schon vom Gegner gemachten Hinweis, Oldb RR **00**, 949. Solche Nachlässigkeiten treten bedauerlicherweise in einem viel größeren Umfang auf, als die Gerichte es im allgemeinen erkennen. Häufig gibt der Beweisführer etwa beim Zeugenbeweis nur irgendeine Arbeitsanschrift statt der erforderlichen vollständigen ladungsfähigen Privatanschrift an, § 373 Rn 1. Oft genug heißt es gar nur, die Anschrift werde „erforderlichenfalls nachgereicht", oder man findet nur die Angabe N. N. (nihil nomen). Beides ist prozessual grundsätzlich durchaus unstatthaft und nur ausnahmsweise erlaubt, etwa bei einem Hindernis nach § 356, dort Rn 4.

H. Fristsetzung. Nur dann ist eine Fristsetzung nach jener Vorschrift notwendig. Im übrigen mag das Gericht auf die unzureichende bisherige Bezeichnung des Zeugen hinweisen müssen. Es ist aber keineswegs verpflichtet, dann grundsätzlich zusätzlich eine Frist zur Beseitigung des Hindernisses zu setzen. Keineswegs kann die Partei damit rechnen, das Gericht werde sich entweder mit der bloßen Arbeitsanschrift zufrieden geben oder doch großzügige Nachfristen gewähren. Daran ändern auch abweichende verbreitete Unsitten solcher Art nichts. Ebensowenig ändert sich daran etwas durch die sicher oft auftretenden Schwierigkeiten bei der Ermittlung der richtigen Privatanschrift, insbesondere bei Polizisten als Zeugen. Vgl auch dazu § 373 Rn 2. 32

I. Einzelfragen. Wegen der Übung, auf das „Zeugnis" oder gar auf die „Auskunft" einer Bank zur Forderung von mehr als den gesetzlichen Zinsen zu verweisen, kann ein Hinweis darauf notwendig sein, daß solche „Auskunft" kein außerhalb von § 284 S 2, 3 ZPO zulässiges Beweismittel ist, daß es allenfalls als ein Urkundenbeweisversuch umdeutbar ist und dazu führt, daß der Beweisführer seinen Beweis erst mit der Vorlegung der Urkunde usw überhaupt antritt, §§ 420 ff. Beim Beweisantritt „Sachverständiger" kann es ratsam sein, dem Beweisführer zumindest innerhalb einer Frist die Gelegenheit zum Vorschlag eines genau zu bezeichnenden und nach seiner Meinung geeigneten Sachverständigen zu geben, § 404 III. Auch kann es notwendig sein, auf das Fehlen von Unterlagen für den Sachverständigen hinzuweisen, sogar nach einer diesbezüglichen gleichartigen Rüge durch den Gegner des Beweisführers, BGH NJW **01**, 3270 (reichlich streng). Weitere Einzelheiten Rn 51. 33

J. Sachdienlichkeit des Antrags. Das Gericht muß nach I 2 schließlich darauf hinwirken, daß jede Partei einen sachdienlichen Antrag stellt, BGH NJW **00**, 1794, BAG NJW **03**, 2773, KG ZMR **00**, 403. Das gilt für einen Prozeßantrag nach § 297 Rn 2 wie für einen Sachantrag nach § 297 Rn 1. Es gilt für den Hauptantrag wie für den Hilfsantrag, § 260 Rn 8. Das Gericht würde gegen den Beibringungsgrundsatz nach Grdz 20 vor § 128 verstoßen, wenn es von sich aus einen anderen Antrag als denjenigen herbeiführen würde, den die Partei im Kern selbst stellen will oder schon gestellt hat, BAG NJW **03**, 2773. Das Gericht darf und soll einen zweckwidrigen oder gar unzulässigen Antrag nach Möglichkeit verbessern. Wenn die Partei mehrere Anträge gestellt hat, muß das Gericht klären, in welchem Verhältnis diese Anträge zueinander stehen. 34

K. Begriff der Sachdienlichkeit. „Sachdienlich" bedeutet: Das Gericht muß dafür sorgen, daß eine solche Lösung möglich wird, die den Prozeßzweck fördert und sich gleichzeitig auch zur etwaigen Zwangsvollstreckung eignet, BGH NJW **78**, 695, BAG NJW **03**, 2773. Das Gericht muß also darauf achten, daß der Antrag bestimmt genug ist, § 253 Rn 42 ff, BGH GRUR **05**, 570, und daß er der wirklichen Erledigung der Streitfrage dient, BGH RR **86**, 1061, KG ZMR **00**, 403. Die Grenze der Antragsklärung liegt dort, wo die Partei sich völlig klar und sachdienlich äußert und entsprechende Anträge stellt, BPatG GRUR **81**, 350. Das Gericht muß sich ja rein sachlich verhalten. Es ist zwar seine Aufgabe, die Partei zu einem zweckmäßigen Antrag zu veranlassen. Es ist aber nicht seine Pflicht, der Partei ein ihr günstiges Vorbringen auch nur nahezulegen, BPatG GRUR **82**, 360, Mü VersR **91**, 103, ZöGre 9, aM Schneider MDR **77**, 972 (aber das Gericht darf nicht zum Berater einer Partei werden, Rn 15). Einzelheiten Rn 51. 35

9) Übersehener oder scheinbar unerheblicher Gesichtspunkt, II. Hier zeigt sich das Niveau des Gerichts. 36

A. Grundsatz: Keine Überrumpelung. Jede rechtliche Überrumpelung ist unstatthaft, BGH NVersZ **99**, 216. Diese Erkenntnis ist eine Ausgestaltung des Grundsatzes der Notwendigkeit eines fairen Verfahrens und des rechtlichen Gehörs, Artt 2 I, 20 III GG, BVerfG **101**, 404 (Rpfl), 103 I GG (Richter), Einl III 16, Grdz 41 vor § 128, BGH GRUR **04**, 76, Hamm RR **99**, 369. II geht allerdings teilweise über jenen Grundsatz hinaus, BVerfG NJW **94**, 849. Daher ist nicht jeder Verstoß gegen II zugleich ein Verstoß gegen Art 103 I GG usw, BGH **85**, 291, BAG NZA **08**, 432 rechts unten, BayObLG FamRZ **83**, 1261, aM BVerfG VersR **91**, 1268 (es übersieht aber, daß § 296 verschiedenartige Tatbestände enthält und daß eine Beweiswürdigung gar keine „rechtliche" Erörterung erfordert, und es überzieht die Anforderungen an das Gericht).

II enthält einen ausdrücklichen *Befehl.* Niemand soll aus dem Urteil mit Staunen erfahren müssen, daß das Gericht völlig andere rechtliche Erwägungen als diejenigen für entscheidungserheblich hielt, die in der mündlichen Verhandlung zur Sprache kamen, BGH GRUR **04**, 77, oder die auf Grund der vorbereitenden Schriftsätze usw scheinbar allseitig zugrundelagen, BVerfG NJW **96**, 3202 (Änderung der Rechtsauffassung nach der Verhandlung). Das gilt auch in der Berufungsinstanz, BGH NJW **94**, 1880. Über das alles sollte überhaupt kein Streit bestehen. Sogar ein „breit dahinfließendes Sach- und Rechtsgespräch" kann segensreich sein, Zeidler DRiZ **83**, 255. Es darf sogar die als Zuhörer anwesenden Anwälte anderer Sachen kollegial beteiligen, wenn sie das mögen, wie praktisch oft recht hilfreich geschehen.

Die Erörterung nach II gibt grundsätzlich natürlich *keinen Ablehnungsgrund,* § 42 Rn 45, BVerfG **42**, 91. Ihre kurze Protokollierung ist ratsam, evtl notwendig, § 160 Rn 6. Freilich darf II weder zu einer Gedankenfaulheit der Parteien oder ihrer ProzBev noch dazu führen, das Gericht zu einer solchen Offenbarung zu zwingen, die dann zum Vorwand allzu durchsichtiger Ablehnungsversuche führen könnte. Auch braucht sich das Gericht keineswegs wegen II schon vor der Beratung irgendwie rechtlich festzulegen oder wegen jeder Nuance der rechtlichen Beurteilung zu vertagen, RoSGo § 78 III 1 d, Franzki NJW **81**, 1598, aM Hamm

RR **95**, 957 (aber eine solche Überakribie würde das Gericht nahezu lähmen). Das Gericht braucht auch nicht wegen jeder solchen Nuance stets erneut in die mündliche Verhandlung einzutreten, Bischof NJW **77**, 1901, Hinz NJW **76**, 1187. Gerade das wäre mit dem Ziel unvereinbar, den Verfahrensgang zu beschleunigen, Schneider MDR **77**, 881. Es wäre auch mit § 282 unvereinbar, Düss MDR **82**, 855. Das scheint Stgt VersR **88**, 1300 (L) zu übersehen: Das Gericht braucht keineswegs stets jede Auslegungsmöglichkeit zu erörtern, Rn 37.

37 **B. Abgrenzung zu I.** II ist einerseits enger, andererseits weiter gefaßt. Während I sehr wesentlich eine Aufklärungspflicht zum Sachverhalt begründet, verpflichtet II nur zu tatsächlichen oder rechtlichen Hinweisen und keineswegs schon auf Grund von Art 103 I GG stets zu einer allgemeinen, umfassenden Erörterung, BVerfG **42**, 79, 85, BGH **85**, 291, Henke JZ **05**, 1035. Während andererseits I nur zur Überwachung der Anträge zwingt, fordert II eine Erörterung sämtlicher wesentlichen tatsächlichen und rechtlichen Gesichtspunkte. Daher können sich die Anwendungsbereiche beider Vorschriften im Einzelfall decken, BGH **85**, 292. Sie können aber auch auseinanderfallen. Folglich kann man nur von Fall zu Fall klären, ob I und/oder II anwendbar sind. Die Rspr zu I ist aber weitgehend bei II mitverwertbar, Schneider MDR **77**, 969. Im übrigen verpflichten I wie II alle Mitglieder des Kollegiums. Das bedeutet freilich strenggenommen, daß das Kollegium über die Notwendigkeit eines Hinweises nach II zuvor beraten und abstimmen müßte. In der Praxis trägt der Vorsitzende auch bei II die (Haupt-)Verantwortung, § 136.

Das Gericht sollte ein Rechtsgespräch eher *führen* als unterlassen. Es ehrt das Gericht, den Parteien seine vorläufige Beurteilung offen darzulegen und um etwa zur besseren Beurteilung brauchbare Gesichtspunkte zu bitten. Dergleichen selbstkritische Offenheit erweist sich in der Praxis täglich als ungemein anregend und förderlich. Sie führt oft genug zu überraschenden Wendungen. Sie können sich übrigens auch prozeßwirtschaftlich günstig auswirken. Eine Erörterung ist nach II 2 auch und gerade dann oft ratsam und evtl notwendig, wenn *beide* Parteien oder ihre ProzBev oder gesetzlichen Vertreter oder Streithelfer wahrscheinlich oder gar ersichtlich die Rechtslage falsch beurteilen, Hamm RR **94**, 475. Daher kann eine Partei auf eine offene zur Selbstkritik bereite und erkennbar erst vorläufige Beurteilung keineswegs einen Ablehnungsantrag stützen, § 42 Rn 44, 45 „Rechtsansicht".

38 **C. Tatsächlicher oder rechtlicher Gesichtspunkt.** Eine Hinweispflicht besteht, wenn es sich um einen rechtlichen oder einen tatsächlichen Gesichtspunkt handelt. „Gesichtspunkt" ist nicht nur eine in Betracht kommende gesetzliche Vorschrift, sondern auch zB eine Vertragsklausel, Düss MDR **82**, 855, ein Organisationsmangel, BGH BB **87**, 156, überhaupt jedes rechtliche Argument, jede in Rspr und/oder Lehre vertretene Ansicht, erst recht jeder gefestigte Begriff, aber auch zB Observanzen oder ein Gewohnheitsrecht, krit Bischof NJW **77**, 1901. Vgl aber auch Rn 21. „Gesichtspunkt" meint aber auch einen tatsächlichen Vorgang, ein Ereignis, einen Gesprächspunkt, einen äußeren oder inneren Begleitumstand.

Die Abgrenzung zum *tatsächlichen* Gesichtspunkt ist unter Umständen fließend. Beispiel: Ob jemand eine Überholspur benutzt hat, ist eine tatsächliche Frage, wenn es um den Fahrverlauf in Metern geht, jedoch eine Rechtsfrage, wenn es darum geht, ob man den so ermittelten oder unstreitigen Fahrverlauf als Benutzung einer Überholspur werten muß. Klären muß das Gericht evtl auch, ob die Partei einen Beweisantrag gestellt hat und ob sie ihn aufrechthält, Schneider VersR **77**, 164. Auch bei allen solchen Möglichkeiten besteht eine Hinweispflicht. Sie kann auch zB zur Art der Schadensberechnung bestehen.

39 **D. Erkennbar übersehen usw.** Eine Hinweispflicht besteht, wenn wenigstens die eine Partei den verfahrens- oder sachlichrechtlichen Gesichtspunkt bisher erkennbar übersehen hat, BGH MDR **90**, 1102, Hamm NJW **03**, 2543. LG Kref Rpfleger **88**, 34. „Partei" ist auch deren gesetzlicher Vertreter oder ProzBev, BGH MDR **90**, 1102, Köln RR **01**, 1724, auch der Streithelfer. Dasselbe gilt, wenn sie ihn erkennbar für unerheblich gehalten hat, Düss RR **92**, 1268, Hbg NJW **84**, 2710, LG Kref Rpfleger **88**, 34, sei es auch schuldhaft, Schneider MDR **77**, 882. Dasselbe gilt natürlich schon nach II 1 und nicht nur nach II 2 erst recht dann, wenn *beide* Parteien usw etwas übersehen haben, BGH FamRZ **06**, 1270 rechts. Dabei gehört das Wort „erkennbar" auch zur 2. Alternative, Bischof NJW **77**, 1901. Sonst müßte das Gericht Gedanken lesen.

40 **E. Begriffe.** Die *Erkennbarkeit* ist ein Rechtsbegriff. Er ist nachprüfbar. Maßgeblich ist eine objektive Beurteilung aus der Sicht eines den bisherigen Prozeßverlauf kennenden Rechtskundigen. Weder ist zur Erkennbarkeit die Ansicht der hinzuweisenden Partei maßgeblich noch diejenige des Gegners, sondern diejenige des Gerichts ohne Rücksicht auf deren wirkliche Richtigkeit, BGH RR **90**, 341. Ob auch der Prozeßgegner objektiv erkennen konnte, ist unerheblich, Bischof NJW **77**, 1901. Er darf ja trotz seiner Wahrhaftigkeits- und Prozeßförderungspflicht bei der rechtlichen Beurteilung schweigen, schon gar zu einem ihm evtl ungünstigen Argument.

Übersehen hat auch derjenige, der zwar evtl irgendwann einmal den tatsächlichen oder rechtlichen Gesichtspunkt sogar selbst genannt hatte, der aber jedenfalls jetzt erkennbar nicht mehr an ihn denkt oder ihn jetzt offenbar anders versteht.

Für *unerheblich* gehalten hat auch derjenige, der ihn früher für erheblich hielt, inzwischen aber aus irgendeinem Grund erkennbar seine Meinung geändert hat oder zB neuerdings einer abweichenden Ansicht folgen will, aM Bischof NJW **77**, 1901 (aber er übersieht, wie oft sich schon die rechtliche Beurteilung auch für eine sorgfältige Partei und einen sorgfältigen Richter ändern kann). Eine rechtskundig vertretene Partei mag weniger übersehen. Freilich sind auch hier Fehler denkbar, BGH Rpfleger **77**, 359. Im Zweifel ist ein Hinweis erforderlich, BGH NJW **01**, 2548. Freilich muß das Gericht beim Anwalt das Grundwissen als vorhanden annehmen dürfen, BGH NJW **84**, 310. Deshalb geht es auch zu weit, aus der bloßen Nichterwähnung ein Übersehen auch nur in der Regel abzuleiten, BGH NJW **93**, 2441, aM BGH NJW **93**, 667 (aber damit unterstellt man zu rasch zumindest unbewußt in einer nach Rn 4 problematischen Überfürsorge dem anderen Organ der Rechtspflege erst einmal einen Mangel an Sorgfalt).

41 **F. Beispiele zur Frage eines Übersehens usw**

Ablehnung: Wegen eines Hinweises auf Verjährung § 42 Rn 38, 39.

Allgemeine Geschäftsbedingungen: Hierher gehört ihre Nichtbeachtung, Düss MDR **82**, 855.

Auslandsrecht: Hierher gehört eine Heranziehung ausländischen Rechts, BGH NJW **76**, 476.
Beweisantritt: Hierher gehört eine Unklarheit darüber, ob die Partei einen früheren Beweisantritt noch aufrechterhält, BVerfG NJW **82**, 1637.
Beweisbeschluß: Hierher gehört ein beabsichtigtes Abweichen vom bisher erlassenen Beweisbeschluß, Köln RR **87**, 505.
Beweislast: Hierher gehört eine Verkennung der Beweislast nach Anh § 286, BGH NJW **82**, 582.
Gerichtskundigkeit: Hierher gehört ein nach § 291 Rn 5 gerichtskundiger Sachverhalt.
Offenkundigkeit: Hierher gehört ein nach § 291 Rn 4 offenkundiger Sachverhalt.
Rechtsprechung: Hierher gehört ein beabsichtigtes Abweichen von einer höchstrichterlichen Rechtsprechung, BAG BB **88**, 488.
Sachverständiger: Hierher gehört ein beabsichtigtes Abweichen vom Sachverständigen, BVerfG JZ **60**, 124.
Schlüssigkeit: Hierher gehören Bedenken gegen die Schlüssigkeit, VerfGH Bln NZM **99**, 898, Köln RR **01**, 1724, Mü OLGZ **79**, 355.
Tatsachenvortrag: Hierher gehört eine Unklarheit zu ihm, Franzki DRiZ **77**, 164.
Urteil des Erstgerichts: Hierher gehört in der Rechtsmittelinstanz ein beabsichtigtes Abweichen vom Urteil des Erstgerichts, BGH RR **94**, 567.
Verjährung: S. „Ablehnung".
Verspätung: Hierher gehört ein Übersehen des von Amts wegen beachtbaren § 296.
Weitere Anspruchsgrundlage: Hierher gehört eine weitere, nicht miterwähnte Anspruchsgrundlage.

G. Entscheidungserheblichkeit. Eine Hinweispflicht besteht, wenn das Gericht die nächste Entscheidung auf den fraglichen tatsächlichen oder rechtlichen Gesichtspunkt auch nur mitstützen will, BGH GRUR **04**, 76. Ausreichend ist ein Beweisbeschluß, eine Abgabe, eine Verweisung, die Anordnung des Ruhens des Verfahrens usw. Eine Hinweispflicht besteht also keineswegs nur vor einem Endurteil, aM Bischof NJW **77**, 1901 (er will allerdings eine Verweisung ausreichen lassen. Aber es gibt zahlreiche weitere hinweisbedürftige Situationen). Eine Absicht der bloßen Mitverwertung genügt. Entscheidungserheblich kann sowohl eine sachlichrechtliche Frage als auch eine prozessuale sein, Franzki DRiZ **77**, 164, zB nach § 227 oder nach § 296. **42**

Nicht entscheidungserheblich ist eine solche Frage, die das Gericht nur im Rahmen einer Hilfsbegründung erörtern möchte. Denn das Gericht geht bei ihr über den Mußinhalt seiner Entscheidung hinaus, aM Schneider MDR **77**, 881, ThP 7 (aber eine Hilfsbegründung trägt nicht die zur Rechtskraft reifende Hauptentscheidung). Etwas anderes gilt natürlich, soweit das Gericht eine weitere Hauptbegründung gibt. Offen bleibende Fragen sind nicht entscheidungserheblich.

H. Hauptforderung. Eine Hinweispflicht besteht, wenn es um mehr als um eine bloße Nebenforderung geht, also nun mehr als etwa Zinsen, Kosten usw nach § 4, Kblz MDR **88**, 966. Steenbuck MDR **06**, 425, oder um die vorläufige Vollstreckbarkeit. Auch ein geringfügiger Teil der Hauptforderung bleibt Hauptforderung, Franzki DRiZ **77**, 164, aM Bauer NJW **78**, 1239, StJL 48, ZöGre 8 (wirtschaftliche Betrachtung. Aber auch über eine kleine Forderung muß das Gericht zur Hauptsache vollstreckbar entscheiden). **43**

I. Hinweis nebst Gelegenheit zur Äußerung. Sie sind *beide* erforderlich, sobald alle Voraussetzungen zu Rn 38–43 vorliegen, also unter Umständen schon vor dem Haupttermin in einer prozeßleitenden Maßnahme (Beschluß oder Verfügung) nach § 273 I, BVerfG RR **93**, 765, Putzo AnwBl **77**, 433, Schneider JB **78**, 638. II gilt auch im schriftlichen Verfahren nach § 128 II. Die Äußerung kann schriftlich, mündlich oder telefonisch geschehen, Franzki DRiZ **77**, 164. Die Partei muß sich in einer zumutbaren Weise sofort äußern, Hamm NJW **03**, 2543. Das gilt besonders dann, wenn sie einen rechtskundigen ProzBev hat. II soll nur eine hemmungslose Fixigkeit verhindern. Freilich darf keine Farce herauskommen. Die Partei muß die Äußerung bedenken und ihre Tragweite absehen können. Das Gericht darf sie auch nicht für die etwaige Unfähigkeit oder Unerfahrenheit ihres ProzBev bestrafen, BGH NJW **99**, 1264, Mü RR **92**, 62, Schneider MDR **77**, 882 und 971. Vgl freilich auch § 85 II. Das Gericht sollte verständige Rücksicht nehmen, Wagner AnwBl **77**, 328. Es sollte schon zwecks einer Überprüfbarkeit durch das Rechtsmittelgericht seine Maßnahmen aktenkundig machen oder protokollieren, § 160 II. Es soll sie zumindest kurz im Urteil darlegen, § 313 II. **44**

J. Nachfrist, Termin. Das Gericht muß nach den gesamten Fallumständen entscheiden, ob es eine Nachfrist nach § 283 setzt oder gar einen neuen Verhandlungstermin anberaumt, BGH NJW **81**, 1378, Hamm NJW **03**, 2543, Bischof MDR **93**, 616, aM Stein MDR **94**, 437 (aber auch ein so weitgehender Schritt kann unvermeidbar sein). Es muß prüfen, ob es wenigstens eine Pause einlegen muß, um zB einem ProzBev das Nachschlagen in der Gerichtsbibliothek zu ermöglichen. Auch hier darf keineswegs auf einem Umweg doch wieder eine Überrumpelung der Partei stattfinden, diesmal durch den Fahrplan des Gerichts, Bischof NJW **77**, 1901. Oft ist freilich der Partei ohne weiteres eine sofortige Stellungnahme zumutbar. Das gilt auch dann, wenn sie nicht rechtskundig ist, zumal wenn sie nur irgendwelche ergänzenden, ihr bei gehöriger Vorbereitung ohnehin geläufigen Tatsachen vorzutragen braucht, Hamm GRUR **89**, 932. Sie darf ihr Recht zur Äußerung nicht zum Vorwand für Denkfaulheit oder Verzögerungstaktik mißbrauchen, Bischof MDR **93**, 616, aM LG Mönchengladb MDR **98**, 1182 (zustm Nerlich. Aber Rechtsmißbrauch ist nie erlaubt, Einl III 54). Daher gilt unter Umständen § 296. **45**

K. Umfang der Hinweispflicht nach II. Das Gericht braucht seine rechtlichen Erwägungen nur knapp zu umreißen. Zwar sollen die Parteien miterwägen können, BVerfG RR **93**, 765. II darf aber nicht zur öffentlichen Beratung des gesamten Problems zwingen. Keineswegs ist eine erschöpfende Darlegung des wissenschaftlichen Meinungsstands notwendig, Baur ZZP **91**, 330, auch nicht zur Festlegung der Meinung des Gerichts, strenger BVerfG NJW **99**, 1387 (aber die Schlußberatung muß immer noch der Zeitpunkt der eigentlichen Meinungsbildung bleiben). Das Gericht muß sogar zu erkennen geben, daß es gerade erst auf Grund der Äußerung zum abschließenden Urteil kommen will. Sonst würde der Vorwurf der Befangenheit drohen. Diese darf man freilich gerade hier nicht schon wegen jeder Offenlegung bejahen, Karlsr OLGZ **78**, 226, Franzki DRiZ **77**, 165. **46**

Eine *Unpünktlichkeit* geht dem II vor. Das Gericht ist nicht befugt, einen Parteivortrag erst zum Schaden des Gegners schlüssig zu machen, Schneider MDR **77**, 885 betr Verjährung. Ferner muß es § 308 beachten. II treibt das Gericht ohnehin hart an den Rand einer Super-Berater-Funktion. Sie ist überhaupt nicht seine wahre Aufgabe. Das gilt, auch wenn das Gericht den Schwachen schützen soll, § 139 Rn 18, aM Schmidt JZ **80**, 158, Schneider MDR **77**, 881 (aber eine soziale Fürsorge ist nicht die Hauptaufgabe. Sie besteht in einem sozialbewußten Richten). Erst recht ist ein Hinweis dann entbehrlich, sobald und soweit ihn der Prozeßgegner schon gegeben hat, sei es auch in einem im übrigen verspäteten Vortrag. Das Gericht braucht keineswegs immer von neuem zu erklären, daß die Partei seine Bedenken noch nicht ausgeräumt hat, aM BGH FamRZ **04**, 262, Mü RR **97**, 1425 (aber dann würde nun wirklich auch keine Überraschungsentscheidung mehr folgen).

47 **10) Hinweispflicht, III.** Die Vorschrift enthält für den Bereich der „von Amts wegen zu berücksichtigenden Punkte" eine zusätzliche Formulierung. Das hängt damit zusammen, daß die Aufgaben des Gerichts in diesem Bereich ja ohnehin wesentlich weiter gehen als bei dem der Parteiherrschaft und dem Beibringungsgrundsatz nach Grdz 18, 20 vor § 128 unterliegenden Verfahren.

48 **A. Begriff der Bedenken.** Hierzu zählen alle diejenigen tatsächlichen oder rechtlichen Umstände oder Gesichtspunkte, die sich aus dem bisherigen Vortrag der Partei nach der Ansicht des Gerichts in entscheidungserheblicher Weise ergeben können. Ein Bedenken liegt schon dann vor, wenn es vorläufig zweifelhaft sein kann, ob der Vortrag der Partei einen Erfolg haben kann. Es muß also noch keineswegs feststehen, daß sie tatsächlich oder rechtlich unvollständig oder irrig vorgeht usw. Es ist unerheblich, ob der Mangel behebbar ist.

III ist ein Unterfall von I. Daher besteht die Pflicht nach III nur in denselben *Grenzen* wie diejenige nach I.

49 **B. Von Amts wegen zu berücksichtigende Punkte.** Das sind alle diejenigen tatsächlichen oder rechtlichen Umstände oder Gesichtspunkte, die das Gericht unabhängig von der Verfahrensart entweder von Amts wegen ermitteln muß, Grdz 38 vor § 128, oder die es doch jedenfalls derart beachten muß, daß es die Parteien auffordert, die Bedenken durch Nachweise zur Gewißheit zu machen oder zu entkräften, Grdz 39 vor § 128, BGH RR **06**, 1435. Das gilt evtl auch nach dem Verhandlungsschluß, § 296 a S 2. Wegen der Einzelheiten Rn 51.

50 **C. Pflicht, aufmerksam zu machen.** Soweit nicht eine Amtsermittlung nach Grdz 38 vor § 128 stattfindet, ist es erforderlich und ausreichend, daß der Vorsitzende auf seine etwaigen Bedenken aufmerksam macht, den Parteien also eine Gelegenheit zur Beseitigung der Bedenken gibt, Grdz 39 vor § 128. Das stellt III klar. Notfalls muß das Gericht die Verhandlung wiedereröffnen, § 156, Düss ZMR **99**, 387.

51 **11) Beispiele zur Frage der Pflichten des Gerichts, I–III**

Abänderungsklage: Es kann die Anregung notwendig sein, von einer Abänderungsklage nach § 323 zu einer Vollstreckungsabwehrklage nach § 767 überzugehen, BGH NJW **81**, 979.

S auch Rn 93.

Abhilfe: Das Gericht verstößt gegen § 139, wenn es schriftlich eine Abhilfe ankündigt und dann doch ohne weiteres nicht abhilft, LG Potsd GRUR-RR **05**, 240.

Abtretung: Im Streit über die Sachbefugnis des Klägers darf und muß das Gericht evtl zwar nicht eine Abtretung an den Kläger anregen. Wenn aber eine solche in Betracht kommt, muß das Gericht zu deren Nachweis auffordern oder nach einem Forderungsübergang auf dadurch entstandene Bedenken wegen der Sachbefugnis hinweisen, Hamm RR **95**, 579 (Übergang auf Sozialhilfeträger).

Aktenbeiziehung: Das Gericht muß die Parteien auch über die Beiziehung von Akten unterrichten, soweit es diese auswerten will.

Aktivlegitimation: Sie kann erörterungsbedürftig sein, selbst wenn der anwaltlich vertretene Bekl sie nicht bestritten hat, BGH RR **94**, 1085, Hamm RR **95**, 579. Das gilt erst recht nach einer erstinstanzlichen Bejahung bei einem zweitinstanzlichen Zweifel, BGH MDR **02**, 1139.

Allgemeinkundige Tatsache: § 291 Rn 4.

von Amts wegen: Rn 49 und bei den einzelnen speziellen Gesichtspunkten.

Änderung des Antrags: Rn 53 „Antragsänderung".

Angriffs- und Verteidigungsmittel: Rn 57 „Beibringungsgrundsatz".

Anhörung: Rn 61.

Anordnung des persönlichen Erscheinens: Rn 69 „Persönliches Erscheinen".

52 **Anregung:** Es können Anregungen der unterschiedlichsten Art erforderlich sein, zB zur näheren Aufgliederung des Vortrags, zum Überdenken eines bisherigen Antrags unter dem Gesichtspunkt der Vollstreckbarkeit usw. Vgl bei den einzelnen Stichworten.

Eine Anregung muß *unterbleiben,* soweit das Gericht mit ihr die erforderliche Unparteilichkeit aufgeben würde, Rn 13.

Anscheinsbeweis: Das Gericht muß darauf hinweisen, daß ein Anscheinsbeweis naheliegt.

Eine solche Pflicht oder auch nur ein entsprechendes Recht des Gerichts besteht aber *nicht,* wenn eine noch dazu anwaltlich vertretene Partei zB infolge einer erkennbaren Nachlässigkeit nur einen „Zeugen NN" angeboten hat, § 356 Rn 4. Die etwaige Vorwerfbarkeit des Irrtums usw scheint Köln MDR **80**, 674 nicht genug zu berücksichtigen.

Vgl im übrigen § II.

Anschlußrechtsmittel: Wegen der Pflicht zur Unparteilichkeit nach Rn 13 kann ein Hinweis auf die Möglichkeit eines Anschlußrechtsmittels *unstatthaft* sein, Rostock RR **02**, 576.

Anspruchsübergang: Es kann erforderlich sein anzuregen, daß der Kläger von dem einen auf den anderen Anspruch übergeht, auch von der Feststellungs- zur Leistungsklage, wenn das Gericht die bisherige Anspruchsbegründung nicht für erfolgreich erachtet, die etwa neue aber für sinnvoll hält.

Allerdings muß das Gericht auch und gerade dann sehr auf die Einhaltung seiner *Unparteilichkeit* achten. Es darf die Klage nicht überhaupt erst schlüssig machen lassen, Mü VersR **91**, 103. Der Prozeßgegner hat einen Anspruch darauf, bei einer Entscheidungsreife nach dem bisherigen Sach- und Streitstand auch ein ihm günstiges Urteil zu erhalten. Das übersehen viele. Im übrigen muß das Gericht natürlich vor einer derartigen Anregung §§ 263, 264 beachten.

Antrag: Rn 34, 35. 53

S im übrigen auch Rn 58 „Beweisantrag", Rn 69 „Prozeßantrag", Rn 81.

Antragsänderung: Im Rahmen der Pflicht zur Hinwirkung auf „sachdienliche Anträge" nach I 1 kann auch ein Hinwirken auf eine Antragsänderung notwendig sein. Das gilt bei jeder Art von Antrag. Das Gericht würde zwar gegen den Beibringungsgrundsatz verstoßen, wenn es von sich aus einen anderen Antrag als denjenigen herbeiführen würde, den die Partei im Kern selbst stellen will oder schon gestellt hat, BGH DNotZ **94**, 299. Das Gericht darf und soll aber einen zweckwidrigen oder gar unzulässigen Antrag nach Möglichkeit verbessern helfen.

Antragsmehrheit: Es kann erforderlich sein, eine Klärung des Verhältnisses mehrerer Anträge zueinander herbeizuführen (Haupt- und Hilfsantrag).

Antragsrücknahme: Es kann notwendig sein, bei einem erkennbar entschuldbaren Versehen einer Partei oder ihres ProzBev zumindest zu fragen, ob das bisherige Vorbringen bestehen bleiben soll oder ob sie eine Antragsrücknahme meint oder ob diese als ratsam erscheint. Das Gericht darf auch durchaus darauf aufmerksam machen, daß etwa bei einer Klagerücknahme keine Gefahr des Verlusts des angeblichen sachlichrechtlichen Anspruchs bestehe, während mangels einer Rücknahme mit einer Abweisung der Klage und damit mit der Aberkennung des Anspruchs zu rechnen sei, noch dazu evtl ohne eine Rechtsmittelmöglichkeit. Soweit der Kläger den ursprünglichen Hilfsantrag fallen läßt, obwohl dieser nach seinem Vorbringen sachdienlich ist, kann ein Versehen vorliegen. Das Gericht darf und muß dann aufklären, ob die Zurücknahme tatsächlich dem Willen der Parteien entspricht.

Anwaltliche Vertretung: Eine anwaltliche Vertretung einer oder gar beider Parteien ändert grundsätzlich 54
nichts an der Art und dem Umfang der Pflichten des Gerichts nach § 139, BGH NJW **01**, 2549. Ein Hinweis usw kann also auch und sogar gerade dann notwendig sein, wenn im Verhandlungstermin ein ProzBev mitwirkt, BGH MDR **90**, 1102, Hamm RR **95**, 957, Köln MDR **98**, 1307, aM BGH NJW **84**, 311 (aber ein unzulängliches Verhalten eines ProzBev kann evtl gerade eine erhöhte Fürsorgepflicht des Gerichts auslösen).

Insbesondere hat das Gericht Pflichten nach § 139, wenn erkennbar wird, daß beim Anwalt ein rechtliches *entschuldbares Versehen* vorliegt. Dasselbe gilt dann, wenn ein Anwalt einen Antrag versehentlich nicht gestellt hat oder wenn er einen Gegenantrag falsch verstanden hat, BGH RR **04**, 1248, oder wenn er einen Beweis infolge einer erkennbar falschen rechtlichen Beurteilung nicht angetreten hat, BayObLG **75**, 317, oder wenn ein Anscheinsbeweis naheliegt. Ein Rechtsgespräch zwischen dem Gericht und gerade der anwaltlich vertretenen Partei ist oft das wirksamste Mittel, Mißverständnisse auszuräumen und Überraschungsentscheidungen zu vermeiden.

Eine Pflicht gegenüber der anwaltlich vertretenen Partei kann aber je nach den *Gesamtumständen* des Einzelfalls auch in geringerem Umfang bestehen als dann, wenn sie keinen ProzBev im Termin hätte. Das gilt zB dann, wenn sie infolge einer erkennbaren Nachlässigkeit nur einen „Zeugen NN" angeboten hat, § 356 Rn 4. Die etwaige Vorwerfbarkeit des Irrtums usw scheint Köln MDR **80**, 674 nicht genug zu berücksichtigen. Im Anwaltsprozeß ist das Gericht auch nicht stets zu einem Hinweis auf die Möglichkeit eines Entlastungsbeweises verpflichtet.

Im übrigen braucht das Gericht jedenfalls seine speziell betreuende Tätigkeit im Gegensatz zu bloßen 55
Hinweisen gegenüber einer anwaltlich vertretenen Partei oft *nicht so vollständig* vorzunehmen wie gegenüber einer nicht rechtskundig vertretenen, BGH RR **90**, 1243, BayVerfGH NJW **92**, 1094, Henke JZ **05**, 1035. Das gilt, zumal der Anwalt seinerseits erhebliche Sorgfaltspflichten hat, zB das Gericht auf die Unschlüssigkeit des gegnerischen Vortrags hinweisen muß, § 85 Rn 9, § 296 Rn 4, Ffm FamRZ **84**, 396, Köln AnwBl **84**, 92, ThP 9, aM Hermisson NJW **85**, 2561, RoSGo § 78 III 1 (dann bestehe eine Pflicht in demselben Umfang auch gegenüber der anwaltlich vertretenen Partei. Aber es kommt auf die Gesamtumstände des Einzelfalls an).

Um so weiter kann auch gegenüber der anwaltlich vertretenen Partei die *Aufklärungs-, Frage- und Hinweispflicht* gehen, BVerfG **42**, 76. Hat der Prozeßgegner schon in einem Schriftsatz auf den fraglichen Umstand aufmerksam gemacht, braucht freilich das Gericht es nicht zusätzlich zu tun, BGH NJW **84**, 311, Jena FGPrax **02**, 100, LG Stade VersR **02**, 1014.

Indessen berechtigt keine noch so klar anzustrebende Gerechtigkeit, BVerfG NJW **76**, 1391, und keine noch so soziale Zielsetzung des Prozesses den Richter dazu, sich zum *Rechtsberater* der einen, der anderen, oder gar abwechselnd beider, noch dazu anwaltlich vertretenen, Parteien zu ernennen.

Es besteht *keine* Hinweispflicht des AG auf den zweitinstanzlichen Anwaltszwang, BGH FamRZ **05**, 2062.

S auch Rn 71–73, 75–79, 89 usw.

Anwaltsprozeß: Rn 54, 55. 56

Arrest, einstweilige Verfügung: Rn 5.

Aufklärung: Rn 69 „Persönliches Erscheinen".

Aufrechnung: Es kommt auf die Gesamtumstände an. *Zu großzügig* fordern BGH RR **93**, 570, Hamm RR **99**, 364 einen Hinweis, falls die Partei eine vorinstanzlich noch nicht so zu prüfende Aufrechnung nicht ausreichend dargelegt habe. Sie beachten nicht genug, daß § 138 I–II auch und gerade bei der ja immerhin in das Belieben einer Partei gestellten Aufrechnung gelten.

Auskunft: Das Gericht muß den Parteien eine zB telefonische eingeholte Auskunft zwecks ihrer Anhörung zur Kenntnis bringen, BGH RR **06**, 1435.

Ausländisches Recht: Das Gericht kann verpflichtet sein, den Parteien einen Hinweis darauf zu geben, daß ein ausländisches Recht in Betracht kommt und welchen Inhalt es hat, § 293. Das gilt insbesondere auch dann, wenn der Vorderrichter einen solchen Hinweis unterlassen hat, BGH NJW **76**, 474.

Eine Aufforderung zum Nachweis des ausländischen Rechts nach § 293 fällt *nicht* unter § 139.

Auslegung: Sie kann stets statthaft und notwendig sein, Mü RR **08**, 132.
Vgl auch Rn 91 „Vertragsauslegung".

Bedingung: Das Gericht darf eine Partei auf die Unzulässigkeit einer Bedingung hinweisen, BGH **149**, 124.

57 **Beibringungsgrundsatz:** Das Gericht muß den Beibringungsgrundsatz nach Grdz 20 vor § 128 im „normalen" Zivilprozeß beachten, BGH NJW **06**, 435, anders zB im Verfahren mit dem Ermittlungsgrundsatz nach Grdz 38 vor § 128, etwa im FamFG-Verfahren. Der Beibringungsgrundsatz ist ein Ausdruck der gleichberechtigten Stellung der Parteien. Er entspricht ihrer Würde und ihrer Herrschaft über den Tatsachenstoff, Grdz 18 vor § 128, BGH NJW **06**, 435. Wer diese Gesichtspunkte mißachtet, verstößt als Richter gegen seine Pflicht zur Unparteilichkeit. BGH RR **90**, 1243, Schlesw MDR **87**, 149, Henke JZ **05**, 1035, aM Celle OLGZ **80**, 11, Peters ZZP **102**, 490, Schneider MDR **79**, 977 (wegen des Problems der Verjährung. Aber die Unparteilichkeit ist eine der wichtigsten Forderungen an ein Gericht. Dann muß man sie aber auch respektieren).

Beiziehung von Akten: Rn 51 „Aktenbeiziehung".

Belehrung: Das Gericht hat im Zivilprozeß anders als zB nach § 39 FamFG auch im Rahmen des § 139 *keineswegs stets* eine Belehrungspflicht, etwa über Rechtsbehelfe oder Rechtsmittel, BVerfG NJW **95**, 3173, BGH FamRZ **96**, 347, Hamm FamRZ **97**, 758, oder gar auf einem Nebenschauplatz wie der Kostenfestsetzung. Das hätten BGH Rpfleger **76**, 354, Lappe Rpfleger **96**, 183 (je zu [jetzt] § 11 RVG) deutlicher mitbedenken sollen. Der Zivilprozeß kennt eben anders als zB der Strafprozeß keine umfassende Belehrungspflicht über Fristen usw von Amts wegen, Sauren NZM **07**, 859 (aM fälschlich für das WEG-Verfahren, BVerfG **150**, 390 ist überholt). Das Gericht sollte auch keine gutgemeinten derartigen Belehrungen von sich aus bald geben, bald unterlassen. Es darf und muß eine klare Linie nach den klaren Grundsätzen halten, die sich eben aus dem Gesetz ergeben. Dieses sieht nur in einzelnen Ausnahmefällen derartige Belehrungspflichten vor, zB in § 277 II. Ausnahmevorschriften muß man aber stets eng auslegen.

Berichtigung: Das Gericht muß darauf achten, daß die Partei einen offenbaren Irrtum berichtigt, etwa bei einer Parteibezeichnung. Diese Pflicht gilt in allen Instanzen, Hamm MDR **77**, 940. Der Richter muß versuchen, Zweifel an der Ernstlichkeit oder Wahrhaftigkeit einer Darstellung durch eine etwaige Berichtigung ausräumen zu lassen. Er muß ja auch einen Widerspruch zwischen mehreren Schriftsätzen oder zwischen dem Schriftsatz der Partei und dem mündlichen Vortrag klären, Köln OLGZ **87**, 442.

58 **Berufungsinstanz:** Wegen eines neuen Vortrags nach einem erstinstanzlichen Verstoß Stöber NJW **05**, 3601. In der zweiten Instanz hat das Gericht wegen derjenigen Punkte, auf die schon das Erstgericht ersichtlich hingewiesen hat, *keine* Fragepflicht. Erst recht braucht das Berufungsgericht jetzt die Partei nicht mehr dazu anzuregen, weitere Tatsachen vorzutragen, um weitere Anspruchsgrundlagen zu erschließen, Köln JB **75**, 1506. Wegen (jetzt) § 533 Schneider MDR **75**, 979. Das Berufungsgericht muß evtl auf eine mangelnde Substantiierung des Vortrags hinweisen, BGH NJW **99**, 3716, oder die vom Berufungskläger angebotenen Unterlagen mit einer Frist anfordern, BGH NJW **91**, 2081. Es muß den Parteien seine vom Erstgericht abweichende Ansicht mitteilen usw, BGH RR **07**, 17. Es muß ihnen auch eine Gelegenheit zur Äußerung geben, BGH RR **08**, 973 (notfalls Vertagung usw.). Das Berufungsgericht darf die Anforderungen nicht überspannen, BGH MDR **04**, 409.

Eine *Abweichung* von der Beurteilung des Erstgerichts braucht aber evtl einen Hinweis, BGH NJW **05**, 3284, freilich keineswegs stets, BGH NJW **93**, 2318. Man darf dasjenige vortragen, was man bei einem Hinweis nach § 139 schon vorinstanzlich vorgetragen hätte, Köln MDR **08**, 587.

Beschränkte Erbenhaftung: Das Gericht braucht auf den Vorbehalt nach § 780 *nicht* hinzuweisen, Düss MDR **04**, 469.

Bestimmtheit der Fragen: Rn 11.

Bestreiten: Wenn das Gericht das schlichte Bestreiten nicht für ausreichend hält, kommt es nach den Gesamtumständen darauf an, ob es einen Hinweis geben muß, aM Hamm MDR **93**, 271 (ein Hinweis sei stets erforderlich. Aber es kann ganz klar sein, daß hier weit mehr vorzutragen notwendig wäre. Oft *will* die Partei oder ihr ProzBev nicht mehr vortragen, aus welchen Gründen auch immer. Das steht ihr frei, Grdz 18 vor § 128. Mag sie die Folgen tragen. Sie sind ihr dann meist als ihr Risiko sehr wohl klar).

Beurteilung: S „Berufungsinstanz".

Beweis, Entlastungsbeweis: Es läßt sich nur nach den Gesamtumständen des Einzelfalls beantworten, ob und in welchem Umfang das Gericht eine Partei hinweisen oder gar veranlassen muß oder ob es gar erraten darf, daß und zu welcher Frage ein Beweis gar nicht notwendig sei, Düss ZMR **99**, 387, oder daß ein Beweis- oder Gegenbeweis- oder Entlastungsbeweisantritt fehle.

Weder hat das Gericht *unter allen Umständen* derartige Pflichten, zu großzügig BGH MDR **98**, 1178, Köln NJW **95**, 2116, noch darf es stets solcher Hinweise usw unterlassen, BVerfG RR **95**, 828, Köln RR **98**, 1285, Mü VersR **92**, 375. Es kommt vor allem auf die Unparteilichkeit an, Henke JZ **05**, 1035. Das Gericht darf keineswegs zugunsten der einen Partei mit den Mitteln der Hinweise usw auf Beweismöglichkeiten die prozessuale Stellung der Gegenpartei schwächen. Es soll aber auch ein nur ohne Beweisantritt ungünstiges Urteil und damit eine hochgradig wahrscheinliche Ungerechtigkeit verhindern, Mü VersR **92**, 375. Es muß verhindern, daß eine Partei ein Beweismittel nur versehentlich nicht nennt, BGH NJW **98**, 156. An alledem ändert sich auch durch § 279 III Hs 2 im Grunde nichts, Schulz/Sticken MDR **05**, 5.

Die *anwaltlich vertretene* Partei braucht zwar grds keine geringere Förderung nach § 139 Rn 54, 55. Immerhin mag ein Anwalt durchaus Gründe haben, einen solchen Beweis nicht anzutreten, von dessen Fragwürdigkeit er vielleicht schon recht gut informiert ist. Demgegenüber ist bei einer nicht rechtskundigen und nicht anwaltlich vertretenen Partei oft gerade zum Stichwort „Beweisantritt" eine besondere Hilflosigkeit vorhanden. Es kann auch unabhängig von einer anwaltlichen Vertretung nicht der Sinn des Gesetzes sein, den Richter nur wegen seiner Pflicht zur Unparteilichkeit zu zwingen, einen wahrscheinlich prozeßentscheidenden Hinweis auf Beweismöglichkeiten einer solchen Partei zu unterlassen, Mü VersR **92**, 375. Freilich ist seine Zurückhaltung zulässig und oft ratsam.

Immerhin braucht das Gericht zB die Partei *nicht* unter einer Bekanntgabe seiner bisherigen vorläufigen Beweiswürdigung zum Antritt weiterer Beweise aufzufordern.

S auch § 42 Rn 79 „Beweisantritt“.

Beweisantrag: Das Gericht muß evtl fragen, ob die Partei einen Beweisantrag noch stellt, BVerfG NJW **82**, 1637, Hamm MDR **93**, 270. Das Gericht braucht keineswegs dem Beweisführer alles nach § 139 abzunehmen. Das verkennt BGH MDR **07**, 1029 links oben.

S auch Rn 53 „Antrag“, Rn 58 „Beweis, Entlastungsbeweis“, Rn 59 „Beweismittel“.

Beweisbeschluß: Soweit das Gericht seinen bisherigen Beweisbeschluß nicht mehr ausführen will, mag ein entsprechender Hinweis und eine Anregung auf eine Antragsänderung notwendig sein.

Beweislast: Es kann ein Hinweis auf die Beweislast aus der Sicht des Gerichts notwendig sein, BGH MDR **91**, 224, VerfGH Mü NJW **92**, 1094. Das gilt auch gegenüber einer anwaltlich vertretenen Partei. Freilich hängen die Art und der Umfang solcher Hinweise von den Gesamtumständen des Einzelfalls ab.

S auch „Beweis, Entlastungsbeweis“, Rn 59.

Beweismittel: Es kann notwendig sein, auf die Benennung eines Beweismittels jedenfalls dann hinzuwirken, **59**
wenn sich aus dem übrigen Vortrag ergibt, daß die Partei ihre Behauptung beweisen möchte und daß sie nur offensichtlich vergessen hat, einen Beweis anzutreten, BGH NJW **98**, 156, oder daß sie insofern die Rechtslage falsch beurteilt, etwa die Beweislast, Anh § 286, BGH NJW **98**, 156, BayVerfGH NJW **92**, 1094. Es kann auch notwendig sein, die Partei zur Präzisierung, Klarstellung oder Ergänzung eines Beweisantritts zu veranlassen, Saarbr RR **94**, 573. Das gilt etwa dazu, ob sie einen Beweisantritt noch aufrechterhält, BVerfG NJW **82**, 1637. Der Richter muß der Partei eine Gelegenheit zum Zeugenbeweisantritt geben, wenn er den Urkundenbeweis als nicht erbracht ansieht, BGH ZIP **83**, 738. Er muß unter Umständen fragen, ob in der Vorlage einer eidesstattlichen Versicherung hilfsweise ein Zeugenbeweisantritt liegen soll.

Das Gericht braucht *nicht stets* einen Beweisantrag oder ein bestimmtes Beweismittel anzuregen. Das gilt erst recht nach einem gegnerischen Hinweis auf dessen Fehlen, Oldb RR **00**, 949. Das Gericht braucht auch nach dem Schluß einer Beweisaufnahme nicht zu einem neuen oder weiteren Beweisantritt oder zu einem Gegenbeweisantritt aufzufordern, Hamm OLGR **03**, 116, aM Ffm NJW **76**, 2026 (aber gerade die abschließende Beweiswürdigung gehört erst in die Schlußberatung). Auch die Auswahl und hinreichend genaue Benennung der Zeugen nach § 356 Rn 4 ist eine Aufgabe der Partei, Mayer NJW **83**, 858, insbesondere im Anwaltsprozeß. Das übersieht Köln MDR **80**, 674. Im Anwaltsprozeß ist das Gericht auch nicht zu einem Hinweis auf die Möglichkeit eines Entlastungsbeweises verpflichtet.

Beweiswürdigung: Eine Erörterung der Beweiswürdigung gehört *grds nicht* zu den Pflichten nach § 139. **60**
Das gilt selbst dann, wenn ein Rechtsgespräch erforderlich war. Es ist ein Unterschied, ob das Gericht einen von der Partei erkennbar übersehenen rechtlichen Gesichtspunkt mit ihr erörtert oder weitergehend auch seine eigene vorläufige Gesamtbeurteilung oder Einzelbeurteilung mitteilt. Es kann aber zB notwendig sein mitzuteilen, daß das Gericht eine pauschale Bezugnahme auf Anlagen oder Beiakten nach Rn 79 für ungenügend hält oder daß es ein Privatgutachten für ausreichend oder nicht ausreichend hält, oder daß es sich selbst für sachkundig hält, oder daß es ein Gutachten ganz anders als die Vorinstanzen werten will, BGH VersR **77**, 734. Im übrigen ist die Mitteilung der vorläufigen Rechtsansicht des Gerichts fast nie ein Verstoß gegen seine Unparteilichkeit. Sie ist daher auch fast nie ein Ablehnungsgrund.

Vielmehr *ehrt das Gericht die Parteien* dadurch, daß es freimütig Einblick in seinen eigenen Denkprozeß gewährt. Es zeigt ja gerade dadurch die Bereitschaft, sich eines Besseren belehren zu lassen, sei es in der Würdigung der Tatsachen, sei es in der Anwendung der Rechtsvorschriften. Gerade eine offene Mitteilung der Prozeßaussichten im Verlauf der Verhandlung und gerade nach einer Beweisaufnahme ermöglicht es den Parteien, etwaige Unklarheiten zu berichtigen, etwaige Lücken zu ergänzen und etwaige Irrtümer des Gerichts aufzudecken. Gerade dann entsteht am ehesten jene Atmosphäre einer „Arbeitsgemeinschaft“. Sie macht zwar nicht das Wesen eines Prozesses aus, Grdz 26 vor § 128. Sie ist aber natürlich hilfreich. Sie kann entspannend wirken.

Bezugnahme: Es kann ein Hinweis darauf notwendig sein, daß eine so weitgehende bloße Bezugnahme auf Akten usw nicht zulässig ist, Rn 79, oder daß sie Unklarheiten bestehen läßt, BGH NJW **05**, 2929.

Dritter: Das Gericht muß einen Dritten nach §§ 305 ff BGB oder beim UKlaG nach Grdz 30 vor § 253 **61**
usw anhören, also beim Streit um Allgemeine Geschäftsbedingungen.

Entlastungsbeweis: Rn 58 „Beweis, Entlastungsbeweis“.

Entscheidungserheblichkeit: Das Gericht muß klarstellen, welchen Punkt es für entscheidungserheblich und aufklärungsbedürftig hält, BGH NJW **02**, 3320, Hbg NJW **06**, 71.

Erbbiologisches Gutachten: Das Gericht muß auf die Möglichkeit der Einholung eines erbbiologischen Gutachtens hinweisen, wenn ein solcher Antrag wahrscheinlich nur versehentlich nicht vorliegt.

S auch Rn 63 „Kindschaftssache“.

Erfolgsaussicht: Das Gericht hat *grds keine* Pflicht zu einer verbindlichen oder umfassenden Mitteilung, wie es die Aussichten des jeweiligen Vorbringens beurteilt und die Beweise voraussichtlich würdigen will.

S auch Rn 60.

Ergänzung: Rn 91 „Vollständigkeit“.

Erklärungsfrist: Wenn eine Partei auch unter einer Beachtung des § 138 wirklich eine angemessene Zeit zur Beantwortung einer Frage braucht, wenn man ihr also eine sofortige Antwort nicht zumuten kann, muß das Gericht entweder vertagen, KG OLGZ **77**, 481 (zum alten Recht), oder es muß der Partei eine angemessene Erklärungsfrist nach § 283 gewähren, Schlesw SchlHA **82**, 29. Art 103 I GG verpflichtet nicht zu einer förmlichen Fristsetzung, Köln Rpfleger **84**, 424. Eine überstürzte Entscheidung kann aber einen Verstoß gegen § 139 darstellen, Hamm AnwBl **84**, 93, Schlesw NJW **86**, 3146.

Freilich muß das Gericht sorgfältig und darf nicht zu großzügig klären, ob die Partei die *Antwort wirklich nicht sogleich* geben kann. Das gilt auch und gerade dann, wenn eine Partei einen ProzBev hat. Das Gericht hat dann die Pflicht der sofortigen Erörterung, ob der Anwalt bei der ihm persönlich zumutbaren Sorgfalt oder ob die Partei bei demselben Sorgfaltsmaßstab vor dem jetzigen Zeitpunkt im Rahmen der Prozeßförderungspflicht nach § 282 imstande gewesen wären, sich auf die Frage so vorzubereiten, daß sie sie wenigstens im Kern sogleich hätten beantworten können. Das alles übersehen Hamm AnwBl **84**, 93, Schlesw NJW **83**, 348.

Erledigung der Hauptsache: Das Gericht muß bei einer Erledigung der Hauptsache auf eine entsprechende Antragsänderung hinwirken. Es muß zumindest klären, ob die Parteien übereinstimmende Erledigterklärungen abgeben wollen und ob diese wirksam sein können. Wegen der vielen Streitfragen zu § 91 a kann eine genauere Erörterung auch gegenüber einer anwaltlich vertretenen Partei notwendig sein.

Erörterung: Rn 75.

Ersatzzustellung: Der Vorsitzende muß nach III auch auf Bedenken wegen der möglichen Unwirksamkeit oder Unzulässigkeit einer Ersatzzustellung hinweisen, BGH NJW **76**, 149.

62 **Fairneß:** Rn 86.

Feststellungsklage: Eine Antragsänderung mag dann anzuregen sein, wenn statt eines Leistungsantrags ein Feststellungsantrag notwendig wäre, BGH **79**, 79. Das gilt auch zwecks einer Klärung, ob ein Kündigungsschutz infrage steht, BAG NZA **94**, 2782. Es hat natürlich nur dann einen Sinn, auf einen Übergang von der einen zur anderen Klagart hinzuwirken, wenn das Gericht den Anspruch für begründet hält.

Ein Hinweis ist daher evtl *nicht* nötig, wenn nicht genügend Tatsachen vorliegen, aus denen man auf das erforderliche besondere Feststellungsinteresse schließen kann.

Fragepflicht: Rn 11.

Fristlosigkeit: Eine Gerichtsfrage usw ohne eine Frist verpflichtet zu einer unverzüglichen Antwort, BGH NJW **07**, 1887.

Fürsorgepflicht: Rn 7.

Gegenbeweis: Nach dem Schluß einer Beweisaufnahme braucht das Gericht *nicht* zu einem neuen oder weiteren Beweisantritt oder zu einem Gegenbeweisantritt aufzufordern, aM Ffm NJW **76**, 2026 (aber die abschließende Beweiswürdigung gehört erst in die Schlußberatung). Auch die Auswahl und hinreichend genaue Bezeichnung der Gegenzeugen nach § 356 Rn 4, 5 ist die Aufgabe der Partei, Mayer NJW **83**, 858, insbesondere im Anwaltsprozeß. Das übersieht Köln MDR **80**, 674.

S auch Rn 58 „Beweis, Entlastungsbeweis", „Beweisantrag", Rn 59.

Gegenforderung: Das Gericht braucht *nicht* auf eine ungenügende Darstellung einer Gegenforderung hinzuweisen, wenn diese erst nach dem Schluß der mündlichen Verhandlung erster Instanz entstanden ist und wenn erst durch eine genaue Darstellung die Sachdienlichkeit nach § 530 entstehen würde.

Gegnerischer Hinweis: Er macht einen zusätzlichen Hinweis nun auch noch des Gerichts *überflüssig,* BGH RR **08**, 582 links, VerfGH Bln FamRZ **08**, 170, Rostock OLG-NL **05**, 206, aM Rensen MDR **06**, 368 (vgl aber Rn 15).

Gerichtsstand: Im Rahmen von III kann es notwendig sein, von Amts wegen auf Bedenken gegen die örtliche Zuständigkeit hinzuweisen. Das gilt auch beim ausschließlichen Gerichtsstand, § 40 II.

Gesellschaft: Es kann ein Hinweis dahin notwendig sein, daß der Kläger statt eines bestimmten Anteils eine Auseinandersetzung fordern sollte.

Gesetzesänderung: Es kann ein Hinweis auf sie notwendig sein.

Gesetzlicher Vertreter: Im Rahmen von III kann ein Hinweis auf Bedenken wegen eines Problems im Zusammenhang mit der gesetzlichen Vertretung der Partei erforderlich sein, Schlesw SchlHA **78**, 108. Gegenüber der gesetzlichen vertretenen Partei ist das Gericht verpflichtet, auf die Kenntnisse und die zumutbaren Möglichkeiten des gesetzlichen Vertreters zumindest ebenfalls, wenn nicht in erster Linie, abzustellen.

Glaubhaftmachung: Die Partei muß sich zumindest auch selbst nach Kräften bemühen, BPatG GRUR **00**, 900.

Gleichberechtigung: Das Gericht muß stets bedenken, daß zumindest im Verfahren mit dem Beibringungsgrundsatz nach Grdz 20 vor § 128 beide Parteien eine gleichberechtigte Kampfstellung haben. Es darf durch seine Hinweise, Ratschläge, Anregungen usw diese Gleichberechtigung *nicht unterlaufen* oder umgehen, BGH NJW **84**, 310, Schlesw MDR **87**, 149, ThP 8, aM Celle OLGZ **80**, 11, Peters ZZP **102**, 490, Schneider MDR **79**, 977 (wegen der Verjährung. Aber die Unparteilichkeit ist eine der wichtigsten Forderungen an ein Gericht. Dann muß man sie aber auch respektieren).

S auch Rn 57.

Grundbuchberichtigung: Soweit der Kläger irrig statt auf eine Rückauflassung auf eine Grundbuchberichtigung klagt, muß das Gericht ihm einen entsprechenden Hinweis geben.

Grundsatzurteil: Die Berücksichtigung einer erst nach dem Verhandlungsschluß veröffentlichten solchen Entscheidung erfordert wegen II die Wiedereröffnung der Verhandlung, § 286 Rn 14.

63 **Herrschende Ansicht:** Zwar ist der Begriff der „herrschenden Ansicht" problematisch, Einl III 47, Zasius DGVZ **87**, 80. Daher führt auch eine Abweichung von der „herrschenden" Ansicht keineswegs stets zur Unvertretbarkeit, aM LG Hbg NJW **88**, 215 (aber das führt leicht zu einer erschreckenden Erstarrung einer Geisteswissenschaft). Ob man die Abweichung aber erörtern muß, hängt von den Gesamtumständen ab. Immerhin zwingt II 2 fast stets zur Erörterung, soweit das Gericht von der Ansicht beider Parteien abweichen will.

S auch Rn 75.

Hilfsantrag: Das Gericht muß darauf hinwirken, daß jede Partei einen sachdienlichen Antrag stellt, Rn 22, 23, BGH NJW **78**, 695, Kblz MDR **82**, 966. Das gilt für den Haupt- wie für den Hilfsantrag. Läßt der Kläger einen ursprünglichen sachdienlichen Hilfsantrag fallen, muß das Gericht klären, ob die Zurücknahme dem wirklichem Willen des Klägers entspricht.

Hinweis: Vgl zunächst Rn 20. Es kann zB ein Hinweis auf die Beweislast notwendig sein, BGH VersR **86**, 1211. Es kann notwendig sein, auf eine erst von der Rechtsprechung entwickelte Möglichkeit hinzuweisen, etwa auf diejenige eines Vorschußanspruchs vor einem Schadensersatzanspruch des Bestellers eines Werkvertrags, Grunsky NJW **84**, 2548. Das Gericht muß auch zB evtl auf eine von ihm beabsichtigte ungewöhnliche Bewertung hinweisen, BGH NZM **08**, 379. Wenn das Gericht einen Hinweis gibt, muß es der Partei auch die Gelegenheit geben, den Hinweis zu befolgen, BVerfG NJW **03**, 2524, BGH RR

08, 973, Düss RR **92**, 1405. Ein Hinweis muß so vollständig sein, daß der Empfänger nicht meinen kann, ein weiteres Vorbringen sei nicht erforderlich, BGH RR **05**, 213.

Das Gericht braucht aber *keineswegs* den Hinweis immer von neuem zu wiederholen, BGH NJW **08**, 2036, aM BGH FamRZ **04**, 262, Mü RR **97**, 1425 (aber wie lange soll es eigentlich so weitergehen?).

S auch Rn 71, 75.

Information: Das Gericht muß zB über telefonische Erkundigungen wenigstens im Kern den Parteien Kenntnis geben, BAG NJW **08**, 2369.

Irrtum: Das Gericht muß eine nur versehentlich vergessene Stellungnahme durch einen Hinweis usw herbeiführen, Köln FamRZ **92**, 460. Freilich ist ein solches Vorgehen nicht schon bei einer nur vagen Möglickeit des Vergessens usw erforderlich. Das Gericht darf nicht einen Rechtsirrtum unterstützen. Es darf nicht sehenden Auges die Partei in einem solchen Irrtum beharren lassen, BGH NJW **01**, 2549, Düss RR **92**, 1405.

Keinerlei Angaben: Soweit ein Anwalt nicht etwa unklare, sondern überhaupt keine Angaben zu einer offensichtlich wesentlichen Frage macht, braucht ihn das Gericht *nicht* zu befragen, BGH JZ **75**, 449.

Kenntnis des Gerichts: Eine Hinweispflicht besteht grds *nicht,* solange das Gericht den auslösenden Parteivortrag noch gar nicht kennt, BGH NZM **03**, 371, und ihn auch noch nicht kennen muß.

Kindschaftssache: Vgl zunächst § 28 FamFG. Im Abstammungs- und im Kindschaftsverfahren besteht eine recht weitgehende Aufklärungs-, Frage- und Hinweispflicht, (zum alten Recht) Hamm FamRZ **77**, 553. Das Gericht muß auch trotz des Ermittlungsgrundsatzes nach § 26 FamFG unter Umständen auf die Möglichkeit der Einholung eines Gutachtens hinweisen, wenn man annehmen kann, daß es sachdienlich wäre.

Klagänderung: Das Gericht sollte sich mit Anregungen oder gar Ratschlägen in Richtung auf eine Klagän- **64**
derung zurückhalten. Denn es darf *nicht* zulasten des Prozeßgegners eine Klage erst schlüssig machen helfen. Das Gericht darf insbesondere einer Partei nicht anheimgeben, solche neuen Klagegründe usw vorzutragen, die dann zu einer Klagänderung führen könnten, Hermisson NJW **85**, 2558. Es darf auch nicht die Partei veranlassen, einen solchen anderen Antrag zu stellen, der seinem Wesen nach auf anderen Anspruchsgrundlagen beruht.

S auch Rn 53 „Antragsänderung".

Klagantrag: Rn 34, 35.

S im übrigen auch Rn 53 „Antragsänderung", „Antragsmehrheit", „Antragsrücknahme", Rn 58 „Beweisantrag", Rn 69 „Prozeßantrag", Rn 81.

Klagebefugnis: Rn 51 „Abtretung", „Aktivlegitimation".

Klagerweiterung: Rn 53 „Antragsänderung", Rn 64 „Klagänderung", Rn 71.

Klärung: Zwar muß das Gericht grds im Rahmen seiner Hinweispflicht auch auf die Klärung sachdienlicher Anträge, auf die Ergänzung ungenügender Angaben, auf die zusätzliche Bezeichnung von Beweismitteln usw hinwirken, Rn 20 ff.

Die *Grenzen* der Aufklärungspflicht liegen aber dort, wo der Sachverhalt schon genügend feststeht, wo sich bereits das Erstgericht vergeblich bemüht hatte oder wo insbesondere eine anwaltlich vertretene Partei trotz gerichtlicher Hinweise überhaupt keine Angaben zu dem fraglichen Punkt macht.

Kündigungsschutz: Das Gericht muß klären, ob der Kläger einen Kündigungsschutz oder eine Feststellung begehrt, BAG NZA **94**, 2782.

Mehrdeutigkeit: Sie gibt immer einen Anlaß zur Auflage, den Vortrag klarzustellen, BGH BB **02**, 804. **65**

Mehrheit von Anträgen: Rn 53 „Antragsmehrheit", Rn 63 „Hilfsantrag".

Mindestbetrag: Das Gericht muß auf seine Angabe hinwirken, Köln ZMR **02**, 660.

Mißverständnis: Ein solches der Partei *kann* einen nochmaligen Hinweis notwendig machen, BGH NJW **02**, 3320. Aber Vorsicht! Wo liegt eigentlich die Grenze des derart Notwendigen? Doch wohl beim Verschulden der Partei oder ihres ProzBev.

Mitverschulden: Das Gericht mag eine Antragsänderung anregen müssen, wenn es die Frage des Mitverschuldens jetzt anders als im vorangegangenen Verfahren auf die Bewilligung einer Prozeßkostenhilfe beurteilt, Köln MDR **75**, 148 (zustm Teplitzky).

Nachfrist: Das Gericht darf einen Antrag etwa nach § 283 *keineswegs stets* anregen, sondern nur dann, wenn **66**
er nach den Gesamtumständen auch eine Erfolgsaussicht hat, § 283 Rn 10.

Naturalherstellung: Rn 82 „Schadensersatz".

Neue Beurteilung: Das Gericht muß den Parteien eine Gelegenheit zur Stellungnahme geben, sich auf eine **67**
andere oder neue Beurteilung und dazu einzustellen, welche Tatsachen insofern noch streitig sind, Köln VersR **77**, 844, oder sich auf eine neue Rechtsauffassung einzurichten, II, auch § 28 I FamFG. Zur Abgrenzung des I von II vgl Rn 37. Das Gericht muß den Parteien auch dann eine Gelegenheit zur Äußerung geben, wenn die Parteien aus einem vorgetragenen Tatsachenstoff ersichtlich ganz andere rechtliche Schlüsse als das Gericht ziehen, II 2, so schon Köln MDR **84**, 151, und wenn das Gericht von den ausdrücklichen Ausführungen der Partei abweichen will. Das gilt insbesondere dann, wenn der Tatrichter zu einer sochen Würdigung kommt, die keine Partei behauptet oder die der Vorderrichter anders vorgenommen hat, II 2, so schon BGH NJW **82**, 581 (abl Hartung VersR **82**, 141) und NJW **82**, 582, Hamm RR **95**, 957. Gerade dann kann II also anwendbar sein, und zwar sowohl zur Selbstkritik des Gerichts (auch der Richter kann irren) als auch zur Verbesserung des Prozeßklimas und zur Erleichterung einer gütlichen Einigung. Man muß ja stets daran denken, daß das Gericht die Parteien nicht überrumpeln darf.

S auch Rn 75, 86 „Überraschungsentscheidung".

Neuer Antrag: Das Gericht darf einer Partei *nicht* eine ihr günstige tatsächliche oder rechtliche Begründung ihres Anspruchs überhaupt erst an die Hand geben oder gar auf völlig neue Anträge oder weitere Klagansprüche oder eine ganz neue Klage dringen, Ffm NJW **86**, 389, Kblz OLGZ **88**, 373.

S auch Rn 53 „Antragsänderung", Rn 87 „Unparteilichkeit".

Neuer Beweis: Rn 58 „Beweis, Entlastungsbeweis", Rn 67 „Neuer Antrag".

Neuer Klagegrund: Das Gericht darf *nicht* einer Partei eine ihr günstige tatsächliche oder rechtliche Begründung ihres Anspruchs überhaupt erst an die Hand geben oder gar auf einen völlig neuen Klaganspruch usw dringen, Ffm NJW **86**, 389, Kblz OLGZ **88**, 373. Es darf auch nicht „nur" die von Anfang an völlig unschlüssige Klage schlüssig machen lassen und damit den Beibringungsgrundsatz und die gleichberechtigte Kampfstellung der Parteien mißachten oder den Prozeß verzögern, Rn 61 „Gleichberechtigung".

Neuer Termin: Er kann wegen Artt 2 I, 20 III GG (Rpfl), BVerfG **101**, 404, Art 103 I GG (Richter) auf Grund eines Gerichtshinweises statt eines Versäumnisurteils notwendig sein, Köln MDR **00**, 658.

Neuer Vortrag: Rn 58 „Berufungsinstanz", Rn 67 „Neuer Antrag", „Neuer Beweis", „Neuer Klagegrund".

Neutralität: Rn 87 „Unparteilichkeit".

Nichtigkeitsgrund: Zu den nach II von Amts wegen beachtbaren und evtl zu erörternden Punkten gehört auch ein Nichtigkeitsgrund etwa nach §§ 125, 134, 138 BGB.

68 **NN:** Es kommt auf die Gesamtumstände an, ob und mit welcher Intensität das Gericht auf die Ersetzung der bloßen Angabe „NN" (nihil nomen = kein Name) hinwirken muß. Sofern der Beweisführer die fehlenden Angaben meist zum Namen und zu einer genauen Anschrift des Zeugen vermutlich sogleich oder in einer kurzen Nachfrist ergänzen könnte, kann die Erörterung nebst einer etwaigen Fristsetzung ratsam oder gar notwendig sein. Das gilt insbesondere dann, wenn eine Nachfrist zB ohnehin deshalb infrage kommt, weil das Gericht zu anderen Punkten bereits Beweis beschließt oder einen Verkündungstermin anberaumt hat. Sofern aber eine noch dazu anwaltlich vertretene Partei zB infolge einer bloßen erkennbaren Nachlässigkeit nur ein Beweismittel „NN" angeboten hat, ist eine Nachfrist nach § 356 Rn 4 ohnehin nicht möglich. Daher ist dann auch keine Erörterung erforderlich. Die etwaige Vorwerfbarkeit eines Irrtums der Partei über die Notwendigkeit, ihre Beweismittel von Anfang an mit präzisen Angaben anzubieten, § 373 Rn 1, scheint Köln MDR **80**, 674 nicht genug zu berücksichtigen.

Obligatorisches Güteverfahren: Dieses Verfahren kann eine in jeder Lage von Amts wegen beachtbare Prozeßvoraussetzung sein, soweit es in dem Land des Gerichts besteht, § 15 a I I, V EGZPO, Grdz 49 vor § 253. Daher darf und muß das Gericht auf einen diesbezüglichen Mangel hinweisen und eine Gelegenheit zur Stellungnahme geben, bevor es die Klage als unzulässig abweist, Grdz 49 vor § 253 „Obligatorisches Güteverfahren". Denn letzteres wäre die notwendige Folge, Hartmann NJW **99**, 3747. Freilich wäre mangels einer Heilungsmöglichkeit nach § 295 Rn 43 „Prozeßvoraussetzungen" eine Anheimgabe einer Klagerücknahme nur sinnvoll, soweit das noch zulässig ist. Der Vorsitzende sollte das nicht „anraten", sondern eben nur anheimgeben, um jede Ablehnungsgefahr zu verhindern.

Offenkundigkeit: Das Gericht darf auf sie hinweisen, § 291.

69 **Parteibezeichnung:** Das Gericht muß darauf achten, daß eine unrichtige Parteibezeichnung berichtigt wird. Diese Pflicht gilt in allen Instanzen, Hamm MDR **77**, 940.

Parteiherrschaft: Rn 57 „Bebringungsgrundsatz".

Persönliches Erscheinen: Es kann eine Erörterung der Frage notwendig werden, ob das Gericht das persönliche Erscheinen nach § 141 anordnen soll. Hat es die Partei „zur Aufklärung des Sachverhalts" geladen, muß es ihr vor einer ihr nachteiligen Entscheidung auch eine Gelegenheit zu einer solchen Aufklärung geben, BGH NVersZ **99**, 216.

Privatgutachten: Das Gericht darf es vorläufig beurteilen und derart erörtern.

Protokollierung: Sie ist zumindest in der Form irgendeiner „Aktenkundigkeit" notwendig, IV, BGH NJW **06**, 62, wenn auch ohne eine ausführliche Begründung einer Nachholung im Urteil, Rensen MDR **06**, 1203. Sie ist in Protokollform schon wegen § 160 II ebenfalls dringend ratsam, Rn 94.

Prozeßabweisung: Eine Abweisung der Klage als unzulässig wegen einer fehlenden Substantiierung des Klagantrags ist ohne eine vorherige Bemühung des Gerichts um eine Aufklärung grds unzulässig, Schneider MDR **77**, 972, erst recht direkt nach einer Prozeßkostenhilfe, Naumb FamRZ **97**, 617.

S auch Rn 53 „Antrag".

Prozeßantrag: Die Pflicht des Gerichts, auf sachdienliche Anträge hinzuwirken, Rn 22, bezieht sich auch auf einen Prozeßantrag als einen Haupt- wie Hilfsantrag.

S auch Rn 53 „Antrag", Rn 69 „Prozeßabweisung".

70 **Prozeßbevollmächtigter:** Rn 54.

Prozeßvoraussetzung: Natürlich kann auch zu ihr ein rechtzeitiger Hinweis notwendig sein, BGH FamRZ **06**, 943.

Prozeßzinsen: Das Gericht sollte aufklären, warum die Partei statt Prozeßzinsen einen Verzugsschaden fordert, wenn sie dafür keinen Grund angibt. Derjenige Kläger, der mehr als die gesetzlichen Zinsen fordert, beschränkt sich zur Begründung meist auf den Hinweis, er nehme einen Bankkredit in Anspruch. Bei einem im Geschäftsleben stehenden Kläger mag dafür ein Anscheinsbeweis vorliegen. Dann könnte selbst beim einfachen gegnerischen Bestreiten die Beweislast auf den Bekl übergehen. Aber Vorsicht! Im übrigen ist der beliebte Beweisantritt „Auskunft der Bank" oder „Bankbescheinigung" meist unklar und braucht eine Klärung. Er kann ein noch unbrauchbarer Zeugenbeweisantritt sein, aber auch ein Urkundenbeweisantritt oder die Bitte, nach § 377 III zu verfahren. Davon hängt ab, ob das Gericht überhaupt noch an die ihm natürlich stets genau zu bezeichnende Bank schreiben muß oder ob es sich mit der Anordnung der grds ja sofortigen Vorlage der bereits vom Beweisführer herbeizuschaffenden Zinsbescheinigung begnügen kann.

Das Gericht darf *nicht* einer Partei einen Antrag auf eine Zinsforderung nahelegen, die sie bisher gar nicht erhoben hat, Rn 87 „Unparteilichkeit", § 308 I.

71 **Rat:** Aus der Pflicht zur Unparteilichkeit nach Rn 13 ff ergibt sich unter anderem: Das Gericht muß mit direkten Ratschlägen vorsichtig sein. Das gilt auch gegenüber einer anwaltlich nicht vertretenen Partei. Bei einer erkennbaren Hilflosigkeit der Partei kann eher ein Ratschlag erlaubt sein als sonst. Im übrigen muß man sorgfältig zwischen einer bloßen Erörterung oder einem bloßen Hinweis einerseits und einem doch mehr oder minder deutlichen Ratschlag andererseits unterscheiden. Zwar ist ein Ratschlag nicht stets ein Ablehnungsgrund. Er kann aber zu einem solchen werden, § 42 Rn 38 „Ratschlag". Das gilt zB beim Rat, sich auf eine mögliche Verjährung zu berufen, § 42 Rn 38 „Ratschlag". Der Richter darf zB der Partei zwar einen Hinweis auf die Möglichkeit geben, ein bisher unwirksames Mieterhöhungsverlangen im Prozeß nachzuholen, (jetzt) § 558 b III 1 BGB, BayObLG ZMR **85**, 102. Er darf ihr aber *keinen*

derartigen direkten Rat erteilen. Er sollte natürlich auch dann keinen Hinweis geben, wenn er eine entsprechende Parteierklärung doch etwa als verspätet oder einen etwaigen Beweisantritt „Sachverständigengutachten" mangels eines geeigneten Sachverständigen zurückweisen müßte. Die meisten Sachverständigen dürfen ja zB die Identität der angeblich vergleichsgeeigneten Wohnungen nicht angeben.

Überhaupt berechtigt keine noch so klar anzustrebende Gerechtigkeit und keine noch so soziale Zielsetzung des Prozesses den Richter dazu, sich gar zum *Rechtsberater* der einen, der anderen oder gar abwechselnd beider Parteien zu ernennen, Henke JZ **05**, 1035. Es ist die Aufgabe des Gerichts, die Partei zu einem zweckmäßigen Antrag zu veranlassen, BGH RR **98**, 1005, nicht aber, der Partei ein ihr günstigeres Vorbringen nahezulegen, etwa durch eine Klagerweiterung, BPatG GRUR **82**, 360, ZöGre 9, aM Schneider MDR **77**, 972 (aber eine soziale Fürsorge ist nicht die Hauptaufgabe des Gerichts, Rn 46). Ein Richter, der einer Partei Ratschläge der letzteren Art geben würde, schon gar außerhalb der Verhandlung und ohne eine Benachrichtigung des Gegners, würde sich der Gefahr der Ablehnung wegen Befangenheit aussetzen. Das Gericht darf der Partei auch nicht solche Klagegründe nahelegen, die sie in ihrem bisherigen Sachvortrag nicht einmal angedeutet hatte, Hermisson NJW **85**, 2558. Es darf die Partei nicht zu einer solchen Antragstellung veranlassen, die ihrem Wesen nach auf anderen Anspruchsgrundlagen beruht. 72

Das Gericht hat außerhalb des § 139 keine Beratungspflicht und daher erst recht *keine* Pflicht zu einer *Rechtsauskunft* oder zu einer Mitteilung, wie es die Aussichten des jeweiligen Vorbringens beurteilt und wie es die Beweise voraussichtlich würdigen will. Daran ändert auch die beliebte Wendung in manchem Schriftsatz nichts, man bitte oder gar „ersuche" das Gericht, der Partei mitzuteilen, inwiefern es von der schriftsätzlichen Beurteilung abweiche, BGH RR **90**, 1243. 73

S auch Rn 60, 64 „Klagänderung", Rn 83 „Schlüssigkeit".

Rechtliches Interesse: Rn 62 „Feststellungsklage". 74

Rechtsansicht: Rn 75.

Rechtsfortbildung: Das Gericht kann zu einem Rechtsgespräch verpflichtet sein, s dort, wenn es eine Rechtsfortbildung nach Einl III 50 beabsichtigt, Prütting (vor Rn 1) 305 ff. 75

Rechtsgespräch: Das Gericht darf und muß im Rahmen seiner Fürsorgepflicht nach Rn 7 und in den Grenzen seiner Pflicht zur Unparteilichkeit nach Rn 13 je nach der Gesamtlage auch die rechtliche Seite erörtern und auch diesbezügliche Fragen stellen. Das stellt I 2 schon nach seinem Wortlaut klar. Diese Pflicht kann auch gegenüber einem ProzBev bestehen, Rn 54. Dabei überschneiden sich die Bereiche von I und II. Zur Abgrenzung Rn 37. Das Rechtsgespräch ist keineswegs stets erforderlich, nicht einmal stets ein Hinweis des Gerichts auf seine vorläufige Rechtsansicht, BVerfG NJW **99**, 1387. Es kann aber zB dann erforderlich werden, wenn das Gericht erwägt, eine Rechtsfortbildung vorzunehmen, Einl III 50, Prütting (vor Rn 1) 305 ff. Im übrigen hat das Gericht eine Pflicht, den Parteien eine Gelegenheit dazu zu geben, sich auf eine andere oder auf eine neue Beurteilung einzustellen.

Sie müssen auch eine Gelegenheit zur Äußerung erhalten, wenn das Gericht aus dem vorgetragenen Tatsachenstoff ganz *andere rechtliche Schlüsse* als die Parteien zieht, Düss ZMR **99**, 387, Köln MDR **84**, 151. Das gilt auch dann, wenn das Gericht von den ausdrücklichen Ausführungen der Parteien zu rechtlichen Erwägungen abweichen will, insbesondere dann, wenn der Tatrichter zu einer solchen Würdigung kommt, die keine Partei behauptet oder die der Vorderrichter anders vorgenommen hat, BGH NJW **82**, 581 (abl Hartung VersR **82**, 141) und BGH NJW **82**, 582, oder wenn eine Partei die rechtlichen Bedenken des Gegners falsch verstanden hat, BGH NJW **01**, 2549. Gerade dann kann II ebenfalls anwendbar sein.

Das Rechtsgespräch vermeidet verbotene *Überrumpelungen* der Partei. Das gilt jedenfalls gegenüber einem gewissenhaft vorbereiteten Beteiligten, BVerfG NJW **94**, 1274. Es dient der Selbstkritik des Gerichts. Denn auch der Richter kann irren. Es dient auch der Verbesserung des Prozeßklimas und der Erleichterung einer gütlichen Einigung. Es kann daher fast stets nur nützlich sein. 76

Zwar verpflichten auch Artt 2 I, 20 III GG (Rpfl), BVerfG **101**, 404, Art 103 I GG (Richter) *nicht stets* zu einer allgemeinen, *umfassenden Erörterung,* Rn 15, BVerfG NJW **94**, 1274, BGH NJW **91**, 704, BPatG GRUR **08**, 733. Wohl aber verpflichten die oben genannten Vorschriften nach den Umständen des Einzelfalls zu einem gezielten Rechtsgespräch, BVerfG NJW **96**, 3202, BGH NJW **82**, 582, VerfGH Bln NZM **99**, 898. 77

Das gilt zumindest dann, wenn das Gericht eine von den Parteien völlig abweichende Rechtsauffassung hat. Eine *Abweichung von der „herrschenden" Ansicht* nach Rn 63 (zur Problematik dieses Begriffs Einl III 47, Zasius DGVZ **87**, 80) führt keineswegs stets zur Unvertretbarkeit, aM LG Hbg NJW **80**, 215 (aber das führt leicht zu einer erschreckenden Erstarrung einer Geisteswissenschaft). Ob man sie erörtern muß, hängt von den Gesamtumständen ab. 78

Das Gericht muß zB die Partei auch darüber informieren, ob es eine *pauschale Bezugnahme* auf Anlagen oder Beiakten für ungenügend hält, Hamm OLGR **94**, 95, Schlesw MDR **76**, 50, oder daß es ein Gutachten ganz anders als die Vorinstanz würdigen will, BGH VersR **77**, 734. Eine Aufforderung zum Nachweis des ausländischen Rechts nach § 293 fällt nicht unter I. Wohl aber kann eine überraschende Anwendung des ausländischen Rechts hierher zählen, BGH NJW **76**, 474. 79

Eine Hinweis- oder Erörterungspflicht besteht aber *nicht* im bloßen Kosteninteresse einer Partei, LG Kblz AnwBl **87**, 332. Sie besteht natürlich auch insoweit nicht, als eine Partei den Punkt bereits angeschnitten hat, selbst wenn das nur vorläufig geschah, Kblz VersR **88**, 361. BVerfG NJW **96**, 3203 erwartet bei einer Änderung der vorläufigen Rechtsansicht einen Hinweis, insbesondere nach einem Richterwechsel. Man kann aber insofern auch übertreiben.

S auch Rn 54, 56 „Ausländisches Recht", Rn 80 „Rechtsunkenntnis", Rn 86.

Rechtsmittelbelehrung: Eine Rechtsmittelbelehrung ist nach der ZPO anders als nach § 39 FamFG *nicht grds* notwendig, § 231 Rn 2, BVerfG NJW **93**, 3173, BGH NJW **02**, 3410, Schlesw MDR **03**, 1249. Sie ist schon deshalb nur ausnahmsweise ratsam. Sie ist jedenfalls außerhalb gesetzlich vorgeschriebener Fälle nicht notwendig, Greger JZ **00**, 131 (rechtspolitisch kritisch). Entgegenstehende Dienstanweisungen sind hochproblematisch. Sie können eine Haftung auslösen, wenn unrichtig verfaßt oder befolgt.

Rechtsmittelfrist: Zu den von Amts wegen beachtbaren Punkten gehören die Rechtsmittelfrist, BGH VersR **84**, 443, und die Rechtsmittelbegründungsfrist, BGH VersR **76**, 193. Das Gericht muß dann, 80 wenn die Partei unter einer unzutreffenden Berufung auf §§ 233 ff nur eine Glaubhaftmachung vornimmt, einen Vollbeweisantritt anheimstellen, BGH RR **92**, 314.

Rechtsnachfolge: Soweit eine Rechtsnachfolge nach § 265 in Betracht kommt, liegt eine prozessual wichtige Veränderung vor. Das Gericht kann dafür sorgen müssen, daß die Partei ihren Antrag entsprechend umstellt.

Rechtsprechungsänderung: Es kann ein Hinweis auf sie notwendig sein.

Rechtsprechungshinweis: Rn 63 „Hinweis".

Rechtsunkenntnis: Soweit sie erkennbar wird, ist das Rechtsgespräch nach Rn 75 auch gegenüber einem ProzBev erforderlich, Rn 54. Für die Erforderlichkeit kommt es auf objektive Kriterien an und nicht auf den Kenntnisstand des Gerichts, Köln Rpfleger **96**, 78.

Rechtsweg: Zu den nach III von Amts wegen beachtbaren Bedenken kann die Frage der Zulässigkeit des Rechtswegs zählen.

Revisionsinstanz: Ein Rechtsgespräch nach Rn 75 kann gerade auch in ihr notwendig werden. Der Revisionskläger muß genau angeben, welche bestimmten Tatsachen das Berufungsgericht hätte aufklären müssen und was er dann vorgetragen hätte, BGH NJW **08**, 1075, BAG NZA-RR **05**, 558.

Richtige Entscheidung: § 139 dient insgesamt vor allem dazu, die sachlichrechtlich richtige, gerechte Entscheidung herbeizuführen, BGH NJW **80**, 1975, KG OLGZ **77**, 481, Schneider MDR **77**, 970. Die Vorschrift bestimmt dabei nur den Mindestumfang der Aufgaben des Gerichts.

Freilich ist die Befugnis zur Herbeiführung einer sachlich richtigen Entscheidung *begrenzt,* zum einen durch die Pflicht des Gerichts zur Unparteilichkeit nach Rn 13 ff, zum anderen zB durch die jeweilige Beweislast, Stürner, Die richterliche Aufklärungspflicht im Zivilprozeß (1982) 17, oder durch den Zwang, im Interesse der Rechtssicherheit ein verspätetes Vorbringen unter den gesetzlichen Voraussetzungen zurückzuweisen. Diesen Umstand muß man auch bei der Auslegung des § 139 berücksichtigen. Das geschieht zu wenig.

Rücknahme eines Antrags: Rn 53 „Antragsrücknahme".

Rügerecht: Rn 88.

81 **Sachantrag:** Die Notwendigkeit, auf sachdienliche Anträge hinzuwirken, Rn 34, 35, § 28 II FamFG, bezieht sich sowohl auf die Prozeßanträge als auch auf die Sachanträge als Haupt- wie Hilfsanträge.

S auch Rn 53 „Antrag", „Antragsmehrheit" usw.

Sachbefugnis: Rn 51 „Abtretung", „Aktivlegitimation".

82 **Sachdienlichkeit:** Das Gericht muß darauf hinwirken, daß jede Partei einen sachdienlichen Prozeß- wie Sachantrag, Haupt- wie Hilfsantrag stellt, Rn 34, 35, BGH NJW **78**, 695, BAG NJW **03**, 2773, Kblz MDR **82**, 966. Das Gericht würde zwar gegen den Beibringungsgrundsatz verstoßen, wenn es von sich aus einen ganz anderen Antrag als denjenigen herbeiführen würde, den die Partei im Kern erkennbar selbst stellen will oder schon gestellt hat, BAG NJW **03**, 2773. Das Gericht darf und soll aber einen zweckwidrigen oder gar unzulässigen Antrag nach Möglichkeit verbessern helfen. Wenn mehrere Anträge vorliegen, muß das Gericht klären, in welchem Verhältnis sie zueinander stehen.

S auch Rn 53 „Antrag", „Antragsmehrheit", „Antragsrücknahme" usw.

Sachkunde: Das Gericht darf auf die eigene Sachkunde hinweisen.

Sachvortrag: Es kann notwendig sein, einen Hinweis auf die Erforderlichkeit eines Sachvortrags des Bekl zu geben, wenn er ihn wegen Zweifeln an der Nämlichkeit und Aktivlegitimation des Klägers unterläßt, BVerfG NJW **03**, 2524, Düss MDR **93**, 1008, oder wenn der bisherige Vortrag mehrdeutig oder widersprüchlich ist, BGH RR **03**, 1718, Köln OLGZ **83**, 442.

Das Gericht braucht *keinen* Hinweis darauf zu geben, ein von der Partei gar nicht vorgetragener anderer Sachverhalt könne die begehrte Rechtsfolge rechtfertigen, BAG NJW **06**, 2717.

Säumnis: Rn 90 „Versäumnisverfahren".

Schadensersatz: Das Gericht darf einen Antrag auf die Zahlung eines Geldersatzes anregen, soweit der Kläger eine Naturalherstellung nicht verlangen kann. Es muß darauf hinweisen, daß die Klage nur zum Schadensgrund ausreichend begründet ist, nicht auch zur Schadenshöhe, BGH NJW **01**, 76 links.

Unzulässig ist aber wegen Rn 87 eine Anregung, statt eines Schadensersatzes etwas nach § 308 I ganz anderes zu fordern, etwa eine Herausgabe.

83 **Schlüssigkeit:** Das Gericht darf und muß zwar in jeder Lage des Verfahrens darauf achten, ob der Tatsachenvortrag der Partei ihren Anspruch oder dessen Abwehrbitte erfolgreich machen kann, BVerfG NJW **03**, 2524, BGH NJW **99**, 3716, Mü RR **97**, 944. Es darf aber *nicht* dazu übergehen, einer Partei einseitig dabei zu helfen, den Anspruch überhaupt erst schlüssig zu machen. Denn dadurch würde es die bisher erfolgreiche Position des gleichberechtigten Prozeßgegners dieser Partei gefährden und damit gegen die eigene Pflicht zur Unparteilichkeit verstoßen. Das Gericht darf die Partei also nicht auf eine andere tatsächliche Begründung des Antrags hinlenken oder überhaupt erst die anspruchsbegründenden Tatsachen „herbeireden", Mü VersR **91**, 103, aM Schneider MDR **77**, 974 (aber die Unparteilichkeit ist eine der wichtigsten Forderungen an ein Gericht. Dann darf man aber auch keine Rechtsberatung von ihm erwarten).

Das Gericht darf und muß auch eine anwaltlich vertretene Partei in diesen Grenzen *auf* die bisherige etwaige *Unschlüssigkeit hinweisen,* Brschw RR **02**, 1215 (großzügig: stets Fristsetzung), Celle MDR **98**, 306, Zweibr MDR **07**, 677. Das Gericht darf insoweit zB bei einer ihm zu allgemeinen Darstellung sogar ein weiteres Vorbringen anregen, Schlesw SchlHA **82**, 29. Das gilt vor allem bei einer anwaltlich nicht vertretenen Partei, BVerfG **75**, 189.

Das Gericht darf aber *nicht* die von Anfang an völlig unschlüssige Klage durch seine Hinweise erst erfolgreich machen und damit den Beibringungsgrundsatz nach Grdz 20 vor § 128 und die gleichberechtigte Stellung der Parteien mißachten oder auch nur dadurch den Prozeß verzögern. Das Gericht braucht zumindest gegenüber einer anwaltlich vertretenen Partei auch nicht einen solchen Hinweis zu geben, den der gegnerische Anwalt bereits schriftsätzlich gegeben hat, Nürnb MDR **00**, 227. Natürlich muß der Empfänger einen solchen Schriftsatz lesen und verarbeiten können.

S auch Rn 86 „Überraschungsentscheidung", Rn 87 „Unparteilichkeit".

Schriftsatzfrist: Sie kann notwendig sein, BGH RR **08**, 973, Hamm NJW **03**, 2544, Rensen MDR **08**, 5. *Nicht* notwendig ist sie nach wiederholten vergeblichen Hinweisen ohne einen Antrag, Hamm RR **04**, 646.

Streitfrage: Ihre Erörterung kann schon wegen der Kostenfolgen einer Mindermeinung notwendig sein, BVerfG RR **05**, 937.

Substantiierung: Rn 83 „Schlüssigkeit". 84

Teilbetrag: Zu der Pflicht des Gerichts nach Rn 34, 35, einen sachdienlichen Antrag herbeizuführen, kann 85 die Anregung gehören, Teilbeträge mehrerer selbständiger Ansprüche eindeutig aufzuschlüsseln und zu beziffern, § 253 Rn 43.

Übergang zur Leistungsklage: Rn 52 „Anspruchsübergang", Rn 53 „Antragsänderung".

Überraschungsentscheidung: Die Parteien sollen nicht aus dem Urteil mit Staunen erfahren müssen, 86 daß das Gericht den Prozeß ohne eine genügende Kenntnis der Streitfrage sachlich oder daß es unvoraussehbar entschieden hat, BVerfG FamRZ **03**, 1447, BGH FamRZ **05**, 701, Schlesw MDR **05**, 890. Das Gericht muß den Prozeß fair mit einer Waffengleichheit gestalten, Einl III 21. Es darf die Parteien insbesondere weder tatsächlich noch rechtlich überrumpeln, BVerfG NJW **03**, 2524, BGH NJW **89**, 2757.

Oft trägt eine Partei eine Tatsache nicht vor, weil sie gerade an diese rechtliche oder tatsächliche Beurteilung *überhaupt nicht denkt.* Eine Überrumpelung der Partei mit einer weder von ihr noch vom Gegner gesehenen Würdigung der Tatsachen und demgemäß mit einer völlig anderen und insbesondere nach dem bisherigen Prozeßverlauf von keiner Partei vorausgesehenen rechtlichen Beurteilung ist des Gerichts unwürdig, Saarbr MDR **03**, 1372. Sie schaltet nur zu oft das bessere Wissen der Parteien um solche Tatsachen aus, die unter diesen Umständen erheblich würden und die die Parteien vorgetragen hätten, wenn das Gericht sein Fragerecht ausgeübt hätte, II, BGH MDR **80**, 576. Man kann einen Hinweis auf ein der Partei zustehendes Rügerecht für notwendig halten, um einer Überraschungsentscheidung vorzubeugen.

S auch Rn 54, 75 „Rechtsgespräch"

Überrumpelung: Rn 63 „Irrtum", Rn 86 „Überraschungsentscheidung". 87

Unparteilichkeit, dazu *Sticken* (vor Rn 1): Das Gericht muß trotz aller Fürsorge doch stets eindeutig unparteilich bleiben, um überhaupt Richter sein zu können, Rn 13. Es darf sich *nicht* zum Berater bald der einen, bald der anderen, bald beider Parteien machen und nicht der einen Partei auf Kosten der anderen Partei helfen. Das Gericht muß schon jeden Anschein einer Parteilichkeit vermeiden, BVerfG **52**, 144, BGH VersR **85**, 397, Henke JZ **05**, 1035. Das gilt auch in einer Güteverhandlung, § 278 Rn 18, Rensen AnwBl **02**, 638. Das Gericht ist zwar im Rahmen von I, II berechtigt und verpflichtet, einen notwendigen Hinweis usw auch dann zu geben, wenn sich dadurch die Stellung der einen Partei auf Kosten der anderen verbessern kann, Köln MDR **90**, 158.

Es darf aber einer Partei *nicht* eine ihr günstige tatsächliche oder rechtliche Begründung ihres Anspruchs überhaupt *erst in die Hand geben* oder gar auf völlig neue Anträge, auf weitere Klageansprüche oder auf eine neue Klage dringen, Ffm NJW **86**, 389, Kblz OLGZ **88**, 373. Das Gericht darf auch nicht „nur" die von Anfang an völlig unschlüssige Klage schlüssig machen lassen und damit den Beibringungsgrundsatz nach Grdz 20 vor § 128 und die gleichberechtigte Stellung der Parteien im Prozeß mißachten, BGH NJW **84**, 310, Hbg NJW **84**, 2710, Schlesw MDR **87**, 149, aM Celle OLGZ **80**, 11, Peters ZZP **102**, 490, ThP 8 (aber die Unparteilichkeit ist eine der wichtigsten Forderungen an ein Gericht. Dann aber darf man keine Rechtsberatung von ihm erwarten).

Unschlüssigkeit: Rn 71 „Rat", Rn 83 „Schlüssigkeit".

Unvollständigkeit: Das Gericht muß seine Hinweise so vollständig geben, daß die Partei nicht irrig annehmen darf, ein weiteres Vorbringen sei entbehrlich, BGH MDR **08**, 877.

Unzulässigkeit: Rn 69 „Prozeßabweisung", Rn 94 „Zulässigkeit". 88

Verfahrensmangel: Beim Vorliegen eines Verfahrensmangels muß das Gericht fragen, ob die Partei auf die Rügemöglichkeit verzichtet, soweit das überhaupt nach § 295 wirksam möglich wäre. Soweit § 295 anwendbar ist, darf das Gericht eine Aufklärung nur insoweit vornehmen, als es sonst die Partei unzumutbar überraschen würde. Im Anwaltsprozeß hat der Vorsitzende bei einem Verfahrensmangel insoweit, als die Partei wirksam auf die Rüge verzichten kann, nicht stets eine Fragepflicht, außer bei einem offensichtlichen Versehen der Partei.

Vergleich: Nach einem erfolglosen Vergleichsvorschlag muß das Gericht den Kläger auf eine Unschlüssigkeit hinweisen, Zweibr MDR **07**, 677.

Verjährung: Zwar muß das Gericht klar Gerechtigkeit anstreben, BVerfG NJW **76**, 1391. Keine noch so 89 soziale Zielsetzung des Prozesses berechtigt aber den Richter dazu, sich zum *Rechtsberater* einer Partei zu ernennen. Deshalb darf er den Gesichtspunkt der etwaigen Verjährung zwar bei einer nicht anwaltlich vertretenen Partei als einen Hinweis anschneiden, KG NJW **02**, 1732, Prütting (vor Rn 1) 407, Rensen MDR **04**, 491, aM BGH **156**, 270 (zustm Becker-Eberhard LMK **04**, 32. Aber nicht jeder Schuldner wird den bloßen Hinweis auf sein etwaiges Leistungsverweigerungsrecht prompt mit dessen Geltendmachung beantworten). Ein bloßer Hinweis ist zumindest dann erlaubt, wenn nicht sogar notwendig, wenn die Partei erkennbar auch wegen des Zeitablaufs Bedenken gegen den Anspruch erhebt, Arens Festschrift für Schwab (1990) 32, Bergerfurth, Der Anwaltszwang usw (1981) Rn 189.

Der Richter darf aber der Partei *nicht* darüber hinaus auch den *Rat* geben, die Einrede der Verjährung geltend zu machen, § 42 Rn 40, Bre NJW **86**, 999, Köln MDR **79**, 1027, Schlesw JB **95**, 44. Auch ein Hinweis auf das Fehlen der Erheblichkeit eines Einwandes gegen eine erfolgte Verjährungseinrede ist nur zurückhaltend nötig, aM Düss RR **95**, 636 (erst bei Substanzlosigkeit. Aber wenn der Rat zur Einrede unstatthaft ist, dann auch der Rat, gegen die Einrede einen Einwand zu erheben).

Das Gericht sollte auch im *Protokoll* klarstellen, daß es lediglich einen Hinweis gegeben, nicht aber einen Ratschlag erteilt hat. Freilich kann man in der Praxis die Grenzen nur schwer ziehen. Um so sorgfältiger sollte der Richter erkennbar machen, daß er nicht so weit gehen darf, der Partei die Entscheidung abzunehmen, ob sie die Einrede erheben will. Er hat sich genügend um sie gesorgt, wenn er ihr verdeutlicht, daß sie sich überhaupt evtl auf eine Verjährung berufen kann.

Verkündungstermin: Wegen des Anhörungszwecks nach Rn 2 darf das Gericht nicht sofort nach einem Hinweis bei einem Verkündungstermin einen Antrag nach § 156 zurückweisen, BGH RR **97**, 441.

90 **Versäumnisverfahren:** Im Versäumnisverfahren nach §§ 330 ff ist § 139 nur anwendbar, soweit das Verfahren eine Fragetätigkeit des Gerichts überhaupt zuläßt, strenger ThP 1 (keine Anwendbarkeit). Es erfolgt also keine schriftliche Befragung des Säumigen. Das Gericht braucht nach dem Erhalt der Mitteilung, eine Partei wolle nicht zum Termin erscheinen, grds keineswegs den Gegner davon vor dem Termin zu benachrichtigen, selbst wenn er von weither anreist. Er will doch wahrscheinlich ein Versäumnisurteil nehmen, wenn nicht ein Aktenlageurteil. Natürlich darf und muß das Gericht den Anwesenden wie sonst betreuen. Es darf aber auch im Säumnisverfahren nicht aus der Unparteilichkeit heraustreten. Daran ändert auch § 331 II Hs 1 nichts. Zwar hat der Richter gegenüber dem Säumigen keine volle Fürsorgepflicht. Er muß aber auch gegenüber dem Anwesenden schon den Anschein der Parteilichkeit vermeiden. Immerhin ist zB der Hinweis erlaubt, daß ein Versäumnisurteil von einem entsprechenden zusätzlichen Antrag abhängen kann. Auch mag ein Hinweis darauf notwendig werden, daß mangels einer Schlüssigkeit trotz eines Antrags auf ein Versäumnisurteil eine Klagabweisung durch ein sog unechtes Versäumnisurteil nach § 331 II Hs 2 ergehen könnte, § 331 Rn 21. Auf Grund eines Gerichtshinweises kann wegen Artt 2 I, 20 III GG (Rpfl), BVerfG **101**, 404, Art 103 I GG (Richter) sogar eine Frist zur Stellungnahme nebst einem neuen Termin statt eines Versäumnisurteils notwendig sein, Köln MDR **00**, 658.

Versehen des Anwalts: Rn 54.

Verspätung des Vortrags: Das Gericht darf auf sie hinweisen. Es darf aber nicht eine Partei dazu beraten, etwa wie sie sie vermeiden könnte, Mü NJW **94**, 60, ZöGre 19, aM ZöV § 42 Rn 26. Es darf nicht einen durch eigenen Hinweis herbeigeführten Beweisantritt dann ohne weiteres als verspätet zurückweisen, Hamm RR **03**, 1651.

91 **Vertagung:** Sie kann notwendig sein, BGH RR **08**, 973.

Vertragsauslegung: Das Gericht muß auf etwaige Bedenken gegenüber der Vertragsauslegung des Vordergerichts hinweisen, wenn die Partei auf der Grundlage einer anderen Auffassung Unterlagen beibringen müßte. Das Gericht muß ja überhaupt den Parteien eine Gelegenheit dazu geben, sich auf eine andere oder auf eine neue Beurteilung einzustellen. Das gilt insbesondere dann, wenn die jetzt geplante Auslegung bisher in derselben oder in der Vorinstanz praktisch keine Rolle spielte, BGH RR **05**, 40.

S auch Rn 75, 86.

Verzugsschaden: Rn 70.

Vollmacht: Es kann erforderlich sein, auf den Mangel der Vollmacht nach § 88 II und die Folgen des Auftretens eines vorläufig zugelassenen vollmachtlosen Vertreters hinzuweisen, § 89. Sie sind oft nicht bekannt.

Vollständigkeit: Rn 27, 28. Der Vorsitzende muß also darauf hinwirken, daß jede Partei eine vollständige Erklärung über alle sachlichrechtlich und prozessual erheblichen Tatsachen abgibt, Kblz MDR **07**, 1411. Er muß dafür sorgen, daß sie vor allem unzureichende Erklärungen und Beweisantritte präzisiert, klarstellt oder ergänzt, Kblz MDR **07**, 1411, Köln JB **92**, 720. Das gilt auch nach § 28 I 1 FamFG. Er muß etwa bei einem im Kern ausreichend dargelegten Schadensersatzanspruch auch auf eine vollständige Begründung im einzelnen hinwirken, Düss NJW **93**, 2543. Es kann zB notwendig sein darauf hinzuweisen, daß beim Schmerzensgeldanspruch die bloße unstreitige Angabe der Parteien unzulänglich sein kann, über den Grund des Anspruchs bestehe Einigkeit, weil es bei § 853 II BGB unter anderem zur Höhe des Schmerzensgelds auf den Verschuldensgrad ankommen kann. Auch nach einer Ergänzung des Parteivortrags kann ein Hinweis darauf notwendig sein, ihn weiter zu ergänzen, Kblz MDR **07**, 1411, Mü RR **97**, 1425.

Vollstreckungsabwehrklage: Im Rahmen der Hinwirkung auf einen sachdienlichen Antrag nach Rn 34, 35 kann die Anregung notwendig werden, von einer Abänderungsklage nach § 323 zu einer Vollstreckungsabwehrklage nach § 767 überzugehen, BGH NJW **81**, 979.

S auch Rn 51 „Abänderungsklage".

92 **Wertänderung:** Vor ihr muß das Gericht dem davon Benachteiligten eine Gelegenheit zur Äußerung geben, auch das Berufungsgericht, BGH FamRZ **04**, 1638 links untere Mitte.

Widerspruch: Das Gericht muß einen Widerspruch im Vortrag einer Partei aufzuklären versuchen, BGH RR **03**, 1718. Es muß jedenfalls auf die beabsichtigte eigene Auslegung hinweisen, Köln OLGZ **83**, 442. Das gilt sowohl bei einem Widerspruch zwischen mehreren Schriftsätzen als auch bei demjenigen zwischen einem Schriftsatz und dem mündlichen Vortrag oder zwischen einem Antrag und seiner Begründung. Es gilt ebenso bei einem Widerspruch zwischen dem Vortrag und Unterlagen, BGH RR **03**, 742. Das Gericht darf nicht in sich widersprüchlich handeln, Hamm RR **03**, 1651.

Wiedereinsetzung: Das Gericht muß auf die etwaige Unklarheit, Unvollständigkeit des Wiedereinsetzungsgesuchs hinweisen, BGH NJW **07**, 3212. Es darf nicht ohne eine Rückfrage eine Unterlassung bei der Führung des Fristenkalenders unterstellen, BGH NJW **06**, 2269.

Es braucht aber *nicht* auf die bloße Möglichkeit eines solchen Gesuchs hinzuweisen, solange nicht die Voraussetzungen einer Wiedereinsetzung von Amts wegen ohnehin vorliegen.

Wiedereröffnung: Das Gericht kann zur Wiedereröffnung der Verhandlung verpflichtet sein, wenn es einen Hinweis erst in der bisherigen Verhandlung gegeben hatte und wenn die Partei daraufhin entscheidungserheblich und nicht sofort klärbar vorträgt, BGH BB **06**, 2552.

Wiederholung von Vortrag: Das Gericht muß klären, ob die Partei ihr erstinstanzliches auch jetzt noch entscheidungserhebliches Vorbringen in der zweiten Instanz nur versehentlich oder absichtlich nicht wiederholt.

Es besteht aber *keine nochmalige* Aufklärungspflicht des höheren Gerichts über einen solchen Punkt, auf den schon das Erstgericht ersichtlich hingewiesen hat.

Wohnungseigentum: Das Gericht muß evtl auf die Nichtigkeit eines Beschlusses nach § 46 II WEG, abgedruckt § 253 Rn 26, hinweisen.

Würdigung: Rn 58 „Beurteilung".

Zeuge: Eine Pflicht zur zusätzlichen Befragung kann sich aus dem vorrangigen § 396 II ergeben, Kblz RR **93**
91, 1471. Soweit eine Partei in der unteren Instanz auf einen Zeugen verzichtet hatte, muß das Rechtsmittelgericht klären, ob es diesen Zeugen jedenfalls in der höheren Instanz vernehmen soll, BVerfG NJW **82**, 1637. Denn der erstinstanzlich für unerheblich gehaltene Beweisantrag mag auch durch eine bloße pauschale Bezugnahme vom Berufungsführer aufrechterhalten bleiben. Das gilt insbesondere dann, wenn er die Beurteilung der Unerheblichkeit als fehlerhaft rügt, BGH MDR **82**, 29.

Zinsen: Rn 70.

Zulässigkeit: Zu den nach III von Amts wegen beachtbaren Punkten gehören alle diejenigen, die die Zulässigkeit betreffen, BGH NJW **89**, 2065. Das gilt zB: Für die Klage; für eine Berufung, BAG NZA **08**, 432 rechts unten; für eine Rechtsmittelfrist, BGH VersR **84**, 443; für eine Rechtsmittelbegründungsfrist, BGH VersR **76**, 193.

Zurückbehaltungsrecht: Das Gericht darf und muß der Partei insoweit helfen, als sie sich nur nicht juristisch korrekt auszudrücken versteht, der Sache nach aber eindeutig ein Zurückbehaltungsrecht meint Das gilt besonders dann, wenn das Zurückbehaltungsrecht nicht für den Abweisungsantrag ausreicht, BVerfG RR **93**, 764.

Das Gericht darf der Partei aber *nicht* nahelegen oder gar raten, ein solches Recht auszuüben, soweit sie es nicht eindeutig schon von sich ausüben will. Denn damit würde es den Beibringungsgrundsatz und die Unparteilichkeit verletzen.

Zurücknahme: Rn 53 „Antragsrücknahme".

Zuständigkeit: Das LG kann als Berufungsgericht verpflichtet sein, unverzüglich zu klären, ob das OLG nach § 119 I Z 1 b GVG zuständig ist. Das gilt auch vor dem Akteneingang und läßt sich nicht durch den Urkundsbeamten klären, BVerfG NJW **06**, 1580.

S. auch Rn 62 „Gerichtsstand".

Zweifel an Ernstlichkeit: Das Gericht muß versuchen, Zweifel an der Ernstlichkeit oder Wahrhaftigkeit einer Darstellung ausräumen zu lassen.

12) Frühzeitigkeit, Aktenkundigkeit, IV. Die Vorschrift ähnelt teilweise § 165. Ihre Notwendigkeit **94**
folgt daraus, daß das Gericht evtl auch außerhalb einer Verhandlung Hinweise geben muß und daß § 165 nur „Förmlichkeiten" erfaßt. Unter einer Beachtung dieser Unterschiede sind Rspr und Lehre zu § 165 mitverwendbar. Im FamFG-Verfahren gilt der inhaltlich übereinstimmende § 28 III FamFG.

Hinweise nach IV 1 sind alle Maßnahmen nach I–III. Zur Beweisbarkeit der Erteilung vgl § 165 Rn 10 entsprechend. Ohne eine Aktenkundigkeit läßt sich ein Hinweis nicht beweisen, IV 2, Ffm RR **04**, 429, Greger NJW **02**, 3049. Zur Entkräftung vgl § 165 Rn 11 entsprechend. Das Gericht muß seine Hinweise so *früh wie möglich* geben, IV 1. Das dient der Prozeßwirtschaftlichkeit, Grdz 14 vor § 128. Die Parteien sollen die Bedenken des Gerichts erfassen, sobald es diese Bedenken selbst entwickelt, nicht erst im nächsten oder übernächsten Termin, Hamm NJW **03**, 2544.

Frühzeitigkeit ist ein ausdrückliches Gebot in IV 1 Hs 1. Eigentlich ist es selbstverständlich, Hinweise unverzüglich zu erteilen, also ohne vorwerfbares Zögern, § 121 I 1 BGB. IV 1 Hs 1 verstärkt diese Pflicht noch bis zur Grenze des Zumutbaren, Fellner MDR **04**, 730. Der Betroffene soll noch einen Einfluß auf das Verfahren nehmen können, BGH FamRZ **06**, 943. Das Gericht darf und muß daher evtl zB auch schon im schriftlichen Vorverfahren oder bei einer Terminsvorbereitung nach § 273 einen Hinweis erwägen, BGH BB **06**, 2552. Freilich steht § 139 direkt erst im Titel 1 „Mündliche Verhandlung". Ein Zuwarten bis zu ihr und sogar in ihr kann nach den Gesamtumständen eher förderlich sein. Es kann aber auch zur Wiedereröffnung zwingen, Rn 92 „Wiedereröffnung", Rensen MDR **08**, 3.

Aktenkundigkeit kann durch einen bloßen Vermerk erfolgen, soweit der Hinweis außerhalb der Verhandlung erfolgt. Der Vorsitzende muß einen solchen Hinweis in der Verhandlung und auch in derjenigen nach § 278 durch die Protokollierung aktenkundig machen, BGH BB **05**, 1818. Denn der Hinweis zählt zu den wesentlichen Vorgängen nach § 160 II. Daher hat diese speziellere Vorschrift den Vorrang vor dem wegen der Form allgemeineren § 139 IV. Indessen genügt auch eine Erwähnung der erfolgten Erörterung im Urteil, BGH BB **05**, 1818, Ffm MDR **05**, 647. Das Gericht kann auch das Protokoll evtl ergänzen, § 164 Rn 4. Andernfalls droht die Situation nach § 531 II Z 2 oder nach § 321 a. Es kann ein knapper zusammenfassender Text reichen.

13) Fristsetzung, V. Die Vorschrift ist § 283 nachgebildet. Ihre Notwendigkeit folgt daraus, daß eine **95**
Fristsetzung auch außerhalb der mündlichen Verhandlung in Betracht kommt, insbesondere zeitlich früher, und daß in § 283 ein Vortrag des Gegners der Anlaß sein muß, daß in V aber eine Äußerung des Gerichts den Anlaß bildet. Unter einer Beachtung dieser Unterschiede sind Rspr und Lehre zu § 283 hier mitverwendbar.

Unzumutbarkeit sofortiger Erklärung ist der leitende Gedanke. Soweit sich auch bei einer Beachtung von § 138 ergibt, daß eine Partei die gestellte Frage oder eine selbst nur umrissene Äußerung nicht in der vom Gericht geforderten Klarheit oder Vollständigkeit sogleich beantworten kann, darf und muß das Gericht nach V ähnlich § 283 der Partei eine den Umständen nach angemessene Frist setzen und zu diesem Zweck meist nach § 227 vertagen, Greger NJW **02**, 3049. Entsprechendes gilt, soweit das Gericht die derzeitige Noch-Nichtkenntnis ihres ProzBev oder ihres gesetzlichen Vertreters nicht aus prozessualen Gründen zu ihrem Nachteil auswerten darf oder gar muß, etwa nach § 138 III, IV. Mangels einer Rechtsmittelfähigkeit kann § 321 a anwendbar sein.

Nur *diese* Erklärung darf man nachbringen, also nur die Stellungnahme gerade zu demjenigen Punkt, zu dem man sich nicht sofort früher zumutbar äußern konnte. V erlaubt also nicht „eine", sondern nur „die" Erledigung. Das soll ein beliebiges Nachschieben verhindern und ist in diesem Sinn auslegbar.

14) Verstoß, I–V. Es kommt auf die Person an, aber auch auf die Art des Verstoßes. **96**

97 **A. Verstoß des Gerichts.** Ein Verstoß gegen § 139 liegt nur vor, soweit das Gericht hätte erkennen können und müssen, daß die Partei noch mehr hätte vorbringen wollen usw, BGH BB **06**, 2552. Ein Verstoß ist ein Verfahrensmangel, BGH RR **91**, 256, Köln FamRZ **92**, 460, Mü MDR **92**, 365. Er läßt sich in der Berufungsinstanz durch eine Nachholung evtl heilen, Saarbr RR **07**, 683, LG Hbg ZMR **04**, 39. Er zwingt notfalls zur Wiedereröffnung der Verhandlung, § 156 II Z 1, BGH BB **06**, 2552. Er kann § 296 unanwendbar machen. Er kann ein Rechtsmittel gegen die Endentscheidung rechtfertigen, Rn 100. Er kann auch auf einen Antrag zu einer Zurückverweisung nach (jetzt) § 538 führen, BGH NVersZ **99**, 216, Düss ZMR **99**, 387, Hamm FamRZ **97**, 87. Das gilt freilich nicht, wenn die falsche Beurteilung keinen Anlaß zu einem Hinweis gab, BGH NJW **91**, 704. Man muß im einzelnen angeben, was man auf einen Hinweis hin vorgetragen hätte und daß das zur Schlüssigkeit genügt hätte, BGH RR **98**, 1270, BAG NZA **06**, 862. Es kommt auch ein Übergang in das schriftliche Verfahren nach § 128 II in Betracht.

Ein Verstoß liegt ferner vor, soweit ein Hinweis *so spät* erfolgt, daß die Partei nicht sofort Stellung nehmen kann, ohne daß sie eine Nachfrist erhalten hat, BGH MDR **99**, 758 rechts. Ferner kann man unter den Voraussetzungen des § 140 die Entscheidung des gesamten Kollegiums herbeiführen. Außerdem kommt eine Dienstaufsichtsbeschwerde in Betracht, soweit die Verhaltensweise des Vorsitzenden überhaupt der Beurteilung durch den Dienstvorgesetzten unterliegt, Rn 103.

98 **B. Verstoß der Partei.** Soweit eine Partei einen Hinweis, eine Frage, eine Anregung des Gerichts vermeidbar ungenügend oder falsch oder lückenhaft beantwortet oder gar nicht beachtet, verstößt sie gegen ihre Prozeßförderungspflicht, die sich schon aus der bloßen Tatsache eines Prozeßrechtsverhältnisses ergibt, Grdz 12 vor § 128. Sie verstößt dann auch gegen den Beibringungsgrundsatz, Grdz 20 vor § 128, sofern das Verfahren überhaupt diesem Grundsatz unterliegt. Dadurch können solche Rechtsnachteile eintreten, BGH RR **98**, 1005, VerfGH Mü RR **06**, 997, die man später nicht mehr ausgleichen kann, etwa deshalb, weil das Rügerecht inzwischen nach § 295 verlorengegangen sein kann. Ferner kann zB ein Verzicht auf einen Zeugen eingetreten sein. Ein derartiger Parteiverstoß zwingt keineswegs stets zu einer Wiederholung des Hinweises, großzügiger Mü RR **97**, 1425 (aber dann brauchte die Partei zunächst gar nicht zu reagieren. Das würde der Prozeßförderungspflicht krass zuwiderlaufen, Einl III 54). Soweit eine Partei zumindest mitverantwortlich für einen Verstoß des Gerichts ist, muß das Gericht diesen Umstand bei jeder Überprüfung des Gesamtvorgangs natürlich ebenfalls mitberücksichtigen.

99 **C. Verstoß des Prozeßbevollmächtigten usw.** Das Gericht muß ein Verschulden des gesetzlichen Vertreters nach § 51 II oder ein Verschulden des ProzBev nach § 85 II wie stets der Partei anlasten. Dabei kann ein Verschulden des ProzBev vorliegen, wenn die Partei nicht vorwerfbar handelte, und umgekehrt.

100 **15) Rechtsbehelfe, I–V.** Beim Rpfl gilt § 11 RPflG, § 104 Rn 41 ff.

A. Anrufung des Gerichts, § 140; Gehörsrüge, § 321 a. Sowohl gegen eine Maßnahme des Vorsitzenden als auch gegen eine solche eines anderen „Gerichtsmitglieds" kann jede bei der Verhandlung beteiligte Person mit der Rüge der Unzulässigkeit „das Gericht" anrufen, also das gesamte in dieser Verhandlung zu Gericht sitzende Kollegium. Einzelheiten bei § 140. Im übrigen kann eine Rüge nach § 321 a infragekommen.

101 **B. Ablehnungsgesuch; Rechtsmittel.** Ein Antrag nach §§ 42 ff, sofortige Beschwerde, Berufung oder Revision sind unter den für sie jeweils geltenden Voraussetzungen statthaft. Ein Verstoß gegen § 139 ist ein Verfahrensmangel. Er kann in einem schweren Fall zu der Notwendigkeit führen, das Verfahren auf einen Antrag an das untere Gericht zurückzuverweisen, Rn 97. Man sollte allerdings einen solchen schweren Fall nur zurückhaltend annehmen und nicht vorschützen.

102 Ein *Verstoß* ist ein neuer selbständiger Beschwerdegrund, Köln MDR **83**, 325. Er ist ein Revisionsgrund. Der Rechtsmittelführer muß allerdings angeben, was die Partei auf Grund einer vermißten Frage des Gerichts überhaupt vorgebracht hätte, §§ 520 III 2 Z 2, 551 III 1 Z 2 a, BGH RR **98**, 1270, BAG NZA **06**, 862. Wenn es sich nicht um revisibles Recht handelt, ist eine Revisionsrüge dahin möglich, das Gericht habe ein solches Vorbringen übersehen, das es selbst für beachtlich gehalten habe, oder das Gericht habe die Anwendung eines ausländischen Rechts nicht angekündigt, § 293 Rn 19, BGH NJW **76**, 474.

103 **C. Aufsichtsbeschwerde.** Soweit der jeweilige Vorsitzende oder Beisitzer nicht im Rahmen der richterlichen Unabhängigkeit gehandelt hat, kommt auch eine Dienstaufsichtsbeschwerde in Betracht, § 26 DRiG, SchlAnh I. Das gilt etwa wegen des angeblich ungehörigen Tons eines Vorhalts, eines Hinweises oder einer Rüge. Eine zu Unrecht eingelegte Dienstaufsichtsbeschwerde kann eine Straftat nach § 164 StGB darstellen. Der Dienstvorgesetzte muß sie auch unabhängig davon wegen seiner Fürsorgepflicht in aller Klarheit und Deutlichkeit zurückweisen, und zwar bei einer Entscheidungsreife unverzüglich. Andernfalls könnte er sich einer Begünstigung nach § 257 StGB schuldig machen. Eine unberechtigte Dienstaufsichtsbeschwerde kann auch eine zivilrechtliche Haftung des Beschwerdeführers auslösen. Der Dienstvorgesetzte hat keine Befugnis, sein Verfahren in die Länge zu ziehen, um auch nur indirekt Einfluß auf die Sachentscheidung zu nehmen, wie es bedauerlicherweise gelegentlich geschieht. Der Anwalt, der eine erkennbar unberechtigte Dienstaufsichtsbeschwerde einlegt, kann auch berufsrechtlich belangbar sein.

104 **D. Nichterhebung von Kosten.** Im Fall eines eindeutigen Verstoßes des Gerichts kommt die Nichterhebung der dadurch verursachten Gerichtskosten von Amts wegen in Betracht, § 21 GKG, § 20 FamGKG.

105 **16) Verfassungsbeschwerde I–V.** Es kann nach der Erschöpfung des Rechtswegs eine Verfassungsbeschwerde zulässig sein, Einl III 17, BVerfG **86**, 144, Möhring/Nirk Festschrift „25 Jahre BGH" (1975) 312, 323. Es kann ein Verstoß etwa gegen Art 3 I GG vorliegen, auch gegen das Gebot eines fairen Verfahrens oder des rechtlichen Gehörs, Einl III 16, Artt 2 I, 20 III GG (Rpfl), BVerfG **101**, 404, Art 103 I GG (Richter). Freilich kommen diese Möglichkeiten keineswegs bei jeder Verletzung in Betracht, BVerfG NJW **84**, 2147, BGH **85**, 291, BSG NJW **91**, 1910.

140 *Beanstandung von Prozessleitung oder Fragen.* **Wird eine auf die Sachleitung bezügliche Anordnung des Vorsitzenden oder eine von dem Vorsitzenden oder einem Gerichtsmitglied gestellte Frage von einer bei der Verhandlung beteiligten Person als unzulässig beanstandet, so entscheidet das Gericht.**

Gliederung

1) Systematik. Die Vorschrift enthält einen Rechtsbehelf, Grdz 1 vor § 511. Dieser erfaßt das Verhalten 1
des Vorsitzenden nach §§ 136–139 und eine Frage eines Gerichtsmitglieds, etwa nach § 136 II 2. Ähnliche Regelungen finden sich zB in § 397 III. Die Vorschrift enthält eine gegenüber § 567 I grundsätzlich vorrangige Sonderregelung, Rn 13, zumal sie im Gegensatz zu jener Regelung nur ein solches Verhalten behandelt, das gerade in der Verhandlung zutage tritt.

2) Regelungszweck. Die Anrufung des gesamten Kollegiums dient im Interesse der Prozeßwirtschaft- 2
lichkeit nach Grdz 14 vor § 128 der Vereinfachung und Beschleunigung bei der Abwicklung einer Beanstandung, Brdb RR **00**, 1455. Dasjenige, was der Vorsitzende oder der fragende Beisitzer etwa unzulässig getan oder unterlassen haben, läßt sich am besten sofort und von den unmittelbar an der Verhandlung beteiligten weiteren Mitgliedern des Kollegiums beurteilen. Darum schaltet § 140 statt des ohnehin grundsätzlich unanwendbaren und ja nur außerhalb der Verhandlung geltenden § 567 I das Kollegium ein, statt die Überprüfung dem Rechtsmittelgericht zu überlassen. Es könnte ja nur auf Grund der Anfechtung der Endentscheidung tätig werden.

3) Geltungsbereich. Vgl Grdz 3 vor § 128. Beanstanden darf jeder an der Verhandlung Beteiligte, nicht 3
aber ein Mitglied des erkennenden Kollegiums.

4) Anordnung des Vorsitzenden. Es gibt drei Aspekte. 4

A. Sachleitung. § 140 spricht von der Sachleitung, meint aber die sachliche Prozeßleitung nach Üb 5 vor § 128 und auch diese nur während der mündlichen Verhandlung. Demgegenüber gehören die förmliche Prozeßleitung und hier vor allem die Sitzungspolizei nach § 176 GVG und die gesamte Prozeßleitung außerhalb der mündlichen Verhandlung zB nach § 273 nicht zum Bereich des § 140, Karlsr OLGZ **80**, 63.

B. Anordnung. Hierunter muß man jede solche Maßnahme verstehen, auch eine solche pflichtwidrige 5
Unterlassung, die man als unzulässig beanstanden kann, ähnlich wie im Strafrecht, aM ThP 1 a, ZöGre 1 (aber die Interessenlagen sind durchaus vergleichbar).

C. Vorsitzender. Vgl § 136 Rn 3, 4. Hierher gehört auch der Vorsitzende der Kammer für Handels- 6
sachen, § 349. Der Einzelrichter nach §§ 348, 348 a, 526, 527, 568 wird zwar üblicherweise als Vorsitzender angesprochen. Er ist jedoch rechtlich das gesamte erkennende Gericht, solange er zuständig ist. Daher ist § 140 auf ihn unanwendbar. Man kann nicht etwa gegen seine Maßnahmen die Entscheidung desjenigen Spruchkörpers anrufen, dem er nach dem Geschäftsverteilungsplan angehört. Dasselbe gilt für den verordneten (beauftragten, ersuchten) Richter, §§ 361, 362.

5) Frage des Gerichts. Es müssen zwei Bedingungen zusammentreffen. 7

A. Gerichtsmitglied. Es muß sich um ein solches richterliches Mitglied des Spruchkörpers handeln, das gerade an dieser Verhandlung teilnimmt. Denn § 140 bezieht sich nur auf die mündliche Verhandlung. Freilich gilt der Grundsatz der Einheit der gesamten Verhandlung nach Üb 3 vor § 253 auch hier. Ein solches geschäftsplanmäßiges Mitglied der Kammer oder des Senats, das an der Verhandlung nicht teilnimmt, darf ja ohnehin keine Fragen stellen. Soweit der Vorsitzende etwa einem zur Ausbildung zugewiesenen Referendar Maßnahmen der Sachleitung oder Fragen gestattet hat, bleibt der Vorsitzende verantwortlich. Hat er die Maßnahmen oder Fragen ersichtlich gebilligt, wenn auch stillschweigend, ist § 140 anwendbar. Andernfalls entscheidet zunächst er. Erst gegen seine Entscheidung ist dann § 140 anwendbar.

B. Frage. Es kann sich auch um eine „rhetorische" Frage handeln, um einen Vorhalt, um eine Warnung, 8
einen Hinweis usw, mag man das nun als „Anordnung" oder „Frage" betrachten. Der Sache nach meint § 140 eben jede Sachleitungstätigkeit und jede solche Verhaltensweise eines Beisitzers, zu der der Vorsitzende ihm nach § 136 II das Wort erteilt hat.

6) Beanstandung als unzulässig. Auch hier treffen zwei Voraussetzungen zusammen. 9

A. Verhandlungsbeteiligter. Hierzu gehört jeder, der an dem in diesem Termin verhandelten Prozeß teilnimmt, und zwar als Partei nach Grdz 4 vor § 50, als vertretungsberechtigter Bevollmächtigter nach § 79, als ProzBev nach § 81, als Zeuge nach § 373, als Sachverständiger nach § 402 oder als Streithelfer nach § 66, auch als Beistand nach § 90 oder als Beigeladener etwa nach § 48 WEG. Das gilt, solange der Vorsitzende ihm nicht als Sitzungspolizei nach §§ 176 ff GVG oder nach § 136 II 1 das Wort entzogen hat. Freilich darf der Vorsitzende nicht eine zulässige Beanstandung nach § 140 schon deshalb mit einem Wortentzug unwirksam zu machen versuchen, weil sie in einer ungehörigen Weise erfolgt. Ein Mitglied des Spruchkörpers ist in seiner

Eigenschaft als erkennender Richter nicht „an der Verhandlung beteiligt", §§ 177, 178 GVG, 158 ZPO. Deshalb ist § 140 auch dann unanwendbar, wenn ein Beisitzer die Frage des Vorsitzenden mißbilligt oder umgekehrt oder wenn der Vorsitzende die Verhandlung gegen den Willen der Beisitzer geschlossen hat. Die Beisitzer können eine Wiedereröffnung der mündlichen Verhandlung usw erst in einer Beratung erzwingen.

10 **B. Beanstandung als unzulässig.** Es muß eine solche Beanstandung vorliegen, die gerade den Vorwurf der Unzulässigkeit erhebt. Damit meint § 140 die rechtliche Unstatthaftigkeit. Unzulässig kann zB eine Frage entgegen § 383 III sein. Vgl aber auch § 139 Rn 40. Der Vorwurf reicht nicht aus, eine Maßnahme oder Frage sei nur unerheblich oder unzweckmäßig. Maßgeblich ist nicht die diesbezügliche Rechtsansicht des Beanstandenden, aber auch nicht diejenige des Vorsitzenden, sondern diejenige des gesamten Spruchkörpers. Im Zweifel muß also eine Beratung darüber stattfinden, ob überhaupt eine Beanstandung als unzulässig vorliegt. Verneint das Kollegium diese Voraussetzung, weist es den Antrag auf eine Entscheidung des Gerichts zurück, Rn 11.

11 **7) Entscheidung des Gerichts.** Beim Vorliegen der Voraussetzungen Rn 4–10 ist das an dieser Verhandlung als Spruchkörper teilnehmende Kollegium einschließlich des Vorsitzenden und desjenigen Beisitzers, dessen Frage jemand beanstandet hat, zu einer förmlichen Entscheidung über die Zulässigkeit der Maßnahme der Frage berechtigt oder verpflichtet. Die Entscheidung ergeht auf Grund einer Beratung nach §§ 192 ff GVG, Rn 10.

A. Beschluß. Die Entscheidung ergeht durch einen förmlichen Beschluß, § 329 I. Das Kollegium muß ihn grundsätzlich begründen, obwohl er allenfalls zusammen mit der Endentscheidung anfechtbar wäre, § 329 Rn 4. Freilich kann das Gericht die Begründung im Lauf dieser Instanz nachholen. Das Gericht weist die Beanstandung als unzulässig oder unbegründet zurück oder erklärt die beanstandete Anordnung oder Frage als unzulässig. Darin liegt das den Vorsitzenden oder den beanstandeten Beisitzer bindende Verbot einer Wiederholung, auch in einer versteckten Form. Notfalls muß man mehrere Entscheidungen des Gerichts einholen.

12 **B. Mitteilung.** Der Vorsitzende verkündet den Beschluß auch dann, wenn die Beanstandung Erfolg hatte, § 329 I 1. Er wird nicht schon dadurch stets befangen. Ob er bei einer ihn brüskierenden Entscheidung aus der Sicht der einen oder anderen Partei befangen wäre, können die Partei nach §§ 42 ff und er selbst evtl nach § 48 überprüfen lassen. Der Vorsitzende sollte die Begründung skizzieren, um der davon betroffenen Partei die Gelegenheit zu geben, ihre etwaigen weiteren Anträge wie etwa ein Ablehnungsgesuch vorbereiten oder überprüfen zu können. Eine volle Begründung kann schriftlich nachfolgen. Das Gericht braucht sie nicht in das Protokoll aufzunehmen. Dieses muß aber die Beanstandung und die Entscheidung enthalten, § 160 II, III Z 6.

13 **8) Rechtsbehelfe.** Beim Rpfl gilt § 11 RPflG, vgl § 104 Rn 41 ff.

A. Keine sonstige Anfechtbarkeit. Mit der Entscheidung ist sowohl bei einer Zurückweisung der Beanstandung als auch bei deren Erfolg für diese Instanz eine endgültige Klärung der Streitfrage eingetreten. Man kann die Entscheidung nach § 140 grundsätzlich nicht mit einer sofortigen Beschwerde nach § 567 I anfechten, Rn 1, BGH **109**, 44, Ffm FamRZ **94**, 1401, LAG Mainz BB **82**, 191. War die Beanstandung noch nicht in der Verhandlung erfolgt, kann man das Rechtsmittel nicht auf die Zulässigkeit der Anordnung oder Frage stützen, § 295 I. Freilich gilt auch hier der Grundsatz der Einheit der gesamten Verhandlung, Üb 3 vor § 253.

14 **B. Dienstaufsichtsbeschwerde.** Theoretisch ist auch die Dienstaufsichtsbeschwerde statthaft, und zwar sogleich nach der beanstandeten Maßnahme oder Frage, zumindest sogleich nach der Entscheidung des Gerichts. Freilich wird es sich in aller Regel um solche Maßnahmen usw handeln, die als Teile der richterlichen Spruchtätigkeit nicht unter die Dienstaufsicht fallen, § 26 DRiG, SchlAnh I. Es bleiben nur solche Situationen übrig, in denen etwa ein völlig unhaltbarer Tonfall oder ähnliche äußere Mißgriffe vorgekommen sind. Allerdings darf der Dienstvorgesetzte den Fortgang des Prozesses durch sein Verfahren weder stören noch verzögern.

15 **C. Verfassungsbeschwerde.** Soweit eine Entscheidung nach § 140 einen Einfluß auf eine nicht mit einem Rechtsmittel anfechtbare Endentscheidung hatte, kann nach der Erschöpfung des Rechtswegs eine Verfassungsbeschwerde in Betracht kommen, zB wegen Artt 2 I, 20 III GG (Rpfl), BVerfG **101**, 404, Art 103 I GG (Richter), Einl III 17.

141 *Anordnung des persönlichen Erscheinens.* I 1 **Das Gericht soll das persönliche Erscheinen beider Parteien anordnen, wenn dies zur Aufklärung des Sachverhalts geboten erscheint.** 2 **Ist einer Partei wegen großer Entfernung oder aus sonstigem wichtigen Grund die persönliche Wahrnehmung des Termins nicht zuzumuten, so sieht das Gericht von der Anordnung ihres Erscheinens ab.**

II 1 **Wird das Erscheinen angeordnet, so ist die Partei von Amts wegen zu laden.** 2 **Die Ladung ist der Partei selbst mitzuteilen, auch wenn sie einen Prozessbevollmächtigten bestellt hat; der Zustellung bedarf die Ladung nicht.**

III 1 **Bleibt die Partei im Termin aus, so kann gegen sie Ordnungsgeld wie gegen einen im Vernehmungstermin nicht erschienenen Zeugen festgesetzt werden.** 2 **Dies gilt nicht, wenn die Partei zur Verhandlung einen Vertreter entsendet, der zur Aufklärung des Tatbestandes in der Lage und zur Abgabe der gebotenen Erklärungen, insbesondere zu einem Vergleichsabschluss, ermächtigt ist.** 3 **Die Partei ist auf die Folgen ihres Ausbleibens in der Ladung hinzuweisen.**

Schrifttum: *Kollhosser,* Parteianhörung und Parteivernehmung im deutschen Zivilprozeß, Festschrift für *Beys* (Athen 2004) 755; *Polyzogopoulos,* Parteianhörung und -vernehmung usw, 1976; *Stein,* Die prozessleitenden Anordnungen gemäß §§ 141–144 ZPO usw, 2005.

Gliederung

1) Systematik, I–III. Jede Partei hat eine prozessuale Mitwirkungspflicht, Grdz 11 vor § 128. Das 1
Gericht kann die Mitwirkung aber grundsätzlich nicht unmittelbar erzwingen. § 141 macht von diesem Grundsatz eine gewisse Ausnahme. Die Vorschrift gibt dem Gericht die Möglichkeit, das persönliche Erscheinen einer Partei anzuordnen. Es kann das Erscheinen grundsätzlich nicht wie beim Zeugen durch eine Vorführungsanordnung erzwingen (§ 372 a bildet eine Ausnahme). Es kann aber auf die Partei mit der Anordnung eines Ordnungsgelds einwirken, damit sie auch tatsächlich erscheint. § 141 ergänzt damit § 139 als ein wirksames Mittel der sachlichen Prozeßleitung, Üb 5 vor § 128.

Die Vorschrift gilt *innerhalb* der mündlichen Verhandlung. Außerhalb der Verhandlung gilt § 273 II Z 3, in diesem Rahmen freilich auch § 141, Rn 11. Gegenüber § 141 regelt § 278 III 1 als eine vorrangige Sondervorschrift das persönliche Erscheinen der Partei zum Zweck eines Güteversuchs nach § 278 ohne eine Zwangsbefugnis des Gerichts. Soweit es um das Erscheinen der Partei nicht nur zur Aufklärung des Gerichts und zu seinem besseren Verständnis des Parteivertrags geht, sondern zum Zweck der förmlichen Beweisaufnahme, gehen die üblichen Beweismittel keineswegs nach, BGH MDR **97**, 638 (Zeuge), und enthalten §§ 445 ff vorrangige Sonderregeln. Mit ihnen darf man § 141 nicht verwechseln, BGH VersR **06**, 664. Zur Abgrenzung Terbille MDR **96**, 408. § 137 IV kann § 141 erübrigen, BVerfG NJW **08**, 2170.

2) Regelungszweck, I–III. Die Vorschrift dient nicht in erster Linie der Klärung streitiger Fragen oder 2
einem Beweis, aM BGH NJW **03**, 3636 (empfiehlt die Vorschrift bei Schwierigkeiten mit § 448. Aber § 141 ist gerade kein Beweisersatz), ferner aM Brdb NVersZ **98**, 128, LG Bln MDR **00**, 882 (aber schon ihre Stellung im Buch 1 statt im Buch 2 und im übrigen ihre Existenz *neben* den Beweisregeln der §§ 355 ff sprechen gegen solche Ziele). Sie dient auch nicht vordringlich der Herbeiführung einer Einigung unter den Parteien, Brdb MDR **00**, 585. Sie bezweckt vielmehr eine Verfahrensförderung und die bessere Aufklärung des Gerichts durch einen persönlichen Eindruck von der Partei und ihrer Sicht, Rn 37, Brdb MDR **01**, 411, LAG Hamm MDR **02**, 1334, Hofrath JB **99**, 8. Natürlich geht es auch darum, den Parteien im Anwaltsprozeß das Gefühl zu geben, auch selbst einmal zu Wort zu kommen, auch damit sie das Verfahren und seine Ergebnisse eher

akzeptieren können, Lange NJW **02**, 483. Die Anhörung kann in den Grenzen von Rn 4 auch dann notwendig sein, wenn der Sachverhalt im Grunde unstreitig ist. Denn der Parteivortrag mag unklar, widersprüchlich, ergänzungsbedürftig sein, KG JB **95**, 249. Die Vorschrift dient also dem besseren Verständnis des Gerichts. Das gilt insbesondere auch insoweit, als zwischen dem Vortrag des ProzBev und demjenigen seines Auftraggebers ein Widerspruch erkennbar wird. Denn in der Regel hat dann der Vortrag der Partei selbst den Vorrang. Die Erklärung gehört zum Verhandlungsinhalt nach § 286, BGH NJW **99**, 364, Lange NJW **02**, 480, Meyke MDR **87**, 358.

Daraus folgt unter anderem: Maßnahmen nach § 141 sind unzulässig, soweit sie einem anderen Zweck als der Aufklärung des Sachverhalts dienen. Natürlich darf aber das Gericht bei der Erörterung mit der erschienenen und zur Aufklärung des Sachverhalts bereiten Partei auch solche tatsächlichen oder rechtlichen Fragen ansprechen, die möglicherweise oder bereits eindeutig streitig und daher beweisbedürftig sind. Soweit das Gericht dabei freilich die Partei als solche förmlich vernehmen will, muß es zu dem Verfahren nach §§ 445 ff übergehen, aM Ffm RR **00**, 1344, Köln NVersZ **00**, 483, Schöpflin NJW **96**, 2138 (aber dann könnte und müßte das Gericht evtl sogar von Amts wegen die strengere Regelung der Parteivernehmung aushöhlen).

3 Das bedeutet ferner: Die Anordnung des persönlichen Erscheinens nach § 141 ist *keineswegs stets* eine *Beweisanordnung,* KG JB **95**, 249. Das gilt selbst dann, wenn das Gericht die Ergebnisse der Anhörung später im Urteil zulässigerweise mitverwertet, BGH RR **88**, 395, Hbg Rpfleger **85**, 507 Meyke MDR **87**, 359, aM Zweibr NJW **98**, 167, LG Bln MDR **00**, 882 (ein faires Verfahren erfordere evtl nach einer Beweisaufnahme eine Anhörung nach § 141. Das wäre aber eine Unterschätzung der Beweislast. Die gerichtliche Förderungspflicht hat auch beim fairen Verfahren Grenzen). Schon gar nicht darf man § 141 den §§ 445 ff wegen EGMR NJW **95**, 1414 stets gleichstellen, aM BAG NJW **07**, 2428, LAG Drsd MDR **00**, 724 (aber die Systematik und der Regelungszweck der §§ 445 ff mit ihren Rechtsfolgen sind nur bedingt vergleichbar, Üb 1, 2 vor § 455).

4 Soweit das Gericht allerdings das Ergebnis einer „Anhörung" als ein Beweismittel verwendet, muß die Erörterung auch den *§§ 160 ff* genügen, BGH RR **88**, 395. Das Gericht soll eine Anordnung nach § 141 auch grundsätzlich nicht dann erlassen, wenn es lediglich um einen voraussichtlich gar nicht streitigen Punkt geht. Denn die Anhörung soll ja nur den noch nicht durchsichtigen Sachverhalt klären, nicht etwa soll ein gar nicht mehr aufklärungsbedürftiger Punkt weiter zur Sprache kommen, Mü MDR **78**, 147, oder gar ein von den Parteien gar nicht vorgetragener Sachverhalt zur Erörterung kommen.

5 **3) Sachlicher Geltungsbereich, I–III.** Soweit nicht die in Rn 1 genannten Sondervorschriften § 141 verdrängen, gilt die Vorschrift grundsätzlich in allen von der ZPO geregelten Verfahrensarten und in allen Verfahrensabschnitten, auch im WEG-Verfahren. Im FamFG-Verfahren gelten vorrangig §§ 33, 34, 128, 157, 159, 160, 175 FamFG usw, (zum alten Recht) Zweibr MDR **08**, 570. Im arbeitsgerichtlichen Verfahren ist § 141 anwendbar, soweit nicht der vorrangige § 51 ArbGG abweicht, BAG NJW **08**, 252, LAG Hamm BB **99**, 908, Löw MDR **08**, 180. Die Vorschrift gilt auch vor dem Beschwerdegericht nach § 73 Z 2 GWB.

Im Prozeßkostenhilfeverfahren nach §§ 114 ff ist § 141 *unanwendbar.* Denn es handelt sich in diesem Verfahren nicht um eine streitige Verhandlung zwischen den Parteien. Das gilt selbst dann, wenn das Gericht den Prozeßgegner des Antragstellers nach § 118 anhören muß. Es gilt auch dann, wenn die Partei einen Prozeßkostenhilfeantrag erst in oder nach der ersten streitigen mündlichen Verhandlung zur Hauptsache gestellt hat. Im (jetzt) FamFG-Hausratsverfahren ist III ebenfalls unanwendbar, Bre FamRZ **89**, 305. Im Insolvenzverfahren ist jedenfalls III unanwendbar, LG Bln RPfleger **81**, 364.

6 **4) Persönlicher Geltungsbereich, I–III.** Es gibt mehrere Beteiligungsarten.

A. Partei. Die Vorschrift gilt gegenüber allen Parteien. Das ergibt sich schon aus den Worten „beider Parteien" in I 1, Brdb MDR **00**, 585. Es kommt also nur darauf an, ob der Betreffende schon und noch nach Grdz 4 ff vor § 50 Partei ist. Hierher zählt also auch die Partei kraft Amts, Grdz 8 vor § 50, also zB der Nachlaßpfleger, Testamentsvollstrecker oder Insolvenzverwalter (s aber Rn 5). Das Gericht kann die Partei auch gegen den Willen ihres ProzBev anhören.

7 **B. Gesetzlicher Vertreter.** Für eine prozeßunfähige Partei muß ihr gesetzlicher Vertreter erscheinen, § 51 I, Köln MDR **76**, 937. Wegen der Einzelheiten der Ladung Rn 26.

8 **C. Prozeßbevollmächtigter.** Das Gericht kann keineswegs nach § 141 das persönliche Erscheinen eines ProzBev nach § 81 anordnen oder gar gegen ihn nach dieser Vorschrift ein Ordnungsgeld verhängen. Denn er ist nicht selbst Partei. Bei einem in eigener Sache prozessierenden Anwalt muß das Gericht schon aus Kostengründen sorgfältig klären, ob er zugleich zulässigerweise als sein eigener ProzBev auftritt. In diesem letzteren Fall handelt er grundsätzlich dem Gericht und dem Gegner gegenüber eben als ProzBev und unterliegt in dieser Eigenschaft dem § 141 nicht. Indessen kann das Gericht ihn natürlich gleichwohl in seiner weiteren Eigenschaft als Partei des Rechtsstreits nach § 141 behandeln. Es sollte sorgfältig sowohl bei der Anordnung des Erscheinens als auch beim etwaigen Ordnungsgeld zwischen beiden Funktionen unterscheiden. Es sollte auch im Protokoll genau festhalten, ob es ihn auf seine unterschiedlichen Rechte und Pflichten einerseits als Partei, andererseits als des eigenen ProzBev hingewiesen hat. Wegen der Einzelheiten der Ladung Rn 26.

9 **D. Streitgenössischer Streithelfer.** Als Partei gilt auch der streitgenössische Streithelfer nach § 69.

10 **E. Gewöhnlicher Streithelfer.** Der gewöhnliche Streithelfer nach §§ 66 ff ist nicht Partei. Denn er beteiligt sich am Verfahren nur freiwillig. Es reicht aber aus, daß er statt der Partei erscheint.

11 **5) Zuständigkeit, I–III.** Zuständig ist grundsätzlich das Prozeßgericht. Man muß im übrigen die folgenden Situationen unterscheiden.

A. Außerhalb der Verhandlung. Vor und nach einer mündlichen Verhandlung kann der Vorsitzende nach § 273 II Z 3 auch über eine Anordnung nach § 141 entscheiden. Ihm stehen der Einzelrichter nach §§ 348, 348 a, 526, 527, 568 und der Vorsitzende der Kammer für Handelssachen gleich, § 349. Freilich kann der Vorsitzende auch einen Beschluß des Kollegiums herbeiführen. Der verordnete (ersuchte, beauftragte) Richter nach §§ 361, 362 wird nur im Rahmen einer Beweisaufnahme tätig. Gleichwohl kann es auch in diesem Stadium für den derzeit zur Verfahrensförderung berufenen und verpflichteten verordneten

Richter notwendig werden, sich über den Parteivortrag ein besseres Bild zu verschaffen, etwa um beurteilen zu können, ob er weitere Fragen an die Beweispersonen stellen muß. Rein förmlich betrachtet müßte er zu diesem Zweck die Akten an das ersuchende Prozeßgericht zurückgeben und dessen Aufklärung abwarten.

B. Verordneter Richter. Das kann durchaus unzweckmäßig sein. Daher dürfte es erlaubt sein, daß auch der verordnete Richter nach §§ 361, 362 im Rahmen des bloßen Aufklärungsbedürfnisses das persönliche Erscheinen nach I, II anordnet. Man kann diese Lösung als eine entsprechende Anwendung des § 400 betrachten, aber auch als eine weite Auslegung des Gerichtsbegriffs des § 141. Dann muß man allerdings dem verordneten Richter auch die Befugnis nach § 380 zubilligen, sofern er die Voraussetzungen von III beachtet hat. Freilich dürfte es auch statthaft sein, solche Ordnungsmaßnahmen dem Prozeßgericht zu überlassen. Dieses kann andererseits von sich aus anordnen, daß die eine oder andere oder beide Parteien vor dem verordneten Richter erscheinen, Köln MDR **86**, 152, aM StJL 14, ThP 2, ZöGre 2 (das Erscheinen lasse sich nur vor dem vollbesetzten Gericht anordnen. Daher sei eine Gegenüberstellung mit einem auswärts vernommenen Zeugen nur nach §§ 445, 448 zulässig. Aber gerade vor dem auswärtigen Richter mag das Erscheinen eher zumutbar sein). 12

C. In der Verhandlung. Vom Beginn bis zum Ende der mündlichen Verhandlung ist das Kollegium zuständig, LAG Bre BB **93**, 1952. Ihm steht der Einzelrichter nach §§ 348, 348 a, 526, 527, 568 gleich. 13

6) Anordnung des persönlichen Erscheinens, I 1. Man muß mehrere Aspekte beachten. 14

A. Ermessen. Die Vorschrift enthält nach dem klaren Wortlaut eine Sollregelung. Das Gericht hat aber zur Anordnung nicht nur eine Befugnis, sondern im Rahmen seines pflichtgemäßen Ermessens auch eine entsprechende Pflicht, Zweibr NJW **98**, 168. Die Anordnung ist im Parteiprozeß eher als im Anwaltsprozesses möglich, § 78 Rn 1. Das richterliche Ermessen hat sowohl durch I 1 Hs 2 als auch durch I 2 Grenzen, BGH RR **07**, 1365. Andererseits muß das Gericht das Erscheinen anordnen, soweit eine Aufklärung anders nicht als möglich erscheint, Stgt JZ **78**, 690, und soweit das Erscheinen eben nicht nach I 2 unzumutbar ist. Soweit das Erscheinen zwar nicht notwendig, aber sinnvoll ist, stellt „soll" nur die Befugnis des Gerichts klar. Voraussetzung der Anhörung ist auch die bisherige Glaubwürdigkeit der Partei, also zB keine Widersprüchlichkeit ihres bisherigen Verhaltens, Hbg VersR **00**, 1273.

B. Erscheinen beider Parteien. Die Vorschrift stellt klar, daß das Gericht das Erscheinen beider Parteien nach Rn 6 anordnen darf und evtl muß, Brdb MDR **00**, 585. Das gilt aber natürlich nur, soweit das Gericht beide benötigt, um den Sachverhalt aufzuklären. Soweit der Vortrag nur einer Partei unklar oder widersprüchlich ist, ist die Anordnung des Erscheinens des Prozeßgegners grundsätzlich schon deshalb unzulässig. Etwas anderes mag gelten, wenn das Gericht befürchtet, bei einer weiteren Aufklärung werde auch der Vortrag dieses Prozeßgegners als in Wahrheit unklar oder widersprüchlich erscheinen. 15

C. Zur Aufklärung des Sachverhalts geboten. Schon der Wortlaut stellt klar, daß die Anordnung des persönlichen Erscheinens keineswegs zur bloßen Arbeitserleichterung oder zur Bequemlichkeit oder gar zur Umgehung eines vielleicht unliebsamen ProzBev usw zulässig ist. Sie darf nur nicht schon deshalb erfolgen, weil eine Aufklärung als nützlich oder hilfreich erscheinen würde, Brdb JB **99**, 155. Sie muß vielmehr zur Aufklärung eines entscheidungsbedürftigen Punkts schon und noch als geradezu notwendig erscheinen, BGH RR **07**, 1365, BAG NJW **07**, 2428 (Beweisnot), zB zur Klärung der Zuverlässigkeit einer Partei, Köln VersR **97**, 483, oder ihrer Glaubwürdigkeit, Karlsr MDR **02**, 882, Kblz VersR **08**, 123 (je: kein Zeuge vorhanden), Kblz VersR **08**, 690 (Arzt), oder beim Widerspruch zwischen dem Vortrag der Partei und ihres ProzBev, evtl sogar zwecks Waffengleichheit, BVerfG NJW **01**, 2531, Noethen NJW **08**, 337 (je: Vorsicht!). Andererseits ist nicht erforderlich, daß sie notwendig „ist". Es genügt, daß sie aus der Sicht des Gerichts im Zeitpunkt der Anordnung als notwendig „erscheint", daß das Gericht also wahrscheinlich nicht ohne eine Rücksprache mit der Partei die notwendige Klarheit gewinnen wird. Zur Abgrenzung gegenüber der Notwendigkeit einer Beweisaufnahme (Parteivernehmung, §§ 445 ff) und anderer Prozeßzwecke Rn 1, 2. 16

7) Keine Anordnung bei Unzumutbarkeit, I 2. Die Vorschrift stellt klar, daß das Gericht selbst bei einer Aufklärungsbedürftigkeit das Erscheinen der Partei jedenfalls vor dem Prozeßgericht dann nicht anordnen darf, wenn die Voraussetzungen von I 2 vorliegen, Kahlert NJW **03**, 3391. Ob das Prozeßgericht das persönliche Erscheinen vor einem verordneten Richter anordnen darf, ist eine andere, nach §§ 361 ff klärbare Frage. Jedenfalls darf aber die Übertragung auf ihn nicht zu einer Umgehung der Pflichten des Prozeßgerichts in seiner eigenen mündlichen Verhandlung führen. 17

A. Große Entfernung. Als ein Haupthindernis der Anordnung nennt I 2 eine große Entfernung, Düss VersR **05**, 855 (zu § 278). I 2 meint diejenige des Wohnsitzes oder Aufenthaltsorts der Partei nach §§ 12 ff vom Sitz des Prozeßgerichts. Dabei muß das Gericht die Verkehrsverhältnisse ebenso berücksichtigen wie zB den Gesundheitszustand, den Beruf, LG Mönchengladb RR **97**, 764, oder die Bedeutung der Sache. Wegen der heute meist guten Verkehrsbedingungen sind auch Entfernungen von mehreren hundert km oft nicht mehr „groß". Indessen kommt es natürlich auf die Gesamtumstände jedes Einzelfalls an. 18

B. Sonstiger wichtiger Grund. Die Vorschrift stellt klar, daß jeder wichtige Grund ein Hindernis darstellt, Düss VersR **05**, 855 (zu § 278). Hierhin zählen zB: Die Partei muß am Terminstag ein dringendes privates Geschäft vornehmen, LG Mönchengladb RR **97**, 764; sie ist in ihrer Arbeit derzeit überlastet; sie ist krank; sie möchte in einen bereits geplanten Urlaub fahren; sie würde unter dem Zusammentreffen mit dem Gegner leiden, aM Brdb MDR **00**, 585 (aber man muß stets die Gesamtumstände abwägen). In diesem Zusammenhang muß das Gericht das unbedingte Recht eines jeden Bürgers auf einen ungestörten Urlaub berücksichtigen, § 233 Rn 14. Indessen kommt es auch hier auf die Gesamtumstände an, etwa darauf, ob die Partei den Urlaub erst nach dem Erhalt der Anordnung ihres persönlichen Erscheinens gebucht hatte und ob sie ihn auch zu einem späteren Zeitpunkt hätte nehmen können. 19

C. Unzumutbarkeit der Terminswahrnehmung. Jedenfalls muß zu den Bedingungen Rn 18, 19 hinzutreten, daß gerade infolgedessen der Partei die persönliche Wahrnehmung des Termins nicht zumutbar ist. Ein Rentner hat mehr Zeit für eine längere Anreise als ein überlasteter Berufstätiger. Ein gesunder junger 20

Mensch kann eine längere Reise eher antreten als ein Körperbehinderter. Es entscheiden die Gesamtumstände. Das Gericht muß sie sorgfältig gegeneinander abwägen. Dabei muß es natürlich auch mit prüfen, ob die Anordnung überhaupt einen Erfolg versprechen würde, der im rechten Verhältnis zu der Belästigung der Partei steht. Es muß berücksichtigen, daß das Gesetz grundsätzlich jedenfalls eine Vertretung der Partei durch einen ProzBev auch im Parteiprozeß zuläßt, Karlsr VersR **05**, 1104, und daß es diese Vertretung im Anwaltsprozeß ja sogar verlangt. Nur wenn die vorgebrachten Verhinderungsgründe nicht ausreichen, ist die Anordnung zulässig und muß die Partei erscheinen, Stgt JZ **78**, 689.

21 **D. Unterlassung oder Rücknahme der Anordnung.** Beim Zusammentreffen der Voraussetzungen Rn 18–20 ist das Gericht verpflichtet, die Anordnung des Erscheinens zu unterlassen oder zurückzunehmen. Hier endet sein Ermessen, LG Mönchengladb RR **97**, 764. Es muß daher eine fälschlich getroffene Anordnung unverzüglich aufheben und das der Partei auch mitteilen.

22 **8) Entscheidung, I 1, 2.** Das Gericht muß mehrere Punkte beachten.

A. Beschlußform. Das Gericht entscheidet innerhalb wie außerhalb der Verhandlung (zur Zuständigkeit Rn 11) durch einen Beschluß, § 329. Ihn muß das gesamte Kollegium fassen und unterzeichnen, Brdb JB **99**, 155. Auch eine prozeßleitende Verfügung ist indessen wirksam. Die Entscheidung ergeht dahin, daß das Gericht das persönliche Erscheinen der betreffenden Partei anordnet oder daß es die etwa beantragte Anordnung des Erscheinens ablehnt. Die Ablehnung kann natürlich auch stillschweigend durch die sonstigen verfahrensleitenden Entscheidungen des Gerichts erfolgen.

23 **B. Begründung.** Auch soweit die Entscheidung nach Rn 56, 57 nicht anfechtbar ist, muß das Gericht sie jedenfalls stichwortartig begründen, § 329 Rn 4, Brdb JB **99**, 155.

24 **C. Mitteilung.** Das Gericht muß seinen Beschluß in der Verhandlung verkünden, § 329 I 1. Es muß ihn im übrigen bei einer Anordnung des Erscheinens der betroffenen Partei zusammen mit ihrer von Amts wegen notwendigen Ladung nach II 1 förmlich zustellen, § 329 II 2, bei einer Ablehnung der Anordnung formlos mitteilen, § 329 II 1. Dem ProzBev teilt das Gericht die Ablehnung der Anordnung formlos mit, ebenso die Anordnung des Erscheinens. Denn sie ist als solche unanfechtbar, §§ 329, 567 I.

25 **D. Kostenfragen.** Soweit eine mittellose Partei die Mittel zur Durchführung einer notwendigen Reise zu einem Verhandlungstermin auf Grund der Anordnung voraussichtlich nicht hat, darf und muß das Gericht und im Notfall der Aufsichtsrichter die Reisekosten vorschießen oder nachträglich ersetzen, KV 9008, Hartmann Teil V § 25 JVEG Anh I, II. Auch Soldaten erhalten einen Reisekostenvorschuß und -ersatz nach dem Erlaß v 23. 7. 1998 Z 20 ff, SchlAnh II.

26 **9) Ladung der Partei von Amts wegen, II 1, 2.** Es treffen zusätzlich zur normalen Terminsladung nach §§ 172 I, 214, 217, 218 mehrere Pflichten zusammen.

A. Förmliche Ladung der Partei selbst, II 1. Soweit das Gericht das Erscheinen einer Partei angeordnet hat, muß es diese Partei persönlich förmlich von Amts wegen laden, Rn 24. Das gilt unabhängig von der sonstigen Stellung der Partei im Prozeß. Diese Ladung ist auch im Fall des § 218 stets erforderlich. Sie ergeht bei einer prozeßunfähigen Partei an ihren gesetzlichen Vertreter, Rn 7. Das gilt auch bei der Ladung einer juristischen Person, § 170, LG Hanau VersR **78**, 1049. Sie geht also an das nach der Satzung berufene Organ. Sind mehrere Personen gesetzliche Vertreter, muß die Ladungsanordnung klar ergeben, wer von ihnen erscheinen soll, LAG Düss MDR **96**, 98, strenger Köln OLGR **97**, 103. Die Ladung ergeht also nicht nur an den ProzBev, auch nicht bei § 172. Das ergibt sich aus II 2 Hs 1 mit. Den ProzBev muß das Gericht freilich zusätzlich formlos informieren, Rn 27. Wegen desjenigen Anwalts, der sich im Prozeß selbst vertritt, Rn 8. Die Ladung erfolgt wie stets durch den Urkundsbeamten der Geschäftsstelle. Allerdings ist § 168 nicht stets anwendbar. Denn er betrifft nur eine von Amts wegen erforderliche „Zustellung", nicht die in § 141 II 1, 2 Hs 2 klargestellte Ladung ohne die Notwendigkeit einer förmlichen Zustellung. Natürlich ist eine förmliche Zustellung statthaft, auch wenn sie Auslagen verursacht. Diese Auslagen muß der Verlierer nach § 91 mittragen. Der Richter kann die förmliche Zustellung anordnen. Er sollte das durchweg zur Sicherung des Zeitpunkts des Zugangs der Ladung und der zugehörigen Belehrungen nach III als der Voraussetzung einer Anordnung von Ordnungsgeld tun. Dann ist auch § 168 anwendbar.

27 **B. Mitteilung trotz Anwalts, II 2.** Die Vorschrift stellt klar, daß das Gericht die Ladung der Partei persönlich auch dann mitteilen muß, wenn sie einen ProzBev bestellt hat. Das gilt im Anwalts- wie Parteiprozeß, § 78 Rn 1. Es soll eben klar sein, daß diese Anordnung an die Partei persönlich ergeht, nicht an ihren ProzBev. Das ändert nichts an dem Umstand, daß das Gericht auch den ProzBev und den Prozeßgegner natürlich benachrichtigen muß, Rn 26, Köln MDR **75**, 321. Der ProzBev der geladenen Partei und der Prozeßgegner oder dessen ProzBev erhalten zumindest dann eine formlose Mitteilung, wenn das Gericht die Anordnung nicht verkündet hat, § 329 II 1.

28 **C. Ladungsinhalt, II 1, 2.** Die Ladung muß ganz klarstellen, zu welchem Zweck sie erfolgt, also „zur Aufklärung des Sachverhalts", I 1, nicht etwa „zur Beweisaufnahme" oder „zur Vernehmung als Partei" nach §§ 445 ff, auch nicht „zwecks Güteversuchs" nach § 278, oder aus anderen Gründen. Im übrigen muß das Gericht die Partei ja nach III 2 auf die Folgen eines Ausbleibens bereits in der Ladung hinweisen. Soweit das nicht geschieht, könnte das Gericht kein Ordnungsgeld nach III 1 festsetzen. Die Partei muß jedenfalls erkennen können, daß die Ladung zumindest auch der Aufklärung dient und insbesondere nicht nur einem Güteversuch. Denn (jetzt) § 278 III 2 verweist auch auf II, ZöGre 6, aM Ffm MDR **91**, 545, KG MDR **83**, 235, Burger MDR **82**, 91 (aber der Wortlaut und der Sinn sind eindeutig, Einl III 39). Das Gericht braucht der Partei aber im übrigen den Rechtsgrund oder den Zweck der Ladung nicht im einzelnen bekanntzugeben, Ffm MDR **91**, 545, KG MDR **83**, 235, aM Köln RR **04**, 1723 (aber das wäre eine Überspitzung).

29 **10) Zwang zum Erscheinen, jedoch nicht zur Einlassung, III 1.** Die Vorschrift regelt nur die Folgen des Ausbleibens der Partei im Termin. Daraus ergibt sich: Die Partei ist zwar unter den Voraussetzungen von III zum Erscheinen verpflichtet, aM Naumb MDR **99**, 1020 (aber auch insofern sind Wortlaut und Sinn eindeutig, Einl III 39). Sie ist aber nicht auch dazu verpflichtet, sich auch zur Sache einzulassen, Hbg MDR

97, 596, Naumb MDR **99**, 1020 (zustm Schneider 781). Die Partei braucht auch dann keine Einlassung zur Sache zu erklären, wenn sie sich schon in einem früheren Stadium schriftlich oder mündlich auf den Prozeß eingelassen hatte, Köln JB **76**, 1113, Mü MDR **78**, 147. Das Gericht kann die Partei eben nicht zur aktiven Beteiligung am Prozeß zwingen, LAG Hamm MDR **84**, 347. Es hat zu einem solchen Zwang auch wegen §§ 330 ff (Versäumnisurteil) keinen Anlaß, Grdz 11 vor § 128.

Freilich kann das Gericht das *Schweigen* der zur Aufklärung geladenen und erschienenen Partei nach den Gesamtumständen nach §§ 282 I, 286 I, 296 II würdigen, wenn auch nicht als einen Ungehorsam nach §§ 177, 178 GVG, so doch als einen Verstoß gegen die Prozeßförderungspflicht einer jeden Partei, Grdz 12 vor § 128. Allerdings sollte man §§ 453 II, 446 (Verweigerung der Aussage der zur Beweisaufnahme förmlich geladenen Partei) nicht einmal entsprechend anwenden. Denn sie betreffen eine ganz andere Prozeßlage, nämlich eine förmliche Beweisaufnahme. Gegen eine aus dem Ausland geladene ausländische Partei ist ohnehin kein Zwang möglich, wie beim entsprechenden Zeugen, § 363 Rn 1, Mü RR **96**, 60.

11) Möglichkeit eines Ordnungsgelds, III 1. Die Vorschrift ist verfassungsgemäß, BVerfG NJW **98**, 892. **30**

A. Ausbleiben im Termin. Das Gericht muß das persönliche Erscheinen der Partei zulässigerweise und in korrekter Form angeordnet und die Partei ordnungsgemäß geladen haben, Brdb MDR **01**, 411. Trotzdem muß die Partei unentschuldigt ausgeblieben sein, Köln FamRZ **93**, 339. Ob sie ihr Ausbleiben genügend entschuldigt hat, muß man nach den Gesamtumständen beurteilen. Das gilt unter einer Abwägung der von der Partei geltend gemachten Verhinderungsgründe einerseits, ihrer Pflicht zur Prozeßförderung andererseits. Man kann die an sich nicht unmittelbar anwendbaren Voraussetzungen einer Vertagung nach § 337 S 1 Hs 2 (Verhinderung der Partei am Erscheinen ohne ihr Verschulden) entsprechend anwenden. Das Gericht darf und muß das Ausbleiben der Partei nach § 286 frei würdigen, soweit nicht das Erscheinen ihres Vertreters nach III 2 genügt.

Das Gericht sollte aber ein Ordnungsmittel *nur zurückhaltend* verhängen, Brdb JB **99**, 155. Es darf das Ausbleiben der Partei nur dann zu ihrem Nachteil auswerten, wenn sie selbst einwandfrei schuldhaft handelte, also vorsätzlich oder fahrlässig, Düss OLGZ **94**, 577, Ffm MDR **80**, 234, Köln FamRZ **93**, 339. Ein Verschulden nur des ProzBev reicht für ein Verschulden der Partei trotz § 85 nicht stets, LAG Hbg NZA-RR **05**, 213. Denn hier kommt es ja vor allem auf sie selbst an. Das Gericht darf eine nachteilige Würdigung des Ausbleibens natürlich zumindest dann vornehmen, wenn die Partei das Gericht sogar bewußt mißachtet hat. Die Partei ist auch dann „im Termin ausgeblieben", wenn nur ihr ProzBev erscheint und wenn sie ihn nicht nach III 2 informiert und ermächtigt hat. War der Geschäftsführer einer GmbH geladen, kommt es auf sein Ausbleiben an, LAG Hamm BB **99**, 908. Das Ordnungsgeld darf aber nur gegen die GmbH ergehen, LAG Düss MDR **07**, 678, aM Nürnb MDR **01**, 954 (aber auch die GmbH spürt den Betrag. Sie kann den Geschäftsführer zur Rechenschaft ziehen).

B. Abgrenzung von der Verweigerung der Einlassung. Man muß das Ausbleiben der Partei mit oder **31**
ohne Entschuldigungsgründe von ihrem Erscheinen, aber ihrer Verweigerung der Einlassung unterscheiden. Soweit sie lediglich die Einlassung verweigert, gelten die Regeln Rn 29.

C. Abgrenzung von der Säumnis der Partei. Man muß das Ausbleiben der Partei nach III 1 von ihrer **32**
völligen Säumnis nach §§ 330 ff unterscheiden, Köln RR **04**, 1723. Ob die Partei säumig ist, richtet sich nach den letzteren Vorschriften. Säumig ist sie insbesondere auch dann, wenn sie zwar erscheint, aber nicht wirksam verhandelt, § 333. Soweit auf Grund einer Anordnung des persönlichen Erscheinens zwar die Partei selbst oder ein Vertreter nach III 2 erscheinen, nicht aber ihr ProzBev, ist die Partei in einem Verfahren mit einem Anwaltszwang säumig. Dasselbe gilt beim Sichentfernen des ProzBev vor der Einlassung oder Verhandlung. Das Gericht muß dann auf Grund eines Antrags des Prozeßgegners eine Versäumnisentscheidung gegen die persönlich erschienene Partei erlassen und darf sie nicht anhören. Bei einer solchen Versäumnisentscheidung unterbleibt ein Ordnungsmittel gegen den Säumigen, Zweibr FamRZ **06**, 1687.

D. Abgrenzung vom Erscheinen des Prozeßbevollmächtigten. Soweit nach einer wirksamen An- **33**
ordnung des persönlichen Erscheinens der Partei und ihrer ordnungsgemäßen Ladung nicht die Partei, wohl aber ihr ProzBev erscheint, muß das Gericht prüfen, ob die Voraussetzungen nach III 2 vorliegen. Soweit das nicht der Fall ist, darf und muß das Gericht das Ausbleiben der Partei nach § 286 frei würdigen, Rn 30.

E. Kostenfragen. Wegen der etwaigen Notwendigkeit eines Kostenvorschusses als einer der Voraus- **34**
setzungen des Fehlens einer Entschuldigung des Ausbleibens Rn 25.

12) Entscheidung über Ordnungsgeld, III 1. Unter den den Voraussetzungen Rn 30–34 „kann" das **35**
Gericht gegen die ausgebliebene Partei ein Ordnungsgeld wie gegen einen im Vernehmungstermin nicht erschienenen Zeugen festsetzen. Das gilt unabhängig davon, ob infolge des Ausbleibens eine Verzögerung eingetreten ist, Karlsr JB **06**, 327, ZöGre 12, aM LAG Hamm MDR **02**, 1333 (aber es geht nicht um Prozeßbeschleunigung, Rn 2). Ein fahrlässiges Ausbleiben reicht, Düss OLGR **94**, 183. Ein Ordnungsgeld kann auch gegen den selbst geladenen gesetzlichen Vertreter ergehen, Nürnb MDR **01**, 954, aM Ffm MDR **06**, 170, LAG Hamm MDR **99**, 825 (aber auch er unterliegt dem Gesetz).

A. Beschlußform. Das Gericht verhängt ein Ordnungsgeld durch einen Beschluß, § 329. Ihn muß das gesamte Kollegium fassen, § 329 Rn 8, Brdb JB **99**, 155. Indessen ist auch eine etwa ergangene Verfügung wirksam. Zur Zuständigkeit Rn 11.

B. Höhe des Ordnungsgeldes. Das Gericht sollte von der Möglichkeit eines Ordnungsgelds trotz seiner **36**
Befugnis nur zurückhaltend Gebrauch machen, Düss OLGZ **94**, 577, Köln VersR **92**, 254, LAG Bln NZA-RR **07**, 100, strenger Mü MDR **92**, 513. Es ist zu einer solchen Maßnahme keineswegs stets verpflichtet, Köln MDR **75**, 321. Es muß bedenken, daß die ausgebliebene Partei ja nicht zu einer Einlassung verpflichtet gewesen wäre, Rn 29. Besser ist daher eine Würdigung dahin, daß die Partei die Einlassung verweigert oder doch wenigstens fahrlässig nicht erschienen ist, Rn 30, § 286, Düss OLGZ **94**, 577, Ffm MDR **91**, 545, Burger MDR **82**, 91, aM Schmid MDR **82**, 632 (aber das ist die vernünftigerweise nächstliegende Erklärung).

37 **C. Verfahrensförderung.** Der Sinn des Ordnungsgelds liegt nicht in einer Bestrafung, etwa wegen einer Mißachtung des Gesetzes oder des Gerichts, sondern in der Verfahrensförderung, BGH RR **07**, 1365, LAG Bln NZA-RR **07**, 100, LAG Hamm MDR **02**, 1334, aM Karlsr Just **77**, Stgt JZ **78**, 689 (der Sinn liege in der Ahndung der Mißachtung des Gerichts), Mü MDR **92**, 513 (auch Mißachtung des Gesetzes. Aber eine Mißachtung läßt sich schon nach §§ 330 ff, §§ 177 ff GVG wirkungsvoll ahnden). Diese Gesichtspunkte sollte das Gericht auch bei der Bemessung der Höhe eines Ordnungsgelds mitbeachten. Eine Zurückhaltung ist zB dann ratsam, wenn die Entscheidungsreife nach § 300 Rn 6 trotz des Ausbleibens eintritt, Brdb MDR **01**, 411, Hamm OLGR **97**, 235, oder wenn ein Vergleich zustandekommt. Das Gericht setzt ein Ordnungsgeld von 5–1000 EUR nach Art 6 I EGStGB fest, Stgt JZ **78**, 689. Es darf der Partei eine Stundung dieses Betrags oder eine Ratenzahlung bewilligen.

38 **D. Begründung.** Das Gericht muß seinen Beschluß grundsätzlich begründen, § 329 Rn 4, Brdb JB **99**, 155. Das Gericht muß verdeutlichen, daß es im Rahmen seines Ermessens eine pflichtgemäße Abwägung der für und gegen ein Ordnungsgeld sprechenden Gesichtspunkte vorgenommen hat, Köln VersR **92**, 254, und daß es natürlich auch eine Entschuldigung der ausgebliebenen Partei verneint hat, Brdb JB **99**, 155.

39 **13) Unzulässigkeit einer Maßnahme, III 1.** Jede der folgenden Lagen verbietet eine Maßnahme.

A. Keine Ordnungshaft. Die Anordnung einer Ordnungshaft ist anders als beim unentschuldigt ausbleibenden Zeugen unzulässig, Köln FamRZ **93**, 339. Das ergibt sich schon daraus, daß § 141 anders als § 380 nur vom Ordnungsgeld spricht, Bre FamRZ **89**, 306, und daß die Partei im Gegensatz zum Zeugen nie zu einer Einlassung verpflichtet ist, sondern daß sie nur bei einer Verweigerung die prozessualen Nachteile einer freien Würdigung dieses Verhaltens durch das Gericht tragen muß. Außerdem dient das Ordnungsgeld nicht der Bestrafung, sondern der Prozeßförderung, Rn 37.

40 **B. Kein Ordnungsgeld bei ausreichender Entschuldigung oder Entscheidungsunerheblichkeit.** Soweit die Partei ihr Ausbleiben entschuldigt, kommt auch kein Ordnungsgeld in Betracht. Entschuldigen können zB: Eine weite Entfernung; eine Erkrankung, auch eines nahen Angehörigen; ein unaufschiebbarer wichtiger beruflicher Termin; eine Störung der Verkehrsverbindung; das Fehlen von Fahrgeld, KG FamRZ **07**, 2084. Das Gericht sollte allerdings das Vorliegen einer Entschuldigung streng prüfen. Die Partei darf sich keineswegs ohne irgendeine eigene Überlegung darauf verlassen, daß die Meinung ihres Anwalts gegenüber der gerichtlichen Anordnung vorrangig sei. Die Partei muß zumindest nach § 294 glaubhaft machen, daß sie ihren Anwalt unmißverständlich über den Charakter der ihr persönlich zugegangenen Ladung informiert hat, bevor er ihr abschließend erklärte, sie brauche gleichwohl nicht zu erscheinen, aM Schneider NJW **79**, 987, ThP 6 (aber auch eine Partei muß durchlesen, was das Gericht *ihr* schreibt). Mancher Anwalt meint aus irgendwelchen prozeßtaktischen Erwägungen auf eine Anordnung nach § 141 zumindest derzeit keine Rücksicht nehmen zu müssen. Wenn er der Partei einfach abrät zu erscheinen, statt vorher mit dem Gericht hierüber einen Kontakt aufzunehmen, handelt er nach § 85 II zum Nachteil seiner Partei und kann sich schadensersatzpflichtig machen. Im übrigen ist § 381 entsprechend anwendbar. Mü RR **96**, 59 stellt das Nichterscheinen der ausländischen und im Ausland lebenden Partei einer ausreichenden Entschuldigung gleich.

Auch eine *Entscheidungsunerheblichkeit* steht einem Ordnungsgeld aus den Gründen Rn 37 entgegen, BGH RR **07**, 1365, BAG NJW **08**, 252 (abl Grubeling), KG FamRZ **07**, 2084.

41 **C. Kein Ordnungsgeld bei mangelhafter Anordnung des Erscheinens oder mangelhafter Ladung.** Das Gericht darf kein Ordnungsgeld verhängen, soweit die Anordnung des persönlichen Erscheinens unkorrekt erfolgt war, Rn 22–24, LG Mönchengladb RR **97**, 764, etwa wegen zu kurzer Ladungsfrist oder soweit das Gericht die Partei nicht ordnungsgemäß hatte laden lassen, Rn 26, 28, Ffm FamRZ **92**, 73.

42 **D. Kein Ordnungsgeld vor Einlassung der Partei zur Sache.** Das Gericht darf kein Ordnungsgeld verhängen, wenn sich die betreffende Partei noch nicht zur Sache auf den Prozeß eingelassen hatte, Rn 29.

43 **E. Keine Vorführungsanordnung.** Selbst beim unentschuldigten Ausbleiben ist die Anordnung einer Vorführung der Partei etwa durch den für ihren Wohnsitz zuständigen Gerichtsvollzieher in keinem Fall des § 141 zulässig, Karlsr OLGZ **84**, 451. Das gilt auch dann, wenn das schon festgesetzte Ordnungsgeld unbeitreibbar ist.

44 **F. Nur begrenzt Kostenfolgen des Ausbleibens.** Das Gericht kann der Partei zwar unter den Voraussetzungen des § 38 GKG, Anh § 95, eine Verzögerungsgebühr auferlegen oder ihr nach § 95 wegen der Versäumung eines Termins oder einer Frist usw die dadurch verursachten Kosten auferlegen. Man muß aber zwischen der Versäumung und der Nichtbefolgung der Anordnung des persönlichen Erscheinens unterscheiden, Rn 32. Das Gericht darf die Partei nicht auch zu den durch die bloße Nichtbefolgung der Anordnung nach § 141 verursachten Kosten verurteilen, Köln FamRZ **93**, 339, Schlesw JB **78**, 284.

45 **14) Unterbleiben von Ordnungsgeld beim Auftreten eines Vertreters, III 2.** Das Gericht darf ein Ordnungsgeld unabhängig von den Fällen Rn 39–44 insbesondere auch dann nicht verhängen, wenn die Partei zur Verhandlung einen solchen Vertreter entsendet, der zur Aufklärung des Tatbestands in der Lage ist und den sie zur Abgabe der notwendigen Erklärungen ermächtigt hat, insbesondere zu einem Vergleichsbeschluß. Dann kann die Partei natürlich neben ihrem Vertreter erscheinen. Sie ist dazu aber nicht verpflichtet, LG Kassel AnwBl **86**, 104.

46 **A. Fähigkeit zur Aufklärung des Tatbestands.** Erste Voraussetzung ist, daß der Vertreter ebensoviel mitteilen kann wie die Partei, soweit es um die vom Gericht gewünschte Aufklärung geht. Man muß den Begriff „Aufklärung" umfassend verstehen, Mü MDR **92**, 513. Das Gesetz denkt zB an den Leiter oder leitenden Angestellten eines großen Unternehmens, der den Streitstoff kennt, Karlsr VersR **05**, 1104, LG Hanau VersR **78**, 1049. Es kann sich aber auch zB um einen Angehörigen oder Freund oder Nachbarn der Partei handeln. Auch kann etwa der Mitarbeiter desjenigen Reparaturbetriebs, um dessen Arbeiten es im Schadensersatzprozeß geht, anstelle der Partei als ihr Vertreter erscheinen.

Natürlich kann auch der *ProzBev* selbst als Vertreter nach III auftreten, Köln RR **04**, 392, LG Brschw RR **04**, 391, aM LAG Kiel NZA-RR **04**, 154 (er verfüge meist nicht über eine eigene Sachkenntnis. Gerade die kann er aber vom Auftraggeber oder von dessen Fachleuten erhalten haben). Ebenso natürlich muß die Partei ihn vollständig genug informiert haben, LG Bln NJW **04**, 782. Es empfiehlt sich, diese Doppelfunktion im Termin klarzustellen und darauf zu achten, daß das Gericht die Auskünfte des ProzBev dann, wenn sie dem Gericht nicht genügen, auch so protokolliert, wie sie erfolgen, damit die Rechtsfolgen des ungenügend informierten Vertreters nach III eintreten können.

B. Informationspflichten. Freilich ist der ProzBev als solcher grundsätzlich ebenfalls im Rahmen seines Auftrags verpflichtet, sich in dem für den Prozeß erforderlichen Umfang kundig machen zu lassen. Indessen kann die Informationspflicht des Auftraggebers nach I, III weitergehen. Deshalb ist es auch keineswegs ausreichend, daß der ProzBev oder sein Unterbevollmächtigter einerseits statt der ordnungsgemäß geladenen Partei erscheint, andererseits aber erklärt, sie habe ihn nicht voll in dem vom Gericht gewünschten Umfang informiert, Karlsr VersR **05**, 1104. Er kann dann auch nicht etwa eine Nachfrist nach § 283 erbitten oder eine Vertagung verlangen, sofern aus der Sicht des Gerichts die Partei für den Fall des persönlichen Erscheinens voraussichtlich die Erklärungen hätte ausreichend geben können und müssen. Denn es kommt beim Auftreten der ProzBev als ihres Vertreters nach III ja nicht auf seine im Auftragsverhältnis erworbenen Kenntnisse an, sondern auf diejenigen des Auftraggebers persönlich. 47

Daher muß sich jeder Vertreter über alle diejenigen Fragen *unterrichten,* die sich auf der Grundlage des bisherigen Sach- und Streitstands und nach der Anordnung des persönlichen Erscheinens der Partei nach einer sorgfältigen Prüfung des Streitstoffs aus der Sicht der Partei als klärungsbedürftig ergeben könnten, Ffm MDR **91**, 545, Mü MDR **92**, 513, LG Brschw RR **04**, 391. Das Gericht darf und sollte solche Fragen, deren Aufklärung erforderlich ist, zwar nach § 273 II Z 1 vorbereitend mitteilen, Mü MDR **78**, 147. Eine bloße Kenntnis der bisherigen Schriftsätze reicht aber für den Vertreter im allgemeinen nicht aus, Stgt JZ **78**, 690. Denn diese Schriftsätze kannte ja auch das Gericht im Zeitpunkt der Anordnung des persönlichen Erscheinens bereits. Der Vertreter braucht allerdings nicht auch dazu imstande zu sein, sofort oder auch überhaupt als Zeuge auszusagen, Mü MDR **78**, 147. Denn § 141 dient nicht der Beweisaufnahme.

C. Höchstpersönliche Kenntnis. Der ProzBev der Partei kommt als ihr Vertreter nach III insoweit nicht infrage, als es auf höchstpersönliche Kenntnisse der Partei ankommt, Ffm MDR **91**, 545. Es kann ratsam sein, im Anordnungsbeschluß zum Ausdruck zu bringen, daß das Gericht die Entsendung eines – wenn auch informierten – Vertreters voraussichtlich nicht für ausreichend halten wird. Von diesem Fall abgesehen ist die Abgabe der Erklärung aber auch durch einen unterrichteten Vertreter zulässig, soweit sie für den weiteren Prozeßverlauf förderlich sein kann. Es kann aber unzureichend sein, daß die Partei ihren Vertreter nur erst zum Zweck der Wahrnehmung des Termins lückenhaft oder verspätet informiert. 48

D. Ermächtigung zur Abgabe der gebotenen Erklärungen usw. Eine weitere Voraussetzung des Unterbleibens von Ordnungsgeld ist, daß der als Vertreter nach III Erschienene die vorgenannten Erklärungen abgeben kann und auch darf, Köln RR **04**, 1723. Soweit der Vertreter im Termin eine Erklärung abgibt, muß sie ebenso wie diejenige einer Partei wahrhaftig und vollständig sein, § 138. Die Aufnahme eines Protokolls über die Anhörung ist zwar nicht nach § 160 III Z 4 notwendig, § 160 Rn 11. Sie ist aber unter Umständen nach § 160 II oder IV erforderlich. Das Gericht darf die Einlassung nur insoweit verwerten, als es die Einlassung im Protokoll oder Urteil wiedergibt. Soweit eine Darstellung der Partei von derjenigen ihres Vertreters abweicht, muß das Gericht mindestens in den Akten hierüber einen Vermerk anfertigen. Auf ihn kann es im Urteil Bezug nehmen. Vgl aber auch § 161 und ferner § 85 Rn 6. 49

E. Vollmacht. Der Vertreter muß im übrigen im Verhältnis zu seiner Partei eine jedenfalls nach III 2 volle Vollmacht haben, Karlsr VersR **05**, 1104. Sie muß insbesondere zum Abschluß eines unbedingten Prozeßvergleichs nach Anh § 307 ausreichen, wie das Gesetz ausdrücklich verlangt, Karlsr VersR **05**, 1104, Nürnb MDR **01**, 954, LG Hann MDR **06**, 470, aM LG Hanau VersR **78**, 1049, Tschöpe/Fleddermann NZA **00**, 1274 (aber Wortlaut und Sinn sind eindeutig, Einl III 39). Sie muß aber auch zB zur Abgabe einer Erledigterklärung nach § 91 a oder eines Verzichts nach § 306 oder zur Erklärung eines Anerkenntnisses nach § 307 ausreichen, Mü MDR **92**, 513. Dabei muß der Vertreter bevollmächtigt, imstande und auch im Termin bereit sein, den Prozeßvergleich usw sogleich, voll und unbedingt abzuschließen, AG Königstein RR **03**, 136. Die Bereitschaft zum Vergleich lediglich unter der Einräumung einer Widerrufsfrist ist eindeutig unzureichend. Sie führt die Folgen des Ausbleibens eines ordnungsgemäßen Vertreters nach III 1 herbei, AG Königstein RR **03**, 136. Andererseits muß der Vertreter natürlich nicht unter allen Umständen vergleichsbereit sein, LG Brschw RR **04**, 391. 50

Die häufige Äußerung, der ProzBev dürfe einen Vergleich usw nicht ohne eine telefonische *Rücksprache* mit der Partei abschließen, ist also *unzureichend,* ZöGre 16, aM Ffm OLGR **03**, 163. Das gilt selbst dann, wenn das Gericht dem ProzBev oder sonstigen Vertreter eine Nachfrist setzen dürfte und zugleich einen Verkündungstermin anberaumen könnte. Denn aus der nachgereichten Äußerung mag sich die Notwendigkeit zu einem Wiedereintritt in die mündliche Verhandlung nach § 156 ergeben, und der Prozeßgegner braucht sich auf die damit verbundenen Risiken und möglichen Verzögerungen überhaupt nicht einzulassen. Das darf und muß das Gericht schon im Rahmen von III im Termin berücksichtigen.

F. Folge unzureichender Vertretung: Ordnungsgeld. Soweit die Voraussetzungen Rn 46–50 nicht sämtlich vorliegen, ist das Gericht zum Ordnungsgeld gegen die Partei berechtigt. Das ergibt sich aus dem Zusammenwirken schon des Wortlauts von III 1, 2, Mü MDR **92**, 513, Stgt JZ **78**, 690. Das Gericht muß den Beschluß der anwaltlich vertretenen Partei selbst zustellen, LAG Köln NZA-RR **08**, 491 (auch zu Verstoßfolgen). 51

15) Notwendigkeit des Hinweises auf die Folgen des Ausbleibens, III 3. Das Gericht muß die Partei nach dem zwingenden Wortlaut auf die Folgen ihres Ausbleibens bereits in der Ladung hinweisen. Es handelt sich um eine Amtspflicht. Auch der die Ladung evtl nach § 168 durchführende Urkundsbeamte muß von Amts wegen mit auf die Einhaltung der Vorschrift achten. Der Wortlaut des Hinweises ist in III 3 nicht 52 zwingend. Er versteht sich aber aus dem Sinn und Zweck dahin, daß einerseits der Hinweis auf ein mögliches Ordnungsgeld notwendig ist, andererseits der Zusatz, daß dieses unterbleiben werde, wenn die Partei einen Vertreter entsende, der zur Aufklärung in der Lage sei und der auch alle notwendigen Erklärungen abgeben dürfe, insbesondere zum Vergleichsabschluß. Es reicht jedenfalls aus, den Wortlaut von III 1, 2 mitzuteilen. Immerhin muß die Partei ganz klar erkennen können, welche Rechtsfolgen ihr persönliches Ausbleiben oder eine mangelnde Information ihres Vertreters haben können.

53 **16) Nachholung des Hinweises, III 3.** Soweit der Hinweis nicht schon mit der Ladung erfolgte, muß das Gericht ihn so *rechtzeitig nachholen,* daß die Partei ihre Entscheidungen noch unter einer zumutbaren Abwägungsfrist vor dem Termin treffen und auch für die rechtzeitige Entsendung eines etwa noch zu informierenden Vertreters sorgen kann. Das darf aber nicht zu einer wesentlichen Erweiterung der Ladungs- oder Einlassungsfrist nach §§ 217, 274 III führen. Denn das Gericht ist im Interesse auch des Prozeßgegners gerade auch bei § 141 zur Prozeßförderung berechtigt und verpflichtet, Einl III 27. Darauf muß sich die Partei einstellen. Daher ist ihr auch eine sofortige Information eines Vertreters im notwendigen Umfang grundsätzlich sehr wohl zumutbar. Das gilt selbst dann, wenn sie andere wichtige private Aufgaben zurückstellen müßte. Soweit das Gericht einen ordnungsmäßigen Hinweis nach III 3 unterlassen hat, kann eine Maßnahme nach III 1 unzulässig und aufhebbar sein, Rn 54.

54 **17) Aufhebung der Anordnung des Erscheinens, I, II.** Das Gericht darf die Anordnung des persönlichen Erscheinens jederzeit aufheben. Es ist dazu auch verpflichtet, sobald und soweit sich ergibt, daß das Erscheinen der Partei persönlich zur Aufklärung des Sachverhalts nicht mehr nötig ist, I 1. Soweit das Gericht das Erscheinen nur noch für zweckmäßig hält, etwa zwecks einer Erleichterung eines beabsichtigten Vergleichs oder Güteversuchs, muß es gleichwohl jedenfalls die Anordnung nach I aufheben. Es ist dann ein entsprechender Zusatz ratsam, das Gericht stelle das Erscheinen aus den vorgenannten Gründen anheim oder empfehle es. Das Gericht darf und muß seine Anordnung des Erscheinens unter den Voraussetzungen I 2 unverzüglich aufheben. Es muß seine Anordnung des Erscheinens schließlich aufheben, sobald und soweit sich ergibt, daß die Ladung unkorrekt war, Rn 53.

55 **18) Aufhebung des Ordnungsgeldes, III.** Unabhängig davon, ob die Anordnung des Erscheinens ordnungsgemäß war, darf und muß das Gericht das Ordnungsgeld aufheben, sobald und soweit sich die Partei nachträglich genügend entschuldigt hat. Eine solche Entschuldigung kann zB dann vorliegen, wenn die Partei den Termin ohne eine persönliche Vorwerfbarkeit versäumt hat und auch eine Entschuldigung bis zum Termin nicht vorlegen konnte, Bbg MDR **82**, 585, oder wenn die Partei ihren Anwalt von der Anordnung des persönlichen Erscheinens schuldlos nicht informiert hatte und wenn er ihr daher erklärt hatte, sie brauche nicht persönlich zum Termin zu kommen, Köln MDR **75**, 321. Eine Entschuldigung liegt aber nicht vor, wenn der ProzBev der Partei trotz seiner Kenntnis oder trotz einer vorwerfbaren Unkenntnis der Anordnung ihres persönlichen Erscheinens abgeraten hatte, zum Termin zu erscheinen, § 85 II, Köln NJW **78**, 2516 (krit Schneider NJW **79**, 987), Stgt JZ **78**, 690. Eine Aufhebung des Ordnungsgelds ist ferner dann notwendig, wenn das Gericht zunächst im Termin ordnungsgemäß eine solche Maßnahme getroffen hatte, wenn dann aber noch in demselben Termin ein nach III 2 ausreichender Vertreter erscheint und Auskünfte usw abgibt.

56 **19) Rechtsmittel, I–III.** Beim Rpfl gilt § 11 RPflG, § 104 Rn 41 ff. Im übrigen gilt:

A. Gegen das Unterbleiben der Anordnung. In diesem Fall ist erst das Urteil wie sonst anfechtbar, nicht mit einer diesbezüglichen Verfahrensrüge, wohl aber evtl mit einer Rüge der Verletzung der Aufklärungspflicht, § 139.

57 **B. Gegen die Anordnung des Erscheinens.** Diese Anordnung ist als solche ebenfalls unanfechtbar, § 567 I.

58 **C. Gegen die Anordnung eines Ordnungsmittels.** Sowohl gegen die grundsätzlich statthafte Verhängung eines Ordnungsgelds als auch gegen die grundsätzlich unstatthafte Verhängung einer Ordnungshaft oder einer Vorführung ist eine sofortige Beschwerde nach § 567 I Z 1 statthaft, LAG Köln NZA-RR **08**, 491. Das ergibt sich aus der Bezugnahme von III auf das Verfahren gegenüber einem ausgebliebenen Zeugen, also auch auf § 380. Denn es wäre merkwürdig, wenn III 1 nicht zusammen mit § 380 I auch die sofortige Beschwerde nach § 380 III einschließlich ihrer aufschiebenden Wirkung nach § 570 I in Bezug nähme, § 613, Brdb JB **99**, 155, Ffm FamRZ **92**, 73, Hamm RR **87**, 815.

59 Zur *Einlegung* der sofortigen Beschwerde ist die beschwerte Partei auch im Anwaltsprozeß persönlich berechtigt, Hamm FamRZ **84**, 183. Deshalb herrscht für sie im Beschwerdeverfahren im Rahmen von § 569 III kein Anwaltszwang. Auch eine nachträgliche Entschuldigung kommt wie bei § 381 I 2 in Betracht, Hamm RR **87**, 815. Gerichtskosten entstehen bei einer erfolgreichen Beschwerde nicht für die Beschwerdeinstanz, Brdb MDR **01**, 411. Wegen der außergerichtlichen Kosten des erfolgreichen Beschwerdeführers § 380 Rn 14, Brdb MDR **01**, 411, Ffm Rpfleger **84**, 106, aM Hamm OLGR **94**, 154.

60 **D. Gegen die Versagung von Reisekosten.** In diesem Fall ist entsprechend § 127 die sofortige Beschwerde zulässig. Auch dann besteht kein Anwaltszwang, § 569 II 2 entsprechend.

142 *Anordnung der Urkundenvorlegung.* I [1] **Das Gericht kann anordnen, dass eine Partei oder ein Dritter die in ihrem oder seinem Besitz befindlichen Urkunden und sonstigen Unterlagen, auf die sich eine Partei bezogen hat, vorlegt.** [2] **Das Gericht kann hierfür eine Frist setzen sowie anordnen, dass die vorgelegten Unterlagen während einer von ihm zu bestimmenden Zeit auf der Geschäftsstelle verbleiben.**

II [1] **Dritte sind zur Vorlegung nicht verpflichtet, soweit ihnen diese nicht zumutbar ist oder sie zur Zeugnisverweigerung gemäß den §§ 383 bis 385 berechtigt sind.** [2] **Die §§ 386 bis 390 gelten entsprechend.**

III [1] Das Gericht kann anordnen, dass von in fremder Sprache abgefassten Urkunden eine Übersetzung beigebracht wird, die ein Übersetzer angefertigt hat, der für Sprachübertragungen der betreffenden Art in einem Land nach den landesrechtlichen Vorschriften ermächtigt oder öffentlich bestellt wurde. [2] Eine solche Übersetzung gilt als richtig und vollständig, wenn dies von dem Übersetzer bescheinigt wird. [3] Die Bescheinigung soll auf die Übersetzung gesetzt werden, Ort und Tag der Übersetzung sowie die Stellung des Übersetzers angeben und von ihm unterschrieben werden. [4] Der Beweis der Unrichtigkeit oder Unvollständigkeit der Übersetzung ist zulässig. [5] Die Anordnung nach Satz 1 kann nicht gegenüber dem Dritten ergehen.

Vorbem: Zunächst III 2–4 eingefügt, bisheriger III 2 zu III 5 dch Art 50 Z 1 G v 19. 4. 06, BGBl 866, in Kraft seit 25. 4. 06, Art 210 I G. Sodann III 1 idF Art 1 Z 2 G BT-Drs 16/9639, in Kraft seit 12. 12. 08, Art 8 I G. ÜbergangsR jeweils Einl III 78.

Schrifttum: *Lang,* Die Urkundenvorlagepflicht der Gegenpartei gemäß § 142 Abs. 1 Satz 1 ZPO, 2007; *Niehr,* Die zivilprozessuale Dokumentenvorlegung im deutsch-englischen Rechtshilfeverkehr usw, 2004; *Schöpflin,* Die Beweiserhebung von Amts wegen im Zivilprozeß, 1992; *Stadler,* Inquisitionsmaxime und Sachverhaltsaufklärung – erweiterte Urkundenvorlagepflichten usw, Festschrift für *Beys* (Athen 2004) 1625; *Stein* (vor § 141 Rn 1); *Wagner* JZ **07**, 706 (ausf).

Gliederung

1) Systematik, I–III. § 142 gibt Ergänzungsvorschriften zu §§ 131, 134, 138, 139, Gruber/Kießling ZZP **116**, 333. Ähnliche Regelungen enthält auch § 273 II Z 1. § 144 gilt ergänzend. § 142 bleibt von § 378 unberührt, dort I 2. § 428 macht auch § 142 anwendbar. Alle diese Vorschriften gelten unabhängig davon, ob die zugehörigen Tatsachen umstritten sind, Schäfer DS **04**, 179, aM Gruber/Kießling ZZP **116**, 311, ZöGre 2 (aber schon die Stellung im Buch 1 zeigt solche Unabhängigkeit). §§ 102, 258 ff HGB enthalten Spezialregeln für Handelsbücher, Rn 9. Für den förmlichen Urkundenbeweis enthalten §§ 420 ff vorrangige Sonderregeln. Diese gelten nicht, soweit sich das Gericht nur eine bessere Anschauung verschaffen will, sei es auch zwecks einer Vorbereitung einer etwa erforderlichen Beweisanordnung. Der Tarnschutz eines gefährdeten Zeugen hat den Vorrang, § 10 II ZSHG. 1

2) Regelungszweck, I–III. § 142 dient der Sachaufklärung, Schäfer DS **04**, 179. Er durchbricht dabei die Grenzen der Parteiherrschaft und des Beibringungsgrundsatzes, Grdz 18, 20 vor § 128, Wolf ZZP **116**, 526. Er enthält ein Element des aber im wesentlichen nicht auf die ZPO übertragbaren amerikanischen discovery, Brütting AnwBl **08**, 153. § 142 zeigt Probleme, zu optimistisch Siegmann AnwBl **08**, 160. Die Vorschrift kann auch zur Vorbereitung einer etwaigen Beweisanordnung dienen, BGH NJW **07**, 155, vgl auch § 144. Freilich gelten in der Beweisaufnahme vorrangig §§ 420 ff, Rn 1. Die Vorschrift kann zwar bei einer Beweisnot und zB bei einem Betriebsgeheimnis helfen, Kiethe JZ **05**, 1035. § 142 darf aber jedenfalls nicht zu einer eine Ausforschung führen, Einf 27 vor § 284, BGH RR **07**, 1394, Schäfer DS **04**, 180, Wagner JZ **07**, 719, aM Schlosser JZ **03**, 428 (aber eine Ausforschung ist weder „vernünftig begrenzt" zulässig, noch überhaupt. Das ist keine „dogmatische Zögerlichkeit", sondern ein notwendiges Abwehren der Anfänge, Einf 27 vor § 284). II findet seine Grenze auch bei einer Gefahr für einen fairen Prozeß, Einl III 23, Konrad NJW **04**, 713, oder bei einer Vermögensgefährdung eines Dritten, Rn 4, BGH NJW **07**, 155. III dient überdies der Durchsetzung des Grundsatzes, daß die Gerichtssprache deutsch ist, § 184 GVG. 2

Zögern ist eine häufige Haltung einer Partei und natürlich gar eines Dritten, wenn es um eine auch nur vorübergehend kurze Aushändigung auch nur an das Gericht geht. Solches Zögern ist nur zu verständlich. Denn niemand kann die unbeschädigte vollständige Rückgabe wirklich garantieren, auch nicht der Staat. Das gehört leider auch zur gerichtlichen Lebenserfahrung. Daran ändern auch noch so präzise Anordnungen besonderer Verwahrung nur bedingt etwas. Andererseits mag die Technik der Kopie eine Aushändigung des Originals nur noch dann notwendig machen, wenn etwa der Graphologe die Echtheit einer Unterschrift nicht anders prüfen kann. Selbst dann bleibt aber doch zweifelhaft, ob das Gericht die Wahrheitssuche so hoch ansetzen sollte, daß der Besitz- und Eigentumsschutz auch nur vorübergehend zurücktreten muß. Mag derjenige, der ihn höher bewertet als eine gerichtliche Vorlagebitte, die prozessualen und damit auch sachlichrechtlichen nachteiligen Folgen doch selbst tragen. Eine Beweisvereitelung ist als eine prozessuale Arglist immer nachteilig, Anh § 286 Rn 26, auch wenn keine Lage nach § 444 vorliegt, Einl III 54. Deshalb sollte man jedenfalls bei II nicht zu konsequent vorgehen. Umso eher sollte man von III Gebrauch machen.

Die Gerichtssprache ist deutsch, § 184 GVG. Auch die Spezialkammer braucht sich dessen durchaus nicht zu schämen. Das gilt sogar gegenüber englischen oder amerikanischen Urkunden.

3 **3) Sachlicher Geltungsbereich, I–III.** § 142 gilt in jedem Verfahren, auf das die ZPO anwendbar ist, insbesondere auch im Verfahren mit den Beibringungsgrundsatz nach Grdz 20 vor § 128, auch im WEG-Verfahren und auch im selbständigen Beweisverfahren, Schlosser Festschrift für Sonnenberger (2004) 151. Die Vorschrift durchbricht diese Regel teilweise, Grdz 25 ff vor § 128. § 142 gilt in jeder Verfahrenslage und in jeder Instanz. Auch das Revisionsgericht mag unabhängig davon, daß es keine Tatsacheninstanz bringt, ein Bedürfnis nach einer besseren Anschaulichkeit haben. Die Vorschrift gilt auch im Bereich des § 113 I 2 FamFG, (zum alten Recht) BayObLG **96**, 165.

4 **4) Persönlicher Geltungsbereich I–III.** Die nach § 142 in Betracht kommende Anordnung kann sich auf jede Partei erstrecken, Grdz 4 vor § 50. Die Anordnung kann also zB auch gegenüber einer Partei kraft Amts nach Grdz 8 vor § 50 oder gegenüber dem gewillkürten Prozeßstandschafter ergehen, Grdz 29 vor § 50. Bei einer juristischen Person als Partei wird wie stets ihr gesetzlicher Vertreter verpflichtet. Vgl im einzelnen § 51 Rn 12. Die Anordnung kann auch gegenüber dem Streithelfer nach §§ 66 ff erfolgen.

Einen *Dritten* kann das Gericht im Rahmen von I, II ebenfalls zur Vorlegung verpflichten, Schäfer DS **04**, 182 (Haftpflichtversicherer). Das gilt aber nicht im Rahmen von III. Das letzteres stellt III 2 klar, Rn 19. Auch bei I muß das Gericht Grenzen beachten, II in Verbindung mit §§ 383–390, Rn 2, BGH NJW **07**, 155. Das stellen II 1, 2 ausdrücklich klar. Zunächst muß das Gericht die Zumutbarkeitsgrenze beachten. Das Gericht darf dem Dritten nach I, II 1 keine ihm körperlich, seelisch oder geistig unzumutbare Vorlegung abverlangen, etwa die Vorlegung extrem umfangreicher Aktenberge oder auch intimer Fotos, Tagebücher und anderer höchstpersönlicher Unterlagen, auf die es nicht gerade ankommt. Notfalls darf er auch solche Partien schwärzen usw. Ein Zeugnisverweigerungsrecht macht ebenfalls schon I unanwendbar. Zu seinen Grenzen Stgt RR **07**, 251. Freilich darf und muß das Gericht dessen Geltendmachung abwarten. Eine diesbezügliche Rückfrage bei einem Dritten vor einer Handlung nach I mag sinnvoll sein. Der Dritte braucht sich aber erst nach dem Erhalt einer Anordnung zu äußern.

5 **5) Ermessen, I–III.** Das Wort „kann" in I–III bedeutet nicht nur eine Zuständigkeitsregelung, sondern die Aufgabe des Gerichts, innerhalb eines pflichtgemäßen Ermessens zu entscheiden, BGH NJW **07**, 2991 (zustm Völzmann-Stickelbrock ZZP **120**, 519), BayObLG **96**, 165, Zekoll/Bolt NJW **02**, 3129. Es muß dabei alle Umstände und insbesondere die Interessen im Rahmen des problematisch knappen Merkmals der Zumutbarkeit prüfen, BGH GRUR **06**, 964 (ausf, zustm Tilmann/Schreibauer), krit Schneider MDR **04**, 1 (ausf). Es muß alle diese Umstände gegeneinander abwägen, auch einen Persönlichkeitsschutz und ein Geheimhaltungsbedürfnis, Konrad NJW **04**, 713, Zekoll/Bolt NJW **02**, 3130. Das gilt auch wegen § 357, Schlosser JZ **03**, 428. Das Gericht muß einen genügenden sachlichen Grund zu einer Vorlegungsanordnung haben, Rn 2. Die Grenze des Ermessens ist in der Revisionsinstanz überprüfbar.

Bei der Ausübung des Ermessens muß das Gericht auf den *Regelungszweck* nach Rn 2 achten und im Verfahren mit dem Beibringungsgrundsatz nach Grdz 20 vor § 128 trotz seiner teilweisen Durchbrechung in I–III darauf achten, daß es nicht zu einer Ausforschung kommt, Rn 2. Andererseits darf und muß sich das Gericht im gesamten ihm als zweckmäßig oder notwendig erscheinenden Umfang auch durch die Anordnung der Vorlegung von Urkunden usw diejenige Anschauung verschaffen, die der sachgerechten Entscheidung dienen kann, BGH NJW **07**, 2991 (vgl aber Rn 6). Das gilt etwa bei einer Schadensberechnung nach § 287, Greger NJW **02**, 1478. Kostenerwägungen sind dabei zwar nicht unbeachtlich. Sie sind aber nicht vorrangig oder allein entscheidend.

6 **6) Urkunde in Besitz von Partei oder Drittem, I 1.** Erste Voraussetzung einer Anordnung nach I 1 ist, daß sich die fragliche Urkunde im Besitz einer Partei oder eines Dritten befindet. Dritter kann zB im Prozeß des Patienten gegen seine Krankenversicherung auch der Arzt sein, LG Saarbr VersR **03**, 234, Gehrlein MDR **03**, 424, oder eine Dokumentation. Maßgeblich ist der Zeitpunkt der Anordnung, also ihrer Verkündung oder gesetzmäßigen Mitteilung an den Betroffenen, Rn 25. Insofern entspricht I 1 den §§ 131 I, 134 I. Weitergehende Vorlegungsanordnungen wie bei §§ 421 ff in der förmlichen Beweisaufnahme ermöglicht I 1 nicht. Der Prozeßgegner ist also nur unter den Voraussetzungen der §§ 422, 423 vorlegungspflichtig, StJL 20, aM BGH NJW **07**, 2991 (zustm Völzmann-Stickelbrock ZZP **120**, 519), Musielak Festgabe für Vollkommer (2006) 240, Zekoll/Bolt NJW **02**, 3130 (aber man darf nicht zu weit zur Amtsermittlung übergehen. Dazu hat sich BGH NJW **07**, 2991 nicht geäußert. Die von ihm beklagte „Diskrepanz" besteht gerade wegen der Parteiherrschaft gar nicht).

7 **A. Urkundenbegriff.** I 1 erfaßt jede Urkunde nach §§ 415 ff, also auch eine Privaturkunde. Es kommt nicht darauf an, ob die Urkunde einwandfrei oder etwa fehlerhaft ist oder sein soll, § 419. Es ist unerheblich, ob es sich auch um eine Urkunde im strafrechtlichen Sinn handelt. Es reicht aus, daß es sich nach dem Vortrag derjenigen Partei, die sich auf das Exemplar bezieht, bei seiner rechtlichen Würdigung um eine Urkunde handeln dürfte. Auch ein Schriftwechsel gehört hierher, Greger NJW **02**, 1477, ferner die SCHUFA-Datei, LG Bln MDR **06**, 352. Eine umfangreiche Aktensammlung kommt wegen des Ausforderungsverbots nach Rn 2 kaum in Betracht.

8 **B. Besitzbegriff.** Die Partei oder der Dritte muß die Urkunde gerade im Besitz haben, gerade anders als bei § 421. Das ist ein weiter Begriff, also ein Gewahrsam wie ein unmittelbarer Besitz, freilich kein nur mittelbarer Besitz nach § 868 BGB. Denn I 1 spricht nicht von „In-Händen-haben", aber meint doch ersichtlich nur die tatsächliche Sachherrschaft, aM Zekoll/Bolt NJW **02**, 3130. Andernfalls muß man gegen denjenigen weiteren Dritten vorgehen, der diese Sachherrschaft hat. Freilich kann derjenige bereits als ein Gewahrsamsinhaber gelten, der sich den Gewahrsam mühelos und alsbald verschaffen kann und darf, Schlosser Festschrift für Sonnenberger (2004) 144. Daher kommt eine Anordnung auch dann in Betracht, wenn die Partei oder der Dritte eine Urkunde erst noch anfertigen müßte oder mitgeteilt hat, man habe die Urkunde aus behebbaren vorübergehenden Gründen noch nicht oder derzeit nicht oder nicht mehr im Besitz.

7) Bezugnahme, I 1. Weitere Voraussetzung einer Anordnung nach I 1 ist, daß sich die Partei auf eine in ihrem Besitz oder in demjenigen eines Dritten befindliche Urkunde auch gerade bezogen hat, Zekoll/Bolt NJW **02**, 3130, aM ThP 1 (wegen § 273 II Z 1. Aber § 142 hat den Vorrang). Eine Bezugnahme ist auch dann zulässig und die Anordnung der Vorlage ist daher auch dann statthaft, wenn es sich um das Handelsbuch eines Vollkaufmanns nach § 258 II HGB oder um das Tagebuch eines Handelsmaklers nach § 102 HGB handelt, noch weitergehend BAG BB **76**, 1020, Daniels NJW **76**, 349. Wegen der Vorlage von Handelsbüchern im übrigen §§ 258 I, 259, 260 HGB. Wegen der Vorlage von Unterlagen auf Bild- oder Datenträgern § 261 HGB. Die Bezugnahme kann auch stillschweigend erfolgt sein. Maßgeblich ist wie stets bei einer Parteiprozeßhandlung der auslegbare Gesamtinhalt des Parteivortrags, aM Schlosser Festschrift für Sonnenberger (2004) 146 (vgl aber Grdz 52 vor § 128). Man darf ihn freilich nicht überspannen, Greger NJW **02**, 3050, Zekoll/Bolt NJW **02**, 3130. Man sollte eine Bestimmtheit der Bezugnahme fordern, Schlosser Festschrift für Sonnenberger (2004) 146. Auch wenn eine Bezugnahme noch so ratsam wäre, mag die Partei von ihr bewußt abgesehen haben. Dann ist jedenfalls keine Anordnung nach I 1 statthaft. Mag die Partei die Folgen eines unvollständigen Vortrags zumindest nach einem pflichtgemäßen Hinweis des Gerichts auf diesen Umstand tragen, §§ 138, 139. Die Bezugnahme muß im Zeitpunkt der Anordnung schon und noch bestehen. 9

8) Sonstige Unterlagen I 1. Eine Anordnung nach I 1 kommt auch dann in Betracht, wenn es sich um eine sonstige Unterlage handelt. Das gilt unabhängig davon, ob man ihr den Charakter einer Urkunde beimessen kann. I 1 erfaßt alle solchen Unterlagen, die sich im Besitz einer Partei oder eines Dritten befinden und auf sich beziehen. Daher kommt zB auch die Vorlage eines Bild-, Daten- oder Tonträgers in Betracht. Das gilt selbst dann, wenn das Gericht seinen gedanklichen Inhalt nicht ohne technische Hilfsmittel sinnlich wahrnehmen kann. Diese Auslegung entspricht allein dem weiten Aufklärungszweck, Rn 2. 10

9) Fristsetzung, Verwahrung, I 2. Das Gericht kann sich zwar auf die Vorlegungsanordnung nach I 1 beschränken. Es kann aber auch nach I 2 anordnen, daß die Vorlegung innerhalb einer von ihm bestimmbaren Frist erfolgt, II 2 Hs 1. Es kann darüber hinaus auch anordnen, daß die vorgelegten Schriftstücke während einer von ihm bestimmbaren Zeit auf der Geschäftsstelle verbleiben. Diese letztere Anordnung scheint überflüssig. Denn die Partei soll nach § 133 ohnehin einem Schriftsatz auch die für die Zustellung erforderliche Zahl von Ablichtungen oder Abschriften auch seiner Anlagen beifügen, II 2 Hs 2. Außerdem muß die Partei nach § 134 I ohnehin diejenigen in ihren Händen befindlichen Urkunden, auf die sie Bezug genommen hat, bereits vor der Verhandlung auf der Geschäftsstelle niederlegen und den Gegner zusätzlich benachrichtigen. Nach § 134 II hat der Gegner ohnehin zur Einsicht eine Frist von drei Tagen. 11

A. Einsichtszweck. Indessen geht I 2 über diese Frist hinaus. Das Gericht kann die Frist der Niederlegung selbst bestimmen, also eine längere Frist anordnen. Es kann überhaupt bestimmen, daß die Urkunden während der gesamten Instanz auf der Geschäftsstelle verbleiben sollen. Damit soll jeder Prozeßbeteiligte die Möglichkeit erhalten, an einer neutralen Stelle während der Geschäftsstunden grundsätzlich jederzeit und auch wiederholt Einsicht zu nehmen, zu vergleichen, etwaige Fehler aufzudecken usw. Auch mag das Gericht es für notwendig oder doch ratsam halten, irgendwelchen Veränderungen auch nur in der äußeren Reihenfolge oder Zusammenstellung der Urkunden oder gar dem Verlust in der Hand eines zur Akteneinsicht berechtigten Prozeßbeteiligten vorzubeugen. 12

B. Vorgelegte Schriftstücke. Die Anordnung nach I 2 kann sich nur auf ein solches Schriftstück erstrecken, das die Partei oder ein Dritter bereits auf Grund einer Anordnung nach I 1 oder ohne eine solche Anordnung dem Gericht vorgelegt hatte. Die Vorlegung besteht in der tatsächlichen Einreichung beim Gericht. Sie kann auch dann erfolgt sein, wenn die Partei sich nicht ausdrücklich auch auf dieses Schriftstück bezogen hat. Andererseits reicht eine bloße Bezugnahme ohne eine Vorlegung nicht aus. 13

C. Verbleib auf der Geschäftsstelle. Die Anordnung nach I 2 Hs 2 ergeht dahin, daß das Schriftstück auf der Geschäftsstelle verbleibt. Das hat seine Bedeutung für den Fall, daß die Geschäftsstelle die Akte etwa nach § 299 von der Geschäftsstelle versendet oder auch nur an eine andere Abteilung desselben Gerichts schickt, etwa weil diese sie als eine Beiakte zu einem Parallelverfahren angefordert hat. Auch dann verbleibt das Schriftstück bei derjenigen Geschäftsstelle, die die Hauptakte führt. Das gilt für die Dauer der jeweiligen Instanz. Ob das Gericht gestattet, auch das so verwahrte Schriftstück auf Anfordern dem Prozeßbeteiligten usw zu übersenden, muß es nach § 299 klären. 14

D. Verbleibszeitraum. Das Gericht muß bei seinem pflichtgemäßen Ermessen nach Rn 4 auch die Dauer des Verbleibs des Schriftstücks auf der Geschäftsstelle bestimmen. Die Dauer hängt von derjenigen voraussichtlichen Zeit ab, während der das Schriftstück jederzeit zur Einsicht auf der Geschäftsstelle verfügbar bleiben muß oder vor unbefugten Eingriffen Schutz braucht. Dabei muß das Gericht einerseits die Interessen des Vorlegers an einem baldigen Rückerhalt abwägen, insbesondere bei Geschäftsbüchern, Steuerunterlagen und dergleichen. Es muß andererseits das Interesse an einer zügigen Verfahrensförderung und dem Schutz vor Mißbräuchen bedenken. Das Gericht kann seine Entscheidung über die Dauer des Verbleibs nachträglich ändern, etwa durch eine Verlängerung oder Abkürzung oder durch eine teilweise Aufhebung oder Erweiterung. 15

E. Verwahrungsverhältnis. Durch die Anordnung nach I 2 Hs 2 begründet das Gericht für das vorgelegte Schriftstück während der von ihm bestimmten Zeit ein amtliches Verwahrungsverhältnis zwischen dem Vorleger (Hinterleger) und dem Staat. Die HinterlO ist nur insofern anwendbar, als nicht die vorrangigen Vorschriften der ZPO entgegenstehen. Eine amtliche Verwahrung ist freilich schon mit dem tatsächlichen Eingang der Schriftstücke in den Justizbereich entstanden. 16

10) Übersetzung, III. Die Gerichtssprache ist deutsch, § 184 GVG. Daran ändert auch der Umstand nichts, daß bei der zunehmenden Internationalisierung auch des Rechtsverkehrs Fremdsprachen in der Alltagspraxis auch vor Gericht zunehmen. Allerdings können die MRK und andere internationale Rechtsquellen solche Vorschriften enthalten, die sowohl dem § 184 GVG als auch dem § 142 III vorgehen können. Eine fremdsprachige Urkunde ist nicht schon deshalb unbeachtlich, weil sie ohne eine Anordnung einer Übersetzung im Original vorliegt, § 420, § 184 GVG Rn 4, BGH NJW **89**, 1433, Bacher/Nagel GRUR **01**, 873. Nach III hat das Gericht ein Ermessen, ob es eine Übersetzung nach § 144 anordnet, Rn 4. 17

18 **A. Fremdsprachigkeit.** III gilt für alle Arten von Urkunden in einer beliebigen fremden Sprache. Ein dem erkennenden Gericht unbekannter deutscher oder deutschsprachiger Dialekt ist zwar keine „fremde" Sprache. Er nötigt das Gericht aber evtl zu einer entsprechenden Anwendung von III, um die Urkunde verstehen zu können. Soweit das Gericht die fremde Sprache selbst beherrscht, kann es die fremdsprachige Urkunde ohne einen Verstoß gegen § 184 GVG unmittelbar verwenden, BGH FamRZ **88**, 828. Denn III dient nicht einer sinnlosen Förmelei. Das setzt aber voraus, daß alle Mitglieder des erkennenden Spruchkörpers ausreichende Sprachkenntnisse haben. Die Kenntnis nur des Vorsitzenden oder nur des Berichterstatters reicht nicht. Denn sie nimmt den übrigen Richtern die Möglichkeit, sich einen eigenen unmittelbaren Sinneseindruck vom Gedankeninhalt der Urkunde zu machen. Ohnehin muß ja jeder Richter zumindest imstande sein, die gesamte Akte selbst zu lesen und zu verstehen, Einl III 18. Andererseits ist trotz Art 103 I GG nicht auch eine ausreichende Sprachkenntnis aller übrigen Prozeßbeteiligten erforderlich. Das Gericht kann es den Parteien und ihren ProzBev usw überlassen, sich Übersetzungen zu beschaffen. Ihre Kosten gehören zu den außergerichtlichen Prozeßkosten nach § 91. Dann ist § 11 JVEG nicht direkt anwendbar, sondern nur auf Grund einer etwaigen Vereinbarung der Partei mit dem Übersetzer. Denn dann zieht das Gericht den Übersetzer nicht nach § 1 I 1 Z 1 JVEG selbst heran. Vgl freilich § 184 GVG Rn 1. Der Vorsitzende sollte immerhin zumindest den Parteien in der Verhandlung den nach der Meinung des Gerichts wesentlichen Inhalt der fremdsprachigen Urkunde auf ihren etwaigen Wunsch kurz so darstellen, wie ihn das Gericht versteht.

19 **B. Beibringung einer Übersetzung.** Das Gericht kann in jedem Fall nach III 1 schon im Interesse eines allseits übereinstimmenden Sprachverständnisses und zumindest mangels einer eigenen Fremdsprachenkenntnis verlangen, daß die Partei von jeder von ihr eingereichten fremdsprachigen Urkunde eine Übersetzung beibringt. Das kann auch dann geschehen, wenn sich die Partei nicht nach I auf eine solche Urkunde bezogen hat. Die Urkunde braucht sich auch nicht nach I derzeit in den Händen der Partei zu befinden. Es reicht aus, daß der Gesamtvortrag der Partei sie irgendwie erfaßt und daß sie entscheidungserheblich sein könnte, also nicht schon sein muß.

Gegenüber einem Dritten ist die Anordnung nach III 1 unstatthaft. Das stellt III 2 klar. Damit zieht III einen wesentlich engeren persönlichen Rahmen als I, II. Deshalb kommt es auch bei III anders als bei II nicht darauf an, ob der Dritte ein Ausageverweigerungsrecht hätte.

20 **C. Anfertigung durch Übersetzer.** Das Gericht kann sich mit einer beliebigen privatschriftlichen oder mündlichen Übersetzung begnügen, etwa durch einen zufällig anwesenden, sprachkundigen Dritten. Es kann aber auch eine Übersetzung durch einen nach den in III 1 genannten Voraussetzungen ermächtigten oder öffentlich bestellten Übersetzer fordern. In der Wahl mehrerer derart ermächtigten oder öffentlich bestellten Übersetzer ist das Gericht im Rahmen pflichtgemäßen Ermessens frei, Rn 4. Es kann die Wahl auch derjenigen Partei überlassen, der es die Beibringung auferlegt. Die Übersetzung mag in der Verhandlung mündlich erfolgen. Das Gericht kann auch die Beibringung einer schriftlichen Übersetzung anordnen. Dann ist eine persönliche Vernehmung des Übersetzers erst insoweit erforderlich, als das Gericht oder ein Prozeßbeteiligter die Übersetzung beanstandet. III 2–4 enthalten nähere Anforderungen an die Übersetzung usw.

21 **D. Anfertigung im unmittelbaren Gerichtsauftrag.** Das Gericht kann die Übersetzung auch von Amts wegen unmittelbar beim Übersetzer seiner Wahl bestellen, statt sie nach III der Partei zu überlassen. Das ergibt sich schon aus §§ 144 I, 273, aber auch aus § 184 I GVG. Nur dann ist § 11 JVEG direkt anwendbar. Denn nur dann zieht das Gericht den Übersetzer nach § 1 I 1 Z 1 JVEG selbst heran.

22 **11) Verfahren, I–III.** In allen Fällen des § 142 muß man mehrere Punkte beachten.

A. Zuständigkeit. Zuständig ist „das Gericht". Das ist also grundsätzlich das gesamte erkennende Kollegium. Der Einzelrichter ist im Rahmen seines Zuständigkeitsbereichs nach §§ 348, 348 a, 526, 527, 568 natürlich auch nach § 142 allein zuständig. Der Vorsitzende trifft die Entscheidung außerhalb der mündlichen Verhandlung im Rahmen von § 273 II in Verbindung mit § 142 in seiner eigenen Zuständigkeit. In der Verhandlung führt er die Entscheidung des Kollegiums herbei.

23 **B. Entscheidungsform: Verfügung oder Beschluß.** Außerhalb der mündlichen Verhandlung kann der Vorsitzende durch eine Verfügung nach § 273 II Z 5 entscheiden. Er kann auch die Beschlußform wählen, § 329. Sie ist in der Verhandlung notwendig.

24 **C. Begründung.** Das Gericht muß seine Entscheidung trotz ihrer grundsätzlichen Unanfechtbarkeit nach Rn 28 wenigstens stichwortartig begründen, § 329 Rn 4. Das gilt sowohl bei einer Anordnung als auch bei der Ablehnung einer solchen Maßnahme.

25 **D. Mitteilung.** Das Gericht verkündet seine Entscheidung oder stellt sie wegen Rn 11, 28 förmlich zu, § 329 III Hs 2.

26 **E. Kosten.** Alle auf Grund einer Anordnung entstehenden Kosten werden ein Teil der Prozeßkosten. Sie sind im Rahmen der §§ 91 ff erstattungsfähig. Das gilt sowohl für die der Partei zur Durchführung der Anordnung entstandenen Unkosten als auch für die vom Gericht durch seinen unmittelbaren Auftrag veranlaßten Unkosten. Der Höhe nach richtet sich die Erstattungsfähigkeit nach den üblichen Regeln, zB beim Übersetzer nach §§ 8 ff JVEG, Hartmann Teil V.

27 **12) Verstoß der Partei oder eines Dritten, I–III.** Soweit die Partei oder ein nach I, II zur Vorlegung verpflichteter Dritter einer ordnungsgemäßen Anordnung nach I–III vorwerfbar nicht folgen, würdigt das Gericht den Ungehorsam der Partei nach § 286 frei, BAG DB **76**, 1020, Schäfer DS **04**, 182, Zekoll/Bolt NJW **02**, 3130. Dabei kann es eine Verweigerung der Vorlage annehmen, Brdb FamRZ **05**, 1842. Es verfährt gegenüber dem Dritten nach II 2 in Verbindung mit §§ 383 ff, Zekoll/Bolt NJW **02**, 3133. Wegen der Nichteinhaltung einer Frist des Gerichts und auch wegen der Fristwahrung durch eine fremdsprachige Urschrift kommt eine Zurückweisung nach § 296 I in Betracht. Denn der dort genannte § 273 II Z 1 verweist auch auf § 142. Im übrigen können die Regeln zur Beweisvereitelung nach Anh § 286 Rn 26 auch außerhalb eines förmlichen Beweisverfahrens entsprechend anwendbar sein.

13) Rechtsbehelfe, I–III. Soweit der Vorsitzende eine Anordnung getroffen oder abgelehnt hat, ist die Anrufung des Kollegiums statthaft, § 140 Hs 1. Das übersehen Zekoll/Bolt NJW **02**, 3130. Im übrigen kommt gegen die Ablehnung eines Antrags die sofortige Beschwerde nach §§ 387, 567 I Z 2 in Betracht, Schlosser Festschrift für Sonnenberger (2004) 154. Soweit das OLG als Berufungs- oder Beschwerdegericht entschieden hat, kommt allenfalls eine Rechtsbeschwerde an den BGH unter den Voraussetungen des § 574 in Betracht. Gegen die Anordnung ist grundsätzlich kein besonderer Rechtsbehelf statthaft, § 567 I Z 1. Man kann allenfalls die auf ihr beruhende Endentscheidung wie sonst anfechten. Beim Rpfl gilt § 11 RPflG, § 104 Rn 41 ff. 28

143 *Anordnung der Aktenübermittlung.* **Das Gericht kann anordnen, dass die Parteien die in ihrem Besitz befindlichen Akten vorlegen, soweit diese aus Dokumenten bestehen, welche die Verhandlung und Entscheidung der Sache betreffen.**

Vorbem. Überschrift nur scheinbar geändert (war in Wahrheit schon so vorhanden) dch Art 1 Z 1 b G v 18. 8. 05, BGBl 2477, in Kraft seit 27. 8. 05, Art 3 S 2 G.

Schrifttum: *Liebscher,* Datenschutz bei der Datenübermittlung im Zivilverfahren, 1994; *Niehr,* Die zivilprozessuale Dokumentenvorlegung im deutsch-englischen Rechtshilfeverkehr usw, 2004; *Schöpflin,* Die Beweiserhebung von Amts wegen im Zivilprozeß, 1992; *Stein* (vor § 141 Rn 1).

Gliederung

1) Systematik. Die Vorschrift ist eine Ergänzung zu §§ 131 ff, 142, Gruber/Kießling ZZP **116**, 333. Sie betrifft anders als § 432 nur solche Akten, die sich im Besitz einer Partei befinden. Sie stellt eine der nach § 273 möglichen Maßnahmen dar. Sie beinhaltet keinen Verstoß gegen den Beibringungsgrundsatz, Grdz 20 vor § 128. Denn sie betrifft genaugenommen nur solche Dokumente, die ohnehin bereits Aktenbestandteile waren, sind oder jedenfalls werden sollen. Der Tarnschutz eines gefährdeten Zeugen hat den Vorrang, § 10 II ZSHG. 1

2) Regelungszweck. Die Vorschrift bezweckt eine Ermöglichung der (Wieder-)Herstellung vollständiger Gerichtsakten. Diese können aus unterschiedlichen Gründen unvollständig (geworden) sein, etwa wegen einer irriger Einheftung in einer fremden Akte, wegen des Versands an einen ersuchten Richter, wegen des Durcheinanderfallens bei der Bearbeitung auf der Geschäftsstelle usw. Ohne § 143 würde zwar aus dem Prozeßrechtsverhältnis nach Grdz 4 vor § 128 ohnehin eine generelle Pflicht der Parteien zur Mitwirkung an der Vervollständigung ableitbar sein, Grdz 11 vor § 128. Die Vorschrift stellt aber die Art und den Umfang der Pflicht zumindest klar. Sie umfaßt wegen ihres Zwecks natürlich auch die Pflicht zur Unverzüglichkeit. 2

3) Geltungsbereich. Grdz 3 vor § 128. Im Bereich des § 113 I 2 FamFG ist § 143 entsprechend anwendbar. 3

4) Akten. § 143 erfaßt nicht jede Urkunde und nicht jedes Dokument, auch nicht jede Fotokopie, jedes Foto usw, sondern nur „Akten", die „aus Dokumenten bestehen". Natürlich muß man den Begriff Dokument nach dem jeweiligen Stand der Technik auch weit verstehen. Er umfaßt zB auch eine elektronische Fassung oder die Kopie eines Telefax oder eine Skizze, in Wahrheit aber darüber hinaus jede Art von möglichem Aktenbestandteil, Rn 8. Allerdings gelten die Einschränkungen Rn 5, 6. 4

5) Parteibesitz. § 143 erfaßt nur solche Akten, die sich im Besitz einer Partei befinden. Besitz ist ganz weit verstehbar. Er liegt auch dann vor, wenn die Partei die Akte derzeit vorübergehend nicht in ihrem tatsächlichen Gewahrsam hat, sich diesen aber tatsächlich und rechtlich ohne unzumutbare Schwierigkeiten alsbald (wieder) verschaffen kann. Er liegt auch dann vor, wenn die Partei die Akten an einem anderen Ort als ihrem Wohnsitz oder gewöhnlichen Aufenthaltsort verwahrt. Er fehlt, soweit die Partei etwa nur mithilfe eines Dritten, etwa ihres Miterben, die tatsächliche Verfügungsgewalt erlangen könnte und soweit dieser Dritte ihr eindeutig Schwierigkeiten macht. Sie braucht ihn nicht zu verklagen, um die Akten nach § 143 herausgeben zu können. Der Besitz des ProzBev genügt, ebenso derjenige des gesetzlichen Vertreters. Der Besitz eines Dritten kann genügen, sofern die Partei ohne jede Schwierigkeit sogleich den Gewahrsam erhalten kann. Sonst genügt dieser Besitz nicht, und zwar auch nicht beim streitgenössischen oder gewöhnlichen Streithelfer. 5

6) Bezug auf Prozeß. Es muß sich um solche Dokumente handeln, die gerade zur Kenntnis des Gerichts und des Prozeßgegners bestimmt sind oder kommen müssen. 6

A. Anwendbarkeit auf Prozeßvorgänge. Es muß sich um solche Dokumente handeln, die endgültig Aktenbestandteile waren, sein sollten oder werden sollen, von denen also das Gericht und der Prozeßgegner Kenntnis nehmen sollen und dürfen, wenn auch vielleicht nur nach dem Willen des Prozeßgegners oder desjenigen, der den Vorgang zur Akte eingereicht hatte oder einreichen will.

7 **B. Unanwendbarkeit auf interne Vorgänge.** Es reicht nicht aus, daß sich die Dokumente nur auf den Schriftwechsel zur Vorbereitung oder Begleitung oder Abwicklung des Außenverhältnisses (Prozeßrechtsverhältnisses) beziehen. Es genügt also nicht, daß sie nur eine interne Bedeutung oder Zweckbestimmung haben, daß sie zB nur für die Handakten der Partei oder ihres ProzBev bestimmt sind, mögen sie auch aus der Sicht des Gerichts oder des Prozeßgegners in Wahrheit sehr wohl zur Sache gehören und entscheidungserheblich sein. Andernfalls könnte man mit § 143 das gesamte Berufsgeheimnis des ProzBev glatt umgehen, jedes geschäftliche Geheimnis der Partei und überhaupt die Grundsätze der Parteiherrschaft und des Beibringungsprinzips, Grdz 18, 20 vor § 128. Das ist nicht der Sinn von § 143. Auch ist der Datenschutz zumindest insoweit beachtlich, § 299 Rn 4, Liebscher (vor Rn 1), Prütting ZZP **106**, 427 ff.

8 **C. Entbehrlichkeit einer Bezugnahme.** Allerdings ist es nicht notwendig, daß sich die Partei oder auch nur der Prozeßgegner auf die Dokumente ausdrücklich oder stillschweigend bezogen haben. Es reicht vielmehr aus, daß es sich um solche Vorgänge handelt, die eben schon im Original Aktenbestandteil waren, sein sollten oder werden sollen.

9 **D. Anwendbarkeit auf Kopien.** Unter den Voraussetzungen Rn 6–8 können auch bloße Fotos, Kopien, Durchschläge, Entwürfe usw unter § 143 fallen, soweit sie oder „nur" die zugehörigen Originale Aktenbestandteile waren, sein sollten oder werden sollen, Rn 4. Freilich ist der bloße Entwurf eines solchen Aktenbestandteils ja noch nicht Teil der „Akte" und unterliegt daher noch der alleinigen Befugnis der Partei darüber, ob er überhaupt zur Kenntnis des Gerichts und des Gegners kommen soll.

10 **7) Ermessen.** Unter den Voraussetzungen Rn 4–6 ist das Gericht zur Anordnung der Vorlage befugt und im Rahmen seines Ermessens auch verpflichtet. Es kann auch dazu verpflichtet sein nachzufragen, ob sich ein Dokument im Besitz der Partei befindet. Der Prozeßrichter kann aber nicht etwa insoweit eine Durchsuchungsanordnung erlassen, auch nicht im Verfahren mit dem Amtsermittlungsgrundsatz, Grdz 38 vor § 128. Es ist freilich denkbar, daß das Gericht wegen des Verdachts der Aktenunterdrückung nach § 274 StGB eine Durchsuchung durch die Staatsanwaltschaft oder den Strafrichter anordnen muß. Das Zivilgericht darf und muß versuchen, seine Akten vollständig zu halten oder wieder zu vervollständigen. Es kann daher nach § 143 die Pflicht haben, auch etwa eine solche Beiakte vorlegen zu lassen, die bereits ein Bestandteil der Hauptakte war, sein sollte oder werden soll.

11 **8) Vorlageanordnung.** Man muß mehrere Punkte beachten.

A. Zuständigkeit. Zuständig ist „das Gericht". Es handelt in der mündlichen Verhandlung durch das Kollegium, soweit ein Prozeßbeteiligter eine Anordnung des Vorsitzenden beanstandet, § 140. Außerhalb der Verhandlung handelt das Gericht durch den Vorsitzenden, auch den Einzelrichter nach §§ 348, 348 a, 526, 527, 568 oder den verordneten (beauftragten, ersuchten) Richter §§ 361, 362, soweit diese die Akten für ihre Verhandlung und Entscheidung benötigen.

12 **B. Form.** Die Anordnung erfolgt durch einen Beschluß nach § 329 oder durch eine prozeßleitende Verfügung nach § 273 II Z 1, bei § 432 auch für eine behördliche Akte.

13 **C. Begründung.** Das Gericht sollte seine Anordnung trotz ihrer grundsätzlichen Unanfechtbarkeit wenigstens stichwortartig begründen, § 329 Rn 4.

14 **D. Mitteilung.** Das Gericht verkündet seine Anordnung im Termin nach § 329 I 1. Außerhalb der Verhandlung der betroffenden Partei teilt das Gericht seine Anordnung formlos nach § 329 II 1 mit. Es läßt sie aber dann förmlich zustellen, wenn es zweckmäßigerweise eine Vorlagefrist setzt, § 329 II 2 Hs 2. In diesem letzteren Fall ist die Zustellung einer Ausfertigung oder beglaubigten Ablichtung oder Abschrift nötig. Auch bei einer bloßen Verfügung nach § 273 II Z 2 ist eine volle Unterschrift des Richters unter dem Original notwendig, § 329 Rn 8. Andernfalls würde die Frist nicht zu laufen beginnen. Der Prozeßgegner erhält eine formlose Mitteilung.

15 **9) Auswertbarkeit.** Eine Verwertung der nach § 143 vorgelegten Akten erfolgt natürlich insoweit, als sie schon vorher ein Bestandteil der Gerichtsakte oder einer Beiakte waren. Im übrigen erfolgt die Verwertung nur, soweit das Gericht oder eine Partei die Akten zum Gegenstand der Verhandlung machen kann oder gemacht hat, § 285. Bei einer behördlichen Akte erfolgt die Verwertung nur, soweit das Gericht den Akteninhalt den Parteien mitteilen darf, auch nach dem BDSG. Dabei binden aber bloße selbst ministerielle Verwaltungsanordnungen den Prozeßrichter nicht. Eine Dienstaufsichtsakte kann ihn sehr wohl berechtigen und verpflichten, die für die Sachentscheidung des Hauptprozesses schon und noch erheblichen Teile auch gegen ein erklärtes Verbot des Dienstvorgesetzten zum Gegenstand der Verhandlung zu machen. Das gilt schon deshalb, weil der Richter ja der eigentliche Träger des etwaigen Geheimnisschutzes jener Aufsichtsakte ist, nur daneben der Vorgesetzte. Man muß eine Befugnis zur Auswertung im übrigen insoweit annehmen, als eine behördliche Akte oder die Prozeßakte keinen gegenteiligen Vermerk hat oder soweit nicht die Geheimhaltungsbedürftigkeit sonstwie bekannt ist, § 299.

16 **10) Verstoß.** Soweit die Partei gegen eine wirksame Vorlageanordnung unentschuldigt verstößt, würdigt das Gericht die Nichtbefolgung seiner Anordnung nach § 286 frei. Es hängt von den Gesamtumständen ab, ob es dem Säumigen eine Nachfrist setzt. Dabei darf und muß es auch an das Interesse des Prozeßgegners an einer unverzüglichen Prozeßbeendigung denken. Es kann die Glaubhaftmachung eines Hindernisses anordnen, § 294. Es muß aber natürlich auch zB die sicher oft nicht unbeträchtlichen Schwierigkeiten bei dem Zusammentragen etwa älterer Aktenbestandteile aus Kopien der Handakte der Partei oder ihres ProzBev mitbedenken.

17 **11) Rechtsbehelfe.** Soweit das Gericht ein das Verfahren betreffendes Gesuch zurückweist, kommt die sofortige Beschwerde nach § 567 I Z 2 in Betracht. Sowohl die Unterlassung einer nach § 143 möglichen und etwa notwendigen Vorlegungsanordnung als auch die Anordnung selbst ist nur zusammen mit dem Endurteil anfechtbar. Soweit dieses unanfechtbar ist, kann eine ungenügende Bemühung um den Akteninhalt als ein Verstoß gegen das Gebot des rechtlichen Gehörs eine Verfassungsbeschwerde rechtfertigen,

Artt 2 I, 20 III GG (Rpfl), BVerfG **101**, 404, Art 103 I GG (Richter). Bei einem unentschuldigten Ungehorsam kommen auch Maßnahmen nach § 95 oder § 38 GKG, Anh § 95, in Betracht. Beim Rpfl gilt § 11 RPflG, § 104 Rn 41 ff.

144 ***Augenschein; Sachverständige.*** **[I 1] Das Gericht kann die Einnahme des Augenscheins sowie die Begutachtung durch Sachverständige anordnen. [2] Es kann zu diesem Zweck einer Partei oder einem Dritten die Vorlegung eines in ihrem oder seinem Besitz befindlichen Gegenstandes aufgeben und hierfür eine Frist setzen. [3] Es kann auch die Duldung der Maßnahme nach Satz 1 aufgeben, sofern nicht eine Wohnung betroffen ist.**

[II 1] Dritte sind zur Vorlegung oder Duldung nicht verpflichtet, soweit ihnen diese nicht zumutbar ist oder sie zur Zeugnisverweigerung gemäß den §§ 383 bis 385 berechtigt sind. [2] Die §§ 386 bis 390 gelten entsprechend.

[III] Das Verfahren richtet sich nach den Vorschriften, die eine auf Antrag angeordnete Einnahme des Augenscheins oder Begutachtung durch Sachverständige zum Gegenstand haben.

Schrifttum: *Peters,* Richterliche Hinweispflichten und Beweisinitiativen im Zivilprozeß, 1983; *Schöpflin,* Die Beweiserhebung von Amts wegen im Zivilprozeß, 1992; *Schütze,* Probleme der Übersetzung in Zivilprozeßrecht, Festschrift für *Sandrock* (2000) 871; *Stein* (vor § 141 Rn 1).

Gliederung

1) Systematik, I–III. Die Vorschrift stellt entsprechend ihren unterschiedlichen Regelungszwecken nach Rn 2 eine Ergänzung einerseits zu §§ 142, 273 dar, auch in Verbindung mit §§ 138, 139, andererseits zu §§ 371 ff, 402 ff. Sie durchbricht den Beibringungsgrundsatz nach Grdz 25 ff vor § 128, wie es auch in anderen Vorschriften der ZPO geschieht. Das berechtigt den Richter freilich nicht zu Ermittlungen auf eigene Faust, LG Gött RR **01**, 64 (streng). 1

2) Regelungszwecke, I–III. Die Vorschrift dient unterschiedlichen Zwecken. Das beachten viele zu wenig. Es ist für die Auslegung wichtig. Man sollte weder in eine Ausforschung noch außerhalb eines dem Untersuchungsgrundsatz unterliegenden Verfahrens in eine übereifrige Sachverhaltserforschung verfallen, Rn 11, Greger DStR **05**, 484. 2

A. Veranschaulichung. § 144 kann wie § 142 durchaus nur dem Zweck dienen sollen, dem Gericht im Rahmen seiner Förderungspflicht nach Grdz 12 vor § 128 eine bessere Veranschaulichung zu verschaffen. Das mag bei einer unstreitigen oder streitigen Tatsache geschehen, Ffm JB **00**, 138. Es mag sich auf eine technische Funktion beziehen, BGH GRUR **04**, 413, oder auf eine Verfahrensweise, auf den sinnlich wahrnehmbaren Zustand einer Sache oder einer Person. Der zu veranschaulichende Vorgang mag kompliziert oder im Grunde einfach sein. Es reicht, daß das Gericht zur Verbesserung seiner Beurteilungsfähigkeit einen von den Parteien übereinstimmend geschilderten Umstand mit seinen eigenen Sinnen wahrnehmen oder durch einen Fachmann zusätzlich wahrgenommen oder erläutert wissen möchte, BAG DB **99**, 104. Ebenso kommt § 144 in Betracht, soweit das Gericht etwa eine nur unter einen Zeugenbeweis gestellte streitige Tatsache vom Zeugen nicht anschaulich genug erläutert bekommen konnte. Die Vorschrift kommt ferner dann in Betracht, wenn das Gericht Zweifel hat, ob die vom Zeugen als ausreichend geschilderte Funktion einer im Gebrauchszweck umstrittenen Sache tatsächlich ausreicht, und wenn es daher zusätzlich eine solche Wahrnehmung für notwendig hält, die der Beweisführer entweder nicht ausdrücklich beantragt oder die er etwa aus Kostengründen als angeblich nicht mehr erforderlich bezeichnet.

B. Klärung einer streitigen Tatsache. Es mag aber auch um die vom Gericht ebenfalls wegen seiner Förderungspflicht nach Grdz 12 vor § 128 für notwendig gehaltene erstmalige oder zusätzliche Aufklärung einer streitigen Tatsache gehen, KG RR **06**, 241. Das kann vor allem immer dann der Fall sein, wenn es sich um ein Verfahren mit dem Ermittlungsgrundsatz nach Grdz 38 vor § 128 handelt, etwa im FamFG-Verfahren. Es kommt eine solche Aufklärung aber auch im Verfahren mit dem bloßen Beibringungsgrundsatz nach Grdz 20 vor § 128 in Betracht. Das gilt etwa dann, wenn der Beweisführer die irrige Auffassung vertritt, er brauche einen Beweisantrag „Augenscheinseinnahme" nach §§ 371 ff nicht zu stellen, BGH NJW **01**, 3

2465, oder wenn der Beweisführer einen Antrag auf die Einholung eines Gutachtens nach §§ 402 ff ersichtlich nur deshalb unterlassen hat, weil er die Sachkunde des Gerichts eben als ausreichend ansah, während sie in Wirklichkeit nicht ausreicht, oder wenn die Reihenfolge von Unterschrift und Datumsstempel auf einem Empfangsbekentniss streitig ist, BGH RR **06**, 1436 links oben. Gerade in solchen Fällen muß man allerdings die Durchbrechung des Beibringungsgrundsatzes durch § 144 als eine bloße Ausnahme von einer den „normalen" Zivilprozeß beherrschenden Regel beachten. Das hat seine Auswirkungen bei der Ausübung des Ermessens, Rn 5.

4 **3) Geltungsbereich, I–III.** Die Vorschrift gilt in jedem Verfahren nach der ZPO, auch im WEG-Verfahren, nicht nur im Verfahren von Amts wegen nach Grdz 38 vor § 128, sondern auch in demjenigen mit dem Beibringungsgrundsatz, Rn 2, 3. Sie gilt in jeder Prozeßlage, auch in der zweiten Instanz. Sie gilt innerhalb und außerhalb der mündlichen Verhandlung. Sie gilt auch im Bereich des § 113 I 2 FamFG, (zum alten Recht) BayObLG **96**, 165. Vgl aber Rn 9.

5 **4) Ermessen, I.** Das Wort „kann" in I 1–3 bezieht sich nicht nur auf die Zuständigkeit, sondern räumt dem Gericht einen pflichtgemäßen Ermessensspielraum ein, BGH RR **06**, 1677, Köln RR **98**, 1274, Habscheid ZZP **96**, 309. Immer dann, wenn es um einen Augenschein oder um einen Sachverständigen gehen könnte, muß das Gericht also prüfen, ob es von § 144 Gebrauch machen will und etwa mangels einer ausreichenden Sachkunde auch machen muß, BGH RR **06**, 1677, Düss MDR **84**, 1033, Stgt VersR **91**, 230.

6 **A. Bei Notwendigkeit besserer Veranschaulichung.** Eine Anordnung nach I 1–3 kommt unabhängig von der Streitigkeit oder Unstreitigkeit einer Tatsache immer dann in Betracht, wenn das Gericht keine genügende Anschauung hat, Rn 2, BGH NJW **92**, 2019. Zwar ist das Gericht ja schon nach §§ 138, 139 dazu berechtigt und grundsätzlich verpflichtet, die Parteien zu Äußerungen darüber zu veranlassen, wie man sich die Person, die Sache oder den Vorgang vorzustellen habe. Indessen mögen die Parteien zB erkennbar überfordert sein, sei es auch nur im Ausdruck. Eine bessere Anschauung muß sich das Gericht schon wegen der Notwendigkeit einer umfassenden Prüfung des ihm unterbreiteten Tatsachenstoffs nach § 286 Rn 13–15 verschaffen. Das gilt in jeder Verfahrensart und in jedem Verfahrensstadium, Rn 4.

7 **B. Beim Fehlen eines Beweisantrags.** Eine Maßnahme nach I 1–3 kommt ferner dann in Betracht, wenn der Beweisführer für eine entscheidungsbedürftige streitige Tatsache keinen bestimmten Beweisantrag gestellt hat, BGH **66**, 68. Denn § 144 stellt eine Durchbrechung des Beibringungsgrundsatzes dar, Rn 1, 2. Das Gericht darf also keineswegs stets eine Entscheidung darauf stützen, die Partei habe dann weder die Einnahme eines Augenscheins noch die Einholung eines Sachverständigengutachtens beantragt, also keinen Beweis angetreten, Köln RR **98**, 1274, aM Ffm MDR **93**, 82 (vgl aber die folgende Überlegung). Das Gericht ist nämlich zumindest nach § 139 dazu berechtigt und grundsätzlich verpflichtet, die Partei zu einer Äußerung darüber zu veranlassen, warum sie einen solchen Antrag nicht gestellt hat, BGH GRUR **90**, 1054, Ffm MDR **93**, 82, Köln RR **98**, 1274. Das Gericht darf dann auch nicht etwa das Vorbringen der Partei schon deshalb nach § 296 als verspätet zurückweisen, weil sie einen entsprechenden Beweisantrag verspätet gestellt habe. Eine solche Zurückweisung ist nur dann zulässig, wenn das Gericht auf Grund des bisherigen Vortrags keine Veranlassung gehabt hatte, nach § 144 und/oder nach § 273 II Z 4, 5 oder nach § 358 a Z 2, 4, 5 auch ohne den Antrag der Partei vorzugehen, BGH VersR **82**, 146, LG Ffm VersR **93**, 1139. Allerdings ist ein Hinweis entbehrlich, soweit schon der Gegner ihn gab, Oldb RR **00**, 949.

8 **C. Beim Fehlen eines Vorschusses.** Eine Anordnung nach I 1–3 kommt ferner dann in Betracht, wenn der Beweisführer einen vom Gericht nach §§ 379, 402 verlangten Vorschuß nicht bezahlt hat, Schneider MDR **00**, 751. Das gilt jedenfalls dann, wenn er erkennbar zur Zahlung außerstande war oder wenn die Anordnung auch ohne den Vorschuß im Interesse der Gerechtigkeit notwendig ist, BGH MDR **76**, 396. Indessen ist gerade dann eine Vorsicht ratsam. Immerhin sieht das Gesetz als Regel die Durchführung einer nur auf einen Antrag in Betracht kommenden Beweisaufnahme erst nach der Zahlung eines angemessenen Vorschusses durch den Beweisführer vor, § 12 I 1, 2 GKG. Auch wenn das Gericht nicht vorrangig die Interessen der Staatskasse beachten muß, darf es doch diesen Teil der „Beweislast im weiteren Sinn" dem Beweisführer nicht einfach durch eine Anordnung nach § 144 abnehmen und damit die Aussichten des gleichberechtigten Prozeßgegners (Beweisgegners) schwächen helfen. Andererseits darf das Gericht einen Vorschuß insoweit nicht erheben, als es nun einmal nach § 144 von Amts wegen vorgeht, § 12 III GKG, BGH NJW **00**, 744, Hartmann Teil I A § 12 GKG Rn 6.

9 **D. Beim Verfahren mit Ermittlungsgrundsatz.** Im Verfahren mit dem Ermittlungsgrundsatz nach Grdz 38 vor § 128 vor allem im FamFG-Verfahren nach § 26 FamFG darf und muß das Gericht ohnehin von Amts wegen einen Augenschein oder einen Sachverständigenbeweis anordnen, soweit das zur Aufklärung einer entscheidungsbedürftigen Tatsache erforderlich ist. Das gilt unabhängig davon, ob die Tatsache streitig ist. Bei einer Streitigkeit empfiehlt sich ein Beweisbeschluß nach §§ 358, 371.

10 **E. Grenzen bei Unzulässigkeit eines Beweisantrag.** Eine Anordnung nach I 1–3 soll nicht erfolgen, soweit das Gericht einen entsprechenden Beweisantrag zB nach § 296 I ablehnen müßte oder wenn die Anordnung überhaupt auf eine Ausforschung hinausliefe, Einf 27 vor § 284, Naumb FamRZ **03**, 386, aM Düss MDR **84**, 1033 (aber das Gericht darf nicht in sich widersprüchlich handeln).

11 **F. Sonstige Grenzen: Keine Überspannung.** Überhaupt sollte das Gericht seine Sorgfaltspflichten auch bei § 144 nicht unzumutbar überspannen, BGH NJW **84**, 433, Düss VersR **94**, 1322 (auch aus Kostengründen), Greger DStR **05**, 484, aM Stgt VersR **91**, 230 (Arzthaftung. Aber auch dann gilt der Beibringungsgrundsatz, Grdz 20 vor § 128). Insbesondere eine anwaltliche vertretene Partei dürfte in aller Regel triftige Gründe haben, wenn sie weder einen Augenschein noch einen Sachverständigenbeweis beantragt. Das Gericht darf grundsätzlich davon ausgehen, daß das Fehlen eines solchen Antrags auf einer Absprache zwischen der Partei und ihrem ProzBev beruht. Dann besteht nur wenig Anlaß zu einer Maßnahme nach § 144, LG Ffm VersR **93**, 1139. Dazu hat sich BGH NJW **87**, 591 nicht mitgeäußert.

5) Einnahme des Augenscheins, I 1. In Betracht kommt zunächst die Anordnung eines Augenscheins, § 371. Das gilt unabhängig davon, ob und wie der Beweisführer einen Beweisantrag solcher Richtung formuliert hat. Maßgeblich ist allein, ob das Gericht eben eine bessere Anschauung erhalten möchte, BGH NJW **92**, 2019. Zur Abgrenzung zwischen dem Augenscheinsbeweis und dem Sachverständigenbeweis Üb 3 vor § 371 einerseits, § 403 Rn 3 andererseits. 12

6) Begutachtung durch Sachverständige, I 1. In Betracht kommt ferner die Anordnung eines Sachverständigengutachtens, § 402. Auch hier kommt es nicht darauf an, ob und wie der Beweisführer einen Beweisantrag dieser Richtung gestellt hat. Maßgeblich ist allein der Wunsch des Gerichts, sich sachkundig helfen zu lassen. Ein Gutachten kommt zB dann in Betracht, wenn der Beweisführer sich nicht über die Möglichkeit eines Beweisantrags nach §§ 402 ff klar zu sein scheint und einen solchen auch nicht nur zwecks Vermeidung einer Vorschußpflicht unterläßt und wenn das Gericht schon vor einer Erörterung solcher Fragen in einem Termin mit der Verfahrensförderung vorankommen möchte. Auch hier sollte das Gericht aber eine Überspannung vermeiden, Brschw RR **08**, 1061 (keine besonderen Fachkenntnisse nötig). Das hat Oldb MDR **91**, 546 miterwogen. Auch darf das Gericht nicht seine Unparteilichkeit außer acht lassen, § 139 Rn 13. Auch die Kostenfrage will bedacht sein, Naumb FamRZ **03**, 386 (evtl [jetzt] § 21 GKG). 13

7) Vorlegungsanordnung, I 2, 3. Das Gericht kann zum Zweck I 1 und nur in diesem Rahmen der Partei oder einem Dritten die Vorlegung eines im dortigen Besitz befindlichen Gegenstands mit oder ohne eine Fristsetzung oder auch die Duldung einer solchen Maßnahme unter Ausschluß des von Art 13 GG besonders betonten Wohnungsschutzes aufgeben, KG RR **06**, 241. Es gelten dieselben Regeln wie bei § 142 1, 2 Hs 1 (nicht Hs 2), dort Rn 4 ff. Zum Wohnungsbegriff § 178 Rn 4. 14

8) Anordnungsgrenzen, II. Es gelten gegenüber einem Dritten dieselben Grenzen wie bei § 142 II, dort Rn 4. Vgl ferner oben Rn 2. 15

9) Verfahren: Maßgeblichkeit der Vorschriften eines Antragsverfahrens, III. Die Vorschrift stellt klar, daß sich das gesamte Verfahren der Anordnung und ihrer Durchführung im übrigen nach denjenigen Regeln richtet, die eine auf Antrag angeordnete Augenscheinseinnahme oder Begutachtung zum Gegenstand haben. Vgl daher §§ 285, 357, 358 a Z 2, 4, 5, 371 ff, 402 ff. Wegen des Vorschusses Rn 21. 16

10) Entscheidung, III. Es gibt Unterschiede und Gemeinsamkeiten. 17

A. Verfügung des Vorsitzenden. Soweit es nur um eine bessere Veranschaulichung unstreitiger oder streitiger Tatsachen geht, nicht schon und noch um eine förmliche Beweisaufnahme, kann der Vorsitzende außerhalb der Sitzung durch eine prozeßleitende Verfügung vor allem nach § 273 II Z 1, 2, 5 eine Anordnung nach I treffen. Ihm steht diese Befugnis auch in der Sitzung zu.

B. Beschluß des Gerichts. Sowohl zwecks einer bloßen Veranschaulichung als auch zwecks einer Klärung einer streitigen Tatsache kann das Kollegium innerhalb oder außerhalb der mündlichen Verhandlung nach §§ 358, 358 a einen entsprechenden Beweis beschließen. Zum letzteren ist der Vorsitzende des Kollegiums nicht befugt, anders als der Einzelrichter der §§ 348, 348 a, 526, 527, 568. Wegen des Vorsitzenden der Kammer für Handelssachen § 349 I 2. 18

C. Begründung. Die Entscheidung braucht wegen ihrer etwaigen Anfechtbarkeit nach Rn 24 eine wenigstens stichwortartige Begründung, § 329 Rn 4. 19

D. Mitteilung. Das Gericht muß seine Entscheidung außerhalb der mündlichen Verhandlung formlos mitteilen, § 329 II 1. In der Verhandlung verkündet es sie nach § 329 I 1. 20

9) Vorschußfragen, I–III. Zu der Frage, ob unter welchen Voraussetzungen auch bei der von Amts wegen angeordneten Begutachtung wegen der Verweisung in II auf § 402 auch § 379 entsprechend anwendbar ist, § 402 Rn 2–5. 21

10) Kosten, I–III. Des Gerichts: Keine Gebühren, § 1 I GKG. Wegen der Auslagen (Vorschuß) bei einem Gutachten Rn 21. Des Anwalts: Es kommt nicht (mehr) darauf an, ob das Gericht die Klärung einer streitigen Tatsache bezweckt und herbeizuführen versucht. Denn es entsteht evtl ohnehin eine Terminsgebühr, VV 3104 usw. 22

11) Verstoß der Partei, I–III. Soweit eine Partei einer Anordnung nach I, II keine Folge leistet, gelten dieselben Rechtsfolgen wie bei einem auf Antrag angeordneten Augenschein oder Sachverständigengutachten. Das ergibt sich aus der Verweisung in II. Im übrigen kommt in den Grenzen Rn 7 eine Zurückweisung nach § 296 I in Betracht. Denn der dort genannte § 273 II Z 5 nimmt auch auf § 144 Bezug. 23

12) Rechtsbehelfe, I–III. Gegen die Maßnahmen des Vorsitzenden in der mündlichen Verhandlung ist die Anrufung des Kollegiums statthaft, § 140. Soweit eine Anordnung trotz einer entsprechenden Anregung (nicht Antragstellung) unterbleibt oder soweit das Gericht eine Anordnung pflichtwidrig vornimmt, kann man die auf ihr beruhende Endentscheidung anfechten. Soweit im Verhalten des Gerichts die Ablehnung eines das Verfahren betreffenden Gesuchs liegt, kommt die sofortige Beschwerde in Betracht, § 567 I Z 2. Eine Rechtsbeschwerde an den BGH kommt unter den Voraussetzungen des § 574 in Betracht. Beim Rpfl gilt § 11 RPflG, § 104 Rn 41 ff. 24

13) Verfassungsbeschwerde. Soweit ein Rechtsmittel unstatthaft ist, kommt allenfalls eine Verfassungsbeschwerde in Betracht, etwa wegen eines Verstoßes gegen Art 103 I GG. 25

145 *Prozesstrennung.* **[I] Das Gericht kann anordnen, dass mehrere in einer Klage erhobene Ansprüche in getrennten Prozessen verhandelt werden.**

[II] Das Gleiche gilt, wenn der Beklagte eine Widerklage erhoben hat und der Gegenanspruch mit dem in der Klage geltend gemachten Anspruch nicht in rechtlichem Zusammenhang steht.

III Macht der Beklagte die Aufrechnung einer Gegenforderung geltend, die mit der in der Klage geltend gemachten Forderung nicht in rechtlichem Zusammenhang steht, so kann das Gericht anordnen, dass über die Klage und über die Aufrechnung getrennt verhandelt werde; die Vorschriften des § 302 sind anzuwenden.

Schrifttum: *Bork,* Die Aufrechnung des Beklagten im internationalen Zivilverfahren, Festschrift für *Beys* (Athen 2004) 119; *Bräuer* AnwBl **08**, 460 (Üb); *Bucher,* Kompensation im Prozess: Zurück zum materiellen Recht, Festschrift für *Geimer* (2002) 97; *Coester-Waltjen,* Die Aufrechnung im internationalen Zivilprozeßrecht, Festschrift für *Lüke* (1997) 35; *Ernst,* Die Einrede des nichterfüllten Vertrages usw, 2000; *Gauter,* Die Aufrechnung mit dem oder gegen den prozessualen Kostenerstattungsanspruch, in: Festschrift für *Merz* (1992); *Häsemeyer,* Die sog „Prozeßaufrechnung" – eine dogmatische Fehlakzentuierung, Festschrift für *Weber* (1975) 215; *Kannengießer,* Die Aufrechnung im internationalen Privat- und Verfahrensrecht, 1998; *Noltze,* Aufrechnung und Prozeß, Diss Bonn 2000; *Schreiber,* Die Aufrechnung im Prozeß, Festgabe *50 Jahre Bundesgerichtshof* (2000) III 227; *Schumacher,* Prozeßtrennung (§ 145 ZPO) und -verbindung (§ 147 ZPO), Diss Bonn 1999; *Seelig,* Die prozessuale Behandlung materiellrechtlicher Einreden – heute und einst, 1980; *Varvitsiotis,* Einführung in die Rechtsnatur der Aufrechnungseinrede im Zivilprozeß, 1987.

Gliederung

1 **1) Systematik, I–III.** Die Prozeßtrennung ist eine Maßnahme der Prozeßleitung, Üb 5 vor § 128. Sie kann nach § 145 gänzlich oder nach § 146 teilweise in den bisher einheitlichen Prozeß eingreifen. Sie ist eine Spaltung eines Prozesses in mehrere selbständige andere Prozesse. Wenn ein Anspruch nach § 300 Rn 6 zur Entscheidung reif ist, muß das Gericht über diesen Anspruch durch ein Teilurteil entscheiden, Rn 4. Das Urteil ist ein Vollurteil. Es enthält gleichzeitig die Aufhebung der bisherigen Verbindung. Das Gericht darf nicht die bisher verbundenen gleichzeitig entscheidungsreif gewordenen Sachen zum Zweck mehrerer Urteile trennen, gar zwecks einer Verhinderung der Revisionsfähigkeit. Derartige Urteile gelten als eine einheitliche Entscheidung. Ein Zwischenurteil kommt nur bei § 303 in Betracht.

2 **2) Regelungszweck, I–III.** Der Zweck der Vorschrift ist entweder die Erzielung einer größeren Übersichtlichkeit oder die Vermeidung einer Verschleppung wegen eines Streits über einzelne Teile des Prozesses, beides im Interesse der Prozeßwirtschaftlichkeit, Grdz 14 vor § 128. In Wahrheit hat eine Prozeßtrennung jedoch eher Nachteile als Vorteile von der Aktenbehandlung bis zur Kostenabrechnung. Deshalb sollte das Gericht mit einer Trennung zurückhaltend verfahren. Es sollte sie nur dann anordnen, wenn es bis zur Entscheidungsreife des Restprozesses nach § 300 Rn 6 voraussichtlich noch ungewöhnlich viel Zeit oder Mühe aufwenden muß.

Arbeitserleichterung ist ein legitimes Trennungsziel. Ob es sich aber wirklich erreichen lassen wird, läßt sich meist schwer vorausbeurteilen. Immerhin hat eine Trennung ja mindestens ein weiteres vollständiges Verfahren mit eigenen Terminen, Beschlüssen, Urteilen und Anfechtbarkeiten zur Folge. Beide neuen Verfahren bringen das Risiko, daß man doch immer wieder auf Teile der jeweils anderen Akte verweisen muß, daß es zu voneinander abweichenden Beurteilungen kommt, daß die jeweils andere Akte im Bedarfsfall nicht greifbar ist, daß Unterlagen falsch zugeordnet wurden, nur einmal existieren, daß man sie aber zugleich womöglich noch in verschiedenen Instanzen beider getrennten Prozesse benötigt. Das alles sollte man vor einer Prozeßtrennung miterwägen.

3 **3) Geltungsbereich, I–III.** Vgl Grdz 3 vor § 128. Die Vorschrift gilt auch im WEG-Verfahren und im Urkundenprozeß, BGH NJW **03**, 2386. Im FamFG-Verfahren gilt § 20 FamFG.

4 **4) Anordnung, I.** Die Trennung erfolgt auf eine Anregung oder von Amts wegen. Voraussetzung, Form und Wirkung erfordern viel Aufmerksamkeit.

A. Voraussetzungen. Der Kläger kann mehrere selbständige prozessuale Ansprüche nach § 2 Rn 4 erheben, Hbg FamRZ **96**, 676, wenn auch evtl in einer Gesamtsumme, zB Schmerzensgeld, Arztkosten, Verdienstausfall. Dann kann das Prozeßgericht die Trennung anordnen. Sie steht grundsätzlich im pflichtgemäßen Ermessen des Gerichts, BGH NJW **03**, 2386. Sie kann aber zur Pflicht werden. Das gilt zB dann, wenn sich ein Anspruch nicht im Scheidungsverbund verhandeln läßt, BGH RR **05**, 87. Die Trennungsanordnung ist unzulässig, wenn der Kläger seinen einheitlichen prozessualen Anspruch lediglich mit mehreren sachlichrechtlichen Gesichtspunkten begründet, BGH FamRZ **83**, 156, oder wenn es zB um widersprechende Anträge zum Umgangsrecht geht, Hbg FamRZ **96**, 676, Mü RR **98**, 1080, oder wenn durch eine Trennung erhebliche vermeidbare Kosten entstünden, BVerfG NJW **97**, 649, BGH RR **97**, 832, oder wenn wenigstens teilweise eine Entscheidungsreife vorliegt, §§ 300, 301, BayObLG NZM **99**, 85, Köln WoM **92**, 263, Mü OLGR **00**, 279. Dann kann § 36 I Z 6 anwendbar sein. § 295 ist aber anwendbar. Die Voraussetzung einer Trennung ist also dieselbe wie bei § 5. Sie umfaßt die Klägerhäufung nach §§ 59, 60, Mü MDR **96**, 642, und die Anspruchshäufung nach § 260. Das gilt unabhängig davon, ob die Häufung von Anfang an bestand oder nachträglich entstanden ist. Ein rechtlicher Zusammenhang hindert eine Trennung nicht. Er macht sie aber meist unzweckmäßig. Die Gefahr widersprüchlicher Entwicklungen getrennter Prozesse ist unbeachtlich, BGH NJW **03**, 2386.

Die Trennung erfolgt nur, sofern die Ansprüche nach § 261 *rechtshängig* geworden sind, also noch nicht im Mahnverfahren nach § 688. Die Trennung ist nur dann zulässig, wenn ein solches Teilurteil unzulässig ist, Rn 1, das eine Trennung überflüssig machen würde. Bei einer Verweisung nach §§ 281, 506 erfolgt nach dem Verweisungsantrag keine Trennung. Soweit eine Verweisung nur wegen eines Teils des Klaganspruchs oder soweit sie an verschiedene Gerichte notwendig ist, erfolgt zunächst eine Trennung, Mü MDR **96**, 642. Anschließend erfolgt die entsprechende Verweisung. Soweit das Gesetz eine Verbindung vorschreibt, ist natürlich eine Trennung unzulässig, §§ 62, 518, §§ 246 III, 249 II, 275 IV AktG, §§ 51 III, 112 I GenG.

B. Jede Verfahrenslage. Die Trennungsanordnung geschieht entweder auf Grund eines Antrags oder von 5
Amts wegen. Sie ist *in jeder Lage* des Verfahrens zulässig, BGH FamRZ **07**, 370, auch in der zweiten Instanz, BGH NJW **79**, 427, auch in der Revisionsinstanz, BGH FamRZ **07**, 370. Man kann § 145 auch in der Zwangsvollstreckung entsprechend anwenden, LG Bln Rpfleger **93**, 167. Die Gefahr widersprüchlicher Entscheidung hindert eine Trennung nicht stets, BGH NJW **03**, 2386. Soweit eine Anspruchsverbindung nach § 260 unzulässig wäre, ist eine Trennung notwendig, zB bei §§ 578 II, oder bei Ansprüchen in verschiedenen Verfahrensarten, etwa nach §§ 592 ff und im ordentlichen Prozeß. Das Gericht muß den Parteien vor der Entscheidung das rechtliche Gehör geben, Artt 2 I, 20 III GG (Rpfl), BVerfG **101**, 404, Art 103 I GG (Richter), Mü NJW **84**, 2228.

Wenn von zwei Mahnverfahren gegen *verschiedene Personen* das eine Verfahren nach dem Übergang in das streitige Verfahren nach § 696 Rn 9 an ein LG kommt, das andere Verfahren dagegen nach einem Einspruch gegen den Vollstreckungsbescheid beim AG verbleibt, erfolgt eine Trennung auch ohne eine besondere Anordnung. Einer Trennungsanordnung steht nicht die etwaige Folge entgegen, daß in den getrennten Prozessen nun kein Rechtsmittel mehr zulässig ist, es sei denn, die Trennung wäre gesetzwidrig, BGH NJW **95**, 3120.

C. Trennungsbeschluß. Die Trennungsanordnung erfolgt durch einen Beschluß, § 329, BGH FamRZ 6
07, 126 links oben. Er braucht als eine Folge der Prozeßleitung nach Rn 1 keine mündliche Verhandlung, § 128 Rn 5, BGH FamRZ **07**, 126 links oben, aM ThP 3, ZöGre 6 je zum alten Recht (aber es gibt vielfältige Entscheidungen ohne eine mündliche Verhandlung). Die Trennung kann sogar stillschweigend geschehen. Sie liegt aber noch nicht stets in der bloßen Änderung des Rubrums, Stgt AnwBl **89**, 232. Das Gericht muß seinen Beschluß grundsätzlich begründen, § 329 Rn 4. Es teilt ihn den Parteien durch seine Verkündung oder schriftlich formlos mit, § 329 I 1, II 1. Er ist grundsätzlich nur zusammen mit dem Endurteil anfechtbar, BGH NJW **95**, 3120, Ffm RR **92**, 32, KG MDR **04**, 962. Das gilt auch dann, wenn das Gericht vor der Trennung den Parteien kein rechtliches Gehör gegeben hatte, Mü NJW **84**, 2228. Der Trennungsbeschluß des Berufungsgerichts unterliegt auf eine Rüge der Nachprüfung in der Revisionsinstanz, BGH NJW **95**, 3120. Ob die Ablehnung auf eine Aussetzung hinausläuft und deshalb nach § 147 Rn 15 anfechtbar ist, das ist eine andere Frage. Das Gericht kann die Trennung jederzeit wieder aufheben, § 150.

D. Wirkung. Mit dem Wirksamwerden des Trennungsbeschlusses werden die nunmehr getrennten 7
Prozeßteile zu selbständigen Prozessen mit einem eigenen Streitwert, §§ 3 ff, LG Saarbr MDR **01**, 1442, Wunderlich DB **93**, 2273, aM BVerfG NJW **97**, 649 (bei zweifelhafter Revisionsfähigkeit. Aber man muß auch kosten- und zuständigkeitsmäßig konsequent sein). Das Gericht muß über jeden der neuen Prozesse neue Akten anlegen, getrennt verhandeln und entscheiden. Die vor der Trennung liegenden Prozeßvorgänge bleiben in allen neuen Prozessen wirksam. Das gilt zB für die Rechtshängigkeit, die Zuständigkeit, selbst wenn durch § 5 oder durch § 33 begründet, die Beweisaufnahme, ein Geständnis. Das Gericht muß die Rechtsmittelsumme nach § 511 II Z 1 für jeden neuen Prozeß getrennt bestimmen, VerfGH Mü NJW **01**, 2962. Daher kann eine Trennung zur Unanfechtbarkeit führen. Freilich hat eine unzulässige Trennung keinen Einfluß auf die Rechtsmittelfähigkeit, VerfGH Mü NJW **01**, 2962. Man muß folglich die Gerichts- und Anwaltskosten nach den neuen Streitwerten gesondert berechnen, soweit sie nach der Trennung anfallen. Für eine nach derselben Vorschrift zu vergütende Tätigkeit, die teils vor, teils nach der Trennung erfolgte, muß man die Vergütung in der Regel auf Grund des neuen Streitwerts nach der Trennung berechnen.

5) Widerklage, II. Wenn eine Widerklage nach Anh § 253 mit dem Klaganspruch nach § 33 Rn 8 in 8
keinem rechtlichen Zusammenhang steht, kann das Gericht die Klage und die Widerklage trennen, KG MDR **04**, 962. Das kann zB dann erforderlich sein, wenn die Klage einen FamFG-Anspruch betrifft, die Widerklage aber einen andersartigen, (zum alten Recht) Düss FamRZ **82**, 513. II ist im Fall des § 506 I unanwendbar, Nieder MDR **79**, 12. Bei einer Zwischenfeststellungswiderklage nach § 256 II besteht der Zusammenhang stets. Eine Abtrennung der Eventualwiderklage ist unzulässig. Da das Gericht die Widerklage nach der Trennung als eine selbständige Klage behandeln muß, Anh § 253 Rn 5, drehen sich für sie die Parteirollen um. Das Verfahren und die Wirkung sind dieselben wie nach I, Rn 2–6. Wegen der Widerklage im Urkundenprozeß § 595 Rn 2.

6) Aufrechnung, III. Die Regelung ist recht kompliziert. 9

A. Zulässigkeit. Die Aufrechnung ist zumindest eine empfangsbedürftige Willenserklärung, § 387 BGB. Der Bekl kann sie vor dem Prozeß oder während des Prozesses erklären. Sie liegt nicht vor, soweit der Bekl nur einen solchen Umstand geltend macht, der schon für den Klaganspruch erheblich ist, vor allem zur Forderungshöhe, BGH MDR **86**, 131, Mü MDR **87**, 670.

B. Vor dem Prozeß. Wenn der Bekl die Aufrechnung wirksam vor dem Beginn des Prozesses erklärt hat, 10
sind der Klaganspruch und der zur Aufrechnung gestellte Gegenanspruch mit einer Rückwirkung auf den

Zeitpunkt des Eintritts der Aufrechenbarkeit erloschen, § 389 BGB. Folglich muß das Gericht eine trotzdem erhobene Klage als von Anfang an sachlich unbegründet abweisen. Insofern gilt dasselbe wie dann, wenn der Bekl die Klageforderung in Wahrheit bereits vor dem Prozeß bezahlt hatte.

11 **C. Hauptaufrechnung im Prozeß.** Der Bekl kann die Aufrechnung gegen eine unstreitige Klageforderung während des Prozesses erklären, sog Hauptaufrechnung, Braun ZZP **89**, 93 (auch der Kläger kann unter Umständen „gegen"aufrechnen), Häsemeyer (vor Rn 1) 215. Das gilt auch im Urkundenprozeß, BGH NJW **86**, 2767. Dann muß man zwischen der sachlichrechtlichen Aufrechnung nach §§ 387 ff BGB und der prozessualen Erklärung unterscheiden, einer Parteiprozeßhandlung nach Grdz 47 vor § 128, BGH MDR **95**, 407. Diese Erklärung ist keine Klage nach § 261 I, sondern ein bloßes Verteidigungsmittel zwecks Erlöschens der Klageforderung im Sinn von § 389 BGB nach Einl III 70, für das zB §§ 277 I, 282 I, 533 gelten. Beide fallen oft zusammen. Das gilt zB dann, wenn der ProzBev die Aufrechnung in der mündlichen Verhandlung erklärt. Seine Vollmacht nach § 81 erstreckt sich auch dann auf die Prozeßhandlung, wenn sie die sachlichrechtliche Erklärung nicht erlaubt. Die Partei kann eine sachlichrechtliche Aufrechnung aber auch selbst während des Prozesses erklärt haben, jedoch außerhalb des Verfahrens. Diese Erklärung ist sachlichrechtlich wirksam, auch durch eine Leistungsverweigerung, §§ 387 ff BGB. Sie wird aber erst durch eine entsprechende Erklärung innerhalb des Verfahrens prozessual wirksam. Man kann das auch so ausdrükken: Die Aufrechnung ist ein privatrechtliches Rechtsgeschäft. Ihre Geltendmachung im Prozeß ist dagegen eine Parteiprozeßhandlung, Grdz 47 vor § 128.

Wer dazu berechtigt ist, eine Aufrechnung im Prozeß geltend zu machen, dem kann doch ein sachliches Aufrechnungsrecht fehlen. Das gilt etwa für den Streithelfer nach § 66 oder für einen im Prozeß beklagten Bürgen. Die Prozeßhandlung und die sachlichrechtliche Erklärung der Aufrechnung unterliegen eine *jede ihrem eigenen Recht*. Soweit die sachlichrechtliche Aufrechnungsmöglichkeit fehlt, ist eine im Prozeß erklärte Aufrechnung wirkungslos, § 67 Rn 14. Das gilt auch beim Bekl insoweit, als der Kläger schon seinerseits die Forderung des Bekl von der Klageforderung abgezogen und insoweit mit seiner eigenen Forderung gegen diejenige des Bekl sachlichrechtlich aufgerechnet hatte. Soweit die Aufrechnung sachlichrechtlich wirksam erfolgt, kann die Partei doch persönlich gehindert sein, diese Aufrechnung im Verfahren prozessual geltend zu machen. Ein solches Verbot mag sich aus zwingenden prozessualen Vorschriften ergeben, etwa aus dem Anwaltszwang im Anwaltsprozeß nach § 78 Rn 1. Es kann sich auch aus einer prozessualen Vereinbarung ergeben, BGH NJW **79**, 2478, etwa aus einer Schiedsvereinbarung, §§ 1025 ff, Düss NJW **83**, 2149. Andernfalls muß das Gericht auf Grund eines Antrags des Klägers die Hauptsache für erledigt erklären, § 91 a. Soweit der Kläger diesen Antrag allerdings nicht stellt, muß das Gericht die Klage durch ein Sachurteil als unbegründet abweisen. Eine bloße Hilfs-Erledigterklärung kommt nach § 91 a Rn 76 in Betracht.

12 **D. Endgültigkeit.** Eine sachlichrechtliche Aufrechnung wird mit ihrer Erklärung endgültig. Die prozessuale Aufrechnung wird erst durch den ordnungsgemäßen Vortrag in der mündlichen Verhandlung wirksam. Sie liegt nicht stets als eine Prozeßaufrechnung schon in der Bezugnahme auf eine vorprozessuale Aufrechnung, aM MDR **94**, 1144 (aber die Wirkungen sind unterschiedlich). Eine „nochmalige" Aufrechnung ist aber insofern eindeutig, ZöGre 11. Die prozessuale Aufrechnung ist als eine Parteiprozeßhandlung nicht rücknehmbar, Grdz 58 (nicht 59) vor § 128, unten Rn 16, Zweibr FamRZ **04**, 1032, aM Braun ZZP **89**, 98. Der Bekl muß die Aufrechnungsforderung im einzelnen darlegen und evtl beweisen. Andernfalls erfolgt eine insoweit nach § 322 II rechtskraftfähige Aberkennung der Aufrechnungsforderung, § 322 Rn 21, BVerfG NJW **00**, 1937. Knöringer NJW **77**, 2339. Das Gericht muß zuständig sein, und zwar nach verbreiteter Ansicht meist auch international, Üb 6 vor § 12, Geimer IPRax **94**, 83, ZöGre 19, aM jetzt BGH NJW **02**, 2183 (zustm Vollkommer MDR **02**, 412, abl Gruber IPRax **02**, 289), Kannengießer (vor Rn 1) 317 unter Berufung auf EuGH NJW **96**, 42 mit sehr beachtlichen Argumenten (darunter: § 33 und [jetzt] die EuGVVO sind nicht einmal entsprechend anwendbar). Zum Problem auch Wagner IPRax **99**, 65. Das Gericht muß ferner prüfen, ob der Klaganspruch bis zur Aufrechnung bestand. Denn sein Bestand ist eine der Voraussetzungen einer jeden wirksamen Aufrechnung, § 300 Rn 10 (Beweiserhebungslehre). Zur Rechtskraftwirkung § 322 Rn 21–26. Zur Aufrechnung oder Gegenaufrechnung des Klägers Nikles MDR **87**, 96. Zur Aufrechnung mit einer rechtswegfremden Forderung Gaa NJW **97**, 3343.

13 **E. Hilfsaufrechnung.** Die Hilfsaufrechnung (Eventualaufrechnung) ist eine Erklärung der Aufrechnung lediglich für den Fall, daß die Hauptverteidigung versagt, § 260 Rn 8. Das ist im Rahmen der Parteiherrschaft zulässig, Grdz 18 vor § 128. Das Gericht darf daher die Hilfsaufrechnung erst dann berücksichtigen, wenn es die Hauptforderung für begründet hält, VerfGH Bln ZMR **01**, 880. Die Hilfsaufrechnung ist keine bedingte Aufrechnung. Denn sie hängt nicht von einem zukünftigen ungewissen Ereignis ab, sondern vom Bestehen der Klageforderung, also von einem bestimmten gegenwärtigen Umstand, KG MDR **06**, 1252. Deshalb bietet die Hilfsaufrechnung auch nichts besonderes. Eine Aufrechnung neben anderen Verteidigungsmitteln erfolgt immer hilfsweise. Man würde sonst dem Aufrechnenden einen Widersinn unterschieben. Indessen ist das Gericht im Rahmen seiner Fragepflicht nach § 139 zumindest im Zweifel auch gegenüber einer anwaltlich vertretenen Partei zu einer eindeutigen Klärung der Frage verpflichtet, ob sie die Aufrechnung als eine sog Hauptaufrechnung oder lediglich als eine Hilfsaufrechnung erklärt. Man kann nämlich mehrere unselbständigte Teilbeträge derselben Forderung zB nicht in einem Eventualverhältnis zum Gegenstand von Hilfsaufrechnungen machen, BGH MDR **95**, 407.

14 **F. Abgrenzung.** Der Unterschied beider Aufrechnungsarten kann beträchtlich sein, Zweibr Rpfleger **85**, 328. Bei einer Hauptaufrechnung will der Bekl grundsätzlich den Klaganspruch nicht mehr bestreiten. Er will lediglich durch die Einführung eines nach seiner Meinung zur Aufrechnung geeigneten Gegenanspruchs eine Verurteilung im Ergebnis vermeiden. Er will freilich für dieses Ergebnis den Preis zahlen, daß er den zur Aufrechnung gestellten Anspruch in demjenigen Umfang, in dem das Gericht diesen Anspruch als zur Aufrechnung geeignet hält, nicht mehr anderweitig gegenüber dem Kläger geltend machen kann. Bei einer bloßen Hilfsaufrechnung wendet sich der Bekl demgegenüber grundsätzlich zunächst ebenso gegen den Klaganspruch, als wenn er keinen angeblich zur Aufrechnung geeigneten Gegenanspruch besitzen würde. Er erwartet vom Gericht zunächst die Abweisung der Klage ohne eine Zuhilfenahme des Gegenanspruchs. Er

hofft daher, den letzteren auch nach dem erfolgreichen Abschluß dieses Verfahrens geltend machen zu können. Er möchte also den Gegenanspruch nur für denjenigen Fall als verbraucht ansehen, daß seine Verteidigung gegenüber dem Klaganspruch erfolglos bleiben sollte.

15 **7) Aufrechnung und Rechtshängigkeit, I–III.** Eine Aufrechnung macht den zur Aufrechnung gestellten Anspruch nicht nach § 261 rechtshängig, BGH MDR **95**, 349 (meint statt „Anhängigkeit" richtig die Rechtshängigkeit), ZöGre 18, aM Schreiber (vor Rn 1) 251 (vgl aber § 322 Rn 21 ff). Das gilt für eine Hauptaufrechnung wie für eine Hilfsaufrechnung, BGH NJW **99**, 1180 (auch wegen der Zulässigkeit der Kombination von Aufrechnung und Widerklage), Kblz WoM **07**, 545. § 322 II und damit auch für die Notwendigkeit der Angabe der Reihenfolge mehrerer zur Aufrechnung gestellter Forderungen. Das hat mit der Rechtshängigkeit nichts zu tun, § 261 Rn 12, 13, Schlesw MDR **76**, 50. Die Lehre von der „unentwickelten Widerklage" übersieht, daß etwas Unentwickeltes nicht wie das Entwickelte wirkt, Schreiber ZZP **90**, 399. Das ist durchaus dogmatisch argumentiert, aM Schmidt ZZP **87**, 34. Während das sachliche Recht die Aufrechnung ohne eine Einrede erlaubt, gibt eine vollzogene Aufrechnung im Prozeß die Möglichkeit einer Rüge.

16 **A. Zweitaufrechnung.** Deshalb darf der Bekl die Aufrechnung auch in mehreren *Prozessen* geltend machen, sog Zweitaufrechnung, BGH BB **04**, 576 (auch im Urkundenprozeß, evtl Aussetzung). Der Bekl darf die Aufrechnung ferner trotz der Rechtshängigkeit seiner Gegenforderung in einem anderen Prozeß jetzt im vorliegenden erklären, BGH RR **94**, 379, Kblz WoM **07**, 545, aM Schmidt ZZP **87**, 29 (aber der Bekl kann mit der Aufrechnung seine Gegenforderung schneller und leichter durchsetzen. Das ist prozeßwirtschaftlich, Grdz 14 vor § 128). Eine Zurückweisung wegen Verspätung nach §§ 296, 528 ff ist statthaft, Knöringer NJW **77**, 2339. Manche wollen dann mit den Grundsätzen zur ungerechtfertigten Bereicherung helfen. Andere wenden dann § 767 I an, KG ZZP **86**, 441.

17 **B. Prozeßvoraussetzungen.** Die Rüge der Aufrechnung hat zwar grundsätzlich nichts mit den Prozeßvoraussetzungen nach Grdz 12 vor § 253 zu tun, etwa mit der Zuständigkeit, BGH MDR **89**, 239, Schreiber ZZP **90**, 405 (Ausnahme Rn 18). Die Frage, ob das Gericht indessen über denjenigen Anspruch entscheiden darf, der der Aufrechnung zugrunde liegt, ist davon abhängig, ob zwingendes Prozeßrecht oder eine prozessuale Vereinbarung eine solche Entscheidung verbieten, BGH NJW **79**, 2478, Schreiber ZZP **90**, 417. Das Gericht muß zB das Fehlen der Gerichtsbarkeit beachten, BGH **60**, 88, BayObLG FamRZ **85**, 1059. Evtl muß oder darf das Gericht schon zur Vermeidung widersprüchlicher rechtskräftiger Entscheidungen den Prozeß mit der Hilfsaufrechnung nach § 148 aussetzen, BGH FamRZ **89**, 167, BVerwG NJW **99**, 161, Drsd NJW **94**, 139. Auch kann das Rechtschutzbedürfnis nach Grdz 33 vor § 253 für die Entscheidung über die nachfolgende Aufrechnung fehlen.

Das Gericht muß grundsätzlich auch das *Fehlen des ordentlichen Rechtswegs* beachten, §§ 13, 17 GVG, BFH NJW **02**, 3126, BVerwG NJW **93**, 2255, VGH Kassel NJW **94**, 1488, aM VGH Kassel NJW **95**, 1107, Gaa NJW **97**, 3343 (aber es liegt dann ein ganz andersartiger Anspruch vor, § 322 II). Das gilt zB bei einer öffentlichrechtlichen Gegenforderung, soweit sie streitig ist, BGH **60**, 88, Rupp NJW **92**, 3274, aM Schenk/Ruthig NJW **93**, 1375 (aber Rechtswegfragen sind Zulässigkeitsfragen). Etwas anderes gilt dann, wenn der Bestand der öffentlichrechtlichen Gegenforderung feststeht, BVerwG NJW **87**, 2530.

18 **C. Schiedsrichterliches Verfahren.** Das Gericht muß ferner beachten, ob der Bekl die Aufrechnung mit einem solchen Anspruch erklärt, der dem schiedsricherlichen Verfahren unterliegt, § 1025 Rn 17, BGH **60**, 89, Düss NJW **83**, 2149, aM Schreiber ZZP **90**, 413 (aber auch eine Schiedsvereinbarung hindert die Zulässigkeit). Eine Vereinbarung der alleinigen Zuständigkeit eines ausländischen Gerichts kann auch die Wirksamkeit einer Aufrechnung verhindern Zum Problem der internationalen Zuständigkeit Rn 12.

19 **D. Zuständigkeit usw.** Demgegenüber ist es für die Wirksamkeit der zur Aufrechnung gestellten Forderung unerheblich, ob das Gericht für die Aufrechnungsforderung sachlich zuständig wäre, ob es sich bei der Aufrechnungsforderung um eine Familiensache handelt, BGH FamRZ **89**, 167, BayObLG FamRZ **85**, 1059, Düss FamRZ **87**, 706, und umgekehrt, Köln FamRZ **92**, 451, aM LAG Mü MDR **98**, 783. Es ist auch unerheblich, ob ein anderes ordentliches Gericht ausschließlich zuständig wäre oder ob zB ein Gericht (jetzt) des FamFG, BGH FamRZ **89**, 167 (zum alten Recht), oder ein ArbG, BGH FamRZ **89**, 167, oder ob ein LwG zur Entscheidung über diese Forderung zuständig wäre, BGH **60**, 88, und umgekehrt. Evtl muß oder darf das Gericht den Prozeß jedenfalls aussetzen, Rn 17, BGH FamRZ **89**, 167. Das gilt insbesondere bei einer Aufrechnung auch in einem weiteren Prozeß, der sog Zweitaufrechnung, BGH BB **04**, 576 (auch im Urkundenprozeß). Vgl ferner § 322 Rn 21–26.

Eine Aufrechnung im Prozeß hemmt die *Verjährung* nach § 204 I Z 5 BGB. Das gilt sogar dann, wenn sie prozessual unzulässig (aber sachlichrechtlich zulässig) ist, BGH MDR **82**, 651. Vgl aber auch § 215 II BGB, BGH MDR **81**, 44. Das gilt aber nicht für einen überschießenden Anspruch, BGH RR **86**, 1079, und nicht für eine Gegenaufrechnung des Klägers, Rn 23, Köln RR **89**, 1079. Dazu muß er die Klage erweitern, § 263, Köln RR **89**, 1080.

20 **E. Rechtlicher Zusammenhang.** Wenn zwischen dem Klaganspruch und der zur Aufrechnung gestellten Forderung nach § 33 Rn 8 ein rechtlicher Zusammenhang besteht, kommt nur eine Beschränkung der Verhandlung nach § 146 in Betracht. Wenn der rechtliche Zusammenhang fehlt, darf das Gericht vor einer Entscheidungsreife des ganzen Prozesses im Sinn von § 300 Rn 6 nach seinem pflichtgemäßen nicht nachprüfbaren Ermessen eine Trennung des Klaganspruchs und des zur Aufrechnung gestellten Anspruchs anordnen. Es kommt in diesem Zusammenhang nicht darauf an, ob der Bekl die Aufrechnung vor dem Prozeß oder im Prozeß erklärt hat und in welcher Instanz der Streit anhängig ist. Soweit das Gericht die Trennung anordnet, bleibt der Prozeß eine Einheit. Er zerfällt lediglich in zwei Teile mit jeweils selbständigen Verhandlungen.

Soweit der Klaganspruch nach dieser Trennung *entscheidungsreif* wird, erläßt das Gericht entweder ein Vorbehaltsurteil nach § 302, Mü FamRZ **85**, 85, oder es weist die Klage ab. Eine Klagabweisung erledigt beide Prozeßteile. Denn die Aufrechnung ist ja mit einer bloßen Einrede erfolgt. Soweit die zur Aufrechnung gestellte Forderung zuerst entscheidungsreif wird, darf das Gericht kein Teilurteil nach § 301 und kein

Zwischenurteil nach § 303 erlassen. Dann kann es lediglich eine Aufhebung der Trennung nach § 150 anordnen.

21 F. **Kein Versäumnisurteil.** Das Gericht darf über die beiden Prozeßteile nicht in verschiedenen Verhandlungsterminen entscheiden. Es darf aber natürlich auf Grund der nur zur Aufrechnungsforderung bestimmten Verhandlung kein Versäumnisurteil nach §§ 330 ff erlassen, aM StJL 70 (er hält gesonderte Termine für unstatthaft. Aber das ist zu streng und nicht prozeßwirtschaftlich, Grdz 14 vor § 128). Soweit der Bekl die zur Aufrechnung gestellte Forderung auch mit einer Widerklage nach Anh § 253 geltend macht, also in Höhe desjenigen Betrags, der den Klaganspruch übersteigt, ist eine Trennung des Klaganspruchs und des zur Aufrechnung gestellten Anspruchs unzweckmäßig. Wenn der Kläger nur einen Teilbetrag seines Anspruchs eingeklagt hat, darf das Gericht den Schuldner nicht wegen seiner Aufrechnung auf den anderen, nicht eingeklagten Teil des Klaganspruchs verweisen.

22 **G. Urkundenprozeß.** Soweit die zur Haupt- oder Hilfsaufrechnung gestellte Gegenforderung unstreitig oder urkundlich belegt ist und der Kläger sich nicht dagegen mit den im Urkundenprozeß statthaften Mitteln verteidigt, muß das Gericht die Klage als in der gewählten Prozeßart unzulässig abweisen, § 597 II, BGH NJW **86**, 2767. Soweit der Bekl die zur Aufrechnung gestellte Forderung nicht belegt hat, muß das Gericht ein Vorbehaltsurteil nach § 599 erlassen. Zur Aussetzung bei einer Zweitaufrechnung BGH BB **04**, 576.

23 **H. Gegenaufrechnung.** Eine Aufrechnung des Klägers gegenüber der vom Bekl zur Aufrechnung gestellten Forderung ist unbeachtlich. Denn beim Fehlen der ursprünglichen Klageforderung kommt es schon auf die Aufrechnung des Bekl nicht an. Beim Erfolg seiner Aufrechnung erlischt in Höhe der Klageforderung die Aufrechnungsforderung des Bekl, KG MDR **06**, 1252, ThP 30, ZöGre 13, 22, aM Braun ZZP **89**, 100 (aber §§ 389 ff BGB gelten uneingeschränkt). Freilich mag der Kläger die Aufrechnungsforderung des Bekl bereits vor deren Erklärung von der eigenen Forderung „abgesetzt" und insofern wirksam aufgerechnet haben.

24 **8) Aufrechnungsähnliche Einrede, III.** Ähnlich wirkende Einreden stehen der Aufrechnung nicht gleich. Das gilt auch für ein sachlichrechtliches Zurückbehaltungsrecht. Sofern dieses Recht aber ganz wie eine Aufrechnung wirkt, nämlich dann, wenn sich zwei fällige Geldforderungen gegenüberstehen, sollte man das Zurückbehaltungsrecht wie eine Aufrechnung behandeln, aM StJL 63 (er beruft sich auf den „klaren Wortlaut des Gesetzes". Aber das Gesetz sagt über diese Frage gar nichts). Eine Aufrechnung gegenüber einer Aufrechnung ist unstatthaft, Rn 23.

146 *Beschränkung auf einzelne Angriffs- und Verteidigungsmittel.* **Das Gericht kann anordnen, dass bei mehreren auf denselben Anspruch sich beziehenden selbständigen Angriffs- oder Verteidigungsmitteln (Klagegründen, Einreden, Repliken usw.) die Verhandlung zunächst auf eines oder einige dieser Angriffs- oder Verteidigungsmittel zu beschränken sei.**

1 **1) Systematik, Regelungszweck.** Die Vorschrift ist eine Ergänzung zu § 145. Sie unterscheidet sich aber doch wesentlich von der echten Trennung des Prozesses in mehrere selbständige Teile, wie sie § 145 vorsieht. § 146 bezweckt lediglich die Erzielung einer besseren Übersichtlichkeit der Verhandlung. Die Vorschrift ist überflüssig. Denn bereits § 136 erlaubt dem Vorsitzenden dieselben prozeßleitenden Anordnungen, wie sie nach § 146 zulässig sind. In der Praxis erfolgt eine Akzentuierung auf bald den einen Gesichtspunkt, bald einen anderen ohnehin oft genug auch ohne formelle Maßnahmen nach § 146. Natürlich kann die Vorschrift eine zeitweilige Konzentration ohne störendes Beiwerk fördern. Soweit sich eine Partei nicht an solche Anordnungen hält, bleibt ihr Vortrag aber nur theoretisch derzeit unbeachtet und braucht der Gegner nur formell darauf derzeit ohne eine Verspätungsgefahr noch nicht einzugehen. Lesen muß jeder Adressat das formell derzeit Ausgegrenzte praktisch doch. Auch kann unklar werden, ob das jetzt Unbeachtliche nach dem Ende der Beschränkungszeit automatisch auflebt oder ob man es nochmals vortragen muß. Das alles macht eine formelle Anordnung nach § 146 nur ganz selten ratsam.

2 **2) Geltungsbereich.** Vgl Grdz 3 vor § 128. Die Vorschrift gilt auch im WEG-Verfahren und im Bereich des § 113 I 2 FamFG.

3 **3) Beschränkung der Verhandlung.** Das Gericht kann nach seinem pflichtgemäßen Ermessen anordnen, daß sich die mündliche Verhandlung zunächst auf eines von mehreren Angriffs- oder Verteidigungsmittel beschränken soll, Begriff Einl III 70. Wegen dieser Ausnahme vom Zusammenfassungsgrundsatz nach Üb 6 vor § 253 sollte eine Anordnung nur bei einem ungewöhnlich umfangreichen und/oder schwierigen Prozeßstoff erfolgen. Sie ist nur dann zulässig, wenn die folgenden Voraussetzungen zusammentreffen.

4 **A. Selbständigkeit.** Das fragliche Angriffs- oder Verteidigungsmittel muß selbständig sein. Es muß also bereits aus sich heraus rechtsbegründend oder rechtsvernichtend oder rechtshindernd oder rechtserhaltend wirken. Es ist unerheblich, ob eine dieser Wirkungen auf einem sachlichen Recht oder auf dem Prozeßrecht beruht oder ob das Gericht ein bereits erlassenes Urteil auf Grund eines Rechtsmittels aufheben muß.

Beispiele für selbständige Angriffs- oder Verteidigungsmittel, vgl auch Einl III 70: Ein selbständiger Klagegrund; eine Zulässigkeitsrüge, § 280; einzelne Posten einer rechnerischen Aufstellung; die Prozeßvoraussetzungen, Grdz 12 vor § 128; ein Revisionsgrund, §§ 547 ff; eine Aufrechnung, § 145 Rn 9 (aber dann ist es zweckmäßiger, eine Trennung nach § 145 vorzunehmen); ein unzulässiges Teilurteil, § 301 Rn 4 ff.

Beispiele des Fehlens eines selbständigen Angriffs- oder Verteidigungsmittels: Ein bloßes Bestreiten; eine einzelne Tatsache; ein Beweisantrag; ein Beweisanzeichen; ein Beweismittel; eine bloße Rechtsfrage, zB Verursachung, Verschulden, Verjährung.

5 **B. Zugehörigkeit zu demselben Anspruch.** Das Angriffs- oder Verteidigungsmittel muß sich grundsätzlich auf denselben Anspruch beziehen. Gemeint ist derselbe prozessuale Anspruch, § 2 Rn 4. Es genügt,

daß einem Angriffsmittel ein Verteidigungsmittel gegenübersteht. § 146 ist allerdings unter Umständen auch bei einer Mehrheit von Ansprüchen anwendbar, auch bei einem Haupt- und Hilfsanspruch.

4) Entscheidung. Das Gericht entscheidet durch einen Beschluß, § 329. Es muß ihn grundsätzlich begründen, § 329 Rn 4. Es verkündet ihn oder teilt ihn den Parteien formlos mit, § 329 I 1, II 1. Er ist nur zusammen mit dem Endurteil anfechtbar. Das Gericht darf ihn jederzeit abändern. 6

5) Wirkung. Die Wirkung der Beschränkungsanordnung ist rein tatsächlich. Der Beschluß schneidet keine Einrede ab. Er wirkt nicht über das Ende der Instanz hinaus. Das Gericht darf über die einzelnen Rechtsbehelfe keine getrennten Verhandlungen anordnen. Soweit der Prozeß nach § 300 Rn 6 entscheidungsreif ist, muß das Gericht trotz einer Trennung ein Endurteil erlassen, auch bei einer Säumnis ein Versäumnisurteil, §§ 330 ff. Die Entscheidung über die einzelnen Rechtsbehelfe erfolgt nur im Endurteil. Es ist also zwar ein Vorbehaltsurteil nach §§ 302, 304, 305 zulässig, aber kein Zwischenurteil nach § 303, aM ZöGre 4 (aber das wäre inkonsequent), und kein Teilurteil nach § 301. 7

147 *Prozessverbindung.* **Das Gericht kann die Verbindung mehrerer bei ihm anhängiger Prozesse derselben oder verschiedener Parteien zum Zwecke der gleichzeitigen Verhandlung und Entscheidung anordnen, wenn die Ansprüche, die den Gegenstand dieser Prozesse bilden, in rechtlichem Zusammenhang stehen oder in einer Klage hätten geltend gemacht werden können.**

WEG § 47. Prozessverbindung. [1] **Mehrere Prozesse, in denen Klagen auf Erklärung oder Feststellung der Ungültigkeit desselben Beschlusses der Wohnungseigentümer erhoben werden, sind zur gleichzeitigen Verhandlung und Entscheidung zu verbinden.** [2] **Die Verbindung bewirkt, dass die Kläger der vorher selbständigen Prozesse als Streitgenossen anzusehen sind.**

Vorbem: § 47 WEG idF Art 1 Z 19 G v 26. 3. 07, BGBl 370, in Kraft seit 1. 7. 07, Art 4 S 2 G, ÜbergangsR Einl III 78.

Schrifttum: *Schumacher,* Prozeßtrennung (§ 145 ZPO) und -verbindung (§ 147 ZPO), Diss Bonn 1999.

Gliederung

1) Systematik. Prozeßverbindung ist die vom Gericht durch die Verbindung mehrerer Prozesse herbeigeführte Klägerhäufung (Streitgenossenschaft) nach § 59 oder Anspruchshäufung, § 260. Das Gericht handelt dabei nach seinem pflichtgemäßen Ermessen, §§ 25, 254, 260, BPatG GRUR **81**, 348 (spricht von „freiem“ Ermessen), Kblz VersR **92**, 339, Stgt Rpfleger **01**, 617. 1

2) Regelungszweck. Geschickt gehandhabt, erspart eine Prozeßverbindung Arbeit und Kosten und verringert die Gefahr unvereinbarer Entscheidungen, BAG DB **83**, 2579. Die Vorschrift dient damit der Prozeßwirtschaftlichkeit, Grdz 14 vor § 128, BGH **68**, 81. Sie sollte nicht unter dem Bestreben leiden, „Nummern zu machen“. Sie ist vor allem dann sinnvoll, wenn der Kläger einen Anspruch in mehrere Prozesse zerlegt hat. 2

Abgabe an eine andere Abteilung oder Kammer ist leider gelegentlich unverkennbar ein weniger erfreuliches weiteres Ziel einer Anregung zur Übernahme zwecks Verbindung – natürlich unter der Führung des dortigen Verfahrens. Anstandshalber sollte man aber auf das Auftreten auch des Gegenteils hinweisen, also auf den Vorschlag der Abteilung oder Kammer, ein in einer anderen Abteilung oder Kammer schwebendes Verfahren zu übernehmen. In beiden Fällen sollten allein sachliche Gesichtspunkte maßgeblich sein. Meist liegen sie auch eindeutig für oder gegen eine solche Abgabe oder Übernahme vor. Allerdings kann ein derartiger Richterwechsel wegen Verbindung eine gewisse Abweichung vom Gebot des gesetzlichen Richters nach Art 101 I 2 GG darstellen und schon deshalb eine Zurückhaltung fordern. Freilich bleibt an sich die von § 147 geforderte Nämlichkeit des Gerichts formell meist gewahrt, Rn 8.

3) Geltungsbereich. Vgl Grdz 3 vor § 128. Die Vorschrift gilt auch im Arbeitsgerichtsverfahren, BAG NZA **07**, 1456, und im WEG-Verfahren und vor dem Beschwerdegericht nach § 73 Z 2 GVG. Vgl außerdem § 47 WEG, abgedruckt vor Rn 1. Im FamFG-Verfahren gelten §§ 20, 126 II FamFG. 3

4) Ermessen. Beim pflichtgemäßen Ermessen nach Rn 1 muß das Gericht insbesondere folgendes beachten. 4

A. Notwendigkeit. Eine Verbindung ist nur ausnahmsweise notwendig, zB nach den §§ 238, 518 ZPO, 246 III, 249 II, 275 IV AktG, 51 III 5, 112 I 3 GenG. Sie kommt ferner zB dann in Betracht, wenn der (jetzt) vertragliche Unterhaltsgläubiger und der Unterhaltsschuldner mit einer Klage und einer Widerklage nach Anh § 253 für denselben Zeitraum jeder eine Abänderung in gegenläufiger Richtung beantragen, Köln NZM **07**, 602, Zweibr FamRZ **88**, 421.

5 **B. Unzweckmäßigkeit.** Die Prozeßverbindung kann allerdings auch zu außerordentlichen Erschwerungen führen. Es kann sich zB ergeben, daß einer der verbundenen Prozesse wesentlich kompliziertere rechtliche oder tatsächliche Probleme enthält als der andere. Daher kann die Entscheidungsreife der verschiedenen Ansprüche nach § 300 Rn 6 unterschiedlich rasch eintreten, Kleveman MDR **99**, 975. Es können sich erhebliche Kostenprobleme ergeben. Deshalb kann es ebenso ratsam sein, statt einer Verbindung beide Prozesse rechtlich selbständig zu lassen und lediglich dafür zu sorgen, daß alle Termine in beiden Prozessen an demselben Tag und zu derselben Stunde stattfinden, Mü Rpfleger **90**, 184, Saarbr RR **89**, 1216, Grabolle/Wilske MDR **07**, 1409. Man kann dann praktisch wie bei verbundenen Verfahren verhandeln und entscheiden, ohne daß nachteilige Wirkungen einer Prozeßverbindung eintreten können. Dann muß das Gericht allerdings darauf achten, daß alle Prozeßbeteiligten jeweils Klarheit darüber haben, welches der beiden Verfahren das Gericht jeweils erörtert. Auch die Protokolle müssen dann eine entsprechende Sorgfalt erhalten. Ferner errechnen sich dann die Anwaltsgebühren nach den Streitwerten jedes einzelnen Prozesses, Mü Rpfleger **90**, 184.

6 **C. Unzulässigkeit.** Eine Verbindung kann ausnahmsweise unzulässig sein, zB nach § 578 II, Art 50 § 5 CIM und CIV. Man darf nicht im Wechselprozeß nach § 602 und hilfsweise im normalen Urkundenprozeß nach §§ 592 ff klagen, BGH MDR **82**, 298. Formell unzulässig ist auch die Verbindung des Eilverfahrens zB nach §§ 916 ff mit dem Hauptsacheprozeß, selbst wenn beide gleichzeitig beginnen. Vgl Rn 5, 10, 11. Bei einer Zusammenführung oder Wiedervereinigung getrennter Patentanmeldungen ist § 147 nur bedingt entsprechend anwendbar, BPatG GRUR **81**, 348.

7 **5) Voraussetzungen im einzelnen.** Eine Verbindung ist beim Zusammentreffen der folgenden Voraussetzungen zulässig.

A. Anhängigkeit mehrerer Prozesse. Es müssen mehrere bisher rechtlich selbständige Prozesse anhängig sein, § 261 Rn 1, etwa ein Prozeß gegen den Hauptschuldner und ein weiterer gegen den Bürgen, Kblz JB **91**, 547. Eine Rechtshängigkeit nach § 261 Rn 4 ist nicht erforderlich. LG Detm Rpfleger **92**, 427 wendet § 147 entsprechend bei mehreren Pfändungsanträgen desselben Gläubigers bei demselben Drittschuldner an. Eine Verbindung mehrerer Kostenfestsetzungsverfahren nach §§ 103 ff aus getrennt geführten Prozessen ist unzulässig, Hamm Rpfleger **80**, 439. Eine Verbindung tritt nicht schon stets dadurch ein, daß zB der bisherige Streitgenosse des Bekl nun den Kläger und einen Dritten verklagt, § 253 Anh Rn 1, BGH ZZP **86**, 67.

8 **B. Nämlichkeit des Gerichts.** Die bisherigen Prozesse müssen bei demselben Gericht anhängig sein, BPatG GRUR **81**, 347. Sie können grundsätzlich bei verschiedenen Abteilungen, Kammern oder Senaten anhängig sein. Deren Verbindung verletzt auch nicht etwa mangels einer Zustimmung der Parteien Art 101 I 2 GG, Fischer MDR **96**, 240, aM StJL 15 (aber man kann das Gebot des gesetzlichen Richters auch übertreiben). Freilich soll man den gesetzlich gewollten Unterschied zwischen einer Einzelrichter- und einer Kollegiumssache nach §§ 348, 348 a usw nicht durch § 147 unterlaufen. Eine Anhängigkeit des einen Prozesses bei der Zivilkammer, des anderen bei der Kammer für Handelssachen kann allerdings nicht zur Verbindung führen, §§ 103 ff GVG.

9 **C. Nämlichkeit der Instanz.** Die zu verbindenden Prozesse müssen in derselben Instanz anhängig sein, BPatG GRUR **81**, 347. Es kann sich auch um eine höhere Instanz handeln. Eine Revision muß in jedem der bisher getrennt geführten Prozesse zulässig sein, BGH NJW **77**, 1152.

10 **D. Nämlichkeit der Prozeßart.** Alle zu verbindenden Prozesse müssen in derselben Prozeßart anhängig sein, BGH NJW **78**, 44, LG Stgt Rpfleger **96**, 167 (§§ 807, 900 ff).

11 **E. Gleichzeitigkeit der Verhandlung und Entscheidung.** Die Verbindung muß den Zweck haben, eine gleichzeitige Verhandlung und Entscheidung in allen bisher einzeln geführten Prozessen herbeizuführen, Mü Rpfleger **90**, 184. Eine nur tatsächlich gleichzeitige Verhandlung rechtlich getrennt bleibender Prozesse ist keine Verbindung, Rn 5, VGH Mannh JB **98**, 83. Eine Verbindung nur zum Zweck einer Beweisaufnahme oder nur zum Zweck der Verhandlung ist an sich unzulässig. Das Gericht kann die Prozesse aber vor der Beweisaufnahme verbinden und sie nach ihr wieder trennen, Grabolle/Wilske MDR **07**, 1409. In einer Ehesache muß man § 137 FamFG beachten. In einer Scheidungsfolgesache muß das Gericht § 137 FamFG ebenso beachten. Zwischen einer Einzelklage und einer Verbandsklage ist keine Verbindung zulässig, Sieg VersR **77**, 494. Wegen einer Massenklage Stürner JZ **78**, 500 und das KapMuG, SchlAnh VIII.

12 **F. Rechtlicher Zusammenhang.** Zwischen den Klagansprüchen der verschiedenen Prozesse muß ein rechtlicher Zusammenhang nach § 33 Rn 8 bestehen oder es müssen die Voraussetzungen einer Parteien- oder Anspruchshäufung nach §§ 59, 60, 260 vorliegen. Eine Gleichartigkeit der Ansprüche genügt. Es ist nicht erforderlich, daß der Kläger des einen Prozesses auch im anderen Prozeß Kläger ist. Dasselbe gilt für die Rolle des Bekl. Es kann aber in demselben Prozeß dieselbe Person nicht zugleich Kläger und Bekl sein. Daher muß notfalls der Kläger des einen Prozesses auch zum Widerbekl, der Bekl dieses Prozesses auch zum Widerkläger werden. Dabei wird die später rechtshängig gewordene Klage zur Widerklage, auch wenn deren Voraussetzungen an sich fehlen.

13 **G. Keine Entscheidungsreife.** Keiner der bisher getrennt geführten Prozesse darf allein nach § 300 Rn 6 entscheidungsreif sein.

14 **H. Sonstige Einzelfragen.** Die Zustimmung einer Partei oder gar aller Beteiligten ist nicht erforderlich, BPatG GRUR **81**, 348.

15 **6) Entscheidung.** Das Gericht entscheidet über die Prozeßverbindung auf einen Antrag oder von Amts wegen durch einen Beschluß, § 329, BPatG GRUR **81**, 348. Zuständig ist das Kollegium. Der Einzelrichter ist nach §§ 348, 348 a, 526, 527, 568 nur insoweit zuständig, als er alle zu verbindenden Sachen kraft

Gesetzes oder durch einen Kollegialbeschluß bearbeiten muß. Eine Abgabe durch eine Verbindung ist unstatthaft. Der Beschluß ist eine prozeßleitende Maßnahme, Üb 5 vor § 128. Er erfordert keine mündliche Verhandlung, § 128 IV, LG Lpz MDR **05**, 648. Er ist sogar stillschweigend zulässig, § 145 Rn 5. In der einheitlichen Bewilligung einer Prozeßkostenhilfe für mehrere bisher selbständige Prozesse nach § 119 kann nur ausnahmsweise eine stillschweigende Prozeßverbindung liegen. Wenn sich ein Gericht in mehreren bisher getrennten Prozessen über rechtlich zusammenhängende Ansprüche für unzuständig erklärt, handelt es sich meist nicht um eine Verbindung, BGH NJW **80**, 192. Das Gericht muß seine Entscheidung trotz ihrer Unanfechtbarkeit grundsätzlich begründen, § 329 Rn 4. Es verkündet seine Entscheidung oder teilt sie den Parteien formlos mit, § 329 I 1, II 1. Das Gericht kann seine Entscheidung jederzeit abändern, § 150.

7) Rechtsmittel gegen Verbindung. Beim Rpfl gilt § 11 RPflG, § 104 Rn 41 ff. Im übrigen gilt: 16

A. Grundsatz: Unanfechtbarkeit. Gegen den Verbindungsbeschluß ist grundsätzlich kein Rechtsbehelf statthaft, BPatG GRUR **85**, 1041. Man kann erst das Urteil anfechten. Freilich bleibt zu prüfen, ob überhaupt eine Verbindung vorliegt.

B. Ausnahmsweise: Sofortige Beschwerde. Soweit eine Verbindung auf einen auch nur teilweisen 17
Verfahrensstillstand hinausläuft, Ffm RR **92**, 32, zB bei einer unzulässigen Verbindung eines Eilverfahrens etwa nach §§ 916 ff mit dem Hauptsacheprozeß nach Rn 5, kann die sofortige Beschwerde nach §§ 252, 567 I Z 1 oder 2 zulässig sein.

8) Kein Rechtsmittel gegen Ablehnung einer Verbindung. Es ist kein Rechtsbehelf statthaft, BPatG 18
GRUR **85**, 1041, Kblz JB **91**, 547.

9) Wirkung. Es kommt auf die Entscheidungsart an. 19

A. Verbindung. Die bisher selbständigen Prozesse sind von der Wirksamkeit des Verbindungsbeschlusses an nur für die Zukunft miteinander verbunden. Die in den bisherigen Prozessen erzielten Ergebnisse und Wirkungen bleiben also bestehen. Manche befürworten eine Wiederholung der Beweisaufnahmen, soweit die Parteien nicht ausdrücklich darauf verzichten. Das kann zwar zB nach §§ 397 ff notwendig sein. Es würde aber im übrigen dem mit der Verbindung erstrebten Zweck der Prozeßwirtschaftlichkeit nach Rn 1 zuwiderlaufen. Auch kann § 295 helfen. Mehrere Parteien in derselben prozessualen Stellung werden zu Streitgenossen, §§ 61 ff. Dadurch kann die Zeugnisfähigkeit entfallen, Üb 22 vor § 373 „Streitgenosse".

B. Gleichzeitigkeit, Einheitlichkeit. Das Gericht muß über die verbundenen Ansprüche gleichzeitig 20
und einheitlich verhandeln und entscheiden. Das gilt auch dann, wenn das Gericht die Verbindung unzulässig nur zum Zweck der Verhandlung oder nur zum Zweck der Verhandlung und der Beweisaufnahme angeordnet hat. Es ist allerdings denkbar, daß das Gericht gar keine eigentliche Verbindung gemeint hat, sondern nur vorübergehende Vereinfachungsmaßnahmen treffen wollte, Rn 5. Das Revisionsgericht darf diese Frage nachprüfen. Soweit das Gericht trotzdem getrennt entschieden hat, liegt für die Frage der Statthaftigkeit eines Rechtsmittels ein einheitlicher Spruch vor.

Das Gericht darf im Anschluß an den Verbindungsbeschluß nur dann *sofort* verhandeln, wenn es den Termin für alle nunmehr miteinander verbundenen Prozesse bestimmt hatte. Das muß man durch eine Auslegung ermitteln, Stgt AnwBl **89**, 232. Eine Berufungsumme nach § 511 II Z 1 muß man nach dem Gesamtwert der verbundenen Ansprüche berechnen, aM BGH NJW **77**, 1152.

C. Kosten. Für die Gebührenberechnung muß man die nach der Verbindung vorgenommenen Hand- 21
lungen nach dem neuen durch eine Zusammenrechnung gefundenen Streitwert berechnen, soweit sie nicht denselben Streitgegenstand betreffen, § 45 I GKG. Eine bereits vor der Verbindung entstandene Gebühr bleibt bestehen, Bbg JB **76**, 775, Mü Rpfleger JB **78**, 1853, Uhlenbruck KTS **87**, 567. Man muß die Höchstgrenze (jetzt) des § 36 II GKG beachten, Meyer JB **99**, 240. Bei der Streitgenossenschaft vgl auch § 7 RVG. Eine Prozeßverbindung läßt die sachliche Zuständigkeit grundsätzlich unberührt. Etwas anderes gilt nur dann, wenn der Kläger die Zuständigkeit des AG erschlichen hatte, Einl III 56, § 2 Rn 7.

D. Unterbleiben einer Verbindung. In diesem Fall läuft jeder der bisherigen Prozesse unverändert 22
weiter, Wieser ZZP **86**, 41. Eine Widerklage nach Anh § 253 wird nicht schon wegen der Ablehnung einer Verbindung unzulässig, BGH ZZP **86**, 67, Wieser ZZP **86**, 41.

Einführung vor §§ 148–155

Aussetzung

Schrifttum: *Fichtner,* Grenzen des richterlichen Ermessens bei Aussetzung und Ruhen des Verfahrens in der ZPO usw, 1996; *Heil,* Die Bindung der Gerichte an Entscheidungen anderer Gerichte, Diss Bochum 1983.

1) Systematik. §§ 148 ff regeln die Aussetzung des Verfahrens, ergänzt durch verstreute Sondervor- 1
schriften, zB § 65 (Einmischungsklage). Eine Aussetzung ist ein Stillstand des Verfahrens auf Grund einer gerichtlichen Anordnung, im Gegensatz zu demjenigen kraft Gesetzes, §§ 239 ff.

2) Regelungszweck. Eine Aussetzung scheint dem Grundsatz der Förderungspflicht nach Grdz 12, 13 2
vor § 128 zu widersprechen. Indessen dient die Aussetzung der Vermeidung vorschneller Entscheidungen und dann unnötig folgender Rechtsmittel und damit in Wahrheit doch einer richtig verstandenen Verfahrensförderung sowie der Prozeßwirtschaftlichkeit, Grdz 14, 15 vor § 128. Freilich läßt sich so manche Aussetzung bei genauerer Prüfung sehr wohl vermeiden. Die Änderungs- und Aufhebungsmöglichkeiten nach §§ 150, 155 dienen dazu, den Prozeß wieder so bald wie möglich fortzuführen. Das Gericht sollte sie großzügig nutzen. Alles das muß man bei der Auslegung mitbeachten.

Die Interessenlage der Beteiligten verdient bei den Entscheidungen nach §§ 148 ff im Rahmen des jeweils Zulässigen eine wesentliche Beachtung. Die Interessen können gleichartig sein. Sie können aber auch äußerst unterschiedlich ausfallen. Weder das Interesse des Gerichts noch dasjenige eines sonstigen Prozeßbeteiligten hat beim Konflikt von vornherein den Vorrang. Diesen hat vielmehr das Gebot einer möglichst sachgerechten Entscheidung und einer möglichst geringen Gefährdung der Einheitlichkeit der Beurteilung durch mehrere Gerichte oder Behörden, soweit diese auch das Gericht zumindest faktisch binden würden. Die Vorentscheidung über eine solche Bindung ist oft sehr schwierig. Auch ohne eine formelle Bindung mag doch eine solche Wirkung möglich sein, die eine abweichende spätere eigene Gerichtsentscheidung als ziemlich unwahrscheinlich erscheinen läßt. In das Ermessen fließen also komplizierte Vorausschauen ein. Sie dürfen weder zur Scheu vor einer Aussetzung führen noch zu deren allzu eifriger Befürwortung. Eine behutsame offen miteinander erfolgende Abwägung in einem kollegialen Ton und Geist gerade auch gegenüber den ProzBev hilft erfahrungsgemäß dazu, eine allseits akzeptierte Lösung zu finden.

3 **3) Geltungsbereich.** Die Vorschriften gelten auch im arbeitsgerichtlichen Verfahren, BAG NZA **07**, 1456, und im WEG-Verfahren. Im FamFG-Verfahren gilt § 21 FamFG. Man unterscheidet im übrigen am besten nach dem Ergebnis.

A. Zulässigkeit der Aussetzung. Die Aussetzung ist nur in den gesetzlich vorgesehenen Fällen zulässig, also nicht schon deswegen, weil sie auf Grund einer eine Aussetzung nicht eindeutig erlaubenden Vorschrift zweckmäßig oder sogar eigentlich notwendig wäre, etwa im oder nach einem Ablehnungsverfahren, §§ 42 ff, Hamm MDR **99**, 374, oder bei § 558 b III 2 BGB, § 148 Rn 1–6, 8 und 20 „Mietrecht". Das Gericht hat also in der Zulässigkeitsfrage nicht etwa einen Ermessensspielraum, Brschw FamRZ **77**, 132, KG FamRZ **77**, 51, Köln MDR **76**, 1026, aM LG Mü NJW **76**, 1637, Graf von Westphalen FamRZ **76**, 525 (vgl aber § 148 Rn 32).

§§ 148–155 enthalten *nur einige* der gesetzlich zulässigen Aussetzungsfälle. Andere Fälle (Übersicht: § 148 Rn 12 ff) befinden sich zB in §§ 65, 251 (Ruhen des Verfahrens), §§ 246, 247, 578 II, ferner in vielen anderen Gesetzen. So kommt zB eine Aussetzung wegen der Zuständigkeit des BVerfG in Betracht, § 148 Rn 29 „Verfassungsrecht", ferner zB wegen der Zuständigkeit eines Kartellgerichts, § 96 II GWB, § 148 Rn 18 „Kartellrecht", oder nach § 108 II SGB VII, BGH VersR **04**, 931. Die Aussetzung des Verfahrens ist teils notwendig, teils dem Gericht freigestellt, BGH **97**, 145. Soweit sie notwendig ist, muß das Gericht aussetzen, sobald die Voraussetzungen einer Aussetzung vorliegen können, BGH NJW **86**, 1746.

4 **B. Unzulässigkeit der Aussetzung.** Übersicht: § 148 Rn 12 ff. In einem Verfahren auf den Erlaß eines Arrests oder einer einstweiligen Verfügung ist eine Aussetzung grundsätzlich unzulässig, Rn 13, Grdz 13, 14 vor § 916, ebenso im Eilverfahren nach §§ 49 ff FamFG, im Prozeßkostenhilfeverfahren nach § 118 Rn 4, bei einer Entscheidungsreife nach § 300 Rn 6, im Urkundenprozeß nach Grdz 1 vor § 592, in der Zwangsvollstreckung, Grdz 38 vor § 704.

5 **4) Wirkung.** Es kommt nicht darauf an, wie das Gericht seine Anordnung nennt. Auch eine Vertagung ist eine Aussetzung, wenn die Vertagung in ihrer Wirkung einer Aussetzung gleichkommt, wenn das Gericht zB auf eine unbestimmte Zeit vertagt oder wenn es auf die Dauer eines Jahres vertagt, es sei denn, daß für eine so lange Frist schon jetzt ein sachlicher Grund erkennbar ist, etwa die monatelange Abwesenheit eines Zeugen. Die Wirkung jeder beliebigen Aussetzung richtet sich nach § 249. Eine Aufnahme des Verfahrens erfolgt nach § 250. Das Gericht kann die Aussetzung jederzeit aufheben, § 150. Wegen einer Hemmung der Verjährung und des Neubeginns der Verjährung Köln VersR **02**, 68 (zum alten Recht).

6 **5) Wegfall des Aussetzungsgrundes.** Soweit der Grund für die Aussetzung des Verfahrens wegfällt, zB wegen § 325, BAG NZA **06**, 315, oder durch den Erlaß der vorgreiflichen Entscheidung, ist die Aussetzung auch ohne eine Aufnahmeerklärung von selbst beendet, BGH NJW **89**, 1729, Hbg ZZP **76**, 476. Dann beginnt die Verjährung von selbst neu zu laufen, BGH **106**, 298. Dasselbe gilt von einer sonstigen Frist. Evtl kommt eine Wiedereinsetzung infrage, BVerfG RR **97**, 188. Im übrigen kann die Partei das Verfahren entsprechend § 246 aufnehmen. Das gilt bei § 148 dann, wenn der andere Prozeß erledigt ist. Bei § 149 gilt es dann, wenn das Strafverfahren erledigt ist, bei §§ 151–154 dann, wenn das betreffende Verfahren erledigt ist, bei § 65 dann, wenn das Gericht über die Einmischung rechtskräftig entschieden hat.

7 **6) Vorgreiflichkeit.** Ein einfacher Grundsatz bereitet im Einzelfall viele Probleme.

A. Grundsatz: Vermeidung widersprüchlicher Entscheidungen. Zum Begriff § 148 Rn 3. §§ 148 bis 155 regeln die Aussetzung wegen einer Vorgreiflichkeit (Präjudizialität) für den Bereich der ZPO abschließend. Daneben bestehen allerdings Sondergesetze, Rn 3. Der Zweck dieser Art der Aussetzung des Verfahrens liegt hauptsächlich darin, mehrere widersprüchliche Entscheidungen zu vermeiden, Düss GRUR **79**, 637, LAG Bln JZ **81**, 32, LAG Hamm DB **83**, 2579. Es kann aber statt einer Aussetzung eine Verbindung ratsam sein, LAG Hamm DB **83**, 2579. Diese Aussetzung soll aber außerdem verhindern, daß ein weniger gut unterrichtetes Gericht über eine solche Frage entscheiden muß, die ihm ferner liegt, Köln MDR **83**, 848.

Die Aussetzung darf in keinem Fall der *bloßen Bequemlichkeit* des Gerichts dienen, auch nicht unter dem Vorwand einer Prozeßwirtschaftlichkeit, Grdz 14 vor § 128, Köln MDR **83**, 848. Schon gar nicht darf die Aussetzung eine Prozeßverschleppung fördern. Sie darf also nur aus einem gesetzlich zugelassenen Grund erfolgen. Sie kommt bei einer Entscheidungsreife nach § 300 Rn 6 nicht mehr in Betracht, auch nicht, soweit die Klage nur zur Zeit unbegründet ist. Andernfalls muß man eine Aussetzung als eine Anordnung des Ruhens des Verfahrens nach § 251 a ohne einen zugehörigen Rechtsgrund ansehen. Dann kann das Gericht sein Verfahren jederzeit wieder aufnehmen. Sofern das Gericht die Aufnahme ablehnt, ist die sofortige Beschwerde zulässig, § 252.

8 **B. Einzelfragen.** Übersicht: § 148 Rn 17 „Gesetzesänderung", § 148 Rn 28 „Vaterschaftsverfahren".

148 ***Aussetzung bei Vorgreiflichkeit.*** **Das Gericht kann, wenn die Entscheidung des Rechtsstreits ganz oder zum Teil von dem Bestehen oder Nichtbestehen eines Rechtsverhältnisses abhängt, das den Gegenstand eines anderen anhängigen Rechtsstreits bildet oder von einer Verwaltungsbehörde festzustellen ist, anordnen, dass die Verhandlung bis zur Er-**

ledigung des anderen Rechtsstreits oder bis zur Entscheidung der Verwaltungsbehörde auszusetzen sei.

Schrifttum: *Brenner,* Der Einfluß von Behörden auf die Einleitung und den Ablauf von Zivilprozessen, 1989; *Schilken,* Zur Aussetzung des Zivilprozesses gemäß und analog § 148 ZPO, in: Festschrift für *Heinze* (2004); *Ströbele,* Die Bindung der ordentlichen Gerichte an Entscheidungen der Patentbehörden, 1975.

Gliederung

1) Systematik. Vgl zunächst Einf 1 vor §§ 148–155. Bei einer Vorgreiflichkeit im engeren Sinn hilft § 148, bei einer solchen im weiteren Sinn § 149. Die Sondervorschriften der §§ 151–154 und das KapMuG, SchlAnh VIII, haben den Vorrang. 1

2) Regelungszweck. Vgl zunächst Einf 2 vor §§ 148–155. Das Gebot der Prozeßwirtschaftlichkeit nach Grdz 14 vor § 128 hat auch hier eine erhebliche Bedeutung, BVerfG NJW **04**, 501. Man muß zwischen einer möglichen Arbeitsersparnis und dem Zügigkeitsgebot abwägen, LAG Ffm BB **02**, 2075. Ob die vorgreifliche Entscheidung den Zivilrichter auch wirklich formell bindet, kann durchaus fraglich sein. Unabhängig davon sollte die meist größere Sachkunde der zur vorgreiflichen Entscheidung berufenen Stelle im Interesse der Gerechtigkeit nach Einl III 9, 36 den Ausschlag vor Erwägungen der Zügigkeit geben. Das gilt, zumal § 150 Korrekturen ermöglicht. Andererseits bleibt natürlich eine genaue Prüfung der Frage notwendig, ob wirklich eine Vorgreiflichkeit nach Rn 4–6 eindeutig oder wenigstens höchstwahrscheinlich besteht. Das gilt um so mehr, als man ja nie genau vorhersagen kann, ob und nicht nur wann im anderen Verfahren überhaupt eine solche Sachentscheidung ergehen wird, die vorgreifliche Ergebnisse enthält. 2

Daher bleibt auch bei einer Aussetzung die den anderen Prozeß usw begleitende *Beobachtung* und Erkundigung nach dessen Fortgang eine eigentlich selbstverständliche Folgepflicht. Ein bloßes Abwarten („Wiedervorlage nach 1 Jahr") kann zunächst reichen. Es überzeugt aber keineswegs als Regel – „Bearbeitung". Natürlich mögen die Parteien am ehesten über das andere Verfahren wissen und berichten können. Sie sind ja aber an ihm nicht stets beteiligt. Das Gericht sollte daher sehr dem Einzelfall angepaßt vorgehen, wenn es ausgesetzt hat. Das gilt unabhängig davon, ob die Sache mit der Aussetzung statistisch schon beendet ist.

3) Geltungsbereich. Einf 3 vor §§ 148–155. § 148 gilt auch im WEG-Verfahren. Freilich sollte man trotz des Zwecks der Prozeßwirtschaftlichkeit nach Grdz 14 vor § 128 keine allzu weite Auslegung vornehmen, Rn 23. Im FamFG-Verfahren gilt § 21 FamFG. 3

4) Vorgreiflichkeit. Erste Voraussetzung ist die Vorgreiflichkeit einer fremden Entscheidung. 4

A. Begriff. Die Entscheidung in der ausgesetzten Sache muß also mindestens teilweise von dem Bestehen oder dem Nichtbestehen eines Rechtsverhältnisses abhängen, § 256 Rn 5, BGH **162**, 375, KG MDR **08**, 283, Köln RR **88**, 1172. Über gerade dieses Rechtsverhältnis muß grundsätzlich gerade ein anderes Verfahren vor einem Gericht oder einer Verwaltungsbehörde schweben, BGH **162**, 375, Hamm FamRZ **88**, 633, Kblz RR **05**, 678 (die Möglichkeit abweichender Beurteilung des nächsthöheren Gerichts reicht nicht.). In beiden Fällen muß die Feststellung über dasselbe Rechtsverhältnis möglicherweise in einer der inneren Rechtskraft fähigen Entscheidung ergehen, Einf 2 vor §§ 322–327. Die Gültigkeit oder die Ungültigkeit eines Gesetzes stellen kein Rechtsverhältnis dar, Hamm FamRZ **79**, 164, ThP 9, aM Oldb NJW **78**, 2160, Skouris NJW **75**, 714 (aber ein Rechtsverhältnis ist erst die Folge eines wirksamen Gesetzes). Die bloße Eignung oder Möglichkeit einer Abhängigkeit reicht nicht aus, Jena MDR **00**, 1452. Wegen eines sog Musterprozesses Rn 20.

Eine bloße *Rechtsfrage* etwa eines sog Musterprozesses ist auch dann kein Rechtsverhältnis, wenn sie für die Beteiligten bedeutsam ist, § 256 Rn 11, Karlsr GRUR **81**, 761, Brommann AnwBl **85**, 6. Es ist aber nicht auch erforderlich, daß die Entscheidung in dem anderen Verfahren für den auszusetzenden Prozeß auch wirklich eine Rechtskraft schafft. Es genügt vielmehr jeder rechtliche Einfluß des anderen Verfahrens auf den auszusetzenden Prozeß, Hamm FamRZ **04**, 888, Köln RR **88**, 1172. Ein rechtlicher Einfluß reicht auch insofern aus, als er einen bloßen Beweggrund darstellen würde, LG Freibg NJW **03**, 3424, LG Mainz VersR **79**, 334, oder als es um eine Tatsachenfeststellung geht, Mü RR **95**, 779, aM Drsd MDR **98**, 493, Köln MDR **83**, 848, Mü MDR **96**, 197 (aber man darf und muß scharf zwischen den tatsächlichen Voraussetzungen und den rechtlichen Folgen unterscheiden). Eine Nämlichkeit der Parteien braucht nicht vorzuliegen.

Andererseits berechtigt die *Nämlichkeit* der Parteien nach Grdz 4 vor § 50 und eine *Gleichartigkeit der Ansprüche* in beiden Verfahren *nicht* schon als solche zu einer Aussetzung, Celle ZMR **86**, 120, Köln MDR **83**, 848. Ebensowenig berechtigt eine Nämlichkeit der Streitgegenstände nach § 2 Rn 4 zur Aussetzung, LG Ffm RR **87**, 1424 (WEG). Denn dann muß das Gericht den später rechtshängig gewordenen Prozeß nach 5

§ 261 III Z 1 abweisen. Auch die bloße Gefahr widersprechender Entscheidungen oder die Möglichkeit, daß der eine Prozeß durch den anderen gegenstandslos wird, reichen nicht. Dagegen ist § 148 anwendbar, wenn eine Partei denselben Anspruch in einem der Prozesse nur als eine Einrede geltend macht. Eine Aufrechnung mit einer anderweit rechtshängigen Forderung kann genügen, § 145 Rn 15.

Die Abhängigkeit muß sich nach dem Beibringungsgrundsatz gemäß Grdz 20 vor § 128 aus dem *Parteivorbringen* ergeben. BAG NJW **80**, 142 wendet § 148 entsprechend an, wenn feststeht, daß für eine unstreitige Insolvenzforderung nicht mehr genug in der Masse vorhanden ist. Manche verneinen das Rechtsschutzbedürfnis nach Grdz 33 vor § 253 schon bei einer derartigen bloßen Möglichkeit, LAG Köln KTS **85**, 564 (zustm Uhlenbruck). Andere regen eine Umstellung auf einen Feststellungsantrag an, Uhlenbruck KTS **85**, 565. Wieder andere wenden wegen § 3 Z 8 PflVG den § 148 entsprechend an, wenn das Erstgericht die Klage gegenüber dem Versicherer durch ein Teilurteil abgewiesen hat, während das Berufungsgericht noch nicht über die restliche Klage gegenüber dem Versicherungsnehmer entschieden hat.

6 **B. Entsprechende Anwendbarkeit.** § 148 ist ferner entsprechend anwendbar, wenn eine ähnliche Sache beim BVerfG anhängig ist, Rn 29 „Verfassungsrecht", oder wenn im Insolvenz-Eröffnungsverfahren ein allgemeines Verfügungsverbot ergeht, Jena RR **00**, 1075.

7 **5) Fremde Entscheidung.** Vorgreiflich muß als weitere Voraussetzung gerade eine fremde Entscheidung sein. Sie muß zur Aufgabe der einen oder der anderen der nachfolgend genannten Stellen gehören.

A. Gericht. Entweder muß im Zeitpunkt der Aussetzung des vorliegenden Verfahrens ein anderer Rechtsstreit vor einem anderen Spruchkörper desselben Gerichts oder vor einem anderen ordentlichen oder sonstigen Gericht schon und noch anhängig sein, § 261 Rn 1, Düss RR **95**, 832, Karlsr FamRZ **92**, 831. Seine bloße Anhängigkeit im Mahnverfahren vor dem Beginn des Übergangs in das streitige Verfahren nach § 697 genügt nicht. Es ist aber unerheblich, ob die Rechtshängigkeit im anderen Verfahren später als im auszusetzenden Verfahren eingetreten ist. Es ist auch unerheblich, ob der andere Prozeß zB vor einem Arbeits- oder Schiedsgericht oder vor einem kirchlichen Verwaltungsgericht anhängig ist, LG Mannh ZMR **78**, 86. Auch ein WEG-Verfahren kann ausreichen, auch ein streitiges, (je zum alten Recht) Hbg WoM **91**, 310, Köln RR **88**, 1172. Ein ausländisches Gericht reicht ansich aus, Köln IPRax **92**, 89. Jedoch ist eine Aussetzung dann oft unzweckmäßig. Zumindest muß das Gericht die Bindungswirkung des ausländischen Urteils prüfen, Ffm NJW **86**, 1443.

8 Es reicht also *nicht* aus, daß dieses Prozeßgericht das Rechtsverhältnis im *gegenwärtigen* Prozeß klären muß, Kblz VersR **92**, 1536, etwa bei (jetzt) § 558 b III BGB, Einf 1 vor §§ 148–155, AG Lübeck WoM **83**, 52, Barthelmess WoM **83**, 66, Sternel ZMR **83**, 79, aM Lessing DRiZ **83**, 463 (aber dann bestünde ja überhaupt kein Anlaß zur Aussetzung).

9 **B. Verwaltungsbehörde.** Oder es muß das fremde Verfahren vor einer Verwaltungsbehörde schweben, BGH VersR **88**, 75. Eine Anhängigkeit ist dann nicht notwendig. Für den auszusetzenden Prozeß muß aber der ordentliche Rechtsweg zulässig sein, § 13 GVG. Andernfalls muß das Prozeßgericht diese Klage durch ein Prozeßurteil als unzulässig abweisen, Grdz 14 vor § 253. Freilich sollte man aussetzen, soweit die Zulässigkeit der Klage von einer Vorentscheidung der Verwaltungsbehörde abhängt, Köln RR **86**, 935, aber eben auch nur dann, BGH VersR **88**, 75, Brdb OLGR **00**, 112. Als eine Verwaltungsbehörde muß man evtl auch einen FamFG-Richter ansehen. Denn § 148 stellt das Prozeßgericht anderen zu einer Entscheidung berufenen Stellen gegenüber. Eine Entscheidung des FamFG-Richters hat aber keine geringere Bedeutung als diejenige einer anderen verwaltenden Stelle. Allerdings ist für dieses Gebiet keine einheitliche Beantwortung möglich. Es kommt also auf die Art des Verfahrens an, zB darauf, ob es sich um eine echte Streitsache handelt. Andererseits ist eine Aussetzung grundsätzlich nicht das Mittel, um Klagegründe oder Einwendungen zu liefern, Einf 10 vor § 148.

Ein *Verwaltungsgericht* zählt aber nicht zu Rn 9, sondern zu den Gerichten nach Rn 7, 8.

10 In bestimmten Fällen ist eine Aussetzung nach Rn 9 *zwingend.* Das gilt etwa dann, wenn man zunächst die Entscheidung der Kartellbehörde oder des Kartellsenats nach § 96 GWB abwarten muß, Rn 18 „Kartellrecht".

11 **6) Bindungswirkung.** Die fremde Entscheidung muß auf das jetzt zuständige Gericht eine Bindungswirkung haben. Das Gericht des auszusetzenden oder ausgesetzten Verfahrens ist an die Entscheidung des anderen Verfahrens nur insoweit gebunden, als die andere Entscheidung für das vorliegende Verfahren eine innere Rechtskraftwirkung hat, Schmidt unten (Rn 16 „Europäischer Gerichtshof") 733. Das Gericht ist auch an eine Entscheidung eines VG im Rahmen dieser Rechtskraftwirkung gebunden, etwa bei der Feststellung der Rechtswidrigkeit eines Verwaltungsakts, aM Schlesw FamRZ **78**, 153. Allerdings sprechen zahlreiche Gesetze auch unabhängig von einer Rechtskraftwirkung eine Bindungswirkung der Entscheidung des anderen Verfahrens aus, zB bei einer Entscheidung des SG, § 141 SGG. Wenn ein Gesetz bestimmt, daß der Kläger vor der Klagerhebung die Entscheidung einer Verwaltungsbehörde einholen muß, ist die Zulässigkeit der Klage von der Entscheidung der Verwaltungsbehörde als einer Prozeßvoraussetzung abhängig. Unter Umständen darf das Gericht den Prozeß aber auch dann aussetzen.

12 **7) Beispiele zur Frage der Zulässigkeit, Notwendigkeit oder Unzulässigkeit einer Aussetzung**

Ablehnung: Eine Aussetzung ist *unzulässig,* soweit es um die Anfechtung einer Zurückweisung der Ablehnung geht, Hamm RR **99**, 651.

Abtretung: Eine Aussetzung ist zulässig, wenn in dem einen Prozeß ein Zessionar klagt, in dem anderen die Nichtigkeit der Abtretung streitig ist oder wenn der Zedent zum Zeuge werden soll, Köln RR **99**, 140.

Aktenverweigerung: Rn 29 „Verwaltungsbehörde".

Arbeitsrecht, dazu *Konzen* in Festschrift für *Zeuner* (1994): Das Gericht muß das Beschleunigungsgebot besonders beachten, LAG Ffm BB **02**, 2075, LAG Köln BB **06**, 2476, LAG Mainz MDR **98**, 724. Eine Aussetzung ist zulässig, wenn es in dem einen Prozeß um einen Schadensersatzanspruch wegen eines Arbeitsunfalls geht, in dem anderen um den Rentenbescheid der Berufsgenossenschaft, oder wenn es in dem einen Prozeß um eine Kündigung geht, in dem anderen um die nachträgliche Zulassung einer Kündigungsschutzklage nach § 5 KSchG, LAG Hamm DB **90**, 796, oder wenn es in dem einen Prozeß um einen Kündigungsschutz geht, im anderen um einen nicht eilbedürftigen Annahmeverzugslohn, BAG NZA **06**, 315, LAG Ffm BB **02**, 2075 (vgl aber auch unten), oder wenn es nur noch um die Zustimmung der Hauptfürsorgestelle geht und wenn kein besonderes Beschleunigungsbedürfnis besteht, LAG Ffm DB **94**, 1628, LAG Köln MDR **99**, 1402, LAG Mainz MDR **98**, 725, oder wenn es um eine Tariffähigkeit geht, § 97 V ArbGG.

Eine Aussetzung ist in folgenden Fällen *unzulässig:* Es geht in dem einen Verfahren um einen solchen Kündigungsgrund, den die Partei in einem anderen Prozeß bereits mehrfach geltend gemacht hat, LAG Hamm DB **77**, 1276; es geht in dem einen Prozeß um einen Kündigungsschutz, in dem anderen um einen kündigungsabhängigen Entgeltsanspruch usw, LAG Ffm NZA-RR **04**, 264, LAG Köln BB **06**, 2476, Seidel DB **94**, 1280; in dem einen Prozeß verlangt der Kläger die Räumung einer Dienstwohnung, in dem anderen streiten sich die Parteien darum, ob der Mieter seine Weiterbeschäftigung an einem entfernteren anderen Ort erreichen kann, LG Mannh ZMR **78**, 86.

S auch Rn 13 „Betriebsverfassungsrecht“.

Arrest, einstweilige Verfügung: Wegen der besonderen Eilbedürftigkeit ist eine Aussetzung grds *unzulässig,* Grdz 13, 14 vor § 916. Das gilt zunächst im Eilverfahren, BVerfG NJW **92**, 2749, ferner aber erst recht im Hauptprozeß: Das Gericht darf ihn keineswegs schon deshalb aussetzen, weil ein zugehöriges vorläufiges Eilverfahren anhängig ist, Düss FamRZ **85**, 410, aM Düss GRUR **84**, 757 (aber das Eilverfahren kann dem Hauptprozeß nicht vorgreifen, sondern ihn nur einstweilen unterstützen). **13**

Aufrechnung: Eine Aussetzung ist zulässig, wenn es in dem einen Prozeß um eine Aufrechnung mit einer in dem anderen Prozeß früher rechtshängig gewordenen Forderung geht, § 145 Rn 15, Drsd NJW **94**, 139, oder um eine Aufrechnung mit einer Forderung, über die auch das FamG entscheiden dürfte, BGH FamRZ **89**, 169, Celle RR **00**, 7, oder über die ein Gericht im anderen Rechtsweg entscheiden muß, aM LAG Mü MDR **98**, 783 (vgl aber § 145 Rn 19), oder wenn der Bekl in einem Prozeß mit einer solchen Forderung aufrechnet, die er in einem weiteren Prozeß mit einer Widerklage erhebt, KG MDR **08**, 283.

Unzulässig ist die Aussetzung, wenn das Gericht nur über die Aufrechnungsbefugnis entscheiden darf, nicht nach § 322 II über den Bestand und Umfang der Gegenforderung, BGH **95**, 112, Drsd NJW **94**, 139, oder wenn es im einen oder im anderen Prozeß nur um eine Hilfsaufrechnung geht, Drsd NJW **94**, 139, Oldb FamRZ **05**, 1999.

S auch Rn 29 „Verwaltungsrechtsweg“.

Ausländische Entscheidung: Rn 7, Rn 14 „Ehescheidung“.

Aussagegenehmigung: Eine Aussetzung ist zulässig, wenn es darum geht, ob ein Vorgesetzter einem Zeugen oder Sachverständigen eine Aussagegenehmigung erteilen oder verweigern muß usw, Zweibr MDR **95**, 202.

Betriebsverfassungsrecht: Wegen einer betrieblichen Mitbestimmung Dütz BB **78**, 214. Wegen einer Betriebsvereinbarung LAG Ffm BB **88**, 77.

S auch Rn 12 „Arbeitsrecht“.

Beweismittel: Sein drohender Verlust usw berechtigt grds *nicht* schon als solcher zur Aussetzung, Oldb OLGZ **91**, 451.

Bürge: Rn 26 „Teilforderung“.

Dienstwohnung: Rn 12 „Arbeitsrecht“.

Dritter: Eine Aussetzung ist zulässig, wenn in dem einen Prozeß der Beweisführer die Mitwirkung eines Dritten benötigt, in dem anderen diesen entsprechend verklagen will, Nürnb MDR **83**, 942.

EG-Vertrag: dazu *Dauses,* Das Vorabentscheidungsverfahren nach Art 177 EG-Vertrag, 2. Aufl 1995: Eine Aussetzung kann notwendig sein: Nach (jetzt) der EuGVVO, BGH NJW **07**, 71; nach Artt 49, 85, 86 EGV, EuGH NJW **07**, 3555, BGH NJW **85**, 2896; nach Art 177 III EGV, Ffm NJW **83**, 294 (keine MWSt auf Verzugszinsen), Heß ZZP **108**, 59, Pfeiffer NJW **94**, 1996, aM Karlsr GRUR **81**, 761; nach Art 234 EGV, BGH NJW **07**, 71, BPatG GRUR **02**, 734. Das deutsche Gericht ist zur Vorlage verpflichtet, wenn man seine Entscheidung nicht mehr mit einem Rechtsmittel anfechten kann. Das gilt also zB für ein LG als Berufungsgericht, für ein OLG in einer nicht revisionsfähigen Sache. Die Anrufung des EuGH kann auch dann notwendig sein, wenn es sich bei der Streitfrage nur um eine Vorfrage handelt, Düss VersR **94**, 1204. **14**

S auch Rn 16 „Europäischer Gerichtshof“.

Ehescheidung: Es gilt § 21 FamFG. Eine Aussetzung ist zulässig, wenn in dem einen Prozeß ein Scheidungsbegehren vorliegt, in dem anderen ein Wiedereinbürgerungsantrag, oder wenn es in dem einen Prozeß um die Gewährung einer Sozialversicherungsrente geht, in dem anderen um die Forderung gegen den geschiedenen Ehegatten auf eine Zahlung des Differenzbetrages zwischen dem angemessenen und dem notwendigen Lebensbedarf, (je zum alten Recht) Düss (6. FamS) FamRZ **81**, 53, aM Düss (5. FamS) FamRZ **82**, 822 (aber die Rente kann sich natürlich auf die Unterhaltshöhe auswirken), oder wenn es in einer Ehesache um die Anerkennung einer ausländischen Entscheidung geht, § 328 Rn 59, Karlsr RR **01**, 5, Kblz FamRZ **05**, 1693.

S auch ferner § 328 Rn 59, ferner hier „Ehewohnung“, „Einstweilige Anordnung“ sowie Rn 17 „Gesetzesänderung“.

Ehewohnung: Es gilt § 21 FamFG. Eine Aussetzung ist zulässig, wenn in dem einen Prozeß ein früherer Ehegatte verauslagte Wohnungskosten einklagt und der beklagte andere Ehegatte mit Unterhalts- und Zugewinnausgleichsansprüchen aufrechnet, die er in dem anderen Verfahren vor dem FamG schon und noch geltend macht, Mü FamRZ **85**, 85. Das Verfahren nach der HausrVO hat den Vorrang, (zum alten Recht) Bre RR **07**, 725.

Einstweilige Anordnung: Es gilt § 21 FamFG. Eine Aussetzung im Verfahren auf den Erlaß einer einstweiligen Anordnung nach §§ 49 ff FamFG kommt wegen seines vorläufigen Charakters grds *ebensowenig* in Betracht wie bei einem Arrest oder einer einstweiligen Verfügung, Grdz 13, 14 vor § 916.

Entscheidungsreife: In diesem Zeitpunkt nach § 300 I ist eine Aussetzung *nicht* mehr statthaft.

Erbrecht: Eine Aussetzung kann zulässig sein, wenn es in dem einen Prozeß um eine Auskunft über erbrechtliche Vorgänge geht, in dem anderen um den Erbschein, Mü RR **95**, 779.

Eine Aussetzung ist *unzulässig,* wenn es in dem einen Prozeß um die Gültigkeit eines Testaments geht, in dem anderen um die Erteilung eines Erbscheins, BayObLG **86**, 244, KG OLGZ **75**, 356, aM Mü RR **95**, 779 (aber der Erbschein ändert die Erblage nicht).

15 **Erledigung:** Nach beiderseits wirksamen Erledigterklärungen nach § 91 a Rn 96 ff kommt grds *keine* Aussetzung mehr in Betracht, auch nicht zB in einer Kartellsache, Köln MDR **76**, 1025.

S auch Rn 20 „Musterprozeß".

Ermessen: Rn 32 ff.

16 **Euratomvertrag:** Eine Aussetzung kann notwendig sein, Art 150 I Euratomvertrag, wenn die Parteien über die Auslegung des Vertrags streiten, über die Gültigkeit und über die Auslegung einer Handlung eines Organs der Gemeinschaft oder über die Auslegung der Satzung der durch den Rat geschaffenen Einrichtungen. Das gilt, soweit eine Satzung eine Aussetzung überhaupt vorsieht. Einzelheiten Schumann ZZP **78**, 77.

Das deutsche Gericht ist *zur Vorlage verpflichtet,* wenn man seine Entscheidung nicht mehr mit einem Rechtsmittel anfechten kann. Das gilt also zB für ein LG als Berufungsgericht, für ein OLG in einer nicht revisionsfähigen Sache. Die Anrufung des EuGH kann auch dann notwendig sein, wenn es sich bei der Streitfrage nur um eine Vorfrage handelt.

S auch „Europäischer Gerichtshof".

Europäischer Gerichtshof, dazu *Basse,* Das Verhältnis zwischen der Gerichtsbarkeit des Gerichtshofes der Europäischen Gemeinschaften und der deutschen Zivilgerichtsbarkeit, 1966; *Brück,* Das Vorabentscheidungsverfahren vor dem Europäischen Gerichtshof als Bestandteil des deutschen Zivilprozesses, 2001; *Hakenberg,* Vorabentscheidungsverfahren usw, RabelsZ **66**, 367; *Prütting,* Das Vorabentscheidungsverfahren des EuGH, Gedächtnisschrift für *Arens* (1993) 339; *Schmidt,* Vorlageverfahren nach Art 177 EGV und Zivilprozeßordnung usw, Festschrift für *Lüke* (1997) 721:

Vgl zunächst Anh § 1 GVG. Nur soweit es sich um eine *letztinstanzliche Entscheidung* handelt, kann es erlaubt und notwendig sein, in einer das Europarecht der verschiedenen Ausprägungen betreffenden entscheidungserheblichen Frage das Verfahren auszusetzen, um (nur) zur allgemeinen autonomen Auslegung des Gemeinschaftsrechts die Entscheidung des EuGH einzuholen, Euratomvertrag Art 150 II, EGV Artt 49, 68, 85, 177 II, 234 1b, II, EuGH NJW **07**, 3555, BVerfG NJW **02**, 1487, BGH MDR **02**, 50, aM Düss NJW **93**, 1661, Karlsr GRUR **81**, 761. Das eine Revision nicht zulassende Gericht ist wegen der Möglichkeit einer Nichtzulassungsbeschwerde nicht letztinstanzlich tätig, EuGH EuZW **02**, 476.

Eine Aussetzung schon deshalb, weil ein anderes Gericht seine Sache dem EuGH vorgelegt hat, kommt jedenfalls dann *nicht* in Betracht, wenn das vorlegende und das aussetzende weitere Gericht die Vorlagefrage unterschiedlich beurteilen, BGH BB **00**, 1061, aM Saarbr OLGR **01**, 408. Ein Berufungsgericht muß nicht vorlegen, EuGH EuZW **02**, 476. Eine Vorlage kommt ferner dann nicht in Betracht, wenn der EuGH schon entschieden hat oder wenn die Auslegung zweifelsfrei ist, sog acte clair, EuGH NJW **83**, 1257, BGH **110**, 68, und zwar auch in den übrigen Vertragsstaaten, Jayme/Kohler IPRax **90**, 355, Kohler IPRax **91**, 301.

Zur *Bindungswirkung* der Entscheidungen des EuGH BVerfG MDR **88**, 204, BGH DB **94**, 2132, Ehricke, Die Bindungswirkung von Urteilen des EuGH usw, 1997.

S auch „Euratomvertrag", Rn 20 „Montanvertrag".

FamFG: Es gilt § 21 FamFG. Eine Aussetzung ist zulässig, wenn es in dem einen Verfahren um einen Zivilprozeß geht, in dem anderen um ein Verfahren der freiwilligen Gerichtsbarkeit, auch der sog streitigen. § 148 ist dann zumindest entsprechend anwendbar, (je zum alten Recht) Brdb FamRZ **00**, 1423, Hamm FamRZ **04**, 888, Köln FamRZ **02**, 1124, aM Brschw FamRZ **02**, 1351 (nicht bei einem Zwangsgeld. Aber auch dann kann jedenfalls im Ergebnis eine Vorgreiflichkeit eintreten). Dasselbe gilt beim Zusammentreffen von FamFG-Verfahren und schiedsrichterlichem Verfahren, Düss RR **95**, 832, oder beim Zusammentreffen von Adoption und Sorgerecht, Naumb FamRZ **04**, 811 (krit Geimer).

17 **Gebrauchsmuster:** Eine Aussetzung kann zulässig sein, wenn es im anderen Verfahren um ein Löschungsverfahren nach § 11 GebrMG geht.

Gegenseitigkeit der Aussetzung: Eine Aussetzung ist *unzulässig,* soweit das andere Gericht schon wegen der Frage des jetzt aussetzenden dasselbe getan hatte, BGH BB **05**, 1136.

Gesamtschuldnerausgleich: Rn 27 „Unterhalt".

Gesetzesänderung: Das Gericht darf ein Verfahren *nicht* schon deshalb aussetzen, weil zu der Streitfrage eine bestimmte gesetzliche Regelung demnächst bevorsteht. Denn die Parteien können eine unverzügliche Entscheidung nach dem derzeitigen Recht fordern, und das Gericht hat insofern ohnehin eine Amtspflicht. Es ist die Aufgabe des Gesetzgebers, Überleitungsvorschriften zu schaffen, Hamm NJW **76**, 2325, Köln MDR **76**, 1026, Mü NJW **76**, 1850, aM Oldb FamRZ **03**, 614 (betrieblicher Versorgungsausgleich), Dieckmann FamRZ **76**, 635 (aber die Dritte Gewalt darf nicht der Ersten einfach vorgreifen). Noch weniger ist eine Aussetzung zulässig, solange der Gesetzgeber eine Neuregelung nur plant. Denn durch eine solche Aussetzung würde praktisch ein Stillstand der Rechtspflege eintreten.

Gesetzlicher Richter: Art 101 I 2 GG kann keine Aussetzung rechtfertigen, BVerfG NJW **03**, 3264, aM LG Ffm RR **03**, 215 (zur Besoldungsfrage bei § 348).

Gültigkeit eines Gesetzes: Eine Aussetzung kommt in Betracht, wenn eine Vorlage beim BVerfG erfolgen soll, Rn 29 „Verfassungsrecht".

Unzulässig ist eine Aussetzung aber, soweit es um eine sonstwie auftretende Problematik zur Gültigkeit eines Gesetzes geht, aM Skouris NJW **75**, 717 (aber das Gericht muß über die Gültigkeit *entscheiden*).

Herstellung: Eine Aussetzung ist zulässig, wenn in dem einen Prozeß der Kläger die Unterlassung einer Herstellung fordert und wenn in dem anderen streitig ist, ob der Bekl eine amtliche Erlaubnis zur Herstellung hat.

Hilfsaufrechnung: Rn 13 „Aufrechnung".

Insolvenz: Das Gericht kann den Prozeß eines Insolvenzgläubigers gegen den Verwalter entsprechend § 148 bis zum Ende des Insolvenzverfahrens aussetzen, wenn der Verwalter die Unzulänglichkeit der Masse einwendet, Köln BB **95**, 2552.

S auch Rn 6.

Internationale Zuständigkeit: Soweit eine Aussetzung (jetzt) nach der EuGVVO wegen einer Frage der internationalen Zuständigkeit erfolgt, bindet das ausländische Verfahren grds nicht das deutsche Gericht, LG Ffm IPRax **92**, 389.

Kartellrecht: Eine Aussetzung ist zulässig und notwendig, wenn die Zuständigkeit eines Kartellgerichts in Betracht kommt, § 96 II GWB, Hamm MDR **86**, 769, Schmidt NJW **90**, 2112, von Winterfeld NJW **85**, 1816. Eine Aussetzung ist ferner zulässig bei einem Streit um die Auslegung der Artt 85, 86 EGV, §§ 96 II, 97 GWB. 18

Eine Aussetzung ist *nicht* erforderlich, wenn das nach §§ 87, 89, 92–94 GWB zuständige Kartellgericht über den wettbewerbsrechtlichen Hauptanspruch und eine kartellrechtliche Vorfrage einheitlich entscheiden kann, Köln RR **94**, 1390.

S auch Rn 15 „Erledigung".

Kindschaftssache: Es gilt § 21 FamFG. Über die Zulässigkeit einer Aussetzung im Fall einer Kindschaftssache bis zur Möglichkeit der Einholung eines Gutachtens Einf 12 vor §§ 148–155.

Kommanditgesellschaft: Eine Aussetzung ist *unzulässig,* wenn es sich in dem einen Prozeß um die Klage auf die Auflösung einer KG handelt, in dem anderen um einen Anschließungsstreit eines Gesellschafters. Denn das Gericht kann diese Verfahren miteinander verbinden, da keine Abhängigkeit besteht.

S auch Rn 28 „Verbindung":

Kostenfestsetzung: Eine Aussetzung des Hauptprozesses ergreift auch das Kostenfestsetzungsverfahren, Hamm MDR **88**, 870, aM Mü MDR **90**, 252 (aber beides gehört zusammen). Freilich mag bei einer zweitinstanzlichen Aussetzung eine erstinstanzliche Festsetzung zulässig bleiben, LG Bln JB **85**, 619.

Kündigung, -sschutz: Rn 12 „Arbeitsrecht".

Leasingvertrag: Eine Aussetzung ist zulässig, wenn es in dem einen Prozeß (jetzt) um den Rücktritt von einem Leasingvertrag mit dem Lieferanten geht, in dem anderen um die Forderung auf Leasingraten, BGH NJW **86**, 1744. 19

Maklervertrag: Eine Aussetzung ist zulässig, wenn in dem einen Prozeß der Kläger einen Maklerlohn fordert und wenn in dem anderen streitig ist, ob der vermittelte Vertrag wirksam zustande gekommen ist. 20

Markenrecht, dazu *Klicka,* Zur Unterbrechung eines Wettbewerbsprozesses nach der europäischen Gemeinschaftsmarkenverordnung (GMVO) und nach nationalem Recht, Festschrift für *Geimer* (2002) 449: Eine Aussetzung ist an sich zulässig, BPatG GRUR **02**, 734 (Vorlage beim EuGH), Hbg GRUR-RR **03**, 356. Sie kommt aber nur bei einer überwiegenden Erfolgsaussicht eines Löschungsantrags näher in Betracht, Hbg GRUR-RR **04**, 71.

Massenklage, Müller VersR **98**, 1188 (Unfall), Stürner JZ **78**, 501.

S auch Rn 12 „Arbeitsrecht".

Mietrecht: Eine Aussetzung ist in folgenden Fällen *unzulässig:* Es geht in dem einen Prozeß vor dem VG um die Berechnung einer Kostenmiete, in dem anderen vor dem Zivilgericht um die Wirksamkeit einer Mieterhöhungserklärung, LG Bochum WoM **84**, 335; es geht um (jetzt) § 558b III 2 BGB, AG Bad Homburg WoM **85**, 323, AG Lübeck WoM **83**, 52, aM Lessing DRiZ **83**, 463 (aber es liegt gar keine besondere Situation vor).

S auch Rn 12 „Arbeitsrecht", Rn 22 „Pachtsache".

Montanvertrag: Eine Aussetzung ist nach Art 41 Montanvertrag notwendig, wenn die Gültigkeit eines Beschlusses der Hohen Behörde oder des Rates infragesteht. Das deutsche Gericht ist dann stets zur Vorlage beim EuGH verpflichtet, Rn 16 „Europäischer Gerichtshof".

Musterprozeß, dazu *Kähler* NJW **04**, 1132 (ausf): Als Ausnahme von dem Grundsatz Rn 26 „Teilforderung" ist eine Aussetzung zulässig, wenn die Parteien in dem einen Prozeß zB über eine Teilforderung vereinbart haben, das andere Verfahren als einen Musterprozeß anzusehen, BVerfG NJW **04**, 502, Hirte ZZP **104**, 56, aM BGH **162**, 375. Eine Aussetzung kommt auch in Betracht, wenn eine Entscheidung im anderen Prozeß die Hauptsache des ersten Prozesses sonstwie erledigen würde, Schmidt NJW **79**, 411. Man darf nicht schon eine Arbeitsersparnis ausreichen lassen, Einf 7 vor §§ 148–155. Man sollte die Aussetzung auf gesetzlich nicht ganz geklärte Fälle beschränken, Kähler NJW **04**, 1137, noch strenger Stgt OLGR **99**, 139.

Vgl auch das *KapMuG,* SchlAnh VIII.

NATO-Truppenstatut: Eine Aussetzung kommt nach Art VIII Abs 8 NTS in Verbindung mit Art 41 Abs II ZAbkNTS in Betracht, soweit eine dienstliche Handlung infragesteht. 21

Neue Tatsache: Eine Aussetzung ist abgesehen von einer Ausnahme im Patentrecht nach Rn 22 *unzulässig,* wenn der Revisionskläger das Rechtsmittel auf eine neue Tatsache stützt oder wenn die Revision nur durch deren Einführung zulässig werden könnte.

Notar: Eine Aussetzung ist *unzulässig,* soweit es um die Anfechtbarkeit der Erteilung einer vollstreckbaren Ausfertigung einer Urkunde geht, Mü FGPrax **08**, 175.

Öffentliches Recht: Rn 34.

Pachtrecht: Eine Aussetzung ist *unzulässig,* soweit es einerseits um einen vertragswidrigen Gebrauch der Pachtsache geht, andererseits um einen Pachtverzug, Hamm NZM **94**, 1051. 22

Parallelfall: Eine Aussetzung kann zulässig sein, wenn die entscheidungserhebliche Frage bereits in einem anderen Prozeß dem BVerfG vorliegt, Stgt FamRZ **03**, 538.

Patentrecht: Eine Aussetzung ist zulässig, wenn es in dem Patenterteilungsverfahren um eine unübersichtliche Schutzrechtsklage des anderen Verfahrens geht, Mü GRUR **90**, 353, oder wenn das Gericht des einen Verfahrens die Erledigung einer älteren Anmeldung im anderen Verfahren abwarten will, BPatG GRUR **81**, 585. Für einen Aussetzungsstreit wegen einer gegen das Klagepatent erhobenen Nichtigkeitsklage ist eine Wahrscheinlichkeit für den Erfolg der Nichtigkeitsklage notwendig, BGH GRUR **87**, 284, Düss GRUR-RR **07**, 262, Saarbr GRUR-RR **07**, 274 (je: Wahrscheinlichkeit nötig). Dann muß das

Gericht nämlich die neue Tatsache der Patentvernichtung beachten, und zwar auch noch im Revisionsrechtszug, (zum alten Recht) BGH **81**, 399. Das Beschwerdegericht kann nicht überprüfen, ob das aussetzende Gericht zu Recht eine Schutzrechtsverletzung bejahen will, Düss GRUR-RR **03**, 359. Im Verletzungsprozeß ist die Aussetzung der Beschwerde gegen die Nichtzulassung der Revision bis zur Entscheidung im Nichtigkeitsprozeß zulässig, BGH GRUR **04**, 710. Wegen einer einstweiligen Verfügung des Erstgerichts in einem derartigen Fall Ffm GRUR **81**, 907, Lidle GRUR **78**, 95.

Pflegschaft: Eine Aussetzung ist zulässig, wenn es in dem einen Verfahren um die Sachbefugnis des Klägers geht, in dem anderen um die Beendigung der Pflegschaft.

Prozeßfähigkeit: Die Rüge ihres Fehlens im Vorprozeß reicht *nicht,* Zweibr FamRZ **98**, 380.

23 **Prozeßgrundlagen:** Eine Aussetzung ist *unzulässig,* wenn sie in dem einen Prozeß lediglich Zeit zur Beschaffung der Prozeßgrundlagen für den anderen Prozeß oder gar für denselben geben soll.

S allerdings auch Einf 7 vor §§ 148–155.

Prozeßkostenhilfe: Eine Aussetzung kommt im Verfahren nach §§ 114 ff grds *nicht* in Betracht, § 118 Rn 4.

Prozeßwirtschaftlichkeit: Da § 148 der Prozeßwirtschaftlichkeit dient, ist eine nicht zu enge Auslegung statthaft, auch um widersprechende Entscheidungen zu verhindern. Indessen darf man nun auch *nicht* durch eine zu weite Auslegung die Gefahr des Prozeßstillstands herbeiführen oder gar die Vorschrift mißbrauchen, um nicht den Prozeß arbeitsintensiv fördern zu müssen, Einl III 54.

24 **Räumung:** Das Gericht muß den Familienschutzzweck des Hausratsverfahrens mitabwägen, BVerfG FamRZ **06**, 1596.

Rechtsfrage: Eine Aussetzung kommt in Betracht, wenn es sich als notwendig erweist, das Verfahren zB dem Gemeinsamen Senat der Obersten Gerichtshöfe des Bundes vorzulegen, § 11 II G vom 19. 6. 68, BGBl 661.

Rechtshängigkeit: Rn 7, 8.

Rechtsschutzversicherung: Eine Aussetzung des Prozesses mit einer Rechtsschutzversicherung darf *nicht* bis zur Beendigung des Hauptprozesses erfolgen, Hamm VersR **94**, 1184.

Rente: Rn 14 „Ehescheidung", Rn 26 „Sozialrecht".

Revision: Eine Aussetzung ist in der Revisionsinstanz zulässig, wenn ein Enteignungsverfahren mit seinem Ergebnis vorgreiflich ist, BGH RR **92**, 1149.

S auch Rn 21 „Neue Tatsache".

25 **Scheckprozeß:** Rn 27 „Urkundenprozeß".

Schiedsgericht: Eine Aussetzung ist wegen § 1032 I zulässig, wenn es in dem anderen Verfahren um ein Schiedsgericht geht.

Schlichtungsstelle: Eine Aussetzung kommt *nicht* schon deshalb in Betracht, um ihr Gutachten abzuwarten, Endes Festschrift für Schneider (1997) 446.

Seeschiff: Eine Aussetzung ist zulässig, wenn es in dem einen Prozeß um einen Anspruch geht, zu dessen Höhe die Parteien in dem anderen Prozeß bei einem ausländischen Gericht mit dem Ziel einer Haftungsbeschränkung nach dem Internationalen Übereinkommen über die Beschränkung der Haftung der Eigentümer von Seeschiffen streiten, Schlesw SchlHA **79**, 953.

Unzulässig ist die Aussetzung bei einem (jetzt) Schiffahrtsrechtlichen Verteilungsverfahren, Rheinschifffahrtsobergericht Köln VersR **80**, 41.

Selbständiges Beweisverfahren: Eine Aussetzung des Hauptprozesses ist grds *unzulässig,* Üb 4 vor § 485. Denn das selbständige Beweisverfahren erschöpft sich meist in der Feststellung von Tatsachen und führt nicht zur Entscheidung über ein vorgreifliches Rechtsverhältnis, Drsd RR **98**, 1101, Düss RR **00**, 288, aM BGH BB **07**, 294 (auch evtl Teilaussetzung) und RR **07**, 387, Mü RR **98**, 576. Freilich kann ein Gutachten praktisch streitentscheidend sein. Es muß dann aber auch uneingeschränkt nach § 493 I verwertbar sein, BGH NJW **03**, 3057. Daher kann auch ein Einverständnis der Parteien mit der Verwertung der Ergebnisse die Aussetzung des Hauptprozesses rechtfertigen, BGH NJW **04**, 2597.

S auch Rn 26 „Streitverkündung".

26 **Sozialrecht:** Eine Aussetzung kann bei § 114 II SGG zulässig sein, BSG MDR **93**, 61. Sie ist ferner zulässig, wenn es in dem einen Prozeß um die Anerkennung eines Härtefalls geht, über den das Gericht in einem anderen Verfahren endgültig befinden müßte, Nürnb MDR **80**, 1028, oder wenn es auch um Fragen geht, über die das Gericht im Anfechtungsverfahren nach § 76 V 4 BetrVG im Rahmen der Beurteilung eines Sozialplans entscheiden muß, LAG Hamm BB **78**, 1014, oder wenn das Gericht einen Sozialplan veränderten Umständen anpassen soll, BAG MDR **97**, 173, oder wenn es in dem einen Prozeß um die Gewährung einer Sozialversicherungsrente geht, in dem anderen Verfahren um die Forderung gegen den geschiedenen Ehegatten auf eine Zahlung des Differenzbetrages zwischen dem angemessenen und dem notwendigen Unterhalt, Düss (6. FamS) FamRZ **81**, 53, aM Düss (5. FamS) FamRZ **82**, 822 (aber von der Rente kann natürlich die Unterhaltshöhe abhängen), oder wenn das Gericht einen Betriebsunfall beurteilen muß.

Eine Aussetzung ist in folgenden Fällen *unzulässig:* In dem einen Prozeß geht es vor dem SG um eine gesetzliche Rente, in dem anderen vor dem Zivilgericht um eine private Zusatzversicherung, Hamm VersR **85**, 132; in dem einen Prozeß geht es um den Erlaß eines Sozialversicherungsanspruchs nach § 76 II Z 3 SGB IV, in dem anderen um die Haftung dieser Partei, LG Wiesb NJW **85**, 2770; in dem einen Prozeß klagt der Sozialhilfeträger aus einem übergegangenen Recht, in dem anderen ficht der Schuldner die Überleitung an, Oldb MDR **98**, 181, Zeranski FamRZ **99**, 824, aM Seetzen NJW **78**, 1352.

S auch Rn 27 „Unterhalt".

Streithilfe: Eine Aussetzung des Interventionsprozesses bis zur Beendigung des Hauptprozesses *entfällt* meist wegen § 65, Düss JB **02**, 598.

Streitverkündung: Eine Aussetzung kann zulässig sein, wenn eine Streitverkündung erfolgt, Hamm MDR **94**, 619, Mü RR **98**, 576 (§§ 485 ff). Wegen §§ 68, 74 sollte man aber zurückhaltend vorgehen.

Teilforderung: Eine Aussetzung ist grds *unzulässig,* zB dann, wenn in dem einen Prozeß ein Teilbetrag einer Gesamtforderung oder eines Dauerschuldverhältnisses streitig ist, in dem anderen ein weiterer Teilbetrag.

Denn eine Entscheidung in dem anderen Prozeß schafft für den ersten keine Bindungswirkung, Celle ZMR **86**, 120, Ffm OLGR **99**, 39, Köln MDR **83**, 848. Dasselbe gilt, wenn in dem anderen Prozeß der dortige Kläger einen Bürgen in Anspruch nimmt, Mü MDR **96**, 197, LAG Ffm NZA-RR **06**, 382.

S aber auch Rn 20 „Musterprozeß".

Todeserklärung: Eine Aussetzung ist zulässig, wenn es in dem anderen Verfahren um eine Todeserklärung geht.

Unterhalt: Es gilt beim gesetzlichen Unterhalt meist § 21 FamFG. Eine Aussetzung ist zulässig, wenn es in dem einen Verfahren um einen übergeleiteten Unterhaltsanspruch geht, in dem anderen um die Wirksamkeit einer Überleitungsanzeige, zB nach dem SGB, LG Duisb MDR **83**, 139, LG Hann (8. ZK) FamRZ **77**, 755, Seetzen NJW **78**, 1352, aM Hamm FamRZ **88**, 633, LG Hann (11. ZK) MDR **82**, 586 (die Vorgreiflichkeit trete erst dann ein, wenn das VG die aufschiebende Wirkung des Widerspruchs angeordnet habe). Eine Aussetzung ist ferner dann zulässig, wenn es in dem einen Verfahren um eine Unterhaltsforderung geht, in dem anderen um einen Anspruch nach § 1612 II 2 BGB, Hbg FamRZ **83**, 643. 27

Unzulässig ist eine Aussetzung in folgenden Fällen: In dem einen Verfahren macht der Gläubiger eine Unterhaltsforderung geltend, über die ein Strafverfahren anhängig ist, Stgt FamRZ **79**, 40; in dem einen Verfahren geht es um eine Unterhaltsforderung eines noch als ehelich geltenden Kindes, dessen Ehelichkeit man noch nicht in einem anderen Verfahren angefochten hat, Schlesw SchlHA **78**, 222; in dem einen Verfahren geht es vor dem AG um eine Unterhaltsforderung, in dem anderen vor dem SG um eine Erwerbsunfähigkeitsrente, Karlsr FamRZ **85**, 1070; in dem einen Fall geht es um einen Gesamtschuldnerausgleich, in dem anderen um eine vor dem FamG zur Aufrechnung gestellte Unterhaltsforderung, Celle RR **00**, 7; es geht um die Anfechtung einer Überleitungsanzeige, Hamm FamRZ **88**, 633, Oldb FamRZ **98**, 434 (Ausnahme: § 80 VwGO, Zeranski FamRZ **99**, 824).

S auch Rn 14 „Ehescheidung".

Urkundenprozeß: Eine Aussetzung kommt in dieser Verfahrensart grds *nicht* in Betracht, Grdz 1 vor § 592, Hamm NJW **76**, 246, Karlsr GRUR **95**, 263, Köln OLGR **00**, 492. Es sind aber Ausnahmen denkbar, Mü JB **03**, 154.

Vaterschaftsverfahren: Es gilt § 21 FamFG. In den Fällen einer Feststellung der Vaterschaft oder einer Anfechtung der Anerkennung der Vaterschaft erfolgt eine Aussetzung von Amts wegen bis zu demjenigen Zeitpunkt, in dem das Kind ein solches Alter erreicht, das die Entnahme einer Blutprobe für das Gutachten und evtl eine zusätzliche sichere Untersuchung ermöglicht. Gegen eine derartige Entscheidung wirkt § 155. Gegen eine solche Aufhebungsanordnung ist die befristete Beschwerde nach §§ 59 ff FamFG zulässig. Im Beschwerdeverfahren prüft das Gericht summarisch, ob eine Begutachtung überhaupt eine Erfolgsaussicht bieten würde, nicht aber zB, ob auch noch andere aussichtsreiche Beweismittel zur Verfügung stehen. Das Gericht darf also nicht etwa einen Beweisbeschluß aufheben, sondern nur den Fortgang des Verfahrens anordnen. Auch während einer Aussetzung ist eine einstweilige Anordnung über die vorläufige Verpflichtung zur Zahlung eines Unterhalts zulässig. 28

Bis zur *Rechtskraft* einer Entscheidung über die Vaterschaft setzt das Gericht den Prozeß über einen bestimmten Unterhalt (nicht über den Mindestunterhalt) aus, Art 12 § 18 II NEG. Bei einem Verstoß erfolgt keine Zurückverweisung. Im vereinfachten Verfahren erfolgt eine Aussetzung bis zur Entscheidung über den Abänderungsantrag nach §§ 238 ff FamFG, kaum umgekehrt.

Verbindung: Bei einer Verbindungsmöglichkeit ist eine Aussetzung *unzulässig,* Mü MDR **96**, 197, LAG Hamm MDR **84**, 173.

S auch Rn 18 „Kommanditgesellschaft".

Verfassungsrecht: Eine Aussetzung ist zulässig und notwendig, wenn man das BVerfG in dieser Sache als zuständig ansehen darf und muß, Artt 100, 125 GG, oder wenn es in dieser Sache um die Zuständigkeit des Verfassungsgerichts eines Bundeslandes geht, § 1 GVG Rn 6, BVerfG WoM **87**, 207, BGH NJW **83**, 1313, Mü FamRZ **79**, 1027, aM Köln MDR **77,** 938 (aber auch dann kann natürlich eine sogar hochgradige Vorgreiflichkeit vorliegen). Eine Aussetzung zwecks einer Vorlage beim BVerfG ist ferner entsprechend § 148 dann zulässig, wenn eine ähnliche Sache beim BVerfG anhängig ist, BVerfG NJW **73**, 1319, BGH NJW **98**, 1957, Nürnb MDR **90**, 451 (es verneint freilich die Zweckmäßigkeit einer Aussetzung), aM BayObLG FamRZ **91**, 228, LAG Hamm MDR **83**, 789 (aber auch dann liegt durchweg bereits eine hochgradige Vorgreiflichkeit vor). Das Gericht darf die Frage der Verfassungsmäßigkeit bei ihrer Entscheidungserheblichkeit auch nicht offen lassen, Stgt FamRZ **03**, 538, aM BGH NJW **98**, 1957 (aber nur das Ruhenlassen nach § 251 könnte infragekommen). Eine Aussetzung kann zulässig sein, um abzuwarten, wie eine vom BVerfG angeordnete Neuregelung ausfällt, BGH, zit bei Greger MDR **01**, 486, Naumb OLGR **99**, 472. Freilich muß dergleichen einigermaßen bald bevorstehen. Eine Klärung der Vorlagepflicht nach Art 100 II GG ist wegen der Hilfsfunktion einer Verfassungsbeschwerde nach Einl III 17 schon im fachgerichtlichen Verfahren nötig, BVerfG NJW **04**, 1650. 29

Zum *Begründungszwang* beim Vorlagebeschluß BVerfG **62**, 229. Der Rpfl darf nicht nach Art 100 GG vorlegen, BVerfG **55**, 371. Es kann aber für das Gericht der Hauptsache notwendig sein, vor einer Vorlage beim BVerfG einen vorläufigen Rechtsschutz zu gewähren, um einen effektiven Rechtsschutz zu erreichen, soweit er die Hauptsache nicht vorwegnimmt, BVerfG NJW **92**, 2749.

Unzulässig ist eine Aussetzung, soweit das Gericht die betreffende Vorschrift für verfassungsgemäß hält, selbst wenn es schon dazu ein Verfahren vor dem BVerfG gibt, BayObLG RR **91**, 1220.

Vergleich: Eine Aussetzung ist *unzulässig,* soweit „nur" über die Auslegung des unstreitig wirksamen Vergleichs Meinungsverschiedenheiten in einem anderen Prozeß bestehen, Drsd FamRZ **00**, 834.

Verkehrsunfall: Bei einer Klage gegen den Halter und den Versicherer ist eine Aussetzung gegenüber nur einem der beiden Bekl *unzulässig,* Kblz VersR **92**, 1536.

Versicherungsrecht: Eine Aussetzung ist zulässig, wenn in dem einen Prozeß ein Versicherungsnehmer Partei ist, der in dem anderen wegen einer Vorfrage einen Rechtsbehelf eingelegt hat, auch „nur" in einem Verwaltungsverfahren, BGH VersR **88**, 75.

Sie ist *unzulässig,* soweit ein Treuhandverfahren nach § 172 II VVG vorliegt, LG Hbg VersR **02**, 741. Sie ist ferner unzulässig im Prozeß gegen den Kfz-Halter zwecks Abwartens der Entscheidung über die Direktklage gegen den Haftpflichtversicherer, Karlsr VersR **91**, 539, Kblz VersR **92**, 1536, aM Celle VersR **88**, 1286, oder im Deckungsprozeß gegen den Rechtsschutzversicherer, Hamm RR **95**, 320.

Verwaltungsbehörde: Eine Aussetzung ist zulässig, wenn die Verwaltungsbehörde in dem anderen Verfahren eine den Klaganspruch des einen Verfahrens rückwirkend vernichtende Verfügung angekündigt oder die Löschung des Klagezeichens angeordnet hat, Köln RR **86**, 935, oder wenn die Behörde zB eine Amtshilfe verweigert, etwa eine Generalakte nicht zur Verfügung stellt, sodaß die Partei nach § 23 EGGVG vorgehen will, vgl § 273 Rn 16.

Verwaltungsrechtsweg: Mit Rücksicht auf die Unzulässigkeit des ordentlichen Rechtswegs muß der Zivilrichter den Prozeß wegen § 322 II auch dann aussetzen, wenn der Bestand einer Forderung streitig ist, die man im Verwaltungsrechtsweg klären lassen muß, § 145 Rn 15, BVerwG NJW **87**, 2532, aM RedOe § 40 VwGO Rn 19. Dann ist ein Vorbehaltsurteil zweckmäßig.

Vorbehaltsurteil: Eine Aussetzung ist *unzulässig,* soweit sich ein zulässiges Vorbehaltsurteil aufdrängt, Schlesw MDR **06**, 707.

Vorliegen einer Entscheidung: Eine Aussetzung ist *unzulässig,* wenn es in dem einen Prozeß nur darauf ankommt, ob in dem anderen Prozeß überhaupt eine Entscheidung vorliegt, nicht auch darauf, welchen Inhalt sie hat.

30 **Wechselprozeß:** Rn 27 „Urkundenprozeß".

Wettbewerbsbeschränkung: Rn 18 „Kartellrecht".

Widersprechende Entscheidungen: Wegen der boßen Möglichkeit einander widersprechender Entscheidungen, Schlesw FamRZ **78**, 153.

Wohnungseigentum: Eine Aussetzung ist grds zulässig, (zum alten Recht) BayObLG WoM **95**, 67, zB wenn es in dem einen Prozeß um die Abberufung des Verwalters geht, in dem anderen um die von der Abberufung abhängige Frage der Fortzahlung seiner Vergütung, Köln RR **88**, 1172.

Zeitgewinn: Rn 23 „Prozeßgrundlagen".

Zeuge: Eine Aussetzung ist zulässig, wenn in dem einen Prozeß ein Zeuge aussagen soll, in dem anderen der Beweisführer auf die Erteilung einer Genehmigung der Zeugenaussage nach § 376 I klagen muß.

Sie ist *unzulässig,* soweit man durch sie erreichen möchte, daß aus dem Streitgenossen infolge seines Ausscheidens ein (wenn auch einziger) Zeuge werden könnte, Köln RR **99**, 140.

S auch Rn 12 „Abtretung".

Zurückbehaltungsrecht: Es kann eine Aussetzung rechtfertigen, Bbg FamRZ **01**, 1007 rechts oben.

Zurückverweisung: Eine Aussetzung kann zulässig sein, soweit das Revisionsgericht fehlerhaft an das Berufungsgericht zurückverwiesen hat, Köln OLGR **00**, 98.

Eine Aussetzung ist *unzulässig,* wenn es in dem einen Prozeß um eine Forderung nach § 717 II 1 geht, während in dem anderen eine Zurückverweisung erfolgt.

S auch „Zwangsvollstreckung".

Zwangsvollstreckung: Eine Aussetzung ist unter den Voraussetzungen des § 901 III 1 zulässig.

Sie ist im übrigen *unzulässig,* soweit es sich um ein Zwangsvollstreckungsverfahren handelt, Grdz 38 vor § 704 (dort zur Streitfrage). Das gilt auch bei § 717 II, § 717 Rn 13.

S auch „Zurückverweisung".

31 **8) Aussetzungsverfahren.** Das Gericht muß mehrere Aspekte beachten.

A. Zuständigkeit. Die Aussetzung steht dem Prozeßgericht zu, soweit es überhaupt eine Sachentscheidung treffen muß, also nicht dann, wenn es die Klage durch ein Prozeßurteil als unzulässig abweisen muß, Grdz 14 vor § 253. Die Aussetzung kommt natürlich auch in der zweiten Instanz in Betracht, LAG Bln BB **88**, 2040. Der Einzelrichter ist im Rahmen von §§ 348, 348 a, 526, 527, 568 zuständig, der Vorsitzende der Kammer für Handelssachen im Rahmen von § 349 II Z 3, der Vorsitzende im arbeitsgerichtlichen Verfahren nach § 55 I Z 8 ArbGG, Lakies BB **00**, 668. Soweit in einem Anfechtungsprozeß außerhalb des Insolvenzverfahrens, den der Gläubiger auf Grund eines vorläufigen vollstreckbaren Urteils führt, das Revisionsgericht das vorläufig vollstreckbare Urteil aufhebt und diese Sache an das Vordergericht zurückverweist, kann das Revisionsgericht das Anfechtungsverfahren aussetzen, BGH NJW **83**, 1331. Soweit der Rpfl die Sache bearbeitet, muß er sie nach § 5 I Z 1 RPflG dem Richter vorlegen, soweit eine Entscheidung des BVerfG oder eines LVerfG wegen Art 100 GG notwendig wird.

32 **B. Ermessen,** dazu *Fichtner* (vor Einf 1 vor §§ 141–155): Das Prozeßgericht muß zunächst noch ohne ein Ermessen klären, ob eine Vorgreiflichkeit vorliegt, Düss GRUR-RR **03**, 359. Bejaht es diese, handelt es erst bei der anschließenden Entscheidung darüber, ob es wegen dieser Vorgreiflichkeit nun auch aussetzen soll, grundsätzlich im Rahmen eines pflichtgemäßen Ermessens, BVerfG WoM **06**, 504, BGH RR **07**, 307, KG MDR **07**, 736, LAG Kiel NZA-RR **07**, 266.

33 **C. Unstatthaftigkeit.** Eine Aussetzung kann ausnahmsweise zwingend unstatthaft sein, Schlesw MDR **06**, 707 (sonst Rechtsmißbrauch), oder auch notwendig sein, zB wenn sonst keine Sachentscheidung möglich wäre, BGH **97**, 145. Die Entscheidung zur Vorfrage kann Rechtskraft erhalten.

34 **D. Sondergesetze.** Sie können das Ermessen des Gerichts eingrenzen, etwa § 1747 III Z 2 BGB, Naumb FamRZ **04**, 811 (krit Geimer), §§ 96 II, 97 GWB, Rn 10, Rn 18 „Kartellrecht". Die Notwendigkeit der Entscheidung einer Vorfrage des öffentlichen Rechts zwingt nur dann zu einer Aussetzung, wenn das Bundes- oder Landesrecht dem Gericht ein derartiges Ermessen schlechthin entzieht. Eine solche Wirkung ergibt sich nicht einmal dann, wenn das Gesetz das Gericht an die Entscheidung einer Verwaltungsbehörde bindet. Indessen ist auch dann eine Aussetzung regelmäßig notwendig. Vgl auch § 145 Rn 15. Dasselbe gilt dann, wenn der geltend gemachte Gegenanspruch zum öffentlichen Recht gehört. Eine solche beiläufige Aussetzungsentscheidung des Gerichts erwächst nicht in innere Rechtskraft.

Das Prozeßgericht muß im Rahmen seines Ermessens die Vorteile und Nachteile einer Aussetzung sorgsam gegeneinander *abwägen,* BGH RR **07**, 307, LAG Kiel NZA-RR **07**, 266, LAG Köln NZA-RR **06**, 215. Es setzt den Prozeß im allgemeinen dann nicht aus, wenn man nicht alsbald mit einer Entscheidung in dem anderen Verfahren rechnen kann oder wenn die Partei den anderen Prozeß vorwerfbar verspätet begonnen hatte, BPatG GRUR **98**, 407, LG Wiesb NJW **85**, 2770, oder wenn das andere Verfahren auf das vorliegende nur einen geringen oder gar keinen Einfluß mehr haben kann, Schlesw SchlHA **78**, 117, LG Mainz WoM **87**, 27. Andererseits kommt es nicht allein darauf an, ob das Prozeßgericht imstande wäre, das fragliche Rechtsverhältnis selbst zu beurteilen, aM LG Mainz WoM **87**, 27 (aber es kommt nun einmal auf das andere Gericht und dessen Bindungswirkung an). Es ist auch nicht erheblich, ob die Prüfung von Amts wegen erfolgen müßte, Grdz 39 vor § 128.

E. Anhörung usw. Das rechtliche Gehör ist zwar erforderlich, Artt 2 I, 20 III GG (Rpfl), BVerfG **101**, 404, Art 103 I GG (Richter). Dazu ist aber eine mündliche Verhandlung nicht erforderlich, § 128 Rn 10. § 248 II gilt entsprechend. Denn die Aussetzungsentscheidung stellt eine prozeßleitende Anordnung dar, Üb 3 vor § 128, LAG Hamm MDR **70**, 874 (wegen § 149), Lepke BB **82**, 2191, von Maltzahn GRUR **85**, 171. Das Gericht muß die Parteien auch wegen der Tragweite der Aussetzung anhören, BPatG GRUR **77**, 679. Eine Aussetzung kann auf Grund eines Antrags einer oder beider Parteien geschehen. Sie kann aber auch von Amts wegen erfolgen, BGH NJW **79**, 2303. **35**

F. Entscheidung. Das Gericht entscheidet im Urteil, LG Wiesb NJW **85**, 2770, AG Bad Homburg WoM **85**, 323, oder durch einen besonderen Beschluß, § 329. Es muß ihn grundsätzlich begründen, § 329 Rn 4, Brdb OLGR **96**, 183. Es verkündet ihn oder stellt ihn den Parteien förmlich zu, § 329 III Hs 2. Er kann sich auch auf einen Teil des Klaganspruchs beschränken. Die Wirkung der Aussetzung richtet sich nach § 249. Das Gericht trifft grundsätzlich keine Kostenentscheidung. Denn es liegt kein selbständiges Verfahren vor. Streitwert: Anh § 3 Rn 25 „Aussetzungsantrag“. **36**

9) Verstoß. Soweit das Gericht einen Verfahrensfehler begangen hat, zB über einen Aussetzungsantrag überhaupt nicht entschieden und daher sein Ermessen gar nicht erkennbar ausgeübt hat, kommt auf einen Antrag eine Aufhebung und eine Zurückverweisung in Betracht, KG FamRZ **02**, 330, LAG Köln NZA-RR **06**, 215. **37**

10) Rechtsbehelfe. Beim Rpfl gilt § 11 RPflG, § 104 Rn 41 ff. Das Beschwerdegericht darf nur eine Überschreitung des Ermessens prüfen, Schlesw MDR **06**, 707, LAG Nürnb NZA-RR **03**, 602. Ein falsches Verhalten kann auf einen Antrag zur Zurückverweisung nach § 538 führen, Rn 37. **38**

A. Gegen Aussetzung. Gegen die Aussetzung des Verfahrens ist (jetzt) die sofortige Beschwerde nach § 252 Hs 1 zulässig, § 567 I Z 1, KG MDR **08**, 283, Schlesw MDR **06**, 707, Pfeiffer NJW **94**, 1999 (zu Art 177 EWG-Vertrag). Im FamFG-Verfahren gilt das dortige Rechtsmittel, Köln FamRZ **02**, 1124. Das Beschwerdegericht prüft nur die Vorgreiflichkeit und einen Ermessens- oder Verfahrensfehler, MDR **08**, 283.

B. Gegen Ablehnung der Aussetzung. Gegen die Ablehnung der Aussetzung ist die sofortige Beschwerde nach § 252 Hs 2 zulässig, § 567 I Z 2, Pfeiffer NJW **94**, 2001 (zu Art 177 EWG-Vertrag). Sie steht nur dem Beschwerten zu, also zB im Prozeß gegen den Halter und den Versicherer nur demjenigen, der die Aussetzung beantragt hatte, Kblz VersR **92**, 1536. **39**

C. Entscheidung im Urteil. Soweit das Gericht über den Aussetzungsantrag erst im Urteil entschieden hat, ist nur der gegen dieses Urteil statthafte Rechtsbehelf möglich. **40**

D. Rechtsbeschwerde. Sie kommt nach den Voraussetzungen des § 574 in Betracht, BGH FamRZ **06**, 1268 rechts. **41**

E. Keine Verfassungsbeschwerde. Eine Verfassungsbeschwerde kommt wie überhaupt bei einer bloßen Zwischenentscheidung kaum je in Betracht, BVerfG NJW **04**, 501. **42**

149 *Aussetzung bei Verdacht einer Straftat.*

I **Das Gericht kann, wenn sich im Laufe eines Rechtsstreits der Verdacht einer Straftat ergibt, deren Ermittlung auf die Entscheidung von Einfluss ist, die Aussetzung der Verhandlung bis zur Erledigung des Strafverfahrens anordnen.**

II 1 **Das Gericht hat die Verhandlung auf Antrag einer Partei fortzusetzen, wenn seit der Aussetzung ein Jahr vergangen ist.** 2 **Dies gilt nicht, wenn gewichtige Gründe für die Aufrechterhaltung der Aussetzung sprechen.**

Schrifttum: *Gaul,* Die Grenzen der Bindung des Zivilgerichts an Strafurteile, Festschrift für *Fasching* (Wien 1988) 157.

Gliederung

1) Systematik, I, II. Vgl zunächst Einf 1 vor § 148. Ein Strafurteil bindet den Zivilrichter nicht, § 14 II 1 EG ZPO, Gaul 157. Trotzdem läßt § 149 eine Aussetzung nach dem pflichtgemäßen Ermessen des Gerichts zu. Dieses Ermessen hat freilich zeitlich Grenzen, II, § 150 S 2. Denn das Strafgericht klärt die streitigen Fragen wegen des Amtsermittlungsgrundsatzes nach Grdz 38 vor § 128, §§ 160 ff, 206, 244 II StPO meist zumindest ebenso gut auf, wenn auch keineswegs stets. **1**

2 **2) Regelungszweck, I, II.** Vgl zunächst Einf 2 vor § 148. Es soll im Interesse der Prozeßwirtschaftlichkeit nach Grdz 14 vor § 128 eine doppelte Arbeitsleistung und auch zB eine Belastung der Parteien und der Zeugen mit einer doppelten Beweisaufnahme möglichst unterbleiben, Köln NJW **90**, 778, Stgt NJW **91**, 1556 (zustm Lippert), LAG Ffm DB **92**, 48. Auch sollen widersprüchliche Beurteilungen unterbleiben. Andererseits erlauben die Prozeßwirtschaftlichkeit wie die Rechtssicherheit nach Einl III 43 allenfalls eine zeitlich nicht unzumutbar lange Aussetzung, zumal manches Strafverfahren jahrelang andauert, Mü MDR **03**, 1011 (zustm Fellner). Beide Aspekte muß man bei der Auslegung mitbeachten.

Das Gericht muß also im Rahmen seines pflichtgemäßen *Ermessens* und unter einer Beachtung des auch im Zivilprozeß geltenden Beschleunigungsgebots nach Grdz 12 vor § 128 sorgfältig und nachprüfbar abwägen, ob durch eine Aussetzung eine Verzögerung des Zivilprozesses eintritt und ob man die Streitfragen evtl im Strafverfahren besser aufklären kann, Düss MDR **98**, 797, Ffm RR **01**, 1649, Kblz MDR **06**, 290. Das Gericht muß auch den Grad des Interesses des Klägers daran abwägen, alsbald einen Vollstreckungstitel zu erhalten, Ffm RR **01**, 1649, Stgt NJW **91**, 1556 (Arzthaftung; zustm Lippert), LG Bln AnwBl **92**, 325, strenger Kblz MDR **06**, 290. Dieses Ermessen führt natürlich nicht schon als solches zur Ablehnbarkeit nach § 42, aM LG Würzb MDR **85**, 850 (aber solche Folgerung aus einer pflichtgemäßen Richterhaltung wäre ein Rechtsmißbrauch, Einl III 54). Freilich muß das Gericht vor der Aussetzung den Gegner nach Art 103 I GG anhören, Ffm MDR **86**, 943.

Einfluß hat die strafrechtliche Ermittlung unabhängig davon, ob dort ein Urteil zustandekommt oder eine Einstellung erfolgt. Freilich darf sich der Zivilrichter weder von vornherein an das Ergebnis des strafrechtlichen Verfahrens gebunden fühlen noch trotzig wegen seiner Nichtbindung auch jedes Abwarten ablehnen. Der Amtsermittlungsgrundsatz im Strafverfahren hat an Gewicht angesichts heutiger „deal"-Praktiken nicht gerade zugenommen. Die Parteiherrschaft nach Grdz 18 vor § 128 unterstellt auch die richterliche Aufgabe der Wahrheitsfindung im Zivilprozeß deutlich anderen Grenzen als im Strafverfahren. Ob man den trotz einer möglichen rechtskräftigen Bestrafung nun im Schmerzensgeldprozeß die Tat unbeirrt weiter leugnenden Bekl nach den Regeln der Beweislast auch bei einer Beweisnot der Klägerin „davonkommen" oder sie gewinnen läßt, ist eine schon bei der Aussetzungsfrage leider mitzubedenkende, schwer genug abwägbare Problematik. Wieder einmal sind Fingerspitzengefühl und Einfühlungsvermögen wichtiger als bei rascher Aussetzung scheinbar formell abklärbar, Hartmann NJW **02**, 2618.

3 **3) Geltungsbereich, I, II.** Die Vorschrift ist in allen Verfahrensarten der ZPO anwendbar, auch im WEG-Verfahren. Sie ist beim Verdacht einer Ordnungswidrigkeit entsprechend anwendbar. Das gilt insbesondere dann, wenn man im Bußgeldverfahren eine Klärung der Umstände eines solchen Verkehrsunfalls erwarten kann, von der die beiderseitigen Schadensersatzansprüche der Unfallbeteiligten abhängen können. Im Urkunden-, Scheck- und Wechselprozeß ist eine Aussetzung nur im äußersten Notfall angebracht, Einf 6 vor §§ 148–155, § 148 Rn 35. Im FamFG-Verfahren gilt § 21 FamFG.

4 **4) Voraussetzungen, I.** Es müssen zwei Voraussetzungen zusammentreffen.

A. Verdacht einer Straftat. Im Verlauf des Zivilprozesses muß der Verdacht einer Straftat auftauchen. Ein sog Anfangsverdacht reicht nicht aus. Es braucht kein dringender Tatverdacht nach § 203 StPO vorzuliegen. Die bloße Parteibehauptung schafft keinen Verdacht. Der Verdacht mag eine Partei nach Grdz 4 vor § 50 oder ihren Rechtsvorgänger betreffen, einen Streithelfer nach § 66, einen Zeugen nach § 373, einen Sachverständigen nach § 402 oder einen anderen Prozeßbeteiligten.

5 **B. Ursächlichkeit.** Die Ermittlung der möglichen Straftat muß überdies einen Einfluß auf die Entscheidung des Zivilprozesses haben können, Kblz MDR **06**, 289. Es braucht noch kein Ermittlungsverfahren und erst recht noch kein gerichtliches Strafverfahren anhängig zu sein. Vielmehr reicht es, daß das Gericht die Akten der Staatsanwaltschaft zB nach § 183 GVG zuleiten muß. Ein solches Verfahren darf aber auch noch nicht abgeschlossen sein. Denn dann wäre § 273 II Z 2 anwendbar und ausreichend. Die mögliche Straftat mag sogar eine Anspruchsgrundlage sein, Ffm VersR **82**, 656. Der Einfluß muß sich auf die abschließende Beweiswürdigung erstrecken, BayObLG FamRZ **92**, 976, Düss MDR **85**, 239.

6 **C. Keine Aussetzung.** Deshalb darf das Gericht den Prozeß in folgenden Fällen nicht aussetzen: Das Verfahren ist erst im Prozeßkostenhilfeabschnitt anhängig, §§ 114 ff; es ist bereits in der Revisionsinstanz rechtshängig; es geht nur um eine Rechtsfrage, BayObLG FamRZ **92**, 976, Düss MDR **85**, 239; derjenige Anwalt, der angeblich eine zu hohe Vergütung vereinbart hat, macht im Prozeß nur die gesetzliche geltend, LG Ffm AnwBl **89**, 671; der Prozeß geht nur noch um den Betrag der Forderung, § 304 II, während die mögliche Straftat nur den Grund des Anspruchs betrifft. Denn das Zivilgericht muß den Grund selbst feststellen; ein Zeuge will im Zivilprozeß erst nach dem rechtskräftigen Abschluß des Strafverfahrens aussagen (evtl muß das Gericht § 387 beachten), KG MDR **83**, 139, LG Frankenth MDR **76**, 1026; eine Verurteilung im Strafverfahren ist eine Prozeßvoraussetzung für den Zivilprozeß, § 581. Denn die Aussetzung ist nicht dazu da, diese Prozeßvoraussetzung erst zu beschaffen; der Bekl müßte mit einer ihm nachteiligen Auswirkung auf ein Ermittlungsverfahren rechnen, Ffm RR **01**, 1649, LAG Düss MDR **02**, 54; es bestünde die Gefahr einer Selbstbezichtigung, Ffm VersR **02**, 635.

7 **5) Verfahren; Entscheidung, I.** Man muß die Form und die Wirkung einer Aussetzung nach § 149 ebenso wie bei § 148 beurteilen. Dasselbe gilt für die Notwendigkeit einer mündlichen Verhandlung, § 148 Rn 36. Das Gericht hat auch hier ein pflichtgemäßes Ermessen LAG Köln NZA-RR **07**, 157. Das Gericht muß seine Entscheidung nachvollziehbar begründen, § 329 Rn 4, Köln VersR **89**, 518. Denn das höhere Gericht muß prüfen, ob das Erstgericht sein Ermessen erkannt und ausgeübt hat, Düss MDR **98**, 797, Mü OLGR **95**, 238, LAG Ffm DB **92**, 48. Freilich kann sich die Begründung aus dem Akteninhalt ergeben, Düss MDR **98**, 797. Eine Anfechtung kommt nach § 252 Rn 6 infrage, aM LAG Mainz MDR **06**, 275 (nur bei einem Rechtsmißbrauch). Das Beschwerdegericht kann mangels einer ausreichenden Begründung des Erstgerichts zurückverweisen, Düss MDR **98**, 797, Mü OLGR **97**, 9, LG Bln AnwBl **92**, 325.

8 **6) Aufhebung der Aussetzung, II.** Das Gericht *darf* die Aussetzungsanordnung jederzeit aufheben, § 150. Das gilt auch dann, wenn die Aussetzung vor dem Inkrafttreten von II erfolgt war, Einl III 78, Mü

MDR **03**, 1011. Der Grund der Aussetzung fällt weg, sobald das Strafverfahren endgültig abgeschlossen ist, sei es durch den Eintritt der Rechtskraft eines Strafurteils, infolge einer Einstellung des Verfahrens, infolge der Ablehnung der Eröffnung des Hauptverfahrens, infolge der Rücknahme einer Privatklage usw.

Das Gericht *muß* nach § 150 S 2 auf einen Antrag einer Partei, also nicht von Amts wegen, die Verhandlung fortsetzen, wenn einerseits seit der Aussetzung ein Jahr vergangen ist, II 1, und wenn andererseits keine gewichtigen Gründe für die Aufrechterhaltung der Aussetzung sprechen, II 2. „Gewichtig" ist ähnlich wie „triftig" mehr als ein nachvollziehbares Argument. Infrage kommen materielle wie immaterielle Erwägungen von einer Insolvenzgefahr bis zu Auswirkungen auf das Ehe- und Familienleben. Je mehr Zeit über ein Jahr hinaus verstrichen ist, desto unwichtiger wird die Fortsetzung der Aussetzung. Wer für weitere Aussetzung ist, hat die Beweislast für gewichtige weitere Aussetzungsgründe. Gegen die Ablehnung der Fortsetzung ist die sofortige Beschwerde nach § 252 statthaft.

150 *Aufhebung von Trennung, Verbindung oder Aussetzung.* [1] **Das Gericht kann die von ihm erlassenen, eine Trennung, Verbindung oder Aussetzung betreffenden Anordnungen wieder aufheben.** [2] **§ 149 Abs. 2 bleibt unberührt.**

1) Systematik, Regelungszweck, S 1, 2. Vgl zunächst Einf 1, 2 vor § 148. Man darf die Aufhebung der Aussetzung nicht mit der Aufnahme des Verfahrens durch eine Partei verwechseln, zB nach §§ 151–154, 246. Die Vorschrift dient im Interesse der Gerechtigkeit nach Einl III 9, 36 einer möglichst elastischen Handhabung und einer alsbaldigen Anpassung nicht nur bei einer Veränderung der tatsächlichen oder rechtlichen Verhältnisse, sondern im Gegensatz zu dem im übrigen vergleichbaren § 323 auch bei einer Änderung der rechtlichen Beurteilung insbesondere in derjenigen Frage, die zur Aussetzung führte. Deshalb sollte man von § 150 großzügig Gebrauch machen. 1

2) Geltungsbereich, S 1, 2. Einf 3 vor §§ 148–155, § 149 Rn 3. 2

3) Verfahren, S 1, 2. Das Gericht und nicht sein Vorsitzender kann eine Trennung, Verbindung oder Aussetzung auf einen Antrag oder von Amts wegen jederzeit in den Grenzen des § 149 II wieder aufheben. Auf diese Vorschrift verweist S 2. Das gilt auch in der zweiten Instanz. Die Aufhebung ist allerdings nicht zulässig, soweit die Sache bereits nach § 300 Rn 6 entscheidungsreif ist. Die Aufhebung ist auch nicht nur zum Zweck einer Urteilsfällung zulässig. Ein solches Vorgehen wäre ein unsachgemäßes Nummernmachen. Das Rechtsmittelgericht kann eine Aufhebungsanordnung des Erstgerichts aufheben, wenn sämtliche getrennten Prozesse in der zweiten Instanz anhängig sind. 3

Die Entscheidung erfolgt grundsätzlich im Rahmen eines pflichtgemäßen *Ermessens.* Das Gericht prüft die Sachdienlichkeit. Soweit es sich um die Aufhebung einer Aussetzung des Verfahrens handelt, muß allerdings schon die Aussetzung im Ermessen des Gerichts gestanden haben. Soweit das Gericht das Verfahren auf Grund eines Antrags aussetzen mußte, darf es seine Entscheidung nur im Einverständnis des Antragsstellers ändern. Soweit das Gericht eine Aussetzung nach §§ 151–154 angeordnet hatte, darf es diese Anordnung nur nach § 155 aufheben. Eine mündliche Verhandlung vor der Aufhebung ist in keinem Fall erforderlich, § 145 Rn 5, § 147 Rn 15, § 148 Rn 31. Das gilt sowohl dann, wenn die Aufhebung auf Grund eines Parteiantrags erfolgt, als auch bei einer Aufhebung von Amts wegen, aM ThP 1, ZöGre 1 (aber § 128 IV gilt uneingeschränkt).

4) Entscheidung, S 1. Die Entscheidung erfolgt durch einen Beschluß, § 329. Das Gericht muß ihn grundsätzlich begründen, § 329 Rn 4. Es läßt ihn förmlich zustellen, § 329 III Hs 2, soweit nach Rn 5 ein Rechtsmittel in Betracht kommt. Andernfalls läßt es ihn formlos mitteilen, § 329 II 1. 4

5) Rechtsmittel, S 1, 2. Gegen die Aufhebung einer Trennung und gegen die Aufhebung einer Verbindung ist kein Rechtsbehelf statthaft. Gegen die Aufhebung einer Aussetzung ist die sofortige Beschwerde nach § 252 Hs 2 zulässig, ArbG Mannh IPRax **08**, 38. Freilich mag die Aussetzung in Wahrheit unabhängig von dem Beschluß enden. Das gilt etwa wegen des Erlasses der Entscheidung im vorgreiflichen anderen Verfahren, Hbg ZZP **76**, 476. Gegen die Ablehnung einer Aufhebung der Aussetzung des Verfahrens ist die sofortige Beschwerde zulässig, § 252 Hs 1 entsprechend, Nürnb MDR **04**, 231. Eine Rechtsbeschwede kommt unter den Voraussetzungen des § 574 in Betracht. Beim Rpfl gilt § 11 RPflG, § 104 Rn 41 ff. 5

151 (weggefallen)

152 *Aussetzung bei Eheaufhebungsantrag.* [1] **Hängt die Entscheidung eines Rechtsstreits davon ab, ob eine Ehe aufhebbar ist, und ist die Aufhebung beantragt, so hat das Gericht auf Antrag das Verfahren auszusetzen.** [2] **Ist das Verfahren über die Aufhebung erledigt, so findet die Aufnahme des ausgesetzten Verfahrens statt.**

1) Systematik, Regelungszweck, S 1, 2. Bis zur Rechtskraft der Aufhebung der Ehe nach § 45 FamFG ist die Ehe gültig, § 1513 S 2 BGB. Die Entscheidung zu dieser Frage darf nicht in einem anderen Rechtsstreit erfolgen. § 152 setzt voraus, daß der Aufhebungsantrag nach §§ 253, 261 rechtshängig geworden ist. 1

2) Verfahren, S 1. Das Gericht setzt zur Einreichung des Aufhebungsantrags keine Frist. Es kann sich um die Ehe der Parteien oder um die Ehe eines Dritten handeln. Eine Aussetzung nach § 152 erfolgt nur auf Grund eines Antrags. Zum Antrag ist derjenige befugt, der die Aufhebung der Ehe geltend macht. Allerdings kann das Gericht eine Aussetzung von Amts wegen nach § 148 vornehmen. Es muß die Vorgreiflichkeit wie bei § 148 prüfen. Nicht vorgreiflich ist der Bestand der Ehe zB für die Unterhaltsforderung der Frau auf die Dauer des Aufhebungsprozesses. 2

3 **3) Aufnahme, S 2.** Die Aufnahme des Verfahrens erfolgt nach § 250. Bei einer Verzögerung des Aufhebungsverfahrens kann das Prozeßgericht auch nach § 155 vorgehen. Wenn das Aufhebungsverfahren infolge des Todes eines Ehegatten erledigt ist, befindet das Gericht im Rahmen seines pflichtgemäßen Ermessens über die Gültigkeit der Ehe.

153 *Aussetzung bei Vaterschaftsanfechtungsklage.* **Hängt die Entscheidung eines Rechtsstreits davon ab, ob ein Mann, dessen Vaterschaft im Wege der Anfechtungsklage angefochten worden ist, der Vater des Kindes ist, so gelten die Vorschriften des § 152 entsprechend.**

1 **1) Systematik, Regelungszweck.** Vgl zunächst § 151 Rn 1. Solange ein Kind nicht im Vaterschaftsanfechtungsverfahren nach §§ 169 ff FamFG für nicht von diesem Mann abstammend erklärt worden ist, wird grundsätzlich die bisherige Vaterschaft vermutet, § 1600 c I BGB. Der Fall liegt ähnlich wie derjenige einer Eheaufhebung. Daher ist § 152 entsprechend anwendbar. Das Kind, seine Mutter oder der Mann brauchen nicht Partei des auszusetzenden Prozesses zu sein.

2 **2) Verfahren.** Das Gericht darf ein Verfahren auf den Erlaß einer einstweiligen Anordnung oder Verfügung mit Rücksicht auf den Zweck einer vorläufigen Unterhaltssicherung nicht nach § 153 aussetzen, (je zum alten Recht) Ffm FamRZ **85**, 409, Hamm FamRZ **87**, 1189, ZöGre 2, aM Düss FamRZ **82**, 1230 (aber man muß den Sinn einer Vorschrift stets gewichtig mitbeachten). Im übrigen kann eine etwaige Verwirkung eine Aussetzung begründen, Bre MDR **98**, 417.

3 **3) Aufnahme.** Die Aufnahme erfolgt nach § 250.

154 *Aussetzung bei Ehe- oder Kindschaftsstreit.* **I Wird im Laufe eines Rechtsstreits streitig, ob zwischen den Parteien eine Ehe oder eine Lebenspartnerschaft bestehe oder nicht bestehe, und hängt von der Entscheidung dieser Frage die Entscheidung des Rechtsstreits ab, so hat das Gericht auf Antrag das Verfahren auszusetzen, bis der Streit über das Bestehen oder Nichtbestehen der Ehe oder der Lebenspartnerschaft im Wege der Feststellungsklage erledigt ist.**

II Diese Vorschrift gilt entsprechend, wenn im Laufe eines Rechtsstreits streitig wird, ob zwischen den Parteien ein Eltern- und Kindesverhältnis bestehe oder nicht bestehe oder ob der einen Partei die elterliche Sorge für die andere zustehe oder nicht zustehe, und von der Entscheidung dieser Fragen die Entscheidung des Rechtsstreits abhängt.

1 **1) Systematik, Regelungszweck, I, II.** Vgl zunächst § 151 Rn 1. I erfaßt den Fall eines Ehe- oder Lebenspartnerschafts-Feststellungsverfahrens und denjenigen eines Verfahrens im Verhältnis zwischen Eltern und Kindern nach §§ 169 ff FamFG. Dort wirkt das Urteil für und gegen alle. Eine Zwischenfeststellungsklage ist nach § 256 II unzulässig.

2 **2) Ehestreit, Lebenspartnerschaftsstreit, I.** I soll eine einheitliche Feststellung aller derjenigen Verhältnisse sichern, die durch die Ehe oder Lebenspartnerschaft bedingt sind, soweit es sich um einen beiläufigen Streit über den Bestand der Ehe oder Lebenspartnerschaft der Parteien handelt. Im Fall der Ehe eines Dritten kann § 148 in Verbindung mit § 113 I 1 FamFG anwendbar sein. I gilt, wenn § 151 unanwendbar ist, wenn also die Eheschließung oder Begründung einer Lebenspartnerschaft selbst oder ihre Wirksamkeit streitig sind. Eine Aussetzung nach I erfolgt nur auf Grund eines Antrags. Soweit ein solcher Antrag fehlt, entscheidet das Gericht beiläufig. Eine solche Entscheidung ist aber nicht ratsam. Denn ihr fehlt die Rechtskraftwirkung, Einf 11 vor §§ 322–327. Eine Rechtshängigkeit des Ehe- oder Partnerschaftsverfahrens nach § 261 ist nicht erforderlich. Es gibt keine Fristsetzung wie bei § 151. § 155 ist unanwendbar. Es bleibt der interessierten Partei überlassen, eine Feststellungsklage nach § 256 zu erheben.

3 **3) Kindschaftsstreit, II.** Die Vorschrift gilt bei einem beiläufigen Streit über ein Kindschaftsverhältnis, außer einer Anfechtung der Vaterschaft, § 153. II gilt auch bei einem Streit darüber, ob die Anerkennung der Vaterschaft von vornherein wirksam oder unwirksam war. Eine verneinende Feststellungsklage nach § 256 ist für einen Unterhaltsanspruch des Kindes vorgreiflich, Hamm RR **88**, 1355. §§ 169 ff FamFG ordnen das Verfahren den Ehesachen entsprechend. Darum behandelt II diese Fälle wie diejenigen nach I. II ist in einem Verfahren nach § 323 unanwendbar.

155 *Aufhebung der Aussetzung bei Verzögerung.* **In den Fällen der §§ 152, 153 kann das Gericht auf Antrag die Anordnung, durch die das Verfahren ausgesetzt ist, aufheben, wenn die Betreibung des Rechtsstreits, der zu der Aussetzung Anlass gegeben hat, verzögert wird.**

1 **1) Systematik, Regelungszweck.** Vgl zunächst § 151 Rn 1. In den Aussetzungsfällen der §§ 152, 153 kann das Gericht wegen seiner Förderungspflicht nach Grdz 12 vor § 128 den Aussetzungsbeschluß auf Grund eines Antrags aufheben, wenn die Partei das Aufhebungs- oder Anfechtungsverfahren verschleppt. Daneben ist § 150 anwendbar. § 155 ist in den Fällen des § 154 unanwendbar, § 154 Rn 1. Jede Partei nach Grdz 4 vor § 50 kann derjenigen Partei, an deren Sieg sie ein rechtliches Interesse hat, auch als deren streitgenössischer Streithelfer nach § 69 beitreten, sofern sie dort nicht selbst Partei ist. Ein solches Interesse mag schon wegen der Rechtskraftwirkung bestehen.

2 **2) Verfahren.** Das Wort „kann" im Gesetz bedeutet: Das Ermessen des Gerichts ist eingeschränkt. Sobald das Gericht zu der Überzeugung kommt, daß eine Verzögerung vorliegt, ist es zur Aufhebung des Aussetzungsbeschlusses verpflichtet. Es muß freilich auch gerade die Vorwerfbarkeit der Verzögerung in seiner

Entscheidung feststellen. Das Verfahren verläuft wie bei § 150 Rn 1. Gegen die Aufhebung der Aussetzung ist die sofortige Beschwerde nach § 252 Hs 2 zulässig. Gegen die Zurückweisung des Antrags ist ebenfalls die sofortige Beschwerde statthaft, § 252 Hs 1. Nach der Aufhebung der Aussetzung muß das Gericht die Ehe als gültig behandeln. Es muß dann das Kind nach § 1593 BGB als ehelich oder nach § 1600 d BGB als ein anerkanntes nichteheliches Kind ansehen.

156 *Wiedereröffnung der Verhandlung.* **[I]Das Gericht kann die Wiedereröffnung einer Verhandlung, die geschlossen war, anordnen.**

[II]Das Gericht hat die Wiedereröffnung insbesondere anzuordnen, wenn

1. **das Gericht einen entscheidungserheblichen und rügbaren Verfahrensfehler (§ 295), insbesondere eine Verletzung der Hinweis- und Aufklärungspflicht (§ 139) oder eine Verletzung des Anspruchs auf rechtliches Gehör, feststellt,**
2. **nachträglich Tatsachen vorgetragen und glaubhaft gemacht werden, die einen Wiederaufnahmegrund (§§ 579, 580) bilden, oder**
3. **zwischen dem Schluss der mündlichen Verhandlung und dem Schluss der Beratung und Abstimmung (§§ 192 bis 197 des Gerichtsverfassungsgesetzes) ein Richter ausgeschieden ist.**

Gliederung

1) Systematik, I, II. § 156 stellt eine Ergänzung zum und eine Ausnahme vom Grundsatz des § 296 a dar, daß mit dem Verhandlungsschluß auch die Möglichkeit endet, zum Sachverhalt weiter vorzutragen und Anträge zu stellen, VerfGH Mü RR **01**, 1646. § 321 a ergänzt § 156, dort Rn 10. 1

2) Regelungszweck, I, II. Es soll im Interesse der Gerechtigkeit nach Einl III 9, 36 unterbleiben, daß nur wegen der Förmlichkeit nach § 296 a auch nur eventuell oder gar sehenden Auges eine sachlichrechtliche Fehlentscheidung ergeht. Indessen umfaßt die Rechtsidee mehr als Gerechtigkeit, nämlich auch Rechtssicherheit und Zweckmäßigkeit, § 296 Rn 2. Daher ist auch das rechtliche Gehör ein Zweck der Regelung, Artt 2 I, 20 III GG (Rpfl), BVerfG **101**, 404, Art 103 I GG (Richter), BGH MDR **01**, 568. Das alles muß man bei der Auslegung mitbeachten. 2

Nachschieben von Tatsachen, Beweisanträgen oder Gegenäußerungen darf nicht zu ratloser Wiedereröffnung nach § 156 führen, BGH NJW **00**, 143. Auch die Gerechtigkeit als oberstes Prozeßziel fordert nicht eine Übergehung von § 296 a. Bei einer Entscheidungsreife nach § 300 Rn 6 sollte man auch nicht jedes irgendwie erst jetzt auftauchende Argument zum Anlaß eines zögernden nochmaligen Verhandelns machen, nur weil sich seine Erheblichkeit nur ganz eventuell ergeben könnte. Natürlich zeigt sich in einer Selbstkritik oft eine wirkliche Stärke des Gerichts. Sie darf aber auch nicht zu einer puren Unentschlossenheit werden. Erst bei einem wirklichen vertretbar begründbaren Zweifel wird in I aus „kann" ein „muß" wie bei II. Daher ergibt auch die Prozeßwirtschaftlichkeit nach Grdz 14 vor § 128 trotz ihrer erheblichen Bedeutung keineswegs schon stets von sich aus die Möglichkeit oder gar den Zwang zur Wiedereröffnung, BGH NZM **03**, 371.

3) Geltungsbereich, I, II. Grdz 3 vor § 128. Die Vorschrift gilt auch im WEG-Verfahren und im Bereich des § 113 I 2 FamFG. 3

4) Verfrühter Verhandlungsschluß, I, II. Das Gericht kann die mündliche Verhandlung zu früh geschlossen haben. Dieser Fall kann aus recht unterschiedlichen Gründen vorliegen. Einige dieser Gründe zählt II auf. Diese Aufzählung ist freilich keineswegs abschließend. Das ergibt sich schon aus dem Wort „insbesondere". Immerhin nennt II diejenigen Gründe, aus denen das Gericht die Wiedereröffnung „anzuordnen hat", in denen also kein Ermessen mehr besteht. Unter diesen Hauptgründen steht der in II Z 1 genannte ganz im Mittelpunkt. Er liegt vor, wenn das Gericht den Sachverhalt nicht hinreichend geklärt hat, § 136 IV. Das gilt insbesondere dann, wenn das Gericht in diesem Zusammenhang seine Hinweis- und Fragepflicht nach § 139 in entscheidungserheblicher Weise zumindest objektiv vernachlässigt hat, BGH BB **06**, 2552, VerfGH Mü RR **01**, 1646, wenn also die bisherige Verhandlung lückenhaft war und wenn in der letzten Verhandlung bei einem sachgemäßen Vorgehen eine Veranlassung zur Ausübung des Fragerechts bestanden hätte oder wenn das Gericht die Partei durch sein Verhalten von einer richtigen Antragstellung abgehalten hat, Kblz FamRZ **90**, 770, Köln MDR **98**, 1307. 4

5) Begrenztes Ermessen, I. Das Wort „kann" in I bedeutet nicht etwa nur eine ja ohnehin klare Zuständigkeitsregelung, sondern die Einräumung eines pflichtgemäßen Ermessens, AG Bln-Tempelhof- 5

Kreuzb FamRZ **05**, 1261, Schneider MDR **90**, 122. Das Gericht hat zur Wiedereröffnung der Verhandlung aber oft und „insbesondere" nach II nicht nur eine rechtliche Befugnis, sondern eine Pflicht, Rn 2, BAG NJW **96**, 2749. Insofern kann man nur von einem eingeschränkten Ermessen des Gerichts sprechen, Köln NJW **80**, 2362.

6 **A. Von Amts wegen.** Keine Partei kann aber schon durch einen Antrag eine Wiedereröffnung der Verhandlung erzwingen, BGH NJW **79**, 2110, Köln MDR **83**, 761. Sie kann die Wiedereröffnung lediglich anregen. Eine solche Anregung kann vor einer Verfassungsbeschwerde notwendig sein, Einl III 17, BVerwG NJW **92**, 3185 (es meint § 156). Man muß einen Antrag als eine solche Anregung auffassen. Die Entscheidung erfolgt also auch dann von Amts wegen, BGH NJW **79**, 2110, Köln MDR **83**, 761. Wegen des Fehlens eines förmlichen Antragsrechts braucht das Gericht einen etwaigen Antrag auch nicht zu bescheiden. Wegen einer Wiedereröffnung bei § 283 vgl die dortigen Anmerkungen. Ein Verstoß gegen § 139 kann dazu zwingen, auch wegen eines verspäteten Vortrags erneut in die mündliche Verhandlung einzutreten, Köln MDR **80**, 674 (sehr großzügig). Das gilt evtl sogar nach der Abstimmung bis zur Verkündung wegen einer nicht nachgelassenen Schriftsatzes, BGH MDR **02**, 658. Im übrigen bleibt das Rügerecht der Partei nach § 321 a bestehen. Nur insofern kann sie eine nochmalige Verhandlung mittelbar erzwingen.

7 **B. Wichtiger Grund.** Das Gericht darf bei der Entscheidung über eine Wiedereröffnung der Verhandlung ansich nur denjenigen Prozeßstoff berücksichtigen, den die Parteien bis zum Ende der Verhandlung vorgetragen hatten, §§ 136 IV, 296 a. Die Vorschrift nennt keinen Grundsatz für die Ausübung des Ermessens. Man kann aber aus dem in II erkennbaren Sinn auch einen Grundsatz für I ableiten. Es muß ein wichtiger Grund zur Wiedereröffnung vorliegen. Das ergibt sich indirekt auch aus § 321 a. Es mögen aber erst nach dem Schluß der Verhandlung wichtige Umstände eingetreten oder bekannt geworden sein. Es mag sich ergeben, daß das Gericht einen Verfahrensfehler begangen hat, Rn 11. Dann rechtfertigt der Grundsatz der Prozeßwirtschaftlichkeit eine Wiedereröffnung, Grdz 14 vor § 128, BayVGH NJW **84**, 1027. Als wichtiger Grund gilt ferner evtl der Ablauf der Frist nach § 558 b III 1 BGB, oder eine zulässige rechtzeitige Klagänderung, Kblz RR **01**, 65 (vgl aber Rn 8). Unter Umständen genügt auch ein Entzug des Anwaltsauftrags, BGH NJW **86**, 339.

8 **C. Kein wichtiger Grund.** Ein wichtiger Grund liegt aber keineswegs stets schon dann vor, wenn eine Partei nach einem ordnungsgemäßen Verhandlungsschluß nach §§ 136 IV, 296 a oder nach dem ihm im schriftlichen Verfahren nach § 128 Rn 27 gleichstehenden Zeitpunkt einfach einen Schriftsatz nachreicht, BGH NJW **07**, 1360 links oben, BayObLG **97**, 361, Düss NJW **87**, 508, aM BGH FamRZ **96**, 1069 (aber eine „Zusage" ist eben keine Einreichung. Es muß auch einmal ein Schlußpunkt immer weiterer Schriftsätze möglich und hart durchsetzbar sein). Das gilt auch bei einer nachgereichten einseitigen Erledigterklärung, aM LG Hbg WoM **98**, 422 (aber sie wäre sehr wohl früher möglich gewesen. Sie war dort obendrein unhaltbar). Es gilt erst recht, wenn der Einreicher bei § 283 über die zur Stellungnahme freigegebenen Punkte hinausgeht oder wenn er gar jetzt erst eine Klagänderung oder -erweiterung nach §§ 263, 264 oder eine Widerklage versucht, etwa um die Rechtsmittelfähigkeit des Urteils zu erzwingen, Anh § 253 Rn 5, § 282 Rn 5, 6, § 296 a Rn 2–4.

Noch weniger ist ein wichtiger Umstand nach dem Schluß der Verhandlung vorhanden, wenn eine Partei einfach stur unsubstantiiert bestreitet, LG Gießen ZMR **96**, 328, oder wenn sie in der letzten mündlichen Verhandlung nach § 296 *verspätet* vorgetragen hatte und wenn das Gericht ihr keine Nachfrist nach § 283 gesetzt hatte oder setzen mußte, BGH NJW **07**, 1360 links oben, VGH Mü NJW **84**, 1027, aM BGH NJW **88**, 2302 (aber das rechtliche Gehör lag in der letzten mündlichen Verhandlung. Das immer weitere Nachschieben ist ein Mißbrauch des Art 103 I GG, Einl III 54). Freilich muß das Gericht auch einen nicht nachgelassenen Vortrag berücksichtigen, soweit es selbst verfahrensfehlerhaft gehandelt hatte, BGH NJW **00**, 143 links.

9 **C. Kein Unterlaufen.** § 156 ist also *keineswegs* dazu geeignet, die Vorschriften zur Zurückweisung verspäteten Vorbringens zu *unterlaufen*. Das gilt unabhängig davon, daß das Gericht im Rahmen seiner allgemeinen Fürsorgepflicht nach Einl III 27 von einen Vorbringen auch dann mindestens Kenntnis nehmen muß, wenn es erst nach dem Schluß der Verhandlung eingeht, BGH NJW **88**, 2303. Man sollte § 156 ohnehin zurückhaltend anwenden. Er ist natürlich dann unanwendbar, wenn das Nachgetragene entscheidungsunerheblich ist, BGH NJW **93**, 2314. Das zeigt schon II Z 1.

Nach einem *Teilurteil* kann eine Wiedereröffnung aus einem der in § 156 genannten Gründe für den Rest des Streitstoffs infragekommen. Es mag aber auch ganz einfach eine Fortsetzung des Prozesses ausreichen, nun eben zum noch nicht ausgeurteilten Rest. Es mag mangels eines bisherigen diesbezüglichen Verfahrensfehlers keineswegs eine Wiederöffnung notwendig oder auch nur zulässig sein.

10 **6) Zwang zur Wiedereröffnung, II.** Das in I grundsätzlich eröffnete Ermessen entfällt jedenfalls in den Fällen, die II bewußt unvollständig aufzählt. Danach muß das Gericht eine Wiedereröffnung „insbesondere" dann von Amts wegen anordnen, wenn eine der in II Z 1–3 genannten Situationen vorliegt.

11 **7) Verfahrensfehler, II Z 1.** Eine Wiedereröffnung ist zunächst insoweit notwendig, als das Gericht einen Verfahrensfehler begangen hat, BGH NJW **93**, 134, BAG NJW **96**, 2749, BPatG GRUR **03**, 531. Hierher gehört unter den folgenden Voraussetzungen jede Art eines derartigen Fehlers. Auch die Aufzählung in Z 1 erfolgt ja nur „insbesondere".

12 **A. Entscheidungserheblichkeit.** Der Verfahrensfehler muß entscheidungserheblich sein, BGH NJW **93**, 2314. Diese Erkenntnis muß im Zeitpunkt der Beschlußfassung über die Wiedereröffnung bestehen. Die Entscheidungserheblichkeit mag in einem tatsächlichen oder rechtlichen Gesichtspunkt liegen. Es mag sich um die Hauptsache handeln, um einen Teil der Hauptsache, um einen Nebenpunkt, sogar nur um den bloßen Kostenpunkt. Denn § 308 II befreit nicht von einer einwandfreien Verfahrensweise, und §§ 91 ff binden ja die Kostengrundentscheidung weitgehend an die Hauptsacheentscheidung.

13 *Unbeachtlich* bleibt lediglich ein im prozessualen Ergebnis völlig unerheblicher Punkt, zB eine winzige Abweichung vom Richtigen. Andererseits darf das Gericht nicht schon deshalb von einer Wiedereröffnung

absehen, weil etwa kein Anlaß zur Kostenniederschlagung nach § 21 GKG, § 20 FamGKG bestünde oder weil es die Kosten nach § 92 II, § 80 FamFG nur einer Partei auferlegen müßte. Im Zweifel empfiehlt sich schon zur Vermeidung eines Verfahrens nach § 321 a eine zwar nicht ängstliche, aber doch zur Selbstkritik bereite großzügige Anwendung von Z 1.

B. Rügbarkeit. Zur Entscheidungserheblichkeit nach Rn 12, 13 muß eine Rügbarkeit nach § 295 hinzutreten, dort Rn 7 ff. Es darf also kein wirksamer Rügeverzicht und kein Verlust infolge einer Rügeunterlassung vorliegen. Dabei muß man natürlich trotz der Verweisung in II Z 1 auf § 295 beachten, daß es oft um einen solchen Verstoß des Gerichts geht, den der Betroffene gar nicht oder nur begrenzt vor dem Verhandlungsschluß rügen konnte. 14

C. Verletzung der Hinweis- oder Aufklärungspflicht. Zu den Voraussetzungen Rn 12–14 muß entweder eine Verletzung der Hinweis- oder Aufklärungspflicht nach § 139 oder ein Verstoß gegen den Anspruch auf rechtliches Gehör hinzugetreten sein, Rn 16, BGH NJW **07**, 1360 links oben, AG Bln-Tempelhof-Kreuzb FamRZ **05**, 1261. Zur ersten Verletzung vgl bei § 139, ferner BGH MDR **99**, 758 rechts, Düss ZMR **99**, 387. 15

D. Versagung rechtlichen Gehörs. Zu den Voraussetzungen Rn 12–14 mag auch statt derjenigen Rn 15 eine Verletzung des Anspruchs auf rechtliches Gehör getreten sein. Zu diesem Begriff Einl III 16. Beim Rpfl tritt an die Stelle des rechtlichen Gehörs nach Art 103 I GG das Gebot eines fairen rechtsstaatlichen Verfahrens, Artt 2 I, 20 III GG, BVerfG **101**, 404. § 321 a nimmt den in § 156 II Z 1 genannten Gedanken für einen späteren Verfahrensabschnitt erneut auf. Zur Vermeidung eines Verfahrens nach § 321 a oder gar einer Verfassungsbeschwerde sollte man ohne eine Ängstlichkeit im Zweifel eher von einem bisherigen Verstoß ausgehen und daher die Wiedereröffnung zulassen. Sie ist das „kleinere Übel" und ehrt den Richter. Als ein Ausdruck des Mündlichkeitsgrundsatzes nach Üb 3 vor § 128 fordert II Z 1 mehr als eine bloße Gelegenheit einer schriftlichen Äußerung, BAG NJW **96**, 2749, solange kein schriftliches Verfahren nach § 128 II vorliegt. 16

8) Wiederaufnahmefähige Tatsache, II Z 2. Eine Wiedereröffnung ist unabhängig von Rn 10–16 auch insoweit notwendig, als es um solche Tatsachen geht, die einen Wiederaufnahmegrund bilden würden. 17

A. Wiederaufnahmefähigkeit. Es muß sich um eine solche Tatsache handeln, die nach § 579 oder nach § 580 beachtlich wäre. Dabei sollte man beachten, daß zB nach § 580 Z 1–5 erst eine rechtskräftige Bestrafung eine Restitutionsklage überhaupt statthaft macht, § 581 I.

B. Nachträglicher Vortrag; Glaubhaftmachung. Die Partei darf die Tatsache nach Rn 17 erst „nachträglich" vorgetragen haben, also nach dem Schluß der bisherigen letzten mündlichen Verhandlung nach §§ 136 IV, 296 a oder im schriftlichen Verfahren nach dem ihm gleichstehenden Zeitpunkt. Die Glaubhaftmachung muß nach § 294 ausreichend erfolgt sein. Es darf sich aber keineswegs um ein bloßes Nachschieben handeln, Rn 2. Auch darf ein nach § 283 erlaubter Vortrag nicht nur etwas Neues enthalten, das über eine Stellungnahme zum Gegner hinausgeht, BGH NJW **93**, 134, BayVerfGH NJW **84**, 1027. 18

9) Ausscheiden eines Richters, II Z 3. Eine Wiedereröffnung ist unabhängig von Rn 10–18 auch dann notwendig, wenn ein Richter zwar erst nach dem Schluß der mündlichen Verhandlung nach §§ 136 IV, 296 a ausgeschieden ist, aber doch noch *vor* dem Schluß der Beratung und Abstimmung, §§ 192–197 GVG, BAG MDR **03**, 48. Diesen Fall muß man anders als denjenigen beurteilen, daß der Richter zwar vor der Verkündung weggefallen ist, aber erst *nach* der Beschlußfassung, § 309 Rn 4, BGH **61**, 370, Krause MDR **82**, 186. Wird infolge des Ausscheidens dieses Gericht beschlußunfähig, etwa beim Wegfall des Amtsrichters oder des Einzelrichtes oder aller Mitglieder des Spruchkörpers, muß das Gericht in der sich jetzt ergebenden Besetzung ohnehin von vorn mit der Verhandlung beginnen. 19

10) Verfahren, I, II. Man muß zwischen der Form und dem Inhalt unterscheiden. 20

A. Entscheidungsform: Beschluß. Die Wiedereröffnung erfolgt ohne die Notwendigkeit einer diesbezüglichen mündlichen Verhandlung nach § 128 IV durch einen Beschluß, § 329. Nach einem verfrühten Verhandlungsschluß muß das Gericht über die Wiedereröffnung der Verhandlung in der bisherigen Besetzung entscheiden, II Z 3. Auch ein Beweisbeschluß kann der Sache nach zugleich eine Wiedereröffnung enthalten, ebenso die Anberaumung eines weiteren Verhandlungstermins, Rn 22.

Das Gericht muß seinen Beschluß grundsätzlich *begründen,* zumindest nachträglich in den Urteilsgründen, Fischer NJW **94**, 1320. Das gilt, obwohl die Entscheidung unanfechtbar ist, § 329 Rn 4, aM Sangmeister DStZ **89**, 33 (aber es handelt sich immerhin um eine oft entscheidungserhebliche Verlängerung des Prozesses. Seine Gründe sollte jeder Betroffene schon wenigstens im Kern erfahren, § 329 Rn 6). Das Gericht verkündet seinen Beschluß oder teilt ihn den Beteiligten formlos mit, § 329 I 1, II 1. Seine förmliche Zustellung ist nicht erforderlich. Denn dieser prozeßleitende Beschluß kann nur auf Grund der letzten mündlichen Verhandlung ergehen, BFH DB **83**, 1184.

B. Absehen von Wiedereröffnung. Soweit das Gericht von einer Wiedereröffnung der Verhandlung absieht, braucht es keinen besonderen Beschluß zu fassen, sondern muß zur Sache entscheiden. Im Urteil ist eine besondere Erörterung der Ablehnung der Wiedereröffnung zwar nicht unbedingt notwendig. Sie ist aber meist ratsam, um eine Zurückverweisung wegen eines Verfahrensfehlers nach § 538 zu vermeiden, BGH NJW **00**, 143 links, BFH BStBl **86** II 187. Zumindest sollten der Vorsitzende oder der Berichterstatter in einem Vermerk aktenkundig machen, daß das Gericht zB einen einfach nachgereichten Schriftsatz trotz § 296 a vorsorglich nach § 156 geprüft hat. Geht der Schriftsatz erst unmittelbar vor dem Verkündungstermin des § 311 IV ein, kommt eine solche Prüfung freilich nur noch ganz ausnahmsweise in Betracht. Denn der Prozeßgegner hat einen Anspruch auf die Verkündung. Man sollte daher den Eingangs- und den Verkündungszeitpunkt genau aktenkundig machen. Soweit das Nachgereichte an dem für den Nachreicher günstigen Ergebnis nichts ändert, besteht ohnehin kein Anlaß zur näheren Prüfung. 21

C. Wiedereröffnung. Wenn die Parteien im Zeitpunkt der Verkündung des Wiedereröffnungsbeschlusses anwesend sind, kann das Gericht grundsätzlich sofort weiterverhandeln lassen, es sei denn, daß einer 22

Partei diese sofortige Weiterverhandlung nicht zumutbar ist, etwa deshalb, weil sie mit einer so langen Gesamtdauer dieser Verhandlung nicht zu rechnen brauchte und durch andere anstehende Pflichten verhindert ist. Ein Versäumnisverfahren nach §§ 330 ff darf in dem sofort nach der Wiedereröffnung durchgeführten Verhandlungstermin nicht stattfinden. Denn nach dem Schluß der vorangegangenen mündlichen Verhandlung kann keine Säumnis eintreten, solange nicht eine ordnungsgemäße Ladung ergangen ist. Das Gericht kann einen neuen Verhandlungstermin anberaumen, § 216.

23 **D. Neue Angriffs- und Verteidigungsmittel.** Eine Wiedereröffnung ergreift die gesamte Verhandlung. Die Parteien können also jetzt neue Angriffs- und Verteidigungsmittel nach Einl III 70 geltend machen. Sie können die Klage erweitern, §§ 263, 264, neue Beweise antreten usw, Schneider MDR **90**, 123. Die Wiedereröffnung gibt den Parteien ein unentziehbares Recht auf ein neues rechtliches Gehör, Rn 1. Deshalb darf das Gericht seinen Wiedereröffnungsbeschluß auch nicht aufheben. Eine andere Frage ist freilich die, wann das Gericht die wiedereröffnete Verhandlung schließen darf, um nunmehr zur Entscheidung zu kommen.

24 **11) Verstoß, I, II.** Ein Verstoß gegen II Z 2 kann zu einem Verfahren nach § 321 a führen. Im übrigen gilt: Ein Verstoß ist nur zusammen mit dem Urteil als ein Verfahrensfehler in der Berufungsinstanz voll anfechtbar, Zweibr MDR **89**, 269. Er kann auf einen Antrag eine Zurückverweisung nach § 538 rechtfertigen, BGH NJW **00**, 143 links, Köln RR **90**, 1343. Das Revisionsgericht kann aber meist keine Nachprüfung vornehmen, BGH NJW **86**, 1868. Unter Umständen ist wegen eines gleichzeitigen Verstoßes gegen Artt 2 I, 20 III GG (Rpfl), BVerfG **101**, 404, Art 103 I GG (Richter), Schlesw OLGZ **81**, 247, nach der Erschöpfung des Verfahrens nach § 321 a und des Rechtswegs die Verfassungsbeschwerde möglich, Einl III 17, Deubner NJW **80**, 263.

157 *Untervertretung in der Verhandlung.* **Der bevollmächtigte Rechtsanwalt kann in Verfahren, in denen die Parteien den Rechtsstreit selbst führen können, zur Vertretung in der Verhandlung einen Referendar bevollmächtigen, der im Vorbereitungsdienst bei ihm beschäftigt ist.**

Vorbem. Zunächst zur aF: III 1 berichtigt dch Bek v 24. 7. 07, BGBl 1781. III 2 geändert dch Art 4 Z 3 G v 26. 3. 07, BGBl 358, in Kraft seit 1. 6. 07, Art 8 G. Sodann Neufassg des § 157 dch Art 8 Z 6 G v 12. 12. 07, BGBl 2840, in Kraft seit 1. 7. 08, Art 20 S 3 G. ÜbergangsR jeweils Einl III 78.

Schrifttum: *Kleine-Cosack* BB **07**, 2637 (Üb zum RDG).

1 **1) Systematik.** Die gegenüber der früheren Fassung völlig andersartige Vorschrift regelt nur die Untervertretung durch einen sog Stationsreferendar im sog Parteiprozeß des § 79 I 1. Sie schließt an die Aufzählung der vertretungsbefugten Bevollmächtigten nach § 79 II 2 Z 1–4 für eine bloße Unter-Terminsvollmacht an. Sie klärt im Umkehrschluß, daß ein Anwalt einen Nicht-Stationsreferendar nicht zum Terminsunterbevollmächtigten ernennen darf. Das könnte aber die Partei selbst unter den Voraussetzungen des § 79 II Z 1–4 tun. Insofern ist die Stellung des § 157 eine ziemlich verunglückte mühsame Lückenfüllung anstelle der früheren ganz anderen hier gestandenen Vorschrift.

Ein *Kammerrechtsbeistand* steht nach §§ 1 II 1, 3 I Z 1 RDGEG, § 209 BRAO einem Anwalt gleich.

2 **2) Regelungszweck.** Sowohl die Befugnis als auch deren personelle Beschränkung dienen einerseits der Zweckmäßigkeit und damit der Prozeßwirtschaftlichkeit nach Grdz 18 vor § 128, andererseits der Rechtssicherheit nach Einl III 43. Beide Elemente muß man bei der Auslegung jeweils mitbeachten.

3 **3) Stationsreferendar.** Nur den gerade „bei ihm" und gerade „im Vorbereitungsdienst" beschäftigten Referendar darf der ProzBev unterbevollmächtigen. In einer Sozietät, wo jeder für jeden Kollegen mitarbeitet, darf jeder Sozius jeden in dieser Sozietät zur Anwaltsstation oder Wahlstation tätigen Referendar in jedem Sozietätsfall für jeden Termin eines Parteiprozesses unterbevollmächtigen.

4 **4) Verstoß.** Er führt zur Unwirksamkeit der Untervollmacht und daher der nur auf Grund dieser Scheinvollmacht vorgenommenen Terminshandlungen des Referendars. Auch der nicht eindeutig unterbevollmächtigte Stationsrefendar handelt unwirksam.

5 Eine *Heilung* ist wie sonst begrenzt denkbar. § 85 II ist anwendbar. Der Auftraggeber kann einen Schadensersatzanspruch zumindest gegenüber dem Anwalt haben, evtl auch gegenüber dem Referendar, beim unbevollmächtigt Handelnden möglicherweise auch gegenüber dem diesen Referendar in jene Station entsandt habenden Land nach Art 34 GG, § 839 BGB.

158 *Entfernung infolge Prozessleitungsanordnung.* **Ist eine bei der Verhandlung beteiligte Person zur Aufrechterhaltung der Ordnung von dem Ort der Verhandlung entfernt worden, so kann auf Antrag gegen sie in gleicher Weise verfahren werden, als wenn sie freiwillig sich entfernt hätte.**

Vorbem. Früherer S 2 aufgehoben dch Art 8 Z 7 G v 12. 12. 07, BGBl 2840, in Kraft seit 1. 7. 08, Art 20 S 3 G, ÜbergangsR Einl III 78.

1 **1) Systematik, Regelungszweck.** Die Vorschrift regelt die prozessualen Folgen einer Maßnahme der Ordnungsgewalt nach §§ 177 ff GVG und des Wortentzugs. Die Gleichstellung des Entfernten mit dem nunmehr Säumigen nach §§ 333 ff ist ein wirksames Mittel gegenüber den Parteien. Einen Anwalt als ProzBev kann man nicht entfernen, wohl aber einen anderen ProzBev. Beim Zeugen usw tritt eine entsprechende Gleichstellung mit demjenigen ein, der sich vor der Entlassung unerlaubt entfernt hat, §§ 380, 402. Das dient der Prozeßförderung Grdz 12 vor § 128. Das Gericht sollte es strikt beachten.

2 **2) Sachlicher Geltungsbereich.** Vgl Grdz 3 vor § 128.

3) Persönlicher Geltungsbereich: Beteiligte. Die Vorschrift erfaßt die „bei der Verhandlung beteiligten Personen“. Hierzu gehören: Die Parteien nach Grdz 4 vor § 50; ein Streithelfer nach § 66; ein Parteivertreter nach § 79; ein ProzBev nach § 81 mit Ausnahme des Anwalts; ein Beistand nach § 90; ein Zeuge nach § 373; ein Sachverständiger nach § 402. Alle diese Personen müssen gezwungen gewesen sein, den Verhandlungsraum wegen Ungehorsams oder Ungebühr zu verlassen, §§ 177, 179 GVG. Einen solchen Anwalt, den das Gericht wegen der Verletzung eines Vertretungsverbots nach §§ 150, 156 II BRAO zurückgewiesen hat, muß das Gericht entsprechend behandeln. 3

4) Wirkung der Entfernung. Wenn das Gericht eine unter § 158 fallende Person entfernt hat, darf es nur auf Grund eines Antrags so gegen sie verfahren, als ob sie sich freiwillig entfernt hätte. Die Entfernung des gesetzlichen Vertreters der Partei gilt als die Entfernung der Partei selbst. Die Entfernung eines ProzBev gilt im Anwaltsprozeß nach § 78 Rn 1 als die Entfernung der Partei, selbst wenn sie anwesend bleibt. Die Entfernung des ProzBev gilt im Parteiprozeß nach § 78 Rn 1 ebenso, soweit die Partei nicht persönlich zugegen ist. 4

Das Verfahren nach § 158 steht im pflichtgemäßen *Ermessen* des Gerichts. Das Gericht kann auch vertagen oder das Ruhen des Verfahrens nach § 251 a anordnen. Es kann gegenüber einem Zeugen oder Sachverständigen so vorgehen, als ob er von vornherein ausgeblieben sei, §§ 380, 390, 409. Es kann bei einer Entfernung der Partei so verfahren, als ob die Partei säumig sei. Es darf und muß also evtl auf einen Antrag eine Versäumnisentscheidung erlassen, §§ 330 ff. Wenn das Gericht das persönliche Erscheinen dieser Partei nach § 141 angeordnet hatte, kann es die Erklärung als verweigert ansehen usw, § 141 III. Das Gericht sollte auf die Folgen der drohenden Entfernung vor der Anordnung der Entfernung hinweisen.

5) Rechtsmittel. Gegen die Anordnung vgl § 177 GVG Rn 4, § 181 GVG. Im übrigen sind die gegen die folgende Entscheidung statthaften Rechtsbehelfe möglich, zB gegen ein echtes erstes Versäumnisurteil der Einspruch, § 338. Beim Rpfl gilt § 11 RPflG, § 104 Rn 41 ff. 5

Einführung vor §§ 159–165

Protokoll

1) Systematik. Die ZPO kennt verschiedene Arten der Beurkundung von Vorgängen: Das über jede Verhandlung notwendige Sitzungsprotokoll, §§ 159 ff; das gerichtliche Protokoll außerhalb der Sitzung, etwa für eine Verhandlung vor dem verordneten Richter nach §§ 159 II, 288 I, 361, 362 oder vor dem Rpfl; dasjenige Protokoll des Urkundsbeamten der Geschäftsstelle, das Parteierklärungen außerhalb eines Anwaltszwangs beurkundet, zB § 118 I 2, und erst vom Zeitpunkt des Eingangs beim zuständigen Gericht an wirkt, § 129 a II 2. Beim letzteren fehlen Formvorschriften, die Unterschrift des Erklärenden ist erwünscht, aber nicht wesentlich, im übrigen sind §§ 159 ff entsprechend anwendbar. Eine Erklärung zum Sitzungsprotokoll genügt als das Stärkere auch in solchen Fällen. Ferner kennt die ZPO das Protokoll des Gerichtsvollziehers in der Zwangsvollstreckung, §§ 762 f, 826. Auch die Zustellungsurkunde ist im Grunde ein Protokoll. 1

2) Regelungszweck. Das Protokoll ist der wichtigste Beleg über den Hergang des Termins, BGH VersR **85**, 46, BayObLG **01**, 218. Seine Bedeutung liegt in seiner Beweiskraft als öffentliche Urkunde über die beurkundeten Vorgänge, §§ 139 IV, 165, 415, 418, BGH NJW **84**, 1466, BSG MDR **81**, 612, BayObLG **01**, 218. Diese geht evtl selbst dem Tatbestand des Urteils vor, §§ 165, 314, dort Rn 7. Sie hält jede andere privatschriftliche Formvorschrift ein, §§ 127 a, 925 I 3 BGB, BGH **105**, 200, Köln FamRZ **02**, 264, soweit das Protokoll auch inhaltlich den gesetzlichen Erfordernissen entspricht, aM Zweibr MDR **92**, 998 (aber es gibt keine ausgeprägtere und strengere Form). Außerdem sichern die Vorschriften über das Protokoll, hinter denen die Strafvorschriften zur Falschbeurkundung usw stehen, in einem erhöhten Maß die Einhaltung eines gesetzmäßigen Sitzungsablaufs wenigstens in seinen entscheidenden Teilen, BGH NJW **78**, 2509. Das Protokoll ist grundsätzlich eine Bedingung für die Wirksamkeit eines Prozeßvergleichs nach Anh § 307, soweit sein Inhalt nicht anderswie feststeht, BGH **107**, 147, und für ein Geständnis (nur) vor dem beauftragen oder ersuchten Richter, § 288. Die Protokollierungsvorschriften sollen aber grundsätzlich nicht die Wirksamkeit des während der Verhandlung Geschehenen an die Feststellung im Protokoll binden, § 162 Rn 1–4. 2

Eine *Protokollauslegung* ist grundsätzlich zulässig, auch bei seiner Lückenhaftigkeit. Das Gericht darf und muß ein fehlerhaftes Protokoll im Rahmen des § 164 berichtigen. Man darf und muß ein noch fehlerhaftes Protokoll unter Umständen frei würdigen, § 419, soweit nicht § 165 entgegensteht. Vgl auch die Sonderregelungen im BeurkG. Die Handhabung der §§ 159 ff sollte weder zur Knappheit des Protokolls nur zwecks Arbeitserleichterung führen, noch zu einer kritiklosen Aufnahme auf ein geduldiges elektronisches Gerät usw. Einen Antrag nach § 160 IV sollte das Gericht großzügig behandeln. Aus der Auslagenfreiheit bestimmter Protokollkopien folgt keineswegs eine Pflicht des Gerichts zur Übersendung des Protokolls von Amts wegen, Hartmann Teil I KV 9000 Rn 21.

Ausführlichkeit wie Knappheit haben bei einer genaueren Prüfung jeweils Vorteile wie Nachteile. Die Zeiten erstklassiger Protokollführerinnen sind vorbei. Ein gesonderter Protokollführer als Beweisperson existiert praktisch nicht mehr. Das Diktat mittels „Spracherkennung“ ist eine keineswegs schon überall erschwingliche, eingeführte Lösung mit mancherlei Mißverständnissen im wörtlichen Sinn. Deshalb ist bei der Überprüfung des Protokolls dort, wo es nicht auf Punkt und Komma ankommt, sondern auf den Sinn, ein geradezu gnädiges Vorgehen im wohlverstandenen allseitigen Interesse empfehlenswert. Es darf natürlich nicht dazu führen, etwas hineinzugeheimnissen, was man nun wirklich nicht eindeutig herauslesen kann.

3) Sachlicher Geltungsbereich. §§ 159 ff gelten für jede Art von Verhandlung in einem der ZPO unterliegenden Verfahren, Rn 1, also auch im Gütetermin des § 278. Sie gelten auch im WEG-Verfahren. Im FamFG-Verfahren gelten §§ 159 ff auch im Bereich des § 113 I 2 FamFG wegen des Ausreichens eines bloßen Terminsvermerks nach § 28 IV FamFG problematisch genug nicht, (je zum alten Recht) BayObLG WoM **96**, 500, Ffm RR **05**, 459 (zumindest nicht unmittelbar), aM KG NZM **05**, 745. 3

4 **4) Persönlicher Geltungsbereich.** Urkundsperson ist grundsätzlich sowohl der Richter (Vorsitzender, Einzelrichter, §§ 348, 348a, (je zum alten Recht) 526, 527, 568, verordneter Richter, §§ 361, 362) oder der als Gericht amtierende Rpfl als auch der etwa nach Grdz 4 vor § 688 landesrechtlich im Mahnverfahren als Gericht tätige Urkundsbeamte der Geschäftsstelle als auch der „nur" zur Protokollführung zugezogene Urkundsbeamte, § 49 ZPO, § 153 GVG. Der Richter überwacht in erster Linie die Richtigkeit und Vollständigkeit des Inhalts. Der Urkundsbeamte der Geschäftsstelle überwacht in eigener Verantwortung außerdem auch die formelle Korrektheit und allein die Richtigkeit der etwaigen Übertragung einer vorläufigen Aufzeichnung, § 163 Rn 4, 5. Der Richter ist also gegenüber früher erweitert mitverantwortlich. Er kann und muß meist auch als Protokollführer amtieren, § 159 I 2, II. Möglich ist ferner eine Tätigkeit des Urkundsbeamten der Geschäftsstelle nur bei der Übertragung einer vorläufigen Aufzeichnung, § 163 I 2.

Ferner ist jetzt in einem erweiterten Umfang der Einsatz von *Maschinen* zwecks Kurzschrift oder Tonaufnahmen oder sofortige Protokollanfertigung durch „Spracherkenung" usw zulässig, § 160 a I. Sie ersetzen aber Urkundspersonen nicht schlechthin. Maßnahmen zur vorläufigen oder endgültigen Herstellung des Protokolls sind nur bei einer offensichtlichen Gesetzwidrigkeit nach § 127 Rn 25 durch die Dienstaufsicht nachprüfbar, BGH **67**, 187.

159 *Protokollaufnahme.* **I 1 Über die Verhandlung und jede Beweisaufnahme ist ein Protokoll aufzunehmen. 2 Für die Protokollführung kann ein Urkundsbeamter der Geschäftsstelle zugezogen werden, wenn dies auf Grund des zu erwartenden Umfangs des Protokolls, in Anbetracht der besonderen Schwierigkeit der Sache oder aus einem sonstigen wichtigen Grund erforderlich ist.**

II Absatz 1 gilt entsprechend für Verhandlungen, die außerhalb der Sitzung vor Richtern beim Amtsgericht oder vor beauftragten oder ersuchten Richtern stattfinden.

Gliederung

1 **1) Systematik, I, II.** Vgl zunächst Einf 1 vor §§ 159–165. Die Vorschrift regelt das Ob und durch Wen, §§ 160–163 regeln das Wie eines Protokolls.

2 **2) Regelungszweck, I, II.** Vgl zunächst Einf 2 vor §§ 159–165. Gerade der erstaunliche Vergleich mit der StPO zeigt, welchen Wert die ZPO auf ein auch inhaltlich ergiebiges Protokoll legt. Das hat zusätzliche Auswirkungen auf die Anforderungen an die Person des richterlichen wie nichtrichterlichen Protokollführers. Das müßte die Verwaltung theoretisch mitbeachten, Rn 5.

3 **3) Geltungsbereich, I, II.** Vgl Einf 3, 4 vor §§ 159–165.

4 **4) Protokollzwang, I 1.** Jede Verhandlung nach §§ 128 I, 136 I, 278, 279 vor dem erkennenden Gericht erfordert ein Protokoll. Das gilt unabhängig davon, ob sich die Verhandlung auf die Bemühung um eine gütliche Beilegung beschränkt, ob die Verhandlung einseitig oder zweiseitig, streitig oder unstreitig ist oder wird, ob sie sich auf Fragen der Zulässigkeit oder auf einen Zwischenstreit beschränkt, § 280, ob sie zu einer Verkündung nach § 320 I 1, zu einer Vertagung nach § 227 oder zu einer Verweisung nach § 281 führt, ob sie vor dem vollbesetzten Spruchkörper oder vor dem Einzelrichter stattfindet, §§ 348 ff, 348 a, 526, 527, 568, und ob sie mit einem Urteil nach § 300 endet oder mit einem Prozeßvergleich nach Anh § 307, mit einer Klagerücknahme nach § 269, mit der Erledigung der Hauptsache nebst Kostenentscheidung nach § 91 a oder sonstwie. Auch der Ort der Verhandlung und ihr Zeitpunkt sind unerheblich. Auch eine Beweisaufnahme nach § 160 zwingt als ein Teil der mündlichen Verhandlung im weiteren Sinn zur Anfertigung eines Protokolls. Das gilt selbst dann, wenn sich der Termin in der Beweisaufnahme erschöpft und zu keinerlei Anträgen führt. Es gilt auch dann, wenn die Beweisaufnahme vor dem beauftragten oder ersuchten Richter stattfindet, §§ 361 ff. Wegen der Ausnahmen § 161.

Der Protokollzwang gilt auch im *selbständigen Beweisverfahren,* soweit es vor dem Gericht stattfindet, §§ 485 ff. Denn man muß §§ 159 ff als einen Teil des Buchs 1 grundsätzlich bei allen weiteren Büchern der ZPO mitbeachten. Soweit der Sachverständige die Beweisaufnahme nach § 407 a Rn 11 vornimmt, ist er zu einer Darstellung ihres Hergangs verpflichtet.

Der Protokollzwang besteht ferner für einen bloßen *Verkündungstermin* nach § 311 IV, Holtgrave DB **75**, 821. Er besteht auch im Verfahren auf den Erlaß eines Arrests oder einer einstweiligen Verfügung, §§ 916 ff, 935 ff. Die Bezeichnung des Protokolls ist unerheblich, sofern eindeutig klar ist, daß ein Protokoll vorliegen soll. Ein Protokoll liegt nicht vor, sofern die Aufzeichnung völlig unbrauchbar ist.

5 **5) Urkundsbeamter der Geschäftsstelle, I 2.** Die Bestimmung hat ihren wahren Sinn geändert. Die Hinzuziehung eines gesonderten Urkundsbeamten der Geschäftsstelle ist eine Kannbestimmung geworden. Zwar bleibt es theoretisch dem jetzt begrenzten pflichtgemäßen richterlichen Ermessen überlassen, ob und

in welchem Umfang *er* davon Gebrauch macht. Soweit *er* die Hinzuziehung verfügt, muß die Verwaltung ihm im Rahmen ihrer objektiven Möglichkeiten und organisatorischen Pflichten Folge leisten. Sie darf den Richter nicht mit einer bequemen bloßen Behauptung abspeisen, keine Protokollkraft stellen zu können. Notfalls mag diese mit Langschrift arbeiten.

A. Wichtiger Grund. Allerdings ist das richterliche Ermessen auf den Fall begrenzt, daß die Hinzuziehung „erforderlich" ist. Diese Erforderlichkeit darf der Richter erst dann bejahen, wenn ein „wichtiger Grund" vorliegt. Er darf sich aus jeder der drei in I 2 genannten Bedingungen ergeben. Es muß also entweder ein solcher Umfang des Protokolls oder eine solche besondere Schwierigkeit der Sache oder ein solch sonstiger wichtiger Grund bevorstehen oder schon vorliegen, daß man eine nichtrichterliche zusätzliche Protokollführung braucht.

Ob eine dieser drei Voraussetzungen vorliegt, darf der Richter theoretisch nur anhand dieser sog unbestimmten Rechtsbegriffe ohne einen Ermessensraum klären. Erst *wenn* eine dieser Voraussetzungen bevorsteht oder vorliegt, tritt das „Kann"-Ermessen und keine bloße Zuständigkeit des Richters ein. Praktisch darf und muß der Richter aber schon wegen seiner Unabhängigkeit nach § 26 I DRiG, SchlAnh I, ohne eine auch nur andeutungsweise erlaubte Einmischung der Verwaltung entscheiden, ob überhaupt eine der obigen Voraussetzungen vorliegt, Rn 8, 10. Das darf man bei der Auslegung von I 2 nicht übersehen.

B. Zuteilungspflicht der Verwaltung. Das Gericht muß entweder einen Urkundsbeamten der Geschäftsstelle nach Üb 3 vor § 153 GVG hinzuziehen oder diese Aufgabe selbst mitübernehmen. Nach dem Wortlaut des Gesetzes muß die Gerichtsverwaltung dem Gericht auf dessen Verlangen einen solchen Urkundsbeamten zuteilen. Die Verwaltung ist grundsätzlich an die Terminierung des Gerichts gebunden. Personalknappheit, Raumnot oder andere organisatorische Schwierigkeiten dürften an sich nicht dahin führen, daß praktisch die Verwaltung und nicht mehr das Gericht die Entscheidung darüber trifft, ob ein Urkundsbeamter zur Verfügung steht. Indessen gibt es mittlerweile kaum noch Mitarbeiterinnen mit Stenographiekenntnissen, erst recht keine als Urkundsbeamtinnen speziell für den zivilprozessualen Sitzungsbetrieb ausgebildeten. Außerdem haben Diktiergerät und Computer mit oder ohne Spracherkennung inzwischen längst auch den Gerichtssaal erobert. Deshalb sehen sich die Justizverwaltungen gezwungen, die Gerichte dazu zu bewegen, auf die Hinzuziehung eines Urkundsbeamten der Geschäftsstelle zu verzichten. Man beruft sich neben der Personalnot auf Finanzschwierigkeiten usw. Nach I 2 kann jedenfalls die Verwaltung allerdings theoretisch weder den Vorsitzenden noch das Gericht dazu zwingen, ohne einen besonderen Urkundsbeamten der Geschäftsstelle zu amtieren, (je zum alten Recht) BGH NJW **88**, 417, Stanicki DRiZ **83**, 271, ThP, ZöStö 2, aM Rabe AnwBl **81**, 303 (aber der Wortlaut und Sinn sind auch jetzt eindeutig, Einl III 39). Vielmehr muß die Verwaltung theoretisch wegen ihrer Betriebssicherungspflicht für einen von ihr auszuwählenden geeigneten Protokollführer sorgen, BGH NJW **88**, 417, Putzo NJW **75**, 188, und zwar einschließlich des für ihn erforderlichen Geräts, Franzki DRiZ **75**, 98. 6

Das hat an sich seinen *guten Grund*. Der Urkundsbeamte der Geschäftsstelle hat als Protokollführer viele wichtige Funktionen. Er kann die Arbeit des Gerichts ganz erheblich erleichtern. Das gilt trotz der Einsatzmöglichkeiten noch so moderner Maschinen von dem Tonbandgerät bis zum Schreibautomaten mit seinen sofortigen Korrektur- und Druckmöglichkeiten usw. Das Gericht ist dazu berechtigt und schon wegen der überall vorhandenen Überlastung sogar dazu verpflichtet, seine Arbeitskraft jedenfalls unter den in Rn 5 genannten Voraussetzungen voll auf die rasche und gerechte Entscheidung des Einzelfalls zu konzentrieren. Viele Richter üben aus Gutmütigkeit, mangelnder Kenntnis der zu ihrer Entlastung vorhandenen Gesetzesvorschriften, falsch verstandenem Perfektionismus, gutgemeinten, aber überhaupt nicht mit ihren vordringlichen Rechtsprechungsaufgaben zu vereinbarenden Sparbestrebungen usw Aufgaben aus, die sie nach dem Gesetz sehr wohl auf den Urkundsbeamten der Geschäftsstelle innerhalb und außerhalb der Verhandlung übertragen dürfen.

Im übrigen kann der Urkundsbeamte der Geschäftsstelle als Protokollführer dort zu einer rascheren Durchführung des Verhandlungstermins beitragen, wo noch nicht das vom Vorsitzenden in die Maschine diktierte Wort sofort für wenigstens ihn, besser alle Prozeßbeteiligten auf einem Bildschirm nachlesbar erscheint. Damit erspart das Gericht den Parteien, ihren ProzBev, den Beweispersonen und sich selbst unnötige Zeitverluste. Aus allen diesen Gründen sollte sich das Gericht dem verständlichen versteckten oder direkten *Druck der Verwaltung theoretisch energisch widersetzen,* sofern es an sich die Hinzuziehung eines Urkundsbeamten der Geschäftsstelle als Protokollführer für erforderlich hält.

C. Eignung des Protokollführers. Die Verwaltung muß theoretisch auch dafür Sorge tragen, daß nur eine solche Person als protokollführender Urkundsbeamter der Geschäftsstelle zur Verfügung steht, die einer solchen Aufgabe im Zivilprozeß wenigstens einigermaßen gewachsen ist, Franzki DRiZ **75**, 98, MüKoPe 7, StJSchu 22. Nur in diesen Grenzen kann die Verwaltung über die Person des Protokollführers entscheiden, BGH NJW **88**, 417. Das Gericht braucht weder eine unwürdigen Sitzungsraum noch eine unbrauchbare Urkundsperson hinzunehmen. Notsituationen mögen Ausnahmen rechtfertigen und liegen mittlerweile vielerorts vor. 7

Faktische Entwicklungen erzwingen indes einen weitgehenden Abschied von an sich wichtigen Arbeitsmethoden. Zwar darf die Verwaltung den Richter nicht noch mehr in ihr organisatorisches Korsett zwängen. *Sie* dient *ihm,* nicht etwa dient er *ihr.* Er dient dem Recht und soll alle Kraft auf die nach *seiner* pflichtgemäßen Ansicht notwendige Konzentration auf die Parteien und auf die Verhandlung verwenden. Welche fatalen Folgen das Fehlen eines besonderen Protokollführers zB für die Befangenheitsfrage haben kann, zeigt Celle MDR **88**, 970. Wenn es aber kein brauchbares Personal mehr für die traditionelle Hilfe gibt, muß sich der Richter wohl meist dieser Entwicklung anpassen. Junge Richter tun das oft auch gern und mit Erfolg.

Der Staat ist an sich zu einer ausreichenden personellen Besetzung der Justiz verpflichtet, MüKoPe 7, StJSchu 22. Der Gesetzgeber wünscht einen raschen Zivilprozeß. Das muß die Verwaltung respektieren und unterstützen. Selbst bei einer Beachtung dieser Regeln dürfte sich aber kaum noch ein Urkundsbeamter der Geschäftsstelle als Protokollführer finden.

8 **D. Entscheidung des Gerichts.** Die Prüfung, ob das Gericht einen besonderen Urkundsbeamten der Geschäftsstelle hinzuziehen will, kann in jeder Lage des Verfahrens erneut erfolgen. Das Gericht ist in den Grenzen von I 2 weder den Parteien noch der Verwaltung zu einer Auskunft über diejenigen Erwägungen verpflichtet, die zu seiner Entscheidung der Hinzuziehung oder der Nichthinzuziehung führen, solange es noch eine geeignete Protokollkraft gibt. Es ist auch insofern kein Aktenvermerk nötig, keine Verfügung und kein Beschluß. Bei Schwierigkeiten empfiehlt sich freilich ein diesbezüglicher Aktenvermerk. Die Entscheidung ist in den Grenzen Rn 9, 10 unanfechtbar. Sie ist auch nicht einer Dienstaufsicht unterworfen, Rn 5, 10, von offensichtlichen krassen Mißbrauchsfällen abgesehen. Die Prüfung, ob der zugeteilte Urkundsbeamte der Geschäftsstelle die erforderlichen Voraussetzungen erfüllt, erfolgt in jeder Lage des Verfahrens von Amts wegen, Üb 3 vor § 153 GVG. Der Urkundsbeamte kann nach § 49 ausgeschlossen sein oder abgelehnt werden. Ein Wechsel des Urkundsbeamten ist jederzeit zulässig. Man muß ihn sogleich im Protokoll vermerken. Jeder Urkundsbeamte ist nur für den von ihm bearbeiteten Tätigkeitsabschnitt verantwortlich.

9 **E. Weigerung der Verwaltung.** Wenn sich die Verwaltung weigert, einen vom Gericht nach I 2 zu Recht gewünschten Urkundsbeamten der Geschäftsstelle als Protokollführer zur Verfügung zu stellen, sei es auch nur für einen Teil der in Betracht kommenden Sitzungsstunden, darf und muß das Gericht die Verwaltung zu einer nicht nur floskelhaften, sondern nachvollziehbaren aktenkundig gemachten Äußerung nebst Begründung nach Rn 5 dazu veranlassen, warum kein geeigneter Protokollführer zur Verfügung steht. Der Staat kann für die durch solche Notmaßnahmen entstehenden Schäden der Prozeßbeteiligten haftbar sein. Er dürfte seine Haftung keineswegs auf den Richter abwälzen. Das Gericht braucht die Protokollführung auch dann nicht zu übernehmen, wenn es zur Protokollierung nach seiner Ansicht oder nach der Ansicht der Verwaltung imstande wäre. Nicht die Verwaltung darf formell darüber bestimmen, ob der Urkundsbeamte der Geschäftsstelle entbehrlich ist, Putzo NJW **75**, 188. Unter einer nach Rn 7 ausreichend begründeten Erklärung, es sei kein geeigneter Urkundsbeamter vorhanden, darf der Prozeßablauf aber nicht leiden. Der Vorsitzende muß abwägen, ob er auf einem nur die Langschrift beherrschenden Protokollbeamten besteht, etwa, wenn auch kein Diktiergerät funktioniert usw. Spätestens dann muß die Verwaltung eine Protollkraft bereitstellen. Ein von der Verwaltung gestellter Sprachcomputer ist kein Urkundsbeamter der Geschäftsstelle.

10 **F. Keine Dienstaufsicht.** Die Entscheidung des Vorsitzenden oder des Gerichts über die Hinzuziehung eines Urkundsbeamten der Geschäftsstelle ist in den Grenzen Rn 8 auch jeder Dienstaufsicht entzogen, BGH NJW **88**, 417, MüKoPe 7, ZöStö 2. Jeder nicht durch wirklich nachweisbar unverschuldeten Entwicklungszwang begründbare Eingriffsversuch der Verwaltung wäre ein Angriff auf die Unabhängigkeit des Gerichts. Zwar kann die Verwaltung theoretisch bestimmen, daß keine speziell für Kurzschrift ausgebildete Kanzleikraft zur Verfügung steht, BGH NJW **88**, 418, krit Rudolph DRiZ **88**, 74. Sie muß dann aber auch dazu überzeugen, daß sie den Urkundsbeamten der Geschäftsstelle nicht mehr entsprechend ausbilden kann. Sie hat auch insofern eine prozessuale „Verkehrssicherungspflicht", § 823 BGB. Andernfalls treten die obigen Verzugsfolgen ein. Rechtspolitisch DRiZ **85**, 67, 69, 107 und 108.

11 **6) Ohne besonderen Urkundsbeamten, I 2.** Natürlich kann die heutige Technik die richterliche Arbeit erleichtern. Die Konzentration auf die typisch richterlichen Aufgaben der Verhandlungsleitung, Prozeßförderung, Einigungserleichterung, Entscheidungsfindung hat zwar den Vorrang vor noch so gutgemeinten oder insbesondere beim Proberichter oder vor dem „Dritten Staatsexamen" verständlichen und praktisch fast unvermeidbaren Bemühungen, zur Personalentlastung beizutragen, Rn 7. Zunehmend viele Richter möchten aber sogar ganz gern die Protollführung aus vielen Gründen selbst mitübernehmen und erzielen dabei ausgezeichnete Ergebnisse. Das ist einer der Gründe für den Grundsatz I 2, ohne einen besonderen nichtrichterlichen Urkundsbeamten zu amtieren.

A. Keine besondere Anordnung. Der Vorsitzende braucht nicht besonders anzuordnen, keinen Urkundsbeamten der Geschäftsstelle als Protokollführer hinzuzuziehen. Vorsitzender ist auch der Einzelrichter, §§ 348, 348 a, 526, 527, 568, und der Amtsrichter, II. Der Vorsitzende darf und muß sich allerdings jeden und ungebührlichen Drucks von irgendeiner Stelle auf ihn verwahren, Rn 4–10, etwa nach dem tatsächlich vorgekommenen Motto: Nur wer selbst auch als Protokollführer amtiert, erhält das Protokoll usw sogleich geschrieben (ein krasser Verstoß gegen Art 3 GG gegenüber den Parteien). Mangels eines besonderen Urkundsbeamten muß das Gericht das Protokoll selbst anfertigen. Grundsätzlich ist dann der Vorsitzende zur Anfertigung und alleinigen Unterschrift berechtigt und verpflichtet, § 163 I 1. Bei seiner Verhinderung muß man § 163 II beachten. Der Richter wird also zugleich zum Protokollführer. Der Vorsitzende kann die Protokollführung ohne einen gesonderten Urkundsbeamten der Geschäftsstelle auch einem Beisitzer übertragen, auch einem Proberichter.

12 **B. Ermessen.** Die Anordnung einer etwaigen ausdrücklichen Abstandnahme erfolgt durch eine prozeßleitende Verfügung, Üb 5 vor § 128. Sie braucht weder eine Begründung noch eine Verkündung oder Mitteilung oder gar eine Beurkundung. Freilich ist ihre Aufnahme in das Protokoll oder doch in die Akten zweckmäßig. Der Vorsitzende muß die Entscheidung im Rahmen seines pflichtgemäßen Ermessens treffen. Die Grenzen seines Ermessens können dann fallen, wenn der außerordentliche Umfang oder sonstige besondere Schwierigkeiten des Einzelfalls eine Arbeitsteilung praktisch unerläßlich machen. Der Vorsitzende braucht das Kollegium vor seiner Entscheidung nicht anzuhören, noch weniger die Parteien, die sonstigen Prozeßbeteiligten oder gar die Gerichtsverwaltung. Eine Abstimmung zumindest im Kollegium dürfte in den meisten Fällen allerdings ratsam sein.

13 **C. Änderung.** Der Vorsitzende darf seine etwaige klärende Anordnung in jeder Lage des Verfahrens aufheben, um nunmehr einen Urkundsbeamten der Geschäftsstelle hinzuzuziehen. Er darf von einer Hinzuziehung auch danach jederzeit wieder absehen. Keine dieser weiteren Entscheidungen braucht an sich eine Begründung, solange noch ein Protokollführer vorhanden wäre, Rn 9, 10. Der Vorsitzende sollte sein Motiv freilich zur Vermeidung eines Vorwurfs des Ermessensmißbrauchs aktenkundig machen. Er kann auch einen Beisitzer zum Protokollführer bestimmen, Rn 11. Er kann auch eine solche Anordnung beliebig ändern. Auch diese Maßnahmen sind unanfechtbar. Auch sie erfolgen durch prozeßleitende Verfügungen. Sie

brauchen weder eine Begründung noch eine Verkündung oder Mitteilung an andere als die betroffenen Kollegen. Der Vorsitzende bleibt jedoch stets für das Protokoll ohne die Hinzuziehung eines Urkundsbeamten der Geschäftsstelle verantwortlich, Holtgrave DB **75**, 821. Er unterschreibt auch als Vorsitzender wie als Protokollführer. Das gilt selbst dann, wenn er zur richterlichen Protokollierung einen Beisitzer hinzugezogen hatte, Holtgrave DB **75**, 823. Er sollte einen Übergang zum Abschnitt mit einem besonderen Protokollführer als solchem protokollieren. Nach dem Schluß der Verhandlung kann man keine Änderung der Protokollführung mehr vornehmen.

D. Aufteilung. Der Vorsitzende kann auch eine Aufteilung der Protokollführung nach Zeitabschnitten oder nach anderen Gesichtspunkten anordnen. Er kann bestimmen, daß etwa der Urkundsbeamte der Geschäftsstelle für die Niederschrift zuständig sein soll, der Beisitzer für die Bedienung eines Aufzeichnungsgeräts. Solche Teilungsanordnungen sind unbedenklich, solange entweder nur der Urkundsbeamte oder nur der vom Vorsitzenden bestimmte Richter oder der Vorsitzende selbst für das Gesamtprotokoll verantwortlich bleiben. **14**

7) Außerhalb der Sitzung, II. Eine Verhandlung außerhalb der Sitzung unterliegt ebenfalls dem Protokollzwang, sofern sie vor dem AG oder vor einem beauftragten oder ersuchten Richter stattfindet, zB nach §§ 118 I 3, 375, 434, 479, 764 III. Insofern gilt I entsprechend. Man muß also auch für eine solche Verhandlung wenn nötig einen besonderen Urkundsbeamten der Geschäftsstelle als Protokollführer hinzuziehen. Die Partei hat aber auf ihn keinen Anspruch, solange der Richter nicht als Protokollführer offensichtlich überfordert ist. **15**

160 *Inhalt des Protokolls.*

I Das Protokoll enthält

1. den Ort und den Tag der Verhandlung;
2. die Namen der Richter, des Urkundsbeamten der Geschäftsstelle und des etwa zugezogenen Dolmetschers;
3. die Bezeichnung des Rechtsstreits;
4. die Namen der erschienenen Parteien, Nebenintervenienten, Vertreter, Bevollmächtigten, Beistände, Zeugen und Sachverständigen und im Falle des § 128 a den Ort, von dem aus sie an der Verhandlung teilnehmen;
5. die Angabe, dass öffentlich verhandelt oder die Öffentlichkeit ausgeschlossen worden ist.

II Die wesentlichen Vorgänge der Verhandlung sind aufzunehmen.

III Im Protokoll sind festzustellen

1. Anerkenntnis, Anspruchsverzicht und Vergleich;
2. die Anträge;
3. Geständnis und Erklärung über einen Antrag auf Parteivernehmung sowie sonstige Erklärungen, wenn ihre Feststellung vorgeschrieben ist;
4. die Aussagen der Zeugen, Sachverständigen und vernommenen Parteien; bei einer wiederholten Vernehmung braucht die Aussage nur insoweit in das Protokoll aufgenommen zu werden, als sie von der früheren abweicht;
5. das Ergebnis eines Augenscheins;
6. die Entscheidungen (Urteile, Beschlüsse und Verfügungen) des Gerichts;
7. die Verkündung der Entscheidungen;
8. die Zurücknahme der Klage oder eines Rechtsmittels;
9. der Verzicht auf Rechtsmittel;
10. das Ergebnis der Güteverhandlung.

IV [1] Die Beteiligten können beantragen, dass bestimmte Vorgänge oder Äußerungen in das Protokoll aufgenommen werden. [2] Das Gericht kann von der Aufnahme absehen, wenn es auf die Feststellung des Vorgangs oder der Äußerung nicht ankommt. [3] Dieser Beschluss ist unanfechtbar; er ist in das Protokoll aufzunehmen.

V Der Aufnahme in das Protokoll steht die Aufnahme in eine Schrift gleich, die dem Protokoll als Anlage beigefügt und in ihm als solche bezeichnet ist.

Gliederung

1 **1) Systematik, I–V.** Vgl zunächst Einf 1 vor §§ 159–165. Die Vorschrift regelt den Inhalt und damit den Kern des Protokolls. §§ 160 a ff enthalten Ergänzungen. § 164 regelt eine Berichtigungsmöglichkeit. Im FamFG-Verfahren gilt § 29 IV FamFG.

2 **2) Regelungszweck: Nachprüfbarkeit, I–V.** Vgl zunächst Einf 2 vor §§ 159–165. Das Protokoll muß grundsätzlich alles dasjenige enthalten, was ein Beteiligter oder ein fachkundiger Dritter zur Kennzeichnung der Sache gegenüber einem anderen Prozeß braucht, zur Nachprüfbarkeit des Verfahrenshergangs sowie zur Klärung aller wesentlichen Anträge, sonstigen Erklärungen und Vorgänge. Es soll zB auch einem erst nach dem Termin beauftragten Anwalt oder dem höheren Gericht dienen, BGH NJW **90**, 122, BVerwG NJW **88**, 579. Ein Protokoll ist auch insoweit erforderlich, als die voraussichtliche Entscheidung grundsätzlich oder schlechthin anfechtbar ist. Eine Annahme vom Protokollzwang besteht nur bei § 161 I. Man darf die Vorschrift nicht ausdehnend auslegen. Zwar muß man nur die wesentlichen Vorgänge in das Protokoll aufnehmen, II. Jedoch bestimmen I, III und auch IV dasjenige, was man zumindest als wesentlich ansehen muß. Der Umfang des Protokolls ist im übrigen unabhängig davon, ob der Vorsitzende einen besonderen Protokollführer hinzugezogen hat.

§ 139 IV ändert an alledem grundsätzlich nichts. Die dort verlangte Aktenkundigkeit braucht auch nach einer mündlichen Verhandlung nicht unbedingt in der Form eines Protokolls zu erfolgen. Sie kann vielmehr auch durch einen bloßen Aktenvermerk geschehen. Jene Vorschrift erweitert jedenfalls nicht den richtig gehandhabten § 160 II. Es kann schon im Protokoll notwendig sein, alle möglichen Einzelheiten mit großer Präzision sogar im Wortlaut einer Äußerung silbengenau wiederzugeben. Es kann aber auch nach II ebenso wie nach § 139 IV durchaus reichen, eine vielleicht halbstündige Erörterung mit nur einer oder zwei den Kern treffenden Formulierungen zu markieren. Der Richter ist nicht Sklave, sondern Herr auch des Protokolls. Das entbindet ihn nicht von aller Gewissenhaftigkeit der Aufzeichnung oder Nichterwähnung. Aber es ist jedenfalls in dieser Instanz seine und seines etwaigen gesonderten Protokollführers Entscheidung und nicht diejenige der sonstigen Prozeßbeteiligten, ob und was in ein Protokoll oder auch in den Tatbestand oder in die Entscheidungsgründe des Urteils hineinkommt. Das darf man bei der Auslegung mitbeachten und muß es mitverantworten, auch disziplinarisch, sogar strafrechtlich, §§ 267 ff StGB.

3 **3) Sachlicher Geltungsbereich, I–V.** Vgl Einf 3 vor §§ 159–165.

4 **4) Persönlicher Geltungsbereich, I–V.** Vgl Einf 4 vor §§ 159–165.

5 **5) Aufgabenteilung, I–V.** Das Gesetz bestimmt weder, daß der Vorsitzende den Wortlaut des Protokolls bis ins einzelne bestimmen dürfe, noch, daß der Urkundsbeamte der Geschäftsstelle oder der mit der Funktion des Protokollführers betraute Beisitzer grundsätzlich den Wortlaut in seiner alleinigen eigenen Verantwortung formulieren müsse, aM ZöStö 3 vor §§ 159–165 (aber es gibt eine offenkundige gemeinsame Mitverantwortung aller am Protokoll Beteiligten). In der Praxis legt allerdings der Vorsitzende gottlob oder notgedrungen oder einfach aus Gewohnheit durch sein Diktat den Wortlaut fast sämtlicher Einzelteile des Protokolls jedenfalls vorläufig fest, BGH NJW **84**, 2039. Der etwa noch gesondert amtierende Protokollführer hat also eine nur geringe Selbständigkeit bei der Formulierung. Er ist also weniger selbständig als zB im Straf- oder Bußgeldverfahren. Diese Lösung ist keineswegs zwingend und auch nicht immer ideal. Wenn der Urkundsbeamte der Geschäftsstelle im Strafprozeß vielfach jedenfalls zunächst eigenverantwortlich festhält, was geschieht und gesagt wird, und dazu die eigene Formulierung wählt, sollte man ihm dieselben Fähigkeiten auch im Zivilprozeß grundsätzlich zutrauen dürfen.

Allerdings muß man im Zivilprozeß vielfach *Formalien* beachten. Ihre Reihenfolge, rechtliche Einordnung usw erfordert Rechtskenntnisse. Diese mag der Urkundsbeamte der Geschäftsstelle zwar aus Erfahrung besitzen. Aber er mag sie doch nicht so einzusetzen geschult sein wie der Vorsitzende. Aus diesem Grund ist das Diktat des Vorsitzenden bis in alle Einzelheiten hinein jedenfalls zulässig und oft auch ratsam, ja unvermeidbar.

Es entbindet den Urkundsbeamten der Geschäftsstelle aber keineswegs von seiner vollen *Mitverantwortlichkeit* und damit von seinem Recht und seiner Pflicht, auch wegen der Art und Weise der Formulierung eine vom Vorsitzenden abweichende Vorstellung zu haben und zu äußern. Solche Meinungsverschiedenheiten müssen notfalls wahrheitsgemäß im Protokoll zum Ausdruck kommen. Man sollte sie freilich wenn irgend möglich nicht während der Sitzung austragen, solange dort noch kein endgültiges Protokoll entstanden ist. Zulässig ist es aber auch, daß der Vorsitzende dem Urkundsbeamten zunächst ebensolche Freiheit wie in einem Strafprozeß einräumt und seine abweichenden Vorstellungen erst auf Grund der Leistung des Urkundsbeamten mit ihm abstimmt.

6 **6) Kennzeichnung der Sache und der Beteiligten, I.** Z 1–5 enthalten die wichtigsten Formalien. Hier ist eine besondere Sorgfalt der Protokollierung erforderlich.

I Z 1: Wenn das Gericht die Sitzung in einen anderen Raum als den in der Ladung usw mitgeteilten verlegt hat, muß es im Protokoll auch wegen II festhalten, daß es einen entsprechenden, ausreichenden, aber auch erforderlichen Anschlag usw am bisherigen Sitzungsraum angebracht hat, LG Oldb Rpfleger **90**, 471. Notwendig ist die Angabe des Sitzungstags und -orts, nicht auch des Sitzungsraums. Zwar nicht zwingend notwendig, Köln RR **92**, 1022, aber praktisch oft ratsam ist es, die genaue Uhrzeit des Verhandlungsbeginns zu protokollieren, zB zwecks einer Klärung, wie lange das Gericht auf einen verspäteten Beteiligten gewartet hat. Daher sollte das Gericht auch unbedingt die Uhrzeit der Verkündung etwa eines gar Zweiten Versäumnisurteils protokollieren, ebenso die Uhrzeit des Auftretens des Verspäteten. Auch die Besonderheiten einer Videoverhandlung nach § 128 a erfordern eine genaue Protokollierung, Rn 12.

I Z 2: Das Protokoll muß auch die Namen eines etwaigen Ergänzungsrichters enthalten. Zum Dolmetscher Jessnitzer, Dolmetscher (1982) 7. Abschnitt M III.

I Z 4: Das Protokoll muß nicht nur eine gesetzliche Vertretung klären, sondern jede Art einer etwaigen Vertretung, zB eine Vertretung nach §§ 79, 141 III 2. Auch die nach § 128 a bei einer Videoschaltung erforderlichen Feststellungen gehören hierher, Rn 11. Soweit das Protokoll einen Vollstreckungstitel darstellt, verlangt ZöStö 2 wegen § 313 I 1–3 die vollen Anschriften. Das entspricht allerdings nicht der verbreiteten Praxis. Sie begnügt sich nämlich auch dann mit dem kurzen Rubrum und entnimmt das volle der Klageschrift usw, soweit zB eine vollstreckbare Ausfertigung entsteht. Beim Zeugen und Sachverständigen ist die Protokollierung des Erscheinens schon wegen §§ 380, 402 und wegen des JVEG auch dann notwendig, wenn keine Aussage, Vernehmung, Begutachtung stattfindet. Dann ist die Beifügung der Uhrzeit der Entlassung zulässig, aber nicht notwendig. Sie steht durchweg im Gebührenanweisungsformular, das der Richter unterzeichnet. Das Gericht sollte einen Verzicht auf eine Vergütung oder Entschädigung stets protokollieren.

I Z 5: Vgl §§ 169, 171 b GVG. Gegen die Protokollangabe, es sei eine öffentliche Sitzung gewesen, ist nur der Nachweis der Fälschung nach § 165 statthaft, BAG NJW **08**, 1021 rechts. Ein Vermerk, es sei keine an der Verhandlung unbeteiligte Person anwesend, genügt nicht. Das Gericht braucht nach einem Gewohnheitsrecht solche Personen, deren Anwesenheit es in einer nichtöffentlichen Sitzung zuläßt, nicht zu erwähnen, Köln OLGZ **85**, 319, von Ausnahmefällen abgesehen. Es braucht also zB nicht die Namen der in einer anderen Sache wartenden Anwälte aufzuführen. Es braucht auch den Dienstaufsichtsführer nach § 175 III GVG nicht zu erwähnen. Ob man diese Personen zwecks einer Klärung im Protokoll vermerkt, falls sie als spätere Zeugen über den Verhandlungsablauf infrage kommen, ist eine andere Frage.

Unanwendbar ist I Z 5 bei der gesetzlich bestimmten und nicht bloß richterlich durch einen Ausschluß der Öffentlichkeit herbeigeführten Nichtöffentlichkeit nach § 170 S 1, 2 Hs 2 GVG, dort Rn 3.

7) Wesentliche Vorgänge, II. Das Gericht muß alle wesentlichen Vorgänge angeben. Es braucht nur 7
diese in das Protokoll aufzunehmen. Was wesentlich ist, bestimmen zunächst I, III und IV, ferner zB Art 103 I GG, §§ 139, 278, 279, 285, BGH NJW **90**, 122, Hamm OLGZ **88**, 71, oder § 182 GVG, KG MDR **82**, 330. Die Bestimmung trifft im übrigen der Vorsitzende im Rahmen eines weiten Ermessens, Köln FamRZ **98**, 1444. Es hat freilich in den Grundsätzen Rn 1–5 Grenzen. Auf keinen Fall ist die Aufnahme dessen notwendig, was nur theoretisch evtl bedeutsam werden könnte. Eine bündige Kürze ist erlaubt und ratsam, zumal das Protokoll nicht für jedermann entsteht, § 313 Rn 15. IV 2, 3 begrenzt das Antragsrecht der Parteien. § 314 kann ergänzend wirken, BGH NJW **91**, 2085. Vor dem AG gilt ferner § 510 a. Auch ein Beweisbeschluß nach § 358, eine Beweisverhandlung nach §§ 278, 279, 285, BGH NJW **90**, 121, eine Zwischenentscheidung nach §§ 280, 281, 301, 304 usw oder eine andere prozeßleitende Verfügung nach Üb 3 vor § 128 können ergeben, was in der Verhandlung geschah. Was für die Entscheidung oder das sonstige Verhandlungsergebnis wesentlich wurde oder werden kann, gehört ins Protokoll. Ratsam sein kann die Klarstellung, ob das Gericht eine Urkunde zur bloßen Erörterung oder zwecks Beweises betrachtet hat. Das Gericht muß auch eine Erklärungs- oder Nachreichungsfrist protokollieren, schon wegen §§ 296, 538, 545, 546.

Das Protokoll soll nur so ausführlich sein, daß der weitere Gang des Verfahrens verständlich bleibt. Ein Satz *„zuviel"* im Protokoll kann durchaus *nützlich* sein. Ein sachlichrechtlicher Vorgang, etwa eine Abtretung und deren Annahme, sind zwar streng genommen grundsätzlich nicht für den Verfahrensgang wesentlich. Das Gericht sollte die Bitte um eine Protokollierung aber großzügig erfüllen, solange nicht Unklarheiten entstehen. Es muß natürlich derartige Erklärungen protokollieren, soweit sie zu einem Vergleich gehören, Rn 8. Der Vermerk über einen Hinweis nach § 139 kann schon wegen seines IV 2, 3 notwendig sein, BGH NJW **06**, 62, Zweibr Rpfleger **78**, 108 (wegen eines Zwangsversteigerungsverfahrens), wenn auch ohne eine ausführliche Begründung einer Nachholung im Urteil, Rensen MDR **06**, 1203. Bei einem Streit darüber, ob ein Richter nach § 42 befangen sei, ist eine ausführliche Protokollierung oft besser als eine ausführliche dienstliche Äußerung. Stets ist eine Feststellung dazu ratsam, ob die Parteien zur Hauptsache streitig verhandelt haben, § 137 Rn 7. Da eine Erörterung ohne eine streitige Verhandlung gebührenrechtlich keine Bedeutung mehr hat, ist ein diesbezüglicher Hinweis nicht mehr schon aus Kostengründen ratsam oder gar notwendig. Ein Hinweis auf eine kurze Pause ist nicht stets notwendig, BFH **195**, 503, aber evtl ratsam, zB zur Klärung, daß das Gericht auf solche Weise die Gemüter mit oder ohne Erfolg zu beruhigen bemüht war.

8) Weiterer Hauptinhalt, III. Z 1–10 gelten wegen II und IV nicht abschließend. Sie geben indessen 8
Anhaltspunkte dafür, was wesentlich ist und jedenfalls in das Protokoll gehört. Im einzelnen muß das Gericht die folgenden Vorgänge protokollieren.

A. Anerkenntnis, Verzicht, Vergleich, III Z 1. In das Protokoll gehören: Ein Anerkenntnis nach § 307, Ffm AnwBl **88**, 119, auch ein „Anerkenntnis" im Kindschaftsverfahren, Hamm Rpfleger **87**, 414, ferner ein Verzicht nach § 306 oder ein Prozeßvergleich nach Anh § 307, BGH VersR **04**, 395, Düss Rpfleger **07**, 77, Zweibr RR **92**, 1408, eine Einigung über den Versorgungsausgleich nach § 1587 o II 2 BGB, Brdb FamRZ **00**, 1157, Saarbr OLGR **98**, 40. Ins Protokoll gehören diese Erklärungen jeweils im Wortlaut, der die Vorlesung und Genehmigung nach § 162 I 1 vorbereitet und dokumentiert. Das gerichtliche Protokoll ersetzt die notarielle Beurkundung § 127 a BGB. Ein nicht protokollierter Vergleich ist kein Prozeßvergleich, Ffm FamRZ **80**, 907, Köln FamRZ **94**, 1048, Zweibr RR **92**, 1408. Er ist vielmehr allenfalls ein außergerichtlicher Vergleich, § 779 BGB, § 1053, Anh § 307 Rn 24. Ein Vergleichsvorschlag nach § 278 VI gehört ins Protokoll, Lüke NJW **04**, 233 (zu § 106 S 2 VwGO). In das Protokoll muß das Gericht auch einen solchen Vergleich aufnehmen, der über den Streitgegenstand nach § 2 Rn 4 hinausgeht, falls der Vergleich in der mündlichen Verhandlung zustandekommt. Auch eine Vereinbarung nach § 1587 o I BGB gehört hierher. Brdb FamRZ **00**, 1157.

B. Anträge, III Z 2. Gemeint sind nur die Sachanträge nach § 297 Rn 4, nicht auch die unter II 9
fallenden Prozeßanträge nach § 297 Rn 5, BVerwG NJW **88**, 1228, Düss NJW **91**, 1493, Köln RR **99**, 288. Die Vorschrift gilt auch im Anwaltsprozeß, § 78 Rn 1. Angeben muß das Gericht auch die Art der in § 297 wahlweise genannten Antragstellung. Die Feststellung der Verlesung reicht, Holtgrave DB **75**, 821. Beim LG wie beim AG ist jetzt eine Aufnahme in eine Protokollanlage ausreichend, V. Eine Bezugnahme auf „Rotklammer" usw reicht aus, Hamm MDR **99**, 316.

C. Geständnis, Erklärung über einen Antrag auf Parteivernehmung usw, III Z 3. Das Gericht 10
muß ein Geständnis nach §§ 288 ff oder eine Erklärung über den Antrag des Gegners auf die Vernehmung

einer Partei nach §§ 446, 447, 453 II protokollieren. Das gilt auch ohne einen entsprechenden Antrag von Amts wegen. Eine Prüfung der Wesentlichkeit oder Erforderlichkeit erfolgt grundsätzlich nur im Rahmen des § 510 a. Jedoch ist die Protokollierung beim Geständnis vor dem verordneten Richter nach §§ 361, 362, 375 eine Bedingung seiner Wirksamkeit, § 288 Rn 6. Es ist schon zwecks einer etwaigen Nachprüfbarkeit durch das Rechtsmittelgericht ratsam, einen Widerspruch zwischen Erklärungen ins Protokoll aufzunehmen.

11 **D. Aussagen, Videokonferenzort, III Z 4.** Die Vorschrift gilt auch vor dem Berufungsgericht, BGH NJW **01**, 3270. Eine Wiedergabe der Aussagen von Zeugen, Sachverständigen und Parteien in direkter Rede kann ratsam sein. Das gilt zumindest für die Kernsätze einer Aussage. So verfährt auch die Praxis, Doms MDR **01**, 73. Das Gericht sollte sie jedenfalls bei einem äußerst streitigen Punkt von Amts wegen im Wortlaut wiedergeben. Das gilt auch dann, wenn es auf jede Einzelheit ankommt, etwa bei der Beeidigung, §§ 391, 410, 452, 481, oder beim Wechsel einer Darstellung im Lauf der Verhandlung. Eine wörtliche Wiedergabe kann auch nach IV auf Grund eines Antrags notwendig sein. Die wörtliche Wiedergabe ist zumindest außerordentlich fördernd. Die Partei kann sie freilich wegen IV 3 nicht erzwingen, BGH NJW **84**, 2039. Sie kann allenfalls den sich weigernden Vorsitzenden wegen einer Besorgnis der Befangenheit abzulehnen versuchen. Andererseits ist allgemein bekannt, daß der Vorsitzende ein Protokoll mit der Wiedergabe einer Aussage in direkter Rede durchweg vorformuliert hat, sofern die Aussagen nicht direkt auf ein Tonband kamen. Aber auch eine derart gefilterte direkte Rede ist besser als ein Bericht in der bloßen Erzählform.

12 **E. Einzelfragen, III Z 4.** Bei einer *erneuten Vernehmung* oder Sachverständigendarstellung ist nur im Umfang einer etwaigen Abweichung ein weiteres Protokoll notwendig, §§ 398, 411 III, BGH VersR **06**, 823, Schlesw MDR **01**, 711. Freilich ist eine Erwähnung erforderlich, wer wann erneut ausgesagt hat, und zwar zusätzlich zu der Feststellung der erneuten Anwesenheit nach I 3. Vgl im übrigen § 161. Es kann sogar ratsam sein, die Körpersprache zugleich zu protokollieren, zB das unwillkürliche Kopfnicken eines nach seiner Vernehmung auf der Zuhörerbank sitzenden Zeugen im Augenblick der Aussage des nächsten Zeugen zum umstrittenen Punkt.

III Z 4 ist auf eine *Parteivernehmung* nach §§ 445 ff anwendbar, BGH FamRZ **89**, 158. Die Vorschrift ist auf eine Anhörung nach § 141 unanwendbar, BGH FamRZ **89**, 158. Sie ist ebenso unanwendbar auf eine Anhörung nach § 279. Sie gilt entsprechend für eine amtliche Auskunft in mündlicher Form, BVerwG NJW **88**, 2492. Das Protokoll muß auch bei einer Videokonferenz nach § 128 a den jeweiligen Ort angeben, von dem aus das Gericht einen Auswärtigen zu der Verhandlung über Mikrofon und Kamera zugeschaltet hat. Die Ortsangabe braucht nicht bis zur Angabe der Zimmer-Nr zu gehen.

Den *Umfang* der Wiedergabe bestimmt II, Rn 2. Die Wiedergabe in den Urteilsgründen kann genügen, BGH NJW **01**, 3270, ebenso in einem solchen Vermerk des Berichterstatters, auf den das Urteil verweist, BGH FamRZ **91**, 45. Freilich muß das Gericht § 285 beachten. Das Gericht muß einen Vermerk so formulieren, daß das höhere Gericht ihn nachprüfen kann, BGH VersR **06**, 823. Eine bloße Erwähnung der Tatsache einer inhaltlich nicht wiedergegebenen Aussage im Protokoll reicht grundsätzlich nicht aus, BGH DS **04**, 262, LG Hagen WoM **89**, 439. Ein Verstoß ist ein unheilbarer Verfahrensmangel, § 161 Rn 9. Er kann auf einen Antrag zur Zurückverweisung führen, (jetzt) § 538, BGH RR **93**, 1034.

13 **F. Ergebnisse des Augenscheins, III Z 5.** Aufnehmen muß das Gericht seinen Eindruck, damit die Prozeßbeteiligten sogleich vor Ort prüfen können, ob sie ergänzende Feststellungen protokollieren lassen möchten. Die bloße Würdigung im Urteil reicht nicht, Hamm MDR **03**, 830. Soweit der Vorsitzende und der etwa zusätzliche Urkundsbeamte der Geschäftsstelle beim Augenschein nach § 371 voneinander abweichende Wahrnehmungen gemacht haben, muß das Protokoll erkennen lassen, wer was wahrgenommen hat. Das Protokoll braucht keine Schlußfolgerungen zu enthalten. Auch der beauftragte Richter muß III Z 5 beachten, BayObLG MDR **84**, 324 ([jetzt] FamFG-Verfahren). Ein Mangel ist heilbar, § 295 Rn 7 ff. Er kann auf einen Antrag zur Zurückverweisung nach § 538 führen, Hamm MDR **03**, 830. Ein Vermerk des beauftragten Richters über seinen Augenschein, den er den Parteien bekanntgegeben hat und den sie nicht beanstandet haben, hat auch dann einen vollen Beweiswert, wenn der Spruchrichter und/oder der beauftragte Richter inzwischen gewechselt haben. § 161 ist auch hier beachtlich.

14 **G. Entscheidungen, III Z 6.** Jedes Urteil nach § 311 II, III, jeder Beschluß und jede Verfügung nach § 329 gehören nach ihrer Form und ihrem Inhalt ihrer Verkündung ins Protokoll, BGH NJW **04**, 1666. Eine bloße prozeßleitende Anordnung des Vorsitzenden nach Üb 5 vor § 128 braucht nicht stets eine Protokollierung. Beim abgekürzten Urteil nach § 313 b II genügt eine Verweisung auf die Klageschrift, § 253 II Z 2. Bei einer anderen Entscheidung muß das Protokoll die Formel aufweisen. Der wesentliche Inhalt der Entscheidungsgründe des Urteils kann ihre gesonderte Fertigung ersetzen, wenn ihn das Gericht in das Protokoll aufgenommen hat, §§ 313 a I 2 Hs 2, 540 II. § 540 I geht noch weiter, BGH NJW **04**, 1666. Das Protokoll darf freilich auch insofern auf eine Protokollanlage verweisen, V, BGH RR **91**, 1084. Ein bloßer Hinweis im Urteil nach § 540 I 2 auf das Protokoll ersetzt nicht die Verbindung, BGH NJW **04**, 1666. Wegen eines Tonträgers LG Ffm Rpfleger **76**, 257. Die der Reinschrift des Protokolls beigefügte Anlage braucht nicht mit der bei der Verkündung vorhanden gewesenen identisch zu sein, BGH VersR **85**, 46.

Der *Sachinhalt* einer Gerichtsentscheidung ist natürlich allein den Richtern überlassen. Keineswegs darf ein Protokollführer nur in solcher Eigenmacht in den Sachinhalt eingreifen. Hier liegen auch Befugnisse und Grenzen seiner Mitwirkung an einer Berichtigung. Soweit sie nach § 319 erfolgen kann oder muß, ist er daran als Protokollführer nicht beteiligt. Er zeichnet lediglich getreulich auf, was der Richter insofern geäußert hat. Die Grenzlinien zur Berichtigung auch des Protokolls verlaufen freilich oft haarfein. An einer solchen Nahtstelle ist ein verständnisvolles Fingerspitzengefühls der Beteiligten notwendig. Im Zweifel bleibt der Protokollführer aber an der Berichtigung einer Entscheidung unbeteiligt.

15 **H. Verkündung, III Z 7.** Das Gericht muß eine Verkündung nach §§ 310 ff, 329 I unabhängig davon protokollieren, ob sie in demselben Termin oder in einem späteren stattfindet, BGH NJW **04**, 1666, Stgt AnwBl **89**, 232. Die Angabe, welche der beiden Verkündungsarten des § 311 II 1 einerseits, IV 2 anderer-

seits stattgefunden hat, ist nicht erforderlich, BGH NJW **94**, 3358. Es reicht ein Vermerk aus, die Entscheidung sei „erlassen" oder „verkündet", BGH NJW **94**, 3358. Das gilt selbst dann, wenn diese Fassung zu Zweifeln über die Form der Verlautbarung führen kann, BGH NJW **94**, 3358, Rostock OLGR **01**, 43, Jauernig NJW **86**, 117. Bei einer „Verlesung" steht nach § 165 fest, daß die Urteilsformel zumindest in einer abgekürzt notierten Form etwa auf den hinteren Aktendeckel bei der Verkündung existierte, BGH NJW **99**, 794. Vgl §§ 310–313 b. Man darf die Protokollierung der Verkündung nach Z 7, die der Richter mitunterzeichnen muß, nicht mit dem Verkündungsvermerk nach § 315 III verwechseln, den allein der Urkundsbeamte der Geschäftsstelle unterschreiben darf, BGH FamRZ **90**, 507, und der das Verkündungsprotokoll nicht ersetzt, § 315 Rn 14. Die Protokollierung der Verkündung dient auch der Klärung des Beginns der Rechtsmittelfrist nach §§ 517, 548, 552, 577, BGH NJW **99**, 794. Die Verkündung ist nicht ordnungsgemäß im Protokoll festgestellt, wenn der Gegenstand der Verkündung weder aus dem Protokoll selbst erkennbar ist noch aus einer dem Protokoll beigefügten und im Protokoll als solche bezeichneten Anlage besteht, BGH FamRZ **90**, 507. Es liegt dann rechtlich allenfalls ein Entscheidungsentwurf vor, Brdb RR **02**, 356.

I. Zurücknahme der Klage oder eines Rechtsmittels, III Z 8. Das Protokoll muß eine Klagerücknahme nach § 269 oder die Rücknahme eines Einspruchs nach § 346 oder eines Rechtsbehelfs oder Rechtsmittels nach §§ 346, 516, 565 enthalten, KG NZM **05**, 745. Es kommt nicht darauf an, ob die Zurücknahme wirksam ist. Denn sonst wäre ja gerade keine unbeschränkte Prüfung möglich, ob die Erklärung wirksam zustande gekommen ist. Freilich muß der Vorsitzende im Zweifel zunächst klären, ob der Beteiligte tatsächlich eine Rücknahmeerklärung beabsichtigte und ob sie auch vorliegt. Es ist ratsam, über die Vornahme dieser Klärung einen Vermerk in das Protokoll aufzunehmen, insbesondere zum etwa notwendig gewesenen und erfolgten oder nicht erfolgten Einverständnis des Prozeßgegners, § 162. Ratsam ist auch die Aufnahme des etwaigen Kostenantrags des Prozeßgegners nach (jetzt) § 269 IV, Franzki DRiZ **75**, 98. Vgl im übrigen § 161. Die Wirksamkeit der Klagerücknahme ist allerdings nicht davon abhängig, daß das Gericht die Erklärung der Klagerücknahme ordnungsgemäß protokolliert hat, BSG MDR **81**, 612, OVG Bre DÖV **83**, 38. 16

J. Rechtsmittelverzicht, III Z 9. Vgl §§ 346, 515, 565. Einzelheiten wie bei Rn 16, BGH RR **07**, 1451, aM Hamm Rpfleger **82**, 111, ZöStö 13 (die Wirksamkeit sei von einer ordnungsgemäßen Protokollierung abhängig). 17

K. Ergebnis der Güteverhandlung, III Z 10. Vgl § 278. Jedes wie immer geartete Ergebnis gehört hierher, also auch der Fehlschlag usw. 18

9) Antragsrecht der Beteiligten, IV. Man sollte es großzügig bejahen. 19

A. Voraussetzungen. Jeder Beteiligte hat ein Antragsrecht, IV 1, OVG Saarlouis NJW **06**, 1752. Als Beteiligter gilt jede in I Z 4 genannte Person, außerdem der ProzBev. Der Urkundsbeamte der Geschäftsstelle ist kein Beteiligter. Er protokolliert vielmehr einfach seine abweichende Meinung. Unter einem Vorgang versteht das Gesetz auch die Mimik, Gestik, die Reaktionen, Zwischenfälle, kurz alles, was irgendwie zur Beurteilung des Verfahrens während der Verhandlung und im Fall des § 159 II auch außerhalb der Verhandlung erheblich sein kann.

Unter *Äußerungen* versteht das Gesetz auch eine Erklärung außerhalb der Beweisaufnahme, etwa bei einer Anhörung nach § 141 oder bei einem Güteversuch nach § 278, oder eine Rechtsansicht, soweit sie zB zur Prüfung der Glaubwürdigkeit einer Partei oder eines Zeugen oder zur Prüfung beachtlich ist, ob das Gericht nach § 139 einen Hinweis geben mußte oder ob es eine abweichende Ansicht mitteilen mußte. Man muß einen unklaren oder widersprüchlichen Antrag unter Umständen in die Anregung einer Aufnahme von Amts wegen umdeuten, wenn ihn die Partei nicht verbessert. Der Antrag braucht keine Form. Er ist nur bis zum Schluß der Verhandlung zulässig, §§ 136 IV, 296 a, Ffm RR **05**, 459. Im Anwaltsprozeß nach § 78 Rn 1 braucht das Gericht einen Antrag der Partei persönlich, den ihr ProzBev nicht seinerseits aufgenommen hat, nur dann nach IV 2 zu bescheiden, wenn es die Partei persönlich hört oder vernimmt.

B. Verfahren. Vor einer Entscheidung über die Aufnahme ins Protokoll oder die Ablehnung dieser Aufnahme muß das Gericht den Antragsgegner grundsätzlich anhören, Artt 2 I, 20 III GG (Rpfl), BVerfG **101**, 404, Art 103 I GG (Richter), BVerfG **34**, 346. Die Anordnung der Aufnahme in das Protokoll erfolgt durch den Vorsitzenden. Die Ablehnung der Aufnahme erfolgt durch das Gericht in voller Besetzung. Die Entscheidung muß unverzüglich erfolgen. Denn von der Entscheidung mag abhängen, ob die Partei einen Befangenheitsantrag nach § 42 stellt. Das Gericht darf die Aufnahme nur dann ablehnen, wenn der Vorgang oder die Äußerung unerheblich sind, IV 2. Soweit das Gericht später seine Meinung ändert, muß es über einen fortbestehenden Antrag erneut entscheiden. 20

Es muß notfalls durch die Ausübung der *Fragepflicht* nach § 139 klären, ob der Antrag fortbesteht. Soweit das Gericht die Aufnahme ins Protokoll anordnet, protokolliert es einfach den Vorgang oder die Äußerung. Soweit es die Aufnahme in das Protokoll ablehnt, entscheidet es durch einen Beschluß nach § 329, soweit der Antragsteller nach der Erörterung eine förmliche Entscheidung fordert, Doms NJW **02**, 780. Das Gericht muß seinen Beschluß grundsätzlich kurz begründen, § 329 Rn 4. Er kommt in das Protokoll, IV 3 Hs 2. Den Antragsinhalt braucht das Gericht nicht unbedingt mitzuprotokollieren.

C. Rechtsmittel. Der Beschluß ist grundsätzlich unanfechtbar, IV 3 Hs 1. Das gilt auch bei einem Antrag auf eine Protokollergänzung, BayObLG WoM **89**, 49 (WEG). Der Beteiligte kann die abgelehnte Erklärung schriftsätzlich zu den Akten einreichen. Wenn das Gericht die Voraussetzungen seines Ermessens verkannt oder die Aufnahme in das Protokoll ohne jede gesetzliche Grundlage abgelehnt hat, § 127 Rn 25, ist eine sofortige Beschwerde nach § 567 I Z 2 denkbar, aM ThP 13 (der Beschluß sei schlechthin unanfechtbar). Eine Rechtsbeschwerde kommt unter den Voraussetzungen des § 574 in Betracht. Das Gericht muß seine Entscheidung verkünden oder grundsätzlich formlos mitteilen, § 329 II 1. Das Gericht kann seine Entscheidung ändern. 21

10) Protokollanlage, V. Die im Protokoll und nicht notwendig auch auf der Anlage als solche bezeichnete und dem Protokoll beigefügte Urkunde ist ein Bestandteil des Protokolls, Zweibr Rpfleger **04**, 508. Sie hat auch dessen Beweiskraft, §§ 165, 415, 418. Die Regelung gilt überall bei § 160. Eine Unterschrift 22 durch den Vorsitzenden ist zwar oft ratsam. Sie ist aber nur insoweit notwendig, als der Vorsitzende keinen Urkundsbeamten der Geschäftsstelle zugezogen hatte, großzügiger ZöStö 15 (auch dann kein Wirksamkeitserfordernis). Wegen der Kurzschrift und wegen einer Tonaufnahme usw § 160 a. Ein vorbereitender Schriftsatz wird erst dann zu einer Protokollanlage, wenn das Gericht ihn im Protokoll als dessen Anlage gekennzeichnet hat, Leppin GRUR **84**, 698, und wenn die Nämlichkeit dieser Anlage feststeht. Das Gericht darf und sollte die Anlage selbst als solche bezeichnen. Das muß aber nicht unbedingt geschehen. Das gilt auch bei § 297. In einer entsprechenden Anwendung des § 1 I BeurkÄndG ist bei einem Prozeßvergleich nach Anh § 307 eine Verweisung auf die Protokollanlage zulässig, Dietlein DNotZ **80**, 211.

Nicht hierher gehört ein vorbereitender Schriftsatz als solcher, § 129 I. Er nimmt als ein bloßer Parteivortrag ja auch nicht an der Beweiskraft des Protokolls teil. Natürlich muß das Gericht seine Überreichung protokollieren, schon um zu klären, wann wer was überreicht, gelesen, erörtert, dem Gegner in einer Ablichtung oder Abschrift weitergegeben, mit einer Frist zur Stellungnahme versehen hat.

160a *Vorläufige Protokollaufzeichnung.*

[I] Der Inhalt des Protokolls kann in einer gebräuchlichen Kurzschrift, durch verständliche Abkürzungen oder auf einem Ton- oder Datenträger vorläufig aufgezeichnet werden.

II [1] Das Protokoll ist in diesem Fall unverzüglich nach der Sitzung herzustellen. [2] Soweit Feststellungen nach § 160 Abs. 3 Nr. 4 und 5 mit einem Tonaufnahmegerät vorläufig aufgezeichnet worden sind, braucht lediglich dies in dem Protokoll vermerkt zu werden. [3] Das Protokoll ist um die Feststellungen zu ergänzen, wenn eine Partei dies bis zum rechtskräftigen Abschluss des Verfahrens beantragt oder das Rechtsmittelgericht die Ergänzung anfordert. [4] Sind Feststellungen nach § 160 Abs. 3 Nr. 4 unmittelbar aufgenommen und ist zugleich das wesentliche Ergebnis der Aussagen vorläufig aufgezeichnet worden, so kann eine Ergänzung des Protokolls nur um das wesentliche Ergebnis der Aussagen verlangt werden.

III [1] Die vorläufigen Aufzeichnungen sind zu den Prozessakten zu nehmen oder, wenn sie sich nicht dazu eignen, bei der Geschäftsstelle mit den Prozessakten aufzubewahren. [2] Aufzeichnungen auf Ton- oder Datenträgern können gelöscht werden,

1. soweit das Protokoll nach der Sitzung hergestellt oder um die vorläufig aufgezeichneten Feststellungen ergänzt ist, wenn die Parteien innerhalb eines Monats nach Mitteilung der Abschrift keine Einwendungen erhoben haben;

2. nach rechtskräftigem Abschluss des Verfahrens.

[3] Soweit das Gericht über eine zentale Datenspeichereinrichtung verfügt, können die vorläufigen Aufzeichnungen an Stelle der Aufbewahrung nach Satz 1 auf der zentralen Datenspeichereinrichtung gespeichert werden.

IV Die endgültige Herstellung durch Aufzeichnung auf Datenträger in der Form des § 130 b ist möglich.

Vorbem. III 3 angefügt dch Art 8 Z 7 a G v 12. 12. 07, BGBl 2840, in Kraft seit 18. 12. 07, Art 20 S 2 G, ÜbergangsR Einl III 78.

Schrifttum: *Werner,* Untersuchungen zum Datenschutz und zur Datensicherung bei der Anwendung elektronischer Datenverarbeitung im Zivilprozeß, Diss Bonn 1994.

Gliederung

1 **1) Systematik, I–IV.** Die Vorschrift enthält in einer Abweichung vom stillschweigenden Grundsatz einer sofortigen endgültigen Protokollierung nach § 160 eine Reihe von Anweisungen für eine Art der Herstellung des Protokolls, die jahrzehntelang die Praxis völlig beherrschte und erst seit der Einführung des Computers mit sofortigem Druck teilweise an Bedeutung verloren hat, Jaeger MDR **96**, 757.

2 **2) Regelungszweck, I–IV.** Wegen geschwundener Fähigkeiten zur Kurzschrift und vergangener Fähigkeit zur Bereitstellung solcher Protokollführer hat sich auch der Zweck der Vorschrift geändert. Am elegantesten scheint die sofortige endgültige Formulierung mit oder ohne eine Hilfe von Spracherkennung und Bildschirm auch vor den anderen Prozeßbeteiligten. So sinnvoll eine solche Art Protokollierung unter den kontrollierenden Augen der Prozeßbeteiligten sein kann, so sehr kann sie doch dasjenige „Tempo" und diejenige Atmosphäre auch hinderlich beeinflussen, die nicht selten vor allem Ruhe und Konzentration aller Beteiligten auf die Sache erfordert und eine etwas spätere, vorläufige Aufzeichnung als durchaus vorteilhaft

erscheinen läßt. Man kann auch etwaige Schärfen usw ohne einen Wahrheitsverstoß mildern, wenn man in der Sitzung noch kein endgültiges Protokoll fertigen muß.

Kein Anspruch auf Sofortprotokoll – das ist jedenfalls eine zu wenig bekannte Folge der Vorschrift. Sie hat manche Konsequenz. Bei einer nur vorläufigen Protokollierung gleich welcher technischen Art kann kein Prozeßbeteiligter eine sofortige „Berichtigung des Protokolls" fordern. Denn ein solches endgültiges besteht noch gar nicht, Rn 6. Ausgenommen von dieser Lage sind allenfalls diejenigen Teile, die das Gericht schon pflichtgemäß vorgelesen hat und die der Betroffene nun gesetzmäßig genehmigen soll oder genehmigt hat. Man kann durch eine nur vorläufige Aufzeichnung und den Hinweis auf diese Vorläufigkeit manche Auseinandersetzung über die Notwendigkeit, hier noch etwas anzufügen oder dort etwas wegzulassen oder hinzuformulieren, mildern und erst einmal in der Verhandlung, Vernehmung usw fortfahren.

3) Geltungsbereich, I–IV. Vgl Einf 3, 4 vor §§ 159–165. 3

4) Vorläufige Aufzeichnung, I. Sie ist immer noch weit verbreitet. 4

A. Grundsatz: Zulässigkeit. In der Sitzung braucht das Gericht noch keine endgültige Langschriftfassung herzustellen. Ein Protokoll ist vielmehr nur „über" die Sitzung erforderlich, § 159 I 1. Dieses Wort überliest ZöStö § 160 Rn 5. Daher ist es zulässig, den Inhalt des Protokolls ganz oder in beliebigen Teilen vorläufig aufzuzeichnen, BGH VersR **85**, 46. Maßgeblich ist die Anordnung des Vorsitzenden. Das Gesetz meint mit dem Ausdruck „vorläufig" nicht nur die Art der Aufzeichnung, sondern auch deren Inhalt. Ausreichend ist also zB eine zunächst nur knappe Zusammenfassung einer Zeugenaussage oder eines Augenscheins, etwa: „Der Zeuge erklärte im wesentlichen, er habe ...". Freilich birgt eine derart indirekte Wiedergabe erhebliche Gefahren. Das gilt besonders dann, wenn später eine Ergänzung nach II 3 notwendig wird. Deshalb ist es dringend ratsam, wenigstens bei einer Aussage nach § 160 III Z 4 auch die vorläufige Aufzeichnung sowohl dann in direkter Rede vorzunehmen, wenn der Vorsitzende sie diktiert, als auch dann, wenn der zusätzliche Urkundsbeamte der Geschäftsstelle sie mitschreibt, etwa: „Der Zeuge erklärte (im wesentlichen): Ich habe ...".

Das *Wortprotokoll* kann heilsam, aber auch umständlich sein. Letzteres sollte man vermeiden, Franzki DRiZ **75**, 99. Die Prozeßbeteiligten können grundsätzlich kein vollständiges Wortprotokoll fordern, Schmidt NJW **75**, 1309. Sie können aber die genaue Wortwiedergabe entscheidungserheblicher Passagen erwarten, auf deren Wortlaut es voraussichtlich ankommen wird, sei es auch nur wegen Kostenfolgen, erst recht wegen der Rechtsmittelfähigkeit oder der Möglichkeit, durch ein anschließendes Strafverfahren gegen den Zeugen usw auch den Zivilprozeß spätestens mit einer Wiederaufnahme nach §§ 578 ff zu „retten".

B. Grenzen der Vorläufigkeit. Eine Protokollerleichterung darf nicht zu einer auch nur möglichen Erschwerung der Feststellung desjenigen führen, was vor allem die Beweispersonen gesagt haben, Franzki DRiZ **75**, 99. Das Antragsrecht des § 160 IV erlaubt dem Gericht keineswegs, mangels eines Antrags flusig oder gar zunächst überhaupt nichts auch nur vorläufig zu protokollieren. Was nach § 160 II wesentlich ist, muß auch bei einer vorläufigen Aufzeichnung von Amts wegen so präzise ins Protokoll kommen, daß man es ohne erst später einsetzende Gedächtnisarbeit mit allen ihren Risiken jederzeit in die Langschrift übertragen kann. Daher muß die vorläufige Aufzeichnung verständlich sein. Ihre Entzifferung darf einem technisch und juristisch Fachkundigen keine besonderen Schwierigkeiten bereiten. 5

C. Verfahren bei Unstimmigkeit. Dagegen ist keineswegs schon bei der vorläufigen Aufzeichnung eine abschließende Entschließung des Vorsitzenden und/oder des Urkundsbeamten der Geschäftsstelle dazu notwendig, mit welchen Worten das Gericht einen Vorgang endgültig im Protokoll festhalten will. Das übersieht mancher Anwalt, wenn er beantragt, eine „Berichtigung" eines Protokolls vorzunehmen, das im Augenblick des Diktats des Vorsitzenden rechtlich überhaupt noch nicht entstanden ist, Rn 2, oder wenn er meint, einen Befangenheitsantrag schon auf eine solche lediglich vorläufige Formulierung beim Diktat des Vorsitzenden stützen zu können. Das gilt selbst dann, wenn man im allgemeinen damit rechnen kann, daß aus der vorläufigen Aufzeichnung eine entsprechend lautende endgültige werden mag. Solange keine endgültige Aufzeichnung vorliegt, mag die Partei anregen, die vorläufige Formulierung zu überdenken. Sie hat aber noch nicht diejenigen Rechte, die gegenüber einem endgültigen Protokoll vorhanden sein können. 6

Deshalb sind auch *Unebenheiten* oder solche Widersprüchlichkeiten zunächst durchaus unschädlich, die beim Diktat des Vorsitzenden oder bei der vorläufigen Aufzeichnung des Urkundsbeamten entstehen. Vorsitzender und Urkundsbeamter können und müssen natürlich vor der endgültigen Abfassung des Protokolls miteinander zu klären versuchen, welche Fassung sie wählen sollen. Notfalls muß jeder seine eigene Version zum Protokoll nehmen und unterschreiben. Gerade bei kniffligen Formulierungsproblemen, bei angeblich nicht gemachten Äußerungen, nicht gestellten Anträgen usw sind aber weder der Vorsitzende noch der Urkundsbeamte in der Sitzung und gar gegenüber einer Partei oder ihrem ProzBev dazu verpflichtet, sofort und endgültig zu entscheiden, wie das Protokoll lauten solle. Manches Gericht läßt sich insofern zu vorschnellen Formulierungen drängen, die es bei einer sorgsamen Abwägung gar nicht von sich aus wählen würde. Es ist das Recht und die Pflicht des Vorsitzenden, aufdringliche Formulierungsforderungen eines Prozeßbeteiligten vor der Abfassung des endgültigen Protokolls zurückzuweisen.

D. Aufzeichnungstechnik. Unter diesen Bedingungen ist die Art der vorläufigen Aufzeichnung beliebig. I nennt die derzeit in Betracht kommenden Techniken allgemeinen. Zu ihnen gehören zB der Schreibautomat nebst Bildschirm-Lesegerät sowie der Computer mit seinem Speicher auf Diskette oder Festplatte, Jaeger MDR **96**, 757. Bei einer unmittelbaren Aufnahme ist die Art des Ton- oder Datenträgers beliebig. Auf ein zusammenfassendes Diktat des Richters kann man dann verzichten, BVerwG NJW **76**, 1282. Ein Wechsel der Aufnahmetechnik ist auch innerhalb der Sitzung zulässig, sofern kein „Loch" im Aufzeichnungsvorgang entsteht. Sammelton- oder Datenträger für mehrere Verhandlungen sind zulässig. 7

Die Zuziehung eines *Urkundsbeamten* der Geschäftsstelle ist keine Voraussetzung der Zulässigkeit einer vorläufigen Aufzeichnung. Die Benutzung eines Bandgeräts ist zB gerade dann möglich, wenn der Vorsitzende oder der von ihm beauftragte Beisitzer das Protokoll nach § 159 I 2 selbst führen. Vgl wegen einer weiteren Vereinfachungsmöglichkeit beim Augenschein usw § 161. Im übrigen dürfen die Aufnahmetechniken nicht so kompliziert werden, daß sie die Prozeßbeteiligten ablenken, verwirren oder stören. Es mag zB unzumutbar sein, vom Zeugen zu verlangen, er möge den Wortlaut seiner soeben in den Schreibautomat geschriebenen Aussage vom bereitgehaltenen Bildschirm-Lesegerät ablesen, um etwaige Korrekturwünsche anzubringen, falls der Zeuge seine Brille nicht in die Verhandlung mitgebracht hat oder falls er noch zu aufgeregt wirkt.

8 **5) Endgültige schriftliche Herstellung, II.** Die Praxis tut sich mit ihr oft schwer. Zur endgültigen elektronischen Aufzeichnung Rn 17.

A. Grundsatz: Unverzüglichkeit, II 1. Nach der Sitzung muß das Gericht ein ganz oder teilweise vorläufig aufgezeichnetes Protokoll stets von Amts wegen grundsätzlich in seiner endgültigen vollständigen Fassung herstellen, S 1, BayObLG **01**, 218. Das muß unverzüglich geschehen, BGH VersR **85**, 46, Schneider JB **75**, 130. Das Gericht muß also ohne eine vorwerfbare Verzögerung, § 121 I 1 BGB, Schneider JB **75**, 130, eine in Langschrift verfaßte Urkunde anfertigen und unterschreiben. Sie muß grundsätzlich sämtliche überhaupt ins Protokoll gehörenden Angaben und Feststellungen enthalten, LG Ffm Rpfleger **76**, 257. Alle nach § 163 Unterschreibenden verantworten sie. Die derart nachträglich hergestellte endgültige Fassung hat dieselbe Beweiskraft wie eine von vornherein endgültig hergestellte nach § 165, BGH NJW **99**, 794. Das gilt auch bei einer verzögerten Herstellung, BGH NJW **94**, 3358, aber nicht bei einer späteren Herstellung nur nach dem Gedächtnis. Eine Frist etwa für ein Rechtsmittel kann unabhängig vom Zeitpunkt der endgültigen Herstellung des Protokolls schon mit der Verkündung der Entscheidung beginnen, BayObLG **01**, 218.

9 **B. Bloßer Vermerk, II 2.** Jedoch erlaubt S 2 ausnahmsweise einen bloßen Vermerk, daß das Gericht die Aussagen von Zeugen, Sachverständigen und vernommenen Parteien sowie die Ergebnisse eines Augenscheins mit einem Ton- oder Datenaufnahmegerät vorläufig aufgezeichnet hat, zB den Vermerk: „Die Aussagen der Zeugen X und Y wurden auf einem Tonband festgehalten". Eine zusätzliche Zusammenfassung der wesentlichen Ergebnisse ist dann umso ratsamer, aber nicht zwingend. Im Urteilstatbestand kann eine Verweisung auch auf diese Art von Protokoll erfolgen, § 313 II 2, soweit nicht die Aufzeichnung zB so unverständlich oder lückenhaft ist, daß auch das Rechtsmittelgericht das Urteil dann nicht überprüfen kann, BVerwG MDR **77**, 604.

Ein solcher Vermerk *reicht* aber *nicht aus,* wenn eine vorläufige Aufzeichnung der Aussage in einer Kurzschrift oder mithilfe einer Kurzschriftmaschine oder durch Abkürzungen erfolgt war. Dann muß das Gericht stets eine Langschrift herstellen, ZöStö 4, aM Schneider JB **75**, 130 (aber eine Ausnahmevorschrift erlaubt keine weite Auslegung, Einl III 36). Der Vorsitzende ist dann auch für die Richtigkeit der Übertragung mitverantwortlich.

10 **C. Volle Ergänzung des Protokolls, II 3.** Eine Ergänzung um solche Teile, die infolge einer nur vorläufigen Aufzeichnung zuvor nur abgekürzt oder unvollständig waren, ist jederzeit von Amts wegen zulässig und oft ratsam, ja notwendig. Das gilt etwa dann, wenn sich ergibt, daß das Gericht in der Beratung oder wegen des Eingangs eines weiteren Schriftsatzes den vollen Text des Diktierten benötigt. Eine solche Ergänzung darf nur dann im Verfahren nach § 164 erfolgen, wenn zugleich Unrichtigkeiten vorliegen. Sie erfolgt außerdem auf einen formlosen Antrag einer Partei nach II 3, wegen §§ 67, 74 auch auf einen formlosen Antrag des Streithelfers oder des Streitverkündeten, oder auf eine formlose Anforderung des Rechtsmittelgerichts. Dann muß das Gericht nur die Zulässigkeit der Ergänzung prüfen, nicht ihre Zweckmäßigkeit.

11 **D. Verfahren.** Der Ergänzung unterliegt alles, was das Gericht nur *vorläufig* aufgezeichnet hatte. Bei dieser Gelegenheit darf das Gericht die Fassung kürzen, soweit die bisherige Formulierung Unwesentliches enthielt, § 160 II. Das wäre allerdings noch keine Berichtigung einer Unrichtigkeit. Jedoch muß das Gericht wegen § 160 IV dann zunächst die Beteiligten oft anhören. Eine nachträgliche Erweiterung erfolgt grundsätzlich nur nach § 164. Denn auch das, was man als unvollständig erkennt, ist unrichtig. II 2 bezieht sich aber ohnehin nur auf § 160 III Z 4, 5. Nach dem Ablauf der Monatsfrist nach III Z 1 kann die Partei eine Berichtigung nur noch beschränkt fordern, Schneider JB **75**, 131. Für einen förmlichen und daher zu einer Entscheidung zwingenden Antrag der Partei auf eine Ergänzung des Protokolls besteht ein Anwaltszwang wie sonst, anders als bei einer bloß formlosen Anregung zu einer Tätigkeit von Amts wegen.

Das Antragsrecht *erlischt* mit dem Eintritt der formellen Rechtskraft nach § 705 in demjenigen Prozeß, in dem das Protokoll entstanden war. Es gibt also kein Antragsrecht in einem anderen oder späteren Prozeß, selbst wenn dieselbe Partei auch dort auftritt. Wohl aber gibt es ein Antragsrecht, solange der ursprüngliche Prozeß noch nicht insgesamt rechtskräftig beendet ist. Das gilt selbst dann, wenn die dem Protokoll zugrunde liegende Verhandlung zu einem rechtskräftigen Zwischenurteil usw geführt hat.

12 **E. Eingeschränkte Ergänzung des Protokolls, II 4.** Eine bloß eingeschränkte Ergänzung nach II 4 findet dann statt, wenn das Gericht die Aussage unmittelbar auf einen Ton- oder Datenträger aufgenommen hatte, wenn also eine vollständige Fixierung vorhanden ist und wenn das Gericht bereits während der Verhandlung wenigstens eine Zusammenfassung der wesentlichen Ergebnisse der Aussage vorläufig aufgezeichnet hatte. Dann kann man nur die Herstellung einer Langschrift dieser Zusammenfassung verlangen.

13 **6) Aufbewahrung der vorläufigen Aufzeichnung, III.** Die Bestimmung hat praktisch wenig Bedeutung.

A. Aufbewahrungsort, III 1. Die vorläufige Aufzeichnung ist keine Anlage zum Protokoll. Das Gericht braucht sie aber evtl noch zB für eine Ergänzung des Protokolls nach II 2, 3 oder bei einem Antrag auf eine Berichtigung, §§ 164, 320. Deshalb kommt die vorläufige Aufzeichnung zu den Prozeßakten, wenn sie zu dieser Aufbewahrung geeignet ist. Das ist bei einer Kurzschrift einschließlich einer maschinellen und bei Abkürzungen stets so, bei einem Ton- oder Datenträger dann, wenn er nur diesen Prozeß erfaßt und wenn man ihn ohne einen unzumutbaren Aufwand sowie ohne eine Beschädigung zB in eine

Hülle nehmen kann. Bei einer Festplatte im Computer wird die Herstellung einer gesondert verwahrbaren Diskette selbst dann notwendig, wenn die Kapazität der Festplatte noch viel größer ist. Das Gericht verwahrt die vorläufige Aufzeichnung nämlich überhaupt dort, wo die Akten zu lagern pflegen, also auf der Geschäftsstelle. Das gilt auch dann, wenn die Prozeßakten dem Gericht vorliegen oder versandt sind oder wenn es sie in der Kanzlei bearbeitet usw. Die Verwaltung kann eine Geschäftsstelle mit der Sammelverwahrung beauftragen. Wenn Akten ins Archiv kommen und das Gericht eine vorläufige Aufzeichnung noch aufbewahren muß, gehört auch die letztere ins Archiv. Solange Verwaltungsvorschriften über Einzelheiten fehlen, sind die AktO und deren Durchführungsverordnungen entsprechend anwendbar. Die Parteien haben auch wegen dieses Aktenteils bis zur Löschung nach Rn 15, 16 ein Einsichtsrecht nach § 299, Karlsr Rpfleger **94**, 312. Das gilt aber schon wegen der Gefahr einer versehentlichen Beschädigung nur auf der Geschäftsstelle.

B. Abhör- oder Ablesemöglichkeit, III 1. Die Partei darf zwecks einer Überprüfung der Richtigkeit des Protokolls oder des darauf gründenden Urteilstatbestands nach §§ 164, 320 die Aufzeichnung auf der Geschäftsstelle abhören oder ablesen, § 299. Diese Befugnis endet nicht schon mit dem Ablauf der Monatsfrist des III 2 Z 1, sondern erst mit der Löschung, ZöStö 10, aM StJR 18 (aber es gibt keine Notwendigkeit vermeidbarer Formstrenge). Der Gerichtsvorstand muß die Möglichkeiten nach III 1 organisatorisch eröffnen. Die Partei darf die Aufzeichnung nicht von dem Einsichts- oder Abspielort entfernen oder auf einen eigenen Ton- oder Datenträger überspielen, solange nicht sämtliche Beteiligten einverstanden sind, Franzki DRiZ **75**, 101, aM ZöStö 10 (das Überspielen sei zulässig, wenn es technisch gefahrlos möglich sei. Aber es geht um den vorrangigen Datenschutz). Auch ein Anwalt muß das beachten. Eine Erlaubnis erteilt der Vorsitzende wegen seiner Sachnähe. Das Gericht muß den Persönlichkeits- und Datenschutz beachten. Es besteht keine Hinweispflicht des Gerichts auf eine Löschungsmöglichkeit. Ein Hinweis ist aber ratsam. Hierzu kann das Gericht auch ein Formular benutzen. 14

Eine *Parteiaufnahme* der Verhandlung ist nur bei einer Zustimmung aller Anwesenden zulässig. Wegen Presseaufnahmen § 169 S 2 GVG.

C. Löschungungsvoraussetzungen, III 2. Eine Löschung nach III 2 erfolgt keineswegs sofort nach der Herstellung des vollständigen Protokolls. Vielmehr geht zunächst von Amts wegen je eine Ablichtung oder Abschrift des Protokolls ohne den Inhalt des Ton- oder Datenträgers an jede Partei oder an den ProzBev, § 172. Das ist eine Abweichung von dem Grundsatz, daß das Gericht den Parteien keineswegs stets von Amts wegen eine Protokollkopie schicken muß. Nach der Versendung muß das Gericht entweder nach III 2 Z 1 einen Monat hindurch oder nach III 2 Z 2 bis zur Rechtskraft des Verfahrensabschlusses auf etwaige Einwendungen warten. Es ist eine förmliche Zustellung notwendig. Zwar liegt weder ein Beschluß noch eine Verfügung des Richters nach § 329 II 2 vor, sondern eine Anordnung der Geschäftsstelle, Rn 16, ThP 5, ZöStö 9, aM Schmidt NJW **75**, 1309. Ihre Entscheidung ist aber mit einer befristeten Erinnerung nach § 573 I 1 anfechtbar. Daher ist § 329 III Hs 2 weitgehend anwendbar. 15

D. Löschungszuständigkeit, III 2. Da der Vorsitzende für das volle Protokoll mitverantwortlich ist, sollte der Urkundsbeamte der Geschäftsstelle vor einer Löschung mit dem Vorsitzenden sprechen, obwohl der Urkundsbeamte für die Aufbewahrung und damit auch für die Löschung allein verantwortlich ist, MüKoPe 7, StJR 14, aM ZöStö 9 (der Vorsitzende bestimme allein. Aber es handelt sich nicht um eine nur vom Richter zu bewältigende Aufgabe). Vor einer etwa beantragten Entscheidung über eine beantragte oder von Amts wegen beabsichtigte Berichtigung nach § 164 darf keine Löschung erfolgen. Auch insofern sind bis zum Erlaß etwaiger Verwaltungsvorschriften die AktO und deren Durchführungsverordnungen entsprechend anwendbar. 16

E. Zentrale Speicherung, III 3. Sie ist nach dem pflichtgemäßen Ermessen statthaft, aber nicht zwingend. Der Vorsitzende mag zumindest dann entscheiden dürfen und müssen, wenn eine etwaige allgemeine Anordnung oder Übung im Einzelfall zu Nachteilen oder sonstigen Unzumutbarkeiten für auch nur einen der Prozeßbeteiligten führen könnte. 17

7) Endgültige elektronische Herstellung, IV. Sie ist durch eine Aufzeichnung auf Datenträger nach § 130 b zulässig. 18

8) Rechtsbehelfe, I–IV. Vgl zunächst Rn 15. Gegen die Anordnung einer vorläufigen Aufzeichnung oder gegen die Art der Aufzeichnungstechnik ist grundsätzlich kein Rechtsmittel statthaft. Kein Prozeßbeteiligter hat einen Anspruch auf ein ungekürztes Wortprotokoll, Schmidt NJW **75**, 1309. Freilich kann eine unverständliche oder unvollständige vorläufige Aufzeichnung eine Zurückverweisung erfordern, BVerwG MDR **77**, 604. Eine sture Benutzung einer offensichtlich unbrauchbaren vorläufigen Aufzeichnung kann den Vorwurf der Befangenheit begründen. Bei einer Verweigerung der Abhör- oder Ablesemöglichkeit gilt § 299 Rn 18. Gegen eine verzögerliche Anfertigung des endgültigen Protokolls ist die Dienstaufsichtsbeschwerde nach § 26 II DRiG zulässig. Ferner kann die Staatshaftung usw eintreten, Art 34 GG, § 839 BGB. 19

161 *Entbehrliche Feststellungen.* **I Feststellungen nach § 160 Abs. 3 Nr. 4 und 5 brauchen nicht in das Protokoll aufgenommen zu werden,**

1. **wenn das Prozessgericht die Vernehmung oder den Augenschein durchführt und das Endurteil der Berufung oder der Revision nicht unterliegt;**
2. **soweit die Klage zurückgenommen, der geltend gemachte Anspruch anerkannt oder auf ihn verzichtet wird, auf ein Rechtsmittel verzichtet oder der Rechtsstreit durch einen Vergleich beendet wird.**

II 1 In dem Protokoll ist zu vermerken, dass die Vernehmung oder der Augenschein durchgeführt worden ist. 2 § 160 a Abs. 3 gilt entsprechend.

Gliederung

1 **1) Systematik, I, II.** Im vorläufigen wie im endgültigen Protokoll können alle unwesentlichen Feststellungen fehlen. § 160 I, III bestimmt den Mußinhalt. Als eine Ausnahme von § 160 III Z 4, 5 darf das Protokoll über die Aussagen eines Zeugen, eines Sachverständigen oder einer vernommenen Partei sowie über die Ergebnisse eines Augenscheins in zwei unterschiedlichen Fallgruppen fehlen. Das gilt auch und nur, soweit deren Voraussetzungen nur zum Teil vorliegen. Es ist also zB ein Protokoll erforderlich, soweit die Vernehmung vor dem ersuchten Richter stattfindet oder soweit der Kläger seine Klage nicht zurückgenommen hat.

2 **2) Regelungszweck, I, II.** Die Vorschrift dient vor allem der Prozeßwirtschaftlichkeit, Grdz 14 vor § 128. Ein Protokollzwang entfällt freilich nur, soweit überhaupt ein ausscheidbarer Vorgang vorliegt. In allen anderen Fällen und im Zweifel ist im Interesse der Rechtssicherheit nach Einl III 43 wegen der weitreichenden Folgen des Protokolls nach § 314 Rn 6 ein volles Protokoll notwendig, BVerwG NJW **88**, 579. § 161 erübrigt nicht die Notwendigkeit der Beweiswürdigung, § 313 Rn 42. Insgesamt ist oft genug ein Protokoll auch zu denjenigen Punkten hilfreich, zu denen es nicht erforderlich wäre. Das gilt nicht zuletzt für die Verwertbarkeit in einer Rechtsmittelinstanz, in einem späteren Parallelverfahren oder in einem Strafprozeß. Es empfiehlt sich aber auch zwecks Klärung von Kosten- oder Entschädigungsfragen. Auch vermeidet der jetzt „fleißigere" Richter später in solchen Fällen die Mühe der Wiedereinarbeitung und den Ärger über die Unzulässigkeit seines Gedächtnisses nach Jahr und Tag.

3 **3) Geltungsbereich, I, II.** Einf 3, 4 vor §§ 159–165. I ist im Beschlußverfahren entsprechend anwendbar.

4 **4) Entbehrlichkeit einer Feststellung, I.** Maßgeblich ist das pflichtgemäße Ermessen des Vorsitzenden. Die Praxis protokolliert oft zu viel.

A. Kein Rechtsmittel, I Z 1. Wenn das Prozeßgericht einen Zeugen oder einen Sachverständigen vernommen oder einen Augenschein durchgeführt hat, können die Ergebnisse als entbehrlich fehlen, soweit das Endurteil und bei § 321 a die neue Entscheidung eindeutig weder mit der Berufung noch mit der Revision anfechtbar ist, weil entweder das Rechtsmittel unstatthaft ist oder weil die Berufungssumme nach § 511 II Z 1 nicht erreicht ist oder keine Zulassung der Revision erfolgt ist, § 543. Etwas anderes gilt, wenn die Summe später erreicht wird, Franzki DRiZ **75**, 100, oder wenn eine Nichtzulassungsbeschwerde nach § 544 in Betracht kommt, BGH NJW **03**, 3057. Bei einem unanfechtbaren Beschluß ist I entsprechend anwendbar. Als Prozeßgericht gilt auch der Einzelrichter nach §§ 348, 348 a, 526, 527, 568, nicht aber der beauftragte oder ersuchte Richter, §§ 361, 362, 375. Auch nach einem Richterwechsel ist I Z 1 anwendbar.

Für die Frage, ob die Berufung oder die Revision voraussichtlich *statthaft* sind, kommt es auf den Zeitpunkt einer ordnungsmäßigen Herstellung des Protokolls an, also auf einen Zeitpunkt in oder unverzüglich nach der Sitzung. Man muß die Statthaftigkeit des Rechtsmittels auch dann vorerst bejahen, wenn es von einer Zulassung abhängen kann, BGH MDR **04**, 44, aM ZöStö 3 (die Statthaftigkeit müsse zweifelsfrei vorliegen. Aber das kann man vor einer endgültigen Entscheidung über die erstinstanzliche Zulassung selbst bei deren grundsätzlicher Bindungswirkung als Vorderrichter evtl nicht ganz eindeutig feststellen). Wenn nur entweder die Berufung oder die Revision statthaft sein kann, muß das Protokoll auch die Ergebnisse der Vernehmungen oder des Augenscheins enthalten, BVerwG NJW **77**, 313. Das gilt selbst dann, wenn das Rechtsmittel vor der tatsächlichen Herstellung des vollständigen Protokolls unstatthaft geworden ist.

5 **B. Klagerücknahme usw, I Z 2.** Feststellungen sind entbehrlich, soweit eine Klagerücknahme nach § 269 vorliegt und wirksam wird, oder in folgenden Fällen: Beim Anerkenntnis nach § 307; beim Anspruchsverzicht nach § 306; beim Rechtsbehelfs- oder Rechtsmittelverzicht nach §§ 346, 515, 565; beim Prozeßvergleich, Anh § 307, auch zur Kostenfrage, Hamm OLGR **97**, 23; bei beiderseitigen teilweisen oder vollständigen wirksamen Erledigterklärungen nach § 91 a, aM OLGR **97**, 23 (aber auch sie bringen eine Beendigung der eigentlichen Streitigkeit). Man kann I Z 2 bei § 516 entsprechend anwenden. In diesen Fällen hängt die Entbehrlichkeit der Feststellung nicht davon ab, ob die Berufung oder die Revision bis zum maßgeblichen Vorgang statthaft gewesen sind. Im übrigen gelten dieselben Voraussetzungen wie bei I Z 1.

6 **C. Weitere Einzelfragen, I Z 1, 2.** Die eben genannten Lagen können zusammentreffen. Eine Heilung ist nach § 295 möglich, BGH VersR **80**, 751, BVerwG NJW **76**, 1283, Schmitz DRiZ **76**, 313. Ein Verzicht eines Beteiligten auf ein vollständiges Protokoll entbindet das Gericht nicht von der Notwendigkeit der Prüfung von Amts wegen darüber, ob es gleichwohl ein vollständiges Protokoll anfertigen muß. Freilich bleibt dann meist nichts Wesentliches nach § 160 II mehr. Im übrigen bleibt ein Verzicht auf die Vorlesung usw statthaft, § 162 II 2. Unberührt bleibt die Notwendigkeit der Feststellung, wer erschienen ist, § 160 I 4, II, und ob eine Beeidigung stattfand.

7 **5) Vermerk, II 1.** Ein Vermerk darüber, daß die Vernehmung und etwaige Beeidigung oder der Augenschein erfolgte, ist stets im Protokoll notwendig. Da gar keine weitere Niederschrift notwendig ist, ist die Zuziehung einer Hilfsperson ebenso zulässig wie ein Vermerk des Berichterstatters, Doms MDR **01**, 74. Das Gericht muß einen solchen Vermerk den Parteien wegen Artt 2 I, 20 III GG (Rpfl), BVerfG **101**, 404, Art 103 I GG (Richter) so rechtzeitig mitteilen, daß sie ihn verwerten können, Doms MDR **01**, 74. Mangels einer Berufungsfähigkeit hilft evtl § 321 a. Bei I Z 1 ist weder ein solcher Vermerk noch die Wiedergabe der Aussage im Urteil notwendig.

6) Aufbewahrung, II 2. Eine Aufbewahrung kommt infrage, wenn das Gericht bei I eine vorläufige Aufzeichnung oder einen sonstigen Vermerk anfertigt. Zwar kommt eine Ergänzung des Protokolls anders als bei § 160 a II 3, 4 nicht in Betracht. Denn es besteht ja überhaupt kein diesbezüglicher Protokollzwang, I. Dennoch darf man eine etwaige freiwillige vorläufige Aufzeichnung oder einen Vermerk nur nach dem entsprechend anwendbaren § 160 a III behandeln. Der Richter darf ihn also nicht irgendwo im Schreibtisch verwahren. Er gehört vielmehr in die Prozeßakten oder auf die Geschäftsstelle. Das gilt schon zwecks einer Aufklärung etwaiger Zweifel. Das Gericht darf eine Tonaufzeichnung nur nach § 160 a III 2 Z 1, 2 löschen. Vgl außerdem Rn 3. 8

7) Verstoß, II 2. Soweit eine Protokollierung unter einem Verstoß gegen § 161 unterblieben ist, muß das Gericht seine Feststellung im Tatbestand des Urteils treffen, Franzki DRiZ **75**, 200 (Rechtsmittelfähigkeit). Es muß sie zumindest in den Entscheidungsgründen von der Beweiswürdigung klar abgrenzen, BGH RR **93**, 520. Beides ist notwendig, um die Nachprüfung zu ermöglichen, § 313 Rn 30. Unter den Voraussetzungen des § 160 a genügt freilich eine bloße Bezugnahme, auch auf eine vorläufige den Parteien vor der Urteilsverkündung mitgeteilte Aufzeichnung des Berichterstatters. Der Tatbestand des Urteils mag einen Protokollmangel im Einzelfall beheben können, BGH RR **93**, 1034, Hamm RR **03**, 1006. Im übrigen sind §§ 319, 320 anwendbar. Eine Heilung nach § 295 ist andernfalls grundsätzlich nicht möglich, BGH RR **93**, 1034, Hamm RR **03**, 1006, ZöStö 9, aM BVerwG NJW **88**, 579, StJSchu 11 (aber es handelt sich um abschließende Spezialregelungen). Das höhere Gericht muß notfalls aufheben und auf einen Antrag zurückverweisen, §§ 538, 550, 561 I. Ein Verlust der Rüge eines fehlerhaften Protokolls ist freilich denkbar, Einl III 54, Ffm FamRZ **84**, 302, aM BVerwG NJW **88**, 579 (aber Rechtsmißbrauch ist nie erlaubt, Einl III 54). 9

162 *Genehmigung des Protokolls.* **I [1] Das Protokoll ist insoweit, als es Feststellungen nach § 160 Abs. 3 Nr. 1, 3, 4, 5, 8, 9 oder zu Protokoll erklärte Anträge enthält, den Beteiligten vorzulesen oder zur Durchsicht vorzulegen. [2] Ist der Inhalt des Protokolls nur vorläufig aufgezeichnet worden, so genügt es, wenn die Aufzeichnungen vorgelesen oder abgespielt werden. [3] In dem Protokoll ist zu vermerken, dass dies geschehen und die Genehmigung erteilt ist oder welche Einwendungen erhoben worden sind.**

II [1] Feststellungen nach § 160 Abs. 3 Nr. 4 brauchen nicht abgespielt zu werden, wenn sie in Gegenwart der Beteiligten unmittelbar aufgezeichnet worden sind; der Beteiligte, dessen Aussage aufgezeichnet ist, kann das Abspielen verlangen. [2] Soweit Feststellungen nach § 160 Abs. 3 Nr. 4 und 5 in Gegenwart der Beteiligten diktiert worden sind, kann das Abspielen, das Vorlesen oder die Vorlage zur Durchsicht unterbleiben, wenn die Beteiligten nach der Aufzeichnung darauf verzichten; in dem Protokoll ist zu vermerken, dass der Verzicht ausgesprochen worden ist.

Gliederung

1) Systematik, Regelungszweck, I, II. Die Vorschrift bezieht sich sowohl auf das sogleich endgültige als auch auf das vorläufige Protokoll, §§ 160, 160 a. Sie enthält lästige, aber grundsätzlich im allseitigen Interesse liegende und der Rechtssicherheit dienende Anordnungen, Einl III 43. Die Praxis verfährt allerdings unzählig oft ohne erkennbare Schäden einfacher, Rn 8 (stillschweigender Verzicht, oft genug sogar sonst mißtrauischer Beteiligter). Das zeigt, daß man den Formalismus auch nicht übertreiben sollte. Auch die nicht vorgelesene und nicht genehmigte Niederschrift kann voll wirksam sein, aM Bbg FamRZ **02**, 1122 (aber der Prozeß ist kein Selbstzweck, Einl III 10). Sie unterliegt natürlich der Nachprüfung in jeder Richtung und der Verantwortung der Urkundspersonen. 1

2) Geltungsbereich, I, II. Vgl Einf 3, 4 vor §§ 159–165. 2

3) Vorlesung, Vorlage, I 1. Die Praxis verfährt gelegentlich ziemlich nachlässig, Rn 1. 3

A. Grundsatz: Amtspflicht. Das Gericht muß grundsätzlich von Amts wegen alle Feststellungen nach § 160 III Z 1, 3, 4, 5, 8, 9 und außerdem alle diejenigen Anträge den Beteiligten vorlesen oder zur Durchsicht vorlegen, die der Beteiligte weder aus einem Schriftsatz noch aus einer Protokollanlage verlesen, sondern nach § 297 I 2 zum Protokoll erklärt hatte. Das geschieht aus dem in Langschrift fertigen Protokollentwurf, BGH NJW **84**, 1466, Ffm AnwBl **88**, 119. Beteiligte sind die im Termin anwesenden Parteien, gesetzlichen Vertreter, vertretungsberechtigte Bevollmächtigte, ProzBev, Beistände, Streithelfer, ferner wegen ihrer Aussagen oder Beurteilungen Zeugen und Sachverständige. Der Protokollführer muß den Vorsitzenden notfalls erinnern. I 3 ergibt, daß der Sinn darin besteht, die Genehmigung der Beteiligten zu erwirken, Düss FamRZ **83**, 723. Das Gericht muß die Genehmigung von dem Erklärenden oder der Partei erwirken, also nicht nur zB vom Zeugen. Bei einem Erbvertrag muß das Protokoll die Genehmigungen nicht nur der ProzBev, sondern auch der anwesenden Parteien persönlich enthalten, Düss Rpfleger **07**, 77. Ein Verzicht eines Beteiligten auf die Vorlesung ist grundsätzlich zulässig, Rn. 8, aM Ffm FamRZ **80**, 907, Zweibr FamRZ **04**, 1381 (aber das wäre Formalismus, Rn 1, 8). Das Gericht darf einen solchen Verzicht aber nicht beachten, wenn er die Rechte eines anderen Beteiligten beeinträchtigen kann.

4 **B. Zeitpunkt.** Die Vorlesung usw braucht nicht unbedingt schon in der Verhandlung zu erfolgen. Denn das Protokoll ist ja insgesamt „über" die Verhandlung notwendig, nicht schon „in ihr", § 159 I 1. Freilich wachsen die Probleme bei einer erst nachträglichen Aufnahme.

5 **C. Weitere Einzelfragen.** Bei einem bloßen Vermerk nach § 161 II ist § 162 unanwendbar. Ein solcher Vermerk liegt auch vor, wenn zB „Zeuge X vernommen wurde und erklärte, er habe ..." oder eine ähnliche indirekte Gedächtnisstütze vorliegt. Dagegen ist bei einem echten Wortprotokoll, auch einem diktierten, § 162 selbst dann anwendbar, wenn nach § 161 überhaupt kein Protokoll notwendig wäre, aM BGH VersR **80**, 751 (aber das wäre inkonsequent). § 160 II kann eine Maßnahme nach § 162 erübrigen. § 160 IV ist anwendbar.

6 **4) Vorläufige Aufzeichnung, I 2, II.** Ein Grundsatz hat mehrere Ausnahmen.

A. Grundsatz: Notwendigkeit des Abspielens oder Vorlesens, I 2. Im allgemeinen reicht die Vorlesung der vorläufigen Aufzeichnung der Aussage eines Zeugen, Sachverständigen oder einer Partei usw aus. Das Gericht braucht also weder die vorläufige Aufzeichnung noch deren Übertragung in die Langschrift vorzulegen. Vorlesen muß das Gericht zB den Wortlaut des Prozeßvergleichs, auch wenn er als eine Anlage zum Protokoll kommt, Hamm NJW **00**, 3222, Zweibr Rpfleger **00**, 461, Schneider MDR **97**, 1091. Beim Bildschirm reicht das Vorlesen von ihm aus, LG Stralsund NJW **97**, 3178, aM Mihm NJW **97**, 3122 (je zum notariellen Protokoll, das wegen I 2, 3 nicht direkt vergleichbar ist. § 162 ist aber großzügiger und moderner). Bei einem Tonträger kann das Abspielen reichen. Die Vorlesung oder das Abspielen können freilich erforderlich sein, Zweibr Rpfleger **00**, 461. Ein lautes Diktat genügt also grundsätzlich nicht, OVG Münst NJW **76**, 1228. Das gilt ansich selbst dann, wenn der Betroffene das Diktat genehmigt hat, Schlesw SchlHA **80**, 73, aM Brdb FamRZ **00**, 548 (aber II 1 ist eng auslegbar). Ebensowenig reicht die bloße Vorlage zur Durchsicht. Wegen eines Verzichts Rn 3. Beim Verzicht kann § 160 II anwendbar sein.

7 **B. Ausnahme bei unmittelbarer Aufzeichnung, II 1.** Ausnahmsweise braucht das Gericht weder vorzulesen noch abzuspielen, wenn es die Originalaussage des Zeugen, Sachverständigen oder der vernommenen Partei nach § 160 III Z 4 unmittelbar in ihrem vollen Wortlaut auf einen Tonträger aufgenommen hat, § 160 a Rn 5. Es darf also nicht bloß eine Kurzschriftaufnahme erfolgt sein, BVerwG NJW **76**, 1283. Ein stillschweigender Verzicht ist zulässig, unklar BGH RR **88**, 395. Derjenige, dessen Aussage das Gericht aufgezeichnet hat (nicht ein anderer Beteiligter), kann ein Abspielen verlangen, II 1 Hs 2. Das Gericht braucht auf dieses Recht aber nicht hinzuweisen, BVerwG NJW **76**, 1282. Das Gericht braucht auch keinen Vermerk dahin aufzunehmen, man habe das Abspielen nicht verlangt. Erst recht braucht das Gericht die Aussage nicht abzuspielen, soweit man das Abspielen nicht beantragt hat, BVerwG NJW **76**, 1282, Franzki DRiZ **75**, 98. Das Gericht muß eine vorläufige Aufzeichnung neben einer unmittelbaren vorlesen, BVerwG NJW **83**, 2275.

8 **C. Weitere Ausnahme bei Diktat und Verzicht, II 2.** Das Gericht braucht ferner ausnahmsweise weder vorzulesen noch abzuspielen, wenn es den Text ins Stenogramm oder auf einen Tonträger diktiert hat und wenn alle Beteiligten auf die Vorlesung wirksam verzichtet haben, strenger Ffm FamRZ **80**, 907, Naumb FamRZ **07**, 1179 links oben (vgl aber Rn 1). Den Verzicht müssen alle Beteiligten ausgesprochen haben, also nicht bloß die Beweispersonen, Putzo NJW **75**, 188, Schmidt NJW **75**, 1308. Das muß nach der Aufzeichnung geschehen sein, nicht nur vor ihr oder während der Aufzeichnung. Das gilt allerdings nur gegenüber der Aussage eines Zeugen, Sachverständigen, der vernommenen Partei und bei einem Augenschein, § 160 II Z 4, 5. Ausreichend ist zB auch ein protokollierter und verlesener Verzicht auf die nochmalige Verlesung des erhaltenen Vergleichstextes. Ein stillschweigender Verzicht nach Rn 7 erfolgt in der Praxis insbesondere dann, wenn die Parteien Anwälte als ProzBev haben. Im Zweifel empfiehlt sich eine Rückfrage des Vorsitzenden. Es läßt sich nur nach den Umständen des Einzelfalls beurteilen, ob alle Beteiligten einen Verzicht nach Rn 7 oder Rn 8 erklärt haben. Das Gericht muß jeden Verzicht protokollieren.

Wenn eine *anwaltlich vertretene* Partei keinen Antrag stellt, liegt in ihrem Verhalten grundsätzlich ein stillschweigender Verzicht. Wenn sich ein Zeuge bei seiner Aussage weder in Widersprüche verwickelte noch irgendwelche sonstigen Schwierigkeiten bereitete, liegt mangels eines Antrags auch bei ihm meist ein wenigstens stillschweigender Verzicht vor. Das gilt auch dann, wenn der Zeuge rechtsunkundig ist.

Ein *nachträglicher Verzicht* auf die Vorlesung kommt zwar grundsätzlich ebenfalls in Betracht, aM LG Brschw MDR **75**, 322 (zu formstreng). Er reicht aber nicht aus, wenn das Gericht die Aussage oder das Ergebnis des Augenscheins nicht in der Gegenwart aller Beteiligten diktiert hatte, BVerwG NJW **76**, 1283, Schmidt NJW **75**, 1308.

9 **5) Protokollvermerk, I 3, II.** Das Gericht muß grundsätzlich wegen I 3, II letzter Hs einen Protokollvermerk über die Vorlesung oder das Abspielen und die Genehmigung oder Einwendungen oder über den Verzicht anfertigen. Das gilt besonders dann, wenn das Protokoll einen Vollstreckungstitel schafft. Ausreichend ist zB: „nach Diktat genehmigt", ferner zB „v. g.", „a. g.", „auf V. verz.". Die Unterschrift der Beteiligten ist unnötig, Einf 2 vor §§ 159–165. Sie ist aber zulässig und evtl ratsam, jedoch nicht erzwingbar. Eine Verweigerung läßt sich nicht durch Ordnungsmittel ahnden. Bei einem stillschweigenden Verzicht nach Rn 8 läßt die Praxis auch einen entsprechenden Vermerk vielfach ausnahmsweise entfallen. Soweit ein Beteiligter eine vom Gericht ordnungsgemäß vorbereitete und erbetene Genehmigung endgültig verweigert, kommt diese Verweigerung ins Protokoll. Das Gericht würdigt diesen Umstand frei, § 286, BGH NJW **84**, 1466, BVerwG NJW **86**, 3157.

10 **6) Verstoß, I, II.** Einem Grundsatz stehen Ausnahmen gegenüber. Die Rüge eines Formverstoßes kann wegen Rechtsmißbrauchs unbeachtlich sein, Einl III 54, Ffm FamRZ **84**, 302.

A. Grundsatz: Nachholung. Ein Verstoß kann die Beweiskraft des Protokolls als einer öffentlichen Urkunde beeinträchtigen, BGH RR **07**, 1451 (freilich nicht alle Beweiskraft), Brdb FamRZ **04**, 1655. Er zwingt das Gericht zur Nachholung in einer notfalls neuen mündlichen Verhandlung, § 156. Soweit die Nachholung nicht möglich ist, ist grundsätzlich kein wirksames Protokoll entstanden, BGH NJW **84**, 1466, KG FamRZ **84**, 285, Köln FamRZ **84**, 1048. Sofern der Vorgang in der Verhandlung korrekt ablief und nur seine Protokollierung unrichtig erfolgte, ist § 164 anwendbar. Soweit das Gericht und ein Beteiligter voneinander abweichen, I letzter Hs, muß das Gericht im Protokoll nicht nur vermerken, daß eine Abweichung vorliegt, sondern auch, worin sie besteht. Auf Grund eines etwaigen nach § 139 zu veranlassenden Antrags ist sodann § 160 IV anwendbar.

B. Ausnahmen. Freilich ist die Wirksamkeit des Protokolls nicht stets von einer Genehmigung abhängig, Rn 8, BGH NJW **99**, 2806, BSG MDR **81**, 612, strenger ZöStö 6. Im übrigen ist die Wirksamkeit der protokollierten Handlung grundsätzlich nicht von der Ordnungsmäßigkeit des Protokolls abhängig, BGH **107**, 146, Brdb FamRZ **00**, 558, Ffm RR **88**, 547 (je zum Anerkenntnis), aM Bbg FamRZ **02**, 1122 (zu einer Scheidungsvereinbarung), Karlsr FamRZ **89**, 645 (zum Anerkenntnis), BSG MDR **81**, 612 (zur Klagerücknahme), BGH RR **07**, 1451, Brdb FamRZ **04**, 1655 (je zum Rechtsmittelverzicht. Aber in allen diesen Fällen bleiben die Erwägungen Rn 3). 11

Wegen der Ausnahmen beim Geständnis vor dem verordneten Richter § 288 Rn 6, und beim *Prozeßvergleich* Anh § 307 Rn 21 ff. Ein Verstoß kann auch die Wirksamkeit einer Vereinbarung über den Versorgungsausgleich nach § 1587 o II 2 BGB beseitigen, Saarbr OLGR **98**, 40. Das Gericht darf und muß unter Umständen die ursprüngliche Fassung des Protokolls trotz Einwendungen nach I 3 bestehen lassen. Gemeint ist also vielmehr eine urkundliche Klärung darüber, inwieweit das Gericht und die Beteiligten über die Richtigkeit des Protokollentwurfs übereinstimmen, BGH NJW **84**, 1466. 12

163 *Unterschreiben des Protokolls.*

I [1] Das Protokoll ist von dem Vorsitzenden und von dem Urkundsbeamten der Geschäftsstelle zu unterschreiben. [2] Ist der Inhalt des Protokolls ganz oder teilweise mit einem Tonaufnahmegerät vorläufig aufgezeichnet worden, so hat der Urkundsbeamte der Geschäftsstelle die Richtigkeit der Übertragung zu prüfen und durch seine Unterschrift zu bestätigen; dies gilt auch dann, wenn der Urkundsbeamte der Geschäftsstelle zur Sitzung nicht zugezogen war.

II [1] Ist der Vorsitzende verhindert, so unterschreibt für ihn der älteste beisitzende Richter; war nur ein Richter tätig und ist dieser verhindert, so genügt die Unterschrift des zur Protokollführung zugezogenen Urkundsbeamten der Geschäftsstelle. [2] Ist dieser verhindert, so genügt die Unterschrift des Richters. [3] Der Grund der Verhinderung soll im Protokoll vermerkt werden.

Gliederung

1) Systematik, I, II. Die Vorschrift schließt die Reihe der gesetzlichen Anordnungen über die Herstellung des Protokolls. Sie ist mit §§ 130 Z 6, 315 vergleichbar im Fall eines Beschlusses mit den Anforderungen § 329 Rn 8, 9. 1

2) Regelungszweck, I, II. Der Zweck ist derselbe wie in allen diesen Fällen, dazu § 129 Rn 10. Es soll sicher sein, daß jede Urkundsperson die in ihren Zuständigkeitsbereich fallende Verantwortung für die Beweiskraft einer öffentlichen Urkunde nach §§ 415, 418 voll und umfassend übernimmt. Deshalb muß man dieselben Anforderungen an die Ausführung der Unterschrift stellen wie sonst, auch an diejenige durch den besonderen Urkundsbeamten, § 129 Rn 9 ff. 2

Der Richter als gleichzeitiger Protokollführer muß stets das Protokoll ebenso unterschreiben wie ein etwa noch amtierender besonderer Protokollführer. Er wird ja in verschiedenen Funktionen tätig. Er haftet in jeder dieser Funktionen durchaus unterschiedlich. Sein „Verzicht auf eine besondere Protokollkraft" entbindet nicht von der Notwendigkeit eines gesetzmäßigen Protokolls und von der Einhaltung der dazu erforderlichen Form.

3) Geltungsbereich, I, II. Einf 3, 4 vor §§ 159–165. 3

4) Gemeinsame Unterschrift, I 1. Die Vorschrift gilt auch für eine Protokollergänzung oder -berichtigung, BVerwG NJW **77**, 264. Unterschreiben müssen sowohl der Vorsitzende oder der Amtsrichter oder Einzelrichter nach §§ 348, 348 a, 526, 527, 568, ferner der Vorsitzende der Kammer für Handelssachen nach § 349, ferner der verordnete Richter nach §§ 361, 362, 375, oder der als Gericht amtierende Rpfl im Mahnverfahren nach Grdz 4 vor § 688 oder als der etwa als Protokollführer zugezogene Urkundsbeamte der Geschäftsstelle. Sie alle müssen das als eine einheitliche Urkunde erforderliche Protokoll jeweils in eigener Verantwortung unterschreiben, BGH VersR **89**, 604. Das gilt auch für Vorgänge nach § 160 a II 3, 4, BVerwG NJW **77**, 264. Der Vorsitzende ist wegen der Aufnahme der Niederschrift von Zeugenaussagen usw erweitert mitverantwortlich, BVerwG NJW **77**, 264. 4

Natürlich ist der Protokollführer als solcher nicht für die *inhaltliche Richtigkeit* der etwa nach § 313 a I 2 ins Protokoll aufgenommenen Entscheidungsgründe mitverantwortlich, wohl aber für die getreue Übertragung des Diktats in die Reinschrift. Er muß die inhaltliche Richtigkeit und Vollständigkeit mitprüfen. Er darf sich aber auf sein Gedächtnis und auf etwaige eigene Notizen beschränken. Er muß im Zweifel die Richter befragen. Er trägt aber die Hauptverantwortung für die zutreffende Aufnahme und Wiedergabe der vorläufigen Aufzeichnung gleich welcher Art.

Die vollständigen und ordnungsgemäßen Unterschriften sind Voraussetzungen der Bereitschaft nach §§ 165, 425 ff, BGH VersR **89**, 604. Sie müssen *handschriftlich und eigenhändig* mit dem vollen Namen erfolgen. Es gelten dieselben Formerfordernisse wie sonst, zB § 129 Rn 9, § 315 Rn 1, 2, § 329 Rn 8, 9,

13, BGH NJW **88**, 713. Eine bloße Namensabkürzung (Paraphe) genügt insbesondere nicht, § 129 Rn 31. Eine gleichzeitige Unterzeichnung ist nicht erforderlich. Meist unterschreibt zunächst der etwa als Protokollführer zugezogene Urkundsbeamte. Alle Unterschriften müssen unverzüglich erfolgen, also ohne eine vorwerfbare Verzögerung, wie bei § 121 I 1 BGB. Eine Nachholung mag bis zum Ende des Richteramts rückwirkend möglich sein, Vollkommer Rpfleger **76**, 259. Sie gibt jedenfalls einen Wiedereinsetzungsgrund nach § 233, BGH VersR **89**, 604. Es muß derjenige unterschreiben, der die Verhandlung leitet. Das ist nach einem Prozeßvergleich vor dem beauftragten Richter der letztere, nicht etwa später der Vorsitzende des Prozeßgerichts, Stgt JB **76**, 92.

5 **5) Tonaufnahme usw, I 2.** Der Tonaufnahme steht eine Übertragung aus einer Kurzschrift entgegen dem zu engen Wortlaut von I 2 gleich, ThP 1, aM StJR 8 (aber der Regelungszweck nach Rn 2 ist derselbe). Dann ist der Urkundsbeamte der Geschäftsstelle für die Richtigkeit der Übertragung in die Langschrift stets allein verantwortlich. Es geht zunächst um eine Tonaufnahme usw nach § 160 a I, III 2. Nur infolge eines offenbaren Redaktionsversehens hat der Gesetzgeber I 2 nicht mitgeändert. Daher geht es auch um I 2. Die Vorschrift gilt unabhängig davon, ob der Urkundsbeamte bei der Tonaufnahme usw anwesend war, BVerwG NJW **77**, 264. Sie gilt auch unabhängig davon, ob der Urkundsbeamte das Aufnahmegerät bedient hat, ob er oder die Kanzlei die Übertragung technisch vorgenommen haben und ob die Übertragung unverzüglich nach der Sitzung oder das Protokoll insofern erst später von Amts wegen oder auf Grund eines Antrags oder auf Grund der Anforderung eines Beteiligten nach § 160 a II 3, 4 ergänzt wurde.

Die Bestätigung einer richtigen Übertragung erfolgt nur durch die *Unterschrift* des Urkundsbeamten der Geschäftsstelle. Es ist also kein besonderer Bestätigungsvermerk notwendig. Er ist aber zulässig und zur Vermeidung von etwaigen Mißverständnissen ratsam. Das gilt besonders dann, wenn nicht derselbe Urkundsbeamte das übrige Protokoll angefertigt hat. Die Nachholung zumindest der Funktionsbezeichnung „Urkundsbeamter der Geschäftsstelle" ist noch in der Revisionsinstanz zulässig, BVerwG NJW **77**, 264. Nur derjenige darf die Bestätigung geben, der die Aufnahme abhört. Der Vorsitzende bleibt für die inhaltliche Richtigkeit und für die Vollständigkeit des Übertragenen insofern mitverantwortlich, BVerwG NJW **77**, 264, als er evtl auf eine kritische Nachprüfung durch den Urkundsbeamten hinwirken muß.

6 **6) Verhinderung an der Unterschrift, II.** Man muß Voraussetzungen und Folgen unterscheiden.

A. Voraussetzungen. Diese Verhinderung tritt ein, sobald der Vorsitzende seine Beurkundungsfähigkeit nicht nur vorübergehend verliert, § 315 Rn 4–6, oder sobald ein weiteres Zuwarten auf seine Unterschrift prozessual unverantwortbar oder sinnlos ist. Das ist bei einer Versetzung des Vorsitzenden möglich. Es muß aber nicht sogleich eintreten, BGH VersR **81**, 553, aM Stgt Rpfleger **76**, 258 (abl Vollkommer). Zum blinden Vorsitzenden BFH BStBl **84** II 532.

7 **B. Folgen.** Wenn der Vorsitzende verhindert ist, unterschreibt der dienstälteste, nicht der an Lebensjahren älteste, bei gleichem Dienstalter aber der lebensälteste Beisitzer, II 1 Hs 1, §§ 21 f II, 197 GVG, § 315 I 2. Er zeichnet zusätzlich zur eigenen Unterschrift „zugleich für den verhinderten Vorsitzenden". Bei einer Verhinderung des Vorsitzenden und des dienstältesten Beisitzers unterschreibt der im Dienst nächstälteste Beisitzer, nicht etwa der Urkundsbeamte allein. Wenn nur ein Richter tätig war, sei es beim AG, sei es als Einzelrichter nach §§ 348, 348 a, 526, 527, 568, sei es als ein beauftragter oder ersuchter Richter nach §§ 361, 362, 375, oder wenn alle Richter oder wenn der als Gericht tätig gewesene Rpfl oder Urkundsbeamte nach Grdz 4 vor § 688 verhindert sind, unterschreibt bei seiner Verhinderung der Urkundsbeamte der Geschäftsstelle, soweit er als Protokollführer tätig gewesen war, also nicht, wenn er nur nach I 2 Hs 2 tätig werden muß. Im letzteren Fall ist kein wirksames Protokoll möglich.

Bei einer *Verhinderung des* zur Unterschrift als Protokollführer befugten *Urkundsbeamten* der Geschäftsstelle genügt die Unterschrift des Vorsitzenden oder notfalls diejenige des dienstältesten Beisitzers usw, Rn 6, II 2. Das gilt auch dann, wenn der Urkundsbeamte eine vorläufige Aufzeichnung aufgenommen hatte, § 160 a I. Wegen weiterer Einzelheiten zur Verhinderung § 315 Rn 4–10. Sind alle Personen verhindert, deren Unterschrift erforderlich ist oder ausreicht, ist kein wirksames Protokoll möglich.

8 **C. Vermerk.** Das Gericht soll, nicht muß, den Verhinderungsgrund im endgültigen Protokoll kurz vermerken, II 3, zB „Vorsitzender X ist wegen einer Erkrankung an der Unterschrift verhindert".

9 **7) Verstoß, I, II.** Bei einer Unleserlichkeit oder Lückenhaftigkeit oder Unverständlichkeit der Übertragung muß das Gericht den Vorgang frei würdigen, § 286. Eine Berichtigung richtet sich nach § 164. Man kann eine fehlende, unrichtige oder unzulängliche Unterschrift auf Grund einer Rüge jederzeit nachholen, Vollkommer Rpfleger **76**, 259 (auch noch nach der Einlegung eines Rechtsmittels oder nach einem Wechsel des Richters, Rpfl oder Urkundsbeamten durch den bisherigen ZöStö 8, aM bei Versetzung zu streng Stgt MDR **76**, 673). Das gilt natürlich nicht mehr nach dessen Ausscheiden aus diesem Amt oder gar aus dem Dienst, BVerwG NJW **77**, 264, Mü MDR **83**, 410, Stgt JB **76**, 380. Mangels einer wirksamen Nachholung ist keine wirksame Unterschrift und daher kein wirksames Protokoll vorhanden und eine freie Würdigung nach § 286 auch insoweit notwendig.

164 *Protokollberichtigung.* [I] **Unrichtigkeiten des Protokolls können jederzeit berichtigt werden.**

[II] **Vor der Berichtigung sind die Parteien und, soweit es die in § 160 Abs. 3 Nr. 4 genannten Feststellungen betrifft, auch die anderen Beteiligten zu hören.**

[III] [1] **Die Berichtigung wird auf dem Protokoll vermerkt; dabei kann auf eine mit dem Protokoll zu verbindende Anlage verwiesen werden.** [2] **Der Vermerk ist von dem Richter, der das Protokoll unterschrieben hat, oder von dem allein tätig gewesenen Richter, selbst wenn dieser an der Unterschrift verhindert war, und von dem Urkundsbeamten der Geschäftsstelle, soweit er zur Protokollführung zugezogen war, zu unterschreiben.**

IV [1] **Erfolgt der Berichtigungsvermerk in der Form des § 130 b, ist er in einem gesonderten elektronischen Dokument festzuhalten.** [2] **Das Dokument ist mit dem Protokoll untrennbar zu verbinden.**

Gliederung

1) Systematik, I–III. Die Vorschrift entspricht dem beim Urteil geltenden § 319, Kblz JB **07**, 316. Sie geht aber über dessen Unrichtigkeitsbegriff hinaus, Rn 4. Zur Abgrenzung von der Berichtigung des Sachinhalts einer richterlichen Entscheidung § 160 a Rn 14. 1

2) Regelungszweck, I–III. Die Vorschrift entspricht wie § 319 einem praktischen Bedürfnis. Sie dient sowohl der Gerechtigkeit nach Einl III 9, 36 als auch der Prozeßwirtschaftlichkeit, Grdz 14 vor § 128. Sie hilft auch ein Folgeverfahren zu vermeiden, gar ein solches wegen einer angeblichen Falschbeurkundung. Aus allen diesen Gründen ist sie großzügig auslegbar. 2

Das Rangverhältnis zwischen dem Protokoll, dem Tatbestand und den Entscheidungsgründen kann sich zwar auf § 164 auswirken. Das ändert aber grundsätzlich nichts am Umfang und an den Grenzen einer Berichtigung oder an deren Ablehnung nach dieser Vorschrift. Ob sich aus der Entscheidung über die Behandlung der einen Urkunde eine Folge für die Behandlung der anderen ergibt, ist jedenfalls nur eine Folgefrage.

3) Geltungsbereich, I–III. Vgl Einf 3, 4 vor §§ 159–165. 3

4) Berichtigungspflicht, I. Man muß mehrere Voraussetzungen klären. 4

A. Von Amts wegen oder auf Antrag. Das Protokoll kann insgesamt unrichtig sein oder bei einer nachträglichen Herstellung unrichtig werden. Seine Berichtigung ist in allen Fällen jederzeit von Amts wegen zulässig, Mü OLGZ **80**, 466. Sie ist auch auf Grund eines Antrags statthaft. Das gilt auch dann, wenn eine Partei oder ein sonstiger Beteiligter die Unrichtigkeit schon in der Rechtsmittelinstanz gerügt hatte, BVerwG MDR **81**, 166, Hamm Rpfleger **79**, 30. Die Berichtigung ist auch nach dem Ablauf einer Frist zum Vergleichswiderruf zulässig. Eine Erklärung der nicht rechtskundigen Partei, das Gericht habe sie trotz ihrer Anwesenheit nicht aufgerufen, ist meist als ein Berichtigungsantrag auslegbar, BVerfG **42**, 369.

B. Unrichtigkeit. Das Gericht muß nicht nur eine offenbare Unrichtigkeit berichtigen. Es muß vielmehr jede förmliche oder inhaltliche Unvollständigkeit oder sonstige Unrichtigkeit beseitigen, Hamm MDR **83**, 410 (Vergleich), Mü OLGZ **80**, 466, aM Stgt Rpfleger **76**, 278 (aber Unrichtigkeit ist nach dem Wortlaut und Sinn ein umfassender Begriff, Einl III 39). Das gilt unabhängig davon, ob die Berichtigung in diesem Prozeß entscheidungserheblich sein kann. Denn die öffentliche Urkunde des Protokolls kann anderswie beachtlich sein. Sie muß ja auch wegen ihrer allgemeinen Beweiskraft usw richtig sein. Insofern geht § 164 weiter als § 319. Eine Richtigstellung im Urteil oder in einer anderen Sachentscheidung erübrigt das Verfahren nach § 164 nicht. Eine Verständlichkeit für die Parteien bei einer erlaubten und zumutbaren Auslegung genügt wie beim Tatbestand nach § 313 Rn 15. § 164 ist auf eine notarielle Urkunde entsprechend anwendbar, Kanzleiter DNotZ **90**, 484. Eine sprachliche Klarstellung oder diejenige eines sonstigen bloßen Übertragungs- oder Schreibfehlers sind oder erfordern keine Berichtigung. Sie sind jederzeit auch ohne eine Anhörung und ohne einen besonderen Protokollführer möglich, Franzki DRiZ **75**, 101. §§ 318, 319 schaden nicht. Wer die Unrichtigkeit als Partei usw behauptet, muß sie beweisen, § 418 Rn 7. Er kann sich aber evtl auf einen Anscheinsbeweis berufen, Anh § 286 Rn 15, BGH NJW **85**, 1782. 5

C. Zuständigkeit. Das Wort „kann" bedeutet, wie so oft: Das Gericht ist zuständig. Es liegt also nicht etwa ein Ermessensspielraum vor. Man muß vielmehr eine erwiesene Unrichtigkeit auch berichtigen, Düss AnwBl **02**, 119, Kanzleiter DNotZ **90**, 483. Diese Pflicht besteht auch dann, wenn die Auswirkung der Unrichtigkeit derzeit noch unerheblich ist. Ob eine Unrichtigkeit vorliegt, müssen alle diejenigen prüfen, die für das Zustandekommen der fraglichen Stelle mitverantwortlich waren, also grundsätzlich der Vorsitzende und bei seiner fortdauernden Verhinderung der dienstälteste Beisitzer usw nach § 163 Rn 6 oder der allein tätig gewordene Richter und außerdem der als Urkundsbeamter der Geschäftsstelle für die fragliche Protokollstelle tätig gewordene Protokollführer. Sie müssen in ihrer Meinung übereinstimmen, LG Ffm JB **93**, 745. Berichtigen darf und muß nur derjenige, der mitgewirkt hat, Mü OLGZ **80**, 467. Das gilt selbst dann, wenn er inzwischen versetzt worden ist. Ist der Richter zum Staatsanwalt ernannt und der Urkundsbeamte entlassen, sind beide verhindert, Mü OLGZ **80**, 467. 6

D. Unzulässigkeit. Nach dem Ablauf der Monatsfrist des § 160 a III Z 1 ist die Berichtigung nur noch beschränkt zulässig, Schneider JB **75**, 131. Soweit es um die Berichtigung einer solchen Tatsache geht, die das Gericht als „vorgelesen und genehmigt" protokolliert hatte, ist eine Berichtigung des bisherigen 7

Protokolls grundsätzlich unzulässig etwa bei einem Prozeßvergleich, Hamm MDR **83**, 410, Nürnb MDR **03**, 652, Vollkommer Rpfleger **76**, 258. Das Gericht holt dann evtl in einem neuen Termin eine richtige Protokollierung nach, Hamm MDR **83**, 410. Zulässig ist aber die Berichtigung nur der an eine vorläufige Aufzeichnung nach § 160 a anschließenden späteren Niederschrift, Ffm MDR **86**, 152.

8 **5) Anhörung, II.** Soweit das Gericht eine Berichtigung des Protokolls von Amts wegen oder auf Grund eines Antrags beabsichtigt, hat es eine Anhörungspflicht, Mü OLGZ **80**, 467. Es muß schon wegen §§ 165, 313 II stets beide Parteien anhören, Artt 2 I, 20 III GG (Rpfl), BVerfG **101**, 404, Art 103 I GG (Richter). Das gilt einschließlich des Streithelfers nach § 68 und des Streitverkündeten, § 74 II. Denn sie alle können beteiligt oder betroffen sein. Es gilt natürlich nur, soweit sie infolge der Berichtigung beschwert sein würden, BGH VersR **86**, 488, Hamm Rpfleger **84**, 193. Anhören muß das Gericht außerdem auch den Zeugen nach § 373, den Sachverständigen nach § 406 und die vernommene Partei nach §§ 445 ff persönlich, soweit die Berichtigung die Feststellung von deren Aussagen betrifft. Dabei ist eine weite Auslegung des Begriffs „Betroffenheit" erforderlich. Das Gericht muß dem Beteiligten eine angemessene Frist setzen. Die Anhörung braucht nicht mündlich zu erfolgen. Sie ist nur in einem klarliegenden Fall entbehrlich, Franzki DRiZ **75**, 101 (Vorsicht!).

9 **6) Durchführung der Berichtigung, III, IV.** Das Gericht muß die folgenden Formen einhalten.

A. Vermerk. Die Berichtigung erfolgt durch einen Vermerk, eine Richtigstellung, BGH VersR **86**, 488, Hamm Rpfleger **84**, 193, Mü OLGZ **80**, 467. Das Gericht bringt ihn entweder auf dem zuvor falschen Protokoll selbst oder auf einer mit ihm zu verbindenden Anlage an. Im letzteren Fall ist ein Hinweis auf die Anlage im Protokoll selbst erforderlich, damit man bei der Durchsicht des Protokolls oder bei der Erteilung einer Ablichtung oder Abschrift eine Berichtigung nicht übersieht, BGH VersR **86**, 487. Wenn die Parteien oder ihr ProzBev das Protokoll schon besitzen, genügt die Übersendung der Berichtigung. Die Beschlußform nach § 329 ist unnötig. Sie ist aber natürlich erlaubt, Hamm Rpfleger **84**, 193. Die berichtigte Stelle muß in ihrer unrichtigen früheren Form erkennbar bleiben. Bei einer elektronischen Aktenführung erfolgt der Vermerk nach IV in Verbindung mit § 130 b in einem gesonderten elektronischen Dokument nach IV 1, das der Urkundsbeamte mit dem Protokoll nach IV 2 elektronisch verbinden muß, ähnlich wie bei § 105 I 2, 3 usw.

10 **B. Unterschrift oder Signatur: Bisheriger Richter und Urkundsbeamter.** Die Berichtigung erhält unabhängig von ihrer Form grundsätzlich die Unterschrift oder nach § 130 b die elektronische Signatur desjenigen Richters, der das Protokoll unterschrieben oder signiert hatte, also evtl des Einzelrichters nach §§ 348, 348 a, 526, 527, 568, nicht etwa des Vorsitzenden oder des Amtsnachfolgers. Der als Protokollführer etwa zugezogene Urkundsbeamte der Geschäftsstelle unterschreibt oder signiert gemeinsam mit dem Richter, III 2, also wie bei § 163 Rn 3, Hamm Rpfleger **84**, 193. Die Unterschrift oder Signatur erfolgt auf dem berichtigten Protokoll, nicht bloß auf der berichtigten Anlage. Eine Namensabkürzung genügt ebensowenig wie sonst bei einer erforderlichen Unterschrift, § 129 Rn 31, LG Ffm JB **93**, 745. Unterschreiben usw muß auch derjenige Richter, der beim unrichtigen Protokoll an der Unterschrift usw verhindert gewesen war und für den kein anderer Richter unterschrieben usw hatte oder der inzwischen versetzt wurde, ohne aus dem Dienst zu scheiden, Mü OLGZ **80**, 465 (mit Dienstende keinerlei Funktion mehr). Der Urkundsbeamte der Geschäftsstelle muß nur unterschreiben usw, soweit der Vorsitzende ihn als Protokollführer zugezogen hatte, also nach einer bloßen Tätigkeit nach § 163 I 2 nur, soweit ein Übertragungsfehler vorlag. Der Urkundsbeamte unterschreibt usw auch, wenn er an der Unterzeichnung usw des unrichtigen Protokolls verhindert war. Er unterschreibt usw natürlich nicht, soweit er bei dem unrichtigen Protokoll überhaupt nicht mitgewirkt hat, Mü OLGZ **80**, 466.

Bei einer *Verhinderung* des Richters oder des Urkundsbeamten als Protokollführer unterschreibt usw der andere. Das genügt, ThP 2, ZöStö 6, aM Franzki DRiZ **75**, 101 (aber auch hier hat die Prozeßwirtschaftlichkeit ihr Gewicht, Grdz 14 vor § 128). Sind beide verhindert, ist eine wirksame Berichtigung nicht möglich, Franzki DRiZ **75**, 101, aM StJR 12, ThP 3, ZöStö 6 (dann Unterschrift usw nur des Urkundsbeamten. Aber auch der ist ja gerade verhindert). Die Berichtigung hat grundsätzlich eine Rückwirkung, Kanzleiter DNotZ **90**, 484. Das gilt aber nicht, soweit das Protokoll eine sachlichrechtlich notwendige Form ersetzen soll.

Formlose Mitteilung der Berichtigung genügt schon wegen ihrer Unanfechtbarkeit, Rn 11, § 329 II 1, es sei denn, erst die bloße Berichtigung schafft oder ändert einen Vollstreckungstitel, § 329 III Hs 1.

11 **C. Berichtigung: Unanfechtbarkeit.** Die Berichtigung ist grundsätzlich unanfechtbar, BGH FamRZ **04**, 1637. Denn das Rechtsmittelgericht ist zu einer Beurteilung durchweg gar nicht imstande, Rn 14. Das gilt unabhängig von ihrer Form, Hamm Rpfleger **84**, 193, Abramenko NJW **03**, 1358. Vgl aber auch § 319 Rn 2 sowie Ffm MDR **83**, 410 je wegen eines Vergleichs.

12 **7) Ablehnung der Berichtigung, III, IV.** Man muß die folgenden Formen beachten.

A. Grundsatz: Beschluß. Das Gericht lehnt eine Berichtigung in der Form eines Beschlusses ab, § 329. Er muß seinen Beschluß grundsätzlich begründen, § 329 Rn 4. Er verkündet ihn oder teilt ihn den Beteiligten formlos mit, § 329 I 1, II 1.

13 **B. Unterschrift oder Signatur.** Den Ablehnungsbeschluß müssen dieselben Personen unterschreiben oder signieren, die eine Berichtigung unterzeichnen oder signieren mußten, StJR 18, aM ZöStö 10 (aber auch der Ablehnung liegt die gemeinsame Verantwortung zugrunde).

14 **8) Rechtsmittel gegen Ablehnung der Berichtigung: Grundsatz der Unanfechtbarkeit, III, IV.** Der Ablehnungsbeschluß ist grundsätzlich unanfechtbar, auch wenn ein Beteiligter eine Ergänzung beantragt hatte, BayObLG WoM **89**, 49 (WEG), Ffm RR **07**, 1143. Das höhere Gericht hat ja an der fraglichen Sitzung nicht teilgenommen und die Vorgänge nicht selbst wahrgenommen. Es kann sie daher nur selten ohne weiteres überprüfen, Rn 11, Brschw DGVZ **92**, 120, Hamm NJW **89**, 1680, VGH Kassel NVwZ-RR **06**, 849, aM Kblz MDR **86**, 593 (aber in aller Regel gibt es eben leider keine Überprüfungsmöglichkeit ohne einen unvertretbaren Aufwand). Eine zutreffende Protokollierung läßt sich nicht auf ihre rechtliche

Richtigkeit überprüfen, KG MDR **07**, 106. Soweit das LG als Berufungs- oder Beschwerdegericht entschieden hat, ist eine sofortige Beschwerde ohnehin unzulässig, § 567 III 1.

9) Rechtsmittel gegen Ablehnung der Berichtigung: Ausnahmsweise sofortige Beschwerde oder befristete Erinnerung, III, IV. Ausnahmsweise ist die sofortige Beschwerde nach (jetzt) § 567 I Z 2 oder eine befristete Erinnerung nach § 573 I denkbar, wenn das höhere Gericht zB mithilfe einer dienstlichen Äußerung oder eines Aktenvermerks aller an der Sitzung beteiligt gewesenen Gerichtspersonen den Sachverhalt doch überprüfen kann oder wenn es nicht nur um den Protokollinhalt geht, sondern um Fehler des Berichtigungsverfahrens, Düss AnwBl **02**, 119, LAG Hamm MDR **88**, 172, Abramenko NJW **03**, 1357, aM Ffm RR **07**, 1143. Das gilt auch dann, wenn das Gericht oder eine überhaupt nicht zur Entscheidung berufene Person die Berichtigung als unzulässig abgelehnt hatten, Düss AnwBl **02**, 119, Hamm MDR **83**, 410, Abramenko NJW **03**, 1357, aM Hamm Rpfleger **79**, 31 (aber ein derart grober Fehler kann nicht aus formellen Gründen bestehen bleiben). Eine Rechtsbeschwerde kommt unter den Voraussetzungen des § 574 in Betracht. Beim Rpfl gilt § 11 RPflG, § 104 Rn 41 ff. 15

165 *Beweiskraft des Protokolls.*

[1] Die Beachtung der für die Verhandlung vorgeschriebenen Förmlichkeiten kann nur durch das Protokoll bewiesen werden. [2] Gegen seinen diese Förmlichkeiten betreffenden Inhalt ist nur der Nachweis der Fälschung zulässig.

Gliederung

1) Systematik, S 1, 2. Es handelt sich um eine den §§ 286, 415 II, 418 II vorgehende gesetzliche Beweisregel, § 286 Rn 4, und insofern um eine Einschränkung des Grundsatzes der Freiheit der Beweiswürdigung, § 286 Rn 4. 1

2) Regelungszweck, S 1, 2. Die Vorschrift hat ihren Grund in der zentralen Bedeutung der Förmlichkeiten für den weiteren Prozeßverlauf. Es soll ein Streit über die Behandlung dieser Zentralpunkte im Protokoll möglichst unterbleiben. Wegen des Ausnahmecharakters muß man § 165 eng auslegen. 2

Schutz wie Last ist die Begleitwirkung für den Richter wie für den etwa hinzugezogenen besonderen Protokollführer. So selten wie der Nachweis des Verbrechens der Urkundenfälschung im Amt ist die Beweisbarkeit der Abweichung des Tatsächlichen vom Protokollierten bei den von S 1 genannten Förmlichkeiten. Indessen hat der Grundsatz einer freien Beweiswürdigung natürlich auch bei § 165 eine gewisse Mitbedeutung. Das gilt zumindest bei der Frage, ob die Vorschrift überhaupt anwendbar ist.

3) Geltungsbereich, S 1, 2. Vgl Einf 3, 4 vor §§ 159–165. Die Vorschrift gilt seit der Streichung des früheren Worts „mündliche" (Verhandlung) in S 1 auch für die Güteverhandlung des § 278 II 1 Hs 1. 3

4) Förmlichkeit, S 1, 2. Bei der nach Rn 2 notwendigen engen Auslegung ergibt sich: Das Gesetz meint unter „Förmlichkeiten" nur den äußeren Hergang der Verhandlung, im Gegensatz zu ihrem Inhalt, BGH NJW **04**, 1666. Soweit keine Förmlichkeit eindeutig vorliegt, besteht aber immerhin noch die volle Beweiskraft einer öffentlichen Urkunde, § 418 Rn 4, BGH FamRZ **94**, 301, Ffm JB **78**, 446, Kblz JB **80**, 1846 (je: Gebührentatbestand). 4

5) Beispiele zur Frage einer Förmlichkeit, S 1 5

Anerkenntnis, Verzicht, Vergleich, § 160 III Z 1: *Nicht* zu den Förmlichkeiten gehören Inhaltsangaben über ein Anerkenntnis nach § 307, einen Anspruchsverzicht nach § 306, oder einen Prozeßvergleich nach § 307 Anh, BGH **142**, 89, oder gar über einen außergerichtlichen Vergleich, Brschw MDR **76**, 673, Stgt FamRZ **85**, 609. Einzelheiten § 160 Rn 8.

Antrag, § 160 III Z 2: Zu den Förmlichkeiten zählen die Angaben über die gestellten Sachanträge, § 297 Rn 3, BGH VersR **86**, 488, Düss OLGR **01**, 387, Stgt AnwBl **89**, 232.

Nicht zu den Förmlichkeiten zählen die Angaben über einen bloßen Prozeßantrag, § 297 Rn 3, Kblz MDR **75**, 63. Einzelheiten § 160 Rn 9.

Anwesenheit: Zu den Förmlichkeiten gehören die Angaben zur Ab- oder Anwesenheit eines Beteiligten, BGH RR **90**, 342.

Aufruf: Zu den Förmlichkeiten gehören die Angaben über den Aufruf der Sache, § 220.

Augenschein, § 160 III Z 5: *Nicht* zu den Förmlichkeiten gehören die Ergebnisse eines Augenscheins. Einzelheiten § 160 Rn 13.

Aussage, § 160 III Z 4: *Nicht* zu den Förmlichkeiten gehören die Angaben über den Inhalt der Aussage eines Zeugen, eines Sachverständigen und einer förmlich vernommenen Partei, BGH FamRZ **94**, 301, KG AnwBl **00**, 57. Einzelheiten § 160 Rn 11, 12.

Beschluß, § 160 III Z 6: S „Entscheidung".

Bezeichnung des Rechtsstreits, § 160 I Z 3: Zu den Förmlichkeiten gehört die Bezeichnung des Prozesses nach seinem Aktenzeichen, *nicht* auch die etwa zusätzliche Angabe „wegen ..." usw.

Beweisergebnis: Zu den Förmlichkeiten gehören die Angaben über eine Verhandlung zu den Beweisergebnissen, §§ 279 III, 285, BGH NJW **90**, 122, LG Brschw WoM **77**, 11.

Entscheidung, § 160 III Z 6: *Nicht* zu den Förmlichkeiten gehören die Angaben über die Entscheidungen (Urteile, Beschlüsse, Verfügungen). Einzelheiten § 160 Rn 14.

S auch Rn 8 „Verkündung".

Erledigterklärung: Zu den Förmlichkeiten gehören die Angaben über eine oder mehrere gänzliche oder teilweise Erledigterklärungen, § 160 II, ZöStö 2 (Klagänderung), aM ThP 2 (aber solche Erklärungen haben weitreichende Wirkungen, § 91 a Rn 106 ff).

Erörterung: *Nicht* zu den Förmlichkeiten gehören die Angaben über eine Erörterung der Sach- und/oder Rechtslage, § 160 Rn 7, Düss AnwBl **97**, 178, aM BGH NJW **90**, 121 (aber das betrifft schon den Verhandlungsinhalt, Rn 3).

Geständnis usw, § 160 III Z 3: *Nicht* zu den Förmlichkeiten gehören Angaben über ein Geständnis nach § 288 sowie über einen Antrag auf eine Parteivernehmung nach §§ 446, 447 usw und über eine sonstige Erklärung, deren Feststellung notwendig ist, Stgt FamRZ **85**, 609. Einzelheiten § 160 Rn 10.

Güteverhandlung: Zu den Förmlichkeiten gehört die Tatsache einer Güteverhandlung zB nach § 278.

6 **Inhalt des Parteivorbringens:** Grds *nicht* zu den Förmlichkeiten gehören Angaben über den Inhalt eines Parteivorbringens, ZöStö 2, aM Düss ZMR **88**, 336 (aber dann kann es um den Kern des Gesamtanliegens gehen).

Klagerücknahme, § 160 III Z 8: *Nicht* zu den Förmlichkeiten gehören die Angaben über den Text einer Klagerücknahme. Einzelheiten § 160 Rn 16.

Namen der Gerichtspersonen usw, § 160 I Z 2: Zu den Förmlichkeiten gehören die Angaben über die Namen der Richter, der sich evtl sogar als Protokollführer abwechselnden Urkundsbeamten der Geschäftsstelle und der etwa hinzugezogenen Dolmetscher. Einzelheiten § 160 Rn 6.

Namen der Parteien usw, § 160 I Z 4: Zu den Förmlichkeiten gehören die Angaben über die Namen der erschienenen Parteien, Nebenintervenienten (Streithelfer), gesetzlichen Vertreter (Prozeß- oder sonstigen) Bevollmächtigten, Beistände, Zeugen und Sachverständigen, BGH RR **90**, 342. Einzelheiten § 160 Rn 6.

7 **Öffentlichkeit, § 160 I Z 5:** Zu den Förmlichkeiten gehören die Angaben dazu, daß das Gericht öffentlich verhandelt oder die Öffentlichkeit ausgeschlossen hat, BAG NJW **08**, 1021 rechts, Köln OLGZ **85**, 319. Einzelheiten § 160 Rn 6.

Ort und Tag der Verhandlung, § 160 I Z 1: Zu den Förmlichkeiten gehört die Angabe über den Ort und den Zeitpunkt und die Dauer der Verhandlung. Einzelheiten § 160 Rn 6.

Parteivernehmung, § 160 III Z 3, 4: Rn 5 „Aussage", „Geständnis usw".

Prozeßantrag: Rn 5 „Antrag".

Rechtsmittelrücknahme, § 160 III Z 8: *Nicht* zu den Förmlichkeiten gehören die Angaben über den Text einer Rechtsmittelrücknahme. Einzelheiten § 160 Rn 16.

Rechtsmittelverzicht: *Nicht* zu den Förmlichkeiten gehören die Angaben über den Text eines Rechtsmittelverzichts, § 515 usw, BGH NJW **84**, 1465, aM BGH RR **94**, 386 (aber er hat weitreichende Wirkung, § 515 Rn 12 ff). Einzelheiten § 160 Rn 17.

Sachantrag: Rn 5 „Antrag".

Sachverständiger: Rn 5 „Aussage", Rn 6 „Namen der Gerichtsperson usw".

Überspannung: Sie muß unterbleiben, BGH FamRZ **08**, 870.

8 **Urteil, § 160 III Z 6:** Rn 5 „Entscheidung".

Verfügung, § 160 III Z 6: Rn 5 „Entscheidung".

Vergleich: Rn 4 „Anerkenntnis, Verzicht, Vergleich".

Verkündung, § 160 III Z 7: Zu den Förmlichkeiten gehören die Angaben über die Verkündung einer Entscheidung, BGH NJW **07**, 3210, BayObLG WoM **98**, 623 (Verkündung der vollständigen Gründe), Brdb RR **02**, 356. Einzelheiten § 160 Rn 15.

S auch Rn 5 „Entscheidung".

Vernehmung: Rn 5 „Aussage".

Verzicht: Rn 5 „Anerkenntnis, Verzicht, Vergleich", Rn 7 „Rechtsmittelverzicht".

Vorläufige Aufzeichnung, § 160 a: *Nicht* zu den Förmlichkeiten gehören die Angaben über die Vorläufigkeit der Aufzeichnung usw, BGH VersR **85**, 46.

9 **Wesentlicher Vorgang, § 160 II:** Zu den Förmlichkeiten gehören die Angaben über jeden wesentlichen äußeren Vorgang der Verhandlung, Bbg JB **91**, 1642. Dazu kann zB die Protokollierung einer oder mehrerer Erledigterklärungen zählen, Rn 5 „Erledigterklärung". Einzelheiten § 160 Rn 7.

Wiederholte Vernehmung: Rn 5 „Aussage".

Zeuge: Rn 5 „Aussage".

Zuständigkeit: Zu den Förmlichkeiten gehört ein Hinweis nach § 504.

Nicht zu den Förmlichkeiten gehören Angaben über den Text einer Zuständigkeitsrüge.

10 **6) Weitere Einzelfragen, S 1.** Unzulässig ist zB der Hinweis, daß das Gericht etwas anderes verkündet habe oder daß ein Beteiligter andere Anträge gestellt habe, BAG NJW **91**, 1631. Das Protokoll beweist das Geschehen wie das Nichtgeschehen, Bbg JB **91**, 1642, Ffm FamRZ **82**, 810. Jeder andere Beweis oder Gegenbeweis ist grundsätzlich unstatthaft. Eine Ausnahme gilt nach S 2. Natürlich geht eine Berichtigung nach § 164 vor, LG Kiel SchlHA **76**, 95. Gegen die Beweiswirkung schützt auch nicht ein sofortiger Widerspruch, soweit er nicht zur Änderung des Entwurfs oder zur Berichtigung des fertigen Protokolls führt. Das Protokoll geht wegen der Förmlichkeiten dem Urteilstatbestand vor, Stgt FamRZ **85**, 609. Soweit das Protokoll schweigt, während der Tatbestand des Urteils etwas feststellt, widerlegt das Protokoll den Tatbestand nicht.

Soweit das Protokoll *lückenhaft* ist, würdigt das Gericht es im Weg der Auslegung frei, Einl III 36, § 286, BAG NJW **08**, 1021 rechts, Ffm FamRZ **82**, 810, Hbg JB **95**, 30. Ob es lückenhaft ist, muß man von Fall zu Fall prüfen, insbesondere bei einem Formular, Köln OLGZ **85**, 319. § 165 gilt nur für dasjenige Verfahren, in dem die Verhandlung stattfand, nicht für das anschließende Kostenfestsetzungsverfahren, Ffm JB **78**, 446, Kblz JB **80**, 1846, oder für einen anderen Prozeß. Wenn der Ablauf der Verhandlung in einem anderen Prozeß streitig wird, muß das dortige Gericht den Ablauf frei würdigen, § 286.

11 **7) Entkräftung, S 2.** Man kann den Beweis einer Förmlichkeit nur durch seine Berichtigung nach § 164 oder durch den Nachweis der Fälschung entkräften, also durch den Nachweis einer wissentlich

falschen Beurkundung oder einer nachträglichen Verfälschung, §§ 267, 271, 348 StGB, BGH VersR **85**, 47, BAG NJW **08**, 1021 rechts. Es muß sich um einen solchen äußeren Mangel nach § 419 handeln, der aus dem Protokoll selbst hervorgeht, BGH VersR **85**, 46. Es gilt ein strenger Maßstab, BGH VersR **85**, 47. Dieser Nachweis ist mit allen Beweismitteln zulässig. Ein Anscheinsbeweis kann ausreichen, Anh § 286 Rn 15 ff, BGH NJW **85**, 1782. Man braucht nicht unbedingt ein Strafurteil oder gar dessen Rechtskraft abzuwarten. Es reicht, daß das Gericht das Protokoll eindeutig erst nachträglich vervollständigt hat, BGH VersR **86**, 488. Der Nachweis eines Irrtums oder einer bloßen Unrichtigkeit genügt nicht, Ffm JB **78**, 447 (nur für [jetzt] § 11 RVG), ebensowenig ein bloßer Zweifel oder selbst die Wahrscheinlichkeit einer Unrichtigkeit.

Titel 2. Verfahren bei Zustellungen

Übersicht

Schrifttum: *Hartmann* NJW **01**, 2580, *Heß* NJW **02**, 2451, *Hornung* Rpfleger **02**, 493, *Nies* MDR **02**, 69 (je: Üb); *Rohe,* Zur Neuorientierung des Zustellungsrechts, Festgabe für *Vollkommer* (2006) 291; *Sadler,* Verwaltungs-Vollstreckungsgesetz, Verwaltungszustellungsgesetz, 6. Aufl 2006; *Wolst,* Von der Zustellung auf Betreiben der Partei zur Amtszustellung, Festschrift für *Musielak* (2004) 713.

Gliederung

1) Systematik. §§ 166 ff regeln in einem unübersichtlichen System das Verfahren von Zustellungen nicht abschließend. Dabei ist zunächst die Zustellung von Amts wegen geregelt, §§ 166–190, sodann die Zustellung im Parteibetrieb, §§ 191–195. Diese Reihenfolge entspricht der praktischen Vorherrschaft der ersteren Zustellungsart. Ergänzungen finden sich zB in §§ 270, 271, 497 I. Die Übergabe ist ein sehr bedeutungsvoller Vorgang. An ihn knüpfen sich wichtige prozessuale Wirkungen, zB: Die Rechtshängigkeit, § 261 Rn 1; der Beginn einer Frist; die Ersetzung der Urteilsverkündung, § 310 III. 1

2) Regelungszweck: Möglichkeit der Kenntnisnahme. Es geht um die Grundsätze des rechtlichen Gehörs, Zweibr FamRZ **02**, 469, und eines fairen Verfahrens, Einl III 16, 22, Artt 2 I, 20 III GG (Rpfl), BVerfG **101**, 404, Art 103 I GG (Richter), BVerfG NJW **88**, 2361, BGH **78**, 1858. §§ 166 ff dienen der tatsächlichen Kenntnisnahme von einem prozessualen Vorgang oder doch zumindest der ungehinderten Möglichkeit einer solchen Kenntnisnahme, BVerfG NJW **88**, 2361, BGH **118**, 47. Das muß man bei der Auslegung mitbeachten. Der Zweck der Zustellung besteht ferner darin, den Zeitpunkt und die Art der Übergabe des Schriftstücks nachweisen zu können, § 418, BVerfG **67**, 211, BVerwG DGVZ **84**, 150. 2

Rechtssicherheit nach Einl III 43 ist ein weiteres Hauptziel aller Zustellungsvorschriften. Das gilt insbesondere bei der öffentlichen Zustellung nach §§ 185 ff. Die Möglichkeit der Kenntnisnahme ist zwar nur die erste von mehreren Voraussetzungen einer wirklich eigenverantwortlichen Entscheidung, ob, wann und wie man sich in einem Verfahren mit oder ohne eine Parteiherrschaft nach Grdz 18 vor § 128 auf das Gericht und den Gegner einlassen will. Diese Möglichkeit muß aber wirklich einigermaßen zuverlässig nachweisbar bestehen. Freilich passen Lebensgewohnheiten, Arbeitspflichten, verständliche persönliche Wünsche oft nicht zu den Notwendigkeiten einer Erreichbarkeit für das Gericht. Das Gesetz versucht deshalb, unter einer möglichsten Beachtung etwa des vom BVerfG bestätigten Rechts auf ungestörten Urlaub, aber auch sonstwie den Rechten aus Artt 1, 2 GG den Vorrang zu bewahren.

Die Gerechtigkeit erfordert aber auch eine *Prozeßwirtschaftlichkeit,* Grdz 14 vor § 12. So, wie das Gesetz Ausgleich in diesem Spannungsverhältnis sucht und bietet, muß man sich auch bei der notwendigen Auslegung der Zustellungsregeln stets um einen solchen Ausgleich bemühen. Dadurch ergeben sich bald Aufgaben der Großzügigkeit, bald solche der Strenge bei Vorschriften, die nur vordergründig bloße Formalien klären, in Wahrheit aber eine Menge sozialen Zündstoffs eindämmen sollen.

3) Geltungsbereich. §§ 166 ff gelten grundsätzlich in allen Verfahrensarten nach der ZPO, auch bei §§ 916 ff, Drsd RR **03**, 1722, auch im WEG-Verfahren, Rn 9 „Wohnungseigentumsgesetz", vgl aber dazu 3 auch § 45 WEG, abgedruckt Anh § 170. Wegen der weiteren Gesetze Rn 6 sowie bei §§ 166 ff. Im FamFG-Verfahren gelten §§ 166 ff entsprechend im Bereich des § 113 I 2 FamFG.

4 **4) Begriff der wirklichen Zustellung.** Als Zustellung sieht man diejenige Übergabe eines Schriftstücks an, die dem Zustellungsgegner die Gelegenheit zur Kenntnisnahme eines Schriftstücks zwecks Rechtsverfolgung und -verteidigung verschafft, BVerfG NW **88**, 2361, BGH **118**, 47. Das gilt, wenn die Zustellung in einer gesetzlichen Form geschieht, BFH DB **88**, 1935, und wenn die Beurkundung der Zustellung in derselben Form erfolgt, sodaß man die Art, den Ort und die Zeit nachweisen kann, Rn 1, BGH NJW **78**, 1858, BVerwG DGVZ **84**, 150, Ffm Rpfleger **78**, 134. Den Gegensatz zu einer förmlichen Zustellung bildet eine formlose Mitteilung. Bei ihr erfolgt eine Information ohne direkte Folgen für Rechte oder Pflichten im Verfahren, Rn 17. Man unterscheidet ferner zwischen einer wirklichen Zustellung und einer nur unterstellten, Rn 4. Die Zustellung ist keine selbständige Prozeßhandlung, Schütze BB **78**, 589, sondern immer ein öffentlichrechtlicher Staatsakt.

5 **5) Begriff der unterstellten (fingierten) Zustellung.** Zu ihr gehören drei Zustellungsarten.

A. Öffentliche Zustellung. Das Gericht ordnet sie nach §§ 185–188 an. Der Urkundsbeamte der Geschäftsstelle führt sie aus, § 168 I 1 (gilt in Wahrheit auch bei §§ 185 ff).

B. Aufgabe zur Post. Hierher gehört ferner die Zustellung durch eine Aufgabe zur Post, § 184.

C. Niederlegung. Hierher gehört schließlich die Zustellung durch eine Niederlegung nach §§ 183, 184.

6 **6) Geltung außerhalb der ZPO.** Die Vorschriften der ZPO über die Zustellung sind insgesamt oder mit gewissen Abweichungen vielfach anderweit anwendbar. Das gilt zB: Bei der Unterstellung des Zugangs einer Willenserklärung, § 132 I 2 BGB; in einer Strafsache, § 37 StPO; im Verfahren nach dem StrEG, BGH MDR **83**, 1002; im Insolvenzverfahren, § 4 InsO , BGH RR **03**, 626. Eine Postsperre läßt die Anwendbarkeit der §§ 166 ff keineswegs stets zurücktreten, zB nicht bei einer solchen Zustellung, die nicht die Insolvenzmasse betrifft, BayObLG JZ **79**, 318; im Zwangsversteigerungsverfahren, §§ 3 ff ZVG; im FamFG-Verfahren, vgl Rn 3; im arbeitsgerichtlichen Verfahren (dort erfolgt aber immer eine Urteilszustellung von Amts wegen, §§ 46 II 1, 50, 64 VII, 72 VI, 80 II ArbGG); im finanzgerichtlichen Verfahren, § 53 II FGO, OFD Magdeb BB **01**, 2205 (im Verfahren vor der Finanzverwaltung bleibt aber das VwZG anwendbar); im Verfahren nach dem IStGHG, dort § 57 I (keine Ersatzzustellung, § 57 II; im Zustellungsverfahren der Bundesbehörden usw nach dem VwZG v 12. 8. 05, BGBl 2354); im markenrechtlichen Verfahren der Rechtsbeschwerde, § 88 I 1 MarkenG.

7 **7) Zustellungsarten.** Die Zustellung geschieht teils im Betrieb von Amts wegen, teils im Parteibetrieb.

A. Amtszustellung. Die Amtszustellung nach §§ 166–190 war ursprünglich die Ausnahme. Sie ist jetzt die Regel, zB §§ 168 I 1, 317 I, 329, 699 IV. Bei ihr kommen die Urschrift des zuzustellenden Schriftstücks und die Zustellungsurkunde zu den Gerichtsakten. Die Partei kann den Tag der Zustellung nur aus diesen Akten erfahren, § 173. Wenn das Gericht eine Entscheidung von Amts wegen zustellen muß, dann muß die Geschäftsstelle auch ohne eine besondere richterliche Anordnung vorgehen, § 168 I 1. Die Amtszustellung erfolgt auf ihre Veranlassung durch einen Justizbediensteten oder durch die Post, § 168 I 2, auf eine Anordnung des Vorsitzenden auch durch den Gerichtsvollzieher usw, § 168 II.

B. Parteizustellung. Im Parteibetrieb nach §§ 191–195 erfolgt oft eine Zustellung des Vollstreckungsbescheids nach § 699 IV 2, ferner durchweg eine Zustellung in der Zwangsvollstreckung nach §§ 726–729, 750, 751 II, 756, 765, 794 1 Z 1, 5, 795, 798, 826 II, 829 III, 835 III, 843, 845, mit Ausnahme der Ladung des Gerichtsvollziehers zur Abgabe der eidesstattlichen Versicherung zwecks Offenbarung, § 900 Rn 15. Schließlich erfolgt eine Parteizustellung im Eilverfahren, §§ 922 II, 929 II, III, 936. Die Parteizustellung eines sonstigen Urteils oder Beschlusses hat nur unter den Voraussetzungen der §§ 750 1, 751 II, 756, 765 eine Bedeutung. Bei der Parteizustellung stellt der Gerichtsvollzieher selbst zu, § 192 I, oder mithilfe der Post, §§ 168 I 1, 191, 192 I 1. Der Antragsteller erhält die Urschrift der Zustellungsurkunde, der Zustellungsempfänger erhält eine beglaubigte Ablichtung oder Abschrift.

8 **8) Zustellungsorgane.** Die Zustellung nehmen unterschiedliche Organe vor.

A. Gericht. Das Gericht wird bei einer Zustellung im Ausland oder an einen Exterritorialen tätig.

B. Gerichtsvollzieher, Justizbediensteter. Der Gerichtsvollzieher wird unmittelbar oder mithilfe der Post tätig. Ein Justizbediensteter steht bei der Zustellung an einen Gefangenen dem Gerichtswachtmeister gleich.

C. Urkundsbeamter. Der Urkundsbeamte der Geschäftsstelle wird nach § 153 GVG als ein unabhängiges Organ der Rechtspflege tätig, Ffm OLGR **02**, 167. Er wird mithilfe des Gerichtsvollziehers oder der Post tätig, soweit er die Zustellung im Parteibetrieb vermittelt. Soweit er die Zustellung von Amts wegen veranlaßt, nimmt er sie mithilfe der Post, eines Justizbediensteten oder an einen Anwalt vor, § 168 I 1, 2.

D. Anwalt. Der Anwalt wird bei einer Zustellung von Anwalt zu Anwalt tätig, §§ 174, 195.

E. Sonstiger Beamter. Ein Beamter wird gegenüber dem an der Amtsstelle Erschienenen tätig, § 173.

F. Diplomat, Konsul. Ein deutscher Diplomat oder Konsul amtiert gegenüber einer Person in seinem Bezirk auf Grund des Ersuchens eines deutschen Gerichts, § 183 I Z 2, § 16 KonsG. Von mehreren Möglichkeiten der Zustellung darf und muß das Zustellungsorgan nach seinem pflichtgemäßen Ermessen die den Umständen nach beste wählen. Eine Weisung der Partei bindet das Zustellungsorgan nicht.

G. Deutsche Post AG, andere Lizenznehmer, dazu *Heinze* **00**, 111 (Üb, krit): Die Deutsche Post AG und andere Lizenznehmer sind zur Zustellung berechtigt und verpflichtet, § 33 I PostG, § 168 I 2.

H. Insolvenzverwalter, vorläufiger Insolvenzverwalter. Das Insolvenzgericht kann ihn mit der Durchführung von Zustellungen beauftragen, § 168 II in Verbindung mit §§ 8 III, 21 II Z 1 InsO.

9 **9) Zustellungsadressat.** Als Zustellungsadressat oder Zustellungsgegner gilt diejenige Person, der zugestellt werden soll, § 182 II Z 1. Das können sein: Die Partei nach Grdz 4 vor § 50; ihr ProzBev nach §§ 81,

172; ihr gesetzlicher Vertreter nach § 51 Rn 12; ein rechtsgeschäftlich bestellter Vertreter nach §§ 79, 171; der Leiter einer Personenmehrheit usw nach § 170; ein Deutscher; ein Ausländer, jeweils im Inland oder Ausland, zu dem letzteren §§ 183, 184.

10) Zustellungsempfänger. Zustellungsempfänger im engeren Sinn ist diejenige Person, an die eine Zustellung tatsächlich erfolgt, die also das zuzustellende Schriftstück tatsächlich erhält, §§ 178, 182 II Z 2, 189. 10

A. Unmittelbare Zustellung. Bei ihr gehören hierher die vorgenannten Personen.

B. Ersatzzustellung. Bei einer sog Ersatzzustellung gehören hierher auch, §§ 181 ff: Der erwachsene Hausgenosse; der Hauswirt; ein Vermieter; ein Gewerbegehilfe im Geschäftsraum; Beamte und Angestellte einer öffentlichrechtlichen Körperschaft oder eines derartigen Vereins.

C. Zustellungsbevollmächtigter. In gewissen Fällen gehört er hierher, § 184.

11) Weitere Einzelfragen. Man kann im Prozeß nur an den ProzBev der Instanz wirksam zustellen, § 172 I 1. Etwas anderes gilt nur bei einer Unterbrechung des Verfahrens oder bei der Anordnung des persönlichen Erscheinens einer Partei. Vereinzelt ist die Ersatzzustellung unzulässig, § 178 II. 11

12) Zustellungsurkunde. Über jede Zustellung muß eine Zustellungsurkunde erfolgen, § 182. Der Einwand, man habe die Zustellung nicht gekannt, ist prozessual durch das Wesen der Zustellung unzulässig. Sachlichrechtlich ist er beachtlich. Eine unverschuldete Nichtkenntnis von der Zustellung ermöglicht ausnahmsweise eine Wiedereinsetzung nach § 233, dort Rn 28 ff „Partei". 12

13) Mangelhafte Zustellung. Einem Grundsatz stehen mehrere Ausnahmen gegenüber. 13

A. Grundsatz: Unwirksamkeit. Schrifttum und Rechtsprechung bemühten sich, die schon reichlich förmelnden Vorschriften der ZPO über die Zustellung noch mehr zu versteinern. Grundsätzlich ist zwar eine solche Zustellung unwirksam, die wesentliche Vorschriften verletzt, BVerfG NJW **88**, 2361 (Art 103 I GG), BGH NJW **07**, 303, Mü RR **87**, 895 (keine Wohnung). Man darf aber nicht fast jede Vorschrift für wesentlich erklären. Wichtige Prozeßhandlungen würden nämlich sonst an geringen förmlichen Mängeln scheitern. Schließlich ist aber doch das Wesentliche, ob und wann der Zustellungsempfänger das zuzustellende Dokument vollständig erhalten hat, § 189, Mü NJW **05**, 1130. Denn nur diesem Zweck dient die Zustellung, Rn 2, LG Paderb NJW **77**, 2077. Eine unwirksame Zustellung mag man wiederholen müssen, BGH RR **86**, 1119. Freilich kann dadurch keine Rückwirkung auf den Zeitpunkt der früheren Zustellung eintreten. Die Unterlassung einer Zustellung ist dann kein Verstoß gegen das GG, wenn der Betroffene eine Obliegenheit verletzt hat, BVerfG RR **99**, 1149.

B. Heilung. § 189 läßt eine rückwirkende Heilung zu. Das gilt auch dann, wenn es sich um eine Notfrist nach § 224 I 2 handelt. Diese Heilungswirkung liegt auch nicht im pflichtgemäßen Ermessen des Gerichts. Das gilt auch bei § 750 dann, wenn die Zustellung die Voraussetzungen der Zwangsvollstreckung begründen soll. Man muß eine Zustellung an den falschen Empfänger ebenso behandeln. Eine wirksame Neuzustellung bleibt stets statthaft. Sie kann freilich nichts an einem etwa ohne eine wirksame Zustellung eingetretenen Fristablauf ändern. 14

C. Verzicht. Ein Verzicht auf eine förmliche Zustellung, auch nach § 295, kann eine Zustellung trotz etwaiger Mängel rückwirkend voll wirksam machen, BGH NJW **92**, 2100, soweit die Verfügungsmacht der Parteien reicht. Die Parteien können freilich keine Notfrist nach § 224 I 2 von sich aus verlängern, BGH NJW **94**, 2296. Sie können also auch keine verspätete Zustellung nachträglich zu einer rechtzeitigen machen. Für die Fristwahrung muß das Gericht aber auch § 167 beachten. Das Gericht muß eine etwaige Unwirksamkeit der Zustellung von Amts wegen beachten, Grdz 39 vor § 128. Unwirksam sind ein vorheriger Verzicht auf eine formgültige Zustellung oder eine Vereinbarung dahin, statt einer förmlichen Zustellung solle eine formlose Mitteilung genügen, ThP § 183 Rn 3, aM Schmidt IPRax **04**, 14, ZöGei § 183 Rn 27 (aber eine förmliche Zustellung unterliegt nicht von vornherein der Parteiherrschaft). Das gilt jedenfalls insoweit, als das Gesetz eine förmliche Zustellung verlangt. Über ein ausländisches Zustellungsersuchen Anh § 183 und §§ 1067 ff. 15

D. Haftung. Der Gerichtsvollzieher und der Urkundsbeamte der Geschäftsstelle handeln bei der Zustellung nur als Beamte, nicht auch als Vertragspartner eines „Auftraggebers". Deshalb gründet sich ihre Haftung für ein Verschulden bei der Zustellung nur auf eine etwaige Verletzung der Amtspflicht, Art 34 GG, § 839 BGB, Üb 3 vor § 153 GVG, Üb 3 vor § 154 GVG. 16

14) Ausreichen einer formlosen Mitteilung. In sehr vielen Fällen begnügt sich das Gesetz mit einer formlosen Mitteilung statt der förmlichen Zustellung. 17

Das *gilt* zB in den §§ 73 S 2, 104 I 4, 105 I 3, 141 II 2, 251 a II 3, 270 S 1, 329 II 1, 357 II 1, 360 S 4, 362 II, 364 IV 1, 365 S 2, 377 I 2 Hs 2, 386 IV, 497 I 1, 693 III, 694 II 2, 695 S 1, 696 I 3, 733 II, 900 II 2, III 2.

In diesen Fällen muß das Gericht zum Zweck der *Ersparnis von Arbeitskraft und Kosten* von einer förmlichen Zustellung absehen, sofern es diese nicht anordnen darf und nicht von dieser Möglichkeit pflichtgemäß auch einen Gebrauch machen will, zB bei § 377 I 2 Hs 1. Eine dennoch vorgenommene förmliche Zustellung ist natürlich wirksam. Ihre Kosten mag das Gericht nach § 21 GKG, § 20 FamGKG evtl nichterheben dürfen.

15) Zustellung an Soldaten. SchlAnh II, III Art 32–37. 18

Untertitel 1. Zustellungen von Amts wegen

166 *Zustellung.* I **Zustellung ist die Bekanntgabe eines Dokuments an eine Person in der in diesem Titel bestimmten Form.**

II **Dokumente, deren Zustellung vorgeschrieben oder vom Gericht angeordnet ist, sind von Amts wegen zuzustellen, soweit nicht anderes bestimmt ist.**

1 **1) Systematik, I, II.** Die Vorschrift bringt in I die amtliche Begriffsbestimmung (sog Legaldefinition) der Zustellung, in II den Vorrang der Zustellung von Amts wegen vor derjenigen auf Betreiben der Parteien, §§ 191 ff.

2 **2) Regelungszweck, I, II.** Das Wunschziel jeder Zustellung ist die Kenntnis*gabe* des Inhalts. Üb 2 vor § 166. Das reicht auch schon. Deshalb ist eine Antragszustellung „zur Kenntnis" wirksam, aM Naumb FamRZ **06**, 956. Die zugehörige Kenntnis*nahme* muß dem Zustellungsadressaten überlassen bleiben. Die Möglichkeit der Kenntnisnahme ist ein Gebot der Rechtsstaatlichkeit nach Art 20 GG und der Rechtssicherheit, Einl III 43. Beides läßt sich am ehesten mit der Amtszustellung erreichen. Sie sichert auch am besten das Gebot des rechtlichen Gehörs, Art 103 I GG. Das alles sollte man bei der Auslegung unterstützen.

3 **3) Geltungsbereich, I, II.** Die Vorschrift gilt in allen Verfahren nach der ZPO und den auf sie verweisenden Gesetzen, Üb 3 vor § 166.

4 **4) Bekanntgabe, I.** Darunter darf man nicht einen Zwang zur tatsächlichen vollinhaltlichen Kenntnisnahme verstehen, sondern die effektive Möglichkeit dazu, Rn 2, und zwar in der in §§ 166–195 im einzelnen genau genannten Form vom Aushändigen über die Gelegenheit zur Abholung (Ersatzzustellung) bis zur Veröffentlichung durch einen Aushang usw (öffentliche Zustellung). Zur Form gehört die Beurkundung der Bekanntgabe vom Aktenvermerk über die Zustellungsbescheinigung bis zur Zustellungsurkunde. Man muß einen farbigen Bestandteil der Originalurkunde auch farbig ausgefertigt zustellen, Hbg RR **07**, 986.

5 **5) Amtszustellung, II.** Sie ist in der Praxis längst ganz üblich. Sie kann gesetzlich notwendig sein. Das Gericht mag sie auch ohne einen solchen Zwang nach seinem pflichtgemäßen Ermessen angeordnet haben. Das ist oft ratsam, etwa bei einer Zeugenladung, § 377 Rn 4. Die gerichtliche Anordnung bindet den Urkundsbeamten. Sie hat nun auch formell den Vorrang. Sie bietet am ehesten eine auch später funktionierende Kontrolle der zur Wirksamkeit einer Zustellung ja oft notwendigen komplizierten Einzelschritte vor allem bei der Ersatz- und der öffentlichen Zustellung. Diese Kontrolle ist wegen der nicht selten prozeßentscheidenden und auch strafprozessual wesentlichen Auswirkungen außerordentlich bedeutsam bis hin zum Verlust von Rüge- oder Rechtsmittelchancen. Im Zweifel ist die Amtszustellung erforderlich und nicht diejenige auf Betreiben der Parteien.

6 **6) Verstoß, I, II.** Ein Verstoß kann die ganze Zustellung unwirksam machen. Er kann eine Amtshaftung nach Art 34 GG, § 139 BGB auslösen. Er kann aber auch einen Wiedereinsetzungsantrag nach §§ 233 ff erübrigen, weil eben mangels einer Zustellung gar keine Frist an- oder abgelaufen ist. Das übersehen viele. Im übrigen können §§ 189, 295 heilen.

167 *Rückwirkung der Zustellung.* **Soll durch die Zustellung eine Frist gewahrt werden oder die Verjährung neu beginnen oder nach § 204 des Bürgerlichen Gesetzbuchs gehemmt werden, tritt diese Wirkung bereits mit Eingang des Antrags oder der Erklärung ein, wenn die Zustellung demnächst erfolgt.**

Gliederung

1 **1) Systematik.** Die Vorschrift (vgl auch §§ 214, 261) enthält eine Folge des Grundsatzes des § 166, daß eine förmliche Zustellung im Amtsbetrieb von Amts wegen erfolgt, also nicht auf Betreiben der Parteien, §§ 191 ff. Dieser Grundsatz kennt nur in den ausdrücklich im Gesetz vorgesehenen Fällen Ausnahmen, zB in § 497 I 1.

2 **2) Regelungszweck.** Die Vorschrift dient zwar teilweise auch der Prozeßwirtschaftlichkeit nach Grdz 14 vor § 128, Üb 2 vor § 166, in einem auch vom erfahrenen Praktiker erstaunlich oft verkannten Maße. Sie dient aber vor allem der Rechtssicherheit, Einl III 43. Sie dient insbesondere der Sicherstellung des rechtlichen Gehörs, Artt 2 I, 20 III GG (Rpfl), BVerfG **101**, 404, Art 103 I GG (Richter). Denn bei einer Mißachtung einer notwendigen förmlichen Zustellung läuft oft eine Frist nicht an und daher auch nicht ab. Die dennoch getroffene Entscheidung kann auf einem solchen schweren Verfahrensfehler beruhen. Deshalb sollte man § 167 insofern streng auslegen, Mü RR **05**, 1109. Andererseits dient die Vorschrift dem Schutz desjenigen, der zur Wahrung einer Frist auf die unverzügliche Mitwirkung des Gerichts angewiesen ist, LAG Hamm AnwBl **00**, 60. Auch das muß man mitbeachten.

3 **3) Geltungsbereich.** Die Vorschrift gilt in allen Verfahrensarten nach der ZPO und nach den auf sie verweisenden anderen Verfahrensgesetzen, zB im Bereich des § 113 I 2 FamFG. Sie gilt auch im WEG-Verfahren, (je zum alten Recht) Düss NZM **08**, 614, Schlesw NZM **02**, 960, Zweibr FGPrax **03**, 216. Vgl aber auch § 45 WEG, abgedruckt Anh § 170.

4 **4) Fristwahrung, Verjährungsneubeginn.** Die Vorschrift hat erhebliche Bedeutung.

A. Grundsatz: Möglichkeit bei demnächstiger Zustellung. Die Vorschrift knüpft eine Vorwirkung an die Klageinreichung an, falls die Zustellung demnächst wirksam erfolgt, BGH **86**, 322, LG Paderb NJW **77**, 2077. Das gilt für die Fristwahrung und für einen Neubeginn der Verjährung, BGH JZ **89**, 504, Brand NJW **04**, 1141, zum Schutz des Gläubigers (nicht des Schuldners) vor den Nachteilen des Amtsbetriebs, Ffm

GRUR **87**, 651. Für sonstige Folgen der Zustellung und insbesondere für den Eintritt der Rechtshängigkeit nach § 261 hat § 167 keine unmittelbare Geltung, Ffm GRUR **87**, 651.

Die Vorschrift gilt *für sämtliche Zustellungen,* BGH NJW **79**, 265. Sie gilt ohne eine obere Wertgrenze, BGH VersR **99**, 218. Erforderlich ist, daß die Zustellung eine Frist wahren oder daß die Verjährung neu beginnen soll, BGH NJW **91**, 1745, Düss FamRZ **91**, 958 (§ 167 gilt entsprechend, wenn der Schuldner gegenüber dem Gläubiger auf die Verjährungseinrede bis zum Ablauf einer bestimmten Frist verzichtet hat). Das gilt auch bei einer Notfrist nach § 224 I 2. 5

B. Beispiele zur Frage des Geltungsbereichs 6

Aktiengesetz: § 167 ist auf eine Klage nach § 242 II AktG anwendbar, BGH NJW **89**, 905, ebenso auf § 245 Z 1 oder § 246 AktG, Karlsr RR **86**, 711, oder auf § 256 VI 2 AktG, LG Düss KTS **88**, 797.

Anfechtungsgesetz: § 167 ist auf eine Klage nach § 4 AnfG anwendbar, Ffm OLGR **94**, 263, ArbG Bln DB **88**, 1608.

Anfechtung von Willenserklärung: § 167 ist *unanwendbar,* soweit es um die Anfechtungsfrist der §§ 121, 124 BGB geht, BGH NJW **75**, 39, LG Nürnb-Fürth MDR **06**, 413.

Arbeitsrecht: § 167 ist grds anwendbar, LAG Hamm AnwBl **00**, 60, zB auf § 4 KSchG.

Dagegen ist § 167 auf § 2 S 2 KSchG *unanwendbar,* BAG DB **98**, 2171. Dasselbe gilt bei einer tarifvertraglichen Ausschlußfrist, BAG NJW **76**, 1520.

Arrest, einstweilige Verfügung: § 167 ist auf eine Klage nach § 926 I anwendbar.

Bürgschaft: § 167 ist *unanwendbar,* soweit es um eine Willenserklärung wegen eines Bürgschaft-Endtermins geht. Denn dazu muß man das Gericht nicht einschalten, BGH NJW **82**, 581.

Eingeschränkte Anwendung: § 167 ist entsprechend anwendbar, wenn eine gesetzliche oder vertragliche Regelung einer eingeschränkten Anwendung entgegensteht, BGH (6. ZS) **109**, 56, Saarbr FamRZ **83**, 175, aM BGH (8. ZS) NJW **82**, 172, Raudzus NJW **83**, 668 (aber man darf und muß die Prozeßwirtschaftlichkeit in die Abwägung einbeziehen, Grdz 14 vor § 128).

Enteignung: § 167 ist anwendbar, soweit es um eine Enteignungsentschädigung und die zugehörige Klagefrist geht, BayObLG **95**, 67.

Erbrecht: § 167 ist *unanwendbar,* soweit es um den Ausschluß des gesetzlichen Erbrechts des überlebenden Ehegatten nach § 1933 BGB geht, BayObLG RR **90**, 517 (auch keine entsprechende Anwendbarkeit). 7

S auch Rn 8 „Schmerzensgeld“.

Handelsvertreter: § 167 ist auf den Ausgleichsanspruch nach § 89 b II HGB anwendbar, BGH **75**, 307.

Insolvenzverfahren: § 167 ist auf die Anfechtung anwendbar, Düss KTS **99**, 534.

Irrtumsanfechtung: § 167 ist *unanfechtbar* auf eine Anfechtung nach § 121 I 2 BGB, BGH NJW **75**, 39.

Mahnverfahren: § 167 ist auch dann anwendbar, Ebert NJW **03**, 732.

Mieterhöhung: § 167 ist im Prozeß um eine Mieterhöhung usw nach §§ 558 ff BGB anwendbar, LG Ellwangen WoM **97**, 118, LG Hann WoM **78**, 33, AG Dortm RR **95**, 971.

Mietvertragsverlängerung: § 167 ist *unanwendbar,* soweit es um die Widerspruchsfrist des BGB geht, Stgt WoM **87**, 114.

Prozeßkostenhilfeantrag: § 167 ist anwendbar, Hamm FamRZ **07**, 1468.

Rechtshängigkeit: Wegen eines Verzichts auf den „Einwand der mangelnden Rechtshängigkeit“ BGH **109**, 56.

Rechtsmißbrauch: Er ist stets *schädlich,* Einl III 54, BGH NJW **02**, 3110, Ffm VersR **00**, 308 (unklarer Briefkopf führt zum Fristverstoß des Gegners).

Reisevertrag: § 167 ist *unanwendbar,* soweit es um § 651 g I 1 BGB geht, LG Paderb MDR **84**, 581, AG Düss NJW **86**, 593.

Sachlichrechtliche Frist: § 167 ist *unanwendbar,* soweit es um eine sachlichrechtliche Frist nach italienischem Recht geht, LAG Mü IPRax **92**, 97. 8

S auch bei den einzelnen Fristarten.

Stationierungsschaden: § 167 ist auf eine Klage wegen eines Stationierungsschadens anwendbar, BGH NJW **79**, 2110, Karlsr NJW **90**, 845.

Strafverfolgung: § 167 ist auf eine Klage nach dem StrEG anwendbar, BGH NJW **07**, 440 und 442, Hamm MDR **93**, 385.

Stufenklage: § 167 kann auf eine Stufenklage nach § 254 anwendbar sein, aM Celle RR **95**, 1411 (aber das verkennt die Regel § 254 Rn 12).

Tarifrecht: § 167 ist *unanwendbar,* soweit es um eine tarifliche Ausschlußfrist geht. Denn dazu muß man das Gericht nicht einschalten, BAG NJW **76**, 1520.

Unterhalt: § 167 ist auf den nachehelichen Unterhalt nach § 1585 b III BGB entsprechend anwendbar, Rn 3, (zum alten Recht) Düss FamRZ **02**, 327.

Unwirksamkeit: § 167 ist *unanwendbar,* soweit es um die Zustellung einer unwirksamen Klage oder -erweiterung geht, BGH **103**, 26.

Unzuständigkeit: § 167 ist anwendbar, soweit der Kläger ein unzuständiges Gericht anruft (vgl aber Rn 10), BGH **86**, 323, Hamm NJW **84**, 375, LG Aachen VersR **87**, 696, aM KG NJW **83**, 2709 (aber die Prozeßwirtschaftlichkeit ist mitbeachtlich, Grdz 14 vor § 128).

Vaterschaftsanfechtungsverfahren: § 167 ist entsprechend anwendbar, Rn 3, (zum alten Recht) BGH FamRZ **95**, 1485. 9

Vereinfachtes Unterhaltsverfahren: § 167 ist nach (jetzt) § 251 II FamFG entsprechend anwendbar, Düss FamRZ **08**, 1456.

Versicherungsvertragsgesetz: § 167 war auf die Frist nach § 12 III VVG aF anwendbar, BGH RR **95**, 253, Düss VersR **06**, 349, Karlsr VersR **08**, 1250.

Versorgungsausgleich: § 167 ist auf den Antrag nach § 1408 II 2 BGB (jetzt) über § 113 I 2 FamFG entsprechend anwendbar, BGH RR **92**, 1346, Bbg FamRZ **84**, 485.

Werkvertrag: § 167 ist bei § 16 Z 3 II VOB anwendbar, BGH **75**, 307.

Die Vorschrift ist dagegen bei § 13 Z 5 VOB/B *unanwendbar,* LG Lpz MDR **99**, 1493.

Widerruf: § 167 ist *unanwendbar* auf einen solchen nach § 355 I 2 BGB, BGH NJW **82**, 173.

Wohnungseigentumsgesetz: § 167 ist auch im Verfahren nach dem WEG anwendbar, Rn 3.

Zuständigkeit: Rn 8 „Unzuständigkeit".

10 **C. Eingang.** In diesen Fällen genügt ein rechtzeitiger Eingang, also das tatsächliche Gelangen in die Verfügungsgewalt des Gerichts, BVerfG **57**, 120, Hbg RR **88**, 1277, ArbG Bielef BB **76**, 844. Es genügt auch die Beendigung der etwa zulässigen Protokollierung des Antrags oder der Erklärung beim Urkundsbeamten oder beim Rpfl. Ausreichend sind zB: Der Eingang nach § 130 a III, dort Rn 6; der Eingang per Telefax, § 233 Rn 164; der Eingang in der Posteinlaufstelle oder im Tages- oder Nachtbriefkasten oder im Eingangskorb, § 233 Rn 19 ff „Gericht", BVerfG NJW **91**, 2076, BGH NJW **90**, 43; der Eingang im Gerichts-Postfach, BGH MDR **87**, 134; die Übergabe an den Richter. Es ist unerheblich, wann der Antrag anschließend vorliegt und wann das Gericht ihn bearbeitet, Hamm VersR **76**, 233. Vgl freilich § 496 Rn 3, 4. Der Eingang bei der Zweigstelle kann reichen, Karlsr NJW **84**, 744 (auch umgekehrt). Der Eingang auf der gemeinsamen Einlaufstelle mehrerer Gerichte reicht nur für das dort adressierte Gericht, BGH NJW **97**, 892, BAG NJW **02**, 845.

Ein Eingang beim vom Absender vorwerfbar irrig oder absichtlich falsch bezeichneten objektiv *unzuständigen* Gericht reicht nicht, § 129 a II, BGH RR **97**, 892, Köln RR **89**, 572, Naumb FamRZ **00**, 899. Vgl aber Rn 15 „Anschrift". Ebensowenig reicht der Eingang in einem gerichtsinternen Austauschfach, LAG Bre MDR **96**, 417. Das Fehlen der richtigen Adresse ist schädlich, Düss FamRZ **08**, 1457, aM BGH NJW **92**, 1047 (aber man kann Eindeutigkeit erwarten und darf einen solchen Brief evtl gar nicht öffnen). Freilich fordert ein faires Verfahren nach Einl III 23 die im ordentlichen Geschäftsgang unverzügliche amtliche Weiterleitung an den als richtig erkennbaren Adressaten, BVerfG NJW **95**, 3175. Nicht ausreichend ist eine telefonische „Einreichung".

11 **D. Prozeßkostenhilfe.** Die Klage gilt als in der mündlichen Verhandlung eingereicht, wenn der Kläger in ihr den bisherigen Klagentwurf oder eine Begründung des Antrags auf die Bewilligung einer Prozeßkostenhilfe nach §§ 114 ff eindeutig als Klage behandelt, indem er zB aus ihr den Sachantrag stellt, aM ZöPh § 117 Rn 10 (maßgeblich sei die Bewilligung der Prozeßkostenhilfe. Aber eine Parteiprozeßhandlung ist stets auslegbar, Grdz 52 vor § 128). Der bloße Klagentwurf zusammen mit dem Antrag auf eine Prozeßkostenhilfe reicht also noch nicht, BGH RR **89**, 675. Bei einer Einziehungsermächtigung nach Grdz 29 ff vor § 50 muß man diese in der Klageschrift angeben. Der Eingang von Klage und Kostenvorschuß (Scheck) bei der Gerichtskasse kann die Frist wahren, BGH NJW **84**, 1239.

12 **E. Demnächstige Zustellung: Keine schuldhafte Verzögerung.** Die Frist gilt nur dann als gewahrt, wenn eine Zustellung vom Fristablauf an gemessen „demnächst" erfolgt, BGH FamRZ **95**, 1485, also in einer den Umständen nach angemessenen Frist ohne jede besondere von der Partei oder ihrem gesetzlichen Vertreter oder ProzBev zu vertretende Verzögerung, BGH NJW **07**, 441, Düss VersR **06**, 349, Mü RR **08**, 946. Die Vorschrift soll denjenigen, in dessen Interesse die Zustellung erfolgt, vor solchen Verzögerungen schützen, auf die er keinerlei Einfluß hat, an denen er also nicht auch nur leicht fahrlässig mitschuldig ist, die man ihm daher auch nicht zurechnen kann, BVerfG NJW **94**, 1853 (extrem lange Instanzwege), BGH NJW **07**, 441, Düss NZM **08**, 614, krit Weimar Rpfleger **01**, 526 (zu § 693 II aF). Maßgeblich ist bei alledem das pflichtgemäße Ermessen, Schlesw NJW **88**, 3104, und zwar des Tatrichters, BGH ZMR **78**, 18.

13 **F. Zumutbare Fristbemühung.** Man darf den Gegner aber nicht unbillig belasten, BGH NJW **99**, 3125, Düss ZMR **96**, 609, Ffm FamRZ **88**, 83. Daraus ergibt sich im übrigen die Verpflichtung, daß derjenige, der die Frist wahren will, seinerseits alles ihm Zumutbare tut, damit die Zustellung auch demnächst erfolgen kann, BGH NJW **07**, 441, Hbg RR **88**, 1277, LAG Hamm AnwBl **00**, 62. Er muß mithin nicht nur Verzögerungen vermeiden, sondern auch im Sinn einer möglichen Beschleunigung wirken, BGH **69**, 363, Ffm NVersZ **00**, 430, LG Hann NZM **98**, 628, aM BGH **70**, 237 (aber es gibt auch eine unbestrittene Förderungspflicht der Parteien, Grdz 12 vor § 128. Sie ist eigentlich selbstverständlich).

14 Es kommt unter diesen Voraussetzungen nicht auf die Länge der zu wahrenden Frist an, Hbg RR **88**, 1277. Schon *leichtes Verschulden schadet,* BGH **161**, 140, Düss ZMR **96**, 609.

15 **G. Beispiele zur Frage der Schädlichkeit einer Verzögerung**

Ablichtung, Abschrift: Schädlich ist die verzögerte Einreichung der zur Zustellung erforderlichen Abschriften, §§ 133 I 1, 253 V, es sei denn, die Partei wäre insofern schuldlos.

Aktenzeichen: Schädlich ist es, wenn man nur das Aktenzeichen, nicht aber das Gericht richtig bezeichnet hat, AG Buxtehude VersR **87**, 1024. *Unschädlich* ist es, wenn man bei der Klageinreichung eine Gebühr zu einem falschen Aktenzeichen gezahlt und diesen Irrtum auf eine Anfrage des Gerichts sogleich mitgeteilt hat, Stgt VersR **80**, 158. Andernfalls muß sich die Partei § 85 II entgegenhalten lassen, BGH RR **95**, 255.

Anschrift: Schädlich kann es sein, wenn der Kläger die Zustellung verzögert hat, weil er zunächst eine falsche Zustellanschrift angegeben hat, Rn 10.

Unschädlich sind eine vom Adressaten oder Gegner stammende Falschadresse usw, BGH RR **06**, 791, oder ein dem Absender schuldlos unbekannter Umzug des Adressaten, BGH NJW **93**, 2615.

16 **Auslandszustellung:** Abweichend von den Regeln zur inländischen Verzögerung Rn 26 „Verzögerungsdauer" gelten bei einer Zustellung im Ausland zB nach § 917 Rn 16 im wesentlichen folgende Erwägungen: Auch bei ihr muß man zwar alle zulässigen Anträge zumindest vorsorglich unverzüglich stellen, also ohne schuldhaftes Zögern, § 121 I 1 BGB, Schlesw NJW **88**, 3105 (zu § 693, abl Pfennig NJW **89**, 2172). Im übrigen braucht der Kläger weder eine besondere Zustellungsart zu beantragen noch unaufgefordert ein Doppel beizulegen, BGH NJW **03**, 2831. Es kann eine Zustellung 2 Monate nach der Klageinreichung noch „demnächst" sein. Das gilt auch für eine solche nach fast 4 Monaten, BGH NJW **03**, 2831, ebenfalls für eine solche auf diplomatischem Weg nach 6 Monaten, BGH VersR **75**, 374, oder sogar nach 9 Monaten, BGH VersR **83**, 832.

S auch Rn 22 „Verjährungsfrist."

Berichtigung: Sie kann *unschädlich* sein, BGH NJW **02**, 3110 (Bezeichnung der nämlichen Partei).

Beweislast: Der Gläubiger muß seine Schuldlosigkeit beweisen, Kblz VersR **89**, 164. 17
Ehesache: Rn 21 „Scheidung".
Einfaches Schreiben: Schädlich ist es, wenn man die Frist durch ein einfaches Schreiben hätte einhalten können, BGH NJW **82**, 173, BAG NJW **76**, 1520, aM BGH NJW **80**, 455 (aber es gibt auch eine unbestrittene Förderungspflicht der Parteien, Grdz 12 vor § 128. Sie ist eigentlich selbstverständlich).
Fehlbuchung: Schädlich ist es, wenn der ProzBev monatelang unterläßt, eine Fehlbuchung des rechtzeitig gezahlten Vorschusses zu rügen, Ffm VersR **76**, 346.
Fristablauf: Rn 19 „Letzter Tag".
Gerichtsbezeichnung: Rn 15 „Aktenzeichen". 18
Gerichtskostenvorschuß: Rn 24 „Vorschußanforderung", „Vorschußzahlung".
Gerichtsverschulden: Eine vom Gericht verschuldete Verzögerung der Klagezustellung *hemmt* den Fristablauf, BVerfG NJW **82**, 1453, BGH NJW **06**, 3207, Mü RR **08**, 946. Das gilt aber grundsätzlich höchstens für 4 Wochen, Hamm RR **98**, 1104, großzügiger Mü RR **08**, 946 (7 Wochen), Hamm FamRZ **07**, 1468 (8 Monate). Ein Gerichtsverschulden verlängert für seine Dauer die Frist selbst dann, wenn auch ein Parteiverschulden vorliegt, BGH NJW **00**, 2282. Ein Gerichtsverschulden liegt bei einer nicht schriftlichen Anforderung vor, Rn 24 „Vorschußanforderung", Hbg NVersZ **02**, 133.
Gesetzlicher Vertreter: Rn 25 „Verschulden Dritter".
Güteantrag: Er hilft *nicht,* aM Hbg RR **08**, 1090 (aber man kann nicht einfach mit seinem Erfolg rechnen).
Heilung: Die Zustellung muß im Fall eines Mangels infolge einer Nichtrüge *geheilt* sein, um „demnächst" erfolgt zu sein.
S auch Rn 19 „Keine Klagezustellung".
Hinweis des Gerichts: Das Gericht braucht nicht auf den Ablauf einer durch die Zustellung zu wahrenden Frist besonders hinzuweisen.
Inlandszustellung: Rn 23 „Verzögerungsdauer".
Klagänderung: Sie ist schädlich, BGH NJW **78**, 1058. 19
Klageschrift: Ihr Mangel ist grds schädlich, BGH FamRZ **88**, 1154 (Anschrift), BGH NJW **92**, 1822 (Vorname), AG Bln-Charlottenb NZM **08**, 534 (Klagefrist). Eine *Ausnahme* gilt bei falschen Angaben des Adressaten, Rn 10.
Klagezustellung: Wenn eine wirksame Klagezustellung fehlt und wenn dieser Mangel durch eine Unterlassung der entsprechenden Rüge *geheilt* worden ist, § 253 Rn 16, 17, muß der Zeitpunkt der Nichtrüge, durch die die Rechtshängigkeit dann eintritt, noch einer „demnächst" erfolgenden Zustellung entsprechen.
Kostenvorschuß: Rn 24 „Vorschußanforderung", „Vorschußzahlung".
Letzter Tag: *Unschädlich* ist es, eine Klage, die eine Frist wahren soll, erst am letzten Tag der Frist einzureichen, BGH VersR **99**, 218, Hamm VersR **76**, 233. Das gilt auch bei einem Antrag auf eine Prozeßkostenhilfe, BGH VersR **89**, 642, KG FamRZ **78**, 927, Schlesw FamRZ **88**, 962.
Mahnverfahren: Es gelten keine Besonderheiten, Saarbr MDR **04**, 710, aM BGH NJW **02**, 2794, Ebert NJW **03**, 732 (aber auch im Mahnverfahren kann und muß man vom Antragsteller die Sorgfalt Rn 12, 13 erwarten, wenn er schon das Gericht angerufen hat).
Nachfrage: Ihre bloße Unterlassung ist meist *kein* Verschulden gegenüber einer gerichtlichen Verzögerung, AG Augsb WoM **03**, 358.
Postweg: Seine Benutzung statt des Telefons usw ist grds *unschädlich,* BGH VersR **92**, 434. Eine Ausnahme mag beim Zuwarten bis zum letzten Tag gelten.
Prozeßbevollmächtigter: Rn 20 „Fehlbuchung", Rn 22 „Unzuständigkeit", „Verschulden Dritter".
Prozeßkostenhilfe: Schädlich ist es, wenn die Partei das Formular nach § 117 vorwerfbar verzögert nachreicht, § 117 Rn 31, 33 (eine Sozialhilfe entbindet nicht vom Ausfüllzwang), DüssVersR **92**, 892, Hamm FamRZ **06**, 1616; wenn sie die zusätzlich zum Formular vorgeschriebenen Belege nicht vollständig mit vorlegt, BGH NJW **07**, 442; wenn die Partei gegen die Ablehnung der Prozeßkostenhilfe erst nach fast 4 Wochen eine sofortige Beschwerde einlegt, Hamm MDR **93**, 385, oder begründet, Celle VersR **06**, 101, oder sie gar erst nach mehr als acht Wochen einlegt, BGH NJW **91**, 1745, Hamm VersR **98**, 1493, oder gar erst nach 6 Monaten, Karlsr FamRZ **00**, 1290; wenn sie die Klage nur für den Fall der Bewilligung einer Prozeßkostenhilfe eingereicht hatte und erst fünfzehn Monate nach der Ablehnung der Prozeßkostenhilfe neue Tatsachen vorträgt; wenn das Gericht eine Prozeßkostenhilfe versagt hat und wenn eine kurze Überlegungsfrist abgelaufen ist, Düss KTS **99**, 534 (mehr als 2 Wochen schädlich), Schlesw MDR **78**, 235 (ein neuer Antrag auf eine Prozeßkostenhilfe auf Grund neuer Tatsachen heilt nicht), aM Hamm VersR **83**, 64. Erhältlich ist es statt eines Prozeßkostenhilfeantrags die Entscheidung einer Rechtsschutzversicherung abzuwarten, Karlr VersR **08**, 1250. 20

Unschädlich ist eine Verzögerung trotz eines vollständigen Prozeßkostenhilfeantrags durch das Prozeßkostenhilfeverfahren nach §§ 114 ff, soweit sie unverschuldet ist, BGH NJW **07**, 440, Celle VersR **06**, 101, Hamm FamRZ **07**, 1468. Das müßte allerdings der Antragsteller beweisen, Rn 17 „Beweislast". Er muß nach der Entscheidung über das Prozeßkostenhilfegesuch eine zulässigerweise bisher nur im Entwurf vorgelegte Klage nun unverzüglich voll einreichen, LAG Hamm AnwBl **00**, 62. Dabei muß er auf das Prozeßkostenhilfe-Verfahren genau hinweisen, Karlsr VersR **92**, 1205. Ausreichend sind zB: Eine Zustellung unverzüglich nach der Mitteilung des Beschlusses über die Ablehnung oder Bewilligung der Prozeßkostenhilfe, BGH NJW **91**, 1746, oder binnen 10 Tagen, BGH VersR **77**, 666, oder 2 Wochen nach dieser Entscheidung, Jena FamRZ **94**, 1596.
S auch Rn 19 „Letzter Tag".
Rückfrage des Antragstellers: Schädlich ist evtl ihre Unterlassung, BGH FamRZ **06**, 1117. Das gilt aber nicht nach einem korrekten Eigenverhalten, BGH NJW **06**, 3207. 21
Rückfrage des Gerichts: *Unschädlich* kann eine solche Verzögerung sein, die infolge einer überflüssigen Rückfrage des Gerichts eintritt, BGH NJW **84**, 242, aM Köln MDR **76**, 231 (aber das ist ein klassischer Fall von Schuldlosigkeit nach Rn 12).
Scheck: Rn 24 „Vorschußzahlung".

Scheidung: Rn 3. Schädlich ist eine nicht bloß geringfügige auch nur fahrlässige Hinauszögerung, soweit man ohne einen Vorschuß hätte vorgehen können, (zum alten Recht) Zweibr FamRZ **95**, 745.

Sommersache: Die Frage, ob eine Sommersache nach § 227 III 2 vorliegt, hat bei der Prüfung der Schädlichkeit oder Unschädlichkeit einer Verzögerung grds keine Bedeutung.

Streitwert: Es ist *unschädlich,* den Streitwertvorschlag nicht schon entsprechend (jetzt) § 61 S 1 GKG in Verbindung mit § 253 III in der Klageschrift mitzuteilen, Düss MDR **76**, 848, Hbg MDR **76**, 320, aM Celle VersR **76**, 854, Düss MDR **76**, 848, LG Bonn NJW **77**, 55 (Anfrage notwendig, warum die Vorschußanforderung ausbleibe. Aber das ist jedenfalls vor dem Ablauf einiger Wochen grds eine Überspannung der Sorgfaltsanforderungen, Rn 24 „Vorschußanforderung").

Ursächlichkeit: *Unschädlich* ist eine Verzögerung, die sich nicht auf den Prozeßgang ausgewirkt hat, BGH NJW **03**, 1949 (zum alten Recht).

22 **Unzuständigkeit:** Schädlich kann die Einreichung beim unzuständigen Gericht schon dann sein, wenn dieses nicht an das zuständige verweist, sondern formlos abgibt, BayObLG **95**, 70, und zwar nicht unverzüglich.

Verjährungsfrist: Eine Klage gegen eine nicht mehr bestehende Partei ist unwirksam, auch bei (jetzt) § 167, BGH NJW **02**, 3111 (evtl auch nach Verschmelzung). Bei einer Auslandszustellung zieht Brand NJW **04**, 1141 die Zeitgrenze bei neun bis zehn Monaten. Wegen der Auswirkungen des Europäischen Zustellungsrechts Kuntze-Kaufhold/Beichel-Benedetti NJW **03**, 1998 (ausf).

Die Länge der Verjährungsfrist ist *unerheblich,* aM Köln MDR **00**, 1151 (aber das würde den Begriff „demnächst" in § 167 in unverjährter Zeit unverantwortbar ausdehnen). Eine verschuldete Säumnis zwischen der Klageinreichung und dem Ablauf der Verjährungsfrist ist nur insoweit unschädlich, als den Kläger jedenfalls keine Schuld an der Verzögerung zwischen dem Ablauf der Verjährungsfrist und der Zustellung trifft, BGH NJW **86**, 1348, Hamm FamRZ **06**, 1616, aM Köln NZM **98**, 768.

S auch Rn 21 „Rückfrage des Gerichts".

Verschulden Dritter: Der Partei zurechenbar ist ein Verschulden des gesetzlichen Vertreters, § 51 II, oder des ProzBev, § 85 II, BGH NJW **03**, 2831, Düss NZM **08**, 614, oder des Versicherers, BGH RR **95**, 255, LG Ellwangen WoM **97**, 118. Dabei ist schon eine leichte Fahrlässigkeit schädlich, BGH RR **95**, 255, Ffm FamRZ **88**, 83, LG Ellwangen **97**, 118. Auch ist ein Mitverschulden des Gerichts evtl unerheblich, LG Ellwangen WoM **97**, 118. Man sollte insofern aber auf die Gesamtumstände abstellen, BGH RR **06**, 790.

Verschulden des Gerichts: Rn 18 „Gerichtsverschulden".

Verschulden des Gerichts und der Partei: Vgl BGH NJW **00**, 2282, Ffm FamRZ **88**, 83.

Versicherer: S „Verschulden Dritter".

23 **Verzögerungsdauer:** Es gibt keine absolute Zeitgrenze, BGH NJW **06**, 3207. Vielmehr gibt es im wesentlichen folgende nicht immer folgerichtigen und einheitlichen Meinungen: Eine vermeidbare, aber unerhebliche Verzögerung ist *unschädlich,* BGH MDR **04**, 959, Hamm NZM **02**, 562. Im einzelnen gilt:

4 Tage: *unschädlich,* BGH NJW **93**, 2320 (dort sogar unvermeidbar), Brdb RR **05**, 872;

1 Woche: evtl schon schädlich, Hamm VersR **05**, 391, *unschädlich,* Hamm VersR **02**, 1140, Köln NVersZ **00**, 375;

10 Tage: *unschädlich,* BAG NJW **76**, 1422;

11 Tage: *unschädlich,* BGH NJW **04**, 3776;

12 Tage: *unschädlich,* BGH **113**, 394;

13 Tage: *unschädlich,* soweit vom Gericht mitverschuldet, BGH **116**, 375;

14 Tage: *unschädlich,* BGH **161**, 140, Düss DB **86**, 2596, Hamm FamRZ **06**, 1616;

mehr als 14 Tage: *unschädlich,* BayObLG **02**, 165, KG NVersZ **01**, 358, LG Kref RR **08**, 502, aM BGH NJW **161**, 140;

18 Tage: schädlich, BGH **96**, 1061, Hamm NJW **77**, 2364, Karlsr MDR **04**, 581;

mehr als 18 Tage: *unschädlich,* KG VersR **94**, 922;

14–21 Tage: *unschädlich,* Kblz VersR **89**, 164 (zu § 693 aF);

19 Tage: *unschädlich,* Hamm RR **92**, 480, aM Hamm VersR **91**, 1237;

ca 21 Tage: schädlich, Brschw MDR **03**, 772, *unschädlich,* BGH VersR **92**, 433, Düss MDR **84**, 854;

über 21 Tage: im allgemeinen schädlich, BGH VersR **83**, 663, Hamm FamRZ **06**, 1616;

24 Tage: schädlich, Köln VersR **05**, 1521;

knapp 28 Tage: evtl noch *unschädlich,* BGH **86**, 322;

fast 1 Monat: schädlich, Kblz VersR **02**, 176;

1 Monat: evtl *unschädlich,* BGH VersR **03**, 1327, Saarbr MDR **04**, 710, ArbG Bln NZA-RR **04**, 368;

über 1 Monat: schädlich, Hamm RR **98**, 1104, Karlsr VersR **89**, 352, LG Mü VersR **91**, 911 (auch in einem Auslandsfall);

6 Wochen: *unschädlich,* Ffm NVersZ **00**, 430;

49 Tage: schädlich, Düss JB **94**, 302, Hamm VersR **92**, 303;

2 Monate: schädlich, BGH NJW **76**, 216, Ffm WoM **03**, 633, aM BGH **103**, 28 (zu § 696 III), Hamm FamRZ **04**, 1973, Schlesw SchlHA **79**, 22;

mehr als 2 Monate: schädlich, BGH NJW **87**, 257, Düss ZMR **96**, 609, LG Ffm NVersZ **02**, 121, aM BGH NJW **05**, 1195;

3 Monate: schädlich, LG Ellwangen WoM **97**, 118, LG Hann NZM **98**, 628;

6 Monate: *unschädlich,* Hamm NZM **02**, 562;

9 Monate: schädlich, Ffm VersR **02**, 599, Naumb RR **03**, 1663;

10 Monate: schädlich, BGH MDR **04**, 959, LG Düss VersR **04**, 853;

fast 2 Jahre: schädlich, BGH NJW **88**, 1082;

über 2 Jahre: *unschädlich,* soweit unverschuldet oder vom Gericht mitverschuldet, Ffm FamRZ **88**, 83.

Besonderheiten gelten bei einer *Auslandszustellung,* Rn 16.

S auch Rn 20 „Prozeßkostenhilfe", Rn 21 „Sommersache".

24 **Vorschußanforderung:** Wegen des Zeitraums nach der Anforderung durch das Gericht s „Vorschußzahlung". Bis zum Erhalt der Anforderung gilt: Zur gesetzmäßigen Anforderung gehört die Schriftform, eine

nur telefonische Anforderung reicht nicht, Hbg NVersZ **02**, 133. Freilich sollte man jedenfalls nach einigen Wochen vorsorglich beim Gericht anfragen, BGH VersR **94**, 455, Hamm VersR **05**, 390, Nies NZM **00**, 275 (WEG).

Der Kläger oder Antragsteller darf grds bis zur gesetzmäßigen Anforderung *warten,* BVerfG NJW **01**, 1126, BGH **161**, 140, Hbg NVersZ **02**, 133. Das gilt zumindest dann, wenn eine Streitwertfestsetzung nötig ist. Es gilt auch dann, wenn er die Klage erst kurz vor dem Ablauf der Verjährungsfrist einreicht, Hbg NVersZ **02**, 133, Hamm FamRZ **77**, 553, Saarbr RR **02**, 1027.

Unschädlich ist es, wenn das Gericht oder der Gerichtsvollzieher gar keinen Vorschuß fordern durfte und dann erst Monate nach dem Vorschußeingang die Zustellung veranlaßte, Hamm WoM **05**, 796, Köln NZM **02**, 299.

Vorschußzahlung: Wegen des Zeitraums bis zur Anforderung durch das Gericht s „Vorschußanforderung". Nach Erhalt der Anforderung ist es schädlich, den Vorschuß nicht unverzüglich zu zahlen, also ohne schuldhaftes Zögern, § 121 I 1 BGB, also meist binnen etwa zwei Wochen, BGH NJW **86**, 1347, Hbg NVersZ **02**, 133, LG Ffm NVersZ **02**, 121. Ein Scheck kann reichen, BGH RR **93**, 429.

S auch Rn 21 „Scheck", „Scheidung", Rn 23 „Verzögerungsdauer".

Zahlungserinnerung: Es gelten dieselben Regeln wie nach einer Anforderung, Rn 24 „Vorschußanforde- 25
rung", Köln VersR **75**, 1001.

Zustellempfänger: Schädlich ist die unzureichende Bezeichnung des Empfängers, BGH VersR **83**, 662, oder die Angabe einer längst überholten Anschrift, Düss JB **02**, 654.

Unschädlich für die Partei ist die Nichtbeachtung der richtigen Bezeichnung des Empfängers durch das Gericht trotz eines Parteiwarnung, Brdb RR **99**, 545.

5) Verstoß. Gegen eine verzögerliche oder unterbliebene Zustellung ist die Dienstaufsichtsbeschwerde an 26
den Gerichtsvorstand zulässig. Auch kommt eine Amtshaftung infrage, BGH VersR **83**, 831. Der Spruchrichter muß aber auch von sich aus auf eine Erledigung hinwirken, ohne Zwangsmittel zu besitzen.

168 ***Aufgaben der Geschäftsstelle.*** **[I] [1] Die Geschäftsstelle führt die Zustellung nach §§ 173 bis 175 aus. [2] Sie kann einen nach § 33 Abs. 1 des Postgesetzes beliehenen Unternehmer (Post) oder einen Justizbediensteten mit der Ausführung der Zustellung beauftragen. [3] Den Auftrag an die Post erteilt die Geschäftsstelle auf dem dafür vorgesehenen Vordruck.**

[II] Der Vorsitzende des Prozessgerichts oder ein von ihm bestimmtes Mitglied können einen Gerichtsvollzieher oder eine andere Behörde mit der Ausführung der Zustellung beauftragen, wenn eine Zustellung nach Absatz 1 keinen Erfolg verspricht.

Gliederung

1) Systematik, Regelungszweck, I, II. Die Vorschrift regelt jede Art von Amtszustellung, auch 1
diejenige aus Gründen der Klarheit der Zuständigkeitsverteilung bei einer Ladung, § 214, soweit dazu überhaupt eine förmliche Zustellung angeordnet wird oder erforderlich ist, zB nicht bei einer mündlichen Ladung eines Zeugen oder Sachverständigen oder bei § 497 I. Wegen des Formularzwangs gelten § 190 ZPO, § 24 a EGZPO und dazu die in § 190 Rn 2 abgedruckte ZustVV.

2) Geltungsbereich, I, II. Die Vorschrift gilt in allen Verfahren nach der ZPO und den auf sie verweisen- 2
den Gesetzen, Üb 3 vor § 166, also zB im Bereich des § 113 I 2 FamFG. § 50 III ArbGG hat den Vorrang.

3) Zuständigkeit des Urkundsbeamten, I 1. Zuständig ist der Urkundsbeamte der Geschäftsstelle 3
desjenigen Gericht, bei dem der Prozeß schon und noch anhängig ist, § 261 Rn 1. Er muß für jede von Amts wegen zu bewirkende Zustellung sorgen, BGH RR **89**, 58. Das gilt entgegen der nur scheinbar auf die Fälle der §§ 173–175 beschränkten Zuständigkeit umfassend, soweit nicht zB nach §§ 183, 184 andere Ausführungsorgane zuständig sind. Denn sonst würden Durchführungslücken entstehen. Das wäre nicht der Sinn der §§ 166 ff.

Der Urkundsbeamte muß die Zustellung einschließlich der Überwachung der Durchführung und des Eingangs einer ausreichenden Zustellungsurkunde oder eines ordnungsgemäßen Empfangsbekenntnisses auch *ohne* eine *Anweisung des Richters* oder des Rpfl auf Grund einer eigenen Prüfung veranlassen, sobald sie erforderlich ist, Üb 8 vor § 166, BGH NJW **90**, 177. Bei der Einschaltung einer Hilfskraft, etwa eines Auszubildenden, behält er natürlich die Verantwortung. Diese Vorschrift ist vielen unbekannt. Das führt zu überflüssigen Anweisungen. Eine Anweisung des Vorgesetzen, nur ein bestimmtes Unternehmen nach I 2 zu beauftragen, mag anfechtbar sein, nach § 23 EGGVG aber nicht durch einen Richter desselben Gerichts (keine eigene Rechtsverletzung), Düss NJW **08**, 385.

4) Vorrang des Richters, I 1. Andererseits ist eine ausdrückliche richterliche Bestimmung der förmli- 4
chen Zustellung zulässig. Sie ist bei §§ 183 I Z 2, 3, 184 I 1, 186 I, 187 notwendig. Sie ist im übrigen bei so mancher richterlicher Verfügung ratsam. Das gilt insbesondere dann, wenn das Gericht bestimmt, welche Beweispersonen usw der Urkundsbeamte laden soll. Denn der zusätzliche Hinweis auf die Notwendigkeit einer förmlichen Zustellung vermindert Terminsaufhebungen usw infolge fehlerhafter Rechtskenntnisse des Urkundsbeamten der Geschäftsstelle. Eine Anweisung zur förmlichen Zustellung durch den Richter ist

wirksam. Sie ist für den Urkundsbeamten der Geschäftsstelle auch dann verbindlich, wenn er eine förmliche Zustellung nicht für notwendig hält, BGH RR **93**, 1214. Freilich darf und soll er schon zur Vermeidung einer etwa notwendigen Niederschlagung von Gerichtskosten nach § 21 GKG oder § 20 FamGKG im Zweifel beim Richter eine Rückfrage halten, ob es bei der Anweisung zur förmlichen Zustellung bleiben soll. Eine Anweisung des Vorgesetzten, nur ein bestimmtes Unternehmen nach I 2 zu beauftragen mag anfechtbar sein, nach § 23 EGGVG aber nicht durch einen Richter desselben Gerichts (keine eigene Rechtsverletzung), Düss NJW **08**, 385.

Im übrigen bleiben die Pflichten des Urkundsbeamten nach Rn 3 auch bei einer richterlichen Weisung bestehen, BGH RR **93**, 1214. Unberührt bleibt auch seine Prüfungspflicht, ob er vor einer Zustellung die Akte dem Richter vorlegen muß, etwa wegen einer Terminsbestimmung oder eines Beweisbeschlusses nach § 358a oder wegen einer prozeßleitenden Verfügung nach § 273, und ob überhaupt eine formlose Übersendung ausreicht, Rn 6.

Ablichtungen oder Abschriften, die die Partei entgegen § 133 I 1, II nicht beigefügt hat, fordert der Urkundsbeamte unter einer kurzen Fristsetzung an oder veranlaßt ihre Anfertigung durch den Schreibdienst usw auf Parteikosten, KV 9000.

5 **5) Zustellungsweg, I 1–3.** Den Zustellungsweg bestimmt der Urkundsbeamte der Geschäftsstelle beim Fehlen näherer gesetzlicher Vorschriften oder einer richterlichen Anweisung nach seinem pflichtgemäßen Ermessen selbst, BGH NJW **90**, 2125, BVerwG NJW **75**, 1796. Dabei sollte er den sichersten Weg wählen und zugleich auf eine Vermeidung unnötiger Unkosten achten, Nies MDR **02**, 69. Er entscheidet auch darüber, wie oft ein Zustellungsversuch erfolgen soll, auch nach postalischen Fehlern. Eine Rücksprache beim Richter zwecks dessen mahnender Verfügung an die Post kann ratsam sein. Der Urkundsbeamte prüft auch, ob notfalls eine öffentliche Zustellung stattfinden soll. Der Urkundsbeamte stellt selbst nur an den Anwalt nach § 172 oder an eine beliebige Person an der Amtsstelle nach § 173 zu. Er kann auch die Zustellung durch ein Einschreiben mit Rückschein nach § 175 S 1 wählen.

6 **6) Hilfskräfte, I 1–3.** Der Urkundsbeamte muß sich im übrigen zunächst der *Kanzlei seines Gerichts* für das Schreibwerk usw bis zum Hinausgehen der zuzustellenden Sendung und sodann mangels eines abweichenden Richteranweisung nach seiner Wahl der Post bedienen. Dazu gehört nach § 33 I PostG jedes beliehene Unternehmen. Er kann sich ferner eines Justizbediensteten bedienen, I 2, dazu zB in Hessen NJW **04** Heft 4 S XIV, Schleswig-Holstein AV v 26. 9. 02, SchlHA 253 (Wachtmeister, Serviceeinheit, Schreibdienst, evtl in Nebentätigkeit). Dabei muß er grundsätzlich nach § 1 Z 3 ZustVV, abgedruckt in § 190 Rn 2, den in Anlage 3 ZustVV vorgeschriebenen Vordruck benutzen. Er kann nach § 2 II ZustVV ein Sichtfenster verwenden usw und andere Abweichungen nach § 2 III Z 1–3 ZustVV vornehmen. Er kann bei einer Zustellung an den Anwalt das Schriftstück einem Justizbediensteten übergeben, der es dem Anwalt gegen ein Empfangsbekenntnis aushändigt. Dieser Weg ist zB bei einem besonderen Eilbedürfnis nötig, Schlesw NJW **88**, 569. Er kann sich auch der etwaigen Anwaltsfächer im Gericht bedienen. Er muß überwachen, mahnen und notfalls wiederholen. Das gilt auch beim Eingang der Zustellungsurkunde usw, BGH NJW **90**, 177.

7 **7) Formlose Mitteilung, I, II.** Bei ihr benutzt der Urkundsbeamte ebenfalls die Post oder bedient sich des Justizbediensteten etwa bei §§ 270, 377 I. Er muß die vermittelnden Zustellungsstellen überwachen, auch der Partei gegenüber. Die Urschrift und die Zustellungsurkunde kommen zu den Gerichtsakten, § 169 Rn 1, anders als bei der Parteizustellung.

8 **8) Beteiligung des Gerichtsvollziehers usw, II.** Der Gerichtsvollzieher oder eine andere Behörde nehmen am Verfahren der Amtszustellung grundsätzlich nur auf Grund einer nach pflichtgemäßem Ermessen getroffenen richterlichen Anordnung auch des Einzelrichters oder des als Gericht tätigen Rpfl oder des nach Grdz 4 vor § 688 ermächtigten anderen Urkundsbeamten unter den Voraussetzungen II teil. Ihre Teilnahme kommt nur ausnahmsweise in Betracht, soweit eine Zustellung nach I keinen Erfolg verspricht. Das gilt etwa dann, wenn die Partei hartnäckig behauptet, die Zustellungsurkunden der Post seien fehlerhaft. Eine bloße Arbeitserleichterung reicht für II nicht. Die Durchführung dieser Zustellung erfolgt nach §§ 176 ff. § 49 ist unanwendbar.

9 **9) Verstoß, I, II.** Amtshaftung nach Art 34 GG, § 839 BGB kommt in Betracht, soweit der Urkundsbeamte eine der in Rn 3–7 erläuterten Amtspflichten verletzt, BGH NJW **90**, 177. Auch kann die in Rn 4 genannte Niederschlagung von Gerichtskosten notwendig sein. Daneben kann eine Dienstaufsichtsbeschwerde sinnvoll sein, auch zur Verhinderung fehlerhafter Gebräuche. Ein Verstoß gegen II läßt die erfolgte Zustellung nicht schon deshalb unwirksam sein.

169 *Bescheinigung des Zeitpunktes der Zustellung; Beglaubigung.* **[I] Die Geschäftsstelle bescheinigt auf Antrag den Zeitpunkt der Zustellung.**

[II] [1] Die Beglaubigung der zuzustellenden Schriftstücke wird von der Geschäftsstelle vorgenommen. [2] Dies gilt auch, soweit von einem Anwalt eingereichte Schriftstücke nicht bereits von diesem beglaubigt wurden.

1 **1) Systematik, Regelungszweck, I, II.** Die Vorschrift enthält eine Ergänzung zu §§ 166–168 ff im Interesse der fristgerechten Einlegung eines Rechtsmittels oder einer zügigen Vollstreckbarkeit. Der Gläubiger muß nämlich den Zustellungszeitpunkt zB zur Errechnung einer Rechtsmittelfrist kennen und auch nach § 750 I (falls er nicht nach dessen S 2 selbst zustellt) oder nach § 798 nachweisen, um die Zwangsvollstreckung beginnen zu können. Soweit die Zustellungsurkunde wegen der Amtszustellung nach §§ 317 I, 329 II 2, III bei den Akten ist, hilft I. Er schafft eine öffentliche Urkunde, § 418 I, Köln Rpfleger **97**, 31 (auch zur Widerlegbarkeit nach § 418 II. Vgl aber § 418 Rn 7 ff), LG Neubrdb Rpfleger **05**, 37.

Bei der Zustellung von Amts wegen läßt der Urkundsbeamte *nicht die Urschrift* zustellen, sondern eine von Amts wegen beglaubigte Ablichtung oder Abschrift des bei der Akte bleibenden Dokuments. Evtl muß das

Gericht auch eine Ausfertigung zustellen, Begriff § 317 Rn 8ff. Das gilt etwa bei §§ 377, 402. Die Beglaubigung dient der Rechtssicherheit, Einl III 43. Es soll sicher sein, daß die Ablichtung oder Abschrift mit der Urschrift übereinstimmt. Die letztere bleibt bei den Gerichtsakten.

2) Geltungsbereich, I, II. Üb 3 vor § 166. 2

3) Bescheinigung, I. Es ist ein Antrag erforderlich. Er unterliegt keinem Anwaltszwang, § 78 III Hs 2. Er 3
liegt auch im Antrag auf die Erteilung einer vollstreckbaren Ausfertigung des Vollstreckungstitels, § 724, 795, oder auf den Erlaß eines Vollstreckungsbescheids, § 699, 796 I. Der Urkundsbeamte der Geschäftsstelle ist für die Erteilung einer Bescheinigung nur über den Zeitpunkt der Zustellung zuständig, Meyer-Stolte Rpfleger **82**, 43. Er muß die Wirksamkeit der Zustellung prüfen. Er bescheinigt nicht nur mit einem Handzeichen (Paraphe), sondern mit seiner eigenhändigen vollen Unterschrift, wie bei § 129 Rn 9, BGH NJW **85**, 1227, LG Bln MDR **78**, 411, unter der Angabe der Dienstbezeichnung. Vgl aber auch § 703 b. Ein Siegel ist anders als bei §§ 317 III, 725 nicht notwendig, LG Bln MDR **78**, 411. Die Bescheinigung hat die Beweiskraft einer öffentlichen Urkunde nach § 418 Rn 1. Sie läßt sich extra ausfertigen oder auf eine Ausfertigung, Ablichtung oder Abschrift des zugestellten Schriftstücks setzen. Der Urkundsbeamte vermerkt ihre Erteilung in der Akte. Die Bescheinigung bindet das Vollstreckungsorgan, LG Neubrdb Rpfleger **05**, 37.

4) Beglaubigung, II. Die Vorschrift besagt, wer eine beglaubigte Ablichtung oder Abschrift erteilt, nicht 4
aber, wann sie ausreicht. Sie reicht zB nicht beim vollständigen oder abgekürzten Urteil, § 317 Rn 8. Der Urkundsbeamte der Geschäftsstelle nimmt die Beglaubigung der Ablichtung oder Abschrift vor, sofern das nicht bereits der auch bei einer Amtszustellung zur Beglaubigung befugte und die derartige Kopie einreichende Anwalt oder der ihm nach §§ 1 II 1, 3 I Z 1 RDGEG, § 209 BRAO gleichstehende Kammerrechtsbeistand getan hat. Deshalb wirken sich Mängel der beglaubigten Kopie oder gar deren Fehlen auf die Wirksamkeit der Zustellung aus, BGH NJW **95**, 2231, Brdb FamRZ **98**, 1439. Im Verfahren nach dem AUG kann der Generalstaatsanwaltschaft als Zentrale Behörde die Beglaubigung vornehmen. Es muß erkennbar sein, daß ein Urkundsbeamter den Beglaubigungsvermerk unterzeichnet hat. Ein bestimmter Wortlaut ist nicht für die Beglaubigung nötig, BGH **76**, 228.

5) Rechtsmittel; Kosten, I, II. Gegen die Entscheidung des Urkundsbeamten ist die befristete Erinne- 5
rung nach § 573 I zulässig, Meyer-Stolte Rpfleger **82**, 43. Dasselbe gilt bei einer pflichtwidrigen Untätigkeit. Sodann ist die sofortige Beschwerde nach § 573 II statthaft. Eine Rechtsbeschwerde kommt unter den Voraussetzungen des § 574 in Betracht.

Gebühren: Des Gerichts: In erster Instanz keine, § 1 I GKG, bei der Verwerfung oder Zurückweisung einer sofortigen Beschwerde KV 1811; des Anwalts: § 19 I 2 Z 9 RVG, VV 3500.

170 *Zustellung an Vertreter.* **I [1] Bei nicht prozessfähigen Personen ist an ihren gesetzlichen Vertreter zuzustellen. [2] Die Zustellung an die nicht prozessfähige Person ist unwirksam.**

II Ist der Zustellungsadressat keine natürliche Person, genügt die Zustellung an den Leiter.

III Bei mehreren gesetzlichen Vertretern oder Leitern genügt die Zustellung an einen von ihnen.

Gliederung

1) Systematik, Regelungszweck, I–III. Die Vorschrift zieht eigentlich selbstverständliche Folgerungen 1
aus dem Umstand, daß der Prozeßunfähige einen gesetzlichen Vertreter braucht, Grdz 7 vor § 50, § 51 Rn 1. II, III dienen der Vereinfachung zwecks Prozeßwirtschaftlichkeit, Grdz 12, 14 vor 128. Das würde man bei einer zu sehr auf die Rechtssicherheit nach Einl III 43 achtenden Auslegung bisweilen übersehen, zB von BGH NJW **08**, 2125 (abl Sujecki).

2) Geltungsbereich, I–III. Vgl Üb 3 vor § 166. 2

3) Zustellung an gesetzlichen Vertreter, I. Die Vorschrift betrifft die prozessuale Wirksamkeit einer 3
Zustellung. Sie betrifft die Frage, wer der richtige Empfänger ist, VG Münst FamRZ **84**, 1149. Eine Zustellung an eine nicht voll prozeßfähige Partei nach Grdz 4 vor § 50, § 51 Rn 1 muß sie im wesentlichen richtig bezeichnen, BGH NJW **89**, 2689. Die Zustellung an einen nicht prozeßfähigen Streithelfer nach §§ 66 ff oder Streitverkündeten nach §§ 72 ff oder Drittschuldner nach §§ 829 II, 845 I geht wirksam nur an deren gesetzlichen Einzelvertreter als den Zustellungsadressaten nach § 182 II Z 1, BVerfG **75**, 214, BGH DB **88**, 1210, LG Bielef DGVZ **03**, 93. Wegen dieses Begriffs Grdz 7 vor § 50.

Der Absender muß den *gesetzlichen Vertreter* nach § 51 Rn 12 grundsätzlich nennen, § 191 Rn 6. Die Zustellung an den Prozeßunfähigen selbst kann auch bei einer bloßen Ersatzzustellung an den Vertreter vorliegen. Sie ist nach I 2 unheilbar unwirksam, wenn sie nur an den Prozeßunfähigen erfolgt, nicht wenigstens durch eine Ersatzzustellung nur oder auch an den gesetzlichen Vertreter. Die Zustellung an den Schuldner ist nicht schon wegen der Eröffnung des Insolvenzverfahrens unwirksam, KG Rpfleger **90**, 311.

Freilich bleibt trotz dieser Unwirksamkeit eine etwa ergangene *Entscheidung,* als Staatsakt trotz ihrer Fehlerhaftigkeit wirksam, Üb 20 vor § 300, und wird daher mangels etwaiger rechtzeitiger Anfechtbarkeit rechtskräftig, nur im Ergebnis richtig BGH NJW **08**, 2125 (Folge evtl § 579 V Z 4; abl Sujecki).

Eine *Nachholung* ist evtl notwendig, und zwar unter Umständen an einen inzwischen Volljährigen, § 56 Rn 9, 10. Evtl muß das Gericht auch einen Vertreter nach § 57 bestellen, LG Bln MDR **88**, 588. Tritt die

Prozeßunfähigkeit im Lauf des Prozesses ein und ist § 86 unanwendbar, tritt eine Unterbrechung nach § 241 ein. Man kann nicht sich selbst als dem gesetzlichen Vertreter des Gegners zustellen, § 178 II, BGH NJW **84**, 58, LG Ffm Rpfleger **88**, 72. § 178 II ist aber auf eine Zustellung nach § 170 nicht entsprechend anwendbar, BVerfG **67**, 211, BGH NJW **84**, 57. Eine Ersatzzustellung nach §§ 178 ff durch eine Übergabe an den Vertretenen ist zulässig. Wegen (jetzt) §§ 49 ff FamFG Saarbr NJW **79**, 2620 (zum alten Recht).

4 **4) Keine natürliche Person, II.** Infrage kommt eine nicht natürliche Person beliebiger Konstruktion, zB eine Behörde, Gemeinde, Körperschaft, juristische Person, Hager NJW **92**, 353, oder ein rechtsfähiger Verein. Bei ihnen kann die Zustellung grundsätzlich an den Leiter erfolgen, mag er der gesetzliche Vertreter sein oder nicht, Hager NJW **92**, 353. Vgl freilich wegen eines ausgeschiedenen Vorstandsmitglieds BGH RR **91**, 926, Ffm Rpfleger **78**, 134, aM Hager NJW **92**, 353. Leiter ist derjenige, der die Behörde usw nach dem Gesetz oder nach der Satzung nach außen vertritt, zB der Vorstand, Behördenchef, Präsident des Gerichts, aufsichtsführende Richter, Bürgermeister. Bei einer Ersatzzustellung erlaubt § 178 I Z 3 die Zustellung auch an jeden dazu ermächtigten Vertreter einer Gemeinschaftseinrichtung.

5 **5) Mehrere Vertreter oder Leiter, III.** Die Vorschrift ist mit dem GG vereinbar, BVerfG **67**, 211. Es genügt die Zustellung an einen von ihnen, auch wenn sie nur eine Gesamtbefugnis haben, BGH NJW **84**, 57, Ahrens ZZP **103**, 52. Es genügt also zB grundsätzlich die Zustellung an einen Elternteil, § 1629 I 2 BGB, BFH NJW **77**, 544, LG Ravensb Rpfleger **75**, 370. Das gilt auch beim Fiskus, aber nur innerhalb derselben Verwaltungsabteilung, § 18 Rn 5, 8.

6 **6) Beispiele zur Frage des Geltungsbereichs, I–III**

Abwickler: Auf ihn ist III anwendbar.

Aktiengesellschaft: II ist auf die Aktiengesellschaft anwendbar. Bei § 246 II 2 AktG sind der Vorstand und der Aufsichtsrat zusammen Zustellungsadressat, also mindestens je ein Mitglied dieser Gremien. Eine Heilung tritt nach § 189 ein. Sie tritt auch nach § 295 durch das rügelose Verhandeln des ProzBev beider Organe ein. Das alles gilt auch dann, wenn Vorstand und Hauptversammlungsmehrheit personengleich sind, Drsd RR **97**, 739. Das Gericht muß die Klage eines ausgeschiedenen Vorstandsmitglieds wegen § 112 AktG dem Aufsichtsrat zustellen, nicht dem jetzigen Vorstand, BGH RR **91**, 926, Hager NJW **91**, 353 (teleologische Reduktion). Auch III ist anwendbar, § 78 II AktG.

Anstalt: Auf sie ist I anwendbar.

7 **BGB-Gesellschaft:** I ist anwendbar, BGH NJW **07**, 995 (Zustellung an den Geschäftsführer), aM Celle Rpfleger **04**, 508, Müther MDR **02**, 989 (II, III). Die Zustellung muß an den Geschäftsführer oder sonst an einen Gesellschafter erfolgen, BGH NJW **06**, 2191.

Behörde: II ist schon nach seinem Wortlaut anwendbar, BayObLG **90**, 256 (Vollstreckungsbehörde).

S ferner Rn 6 „Fiskus“.

Betriebsrat: II ist auf ihn anwendbar. Zustellungsadressat ist sein Vorsitzender, BAG BB **76**, 510.

Betreuer: Auf ihn ist III anwendbar.

Doppelte Eigenschaft: Eine Zustellung ist nicht schon deshalb unwirksam, weil die Sendungsanschrift bei einer in doppelter Eigenschaft tätigen Person irrig nicht die maßgebende Funktion angegeben hat.

S auch Rn 10 „Mehrgliedrige Organe“.

Doppelvertretung: Rn 10 „Mehrgliedrige Organe“.

Drittschuldner: Auf ihn ist I–III anwendbar.

Eheleute: An mehrere Parteien muß das Gericht getrennt zustellen, selbst wenn sie miteinander verheiratet sind, BAG BB **75**, 1486 (bei einem Verstoß kann aber jetzt nach § 189, evtl in Verbindung mit § 113 I 2 FamFG, eine Heilung eintreten).

Fiskus: Auf ihn ist II anwendbar, Rn 5 „Behörde“. Das Gericht braucht seine Endvertretungsbehörde nach § 18 Rn 5 ff nicht richtig anzugeben, Zweibr OLGZ **78**, 108. Überhaupt ist seine unrichtige Bezeichnung heilbar, KG Rpfleger **76**, 222. Zustellungsadressat ist nur der einschlägige gesetzliche Vertreter und nicht derjenige, der den Fiskus etwa in einer anderen Beziehung vertritt. Notfalls muß man zwecks Heilungschance zurückverweisen, Hager NJW **92**, 353, aM BGH RR **91**, 926.

8 **Gemeinde:** II ist anwendbar. Leiter ist der Bürgermeister.

S ferner Rn 6 „Fiskus“.

Generalbundesanwalt: II ist auf den Generalbundesanwalt als Zentrale Behörde im Verfahren nach dem AUG anwendbar, Üb 1, 6 vor § 78.

9 **Genossenschaft:** II ist auf die Genossenschaft anwendbar. Bei § 51 III GenG sind der Vorstand und der Aufsichtsrat zusammen Zustellungsadressat, also mindestens je ein Mitglied dieser Gremien, BGH NJW **92**, 2099. Eine Heilung tritt nach § 189 oder nach § 295 durch das rügelose Verhandeln des ProzBev beider Organe ein. Bei einer Genossenschaft in Liquidation nach §§ 84 ff GenG sind Liquidatoren und Aufsichtsrat Zustellungsadressat.

Auch III ist anwendbar, aM Düss NJW **87**, 2524 (es übersieht III).

Gericht: I–III sind anwendbar, BayObLG **90**, 256 (Gläubiger von Zwangsgeld).

Gesellschaft bürgerlichen Rechts: Rn 7 „BGB-Gesellschaft“.

Gesellschaft mit beschränkter Haftung: II, III sind auf die GmbH anwendbar, § 35 II GmbHG, BGH DB **83**, 1971.

Inkassounternehmen: Soweit der Schuldenbereinigungsplan es als den Vertreter des Gläubigers bezeichnet, kommt eine Zustellung an das Inkassounternehmen infrage, Köln RR **01**, 267.

Juristische Person: Vgl zunächst bei den einzelnen Arten juristischer Personen. Bei ihr kann die Zustellung grds an den Vorsteher erfolgen, mag er der gesetzliche Vertreter sein oder nicht, Hager NJW **92**, 353.

10 **Kommanditgesellschaft:** II ist auf die KG anwendbar. Auch III ist anwendbar, § 161 II HGB, BGH DB **88**, 1210, Ahrens ZZP **103**, 35.

Körperschaft: II ist anwendbar.

Liquidator: Auf ihn ist III anwendbar.

Löschung: Der gesetzliche Vertreter bleibt, Mührer Rpfleger **99**, 13.

Mehrgliedrige Organe: Wie bei der Genossenschaft und der Aktiengesellschaft können auch sonst dann, wenn mehrere Organe die juristische Personen vertreten, diese mehreren Organe zusammen Zustellungsadressat sein. Denn man könnte sonst den mit der Doppelvertretung angestrebten Zweck infragestellen. 11
S auch Rn 5 „Doppelte Eigenschaft".
Minderjähriger: I–III sind auf den Minderjährigen anwendbar, Ffo DGVZ **02**, 92, LG Bielef DGVZ **03**, 93, AG Gütersloh DGVZ **03**, 92.
Offene Handelsgesellschaft: II ist auf die OHG anwendbar. Auch III ist anwendbar, § 125 II HGB, Ahrens ZZP **103**, 35.
Partei kraft Amts: III ist anwendbar, soweit mehrere als Parteien kraft Amts gemeinsam verwalten, Grdz 8 vor § 50. 12
Pfleger: Auf ihn ist III anwendbar.
Post, Postbank, Telekom: Wegen III § 18 Rn 6 „Bundespost".
Sachverständiger: I–III sind auf einen Sachverständigen *unanwendbar.* 13
Stiftung: I, II ist auf eine Stiftung anwendbar, aM ZöStö 5.
Strafprozeß: I–III sind im Strafverfahren auch *nicht entsprechend anwendbar,* Düss MDR **93**, 70.
Testamentsvollstrecker: Auf ihn ist III anwendbar. Das gilt auch bei Gesamtvollstreckern nach § 2224 BGB.
Verein: Ist ein nicht rechtsfähiger Verein Bekl, kann man jedem Vorstandsmitglied zustellen, III. 14
Vermögensmasse: Auf sie ist I anwendbar.
Vormund: Auf ihn ist III anwendbar.
Zeuge: I–III sind auf einen Zeugen grds *unanwendbar.* Denn maßgeblich ist nicht eine Prozeßfähigkeit, sondern die Aussage- und Verständnisfähigkeit. Es gilt § 377, freilich dort auch Rn 6.
Zweckvermögen: II, III sind anwendbar.

Anhang nach § 170

Wohnungsverwalter als Zustellungsvertreter

WEG § 45. Zustellung. **[1] Der Verwalter ist Zustellungsvertreter der Wohnungseigentümer, wenn diese Beklagte oder gemäß § 48 Abs. 1 Satz 1 beizuladen sind, es sei denn, dass er als Gegner der Wohnungseigentümer an dem Verfahren beteiligt ist oder aufgrund des Streitgegenstandes die Gefahr besteht, der Verwalter werde die Wohnungseigentümer nicht sachgerecht unterrichten.**

II [1] Die Wohnungseigentümer haben für den Fall, dass der Verwalter als Zustellungsvertreter ausgeschlossen ist, durch Beschluss mit Stimmenmehrheit einen Ersatzzustellungsvertreter sowie dessen Vertreter zu bestellen, auch wenn ein Rechtsstreit noch nicht anhängig ist. [2] Der Ersatzzustellungsvertreter tritt in die dem Verwalter als Zustellungsvertreter der Wohnungseigentümer zustehenden Aufgaben und Befugnisse ein, sofern das Gericht die Zustellung an ihn anordnet; Absatz 1 gilt entsprechend.

III Haben die Wohnungseigentümer entgegen Absatz 2 Satz 1 keinen Ersatzzustellungsvertreter bestellt oder ist die Zustellung nach den Absätzen 1 und 2 aus sonstigen Gründen nicht ausführbar, kann das Gericht einen Ersatzzustellungsvertreter bestellen.

Vorbem. Fassg Art 1 Z 19 G v 26. 3. 07, BGBl 358, in Kraft seit 1. 7. 07, Art 4 S 2 G, ÜbergangsR Einl III 78.

Schrifttum: *Schmid* MDR **08**, 662 (Üb).

171 *Zustellung an Bevollmächtigte.* [1] **An den rechtsgeschäftlich bestellten Vertreter kann mit gleicher Wirkung wie an den Vertretenen zugestellt werden. [2] Der Vertreter hat eine schriftliche Vollmacht vorzulegen.**

1) Systematik, Regelungszweck, S 1, 2. § 172 geht dem § 171 vor. Dasselbe gilt für § 27 II Z 3 WEG. Letztere Vorschrift gilt für den Zeitpunkt der Ausführung der Zustellung. Eine Zustellung im anhängigen Prozeß kann also auch im Fall des § 171 an den ProzBev erfolgen. Der Zusteller handelt nach seinem pflichtgemäßen Ermessen („kann"). Die Vorschrift dient der Klarstellung und damit der Rechtssicherheit, Einl III 43. 1

2) Sachlicher Geltungsbereich, S 1, 2. Üb 3 vor § 166. Beim Hauptbevollmächtigten einer ausländischen Versicherungsgesellschaft ist § 170 I anwendbar. 2

3) Persönlicher Geltungsbereich: Rechtsgeschäftlich bestellter Vertreter, S 1, 2. § 171 läßt in den Grenzen des § 172 nach Rn 2 eine Zustellung an jeden wirksam gerade durch ein Rechtsgeschäft bevollmächtigten Vertreter zu, Köln GRUR-RR **05**, 143, LAG Ffm NZA-RR **07**, 266. Der Auftraggeber muß ihn ausreichend bezeichnen. An einen in doppelter Eigenschaft tätigen Adressaten kann eine Zustellung auch dann wirksam erfolgen, wenn das zuzustellende Schriftstück nicht die hier maßgebliche Eigenschaft angibt, sondern die andere, BAG NZA **04**, 455. 3

A. Allgemeines. Die Vertretungsbefugnis für den fraglichen Prozeß ist unerheblich. Es ist auch eine Ersatzzustellung zulässig. Zustellungsadressat nach § 182 II Z 1 bleibt der Vertretene. Gegen ihn wirkt auch die Zustellung, § 164 I BGB. § 171 schließt die Zustellung an einen anderen zum Zustellungsempfang durch eine Sondervollmacht oder durch ein Gesetz Ermächtigten nicht aus. Sie ist im Rahmen der Vertretungsmacht zulässig, wenn es unerheblich ist, ob der Empfänger die Zustellung entgegennehmen will oder ob er sich gar weigert. § 181 BGB ist hier unbeachtlich, LG Ffm Rpfleger **88**, 72. Wer sich auf eine Zustellung nach § 171 beruft, muß die Empfangsberechtigung beweisen. Bei einer Adressierung an jemanden persönlich ist § 171 unanwendbar, BayObLG WoM **00**, 566.

4 **B. Generalbevollmächtigter.** Die Zustellung kann zB an einen Generalbevollmächtigten erfolgen, also an eine Person, die für alle Vermögensangelegenheiten oder für einen größeren Kreis solcher Angelegenheiten eine umfassende Vollmacht hat, Hamm MDR **93**, 1237 (Steuerberater eines Ausländers). Die Berechtigung zur Entgegennahme aller Postsendungen kann genügen, Hamm MDR **93**, 1237, ebenso die Befugnis zur Entgegennahme von Zustellungen, sog gewillkürte Zustellungsvollmacht, BGH RR **93**, 1083. Eine einfache Postvollmacht reicht aber nicht aus, Nürnb RR **93**, 496.

Ein Versicherungs-Generalagent gehört *nicht* hierher.

5 **C. Prokurist.** Die Zustellung kann auch an einen Prokuristen erfolgen, §§ 48ff HGB, mit einer Beschränkung auf die durch den Betrieb des Handelsgewerbes hervorgerufenen Prozesse, § 49 I HGB, insofern aber ohne die Beschränkung des § 49 II HGB. Bei einer Filialprokura besteht die Beschränkung auf den Betrieb dieser Filiale, § 50 III HGB. Bei einer Gesamtprokura genügt die Zustellung an einen Prokuristen nach § 170 III, Coenen DGVZ **02**, 183. Das gilt auch dann, wenn er zusammen mit einem Gesellschafter nach § 125 III HGB oder zusammen mit dem Geschäftsführer einer GmbH oder mit einem Vorstandsmitglied amtiert, § 78 III AktG. Der Handlungsbevollmächtigte nach § 54 HGB kann ebenfalls hierher gehören. Bei ihm erfolgt eine Ersatzzustellung nach § 178 I Z 2.

6 **4) Vorlage schriftlicher Vollmacht, S 2.** Eine Zustellung nach S 1 ist nur dann wirksam, wenn der rechtsgeschäftlich bestellte Vertreter im Zustellungszeitpunkt eine schriftliche Vollmacht auch tatsächlich vorlegt, BGH RR **93**, 1083, aM ZöStö 4 (aber § 2 ist eindeutig, Einl III 39). Diese Bescheinigung dient dem Schutz sowohl des Zustellenden als auch desjenigen Vertreters, der die Zustellung ausgehändigt erhält. Eine Vollmacht muß zumindest zum Empfang dieser Zustellung ermächtigen. Eine Vollmacht für ein Abmahnverfahren enthält evtl keine solche für ein Eilverfahren nach §§ 916ff, 935ff, Köln GRUR-RR **05**, 143. Eine Post-Empfangsvollmacht reicht zumindest beim nach § 33 PostG Beliehenen, aM Nürnb RR **98**, 496, Coenen DGVZ **02**, 183 (vgl aber § 168 Rn 5). Geht die Vollmacht etwa bei einer Prokura darüber hinaus, müßte der Bevollmächtigte sie nach dem Wortlaut von S 2 in jedem Einzelfall als Original vorlegen. Damit stellt S 2 eine insofern praktisch unerfüllbare Bedingung auf. Die Praxis muß sie durch eine vernünftigte Handhabung erfüllbar auslegen. Es mag zB praktisch ausreichen, daß ein Mitarbeiter eine Kopie der Originalvollmacht oder gar -prokura auf ein Verlangen des mit den Verhältnissen in der Firma nicht vertrauten Zustellers vorzeigt. Mangels einer Aufforderung zur Vorlage mag die Vorlage entbehrlich sein, Hentzen MDR **03**, 363. Eine Aushändigung an den Zusteller ist nicht nötig. Der Zusteller braucht die Ordnungsmäßigkeit der ihm vorgelegten Vollmacht nicht in allen Einzelheiten zu prüfen. Denn damit wäre er überfordert. Einen Verstoß kann ohnehin § 189 heilen.

7 **5) Verstoß, S 1, 2.** Soweit eine Empfangsberechtigung fehlt, kommt eine Heilung nach § 189 infrage.

172

Zustellung an Prozessbevollmächtigte. **I [1] In einem anhängigen Verfahren hat die Zustellung an den für den Rechtszug bestellten Prozessbevollmächtigten zu erfolgen. [2] Das gilt auch für die Prozesshandlungen, die das Verfahren vor diesem Gericht infolge eines Einspruchs, einer Aufhebung des Urteils dieses Gerichts, einer Wiederaufnahme des Verfahrens, einer Rüge nach § 321a oder eines neuen Vorbringens in dem Verfahren der Zwangsvollstreckung betreffen. [3] Das Verfahren vor dem Vollstreckungsgericht gehört zum ersten Rechtszug.**

II [1] Ein Schriftsatz, durch den ein Rechtsmittel eingelegt wird, ist dem Prozessbevollmächtigten des Rechtszuges zuzustellen, dessen Entscheidung angefochten wird. [2] Wenn bereits ein Prozessbevollmächtigter für den höheren Rechtszug bestellt ist, ist der Schriftsatz diesem zuzustellen. [3] Der Partei ist selbst zuzustellen, wenn sie einen Prozessbevollmächtigten nicht bestellt hat.

Gliederung

1 **1) Systematik, I, II.** Die Vorschrift stellt einerseits eine Ausnahme von dem Grundsatz dar, daß Zustellungen an die Parteien erfolgen müssen, zB §§ 270, 271. Sie enthält andererseits einen eigenen Grundsatz, nämlich den Vorrang eines ProzBev für alle Zustellungen und die Pflicht, nur an ihn zuzustellen, BGH NJW **02**, 1783, zB nach § 178, BAG DB **96**, 2088. Von diesem Grundsatz gilt es wieder in anderen Vorschriften Ausnahmen, zB bei §§ 141 II 2, 239 III 1, 273 IV 2, 278 III, 450 I 3, 900 III 3. I 2 ergänzt den wichtigen I 1. II regelt die Zustellung einer Rechtsmittelschrift vorrangig.

2) Regelungszweck: Vereinigung des Prozeßstoffs, I, II. *I 1* soll im Interesse der Prozeßwirtschaftlichkeit nach Grdz 14 vor § 128 die Vereinigung des gesamten Prozeßstoffs in einer Hand fördern, BGH NJW **02**, 1783, Ffm OLGZ **86**, 121, Hbg RR **88**, 1278, und zwar in der berufensten und verantwortlichsten. Das Gesetz geht davon aus, daß die Partei durch die Erteilung einer Prozeßvollmacht auf die persönliche Fortführung des Prozeßbetriebs verzichtet hat, Ffm Rpfleger **78**, 376. Die Vorschrift ist ihrem umfassenden Zweck entsprechend weit auslegbar. 2

I 2 bezweckt eine Klärung und Vereinfachung im Interesse der Prozeßförderung und Prozeßwirtschaftlichkeit nach Grdz 12, 14 vor § 128 wie auch im Interesse der Rechtssicherheit, Einl III 43. Der Instanzbegriff geht sehr weit, um die Zustellung zu erleichtern. Damit bürdet das Gesetz zunächst dem bisherigen ProzBev vielerlei Zusatz- und Abwicklungspflichten auf und überläßt es ihm, das Ende des Mandats nach § 87 anzuzeigen, um das Ende der Pflichten aus I 2 herbeizuführen.

II dient einer möglichst frühzeitigen Information des Prozeßgegners und damit der Prozeßförderung, Grdz 12 vor § 128. Die Vorschrift hat praktisch nur eine geringe Tragweite. Denn man legt das Rechtsmittel im allgemeinen durch seine Einreichung beim Gericht ein, §§ 519 I, 549 I, 569 I 1. Jedenfalls ist die Zustellung nach II für die Wirksamkeit der Einlegung des Rechtsmittels nicht wesentlich. Wegen des Übergangs vom Mahnverfahren in das streitige Verfahren Rn 8.

3) Sachlicher Geltungsbereich: Alle „anhängigen" Verfahrensarten, I, II. Darum gilt die Vorschrift zB: In allen schon und noch „anhängigen"Verfahrensarten der ZPO, Üb 3 vor § 166, Ffm OLGZ **86**, 121, Köln MDR **07**, 484, also grundsätzlich nicht mehr ab dem Eintritt der Rechtskraft, Naumb FamRZ **06**, 1401. Sie gilt in allen Instanzen, auch im Mahnverfahren, Köln MDR **07**, 484, grundsätzlich im Eilverfahren, Rn 9 „Arrest, einstweilige Verfügung", im FamFG-Verfahren im Bereich (jetzt) des § 113 I 2 FamFG (je zum alten Recht) BGH NJW **91**, 2086, Hamm ZMR **97**, 156, Schlesw NJW **97**, 203, aM BGH **65**, 44, BayObLG Rpfleger **92**, 116, KG Rpfleger **85**, 193 (aber jenes Verfahren weist doch sehr viele Parallelen zum Zivilprozeß auf). § 172 gilt ferner in der Zwangsvollstreckung mit der alleinigen Ausnahme des Verfahrens auf die Abgabe einer eidesstattlichen Versicherung zur Offenbarung nach § 900 I 2, LG Gießen Rpfleger **81**, 26, LG Köln NJW **86**, 1180, aM LG Bochum Rpfleger **85**, 33, Biede DGVZ **77**, 75. Beispiele Rn 12 ff. Zum Abschiebungsverfahren BayObLG **98**, 302, Mü FGPrax **06**, 185. 3

Unanwendbar ist I 2 auf ein selbständiges Verfahren nach § 82, Nürnb MDR **02**, 232. Dazu gehören zB: ein Verfahren auf Antrag eines Dritten, etwa nach §§ 64, 771 ff, 805, 810 II, 878. Das gilt unabhängig davon, welches das Hauptsachegericht ist oder wäre. Soweit freilich die Prozeßvollmacht auch solche Verfahren miterfaßt, ist eine Zustellung an den ProzBev zulässig, Nürnb MDR **02**, 232.

4) Persönlicher Geltungsbereich: Prozeßbevollmächtigter, I, II. Beispiele Rn 9 ff. 4

A. Begriff. Vgl zunächst § 80 Rn 1. Vor dem BGH muß der Anwalt dort zugelassen sein, (je zum alten Recht) BGH VersR **84**, 873, Hbg GRUR **81**, 91, Hamm GRUR **92**, 887. Neben dem Vollvertreter behält der Anwalt selbst die Befugnis auch für eine Ersatzzustellung. Wenn es sich nicht um die Vertretung vor einem Kollegialgericht oder dort nicht um einen Hauptsacheantrag handelt, kann der ProzBev ein Nichtanwalt sein, BGH MDR **85**, 30, zB ein vertretungsberechtigter Bevollmächtigter nach § 79, etwa ein Prokurist oder ein Generalbevollmächtigter, BAG DB **96**, 2088, auch auf Grund seiner allgemeinen Vertretungsbefugnis, oder die Ehefrau, Zweibr Rpfleger **01**, 558.

B. Bestellung. Die Partei muß den ProzBev im Zeitpunkt der Zustellung schon und noch wirksam gerade als solchen „bestellt" haben, Pardey ZIP **85**, 462. Das kann auch zugunsten einer Personenmehrheit geschehen, zB zugunsten mehrerer Einzelanwälte, BVerfG **81**, 128, BGH **118**, 322 (je: Zustellung an *einen* genügt), oder zugunsten einer Sozietät, bei der jeder Sozius empfangsberechtigt ist, BGH NJW **80**, 999, auch ein später eingetretener, BGH VersR **94**, 874, bei überörtlicher grundsätzlich zumindest auch der am Gerichtsort kanzleiführenden, KG NJW **94**, 3111, LG Bln RR **03**, 429, Boin MDR **95**, 882. Ferner kann die Bestellung zugunsten einer Anwalts-GmbH usw erfolgen, § 59 S 1 BRAO, oder zugunsten einer Partnerschaft, § 7 IV 1 PartGG. 5

Die Bestellung hat *nichts* mit der *Vollmachtserteilung* nach § 80 und ihrer Wirksamkeit zu tun, BGH NJW **02**, 1729 links, Ffm FamRZ **94**, 835, Köln MDR **07**, 484, aM Naumb FamRZ **00**, 166, Stgt WettbR **96**, 281, LAG Köln BB **96**, 1119 (aber man muß beide trennen, § 80 Rn 4, 5). Das gilt schon deshalb, weil das Gericht die Vollmachtserteilung nicht von Amts wegen prüft, soweit ein Anwalt als Bevollmächtigter auftritt, § 88 II. Es genügt daher, daß man jemanden eindeutig dem Gericht oder im Fall einer Parteizustellung dem Gegner gegenüber gerade für diesen Prozeß als den ProzBev gekennzeichnet hat, BVerfG NJW **07**, 3488, BGH NJW **02**, 1728, Hamm RR **01**, 1088, aM Ffm RR **86**, 587. Das mag durch ihn selbst erfolgt sein, BGH RR **00**, 445, KG MDR **87**, 329, oder durch den Auftraggeber, BGH NJW **87**, 440, aM KG MDR **87**, 329 (aber das ist ebenfalls typisch). Es kann durch eine ausdrückliche oder durch schlüssige Handlung geschehen, Rn 24 „Termin", BGH NJW **02**, 1783, Hamm RR **01**, 1088, Schlesw MDR **07**, 1187, aM Ffm RR **86**, 587 (aber jede Parteiprozeßhandlung ist auslegbar, Grdz 52 vor § 128).

Die *Prozeßvollmacht* braucht zwecks Bestellung nicht beizuliegen, BGH FamRZ **92**, 665. Es genügt nicht, daß sich der ProzBev in der vorbezeichneten Art selbst auch gerade als solcher erkennbar nur für außerprozessuale Maßnahmen bestellt, Hbg RR **93**, 958, Hamm RR **01**, 1088. Es muß eben vielmehr erkennbar werden, daß der Vertreter eine Prozeßvollmacht haben soll, also eine das ganze Verfahren umfassende Vertretungsmacht, BGH MDR **85**, 30, Düss GRUR **84**, 80, Mü FGPrax **06**, 186.

Nicht ausreichend ist es, wenn sich ein Anwalt vorprozessual dem Gegner oder dessen ProzBev lediglich als einen „Zustellungsbevollmächtigten" usw bestellt, BGH MDR **81**, 126, Bbg OLGR **01**, 27, Düss GRUR-RR **05**, 102. Das gilt unabhängig, ob die Voraussetzungen der §§ 183, 184 vorlägen. Denn der ProzBev hat eine ganz andere und viel umfassendere Stellung. Das weiß man als sorgfältiger Anwalt. Man kann ihm daher auch nicht im Zweifel einen bloßen Bezeichnungsirrtum unterstellen. Nicht ausreichend ist die bloße Behauptung im Rubrum der Klageschrift, Rn 15.

6 **C. Keine bloße Bestellungsbehauptung.** Es besteht also eine Zustellungspflicht gegenüber dem ProzBev erst ab dessen wirksamer Bestellung, BGH NJW **02**, 1783, Zweibr FamRZ **06**, 129. Demgemäß besteht kein Zustellungsrecht, erst recht keine Zustellungspflicht an diesen ProzBev, sondern eine Zustellungspflicht an die Partei selbst, soweit und solange bis zum Zeitpunkt Rn 6 nur der *Gegner* die Bestellung behauptet, etwa in der *Klageschrift* ohne zugehörige Belege, Rn 15 „Klageschrift".

Der Kenntnis steht das *Kennenmüssen* gleich, BGH NJW **81**, 1674, BAG DB **77**, 920, Ffm JB **87**, 1832, aM StJR 21, ZöSto 10 (aber Unkenntnis schützt auch hier nicht vor dem Gesetz). Das Gericht prüft aber nicht von Amts wegen, Rn 5. Eine zusätzliche Ladung des ProzBev der vor seiner Bestellung ordnungsgemäß geladenen Partei ist ebensowenig nötig wie ein Hinweis an ihn auf den Termin, LAG Mü VersR **86**, 692. Daher kann er auch dann keine Vertagung wegen einer persönlichen Nichtladung fordern.

Die nachträgliche Bestellung heilt eine frühere Zustellung an den noch nicht Bestellten. Entscheidender *Zeitpunkt* ist der Beginn der Zustellung, also die Aushändigung des zuzustellenden Schriftstücks an den Gerichtsvollzieher oder an den Urkundsbeamten der Geschäftsstelle im Parteibetrieb, an den Justizbediensteten oder an die Post im Amtsbetrieb, BGH NJW **81**, 1674, Hbg RR **88**, 1278. Im Zweifel ist die an demselben Tag wie die Durchführung der Zustellung an die Partei beim Gericht eingegangene Bestellung nach Rn 5 dort erst später eingegangen, aM Mü OLGR **99**, 10 (ein solcher Beweis sei der Partei unmöglich. Aber auch das Gericht hat durchweg keine Uhrzeitangabe auf der Zustellungsurkunde). Folglich hat der Absender dann eine Frist im Zweifel ebenfalls nicht eingehalten, aM BGH NJW **81**, 1674.

7 **D. Rechtszug.** Der ProzBev muß ein solcher für den Rechtszug sein, also für die Instanz. Der Begriff der Instanz schwankt. Er ist für die einzelnen Prozeßgesetze und sogar innerhalb der ZPO nicht gleich. Hier bedeutet Instanz das gesamte Verfahren in demselben Rechtszug, Hamm GRUR **92**, 888.

Zum Rechtszug gehören: Das Verfahren nach einem Einspruch, §§ 338, 700; das Verfahren mit dem Ziel oder nach einer Zurückverweisung, §§ 538, 563 I, 566 VIII, 572 III, 577 IV; ein Wiederaufnahmeverfahren, §§ 578 ff; ein Verfahren zwecks einer Einleitung der Zwangsvollstreckung, zB auf die Vornahme einer Zustellung, §§ 750, 751 II, 756, 765, LG Köln JB **90**, 916; das Verfahren vor dem Vollstreckungsgericht des § 764; ein Verfahren infolge eines neuen tatsächlichen Vorbringens in der Zwangsvollstreckungsinstanz, §§ 731, 767 ff, 781 ff. Das ist ein Streit aus Anlaß einer Zwangsvollstreckung zwischen den Parteien und nicht etwa mit einem Dritten, etwa ein Streit nach § 767. I 2 reicht aber nicht so weit wie die §§ 81 ff. Nach den letzteren Vorschriften darf in den dortigen Fällen eine Zustellung an den ProzBev gehen. In den Fällen I 2 muß die Zustellung an ihn gehen.

8 **E. Beginn und Ende der Instanz.** Die Instanz beginnt mit der Einreichung des verfahrenseinleitenden Antrags, Gesuchs, Schriftsatzes, zB: Mit dem Mahnantrag, § 690; mit dem Arrestantrag, § 920; mit dem Scheidungsantrag oder mit der Einreichung der Klage, also mit der bloßen Anhängigkeit, § 261 Rn 1, also nicht erst mit der Rechtshängigkeit, mithin nicht erst mit der Zustellung der Klageschrift, BGH NJW **84**, 926. Die Instanz endet noch nicht mit der Verkündung nach § 311, BGH **111**, 109, sondern erst mit der formellen Rechtskraft des Urteils, § 705 Rn 3, BGH NJW **95**, 1095, Kblz MDR **08**, 645. Beim Fehlen eines Urteils endet die Instanz mit der Rechtskraft zB der Kostenentscheidung oder grundsätzlich auch mit der Einlegung eines statthaften Rechtsmittels, BGH NJW **95**, 1096, aM Karlsr AnwBl **82**, 434 (aber in diesem Zeitpunkt beginnt nun wirklich die nächsthöhere Instanz). Das gilt etwa bei einem Prozeßvergleich nach Anh § 307 oder bei einer Klagerücknahme nach § 269 oder bei übereinstimmenden wirksamen Erledigterklärungen, § 91 a. Die Instanz endet also noch nicht mit der Zustellung des Endurteils. Nach einer Abgabe oder Verweisung bleibt der Rechtszug grundsätzlich bestehen, Rn 27 „Verweisung". Die Kostenfestsetzung gehört zur Instanz, Rn 16.

Danach muß man eine die Rechtsmittelfrist in Lauf setzende Zustellung nach II 1 an den ProzBev der *unteren* Instanz oder mangels eines solchen solange dort bewirken, wie noch kein ProzBev für die höhere Instanz nach II 2 besteht. Das gilt sogar dann, wenn das Rechtsmittel vorher eingegangen war. Sofern sich der ProzBev zwar nach dem Erlaß der Entscheidung bestellt hat, aber noch vor dem Zeitpunkt ihrer Herausgabe nach § 329 Rn 23, 24, muß die Zustellung an ihn erfolgen. Der Urkundsbeamte der Geschäftsstelle muß diese Maßnahme also unter Umständen auch noch dann veranlassen, wenn sich die Akte bereits in der Kanzlei befindet, Köln NJW **83**, 460. Andernfalls mag die Rechtsmittelfrist nicht einmal wirksam begonnen haben, BGH NJW **81**, 1674 (zum alten Recht).

9 **5) Beispiele zur Frage des sachlichen und persönlichen Geltungsbereichs, I, II**

Abgabe: Rn 17 „Mahnverfahren".

Abmahnung: Die Vollmacht nur zu ihr reicht *nicht,* Hbg RR **93**, 958.

Amtlich bestellter Vertreter: Rn 4.

Amtszustellung: § 172 gilt bei einer Zustellung von Amts wegen, §§ 166 ff, Köln NJW **83**, 460.

Anderer Prozeß: Die Bestellung zum ProzBev kann auch durch eine Mitteilung in einem anderen bei demselben Gericht anhängigen Prozeß erfolgen. Die Weiterleitung ist dann eine Amtspflicht.

Anhängigkeit: § 172 gilt im Stadium zwischen der Anhängigkeit und der Rechtshängigkeit, § 261 Rn 1, soweit schon ein ProzBev tätig geworden ist, BGH NJW **84**, 926, etwa durch die Einreichung eines Antrags auf eine Prozeßkostenhilfe.

Anhörungsrüge: § 172 gilt nach dem klaren Wortlaut und Sinn von I 2 auch bei einer Anhörungsrüge nach § 321 a.

Annahme der Zustellung: Rn 12 „Entgegennahme der Zustellung".

Antragstellung: Die Bestellung zum ProzBev kann durch die Stellung eines Prozeß- und/oder Sachantrags im Termin erfolgen, BGH VersR **79**, 255, Düss GRUR **84**, 80.

Anwalts-GmbH: Rn 5.

Anwaltsprozeß: § 172 gilt natürlich im Anwaltsprozeß, § 78 Rn 1.

10 **Arrest, einstweilige Verfügung:** § 172 gilt grds im Verfahren nach §§ 916 ff, 935 ff, Hbg MDR **06**, 1123, Hamm GRUR **92**, 887, Stgt WettbR **96**, 281, nur ausnahmsweise dann nicht, Nürnb MDR **02**, 232. Vgl

auch § 82 Rn 1. Eine Bestellung für das Eilverfahren kann sich auf das Hauptverfahren erstrecken, Ffm FamRZ **94**, 835 (Vorsicht!).

Aufgabe der Anwaltszulassung: Rn 26 „Vertretungsunfähigkeit".

Aufnahme des Verfahrens: In den Fällen der §§ 239 III, 246 ist eine persönliche Ladung der Partei unabhängig von der Bestellung eines ProzBev notwendig.

Ausländischer Anwalt: SchlAnh VII § 5.

Baulandsache: § 172 gilt in einer Baulandsache, BGH MDR **85**, 30. 11

Beiordnung: Rn 12 „Ehesache".

Berufsrecht: Rn 26 „Vertretungsverbot", Rn 28 „Widerruf usw".

Drittwiderspruchsklage: Die Klage nach § 771 fällt zwar unter die Vollmacht, § 81. Daher kann die Zustellung an den ProzBev erfolgen. Es handelt sich aber *nicht* um den anhängigen Prozeß. Daher ist eine Zustellung an den Gläubiger persönlich zulässig.

Ehesache: Rn 3. Dem nach § 138 FamFG beigeordneten Anwalt kann man nur dann wirksam zustellen, 12 wenn er außerdem der ProzBev ist, (zum alten Recht) BGH NJW **95**, 1225.

Eidesstattliche Versicherung: Rn 17 „Offenbarungsversicherung".

Einmischungsklage: § 82 Rn 1.

Einstweilige Zulassung: Eine einstweilige Zulassung nach § 89 genügt als Bestellung zum ProzBev.

Einzelne Handlung: Eine Vollmacht nur für sie reicht *nicht*.

Empfangsbekenntnis: Seine Unterzeichnung und Rückgabe an das Gericht *kann* evtl genügen, Schlesw MDR **07**, 1187. Aber Vorsicht, Rn 5!

Entgegennahme der Zustellung: Die Bestellung zum ProzBev kann auch durch die Entgegennahme der Zustellung durch einen Sozius erfolgen, BGH **67**, 13.

Familiensache: Rn 3.

Formlose Mitteilung: § 172 gilt bei einer formlosen Mitteilung, BGH RR **86**, 287, BAG DB **77**, 920, 13 Schneider MDR **85**, 641 (wegen § 882 a).

S auch Rn 20 „Schriftsatz".

Gegner: Rn 15 „Klageschrift". 14

Hauptintervention: § 82 Rn 1.

Insolvenz: § 172 gilt auch im Insolvenzverfahren, BayObLG RR **02**, 988. Der ProzBev der Partei wird *nicht* schon dadurch, daß sie zum Schuldner wird, zum Zustellungsbevollmächtigten des Verwalters, § 86 Rn 11, BGH DB **89**, 377.

Internationales Übereinkommen: § 172 ist bei einem solchen Übereinkommen *unanwendbar*, BGH **65**, 298, soweit nicht dieses Übereinkommen auf die Vorschrift Bezug nimmt.

S auch Rn 10 „Ausländischer Anwalt".

Justitiar: Man kann ihn zum ProzBev bestellt haben.

Klageschrift: Die Angabe des Klägers in der Klageschrift, der Anwalt X sei der ProzBev des Bekl, genügt 15 keineswegs stes, BGH NJW **81**, 1674, Hbg MDR **91**, 259, Karlsr RR **92**, 701, aM RR **00**, 445, Schlesw MDR **07**, 1187 (aber damit würde man das Prozeßrechtsverhaltnis nach Grdz 4 vor § 128 sprengen. Die gefährlichen Folgen der aM zeigen sich darin, dem angeblichen gegnerischen ProzBev auch noch eine Kenntnis von der an die Partei erfolgten Zustellung zu geben. Das wäre ein Bruch der Schweigepflicht und schon deshalb das Gegenteil eines fairen Verfahrens. Daran ändert auch BVerfG NJW **87**, 2003 nichts). Ausreichend ist dergleichen freilich, wenn der Klägervertreter zB ein Schreiben beifügt, in dem der gegnerische Anwalt bittet, ihn im Klagefall als den ProzBev als Bekl zu benennen, Zweibr FamRZ **06**, 129.

Diese letztere Mitteilung muß nicht nur aus dem Kopf (Rubrum) der Klageschrift indirekt zur Kenntnis des Gerichts kommen, sondern aus ihrem *weiteren Inhalt* oder weiteren Angaben des Klägers oder seines ProzBev bis zu dem für die Veranlassung der Zustellung maßgebenden Zeitpunkt. Das alles muß insbesondere bis zur Hinausgabe der Klageschrift an die Post nach § 329 Rn 24 geschehen, BVerfG JZ **87**, 719 (das Gericht muß unter Umständen sogar nachfragen), BGH **61**, 310, Hbg ZMR **91**, 27 (offen, ob eine Fürsorgepflicht zur Mitteilung an den etwaigen ProzBev bestehe), aM ThP 3 (die Mitteilung der Bevollmächtigung müsse dem Gericht gegenüber stets durch den ProzBev oder seinen Auftraggeber erfolgen. Aber das genügt nicht der verbreiteten Übung und dem Gebot der Prozeßwirtschaftlichkeit, Grdz 14 vor § 128).

Eigentlich *darf* das Gericht ja *gar nicht* einem solchen Empfänger eine Kenntnis von einem Prozeßvorgang geben, der sich ihm gegenüber noch gar nicht gesetzmäßig als Prozeßbeteiligter ausgewiesen hat. Daher darf und muß die Zustellung vor einer eindeutigen Bestellung eines ProzBev an seine Partei gehen.

Kostenfestsetzungsverfahren: Es gehört zur Instanz, Rn 8. § 172 gilt im Verfahren nach §§ 103 ff, 16 BVerfG **81**, 127 (nicht stets zwingend), KG NJW **94**, 3111, Mü Rpfleger **84**, 74.

Das gilt *nicht* in einem Verfahren nach (jetzt) § 11 RVG, solange die Partei nicht auch dafür Prozeßvollmacht erteilt hat, Mü Rpfleger **84**, 74.

Kündigung: Rn 28 „Widerruf usw".

Landwirtschaftsverfahren: § 172 gilt in einem Landwirtschaftsverfahren.

Mahnverfahren: § 172 gilt im Mahnverfahren, §§ 688 ff, Zweibr VersR **79**, 143, aM KG NJW **87**, 1339, 17 (aber Buch 1 gilt auch für Buch 7). Das gilt auch nach einer Abgabe oder Verweisung, Düss MDR **87**, 503, Zweibr FamRZ **89**, 192.

Niederlegung: Rn 28 „Widerruf usw".

Notanwalt: Eine Beiordnung als Notanwalt nach § 78 c genügt *nicht*. Wohl aber genügt eine einstweilige Zulassung.

Offenbarungsversicherung: Im Fall § 900 I 3 ist schon nach dessen Wortlaut eine persönliche Ladung des Schuldners unabhängig von der Bestellung eines ProzBev notwendig.

Parteibetrieb: § 172 gilt bei einer Zustellung im Parteibetrieb, §§ 191 ff. 18

Parteiprozeß: § 172 gilt im Parteiprozeß, § 78 Rn 1, Köln MDR **76**, 50.

Parteivernehmung: Bei § 450 I 2 ist eine persönliche Ladung der Partei unabhängig von der Bestellung eines ProzBev notwendig.

Partnerschaft: Rn 9.

Passivrubrum: Rn 15 „Klageschrift".

Persönliches Erscheinen: Bei §§ 141 II 1, 2, 239 III 1, 273 II Z 3, 279 II 2, IV 2, 450 I, 33 FamFG usw ist eine persönliche Ladung der Partei unabhängig von der Bestellung eines ProzBev notwendig, Brdb JB **99**, 155.

19 **Prokurist:** Man kann ihn im Parteiprozeß zum ProzBev bestellen.

Prozeßkostenhilfe: § 172 gilt im Verfahren nach §§ 114 ff, Brdb Rpfleger **08**, 265, Hamm FamRZ **06**, 1553. Das Gericht muß zwar eine Meldung zunächst nur mit einem Prozeßkostenhilfegesuch ohne weiteren Zusatz zurückhaltend würdigen. Eine solche Meldung gibt aber doch wohl meist eine Bestellung zum ProzBev zumindest bis zur etwa erfolgenden Ablehnung der Beiordnung zu erkennen, BGH NJW **02**, 1728. Freilich kann eine Rückfrage ratsam sein. Es kommt auf die Gesamtumstände an. Im Zweifel liegt noch keine Bestellung vor, aM BGH BB **02**, 483 (aber das Prozeßkostenhilfeverfahren ist doch oft geradezu eine Bedingung für den Entschluß, erst nach einer Bewilligung Klage zu erheben). Die Bestellung wirkt auf ein nachträgliches Überprüfungsverfahren fort, BAG NZA **06**, 1128.

Nicht ausreichend ist die bloße Beiordnung nach § 121. Denn zu ihr muß eine Prozeßvollmacht gerade hinzutreten, § 121 Rn 16. Freilich kann eine einstweilige Zulassung nach § 89 vorliegen. Eine Aufhebungsentscheidung nach § 124 kann außerhalb des Hauptverfahrens erfolgen. Dann ist § 172 evtl unanwendbar, Kblz MDR **08**, 645, Köln FamRZ **07**, 908. Das muß man aber von Fall zu Fall nach den Gesamtumständen prüfen.

20 **Rechtshängigkeit:** Rn 9 „Anhängigkeit".

Rechtsmittelinstanz: § 172 gilt in allen Instanzen.

Sachverhalt: Eine Bestellung zum ProzBev kann durch den Sachverhalt erkennbar sein.

Schiedsspruch: §§ 1042 II, 1054 IV.

Schriftsatz: Eine (Selbst-)Bestellung kann natürlich in erster Linie durch die Einreichung eines Schriftsatzes des ProzBev erfolgen, BGH VersR **86**, 371, Karlsr RR **92**, 701. Das kann aber auch durch den Schriftsatz eines nach § 157 *nicht* zum Verhandeln Befugten geschehen, § 157 Rn 7, 8, LG Hagen WoM **88**, 281 (er ist ein Zustellungsbevollmächtigter).

S auch Rn 21 „Schutzschrift".

21 **Schutzschrift:** Vgl zunächst Rn 20 „Schriftsatz". Grds genügt die Einreichung einer sog Schutzschrift *nicht*, Grdz 7 vor § 128, soweit sie vor der Anhängigkeit eines bestimmten Verfahrens erfolgt, Ffm OLGZ **88**, 105, Hbg RR **95**, 445, Karlsr RR **92**, 701, aM Ffm OLGZ **86**, 121, Hbg GRUR-RR **03**, 108, ZöStö 5 (aber es liegt vor der Anhängigkeit oder Rechtshängigkeit überhaupt noch kein Prozeßrechtsverhältnis vor, aus dem erst prozessuale Rechte und Pflichten entstehen können, Grdz 5 vor § 128). Hat das Gericht aber die Schutzfrist dem Antragsteller zusammen mit der erbetenen einstweiligen Verfügung zugestellt, muß er die Verfügung dadurch nach §§ 929, 935 ff vollziehen, daß er sie dem Schutzschriftanwalt des Antragsgegners nach (jetzt) §§ 191 ff im Parteibetrieb zustellt, Köln GRUR-RR **01**, 71.

22 **Selbständiges Beweisverfahren:** § 172 gilt auch bei §§ 485 ff. Der Anwalt des Beweisverfahrens mag auch als ProzBev des direkt anschließenden Hauptprozesses gelten, Düss MDR **91**, 1197.

Sozietät: Bei der örtlichen Sozietät hat der Auftraggeber grds jeden Sozius mitbestellt, BGH NJW **80**, 999, auch der später eintretende, BGH VersR **94**, 874. Denn jeder arbeitet für jeden, ist Gesamtgläubiger und Gesamtschuldner. Bei der überörtlichen Sozietät will der Auftraggeber im Zweifel nur diejenigen Sozien mitbestellen, die vor dem oder den Gericht(en) als ProzBev auftreten sollen und wollen, Rn 5.

23 **Termin:** Das Auftreten im Termin wie ein ProzBev läßt sich als seine Bestellungsanzeige bewerten, BGH RR **92**, 699.

Terminsvertreter: Der bloß für einen oder mehrere Termine Bestellte ist *nicht* schon deshalb auch ProzBev, BGH BB **07**, 182.

Tod usw des Prozeßbevollmächtigten: Die Prozeßvollmacht endet mit diesem Ereignis, § 86 Rn 5, 6. Das Verfahren wird unterbrochen, § 244. Eine Zustellung der Rechtsmittelschrift mag an die Partei selbst notwendig werden, II 3.

24 **Unterbrechung:** Rn 10 „Aufnahme des Verfahrens".

Unterschrift: Die Bestellung zum ProzBev kann auch durch die Unterzeichnung eines zugestellten Schriftsatzes erfolgen.

25 **Untervertreter, -bevollmächtigter:** Er ist nicht stets (auch) ProzBev, BGH BB **07**, 182, VerfGH Mü RR **92**, 1645, Nürnb OLGZ **76**, 481, aM ZöStö 3 (aber man sollte prozeßwirtschaftliches auslegen, Grdz 14, 52 vor § 128).

26 **Verkehrsanwalt:** Er ist *gerade nicht* der ProzBev. Das gilt auch dann, wenn er gegen den Kostenfestsetzungsbeschluß vorgeht. Er kann allerdings zB im Kostenfestsetzungsverfahren ein weiterer ProzBev sein, Kblz VersR **00**, 1039.

Vertretungsberechtigter Bevollmächtigter: Derjenige nach § 79 *kann* ProzBev im Parteiprozeß sein.

Vertretungsunfähigkeit: Die Prozeßvollmacht endet mit dem Eintritt der Vertretungsunfähigkeit des bisherigen ProzBev, § 86 Rn 5, 6. Hierher gehört nicht die Aufgabe seiner Zulassung zur Anwaltschaft oder eine Mitteilung ans Gericht, auch nicht der Wegfall der Zulassung, aM BFH BB **75**, 635 (aber es können Abwicklungspflichten Vorrang haben).

Vertretungsverbot: Es ändert nichts an der Wirksamkeit einer Zustellung an den Anwalt, § 155 V 2 BRAO.

27 **Verweisung:** Rn 17 „Mahnverfahren". Die Prozeßvollmacht endet nicht stets mit der Verweisung an ein anderes Gericht, Ffm AnwBl **80**, 292, Köln FamRZ **85**, 1278.

Vollmachtloser Vertreter: Für einen zugelassenen vollmachtlosen Vertreter tritt das Ende der Befähigung nach § 172 mit seiner Zurückweisung nach § 89 ein, Zweibr MDR **82**, 586.

Vollstreckungsabwehrklage: Sie gehört zur Instanz.

Vollstreckungsgericht: Rn 30 „Zwangsvollstreckung".
Vollstreckungstitel: Die Bestellung zum ProzBev kann sich aus seiner Anführung in einem Vollstrekkungstitel ergeben, Üb 10 vor § 300, LG Gießen Rpfleger **81**, 26.
Wegfall der Zulassung: Rn 26 „Vertretungsunfähigkeit". 28
Widerruf usw: Das Ende der Bevollmächtigung tritt dem Wirksamwerden einer Niederlegung des Mandats ein, BGH **118**, 322. Es tritt auch mit der Wirksamkeit eines Widerrufs oder einer Kündigung des Vollmachtsvertrags nach § 87 ein. Darum darf man im Anwaltsprozeß nach § 78 Rn 1 dem an die Stelle des bisherigen ProzBev getretenen neuen ProzBev eine Zustellung erst dann zuleiten, wenn er die Übernahme auch wirksam angezeigt hat, BGH NJW **80**, 999, Düss OLGZ **88**, 119. Im Parteiprozeß nach § 78 Rn 1 genügt aber bei einer Kündigung oder Niederlegung die Kenntnis des Gerichts, BGH NJW **91**, 296, Hamm NJW **82**, 1887, LG Bln MDR **94**, 307. Vgl aber § 87 Rn 5. Der Anwalt muß ein ihm nach § 172 zugestelltes Schriftstück grds schon berufsrechtlich und auch im Rahmen der Abwicklung des Anwaltsvertrags auch noch eine angemessene Zeit nach der Beendigung des Auftrags an die Partei weiterleiten. Das alles entfällt ab der Bekanntgabe des Erlöschens der Zulassung. Das braucht aber in der Regel nicht noch nach einer Reihe von Monaten zu geschehen. Es entscheiden die Gesamtumstände des Einzelfalls. Die Mitteilung der Partei vom Ausscheiden des bisherigen ProzBev kann im Parteiprozeß genügen, LG Gießen Rpfleger **81**, 26, ebenso diejenige von der Bestellung eines neuen, Ffm Rpfleger **86**, 39, LG Gießen Rpfleger **81**, 26, oder die Mitteilung der Partei vom Wegfall eines ProzBev überhaupt, LG Trier Rpfleger **88**, 29.
Wiederaufnahmeverfahren: Es gehört zur Instanz.
Wohnungseigentumssache: § 172 gilt auch hier, Schlesw MDR **07**, 1187. Wegen des Verwalters als Zustellungsvertreters Anh § 170.
Zulassung: Rn 26 „Vertretungsunfähigkeit".
Zustellungsbevollmächtigter: Wer nicht ProzBev ist, kann doch zumindest ein Zustellungsbevollmächtigter sein, § 184, BGH VersR **84**, 873, Düss MDR **85**, 852, LG Hagen WoM **88**, 281. Auch in manchem Anwaltsschriftsatz gehen die Begriffe durcheinander. Im Zweifel ist eine Rückfrage beim Einreicher ratsam. Beim angeblichen ProzBev des Gegners ist sie freilich nicht stets überhaupt statthaft (Schweigepflicht vor Beginn des Prozeßrechtsverhältnisses!). Sie ist überhaupt keineswegs immer eine Amtspflicht. Das übersieht leider manchmal eine Rechtsmittelentscheidung. Denn die Aufgabenbereiche decken sich nicht annähernd, auch nicht kostenmäßig. Das sollte man vor der Annahme einer Bestellung als ProzBev mitbedenken. 29
Zwangsvollstreckung: Sie gehört zur Instanz, Rn 31. § 172 gilt in der Zwangsvollstreckung mit Ausnahme des Verfahrens auf die Abgabe einer eidesstattlichen Versicherung zwecks Offenbarung nach § 900 III 1, Ffm NJW **78**, 1442, LG Gießen Rpfleger **81**, 26, LG Köln NJW **86**, 1180, aM LG Bochum Rpfleger **85**, 33 (aber die Vorschrift regelt einen Sonderfall). 30
S auch Rn 11 „Drittwiderspruchsklage", Rn 13 „Formlose Mitteilung".

6) Verfahren vor dem Vollstreckungsgericht, I 3. Das Verfahren vor diesem Gericht und damit fast die gesamte Zwangsvollstreckung nach Rn 30 gehört stets zum ersten Rechtszug, LG Würzb DGVZ **79**, 126. Vgl nur §§ 764, 766, 789, 793, 822 ff, 828 ff, 899 ff (s aber § 900 I 2). Dasselbe gilt für Zwangsversteigerung und -verwaltung, § 869, § 1 I ZVG. Es ist also eine Zustellung an den erstinstanzlichen ProzBev nötig, Zweibr Rpfleger **01**, 558 (Ehefrau), LG Köln JB **90**, 916. Das ist auch dann so, wenn die Zwangsvollstreckung aus einem in zweiter Instanz zustandegekommenen Titel stattfindet, zB aus einem dort geschlossenen Vergleich, LG Köln JB **90**, 916. Dabei kommt es nicht auf den Wohnort des ProzBev an. § 900 I 2 enthält eine Sonderregelung für die Ladung im Verfahren zur Abgabe einer Offenbarungsversicherung. I 3 gilt auch dann, wenn das Gericht des ersten Rechtszugs nicht das Vollstreckungsgericht ist, LG Gießen Rpfleger **81**, 26. 31

Der Auftraggeber mag einen *neuen* ProzBev für die Zwangsvollstreckung bestellen, Ffm Rpfleger **86**, 391, LG Gießen Rpfleger **81**, 26. Die Partei mag im Verfahren ohne einen Anwaltszwang selbst tätig werden. Sie mag mitteilen, das bisherige Mandat sei erloschen, LG Gießen Rpfl **81**, 26. Zu allen diesen Fällen ist § 172 allenfalls auf den neuen ProzBev anwendbar, Mü Rpfleger **79**, 465, LG Gießen Rpfleger **81**, 26, LG Trier Rpfleger **88**, 29.

7) Reihenfolge, II. Das Gericht muß einen Schriftsatz den folgenden Personen in der folgenden Reihenfolge zustellen. 32

A. Prozeßbevollmächtigter der unteren Instanz, II 1. Die Zustellung ist zunächst an den ProzBev der unteren Instanz nötig, I. Zunächst muß die Zustellung an den ProzBev derjenigen Instanz versuchen, die die angefochtene Entscheidung erlassen hat.

B. Prozeßbevollmächtigter der höheren Instanz, II 2. Die Zustellung muß allerdings an denjenigen ProzBev erfolgen, den die Partei oder ihr erstinstanzlicher ProzBev etwa inzwischen für die höhere Instanz bestellt hat. Vor diesem Zeitpunkt bleibt der erstinstanzliche ProzBev der richtige Adressat, BGH NJW **75**, 120. Wenn es um mehrere Rechtsmittel in derselben Sache geht, muß man hier wiederum wie folgt unterscheiden. Wenn sich die Rechtsmittel auf verschiedene Urteile beziehen, etwa auf ein Teil-, Zwischen-, Grund- oder Schlußurteil, ist immer eine neue Prozeßvollmacht erforderlich. Man muß die Bestellung daher jeweils neu prüfen. Wenn sich die Rechtsmittel auf dasselbe Urteil beziehen, genügt die frühere Vollmacht. Hat das Gericht die Sache zurückverwiesen, ist der frühere Anwalt der Zustellungsadressat, Üb 8 vor § 166. Etwas anderes gilt dann, wenn die Sache wieder in die Revisionsinstanz kommt. Nach dem AUG ist der mitwirkende Generalstaatsanwalt als Zentrale Behörde der Zustellungsadressat. 33

C. Fehlen eines Prozeßbevollmächtigten, II 3. Wenn ein ProzBev fehlt, dem das Gericht nach Rn 32 oder Rn 33 zustellen müßte, dann muß es die Klageschrift oder die Rechtsmittelschrift der Partei selbst zustellen, Rn 15. 34

8) Wirkung, I, II. Das Gericht und der Prozeßgegner sind nicht nur berechtigt, sondern verpflichtet, mit Ausnahme der Fälle Rn 20 „Persönliches Erscheinen", Rn 19 „Offenbarungsversicherung" an den ProzBev zuzustellen, Schlesw MDR **01**, 231, soweit die Voraussetzungen des § 172 im Zeitpunkt der Heraus- oder 35

Weggabe des zuzustellenden Schriftstücks vorliegen, BGH NJW **81**, 1673, Ffm OLGZ **86**, 121. Bei einer Mehrheit von ProzBev genügt die Zustellung an einen von ihnen, Rn 5. Bei mehreren Zustellungen ist für einen Fristlauf die erste wirksame maßgeblich, BGH **112**, 347, BVerwG NJW **98**, 3582, Zweibr Rpfleger **02**, 567.

36 **9) Verstoß, I, II.** Jedes Gericht muß in jeder Instanz einen Verstoß prüfen, BGH NJW **76**, 1940. Jeder Verstoß macht die Zustellung jedenfalls zunächst grundsätzlich wirkungslos, BGH NJW **02**, 1783, BayObLG RR **02**, 988, Hamm FamRZ **06**, 1553. Daher läuft zB die Rechtsmittelfrist nicht an, BayObLG RR **02**, 988. Zunächst gilt der sog Meistbegünstigungsgrundsatz nach Grdz 28 vor § 511, Bre FamRZ **08**, 1545 links Mitte. Das gilt trotz des freilich stets beachtlichen § 189 mit seiner Heilungsmöglichkeit, BGH **84**, 562. Alles das gilt wohl selbst dann, wenn der ProzBev das Schriftstück aus *dritter* Hand erhalten hat oder wenn die Zustellung auch oder nur an den Vertretenen erfolgt ist, BGH **61**, 310, Köln MDR **76**, 50, LG Köln NJW **86**, 1180. Daraus können ein Anspruch auf einen neuen Termin nach § 227 und auf eine neue Amtshaftung entstehen, Art 34 GG, § 839 BGB. Man kann freilich unter Umständen eine Zustellung an den Zustellungsbevollmächtigten des § 184 annehmen, BGH VersR **84**, 873, BAG BB **77**, 1152. Wegen der Vollziehungsfrist des § 929 Hbg GRUR **87**, 66.

37 Eine *Heilung* erfolgt nach § 189, Hamm FamRZ **06**, 1553, und nach § 295. Sie erfolgt aber nach der letzteren Vorschrift jedenfalls dann nicht rückwirkend, wenn sonst eine zwingende Frist verletzt wäre, etwa eine Klagausschlußfrist oder Klagerwiderungsfrist, oder wenn es zB um § 1587 II BGB geht, BGH NJW **84**, 926, oder im Eilverfahren nach §§ 49 ff FamFG oder nach §§ 916 ff, 935 ff ZPO, Celle GRUR **89**, 541. Soweit der ProzBev mehrere Beteiligte vertritt, wirkt die Zustellung im Zweifel für oder gegen alle, wenn nicht § 182 II Z 2 etwas anderes ergibt.

173 *Zustellung durch Aushändigung an der Amtsstelle.*

[1] **Ein Schriftstück kann dem Adressaten oder seinem rechtsgeschäftlich bestellten Vertreter durch Aushändigung an der Amtsstelle zugestellt werden.** [2] **Zum Nachweis der Zustellung ist auf dem Schrifstück und in den Akten zu vermerken, dass es zum Zwecke der Zustellung ausgehändigt wurde und wann das geschehen ist; bei Aushändigung an den Vertreter ist dies mit dem Zusatz zu vermerken, an wen das Schriftstück ausgehändigt wurde und dass die Vollmacht nach § 171 Satz 2 vorgelegt wurde.** [3] **Der Vermerk ist von dem Bediensteten zu unterschreiben, der die Aushändigung vorgenommen hat.**

1 **1) Systematik, S 1–3.** Die Vorschrift umfaßt im wesentlichen die Fälle des § 174. Sie geht aber über diesen hinaus, indem sie sich nicht auf Anwälte usw beschränkt. Sie bleibt andererseits hinter § 174 zurück, indem sie nur eine Aushändigung an der Amtsstelle genügen läßt, insofern unklar LG Bad Kreuzn DGVZ **82**, 189. § 497 II läßt im Gegensatz zu § 173 bei der Ladung eine mündliche Mitteilung ausreichen.

2 **2) Regelungszweck, S 1–3.** Zweck ist eine Vereinfachung im Interesse der Prozeßförderung nach Grdz 12 vor § 128 und der Prozeßwirtschaftlichkeit, Grdz 14 vor § 128. Deshalb sollte man in den Grenzen Rn 3 keine zu enge Auslegung vornehmen. Natürlich bürdet das Gesetz etwas riskant das Risiko des Fehlschlagens der Möglichkeit einer Kenntnisnahme durch den eigentlichen Adressaten diesem auf. Das ist aber bei einer rechtsgeschäftlichen Vertretung ein gewöhnlicher und praktisch kaum vermeidbarer Vorgang. Immerhin ist ja die Vollmachtsvorlage eine Bedingung der Zulässigkeit einer solchen Zustellungsart. Freilich soll der Zusteller nicht auch noch einen äußerlich unerkennbaren Mangel prüfen müssen.

3 **3) Geltungsbereich, S 1–3.** Die Vorschrift gilt in allen Verfahren nach der ZPO und den auf sie verweisenden anderen Verfahrensgesetzen, Üb 3 vor § 166, also zB im Bereich des § 113 I 2 FamFG. S 2, 3 gilt entsprechend in den von § 62 II BeurkG erfaßten Fällen des § 62 I Z 2, 3 BeurkG.

4 **4) Aushändigung an der Amtsstelle, S 1–3.** Die Vorschrift gilt für jede beliebige Zustellung. Sie gilt auch bei §§ 59, 60 S 3 SGB VIII, auch für eine solche Zustellung, die eine Notfrist nach § 224 I 2 in Lauf setzen soll.

A. Möglichkeit der Kenntnisnahme. Die Vorschrift verlangt nur eine Aushändigung des verschlossenen oder unverschlossenen Schriftstücks, MüKoFel 1, ZöStö 2, aM StJR 3, ThP 2 (aber im gesamten Zustellungsrecht genügt die bloße Möglichkeit der Kenntnisnahme, § 166 Rn 2). Gegenstand der Zustellung ist ein dem Antrag unter einer Bezugnahme beigefügtes Schriftstück auch dann, wenn der Antrag aus sich heraus verständlich ist, Mü RR **03**, 1722. Die Zustellung erfolgt an den Zustellungsadressaten selbst nach Üb 8 vor § 166 an der Amtsstelle. Das ist nicht diejenige Stelle, an der die Behörde gesetzlich tätig wird, sondern die Geschäftsstelle des betreffenden Gerichts, § 153 GVG, oder einer seiner sonstigen Geschäftsräume, auch das Richterzimmer oder ein Sitzungsraum, auch bei einem Lokaltermin der dortige Raum. Es genügt aber auch die Amtsstelle eines sog Gerichtstags, § 3 VO v 20. 3. 35, § 22 GVG, oder ein Raum eines Ortstermins. Der Adressat mag auf eine Bitte oder zufällig erschienen sein. Eine Zustellung an einen rechtsgeschäftlich bestellten Vertreter des Zustellungsadressaten nach § 171 ist nach S 1 zulässig, wenn er seine schriftliche Vollmacht vorgelegt hat, § 171 S 2.

5 **B. Annahmebereitschaft.** Eine Annahmebereitschaft ist notwendig. § 168 gilt nicht. Denn das Erfordernis der „Aushändigung" ist enger und vorrangig. Ein ausdrücklicher Verzicht auf eine förmliche Zustellung ist nicht nötig. Denn § 173 schafft sie ohnehin. Ein Empfangsbekenntnis ist nicht notwendig. Es ist aber zum Nachweis zweckmäßig. Es genügt freilich zum Nachweis auch ein unterschriebener Vermerk nach S 2, 3. Für die Wirksamkeit der Zustellung ist der Vermerk allerdings unwesentlich, aM Saarbr FGPrax **95**, 252, ThP 3 (vgl aber Üb 13 vor § 166). Es ist unerheblich, welcher „Bedienstete" aushändigt. Es kann sich um jeden mit einer Aktenbearbeitung Betrauten handeln, zB um einen Urkundsbeamten der Geschäftsstelle, um dessen Stellvertreter, um einen Justizwachtmeister, um einen Angestellten, auch um den Richter oder Rpfl, nicht aber um sonstiges Behördenpersonal. § 173 verlangt nicht, daß es sich um den zuständigen Sachbearbeiter handele. Das Einwerfen in ein Postfach oder Schrankfach genügt allerdings nicht. Denn das

führt noch nicht zu einem Besitz oder Gewahrsam. Das gilt insbesondere dann, wenn das Fach für mehrere Adressaten besteht, § 174 Rn 12. Zur Vollmachtsvorlage im Sinn von S 2 vgl § 171 Rn 6.

174 ***Zustellung gegen Empfangsbekenntnis.*** **I Ein Schriftstück kann an einen Anwalt, einen Notar, einen Gerichtsvollzieher, einen Steuerberater oder an eine sonstige Person, bei der auf Grund ihres Berufes von einer erhöhten Zuverlässigkeit ausgegangen werden kann, eine Behörde, eine Körperschaft oder eine Anstalt des öffentlichen Rechts gegen Empfangsbekenntnis zugestellt werden.**

II 1 An die in Absatz 1 Genannten kann das Schriftstück auch durch Telekopie zugestellt werden. 2 Die Übermittlung soll mit dem Hinweis „Zustellung gegen Empfangsbekenntnis" eingeleitet werden und die absendende Stelle, den Namen und die Anschrift des Zustellungsadressaten sowie den Namen des Justizbediensteten erkennen lassen, der das Dokument zur Übermittlung aufgegeben hat.

III 1 An die in Absatz 1 Genannten kann auch ein elektronisches Dokument zugestellt werden. 2 Gleiches gilt für andere Verfahrensbeteiligte, wenn sie der Übermittlung elektronischer Dokumente ausdrücklich zugestimmt haben. 3 Für die Übermittlung ist das Dokument mit einer elektronischen Signatur zu versehen und gegen unbefugte Kenntnisnahme Dritter zu schützen.

IV 1 Zum Nachweis der Zustellung genügt das mit Datum und Unterschrift des Adressaten versehene Empfangsbekenntnis, das an das Gericht zurückzusenden ist. 2 Das Empfangsbekenntnis kann schriftlich, durch Telekopie oder als elektronisches Dokument (§ 130 a) zurückgesandt werden. 3 Wird es als elektronisches Dokument erteilt, soll es mit einer qualifizierten elektronischen Signatur nach dem Signaturgesetz versehen werden.

Gliederung

1) Systematik, I–IV. Die Zustellung durch Aushändigung, durch eine Zustellungsurkunde mit oder ohne eine Posttätigkeit oder gar durch eine öffentliche Bekanntmachung usw ist oft kompliziert, teuer und langatmig. Daher schafft § 174 einen weiteren, einfacheren Weg. Bei einer Parteizustellung gilt statt § 174 der § 195. Beim elektronischen Partei-Dokument gilt vorrangig § 130 a. 1

2) Regelungszweck, I–IV. Die Vorschrift dient der Vereinfachung, Beschleunigung und Verbilligung. Sie dient damit der Prozeßwirtschaftlichkeit, Grdz 14 vor § 128. So sollte man sie auch auslegen. Freilich steht und fällt die Brauchbarkeit dieser Zustellungsart mit der Zuverlässigkeit und Ehrlichkeit des Empfängers bei der Datierung, Unterzeichnung und alsbaldigen Rücksendung des Empfangsbekenntnisses, wie bei § 195 (Anwaltszustellung). Man sollte daher nicht zögern, zumindest in Zukunft von der Zustellung mit einem Empfangsbekenntnis gegenüber einem solchen Adressaten abzusehen, der sich als unzuverlässig oder gar unlauter erwiesen hat. Das geschieht auch in der Praxis, Kblz JB **02**, 40. Es ist durchaus nicht zumutbar, hinter einem Empfangsbekenntnis auch noch herlaufen zu müssen oder gar Ärger wegen einer auffällig späten Datierung abarbeiten zu sollen. 2

3) Sachlicher Geltungsbereich, I–IV. Die Vorschrift gilt in allen Verfahren nach der ZPO und den auf sie verweisenden Gesetzen, Üb 3 vor § 166, also auch zB im Bereich des § 113 I 2 FamFG, auch im finanzgerichtlichen Verfahren nach Üb 5 vor § 166, OFD Magdeb BB **01**, 2205, auch im Insolvenzverfahren nach § 8 I 1 InsO, BayObLG **01**, 239. § 8 I 2 InsO hindert das Insolvenzgericht nicht, mangels Vorliegens von (jetzt) § 174 nach seinem pflichtgemäßen Ermessen förmlich oder durch eine Aufgabe zur Post zuzustellen, BGH RR **03**, 626. 3

4) Persönlicher Geltungsbereich, I–IV. Er ist gegenüber dem früheren Recht erheblich erweitert. Er umfaßt neben den in I nur beispielhaft ausdrücklich genannten Berufen und Stellen jeden, bei dem auf Grund seines Berufs „von einer erhöhten Zuverlässigkeit ausgegangen werden kann". Das ist ein unbestimmter weiter Rechtsbegriff mit einer fast gefährlich unscharfen Begrenzung: Wo liegt die Grenze zwischen zuverlässig und erhöht zuverlässig? Kann jemand aus der Sicht des einen Absenders „erhöht", aus der Sicht des anderen aber nur „normal" zuverlässig sein? Ist ein Insolvenzverwalter, Zwangsverwalter, Testamentsvollstrecker, Betreuer nur normal oder „erhöht" zuverlässig? usw. Man muß unter einer Beachtung des Regelungszwecks nach Rn 2 eine vorsichtige Abwägung vornehmen, im Zweifel wohl doch eher gegen als für die Annahme einer „erhöhten" Zuverlässigkeit. Die Praxis muß ergeben, ob der Begriff brauchbar ist. Gehört der Adressat zu den in I genannten Berufsgruppen, ist er zB Anwalt oder dessen nach § 53 BRAO bestellter amtlicher Vertreter, BGH NJW **82**, 1650, oder ein dem Anwalt nach §§ 1 II 1, 3 I Z 1 RDGEG, § 209 BRAO gleichstehender Kammerrechtsbeistand, kommt es *nicht* zusätzlich darauf an, ob man ihn auch als erhöht zuverlässig ansehen kann. Das ist ein nicht immer überzeugendes Ergebnis. 4

5 **5) Keine Zustellungsbescheinigung, I–IV.** Eine Zustellungsbescheinigung ist nicht erforderlich. Denn der Zustellungsempfänger erhält bei einer Amtszustellung keine Zustellungsurkunde.

6 **6) Ermessen, I–IV.** Eine Zustellung nach § 174 erfolgt auf Grund eines pflichtgemäßen Ermessens des Richters oder Rpfl oder des Urkundsbeamten der Geschäftsstelle, BGH NJW **90**, 2125. Der Urkundsbeamte muß natürlich klären, ob die Voraussetzungen einer Amtszustellung vorliegen, ob zB der Adressat schon und noch Anwalt ist, BGH **111**, 106. Freilich kann der Urkundsbeamte das meist nicht im einzelnen überprüfen. Die Zustellung nach § 174 ist zwar grundsätzlich schon im Kosteninteresse ratsam, LAG Bre Rpfleger **88**, 165. Das gilt aber nicht, wenn es darum geht, ein wichtiges Schriftstück schnell und sicher zuzustellen. Dann sollte eine Zustellung nur mit einer Zustellungsurkunde erfolgen. Zumindest auf Grund einer richterlichen Anordnung kann die Zustellung auch durch ein Telefax erfolgen, Ffm NJW **00**, 1654 (StPO). Eine nochmalige Zustellung per Post ist dann nicht nötig, zumal eine Frist schon durch die erste Zustellung anlief, Ffm NJW **00**, 1654 (StPO).

Der Urkundsbeamte der Geschäftsstelle kann das Schriftstück *beliebig übersenden,* zB durch Boten oder mit einem einfachen Brief. Er braucht nicht verschlossen zu sein. Voraussetzung einer wirksamen Zustellung ist aber, daß der Urkundsbeamte oder der etwa anordnende Richter das Schriftstück dem Empfänger auch zuleiten wollte, BGH VersR **01**, 606. In diesem Zusammenhang ist es unerheblich, ob der Kläger ein für den Bekl bestimmtes Schriftstück und der Bekl das für den Kläger bestimmte erhält, BGH VersR **87**, 258 (es kann dann aber eine Wiedereinsetzung in den vorigen Stand zulässig sein).

Eine Einschränkung der Zustellung auf *Teile des Schriftstücks* ist wirkungslos. Die Beifügung des Vordrucks einer Empfangsbekenntnis zeigt grundsätzlich die Zustellabsicht. Eine solche Beifügung ist aber nicht notwendig, BGH FamRZ **00**, 1565. Eine ausdrückliche Zustellerklärung ist nicht erforderlich. Ein Vermerk „Vereinfachte Zustellung" ist unnötig, aber unschädlich, BGH VersR **78**, 563. Der Urkundsbeamte vermerkt die Zustellungsart und deren Absendedatum in der Akte. Ein Rückruf zur Berichtigung hebt den Zustellungswillen nicht auf, BGH RR **93**, 1214. Wohl aber hebt die Forderung der Rückgabe eines nicht unterzeichneten Empfangsbekenntnisformulars auf, BGH RR **92**, 252.

7 **7) Annahmebereitschaft, I–IV.** Es gelten dieselben Regeln wie bei der Zustellung von Anwalt zu Anwalt, § 195, BGH RR **93**, 1213, Düss AnwBl **89**, 291, LAG Köln MDR **87**, 699. Der bloße Eingang einer Urteilsausfertigung reicht als solcher also nicht. Es muß vielmehr zunächst eine Prüfung erfolgen, ob der Adressat die Zusendung als eine Zustellung gelten lassen will, BGH RR **92**, 252, BFH RR **07**, 1002. Dazu muß dann eine Empfangsbereitschaft des Anwalts usw hinzutreten, BVerfG NJW **01**, 1564, BGH FamRZ **99**, 579, BFH RR **07**, 1002. Die bloße Unterlassung der Rücksendung des Empfangsbekenntnisses bedeutet nicht stets eine Annahmebereitschaft, KG FamRZ **88**, 323. Wohl aber kann eine anschießende Rechtsmitteleinlegung nebst einem Bezug auf das zugestellte Ersturteil genügen, BVerwG NJW **07**, 3223. Die bloße Eingangsbestätigung ist insbesondere bei einer Notfrist nicht stets als eine Annahme zwecks Zustellung auslegbar, BGH RR **89**, 58 (sehr streng). Die Unterschrift nach Rn 8–11 begründet eine Vermutung der Empfangsbereitschaft, BGH RR **93**, 1213. Das gilt zB dann, wenn der Anwalt das Empfangsbekenntnis nach seiner Unterschrift zwecks einer Berechnung der Rechtsmittelfrist noch zurückhält, BGH BB NJW **07**, 601 links. Ein Anwaltsbrief kann ausreichen, BGH NJW **94**, 2297.

8 **8) Empfangsbekenntnis, I–IV.** Es enthält viele praktische Probleme.

A. Grundsatz: Vollzugsbedingung. Der Zustellungsadressat nach Üb 10 vor § 166 übersendet das datierte und unterschriebene oder elektronisch signierte Empfangsbekenntnis üblicherweise als Zustellungskarte, BGH VersR **95**, 113, auch nach einer Zustellung an ihn per Telefax, Rn 6, Ffm NJW **00**, 1654 (StPO). Das geschieht infolge IV 1 Hs 2 auf Adressatenkosten, aM Hamm JB **97**, 601 (aber der Anwalt kann ins Gerichtsfach legen, wie auch sonst). Er kann aber auch eine andere Form wählen, BGH FamRZ **00**, 1565, zB ein Telefax oder die Briefform, BGH NJW **94**, 2297 (Rückwirkung), BayObLG FGPrax **97**, 74, bei II eine Telekopie, bei III die elektronische Übersendung oder eine Rechtsmittelschrift oder einen Antrag auf die Wiedereinsetzung je mit der Erklärung, wann die Zustellung erfolgt sei, BGH FamRZ **00**, 1565.

Die unverzügliche ordnungsgemäße Erteilung dieses Bekenntnisses ist grundsätzlich eine *Bedingung* des Vollzugs der Zustellung, BGH VersR **07**, 1147, Düss MDR **88**, 326, LAG Bln MDR **03**, 1376, aM BFH **159**, 427 (aber bei Zustellungen ist wenigstens in einer solchen Grundfrage eine klare Strenge erforderlich). Andererseits ist der Wiedereingangszeitpunkt beim Gericht nicht wesentlich, sofern der Empfänger das Empfangsbekenntnis überhaupt unterschrieben oder signiert hat, BGH NJW **90**, 2125. Die Zustellung erfolgt also noch nicht mit dem Eingang der Urteilsausfertigung, sondern erst mit der Unterschrift, BGH VersR **07**, 1147, BAG DB **95**, 1920, Düss MDR **88**, 326. Die bloße Empfangsbestätigung wegen eines gegnerischen Schriftstücks reicht nicht, BGH NJW **94**, 2295. Noch weniger reicht die bloße Kenntnisnahme, BGH NJW **89**, 1154, oder das bloße Behalten der Sendung. Freilich kann dann ein Anscheinsbeweis der Annahmebereitschaft vorliegen, BGH VersR **07**, 1147, BVerwG NJW **07**, 3223. Natürlich fehlt eine Annahmebereitschaft erst recht, wenn der Anwalt seine Unterschrift nach Rn 10, 11 verweigert, BGH RR **89**, 57, BAG NJW **95**, 1917, oder wenn er die Sendung sonstwie zurückweist, BGH NJW **89**, 1154. Die Erteilung des Empfangsbekenntnisses ist eine verantwortungsvolle Beurkundungstätigkeit des Anwalts, BGH NJW **89**, 838. Er muß vor seiner Unterschrift oder qualifizierten elektronischen Signatur auch prüfen, ob dasjenige Schriftstück überhaupt beiliegt, dessen Empfang er bestätigen soll, BGH BB **00**, 1267. Er muß den zugestellten Schriftsatz eindeutig bezeichnen, BGH VersR **01**, 607, und zwar lesbar, BGH RR **86**, 1254, ebenso das Zustelldatum, Rn 13.

9 **B. Berufspflicht.** Die Erteilung eines Empfangsbekenntnisses ist keine prozessuale Pflicht. Letztere ergibt sich auch nicht aus IV 1 Hs 2. Denn diese Formulierung setzt voraus, daß der Empfänger überhaupt ein Empfangsbekenntnis erteilen will. Das Empfangsbekenntnis ist aber in der Regel bei einem Anwalt eine Berufspflicht, BGH RR **89**, 58, KG MDR **84**, 593, LG Würzb JB **77**, 563. Ihre Verletzung kann den Anwalt auch schadensersatzpflichtig machen, KG MDR **84**, 593. Es besteht jedenfalls eine besondere Sorgfaltspflicht, BGH NJW **92**, 574. Der Anwalt braucht nicht zu bescheinigen, daß er das Schriftstück „zugestellt"

erhalten habe, BGH VersR **85**, 551. Er braucht nicht das vielfach übliche Formular zu benutzen, BGH FamRZ **00**, 1565, auch wenn er es vom Gericht erhalten hat, Rn 8. Das Empfangsbekenntnis ist als gleichzeitige Rechtsmittel-„Schrift" ungeeignet, Hbg NJW **86**, 3090, aM Schneider MDR **87**, 374 (aber in einer so wesentlichen Formfrage sollte man zwecks Rechtssicherheit nach Einl III 43 auch äußerlich gesondert vorgehen. Sonst zerfließen die Grenzen zu leicht).

C. Unterschrift, Signatur usw. Eine Unterschrift oder qualifizierte elektronische Signatur, auch die Freigabe des Namens im Fall IV 3 anstelle der Unterschrift, muß vom Anwalt selbst erfolgen, BGH NJW **94**, 2295 (keine Heilung durch den Anwalt der nächsten Instanz). Sie kann allerdings auch durch einen der in Rn 3, 4 genannten dem Anwalt gleichgestellten Bevollmächtigten erfolgen, BGH NJW **82**, 1650, nicht aber durch andere Mitarbeiter, auch nicht bei deren Ermächtigung, BGH NJW **82**, 1650, Schlesw NJW **82**, 1570, OVG Hbg NJW **99**, 965. Bei einer Behörde muß der Leiter nach § 170 II, sein Vertreter oder der nach der Geschäftsverteilung zuständige Mitarbeiter unterzeichnen, BAG NJW **95**, 1916. Die etwaige handschriftliche Unterschrift muß auch eigenhändig erfolgen, BGH RR **92**, 1150 (ein Faksimile-Stempel reicht also nicht), BAG DB **94**, 2638. Es gelten dieselben Maßstäbe wie bei einem bestimmenden Schriftsatz, § 129 Rn 9 ff, BGH VersR **97**, 989. Ein sonstiger Kanzleistempel reicht bei einer Wahl des Empfangsbekenntnisses nach I 2 oder II 3 nicht, BGH FamRZ **99**, 579. Eine „Unterschrift" nur mit dem Anfangsbuchstaben des Namens oder durch eine sonstige Paraphe reicht in diesem Fall nicht aus, BGH NJW **95**, 533, Hamm NJW **82**, 3289. Es ist vielmehr auch hier ein individueller Charakter des Schriftbilds notwendig, § 129 Rn 9, 13 ff. Der Schriftzug muß einem solchen Dritten, der den Namen des Unterzeichners nicht kennt, die Identifizierung des Namens ermöglichen, BGH VersR **97**, 989. Er muß zumindest eine Nachahmung erschweren, BGH VersR **85**, 571. 10

Dann ist eine Vereinfachung des Schriftzugs ausreichend, BGH VersR **85**, 571, sogar eine gewisse Flüchtigkeit, BGH VersR **85**, 503, und eine *weitere Lesbarkeit nicht erforderlich,* § 170 Rn 10, BGH (1. ZS) VersR **85**, 571, aM BGH (5. ZS) VersR **83**, 274 (es sei ausreichend, daß der Dritte den Namen des Unterzeichners dann entziffern kann, wenn er ihn schon kennt. Aber das ist zu großzügig, Rn 9). Über den Zeitpunkt der Zustellung § 198 Rn 15, 19.

Beim *elektronischen Dokument* reicht zwar nach IV 3 anstelle der Unterschrift die Angabe des Namens des Adressaten. Aber auch bei III ist die Annahmebereitschaft nach Rn 7 wesentlich. Daher muß der sonst Unterschriftspflichtige seinen Namen gerade zwecks eines Empfangsbekenntnis freigegeben haben. Ob das der Fall ist, läßt sich nur nach den Gesamtumständen klären. Man darf eine generelle Freigabe nur vorsichtig unterstellen. 11

D. Gewahrsam. Der Empfänger muß einen Gewahrsam erhalten, BAG NJW **95**, 1917. Er muß zumindest vor der Unterzeichnung oder Signatur einen solchen gehabt haben, BGH FamRZ **92**, 168. Die Kenntnis vom Inhalt ist aber entbehrlich, BGH FamRZ **92**, 168. Der Anwalt usw hat auch dann einen Gewahrsam, wenn die Geschäftsstelle das zuzustellende Schriftstück in das für den Anwalt zur Abholung bestimmte Fach gelegt hat. Dieser Weg setzt aber voraus, daß der Anwalt an dem Fach ähnlich einem Postschließfach die alleinige tatsächliche Gewalt besitzt, § 173 Rn 5, BAG MDR **83**, 962, Brause AnwBl **78**, 166. Eine solche alleinige tatsächliche Gewalt fehlt jedenfalls in der Regel dann, wenn sich Anwälte verschiedener Sozietäten ein gemeinsames Fach nehmen. Das gilt nicht nur dann, wenn sie im konkreten Fall auch noch Prozeßgegner sind. Bei einer bloßen Bürogemeinschaft, die in der Regel denselben Mitarbeiter zur Entleerung des Fachs entsendet, mag jeder der Bürogenossen den Alleingewahrsam haben. In Ausnahmefällen mag ein Alleingewahrsam auch dann vorliegen, wenn zB mehrere Anwälte seit langen Jahren dasselbe Fach benutzen, ohne daß sich jemals die geringsten Probleme ergeben haben. 12

E. Zeitpunkt. Die unverzügliche Erteilung oder Verweigerung des Empfangsbekenntnisses ist wenigstens nach § 14 BerufsO eine anwaltliche Berufspflicht (Wirksamkeit bezweifelt, AnwG Düss NJW **98**, 2286), von den Fällen fristabhängiger Zustellungswirkungen abgesehen, BGH NJW **94**, 526. Es ist jedoch im übrigen prozessual unerheblich, wann das geschieht, BGH NJW **94**, 2296, Kblz JB **02**, 40. Im Zweifel reicht insofern ein Eingangsstempel des Anwalts, Kblz Rpfleger **96**, 207. Bei einer nachträglichen Bestätigung muß freilich klar sein, daß sie gerade auch ein Empfangsbekenntnis sein soll. *Hat* der Anwalt das Empfangsbekenntnis im zeitlichen Zusammenhang mit dem Empfang erteilt, ist unerheblich, ob er das Schriftstück noch besaß und gelesen hat, als er das Empfangsbekenntnis unterschrieb, BGH VersR **07**, 1147. Es ist auch unerheblich, ob der Anwalt nach der Unterschrift noch eine Prüfung vornehmen wollte, wenn das Empfangsbekenntnis aber gegen seinen so begrenzten Wunsch hinausging, BGH VersR **07**, 1147. Vgl aber auch Rn 2. Der Anwalt muß die Kosten der Rücksendung nach I 2 selbst tragen. Es ist zwar üblich gewesen, aber eigentlich mit der Kostensparsamkeit des Staats wohl gar nicht mehr zu vereinbaren, der Sendung an den Anwalt einen gar frankierten Umschlag zur Rücksendung beizufügen. 13

F. Beweiskraft. Das Empfangsbekenntnis erbringt vollen Beweis nach § 418, dort Rn 4 „Empfangsbekenntnis", § 195 Rn 20. Wegen äußerlicher Mängel § 419 und BGH NJW **88**, 62. Man kann und muß evtl mit jedem Beweismittel den erforderlichen vollen Gegenbeweis erbringen, daß der Empfang gar nicht erfolgte, BGH VersR **80**, 555, oder daß er zB zu einer anderen Zeit als der bescheinigten erfolgte, § 418 Rn 7 ff, BGH NJW **06**, 1207, BayObLG NZM **00**, 296, OVG Lüneb NJW **05**, 3802. Wegen der „Beweislast" BGH VersR **78**, 626. An solchen Gegenbeweis darf das Gericht keine zu strengen Anforderungen stellen, § 418 Rn 7, 10, 11, BGH NJW **97**, 3319, aM BGH NJW **02**, 3028, BSG RR **02**, 1652, OVG Lüneb NJW **05**, 3802 (vgl aber § 419 Rn 11). Zweifel genügen aber nicht, BVerfG NJW **01**, 1563. Ein Anwalt kann zB auch sonntags arbeiten, BGH NJW **06**, 1207. 14

9) Telekopie, II, IV. Zur Telekopie nach II 1 zählen alle technisch möglichen Formen der originalgetreuen, also auch optisch gleichen Fernübermittlung, zB das Telefax. Es gelten die zur Unterschrift in § 129 Rn 44 genannten Regeln, vgl auch § 233 Rn 164. II 2 enthält eine bloße Sollvorschrift. II 3 ermöglicht die auch bei Wahl von II 1 nach IV 2 Hs 2 erforderliche Rücksendung an das Gericht in schriftlicher Form 15

(Brief, Zurückgabe durch Boten usw) oder ebenfalls durch eine Telekopie. Eine Nachsendung der Kopiervorlage ist natürlich statthaft. Sie ist aber nicht notwendig. Sie ist fristunerheblich.

16 **10) Elektronisches Dokument, III, IV.** Zu diesem Begriff *III 1.* Vgl §§ 130 a, b und die dortigen Erläuterungen. Vgl auch § 14 FamFG.

17 *III 2* erlaubt die Zustellung durch ein elektronisches Dokument an jeden „anderen Verfahrensbeteiligten" als die in I genannten Adressaten, soweit dieser der Übermittlung eines elektronischen Dokuments ausdrücklich zugestimmt *hat,* also nicht nur sie erst nachträglich genehmigt, sondern sie eben bereits *vorher* gebilligt hatte. Eine „erhöhte Zuverlässigkeit" wie in I verlangt das Gesetz bei einem solchen „anderen" Verfahrensbeteiligten nicht ausdrücklich. Sie sollte sich aber nach dem Sinn von I auch und gerade für III eigentlich als selbstverständlich ergeben. Das gilt trotz des unverkennbaren Zwecks einer Beschleunigung und Vereinfachung in III, IV. Denn sonst könnte man schriftlich nur an einen erhöht Zuverlässigen wirksam zustellen, elektronisch aber an jeden Beliebigen. Das kann nicht der Sinn von III sein.

18 *Elektronische Signatur* nach *I V 3* ist der Gegensatz zu einer sog „qualifizierten" elektronischen Signatur, dazu § 130 a Rn 4. Der in III 3 Hs 2 geforderte zusätzliche „Schutz gegen unbefugte Kenntnisnahme Dritter" ist ein Auswuchs deutscher Überperfektion. Er macht den Begriffsdschungel eines § 130 a und des SignG noch undurchdringlicher. Man wird einen solchen Schutz in der Praxis kaum erzielen können.

19 **11) Verstoß, I–IV.** Es gibt drei Aspekte.

A. Schädlichkeit. Eine wirksame Zustellung fehlt, wenn der ProzBev usw das Mandat niedergelegt hat und dem Gericht mitteilt, daß er die Zustellung nicht mehr entgegennehmen wolle, oder wenn ein Zustelldatum fehlt, BGH NJW **94**, 526, aM BGH NJW **05**, 3216, oder wenn der Stempelabdruck des Eingangsstempels auf dem Empfangsbekenntnis unleserlich ist, BGH DB **86**, 1920, großzügiger BGH NJW **92**, 512 (§ 286), oder wenn man dem ProzBev usw nachträglich ein Empfangsbekenntnis übersendet und wenn er es auch unterschreibt, obwohl keine wirksame Zustellung im übrigen stattgefunden hat (formlose Übersendung des zuzustellenden Schriftstücks), oder wenn der Zustellungsadressat nicht ordnungsgemäß unterschrieben oder signiert hat usw, BGH VersR **97**, 989, oder wenn der Anwalt seine Unterschrift vor der Rückgabe durchgestrichen hat, Nürnb MDR **76**, 939, oder wenn das Datum um Wochen von einem Parallelvorgang abweicht und der ProzBev in keiner Weise an der Aufklärung einer solchen Auffälligkeit mitwirkt, LAG Nürnb NZA-RR **05**, 209.

20 **B. Unschädlichkeit.** Es ist aber unschädlich, wenn das Empfangsbekenntnis das Urteil nur objektiv unrichtig bezeichnet, BGH RR **93**, 1213, Brdb MDR **97**, 1064, oder wenn der Anwalt usw die Datierung nachholt, BGH VersR **86**, 372, auch zB in der Rechtsmittelschrift, BGH NJW **87**, 2680, KG FamRZ **88**, 313, oder wenn er die Datierung korrigiert, BGH AnwBl **90**, 628 (StPO), oder wenn er im Betreff nur einen seiner Auftraggeber nennt. Es muß freilich in allen diesen Fällen wenigstens die Nämlichkeit der zugestellten Entscheidung feststehen, BGH VersR **87**, 989. Liegt ein Empfangsbekenntnis über ein nach dem Datum gekennzeichnetes Urteil vor, darf und muß man davon ausgehen, daß eine Ausfertigung oder beglaubigte Ablichtung oder Abschrift zugegangen ist. Eine bewußte Falschdatierung des Zeitpunkts der wahren Annahmebereitschaft nach Rn 7 ist zwar schwer nachweisbar. Sie ist aber natürlich unzulässig. Sie ist wegen ihrer erheblichen auch strafrechtlichen Rechtsfolgen zB für einen Fristablauf in jeder Hinsicht verwerflich.

21 **C. Heilbarkeit.** Eine Heilung des etwaigen Mangels kann nach (jetzt) § 189 erfolgen, Düss Rpfleger **89**, 36. Das gilt also auch bei einer solchen Zustellung, die eine Notfrist in Gang setzen soll. Es gibt aber keine Heilung zB dann, wenn eine evtl wenigstens rückwirkende Empfangsbereitschaft fehlt, BGH NJW **89**, 1154, oder wenn der erstinstanzliche Anwalt nicht ordnungsgemäß unterschrieben hatte und wenn nun ein zweitinstanzlicher oder ein Verkehrsanwalt den Schriftsatz lediglich in anderen Schriftsätzen mit einem angeblichen Zustelldatum erwähnen, BGH NJW **94**, 2295. Maßgebend für einen Fristablauf ist das korrigierte Datum, wenn das Gericht von seiner Richtigkeit überzeugt ist, BGH AnwBl **90**, 628 (StPO).

175 *Zustellung durch Einschreiben mit Rückschein.* [1] **Ein Schriftstück kann durch Einschreiben mit Rückschein zugestellt werden.** [2] **Zum Nachweis der Zustellung genügt der Rückschein.**

1 **1) Systematik, S 1, 2.** Die Zustellung durch ein Einschreiben gegen Rückschein ist eine Unterart der Zustellung durch eine Aufgabe zur Post. Sie unterscheidet sich aber durch den Formzwang und die damit verbundenen Nachweise des Zugangs vom einfachen Brief. Zur derartigen Zustellung im EU-Ausland Art 14 VO (EG) 1393/2007, abgedruckt in Einf 3 vor § 1067. Zur übrigen derartigen Auslandszustellung Schmidt IPRax **04**, 20 (grundsätzlich zulässig, soweit der Empfangsstaat nicht widersprochen hat).

2 **2) Regelungszweck, S 1, 2.** Die Vorschrift dient einerseits der Prozeßwirtschaftlichkeit nach Grdz 14 vor § 128 durch Erleichterungen gegenüber den Förmlichkeiten einer Zustellung mit Zustellungsurkunde. Sie dient andererseits der wenigstens im Kern erzielbaren Sicherung des tatsächlichen Zugangs und seines Nachweises. Beides muß man bei der Auslegung beachten. Eine Aushändigung des Rückscheins an den Absender des so zugestellten Einschreibens läßt manchmal nicht unbeträchtlich auf sich warten. Wer den Rückschein bald braucht, sollte abwägen, ob er sinnvoll ist. Den Zustellzeitpunkt kann man mit ihm nicht beeinflussen, den Inhalt des Einschreibens mit dem Rückschein nicht beweisen. Auch das sollte man mitbedenken.

3 **3) Geltungsbereich, S 1, 2.** Keine Besonderheiten.

4 **4) Einschreiben mit Rückschein, S 1, 2.** Diese Zustellungsart ist zulässig, aber nicht zwingend. Notwendig ist freilich im Gegensatz zum Einschreiben ohne Rückschein diese letztere Urkunde. Es reichen also weder das sog Übergabe-Einschreiben als eine vom Empfänger dokumentierte Übergabe, Brdb FamRZ **06**, 213 links, noch das sog Einwurf-Einschreiben als ein von der Post dokumentierter bloßer Einwurf in den

Briefkasten. Das überrascht insofern, als die Post natürlich nur die Übergabe einer durchweg verschlossenen Sendung bestätigen kann, nicht auch den Inhalt, Schmidt IPRax **04**, 19. Immerhin liefert S 2 ähnlich wie § 1068 I 2 auch für den Inhalt eine gesetzliche Beweisregel, Schmidt IPRax **04**, 19. Für den Rückschein gilt § 418, dort Rn 5 „Post". Denn man muß die Post entsprechend § 168 I 2 wie eine Behörde kraft einer Beleihung behandeln, obwohl sie eine privatrechtliche Aktiengesellschaft ist, aM BSG NJW **05**, 1304, Hintzen Rpfleger **03**, 328. Die Wirksamkeit einer Aushändigung an einen bloßen Ersatzempfänger läßt sich keineswegs anhand Allgemeiner Geschäftsbedingungen der Deutschen Post AG abschließend beurteilen, BSG NJW **05**, 1303, Eyink MDR **06**, 785. Dann gilt vielmehr § 130 I 1 BGB.

5) Verstoß, S. 1, 2. Es gilt § 189. Eine Annahmeverweigerung ist keine Übergabe an den Verweigern- 5
den, BSG NJW **03**, 382.

176 *Zustellungsauftrag.* **[I] Wird der Post, einem Justizbediensteten oder einem Gerichtsvollzieher ein Zustellungsauftrag erteilt oder wird eine andere Behörde um die Ausführung der Zustellung ersucht, übergibt die Geschäftsstelle das zuzustellende Schriftstück in einem verschlossenen Umschlag und ein vorbereitetes Formular einer Zustellungsurkunde.**

[II] Die Ausführung der Zustellung erfolgt nach den §§ 177 bis 181.

Vorbem. I geändert dch Art 1 Z 52 b JKomG v 22. 3. 05, BGBl 837, berichtigt am 24. 7. 07, BGBl 1781, in Kraft seit 1. 4. 05, Art 16 I JKomG, ÜbergangsR Einl III 78. Dabei hatte der Gesetzgeber vergessen, die beiden vor dem neuen Begriff „Formular" stehenden Worte „einen vorbereitenden" (Vordruck) stilistisch mit umzustellen. Er hat das in der Neufassung v 5. 12. 05, BGBl 3202, nachgeholt.

1) Systematik, I, II. Während §§ 168 ff die Zuständigkeit und die Form des zu übermittelnden Schrift- 1
stücks regeln, gibt I in Ergänzung zu § 169 II nähere Anweisungen zur Durchführung einer Zustellung von Amts wegen im Stadium der Absendung. II regelt das Stadium des Zugangs, ergänzt durch §§ 173, 174.

2) Regelungszweck, I, II. Die Vorschrift dient einer möglichst zuverlässigen Übermittlung und damit 2
der Rechtssicherheit, Einl III 43. Man muß sie entsprechend sorgfältig beachten. Die Auslegung sollte trotzdem nicht zu formalistisch streng sein, Einl III 10.

3) Geltungsbereich, I, II. § 168 Rn 3. Im Arbeitsgerichtsverfahren gilt § 176, BAG NJW **08**, 1611, 3
aber vorrangig § 50 III ArbGG.

4) Zustellungspersonen, I, II. Bei der Zustellung von Amts wegen bedient sich der Urkundsbeamte der 4
Geschäftsstelle beim Fehlen einer richterlichen Anweisung nach § 168 Rn 4 nach seinem pflichtgemäßen Ermessen entweder der Post oder eines Justizbediensteten, meist des Gerichtswachtmeisters, BayObLG **91**, 244, des letzteren zB bei einem besonderen Eilbedürfnis, Schlesw NJW **88**, 569, § 168 Rn 7, oder eines Gerichtsvollziehers oder einer anderen Behörde, soweit diese zu solcher Amtshilfe verpflichtet ist, Art 35 I GG, und sich auch ohne weiteres dazu bereit erklärt (sonst könnten unzumutbare Kosten und Verzögerungen entstehen).

5) Ausführung der Zustellung, I, II. Der Urkundsbeamte übergibt das Schriftstück der Post oder dem 5
Justizbediensteten usw, bei einer Zustellung an einen Gefangenen auch einem Bediensteten dieser Justizvollzugsanstalt (nicht einer anderen), in einem Briefumschlag. Es kann sich auch um eine solche Person eines anderen Gerichts handeln. Dann erfolgt die Aushändigung durch die Übersendung an diesen Justizbediensteten, also an die Verwaltungsgeschäftsstelle seines Gerichts. Die Ausführung erfolgt nach §§ 177–181, BGH RR **03**, 208. Der Umschlag muß dem hierfür vorgesehenen Muster entsprechen. Die Beurkundung erfolgt nach § 182 auf der nach I von der Geschäftsstelle vorzubereitenden Zustellungsurkunde nach dem amtlichen Formular im Sinn von §§ 182 I 1, 190, also grundsätzlich nach § 1 Z 2, § 4 ZustVV, abgedruckt in § 190 Rn 2, also nach der Anlage 2 zur ZustVV, mit den Abweichungsmöglichkeiten nach § 2 II 1, III Z 1–3 ZustVV. Zum Weitersendungsantrag Paschold DGVZ **05**, 163.

A. Verschlossen. Der Umschlag muß verschlossen sein. Das folgt aus I. Ein Faltbrief ist zulässig. Ein Fensterumschlag ist nur dann zulässig, wenn er die notwendigen Angaben von außen erkennen läßt, LG Kref NJW **80**, 466.

B. Adressat. Der Umschlag muß die Anschrift des Zustellungsadressaten tragen.

C. Absender. Der Umschlag muß die absendende Stelle bezeichnen.

D. Geschäftsnummer. Der Umschlag muß eine Geschäftsnummer aufweisen.

E. Zustellangaben. Wenn es nach § 182 II Z 6 auf die Uhrzeit ankommt, ist ein Hinweis wie „bitte mit Zeitangabe zustellen" notwendig. Auch ein Hinweis nach § 178 II kann erforderlich sein, ebenso ein Hinweis auf eine etwa erforderliche Nachsendung.

6) Verstoß, I, II. Die Erfordernisse nach Rn 4 sind wesentlich. Das gilt für Rn 5 A–D deshalb, weil man 6
sonst keine Gewähr für die Nämlichkeit der Sendung und ihren unveränderten Inhalt hat, für Rn 5 E deshalb, weil der Vermerk allein die Tatsache der zeitlich korrekten Zustellung ersichtlich macht. Ein Verstoß macht die Zustellung grundsätzlich unwirksam, BAG NJW **08**, 1611, LG Verden DGVZ **98**, 126, etwa beim unverschlossenen Brief oder beim falschen Aktenzeichen. Dieser Mangel ist aber bei einer Zustellung nach § 174 unschädlich, BGH VersR **78**, 564, aM StJSchu 1 (aber man darf nicht formalistisch sein, Rn 2). Der Mangel kann nach §§ 189, 295 heilen, Üb 13 vor § 166. Ein Gerichtssiegels kann fehlen.

7) Entbehrlichkeit einer Beurkundung, II. Eine förmliche Beurkundung der Aushändigung an die 7
Post oder an den Justizbediensteten oder Gerichtsvollzieher ist entbehrlich. Die Aushändigung kann durch den Einwurf in den Briefkasten oder durch die Niederlegung im Fach des Justizbediensteten oder Gerichtsvollzieher oder seiner Verteilungsstelle erfolgen. Dabei muß der Justizbedienstete aber auch §§ 180 ff beachten. Er kann daher zB bei einer juristischen Person nicht nach § 181 verfahren, BayObLG **91**, 244.

Über die erfolgte Aushändigung zur Zustellung kommt in die Akte ein Vermerk. Auslagen: KV 9002 b, KVGv 700 ff.

177 *Ort der Zustellung.* **Das Schriftstück kann der Person, der zugestellt werden soll, an jedem Ort übergeben werden, an dem sie angetroffen wird.**

1 **1) Systematik.** Vgl zunächst den in Üb 1 vor § 166 dargestellten Zweck jeder Zustellung, die Ermöglichung einer tatsächlichen Kenntnisnahme, BGH BB **145**, 364. Eine Folgerung zieht § 177. Eine andere zieht das in §§ 178 ff geregelte Institut der sog Ersatz-Zustellung. Eine weitere zieht zwecks einer Heilung von Zustellungsmängeln § 189.

2 **2) Regelungszweck.** § 177 dient der Vereinfachung und Beschleunigung und damit der Prozeßförderung und Prozeßwirtschaftlichkeit, Grdz 12, 14 vor § 128. Daher sollte man zB den Begriff des Antreffens großzügig auslegen. Natürlich darf es nicht dazu kommen, daß ein ahnungsvoller „Freund" des ahnungslosen wahren Adressaten sich zB auf der Straße gegenüber dem Urlaubsvertreter des Postboten als Adressat ausgibt und daß der Urlaubsvertreter die Nämlichkeit noch so gutgläubig einfach annimmt. Andererseits darf man einen draußen am ständigen Postboten vorbeikommenden Angehörigen des Adressaten natürlich praktisch diesem letzteren gleichsetzen, auch wenn er dann vergessen hat, den Brief richtig zu Hause weiterzuleiten.

3 **3) Geltungsbereich.** Die Vorschrift gilt in allen Verfahren nach der ZPO und den auf sie verweisenden anderen Verfahrensgesetzen, Üb 3 vor § 166, also zB im Bereich des § 113 I 2 FamFG.

4 **4) Zustellungsort.** Der Zustellungsbeamte darf das zuzustellende Schriftstück dem Zustellungsadressaten nach § 182 II Z 1 im Inland überall dort nach § 177 übergeben, wo er ihn antrifft, zB an der Arbeitsstelle, BGH **145**, 364, Ffm VersR **06**, 81, oder auf der Straße. Freilich soll er einen angemessenen, den Empfänger nicht unnötig störenden Platz wählen, § 27 GVGA. Eine förmliche Zustellung an ein Postfach ist wegen § 180 S 1 nicht möglich. „Ort" bedeutet: Ortsgemeinde, nicht Ortschaft. Eine Zustellung ist daher auch außerhalb der bebauten Fläche statthaft, also auch gegenüber dem Landwirt auf dem Feld. Eine Ersatzzustellung ist aber nur unter den Voraussetzungen der §§ 180 ff statthaft und wirksam, LG Hagen MDR **84**, 1034. Freilich ist die „an den Geschäftsführer" einer juristischen Person gerichtete Zustellung nach § 177 zulässig, BayObLG **91**, 244. Bei einer Annahmeverweigerung gilt § 179.

5 **5) Verstoß.** Ein Verstoß macht die Zustellung nicht unwirksam, Ffm JB **98**, 209.

Einführung vor §§ 178–181

Ersatzzustellung

Schrifttum: *Allgaier,* Ersatzzustellung und Postgeheimnis, Archiv für das Post- und Fernmeldewesen **88**, 392.

1 **1) Systematik.** §§ 178 ff sind mit dem GG vereinbar, so schon BVerfG NJW **80**, 1480, BVerwG NJW **80**, 1480. Die Vorschriften stellen eine Not- und Hilfslösung der Aufgabe dar, BGH NJW **01**, 887. Diese Aufgabe besteht ja darin, dem Empfänger eine tatsächliche Kenntnisnahme als das Ziel jeder Zustellung zu ermöglichen, Üb 1 vor § 166, BGH **145**, 364. Bei der Ersatzzustellung sind der Zustellungsadressat nach Üb 10 vor § 166 und der Zustellungsempfänger nach Üb 9 vor § 166 verschiedene Personen. Das zuzustellende Schriftstück erhält ein anderer. Er gilt als gesetzlicher Vertreter des Zustellungsadressaten für die Zustellung, nicht als ein Vertreter nach § 85 II. Jedermann darf einen besonderen Zustellungsempfänger bestellen, den Zustellungsbevollmächtigten, § 184. Dann darf der Zustellende diesen nicht geflissentlich umgehen. Er muß also zunächst die Zustellung an ihn versuchen, § 171.

2 **2) Regelungszweck.** Die Vorschriften dienen dem Interesse des Absenders wie des Empfängers, Düss FamRZ **90**, 75. Man muß verhindern, daß sich jemand den Rechtswirkungen einer Zustellung entzieht. Man muß auch sicherstellen, daß sich ein Prozeß ohne eine endlose Fahndung nach dem zur üblichen Zustellzeit immer abwesenden, wenn auch dort wohnhaften oder aufhältlichen Adressaten ungebührlich verzögert. Dem dient auch hilfsweise die öffentliche Zustellung bei der Unauffindbarkeit, §§ 185–188.

Risiken sind bei der Ersatzzustellung unverkennbar. Ob die Ersatzperson die Sendung wirklich weiterleitet, insbesondere unverzüglich, kann ebenso unsicher sein wie etwa, ob die Mitteilung über eine Niederlegung nach § 181 fest genug angeheftet bleiben wird und ob sie nicht irgendein Unbefugter entfernen wird. Auch kann sich eine formell scheinbar einwandfrei erfolgte Ersatzzustellung etwa deshalb als unwirksam herausstellen, weil der Adressat dort tatsächlich gar nicht mehr wohnte. Solche Risiken dürfen jedenfalls nicht auf dem Rücken eines schuldlos Ahnungslosen erfolgen. Das sollte man bei der Auslegung der Vorschriften stets ebenfalls mitbeachten.

Hochproblematisch würde eine Eratzzustellung mit ihren selbst für den Fachmann wahrhaft komplizierten Einzelüberprüfungen, wenn zB die Deutsche Post AG „Unterbeliehene" aus Kostenersparnisgründen einschalten sollte, Rn 5.

3 **3) Geltungsbereich.** Vgl zunächst Üb 3 vor § 166. §§ 178 ff sind auch im Zwangsversteigerungsverfahren anwendbar, BVerfG NJW **92**, 225, ferner im Strafverfahren, Düss NJW **00**, 3511, oder im Unterbringungsverfahren, (zum alten Recht) BayObLG FamRZ **02**, 848. Sie sind bei der Übersendung eines Abdrucks aus dem Schuldnerverzeichnis unanwendbar, § 10 I 2 SchuVVO, § 915 h Rn 1.

4 **4) Eigenart der Ersatzzustellung.** Bei ihr ist zunächst belanglos, ob und wann der Zustellungsadressat das Schriftstück ausgehändigt bekommt oder ob er auch nur von seinem Vorhandensein eine Kenntnis erhält, LG Bln Rpfleger **97**, 120. Das folgt aus der Natur des Ersatzempfängers als des gesetzlichen Vertreters. Die Wirkung der Zustellung tritt also sofort mit der Übergabe an den Zustellungsempfänger oder mit der Niederlegung ein, BVerwG NJW **80**, 1480. Vgl freilich Rn 5. Die Ersatzperson ist aber gesetzlich verpflich-

tet, das Schriftstück dem Zustellungsadressaten auszuhändigen. Vgl auch §§ 246, 274 Z 1 StGB, §§ 677, 678, 681, 823 II BGB. Der Zustellungsadressat kann und muß beweisen, daß die äußerlich korrekte Ersatzzustellung unwirksam war, Köln Rpfleger **75**, 260, AG Hbg-Altona FamRZ **92**, 83, daß ihm zB die Ersatzperson das Schriftstück nicht ausgehändigt hat und daß er deswegen vom Inhalt des Schriftstücks keine Kenntnis hat.

5) Mängel. Der Zustellende muß den Zustellungsgegner und die Voraussetzungen einer Ersatzzustellung immer durch eine eigene Prüfung feststellen, BGH **111**, 6, Zweibr MDR **85**, 1048. Das gilt zB dann, wenn er einem Einzelkaufmann unter der Firma zustellt. Seine Feststellung bindet das Gericht nicht. Die Zustellung an einen ungesetzlichen Ersatzmann ist grundsätzlich unwirksam, Üb 13 vor § 166. Das mag in Wahrheit auch bei der Einhaltung so mancher „Unterbeliehenen" gelten, Rn 3. Die Berufung auf einen Mangel kann rechtsmißbräuchlich sein, Einl III 54, Düss FamRZ **90**, 75. Eine Heilung erfolgt nach § 189. Sie erfolgt aber auch durch eine Genehmigung des Zustellungsadressaten oder durch eine rügelose Einlassung nach § 295, AG Hbg-Altona FamRZ **92**, 83, soweit diese Vorschrift überhaupt anwendbar ist. Denn wer einen Zustellungsbevollmächtigten bestellen kann, kann nach allgemeinen Rechtsgrundsätzen das Handeln desjenigen genehmigen, der als Zustellungsbevollmächtigter auftritt, aM StJSchu 30 vor § 166 (vgl aber Üb 14, 15 vor § 166). 5

Eine *gescheiterte* Übergabe läßt sich nicht in eine wirksame Ersatzzustellung umdeuten, Düss JB **95**, 41. Eine nicht beurkundete Ersatzzustellung ist unwirksam, BFH NJW **79**, 736. Eine Ersatzzustellung nach dem Tod des Adressaten ist unwirksam. Eine Ersatzzustellung ist nicht schon deshalb unwirksam, weil der Urkundsbeamte sie rechtswidrig im Zustellungsauftrag ausgeschlossen hatte, BGH BB **03**, 124.

Wegen § 418 ist zwar grundsätzlich derjenige *beweispflichtig,* der sich auf die Unrichtigkeit der Zustellungsurkunde beruft. Sie beweist aber nur, daß weder der Adressat noch ein zur Entgegennahme der Ersatzzustellung in Betracht kommender anderer anwesend war. Sie beweist nicht auch, daß der Empfänger schon und tatsächlich dort auch „wohnhaft" war, Hamm RR **95**, 224. Insoweit besteht immerhin ein Anzeichen, § 418 Rn 5.

178 *Ersatzzustellung in der Wohnung, in Geschäftsräumen und Einrichtungen.*

I Wird die Person, der zugestellt werden soll, in ihrer Wohnung, in dem Geschäftsraum oder in einer Gemeinschaftseinrichtung, in der sie wohnt, nicht angetroffen, kann das Schrifststück zugestellt werden

1. in der Wohnung einem erwachsenen Familienangehörigen, einer in der Familie beschäftigten Person oder einem erwachsenen ständigen Mitbewohner,
2. in Geschäftsräumen einer dort beschäftigten Person,
3. in Gemeinschaftseinrichtungen dem Leiter der Einrichtung oder einem dazu ermächtigten Vertreter.

II Die Zustellung an eine der in Absatz 1 bezeichneten Personen ist unwirksam, wenn diese an dem Rechtsstreit als Gegner der Person, der zugestellt werden soll, beteiligt ist.

Vorbem. II berichtigt am 24. 7. 07, BGBl 1781.

Gliederung

1) Systematik, I, II. Vgl zunächst Einf 1 vor §§ 178–181. Das Gesetz bezieht eine Reihe von solchen Menschen in den Kreis der Prozeßbeteiligten ein, die dem eigentlichen Zustellungsadressaten mehr oder auch durchaus weniger nahestehen. Denn der tatsächliche Empfänger erhält vom Gesetz mittelbar die Rechtspflicht zur sogar noch unverzüglichen Weiterleitung der Sendung an den wahren Adressaten. Andernfalls wäre ja überhaupt eine Zustellung mit ihren Rechtswirkungen auf dem in § 178 geregelten Weg unverantwortbar. Das Vertrauen des Gesetzes auf das Funktionieren einer Familien-, Haus-, Berufs-, Wohnungsgemeinschaft ist heute keineswegs mehr unproblematisch. Es läßt sich aber erstaunlicher- und beruhigenderweise immer noch durch die tatsächlich durchweg erfolgende Weiterleitung rechtfertigen. Das alles muß man bei der Auslegung mitbedenken. II regelt die Grenzen von I vorrangig. 1

2) Regelungszweck, I, II. Die Vorschrift dient unterschiedlichen Zwecken. Bei *I* hat der Gedanke der Prozeßwirtschaftlichkeit nach Grdz 14 vor § 128 einen wesentlichen Raum. Erfahrungsgemäß kann man auch im allgemeinen auf die Zuverlässigkeit der in I Z 1–3 genannten unmittelbaren Empfänger bei der Weiterleitung an den eigentlichen Adressaten ganz gut vertrauen, BGH RR **97**, 1161. Die mit jeder Ersatzzustellung auch ohne eine Preisgabe des Sendungsinhalts verbundene deutliche Verringerung des 2

Datenschutzes allein durch die Lesbarkeit des Absenders ist unerfreulich. Sie ist aber gerade noch vertretbar, solange nicht dadurch zB eine Sensationspresse Wind bekommt.

II hat eine ziemlich entgegengesetzte Zielrichtung. Jede Ersatzzustellung hat Gefahren, nämlich die tatsächliche Nichtaushändigung des zuzustellenden Schriftstücks oder wenigstens der Benachrichtigung über dessen Niederlegung usw. Man kann solche Gefahren nicht unbegrenzt in Kauf nehmen. Denn der Interessengegensatz von Prozeßgegnern würde diese Gefahren für den Absender unzumutbar vergrößern. Man darf den Edelmut desjenigen Menschen nicht überstrapazieren, der auch noch an seinen Gegner weiterleiten soll. Dem trägt II vorrangig bei I Z 1–3 Rechnung.

Der *Grund des II* liegt in der im allgemeinen berechtigten Besorgnis, der Prozeßgegner werde das Schriftstück dem Zustellungsadressaten nicht aushändigen, BGH NJW **84**, 57, Celle DGVZ **03**, 8, Karlsr Rpfleger **84**, 25. Er liegt aber auch im Schutzbedürfnis des Zustellungsadressaten, BAG NJW **81**, 1400, Karlsr Rpfleger **84**, 25, LG Fulda Rpfleger **87**, 27.

3 **3) Geltungsbereich, I, II.** Einf 3 vor §§ 178–181. I Z 1 gilt auch im finanzgerichtlichen Verfahren, Üb 5 vor § 166, OFD Magdeb BB **01**, 2205. II gilt nur im Bereich der Ersatzzustellung, BVerfG **67**, 208.

4 **4) Nichtantreffen, I Z 1.** Der Zusteller darf den Zustellungsadressaten nicht antreffen. Das ist so, wenn sich der Adressat in diesem Zeitpunkt nicht für den Zusteller erkennbar dort aufhält. Dafür reicht es, daß ein Angehöriger die Abwesenheit versichert, BFH **173**, 215. Dann ist eine tatsächliche Abwesenheit nicht nötig.

A. Wohnungsbegriff. Eine Ersatzzustellung nach I Z 1 darf nur in der Wohnung des Zustellungsadressaten stattfinden, Hamm RR **95**, 682. Ein scheinbar einfacher Begriff enthält Tücken. Man muß vom Regelungszweck ausgehen, Rn 2. Daher muß man prüfen, ob man vernünftigerweise damit rechnen kann, daß eine Sendung den Adressaten auch einigermaßen sicher und bald erreicht, BGH NJW **85**, 2197, Düss FamRZ **90**, 75, Köln NJW **89**, 443. Die Ersatzzustellung kann dann stattfinden, wenn der mit den örtlichen Verhältnissen vertraute Zusteller den Zustellungsadressaten nach Üb 10 vor § 166 nicht in dessen für ihn vernünftigerweise als Wohnung erkennbaren Räumlichkeit antrifft, BGH WoM **04**, 677. Das gilt trotz des Postgeheimnisses, BVerwG BB **85**, 152 (zu § 51 PostO usw). Der Personenkreis, dem gegenüber eine Ersatzzustellung nach Z 1 zulässig ist, entspricht dem Empfangsboten bei § 130 I 1 BGB, Schwartz NJW **94**, 893. Wohnung ist ohne Rücksicht auf den Wohnsitz des § 13 gemeint, BGH NJW **78**, 1858. Wohnung ist jeder Raum, den der Zustellungsadressat zur Zeit der Zustellung tatsächlich für eine gewisse Zeit schon und noch bewohnt, BGH WoM **04**, 677, Brdb FER **01**, 81, Drsd Rpfleger **05**, 269, den er regelmäßig aufsucht, BGH RR **97**, 1161, wo er tatsächlich vorwiegend, nicht aber unbedingt ständig schläft, BGH WoM **04**, 677, BFH **173**, 215, Hamm MDR **98**, 183 (StPO), der also sein derzeitiger räumlicher Lebensmittelpunkt ist, BGH WoM **07**, 713, Hamm RR **95**, 224.

5 **B. Beispiele zur Frage des Vorliegens einer Wohnung, I Z 1**

Anmeldung, Abmeldung: Rn 8 „Meldebehörde".

Annahmeverweigerung: Soweit der Zustellungsadressat die Annahme verweigert, gilt § 179. Es ist unerheblich, ob der dort wohnende Zustellungsadressat dem Zusteller das Einlegen in den Briefkasten usw „verboten" hat, BayObLG RR **88**, 509.

Anschein: Auch der selbst erweckte Anschein kann zur Annahme oder Aufgabe einer Wohnung ausreichen, KG MDR **05**, 232, Naumb OLGR **02**, 449, Nürnb MDR **00**, 902, aM LG Bln MDR **99**, 1463.

Das gilt freilich *nicht,* soweit der Zustellende die von der Anscheinswohnung getrennte wahre Wohnung kennt und die Zustellung dort bewirken könnte, Ffm NJW **85**, 1910, LG Bonn MDR **97**, 783.

Anwesenheit: Es ist unerheblich, ob der Zustellungsadressat tatsächlich anwesend ist, solange sich nicht der Lebensmittelpunkt an eine andere Stelle verlagert, BGH RR **94**, 565. Es genügt, daß man dem Zusteller in der Wohnung sagt, der Zustellungsadressat sei abwesend, BFH **173**, 215, oder er sei schwerkrank. Das braucht der Zusteller nicht zu überprüfen. Er darf es auch gar nicht etwa mittels Durchsuchens überprüfen. Es genügt auch, daß man dem Zusteller den Zutritt zur Wohnung oder zum Zustellungsadressaten verwehrt. Diese Umstände muß der Zusteller freilich in der Zustellungsurkunde angeben. Soweit der Zustellungsadressat die Annahme verweigert, gilt § 179.

Arbeitsstelle: Diejenige Arbeitsstelle, an der der Zustellungsadressat nicht lebt und nicht ständig schläft, ist *keine* Wohnung, LG Hagen MDR **84**, 1034. Ausnahmen gelten evtl, wenn ein Bauführer einer Großbaustelle monatelang im dortigen Aufsichtscontainer nächtigt. Ausnahmen gelten auch bei I Z 2, aM Köln RR **89**, 443 (aber es kommt wesentlich auf die tatsächlichen Verhältnisse an).

S auch Rn 6 „Geschäftsraum".

Arglist: Rn 8 „Scheinwohnung".

Aufgabe: Sie liegt vor, sobald man die Wohnung erkennbar, endgültig oder doch für recht lange Zeit *nicht* mehr als den Ort des Lebens und Schlafens nutzen und anderswo leben will, BGH RR **94**, 565. Eine Wohnung fehlt bereits, soweit ein mit den Verhältnissen vertrauter Dritter erkennen kann, daß man sie aufgegeben hat, BGH RR **94**, 565, LG Bln WoM **95**, 121.

Aushändigung: Es kommt darauf an, ob der Zustellungsempfänger die Sendung dem Adressaten in absehbarer Zeit aushändigen kann, Mü RR **91**, 1470.

Auslandsreise: Es kommt auf die Länge der Reise an. Eine ungewöhnlich lange Reise führt evtl zum *Wegfall* der inländischen Wohnung, BGH **97**, 1161 (beruflicher Auslandsaufenthalt), BGH RR **02**, 137, Brschw MDR **97**, 884 (je: nicht beim Bewohnen durch Angehörige), AG Duisb RR **95**, 953. Eine einjährige Auslandsreise kann trotz des Fortbestehens äußerlicher Wohnbedingungen zum Fehlen einer Wohnung an der bisherigen Stelle führen, LG Hagen DGVZ **99**, 156.

S auch Rn 9 „Weltreise".

Auszug: Eine Wohnung *entfällt* nach ihm.

Bodenraum: Er begründet als solcher *keine* Wohnung.

Briefkastenanschrift: Die bloße Briefkastenanschrift begründet jedenfalls *keine* Zuständigkeit, BGH **132**, 196, und wohl auch meist *keine* Wohnung nach I Z 1.

Bundeswehr: Es kommt auf die Dauer des Aufenthalts an, SoldErl Teil A Z 1, SchlAnh II. Ein längerer dortiger Aufenthalt begründet eine Wohnung, ein kürzerer *nicht,* Düss JB **92**, 54, Mü RR **92**, 1470, LG Aachen DGVZ **84**, 40, aM ThP 4 (aber es kommt wesentlich auf die tatsächliche Dauer an). Ein Auslandseinsatz kann die Kaserne der Stammeinheit als Wohnung wegfallen lassen, Düss MDR **99**, 497. 6

Ersatzdienst: Es gelten dieselben Regeln wie bei der „Bundeswehr".

Fahrradraum: Er begründet als solcher *keine* Wohnung.

Festnahme: Rn 7 „Haft".

Frauenhaus: Es dürfte meist I Z 3 anwendbar sein („Gemeinschaftseinrichtung"). Unabhängig davon gilt:

Ein kurzer Aufenthalt in einem Frauenhaus während eines Ehe- oder Familienverfahrens begründet *keine* Wohnung, AG Warendorf RR **87**, 394, großzügiger Karlsr RR **95**, 1220.

Garage: Sie begründet als solche *keine* Wohnung.

Garten: Ein vorübergehendes Wohnen im allein benutzten eigenen Garten genügt.

Ein bloßer Vorgarten reicht *nicht.*

Gefängnis: Rn 7 „Haft".

Geschäftsraum: Man muß einen Geschäftsraum als Wohnung nach I Z 2 beurteilen, BVerfG NJW **98**, 1631, Hbg NJW **84**, 2898, LG Düss MDR **81**, 11. Er kann zB bei einer Einmannfirma evtl auch mit dem Wohnraum zusammenfallen, Coenen DGVZ **04**, 70.

S auch Rn 5 „Arbeitsstelle".

Geschäftsreise: Ein kurzer Aufenthalt während einer Geschäftsreise begründet *keine* Wohnung, Köln NJW **80**, 2720, Mü RR **91**, 1470 (Hotel).

Getrenntleben: Innerhalb der Wohnung ist es unschädlich, LG Bln MDR **98**, 926.

Gewerberaum: S „Geschäftsraum".

Grund der Ersatzzustellung: Der Zusteller muß ihn in die Zustellungsurkunde aufnehmen, § 182 II Z 4.

Haft: Es dürfte meist I Z 2 anwendbar sein („Gemeinschaftseinrichtung"), VGH Mannh NJW **01**, 3569. 7
Unabhängig davon gilt:

Es entsteht schon dann eine Wohnung dort, wo jemand eine einmonatige Strafhaft verbüßt. Daher ist dann während dieser Haft eine etwa erfolgende Ersatzzustellung in der sonst benutzten Wohnung *unwirksam,* Hamm Rpfleger **77**, 177. Dasselbe gilt erst recht bei einer mehrmonatigen Strafhaft, BGH NJW **78**, 1858, BFH DB **88**, 378, KG NZM **06**, 376, aM Drsd Rpfleger **05**, 269. Das alles gilt auch dann, wenn bei einer längeren Haft der Kontakt des Gefangenen zu dem derzeitigen Benutzer der sonstigen Wohnung nicht abreißt, BFH DB **88**, 378, Düss FamRZ **80**, 179, Mü RR **87**, 895, aM VGH Kassel FamRZ **92**, 831 (maßgeblich sei die bisherige tatsächliche, nicht die gesamte Haftdauer. Aber es kommt auf die tatsächlichen Gesamtumstände an). Bei einer Untersuchungshaft ist die tatsächliche Abwesenheitsdauer bis zur Zustellung maßgeblich, Hamm Rpfleger **03**, 377.

Keine Wohnung begründen aber zB: Die bloße Festnahme, LAG Mü DB **88**, 1608 (Auslieferungshaft); ein nur kurzer Aufenthalt im Gefängnis, BGH NJW **85**, 2197, Hamm Rpfleger **03**, 377 (17 Tage U-Haft), VGH Kassel FamRZ **92**, 831 (auch je zum Krankenhaus).

Hof: Ein vorübergehendes Wohnen im allein benutzten Hof genügt.

Hotel: Ein kurzer Aufenthalt in einem Hotel begründet *keine* Wohnung, Mü RR **91**, 1470.

Keller: Er begründet als solcher *keine* Wohnung.

Kontaktadresse: Sie begründet *keine* Wohnung, BGH RR **93**, 1083.

Krankenhaus: Es mag I Z 3 anwendbar sein („Gemeinschaftseinrichtung"). Unabhängig davon gilt:

Es kommt auf die Dauer des Aufenthalts an. Ein längerer dortiger Aufenthalt begründet eine Wohnung, ein kürzerer *nicht,* BGH NJW **85**, 2197, Zweibr MDR **84**, 762, VGH Kassel FamRZ **92**, 831. Auch ein längerer hebt die sonstige Wohnung nicht stets auf, LG Bln ZMR **99**, 174 (anders in geschlossener Anstalt).

Kur: Ein kurzer Aufenthalt während einer, wenn auch mehrwöchigen, Kur begründet dort *keine* Wohnung, BayObLG **80**, 267.

S auch Rn 8 „Reise".

Lebensgemeinschaft: Rn 8 „Nichteheliche Lebensgemeinschaft".

Lebensmittelpunkt: Es kommt für den Wohnungsbegriff grds auf den Lebensmittelpunkt an, BGH WoM **04**, 677, Hamm RR **95**, 224. Wenn der Aufenthalt zwar bekannt ist, wenn aber kein dauerhafter Mittelpunkt des Lebens besteht, kann man an dem Ort des relativen Lebensmittelpunkts zustellen, Köln MDR **83**, 139.

Lebenspartnerschaft: Sie kann eine Wohnung begründen.

Marktstand: Es ist *keine* Wohnung, AG Hbg DVGZ **81**, 63.

Mehrheit von Wohnungen: Man kann mehrere Wohnungen an demselben Ort oder an verschiedenen Orten im In- oder Ausland haben, § 7 II BGB, Köln RR **89**, 443.

S aber auch bei den einzelnen Arten weiterer Aufenthalte.

Meldebehörde: Es ist unter den Voraussetzungen Rn 4 unerheblich, ob sich der Zustellungsadressat polizeilich oder ordnungsbehördlich gemeldet hat, BGH WoM **04**, 677, Köln NJW **80**, 2720, Mü RR **91**, 1470. Das gilt auch dann, wenn der Zustellungsadressat die Wohnung zwar abgemeldet hat, aber noch tatsächlich innehat, oder wenn er eine Ab- oder Ummeldung bewußt unterläßt, Rn 5 „Anschein", LG Kblz Rpfleger **96**, 165. BGH FamRZ **90**, 143 verlangt von demjenigen Zustellungsadressaten, der sich darauf beruft, am Zustellungsort nicht gewohnt zu haben, eine klare und vollständige Angabe seiner tatsächlichen Wohnverhältnisse. 8

Nachsendeauftrag: S „Postnachsendeauftrag".

Namensschild: Seine Entfernung durch den Namensträger kann die *Wohnungsaufgabe* signalisieren.

Nichteheliche Lebensgemeinschaft: Sie kann eine Wohnung begründen, OFD Magdeb BB **01**, 2205. Es ist dann unerheblich, ob der Zusteller das Verhältnis kennt, Köln VersR **01**, 1536.

Persönliche Habe: Es ist unerheblich, ob sich am bisherigen Aufenthaltsort des Zustellungsadressaten noch eine persönliche Habe von ihm befindet.

Postnachsendeauftrag: Wer einen Postnachsendeauftrag stellt, „wohnt" an der dort genannten neuen Anschrift auch dann, wenn er sich dort in Wahrheit nicht aufhält, LG Ffm Rpfleger **81**, 493, ZöStö 7, aM Bbg OLGR **98**, 83, Mü RR **95**, 59 (aber der Nachsendeauftrag signalisiert einen derzeitigen anderen

Lebensmittelpunkt). Das gilt aber nur, wenn der Postkunde auch die Nachsendung von förmlichen Zustellungssendungen beantragt hat, BGH NJW **88**, 1999, VGH Mannh NJW **97**, 3330.

Die Adresse eines Dritten reicht *nicht,* solange der Adressat der Sendung nicht auch dort wohnt, Hbg MDR **82**, 1041, Mü RR **95**, 59.

Postvermerk: Ein Vermerk auf der Zustellungsurkunde, etwa „Empfänger soll verzogen sein", nimmt *nicht* an der Beweiskraft des § 418 teil, Hamm RR **95**, 224.

Reise: Eine Zustellung nach Z 1 erfolgt auch dann, wenn der Zustellungsadressat normal verreist ist, Köln NJW **80**, 2720. Wer nämlich verreist, muß grds dafür Vorsorge treffen, daß ihn Zustellungen erreichen können. Das gilt zumindest dann, wenn er einen Eingang von Post erwarten muß, BVerfG NJW **07**, 3487. Die Beauftragung eines minderjährigen, aber verständigen Kindes, telefonisch Nachricht zu geben, kann selbst bei einer Auslandsreise reichen, BGH RR **02**, 137. Vgl auch § 185 Rn 1, § 233 Rn 14, 15, 28.

S aber auch Rn 5 „Auslandsreise", Rn 7 „Kur", Rn 9 „Weltreise".

Renovierung: Ein kürzerer Aufenthalt an einer Stelle während der Renovierung der sonstigen Wohnung begründet an der ersteren *keine (weitere)* Wohnung, BayObLG RR **88**, 509.

Scheinwohnung: Da sie objektiv *keine* Wohnung ist, scheitert die Möglichkeit einer dortigen Ersatzzustellung unabhängig davon aus, ob der Scheininhaber arglistig handelte, LG Bln MDR **99**, 1463, aM Düss FamRZ **90**, 75, Jena NJW **06**, 2567, Karlsr RR **92**, 700 (aber der Rechtsmißbrauch ist hier entscheidungsunerheblich nach Einl III 54). Dieser Grundsatz gilt aber nicht mehr, wenn der Empfänger einen Zustellungsbevollmächtigten ernannt hat, (jetzt) § 171, Köln RR **01**, 1512 (zum alten Recht).

S auch „Postnachsendeauftrag".

Schiff: Ein Wohnen auf einem Schiff kann genügen, auch ein vorübergehendes, LG Stade DGVZ **77**, 175.

Schlafgelegenheit: Auch eine bloße Schlafgelegenheit kann genügen, Rn 4. Es kommt auf die Fallumstände an, BGH NJW **78**, 1858, Köln RR **89**, 443, Stgt Rpfleger **81**, 152.

Soldat: Rn 6 „Bundeswehr".

Strafvollzug: Rn 7 „Haft".

9 **Unbewohnbarkeit:** Es liegt *keine* Wohnung mehr vor, wenn der klagende Vermieter sie unbewohnbar gemacht hat, Köln WoM **96**, 483.

Untersuchungshaft: Rn 7 „Haft".

Urlaub: Ein kurzer Aufenthalt während eines Urlaubs begründet am Urlaubsort *keine* Wohnung, Köln NJW **80**, 2720, Mü RR **91**, 1470 (Hotel), und hebt die Heimatwohnung nicht auf, BGH RR **94**, 565, BayObLG **80**, 267 (Kur).

Verweigerung der Annahme: Rn 5 „Annahmeverweigerung".

Vorübergehendes Wohnen: Ein vorübergehendes Wohnen kann genügen. Vgl bei den Schlafstellenarten.

Wehrdienst: Rn 6 „Bundeswehr".

Weltreise: Eine siebenmonatige Weltreise kann zum *Wegfall* der vorherigen Wohnung führen, LG Bln MDR **92**, 791 (StPO).

S auch Rn 5 „Auslandsreise", Rn 8 „Reise".

Wochenendhaus: Ein kurzer Aufenthalt in einem Wochenendhaus begründet *keine* Wohnung, Celle DGVZ **92**, 41 (Fallfrage).

Wohnungsmehrheit: Rn 7 „Mehrheit von Wohnungen".

Wohnwagen: Ein Wohnen im Wohnwagen kann genügen, auch ein vorübergehendes, Mü RR **91**, 1470.

Zutritt: Rn 5 „Anwesenheit".

Zweitwohnung: Ein kurzer Aufenthalt in einer Zweitwohnung begründet *keine* Wohnung, BGH RR **94**, 565, Celle DGVZ **92**, 41 (Wochenendhaus, Fallfrage), großzügiger Wesser NJW **02**, 2138.

S aber auch Rn 7 „Mehrheit von Wohnungen".

10 **C. Familienangehöriger.** Eine Ersatzzustellung kann an einen „erwachsenen Familienangehörigen" erfolgen. Er braucht kein Hausgenosse zu sein. Eine häusliche Gemeinschaft oder Hausgemeinschaft ist kein alleiniges Merkmal.

Zur *Familienangehörigkeit* kommt nicht nur ein familienrechtliches Verhältnis infrage, BGH RR **97**, 1161. Natürlich zählen aber die echten Familienangehörigen dazu, also Verwandte, Coenen DGVZ **02**, 183, auch in der Seitenlinie; näher Verschwägerte, Coenen DGVZ **02**, 183; Ehegatten, auch nach der Scheidung oder Trennung zurückgekehrte, den Haushalt wieder führende, LG Flensb MDR **82**, 238, Coenen DGVZ **02**, 183, aM BFH NJW **82**, 289, Hamm MDR **81**, 602 (aber es kommt auf die rechtlich gebilligten tatsächlichen Verhältnisse und Anschauungen an); evtl sogar ein Dauerbesuch, Celle FamRZ **83**, 203; das Kind, LG Köln MDR **99**, 889; das Pflegekind, Celle FamRZ **83**, 203, Coenen DGVZ **02**, 183; ein Verlobter, Celle FamRZ **83**, 203.

11 **D. Zugehörigkeit.** Es reicht *zB:* Eine Stellung als Schwiegervater, auch wenn er gleichzeitig der Hauswirt ist, Schlesw JB **91**, 123; ein längerer Besuch, Celle FamRZ **83**, 203. Der Empfänger muß auch ständig dem Hausstand angehören, also mit dem Zustellungsadressaten zusammen wohnen, Coenen DGVZ **02**, 183. Ein bloßer Freund reicht nicht.

12 **E. Nichtzugehörigkeit.** Der Lebenspartner zählt nicht hierher, so schon BGH NJW **87**, 1562, Saarbr FamRZ **91**, 1184, Heinze DGVZ **00**, 112, aM Schlesw NJW **99**, 2602 (Wirksamkeit, wenn zur „Lebensgemeinschaft" kein Dritter zähle), Coenen DGVZ **02**, 183, Schneider MDR **00**, 193 (aber Art 6 I GG schützt nur die aus Ehe entstehende Familie besonders. Daher kann „Familie" auch in I nichts anderes meinen. Daran hat auch das LPartG ungeachtet seiner Verfassungsmäßigkeit nichts geändert). Der Lebenspartner zählt freilich zu den „ständigen Mitbewohnern" nach Rn 14. Dasselbe gilt beim nichtehelichen Lebensgefährten, aM BGH **111**, 1 (Familienzugehörigkeit).

13 **F. Hausangestellter.** Eine Zustellung kann auch an eine in der Familie beschäftigte Person erfolgen. Sie muß anders als ein Familienangehöriger oder ein ständiger Mitbewohner nach dem klaren Text von I Z 1 nicht ebenfalls erwachsen sein. Die Beschäftigung muß für die Dauer bestehen, Hamm MDR **82**, 516. Es genügt aber dann auch eine nur stundenweise Tätigkeit, Hamm MDR **82**, 516. Nach der Lage des Einzelfalls

kann auch eine Raumpflegerin hierher zählen, FG Bln NJW **86**, 344, und zwar auch im Haushalt eines Junggesellen. Es kommt nicht darauf an, ob den Hausangestellten die Partei oder zB ihr Ehemann angestellt hat, FG Bln NJW **86**, 344. Eine vom Zwangsverwalter des Hauses angestellte Person reicht aber nicht aus. Die Person braucht nicht in demselben Haus zu wohnen. Sie muß auch nicht unbedingt gerade beim Zustellungsadressaten persönlich tätig sein. Es mag sich auch um einen Dienst höherer Art handeln, etwa um denjenigen eines Hauslehrers. Ein faktisches Dienstverhältnis aus einer Gefälligkeit ohne ein Entgelt unter Verwandten reicht aus, Hamm MDR **82**, 516.

Nicht ausreichend ist die bloße Weiterleitung von Post, Nürnb RR **98**, 495. Eine bloße vorübergehende Aushilfe reicht nicht aus.

G. Ständiger Mitbewohner. Die Zustellung ist schließlich auch an einen „erwachsenen ständigen Mitbewohner" möglich. Er braucht nicht zur Familie zu gehören. Man muß ihn von der in der Familie beschäftigten Person unterscheiden. Es kann sich um den in demselben Haus wohnenden Vermieter handeln, freilich nur um ihn als einen Mitbewohner. Ein gemeinsamer Haushalt ist nicht nötig. Eine bloße Untermiete reicht nicht. Ein bloß vorübergehendes Mitbewohnen reicht nicht, BGH NJW **01**, 1947. Hierher kann sich der Lebenspartner zählen, Rn 12, oder der nichteheliche Lebensgefährte, Rn 12. 14

H. Erwachsensein. Erwachsensein bedeutet: Körperlich genügend entwickelt sein, BGH RR **02**, 137, LG Frankenth Rpfleger **82**, 384, LG Konst RR **99**, 1508. Eine Minderjährigkeit ist unter diesen Voraussetzungen unerheblich, BGH RR **02**, 137, LG Frankenth Rpfleger **82**, 384, LG Köln MDR **99**, 889. Heute wirken zwar zB elfjährige Kinder noch nicht erwachsen, KG Rpfleger **07**, 616. Es wirken wohl aber evtl zB 13jährige Kinder oft schon einigermaßen erwachsen, LG Konst RR **99**, 1508, erst recht 14jährige, Schlesw SchlHA **80**, 214, LG Köln MDR **99**, 889, oder 15jährige, BSG MDR **77**, 83, LG Frankenth Rpfleger **82**, 384, AG Bonn WoM **97**, 559. Es entscheidet der Sprachgebrauch des täglichen Lebens, Schlesw SchlHA **80**, 214. Es reicht aus, daß man erwarten kann, daß der Empfänger das Schriftstück ordnungsgemäß weitergeben werde, BGH NJW **81**, 1614, LG Köln MDR **99**, 889, LG Konst RR **99**, 1508. Das gilt selbst dann, wenn er die Partei ist, § 175 GVG Rn 2. Es handelt sich um eine nach der äußeren Erscheinung zu beurteilende Tatfrage. Die Auffassung des Zustellers bindet insofern das Gericht nicht. Es darf aber seiner Beurteilung meist folgen, BSG MDR **77**, 83, LG Konst RR **99**, 1508. 15

5) Ersatzzustellung im Geschäftsraum, I Z 2. Sie kommt unter ihren gesetzlichen Voraussetzungen nach einem pflichtgemäßen Ermessen des Zustellers statt derjenigen nach I Z 1 oder 3 in Betracht. Es müssen die folgenden Voraussetzungen zusammentreffen. 16

A. Geschäftsraum. Eine Zustellung ist nur dann zulässig, wenn es sich im Zeitpunkt der Zustellung um einen „Geschäftsraum" handelt. Dort kann die Zustellung auch in einer Privatsache erfolgen, Mü Rpfleger **76**, 223. Geschäftsraum nach I Z 2 ist der für die Berufstätigkeit gerade des Zustellungsempfängers bestimmte Raum, BGH NJW **98**, 1958, BayObLG BB **88**, 1076, Ffm VersR **06**, 81 (Krankenhaus). Er muß also für den Betrieb gerade dieser Firma, Gesellschaft, der Behörde, Gemeinde, des Vereins usw bestimmt sein, BFH DB **88**, 1935, oder als solcher zB nach einem Briefkopf bestimmt scheinen, BGH NJW **98**, 1958 (nicht schon stets beim Nachsendeauftrag), BVerwG NVwZ **05**, 1332, nicht notwendig für den Bürodienst. Hierher gehört auch ein freier Beruf, etwa als Arzt, Anwalt, Steuerberater usw. Es reicht auch zB bei einer Zustellung an den Betriebsrat evtl die Posteingangstelle des Betriebs, BAG BB **76**, 510. Es ist unerheblich, ob es sich um das Hauptgeschäft oder um eine Zweigniederlassung handelt. Der Geschäftsraum muß auch dem Kunden, Besucher, Patienten, Auftraggeber usw dienen. Er muß als solcher erkennbar sein, Ffm MDR **99**, 498. Es muß seine Benutzung in etwa auf Dauer angelegt sein. Man muß dort grundsätzlich auch erreichbar sein. Es kann aber auch ein Messestand reichen.

Nicht ausreichend ist ein solcher Geschäftsraum, in dem der gesetzliche Vertreter usw ein anderes Geschäft oder Gewerbe betreibt, BGH DB **88**, 1210, oder eine bloße Betriebsstätte, etwa eine Fabrik, ein Warenlager oder eine Auslieferungsstelle, Köln MDR **90**, 1021 (zustm Schneider), oder ein dem Publikum nicht zugängliches Dienstzimmer, etwa ein Archiv. Das bloße Namens- oder Firmenschild reicht ebenfalls nicht. I Z 2 gilt auch dann nicht, wenn zB der Vertreter einer juristischen Person eine Ladung usw persönlich erhalten soll, LAG Ffm NZA-RR **07**, 266.

B. Dortige Beschäftigung. „Dort beschäftigt" ist jeder, den der Zustellungsempfänger mit einem Dienst für ihn tatsächlich betraut hat. Das gilt ohne Rücksicht auf ein Arbeits- oder Angestelltenverhältnis, BFH BB **84**, 460. Man ist nicht schon deshalb Beschäftigter, weil der Adressat eine stillschweigende Zustellungsvollmacht erteilt hat, BayObLG WoM **00**, 566. *Beispiele:* Ein Laden; ein Büro; eine Kanzlei; eine Praxis; eine Werkstatt, Düss JB **82**, 1743; ein Lokal. Ein gemeinschaftlicher solcher Raum reicht, auch ein Messestand. 17

Nicht hierher gehören zB: Ein bloßes Warenlager; eine Auslieferungsstelle, Köln MDR **90**, 1021; ein zum Wohnen und Arbeiten benutzter Raum, ZöStö 8, aM StJR 10 (aber dann kann man das Merkmal „Geschäftsraum" meist nicht als den Schwerpunkt der Gesamtnutzung erkennen, auf die es ankommt).

C. Beispiele zur Frage einer Beschäftigung usw, I Z 2 18

Alleingesellschafter: Rn 21 „Handelsgesellschaft".

Angestellter: Er ist Beschäftigter nach I Z 2, BGH NJW **98**, 1958.

Apotheker: I Z 2 ist bei ihm anwendbar.

Arbeiter: Er ist Beschäftigter nach I Z 2.

Architekt: I Z 2 ist bei ihm anwendbar.

Arzt: I Z 2 ist bei ihm anwendbar, BSG MDR **77**, 700.

Aufseher: Er kann Beschäftigter nach I Z 2 sein.

Aufsichtsrat: I Z 2 ist *unanwendbar.* Denn der Aufsichtsrat ist keine im Geschäftsraum beschäftigte Person(engruppe), so schon BGH NJW **93**, 2688 rechts (zum alten Recht).

Auszubildender: I Z 2 ist bei ihm anwendbar, OVG Münst Rpfleger **76**, 223.

Beamter: Er ist Beschäftigter nach I Z 2.

Bote: Er kann Beschäftigter nach I Z 2 sein.

Briefkastenanschrift: Sie reicht *nicht* zur Annahme eines Geschäftsraums nach I Z 2 aus, BGH MDR **93**, 900 (krit Zeiss JR **94**, 160).
Büro: Es ist Geschäftsraum nach I Z 2.
Büroangestellter: Er ist Beschäftigter nach I Z 2.
Ehegatte: Ob man ihn als Beschäftigten nach I Z 2 oder als Familienangehörigen nach I Z 1 ansehen muß, ist eine Fallfrage, BSG MDR **77**, 700, Düss JB **87**, 1743.
Eingetragener: Wer sich durch eine Eintragung im Handelsregister als Gewerbetreibender ausgibt, muß eine Zustellung nach I Z 2 gegen sich gelten lassen. Das gilt selbst dann, wenn ein Nachfolger den Betrieb ohne sein Wissen verlegt hat, solange er selbst seine Namensführung duldet, Köln DB **88**, 2303.
Eisdielenbesitzer: I Z 2 ist bei ihm anwendbar, LAG Hamm MDR **83**, 612.
19 **Fabrikant:** I Z 2 ist bei ihm anwendbar.
Filiale: Rn 24 „Zweigniederlassung".
Firmenschild: Es gelten dieselben Regeln wie bei Rn 18 „Eingetragener".
20 **Gastwirt:** I Z 2 ist bei ihm anwendbar.
Geschäftsführer: Man darf eine Zustellung, die an den Geschäftsführer einer Gesellschaft mit beschränkter Haftung usw persönlich gerichtet sein soll, *nicht* nach I Z 2 durchführen, BayObLG MDR **00**, 105, Brdb RR **96**, 766, Nürnb MDR **98**, 1369. Das gilt auch dann, wenn der Geschäftsführer alleiniger Gesellschafter ist, Hamm GRUR **92**, 888, Zweibr JB **91**, 721, oder wenn er Haupt- oder Mitgesellschafter ist, Hamm GRUR **92**, 888, Nürnb MDR **98**, 1369. Man darf die Zustellung auch nicht an den Angestellten ausführen, wenn der Geschäftsführer kein Gewerbetreibender ist, sondern seinerseits ein Angestellter der gewerbetreibenden Gesellschaft, BGH **97**, 343, Coenen DGVZ **04**, 70. Das gilt auch dann, wenn es sich um den Alleingeschäftsführer handelt, Hamm NJW **84**, 2372. Eine Zustellung nach § 178 ist dann erlaubt, wenn der Geschäftsführer für den Zusteller eindeutig erkennbar mit dem Inhaber identisch ist. Das gilt freilich dann *nicht,* wenn er eine formell unkorrekte Zustellung selbst veranlaßt und gewollt hat, die eine Notfrist in Gang setzen soll, BayObLG ZMR **85**, 133.
Gesellschafter: Auf den nicht von der Vertretung ausgeschlossenen Gesellschafter einer OHG ist I Z 2 anwendbar.

Unanwendbar ist I Z 2 auf den Gesellschafter einer GmbH, BGH **97**, 843, Hamm NJW **83**, 2372, Zweibr JB **91**, 721.

S auch „Geschäftsführer".

Halbtagstätigkeit: Sie ändert nichts an der Anwendbarkeit von I Z 2.
21 **Handelsgesellschaft:** I Z 2 ist auf eine solche Gesellschaft auch dann anwendbar, wenn der Zustellungsadressat sie praktisch allein betreibt.
Handwerker: I Z 2 ist bei ihm anwendbar.
Insolvenzverwalter: Er kann hierher zählen, ArbG Bln JB **04**, 367.
Kaufmann: I Z 2 ist bei ihm anwendbar.
Kellner: Er ist Beschäftigter nach I Z 2.
Kommanditist: I Z 2 ist bei ihm anwendbar, soweit er vertretungsberechtigt sein sollte.
Komplementär: I Z 2 ist auf den Komplementär einer KG anwendbar, soweit die Zustellung in deren Geschäftsraum erfolgt.
Kontaktadresse: Rn 18 „Briefkastenanschrift".
22 **Laden:** Er ist Geschäftsraum nach I Z 2.
Minderjähriger: Die Minderjährigkeit eines Gewerbegehilfen ist unerheblich.
Mitinhaber: I Z 2 ist auf ihn anwendbar.
Nachsendeauftrag: Er begründet *keinen* Anscheinsbeweis dafür, daß auch am neuen Ort ein Geschäftslokal liegt, BGH NJW **98**, 1958.
Nießbraucher: I Z 2 ist beim Nießbraucher am Gewerbebetrieb anwendbar. Er betreibt aus eigenem Recht. Sein Büro ist Geschäftsraum nach I Z 2.
Pächter: I Z 2 ist bei ihm anwendbar.
Patentanwalt: I Z 2 ist bei ihm anwendbar.
Pförtner: Er kann Beschäftigter nach I Z 2 sein.
Postnachsendeauftrag: S „Nachsendeauftrag".
Prokurist: I Z 2 ist bei ihm *nicht* anwendbar. Denn der betreibt nicht aus eigenem Recht. Sein Büro ist Geschäftsraum nach I Z 2.
Raumpflegerin: Sie ist Beschäftigte nach I Z 2.
23 **Rechtsschein:** I Z 2 kann bei ihm ausreichen, wie bei einer Anscheinsvollmacht, BGH RR **93**, 1083. Ein Postnachsendeauftrag reicht dazu *nicht,* BGH NJW **98**, 1898.
Registratur: Sie ist Geschäftsraum nach I Z 2.
Scheininhaber: I Z 2 ist auf den Konzessionsträger als Scheininhaber anwendbar, LAG Bre BB **96**, 539.
Sekretariat: Es ist Geschäftsraum nach I Z 2.
Steuerberater: I Z 2 ist bei ihm anwendbar.
Teilinhaber: Rn 22 „Mitinhaber".
Teilzeitbeschäftigter: Es kommt darauf an, ob er nur ausnahmsweise oder nur mit untergeordneten Hilfsdiensten beschäftigt ist, BGH VersR **95**, 1074.
Tierarzt: Rn 18 „Arzt".
Türsteher: Er kann Beschäftigter nach I Z 2 sein.
Unentgeltlichkeit: Sie ändert nichts an der Anwendbarkeit von I Z 2.
Verkäufer: Er ist Beschäftigter nach I Z 2.
Vertraglosigkeit: Sie ändert nichts an der Anwendbarkeit von I Z 2, BFH **94**, 960.
Volontär: Er ist Beschäftigter nach I Z 2, OVG Münst Rpfleger **76**, 223.
Vorraum: Er ist Geschäftsraum nach I Z 2, soweit zB dort Mitarbeiter einer anderen Firma Arbeiten ausführen, die der Geschäftstätigkeit des Zustellungsadressaten dienen, BFH BB **84**, 460.

Wartezimmer: Es ist Geschäftsraum nach I Z 2, BFH BB **84**, 460. 24
Werkstatt: Sie ist Geschäftsraum nach I Z 2, Düss JB **82**, 1743.
Wirtschaftsprüfer: I Z 2 ist bei ihm anwendbar.
Wohnung: Ein Geschäftslokal nach I Z 2 braucht von einer Wohnung nicht räumlich getrennt zu sein. Wenn es in der Wohnung liegt, gilt Rn 17.
Zweigniederlassung: Sie ist Geschäftsraum nach I Z 2.

6) Ersatzzzustellung in Gemeinschaftseinrichtung, I Z 3. Eine Zustellung kommt schließlich unter 25
den gesetzlichen Voraussetzungen nach dem pflichtgemäßen Ermessen des Zustellers statt derjenigen nach I Z 1 oder 2 in Betracht. Sie kommt in einer Gemeinschaftseinrichtung infrage. Sie erfolgt dann an den Leiter oder einen dazu ermächtigten Vertreter. Letzterer muß seine Ermächtigung ähnlich wie bei § 171 S 2 zumindest im Zweifelsfall nachweisen. Es kann aber ein Anscheinsbeweis für seine Ermächtigung vorliegen.

Vorsicht vor zu großzügiger Annahme solcher Ermächtigung! Nicht jeder bei einer solchen größeren 26
Einrichtung in deren Verwaltung oder Leitung Vorgefundene ist ein gerade auch zur Entgegennahme einer Ersatzzustellung Ermächtigter.

Gemeinschaftseinrichtung ist ein weiter Begriff. Dazu können alle möglichen Formen zählen, seien sie 27
öffentlichrechtlich oder privatrechtlich organisiert, groß oder klein, religiös, politisch, wirtschaftlich, karikativ, gemeinnützig oder nicht, mit einem obrigkeitlichen Zwangsrecht versehen oder nur auf eine freiwillige Nutzung hin geschaffen.

Wohnen muß der Adressat auch bei I Z 3 dort, Rn 4–9.

7) Keine Ersatzzustellung bei Interessengegensatz, II. Die Vorschrift gilt bei jeder Art von Inter- 28
essengegensatz, Düss FamRZ **93**, 583. Sie verbietet nur eine Ersatzzustellung an den Prozeßgegner des Zustellungsadressaten nach Üb 10 vor § 166. Sie verbietet auch eine Zustellung nach § 171, LG Ffm Rpfleger **88**, 72. Sie verbietet ferner einen Einwurf in einen gemeinschaftlichen Briefkasten, Nürnb MDR **04**, 1140, LG Fulda Rpfleger **87**, 27, ZöStö 1, aM MüKoFei 1 (aber es kommt auf einen Alleingewahrsam an). Sie verbietet nicht zB eine Zustellung nach § 170 III, BVerfG **67**, 211, BGH NJW **84**, 57.

A. Weite Auslegung. Wegen der Gründe Rn 2 muß man II weit auslegen, BGH NJW **84**, 57, Celle 29
DGVZ **03**, 8, Düss FamRZ **93**, 584 (Zustellung an den Schuldner statt an den Drittschuldner).

§ 181 BGB ist hier *unbeachtlich,* LG Ffm Rpfleger **88**, 72.

B. Beispiele zur Frage einer Ersatzzustellung nach II 30

Angehöriger: Zulässig ist eine Ersatzzustellung an einen Angehörigen des Zustellungsadressaten, selbst an die minderjährige Partei.

Eine Ersatzzustellung ist nach II *unzulässig,* soweit es um die Zustellung an einen nahen Angehörigen des Prozeßgegners des Zustellungsadressaten geht, BGH NJW **84**, 57. Das gilt etwa für den Ehepartner, Karlsr Rpfleger **00**, 405, für einen Sohn, eine Tochter oder ein Geschwister.

Beteiligter: Rn 32 „Streitgenosse", ferner §§ 7, 8 FamFG.

Betriebsrat: Zulässig ist eine Ersatzzustellung an den Betriebsrat zu Händen desjenigen Arbeitnehmers, der in der Posteingangsstelle des Betriebs ständig auch für den Betriebsrat tätig ist, BAG BB **76**, 510.

Betreuer: Rn 32 „Streitgenosse".

Dritter: Eine Ersatzzustellung ist nach II *unzulässig,* soweit es um die Zustellung an einen solchen Dritten geht, der von Weisungen des Prozeßgegners abhängig ist, etwa an seine Sekretärin, Karlsr Rpfleger **84**, 26.

S auch Rn 31 „Interessengegensatz".

Drittschuldner: Zulässig kann eine Ersatzzustellung an den Drittschuldner statt an den Schuldner sein, LG Siegen JB **95**, 161.

Wegen Unterschlagungsgefahr ist eine an den Drittschuldner gerichtete Zustellung durch eine Ersatzzustellung an den Schuldner nach II *unzulässig,* Celle DGVZ **03**, 8, Hamm NJW **94**, 1039, Köln DGVZ **02**, 42, aM LG Bonn DGVZ **98**, 12 (vgl aber § 829 Rn 38).

Ehefrau: S „Angehöriger", „Beteiligter", „Dritter", Rn 32 „Streitgenosse".

Eltern: S „Angehöriger", „Beteiligter".

Geschwister: S „Angehöriger", „Beteiligter".

Gesetzlicher Vertreter: Eine Ersatzzustellung ist nach II an den Minderjährigen grds zulässig, wenn Zustellungsadressat der gesetzliche Vertreter ist.

Das gilt aber *nicht* in einer eigenen Sache, Ffm Rpfleger **88**, 72.

Interessengegensatz: Eine Ersatzzustellung ist nach II bei der nach Rn 29 notwendigen weiten Auslegung 31
unabhängig davon *unzulässig,* ob es sich um denselben Prozeß handelt, soweit es eben um einen Empfänger geht, zu dem ein Interessengegensatz besteht, BGH NJW **84**, 57, Celle RR **00**, 485, Düss FamRZ **93**, 584.

S auch Rn 30 „Dritter".

Juristische Person: Zulässig ist bei der juristischen Person eine Ersatzzustellung an einen Mitarbeiter gleich welcher Rangstufe.

Unzulässig ist im Prozeß der Komplementär-GmbH gegen die KG eine Zustellung an die letztere zu Händen des Geschäftsführers der Klägerin, Celle RR **00**, 485.

Kenntnis des Zustellers: Die Kenntnis des Zustellungsbeamten ist für die Frage der Zulässigkeit oder Unzulässigkeit einer Ersatzzustellung nach II unerheblich. Es empfiehlt sich, auf dem Briefumschlag zu vermerken, wer ausscheidet.

Kind: Rn 30 „Angehöriger", „Gesetzlicher Vertreter".

Minderjähriger: Rn 30 „Angehöriger", „Beteiligter", „Gesetzlicher Vertreter".

Mitgesellschafter: II ist evtl *unanwendbar,* BVerfG **67**, 208, BGH NJW **84**, 57.

Pfleger: Rn 32 „Streitgenosse".

Prozeßbevollmächtigter: Eine Ersatzzustellung ist nach II zulässig, wenn Zustellungsadressat der ProzBev ist.

Rechtskrafterstreckung: Eine Ersatzzustellung ist nach II *unzulässig,* soweit es um die Zustellung an eine solche Person geht, auf die sich die Rechtskraft erstrecken kann, §§ 325–327. Eine Folge ist: Das Gericht muß die natürlich durch den ahnungslosen Postboten vorgenommene Zustellung wiederholen.

32 **Strafprozeß:** Gegner ist auch der Verletzte.

Streitgenosse: Eine Ersatzzustellung ist nach II *unzulässig,* soweit es um die Zustellung von einem oder an einen am Ausgang des Prozesses unmittelbar Beteiligten geht, etwa an den notwendigen Streitgenossen nach § 62, zB an die gütergemeinschaftliche Ehefrau oder auch an den Pfleger des Prozeßgegners, KG Rpfleger **78**, 106.

Streithelfer: Eine Ersatzzustellung ist nach II *unzulässig,* soweit es um eine Zustellung an einen Streithelfer des Prozeßgegners oder Streitverkündeten geht, Köln DGVZ **02**, 42.

Überleitungsanzeige: Sie ändert nichts an der Anwendbarkeit von II.

Vertreter: II kann *unanwendbar* sein, § 170.

Wohnungseigentum: Üb 3 vor § 166. Entgegen § 27 II Z 3 WEG ist eine Zustellung der vom Verwalter eingelegten sofortigen Beschwerde gegenüber den Eigentümern nicht an den Verwalter statthaft und daher unwirksam, BGH NJW **07**, 2777.

Zustellungsbevollmächtigter: Zulässig ist eine Ersatzzustellung an den Zustellungsbevollmächtigten beider Parteien. Denn er gilt nicht als Prozeßgegner, LG Kaisersl Rpfleger **93**, 256.

33 **8) Verstoß, I, II.** Wer ihn behauptet, muß ihn beweisen, § 418 Rn 8 ff, BGH NJW **88**, 714. Das gilt zB beim Wohnort, BGH FamRZ **90**, 143, Karlsr RR **92**, 701, Köln Rpfleger **75**, 260. Ein Verstoß macht die Zustellung unter den Voraussetzungen § 182 Rn 19 unwirksam, BayObLG FamRZ **02**, 848 (nicht bei bloßer Verwechslung in der Zustellungsurkunde), Celle DGVZ **03**, 8, LG Ffm Rpfleger **88**, 72. Das gilt wegen § 189 freilich nur dann, wenn der Zustellungsadressat das Schriftstück nicht erhält, Üb 12 vor § 166. Das gilt unabhängig von einer Kenntnis des Zustellers. Freilich darf er ab seiner Kenntnis nicht nach II zustellen. Er muß notfalls beim Postauftrag hinzufügen: „Keine Zustellung an …". Es ist aber eben eine Heilung nach §§ 189, 295 möglich. Im übrigen kommt eine Wiedereinsetzung in Betracht, §§ 233 ff. Ein bloßer Irrtum des Urkundsbeamten kann unschädlich sein, BGH RR **03**, 208.

179 *Zustellung bei verweigerter Annahme.*

[1] **Wird die Annahme des zuzustellenden Schriftstücks unberechtigt verweigert, so ist das Schriftstück in der Wohnung oder in dem Geschäftsraum zurückzulassen.** [2] **Hat der Zustellungsadressat keine Wohnung oder ist kein Geschäftsraum vorhanden, ist das zuzustellende Schriftstück zurückzusenden.** [3] **Mit der Annahmeverweigerung gilt das Schriftstück als zugestellt.**

1 **1) Systematik, Regelungszweck, S 1–3.** Bei § 195 ist § 179 unanwendbar. Man kann die vom Gesetz erstrebte tatsächliche Kenntnisnahme vom Inhalt eines zuzustellenden Schriftstücks nicht physisch erzwingen, ebensowenig wie die Vornahme einer Handlung nach §§ 887, 888 oder die Abgabe einer Willenserklärung, § 894. Das Gesetz muß sich mit Hilfskonstruktionen wie dort begnügen. Eine solche stellt § 179 dar. Die Vorschrift schafft eine begrenzte öffentlichrechtliche Bürgerpflicht. Dabei ist eine behutsame und nicht eine furchtsame Auslegung des Worts „unberechtigt" unter einer Mitbeachtung der Situation ratsam, um einen Rechtsmißbrauch nach Einl III 54 ebenso wie eine Verletzung der Grenzen des Prozeßrechtsverhältnisses nach Grdz 4 vor § 128 gleichermaßen zu vermeiden.

2 **2) Geltungsbereich, S 1–3.** Die Vorschrift gilt bei allen Verfahren nach der ZPO und den auf sie verweisenden anderen Verfahrensgesetzen, Üb 3 vor § 166, also zB im Bereich des § 113 I 2 FamFG.

3 **3) Unterstellung einer Zustellung, S 1, 3.** Die Verweigerung der Annahme eines zuzustellenden Schriftstücks bei der Zustellung steht der Zustellung gleich, soweit die Verweigerung ohne einen gesetzlichen Grund erfolgt, also entgegen den Vorschriften der ZPO, Saarbr RR **94**, 638. Dann kommt es nach S 1 darauf an, ob es eine Wohnung oder einen Geschäftsraum des Zustellungsadressaten gibt. Diese Frage muß man nach § 178 I Z 1, 2 beantworten. Falls ja, läßt der Zustellungsbeamte das Schriftstück in der Wohnung oder im Geschäftsraum zurück. „Im" Raum heißt weder vor noch hinter ihm noch außerhalb des Raumes. Ausreichen kann zB das Hindurchschieben unter der Wohnungstür, ein bloßes Ankleben oder sonstiges Festheften oder auch ein bloßes Ablegen vor der Tür. Das Zurücklassen duldet keine Frost- oder Nässe- oder Entwendungsgefahr. Einen Briefkasten muß der Zusteller nach § 180 benutzen. Mit der Zurücklassung ist die Zustellung bewirkt, Saarbr RR **94**, 638. Das gilt unabhängig davon, wann, wo und wie der Adressat dann davon tatsächlich eine Kenntnis erhält. Der Zusteller darf die Sendung aber nicht einer solchen Person übergeben, die das Gesetz nicht zum Empfang des Schriftstücks berechtigt.

4 **4) Weigerungsrecht, S 1–3.** Die Verweigerung der Annahme ist berechtigt, wenn die Voraussetzungen einer Ersatzzustellung nach § 178, §§ 180 ff fehlen. Das gilt etwa in folgenden Fällen: Bei einem bloßen Besucher; bei einem Angehörigen außerhalb von Wohnung oder Geschäftslokal; bei einer falschen Anschrift, sofern die Nämlichkeit zweifelhaft ist; bei gleichen Vornamen mehrerer Träger des Nachnamens, soweit ein Zusatz „senior" usw fehlt; beim Prozeßgegner des Zustellungsadressaten, § 178 II, LG Fulda MDR **87**, 14; wenn das Zustellungsorgan nicht als solches für den Empfänger einwandfrei erkennbar ist; bei einem Zustellungsversuch zur Nachtzeit nach § 758 a IV 2, Coenen DGVZ **02**, 184, an einem Sonn- oder Feiertag oder zur sonstigen Unzeit, zB während einer Trauerfeier. Denn auch das sind unpassende Gelegenheiten. Auf diese sollte man im Kern abstellen, Coenen DGVZ **04**, 69.

Nicht hierher gehört der Fall, daß der Postbote zB wegen gefährlicher Angriffe des Hundes des Zustellungsempfängers überhaupt nicht direkt zustellen muß, (zum alten Recht) OVG Kblz NJW **90**, 64. Dann erfolgt die Zustellung am besten nach § 181. Vgl auch § 182 Rn 2.

5 **5) Einzelfragen, S 1–3.** Der Zusteller beurkundet eine Verweigerung der Annahme und die Zurücklassung des zuzustellenden Schriftstücks nach § 182 II Z 5, Saarbr RR **94**, 638.

6) Zurücksendung, S 2. Wenn der Zustellungsadressat im Zeitpunkt des Zustellungsversuchs jedenfalls dort keine Wohnung und keinen Geschäftsraum nach § 178 I Z 1, 2 hat, muß der Zusteller das zuzustellende Schriftstück zurücksenden. Denn in einer Gemeinschaftseinrichtung nach § 178 I Z 3 kann es zu leicht verlorengehen usw. Er darf es also nicht zurücklassen und auch keine Ersatzzustellung nach § 178, §§ 180 ff durchführen. 6

7) Verstoß, S 1–3. Es kann in den Grenzen von § 189 Rn 6 „Annahmeverweigerung" eine Heilung eintreten. Sonst mag ein weiterer und diesmal korrekter Zustellungsversuch erfolgen. Es kommt also nicht darauf an, ob der Adressat irgendwo sonst eine Wohnung hat, aM Coenen DGVZ **02**, 184 (aber S 2 ist nur dem Wortlaut nach weiter, nicht auch dem Sinn nach. Denn die ganze Vorschrift erfaßt gerade nur diesen konkreten Zustellversuch). 7

180 *Ersatzzustellung durch Einlegen in den Briefkasten.* [1] **Ist die Zustellung nach § 178 Abs. 1 Nr. 1 oder 2 nicht ausführbar, kann das Schriftstück in einen zu der Wohnung oder dem Geschäftsraum gehörenden Briefkasten oder in eine ähnliche Vorrichtung eingelegt werden, die der Adressat für den Postempfang eingerichtet hat und die in der allgemein üblichen Art für eine sichere Aufbewahrung geeignet ist.** [2] **Mit der Einlegung gilt das Schriftstück als zugestellt.** [3] **Der Zusteller vermerkt auf dem Umschlag des zuzustellenden Schriftstücks das Datum der Zustellung.**

1) Systematik, S 1–3. Die Vorschrift regelt bei der Undurchführbarkeit einer Zustellung nach § 178 I Z 1, 2 eine Möglichkeit der Bekanntgabe, die der Zusteller *vor* einer Niederlegung nach § 181 erproben muß. Das ergibt dessen I. Sie hat also den Nachrang nach § 178 I Z 1, 2 und den Vorrang vor § 181. 1

§ 180 gilt *nicht* bei einer Gemeinschaftseinrichtung nach § 178 I Z 3.

2) Regelungszweck, S 1–3. Die Vorschrift dient ebenso der Prozeßwirtschaftlichkeit nach Grdz 14 vor § 128 wie der Rechtssicherheit, Einl III 43. Denn ein Briefkasten ist ebenso wie bei § 130 BGB der Machtbereich des Besitzers. Das gilt jedenfalls dann, wenn er heil ist. Seine Ausnutzung soll den immer noch komplizierten Weg einer Niederlegung und die Gefahren ihrer bloßen Zugangsunterstellung vermeiden. Deshalb muß man § 180 im wohlverstandenen Interesse von Absender wie Adressat möglichst weit auslegen. 2

3) Geltungsbereich, S 1–3. Es gelten grundsätzlich keine Besonderheiten. Nach anderen Gesetzen ist im dortigen Geltungsbereich evtl keine Ersatzzustellung nach §§ 181 ff statthaft, zB § 57 II IStGHG, Üb 6 vor § 166. 3

4) Unausführbarkeit der Zustellung nach § 178 I Z 1, 2 oder § 180, S 1. Vgl die dortigen Ausführungen zu den Voraussetzungen solcher Zustellungen. Ihre Durchführung darf nicht nur schwierig sein. Sie muß sich vielmehr als praktisch unmöglich erwiesen haben, sei es auch „nur" bei ähnlichen Versuchen in anderen Fällen der letzten Tage oder wenigen Wochen. Eine Zustellung vor oder nach den Geschäftszeiten reicht dazu keineswegs stets, aM BGH NJW **07**, 2187 links (aber „ausführbar" kann auch ein wiederholter Versuch zu einem besseren Zeitpunkt sein, vom Eilfall abgesehen). 4

5) Einlegung in Briefkasten usw, S 1. Unter den Voraussetzungen Rn 4 kann der Zusteller die Sendung in einen zur Wohnung oder zu einem Geschäftsraum erkennbar gehörenden Briefkasten oder in eine ähnliche Vorrichtung einlegen, BVerwG NJW **07**, 3222, LG Mü Rpfleger **06**, 650, also zB in einen Brief-Türschlitz oder Türspalt. Ein Gemeinschaftskasten usw kann genügen. Nicht notwendig ist die Ausgabe, in welche Empfangseinrichtung der Zusteller eingelegt hat, BGH NJW **06**, 151. 5

Unzulässig wäre diese Zustellungsart freilich bei einer Zugriffsmöglichkeit auch des Prozeßgegners des Zustellungsempfängers auf diesen Briefkasten, Nürnb RR **04**, 1517, AG Bergisch Gladb FamRZ **04**, 956. Dann gilt § 178 II, Eyink MDR **06**, 786.

A. Einrichtung zum Postempfang. Den Briefkasten usw muß gerade der Zustellungsadressat für den Zusteller im Zeitpunkt der Zustellung erkennbar für einen Postempfang eingerichtet haben. Das läßt sich nur nach den Gesamtumständen klären. Ein offener oder gar beschädigter Briefkasten mit immerhin auch oder nur dem Namen des Adressaten mag in einem wenig gepflegten Haus reichen. Ein geschlossener Kasten ohne eine klare Besitzerangabe dürfte im Einfamilienhaus reichen, evtl auch im Mehrfamilienhaus, wenn der Zusteller die Verhältnisse kennt, sonst eher nicht.

Ein Gemeinschaftskasten gehört nicht stets auch gerade *diesem* Adressaten.

B. Eignung für sichere Aufbewahrung. Neben der Bedingung Rn 5 muß der Briefkasten auch in einer zur Zeit der Zustellung für den Zusteller eindeutig erkennbaren Weise „in der allgemein üblichen Art für eine sichere Aufbewahrung geeignet" sein. Der Zusteller muß ein Schloß grundsätzlich abgeschlossen vorgefunden haben. Auch ein Haken *kann* dort genügen, wo man kaum mit einem Diebstahl rechnen muß. Aber wo findet man noch eine solche Ehrlichkeit? Am abgeschlossenen Briefkasten mag eine kleine offene Ecke der Tür unschädlich sein. Im Zweifel Vorsicht! 6

Ungeeignet ist ein erheblich beschädigter oder aufgebrochener oder überquellender oder gar nicht oder höchst unklar bezeichneter Behälter usw.

6) Unterstellung der Zustellung, S 2. Soweit beide Bedingungen Rn 5, 6 vorliegen, bewirkt die Einlegung die Fiktion des Zugangs, ähnlich wie bei § 181 I 3. Von nun an beginnt zB eine Frist zu laufen. Das gilt unabhängig davon, ob und wann der Adressat tatsächlich eine Kenntnis nimmt. Freilich kann eine Wiedereinsetzung infrage kommen, etwa nach einer Urlaubsabwesenheit usw, § 233. Die Wirkung tritt freilich zB beim Einlegen am 31. 12. nachmittags in einen Bürobriefkasten erst am nächsten Werktag ein, BGH DGVZ **08**, 87. 7

7) Vermerk des Zustelldatums, S 3. Die dem § 181 I 4 entsprechende Vorschrift bringt dem Adressaten eine Klarheit über den Zustellzeitpunkt. Man darf sie nicht mit der Beurkundung nach § 182 verwechseln. 8

8) Verstoß, S 1–3. Es gelten dieselben Regeln wie bei § 181. 9

181 *Ersatzzustellung durch Niederlegung.* **I [1] Ist die Zustellung nach § 178 Abs. 1 Nr. 3 oder § 180 nicht ausführbar, kann das zuzustellende Schriftstück auf der Geschäftsstelle des Amtsgerichts, in dessen Bezirk der Ort der Zustellung liegt, niedergelegt werden. [2] Wird die Post mit der Ausführung der Zustellung beauftragt, ist das zuzustellende Schriftstück am Ort der Zustellung oder am Ort des Amtsgerichts bei einer von der Post dafür bestimmten Stelle niederzulegen. [3] Über die Niederlegung ist eine schriftliche Mitteilung auf dem vorgesehenen Formular unter der Anschrift der Person, der zugestellt werden soll, in der bei gewöhnlichen Briefen üblichen Weise abzugeben oder, wenn das nicht möglich ist, an der Tür der Wohnung, des Geschäftsraums oder der Gemeinschaftseinrichtung anzuheften. [4] Das Schriftstück gilt mit der Abgabe der schriftlichen Mitteilung als zugestellt. [5] Der Zusteller vermerkt auf dem Umschlag des zuzustellenden Schriftstücks das Datum der Zustellung.**

II [1] Das niedergelegte Schriftstück ist drei Monate zur Abholung bereitzuhalten. [2] Nicht abgeholte Schriftstücke sind danach an den Absender zurückzusenden.

Schrifttum: *Graßhof,* Sein und Schein – wie weit reicht die Beweiskraft der Zustellungsurkunde über die Niederlegung hinsichtlich der Wohnung des Zustellungsadressaten?, in: Festschrift für *Merz* (1992).

Gliederung

1 **1) Systematik, I, II.** Die Vorschrift schafft eine nach ihrem Wortlaut eindeutig auch gegenüber §§ 178 I Z 3, 180 nur hilfsweise geltende Ausnahme vom Grundsatz, daß eine Zustellung erst mit der tatsächlichen Aushändigung wirksam ist. Niederlegung ist ein Fall der unterstellten (fingierten) Zustellung, I 3. Denn bei ihr entfällt eine Übergabe. Es handelt sich methodisch um ein ähnliches Verfahren wie bei der öffentlichen Zustellung nach §§ 185 ff. Diese letztere ist aber dort wegen ihrer noch strikteren Unterstellung sogar ohne eine individuelle Benachrichtigung nur unter den noch strengeren dortigen Voraussetzungen statthaft. Zur sachlichrechtlichen Wirkung bei einer Nichtabholung BGH DB **98**, 618.

2 **2) Regelungszweck, I, II.** Die Zustellung durch eine Niederlegung erfolgt zwecks Rechtssicherheit nach Einl III 43 bei einem solchen Vorgang, von dem wichtige prozessuale und sonstige Wirkungen abhängen, BFH NJW **88**, 2000. Sie dient dem Interesse des Absenders wie demjenigen des Empfängers, Düss FamRZ **90**, 75. Ihre Wirkung entfällt nicht durch das Recht auf einen ungestörten Urlaub nach BVerfG **35**, 298, § 233 Rn 11 ff, BGH RR **99**, 1150. § 181 verstößt nicht schon wegen einer manchmal recht weiten Entfernung des Niederlegungsorts vom Zustellort gegen Art 103 I GG, aM Hintzen Rpfleger **05**, 335, ZöStö 3 f (aber es gibt Autos usw). Die Vorschrift ist unabhängig davon freilich gefährlich. Das Gericht sollte sie mit aller Vorsicht behandeln, BVerfG NJW **88**, 817, Zweibr MDR **85**, 1048, LG Aachen MDR **91**, 451. Das gilt auch wegen der nachlassenden Postqualität, LG Bonn DGVZ **04**, 45. Der Vordruck läßt sich nicht beanstanden, BVerfG NJW **88**, 817, Braun JZ **83**, 623, aM LAG Mannh JZ **83**, 621 (aber man darf nicht zu formalistisch vorgehen, Üb 13 vor § 166). Die bei § 178 genannten Probleme gelten bei § 181 vielfach ganz ähnlich. Sie führen auch in der Praxis eher als bei § 178 zum angeblichen oder tatsächlichen Verlust hier der Benachrichtigung von der Niederlegung. Man muß daher zurückhaltend beurteilen, ob eine Ersatzzustellung nach § 181 erfolgreich war.

Wiedereinsetzung nach §§ 233 ff setzt eine wirksame Ersatzzustellung voraus. Das übersehen manche. Das führt dann zu unnötigen Anträgen auf eine solche Wiedereinsetzung, für die gar kein Bedürfnis besteht. Auch deshalb ist eine Zurückhaltung vor der Bejahung der Wirksamkeit einer Ersatzzustellung ratsam. Freilich darf das auch nicht zu lebensfremden Anforderungen an die Voraussetzungen und an die Durchführung der Niederlegung usw führen. Schließlich soll der Prozeß ja weitergehen.

3 **3) Geltungsbereich, I, II.** Vgl Einf 3 vor §§ 178–182.

4 **4) Voraussetzungen, I.** Es müssen die folgenden Voraussetzungen zusammentreffen.

A. Bestehen einer Wohnung usw (§ 178 I Z 1–3). Der Absender muß den Zustellungsadressaten nach Üb 10 vor § 166 im Zweifel auch mit dem Vornamen bezeichnen, LG Paderb NJW **77**, 2077. Der Adressat muß am Niederlegungsort tatsächlich schon oder noch eine Wohnung oder einen Geschäftsraum oder einen Schlafplatz in einer Gemeinschaftseinrichtung innehaben, § 178 I Z 1–3, Drsd Rpfleger **05**, 269, Naumb FamRZ **07**, 2086, LG Lübeck DGVZ **05**, 141. Dafür ist eine behördliche Anmeldung ein Anzeichen, OVG Lüneb NVwZ-RR **05**, 760. Ein Geschäftsraum genügt aber. Die Zustellungsurkunde wirkt insoweit nicht nach § 418, sondern nur als ein Indiz, KG MDR **05**, 107. Man muß es schlüssig widerlegen, BVerfG NJW **92**, 225, Düss MDR **99**, 1499, OVG Lüneb NJW **07**, 1079. Zum Problem Graßhof (vor Rn 1). Der Anschein einer Wohnung usw reicht evtl, Karlsr RR **92**, 701. Der Zustellungsadressat muß eine natürliche Person sein, BayObLG **91**, 244. Ein Postfach reicht nur bedingt aus, § 177 Rn 4.

B. Keine Anwesenheit. Der Zusteller darf den Zustellungsadressaten in der jetzigen Wohnung usw nicht angetroffen haben, § 178 I, BFH NJW **88**, 2000, BayObLG Rpfleger **84**, 105. 5

C. Erfolgloser Versuch anderer Ersatzzustellung. Es muß ein erfolgloser Versuch der Ersatzzustellung nach §§ 178–180 stattgefunden haben, BayOBLG Rpfleger **84**, 105, LG Aachen MDR **91**, 451. § 181 ist anwendbar zB gerade beim Fehlen eines Briefkastens, aM LG Ffm DGVZ **07**, 44 (abl Schriftleitung). Die bloße Niederlegung weist nicht auch die Erfolglosigkeit dieses vorgenannten Zustellungsversuchs aus, LG Aachen MDR **91**, 451. Eine Übergabe in der Wohnung usw muß also unmöglich sein. 6

D. Einzelfragen. Ein Versuch im bloßen Geschäftsraum ist jetzt erforderlich. Er reicht grundsätzlich aus. Das gilt auch dann, wenn der Zustellungsbeamte irrig annimmt, es handle sich um die Wohnung des Zustellungsadressaten. Es reicht auch dann, wenn der Zustellungsadressat den Geschäftsraum als seine Wohnung angegeben hat, BFH BB **75**, 1142, OVG Lüneb NVwZ-RR **05**, 760, oder wenn er den Geschäftsraum tatsächlich auch als seine Wohnung benutzt, LAG Köln MAR **96**, 741. Die Voraussetzungen nach I liegen auch dann vor, wenn der Zustellungsadressat die Post beauftragt, alle Eingänge für eine gewisse Zeit an den Absender zurückgehen zu lassen. 7

Auf eine Zustellung durch Einschreiben ist (jetzt) I *unanwendbar,* BSG NJW **91**, 63.

5) Ausführung, I 1–3, 5. Es ist Rn 8, 9, 12 und eine der Arten Rn 10–11 erforderlich und ausreichend. 8

A. Niederlegung, I 1, 2. Der Zusteller muß das zuzustellende Schriftstück tatsächlich niederlegen, Düss NJW **00**, 3511 (StPO). Das geschieht entweder auf der Geschäftsstelle des zuständigen AG, I 1, oder bei der Beauftragung der Post mit der Ausführung der Zustellung am Ort der Zustellung nach §§ 168 I 2, 176 I oder am Ort des AG bei der von der Post für die Niederlegung bestimmten Stelle und daher evtl auch bei einer Postagentur, I 2. Eine Niederlegung bei der Polizei kommt nicht mehr in Betracht, ebensowenig diejenige beim Gemeindevorsteher oder Bürgermeister. Manche halten eine Ersatzzustellung auch an einem Sonnabend durch eine Niederlegung in einem geschlossenen Postgebäude für wirksam, OVG Münst NJW **82**, 2395. Diese Auffassung bleibt hinter der Sonnabendregelung nach § 222 II auffällig zurück. Sie schafft unnötige Wiedereinsetzungsmöglichkeiten. Der Zusteller wählt die für den Zustellungsadressaten voraussichtlich beste Art der Zustellung, § 31 Z 2 GVGA.

Niederlegung ist die Übergabe in den dortigen Geschäftsgang zwecks einer Aushändigung an den Adressaten, BVerwG Rpfleger **92**, 71. Die weitere Bearbeitung ist dann unerheblich, BayObLG RR **99**, 1379.

Folgt die Niederlegung zeitlich der Mitteilung in Wahrheit *erst nach,* wie meist, gilt der spätere Zeitpunkt als derjenige der Zustellung und des Beginns einer erst daran geknüpften Frist und umgekehrt. Denn die Zustellung ist rechtlich erst beim Zusammentreffen aller ihrer Bedingungen erfolgt. Es kommt dann aber evtl nicht darauf an, ob der Postbote das Schriftstück zB erst nach dem Schalterschluß bei dem Postamt abliefert, BayObLG FamRZ **99**, 1667. Freilich darf er nicht tagelang trödeln und dadurch die Abholmöglichkeit verkürzen.

B. Mitteilung über die Niederlegung: Übliche Weise, I 3. Außerdem muß der Zusteller dem Zustellungsadressaten eine schriftliche Mitteilung über die erfolgte Niederlegung machen. Es reicht aus, daß die Mitteilung in den Zugriffsbereich des Empfängers kommt, BayObLG FamRZ **90**, 429. Dabei muß man nach § 1 Z 4, § 4 ZustVV, abgedruckt in § 190 Rn 2, grundsätzlich das Formular der Anlage 4 zur ZustVV benutzen. Abweichungen sind nach § 2 III Z 1–3 ZustVV möglich. 9

C. Bei gewöhnlichem Brief übliche Weise. Man muß die Mitteilung nach Rn 9 sowohl vom zuzustellenden Schriftstück als auch von der Zustellungsurkunde unterscheiden. Die Mitteilung kann dadurch erfolgen, daß der Zusteller sie in der Wohnung usw des Zustellungsadressaten „in der bei gewöhnlichen Briefen üblichen Weise" abgibt, wenn dieser Weg einen Erfolg verspricht, Rn 2. Grundsätzlich kommt es auf die vom Postzusteller beim einzelnen Zustellungsadressaten praktizierte und von diesem jedenfalls hingenommene Übung an, BFH NJW **88**, 2000, BVerwG NJW **88**, 817, Mü AnwBl **00**, 141. Es reicht also zB meist ein Einwurf in den Briefkasten, BFH NJW **88**, 2000, LG Darmst JB **75**, 669, aM ZöStö 4 (§ 181 nur beim Fehlen eines Briefkastens usw. Aber eine vorrangige Zustellung nach §§ 178–180 kann auch beim Vorhandensein eines Briefkastens usw fehlschlagen). 10

Es reicht auch ein Einwurf in den einzigen Briefkasten oder Briefschlitz eines *Mehrfamilienhauses,* Mü AnwBl **00**, 141, aM Köln JB **79**, 607, LG Neuruppin NJW **97**, 2337 (StPO, abl Eyink NJW **98**, 206, Westphal NJW **98**, 2413). Natürlich reicht auch die Aushändigung an jemanden in der Wohnung, wenn das dort üblich ist und wenn nicht schon § 178 I Z 1 anwendbar ist. Eine Aushändigung an einen Nachbarn (ein unscharfer Begriff, Hbg MDR **93**, 685) zur Weitergabe an den eigentlichen Empfänger ist nicht mehr zulässig.

Der Briefkasten *muß weder verschlossen* noch verschließbar sein und auch den Namen nicht aufweisen, BayObLG RR **88**, 509. Er darf aber nicht erheblich beschädigt oder praktisch unbrauchbar oder überfüllt sein, Valentin DGVZ **97**, 5. Es reicht auch das Schieben unter die Türschwelle usw, Karlsr MDR **99**, 498, oder sogar die Ablage vor der Wohnungstür (Vorsicht!), BVerwG NJW **85**, 1180. Zur sachlichrechtlichen Wirkung nach § 130 BGB AG BergGladb WoM **94**, 193. Wenn ein zusätzlicher Aufkleber fehlt, mag die Behauptung der Unkenntnis durch den Empfänger unschädlich sein, BGH NJW **94**, 2898.

D. Anheftung an der Wohnungstür usw. Die nach I 3 hilfsweise Befestigung an der Wohnungstür usw erfordert eine Verbindung des Schriftstücks mit der Tür in einer Weise, die die Gefahr der Beseitigung durch einen Unbefugten oder einer anderen Einwirkung möglichst gering hält, BFH BB **81**, 230. Das kann geschehen zB mit einem Klebeband, mit Reißzwecken, mit einer Schnur usw, hier aber nicht mit einem bloßen Einklemmen, BFH NJW **90**, 1500. Diese Art der Mitteilung kommt nur als äußerster Notbehelf infrage. Denn die Gefahr der Beseitigung durch einen Unbefugten ist groß, erst recht im Geschäftsraum oder gar in einer Gemeinschaftseinrichtung. Man muß die Regeln über die Ersatzzustellung ohnehin formstreng auslegen, BVerfG NJW **88**, 817. Daher reicht zwar vielleicht eine Haustür auch dann aus, wenn es nur einige oder wenige Wohnungstüren gibt, also zB nicht im Hochhaus oder sonstigen Vielparteienhaus, noch strenger Düss DGVZ **98**, 121. Es reicht auch nicht eine bloße Gartentür, BVerfG NJW **88**, 817, auch nicht beim ständig bewohnten Gartengrundstück. 11

12 **E. Formular.** Für die Mitteilung über die Niederlegung muß der Zusteller das amtlich dafür vorgesehene Formular benutzen. Man darf ihn nicht mit der in Rn 13 geschilderten Beurkundung verwechseln.

13 **F. Beurkundung.** Die Beurkundung erfolgt nach (jetzt) § 182, Hbg MDR **93**, 685. Der Zusteller macht den in I 5 vorgesehenen Vermerk auf dem Umschlag des zuzustellenden Schriftstücks für den Adresssaten. Die Beurkundung beweist zwar grundsätzlich, daß der Zusteller die Mitteilung über die Niederlegung eingeworfen hat, BVerwG NJW **86**, 2127, Köln FamRZ **92**, 1082. Sie bringt aber keinen Beweis dafür, daß der Zustellungsadressat die Mitteilung über die Niederlegung auch tatsächlich erhalten hat, aM BGH VersR **86**, 787, Köln FamRZ **92**, 1082 (auch zur Erleichterung des Gegenbeweises. Aber der tatsächliche Erhalt ist ein ganz anderer Lebensvorgang als die Niederlegung. Sie tritt ja gerade an die Stelle einer tatsächlichen Aushändigung). Die Beurkundung beweist ferner nicht, daß der Zustellungsempfänger dort tatsächlich wohnt, Drsd JB **00**, 320. Freilich kann ein Anscheinsbeweis dafür vorliegen, Anh § 286 Rn 13.

14 **G. Beispiele zur Frage einer Mitteilung über die Niederlegung, I 1–3**

Aufkleber: Wenn ein zusätzlicher Aufkleber fehlt, mag die Behauptung der Unkenntnis durch den Empfänger unschädlich sein, BGH NJW **94**, 2898.

Aushändigung an Ersatzperson: Ausreichend kann eine solche Maßnahme sein.

Blankoform: *Schädlich* ist eine solche Mitteilung, in der weder der Name des Zustellungsempfängers noch ein Aktenzeichen oder eine sonstige Angabe vorhanden ist, AG BadBad NJW **01**, 839.

Hund: Soweit der Postbote wegen der Gefährlichkeit eines Hundes des Zustellungsadressaten nach § 2 Z 4 S 3 PUDLV überhaupt nicht direkt zustellen muß, kommt die Aushändigung der Mitteilung über eine Niederlegung an einen Nachbarn in Betracht, OVG Kblz NJW **90**, 64.

Kind: *Unzureichend* ist die Aushändigung der Sendung an ein zehnjähriges Kind des Zustellungsadressaten, LAG Hamm MDR **78**, 82.

Küchentisch: *Unzureichend* ist die Hinterlassung der Sendung irgendwo in der Wohnung, zB auf dem Küchentisch.

15 **Nachsendeantrag:** Wenn der Zustellungsadressat einen Nachsendeantrag an die Post gestellt hatte, ohne von der Möglichkeit Gebrauch zu machen, zusätzlich die Nachsendung niedergelegter Sendungen zu beantragen, die VGH Mannh NJW **97**, 3330 nicht erwähnt, reicht zur Wirksamkeit der Zustellung die Abgabe der Mitteilung über die Niederlegung in der Wohnung aus, BFH NJW **88**, 2000, BayObLG MDR **81**, 60. Zu weitgehend hält BVerwG NJW **91**, 1904 auch einen Antrag auf eine Nachsendung von Zustellungsaufträgen für unerheblich. Der Zustellungsadressat darf grundsätzlich darauf vertrauen, daß die Post einen ordnungsgemäßen Nachsendeauftrag auch korrekt ausführt, BGH VersR **88**, 1162. Für die Zustellungswirkung ist ein diesbezüglicher Postverstoß freilich unerheblich, BGH MDR **94**, 484, BVerwG Rpfleger **92**, 71.

Nachträgliche Übersendung: *Unzureichend* ist eine nachträgliche einfache Übersendung durch die Post, AG Haßfurt DGVZ **89**, 74.

16 **Postsendung:** Die Mitteilung nur durch deren Übersendung per Post *reicht nicht aus.*

Postlagerung: Eine Zuleitung der Mitteilung über die Niederlegung muß auch dann erfolgen, wenn der Zustellungsadressat im übrigen seine Post postlagernd empfängt.

Postschließfach: Ein Einwurf der Mitteilung über die Niederlegung in ein Postschließfach reicht grds *nicht* aus, BFH NJW **84**, 448, BVerwG NJW **99**, 2608, Düss RR **93**, 1151. Erst recht unzureichend ist der Einwurf in das Schließfach des Ehegatten des Zustellungsadressaten.

Schiffsbesatzung: Sie kann unter § 178 I Z 3 fallen. Aber Vorsicht (bloßer Notbehelf)!

Türschwelle: Ausreichen kann das Schieben unter die Türschwelle usw, Karlsr MDR **99**, 498. Zur sachlichrechtlichen Wirkung dieser Methode nach § 130 BGB AG BergGladb WoM **94**, 193.

Unzureichend ist meist die bloße Ablage vor der Tür. Denn das ist keine „Anheftung" nach Rn 11 mehr, aM BVerwG NJW **85**, 1180 (aber das Gesetz ist eindeutig, Einl III 39).

Türspalt: *Unzureichend* ist das Einschieben des zuzustellenden Schriftstücks ohne ein Festkleben oder Reißzwecke in einen seitlichen Türspalt, BFH BB **81**, 230, VGH Kassel NJW **90**, 1500.

17 **Wegwurf:** Es ist grds unerheblich, ob der Zustellungsadressat die Mitteilung über die Niederlegung weggeworfen hat, LAG Ffm BB **86**, 1092. Man kann dann grds nicht etwa ein Verschulden nach § 337 verneinen, großzügiger LAG Mannh JZ **83**, 621 (krit Braun). Indessen kann auch bei einer einwandfreien Empfangsorganisation ein Benachrichtigungszettel einmal verlorengehen. Er kann etwa zwischen Werbematerial geraten, BGH RR **01**, 571.

Zeitungsrolle: Ausreichend ist die Ablage in einer Zeitungsrolle, wenn es keinen Briefkasten gibt und wenn der Postbote Briefe stets in der Rolle ablegt.

18 **6) Wirkung, I 4.** Bei einer Einhaltung von I 1–3 gilt das Schriftstück als bereits mit der Abgabe der Mitteilung über die Niederlegung zugestellt, BVerfG RR **02**, 1008, BGH RR **99**, 1151. Es kommt dann für die Wirksamkeit der Zustellung nicht darauf an, ob der Zustellungsadressat die Niederlegung beachtet. Es ist dann insbesondere unerheblich, ob er das niedergelegte Schriftstück erhalten oder gar abgeholt hat, ob er also von der Mitteilung auch tatsächlich eine Kenntnis genommen hat, BGH VersR **84**, 82, BFH DB **88**, 2548, BayObLG WoM **99**, 187, aM Hamm MDR **82**, 501 (aber es reicht stets die bloße Möglichkeit der Kenntnisnahme, § 166 Rn 2).

19 **7) Bereithaltung, Rücksendung, II.** Die Geschäftsstelle des AG oder die Post muß die zuzustellende Sendung drei Monate lang aufbewahren, II 1. Sie muß die Sendung an den Absender zurücksenden, falls sich der Zustellungsadressat nicht binnen dieser drei Monate meldet, II 2, § 39 PostO. Die Rücksendung ändert nichts an der Wirksamkeit der Zustellung. Der Adressat kann sich die zurückgesandte Sendung dort abholen. Die Post braucht eine Anfrage, ob der Adressat das niedergelegte Schriftstück abgeholt hat, nach der DUDLV nur im Notfall telefonisch durch einen Rückruf beantworten. Sie gibt in anderen Fällen eine schriftliche Formularauskunft. Sie darf die Sendung nur an den Zustellungsadressaten oder an denjenigen aushändigen, den er mit einer bei der Post niedergelegten Postvollmacht versah, BGH **98**, 140. Die anderen Behörden benötigen eine Empfangsvollmacht.

8) Verstoß, I, II. Ein Verstoß macht die Zustellung grundsätzlich unwirksam, Üb 12 vor § 166, Düss NJW **00**, 3511 (StPO), Mü RR **87**, 895, LG Bln NJW **01**, 238 (StPO). Daher ist evtl eine Wiedereinsetzung nach §§ 233 ff nötig. Das übersieht AG BadBad NJW **01**, 839. Das gilt auch dann, wenn nur eine Beurkundung über die tatsächliche Niederlegung fehlt, Düss NJW **00**, 3511 (StPO), oder wenn nur die schriftliche Mitteilung über die tatsächlich sehr wohl erfolgte Niederlegung fehlt oder fehlerhaft ist, BGH Rpfleger **89**, 418, BayObLG MDR **90**, 346, Hbg MDR **79**, 851. Indessen können §§ 189, 295 heilen lassen. Eine Vertauschung der Reihenfolge bei der schriftlichen Mitteilung über die Niederlegung nach Rn 9 ist unerheblich. Wegen der Unsicherheit dieser Zustellung muß man die Förmlichkeiten der Ersatzzustellung durch eine Niederlegung im übrigen ernst nehmen, Rn 1. Indessen ist eine übertriebene Vorsicht auch hier verfehlt. 20

Unschädlich ist es, wenn die ordnungsgemäß vorgenommene Mitteilung über die Niederlegung nach Rn 9 nicht zur Kenntnis des Adressaten kommt, BayObLG FamRZ **90**, 429, aus welchem Grunde auch immer.

182 *Zustellungsurkunde.* **I** [1] **Zum Nachweis der Zustellung nach den §§ 171, 177 bis 181 ist eine Urkunde auf dem hierfür vorgesehenen Formular anzufertigen.** [2] **Für diese Zustellungsurkunde gilt § 418.**

II Die Zustellungsurkunde muss enthalten:

1. **die Bezeichnung der Person, der zugestellt werden soll,**
2. **die Bezeichnung der Person, an die der Brief oder das Schriftstück übergeben wurde,**
3. **im Falle des § 171 die Angabe, dass die Vollmachtsurkunde vorgelegen hat,**
4. **im Falle der §§ 178, 180 die Angabe des Grundes, der diese Zustellung rechtfertigt und wenn nach § 181 verfahren wurde, die Bemerkung, wie die schriftliche Mitteilung abgegeben wurde,**
5. **im Falle des § 179 die Erwähnung, wer die Annahme verweigert hat und dass der Brief am Ort der Zustellung zurückgelassen oder an den Absender zurückgesandt wurde,**
6. **die Bemerkung, dass der Tag der Zustellung auf dem Umschlag, der das zuzustellende Schriftstück enthält, vermerkt ist,**
7. **den Ort, das Datum und auf Anordnung der Geschäftsstelle auch die Uhrzeit der Zustellung,**
8. **Name, Vorname und Unterschrift des Zustellers sowie die Angabe des beauftragten Unternehmens oder der ersuchten Behörde.**

III Die Zustellungsurkunde ist der Geschäftsstelle unverzüglich zurückzuleiten.

Gliederung

1) Systematik, I–III. Die Vorschrift regelt eine wesentliche Einzelheit jeder Zustellung, nämlich den im Interesse der Rechtssicherheit nach Einl III 43 notwendigen Vorgang einer Beurkundung. Dabei muß man nach I 1 gemäß § 1 Z 1, § 3 ZustVV, abgedruckt in § 190 Rn 2, grundsätzlich das Formular der Anlage 1 zur ZustVV verwenden. Abweichungen sind nach § 2 III Z 1–3 ZustVV möglich. Die Zustellung ist ja eine beurkundete Übergabe. Daraus folgt aber nur, daß eine wirksame Zustellung fehlt, soweit ein grundlegender Mangel vorliegt, soweit zB in Wahrheit überhaupt keine Beurkundung erfolgte. Es macht nicht etwa jeder Mangel der Urkunde die Zustellung unwirksam, Üb 13, 14 vor § 166. Der Zusteller soll die Urkunde am Zustellungsort aufnehmen, § 38 Z 1 GVGA. Er kann eine versehentlich falsch ausgefüllte Zustellungsurkunde berichtigen, indem er einen entsprechenden eindeutigen Vermerk unterschreibt, BVerwG DGVZ **84**, 149, aM Mü MDR **02**, 414 (aber das wäre zu formell, Rn 2). Im übrigen gelten nach I 2 die §§ 415, 418, dort Rn 5, BVerfG RR **02**, 1008, BGH VersR **86**, 787, Ffm RR **97**, 957. Man muß § 419 beachten. Dabei muß die Leserlichkeit erhalten bleiben. Jedenfalls ist eine Heilung nach § 189 möglich. Es entscheidet also die Übergabe. Ein bloßer Mangel der Urkunde macht die Zustellung nicht unwirksam, Hamm RR **87**, 1279. 1

2) Regelungszweck, I–III. Es wäre ein reiner Formalismus, jedes einzelne Erfordernis des II als für die Wirksamkeit der Zustellung notwendig anzusehen, Üb 13, 14 vor § 166, KG Rpfleger **76**, 222, OVG Bln NVwZ-RR **04**, 724. Die Vorschrift soll ja nur sicherstellen, daß dem Zustellungsadressaten nach Üb 10 vor § 166 das für ihn bestimmte Schriftstück zugeht und daß er sich darüber klar werden kann, daß er der Adressat ist, ArbG Bln Rpfleger **80**, 482. Die Eintragungen brauchen mit Ausnahme der Unterschrift nach II Z 8 nicht eigenhändig zu erfolgen. Sie müssen in einem zeitlichen Zusammenhang mit der Zustellung erfolgen, BGH NJW **90**, 177. Eine Ergänzung ist nach § 419 zulässig. Berichtigungen müssen die Lesbarkeit bestehenlassen. Der Inhalt der Zustellungsurkunde ist aber teilweise für die Wirksamkeit der Zustellung überhaupt nicht wesentlich, Rn 1, Stgt NJW **06**, 1887. 2

Für die Wirksamkeit der Zustellung ist etwa beim Verlust der Zustellungsurkunde oder bei deren Fehlerhaftigkeit ein anderer *Beweis* als derjenige durch die Urkunde möglich, § 418 II, BGH NJW **81**, 1614, Düss JB **95**, 41, Köln FamRZ **92**, 1082. Es genügt zB zum Nachweis der Klagezustellung, daß die Partei in einem früheren Termin verhandelt hat. Ebenso läßt sich ein Mangel der Zustellungsurkunde durch den zB aus dem Zusammenhang folgenden Nachweis einer ordentlichen Zustellung entkräften. Gegen die Zustellungsur- 3 kunde ist auch ein Gegenbeweis statthaft. Er ist auch zwecks einer Entkräftung notwendig, § 418 Rn 8. Bloße Behauptungen reichen nicht zum Gegenbeweis, wohl aber evtl ein Anscheinsbeweis, Anh § 286 Rn 15.

4 **3) Geltungsbereich, I–III.** Vgl Üb 3 vor § 166.
Auf die anders geartete Zustellung von Anwalt zu Anwalt nach § 195 ist § 182 *unanwendbar.*

5 **4) Inhalt der Zustellungsurkunde, II Z 1–8.** Man hüte sich vor Übertreibung, Rn 1. Ausreichend und notwendig ist das gesetzlich eingeführte Formular. Eigenhändig muß nur die Unterschrift nach Rn 17 erfolgen.

A. Inhalt des Briefs, II Z 1–8. Das Wichtigste fehlt in § 182: Die Zustellungsurkunde muß angeben, *was* der Brief usw als Inhalt äußerlich darstellte. Denn gerade das soll sie ja vor allem beurkunden. Unzureichend wäre das bloße Aktenzeichen, LG Stendal DGVZ **03**, 188, aM Eyink MDR **06**, 787 (aber die bloße Formularverweisung klärt nicht genug). Im übrigen gilt im wesentlichen folgendes.

6 **B. Zustellungsadressat, II Z 1.** Begriff Üb 10 vor § 166. Aufführen muß man auch den gesetzlichen Vertreter nach § 51 Rn 12, § 170, KG Rpfleger **76**, 222, AG Ansbach DGVZ **94**, 94, VGH Kassel NJW **98**, 920, aM BGH **107**, 299 (aber der Zusteller muß wissen, an wen er sich wenden muß). Aufführen muß man ferner den rechtsgeschäftlich bestellten Vertreter nach § 171 oder den ProzBev nach § 172 oder den vertretungsberechtigten Bevollmächtigten, § 79. Denn die Zustellung muß an sie und nicht an den Vertretenen erfolgen. Die Angabe der Partei ist nur dann notwendig, wenn ein Zustellungsadressat mehrere vertritt. Wenn mehrere eine Partei vertreten, ist die Aufführung aller zulässig. Wegen mehrerer gesetzlicher Vertreter oder Leiter § 170 III. Die Angabe muß hinreichend genau sein, Kleffmann NJW **89**, 1143. Die Angabe des Aktenzeichens des parteiinternen Bearbeiter- oder Geschäftszeichens ist nicht erforderlich, Stgt NJW **06**, 1887, ArbG Regensb JB **91**, 435. Sie ist auch nicht ratsam. Die Angabe des Vertretenen allein genügt allerdings nicht, BayObLG BB **89**, 171, aM BGH NJW **89**, 2689 (vgl aber in diesem Absatz oben).

7 Eine *irrtümliche Bezeichnung* schadet nur dann nicht, wenn die richtige Bezeichnung für den Zustellungsadressaten erkennbar ist, Düss JB **82**, 1742 (Namensänderung infolge Heirat), Kblz JB **98**, 312 (Vorname), LG Marbg Rpfleger **79**, 67 (senior oder junior), und wenn die Zustellung im übrigen ordnungsgemäß ist, BGH BB **01**, 1706, BAG DB **79**, 409, ArbG Bln Rpfleger **80**, 482.

8 **C. Zustellungsempfänger usw, II Z 2.** Begriff Üb 11 vor § 166. Die Zustellungsurkunde muß zunächst angeben, wem der Zusteller den Brief oder das Schriftstück tatsächlich übergeben hat, Hbg MDR **93**, 685. Das gilt auch dann, wenn er es dem Zustellungsadressaten nach Üb 10 vor § 166 übergeben hat, § 166 I. Er muß insbesondere bei einer Ersatzzustellung nach §§ 180 ff die Nämlichkeit von Zustellungsadressat und -empfänger einwandfrei angeben, BGH **93**, 74. Das gilt zB dann, wenn Vater und Sohn in demselben Haus wohnen, Schlesw SchlHA **84**, 91. Soweit feststeht, daß der Zusteller die Sendung dem nach einer Zustellungsvorschrift Ausreichenden übergeben hat, ist eine fehlerhafte Bezeichnung unschädlich, Saarbr MDR **04**, 51, FG Hbg NJW **85**, 512.

9 **D. Vollmacht, II Z 3.** Bei einer Zustellung an den rechtsgeschäftlich bestellten Vertreter nach § 171 muß die Zustellungsurkunde angeben, daß die nach § 171 S 2 „vorzulegende" Vollmacht auch wirklich „vorlag" (dazu aber § 171 Rn 6). Angeben muß der Zusteller sowohl die Form als auch das Datum der Vollmacht.

10 **E. Ersatzzustellung, II Z 4.** Die Zustellungsurkunde muß ergeben, daß und warum eine Ersatzzustellung stattfand, BSG MDR **77**, 700, Düss JB **95**, 41 (in Wahrheit Direktzustellung), LG Aachen MDR **91**, 451 (daß also unter anderem ein erfolgloser „normaler" Zustellungsversuch erfolgte). Sie muß auch ergeben, in welchem Verhältnis der Zustellungsempfänger zum Zustellungsadressaten steht und ob die Ersatzperson im Sinn von § 178 I Z 1 erwachsen war.

11 Die Angabe der Straße und Hausnummer ist unentbehrlich, Mü MDR **02**, 414. Die Angabe nur einer *unrichtigen* Hausnummer ist unschädlich, Ffm JB **98**, 209, ebenso diejenige eines unrichtigen Grundes, wenn die Zustellung in Verbindung mit dem sonstigen Inhalt der Zustellungsurkunde anderweit als ordnungsgemäß nachweisbar ist. Schädlich ist das Fehlen der Bezeichnung derjenigen Ersatzperson, an die die Zustellung erfolgte, BGH **93**, 74. Unschädlich ist die unrichtige Angabe einer Hilfsperson, etwa einer Angestellten X des Anwalts statt der Angestellten Y oder der Ehefrau statt der Mutter oder Schwester, Hamm RR **87**, 1279, oder des Hauswirts als Hausgenosse (Angehöriger), Schlesw JB **91**, 122. Nach BGH Rpfleger **89**, 418, BVerwG DGVZ **84**, 150, Hbg MDR **93**, 685 liegt ein unheilbarer Mangel vor, wenn die Zustellungsurkunde eine ordnungsgemäße Ersatzzustellung nicht erkennen läßt. Indessen kann jetzt § 189 heilen lassen.

12 **F. Niederlegung, II Z 4.** Bei einer Niederlegung muß die Zustellungsurkunde erkennen lassen, daß der Zusteller (jetzt) § 181 beachtet hat, BGH NJW **90**, 176, Kblz JB **75**, 671, LG Aachen MDR **91**, 451. Sie muß über den Text des Formulars nach § 190 hinaus die konkrete Art der Mitteilung erkennen lassen, BGH NJW **90**, 176, Düss MDR **05**, 109, AG Neuruppin NJW **03**, 2250. Sie braucht natürlich nicht zu ergeben, daß der Adressat die Mitteilung über die Niederlegung nicht nur nach § 181, sondern auch tatsächlich erhalten hat, BGH VersR **84**, 82, aM Hamm MDR **82**, 501 (aber § 181 läßt doch gerade den Ersatz einer wirklichen Zustellung genügen. Das gilt auch wegen der zugehörigen Mitteilung). Ein Vermerk des Schalterbeamten über eine „Zustellung" der niedergelegten Sendung durch deren Aushändigung (fehlerhaft: Denn maßgebend ist der Zeitpunkt der Niederlegung und Benachrichtigung) entschuldigt nicht nach § 233, BGH RR **92**, 315. Es gibt nicht schon aus der Zustellungsurkunde den Beweis, daß der Adressat unter der angegebenen Anschrift auch tatsächlich eine Wohnung hatte, BGH FamRZ **90**, 143, LG Bln MDR **87**, 503. Die Angaben zu Rn 8–10 können dann von verschiedenen Postbediensteten stammen, wenn sie nur in derselben Urkunde vorliegen, LAG Hamm MDR **86**, 172.

13 **G. Annahmeverweigerung, II Z 5.** Vgl § 179 und Saarbr RR **94**, 638. Der Zusteller muß auch einen etwa mitgeteilten Verweigerungsgrund angeben.

14 **H. Übergabevermerk, II Z 6.** Vgl § 166 I.

I. Ort und Zeit der Zustellung, II Z 7. *„Ort“*: § 177. Eine Zustellung außerhalb der Wohnung oder des Geschäftsraums nach § 177 macht eine nähere Angabe zweckmäßig, zB die Bezeichnung der Straße und Hausnummer usw, Mü MDR **02**, 414, wenn der Empfänger mit Rücksicht auf den „Ort“ die Annahme verweigert, § 179. Dasselbe gilt für eine Ersatzzustellung nach §§ 180 ff. 15

Als *Zeit* genügt regelmäßig das Datum, BGH NJW **84**, 57. Es darf keineswegs unklar sein oder fehlen, BVerwG Rpfleger **83**, 160, LG Bln NJW **01**, 238 (StPO). Eine nähere Angabe kann auf eine Anordnung der Geschäftsstelle zB in folgenden Fällen notwendig sein: Es handelt sich um eine Stundenfrist, § 38 Z 2 GVGA; es geht um die Zustellung zur Nachtzeit usw, § 758 a IV; es handelt sich um die Zustellung eines Pfändungs- und Überweisungsbeschlusses wegen § 804 III; es geht um eine Benachrichtigung nach § 845 an den Drittschuldner. Der Nachweis einer rechtzeitigen Zustellung nach § 418 Rn 7 ff heilt eine unklare oder unrichtige Datierung, BVerwG Rpfleger **83**, 160, Ffm OLGZ **76**, 311, aM Hamm NJW **75**, 2209 (aber § 418 erlaubt jeden Gegen-Vollbeweis, dort Rn 8 ff). Eine förmliche Zustellung ist mit dem nach Z 7 ermittelbaren Zeitpunkt und nicht erst 3 Tage später erfolgt, FG Hbg NJW **88**, 848. 16

J. Unterschrift usw, II Z 8. Der Zustellungsbeamte muß die Zustellungsurkunde zum Abschluß der Beurkundung eigenhändig und handschriftlich unterschreiben, wie bei § 129 Rn 9, BGH FamRZ **81**, 250, Ffm NJW **93**, 3079. Das geschieht in der Praxis ohne Vornamen. Eine Namensabkürzung (Paraphe) reicht nicht, § 129 Rn 31, BGH FamRZ **08**, 51 (aber Nachholbarkeit, Rn 19). Eine Unterschrift des Empfängers ist entbehrlich. Die Nachholung der Unterschrift des Zustellungsbeamten ist zulässig. 17

5) Verbleib der Zustellungsurkunde, III. Die Zustellungsurkunde geht unverzüglich an die Geschäftsstelle, also ohne vorwerfbares Zögern des Zustellers und seiner Hilfspersonen, § 121 I 1 BGB. Der Urkundsbeamte heftet die Urkunde in die Akte ein. Er erteilt auf einen Antrag nach § 169 I eine Bescheinigung des Zustellungszeitpunkts. Die Parteien dürfen die Zustellungsurkunde in den Gerichtsakten einsehen. Sie dürfen sich eine Ablichtung oder Abschrift erteilen lassen, § 299 I, Auslagen: KV 9002. 18

6) Verstoß, I–III. Ein Verstoß gegen § 182 hat die Unwirksamkeit der Zustellung zur Folge, soweit ein wesentlicher Mangel vorliegt, BGH NJW **90**, 177, BayObLG FamRZ **02**, 848. Im übrigen vermindert oder beseitigt er nur die Beweiskraft, § 419, BGH FamRZ **08**, 51 rechts oben, Düss MDR **05**, 109. Eine Heilung ist nach § 189 möglich, BGH FamRZ **08**, 51 rechts oben. Die ausreichend erfolgte Zustellungsurkunde erbringt als eine öffentliche Urkunde zwar den vollen Beweis der beurkundeten Tatsachen, §§ 415, 418, dort Rn 5, BGH VersR **84**, 82, BayObLG FamRZ **90**, 429. Es ist aber ein Gegenbeweis oder eine Ergänzung durch ein anderes Beweismittel statthaft, Stgt NJW **06**, 1887. Vgl im einzelnen bei Rn 3 ff. 19

183 *Zustellung im Ausland.*

I [1] Eine Zustellung im Ausland ist nach den bestehenden völkerrechtlichen Vereinbarungen vorzunehmen. [2] Wenn Schriftstücke auf Grund völkerrechtlicher Vereinbarungen unmittelbar durch die Post übersandt werden dürfen, so soll durch Einschreiben mit Rückschein zugestellt werden, anderenfalls die Zustellung auf Ersuchen des Vorsitzenden des Prozessgerichts unmittelbar durch die Behörden des fremden Staates erfolgen.

II [1] Ist eine Zustellung nach Absatz 1 nicht möglich, ist durch die zuständige diplomatische oder konsularische Vertretung des Bundes oder die sonstige zuständige Behörde zuzustellen. [2] Nach Satz 1 ist insbesondere zu verfahren, wenn völkerrechtliche Vereinbarungen nicht bestehen, die zuständigen Stellen des betreffenden Staates zur Rechtshilfe nicht bereit sind oder besondere Gründe eine solche Zustellung rechtfertigen.

III An einen Deutschen, der das Recht der Immunität genießt und zu einer Vertretung der Bundesrepublik Deutschland im Ausland gehört, erfolgt die Zustellung auf Ersuchen des Vorsitzenden des Prozessgerichts durch die zuständige Auslandsvertretung.

IV [1] Zum Nachweis der Zustellung nach Absatz 1 Satz 2 Halbsatz 1 genügt der Rückschein. [2] Die Zustellung nach Absatz 1 Satz 2 Halbsatz 2, den Absätzen 2 und 3 wird durch das Zeugnis der ersuchten Behörde nachgewiesen.

V [1] Die Vorschriften der Verordnung (EG) Nr. 1393/2007 des Europäischen Parlaments und des Rates vom 13. November 2007 über die Zustellung gerichtlicher und außergerichtlicher Schriftstücke in Zivil- oder Handelssachen in den Mitgliedstaaten und zur Aufhebung der Verordnung (EG) Nr. 1348/2000 (ABl. EU Nr. L 324 S. 79) bleiben unberührt. [2] Für die Durchführung gelten § 1068 Abs. 1 und § 1069 Abs. 1.

Vorbem. Fassg Art 1 Z 3 G BT-Drs 16/9639, in Kraft seit 13. 11. 08, Art 8 II 1 G, ÜbergangsR Einl III 78.
Schrifttum: Anh § 183.

Gliederung

1) Systematik, I–V. Das Gericht darf und muß eine im Inland befindliche ausländische Partei bei einer inländischen Zustellung grundsätzlich wie einen Inländer behandeln. Demgegenüber behandelt § 183 eine 1

Zustellung an einen solchen Deutschen oder einen solchen Ausländer, die sich im Ausland befinden oder an die eine Zustellung doch jedenfalls im Ausland erfolgen soll. §§ 183, 184 regeln zusammen mit internationalen Verträgen usw und mit dem deutschen Durchführungsrecht zB in §§ 1067 ff und nach dem Anh § 183 diese grenzübergreifende Zustellungsart im Bestreben einer Abwägung des zwecks Prozeßförderung nach Grdz 12 vor § 128 Erwünschten und des im zwischenstaatlichen Rechtsverkehr Üblichen und Praktikablen.

2 **2) Regelungszweck, I–V.** Natürlich muß auch eine Zustellung im Ausland möglich sein, obwohl die Gerichtsbarkeit an den Grenzen des Hoheitsgebiets endet. Denn andernfalls wäre ein Zivilprozeß mit einem Auslandsbezug fast undurchführbar. Das wäre ein unhaltbares Ergebnis.

Empfindlich kann auch das Zustellungsrecht im internationalen Bereich sein. Man sollte sich stets bewußtmachen, daß trotz aller Internationalisierung und Europäisierung von Abkommen, Verträgen und Ausführungsregeln andere Länder eben oft ganz andere Anschauungen etwa zur Bedeutung einer juristischen Formvorschrift haben. Wenn sogar die Anerkennung einer ausländischen Hauptsacheentscheidung zB nach § 328 möglichst auch dann erfolgt, wenn sie nicht ganz den deutschen Wünschen entspricht, darf die Wirksamkeit einer im Ausland erfolgten Zustellung nicht von strengeren Bedingungen abhängen, auch nicht bei der Auslegung der Zustellungsregeln. Andererseits darf man auch nicht aus Bequemlichkeit oder aus einem Mangel an Sprachkenntnis allzu großzügig bei der Beurteilung eines im Ausland beurkundeten Zustellungsvorgangs oder -versuchs sein. Es heißt also wieder einmal behutsam abzuwägen.

3 **3) Geltungsbereich, §§ 183, 184.** Vgl zunächst Ü 3 vor § 166. Die Zustellung im Ausland außerhalb des Prozesses geschieht nach § 132 II BGB. Innerhalb des Prozesses erfolgt eine Auslandszustellung nur nach I–V und nach §§ 1067 ff. Wenn sich eine Zustellung auf diesem Weg nicht durchführen läßt, erfolgt eine öffentliche Zustellung nach § 185. Eine Zustellung im Ausland ist bei §§ 841, 844, 875 entbehrlich. Das Mahnverfahren ist auch evtl dann bei statthaft, wenn man den Mahnbescheid im Ausland zustellen muß, § 688 III sowie VO (EG) Nr 1896/2000, §§ 1087 ff. Dann muß auch den etwaigen deutschen Vollstreckungsbescheid nach §§ 183, 184 zustellen, LG Ffm NJW **76**, 1597. Folglich kommt die Inlandszustellung nach (jetzt) § 184 I 2 in Betracht, BGH **98**, 266. Manche wenden (jetzt) § 183 nur auf die Klagezustellung an, Köln MDR **86**, 244.

Wegen der NATO-Streitkräfte SchlAnh III Artt 32, 36.

4 **4) Antrag, I.** Jede Zustellung im Ausland setzt einen Antrag einer Partei voraus, soweit das Gericht die Zustellung nicht von Amts wegen vornehmen muß. Der Antrag ist eine Parteiprozeßhandlung, Grdz 47 vor § 128. Man muß den Antrag an den Vorsitzenden des Prozeßgerichts richten, § 183 I 2. Denn §§ 192–194 sind bei einer Auslandszustellung grundsätzlich unanwendbar, § 191, aM Möller NJW **03**, 1573 (zwingend), Schmidt IPRax **04**, 15 (möglich). Ein Anwaltszwang besteht wie sonst, § 78 Rn 1, aM Bergerfurth, Der Anwaltszwang usw (1981) Rn 108 (aber § 78 gilt in weitem Umfang). Der Antragsteller muß allerdings die zur Zustellung erforderlichen Urkunden in ihrer Urschrift, Ausfertigung oder beglaubigten Ablichtung oder Abschrift beifügen, soweit keine Zustellung durch ein Einschreiben mit Rückschein nach §§ 175, 183 I Z 1, II 1 erfolgt. Es ist eine Fallfrage, ob der Antragsteller eine Übersetzung beifügen muß. Die Beglaubigung nehmen der Anwalt oder der Urkundsbeamte der Geschäftsstelle vor. Die Entscheidung erfolgt stets ohne eine Prüfung der Zweckmäßigkeit der Zustellung. Wenn es sich um eine Klageschrift handelt, darf der Vorsitzende auch die Zuständigkeit des Gerichts in der Sache selbst nicht prüfen.

5 **5) Ersuchen, I 2, II, III.** Regelmäßig muß das Gericht eine Auslandszustellung so durchführen, daß es unter einer Beachtung der ZRHO die zuständige fremde Behörde oder den zuständigen Konsul oder diplomatischen Vertreter des Bundes ersucht.

A. Notwendigkeit. Welche dieser Zustellungsarten stattfinden soll, bestimmt die Justizverwaltung, soweit nicht vorrangige bundesrechtliche Vorschriften bestehen, zB Staatsverträge, BGH NJW **03**, 2831. Unter den deutschen Konsuln ist derjenige zuständig, in dessen Bezirk sich der Zustellungsempfänger aufhält, § 16 KonsG. Für ihn gilt deutsches Recht. Der Rechtshilfeverkehr mit dem Ausland ist eine Angelegenheit der Justizverwaltung, Anh § 168 GVG Rn 1. Die Partei kann auf eine ordnungsmäßige Maßnahme der Justiz vertrauen, BGH NJW **03**, 2831.

Deshalb binden etwaige *Weisungen* der Justizverwaltung wie zB die ZRHO das Gericht nur wegen der *Art* der von ihm dem Grunde nach natürlich in seiner eigenen Zuständigkeit angeordneten Zustellung. Das gilt auch bei politischen Erwägungen der Verwaltung. Man muß aber Staatsverträge beachten. Im übrigen entscheidet das pflichtgemäße Ermessen des Vorsitzenden. Einzelheiten s Anh § 183.

6 **B. Zuständigkeit.** Für das Ersuchen ist der Vorsitzende des Prozeßgerichts zuständig, auch der Einzelrichter. Soweit für das Verfahren insgesamt der Rpfl zuständig ist, ist er auch für das Ersuchungsschreiben zuständig. Das ergibt sich aus § 4 I RPflG. Der Gerichtsvorstand und seine Verwaltung sind nicht zuständig. Sie führen aber im einzelnen bis zur Unterschriftsreife vorbereitend aus, ZRHO. Über die Dauer der Instanz § 172 Rn 7, 8. Das Ersuchen kann nach Maßgabe etwaiger Staatsverträge teils unmittelbar an die ausländische Behörde gehen. Es kann nur durch die Vermittlung des Landesjustizministers und bei I Z 3 durch das Auswärtige Amt nach dort weitergehen. Das Gericht teilt sein Ersuchen aber nicht etwa in der Form einer beglaubigten Ablichtung oder Abschrift der Originalverfügung mit. Eine Übermittlung durch Telefax ist möglich, soweit ein unmittelbarer Geschäftsverkehr stattfindet.

7 **6) Zustellungsnachweis, IV.** Man muß zwischen den Zustellungsarten unterscheiden.

A. Beim Einschreiben: Rückschein, I 2 Hs 1. Soweit eine Zustellung durch ein Einschreiben gegen Rückschein nach I 2 Hs 1 in Verbindung mit § 175 erfolgt, genügt als Zustellungsnachweis der Rückschein, Schmidt IPRax **04**, 14 (Üb). Der Hausmeister kann ein PostBev sein, Celle RR **05**, 1589. Wegen des Gerichtsvollziehers Möller NJW **03**, 1571 (Üb), aM Hornung DGVZ **03**, 167 (aber § 183 steht selbständig neben den Vorschriften zur Inlandszustellung, und im übrigen ist die dem Gerichtsvollzieher nach §§ 192 I, 193 I 2 ausdrücklich erlaubte Zustellung durch eine Aufgabe zur Post auch bei § 175 vorhanden, dort Rn 1). Wegen des EU-Raumes Einf 3 vor § 1067 (VO [EG] Art 14 I), Celle RR **05**, 1589 (Spanien).

B. Beim Ersuchen: Zeugnis der ersuchten Behörde, I 2 Hs 2, IV 2. Soweit eine Zustellung nach einem Ersuchen des Vorsitzenden erfolgen soll, ist ein Zeugnis der ersuchten Behörde erforderlich und ausreichend, BGH NJW **02**, 522, BVerwG NJW **00**, 683, nicht der ausführenden, nicht auch des Zustellungsbeamten. Der Zustellungsnachweis ist eine öffentliche Urkunde mit deren Beweiskraft nach § 418, BGH NJW **02**, 522. Die Echtheit richtet sich nach § 438. Ein Gegenbeweis ist zulässig. Die Partei kann ihn aber nicht darauf stützen, daß eine Vorschrift des ausländischen Rechts verletzt worden sei, StJR 6, ZöStö 2, aM MüKoFel 2. Das Zeugnis beweist die Übergabe. Ohne sie ist begrifflich keine Zustellung denkbar, abgesehen von der unterstellten Zustellung, § 184 II. Die ersuchende Stelle erhält das Zeugnis, § 16 S 2 KonsG. Das kann auch durch Telefax geschehen. 8

Das Zeugnis muß zur *Wirksamkeit* mindestens den Zustellungsempfänger angeben, § 182 II Z 2. Es muß ferner stets auch den Ort und den Zeitpunkt der Zustellung sowie das zugestellte Schriftstück angeben. Eine bloße Mitteilung einer erfolgten Zustellung ohne nähere Angaben ist keine Zustellung nach der ZPO, BVerwG NJW **00**, 683. Ebenso fehlt eine Zustellung dann, wenn der Empfänger die Annahme des Schriftstücks verweigert und wenn der Zusteller das Schriftstück nicht am Zustellungsort ausweislich des Zeugnisses nach IV 2 zurückgelassen hat. Im übrigen entscheidet das ausländische Recht über die Art der Ausführung der Zustellung. Im Geltungsbereich des HZPrÜbk genügt nach dessen Art 5 I ein datiertes beglaubigtes Empfangsbekenntnis des Zustellungsgegners, Anh § 183. Etwas ähnliches gilt nach manchem Staatsvertrag.

7) EU-Recht, V. Vgl die Vorbem sowie §§ 1067 ff. 9

8) Verstoß, I–V. § 189 ist anwendbar. 10

Anhang nach § 183

Zwischenstaatliche Zustellung (außer EU)

Schrifttum: *Bischof,* Die Zustellung im internationalen Rechtsverkehr in Zivil- und Handelssachen, Zürich 1998; *Fleischhauer,* Inlandszustellung an Ausländer, 1996; *Geimer,* Neuordnung des internationalen Zustellungsrechts, 1999; *Geimer/Geimer,* Internationale Zustellung im Rahmen notarieller Vermittlungsverfahren nach dem Sachenrechtsbereinigungsgesetz, Festschrift für *Geimer* (2002) 189; *Gottwald,* Grenzen zivilgerichtlicher Maßnahmen mit Auslandswirkung, Festschrift für *Habscheid* (1989) 131; *Gottwald,* Sicherheit vor Effizienz? – Auslandszustellung in der Europäischen Union in Zivil- und Handelssachen, Festschrift für *Schütze* (1999) 225; *Junker,* Der deutsch-amerikanische Rechtshilfeverkehr in Zivilsachen – Zustellungen und Beweisaufnahmen, JZ **89**, 121; *Linke,* Die Probleme der internationalen Zustellung, in: *Gottwald* (Hrsg), Grundfragen der Gerichtsverfassung, 1999; *Pfeil/Kammerer,* Deutsch-amerikanischer Rechtshilfeverkehr in Zivilsachen. Die Anwendung der Haager Übereinkommen über Zustellungen usw, 1987; *Pfennig,* Die internationale Zustellung in Zivil- und Handelssachen, 1988; *Schack,* Einheitliche und zwingende Regeln der internationalen Zustellung, Festschrift für *Greiner* (2002) 931; *Schlosser,* EuGVÜ usw, 1996; *Stroschein,* Parteizustellung im Ausland usw, Diss Köln 2007. Wegen des EU-Übk vgl ABl EU **97**, C 261 vom 27. 8. 97 und §§ 1066 ff.

Gliederung

1) Systematik. Man muß zunächst für eine Zustellung in den EU-Mitgliedstaaten §§ 1067 ff als innerstaatliche Durchführungsvorschriften der dort genannten EU-Regeln anwenden. Nach § 17 IntFamRVG gilt § 184 I 2, II ZPO mangels einer Benennung eines Zustellungsbevollmächtigten grundsätzlich (I) mit Ausnahmen (II). 1

Im übrigen gilt: Mit einer ganzen Reihe von Staaten bestehen *Staatsverträge,* die die Zustellung regeln. Solche Verträge sind zunächst das in Rn 3 mit den einschlägigen Vorschriften abgedruckte vorrangige HZustlÜbk, Düss MDR **85**, 242, Hamm MDR **78**, 941, Böckstiegel NJW **78**, 1073, Pfeil/Kammerer, Deutsch-amerikanischer Rechtshilfeverkehr in Zivilsachen, 1987. Ferner zählen hierher das in Rn 6 ebenfalls abgedruckte HZPrÜbk und die in Einl V 3–6 aufgeführten Rechtshilfeverträge. Wegen des Rechtshilfeverkehrs mit dem Ausland im engeren Sinn Anh § 168 GVG.

2) Regelungszweck. Zweck der gesamten Regelung ist Vereinfachung, Vereinheitlichung, Beschleunigung. So ist sie auslegbar. 2

3) Haager Zustellungsübereinkommen (Auszug. Das Haager Übk über die Zustellung gerichtlicher und außergerichtlicher Schriftstücke im Ausland in Zivil- oder Handelssachen v 15. 11. 65, BGBl **77** II 1453, letzte Bek: 23. 2. 07, BGBl II 618, das die im Verhältnis zu den ihnen beitretenden Staaten die entsprechenden Vorschriften der Konvention von 1954 (Art 1–7 u 8–16) ersetzen, Böckstiegel/Schlafen NJW **78**, 1073 (ZustimmungsG v 22. 12. 77, BGBl II 1452, AusfG v 22. 12. 77, BGBl I 3105). Es ist seit dem 26. 6. 79 für die BRep in Kraft, Bek v 21. 6. 79, BGBl II 779/780. Es lautet auszugsweise: 3

HZustlÜbk Art 1. **I Dieses Übereinkommen ist in Zivil- oder Handelssachen in allen Fällen anzuwenden, in denen ein gerichtliches oder außergerichtliches Schriftstück zum Zweck der Zustellung in das Ausland zu übermitteln ist.**

II Das Übereinkommen gilt nicht, wenn die Anschrift des Empfängers des Schriftstücks unbekannt ist.

Bem. Wegen der Schweiz Bek v 17. 7. 95, BGBl II 755.

Kapitel I. Gerichtliche Schriftstücke

HZustlÜbk Art 2. **I Jeder Vertragsstaat bestimmt eine Zentrale Behörde, die nach den Artikeln 3 bis 6 Anträge auf Zustellung von Schriftstücken aus einem anderen Vertragsstaat entgegenzunehmen und das Erforderliche zu veranlassen hat.**

II Jeder Staat richtet die Zentrale Behörde nach Maßgabe seines Rechts ein.

Bem. Wegen der Schweiz Bek v 17. 7. 95, BGBl II 755. In den nachstehend mager gesetzten Staaten gilt seit 31. 5. 01 vorrangig die in Rn 2 abgedruckte VO (EG). Die Zentralen Behörden der Vertragsstaaten und derjenigen (kursiv gedruckten) Staaten, auf die sich das HZustlÜbk infolge von Erstreckungserklärungen ebenfalls bezieht, sind (soweit nicht anders angegeben, lt Bek v 23. 6. 80, BGBl II 907) wegen der Schweiz, Bek v 17. 7. 95, BGBl II 755:

Ägypten: The Ministry of Justice in Cairo;

Anguilla: The Registrar of the Supreme Court of Anguilla, Bek v 29. 11. 82, BGBl II 1055;

Antigua und Barbuda: The Governor-General, Antigua and Barbuda, sowie The Registrar of the High Court of Antigua and Barbuda, St. John's, Antigua;

Aruba: Procurator General, Havenstraat 2, Oranjestad, Aruba, Bek v 23. 2. 07, BGBl II 618;

Barbados: The Registrar of the Supreme Court of Barbados;

Belarus: S „Weißrußland";

Belgien: Le Ministère de la Justice, Administration de la Législation, Place Poulaert, 4, 1000 Bruxelles;

Belize: The Supreme Court Registry, Belize;

Bermuda: The Registrar of the Supreme Court, Bermuda;

Botsuana: The Minister of State in the Office of the President of the Republic of Botswana;

Britische Jungferninseln: The Registrar of the Supreme Court, Britische Jungferninseln, Bek v 29. 11. 82, BGBl II 1055;

Bulgarien: Ministerium für Justiz und europäische Rechtsintegration, Bek v 14. 2. 01, BGBl II 270;

China: Bureau of International Judicial Assistance. Ministry of Justice, 26, Nanheyan, Chaowai, Chaoyang District, Bejing, P. C. 100020, People's Republic of China, Bek v 27. 9. 96, BGBl II 2531;

Dänemark: Le Ministère de la Justice;

Deutschland: Vgl Bek zuletzt v 25. 7. 05, BGBl II 898;

Estland: Estonian Ministry of Justice; Bek v 4. 2. 98, BGBl II 288;

Falkland-Inseln und Nebengebiete: The Registrar of the Supreme Court, Stanley;

Finnland: Justizministerium, Bek v 5. 7. 82, BGBl II 722;

Frankreich: Le Ministère de la Justice, Service Civil de l'Entraide Judiciaire Internationale, 13 Place Vendôme, Paris (1er);

Gibraltar: The Registrar of the Supreme Court, Gibraltar;

Griechenland: Ministry of Justice, Directorate of Conferment of Pardon and International Judicial Cooperation, Department of International Cooperation in Civil Matters, 96 Messogion Street, Athens 11527, Bek v. 23. 2. 07, BGBl II 618;

Guernsey: The Bailiff, Bailiff's Office, Royal Court House, Guernsey;

Hongkong: The Chief Secretary, Hong Kong;

Insel Man: The First Deemster and Clerk of the Rolls, Rolls Office, Douglas;

Irland: The Master of High Court, the Four Courts, Dublin 7, Bek v 6. 8. 02, BGBl II 2436;

Israel: The Director of Courts, Directorate of Courts, Russian Compound, Jerusalem;

Italien: 'Ufficio unico degli ufficiali giudiziari presso la carte d'appello di Roma, Bek v 22. 4. 82, BGBl II 522;

Japan: The Minister for Foreign Affairs;

Jersey: The Attorney General, Jersey;

Kaiman-Inseln: The Werk of the Courts, Grand Cayman, Cayman Islands, Bek v 24. 10. 90, BGBl II 1650;

Kanada: Vgl die umfangreichen Angaben zu den einzelnen Provinzen und zu der Bundeszentralbehörde in BGBl **89** II 807 (808 ff);

Korea (Republik): Ministry of Court Administration, 967, Seocho-dong, Seocho-gu, Seoul 137–750, Republic Korea, Bek v 14. 2. 01, BGBl II 270;

Kuwait: Ministerium der Justiz des Staates Kuwait, Abt. Internationale Beziehungen, Bek v 31. 1. 03, BGBl II 205;

Lettland: Ministry of Justice, Brivibas blvd. 36 Riga, LV-1536, Latvia, Bek v 6. 8. 02, BGBl II 2436;

Litauen: The Ministry of Justice of the Republik of Lithuania, Bek v 6. 8. 02, BGBl II 2436;

Luxemburg: Le Parquet Général près la Cour Supérieure de Justice;

Malawi: The Registrar of the High Court of Malawi, P. O. Box 30244, Chichiri, Blantyre 3, Malawi;

Mexiko: Dirección General de Asuntos Jurídicos de la Secretaría de Relaciones Exteriores, Plaza Juárez No. 20, Piso 5, Colonia Centro, Delegación Cuauhtémoc, C. P.

Montserrat:	The Registrar of the High Court, Montserrat;
Niederlande:	Le procureur du roi près le tribunal d'arrondissement de la Haye, Juliana van Stolberglaan 2–4;
Norwegen:	The Ministry of Justice, Oslo/Dep;
Pakistan:	The Solicitor, Ministry of the Law and Justice to the Government of Pakistan, Islamabad, Bek v 24. 10. 90, BGBl II 1650;
Pitcairn:	The Governor and Commanderin-Chief, Picairn;
Polen:	Das Justizministerium, Bek v 27. 9. 96, BGBl II 2531;
Portugal:	La Direction-Générale des Services Judiciaires du Ministère de la Justice;
Rumänien:	The Ministry of Justice, Bek v 7. 4. 04, BGBl II 644;
Russische Föderation:	The Ministry of Justice, ul Zhitnaya, 14, Moscow, 117970, Russian Federation, Bek v 23. 2. 07, BGBl II 618;
Schweden:	The Ministry of Justice, Division for Criminal Cases and International Judicial Cooperation, Central Authority, S-10333 Stockholm, Bek v 6. 8. 02, BGBl II 2436;
Schweiz:	Bek v 6. 8. 02, BGBl II 2436;
Seschellen:	The Registrar Supreme Court, Victoria, Mahé, Republic of Seychelles, Bek v 6. 11. 81, BGBl II 1029;
Slowakei:	Die Slowakei hat notifiziert, daß sie sich als Rechtsnachfolger der ehemaligen Tschechoslowakei mit Wirkung vom 1. 1. 93 als durch das HZustlÜbk gebunden betrachtet, Bek v 2. 11. 93, BGBl II 2164. Demgemäß gilt (fort): Ministerstvo spravodivosti Slovensky republiky, Zupné námestie 13, 883 11 Bratislava, Slovak Republic, Bek v 27. 9. 96, BGBl II 2531;
Slowenien:	The Ministry of Justice of the Republik of Slovenia, Župančičeva 3, Sl-1000 Ljubljana, Bek v 6. 8. 02, BGBl II 2436;
Spanien:	Secretaría General Técnica del Ministerio de Justicia, Calle San Bernardo No 62, 28071 Madrid, Bek v 13. 7. 99, BGBl II 714;
Sri Lanka:	The Secretary/Ministry of Justice and Constitutional Affairs, Bek v 6. 8. 02, BGBl II 2436;
St. Helena und Nebengebiete:	The Supreme Court, St. Helena;
St. Vincent:	The Registrar of the Supreme Court, St. Vincent;
Tschechische Republik:	Die Tschechische Republik hat notifiziert, daß sie sich als Rechtsnachfolger der ehemaligen Tschechoslowakei mit Wirkung vom 1. 1. 93 als durch das HZustlÜbk gebunden betrachtet, Bek v 2. 11. 93, BGBl II 2164. Demgemäß gilt (fort): Ministerstvo spravedluosti České socialistické republiky, 128 10 Praha 2, Vyšehradska 16, Bek v 5. 7. 82, BGBl II 722;
Türkei:	La Direction Générale des Affaires Civiles au Ministère de la Justice (Adalet Bakanligi Hukuk Isleri Genel Müdürlügü), Ankara;
Turks- und Caicosinseln:	The Registrar of the Supreme Court, Turks- and Caicos-Isles, Bek v 29. 11. 82, BGBl II 1055;
Ukraine:	The Ministry of Justice of Ukraine, Bek v 6. 8. 02, BGBl II 2436;
Ungarn:	The Ministry of Justice, Bek v 6. 5. 05, BGBl II 591;
Venezuela:	Ministry of Foreign Affairs, Bek v 14. 11. 95, BGBl II 1065;
Vereinigtes Königreich:	Her Majesty's Principal Secretary of State for Foreign Affairs; ferner für England und Wales: The Senior Master of the Supreme Court, Royal Courts of Justice, Strand, London W. C. 2; für Schottland: The Scottish Executive Justice Department, Civil Justice & International Division, Hayweight House, 23 Lauristen Street, Edinburgh EH 3 9 DQ, Scotland; für Nordirland, Bek v 29. 8. 80, BGBl II 1281: The Master, Queen's Bench and Appeals, Royal Courts of Justice, Belfast 1; ferner betr St. Christoph-Nevis: The Registrar of the West Indies Associated State Supreme Court, Saint Christopher and Nevis Circuit, Bek v 22. 4. 83, BGBl II 321;
Vereinigte Staaten:	The United States Department of State, vgl aber auch die Zusatznote v 21. 11. 73, BGBl **80** II 917, sowie v 7. 4. 04, BGBl II 644;
Weißrußland:	Ministry of Justice of the Republic of Belarus, 220084 Minsk, ul. Kollektornaya 10, Bek v 4. 2. 98, BGBl II 288;
Zypern:	Permanent Secretary, Ministry of Justice and Public Order, CY-1461 Nikosia, Cyprus, Bek v 4. 2. 98, BGBl II 288.

HZustlÜbk Art 3. I **Die nach dem Recht des Ursprungsstaats zuständige Behörde oder der nach diesem Recht zuständige Justizbeamte richtet an die Zentrale Behörde des ersuchten Staates einen Antrag, der dem diesem Übereinkommen als Anlage beigefügten Muster entspricht, ohne daß die Schriftstücke der Legalisation oder einer anderen entsprechenden Förmlichkeit bedürfen.**

II 1 **Dem Antrag ist das gerichtliche Schriftstück oder eine Abschrift davon beizufügen.** 2 **Antrag und Schriftstück sind in zwei Stücken zu übermitteln.**

Bem. Vgl dazu die Erklärung der Russischen Föderation, Bek v 2. 2. 05, BGBl II 335.

HZustlÜbk Art 4. **Ist die Zentrale Behörde der Ansicht, daß der Antrag nicht dem Übereinkommen entspricht, so unterrichtet sie unverzüglich die ersuchende Stelle und führt dabei die Einwände gegen den Antrag einzeln an.**

Bem. Vgl dazu die Erklärung von Irland, Bek v 5. 11. 96, BGBl II 2758.

HZustlÜbk Art 5. **I Die Zustellung des Schriftstücks wird von der Zentralen Behörde des ersuchten Staates bewirkt oder veranlaßt, und zwar**

a) entweder in einer der Formen, die das Recht des ersuchten Staates für die Zustellung der in seinem Hoheitsgebiet ausgestellten Schriftstücke an dort befindliche Personen vorschreibt,

b) oder in einer besonderen von der ersuchenden Stelle gewünschten Form, es sei denn, daß diese Form mit dem Recht des ersuchten Staates unvereinbar ist.

II Von dem Fall des Absatzes 1 Buchstabe b abgesehen, darf die Zustellung stets durch einfache Übergabe des Schriftstücks an den Empfänger bewirkt werden, wenn er zur Annahme bereit ist.

III Ist das Schriftstück nach Absatz 1 zuzustellen, so kann die Zentrale Behörde verlangen, daß das Schriftstück in der Amtssprache oder einer der Amtssprachen des ersuchten Staates abgefaßt oder in diese übersetzt ist.

IV Der Teil des Antrags, der entsprechend dem diesem Übereinkommen als Anlage beigefügten Muster den wesentlichen Inhalt des Schriftstücks wiedergibt, ist dem Empfänger auszuhändigen.

Bem. Vgl dazu die Erklärungen von Belgien, Botsuana, Schweden, Bek v 23. 6. 80, BGBl II 907, Italien, Bek v 22. 4. 82, BGBl II 522, Kanada, Bek v 24. 8. 89, BGBl II 807, Schweiz, Bek v 17. 7. 95, BGBl II 755, Venezuela, Bek v 17. 7. 95, BGBl II 757, Griechenland, Bek v 31. 8. 99, BGBl II 945, Bulgarien, Bek v 14. 2. 01, BGBl II 270, Argentinien, Bek v 6. 8. 02, BGBl II 2436, Russische Föderation, Bek v 2. 2. 05, BGBl II 335, Ungarn Bek v 6. 5. 05, BGBl II 591.

HZustlÜbk Art 6. **I Die Zentrale Behörde des ersuchten Staates oder jede von diesem hierzu bestimmte Behörde stellt ein Zustellungszeugnis aus, das dem diesem Übereinkommen als Anlage beigefügten Muster entspricht.**

II 1 Das Zeugnis enthält die Angaben über die Erledigung des Antrags; in ihm sind Form, Ort und Zeit der Erledigung sowie die Person anzugeben, der das Schriftstück übergeben worden ist. 2 Gegebenenfalls sind die Umstände anzuführen, welche die Erledigung verhindert haben.

III Die ersuchende Stelle kann verlangen, daß ein nicht durch die Zentrale Behörde oder durch eine gerichtliche Behörde ausgestelltes Zeugnis mit einem Sichtvermerk einer dieser Behörden versehen wird.

IV Das Zeugnis wird der ersuchenden Stelle unmittelbar zugesandt.

Bem. Vgl dazu die Erklärungen von *Antigua, Belize, Bermuda,* Botsuana, den *Britischen Jungferninseln,* Dänemark, den *Falkland-Inseln und Nebengebieten,* Frankreich, *Gibraltar, Guernsey, Hongkong,* der *Insel Man,* Israel, Japan, *Jersey,* den *Kaiman-Inseln, Montserrat,* den Niederlanden, Norwegen, *Pitcairn, St. Helena und Nebengebieten, St. Vincent,* der Türkei, den *Turks- und Caicos-Inseln,* dem Vereinigten Königreich und den Vereinigten Staaten, Bek v. 23. 6. 80, BGBl II 907, v 29. 11. 82, BGBl II 1055, und v 22. 4. 83, BGBl II 321, Italien, Bek v 22. 4. 82, BGBl II 522, Tschechoslowakei, Bek v 5. 7. 82, BGBl II 722, Zypern, Bek v 7. 5. 84, BGBl II 506, Kanada, Bek v 24. 8. 89, BGBl II 807, Pakistan, Bek v 24. 10. 90, BGBl II 1650, Schweiz, Bek v 17. 7. 95, BGBl II 755, Polen, Bek v 27. 9. 96, BGBl II 2531, Bulgarien, China, Republik Korea, Mexiko, Bek v 14. 2. 01, BGBl II 270, China, Sri Lanka, Ukraine, Bek v 6. 8. 02, BGBl II 2436, China betr Macau, Bek v 7. 11. 02, BGBl 2862, Rumänien, Bek v 7. 4. 04, BGBl II 644; Russische Föderation, Bek v 2. 2. 05, BGBl II 335, Ungarn, Bek v 6. 5. 05, BGBl II 591.

HZustlÜbk Art 7. **I 1 Die in dem diesem Übereinkommen beigefügten Muster vorgedruckten Teile müssen in englischer oder französischer Sprache abgefaßt sein. 2 Sie können außerdem in der Amtssprache oder einer der Amtssprachen des Ursprungsstaats abgefaßt sein.**

II Die Eintragungen können in der Sprache des ersuchten Staates oder in englischer oder französischer Sprache gemacht werden.

Bem. Vgl dazu die Erklärungen von Sri Lanka, Bek v 6. 8. 02, BGBl II 2436.

HZustlÜbk Art 8. **I Jedem Vertragsstaat steht es frei, Personen, die sich im Ausland befinden, gerichtliche Schriftstücke unmittelbar durch seine diplomatischen oder konsularischen Vertreter ohne Anwendung von Zwang zustellen zu lassen.**

II Jeder Staat kann erklären, daß er einer solchen Zustellung in seinem Hoheitsgebiet widerspricht, außer wenn das Schriftstück einem Angehörigen des Ursprungsstaats zuzustellen ist.

Bem. Erklärungen nach I haben abgegeben: Türkei; Tschechoslowakei, Bek v 5. 7. 82, BGBl II 722.

Widerspruch haben erklärt: Ägypten, Belgien, Frankreich (bedingt), Luxemburg, Norwegen, Portugal (bedingt), Seschellen (bedingt), Bek v 6. 11. 81, BGBl II 1029, Zypern, Bek v 7. 5. 84, BGBl II 506, Pakistan, Bek v 24. 10. 90, BGBl II 1650 (mit Einschränkungen), *China,* Bek v 21. 1. 92, BGBl II 146, Schweiz, Bek v 17. 7. 95, BGBl II 755, Venezuela, Bek v 17. 7. 95, BGBl II 757, Polen, Bek v 27. 9. 96, BGBl II 2531, Bulgarien, China, Griechenland, Republik Korea, Mexiko, Bek v 14. 2. 01, BGBl II 270, Litauen, Sri Lanka, Ukraine, Bek v 6. 8. 02, BGBl II 2436, Rumänien, Bek v 7. 4. 04, BGBl II 644, Russische Föderation, Bek v 2. 2. 05, BGBl II 335, Ungarn, Bek v 6. 5. 05, BGBl II 591.

HZustlÜbk Art 9. **I Jedem Vertragsstaat steht es ferner frei, den konsularischen Weg zu benutzen, um gerichtliche Schriftstücke zum Zweck der Zustellung den Behörden eines anderen Vertragsstaats, die dieser hierfür bestimmt hat, zu übermitteln.**

II Wenn außergewöhnliche Umstände dies erfordern, kann jeder Vertragsstaat zu demselben Zweck den diplomatischen Weg benutzen.

Bem. Vgl dazu die Erklärungen von *Antigua,* Belgien, *Belize, Bermuda,* Botsuana, den *Britischen Jungferninseln,* Dänemark, den *Falkland-Inseln und Nebengebieten,* Finnland, Frankreich, *Gibraltar, Guernsey, Hongkong,* der *Insel Man,* Japan, *Jersey,* den *Kaiman-Inseln,* Luxemburg, *Montserrat,* den Niederlanden, Norwegen, *Pitcairn,* Schweden, *St. Helena und Nebengebieten, St. Vincent,* der Türkei, den *Turks- und Caicos-Inseln,* dem Vereinigten Königreich, Bek v 23.6. 80, BGBl II 907, v 29. 11. 82, BGBl II 1055, und v 22. 4. 83, BGBl II 321, Italien, Bek v 22. 4. 82, BGBl II 522; Tschechoslowakei, Bek v 5. 7. 82, BGBl II 722, Zypern, Bek v 7. 5. 84, BGBl II 506, Kanada, Bek v 24. 8. 89, BGBl II 807, *China,* Bek v 21. 1. 92, BGBl II 146, Schweiz, Bek v 17. 7. 95, BGBl II 755, Polen, Bek v 27. 9. 96, BGBl II 2531, Bulgarien, China, Bek v 14. 2. 01, BGBl II 270, Litauen, Sri Lanka, Ukraine, Bek v 6. 8. 02, BGBl II 2436, China betr Macau, Bek v 7. 11. 02, BGBl 2862, Ungarn, Bek v 6. 5. 05, BGBl II 591.

HZustlÜbk Art 10. **Dieses Übereinkommen schließt, sofern der Bestimmungsstaat keinen Widerspruch erklärt, nicht aus,**

a) daß gerichtliche Schriftstücke im Ausland befindlichen Personen unmittelbar durch die Post übersandt werden dürfen,

b) daß Justizbeamte, andere Beamte oder sonst zuständige Personen des Ursprungsstaats Zustellungen unmittelbar durch Justizbeamte, andere Beamte oder sonst zuständige Personen des Bestimmungsstaats bewirken lassen dürfen,

c) daß jeder an einem gerichtlichen Verfahren Beteiligte Zustellungen gerichtlicher Schriftstücke unmittelbar durch Justizbeamte, andere Beamte oder sonst zuständige Personen des Bestimmungsstaats bewirken lassen darf.

Bem. Einen (teilweise bedingten) Widerspruch haben erklärt: Ägypten, *Antigua, Belize, Bermuda,* Botsuana, *Britische Jungferninseln,* Dänemark, *Falkland-Inseln und Nebengebiete,* Finnland, *Gibraltar, Guernsey, Hongkong, Insel Man,* Israel, Japan, *Jersey, Kaiman-Inseln,* Luxemburg, *Montserrat,* Norwegen, *Pitcairn,* Schweden. *St. Helena und Nebengebiete, St. Vincent,* Türkei, *Turks- und Caicos-Inseln,* Vereinigtes Königreich, Bek v 23. 6. 80, BGBl II 907, v 29. 11. 82, BGBl II 1055, und v 22. 4. 83, BGBl II 321, Seschellen, Bek v 6. 11. 81, BGBl II 1029; Tschechoslowakei, Bek v 5. 7. 82, BGBl II 722, Zypern, Bek v 7. 5. 84, BGBl II 506, *China,* Bek v 21. 1. 92, BGBl II 146, Schweiz, Bek v 17. 7. 95, BGBl II 755, Venezuela, Bek v 17. 7. 95, BGBl II 757, Polen, Bek v 27. 9. 96, BGBl II 2531, Estland, Irland, Bek v 5. 11. 96, BGBl II 2758, Bulgarien, Griechenland, Republik Korea, Mexiko, Bek v 14. 2. 01, BGBl II 270, Litauen, Sri Lanka, Ukraine, Bek v 6. 8. 02, BGBl II 2436 und Bek v 29. 11. 04, BGBl **05** II 9; Russische Föderation, Bek v 2. 2. 05, BGBl II 335, Ungarn Bek v 6. 5. 05, BGBl II 591.

HZustlÜbk Art 11. **Dieses Übereinkommen schließt nicht aus, daß Vertragsstaaten vereinbaren, zum Zweck der Zustellung gerichtlicher Schriftstücke andere als die in den vorstehenden Artikeln vorgesehenen Übermittlungswege zuzulassen, insbesondere den unmittelbaren Verkehr zwischen ihren Behörden.**

HZustlÜbk Art 12. **I Für Zustellungen gerichtlicher Schriftstücke aus einem Vertragsstaat darf die Zahlung oder Erstattung von Gebühren und Auslagen für die Tätigkeit des ersuchten Staates nicht verlangt werden.**

II Die ersuchende Stelle hat jedoch die Auslagen zu zahlen oder zu erstatten, die dadurch entstehen,

a) daß bei der Zustellung ein Justizbeamter oder eine nach dem Recht des Bestimmungsstaats zuständige Person mitwirkt,

b) daß eine besondere Form der Zustellung angewendet wird.

Bem. Vgl dazu die Erklärungen von Kanada, Bek v 24. 8. 89, BGBl II 807, Mexiko, Bek v 14. 2. 01, BGBl II 270, Russische Föderation, Bek v 2. 2. 05, BGBl II 335.

HZustlÜbk Art 13. **I Die Erledigung eines Zustellungsantrags nach diesem Übereinkommen kann nur abgelehnt werden, wenn der ersuchte Staat sie für geeignet hält, seine Hoheitsrechte oder seine Sicherheit zu gefährden.**

II Die Erledigung darf nicht allein aus dem Grund abgelehnt werden, daß der ersuchte Staat nach seinem Recht die ausschließliche Zuständigkeit seiner Gerichte für die Sache in Anspruch nimmt oder ein Verfahren nicht kennt, das dem entspricht, für das der Antrag gestellt wird.

III Über die Ablehnung unterrichtet die Zentrale Behörde unverzüglich die ersuchende Stelle unter Angabe der Gründe.

Bem. Wegen einer unbezifferten Strafschadensersatzklage (punitive damages) § 328 Rn 44.

HZustlÜbk Art 14. **Schwierigkeiten, die aus Anlaß der Übermittlung gerichtlicher Schriftstücke zum Zweck der Zustellung entstehen, werden auf diplomatischem Weg beigelegt.**

HZustlÜbk Art 15. I **War zur Einleitung eines gerichtlichen Verfahrens eine Ladung oder ein entsprechendes Schriftstück nach diesem Übereinkommen zum Zweck der Zustellung in das Ausland zu übermitteln und hat sich der Beklagte nicht auf das Verfahren eingelassen, so hat der Richter das Verfahren auszusetzen, bis festgestellt ist,**

a) daß das Schriftstück in einer der Formen zugestellt worden ist, die das Recht des ersuchten Staates für die Zustellung der in seinem Hoheitsgebiet ausgestellten Schriftstücke an dort befindliche Personen vorschreibt, oder

b) daß das Schriftstück entweder dem Beklagten selbst oder aber in seiner Wohnung nach einem anderen in diesem Übereinkommen vorgesehenen Verfahren übergeben worden ist

und daß in jedem dieser Fälle das Schriftstück so rechtzeitig zugestellt oder übergeben worden ist, daß der Beklagte sich hätte verteidigen können.

II **Jedem Vertragsstaat steht es frei zu erklären, daß seine Richter ungeachtet des Absatzes 1 den Rechtsstreit entscheiden können, auch wenn ein Zeugnis über die Zustellung oder die Übergabe nicht eingegangen ist, vorausgesetzt,**

a) daß das Schriftstück nach einem in diesem Übereinkommen vorgesehenen Verfahren übermittelt worden ist,

b) daß seit der Absendung des Schriftstücks eine Frist verstrichen ist, die der Richter nach den Umständen des Falles als angemessen erachtet und die mindestens sechs Monate betragen muß, und

c) daß trotz aller zumutbaren Schritte bei den zuständigen Behörden des ersuchten Staates ein Zeugnis nicht zu erlangen war.

III **Dieser Artikel hindert nicht, daß der Richter in dringenden Fällen vorläufige Maßnahmen, einschließlich solcher, die auf eine Sicherung gerichtet sind, anordnet.**

Bem. Vgl dazu die Erklärungen von *Antigua,* Belgien, *Belize, Bermuda,* Botsuana, den *Britischen Jungferninseln,* Dänemark, den *Falkland-Inseln und Nebengebieten,* Frankreich, *Gibraltar, Guernsey, Hongkong,* der *Insel Man,* Japan, *Jersey,* den *Kaiman-Inseln,* Luxemburg, *Montserrat,* den Niederlanden, Norwegen, *Pitcairn,* Portugal, *St. Helena und Nebengebieten, St. Vincent,* der Türkei, den *Turks- und Caicos-Inseln,* dem Vereinigten Königreich, den Vereinigten Staaten, Bek v 23. 6. 80, BGBl II 907, v 29. 11. 82, BGBl II 1055, und v 22. 4. 83, BGBl II 321, Seschellen, Bek v 6. 11. 81, BGBl II 1029; Tschechoslowakei, Bek v 5. 7. 82, BGBl II 722, Zypern, Bek v 7. 5. 84, BGBl II 506, Spanien, Bek v 23. 9. 87, BGBl II 613, Kanada, Bek v 24. 8. 89, BGBl II 807, Pakistan, Bek v 24. 10. 90, BGBl II 1650, Griechenland, Bek v 24. 10. 90, BGBl II 1650, *China,* Bek v 21. 1. 92, BGBl II 146, Deutschland, Bek v 11. 3. 93, BGBl II 704, Venezuela, Bek v 17. 7. 95, BGBl II 757, Estland, Irland, Bek v 5. 11. 96, BGBl II 2758, Bulgarien, China, Republik Korea, Mexiko, Bek v 14. 2. 01, BGBl II 270, Litauen, Sri Lanka, Ukraine, Bek v 6. 8. 02, BGBl II 2436, Russische Föderation, Bek v 2. 2. 05, BGBl II 335, Ungarn, Bek v 6. 5. 05, BGBl II 591.

HZustlÜbk Art 16. I **War zur Einleitung eines gerichtlichen Verfahrens eine Ladung oder ein entsprechendes Schriftstück nach diesem Übereinkommen zum Zweck der Zustellung in das Ausland zu übermitteln und ist eine Entscheidung gegen den Beklagten ergangen, der sich nicht auf das Verfahren eingelassen hat, so kann ihm der Richter in bezug auf Rechtsmittelfristen die Wiedereinsetzung in den vorigen Stand bewilligen, vorausgesetzt,**

a) daß der Beklagte ohne sein Verschulden nicht so rechtzeitig Kenntnis von dem Schriftstück erlangt hat, daß er sich hätte verteidigen können, und nicht so rechtzeitig Kenntnis von der Entscheidung, daß er sie hätte anfechten können, und

b) daß die Verteidigung des Beklagten nicht von vornherein aussichtslos scheint.

II **Der Antrag auf Wiedereinsetzung in den vorigen Stand ist nur zulässig, wenn der Beklagte ihn innerhalb einer angemessenen Frist stellt, nachdem er von der Entscheidung Kenntnis erlangt hat.**

III **Jedem Vertragsstaat steht es frei zu erklären, daß dieser Antrag nach Ablauf einer in der Erklärung festgelegten Frist unzulässig ist, vorausgesetzt, daß diese Frist nicht weniger als ein Jahr beträgt, vom Erlaß der Entscheidung an gerechnet.**

IV **Dieser Artikel ist nicht auf Entscheidungen anzuwenden, die den Personenstand betreffen.**

Bem. Vgl dazu die Erklärungen von Belgien, Dänemark, Israel, Luxemburg, den Niederlanden, Norwegen, Portugal, der Türkei, dem Vereinigten Königreich, den Vereinigten Staaten, Bek v 23. 6. 80, BGBl II 907, Seschellen, Bek v 6. 11. 81, BGBl II 1029, Zypern, Bek v 7. 5. 84, BGBl II 506, Spanien, Bek v 23. 9. 87, BGBl II 613, Kanada, Bek v 24. 8. 89, BGBl II 807, Pakistan, Bek v 24. 10. 90, BGBl II 1650, *China,* Bek v 21. 1. 92, BGBl II 146, Venezuela, Bek v 17. 7. 95, BGBl II 757, Estland, Bek v 5. 11. 96, BGBl II 2758, Bulgarien, China, Mexiko, Bek v 14. 2. 01, BGBl II 270, Litauen, Sri Lanka, Ukraine, Bek v 6. 8. 02, BGBl II 2436, Rumänien, Bek v 7. 4. 04, BGBl II 644, Ungarn, Bek v 6. 5. 05, BGBl II 591.

Kapitel II. Außergerichtliche Schriftstücke

HZustlÜbk Art 17. **Außergerichtliche Schriftstücke, die von Behörden und Justizbeamten eines Vertragsstaats stammen, können zum Zweck der Zustellung in einem anderen Vertragsstaat nach den in diesem Übereinkommen vorgesehenen Verfahren und Bedingungen übermittelt werden.**

Kapitel III. Allgemeine Bestimmungen

HZustlÜbk Art 18. [I] **Jeder Vertragsstaat kann außer der Zentralen Behörde weitere Behörden bestimmen, deren Zuständigkeit er festlegt.**

[II] **Die ersuchende Stelle hat jedoch stets das Recht, sich unmittelbar an die Zentrale Behörde zu wenden.**

[III] **Bundesstaaten steht es frei, mehrere Zentrale Behörden zu bestimmen.**

Bem. Vgl dazu die Erklärung des Vereinigten Königreichs betr St. Christoph-Nevis, Bek v 22. 4. 83, BGBl II 321, Zypern, Bek v 7. 5. 84, BGBl II 506, Schweiz, Bek v 17. 7. 95, BGBl II 755, Polen, Bek v 27. 9. 96, BGBl II 2531, Bulgarien, Bek v 14. 2. 01, BGBl II 270, China, Bek v 6. 8. 02, BGBl II 2436, Kuwait, Bek v 31. 1. 03, BGBl II 205.

HZustlÜbk Art 19. **Dieses Übereinkommen schließt nicht aus, daß das innerstaatliche Recht eines Vertragsstaats, außer den in den vorstehenden Artikeln vorgesehenen, auch andere Verfahren zuläßt, nach denen Schriftstücke aus dem Ausland zum Zweck der Zustellung in seinem Hoheitsgebiet übermittelt werden können.**

HZustlÜbk Art 20. **Dieses Übereinkommen schließt nicht aus, daß Vertragsstaaten vereinbaren, von folgenden Bestimmungen abzuweichen:**

a) Artikel 3 Absatz 2 in bezug auf das Erfordernis, die Schriftstücke in zwei Stücken zu übermitteln,
b) Artikel 5 Absatz 3 und Artikel 7 in bezug auf die Verwendung von Sprachen,
c) Artikel 5 Absatz 4,
d) Artikel 12 Absatz 2.

HZustlÜbk Artt 21–22. Nicht abgedruckt.

HZustlÜbk Art 23. [I] **Dieses Übereinkommen berührt weder die Anwendung des Artikels 23 des am 17. Juli 1905 in Den Haag unterzeichneten Abkommens über den Zivilprozeß noch die Anwendung des Artikels 24 des am 1. März 1954 in Den Haag unterzeichneten Übereinkommens über den Zivilprozeß.**

[II] **Diese Artikel sind jedoch nur anwendbar, wenn die in diesen Übereinkünften vorgesehenen Übermittlungswege benutzt werden.**

HZustlÜbk Art 24. **Zusatzvereinbarungen zu dem Abkommen von 1905 und dem Übereinkommen von 1954, die Vertragsstaaten geschlossen haben, sind auch auf das vorliegende Übereinkommen anzuwenden, es sei denn, daß die beteiligten Staaten etwas anderes vereinbaren.**

HZustlÜbk Artt 25–31. Nicht abgedruckt.

4) Ausführungsgesetz zum HZustlÜbk, G v 22. 12. 77, BGBl 3105: **4**

Erster Teil

Vorschriften zur Ausführung des Haager Übereinkommens vom 15. November 1965 über die Zustellung gerichtlicher und außergerichtlicher Schriftstücke im Ausland in Zivil- oder Handelssachen

AusfG § 1. [1] **Die Aufgaben der Zentralen Behörde (Artikel 2, 18 Abs. 3 des Übereinkommens) nehmen die von den Landesregierungen bestimmten Stellen wahr.** [2] **Jedes Land kann nur eine Zentrale Behörde einrichten.**

AusfG § 2. **Für die Entgegennahme von Zustellungsanträgen, die von einem ausländischen Konsul innerhalb der Bundesrepublik Deutschland übermittelt werden (Artikel 9 Abs. 1 des Übereinkommens), sind die Zentrale Behörde des Landes, in dem die Zustellung bewirkt werden soll, und die Stellen zuständig, die gemäß § 1 des Gesetzes zur Ausführung des Haager Übereinkommens vom 1. März 1954 über den Zivilprozeß vom 18. Dezember 1958 (BGBl. I S. 939) zur Entgegennahme von Anträgen des Konsuls eines ausländischen Staates zuständig sind.**

AusfG § 3. **Eine förmliche Zustellung (Artikel 5 Abs. 1 des Übereinkommens) ist nur zulässig, wenn das zuzustellende Schriftstück in deutscher Sprache abgefaßt oder in diese Sprache übersetzt ist.**

AusfG § 4. [I 1] **Die Zentrale Behörde ist befugt, Zustellungsanträge unmittelbar durch die Post erledigen zu lassen, wenn die Voraussetzungen für eine Zustellung gemäß Artikel 5 Abs. 1 Buchstabe a des Übereinkommens erfüllt sind.** [2] **In diesem Fall händigt die Zentrale Behörde das zu übergebende Schriftstück der Post zur Zustellung aus.** [3] **Die Vorschriften der Zivilprozeßordnung über die Zustellung von Amts wegen gelten entsprechend.**

[II 1] **Im übrigen ist für die Erledigung von Zustellungsanträgen das Amtsgericht zuständig, in dessen Bezirk die Zustellung vorzunehmen ist.** [2] **Die Zustellung wird durch die Geschäftsstelle des Amtsgerichts bewirkt.**

AusfG § 5. **Das Zustellungszeugnis (Artikel 6 Abs. 1, 2 des Übereinkommens) erteilt im Fall des § 4 Abs. 1 die Zentrale Behörde, im übrigen die Geschäftsstelle des Amtsgerichts.**

AusfG § 6. [1] **Eine Zustellung durch diplomatische oder konsularische Vertreter (Artikel 8 des Übereinkommens) ist nur zulässig, wenn das Schriftstück einem Angehörigen des Absendestaates zuzustellen ist.** [2] **Eine Zustellung nach Artikel 10 des Übereinkommens findet nicht statt.**

5 **5) Bekanntmachung zum HZustlÜbk**, v 21. 6. 79, BGBl II 779, zuletzt ergänzt durch Bek v 17. 7. 95, BGBl II 757:

Bek. **Die Bundesrepublik Deutschland hat bei Hinterlegung der Ratifikationsurkunde folgende Erklärungen abgegeben:**

„1. **Zustellungsanträge sind an die Zentrale Behörde des Landes zu richten, in dem der jeweilige Antrag erledigt werden soll. Zentrale Behörde gemäß Artikel 2, 18 Abs. 3 des Übereinkommens ist für**
Baden-Württemberg: Justizministerium Baden-Württemberg, Schillerplatz 4, D-70173 Stuttgart;
Bayern: Bayerisches Staatsministerium der Justiz, Justizpalast, Prielmayerstr. 7, D-80335 München;
Berlin: Senatsverwaltung für Justiz von Berlin, Salzburger Str. 21–25, D-10825 Berlin;
Brandenburg: Ministerium der Justiz des Landes Brandenburg, Heinrich-Mann-Allee 107, D-14460 Potsdam;
Bremen: Präsident des Landgerichts, Domsheide 16, D-28195 Bremen;
Hamburg: Präsident des Amtsgerichts Hamburg, Sievekingplatz 1, D-20355 Hamburg;
Hessen: Hessisches Ministerium der Justiz, Luisenstraße 13, D-65185 Wiesbaden;
Mecklenburg-Vorpommern: Ministerium der Justiz, Bundes- und Europaangelegenheiten, Demmlerplatz 14, D-19503 Schwerin;
Niedersachsen: Niedersächsisches Justizministerium, Am Waterlooplatz 1, D-30169 Hannover;
Nordrhein-Westfalen: Präsident des Oberlandesgerichts, Düsseldorf, Cecilienallee 3, D-40474 Düsseldorf;
Rheinland-Pfalz: Ministerium der Justiz, Ernst-Ludwig-Straße 3, D-55116 Mainz;
Saarland: Ministerium der Justiz, Zähringerstraße 12, D-66119 Saarbrücken;
Sachsen: Sächsisches Staatsministerium der Justiz, Archivstraße 1, D-01097 Dresden;
Sachsen-Anhalt: Ministerium der Justiz, Wilhelm-Höpfner-Ring 6, D-39116 Magdeburg;
Schleswig-Holstein: Justizminister des Landes Schleswig-Holstein, Lorentzendamm 35, D-24103 Kiel;
Thüringen: Thüringer Justizministerium, Alfred-Hess-Straße 8, D-99094 Erfurt.

Bem. Vgl dazu die folgenden Ausführungsbestimmungen:
Baden-Württemberg:
Bayern: VO v 10. 5. 78, ABl 177;
Berlin:
Brandenburg: VO v 4. 6. 91, GVBl 288;
Bremen:
Hamburg:
Hessen: VO v 18. 4. 78, GVBl 251;
Mecklenburg-Vorpommern:
Niedersachsen:
Nordrhein-Westfalen: VO v 4. 4. 78, GVBl 166;
Rheinland-Pfalz:
Saarland: VO v 14. 6. 78, ABl 617;
Sachsen:
Sachsen-Anhalt:
Schleswig-Holstein: VO v 17. 3. 78, GVBl 112.

Die Zentralen Behörden sind befugt, Zustellungsanträge unmittelbar durch die Post erledigen zu lassen, wenn die Voraussetzungen für eine Zustellung gemäß Artikel 5 Abs. 1 Buchstabe a des Übereinkommens erfüllt sind. In diesem Fall händigt die jeweils zuständige Zentrale Behörde das zu übergebende Schriftstück der Post zur Zustellung aus. Im übrigen ist für die Erledigung von Zustellungsanträgen das Amtsgericht zuständig, in dessen Bezirk die Zustellung vorzunehmen ist. Die Zustellung wird durch die Geschäftsstelle des Amtsgerichts bewirkt.

Eine förmliche Zustellung (Artikel 5 Abs. 1 des Übereinkommens) ist nur zulässig, wenn das zuzustellende Schriftstück in deutscher Sprache abgefaßt oder in diese Sprache übersetzt ist.

2. **Das Zustellungszeugnis (Artikel 6 Abs. 1, 2 des Übereinkommens) erteilt die Zentrale Behörde, wenn sie den Zustellungsantrag selbst unmittelbar durch die Post hat erledigen lassen, im übrigen die Geschäftsstelle des Amtsgerichts.**
3. **Für die Entgegennahme von Zustellungsanträgen, die von einem ausländischen Konsul innerhalb der Bundesrepublik Deutschland übermittelt werden (Artikel 9 Abs. 1 des Übereinkommens), sind die Zentrale Behörde des Landes, in dem die Zustellung bewirkt werden soll, und die Stellen zuständig, die gemäß § 1 des Gesetzes vom 18. Dezember 1958 zur Ausführung des Haager Übereinkommens vom 1. März 1954 über den Zivilprozeß zur Entgegennahme von Anträgen des Konsuls eines ausländischen Staates zuständig sind. Nach diesem Gesetz ist hierfür der Präsident des Landgerichts zuständig, in dessen**

Bezirk die Zustellung bewirkt werden soll; an seine Stelle tritt der Präsident des Amtsgerichts, wenn der Zustellungsantrag in dem Bezirk des Amtsgerichts erledigt werden soll, das seiner Dienstaufsicht untersteht.

4. Gemäß Artikel 21 Abs. 2 Buchstabe a des Übereinkommens widerspricht die Regierung der Bundesrepublik Deutschland der Benutzung der in den Artikeln 8 und 10 des Übereinkommens vorgesehenen Übermittlungswege. Eine Zustellung durch diplomatische oder konsularische Vertreter (Artikel 8 des Übereinkommens) ist daher nur zulässig, wenn das Schriftstück einem Angehörigen des Absendestaates zuzustellen ist. Eine Zustellung nach Artikel 10 des Übereinkommens findet nicht statt."

6) Haager Zivilprozeßübereinkommen (**Auszug;** Geltungsbereich Einl IV 3): 6

I. Zustellung gerichtlicher und außergerichtlicher Schriftstücke

HZPrÜbk Art 1. **I 1 In Zivil- oder Handelssachen wird die Zustellung von Schriftstücken, die für eine im Ausland befindliche Person bestimmt sind, innerhalb der Vertragsstaaten auf einen Antrag bewirkt, der von dem Konsul des ersuchenden Staates an die von dem ersuchten Staat zu bezeichnende Behörde gerichtet wird. 2 Der Antrag, in dem die Behörde, von der das übermittelte Schriftstück ausgeht, die Namen und die Stellung der Parteien, die Anschrift des Empfängers sowie die Art des zuzustellenden Schriftstücks anzugeben sind, muß in der Sprache der ersuchten Behörde abgefaßt sein. 3 Diese Behörde hat dem Konsul die Urkunde zu übersenden, welche die Zustellung nachweist oder den Grund angibt, aus dem die Zustellung nicht hat bewirkt werden können.**

II Schwierigkeiten, die aus Anlaß des Antrags des Konsuls entstehen, werden auf diplomatischem Wege geregelt.

III Jeder Vertragstaat kann in einer an die anderen Vertragstaaten gerichteten Mitteilung verlangen, daß der Antrag, eine Zustellung in seinem Hoheitsgebiet zu bewirken, mit den in Absatz 1 bezeichneten Angaben auf diplomatischem Wege an ihn gerichtet werde.

IV Die vorstehenden Bestimmungen hindern nicht, daß zwei Vertragsstaaten vereinbaren, den unmittelbaren Verkehr zwischen ihren Behörden zuzulassen.

Bem. S dazu § 1 AusfG. Unmittelbarer Verkehr besteht infolge von Zusatzvereinbarungen, Einl IV 3, mit Belgien, Dänemark, Luxemburg, den Niederlanden, Österreich, der Schweiz. Unmittelbarer Geschäftsverkehr (ohne Staatsvertrag) besteht auch mit Liechtenstein, Einl IV 5.

HZPrÜbk Art 2. **1 Die Zustellung wird durch die Behörde bewirkt, die nach den Rechtsvorschriften des ersuchten Staates zuständig ist. 2 Diese Behörde kann sich, abgesehen von den in Artikel 3 vorgesehenen Fällen, darauf beschränken, die Zustellung durch einfache Übergabe des Schriftstücks an den Empfänger zu bewirken, wenn er zur Annahme bereit ist.**

Bem. Vgl § 2 AusfG.

HZPrÜbk Art 3. **I Dem Antrag ist das zuzustellende Schriftstück in zwei Stücken beizufügen.**

II 1 Ist das zuzustellende Schriftstück in der Sprache der ersuchten Behörden oder in der zwischen den beiden beteiligten Staaten vereinbarten Sprache abgefaßt oder ist es von einer Übersetzung in eine dieser Sprachen begleitet, so läßt die ersuchte Behörde, falls in dem Antrag ein dahingehender Wunsch ausgesprochen ist, das Schriftstück in der durch ihre innerstaatlichen Rechtsvorschriften für die Bewirkung gleichartiger Zustellungen vorgeschriebenen Form oder in einer besonderen Form, sofern diese ihren Rechtsvorschriften nicht zuwiderläuft, zustellen. 2 Ist ein solcher Wunsch nicht ausgesprochen, so wird die ersuchte Behörde zunächst versuchen, das Schriftstück nach Artikel 2 durch einfache Übergabe zuzustellen.

III Vorbehaltlich anderweitiger Vereinbarung ist die in Absatz 2 vorgesehene Übersetzung von dem diplomatischen oder konsularischen Vertreter des ersuchenden Staates oder von einem beeidigten Übersetzer des ersuchten Staates zu beglaubigen.

Bem. S § 3 AusfG. *Zu III:* Besondere Vereinbarungen bestehen mit Dänemark, den Niederlanden u Schweden durch Zusatzvereinbarung. Die Beifügung einer Übersetzung ist nicht zwingend vorgeschrieben, BGH NJW **69**, 980.

HZPrÜbk Art 4. **Eine in den Artikeln 1, 2 und 3 vorgesehene Zustellung kann nur abgelehnt werden, wenn der Staat, in dessen Hoheitsgebiet sie bewirkt werden soll, sie für geeignet hält, seine Hoheitsrechte oder seine Sicherheit zu gefährden.**

Bem. Keine Ablehnung erfolgt mithin, wenn Art 3 I nicht eingehalten ist.

HZPrÜbk Art 5. **I Zum Nachweis der Zustellung dient entweder ein mit Datum versehenes und beglaubigtes Empfangsbekenntnis des Empfängers oder ein Zeugnis der Behörde des ersuchten Staates, aus dem sich die Tatsache, die Form und die Zeit der Zustellung ergibt.**

II Das Empfangsbekenntnis oder das Zeugnis ist auf eines der beiden Stücke des zuzustellenden Schriftstücks zu setzen oder damit zu verbinden.

Bem. S § 3 AusfG.

HZPrÜbk Art 6. **[I] Die vorstehenden Artikel schließen es nicht aus:**
1. **daß Schriftstücke den im Ausland befindlichen Beteiligten unmittelbar durch die Post übersandt werden dürfen;**
2. **daß die Beteiligten Zustellungen unmittelbar durch die zuständigen Gerichtsbeamten oder andere zuständige Beamte des Bestimmungslandes bewirken lassen dürfen;**
3. **daß jeder Staat Zustellungen an die im Ausland befindlichen Personen unmittelbar durch seine diplomatischen oder konsularischen Vertreter bewirken lassen darf.**

[II 1] Eine solche Befugnis besteht jedoch in jedem Falle nur dann, wenn sie durch Abkommen zwischen den beteiligten Staaten eingeräumt wird oder wenn beim Fehlen solcher Abkommen der Staat, in dessen Hoheitsgebiet die Zustellung zu bewirken ist, ihr nicht widerspricht. [2] Dieser Staat kann jedoch einer Zustellung gemäß Absatz 1 Nr. 3 nicht widersprechen, wenn das Schriftstück einem Angehörigen des ersuchenden Staates ohne Anwendung von Zwang zugestellt werden soll.

Bem. Durch Zusatzvereinbarung mit Schweden und den Niederlanden können die Konsulate unmittelbar Anträge auf eine formlose Zustellung auch gegenüber fremden Staatsangehörigen außer denen des Empfangsstaates erledigen.

HZPrÜbk Art 7. **[I] Für Zustellungen dürfen Gebühren oder Auslagen irgendwelcher Art nicht erhoben werden.**

[II] Der ersuchte Staat ist jedoch vorbehaltlich anderweitiger Vereinbarung berechtigt, von dem ersuchenden Staat die Erstattung der Auslagen zu verlangen, die in den Fällen des Artikels 3 dadurch entstanden sind, daß bei der Zustellung ein Gerichtsbeamter mitgewirkt hat oder daß bei ihr eine besondere Form angewendet worden ist.

Bem. S § 3 AusfG. Zusatzvereinbarungen zu II bestehen mit Belgien, Dänemark, Luxemburg, den Niederlanden, Österreich, Schweden und der Schweiz.

7 **7) Ausführungsgesetz zum HZPrÜbk,** G v 18. 12. 58, BGBl 939:

Zustellungsanträge und Rechtshilfeersuchen

(Artikel 1 bis 16 des Übereinkommens)

AusfG § 1. **[1] Für die Entgegennahme von Zustellungsanträgen (Artikel 1 Abs. 1 des Übereinkommens) oder von Rechtshilfeersuchen (Artikel 8, Artikel 9 Abs. 1), die von einem ausländischen Konsul innerhalb der Bundesrepublik Deutschland übermittelt werden, ist der Präsident des Landgerichts zuständig, in dessen Bezirk die Zustellung bewirkt oder das Rechtshilfeersuchen erledigt werden soll. [2] An die Stelle des Landgerichtspräsidenten tritt der Amtsgerichtspräsident, wenn der Zustellungsantrag oder das Rechtshilfeersuchen in dem Bezirk des Amtsgerichts erledigt werden soll, das seiner Dienstaufsicht untersteht.**

AusfG § 2. **[I] Für die Erledigung von Zustellungsanträgen oder von Rechtshilfeersuchen ist das Amtsgericht zuständig, in dessen Bezirk die Amtshandlung vorzunehmen ist.**

[II 1] Die Zustellung wird durch die Geschäftsstelle des Amtsgerichts bewirkt. [2] Diese hat auch den Zustellungsnachweis (Artikel 1 Abs. 1, Artikel 5 des Übereinkommens) zu erteilen.

AusfG § 3. (aufgehoben)

184 ***Zustellungsbevollmächtigter; Zustellung durch Aufgabe zur Post.*** **[I 1] Das Gericht kann bei der Zustellung nach § 183 anordnen, dass die Partei innerhalb einer angemessenen Frist einen Zustellungsbevollmächtigten benennt, der im Inland wohnt oder dort einen Geschäftsraum hat, falls sie nicht einen Prozessbevollmächtigten bestellt hat. [2] Wird kein Zustellungsbevollmächtigter benannt, so können spätere Zustellungen bis zur nachträglichen Benennung dadurch bewirkt werden, dass das Schriftstück unter der Anschrift der Partei zur Post gegeben wird.**

[II 1] Das Schriftstück gilt zwei Wochen nach Aufgabe zur Post als zugestellt. [2] Das Gericht kann eine längere Frist bestimmen. [3] In der Anordnung nach Absatz 1 ist auf diese Rechtsfolgen hinzuweisen. [4] Zum Nachweis der Zustellung ist in den Akten zu vermerken, zu welcher Zeit und unter welcher Anschrift das Schriftstück zur Post gegeben wurde.

Vorbem. I 1 geändert dch Art 1 Z 4 G BT-Drs 16/3639, in Kraft seit 13. 11. 08, Art 8 II 2 G, ÜbergangsR Einl III 78.

Gliederung

1) Systematik, I, II. Die Vorschrift bezieht sich ausdrücklich nur auf eine Auslandszustellung, BGH MDR **08**, 872 rechts. § 184 wird seinerseits ergänzt durch § 189. § 184 ist dann unanwendbar, wenn das Gericht schon nach (jetzt) der VO (EG) Nr 1393/07, Einf 3 vor § 1067, vorgegangen war, Düss Rpfleger **08**, 432. Wegen des IntFamRVG Anh § 183 Rn 1. 1

2) Regelungszweck, I, II. Die Vorschrift dient dem Interesse an den Vermeidungen von Komplikationen, speziell von Verzögerungen bei der Zustellung, BGH FamRZ **96**, 347. Sie dient damit auch der Prozeßwirtschaftlichkeit, Grdz 14 vor § 128, BGH NJW **00**, 3285. Das muß man bei der Auslegung mitbeachten. Auch wenn die Frist des I 1 zunächst eine gewisse Verzögerung mit sich bringt, kann § 184 doch wegen der vielfach immer noch beträchtlichen zeitlichen und sonstigen Probleme einer Zustellung im Ausland eine ganz wesentliche Erleichterung schaffen. Deshalb ist es oft ratsam, von der Möglichkeit des § 184 Gebrauch zu machen. Natürlich braucht der inländische Zustellungsbevollmächtigte Zeit zur Weiterleitung. Er mag durchaus glaubhaft machen, daß er keinen Kontakt mehr habe. Die Fiktion des II 1 macht dergleichen nur bedingt unbeachtlich. Immerhin ist sie ein beträchtliches Druckmittel. 2

3) Geltungsbereich, I, II. Vgl Üb 3 vor § 166. Die Vorschrift gilt nur für eine Partei nach Rn 6. Sie gilt nicht für einen Dritten. 3

4) Bevollmächtigungsrecht, I, II. Eine Partei oder ihr ProzBev kann jederzeit eine andere natürliche oder juristische Person „zum Empfang der für sie bestimmten Schriftstücke" bevollmächtigen. Sie kann ihn also zu ihrem Zustellungsbevollmächtigten bestellen, ohne ihn gleich zum ProzBev zu machen, LG Hagen WoM **88**, 281. Dann darf eine Zustellung an den Zustellungsbevollmächtigten erfolgen. Dann muß das Gericht mangels auch eines ProzBev nach § 172 grundsätzlich diesen Weg wählen, auch wenn die Bestellung nicht notwendig war. Allerdings bleibt auch eine Zustellung an die Partei selbst zulässig, BGH RR **95**, 257, freilich nicht durch eine Aufgabe zur Post nach I 2. Auch der ProzBev darf einen Zustellungsbevollmächtigten ernennen. Prozeßgegner dürfen nicht für denselben Prozeß denselben Zustellungsbevollmächtigten bestellen, aM ZöStö 1 (vgl aber den Grundgedanken des § 178 II). Der Ehegatte ist keineswegs stets ein Zustellungsbevollmächtigter, LAG Mü NJW **87**, 2542. 4

5) Keine Bevollmächtigungspflicht vor Anordnung, I, II. Ein Bevollmächtigungszwang besteht für die im Ausland wohnende oder sitzende inländische oder ausländische Partei zwar unabhängig von einem gegnerischen Antrag. Er besteht aber nur auf Grund einer etwaigen entsprechenden gerichtlichen Anordnung, falls die Partei keinen ProzBev bestellt hat. Eine Zustellungsvollmacht erlischt auch dann, wenn ihre Voraussetzungen weggefallen sind. Sie erlischt also nicht schon durch die Kündigung, sondern erst durch deren Anzeige beim Gericht, § 87 I entsprechend. 5

Die Bestellung des Zustellungsbevollmächtigten wahrt ausschließlich die *Interessen des Zustellenden*. Deshalb ist eine ordnungsmäßige Zustellung trotz des Daseins eines Zustellungsbevollmächtigten voll wirksam. Ist dieser dem Zustellenden benannt, verstößt die Umgehung gegen Treu und Glauben, Einl III 54. Der Zustellungsgegner braucht sie dann nicht gelten zu lassen. Wegen des Regelungszwecks nach Rn 2 kommt es auf den Wohnsitz des gesetzlichen Vertreters an.

Man muß die Bestellung einer *Personenmehrheit* zu Zustellungsbevollmächtigten zulassen, LG Kaisersl Rpfleger **93**, 256. Ferner kann eine juristische Person als eine Zustellungsbevollmächtigte möglich sein. Dann ist ihr gesetzlicher Vertreter bestellt. Der Vorsteher des Postamts ist kein Zustellungsbevollmächtigter. Daher genügt die Angabe des Postfachs ohne die Mitteilung der Anschrift für eine Zustellung nicht, § 39 PostO. Ein Zustellungsbevollmächtigter ist nicht stets auch ein ProzBev nach § 81. Die Zustellung der Rechtsmittelschrift erfolgt an ihn, mag er auch nur für die erste Instanz der ProzBev sein. Das gilt insbesondere auch dann, wenn die Prozeßvollmacht weggefallen ist.

Der Zustellungsbevollmächtigte muß *nicht am Ort* des Prozeßgerichts oder in dessen AG-Bezirk ansässig sein. Es genügt vielmehr und ist nach I 1 notwendig, daß er im Inland wohnt oder dort einen Geschäftsraum hat, § 178 I. Der Zustellungsbevollmächtigte muß prozeßfähig sein wie jeder, der einen anderen vor Gericht vertreten will, § 78 Rn 26, ZöStö 4, aM StJR 12, ThP § 175 Rn 2 (aber die Prozeßfähigkeit ist eine Grundvoraussetzung einer wirksamen Teilnahme am Prozeß in irgendeiner Funktion, § 51 Rn 4).

6) Gerichtliche Anordnung, I 1, 2. Man muß die Voraussetzungen, Form und Anfechtbarkeit unterscheiden. 6

A. Voraussetzungen, I 1. Es muß und darf nur um eine Zustellung gerade im Ausland gehen. Partei nach Grdz 4 vor § 50 ist hier auch der Streithelfer, § 66. Man muß Streitgenossen § 59 getrennt beurteilen, auch notwendige, § 62. Sie brauchen nicht denselben Zustellungsbevollmächtigten zu haben. „Einen Geschäftsraum haben" kann auch eine juristische Person. Die Anordnung erfolgt, soweit nach einem pflichtgemäßen Ermessen für sie ein Bedürfnis besteht („kann ... anordnen"). Ein solches Bedürfnis mag auch erst im Verlauf des Prozesses eintreten, zB durch einen Wegzug ins Ausland. Es besteht zB dann, wenn eine Zustellung sonst voraussichtlich langwierig oder schwierig wäre, etwa wegen eines bloßen Postfachs oder wegen einer ständigen Abwesenheit oder Entlegenheit des Wohnorts.

Es *fehlt,* wenn der gesetzliche Vertreter, Generalbevollmächtigte, Prokurist nach § 171 am Ort des Prozeßgerichts oder im Amtsgerichtsbezirk wohnt. Es fehlt ferner, wenn die Partei einen ProzBev nach § 172 hat, der entsprechend wohnt. Es fehlt schließlich, falls eine Zustellung noch an den ProzBev der Vorinstanz erfolgen muß. Wenn der ProzBev aufhört entsprechend zu wohnen, greift § 184 ein.

Ein auswärtiger *Simultananwalt* nach § 91 Rn 166 fällt nicht unter I. Für seinen etwaigen Zustellungsbevollmächtigten gilt auch § 30 BRAO. I setzt einen anhängigen Prozeß voraus, nicht notwendig einen 7 rechtshängigen, § 261 Rn 1. Der Kläger kann die Anordnung also schon mit der Klageschrift beantragen. Das Gericht kann sie sogleich nach dem Klageingang erlassen. Ein Antrag der Gegenpartei ist in jeder Lage des Verfahrens statthaft, auch im höheren Rechtszug. Das ändert aber nichts daran, daß man das verfahrenseinleitende Schriftstück noch nicht nach § 184 zustellen kann, KG RR **08**, 1023 links. Denn I 1 erlaubt eine solche Anordnung erst „bei" der Zustellung nach § 183 nicht schon „vor" ihr.

8 **B. Entscheidung, I 2.** Die Entscheidung ergeht durch dasjenige Gericht, bei dem der Prozeß anhängig ist. Es kann auch der Rpfl nach § 4 I RPflG zuständig sein. Die Entscheidung ergeht auf Grund einer nach I 2 freigestellten mündlichen Verhandlung nach § 128 IV durch einen Beschluß, § 329. Das Gericht muß seinen Beschluß grundsätzlich begründen, § 329 Rn 4. Es teilt ihn beiden Parteien formlos mit, § 329 II 1. Denn er setzt gerade keine Frist in Lauf. Daher ist § 329 II 2 unanwendbar, aM ZöStö 4 (aber § I 1 macht die Rechtsnachteile der Nichtbefolgung der bloßen Obliegenheit nicht von einem Fristablauf abhängig).

9 **7) Benennung, I 1.** Die Partei muß einen Zustellungsbevollmächtigte allenfalls für die Dauer des Prozeßrechtsverhältnisses nach Grdz 4 vor § 128 angeben. Sie muß ihn innerhalb einer gerichtlich bestimmten oder zumindest angemessenen Frist benennen. Angemessen ist eine zumutbare weder zu kurze noch zu lange Frist. Ihre Länge richtet sich nach den vorsichtig abgewogenen Gesamtumständen. Man muß Postlaufzeiten ins Ausland und zurück ebenso berücksichtigen wie in- und ausländische Feiertage, Urlaubszeiten, Krisengebiete usw. Zwei bis sechs Wochen dürften oft ausreichen.

Die Benennung ist als eine prozessuale Obliegenheit eine *Parteiprozeßhandlung,* Grdz 47 vor § 128, aM ThP 2 (sie sei ein Rechtsgeschäft, § 167 I BGB. Aber ihr Hauptinhalt ist prozessual). Sie kann gegenüber dem Gericht oder gegenüber dem Gegner erfolgen. Eine Bevollmächtigung oder eine Annahme des Amts sind nicht erforderlich. Es besteht keine prozessuale Pflicht zur Übernahme. Die Benennung berechtigt das Gericht und den Gegner zur Zustellung an den Zustellungsbevollmächtigten mit einer Wirkung für und gegen die vertretene Partei. Sie verpflichtet aber nicht dazu, BGH FamRZ **94**, 1521. Sie gilt für alle Instanzen. Das gilt selbst dann, wenn der Zustellungsbevollmächtigte nach der Annahme des Amts die Annahme des Schriftstücks verweigert und damit die Rechtsfolge des § 179 auslöst. Die Benennung ist jederzeit widerruflich. §§ 86, 87 (Tod, Wirkung der Kündigung) sind entsprechend anwendbar. Nach einem Widerruf oder bei einer Unmöglichkeit der Zustellung tritt der Zustand vor der Benennung wieder ein.

Der Zustellungsbevollmächtigte hat kein Recht zur Erteilung einer *Untervollmacht.* Er hat nur eine Vollmacht zum Empfang, keine Vollmacht zum Handeln. Wenn aber die Auslandspartei mit einem ProzBev im Ausland einen Anwalt im Inland unterbevollmächtigt hat, darf und muß man diesen Unterbevollmächtigten im allgemeinen auch als einen Zustellungsbevollmächtigten ansehen. Der Vorsteher eines Postamts ist kein Zustellungsbevollmächtigter. Es besteht keine Belehrungspflicht, BGH **98**, 268, Mü MDR **97**, 1150, ZöGei § 199 Rn 20, aM Kblz Rpfleger **78**, 261, ZöStö § 174 Rn 5 (aber es gibt keine allgemeine Belehrungspflicht).

10 **8) Unterbleiben der Benennung, I 2.** Die Partei gibt evtl keinen Zustellungsbevollmächtigten oder ProzBev oder nur jemanden an, der nicht Zustellungsbevollmächtigter sein kann, zB weil er nicht am Ort oder im Bezirk des Prozeßgerichts wohnt, BGH FamRZ **94**, 1521. Dann sind von demjenigen Augenblick an, in dem die Benennung hätte erfolgen müssen, alle Zustellungen dadurch zulässig, daß das Gericht die Sendung als einen einfachen Brief usw zur Post aufgibt, BGH FamRZ **89**, 1288, LG Ffm NJW **90**, 652, Mü MDR **97**, 1150. Das gilt auch für die Zustellung eines streitigen oder sonstigen Urteils, auch des Versäumnisurteils, BGH NJW **92**, 1702. Es gilt ferner für die Zustellung der Rechtsmittelschrift, falls die Sache noch rechtshängig ist, § 261 I. Eine gewöhnliche Zustellung ist daneben zulässig und voll wirksam.

Man darf die Zustellung durch eine *Aufgabe zur Post* nach Rn 11 nicht mit der Zustellung durch die Post nach §§ 193 ff verwechseln. Die Zustellung durch die Aufgabe zur Post sieht von einer Übergabe an den Zustellungsgegner ganz ab. Sie ist also eine unterstellte (fingierte) Zustellung. Die Befugnis nach § 175 erlischt mit dem Wegfall ihrer Voraussetzungen und mit der Anzeige der Bestellung eines ProzBev oder eines Zustellungsbevollmächtigten. Eine zu Unrecht durch eine Aufgabe zur Post vorgenommene Zustellung ist grundsätzlich unwirksam, BGH **73**, 390, Ffm OLGZ **79**, 41 (Adressenmangel), LG Aachen Rpfleger **83**, 75. Vgl freilich § 187 S 1.

11 **9) Aufgabe zur Post, I 2.** Sie ist mit Art 6 I EGV vereinbar, BGH NJW **99**, 1871, und auch mit dem GG vereinbar, BVerfG NJW **97**, 1772, BGH NJW **00**, 3285, Stadler Festgabe *50 Jahre Bundesgerichtshof* [2000] III 651.

A. Übergabe an Post. Die Aufgabe erfolgt im Gegensatz zu einer nach §§ 168, 176 erfolgenden Zustellung durch die Post schon mit der Übergabe an die Post (Leerungstag), BGH FamRZ **88**, 827, BayObLG Rpfleger **78**, 447, Köln NJW **81**, 2264. Das gilt, selbst wenn der Empfänger die Sendung tatsächlich nicht erhält, BGH RR **96**, 388, oder wenn die Sendung als unzustellbar zurückkommt, es sei denn, die Adressierung wäre fehlerhaft gewesen, Düss VersR **01**, 612. Sie ist deshalb rechtlich ausnahmslos eine Zustellung im Inland, BVerfG NJW **97**, 1772, BGH NJW **99**, 1872, BayObLG Rpfleger **78**, 447 (Auslandswohnsitz, Zustellanschrift zusätzlich im Inland). Das Haager Zustellungsübereinkommen nach Anh § 183 steht nicht entgegen, Mü NJW **87**, 3086, LG Kref Rpfleger **90**, 226. Zum Verhältnis zu Belgien LG Bln NJW **89**, 1434.

Eine *Übersetzung* in die Sprache des ausländischen Empfängers ist nicht erforderlich, § 184 GVG, BGH FamRZ **96**, 347. Schlosser Festschrift für Stiefel (1987) 693 hält die Vorschrift für einen Verstoß gegen völkerrechtliches Vertragsrecht. Entgegen seiner Ansicht reicht es aber, daß der evtl ja auch deutsche Auslandsbewohner die Verfahrenseinleitung zuvor erfahren hat.

Die *Einspruchsfrist* gegen ein nach einer mündlichen Verhandlung oder Schriftsatzeinreichung durch den Säumigen ergehendes Versäumnisurteil ist also die gewöhnliche, § 339, BGH MDR **92**, 515, Mü Rpfleger **83**, 75. Manche Länder machen freilich nach einer solchen Art von Zustellung Schwierigkeiten bei der Vollstreckung, zB Sudan, Bericht der dt Botschaft Khartoum v 13. 2. 91, RK 520 – BerNr 140/91. Insofern sollte man formell zustellen lassen.

12 **B. Wirksamkeit.** Die *Zustellung* geschieht durch die Aufgabe unter der Anschrift der Partei. Diese Anschrift muß vollständig sein, BGH **73**, 390, Köln MDR **86**, 244 (bei der Zustellung im Ausland genügt ein kennzeichnender Länderbuchstabe). Die Anschrift muß auch richtig sein, Ffm OLGZ **79**, 41. Andernfalls

ist die Zustellung grundsätzlich unwirksam. Das Gericht ermittelt die Richtigkeit nicht von Amts wegen, BGH NJW **99**, 1189. Solange die Partei keine andere Anschrift mitgeteilt hat, geschieht die Zustellung auch durch eine Aufgabe unter der Anschrift einer Person nach §§ 170, 171. Die Übergabe an die Post kann durch den Einwurf in den Briefkasten erfolgen. Eine Freimachung ist theoretisch nicht notwendig. Ohne sie kann die Post aber die Beförderung verweigern. Dann kann die Zustellwirkung natürlich nicht eintreten. Ein Einschreiben ist nicht notwendig. Es ist aber zulässig. Eine Luftpost ist nicht notwendig, aber evtl ratsam, BVerfG NJW **97**, 1772. Wegen der Einzelheiten der Amtszustellung BGH Rpfleger **87**, 205.

10) Unterstellung des Zugangs, II 1, 2. Das ordnungsgemäß nach I zur Post aufgegebene Schriftstück **13** gilt als zwei Wochen nach der Aufgabe zur Post nach Rn 11 zugestellt. Man berechnet die Frist nach § 222. Das Gericht kann nach seinem pflichtgemäßen Ermessen eine längere Frist bestimmen. Insofern gelten die Erwägungen Rn 3 hier entsprechend.

11) Hinweispflicht, II 3. Das Gericht muß zur Erzielung der Unterstellung des Zugangs nach Rn 11 auf **14** diese Rechtsfolge hinweisen. Der Hinweis muß klar und unmißverständlich sein. Die Wiedergabe des Gesetzestextes genügt nur mit der vorgenannten Einschränkung.

12) Aktenvermerk, II 4. Eine förmliche Zustellungsurkunde nach § 182 entfällt. An ihre Stelle tritt ein **15** Vermerk des Urkundsbeamten der Geschäftsstelle, BGH NJW **79**, 218, nicht eines sonstigen Justizbediensteten und nicht des Gerichtsvollziehers, Düss RR **94**, 5, aM BGH NJW **89**, 1432 (aber in solchen Formfragen erfordert die Rechtssicherheit nach Einl III 43 eine gewisse Strenge). Ein Einlieferungsschein ersetzt den Vermerk nicht. Der Vermerkt ergeht über den Zeitpunkt der Aufgabe und über die Anschrift des Zustellungsadressaten. Der Vermerk muß den Vorgang ausreichend kennzeichnen. Dazu gehören: Die Beschreibung des zuzustellenden Schriftstücks, BayObLG NJW **75**, 2150; der Tag der Aufgabe zur Post.

Das *Datum* des Vermerks ist unwesentlich, BGH NJW **83**, 884. Der Vermerk ist an sich ebensowenig wesentlich wie die Zustellungsurkunde, BGH FamRZ **96**, 347, aM Düss RR **94**, 5 (aber er vertritt ja eine Zustellungsurkunde). Doch läßt sich die Zustellung ohne den Vermerk kaum nachweisen, BGH **73**, 390, aM BGH Rpfleger **87**, 206, LG Hann AnwBl **86**, 246 (ohne einen Aktenvermerk und die freilich sogar noch nach der Einlegung des Rechtsmittels nach BGH NJW **00**, 3285, Otto Rpfleger **87**, 522 nachholbare Unterschrift des Urkundsbeamten liege keine wirksame Zustellung vor. Sie werde aber durch eine versehentlich falsch angegebene Zeit nicht fragwürdig, BGH NJW **83**, 884, ebensowenig durch eine unrichtige Schreibweise der ausländischen Anschrift, BGH BB **01**, 1706. Von diesem Standpunkt aus dürfe man dann allerdings den Vermerk nicht schon dann machen, wenn die Aufgabe zur Post noch nicht erfolgt ist. Das ist zu formalistisch, § 166 Rn 13).

13) Verstoß, I, II. Soweit trotz eines schon und noch bestehenden Bevollmächtigungszwangs keine **16** Bestellung erfolgt, greift grundsätzlich § 175 ein. Im übrigen zieht ein Verstoß grundsätzlich die Unwirksamkeit der Zustellung nach sich, zB bei einer unrichtigen oder unvollständigen Anschrift, BGH **73**, 390, Ffm OLGZ **79**, 41, oder bei einem sonstigen Formfehler, BGH NJW **87**, 1707. Eine Ausnahme kann beim Fehlen einer Verwechslungsgefahr bestehen, BGH RR **01**, 1361. Soweit der Hinweis nach Rn 14 nicht mehr notwendig ist, fehlt bei einer Unterlassung eines Hinweises auch durchweg ein Verstoß des Richters gegen das rechtliche Gehör, Art 103 I GG, Einl III 14, Mü RR **98**, 357, aM Hausmann FamRZ **89**, 1289, ZöStö 5. Hat die Sendung den Adressaten nicht erreicht, kann trotz der Nichtbenennung eines Zustellungsbevollmächtigten eine Wiedereinsetzung nach § 233 infrage kommen, BGH NJW **00**, 3285.

185 ***Öffentliche Zustellung.*** **Die Zustellung kann durch öffentliche Bekanntmachung (öffentliche Zustellung) erfolgen, wenn**

1. der Aufenthaltsort einer Person unbekannt und eine Zustellung an einen Vertreter oder Zustellungsbevollmächtigten nicht möglich ist,

2. bei juristischen Personen, die zur Anmeldung einer inländischen Geschäftsanschrift zum Handelsregister verpflichtet sind, eine Zustellung weder unter der eingetragenen Anschrift noch unter einer im Handelsregister eingetragenen Anschrift einer für Zustellungen empfangsberechtigten Person oder einer ohne Ermittlungen bekannten anderen inländischen Anschrift möglich ist;

3. eine Zustellung im Ausland nicht möglich ist oder keinen Erfolg verspricht oder

4. die Zustellung nicht erfolgen kann, weil der Ort der Zustellung die Wohnung einer Person ist, die nach den §§ 18 bis 20 des Gerichtsverfassungsgesetzes der Gerichtsbarkeit nicht unterliegt.

Vorbem. Z 2 eingefügt, dadch bisherige Z 2, 3 zu Z 3, 4 dch Art. 8 Z 2 a, b MoMiG (beim Redaktionsschluß dieser Aufl verkündungsreif), in Kraft seit dem ersten Tag des auf die Verkündung folgenden Monats, Art 25 MoMiG, ÜbergangsR Einl III 78.

Schrifttum: *Briesemeister,* Öffentliche Zustellung und rechtliches Gehör, Festschrift für *Wenzel* (2005) 3.

Gliederung

1 **1) Systematik, Z 1–3.** Die Vorschrift regelt die Voraussetzungen einer öffentlichen Zustellung. §§ 186, 187 regeln die Ausführung, § 188 regelt die Rechtswirkungen einer korrekten derartigen Zustellung. § 185 ist verfassungsgemäß, BVerfG NJW **88**, 2361, BGH NJW **03**, 1328. Im Mahnverfahren ist § 185 nach § 688 II Z 3 unanwendbar. Den Vorrang hat Art 32 ZAbk NTrSt, SchlAnh III.

2 **2) Regelungszweck, Z 1–3.** § 185 soll im Interesse der Rechtssicherheit nach Einl III 43 die Zustellung gegenüber einer solchen Partei oder sonstigen Person ermöglichen, die sich freiwillig aus ihrem bisherigen Lebenskreis entfernt, ohne dafür zu sorgen, daß ihr neuer Aufenthaltsort bekannt wird. Die Vorschrift gilt also zB gegenüber demjenigen, der sich aus solchen Gründen verborgen hält, die man nicht gutheißen kann, Celle MDR **07**, 171. Allerdings darf man den Geltungsbereich der öffentlichen Zustellung nicht auf solche Fälle beschränken. Der Sinn der öffentlichen Zustellung besteht nicht darin, dem Betroffenen die Kenntnis oder auch nur die bequeme Möglichkeit der Kenntnis vom Inhalt einer Zustellung zu verschaffen. Denn die öffentliche Zustellung ist lediglich die Unterstellung (Fiktion) einer Zustellung, (jetzt) § 188, BVerfG NJW **88**, 2361, BGH NJW **92**, 2281, Zweibr FamRZ **02**, 469. Der Betroffene muß sich in einem ihm zumutbaren Umfang selbst bemühen, um sich eine Kenntnis vom Inhalt des öffentlich zugestellten Schriftstücks zu verschaffen, BVerfG NJW **00**, 1634, BGH MDR **04**, 1231 (auch wegen Verjährung), Zweibr FamRZ **02**, 469.

Gefahr der Ungerechtigkeit ist die natürliche Folge dieser Zustellungsform. Zwar können §§ 233 ff mit ihrer Wiedereinsetzungschance einen gewissen Gefahrenausgleich schaffen, Barnert ZZP **116**, 458. Dennoch verschlechtert sich die Rechtslage natürlich dramatisch für denjenigen Ahnungslosen, der nur infolge irgendeines behördlichen, postalischen oder nachbarlichen Irrtums als im Aufenthalt unbekannt gilt. Gottlob kommt eine solche völlige Ahnungs- und vor allem Schuldlosigkeit in der Praxis nicht allzu oft vor. Dennoch bleibt alle Sorgfalt vor und bei einer Anwendung der öffentlichen Zustellung eine nicht immer ernst genug genommene Aufgabe *aller* Beteiligten, nicht zuletzt des ProzBev. Jedenfalls gilt das Verbot des Rechtsmißbrauchs auch hier. Es kann zur Unwirksamkeit der öffentlichen Zustellung führen, aM Barnert ZZP **116**, 458 (aber Einl III 54 gilt auch hier).

Die *Mühen* beim Versuch, auf alle zumutbare Art und Weise einen neuen Aufenthaltsort zu ermitteln, treffen natürlich in erster Linie den dazu etwa überhaupt geeigneten Auftraggeber, BGH MDR **04**, 1231 links. Aber sie bleiben doch oft genug beim ProzBev hängen. Die Auskunft des Meldeamts oder des Postboten reicht keineswegs stets. Fantasie und ein bißchen Beharrlichkeit im letzten Arbeits- oder Wohnumfeld sind schon erforderlich und oft auch erfolgreich. Auch das Gericht darf es sich insoweit mit seinen Anregungen, Auflagen, Nachfristen nicht zu leicht machen. Mehr zu tun ist es natürlich nicht verpflichtet, wohl auch gar nicht berechtigt, von einer Anfrage bei Behörde oder Post abgesehen. Die Mobilität nimmt in der Bevölkerung zu. Dafür darf man den einzelnen nicht durch eine zu rasche Annahme seiner Unauffindbarkeit bestrafen, so wenig wie man ihm eine Nachlässigkeit oder gar Böswilligkeit beim „Verschwinden" nachsehen sollte.

3 **3) Geltungsbereich, Z 1–3.** Üb 3 vor § 166. Die Vorschriften gelten nach § 37 I StPO auch im Strafverfahren, Hamm NJW **07**, 933, Stgt NJW **07**, 936. Auch manche Verwaltungsvorschrift verweist auf §§ 185 ff, etwa beim UVG, Nürnb FamRZ **02**, 1042. Trotzdem gilt dann § 185 evtl nicht, LG Köln FamRZ **05**, 1867 (Rechtswahrungsanzeige).

4 **4) Notwendigkeit der Zustellung, Z 1–3.** Eine Zustellung an die Partei oder sonstige Person selbst muß zwar an sich notwendig sein. Sie muß aber tatsächlich unmöglich sein. Daher muß das Gericht die Bewilligung der öffentlichen Zustellung ablehnen, wenn der Adressat verstorben ist oder wenn die Zustellung an einen gesetzlichen oder bevollmächtigten Vertreter möglich ist, (jetzt) Z 1, BayObLG **98**, 366, zB bei §§ 170–172, 184 I, insbesondere an einen Abwesenheitspfleger, ProzBev, Generalbevollmächtigten oder Zustellungsbevollmächtigten, aM BayObLG Rpfleger **78**, 446 (aber diese Personen sollen ja unter anderem gerade eine „normale" Zustellung ermöglichen, auch im Interesse der Prozeßwirtschaftlichkeit, Grdz 14 vor § 128). Der Vorsteher einer Postanstalt ist aber kein Zustellungsbevollmächtigter. Daher genügt die bloße Angabe eines Postfachs nicht. Eine Ersatzzustellung und eine öffentliche Zustellung schließen sich nicht notwendig aus. Als Partei gelten hier auch der Streithelfer nach § 66 oder der Streitverkündungsgegner nach § 72, ferner der Gläubiger und der Schuldner der Zwangsvollstreckung. Nicht Partei, aber „Person" nach Z 1–3 sind: Der ProzBev, § 81; der Zeuge, § 373; ein Sachverständiger, § 402; ein Drittschuldner, § 840. Eine Parteiberichtigung ist unzulässig.

Die *Ablehnung* der öffentlichen Zustellung ist nicht schon mit der Begründung zulässig, die öffentliche Zustellung sei sinnlos, Düss FamRZ **95**, 1281, oder es fehle die deutsche internationale Zuständigkeit, Köln MDR **03**, 231 (sie ist Sachurteilsvoraussetzung).

5 **5) Unbekanntheit des Aufenthalts, Z 1,** dazu *Fischer* ZZP **107**, 163 (ausf): Der Aufenthalt des Zustellungsadressaten nach Üb 8 vor § 166 ist unbekannt, wenn er zwar existiert, wenn er aber nicht nur der Partei und ihrem gesetzlichen Vertreter oder ProzBev unbekannt ist, Düss RR **00**, 875, sondern wenn ihn überhaupt niemand kennt, BGH **149**, 314, KG DNotZ **06**, 932, LG Lpz JB **07**, 268. Der Aufenthalt ist ferner unbekannt, wenn derjenige, der ihn kennt, ihn nicht nennt, BGH **64**, 5. Der Antragsteller muß bei einer Zustellung im Parteibetrieb in einem zumutbaren Umfang darlegen, daß er alles ihm Mögliche zur Ermittlung unternommen hat, BGH **102**, 335, Zweibr FamRZ **02**, 469, AG Neust/Rbbge FamRZ **05**, 377, zB durch eine Bescheinigung des Einwohnermeldeamts oder in einer sonst geeigneten Weise. Bei einer Zustellung im Amtsbetrieb muß man entsprechende Anforderungen an den Urkundsbeamten stellen, Bbg OLGR **00**, 165, BayObLG Rpfleger **78**, 446, Köln FamRZ **97**, 430. Das Gericht sollte strenge Anforderungen stellen, Mü FamRZ **99**, 446. Das gilt auch für die eigene Prüfung, Hamm NJW **06**, 3511 (StPO), Stgt JB **05**, 159. Es darf solche Anforderungen aber auch nicht überspannen, BGH NJW **03**, 1530, Celle MDR **07**, 171, Lpz JB **07**, 268.

Es sind *unverdächtige Anzeichen* notwendig. Das Gericht muß den Antragsteller notfalls persönlich anhören. Eine leichtfertige Bewilligung dieser gefährlichen Zustellungsart ist eine Pflichtverletzung, Einl III 27. Sie kann einen Verstoß gegen Artt 2 I, 20 III bzw 103 I GG bedeuten, Einf 2 vor §§ 185–188. Sie kann auf einen Antrag zur Zurückverweisung nach § 538 führen, BVerfG NJW **88**, 2361, Stgt JB **05**, 159. Man muß die Unbekanntheit des Aufenthalts objektiv nachweisen, BVerfG NJW **88**, 2361. Es ist auch bei einer von Amts wegen erforderlichen Zustellung im Zivilprozeß grundsätzlich nicht die Aufgabe des Gerichts, die etwa möglichen Erkundigungen einzuziehen, Zweibr FamRZ **02**, 469. Strengere Anforderungen gelten nur beim Verfahren mit einer Amtsermittlung, Grdz 38 vor § 128, BayObLG **00**, 15 (FGG). Vielmehr darf und muß sich das Gericht grundsätzlich auf den Hinweis beschränken, daß der Antragsteller die Voraussetzungen einer öffentlichen Zustellung darlegen und nachweisen muß, Hamm OLGZ **94**, 453, aM LG Darmst WoM **94**, 486 (vgl aber Grdz 39 vor § 128). Das Gericht kann dazu allenfalls Anregungen geben. Liegen die erforderlichen Nachweise usw nicht vor, muß das Gericht die Bewilligung der öffentlichen Zustellung ablehnen. Es genügt also nicht eine bloße Angabe, der Antragsteller kenne den derzeitigen Aufenthalt persönlich nicht. Er muß vielmehr eingehend weitere Umstände darlegen, zB denjenigen, daß der Gegner vor Jahren verhaftet wurde und daß seitdem jede Spur von ihm fehlt.

6) Beispiele zur Frage der Unbekanntheit des Aufenthalts, Z 1 6

Abmeldung: Es kann aus *praktischen Gründen* eine ergebnislose Auskunft der zu einer solchen Mitarbeit auch unter dem Datenschutz (kein Anschriftschutz) verpflichteten Behörde oft doch ausreichen, BGH NJW **03**, 1530. Zum Ausreichen einer solchen Auskunft BVerfG NJW **88**, 2361 (auf ihr Datum achten!), Naumb RR **01**, 1948, LG Mönchengladb Rpfleger **07**, 37, strenger Zweibr FamRZ **83**, 630. Man sollte indessen keinen Schematismus zulassen.

Eine Abmeldung beim Einwohnermeldeamt genügt *nicht stets,* Ffm MDR **99**, 1402, KG MDR **98**, 125. Denn sie besagt allenfalls, daß der Adressat dort nicht mehr wohnt und sich noch nicht zur Kenntnis dieser einzelnen Behörde anderswo gemeldet hat.

Aktiengesellschaft: Rn 8.

Allgemeininteresse: Eine Abwägung der Interessen der Allgemeinheit und des Bekl kann *nicht* für die Bewilligung einer öffentlichen Zustellung maßgeblich sein, KG FamRZ 75, 693.

Arbeitgeber: S „Auskunft".

Auskunft: Es kann eine Auskunft des letzten Vermieters oder eines früheren Hausgenossen oder Nachbarn oder des letzten Arbeitgebers oder bekannter Verwandter notwendig sein, Ffm MDR **99**, 1402, Hamm JB **94**, 630, Fischer ZZP **107**, 166, aM LG Bln RR **91**, 1152 (für eine Großstadt. Aber gerade dort mag es eher zumutbar sein, wenigstens einen derartigen Ermittlungsversuch im letzten engeren Umfeld zu machen). Es kann sogar eine Auskunft etwa einer Auskunftei notwendig sein, KG MDR **98**, 125, oder eine solche eines Geschäftsfreundes oder einer Justizvollzugsanstalt, der Polizei, der Sozialversicherung oder des Suchdienstes für US-Bürger, AG Landstuhl RR **94**, 332.

Nicht nötig ist eine Anfrage beim früheren Vermieter noch 5 Jahre nach dem Mietende, LG Lpz JB **07**, 268.

S auch „Abmeldung".

Ausländer: Wenn es um einen Ausländer geht, ist meist unter anderem eine Anfrage bei der Ausländerbehörde ratsam, etwa im Heimatland, Mü FamRZ **99**, 446 LG Darmst WoM **94**, 487, am besten wohl beim Bundesverwaltungsamt, 50728 Köln, Tel 0221/7580, Stgt MDR **76**, 775 (StPO). Dieses erteilt derzeit eine Auskunft an eine Privatperson über ihr Ausländerzentralregister und die zuständige Ausländerbehörde nur dann, wenn eine Nachfrage bei der zuletzt zuständigen Meldebehörde erfolglos blieb und wenn der Antragsteller ein berechtigtes Interesse an der Kenntnis des Aufenthaltsorts nachweisen kann. Es hält einen solchen Nachweis nur dann für erbracht, wenn der Anfrager einen Vollstreckungstitel oder eine gerichtliche Aufforderung zur Einholung einer Auskunft aus dem Register oder eine Behördenbescheinigung vorlegt, aus der sich ergibt, daß die Erteilung der Auskunft zur Durchführung eines dort anhängigen Verfahrens erforderlich ist. Auch kommt eine Anfrage beim Bundeszentralregister, bei einem Landratsamt, bei einer Krankenkasse oder bei Angehörigen in Betracht, Stgt FER **99**, 218.

Beibehaltung der Wohnung: Der Umstand, daß der Zustellungsadressat eine Wohnung oder einen Wohnsitz formell beibehalten hat, steht der Bewilligung einer öffentlichen Zustellung nicht entgegen, soweit eine Zustellung und vor allem eine Ersatzzustellung dort unausführbar ist.

S auch Rn 7 „Namensschild".

Detektiv: Es kann durchaus zumutbar und daher notwendig sein, einen Detektiv zur Ermittlung der Anschrift einzuschalten. Seine Kosten können sehr wohl erstattungsfähig sein, § 91 Rn 90 „Ermittlungen der Partei: B. Im Prozeß", § 91 Rn 274 „– (Detektiv)".

Ehegatte: Es kann zumutbar sein, sich beim Ehegatten des Zustellungsadressaten nach dessen Anschrift zu erkundigen, Zweibr FamRZ **02**, 469. 7

Ehescheidung: Wegen ihrer weitreichenden Wirkungen ist beim Scheidungsantrag eine besondere Vorsicht vor der Annahme der Unbekanntheit des Aufenthalts des Antragsgegners ratsam, KG FamRZ **75**, 693, AG Landstuhl RR **94**, 332, AG Bad Säckingen FamRZ **97**, 611.

S aber auch Rn 7 „Tod".

Einwohnermeldeamt: Rn 5 „Abmeldung".

Erfolgsaussicht: Die Erfolgsaussicht kann *nicht* für die Bewilligung einer öffentlichen Zustellung maßgeblich sein, ebensowenig ein Allgemeininteresse, s dort.

Erschleichung: Sie ist als Rechtsmißbrauch unzulässig, Einl III 54. Dabei kommt es auf die Kenntnis nur des Erklärenden an, nicht eines Dritten, KG DNotZ **06**, 932.

Firmenschild: Rn 7 „Namensschild".

Geschäftsfreund: Rn 5 „Auskunft".

Gesellschaft mit beschränkter Haftung: Rn 8.

Gesetzlicher Vertreter: Rn 7 „Prozeßunfähigkeit".

Hausgenosse: Rn 5 „Auskunft".

Juristische Person: Rn 8.

S auch „Prozeßunfähigkeit".

Justizvollzugsanstalt: Rn 5 „Auskunft".
Leben: Das Gericht darf keinen Nachweis darüber verlangen, daß der Zustellungsadressat noch lebt, KG FamRZ **75**, 693 (freilich sei eine Klage bei einem ernstlichen Zweifel unzulässig).
Mehrheit von Betroffenen: Großzügig stellt BVerfG NJW **88**, 2361 der Unbekanntheit den Fall gleich, daß eine Vielzahl oder Unüberschaubarkeit des Kreises der Betroffenen vorliegt, § 253 Rn 25, 28.
Melderegister: Rn 5 „Abmeldung", „Auskunft".
Minderjährige: S „Prozeßunfähigkeit".
Nachbar: Rn 5 „Auskunft".
Namensschild: Das bloße Firmen- oder Namensschild des Ausgezogenen an der bisherigen Wohnung usw ist kein Hindernis einer öffentlichen Zustellung, Scholz WoM **90**, 100.
S auch Rn 5 „Beibehaltung der Wohnung".
Öffentliches Interesse: Rn 5 „Allgemeininteresse".
Polizei: Rn 5 „Auskunft".
Post: Es kann eine Anfrage beim Zustellpostamt sinnvoll sein, Naumb RR **01**, 1948. Dieses muß freilich den Datenschutz mitbeachten.
Prozeßbevollmächtigter: Ist sein Aufenthalt unbekannt, ist § 185 anwendbar.
Prozeßunfähigkeit: Ist der Aufenthalt des gesetzlichen Vertreters des Prozeßunfähigen nach § 170 I 1 unbekannt, sind §§ 185 ff anwendbar, Rn 3.
Unanwendbar sind §§ 185 ff, soweit überhaupt kein gesetzlicher Vertreter bekannt ist.
Rechtshilfe: Bei einer allzu langen Verzögerung einer ausländischen Rechtshilfe gibt Köln MDR **98**, 434 die öffentliche Zustellung (Vorsicht!).
Sozialversicherung: Rn 5 „Auskunft".
Tod: Mit dem sicheren Tod des Zustellungsadressaten *endet* die Anwendbarkeit von §§ 185 ff, Celle FamRZ **05**, 1492. Das Gericht kann keinen Nachweis fordern, daß der Adressat noch lebt, Celle FamRZ **05**, 1492.
Vermieter: Rn 5 „Auskunft".
Verwandter: Rn 5 „Auskunft".
Zustellungsurkunde: Eine Mitteilung auf einer Zustellungsurkunde, der Adressat sei dort unbekannt, genügt entgegen einer verbreiteten Ansicht *nicht stets.* Denn die Beweiskraft des § 418 erstreckt sich nur auf die in der Urkunde genannte Anschrift und nur auf die Kenntnis dieses einzelnen Zustellers. Erforderlich ist aber weit mehr, Rn 4.
Eine solche Mitteilung kann aber *ausreichen,* wenn der Empfänger vorher selbst erklärt hatte, keinen gewöhnlichen Aufenthaltsort zu haben, wenn man ihn mit einem Haftbefehl sucht und wenn weitere Nachforschungen erfolglos waren, Hamm MDR **97**, 1155.

8 **7) Unbekanntheit einer Anschrift, Z 2.** Die Vorschrift betrifft solche juristische Personen als Zustellungsadressaten, die zur Anmeldung einer inländischen Geschäftsanschrift zum Handelsregister nach §§ 8 IV Z 1 GmbHG, 13 e II 3 HGB, 37 III Z 1 AktG verpflichtet ist. Eine Zustellung an sie muß sich nach Rn 2, 5 ff als nicht möglich erweisen. Diese Unmöglichkeit muß sich sowohl unter der eingetragenen Anschrift ergeben als auch unter einer solchen ebenfalls eingetragenen Anschrift einer für Zustellungen empfangsberechtigten Person nach §§ 10 II 2 GmbHG, 13 e II 4 HGB, 39 I 2 AktG. Es darf außerdem auch keine andere inländische Anschrift der oben genannten juristischen Person bekannt sein. Hier ist es unbeachtbar, ob Ermittlungen einen Erfolg haben könnten.

Wegen des Zugangs einer *Willenserklärung* verweisen §§ 10 II 2 GmbHG, 13 e II 4, 15 a S 1 HGB auf die ZPO-Regelung.

9 **8) Auslandszustellung: Besondere Sorgfalt der Prüfung, Z 3.** Zum Auslandsbegriff § 183 Rn 1. Die Auslandszustellung muß unter den Voraussetzungen der Z 3 erfolgen, Bindseil NJW **91**, 3071. Das Gericht muß aber die Voraussetzungen besonders sorgfältig prüfen. Denn eine Bewilligung könnte auf eine Verweigerung des rechtlichen Gehörs hinauslaufen, Artt 2 I, 20 III GG, BVerfG **101**, 404 (Rpfl), Art 103 I GG (Richter) Einf 1, 2 vor §§ 185–188, Zweibr FamRZ **02**, 469, AG Bad Säckingen FamRZ **97**, 611 (2 Jahre Frist). Sie könnte auch gegen den deutschen ordre public verstoßen, Hamm RR **07**, 1723.

10 **A. Unausführbarkeit.** Die Auslandszustellung ist in denjenigen Ausnahmefällen unausführbar, in denen eine Inlandszustellung nicht möglich ist, etwa wegen Exterritorialität nach §§ 18 ff GVG oder im Mahnverfahren nach § 688 II Z 3 oder dann, wenn eine Inlandszustellung nicht möglich ist und wenn die Justizverwaltung auch keine Auslandszustellung zuläßt, sei es auch aus politischen Gründen, § 183 Rn 5, oder wenn es an einer geordneten staatlichen Einrichtung im betreffenden Land fehlt.

11 **B. Voraussichtliche Erfolglosigkeit.** Die Auslandszustellung ist voraussichtlich erfolglos, schon weil zu lange Zeit beanspruchend, im Urkunden-, Scheck- oder Wechselprozeß, §§ 592 ff, oder zB: Im Krieg; beim Abbruch der diplomatischen Beziehungen; bei einer unzureichenden Vornahme der Zustellung; dann, wenn man befürchten muß, daß die Zustellung zu lange dauern wird, Hbg MDR **97**, 284, Köln MDR **98**, 434, AG Bonn NJW **89**, 2203. Im Nicht-Eilfall ist eine Dauer von einem Jahr zumutbar, Köln MDR **08**, 1061. Die Auslandszustellung ist ferner voraussichtlich erfolglos, schon weil zu lange Zeit beanspruchend, in einem Arrestverfahren nach §§ 916 ff, Hamm MDR **88**, 589, oder wenn die Rechtshilfe nicht erfolgen wird, evtl bei der Zustellung des Scheidungsantrags eines solchen Deutschen, der früher ein Sowjetbürger war, nach der Union der russischen Republiken, oder wenn die Justizverwaltung nicht ausreichend hilft, AG Bonn NJW **91**, 1430 (krit Geimer: Ungeachtet des Art 97 GG sei der Richter evtl an die ZRHO gebunden. Aber Vorsicht mit jeder Einengung seiner Unabhängigkeit!). S auch § 168 GVG Anh Grdz 4 und Bülow/Böckstiegel/Geimer/Schütze, Der Internationale Rechtsverkehr in Zivil- und Handelssachen, 3. Aufl seit 1990.

12 **C. Weitere Einzelfragen.** Soweit das Gericht auch nach Monaten nicht bereits eine klare Kenntnis davon hat, daß die Rechtshilfe nicht erfolgen wird oder daß die Zustellung nur unzureichend möglich sein wird, muß es einen Zustellungsversuch vornehmen, Hamm NJW **89**, 2203 (zustm Geimer). Das Gericht kann nicht fordern, daß der Antragsteller zunächst eine private Benachrichtigung versuchen solle. Denn das würde

über die gesetzlichen Erfordernisse hinausgehen. Wenn sich jemand an einem solchen Ort befindet, den das Gericht zwar kennt, an dem den Adressaten förmliche Zustellungen aber nicht erreichen, ist die Zustellung unausführbar, die Voraussetzungen von Z 3 liegen also vor, Köln FamRZ **85**, 1279, aM ZöStö 3 (aber die Prozeßwirtschaftlichkeit setzt immer weiteren Versuchen Grenzen, Grdz 14 vor § 128). Freilich muß das Gericht zunächst eine Zusendung mit Einschreiben möglichst gegen einen Rückschein oder wenigstens eine formlose Zusendung versuchen, Köln MDR **98**, 434, Geimer NJW **89**, 2205. Das Gericht braucht aber im letzteren Fall nicht endlos auf eine Reaktion als den Zugangsnachweis zu warten. Es darf grundsätzlich nicht aus der Nichtrückkehr des einfachen Auslandsbriefs auf dessen Zugang schließen, Anh § 286 Rn 153 ff. Eine Ausnahme kann nach der VO (EU) gelten, Anh § 183 Rn 3. Wegen einer „Tschernobyl"-Sache Mansel IPRax **87**, 212.

9) Exterritorialer, Z 4. Wenn der nach §§ 18–20 GVG exterritoriale Dienstherr eines nach diesen 13
Vorschriften nicht exterritorialen ausländischen oder deutschen Hausgenossen das Betreten seiner Wohnung zur Vornahme der Zustellung nicht erlaubt, ist die öffentliche Zustellung zulässig. Der Antragsteller muß einen entsprechenden Nachweis erbringen. Eine Zustellung an einen Exterritorialen selbst darf nur dann nach § 185 stattfinden, wenn sie nach §§ 183, 184 unmöglich ist.

10) Verstoß, Z 1–4. Vgl § 186 Rn 9. 14

186 *Bewilligung und Ausführung der öffentlichen Zustellung.* **I** [1] **Über die Bewilligung der öffentlichen Zustellung entscheidet das Prozessgericht.** [2] **Die Entscheidung kann ohne mündliche Verhandlung ergehen.**

II [1] **Die öffentliche Zustellung erfolgt durch Aushang einer Benachrichtigung an der Gerichtstafel oder durch Einstellung in ein elektronisches Informationssystem, das im Gericht öffentlich zugänglich ist.** [2] **Die Benachrichtigung kann zusätzlich in einem von dem Gericht für Bekanntmachungen bestimmten elektronischen Informations- und Kommunikationssystem veröffentlicht werden.** [3] **Die Benachrichtigung muss erkennen lassen**

1. die Person, für die zugestellt wird,
2. den Namen und die letzte bekannte Anschrift des Zustellungsadressaten,
3. das Datum, das Aktenzeichen des Schriftstücks und die Bezeichnung des Prozessgegenstandes sowie
4. die Stelle, wo das Schriftstück eingesehen werden kann.

[4] **Die Benachrichtigung muss den Hinweis enthalten, dass ein Schriftstück öffentlich zugestellt wird und Fristen in Gang gesetzt werden können, nach deren Ablauf Rechtsverluste drohen können.** [5] **Bei der Zustellung einer Ladung muss die Benachrichtigung den Hinweis enthalten, dass das Schriftstück eine Ladung zu einem Termin enthält, dessen Versäumung Rechtsnachteile zur Folge haben kann.**

III **In den Akten ist zu vermerken, wann die Benachrichtigung ausgehängt und wann sie abgenommen wurde.**

Gliederung

1) Systematik, I–III. Während § 185 die Voraussetzungen einer öffentlichen Zustellung nennt, regeln 1
§§ 186, 187 das Verfahren, die Ausführung, und §§ 188 die Rechtswirkungen.

2) Regelungszweck, I–III. Vgl zunächst § 185 Rn 2. Die Durchführung der öffentlichen Zustellung 2
von Amts wegen dient vor allem der Rechtssicherheit nach Einl III 43. Sie braucht bei dieser folgenschweren Zustellungsart eine besondere Beachtung. Immerhin unterstellt § 186 ja schon die bloße Möglichkeit einer Kenntnisnahme. Es gibt daher ein erhöhtes Schutzbedürfnis des Adressaten, natürlich nicht bei Arglist, Einl III 54, KG MDR **98**, 125. Daher muß das Gericht das Verfahren peinlich exakt durchführen.

3) Geltungsbereich, I–III. Üb 3 vor § 166. 3

4) Bewilligungsverfahren, I. Das Gericht hält es leider nicht stets sorgfältig genug ein. 4

A. Zuständigkeit, I 1. Für die Bewilligung der öffentlichen Zustellung ist das Prozeßgericht zuständig. Das ist auch dasjenige Gericht, bei dem der Kläger die Klage usw eingereicht hat (bloße Anhängigkeit, § 261 Rn 1). Soweit der Rpfl für das Verfahren insgesamt zuständig ist, ist er auch zur Bewilligung nach I zuständig. Das ergibt sich aus § 4 I RPflG, Mü MDR **88**, 679. Der Rpfl ist daher jetzt auch im Kostenfestsetzungsverfahren nach §§ 103 ff zur Bewilligung zuständig. Soweit nicht der Rpfl, sondern der Richter zuständig ist, ist der Vorsitzende des Kollegiums nicht allein berufen, BayObLG Rpfleger **78**, 446, wohl aber der Einzelrichter nach §§ 348, 348 a und der Vorsitzende der Kammer für Handelssachen, § 349, Ffm MDR **87**, 414. Das Prozeßgericht muß also sonst in voller Besetzung entscheiden. Über die Dauer der Instanz § 172 I.

Über die Zustellung der *Rechtsmittelschrift* entscheidet also das Rechtsmittelgericht, auch dessen Einzelrichter, §§ 526, 527, 568. In der Zwangsvollstreckung entscheidet das Vollstreckungsgericht, § 764. Die Titelzustellung gehört evtl bereits dazu, § 750 I 1 letzter Fall. Wenn es um eine Zustellung auf Grund einer vollstreckbaren notariellen Urkunde geht, ist das AG nach § 797 III zuständig. Wenn ein anderes als das Prozeßgericht die öffentliche Zustellung bewilligt hat, ist sie als solche grundsätzlich unwirksam, Üb 12 vor § 166. Der Mangel ist jedoch nach § 189 heilbar, Üb 14 vor § 166.

5 **B. Von Amts wegen, I 1.** Die Bewilligung kann zwar auch im Verfahren der §§ 166–190 auf Grund eines Antrags der Partei erfolgen. Sie geschieht aber in jedem Fall letzthin auf Amts wegen, so schon BGH VersR **87**, 986, Bbg FamRZ **00**, 1288, Köln Rpfleger **88**, 502. Jede öffentliche Zustellung erfordert einen besonderen Beschluß, § 329. Die Bewilligung ist also keineswegs für den ganzen Rechtszug zulässig, Bbg FamRZ **95**, 1281, oder gar für den gesamten Prozeß oder „bis auf weiteres" oder für alle künftigen Fälle. Von dieser Regel gilt nur dann eine Ausnahme, wenn das Gericht gleichzeitig die öffentliche Zustellung eines Versäumnisurteils nach §§ 330 ff und des Beschlusses nach § 339 II bewilligt. Die Fristwahrung richtet sich nach § 188. Es besteht kein Anwaltszwang, selbst wenn er in der zugehörigen Sache selbst besteht. Eine Anregung oder ein Antrag des Gerichtsvollziehers reichen bei einer Zustellung im Parteibetrieb nach §§ 191 ff nicht aus. Eine Bewilligung von Amts wegen ist unter Umständen auch wegen der prozessualen Fürsorgepflicht nach Einl III 27 erforderlich, BGH VersR **83**, 832.

6 **C. Weiteres Verfahren, I 1.** Eine mündliche Verhandlung ist nach I 2 freigestellt, § 128 IV. Das Gericht muß die vom etwaigen Antragsteller eingereichten Nachweise würdigen, § 286. Es soll vorsichtig vorgehen, § 185 Rn 1. Denn die Zustellung ist selbst dann wirksam, wenn die Voraussetzungen des § 185 fehlen, Ffm NJW **04**, 3050. Das gilt sogar bei einer Erschleichung nach Einf 4 vor § 185. Die Rechtskraft einer auf Grund der öffentlichen Zustellung ergangenen Entscheidung läßt sich auch nicht mit dem Nachweis des Fehlens der Voraussetzungen der öffentlichen Zustellung bekämpfen.

Das Gericht prüft das *Rechtsschutzbedürfnis,* Grdz 33 vor § 253. Dieses ist von den Erfolgsaussichten der Sache unabhängig, erst recht von der Bedeutung des Streitgegenstands. Es kann zB fehlen, wenn das Gericht sein Verfahren etwa nach § 247 aussetzen müßte, oder wenn es zB nach § 240 unterbrochen ist, oder wenn zweifelhaft ist, ob der Zustellungsadressat noch lebt, § 185 Rn 1, ZöStö 3, aM KG FamRZ **75**, 693 (aber dann ist das weitere Schicksal des ganzen Prozesses derzeit völlig ungewiß). Auch muß das Gericht eine Erschleichung verhindern, Einl III 54 (Rechtsmißbrauch), Einf 4 vor §§ 185–188. Wenn es um die Zustellung einer Klageschrift geht, braucht das Gericht seine Zuständigkeit zur Entscheidung über die Sache selbst auch nicht zu prüfen, Köln MDR **02**, 230. Freilich soll es auf eine Unzuständigkeit bereits jetzt hinweisen. Es kann bei einer offensichtlichen Unzuständigkeit das Rechtsschutzbedürfnis verneinen. Zum Auslagenvorschuß § 12 I GKG, KV 9002 ff, Hartmann Teil I A.

Das Wort *„kann"* in § 185 I bedeutet nicht, daß das Gericht ein pflichtgemäßes Ermessen hätte. Es gibt dem Gericht vielmehr lediglich die rechtliche Möglichkeit und die Zuständigkeit. Das Gericht *muß* die öffentliche Zustellung also bewilligen, soweit ihre gesetzlichen Voraussetzungen vorliegen, aM KG MDR **98**, 125, Köln RR **93**, 446, AG Landstuhl FamRZ **93**, 212 (aber das Gericht hat eine Förderungspflicht, Einl III 27).

7 **D. Entscheidung, I 2.** Die Entscheidung erfolgt durch einen Beschluß, §§ 128 IV, 329. Das Gericht muß ihn grundsätzlich begründen, § 329 Rn 4. Es bewilligt die öffentliche Zustellung des genau zu bezeichnenden Schriftstücks oder weist den Antrag als unzulässig oder unbegründet zurück. Das Gericht verkündet seinen Beschluß oder teilt ihn den Parteien formlos mit, § 329 II 1, dem Gegner im ersteren Fall mit dem zuzustellenden Schriftstück zusammen, also öffentlich nach Rn 10. Ein späterer Aufhebungsbeschluß macht eine vorgenommene öffentliche Zustellung nicht unwirksam. Fehlten die Voraussetzungen des § 185, darf und muß das Gericht umterminieren, Ffm NJW **04**, 3050. Das Gericht muß einen Vorschuß nach § 12 GKG erheben, Rn 6. Die pflichtwidrige Unterlassung seiner Anordnung kann Folgen (jetzt) nach § 21 GKG, § 20 FamGKG auslösen, LG Kblz MDR **99**, 1024.

8 **E. Rechtsbehelf, I 1, 2.** Gegen einen ablehnenden Beschluß kann der Antragsteller die sofortige Beschwerde nach § 567 I Z 2 einlegen. Beim Rpfl gilt § 11 RPflG, § 104 Rn 41 ff.

Ein *Dritter* hat keinen Rechtsbehelf. Gegen einen stattgebenden Beschluß ist kein eigener Rechtsbehelf zulässig. Dasselbe gilt bei einer Terminsverlegung, Ffm NJW **04**, 3050. Es können aber gegen das Urteil in Betracht kommen: Der dort mögliche Rechtsbehelf; eine Wiedereinsetzung nach §§ 233 ff, etwa wegen einer Erschleichung der öffentlichen Zustellung, Rn 6, BGH **118**, 48; eine Vollstreckungsabwehrklage nach § 767; schließlich nach der Erschöpfung des Rechtswegs eine Verfassungsbeschwerde des zu Unrecht öffentlich Geladenen, Artt 2 I, 20 III GG (Rpfl), BVerfG **101**, 404, Art 103 I GG (Richter), Einl III 17, BVerfG NJW **88**, 2361.

9 **5) Ausführung, II.** Nach der Bewilligung erfolgt die Ausführung der öffentlichen Zustellung durch den Urkundsbeamten der Geschäftsstelle. Das folgt zwar nicht schon aus dem Wortlaut des § 168 I 1. Denn er nennt scheinbar nur das Verfahren nach §§ 173–175. In Wahrheit ist aber die Geschäftsstelle mangels einer richterlichen Weisung ganz selbstverständlich auch zur Veranlassung der Maßnahmen nach II zuständig. Wer sonst?

Ein *Verstoß* gegen die Voraussetzungen der öffentlichen Zustellung macht sie nicht unwirksam, Celle RR **89**, 572, Köln RR **93**, 446, aM BGH NJW **07**, 303. Ein Verstoß gegen die vorgeschriebene Ausführung macht die Zustellung aber grundsätzlich unwirksam, Üb 13 vor § 166, BGH NJW **07**, 303, Celle RR **89**, 572. Eine Heilung ist nach § 189 möglich, Üb 13 vor § 166. Ein Rechtsmißbrauch ist wie stets unstatthaft, Einl III 54, BGH FamRZ **08**, 1520 links Mitte. Eine formell ordnungsgemäße Bewilligung und Ausführung macht die Zustellung beim Fehlen ihrer gesetzlichen Voraussetzungen dennoch wirksam, Hamm RR **98**, 497, Köln RR **93**, 446, Stgt MDR **02**, 353, aM BGH **149**, 321, Schlesw RR **02**, 714, Zweibr FamRZ **02**, 469 (aber sogar ein Verstoß gegen Art 103 I GG wäre heilbar, § 295 Rn 44).

A. Aushang einer Benachrichtigung usw, II 1, 2, III. Eine Benachrichtung muß den Anforderungen von II 3–5 genügen. Das Gericht muß sie nach II 1 Hs 1 für die in § 188 S 1, 2 genannte Dauer an der Gerichtstafel des bewilligenden Gerichts aushängen, Hamm NJW **07**, 933, Stgt NJW **07**, 936 (je: StPO), oder nach II 1 Hs 2 in ein im Gericht öffentlich zugängliches elektronisches Informationssystem einstellen. Die Benachrichtigung kann nach II 2 zusätzlich in einem vom Gericht für Bekanntmachungen bestimmten und daher von dem in II 1 Hs 2 genannten System zu unterscheidenden elektronischen Informations- und Kommunikationssystem erfolgen. Die Anheftung gerade einer vollständigen Ausfertigung oder beglaubigten Ablichtung oder Abschrift findet nicht mehr statt. 10

Auch in einer Sache im Bereich des *§ 113 I 2 FamFG* kommt nur die Benachrichtigung an die Gerichtstafel usw. Das Gericht muß die Privatsphäre schützen, Einf 1 §§ 185–188, § 299 Rn 23 ff, Peppler NJW **76**, 2158. Allerdings ist es notwendig, auch den Tenor der öffentlich bekanntzugebenden Entscheidung mitzuteilen, BVerfG NJW **88**, 1255. Eine Beglaubigung erfolgt nicht mehr.

Das Gericht muß den *Bewilligungsbeschluß* mit der auszuhängenden oder einzustellenden Benachrichtigung verbinden. Die in das elektronische Informationssystem eingestellten Dokumente kommen zu den Gerichtsakten. Das Gericht händigt sie dem Zustellungsgegner nicht aus Der Urkundsbeamte der Geschäftsstelle vermerkt in den Akten nach III den Zeitpunkt der elektronischen Einstellung und ihrer Beendigung. Seine volle Namensunterschrift oder Signatur ist für die Wirksamkeit der öffentlichen Zustellung nicht erforderlich. Man kann den Einstellungsvorgang mit jedem Beweismittel nachweisen. Der Urkundsbeamte darf sich bei der elektronischen Einstellung und bei der Beendigung der Einstellung des Dokuments des Justizbediensteten oder einer sonstigen Hilfsperson bedienen. Eine Zustellungsbescheinigung richtet sich nach § 169 I. Der Adressat hat die Rechte nach § 169 I.

B. Inhalt der Benachrichtigung, II 3–5. Das Gesetz schreibt den Mußinhalt einer wirksamen Benachrichtigung vor. Sie kann unter einer Wahrung des Datenschutzes usw nach Rn 10 weitere Angaben enthalten. 11

C. Person, für die zugestellt werden soll, II 3 Z 1. Das ist nicht der Zustellungsadressat. Ihn nennt Z 2. Es sind diejenigen Angaben erforderlich, die zur Erkennbarkeit ausreichen, also zur Identifizierung und Abgrenzung von anderen, wie bei jedem Prozeßbeteiligten erforderlich, zB §§ 50 Rn 3 ff, 253 Rn 22 ff, 373 Rn 4, 5, 403 Rn 3. 12

D. Zustellungsadressat, II 3 Z 2. Das ist die auch in § 182 II Z 1 genannte Person. Neben dem zur Identifizierung notwendigen vollen Vor- und Nachnamen nebst etwaigem Zusatz „senior" usw muß man natürlich nur die letzte dem Gericht bekannte Anschrift nennen, Celle OLGR **03**, 191. Eine Berufsbezeichnung ist nicht erforderlich. 13

E. Schriftstück, Prozeßgegenstand, II 3 Z 3. Es sind erforderlich und ausreichend Datum und Aktenzeichen mit Kurzangabe wie „Klageschrift" oder „Schriftsatz vom . . ." sowie Kurzangaben des Gegenstandes wie zB „wegen Mietzahlung", „in der Ehesache" usw. 14

F. Einsichtsstelle, II 3 Z 4. Notwendig ist die Bezeichnung „Geschäftsstelle Abt. . . ." usw nebst dem gegenwärtigen Raum. Denn der letztere kann wechseln und ist nicht wesentlich. Mag sich der Interessent beim Pförtner usw erkundigen. Der Telefonanschluß mit seiner Durchwahl kann eine sehr nützliche Angabe sein. 15

G. Allgemeiner Fristhinweis, II 4. Erforderlich ist stets ein doppelter Hinweis: Zum einen auf den Vorgang der öffentlichen Zustellung, zum anderen auf einen etwaigen Fristenablauf und dann mögliche Rechtsverluste. Es ist nicht ratsam, hier allzu ausführlich zu formulieren. Je mehr Worte, desto größere Fehlerquote. Die Wiedergabe des Textes von II 4 dürfte meist durchaus reichen. 16

H. Spezieller Ladungshinweis, II 5. Bei der Zustellung einer Ladung ist zusätzlich zum Hinweis auf eine öffentliche Zustellung nach II 4 Hs 1 der in II 5 ausreichend formulierte weitere Hinweis notwendig. Wie bei Rn 16: Vorsicht vor mehr als dem Gesetzestext. 17

6) Verstoß, I–III. Ein Verstoß gegen § 186 führt zur Unwirksamkeit der Zustellung, Stgt JB **05**, 159. Wegen einer Heilung § 189. Soweit die Angaben für den Fortgang des Prozesses unentbehrlich sind, hat ein Verstoß gegen das BDSG keine Bedeutung, aM Finger NJW **85**, 2685 (aber das BDSG hat keinen allgemeinen Vorrang vor der ZPO). Bei einem unrichtigen Hinweis nach II 4, 5 kann § 381 III 1 Hs 1 unanwendbar sein. Ein Verstoß kann eine Amtshaftung nach Art 34 GG § 839 BGB auslösen. 18

187 *Veröffentlichung der Benachrichtigung.* **Das Prozessgericht kann zusätzlich anordnen, dass die Benachrichtigung einmal oder mehrfach im elektronischen Bundesanzeiger oder in anderen Blättern zu veröffentlichen ist.**

1) Systematik. Die Vorschrift ergänzt § 186 für alle Fälle einer öffentlichen Zustellung ohne eine Beschränkung auf die Ladung oder Aufforderung nach § 276 I 1. Sie ist eine Kannvorschrift, keine Mußbestimmung. 1

2) Regelungszweck. Die Vorschrift dient verstärkt der Rechtssicherheit nach Einl III 43. Sie dient nämlich der Einengung der evtl weitreichenden Folgen einer Unterstellung des Zugangs. Auf ihn kommt es ja nach dem Grundsatz des § 166 vor allem an. Das muß man bei der Auslegung mitbeachten. Das gilt vor allem bei der Begrenzung der Ermessenfreiheit, ob, wo und wie oft und auch wann eine Veröffentlichung nach § 187 notwendig ist, Rn 4. 2

Mehrkosten können beträchtlich sein. Das ist zwar mitbeachtlich, aber nicht entscheidend, Rn 4. Auch die Unwahrscheinlichkeit einer Durchsicht gerade des elektronischen Bundesanzeigers gerade durch diesen Prozeßbeteiligten darf kein ausschlaggebendes Argument sein. Freilich mag es mindestens ebenso sinnvoll sein, statt des elektronischen Bundesanzeigers „nur" das Lokalblatt in der Hoffnung auszuwählen, daß irgendein Bekannter des Verzogenen diese Ladung usw liest und den Adressaten verständigt, vielleicht sogar dem Gericht die neue Anschrift mitteilt. Auch der gewisse Zeitverlust bis zum Eintreffen des Veröffentlichungsbelegs, den das Gericht natürlich braucht, darf nicht entscheiden. Ein bißchen größere Chance des Kontakts wiegt schwerer.

3 **3) Geltungsbereich.** Die Vorschrift gilt in allen Verfahren nach der ZPO und nach den auf sie verweisenden Gesetzen, Üb 3 vor § 166. Die Einrückung erfolgt auch dann, wenn das Schriftstück keine Ladung oder Terminsbekanntmachung enthält. Denn auch dann trifft der Sinn der Vorschrift zu. Das Gericht kann im Rahmen eines pflichtgemäßen Ermessens von Amts wegen die Einrückung in andere Blätter zusätzlich anordnen, so schon LG Kblz FamRZ **00**, 171. Es darf und muß evtl auch mehrmals und auch nachträglich eine solche Anordnung treffen. Da der elektronische Bundesanzeiger ohnehin tatsächlich für manchen noch nur schwer einsehbar ist, kommt zumindest *eine* zusätzliche Veröffentlichung in Betracht, etwa in der örtlichen Presse. Wegen der weitreichenden Wirkungen der öffentlichen Zustellung ist eben keine kostenrechtliche Kleinlichkeit angebracht. § 21 GKG, § 20 FamGKG sind nur in einem krassen Fall anwendbar.

4 **4) Ermessen.** Das Wort „kann" bedeutet: Das Gericht hat ein pflichtgemäßes Ermessen dazu, ob, wie oft, wo und wann es die Benachrichtigung des § 186 II außer an der Gerichtstafel auch noch anderweitig veröffentlichen läßt. Die Abwägung der Gesamtumstände muß unter einer Beachtung des Regelungszwecks nach Rn 2 ergeben, welche Lösung erforderlich ist. Die Kosten der weiteren Veröffentlichung(en) sind natürlich mitbeachtlich. Sie sind aber nicht das wichtigste Merkmal, Rn 2.

5 Das Gericht muß jetzt die *ganze Benachrichtigung* nach § 186 veröffentlichen. Denn die frühere Beschränkung auf einen „Auszug" ist dem Wort „die" (Benachrichtigung) gewichen. Eine Veröffentlichung auch einer Ausfertigung oder Ablichtung oder Abschrift oder eines Auszugs des zuzustellenden Schriftstücks erfolgt nur auf eine gerichtliche Anordnung.

6 **5) Verstoß.** Eine falsche oder unvollständige zusätzliche Veröffentlichung kann neben der Notwendigkeit einer Kostenniederschlagung nach § 21 GKG, § 20 FamGKG zu einer Staatshaftung führen, Art 34 GG, § 839 BGB, auch zur Wiedereinsetzung nach §§ 233 ff. Die Wirksamkeit der Zustellung ist von einer zusätzlichen Veröffentlichung selbst dann nicht abhängig, wenn das Gericht sie richtigerweise nach Rn 4 für notwendig oder doch ratsam halten durfte oder mußte.

188 ***Zeitpunkt der öffentlichen Zustellung.*** **[1] Das Schriftstück gilt als zugestellt, wenn seit dem Aushang der Benachrichtigung ein Monat vergangen ist. [2] Das Prozessgericht kann eine längere Frist bestimmen.**

1 **1) Systematik, S 1, 2.** Die Vorschrift regelt die Rechtsfolgen einer wirksamen öffentlichen Zustellung. Sie bleiben bestehen, wenn der Antragsteller erst nach ihrem Eintritt eine Kenntnis von einer Zustellungsmöglichkeit erhält, Stgt RR **07**, 953.

2 **2) Regelungszweck, S 1, 2.** Der Weg einer Unterstellung (Fiktion) des Zugangs der Mitteilung ist ein gefährliches, aber unentbehrliches Mittel, § 185 Rn 2. Deshalb muß das Gericht die Voraussetzungen wie den Umfang dieser Unterstellung streng prüfen. § 188 soll vermeiden, daß eine öffentliche Zustellung deshalb unwirksam wird, weil das Gericht eine Frist unrichtig berechnet hatte. Wenn man überhaupt mit einer Unterstellung des Zugangs arbeiten muß, sollte auch nur unter besonderen Umständen eine Wartefrist von über einem Monat sinnvoll sein. Freilich kann etwa die hochsommerliche Urlaubszeit solche besonderen Umstände begründen.

3 **3) Geltungsbereich, S 1, 2.** § 185 Rn 3.

4 **4) Voraussetzungen, S 1, 2.** § 188 bringt eine Unterstellung zum Zeitpunkt der Zustellung, Üb 4 vor § 166. Diese Unterstellung ist unabhängig von dem etwaigen späteren Wegfall der Voraussetzungen der Zustellung. Sie ist auch unabhängig davon, ob und wann der Adressat tatsächlich eine Kenntnis von der Zustellung erhalten hat. Sie gilt also zB auch dann, wenn sich der Zustellungsadressat nach Üb 10 vor § 166 meldet. Freilich kann dann eine Zustellung nach § 173 erfolgen. Die Fristen in S 1 und 2 sind sog uneigentliche Fristen, Üb 11 vor § 214. Man berechnet sie nach § 222. Der Aushangstag rechnet nicht mit, § 187 I BGB. Eine Verkürzung einer solchen Frist ist unstatthaft, Üb 11 vor § 214 (Unanwendbarkeit des 224). Eine Verlängerung ist abweichend von § 225 nach S 2 statthaft. Sie ist aber nur im Zeitpunkt der Bewilligung der öffentlichen Zustellung nach § 186 I 1 zulässig, nicht später. Sie erfordert einen Beschluß „des Prozeßgerichts", auch des Einzelrichters nach §§ 348, 348 a, 526, 527, 568.

5 **5) Verstoß, S 1, 2.** Eine Amtshaftung nach Art 34 GG, § 839 BGB bleibt von S 1, 2 unberührt.

189 ***Heilung von Zustellungsmängeln.*** **Lässt sich die formgerechte Zustellung eines Dokuments nicht nachweisen oder ist das Dokument unter Verletzung zwingender Zustellungsvorschriften zugegangen, so gilt es in dem Zeitpunkt als zugestellt, in dem das Dokument der Person, an die die Zustellung dem Gesetz gemäß gerichtet war oder gerichtet werden konnte, tatsächlich zugegangen ist.**

Gliederung

1) Systematik. Die Vorschrift regelt die Rechtsfolgen von Zustellungsmängeln. Sie enthält eine sorgsame Abstufung der Folgen. Sie hat Ähnlichkeit mit § 295. § 170 I 2 hat den Vorrang. 1

2) Regelungszweck. § 189 enthält einen allgemeinen Gedanken. Die Vorschrift ist daher weit auslegbar, BGH NJW **89**, 1155, Celle Rpfleger **91**, 167, Nürnb MDR **82**, 238. Das gilt freilich nicht auch zum Inhalt des Dokuments, aM Stgt RR **89**, 1534 (aber die Vorschrift bezweckt nur eine Formheilung). § 189 soll im Interesse der Rechtssicherheit nach Einl III 43 wie auch der Prozeßwirtschaftlichkeit nach Grdz 14 vor § 128 zwar nur den Nachweis der Tatsache und den Zeitpunkt des Zugangs sicherstellen, BGH **130**, 74. Die Vorschrift soll aber auch insofern den Formalismus bei der Zustellung in Grenzen halten, Celle Rpfleger **91**, 167. Das bedeutet nicht, daß das Gericht keinen Wert auf eine korrekte Zustellung legen muß. Es bedeutet freilich auch nicht, daß jede irgendwie mangelhafte Zustellung nichtig wäre, solange das Gericht sie nicht zuläßt. Im übrigen mag das Gericht eine unwirksame Zustellung wiederholen müssen. 2

Die Vorschrift dient mit ihrer uneingeschränkten Heilbarkeit auch der *Gerechtigkeit.* Das Prozeßrecht darf ja niemals zum Selbstzweck werden, Einl III 10. Allerdings muß mangels einer Einhaltung der gesetzlichen Form doch mindestens ein wirklicher Zugang vorliegen. Dieses Wort sollte man ziemlich streng auslegen. Nicht jeder Briefkasten ist so intakt und läßt sich so eindeutig dem Adressaten zuordnen, daß man den dortigen Einwurf als einen Zugang werten darf. Im gepflegten Einfamilienhaus reicht aber der einzige Briefkasten für alle Angehörigen. Auch bei § 189 muß in solchen Grenzen die bloße Möglichkeit der Kenntnisnahme als Zugang ausreichen. Es kommt also wiederum auf die Einzelsituation an.

3) Geltungsbereich. Vgl zunächst Üb 3 vor § 166. Die Vorschrift betrifft in den Grenzen des § 170 I 2 jede Art des Zugangs förmlich zustellbarer Dokumente, BGH **100**, 238 (Verfügung des Bundeskartellamts). Sie betrifft grundsätzlich jede Art von Zustellung im Partei- wie Amtsbetrieb, BVerfG NJW **88**, 1774 (Insolvenzverfahren), BGH NJW **03**, 2688 (Anwaltszustellung), Hamm RR **94**, 63 (Klagefrist), Düss Rpfleger **89**, 36 (Terminsladung nach [jetzt] § 174), Köln VersR **02**, 908 (Klagezustellung), BGH **76**, 238 (§§ 296 I, 530), LG Aachen RR **90**, 1344 (Arrestbefehl), AG Biedenkopf MDR **83**, 588 (Zustellung einer Vorpfändung), aM KG RR **99**, 72 (Beschlußverfügung), LG Hechingen DGVZ **86**, 189. Das gilt grundsätzlich auch im internationalen Rechtsverkehr, BayObLG FamRZ **75**, 215 (zustm Geimer), Hamm FamRZ **00**, 898, aM Jena IPRax **02**, 298 (abl Stadler 285). § 189 gilt auch im WEG-Verfahren, (zum alten Recht) BayObLG WoM **00**, 34, Hbg ZMR **98**, 713, und im Bereich des § 113 I FamFG. Die Vorschrift betrifft also nicht nur eine Ersatzzustellung. Sie betrifft nach dem ersatzlosen Wegfall des früheren § 187 S 2 auch eine solche Zustellung, die eine Notfrist nach § 224 I 2 in Gang setzen soll, Rn 13. 3

Unanwendbar ist § 189 im Verfahren nach § 23 EGGVG, Karlsr OLGZ **85**, 201.

4) Heilung. Es müssen mehrere Voraussetzungen zusammentreffen. Stets muß ein erkennbarer Zustellungswille des Absenders vorliegen, Rn 9 „Versehentliche Zustellung", BayObLG NJW **04**, 3722. 4

A. Grundsatz: Zwingende Rechtsfolge. Nach § 189 heilt eine Zustellung kraft einer zwingenden Zustellungs-Unterstellung („gilt als zugestellt") schon dadurch rückwirkend, daß das Dokument tatsächlich in die Hand des Zustellungsadressaten nach Üb 10 vor § 166 kommt. Das Gericht muß die Zustellung als in demjenigen Zeitpunkt erfolgt behandeln, in dem der Zustellungsadressat das Dokument so erhalten hat, daß er es in seinen Besitz bekam und behalten sollte, BGH NJW **84**, 926, Mü FamRZ **81**, 167, Rostock FamRZ **99**, 1076, und daß er von seinem Inhalt Kenntnis nehmen konnte, Celle Rpfleger **91**, 167. Das Gericht muß die Zustellung erst recht dann als bewirkt ansehen, wenn eine gegenteilige Auffassung auf eine leere Förmelei hinauslaufen würde und wenn der Zustellungszweck offensichtlich erreichbar war, wenn also für keinen Beteiligten ein Schaden entstehen kann, so schon BGH NJW **84**, 927, Mü MDR **86**, 944, Hundt-Eßwein DB **86**, 2460.

B. Tatsächlicher Zugang. Es ist ein tatsächlicher Zugang der vollständigen Entscheidung usw notwendig, BSG NJW **03**, 382, Drsd RR **03**, 1722, Köln RR **87**, 576. Der Zugang muß nach § 170 beim Zustellungsadressaten nach Üb 10 vor § 166 erfolgen, Brdb FamRZ **98**, 1440, Hbg ZMR **98**, 713, LG Hann DGVZ **96**, 138. Der Adressat muß also den Besitz erhalten, BGH NJW **01**, 1996, Karlsr Rpfleger **04**, 642, Köln RR **87**, 576. Bei § 170 I ist der Zugang an den gesetzlichen Vertreter erforderlich, Rn 9 „Prozeßunfähigkeit". Bei § 172 ist der Zugang an den ProzBev und nicht an die Partei erforderlich und ausreichend, BGH **84**, 926, Zweibr FamRZ **06**, 129. Beim späteren ProzBev kann der frühere Zugang reichen, BGH NJW **89**, 1154. Der Zugang braucht nicht dauernd zu sein, Köln RR **87**, 576. 5

Die *bloße Unterrichtung* über den Inhalt reicht nicht aus, BGH NJW **92**, 2100, Karlsr Rpfleger **04**, 642, Nürnb MDR **82**, 238. Ebensowenig reichen der Zugang eines inhaltsgleichen anderen Dokuments, Hamm MDR **92**, 78, Karlsr Rpfleger **04**, 642, Zweibr FamRZ **06**, 129, oder eine Akteneinsicht durch den ProzBev, BGH DB **81**, 368, BayObLG NJW **04**, 3722, Nürnb MDR **92**, 238. Unzureichend ist auch eine ins Postfach gelegte Nachricht über einen Eingang, oder die Anfertigung und Aushändigung einer bloßen Fotokopie durch den ProzBev, Nürnb MDR **82**, 238. Der übereinstimmende Wille der Parteien bindet das Gericht nicht, insbesondere nicht bei einer Notfrist, § 224 I 2. Es ist unerheblich, ob nur ein Formverstoß vorliegt, ob etwa eine unzulängliche oder gar keine Zustellungsurkunde entstand, oder ob nur der Nachweis der in Wahrheit korrekt erfolgten Zustellung unmöglich ist, etwa weil die Zustellungsurkunde verlorengegangen ist.

C. Beispiele zur Frage einer Anwendbarkeit 6

Abschrift: Rn 7 „Fehlerhaftigkeit".

Aktiengesellschaft: Rn 9 „Prozeßunfähigkeit usw".

Annahmeverweigerung: S „Einschreiben".

Arrest, einstweilige Verfügung: § 189 ist anwendbar, soweit es zugleich um die Vollziehung geht, Brschw RR **96**, 380.

§ 189 ist *unanwendbar,* soweit es um einen Zustellungsmangel einer im Beschlußweg erlassenen Unterlassungsverfügung geht, Hbg GRUR-RR **07**, 296.

Amtszustellung: § 189 ist anwendbar, soweit es um eine Amtszustellung statt einer Parteizustellung geht, aM Mü MDR **98**, 1243 (aber es kommt auf den tatsächlichen Zugang an, Rn 5), und umgekehrt, MusWo 2, StJR 14, aM BGH NJW **03**, 1192, Hornung Rpfleger **02**, 493 (vgl aber Rn 2).

Annahmeverweigerung: Bei einer nach § 179 S 1 berechtigten Verweigerung muß dasselbe gelten wei beim „Empfangsbekenntnis".

Anwaltszustellung: Für § 189 ist ein Empfangsbekenntnis nicht erforderlich, Ffm NJW **03**, 2688.

Ausfertigung: Rn 7 „Fehlerhaftigkeit".

Ausland: § 189 ist anwendbar, soweit das Gericht die Zustellung der Klageschrift an einen inländischen vollmachtlosen Vertreter des im Ausland wohnenden Bekl anordnet oder soweit der Adressat keinen Zustellungsbevollmächtigten benannt hat.

Beglaubigung: Rn 7 „Fehlerhaftigkeit".

Behörde: Rn 9 „Prozeßunfähigkeit usw".

Beschluß: § 189 ist auf einen Beschluß wie auf eine Verfügung anwendbar, Hamm NJW **76**, Nürnb NJW 76, 1101.

S aber auch Rn 6 „Arrest, einstweilige Verfügung".

Einschreiben: § 189 ist anwendbar, Brdb FamRZ **06**, 213 links.

Eine Annahmeverweigerung ist *keine* Übergabe an den Verweigernden, BSG NJW **03**, 382.

Einstweilige Verfügung: Rn 6 „Arrest, einstweilige Verfügung".

Empfangsbekenntnis: Die zur Wirksamkeit der Zustellung an einen Anwalt erforderliche Annahmebereitschaft zB nach § 174 Rn 7 läßt sich durch den tatsächlichen Zugang nach § 189 gerade *nicht* heilen, BGH NJW **89**, 1154, OVG Hbg NVwZ **05**, 236.

Fax: Die bloße Faxübermittlung ersetzt *keine* Zustellung, Karlsr Rpfleger **04**, 643, LG Lübeck DGVZ **05**, 141, Klute GRUR **05**, 927.

7 **Fehlerhaftigkeit:** § 189 ist *unanwendbar,* soweit die Ausfertigung oder Beglaubigung oder ihr Vermerk unvollständig oder sonstwie fehlerhaft sind, BGH **100**, 241, Hamm (14. ZS) NJW **78**, 830, Karlsr OLGZ **92**, 371, aM Düss JB **01**, 148 (bei Urteil bei § 929), Hamm (4. ZS) OLGZ **79**, 358 (anders MDR **81**, 60), Stgt RR **89**, 534 (aber Formvorschriften muß man trotz ihrer Lästigkeit einhalten). § 189 ist ferner unanwendbar, soweit eine zB bei § 317 Rn 8 erforderliche Ausfertigung oder ihr Vermerk völlig fehlen, Celle WRP **93**, 181, Düss GRUR **89**, 542, LG Brschw DGVZ **82**, 75, aM Ffm OLGZ **81**, 99, Hamm OLGZ **79**, 357, oder soweit nicht nur ein Schreibfehler vorliegt, keine bloß falsche Bezeichnung des richtigen Adressaten, sondern soweit man eine andere Person als Adressat angegeben hatte, ob schuldhaft oder schuldlos.

Gemeinde: Rn 9 „Prozeßunfähigkeit usw".

Genossenschaft: Rn 9 „Prozeßunfähigkeit".

Gesellschaft: Rn 9 „Prozeßunfähigkeit usw".

Gesellschaft mit beschränkter Haftung: Rn 9 „Prozeßunfähigkeit".

8 **Klagerweiterung:** § 189 ist auf eine Klagerweiterung anwendbar, BGH NJW **92**, 2236.

Klageschrift: § 189 ist auf eine Klageschrift anwendbar, Köln VersR **02**, 908, ebenso in Verbindung mit § 113 I 2 FamFG auf einen Scheidungsantrag, (je zum alten Recht) BGH NJW **84**, 926, Brdb FER **01**, 81, Rostock FamRZ **99**, 1076.

S aber auch Rn 6 „Ausland".

Kommanditgesellschaft: Rn 9 „Prozeßunfähigkeit usw".

Ladung: § 189 ist auf eine Ladung anwendbar, BGH NJW **78**, 427.

Minderjähriger: Rn 9 „Prozeßunfähigkeit".

Notfrist: Rn 13 ff.

Offene Handelsgesellschaft: Rn 9 „Prozeßunfähigkeit usw".

Öffnung: § 189 ist *unanwendbar,* soweit eine Ersatzperson nach § 178 die Sendung unbefugt öffnet und dadurch erfährt, daß sie Zweitbekl ist.

Partei kraft Amts: Rn 9 „Prozeßunfähigkeit usw".

9 **Parteizustellung:** § 189 ist auch bei ihrer Fehlerhaftigkeit anwendbar, Drsd RR **03**, 1722. Das gilt bei § 929 nicht mangels einer Erkennbarkeit des Vollziehungswillens auf andere Weise, § 929 Rn 18, aM Mü FGPrax **05**, 196 (zu großzügig).

S auch Rn 4 „Amtszustellung".

Prozeßbevollmächtigter: § 189 ist anwendbar, soweit es um die Zustellung an die Partei statt an ihren ProzBev geht. Das gilt insbesondere dann, wenn sie eine Kopie an den ProzBev weiterleitet, Brschw RR **96**, 380, Karlsr Rpfleger **04**, 642. Die Vorschrift ist anwendbar, soweit eine Zustellung an einen solchen Anwalt erfolgte, der bei seiner späteren Bestellung zum ProzBev noch im Besitz war, BGH NJW **89**, 1154, oder soweit sie an denjenigen ProzBev erfolgt ist, der das Mandat niedergelegt hatte, Zweibr FER **99**, 130.

Prozeßkostenhilfe: Rn 9 „Versehentliche Zustellung".

Prozeßunfähigkeit usw: § 189 ist bei § 170 grds anwendbar, LG Hann DGVZ **96**, 138. Der Zugang beim gesetzlichen Vertreter reicht auch dann, wenn die Sendung als Adressaten den Vertretenen aufwies, BGH NJW **84**, 926, Celle Rpfleger **79**, 63.

§ 189 ist jedoch ausnahmsweise *unanwendbar,* soweit jede Beteiligung der Vertreter am Prozeß unterblieben ist oder wenn unklar bleibt, ob der Verein tatsächlich eine Kenntnis erhielt, LG Kblz FamRZ **05**, 1778.

Rechtshängigkeit: Ihr Fehlen kann heilbar sein, Zweibr FER **99**, 130.

Scheidungsantrag: Rn 8 „Klageschrift".

Unbefugtheit: Rn 8 „Öffnung".

Unzulässigkeit: § 189 ist *unanwendbar,* soweit eine förmliche Zustellung jedenfalls derzeit unzulässig ist.

Urteil: § 189 ist grds auf ein Urteil anwendbar. Vgl aber Rn 13.

Verein: Rn 9 „Prozeßunfähigkeit usw".

Verfügung: § 189 ist auf eine Verfügung oder einen Beschluß anwendbar, Hamm NJW **76**, 2026, Nürnb NJW **76**, 1101.

Versehentliche Zustellung: § 189 ist anwendbar, wenn der Richter oder Rpfl ausdrücklich oder auch (meist) erkennbar stillschweigend eine erforderliche förmliche Zustellung nach § 270 S 1 verfügt hat und wenn der Urkundsbeamte der Geschäftsstelle das Dokument versehentlich nur formlos hat übersenden lassen, wenn die Partei aber aus den Erklärungen des Klägers in der Klageschrift erkennen kann, daß er die Klage unabhängig von der Bewilligung einer Prozeßkostenhilfe erheben wollte, ZöStö 2, aM LG Marbg DGVZ **83**, 26 (aber dann tritt klar zutage, daß wirklich nur ein Formfehler vorliegt).

§ 189 ist *unanwendbar,* soweit der Richter oder Rpfl oder der Urkundsbeamte oder der Gerichtsvollzieher eine förmliche Zustellung überhaupt nicht beabsichtigt hatte, BGH NJW **03**, 1193, LG Lübeck DGVZ **05**, 141, OVG Bautzen NVwZ-RR **06**, 854. So liegt es auch dann, wenn der Absender das Dokument durch einen Boten in den Briefkasten werfen ließ oder nur per Fax übermittelte, LG Lübeck DGVZ **05**, 141, oder wenn ein Angehöriger bei der Ersatzzustellung nach § 178 erst durch das Öffnen der Sendung erfährt, daß sie sich zumindest auch an ihn als einen nunmehr weiteren Prozeßbeteiligten richtet.

Vollmachtloser Vertreter: Rn 6 „Ausland". 10

Zustellungsbevollmächtigter: Eine Zustellung unter einem Verstoß gegen § 178 I Z 2 kann heilbar sein, LG Kaisersl Rpfleger **93**, 256.

S auch Rn 6 „Ausland".

Zustellungsmangel: Er kann zB durch eine Nachreichung der fehlenden Übersetzung heilen, auch bei Art 8 EuZVO, Einf 3 vor § 1067 (dort Art 8 Rn 1).

Zustellungswille: Rn 9 „Versehentliche Zustellung".

D. Adressierung. Das Gericht muß die Zustellung dem Gesetz gemäß an den Zustellungsgegner nach Üb 10 oder 11 vor § 166 gerichtet haben oder wenigstens richten haben wollen, BAG NJW **08**, 1611, Hundt-Eßwein DB **86**, 2460. Die Anschrift muß also zB bei einer anwaltlichen Vertretung nach § 172 den Anwalt genannt haben. Zumindest muß derjenige Anwalt, der das Dokument tatsächlich in Händen hat, der richtige Zustellungsgegner im weiteren Sinn nach Üb 10, 11 vor § 166 sein. Dann ist es unerheblich, ob sich das Dokument auch an ihn richtete, BPatG GRUR **87**, 813. Wenn sich das Dokument also zB an die Partei richtete und wenn sie das Dokument ihrem Anwalt ausgehändigt hat, kann das Gericht die Zustellung als in dem Augenblick der Aushändigung bewirkt ansehen. Dasselbe gilt dann, wenn die Zustellung an eine Person mit zwei Eigenschaften zB als Vorstandsmitglied und als Liquidator unter derjenigen Bezeichnung erfolgt ist, die die in diesem Prozeß maßgebliche Eigenschaft nicht betrifft. Denn dann hat die richtige Person die Zustellung empfangen. 11

E. Beweis. Der Empfang des Dokuments und sein Zeitpunkt lassen sich mit jedem Beweismittel dartun, § 286. Beweispflichtig ist derjenige, der aus der Zustellung ein Recht herleitet, Hbg MDR **79**, 851. Die Erklärung des Zustellungsadressaten kann nach der Lage der Sache genügen. Sie tut das auch regelmäßig. Die Erklärung kann formlos erfolgen. Sie kann in einer schlüssigen Handlung liegen. Das gilt etwa dann, wenn der Zustellungsadressat einen Mangel der Zustellung behauptet. Bei einer Ersatzzustellung an einen Hausgenossen spricht die Lebenserfahrung für den Empfang durch den Zustellungsadressaten. 12

5) Notfrist. Eine Heilung ist nach § 189 uneingeschränkt möglich. Sie ist also auch dann möglich, wenn die Zustellung eine Notfrist nach § 224 I 2 in Lauf setzen soll. Das gilt erst recht dann, wenn sie eine Notfrist bloß „wahren" soll. Dasselbe gilt für einen notfristähnlichen Fall. 13

6) Entscheidung. Das Gericht braucht nur dann zu entscheiden, wenn es die Zustellung in einer freien Würdigung als bewirkt ansieht, Karlsr Rpfleger **04**, 642. Andernfalls bleibt die Wirksamkeit zweifelhaft. Es reicht aus, daß sich die Zulassung aus einer anderen Entscheidung ergibt. Bei einem Zwischenstreit über die Zulassung ist ein Beschluß ratsam. Die Zulassung wirkt für und gegen den Zustellungsadressaten. Sie wirkt zB als eine Unterlage für ein Ordnungsmittel oder bei einer rechtzeitigen Zustellung als eine Grundlage der Versäumnisentscheidung. Das Gericht kann durch einen Beschluß entscheiden, § 329. Es muß ihn grundsätzlich begründen, § 329 Rn 4. Es muß ihn bei einer Ablehnung wegen Rn 15 dem Antragsteller förmlich zustellen, § 329 III. Das Gericht kann auch in den Entscheidungsgründen des Urteils mitentscheiden. 14

7) Rechtsmittel. Gegen die Ablehnung der Zulassung ist die sofortige Beschwerde nach § 567 I Z 2 zulässig. Eine Rechtsbeschwerde ist unter den Voraussetzungen des § 574 denkbar. Gegen die Zulassung durch einen besonderen Beschluß ist kein Rechtsmittel statthaft. Im übrigen gelten die für das Urteil vorgesehenen Rechtsmittel. 15

190 ***Einheitliche Zustellungsformulare.*** **Das Bundesministerium der Justiz wird ermächtigt, durch Rechtsverordnung mit Zustimmung des Bundesrates zur Vereinfachung und Vereinheitlichung der Zustellung Formulare einzuführen.**

1) Ermächtigung. Erforderlich ist eine dem Art 80 GG genügende Rechtsverordnung. Sie muß dem ausdrücklichen Ziel der Vereinfachung und Vereinheitlichung entsprechen. Formulare enthalten leider bisweilen Fehler. Diese entbinden nicht vom Gesetzesgehorsam. Daher muß man notfalls vom Formular abweichend vorgehen, um eine den §§ 166 ff genügende und damit erst wirksame Zustellung zu erreichen. Das gilt zB wegen des vorrangigen § 182 II Z 4, dort Rn 12. Dabei sind allzu pedantische Genauigkeiten Unsinn. 1

2) Vordruckverordnung. Erlassen ist die nachfolgend abgedruckte ZustVV v 12. 2. 02, BGBl 671, berichtigt 1. 3. 02, BGBl 1019, geändert dch VO v 23. 4. 04, BGBl 619, in Kraft seit 1. 5. 04, Art 2 ÄdgVO, ÜbergangsR § 3 ZustVV, § 24 a EGZPO. Die amtliche Anlage 1 ist hier nicht mit abgedruckt. Die geltende Fassung befindet sich im BGBl **04**, 620. 2

ZustVV § 1. Vordrucke. **Für die Zustellung im gerichtlichen Verfahren werden eingeführt:**

1. der in Anlage 1 bestimmte Vordruck für die Zustellung von Schriftstücken mit Zustellungsurkunde nach § 182 Abs. 1 und 2 der Zivilprozessordnung (Zustellungsurkunde),
2. der in Anlage 2 bestimmte Vordruck für den Briefumschlag nach § 176 Abs. 1 der Zivilprozessordnung (innerer Umschlag),
3. der in Anlage 3 bestimmte Vordruck für den Postzustellungsauftrag nach § 168 Abs. 1 der Zivilprozessordnung (äußerer Umschlag/Auftrag),
4. der in Anlage 4 bestimmte Vordruck für die schriftliche Mitteilung über die Zustellung durch Niederlegung nach § 181 Abs. 1 Satz 2 der Zivilprozessordnung (Benachrichtigung).

ZustVV § 2. Zulässige Abweichungen. **I [1] Für den Vordruck nach § 1 Nr. 1 (Zustellungsurkunde) kann abweichend von dem in Anlage 1 bestimmten Muster einfarbiges gelbes Papier verwendet werden. [2] In diesem Fall sind die im Muster in weißer Farbe hervorgehobenen Ankreuz- und Ausfüllfelder durch Umrandung oder in anderer Weise kenntlich zu machen.**

II [1] Für die Vordrucke nach § 1 Nr. 2 (innerer Umschlag) und Nr. 3 (äußerer Umschlag/Auftrag) dürfen Umschläge mit Sichtfenster verwendet werden. [2] In diesen Fällen bedarf es der Angabe des Aktenzeichens und der Vorausverfügungen auf dem inneren Umschlag nicht.

III Im Übrigen sind folgende Abweichungen von den in den Anlagen 1 bis 4 bestimmten Vordrucken zulässig:

1. Benachrichtigungen, die auf einer Änderung von Rechtsvorschriften beruhen;
2. Anpassungen, Änderungen oder Ergänzungen, die es, ohne den Inhalt der Vordrucke zu verändern oder das Verständnis der Vordrucke zu erschweren, den Gerichten ermöglichen, die Verfahren maschinell zu bearbeiten und für die Bearbeitung technische Entwicklungen nutzbar zu machen oder vorhandene technische Einrichtungen weiter zu nutzen;
3. Anpassungen, Änderungen oder Ergänzungen, die es, ohne den Inhalt der Vordrucke zu verändern oder das Verständnis der Vordrucke zu erschweren, ermöglichen, technische Einrichtungen der üblichen Briefbeförderung für das Zustellungsverfahren zu nutzen.

ZustVV § 3. Überleitungsvorschrift. **Der Vordruck nach Anlage 1 zu § 1 Nr. 1 in der bis zum 30. April 2004 geltenden Fassung kann bis zum 31. Dezember 2004 weiterverwendet werden.**

ZustVV § 4. Inkrafttreten. **Diese Verordnung tritt am 1. Juli 2002 in Kraft.**

Untertitel 2. Zustellungen auf Betreiben der Parteien

191 ***Zustellung.*** **Ist eine Zustellung auf Betreiben der Parteien zugelassen oder vorgeschrieben, finden die Vorschriften über die Zustellung von Amts wegen entsprechende Anwendung, soweit sich nicht aus den nachfolgenden Vorschriften Abweichungen ergeben.**

1 **1) Systematik.** Über die Parteizustellung im allgemeinen Üb 6 vor § 166, über die Mangelhaftigkeit einer Parteizustellung Üb 12 vor § 166.

2 **2) Regelungszweck: Möglichkeit der Kenntnisnahme.** Wie bei der Amtszustellung dient auch das Verfahren der Zustellung auf Bestreben der Parteien der Möglichkeit einer tatsächlichen Kenntnisnahme nach Üb 3 vor §§ 166 ff. Es dient damit dem rechtlichen Gehör als einem prozessualen Grundrecht, Einl III 16. Damit dient auch eine Parteizustellung der Rechtssicherheit, Einl III 43. Beide Ziele erfordern eine strenge Auslegung. Sie darf aber auch nicht in einem Formalismus und Selbstzweck erstarren, Einl III 10.

Ob und Wann der Zustellung sind Ausgangspunkte dafür, eine Zustellung überhaupt der Parteiherrschaft nach Grdz 18 vor § 128 mitzuüberlassen. Das Wie ist auch bei ihr weitgehend dem Parteiwillen entzogen und auf das Wahlrecht Gerichtsvollzieher- oder Anwaltszustellung beschränkt. Diese Unterscheidung entspricht einerseits dem Parteibedürfnis, aus vielen auch über diesen Prozeß hinausgehenden Erwägungen die Freiheit zu behalten, ob und ab wann man den Druck auf den Gegner durch eine förmliche Zustellung nebst einem etwaigen Fristbeginn verstärken will. Die Vorschrift dient andererseits der Notwendigkeit einer möglichst einwandfreien Überprüfbarkeit der Art und Weise der Durchführung solcher Maßnahmen.

3 **3) Geltungsbereich.** Vgl zunächst Üb 3 vor § 166. Grundsätzlich sind die Vorschriften über die Zustellung von Amts wegen nach §§ 166 ff auch auf eine Parteizustellung entsprechend anwendbar, ferner vor dem Beschwerdegericht nach § 73 Z 2 GWB. Das gilt auch gegenüber dem Bezirksrevisor, LG Gött Rpfleger **01**, 31. In einer Markensache gelten vor dem Patentamt und dem PatG § 94 MarkenG, vor dem BGH (Rechtsbeschwerde) §§ 191 ff entsprechend, § 88 I 1 MarkenG.

192 ***Zustellung durch Gerichtsvollzieher.*** **[1] Die von den Parteien zu betreibenden Zustellungen erfolgen durch den Gerichtsvollzieher nach Maßgabe der §§ 193 und 194.**

II [1] Die Partei übergibt dem Gerichtsvollzieher das zuzustellende Schriftstück mit den erforderlichen Abschriften. [2] Der Gerichtsvollzieher beglaubigt die Abschriften; er kann fehlende Abschriften selbst herstellen.

III [1] Im Verfahren vor dem Amtsgericht kann die Partei den Gerichtsvollzieher unter Vermittlung der Geschäftsstelle des Prozessgerichts mit der Zustellung beauftragen. [2] Insoweit hat diese den Gerichtsvollzieher mit der Zustellung zu beauftragen.

Gliederung

1) Systematik, I–III. Vgl zunächst Üb 1 vor § 166. Ergänzend gilt in der Zwangsvollstreckung § 753. 1

2) Regelungszweck, I–III. Die Parteizustellung hat im Gegensatz zur Amtszustellung nach §§ 166ff 2
ihren Sinn in einer möglichst weitgehenden Wahrung der Parteiherrschaft, Grdz 18 vor § 128. Das Gesetz überläßt es hier der Partei, ob und wann sie die mit einer Zustellung regelmäßig verbundenen Rechtsfolgen in Gang setzt, etwa eine Frist. Das gilt selbst dann, wenn darunter die Rechtssicherheit nach Einl III 43 scheinbar leidet, weil unklar bleibt, ob und wann zB ein Vollstreckungsbescheid rechtskräftig wird. Diese Rangordnung muß man bei der Auslegung mitbeachten.

II soll sicherstellen, daß der Zustellungsadressat alsbald seine Kenntnis erhält. Deshalb muß man II strikt auslegen.

3) Geltungsbereich, I–III. Üb 3 vor § 166. 3

4) Aufgabe des Gerichtsvollziehers, I. Er muß zwei Begrenzungen beachten. 4

A. Nur im Parteibetrieb. Der Gerichtsvollzieher wird nicht nur bei einer Zustellung im Parteibetrieb nach Üb 8 vor § 166 tätig, sondern auch nach § 168 II bei der Amtszustellung. Seine örtliche Zuständigkeit regeln die landesrechtlichen Dienstvorschriften, Üb 1 vor § 154 GVG, § 20 I GVGA. Meist ist der Wohnsitz des Auftraggebers oder derjenige des Zustellungsempfängers nach Üb 10 vor § 166 maßgeblich, § 22 GVO. Er handelt selbständig unter seiner eigenen Verantwortung als Beamter in der Erfüllung einer Amtspflicht, Üb 15 vor § 166. Wegen einer Prozeßkostenhilfe § 122 I Z 1a. Der Gerichtsvollzieher muß in schwierigen oder eiligen Fällen unter Umständen selbst zustellen. Er muß den Eingang der Zustellungsurkunde sorgfältig überwachen und die Partei bei Störungen unverzüglich benachrichtigen. Wegen seiner Kosten KVGv 100, 101, 701, Hartmann Teil XI, §§ 1 III, 11–56 GVGA. Wegen seiner Haftung Üb 15 vor § 166.

B. Aufgabenumfang. „Von den Parteien zu betreibende Zustellungen" sind nur noch die Zustellung 5
eines Prozeßvergleichs nach Anh § 307, evtl eines Vollstreckungsbescheids nach § 699 IX 2, eines Pfändungs- und Überweisungsbeschlusses nach § 829, amtliche Vorbemerkung II vor KVGv 100, einer Ladung zum Offenbarungstermin nach § 900, amtliche Vorbemerkung II vor KVGv 100, eines Arrests nach §§ 922 II, 929 Rn 18, oder einer einstweiligen Verfügung nach § 936 Rn 3 „§ 922, Urteil oder Beschluß": Fast alle übrigen Zustellungen erfolgen von Amts wegen. I gilt auch im Verfahren nach §§ 361, 362.

5) Übergabe an den Gerichtsvollzieher usw, II. Die Partei muß den Gerichtsvollzieher beauftragen, 6
Drsd RR **03**, 1722 (auch zur Mangelheilung). Es besteht kein Anwaltszwang, Rn 8. Der Gerichtsvollzieher muß dem Adressaten seinen Auftrag nicht nachweisen, BGH NJW **81**, 1210. Er braucht eine Anwaltsvollmacht nicht zu prüfen, § 88 II Hs 2.

A. Urschrift. Die Partei muß dem um die Zustellung ersuchten Gerichtsvollzieher oder dem um die Vermittlung der Zustellung ersuchten Urkundsbeamten der Geschäftsstelle das zuzustellende Schriftstück in der Urschrift körperlich übergeben, LG Münst MDR **89**, 648, und nicht nur per Telefax senden. Bei einem Urteil muß sie die Ausfertigung nach § 317 III oder eine vollstreckbare Ausfertigung nach § 724 und in eine der Zahl der Zustellungsgegner entsprechende Zahl von Ablichtungen oder Abschriften übergeben. Diese müssen einen Ausfertigungsvermerk tragen, BGH VersR **85**, 359, Celle WRP **93**, 181, Hamm RR **88**, 1535. Ihn muß der Urkundsbeamte unterschrieben haben, Hbg DGVZ **02**, 137. Entsprechend vorgehen muß sie bei einem Beschluß, § 329, oder bei einem Vollstreckungsbescheid, § 699 IV 2, bei einem Prozeßvergleich, Anh § 307, § 794 I Z 1, oder bei einem Anwaltsvergleich nach §§ 796a–c oder einer sonstigen notariellen Urkunde, § 794 I Z 5, ferner bei einer zB nach § 750 II zuzustellenden Urkunde, bei einer Benachrichtigung des Gläubigers nach § 845 I oder bei einer nach § 132 BGB zuzustellenden Willenserklärung. Die Partei muß die Urschrift dem Gerichtsvollzieher auch dann vorlegen, wenn er nicht sie zustellen muß, sondern eine beglaubigte Ablichtung oder Abschrift, LG Münst MDR **89**, 648.

B. Kopien. Soweit Kopien trotz eines Hinweis (möglichst nebst Fristsetzung, soweit nicht dadurch eine 7
andere Frist gefährdet wird) oder bei einer Eilbedürftigkeit fehlen, darf und muß sie der Gerichtsvollzieher selbst herstellen, II 2 Hs 2. Das geschieht außerhalb einer Prozeßkostenhilfe auf Kosten des Antragstellers, AG Bln-Tiergarten DGVZ **83**, 78. Die Herstellung erfolgt nach § 26 Nr 2 GVGA. Sie ist auslagenpflichtig, § 9 GKG, KV 9000 oder KVFam 2000 oder KVGv 700, Hartmann Teile I A, B, XI. Auch für Eheleute sind zwei Kopien notwendig. Der Gerichtsvollzieher kann die Zustellung auch nicht wirksam nur auf Grund einer Fernkopie bewirken und ein erst nachgereichtes Orginal mit der Zustellungsurkunde zusammensiegeln, aM Düss DGVZ **04**, 125 (aber das öffnet zumindest wegen des Zustellungszeitpunkts Tür und Tor).

Eine *Beglaubigung* der Ablichtungen oder Abschriften erfolgt durch den die Zustellung betreibenden Anwalt nach §§ 169 II 2, 191 oder durch den Gerichtsvollzieher, II 2 Hs 1, LG Münst MDR **89**, 648, Coenen DGVZ **02**, 184. Haben mehrere Zustellungsgegner denselben Vertreter, genügt für sie eine Kopie. Eine Zustellung an mehrere Personen durch einen Umlauf ist unzulässig. Wenn mehrere Vertreter, etwa mehrere Anwälte, dieselbe Person vertreten, genügt eine Zustellung an einen der Anwälte, § 170 III.

6) Vermittlung der Geschäftsstelle, III. Im Anwaltsprozeß nach § 78 Rn 1 ersucht die Partei den 8
Gerichtsvollzieher grundsätzlich unmittelbar. Im Verfahren vor dem AG nach §§ 495ff, 764, 829 II, 835 III 1 usw kann sie ebenso vorgehen, soweit es sich um eine Parteizustellung handelt. Sie kann aber ohne einen Anwaltszwang auch die Vermittlung der Geschäftsstelle beanspruchen, III 1, § 78 III Hs 2. Vgl aber

auch Üb 7 vor § 166. Das gilt für das Prozeßgericht auch dann, wenn es nicht in dem Bezirk des Gerichtsvollziehers liegt. In Betracht kommt zB III 1 bei der Zustellung einer Willenserklärung, aM BGH NJW **81**, 1210, eines Schriftsatzes oder Vergleichs. Eine Ausnahme gilt bei § 699 IV 2 Hs 2.

In der *Zwangsvollstreckung* nach Rn 1 gelten die Regeln des Parteiprozesses auch nach einem im Anwaltsprozeß errungenen Vollstreckungstitel. Ein mündlicher „Auftrag" genügt, auch ein stillschweigender. Er liegt aber keineswegs stets im Zweifel vor. Auch der Urkundsbeamte der Geschäftsstelle handelt nur auf Grund eines solchen Ersuchens. Er handelt dabei in der Erfüllung einer Amtspflicht, Üb 15 vor § 166. Er verfährt nach III 2. Dann steht die Partei zum Gerichtsvollzieher in gar keiner Beziehung. Den Gerichtsvollzieher binden also dann etwaige Weisungen der Partei grundsätzlich nicht. Er muß die zweckmäßigste Art der Zustellung nach seinem pflichtgemäßen Ermessen wählen. Er muß aber ausnahmsweise bei § 21 Z 2, 4 GVGA wegen der Eilbedürftigkeit selbst zustellen. Eine etwaige Gerichtsvollzieherverteilungsstelle sorgt für die Zuleitung eines Zustellungsauftrags an den zuständigen Gerichtsvollzieher. Sie wirkt aber im übrigen nicht bei der Zustellung mit.

9 **7) Verstoß, I–III.** Eine auftragslose Zustellung ist unwirksam. Der Auftraggeber kann sie aber mit einer Rückwirkung genehmigen. Das heilt prozessual. Wegen der sachlichrechtlichen Auswirkung § 174 BGB, BGH NJW **81**, 1210. Das Fehlen eines nach Rn 6 notwendigen Ausfertigungsvermerks führt zur Unwirksamkeit der Zustellung, BGH VersR **85**, 359, Celle WRP **93**, 181, Hamm RR **88**, 1535.

193 *Ausführung der Zustellung.*

[I] [1] **Der Gerichtsvollzieher beurkundet auf der Urschrift des zuzustellenden Schriftstücks oder auf dem mit der Urschrift zu verbindenden hierfür vorgesehenen Formular die Ausführung der Zustellung nach § 182 Abs. 2 und vermerkt die Person, in deren Auftrag er zugestellt hat.** [2] **Bei Zustellung durch Aufgabe zur Post ist das Datum und die Anschrift, unter der die Aufgabe erfolgte, zu vermerken.**

[II] **Der Gerichtsvollzieher vermerkt auf dem zu übergebenden Schriftstück den Tag der Zustellung, sofern er nicht eine beglaubigte Abschrift der Zustellungsurkunde übergibt.**

[III] **Die Zustellungsurkunde ist der Partei zu übermitteln, für die zugestellt wurde.**

1 **1) Systematik, Regelungszweck, I–III.** Eine Zustellung im Parteibetrieb verlangt neben dem Zustellungsauftrag nach §§ 192 II mehrere Vorgänge. Von ihnen sind zwei Beurkundungen wesentlich. Sie dienen der Klärung des Zustellvorgangs und damit der Rechtssicherheit, Einl III 43.

2 **2) Geltungsbereich, I–III.** Es gelten keine Besonderheiten.

3 **3) Beurkundung der Ausführung, I, III.** Der Gerichtsvollzieher beurkundet die Aushändigung der Zustellung nach § 182 II auf der Urschrift des Schriftstücks oder auf dem mit ihm möglichst dauerhaft zu verbindenden Formular, I 1. Die Aushändigung einer beglaubigten Ablichtung oder Abschrift an den Zustellungsadressaten ist nicht erforderlich. Er wählt den Zustellungsweg. Bei einer Zustellung durch die Aufgabe zur Post nach § 194 muß der Gerichtsvollzieher das Datum und die von ihm angegebene Zustellanschrift vermerken, I 2. Die Beurkundung der Aushändigung muß die betreibende Partei enthalten, III. Erforderlich ist ferner eine Angabe des Zustellungsadressaten sowie die Angabe der Geschäftsnummer. Alles andere ist unwesentlich. So können zB das Datum oder die Beurkundung der Übergabe sowie die Unterschrift des Gerichtsvollziehers fehlen. Die Zustellungsurkunde hat die Beweiskraft des § 418, dort Rn 5.

4 **4) Vermerk, II.** Soweit der Gerichtsvollzieher das Schriftstück durch eine Übergabe an den Adressaten zustellt, muß er das Zustelldatum auf dem Schriftstück vermerken, aber nicht notwendig auch unterzeichnen. Das gilt nicht, sofern er eine beglaubigte Ablichtung oder Abschrift der Zustellungsurkunde übergibt. In beiden Fällen soll der Empfänger eine amtliche Kenntnis des Zustelldatums erhalten, um so eine Rechtsbehelfsfrist errechnen zu können. Der Zustellvermerk hat die Beweiskraft des § 418, dort Rn 5.

Diese Vorschrift ist *nicht wesentlich.* Bei einer Abweichung der Zustellungsurkunde von der Urschrift gilt zugunsten des Zustellungsadressaten dasjenige, das er erhalten hat. Denn wie sollen der Adressat oder das Vollstreckungsorgan usw sonst erkennen, ob ein Fehler vorliegt? Der Zustellungsadressat kann sich auch dann auf die Kopie berufen, wenn sie zwar mit der Urschrift übereinstimmt, aber falsch ist. Das gilt zB dann, wenn sie zB eine unrichtige zustellende Partei beurkundet. Etwas anderes gilt nur dann, wenn der Fehler eindeutig erkennbar ist. Bei der Zustellung mehrerer fest verbundener Schriftstücke wie etwa des Vollstrekkungstitels und einer Urkunde nach § 727 genügt eine einzige Zustellungsurkunde. Eine Angabe des ProzBev auf der beglaubigten Kopie ist nicht notwendig. Deshalb kann man aus einer unrichtigen Angabe des ProzBev keine Unwirksamkeit der Zustellung herleiten. Freilich kann beim Verstoß gegen III eine Notfrist evtl nicht anlaufen, BGH **67**, 355. Zumindest kommt dann eine Wiedereinsetzung nach §§ 233 ff in Betracht, BVerwG NJW **77**, 621.

5 **5) Übermittlung, III.** Der Gerichtsvollzieher kann die Zustellungsurkunde in der Wohnung des Zustellungsempfängers oder -adressaten aufnehmen. III schreibt vor, daß der Gerichtsvollzieher die Zustellungsurkunde an die zustellende Partei übermittelt. Dieser Vorgang ist aber für die Wirksamkeit einer im übrigen einwandfreien Zustellung entbehrlich. Es genügt ein Vermerk auf der Urschrift.

6 **6) Verstoß, I–III.** Wenn ein Erfordernis der Aushändigung nach Rn 3 fehlt, ist die Zustellung unwirksam. Wenn nur ein Verstoß gegen ein Erfordernis nach Rn 5 vorliegt, ist die Zustellung insofern nicht unwirksam. Denn was für die Zustellungsurkunde nach § 182 Rn 2 gilt, das gilt hier erst recht. Im übrigen ist eine Heilung nach § 189 möglich. Wenn der Gerichtsvollzieher auf dem bei der Zustellung zu übergebenden Schriftstück den ProzBev als denjenigen angegeben hat, für den er das Schriftstück zur Post gibt, steht dieser Vorgang einer Wirksamkeit der Postzustellung nicht entgegen. Denn der Zustellungsadressat kann keinen Zweifel haben, daß die Postzustellung von der durch diesen ProzBev vertretenen Gegenpartei kommt.

194 *Zustellungsauftrag.* **I** [1] **Beauftragt der Gerichtsvollzieher die Post mit der Ausführung der Zustellung, vermerkt er auf dem zuzustellenden Schriftstück, im Auftrag welcher Person er es der Post übergibt.** [2] **Auf der Urschrift des zuzustellenden Schriftstücks oder auf einem mit ihr zu verbindenden Übergabebogen bezeugt er, dass die mit der Anschrift des Zustellungsadressaten, der Bezeichnung des absendenden Gerichtsvollziehers und einem Aktenzeichen versehene Sendung der Post übergeben wurde.**

II Die Post leitet die Zustellungsurkunde unverzüglich an den Gerichtsvollzieher zurück.

1) Systematik, I, II. Der Gerichtsvollzieher darf die Ausführung der Zustellung wegen des Verweises in § 191 indirekt auch auf § 168 I 2, 3 der Post übertragen, statt die Zustellung persönlich auszuführen, soweit die Partei keinen letzteren Auftrag erteilt hat, § 753. Die Einschaltung der Post verlangt die in I, II genannten Schritte. 1

2) Regelungszweck, I, II. Die Einschaltung der Post dürfte meist der Prozeßwirtschaftlichkeit dienen, Grdz 14 vor § 128. Sie kann aber im Einzelfall auf Kosten der Rechtssicherheit gehen, Einl III 43. Deshalb muß man abwägen. Ist § 194 anwendbar, sollte man die Vorschrift den Praxisbedürfnissen nach großzügig auslegen. 2

3) Geltungsbereich, I, II. Die Vorschrift gilt in allen Verfahren nach der ZPO und den auf sie verweisenden Gesetzen, Üb 3 vor § 166. 3

4) Auftrag an Post mit Formular, I 1. Nach §§ 191, 168 I 3 erteilt der Gerichtsvollzieher den Zustellungsauftrag an die Post auf dem dafür vorgesehenen Formular. Das kann auch durch einen Einwurf in den Postbriefkasten geschehen. 4

5) Vermerk des Auftraggebers, I 1. Der Gerichtsvollzieher muß auf dem zuzustellenden Schriftstück vermerken, im Auftrag welcher Person er es der Post übergibt. Deren Anschrift braucht er nicht anzugeben. Die Nämlichkeit des Auftraggebers muß aber einwandfrei erkennbar sein. 5

6) Bezeichnung des Zustellungsadressaten, I 2. Die Sendung muß den Namen und die Anschrift des Adressaten enthalten. Dessen Nämlichkeit muß für den Zusteller erkennbar sein. 6

7) Bezeichnung des Gerichtsvollziehers, I 2. Die Sendung muß auch die Personalien des absendenden Gerichtsvollziehers so enthalten, daß der Zusteller die Sendung notfalls zurücksenden und der Empfänger den Absender erkennnen kann. 7

8) Aktenzeichen, I 2. Die Sendung muß das Aktenzeichen des Gerichtsvollziehers oder des Gerichts aufweisen, am besten beide. Denn der Adressat soll erkennen können, in welcher Sache ihm der Gerichtsvollzieher über die Post zustellen läßt. 8

9) Bezeugung der Angaben, I 2. Schließlich muß der Gerichtsvollzieher die Angaben Rn 5–8 auf der Urschrift des zuzustellenden Schriftstücks oder auf einem mit ihr zu verbindenen sog „Übergabebogen" bezeugen. Denn man soll später erkennen können, was die Post erhalten hatte. Diese Angabe ist keine Zustellungsurkunde. Die Angabe muß der Auftraggeber erhalten. 9

10) Durchführung mit Zustellungsurkunde, II. Die Post führt den Zustellungsauftrag wie einen solchen der Geschäftsstelle aus. Sie erteilt darüber eine Zustellungsurkunde nach § 182. Diese leitet sie nach § 121 I 1 BGB unverzüglich an den Gerichtsvollzieher zurück. Sie verbleibt dort. 10

11) Verstoß, I, II. Mangels einer Aushändigung ist die Zustellung unwirksam. Selbst dann können aber §§ 189, 295 heilen. Die Post kann nach ihren Vorschriften haften. Für den Gerichtsvollzieher kommt eine Amtshaftung nach Art 34 GG, § 839 BGB in Betracht. 11

195 *Zustellung von Anwalt zu Anwalt.* **I** [1] **Sind die Parteien durch Anwälte vertreten, so kann ein Dokument auch dadurch zugestellt werden, dass der zustellende Anwalt das Dokument dem anderen Anwalt übermittelt (Zustellung von Anwalt zu Anwalt).** [2] **Auch Schriftsätze, die nach den Vorschriften dieses Gesetzes von Amts wegen zugestellt werden, können stattdessen von Anwalt zu Anwalt zugestellt werden, wenn nicht gleichzeitig dem Gegner eine gerichtliche Anordnung mitzuteilen ist.** [3] **In dem Schriftsatz soll die Erklärung enthalten sein, dass von Anwalt zu Anwalt zugestellt werde.** [4] **Die Zustellung ist dem Gericht, sofern dies für die zu treffende Entscheidung erforderlich ist, nachzuweisen.** [5] **Für die Zustellung an einen Anwalt gilt § 174 Abs. 2 Satz 1 und Abs. 3 Satz 1, 3 entsprechend.**

II [1] **Zum Nachweis der Zustellung genügt das mit Datum und Unterschrift versehene schriftliche Empfangsbekenntnis des Anwalts, dem zugestellt worden ist.** [2] **§ 174 Abs. 4 Satz 2, 3 gilt entsprechend.** [3] **Der Anwalt, der zustellt, hat dem anderen Anwalt auf Verlangen eine Bescheinigung über die Zustellung zu erteilen.**

Gliederung

1 **1) Systematik, I, II.** § 195 ist eine vorrangige Spezialvorschrift, Köln NZM **99**, 418. Sie ähnelt § 174. Sie regelt die Zustellung von Anwalt zu Anwalt, soweit eine Parteizustellung nach §§ 191 ff in Betracht kommt. § 174 gibt die entsprechende Regelung bei einer Amtszustellung nach §§ 166 ff, BGH NJW **92**, 2235. Diese Art der Zustellung ist im Grund nur ein Zustellungsersatz. Denn ihr fehlt ein wesentliches Merkmal einer Zustellung, nämlich die Übermittlung durch eine Urkundsperson in der dafür vorgeschriebenen Form. Die Zustellung direkt von Anwalt zu Anwalt ist nicht zwingend. Wenn die Zustellung durch den Gerichtsvollzieher im Auftrag eines Anwalts erfolgt, übermittelt der Gerichtsvollzieher das Dokument. Er beurkundet nicht. Er holt gleichzeitig ein mit dem Datum und der Unterschrift oder der qualifizierten elektronischen Signatur versehenes Empfangsbekenntnis des Zustellungsadressaten ein. Dieses übermittelt er seinem Auftraggeber, § 49 GVGA und Rn 18. Die Übermittlung ist in einer beliebigen Form zulässig, auch an einen Vertreter, etwa an einen Büroangestellten, oder durch den Einwurf in das Abholfach oder durch einen Brief. Die Ausfertigung braucht keine Beglaubigung, BGH VersR **77**, 257.

Auch soweit eine Zustellung nach § 195 zulässig ist, bringt sie *nicht stets die volle Wirkung* einer Amtszustellung. Sie bringt zB beim Urteil und bei einem sonstigen Vollstreckungstitel zwar eine Voraussetzung der Zwangsvollstreckung nach § 750 II, nicht aber schon den Beginn der Rechtsmittelfrist, §§ 317 I, 329 II 2.

2 **2) Regelungszweck, I, II.** Die Vorschrift dient der Vereinfachung und Beschleunigung und damit der Prozeßförderung und der Prozeßwirtschaftlichkeit, Grdz 12, 14 vor § 128. Sie berücksichtigt die Berufspflicht des Anwalts als eines Organs der Rechtspflege, § 1 BRAO. Die mit ihr in der Praxis leider nicht ganz selten verbundenen Risiken zB des „Verschwindens" des Empfangsbekenntnisses oder seiner unkorrekten Ausfüllung oder Unterzeichnung lassen sich durch die Wahl eines der anderen zulässigen Zustellungswege verringern, § 174 Rn 2, 8. Man muß sie daher in Kauf nehmen. Man sollte sie aber nun auch nicht durch eine zu großzügige Auslegung des § 195 noch eher verstärken.

3 **3) Sachlicher Geltungsbereich: Auch im Parteiprozeß, I, II.** Vgl zunächst Üb 3 vor § 166. Eine Zustellung von Anwalt zu Anwalt ist bei jedem „Dokument" möglich, auch zB bei einer Klagerweiterung, Hbg FamRZ **03**, 1198. Sie ist dann zulässig, wenn alle gerade an *diesem* Zustellungsvorgang beteiligten Parteien gerade hierzu bevollmächtigte Anwälte schon und derzeit noch haben, auch wenigstens einer der Streithelfer nach § 66 oder der Mitbekl. Das gilt im Anwaltsprozeß wie auch im Parteiprozeß nach § 78 Rn 1, soweit eine Zustellung im Parteibetrieb erfolgen soll oder muß. Im Verhältnis zwischen Prozeßbeteiligten ohne eine anwaltliche Vertretung erfolgt die Zustellung auf andere Weise als nach § 195.

Unzulässig ist die Zustellung nach § 195 zwecks der Übermittlung einer Willenserklärung, § 130 BGB.

4 **4) Persönlicher Geltungsbereich, I, II.** Die Vorschrift gilt zwischen Anwälten als ProzBev, § 172. Sie gilt auch bei einer Selbstvertretung eines Anwalts nach § 78 IV oder dann, wenn der Anwalt eine Partei kraft Amts ist, Grdz 8 vor § 50, also etwa Insolvenz- oder Zwangsverwalter oder Betreuer. Das gilt selbst dann, wenn die zuständige Behörde gegen den Anwalt ein Vertretungsverbot nach § 155 V BRAO erlassen hatte. Der zustellende wie der empfangende Anwalt müssen aber in dem Prozeß als der Vertreter der Partei oder als der Vertreter des ProzBev aufgetreten sein, selbst wenn die Partei ihm im Zeitpunkt der Zustellung bereits den Auftrag gekündigt hatte, falls diese Kündigung dem Prozeßgegner noch nicht zugegangen war, § 87 Rn 9. Ein Berufsverbot ist schädlich.

Dem Anwalt *stehen gleich:* Sein Vollvertreter, § 53 BRAO, und der Praxisabwickler, § 55 BRAO, auch wenn diese keine Anwälte sind, BAG NJW **76**, 991; sein ständiger Zustellungsbevollmächtigter, § 30 BRAO, BGH NJW **82**, 1650; sein Sozius; der ihm für einen Sonderfall bestellte Bevollmächtigte; der Kammerrechtsbeistand nach §§ 1 II 1, 3 I Z 1 RDGEG, § 209 BRAO. Die Bestellung zum Vertreter für die Zustellung kann sogar darin liegen, daß der Anwalt häufig ein solches Empfangsbekenntnis von einem anderen Anwalt unterschreiben läßt, Schwendy DRiZ **77**, 48 (ausreichend sei auch der ohne eine besondere Vollmacht angestellte Anwalt). Für die Bestellung (Ermächtigung) gelten die allgemeinen Regeln einer Anscheins- oder Duldungsvollmacht, BGH NJW **75**, 1652.

Nicht ausreichend ist ein nichtanwaltlicher ProzBev, etwa ein Rechtsbeistand oder eine Behörde, selbst wenn § 174 anwendbar wäre, oder der nichtanwaltliche vertretungsberechtigte Bevollmächtigte nach § 79.

5 **5) Annahmebereitschaft, I.** Ein klarer Grundsatz zeigt viele Einzelprobleme.

A. Grundsatz: Bereitschaft als wesentliche Bedingung, I 1. Für die Wirksamkeit einer Zustellung von Anwalt zu Anwalt ist die Bereitschaft des empfangenden Anwalts unbedingt notwendig, das bestimmte Dokument als zugestellt entgegenzunehmen, BGH NJW **03**, 2460, BVerwG NJW **79**, 1998, BayObLG Rpfleger **82**, 385. Das gilt auch bei einer Selbstvertretung, BGH VersR **85**, 143. Die Zustellung ist erst dann wirksam erfolgt, wenn der empfangende Anwalt oder sein amtlich bestellter Vertreter von dem durch den Eingang in der Kanzlei erlangten Gewahrsam auch eine formelle Kenntnis erhalten hat, BGH VersR **82**, 273. Sie allein reicht aber noch nicht, BGH NJW **89**, 1154. Notwendig ist nämlich ferner, daß der Anwalt zumindest die Möglichkeit auch einer eigentlichen inhaltlichen Kenntnisnahme hat, BGH RR **92**, 252. Außerdem muß er sich entschlossen haben, das Dokument endgültig gerade als ihm zugestellt zu behalten, BayObLG Rpfleger **82**, 385. Sein Entschluß muß auch erkennbar geworden sein, BGH MDR **94**, 718 (Antwort auf Anfrage nach dem Verbleib des Empfangsbekenntnisses). Eine bloß vorläufige Entgegennahme zu einer nur vorläufigen Verwahrung reicht also nicht zur Zustellung aus, BGH VersR **77**, 1131. Auch das bloße Behalten des Dokuments reicht nicht, weil der Anwalt zB meinen kann, er sei nicht mehr der Vertreter der Partei. Noch weniger reicht es aus, eine Zustellung anzunehmen, wenn der Anwalt beim Empfang erklärt, er könne sie nicht als wirksam anerkennen, BGH NJW **89**, 1154, oder wenn er gar seine Unterschrift oder Signatur verweigert, BGH RR **89**, 57, BAG NJW **96**, 1917. Eine Heilung ist allerdings nach § 189 möglich.

B. Einzelfragen, I 1. Es kann ausreichen, daß der Anwalt zwar eine Zustellungsvollmacht erst nach dem **6**
Erhalt des Dokuments bekommt, nun aber das Dokument noch im Besitz hat und auch zur Empfangnahme rückwirkend bereit ist, BGH NJW **89**, 1154. Ein Widerruf des Zustellenden muß bis zum Wirksamkeitszeitpunkt zugehen. Eine spätere Unterzeichnung oder Signatur wirkt zurück. Eine Anfechtung wegen eines Irrtums ist nicht zulässig. Eine Zwangszustellung ist nach § 195 nicht möglich. Erst der Wille des Empfängers macht die Zustellung wirksam, BGH NJW **79**, 2566, Nürnb AnwBl **76**, 294.

Der *Eingang* der Sendung ist erst recht noch keine Zustellung, BGH VersR **85**, 143. Ein diesbezüglicher Irrtum des Anwalts ist unbeachtlich, BGH NJW **79**, 2566. Deshalb ist es bedenklich, das Einverständnis desjenigen Anwalts mit einem Anwaltsbriefkasten im Gericht mit der Empfangnahme aller derjenigen Sendungen zu unterstellen, die in dieses Fach gelangen. Denn der Anwalt muß von dem Umstand eine Kenntnis erhalten haben, daß das Dokument tatsächlich in seinen Gewahrsam gelangt ist (vgl aber auch § 174), OVG Greifsw NJW **02**, 1141. Eine tatsächliche und nicht nur mögliche Kenntnis des Inhalts ist nicht erforderlich, LG Karlsr VersR **76**, 53. Es besteht keine prozessuale Annahmepflicht. Allerdings besteht eine Annahmepflicht regelmäßig nach dem Berufsrecht. Aus ihr folgt auch eine Sorgfaltspflicht, BGH NJW **92**, 574. Die Übergabe wird nicht beurkundet.

C. Grenzen der Zulässigkeit, I 2. Man kann einen Schriftsatz an sich auch von Anwalt zu Anwalt **7**
zustellen. Das gilt aber nicht, wenn es sich um einen beim Gericht einzureichenden Schriftsatz handelt, zB um die Klageschrift nach § 253 V, um eine Scheidungsantragsschrift, um eine Rechtsmittelschrift, §§ 519 I, 549 I, 569 I, oder um eine Rechtsmittelbegründungsschrift, §§ 520 III 1, 551 II 1, die das Gericht nach § 549 I stets von Amts wegen zustellen muß, oder wenn das Dokument gleichzeitig eine gerichtliche Anordnung enthält, I 2, etwa eine Terminsbestimmung, § 274, oder eine Frist nach §§ 275, 276. Das übersehen viele Anwälte und Gerichte. Einen fälschlich von Anwalt zu Anwalt „zugestellten" Schriftsatz muß das Gericht daher nach § 166 II von Amts wegen zustellen. Erst diese Zustellung ist wirksam. Deshalb genügt es auch keineswegs, etwa eine fristschaffende Verfügung mit einer bloßen Bezugnahme auf den „von Anwalt zu Anwalt zugestellten Schriftsatz" zu versehen. Eine Gerichtsentscheidung ist zwar kein Schriftsatz. Das Gericht muß sie aber nach §§ 317, 329 zwecks einer Ingangsetzung der etwaigen Rechtsmittelfrist von Amts wegen zustellen. Diese Frist läßt sich also nicht nach § 195 herbeiführen. Die Zustellung von Anwalt zu Anwalt reicht jedoch, soweit sie nach § 750 I erforderlich ist.

Zulässig ist aber auf dem Weg von Anwalt zu Anwalt die Zustellung eines solchen Schriftsatzes, der eine **8**
Widerklage nach Anh § 253 oder eine Klagänderung oder Klagerweiterung enthält, §§ 263, 264, BGH NJW **92**, 2235. Im Schriftsatz soll der Absender angeben, daß die Zustellung von Anwalt zu Anwalt erfolgt. Diese Angabe ist aber nicht wesentlich. Notfalls muß die Partei die Zustellung dem Gericht nachweisen. Das Gericht darf und sollte im Zweifel oder zur Vermeidung unnötiger Rückfragen usw auch dann eine Zustellung von Amts wegen veranlassen, wenn ein ihm eingereichter Schriftsatz den Vermerk enthält, der Absender habe ihn von Anwalt zu Anwalt zugestellt. Wenn die Zustellung von Anwalt zu Anwalt gleichwohl tatsächlich erfolgt ist und wenn von ihr eine Frist abhängt, ist der erste wirksame Zustellungszeitpunkt maßgeblich. Soweit es auf den Zustellungszeitpunkt nicht ankommt, kann nach einer etwa zusätzlich erfolgten rechtzeitigen und auch im übrigen wirksamen Zustellung von Amts wegen offen bleiben, ob auch die Zustellung von Anwalt zu Anwalt ordnungsgemäß erfolgt ist. Allerdings darf das Gericht stets den insoweit erforderlichen Nachweis fordern.

D. Erklärung, I 3. Der zuzustellende Schriftsatz „soll", muß also nicht, die Erklärung „Ich stelle zu" **9**
oder „Zustellung von Anwalt zu Anwalt" oder ähnliches enthalten. Ihr Fehlen macht die Zustellung nicht unwirksam.

E. Zustellungswille, I 3. Der Absender muß den Willen haben, das Dokument förmlich zuzustellen, **10**
nicht bloß formlos mitzuteilen. Im letzteren Fall macht auch ein Empfangsbekenntnis nach Rn 5 die Zustellung nicht als solche wirksam. Das Motiv und der Zweck der Zustellung sind unerheblich, soweit der Wille zur Herbeiführung einer förmlichen Zustellung vor allem nach I 3 eindeutig erkennbar ist. Die Zustellungsabsicht kann sich aus den Gesamtumständen ergeben. Die Beifügung eines Formulars des Empfangsbekenntnisses kann ausreichen. Die Übersendung einer Ausfertigung statt einer beglaubigten Ablichtung oder Abschrift ist unschädlich. „Gegner hat Abschrift" deutet nicht auf einen Zustellungswillen hin, Ffm FamRZ **86**, 809. Ein gleichzeitig zugehender Widerruf der Zustellungsabsicht ist wirksam, wie bei § 130 I 2 BGB.

F. Zustellungsnachweis für das Gericht, I 4. Die Partei muß eine von Anwalt zu Anwalt erfolgte **11**
Zustellung dem Gericht nachweisen, sofern das für seine Entscheidung erforderlich ist. Diese Erforderlichkeit dürfte praktisch stets vorliegen. Jedenfalls bestimmt § 133 II, daß die Partei sofort nach der Zustellung von Anwalt zu Anwalt eine für das Gericht bestimmte Ablichtung oder Abschrift auf der Geschäftsstelle niederlegen muß.

G. Telekopie, elektronisches Dokument, I 5. § 174 II 1 (Telekopie) und § 174 III 1, 3 (elektronisches **12**
Dokument) gelten entsprechend. Vgl bei den genannten Vorschriften.

6) Empfangsbekenntnis, II 1, 2. Ein Empfangsbekenntnis des Anwalts ist ein wesentliches Erfordernis **13**
der Wirksamkeit dieser Zustellungsart, BGH NJW **94**, 2296, LG Stgt NJW **02**, 3791. Es genügt anstelle einer Zustellungsurkunde nach § 182 als ein Zustellungsnachweis nur beim Zusammentreffen der folgenden Voraussetzungen.

A. Bezeichnung des Dokuments. Das Empfangsbekenntnis muß das zugestellte Dokument formell lesbar angeben, BGH RR **86**, 1254. Es muß das zugestellte Dokument auch inhaltlich ausreichend bezeichnen, in der Regel mit dessen Datum. Eine Ungenauigkeit ist unschädlich, zB beim Aktenzeichen oder bei der Parteibezeichnung, solange die Nämlichkeit des Dokuments trotzdem zweifelsfrei feststeht, BGH VersR **94**, 1496. Das Empfangsbekenntnis braucht aber über die Rechtsnatur des zugestellten Dokuments nichts anzugeben, zB nicht, ob es die Urschrift, eine Ausfertigung oder Ablichtung oder Abschrift oder eine elektronische Fassung ist. Die Verwendung des üblichen Formulars ist nicht notwendig, BGH NJW **81**, 463.

14 **B. Empfangsbestätigung.** Sie muß gerade zum Zweck der Zustellung bestätigen, Rn 5, und zwar unzweideutig, Köln NZM **99**, 418. Das Wort „Zustellung" ist nicht erforderlich, wohl aber eben die Annahmebereitschaft, Rn 5.

15 **C. Datum.** Das Empfangsbekenntnis muß das Datum des Empfangs enthalten, also den Tag der Erteilung des Bekenntnisses, BGH FamRZ **95**, 799. Der Anwalt ist verpflichtet, unverzüglich und wahrheitsgemäß zu datieren. Der Eingangsstempel reicht nicht ohne die in Rn 5 genannte Empfangsbekundung, BGH NJW **92**, 574. Im Zweifel kann aber eine Unterschrift nebst einem Eingangsstempel reichen, Kblz Rpfleger **96**, 207. Eine Parteivereinbarung über ein anderes als das wahre Datum ist unbeachtlich. Eine Unklarheit kann zur Annahme des spätestmöglichen Datums zwingen, BGH VersR **81**, 354. Das Fehlen des Zustelldatums macht die Zustellung unwirksam. Denn dann liegt keine vollständige Beurkundung vor, BGH NJW **94**, 526, Kblz Rpfleger **96**, 207. Dasselbe gilt bei einer Unleserlichkeit usw, BGH NJW **94**, 526. Unschädlich ist eine unrichtige Datumsangabe, BGH RR **92**, 1151. Vgl aber § 174 Rn 2, 8. Der Anwalt muß vor seiner Unterschrift usw prüfen, ob er das zu bestätigende Dokument auch tatsächlich erhalten hat und ob er im Kalender neben dem Zustelldatum auch das Fristende hat eintragen lassen, Schlesw MDR **05**, 769.

16 **D. Unterschrift des Anwalts.** Der empfangende Anwalt oder ein nach Rn 1, 2 Ermächtigter müssen das Empfangsbekenntnis grundsätzlich eigenhändig und handschriftlich unterschrieben haben, BGH RR **92**, 1150, LG Stgt NJW **02**, 3791. Zur Form der Unterschrift § 129 Rn 8 ff, BGH RR **92**, 1150. Bei einer elektronischen Übermittlung tritt nach § 130 a I 2 eine qualifizierte Signatur an die Stelle der Unterschrift. Eine Namensabkürzung (Paraphe) genügt meist nicht, § 129 Rn 31 ff, BGH VersR **83**, 273, Hamm NJW **89**, 3289. Ein Faksimilestempel kann nach der Lage der Sache genügen, aM BGH NJW **89**, 838, ZöStö 13 (aber auch ein Empfangsbekenntnis ist auslegbar). Es ist unschädlich, wenn der Empfänger seinen Stempel auf die beglaubigte Abschrift statt auf die Ausfertigung gesetzt hat.

17 **E. Keine Unterschrift Dritter.** Die Unterschrift des amtlich bestellten Vertreters reicht natürlich aus. Die Unterschrift einer anderen Person genügt nicht. Es genügt also auch nicht die Unterschrift eines Bürovorstehers oder eines Referendars oder eines sonstigen Dritten. Das gilt selbst dann, wenn ihn der Anwalt dazu bevollmächtigt hatte, BGH NJW **82**, 1650, Schlesw NJW **82**, 1570. Das gilt erst recht, wenn der Dritte weder der amtlich bestellte Vertreter des Anwalts war noch wenn dieser ihn besonders ermächtigt hat, BAG NJW **76**, 991. Noch weniger genügt die Unterschrift eines vom Anwalt bevollmächtigten Justizwachtmeisters, BGH NJW **82**, 1649. Daraus folgt, daß das Büro dem empfangenden Anwalt das Empfangsbekenntnis nebst dem zugehörigen Schriftstück unter Umständen an seinen tatsächlichen Aufenthaltsort nachsenden muß. Eine Angabe des Orts ist entbehrlich. Eine nachträgliche Unterschrift ist zulässig, BGH NJW **94**, 2296. Das gilt auch nach einer Weiter- oder Rückgabe, sofern das Empfangsformular usw dem Anwalt erneut vorliegt. Es gilt auch nach dem Zeitpunkt der Einlegung eines Rechtsmittels und dann, wenn sich nun aus dem Empfangsbekenntnis ergibt, daß der Anwalt die Rechtsmittelfrist versäumt hat. Sie braucht nicht mit der Unterschrift verbunden zu sein.

Fehlt eine ausreichende Unterschrift, ist das Empfangsbekenntnis unwirksam, BGH NJW **95**, 533.

18 **F. Rückgabe.** Der empfangende Anwalt muß seine Empfangsbekenntnis an den zustellenden Anwalt zurückreichen. Erst damit ist die Zustellung rückwirkend bewirkt, Nürnb AnwBl **76**, 294. Die Rückgabe des unterschriebenen Empfangsbekenntnisses begründet die Vermutung der Annahmebereitschaft nach Rn 5, BGH VersR **78**, 763. Eine Ersatzzustellung in dem Sinn, daß sich ein Empfangswille des Anwalts ersetzen ließe, ist nicht zulässig. Da die Zustellung von Anwalt zu Anwalt ganz auf den Empfangswillen abstellt, sind diejenigen Mehrkosten grundsätzlich erstattungsfähig, die durch die Vermeidung dieser Zustellung entstehen. Durchstreichungen der Unterschrift vor der Rücksendung beseitigen die Wirksamkeit dieser Zustellung, Nürnb AnwBl **76**, 294. Eine Anfechtung oder ein Widerruf nach der Rücksendung des unterschriebenen Empfangsbekenntnisses sind unwirksam, Grdz 56 von § 128. Auch Parteivereinbarungen über das Zustelldatum usw sind unbeachtlich.

19 **G. Beweiskraft.** Das Empfangsbekenntnis „genügt zum Nachweis der Zustellung". Es ersetzt also die Zustellungsurkunde. Das Empfangsbekenntnis ist für die Wirksamkeit der Zustellung keineswegs wesentlich, und zwar noch weniger als bei einer Zustellungsurkunde nach § 182, aM BGH VersR **77**, 425 (aber der klare Wortlaut und Sinn des Gesetzes steht einer solchen Funktion entgegen, Einl III 39). Man würde außerdem eine Förmelei ins Gesetz hineintragen, wenn man dasjenige, was nach II genügt, in ein Erfordernis umdeuten würde, Vollkommer Rpfleger **75**, 352. Außerdem verlangt I 1 nur eine „Übermittlung".

20 Das Empfangsbekenntnis ist zwar eine Privaturkunde, BGH FamRZ **95**, 799. Es liefert aber wie eine öffentliche Urkunde einen *vollen Beweis* für die Entgegennahme und deren Zeitpunkt, § 418 Rn 5 „Empfangsbekenntnis", § 174 Rn 14, BGH NJW **03**, 2460, BVerwG NJW **94**, 535, BayObLG Rpfleger **82**, 385, aM ZöStö 15 (§ 416). Zur Beweiskraft des elektronischen Dokuments § 371 a. Ein äußerer Mangel führt zur freien Beweiswürdigung, BGH NJW **92**, 512. Ein Gegenbeweis ist in jedem Punkt zulässig, § 418 Rn 8, BGH NJW **03**, 2460, BayObLG Rpfleger **82**, 385. Dazu reicht aber die bloße Möglichkeit einer Unrichtigkeit nicht, BGH NJW **03**, 2460. Das Datum auf dem Empfangsbekenntnis kann leider erfahrungsgemäß unrichtig sein. Insofern ist daher leider nicht ganz selten ein gewisses Mißtrauen unvermeidbar. Das Datum kann auch fehlen, BFH BB **82**, 1908. In diesen beiden Fällen gilt das schließlich etwa doch noch anderswie als richtig erwiesene Datum, BGH NJW **79**, 2566, Ffm Rpfleger **76**, 233, LAG Bln MDR **79**, 524.

Der Anwalt muß auf eine *Berichtigung* hinwirken. An den Nachweis der Unrichtigkeit muß man strenge Anforderungen stellen, BGH FamRZ **95**, 799. Wegen dieser Problematik § 418 Rn 11. Überhaupt läßt sich der Inhalt eines verlorenen Empfangsbekenntnisses mit allen Beweismitteln erweisen, BGH VersR **77**, 425. Wenn der Anwalt sein Empfangsbekenntnis erst nachträglich ausgestellt hat, wirkt es auf den Zeitpunkt der tatsächlichen Entgegennahme des Schriftstücks zurück. Das ist auch nach einer Rechtsmitteleinlegung zulässig. Man darf und muß die Unterlassung der Rückleitung des Empfangsbekenntnisses unter Umständen als den Nachweis einer Zustellung innerhalb einer angemessenen postüblichen Zeit seit der Absendung des Schriftstücks beurteilen, LG Würzb JB **77**, 563. Parteivereinbarungen sind weder über das Datum der Zustellung noch zB über die Ausklammerung der Zustellungswirkung bei einem Teil der Urkunde wirksam.

H. Telekopie, elektronisches Dokument, II 2. § 174 IV 2, 3 (Telekopie, elektronisches Dokument) gelten entsprechend. Vgl bei § 130 a I 2, § 371 a und den genannten Vorschriften. 21

7) Gegenbescheinigung, II 3. Der zustellende Anwalt muß dem empfangenden Anwalt nur auf dessen Verlangen eine Bescheinigung über die Zustellung ausstellen. Sie soll dem Zustellungsadressaten den Nachweis der Zustellung ermöglichen. Die Bescheinigung des zustellenden Anwalts berührt die Wirksamkeit der Zustellung nicht. Ihr Inhalt ist derselbe wie derjenige eines Empfangsbekenntnisses, Rn 13. Natürlich tritt an die Stelle der Empfangsbestätigung nach Rn 14 die Erklärung, daß eine Zustellung erfolgt sei. Sie liefert bis zu ihrer Widerlegung einen vollen Beweis. Grundsätzlich reicht sie zum Nachweis der Zustellung aus. Sonst würde die Partei des Zustellungsadressaten in eine unhaltbare Lage kommen. 22

Ein *vorsichtiger Anwalt* macht die Annahme des Dokuments von der Bescheinigung des zustellenden Kollegen abhängig, freilich nur als auflösende Bedingung. Denn eine aufschiebende wäre unbrauchbar. Als Nachweis kann auch eine Zustellungserklärung auf dem Schriftstück genügen. Freilich kann der zustellende Anwalt dann das Zustelldatum kaum schon angeben. Im Zweifel geht das Datum auf dem Empfangsbekenntnis vor Rn 15 vor. Eine bloße Aktennotiz oder ein Eingangsstempel reichen nicht als eine Zustellungsbescheinigung aus. Das Fehlen oder die Unrichtigkeit der Gegenbescheinigung sind für die Zustellung unbeachtlich. 23

195a bis 213a (weggefallen)

Titel 3. Ladungen, Termine und Fristen

Übersicht

Schrifttum: *Adler/Ballof,* Fristentabelle für Rechtsanwälte und Notare, 1996; *Buschbell/Dollendorf,* Fristentabelle für die Anwaltspraxis, 6. Aufl 2005; *Höppner,* Fristen, Verjährung, Zustellung, 1999; *Jungbauer,* Fristentabellen, 2007; *Löhnig,* Fristen und Termine im Zivilrecht, 2006; *Mösezahl,* Die wichtigsten Fristen im Prozeßrecht, 1982; *Volbers,* Fristen, Termine, Zustellungen, 9. Aufl 2000.

Gliederung

1) Systematik. §§ 214–229 enthalten wesentliche Regelungen zur Vorbereitung und Abwicklung einer oder mehrerer Verhandlungen oder Verkündungen. Zum vollen Verständnis der dem Gericht vorgeschriebenen Arbeitsweise muß man aber zahlreiche weitere, nicht im Titel 3 enthaltene Vorschriften beachten, zB über die Zustellung nach §§ 166 ff, über die Wahl des Verfahrensgangs nach § 272, über vorbereitende Auflagen nach § 273 oder über eine Vertagung im Säumnisverfahren, § 337. Dieses Ineinander zeitlich zusammengehöriger, räumlich im Gesetz aber getrennter Regeln läßt sich erst durch die Erfahrung beherrschen. 1

2) Regelungszweck. Die Vorschriften dienen zwar im einzelnen durchaus unterschiedlichen Zwecken. Sie haben aber gemeinsam, daß das Gericht seine Pflicht zur Prozeßförderung nach Grdz 12 vor § 128 ebenso ernst nehmen soll wie die Parteien die ihrige und daß man die Prozeßwirtschaftlichkeit nach Grdz 14 vor § 128 ebenfalls stets beachten muß, ohne daß das Prozeßgrundrecht des rechtlichen Gehörs nach Einl III 16 darunter leiden soll. 2

Strenge ist bei allen prozessualen Fristen ziemlich unentbehrlich. Man darf eine Frist bis zur letzten Sekunde ausnutzen, BVerfG NJW **01**, 3473, BGH NJW **05**, 679, BayObLG **04**, 230. Dann muß mit dem Ablauf dieser Sekunde aber auch der Fristablauf unerbittlich feststehen, um die Rechtssicherheit zu gewährleisten, Einl III 43. Bei der Planung und Durchführung eines Termins kommt eher einmal eine gewisse Großzügigkeit in der Auslegung infrage. Aber auch hier darf keine Ungewißheit entstehen, ohne das rechtliche Gehör zu gefährden und damit das Gesamtergebnis des Prozesses infragezustellen. Deshalb ist bei einer Umterminierung, Friständerung, Umladung alle Sorgfalt und eine eher strikte Handhabung der noch so lästigen Vorschriften ratsam. Auch sollte das Gericht stets eine gewissenhafte Protokollierung oder sonstige Aktenkundigkeit veranlassen.

3) Geltungsbereich. §§ 214–229 gelten grundsätzlich in allen Verfahrensarten nach der ZPO, auch im WEG-Verfahren und vor dem Beschwerdegericht nach § 73 Z 2 GWB. Wegen des markenrechtlichen Rechtsbeschwerdeverfahrens § 88 I 1 MarkenG. Wegen § 227 s dort. Im FamFG-Verfahren gelten vorrangig §§ 16, 32 FamFG und im übrigen §§ 214 ff entsprechend im Bereich des § 113 I 2 FamFG. 3

4 **4) Termin.** Das ist ein im voraus genau bestimmter Zeitpunkt für eine gemeinschaftliche Prozeßhandlung des Gerichts mit den Parteien oder mit einem Dritten, Grdz 46 vor § 128, VG Wiesb JB **99**, 587, zB mit einem Zeugen, § 373. Es kann sich um eine Verhandlung einschließlich einer Güteverhandlung nach § 278 handeln, um eine Beweisaufnahme oder um die Verkündung einer Entscheidung nach §§ 311, 329 I 1. Gleichbedeutend ist der Begriff Sitzung zB in §§ 136 III, 345 und bisweilen auch der Begriff Verhandlung, § 220. Den Termin beraumt der Richter an. Falls jedoch der Rpfl zu einer Sachentscheidung zuständig ist, beraumt der Rpfl den Termin an.

5 **5) Ladung.** Sie hat zentrale Bedeutung.

A. Begriff. Unter einer Ladung versteht man die Aufforderung zum Erscheinen in einem gerichtlich bestimmten Termin, VG Wiesb JB **99**, 587. Die Ladung erfolgt von Amts wegen, §§ 214, 274, 497. Die ZPO spricht häufig von einer Bekanntmachung oder einer Mitteilung des Termins. Solche Vorgänge unterscheiden sich sachlich wenig von einer Ladung. Sie braucht ja auch das Wort „laden" nicht zu benutzen. Der Unterschied liegt darin, daß bei einer Bekanntmachung oder Mitteilung die Aufforderung zum Erscheinen vor dem Gericht entbehrlich ist und daß das Gesetz die Form einer Bekanntmachung oder Mitteilung nicht regelt. Es genügt dann vielmehr die Mitteilung des Termins durch den Urkundsbeamten der Geschäftsstelle. Demgegenüber muß das Gericht eine Ladung auf Grund einer nicht verkündeten Terminsbestimmung grundsätzlich förmlich zustellen, § 329 II 2, soweit nicht eine gesetzliche Ausnahme vorliegt, §§ 141 II 2, 357 II 1, 497 I.

Wenn das Gericht einen Termin nach §§ 311 IV, 329 I 1 *verkündet* hat, sind eine Ladung und eine Bekanntmachung regelmäßig entbehrlich, § 218. Das übersieht manche Partei oder deren Anwalt. Diese Unaufmerksamkeit kann zu schweren Rechtsfolgen führen. Da es sich aber um eine klare gesetzliche Regelung handelt, muß eine anwaltlich vertretene Partei insofern meist ein Verschulden ihres ProzBev nach § 85 II gegen sich gelten lassen. Beim AG kann im übrigen eine mündliche Mitteilung genügen, § 497 II. Für die Ladung eines Soldaten gelten die im Erlaß in SchlAnh II abgedruckten Vorschriften. Wegen der Ladung eines Mitglieds der ausländischen Streitkräfte Art 37 ZAbkNTrSt, SchlAnh III. In einer Markensache gelten §§ 214 ff vor dem BGH (Rechtsbeschwerde) entsprechend, § 88 I 1 MarkenG.

6 **B. Funktion und Form.** Die Ladung kann der Einleitung oder der Fortsetzung eines Prozesses dienen. Das Prozeßrechtsverhältnis nach Grdz 4 vor § 128 entsteht grundsätzlich mit der Zustellung der Klageschrift, § 253 I. Jede Ladung setzt eine vorherige richterliche Terminsbestimmung voraus, § 216. Man kann die Ladung aber durch diese Terminsbestimmung allein noch nicht ersetzen. Der Gebrauch des Worts Ladung ist ganz entbehrlich.

Unentbehrlich sind aber: Die Bezeichnung der ladenden Stelle; die Bezeichnung des Geladenen; die Bezeichnung des Gerichts, zumindest nach seiner Postanschrift; die Angabe der Terminszeit nach Tag, Stunde und Minute, regelmäßig durch die Mitteilung einer beglaubigten Ablichtung oder Abschrift der Terminsbestimmung; die Bezeichnung des Prozesses; die Bezeichnung des Terminszwecks, jeweils zumindest mit einem Stichwort „wegen" usw, BGH NJW **82**, 888, zumindest das Aktenzeichen; die Aufforderung, zum Termin vor dem Gericht zu erscheinen. Diese Aufforderung braucht allerdings nicht ausführlich zu erfolgen. Vor welcher Abteilung usw der Geladene erscheinen muß, kann er ansich anhand des Aktenzeichens in Verbindung mit dem auf der Verwaltungsgeschäftsstelle einsehbaren Plan über die Verteilung der Sitzungssäle feststellen. Unentbehrlich ist ferner im Anwaltsprozeß die Aufforderung nach § 215.

Im Zweifel ist jeder Geladene berechtigt und verpflichtet, sich mithilfe der Auskunftsstelle im Haus oder der Verwaltungsgeschäftsstelle in den richtigen Saal *einweisen* zu lassen und zu diesem Zweck so rechtzeitig zu erscheinen, daß er die voraussichtlichen Umwege usw durchführen kann, bevor die festgesetzte Terminszeit beginnt. Eine diesbezügliche Verspätung ist keineswegs stets entschuldigt. Je größer das Gericht ist, desto mehr Zeit muß man einkalkulieren. Dasselbe gilt dann, wenn man ortsunkundig ist oder wenn die Terminszeit an einem Tag und zu einer Stunde liegt, zu denen erfahrungsgemäß auf den Wegen zum Gericht viel Verkehr herrscht. Auch eine Terminsanberaumung in einer Jahreszeit mit schlechtem Wetter verpflichtet zu einem entsprechend rechtzeitigen Aufbruch von der Wohnung, ebenso die Möglichkeit einer etwas Zeit beanspruchenden Personenkontrolle am Haus- oder Saaleingang.

7 **C. Verstoß.** Eine Ladung, die den Anforderungen nach Rn 4–6 nicht entspricht, ist unwirksam. Sie kann für den Geladenen keine Versäumnisfolgen begründen, § 335 I Z 2. Eine Heilung von Zustellungsmängeln kann nach § 189 erfolgen. Die Heilung aller Ladungsmängel kann auch dadurch geschehen, daß die Parteien oder der Betroffene sie nicht rügten, § 295. Das Gericht muß die Ladungsfrist des § 217 stets einhalten. Davon enthält das FamFG Ausnahmen. Die Ladungsfrist gilt auch im Eilverfahren. Ein Verstoß kann die Versagung des rechtlichen Gehörs nach Art 103 I GG bedeuten.

8 **D. Ladungswunsch.** Wenn eine Partei eine Ladung wünscht, reicht sie dasjenige Schriftstück beim Gericht ein, aus dem sich dieser Wunsch ergibt. Wenn die Partei einen Termin beantragt, liegt die Notwendigkeit einer Ladung im allgemeinen klar zutage. Es genügt aber auch jeder Antrag, ein Verfahren fortzusetzen. Freilich ist das Gericht stets zur Prüfung der Frage verpflichtet, ob eine Ladung tatsächlich notwendig ist. Sie kann zB evtl dann entbehrlich sein, wenn sich ergibt, daß ein Einspruch gegen ein Versäumnisurteil oder gegen einen Vollstreckungsbescheid verspätet war, so daß der Antrag der nichtsäumigen Partei auf die Anberaumung eines Verhandlungstermins über den Einspruch und zur Sache entbehrlich ist, weil das Gericht den Einspruch zwar durch ein Urteil bescheiden muß, ihn jedoch auch dann ohne eine mündliche Verhandlung nach § 341 II verwerfen kann.

9 **6) Prozessuale Frist.** Unter einer Frist versteht man den Zeitraum, innerhalb dessen die Prozeßbeteiligten Prozeßhandlungen nach Grdz 46, 47 vor § 128 vornehmen können oder müssen, BGH VersR **85**, 574. Alle Fristen laufen auch in der Zeit vom 1. 7. bis 31. 8. Denn § 227 III betrifft hier Termine, nicht Fristen. Man unterscheidet die folgenden Fristarten.

10 **A. Eigentliche Frist,** §§ 221 ff. Hier handelt es sich um eine Zeitspanne, die das Gericht einer Partei gewährt, damit sie handeln oder sich vorbereiten kann. Es muß dabei eine Postlaufzeit bedenken, VerfGH

Mü NJW **06**, 283. Diese Fristart läßt sich nach verschiedenen Gesichtspunkten unterteilen. Man kann zB zwischen einer Handlungsfrist und einer Zwischenfrist oder Überlegungsfrist unterscheiden. Zu der letzteren gehören die Einlassungsfrist nach § 274 III und die Ladungsfrist, § 217. Man kann ferner zwischen einer gesetzlichen Frist und einer richterlichen Frist unterscheiden. Bei der letzteren bemißt der Richter ihre Dauer nicht nach unbestimmten Rechtsbegriffen, sondern grundsätzlich nach dem BGB, § 222 Rn 2 ff, und in diesem Rahmen zB nach §§ 56 II 2, 89 I 2, 109, 113, 244 II, 273 II Z 1, 275 I 1, III, IV, 276 I 2, III, 277 III, 356 S 1, 769 II, 926 I. Außerdem bestehen zwischen einer richterlichen und einer gesetzlichen Frist Abweichungen bei der Möglichkeit einer Verkürzung oder Verlängerung, § 224 II. Eine gesetzliche wie eine richterliche Frist läßt sich wiederum in eine gewöhnliche Frist unterteilen, die das Gesetz nicht als Notfrist kennzeichnet, oder in eine Notfrist, § 224 I 2. Eine Notfrist ist unabänderlich. Sie läßt aber eine Wiedereinsetzung in den vorigen Stand nach § 233 zu.

B. Uneigentliche Frist. Das ist eine Frist, die das Gesetz dem Gericht oder einer Gerichtsperson für eine Amtshandlung setzt oder während derer ein Verfahren ausgesetzt ist, zB nach (jetzt) § 136 III FamFG, BGH NJW **77**, 718, oder gehemmt ist. Es kann sich auch um eine Ausschlußfrist handeln. Zu ihr gehört auch eine nach Jahren bemessene Frist, etwa in den Fällen des § 234 III oder des § 586 II 2, KG Rpfleger **76**, 368. Weitere Fälle: §§ 206, I, II, 216 II, 310 I, 315 II 1, (jetzt) 547 Z 6, BAG NJW **00**, 2835, § 701 S 1, LAG Bln MDR **90**, 187, §§ 798, 1043 II 3. Auf eine uneigentliche Frist ist der Titel 3 nicht anwendbar, abgesehen von der Berechnung nach § 222. 11

7) Begrenzung der Parteiherrschaft. Vgl zunächst Rn 1. Termine, Notfristen und uneigentliche Fristen sind der Parteiherrschaft nach Grdz 18 vor § 128 gesetzlich entzogen. Eine Parteivereinbarung kann eine gesetzliche oder richterliche Frist verkürzen, aber nicht verlängern. Demgegenüber ändern die Beschleunigungsvorschriften nichts daran, daß eine Partei die gesetzte Frist voll ausnutzen darf. 12

214 *Ladung zum Termin.* Die Ladung zu einem Termin wird von Amts wegen veranlasst.

1) Systematik. Die Vorschrift enthält nur einen Teil der für eine wirksame Ladung nach Üb 5 ff vor § 214 beachtbaren Vorschriften. Zum einen regelt das Gesetz die etwaige Form der Ladung an anderer Stelle, §§ 166 ff. Zum anderen regelt es auch den Inhalt anderweitig näher, zB §§ 141 III 3, 215, 274 II, 377 II, 402, 450 I 2, 900 I 2, dort Rn 15. Das gilt auch für die etwaige Ladungsfrist §§ 217, 604 II, 605 a. Man darf die Ladungsfrist nicht mit der Einlassungsfrist des § 274 III verwechseln. 1

2) Regelungszweck. Durch die Ladung von Amts wegen erhält das Gericht die Möglichkeit, alle nach dem Gesetz zur Verfügung stehenden Möglichkeiten der §§ 166 ff zu nutzen. Das Gericht hat zugleich die Pflicht, für einen tatsächlichen Zugang der Terminsmitteilung zu sorgen. Er löst erst die weitreichenden Rechtsfolgen einer Säumnis aus, §§ 330 ff, 495 a. Die Vorschrift dient also der Wahrung des rechtlichen Gehörs, Einl III 16. Man muß sie deshalb strikt anwenden, soweit nicht die Parteiherrschaft nach Grdz 18 vor § 128 in einer Reihe von Fällen eine bloße Gestellung usw zuläßt, Rn 5. 2

In der Praxis kommt auch im Zivilprozeß eine solche „Ladung" vor, die geradezu haarsträubend fehlerhaft zu sein scheint, etwa am Telefon mit der „Bitte", möglichst sofort in den Sitzungssaal zu kommen, oder in der Form der „Beauftragung" eines ProzBev, eines Zeugen, ja eines Zuhörers, einen anderen Zeugen irgendwo anzusprechen und zum alsbaldigen Erscheinen zu überreden usw. Das alles kann erstaunlich und erfreulich gut funktionieren und sehr zur Prozeßförderung beitragen. Es kann im FamFG-Verfahren statthaft sein. Es kann aber natürlich beim Fehlschlagen des Versuchs im Zivilprozeß keine Rechtsnachteile auslösen, Üb 7 vor § 214. Es kann andererseits beim Erfolg auch Kostenfolgen wie ein Zeugengeld usw zulasten des Prozeßverlierers haben.

3) Geltungsbereich. Vgl Üb 3 vor § 214. 3

4) Zuständigkeit der Geschäftsstelle. An die Stelle eines Ladungsschriftsatzes tritt der Antrag der Partei, einen Termin nach Üb 1 vor § 214 zu bestimmen. Nach der richterlichen Terminsbestimmung gemäß § 216 veranlaßt der Urkundsbeamte der Geschäftsstelle die Ladung, § 153 GVG, Üb 5 vor § 214. Er lädt die zum Termin erforderlichen Personen ohne weiteres von Amts wegen, § 168 I 1. Das geschieht unter einer Hinzuziehung der Kanzlei. Er nimmt dabei soweit erforderlich mit dem Vorsitzenden eine Rücksprache wegen der zu ladenden Personen. Ihn bindet eine etwaige Weisung des Vorsitzenden. Der Vorsitzende ist jedoch zu einer auch nur stichwortartigen Angabe der von Amts wegen zu ladenden Personen grundsätzlich zwar berechtigt, aber nicht verpflichtet. 4

Vielmehr ist es die Pflicht des *Urkundsbeamten,* in *seiner eigenen Zuständigkeit* im Rahmen der erkennbaren Zielsetzung des Termins herauszufinden, welche Personen er laden soll. Gerade auf diesem Gebiet empfiehlt sich natürlich eine Zusammenarbeit zwischen dem Vorsitzenden und dem Urkundsbeamten. Sie darf aber nicht dazu führen, daß praktisch der Vorsitzende die Aufgaben des Urkundsbeamten auch nur teilweise übernimmt, damit die Ladungen überhaupt leidlich einwandfrei erfolgen. Es kann sich zB ein Zusatz in der richterlichen Terminsverfügung empfehlen, wen der Urkundsbeamte mit „ZU" (Zustellungsurkunde) laden soll, wen mit „EB" (Empfangsbekenntnis), wen „formlos". Eine solche Anweisung bindet den Urkundsbeamten.

5) Ladungsinhalt; Zustellung. Über den Inhalt der Ladung Üb 6 vor § 214. Die Zustellung erfolgt von Amts wegen, §§ 166 ff. Das gilt auch in den Fällen der §§ 63, 71, 491, 856, 942. 5

6) Sistierung (Gestellung). Eine Terminsladung im Parteibetrieb findet nicht mehr statt. Die Partei kann aber eine solche Beweisperson, deren Vernehmung sie erreichen möchte, vorsorglich von sich aus bitten, zum Termin zu erscheinen. Diese sog Sistierung (Gestellung) kann verhindern, daß das Gericht zB einen verspätet benannten Zeugen zurückweisen darf und muß. Freilich hat die Partei nicht unter allen Umständen einen Anspruch darauf, den sistierten Zeugen im Termin vernehmen zu lassen. Sie darf zB nicht dadurch den ganzen Zeitplan dieses Verhandlungstags durcheinanderbringen, § 216 Rn 14. 6

215 *Notwendiger Inhalt der Ladung zur mündlichen Verhandlung.* **I [1] In der Ladung zur mündlichen Verhandlung ist über die Folgen einer Versäumung des Termins zu belehren (§§ 330 bis 331 a). [2] Die Belehrung hat die Rechtsfolgen aus den §§ 91 und 708 Nr. 2 zu umfassen.**

II In Anwaltsprozessen muss die Ladung zur mündlichen Verhandlung, sofern die Zustellung nicht an einen Rechtsanwalt erfolgt, die Aufforderung enthalten, einen Anwalt zu bestellen.

Vorbem. Überschrift geändert, I eingefügt, daher bisheriger Text zu II dch Art 1 Z 2 G v 18. 8. 05, BGBl 2477, in Kraft seit 21. 10. 05, Art 3 S 1 G, ÜbergangsR Einl III 78.

Gliederung

1 **1) Systematik, I, II.** Es gibt keine umfassende gerichtliche Belehrungspflicht, § 139 Rn 57 „Belehrung". § 215 durchbricht diesen Grundsatz in zwei wesentlichen Punkten. I zwingt zu einer Belehrung über die Folgen einer Terminsversäumung. Dabei geht I über die entsprechende Belehrungspflicht nach Art 17 VO (EG) Nr 805/2004, abgedruckt in Einf 3 vor § 1079, deutlich und vermeidbar hinaus. Während § 271 im Anwaltsprozeß nach § 78 Rn 1 bereits zusammen mit der Zustellung der Klageschrift eine Aufforderung zur Bestellung eines Anwalts anordnet, enthält II eine entsprechende Anweisung für diejenigen Fälle, in denen eine Partei bis zur Terminsladung noch keinen Anwalt als den ProzBev nach § 172 bestellt hatte. §§ 275 I 2, 276 I 3 Hs 2 enthalten ähnliche Aufforderungen zu bestimmten Mitteilungen über die bloße Anwaltsbestellung hinaus.

2 **2) Regelungszweck, I, II.** Die Vorschrift dient der Vermeidung eines Zeit- und Rechtsverlusts infolge von Nachlässigkeiten insbesondere seitens einer mit dem Anwaltszwang nach § 78 Rn 1 nicht vertrauten Partei. Damit dient sie sowohl der Prozeßförderung nach Grdz 12 vor § 128 und der Prozeßwirtschaftlichkeit nach Grdz 14 vor § 128 als auch der Gerechtigkeit, Einl III 9, 36. Die Parteiherrschaft nach Grdz 18 vor § 128 auch als ein Ausdruck des Art 2 GG sollte dabei aber nun auch keineswegs völlig zurücktreten. Sie erlaubt und fordert sogar Grenzen einer Fürsorgepflicht, die man auch übertreiben kann.

3 **3) Geltungsbereich: Ladung zur mündlichen Verhandlung, I, II.** Vgl zunächst Üb 3 vor § 214. § 215 gilt nur für die Ladung einer Partei einschließlich des Streithelfers. Ein anderer Prozeßbeteiligter, zB ein Zeuge oder Sachverständiger, unterliegt ja nicht den in I 1 allein genannten §§ 330–331 a. I gilt im Anwaltsprozeß, § 78 Rn 1, wie im Parteiprozeß. Das Gericht muß also theoretisch nach I sogar einen Anwalt als ProzBev belehren. Diese Überfürsorge läßt sich wegen Rn 2 durch eine ja auch sonst bekannte teleologische Reduktion nach Einl III 37, 38 wohl durchweg dahin auf das praktisch Notwendige beschränken, daß der deutsche Anwalt jedenfalls nicht mehr als den Hinweis „auf § 215 I ZPO" braucht. I gilt also auch im Verfahren vor dem AG nach §§ 495 ff. II gilt nur im Anwaltsprozeß.

4 **4) Gerade zur mündlichen Verhandlung, I, II.** Die Vorschriften gelten nur, soweit eine Ladung zunächst auch schon oder noch gerade zu einer „mündlichen" Verhandlung erfolgt, also nicht bei der Ladung zu einer Güteverhandlung nach § 278 II. Denn sie geht ja der mündlichen Verhandlung nach § 279 gerade voraus, § 278 Rn 5. I, II gelten aber auch dann, wenn die Ladung sowohl zum Gütetermin als auch vorsorglich zu einem gleich anschließend für denselben Tag anberaumten mündlichen Verhandlungstermin erfolgt. Auch eine voraussichtliche Beschränkung auf etwa eine Zuständigkeitsfrage nebst einer etwaigen Verweisung oder Abgabe mag nichts am Charakter einer mündlichen Verhandlung ändern. § 332 gilt unverändert.

5 **5) Folgen einer Terminsversäumung nach §§ 330–331 a, I.** Es geht nur um die gerade in §§ 330–331 a abschließend aufgezählten Rechtsfolgen. Freilich verweist § 331 a S 2 auf § 251 II. Natürlich gelten auch §§ 333 ff. Andererseits führt I 1 den Fall des etwaigen Zweiten Versäumnisurteils nach § 345 nicht mit an. Wegen Rn 2 sollte man auch keineswegs nur überfürsorglich auch insofern eine Rechtsfolgenbelehrung vornehmen.

6 **6) Belehrung, I.** Das Gesetz fordert in I eine Belehrung, nur in II eine bloße Aufforderung. Belehrung ist ein auslegbarer Begriff. Man sollte ihn praktisch brauchbar ohne eine Überdehnung handhaben, Rn 2.

A. Form. Es ist keine Schriftform notwendig. Freilich erfolgt fast jede Ladung schriftlich. Dann muß auch die Belehrung so erfolgen. Die Schriftform ist zumindest stets schon zum Nachweis einer ausreichenden Erfüllung von I ratsam. Die Elektronik steht der Schriftform wie sonst gleich.

7 **B. Zeitpunkt.** „In" der Ladung muß die Belehrung erfolgen, nicht vorher und nicht später. Sie ist also noch nicht zusammen mit der Zustellung der Klage im schriftlichen Vorverfahren erforderlich, auch nicht zusammen mit der Ladung zum bloßen Gütetermin nach § 278 II, Rn 4. „In der" läßt sich natürlich auch als „zusammen mit der" Ladung auslegen. Ein Nachschieben kann ausreichen, wenn es den Geladenen noch rechtzeitig erreicht, § 295.

8 **C. Inhalt.** Ihn nennt nur I 2 teilweise. Der Belehrungssinn geht natürlich vor allem dahin, den jeweiligen prozessualen Nachteil oder Rechtsverlust einer Terminsversäumung klarzustellen. Dieser hängt ganz von der Art des Verhandlungstermins ab. So drohen zB im ersten versäumten Verhandlungstermin dem Kläger die Rechtsfolgen des § 330, dem Bekl diejenigen des § 331, beiden diejenigen des § 331 a, allen diesen

Beteiligten aber nur unter den Voraussetzungen der §§ 333 ff. Nach einem Einspruch droht dem erneut Säumigen die Rechtsfolge des § 345. Beim beiderseitigen Ausbleiben droht die Rechtsfolge des § 251 a, aber nur unter den Voraussetzungen des § 251 a II ein Urteil. In diesem Zusammenhang kann auch § 331 a anwendbar sein.

Kein Roman darf entstehen, ebensowenig aber zumindest gegenüber einem Nichtanwalt eine bloße Verweisung auf eine Paragraphen-Nummer. „Bausteine" im Computer mögen meist entscheidend helfen. Eine zu kurze, zu unklare, zu unscharfe Belehrung kann eine Unzulässigkeit nach § 335 I Z 2 wegen einer nicht ordnungsmäßigen Ladung zur Folge haben. Dasselbe kann aber auch bei einer zu weitschweifigen, zu übervorsichtigen und (nur scheinbar) alle Eventualitäten umfassenden Belehrung eintreten. Eine formularmäßige Belehrung wird sich praktisch kaum vermeiden lassen. **9**

Kostenfolgen muß das Gericht nach I 2 nur aus § 91 ansprechen, nicht auch aus §§ 91 a ff. Das letztere würde ja auch zu einer völligen Uferlosigkeit ausarten müssen. Ein Hinweis auf § 708 Z 2 mit seiner vorläufigen Vollstreckbarkeit eines etwaigen Versäumnisurteils ohne eine Sicherheitsleistung braucht nicht einen Hinweis auch auf § 709 S 2 mitzuenthalten, auch nicht denjenigen nach § 712 I oder II. **10**

Aktenkundigkeit des Inhalts am besten durch eine Abschrift oder Ablichtung usw ist dringend ratsam, um die Ordnungsmäßigkeit der Ladung überprüfbar zu machen. „Belehrung nach ZP XYZ" dürfte dazu kaum reichen, wenn das Formular nicht beiliegt. Eine Belehrung kann geradezu beängstigende Folgen an Zeitaufwand, Kosten und Mühe haben, wie alle Fürsorglichkeit. **11**

7) Aufforderung, II. Man muß zwei Terminsarten unterscheiden. **12**

A. Erster Termin. II verlangt von jeder solchen Ladung einer Partei im Anwaltsprozeß nach § 78 Rn 1, die nicht an einen Anwalt als den ProzBev nach § 81, an den ZustellungsBev nach § 184 oder als Partei nach Grdz 4 vor § 50 oder an seinen Vertreter oder Abwickler nach §§ 53, 55 BRAO geht, daß sie die Aufforderung zur Bestellung eines Anwalts enthält. Die Geschäftsstelle fügt diese Aufforderung der Ladung von Amts wegen hinzu, §§ 523, 525.

B. Späterer Termin. Bei der Ladung zu einem späteren Termin braucht das Gericht die Aufforderung nicht zu wiederholen, aM Bergerfurth, Der Anwaltszwang usw (1981) Rn 185, ThP 1, ZöStö 1 (die Partei könne aus dem späteren Unterbleiben der Aufforderung die Entbehrlichkeit der Bestellung folgern. Aber diese Auslegung der früher ja wirksam erfolgten Aufforderung überzeugt nicht: Die sorgsame Partei, von der das Gesetz überall ausgeht, hat zur Annahme des stillschweigenden Wegfalls der früheren Aufforderung beim Erhalt der Ladung zu einem weiteren Termin vernünftigerweise gar keinen Anlaß. Das Gesetz erlaubt im Zivilprozeß anders als im FamFG-Verfahren zB auch nicht die Annahme, mangels einer ausdrücklichen Rechtsmittelbelehrung laufe keine Rechtsmittelfrist, obwohl das Gericht etwa in § 340 III 4 vereinzelte Hinweispflichten hat). **13**

8) Verstoß, I, II. Die Belehrung nach I und eine Aufforderung nach II sind für die Wirksamkeit der Ladung wesentlich. Sie ist also jeweils eine Voraussetzung des Säumnisverfahrens, § 335 I Z 2, Üb 7 vor § 214. Ein etwaiger Mangel kann aber dadurch heilen, daß ein Anwalt im Termin für die Partei auftritt. **14**

216 *Terminsbestimmung.* **I Die Termine werden von Amts wegen bestimmt, wenn Anträge oder Erklärungen eingereicht werden, über die nur nach mündlicher Verhandlung entschieden werden kann oder über die mündliche Verhandlung vom Gericht angeordnet ist.**

II Der Vorsitzende hat die Termine unverzüglich zu bestimmen.

III Auf Sonntage, allgemeine Feiertage oder Sonnabende sind Termine nur in Notfällen anzuberaumen.

Schrifttum: *Fasching,* Rechtsbehelfe zur Verfahrensbeschleunigung, Festschrift für *Henckel* (1995) 161; *Halbach,* Die Verweigerung der Terminsbestimmung und der Klagezustellung im Zivilprozeß, Diss Köln 1980.

Gliederung

1 **1) Systematik, I–III.** Sobald eine Partei ein solches Schriftstück einreicht, das nach § 128 Rn 4 eine Terminsbestimmung notwendig macht, muß das Gericht bei jedem Verfahren nach der ZPO grundsätzlich den Termin nach Üb 4 vor § 214 unverzüglich anberaumen, BGH NJW **83**, 2496. Eine Terminsladung ist grundsätzlich verfassungsgemäß, VerfGH Mü RR **06**, 1505 (freilich zu allgemein, vgl zB § 217). Die Geschäftsstelle muß dann die Beteiligten nach § 214 von Amts wegen im Weg einer Zustellung laden, §§ 166 ff. Das gilt zunächst nach § 227 Rn 31 stets auch für die Zeit vom 1. 7. bis 31. 8. und in jedem Rechtszug. Beim AG ist die Zustellung nach § 497 vereinfacht. Eine mehrmalige Zustellung oder Mitteilung schadet nicht. Soweit eine Ladung etwa nach § 335 II zu einem verkündeten Termin überhaupt trotz § 218 ausnahmsweise noch erfolgen muß, kann das Gericht das Verkündungsprotokoll mit der Ladung zustellen oder einfach mit der Mitteilung laden, daß der Termin verkündet worden sei. Für den verordneten Richter nach §§ 361, 362 stellt § 229 dessen Befugnis klar.

2 **2) Regelungszweck, I–III.** Die Vorschrift dient der Prozeßförderung nach Grdz 12, 13 vor § 128 und damit auch der Prozeßwirtschaftlichkeit, Grdz 14, 15 vor § 128. Freilich stoßen ihre Ziele an ihre Grenzen, wenn Personal- und Materialnot die Justiz an den Rand des Zusammenbruchs führen. Im übrigen zieht das Gebot des rechtlichen Gehörs nach Art 103 I GG, Grdz 41 ff vor § 128, klare Grenzen auch schon bei der Terminierung. Der Richter muß für jede einzelne Sache eine ausreichende Terminsdauer ansetzen. Er muß schon deshalb darauf achten, seine Termine nicht allzu „vollzupacken". Das alles muß man bei der Auslegung mitbeachten.

Zwang zum nächstfreien Sitzungstag nach dem Ablauf der Einlassungs- oder Ladungsfrist ist auch dann eine Folge von I, II, Rn 11, wenn dieser Tag erst nach Monaten oder gar nach Jahr und Tag zur Verfügung steht und wenn Eilsachen, Urlaub und Resturlaub, Pensionierung, Abordnung, Beförderung usw mit großer Wahrscheinlichkeit jede derzeitige längerfristige Vorausplanung zur Illusion werden lassen. Dann muß man eben zum späteren Zeitpunkt umterminieren. Das ist der Standpunkt des Gesetzes. Der Vorsitzende soll erst einmal ein Datum festlegen. Anders würde noch mehr Unsicherheit entstehen. Denn alle oben genannten Störfaktoren können bei jedem Prozeßbeteiligten und jederzeit eintreten, von Krankheit und steigender Überlastung ohnehin zu schweigen. § 216 stellt also einen Kompromiß unter den Unzuträglichkeiten dar. Dabei ist „nächstfrei" nicht nur nichtamtlich, sondern auch dehnbar. Jeder Vorsitzender kennt die Notwendigkeit des ständigen Einplanens von Eilverfahren ungewisser Zahl und Schwierigkeiten. In Maßen darf er sich einen Raum dafür frei halten. Nur darf er eben nicht einfach verfügen: „x Monate (dann Termin frei?)" oder ähnliches.

3 **3) Geltungsbereich, I–III.** Vgl Üb 3 vor § 214.

4 **4) Erforderlichkeit eines Termins, I.** Gemeint ist ein Verhandlungstermin, kein bloßer Verkündungstermin, § 251 a Rn 21. Das ergibt schon der Wortlaut von I, aber auch sein Sinn, Rn 2. Der Vorsitzende prüft von Amts wegen, ob eine mündliche Verhandlung erforderlich ist, § 128 Rn 2. Er prüft die Eingabe außerdem darauf, ob sie den gesetzlichen Anforderungen an ihre Form und an ihre Zulässigkeit entspricht. Die Partei braucht an sich keinen Antrag auf eine Terminsbestimmung zu stellen. Ein solcher Antrag kann aber unter Umständen zweckdienlich sein. Der Vorsitzende prüft auch, ob der Fall der deutschen Gerichtsbarkeit unterliegt. Denn eine Ladung von Amts wegen wäre gegenüber einer solchen Person ein unzulässiger Hoheitsakt, die der deutschen Gerichtsbarkeit nicht unterliegt, §§ 18 ff GVG. Der Vorsitzende prüft aber nicht, ob auch die Prozeßvoraussetzungen vorliegen, Grdz 12 vor § 253. Denn deren Mangel ist fast immer heilbar. Außerdem muß das Gericht grundsätzlich gerade darüber mündlich verhandeln lassen, ob sie vorliegen, ob zB die Passivlegitimation vorhanden ist, Köln VersR **76**, 98. Noch weniger darf der Vorsitzende die Terminsbestimmung außerhalb der Fälle Rn 8 von einer Erfolgsprüfung abhängig machen. Die Terminsbestimmung ist nur eine Teilaufgabe des in der Ladung genannten Verfahrens.

5 **5) Zulässigkeit der Terminsunterlassung, I.** Der Vorsitzende und nicht etwa der Berichterstatter, muß handeln, VGH Mannh NJW **84**, 993. Er darf eine Terminierung unterlassen, soweit die Parteien es im Rahmen der Parteiherrschaft nach Grdz 18 vor § 128 ausdrücklich oder erkennbar hinnehmen, BGH MDR **05**, 767. Er muß eine Terminsbestimmung in den folgenden Fällen ablehnen.

A. Fehlen eines wesentlichen Erfordernisses. Der Vorsitzende muß eine Terminsbestimmung ablehnen, soweit der Eingabe, etwa der Klageschrift, ein wesentliches Erfordernis fehlt. Selbst wenn seine Heilung möglich sein kann, kann doch derzeit die Voraussetzung der Terminsbestimmung fehlen, § 295 Rn 3–6. Hierher gehören auch sonstige Verfahrenshindernisse, zB das Fehlen einer Anspruchsbegründung nach § 697 II und eines Schuldnerantrags nach § 697 III, eine Unterbrechung nach §§ 239 ff, eine Aussetzung nach §§ 246, 247, eine Exterritorialität nach §§ 18 ff GVG, Ffm FamRZ **83**, 316, Mü NJW **75**, 2144, ein Rechtsmißbrauch, Einl III 54. Es mag auch kein rechtzeitiger und ordnungsgemäßer Antrag nach § 495 a S 2 vorliegen, dort Rn 17.

Nicht hierher gehört der Mangel der sachlichen Erfolgsaussicht der Klage.

6 **B. Unzulässigkeit der Terminsbestimmung.** Der Vorsitzende muß eine Terminsbestimmung auch dann ablehnen, wenn sie derzeit unzulässig ist, etwa wegen einer Aussetzung nach §§ 148 ff oder wegen einer Unterbrechung nach §§ 239 ff oder wegen des Ruhens des Verfahrens nach §§ 251 a, 331 a, oder wenn eine Partei sie nach der Beendigung eines Prozesses beantragt, Schlesw SchlHA **77**, 128, oder wenn ein gerichtsbekannt Geisteskranker das Verfahren betreibt, Walchshöfer MDR **75**, 11, oder wenn jemand eine Klage vor dem OLG oder BGH erhebt, oder wenn das Gericht die mündliche Verhandlung ordnungsgemäß nach §§ 136 IV, 297 geschlossen hatte und keine Wiedereröffnung nach § 156 in Betracht kommt.

Zulässig und notwendig ist die Terminsbestimmung aber nach dem Ablauf der Anspruchsbegründungsfrist, § 697 I, Bank JB **80**, 801.

7 **C. Schriftliches Vorverfahren.** Der Vorsitzende muß eine Terminsbestimmung ferner dann ablehnen, wenn er ein schriftliches Vorverfahren nach §§ 272 II, 276 veranlaßt, das noch nicht beendet ist und das er auch noch nicht abbricht, § 272 Rn 9.

D. Notwendigkeit von vorbereitenden Maßnahmen. Der Vorsitzende muß eine Terminsbestimmung evtl zunächst auch dann ablehnen, wenn er Vorbereitungsmaßnahmen nach § 273 oder zB nach § 358a oder nach § 157 GVG für notwendig hält, Kblz JB **75**, 1645. Vgl aber auch Rn 18. 8

E. Akten verschwunden. Der Vorsitzende muß eine Terminsbestimmung ferner notgedrungen dann zunächst ablehnen, wenn die Akten derzeit verschwunden sind. Wenn sie freilich endgültig abhanden gekommen sind, muß der Vorsitzende eine Ersatzakte anlegen lassen und auf ihrer Basis unverzüglich einen etwa erforderlichen Termin bestimmen. 9

F. Keine Gebührenvorauszahlung usw. Der Vorsitzende mag eine Terminsbestimmung schließlich dann ablehnen müssen, wenn die Partei eine nach § 12 GKG, Anh nach § 271, erforderliche Vorauszahlung nicht geleistet hat. Es handelt sich aber nur um eine Sollvorschrift. Auch mag der Bekl einen Termin beantragt haben, Mü RR **89**, 64. Die Gebührenzahlung gilt als ein Terminsantrag. Hierhin gehört auch die Nichtzahlung der Ausländersicherheit, § 110. Die bloße Nichtzahlung macht nicht säumig, Üb 7 vor § 330. 10

6) Unzulässigkeit der Terminsablehnung, I. Man sollte zwei Verbotsarten trennen. 11

A. Verbot einer Warteliste. Eine Überlastung zwingt wegen des Gebots der Gleichheit und Verhältnismäßigkeit unter Umständen zu einer Änderung nach § 21g II GVG. Sie berechtigt den Vorsitzenden oder seinen Vertreter grundsätzlich nicht zu einer Ablehnung der Terminsbestimmung oder zu einer gar formularmäßigen Mitteilung, das Gericht könne einen Termin derzeit noch nicht anberaumen und habe die Sache daher auf eine „Warteliste" gesetzt. Das kommt einer Ablehnung gleich. Denn der Vorsitzende kann und muß einen Termin auch dann erst einmal ansetzen, wenn er erst nach Monaten stattfinden kann, Rn 2, LAG Mü MDR **84**, 877. Die Mehrarbeit etwaiger daraus folgender Terminsänderungen läßt sich verkraften. Der Verhältnismäßigkeitsgrundsatz nach Einl III 22 steht dieser alsbaldigen Terminsanberaumung also nicht entgegen, Schlesw (1. ZS) NJW **82**, 246, ThP 10, ZöStö 17, aM Schlesw (3. ZS) NJW **81**, 692 (vgl aber Rn 2).

Das Abschieben auf eine *Warteliste* kann jedenfalls bei einer allzu langen Periode der Ungewißheit über den weiteren Fortgang einen Verstoß gegen Art 19 IV 1 GG und auch gegen Art 6 MRK darstellen, Einl III 23, Guillen, Einige prozessuale Probleme im Zusammenhang mit Art 6 MRK, Festschrift für Baur (1981) 365. Dieser Verstoß kann zB auch dann vorliegen, wenn das Gericht den Parteien mitteilt, es werde die Sache voraussichtlich erst nach einigen Monaten fördern können, Rn 2. Zur Folgesache Düss FamRZ **87**, 618.

B. Verbot übermäßiger Erwiderungsfrist usw. Deshalb ist auch eine übermäßig lange Klagerwiderungsfrist usw unzulässig, aM Schlesw NJW **83**, 460 (aber jede übermäßige derartige Frist läuft auf eine Aussetzung hinaus, § 252 Rn 4). Ganz unannehmbar ist die Aufforderung des Gerichts, bis auf weitere Nachricht keine Eingaben zu machen, obwohl es die Klage zugestellt und damit die Folgen der Rechtshängigkeit herbeigeführt hat. Ein solches Einreichungs-„Verbot" kann die Befangenheit begründen, § 42. Schon gar nicht darf der Vorsitzende „glatte" Sachen vorziehen. Er darf und muß allenfalls die eilbedürftigen Sachen vorziehen. Da praktisch keine Protokollführer mehr verfügbar sind, gilt das in § 159 Rn 4ff Ausgeführte. Das Gericht kann außerdem die Anwendbarkeit des § 159 I 2 Hs 2 erwägen. Das Unterlassen der Terminsbestimmung ist auch dann unzulässig, wenn beide Parteien damit einverstanden sind. Denn sie haben mit der Parteiherrschaft nach Grdz 18 vor § 128 nicht auch eine Herrschaft über alle Teile des Verfahrensablaufs. 12

7) Zuständigkeit, I, II. Es ergeben sich äußerst unterschiedliche Handhabungen. 13

A. Grundsatz: Von Amts wegen. Die Terminsbestimmung geschieht meist von Amts wegen, Rn 24. Sie erfolgt durch den Vorsitzenden in der Ausübung seiner Prozeßleitung, Üb 5 vor § 128, BAG NJW **93**, 1029 (auch beim auswärtigen Termin). Zur Terminsbestimmung kann also auch der Einzelrichter nach §§ 348, 348a, 526, 527, 568 zuständig sein. Auch der nach §§ 361, 362 verordnete Richter ist zuständig, § 229. Beim AG bestimmt der Amtsrichter oder der Familienrichter den Termin. Der Familienrichter wartet die Anhängigkeit einer Folgesache nicht ab, Ffm NJW **86**, 389. Soweit der Rpfl die Verhandlung leitet, ist er zuständig. Das Kollegium bestimmt den Termin abgesehen von einer Änderung nach § 227 in keinem Fall, auch nicht während der mündlichen Verhandlung. Der Vorsitzende muß die Terminsverfügung mit einer vollen Unterschrift versehen. Eine sog Paraphe genügt also nicht, § 129 Rn 31, BGH NJW **80**, 1960, BSG MDR **90**, 955, LAG Hamm MDR **82**, 1053.

B. Terminsabstimmung. Eine sog „Terminsabstimmung" zwischen dem Urkundsbeamten der Geschäftsstelle und der Partei oder ihrem Anwalt mag als eine Anregung an den Vorsitzenden hilfreich sein. Es kommt ganz auf die Einzelumstände an. Solche Maßnahmen sind aber für den Vorsitzenden unter keinen Umständen verbindlich. Sie sind im übrigen nicht zulässig, sobald sie für den Urkundsbeamten der Geschäftsstelle zu einer unzumutbaren Arbeitsbelastung werden oder auch nur zu einer faktischen Bedrängung des Vorsitzenden führen, LG Bln AnwBl **78**, 420, Brangsch AnwBl **77**, 278, Schneider MDR **77**, 795. Der Vorsitzende kann den Urkundsbeamten zu einer solchen Terminsabstimmung befugen. Der Vorsitzende behält aber die Verantwortung für eine ordnungsgemäße Terminsbestimmung. Er darf diese Bestimmung keineswegs mehr oder minder „delegieren". 14

Das gilt schon deshalb, weil der Vorsitzende *selbst abschätzen* muß, zu welcher Zeit an einem Terminstag sich diese Sache voraussichtlich am günstigsten einplanen läßt und wieviel Zeit der Fall voraussichtlich benötigen wird. Der Vorsitzende darf und muß dabei die Gesamtumstände berücksichtigen, auch seine Erfahrungen damit, wieviel Zeit zB ein ProzBev erfahrungsgemäß für Rechtsausführungen beansprucht oder wie schnell die Vernehmung eines schon bekannten Zeugen stattfinden kann usw. Der Vorsitzende muß dabei auch darauf achten, daß die Beteiligten in anderen zeitlich anschließenden Fällen desselben Terminstags möglichst gar nicht oder doch nicht übermäßig lange warten müssen. Keineswegs muß oder darf auch nur der Vorsitzende von vornherein die bloße Möglichkeit verspäteter Beweisantritte mitberücksichtigen, Celle NJW **89**, 3024.

15 **C. Weitere Einzelfragen.** Eine Terminsbestimmung verpflichtet noch nicht als solche zum Erscheinen. Erst die Ladung hat eine verpflichtende Wirkung. Soweit der Zweck des Termins nicht klar zutage liegt, muß das Gericht ihn in der Ladung klar angeben.

16 **8) Unverzüglichkeit, II.** Die Terminsbestimmung muß ohne schuldhaftes Zögern erfolgen, § 121 I 1 BGB, Brdb FamRZ **06**, 1772, Köln MDR **05**, 1189. Sie scheidet die Geister in Wahrheit nach Temperamenten. Eine überlange Verfahrensdauer kann zum Verfassungsverstoß führen, Einl III 15. Sie ist überdies ein Verstoß gegen Art 6 I 1 MRK, Rn 11. Der Vorsitzende muß sie deshalb auch durch eine etwaige Entlastung bei der Geschäftsverteilung vermeiden, Rn 2, 11, BVerfG NJW **01**, 215.

A. Aufgaben des Urkundsbeamten. Der Urkundsbeamte der Geschäftsstelle muß eine Eingabe dem Vorsitzenden unverzüglich vorlegen. Auch er muß also ohne jede vorwerfbare Verzögerung arbeiten, vgl auch § 121 I 1 BGB. Auch eine starke Belastung oder Überlastung darf nicht dazu führen, daß Eingaben tagelang völlig ungeprüft in der Geschäftsstelle herumliegen. Es gehört zu den vordringlichsten Pflichten des Urkundsbeamten, den Posteingang eines jeden Tags sogleich darauf durchzusehen, ob und welche Eilfälle vorhanden sind sowie ob und welche terminsbedürftigen Eingaben vorliegen. Natürlich darf und muß der Urkundsbeamte dabei beachten, wieviele Terminstage bereits besetzt sind. Wenn mit Sicherheit mehrere Wochen hindurch kein zusätzlicher Verhandlungstermin möglich sein wird, braucht er eine terminsbedürftige Eingabe nicht so rasch vorzulegen wie dann, wenn er weiß, daß entweder infolge des Wegfalls anderer Sachen oder infolge einer nur geringen Terminsauslastung usw schon in nächster Zukunft technisch weitere Termine ansetzbar werden könnten. Eine Klageschrift legt der Urkundsbeamte dem Vorsitzenden allerdings erst dann vor, wenn der Kläger eine vorweg notwendige Verfahrensgebühr gezahlt hat, Anh § 271.

17 **B. Aufgaben des Vorsitzenden.** Der Vorsitzende soll den Termin ebenfalls unverzüglich bestimmen, Köln MDR **05**, 1189. II erfaßt die Zeit zwischen dem Klageingang und der Terminsbestimmung. § 272 III erfaßt die Zeit zwischen der Terminsbestimmung und dem Terminstag. Die Notwendigkeit einer unverzüglichen Terminsbestimmung nach dem allgemeinen Grundsatz des § 121 I 1 BGB gilt insbesondere dann, wenn ein Zuwarten die sachlichrechtliche Lage einer Partei verschlechtern würde, Schlesw SchlHA **84**, 56. Auch hier gelten die vorgenannten Umstände.

18 **C. Beispiele zur Frage der Unverzüglichkeit**

Amtsverfahren: Der Vorsitzende muß fast alle Termine von Amts wegen bestimmen. Das gilt freilich nur im Rahmen der Parteiherrschaft nach Grdz 18 vor § 128, Rn 5, BGH BB **05**, 767. Der Vorsitzende muß einen Termin bestimmen, sobald eine Handlung einer Partei einen Anlaß dazu gibt, BGH VersR **76**, 37. Das gilt auch nach einer Zwischenentscheidung, zB nach einem Teilurteil, § 301, Ffm JB **82**, 613, soweit der Verfahrensfortgang statthaft ist, BGH NJW **79**, 2307. I schränkt die Verfügungsfreiheit der Parteien im Prozeß nicht ein, Rn 5. Daher können die Parteien auf eine Terminierung ausdrücklich oder stillschweigend derzeit verzichten, BGH BB **05**, 767. Der Vorsitzende nimmt den Parteien nur gewisse förmliche Handlungen ab. Die Terminsbestimmung erfolgt ohne eine Anregung, wenn der Vorsitzende den Termin von Amts wegen bestimmen muß, etwa zum Zweck einer Beweisaufnahme oder nach einer solchen oder nach einer Verweisung oder Abgabe oder nach einer Zurückverweisung, §§ 281, 538, 696, BGH VersR **76**, 37. In allen anderen Fällen erfolgt die Terminsbestimmung nur auf Grund einer Anregung, etwa nach einem Widerspruch im Mahnverfahren, sobald außer dem Widerspruch auch der erforderliche Antrag auf die Durchführung des streitigen Verfahrens nach § 696 I 1 vorliegt. Auch die Aufnahme eines nach §§ 239 ff unterbrochenen Verfahrens erfolgt auf Grund einer Anregung, § 250. In solchen Fällen weiß der Vorsitzende ja sonst nicht einmal, ob die Voraussetzungen für eine Fortsetzung des Verfahrens vorliegen. Wegen einer einverständlichen Unterlassung der Terminsbestimmung Rn 11.

Auflage: Die Pflicht zur unverzüglichen Terminsbestimmung besteht auch bei der Nichterfüllung einer gerichtlichen Auflage, Hamm NVersZ **99**, 192 (nennt irrig II nicht mit).

Einlassungsfrist: Rn 24 „Zwischenfrist".

Erklärungsfrist: Rn 24 „Zwischenfrist".

19 **Folgesache:** In einer Scheidungssache darf der Vorsitzende nicht den Eingang einer Folgesache abwarten, (zum alten Recht) Ffm NJW **86**, 389.

Früher erster Termin: Ihn sollte der Vorsitzende in der Regel binnen weniger Tage nach der Aktenvorlage anberaumen.

Geschäftsabwicklung: Der Vorsitzende muß auf ihre glatte Abwicklung achten.

20 **Haupttermin:** Er ist meist erst dann ansetzbar, wenn der Vorsitzende nach dem Vorverfahren gemäß § 272 II Hs 2 übersehen kann, wann das Gericht die notwendigen Vorbereitungen abschließen kann.

Ladungsfrist: Rn 24 „Zwischenfrist".

Öffentliche Zustellung: Rn 24 „Zwischenfrist".

21 **Sammeltermin:** Ein sog „Sammeltermin" oder „Kartelltermin" (dazu auch § 220 Rn 5, § 272 Rn 12) kann zulässig sein, BGH DRiZ **82**, 73, VerfGH Mü NJW **90**, 1654 (abl Deubner). Er kann funktionieren, Steiner DRiZ **79**, 284. Er ist in der Praxis vielfach üblich, Rudolph DRiZ **86**, 17. Er kann aber auch zu einer unzumutbaren Belastung der Beteiligten führen, Herbst DRiZ **79**, 237, vor allem der Anwälte. Er kann den sog Kartellanwalt und ähnliche Praktiken begünstigen. Durch sie kann die Verhandlung zur Farce werden, LG Duisb RR **91**, 1022, Handel DRiZ **92**, 91, Rudolph DRiZ **86**, 17, aM Bayer AnwBl **86**, 443. Dadurch kann sogar eine Staatshaftung aus Art 34 GG entstehen. Im übrigen kann gegen einen unzumutbar gebündelten Sammeltermin eine Dienstaufsichtsbeschwerde zulässig sein, Arndt DRiZ **79**, 142, Schneider DRiZ **79**, 239. Es kommt auch beim Sammeltermin auf die Fallumstände an. Solange das Gericht im allgemeinen imstande ist, einen Sammeltermin einigermaßen pünktlich abzuwickeln, ist die Ladung zu einem solchen Termin einwandfrei. Eine gewisse geringfügige Wartezeit gehört zum Prozeßbetrieb und ist hinnehmbar. Man kann auch beim Arzt, beim Anwalt oder auch bei einer Behörde außerhalb des Gerichts nicht immer damit rechnen, auf die Minute genau an die Reihe zu kommen. Das Gericht muß aber imstande sein, die Terminsplanung fest im Griff zu behalten.

Sammeltermine sind unzulässig, sofern sie erfahrungsgemäß fast immer zu einem völligen *Durcheinander* im Terminsablauf und zu stundenlangen Wartezeiten führen. Das Gericht muß von dem Grundsatz ausgehen, daß jede Partei erwarten kann, zur festgesetzten Stunde auch unverzüglich Gehör zu finden. Jede Partei kann auch erwarten, daß das Gericht ihr während der Verhandlung seine volle ungeteilte Aufmerksamkeit zuwendet. Die Anwesenheit zahlreicher Prozeßbeteiligter in anderen Sachen ist zwar als solche nicht verboten, jedenfalls solange die mündliche Verhandlung öffentlich ablaufen muß. Das Gericht muß aber übermäßige akustische und optische Ablenkungen durch solche anderen Anwesenden zu vermeiden versuchen. Es muß auch in diesem Zusammenhang darauf achten, keine Sammeltermine mit fünf, zehn oder gar noch mehr Sachen zu derselben Terminsstunde anzusetzen, es sei denn, es würde sich um wirklich gleichgeartete Parallelfälle handeln, die man wahrscheinlich auch nach § 147 zumindest faktisch verbinden kann.

Wenn ein Terminzettel ersichtlich dazu führt, daß zahlreiche Prozeßbeteiligte nicht unerheblich warten müssen, mag derjenige, der innerhalb dieser Gruppe *länger als etwa 15 Minuten zuwarten* mußte, sogar gehen dürfen, ohne säumig zu werden. Gerade dann sollte er jedoch unbedingt zunächst die Meinung des Vorsitzenden über den voraussichtlichen weiteren Zeitablauf einholen. Denn der Vorsitzende mag zB beabsichtigen, den wartenden Fall im etwaigen Einverständnis der übrigen Prozeßbeteiligten in wenigen Minuten unter einer kurzen Unterbrechung der laufenden anderen Verhandlung außerhalb der Reihenfolge aufzurufen, weil dieser wartende Fall vielleicht nur wenige Minuten beanspruchen dürfte usw. An alledem ändert auch der häufige Anwaltswunsch nichts, erst einmal eine sichere „Nachfrist" zu erhalten. Ein diese letztere Praxis geradezu förderndes Gericht handelt evtl sogar pflichtwidrig.

Sommersache: Die Pflicht zur Unverzüglichkeit gilt zunächst unabhängig davon, ob eine Sommersache im Sinn von § 227 III vorliegt, dort Rn 31. Der Vorsitzende muß zB bei einem im Mai bereits bis Anfang Juli besetzten Terminkalender noch im Mai auf den nächsten freien Sitzungstag nach dem 1. Juli terminieren. Er kann allenfalls einen Antrag nach § 227 III 1 anregen. In der Bitte der Partei um einen baldigen Termin liegt keineswegs stets ein Verzicht auf einen solchen Antrag. In der Zeit vom 1. 7. bis 31. 8. muß der Vorsitzende zunächst jeden sonst zur Verfügung stehenden Terminstag voll oder teilweise besetzen. Allerdings sind während der Urlaubszeit erfahrungsgemäß ohnehin oft keine Termine durchführbar. 22

Terminsdauer: Der Vorsitzende muß die voraussichtliche Terminsdauer angemessen mitbeachten, Art 103 I GG, Einl III 16, BVerfG NJW **92**, 300. Er ist in diesem Rahmen aber nun auch nicht zur Übervorsicht und daher keineswegs dazu verpflichtet, grundsätzlich gewissermaßen „auf Verdacht" auch nur 10 oder 15 Minuten mehr für eine zeitliche übersehbare Sache anzusetzen, als es nach seinem pflichtgemäßen Ermessen auf Grund des derzeitigen Sach- und Streitstands voraussichtlich erforderlich sein wird. Er darf und muß dabei berücksichtigen, daß das Gericht einen zB unzulässig mit „N. N." angekündigten Zeugen unter Umständen nach § 356 Rn 4, unberücksichtigt lassen muß. Der Vorsitzende muß ja auch die Interessen des Prozeßgegners gleichermaßen mitbedenken. Keineswegs darf die Partei auf dem Umweg über II die Vorschriften über eine Zurückweisung verspäteter Beweisantritte zu unterlaufen versuchen, BGH NJW **81**, 286, ThP 9, aM BGH NJW **79**, 1988, Hamm NJW **80**, 293, ZöStö 17 (aber das wäre ein sehr strenger Gerechtigkeitsbegriff, § 296 Rn 2). Der Vorsitzende sollte solchen Bestrebungen unmißverständlich entgegentreten. Er muß überflüssige Belästigungen der Beteiligten vermeiden. Er muß soviel Spielraum lassen, daß grundsätzlich auch noch eine Ladung eines einzelnen oder weniger solcher Zeugen möglich bleibt, die eine Partei noch nicht benannt hat. Er darf auch die vorbereitenden Maßnahmen nach § 273 mitbedenken, Rn 8, BGH NJW **81**, 286, Hamm NJW **80**, 293. Freilich darf nicht der Terminplan durch einen solchen Spielraum platzen, § 214 Rn 6. Indessen können 15 Minuten bei einer einfachen Sache evtl durchaus genügen, aM Ffm MDR **86**, 593 (aber das Gericht ist kein Schalterbeamter, der auf Kundschaft wartet, Üb 6 vor § 330). In diesem Rahmen muß der Vorsitzende den nächsten freien Termin wählen, § 272 III.

Überlastung: Wenn der Terminszettel auf Wochen besetzt ist, ist eine *sofortige Terminsbestimmung* auf den nächsten freien Terminstag gleichwohl unter Umständen nicht nur ratsam, sondern notwendig, Rn 2, 11, 16, auch um den Prozeßbeteiligten um so mehr eine Gelegenheit zu geben, den Termin in der Zwischenzeit in der Kenntnis des Datums rechtzeitig vorzubereiten. Eine Bevorzugung „glatter" Fälle ist eindeutig gesetzwidrig. Freilich macht die allgemein bekannte Terminsüberlastung in der Praxis die Terminsbestimmung oft unberechenbar, BGH **98**, 11. Bei einer notgedrungenen weiten „Hinausschiebung" wegen einer Überlastung ist zwar eine Begründung zulässig und oft notwendig. Der Vorsitzende darf sie aber nicht zu einer allgemeinen Kritik an der Personallage ausnutzen, KG NJW **95**, 883. 23

Widerklage: Eine angekündigte, aber noch nicht eingegangene Widerklage ist kein Verzögerungsgrund, Köln MDR **05**, 1189. 24

Zustellung: Der Urkundsbeamte der Geschäftsstelle muß die Terminsverfügung des Vorsitzenden in einer beglaubigten Ablichtung oder Abschrift von Amts wegen zustellen, §§ 168 I 1, 329 II 2, BGH NJW **80**, 1960, also zB nicht bloß „auf richterliche Anordnung", ohne daß eine besondere Zustellungsverfügung des Vorsitzenden nötig wäre. Der Vorsitzende kann aber die Art der Zustellung innerhalb der gesetzlichen Vorschriften anordnen. Er kann also zB verfügen, daß der Urkundsbeamte nicht nur den Bekl mit einer Zustellungsurkunde laden soll, sondern auch den ProzBev des Klägers unter der Verwendung einer solchen Urkunde, § 214 Rn 4.

Zwischenfrist: Der Vorsitzende muß den Verhandlungstermin so bestimmen, daß eine gesetzliche Zwischenfrist nach Üb 10 vor § 214 verbleibt, vgl auch wegen der Einlassungsfrist § 274 Rn 8, wegen der Ladungsfrist § 217, wegen einer öffentlichen Zustellung § 188, wegen einer Erklärungsfrist § 132.

9) Termin am Sonntag usw, III. Ein Sonntag oder ein allgemeiner Feiertag nach § 758 Rn 14 und auch ein Sonnabend soll von Terminen möglichst frei bleiben. Es ist aber auch im Zivilprozeß keineswegs schlechthin unzulässig, auf einen solchen Tag einen Termin anzusetzen. Freilich müssen die technischen 25

Voraussetzungen vorliegen, zB ein ungehinderter Zugang zum Sitzungssaal, ausreichende Beleuchtung usw. An derartigen Tagen besteht ein gegenüber dem „Normalbetrieb" erhöhter Anspruch auf eine Vertagung. Über das Vorliegen eines „Notfalls" entscheidet der Vorsitzende. Er darf die Terminsbestimmung und alle zugehörigen Entscheidungen weder auf den Berichterstatter noch auf das Kollegium oder gar auf den Urkundsbeamten der Geschäftsstelle übertragen.

26 **10) Rechtsbehelfe, I–III,** dazu *Fasching* (vor Rn 1); *Peters,* Rechtsbehelfe gegen Untätigkeit des Zivilrichters, Festschrift für *Schütze* (1999) 661: Beim Rpfl gilt § 11 RPflG, § 104 Rn 41. Im übrigen:

A. Gegen unverzügliche Terminsbestimmung: Keine Anfechtbarkeit. Gegen eine unverzügliche Bestimmung des Termins ist grundsätzlich kein Rechtsmittel statthaft, Zweibr RR **03**, 1079. Das gilt auch bei § 118 I 3, Zweibr RR **03**, 1079. Es gilt ferner nach einem Abbruch des schriftlichen Vorverfahrens, § 272 Rn 9, KG MDR **85**, 416. Eine Gegenvorstellung ist statthaft, BAG MDR **93**, 547.

27 **B. Gegen Antragszurückweisung: Sofortige Beschwerde.** Gegen die Zurückweisung eines Antrags auf eine Terminsbestimmung ist neben oder nach einem Antrag nach § 227 beim Rpfl das Verfahren nach § 11 I RPflG statthaft. Beim Richter ist dann die sofortige Beschwerde nach §§ 252, (jetzt) 567 I Z 1 statthaft, Brdb FamRZ **06**, 1772, Köln FamRZ **98**, 1607, Stgt FamRZ **98**, 1606, aM Celle OLGZ **75**, 357, Karlsr FamRZ **94**, 1399, OVG Bre NJW **84**, 992 (aber man kann auch eine von Amts wegen erforderliche Handlung zusätzlich beantragen). Das gilt nicht bei einer nur freigestellten mündlichen Verhandlung, § 128 IV. Eine „außerordentliche" Beschwerde kommt wegen § 574 nicht mehr in Betracht, § 127 Rn 25, aM Hbg RR **89**, 1022. Eine Rechtsbeschwerde kommt unter den Voraussetzungen des § 574 in Betracht. Das längere Unterlassen der Terminsbestimmung trotz eines Antrags ist der Sache nach eine Zurückweisung, Mü RR **96**, 229, aM Schlesw NJW **83**, 460 (aber dann müßten die Parteien tatenlos auf unbestimmte Zeit zuwarten). Eine Befangenheit nach § 42 liegt erst bei einer Gehörsverweigerung oder bei einer Willkür vor, Brdb RR **99**, 1291.

28 **C. Gegen Terminszeitpunkt: Dienstaufsichtsbeschwerde usw.** Gegen die nicht ganz unzumutbar späte Datierung des Termins ist grundsätzlich nur die Dienstaufsichtsbeschwerde mit dem Ziel nur der Ermahnung statthaft, § 26 II DRiG. Arndt DRiZ **79**, 143 (er will aber auch eine Staatshaftung aus Art 34 GG ermöglichen). Freilich ist die Terminsauswahl grundsätzlich eine Tätigkeit in richterlicher Unabhängigkeit. Das Dienstrecht ist kein Instrument der Beschleunigung, Weber-Grellet NJW **90**, 1778.

29 **D. Aufsichtsgrenzen.** Manche bejahen eine allgemeine Aufsichtsmöglichkeit, BGH **93**, 244 (krit Rudolph DRiZ **85**, 351). BVerfG NJW **89**, 3148 scheint ähnlich zu denken. Andere ließen auch dann (jetzt) eine sofortige Beschwerde nach § 567 I Z 2 zu, Celle OLGZ **75**, 357, Köln NJW **81**, 2263. Das ist nicht mehr statthaft, § 567 Rn 10.

Jedenfalls ist die *Dienstaufsichtsbeschwerde unzulässig,* zumindest *unbegründet,* soweit sich ergibt, daß das Gericht die Terminsbestimmung auf Grund einer vorgenommenen Prüfung aus nicht völlig abwegigen Erwägungen so oder gar nicht vorgenommen hat. Denn dann bewegte es sich im Bereich seiner Unabhängigkeit, BGH MDR **91**, 150. Dazu gehört zB die „späte" Terminierung wegen der Notwendigkeit, für jede früher anberaumte Sache eine ausreichende Verhandlungsdauer einzuplanen, wie sie vom BVerfG NJW **92**, 300 gefordert wird. Ihre Überprüfung durch die Dienstaufsicht ist grundsätzlich völlig unstatthaft, § 26 DRiG.

30 **E. Bei Sommersache: Weitere Möglichkeiten.** Soweit es sich um eine Sommersache nach § 227 III 2 handelt und soweit der Vorsitzende auf dieser Basis einen Termin bestimmen muß, ist auch ein Antrag des Inhalts zulässig, das Kollegium möge die Bestimmung des Vorsitzenden aufheben. Gegen die Entscheidung des Gerichts ist die sofortige Beschwerde zulässig, § 567.

31 **F. Bei Untätigkeit: Sofortige Beschwerde, hilfsweise Verfassungsbeschwerde.** Bei einer bloßen Untätigkeit des Gerichts trotz einer Rechtspflicht zum Tätigwerden kommt dann, wenn man den Verfahrensstillstand als eine Rechtsverweigerung werten muß (Vorsicht!), eine sog Untätigkeitsbeschwerde in Betracht, (jetzt) § 567 I Z 2, Saarbr RR **99**, 1290. Nach ihrer Erfolglosigkeit kommt nach Einl III 17 zumindest in Bayern eine Verfassungsbeschwerde in Betracht, BVerfG NJW **00**, 797 (überlange Prozeßdauer), VerfGH Mü NJW **91**, 2896.

217 *Ladungsfrist.* **Die Frist, die in einer anhängigen Sache zwischen der Zustellung der Ladung und dem Terminstag liegen soll (Ladungsfrist), beträgt in Anwaltsprozessen mindestens eine Woche, in anderen Prozessen mindestens drei Tage.**

1 **1) Systematik.** Die Vorschrift regelt die von der zusätzlichen Einlassungsfrist nach §§ 274 III, 495, 523, 553 zu unterscheidende Ladungsfrist. Es handelt sich formell um eine bloße „Soll"-Vorschrift, also nicht um eine Muß-Bestimmung. Vgl aber Rn 2. In einer anhängigen Sache soll zwischen dem Tag, an dem die Partei die Ladung erhält, und dem Terminstag, beide nicht eingerechnet, eine Ladungsfrist liegen. Ihre Dauer beträgt im Anwaltsprozeß nach § 78 Rn 1 mindestens 1 Woche, in einem anderen Prozeß mindestens 3 Tage. Ihre Berechnung erfolgt nach § 222.

2 **2) Regelungszweck.** § 217 dient wie § 274 III demselben Zweck, nämlich der Möglichkeit der Partei, sich auf den Prozeß oder Termin vorzubereiten und das rechtliche Gehör zu erhalten, Einl III 16. Diesem Zweck entspricht eine Entwicklung von einer formell bloßen Sollvorschrift zur faktischen Mußbestimmung. Jedenfalls läuft der Vorsitzende beim Unterschreiten der in § 217 genannten Zeiträume die Gefahr, dann doch gegen Art 103 I GG zu verstoßen, Rn 6. Das ist wegen der rasanten Beschleunigung der Kommunikationswege keineswegs naheliegend. Andererseits hat aber auch die allseitige Überlastung ebenso zugenommen wie die gewisse Verringerung des Gewichts einer Fristsetzung durch das Gericht oder den Anwalt. Im Ergebnis ist es daher wenig ratsam, die Fristen des § 217 von Ausnahmefällen abgesehen zu unterschreiten.

„Sofort"-, noch besser „Noch heute!"-Vermerke am Kopf der Ladungsverfügung sind zulässig und oft sehr ratsam, § 329 Rn 23. Sie tragen dazu bei, die Ladungsfrist rascher anlaufen zu lassen und dadurch indirekt zu verkürzen. Sie helfen gerade bei einer Überlastung in Wahrheit erfahrungsgemäß erheblich, § 329 Rn 23.

3) Geltungsbereich. Vgl zunächst Üb 3 vor § 214. Nach § 32 II FamFG „soll" zwischen der Ladung und dem Termin nur eine „angemessene" Frist liegen. Die Vorschrift gilt für jede Art von Verhandlungstermin nach Üb 4 vor § 214, § 216 Rn 3. Sie gilt also nicht für einen bloßen Verkündungstermin. In ihm muß ja auch grundsätzlich kein rechtliches Gehör erfolgen. Sie gilt auch vor dem verordneten Richter, §§ 361, 362. Sie ist auf alle Parteien und ProzBev oder Streithelfer anwendbar, nicht aber auf andere Prozeßbeteiligte, etwa auf den Zeugen oder den Sachverständigen, erst recht nicht auf den gestellten (sistierten). Sie gilt auch im sozialgerichtlichen Verfahren, § 202 SGG, BSG MDR **93**, 360. Sie gilt auch bei einer Verlegung auf einen anderen Tag nach § 227, soweit nicht § 218 anwendbar ist. Eine Verlegung der Terminsstunde innerhalb desselben Terminstags hat keinen Einfluß auf die Frist, Brdb RR **98**, 501, LG Köln MDR **87**, 590. Die Frist ist eine Zwischenfrist (Überlegungsfrist) und eine gesetzliche Frist, Üb 10 vor § 214. 3

Der Vorsitzende kann sie unter den Voraussetzungen des § 226 *abkürzen*. Er darf sie nicht verlängern, § 224 II. Das Gericht muß die Ladungsfrist auch vor einer etwaigen mündlichen Verhandlung im Verfahren auf den Erlaß eines Arrests oder einer einstweiligen Verfügung einhalten, §§ 916 ff, 935 ff, ebenso bei einer einstweiligen Anordnung nach (jetzt) §§ 49 ff FamFG usw, Drsd NJW **02**, 2722. Das mag ärgerlich sein. Indessen gilt die Vorschrift eben schlicht auch im Eilverfahren, Einl III 39. Mag das Gericht ohne eine mündliche Verhandlung entscheiden, wenn die Ladungsfrist zu „lang" wäre. S auch bei § 274 III.

4) Entbehrlichkeit. Die Ladungsfrist ist bei einem verkündeten Termin entbehrlich, § 218, Oldb MDR **87**, 503 (Ausnahme bei einer Bedingung der Terminsanberaumung), ZöStö 1, aM Gerhardt ZZP **98**, 356, StJSchu 6 (aber § 218 nennt nur eine eng auslegbare andere Lage als Ausnahme). Ebenso ist die Ladungsfrist bei der Ladung nur einer Beweisperson entbehrlich. Freilich muß der verordnete Richter § 357 beachten. Bei einer solchen Ladung, die ein Verfahren einleitet, tritt an ihre Stelle die Einlassungsfrist nach § 274 III, BayObLG Rpfleger **78**, 383. Vgl ferner §§ 495, 523 II, 553 II, 604 II. 4

5) Einzelfragen. Im Verfahren auf den Erlaß eines Arrests oder einer einstweiligen Verfügung nach §§ 916 ff, 935 ff ist eine Einlassungsfrist nach § 274 III aber entbehrlich. Eine besondere Ladungsfrist gilt im Wechsel- und Scheckprozeß nach den §§ 604 III, 605 a. Bei § 239 III bestimmt der Vorsitzende die Dauer der Ladungsfrist. Auch in der Zeit vom 1. 7. bis 31. 8. läuft die Ladungsfrist wie sonst. Denn § 227 III betrifft nur Termine, nicht Fristen. 5

6) Verstoß. Soweit das Gericht die Ladungsfrist nicht eingehalten hat, kann ein Verstoß gegen Art 103 I GG vorliegen, Einl III 16, BFH DB **81**, 1446. Das Gericht darf gegen den nicht rechtzeitig Geladenen keine Versäumnisentscheidung erlassen, § 335 I Z 2, auch keine Entscheidung nach Aktenlage, BSG MDR **93**, 360, Oldb MDR **87**, 503. Es muß vielmehr von Amts wegen dann vertagen oder verlegen. § 295 ist aber anwendbar. Eine vorwerfbar späte Abladung kann eine Amtshaftung nach Art 34 GG, § 839 BGB auslösen, LG Stgt RR **89**, 190. 6

218 *Entbehrlichkeit der Ladung.* **Zu Terminen, die in verkündeten Entscheidungen bestimmt sind, ist eine Ladung der Parteien unbeschadet der Vorschriften des § 141 Abs. 2 nicht erforderlich.**

Gliederung

1) Systematik. Die Vorschrift enthält eine Ausnahme vom Grundsatz der §§ 214 ff, daß das Gericht zu einem Termin laden muß. Der Grund liegt in dem Umstand, daß es den neuen Termin ja bereits durch dessen Verkündung nach § 329 I 1 bekanntgegeben hat und daß es eine nach §§ 330 ff säumige Partei vor auch diesen Nachteilen nicht besonders schützen muß. 1

2) Regelungszweck. Die Vorschrift dient der Prozeßwirtschaftlichkeit nach Grdz 14 vor § 128, ohne in Wahrheit das rechtliche Gehör zu schmälern. Mag sich der Säumige wenigstens nach dem Ergebnis des versäumten Termins erkundigen. Dasselbe gilt für denjenigen, der den Termin nicht bis zur Schlußentscheidung am Ende der Sitzung oder in einem besonderen Verkündungstermin nach § 310 I 1 Hs 2 verfolgt hat. Den Entschuldigten schützen ja andere Vorschriften, §§ 227, 337 usw. 2

Die Vorschrift hat eine ganz *erhebliche praktische Bedeutung.* Denn in dem neuen Verhandlungstermin könnte nicht nur zB ein Versäumnisurteil ergehen, sondern zB auch ein Urteil nach Lage der Akten nach § 251 a oder doch ein kostenauslösender Beweisbeschluß nach Lage der Akten usw. Die Entbehrlichkeit einer besonderen Ladung ist vielfach unbekannt.

Erkundigung nach dem Terminsergebnis ist eine Obliegenheit der Parteien und ihrer ProzBev. Deren Vernachlässigung kann böse Folgen haben. Wer einfach abwartet, ob und wann das Gericht ein Protokoll schickt, aus dem ein neuer Termin ersichtlich wäre, verkennt das Gesetz. Weder ist das Gericht zum gar unverzüglichen nicht beantragten Protokollversand verpflichtet, noch hängt eine verkündete Frist von einer solchen Protokollierung ab. Der gewissenhafte Anwalt ruht nicht, bis sein Büro das Terminsergebnis erkundet hat, und schickt notfalls den Auszubildenden oder Referendar in den Verkündungstermin, wie in der

Praxis durchaus beobachtbar. Er klagt jedenfalls nicht über den Urkundsbeamten in der Geschäftsstelle, wenn der nicht sofort nach dem Terminsende weiß, was das Gericht mit welcher Frist usw verkündet hat, Rn 6. Denn das brauchte der Vorsitzende nach einer ordnungsgemäßen Verkündung der Geschäftsstelle gar nicht sogleich mitzuteilen, Rn 6. Jeder weitergehende „Service" ist zwar vielfach eingeführt und rechtspolitisch erwünscht bis „erwartet". Er ist aber keineswegs schon eine Rechtspflicht des Gerichts. Wer eine Haftung vermeiden will, sollte sich dessen bewußt bleiben, § 221 Rn 4.

3 **3) Geltungsbereich.** Vgl zunächst Üb 3 vor § 214. Die in der Praxis viel zu wenig beachtete Vorschrift gilt allgemein, auch zB bei § 901. Wenn das Gericht in einem ordnungsgemäß anberaumten Verhandlungs- und/oder Verkündungstermin in einer ordnungsgemäß verkündeten Entscheidung nur oder auch einen Termin bestimmt hat, braucht es grundsätzlich keine der beteiligten Parteien zu diesem neuen Termin zu laden. Das gilt sowohl im Anwaltsprozeß als auch im Parteiprozeß, § 78 Rn 1. Voraussetzung ist, daß das Gericht die Parteien oder ihre ProzBev nach § 81 oder Streitgehilfen nach § 66 zu demjenigen Termin ordnungsgemäß geladen hatte, in dem es seine Entscheidung verkündet hat, Nürnb Rpfleger **77**, 417, oder daß sie ordnungsmäßige Terminsmitteilungen erhalten haben, soweit diese ausreichten. Unter dieser Voraussetzung ist es aber unerheblich, ob eine Partei bei der Verkündung anwesend war. Die Partei muß sich vielmehr nach dem Ergebnis des Verkündungstermins erkundigen, Rn 2. Sonderregeln enthalten §§ 335 II, 337 S 2, Köln RR **95**, 448.

4 **4) Aufgaben der Partei.** Es gehört also zur allgemeinen Sorgfaltspflicht jeder Partei, sich auch nach dem Ergebnis eines Verkündungstermins rechtzeitig zu erkundigen, Rn 2. Diejenige Partei, die im Zeitpunkt der Verkündung eines neuen Termins nicht anwesend war, kann sich auch keineswegs darauf verlassen, ihr werde noch rechtzeitig vor dem neuen Termin ein Protokoll zugehen. Entgegen einer weitverbreiteten Ansicht ist das Gericht grundsätzlich weder verpflichtet noch überhaupt dazu berechtigt, einer Partei von Amts wegen eine Protokollabschrift zuzuleiten, Rn 2. Daran ändern auch etwaige örtliche abweichende Gebräuche nichts. Mit der Annahme eines diesbezüglichen Gewohnheitsrechts sollte man äußerst zurückhaltend verfahren. All das gilt auch gegenüber einer anwaltlich vertretenen Partei, Rn 2, BGH FamRZ **95**, 800. Eine Erkundigung nach dem Terminsergebnis geschieht auch jedenfalls wohl in den meisten Anwaltspraxen.

5 Noch weniger hat eine Partei einen Anspruch darauf, ein *Terminsprotokoll* alsbald nach dem Termin in die Hand zu bekommen. Das gilt selbst dann, wenn sie um eine Ablichtung oder Abschrift des Protokolls gebeten hat und dann einen Anspruch auf eine Übersendung haben mag. Nach der Konstruktion des Gesetzes ist weder das Protokoll noch ein in ihm verkündeter neuer Termin von einer Kenntnisnahme durch die davon betroffene Partei schlechthin abhängig. Die allgemeine Überlastung führt dazu, daß das Gericht manches Protokoll erst nach längerer Zeit ausfertigen kann. Das ist beklagenswert. Man darf es aber nicht zum Vorwand dafür nehmen, man habe den ordnungsgemäß verkündeten Termin mangels einer Aushändigung eines Protokolls schuldlos versäumt.

6 **5) Aufgaben des Gerichts.** Freilich sollte das Gericht dafür sorgen, daß eine nicht rechtskundige Partei die Bedeutung des § 218 erkennt und daß der Urkundsbeamte der Geschäftsstelle zumindest den Wortlaut einer am Schluß der Sitzung in der Abwesenheit einer Partei verkündeten Entscheidung alsbald nach dem Ende des Termins auf eine etwaige Anfrage hin mitteilen kann. Andererseits befindet sich die Akte durchaus zu Recht gerade nach einem solchen Termin zunächst im Umlauf, zuerst bei dem Protokollführer, dann auf der Geschäftsstelle, dann beim Berichterstatter oder Einzelrichter zur Fertigung der Entscheidungsbegründung usw, dann bei den Kollegen für deren Unterschriften, dann in der Kanzlei zur Anfertigung der Entscheidungsausfertigungen usw, beim Vorsitzenden zur Protokollunterschrift usw. Die Geschäftsstelle ist nicht verpflichtet, sogleich und etwa gar stundenlang nach der Akte zu suchen, nur weil eine Partei der Verkündung ferngeblieben war, aus welchen Gründen auch immer. Das alles müssen die Partei und ihr Anwalt bedenken, wenn sie nicht bis zum Schluß des Termins anwesend bleiben. Das alles gilt sogar dann, wenn das Gericht wie üblich einen neuen Termin etwa erst am Schluß der Sitzung verkünden kann oder will. Niemand braucht eine ungewisse Stundenzahl hindurch auf das Ende der Sitzung zu warten. Wer aber vorzeitig geht, muß anschließend um so aktiver werden. Eine Ladungsfrist nach § 217 zum verkündeten Termin kommt nicht in Betracht, selbst wenn eine Ladung stattfindet.

7 **6) Säumnisfolgen.** Im verkündeten Termin darf ein Versäumnisurteil nach §§ 330 ff ergehen, wenn das Gericht die betroffene Partei zu demjenigen Termin ordnungsgemäß geladen hatte, in dem es seinen neuen Termin und nicht nur die Floskel „Weitere Entscheidung von Amts wegen" verkündet hatte. Andernfalls ist eine Neuladung mit einer erneuten Einhaltung der Ladungsfrist notwendig. Soweit ein Beteiligter erschienen ist, ist der Mangel der Ladung ihm gegenüber unschädlich. Derjenige Anwalt, der den § 218 nicht beachtet, kann nach § 85 II haften, der gesetzliche Vertreter nach § 51 II.

8 **7) Notwendigkeit einer Ladung.** Eine Ladung zum verkündeten Termin ist ausnahmsweise dann erforderlich, wenn das Gericht das persönliche Erscheinen einer Partei nach § 141 II anordnet. Eine solche Ladung ist ferner bei Maßnahmen nach §§ 273 IV, 278 III, 335 II, 337 S 2 (Ablehnung einer Versäumnisentscheidung), § 450 (Parteivernehmung) notwendig. Ferner muß das Gericht Beweispersonen laden. Das Gericht darf und muß den Termin zur Verkündung eines Urteils nach Lage der Akten der nicht erschienenen Partei formlos mitteilen, § 251 a II 3.

219 *Terminsort.* **I Die Termine werden an der Gerichtsstelle abgehalten, sofern nicht die Einnahme eines Augenscheins an Ort und Stelle, die Verhandlung mit einer am Erscheinen vor Gericht verhinderten Person oder eine sonstige Handlung erforderlich ist, die an der Gerichtsstelle nicht vorgenommen werden kann.**

II Der Bundespräsident ist nicht verpflichtet, persönlich an der Gerichtsstelle zu erscheinen.

Gliederung

1) Systematik, I, II. Die Vorschrift ist eine Ausprägung des Grundsatzes der Öffentlichkeit der Verhandlung nach § 169 GVG als einer der wichtigsten Errungenschaften des modernen Zivilprozesses. 1

2) Regelungszweck, I, II. Die Vorschrift dient möglichster Kontrolle wenigstens durch Zuhörendürfen, 2
etwa seitens der Presse, im Interesse der Rechtsstaatlichkeit, Einl III 15. Irgendwo unter freiem Himmel selbst unter der historischen Thing-Eiche auf dem Marktplatz herrscht eben grundsätzlich nicht etwa die breitest denkbare Öffentlichkeit, sondern eine Situation, die ein etwa dort „verkündetes" Urteil gerade wegen eines Verstoßes gegen die erforderliche spezifische Gerichtsöffentlichkeit nach § 173 GVG unwirksam macht, Üb 12 vor § 300. Deshalb ist große Sorgfalt ratsam. Nach der Vernehmung eines bettlägerigen Zeugen muß das Gericht nicht etwa erst zur Verkündung seiner Entscheidung in den Gerichtssaal zurückkehren, sondern schon zu der nach § 285 notwendigen Schlußverhandlung über das Beweisergebnis. In ihr kann das Ausbleiben einer Partei oder ihres ProzBev selbst nach einer vorherigen Anwesenheit bei der Beweisaufnahme nunmehr eine Säumnis bedeuten. Sie kann deshalb zum Prozeßverlust führen, §§ 220 II, 251 a, 331 a, 495 a usw.

Besonderes öffentliches Interesse kann auch zur Notwendigkeit führen, statt des im Verteilungsplan vorgesehenen Raumes einen größeren im Gerichtsgebäude oder überhaupt ein anderes Gebäude mit mehr Platz zu benutzen. Das gilt auch für mehr als nur eine einzelne „Handlung" nach I, anders ausgedrückt: „Handlung" kann dann zur ganzen „mündlichen Verhandlung" werden müssen. Andererseits zwingt § 219 nicht zu einem solchen Umzug, wenn zwei Schulklassen zuhören möchten, aber nur 15 Zuhörerplätze für einen Normalprozeß zur Verfügung stehen. Der Vorsitzende darf und muß dann den noch nicht entlassenen Zeugen usw den Vorrang im Zuhörerraum sichern.

3) Geltungsbereich, I, II. Vgl Üb 3 vor § 214. Die Vorschrift gilt in jedem FamFG-Verfahren, § 32 S 2 3
FamFG.

4) Grundsatz: An Gerichtsstelle, I. Das Gericht darf seine Termine grundsätzlich nur an der Gerichts- 4
stelle abhalten, also im jeweiligen Gerichtsgebäude(teil). Gerichtsstelle ist auch der Ort eines sog Gerichtstags oder einer sog Zweigstelle, § 3 VO v 20. 3. 35, RGBl 403, § 22 GVG, BAG NJW **93**, 1029. Für den nach §§ 361, 362 verordneten Richter stellt § 229 die Anwendbarkeit des § 219 klar.

5) Ausnahme: Ortstermin, I. Ein Termin außerhalb der Gerichtsstelle, der sog Ortstermin oder Lokal- 5
termin, ist nur ausnahmsweise zulässig, nämlich in den folgenden Fällen.

A. Augenschein usw. Das Gericht will einen Augenschein nach § 371 einnehmen oder mit einer solchen Person verhandeln, die vor dem Gericht nicht selbst erscheinen kann, Ffm Rpfleger **77**, 146 (ein Kranker ist aber nicht stets gehunfähig), Mü OLGZ **76**, 253. Dabei mag es sich um eine Partei handeln, Grdz 4 vor § 50, um einen Streithelfer, § 66, einen Zeugen, § 373, einen Sachverständigen, § 402, oder einen zu Betreuenden. Auch ein Gefangener muß erscheinen und sich dazu evtl vorführen lassen, um ein Versäumnisurteil zu vermeiden.

B. Schwierigkeit der Verhältnisse. Das Gericht kann die Handlung nicht an der Gerichtsstelle vor- 6
nehmen, etwa deshalb nicht, weil das Gerichtsgebäude für die Zahl der Prozeßbeteiligten nicht ausreicht, Rn 2. Bei schwierigen Verhältnissen ist freilich ein Ortstermin oft im Interesse der Beteiligten zweckmäßig.

6) Besonderheiten beim Haustermin, I. Das Gericht darf das Haus oder das befriedete Besitztum 7
einer Partei oder gar eines Dritten nur mit der Erlaubnis des Inhabers des Hausrechts betreten, Art 13 GG, soweit kein Erscheinenszwang vor dem Gericht besteht. Der Inhaber des Hausrechts, evtl also der Mieter usw, kann seine Erlaubnis ohne eine Angabe von Gründen verweigern. Dann kann allerdings zB eine Beweisvereitelung vorliegen, Anh § 286 Rn 26, § 444 Rn 4, §§ 356, 380, Jankowski NJW **97**, 3347. Ein Zeuge darf der Partei den Zutritt nicht verbieten. Er darf sich allenfalls dazu erbieten, unverzüglich an der Gerichtsstelle zu erscheinen. Dieser Bitte muß das Gericht nur dann folgen, wenn er entweder für eine Änderung seiner bisherigen Haltung zum Vernehmungsort Gründe angeben kann oder wenn das Gericht die Vernehmung außerhalb der Gerichtsstelle auf Grund eines Irrtums beschlossen hatte. Ein zur Ableistung der eidesstattlichen Versicherung zwecks Offenbarung nach §§ 807, 900 vom Gerichtsvollzieher in der Wohnung geladener Schuldner darf dem Gläubiger die Anwesenheit nach denselben Grundsätzen nicht verbieten.

7) Zuständigkeit, I. Ob die Handlung „erforderlich" ist, ob sie also zur Herbeiführung einer gerechten 8
Entscheidung notwendig und nicht nur „nützlich" ist, steht im pflichtgemäßen Ermessen des Vorsitzenden, BAG NJW **93**, 1029, aM ThP 2, ZöStö 2 (Ermessen des Kollegiums. Aber es handelt sich um eine Frage der Verhandlungsleitung, § 136 I). Bloße Kostenfragen sind nicht ausreichend. Der Vorsitzende kann die Verhandlung auch dann außerhalb der Gerichtsstelle anberaumen, wenn die Handlung technisch keineswegs nur an dem von ihm festgesetzten Ort möglich ist, wenn sie vielmehr im Interesse der Rechtsfindung auswärts stattfinden muß, Rn 2, 6, BAG NJW **93**, 1029 (neue Bundesländer). Freilich ist insoweit eine Zurückhaltung ratsam (keine reisenden Richter). Das Einverständnis oder der Wunsch der Parteien ist für die Entscheidung unerheblich.

9 **8) Entscheidung, I.** Die Anordnung eines Ortstermins usw erfolgt durch eine Verfügung oder einen Beschluß nach § 329 ohne eine mündliche Verhandlung, § 128 IV. Das Gericht muß seine Entscheidung grundsätzlich begründen, § 329 Rn 4.

10 **9) Verstoß, I.** Ein Verstoß gegen § 219 befreit die Partei von einem etwaigen Erscheinenszwang. Er bleibt aber im übrigen ohne prozessuale Folgen. Über einen Ortstermin in einem fremden Gerichtsbezirk § 166 GVG.

11 **10) Rechtsbehelfe, I.** Gegen die Anordnung des Ortstermins usw wie gegen deren Ablehnung ist eine sofortige Beschwerde nach § 567 I Z 2 nur dann zulässig, wenn das Gericht einen Antrag einer Partei zurückgewiesen hat, ZöStö 3, aM ThP 3 (stets unanfechtbar. Aber der Wortlaut und Sinn der Vorschrift sind eindeutig, Einl III 39). Eine Rechtsbeschwerde kommt unter den Voraussetzungen des § 574 in Betracht.

12 **11) Vernehmung des Bundespräsidenten, II.** Die Vorschrift behandelt den jeweils als Bundespräsident Amtierenden, aM ZöStö 5 (nur den nach Art 54 GG Gewählten, nicht seinen Vertreter. Aber II begünstigt nicht die Person, sondern das Amt). Er ist vom Erscheinen an der Gerichtsstelle kraft Gesetzes befreit. Das Gericht darf ihn also nicht etwa zunächst „versuchsweise" zur Gerichtsstelle laden. Er braucht für eine Weigerung, dort zu erscheinen, keine Gründe anzugeben. Im übrigen muß der Vorsitzende die Vernehmung entweder am Amtssitz des Bundespräsidenten oder in dessen Wohnung festsetzen. Es versteht sich, daß der dem Staatsoberhaupt schuldige Respekt eine Terminsabstimmung gebietet, auch wenn das Gericht den Bundespräsidenten als Zeugen im übrigen grundsätzlich wie jeden anderen Zeugen behandeln muß. Da die Landesverfassungen kein Staatsoberhaupt mehr vorsehen, ist ein Staatspräsident in II nicht erwähnt. Ein Ministerpräsident zählt nicht hierher.

220 *Aufruf der Sache; versäumter Termin.* **I Der Termin beginnt mit dem Aufruf der Sache.**

II Der Termin ist von einer Partei versäumt, wenn sie bis zum Schluss nicht verhandelt.

Gliederung

1 **1) Systematik, I, II.** Die Vorschrift enthält zwei nur auf den ersten Blick ganz unterschiedliche Regelungen. In I steht eine Klarstellung, von welchem Augenblick an die Rechte und Pflichten aller Prozeßbeteiligten während eines Verhandlungs-, Beweisaufnahme- oder Verkündungstermins beginnen. Insofern ist I eine Ergänzung zu § 136 I. II stellt klar, was in §§ 332, 333 als Voraussetzungen der dortigen Rechtsfolgen gilt. Insbesondere bei § 285 (Verhandlung über das Beweisergebnis) wird also II bedeutsam. Was ein Verhandlungsschluß ist, muß man den Erläuterungen zu § 136 IV entnehmen. Für den nach §§ 361, 362 verordneten Richter stellt § 229 die Anwendbarkeit des § 220 klar.

2 **2) Regelungszweck, I, II.** Es soll klar sein, von welchem Moment an das Kernstück des Prozesses beginnt, von wann bis wann die Ordnungsgewalt nach §§ 175 ff GVG besteht und in welchen Zeitraum die Säumnisfolgen fallen. Das alles dient vornehmlich der Rechtssicherheit, Einl III 43. Vgl ferner Rn 5–7.

Rechtliches Gehör als prozessuales Grundrecht nach Einl III 16 erfordert während der gesamten Terminsdauer die sorgfältige Klarstellung, in welcher Sache und von welchem Augenblick an für welchen genauen Zweck das Gericht tagt. Es gibt manchmal nicht überzeugende Gewohnheiten, insbesondere beim „bloßen" Verkündungstermin, in Wahrheit ja evtl dem Geburtsakt des Kernstücks des ganzen Prozesses, nämlich des Urteils nach § 310 Rn 4. Solche Gewohnheiten sind zwar oft schon deshalb folgenlos, weil niemand erschienen ist. Sie sind aber deshalb doch eben keine bloßen Formfehler. Es ist ratsam, eher zweimal als gar kein Mal korrekt aufzurufen. Auch bei einer bloßen Teilsäumnis oder dann, wenn das Gericht nicht mehr länger wie ein Schalterbeamter auf Kundschaft warten will und muß, sollte es besser die Uhrzeit des Aufrufs und des Terminschlusses mitprotokollieren, schon zum Nachweis der Einhaltung der üblichen Wartezeit, § 337 Rn 13 „Verkehrsprobleme".

3 **3) Geltungsbereich, I, II.** Vgl Üb 3 vor § 214.

4 **4) Aufruf vor dem Saal, I.** Der Aufruf erfolgt zunächst vor der Saaltür oder in einem etwa vorhandenen Warteraum, wie er bei großen Gerichten üblich und notwendig ist, BVerfG **42**, 372, BVerwG NJW **86**, 204. Diesen Aufruf nimmt zB der Protokollführer vor. Der Aufruf kann auch im Sitzungssaal mit Mikrophon und Flur-Lautsprecher erfolgen. Dabei können technische Pannen eintreten, zB dadurch, daß der Lautsprecher versagt, ohne daß man das im Sitzungssaal bemerkt. Außerdem mag dadurch eine Verwirrung eintreten, daß der auf dem Flur Wartende nicht erfährt, in welchen der zahlreichen Sitzungssäle er eintreten soll. Deshalb empfiehlt sich vor der Annahme einer Säumnis eine erhebliche Sorgfalt bei der Durchführung des Aufrufs. Der Vorsitzende sollte ihn vor dem Eintritt der Rechtsfolgen etwa einer Säumnisannahme stets mindestens einmal mit ein wenig Zeitabstand zum Protokoll wiederholen, am besten mit einer genauen Uhrzeit, § 160 II, Rn 7. Denn der draußen Wartende kann zB abgelenkt gewesen sein.

Terminsüberschneidung, die ein ProzBev angezeigt hat, macht eine Nachfrage im dem Gericht mitgeteilten anderen Saal ratsam. Evtl übernimmt auf einen Vorschlag des Vorsitzenden auch ein in einer anderen Sache wartender Anwalt vorübergehend die Vertretung zum Protokoll, gemeint: unentgeltlich.

5) Aufruf im Saal, I. Er erfordert wegen Artt 2 I, 20 III GG (Rpfl), BVerfG **101**, 404, Art 103 I GG (Richter) mehr Sorgfalt als üblich. 5

A. Bedeutung. Zusätzlich zu dem allgemeinen Aufruf nach Rn 4 muß der Vorsitzende oder sein Beauftragter die bestimmte einzelne Sache im Sitzungssaal aufrufen, § 136 I. Erst das ist derjenige Aufruf, mit dem nach § 220 der Termin beginnt. Wenn der Vorsitzende im Sitzungssaal gleichzeitig mehrere Sachen „aufrufen" läßt, liegt noch kein Aufruf nach Rn 4 vor. Vielmehr muß der Vorsitzende die einzelne Sache dann unmittelbar vor der Beschäftigung mit ihr erneut und auch für den nicht Rechtskundigen eindeutig im Sitzungssaal aufrufen. Der Zweck des Aufrufs nach Rn 4 besteht in der Mitteilung, daß die Verhandlung beginnt. Die Beteiligten müssen sich nun bereit halten. Der Vorsitzende setzt kraft seines Rechts zur Prozeßleitung nach Üb 3 vor § 128, § 136 Rn 6 die Reihenfolge mehrerer zu derselben Terminsstunde anstehender Sachen fest. Er muß dabei die in § 216 Rn 18 genannten Grundsätze beachten.

B. Einzelfragen. Die Terminsdauer muß nicht mit der Verhandlungsdauer übereinstimmen, §§ 136 IV, 137 I. Ein Aufruf *vor* der Terminsstunde setzt das Einverständnis aller Beteiligten voraus, KG NJW **87**, 1339, nicht aber auch das „Einverständnis" anderer Personen, etwa der Öffentlichkeit. Ist die Partei anwesend, kann sie im Parteiprozeß erklären, das Gericht brauche nicht auf ihren ProzBev zu warten. Dann wird der Vorsitzende ihn über den bisherigen Terminablauf informieren, wenn er doch erscheint. Die sog Meldung der Partei vor dem Aufruf ist nur eine Bitte, den Gegner auf die Anwesenheit der Partei im Gebäude hinzuweisen. Eine Versäumung verhütet sie nicht. Etwas anderes mag dann gelten, wenn sich die Partei in eine ausliegende Sitzungsliste einträgt, wegen einer Überfüllung draußen wartet und nun vom Aufruf im Saal schuldlos keine Kenntnis erhält, BVerfG **42**, 372, oder wenn vor dem Sitzungssaal ein Schild mit dem Text „Ohne besonderen Aufruf eintreten" hängt und der Vorsitzende die Sache nicht außerhalb des Sitzungssaales aufrufen läßt, LG Hbg NJW **77**, 1459. Maßgeblich ist die objektiv richtige Zeit, nicht etwa eine vorgehende Gerichtsuhr oder die Uhr des Vorsitzenden usw. 6

Die *Reihenfolge* der Verhandlungssachen muß nicht mit derjenigen der Terminsliste übereinstimmen. Es kann zahlreiche vernünftige Erwägungen für Abweichnungen geben, etwa das Ausbleiben eines Teils der Beteiligten in der eigentlich vorangestellten Sache oder die Vermutung, daß sich die an späterer Stelle zu derselben Zeit angesetzte Sache rascher durchführen lassen wird, etwa wegen einer angekündigten Klagerücknahme oder Einigung. Mit solchen kleineren zeitlichen Verschiebungen müssen alle Beteiligten rechnen. Sie können sich aber auch nicht darauf verlassen und deshalb zunächst fehlen. Was der Vorsitzende zu einer späteren Stunde terminiert hat, sollte er nur im allseitigen Einverständnis vorziehen. Meinungsverschiedenheiten gehören wegen Art 103 I GG, § 160 II kurz ins Protokoll.

Schüchternheit hindert manchen nichtjuristischen Beteiligten, der schon im Saal sitzt, sich beim Sachaufruf auch deutlich zu melden. Daher kann es leider sogar zu einem Versäumnisurteil gegen den unerkannten Anwesenden kommen. Das sollte man natürlich durch eine vorsorgliche Rückfrage vermeiden. Sie verletzt keineswegs das Recht auf Anonymität der Öffentlichkeit im Saal.

Insbesondere bei einem sog *Sammeltermin* nach § 216 Rn 20 mag ein mehrfacher Aufruf notwendig sein, Rn 4, BVerfG **42**, 371. Vor dem Erlaß einer Versäumnisentscheidung nach §§ 330 ff sollte das Gericht den Säumigen schon zur Vermeidung eines Verstoßes gegen Artt 2 I, 20 III GG (Rpfl), BVerfG **101**, 404, Art 103 I GG (Richter) möglichst zusätzlich noch einmal vor dem Sitzungssaal und auch in ihm aufrufen, BVerwG NJW **86**, 205. Das gilt trotz der Obliegenheit der Prozeßbeteiligten, sich auf einen pünktlichen Verhandlungsbeginn einzurichten, BVerwG NJW **86**, 207. 7

Je nach der Zahl der Verhandlungen im Haus und im Saal kann es notwendig werden, einen Aufgerufenen näher zu *bezeichnen*, BVerfG **42**, 370, zB durch seinen Vornamen oder seinen Beruf. Ein Aufruf nur nach dem Aktenzeichen ist meist ungenügend. Es empfiehlt sich, die Uhrzeit des letzten Aufrufs vor dem Erlaß einer Versäumnisentscheidung oder den Zeitpunkt ihrer Verkündung im Protokoll festzustellen, damit das Gericht klären kann, daß es zB die übliche in § 337 Rn 10 genannte Wartefrist eingehalten hat, Rn 4. Der Partei ist eine Wartezeit von einer Stunde grundsätzlich zumutbar, es sei denn, sie hätte dem Gericht ohne dessen Bedenken zB mitgeteilt, sie habe einen anderen wichtigen Termin. Ein anschließendes Sichentfernen aus einem triftigen Grund vor dem Aufruf im Saal kann eine Vertagung nach § 337 notwendig machen, etwa wegen einer gleichzeitigen anderweitigen Terminspflicht eines Anwalts.

6) Versäumung, II. Die Abwesenheit im Zeitpunkt des Aufrufs bewirkt für sich allein noch keine Versäumung des Termins. 8

A. Kein Verhandeln. Die Versäumung tritt erst dann ein, wenn die Partei vom Verhandlungsbeginn nach § 137 I bis zu demjenigen Zeitpunkt nicht verhandelt, in dem der Vorsitzende entgegen dem etwas unklaren Wortlaut von II zwar vielleicht noch nicht den Termin, wohl aber die Verhandlung dieser Sache ausdrücklich oder stillschweigend erstmalig oder erneut endgültig schließt, §§ 136 IV Hs 1, 296 a, BGH NJW **93**, 862, KG NJW **87**, 1339, mögen sich auch die Beratung und die Entscheidungsverkündung anschließen. Das gilt auch nach einer Vertagung gemäß § 227 oder nach einer Wiedereröffnung, § 156. Wenn sich im Sitzungssaal ein Kreuz befindet, besteht unter Umständen keine Verhandlungspflicht, BVerfG **35**, 373.

B. Keine Meldung. Wenn sich keine Partei meldet und wenn das Gericht nichts veranlaßt, liegt der Verhandlungsschluß darin, daß der Vorsitzende die Terminsakte beiseitelegt. Er kann sie freilich auch nur vorläufig zurücklegen, um abzuwarten, ob sich noch jemand verspätet, aber immerhin noch an diesem Terminstag meldet und verhandeln möchte. Es ist unerheblich, aus welchem Grund sich die Partei beim Aufruf nicht meldet. Wenn sie den Saal verlassen möchte, bevor eine Verhandlung begonnen hat, sollte sie sich beim Vorsitzenden erkundigen, ob er einverstanden ist. Sie muß sich bei ihm zumindest abmelden, Rn 7. Wegen der kaum noch beachtlichen anwaltlichen Berufsregel, kein Versäumnisurteil zu nehmen, § 337 Rn 10, § 513 Rn 4. 9

C. Sachantrag. Sobald die Partei während des Termins unter einem mindestens stillschweigenden Eingehen auf den Vortrag des Gegners nach § 137 Rn 12 gemäß § 297 Rn 1 einen Sachantrag stellt, ist die 10

Säumnis beendet, § 333 Rn 2, BGH NJW **93**, 862. Die Partei kann die Säumniswirkung nicht durch eine anschließende Erklärung erneut herbeiführen, sie nehme den Sachantrag zurück, Ffm MDR **82**, 153, und auch nicht durch ihren erst nach dem Sachantrag erfolgenden Weggang. Sie muß nach einem Versäumnisurteil Einspruch nach §§ 338 ff einlegen. Sie hat aber auch bei einem sofortigen Einspruch keinen Anspruch auf eine sofortige Verhandlung über ihn, auch nicht beim Einverständnis des noch anwesenden Gegners. Freilich sollte das Gericht dann wenigstens einen Prozeßvergleich sofort protokollieren, Anh § 307. Der Vorsitzende sollte überhaupt möglichst sogleich „weiter"verhandeln lassen, auch nach der Anordnung des Ruhens.

11 **D. Wiedereröffnung.** Nach dem Schluß der Verhandlung besteht auch bei einem etwaigen Anspruch auf eine Wiedereröffnung nach § 156 Rn 6 kein Anspruch auf deren sofortige Durchführung nach § 156 Rn 13. Es besteht dann bis zum Terminschluß nach § 136 IV Hs 2 auch keine Pflicht zur Anwesenheit, sondern nur noch nach § 312 I eine derartige Obliegenheit mit etwaigen Rechtsnachteilen bei einer Nichtbeachtung.

12 **7) Säumnisfolgen, II.** Im Säumnisfall kommen eine Vertagung nach §§ 227, 335 II, 337 in Betracht, ferner ein echtes oder unechtes Versäumnisurteil nach §§ 330 ff, 345, 539, 555, das Ruhen des Verfahrens nach § 251 a oder eine Aktenlageentscheidung nach §§ 251 a, 331 a. Beim nachträglichen Erscheinen des zuvor Säumigen und beim Einverständnis des Prozeßgegners mag das Gericht einen sofortigen Einspruch zum Protokoll entgegennehmen, obwohl es die Verhandlung ja eigentlich schon geschlossen hat, und sogleich zum Einspruch und zur Sache verhandeln lassen. Dasselbe mag nach einer beiderseitigen Säumnis gelten.

13 **8) Verstoß, I, II.** Ohne einen ordnungsgemäßen Aufruf gilt die Partei als nicht geladen. Dann tritt keine Säumnis nach §§ 330 ff ein, BVerfG **42**, 370, LG Hbg NJW **77**, 1459. Soweit das Gericht den Aufruf der Partei im Sitzungsprotokoll beurkundet hatte, gilt § 165. Die Erklärung einer nicht rechtskundigen Partei, der Vorsitzende habe sie trotz ihrer Anwesenheit nicht aufgerufen, bedeutet in der Regel einen Antrag auf eine Berichtigung des Protokolls, BVerfG **42**, 369. Ein Verstoß bleibt unschädlich, soweit der verfrüht begonnene Termin bis zur Terminsstunde andauert, KG NJW **87**, 1339. Dann mag auch ein nochmaliger Aufruf unnötig sein, KG NJW **87**, 1339. Er ist freilich zum Protokoll ratsam.

221 *Fristbeginn.* **Der Lauf einer richterlichen Frist beginnt, sofern nicht bei ihrer Festsetzung ein anderes bestimmt wird, mit der Zustellung des Dokuments, in dem die Frist festgesetzt ist, und, wenn es einer solchen Zustellung nicht bedarf, mit der Verkündung der Frist.**

1 **1) Systematik, §§ 221–227.** Die Vorschriften regeln die Berechnung und sonstige Behandlung gesetzlicher wie richterlicher Fristen, wie sie die ZPO überall verstreut mit ihren unterschiedlichen Längen nennt. Durch die Bezugnahme auf eine Zustellung nach §§ 166 ff und auf eine Verkündung nach §§ 311, 329 I 1 erreicht § 221 eine gesetzestechnisch übliche Konzentration. Ergänzend gilt § 218. Für den nach §§ 361, 362 verordneten Richter stellt § 229 die Anwendbarkeit der §§ 221–227 klar.

2 **2) Regelungszweck, §§ 221–227.** Der Gesamtregelung ist bei allen Besonderheiten das Bestreben gemeinsam, bei der etwa verbleibenden richterlichen Neu- oder Erstbemessung die Anforderungen der Prozeßförderung und Prozeßwirtschaftlichkeit nach Grdz 12, 14 vor § 128 mit den Prinzipien der Rechtssicherheit zu verbinden, Einl III 43, insbesondere auch mit demjenigen des rechtlichen Gehörs, Einl III 16. In diesem Sinn sollte man alle diese Vorschriften auslegen.

Genauigkeit der Fristbestimmung nach Art und Dauer ist eine selbstverständliche Voraussetzung ihrer Wirksamkeit mit allen daraus evtl folgenden Vor- oder Nachteilen. Eine Angemessenheit der Fristlänge hat dieselbe Bedeutung. Insofern regelt § 221 nur eine der Voraussetzungen. Auch §§ 222–227 enthalten in Wahrheit nur Teile derjenigen Gesichtspunkte, die das Gericht bedenken muß, um keinen solchen Verfahrensfehler zu begehen, der zur Zurückverweisung führen könnte.

3 **3) Geltungsbereich, §§ 221–227.** Vgl Üb 3 vor § 214. Im FamFG-Verfahren beginnt die Frist mangels einer anderen Bestimmung mit ihrer Bekanntgabe, §§ 15, 16 I FamFG. Die Vorschrift gilt auch im WEG-Verfahren. Sie ist im Insolvenzverfahren anwendbar, BVerfG NJW **88**, 1774. Auf die Frist zum Widerruf eines Prozeßvergleichs nach Anh § 307 Rn 10 ist § 221 unanwendbar, Schlesw RR **87**, 1022.

4 **4) Fristbeginn.** Über den Begriff der gesetzlichen und der richterlichen Frist Üb 10 vor § 214. Eine gesetzliche Frist beginnt nach der jeweiligen gesetzlichen Vorschrift. Eine richterliche Frist beginnt entweder nach der Anordnung, die das Gericht bei der Fristsetzung getroffen hat, oder mit der Zustellung der Fristanordnung, Rn 5, oder hilfsweise im Zeitpunkt der Verkündung, soweit eine Zustellung nach § 329 I nicht erforderlich ist oder nicht wirksam erfolgte, § 189, BVerfG NJW **88**, 1774 (zum alten Recht), KG MDR **04**, 770. Das gilt auch bei einer Abwesenheit der Partei, § 312 I 2, KG MDR **04**, 770. Das gilt auch bei einer Zustellungswiederholung mit einer erst jetzt falschen Belehrung, BGH RR **06**, 564. Darin liegt ein insbesondere von manchem Anwalt gefährlich verkanntes Risiko, § 85 II. Er muß damit rechnen, daß in der „am Schluß der Sitzung" verkündeten Entscheidung eine richterliche Frist steht, die nicht etwa erst mit der Übermittlung der Entscheidung oder gar des Protokolls zu laufen beginnt, KG MDR **04**, 770. Deshalb gehört es zur Anwaltspflicht und zur ratsamen Gewohnheit, sich zumindest am Folgemorgen intensiv nach dem Ergebnis eines angekündigten Verkündungstermins zu erkundigen, besser noch: einen Mitarbeiter am Vortag zum Verkündungstermin zu schicken, § 218 Rn 2, 4, und sein Ergebnis sofort in der Handakte zu vermerken. Ein Zuwarten auf ein obendrein vielleicht gar nicht in einer Ablichtung oder Abschrift beantragtes Protokoll kann nach § 85 II verfänglich sein. Das gilt selbst bei einer lokalen Übung der Protokollübersendung von Amts wegen.

5 *§ 167 ist unanwendbar.* Das gilt auch dann, wenn beide Parteien abwesend sind. Soweit das Gericht eine nicht verkündete Verfügung oder einen Beschluß nach § 329 II 2 zustellen muß, zB bei §§ 273 II Z 1, 275

I 1, III, IV, 276 I 2, III, beginnt die richterliche Frist für jede Partei mit der sie betreffenden Zustellung. Die Frist für den Streithelfer nach § 66 beginnt allerdings mit derjenigen für die Hauptpartei, BGH NJW **86**, 257.

222 *Fristberechnung.* **I Für die Berechnung der Fristen gelten die Vorschriften des Bürgerlichen Gesetzbuchs.**

II Fällt das Ende einer Frist auf einen Sonntag, einen allgemeinen Feiertag oder einen Sonnabend, so endet die Frist mit Ablauf des nächsten Werktages.

III Bei der Berechnung einer Frist, die nach Stunden bestimmt ist, werden Sonntage, allgemeine Feiertage und Sonnabende nicht mitgerechnet.

Schrifttum: Vgl vor Üb 1 vor § 214.

Gliederung

1) Systematik, Regelungszweck, I–III. Vgl § 221 Rn 1, 2. 1

2) Geltungsbereich, I–III. § 222 gilt für sämtliche prozessualen Fristen nach Üb 9–11 vor § 214. Das 2
gilt auch für eine verlängerte Frist, an sich auch für die uneigentliche Frist (Ausnahmen bei den Fünfmonatsfristen der §§ [jetzt] 517, 548, BAG NJW **00**, 2835), ferner für die Ausschlußfrist nach Üb 11 vor § 214. § 222 gilt aber nicht für eine nur mittelbar „bestimmbare" Zeitspanne, aM Saarbr OLGZ **80**, 39 (behandelt eine unverzüglich notwendige Handlung als eine befristete. Aber Unverzüglichkeit bedeutet nach § 121 I 1 BGB etwas anderes als eine zeitlich feste Befristung). Hierher zählt auch § 721 III 2, LG Mü WoM **80**, 247. Bei der Ladungs- und Einlassungsfrist nach §§ 217, 274 III darf man den Tag der Zustellung und denjenigen des Termins nicht einrechnen. Die Widerrufsfrist in einem Prozeßvergleich nach Anh § 307 Rn 13 ist keine prozessuale Frist. Auf diese Fälle ist § 222 und auch § 193 BGB an sich unanwendbar, weil der Widerruf eine Parteiprozeßhandlung ist, Grdz 47 vor § 128. Gleichwohl kann man die Regeln des § 222 im Ergebnis auch beim Prozeßvergleich anwenden, Anh § 307, BGH MDR **79**, 49, Mü NJW **75**, 933, Schneider MDR **99**, 595, aM ZöStö § 794 Rn 10 (aber man sollte prozeßwirtschaftlich vorgehen, Grdz 14 vor § 128). Wegen der Sommerzeit § 3 ZeitG nebst der jeweiligen VO. Für den nach §§ 361, 362 verordneten Richter stellt § 229 die Anwendbarkeit des § 222 klar. Im FamFG-Verfahren ist § 222 entsprechend anwendbar, § 16 II FamFG.

3) Berechnung, I. Eine prozessuale Frist läßt sich grundsätzlich nicht nach unbestimmten Rechtsbegrif- 3
fen wie „umgehend" berechnen, sondern nur nach dem BGB, OVG Kblz NJW **93**, 2457. Das gibt aber nur Auslegungsregeln, § 186 BGB. Es läßt also den Nachweis eines abweichenden Willens bei einer richterlichen oder bei einer vereinbarten Frist zu. Bei einer richterlichen Frist darf die Partei nicht durch eine Unklarheit leiden.

Zu § 187 BGB: Dieser Fall liegt zB bei einer Zustellung vor. Der Anfangstag rechnet auch dann nicht mit, § 187 I BGB, BVerfG **61**, 41, wenn die Frist „mit einem Tag" beginnt, wie bei § 234 II. Der Tag rechnet mit: Wenn der Beginn des Tages entscheidet, § 187 II BGB, zB bei einer Regelung „ab" oder „seit" einem Tag; beim Geburtstag, § 187 II BGB; bei einer Stundenfrist. Man muß sie stets von Stunde zu Stunde und nach vollen Stunden berechnen. Vgl freilich Rn 7.

Zu § 188 BGB: Ein Ablauf der Frist am letzten Tag berechtigt grundsätzlich zum Handeln bis Mitter- 4
nacht, § 233 Rn 19 „Gericht" und Rn 44 „Telefax". Bei einer Zwischenfrist, etwa bei der Ladungsfrist, ist der letzte Tag derjenige vor dem Termin. Darum ist eine dreitägige Frist dann, wenn der Termin am Montag ansteht, nur bei einer Zustellung spätestens am vorangegangenen Dienstag gewahrt, II. Die Bezeichnung „acht Tage" muß man auslegen. Regelmäßig ist eine Woche gemeint. Wenn eine Urteilszustellung am 28. Februar oder in einem Schaltjahr am 29. Februar erfolgt, endet die Berufungsfrist bereits mit dem Ablauf des 28. oder 29. März, also nicht erst des 31. März, BGH NJW **85**, 496, ThP 7, aM Celle OLGZ **79**, 360. Wenn die Berufungsbegründungsfrist am 28. Februar oder in einem Schaltjahr am 29. Februar abläuft und wenn der Vorsitzende sie rechtzeitig „um einen Monat" verlängert, läuft die Verlängerungsfrist aber erst am 31. März um 24 Uhr ab, KG VersR **81**, 1057.

4) Sonntag usw, II. Die Vorschrift erweitert den nur für Willenserklärungen und Leistungen geltenden 5
§ 193 BGB, LG Hbg WoM **93**, 470 (Besonderheit nach dem Hbg AGBGB wegen einer Räumung), auf alle prozessualen Fristen. II gilt also auch dann, wenn der Vorsitzende die Berufungsfrist oder die Frist zur Begründung der Revision irrtümlich bis zu einem Feiertag, Sonntag oder Sonnabend verlängert hat, BVerfG Rpfleger **82**, 478. II ist auf fast alle Arten von Fristen anwendbar, die für die gerichtliche Geltendmachung eines Anspruchs laufen, also auch auf eine Anschlußfrist zur Beschreitung des Rechtswegs oder auf eine Insolvenzanfechtung, nicht jedoch auf den Widerruf eines Prozeßvergleichs und nicht auf den Anfang zB der Berufungsfrist. In der Zwangsvollstreckung gilt § 758a IV 1.

Das Fristende mag dort auf einen Sonnabend, Sonntag oder dort geltenden allgemeinen Feiertag fallen, 6
§ 758a Rn 17, wo die Partei ihre Prozeßhandlung vornehmen muß, BAG DB **97**, 988, VGH Ffm NJW **04**, 3795, OVG Ffo NVwZ **05**, 605. Das gilt unabhängig vom Kanzleiort des ProzBev, OVG Ffm NJW **04**, 3795. Dann läuft die Frist erst mit dem Ablauf des *folgenden Werktags* ab, BGH BB **07**, 2258, VGH Mannh NJW **87**, 1353, und beginnt die etwaige Verlängerung am darauf folgenden Tag, § 224 III, BGH NJW **06**, 700. Bei einer Zwischenfrist nach Üb 10 vor § 214 fällt das Ende auf den dem Termin vorangehenden Tag, § 217 Rn 1. Die

Nichtbeachtung dieser Vorschriften ist eine Verletzung des rechtlichen Gehörs, Art 103 I GG, wenn das Gericht einen solchen Schriftsatz nicht mehr berücksichtigt hat, der an dem auf den Feiertag folgenden Tag einging, BVerfG NJW **65**, 579.

Es ist unerheblich, ob die Partei eine Handlung an einem Sonntag usw vornehmen durfte. Für den *Fristbeginn* ist II außer bei einer Stundenfrist unerheblich, BGH FamRZ **97**, 415, LG Aachen WoM **04**, 32. Ein Werktag mit einem Sonntagsdienst laut einer behördlichen Vorschrift ist kein allgemeiner Feiertag, § 758 a Rn 14, VGH Mannh NJW **87**, 1353 (Silvester), ebensowenig der 24. Dezember als solcher, OVG Hbg NJW **93**, 1941. Der Rosenmontag ist nicht einmal in Köln ein gesetzlicher Feiertag, BPatG GRUR **78**, 711, VGH Mannh NJW **87**, 1353.

7 **5) Stundenfrist, III.** Vgl Rn 3. Bei einer Stundenfrist darf man einen Sonnabend, einen Sonntag oder einen allgemeinen Feiertag nach § 758 a Rn 14 nicht mitrechnen. Die Frist beginnt also mit dem Beginn des nächsten Werktags. Wenn die Frist vor einem Sonnabend oder einem Feiertag begonnen hat, unterbricht dieser Tag die Frist. Man darf ihn nicht mitrechnen. Vielmehr darf man die nächsten Stunden der restlichen Frist erst vom Beginn des nächsten Werktags an weiterzählen. Die am Anfang angebrochene Stunde rechnet nicht mit. Die Frist endet mit dem Ablauf der letzten Stunde. Dabei darf man nur volle Stunden zählen.

223 (weggefallen)

224 *Fristkürzung; Fristverlängerung.*

I [1] **Durch Vereinbarung der Parteien können Fristen, mit Ausnahme der Notfristen, abgekürzt werden.** [2] **Notfristen sind nur diejenigen Fristen, die in diesem Gesetz als solche bezeichnet sind.**

II Auf Antrag können richterliche und gesetzliche Fristen abgekürzt oder verlängert werden, wenn erhebliche Gründe glaubhaft gemacht sind, gesetzliche Fristen jedoch nur in den besonders bestimmten Fällen.

III Im Falle der Verlängerung wird die neue Frist von dem Ablauf der vorigen Frist an berechnet, wenn nicht im einzelnen Fall ein anderes bestimmt ist.

Gliederung

1 **1) Systematik, I–III.** Vgl § 221 Rn 1. Die vom Gesetz zugelassene Abkürzungsmöglichkeit ist praktisch bedeutungslos. Ergänzend und teilweise vorrangig gelten §§ 225, 226.

2 **2) Regelungszweck, I–III.** § 224 entzieht den Parteien in einer Einschränkung der Parteiherrschaft nach Grdz 18 vor § 128 weitgehend die Herrschaft über die Fristen. Das liegt im Interesse der Prozeßförderung und Prozeßwirtschaftlichkeit, Grdz 12, 14 vor § 128. § 224 räumt dem Richter ein stets pflichtgemäß auszuübendes Ermessen ein. Seine Handhabung erfordert eine Beachtung des vorgenannten Regelungszwecks und im übrigen viel Fingerspitzengefühl.

Überlastung und daraus folgende derzeitige Unsicherheit in der vorläufigen Beurteilung der Rechtslage sind vielfach in Wahrheit mitbestimmend für eine Fristgewährung oder -verlängerung. Sie erfolgt nur vordergründig auch zwecks rechtlichen Gehörs. Man schafft sich erst einmal Luft. Nun sollte sich das Gericht niemals zu einer mangelhaft durchdachten Entscheidung gedrängt fühlen. Nur recht selten geht es um Minuten. Andererseits ist die weite Ermessensfreiheit zum Wann auch eine Verführung zum Später. Nicht ganz selten ist sie auch die Folge der Unterlassung eines ganz am Prozeßanfang stehenden ersten „Kopfgutachtens" und einer sich aus einer solchen Unterlassung entwickelten Umständlichkeit von der Wahl der Verfahrensart über die Handhabung der voraussichtlichen Terminsdauer bis zur Unsicherheit in der Einschätzung einer eigentlich schon vorher erkennbar gewesenen Prozeßentwicklung.

Unvorhersehbare Entwicklung des Parteivortrags oder der Beweisaufnahme können natürlich genauso eine Ursache für eine Umplanung und daher für weitere Fristen usw werden. Dergleichen kann die sorgfältigste Gerichtsplanung durcheinanderbringen. Das ändert aber nichts an der Erkenntnis, daß eine solche besonders anfängliche Sorgfalt sehr oft weitaus weniger Mühe und Zeit kostet.

3 **3) Geltungsbereich, I–III.** Die Vorschrift gilt grundsätzlich für alle Fristarten, Üb 9–11 vor § 214. Sie bezieht sich allerdings ausnahmsweise nicht auf eine uneigentliche Frist, Üb 11 vor § 214, LAG MDR **90**, 187. Die Parteien können die Widerrufsfrist in einem Prozeßvergleich frei vereinbaren, Anh § 307 Rn 13, BGH **61**, 398, Hamm FamRZ **88**, 535. Freilich bedarf sie der Protokollierung, Anh § 307 Rn 21, 42. Vgl auch § 222 Rn 2. Ihre Änderung kann nur vor ihrem Ablauf erfolgen, Hamm FamRZ **88**, 535. Da die Parteien eine Frist nicht verlängern können, muß das Gericht den Fristablauf von Amts wegen beachten, Grdz 39 vor § 128. Für den nach §§ 361, 362 verordneten Richter stellt § 229 die Anwendbarkeit des § 224 klar. Im FamFG-Verfahren ist stets II, III entsprechend anwendbar, § 16 II FamFG, I auch im Bereich des § 113 I 2 FamFG.

4) Vereinbarte Fristabkürzung, I 1, 2. Die Parteien können durch eine Vereinbarung jede gesetzliche oder richterliche Frist abkürzen, außer einer Notfrist nach I 2. Bei dieser Vereinbarung handelt es sich um eine Parteiprozeßhandlung, Grdz 47 vor § 128. Sie kann auch stillschweigend erfolgen. Soweit sie außergerichtlich erfolgt, besteht für sie kein Anwaltszwang. Die Parteien brauchen sie dem Gericht nicht mitzuteilen. Ein Anwaltszwang besteht gerichtlich wie sonst nach § 78. 4

5) Begriff der Notfrist, I 1, 2. Notfrist ist nur eine solche Frist, die „dieses" Gesetz ausdrücklich als Notfrist bezeichnet, zB: §§ 104 III 2, 107 III, 269 II 4, 276 I 1, 321 a II 2, 339 I, II, 340 III 1, 2, dort Rn 10, 11, ferner zB §§ 517, 544 I 2, 548, 566 II 2, 569 I, 573 I 1, 574 IV 1, 575, 586 I, 1065 I. Damit ist allerdings nicht nur die ZPO gemeint, Nürnb AnwBl **81**, 499. Notfristen setzen zB auch: §§ 59, 72 a, 76, 92 a, 94 I, 96 a, 110 III ArbGG; § 210 III BEG; §§ 30 a, b I, 180 II, III ZVG; § 111 GenG. 5

Zu den Notfristen gehören aber nicht: Die Antragsfrist nach § 227 III 1; die Einspruchsbegründungsfrist nach § 340 III; die Rechtsmittelbegründungsfrist nach §§ 520 II 1, 551 II 2; die Frist für den Antrag auf eine Wiedereinsetzung in den vorigen Stand nach § 234, wenn er die Versäumung der Berufungsfrist betrifft; die Klagefrist des (jetzt) § 558 b II, III 2 BGB, AG Köln WoM **81**, 113, AG Osnabr ZMR **76**, 158; die Vergleichs-Widerrufsfrist, Rn 3.

Unabhängig von der Frage, ob es sich um eine Notfrist handelt, läuft jede Frist auch in einer *Sommersache* nach § 227 III 2 weiter.

6) Auswirkungen der Notfrist, I 1, 2. Eine Notfrist hat die folgenden Besonderheiten. 6

A. Friständerung. Eine Notfrist duldet keine Verkürzung oder Verlängerung, auch nicht durch eine Parteivereinbarung. Sie gilt aber als gewahrt, wenn die Partei den Schriftsatz zur Zustellung beim Gericht innerhalb der Frist einreicht und wenn das Gericht die Zustellung demnächst vornimmt, § 167, ferner § 495.

B. Wiedereinsetzung. Eine Notfrist läßt im Fall einer unverschuldeten Versäumung grundsätzlich eine Wiedereinsetzung in den vorigen Stand nach § 233 zu.

C. Ruhen des Verfahrens. Eine Notfrist läuft trotz eines etwaigen Ruhens des Verfahrens nach § 251 weiter.

D. Zustellung. Eine Notfrist läßt sich durch einen Zugang trotz einer mangelhaften Zustellung heilen, § 189.

E. Sonstiges. Eine Prüfung der Einhaltung der Frist von Amts wegen ist keine Eigenheit der Notfrist. Denn die Partei kann keine gesetzliche oder richterliche Frist verlängern.

7) Gerichtliche Friständerung, II. Man muß zwei Fristarten unterscheiden. 7

A. Richterliche Frist. Das Gericht kann eine richterliche Frist nach Üb 10 vor § 214 auf Grund eines Antrags einer Partei im Verfahren nach § 225 einmalig oder wiederholt abkürzen oder verlängern, wenn die Partei dafür einen erheblichen Grund glaubhaft macht, etwa eine Behinderung im Sinn des BBG. Das kann für einen anderen Zeitraum geschehen als beantragt, BGH VersR **94**, 622. Die Partei kann den Antrag vor oder nach dem Fristbeginn stellen. Vor Gericht besteht ein Anwaltszwang wie sonst, § 78 Rn 1, BGH **93**, 303. Zu seiner Vermeidung kommt auch ein Antrag der schon anwaltlich vertretenen Gegners für den noch nicht anwaltlich Vertretenen in Betracht, Klaes/Schöne ProzRB **03**, 226. Rechtsmißbrauch ist aber auch hier unstatthaft, Einl III 54. Die Verlängerung einer Rechtsmittelbegründungsfrist erfordert die Schriftform, BGH NJW **85**, 1559. Der Antrag muß vor dem Fristablauf wirksam sein, BGH **83**, 217, Kblz NJW **89**, 987. Die Entscheidung kann unter dieser Voraussetzung auch nach dem Fristablauf erfolgen, BVerfG MDR **80**, 117, BGH **83**, 217.

Die *Glaubhaftmachung* muß nicht unbedingt nach § 294 erfolgen. Das Gericht muß im Rahmen seines pflichtgemäßen Ermessens die Interessen beider Parteien würdigen. Eine bloße Parteivereinbarung reicht entsprechend § 227 I Z 3 kaum aus. Ebensowenig reicht eine sehr späte, obendrein wiederholte Verlängerungsbitte. Im Anwaltsprozeß nach § 78 Rn 1 darf und sollte das Gericht einen normalen Kanzleibetrieb des Anwalts berücksichtigen, BAG NJW **95**, 150 (Vielzahl von Fristabläufen), Liesching NJW **03**, 1224. Es darf aber keine Verzögerungs- oder Störversuche durchgehen lassen, Mü MDR **80**, 148.

Ausreichend ist zB eine grundlose Kündigung des ProzBev, BGH DB **78**, 1174. *Nicht* ausreichend sind zB eine verspätete Beauftragung des ProzBev, Schlesw SchlHA **78**, 117, oder die Ablehnung der Herausgabe der Akten an den Anwalt in seine Kanzleiräume, Düss MDR **87**, 769, oder eine vermeidbar späte Ermittlung einer Zeugenanschrift, die nun nicht mehr stimmt. Vgl aber auch § 225 Rn 8 und § 299 Rn 1, 2. Soweit keine Abkürzung oder Verlängerung in Betracht kommt oder diese Möglichkeit ernstlich zweifelhaft ist, kommt auch keine Anregung zu einem entsprechenden Antrag in Betracht. Wenn das Gericht eine Frist über den Antrag hinaus erstreckt oder ohne erhebliche Gründe verlängert, bleibt diese Frist auch insofern wirksam. 8

B. Gesetzliche Frist. Sie läßt eine Abkürzung oder eine Verlängerung nur dann zu, wenn das Gesetz diese Möglichkeit besonders vorsieht, etwa in §§ 134 II, 226 I, 520 II 2, 3, 551 II 4, 5, 566 VIII 1, nicht in anderen Fällen, also zB nicht bei § 206 II, bei § 234 I, BGH VersR **80**, 582, bei §§ 878, 903, 914. Bei einer Notfrist nach I 2 entfällt eine solche Möglichkeit an sich ganz, BVerfG **36**, 299. Eine Ausnahme gilt bei § 340 III 2, dort Rn 12. Eine erstmalige Verlängerung insbesondere der Berufungsbegründungsfrist ist fast selbstverständlich, auch ohne eine besondere Begünstigung, § 233 Rn 109. Wegen einer Verlängerung nach dem Fristablauf 520 Rn 9. Eine förmliche Zustellung vor dem Fristablauf ist entbehrlich. Denn der Verlängerungsbeschluß setzt keine Frist in Lauf, § 329 II. Er bestimmt nur den Endpunkt der laufenden Frist anders. Eine Mitteilung an den Gegner ist zur Wirksamkeit unnötig. II gilt auch für eine Rechtsbeschwerde vor dem Arbeitsgericht, BAG MDR **75**, 347. 9

8) Berechnung der neuen Frist, III. Entsprechend dem § 190 BGB bestimmt III, daß man bei einer Verlängerung die neue Frist mangels einer abweichenden Vorschrift vom Ablauf der alten Frist an berechnen muß. Wenn also der letzte Tag der alten Frist auf einen Sonntag oder auf einen allgemeinen Feiertag fällt, 10 beginnt die neue Frist erst um 0 Uhr des übernächsten Werktags zu laufen, BGH NJW **06**, 700, ZöStö 10, aM Rostock NJW **03**, 3141 (aber der Wortlaut und Sinn von III sind auch heute noch eindeutig, Einl III 39).

225 *Verfahren bei Friständerung.* **I Über das Gesuch um Abkürzung oder Verlängerung einer Frist kann ohne mündliche Verhandlung entschieden werden.**

II Die Abkürzung oder wiederholte Verlängerung darf nur nach Anhörung des Gegners bewilligt werden.

III Eine Anfechtung des Beschlusses, durch den das Gesuch um Verlängerung einer Frist zurückgewiesen ist, findet nicht statt.

Gliederung

1 **1) Systematik, I–III.** Vgl zunächst § 221 Rn 1. Die Vorschrift ergänzt § 224. Für den nach §§ 361, 362 verordneten Richter stellt § 229 die Anwendbarkeit des § 225 klar.

2 **2) Regelungszweck, I–III.** Vgl zunächst § 221 Rn 2, § 224 Rn 2. Das Friständerungsverfahren dient als ein nur theoretisch bloßer Nebenschauplatz in Wahrheit den unterschiedlichen Interessen bald der einen, bald der anderen Partei. Das Gericht muß sowohl das Prozeßgrundrecht des rechtlichen Gehörs nach Einl III 16 als auch die gerade hier wichtigen Grundsätze der Prozeßförderung und Prozeßwirtschaftlichkeit nach Grdz 12, 14 vor § 128 beachten.

Zurückhaltung vor wiederholter Verlängerung ist insbesondere bei einer letzthin nur floskelhaften Begründung des Antrags ratsam. Alle Tüchtigen sind stets überlastet. Die Großzügigkeit gegenüber der einen Partei zwingt dann auch rechtlich fast zu derselben Nachsicht gegenüber ihrem Gegner, der sie prompt fordert. Solange das Gericht nicht auch selbst solche Ansprüche an das Zuwarten der Parteien auf den Prozeßfortgang stellt, sollte es nicht so fast automatisch eine Fristverlängerung insbesondere zum wiederholten Mal gewähren. Auch die gern zur Begründung herangezogenen Vergleichschancen steigen erfahrungsgemäß in Wahrheit mindestens ebenso, wenn es eben keine erste oder gar weitere Fristverlängerung gibt.

3 **3) Geltungsbereich, I, II.** Vgl § 221 Rn 3. Im FamFG-Verfahren ist § 225 entsprechend anwendbar, § 16 II FamFG.

4 **4) Verfahren, I, II.** Die Entscheidung über die Abkürzung oder Verlängerung einer Frist erfolgt nur auf Grund eines mündlichen oder schriftlichen Antrags. Eine telefonische Bitte reicht nicht, BGH NJW **85**, 1559. Ein Formfehler heilt durch eine stattgebende Entscheidung, BGH RR **98**, 1155. Dem Richter, Rpfl, Urkundsbeamten zB bei § 697 I bleibt eine mündliche Verhandlung frei, § 128 IV. Ein Anwaltszwang besteht wie sonst, § 78 Rn 1, BGH NJW **85**, 1559. Der Prozeßgegner ist ebenfalls antragsberechtigt, § 224 Rn 7. Die Nichtbeachtung der bloßen Ankündigung der Partei, sie werde eine Frist überschreiten müssen, ist jedenfalls dann kein Verfahrensmangel, wenn das Gericht die Frist großzügig bemessen hatte, Köln VersR **83**, 252. Zuständig ist das Kollegium bei einem Beschluß, der Vorsitzende bei einer ihm übertragenen Verfügung, das Kollegium stets bei der Entscheidung über die Änderung einer von ihm selbst gesetzten Frist, BGH NJW **83**, 2030.

Kein Sachaufschub bis zur Fristentscheidung ist ein erhebliches, oft unterschätztes Risiko. Das Gericht mag erst in der Sachentscheidung mitteilen wollen, weshalb es keine Fristverlängerung gewährt hat. Dann kann es aber für den Antragsteller zu spät geworden sein, etwa nach einem Zweiten Versäumnisurteil nach § 345. Ein obendrein etwa bedingtes Ablehnungsgesuch wäre meist rechtsmißbräuchlich, § 42 Rn 7. Denn andernfalls könnte die Partei die vom Gegner erhoffte Sachentscheidung mit jedem Verlängerungsantrag zumindest vorerst unterlaufen und sogar einen noch überfälligen Vortrag einseitig nachschieben, § 283 S 2. Das alles macht eine sorgfältige Begründung des Verlängerungsantrags dringend ratsam und läßt eine so baldige Entscheidung fast notwendig werden, daß sich der Antragsteller noch fristgerecht auf sie einstellen kann, BGH VersR **82**, 1192.

5 **5) Gehör des Gegners, II.** Das Gericht muß den Antragsgegner anhören, Artt 2 I, 20 III GG (Rpfl), BVerfG **101**, 404, Art 103 I GG (Richter), bevor das Gericht eine Frist wiederholt verlängert und bevor es irgendeine Frist abkürzt. Eine Ausnahme gilt nach § 226 III. Das Revisionsgericht muß den Antragsgegner auch dann hören, wenn es eine Revisionsbegründungsfrist wiederholt verlängern will, § 551 II 4, 5. Denn eine solche Verzögerung läuft meist dem Geist des Gesetzes zuwider. Die Anhörung erfolgt schriftlich oder mündlich, auch telefonisch oder elektronisch nach § 130a usw. Ein Verstoß macht die Entscheidung des Gerichts nicht unwirksam, BAG VersR **79**, 948. II gibt dem Richter nur eine Verhaltensregel. Sie läßt sich nicht einmal immer einhalten.

Eine *Zustimmung* des Gegners ist nach II aber gerade *nicht* notwendig, BVerfG NJW **00**, 944.

6 **6) Entscheidung, I, II.** Sie muß zwecks Rechtssicherheit nach Einl III 43 stets ausdrücklich erfolgen, Köln JMBlNRW **84**, 131. Sie enthält bei einer Stattgabe zwei in der Wirksamkeit gesondert zu prüfende Maßnahmen: die Aufhebung der bisherigen Frist und die Bestimmung einer neuen, BGH RR **87**, 1277. Mangels einer klaren Neufrist in der dem Antragsteller mitgeteilten Fassung gilt nur die Aufhebung der Erstfrist, BGH MDR **87**, 651. Das Gericht entscheidet nach seinem pflichtgemäßen Ermessen durch einen

Beschluß, § 329. Dieser liegt nicht schon darin, daß das Gericht eine Ankündigung der Partei entgegennimmt, sie werde eine Frist überschreiten müssen, Köln VersR **83**, 252. Eine „Verfügung" muß an sich schriftlich erfolgen, BGH NJW **85**, 1559. Der Vertrauensschutz fordert freilich die Wirksamkeit auch einer mündlichen Verfügung bei einer ordnungsgemäß erfolgten Verlängerung der Rechtsmittelbegründungsfrist, BGH **93**, 300. Man darf und muß eine Verfügung meist in einen Beschluß umdeuten, BGH VersR **80**, 772. Das Gericht muß seine Entscheidung voll unterschreiben, BGH **76**, 236, Schneider MDR **82**, 818. Es muß sie grundsätzlich begründen, § 329 Rn 4. Es muß sie verkünden, § 329 I 1, oder wie folgt mitteilen.

Das Gericht muß seinen Beschluß dem Gegner bei einer Abkürzung *zustellen*. Denn jetzt läuft eine andere Frist, § 329 II 2. Andernfalls erhält der Antragsgegner eine formlose Mitteilung, BGH NJW **90**, 1798, auch telefonisch. Die Hinausgabe an die Post kann genügen. Dem Antragsteller stellt das Gericht einen ablehnenden Beschluß wegen Rn 6 förmlich zu, § 329 III Hs 2. Eine stattgebende Entscheidung läßt sich formlos mitteilen. Denn sie setzt keine neue Frist in Lauf, § 224 Rn 9, BGH NJW **94**, 2365, Müller NJW **90**, 1778. Ist die neue Frist nicht oder nicht in der mitgeteilten Ausfertigung vorhanden, besteht eine Bindung nur an die Aufhebung der alten, BGH RR **87**, 1277.

7) Rechtsbehelfe, III. Beim Rpfl gilt § 11 RPflG, § 104 Rn 41 ff. Im übrigen gilt folgendes. 7

A. Gegen Abkürzung. Soweit das Gericht eine Abkürzung ablehnt, ist beim Urkundsbeamten die befristete Erinnerung nach § 573 I und beim Richter eine sofortige Beschwerde nach § 567 I Z 2 statthaft. Das gilt auch dann, wenn das Gericht seine Entscheidung irrtümlich als eine Verfügung bezeichnet hat, BGH VersR **80**, 772. Eine Rechtsbeschwerde kommt unter den Voraussetzungen des § 574 in Betracht. Soweit das Gericht eine Frist abkürzt, ist die Anfechtung des Beschlusses nur zusammen mit dem Urteil statthaft. Das gilt selbst dann, wenn das Gericht den Antragsgegner nicht angehört hatte.

B. Gegen Verlängerung. Soweit das Gericht eine Fristverlängerung ablehnt, ist kein Rechtsbehelf 8
statthaft, BGH VersR **85**, 865. Das ist verfassungsrechtlich zulässig. Denn es gibt keinen allgemeinen Anspruch auf mehrere Instanzen. Soweit das Gericht eine Frist verlängert, ist ebenfalls kein Rechtsmittel statthaft, BGH **102**, 39 (abl Teubner JR **88**, 281). Es ist dann nur die Dienstaufsichtsbeschwerde denkbar, BAG VersR **79**, 948. Sie setzt voraus, daß das Gericht seinen richterlichen Ermessensspielraum eindeutig überschritten hat. Das ist erst dann so, wenn schlechthin keine sachlichen Gründe für eine Fristverlängerung mehr erkennbar sind. Die Dienstaufsicht sollte Zurückhaltung üben. Eine Überprüfung durch das Revisionsgericht findet nicht statt, BGH **102**, 39 (abl Teubner JR **88**, 281). Eine Ablehnung nur wegen des Fehlens einer von II ja gar nicht verlangten Zustimmung des Gegners kann aber gegen Artt 2 I, 20 III GG verstoßen, BVerfG NJW **00**, 944.

C. Entscheidung zur Hauptsache ohne Bescheidung des Verlängerungsantrags. Dann liegt ein 9
Verstoß gegen Artt 2 I, 20 III GG (Rpfl), BVerfG **101**, 404, Art 103 I GG (Richter) vor. Er zwingt zur Zurückverweisung, BVerwG NJW **88**, 1280. Er kann auch eine Verfassungsbeschwerde begründen.

226 *Abkürzung von Zwischenfristen.* **[I] Einlassungsfristen, Ladungsfristen sowie diejenigen Fristen, die für die Zustellung vorbereitender Schriftsätze bestimmt sind, können auf Antrag abgekürzt werden.**

[II] Die Abkürzung der Einlassungs- und der Ladungsfristen wird dadurch nicht ausgeschlossen, dass infolge der Abkürzung die mündliche Verhandlung durch Schriftsätze nicht vorbereitet werden kann.

[III] Der Vorsitzende kann bei Bestimmung des Termins die Abkürzung ohne Anhörung des Gegners und des sonst Beteiligten verfügen; diese Verfügung ist dem Beteiligten abschriftlich mitzuteilen.

1) Systematik, I–III. Vgl zunächst § 221 Rn 1. Die Vorschrift enthält für ihren Geltungsbereich nach 1
Rn 3 eine gegenüber § 224 vorrangige Sonderregelung wegen der besonderen Bedeutung der hier erfaßten Fristarten.

2) Regelungszweck, I–III. Das Gericht darf und muß den besonders in II hervortretenden Zweck einer 2
Verfahrensbeschleunigung beachten. Sie dient gerade der Vermeidung eines zu späten Urteils und daher der Erzielung gerechter Ergebnisse. Freilich darf das Gericht das Prozeßgrundrecht des rechtlichen Gehörs nach Einl III 16 nicht praktisch abschneiden. Das muß es bei der Auslegung unter einer Mitberücksichtigung der heutigen Mitteilungsmöglichkeiten per Telefax usw abwägen. Die praktische Bedeutung der Vorschrift ist gering.

Eilbedürftigkeit liegt viel häufiger vor als manchmal vom Gericht angenommen, vom Eilverfahren abgesehen. Die wirtschaftlichen Folgen so manchen Zivilprozesses können sich durch jede Woche bis zum Urteil verschlimmern. Andererseits schadet eine Hektik manchmal auch im Prozeß beträchtlich. Besser als eine Fristabkürzung ist evtl eine frühere Durcharbeitung des Prozeßstoffs bei allen Beteiligten. Sie kann man eher erwarten, wenn man auf Fristabkürzungen verzichtet.

3) Geltungsbereich, I–III. Vgl zunächst § 221 Rn 3. § 226 meint eine Abkürzung der Einlassungsfrist 3
nach § 274 III, der Ladungsfrist nach §§ 217, 604 oder eine Zwischenfrist nach § 132 unter einer Beibehaltung des Termins. Die Vorschrift erfaßt nicht eine Widerspruchsfrist im Mahnverfahren, § 694 I. Wenn das Gericht auch den Termin aufhebt, ist § 227 anwendbar. Eine Abkürzung ist auch nach einer Terminsbestimmung zulässig, sofern die Zwischenfrist noch nicht läuft. Im Bereich des § 113 I 2 FamFG ist § 226 entsprechend anwendbar.

4) Antrag, I–III. Jede Abkürzung erfordert einen Antrag einer Partei. Das gilt auch im Parteiprozeß. 4
Eine Abkürzung findet also nicht von Amts wegen statt. Eine gleichwohl von Amts wegen erfolgte Abkürzung ist allerdings wirksam. Sie ermöglicht freilich die sofortige Beschwerde nach § 567. Denn sie hat

keinerlei gesetzliche Grundlage. Der Antrag ist schriftlich oder mündlich zulässig. Ein Anwaltszwang besteht wie sonst, § 78 Rn 1. Die Partei muß ihren Antrag begründen. Er ist weit auslegbar. Er kann zB in der Bitte um einen möglichst baldigen Termin liegen (Fallfrage). Der Antragsteller braucht zur Begründung vorgetragenen Tatsachen aber nicht glaubhaft zu machen.

5 **5) Anhörung, I–III.** Das Gericht kann die Frist theoretisch auch dann abkürzen, wenn sich die Partei infolgedessen nicht mehr genügend auf den Termin vorbereiten könnte. Das Gericht muß aber auch in diesem Zusammenhang Artt 2 I, 20 III GG (Rpfl), BVerfG **101**, 404, Art 103 I GG (Richter) beachten, KG NJW **77**, 1017, § 227 Rn 1, 2. Daher kann und sollte es vertagen, wenn durch eine Abkürzung keine ausreichende Terminsvorbereitung mehr möglich würde, § 337.

6 **6) Entscheidung, I–III.** Das Gericht entscheidet grundsätzlich zusammen mit der Bestimmung des Termins nach § 216 durch eine Verfügung des Vorsitzenden oder des Einzelrichters, III. Das Gericht übt dabei ein pflichtgemäßes Ermessen aus. Es muß die Entscheidung grundsätzlich begründen, § 329 Rn 4. Es teilt sie dem Antragsteller beim Stattgeben formlos mit, § 329 II 1. Bei einer Ablehnung erfolgt wegen Rn 6 gegenüber dem Antragsteller eine förmliche Zustellung nach § 329 III Hs 2, dem Gegner gegenüber nach § 168 I 1.

7 **7) Rechtsbehelf, I–III.** Ein stattgebender Beschluß läßt sich grundsätzlich nur zusammen mit dem Urteil anfechten, §§ 512, 557 II, 566 VIII 1. Freilich kann dann ein Verstoß gegen das rechtliche Gehör nach Rn 4 vorliegen. Eine Ausnahme gilt dann, wenn das Gericht die Abkürzung von Amts wegen vorgenommen hat, Rn 3. Gegen einen ablehnenden Beschluß ist die sofortige Beschwerde nach § 567 I Z 2 statthaft. Vgl ferner Rn 3. Eine Rechtsbeschwerde kommt unter den Voraussetzungen des § 574 in Betracht. Beim Rpfl gilt § 11 RPflG, § 104 Rn 41 ff.

227 *Fassung 1. 9. 2009:* ***Terminsänderung.*** **I 1 Aus erheblichen Gründen kann ein Termin aufgehoben oder verlegt sowie eine Verhandlung vertagt werden. 2 Erhebliche Gründe sind insbesondere nicht**

1. das Ausbleiben einer Partei oder die Ankündigung, nicht zu erscheinen, wenn nicht das Gericht dafür hält, dass die Partei ohne ihr Verschulden am Erscheinen verhindert ist;
2. die mangelnde Vorbereitung einer Partei, wenn nicht die Partei dies genügend entschuldigt;
3. das Einvernehmen der Parteien allein.

II Die erheblichen Gründe sind auf Verlangen des Vorsitzenden, für eine Vertagung auf Verlangen des Gerichts glaubhaft zu machen.

III 1 Ein für die Zeit vom 1. Juli bis 31. August bestimmter Termin, mit Ausnahme eines Termins zur Verkündung einer Entscheidung, ist auf Antrag innerhalb einer Woche nach Zugang der Ladung oder Terminsbestimmung zu verlegen. 2 Dies gilt nicht für

1. Arrestsachen oder die eine einstweilige Verfügung oder einstweilige Anordnung betreffenden Sachen,
2. Streitigkeiten wegen Überlassung, Benutzung, Räumung oder Herausgabe von Räumen oder wegen Fortsetzung des Mietverhältnisses über Wohnraum auf Grund der §§ 574 bis 574 b des Bürgerlichen Gesetzbuchs,
3. (aufgehoben)
4. Wechsel- oder Scheckprozesse,
5. Bausachen, wenn über die Fortsetzung eines angefangenen Baues gestritten wird,
6. Streitigkeiten wegen Überlassung oder Herausgabe einer Sache an eine Person, bei der die Sache nicht der Pfändung unterworfen ist,
7. Zwangsvollstreckungsverfahren oder
8. Verfahren der Vollstreckbarerklärung oder zur Vornahme richterlicher Handlungen im Schiedsverfahren;

dabei genügt es, wenn nur einer von mehreren Ansprüchen die Voraussetzungen erfüllt. 3 Wenn das Verfahren besonderer Beschleunigung bedarf, ist dem Verlegungsantrag nicht zu entsprechen.

IV 1 Über die Aufhebung sowie Verlegung eines Termins entscheidet der Vorsitzende ohne mündliche Verhandlung; über die Vertagung einer Verhandlung entscheidet das Gericht. 2 Die Entscheidung ist kurz zu begründen. 3 Sie ist unanfechtbar.

Vorbem. III Z 3 aufgehoben dch Art 29 Z 8 FGG-RG, in Kraft seit 1. 9. 09, Art 112 I Hs 1 FGG-RG, ÜbergangsR Art 111 FGG-RG, Einf 4 vor § 1 FamFG.

Bisherige Fassung III 2 Z 3: **3. Streitigkeiten in Familiensachen,**

Gliederung

1) Systematik, I–IV. Während §§ 224–226 eine Friständerung regeln, erfaßt § 227 eine Terminsänderung. Die Vorschrift entzieht den Parteien in allen Verfahrensarten mit einer notwendigen oder nach § 128 IV freigestellten mündlichen Verhandlung in einer Eingrenzung der Parteiherrschaft nach Grdz 18 vor § 128 die Herrschaft über die Termine. Das gilt in einer nicht zu den Sommersachen nach III 2 zählenden Sache und selbst in einer Sommersache, soweit III 3 vorliegt. § 227 gibt den Parteien andererseits ein Recht auf die Einhaltung eines einmal anberaumten Termins. Wegen Art 103 I GG gibt § 227 den Parteien unter Umständen auch unabhängig von III 1 ein Recht auf eine Terminsänderung, BVerfG MDR **81**, 470 (freilich muß die Partei ihre prozessualen Rechte auch ausschöpfen), BFH NJW **77**, 919, Hamm RR **92**, 121. Für den nach §§ 361, 362 verordneten Richter stellt § 229 die Anwendbarkeit des § 227 klar. I, II bleiben auch neben III anwendbar, Feiber NJW **97**, 162. IV 3 hat den Vorrang vor § 252. 1

2) Regelungszweck, I–IV. § 227 dient unterschiedlichen Zielen. I, II, III 2, 3, IV dienen bei einer zweckmäßigen Handhabung im Interesse der Prozeßwirtschaftlichkeit nach Grdz 14 vor § 128 wirksam der Straffung des Verfahrens. III 1 dient dem Anspruch auf einen ungestörten Urlaub. Dieser Anspruch läßt sich auch aus Artt 1, 2 GG ableiten, begrenzt durch III 3. Auch kann der richtige moderne Gedanke, die Justiz möglichst auch im Dienst des Bürgers zu sehen, zu einer parteien-, zeugen- und anwaltsfreundlichen Beurteilung beitragen. Das muß man bei der Auslegung mitberücksichtigen. Das Gericht darf und muß aber im Rahmen des Hauptziels der Herbeiführung einer gerechten Entscheidung nach Einl III 9, 36 wirksam dazu beitragen, die Verfahrensdauer zu verkürzen. Das gilt auch in einer besonders eilbedürftigen Nicht-Sommersache. Gerade auch zu diesem Zweck soll das Gericht den Prozeß aber in einer absehbaren Zeit abwickeln können, § 296 Rn 2. § 227 ist in diesem Zusammenhang außerordentlich wichtig. Die Vorschrift verlangt allen Prozeßbeteiligten oft ganz erhebliche Anstrengungen ab. Das alles liegt durchaus im Willen des Gesetzgebers. Er hat die Anforderungen der Vorschrift nicht ohne Grund erheblich verschärft. Auch das muß man bei der Auslegung beachten. 2

3) Geltungsbereich, I–IV. Vgl zunächst Üb 3 vor § 214. Die Vorschrift gilt auch im WEG-Verfahren. Im FamFG-Verfahren gelten I, II, IV entsprechend, § 32 I FamFG, nicht aber III, § 113 III FamFG. I ist im Patentnichtigkeitsverfahren entsprechend anwendbar, § 99 PatG, BGH GRUR-RR **04**, 354. III 1 gilt nicht: Im arbeitsgerichtlichen Verfahren. § 46 II 2 ArbGG; im finanzgerichtlichen Verfahren, § 91 IV FGO, Art 33 III JuMiG; im sozialgerichtlichen Verfahren, § 110 III SGG, Art 33 IV JuMiG; im verwaltungsgerichtlichen Verfahren, § 102 IV VwGO, Art 33 II Z 2 JuMiG; in folgenden weiteren Fällen: § 221 I 2 BauGB; § 209 VI BEG; § 20 III 2 G „Hilfswerk für behinderte Kinder"; § 5 II 2 InsO; § 82 I 2 MarkenG; § 99 IV PatG. 3

4) Terminsänderungsarten, I–IV. Es herrscht erhebliche praktische Unsicherheit. 4

A. Terminsaufhebung. Sie ist eine Beseitigung des Termins vor seinem Beginn nach § 220 Rn 5 ohne eine gleichzeitige Bestimmung eines neuen gleichartigen Termins, ThP 1, ZöStö 1, aM Köln Rpfleger **84**, 281 (zustm Weber. Aber man muß auch begrifflich klar abgrenzen). Sie liegt in der Hand des Vorsitzenden, Düss Rpfleger **78**, 271. Er darf sie wegen des zunächst praktisch eintretenden Verfahrensstillstands nur zurückhaltend anordnen. Eine Änderung des Terminszwecks ist eine Aufhebung, Lampe NJW **86**, 1732.

Beispiele: Statt eines Verhandlungstermins beraumt das Gericht nunmehr einen Verkündungstermin nach § 311 IV oder einen Termin zu einer Beweisaufnahme nach § 358 oder einen Beweis- nebst Verhandlungstermin an, § 285. Der Vorsitzende muß in allen diesen Fällen die Zwischenfristen wahren.

Eine bloße Änderung der *Terminsstunde* ist keine Aufhebung. Denn die Terminsstunde ist für die Terminsbestimmung unwesentlich. Natürlich darf das Gericht nicht durch eine Vorverlegung der Terminsstunde das rechtliche Gehör nach Art 103 I GG beeinträchtigen.

B. Terminsverlegung. Sie ist die Bestimmung eines anderen gleichartigen Termins vor dem Beginn des anberaumten Termins nach § 220 Rn 5. Sie liegt in der Hand des Vorsitzenden, Düss Rpfleger **78**, 271. Sie schließt eine Terminsaufhebung ein. Eine Änderung der Terminsstunde ist keine Verlegung, Rn 4. Eine Vorverlegung ist von einer Anhörung des Gegners abhängig, soweit der Vorsitzende eine gesetzliche Zwischenfrist verkürzt, § 225 II. Das bloße Bestehen einer Zwischenfrist zwingt aber nicht zu einer Anhörung des Gegners. 5

C. Terminsvertagung. Sie ist die Bestimmung eines neuen Termins nach dem Beginn des anberaumten Termins nach § 220 Rn 5, BGH Rpfleger **03**, 460, BFH BB **90**, 2252, Düss JB **91**, 686. Sie liegt in der Hand des gesamten erkennenden Gerichts, Düss Rpfleger **78**, 271. 6

Beispiele: Eine Beweisanordnung, § 358; eine Nachfrist, § 283; ein neuer Termin gemäß §§ 278 III, IV.

D. Terminsunterbrechung. Die bloße Unterbrechung der Sitzung ist anders als eine Unterbrechung des ganzen Verfahrens nach §§ 239 ff keine Vertagung, Köln Rpfleger **84**, 281 (zustm Weber). 7

8 **5) Erheblichkeit eines Änderungsgrundes, Glaubhaftmachung, I, II.** Jede Art von Terminsänderung setzt mit Ausnahme der in III 1 genannten Fälle mit ihren besonderen Bedingungen einen erheblichen Grund für diese Maßnahme voraus, BGH VersR **85**, 543. Das Gericht muß sein Vorliegen auf Grund eines Antrags prüfen, Schultz MDR **81**, 525. Für diesen Antrag besteht ein Anwaltszwang wie sonst, § 78 Rn 1. Das Gericht muß einen Änderungsgrund aber auch von Amts wegen prüfen, Grdz 39 vor § 128. Der Antragsteller muß den erheblichen Grund so genau darlegen, daß sich das Gericht daraus ein Urteil über die Erheblichkeit bilden kann, FG Hann NVwZ-RR **05**, 440. Er muß den erheblichen Grund außerdem gemäß II nach § 294 glaubhaft machen, sofern dem Gericht die Richtigkeit des geltend gemachten Grunds zweifelhaft ist, Ffm AnwBl **80**, 152, und sofern bei einer Aufhebung oder einer Verlegung der Vorsitzenden, bei einer Vertagung das gesamte Gericht eine Glaubhaftmachung verlangt. Eine formelhafte Begründung ist unzureichend. Das Gericht muß bei einer Glaubhaftmachung eine kurze Frist setzen, Köln RR **90**, 1343. Floskeln sind keine Glaubhaftmachung.

Nur bei Notwendigkeit einer Änderung liegt ein erheblicher Grund dazu vor. Man muß es also nicht verantworten können, den bisherigen Termin bestehen zu lassen. Die Gerechtigkeit muß eine Terminsänderung fordern. Diese Notwendigkeit muß trotz des Beschleunigungsgebots in § 279 I–III usw bestehen. Die Terminsänderung soll eine wirkliche Ausnahme bleiben. Sie darf weder dem Gericht noch den Parteien noch einem sonstigen Prozeßbeteiligten eine vermeidbare Verzögerung erlauben. Bei der Gerechtigkeitsprüfung darf und muß das Gericht sogar eine gewisse Vorprüfung der Erfolgsaussichten der um eine Vertagung bittenden Partei vornehmen.

In diesen Grenzen hat das Gericht ein *pflichtgemäßes Ermessen,* BVerwG NJW **92**, 2042, BayObLG MDR **86**, 416, Brdb RR **99**, 1292. Es ist weitgespannt. Das Gericht muß dabei Artt 2 I, 20 III GG (Rpfl), BVerfG **101**, 404, Art 103 I GG (Richter) beachten, Einl III 16, BVerfG NJW **95**, 1441, BSG NJW **96**, 678, BVerwG NJW **93**, 80. Das Ermessen ist grundsätzlich nicht nachprüfbar, II 2, Ffm AnwBl **80**, 152. Eine Ablehnbarkeit des Richters kommt nur in ganz seltenen Ausnahmelagen in Betracht, § 42 Rn 50 „Terminierung", KG MDR **05**, 708. Das sollten alle Beteiligten strikt respektieren. Eine Ankündigung, mangels einer Vertagung den Richter abzulehnen, kann in die Nähe eines Nötigungsversuchs geraten.

Trotz einer steigenden Arbeitsbelastung aller Prozeßbeteiligten darf das Gericht einen erheblichen Grund *nur zurückhaltend* annehmen, BSG NJW **96**, 678. Eine weite Auslegung des Begriffs „erheblich", so zB Schneider MDR **77**, 794, verwässert den klaren Gesetzeszweck, Rn 1. Das übersehen manche bei der erheblichen Auseinandersetzung um den § 227 leider.

9 **6) Beispiele zur Frage eines erheblichen Grundes, I, II.** „Als wollte das Gesetz sagen: ‚Ich kenne meine Pappenheimer'", Baur Festschrift für Schwab (1990) 55.

Aktenlageentscheidung: Ein erheblicher Grund *fehlt,* soweit eine Partei nur eine Entscheidung nach Aktenlage vermeiden will, Rn 28 „Zeitgewinn".

Alleinanwalt: Rn 23 „Terminsüberschneidung beim Anwalt".

Anwaltswechsel: Ein erheblicher Grund liegt vor, soweit sich die Partei zB wegen eines notwendigen Anwaltswechsels auf den Verhandlungstermin wirklich nicht genügend vorbereiten konnte und das rechtliche Gehör noch nicht während der Tätigkeit ihres bisherigen Anwalts hatte, BVerfG NJW **93**, 80, BGH MDR **08**, 706 rechts.

Ein erheblicher Grund *fehlt* aber, soweit ein Anwaltswechsel freiwillig erfolgte, § 91 Rn 128, BGH MDR **08**, 706 rechts.

S auch Rn 16 „Kündigung des Anwalts", „Kündigung des Auftraggebers".

10 **Arbeitsunfähigkeit:** Rn 16 „Krankheit".

Arrest, einstweilige Verfügung: Rn 24 „Terminsüberschneidung bei der Partei".

Auskunft: Rn 20 „Rückfrage".

Ausländer: Rn 29 „Zeuge".

Auswärtiger Anwalt: Rn 23 „Terminsüberschneidung beim Anwalt".

11 **Beratungsbedarf:** Er erlaubt stets eine Vertagung. Denn das Gericht darf gar nicht auf Grund noch nicht abgeschlossener Überlegungen entscheiden.

Beruf: Rn 21 „Schule, Beruf".

Berufsrecht: Ein etwa entgegenstehendes anwaltliches Berufsrecht war schon früher *keineswegs* beachtlich, BGH NJW **78**, 428, Schnöbel AnwBl **77**, 404, aM Ffm AnwBl **80**, 152. Das Berufsrecht war und ist nicht grundsätzlich vorrangig gegenüber den sachlichrechtlichen Verpflichtungen aus dem Vertrag zwischen dem Anwalt und seinem Auftraggeber und gegenüber den prozessualen Pflichten der Partei und ihres ProzBev aus dem Prozeßrechtsverhältnis und gegenüber dem Gericht. Etwa abweichende bisherige Berufsregeln zählen kaum zu den für die Aufrechterhaltung der Funktionsfähigkeit der Rechtspflege unerläßlichen Regeln. Sie galten daher nicht einmal mehr übergangsweise weiter, BVerfG AnwBl **87**, 598. Das gilt erst recht nach der Regelung durch das Gesetz zur Neuordnung des Berufsrechts der Rechtsanwälte usw v 2. 9. 94, BGBl 2278, und seit der BORA, BRAKMitt **96**, 241.

Betriebsausflug: Ein erheblicher Grund dürfte durchweg *fehlen,* wenn ein Beteiligter einen Betriebsausflug plant. Das gilt in den üblichen Urlaubszeiten und auch außerhalb der Urlaubsperioden. Es gilt auch für Anwaltskanzleien und natürlich auch für die Gerichtspersonen.

Beweisergebnis: Ein erheblicher Grund kann vorliegen, wenn die Partei oder ihr ProzBev keine Zeit hatten, ein umfangreiches Beweisergebnis mit einem schuldlos unbekannten Stoff durchzuarbeiten. Grds ist freilich wegen § 285 eine Stellungnahme noch in demselben Haupttermin sogleich nach der Beweisaufnahme oder doch in einem möglichst kurz anzuberaumenden weiteren Verhandlungstermin zumutbar. Denn der Eindruck der Beweisaufnahme soll für alle Beteiligten frisch bleiben.

Beweistermin: S zunächst Rn 28 „Zeitgewinn". Insbesondere dann, wenn das Gesicht den Termin auch zu einer Beweisaufnahme bestimmt hatte, ist es *kaum vertretbar,* nur wegen der plötzlichen Sinnesänderung der einen oder der anderen oder beider Parteien zum Prozeßtempo solche Zeugen, die der Vorsitzende vielleicht gar nicht mehr abbestellen kann, umsonst anreisen zu lassen oder doch zumindest den eigenen Zeitplan infolge einer plötzlichen Ab- und Umladung zu belasten. Die Erfahrung zeigt, daß ein trotz der übereinstimmenden Änderungsbitte beider Parteien beibehaltener Termin eine erhebliche Wahrscheinlichkeit der endgültigen Klärung oder doch einer abschließenden Verhandlung bringt. Die bloße Möglichkeit einer Entscheidung nach Lage der Akten übt oft im Termin einen deutlichen Einfluß auf das Zustandekommen der angekündigten außergerichtlichen Einigung doch noch bis zum Termin aus.

Einlassungsfrist: Ein erheblicher Grund liegt vor, wenn das Gericht die Einlassungsfrist nach § 274 III nicht eingehalten hat. **12**

Einvernehmen der Parteien, I 2 Z 3: Das bloße Einvernehmen der Parteien darüber, daß der Termin nicht stattfinden sollte, ist zwar nach § 251 beachtlich, im übrigen aber *grds unbeachtlich*. Das stellt I 2 Z 3 schon im Wortlaut klar. Daran ändert auch die Parteiherrschaft nichts, Grdz 18 vor § 128. Sie gibt zwar viel Spielraum zum Ob, aber bedeutend weniger zum Wann eines Prozesses. Das Gericht darf und muß auch die Prozeßwirtschaftlichkeit mitbeachten, Grdz 14 vor § 128. Das gilt insbesondere wegen seiner ständigen Überlastung, Rn 26.

„Neuer Termin nur auf Antrag" ist zwar eine beliebige vorläufige Befreiung von einem verschuldeten oder unverschuldeten Zeitdruck. Er ist aber in Wahrheit oft entweder ein nur nach §§ 251, 251 a, 331 a zulässiges Ruhenlassen des Verfahrens oder ein nur nach § 128 II zulässiger Übergang ins schriftliche Verfahren, sonst aber ein klarer Verstoß gegen die Förderungspflicht des Gerichts, § 139 Rn 8.

S auch Rn 27 „Vergleichsverhandlungen".

Erfüllung: Ein erheblicher Grund *fehlt,* soweit eine Partei erklärt, sie wolle noch die Erfüllung durch den Gegner abwarten. Das hätte sie ja schon vor dem Prozeß tun können oder hat es erfolglos getan. Die Parteiherrschaft darf auch hier nicht zu einer gesetzwidrigen Verfahrensherrschaft werden. Sollte die Erfüllung nach dem Verhandlungsschluß eintreten, §§ 136 IV, 296 a, dürfte der Gläubiger ohnehin nicht mehr zur Hauptsache vollstrecken.

Erkrankung: Rn 16 „Krankheit".

Familienfeier: Ein erheblicher Grund kann vorliegen, soweit ein Beteiligter wegen einer Familienfeier nicht erscheinen kann. Auch hier ist aber kein Schematismus zulässig. Es kommt zB auf den Rang der Feier an, auf den Gesundheitszustand des Jubilars, die Entfernung zum Festort, auf die Tageszeit und auf Dauer der Feier. **13**

Flugstreik: Rn 16 „Reiseproblem".

Fortbildung: Ein erheblicher Grund *fehlt,* soweit der ProzBev an einer Fortbildung teilnimmt, aM Ffm NJW **08**, 1328 (aber es gilt dasselbe wie beim Urlaub, s dort).

Fristablauf: Ein erheblicher Grund kann vorliegen, soweit eine gerichtliche Frist bis zum Terminsende nicht abgelaufen ist oder soweit es sich sogar um eine gesetzliche Frist handelt, zB beim Mieterhöhungsverlangen nach (jetzt) §§ 558 ff BGB, Barthelmess WoM **83**, 66 (Fallfrage), Emmerich Festschrift für Lüke (1997) 79, Lassing DRiZ **83**, 464.

Gegenrecht: Ein erheblicher Grund wegen eines erstmals im Termin geltend gemachten Gegenrechts kann je nach der Gesamtlage vorliegen oder *fehlen,* großzügiger Köln RR **98**, 1076.

Gemeinderat: Seine Sitzung hat *keineswegs stets* den Vorrang, aM VGH Mannh NJW **00**, 1669 (sogar bei einer späteren dortigen Terminierung. Aber die Erste Gewalt und die Dritte sind gleichrangig. Es kommt also auf die Gesamtumstände des Einzelfalls an).

S auch Rn 24 „Terminsüberschneidung bei der Partei".

Gericht: Das Gericht muß dieselben strengen Maßstäbe wie an die Parteien und sonstigen Prozeßbeteiligten auch an sich selbst stellen. Ein Urlaub, eine Krankheit, eine Überlastung usw sind im Grunde *keine* erheblichen Gründe. Alle solche Ausfälle muß der geschäftsplanmäßige Vertreter beseitigen, auch wenn er dann im eigenen Dezernat entsprechend umdisponieren muß. In der Praxis herrscht bedauerlicherweise vielfach das Gegenteil. **14**

Klagerücknahme: Ein erheblicher Grund *fehlt,* soweit der Kläger lediglich mitteilt, er erwäge, demnächst die Klage zurückzunehmen. Mag er sich bis zum Termin entscheiden. Das ist ein heilsames Mittel zur Förderung des Verfahrens auch durch den Bekl mit seiner Chance, durch eine Erfüllung usw eine Klagerücknahme herbeizuführen. Das Gericht ist nicht dazu da, einen Zahlungsdruck zu verstärken. Wer den Staat anruft, muß ungeachtet aller oft sehr weiten Parteiherrschaft mit einem zügigen Prozeßverlauf rechnen. Zu ihm ist das Gericht ja schlicht verpflichtet. **15**

S auch Rn 18 „Prozeßverlust".

Kostenvorschuß: Ein erheblicher Grund *fehlt,* soweit ein Beteiligter einen an sich erforderlich gewesenen Vorschuß nicht zahlt und soweit das Gericht trotzdem einen Termin anberaumt hat, Mü RR **89**, 64.

Krankheit: Ein erheblicher Grund kann vorliegen, soweit ein Beteiligter wegen einer Erkrankung nicht erscheinen und sich auch beim besten Willen nicht vertreten lassen kann, Rn 25 „Terminsvertreter", BVerfG NJW **98**, 3703, BVerwG NJW **01**, 2735, Köln RR **90**, 1341. Freilich bedeutet eine Arbeitsunfähigkeit *keineswegs stets* auch die Unzumutbarkeit des Erscheinens und der Teilnahme an der Verhandlung oder Beweisaufnahme. **16**

Bei einer *anwaltlichen Vertretung* kann die persönliche Erkrankung aber im Einzelfall *leider unerheblich* sein, Rn 21 „Sachbearbeiter", BFH NJW **91**, 2104, BVerwG NJW **91**, 2097, großzügiger Ffm AnwBl **80**, 151, Schneider MDR **99**, 58. Eine chronische Krankheit des Anwalts kann unbeachtlich sein, BVerwG NJW **01**, 2735. § 357 I gilt nur für die Beweisaufnahme und bedeutet kein Terminsblockierrecht.

Kündigung des Anwalts: Soweit der ProzBev kurz vor dem Termin kündigt, muß die Partei sich sofort um einen anderen Anwalt bemühen. Andernfalls liegt *kein* erheblicher Grund vor, ungeachtet der etwaigen Haftung des bisherigen Anwalts nach § 85 II, BGH VersR **85**, 543.

S auch Rn 9 „Anwaltswechsel".

Kündigung des Auftraggebers: Ein erheblicher Grund kann evtl beim Entzug des Anwaltsauftrags vorliegen, BVerwG NJW **86**, 339.

S auch Rn 9 „Anwaltswechsel".

Ladungsfrist: Ein erheblicher Grund liegt vor, wenn das Gericht eine Ladungsfrist zB nach § 217 nicht eingehalten hat.

17 **Mangelnde Vorbereitung, I 2 Z 2:** Ein erheblicher Grund *fehlt,* soweit ein prozessuales Verschulden die Partei trifft oder den Streithelfer, § 70, den gesetzlichen Vertreter oder den ProzBev, §§ 51 II, 85 II. Infrage kommt etwa dasjenige Verschulden, sich tatsächlich oder rechtlich nicht rechtzeitig vorbereitet zu haben. Ein grobes Verschulden ist nicht erforderlich. Vielmehr ist jede prozessuale Nachlässigkeit schädlich. Wegen der §§ 277 I, 282 I usw muß das Gericht strenge Anforderungen stellen. Es muß mit allen verfahrensrechtlichen Folgen handeln, ThP 6, ZöStö 7, krit Erich DB **77**, 913 (betr eine Arbeitssache). Das Gericht muß im Interesse der Zügigkeit des Prozesses und damit der Rechtssicherheit dafür sorgen, daß keine vermeidbaren Verzögerungen eintreten. Entgegen der vielfachen Kritik hat der Gesetzgeber diese Grundsatzentscheidung getroffen. Sie bindet die Parteien, Anwälte und Gerichte gleichermaßen. Der Gesetzgeber hat bewußt in Kauf genommen, daß auch einmal eine ungerechte Prozeßentscheidung entstehen kann. Man darf die Ziele des Gesetzes nicht dadurch unterlaufen, daß man das Verschulden zu großzügig verneint. Das alles setzt natürlich voraus, daß das Gericht selbst zügig und sorgfältig gearbeitet hat.

18 **Nachfrist:** Ein erheblicher Grund liegt *nicht* schon dann stets vor, wenn das Gericht einer Partei eine Nachfrist nach § 283 setzt oder setzen muß, § 283 Rn 3, § 296 Rn 44, 47, Mü MDR **80**, 148. Es reicht auch nicht stets die Erklärung einer Partei aus, sie könne sich auf einen wenn auch vielleicht gerade erst erhaltenen und äußerlich umfangreichen gegnerischen Schriftsatz nicht sogleich äußern. Das Gericht darf dem Einreicher aufgeben, den wesentlichen und den für den Gegner etwa neuen Inhalt sogleich mündlich vorzutragen. Das geschieht erfahrungsgemäß dann meist durch den Einreicher erstaunlich knapp und konzentriert und erlaubt eine sofortige sachliche Erörterung sehr wohl. Das Gericht kann und sollte daher durchaus nach Kräften sogleich versuchen, das auch nach der eigenen vorläufigen Beurteilung Wesentliche in Rede und Gegenrede herausfiltern zu lassen, bevor es eine Nachfrist setzt und/oder eine Vertagung beschließt. Meist ist ein solches Vorgehen sehr sachdienlich. Es setzt freilich voraus, daß das Gericht sein erstes oder erneutes „Kopfgutachten"mit seiner vorläufigen Beurteilung unverzüglich und sorgfältig erstellt und fortgeführt hat. Das sollte es aber nicht zuletzt im eigenen Interesse ohnehin stets getan haben.

„Neuer Termin (nur) auf Antrag": Rn 12 „Einvernehmen der Parteien, I 2 Z 3".

Parteivereinbarung: Rn 12 „Einvernehmen der Parteien".

Prozeßkostenhilfe: Ein erheblicher Grund liegt vor, soweit das Gericht über ein Prozeßkostenhilfegesuch vorwerfbar spät entschieden hat, § 119 Rn 6, Schneider AnwBl **87**, 466 (dieser Fall liegt freilich entgegen seiner Meinung bei einer Entscheidung im Termin keineswegs stets vor, § 118 Rn 3).

Prozeßverlust: Ein erheblicher Grund *fehlt,* soweit ein Prozeßverlust droht, etwa wegen § 3 Z 8 PflVG, und soweit man die Klage noch wirksam zurücknehmen kann, Mü RR **89**, 64.

19 **Rechtliche Beurteilung:** Wegen derjenigen des Gerichts Rn 26 „Überrumpelung". Eine überraschende rechtliche Beurteilung der Partei ist *keineswegs stets* ein erheblicher Grund.

Referendarunterrichtung: Sie kann, muß aber nicht stets einen Vertagungsgrund zugunsten eines Anwalts darstellen, BGH NJW **08**, 1449.

Reiseproblem: Ein erheblicher Grund *fehlt,* soweit zB ein aus Süddeutschland angeflogener Anwalt auf dem Flughafen in Hamburg erfährt, daß er wegen eines Flugstreiks nur bei einer sofortigen Umkehr noch zurückfliegen kann, und deshalb nicht zum geplanten Termin nach Schleswig weiterfährt, aM BVerwG NJW **95**, 1441 (aber man kann auch zB mit der Bahn zurückfahren. Man hat auch als ein vielbeschäftigter Anwalt die Vertragspflicht, jetzt erst einmal gerade diesen nun einmal übernommenen Auftrag zu erfüllen).

Religion: Ein erheblicher Grund kann vorliegen, soweit ein Beteiligter aus einem religiösen Grund nicht erscheinen kann. Trotz aller Großzügigkeit darf man aber im Interesse der Zügigkeit des Verfahrens auch nicht kritiklos jede Andeutung religiöser Motive völlig ungeprüft als ausreichend erachten.

20 **Rückfrage:** Ein erheblicher Grund *fehlt meist,* wenn der Ausgebliebene sich nicht die Mühe einer Rückfrage beim Gericht dazu gemacht hat, ob sein Ausbleiben entschuldigt sei, BGH NJW **82**, 888. Diese Obliegenheit entfällt nur, wenn eine Rückfrage bei aller notwendigen Strenge unzumutbar war. Dabei muß man freilich beachten, daß mancher Urkundsbeamte auf eine zB telefonische Rückfrage hin einfach „Urlaub gibt", ohne die allein maßgebliche Entscheidung des Richters einzuholen und den Anfrager erst dann zu bescheiden. Bei einer solchen Amtspflichtverletzung bleibt oft nur eine Vertagung, evtl nebst einer Kostenniederschlagung nach § 21 GKG, § 20 FamGKG.

Ruhen des Verfahrens: Ein erheblicher Grund *fehlt,* wenn die Partei nur ein Ruhen des Verfahrens vermeiden will, Rn 28 „Zeitgewinn".

21 **Sachbearbeiter:** Ein erheblicher Grund *fehlt eventuell,* wenn in einer Firma oder Sozietät nur der noch dazu „alleinige" Sachbearbeiter noch so verhindert ist. Die Sicherheit, mit der manche dann eine Vertagung beanspruchen und erhalten, Ffm NJW **08**, 1328, entspricht zwar der von Schneider NJW **06**, 886 vermißten Geduld vieler Vorsitzenden, aber nicht dem Gesetz. Auch mögliche Mehrkosten eines etwaigen Terminsvertreters haben keinen alleinigen Ausschlag, aM Schneider NJW **06**, 886. Sowohl in einer Firma als auch in einer Sozietät, im Grunde aber auch in einer Alleinkanzlei, sind organisatorische Maßnahmen der Unterrichtung und Einarbeitung des meist ohnehin vorhandenen oder eben zu bestellenden Vertreters in aller Regel doch eher zumutbar, aM BVerwG NJW **84**, 882, Schneider NJW **06**, 886, Zimmermann BB **84**, 749 (aber schon das Wort Sozius besagt klar die grundsätzliche weitgehende Einstehungspflicht füreinander, Rn 23). Nicht ganz selten erscheint der zunächst verhinderte Sozius dann im unvertagten Termin doch persönlich.

Das alles gilt oft auch beim sog *Vertrauensanwalt.* Sein Auftraggeber sollte darauf vertrauen dürfen, daß sein Hausanwalt sich auch einmal vertreten lassen muß. Den Chefarzt bekommt man ja auch als Privatpatient in aller Regel nicht stets persönlich an den Operationstisch.

S auch Rn 25 „Terminsvertreter".

Sachverständiger: S bei den einzelnen Hinderungsgründen.

Schriftsatznachlaß: Rn 18 „Nachfrist".

Schule, Beruf: Ein erheblicher Grund kann vorliegen, soweit ein Beteiligter zB wegen einer Klausur usw um eine Vertagung bittet. Man muß abwägen und sowohl eine Überspannung als auch zu viel Großzügigkeit vermeiden.

Sozietät: S „Sachbearbeiter", Rn 25 „Terminsvertreter".

Standesrecht: Rn 11 „Berufsrecht". 22

Streithelfer: Für ihn gelten dieselben Regeln wie für die Partei in diesem ABC.

Streitverkündung: Ein erheblicher Grund *fehlt,* soweit eine Partei eine Streitverkündung beabsichtigt, Hamm RR **96**, 969.

Terminsabstimmung: Wegen der sog Abstimmung zwischen der Geschäftsstelle und dem Anwalt § 216 Rn 14.

Terminsdauer: Rn 27 „Verzögerung".

Terminsüberschneidung beim Anwalt: Ein erheblicher Grund liegt entgegen einer verständlichen 23
verbreiteten Meinung *leider nicht stets* schon deshalb vor, weil der Anwalt gleichzeitig einen anderen Termin wahrnehmen müßte oder möchte. Das ergibt sich übrigens bei einer näheren Prüfung in der Praxis auch nicht sehr oft. Bleibt das Gericht „hart", erlebt man immer wieder, daß der termingeplagte Anwalt sogar als Sozius persönlich doch noch erscheinen kann, aus welchen Gründen auch immer.

Im übrigen sind natürlich oft wirklich beträchtliche *Schwierigkeiten* der Terminsüberschneidung vorhanden. Die Partei möchte sich verständlicherweise insbesondere zB auch von „ihrem" Anwalt in der Sozietät vertreten lassen und schon gar nicht einem solchen ganz außenstehenden vertrauen müssen, der nicht „Sachbearbeiter" ist.

Die Zulassung des Arguments der Terminsüberschneidung als eine allgemeine Entschuldigung müßte aber der Vorschrift gerade aus solchen noch so verständlichen Erwägungen doch oft die unerläßliche *praktische Brauchbarkeit nehmen,* sobald ein Anwalt beteiligt ist, BFH BB **80**, 566, BayObLG MDR **86**, 416, Ffm RR **98**, 1450, aM Schlesw NJW **94**, 1227 (aber eine Sozietät darf und muß füreinander arbeiten, Rn 21 „Sachbearbeiter"; § 42 Rn 50 „Terminierung", BGH VersR **86**, 686, BVerwG NJW **95**, 1231), Franzki NJW **79**, 11 (aber ein verhinderter ProzBev darf und muß auf Grund des Vertrags mit dem Auftraggeber den Terminsvertreter ausreichend informieren).

Auch die *Überlastung der Justiz* zwingt ungeachtet Rn 26 dazu, denjenigen oft beträchtlichen Mehraufwand einzudämmen, der nun einmal bei einer Terminsänderung insbesondere dann entsteht, wenn sie erst nach einer Einarbeitung zwecks einer Terminsvorbereitung erfolgt. Das gilt nicht nur für die Richter, sondern auch für die Geschäftsstelle und Kanzlei. Aber auch der Prozeßgegner mag ein achtbares Interesse daran haben, daß der Prozeß vorankommt und daß keine Vertagung usw erfolgt. Das gilt selbst dann, wenn sein ProzBev morgen in einer anderen Sache nur zu gern bei demselben Richter um eine Fristverlängerung bitten möchte.

Auch derjenige Anwalt, der *ohne einen Sozius* arbeitet, muß leider grds für eine Vertretung sorgen. Das gilt auch während der Sommerzeit. Auch der ohne einen Sozius tätige Anwalt hat zwar zB ein Recht auf einen ungestörten Urlaub. Das ändert aber nichts daran, daß die Eigenart seiner Berufspflichten zu der Notwendigkeit einer rechtzeitigen Vertreterbestellung gerade während einer längeren Abwesenheit auch nach § 53 BRAO führt. Diese Notwendigkeit ergibt sich auch aus der Stellung des Anwalts als eines Organs der Rechtspflege, aM Schneider MDR **77**, 794 (aber der Anwalt muß auch als Organ der Rechtspflege zunächst und vor allem die Interessen des Auftraggebers beachten). Auch ein erkrankter Alleinanwalt muß daher im Ergebnis oft in einem ihm noch zumutbaren Umfang für einen Vertreter sorgen, BGH VersR **80**, 386.

Beim *auswärtigen Alleinanwalt* ist eher eine Großzügigkeit möglich. Auch dann muß das Gericht aber an den Anspruch des Prozeßgegners auf einen zügigen Prozeßablauf mitdenken.

Terminsüberschneidung bei der Partei: Wenn die Partei selbst gleichzeitig einen anderen Gerichtstermin 24
wahrnehmen muß, sollte grds der früher anberaumte Termin den Vorrang haben, BFH NJW **76**, 1120. Das Gericht muß die Interessen der grds gleichberechtigten Parteien und der übrigen Beteiligten abwägen, BayObLG MDR **86**, 416. Ein später terminiertes Verfahren auf den Erlaß eines Arrests oder einer einstweiligen Verfügung kann wegen seiner besonderen Eilbedürftigkeit den Vorrang haben, BFH BB **80**, 566. Ein früher angesetzter Geschäftstermin hat weder stets den Vorrang noch automatisch den Nachrang.

S auch Rn 13 „Gemeinderat".

Terminsvertreter: Ein erheblicher Grund *fehlt leider durchweg,* soweit ein Terminsvertreter tätig werden 25
soll oder müßte. Der verhinderte Mitarbeiter oder Anwalt muß den Terminsvertreter auch dann rechtzeitig und umfassend informieren, wenn der Vertreter kein Sozius ist. Wer sich bereit erklärt, einen Kollegen im Termin zu vertreten, sollte sich, bitte, darüber klar sein, daß er mit dieser Bereitschaft die Verpflichtung auch dem Auftraggeber gegenüber übernimmt, sich bis zum Termin so weit einzuarbeiten, daß er ebenso sachkundig ist wie der eigentliche Sachbearbeiter. Soweit eine solche Einarbeitung dem eintretenden Anwalt nicht mehr zumutbar ist, darf und muß er die Übernahme dieses Termins ablehnen.

All das ist sachlichrechtlich eindeutig und *leider unvermeidbar.* Das Gericht darf Unterlassungen auf diesem Gebiet nicht mit einer Vertagung zum Schaden des Prozeßgegners und zum Schaden der Arbeitskraft des Gerichts honorieren. Zumindest muß derjenige Anwalt, der den Termin nicht wahrnehmen kann, ebenso wie derjenige Sozius oder andere Kollege, der sich zur Terminswahrnehmung bereit erklärt, im Notfall zuverlässig dafür sorgen, daß die Partei oder zB ein instruierter Mitarbeiter der Partei im Termin anwesend ist und anhand der Betriebsunterlagen usw diejenigen zusätzlichen Auskünfte geben kann, die der auftretende Anwalt vielleicht nicht mehr erarbeiten konnte. Man muß ein etwaiges diesbezügliches Verschulden des Anwalts nach § 85 II beurteilen.

S auch Rn 16 „Krankheit", Rn 21 „Sachberabeiter", Rn 23 „Terminsüberschneidung beim Anwalt".

Terminsvorbereitung: Ein erheblicher Grund *fehlt* bei einer ungenügenden Terminsvorbereitung der Partei, Rn 17.

S auch Rn 9 „Anwaltswechsel".

Tod: Ein erheblicher Grund kann beim Tod eines nahen Angehörigen oder eines Geschäftspartners usw vorliegen. Das gilt aber evtl nur für die Zeit bis kurz nach der Trauerfeier.

26 **Überlastung:** Soweit das Gericht bei seiner eigenen Überlastung zur Vertagung neigt, sollte es im Rahmen des den weiteren Prozeßbeteiligten Zumutbaren auch beim überlasteten Anwalt nicht zu streng verfahren.

S aber auch Rn 23.

Überrumpelung: Ein erheblicher Grund liegt vor, soweit das Gericht eine Partei überrumpelt hat, auch bei der Beurteilung des Sachverhalts nach § 139. Indessen darf das Gericht hier keine geringeren Anforderungen an die Mitarbeit der Partei stellen als sonst.

Unterricht: Rn 19 „Referendarunterrichtung".

Urlaub: Ein erheblicher Grund liegt grds vor, soweit eine Partei, ein Zeuge oder ein Sachverständiger einen längst vor dem Erhalt der Ladung geplanten Auslands- oder Inlandsurlaub antreten wollen, der auch bis einschließlich des Termins dauern soll. Denn jeder hat grds das Recht auf einen ungestörten Urlaub im Zeitraum seiner Wahl, BVerfG **34**, 156, Brdb FamRZ **02**, 1042 (nur bei Auslandsurlaub), Carl BB **89**, 2018, aM Feiber NJW **97**, 162 (für die Zeit vom 1. 7. bis 31. 8. wegen III 1. Aber I, II gelten daneben, Rn 1).

Beim *ProzBev* ist eher eine Zurückhaltung notwendig. Sein Beruf bringt es mit sich, daß er zumindest beim etwas längeren Urlaub ohnehin nach § 53 BRAO einen amtlich bestellten Vertreter haben und einweisen muß. Das würdigt BVerfG NJW **98**, 3703 zu (jetzt) § 520 III wohl nicht genug, ebensowenig wie Ffm NJW **08**, 1328. Der Urlaub des Vertrauensanwalts kann aber ein erheblicher Grund sein, Schneider MDR **77**, 793.

27 **Vereinbarung:** Rn 12 „Einvernehmen der Parteien".

Vergleichsverhandlungen: Ein erheblicher Grund liegt wegen I 2 Z 3 *leider nicht stets* schon deshalb vor, weil die Parteien oder gar nur eine von ihnen mitteilen, sie stünden in Vergleichsverhandlungen. Das Gericht kann und sollte diese Bemühungen heilsam gerade dadurch unterstützen, daß der Termin mit seinem Zeitdruck bestehen bleibt. Die Erfahrung zeigt nämlich, daß gerade ein solcher Druck wirksam zur Einigung beitragen kann, zumindest zur Erleichterung eines Vergleichs mit einem Widerrufsvorbehalt, so wenig er leider auch oft wirklich zur Prozeßbeendigung führt. Nach einer Erörterung der Vergleichschancen im aufrechterhaltenen Termin kann man dann immer noch entweder einen Vergleich mit einem Widerrufsvorbehalt schließen oder eine Nachfrist und einen Verkündungstermin erbitten usw.

S auch Rn 12 „Einvernehmen der Parteien, I 2 Z 3".

Verhinderung: Ein erheblicher Grund kann bei einer unabweisbaren Verhinderung vorliegen, BVerwG NJW **92**, 2042. Aber Vorsicht!

Verzögerung: Ein erheblicher Grund liegt *nicht stets* schon deshalb vor, weil sich eine vorangegangene Verhandlung vor diesem Gericht verzögerte, BVerwG NJW **99**, 2131 (75 Minuten).

Vorbereitung: Rn 17 „Mangelnde Vorbereitung der Partei".

Vorwerfbarkeit des Ausbleibens: Ein erheblicher Grund *fehlt,* soweit das Gericht mit einem weiten Ermessen „dafür hält", daß das angekündigte Ausbleiben vorwerfbar ist, oder soweit es unklar bleibt, ob eine Schuldlosigkeit vorliegt. Vgl auch §§ 51 II, 85 II, BGH VersR **85**, 543.

28 **Zahlung:** Rn 12 „Erfüllung".

Zeitgewinn: Ein erheblicher Grund *fehlt,* soweit die Partei in Wahrheit nur Zeit gewinnen will, Rn 15 „Klagerücknahme". Das gilt ebenso, wenn beide Parteien den Staat um einen Prozeß bemühen, dann aber in Wahrheit derzeit gar nicht prozedieren wollen. Mögen sie die ja kaum noch störenden vorübergehenden und jederzeit beendbaren Rechtsfolgen des Ruhens oder die Chancen wie Risiken einer Entscheidung nach Aktenlage hinnehmen oder die Klage zurücknehmen, die Hauptsache für erledigt erklären usw.

S auch Rn 11 „Beweistermin", Rn 17 „Mangelnde Vorbereitung der Partei".

29 **Zeuge:** Ein erheblicher Grund liegt vor, soweit ein unentbehrlicher Zeuge, insbesondere ein ausländischer, zu demjenigen Beweistermin nicht erscheinen kann, zu dem der Beweisführer ihn rechtzeitig benannt hatte, BGH NJW **76**, 1743, Ffm AnwBl **80**, 151. Freilich mag das Gericht den gleichzeitigen Verhandlungstermin dennoch durchführen oder wenigstens andere Zeugen ohne eine Vertagung hören wollen und auch müssen usw.

S im übrigen bei den weiteren Hinderungsgründen.

30 **7) Terminsverlegung im Sommer, III.** Die Vorschrift bringt eine neben I, II anwendbare gutgemeinte, gleichwohl ziemlich komplizierte Mischung von Möglichkeiten, Zwängen und Verboten, einen Verhandlungs- und/oder Beweistermin oder Erörterungstermin in der Zeit vom 1. 7. bis 31. 8. abzuhalten, also während des „Gerichtssommers", Feiber NJW **97**, 162.

31 **A. Verlegung, III 1.** Soweit III 1 nach Rn 3 überhaupt anwendbar ist, gilt: Erste Voraussetzung ist, daß das Gericht einen Termin bereits nach § 216 Rn 22 für die Zeit vom 1. 7. bis 31. 8. (beide Tage eingeschlossen) anberaumt hatte. III gilt also nicht schon im Stadium vor der Anberaumung eines Termins, jedenfalls nicht offiziell. Das Gericht muß also zunächst stets wie sonst unverzüglich terminieren, § 216. Wie weit es schon jetzt mit Rücksicht auf einen hochgradig zu erwartenden Antrag nach III 1, den es voraussichtlich auch nicht nach III 3 zurückweisen dürfte, gar nicht erst einen technisch noch möglichen Termin für die Zeit vom 1. 7. bis 31. 8. ansetzt, ist eine andere eben nach § 216 zu entscheidende und nach dort Rn 26 ff zu überprüfende Frage, Feiber NJW **97**, 162. „Verlegung" meint den in Rn 5 erläuterten Vorgang.

Ein Anspruch auf eine *Aufhebung* nach Rn 4 oder auf eine *Vertagung* nach Rn 6 besteht unter den Voraussetzungen Rn 31–36, Soehring NJW **01**, 3319. Er entfällt natürlich mit einer Einverständniserklärung oder mit einem Verzicht auf die Antragsmöglichkeiten nach Rn 33 (Auslegungsfrage). Eine Fristverlängerung kommt nicht nach III in Betracht, Feiber NJW **97**, 162. Die Ladungen zu dem bisher anberaumten Termin müssen noch nicht, können aber bereits heraus- und zugegangen sein.

32 **B. Kein bloßer Verkündungstermin, III 1.** Zweite Voraussetzung ist, daß das Gericht den bisherigen Termin nicht nur „zur Verkündung einer Entscheidung" bestimmt hatte. Es ist unerheblich, ob das Gericht

eine bestimmte Entscheidungsart angekündigt hatte, etwa einen Beweisbeschluß oder ein Urteil. Will es mittlerweile aber aus der bloßen Verkündung mehr machen, also den Charakter des Termins ändern, werden die weiteren Erwägungen zu III erforderlich. Eine im bloßen Verkündungstermin verkündete Entscheidung wird auch in der Zeit vom 1. 7. bis 31. 8. wie sonst wirksam, §§ 310 ff, 329 usw. Ein „verkündeter" neuer Verhandlungs- oder Beweistermin ist kein bloßer Verkündungstermin.

C. Antragserfordernis, III 1. Dritte Voraussetzung ist ein Antrag auf eine Verlegung. Das Gericht darf 33 also ohne ihn auch dann nicht verlegen, wenn es alle übrigen Voraussetzungen nach III bejaht. Der Antrag ist eine Parteiprozeßhandlung nach Grdz 47 vor § 128. Ein Anwaltszwang besteht wie sonst, § 78 Rn 1. Jede Partei und jeder Streithelfer kann den Antrag stellen. Man kann ihn auch mündlich, elektronisch oder telefonisch oder stillschweigend stellen. Eine Begründung ist zwar kein Zwang. Sie ist aber ratsam, zumindest im Zweifelsfall, etwa bei Rn 50–53. Das übersieht Feiber NJW **97**, 162. Ein Antrag liegt noch nicht stets in der bloßen Mitteilung einer Urlaubsabwesenheit, noch gar, wenn man diese nicht für die gesamte Zeit vom 1. 7. bis 31. 8. ankündigt und wenn andere Sozien anwesend wären. Das gilt unabhängig davon, wer der „alleinige Sachbearbeiter" ist. Zu diesem verständlichen, aber leider auch problematischen Begriff Rn 21. Ein „Ferienantrag" usw ist das Gegenteil eines Verlegungsantrags nach III 1. Ein Antrag, „nicht in den Ferien zu terminieren", ist ein Verlegungsantrag. Denn man kann ihn vorsorglich stellen. Der Antrag läßt sich bis zum Terminsbeginn nach § 220 Rn 5 zurücknehmen.

Nicht ausreichend ist der Antrag eines *sonstigen* Prozeßbeteiligten, etwa eines Zeugen oder Sachverständigen. 34 Das ergibt sich zwar nicht aus dem Wortlaut von III 1. Es ergibt sich aber aus seinem Sinn. Andernfalls würde ein solcher Beteiligter den Fahrplan des ganzen Prozesses schon durch einen bloßen Antrag abändern können. Das ist nicht mit der Notwendigkeit vereinbar, einen Prozeß durch eine unverzügliche Terminierung zu fördern.

D. Fristerfordernis, III 1. Vierte Voraussetzung ist die Einhaltung einer Antragsfrist. Darüber braucht 35 das Gericht nicht zu belehren. Zwar ergibt sich diese Antragsfrist auf den ersten Blick nicht eindeutig aus dem Text von III 1. Indessen kann das Gericht ja nur dann „innerhalb einer Woche nach Zugang der Ladung oder Terminsbestimmung" verlegen, wenn es bis dahin auch den wirksamen Antrag vorliegen hat. „Zugang" meint bei einer förmlichen Zustellung diese, § 182 Z 8. Bei einer Ersatzzustellung ist schon die Abgabe der Mitteilung über die Niederlegung maßgeblich. Bei einer formlosen Nachricht meint „Zugang" den in § 167 sowie § 497 I 2 genannten Zeitpunkt. Bei § 218 meint „Zugang" den Verkündungszeitpunkt, Brdb RR **98**, 500 (eine spätere bloße Verschiebung der Terminstunde ist unerheblich), aM Feiber NJW **97**, 161 (Protokolleingang. Vgl aber § 218 Rn 5). Die Wochenfrist gilt unabhängig von § 215. Sie läßt sich nach § 222 in Verbindung mit §§ 187, 188 II BGB berechnen. Es ist unerheblich, ob ein Teil der Frist in die Zeit vor dem 1. 7. fällt. Scheint die Frist erst „nach" dem Termin abzulaufen, weil man nur eine dreitägige Ladungsfrist beachten mußte, läuft die Antragsfrist *im* Termin ab. Maßgeblich ist im übrigen nicht der Antragseingang, sondern der Zugang der Ladung. Eine Abkürzung oder Verlängerung entfällt, § 224 II. Gegen die Fristversäumung ist keine Wiedereinsetzung nach § 233 statthaft. Denn es liegt keine Notfrist nach § 224 I 2 vor, Feiber NJW **97**, 162.

E. Keine Sommersache, III 2. Fünfte Voraussetzung ist das Fehlen einer Sommersache, III 2. Diesen 36 Begriff enthält das Gesetz nicht. Er eignet sich indessen zur Zusammenfassung derjenigen Sachen, in denen das Gericht einem Verlegungsantrag nicht stattgeben darf, obwohl der Termin in die (Hoch-)Sommerzeit vom 1. 7. bis 31. 8. fällt. Im einzelnen gelten zum Vorliegen einer Sommersache die folgenden Regelungen.

F. Arrest, einstweilige Anordnung oder Verfügung, III 2 Hs 1 Z 1. Hierher gehören Verfahren einer 37 der folgenden Arten: Arrest, §§ 916–934, einschließlich Widerspruch, § 924, Anordnung nach § 926, Hamm zit bei Schlee AnwBl **85**, 376, Aufhebung, § 927, Rechtsmittelverfahren; einstweilige Verfügung, §§ 935–944, einschließlich der nach § 936 mitanwendbaren Verfahren und des Eintragungsersuchens, § 941; einstweilige Anordnung beliebiger Art gerade nach der ZPO.

Nicht hierher gehört eine FamFG-Sache. Denn § 32 II FamFG macht III nicht mitanwendbar, und daher 38 hilft auch § 113 I 2 FamFG hier wohl nicht.

G. Überlassung, Benutzung, Räumung, Herausgabe von Raum, Fortsetzung von Wohnraum- 39 miete, III 2 Hs 1 Z 2. Hierher gehört eine Gruppe von Streitigkeiten um Räume oder Wohnräume. Ein gewerblicher Raum reicht aus, erst recht ein gemischt genutzter, auch zB ein Messestandplatz. Bis auf die in Hs 2 genannten Wohnmietstreitigkeiten nach §§ 574–574 b BGB ist unerheblich, ob es sich um Miete, Pacht, Leasing, Eigentum, Erbbaurecht, unentgeltliche Überlassung usw handelt und ob Eigentümer und Besitzer, Vermieter und Mieter, Mieter und Untermieter, Vermieter und Untermieter usw streiten. Es ist ferner unerheblich, ob es um einen vertraglichen oder gesetzlichen Anspruch geht und ob das Ziel des Klägers in einer erstmaligen, weiteren oder erneuten Überlassung, Benutzung, Räumung oder Herausgabe oder in deren Bekämpfung liegt. Allerdings darf man Z 2 nun auch nicht beliebig weit auslegen. Denn „Überlassung, Benutzung, Räumung oder Herausgabe" wird nicht durch Worte wie „und dergleichen" ergänzt.

Hierher gehören auch: Die Klage aus § 985 BGB. Die früheren Gesetzesworte „Vermieter und Mieter" 40 usw sind entfallen; eine Klage, die sich sowohl auf einen Vertrag als auch auf ein Eigentum oder Erbbaurecht stützt; eine Klage nach der Beendigung des Miet- oder Pachtverhältnisses; die Klage auf die Unterlassung eines vertragswidrigen Gebrauchs, LG Bln MDR **88**, 591; ein Streit wegen der Zurückhaltung eingebrachter Sachen; die Klage wegen einer Instandsetzung oder Instandhaltung oder wegen der Gestattung einer baulichen Umgestaltung, LG Bln MDR **88**, 591; die Klage auf eine Zahlung der Miete oder auf eine Zustimmung zur Mieterhöhung, §§ 558 ff BGB.

Nicht hierher gehören: Die Klage auf eine Feststellung eines Mietverhältnisses; eine bloße Schadensersatz- 41 klage, BGH NJW **80**, 1695. Freilich zählt eine auf Miete nebst Schadensersatz gerichtete Klage hierher, solange die erstere Begründung entscheidungserheblich bleibt, III 2 Hs 2.

42 **H. Wechsel- oder Scheckprozeß, III 2 Hs 1 Z 4.** Hierher gehört nur ein Wechsel- oder Scheck-„Prozeß", also ein solches Verfahren, das nach §§ 602–605 a in Verbindung mit §§ 592–599 beginnt oder begonnen hat, sei es durch eine Klage nach § 253, sei es durch den Antrag auf einen Mahnbescheid, §§ 688, 703 c. Innerhalb eines der genannten Verfahren kommt es nicht darauf an, ob der Kläger zugleich einen Anspruch aus dem Grundgeschäft geltend macht und ob das Gericht schon ein Vorbehaltsurteil erlassen hat, III 2 Hs 2, solange der Kläger nicht vom Wechsel- oder Scheckprozeß nach §§ 602–605 a, 596 Abstand nimmt. Mit dieser Einschränkung gehören hierher auch: Die Klage auf die Herausgabe eines Wechsels; eine Bereicherungsklage; die Klage auf eine Feststellung zur Insolvenztabelle.

43 Das *Nachverfahren* bildet mit dem Urkundenprozeß eine verfahrensmäßige Einheit, § 600 Rn 1. Es ist ja auch im Buch 5 „Urkunden- und Wechselprozeß" mitgeregelt. Es stellt freilich zugleich einen Übergang in den ordentlichen Prozeß dar. Da Z 4 auf die Verfahrensart abstellt, muß man wegen dieser gewissen formellen Widersprüchlichkeit wie stets auf den Sinn und Zweck der Neuregelung abstellen, Einl III 35. Das Gericht muß die in Z 4 genannten Sachen als Sommersachen auch in der Sommerzeit von Amts wegen fördern. Dieses Beschleunigungsbedürfnis liegt durchweg auch im Nachverfahren vor. Daher kann man das Nachverfahren zumindest dann als zu Z 4 gehörig zählen, wenn der Kläger nur einen im Wechsel- oder Scheckprozeß zulässig gewesenen Anspruch weiterverfolgt, BGH RR **91**, 1469, aber auch darüber hinaus, III 2 Hs 2. Jedenfalls liegt in der bloßen Bekämpfung einer Einwendung des Bekl aus dem Grundgeschäft noch kein Wegfall der Sommersachen-Eigenschaft.

44 **I. Bausache, III 2 Hs 1 Z 5.** Hierher gehört ein solcher Streit um ein Bauwerk nach §§ 638, 648 BGB, der vor dem Prozeß angefangen und ebenfalls noch vorprozessual durch einen Abbruch oder eine Einstellung unterbrochen worden war, BGH MDR **77**, 487. Es muß bei ihm nach dem Vortrag des Klägers jetzt um das Ob der Fortsetzung der Bauarbeit gehen. Es ist insofern unerheblich, ob der Kläger eine Abtretung oder Schuldübernahme behauptet. Hierher zählt auch ein Fertigbau.

Nicht hierher gehört ein Streit nur über das Wie, Wo und Wann der Fortsetzung oder sonstiger Weiterarbeit bis zur Fertigstellung, BGH MDR **77**, 487 (bloßer Umfang des Auftrags oder seiner Erfüllung). Daher kommt es auf die Abnahme nach § 640 BGB nicht an. Ebensowenig gehört hierher ein Streit nur um einen Lohn oder um ein Honorar, BGH MDR **77**, 487.

45 **J. Überlassung oder Herausgabe einer Sache, III 2 Hs 1 Z 6.** Hierher gehört das Verfahren auf die Überlassung oder Herausgabe einer Sache nach § 883 an eine solche Person, bei der die Sache unpfändbar ist, §§ 811–812. Es ist nicht erforderlich, daß der Kläger die Unpfändbarkeit ausdrücklich geltend macht. Es genügt und ist natürlich notwendig, daß sich aus seinem Tatsachenvortrag bei dessen rechtlicher Würdigung durch das Gericht die Unpfändbarkeit ergibt, sei es beim Kläger, sei es bei demjenigen, an den der Bekl nach dem Klägerantrag herausgeben soll usw. Es ist unerheblich, ob auch der Vortrag des Bekl zu derselben Unpfändbarkeit führt.

46 **K. Zwangsvollstreckung, III 2 Hs 1 Z 7.** Hierher gehören grundsätzlich die nach §§ 704–915 h geregelten Verfahren einschließlich eines vorbereitenden Akts, zB: Die Erteilung des Notfrist- oder Rechtskraftzeugnisses, § 706; die Erteilung der Vollstreckungsklausel, §§ 724 ff (wegen § 731 s aber auch unten); das Rechtbehelfsverfahren, etwa nach §§ 766, 793; das eigentliche Zwangsversteigerungs- und Zwangsverwaltungsverfahren nach §§ 866 ff in Verbindung mit dem ZVG; das Verteilungsverfahren, §§ 872 ff; ein aus der Zwangsvollstreckung entstehender Prozeß, etwa nach §§ 731, 767, 771, soweit der Vollstreckungstitel in einer Sommersache erging, BGH NJW **88**, 1095, aM Stgt MDR **78**, 586 (je zum alten Recht). Es ist unerheblich, ob es sich um eine Maßnahme des Gerichts oder des Gerichtvollziehers handelt.

47 *Nicht hierher* gehören zB: Die zum Erkenntnisverfahren zählenden Entscheidungen, etwa über die vorläufige Vollstreckbarkeit, §§ 708 ff, einschließlich der Bestimmung der Höhe der Sicherheitsleistung nach §§ 108, 709 ff; ein aus Anlaß der Zwangsvollstreckung entstehender Prozeß, etwa nach §§ 731, 767, 771, soweit der Vollstreckungstitel nicht in einer Sommersache erging, BGH NJW **88**, 1095 (zum alten Recht); ein Verfahren nach §§ 722, 723; das Verfahren der Teilungsversteigerung, §§ 172 ff ZVG, Karlsr MDR **91**, 669, Drischler Rpfleger **89**, 85, ThP 27, aM AG Gött NdsRpfl **95**, 41, Stöber MDR **89**, 12, ZöStö 18 (aber es handelt sich nicht um eine Zwangsvollstreckung im eigentlichen Sinn, Grdz 1 vor § 704, vgl auch § 765 a Rn 6 „Teilungsversteigerung". Das ist nicht unkritisch, sondern notwendig differenziert); das zu Z 1 zählende Eilverfahren.

48 **L. Vollstreckbarerklärung usw im schiedsrichterlichen Verfahren, III 2 Hs 1 Z 8.** Hierher gehören alle Verfahren im Verfahren nach §§ 1025 ff, soweit es nach dem Vortrag des Klägers oder Antragstellers um die Vornahme einer Handlung des staatlichen Gerichts geht, insbesondere um eine Vollstreckbarkeitserklärung des Schiedsspruchs nach §§ 1059 ff.

49 **M. Genügen eines von mehreren Ansprüchen, III 2 Hs 2.** Dem Beschleunigungsbedürfnis der in Hs 1 Z 1–8 genannten Fälle entspricht es, eine Sommersache auch dann anzunehmen, wenn bei einer Anspruchsmehrheit objektiv nur einer der Ansprüche nach dem Tatsachenvortrag des Klägers oder Widerklägers jetzt schon und noch die Voraussetzungen einer der Z 1–8 erfüllt. Das stellt Hs 2 klar. Unerheblich ist, welche rechtliche Würdigung gerade der Kläger seinem Tatsachenvortrag gibt. Maßgeblich ist der für eine Entscheidung auf eine Terminsbestimmung oder nach III 1 geltende Zeitpunkt und dann die infolge einer Änderung des Tatsachenvortrags usw etwa nunmehr am Terminsanfang vorhandene Rechtslage.

50 **8) Keine Terminsverlegung bei besonderem Beschleunigungsbedürfnis, III 3.** Die Vorschrift verbietet eine an sich nach III 1 notwendige Terminsverlegung in den nicht ohnehin schon nach III 2 als Sommersache geltenden Fällen unter der Voraussetzung, daß das Verfahren eine besondere Beschleunigung braucht. Das Gericht muß diese Voraussetzung also nur dann prüfen, wenn kein Fall von III 2 Hs 1 Z 1–8 vorliegt. Dort begründet das Gesetz ja das Beschleunigungsverfahren schon aus der Natur der Sache. Die Prüfung eines besonderen Beschleunigungsbedürfnisses muß in jedem nicht unter Z 1–8 fallenden Verfahren von Amts wegen erfolgen, Grdz 39 vor § 128: „... ist ... nicht zu entsprechen".

A. Ermessen. Es besteht zwar ein pflichtgemäßes Ermessen, ob ein besonderes Beschleunigungsbedürfnis besteht. Soweit das Gericht aber ein besonderes Bedürfnis bejaht, muß es auch in der Zeit vom 1. 7.–31. 8. terminieren und darf einen solchen Termin nicht mehr verlegen oder aufheben. Ist zweifelhaft, ob eine Sommersache vorliegt, macht bereits ein besonderes Beschleunigungsbedürfnis eine Verlegung unzulässig. Erst wenn ein besonderes Beschleunigungsbedürfnis nach dem Ermessen des Gerichts fehlt, besteht unter den übrigen Voraussetzungen Rn 30–49 ein Verlegungszwang, aM Feiber NJW **97**, 162 (überhaupt kein Ermessen. Aber die Befehlsform betrifft schon nach ihrem klaren Wortlaut gerade den Gegenfall. Im übrigen bleibt es bei I, II). 51

B. „Besondere" Beschleunigung. Sie braucht ein Verfahren dann, wenn der Kläger solche Tatsachen vorträgt, aus denen sich ergibt, daß die „normale" Prozeßförderung durch das Gericht nach § 216 Rn 17 nicht zur Herbeiführung des notwendigen Entscheids reicht, also zu langsam geschähe. Der gewöhnliche Zeitverlust muß also zu groß sein. Es müssen darüber hinausgehende rechtliche, wirtschaftliche oder sonstige Nachteile drohen. Dabei kommt es nicht darauf an, daß das Gericht die Sache in der Sommerzeit in dieser Instanz endgültig abschließen könnte. Ein schon jetzt ergehender Beweisbeschluß usw genügt als eine besonders eilbedürftige Zwischenentscheidung. Es ist unerheblich, ob der zu hohe Zeitverlust wegen einer Partei droht oder wegen eines Zeugen oder Sachverständigen oder wegen des Zustands einer Sache. 52

C. Großzügigkeit. Eine gewisse Großzügigkeit ist bei der Prüfung eines besonderen Beschleunigungsbedürfnisses trotz der formellen Stellung von III 3 als einer Ausnahme von III 1 ratsam. Denn III 1 ist gemessen an § 216 bereits eine Ausnahme von der Regel einer unverzüglichen Terminierung. Ausnahmen von Ausnahmen sind weit auslegbar. Deshalb darf das Gericht auch nicht stets eine Glaubhaftmachung nach § 294 fordern, die ja grundsätzlich schon als eine Anforderung im Gesetz stehen müßte. Allerdings darf man nicht mithilfe von III 3 den Umstand, daß mit dem halben Volk auch die halbe Parteien- und Anwaltschaft im Hochsommer Ferien macht, entgegen der in III 1 vorgenommenen Respektierung unbeachtlich machen. Eine allzu großzügige oder gar schematische Bejahung eines besonderen Beschleunigungsbedürfnisses wäre ermessensfehlerhaft. Eine Überlastung des Gerichts kann freilich nicht dazu führen, einen jetzt möglichen Termin um Monate zu verschieben. Das gilt selbst dann, wenn beide Parteien das begrüßen würden, I 2 Z 3. Das Antragsrecht nach III 1 findet im wohlverstandenen besonderen Beschleunigungsbedürfnis seine Grenze. 53

D. Urlaub. Eine Ferienabwesenheit eines Prozeßbeteiligten ist jedenfalls offiziell kein ausreichender Grund zur Verneinung des besonderen Beschleunigungsbedürfnisses. Muß man es bejahen, mag man anschließend klären müssen, ob zB eine Säumnis nach § 337 fehlt. Wegen des grundsätzlichen Rechts auf einen Urlaub nach eigener Zeitwahl sollte das Gericht allerdings nun auch nicht zu starr gegen eine längst unvorwerfbar geplante Urlaubsabwesenheit anterminieren. Eine behutsame Abwägung gibt den richtigen Maßstab. 54

9) Verfahren, IV 1, 2. Man sollte es knapp fassen. 54

A. Zuständigkeit, IV I. Zu einer Aufhebung oder Verlegung ist der Vorsitzende oder der Einzelrichter nach §§ 348, 348 a, 526, 527, 568 oder der nach §§ 361, 362 verordnete Richter zuständig, IV 1 Hs 1. Eine mündliche Verhandlung ist nicht erforderlich, IV 1 Hs 1, § 128 IV. Die Entscheidung ergeht auf einen Antrag und bei III nur auf ihn, Rn 33, 34. Sie ergeht nur bei I auch von Amts wegen. Das geschieht vor dem Termin aber nur, soweit dazu überhaupt noch Zeit ist. Das bedenkt Karlsr MDR **91**, 1195 nicht mit. Bei einer Vertagung nach I ist das gesamte Kollegium auf Grund der ja schon begonnenen Verhandlung zuständig, IV 1 Hs 2. Wegen der Glaubhaftmachung, II, Rn 7.

B. Anhörung, IV 1. Wer einen Verlegungs- oder Vertagungsantrag erst kurz vor dem Termin einreicht, kann selbst bei dessen Rechtzeitigkeit im Fall III 1 nach Rn 35 nicht damit rechnen, daß das Gericht alles stehen und liegen läßt, um über diesen Antrag zu entscheiden. Es müßte ja zwar nicht vor einer ablehnenden Entscheidung, wohl aber vor einer stattgegebenen grundsätzlich auch den Prozeßgegner anhören, Art 103 I GG, Einl III 16, BFH BB **86**, 1770. Er kann ein Recht auf die Durchführung des anberaumten Termins haben. Der Antragsteller muß daher zumindest vorsorglich anfragen, ob das Gericht seinem Antrag stillschweigend stattgeben werde, BGH NJW **82**, 889. Die Mitteilung, der Anfrager gehe davon aus, daß das Gericht seinem Antrag stattgeben werde, entbindet ihn nicht von der Notwendigkeit, den Termin vorzubereiten und wahrzunehmen, solange das Gericht ihn nicht ablädt. Eine solche Mitteilung der Partei oder des ProzBev verpflichtet den Richter nicht zu einer Entscheidung vor einer Anhörung des Gegners, noch dazu etwa in letzter Minute. Das bedenkt Karlsr MDR **91**, 1195 nicht mit. 55

Eine *ganz kurzfristige* Verlegung kann das rechtliche Gehör verletzen, OVG Bautzen NVwZ-RR **04**, 4. Das gilt aber nicht bei einem sachlich rechtfertigenden Grund.

C. Entscheidung, IV 2. Die Entscheidung kann oft erst nach einer vor dem Termin nicht mehr möglichen, aber notwendigen Anhörung des Gegners erfolgen. An ihn muß das Gericht ebenfalls denken, aM Karlsr MDR **91**, 1195 (aber das rechtliche Gehör bleibt auch in solcher Lage ein prozessuales Grundrecht, Einl III 16). Dann muß der Antragsteller jedenfalls zum Termin erscheinen. Er darf allenfalls in ihm vor dem Eintritt in die eigentliche Verhandlung mit ihren Sachanträgen eine Entscheidung mit der Folge des § 47 II fordern. Wegen einer vorwerfbar späten Ab- oder Umladung § 217 Rn 3. Eine wenn auch nur kurze Bescheidung ist eine Rechtspflicht des Gerichts, wenn noch technisch durchführbar und zeitlich zumutbar, § 329 Rn 4, BGH FamRZ **87**, 277, Karlsr MDR **91**, 1195, LG Hann MDR **93**, 82. Freilich braucht das Gericht auch in dieser Hinsicht nicht alles andere stehen- und liegenzulassen. In der Praxis ist eine bloße Verfügung üblich. Zumindest bei einer Vertagung, aber auch sonst ergeht die Entscheidung trotz der grundsätzlichen Unanfechtbarkeit nach IV 3, Rn 7, besser durch einen ausdrücklichen Beschluß, § 329, Köln JB **77**, 411. Eine Begründung „aus dienstlichen Gründen" kann bei I genügen, Stgt AnwBl **89**, 232. Bei III ist eine wenigstens knappe nachvollziehbare Auseinandersetzung mit allen Voraussetzungen erforderlich, auch eine solche mit dem etwaigen besonderen Beschleunigungsbedürfnis, Rn 50–53, § 329 Rn 4, 11. 56

Die *Vertagung* nach I kann auf einen neuen Termin vor oder nach dem 31. 8. erfolgen. Im ersteren Fall kann sich freilich das ganze Verfahren nach III wiederholen. Das Gericht verkündet die Vertagung, § 329 I 1.

Dadurch wird eine besondere Ladung nach § 218 entbehrlich. Das Gericht teilt eine ablehnende Entscheidung formlos mit, § 329 II 1, und zwar nur dann noch vor dem Termin, wenn das noch technisch möglich und zeitlich zumutbar ist, sonst später. Das Gericht stellt seinen stattgebenden Beschluß mit der Ladung förmlich zu, soweit er eine neue Terminsbestimmung enthält, § 329 II 2. Es teilt ihn im übrigen formlos mit, § 329 II 1. Bei einem Zeitdruck empfiehlt sich eine telefonische Vorausmitteilung. Auch sie ist aber nur in einer zumutbaren Lage notwendig.

57 **10) Rechtsbehelfe, IV 3.** Beim Rpfl gilt § 11 RPflG, § 104 Rn 41 ff. Im übrigen:

A. Grundsatz: Unanfechtbarkeit. Die Ablehnung einer Maßnahme nach § 227 wie eine stattgebende Anordnung sind grundsätzlich unanfechtbar, IV 3, Ffm NJW **04**, 3050, KG MDR **08**, 226, LAG Mainz NJW **81**, 2272. Die Entscheidung ist also in aller Regel allenfalls zusammen mit dem Urteil anfechtbar, §§ 512, 548, KG MDR **05**, 708. Eine Ablehnbarkeit besteht fast nie, § 42 Rn 50 „Terminierung“, KG MDR **05**, 708.

58 **B. Ausnahme: Sofortige Beschwerde.** Soweit die Entscheidung praktisch auf eine Aussetzung des Verfahrens hinausläuft, ist sie trotz des auch geltenden Grundsatzes der Unanfechtbarkeit nach IV 3 ausnahmsweise ebenso wie ein Aussetzungsbeschluß anfechtbar, §§ 252, 567 I Z 2, Einf 8 vor §§ 148–155, Ffm NJW **04**, 3050, KG MDR **08**, 226, Mü RR **89**, 64. Man sollte mit der Annahme zurückhalten, die Entscheidung laufe auf eine solche Aussetzung hinaus. Eine Aussetzung des Verfahrens liegt ja erst dann vor, wenn nach der Meinung des Gerichts jedenfalls in absehbarer Zeit nichts weiter zur Fortsetzung des Prozesses geschehen wird. Auch die Anberaumung eines erst in mehreren Monaten stattfindenden neuen Termins ist immerhin ein weiterer Schritt des Verfahrens und nicht dessen Stillstand. Die Ablehnung einer Vertagung ist natürlich keine Aussetzung. Eine Rechtsbeschwerde kommt unter den Voraussetzungen des § 574 in Betracht.

59 **C. Dienstaufsichtsbeschwerde: Grundsatz der Unzulässigkeit.** Eine Dienstaufsichtsbeschwerde ist zwar denkbar, BVerfG NJW **89**, 3148. Sie ist aber in der Regel schon wegen des Grundsatzes des § 26 I DRiG sinnlos. Denn die Entscheidung nach § 227 gehört grundsätzlich zum Kernbereich der richterlichen Unabhängigkeit. Das gilt sowohl dann, wenn das Gericht eine Terminsänderung usw ablehnt, als auch dann, wenn es ihr stattgibt. Denn die Entscheidung darüber, ob ein erheblicher Grund oder gar eine Situation nach III vorliegt, erfordert eine Beschäftigung jedenfalls auch mit dem konkreten Streitstoff des vorliegenden Verfahrens und die Abwägung der Interessen der Parteien unter denselben Gesichtspunkten, unter denen das Gericht zB prüfen müßte, ob eine Partei beim Ausbleiben im Termin säumig wäre oder ob ein besonderes Beschleunigungsbedürfnis vorliegt usw. Damit würde sich die Dienstaufsicht in den ihr verschlossenen Bereich begeben.

Es ist auch keineswegs zulässig, im Weg der Dienstaufsicht zwar theoretisch die *richterliche Unabhängigkeit* zu respektieren, der Sache nach aber anschließend um so intensiver zu prüfen, ob die im Beschluß genannten oder sonst erkennbaren Erwägungen des Gerichts für seine Entscheidung nun auch wirklich jeder Nachprüfung standhalten. Diese Kontrolle darf allein das etwaige Rechtsmittelgericht vornehmen. Das alles hätte BVerfG NJW **89**, 3148 wohl ebenfalls erkennbar miterörtern können.

60 Die Dienstaufsicht darf erst dann *ausnahmsweise* nach § 26 II DRiG eingreifen, wenn ersichtlich keinerlei sachliche Erwägungen mehr für die Entscheidung maßgeblich waren, nicht schon dann, wenn die Entscheidung irgendwie fehlerhaft sein könnte. Das Gericht hat sowohl bei I als auch zumindest bei III 3 nach Rn 50 einen beträchtlichen Ermessensspielraum. Ihn darf die Dienstaufsicht keineswegs unter einer Berufung auf diese eng auslegbare Ausnahmevorschrift auch nur im Ergebnis einengen.

61 **D. Strafbarkeit.** Eine unter diesen Voraussetzungen hochgradig oberflächlich oder praktisch gar nicht begründete Dienstaufsichtsbeschwerde kann als eine falsche Verdächtigung nach § 164 StGB strafbar sein.

62 **11) Abänderbarkeit der Entscheidung, I–IV.** Die Entscheidung ist grundsätzlich jederzeit abänderbar. Dabei muß das Gericht natürlich Gründe haben und nennen und gesetzliche Fristen sowie evtl Art 103 I GG (erneut) beachten.

228 (weggefallen)

229 *Beauftragter oder ersuchter Richter.* **Die in diesem Titel dem Gericht und dem Vorsitzenden beigelegten Befugnisse stehen dem beauftragten oder ersuchten Richter in Bezug auf die von diesen zu bestimmenden Termine und Fristen zu.**

1 **1) Systematik, Regelungszweck.** Die Vorschrift stellt klar, was ohnehin eigentlich selbstverständlich wäre. Der verordnete Richter nach §§ 278 V 1, 361 f, nicht zu verwechseln mit dem als Prozeßgericht tätigen Einzelrichter nach §§ 348, 348 a, 526, 527, 568, hat dieselben Befugnisse wie das Gericht und der Vorsitzende. Das gilt besonders bei §§ 216, 224, 227.

2 **2) Geltungsbereich.** Üb 3 vor § 214.

3 **3) Rechtsbehelf.** Man muß zwei Stufen beachten.

A. Anrufung des Gerichts. Die Entscheidung des verordneten Richters ermöglicht stets die Anrufung des Prozeßgerichts nach § 573 I 1, III. Das gilt also unabhängig davon, ob die entsprechende Anordnung des Vorsitzenden anfechtbar wäre. Das Prozeßgericht kann sein Ersuchen wiederholen oder ändern. Es kann dem verordneten Richter aber keine weiteren Weisungen geben.

4 **B. Sofortige Beschwerde.** Gegen die Maßnahme des nach Rn 3 angerufenen Gerichts ist die sofortige Beschwerde nach § 573 II statthaft. Eine Rechtsbeschwerde kommt unter den Voraussetzungen des § 574 in Betracht.

Titel 4. Folgen der Versäumung; Wiedereinsetzung in den vorigen Stand

Übersicht

Schrifttum: *Kummer,* Wiedereinsetzung in den vorigen Stand, 2003 (Bespr *Huber* NJW **04**, 1723).

1) Systematik. Eine Versäumung liegt vor, wenn eine Partei nach Grdz 4 vor § 50 oder ein Streithelfer nach § 66 eine solche Parteiprozeßhandlung nach Grdz 47 vor § 128 gar nicht, verspätet oder unwirksam vornimmt (Teilversäumung), BGH NJW **91**, 2839, die sie entweder innerhalb einer gesetzlichen oder richterlichen Frist oder innerhalb des jeweiligen Prozeßabschnitts oder im Termin vornehmen müßte, also meist bis zum Schluß der mündlichen Verhandlung nach §§ 136 IV, 296 a, evtl auch schon früher, zB nach §§ 39, 43, 295. Demgegenüber liegt in einer völligen Versäumung des Termins zur notwendigen mündlichen Verhandlung nach § 129 Rn 2 das sog Versäumnis. Es kann zur Versäumnisentscheidung nach §§ 330 ff und anderen Folgen führen, §§ 141 III, 251 a, 454, 877, 901. Wer eine Fristeinhaltung behauptet, muß sie voll beweisen, § 418 Rn 8 ff, BGH VersR **01**, 733. 1

2) Regelungszweck. In allen Fällen Rn 1 sieht das Gesetz als Folge einen Rechtsnachteil vor, damit der Betroffene möglichst gar nicht erst gegen die prozessuale Obliegenheit verstößt. Eine Rechtspflicht zum Erscheinen oder zum Verhandeln besteht aber nicht. Daher ist auch § 38 GKG nicht schon wegen einer bloßen Säumnis anwendbar, § 342 Rn 4. 2

3) Geltungsbereich. §§ 230 ff gelten grundsätzlich in allen Verfahrensarten nach der ZPO, auch im WEG-Verfahren, vgl auch § 46, S 3 WEG, abgedruckt § 253 Rn 26. Sie gelten auch vor dem Beschwerdegericht nach § 73 Z 2 GWB. Im FamFG-Verfahren gelten §§ 17, 185 FamFG. 3

4) Versäumungsfolgen in demselben Prozeß. Eine Teilversäumung hat die folgenden Rechtsnachteile. 4

A. Ausschluß. Der Teilsäumige wird mit der Prozeßhandlung ausgeschlossen (Präklusionsprinzip), § 230. Seine Handlung ist dann also unzulässig und unwirksam. Termine und Fristen verfallen ohne weiteres. Eine Versäumung in der ersten Instanz kann den Ausschluß für den ganzen Prozeß bedeuten, §§ 530, 531.

B. Kosten. Der Teilsäumige muß Kostennachteile tragen, zB nach den §§ 95, 97 II, 238 IV. 5

C. Unterstellung. Das Gesetz unterstellt, daß der Teilsäumige die ihm ungünstigste Prozeßhandlung vorgenommen hat, soweit sein Handeln unentbehrlich war. Beispiel: § 138 III unterstellt sein Geständnis. Weitere Beispiele: §§ 239 IV, 242, 244 II, 267, 427, 439 III, 441 III, 531 II. 6

D. Versäumnisentscheidung. Im Fall einer völligen Versäumung ist eine Versäumnisentscheidung nach den §§ 330 ff zulässig. Nach dem Gesetz braucht das Gericht die vorgenannten Rechtsnachteile keineswegs stets anzudrohen. Man mag das bei einer völligen Versäumung bedauern. Es ergibt sich aus allgemeinen Rechtsgrundsätzen und aus den §§ 51 II, 85 II, daß die Versäumung des gesetzlichen Vertreters oder des ProzBev als eine solche der Partei gilt. Wenn es darauf ankommt, ob der Betreffende schuldhaft (vorwerfbar) handelte, etwa bei §§ 95, 356, 379 oder im Zusammenhang mit einem Wiedereinsetzungsverfahren, bleiben diesbezügliche privatrechtliche Grundsätze unerheblich. Zur Abgrenzung Säcker ZZP **80**, 421. Einzelheiten vgl bei § 233. 7

E. Sonstige Folgen. Vgl §§ 39, 113, 295, 701. 8

5) Versäumungsfolgen im künftigen Prozeß. Man muß zwischen den Rechtsnachteilen in demselben Prozeß und denjenigen in einem künftigen Prozeß unterscheiden. Für einen künftigen Prozeß kommt eine Ausschließung in Betracht. Sie kann zB bei einer Abänderungsklage nach § 323 und bei einer Vollstreckungsabwehrklage nach § 767 eintreten. Darüber hinaus kann sie aber auch als eine Folge der Rechtskraft für alle diejenigen Einwendungen gelten, die das Gericht in dem rechtskräftig beendeten Erstprozeß behandelt hat oder die man nach § 767 II hätte vorbringen können. Vgl auch Einf 11, 13 vor §§ 322–327. 9

6) Beseitigung der Folgen. Man kann die Folgen einer Versäumung nur in den gesetzlich genannten Fällen beseitigen. Unter Umständen kann man eine versäumte Prozeßhandlung nachholen, etwa nach § 296 III. Ferner mag ein Einspruch zulässig sein, zB gegen ein Versäumnisurteil, §§ 338 ff. Vgl ferner §§ 364 III, 532. Außerdem kann eine Entscheidung nach Lage der Akten in Betracht kommen, §§ 251 a, 331 a. Sofern es um die Versäumung einer Notfrist nach § 224 I 2 geht, mag eine Wiedereinsetzung nach § 233 zulässig sein. Sie verlangt allerdings regelmäßig, daß man die Frist schuldlos versäumt hat. Das Gesetz kennt keine Wiedereinsetzung gegen die Versäumung eines Termins. Das kann sich unbillig auswirken. Soweit zB eine Wiedereinsetzung in Betracht kommt, ist die Nichtigkeitsklage nach § 579 I Z 4 grundsätzlich unstatthaft, LG Konst MDR **89**, 827. 10

Das *Wiedereinsetzungsverfahren* ist in §§ 233 ff geregelt. Ein Antrag auf eine Wiedereinsetzung hindert weder den Eintritt der Rechtskraft nach §§ 322, 705, BGH **100**, 205, noch die Möglichkeit einer Zwangsvollstreckung, §§ 704 ff. Die Entscheidung des Gerichts dahin, daß die Partei eine Wiedereinsetzung erhält, beseitigt die Rechtskraft rückwirkend, § 705 Rn 9. Das gilt auch dann, wenn es sich zB um ein Scheidungsurteil handelt. 11

230 *Allgemeine Versäumungsfolge.* **Die Versäumung einer Prozesshandlung hat zur allgemeinen Folge, dass die Partei mit der vorzunehmenden Prozesshandlung ausgeschlossen wird.**

1) Grundsatz: Ausschlußwirkung. Begriff der Versäumung Üb 1 vor § 230. Eine Versäumung durch einen Fristablauf oder durch den Ablauf des Prozeßabschnitts nach §§ 274 III, 295, 296, 323 II, 532, 767 II oder in der mündlichen Verhandlung hat grundsätzlich zur Folge, daß die Partei mit der Prozeßhandlung ausgeschlossen wird, Karlsr MDR **90**, 336. Das gilt grundsätzlich unabhängig davon, ob sie vorwerfbar 1 handelte oder nicht, Üb 3 vor § 230. In der mündlichen Verhandlung tritt eine Versäumung grundsätzlich erst mit dem Schluß derjenigen Verhandlung ein, auf die das Urteil ergeht, §§ 136 IV, 296 a. Das ergibt sich aus dem Grundsatz der Einheit der Verhandlung, Üb 3 vor § 253, Ffm MDR **82**, 153. Vgl ferner § 220 II. Gelegentlich kommt es auch auf den Antrag an, § 43, oder auf die erste Verhandlung, § 39, oder auf die jeweils nächste, § 295. Trotz einer Rechtzeitigkeit kann eine Unwirksamkeit und damit Versäumung vorliegen.

2 **2) Ausnahmen.** Das Gesetz macht mehrfach von § 230 eine Ausnahme. Das gilt vor allem dann, wenn es sich um die Wahrung des öffentlichen Interesses handelt, §§ 231 II, 295. Eine Versäumung der schriftsätzlichen Vorbereitung hat andere Folgen, § 132 Rn 21, 22. Vgl ferner zB §§ 282, 296.

231 *Keine Androhung; Nachholung der Prozesshandlung.* **I Einer Androhung der gesetzlichen Folgen der Versäumung bedarf es nicht; sie treten von selbst ein, sofern nicht dieses Gesetz einen auf Verwirklichung des Rechtsnachteils gerichteten Antrag erfordert.**

II Im letzteren Fall kann, solange nicht der Antrag gestellt und die mündliche Verhandlung über ihn geschlossen ist, die versäumte Prozesshandlung nachgeholt werden.

1 **1) Systematik, I, II.** Die Vorschrift enthält in I in Wahrheit nur einen Grundsatz. Von ihm gibt es an anderen Stellen des Gesetzes Ausnahmen, zB in §§ 141 III 3, 276 II, 277 II. II enthält eine Klarstellung, vgl auch § 295, und eine zeitliche Begrenzung in Anlehnung an §§ 136 IV, 296 a. § 39 FamFG zwingt zu einer Rechtsbehelfsbelehrung.

2 **2) Regelungszweck, I, II.** I dient in Wahrheit trotz seines vordergründig bürgerfeindlichen Befehls doch gerade deshalb der Rechtssicherheit, Einl III 43. Wer nicht eine bequeme Belehrung abwarten will, wird sich eher bemühen. Freilich enthalten die ZPO und andere Prozeßordnungen so oft Belehrungspflichten, daß man eine Überforderung des Prozeßbeteiligten keineswegs immer ausschließen kann, wenn er die Rechtsfolgen bald selbst herausfinden muß, bald von Amts wegen angekündigt erhält. Eine Vereinheitlichung wäre wünschenswert.

Übereifrigkeit bei gar nicht zwingend erforderlichen Belehrungen ist eine zweifelhafte Art der Erfüllung der richterlichen Fürsorgepflicht, Einl III 27. Zum einen muß man eine einmal bekannt gewordene Belehrungspraxis zur Vermeidung des Vorwurfs eines Verstoßes gegen Art 3 GG dann konsequent immer weiterführen. Zum anderen besteht oft die Gefahr einer Unvollständigkeit oder Fehlerhaftigkeit auch einer gutgemeinten Belehrung. Schließlich setzt die Parteiherrschaft nach Grdz 18 vor § 128 auch einer weitverstandenen Fürsorgeaufgabe durchaus ebenfalls ernstzunehmende Grenzen. Der Zivilprozeß kennt eben grundsätzlich keine Amtsermittlung, Grdz 38 vor § 128. Dann ist auch keine umfassende ständige Belehrung durch das Gericht nötig, soweit das Gesetz sie nicht direkt vorschreibt. Das darf und muß man auch sehr wohl bei der Handhabung des § 231 mitbeachten, Rn 5 ff.

3 **3) Geltungsbereich, I, II.** Vgl Üb 3 vor § 230.

4 **4) Androhung, I.** Das Gericht braucht die gesetzlichen Folgen einer Versäumung nach dem Wortlaut von I grundsätzlich nicht anzudrohen. Von dieser Regel gibt es aber zahlreiche Ausnahmen, zB §§ 215 I, 276 II, 277 II, 340 III, 692 I Z 4, 890 II. Wenn eine Androhung nicht erforderlich ist, treten die Folgen kraft Gesetzes ein, soweit nicht das Gesetz einen Antrag fordert, wie bei §§ 109 II, 113 (Sicherheitsleistung), bei § 158 (Entfernung eines Beteiligten), bei den §§ 239 IV, 246 II (nach einer Unterbrechung), bei §§ 330 ff (Versäumnisentscheidungen), bei § 699 I 1 (Mahnverfahren), bei § 890 I (Zwangsvollstreckung wegen Unterlassung), bei § 926 (Arrestklage), bei § 952 (Ausschlußurteil).

5 **5) Rechtsmittelbelehrung, I.** Das Gesetz verlangt vom Gericht also im Zivilprozeß anders als nach § 39 FamFG grundsätzlich noch keine Rechtsmittelbelehrung, Rn 2, § 139 Rn 79 „Rechtsmittelbelehrung", BGH FamRZ **93**, 310, Hamm MDR **75**, 409 (zum dort unter anderem erörterten Problem jetzt § 890 Rn 21), LG Heilbr MDR **91**, 1194 (kein Verfassungsverstoß). Das Gericht sollte sich auch hüten, eine Rechtsmittelbelehrung zu erteilen, soweit es dazu nicht gesetzlich verpflichtet ist, Rn 2. Obendrein könnte sie falsch sein und schon deshalb eine Staatshaftung auslösen. Sie könnte sich nach § 839 BGB auswirken, etwa dann, wenn sich die Rechtsmittelbelehrung in einem Urteil befindet.

6 Die Fürsorgepflicht des Gerichts nach Einl III 27 findet dort ihre *Grenze*, wo der Gesetzgeber nach dem jeweils geltenden Recht die Grenze selbst erkennbar zieht. Das Gesetz kennt zwar auf anderen Gebieten mehr oder minder umfassende Rechtsmittelbelehrungspflichten, zB im Verwaltungs- oder Strafprozeß oder eben im FamFG-Verfahren. Es stellt aber im Zivilprozeß derzeit nur in einzelnen Fällen solche Pflichten auf. Daher hat der Gesetzgeber selbst klar zu erkennen gegeben, daß er das Problem unterschiedlicher Belehrungspflichten kennt. Deshalb kann man dann auch nicht von einer Gesetzeslücke nach Einl III 48 sprechen. Im übrigen könnte die Partei mit Recht zB darauf hinweisen, daß das Gericht sie im Fall A belehrt habe, im Fall B jedoch nicht. In solcher unterschiedlichen Handhabung könnte ein Verstoß gegen Art 3 GG liegen. Er könnte ebenfalls Staatshaftung usw auslösen, Rn 2.

7 Das alles gilt unabhängig davon, ob der derzeitige Rechtszustand *rechtspolitisch* erfreulich ist oder nicht. Immerhin muß man berücksichtigen, daß der Zivilprozeß nach der Grundeinstellung auch des heutigen Gesetzes ein Kampf zweier gleichberechtigter Parteien gegeneinander ist, Grdz 26 vor § 128, LG Heilbr MDR **91**, 1194, nicht etwa ein Verfahren der Obrigkeit gegenüber dem einzelnen Bürger wie etwa im Strafprozeß. Daraus ergibt sich auch eine mindere Belehrungs-, Hinweis- und Fürsorgepflicht des Gerichts.

8 **6) Nachholbarkeit, II.** Soweit das Gesetz einen Antrag mit dem Ziel des Ausspruchs der Folgen einer Versäumung nach Rn 1 voraussetzt und soweit eine Partei diesen Antrag auch wirksam gestellt hat, ist eine versäumte Prozeßhandlung bis zu dem nach §§ 136 IV, 296 a eintretenden Schluß einer notwendigen mündlichen Verhandlung über diesen Antrag nachholbar, Köln OLGZ **79**, 119. Ausnahmsweise kann man sie sogar noch bis zur Verkündung oder sonstigen Wirksamkeit der Entscheidung über den Antrag nachholen. Das gilt zB bei §§ 106, 109. Manchmal setzt das Gesetz keinen derartigen Antrag voraus. Das gilt

etwa bei der Versäumung einer Rechtsmittelbegründungsfrist. Es mag sich auch nicht um eine Prozeßhandlung handeln, etwa bei der Ernennung eines Schiedsrichters. Dann ist die versäumte Prozeßhandlung nicht nachholbar. Soweit nach § 128 II 2 keine mündliche Verhandlung stattfindet, genügt die Nachholung bis zum gerichtlich bestimmten Einreichungszeitpunkt. Wenn das Gericht die Verhandlung nach § 156 wiedereröffnet, gilt II bis zum erneuten Verhandlungsschluß. II ist auch dann anwendbar, wenn nach der Versäumung einer richterlichen Frist ein Antrag notwendig wird.

232 (weggefallen)

233

Fassung 1. 9. 2009: ***Wiedereinsetzung in den vorigen Stand.*** **War eine Partei ohne ihr Verschulden verhindert, eine Notfrist oder die Frist zur Begründung der Berufung, der Revision, der Nichtzulassungsbeschwerde oder der Rechtsbeschwerde oder die Frist des § 234 Abs. 1 einzuhalten, so ist ihr auf Antrag Wiedereinsetzung in den vorigen Stand zu gewähren.**

Vorbem. Änderg dch Art 29 Z 9 FGG-RG, in Kraft seit 1. 9. 09, Art 112 I Hs 1 FGG-RG, ÜbergangsR Art 111 FGG-RG, Einf 4 vor § 1 FamFG.

Bisherige Fassung: ***Wiedereinsetzung in den vorigen Stand.*** **War eine Partei ohne ihr Verschulden verhindert, eine Notfrist oder die Frist zur Begründung der Berufung, der Revision, der Nichtzulassungsbeschwerde, der Rechtsbeschwerde oder der Beschwerde nach §§ 621e, 629a Abs. 2 oder die Frist des § 234 Abs. 1 einzuhalten, so ist ihr auf Antrag Wiedereinsetzung in den vorigen Stand zu gewähren.**

Schrifttum: *Born* NJW **07**, 2088 (Rspr-Üb); *Büttner,* Wiedereinsetzung in den vorigen Stand usw, 2. Aufl 1998; *Fellner* MDR **07**, 71 (Rspr-Üb); *Fink,* Die Wiedereinsetzung in den vorigen Stand im Zivilprozeßrecht, Wien 1994; *Greger,* Das Rechtsinstitut der Wiedereinsetzung usw, 1998; *Kummer,* Wiedereinsetzung in den vorigen Stand, 2003 (Bespr *Huber* NJW **04**, 1723); *Maniotis,* Das prozessuale Verschulden und die objektive Präklusion, zwei Auslegungsprobleme des § 233 ZPO, Diss Freibg/Br 1983; *Prütting/Weth,* Rechtskraftdurchbrechung bei unrichtigen Titeln, 2. Aufl 1994; *Vollkommer,* Die Erleichterung der Wiedereinsetzung im Zivilprozeß, in: Festschrift für *Ostler,* 1983. Vgl auch die Nachweise bei § 85.

Gliederung

1) Systematik. Man muß zwischen der Wiedereinsetzung in den vorigen Stand nach §§ 233 ff und der Wiederaufnahme eines rechtskräftig abgeschlossenen Verfahrens nach §§ 578 ff unterscheiden. Beide Institute haben Berührungspunkte im notwendigen Merkmal der Unverschuldetheit. 1

2) Regelungszweck. Die Wiedereinsetzung in den vorigen Stand ist die Beseitigung eines solchen Rechtsnachteils, der einer Partei infolge einer Versäumung entstanden ist, BGH **128**, 283. Sie gehört zum einfachen, dem BVerfG nur bedingt einer Überprüfung zugänglichen Recht, BVerfG NJW **00**, 1634. Sie dient freilich unmittelbar dazu, einen Rechtsschutz zu garantieren, BVerfG NJW **04**, 2887, BGH NJW **02,** 3031. Sie soll auch das rechtliche Gehör nach Einl III 16 gewährleisten, BVerfG NJW **00**, 1634, BGH NJW **02,** 3031. Der gesetzgeberische Hintergrund ist die Notwendigkeit einer richterlichen Billigkeitsentscheidung. Andererseits sollen jede Prozeßverschleppung und jede Gefährdung der Rechtskraft unterbleiben, Schlicht BB **80**, 632. Deshalb hat das Gesetz die Möglichkeiten einer Wiedereinsetzung mit ihrer Beseitigung der Rechtskraft beschränkt. 2

Richterrecht, „case law", hat sich tausendfältig bei §§ 233 ff herausgebildet. Das zeigen schon die unzähligen Einzelfallbeispiele aus der Rechtsprechung in Rn 18–190. Systematisch ist das eigentlich im deutschen Gesetzesrecht ein Fremdkörper. Er besteht freilich auch auf so manchem anderen Gebiet in lebendigster Realität, etwa im Wettbewerbsrecht oder im Straßenverkehrsrecht, also überall dort, wo das Gesetz bewußt nur die Marschrichtung setzt und die Ausformung der Entwicklung überläßt.

Rechtssicherheit bleibt erstaunlicherweise trotz solcher Überantwortung an die Richterschaft keineswegs auf der Strecke. Vielmehr zeigt die höchstrichterliche Rechtsprechung eine bisweilen wirklich um eine Haarspaltung nicht zu beneidende Bemühung zur Herausarbeitung von Linien etwa zur erstmaligen Verlängerung einer Rechtsmittelbegründungsfrist. Das Alltagsleben eilt mit seiner Buntheit im ständigen Fluß jeder Einengung in ein Rechtsprechungsbett davon, etwa beim Telefax usw. Ein Rest von Neuland bleibt daher für alle Beteiligten auch beim Wiedereinsetzungsverfahren riskant zu erkunden. Alle Härte bei Fristen, aber ein behutsames Verständnis bei der Prüfung einer Wiedereinsetzungschance bleiben reizvolle schwierige Aufgaben nicht nur des Gerichts.

3 **3) Sachlicher Geltungsbereich.** Vgl zunächst Üb 3 vor § 230. § 17 I FamFG stimmt mit § 233 praktisch überein.

A. Fristversäumung. Die Wiedereinsetzung ist nur dann statthaft, wenn man eine Frist insgesamt objektiv versäumt hat, BGH NJW **03**, 2460. Es darf zumindest nicht feststellbar sein, ob die Partei die Frist eingehalten hat, BGH FamRZ **07**, 553 links, aM BGH NJW **98**, 1156. Es reicht also nicht, daß man bloß zB eine einzelne fristgebundene Rüge oder etwa einen Termin versäumt hat. Nach dem klaren Wortlaut des § 233 ist die Wiedereinsetzung also nicht beim Fehlen einer wirksamen Frist zulässig, Mü RR **87**, 895 (kein Rechtsschutzbedürfnis), oder gegenüber einer Terminsversäumung. Das kann sich unbillig auswirken. Dann können aber §§ 251 a II 4, 337, 342, 514 II helfen. Eine ordnungsgemäße Versagung der Wiedereinsetzung ist kein Verstoß gegen Artt 2 I, 20 III GG (Rpfl), BVerfG **101**, 404, Art 103 I GG (Richter), Köln VersR **75**, 545. Die Wiedereinsetzung hängt von anderen Voraussetzungen ab als die Einstellung der Zwangsvollstreckung. Die Wiedereinsetzung ist im Gegensatz zur letzteren endgültig, BVerfG **61**, 17.

Soweit das Gericht der Partei die Wiedereinsetzung in den vorigen Stand zugebilligt hat, ist eine zugelassene und von der Partei nunmehr ordnungsmäßig nachgeholte Prozeßhandlung ebenso *wirksam,* als ob sie ursprünglich rechtzeitig erfolgt wäre, BGH **128**, 283. Dann ist ferner die Rechtskraft einer etwa inzwischen ergangenen verwerfenden Entscheidung beseitigt, soweit es gerade um die Fristversäumung geht, LAG Mü MDR **94**, 834.

4 **B. Beispiele zur Frage des sachlichen Geltungsbereichs**

Arbeitsgericht: §§ 233 ff gelten im arbeitsgerichtlichen Verfahren, BAG NJW **05**, 3516, LAG Hamm JB **04**, 377, Schlicht BB **80**, 632.

Baulandsache: §§ 233 ff gelten in einer Baulandsache, § 218 BauGB.

Entschädigungssache: §§ 233 ff gelten im Verfahren nach dem BEG, BGH VersR **86**, 966. Zur Vereinbarkeit mit dem GG BVerfG NJW **84**, 2148.

Finanzgericht: §§ 233 ff gelten im finanzgerichtlichen Verfahren, § 56 FGO, BFH NJW **94**, 960 (grds aber keine Wiedereinsetzung wegen einer unverschuldeten Terminsversäumung).

Geschmacksmuster: §§ 233 ff können im Verfahren nach dem GeschmMG gelten, BPatG GRUR **83**, 647.

Halbleiter: §§ 233 ff können im Verfahren nach § 11 I Halbleiterschutzgesetz in Verbindung mit § 123 PatG gelten.

Insolvenz: §§ 233 ff sind im Insolvenzverfahren grds anwendbar, § 4 InsO, BayObLG RR **02**, 914, Köln Rpfleger **01**, 44.

S aber auch Rn 7 „Insolvenzverfahren".

Markensache: §§ 233 ff gelten in einer Markensache vor dem Patentamt und dem PatG, § 91 MarkenG, sowie vor dem BGH mit einer Besonderheit entsprechend, § 88 I 1, 2, § 91 VIII MarkenG.

Nichtzulassungsbeschwerde: §§ 233 ff sind ausdrücklich auf ein Verfahren nach § 544 anwendbar.

Patentsache: §§ 233 ff können im Verfahren nach § 123 PatG gelten, wenn auch mit Abweichungen, BGH RR **99**, 838.

Sie gelten *nicht* bei der Versäumung der Frist zur Zahlung einer Beschwerdegebühr in einem Patentanmeldeverfahren, BGH **89**, 245.

Rechtsbeschwerde: §§ 233 ff sind ausdrücklich auf ein Verfahren nach §§ 574 ff anwendbar, BGH FamRZ **05**, 1711.

Sortenschutz: §§ 233 ff können im Verfahren nach § 40 SortenschutzG gelten.

Sozialgericht: §§ 233 ff gelten im sozialgerichtlichen Verfahren, § 67 I SGG.

Verfassungsbeschwerde: Es ist grds wegen der bloßen Hilfsfunktion der Verfassungsbeschwerde nach Einl III 17 notwendig, auch dann vor ihrer Einlegung eine Wiedereinsetzung zu beantragen, wenn das aussichtslos zu sein scheint, BVerfG RR **99**, 1149. §§ 233 ff gelten im Verfahren auf eine Verfassungsbeschwerde, BVerfG NJW **00**, 574. Zum Landesrecht VerfGH Sachsen NJW **99**, 780. Rechtspolitisch krit Zuck ZRP **85**, 299.

Verwerfung: §§ 233 ff können nach einer Rechtsmittelverwerfung als unzulässig anwendbar sein, soweit es um die Versäumung der Rechtsmittelbegründung geht, BGH FamRZ **05**, 791.

Wohnungseigentum: Wegen der Anfechtungsfrist gilt § 46 WEG, abgedruckt bei § 253 Rn 26.

5 **4) Persönlicher Geltungsbereich.** § 233 schützt eine Partei nach Grdz 4 vor § 50 und auch ihren Streithelfer, §§ 66, 69, BGH NJW **08**, 1890. Hat die Partei einen Vertreter nach §§ 51 II, 85 II, kommt es nur darauf an, ob dieser Vertreter verhindert war. Allerdings kann in dem Unterlassen der Bestellung eines anderen Vertreters ein Verschulden der Partei liegen. Dagegen braucht die Partei für das Verschulden desjenigen Angestellten nicht einzustehen, den man nicht als ihren Vertreter ansehen kann. Sie braucht erst recht nicht für solche Personen einzustehen, die weder ihr Vertreter noch ihr Angestellter sind, § 85 Rn 27 „Angestellter".

6 **5) Notfristablauf usw.** Es muß zunächst eine grundsätzlich gesetzliche Notfrist nach § 224 I 2 abgelaufen sein, BGH FamRZ **95**, 1484, Hamm NZM **03**, 685. Das kann auch bei einer rechtzeitigen, aber unwirksamen Parteiprozeßhandlung so sein, BGH NJW **00**, 364, aM BGH (11. ZS) FamRZ **07**, 903. Ob die Notfrist tatsächlich abgelaufen ist, muß das Gericht ohne die Erleichterungen der bloßen Glaubhaftmachung gemäß §§ 233 ff nach allgemeinen Regeln noch vorrangig vor der Wiedereinsetzungsfrage prüfen, BGH VersR **86**, 60, aM BGH (8. ZS) WoM **08**, 156. Fehlt eine wirksame Frist, besteht für eine Wiedereinsetzung kein Rechtsschutzbedürfnis, Mü RR **87**, 895. Im übrigen stellt der Wortlaut des § 233 weitere Fälle dem Ablauf einer Notfrist gleich.

7 **6) Beispiele zur Frage des Vorliegens einer Notfrist usw**

Abhilfeverfahren: Rn 8 „Rechtliches Gehör".

Anschlußberufung: Es gelten dieselben Regeln wie „Berufung", Düss FamRZ **06**, 215, Gehrlein MDR **03**, 426, Piepenbrock MDR **02**, 1142, aM Ffm MDR **07**, 1449, Hamm RR **03**, 1721, Fölsch MDR **04**, 1029.

Anschlußbeschwerde: Es gelten dieselben Regeln wie Rn 8 „Rechtsbeschwerde", § 574 IV 1, „Sofortige Beschwerde".
Anschlußrevision: Es gelten dieselben Regeln wie Rn 8 „Revision".
Anwaltsvergütung: Die Frist nach § 52 VI RVG ist *keine* Notfrist, Bbg JB **93**, 89.
Auslandszustellung: Die Frist des § 1070 S 2 ist ausdrücklich eine Notfrist.
Außergerichtlicher Vergleich: Rn 9 „Vergleich".
Befristete Beschwerde: Rn 8 „Nichtzulassungsbeschwerde", „Rechtsbeschwerde", „Sofortige Beschwerde".
Berufung: Die Frist zur Einlegung der Berufung ist eine Notfrist, (jetzt) § 517 Hs 2, BGH NJW **03**, 2460. Dasselbe gilt wegen der Fiktion in § 233 im Ergebnis auch für die Berufungsbegründungsfrist, § 520 II 1.
Dagegen ist § 233 *unanwendbar,* soweit es um den Antrag auf eine Verlängerung der Berufungsbegründungsfrist geht, BGH VersR **87**, 308, oder um eine nach § 522 II 2 gesetzte Frist, Kblz JB **08**, 325 rechts.
Beschwerde: Rn 8 „Nichtzulassungsbescherde", „Rechtsbeschwerde", „Sofortige Beschwerde".
Einspruch: Die Frist zur Einlegung des Einspruchs gegen ein Versäumnisurteil nach § 339 I oder gegen einen Vollstreckungsbescheid in Verbindung mit § 700 I ist eine Notfrist, § 339 I Hs 2, Karlsr MDR **94**, 831. Dasselbe gilt für die Frist zur Begründung des Einspruchs, § 340 Rn 12, und zwar auch bei ihrer Verlängerung, § 340 Rn 14.
Ergänzung: Eine bloße Ergänzung einer im Kern rechtzeitig eingereichten Eingabe fällt *nicht* unter § 233, BGH NJW **97**, 1309.
FamFG: Es gibt keine Notfrist. Es reicht jede Frist zur Einlegung eines Rechtsbehelfs, § 17 I FamFG.
Form: Die Frist ist auch dann erfolglos abgelaufen, wenn die Partei die erforderliche Schrift nicht innerhalb der Frist in einer formell ausreichenden Form eingereicht hatte, wenn sie etwa die Berufungsschrift nicht unterschrieben hatte.
Insolvenzverfahren: § 287 I InsO bringt *keine* Notfrist, Köln Rpfleger **01**, 44.
Klagefrist: Sie ist grds *keine* Notfrist, LAG Hamm NZA-RR **04**, 377. 8
S auch „Mieterhöhung".
Klagerücknahme: Die Widerspruchsfrist des Bekl ist eine Notfrist, §§ 224 I 2, 269 II 4.
Kostenfestsetzung: § 104 nennt Notfristen, Mü AnwBl **01**, 521.
S. auch Rn 7 „Anwaltsvergütung".
Kündigungsschutz: *Keine* Notfrist ist diejenige des § 5 KSchG, LAG Ffm NZA-RR **05**, 322.
Mahnverfahren: *Keine* Notfristen sind: Die Frist zur Erhebung des Widerspruchs gegen den Mahnbescheid, wie sie sich ohnehin nur indirekt aus § 694 III ableiten ließe; die Frist nach § 692 I Z 3, Brdb ZMR **99**, 103; die Frist nach § 697 III 1; die Frist nach § 701 S 1, LAG Bln MDR **90**, 187.
S aber auch Rn 7 „Einspruch".
Mieterhöhung: Die Klagefrist nach §§ 558 ff BGB ist *keine* Notfrist, AG Mölln WoM **85**, 319.
NATO-Truppenstatut: Die sachlichrechtliche Frist zur Anmeldung eines nach dem NATO-Truppenstatut regulierbaren Schadens gilt nach Art 6 III NTS-AG als eine Notfrist, Ffm VersR **89**, 265.
Nichtzulassungsbeschwerde: Die Frist zu ihrer Einlegung ist eine Notfrist, §§ 224 I 2, 544 I 2.
Notfristähnlicher Fall: Zur Anwendbarkeit der §§ 233 ff auf notfristähnliche Fälle LG Mü WoM **83**, 141, Gerhardt ZZP **98**, 357.
Prozeßkostenhilfe: Eine „Frist" für die Einreichung eines Antrags auf eine Prozeßkostenhilfe ist jedenfalls *keine* Notfrist, BGH VersR **86**, 1025, Bbg FamRZ **97**, 179, LAG Bre AnwBl **88**, 123. Auch eine Frist nach § 118 II 4 ist keine Notfrist, LAG Köln JB **91**, 1529, Schneider MDR **89**, 514, aM LAG Düss JB **88**, 1722 (aber § 224 I 1 ist eindeutig, Einl III 39).
Prozeßvergleich: Rn 9 „Vergleich".
Räumung: Die Frist des § 765 a III 1 ist *keine* Notfrist, § 224 I 2, und keine notfristähnliche, § 765 a Rn 8.
Rechtliches Gehör: Artt 2 I, 20 III GG (Rpfl), BVerfG **101**, 404, Art 103 I GG (Richter) können eine entsprechende Anwendung der §§ 233 ff erforderlich machen, BVerfG **22**, 88, BVerwG NJW **94**, 674. Indessen ist eine große Zurückhaltung ratsam. Andernfalls könnte man vielfach die Wiedereinsetzung benutzen, um in Wahrheit ein prozessuales Verschulden zu unterlaufen. Die Frist des § 321 a II 2 ist eine Notfrist.
Rechtsbeschwerde: Die Frist zu ihrer Einlegung ist eine Notfrist, §§ 224 I 2, 575 I 1.
Revision: Die Frist zur Einlegung der Revision ist eine Notfrist, § 548 Hs 2. Im Ergebnis ist nach § 233 eine Wiedereinsetzung auch gegen die Versäumung der Frist zur Revisionsbegründung nach § 551 II 2 statthaft, aM LG Mü WoM **83**, 141.
Sofortige Beschwerde: Die Frist zur Einlegung einer sofortigen Beschwerde ist eine Notfrist, § (jetzt) 569 I 1, BGH RR **98,** 638.
Sofortige Erinnerung: Die Frist nach § 11 II 1 RPflG ist eine Notfrist, § 104 Rn 72 ff.
Sprungrevision: Eine Wiedereinsetzung kommt auch dann infrage, wenn die Einwilligung des Gegners nicht innerhalb der Sprungrevisionsfrist beim Revisionsgericht einging, BGH FamRZ **07**, 809.
Tatbestandsberichtigung: Die Frist von drei Monaten nach § 320 II 3 ist *keine* Notfrist.
Terminsverlegung: Gegen die Versäumung der Antragsfrist nach § 227 III 1 ist *keine* Wiedereinsetzung statthaft. Denn es liegt keine Notfrist nach § 224 I 2 vor, § 227 Rn 35.
Uneigentliche Frist: Eine Wiedereinsetzung kommt *nicht* schon beim Verstreichen einer sog uneigentlichen Frist nach Üb 11 vor § 214 in Betracht, BVerwG NJW **86**, 208. 9
Unterschrift: Rn 7 „Form".
Urteilsergänzung: Die Antragsfrist nach § 321 II ist *keine* Notfrist, BGH NJW **80**, 786. Dasselbe gilt bei § 64 III a 2 ArbGG, Germelmann NZA **00**, 1023.
Vergleich: Man muß die Ausnahmevorschrift des § 233 eng auslegen, Deubner JuS **91**, 501. Daher ist die in einem Vergleich vereinbarte Frist zur Einreichung eines etwaigen Widerrufs *keine* Notfrist, Anh § 307 Rn 10 (Streitfrage). Die Parteien können auch nicht wirksam eine Notfrist vereinbaren.

Versäumnisurteil: Rn 7 „Einspruch".
Verteidigungsanzeige: Die Frist nach § 276 I 1 Hs 1 ist eine Notfrist. Ein schon ergangenes Versäumnisurteil bleibt aber wirksam. Es ist ja noch nicht einmal nach Üb 20 vor § 300 mangelhaft, Celle OLGR **94**, 271, KG MDR **96**, 634, Rastätter NJW **78**, 95, aM StJL § 276 Rn 40.
Vollstreckungsbescheid: Rn 7 „Einspruch".
Widerruf: S „Vergleich".
Widerspruch: Rn 8 „Mahnverfahren".
Wiederaufnahmeverfahren: Die Frist des § 586 I ist eine Notfrist. Gegen ihre Versäumung ist die Wiedereinsetzung statthaft, BVerfG NJW **93**, 3257.
Wiedereinsetzungsantrag: Gegen die Versäumung der Frist nach § 234 I ist nach dem klaren Wortlaut des § 233 die Wiedereinsetzung statthaft, BAG BB **97**, 2223, Ffm OLGZ **79**, 18.

10 **7) Antrag.** Eine Wiedereinsetzung in den vorigen Stand erfolgt grundsätzlich nur auf Grund eines Antrags des Geschädigten, § 236 I. Dasselbe gilt nach § 17 I FamFG. Ein ausdrücklicher Antrag ist aber unter Umständen entbehrlich, § 236 Rn 4. Ein Hilfsantrag ist zulässig, BGH NJW **07**, 603. Bei § 236 II 2 Hs 2 ist ein Antrag ausnahmsweise ganz entbehrlich, dort Rn 16 ff. Die allgemeinen Prozeßvoraussetzungen nach Grdz 12 vor § 253 müssen vorliegen. Ein Rechtsschutzbedürfnis muß stets vorhanden sein, BVerwG NJW **90**, 1806. Das Gericht muß sein Vorliegen daher von Amts wegen prüfen, Hamm FamRZ **79**, 723. § 295 ist unanwendbar.

11 **8) Ohne Verschulden.** Man kann die Anforderungen praktisch oft kaum erfüllen.

A. Darlegungspflicht. Die Partei darf keine Schuld daran haben, daß sie die Frist nicht einhielt. Das muß sie aus sich heraus verständlich darlegen, BGH BB **05**, 1136. Ob sie auch den etwa vorangegangenen Termin schuldlos versäumte, ist unerheblich, Karlsr MDR **94**, 831. Die unverschuldeten Umstände müssen ursächlich für die Fristversäumung sein. Früher war eine Wiedereinsetzung nur dann zulässig, wenn ein Naturereignis oder ein unabwendbarer Zufall für den Fristablauf ursächlich gewesen waren, BVerfG NJW **08**, 429. Jetzt ist es für eine Wiedereinsetzung formell ausreichend, daß die Partei oder wenigstens einer ihrer Vertreter nach §§ 51 II, 85 II diejenige Sorgfalt aufwendeten, die man verständigerweise von ihnen erwarten konnte, BGH NJW **92**, 2489, BAG NZA **05**, 1133, Zuck ZRP **85**, 299, aM Mü MDR **86**, 62, Schwab NJW **79**, 697 (aber die Anforderungen haben sich gesetzlich geändert). Das Verschulden eines Dritten und insbesondere des Büropersonals des Vertreters ist als solches unschädlich. Es kann aber als ein Verschulden auch des Vertreters gelten, Rn 49 ff.

12 **B. Üblicher Sorgfaltsgrad.** Damit begnügt sich das Gesetz jetzt mit einem solchen Grad von Sorgfalt, der auch bei anderen Prozeßhandlungen und bei sonstigen prozessualen Ereignissen üblich ist, Einl III 68. Man muß den Maßstab der erforderlichen Sorgfalt den gesamten Umständen anpassen. Man kann von einer intelligenten rechtskundigen Partei ein höheres Maß von Sorgfalt erwarten, Brschw JB **78**, 850, OVG Lüneb NJW **94**, 1299. Wie stets bei einer Verschuldensprüfung kommt es auch hier auf das Zumutbare an, BGH NJW **85**, 1711. Freilich muß man auch in diesem Zusammenhang die allgemeine prozessuale Sorgfaltspflicht beachten, die zB § 282 verlangt. Andererseits hat gerade dieselbe Gesetzesänderung von 1977, die die prozessualen Anforderungen sonst vielfach verschärft hat, im Bereich der Wiedereinsetzung spürbare Erleichterungen geschaffen. Auch das muß man bei der Klärung des zumutbaren Grades der Sorgfalt berücksichtigen.

13 **C. Schädlichkeit von Vorsatz oder Fahrlässigkeit.** Nach wie vor schaden Vorsatz und Fahrlässigkeit jeden Grades, vgl § 276 BGB, also auch ein nur leichtes prozessuales Verschulden, Einl III 68, BGH NJW **90**, 1239, Celle JB **04**, 493, auch ein bloßes Mitverschulden, BGH NJW **79**, 876. Es muß individuell vorliegen. Die bloße Möglichkeit einer Schuldlosigkeit reicht nicht, BGH FER **96**, 41, Zweibr ZMR **00**, 405, aM BAG NJW **90**, 2707 (aber die Gesetzesworte „ohne ihr Verschulden" sind eine nach dem Wortlaut und Sinn klare scharfe Bedingung der Durchbrechung der Rechtskraft, Einl III 39). Jedoch braucht die Partei keineswegs mehr wie früher eine äußerste Sorgfalt aufzuwenden, BGH VersR **85**, 139. Die Partei soll durch Förmlichkeiten möglichst keinen Schaden erleiden. Man darf die Anforderungen gerade hier nicht überspannen, BVerfG RR **01**, 1076, BGH RR **05**, 866, Kreuder BB **00**, 1348.

14 **D. Gewisse Strenge.** Freilich darf das alles nicht zu einer Schädigung der Rechtssicherheit führen, Einl III 43. Daher ist auch keineswegs eine allzu großzügige Zulassung der Wiedereinsetzung zulässig, Müller NJW **93**, 688. Solche allgemeinen Schwierigkeiten, die jeden treffen, sind keineswegs immer ein ausreichender Wiedereinsetzungsgrund, BGH VersR **83**, 138. Immerhin braucht die Partei zB vor einem Urlaub grundsätzlich keine „besonderen" Vorkehrungen wegen einer möglichen Zustellung gleich welcher Art zu treffen, BVerfG **41**, 335 (StPO). Das gilt evtl sogar dann, wenn die Partei an sich mit einer Zustellung rechnen muß, strenger BGH (7. ZS) VersR **82**, 653 und (8. ZS) VersR **84**, 82. Freilich weist BVerwG MDR **77**, 431 zutreffend darauf hin, daß die Partei jedenfalls die „normalen" Vorkehrungen auch während eines Urlaubs treffen muß.

15 **E. Abgrenzung.** Schuldlos ist eine vorübergehende Abwesenheit von der ständigen Wohnung. Das gilt selbst außerhalb der allgemeinen Urlaubszeit, BVerfG **41**, 336, Corts DB **79**, 2086. Schädlich ist aber ein vorwerfbares Sichentziehen, BGH VersR **77**, 1099. Schädlich ist eine Verzögerung nach der Rückkehr, BVerfG **35**, 298. Ein von der Residenzpflicht nach § 213 BRAO befreiter Anwalt, der seinen ausländischen Aufenthaltsort für eine längere Zeit verläßt, muß möglichst sicherstellen, daß die nach dem deutschen Recht ablaufenden Fristen eingehalten werden. Schuldlos muß nicht nur die Unkenntnis des Versäumnisurteils sein, sondern auch die Unkenntnis seines Erlasses und die Versäumung der Einspruchsfrist. Wenn man die Form und die Frist versäumt hat, müssen beide Versäumnisse unverschuldet sein, BAG BB **77**, 500. Ein Verschulden des ProzBev ist auch nach dem Zeitpunkt der Niederlegung des Mandats schädlich.

16 **F. Glaubhaftmachung.** Vgl § 236 II 1. Im Zweifel darf und muß das Gericht eine Wiedereinsetzung versagen, BGH VersR **83**, 401.

G. Ursächlichkeit des Verschuldens. Nur ein solches Verschulden schließt die Wiedereinsetzung aus, das für die Fristversäumung usw auch ursächlich wurde und geblieben ist, BGH BB **04**, 1764, BAG NJW **89**, 2708. 17

9) Beispiele zur Frage einer Wiedereinsetzung. Man übersehe nie, die Entscheidung auf die Person des Säumigen abzustellen. Die Rechtsprechung ist äußerst umfangreich, kompliziert und schwer überschaubar, Karlsr MDR **90**, 337, Bräuer AnwBl **07**, 621. Die Rechtsprechung und Lehre vor 1977 ist nur insofern uneingeschränkt verwertbar, als sie bereits damals nach den strengeren gesetzlichen Anforderungen eine Wiedereinsetzung gewährte. Soweit sie diese ablehnte, ist sie nur noch im Rahmen der jetzigen gesetzlichen Voraussetzungen an eine Wiedereinsetzung als Anhalt verwertbar. 18

Gericht: Die Wiedereinsetzung kommt schon wegen der Notwendigkeit eines fairen Verfahrens nach einem Gerichtsfehler in Betracht, Einl III 23, BVerfG **110**, 342. Das gilt zB, soweit das Gericht ungenügende organisatorische Vorkehrungen getroffen hat. Sie entfällt, soweit die Partei nicht wenigstens mit aufgepaßt hat. 19

– **(Adresse):** Wiedereinsetzung ist möglich, wenn zwar die richtige Adresse fehlte, der Inhalt aber eindeutig war, BGH NJW **92**, 1047, Rn 153. Es ist unerheblich, ob ein derart in der Frist beim Gericht eingegangenes Schreiben auch sofort zur richtigen Akte kam, BVerfG **60**, 122, aber auch 246, BGH FamRZ **97**, 172. Die Weiterleitung braucht nicht per Telefax zu erfolgen, BAG NJW **98**, 924, wohl aber im normalen Gang, Rn 24 „Unzuständigkeit".

  Wiedereinsetzung *entfällt* bei einer Adressierung nur an eine Anwaltskanzlei nebst einer Weiterleitung nur an sie, BGH NJW **90**, 2822.

  S auch Rn 22 „– (Gemeinsame Briefannahmestelle usw)", Rn 24 „– (Unzuständigkeit)".

– **(Akteneinsicht):** Wiedereinsetzung ist möglich, soweit das Gericht eine notwendige Akteneinsicht ohne eine Mitschuld des ProzBev oder des Verkehrsanwalts vereitelt hat, BGH BB **04**, 2378.

– **(Aktenzeichen):** Wiedereinsetzung ist möglich, soweit nur das Aktenzeichen falsch war oder gefehlt hat, BGH VersR **82**, 673. Es ist unerheblich, ob ein derart in der Frist beim Gericht eingegangenes Schriftstück auch sofort zur richtigen Akte kam, BVerfG **60**, 122, aber auch 246, BGH NJW **83**, 123. Die Partei und ihr ProzBev müssen aber auch das Aktenzeichen in einem zumutbaren Umfang prüfen, ebenso ein Zustelldatum, Ffm RR **05**, 1588.

– **(Annahmestelle):** Das Einlegen in eine Mulde des Schiebekastens von außen reicht zur Fristwahrung, Hbg MDR **99**, 627. Eine Mitwirkung eines Bediensteten ist grds nicht nötig, BVerfG **52**, 208, BGH MDR **87**, 132.

– **(Anschrift):** S „Adresse", Rn 22 „– (Gemeinsame Briefannahmestelle usw)".

– **(Anwaltsverein):** Wiedereinsetzung ist möglich, soweit man am Tag des Fristablaufs das mit „Landgericht" bezeichnete Fach des im Gericht gelegenen Raums des Anwaltsvereins benutzt hat, wenn der Wachtmeister das Fach mehrfach täglich geleert hat, Köln NJW **86**, 859.

– **(Auskunft):** Wiedereinsetzung ist möglich, soweit das Gericht eine unrichtige Auskunft über die Rechtzeitigkeit eines Rechtsmittels gegeben hat, BGH FamRZ **89**, 729, strenger Köln RR **98**, 1447. 20

  Bei einer falschen Gerichtsauskunft kann keine (Mit-)Haftung des *Anwalts* eintreten, BVerfG NJW **95**, 711, BGH (2. ZS) RR **97**, 1020, aM BGH NJW **94**, 2299, Späth NJW **75**, 693 (aber dann wiegt das Fehlverhalten des Gerichts durchweg viel schwerer).

– **(Auswärtige Abteilung):** Wegen ihrer Beteiligung Karlsr NJW **84**, 744.

– **(Belehrung):** Soweit das Gericht eine Belehrung objektiv unrichtig erteilt *hat*, ist eine Wiedereinsetzung grds möglich, BVerfG NJW **04**, 2887, BGH Rpfleger **04**, 177, Naumb FamRZ **01**, 569 (im Amtsverfahren auch von Amts wegen). Nach § 17 II FamFG begründet die Unterlassung oder Fehlerhaftigkeit einer nach § 39 FamFG vorgeschriebenen Rechtsmittelbelehrung eine Schuldlosigkeitsvermutung.

  Wiedereinsetzung ist *nicht* schon deshalb möglich, weil eine gesetzlich nicht notwendige Belehrung fehlte, zB über eine Rechtsmittelmöglichkeit oder über die Fehlerhaftigkeit seiner bisherigen Einlegung, BVerfG NJW **01**, 1343. Die ZPO verlangt solche Belehrung grds nicht, BGH NJW **91**, 296, Kblz MDR **98**, 677, LG Mü MDR **98**, 560. Sie sieht sie nur ausnahmsweise vor, zB in §§ 215 I, 276 II, 340 III 4, Karlsr RR **87**, 895.

– **(Berichtigung):** Wiedereinsetzung ist möglich, falls überhaupt notwendig, wenn das Gericht sein Urteil usw berichtigt hat, wenn die Beschwer erst aus der Berichtigung ersichtlich wurde und wenn die Partei ihr Rechtsmittel in einer seit der Zustellung der Berichtigung laufenden Frist eingereicht hat oder wenn das Gericht eine Berichtigung mitgeteilt, dann aber auf eine sofortige Beschwerde rückgängig gemacht hat, BGH NJW **98**, 3280, oder wenn das Gericht nach einer Berichtigung die zuerst erteilte Ausfertigung als gegenstandslos bezeichnet hat, BGH MDR **05**, 1185.

– **(Botendienst):** Rn 22 „– (Gemeinsame Briefannahmestelle usw)".

– **(Dienstliche Äußerung):** Wiedereinsetzung ist trotz einer dienstlichen Äußerung des mit der Leerung des Nachtbriefkastens befaßten Beamten möglich, er habe die Einwürfe stets sorgfältig registriert. Das gilt, soweit ein Anwalt eidesstattlich erklärt hat, er habe die Schrift rechtzeitig eingeworfen, falls die Organisation des Gerichts Fehler möglich sein läßt, KG MDR **86**, 1032, LAG Hamm DB **81**, 2132. 21

– **(Eingangsstempel):** Wiedereinsetzung ist möglich, soweit sie überhaupt nötig ist, falls der Eingangsstempel des Gerichts unrichtig war. Zu seiner Beweiskraft grds § 418 Rn 4. Die Partei darf und muß die Unrichtigkeit beweisen, § 418 Rn 8, BGH NJW **98**, 461. Dazu kann ein Zeuge ausreichen, BGH RR **02**, 1070.

– **(Fehlentscheidung):** Wiedereinsetzung ist möglich, soweit das Gericht ein Rechtsmittel unrichtig verworfen hat.

– **(Fristirrtum):** Wiedereinsetzung ist möglich, wenn das Gericht auf einen offenbaren Berechnungsfehler des ProzBev bei einem Fristverlängerungsantrag nicht hingewiesen hatte, BGH NJW **98**, 2292, oder wenn seine nach dem Wortlaut zu großzügige Mitteilung über eine Fristverlängerung nicht offensichtlich fehlerhaft ist, BGH NJW **99**, 1036.

– **(Fürsorgepflicht):** Wiedereinsetzung ist beim Verstoß gegen die Fürsorgepflicht des Gerichts möglich, Düss MDR **04**, 831. Dazu Rn 24 „Unzuständigkeit".

22 – **(Gemeinsame Briefannahmestelle usw):** Wiedereinsetzung ist möglich, falls der Absender die Schrift in einen gemeinsamen Nachtbriefkasten oder in eine gemeinsame Briefannahmestelle für mehrere Gerichte oder Behörden eingeworfen hat, BGH FamRZ **04**, 1480, BGH VersR **84**, 82 (Darmstadt), BGH VersR **78**, 563, Ffm VersR **82**, 449 (je: Frankfurt/Main), BGH VersR **87**, 410 (München). Das gilt freilich nur, soweit der Absender die Sendung richtig adressiert hat, BGH FamRZ **04**, 1480 (beim Sammelumschlag großzügig), BGH FamRZ **97**, 172 (also nicht bei einer Falschadressierung und bei einem verspäteten richtigen Eingang), BAG NJW **02**, 846, BayObLG NJW **88**, 714. Die Sendung gilt als bei demjenigen Gericht eingegangen, an das sie ausdrücklich oder sinngemäß adressiert war, BGH FamRZ **97**, 172, aM BAG NJW **98**, 924, Ffm NJW **88**, 2805 (es ist unschädlich, daß der mit Fristsachen betraute Bote das richtig adressierte Schreiben weisungswidrig behandelt hat. Aber dieser juristische Umweg ist unnötig). Eröffnet zB ein LG ein besonderes Fach für Schriftsätze an das OLG, kann der Anwalt auf das Funktionieren dieses amtlichen Botendienstes vertrauen, Karlsr VersR **96**, 215. Eine eindeutige Möglichkeit der Zuordnung kann zB bei einer genauen Angabe des Ersturteils reichen, BGH NJW **92**, 1047.

Soweit *mehrere* Schriftsätze an *verschiedene* Gerichte in *einem* Umschlag mit Sichtfenster stecken, gehen dann, wenn eine der Adressen im Sichtfenster erkennbar ist, alle *diesem* Gericht zu. Ist keine der Adressen von außen sichtbar, geht jeder Schriftsatz dem in ihm bezeichneten Gericht zu, BAG AnwBl **01**, 72, LAG Düss DB **99**, 644.

– **(Gerichtskasse):** Wiedereinsetzung *entfällt,* soweit der Absender die Schrift nur in der Gerichtskasse abgegeben hat. Das gilt unabhängig von einer etwaigen solchen Übung, AG Köln WoM **81**, 113.

– **(Hinweis):** Bei einem mißverständlichen Hinweis muß sich der Anwalt alle Klarheit verschaffen, Zweibr MDR **07**, 295.

– **(Nachtbriefkasten):** Ein Briefkasten, der Einwürfe vor und nach 24 Uhr voneinander trennt, muß als solcher deutlich erkennbar sein, auch und gerade in der Nacht. Er muß am Gerichtsgebäude auch leicht auffindbar sein. Die fristwahrende Wirkung eines Einwurfs bis 24 Uhr muß erkennbar sein. Unter solchen Voraussetzungen ist eine Wiedereinsetzung möglich, wenn der Absender das Schriftstück am Tag des Fristablaufs bis 24 Uhr eingeworfen hat. Das gilt sogar dann, wenn das Gericht diesen Briefkasten mit der Aufschrift versehen hatte, eine Fristsache sei nicht dort einzuwerfen, sondern „stets bei der zuständigen Geschäftsstelle abzugeben". Denn das Gesetz sieht jedenfalls bei der Einlegung eines Rechtsmittels keine Mitwirkung des Gerichts vor. Auf den Leerungszeitpunkt kommt es dann nicht an, BGH NJW **84**, 1237.

S auch Rn 21 „– (Dienstliche Äußerung)", Rn 22 „Gemeinsame Briefannahmestelle usw", Rn 23 „Tagesbriefkasten", Rn 25 „– (Verfügungsgewalt)".

– **(Organisation):** Rn 21 „– (Dienstliche Äußerung)".

23 – **(Postfach):** Rn 25 „– (Verfügungsgewalt)".

– **(Poststempel):** Hat das Gericht den Briefumschlag nebst Poststempel vernichtet, soll das nicht dem Absender nachteilig sein, BVerfG NJW **97**, 1771.

– **(Protokollerklärung):** Wer eine Erklärung zum Protokoll einer Geschäftsstelle abgegeben hat, darf damit rechnen, daß er einen rechtzeitigen sachgemäßen Bescheid erhält, soweit notwendig.

– **(Rechtsmittelbelehrung):** Eine unrichtige Belehrung kann ein Anwaltsverschulden beseitigen, BGH RR **04**, 1715 links oben, BAG NJW **07**, 1485, Naumb Rpfleger **01**, 171. Im FamFG-Verfahren gibt es eine Schuldlosigkeitsvermutung, Rn 20 „– (Belehrung)". Das alles gilt freilich nur bei einer Nachvollziehbarkeit, BGH VersR **96**, 1522, BAG NJW **07**, 1485. Das Gericht braucht einen Anwalt aber im Zivilprozeß nicht auf die Wahl eines unzulässigen Rechtsbehelfs stets hinzuweisen, BGH AnwBl **06**, 213.

– **(Rückschein):** Wiedereinsetzung *entfällt,* wenn das Gericht nicht bis 24 Uhr einen zur Unterzeichnung eines Einschreibe-Rückscheins befugten Beamten bereitgehalten hat, LG Dortm NJW **83**, 2334.

– **(Sammelumschlag):** Er kann unschädlich sein, BGH RR **05**, 75.

– **(Tagesbriefkasten):** Wiedereinsetzung ist möglich, soweit die Sendung in einen Tagesbriefkasten des Gerichts gelangt war, BGH RR **01**, 280. Das gilt unabhängig davon, ob man nach den Umständen (Dienstzeit usw) mit der Leerung noch an demselben Tag rechnen durfte, BVerfG NJW **91**, 2076, BGH RR **01**, 280, strenger BGH BB **81**, 1001. Man kann grds annehmen, daß eine mechanische Einrichtung vorhanden ist, die einen Einwurf bis 24 Uhr zuläßt, BVerfG **52**, 209. Man braucht sich also nicht besonders zu vergewissern, ob eine solche Vorrichtung besteht. Auch die Existenz eines zusätzlichen Nachtbriefkastens nach Rn 22 ändert nichts am Ausreichen des Einwurfs in den Tagesbriefkasten. Denn auch er führt zur Verfügungsgewalt des Gerichts, BGH RR **01**, 280. Freilich ist man beweispflichtig dafür, daß man in ihn bis 24 Uhr eingeworfen hat.

24 – **(Telefax):** Es gelten dieselben Regeln wie beim Rechtsanwalt, Rn 164 „Telefax". Die Partei muß den Zugang ihres Fax-Auftrags beim Revisionsanwalt und dessen Bereitschaft klären, BGH MDR **08**, 641, rechts oben. Die amtliche Mitteilung einer falschen Gerichts-Telefaxnummer auf Anfrage ermöglicht also eine Wiedereinsetzung, BayObLG **04**, 230.

S auch Rn 25 „– (Verfügungsgewalt)".

– **(Telex):** Rn 25 „– (Verfügungsgewalt)".

– **(Unzuständigkeit):** Wiedereinsetzung ist möglich, soweit das Gericht eine irrig bei ihm eingereichte fristgebundene Schrift nicht unverzüglich, aber im normalen Geschäftsgang mit einem Hinweis auf ihre Eilbedürftigkeit an das zuständige Gericht weitergeleitet hat, BVerfG NJW **05**, 2138, BGH AnwBl **07**, 721, Zweibr MDR **05**, 591. Das gilt, sofern diese Weiterleitung als noch sinnvoll erschien, BVerfG NJW **05**, 2138, BGH FamRZ **98**, 98, Köln FamRZ **98**, 1239, aM BGH VersR **92**, 1154 (das Gericht brauche Formfehler nicht rechtzeitig heilen zu helfen. Aber es besteht eine Fürsorgepflicht, § 139 Rn 7, BVerfG NJW **05**, 2138, BGH VersR **92**, 1154, wohl auch BGH FamRZ **04**, 1638). Das unzuständige Gericht braucht freilich nicht alles stehen und liegen zu lassen, um weiterzuleiten, BVerfG NJW **01**, 1343, BGH NJW **05**, 3777, BAG DB **98**, 320. Es braucht nicht das Telefax zu benutzen, BGH AnwBl **06**, 212. Es braucht den Einreicher auch nicht auf die Unzuständigkeit hinzuweisten, BGH AnwBl **06**, 212.

Wiedereinsetzung *entfällt,* soweit man die Schrift einfach im offenen leeren Raum eines in demselben Gebäude befindlichen anderen Gerichts ablegt, BGH VersR **85**, 88.

– **(Verfügungsgewalt):** Wiedereinsetzung ist möglich, soweit der Absender damit rechnen konnte, das Schriftstück werde rechtzeitig in die Verfügungsgewalt des Gerichts kommen, also in irgendeine gerichtliche sachliche oder personelle Empfangsvorrichtung, BVerfG NJW **91**, 2076, BGH VersR **89**, 932 (Postfach) und BGH **101**, 280 (Telex), BGH NJW **92**, 244 (Telefax, nach Dienstschluß empfangsbereit zu halten). 25

– **(Verwerfung):** Rn 21 „– (Fehlentscheidung)".

– **(Weiterleitung):** Rn 24 „– (Unzuständigkeit)". 26

– **(Zurücknahme):** Wiedereinsetzung ist möglich, wenn der Anwalt ein rechtzeitig eingelegtes Rechtsmittel nur auf Grund einer solchen Empfehlung des Rechtsmittelgerichts zurückgenommen hatte, die sich zu spät als rechtlich unhaltbar erwiesen hat, BGH NJW **81**, 576.

– **(Zustellung):** Wiedereinsetzung ist noch *nicht* deshalb stets möglich, weil der Vorsitzende telefonisch erklärt hat, er werde das Urteil „erneut" zustellen lassen, BGH FamRZ **00**, 1565.

Gewerkschaftsvertreter: Er hat als ProzBev ähnliche Pflichten wie ein Anwalt, BGH NJW **02**, 1115. Das gilt zB bei der Behandlung einer Handakte und bei der Beauftragung eines ProzBev, LAG Rostock DB **96**, 944. 27

Gutachten: Wiedereinsetzung ist möglich, wenn ein Gutachten zur Urteilsgrundlage geworden war und wenn sich erst kurz nach dem Ablauf der Rechtsmittelfrist herausstellt, daß das Gutachten auf einem Versehen beruhte und daß man das Rechtsmittel nunmehr rückblickend als aussichtsvoll beurteilen kann.

Partei: Es gelten oft fast unerfüllbare Anforderungen. 28

– **(Abwesenheit):** Wiedereinsetzung ist möglich, soweit die Partei nur für eine kurze Zeit abwesend war, zB von 7 Tagen, BVerfG NJW **07**, 3487 (auch zu Grenzen), von 10 Tagen, oder von 14 Tagen, LG Bln WoM **89**, 438. Das gilt auch bei einer längeren beruflichen oder privaten Abwesenheit, soweit die Partei nicht mit einer fristsetzenden Zustellung zu rechnen brauchte, BGH NJW **86**, 2958, Brschw MDR **97**, 884, LG Karlsr WoM **89**, 438, oder soweit sie zB minderjährige einsichtige Kinder angewiesen hat, täglich die Post zu lesen und die Eltern sogleich zu verständigen, auch per Telefax, BGH RR **02**, 137. Vgl aber auch Rn 33, 34.

Wiedereinsetzung *entfällt,* soweit die Partei sich nicht während eines schon laufenden Verfahrens umfassend bei einer längeren Abwesenheit um eine Fristeinhaltung bemüht hat, BVerfG NJW **07**, 3487, BGH VersR **01**, 1051, LG Ffm NJW **05**, 688, aM LG Tüb RR **87**, 1213 (zu § 337), zu großzügig, wie viele Gerichte bei § 337), oder soweit sie eine unzuverlässige Hilfsperson wie zB einen Leseunkundigen als den Briefkastenentleerer nicht genau eingewiesen hat, BGH RR **00**, 444, Düss MDR **00**, 1451.

S auch Rn 29 „– (Geschäftsführer)", Rn 34 „– (Urlaub)".

– **(Anschrift):** Die Partei muß die richtige Anschrift ebenso sorgfältig wie ein Anwalt prüfen, BGH FamRZ **01**, 417. Bei einer Behörde kommt es auf den zuständigen Sachbearbeiter an, BGH FamRZ **01**, 417.

S auch Rn 34 „– (Wohnungswechsel)".

– **(Anwaltswechsel):** Wiedereinsetzung kommt infrage, wenn die Partei den ProzBev im letzten Moment gewechselt hat, soweit sie dabei sicherstellte, daß der neue ProzBev sich noch rechtzeitig beim Gericht melden konnte, etwa mit einem aussichtsreichen ersten Fristverlängerungsantrag, BGH VersR **00**, 1258.

– **(Auftrag an Rechtsmittelanwalt):** Wiedereinsetzung *entfällt,* soweit die Partei dem erstinstanzlichen Anwalt erklärt hat, sie wolle selbst einen Berufungsanwalt beauftragen, das dann aber nicht innerhalb einer angemessenen Frist getan hat, BGH VersR **76**, 970.

– **(Ausländer):** Wiedereinsetzung ist möglich, soweit die Fristversäumung nur darauf beruht, daß die im Inland lebende ausländische Partei die deutsche Sprache nicht angemessen beherrscht hat, BVerwG MDR **78**, 786, und soweit sie auch die deutsche Frist nicht kannte, BGH FamRZ **88**, 828, und soweit sie unverzüglich eine Übersetzung nachreicht, Ffm NJW **80**, 1173, Geimer NJW **89**, 2204, Schneider MDR **79**, 534.

Wiedereinsetzung *entfällt,* soweit ein vermeidbarer Verstoß gegen § 184 GVG vorliegt, BGH NJW **96**, 347 Mü OLGR **95**, 94, oder soweit ein im Ausland lebender Ausländer sich nicht in einer zumutbaren Weise nach einer Frist usw erkundigt hat, BGH FamRZ **95**, 1136, oder soweit weder die ausländische Partei noch ihr Verkehrsanwalt eine Übersetzung einer Mitteilung des ProzBev veranlaßt hat und daher vom Inhalt erst verspätet Kenntnis genommen hat, BGH VersR **89**, 1318.

– **(Auszubildender):** Wiedereinsetzung ist möglich, soweit ein entlassener Auszubildender die Klagefrist des § 111 III 3 ArbGG versäumt hat, LAG Hamm BB **84**, 346.

– **(Berichtigung):** Wiedereinsetzung ist möglich, wenn die Partei zunächst darauf vertraut hat, die Berichtigung werde nicht infolge ihrer Anfechtung entfallen, BGH NJW **98**, 3280.

Wiedereinsetzung *entfällt,* soweit die Partei nicht sorgfältig genug geprüft hat, ob die Rechtsmittelfrist schon vor einer Urteilsberichtigung ablaufe, Schlesw SchlHA **85**, 106.

– **(Briefkasten):** Rn 35 „– (Zustellung)".

– **(Erfolgsaussicht):** Rn 32 „– (Rückfrage)".

– **(Erkundigung):** Wiedereinsetzung *entfällt,* soweit die Partei sich nicht in einer zumutbaren Weise erkundigt hat, zB nach einem zulässigen Rechtsmittel, BGH FamRZ **93**, 310, selbst nach einer unrichtigen Urteilsbezeichnung, Düss MDR **85**, 678, oder nach der Rechtsmittelfrist, BGH FamRZ **91**, 425, oder nach dem Ergebnis eines Verkündungstermins, BGH VersR **92**, 119, oder überhaupt nach einer erwartbaren Entscheidung, BGH VersR **92**, 1373, oder Operation, BGH VersR **77**, 719.

S auch Rn 29 „– (Gesellschaft)", Rn 32 „– (Rechtsunkenntnis)", Rn 32 „– (Rückfrage)".

29 – **(Erregung):** Wiedereinsetzung ist möglich, soweit die Partei infolge einer seelischen Erregung außerstande war, die Frist einzuhalten. BGH VersR **86**, 96.

– **(Erschöpfung):** Wiedereinsetzung *entfällt,* soweit die Partei nur an einer vorübergehendern nervösen Erschöpfung gelitten hat, BGH VersR **83**, 138 (Vorsicht! Es kann eine Krankheit vorgelegen haben).

S auch Rn 30 „– (Krankheit)".

– **(Form):** Die Partei muß sich über die Form des Rechtsmittels informiert haben, BGH NJW **97**, 1989, Drsd FamRZ **97**, 825.

– **(Frist):** Die Partei muß sich über die Frist eines Rechtsmittels informiert haben, BGH NJW **97**, 1989.

Wiedereinsetzung *entfällt,* soweit der Geschäftsführer einer Firma eine Rechtsmittelfrist falsch berechnet hat, BGH VersR **85**, 766.

– **(Fristkontrolle):** Wiedereinsetzung *entfällt,* soweit die Partei keine zumutbare Fristkontrolle vorgenommen hat, BFH BB **83**, 625 (Finanzbehörde), Drsd FamRZ **97**, 825, Mü VersR **93**, 502 (Versicherung).

– **(Geschäftsführer):** Wiedereinsetzung *entfällt,* soweit der Geschäftsführer eine Frist falsch berechnet hat, BGH VersR **85**, 766, oder soweit der Firmeninhaber als Partei versäumt hat, für die Zeit seiner Abwesenheit einen geeigneten Vertreter zu bestellen usw, BGH VersR **92**, 1373, oder für die Zeit seiner Erkrankung, BGH VersR **87**, 561, oder soweit der Geschäftsführer nach der Insolvenz seiner Firma dem ProzBev seine Anschrift nicht mitgeteilt hat, BGH VersR **78**, 422.

S auch Rn 29 „– (Gesellschaft)".

– **(Geschäftsunfähigkeit):** Wiedereinsetzung ist möglich, soweit die Partei infolge einer Geschäftsunfähigkeit außerstande war, die Frist einzuhalten, BGH NJW **87**, 440.

– **(Gesellschaft):** Wiedereinsetzung *entfällt,* soweit eine im Geschäftsleben stehende Gesellschaft sich nicht beim ProzBev nach dem Zeitpunkt der Zustellung des nach ihrer Kenntnis ihr nachteiligen Urteils erkundigt hat, BGH VersR **91**, 123, oder nach dem Ablauf der Rechtsmittelfrist, Düss RR **92**, 97.

S auch Rn 29 „– (Geschäftsführer)".

– **(Haft):** Wiedereinsetzung ist möglich, soweit die Anstaltsleitung einer inhaftierten Partei die telegrafische oder sonstwie sofortige Einreichung eines Rechtsmittels trotz deren Notwendigkeit versagt hat, Köln MDR **90**, 254.

Wiedereinsetzung kann *entfallen,* soweit eine Untersuchungshaft „hinderte", BGH VersR **77**, 257 (zum Teil überholt).

30 – **(Insolvenz):** Wiedereinsetzung ist möglich, soweit gegen den Schuldner das Insolvenzverfahren stattfindet und der Verwalter die Aufnahme des unterbrochenen Prozesses des Schuldners ablehnt und letzterer keinen Anwalt als seinen Zustellungsbevollmächtigten auf die Aufnahmeerklärung bestellt hat.

Wiedereinsetzung *entfällt,* soweit der Schuldner nach der Verfahrensaufhebung nicht sogleich für die Einhaltung einer Frist in dem vorher unterbrochenen Passivprozeß wegen einer nicht erloschenen Insolvenzforderung gesorgt hat, BGH VersR **85**, 549, oder soweit die Partei nicht nachgefragt hat, ob ein Insolvenzverfahren beendet sei, BGH VersR **82**, 673.

S auch Rn 29 „– (Geschäftsführer)".

– **(Krankheit):** Wiedereinsetzung ist möglich, soweit die Partei infolge einer Erkrankung außerstande war, einen Rechtsrat einzuholen usw, BGH RR **94**, 957, oder soweit sie infolge Fiebers ein ihr zugestelltes Schriftstück nicht bearbeiten konnte, AG Köln WoM **90**, 160, oder infolge ihrer Erkrankung die Fristeinhaltung „vergessen" hat, BGH VersR **85**, 888, strenger BGH VersR **85**, 140 und 550, Naumb FamRZ **02,** 1342. Eine Arbeitsunfähigkeitsbescheinigung reicht nicht, BVerfG RR **07**, 1717.

S auch Rn 28 „Abwesenheit", Rn 29 „– (Geschäftsführer)".

– **(Kündigung des Anwalts):** Wiedereinsetzung ist möglich, soweit der Anwalt der Partei während der Rechtsmittelbegründungsfrist formlos so rechtzeitig gekündigt hat, daß man damit rechnen konnte, sie werde einen anderen früh genug beauftragen können, BGH VersR **87**, 286 (großzügig).

S auch Rn 35 „– (Zustellung)".

– **(Kündigung der Partei):** Wiedereinsetzung *entfällt,* soweit die Partei den Anwaltsvertrag gekündigt hat, ohne sich anschließend um eine Frist zu kümmern, BGH VersR **83**, 540.

– **(Letzter Augenblick):** Wiedereinsetzung ist möglich, wenn die Partei vom Fristablauf in einer schwierigen Lage schuldlos erst im letzten Augenblick eine Kenntnis erhielt, Bbg MDR **96**, 199.

– **(Mahnbescheid):** Wiedereinsetzung *entfällt,* soweit eine Partei den Inhalt eines ihr zugestellten Mahnbescheids vorwerfbar nicht zur Kenntnis genommen hat, BGH VersR **88**, 158.

– **(Mitbewohner):** Wiedereinsetzung ist möglich, soweit ein Mitbewohner der Partei ihre gesamte Post vorenthalten hat usw, BGH VersR **76**, 929, Karlsr MDR **94**, 831.

– **(Nachforschung):** Wiedereinsetzung ist möglich, soweit ein Arbeiter keine Nachforschung nach einem ihm von Angehörigen vorenthaltenen Urteil angestellt hat oder wenn die Partei sonst keine besonderen Nachforschungen nach einem solchen Urteil angestellt hat, das sie weder im Weg einer Normalzustellung noch durch eine Ersatzzustellung erhielt, BGH VersR **77**, 569.

– **(Nachfrage):** Rn 32 „– (Rückfrage)".

– **(NATO-Truppenstatut):** Rn 33 „– (Stationierungsschaden)".

– **(Naturkatastrophe):** Wiedereinsetzung ist *nicht stets* schon ihretwegen möglich, LAG Bre JB **03**, 153 (Fallfrage).

31 – **(Niederlegung des Mandats):** Wiedereinsetzung *entfällt,* soweit die Partei ein Schreiben ihres Anwalts, der sein Mandat niedergelegt hat, nicht angenommen hat, BGH VersR **82**, 545.

– **(Niederlegung bei Zustellung):** Rn 35 „– (Zustellung)".
– **(Öffentliche Zustellung):** Wiedereinsetzung ist möglich, soweit der Prozeßgegner die öffentliche Zustellung erschlichen hat, BGH **118**, 47, oder soweit die Partei von derjenigen öffentlichen Zustellung, mit der sie nicht zu rechnen brauchte, keine Kenntnis gehabt hat, BGH VersR **77**, 836 und 932, Köln RR **93**, 446.

Wiedereinsetzung *entfällt,* soweit die Partei keinen ausreichenden Nachsendeauftrag erteilt hatte, LG Ffm NJW **05**, 688.

– **(Operation):** Rn 28 „– (Erkundigung)", Rn 30 „– (Krankheit)".
– **(Ortsabwesenheit):** Rn 28 „– (Abwesenheit)".
– **(Personal):** Wiedereinsetzung ist möglich, soweit die Partei die Frist trotz des Einsatzes ihres zuverlässigen Personals versäumt hat, BGH VersR **86**, 146.
– **(Postabholdienst):** Wiedereinsetzung ist möglich, soweit eine Behörde ihren Abholdienst so organisiert hat, daß eine Anlieferung durch die Post schneller und rechtzeitig gewesen wäre, BVerfG **62**, 222.
– **(Postporto):** Wiedereinsetzung *entfällt* bei einer ungenügenden Frankierung und daher Rücksendung, BGH NJW **07**, 1751.
– **(Prozeßkostenhilfe):** Wiedereinsetzung ist möglich, wenn die Partei innerhalb der Rechtsmittelfrist **32**
alles Zumutbare tat, um ihre Mittellosigkeit wegen eines ProzBev zu beseitigen, BAG NZA **06**, 1181.

Wiedereinsetzung *entfällt,* soweit sich die Partei nicht zumutbar nach dem für eine Prozeßkostenhilfe zuständigen Gericht erkundigt hat, BGH NJW **87**, 441, oder soweit sie nicht genug § 117 beachtet hat, Brdb FamRZ **04**, 383 (krit Gottwald).

– **(Prozeßunfähigkeit):** Sie kann eine Wiedereinsetzung begründen, BGH WoM **08**, 156.
– **(Rechtsmißbrauch):** Wiedereinsetzung ist möglich, soweit der Gegner einen Rechtsmißbrauch begangen hat, Einl III 54, soweit er zB eine öffentliche Zustellung erschlichen hat, BGH **118**, 47.
– **(Rechtsmittelbelehrung):** Wiedereinsetzung ist möglich soweit die Partei eine unklare Rechtsmittelbelehrung usw mißverstanden hat, BGH VersR **77**, 646, aM BGH VersR **84**, 875, AG Ffm VersR **85**, 300 (aber das Gericht hätte sich klar ausdrücken können und müssen. Dieser Fehler wiegt meist wesentlich schwerer als ein etwaiges Mitverschulden der Partei). Dasselbe gilt, wenn eine komplizierte Lage eine Belehrung erfordert hätte, KG FamRZ **08**, 527. Im FamFG-Verfahren gibt § 17 II FamFG eine Schuldlosigkeitsvermutung.
– **(Rechtsmittelrücknahme):** Wiedereinsetzung *entfällt* nach einem rechtzeitigen Rechtsmittel, nach dessen Rücknahme und nach dessen verspäteter Neueinlegung, BGH RR **98**, 638.
– **(Rechtsunkenntnis):** Wer auf eine eindeutige höchstrichterliche Rechtsprechung vertraut hat, muß eine abweichende Übung eines rangniedrigeren Gerichts nur dann beachten, wenn er mit ihr rechnen mußte, BVerfG NJW **03**, 1657 unten rechts.

Wiedereinsetzung *entfällt,* soweit eine rechtsunkundige Partei sich nicht in einer zumutbaren Weise rechtzeitig nach der Form oder nach der Frist eines Rechtsmittels erkundigt, BGH FamRZ **91**, 425, Hamm FamRZ **97**, 758.

– **(Reise):** Rn 28 „Abwesenheit".
– **(Rosenmontag):** Sehr großzügig meint BGH NJW **82**, 184, eine außerhalb des Rheinlands ansässige deutsche Partei brauche nicht damit zu rechnen, daß am frühen Nachmittag des Rosenmontags sämtliche dortigen Anwaltskanzleien geschlossen seien.
– **(Rückfrage):** Wiedereinsetzung ist möglich, soweit die Partei zunächst einen Rechtsmittelauftrag erteilt, auch telefonisch, und dann eine schriftliche Bestätigung oder Rückfrage zur Überwachung des Auftrags unterläßt, BGH VersR **85**, 140 (sehr großzügig).

Wiedereinsetzung *entfällt,* soweit die Partei es versäumt, bei dem zweitinstanzlichen Anwalt rechtzeitig rückzufragen, wie das Ergebnis seiner auftragsgemäßen Prüfung der Erfolgsaussichten des erwogenen Rechtsmittels laute, BGH VersR **82**, 444, aM BGH (2. ZS) NJW **94**, 3102 (aber eine Erkundigung war in einer derart zugespitzten Lage durchaus zumutbar).

S auch Rn 28 „– (Erkundigung)".

– **(Scheidung):** Rn 34 „– (Wohnungswechsel)".
– **(Stationierungsschaden):** Wiedereinsetzung ist möglich, soweit die Partei die rechtzeitige Anmel- **33**
dung eines Bagatellschadens zB nach dem NATO-Truppenstatut bei der zuständigen Dienststelle infolge ihrer Rechtsunkenntnis versäumt hat, Düss VersR **75**, 1104.

Wiedereinsetzung *entfällt,* soweit die Partei sich im übrigen nicht nach der Frist und Form einer notwendigen Anmeldung erkundigt hat, Karlsr VersR **90**, 534.

– **(Übersetzung):** Rn 28 „– (Ausländer)".
– **(Überspannung):** Sie ist unstatthaft, BGH MDR **08**, 877.
– **(Umzug):** Wiedereinsetzung ist nur dann möglich, wenn die Partei für ihren ProzBev erreichbar bleibt, etwa durch ein Mobiltelefon, BGH NJW **03**, 903 (streng).

Wiedereinsetzung *entfällt,* soweit die Partei in einer Kenntnis des bevorstehenden Prozesses mehrfach umzieht, gar ins Ausland, ohne zB einen ausreichenden Nachsendeantrag zu stellen, LG Ffm NJW **05**, 688.

– **(Unklarheit):** Rn 32 „– (Rechtsmittelbelehrung)".
– **(Unterrichtung von Zustellung):** Wiedereinsetzung ist möglich, soweit die Partei damit rechnen konnte, daß ihr ProzBev sie von der fristsetzenden Zustellung unterrichten werde, BGH VersR **82**, 582 (wegen eines Ausländers). Das gilt auch nach der Niederlegung des Mandats, BGH VersR **88**, 836, strenger BGH VersR **86**, 36 (bei der GmbH).
– **(Untersuchungshaft):** Rn 29 „– (Haft)".
– **(Unzuständigkeit):** Wiedereinsetzung ist möglich, soweit das unzuständige Gericht das bei ihm 13 Tage vor dem Fristablauf eingegangene Rechtsmittel nicht rechtzeitig weitergeleitet hat, BGH FamRZ **88**, 830.

Wiedereinsetzung *entfällt,* soweit die Partei bei einer objektiv ungeeigneten Stelle, zB bei einem Bahn-Mitarbeiter, eine unrichtige Auskunft über den Sitz des zuständigen Gerichts eingeholt und daher die Frist versäumt hat, BGH VersR **80**, 530, oder soweit sie überhaupt nicht genug geprüft hat, bei welchem Gericht sie ein Rechtsmittel einlegen mußte, Düss FamRZ **86**, 192, Köln Rpfleger **00**, 36.

S auch Rn 32 „– (Prozeßkosenhilfe)".

34 – **(Urlaub):** Wiedereinsetzung ist möglich, soweit die Partei die Frist wegen eines längeren Urlaubs versäumt hat, Rn 14, BVerfG **34**, 156, vgl LAG Nürnb MDR **06**, 275 (6 Wochen).

Wiedereinsetzung *entfällt* aber, soweit die Partei zwar damit rechnen mußte, daß schon ein Urteil gegen sie ergehen werde oder schon ergangen sei, nun aber in einen längeren Urlaub oder auf eine längere Reise gefahren ist, ohne irgendwelche Vorsorge wegen des Rechtsmittels zu treffen, BGH VersR **95**, 810, BFH DB **82**, 836.

S auch Rn 35 „– (Zustellung)".

– **(Verhinderung):** Wiedereinsetzung *entfällt,* soweit die Partei nach dem Ende einer unvorhersehbaren, aber nur vorübergehenden Verhinderung nicht die Restfrist ausgenutzt hat, BGH BB **87**, 671.

– **(Verkündungstermin):** Wiedereinsetzung *entfällt,* soweit sich eine Partei ohne einen Anwalt nicht alsbald nach dem Ergebnis eines Verkündungstermins erkundigte, BGH FamRZ **95**, 800.

– **(Vorsorge):** Rn 34 „– (Urlaub)".

– **(Wiederholung):** Wiedereinsetzung *entfällt,* soweit die Partei ein zurückgenommenes Rechtsmittel verspätet wiederholt hat, BGH NJW **91**, 2839.

– **(Wohnungswechsel):** Wiedereinsetzung ist möglich, wenn die Partei einen Nachsendeauftrag erteilt hat, BGH NJW **88**, 2672, oder wenn sie ihre Mobilfunknummer mitgeteilt hat, BGH NJW **03**, 903.

Wiedereinsetzung *entfällt,* soweit die Partei zwar mit einem Schreiben des Gerichts rechnen mußte, nun aber einen Wohnungswechsel vornahm und darauf vertraut hat, ihr in Scheidung lebender Ehegatte werde ihr die Post nachsenden, BGH VersR **79**, 644, oder soweit sie dann nicht unverzüglich dafür gesorgt hat, daß eine Verbindung zum ProzBev aufrechterhalten blieb, BGH VersR **89**, 104, oder daß sie überhaupt in den Besitz solcher Schriftstücke kam, die noch an ihre frühere beim Einwohnermeldeamt unverändert gemeldete und von der Partei immer noch mit „angelaufene" Anschrift gingen, Düss FamRZ **90**, 76, Köln MDR **96**, 850. Das gilt auch beim Wegzug ins Ausland, Köln VersR **93**, 1127, LG Ffm NJW **05**, 688.

– **(Zuständigkeit):** Rn 33 „– (Unzuständigkeit)".

35 – **(Zustellung):** Wiedereinsetzung ist möglich, wenn die Partei schon von demjenigen Termin schuldlos nichts gewußt hatte, auf den die Zustellung eines Versäumnisurteils folgte. Sie mag in der früheren Wohnung einen Briefkasten unterhalten und kontrolliert haben (lassen), Zweibr JB **06**, 95.

Wiedereinsetzung *entfällt,* soweit die Partei den Posteingang nicht genau durchgesehen und daher übersehen hat, daß sich in ihm die wenn auch unscheinbare Benachrichtigung der Post über eine erfolgte Zustellung durch Niederlegung befand, selbst wenn diese zwischen viel alltäglicher Werbung lag, LAG Köln MDR **94**, 1245. Eine Wiedereinsetzung entfällt ferner, soweit die Partei die ihr durch eine Niederlegung zugestellte Schrift nicht noch vor ihrem Urlaub abgeholt hat, obwohl ihr das zumutbar war, BGH VersR **77**, 1099, oder soweit sie eine ihr während des Urlaubs durch eine Niederlegung zugestellte Schrift oder Entscheidung nicht alsbald nach dem Urlaubsende abgeholt hat, BGH VersR **78**, 827, oder soweit die Partei eine Frist versäumt hat, obwohl sie rechtzeitig erfahren hatte, daß die Mitteilung über eine Niederlegung nach § 181 verlorengegangen war, BGH FamRZ **87**, 925 (krit Gottwald), oder soweit sie ab der Rechtshängigkeit nicht dafür gesorgt hat, daß Zustellungen sie erreichten, BGH FamRZ **97**, 997, soweit sie zB keinen Briefkasten hatte, Karlsr MDR **99**, 498, oder keinen speziell auch für sie eingerichteten, Köln RR **01**, 1221.

– **(Zustellungsbevollmächtigter):** Trotz seiner Nichtbenennung und damit eines Verstoßes gegen § 184 kann dann eine Wiedereinsetzung infrage kommen, wenn die Sendung den Adressaten nicht erreichte, Artt 2 I, 20 III GG, BGH NJW **00**, 3285.

Patentanwalt: Es gelten dieselben Regeln wie beim Rechtsanwalt, BGH GRUR **01**, 411.

36 **Post:** Dem Bürger sind grundsätzlich solche Verzögerungen der Briefbeförderung und der Briefzustellung nicht zurechenbar, die er nicht vertreten muß, BVerfG VersR **00**, 470, BGH NJW **07**, 2778, BAG NJW **95**, 549 (Poststreik), LG Wuppert WoM **96**, 350 (überhaupt Laufzeit), aM App BB **90**, 2313 (aber die Post ist gegenüber dem Bürger faktisch allmächtig). Das gilt trotz der Poststatistik (7% Verspätungen), BGH NJW **99**, 2118.

37 – **(Abholdienst):** Wiedereinsetzung ist möglich, soweit der Empfänger seinen Postabholdienst so schlecht organisiert hat, daß die Anlieferung durch die Post schneller und rechtzeitig erfolgt wäre, BVerfG **62**, 222, Drsd Rpfleger **05**, 270.

– **(Adresse):** Wiedereinsetzung *entfällt* grds, soweit die Partei oder ihr ProzBew die Sendung falsch adressiert hat, BGH FamRZ **97**, 172, BVerwG NJW **90**, 1747.

S auch „– (Erklärung der Post)", Rn 38 „– (Ermittlungsdienst)", „– (Fristablauftag)", Rn 39 „– (Tag vor Fristablauf)".

– **(Anwaltsverweigerung):** Wiedereinsetzung *entfällt,* soweit diejenige Partei, die keinen Anwalt fand, ihn auch nicht benötigte, Köln RR **96**, 188 (sofortige Beschwerde).

– **(Aufklärbarkeit):** Wiedereinsetzung ist unabhängig davon möglich, ob der Zugang eines gewöhnlichen Briefs, BGH VersR **78**, 671, oder die Ursache einer ungewöhnlichen Postverzögerung noch aufklärbar ist, BGH VersR **81**, 1161.

– **(Auskunft):** S „– (Erklärung der Post)".

– **(Beschädigung):** Wiedereinsetzung ist möglich, soweit eine nicht von der Partei verschuldete Beschädigung der Sendung zu deren verzögerter Zustellung geführt hat, BGH VersR **79**, 190, oder soweit der niedergelegte Umschlag ohne ein Verschulden der Partei derart beschädigt worden ist, daß man den Zustellvermerk nicht erkennen kann, BGH VersR **80**, 744.

– **(Briefkasten):** Wiedereinsetzung *entfällt,* soweit eine Empfängerin nicht für eine einwandfreie Beschriftung ihres Briefkastens gesorgt hat, BGH NJW **90**, 109.

– **(Erklärung der Post):** Wiedereinsetzung ist nach einer Erklärung der Post, sie werde die Sendung noch an demselben Tag ausliefern, nur dann möglich, wenn die Partei den Postmitarbeiter auf die gewählte Form der Adressierung aufmerksam gemacht hatte, LAG Ffm BB **84**, 676. Überhaupt kann man sich auch als Anwalt grds auf die Richtigkeit einer Auskunft eines Postmitarbeiters über die voraussichtlichen Postlaufzeiten verlassen, selbst kurz vor dem Fristende, BGH NJW **07**, 2778. Ausreichend ist die nachträgliche Erklärung der Post, die Sendung hätte noch rechtzeitig ausgeliefert werden müssen, BVerfG NJW **01**, 744.

Wiedereinsetzung *entfällt,* soweit die Partei ein Einschreiben an das Gericht gegen Rückschein dann erst am Tag des Fristablaufs gegen 18 Uhr aufgegeben hat, selbst wenn die Post erklärte, sie werde noch an demselben Tage zustellen. Denn die Partei kann dann nicht mehr mit einem empfangsbereiten Gerichtsmitarbeiter gerechnet haben, OVG Münst NJW **87**, 1353. Eine Wiedereinsetzung entfällt dann erst recht, soweit die Post erklärt hat, „frühestens am Folgetag" zuzustellen, LAG Ffm BB **99**, 644 unten.

S auch Rn 39 „– Postlaufzeiten)".

– **(Ermittlungsdienst):** Wiedereinsetzung ist möglich, soweit die Partei zwar die Sendung unvollständig 38
adressiert hat, sie jedoch so rechtzeitig abgesendet hatte, daß die rechtzeitige Zustellung nur deshalb unterblieben ist, weil die Post zuvor ihren Ermittlungsdienst eingeschaltet hatte, BAG BB **76**, 187.

– **(Falsche Zustellung):** Wiedereinsetzung ist möglich, soweit die Post einen richtig adressierten Brief verspätet oder an einen falschen Empfänger zugestellt hat.

– **(Feiertag):** Rn 40 „– (Überlastung)".

– **(Fristablauftag):** Wiedereinsetzung *entfällt,* soweit die Partei (jetzt) ein Expreß-Einschreiben nach auswärts erst am letzten Tag der Frist vormittags aufgegeben hat, BFH BB **76**, 1254. Das gilt erst recht bei einer unvollständigen Anschrift, LAG Ffm BB **84**, 676. Eine Wiedereinsetzung entfällt ferner, soweit die Partei ein Einschreiben an das Gericht gegen Rückschein erst am Tag des Fristablaufs aufgegeben hat, gar erst um 18 Uhr, OVG Münst NJW **87**, 1353.

– **(Häufung von Verlusten):** Wiedereinsetzung ist möglich, soweit eine auffällige Häufung von Verlusten von Postsendungen vorliegt, BGH VersR **87**, 49.

– **(Nachsendeauftrag):** Wiedereinsetzung ist möglich, soweit die Post einen Nachsendeauftrag nicht ausgeführt hat. Denn man kann grds darauf vertrauen, daß sie ihn korrekt erledigt, BGH VersR **88**, 1162. Die strengere frühere Rechtsprechung ist weitgehend überholt.

Wiedereinsetzung *entfällt,* soweit die Partei sich als Empfängerin auf einen Nachsendeauftrag verlassen hat, obwohl die Post ihn bisher mangelhaft durchgeführt hatte, BGH VersR **79**, 1030.

– **(Niederlegung):** Wiedereinsetzung *entfällt,* soweit die Partei den Benachrichtigungsschein über die erfolgte Zustellung durch eine Niederlegung weggeworfen hat, Mü MDR **94**, 410, oder wenn der Postmitarbeiter bei der Aushändigung der niedergelegten Sendung irrig den Zeitpunkt der Aushändigung als denjenigen der Zustellung auf der Sendung vermerkt hat. Denn das hätte der Empfänger selbst bemerken müssen, BGH RR **92**, 315.

– **(Porto):** Wiedereinsetzung *entfällt,* soweit die Partei die Sendung mit einem ungenügenden Porto versehen hat, Zweibr MDR **84**, 853.

– **(Postfach):** Die Entnahme aus ihm reicht zum Zugang, BFH NJW **07**, 1616 rechts. Wiedereinsetzung 39
entfällt, soweit unklar ist, ob die Sendung vor dem Fristablauf in das Postfach des Empfängers kam, BFH BB **88**, 1112, BVerwG NJW **94**, 1672.

– **(Postlaufzeiten):** Als Umsetzung der Richtlinie 97/671 EG des Europäischen Parlaments und des Rates v 15. 12. 97 (ABl EG **98** Nr L 15 S 14) dient die Post-Universaldienstleistungsverordnung (PUDLV) v 15. 12. 99, BGBl 2418. Sie bestimmt in § 2 Z 3 S 1, daß von den an einem Werktag eingelieferten inländischen Briefsendungen im Jahresdurchschnitt mindestens 80% an dem ersten auf den Einlieferungstag folgenden Werktag und 95% bis zum zweiten auf den Einlieferungstag folgenden Werktag ausgeliefert werden müssen. Auf die Einhaltung dieser Vorschrift muß sich jeder Einlieferer eigentlich verlassen können BVerfG NJW **01**, 744, BGH NJW **08**, 587. Das gilt auch bei der Zwischenschaltung eines privaten Kurierdienstes, BGH FamRZ **08**, 871 links. Sie entspricht im wesentlichen der bisherigen Regel. Diese lautete: „E + 1" (Zustellung am Tag nach der Einlieferung) für einen Expreßbrief. Die Praxis lautet freilich wohl vielerorts „E + 2 oder 3", dazu im Ergebnis BGH BB **93**, 1692 (neue Bundesländer damals), Celle NJW **92**, 296, zB wegen des Wegfalls der Spätleerung.

In der *Praxis* zeigt sich im übrigen seit der Privatisierung der Post nicht nur bei größeren Nord-Süd-Entfernungen, sondern auch in einem deutlichen Umfang eine Verlängerung der Postlaufzeiten. Zumindest erscheint der immer stärker überlastete Postbote oft erst so spät, daß dieser Bearbeitungstag praktisch verloren ist. Außerdem ist vielerorts leider eine Zunahme der Unzuverlässigkeit auf den Anzeigetafeln der Briefkästen unübersehrbar. Das gilt nicht nur dazu, wann (Uhrzeit) die nächste Leerung stattfindet, sondern auch darauf, ob sie überhaupt am genannten Tag stattfinden wird. Laufzeiten von 5, 6 oder mehr Tagen sind möglicherweise keine wirkliche Seltenheit mehr. Das alles muß man daher leider zunehmend mitbeachten, aM FG Hann DB **97**, 304 (zudem mit dem problematischen, dem § 270 S 2 vergleichbaren § 122 II AO), VGH Mannh NJW **96**, 2882 (spricht noch von der Deutschen Bundespost). Noch mag eine Woche unvorhersehbar sein, LG Wuppert WoM **96**, 350. Im übrigen genügt die nachträgliche Erklärung der Post, die Sendung hätte noch rechtzeitig ausgeliefert werden müssen, BVerfG NJW **01**, 744.

S auch Rn 37 „– (Erklärung der Post)".

– **(Postleitzahl):** Wiedereinsetzung *entfällt* bei einer fehlenden oder falschen Angabe der Postleitzahl, BGH FamRZ **06**, 544.

– **(Poststreik):** Beim Poststreik gelten erhöhte Anforderungen an die Partei, LAG Düss BB **92**, 1796. Wiedereinsetzung *entfällt,* soweit die Partei trotz der ihr bekannten Verzögerungsgefahr wegen eines Poststreiks nicht zB den über ein noch geöffnetes Postamt möglichen Telefaxdienst ausgenutzt oder die Sendung direkt beim evtl auch auswärtigen Empfänger eingeworfen hat oder sich nicht wenigstens rechtzeitig danach erkundigt hat, ob die Sendung eingegangen ist, BVerfG NJW **95**, 1210.

– **(Postverschulden):** Wiedereinsetzung ist möglich, soweit die Verzögerung der Briefbeförderung auf einem Verschulden der Post beruht hat, etwa auf einer Nachlässigkeit eines Mitarbeiters, BVerfG NJW **92**, 1582, BGH VersR **79**, 444, BAG NJW **78**, 1495.
– **(Rückschein):** Rn 38 „– (Fristablauftag)".
– **(Sonntag):** Wiedereinsetzung ist möglich, soweit die Partei (jetzt) einen Expreßbrief an einem Sonntag 2 Tage oder 1 Tag vor dem Fristablauf im Nahverkehr eingeliefert hat, BGH VersR **76**, 88, LAG Mü JB **91**, 124.
– **(Tag vor Fristablauf):** Wiedereinsetzung *entfällt,* soweit die Partei einen Normalbrief mit einer unvollständigen Anschrift erst am Tag vor dem Fristablauf aufgegeben hat, BAG NJW **87**, 3278. Dasselbe gilt bei einer vollständigen Anschrift, BGH VersR **77**, 649, oder dann, wenn sie den Brief in einen solchen Briefkasten eingeworfen hat, neben dem die Post eine Zusammenstellung der Brieflaufzeiten angebracht hat, selbst wenn danach eine Zustellung am Folgetag als möglich erschien. Vgl allerdings auch BVerfG **62**, 337, BGH VersR **82**, 298.
S auch „– (Sonntag)".
– **(Telebrief):** Wiedereinsetzung *entfällt,* soweit die Partei einen Brief nur als einen Normalbrief und nicht als einen Expreßbrief aufgegeben hat, BFH DB **86**, 1760.

40 – **(Telefax):** Rn 164 ff.
– **(Überlastung):** Wiedereinsetzung ist möglich, soweit die Verzögerung der Beförderung auf einer Überlastung der Post beruht hat, etwa vor Feiertagen, BVerfG NJW **92**, 1582, BGH VersR **79**, 444.
– **(Unklarheit):** Rn 37 „– (Aufklärbarkeit)".
– **(Untätigkeit):** Wiedereinsetzung *entfällt,* soweit die Partei als Empfängerin eine ständig unkorrekte, ihr als solche bekannte Zustellungsart unbeanstandet gelassen hat, BVerwG MDR **77**, 431, oder soweit sie sich auf einen Nachsendeauftrag verlassen hat, obwohl die Post ihn bisher mangelhaft ausgeführt hatte, BGH VersR **79**, 1030.
– **(Weihnachten):** Wiedereinsetzung *entfällt,* soweit die Partei (jetzt) einen Expreßbrief am 24. 12. bei einem Fristablauf 27. 12. aufgegeben hat, BGH VersR **75**, 811.
– **(Wertsendung):** Zum Mitverschulden der Post und des Absenders beim Verlust einer Wertsendung wegen einer zu geringen Wertangabe BGH NJW **88**, 129. Vorsicht! Man konnte genau entgegengesetzte Angaben darüber erhalten, ob Wertsendungen überhaupt noch besonders „von Hand zu Hand" befördert wurden usw.
– **(Wochenende):** Wiedereinsetzung ist möglich, soweit die Verzögerung der Briefbeförderung auf einer vorübergehenden Verminderung der Dienstleistung beruht hat, etwa an einem Wochenende, BVerfG NJW **92**, 1582, BGH VersR **79**, 444.

41 **Prozeßkostenhilfe:** Soweit überhaupt ein Antrag erforderlich ist, § 117 Rn 4, kommt es unter anderem darauf an, ob der Antragsteller vernünftigerweise mit einer Bewilligung rechnen konnte, BGH RR **01**, 570, und ob er sich für bedürftig halten und davon ausgehen durfte, daß er die wirtschaftlichen Voraussetzungen einer Prozeßkostenhilfe genügend dargelegt habe, BGH FER **01**, 58.
– **(Abtretung):** Wiedereinsetzung *entfällt,* soweit der Antragsteller seine Forderung vor der Klagerhebung nach §§ 261, 253 abgetreten und nur für seine Mittellosigkeit Unterlagen rechtzeitig beigebracht hat.
– **(Antrag):** Wiedereinsetzung ist möglich, soweit der Mittellose den vollständigen Prozeßkostenhilfe-Antrag, BGH NJW **98**, 1210, oder das Rechtsmittel durch seinen Wahlanwalt vor der Ablehnung seines Antrags auf eine Prozeßkostenhilfe eingelegt hat, falls er im Zeitpunkt des Fristablaufs noch ohne einen Anwalt gewesen ist, BGH VersR **78**, 741, oder soweit die Partei nicht mit einer Ablehnung im Rechtsmittelverfahren rechnen mußte, BGH FamRZ **96**, 933, und den Prozeßkostenhilfeantrag vor dem Fristablauf gestellt hat, BGH FamRZ **06**, 1269 (sehr großzügig). Eine unverschuldet verspätete Erklärung über die eigenen Verhältnisse kann unschädlich sein, BGH FamRZ **08**, 1167.
Wiedereinsetzung *entfällt,* soweit der Antragsteller nach der Ablehnung seines Gesuchs auf eine Prozeßkostenhilfe erkennen konnte, daß die Voraussetzungen ihrer Bewilligung in der Tat nicht erfüllt waren, BGH VersR **81**, 854, oder wenn er den Antrag so spät absandte, daß er nicht bis zum Ablauf der Rechtsmittelfrist beim Rechtsmittelgericht eingehen konnte, OVG Mannh FamRZ **03**, 104 (2 Tage vor Fristablauf Einreichung beim unzuständigen Gricht; krit Gottwald).
S auch Rn 43 „– (Gegenvorstellung)", „– (Instanzenzug)".
– **(Aufhebung):** Wiedereinsetzung ist möglich, soweit das Gericht einen früheren ablehnenden Beschluß aufgehoben hat.

42 – **(Bedürftigkeit):** Wiedereinsetzung ist möglich, soweit der Antragsteller ausreichend dargelegt hat, daß er die Kosten der Prozeßführung nach seinen persönlichen und wirtschaftlichen Verhältnissen nicht, nur zum Teil oder nur in Raten aufbringen könne, BGH FamRZ **02**, 1705, BGS VersR **80**, 256, oder soweit er sonstwie nicht mit einer Ablehnung rechnen mußte, BGH FamRZ **06**, 32.
Wiedereinsetzung *entfällt,* soweit der Insolvenzverwalter nicht vor dem Fristablauf dargelegt hat, daß er die Mittel zur Prozeßführung von den am Prozeß wirtschaftlich Beteiligten nicht aufbringen könne, BGH FER **96**, 41.
– **(Bezugnahme):** Wiedereinsetzung ist möglich, soweit der Antragsteller keinen Zweifel daran zu haben brauchte, daß seine Bezugnahme auf eine frühere Erklärung nach § 117 ausreichen werde, BGH VersR **85**, 395. Das gilt auch dann, wenn er weitere vom Gericht angeforderte Unterlagen erst nach dem Fristablauf eingereicht hat, BGH VersR **87**, 1219, strenger BGH VersR **84**, 660.
– **(Einkommenserwerb):** Wiedereinsetzung *entfällt* bei einem inzwischen ausreichenden Einkommen.
S auch Rn 48 „– (Vermögenserwerb)".

43 – **(Erbschaft):** Rn 48 „– (Vermögenserwerb)".
– **(Erfolgsaussicht):** Wiedereinsetzung ist möglich, soweit der Antragsteller im erforderlichen Umfang dargelegt hat, daß sein Rechtsmittel die Rechtsmittelsumme erreicht habe. Eine weitergehende Begründung kann entbehrlich sein, BGH RR **01**, 570.
S auch Rn 47 „– (Unterlagen)".

– **(Formular):** Wiedereinsetzung ist möglich, soweit der Antragsteller die Erklärung nach § 117 II–IV sorgfältig ausgefüllt hat, BGH VersR **84**, 660 (im Rechtsmittelzug genügt bei unveränderten Verhältnissen eine eindeutige Bezugnahme auf das erstinstanzlich eingereichte Formular, § 119 Rn 64), und soweit er seine Erklärung auch in der Frist eingereicht hat, BGH VersR **88**, 943, sonst aber nicht, BGH FamRZ **05**, 1537, Zweibr MDR **08**, 228.

– **(Frist):** Wiedereinsetzung ist möglich, auch wenn der Antragsteller die Frist zB zur Einlegung oder **44**
Begründung des Rechtsmittels voll ausgenutzt hat, BGH FamRZ **05**, 105. Das gilt zB dann, wenn er das Rechtsmittel erst am letzten Tag eingereicht hat, BGH NJW **98**, 1231. Eine Wiedereinsetzung kommt ferner dann in Betracht, wenn dem Antragsteller nicht einmal eine knappe Zeit verblieben ist, sich über die Einlegung eines Rechtsbehelfs schlüssig zu werden und die Unterlagen für den Antrag auf eine Bewilligung der Prozeßkostenhilfe zu beschaffen.

Wiedereinsetzung *entfällt,* soweit der zum ProzBev bestellte Anwalt beim Eingang des Beschlusses über die Bewilligung der Prozeßkostenhilfe nicht dafür gesorgt hat, die Frist für das Wiedereinsetzungsgesuch nach § 234 I notieren zu lassen.

– **(Gegenvorstellung):** Wiedereinsetzung *entfällt,* soweit der Antragsteller nach der Ablehnung seines Gesuchs um eine Prozeßkostenhilfe erfolglos eine Gegenvorstellung erhoben hatte. Denn nach der Ablehnung mangels einer Erfolgsaussicht gilt die Mittellosigkeit nicht mehr als ein Hindernis.

– **(Insolvenz):** Rn 42 „– (Bedürftigkeit)".

– **(Instanzenzug):** Wiedereinsetzung *entfällt,* soweit nach einer Ablehnung des Antrags auf eine Prozeßkostenhilfe der Instanzenzug erschöpft ist und nicht durch eine nachträgliche Bewilligung wieder auflebt. Das gilt auch bei einem Notanwalt, §§ 78 b, c.

– **(Neue Tatsache):** Wiedereinsetzung *entfällt,* soweit das Gericht die Prozeßkostenhilfe nach einer **45**
Ablehnung des Antrags erst auf Grund neuer Tatsachen bewilligt hat, Schlesw MDR **78**, 235. Denn sonst stünde der Mittellose beim Ablauf der Rechtsmittelfrist besser als der Bemittelte da.

– **(Niederlegung des Mandats):** Es schadet dem Antragsteller nicht, daß sein Anwalt die Vertretung nach der Einreichung eines Antrags auf eine Prozeßkostenhilfe niedergelegt hat, bevor das Gericht entschieden hat, BGH VersR **89**, 863.

– **(Prozeßkostenvorschuß):** Wiedereinsetzung ist möglich, wenn der Vorschußanspruch tituliert und alsbald durchsetzbar war, sonst nicht, Zweibr FamRZ **03**, 1116.

– **(Revision):** Wiedereinsetzung ist möglich, soweit der Antragsteller nach der Versäumung der Revi- **46**
sionsfrist das Urteil des Berufungsgerichts und den Nachweis der Vermögenslosigkeit erbracht und die Rechtzeitigkeit des Gesuchs spätestens vor der Entscheidung über das Gesuch nachgewiesen hat, evtl auch die Revisionsfähigkeit, also die Zulassung. Er braucht dagegen nicht im einzelnen darzulegen, wie er die Revision begründen will.

– **(Streitgenosse):** Wiedereinsetzung *entfällt,* soweit die Partei deswegen keinen Rechtsbehelf eingelegt hat, weil das Gericht einem Streitgenossen in einer gleichgelagerten Sache eine Prozeßkostenhilfe verweigert hatte.

– **(Telefax):** Rn 44 „– (Frist)".

– **(Überlegungsfrist):** Rn 44 „– (Frist)". **47**

– **(Unterlagen):** Wiedereinsetzung ist möglich, soweit der Antragsteller zusammen mit dem Formular nach Rn 43 oder in der Frist auch alle weiteren notwendigen Unterlagen über seine persönlichen und wirtschaftlichen Verhältnisse eingereicht hat, § 117 II, BGH RR **00**, 879. Eine spätere Nachreichung ist unschädlich, soweit der Antragsteller alles ihm Zumutbare unternommen hatte, um die Unterlagen rascher zu erhalten, BGH VersR **76**, 564, BFH BB **78**, 292.

Wiedereinsetzung *entfällt,* soweit es der Anwalt vorwerfbar unterlassen hat, den Nachweis des wirtschaftlichen Unvermögens in einer gesetzmäßigen Weise zu erbringen, BGH VersR **92**, 637, und zwar innerhalb der vom Gericht gesetzten Frist, BGH RR **91**, 637.

S auch Rn 44 „– (Frist)".

– **(Ursächlichkeit):** Wiedereinsetzung *entfällt,* soweit der Anwalt im guten Glauben, die Berufungsfrist zu wahren, das Rechtsmittel vor der Entscheidung über den Antrag auf eine Prozeßkostenhilfe, aber in Wahrheit erst nach dem Ablauf der Berufungsfrist eingelegt hat. Denn dann ist das Hindernis der Mittellosigkeit für die Versäumung der Berufungsfrist überhaupt nicht ursächlich gewesen. Allerdings muß man grds davon ausgehen, daß die Mittellosigkeit daran gehindert hat, ein Rechtsmittel rechtzeitig einzulegen, selbst wenn die Partei es vor der Bewilligung einer Prozeßkostenhilfe eingereicht hatte.

– **(Vergleichsverhandlung):** Wiedereinsetzung *entfällt,* soweit die Partei darum gebeten hatte, die **48**
Entscheidung über ihren Antrag auf eine Prozeßkostenhilfe wegen einer anderweitigen Vergleichsverhandlung zurückzustellen, dann aber die Unterbrechung dieser Vergleichsverhandlung oder eine andere dortige neue Situation entgegen ihrer Ankündigung dem Gericht nicht unverzüglich mitgeteilt hat, Hamm JB **75**, 1604 (abl Burkhardt).

– **(Vermögenserwerb):** Wiedereinsetzung ist möglich, soweit die Partei ein unter eine Schongrenze fallendes kleines Sparvermögen von (jetzt ca) 1500 EUR glaubte nicht einsetzen zu müsen, § 115 II, BGH VersR **00**, 384.

Wiedereinsetzung *entfällt,* soweit die Partei inzwischen ein ausreichendes Vermögen erworben, zB geerbt, hat, BGH VersR **85**, 454.

S auch Rn 42 „– (Einkommenserwerb)".

– **(Vordruck):** Rn 43 „– (Formular)".

Rechtsanwalt, dazu *Borgmann/Jungk/Grams,* Anwaltshaftung, 4. Aufl 2005: § 85 II ist anwendbar, § 85 **49**
Rn 8. Der BGH stellt an die Sorgfaltspflicht des Anwalts mit Recht harte Anforderungen. Sie sind aber oft praktisch kaum erfüllbar. Freilich ist auch in diesem Zusammenhang die vor der VereinfNov von 1977 ergangene Rechtsprechung nur noch bedingt verwertbar, Rn 18. Die folgenden Anforderungen gelten entsprechend bei großen Firmen, BGH VersR **89**, 930.

50 *Allgemein* gilt etwa folgendes. Der Anwalt muß *alles ihm nur Zumutbare tun und veranlassen,* damit er jede einzelne Frist einhält, BGH NJW **85**, 1710. Er muß bestimmte besonders wichtige Berechnungen, Kontrollen und Überwachungen persönlich vornehmen. Er darf sie allenfalls seinem Sozius, einem speziell mit der Sache beauftragten Volljuristen als Mitarbeiter oder einem langjährigen Bürovorsteher übertragen. Er kann andere, nicht ganz so wichtige oder schwierige Aufgaben auch anderen Mitarbeitern übertragen. Er muß aber sein gesamtes Personal sorgfältig auswählen, laufend schulen, laufend überwachen und nach Unregelmäßigkeiten besonders kontrollieren. Außerdem muß er durch einen Fristkalender, ein Fristenbuch, Vermerke in den Handakten und auf andere geeignete Weise auch in sachlicher Hinsicht alle überhaupt nur möglichen und zumutbaren organisatorischen Vorkehrungen dagegen treffen, daß er eine Frist versäumt.

Er ist überdies in bestimmtem Umfang auch noch dann zumindest mitverantwortlich, wenn er die weitere Bearbeitung inzwischen einem *Kollegen übergeben* hat, sei es einem Verkehrsanwalt oder einem höherinstanzlichen Anwalt. Den letzteren mag es trotz der jetzt vorhandenen Zulassung grundsätzlich vor jedem Gericht (Ausnahme: BGH) durchaus weiterhin geben. Die Sorgfaltspflichten eines jeden dauern auch dann an, wenn sich die Partei nicht meldet oder wenn aus anderen Gründen kein Kontakt zu ihr besteht. Sie enden erst dann, wenn der Anwalt das Mandat wirksam aufgegeben hat oder wenn der Vertrag infolge einer wirksamen Kündigung endete. Auf dieser Grundlage ergibt sich im einzelnen eine Fülle von Pflichten. Die nachfolgende Übersicht kann nur ein ungefähres Bild von der Vielfalt der Rechtsprechung bieten. Es lassen sich im wesentlichen etwa die folgenden Gesichtspunkte darstellen. Rspr-Üb bei Wirges MDR **98**, 1459.

Übersicht der Giederung zum Hauptstichwort „Rechtsanwalt“

51 **Rechtsanwalt: Abwesenheit:** Der Anwalt braucht bei einer nur kurzfristigen Verhinderung keine Vorsorge zu treffen, BayObLG RR **01**, 1648. Er muß aber dafür sorgen, daß er auch bei seiner eigenen oder bei einer unvorhersehbaren Abwesenheit eines Mitarbeiters die Fristwahrung wahrt, BGH VersR **89**, 930, VGH Mü NJW **93**, 1732. Er muß zB einen Vertreter nach § 53 BRAO bestellen, BGH VersR **78**, 667, Mü MDR **87**, 590. Beauftragt der Anwalt einen Dritten, während seiner Abwesenheit ein Rechtsmittel einzulegen, muß der Auftrag unmißverständlich sein, BGH NJW **97**, 3244, Hbg MDR **97**, 1059.

S auch Rn 131, 180.

Rechtsanwalt: Abwickler: Sein schuldhafter Rechtsirrtum über seine Befugnis *hindert* eine Wiedereinsetzung, BGH NJW **92**, 2158. Der dem Abwickler erteilte Rechtsmittelauftrag braucht eine Überwachung, BGH NJW **92**, 697.

S auch Rn 114–120.

Rechtsanwalt: Akteneinsicht: Rn 19 „Gericht: Akteneinsicht“.

52 **Rechtsanwalt: Aktenführung, -vermerk:** Der Anwalt muß für jeden Prozeß eine eigene Handakte führen, zB beim Streit gegen den Kläger und dessen Geschäftsführer, insbesondere bei unterschiedlichen Fristen, BGH RR **99**, 716 rechts. Er muß die Zustellung desjenigen Urteils, das er erhält und dessen Erhalt er bescheinigt, entweder selbst sofort in den Akten vermerken, BGH VersR **79**, 161, Oldb JB **78**, 1013, oder er muß den Vermerk sofort durch einen unbedingt zuverlässigen Mitarbeiter anfertigen lassen, BGH VersR **77**, 424, oder er muß die Zustellung aus der ihm vorgelegten Postmappe aussondern und dafür sorgen, daß ein zuverlässiger Angestellter sofort einen Aktenvermerk anlegt, BGH VersR **78**, 523. Die allgemeine Belehrung und Anweisung des Personals genügt nicht. Vielmehr muß der Anwalt glaubhaft machen, daß der Mitarbeiter generell zuverlässig ist, BGH VersR **78**, 182, und daß er ihn in einer bestimmten Weise überwacht, BGH VersR **77**, 933.

Der Anwalt muß dafür sorgen, daß man nach einer Urteilszustellung nach *§ 174* den Tag des Urteilszugangs und den Tag der Zustellung an den Gegner sogleich in den Handakten vermerkt. Er muß angeben, auf Grund welcher Unterlagen die Rechtsmittelfrist einzutragen ist. Er muß sofort veranlassen, daß alles zur Fristwahrung Notwendige geschieht, BGH VersR **79**, 256, BAG NJW **75**, 232. 53

Der Anwalt muß dafür sorgen, daß die *wirkliche* und nicht bloß die hypothetische Berufungsbegründungsfrist sogleich nach der Einreichung der Berufung im Fristenkalender eingetragen wird und daß diese Kalendereintragung durch einen Erledigungsvermerk in der Handakte gekennzeichnet wird, Nürnb OLGZ **76**, 119. Wenn der Anwalt das Personal nicht angewiesen hat, ihn auf einen Fristablauf hinzuweisen, muß er den Fristablauf auf dem Aktendeckel und im Fristenkalender vermerken lassen, BGH VersR **79**, 256. In diesem Fall reicht auch eine Vorfristnotierung nicht aus, BGH VersR **75**, 1006. Der Anwalt darf sich nicht damit begnügen, den Beginn und die Dauer der Rechtsmittelfrist mündlich festzustellen und es dem Bürovorsteher zu überlassen, das Fristende in den Handakten und im Fristenkalender einzutragen. Eine Ausnahme mag bei einem langjährigen erprobten Bürovorsteher möglich sein. Der Anwalt muß dann, wenn ihm die Berufungsschrift zur Unterschrift vorliegt, und auch dann, wenn er die Akten noch einmal zur Abfassung der Berufungsbegründung erhält, nachprüfen, ob sich in den Handakten ein Vermerk darüber befindet, daß die Frist im Kalender eingetragen ist.

S auch Rn 54–63, 80–83, 183–189.

Rechtsanwalt: Aktenvorlage: Sie ersetzt nicht eine systematisch organisierte Ausgangskontrolle, BGH BB **07**, 2316, BAG NJW **93**, 2957. Der Anwalt muß sicherstellen, daß ihm Akten fristgebundener Verfahren rechtzeitig zur Bearbeitung vorgelegt werden, BGH BB **07**, 2316, Düss BB **92**, 236, Kblz MDR **08**, 596, notfalls vom Autotelefon aus, BGH VersR **94**, 1324. Er darf die Akten nicht aus dem normalen Geschäftsgang herausnehmen, ohne daß eine etwa laufende Frist im Fristenkalender vermerkt wurde. Wenn der Bürovorsteher ein zugestelltes Urteil nicht vorgelegt hat und auf ein späteres Befragen erklärt, es sei noch nicht eingegangen, kann eine Wiedereinsetzung notwendig sein. Dasselbe gilt dann, wenn das Büropersonal dem Anwalt die Akten trotz einer ausdrücklichen Anordnung nicht zur abschließenden Bearbeitung wieder vorgelegt hat, BGH NJW **01**, 1579 links, oder wenn das Personal die Akten trotz einer ausdrücklichen Anordnung dem Anwalt nicht zur Unterschrift der Rechtsmittelschrift vorgelegt hat, BGH NJW **76**, 967, oder wenn es ihm die vorgelegten Akten ohne sein Wissen wieder weggenommen hat, BGH VersR **77**, 36, oder wenn es ihm eine falsche Auskunft über den Aktenverbleib gegeben hat, BGH VersR **75**, 1149. 54

– **(Abweichung von Anweisung):** Der Anwalt muß beim Erkennen einer solchen Abweichung selbst zB durch eine Anweisung zur Aktenvorlage für die Sicherung einer Notfrist sorgen und darf sich nicht mehr mit Einzelweisungen und Rückfragen begnügen, BGH NJW **98**, 460. 55

– **(Aktenvermerk):** Rn 56 „– (Erledigungsvermerk)".

– **(Aktenwegnahme):** Der Anwalt darf die Akte weder aus dem Geschäftsgang nehmen noch in den Geschäftsgang zurückgeben und dadurch verursachen, daß eine Eintragung im Fristenkalender unterbleibt.

– **(Auszubildender):** Der Anwalt muß dafür sorgen, daß auch ein unerfahrener Auszubildender die Akten unverzüglich vorlegt, BGH VersR **78**, 960.

– **(Eingangsstempel):** Rn 62 „– (Zweifel)". 56

– **(Empfangsbescheinigung):** Der Anwalt darf eine fristschaffende Zustellung nicht annehmen und bescheinigen, ohne die allgemein angeordnete Aktenvorlage abzuwarten oder zu prüfen, ob das zugehörige Urteil tatsächlich beilag, BGH VersR **79**, 283, OVG Münst BB **76**, 442.

– **(Erledigungsvermerk):** Der Anwalt muß bei einer Aktenvorlage nach einem Erledigungsvermerk wegen einer wichtigen Frist suchen, BGH VersR **77**, 836. Er muß auch prüfen, ob das Personal eine Frist als im Kalender eingetragen vermerkt hat, BGH NJW **82**, 225.

– **(Falschauskunft des Personals):** Sie geht zulasten des Anwalts, soweit ihm eine persönliche Überprüfung zumutbar war, Stgt JB **76**, 974 (ZVG). 56

S aber auch Rn 61 „Überspannung".

– **(Friständerung):** Rn 58 „– (Fristprüfung)". 57

– **(Fristhinweis):** Wenn dem Anwalt die Akten für die Berufungsbegründung im Hinblick auf den Fristablauf vorliegen, kann er sich nicht damit entlasten, sein Büropersonal habe ihn nicht nochmals auf den Fristablauf hingewiesen, BGH NJW **98**, 460. Dasselbe gilt dann, wenn die Akte dem Anwalt anläßlich einer Vorfrist vorliegt, BGH BB **99**, 1575, oder zwecks der Verlängerung einer Frist, BGH BB **79**, 1429.

– **(Fristprüfung):** Wenn der Anwalt ein Rechtsmittel eingelegt hat, muß er die Akten zwar nicht grundsätzlich überprüfen, BGH RR **99**, 429. Er muß das aber dann tun, wenn man sie ihm wegen einer fristgebundenen Prozeßhandlung vorlegt, BGH MDR **08**, 1007 links und VersR **08**, 273 rechts, BAG NJW **03**, 1269, Ffm RR **05**, 1588, großzügiger BGH NJW **08**, 854. Er muß die Akten ferner dann prüfen, wenn sie ihm ohnehin bis zum Fristablauf oder nahe davor vorliegen, BGH NJW **07**, 2332. Das gilt zumindest dann, wenn sich die Notwendigkeit einer Fristprüfung aufdrängt, BGH VersR **77**, 836. Der Anwalt muß zB prüfen, ob bei einer Friständerung die neue Frist eingetragen wurde, BGH VersR **80**, 1047. Wenn das Personal die Akten dem Anwalt nach der Bewilligung einer Prozeßkostenhilfe vorlegt, muß er prüfen, ob er eine fristgebundene Prozeßhandlung vornehmen und zB die Berufung jetzt begründen muß, BGH FamRZ **81**, 536. Wenn der Anwalt die Fristen regelmäßig selbst kontrolliert, kann er eine Unterlassung auch nicht mit seiner Überlastung entschuldigen. Eine erhöhte Verantwortlichkeit besteht für ihn dann, wenn man ihm die Akten trotz seiner eigenen Überlastung vorlegt, BGH VersR **77**, 153. Der Anwalt muß eine Frist kontrollieren, sobald ihm die Akte im Zusammenhang mit einem fristgebundenen Vorgang vorliegt, BGH FamRZ **07**, 636 rechts oben, sei es „nur" zur Unterzeichnung zB eines Empfangsbekenntnisses, BAG NJW **03**, 1269, oder einer Mitteilung über eine Fristauswirkung, BGH NJW **89**, 1864, sei es zur Anfertigung, BGH VersR **87**, 485, oder zur Unterschrift der Berufungsschrift, BGH FamRZ **04**, 1183, BAG NZA **08**, 705 (dann auch gleich die Begründungsfrist), sowie 58 nochmals zur Begründung der Berufung, Rn 58, 103, BGH FamRZ **07**, 636 rechts oben, BVerwG NJW **91**, 2097, KG ZMR **94**, 36. Entsprechendes gilt im Revisionsverfahren, BGH NJW **03**, 437, BVerwG NJW **87**, 1350. Es gilt stets erst recht dann, wenn er die Akten „an sich gezogen hat", BGH VersR **89**, 929.

S auch Rn 60 „– (Selbstprüfung)".

– **(Fristverfügung):** Der Anwalt braucht keine besondere Nachprüfung vorzunehmen, wenn er eine *Frist verfügt* hatte und wenn ihm die Akten nun aus einem anderen Anlaß vorliegen und wenn er an die Fristwahrung noch nicht zu denken braucht, BGH RR **99**, 429.

59 – **(Letzter Moment):** Der Anwalt muß dem Verdacht eines Büroversehens kurz vor dem Fristablauf auch durch eine Aktenvorlageanordnung sogleich nachgehen, BGH VersR **79**, 376. Wenn sich der Anwalt mit der Einlegung der Berufung oder mit deren Begründung bis zum letzten Augenblick Zeit läßt, kann er sich zwar auf sein sonst zuverlässiges Personal grundsätzlich auch jetzt verlassen, BGH VersR **85**, 396. Er muß aber eine besondere Sorgfalt aufwenden, insbesondere dann, wenn er die Aktenvorlage erst auf den letzten Tag der Frist angeordnet hat.

S auch Rn 60 „– (Selbstprüfung)", Rn 61 „– (Überlastung)".

– **(Notierungsanweisung):** Sie kann anläßlich einer Aktenvorlage reichen, etwa wegen der Frist zur Berufungsbegründung.

– **(Organisationsmangel):** Er schadet natürlich auch im Bereich einer notwendigen Aktenvorlage, BGH BB **88**, 2415.

60 – **(Posteingangsmenge):** Auch dann, wenn der Anwalt zulässigerweise dem Bürovorsteher eine Postvollmacht erteilt hat, kann ein besonders starker Eingang von Einschreibsendungen eine besondere Anordnung des Anwalts über eine Aktenvorlage erforderlich machen.

– **(Prozeßkostenhilfe):** Rn 58 „– (Fristprüfung)".

– **(Selbstprüfung):** Der Anwalt muß dann, wenn ihm die Akten ohne einen Hinweis auf Fristen vorliegen, selbst feststellen, ob es sich um eine Fristsache handelt, BGH FamRZ **04**, 696, oder ob er im letzten Moment etwas versäumt, BGH RR **99**, 717 rechts.

61 – **(Überlastung):** Wird dem Anwalt die Handakte rechtzeitig wieder vorgelegt, muß er spätestens jetzt sofort trotz eines hohen Arbeitsanfalls die Fristsicherung vornehmen, BGH NJW **07**, 2332, LAG Köln NJW **06**, 1694. Wenn das Personal die Akte dem Anwalt ganz kurzfristig vorlegt, wenn er sie aber selbst infolge einer Überlastung nicht rechtzeitig bearbeiten kann, muß er etwas veranlassen. Denn er muß immer mit unvorhersehbaren Ereignissen rechnen, BGH VersR **75**, 40.

S auch Rn 58 „– (Fristprüfung)".

– **(Überspannung):** Man darf auch zur Aktenvorlage keine überspannten Anforderungen stellen, BGH VersR **87**, 286 rechts.

– **(Übertragung in Handakte):** Der Anwalt muß auch bei einer gut geschulten und beaufsichtigten Mitarbeiterin prüfen, ob sie eine von ihm nur auf ein Tonband diktierte Wiedervorlageverfügung in die Handakte übertragen hat, BGH VersR **82**, 1192.

– **(Unterschrift):** Eine Wiedereinsetzung kommt in Betracht, wenn das sonst zuverlässige Personal den Entwurf der Berufungsbegründung nach der Billigung durch den Auftraggeber entgegen einer Weisung des Anwalts diesem nicht zur Unterschrift vorlegt.

S auch Rn 58 „– (Fristprüfung)".

– **(Urlaub):** Eine Wiedereinsetzung ist auch dann möglich, wenn der Anwalt vor einem Urlaub die Vorlage aller Fristsachen beim Bürovorsteher oder die Eintragung einer Frist angeordnet hat und sich auf sein eingearbeitetes Personal verlassen konnte, BGH RR **87**, 710, aber auch BGH RR **87**, 711.

62 – **(Vorfristsache):** In einer als Vorfristsache vorliegenden Akte braucht der Anwalt zwar nicht sofort die Fristprüfung vorzunehmen, BGH MDR **99**, 767. Er muß aber sicherstellen, daß ihm die Akte in einer nichterledigten Vorfristsache rechtzeitig ohne weiteres wieder vorliegt, BGH VersR **75**, 715, KG MDR **99**, 706 (spätestens am Tag des Fristablaufs), und daß man eine Vorfrist erst bei einer tatsächlichen Aktenvorlage streicht, BGH AnwBl **91**, 155. Wenn er erklärt, er habe die Sache selbst in Arbeit genommen, darf er die Akte nicht mehr aus den Augen lassen.

S auch Rn 57 „– (Fristhinweis)".

– **(Vorlage beim Vertreter):** Der Anwalt muß auch bei einer gut geschulten und beaufsichtigten Mitarbeiterin prüfen, ob sie seine Anordnung befolgt hat, die Fristsache vor dem Fristablauf dem Vertreter vorzulegen (eine handschriftliche Anweisung mittels Büroklammer genügt nicht), BGH BB **88**, 2415.

– **(Wiedervorlageverfügung):** Der Anwalt braucht dann keine besondere Nachprüfung vorzunehmen, wenn ihm eine Akte vorlag und sein Personal eine Wiedervorlageverfügung nicht beachtet hat, BGH RR **99**, 429, oder wenn dem Anwalt die Akten wegen eines Mandantenbesuchs kurze Zeit vor dem Fristablauf vorliegen, wenn er sich nun aber mit Rücksicht auf seine Anordnungen und auf das geschulte Personal darauf verlassen kann, es werde ihm die Akte rechtzeitig wieder vorlegen oder ihn an den Fristablauf erinnern.

– **(Zustellungsbescheinigung):** Rn 56 „– (Empfangsbescheinigung)".

– **(Zweifel):** Der Anwalt muß zumindest bei einem Zweifel über den Lauf der Berufungsfrist die Handakten einsehen, zB beim Fehlen eines Eingangstempels, BGH VersR **87**, 506.

64 **Rechtsanwalt: Andere Instanz:** Die nachfolgenden Fragen haben infolge der Postulationsfähigkeit eines jeden Anwalts vor jedem Gericht außer dem BGH seit dem 1. 6. 07 wohl meist nur noch für eine Übergangszeit und vor dem BGH eine Bedeutung. Wenn der vorinstanzliche Anwalt einem Kollegen für eine höhere Instanz den Auftrag zur Einlegung des Rechtsmittels in einem gewöhnlichen Brief erteilt, muß er die Rechtsmittelfrist selbst kontrollieren, BGH NJW **01**, 3196. Das gilt sowohl ohne eine Aktenvorlage, BGH FamRZ **97**, 673, als auch bei ihr, BGH VersR **87**, 587. Der Rechtsmittelanwalt muß grds den Eingang des Auftrags und dessen Annahme überwachen, BGH (1. ZS) FamRZ **88**, 942, (3. ZS) FamRZ **07**, 1007 rechts unten, (9. ZS) NJW **01**, 1576, (10. ZS) BB **97**, 1972, aM BGH (2. ZS) NJW **00**, 815, (6. ZS) NJW **01**, 3196, (7. ZS) NJW **91**, 3035, (8. ZS) VersR **94**, 956, (11. ZS) RR **96**, 378 und (12. ZS) RR **01**, 426 (je: keine besondere Überwachungspflicht beim Bestehen einer Absprache, der

Rechtsmittelanwalt werde Rechtsmittelaufträge annehmen oder weiterleiten. Aber es gibt dabei ohnehin keinen Anscheinsbeweis für den Zugang eines einfachen oder ohne einen Rückschein eingeschriebenen Briefs, Anh § 286 Rn 153, 154).

Etwas anderes gilt dann, wenn der Rechtsmittelanwalt einen selbständigen Rechtsmittelauftrag von der Partei erhalten hat, BGH FamRZ **93**, 310, oder wenn der Rechtsmittelanwalt ausgeschieden ist und ein Abwickler seine Kanzlei betreut, BGH NJW **92**, 697, oder wenn sonst eine Unstimmigkeit vorliegt, BGH (12. ZS) RR **01**, 426. Es reicht dann aus, daß er eine gewisse Zeit zur Überwachung einer fristgemäßen Erledigung läßt, BGH NJW **75**, 1126. Eine Rückfrage ist nicht mehr erforderlich, wenn die Anwälte ständig zusammenarbeiten, Köln FamRZ **97**, 1091, oder wenn der Rechtsmittelanwalt den Auftrag schon angenommen hat, BGH FamRZ **07**, 1007 rechts unten, LG Fulda RR **87**, 1215. Eine Wiedereinsetzung *entfällt,* wenn ihr vorinstanzlicher Anwalt dem Rechtsmittelanwalt lückenhafte oder sonst fehlerhafte Angaben übermitteln läßt, BGH NJW **96**, 394, 853, Köln VersR **91**, 792, selbst wenn der Bürovorsteher des erstinstanzlichen Anwalts die Angaben kontrolliert. Eine Wiedereinsetzung kann aber dann möglich sein, wenn der vorinstanzliche Anwalt zwar einen Fehler macht, der nächstinstanzliche aber die Rechtsmittelfrist unverschuldet versäumt, die er an sich hätte wahren können, BGH VersR **81**, 680, Düss AnwBl **89**, 291.

– **(Adressat):** Zur Kontrollpflicht des vorinstanzlichen Anwalts gehört ferner, ob er das Rechtsmittel **65**
beim richtigen Gericht eingereicht hat, BGH VersR **79**, 230.

– **(Auftragsbestätigung):** Der vorinstanzliche Anwalt muß dann, wenn der nächstinstanzliche den Rechtsmittelauftrag nicht bestätigt, den Sachverhalt durch eine *Anfrage* aufklären, BGH VersR **82**, 950, Ffm NJW **88**, 1223. Das Personal darf eine Notfrist im Fristenkalender des vorinstanzlichen Anwalts erst dann streichen, wenn der Rechtsmittelanwalt eine Bestätigung des Rechtsmittelauftrags übersandt hat, BGH VersR **84**, 167. Allerdings kann eine Wiedereinsetzung ausnahmsweise bei einer irrigen Streichung der Frist im Kalender möglich sein.

– **(Auftragsprüfung):** Der zweitinstanzliche Anwalt, der vom vorinstanzlichen Kollegen den Auftrag zur Rechtsmitteleinlegung erhält, muß prüfen, ob sich aus dem Schreiben des Kollegen Zweifel darüber ergeben, ob die Rechtsmittelfrist noch läuft, BGH VersR **85**, 499. Bei einem solchen Zweifel muß der zweitinstanzliche Anwalt beim Kollegen eine Rückfrage halten. Eine Rückfrage ist auch wegen widersprüchlicher Weisungen des vorinstanzlichen Anwalts notwendig, BGH VersR **81**, 80. Im übrigen darf er die Postkontrolle dem ausgebildeten und überwachten Personal überlassen, BGH NJW **00**, 1872.

– **(Berufungsanwalt):** Der Anwalt der höheren Instanz darf sich nicht auf eine Angabe des vorinstanzli- **66**
chen Anwalts verlassen, BGH NJW **00**, 3071, Ffm VersR **80**, 381. Das gilt sowohl dann, wenn die dem ersteren übersandten Akten nicht vollständig sind, BGH JZ **86**, 406, als auch dann, wenn der höherinstanzliche Anwalt anhand der ihm übersandten Unterlagen die Angaben des vorinstanzlichen Anwalts nachprüfen kann, BGH VersR **75**, 90. Der Anwalt der höheren Instanz darf sich bei der Kontrolle des Zustelldatums des vorinstanzlichen Urteils nicht mit dem Ergebnis einer telefonischen Anfrage seiner Sekretärin beim vorinstanzlichen Anwalt begnügen, BGH VersR **94**, 199, aM BGH VersR **97**, 598.

Der Berufungsanwalt darf die erforderliche Mitteilung über den Zeitpunkt der Zustellung des Berufungsurteils und die etwa nötige Rechtsmittelbelehrung grundsätzlich dem Auftrageber gegenüber durch einen einfachen Brief vornehmen, BGH VersR **85**, 90 (großzügig). Er darf es nicht einem Auszubildenden überlassen, einen Berufungsauftrag fernmündlich entgegenzunehmen, ohne sich zu vergewissern, für welche Partei er das Rechtsmittel einlegen soll, BGH VersR **81**, 1178. Er muß überhaupt klären, für und gegen wen er ein Rechtsmittel einlegen soll, BGH VersR **86**, 471. Er muß schon bei Einlegung der Berufung wegen der Begründung eine Kontrollfrist eintragen lassen, Ffm MDR **99**, 448.

Er darf die *Überwachung einer Notfrist* nicht dem vorinstanzlichen Anwalt überlassen, und zwar auch nicht beim sog Wuppertaler Zustellungsverfahren, Düss VersR **98**, 1262, und selbst dann nicht, wenn der letztere vereinbarungsgemäß die Berufungsbegründung entwerfen soll. Der Berufungsanwalt ist im Fall einer Aktenvorlage ebenso wie der Revisionsanwalt zur Fristkontrolle verpflichtet, BGH VersR **87**, 561. Der Berufungsanwalt, der dem Verkehrsanwalt den Ablauf der Berufungsbegründungsfrist mitteilt, muß die Richtigkeit des Datums in der Reinschrift überprüfen, Karlsr OLGZ **83**, 95. Der Berufungsanwalt darf nicht objektiv mißverständlich dem vorinstanzlichen Anwalt mitteilen, er habe die Berufung bereits fristgerecht eingelegt, BGH NJW **92**, 575.

Der Berufungsanwalt muß demjenigen vorinstanzlichen Anwalt, der nicht Verkehrsanwalt ist und für die Tätigkeit eines Verkehrsanwalts auch keinen besonderen Auftrag hat, das Urteil mit der Bitte übersenden, die Partei über den Ablauf der Revisionsfrist zu unterrichten. Denn das gehört zur Aufgabe des Berufungsanwalts. Der Berufungsanwalt muß dem Auftraggeber das Zustellungsdatum des Berufungsurteils mitteilen. Er muß ihn darüber unterrichten, ob und inwiefern ein Rechtsmittel gegen das Berufungsurteil zulässig sei, BGH VersR **78**, 1160.

– **(Berufungsgericht):** Es braucht den vorinstanzlichen Anwalt nicht darauf hinzuweisen, daß die Berufung bei ihm nicht zulässig eingegangen ist, BGH VersR **79**, 230.

– **(Bestimmter Rechtsmittelanwalt):** Der vorinstanzliche Anwalt muß die richtige Ausführung seiner **67**
Anweisung, einen bestimmten Anwalt beim Rechtsmittelgericht mit der Einlegung eines Rechtsmittels zu beauftragen, selbst überwachen, BGH FamRZ **98**, 97, aM BGH VersR **86**, 146 (erlaubt dem vorinstanzlichen Anwalt darauf zu vertrauen, daß eine zuverlässige Bürokraft die Anweisung durchführen werde). Zur Kontrolle gehört zB die Prüfung der Parteibezeichnungen, BGH FamRZ **04**, 1020, sowie der richtigen Anschrift, BGH NJW **96**, 394, nicht aber auch die Kontrolle darüber, ob die Anordnung über die Absendung des Briefes stattgefunden hat. Hat sich der vorinstanzliche Anwalt die Beauftragung des Rechtsmittelanwalts vorbehalten, ist er neben dem Bürovorsteher verantwortlich, BGH VersR **85**, 964.

– **(BGH-Zulassung):** Zur Kontrolle gehört bei einer Revision die Prüfung, ob der Anwalt beim BGH *zugelassen* ist und ob er auch den Auftrag ausgeführt hat, BGH FamRZ **98**, 97.

– **(Bote):** Hat der vorinstanzliche Anwalt einen Kollegen als einen Boten zur Übermittlung der Rechtsmittelschrift oder -begründung an das Rechtsmittelgericht eingeschaltet, wäre es evtl eine Überspannung, beim Boten rückfragen zu müssen, BVerfG NJW **95**, 250.

68 – **(Fristeinhaltung durch Kollegen):** Der vorinstanzliche Anwalt muß sie prüfen, BGH VersR **97**, 896.
– **(Letzer Moment):** Der erstinstanzliche Anwalt muß prüfen, ob ein erst kurz vor dem Ablauf der Rechtsmittelfrist abgesandter Auftrag beim etwa besonderen Rechtsmittelanwalt eingegangen ist, BGH NJW **97**, 3245, Ffm NJW **88**, 1223, großzügiger BGH VersR **79**, 444. Eine mündliche eilige Anweisung „zwischen zwei Terminen" kurz vor dem Fristablauf an das eigene Personal reicht meist nicht aus, BGH VersR **83**, 81.
– **(Prozeßkostenhilfe):** Der vorinstanzliche Anwalt muß nach der Bewilligung einer Prozeßkostenhilfe durch das Rechtsmittelgericht, die noch er selbst beantragt hatte, die Frist und eine Vorfrist notieren und den ProzBev der höheren Instanz informieren, BGH FamRZ **01**, 1606. Der vorinstanzliche Anwalt muß die Beiordnung im Verfahren auf die Bewilligung einer Prozeßkostenhilfe mitteilen, BGH FamRZ **91**, 1173, und zwar korrekt, BGH FamRZ **91**, 1173. Er muß bei einer Prozeßkostenhilfe selbst eine Wiedereinsetzung beantragen, Köln MDR **98**, 1127. Auch ein Verkehrsanwalt muß in einem solchen Fall sofort nachfragen, BGH VersR **75**, 90.

69 – **(Rechtsmittelbegründung):** Wer als vorinstanzlicher Anwalt für den Auftraggeber und den höherinstanzlichen Anwalt nur die Einreichung der Rechtsmittelbegründungsschrift übernimmt, haftet unabhängig vom Rechtsmittelanwalt, (zum alten Recht), BGH VersR **86**, 817.
– **(Telefonauftrag):** Bei einer telefonischen Auftragserteilung *von Kanzlei zu Kanzlei* muß sich der Korrespondenzanwalt vergewissern, ob der Auftrag den Rechtsmittelanwalt tatsächlich rechtzeitig erreicht hat, BGH VersR **85**, 962, und ob der Rechtsmittelanwalt vom richtigen Datum der Zustellung der Entscheidung ausgegangen ist, BGH BB **00**, 1859.

Wenn der vorinstanzliche Anwalt den Auftrag zur Einlegung des Rechtsmittels *telefonisch* erteilt, muß er dafür sorgen, daß der Rechtsmittelanwalt den Auftrag wiederholt, BGH VersR **80**, 765, und seine Annahme zumindest am Telefon von Anwalt zu Anwalt persönlich erklärt, BGH VersR **84**, 167. Beim Telefonauftrag nur an das Personal des Rechtsmittelanwalts muß der vorinstanzliche Anwalt eine schriftliche Auftragsannahme fordern, bevor er die Frist im Kalender löschen lassen darf, BGH VersR **84**, 167. Der Rechtsmittelanwalt muß auch von sich aus für eine Kontrollwiederholung sorgen, BGH VersR **80**, 765.

70 – **(Unterschrift):** Der vorinstanzliche ProzBev muß das Schreiben an den Rechtsmittelanwalt mit dem Rechtsmittelauftrag, das eine Angestellte nach den richtigen Handakten gefertigt hat, vor seiner Unterschrift selbst prüfen, BGH NJW **85**, 1710.

71 – **(Verkehrsanwalt):** Der Verkehrsanwalt ist ein Bevollmächtigter der Partei, BGH VersR **88**, 418, aber kein Erfüllungsgehilfe des ProzBev der Partei, BGH NJW **88**, 1079. Der ProzBev muß daher ein Verschulden des Verkehrsanwalts nicht gegenüber der Partei vertreten, LG Regensb AnwBl **82**, 109. Der Verkehrsanwalt muß die Rechtsmittelfrist selbst überprüfen, bevor er einem zweitinstanzlichen Anwalt den Rechtsmittelauftrag erteilt, BGH NJW **01**, 1580. Der ProzBev muß die Richtigkeit einer Frist selbst prüfen, die er dem Verkehrsanwalt mitteilt, BGH NJW **01**, 1580. Der Verkehrsanwalt darf nicht monatelang auf eine Nachricht des ProzBev über eine Urteilszustellung zuwarten, Düss MDR **85**, 507. Er muß damit rechnen, daß das Urteil zugestellt wurde, sobald er vom zugehörigen Kostenfestsetzungsbeschluß oder gar von der Androhung einer Vollstreckung erfährt, BGH NJW **01**, 1431 links.

72 – **(Zustelldatum):** Der vorinstanzliche Anwalt muß dem Rechtsmittelanwalt das Zustellungsdatum des anzufechtenden Urteils richtig angeben, BGH RR **95**, 839, Köln JB **94**, 687. Er darf sich insofern nicht auf eine Auskunft einer Bürokraft verlassen, BGH NJW **87**, 1334. Der vorinstanzliche Anwalt muß dem Rechtsmittelanwalt den Zeitpunkt der Urteilszustellung mitteilen.

73 **Rechtsanwalt: Angestellter, Beauftragter:,** dazu *Stehmann,* Beschäftigungsverhältnisse unter Rechtsanwälten, Diss Köln 1989: Die ZPO kennt keine dem § 278 BGB entsprechende Vorschrift, BAG NJW **90**, 2707. Es reicht grds aus, daß derjenige Anwalt, der einem Angestellten die Akten zu einer Bearbeitung überlassen hat, eine Aktenvorlage kurz vor dem Fristablauf verfügt hat und daß er bei einer dem Angestellten übertragenen Fristüberwachung Stichproben macht. Die Wiedereinsetzung kommt ferner in Betracht, wenn es wahrscheinlich ist, daß die Frist durch ein Versehen des gutgeschulten und überwachten Personals versäumt wurde, BGH FamRZ **92**, 794. Das gilt erst recht dann, wenn das an sich zuverlässige Personal eine vom Anwalt richtig getroffene Einzelanweisung nicht befolgt, BGH BB **03**, 708, oder wenn das Personal die Partei oder den Verkehrsanwalt nicht unterrichtet oder wenn ein Informationsschreiben nicht vorlegt und wenn der Anwalt daher den Fristfehler zu spät entdeckt. Der Anwalt braucht eine rechtzeitig angeordnete Einreichung der Rechtsmittelschrift nicht voll zu überwachen. Er braucht auch nicht die gerichtliche Empfangsbescheinigung einzusehen.

74 Eine Wiedereinsetzung kommt auch dann in Betracht, wenn ein angestellter Anwalt als ein nur unselbständiger *Hilfsarbeiter* nach § 85 Rn 9 ff eine Frist versäumt hat, BGH VersR **83**, 84, 641, BVerwG NJW **85**, 1178, KG AnwBl **82**, 71. Das gilt insbesondere dann, wenn dieser Hilfsarbeiter mehrfach Hinweise auf den Fristablauf erhalten hatte, Hbg MDR **76**, 230, oder wenn er die zuständige Anwaltsgehilfin angewiesen hat, die Berufungsbegründung dem Anwalt zur Unterschrift vorzulegen, (zum alten Recht) BGH VersR **82**, 190. Auch ein beim Anwalt beschäftigter, ihm als zuverlässig bekannter Bote mag nach einer eingehenden Belehrung ausreichen, BGH NJW **88**, 2045, selbst ein nicht ständig dort beschäftigter, BGH VersR **85**, 455. Jedenfalls unter besonderen Umständen muß sich der Anwalt trotzdem vergewissern, ob der vom Boten beförderte Brief auch beim Gericht einging, BGH VersR **85**, 188.

75 Der Anwalt muß aber alles ihm nur Mögliche tun, um sein *Personal* richtig zu belehren und zu überwachen und Versehen auszuschließen, BGH VersR **77**, 1130, BFH DB **83**, 1132. Er muß sich vor allem davon überzeugen, daß ein neuer Angestellter das Fristwesen voll beherrscht. Eine Fristüberwachung ist nicht notwendig. Er darf zB die Führung des Fristkalenders nicht einer Aushilfskraft anvertrauen, BGH VersR **85**, 68. Der Anwalt darf die Überwachung einer Notfrist nicht einem Referendar überlassen, selbst wenn dieser an sich gute Noten hat. Die Wiedereinsetzung kommt erst recht dann nicht in Betracht, wenn der Referendar der amtlich bestellte Vertreter des Anwalts ist, BGH VersR **76**, 92. Die Wiederein-

setzung kommt aber in Betracht, wenn der Anwalt unter einem Hinweis auf den Fristablauf dem Referendar die Beauftragung eines bestimmten zweitinstanzlichen Anwalts übertragen hat.

Der Anwalt muß eine von einem angestellten Anwalt entworfene *Rechtsmittelschrift* auf ihre inhaltliche Richtigkeit kontrollieren, Rostock NJW **07**, 91, und auf die richtige Anschrift des Bekl prüfen. Er darf aber die Korrektur einer als zuverlässig bekannten Sekretärin überlassen, BGH VersR **83**, 838, BAG BB **83**, 65. Er darf sich auf die angeordnete anschließende Wiedervorlage verlassen, BGH NJW **82**, 2670. 76

S auch Rn 83, 142, 146–153, 172, 173.

Rechtsanwalt: Ausgangskontrolle: Rn 93–106. 77

Rechtsanwalt: Auszubildender: Der Anwalt muß einen Auszubildenden auf die Durchführung des ihm erteilten Auftrags überwachen lassen, LG Kiel VersR **88**, 754, zB darauf, ob der Auszubildende die Anschrift auf dem Umschlag richtig verfaßt hat. Der Anwalt muß dagegen Vorsorge treffen, daß ein unerfahrener Auszubildender die Sache vorlegt, BGH VersR **78**, 960. Der Berufungsanwalt darf einem Auszubildenden die telefonische Übermittlung des Auftrags zur Berufungseinlegung nur dann überlassen, wenn er gerade dessen diesbezügliche Zuverlässigkeit hinreichend erprobt hat, BGH VersR **84**, 240. Dasselbe gilt beim Telefaxeinsatz, BGH NJW **06**, 1519 rechts. Er darf es nicht einem Auszubildenden überlassen, einen Berufungsauftrag fernmündlich entgegenzunehmen, ohne sich zu vergewissern, für welche Partei er das Rechtsmittel einlegen soll, BGH VersR **81**, 1178. Er muß dafür sorgen, daß ein Auszubildender nicht eine Verfügung in einer Rechtsmittelsache selbständig ablegt.

Der Anwalt darf einem Auszubildenden die *eigenverantwortliche* Ausführung der Notierung und Berechnung einer Rechtsmittelfrist nicht übertragen, BVerfG NJW **07**, 3497, BGH NJW **06**, 1520 rechts. Er muß dafür sorgen, daß der Auszubildende dann, wenn die Frist an demselben Tag abläuft, ein Schriftstück, das er „zum Gericht" bringen soll, auch auf der Geschäftsstelle abgibt oder doch in den Nachtbriefkasten wirft, großzügiger BGH RR **98**, 1140, und nicht in einem Raum eines anderen, wenn auch in demselben Gebäude befindlichen, Gerichts ablegt, BGH VersR **85**, 88, oder daß der Auszubildende den mit der weiteren Bearbeitung betrauten und informierten Mitarbeiter sogleich entsprechend einschaltet, BAG NJW **90**, 2707. Der Anwalt muß sich in einer Eilsache auch sofort vom Auszubildenden über die Durchführung des Auftrags berichten lassen, BGH VersR **85**, 88. Dem als zuverlässig erwiesenen Auszubildenden darf der Anwalt die Einreichung einer Fristensache evtl übertragen, BGH NJW **94**, 2958. Andererseits muß er auch denjenigen besonders überwachen, dem er sofort nach der Beendigung der Ausbildung den Fristenkalender usw anvertraut, BGH VersR **88**, 157. Wenn der Kalenderführer Urlaub hat, darf der Anwalt die Fristüberwachung aber nicht ohne weiteres einem Auszubildenden überlassen. Auffällig viele Fehler sprechen gegen ausreichende Ausbildung, BGH FamRZ **96**, 1469. 78

S auch Rn 74–76, 142, 146–153.

Rechtsanwalt: Bürogemeinschaft: Der Anwalt muß prüfen, ob ein solcher Kollege, mit dem er eine Bürogemeinschaft betreibt, das Rechtsmittel wie vereinbart eingelegt hat, BGH VersR **76**, 859. 79

S auch Rn 74–76, 144, 145.

Rechtsanwalt: Bürovorsteher: Eine Wiedereinsetzung ist auf Grund einer notwendigen eingehenden Darlegung des Anwalts möglich, BGH VersR **83**, 757, wenn der als zuverlässig geltende Bürovorsteher eigenmächtig die vom Anwalt richtig verfügte Fristeintragung ändert, BGH VersR **75**, 1029, oder wenn er die Frist falsch berechnet, BGH VersR **79**, 157, oder falsch notiert, BGH VersR **88**, 1141, oder nicht zu Ende notiert, BGH VersR **85**, 140, oder wenn der Bürovorsteher ein zugestelltes Urteil nicht vorgelegt hat und auf ein späteres Befragen erklärt, es sei noch nicht eingegangen. Die Wiedereinsetzung kommt ferner dann in Betracht, wenn der Anwalt vor einem Urlaub angeordnet hat, alle Fristsachen beim Bürovorsteher vorzulegen, und wenn er sich auf sein eingearbeitetes Personal verlassen konnte. Ein vermeidbares Mißverständnis zwischen dem Bürovorsteher und dem Anwalt darf nicht für einen Fristablauf ursächlich werden, BGH VersR **78**, 1168. Vor einer Fristsstreichung darf sich der Bürovorsteher nicht auf eine Mitteilung der Chefsekretärin verlassen, die Frist sei erledigt, BGH RR **99**, 1222. Wechselt der Bürovorsteher, kann es genügen, daß der Anwalt den Nachfolger einarbeitet. 80

Wenn der Anwalt den Bürovorsteher am Tag des Fristablaufs beauftragt, einen anderen Anwalt *telefonisch* mit der Einlegung der Berufung zu beauftragen, muß der Anwalt auf eine etwaige ungewöhnliche Besonderheit hinweisen, zB auf zwei getrennte, aber im Rubrum, im Urteilsspruch und im Verkündungsdatum gleiche Urteile erster Instanz. Eine vorübergehende Entlastung eines langjährigen, zuverlässigen Bürovorstehers zwingt den Anwalt nicht zu einer erhöhten Verantwortlichkeit, BGH VersR **76**, 343, aM Bre JB **75**, 1601. Der Anwalt darf den Bürovorsteher nur ganz ausnahmsweise damit beauftragen, ein Rechtsmittel durch Telefax einzulegen. Der Anwalt muß zumindest den diktierten Text in die Langschrift übertragen lassen und sie dann selbst überprüfen. 81

Der Anwalt darf sich auch nicht damit begnügen, den Beginn und die Dauer einer Notfrist *mündlich* festzustellen und es dem Bürovorsteher zu überlassen, das Fristende genau zu berechnen und im Fristenkalender sowie in den Handakten einzutragen. Von dieser Regel mag dann eine Ausnahme gelten, wenn der Anwalt einem erprobten langjährigen Bürovorsteher die Führung des Fristenkalenders und die Benachrichtigung der Parteien von der Zustellung des Urteils überträgt. Es mag auch bei einer einfachen Sache genügen, daß der Anwalt dem geschulten Bürovorsteher einen Hinweis gibt, etwa darauf, wie dieser eine Wechselsache während der Sommerzeit behandeln soll. Der Anwalt muß die Zuverlässigkeit des Bürovorstehers eingehend darlegen, LAG Köln VersR **94**, 1326. Der Anwalt muß den Bürovorsteher auf einen offensichtlichen Fehler in einer ihm überlassenen Fristenübersicht hinweisen, BGH VersR **81**, 78. Er haftet bei einer klaren Nichteinhaltung seiner Weisung, BGH FamRZ **97**, 955. 82

S auch Rn 146–153, 166, 183–189.

Rechtsanwalt: Computer: Der Anwalt ist durch die Anwendung selbst eines speziellen Computerprogramms nicht von der Pflicht zur Kontrolle der Rechtsmittelfrist entbunden, BGH NJW **95**, 1499. Ein unverschuldeter Absturz der Datei eine Stunde vor Fristablauf erlaubt die Wiedereinsetzung wegen des fehlenden Rests, Celle RR **03**, 1439. Freilich muß der Antragsteller einen Defekt oder Absturz und seine 83

Bemühungen um dessen Behebung näher darlegen, BGH NJW **04**, 2526 links. Er muß den sichersten Weg zur Fristwahrung wählen, zB beim Defekt des Druckers, BGH NJW **06**, 2637.

84 **Rechtsanwalt: Einlegung des Rechtsmittels:** Sie erfordert eine besondere Aufmerksamkeit, Ffm MDR **00**, 1336. Der Anwalt braucht nicht stets von sich aus rückzufragen, ob er ein Rechtsmittel einlegen soll, BGH VersR **92**, 898. Er braucht es auch nicht im Zweifel vorsorglich einzulegen, BGH VersR **89**, 1167. Er darf sich nicht mit der Auskunft des Gerichts begnügen, die Rechtsmittelschrift liege noch nicht vor, sondern muß sich über den Eingang oder Nichteingang eine genaue Kenntnis durch eine Rückfrage verschaffen, BGH VersR **93**, 78. Er muß auf die Zuständigkeit des angegangenen Gerichts achten, Ffm RR **05**, 1156, Karlsr VersR **99**, 343, ferner auf richtige Parteibezeichnungen, Ffm MDR **00**, 1336, und auf die richtige Adressierung, Rn 21 ff, BGH RR **00**, 1731. Ein 5 Tage vor dem Fristablauf abgesandter Brief an ein OLG braucht nicht unbedingt die Postleitzahl und Hausnummer des Gerichts zu nennen, BVerfG NJW **01**, 1566. Eine irrige Rücknahme hilft bei einer verspäteten neuen Einlegung nicht, BGH RR **98**, 1446.

S auch Rn 19–26, 54–78, 80–83, 85–111, 114–120, 134–139, 146–162, 182.

Rechtsanwalt: Empfangsbekenntnis: Rn 183 ff.

Rechtsanwalt: Fehler: Rn 114–120.

85 **Rechtsanwalt: Fristberechnung, -notierung:** Man muß drei Hauptgruppen von Aufgaben beachten.

Der Anwalt muß sich davon überzeugen, daß diejenigen Mitarbeiter das Fristwesen voll beherrschen, die er mit der Fristberechnung betraut, BGH VersR **86**, 1083, LAG Köln MDR **02**, 1026. Er muß im Zweifel die kürzere Frist beachten, BGH GRUR **01**, 271. Eine Wiedereinsetzung kommt grds dann in Betracht, wenn ein an sich zuverlässiger Bürovorsteher eigenmächtig eine vom Anwalt richtig verfügte Frist falsch berechnet, BGH VersR **79**, 157, oder falsch vermerkt, BGH NJW **01**, 1579 links, BAG NJW **82**, 72, oder entgegen einer Weisung die falsch notierte Frist nicht streicht, BGH VersR **96**, 388, es sei denn, der Anwalt habe die Abweichung vom bei ihm üblichen Verfahren erkannt, Brdb MDR **97**, 1063. Der Anwalt muß dem Personal die Grundsätze des Ablaufs einer Frist nennen. Der Anwalt muß angeben, auf Grund welcher Unterlagen das Personal eine Rechtsmittelfrist in den Fristenkalender eintragen soll. Er muß überhaupt veranlassen, daß alles zur Fristwahrung Notwendige geschieht, BGH AnwBl **07**, 236, BAG NJW **75**, 232, Zweibr MDR **06**, 1183. Diese Pflicht entsteht für den vorinstanzlichen Anwalt auch schon mit einer Zustellung der Entscheidung an ihn, BGH VersR **86**, 1192. Der Anwalt muß vortragen, welche Weisungen er wegen der Eintragung einer Frist oder Vorfrist erteilt hat, BGH BB **02**, 68, Ffm MDR **05**, 296. Die Vorfrist muß in der Regel 1 Woche betragen, BGH AnwBl **07**, 796.

86 – **(Absolute Ablauffrist):** Der Anwalt muß zumindest beim auffällig langen Ausbleiben des Urteils vorsorglich die absoluten Ablauffristen nach (jetzt) §§ 517, 548 (5-Monats-Fristen) notieren und überwachen, BGH AnwBl **89**, 100, Stgt MDR **03**, 1312.

– **(Aktenvorlage):** Aus ihrem Anlaß muß der Anwalt eine Notierung überprüfen, BGH MDR **08**, 1007 links.

– **(Arrest, einstweilige Verfügung):** Rn 90 „– (Schwierige Sache)".

– **(Ausfertigung):** Der Anwalt muß bedenken, daß kleinere Fehler der ihm zugestellten Ausfertigung die Wirksamkeit der Zustellung nicht beeinträchtigen, selbst wenn das Gericht sie dann korrigiert, § 317 Rn 9, BGH RR **00**, 1666.

– **(Aussetzung):** Der Anwalt muß nach einer Aussetzung des Verfahrens die Mitteilung eines neuen Termins zum Anlaß einer neuen Fristprüfung nehmen, BVerfG RR **97**, 188.

– **(Auszubildender):** Ihm darf der Anwalt eine Fristnotierung grds *nicht* überlassen, BVerfG NJW **07**, 3497.

– **(Bedeutende Sache):** Rn 90 „– (Schwierige Sache)".

87 – **(Belehrung):** Der Anwalt muß einen mit der Fristberechnung betrauten Mitarbeiter über die Fristvorschriften usw belehren, BGH VersR **86**, 574, BFH BB **84**, 906.

– **(Berufungsbegründung):** Der Anwalt muß die wirkliche und nicht bloß eine hypothetische Begründungsfrist sogleich nach der Einreichung der Berufung eindeutig notieren lassen, BGH VersR **77**, 333 und 670, Schlesw MDR **95**, 1165. Das gilt, zumal die Begründungsfrist auch ab einer verspäteten Berufungseinlegung und nicht erst ab einer Wiedereinsetzung läuft, BGH VersR **87**, 764.

– **(Bürovorsteher):** Der Anwalt darf die Berechnung und Notierung seinem erprobten langjährigen Bürovorsteher überlassen, einem nicht derart qualifizierten aber *nicht*, BGH NJW **88**, 2804.

– **(Datum):** Rn 92 „– (Zustelldatum)".

– **(Diktat):** Die Feststellung einer Frist durch ein Diktat reicht *nicht* aus, BGH FamRZ **95**, 671.

– **(Einfache Sache):** Der Anwalt darf die Fristberechnung und -notierung in einer einfachen Sache seinem gutgeschulten und überwachten Büropersonal die Fristberechnung in einer einfachen Sache überlassen, die in der Praxis häufig vorkommt, BGH VersR **80**, 142, 192 und 826. Nicht jeder Fehler einer sonst zuverlässigen Angestellten zwingt den Anwalt dazu, die Frist selbst einzutragen, BGH RR **03**, 276. Der Anwalt darf darauf vertrauen, daß sein Personal eine bestimmte Einzelanweisung zur Fristnotierung befolgt, BGH MDR **08**, 814 rechts.

– **(Erledigungsvermerk):** Jede Fristnotierung muß einen Erledigungsvermerk in den Handakten erhalten, Nürnb OLGZ **76**, 119.

88 – **(Falschauskunft des Anwalts):** Der Erstanwalt darf den Zweitanwalt nicht über einen Fristablauf falsch unterrichten.

– **(Falschauskunft des Gerichts):** Ein solcher Anwalt, den ein erfahrener zuständiger Richter fälschlich dahin informiert, die Frist sei abgelaufen, handelt nicht notwendig pflichtwidrig, wenn er eine Wiedereinsetzung beantragt, KG VersR **81**, 1057.

– **(Familiensache):** In einer Ehe- oder Familiensache muß der Anwalt grds die Weisung geben, ihm einen Eingang sofort zur Prüfung vorzulegen, BGH NJW **80**, 2261.

– **(Fristende):** Der Anwalt muß sicherstellen, daß das Personal wenigstens das Ende jeder Rechtsmittelfrist einträgt, BGH NJW **92**, 974, Zweibr MDR **06**, 1183, und zwar frühestmöglich, Nürnb RR **05**, 1086, und natürlich grds bei jeder einzelnen Frist desselben Auftraggebers gesondert, BGH NJW **92**, 2488 (auch zu einer Ausnahme), daß es also nicht bloß eine „Einlassungsfrist" einträgt, BGH VersR **89**, 104, oder eine sonstige Vorfrist, BGH NJW **88**, 568, oder bloß eine Wiedervorlage einträgt, BGH VersR **78**, 538, und daß die Eintragung des Fristendes alsbald geschieht, BGH VersR **76**, 970, LAG Köln BB **00**, 1948 (bei Rechtsmitteleinlegung), jedenfalls vor oder bei der Unterzeichnung und Rückgabe eines Empfangsbekenntnisses, Rn 183, BGH FamRZ **96**, 1004, BSG NJW **01**, 1597, Bbg MDR **05**, 1072.

– **(Insolvenzverfahren):** Rn 90 „– (Schwierige Sache)".
– **(Klebezettel):** Ein bloßer solcher Zettel auf der Handakte reicht als Fristnotierung *nicht,* BGH NJW **99**, 1336.
– **(Mitteilung des Auftraggebers):** Der Anwalt muß unabhängig von einer solchen Mitteilung vorgehen, Düss VersR **07**, 244, Köln FamRZ **99**, 1084. **89**
– **(Mitteilung des Gerichts):** Der Anwalt muß unabhängig von einer solchen Mitteilung vorgehen, BGH VersR **98**, 71. Er muß sie zum Anlaß einer (nochmaligen) Überprüfung schon der Rechtsmittelfrist (und außerdem der Begründungsfrist) nehmen, BGH FamRZ **04**, 1183, BAG DB **95**, 152, VGH Kassel NJW **93**, 749, großzügiger Karlsr VersR **91**, 201.

Der Anwalt darf die Prüfung und die Berechnung einer zur Einlegung des Rechtsmittels erforderlichen Frist auch dann nicht unterlassen, wenn ihm das Gericht insofern eine *formlose Information* gegeben hat, die keine amtliche Belehrung war, BVerwG NJW **97**, 2634, LG Hann NJW **84**, 2837. Freilich darf er darauf vertrauen, daß nach einer Mitteilung des Gerichts, die erste Urteilszustellung sei unwirksam und das Gericht bereite daher eine weitere vor, erst diese weitere die maßgebliche isr, BGH VersR **95**, 680. Er darf die Berechnung und Notierung einer Rechtsmittelfrist nicht einem Auszubildenden im ersten Lehrjahr übertragen, BGH NJW **89**, 1157.

– **(Mündliche Klärung oder Anweisung):** Die derartige Klärung des Beginns und der Dauer einer Frist reicht *nicht* aus, BGH NJW **04**, 688, ebensowenig eine nur mündliche Anweisung ohne organisatorische Absicherung, BGH FamRZ **08**, 981 rechts unten.
– **(Neuer Termin):** Rn 86 „– (Aussetzung)".
– **(Revision):** Ein nicht ständig mit Revisionen befaßter Anwalt muß bei der Fristnotierung das Personal auf Besonderheiten der Fristberechnung hinweisen, BFH BB **84**, 906, BVerwG NJW **82**, 2458.
– **(Samstag):** Es kann ein Mitverschulden des Anwalts vorliegen, der ein Fristende auf einen Samstag notieren läßt, BGH VersR **85**, 1149. **90**
– **(Scheckverfahren):** S „– (Schwierige Sache)".
– **(Schriftlicher Hinweis):** Der Anwalt darf sich nicht stets mit einem schriftlichen Hinweis „Fristeintragung, falls noch nicht geschehen" begnügen, BGH VersR **98**, 1570.
– **(Schwierige Sache):** Der Anwalt darf die Berechnung in einer schwierigen oder bedeutenden Sache *nicht* einem Angestellten überlassen, BGH RR **03**, 1211, BAG NJW **95**, 3340, BSG NJW **98**, 1886. Er muß die Frist dann selbst feststellen, BGH NJW **91**, 2082. Das gilt insbesondere dann, wenn er der Partei den Fristablaufstag mitteilt. Das gilt zB bei § 99 II, Bbg FamRZ **00**, 834 (streng), oder bei einem Verfahren auf den Erlaß einer einstweiligen Verfügung, Ffm NJW **75**, 224, bei der Berufung gegen ein Scheck-Vorbehaltsurteil, BGH VersR **87**, 760 (Fehler bei der Eintragung durch gutgeschultes Personal sind aber evtl unschädlich), bei einem Wechsel-Nachverfahren, BGH VersR **85**, 168, oder bei der Aufnahme eines durch die Insolvenz des Prozeßgegners unterbrochenen Verfahrens, BGH NJW **90**, 1240.
– **(Selbstberechnung):** Der Anwalt unterläuft seine grds ausreichende allgemeine Berechnungsanweisung (erst Kalender, dann Handakte), BGH FamRZ **96**, 1468, nicht dadurch, daß er im Einzelfall die Frist selbst berechnet, BGH VersR **88**, 78.
– **(Unmißverständlichkeit):** Jede Fristnotierung muß unmißverständlich erfolgen, BFH BB **77**, 850.
– **(Unrichtigkeit des Urteils):** Der Anwalt muß wissen, daß eine zur Berichtigung nach § 319 ausreichende *Unrichtigkeit* des Urteils an der Wirksamkeit seiner Zustellung grundsätzlich nicht ändert, § 319 Rn 29, BGH VersR **80**, 744. **91**
– **(Unverzüglichkeit):** Rn 88 „– (Fristende)".
– **(Urteilsart):** Der Anwalt muß bei einer Fristberechnung darauf achten, um welche Urteilsart es sich handelt, ob zB um ein Erstes oder Zweites Versäumnisurteil, BGH VersR **87**, 256.
– **(Urteilseingang):** Der Anwalt darf *nicht* die Rechtsmittel- und ihre Begründungsfrist beim Urteilseingang zugleich notieren (lassen), BGH VersR **96**, 1561, zumal der bloße Eingang noch keine Entgegennahme nach § 195 bedeutet, BGH RR **97**, 55.
– **(Verkündungstermin):** Der Anwalt muß sich in jeder zumutbaren Form nach dem Verkündungsdatum erkundigen. Ob dazu bloße schriftliche Anfragen statt einer Akteneinsicht ausreichen, so BGH FamRZ **04**, 264, ist durchaus eine Fallfrage.
– **(Vorfrist):** Ein Anwalt muß sich grds zur Rechtsmittelbegründung eine einwöchige Vorfrist setzen und notieren lassen, BGH FamRZ **04**, 100, Brdb MDR **08**, 709, Ffm MDR **05**, 296, aM BGH FamRZ **07**, 275 rechts. Der Anwalt muß schon bei der Rechtsmitteleinlegung eine Vorfrist oder Wiedervorlagefrist notieren lassen, BGH RR **98**, 269. Sie muß sich von der Eintragung einer gewöhnlichen Frist deutlich abheben, BGH RR **05**, 215.
– **(Vorläufige Notierung):** Der Anwalt muß eine bei der Herausgabe der Rechtsmittelschrift erfolgte vorläufige Fristnotierung überprüfen und evtl korrigieren, BGH RR **98**, 269, aM Oldb JB **02**, 438. **92**
– **(Wechselverfahren):** Rn 90 „– (Schwierige Sache)".
– **(Wiedervorlagefrist):** Rn 91 „– (Vorfrist)".
– **(Zettel):** Der Anwalt muß verhindern, daß sein Personal eine Frist nur auf einem losen Zettel vermerkt, BGH VersR **78**, 1116, BAG BB **95**, 51.
– **(Zustelldatum):** Wenn das eingegangene Schriftstück nur einen schwachen Stempelabdruck aufweist, muß der Anwalt evtl wegen des Zeitpunkts der Zustellung rückfragen, BGH VersR **85**, 1142. Wenn der Eingangsstempel fehlt, muß er die Frist anhand der Handakte ermitteln und festhalten, BGH VersR **87**, 506. Er muß wissen, daß es auf den Zustellvermerk des Zustellers und nicht auf den Eingangsstempel

seiner Kanzlei ankommt, BGH VersR **84**, 762. Der Anwalt muß das Zustellungsdatum des Urteils in einer jeden Zweifel ausschließenden Weise ermitteln und notieren, BGH NJW **96**, 1968.

93 **Rechtsanwalt: Fristüberwachung:** Überwachung. Die Fristenkontrolle gehört zu den ureigenen Aufgaben des Anwalts, BGH NJW **92**, 820, Hamm MDR **99**, 900 (auch beim bloßen „Stempelanwalt"). Das gilt bei einer überörtlichen Sozietät vor allem für denjenigen, der die Partei im Prozeß vertritt, BGH NJW **94**, 1878. Das gilt für jede Art von Frist, zB für diejenige nach (jetzt) § 517, BGH NJW **94**, 459, auch im FGG-Verfahren, LG Bln ZMR **01**, 1011. Es kann zur Wiedereinsetzung ausreichen, daß der Anwalt dann, wenn ein Angestellter oder Beauftragter die Frist notiert hat, wegen der Fristüberwachung Stichproben macht, BVerfG NJW **07**, 3497, BGH VersR **82**, 68. Der Anwalt braucht nicht die rechtzeitig angeordnete Einreichung der Rechtsmittelschrift ständig zu überwachen, BGH BB **02**, 803. Er kann sich grds auf die Richtigkeit einer gerichtlichen Auskunft über den Eingangstag verlassen, BVerfG NJW **95**, 711. Er braucht nicht stets die gerichtliche Empfangsbescheinigung einzusehen, es sei denn, er hätte zuvor eine fehlerhafte Anweisung erteilt, Köln FamRZ **92**, 194.

94 – **(Ablenkung):** Rn 103 „– (Vergessen)".

– **(Akteneinsicht):** Ein jetzt erst beauftragter Anwalt muß auch anläßlich einer von ihm beantragten Akteneinsicht, die ihm erstmals eine Prozeßübersicht verschafft, die Fristkontrolle vornehmen, BVerfG NJW **00**, 1634, BGH RR **00**, 799.

– **(Aktenentnahme):** Der Anwalt darf Akten nicht einfach aus dem normalen Geschäftsgang nehmen, ohne daß man eine Frist im Kalender vermerkt hatte.

– **(Aktenvorlage):** Der Anwalt muß dann, wenn ihm ein fristerheblicher Schriftsatz, LAG Mainz BB **96**, 1776, oder die Akten vorliegen, selbst feststellen, ob eine Fristsache vorliegt, BGH VersR **08**, 636 rechts oben. Er muß dann auch den Fristlauf selbst kontrollieren, Rn 58, 61, BGH VersR **08**, 273 rechts, Ffm RR **05**, 1588, KG ZMR **94**, 36. Er muß dann zB prüfen, ob das Personal im Fall einer Friständerung die neue Frist eingetragen hat, BGH VersR **80**, 1047. Er muß nach dem Erledigungsvermerk einer wichtigen Frist forschen, BGH VersR **77**, 836. Er muß bei der Übernahme eines Rechtsstreits den Ablauf einer ihm bekannten Notfrist im Fristkalender eintragen lassen.

– **(Angestellter Anwalt):** Wenn ein angestellter Anwalt als ein bloß unselbständiger Hilfsarbeiter eine Frist versäumt, kann eine Wiedereinsetzung in Betracht kommen, BGH VersR **79**, 232. Das gilt insbesondere dann, wenn der Anwalt dem Mitarbeiter mehrfach Hinweise auf den Fristablauf gegeben hatte, Hbg MDR **76**, 230, oder wenn der Mitarbeiter die zuständige Gehilfin anweist, die Berufungsbegründung dem Anwalt zur Unterschrift vorzulegen. Ein angestellter selbständig arbeitender Anwalt darf die Frist nicht versäumen. Ob er selbständig arbeitet, ist eine Fallfrage. Der Anwalt muß diesen Mitarbeiter anweisen, welche Handlungen er vornehmen soll, damit die Fristwahrung sicher ist, BGH VersR **82**, 1145. Der Anwalt darf sich nicht darauf verlassen, daß ein unerfahrener angestellter Anwalt die ihm zur Überprüfung zugeleitete Rechtsmittelbegründung rechtzeitig zur Unterschrift zurückreicht, BGH VersR **95**, 194. Ein Fristenbuchführer muß bei einer Abwesenheit einen geeigneten Vertreter erhalten, BGH NJW **89**, 1157. Eine Wiedereinsetzung kommt in Betracht, wenn der Anwalt diesen Mitarbeiter besonders mit der Fristüberwachung beauftragt hatte. Wenn die Organisation des Büros eine Fristverfügung oder -kontrolle des sachbearbeitenden Anwalts zuläßt, muß sicher sein, daß die durch eine solche Tätigkeit bedingte Überschneidung mit dem Überwachungsbereich des verantwortlichen Fristenbuchführers keine Fehlerquelle eröffnet, BGH VersR **81**, 277.

95 – **(Ausgangskontrolle):** Der Anwalt muß im Rahmen des Üblichen sein Möglichstes tun, durch die Einrichtung, Belehrung und Überwachung des Personals ein Versehen auszuschließen, BGH VersR **81**, 194. Er muß eine *systematische Ausgangskontrolle schaffen,* BGH BB **07**, 2316, BAG NJW **07**, 3022, **93**, 1296, Kblz MDR **98**, 240. Sie muß zum frühestmöglichen Zeitpunkt erfolgen, und zwar insgesamt für die Berechnung, Notierung, Eintragung im Kalender und für die Quittierung der Eintragung in unmittelbarem Zusammenhang, BGH NJW **03**, 1815 (streng), Zweibr FamRZ **04**, 1382. Das gilt insbesondere bei einer EDV-gestützten Fristenkontrolle, LG Bln AnwBl **93**, 585 (Notwendigkeit der Überprüfung durch einen weiteren Mitarbeiter). Bei ihr darf keineswegs versehentlich eine Löschung oder Kennzeichnung als erledigt erfolgen, sodaß die Frist beim Ablauf gar nicht mehr im Kalender erscheint, BGH NJW **00**, 1957. Die Notwendigkeit einer systematischen Kontrolle gilt auch unabhängig von der Organisation einer rechtzeitigen Aktenvorlage, BGH NJW **91**, 1178. Die Ausgangskontrolle muß während desselben Zeitabschnitts (auch mehrmals täglich wechselnd) durch denselben Mitarbeiter erfolgen, BGH NJW **07**, 1453 (zustm Römermann). Sie muß zumindest am Abend jedes Arbeitstags erfolgen, BGH BB **07**, 2316. Sie ist nicht durch eine allgemeine Telefax-Vorabübermittlung ersetzbar, BPatG RR **98**, 112.

– **(Außergewöhnliche Lage):** Soweit der Anwalt sie vorhersehen konnte, bleibt es bei der Notwendigkeit einer Ausgangskontrolle, s dort, BGH VersR **87**, 383.

– **(Auszubildender):** Der Anwalt darf einen Auszubildenden weder allein noch zusammen mit einem qualifizierten anderen Mitarbeiter die Kalenderkontrolle usw übertragen, BVerfG NJW **07**, 3497, BGH VersR **00**, 516.

S auch Rn 103 „– (Urlaub)".

– **(Briefkastenleerung):** Der Anwalt für diese Arbeit auch dann täglich sorgen, wenn der dafür an sich zuständige Mitarbeiter verhindert ist, BGH VersR **78**, 92.

– **(Büroversehen):** Rn 104 „– (Versehen)".

96 – **(Doppelkontrolle):** Eine Übung des Anwalts, über das im allgemeinen notwendige Maß hinaus eine organisatorische Vorsorge zu treffen, zB durch doppelte Fristkontrollen, führt nicht zu einer Verschärfung seiner Sorgfaltspflichten, BGH MDR **98**, 929. Eine solche Doppelkontrolle ist ja nicht stets notwendig, BGH NJW **00**, 3006. Es ist auch nicht bei jedem einfachsten Vorgang eine über den Organisationsplan hinausgehende Einzelanweisung des Anwalts notwendig, BGH AnwBl **08**, 469.

– **(EDV):** Rn 94 „– (Ausgangskontrolle)". Ein geschulter Mitarbeiter muß prüfen, ob ein nicht geschulter die Daten richtig eingegeben hat, Mü NJW **90**, 191, LG Lüb AnwBl **86**, 152.

– **(Einfacher Fall):** Der Anwalt darf die Fristüberwachung in einfachen Fällen dem gut geschulten und überwachten Büropersonal *überlassen,* BGH RR **02**, 60. Der Anwalt darf eine einfache Tatsachenfrage, anders als eine Rechtsfrage, durch einen zuverlässigen Mitarbeiter klären lassen, BGH VersR **84**, 83.
– **(Eingang beim Gericht):** Eine ausreichende Ausgangskontrolle, s dort, erübrigt eine Kontrolle des Eingangs beim Gericht, BVerfG NJW **92**, 38 (FGO, großzügig).
– **(Eingangsmitteilung):** Rn 99 „– (Mitteilung des Gerichts)".
– **(Einzelanweisung):** Auf eine allgemeine Anweisung des Anwalts zur Fristenkontrolle kommt es aber **97**
nicht an, wenn er im Einzelfall durch eine besondere Anordnung eine abweichende Verfahrensweise vorgegeben hat, LG Köln VersR **92**, 517.
– **(Einzelkontrolle):** Der Anwalt braucht ein gut geschultes und überwachtes Personal bei einfachen Sachen *nicht in jedem Einzelfall zu kontrollieren,* BGH RR **02**, 60, BAG BB **76**, 186 (eine Überwachung im Einzelfall sei auch nicht erforderlich, wenn eine vorübergehende Entlastung eintrete, ähnlich BGH VersR **76**, 343, aM Bre JB **75**, 1601).
– **(Endkontrolle):** Rn 100 „– (Organisation)".
– **(Falschauskunft):** Eine falsche Auskunft geht dann zulasten des Anwalts, wenn man ihm eine Überprüfung zumuten kann. Er mag auch beim Gericht nachfragen oder dessen Eingangsmitteilung kontrollieren, BGH FamRZ **97**, 415. Er darf sich nicht auf eine vor längerer Zeit abgegebene Erklärung der Partei verlassen, es laufe noch keine Frist. Der Anwalt darf sich nicht auf eine nur aus dem Gedächtnis erteilte Auskunft eines Mitarbeiters verlassen, daß keine Fristsachen vorliegen.
– **(Fristfarben):** Der Anwalt muß bei verschiedenen Farben im Zweifel die wichtigste zur Fristnotierung und -überwachung wählen, BGH VersR **79**, 961. Eine Rechtsmittel- oder Rechtsmittelbegründungsfrist muß sich von einer gewöhnlichen internen Wiedervorlagefrist deutlich abheben, BGH VersR **83**, 778.
– **(Gewöhnlicher Brief):** Für eine Wiedereinsetzung mag es ausreichen, daß der Anwalt den Auftrag zur **98**
Einlegung des Rechtsmittels in einem gewöhnlichen Brief erteilt, aber Zeit zur Überwachung einer fristgemäßen Erledigung läßt, BGH NJW **75**, 1126.
– **(Gutachten):** Derjenige Anwalt, der ein Rechtsgutachten erstatten soll, kann sich ohne eine Nachprüfung auf die Richtigkeit einer Mitteilung über den Fristablauf verlassen.
– **(Handakteneinsicht):** Der Anwalt muß bei einem Zweifel über einen Fristlauf zumindest seine Handakten einsehen.
– **(Handaktennotiz):** Der Anwalt muß dafür sorgen, daß das Personal den Ablauf der Berufungsfrist in den Handakten und nicht nur auf derjenigen Urteilsausfertigung notiert, die es dem Auftraggeber zusendet, BGH VersR **81**, 39.
– **(Häufung von Fehlern):** Rn 105 „– (Wiederholung eines Fehlers)".
– **(Lesbarkeit):** Der Anwalt muß organisatorisch klären, was bei einer Schwerlesbarkeit eines Schrift- **99**
stücks oder Stempels geschehen muß, BGH VersR **85**, 1142.
– **(Löschung):** Rn 94 „– (Ausgangskontrolle)".
– **(Mehrheit von Prozeßbevollmächtigten):** Bei einer Mehrheit von ProzBev muß man § 84 beachten und ist derjenige maßgeblich, der die Fristkontrolle übernommen hat, BGH NJW **03**, 2100.
– **(Mißverständnis):** Der Anwalt darf es nicht zu einem vermeidbaren Mißverständnis zwischen ihm und einem Mitarbeiter über einen Fristablauf kommen lassen, BGH VersR **78**, 1168.
– **(Mitteilung des Gerichts):** Der Anwalt muß eine Eingangsmitteilung des Gerichts zum Anlaß einer Fristkontrolle durch sein Personal nehmen, Ffm MDR **98**, 995, Karlsr MDR **98**, 996.
– **(Nachfrage):** Rn 101 „– (Postfertigkeit)". **100**
– **(Neuer Mitarbeiter):** Der Anwalt muß prüfen, ob ein neuer Mitarbeiter das Fristwesen voll beherrscht, BGH NJW **92**, 3176. Eine Fristüberwachung ist dann nicht nötig, wenn er sich diese Überzeugung gebildet hat. Das gilt auch dann, wenn der Mitarbeiter an jenem Tag allein im Büro arbeitet, BFH NJW **02**, 3031.
– **(Neuer Prozeßbevollmächtigter):** Derjenige Anwalt, der anstelle des bisherigen ProzBev die Vertretung übernimmt, muß den Lauf einer Frist, zB zur Rechtsmittelbegründung, durch eine Rückfrage beim Vorgänger oder beim Gericht genau kontrollieren, BGH VersR **84**, 586. Bei der Übernahme von Akten in eine neue Kanzlei muß man dort die laufenden Fristen anhand des im bisherigen Büro geführten Kalenders überprüfen, BGH VersR **81**, 959.
– **(Organisation):** Es darf auch im Bereich einer Fristüberwachung kein Organisationsmangel vorliegen, BGH NJW **89**, 1157. Der Anwalt muß eine zuverlässige Endkontrolle organisieren BGH RR **02**, 60.
– **(Postabgang):** Der Anwalt muß den Postabgang eines fristgebundenen Schriftsatzes so kontrollieren und vermerken, daß der Abgang zweifelsfrei nachweisbar ist, BGH VersR **81**, 282, Kblz MDR **98**, 240. Ist ein vordatierter Rechtsmittelschriftsatz übungswidrig verfrüht zum Gericht gegangen, muß sicher sein, daß sein Personl auch den deshalb früheren Ablauf der Begründungsfrist erkennt und kontrolliert, BGH RR **99**, 716 links.
– **(Postbearbeitung):** Der Anwalt muß sicherstellen, daß sein Personal die ein- und ausgehende Post **101**
sorgfältig prüft, BGH VersR **81**, 79. Er darf sich nicht darauf beschränken zu prüfen, ob ein zB für die Gerichtspost bestimmter Sammelkorb leer ist, BGH VersR **93**, 378.
– **(Postfertigkeit):** Wenn der Anwalt ein fristwahrendes Schriftstück rechtzeitig unterzeichnet und dafür gesorgt hat, daß sein Personal es postfertig macht, BGH VersR **77**, 331, und wenn er angeordnet hat, es zur Post zu geben usw, etwa durch die Einlage in eine Kanzlei-Poststelle, BGH NJW **01**, 1578 links, braucht er seine Anordnung nicht persönlich zu überwachen, BGH RR **98**, 1360, BAG FamRZ **76**, 622. Er braucht sich auch nicht am nächsten Tag durch eine Nachfrage bei dem Personal oder beim Gericht von der Ausführung zu überzeugen. Dann ist auch keine genauere Angabe darüber nötig, wann, durch wen und wie das Schriftstück hinauskam und ob die Absendung unterblieb.
– **(Postverlust):** Eine auffällige Häufung von Postverlusten kann Mängel einer Ausgangskontrolle unschädlich machen, BGH VersR **87**, 50.

– **(Rechtsschutzversicherung):** Es bleibt auch dann bei der Notwendigkeit einer Ausgangskontrolle, Rn 95, wenn der Anwalt zB einen Schriftsatz wegen einer Rechtsschutzversicherung noch zurückhalten muß, BGH VersR **82**, 971.

– **(Referendar):** Der Anwalt darf die Überwachung einer Notfrist nicht einem Referendar überlassen, selbst wenn dieser Mitarbeiter im übrigen gut ist. Das gilt erst recht dann, wenn der Referendar sein amtlich bestellter Vertreter ist, BGH VersR **76**, 92. Etwas anderes mag infragekommen, wenn der Anwalt unter einem Hinweis auf den Fristablauf dem Referendar die Beauftragung eines bestimmten zweitinstanzlichen Anwalts übertragen hat, oder wenn der Anwalt erkrankt, BGH NJW **06**, 1070.

102 – **(Rotmappe):** Der Anwalt muß dann, wenn er die Frist an einer ungewöhnlichen Aktenstelle notieren läßt, in besonderer Weise auf diese Stelle deutlich hinweisen lassen, BGH VersR **82**, 1145, etwa durch eine Rotmappe oder durch eine andere Kennzeichnung.

– **(Rückfrage):** Der Anwalt muß nach der Absendung einer Zustellungsnachricht vorsorglich beim Auftraggeber rückfragen, ob er ein Rechtsmittel einlegen soll, BGH VersR **86**, 37, und beim Rechtsmittelanwalt rückfragen, ob dieser es auch eingelegt hat, BGH FamRZ **98**, 97.

– **(Streichung im Kalender):** Der Anwalt darf eine Frist im Kalender erst dann abstreichen lassen, wenn das Personal die fristwahrende Maßnahme durchgeführt hat, BGH FamRZ **91**, 424, wenn zB das Schriftstück herausgeht, BGH VersR **94**, 956. Zumindest muß das Schriftstück postfertig sein, BGH RR VersR **94**, 370, BFH BB **84**, 842. Er darf eine Vorfrist nicht streichen lassen, ohne daß man ihm die Akte vorlegt, BGH AnwBl **91**, 155. Er darf sich insofern nicht auf eine nur aus dem Gedächtnis gegebene Auskunft selbst eines gewissenhaften Mitarbeiters verlassen, BGH VersR **85**, 146. Allerdings kommt auch bei einem irrigen Abstreichen in Ausnahmefällen eine Wiedereinsetzung in Betracht. Der erstinstanzliche Anwalt darf mangels einer allgemeinen Übernahmeabsprache die Frist erst nach dem Erhalt der Übernahmeerklärung des zweitinstanzlichen Kollegen löschen, Rn 64.

– **(Tägliche Kontrolle):** Rn 94 „– (Ausgangskontrolle)". Die Fristkontrolle muß unter anderem in der Überprüfung fristgebundener Sachen vor dem Ende jedes Arbeitstags bestehen, BGH FamRZ **91**, 424.

– **(Tatsächliche Fristwahrung):** Der Anwalt muß dafür sorgen, daß sein Personal kontrolliert, daß er eine im Fristkalender eingetragene Notfrist auch tatsächlich wahrt, BGH RR **98**, 1604.

103 – **(Telefax-Vorabübermittlung):** Sie ersetzt nicht eine systematische Ausgangskontrolle, Rn 95, BPatG RR **98**, 112.

– **(Überlastung):** Wenn der Anwalt die Fristen regelmäßig *selbst* kontrolliert, darf er sich nicht mit einer Überlastung entschuldigen. Er muß dann vielmehr dafür sorgen, daß sein Vertreter die Frist ebenfalls selbst kontrolliert, BGH VersR **76**, 962.

– **(Urlaub):** Der Anwalt darf bei einem Urlaub zB des Kalenderführers die Fristüberwachung nicht ohne weiteres einem Auszubildenden überlassen.

– **(Vergessen):** Das Vergessen einer zur Fristwahrung notwendigen Handlung ist in der Regel schuldhaft, BGH VersR **80**, 942. Der Anwalt muß dem Verdacht eines Büroversehens kurz vor dem Fristablauf sogleich nachgehen, BGH VHR **98**, 86 (keine Streichung im Kalender).

Der Anwalt darf eine Frist auch dann nicht vergessen, wenn er wie in seinem Beruf üblich abgelenkt wird, BGH VersR **75**, 40. Er muß bei einem Zweifel über den Lauf der Berufungsfrist zumindest die Handakten einsehen. Eine falsche Auskunft geht zu seinen Lasten, soweit man ihm eine Überprüfung zumuten kann.

– **(Verkehrsanwalt):** Der Anwalt muß trotz der rechtzeitigen Weitergabe eines fristbegründenden Beschlusses an den Verkehrsanwalt die Frist überwachen, BGH VersR **75**, 90. Er darf dem Verkehrsanwalt nicht die Fristkontrolle überlassen, BGH VersR **97**, 896. Er darf nicht eine erkennbar zweifelhafte Frist falsch mitteilen, BGH VersR **76**, 936. Soweit der Verkehrsanwalt die Fertigung und die rechtzeitige Einreichung zB der Rechtsmittelbegründung übernimmt, müssen der jetzige ProzBev, BGH VersR **97**, 508, und natürlich auch der Verkehrsanwalt die Frist überwachen, BGH NJW **90**, 2126.

104 – **(Verkündungstermin):** Der Anwalt muß einen Verkündungstermin richtig vormerken, BGH VersR **76**, 468.

– **(Versicherung):** Der erstinstanzliche Anwalt muß den Versicherer dann, wenn er dort anfragt, ob er ein Rechtsmittel einlegen soll, darüber informieren, daß die Rechtsmittelfrist bereits läuft.

– **(Vorfrist):** Der Anwalt muß bei einer wichtigen Frist unter Umständen eine Vorfrist notieren lassen, BGH BB **94**, 1667 (wegen einer Rechtsmittelbegründungsfrist). Bei einer Vorlage der Vorfristsache muß er die Frist zwar prüfen, BGH BB **99**, 1575, aber evtl nicht sofort, BGH MDR **99**, 767. Er muß dann freilich die rechtzeitige Wiedervorlage sicherstellen, BGH VersR **02**, 1392 links (rechtzeitig vor Fristablauf), großzügiger KG MDR **99**, 706 (spätestens am Tag des Fristablaufs. Aber dann kann es leicht praktisch zu spät sein). Es kommt darauf an, ob der Anwalt sichergestellt hat, daß er die Frist jedenfalls am letzten Tag ihres Laufs noch einhalten kann, besonders in einem Fall des § 222 II.

– **(Vorläufige Notierung):** Der Anwalt muß anordnen, daß das Personal die Berufungsbegründungsfrist schon vor der gerichtlichen Eingangsbestätigung des Rechtsmittels *vorläufig notiert*, BGH FamRZ **92**, 1163, Ffm MDR **99**, 448, und daß es sie nach dem Eingang dieser Bestätigung erneut überprüft, BGH NJW **94**, 458.

105 – **(Wiederholung eines Fehlers):** Bei einer grds ausreichenden Organisation kann ein zweimaliges organisationsunabhängiges Versagen eines Mitarbeiters noch entschuldbar sein, BGH BB **01**, 1012. Bei einer auffälligen Häufung von Mängeln im Zusammenhang mit der Wahrung von Fristen rechtfertigen sich entweder Bedenken gegen die ordnungsmäßige Ausbildung, Erprobung und Überwachung der Angestellten oder Schlüsse auf die Unvollständigkeit der Organisation, BGH FamRZ **96**, 1469.

106 – **(Zettel):** Der Anwalt muß verhindern, daß sein Personal eine Frist nur auf einem losen Zettel vermerkt, BGH VersR **78**, 1116.

107 **Rechtsanwalt: Fristverlängerung, -änderung usw.** Auch ein Verlängerungsantrag ist fristwahrend und daher fristgebunden, BGH MDR **91**, 905. Auch bei einer Erklärung ist eine Ausgangskontrolle nötig, BGH FamRZ **92**, 297, einschließlich nochmaliger Adressenkontrolle, BGH RR **99**, 1006 rechts, Naumb

MDR **00**, 1219. Das gilt auch bei einer Einzelanweisung, BGH FamRZ **07**, 720 rechts. Der Anwalt muß in den Grenzen seines Auftrags für einen rechtzeitigen Verlängerungsantrag sorgen, BGH RR **06**, 1565, Zweibr FamRZ **04**, 1300. Die Wiedereinsetzung kommt dann in Betracht, wenn das Personal des Anwalts eine von ihm richtig verfügte Fristeintragung eigenmächtig geändert hat. Eine Wiedereinsetzung kommt ferner dann in Betracht, wenn der Anwalt von einer Angestellten, die er mit der Führung des Fristkalenders und der Fristüberwachung betraut hat und betrauen durfte, eine versehentlich unrichtige Auskunft über eine Fristverlängerung erhalten hat, BGH NJW **96**, 1682, oder wenn der an sich zuverlässige Bürovorsteher usw die vom Anwalt richtig verfügte Fristeintragung eigenmächtig geändert hat, BGH VersR **75**, 1029, oder streicht, BGH VersR **75**, 644, oder wenn das Personal den Verlängerungsantrag weisungswidrig statt in die Gerichtspost in die Allgemeinpost gibt, BGH RR **98**, 787.

– **(Aktenvorlage):** Wenn dem Anwalt die Akten für die Berufungsbegründung im Hinblick auf einen **108** Fristablauf vorliegen, kann er sich nicht dadurch entlasten, daß ihn der Büroangestellte nicht nochmals auf den Fristablauf hingewiesen hatte. Das gilt auch dann, wenn dem Anwalt die Akten zur Verlängerung einer Frist vorliegen, BGH VersR **79**, 159. Der Anwalt braucht freilich anläßlich eines Antrags auf eine Verlängerung der Berufsbegründungsfrist nicht auch die Einhaltung der eigentlichen Berufungsfrist zu prüfen, BGH VersR **03**, 388 (großzügig). Wenn das Personal die Akten auf Grund einer überholten Vorfristnotierung vorlegt, muß er nicht nur prüfen, ob er die Löschung der früheren Frist verfügt hat, sondern auch, ob man vorher die neue Frist eingetragen hat, BGH VersR **80**, 1047, LAG Düss NZA-RR **05**, 602.
– **(Andere Frist):** S „– (Aktenvorlage)".
– **(Antrag ohne Grundangabe):** Er hat meist keine solche Erfolgsaussicht, daß der Anwalt sich überhaupt nicht um ihn zu kümmern braucht, BGH NJW **92**, 2426, LAG Nürnb DB **94**, 640.
– **(Antragsvorlage):** Rn 111 „– (Unterschrift)".
– **(Anwaltswechsel):** Bei ihm ist eine besondere Prüfung notwendig, ob das Gericht eine Verlängerung bewilligt hat, BGH VersR **01**, 1262.
  S auch Rn 109 „– (Erheblicher Grund)".
– **(Arbeitsgericht):** Vor ihm gelten evtl schon zur Erstverlängerung strengere Regeln, BAG NJW **05**, 174 (dort bei einer Anwaltsüberlastung noch zu großzügig. Denn alle sind überlastet), LAG Bln MDR **01**, 770.
– **(Berufungserwiderung):** Bei ihr muß der Anwalt auch an § 524 II 2 (Anschlußberufung) denken, Liesching NJW **03**, 1225.
– **(Dritte Verlängerung):** Der Anwalt darf sich *keineswegs* ohne eine Rückfrage auf eine solche dritte **109** Verlängerung verlassen, BGH VersR **98**, 727. Eine Krankheit des Auftraggebers reicht zur dritten Verlängerung dann kaum aus, wenn der Anwalt gar keine weitere Information mehr braucht, BGH NJW **96**, 3155.
– **(Drittfinanzierung):** Eine Bemühung um sie reicht *nicht* stets aus, Rostock RR **06**, 1727.
– **(Eigenmächtigkeit):** Der Anwalt muß organisatorisch dafür sorgen, daß eine Angestellte eine Fristeintragung nicht eigenmächtig ändert oder unbeachtet läßt, BGH FamRZ **04**, 866, oder löscht, BGH AnwBl **07**, 859.
– **(Entscheidung nach Fristablauf):** Der Anwalt darf damit rechnen, daß das Gericht einen vor dem Fristablauf gestellten Antrag auf eine Verlängerung der Rechtsmittelbegründungsfrist auch dann sachlich prüft und nicht als unzulässig oder verspätet behandelt, wenn es erst nach dem Ablauf der bisherigen Frist entscheidet, BGH VersR **83**, 272 (2 Entscheidungen).
– **(Erfolgszweifel):** Bei ihm muß der Anwalt besonders prüfen, ob das Gericht eine Verlängerung bewilligt hat, BGH FamRZ **07**, 1808.
– **(Erheblicher Grund):** Auch dann gilt keine Erleichterung für den Anwalt, wenn er einen erheblichen Grund nach (jetzt) § 520 II 3 dargelegt hat, BVerfG RR **01**, 1076 (großzügig bei Überlastung), BGH (6. ZS) NJW **01**, 3633 und (8. ZS) 3352, VerfGH Mü MDR **96**, 1074 (großzügig bei Überlastung), aM BGH (5. ZS) RR **98**, 574 (bei einer bevorstehenden Grundsatzentscheidung. Aber auch hier gilt der oben genannte Vertrauensschutz). Ein Anwaltswechsel reicht dazu nicht stets, BGH VersR **01**, 1262.
– **(Erkundigung):** Wenn der Anwalt mit einer Verlängerung rechnen kann, muß er sich nicht mehr unbedingt nach ihrer Bewilligung erkundigen, BGH VersR **93**, 501.
  S aber auch Rn 108 „– (Antrag ohne Grundangabe)".
– **(Erste Verlängerung):** Es besteht seit BGH **83**, 217 die Möglichkeit, die Begründungsfrist noch nach ihrem Ablauf auf Grund eines rechtzeitigen mit nicht bloß floskelhaften Gründen versehenen Antrags jedenfalls erstmalig zu verlängern, BVerfG NJW **07**, 3342, BGH **83**, 217, LAG Düss VersR **94**, 1209. Deshalb ist ein Vertrauen auf eine solche erstmalige Maßnahme vor dem ordentlichen Gericht grds entschuldigt, BVerfG NJW **07**, 3342, BGH VersR **06**, 568, Ffm MDR **03**, 471 (nicht bei Unklarheit über den Verlängerungsantrag), aM BGH (IV b–ZS) FamRZ **87**, 58, Ffm MDR **01**, 120, Karlsr RR **00**, 1520 (aber es gibt auch einen Vertrauensschutz, wenn das BVerfG entsprechend entschieden hat). Das gilt auch bei einer strengen, aber rechtswidrigen Praxis des im Einzelfall zuständigen Gerichts, BGH Vers **02**, 1576, strenger Zweibr FamRZ **04**, 1381.
– **(Falschauskunft):** Rn 111 „– (Unzuständigkeit)". **110**
– **(Grundsatzurteil):** Selbst dann, wenn der Anwalt ein solches Urteil abwarten will, muß er besonders prüfen, ob das Gericht eine Verlängerung bewilligt hat, Naumb AnwBl **98**, 351.
– **(Kalender):** Der Anwalt darf eine Verlängerung erst dann eintragen lassen, wenn sie tatsächlich erfolgt ist, BGH BB **07**, 2707.
– **(Kanzleiumzug):** Bei ihm muß der Anwalt besonders prüfen, ob das Gericht eine Verlängerung bewilligt hat, BGH VersR **82**, 651.
– **(Kurzbegründung):** Der Anwalt muß insbesondere bei einer nur schlagwortartigen Kurzbegründung eines Verlängerungsantrags prüfen, ob das Gericht die Verlängerung auch bewilligt hat, LAG Bln DB **90**, 1472, KAG Düss DB **94**, 1528.

– **(Letzter Tag):** Wenn der Anwalt am letzten Tag einer Frist telefonisch ihre Verlängerung beantragt, darf er sich nicht auf eine Zusage der Geschäftsstelle des Gerichts verlassen, sie werde ihn bei einem Auftreten von Hindernissen benachrichtigen, BGH VersR **77**, 373. Er muß beim Büroauftrag am letzten Abend prüfen, ob es rechtzeitig gehandelt hat, BGH RR **98**, 932. Freilich genügt eine laufend überprüfte Anweisung an das gut geschulte Personal, BGH VersR **86**, 366, zB am Vormittag des Fristablaufs notfalls durch eine Nachfrage beim Gericht eine Klärung herbeizuführen, aM BGH VersR **77**, 373 (aber man darf die Anforderungen auch nicht überspannen, Rn 13).

– **(Mehrheit von Fristen):** Bei ihrer Verwaltung ist auch wegen einer Verlängerung eine erhöhte Sorgfalt nötig, BGH RR **02**, 712.

– **(Nach Fristablauf):** Rn 109 „– (Erste Verlängerung)".

111 – **(Prozeßkostenhilfe):** Ein solcher Antrag während der Berufungsbegründungsfrist reicht *nicht* ohne weiteres aus, BGH FamRZ **96**, 1467.

– **(Rechtzeitigkeit):** Der Anwalt muß stets rechtzeitig prüfen, ob er eine erste oder gar weitere Fristverlängerung beantragen muß, BGH VersR **82**, 771, und ob das Gericht auch eine solche bewilligt hat, BGH FamRZ **07**, 1808, Ffm MDR **01**, 120. Er muß insbesondere jedem Zweifel über die Rechtzeitigkeit seines Verlängerungsantrags nachgehen und die fristgebundene Handlung unverzüglich nachholen, BGH VersR **85**, 767, jedenfalls innerhalb der von ihm selbst beantragten Frist (er hat freilich als eine Mindestfrist diejenige nach § 234 I), BGH NJW **96**, 1350.

– **(Überkurze Verlängerung):** Man darf darauf vertrauen, daß eine Verlängerung nicht nur für eine unzumutbar kurze Frist erfolgt, BGH RR **04**, 785.

– **(Überlastung):** Rn 109 „– (Erheblicher Grund)".

– **(Überspannung):** Man darf auch bei einem Verlängerungsantrag die Anforderungen nicht überspannen.

– **(Üblichkeit):** Selbst bei einer allgemeinen Verlängerungsübung dieses Gerichts muß der Anwalt besonders prüfen, ob es die Verlängerung auch in diesem Einzelfall bewilligt hat, BGH VersR **77**, 1097 (krit Späth VersR **78**, 327).

– **(Unterschrift):** Der Anwalt muß den Fristablauf bei einem ihm zur Unterzeichnung vorgelegten Verlängerungsantrag eigenverantwortlich überprüfen, BGH RR **06**, 1565. Das gilt auch dann wenn ihm die Akten nicht mit vorliegen, BGH BB **91**, 932. Der Anwalt kann trotz einer fehlerhaften Unterzeichnung (falsche Adresse) grds darauf vertrauen, das Peronal werde seine Weisung zur Vorlage einer richtigen Reinschrift rechtzeitig befolgen, BGH MDR **03**, 764.

– **(Unzuständigkeit):** Eine falsche Auskunft des unzuständigen Gerichts, die Verlängerung sei zu erwarten oder bereits gewährt, sollte den Fehler der Anrufung des unzuständigen Gerichts ausgleichen, BGH NJW **00**, 2511 (ersterer Fall) und MDR **96**, 639 (letzterer Fall), strenger BGH NJW **94**, 2299.

112 – **(Vertrauensschutz):** Rn 109 „– (Erste Verlängerung)".

– **(Vollständigkeit):** Eine Vollständigkeit des Verlängerungsantrags ist stets eine Voraussetzung dafür, auf seinen Erfolg vertrauen zu dürfen, BGH RR **05**, 865. Dazu gehört zumindest die Erwähnung, der Gegner habe nach § 520 II 2 eingewilligt, BGH RR 05, 865 (das ist auch keine gegen Art 2 I GG verstoßende Überspannung der Anforderungen).

– **(Vorbereitung):** Eine bloße Weisung zur Vorberitung eines Verlängerungsantrags reicht nicht, BGH RR **06**, 1565.

– **(Vormerkung):** Der Anwalt darf sich aber keineswegs damit begnügen, nach einem Verlängerungsantrag die neue Gehilfin aufzufordern, die noch nicht einmal verlängerte Frist auf „einige Tage" vor ihrem vermutlichen Ende vorzumerken, BGH VersR **80**, 746.

– **(Weitere Verlängerung):** Auf eine weitere Verlängerung ohne eine Zustimmung des Gegners kann der Anwalt allerdings nur ganz ausnahmsweise vertrauen, BGH NJW **04**, 1742, VerfGH Mü MDR **96**, 1074, und zwar grds nicht schon wegen eines Anwaltswechsels, Brdb MDR **01**, 171.

S auch Rn 54–63, 80–83, 112–120, 134–139, 144–162, 164, 170, 172, 173, 183–189.

113 **Rechtsanwalt: Gesetzesunkenntnis:** Eine Wiedereinsetzung kann in Betracht kommen, wenn ein Anwalt in einer zwar irrigen, immerhin aber vertretenen oder vertretbaren Rechtsauffassung handelt, BGH NJW **85**, 496, Düss FamRZ **82**, 82, zu streng Hamm FamRZ **97**, 502 (nur bei vertretener. Aber dann wäre nur Nachbeten erlaubt). Das kann zB dann der Fall sein, wenn der Leitsatz einer Entscheidung des BGH zu einem Irrtum Anlaß gibt. Eine Wiedereinsetzung kommt ferner zwar nicht schon beim Fehlen einer etwa notwendigen Rechtsmittelbelehrung in Betracht, BGH BB **91**, 1821, wohl aber dann, wenn das Gericht dem Anwalt eine unrichtige Rechtsmittelbelehrung erteilt hat, BGH RR **04**, 1715 links oben, aM BGH GRUR **96**, 1522 (aber das gerichtliche Verschulden wiegt ungleich schwerer). Die Wiedereinsetzung ist ferner dann möglich, wenn das Gericht dem Anwalt eine unrichtige Auskunft etwa über den Zeitpunkt einer von Amts wegen erfolgten Zustellung gegeben hat, strenger Zweibr MDR **07**, 295, oder wenn es eine in Wahrheit schon wirksame Zustellung aus einem Rechtsirrtum des Vorsitzenden wiederholt hat, BGH VersR **87**, 258. Dabei genügt eine telefonische Anfrage des Anwalts. Er braucht also die Gerichtsakten dazu nicht selbst einzusehen. Eine Wiedereinsetzung kommt ferner dann in Betracht, wenn der Anwalt ein rechtzeitig eingelegtes Rechtsmittel nur auf Grund einer solchen Empfehlung des Rechtsmittelgerichts zurückgenommen hatte, die sich zu spät als rechtlich unhaltbar ergab, BGH NJW **81**, 576.

114 – **(Entscheidungspraxis):** Rn 117 „– (Sorgfalt)".

– **(Entscheidungssammlung):** Rn 117 „– (Sorgfalt)".

– **(Fachzeitschrift):** Rn 117 „– (Sorgfalt)".

– **(Familiensache):** Der Anwalt muß auch Gesetzesänderungen zum Abstammungs- oder *Kindschaftsverfahren* beachten, BGH VersR **78**, 1169. Dasselbe gilt für Gesetzesänderungen in einer sonstigen Familiensache, BGH VersR **77**, 835 und 1031, Ffm FamRZ **78**, 798, großzügiger BGH VersR **79**, 395. Wegen des Übergangsrechts nach Novellen, insbesondere größeren, BGH NJW **03**, 831, Düss MDR **04**, 831 (Gerichtsverstoß gegen Fürsorgepflicht), Köln RR **03**, 284.

115 – **(Gerichtsfehler):** Der Anwalt kann sich nicht mit einem Fehler solcher Art entschuldigen. Denn seine Aufgabe war es, ihn zu erkennen.

- **(Kommentar):** Rn 117 „– (Sorgfalt)".
- **(Lehrbuch):** Rn 117 „– (Sorgfalt)".
- **(Personalführung):** Eine Wiedereinsetzung *entfällt* dann, wenn der Anwalt sein Personal ungenügend eingewiesen hat, BGH VersR **81**, 78. **116**
- **(Prozeßkostenhilfe):** Der Anwalt muß prüfen, ob er sich damit begnügen darf, für eine juristische Person eine solche Hilfe dann zu beantragen, wenn das Zahlungsvermögen eines wirtschaftlich Beteiligten erkennbar ist.
- **(Rechtsprechung):** Rn 117 „– (Sorgfalt)", Rn 120 „– (Vertrauen)".
- **(Schrifttum):** Rn 117 „– (Sorgfalt)".
- **(Sommersache):** Der Anwalt muß wissen, daß die in § 227 Rn 3 genannten Vorschriften vieler Gesetze den § 227 III 1 in der Zeit vom 1. 7. bis 31. 8. als unanwendbar erklären.
- **(Sorgfalt):** Der Anwalt muß auch unabhängig vom Gericht alle ihm zumutbare Sorgfalt anwenden, Düss NJW **87**, 2524, Mü AnwBl **01**, 521 (je zu § 85 II), Stgt FamRZ **84**, 405. Er muß eine Mitteilung des Gerichts nachprüfen, LG Hann NJW **84**, 2837. Er muß manchmal fast strenger sein als das Gericht, so im problematischen Ergebnis BVerfG NJW **87**, 2499, BGH DRiZ **94**, 427 (neue Bundesländer). Er muß die verfügbaren Textsammlungen sorgfältig prüfen, zB den „Schönfelder", Zweibr MDR **88**, 419. Er muß ferner amtliche Entscheidungssammlungen und die Fachzeitschriften prüfen, BGH BB **00**, 2332, Köln RR **03**, 284, Stgt MDR **02**, 1220. Er muß auch Lehrbücher und Kommentare durchsehen, BGH FamRZ **00**, 1565, OVG Hbg FamRZ **92**, 79 (Ausnahme: Das Schrifttum war eindeutig unrichtig – aber Vorsicht!), Fischer AnwBl **93**, 599, großzügiger BGH BB **00**, 2332 (strenger auf einem sich erst entwickelnden Rechtsgebiet, dann aber auch Spezialzeitschriften), Mü RR **91**, 803, Bischof Rpfleger **88**, 210. Der Anwalt muß grds eine objektiv bekannte *Entscheidungspraxis des angerufenen Gerichts* in seine Vorausschau einbeziehen, soweit sie objektiv den rechtlichen Anforderungen genügt, BVerfG **79**, 376. Das gilt auch gegenüber einem erstinstanzlichen Gericht. Er muß ferner evtl sogar beim Fehlen eines Hinweises im *einem* der vorhandenen Kommentare oder Lehrbücher die *anderen* prüfen, AG Grevenbroich MDR **89**, 459. **117**

  Er muß zB die neuere Rechtsprechung in Wiedereinsetzungssachen prüfen, soweit sie in der amtlichen Sammlung der Entscheidungen des BGH oder in den üblicherweise zur Verfügung stehenden Fachzeitschriften veröffentlicht ist, Düss VersR **80**, 360 (Pflicht des Anwalts zur Fachlektüre). Der Anwalt muß zB wissen, daß § 317 Änderungen gegenüber der früheren Rechtslage bei der Zustellung eines Urteils gebracht hat, BGH NJW **78**, 1486, Zweibr VersR **78**, 767. Er muß die Wirksamkeit einer Zustellung unabhängig vom Gericht prüfen, BGH VersR **87**, 680. Ein Verschulden kann freilich bei Unklarheiten in der Literatur und Rechtsprechung fehlen, BFH NJW **96**, 216 rechts.

  Die Prüfungspflicht nach Rn 115 besteht *unverzüglich nach* der jeweiligen *Veröffentlichung,* BGH NJW **85**, 496, Stgt MDR **02**, 1220. Die Gerichte erlauben sich dabei hochproblematisch evtl auch solche Anforderungen zB an die Kenntnis neuester Veröffentlichungen, die zu studieren oder gar zu zitieren sie selbst fast geflissentlich offenbar nicht für nötig halten. Freilich kann der Anwalt bei rechtlichen Streitfragen zunächst der Rechtsprechung der übergeordneten Gerichte und insbesondere der Obersten Bundesgerichte vertrauen, BVerfG **79**, 377. Er kann auch einer in den gängigen Kommentaren vertretenen Auffassung grds vertrauen, LAG Mü NJW **89**, 1503. Das gilt jedenfalls bis zur Veröffentlichung einer ihre Unrichtigkeit eindeutig und überzeugend feststellenden höchstrichterlichen Entscheidung, BGH NJW **85**, 496, oder einer diese Unrichtigkeit mit einer näheren Begründung darlegenden Äußerung. Das gilt erst recht dann, wenn das Gericht sich in einer Mitteilung an ihn ebenfalls rechtlich irrte, BGH AnwBl **89**, 289. Das alles gilt allerdings auch nicht immer, Hamm, zitiert bei Schlee AnwBl **86**, 340, LAG Mü RR **88**, 542, aM Borgmann AnwBl **86**, 501 (aber man muß ohnehin stets auch auf die Gesamtumstände abstellen).
- **(Spezialrecht):** Der Anwalt muß selbst ein entlegenes Gebiet kennen, Zweibr MDR **88**, 419, LG Hann NJW **84**, 2837 (je streng), aM Schneider MDR **87**, 791 (aber eine Unkenntnis schützt auch ein Organ der Rechtspflege ebensowenig vor dem Gesetz wie den Bürger). **118**
- **(Steuerrechtswirkung):** Der Anwalt muß eine solche Auswirkung mitbeachten, BGH RR **87**, 604.
- **(Streitfrage):** Rn 117 „– (Sorgfalt)".
- **(Textsammlung):** Rn 117 „– (Sorgfalt)".
- **(Überlastung):** Der Anwalt kann sich nicht mit seiner starken Arbeitsbelastung entschuldigen. Denn er schuldet in jeder Sache seine volle Arbeitskraft. **119**
- **(Überspannungsverbot):** Es gibt ein Überspannungsverbot, Rn 13, LG Hechingen RR **03**, 769 (funktionelle Unzuständigkeit wegen einer gerichtsübergreifenden anderen Spezialzuständigkeit). Die Justiz darf an den Anwalt keine höheren Anforderungen stellen als an sich selbst. Das gilt für die Lükkenhaftigkeit oder Nachlässigkeit, mit der auch manchmal sogar ein höheres Gericht vorhandene Literatur zwar generell als beachtlich bezeichnet, aber dann im Einzelfall doch wenig zur Kenntnis nimmt. Dergleichen begrenzt auch diejenige der Anwaltschaft.
- **(Unverzüglichkeit):** Rn 117 „– (Sorgfalt)".
- **(Verschulden):** Eine Wiedereinsetzung kommt *nicht* in Betracht, wenn der Anwalt den Urteilskopf nicht nachgeprüft und deshalb einen leicht erkennbaren Fehler *übersehen* hat. Dasselbe gilt dann, wenn der Anwalt aus einer unvollständigen Rechtsmittelbelehrung ungeprüft Schlüsse gezogen hat, die mit grundlegenden Verfahrensregeln unvereinbar sind. Ein Anwalt muß überhaupt wesentliche Fehler in der Rechtsmittelschrift selbst verantworten. Er darf die Überprüfung nicht einem angestellten Anwalt und auch nicht dem Büropersonal überlassen. Die Wiedereinsetzung entfällt, wenn der Anwalt einen Fehler aus einer grds als verschuldet anzunehmenden Rechts- oder Gesetzesunkenntnis begangen hat, BGH VersR **00**, 613, VerfGH Brdb NJW **04**, 3259 (auch zu den Grenzen; krit Rensen JZ **05**, 196), Stgt MDR **02**, 1220 (ZPO-RG). **120**
- **(Vertrauen):** Der Anwalt darf grds auf die bisherige höchstrichterliche Rechtsprechung vertrauen, BVerfG NVwZ **03**, 341.

  S aber auch Rn 117 „– (Sorgfalt)".

– **(Zumutbarkeit):** Rn 117 „– (Sorgfalt)“.
– **(Zuständigkeit):** Der Anwalt muß veröffentlichte Änderungen einer Zuständigkeit kennen, BGH DRiZ **94**, 427, VerfGH Mü NJW **94**, 1858.
– **(Zweifel):** Wenn dem Anwalt die Rechtslage zweifelhaft zu sein scheint oder vernünftigerweise zweifelhaft sein muß, dann muß er so handeln, daß er die Parteiinteressen auf jeden Fall wahrt, BayObLG RR **00**, 772, Mü FamRZ **94**, 311. Das gilt auch dann, wenn er zB dem Auftraggeber geschrieben hat, er werde mangels einer sofortigen Antwort unterstellen, er solle kein Rechtsmittel einlegen, oder wenn er trotz der eigenen Ansicht, es sei kein Rechtsmittel zulässig, den Auftraggeber nicht von der Zustellung des Urteils unterrichtet hat.

121 **Rechtsanwalt: Information.** Man muß zwei Arten von Partnern unterscheiden.

a) Auftraggeber. Eine Wiedereinsetzung kann in Betracht kommen, wenn das grds gut geschulte und überwachte Personal des Anwalts nicht unterrichtet war. Dasselbe gilt dann, wenn das Personal ein Informationsschreiben des Auftraggebers nicht vorgelegt hat und wenn der Anwalt daher den Fristfehler zu spät entdeckt hat. Der Anwalt muß sein Personal anweisen, dem Auftraggeber eine Nachricht von einer Zustellung zu erteilen, BGH FamRZ **96**, 1467, selbst wenn er eine Weisung erteilt hat, die Frist zu notieren. Eine solche Anweisung reicht dann aber auch aus, BGH VersR **76**, 1178. Der Anwalt braucht dann also beim Eingang der Zustellung eine besondere weitere Weisung nicht mehr zu erteilen. Der Anwalt muß den Auftraggeber unverzüglich über eine Urteilszustellung und über deren Zeitpunkt unterrichten, spätestens etwa eine Woche vor dem Fristablauf, BGH FamRZ **96**, 1467. Dazu kann für den Berufungsanwalt ein einfacher Brief ausreichen, BGH VersR **85**, 90 (großzügig!). Er muß den Auftraggeber auch unverzüglich über das zulässige Rechtsmittel und dessen formelle Erfordernisse unterrichten, und zwar vollständig, BGH FamRZ **96**, 1467.

Wenn ein Anwalt erst *im Lauf des Prozesses* den Auftrag erhält, muß er sich auch beim Auftraggeber unverzüglich über den Sachstand informieren. Er darf sich nicht auf eine vor längerer Zeit abgegebene Erklärung des Auftraggebers verlassen, es laufe noch keine Frist. Er muß dann, wenn der Auftraggeber den Rechtsmittelauftrag nicht bestätigt, den Sachverhalt durch eine Anfrage aufklären, BGH VersR **81**, 1055, aM BGH VersR **80**, 89 (aber eine solche Rückfrage sollte ohnehin selbstverständlich sein). Er darf nicht ohne weiteres darauf vertrauen, das Schweigen des Auftraggebers enthalte einen Verzicht, VGH Kassel NJW **91**, 2099, jedenfalls nicht, wenn der Auftraggeber in einem Parallelverfahren schon hatte Berufung einlegen lassen, BGH VersR **81**, 834.

122 Der erstinstanzliche Anwalt muß bei einer Anfrage an den *Versicherer* des Auftraggebers dazu, ob er ein Rechtsmittel einlegen soll, den Versicherer darüber informieren, daß die Rechtsmittelfrist bereits läuft. Wenn der Versicherer auf Grund der Anfrage des Anwalts, ob er gegen das Urteil Berufung einlegen soll, die Schadensakte ohne ein Begleitschreiben an den Anwalt zurücksendet, muß der Anwalt durch eine alsbaldige Rückfrage eine Klärung herbeiführen, BGH VersR **81**, 1055. Wenn der Auftraggeber auf eine Anfrage des Anwalts dazu, ob er ein Rechtsmittel einlegen soll, nicht sofort antwortet, muß der Anwalt so handeln, daß er die Parteiinteressen auf jeden Fall wahrt, selbst wenn der Anwalt geschrieben hatte, er werde mangels einer sofortigen Antwort unterstellen, er solle kein Rechtsmittel einlegen. Der Anwalt muß trotz seiner eigenen Ansicht, es sei kein Rechtsmittel zulässig, den Auftraggeber von einer Urteilszustellung unterrichten.

123 **b) Anderer Anwalt.** Eine Wiedereinsetzung kann in Betracht kommen, wenn das grundsätzlich gut geschulte und überwachte Personal des Anwalts dem Verkehrsanwalt keine Nachricht übersandt hat. Dasselbe gilt dann, wenn ein solches Personal ein Informationsschreiben eines anderen Anwalts nicht vorgelegt hat und wenn der eigene Anwalt daher den Fristfehler zu spät entdeckt hat. Der Anwalt muß dem Personal die Anweisung geben, dem Verkehrsanwalt eine Nachricht von einer Urteilszustellung zu erteilen. Das gilt selbst dann, wenn er dem Personal außerdem die Weisung gegeben hat, die Frist zu notieren. Eine solche Anweisung ist dann aber auch ausreichend, BGH VersR **76**, 1178.

124 Der etwa gesonderte Anwalt der *Rechtsmittelinstanz* darf sich nicht auf Angaben des erstinstanzlichen Kollegen verlassen, soweit er solche Angaben anhand der ihm übersandten Unterlagen nachprüfen kann, BGH VersR **94**, 956. Der Berufungsanwalt muß zB das anzufechtende Urteil selbst auf die Richtigkeit der Parteibezeichnung überprüfen, BGH VersR **81**, 956. Der erstinstanzliche Anwalt muß dem Berufungsanwalt das Datum der Zustellung des anzufechtenden Urteils richtig angeben, BGH VersR **80**, 278. Er muß dem Berufungsanwalt auch das richtige Aktenzeichen mitteilen, BGH VersR **81**, 854. Wenn der Auftraggeber den Auftrag zur Einlegung der Berufung telefonisch erteilen läßt, muß der erstinstanzliche Anwalt dafür sorgen, daß der Berufungsanwalt die Auftragsannahme wiederholt, BGH VersR **81**, 959. Der Berufungsanwalt muß auch von sich aus für die Kontrollwiederholung sorgen, BGH VersR **81**, 959. Ein Anwalt, der nur ein Rechtsgutachten erstatten soll, kann sich ohne eine Nachprüfung auf die Mitteilung über einen Fristablauf verlassen.

Der erstinstanzliche Anwalt muß dem Rechtsmittelanwalt die *Urteilszustellung* oder dessen Beiordnung im Verfahren auf die Bewilligung einer Prozeßkostenhilfe mitteilen, BGH VersR **77**, 153. Der Verkehrsanwalt muß in einem solchen Fall sofort nachfragen, BGH VersR **75**, 90. Der Verkehrsanwalt kann sich darauf verlassen, daß der ProzBev ihm das zugestellte Urteil rechtzeitig übersenden werde. Der Berufungsanwalt muß die Partei selbst über den Ablauf der Revisionsfrist unterrichten. Er darf diese Aufgabe nicht demjenigen erstinstanzlichen Anwalt überlassen, der nicht Verkehrsanwalt ist und auch hierfür keinen besonderen Auftrag hat. Der Verkehrsanwalt muß den Auftraggeber unverzüglich vom Eingang des Berufungsurteils und vom Lauf der Revisionsfrist unterrichten, BGH VersR **80**, 169.

125 **Rechtsanwalt: Kalender:** Ein Kalender ist notwendig, BGH VersR **85**, 1185. Der Anwalt muß grds zuverlässig veranlassen, daß das Personal eine Frist mit ihrem wenigstens mutmaßlichen Ende sogleich notiert, BGH NJW **96**, 2514. Nürnb RR **05**, 1086, LAG Mainz BB **00**, 468.

126 – **(Aktenentnahme):** Der Anwalt darf die Akten nicht aus dem normalen Geschäftsgang nehmen, solange das Personal nicht eine Frist im Kalender vermerkt hat.
– **(Aktenvermerk):** Der Anwalt muß dafür sorgen, daß das Personal einen Kalendereintrag durch einen Erledigungsvermerk in der Akte kennzeichnet, BGH NJW **94**, 2831 (Aufkleber nach Diktat), Nürnb

OLGZ **76**, 119. Er darf einen solchen Vermerk aber erst nach dem Kalendereintrag dulden, BGH RR **92**, 826. Er darf sich mangels sich aufdrängender Zweifel auf die Richtigkeit des Erledigungsvermerks verlassen, BGH NJW **08**, 1671.

– **(Aktenvorlage):** Wenn der Anwalt ein Rechtsmittel eingelegt hat, braucht er die Handakten nur ausnahmsweise auf die Eintragung der Rechtsmittelbegründungsfrist im Kalender zu überprüfen, wenn ihm die Handakten ohnehin bis zum Fristablauf oder nahe davor vorliegen oder wenn sich die Notwendigkeit einer Fristprüfung sonst aufdrängt, BGH VersR **83**, 924. Das gilt etwa dann, wenn die Vorlage im Zusammenhang mit einer fristgebundenen Prozeßhandlung erfolgt, BGH VersR **88**, 414.

– **(Alsbaldigkeit):** Sofern der Anwalt nicht sofort tätig werden muß, muß er doch dafür sorgen, daß eine richtige Eintragung alsbald erfolgt, BGH AnwBl **07**, 796, KG VersR **82**, 704, Nürnb RR **05**, 1086. Das gilt zB für das Ende der Berufungsbegründungsfrist, BGH MDR **01**, 540. Ausnahmsweise entfällt diese Notwendigkeit nur dann, wenn der Anwalt die sofortige Fertigstellung und Absendung des fristgebundenen Schriftsatzes in einwandfreier Weise verfügt, BGH VersR **01**, 732, oder wenn er selbst die Fristen kontrolliert, BGH VersR **07**, 131 (dann strenge Anforderungen).

S auch „– (Empfangsbekenntnis)".

– **(Auszubildender):** Der Anwalt muß denjenigen besonders überwachen, dem er sofort nach der Beendigung der Ausbildung den Kalender usw anvertraut, BGH VersR **88**, 157.

S auch „– (Eintragskontrolle)", Rn 129 „– (Urlaub)".

– **(Bestätigung des Kollegen):** Rn 129 „– (Streichung)".

– **(Computerausdruck):** S „– (Erledigungskontrolle)".

– **(Eingangsdatum bei Gericht):** Rn 127 „– (Mitteilung des Gerichts)".

– **(Eintragskontrolle):** Der Anwalt muß auch durch einen bewährten *Mitarbeiter* kontrollieren lassen, ob das Personal die Notfrist tatsächlich notiert hat, BGH AnwBl **86**, 152, nicht durch einen Auszubildenden (auch nicht neben einem qualifizierten Mitarbeiter), BGH NJW **06**, 1520 rechts, auch nicht durch einen sonstwie juristisch Ungeschulten, BGH RR **00**, 1367. Er muß kontrollieren, ob sie gewahrt ist, BGH VersR **93**, 772, und zwar am Abend jedes Arbeitstags, BGH NJW **96**, 1541.

– **(Einzelanweisung):** Der Anwalt darf grds auf die Befolgung einer genauen Einzelanweisung vertrauen, BGH MDR **08**, 814 rechts.

– **(Elektronischer Kalender):** Eine „Erledigungskontrolle", s dort, ist auch bei ihm notwendig, BGH NJW **01**, 77 links. Bei einer Datenspeicherung ist kein zusätzlicher schriftlicher Kalender nötig, BGH NJW **97**, 327. Der Anwalt muß aber sicherstellen, daß keine geringere Sicherheit als beim herkömmlichen Kalender besteht, BGH NJW **99**, 582, daß zB die Daten richtig gespeichert sind, BGH NJW **95**, 1756, daß man ihn jederzeit auf seine Vollständigkeit und Richtigkeit überprüfen kann und daß man Datenverluste durch System- oder Bedienungsfehler ausschließen kann, Mü NJW **90**, 191, Zweibr RR **06**, 500, LG Lüb AnwBl **86**, 152.

– **(Empfangsbekenntnis):** Der Anwalt muß dafür sorgen, daß eine richtige Eintragung spätestens vor der Rückgabe eines Empfangsbekenntnisses erfolgt, BGH FamRZ **04**, 1552 links oben, Schlesw MDR **05**, 769, aM BGH BB **98**, 1867 (aber das Empfangsbekenntnis verpflichtet ohnehin zur Überprüfung alles Zumutbaren).

S auch Rn 128 „– (Posteingang)".

– **(Erledigungskontrolle):** Es ist an jedem Abend eine solche Kontrolle notwendig, BGH FamRZ **04**, 866. Das gilt insbesondere am Tag des Fristablaufs, BGH NJW **01**, 77 links. Dazu kann ein Computerausdruck reichen, BGH VersR **96**, 387. Er ist auch nötig, BGH BB **06**, 465 links oben.

– **(Erledigungsvermerk):** S „– (Aktenvermerk)".

– **(Farbige Notierung):** Wenn der Anwalt Fristen verschiedenfarbig notieren läßt, muß er im Zweifel **127**
die wichtigste Farbe anordnen, BGH VersR **79**, 961.

– **(Feiertag):** Der Anwalt darf nicht ein Fristende als auf einen Feiertag fallend notieren lassen, BGH VersR **86**, 891.

– **(Fristablauf):** Wenn der Anwalt das Personal nicht angewiesen hat, ihn auf den Fristablauf hinzuweisen, muß er den Fristablauf auf dem Aktendeckel und im Kalender vermerken, BGH VersR **79**, 256. In einem solchen Fall reicht es nicht aus, eine Vorfrist notieren zu lassen, BGH VersR **75**, 1006.

S auch Rn 126 – „(Erledigungskontrolle)".

– **(Fristkontrolle):** S Rn 126 „– (Erledigungskontrolle)".

– **(Fristverlängerung):** Bei einem solchen Antrag muß der Anwalt besonders aufpassen, BGH VersR **03**, 369. Er darf zB eine endgültige Frist erst nach einer tatsächlich erfolgten Fristverlängerung eintragen lassen, BGH BB **07**, 2707. Erst dann darf der Anwalt die bisherige Frist streichen lassen, BGH AnwBl **06**, 671, Hamm MDR **07**, 435.

Wenn der Anwalt *auf der Geschäftsstelle* des Gerichts davon Kenntnis nimmt, daß das Gericht eine Frist verlängert hat, und wenn er auf die Zustellung verzichtet, muß er sofort eine Eintragung im Kalender veranlassen.

– **(Handakte-Kalender):** Eine mündliche Anweisung zur Übertragung eines Vermerks aus den Handakten in den Kalender reicht nur dann aus, wenn der Vermerk unübersehbar ist, BGH VersR **80**, 746.

– **(Jahreswechsel):** Rn 128 „– (Organisationsplan)".

– **(Korrektur):** S – „(Mitteilung des Gerichts)".

– **(Letzter Tag):** Bei einer ausreichenden Erledigungskontrolle darf der Anwalt eine Frist bis zum letzten Tag ausnutzen, BGH VersR **81**, 194.

– **(Löschung):** Rn 129 „– (Streichung)".

– **(Mehrheit von Fristen):** Der Anwalt muß veranlassen, daß mehrere Fristen desselben Auftraggebers gesonderte Vermerke erhalten, BGH FamRZ **06**, 191.

– **(Mehrheit von Mitarbeitern):** Der Anwalt darf eine Fristkontrolle im Kalender *nicht* einfach statt einer bestimmten qualifizierten Fachkraft mehreren Mitarbeitern übertragen, BGH NJW **06**, 1520 rechts.

– **(Mitteilung des Gerichts):** Der Anwalt muß veranlassen, daß das Personal die Eintragung nach dem Eingang einer Mitteilung des Gerichts über das Eingangsdatum der Berufungsschrift oder über eine Verlängerung kontrolliert und evtl korrigiert, BGH NJW **97**, 1860. Eine Eintragung auf Grund einer zunächst nur mündlichen Mitteilung des Gerichts erfordert nach dem Eingang der schriftlichen Fassung einen Abgleich, BGH AnwBl **07**, 796.

– **(Mündliche Erklärung):** Rn 129 „– (Vertrauen)".

128 – **(Neue Kanzlei):** Bei der Übernahme von Akten in eine neue Kanzlei des aus einer Sozietät ausgeschiedenen Anwalts gehört es zu seiner Pflicht, die laufenden Fristen anhand des im bisherigen Büro geführten Kalenders zu überprüfen, BGH VersR **81**, 959.

– **(Organisationsplan):** Man muß generell einen klaren und sachgerechten Organisationsplan fordern, BGH RR **04**, 1714, BVerwG NJW **75**, 228, Nürnb OLGZ **76**, 119. In diesem Rahmen muß auch ein klarer Kalender bestehen. Er braucht nicht stets schon vor dem Jahresende für das Folgejahr vorzuliegen, BGH RR **04**, 1714 (großzügig). Dann ist aber natürlich eine zuverlässige vorläufige Zwischennotierung nötig. Unter dieser Voraussetzung ist die Art der Streichung oder der sonstigen Erledigung der Fristkontrolle im Kalender unerheblich, BGH NJW **93**, 3333.

– **(Persönliche Kontrolle):** Nach ordnungsgemäßen Anweisungen braucht der Anwalt deren Durchführung nicht stets persönlich im Kalender zu kontrollieren, BGH NJW **06**, 2779 links.

S auch „– (Persönliches Terminbuch)".

– **(Persönliches Terminbuch):** Ihre Führung hat eine Pflicht zur persönlichen Fristkontrolle zur Folge, BGH VersR **85**, 992.

– **(Posteingang):** Der Anwalt muß anordnen, daß unterschiedliche Daten des Posteingangs und eines Empfangsbekenntnisses klarliegen, BGH RR **98**, 1443.

– **(Postfertigmachung):** Rn 129 „– (Streichung)".

– **(Quittung):** Empfangsquittungen zB des Gerichts reichen *nicht* aus, BGH BB **91**, 240.

– **(Rechtsmittel- oder -begründungsfrist):** Der Anwalt muß eine solche Frist so notieren lassen, daß sie sich deutlich von einer gewöhnlichen Wiedervorlagefrist abhebt, BGH RR **01**, 279. Das Pesonal muß er anweisen, im Kalender wenigstens das Ende einer Rechtsmittelfrist als solche einzutragen, BGH NJW **01**, 2975, BAG NJW **93**, 1350.

– **(Sofortigkeit):** Der Anwalt muß sofort veranlassen, daß auch im Kalender alles zur Fristwahrung Notwendige geschieht, BGH NJW **95**, 1682, BAG NJW **75**, 232.

– **(Stichprobe):** S „– (Organisationsplan)".

– **(Störung):** Der Anwalt muß sicherstellen, daß Störungen unterbleiben, BGH NJW **97**, 327.

S auch Rn 126 „– (Erledigungskontrolle)".

129 – **(Streichung):** Der Anwalt darf eine Streichung im Kalender, auch durch eine „Weißung", BGH VersR **91**, 123, erst dann dulden, wenn man die fristwahrende Maßnahme durchgeführt hat, BGH AnwBl **08**, 469, wenn zB das Schriftstück herausgeht, BGH VersR **00**, 1564 links oben (nicht später), Brdb MDR **05**, 167, LAG Hamm MDR **97**, 694, oder wenn man es zumindest postfertig gemacht hat, BGH AnwBl **06**, 671, Brdb MDR **05**, 167, LAG Hamm AnwBl **94**, 142, wenn man es also bei einer Aufgabe im Postamt rechtzeitig nach dort mitgenommen hat, Bbg FamRZ **01**, 552 Mitte rechts.

Er darf eine Streichung ferner erst dann dulden, wenn eine *Bestätigung* des Rechtsmittelanwalts vorliegt, BGH VersR **84**, 167, oder diejenige des Rechtsmittelgerichts, BGH VersR **84**, 166, Hamm MDR **07**, 435, oder wenn der beim Telefax die Übermittlung bestätigende Ausdruck vorliegt, BVerfG NJW **07**, 2839 links, BGH NJW **07**, 2778, LAG Hamm MDR **97**, 694, oder wenn eine schriftliche Empfangsbestätigung vorliegt, Köln NJW **07**, 2778, strenger BGH VersR **00**, 1564 links oben. Er darf auf die Einhaltung seiner Anweisung vertrauen, die Frist erst nach einer Rückfrage beim Empfänger zu streichen, BGH RR **02**, 60.

Er muß darauf achten, ob ein Anhaltspunkt dafür besteht, daß seine Angestellte eine *Streichung irrig* vorgenommen hat, BGH VersR **96**, 1298. Allerdings kann eine Wiedereinsetzung ausnahmsweise auch dann in Betracht kommen, wenn das Personal die Frist fälschlich im Kalender gestrichen hat. Solange keine Streichung erfolgt ist, muß der Anwalt zusätzliche Kontrollen vornehmen oder die fristgebundene Handlung wiederholen, BGH BB **91**, 240. Wenn der Anwalt einen Kollegen mit der Einlegung eines Rechtsmittels beauftragt, darf er eine Frist im eigenen Kalender erst nach dem Bestätigungserhalt löschen, Rn 64.

S auch Rn 127 „– (Fristverlängerung)".

– **(Tägliche Kontrolle):** Sie ist notwendig BGH RR **98**, 1604. Eine Kontrolle nur morgens reicht evtl *nicht,* BGH VersR **99**, 1303.

– **(Terminswochenplan):** Seine Anlage reicht *nicht* aus, BGH VersR **78**, 942.

– **(Überwachung):** Der Anwalt muß den Fristkalender von einem geeigneten und laufend überprüften Personal überwachen lassen, BGH RR **00**, 1367, und zwar täglich, BGH RR **98**, 1604.

– **(Unmißverständlichkeit):** Jede Eintragung muß so erfolgen, BFH BB **77**, 850.

– **(Unterlagen):** Der Anwalt muß anordnen, auf Grund welcher jeweiligen Unterlagen das Personal Fristen eintragen soll.

– **(Urlaub):** Wenn der Kalenderführer Urlaub hat, darf der Anwalt die Fristüberwachung nicht ohne weiteres einem Auszubildenden überlassen.

– **(Vertrauen):** Der Anwalt darf auf die Einhaltung einer klaren mündlichen Anweisung, die der Mitarbeiter nach dem Eindruck des Anwalts auch verstanden hat, grds vertrauen, BGH NJW **88**, 1853. Das gilt aber bei einer nicht einfach zu berechnenden Frist nur eingeschränkt, Ffm MDR **01**, 1437. Im letzten Augenblick darf sich der Anwalt mangels einer Srreichung im Kalender *nicht* auf mündliche Erklärungen verlassen, BGH VHR **98**, 86.

– **(Vorfrist):** Ihr Eintrag kann nötig sein, BGH NJW **94**, 2551. Bei einer Rechtsmittelfrist genügt eine bloße Vorfrist nebst Wiedervorlage als Eintragung *nicht,* BGH NJW **01**, 2975, BAG NJW **93**, 1350.

– **(Weißung):** S „– (Streichung)".

– **(Zettel):** Lose Zettel reichen *nicht* aus, BGH BB **91**, 240.

– **(Zwischenotierung):** Rn 128 „– (Organisationsplan)".

Rechtsanwalt: Kanzlei und Wohnung: Wenn der Anwalt in demselben Haus seine Kanzlei unterhält und auch wohnt, muß er sein Personal eindringlich darüber belehren, wie es sich verhalten soll, wenn der Postbote für die Kanzlei Zustellungen anliefert. Auch wenn die Kanzlei und die Wohnung nicht in demselben Haus liegen, muß der Anwalt seine Hausbewohner bitten und im erlaubten Umfang anweisen, ihm zugehende Schriftstücke alsbald vorzulegen. Er hat allerdings insofern nach einer solchen generellen Maßnahme keine besondere Überwachungspflicht. Wegen der Pflichten des Anwalts im Fall einer Niederlegung des Auftrags § 87 Rn 9. Der Anwalt braucht grds nicht mit einer Fehlleitung eines Briefes statt in seine Kanzlei in seine Wohnung zu rechnen. 130

Rechtsanwalt: Krankheit: Eine Erkrankung entschuldigt nur dann, wenn sie glaubhaft die Fristwahrung verhindert, BGH FamRZ **04**, 1551. Der Anwalt muß eine allgemeine Anweisung an das Personal geben, im Fall einer plötzlichen nicht ganz kurzfristigen Verhinderung für seine Vertretung zu sorgen, BGH VersR **94**, 1207, Brdb AnwBl **97**, 178, Rostock MDR **08**, 42, und evtl bei der Landesjustizverwaltung einen Vertreter bestellen zu lassen, § 53 BRAO. Das gilt auch dann, wenn der Anwalt keine Befreiung von der Residenzpflicht hat, BGH VersR **82**, 802. Im Fall einer periodischen Krankheit muß der Anwalt diese Maßnahmen selbst vornehmen, BGH NJW **06**, 2412. Er kann aber zB als ein Zukkerkranker entschuldigt sein, BGH VersR **87**, 786 (großzügig). In einer Anwaltsgemeinschaft muß sich der gesunde Anwalt um die Fristen des kranken Sozius kümmern, BFH BB **77**, 1389. Der Sozius muß überhaupt und gerade für einen Krankheitsfall für eine klare Regelung der gegenseitigen Vertretung sorgen, BGH VersR **93**, 207. Das gilt auch dann, wenn der gesunde Anwalt überlastet ist, BGH VersR **78**, 182. Eine Übertragung auf einen Referendar kann ausreichen, BGH NJW **06** 1070. Wenn sich ein Anwalt in einer eigenen Sache, in der er einen ProzBev hat, die Fertigung der Berufsbegründung vorbehalten hat, muß er sich auch um den Fristenablauf kümmern. Er darf die Überwachung der Frist nicht einem anderen Anwalt überlassen, BGH VersR **75**, 1146, auch nicht dem erstinstanzlichen Kollegen, selbst wenn dieser vereinbarungsgemäß die Berufungsbegründung abfassen soll. Der Anwalt muß selbst bei einer überraschenden Erkrankung grds dafür sorgen, daß eine Fristenkontrolle und überhaupt alles Notwendige erfolgt, BGH FamRZ **04**, 182. Das kann natürlich nur im Rahmen des Zumutbaren geschehen. 131

Derjenige kranke Anwalt, der bis auf die Terminswahrnehmungen alles vom Krankenbett aus *selbst erledigt*, muß auch selbst überprüfen, ob eine Mitteilung über einen bevorstehenden Ablauf der Berufungsfrist herausgegangen ist, großzügiger BGH VersR **79**, 374. Er muß prüfen (lassen), ob ihm bei einer Fristenkontrolle infolge der Krankheit ein Fehler unterlaufen ist, BGH VersR **84**, 762. Eine Wiedereinsetzung kann bei einer plötzlichen Verhinderung etwa infolge des Todes eines Angehörigen oder infolge dessen plötzlicher schwerer Erkrankung möglich sein, BGH VersR **90**, 1026, oder infolge eines schweren Herzanfalls, weil er dann sein Büro erst nach dem allgemeinen Büroschluß wieder aufsuchen konnte und daher die an diesem Tag ablaufende Berufungsbegründungsfrist nicht einhalten konnte. Die Entscheidung hängt davon ab, was man dem Anwalt in diesem Zustand noch zumuten konnte, BGH NJW **07**, 2778, insbesondere davon, ab wann er wenigstens je einen Vertreter bestellen konnte, BGH FamRZ **94**, 1520. Hohes Fieber kann den Anwalt dann entschuldigen, aM BGH VersR **84**, 762 (aber man darf die Anforderungen nicht überspannen, Rn 13). Eine unvorhersehbare Minderung der Leistungs- und Konzentrationsfähigkeit mag ausreichen, BGH BB **99**, 928. Wegen der psychischen Verfassung nach einem Selbstmordentschluß BGH VersR **84**, 988. 132

Die *Nachwirkung* einer schweren Krankheit des Anwalts reicht nicht stets aus, um eine Wiedereinsetzung zu gewähren, BGH VersR **77**, 374. Der Anwalt braucht nicht unbedingt für den Fall einer unvorhersehbaren Erkrankung der allein am letzten Fristtag im Büro verbliebenen Mitarbeiterin organisatorisch vorzusorgen, BGH BB **04**, 1302. Wenn mehrere Mitarbeiter erkranken oder einer verunfallt, hat der Anwalt eine erhöhte Verantwortlichkeit, BVerfG NJW **00**, 2658, BGH RR **99**, 1664.

S auch Rn 134–139, 172, 173.

Rechtsanwalt: Kurier: Der Anwalt kann grds darauf vertrauen, daß sich ein Kurierdienst des Anwaltvereins an die mitgeteilten Beförderungszeiten hält, BVerfG RR **02**, 1005, BGH RR **08**, 142, aM LAG Köln MDR **99**, 1343 (aber man darf die Anforderungen nicht überspannen, Rn 13). 133

Rechtsanwalt: Letzter Augenblick, dazu *Späth* NJW **00**, 1621 (Üb): Der Anwalt muß den Eingang eines Briefs beim Adressaten überwachen, wenn er ihn erst kurz vor dem Fristablauf abgesandt hat, BAG NJW **75**, 1144. Der Anwalt darf eine Frist bis zuletzt nützen, BVerfG NJW **91**, 2076, BGH RR **03**, 1001, auch der ausländische, BGH RR **86**, 288. Er darf die Einlegung der Berufung oder der Berufungsbegründung oder des Verlängerungsantrags bis zum letzten Augenblick verzögern, aM Brdb MDR **04**, 419. Freilich muß er dann natürlich eine *erhöhte Sorgfalt* aufwenden, BVerfG NJW **00**, 574, BGH BB **07**, 1078, Rostock MDR **08**, 42. Er muß zB beim Gericht rückfragen, wann die Frist zu laufen begonnen hat, BGH VersR **97**, 642. Er muß eine systematische Ausgangskontrolle einrichten, BGH VersR **82**, 300. Dafür reicht eine bloße Erwähnung der Sache und ihrer Eilbedürftigkeit selbst gegenüber einer zuverlässigen Mitarbeiterin nicht aus, BGH VersR **82**, 300. 134

– **(Aktenrückgabe):** Im letzten Moment darf der Anwalt Akten nicht folgenschwer in den Geschäftsgang zurückgeben, BGH RR **99**, 717 rechts, LAG Köln NZA **04**, 120. 135
– **(Aktenvorlage):** Rn 136 „– (Fristprüfung)".
– **(Arbeitsplanung):** Beim dicht bevorstehenden Fristablauf muß der Anwalt eine vorausschauende Arbeitsplanung vornehmen, LAG Kiel NZA-RR **05**, 323 (Kanzleiumzug).
– **(Beförderung):** Der Anwalt darf mit der Beförderung auch kurz vor dem Fristablauf eine zuverlässige Angestellte betrauen, wenn er sie über den drohenden Fristablauf und die Notwendigkeit der Fristwahrung unterrichtet hat, BGH VersR **85**, 688. Er darf dazu auch einen zuverlässigen sonstigen Boten benutzen, BGH VersR **89**, 166.
– **(Besonderheitshinweis):** Wenn der Anwalt eine Vorlage der Akten auf den letzten Tag angeordnet hat oder wenn er den Bürovorsteher erst am letzten Tag damit beauftragt hat, einen gesonderten Berufungsanwalt telefonisch zu beauftragen, muß er auf ungewöhnliche Besonderheiten des Vorgangs hinweisen

und durch besondere Anordnung dafür sorgen, daß die Akte fristgerecht vorliegt, BGH VersR **93**, 1420 (Karmittwoch/Osterdienstag), Zweibr MDR **04**, 420.

– **(Bote):** S „Beförderung".

136 – **(Diktat):** Es reicht im letzten Moment nicht aus, daß der Anwalt eine Anweisung auf ein Tonband diktiert. Denn dem Tonband kann man die Eilbedürftigkeit nicht ansehen. Im übrigen muß der Anwalt prüfen, ob man sein Tonbanddiktat auch durchgeführt hat, aM BGH VersR **76**, 1131 (aber gerade im Eilfall ist eine vorsorgliche Rückfrage zumutbar). Wenn der Anwalt das Diktat am letzten Tag der Frist durchführt, muß er dafür sorgen, daß man ihm das Schriftstück zur Unterschrift vorlegt, BGH VersR **80**, 765, großzügiger BGH NJW **89**, 590. Die Ansicht, der Anwalt brauche nicht mit einem Reißen des bereits besprochenen Tonbands in einem Augenblick zu rechnen, in dem keine rechtzeitige Rekonstruktion des Diktats mehr möglich sei, BGH VersR **81**, 64, berücksichtigt nicht genug die schärferen Anforderungen auch des BGH.

– **(Erinnerung an Fristablauf):** Der Anwalt darf sich evtl darauf verlassen, daß sein geschultes Personal ihn an einen dicht bevorstehenden Fristablauf erinnern wird.

– **(Feiertag):** Rn 135 „– (Besonderheitshinweis)".

– **(Fristenkalender):** Der Anwalt muß den Kalender von einem geeigneten und laufend überprüften Mitarbeiter überwachen lassen, BGH VersR **81**, 194, Zweibr MDR **04**, 420.

– **(Fristprüfung):** Im letzten Moment vorgelegte Akten muß der Anwalt selbst auf einen Fristablauf prüfen, BGH BB **07**, 853.

– **(Kalender):** Rn 139 „– (Zuverlässigkeit der Sekretärin)".

– **(Kanzleiumzug):** Rn 135 „– (Arbeitsplanung)".

137 – **(Mandantenbesuch):** Wenn dem Anwalt die Akten wegen eines Mandantenbesuchs kurze Zeit vor dem Fristablauf vorliegen, darf er sich unter Umständen auf sein geschultes Personal und darauf verlassen, daß es seine Anordnungen zur rechtzeitigen Wiedervorlage beachtet.

– **(Nachfrage des Personals):** Der Anwalt muß auch ein gut geschultes Personal darauf überprüfen ob es am Vormittag des Fristablaufs notfalls beim Gericht eine Nachfrage dazu hält, ob dieses eine Fristverlängerung bewilligt.

– **(Nachtbriefkasten):** Der Anwalt braucht einen vorhandenen solchen Briefkasten nicht unbedingt zu benutzen, sondern darf den „normalen" verwenden, wenn das rechtzeitig geschieht, Rn 19–26, aM Ffm VersR **81**, 755 (aber man darf die Anforderungen nicht überspannen, Rn 13). Er muß aber den nur wenig entfernten Nachtbriefkasten dann benutzen, wenn etwa das Telefax-Empfangsgerät ausgefallen ist, Rn 164, OVG Hbg NJW **00**, 1667. Dazu kann auch eine Hand-zu-Hand-Aushändigung zwecks Einwurfs notwendig sein, BGH FamRZ **04**, 1637. Er darf nicht einfach vergessen, den Schriftsatz am Abend des Fristablaufs selbst in den Nachtbriefkasten zu werfen, Mü VersR **88**, 1304.

– **(Panne):** Sie kann den Anwalt entschuldigen, BGH VersR **88**, 249.

– **(Postverzögerung):** Der Anwalt muß eine mögliche Postverzögerung einkalkulieren Rn 37 „Post: Erklärung der Post", Rn 154–162.

138 – **(Reparatur):** Sogar eine kleine Handwerkerreparatur kann den Anwalt entschuldigen, BGH NJW **02**, 1130.

– **(Störung):** Der Anwalt muß sich die Überwachungszeit frei von Störungen halten, sofern er überhaupt zur Bearbeitung eine etwas längere Zeit braucht.

– **(Tod):** Rn 139 „Unvorhergesehenes Ereignis".

– **(Überlastung):** Rn 139 „Unvorhergesehenes Ereignis".

– **(Überwachung):** Der Anwalt muß seine Anordnungen des letzten Augenblicks selbst überwachen, BGH RR **98**, 932.

– **(Uhrgenauigkeit):** Derjenige Anwalt, der eine Frist zulässigerweise bis in ihre letzten Minuten ausnutzen will, darf sich *nicht* auf seine Uhr verlassen, BGH VersR **85**, 478.

139 – **(Unvorhergesehenes Ereignis):** Wenn eine Sache dem Anwalt ganz kurzfristig vorliegt und wenn ihm zB ein Todesfall oder eine Arbeitshäufung an der rechtzeitigen Erledigung hindert, entfällt evtl die Wiedereinsetzung. Denn ein Anwalt muß immer damit rechnen, daß derartige unvorhersehbare Ereignisse eintreten, BGH VersR **83**, 272, großzügiger (zum [jetzt] FamFG-Verfahren) BayObLG RR **01**, 1048 (Wehen der Ehefrau des Anwalts. Aber die sind meist sogar im Prinzip eher vorhersehbar).

– **(Urteilszustellung):** Selbst nach einem monatelangen Warten muß der Anwalt eine erst 10 Tage vor dem Fristablauf erfolgende Urteilszustellung fristgerecht bearbeiten, BGH MDR **05**, 948.

– **(Verkehrshindernis):** Der Anwalt muß stets mit ihm rechnen, wenn er erst um 23.45 Uhr aufbricht, aM BGH NJW **89**, 2393 (aber eine solche Großzügigkeit ist zumindest bei der heutigen Verkehrsdichte auch evtl zu so später Stunde nicht mehr erlaubt).

– **(Verkehrsunfall):** Er kann den Anwalt entschudigen, BGH NJW **98**, 2678.

– **(Zusage der Geschäftsstelle):** Wenn der Anwalt telefonisch am letzten Tag eine Fristverlängerung beantragt, darf er sich *nicht* auf eine Zusage der Geschäftsstelle verlassen, er werde beim Auftreten von Hindernissen eine Nachricht erhalten, BGH VersR **77**, 373 (reichlich streng), großzügiger BGH VersR **83**, 488.

– **(Zuverlässigkeit der Sekretärin):** Eine solche allgemeine Zuverlässigkeit reicht im letzten Moment *nicht* stets als Entschudligung aus, aM BGH NJW **07**, 2560 links (aber der Eilfall erfordert eben eine höchste Bemühung). Das gilt zB mangels einer Löschung im Kalender, BGH VHR **98**, 86.

140 **Rechtsanwalt: Mehrheit von Anwälten:** Man muß § 84 beachten, BGH JB **03**, 376. Auch der Sozius ist grds bevollmächtigt, BGH VersR **86**, 686. Bei mehreren Anwälten muß jeder aufpassen. Alle Grundsätze, die ein Rechtsanwalt beachten muß, gelten auch, soweit er sich mit einem Patentanwalt zusammenschließt, BGH NJW **99**, 142.

141 **Rechtsanwalt: Mitwirkung des Gerichts:** Eine Wiedereinsetzung kommt in Betracht, wenn das Gericht eine unrichtige Auskunft gegeben hat, BGH FamRZ **89**, 729. Eine Wiedereinsetzung erfolgt nicht schon

deshalb, weil das Gericht seine Pflicht zur unverzüglichen Weiterleitung des irrig bei ihm eingegangenen Rechtsmittels an das zuständige Gericht nach Rn 19–26 verletzt hat, Kblz FamRZ **88**, 634.

Rechtsanwalt: Neuer Mitarbeiter: Der Anwalt muß sich davon überzeugen, daß ein neuer Mitarbeiter das Fristwesen voll beherrscht, BGH VersR **81**, 853. Er muß notfalls die Frist selbst bestimmen und eintragen oder zumindest überprüfen, BGH VersR **82**, 545. Wenn der Bürovorsteher wechselt, genügt die Einarbeitung des Nachfolgers, wenn dieser alsbald einschlägt. Der Anwalt muß kontrollieren, ob eine bei ihm erst seit kurzem tätige Sekretärin wirklich so zuverlässig ist, wie man sie ihm empfohlen hat. Deshalb muß er trotz ihrer bisherigen Zuverlässigkeit auch aufhorchen, wenn sie am Tag des Fristablaufs einen Schriftsatz zum Gericht bringen soll und erklärt, ihr Freund werde sie vom Büro abholen, großzügiger BGH VersR **81**, 62. **142**

Er darf einen grds vertrauenswürdig erscheinenden neuen Mitarbeiter mit einem einfachen Botengang zB zum richtigen Gerichtsbriefkasten betrauen, BGH FamRZ **08**, 142. Er muß freilich auch im übrigen die *Kontrolle einer jungen Angestellten* regelmäßig durchführen, BGH NJW **96**, 319. Er darf bei einer solchen Mitarbeiterin nicht nur unregelmäßig kurze Stichproben machen, BGH VersR **80**, 746. Wenn ein Anwalt einen Mitarbeiter einstellt, der noch nicht als Anwalt zugelassen ist, muß er auch ein gut geschultes Personal anweisen, Schriftstücke dieses Mitarbeiters vor dem Postabgang nochmals darauf zu überprüfen, ob die Unterschrift richtig erfolgt ist, BGH VersR **77**, 1130.

S auch Rn 74–78, 146–153.

Rechtsanwalt: Niederlegung des Mandats: Der Anwalt muß vor der Niederlegung des Mandats während eines Prozesses selbst den Verfahrensstand anhand seiner Akte prüfen und das Notwendige zur Fristwahrung voranlassen, BGH AnwBl **99**, 55, Ffm VersR **91**, 897. **143**

S auch Rn 183–189.

Rechtsanwalt: Organisation: Der Anwalt muß sein Büro ausreichend organisieren, BGH RR **03**, 570 links. Es muß also ein klarer und sachgerechter Organisationsplan vorliegen, BGH RR **93**, 1214, BFH NJW **77**, 600, Ffm MDR **01**, 1437. Er muß zB die Grundsätze des Ablaufs von Fristen dem Personal nennen, Düss AnwBl **89**, 291. Er muß sicherstellen, daß das Personal die Post sofort sorgfältig prüft, BGH VersR **81**, 79, und daß das Personal Anweisungen dazu erhält, wie es sich bei der Entgegennahme wichtiger Anrufe verhalten soll, BGH VersR **81**, 959, oder bei der sonstigen Zuständigkeitsverteilung, BAG DB **95**, 1820. Der Anwalt muß Fehlerquellen bei der Eintragung und Behandlung von Fristen nach Möglichkeit ausschließen, BGH NJW **92**, 974, Ffm RR **06**, 68. Er muß zumindest das Ende der Rechtsmittelfrist erst im Kalender und dann in der Handakte notieren lassen, BGH FamRZ **96**, 1468. Es muß gesichert sein, daß der die Frist bearbeitende Mitarbeiter die Fristvorlage rechtzeitig erhält, BGH VersR **85**, 503. Es muß eine wirksame Postausgangskontrolle geben, BGH RR **98**, 1443. Ihr kann freilich eine bestimmte Einzelanweisung an einen zuverlässigen Mitarbeiter vorgehen, BGH VersR **01**, 214. **144**

Es müssen allgemeine präzise Anweisungen vorliegen, BGH RR **01**, 209. Das gilt zB für den Fall der *Verhinderung* des Anwalts, BGH VersR **83**, 272, für den Fall eines Kanzleiumzugs kurz vor dem Fristende, LAG Kiel NZA-RR **05**, 323, für den Fall seiner Erkrankung, oder für den Fall des Urlaubs des an sich zuständigen Mitarbeiters usw, BGH VersR **89**, 166, BVerwG NJW **95**, 1443, KG NJW **95**, 1434, oder für den Fall einer Störung beim Faxgerät, Rn 164 „Telefax", oder für den Fall schwerer Lesbarkeit eines Schriftstücks oder Stempels, BGH VersR **85**, 1142. Der Anwalt muß dafür sorgen, daß im Fall der Verhinderung eines Mitarbeiters sein Vertreter pünktlich einspringt, BGH VersR **78**, 92. Er darf den Telefondienst nicht stundenlang einem Auszubildenden überlassen, BGH VersR **86**, 1024. Er muß telefonische Gerichtsanfragen unverzüglich bearbeiten lassen, BGH NJW **98**, 3570.

Zur Organisationspflicht jedes Sozius gehört die Sicherstellung der unverzüglichen Vorlage eines *neuen Auftrags* bei einem Sozius, BGH VersR **82**, 1192, oder der Vorlage beim „richtigen" Sozius, Düss FamRZ **07**, 398. Zu den Anforderungen bei der Vereinigung mehrerer Anwaltskanzleien BGH VersR **85**, 1163. Wegen des verwaltungsgerichtlichen Verfahrens (Revisionsbegründung) BVerwG NJW **87**, 458. Bei einer auffälligen Häufung von Mängeln im Zusammenhang mit der Wahrung von Fristen rechtfertigen sich entweder Bedenken gegen die ordnungsmäßige Ausbildung, Erprobung und Überwachung der Angestellten oder Schlüsse auf die Unvollständigkeit der Organisation, BGH FamRZ **96**, 1469, Düss VersR **01**, 214. Eine Überspannung der Organisationspflichten ist nicht statthaft, Rn 13, BGH RR **03**, 570 links. Es ist nicht notwendig, die im Büro vorbereiteten Quittungen über den Eingang von Fristverlängerungsanträgen außer mit den Parteibezeichnungen mit weiteren Unterscheidungsmerkmalen zu versehen, BGH VersR **88**, 156. Ein Organisationsmangel kann unschädlich sein, soweit der Anwalt im Einzelfall ausreichende Weisungen erteilt hat, BGH BB **02**, 1616 (Telefax), BAG NJW **90**, 2707. **145**

S auch Rn 54–63, 80–83, 85–113, 125–129, 146–162, 165, 174, 173.

Rechtsanwalt: Personalauswahl: Die Anforderungen richten sich nach der Art der Tätigkeit und Qualifikation, BGH FamRZ **96**, 1403. Zu einer Verrichtung einfachster Art darf der Anwalt auch eine nicht angestellte Person benutzen, BGH FamRZ **03**, 368 (Botengang). Der Anwalt darf die Überwachung einer Notfrist nicht einem Referendar überlassen, selbst wenn dieser gut ist. Er darf sich nicht darauf beschränken zu behaupten, sein Personal sei absolut zuverlässig, BGH NJW **79**, 876. Er muß dafür sorgen, daß eine Fristsache nicht von einem unerfahrenen Auszubildenden vorgelegt wird, BGH VersR **78**, 960. Er darf einem Auszubildenden im ersten Lehrjahr nicht die Berechnung und Notierung einer Rechtsmittelfrist übertragen, BGH AnwBl **89**, 99. Wenn der Bürovorsteher wechselt, genügt die Einarbeitung eines Nachfolgers, falls dieser einschlägt. Der Anwalt muß für den Vermerk einer Zustellung in den Akten einen unbedingt zuverlässigen Mitarbeiter auswählen, BGH VersR **77**, 424. Falls der Anwalt Zustellungen nicht aus der ihm vorgelegten Postmappe selbst aussondert, muß er dafür sorgen, daß das sofort durch einen zuverlässigen Mitarbeiter geschieht, BGH VersR **78**, 523. Die allgemeine Belehrung und Anweisung des Personals genügt in diesem Punkt nicht. Vielmehr muß der Anwalt glaubhaft machen, daß der diesbezügliche Mitarbeiter generell zuverlässig ist, BGH VersR **78**, 182, und daß er ihn in bestimmter Weise überwacht, BGH VersR **77**, 933. Dabei darf man die Anforderungen an die Glaubhaftmachung nicht überspannen, BGH FamRZ **05**, 267 (im einzelnen aber großzügig, § 236 Rn 8). **146**

Rechtsanwalt: Personalüberwachung: Die Anforderungen richten sich nach der Art der Tätigkeit und Qualifikation, BGH FamRZ **96**, 1403. Eine Wiedereinsetzung kommt in Betracht, wenn wahrscheinlich ist, daß nur ein Versehen des gut überwachten Personals zur Fristversäumung führte, BGH RR **03**, 1001, BFH DB **00**, 656 (Postleitzahl), auch durch ein zweimaliges, BGH BB **01**, 1012. Das gilt erst recht dann, wenn dieses Personal eine vom Anwalt richtig verfügte Fristeintragung eigenmächtig ändert, oder wenn dieses Personal die Partei nicht unterrichtet, BGH FamRZ **81**, 34, oder nicht den Verkehrsanwalt, oder wenn es einen anderen Schriftsatz als die Berufungsbegründung ansieht oder ein Informationsschreiben dem Anwalt nicht vorlegt und wenn der Anwalt den Fristfehler daher zu spät entdeckt. Der Anwalt braucht dann auch nicht zu überwachen, ob das Personal die von ihm rechtzeitig angeordnete Einreichung der Rechtsmittelschrift korrekt vorgenommen hat, BGH MDR **04**, 477, BAG BB **03**, 708. Er braucht dann auch die gerichtliche Empfangsbescheinigung nicht einzusehen. Nicht jeder Fehler einer sonst zuverlässigen Angestellten zwingt den Anwalt zB dazu, eine Frist selbst einzutragen, BGH RR **03**, 276.

148 – **(Ablichtung, Abschrift):** Eine Wiedereinsetzung kommt in Betracht, wenn das Personal infolge einer *unrichtigen Abschrift* oder Ablichtung aus den Akten, in denen die Urteilszustellung und das Ende der Rechtsmittelfrist richtig stehen, trotz der Kontrolle durch den Bürovorsteher dem Rechtsmittelanwalt fehlerhafte Angaben übermittelt hat.

– **(Abschließende Bearbeitung):** Eine Wiedereinsetzung kommt dann infrage, wenn das Personal dem Anwalt die Akten trotz seiner ordnungsgemäßen Anweisung nicht zur ausdrücklich angeordneten Wiedervorlage zwecks einer abschließenden Bearbeitung vorgelegt hat, BGH VersR **79**, 228.

– **(Absendung):** Wenn der Anwalt ein fristwahrendes Schriftstück rechtzeitig unterzeichnet und dafür sorgt, daß sein Personal das Schriftstück postfertig macht, BGH VersR **77**, 331, und wenn er anordnet, daß das Schriftstück zur Gerichtspost kommt, BGH RR **98**, 787, oder durch Telefax gesendet wird, braucht er diese Anordnung nicht persönlich zu überwachen, BGH MDR **04**, 477, BAG NJW **02**, 845. Er braucht sich auch nicht am nächsten Tag durch eine Nachfrage bei dem Personal oder beim Gericht von der Ausführung zu überzeugen. Dann ist auch keine genauere Angabe dazu nötig, wann, durch wen und wie das Schriftstück herausgehen oder warum die Absendung unterbleiben soll.

– **(Adresse):** Der Anwalt darf dem gut geschulten Personal die Prüfung überlassen, ob zB die Rechtsmittelschrift eine richtige Adresse trägt, § 85 Rn 13 „Adresse". Eine Wiedereinsetzung kommt dann infrage, wenn das Personal die falsche Postleitzahl geschrieben hat, BFH DB **00**, 656, oder wenn es eine unrichtige Anschrift nicht korrigiert hat, BGH BB **99**, 2479, BAG BB **83**, 65, BFH VersR **99**, 1171.

S auch Rn 148 „– (Auszubildender)".

– **(Aktenwegnahme):** Eine Wiedereinsetzung kommt dann infrage, wenn das Personal die Akten dem Anwalt weggenommen hat, BGH VersR **77**, 36.

Sie erfolgt aber dann *nicht,* wenn der Anwalt selbst die Akten aus dem normalen Geschäftsgang herausgenommen hat, ohne daß das Personal eine Frist im Kalender vermerkt hat.

– **(Allgemeine Überwachung):** Der Anwalt muß mit ihr sein Möglichstes tun, um Versehen auszuschließen, BGH VersR **77**, 1130, Kblz OLGR **97**, 300.

149 – **(Amtszustellung):** Der Anwalt muß sein Pesonal über die Bedeutung einer Amtszustellung informieren, BGH VersR **78**, 825.

– **(Andere Kanzlei):** Der Anwalt darf *nicht* stets auch dem Personal einer anderen Kanzlei vertrauen, Brdb MDR **99**, 511.

– **(Ausgangsfach):** Rn 150 „– (Fristüberwachung)".

– **(Auszubildender):** Der Anwalt muß einen Auszubildenden auf die Durchführung eines ihm erteilten Auftrags überwachen lassen, zB auf eine richtige Adresse. Auch denjenigen, dem er sofort nach dem Ende der Ausbildung den Fristenkalender usw anvertraut, muß er besonders überwachen, BGH VersR **88**, 157.

– **(Bote):** Rn 151 „– (Mitteilung des Gerichts)".

– **(Diktat):** Der Anwalt muß die Durchführung seines Diktats prüfen, aM BGH RR **98**, 1139 (aber ein ohne „Spracherkennung" erfolgtes Diktat steht noch nicht einem Schriftsatz gleich). Er muß zB auch auf Schreibfehler überprüfen, BGH NJW **96**, 393.

150 – **(Eilfall):** Dann ist eine erhöhte Vorsorge nötig, auch bei einer zuverlässigen Mitarbeiterin, BGH NJW **08**, 527 links.

– **(Einfache Sache):** Eine Wiedereinsetzung kommt dann infrage, wenn in einer einfachen Sache nur ein Versehen des im übrigen gut überwachten Personals zur Fristversäumung führte, BGH RR **03**, 1001, BFH DB **00**, 656 (je: Postleitzahl), Ffm NJW **88**, 2805. Der Anwalt braucht ein solches Personal nicht bei einfachen Sachen in jedem Einzelfall zu kontrollieren, BGH NJW **98**, 3784 (nach Urlaub strengere Prüfungspflicht), BGH VersR **77**, 665 (freilich ist die Ursächlichkeit usw zu klären), BGH VersR **78**, 720, strenger 944 (prüfen, ob ein Regelfall vorliegt).

– **(Eingangsstempel):** Eine Wiedereinsetzung kommt dann infrage, wenn das Personal zwei Eingangsstempel verwechselt hat, BGH VersR **76**, 295.

– **(Erfahrener Mitarbeiter):** Der Anwalt muß selbst ihn unregelmäßig überwachen, BGH VersR **84**, 166.

– **(Falschauskunft):** Eine Wiedereinsetzung kommt dann infrage, wenn das Personal dem Anwalt eine falsche Auskunft gegeben hat, BGH VersR **75**, 1149.

– **(Fristkenntnis):** Der Anwalt muß dafür sorgen, daß sein Personal das Fristwesen beherrscht. Das gilt auch bei einem neuen Mitarbeiter, auch wenn dieser eine mehrjährige Berufserfahrung hat, BGH NJW **00**, 3650 links.

– **(Fristüberwachung):** Der Anwalt muß vor allem personell alles dazu Notwendige veranlassen, BGH VersR **79**, 256, BAG NJW **75**, 232, Kblz MDR **98**, 240 (Ausgangsfachkontrolle).

151 – **(Gesetzesstand):** Der Anwalt muß dafür sorgen, daß sein Personal zB eine Gesetzesänderung usw erfährt, BGH VersR **78**, 627.

– **(Mängelhäufung):** Rn 150 „– (Fristüberwachung)".

– **(Mitteilung des Gerichts):** Eine Wiedereinsetzung kommt dann infrage, wenn die Berufungsschrift trotz einer ordnungsgemäßen Überwachung des Personals und entgegen einer ausdrücklichen Anweisung des Anwalts nicht durch die Post, sondern durch einen Boten und daher schneller eingegangen war und wenn das Gericht das Eingangsdatum vor dem Ablauf der Begründungsfrist nicht mitgeteilt hat.
– **(Neue Mitarbeiterin):** Der Anwalt muß prüfen, ob eine neue Sekretärin wirklich so zuverlässig ist wie empfohlen.
S auch Rn 150 „– (Fristkenntnis)".
– **(Parteibezeichnung):** Eine Wiedereinsetzung kommt dann infrage, wenn das Personal die Partei falsch bezeichnet hat, BGH MDR **04**, 477.
– **(Postleitzahl):** Rn 148 „– (Adresse)".
– **(Rechtsmittelanwalt):** Der Anwalt muß die richtige Ausführung seiner Anweisung, einen bestimmten Anwalt beim Rechtsmittelgericht mit der Einlegung eines Rechtsmittels zu beauftragen, selbst überwachen, BGH VersR **79**, 190 (BGH VersR **76**, 958 erlaubt es dem Anwalt, auf eine zuverlässige Bürokraft zu vertrauen). 152
– **(Referendar):** Der Anwalt darf ihm unter einem Hinweis auf den Fristablauf die Beauftragung eines bestimmten anderen Anwalts übertragen.
– **(Rückfrage des Personals):** Eine Wiedereinsetzung kommt dann infrage, wenn das Personal den Anwalt weisungswidrig nicht gefragt hat, ob dieser zB eine Rechtsmittelschrift auch wirklich wie geplant beim Rechtsmittelgericht eingereicht habe, BGH NJW **89**, 1158.
S auch „– (Streichung)".
– **(Schreibfehler):** Rn 149 „– (Diktat)".
– **(Spätere Ausführung):** Eine solche Anweisung, die das Personal erst später ausführen soll, braucht evtl zusätzliche Vorkehrungen, BGH FamRZ **06**, 1663.
– **(Streichung):** Der Anwalt muß das Personal anweisen, eine Frist erst nach einer notwendigen Rückfrage beim Empfänger zu streichen, BGH RR **02**, 60. Eine solche Anweisung reicht aber auch aus, BGH RR **02**, 60.
– **(Unterschrift):** Eine allgemeine Anweisung an eine gut geschulte *Bürokraft,* alle ausgehenden Schriftsätze darauf zu überprüfen, ob sie Unterschriften tragen, genügt im allgemeinen, BGH NJW **82**, 2671 (zustm Ostler). Sie muß aber präzise sein, BGH RR **01**, 209. 153

Eine Wiedereinsetzung kommt in Betracht, wenn der Anwalt die Berufungsschrift wegen erforderlicher *Verbesserungen* zunächst ohne seine Unterschrift an das Personal gegeben hatte und wenn das geschulte Personal ihm die Berufungsschrift versehentlich nicht zur Unterschrift wieder vorgelegt hat, BGH NJW **82**, 2671, BGH **76**, 815, strenger BGH NJW **95**, 264 (aber das wäre eine Überspannung, Rn 13), oder wenn das sonst zuverlässige Personal den Entwurf der Berufungsbegründung nach der Billigung durch den Auftraggeber weisungswidrig nicht dem Anwalt zur Unterschrift vorgelegt hat, BGH NJW **82**, 2671. Der Anwalt muß aber prüfen, ob sein Tonbanddiktat durchgeführt wurde, aM BGH RR **98**, 1139 (aber ein Tonbanddiktat steht noch nicht einem Schriftsatz gleich). Der Anwalt muß ferner prüfen, ob eine erst seit kurzem bei ihm tätige Sekretärin wirklich so zuverlässig ist wie empfohlen. Der Anwalt muß auch ein gut geschultes Personal anweisen, eine Schrift vor dem Postabgang nochmals darauf zu überprüfen, ob er richtig unterschrieben hat.

Eine Wiedereinsetzung kommt dann infrage, wenn das Personal zB die Rechtsmittelschrift weisungswidrig nicht zur Unterschrift vorgelegt hat, BGH VersR **83**, 641.
– **(Urlaub):** Vor einem Urlaub muß der Anwalt zwar die Vorlegung aller Fristsachen mindestens beim Bürovorsteher anordnen. Er kann sich aber insofern auf ein etwa eingearbeitetes Personal verlassen. Das gilt aber nicht, wenn er einem Verdacht eines Büroversehens kurz vor dem Fristablauf nicht sogleich nachgeht, BGH VersR **79**, 376. Ein Urlaubsvertreter, auch der vom Anwalt selbst nach § 53 II 1 BRAO bestellte, muß das Personal überwachen, Stgt MDR **01**, 238. Es darf auch kein Organisationsmangel vorliegen, BGH VersR **89**, 1316. Bei einer auffälligen Häufung von Mängeln im Zusammenhang mit der Wahrung von Fristen rechtfertigen sich entweder Bedenken gegen die ordnungsmäßige Ausbildung, Erprobung und Überwachung der Angestellten oder Schlüsse auf die Unvollständigkeit der Organisation, BGH VersR **85**, 270, aM BGH RR **97**, 698 links (aber ein auffälliger Umstand zwingt selbstverständlich wenigstens zu einer Kontrolle). Der Anwalt unterläuft seine allgemeine Berechnungsanweisung nicht dadurch, daß er im Einzelfall die Frist selbst berechnet, BGH VersR **88**, 78.
– **(Verbesserung):** S „– (Unterschrift)".
– **(Vollständigkeit):** Der Anwalt darf dem gut geschulten Personal die Prüfung überlassen, ob zB eine Rechtsmittelschrift formell vollständig und richtig ist, BFH VersR **82**, 770, Köln MDR **88**, 239.
– **(Vorläufigkeit):** Der Anwalt muß das Personal auf die rechtliche Bedeutungslosigkeit einer nur „vorläufigen" Rechtsmittelbegründung hinweisen.
– **(Zuverlässiger Mitarbeiter):** Der Anwalt muß selbst ihn unregelmäßig überwachen, BGH VersR **84**, 166. Das gilt erst recht im Eilfall, BGH NJW **08**, 527 links (erhöhte Vorsorge nötig).
S auch Rn 54–63, 74–78, 80–83, 112, 113, 125–129, 134–139, 142, 144, 145, 172, 173.

Rechtsanwalt: Post: S zunächst neben dem vorliegenden Unterstichwort (zum Hauptstichwort „Rechtsanwalt") das obige Hauptstichwort Rn 36–40. Ergänzend muß man folgendes beachten: 154
– **(Absendung):** Der Anwalt muß den Postabgang eines fristwahrenden Schriftsatzes, so kontrollieren, zB BGH VersR **83**, 401, und vermerken, daß der Abgang zweifelsfrei nachweisbar ist, BGH NJW **83**, 884, OVG Bre VersR **84**, 1104. In einer großen Anwaltspraxis genügt eine besondere Poststelle, die die fertiggemachten Sendungen entgegennimmt, frankiert und expediert. Ein Postausgangsbuch ist dann nicht erforderlich, BGH VersR **80**, 973. Freilich genügt die allgemeine Beteuerung der mit dem Postausgang betrauten Mitarbeiterin, sie habe auch diesen Brief zur Post gebracht, OVG Bre VersR **84**, 1104. Eine Ausgangskontrolle kann dezentral erfolgen, BGH NJW **94**, 3235. Zur Ausgangskontrolle genügt es nicht, allgemein zu prüfen, ob der Postausgangskorb abends leer ist, BGH VersR **93**, 207. Die 155

Fristpost und die andere Post darf in demselben Abgangsfach liegen, wenn ein Bote mindestens einmal täglich zum Gericht geht, BGH RR **03**, 1004.

Der Anwalt muß eine fristschaffende Zustellung aus der ihm vorgelegten *Postmappe* aussondern oder dafür sorgen, daß das sofort durch einen zuverlässigen Mitarbeiter geschieht, BGH VersR **78**, 523. Er muß eine wirksame Postausgangskontrolle schaffen, BGH VersR **86**, 365. Es reicht grds aus, daß der Anwalt das Schriftstück rechtzeitig unterzeichnet und sein Personal anweist, das Schriftstück postfertig zu machen und die eilbedürftige Post getrennt aufzubewahren, BGH FamRZ **95**, 670. Er muß aber auch ein gut geschultes Personal anweisen, vor dem Postabgang nochmals zu überprüfen, ob er richtig unterschrieben hat. Freilich darf er die Korrektur einer als zuverlässig bekannten Sekretärin überlassen, BGH NJW **82**, 2671 (zustm Ostler). Er darf nicht den Fall eintreten lassen, daß das Personal entgegen seiner Anweisung zu einer Wiedervorlage eine fristgebundene Schrift unrichtig herausgehen läßt, zB wenn ein Vermerk im Postausgangsbuch vorliegt, obwohl sich das Originalschreiben noch in der Unterschriftsmappe befindet. Der Anwalt darf die Kontrolle auch nicht darauf beschränken lassen, einen verschlossenen Umschlag zu „kontrollieren“. Der Anwalt muß sich vergewissern, daß ein privater Botendienst funktioniert, OVG Münst NJW **94**, 402.

156 – **(Adressat):** Der Anwalt muß grds darauf achten, daß eine ihm zur Unterschrift vorgelegte Rechtsmittelschrift das angefochtene Urteil und dessen Gericht angibt, BGH FamRZ **88**, 831, daß der Rechtsmittelauftrag an den richtigen Rechtsmittelanwalt adressiert ist, BGH VersR **96**, 1039, und das Rechtsmittel auch an das zuständige Gericht, BGH NJW **90**, 2822. Er darf auch nicht die Sitzverlegung des BVerwG von Berlin nach Leipzig oder diejenige des BAG von Kassel nach Erfurt übersehen, BAG NJW **00**, 1669, oder die LGe München I und II verwechseln, BGH RR **87**, 319. Er darf aber das Personal anweisen, alle für das OLG München einschließlich seiner auswärtigen Senate bestimmte Post bei der allgemeinen Einlaufstelle der Justizbehörden in München einzureichen, BGH VersR **87**, 410. Sehr großzügig läßt BGH MDR **89**, 55 die Verwechslung der Fristenkästen des OLG und der Generalstaatsanwaltschaft durch eine zuverlässige Angestellte unschädlich sein.

Bei einer beim *KG* einzulegenden Berufung reicht der Eingang einer an das LG Berlin adressierten Schrift bei der gemeinsamen Briefannahme der Justizbehörden Charlottenburg nicht, BGH VersR **87**, 486 (Weiterleitbarkeit hilft nicht). Eine falsche Adressierung kann bei einer gemeinsamen Briefannahme allenfalls dann unschädlich sein, wenn die Schrift das richtige Aktenzeichen angibt, BGH NJW **89**, 590 (großzügig!). Der Anwalt darf die Korrektur einer zuverlässigen Sekretärin überlassen, BGH VersR **83**, 838.

Die *Bezeichnung des Gerichts,* des Gerichtsorts und der Postleitzahl muß im allgemeinen genügen, wenn der Anwalt das Schriftstück sehr frühzeitig abgesandt hatte. Das Fehlen der Straßenangabe und Hausnummer ist dann unschädlich. *Wenn* der Anwalt aber die Straße, Hausnummer und Postleitzahl des Gerichts angibt, müssen sie grds stimmen, BGH VersR **94**, 75. Beim Fensterumschlag braucht der Anwalt freilich das sonst zuverlässige Personal nicht auf die Einhaltung der richtigen Anschrift des sonst richtig bezeichneten Gerichts zu überprüfen, BGH BB **90**, 1230.

– **(Ausgangskontrolle):** Rn 155 „– (Absendung)“.

– **(Bote):** Rn 155 „– (Absendung)“.

157 – **(Brieflaufzeiten):** Der Anwalt darf sich auch auf die amtlichen oder normalen Brieflaufzeiten verlassen, Rn 39 „Postlaufzeiten“, BVerfG **41**, 25, BGH NJW **08**, 587. Durch diese Entscheidung ist die frühere abweichende Rechtsprechung überholt. Eine Wiedereinsetzung kommt dann in Betracht, wenn er in Zeiten eines grundsätzlich störungsfreien Postverkehrs einen Auftrag mit einem Expreßbrief vier Tage vor dem Fristablauf erteilt. Im Nahverkehr genügt sogar die Aufgabe zur Post am Tag vor dem Fristablauf, BGH RR **03**, 1001. Freilich gilt das nicht mehr, soweit die Deutsche Post AG aus der Regel „E + 1“ (Zustellung am Tag nach Einlieferung, auf die BGH BB **04**, 1594 etwas blauäugig abstellt) die Praxis „E + 2 oder 3“ gemacht hat, zB wegen des Wegfalls einer Spätleerung oder zur Vermeidung von Überstunden, oder wenn sie an demselben Ort 3, 4 oder mehr Werktage braucht, oder zu Weihnachten, BGH VersR **75**, 811 (24.–27. 12.). An sich genügt die Aufgabe zur Post zwei Werktage vor dem Fristablauf, BGH VersR **84**, 871 (Fernverkehr), AG Mü AnwBl **83**, 29 (Ortsverkehr; vgl aber auch insofern das soeben zur Regel „E + 2 oder 3“ Gesagte). Bei einer Aufgabe am Donnerstag braucht noch nicht, bei einer solchen erst am Freitag kann ungewiß sein, ob die Post am Montag zustellen wird, es sei denn, man wählt (jetzt) die Expreßzustellung, BGH NJW **90**, 188, Köln VersR **93**, 1550.

Der Anwalt darf sich bei einem baldigen Fristenablauf grundsätzlich auf eine erfahrensgemäß *pünktliche Beförderung* durch die Post verlassen (wie lange noch? Kritik mehrt sich, Rn 36–40), BVerfG NJW **94**, 244, BGH VersR **06**, 568 links. Deshalb schadet eine fehlgeschlagene Eilpost nicht, wenn dieselbe Sendung im Normalweg rechtzeitig abging, BGH BB **04**, 1594. Freilich muß der Anwalt beim Zweifel über eine ordnungsgemäße Postbeförderung die Rechtzeitigkeit des Eingangs eines fristgebundenen Schriftsatzes durch eine Nachfrage überprüfen, BGH NJW **93**, 1332 und 1333, Köln VersR **93**, 1550. Auch kann bei der Befürchtung einer Verzögerung im Postlauf eine Vorabinformation und deren rechtzeitiger Zugang notwendig sein, BGH VersR **94**, 497. Wenn der Anwalt ein für das OLG bestimmtes Postfach benutzt, reicht ein Einwurf jedenfalls 3 Tage vor dem Fristablauf aus. Wegen der notwendigen Einzelheiten bei der Organisation im Zusammenhang mit der Abholung der Anwaltspost beim Postfach VGH Kassel MDR **93**, 386. Beim Poststreik gelten erhöhte Anforderungen, Rn 164 „Telefax“, BGH NJW **93**, 1333. Das gilt aber nicht mehr nach 7 Tagen seit dem Streikende, BVerfG NJW **94**, 244.

Der Anwalt muß bei einem Fristablauf am Montag 24 Uhr und bei einem Einwurf am Abend des vorletzten Tags der Frist (Sonntag) vor der letzten Leerung auf eine von der Post neben dem Briefkasten angebrachte Zusammenstellung der Brieflaufzeiten achten, nach der nur bei einem werktags erfolgenden Einwurf eine Zustellung am nächsten Tag gewährleistet sei, BGH VersR **82**, 296. Er muß auch mit Schwierigkeiten rechnen, wenn die Rechtsmittelbegründung am letzten Tag der Frist abends (jetzt) per Telefax abgeht, BGH **65**, 12. Freilich ist ein Eingang bis 24 Uhr ausreichend, Rn 22 „– (Nachtbriefkasten)“.

– **(Eilmaßnahme):** Rn 162 „– (Sofortauftrag)". 158
– **(Einschreiben):** Der Anwalt muß evtl eine Urteilskopie nebst einem Hinweis auf die Rechtsmittelmöglichkeit durch ein Einschreiben übersenden, BGH NJW **90**, 189. Trotz einer Erinnerungslücke des Anwalts kann ein solcher Umstand aber glaubhaft sein. Wenn der Bürovorsteher eine Postvollmacht hat und wenn der Anwalt ihm eine allgemeine Anweisung über die Behandlung einer eingehenden Einschreibsendung erteilt hat, reicht diese Maßnahme aus, solange nicht ein besonders starker Eingang solcher Sendungen eine besondere Anordnung über die Vorlage erforderlich macht. Wählt der Anwalt eine Rechtsmitteleinlegung durch ein Einschreiben mit Rückschein, muß er damit rechnen, daß nach dem Dienstschluß im Gericht niemand den Rückschein noch unterschreiben kann, LG Dortm NJW **83**, 2334.
– **(Fristenkasten):** Rn 155 „– (Adressat)". 159
– **(Fristkontrolle):** Der Anwalt muß wenigstens den Beginn einer per Post einzuhaltenden Frist kontrollieren.
– **(Gemeinsame Annahmestelle):** Rn 156 „– (Adressat)".
– **(Gerichtsort):** Rn 156 „– (Adressat)".
– **(Karneval):** Der Anwalt muß zumindest bei Kenntnis der rheinischen Verhältnisse in der Karnevalszeit 160
mit Postproblemen rechnen, BGH VersR **80**, 928.
– **(Letzter Moment):** Der Anwalt muß dann eine erhöhte Sorgfalt aufwenden, BGH VersR **78**, 943 und 1169.
S auch Rn 157 „– (Brieflaufzeiten)".
– **(Personalkontrolle):** Der Anwalt darf sich darauf verlassen, daß sein Personal grds die Post ordnungs- 161
gemäß einwirft, BGH BB **92**, 1752, und daß es seine ausdrückliche Frage richtig beantwortet, ob der ihm vom Personal zur Beförderung übergebene Sammelumschlag die gesamte Gerichtspost enthalte, BGH VersR **85**, 246. Er muß bei einem Zweifel prüfen, ob im Fall einer gemeinsamen Annahmestelle die Schrift auch beim richtigen Gericht einging, BGH VersR **85**, 1164.
– **(Postfertig):** Rn 162 „– (Unterschrift)".
– **(Rechtzeitigkeit des Zugangs):** Der Anwalt muß prüfen, ob eine erst kurz vor dem Fristablauf abgesandte Sendung noch rechtzeitig eingegangen ist, BAG NJW **75**, 1144. Das gilt insbesondere dann, wenn ein Brief im Ausland, BGH RR **86**, 288, und gar in Übersee aufgegeben wurde, zB am Gründonnerstag, oder dann, wenn der Anwalt befürchtet, daß die Sendung den Adressaten nicht erreicht haben könnte, daß etwas nicht in Ordnung sei, oder wenn er weiß, daß die Partei ein Rechtsmittel einlegen wollte, wenn sie aber auf die Übersendung des Urteils nicht antwortet.
– **(Selbstbeförderung):** Der Anwalt darf *nicht* die selbst übernommene Abgabe oder Beförderung eines 162
Briefs vergessen, BGH VersR **77**, 82 (Eilsendung).
– **(Sendungseingang):** Der Anwalt braucht den Eingang einer Postsendung grds nicht zu überwachen, BGH VersR **78**, 1162. Er muß aber sicherstellen, daß sein Personal die eingehende Post sofort sorgfältig prüft, BGH VersR **81**, 79.
– **(Sitzverlegung):** Rn 156 „– (Adressat)".
– **(Sofortauftrag):** Der Anwalt muß den Posteingang darauf prüfen lassen, ob darunter ein Sofortauftrag ist oder ob er sonst etwas sofort veranlassen muß, BGH VersR **85**, 69. Eine Vorsortierung reicht meist nicht aus.
– **(Unterschrift):** Eine Wiedereinsetzung kommt dann in Betracht, wenn der Anwalt ein fristwahrendes Schriftstück rechtzeitig unterzeichnet hat und auch dafür gesorgt hat, daß das Büro es postfertig macht, BGH VersR **77**, 331, und wenn er auch angeordnet hat, daß es zur Post kommen soll.
S auch Rn 155 „– (Absendung)".
– **(Unzuständigkeit):** Der Anwalt kann sich nicht stets darauf verlassen, daß das Personal eines unzuständigen Gerichts die Sendung zB nach § 129 a unverzüglich an das richtige Gericht weiterleitet, BGH VersR **81**, 1126.
– **(Verlust):** Die Wiedereinsetzung kommt dann in Betracht, wenn ein Schriftsatz verlorengegangen ist. Dabei braucht der Anwalt die Art des Verlusts nicht darzutun. Das setzt voraus, daß der Verlust nicht in dem der Verantwortung des Anwalts unterstehenden Bereich eingetreten ist. Das leztere muß der Anwalt glaubhaft machen.
– **(Vorsortierung):** S „– (Sofortauftrag)".

Rechtsanwalt: Prozeßkostenhilfe: § 234 Rn 10–16.
Rechtsanwalt: Rechtsirrtum: Rn 114–120.
Rechtsanwalt: Rechtsprechung: Rn 113.
Rechtsanwalt: Schließfach: Eine Wiedereinsetzung kommt in Betracht, wenn der Anwalt ein für das 163
OLG bestimmtes Postfach drei Tage vor dem Fristablauf benutzt, auch wenn dieses Schließfach beim LG (für das OLG) besteht, BGH VersR **83**, 1162. Eine Wiedereinsetzung ist ferner möglich, wenn der Anwalt das richtige Schließfach unter sehr vielen verwechselt hat.
S auch Rn 154–162.
Rechtsanwalt: Sozietät: Rn 140.
Rechtsanwalt: Streithelfer: Rn 188.
Rechtsanwalt: Telefax, dazu *Henneke* NJW **98**, 2194, *Schmid* BB **01**, 1298 (je: Üb): Die Übermittlung 164
eines fristwahrenden Schriftsatzes durch ein Telefax ist in allen Gerichtszweigen uneingeschränkt zulässig, BVerfG NJW **00**, 579 (BVerfGG), BGH RR **97**, 250, BAG NJW **02**, 845. Das gilt auch bei einer Textdatei mit einer eingescannten Unterschrift, OGB NJW **00**, 2340.
– **(Anderes Telefaxgerät):** S „– (Letzter Moment)".
– **(Anschluß-Nr):** Der Anwalt muß die richtige Anschluß-Nr stets abschließend kontrollieren lassen, BGH NJW **07**, 1691 (Handübertragung: Abgleich nötig) und MDR **07**, 1034 links, Brdb FamRZ **00**, 1228, Hamm MDR **05**, 770. Er muß diese Nr bei auffälligen Unstimmigkeiten zusätzlich überprüfen, BGH FamRZ **07**, 1095 rechts, Brdb MDR **99**, 511 (Mitteilung des Empfangsgerichts über unvollständigen Eingang), Nürnb MDR **98**, 743. Er muß zugehörige Änderungen zuverlässig organisatorisch

umsetzen, BGH FamRZ **07**, 1095 rechts (anschließender Erledigtvermerk), Celle RR **06**, 1725, LAG Mainz BB **96**, 1776.

– **(Ausdruck):** Der Eingang liegt grds erst beim vollständigen Ausdruck vor, BGH NJW **07**, 2045, BAG NJW **07**, 3022, Hamm VersR **05**, 1604. Grundsätzlich muß der Anwalt einen Ausdruck herstellen und kontrollieren, BGH MDR **07**, 1034, VGH Mü NJW **06**, 170. Aus dem Empfangsbericht kann man aber auf einen ordnungsgemäßen Ausdruck schließen, Brdb AnwBl **05**, 791, Zweibr FGPrax **02**, 17 ([jetzt] FamFG).

– **(Bedienungsanleitung):** Der Anwalt muß Widersprüche zwischen ihr und Gerätesymbolen klären, KG RR **07**, 215.

– **(Empfangsgerät besetzt):** Der Anwalt muß einkalkulieren, daß das Empfangsgerät besetzt sein kann. Denn das ist kein Fehler in der Leitung oder beim Empfangsgerät und daher nicht von BVerfG NJW **07**, 2838 als Entschuldigung anerkannt.

– **(Empfangsgerätstörung):** S „– (Letzter Moment)". Der Anwalt braucht allerdings nicht damit zu rechnen, daß nur die Speicherung, nicht aber der Ausdruck im Empfangsgerät rechtzeitig funktionieren, VGH Mannh NJW **94**, 538.

– **(Falschauskunft):** Eine Wiedereinsetzung kann dann infrage kommen, wenn die Telefonzentrale des Empfangsgerichts eine unrichtige Nr des Epfangsgeräts mitgeteilt hatte, BGH NJW **89**, 589.

– **(Fristlöschung):** Der Anwalt muß sicherstellen, daß das Personal die Frist im Kalender erst nach dem Vorliegen des die Übermittlung des fristwahrenden Schriftsatzes bestätigenden Ausdrucks oder Sendeberichts löscht, BGH NJW **07**, 2778, Brdb MDR **99**, 511, LG Dortm NJW **96**, 1832, aM BGH NJW **06**, 1519 rechts.

– **(Gemeinsame Empfangsstelle):** Bei ihr kann es notwendig sein, die Anschrift usw richtig anzugeben, BAG NJW **02**, 845.

– **(Gerichtspflicht):** Das Gericht muß unabhängig von den Anforderungen an den Absender auch nach §§ 234, 236 zumutbarerweise prüfen, ob und wann genau das Telefax nun tatsächlich herausging, BGH MDR **08**, 703, und ob und wann genau es tatsächlich auf der Eingangsstelle einging und ob es ordnungsgemäß und zeitlich richtig registriert wurde. Dazu sind ein Einzelnachweis des Sendeprotokolls nötig, BVerfG NJW **07**, 2839 links, und notfalls eine telefonische Rückfrage beim Empfänger nötig, BGH FamRZ **04**, 1550, Naumb AnwBl **01**, 368. Sie sind aber auch ausreichend, BGH FamRZ **05**, 1534. Ein aus dem Sendeprotokoll nicht ersichtlicher Fehler der Übertragung ist unschädlich, BGH NJW **06**, 1518. Das Gericht muß die zum Vergleich vorgelegten Sendeberichte prüfen, BGH NJW **04**, 2526 links.

– **(Handschrift):** Bei einer handschriftlichen Übertragung der Telefax-Nr mag ein Kontrollabgleich genügen, BGH VersR **08**, 273 links.

– **(Kontrollausdruck):** Notwendig und ausreichend ist zunächst ein Kontrollausdruck oder Sendeprotokoll des absendenden Geräts, BGH NJW **07**, 2778, Brdb AnwBl **05**, 791, VGH Mü NJW **06**, 170. Hilfreich ist aber zusätzlich auch eine schriftliche Eingangsbestätigung, Köln VersR **96**, 1125, oder eine eidesstattliche Versicherung der mit der Übermittlung betrauten Bürokraft, sie habe sich von der Funktion und dem richtigen Empfänger überzeugt, BGH VersR **00**, 339. Ihre wahrheitswidrige Behauptung, weisungsgemäß gehandelt zu haben, ist kein Anwaltsverschulden, BAG NJW **02**, 845.

– **(Leitungsstörung):** S „– (Letzter Moment)".

– **(Letzter Moment):** Der Anwalt muß insbesondere im letzten Moment das Telefaxsystem *nutzen,* BVerfG NJW **95**, 1210, LSG Mainz RR **93**, 1216. Er darf die Frist grds bis zur letzten Sekunde nutzen, BVerfG NJW **01**, 3473, BGH NJW **05**, 679, BayObLG **04**, 230. Er muß dabei das zuvor erzielte Übermittlungstempo evtl miteinkalkulieren, BGH VersR **03**, 87, OVG Lüneb NVwZ-RR **04**, 755. Er muß dann aber wie stets im letzten Augenblick eine erhöhte Sorgfalt anwenden, Rn 134, BGH BB **07**, 1078, Brdb MDR **05**, 167, LAG Köln MDR **00**, 484. Er muß zB einen Auszubildenden regelmäßig kontrollieren, BGH NJW **06,** 1519 rechts. Er muß das Bestehen des von ihm gewählten Anschlusses prüfen, BGH FamRZ **06**, 1439 links, LG Ffm NJW **92**, 3043. Er muß die Möglichkeit einer Störung der Eingabe und der Sendung bedenken, BGH NJW **96**, 2513, Hbg MDR **04**, 920 (je: Abweichung bei den Seitenzahlen), BayObLG NJW **95**, 668 (Fehlen der letzten Seiten nebst der Unterschrift), Karlsr FamRZ **98**, 434 (Stapelzuführung), Drsd NJW **06**, 1359 (zerrissene Seite).

Er muß auch die Möglichkeit einer *Störung der Übertragung* bedenken, LG Kassel VersR **92**, 765, zumindest beim eigenen Gerät, BGH RR **96**, 1275, BSG BB **93**, 1812, aber auch beim Empfangsgerät, BVerfG NJW **07**, 2838, OVG Lüneb NJW **07**, 1080 (je. Belegung durch anderen Nutzer). Denn auch sie kann erfahrungsgemäß leider durchaus eintreten, BVerfG NJW **07**, 2838, BGH FamRZ **05**, 266 rechts unten, Rostock MDR **08**, 42, aM BGH (10. ZS) FamRZ **04**, 22 links unten, BayObLG FamRZ **98**, 634, Roth NJW **08**, 791 (je leider zu optimistisch). Er muß evtl in den letzten Stunden ein anderes Telefaxgerät zu benutzen versuchen, BVerfG NJW **06**, 829 (zu § 93 I BVerfGG), Celle RR **06**, 1725. Eine für ihn unerkennbare Leitungsstörung hat der Anwalt freilich jedenfalls seit BVerfG MDR NJW **00**, 836 grds nicht (mehr) zu vertreten (großzügig), BGH NJW **06**, 1518, BAG DB **01**, 2253. Hat das Faxgerät vorher und nachher funktioniert, ist eine Störung kaum glaubhaft, BGH NJW **07**, 602.

Ist das *Empfangsgerät* wenige Stunden vor dem Fristablauf *belegt oder gestört,* sollte der Anwalt trotz der Möglichkeit, diesen Übermittlungsweg grds bis zur letzten Minute zu nutzen, doch besser vorsorglich alle möglichen und zumutbaren anderen Möglichkeiten ergreifen, BVerfG NJW **07**, 2838, BGH RR **96**, 1275, Celle RR **06**, 1725 (andere Telefax-Nr), großzügiger BGH RR **03**, 861 (beim Gerichtsfehler). Er muß dann zB evtl den nahen Nachtbriefkasten benutzen, OVG Hbg NJW **00**, 1667, oder ein anderes geeignetes Empfangsgerät anwählen usw, BGH NJW **97**, 1312, LAG Bln MDR **95**, 524, zu großzügig BGH RR **05**, 923 (Anwalt eines anderen Faxgeräts in demselben Haus: erst am Tag nach Fristablauf Beginn von § 234 II). Freilich hat der Absender einen Fehler beim Empfangsgericht grds nicht zu vertreten, BVerfG NJW **01**, 3473 (keine Überspannung), BVerfG FamRZ **05**, 266 links (allgemein), BGH FamRZ **05**, 434 (Papierstau) und RR **95**, 443 (Fehlleitung im Empfangsgebäude), BGH RR **03**, 861 (kein Papiervorrat), außer im letzten Moment, BGH FamRZ **05**, 266 rechts unten.

Eine fehlerhafte Betätigung der *Adresstaste* kann dann unschädlich sein, Mü RR **94**, 1201. Scheitert der Telefaxweg, muß der Anwalt trotz der grundsätzlichen Erlaubnis, den vom Gericht eröffneten Weg bis zur letzten Sekunde auszunutzen, im Rahmen des Zumutbaren versuchen, den Normalweg einzuhalten, BAG NJW **95**, 743.

– **(Mitarbeiter):** Der Anwalt darf den technisch einfachen Absendevorgang innerhalb der nötigen organisatorischen Vorkehrungen nach Rn 144 ff einer hinreichend geschulten und überwachten Bürokraft übertragen, BGH RR **02**, 60, KG MDR **98**, 1188.
S auch „– (Kontrollausdruck)".
– **(Nachsendung des Originals):** Manche fordern sie, LG Bln MDR **00**, 970 (abl Liwinska). Zum Problem allgemein Borgmann AnwBl **89**, 666 (Üb).
– **(Nachtbriefkasten):** S „– (Letzter Moment)".
– **(Neuer Anschluß):** Hat das Gericht auf die Aufhebung einer gemeinsamen Fernkopierstelle hingewiesen, muß der Anwalt jedenfalls Monate später dafür sorgen, daß seine Kanzlei den neuen Telefaxanschluß erfragt, BGH NJW **95**, 2106.
– **(Normalweg):** S „– (Letzter Moment)".
– **(Poststreik):** Während eines solchen Streiks muß der Anwalt die etwa verbleibenden Möglichkeiten des Telefax nutzen, LAG Düss BB **92**, 1796, LAG Stgt DB **92**, 1588.
– **(Sendebericht):** Der bloße Sendebericht mit einer Empfangsnummer reicht nicht, KG MDR **00**, 1343, Köln NJW **95**, 1228, AG Düss RR **99**, 1510, großzügiger BVerfG NJW **07**, 2839 links, BGH NJW **07**, 2778. Noch weniger reicht sein Fehlen, Bbg FamRZ **01**, 1007 rechts unten. Das gilt umso mehr, als zB die Uhrzeitangabe im Sendebericht des Sendegeräts falsch sein kann, etwa wegen des Vergessens der Umstellung der Sommer/Winterzeit, wie es sogar bei der TELEKOM vorgekommen zu sein scheint. Der Anwalt braucht eine Zugangskontrolle nicht sofort vorzunehmen, wohl aber so rechtzeitig, daß er sie nach einer erfolglosen Übermittlung noch fristgerecht wiederholen kann, BGH NJW **07**, 602. Andererseits braucht der Anwalt nach einer ausreichenden allgemeinen Anordnung einer Ausgangskontrolle den Sendebericht nicht persönlich zu überprüfen, BGH NJW **07**, 2778, BAG NJW **01**, 1596. Er braucht nach der Anwahl der ihm vom Empfänger angegebenen Telefax-Nr nicht das Fehlen einer Empfängerkennung im Sendebericht zum Anlaß einer nochmaligen Prüfung zu nehmen, BGH BB **02**, 856. Zur begrenzten Aussagekraft eines „OK"-Vermerks im Sendebericht BGH RR **02**, 999, AG Rudolstadt RR **04**, 1151, aber auch BGH VersR **02**, 1045. Der Anwalt muß auch die angeblich gesendete Seitenzahl usw mit der vom Empfangsgerät bestätigten vergleichen (lassen), BGH NJW **08**, 2508, Ffm MDR **00**, 1344. Ist der Schriftsatz in mehreren Teilen evtl teils vor dem Fristablauf eingegangen, teils später, muß der Anwalt prüfen, wann die genauen Eingangszeiten lagen, BGH RR **00**, 1591.
– **(Sendeprotokoll):** S „– (Sendebericht)".
– **(Störung):** S „– (Letzter Moment)". Generell muß der Anwalt wegen etwaiger selbst zu verantwortender Störungen organisatorisch vorsorgen, BGH FamRZ **04**, 866, BAG NJW **01**, 1596.
– **(Telefax-Nr):** Der Anwalt kann die Feststellung der richtigen Telefax-Nr des Empfangsgerichts und überhaupt die Ausführung des Telefax grds dem zuverlässigen, auch insoweit angewiesenen Personal überlassen, BGH AnwBl **08**, 207 und 544, BFH BB **03**, 1485, Hamm FamRZ **08**, 1199 (Suchmaschine), strenger BGH RR **04**, 1362, KG RR **06**, 1433 (aber es handelt sich längst um einen Routinevorgang). Das Personal darf aber nicht nur aus dem Gedächtnis arbeiten, BGH RR **05**, 1373. Er muß besonders im letzten Moment eine erkennbar falsche Telefax-Nr auch als solche erkennen, Oldb NJW **07**, 1698. Der Anwalt kann der telefonisch beim Empfangsgericht erfragten Telefax-Nr vertrauen, BayObLG **04**, 230. Er kann der Telefax-Nr im Ortsverzeichnis des Deutschen Anwaltsverlags vertrauen, BGH VersR **97**, 853, auch einem amtlichen oder örtlichen Telefonbuch, BGH NJW **07**, 996, LAG Bre MDR **02**, 110, oder einem seit Jahren bewährten EDV-Programm, BGH NJW **04**, 2832, etwa beim „klick tel", BGH NJW **07**, 996, nicht aber einem veralterten „Anwaltsprogramm", LAG Hbg NZA-RR **05**, 152, ferner nicht einem von Hand löschbaren, BGH RR **05**, 1373, und auch nicht einer sonstigen Art von Auskunft der TELEKOM, LG Hbg NJW **97**, 2188, aM BAG NJW **01**, 1594 (aber die Erfahrung zeigt leider so manche Ungenauigkeit der TELEKOM).
– **(Übermittlungstempo):** S „– (Letzter Moment)".
– **(Überspannung):** Man darf die Anforderungen auch hier nicht überspannen, BVerfG NJW **01**, 3473 (Fehler im Empfangsgerät) und FamRZ **05**, 266 links (allgemein).
– **(Übertragungsstörung):** S „– (Letzter Moment)".
– **(Unterbrechung der Übertragung):** Dann muß sich eine Endkontrolle darauf erstrecken, ob der Schriftsatz insgesamt übertragen worden ist, Brdb MDR **98**, 932, LG Würzb RR **92**, 702.
– **(Unterschrift):** Der Anwalt muß die Kopiervorlage unterschreiben, BGH FamRZ **98**, 425. Er muß dafür sorgen, daß die Kopie die Unterschrift einwandfrei wiedergibt, BGH MDR **05**, 1182, Ffm MDR **00**, 1344. Die Unterschrift auf der Kopiervorlage kann evtl reichen, BVerfG NJW **04**, 2583, BGH NJW **06**, 1521 rechts (weisungswidrige Mitarbeiterin). Nach einer rechtzeitigen schriftlicher Absendung kann das Fehlen einer Unterschrift unter einer sicherheitshalber zusätzlich übermittelten Telefax-Kopie unschädlich sein, BGH NJW **06**, 1521 rechts, aM Mü NJW **92**, 3042, LAG Bre AnwBl **93**, 586 (aber das wäre eine Überspannung, Rn 13).
– **(Verzögerung):** Der Anwalt darf *nicht* die Absendung vier Tage hinauszögern lassen, BGH NJW **99**, 420.
– **(Vorabtelefax):** Eine allgemeine Vorabübermittlung per Telefax reicht nicht, BPatG RR **98**, 112.

Rechtsanwalt: Tod: Ob eine Wiedereinsetzung möglich ist, wenn ein Anwalt infolge des Tods eines Angehörigen das Büro erst nach dem Büroschluß wieder aufsuchte und daher eine an diesem Tag ablaufende Notfrist nicht einhalten konnte, hängt davon ab, was man ihm bei seinem Zustand noch zumuten konnte, BGH VersR **75**, 1149. Er muß aber grds auch für den Fall seiner Abwesenheit am letzten Tag der Frist die erforderlichen und möglichen Vorkehrungen treffen, BGH VersR **83**, 272. Die Partei soll durch den Tod oder Freitod ihres ProzBev oder des Verkehrsanwalts grds keinen Nachteil erleiden, BGH

VersR **84**, 988. Der Tod des einen Sozius zwingt den anderen nicht stets dazu, die Handakten vollständig durchzusehen, BGH DB **88**, 1113.

S auch Rn 131–133.

165 **Rechtsanwalt: Tonbanddiktat:** Wenn der Fristablauf bevorsteht, ist eine bloße Anweisung auf ein Tonband nicht ausreichend. Denn man kann dem Tonband die Eilbedürftigkeit nicht ansehen. Etwas anderes mag dann gelten, wenn der Anwalt das Tonband als besonders eilbedürftig kennzeichnet. Der Anwalt muß aber prüfen, ob das Personal sein Tonbanddiktat durchführt, aM BGH VersR **82**, 1192 (aber ein solches Diktat ist noch kein Schriftsatz). Der Anwalt muß einen diktierten Text in Langschrift übertragen lassen und ihn dann selbst überprüfen. Beim Diktat mittels einer „Spracherkennung" gelten kaum andere Regeln.

166 **Rechtsanwalt: Überlastung:** Der Anwalt kann eine Unterlassung nicht stets damit entschuldigen, er persönlich sei überlastet, BGH MDR **96**, 998. Er muß dann vielmehr dafür sorgen, daß zB sein Vertreter die Fristen ebenfalls persönlich kontrolliert, BGH VersR **76**, 962. Freilich darf man an den überlasteten Anwalt auch keine zu hohen Anforderungen stellen, Rn 13, zB nicht am Jahresschluß wegen vieler Verjährungsprobleme, BVerfG BB **00**, 1357, Kreuder BB **00**, 1348. Wenn dem Anwalt die Akten vorliegen, ist er auch für den Fall einer eigenen Überlastung erhöht verantwortlich, BGH VersR **77**, 153. Eine Wiedereinsetzung kommt eher in Betracht, wenn der Fehler infolge einer vorübergehenden Überlastung des langjährigen zuverlässigen Bürovorstehers eintritt, BGH VersR **76**, 343, aM Bre JB **75**, 1601 (aber das wäre eine Überspannung, Rn 13). In der Regel muß der Anwalt aber bei einer Überlastung des Personals die Fristenkontrolle umorganisieren, auch wegen einer Krankheit und wegen eines Urlaubs, BGH BB **99**, 2216.

Auch bei einer starken Inanspruchnahme muß der Anwalt stets die *Gesetzeslage kennen* und sich durch eine Fachlektüre usw auf dem laufenden halten. Er darf sich aber zB auf die Übernahme einer höchstrichterlichen Rechtsprechung durch ein Instanzgericht solange verlassen, bis er dessen abweichende Praxis kennen muß, BVerfG BB **00**, 1357.

S auch Rn 112, 113, 131–139, 172, 173.

167 **Rechtsanwalt: Unterschrift:** Eine Wiedereinsetzung kommt in Betracht, wenn das Gericht einen in derselben Besetzung langjährig unbeanstandeten Namensschriftzug oder eine Namensabkürzung plötzlich als unzureichend bezeichnet hat, BVerfG **78**, 126, BGH NJW **99**, 61 links, BFH NJW **99**, 2919, aM LG Düss MDR **88**, 149 (aber es gibt einen Vertrauensschutz). Das gilt ferner dann, wenn der Anwalt das Schriftstück rechtzeitig unterzeichnet hat und dafür gesorgt hat, daß das Personal es postfertig machte, BGH VersR **77**, 331, und wenn er angeordnet hat, es zur Post zu geben. Die Wiedereinsetzung kann erfolgen, wenn das Personal dem Anwalt die Akten nicht zur ausdrücklich angeordneten Vorlage zwecks seiner Unterschrift der Rechtsmittelschrift usw vorgelegt hat, BVerfG NJW **04**, 2583, BGH NJW **06**, 1206. Freilich ist im „letzten Augenblick", Rn 134–139, eine erhöhte Aufmerksamkeit notwendig, großzügiger BGH NJW **89**, 590. Eine eingescannte Unterschrift reicht, OGB NJW **00**, 2340.

168 – **(Ablichtung, Abschrift):** Der Anwalt braucht nicht zusätzlich das Original und eine Ablichtung oder Abschrift sofort nach Fertigung als solche zu kennzeichnen, BVerfG RR **02**, 1004. Eine beglaubigte unterschriebene Kopie kann reichen, wenn beim Fristablauf das nicht unterschriebene Original zweifelsfrei vom Unterzeichner stammt, BGH MDR **04**, 1252.

– **(Absendung):** Der Anwalt muß auch ein gut geschultes Personal anweisen, vor dem Postabgang nochmals zu überprüfen, ob seine Unterschrift richtig erfolgte, BVerfG RR **02**, 1004, BGH NJW **06**, 2414, Düss MDR **08**, 163.

– **(Adresse):** Rn 171 „– (Vollständigkeit)".

169 – **(Blankounterschrift):** Der Anwalt darf *nicht* ohne eine Inhaltsprüfung blanko unterschreiben, Mü NJW **80**, 1176. Die Verwendung einer Blankounterschrift, die nur in einer unvorhersehbaren Lage zulässig ist, setzt eine an sich auf jeden denkbaren Einzelfall bezogene Anleitung und Überwachung durch den Anwalt voraus, also mehr als eine nur allgemeine Anleitung und mehr als Stichproben, BAG NJW **83**, 1447.

– **(Diktat):** Rn 171 „– (Letzter Moment)".

– **(Durchlesen):** Der Anwalt darf überhaupt *nicht* ungelesen unterschreiben, BGH FamRZ **03**, 1176.

170 – **(Einzelanweisung):** Eine Wiedereinsetzung kommt dann infrage, wenn der Anwalt nach der irrigen Unterschrift statt deren Streichung dem an sich zuverlässigen Mitarbeiter eine genaue Anweisung zur Weiterbehandlung gegeben hat, BGH MDR **03**, 764, Hamm MDR **88**, 502.

– **(Empfangsbekenntnis):** Der Anwalt darf nicht ein Empfangsbekenntnis unterzeichnen, ohne die darin genannten Schriftstücke durchgesehen zu haben, BGH VersR **89**, 1211, und ohne die Frist in den Handakten und im Kalender notiert zu haben, BGH NJW **96**, 1901, BAG NJW **03**, 1269.

– **(Gerichtsverschulden):** Ein Verschulden des Anwalts bei seiner Unterschrift bleibt auch dann schädlich, wenn das Gericht es versäumt hat, die Rechtsmittelschrift rechtzeitig an dasjenige Rechtsmittelgericht weiterzuleiten, an das sie sich nach dem Inhalt (wenn auch nicht nach der Anschrift) richtete, BGH VersR **81**, 63.

171 – **(Letzter Moment):** Wenn der Anwalt am Tag des Fristablaufs verreisen muß, muß er veranlassen, daß ein anderer Anwalt unterschreibt, (zum alten Recht) BGH RR **90**, 379. Eine Wiedereinsetzung muß entfallen, wenn der Anwalt den Schriftsatz am letzten Tag des Fristablaufs diktiert hat und nicht dafür gesorgt hat, daß ihn das Personal zur Unterschrift vorlegt, BGH VersR **80**, 765.

– **(Namenskürzel):** Seine Verwendung statt des vollen Namenszugs ist schuldhaft, § 129 Rn 31–33, BGH NJW **87**, 271.

– **(Parteibezeichnung):** Der Anwalt darf *nicht* ohne die Prüfung ihrer Richtigkeit unterschreiben, BGH VersR **76**, 494.

– **(Persönliche Abgabe):** Sie kann eine Unterschrift *nicht* ersetzen, BGH VersR **83**, 271.

– **(Rechtsmittelauftrag):** Der erstinstanzliche ProzBev muß das Schreiben an den etwaigen Rechtsmittelanwalt mit dem Rechtsmittelauftrag, das eine Angestellte nach den richtigen Handakten angefertigt hat, vor seiner Unterschrift selbst prüfen, BGH NJW **85**, 1710.

– **(Vergessen):** Das Vergessen der Unterschrift unter einem fristwahrenden Schriftsatz ist in der Regel schuldhaft, BGH VersR **80**, 942. Das gilt auch bei versehentlichen Unterschriften auf 2 Eingaben zu demselben Verfahren statt zu verschiedenen, OVG Hbg NVwZ **07**, 1217. Das gilt besonders, wenn der Anwalt den Schriftsatz nicht einmal diktiert, sondern vom Büropersonal hatte anfertigen lassen, BGH VersR **83**, 271.

– **(Verhinderung):** Der Anwalt muß bei seiner eigenen Verhinderung dafür sorgen, daß ein anderer Anwalt den Schriftsatz richtig unterschreibt, LAG Stgt NZA-RR **04**, 45. Das muß auch durch eine besondere Ausgangskontrolle geschehen, BGH VersR **89**, 716, Saarbr VersR **93**, 1550. Das alles erwägt BGH VersR **84**, 87 nicht erkennbar.

– **(Volle Mappe):** Eine übervolle Unterschriftenmappe ist *kein* Entschuldigungsgrund, BGH VersR **82**, 1168.

– **(Vollständigkeit):** Der Anwalt muß prüfen, ob eine Rechtsmittelschrift vollständig und richtig ist, BGH FamRZ **03**, 1176, Mü MDR **06**, 540. Das gilt erst recht bei einer wiederholten Vorlage eines vorher fehlerhaft gewesenen Schriftsatzes, BGH VersR **93**, 79. Er muß zB prüfen, ob die Rechtsmittelschrift richtig adressiert ist, BGH VersR **87**, 486, BAG NJW **02**, 846. Er muß prüfen, ob er auch dasjenige Gericht richtig angegeben hat, dessen Entscheidung er anficht, BGH NJW **89**, 2396. Freilich darf er die Korrektur einer als zuverlässig bekannten Sekretärin überlassen, BGH NJW **82**, 2671.

– **(Wechsel des Berufungsanwalts):** Nach einem Wechsel des Berufungsanwalts bleibt das Fehlen der Unterschrift des ersteren unschädlich, wenn auch das Berufungsgericht das monatelang übersehen hatte, BGH MDR **03**, 43 links.

– **(Wiedervorlage):** Eine Wiedereinsetzung kommt dann in Betracht, wenn der Anwalt die Berufungsschrift wegen Verbesserungen ohne seine Unterschrift ins Büro gegeben hat und wenn das geschulte Personal ihm die Schrift versehentlich nicht zur Unterschrift wiedervorgelegt hat, BGH NJW **06**, 2414, oder wenn das sonst zuverlässige Personal den Entwurf der Berufungsbegründung nach der Billigung durch den Auftraggeber weisungswidrig nicht mit der Akte zur Unterschrift vorgelegt hat, BGH NJW **96**, 999.

Rechtsanwalt: Urlaub: Ein Urlaub entschuldigt nicht schon als solcher, BGH FamRZ **97**, 172. Vor und nach ihm hat der Anwalt eine erhöhte Prüfungspflicht, BGH VersR **77**, 425. Vor seinem Urlaub muß der Anwalt die Vorlegung aller Fristsachen beim Bürovorsteher anordnen. Er kann sich aber auf ein eingearbeitetes Personal verlassen, BGH RR **87**, 710. Freilich muß er einem Verdacht eines Büroversehens sogleich nachgehen, BGH VersR **79**, 376. Er muß bei einem urlaubsbedingten Arbeitsstau rechtzeitig eine Fristverlängerung beantragen, BGH VersR **93**, 1548 (zumindest Information des Vertreters nötig). **172**

Wenn ein *Mitarbeiter* Urlaub hat, trifft den Anwalt eine erhöhte Verantwortlichkeit, BGH VersR **78**, 960. Der Anwalt darf sich nicht darauf verlassen, daß der Mitarbeiter seine Vertretung selbst einwandfrei regelt, BGH VersR **87**, 617. Wenn der Kalenderführer Urlaub hat, darf der Anwalt die Frist nicht ohne weiteres von einem Auszubildenden überwachen lassen. Er muß dann vielmehr die Vertretung durch eine gleichermaßen zuverlässige Hilfskraft sicherstellen, BGH BB **99**, 2216. Der Anwalt muß vor seinem persönlichen Urlaub prüfen, ob ein amtlicher Vertreter wirksam bestellt wurde. Er muß notfalls für eine ausreichende Vertretung sorgen. Er darf nicht mehrere Tage der Kanzlei fernbleiben, ohne einen Anwalt oder einen ihm Gleichgestellten zum Vertreter zu bestellen. Ein Urlaubsvertreter, auch der vom Anwalt selbst nach § 53 II 1 BRAO bestellte, muß das Personal überwachen, Stgt MDR **01**, 238. Eine Anweisung an den Bürovorsteher, beim Eingang eines Berufungsauftrags einen bestimmten Anwalt zu beauftragen, genügt nicht. Eine wichtige Fristsache muß sich der Anwalt nach der Urlaubsrückkehr gesondert vorlegen lassen, BGH VersR **77**, 334. **173**

S auch Rn 112, 113, 131–139.

Rechtsanwalt: Urteilszustellung: Rn 183–189.

Rechtsanwalt: Verhinderung: Rn 131–133.

Rechtsanwalt: Verkehrsanwalt: Er ist ein Bevollmächtigter der Partei, BGH VersR **96**, 606, aber nicht ein Erfüllungsgehilfe des ProzBev der Partei, Ffm MDR **94**, 99. Der ProzBev muß daher ein Verschulden des Verkehrsanwalts nicht gegenüber der Partei vertreten, LG Regensb AnwBl **82**, 109. Eine Wiedereinsetzung kommt in Betracht, wenn das gut geschulte und überwachte Personal des Anwalts den Verkehrsanwalt nicht zutreffend unterrichtet hat. **174**

– **(Auftragsannahme):** Der Verkehrsanwalt muß prüfen, ob der Rechtsmittelanwalt den Auftrag auch angenommen hat, BGH VersR **83**, 60, und ob er ihn auch ausgeführt hat, BGH VersR **82**, 755. Ab der Auftragsannahme durch den ProzBev braucht der Verkehrsanwalt diesen nur bei einem sich aufdrängenden Verdacht von dessen Pflichtenverstoß zu überprüfen, BGH VersR **90**, 801. **175**

– **(Benennung des Berufungsanwalts):** Der Verkehrsanwalt muß dem Berufungsanwalt den Rechtsmittelführer angeben, BGH NJW **98**, 2221.

– **(Bestimmter Rechtsmittelanwalt):** Der Verkehrsanwalt muß die richtige Ausführung seiner Anweisung, einen bestimmten Anwalt beim Rechtsmittelgericht mit der Einlegung des Rechtsmittels zu beauftragen, selbst überwachen, BGH VersR **81**, 851 (BGH VersR **76**, 958 erlaubt es dem Anwalt, auf eine zuverlässige Bürokraft zu vertrauen). Er muß in diesem Zusammenhang prüfen, ob die Anschrift richtig ist, BGH VersR **77**, 720 und 1032. Er braucht nicht zu prüfen, ob das Personal seine Anordnung über die Absendung des Briefs im übrigen durchgeführt hat.

– **(Falschunterrichtung):** Der Verkehrsanwalt darf den Berufungskläger nicht über den Ablauf der Berufungsfrist *falsch unterrichten.* Er darf dem Rechtsmittelanwalt den Zeitpunkt der Zustellung des Urteils oder eine Beiordnung nicht unrichtig angegeben, BGH VersR **77**, 153, oder ihn etwa gar nicht mitteilen. Der Verkehrsanwalt muß in einem solchen Fall sofort nachfragen, BGH VersR **75**, 90.

– **(Fristeinhaltung):** Der Verkehrsanwalt muß prüfen, ob der Rechtsmittelanwalt die Rechtsmittelfrist eingehalten hat, BGH FamRZ **88**, 942.

– **(Letzter Moment):** Der Verkehrsanwalt kann sich zwar darauf verlassen, daß der ProzBev ihm das zugestellte Urteil rechtzeitig übersenden werde. Er darf aber nicht monatelang einfach zuwarten, Düss MDR **85**, 507. **176**

– **(Mündliche Anweisung):** Eine solche zB „zwischen zwei Terminen“ reicht *nicht* aus, BGH VersR **83**, 81.
– **(Niederlegung durch Prozeßbevollmächtigten):** Hat der ProzBev das *Mandat niedergelegt* und der Verkehrsanwalt 6 Wochen nach einem Termin noch keine Nachricht vom Ergebnis erhalten, muß sich der Verkehrsanwalt beim Gericht oder beim ehemaligen ProzBev erkundigen, ob eine Versäumnisentscheidung zugestellt ist, Düss VersR **87**, 1042.
– **(Parteiunterrichtung):** Der Berufungsanwalt muß dem erstinstanzlichen Anwalt, der kein Verkehrsanwalt ist, das Urteil mit der Bitte übersenden, die Partei über den Ablauf der Revisionsfrist zu unterrichten. Denn das gehört noch zur Aufgabe des Berufungsanwalts. Der Verkehrsanwalt muß die Partei unverzüglich über die Urteilszustellung und das zulässige Rechtsmittel usw unterrichten, BGH VersR **96**, 606. Dabei kann ein einfacher Brief nach dem Ausland unzureichend sein, BGH VersR **86**, 703 links und rechts.
– **(Rechtsmittelauftrag):** Der Verkehrsanwalt muß vor dem Fristablauf evtl beim Auftraggeber erneut unmißverständlich nachfragen, ob er ein Rechtsmittel einlegen soll, BGH VersR **96**, 606.
– **(Rechtsmittelergänzung):** Der Verkehrsanwalt muß bei einer telefonischen Ergänzung des Rechtsmittelauftrags evtl zusätzliche Kontrollen schaffen, BGH NJW **98**, 2221.

177 – **(Streichung):** Der Verkehrsanwalt muß prüfen, ob eine Bestätigung des Rechtsmittelanwalts vorliegt, bevor er im Kalender eine Notfrist streichen läßt, BGH VersR **76**, 939.
– **(Telefonauftrag):** Bei ihm muß der Verkehrsanwalt dafür sorgen, daß der Rechtsmittelanwalt den Auftrag wiederholt, BGH VersR **81**, 959, oder den Auftag schriftlich bestätigen und dabei das Zustelldatum nochmals angeben, BGH BB **90**, 1190. Der Berufungsanwalt muß auch von sich aus für die Kontrollwiederholung sorgen, BGH VersR **97**, 508, aber nicht stets sofort, BGH VersR **81**, 680.
– **(Übersetzung):** Eine Wiedereinsetzung entfällt, wenn weder die ausländische Partei noch ihr Verkehrsanwalt eine Übersetzung der Mitteilung des ProzBev veranlaßt hat und wenn sie dadurch verspätet vom Inhalt Kenntnis genommen hat, BGH NJW **75**, 497.
– **(Unmißverständlichkeit):** Der Verkehrsanwalt muß die Rechtsmittelfrist unmißverständlich mitteilen, BGH VersR **85**, 766.
– **(Urteilsübersendung):** Wenn der Anwalt das Urteil mit einem Zustellungsvermerk in einem einfachen Brief an den *Verkehrsanwalt* übersendet, ist der Anwalt zu einer Rückfrage an den Verkehrsanwalt nicht mehr verpflichtet. Denn sein Mandat ist erledigt.

178 – **(Verhinderung):** Der plötzlich verhinderte Rechtsmittelanwalt muß für eine Vertretung sorgen, insbesondere dann, wenn er dem Verkehrsanwalt die Abfassung der Berufungsbegründung überläßt.
– **(Zustellungsnachricht):** Der Anwalt muß auch ein gut geschultes Personal anweisen, dem Verkehrsanwalt eine Nachricht von einer Zustellung zu erteilen, und zwar zusätzlich zu der Notierung einer Frist.
– **(Zustellungszeitpunkt):** Der Verkehrsanwalt muß einen Zustellungszeitpunkt zuverlässig klären, BGH FamRZ **98**, 285. Er muß dann, wenn er mit einer Informationslücke über den Zustellungszeitpunkt usw rechnen muß, ebenfalls hierzu zB bei dem Auftraggeber eine Rückfrage halten, BGH VersR **96**, 606, Düss MDR **85**, 507. Er muß das Zustelldatum des anzufechtenden Urteils richtig angeben, BGH RR **95**, 839.
– **(Zuwarten):** Der Verkehrsanwalt kann sich zwar darauf verlassen, daß der ProzBev ihm das zugestellte Urteil rechtzeitig übersenden werde. Er darf aber nicht monatelang einfach zuwarten, Düss MDR **85**, 507.
– **(Zweifel):** Der Rechtsmittelanwalt, der vom vorinstanzlichen Anwalt den Auftrag zur Einlegung des Rechtsmittels erhält, muß eine Rückfrage halten, wenn sich aus dem Auftragschreiben Zweifel ergeben, ob die Rechtsmittelfrist noch läuft.

179 **Rechtsanwalt: Verlust eines Schriftsatzes:** Eine Wiedereinsetzung kommt in Betracht, wenn ein Schriftsatz verlorengegangen ist, BGH VersR **92**, 899. Dabei braucht der Anwalt die Art des Verlusts nicht darzulegen. Das setzt voraus, daß der Verlust nicht im Verantwortungsbereich des Anwalts eingetreten ist. Das letztere muß der Anwalt glaubhaft machen, BGH VersR **92**, 899. Trotz einer Erinnerungslücke kann eine Angabe aber glaubhaft sein.

180 **Rechtsanwalt: Vertreter:** Die beteiligten Anwälte dürfen die Prüfung, ob der Antrag auf die Bestellung eines Anwalts als einen amtlichen Vertreters rechtzeitig gestellt und ob das Gericht ihm stattgegeben hat, nicht dem Personal überlassen, Mü MDR **87**, 590. Der Vertreter muß prüfen, ob das Gericht ihn als Vertreter bestellt hat, BGH VersR **93**, 125, Mü MDR **87**, 590.

S auch Rn 51, 172, 173.

181 **Rechtsanwalt: Vorfrist:** Es kann eine Pflicht eintreten, für eine wichtige Frist eine Vorfrist notieren zu lassen, BGH VersR **97**, 509, Brdb MDR **08**, 709 (je: wegen einer Rechtsmittelbegründungsfrist, auch wegen einer Ausnahme), aM BGH FamRZ **07**, 275 rechts. Ob dieser Fall eintritt, muß man unter dem Gesichtspunkt prüfen, daß die Wahrung der Frist jedenfalls für den letzten Tag ihres Laufs sicher sein muß, besonders bei § 222 II. Der Anwalt braucht eine Vorfristakte nicht sofort zu bearbeiten, BGH VersR **00**, 203. Die Vorfristdauer hängt vom Einzelfall ab. Sie mag evtl nur vier Tage betragen, BGH VersR **00**, 203. In der Regel ist aber eine Woche notwendig, BGH AnwBl **07**, 796. Der Anwalt muß sicherstellen, daß die Akte dann, wenn eine Vorfristsache nicht erledigt wurde, spätestens beim Fristablauf ohne weiteres wiedervorliegt, BGH NJW **97**, 2825, aM BGH (derselbe Senat!) NJW **97**, 3243. Wenn er erklärt hat, diese Sache habe er selbst in Arbeit genommen, darf er die Akte nicht mehr aus den Augen lassen. Zusätzlich zur Vorfrist muß man natürlich die eigentliche Frist notieren, BGH NJW **88**, 568, BAG NJW **93**, 1350.

S auch Rn 54–63, 85–111, 125–129, 134–139, 172, 173.

182 **Rechtsanwalt: Zuständigkeitsprüfung:** Der Anwalt hat die höchstpersönliche Pflicht, für die richtige Adressierung der Rechtsmittelschrift zu sorgen, BGH VersR **88**, 1209. Er muß daher auch klären, was der Gegenstand des Rechtsstreits ist, BGH VersR **82**, 1146. Er braucht die Ausführung seiner Anweisung an eine zuverlässige Angestellte, die schon unterzeichnete Rechtsmittelschrift in der Adressierung zu korri-

gieren, nicht zu überprüfen, BFH BB **88**, 465. Er darf sich auf eine erkennbar unsichere Auskunft eines Rpfl nicht verlassen, BGH DRiZ **94**, 427 (neue Bundesländer). Er kann nicht damit rechnen, das unzuständige LG werde die Sache sofort an das OLG weiterleiten, Oldb MDR **07**, 1036.

S auch Rn 74–76, 114–120, 154–162.

Rechtsanwalt: Zustellung: Der Anwalt muß das Datum der Urteilszustellung in einer jeden Zweifel ausschließenden Weise ermitteln und mitteilen, BGH NJW **96**, 1968, Düss AnwBl **99**, 351. Wenn der Anwalt das Urteil mit einem Zustellungsvermerk in einem einfachen Brief an den Verkehrsanwalt übersendet, ist der Anwalt zu einer Rückfrage an den Verkehrsanwalt nicht mehr verpflichtet. Denn sein Mandat ist erledigt. Eine Wiedereinsetzung kommt in Betracht, wenn das Gericht eine unrichtige Auskunft über den Zeitpunkt einer von Amts wegen erfolgten Zustellung gegeben hat, aM LG Bonn VersR **88**, 195 (aber der Gerichtsfehler wiegt ungleich schwerer). Dabei genügt eine telefonische Anfrage des Anwalts. Der Anwalt braucht also die Gerichtsakten nicht selbst einzusehen. Der Anwalt muß sein Personal anweisen, einer Partei oder dem Verkehrsanwalt eine Nachricht von der Zustellung zu erteilen, BGH FamRZ **96**, 1467. Diese Anweisung ist zusätzlich zur Anweisung einer Fristnotierung notwendig. Sie reicht dann aber auch aus, BGH VersR **76**, 1178. 183

– **(Ablichtung, Abschrift):** Eine Wiedereinsetzung kommt in Betracht, wenn infolge einer unrichtigen Ablichtung oder Abschrift aus den Akten, in denen die Urteilszustellung und das Ende der Rechtsmittelfrist richtig vermerkt sind, trotz der Kontrolle durch den Bürovorsteher dem Rechtsmittelanwalt fehlerhafte Angaben erfolgten, BGH NJW **79**, 46. 184

– **(Adresse):** Der Anwalt muß die Adressierung an ein unrichtiges Gericht bei der Unterschrift bemerken. Er darf auch nicht die LGe München I und II verwechseln, BGH RR **87**, 319. Der Eingang einer an das LG Berlin adressierten Berufungsschrift bei der gemeinsamen Briefannahme der Justizbehörden Charlottenburg wahrt nicht die Berufungsfrist für eine beim KG einzulegende Berufung, BGH VersR **87**, 486 (Weiterleitbarkeit hilft nicht).

– **(Belehrung):** Der Anwalt muß sein Personal belehren, daß nicht der Verkehrsanwalt, sondern nur er selbst über den Zustellungszeitpunkt und einen Fristablauf verbindliche Anweisungen geben kann, Düss AnwBl **89**, 291. Eine Widersprüchlichkeit oder Unklarheit geht zulasten des Anwalts, Düss MDR **01**, 893.

– **(Bürovorsteher):** Eine Wiedereinsetzung kann auch dann eintreten, wenn der Bürovorsteher ein zugestelltes Urteil nicht vorgelegt und auf eine spätere Anfrage erklärt hat, es sei noch nicht eingegangen.

– **(Diktat):** Derjenige Anwalt, der einen Rechtsmittelauftrag an einen anderen Anwalt diktiert, muß den geschriebenen Text einschließlich des mitgeteilten Zustelldatums des vorinstanzlichen Urteils auf Diktat- oder Übertragungsfehler überprüfen, BGH NJW **96**, 853.

– **(Eingangsstempel):** Er ersetzt einen notwendigen Fristvermerk *nicht,* BGH FamRZ **99**, 579. Der Anwalt darf den Eingangsstempel nicht ohne eine sorgfältige Nachforschung später „berichtigen" (lassen), Mü VersR **84**, 1155. 185

– **(Empfangsbekenntnis):** Wenn der Anwalt eine fristschaffende Zustellung annimmt und bescheinigt, muß er die allgemein angeordnete Aktenvorlage abwarten oder prüfen, ob das zugehörige Urteil tatsächlich beiliegt, BGH NJW **80**, 1846, Schlesw MDR **05**, 769, OVG Münst BB **76**, 442. Andernfalls muß er die Zustellung selbst sofort in den Akten vermerken, BGH VersR **94**, 371, Oldb JB **78**, 1013, oder er muß sie durch einen unbedingt zuverlässigen Mitarbeiter sofort vermerken lassen, BGH NJW **03**, 436, oder er muß sie aus der ihm vorgelegten Postmappe aussondern oder dafür sorgen, daß das sofort zuverlässig geschieht, BGH NJW **03**, 436.

Der Anwalt darf das *Empfangsbekenntnis* über die Urteilszustellung erst dann unterzeichnen und zurückgeben, wenn das Personal in der Handakte den Ablauf der Rechtsmittelfrist und die Fristnotierung vermerkt hat, BGH NJW **03**, 436, Bbg MDR **05**, 1072, Schlesw MDR **05**, 769. Geschieht das nicht, muß der Anwalt eine ganz besondere Sorgfalt üben, BGH NJW **03**, 436. Er muß dann zB selbst für die Vorlage der Handakte und für die Eintragung der Frist im Fristenkalender sorgen, BGH FamRZ **06**, 857, BVerwG NJW **84**, 2593. Der Anwalt muß den Zeitpunkt seiner Unterzeichnung des Empfangsbekenntnisses sichern, BGH FamRZ **92**, 1173. Er muß ein falsches Datum der Zustellungsbescheinigung richtigstellen lassen.

– **(Fehlen einer Angabe):** Der Anwalt muß das Fehlen der Angabe des angefochtenen Urteils oder seines Gerichts merken, BGH FamRZ **88**, 831.

– **(Fristberechnung):** Der Anwalt muß bei einer Fristberechnung darauf achten, um welche Urteilsart es sich handelt, ob zB um ein Erstes oder Zweites Versäumnisurteil, BGH VersR **87**, 256. Er muß beim Erhalt einer Urteilsausfertigung darauf achten, ob zB die Zustellung nach §§ 331 III, 310 III schon vorher erfolgt ist, BGH VersR **82**, 597, oder ob *er* schon zuvor eine weitere – für den Fristbeginn allein maßgebliche – Ausfertigung desselben Urteils zugestellt erhalten hatte, BGH VersR **85**, 551. Auch wenn ihn das Gericht erst nach der Urteilsverkündung zum ProzBev dieser Instanz bestellt hat, kann er darauf vertrauen, daß eine an ihn gerichtete Urteilszustellung die erste ist, auch wenn das Gericht ohne Wissen dieses neuen ProzBev bereits eine fristschaffende Zustellung an den früheren ProzBev bewirkt hatte, BGH NJW **96**, 1477.

– **(Gerichtsfehler):** Rn 187 „– (Unstimmigkeit)".

– **(Kanzlei und Wohnung):** Ein solcher Anwalt, der in demselben Haus seine Kanzlei und seine Wohnung hat, muß sein Personal eindringlich über die Zustellungsfragen belehren. Auch wenn sich die Kanzlei und die Wohnung nicht in demselben Haus befinden, muß der Anwalt Hausgenossen in erlaubten Umfang anweisen, ihm Schriftstücke alsbald vorzulegen. Er hat aber insofern keine besondere Überwachungspflicht. 186

– **(Nachsendeauftrag):** Der Anwalt darf grds darauf vertrauen, daß die Post einen ordnungsgemäßen Nachsendeauftrag des Auftraggebers auch korrekt ausführt, BGH VersR **88**, 1162.

– **(Niederlegung des Auftrags):** S „– (Parteiunterrichtung)".

– **(Parteiangaben):** Der Anwalt darf auf Zustellungsangaben des Auftraggebers nur bedingt vertrauen, BGH RR **95**, 826, Köln FamRZ **99**, 1084.

– **(Parteiunterrichtung):** Der Anwalt muß die Partei unverzüglich über eine Urteilszustellung und über deren Zeitpunkt informieren, BGH NJW **07**, 2331. Er muß sie auch über das zulässige Rechtsmittel und dessen formelle Erfordernisse vollständig unterrichten, BGH VersR **85**, 768. Das gilt auch nach der Niederlegung des Mandats, BGH VersR **88**, 836. Wenn der Anwalt der Ansicht ist, es sei kein Rechtsmittel zulässig, muß er den Auftraggeber gleichwohl vom Zeitpunkt der Urteilszustellung unterrichten.

187 – **(Prozeßkostenhilfe):** Der Anwalt muß als der im Verfahren auf die Bewilligung einer Prozeßkostenhilfe beigeordnete Anwalt der Urteilszustellung in der Vorinstanz nachgehen.

– **(Rechtsmittelfrist):** Der Anwalt muß sie sofort nach der Zustellung notieren lassen, BGH NJW **02**, 3782, KG VersR **82**, 704.

– **(Streithilfe):** Ist im Zeitpunkt der Zustellung des Urteils an den Streithelfer die für die Hauptpartei laufende Rechtsmittelfrist abgelaufen, kann sein Auftraggeber jedenfalls dann keine Wiedereinsetzung erhalten, wenn der Anwalt es schuldhaft unterlassen hat, den Zeitpunkt der Zustellung an die Hauptpartei in Erfahrung zu bringen, BGH VersR **88**, 417, BAG VersR **86**, 687.

– **(Überlastung):** Der Anwalt muß nach einer rechtzeitigen Aktenwiedervorlage trotz eines hohen Arbeitsanfalls sofort die Fristensicherung nachholen, BGH NJW **03**, 1529.

– **(Unstimmigkeit):** Der Anwalt muß jeder auffälligen Unstimmigkeit nachgehen, BGH FamRZ **04**, 1711. Das gilt selbst dann, wenn das Gericht ihn falsch belehrt hat.

– **(Urteilszugang):** Der Anwalt muß dafür sorgen, daß das Personal bei einer Weiterleitung der zugestellten Urteilsausfertigung an den Auftraggeber, BGH FamRZ **95**, 671, oder bei einer Urteilszustellung nach (jetzt) § 174 den Tag des Urteilszugangs, BGH NJW **80**, 1848, oder im Fall des § 221 II den Tag der Zustellung an den Gegner sogleich in den Handakten vermerkt, BGH VersR **83**, 560.

– **(Verkehrsanwalt):** Der Verkehrsanwalt kann sich darauf verlassen, daß der ProzBev ihm ein zugestelltes Urteil rechtzeitig übersenden wird, BGH VersR **88**, 419.

188 – **(Wirksamkeit):** Der Anwalt muß die Wirksamkeit der Urteilszustellung prüfen, BGH VersR **87**, 680.

– **(Zustelldatum):** Der Rechtsmittelanwalt muß das Zustelldatum des anzufechtenden Entscheids anhand seiner Unterlagen kontrollieren, auch wenn er den Auftrag vom Verkehrsanwalt erhielt, BGH BB **90**, 1990. Der Berufungsanwalt muß dem Auftraggeber das Zustellungsdatum des Berufungsurteils mitteilen.

189 **Rechtsmißbrauch:** Er verdient nie Schutz, Einl III 54. Daher kommt nach ihm für den Gegner eine Wiedereinsetzung in Betracht, BGH **118**, 48.

190 **Zustellung im allgemeinen:** Soweit sie sich nicht durch ein Verschulden des Antragstellers verzögert, muß man sie grds als demnächst erfolgt ansehen, § 167. Wer mit einem unbekannten Aufenthaltsort ins Ausland verzieht, ohne Vorkehrungen für eine etwaige Zustellungsannahme zu treffen, dessen Unkenntnis von einer öffentlichen Zustellung ist nicht schuldlos, Köln VersR **93**, 1127. Ein Unternehmer muß sein Büro so organisieren, daß möglichst derselbe Mitarbeiter eine förmliche Zustellung jeweils entgegennimmt, Düss VersR **01**, 214. Auch bei einer einwandfreien Empfangsorganisation kann ein Benachrichtigungszettel über eine Niederlegung nach § 181 verloren gehen. Er kann etwa zwischen Werbematerial geraten, BGH RR **01**, 571.

S auch Rn 183–188 (Zustellung und Anwalt).

234 *Fassung 1. 9. 2009:* ***Wiedereinsetzungsfrist.*** **I 1 Die Wiedereinsetzung muss innerhalb einer zweiwöchigen Frist beantragt werden. 2 Die Frist beträgt einen Monat, wenn die Partei verhindert ist, die Frist zur Begründung der Berufung, der Revision, der Nichtzulassungsbeschwerde oder der Rechtsbeschwerde einzuhalten.**

II Die Frist beginnt mit dem Tag, an dem das Hindernis behoben ist.

III Nach Ablauf eines Jahres, von dem Ende der versäumten Frist an gerechnet, kann die Wiedereinsetzung nicht mehr beantragt werden.

Vorbem. I 2 geändert dch Art 29 Z 10 FGG-RG, in Kraft seit 1. 9. 09, Art 112 I Hs 1 FGG-RG, ÜbergangsR Art 111 FGG-RG, Einf 4 vor § 1 FamFG.

Bisherige Fassung I 2: **Die Frist beträgt einen Monat, wenn die Partei verhindert ist, die Frist zur Begründung der Berufung, der Revision, der Nichtzulassungsbeschwerde, der Rechtsbeschwerde oder der Beschwerde nach §§ 621 e, 629 a Abs. 2 einzuhalten.**

Gliederung

1) Systematik, I–III. Die Vorschrift regelt den Beginn des Wiedereinsetzungsverfahrens, während §§ 237, 238 das weitere Verfahren bis zur Entscheidung bestimmen. Die Form und der Inhalt des Antrags richten sich nach § 236. § 236 II 2 enthält auch eine Ausnahme vom Antragserfordernis. 1

2) Regelungszweck, I–III. Das Antragserfordernis dient ebenso wie die Fristgebundenheit der Rechtssicherheit nach Einl III 43. Das gilt insbesondere bei der Ausschlußfrist nach III. Sie ist derjenigen des § 586 II 2 vergleichbar. Es darf nicht endlos eine Ungewißheit herrschen. Daher ist eine grundsätzlich strikte Auslegung notwendig. Die Praxis ist schon vielfach großzügig genug, Rn 9 ff. Die Jahresfrist nach III soll eine Prozeßverschleppung verhindern und eine Gefährdung der Rechtskraft verhüten, BGH FamRZ **08**, 979, Schlesw RR **90**, 1216. Jeder Rechtsmißbrauch ist wie stets unstatthaft, I 2 auch im Patentnichtigkeitsverfahren, BGH GRUR **08**, 280, Einl III 54, Zweibr JB **07**, 438 links. 2

3) Geltungsbereich, I–III. Vgl § 233 Rn 3–5. II hat Vorrang vor § 123 II 1 PatG, BGH GRUR **01**, 271. § 234 gilt auch bei § 5 KSchG, aM LAG Hbg NZA-RR **05**, 489. § 234 gilt auch im WEG-Verfahren, wegen § 46 WEG vgl § 253 Rn 26. III gilt auch im Insolvenzverfahren, BayObLG RR **02**, 914, I 2 auch im Patentnichtigkeitsverfahren, BGH GRUR **08**, 280. Im Verfahren der GesO hat § 296 den Vorrang, BGH MDR **07**, 1043 links. Im FamFG-Verfahren gilt der I 1, II, III inhaltlich entsprechende § 18 I FamFG. 3

4) Fristen, I–III. Man muß die Vorschriften strikt einhalten, Rn 1. 4

A. Antrag, I, II. Eine Wiedereinsetzung findet grundsätzlich nicht von Amts wegen statt, BAG NJW **89**, 2708. Es ist also grundsätzlich ein Antrag nötig. Er ist wegen jeder Fristart notwendig, evtl also zB für die Einlegungs- und außerdem für die Begründungsfrist, Brdb NJW **03**, 2995. Wegen der Ausnahmen § 236 II 2. Ein Anwaltszwang besteht wie sonst, § 78, § 236 Rn 2. Man muß den Antrag auf eine Wiedereinsetzung innerhalb der Frist so vollständig abfassen, daß er alles dasjenige enthält, was § 236 als zum ordnungsgemäßen Antrag gehörig vorsieht, BGH VersR **78**, 942, OVG Greifsw NVwZ-RR **06**, 77 (Prozeßkostenhilfeantrag). Er muß also zB auch denjenigen Zeitpunkt nennen, in dem die Partei von der Existenz der anzufechtenden Entscheidung Kenntnis erhielt. Er muß auch zum eigentlichen Fristwahrungsverhalten Stellung nehmen, BGH VersR **92**, 900. Andernfalls ist der Antrag unzulässig. Die Partei muß besondere Anstrengungen vornehmen, BGH VersR **89**, 1317. Sie darf bei einem zunächst in sich geschlossenen und nicht ergänzungsbedürftig scheinenden Antrag grundsätzlich auch keine Wiedereinsetzungsgründe nachschieben, BGH NJW **98**, 2678, Drsd FamRZ **00**, 834. Das gilt selbst dann, wenn der vorgetragene Sachverhalt in wesentlichen Punkten unrichtig ist, § 236 Rn 18.

Allerdings darf die Partei nur in den vorstehend genannten Grenzen den ursprünglichen tatsächlichen Vortrag *vervollständigen und ergänzen,* soweit das Gericht es unterlassen hatte, nach § 139 darauf hinzuwirken, daß sie erforderliche tatsächliche Angaben in dieser Weise vervollständigte und ergänzte, § 236 Rn 5. Zur Glaubhaftmachung § 236 Rn 7–11. Es findet eine Amtsprüfung statt, Grdz 39 vor § 128, Ffm Rpfleger **77**, 213, aber keine Amtsermittlung nach Grdz 38 vor § 128. Es ist kein wirksamer Verzicht auf die Einhaltung der Frist zulässig, § 295 II.

B. Antragsfrist, I, II. Die Frist für den Antrag auf die Wiedereinsetzung beträgt grundsätzlich nach I 1 zwei Wochen, BGH VersR **89**, 1317, Rostock FamRZ **05**, 385. Die Zweiwochenfrist gilt auch dann, wenn man eine kürzere oder längere Frist versäumt hat, BGH **113**, 232. Nach I 2 kann sie jedoch ausnahmsweise einen Monat betragen, wenn die Partei verhindert ist, die dort genannten Begründungsfristen einzuhalten, BGH NJW **08**, 1165. Verhinderung meint hier praktisch dasselbe wie § 233, auch wenn hier die dortigen Gesetzeswörter „ohne ihr Verschulden" fehlen, BGH NJW **06**, 2858, BAG NZA **05**, 1262, Ffm RR **05**, 1588. Freilich muß das eigentliche Hindernis ja nach II schon zwecks Beginns jeder Antragsfrist weggefallen sein. Daher muß man an das Vorliegen einer Verhinderung nach I 2 eher strengere Anforderungen stellen. Die Wiedereinsetzungsfrist ist eine gesetzliche Frist, aber keine Notfrist, § 224 I 2. Ihr Lauf bleibt in der Zeit vom 1. 7. bis 31. 8. unverändert. Denn § 227 III betrifft nur Termine, keine Fristen. I, II gilt auch dann, wenn der Wiedereinsetzungsantrag eine Notfrist betrifft, BGH VersR **80**, 264. 5

Gegen die *Versäumung* der Wiedereinsetzungsfrist ist ein Antrag auf eine Wiedereinsetzung zulässig, BGH RR **99**, 430. Das bestimmt jetzt § 233 ausdrücklich. Die Wiedereinsetzungsfrist errechnet sich nach § 222. Das Gericht darf sie zwar grundsätzlich nicht verlängern, § 224 II, BGH VersR **80**, 582, wohl aber ausnahmsweise etwa dann, wenn dem Rechtsmittelführer die Akten nicht zur Verfügung standen, BGH MDR **07**, 1332 rechts. Soweit das Gericht eine Wiedereinsetzung gewährt, darf es nicht deren Erfolg durch eine Verwerfung des Rechtsmittels abschneiden, BAG NJW **95**, 150. Beim Verstoß dagegen fällt eine solche dennoch getroffene Entscheidung, die ein Rechtsmittel als unzulässig zurückgewiesen hatte, ohne weiteres fort, ohne daß das Gericht sie besonders aufheben muß, BGH **98**, 328, BAG NJW **95**, 150. Nach dem Ablauf der Frist ist ein Wiedereinsetzungsantrag unzulässig, BGH VersR **87**, 560. Der Mangel ist unheilbar, § 295.

C. Jahresfrist, III. Auch nach dem Ablauf eines Jahres seit dem Ablauf der versäumten Frist ist grundsätzlich ein Wiedereinsetzungsantrag unzulässig, BGH FamRZ **08**, 979. Der Mangel ist unheilbar, § 295. Die Vorschrift ist auch bei § 210 BEG anwendbar, BGH VersR **83**, 376, KG NZM **99**, 569. Wegen des WEG Rn 3. Die Jahresfrist ist eine Ausschlußfrist, BGH NJW **02**, 2252. Sie ist mit dem GG vereinbar, BGH VersR **87**, 256. Sie ist eine uneigentliche Frist, Üb 11 vor § 214. Sie läuft unabhängig von der Frist des I, BGH VersR **87**, 1237, Stgt MDR **02**, 353. Sie läuft auch dann, wenn das Gericht ein Rechtsmittel erst nach ihrem Ablauf verworfen hat, BGH NJW **02**, 2252. Gegen ihren Ablauf ist grundsätzlich keine Wiedereinsetzung zulässig, Üb 11 vor § 214, BGH VersR **87**, 256, Stgt MDR **02**, 353. Man muß die Jahresfrist nach III auch dann beachten, wenn das Gericht eine Prozeßkostenhilfe nach §§ 114 ff vor dem Ablauf der Jahresfrist abgelehnt hatte. Das gilt selbst dann, wenn die Partei von diesem Umstand keine Kenntnis hatte, BGH FamRZ **04**, 1479, aM BGH (12. ZS) FamRZ **08**, 979. Wenn längst vor dem Ablauf der Frist ein Streit über den Bestand der angefochtenen Entscheidung entstanden ist oder wenn innerhalb 6 der Jahresfrist eine Entscheidung nach § 522 I 2 hätte ergehen können, fordert gerade der Grundgedanke des Bestandschutzes grundsätzlich die Anwendung von III, Düss MDR **94**, 99 (auch zu Ausnahmen), aM BAG MDR **82**, 171, Schlesw RR **90**, 1216 (aber gerade dann hätte die Partei wenigstens die Frist des III einhalten können).

Die Jahresfrist nach III ist aber dann *unanwendbar,* wenn das Gericht aus allein in seiner Sphäre liegenden Gründen nicht innerhalb eines Jahres entschieden hatte, wenn die Parteien aber mit einer sachlichrechtlichen Entscheidung rechnen konnten, BVerfG NJW **04**, 2149 (Entscheidung erst nach 2 Jahren), BGH FamRZ **04**, 1479, BFH NVwZ **98**, 552, aM BGH VersR **83**, 376 (aber der Gerichtsfehler wiegt ungleich schwerer. Es gibt auch einen Vertrauensschutz auf eine unverzügliche raschere Entscheidung trotz aller Überlastung). Deshalb kann III auch bei § 236 II 2 Hs 2 unanwendbar sein, Düss RR **03**, 137.

7 **5) Fristbeginn, I, II.** Man muß die Vorschriften streng einhalten, Rn 1.

A. Behebung des Hindernisses. Die Frist für den Antrag auf eine Wiedereinsetzung beginnt mit dem Ablauf desjenigen Tages, an dem das Hindernis wegfiel, § 222 Rn 3–4, BGH NJW **07**, 603, Borgmann FamRZ **78**, 46. Das gilt auch bei einer Versäumung der Wiedereinsetzungsfrist nach Rn 5. Die Frist beginnt also mit dem Ablauf desjenigen Tages, von dem ab man bei einer Anwendung des in § 233 geregelten Verschuldensgrads nach Rn 11, 18 ff nicht mehr sagen kann, das Weiterbestehen des Hindernisses sei noch unverschuldet, BGH MDR **08**, 827 links, BAG BB **97**, 2223, Köln FamRZ **99**, 1084. Evtl kommt es dabei auf das letzte von mehreren Hindernissen an, LG Stade NdsRpfl **75**, 221. Das alles gilt gegenüber der Partei nach Grdz 4 vor § 50 wie gegenüber ihrem Streithelfer nach § 66. Schädlich sind dabei Vorsatz und Fahrlässigkeit jeder Art, § 233 Rn 13, BGH VersR **06**, 1141, Celle JB **04**, 493, KG ZMR **94**, 35. Dabei ist wie stets auch ein Verschulden des gesetzlichen Vertreters oder des ProzBev schädlich, §§ 51 II, 85 II, BGH MDR **08**, 827 links, Köln FamRZ **99**, 1084, Zweibr JB **06**, 490, aM BGH FamRZ **07**, 373. Das gilt auch beim Korrespondenzanwalt, BGH BB **01**, 543. Bei einer Behörde kommt es auf den zuständigen Sachbearbeiter an, BGH FamRZ **01**, 417.

Wenn das Gericht die Berufung wegen einer Fristversäumung *verworfen* hatte, muß es trotzdem über ein solches Wiedereinsetzungsgesuch entscheiden, das die Partei erst nach der Verwerfung eingereicht hat, sofern die Partei von ihrer Säumnis schuldlos keine Kenntnis hatte. Soweit das Gericht diesem Gesuch dann stattgibt, verliert sein Verwerfungsbeschluß die Wirkung. Wenn der Anwalt erfährt, daß eine von ihm unterzeichnete Rechtsmittelschrift nicht alsbald zum Gericht gegangen ist, muß er prüfen, ob er die Frist versäumt hat. Die Behebung des Hindernisses kann vor dem Ablauf der Notfrist liegen, BGH VersR **90**, 544. Sie kann auch nach ihm liegen, BGH NJW **00**, 592, Hamm NJW **77**, 2077, aM ZöGre 5 (aber es kommt auf das Ergebnis an, nicht auf seinen Zeitpunkt).

8 **B. Kenntnis der Behebung.** Die Frist beginnt jedenfalls von demjenigen Zeitpunkt an, in dem man eine zuverlässige Kenntnis davon hat, daß die Klageschrift oder die Rechtsmittelbegründungsschrift verspätet eingegangen sind, BGH RR **05**, 923, Zweibr JB **06**, 490, VGH Mannh NJW **77**, 1357. Eine telefonische Nachricht der Geschäftsstelle reicht nicht aus, BGH VersR **95**, 318. Ebensowenig reicht eine Mitteilung des Gerichts unter einem falschen Aktenzeichen, BGH RR **99**, 1665. Eine Unterbrechung infolge der Eröffnung eines Insolvenzverfahrens nach § 240 verhindert den Fristbeginn. Man muß einer Partei oder ihrem ProzBev nach einer Versäumung der Berufungsbegründungsfrist besondere Anstrengungen zur Vorlage in der Frist des I zumuten, BGH VersR **87**, 309. Der Verkehrsanwalt kann spätestens ab dem Erhalt eines Kostenfestsetzungsbeschlusses oder gar einer gegnerischen Vollstreckungsandrohung erkennen, daß das Urteil zugestellt wurde, BGH BB **01**, 543. Bei einer Versäumung der Fünfmonatsfrist des § 520 II 1 Hs 2 laufen die Zweiwochenfristen für die Wiedereinsetzung in die Berufungsfrist und in die Begründungsfrist gleichzeitig, Schlesw MDR **04**, 1256.

Die nachfolgend zitierte Rechtsprechung aus der Zeit *vor Mitte 1977* mit ihren schärferen Anforderungen nach dem alten Recht ist nur noch bedingt verwertbar, § 233 Rn 18.

9 **C. Versäumung der Einspruchsfrist.** Soweit die Partei eine Einspruchsfrist nach §§ 338, 700 versäumt hat, beginnt die Frist für den Wiedereinsetzungsantrag in demjenigen Zeitpunkt, in dem die Partei oder ihr Vertreter nach Rn 7 entweder von der zugrunde liegenden Zustellung eine Kenntnis erhält oder in dem man ihr die weitere Unkenntnis von dieser Zustellung vorwerfen muß, BGH NJW **00**, 592, Ffm NJW **87**, 335, ArbG Regensb JB **90**, 1199. Maßgebend ist die Kenntnis der Säumnis. Die Kenntnis ihrer Gründe ist unerheblich, BGH VersR **95**, 112. Ein Vorwurf ist trotz einer gerichtlichen Mitteilung über einen Einspruch erst dann möglich, wenn die Partei wissen kann, daß sie einen Antrag auf eine Wiedereinsetzung nur innerhalb einer gesetzlichen Frist stellen kann, BAG BB **75**, 971.

10 **D. Prozeßkostenhilfe,** dazu *Braunschneider* MDR **04**, 1045, *Löhnig* FamRZ **05**, 578, *Schultz* NJW **04**, 2329 (je: ausf): Unverschuldet ist das Zuwarten, solange man nicht mit einer Ablehnung rechnen muß, BGH NJW **08**, 2715. Der Umstand, daß die Partei in einem Anwaltsprozeß nach § 78 Rn 1 keinen Anwalt zum ProzBev bestellt hat, wird von demjenigen Augenblick an vorwerfbar, in dem die antragstellende Partei nicht mehr davon überzeugt sein darf, daß die Voraussetzungen für die Bewilligung einer Prozeßkostenhilfe in Bezug auf die Bedürftigkeit schon oder noch vorliegen, § 114 Rn 46, BGH FamRZ **07**, 802 links. Die Partei muß freilich außer dem eigentlichen Antrag auf eine Prozeßkostenhilfe auch rechtzeitig und vollständig die Formularangaben nach § 117 II gemacht haben, BGH NJW **08**, 2715, Zweibr MDR **08**, 228. Evtl reicht dazu die Frist des § 234, BGH BB **05**, 2378. Dasselbe gilt für Angaben nach § 116 Z 2, KG MDR **05**, 647. Das muß bei einem Rechtsmittel grundsätzlich in seiner Einlegungsfrist geschehen sein, BGH BB **05**, 2378, Brdb JB **02**, 373, KG MDR **07**, 1449, oder bis zum Ablauf der Frist des § 93 I 1 BVerfGG, BVerfG NJW **00**, 3344. Eine Mitteilung des Gerichts an denjenigen Bevollmächtigten, der den Antrag auf eine Prozeßkostenhilfe gestellt hat, über deren Bewilligung beendet das Hindernis, s unten. Das gilt selbst dann, wenn die Mitteilung zulässigerweise nach § 127 Rn 9 formlos erfolgte, BGH VersR **86**, 580. Voraussetzung einer solchen Beendigung des Hindernisses ist dabei natürlich, daß der Vertreter seine Partei nicht entsprechend über die gerichtliche

Mitteilung informiert, BGH VersR **77**, 626. Das gilt auch für den vorinstanzlichen ProzBev, BGH FamRZ **01**, 1606.

E. Beispiele zur Frage des Fristbeginns bei Prozeßkostenhilfe 11

Ablehnung: Wenn das Gericht eine Prozeßkostenhilfe voll abgelehnt hat, bleibt der Partei nur eine knappe Frist zur Überlegung, ob sie die jeweilige Frist einhalten will, BGH MDR **03**, 1314, Karlsr VersR **89**, 352 (Klagefrist), BGH MDR **08**, 99 (Berufungsfrist, ca 3 Tage), BGH VersR **07**, 132, Ffm VersR **98**, 609 (je: Begründungsfrist zum jeweiligen Rechtsmittel), strenger BGH VersR **81**, 854, Zweibr FamRZ **01**, 291 (aber auch die Partei behält ihre Würde und darf noch etwas anderes bedenken als diese Frage).

Vgl auch Rn 15 „Überlegungsfrist".

Ablehnung – Bewilligung: Wenn das Gericht eine Prozeßkostenhilfe zunächst abgelehnt hatte, sie jedoch auf Grund von Vorstellungen wegen einer inzwischen veränderten Rechtsprechung des BGH dann doch noch bewilligt hatte, darf man die zweite Entscheidung ebensowenig wie dann berücksichtigen, wenn inzwischen eine Gesetzesänderung eingetreten ist. Die Frist nach II beginnt zwar grundsätzlich schon mit der Zustellung des ersten Ablehnungsbeschlusses, BGH NJW **78**, 1920. Das gilt aber nicht unbedingt. Es gilt zB dann nicht, wenn die Partei schon in jenem Zeitpunkt einen Anwalt hatte. Die Frist beginnt in diesem Zeitpunkt aber dann, wenn die Partei ihren Anwalt beauftragt hat, das Rechtsmittel in jedem Fall einzulegen.

Antrag: Wenn der Antrag rechtzeitig erfolgt war und der Antragsteller nun in Insolvenz fällt, beginnt die Frist nicht zu laufen, BGH VersR **81**, 857.

Nicht auf die Zweiwochenfrist darf sich derjenige berufen, der nicht einmal den Prozeßkostenhilfeantrag nach § 117 ordnungsgemäß gestellt hat, BGH NJW **02**, 2180 (eine Bezugnahme auf einen früheren Antrag reicht nur bei einer Mitteilung unveränderter Verhältnisse).

Anwaltsverschulden: Wenn der beigeordnete Anwalt nicht weiß, daß die Rechtsmittelfrist abgelaufen ist, beginnt die Frist nach II mit dem Ablauf desjenigen Tages, von dem an die Unkenntnis des Anwalts vorwerfbar ist.

Auflage: Soweit das Gericht der Partei eine unbefristete *Auflage* gemacht, die Partei diese Auflage aber nicht innerhalb einer objektiv angemessenen Frist erfüllt hat, beginnt die Frist nach II erst dann zu laufen, wenn das Gericht der Partei den Beschluß über die Ablehnung einer Prozeßkostenhilfe zustellt oder wenn die Partei vorwerfbar eine ihr gesetzte Nachfrist verstreichen läßt. Eine bloße Äußerungsfrist ist keine Auflage, BGH NJW **76**, 330. Wenn die Partei einer befristeten Auflage im Verfahren auf eine Prozeßkostenhilfe schuldhaft nicht nachkommt, beginnt die Frist nach II in demjenigen Zeitpunkt, den das Gericht der Partei zur Erfüllung der Auflage gesetzt hat, BGH VersR **81**, 679. Es ist also nicht etwa schon der Ablauf einer den Umständen nach objektiv angemessenen Frist schädlich.

Auslegung: Man muß § 236 II 2 Hs 1 verfassungskonform auslegen, BGH NJW **03**, 3276. Das gilt freilich nur dann, wenn das Gericht auch eine erforderliche Beiordnung gleichzeitig mitteilt hat, Mü FamRZ **05**, 1499.

Behebung der Mittellosigkeit: Schon sie kann die Frist nach II unabhängig vom Erhalt einer Entschei- 12
dung über den Prozeßkostenhilfeantrag anlaufen lassen, BGH FamRZ **02**, 1705.

Beiordnung: S „Auslegung".

Bewilligung: Erst der Zugang der vollen oder teilweisen Bewilligung der Prozeßkostenhilfe beendet das Hindernis nach Rn 7, 8, BGH MDR **08**, 1058, Rpfleger **08**, 41, Karlsr FamRZ **05**, 384, Zweibr JB **07**, 438 rechts Mitte, großzügiger Hbg NJW **81** 2765, strenger OVG Münst FamRZ **84**, 605 (zu § 60 VwGO). Es genügt aber auch schon das Erkennenkönnen der Bewilligung unabhängig von ihrem tatsächlichen Zugang, BGH VersR **06**, 1141 (nicht nach einem unklaren Gerichtshinweis).

Bezugnahme: S „Antrag".

Entwurf: Rn 15 „Rechtsmittelschriftsatz". 13

Erfolgschance: Die Partei muß ihren Prozeßkostenhilfeantrag inenrhalb der Rechtsmittelfrist derart gestellt haben, daß sie mit einer Bewilligung wegen Mittellosigkeit rechnen konnte, BGH WoM **08**, 418 links oben, Ffm MDR **99**, 569.

Formular: Eine Wiedereinsetzung kommt dann in Betracht, wenn die Partei den Prozeßkostenhilfeantrag entweder mit einem nach § 117 vollständig ausgefüllten Formular eingereicht hat oder wenn sich dortige Lücken mühelos beim Gericht schließen lassen, BGH FamRZ **08**, 871 rechts.

Fristversäumung: Hat die Partei die Rechtsmittelfrist versäumt, muß ihr das Gericht nach der Bewilligung der Prozeßkostenhilfe unter den Voraussetzungen von §§ 234, 236 eine Wiedereinsetzung selbst dann geben, wenn sie die Begründungsfrist nach (jetzt) §§ 520 II, 551 II ebenfalls versäumt hat, BAG NJW **84**, 941.

Gegenvorstellung: Auch sie unterliegt der Frist nach II, BGH VersR **07**, 132 links. Eine Gegenvor- 14
stellung nach Grdz 6 vor § 567 hemmt einen schon begonnenen Fristablauf nicht, BGH VersR **80**, 86.

Neuer Antrag: Ein neuer Antrag auf eine Prozeßkostenhilfe hemmt den inzwischen begonnenen Fristlauf nicht. Es kommt nicht darauf an, ob die Partei vom Etfolg ihres neuen Antrags überzeugt *ist* oder ob sie gar hofft, das Gericht werde sich zu einer Änderung seiner Beurteilung bewegen lassen, BGH FamRZ **88**, 1153. Vielmehr kommt es darauf an, ob die Partei vernünftigerweise mit einer Bejahung ihrer Bedürftigkeit rechnen durfte, BGH FamRZ **07**, 802 links.

Notanwalt: Der Beschluß über die Ablehnung der Beiordnung eines Notanwalts nach § 78b steht für den Fristbeginn einer Ablehnung der Prozeßkostenhilfe gleich, BGH MDR **01**, 1431.

Prozeßvollmacht: Wenn das Gericht der Partei zwar schon im Verfahren auf die Bewilligung der 15
Prozeßkostenhilfe nach § 121 einen Anwalt beigeordnet hat, wenn die Partei diesem Anwalt aber noch *keine Prozeßvollmacht* nach § 121 Rn 18 ff erteilt hat (die letztere kann allerdings schon mit ihrem Prozeßkostenhilfeantrag verbunden sein), beginnt die Frist erst in demjenigen Zeitpunkt, in

dem das Gericht die Bewilligung der Prozeßkostenhilfe der Partei oder ihrem Vertreter rechtswirksam bekanntgibt, BGH FamRZ **01**, 1144. Sie beginnt dann allerdings auch unabhängig von einer etwaigen förmlichen Zustellung an den beigeordneten Anwalt. Das gilt unabhängig davon, wann die Partei von der Mitteilung tatsächlich eine Kenntnis erlangt, BGH FamRZ **91**, 425. Ab der Vollmachtserteilung kommt es auf das Verschulden auch des beigeordneten Anwalts an, BGH RR **93**, 452.

Rechtsmittelschriftsatz: Soweit die Partei ihren Antrag auf eine Prozeßkostenhilfe mit einem Rechtsmittelschriftsatz verbunden hat, sind die zum bloßen Prozeßkostenhilfeantrag entwickelten Gesichtspunkte nicht anwendbar, BGH VersR **81**, 577. Ein bloßer Rechtsmittelentwurf oder Begründungsentwurf wahrt die Frist nicht schon wegen seiner Verbindung mit dem Prozeßkostenhilfeantrag, BGH NJW **08**, 2856, (zustm Schneider, krit Zimmermann FamRZ **08**, 1521).

Überlegungsfrist: In der Regel sind für eine solche Überlegung wenige Tage ausreichend, BGH MDR **01**, 1431, Ffm RR **88**, 256, Meyer NJW **95**, 2141, großzügiger BGH MDR **03**, 1315 (mindestens zwei Wochen). Das gilt auch dann, wenn das Gericht nicht die Mittellosigkeit der Partei, sondern die Erfolgsaussicht der Rechtsverfolgung verneint hat, § 114 Rn 80, BGH VersR **85**, 272.

Die Überlegungsfrist *beginnt mit* demjenigen Zeitpunkt, in dem die Partei oder ihr Anwalt von der Ablehnung eine *Kenntnis* erhält, BGH FamRZ **01**, 1144. Man muß der Partei allerdings im Anschluß an ihre eigenen Überlegungen noch eine gewisse Frist zur Benachrichtigung ihres Anwalts zubilligen, BGH MDR **08**, 99 (jedenfalls 3 Werktage). Großzügig wären etwa 3 Wochen Frist zwecks Zahlung eines vom ProzBev des Mittellosen geforderten Vorschusses von (jetzt ca) 125 EUR, Schlesw MDR **93**, 1241, oder 1 Monat Zeit zwischen der Zustellung des Ablehnungsbescheids und der Einlegung des dortigen Rechtsmittels, BSG NJW **93**, 2958. An die Glaubhaftmachung einer Erkrankung in dieser Zeitspanne nach § 294 darf man keine geringen Anforderungen stellen, BGH VersR **86**, 59. Der Antragsteller muß stets das Formular nach § 117 IV rechtzeitig und korrekt ausgefüllt haben, BGH FamRZ **05**, 196.

Wenn das Gericht die Prozeßkostenhilfe nur *teilweise* bewilligt hat, bleibt der Partei für die Einhaltung der Berufungsfrist grundsätzlich keine weitere Überlegungsfrist, BGH RR **93**, 451. Denn sie braucht in der Berufungsschrift noch keinen der Höhe nach bestimmten Antrag zu stellen. Sie kann also insofern ihre Überlegungen noch nach der Einreichung der Berufungsschrift anstellen. Freilich kann eine kurze Überlegungsfrist ausnahmsweise gerechtfertigt sein, Hbg NJW **81**, 2765. Wenn das Gericht die Prozeßkostenhilfe zunächst ablehnt, sie aber auf Grund neuer Tatsachen nachträglich gewährt, kommt es grundsätzlich nur auf die erste Entscheidung an. Es ist ausnahmsweise aber nur die letzte maßgeblich, falls das Gericht seine Rechtsansicht in Wahrheit auf Grund desselben Sachverhalts geändert hatte.

16 **Verbesserung der Verhältnisse:** Wenn die Partei wegen einer Verbesserung ihrer Vermögensverhältnisse nicht mehr mit einer Bejahung ihrer Mittellosigkeit rechnen kann, darf sie nicht bis zur Zustellung eines Zurückweisungsbeschlusses warten, BGH VersR **96**, 1298, Ffm RR **88**, 256.

Vergleichsverhandlungen: Wenn die Partei wegen anderweitiger Vergleichsverhandlungen darum bittet, die Entscheidung über den Antrag auf eine Prozeßkostenhilfe zurückzustellen, dann aber das Scheitern der Vergleichsverhandlungen dem Gericht nicht mitteilt, beginnt die Frist nach II erst mit der Klarstellung durch das Gericht, BGH NJW **76**, 330.

Vertrauensschutz: Eine erstinstanzliche Bewilligung schafft grundsätzlich ein Vertrauen auch auf eine zweitinstanzliche. Das gilt selbst bei einem gröberen Fehler des Gerichts, aM Naumb FamRZ **02**, 1266 – abl Gottwald – (aber die Partei braucht nicht klüger zu sein als ihr bisheriger Richter).

Vorinstanzlicher Anwalt: Hat der erstinstanzliche ProzBev die Bewilligung von Prozeßkostenhilfe für die Berufungsinstanz beantragt, setzt eine Zustellung des Beiordnungsbeschlusses zugunsten des etwa besonderen zweitinstanzlichen Anwalts an den erstinstanzlichen Anwalt die zweiwöchige Wiedereinsetzungsfrist selbst dann in Lauf, wenn das Gericht seinen Prozeßkostenhilfebeschluß auch dem zweitinstanzlichen Anwalt zugestellt hatte, (zum alten Recht) BGH RR **93**, 451.

17 **F. Weitere Einzelfälle.** Eine Säumnis ist zB in folgenden Fällen nicht mehr unverschuldet: Ein Erkrankter erteilt die Prozeßvollmacht nicht, sobald er wenigstens dazu imstande ist; ein Inhaftierter merkt, daß man ihn nicht von Amts wegen zum Termin vorführt, Ffm Rpfleger **77**, 213; er kann seinen Anwalt wenigstens schriftlich erreichen, BGH VersR **85**, 786; eine Partei muß eine Fristversäumung bemerken, BGH VersR **86**, 147; ein beauftragter Anwalt muß die Versäumung der Frist bei der ihm zumutbaren normalen Sorgfalt erkennen, BGH VersR **87**, 53 und 765, etwa deshalb, weil die Partei ihn über eine öffentliche Zustellung informiert, selbst wenn er die Einzelheiten der Zustellung noch nicht kennt, BGH VersR **77**, 644, oder wenn das Gericht ihn über das Zustellungsdatum informiert, BGH RR **98**, 639. Ein Verschulden liegt auch dann vor, wenn die Partei ihn von der Absendung des Rechtsmittelauftrags informiert, oder wenn der Vorsitzende ihm eine Mitteilung zukommen läßt, BGH NJW **80**, 1848, oder wenn ein anderer Anwalt eine überraschende Bemerkung macht, BGH VersR **77**, 258, oder wenn das Personal dem Anwalt die Akten zum Zweck der Berufungsbegründung vorlegt, BGH VersR **87**, 765, es sei denn, der erstinstanzliche Anwalt hatte (noch) Schuld, LG Stade NdsRpfl **75**, 221.

18 *Weitere Beispiele des Verschuldens:* Nach dem Abhandenkommen eines Briefes wird dessen Verlust gewiß; das Gericht teilt überraschend mit, daß es einen ersten Fristverlängerungsantrag abgewiesen hat, BGH NJW **97**, 400; der Verkehrsanwalt erhält vom Berufungsanwalt die Nachricht, dieser lege das Mandat nieder. Dann kommt es auch nicht auf eine zeitlich nachfolgende Mitteilung des Gerichts über das Ausbleiben des Eingangs der Rechtsmittelbegründung an, BGH VersR **81**, 280; der Gegner beantragt eine Berichtigung, § 319, BGH FamRZ **90**, 989.

19 Es kommt grundsätzlich nicht darauf an, ob die *Partei selbst* Kenntnis hatte oder Kenntnis haben mußte, § 85 II, BGH VersR **85**, 786. Eine Ausnahme dazu gilt nur, falls der Anwalt den Auftrag

abgelehnt hätte. Es kommt auch nicht darauf an, ob zB dem Bürovorsteher des Anwalts die Fristversäumung schon früher bekannt war, BGH VersR **80**, 678. Der Anwalt muß eingehend darlegen und glaubhaft machen, daß er auf eine richtige weitere Behandlung der Sache durch den Bürovorsteher vertrauen durfte, BGH VersR **83**, 757. Bei § 184 II 1 mag man die „Behebung" des Hindernisses noch nicht schon mit dem tatsächlichen Zugang gleichsetzen müssen, aM Schlosser Festschrift für Stiefel (1987) 684 (aber dann besteht infolge des Auslandsbezugs eine ohnehin für die Partei schwierige Lage). Die Kenntnis von einem Kostenfestsetzungsbeschluß begründet auch eine Kenntnis vom Erlaß des zugrundeliegenden Urteils.

Wenn sich die Partei mit dem Prozeßgegner während der Berufungsbegründungsfrist *verglichen* hat, muß sie die Berufung bei einer Geltendmachung der Nichtigkeit des Vergleichs während der Frist nach I begründen und gleichzeitig die Wiedereinsetzung beantragen. Eine Fristversäumung ist unschädlich, wenn der Vergleich der Partei eine umfangreichere Verpflichtung auferlegt als das erste Urteil. 20

Wenn der Auftrag zur Einlegung eines Rechtsmittels dem Anwalt nicht zugeht, beginnt die Frist mit demjenigen Tag, an dem die Partei bei dem Anwalt eine *Rückfrage* hätte halten müssen. Wenn ihr Anwalt einen anderen Anwalt mit der Einlegung des Rechtsmittels beauftragt hat, kommt es auf denjenigen Tag an, an dem der beauftragende Anwalt eine Erkundigung bei dem beauftragten Anwalt hätte anstellen müssen. Wenn die Partei die Rücknahme eines noch unbegründeten Rechtsmittels widerruft, beginnt die Frist im Zeitpunkt der Mitteilung des Widerrufs an das Gericht. Sehr großzügig wäre es zulässig, daß ein Anwalt gegen ein Urteil Berufung einlegt, ohne es von einem solchen weiteren Urteil abzugrenzen, das das Gericht unter demselben Aktenzeichen an demselben Tag in seiner Gegenwart verkündet hatte.

235 (weggefallen)

236 *Wiedereinsetzungsantrag.* **[I] Die Form des Antrags auf Wiedereinsetzung richtet sich nach den Vorschriften, die für die versäumte Prozesshandlung gelten.**

[II] [1] Der Antrag muss die Angabe der die Wiedereinsetzung begründenden Tatsachen enthalten; diese sind bei der Antragstellung oder im Verfahren über den Antrag glaubhaft zu machen. [2] Innerhalb der Antragsfrist ist die versäumte Prozesshandlung nachzuholen; ist dies geschehen, so kann Wiedereinsetzung auch ohne Antrag gewährt werden.

Gliederung

1) Systematik, I, II. Die Vorschrift regelt die Form und den Inhalt des nach § 234 grundsätzlich erforderlichen Antrags, während §§ 237, 238 das weitere Verfahren bis zur Entscheidung regeln. Für die Glaubhaftmachung nach II muß man § 294 ergänzend beachten. 1

2) Regelungszweck, I, II. Formvorschriften dienen stets der Rechtssicherheit, Einl III 43. Sie sind aber kein Selbstzweck, Einl III 10. Man darf sie daher nicht überstrapazieren. Das bringt II 2 zum Ausdruck, indem er das Ziel der sachlichrechtlichen Gerechtigkeit nach Einl III 9, 36 soweit wie möglich aufrechterhalten hilft. Daher darf man diesen letzten Teil der Vorschrift nicht zu eng auslegen. 2

Glaubhaftmachung ist ja überhaupt ein gegenüber dem Vollbeweis geringerer Anforderungsgrad, § 294 Rn 1. Darin kommt auch für die übrigen Teile zumindest von II eine Auslegungsmöglichkeit zum Ausdruck, die für eine gewisse Großzügigkeit Platz läßt. Oft gibt es für diejenige Tatsache, von der eine Wiedereinsetzung abhängt, wirklich nur die Angaben des Antragstellers als Beleg. Zwar ist die Zulassung der eidesstattlichen Versicherung in § 294 als ein Mittel der Glaubhaftmachung kein Anlaß, jede eidesstattliche Versicherung automatisch als voll ausreichend anzusehen. Immerhin steht ja hinter ihr die Strafbarkeit einer falschen Versicherung nach § 156 StGB. Daher darf man ihr auch hier meist wohl vertrauen.

3) Geltungsbereich, I, II. Vgl § 233 Rn 3–5. § 236 gilt auch im WEG-Verfahren, vgl freilich auch § 46 S 3 WEG, abgedruckt § 253 Rn 26. Er gilt auch im arbeitsgerichtlichen Verfahren, BAG NZA **07**, 228. Im FamFG-Verfahren gilt der II inhaltlich entsprechende § 18 II FamFG, (zum alten Recht) BayObLG FGPrax **03**, 29. 3

4 **4) Form, I.** Der Antrag auf die Wiedereinsetzung ist eine Parteiprozeßhandlung, Grdz 47 vor § 128. Seine Form richtet sich nach derjenigen für die wirksame Vornahme der versäumten Prozeßhandlung, zB § 587. Es mag etwa um die Versäumung der Einlegung eines Rechtsmittels oder um die Versäumung der Rechtsmittelbegründung gehen, §§ 517, 520 II, 548, 551 II 2, 569 I 1, 575 I 1, II. Dann ist für den Wiedereinsetzungsantrag mangels ihrer elektronischen Einreichung nach § 130 a die Schriftform erforderlich, § 129 Rn 6. Ein Anwaltszwang besteht wie sonst, § 78 Rn 1, Mü RR **87**, 895. Wenn es um einen Einspruch nach §§ 340 I, 700 I geht, ist für den Wiedereinsetzungsantrag eine Erklärung zum Protokoll der Geschäftsstelle ausreichend, soweit das AG das Versäumnisurteil vom AG erlassen hatte, § 496. Bei einer sofortigen Beschwerde muß man § 569 II beachten, bei der Erinnerung gegen einen Kostenfestsetzungsbeschluß § 104 III.

Man braucht seinen Antrag *nicht ausdrücklich* als Antrag oder Gesuch um eine Wiedereinsetzung zu bezeichnen, Rn 16–18, BGH NJW **79**, 110, Düss RR **07**, 614. Ein stillschweigender Antrag liegt aber nicht vor, wenn der ProzBev in der irrigen Annahme, die Frist sei noch nicht abgelaufen, das Rechtsmittel eingelegt hat und auch später noch an seinem Irrtum festhält, BGH VersR **83**, 559, oder wenn ein rechtskundiger Versorgungsträger in einem den Anforderungen der §§ 234, 236 im übrigen nicht genügenden Schriftsatz unrichtige Auffassungen zu einem anderen Fristablauf geltend macht, Saarbr FamRZ **88**, 414, oder wenn jemand lediglich ankündigt, gegen eine nach seiner Darstellung noch nicht zugestellte Entscheidung vorgehen zu wollen, wenn auch „mit Sicherheit", BayObLG RR **00**, 672, oder wenn jemand nur um eine Verlängerung der Frist zur Begründung des Rechtsmittels bittet, BGH RR **00**, 1731. Zur Antragsauslegung in einer Entschädigungssache Schwarz NJW **84**, 2138. Der Antrag richtet sich an das nach § 237 zuständige Gericht. Der Antrag ist auch als ein bloßer Hilfsantrag statthaft, BGH NJW **00**, 2280. Ein unzulässiger Wiedereinsetzungsantrag kann als eine nach § 321 a zulässige Gehörsrüge umdeutbar sein, Grdz 52 vor § 128, Kblz JB **08**, 325 rechts.

5 **5) Inhalt, II 1.** Die Vorschrift ist ziemlich streng, Rn 1.

A. Wiedereinsetzungsgrund. Die Partei muß nur noch alle diejenigen Tatsachen angeben, die die Wiedereinsetzung nach § 233 zulässig machen und begründen, BGH NJW **07**, 603, BAG NZA **07**, 228, Rostock MDR **08**, 42. Sie muß das freilich auch tun, BAG NZA **07**, 228, Düss RR **07**, 614, Ffm MDR **05**, 296. Das sind zunächst solche Tatsachen, die überhaupt ein Fristversäumnis ergeben. An einem solchen Fristversäumnis fehlt es häufiger, als von der Praxis bemerkt. Es kann zB eine Frist gewahrt sein, wenn ein Telefax in Wahrheit rechtzeitig eingegangen war. Liegt ein Fristversäumnis vor, müssen wegen §§ 51 II, 85 II solche Tatsachen feststehen, die ein Verschulden der Partei oder ihres Bevollmächtigten ausschließen, BGH MDR **08**, 827 links, BAG NZA **07**, 228, und zwar auch ein etwa mitwirkendes Verschulden.

Dazu gehören zB: Diejenigen Tatsachen, aus denen sich ergibt, daß die Partei notwendige Unterlagen für einen Antrag auf die Bewilligung einer Prozeßkostenhilfe nach § 117 ohne ihr Verschulden nicht innerhalb der Rechtsmittelfrist beschaffen konnte, aus denen sich aber ferner ergibt, daß sie diese Unterlagen dann unverzüglich nachgereicht hat; die Angabe des Zustellungstags; die Tatsachen, aus denen sich eine Urlaubsreise oder eine Erkrankung oder überhaupt alle diejenigen Umstände ergeben, die zwischen dem Beginn und dem Ende der versäumten Frist liegen und die für die Fristversäumung und für die Schuldlosigkeit der Partei bedeutsam sein können, BGH VersR **86**, 964, BAG NZA **07**, 228, LAG Mü JB **91**, 124. Der Vortrag darf sich nicht auf solche Schlußfolgerungen und Bewertungen beschränken, die dem Gericht eine selbständige Beurteilung der Verschuldensfrage nicht ermöglichen, BGH RR **90**, 379. Eine fehlerhafte Rechtsmittelbelehrung reicht nicht stets als eine Entschuldigung aus, BAG NZA **07**, 228.

Soweit eine Tatsache nach § 291 Rn 5 *aktenkundig* ist, braucht man sie nicht zusätzlich anzugeben, BGH VersR **87**, 1237. Bei einer Bewilligung der Prozeßkostenhilfe erst nach dem Ablauf der Rechtsmittelfrist ist aktenkundig, daß der Antragsteller die Versäumung der Rechtsmittelfrist nicht verschuldet hat, BGH VersR **82**, 41. Bei einer Ablehnung der Prozeßkostenhilfe muß er aber glaubhaft machen, weshalb er annehmen durfte, zur rechtzeitigen Einlegung des Rechtsmittels finanziell nicht imstande zu sein, BGH VersR **82**, 42.

Die Partei muß freilich alle diese Umstände in den Grenzen des Zumutbaren darlegen, BGH RR **99**, 428, BAG NZA **07**, 228. Das muß *im wesentlichen genau* geschehen, BGH VersR **86**, 965, Ffm MDR **05**, 296. Es muß auch unverzüglich erfolgen, § 121 I 1 BGB, also ohne schuldhaftes Zögern, BGH FER **96**, 41. Eine pauschale Bezugnahme auf den früheren Vortrag reicht nicht aus, LAG Ffm BB **82**, 1924. Ein neues nachgeschobenes Vorbringen ist grundsätzlich unzulässig, BGH NJW **00**, 365, auch im Beschwerdeverfahren, BGH NJW **97**, 2120. Ebenso unzulässig sind ein Widerruf und eine Ersetzung durch einen neuen Vortrag, BGH NJW **97**, 2120. Eine bloße Vervollständigung oder Ergänzung ist freilich auch nach dem Ablauf der Frist des § 234 I zulässig, BGH FamRZ **04**, 1552 links unten, BFH BB **85**, 1717. Das Gericht muß eine solche Vervollständigung oder Ergänzung sogar unter Umständen nach § 139 von Amts wegen veranlassen, Grdz 39 vor § 128, BGH NJW **07**, 3212, großzügiger Ffm MDR **05**, 296. Die Partei darf die nach ihrer Ansicht zur Wiedereinsetzung ausreichenden Tatsachen jedenfalls dann nicht alternativ vortragen, wenn dabei ein Verschulden bei auch nur einem der Vorgänge möglich bleibt, BGH VersR **82**, 144.

6 **B. Fristwahrung.** Die Partei muß die in Rn 5 genannten Tatsachen nennen, BGH RR **98**, 279. Sie muß außerdem diejenigen Tatsachen angeben, aus denen sich ergibt, daß sie die Frist des § 234 gewahrt hat, BGH MDR **08**, 827 links. Dazu gehört unter anderem die Angabe desjenigen Zeitpunkts, in dem das Hindernis wegfiel. Das Gericht ermittelt solche Tatsachen nicht etwa nach Grdz 38 vor § 128 von Amts wegen. Wenn ein Anwalt behauptet, ein Angestellter habe in einer Weise gehandelt, die der Anwalt nicht vertreten müsse, muß der Anwalt die zugehörigen Tatsachen angeben. Er muß vor allem darlegen, was er persönlich unternommen hatte, um eine solche Panne zu verhindern. Wenn die Partei trotz der Ablehnung ihres Antrags auf eine Prozeßkostenhilfe das Rechtsmittel auf eigene Kosten durch-

führen will, muß sie darlegen, warum sie sich zunächst für berechtigt halten durfte, eine Prozeßkostenhilfe zu beantragen. Soweit aber feststeht, daß die persönlichen und wirtschaftlichen Verhältnisse der Partei für die Bewilligung einer Prozeßkostenhilfe nach § 114 ausreichten, braucht die Partei nicht darzulegen, weshalb sie das Rechtsmittel nicht rechtzeitig eingelegt hatte. Sie darf dann jedenfalls die Entscheidung über ihren Prozeßkostenhilfeantrag abwarten, wenn das Gericht diese Entscheidung nicht bis zum Ablauf der Rechtsmittelfrist getroffen hat. Sie braucht dann das Rechtsmittel nicht vor der Entscheidung einzulegen.

Soweit es für das Gericht *offensichtlich,* zB aktenkundig ist, daß die Partei die Wiedereinsetzungsfrist gewahrt hat, braucht die Partei hierzu keine näheren Angaben zu machen, Rn 16–18, BGH FamRZ **92**, 49. Zur Lage bei § 72a III ArbGG BAG DB **83**, 2640. Soweit aus anderen Gründen eine Wiedereinsetzung nicht möglich ist, kommt es auf die Einhaltung der Zweiwochenfrist nicht mehr an, BGH VersR **86**, 1192. Der Antragsteller wahrt die Frist nicht, wenn er die zur Antragsbegründung rechtzeitig vorgetragene Tatsache widerruft und sie erst nach dem Fristablauf durch einen neuen Tatsachenvortrag ersetzt, BGH VersR **82**, 1168, BAG DB **95**, 1920.

6) Glaubhaftmachung, II 1. Vgl zunächst Rn 2. Die Prozeßbeteiligten halten diese selbstverständliche Bedingung manchmal nicht sorgfältig genug ein. Zur Glaubhaftmachung genügt eine überwiegende Wahrscheinlichkeit, § 294 Rn 1, BGH RR **00**, 1367. Dazu gehört nicht nur eine Angabe derjenigen Mittel, aus denen sich die Glaubwürdigkeit ergeben soll, sondern auch die Glaubhaftmachung selbst. Die Partei darf die eidesstattliche Versicherung selbst abgeben, BGH FamRZ **96**, 409. 7

A. Grundsatz: Möglichkeit der Nachholung. Die Partei muß grundsätzlich sämtliche Tatsachen glaubhaft machen, die die Wiedereinsetzung begründen, Rn 5, 6, § 294, BGH NJW **00**, 592 (Ausnahme bei Offenkundigkeit der Fristwahrung), also auch diejenigen, aus denen sich die Rechtzeitigkeit des Wiedereinsetzungsgesuchs ergibt, BGH NJW **90**, 190. Die Glaubhaftmachung braucht allerdings nicht mehr unbedingt schon im Antrag zu erfolgen, sogar nicht einmal innerhalb der Frist des § 234. Es reicht vielmehr aus, daß die Glaubhaftmachung „im Verfahren über den Antrag" erfolgt, BGH FamRZ **89**, 373. Das bedeutet: Die Partei kann die Glaubhaftmachung bis zu demjenigen Zeitpunkt nachholen, in dem das Gericht über den Wiedereinsetzungsantrag nach § 238 entscheidet, BGH FamRZ **87**, 925. Daher darf und muß das Gericht auch ein unter einem Verstoß gegen § 294 II, aber immerhin bis zum Verhandlungsschluß nach §§ 136 IV, 296a vorliegendes Mittel der Glaubhaftmachung mitbeachten, BGH FamRZ **89**, 373. Daher kann eine Glaubhaftmachung evtl auch noch im Beschwerdeverfahren erfolgen, BGH NJW **96**, 1682.

B. Beispiele zur Frage der Glaubhaftmachung 8

Alter: Auch einem Achtzehnjährigen ist eine eidesstattliche Versicherung zumutbar, BGH VersR **82**, 273.

Anwaltsversicherung: Eine eidesstattliche Versicherung des Anwalts ist grds zulässig, § 294 Rn 8, BGH VersR **07**, 131 (strenge Anforderungen), Nürnb NJW **06**, 2195. Sie kann den Vorrang vor einer abweichenden Versicherung des Auftraggebers haben, Nürnb NJW **06**, 2195. Allerdings muß das Gericht auch eine Anwaltsversicherung zB auf Widersprüche prüfen, BGH FamRZ **06,** 201 links, auch auf unübliche Arbeitsweisen, BGH VersR **07**, 131 (eigene Fristkontrollen).

Begründung: Eine eidesstattliche Versicherung muß trotz aller Unzulässigkeit einer Überspannung doch eine zugehörige eigene Begründung haben, großzügiger BGH FamRZ **05**, 267 (aber eine gewisse nachvollziehbare Begründung zB eines bloßen Versehens ist eigentlich selbstverständlich, soll nicht das „Versehen" zur Gefahr einer bloßen Floskel werden).

Bezugnahme: Eine bloße Bezugnahme reicht meist nicht, § 294 Rn 7, BGH VersR **88**, 860, Celle JB **04**, 492. Wenn die Partei auf eine eidesstattliche Versicherung Bezug nimmt, diese aber offenbar irrig nicht beifügt, muß das Gericht ihr dazu eine Gelegenheit geben, BGH VersR **82**, 273. Freilich hat die Partei dazu nur eine kurze Nachfrist.

Dritter: Die Behauptung eines Anwalts über die Handlung eines Dritten genügt zur Glaubhaftmachung *nicht.* 9

S auch „Inhaltsprüfung des Anwalts".

Fragepflicht: Das Gericht kann dann eine Fragepflicht haben, wenn ihm die bisherige eidesstattliche Versicherung nicht genügt, § 139, BGH NJW **07**, 3069. Die Partei darf aber keineswegs stets abwarten, ob das Gericht sie zur Glaubhaftmachung auffordert. Denn II 1 macht die Glaubhaftmachung anders als zB §§ 227 II, 296 IV nicht von einem „Verlangen" des Gerichts abhängig. Das übersieht ZöGre 7 bei seinem an sich richtigen Hinweis auf § 139.

Inhaltsprüfung des Anwalts: Der Anwalt muß die eidesstattliche Versicherung seines Auftraggebers oder eines Dritten auf ihre Eignung prüfen und insoweit auf ihre Fassung einen Einfluß nehmen, BGH VersR **83**, 562.

Lebenserfahrung: Es kann zur Glaubhaftmachung ausreichen, daß die Lebenserfahrung keinen Anhalt für eine bestrittene Kenntnis gibt.

S auch Rn 10 „Urlaub".

Nachlässigkeit des Gerichts: S „Überspannung".

Nachreichung: Rn 7, 8 „Bezugnahme".

Überspannung: Das Gericht darf seine Anforderungen an die Glaubhaftmachung *nicht überspannen,* BVerfG **41**, 339 (OWiG, StPO), BGH VersR **86**, 463, aM BGH VersR **83**, 401 (aber die Anforderungen sind ohnehin schon hart genug). Nach einer Nachlässigkeit des Gerichts oder beim Fehlen besserer Mittel der Glaubhaftmachung kann ausnahmsweise sogar eine einfache Erklärung reichen, BVerfG RR **02**, 1006.

Urlaub: Es kann eine Mitteilung genügen, die Partei sei im Urlaub gewesen. Auch eine Arztbescheinigung kann genügen. Freilich muß das Gericht den Parteivortrag sorgfältig zu prüfen, BGH VersR **85**, 550. Es kann auch genügen, daß ein Anwalt eine solche Mitteilung über seinen Auftraggeber macht, BVerfG **41**, 339 (OWiG, StPO). Es kann reichen, daß er dazu eine Kopie zB seines 10

Fristenkalenders einreicht, BGH RR **87**, 900. Eine solche Mitteilung kann sogar dann genügen, wenn sie außerhalb der allgemeinen Ferienzeit beim Gericht eingeht, BVerfG **41**, 339 (OWiG, StPO). Man braucht eine gerichtsbekannte offenkundige oder aktenkundige Tatsache nicht glaubhaft zu machen, Rn 6, 16.

Freilich darf die Lebenserfahrung, daß sich das halbe Volk während der üblichen *Urlaubszeiten* im Ausland oder doch auswärts befindet, nun auch nicht dazu führen, daß sich das Gericht mit jeder noch so nachlässigen Mitteilung begnügen dürfte, auch die antragstellende Partei sei im Urlaub gewesen. Schließlich verbringen viele Leute ihren Urlaub jedenfalls teilweise an ihrem Wohnsitz oder doch in dessen unmittelbarer Nähe. Es sind also zumindest präzise Angaben über den Beginn und das Ende des Urlaubs sowie den Urlaubsort erforderlich. Oft sind darüber hinaus Angaben dazu erforderlich, weshalb sich die Partei die Post nicht nachschicken ließ usw. Andernfalls würde man bei der Glaubhaftmachung geringere Anforderungen als bei der Angabe derjenigen Tatsachen stellen, die überhaupt eine Wiedereinsetzung ermöglichen sollen. Das alles gilt erst recht nach einem Urlaub außerhalb der Hauptreisezeit, BGH VersR **84**, 82.

11 **Vermeidbarkeit:** Eine Glaubhaftmachung ist nur dazu nötig, daß eine feststehende Fristversäumung unvermeidbar war.

Widerspruch: Eine eidesstattliche Versicherung reicht dann *kaum*, wenn sie im Widerspruch zum sonstigen Vortrag steht, BGH BB **02**, 542.

Zuwarten des Partei: Rn 9 „Fragepflicht".

Zweifel: Im Zweifel muß das Gericht eine Wiedereinsetzung versagen, BGH VersR **83**, 401.

12 **7) Nachholung der versäumten Prozeßhandlung, II 2 Hs 1.** Die Partei muß die versäumte Prozeßhandlung in der für sie notwendigen Form nachholen, Rn 1, BGH FamRZ **06**, 1754. Das kann vor oder nach dem Antrag erfolgen.

A. Fristgebundenheit. Die Nachholung muß aber innerhalb der Antragsfrist des § 234 geschehen, BGH MDR **08**, 100, BAG NJW **05**, 3085, LAG Stgt NZA-RR **05**, 549. Das kommt auch für eine nachholbare Verfahrensrüge in Betracht, BGH NJW **00**, 364. Ein isoliert bleibender Wiedereinsetzungsantrag ist also unzulässig, BGH VersR **78**, 88, BFH DB **87**, 873. Die Nachholung kann freilich vor ihm geschehen, BGH VersR **87**, 1237. Sie kann innerhalb der Frist des § 234 I auch nach ihm erfolgen, sogar nach einer Verwerfung des „verspäteten" Rechtsmittels. II 2 Hs 1 läßt sich entsprechend verfassungskonform auslegen, BGH MDR **03,** 1308. Die Partei muß alles dasjenige nachholen, das bei einer Einreichung vor dem Ablauf der versäumten Frist ebenfalls notwendig und ihr auch zumutbar gewesen wäre, BGH FamRZ **06**, 1754. Sie muß zB dem Notanwalt des § 78 b einen angemessenen Gebührenvorschuß zahlen, BGH VersR **91**, 122. Ein Einspruch nach §§ 338, 700 muß nicht unbedingt ausdrücklich erfolgen, soweit er nur eindeutig erkennbar ist, § 340 Rn 3, BVerfG **88**, 127. Wenn es um einen Antrag auf die Bewilligung einer Prozeßkostenhilfe nach § 117 geht, muß die Partei sämtliche Unterlagen vorlegen, die seinerzeit notwendig gewesen wären, um dem Gericht eine Entscheidung zu ermöglichen, BGH VersR **85**, 271, BayObLG **79**, 255.

13 **B. Auch bei Verlängerungsantrag.** Ein Antrag auf die Verlängerung einer Frist ersetzt die Notwendigkeit der Nachholung der versäumten Prozeßhandlung nicht, BGH FamRZ **06**, 1754, BAG NJW **96**, 1366, LAG Stgt NZA-RR **05**, 549, aM BGH NJW **03**, 3782 (bei Mittellosigkeit), Karlsr MDR **87**, 240 (aber ungeachtet aller Auslegbarkeit sollte eine so wesentliche Parteiprozeßhandlung nun doch unzweideutig und ausdrücklich zumutbar sein).

14 **C. Auch bei Rechtsmittel.** Die Partei muß also auch eine Rechtsmitteleinlegung nachholen. Diese muß grundsätzlich unbedingt sein, BGH FamRZ **01**, 416 links. Freilich mag eine Berufungsschrift entbehrlich sein, soweit eine rechtzeitige Begründungsschrift alles Erforderliche enthält, BGH NJW **02**, 3636. Dasselbe gilt für den Wiedereinsetzungsantrag nach einer Versäumung der Einspruchsfrist, BVerfG NJW **93**, 1635. Die Partei muß auch eine Rechtsmittelbegründung grundsätzlich innerhalb der Wiedereinsetzungsfrist nachholen, BGH FamRZ **06**, 1754, BAG NJW **96**, 1365, Oldb FamRZ **97**, 304 (ein nicht unterzeichneter Entwurf reicht nicht), aM Mü MDR **87**, 240 (vgl aber Rn 12, 13). Freilich muß man II 2 Hs 1 verfassungskonform auslegen, BGH NJW **07**, 3355 (falsch zitierend; krit Saenger ZZP **121**, 119). Zum Problem Schultz NJW **04**, 2329 (ausf).

Wenn das Gericht nach einer verspäteten Rechtsmitteleinlegung innerhalb der Begründungsfrist weder das Rechtsmittel verwirft noch über den wegen der Fristversäumung gestellten Wiedereinsetzungsantrag entscheidet, berührt ein späterer Wiedereinsetzungserfolg den *Ablauf der Frist* nicht, BGH NJW **89**, 1155.

15 **D. Auch bei Prozeßkostenhilfe.** Die Nachholung der versäumten Prozeßhandlung innerhalb der Wiedereinsetzungsfrist ist grundsätzlich auch beim Antrag auf eine Prozeßkostenhilfe notwendig, BGH NJW **04**, 2903, Bbg MDR **95**, 1263. Etwas anderes gilt aber dann, wenn die Partei zunächst unzulässig eine Berufung nur für den Fall der Bewilligung einer Prozeßkostenhilfe eingelegt hatte, dann mangels Entscheidung über das PKH-Gesuch nach dem Fristablauf unbedingt Berufung eingelegt hatte, BGH FamRZ **01**, 416 links. Eine Bitte um die Weiterleitung an das wirklich zuständige Gericht kann ausreichen, sofern die Akte dort vor dem Ablauf der Frist eingeht, BGH VersR **78**, 826. Soweit die Partei die versäumte Prozeßhandlung nachgeholt hat, braucht sie diese nicht zu wiederholen, BGH VersR **78**, 449, Düss FamRZ **82**, 82. Sehr großzügig lassen manche die Rechtsmittelbegründung in der Wiedereinsetzungsfrist für das zwar scheinbar fehlende, aber klar erkennbare Rechtsmittel ausreichen, BGH NJW **00**, 3286 links.

16 **8) Entbehrlichkeit eines Antrags, II 2 Hs 2.** Die Vorschrift wird zu wenig beachtet.

A. Voraussetzungen. Grundsätzlich findet keine Wiedereinsetzung ohne einen Antrag statt, § 234 Rn 1, BAG NJW **89**, 2708. Ein Antrag auf eine Wiedereinsetzung ist aber ausnahmsweise scheinbar ganz entbehrlich, BGH RR **05**, 793, soweit die Partei die versäumte Prozeßhandlung innerhalb der Antragsfrist des § 234 I nachgeholt hat, BGH FamRZ **01**, 830 (außerdem Aktenkundigkeit des Wiedereinsetzungsgrundes), BAG NJW **95**, 2125. Das bedeutet natürlich nicht, daß das Gericht die Wiedereinsetzung ohne jede

Prüfung gewähren dürfte, wenn die Partei zwar die zunächst einzuhaltende Frist versäumt hat, dann aber die Handlung innerhalb der Frist des § 234 nachholt, BGH NJW **82**, 1873. Vielmehr meint das Gesetz lediglich folgendes: Falls die Partei die versäumte Handlung nach Rn 12–15 nachgeholt hat, schadet ein Formmangel ihres an sich auch dann erforderlichen Antrags nicht unbedingt. Die Wiedereinsetzung soll auch nicht an irgendeinem Behördenverschulden scheitern.

B. Beispiele zur Frage einer Entbehrlichkeit 17

Aktenkundigkeit: Die Erwägungen Rn 18 „Offenkundigkeit" gelten insbesondere bei einer Aktenkundigkeit nach § 291 Rn 5, BGH RR **06**, 564.

Behördenfehler: Entbehrlich sein kann ein Antrag dann, wenn irgendein Behördenverschulden vorliegt.

Fortsetzungswille: Ausreichen kann der Parteiwille, den Prozeß trotz ihrer Kenntnis des Fristablaufs fortzusetzen, BGH NJW **75**, 928, BAG NJW **89**, 2708, Vollkommer ZZP **89**, 209. Dann ist ein Rechtsirrtum der Partei unbeachtlich, BGH **61**, 395 (zustm Vollkommer ZZP **89**, 209).

Hilfsantrag: Er kann ausreichen, BGH NJW **97**, 1312.

Hindernis: Entbehrlich sein kann ein Antrag dann, wenn eine Partei die Prozeßhandlung sogar trotz eines Hindernisses vorgenommen hatte, BGH VersR **85**, 271.

Irrtum: Entbehrlich sein kann ein Antrag dann, wenn das Gericht irrig eine Fristversäumung angenommen hatte, LAG Hamm BB **77**, 1706. 18

Nicht entbehrlich ist ein Antrag dann, wenn der Rechtsmittelkläger nur meint, er sei gar nicht säumig, BAG BB **75**, 971, Ffm FamRZ **83**, 197 (je: angeblich noch kein Fristanlauf oder gar -ablauf).

S auch Rn 17 „Fortsetzungswille".

Nachschieben: *Nicht* hinnehmbar ist ein grundloses Nachschieben eines Wiedereinsetzungsgrunds.

Offenkundigkeit: Entbehrlich kann ein Antrag dann sein, wenn alle Daten nach § 291 offenkundig sind, BGH Rpfleger **04**, 177, BAG NJW **95**, 2125, KG ZMR **94**, 35.

S auch Rn 17 „Aktenkundigkeit".

Revision: Entbehrlich ist natürlich ein Antrag bei einer Bewilligung von Amts wegen durch das Revisionsgericht, BGH NJW **85**, 2651.

Schuldlosigkeit: Entbehrlich sein kann ein Antrag dann, wenn sich aus den Daten ergibt, daß die Partei zB eine Rechtsmittelschrift schuldlos versäumt hatte, Rn 6, BGH FamRZ **01**, 416, Borgmann FamRZ **78**, 46.

C. Folgen. Soweit die Voraussetzungen Rn 16–18 vorliegen, muß das Gericht die Wiedereinsetzung gewähren. Denn „kann" steht hier nicht nur in sein pflichtgemäßes Ermessen, Füss RR **03**, 138, StJSchu 4, ZöGre 5, aM BGH BRAK-Mitt **87**, 91, BAG NJW **89**, 2708 (aber es soll nicht dem Gerichtsermessen überlassen bleiben, ob es bei einer im Ergebnis ungerechten Entscheidung bleibt, § 237 Rn 1, 2). 19

9) Verstoß, I, II. Ein Verstoß heilt nicht nach § 295. Ein verspäteter oder nicht nach II 2 Hs 2 ersetzter Antrag ist unzulässig. 20

237 *Zuständigkeit für Wiedereinsetzung.* **Über den Antrag auf Wiedereinsetzung entscheidet das Gericht, dem die Entscheidung über die nachgeholte Prozesshandlung zusteht.**

1) Systematik, Regelungszweck. Die Vorschrift enthält für das Wiedereinsetzungsverfahren eine vorrangige Zuständigkeits-Sonderregelung im Interesse der Einheitlichkeit der Beurteilung einer Wiedereinsetzung und Hauptsache zur Erzielung einer gerechten Sachentscheidung nach Einl III 9, 36 und natürlich auch zwecks Prozeßwirtschaftlichkeit, Grdz 14 vor § 128. 1

2) Geltungsbereich. Vgl § 233 Rn 3–5. Im FamFG-Verfahren gilt inhaltlich entsprechend § 19 I FamFG. 2

3) Zuständigkeit. Für die Entscheidung über den Antrag auf eine Wiedereinsetzung wie für eine Entscheidung von Amts wegen nach § 236 II 2 Hs 2 ist grundsätzlich dasjenige Gericht zuständig, das über die nachgeholte Prozeßhandlung entscheiden muß oder das beim Fehlen einer Prozeßhandlung entschieden hat, BGH RR **89**, 963. Das ist bei der Versäumung der Berufungsfrist das Berufungsgericht und bei einer sofortigen Beschwerde das nach § 572 I 1 Hs 1 abhelfende Gericht. Bei einer befristeten Erinnerung gegen eine Entscheidung des nach §§ 361, 362 verordneten Richters oder gegen eine Entscheidung des Urkundsbeamten der Geschäftsstelle ist zunächst das Prozeßgericht zuständig, § 573 I. Erst bei einer sofortigen Beschwerde gegen seine Entscheidung wird das nach §§ 573 II, 572 I 1 zuständige Gericht tätig. Bei einer Rechtsbeschwerde nach § 574 ist das Rechtsbeschwerdegericht zuständig, BGH NJW **96**, 2581. Bei einem Rechtsbehelf nach § 104 III ist zunächst der Rpfl zuständig, § 104 Rn 41 ff, soweit er abhelfen will, Kblz AnwBl **03**, 315. 3

Grundsätzlich darf *kein anderes Gericht* die Entscheidung vorwegnehmen, BGH **101**, 141. Allerdings darf und muß das Revisionsgericht gegen die Versäumung einer Frist des Berufungsverfahrens auch ohne einen Antrag unter den Voraussetzungen des § 236 II 2 Hs 2 in einem klaren Fall statt einer Aufhebung und Zurückverweisung selbst die Wiedereinsetzung gewähren, BGH WoM **08**, 156 (nur im dortigen Fall nicht genug durchdacht: gar kein Fristablauf), BAG NJW **04**, 2113, BFH DB **83**, 1132. Es darf sie aber auch in einem klaren Fall nicht verweigern, sondern muß dazu zurückverweisen, BGH **101**, 141.

238 *Verfahren bei Wiedereinsetzung.* I [1] **Das Verfahren über den Antrag auf Wiedereinsetzung ist mit dem Verfahren über die nachgeholte Prozesshandlung zu verbinden.** [2] **Das Gericht kann jedoch das Verfahren zunächst auf die Verhandlung und Entscheidung über den Antrag beschränken.**

II 1 Auf die Entscheidung über die Zulässigkeit des Antrags und auf die Anfechtung der Entscheidung sind die Vorschriften anzuwenden, die in diesen Beziehungen für die nachgeholte Prozesshandlung gelten. 2 Der Partei, die den Antrag gestellt hat, steht jedoch der Einspruch nicht zu.

III Die Wiedereinsetzung ist unanfechtbar.

IV Die Kosten der Wiedereinsetzung fallen dem Antragsteller zur Last, soweit sie nicht durch einen unbegründeten Widerspruch des Gegners entstanden sind.

Gliederung

1 **1) Systematik, I–IV.** Die Vorschrift regelt im Anschluß an die Klärung des Antragserfordernisses nach §§ 234, 236, der Fristen nach § 234 und der Zuständigkeit nach § 237 die verbleibenden weiteren Verfahrensfragen. Ergänzend sind die allgemeinen Verfahrensvorschriften des Buchs 1 anwendbar. Auf die Entscheidungsform und -mitteilung finden ergänzend §§ 313 ff, 329 Anwendung.

2 **2) Regelungszweck, I–IV.** Die Vorschrift dient in allen Teilen der Prozeßwirtschaftlichkeit, Grdz 14 vor § 128. III dient außerdem der Rechtssicherheit, Einl III 43, BGH RR **99**, 839 (keine Überprüfung des Berufungsgerichts durch das Revisionsgericht, Patentsache). IV dient der Kostengerechtigkeit in einer Anlehnung an § 97.

Prozeßförderung besteht wohl meist in der Verbindung der Verfahren nach I 1. Es ist schon genug Zeit vergangen. In einer gemeinsamen Entscheidung liegt auch durchweg eine Möglichkeit zur Vereinfachung und Arbeitserleichterung wegen einer bequemeren Bezugnahme auf den anderen Entscheidungsteil. Natürlich mag bei einer Zurückweisung des Wiedereinsetzungsgesuchs wegen ihrer Anfechtbarkeit gerade die umgekehrte Vorgehensweise ratsamer scheinen. Vielleicht hält aber gerade dann eine gleichzeitige Hauptsacheentscheidung den Verlierer von einem Rechtsmittel auch gegen die Zurückweisung des Wiedereinsetzungsantrags eher ab. Im übrigen sollte das Gericht Erwägungen zur Anfechtbarkeit seiner Entscheidung kaum je in den Mittelpunkt stellen müssen.

3 **3) Geltungsbereich, I–IV.** Vgl § 233 Rn 3–5 und wegen III den ähnlichen § 123 IV 4 PatG, BGH RR **99**, 839. Im FamFG-Verfahren gilt statt II § 19 III FamFG, statt III § 19 II FamFG. Im Bereich des § 113 I 2 FamFG gilt I entsprechend. Statt IV gelten im FamFG-Fall §§ 80 ff FamFG.

4 **4) Verfahren, I.** Man muß zwei Verbindungsarten unterscheiden.

A. Verbindung mit der Verhandlung über das Versäumte. Das Gericht muß das Verfahren über den Wiedereinsetzungsantrag grundsätzlich mit dem Verfahren über die versäumte Prozeßhandlung verbinden, zB mit dem Verfahren über den Einspruch oder über die Berufung. Daher muß es regelmäßig, zB bei §§ 585, 586 I, eine mündliche Verhandlung anberaumen, § 128 Rn 4, Düss MDR **84**, 763. Bei einem Rechtsmittel oder bei der Erinnerung gegen einen Kostenfestsetzungsbeschluß steht eine mündliche Verhandlung nach § 128 IV frei, §§ 104 III 3, 341 II, 522 I 2, 552 II, 572 II 2, IV, 577 I 2, VI 1. Das Gericht muß den Gegner auch anhören, Artt 2 I, 20 III GG (Rpfl), BVerfG **101**, 404, Art 103 I GG (Richter), Einl III 16, BVerfG **67**, 156. Eine Terminsbestimmung erfolgt wie bei der versäumten Prozeßhandlung von Amts wegen, § 216. Eine Zustellung erfolgt von Amts wegen, § 168. Die Einstellung der Zwangsvollstreckung kann nach § 707 erfolgen. Ein Anwaltszwang besteht wie sonst, § 78 Rn 1.

Das Gericht prüft die Zulässigkeit des Antrags auf die Wiedereinsetzung *von Amts wegen,* soweit nicht der Antragsteller säumig ist, Rn 8. Es beschränkt sich aber im übrigen auf die Prüfung der vom Antragsteller für eine Wiedereinsetzung genannten Gründe, soweit keine Wiedereinsetzung von Amts wegen infrage kommt. § 139 ist anwendbar, BGH VersR **76**, 732. Eine Parteiherrschaft nach Grdz 18 vor § 128 besteht nicht, BGH FamRZ **89**, 373. Eine Mängelheilung ist daher grundsätzlich unstatthaft, § 295 Rn 27, BGH FamRZ **89**, 373. Das ergibt sich aus dem Zweck der Wiedereinsetzung und daraus, daß die Parteien die formelle Rechtskraft nach § 705 wie die innere nach § 322 nicht von sich aus willkürlich beseitigen können. Freilich folgt aus § 236 II 1, daß ein verfahrensfehlerhaft erlangtes und bis zum Verhandlungsschluß nach §§ 136 IV, 296 a vorliegendes Mittel der Glaubhaftmachung im Ergebnis doch mitverwertbar ist, BGH FamRZ **89**, 373. Bei der Prüfung der Zulässigkeit bleiben die sachlichen oder sonstigen prozessualen Aussichten des Rechtsstreits unerheblich. Das Gericht darf also den Wiedereinsetzungsantrag nicht nach den gestellten Sachanträgen aufspalten. Das Gericht darf das Vorliegen einer Doppelehe nach der etwaigen Wiedereinsetzung gegenüber einem Scheidungsausspruch nicht berücksichtigen.

5 **B. Verbindung mit der Sachverhandlung.** Das Gericht kann zwar die Verhandlung über den Wiedereinsetzungsantrag mit der Verhandlung zur Streitsache verbinden, Rn 1. Es kann die Verhandlung aber auch nach I 2 auf den Wiedereinsetzungsantrag beschränken. Die letztere Entscheidung erfolgt durch einen unanfechtbaren Beschluß, § 329. Das Gericht muß ihn grundsätzlich wenigstens kurz begründen, § 329 Rn 4. Es verkündet seinen Beschluß, § 329 I 1. Bei einer solchen Abtrennung ist eine Verhandlung und die Entscheidung über die Sachfrage erst nach der auch stillschweigend möglichen Aufhebung der Beschränkung zulässig, Zweibr MDR **85**, 771. Eine Sachentscheidung ist vor der Entscheidung über den Wiedereinsetzungsantrag unzulässig, BGH NJW **82**, 887. Zulässig ist aber eine Wiedereinsetzung gegen die Versäu-

mung der Berufungsfrist dann, wenn das Berufungsgericht die Berufung bereits wegen der Fristversäumung als unzulässig verworfen hat. Wenn das Gericht eine Wiedereinsetzung gewährt, wird der Verwerfungsbeschluß gegenstandslos. Eine Entscheidung über die Wiedereinsetzung und eine Einstellung der Zwangsvollstreckung sind nicht gleichzeitig notwendig, BVerfG **61**, 17.

5) Entscheidung, II, III. Manchmal formuliert das Gericht sie leider nicht sorgfältig genug. 6

A. Allgemeines. Das Gericht entscheidet über die Zulässigkeit des Wiedereinsetzungsantrags ebenso wie über die Zulässigkeit der nachgeholten Prozeßhandlung. Es muß eine ausdrückliche Entscheidung treffen und die versäumte Frist bezeichnen. Eine stillschweigende Entscheidung ist deshalb unzulässig, Rostock RR **99**, 1507, ZöGre 2, aM ThP 5 (aber die Durchbrechung der Rechtskraft erfordert eine eindeutige ausdrückliche Klarstellung). Eine Entscheidung kann auch im allgemeinen nicht darin liegen, daß das Gericht das Verfahren in der Sache selbst fortsetzt oder daß es einen Beweisbeschluß erläßt oder zur Hauptsache entscheidet, Rostock RR **99**, 1507. Soweit die nachgeholte Prozeßhandlung keine mündliche Verhandlung erfordert oder eine solche nach § 128 IV freistellt, kann das Gericht seine Entscheidung durch einen Beschluß treffen, § 329. Das gilt bei §§ 341 II, 522, 552 aber nur, soweit das Gericht eben auch keine Verhandlung durchführt. So liegt es auch bei einer Zurückweisung des Wiedereinsetzungsgesuchs gegen die Versäumung der Einspruchsfrist nach einem Versäumnisurteil oder Vollstreckungsbescheid, §§ 338, 700, aM BGH FamRZ **08**, 51 rechts oben.

Soweit das Gericht bei §§ 341 II, 522, 552 eine freigestellte *Verhandlung* durchführt oder soweit die nachgeholte Prozeßhandlung nach § 128 Rn 4 eine mündliche Verhandlung erfordert, muß es durch ein Urteil entscheiden, aM BVerwG NJW **87**, 1349 (zum alten Recht). Das gilt zB bei der Zubilligung einer Wiedereinsetzung gegen die Versäumung der Einspruchsfrist gegen ein Versäumnisurteil oder einen Vollstreckungsbescheid. Die Zurückstellung der Entscheidung über den Wiedereinsetzungsantrag bis zur Entscheidung in der Sache verträgt sich mit Artt 2 I, 20 III GG (Rpfl), BVerfG **101**, 404, Art 103 I GG (Richter), BGH NJW **89**, 1155 (zustm Wagner).

B. Verwerfung; Zurückweisung. Soweit das Gericht den Antrag auf die Wiedereinsetzung als unzulässig 7
verwirft oder ihn als unbegründet zurückweist, gilt: Wenn es schon sachlich erkannt hatte, erläßt es ein Endurteil, durch das es den Wiedereinsetzungsantrag verwirft. Soweit es noch nicht sachlich erkannt hat, erläßt es ein Urteil in der Sache und teilt in den Entscheidungsgründen mit, warum es das Wiedereinsetzungsgesuch zurückweisen mußte, BGH BB **06**, 2779. Hat es durch einen Beschluß entschieden, kommt eine sofortige Beschwerde in Betracht, BGH NJW **02**, 2397. Für sie ist in einer Abweichung vom allgemeineren § 571 II 1 kein neuer Sachvortrag erforderlich, sondern nur eine Ergänzung auf Grund eines unklaren früheren Vortrags, dessen Aufklärung durch das Gericht nach § 139 notwendig gewesen war, § 234 Rn 6, Ffm MDR **99**, 1522.

C. Stattgabe. Soweit das Gericht dem Wiedereinsetzungsantrag stattgibt, kann es ein unselbständiges 8
Zwischenurteil nach § 303 fällen, nämlich dann, wenn das Gericht die Verhandlung auf den Wiedereinsetzungsantrag beschränkt hatte. Es kann aber auch ein Urteil in der Sache selbst fällen. In dessen Entscheidungsgründen erörtert das Gericht die Zulässigkeit der Wiedereinsetzung trotz III kurz.

D. Versäumnisverfahren. Beim Versäumnisverfahren bei der Durchführung einer freigestellten Ver- 9
handlung bei §§ 341 a II, 522, 552 oder bei der Notwendigkeit einer mündlichen Verhandlung muß man die folgenden Situationen unterscheiden.

Bei einer Säumnis des Antrag*stellers* weist das Gericht den Wiedereinsetzungsantrag ohne Rücksicht auf seine Zulässigkeit und Begründetheit durch ein Versäumnisurteil zurück, §§ 330 ff. Es verwirft zugleich das nunmehr unzulässige Rechtsmittel. Dieses Versäumnisurteil ist nicht mit einem Einspruch anfechtbar, II. Es läßt eine Berufung nur nach §§ 514 II, 565 zu, Rn 12.

Bei einer Säumnis des Antrags*gegners* prüft das Gericht den Wiedereinsetzungsantrag von Amts wegen, Rn 3. Man muß dann unterscheiden: Bei einem begründeten Antrag erläßt das Gericht ein Versäumnisurteil oder eine Entscheidung nach der Aktenlage in der Sache selbst, §§ 251 a, 331 a. Bei einem unbegründeten Antrag weist das Gericht den Wiedereinsetzungsantrag zurück oder verwirft ihn nach der Aktenlage oder durch ein unechtes Versäumnisurteil, Üb 13 vor § 330, das den Einspruch als unzulässig erklärt, § 331 II.

E. Wirkung im übrigen. Mit der Wiedereinsetzung sind die nach § 230 entstandenen Rechtsnacht- 10
eile rückwirkend beseitigt. Die Rechtzeitigkeit der nach § 236 II 2 nachgeholten Parteiprozeßhandlung steht fest, BGH **98**, 325, BayObLG **04**, 231. Es gilt zB ein Rechtsmittel als rechtzeitig eingelegt, BGH NJW **06**, 2269, BayObLG **04**, 231. Eine ohne solche Rückwirkung wirksam gewesene Maßnahme ist nichtig, BayObLG **04**, 231. Die formelle Rechtskraft der zunächst verspätet angefochten gewesenen Entscheidung ist rückwirkend entfallen. Eine formelle Aufhebung ist nicht erforderlich, BGH **98**, 325. Es entfällt ein solcher Beschluß ohne weiteres, durch den das Gericht ein Rechtsmittel als unzulässig verworfen hatte.

F. Verstoß. Wenn das Gericht formfehlerhaft entschieden hatte, etwa durch einen Beschluß statt durch 11
ein Urteil, BGH FamRZ **08**, 51 rechts oben, ist die Versäumung trotzdem geheilt. Denn das Gericht kann seine eigene Entscheidung nach § 318 nicht wieder beseitigen. Soweit das Gericht über einen in Wahrheit noch fehlenden und erst angekündigten Antrag entschieden hat, ist diese letztere Entscheidung zwar nichtig, Üb 17 vor § 300. Sie ist aber zwecks einer Klarstellung anfechtbar, BayObLG RR **00**, 672.

6) Rechtsbehelfe, II, III. Beim Rpfl gilt § 11 RPflG, § 104 Rn 41 ff. 12

A. Gegen Wiedereinsetzung. Gegen eine die Wiedereinsetzung gewährende Entscheidung ist grundsätzlich kein Rechtsbehelf statthaft, III, Hamm ZMR **98**, 553. Das gilt unabhängig davon, in welcher Form das Gericht entschieden hat, ob durch ein Zwischenurteil, ein Endurteil, ein Versäumnisurteil, eine Entscheidung nach der Aktenlage oder einen Beschluß. Die Gewährung bindet auch für das Rechtsmittelgericht, BVerfG NJW **80**, 1096, BGH RR **99**, 839, LAG Bre JB **03**, 153. Soweit das Gericht allerdings ohne jede gesetzliche Grundlage nach § 127 Rn 25 eine mündliche Verhandlung unterlassen hatte, ist (jetzt) die sofortige Beschwerde statthaft, § 567, Düss MDR **84**, 763 Kblz VersR **97**, 208 (je zum alten Recht), LAG

Bre DB **02**, 2732 (zum neuen Recht). Im übrigen kommt nach einer Verletzung des rechtlichen Gehörs nach Rn 3 zumindest auf Grund einer unverzüglichen Gegenvorstellung oder sofortigen Beschwerde eine abändernde Entscheidung des bisherigen Gerichts in Betracht, (jetzt) § 572 I 1 Hs 1, BGH **130**, 98 (zustm Roth JZ **96**, 375, krit Hoeren JR **96**, 199), Kblz MDR **97**, 976, LAG Bre JB **03**, 153. Beim Rpfl gilt § 11 RPflG, § 104 Rn 41 ff. Eine Rechtsbeschwerde kommt unter den Voraussetzungen des § 574 in Betracht. Soweit sie nach § 574 I 2 unstatthaft ist, ändert daran auch ihre rechtswidrige Zulassung nichts, BGH NJW **03**, 212. Eine Verfassungsbeschwerde statt einer rechtzeitigen Gegenvorstellung ist wegen § 90 II 1 BVerfGG unzulässig, Roth JZ **94**, 375.

13 **B. Gegen Ablehnung.** Wenn das Gericht die Wiedereinsetzung abgelehnt hat, ist nach II 1 derjenige Rechtsbehelf statthaft, den die Entscheidung erfordert, BGH NJW **92**, 1898, Brdb AnwBl **02**, 65. Soweit also das Gericht die Wiedereinsetzung durch ein Versäumnisurteil verworfen hat, kommt nur der Einspruch in Betracht, Brdb AnwBl **02**, 65, und bei (jetzt) §§ 514 II oder 565 wegen II 2 nur eine Berufung oder Revision, Hamm AnwBl **83**, 515. Gegen denjenigen Beschluß, durch den das Gericht einem Antrag auf eine Wiedereinsetzung nicht stattgegeben hatte, ist die sofortige Beschwerde zulässig, sofern die Revision zulässig wäre. Bei (jetzt) § 522 I 2–4 ist die Rechtsbeschwerde unter den Voraussetzungen des § 574 statthaft, BGH FamRZ **04**, 1550 (keine neuen Tatsachen erlaubt). Ihre Durchführung ist eine Voraussetzung einer Verfassungsbeschwerde, Einl III 17, BVerfG NJW **04**, 3696.

Diese Möglichkeit *entfällt aber* evtl insoweit, als das LG als Berufungs- oder Beschwerdegericht entschieden hat, Rn 7, oder wegen § 542 II 1 im Verfahren auf den Erlaß eines Arrests oder einer einstweiligen Verfügung nach §§ 916 ff, 935 ff (dann keine Rechtsbeschwerde, BGH BB **03**, 1200), oder in einem Enteignungs- oder Umlegungsverfahren. Das gilt ferner, soweit das OLG als Berufungsgericht entschieden hat, BGH NJW **06**, 694 (dann nur Rechtsbeschwerde nach § 574), oder soweit das Revisionsgericht nach § 552 entschieden hat, oder soweit überhaupt in der Hauptsache ein Rechtsmittel nicht statthaft ist, Kblz Rpfleger **89**, 79.

Soweit das Gericht nach § 280 durch ein *„Zwischenurteil"* entschieden hat, muß man dieses Zwischenurteil wegen der Anfechtbarkeit wie ein Endurteil behandeln, Düss OLGR **01**, 254. Denn es ist ein unnötiger Umweg. Es ist also eine selbständige Anfechtung zulässig, zB mit Revision, BGH VersR **79**, 960, Zweibr MDR **85**, 771.

14 Eine *Gegenvorstellung* nach Grdz 6 vor § 567 ist jedenfalls dann erfolglos, wenn die Entscheidung wegen des Fristablaufs nach § 234 nicht mehr abänderbar ist, Zweibr FamRZ **84**, 1031.

15 **7) Kosten, IV.** Die Vorschrift ähnelt § 344. Der Antragsteller trägt ein erhebliches Kostenrisiko, Karlsr MDR **90**, 337. Die Kosten der Wiedereinsetzung fallen stets dem Antragsteller zur Last, soweit nicht der Gegner einer Wiedereinsetzung unbegründet widersprochen hat. Das gilt auch beim Erfolg des Wiedereinsetzungsgesuchs, Karlsr AnwBl **84**, 456. Es gilt als eine Ausnahme von § 97 auch für die Kosten eines Beschwerdeverfahrens, Hamm MDR **82**, 501. Das Gericht muß über die Kosten der Wiedereinsetzung eine gesonderte Entscheidung treffen, aM BGH NJW **00**, 3286, ThP 10, 19, ZöGre 11 (aber § 308 II gilt auch hier zumindest entsprechend). Sofern das Gericht eine solche Entscheidung versäumt hat, bindet § 318 es grundsätzlich auch an seine Kostenentscheidung. Eine Abänderung dieser Entscheidung kommt nur mit den sonst in solchen Fällen üblichen Mitteln in Betracht, etwa nach §§ 319, 320 ff. IV ist gegenüber § 269 III 2 nachrangig, Hamm MDR **77**, 233 (abl Schneider), ZöGre 11, aM ThP 20 (aber die letztere Vorschrift behandelt einen spezielleren Sonderfall). Es entstehen keine besonderen Gerichts- oder Anwaltsgebühren, § 1 GKG, § 1 FamGKG, § 19 I 2 Z 3 RVG, sondern nur Auslagen, KV 9000 ff/KVFam 2000 ff/VV 7000 ff.

Titel 5. Unterbrechung und Aussetzung des Verfahrens

Übersicht

Gliederung

1 **1) Systematik.** Ein Stillstand des Verfahrens beseitigt weder die zunächst voraussetzbare Rechtshängigkeit, § 261 Rn 1, LG Mü WoM **96**, 44, noch das Prozeßrechtsverhältnis, Grdz 4 vor § 128. Er kann zunächst rein tatsächlich eintreten, wenn keine Partei das Verfahren betreibt und soweit zum Fortgang des Verfahrens ein Betreiben durch eine Partei zulässig, ausreichend und erforderlich ist, so daß auch keine entsprechende Anwendung von § 252 in Betracht kommt, Karlsr NJW **84**, 985. Das Gericht darf den Prozeß in keiner Phase ohne einen gesetzlichen Grund tatsächlich zum Stillstand kommen lassen. Der nur tatsächliche Stillstand hemmt und unterbricht keine Frist. Der Stillstand tritt ferner evtl rechtlich ein. Dabei muß man unterscheiden. Es kann zB eine Unterbrechung des ganzen Verfahrens und nicht nur des einzelnen Termins eintreten, § 227 Rn 6. Sie wirkt unabhängig davon, was die Parteien und das Gericht beabsichtigen, ja ohne deren Kenntnis kraft Gesetzes, BGH NJW **95**, 2563, also ohne einen Antrag und ohne eine gerichtliche Anordnung. Das Gericht muß solche Unterbrechung von Amts wegen beachten. Das gilt auch im Revisionsverfahren, BGH NJW **02**, 2107. Es kann aber auch zB eine Aussetzung eintreten. Sie erfolgt, soweit das Gesetz sie überhaupt zuläßt, § 252. Sie geschieht also nicht schon aus bloßen Zweckmäßigkeitserwägungen. Sie erfolgt auf Grund einer gerichtlichen Anordnung teils nach einem Antrag, teils von Amts wegen, teils auf Grund eines gerichtlichen Ermessens, teils ohne einen solchen Ermessensspielraum.

2) Regelungszweck. Die Vorschriften tragen solchen tatsächlichen Ereignissen Rechnung, die zu einem vorläufigen Einhalten mit dem Fortgang des bisherigen Prozesses zwingen (Unterbrechung), sei es unter den Gesichtspunkten der Rechtsstaatlichkeit, Art 20 III GG, Einl III 22, des Gebots eines fairen Verfahrens, Einl III 22, und des rechtlichen Gehörs, Artt 2 I, 20 III GG (Rpfl), BVerfG **101**, 404, Art 103 I GG (Richter), Einl III 16, Grdz 41 ff vor § 128, BGH NJW **97**, 2526, oder doch um der Parteiherrschaft willen, Grdz 18, 19 vor § 128, oder wegen eines Verstoßes gegen die Mitwirkungspflicht, Grdz 11 vor § 128. Diese Gründe mögen zumindest ein solches Einhalten ratsam machen oder fast erzwingen (Aussetzung), auch im Interesse einer richtig verstandenen Prozeßwirtschaftlichkeit, Grdz 14, 15 vor § 128. Das alles muß man bei der Auslegung mitbeachten. 2

3) Geltungsbereich. Die ZPO erfaßt ihn unvollständig. 3

A. Direkte Anwendbarkeit. Titel 5 regelt nur einige Aussetzungsfälle und die allgemeinen Wirkungen der Aussetzung. Vgl auch §§ 148–155. Sie gelten auch im WEG-Verfahren. Das Ruhen des Verfahrens nach §§ 251, 251 a ist ein Sonderfall der Aussetzung. Es unterscheidet sich von der Aussetzung nur durch den Anlaß und durch die Bedeutungslosigkeit für die Notfristen und für die Rechtsmittelbegründungsfristen. Es tritt nur auf Grund einer gerichtlichen Anordnung ein. Wegen einer Musterfeststellung für Kapitalanleger SchlAnh VIII §§ 3, 7.

B. Entsprechende Anwendbarkeit. Die Vorschriften des Titels 5 sind auch in folgenden Fällen anwendbar: Es handelt sich um eine freigestellte mündliche Verhandlung, § 128 Rn 10, vgl wegen des Arrests Grdz 12 vor § 916; es handelt sich um das Mahnverfahren, §§ 688 ff; es handelt sich um das Kostenfestsetzungsverfahren jeder Art, §§ 103 ff, Brdb JB **07**, 147, Düss BB **96**, 2272, Mü MDR **90**, 252 (freilich erstreckt sich die Aussetzung des Hauptverfahrens nicht stets auf das Kostenfestsetzungsverfahren, Einf 5 vor §§ 103–107); es handelt sich um den Übergang des Vermögens einer BGB-Gesellschaft auf den letzten verbleibenden Gesellschafter, BGH NJW **02**, 1207. 4

C. Unanwendbarkeit. Der Titel 5 ist in folgenden Fällen unanwendbar: In der Zwangsvollstreckung, Grdz 38 vor § 704; im Verfahren auf die Bewilligung einer Prozeßkostenhilfe, das einen Prozeß ja erst vorbereitet, §§ 114 ff, Brdb RR **03**, 796, Düss MDR **03**, 1018, aM MüKoFei § 240 Rn 4; im eilbedürftigen selbständigen Beweisverfahren, §§ 485 ff, BGH NJW **04**, 1389 links, Ffm RR **03**, 51, Mü MDR **04**, 170, aM LG Karlsr RR **02**, 266 (aber Aussetzung und Unterbrechung passen nicht zum Eilverfahren. Sie könnten es undurchführbar machen). Wenn die Tatsache der Unterbrechung streitig ist, liegt ein Zwischenstreit vor. Das Gericht muß über ihn auf Grund einer mündlichen Verhandlung entscheiden, § 128 Rn 4. Im FamFG-Verfahren gilt der sehr weitgefaßte § 21 FamFG und macht nur evtl § 249 entsprechend anwendbar. 5

4) Beispiele zur Frage des Vorliegens eines rechtlichen Stillstands 6

Aufgebotsverfahren: Es gilt § 21 FamFG.

Betreuung: Es gilt § 21 FamFG. Mangels einer anwaltlichen Vertretung (dann §§ 86, 246) tritt bis zur Bestellung eines Betreuers evtl eine Unterbrechung ein, (zum alten Recht) Bork MDR **91**, 99.

Ehesache: Es gilt § 21 FamFG.
S auch Rn 8 „Vorgreiflichkeit".

Einmischungsklage: (Hauptintervention): Eine Aussetzung steht dem Gericht frei, § 65.

Erlöschen einer juristischen Person ohne Liquidation: Rn 7 „Tod der Partei".

Insolvenz: Es tritt kraft Gesetzes eine Unterbrechung des Verfahrens ein, § 240.

Kontaktsperre: Wenn das Gericht sie gegen einen Gefangenen verhängt, tritt eine Unterbrechung kraft Gesetzes ein, § 34 IV EGGVG.

Krieg: Das Gericht kann infolge einer Verkehrsstörung eine Aussetzung anordnen, § 247.

Nacherbfolge: Es tritt kraft Gesetzes eine Unterbrechung des Verfahrens ein. Soweit es sich um einen ProzBev handelt, ist eine Aussetzung des Verfahrens notwendig, §§ 242, 246. 7

Nachlaßverwaltung: Es tritt eine Unterbrechung des Verfahrens kraft Gesetzes ein. Soweit es sich um einen ProzBev handelt, ist eine Aussetzung des Verfahrens notwendig, §§ 241, 246.

Normenkontrolle: § 148 Rn 6.

Partei kraft Amts, Wechsel: Rn 7 „Vertreter, gesetzlicher".

Prozeßfähigkeit, Wegfall: Es tritt kraft Gesetzes eine Unterbrechung des Verfahrens ein. Soweit es sich um einen ProzBev handelt, ist eine Aussetzung des Verfahrens notwendig, §§ 241, 246.

Prozeßbevollmächtigter, Wegfall: S „Rechtsanwalt, Wegfall".

Rechtsanwalt, Wegfall: Es tritt kraft Gesetzes eine Unterbrechung des Verfahrens ein, § 244.

Stillstand der Rechtspflege: Es tritt kraft Gesetzes eine Unterbrechung des Verfahrens ein, § 245.

Testamentsvollstreckung: Die Kündigung des Testamentsvollstreckeramts führt *nicht* zur Unterbrechung nach § 239, dort Rn 7, Kblz RR **93**, 462.

Tod der Partei: Es tritt kraft Gesetzes eine Unterbrechung des Verfahrens ein. Soweit es sich um einen ProzBev handelt, ist eine Aussetzung des Verfahrens notwendig, §§ 239, 246. 8

Verkehrsstörung: Dem Gericht steht eine Aussetzung des Verfahrens frei, § 247.

Versäumnis beider Parteien: Es kommt ein Ruhen des Verfahrens in Betracht, § 251 a.

Versorgungsausgleich: Es gilt § 21 FamFG, (je zum alten Recht) BGH NJW **84**, 2830, Ffm FamRZ **04**, 1043, Karlsr FamRZ **04**, 1039.

Vertreter, gesetzlicher, Wegfall: Es tritt kraft Gesetzes eine Unterbrechung des Verfahrens ein. Soweit es sich um einen ProzBev handelt, ist eine Aussetzung des Verfahrens notwendig, §§ 241, 246.

Vorgreiflichkeit (Präjudizialität): Dem Gericht steht eine Aussetzung des Verfahrens teilweise frei, teilweise ist eine Aussetzung notwendig, §§ 148–155. 9

Wiederaufnahmeklage: Bei einer Häufung einer Nichtigkeits- und einer Restitutionsklage muß das Gericht das Verfahren aussetzen, § 578.

Zuständigkeit: (Kompetenzkonflikt, bejahender): Die Frage, ob kraft Gesetzes eine Unterbrechung des Verfahrens eintritt oder ob das Gericht das Verfahren aussetzen kann oder muß, richtet sich nach dem Landesrecht, § 15 EGZPO.

Zweckmäßigkeit des Stillstands: Auf Grund eines beiderseitigen Antrags ordnet das Gericht das Ruhen des Verfahrens an, § 251.

239 *Unterbrechung durch Tod der Partei.* **I Im Falle des Todes einer Partei tritt eine Unterbrechung des Verfahrens bis zu dessen Aufnahme durch die Rechtsnachfolger ein.**

II Wird die Aufnahme verzögert, so sind auf Antrag des Gegners die Rechtsnachfolger zur Aufnahme und zugleich zur Verhandlung der Hauptsache zu laden.

III 1 Die Ladung ist mit dem den Antrag enthaltenden Schriftsatz den Rechtsnachfolgern selbst zuzustellen. 2 Die Ladungsfrist wird von dem Vorsitzenden bestimmt.

IV Erscheinen die Rechtsnachfolger in dem Termin nicht, so ist auf Antrag die behauptete Rechtsnachfolge als zugestanden anzunehmen und zur Hauptsache zu verhandeln.

V Der Erbe ist vor der Annahme der Erbschaft zur Fortsetzung des Rechtsstreits nicht verpflichtet.

Schrifttum: *Meyer,* Die Auswirkungen der Insolvenz, Umwandlung und Vollbeendigung von Gesellschaften auf den anhängien Zivilprozess, 2005; *Schmidt,* Das Prozeßrechtsverhältnis bei Umstrukturierung, Auflösung und Konkurs einer Handelsgesellschaft usw, Festschrift für Henckel (1995) 749; *Schreyer,* Die Aufnahme des Prozesses durch den Scheinerben, Diss Münst 1995.

Gliederung

1 **1) Systematik, I–V.** Vgl Üb 1 vor § 239.

2 **2) Regelungszweck, I–V.** Sehr unterschiedlich können die Interessen der Prozeßbeteiligten werden, wenn eine Partei verstorben oder weggefallen ist. Die Vorschrift scheint in I grundsätzlich ebenso wie in V vorwiegend auf die Interessen des Erben abzustellen. Das würde der Parteiherrschaft entsprechen, Grdz 18 vor § 128. II, III und vor allem IV mit seiner Unterstellung eines Geständnisses zeigen aber doch auch deutlich, daß man das Interesse des Prozeßgegners des Erben nicht geringer einschätzen darf. Mit der unvermeidbaren Verzögerung infolge des Todesfalls soll der Prozeß dann weitergehen können. Dieser gesetzlichen Abwägung sollte die Auslegung folgen, nicht zuletzt bei der Bestimmung der Ladungsfrist nach II 2.

3 **3) Geltungsbereich, I–V.** Vgl zunächst Üb 3 ff vor § 239. § 239 ist unanwendbar, wenn die verstorbene Partei im Todeszeitpunkt anders als bei § 87 I einen ProzBev hat, §§ 81, 246. Die Vorschrift ist wohl aber anwendbar, wenn der Tod eintritt, nachdem der Anwalt das Mandat niedergelegt hat. Wenn der Rechtsmittelbekl vor der Bestellung eines ProzBev für die Rechtsmittelinstanz stirbt, ist § 239 unabhängig davon anwendbar, ob der vorinstanzliche Anwalt die Rechtsmittelschrift entgegennehmen darf. Eine Unterbrechung der Zwangsvollstreckung erfolgt nicht, Grdz 38 vor § 704, vgl auch § 79, Ffm Rpfleger **75**, 44. § 239 ist ferner dann unanwendbar, wenn der zum Versorgungsausgleich verpflichtete Ehegatte nach der rechtskräftigen Scheidung stirbt, aber vor der Beendigung des abgetrennten Verfahrens über den Versorgungsausgleich, Ffm FamRZ **81**, 474. IV ist im Verfahren mit dem Untersuchungsgrundsatz nach Grdz 38 vor § 128 unanwendbar. Das gilt zB im finanzgerichtlichen Verfahren, BFH BB **87**, 673. § 239 gilt auch im WEG-Verfahren. Wegen des FamFG-Verfahrens Üb 5 vor § 239, (zum alten Recht) Zweibr FGPrax **00**, 67 (entsprechende Anwendung von § 239 ZPO möglich).

4 **4) Unterbrechung durch Tod, Erlöschen einer Gesellschaft, I.** Man sollte sieben Aspekte beachten.

A. Tod usw. Der Tod einer Partei unterbricht grundsätzlich ein anhängiges Verfahren, Kblz MDR **08**, 292 (auch dasjenige nach §§ 103 ff), Stöber MDR **07**, 762 (ausf). Das gilt wegen der zunächst eintretenden Unklarheit darüber, ob der Erbe die Erbschaft nach § 1942 I BGB ausschlägt, ob also ein anderer als Erbe von Anfang an gilt, § 1953 II BGB. Vgl aber § 246.

5 **B) Beispiele zur Frage Tod, Erlöschen**

Abwicklung: S „Auflösung".

Auflösung: Sie steht dem Tod nur bei einer Gesamtnachfolge gleich. Diese fehlt bei einer bloßen Abwicklung. Denn dann besteht die Gesellschaft fort, § 50 Rn 21. Zumindest werden die bisherigen Gesellschafter zur Partei.

Eingemeindung: Sie steht dem Tod gleich.

Gesellschaftertod: Er unterbricht das Verfahren nur ihm gegenüber. Freilich muß das Gericht das Verfahren der Gesellschaft bis zur Ernennung eines Liquidators aussetzen, Bre BB **78**, 275.
Gesellschafterwechsel: Er steht dem Tod *nicht* gleich, solange eine gesetzliche Vertretung bestehen bleibt.
Juristische Person: Ihr Erlöschen steht dem Tod nur dann gleich, wenn eine Gesamtnachfolge stattfindet, BFH BB **89**, 690, Mü OLGZ **94**, 90.
Kommanditgesellschaft: Dem Tod steht gleich das Ausscheiden des einzigen Komplementärs, so daß der einzige Kommanditist die Aktiva und Passiva übernimmt, BGH NJW **00**, 1119.
Löschung: Sogar die Löschung der Offenen Handelsgesellschaft unterbricht einen schwebenden Prozeß nicht. Denn die Gesellschaft kann sich dem Prozeß nicht einseitig entziehen. Sie gilt außerdem für den Prozeß als fortbestehend, § 50 Rn 22, solange die Liquidation nicht auch wirklich in der Vermögenslosigkeit endet, BGH VersR **91**, 121, BAG NJW **88**, 2637. Auch die Löschung einer Gesellschaft mit beschränkter Haftung unterbricht nicht. Die Gesellschaft ist für einen solchen Anspruch parteifähig, der sich nach ihrer Löschung als vorhanden herausgestellt hat oder den eine Partei behauptet. Das gilt zumindest, solange ihre Vermögenslosigkeit nicht feststeht, § 50 Rn 22, 23, BGH VersR **91**, 121, BAG NJW **88**, 2637, Hamm RR **87**, 1255, aM LG Köln BB **90**, 444 (aber dann kann noch sogar eine Zwangsvollstreckung möglich sein). Im zugehörigen Prozeß vertreten die früheren Liquidatoren die Gesellschaft, Ffm Rpfleger **79**, 27, aM LG Köln BB **90**, 444 (Neubestellung, nicht gegen den Willen des bisherigen Liquidators. Aber die Prozeßwirtschaftlichkeit legt die andere Lösung näher, Grdz 14 vor § 128). Mit dem Erlöschen einer Kommanditgesellschaft ohne Liquidation nach § 161 II HGB tritt eine Rechtsnachfolge entsprechend § 239 ein, BGH VersR **05**, 293. Sie hat einen Parteiwechsel kraft Gesetzes zur Folge.
Offene Handelsgesellschaft: § 50 Rn 8. Ihre Löschung unterbricht nicht, „Löschung".
Partnerschaftsgesellschaft: Ihr Erlöschen steht dem Tod nur dann gleich, wenn eine Gesamtnachfolge 6
stattfindet, BFH BB **89**, 690, Mü OLGZ **94**, 90.
Personenmehrheit: Das Erlöschen einer parteifähigen Personenmehrheit steht dem Tod nur bei einer Gesamtnachfolge gleich, BFH BB **89**, 690, Mü OLGZ **94**, 90.
Rechtsfähigkeitsverlust: Er steht dem Tod mangels einer Gesamtnachfolge *nicht* gleich, § 50 Rn 3.
Sparkasse: Ihre Fusion oder Auflösung steht dem Tod gleich, zB Art 16 ff BaySparkG.
Todeserklärung: Sie steht dem Tod gleich, §§ 9, 23 VerschG.
Umwandlung: Eine übertragende Umwandlung nach dem UmwG steht dem Tod gleich, BFH DB **88**, 1684, LG Aachen Rpfleger **82**, 72 (vgl aber auch §§ 362 ff AktG), Stöber NZG **06**, 577, aM Huber ZZP **82**, 253, Schmidt (vor Rn 1) 765.
Bei einer Umwandlung nach dem AktG tritt *keine* Gesamtnachfolge ein. Dasselbe gilt bei einer nur formwechselnden Umwandlung nach §§ 190 ff UmwG oder bei einer Ausgliederung nach § 123 III UmwG, BFH NJW **03**, 1479, oder bei einer Vermögensübertragung nach § 174 II Z 2, 3 UmwG.
Verein: Der Anfall des Vereinsvermögens an den Fiskus steht dem Tod gleich, § 46 BGB.
Vermögensübernahme: Die vertragliche Übernahme der Aktiva und Passiva steht dem Tod *nicht* gleich, Rn 4, BGH DB **81**, 366 (vgl aber auch BGH NJW **00**, 1119).
Verschmelzung: Sie kann bei einer Gesamtnachfolge dem Tod gleichstehen, §§ 339 ff, 359 AktG, § 39 a GenG, BAG NZA **07**, 826, Hbg GRUR **90**, 457.
Verschollenheit: S „Todeserklärung".
Verstaatlichung: Es gilt dasselbe wie bei „Verschmelzung".

C. Partei. Der Begriff ist hier streng, Grdz 4 vor § 50. Partei nach § 239 ist zwar auch der streitgenössische 7
Streithelfer nach § 69, auch der sich selbst vertretende Anwalt, § 246 Rn 4, nicht aber der gewöhnliche Streithelfer, § 61 Rn 6, aber auch § 62 Rn 27. Ein Beigeladener nach § 74 SGG ist einem gewöhnlichen Streithelfer in etwa vergleichbar, BSG MDR **75**, 434. § 239 ist auf die Partei kraft Amts nach Grdz 8 vor § 50 unanwendbar. Das gilt etwa beim Wechsel in der Person des Testamentsvollstreckers oder bei seinem Ausscheiden, Grdz 10 vor § 50, Üb 6 vor § 239 „Testamentsvollstreckung", Kblz RR **93**, 462, oder beim Ende einer Zwangsverwaltung, BGH RR **90**, 1213, oder beim Ende einer gewillkürten Prozeßstandschaft nach Grdz 29 vor § 50, BGH **123**, 132, aM Schilken ZZP **107**, 529. Denn es tritt keine Rechtsnachfolge ein, Zweibr FGPrax **00**, 67 (sondern eine Amtsnachfolge). Dann gilt § 241, Zweibr FGPrax **00**, 67. Etwas anderes gilt dann, wenn eine wirkliche Rechtsnachfolge eintritt, wenn also etwa das Amt des Testamentsvollstreckers erlischt, BGH **83**, 104.

Die Natur des *Streitgegenstands* nach § 2 Rn 4 ist *unerheblich*. Bei einem nichtvermögensrechtlichen Streitgegenstand nach Grdz 10 vor § 1 muß man das Verfahren wegen der Kosten fortsetzen. Dasselbe gilt dann, wenn das umstrittene Recht unvererblich ist. Soweit zB mit dem Tod auch der Streitgegenstand untergeht, findet keine Unterbrechung statt, sondern ist das Verfahren beendet, ebenso beim Zusammentreffen des Rechtsnachfolgers und des Gegners in derselben Person, Grdz 15, 16 vor § 50, BGH RR **99**, 1152.

D. Aufnahme durch den Rechtsnachfolger. Die Unterbrechung dauert so lange an, bis der Rechts- 8
nachfolger das Verfahren aufnimmt. Der Begriff des Rechtsnachfolgers ist in der ZPO nicht überall derselbe, § 265 Rn 21. Eine prozessuale Rechtsnachfolge setzt nicht unbedingt auch eine sachlichrechtliche voraus, etwa dann nicht, wenn ein benannter Urheber nach § 76 in den Prozeß eintritt. Die Wirkung einer prozessualen Rechtsnachfolge besteht darin, daß der Nachfolger den Prozeß in dem gegenwärtigen Zustand übernehmen muß und daß der Unterliegende die gesamten Prozeßkosten trägt. Die prozessuale Rechtsnachfolge bewirkt nur dann eine Unterbrechung des Prozesses, wenn ihr eine sachlichrechtliche Rechtsfolge von Todes wegen zugrunde liegt. Indessen darf und muß man den Begriff der Rechtsnachfolge aus Gründen der Prozeßwirtschaftlichkeit nach Grdz 14 vor § 128 hier weit auslegen.

Hierher gehört daher jede Nachfolge in alle Rechte und Pflichten des Trägers der vom Prozeß betroffenen Vermögensmasse, wie diejenige des Erben oder Miterben oder eines Abkömmlings bei einer fortgesetzten Gütergemeinschaft in Rechte und Pflichten des Verstorbenen am Gesamtgut nach § 1483 BGB oder diejenige der nach einer Umwandlung entstandenen GmbH, BFH DB **88**, 1684 (evtl auch die Gesellschafter der umgewandelten früheren Gesellschaft). Ferner zählt hierher auch eine von Todes wegen eintretende Sonderrechtsnachfolge, BGH **69**, 396, etwa der Eintritt des Nacherben in den Prozeß des Vorerben ohne eine Beerbung des letzteren, § 242.

Nicht hierher gehören: Der Vermächtnisnehmer; der Erbschaftskäufer; der Abtretungsnehmer; der im Versicherungsvertrag für den Todesfall Begünstigte; der Pfändungs- und Überweisungsgläubiger. Der Erbe kann nicht bloß wegen der Kosten aufnehmen, § 99 I.

9 **E. Aufnahmeerklärung.** Die Aufnahme eines Prozesses ist ein Recht und eine Pflicht des Rechtsnachfolgers. Sie erfolgt durch die Zustellung eines Schriftsatzes nach § 250, nachdem der Aufnehmende eine entsprechende Eingabe beim Gericht eingereicht hat. Die Zustellung des Schriftsatzes beseitigt den Stillstand auflösend bedingt durch die Ablehnung der Erbfolge im Prozeß. §§ 241 II, 243 enthalten Sondervorschriften für eine Unterbrechung infolge einer Nachlaßverwaltung, einer Nachlaßpflegschaft, einer Nachlaßinsolvenz oder einer Testamentsvollstreckung. Auch kommt eine Insolvenzfeststellungsklage in Betracht, BGH BB **00**, 1005.

10 Die Aufnahme durch einen *Streitgenossen* nach § 59 wirkt nur für ihn. Das gilt selbst bei einem notwendigen Streitgenossen nach § 62. Jeder Miterbe kann und muß evtl bei einem zum Nachlaß gehörenden Anspruch und einer Mehrheit von Erben aufnehmen, § 2039, Düss OLGZ **79**, 458. Wenn mehrere solchen Miterben aufnehmen, die sich um die Rechtsnachfolge streiten, sind sie der Gegenpartei gegenüber Streitgenossen. Hat ein falscher Rechtsnachfolger den Prozeß aufgenommen und hat das Gericht in der ersten Instanz entschieden, kann der richtige Rechtsnachfolger nur nach einer Beseitigung des erstinstanzlichen Urteils aufnehmen, nicht aber in der zweiten Instanz. Wegen der Haftung des Aufnehmenden für die Prozeßkosten § 780 Rn 7.

11 **F. Verfahren.** Bei einer Aufnahme des Verfahrens vor der Verkündung eines Urteils nach § 311 muß das Gericht von Amts wegen einen Verhandlungstermin bestimmen, § 216. Das geschieht am besten erst nach der Zustellung der Aufnahmeerklärung. Wenn im Termin beide Parteien erscheinen, können folgende Möglichkeiten entstehen: Wenn die Nachfolge unstreitig ist, braucht das Gericht über die Berechtigung zur Aufnahme des Verfahrens nicht gesondert zu entscheiden. Wenn die Nachfolge streitig ist, muß eine mündliche Verhandlung über die Berechtigung zur Aufnahme des Verfahrens zwischen dem Aufnehmenden und dem Prozeßgegner stattfinden, § 146. Wer die Nachfolge behauptet, muß sie durch einen Erbschein usw beweisen.

12 Die *Verhandlung* findet zugleich mit derjenigen über die Hauptsache oder auf Grund einer gerichtlichen Anordnung nur über die Nachfolge statt. Die Entscheidung erfolgt stets durch ein Urteil. Es lautet auf Grund einer freien Beweiswürdigung nach § 286 Rn 4 entweder auf die Feststellung der Rechtsnachfolge. Das kann durch ein unselbständiges Zwischenurteil nach § 303 geschehen, BGH **82**, 218. Es kann dann zugleich mit dem Ausspruch über die Verpflichtung zur Aufnahme des Prozesses erfolgen, Düss OLGZ **79**, 457. Es kann auch zugleich mit der Endentscheidung über die Hauptsache in den Gründen des Endurteils mit einer Kostenentscheidung entsprechend § 94 geschehen. Die Entscheidung kann aber auch auf eine Verneinung der Rechtsnachfolge lauten. Diese Entscheidung ergeht durch ein Endurteil. Es weist den Aufnehmenden zurück und verurteilt ihn dazu, die Kosten des Aufnahmeverfahrens zu tragen. Mit seiner formellen Rechtskraft nach § 705 steht die Fortdauer der Unterbrechung fest. Eine neue Aufnahme durch einen anderen bleibt zulässig.

13 **G. Versäumnisverfahren.** Hier muß man die folgenden Situationen unterscheiden: Bei einer Säumnis beider Parteien erläßt das Gericht evtl ein Urteil nach der Aktenlage, § 251 a. Es kann auch einen Beweisbeschluß erlassen, § 358. Das empfiehlt sich aber nur dann, wenn die Rechtsnachfolge offensichtlich unbedenklich ist. Bei einer Säumnis nur des Aufnehmenden gilt die folgende Unterscheidung: Wenn der Gegner die Rechtsnachfolge anerkennt, findet ein Versäumnisverfahren in der Sache selbst statt, §§ 330 ff. Wenn der Gegner die Rechtsnachfolge leugnet, weist das Gericht den Antrag auf die Fortsetzung des Verfahrens durch eine Versäumnisentscheidung zurück.

14 Bei einer Säumnis nur des *Gegners* des Aufnehmenden sieht das Gericht bei einem zur Rechtsnachfolge ausreichenden Tatsachenvortrag die Rechtsnachfolge auf Grund eines Antrags als zugestanden an, so als ob der Rechtsnachfolger von Anfang an Partei gewesen wäre. Es ergeht eine Versäumnisentscheidung in der Sache, § 331 II Hs 1. Bei einem insofern unschlüssigen Tatsachenvortrag ergeht ein sog unechtes Versäumnisurteil, Üb 13 vor § 330, § 331 II Hs 2.

15 **H. Zwischenurteil und Rechtsmittel.** Wenn die Aufnahme des Prozesses nach dem Zeitpunkt der Urteilsverkündung nach § 311 erfolgt, aber vor einer Rechtsmitteleinlegung, gehört die Aufnahme noch zur unteren Instanz, § 172, Schlesw OLGZ **93**, 230. Wenn das Rechtsmittel zulässig ist, kann der aufnehmende Rechtsnachfolger es auch in Verbindung mit der Aufnahme einlegen und ist die Aufnahme bis zur formellen Rechtskraft der Entscheidung nach § 705 statthaft (später gilt § 731). Dann kann auch das höhere Gericht über die Rechtsnachfolge entscheiden. Es ist aber auch eine Ladung vor das Erstgericht zulässig. Dann findet dort eine mündliche Verhandlung nur über die Nachfolge statt.

16 Es können folgende *Entscheidungen* ergehen: Das Rechtsmittelgericht kann durch ein Endurteil den Aufnahmeantrag zurückweisen und verwirft daher das Rechtsmittel als unzulässig. Das Gericht kann auch die Wirksamkeit des ergangenen Urteils für oder gegen den Nachfolger durch ein Endurteil feststellen. Es trifft daher die Sachentscheidung. Falls das Erstgericht entscheidet, ergänzt sein diesbezügliches Urteil die frühere Entscheidung und ist mit ihr zusammen anfechtbar. § 518 steht dieser Lösung nicht entgegen. Das Gericht kann dem Erben die Beschränkung seiner Haftung nach § 780 im Ergänzungsurteil vorbehalten. Bei einer Unterbrechung nach der Zustellung des Urteils läuft seit der Zustellung der Aufnahme eine neue Rechtsmittelfrist.

17 **5) Verzögerung der Aufnahme, II, III.** Es kommt auf die Person an.

A. Grundsatz: Möglichkeit eines Terminantrags. Der Rechtsnachfolger verzögert die Aufnahme, wenn er das Verfahren aufnehmen könnte, wenn er es also zumindest kennt, es aber ohne einen gesetzlichen

Grund etwa nach V nicht tut. Er hat keine Überlegungsfrist. Bei einer Verzögerung kann der Gegner die Ladung des Rechtsnachfolgers zur Aufnahme und gleichzeitig zur Verhandlung der Hauptsache beantragen. Diese Ladung beendet die Unterbrechung allerdings noch nicht. Die Unterbrechung endet nur in folgenden Fällen: Das Verfahren wird aufgenommen; man muß die Aufnahme nach IV unterstellen; das Gericht entscheidet dahin, daß die Verweigerung der Aufnahme unbegründet ist. In den letzteren beiden Fällen ist die Wirkung der Unterbrechung durch die Rechtskraft der Entscheidung auflösend bedingt. Die Ladung erfolgt immer vor das Erstgericht bis zum Zeitpunkt der Einlegung eines Rechtsmittels. Wenn das Gericht schon ein Urteil nach § 311 verkündet hat, erfolgt die Ladung nur zum Zweck der Aufnahme, nicht auch zur Verhandlung in der Sache. Bei einer Zurückverweisung nach § 538 endet die Zuständigkeit des Berufungsgerichts mit der formellen Rechtskraft seiner Entscheidung, § 705.

B. Antrag des Gegners. Der Gegner reicht einen Schriftsatz mit den Tatsachen über den Eintritt einer Rechtsnachfolge und mit der Bezeichnung des Rechtsnachfolgers ein und beantragt die Ladung. Es handelt sich um eine Parteiprozeßhandlung, Grdz 47 vor § 128. Ein Anwaltszwang besteht wie sonst, § 78 Rn 1. Der Vorsitzende bestimmt den Termin und die Ladungsfrist. Der Urkundsbeamte der Geschäftsstelle veranlaßt die Ladung von Amts wegen durch eine Zustellung des Schriftsatzes an den Rechtsnachfolger selbst, § 168. Diese Zustellung schließt nur eine Zustellung an einen etwa schon bestellten ProzBev aus, nicht die Ersatzzustellung oder eine öffentliche Zustellung. Der Ladung fügt der Urkundsbeamte den Antrag des Gegners bei. 18

6) Verfahren im Aufnahmetermin, IV. Man muß mehrere Stadien unterscheiden. 19

A. Vor der Urteilsverkündung. Wenn das Verfahren vor einer Urteilsverkündung unterbrochen worden war, ergeben sich folgende Möglichkeiten: Bei einer Säumnis beider Parteien ist die Rechtsnachfolge mangels eines Antrags nicht zugestanden. Das Gericht vertagt den Termin oder ordnet das Ruhen des Verfahrens an, § 251 a. Bei einer Säumnis nur des Ladenden muß man unterscheiden: Bei einer Aufnahme durch den Geladenen erwirkt dieser eine Versäumnisentscheidung in der Sache, vorausgesetzt, daß das Gericht die Sachanträge dem Gegner mitgeteilt hat, § 335 I Z 3. Beim Ausbleiben einer Aufnahme durch den Geladenen, wenn dieser also seine Pflicht dazu leugnet, weist das Gericht den Aufnahmeantrag durch eine Versäumnisentscheidung zurück. Bei einer Säumnis nur des Geladenen muß man die Rechtsnachfolge auf Grund eines Antrags als zugestanden ansehen. Es findet dann eine Verhandlung zur Hauptsache statt, IV, Düss OLGZ **79**, 458. Infolgedessen kann das Gericht in der Sache selbst eine Versäumnisentscheidung erlassen.

Beim *Erscheinen* beider Parteien muß man unterscheiden: Bei einem Zugeständnis der Nachfolge braucht das Gericht über die Berechtigung zur Aufnahme des Verfahrens nicht zu entscheiden, aM Düss OLGZ **79**, 458 (aber die Geständniserklärung gilt auch hier uneingeschränkt, Grdz 18 vor § 128). Es findet eine Verhandlung zur Hauptsache statt. Bei einem Leugnen der Nachfolge oder der Aufnahmepflicht stellt das Gericht die Rechtsnachfolge durch ein Zwischenurteil nach § 303 fest, Düss OLGZ **79**, 458, oder es stellt sie in den Gründen des Endurteils fest oder verneint die Rechtsnachfolge durch ein Endurteil. In ihm weist es den Aufnehmenden zurück und verurteilt ihn dazu, die Kosten des Aufnahmeverfahrens zu tragen.

B. Zwischen Urteilsverkündung und Rechtsmitteleinlegung. Dann verläuft das Verfahren wie bei Rn 16, Schlesw OLGZ **93**, 230. Das gilt auch bei einer Versäumnisentscheidung gegen den Geladenen. Sie ist nur nach § 518 anfechtbar. Das Ergänzungsurteil wird grundsätzlich ein unselbständiger Teil des Urteils in der Hauptsache, Schlesw OLGZ **93**, 230. Es ist selbständig anfechtbar, wenn nur die Rechtsnachfolge bestritten wird. 20

C. Nach Rechtsmitteleinlegung. Man muß den Antrag nach Rn 18 dann vor dem Rechtsmittelgericht stellen. Es verfährt wie bei Rn 19–22. 21

7) Erbe vor der Annahme, V. Die Vorschrift enthält eine Ergänzung des § 1958 BGB, Rn 2. Sie bestimmt, daß der Erbe den Prozeß vor der Annahme der Erbschaft nicht fortzusetzen braucht. Die Aufnahme ist also nicht vor dem Ende der Ausschlagungsfrist nach § 1944 BGB verzögert. Wenn der Erbe das Verfahren vor der Erbschaftsannahme aufnimmt, kann man in diesem Vorgang eine Erbschaftsannahme sehen. Vor der Annahme der Erbschaft sind nur der Nachlaßpfleger, der Nachlaßinsolvenzverwalter und der Testamentsvollstrecker prozeßführungsberechtigt. Nach der Annahme der Erbschaft ist eine Verweigerung der Aufnahme unzulässig, Schlesw OLGZ **93**, 230. Der Erbe kann aber eine Haftungsbeschränkung nach den §§ 305, 780 geltend machen, Schlesw OLGZ **93**, 230. 22

240 ***Unterbrechung durch Insolvenzverfahren.*** [1] **Im Falle der Eröffnung des Insolvenzverfahrens über das Vermögen einer Partei wird das Verfahren, wenn es die Insolvenzmasse betrifft, unterbrochen, bis es nach den für das Insolvenzverfahren geltenden Vorschriften aufgenommen oder das Insolvenzverfahren beendet wird.** [2] **Entsprechendes gilt, wenn die Verwaltungs- und Verfügungsbefugnis über das Vermögen des Schuldners auf einen vorläufigen Insolvenzverwalter übergeht.**

Schrifttum (teils zum alten Recht): *Flessner,* Ausländischer Konkurs und inländischer Arrest, in: Festschrift für *Merz* (1992); *Henckel,* Einwirkung des Insolvenzverfahrens auf schwebende Prozesse, Festschrift für *Schumann* (2001) 211; *Leipold,* Ausländischer Konkurs und inländischer Zivilprozeß, Festschrift für *Schwab* (1990) 289; *Meyer,* Die Auswirkungen der Insolvenz, Umwandlung und Vollbeendigung von Gesellschaften auf den anhängigen Zivilprozess, 2005; *Schmidt,* Das Prozeßrechtsverhältnis bei Umstrukturierung, Auflösung und Konkurs einer Handelsgesellschaft, Festschrift für *Henckel* (1995) 749; *Viertelhausen,* Einzelzwangsvollstreckung während des Insolvenzverfahrens, 1999; *Wosgien,* Konkurs und Erledigung der Hauptsache, 1984.

Gliederung

1 **1) Systematik, S 1, 2.** Vgl Üb 1 vor § 239.

2 **2) Regelungszweck, S 1, 2.** Der Übergang der die Insolvenzmasse betreffenden Befugnisse vom Schuldner auf den Insolvenzverwalter bedingt nicht logisch zwingend ein Gebot zur auch nur vorübergehenden Unterbrechung, Gundlach/Frenzel/Schmidt NJW **04**, 3223. Wegen der Fülle von Unklarheiten, Notaufgaben, Haftungsbegrenzungen, Vermögenszuordnungsfragen ist aber in der Praxis doch eine solche Unterbrechung kaum vermeidbar. Andererseits soll der Prozeßgegner nun nicht noch mehr Unsicherheit erleiden, als sie bereits durch die Eröffnung des gegnerischen Insolvenzverfahrens eingetreten ist. Diesem starken Interessengegensatz versucht § 240 einigermaßen Rechnung zu tragen. Auch das Gericht sollte das bei der Handhabung tun.

Nicht bezweckt § 240 eine Änderung des sachlichen Rechts, BGH GRUR **08**, 552 (Patentgebührenfälligkeit).

3 **3) Sachlicher Geltungsbereich, S 1, 2.** Vgl zunächst Üb 3 ff vor § 239.

A. Grundregeln. Die Bestellung eines vorläufigen Insolvenzverwalters unterbricht nur, soweit die Verfügungsbefugnis nach § 22 I 1 InsO auf ihn übergeht, BGH RR **06**, 1209, BAG NJW **02**, 533, Naumb RR **04**, 8. Die Eröffnung eines Insolvenzverfahrens nach §§ 11 ff, 27, 304 InsO, dazu wegen einer Räumung AG Bln-Charlottenb NZM **05**, 618, Börstinghaus NZM **00**, 326, unterbricht mit dem in §§ 27 II Z 3, 304 I 1 InsO genannten Zeitpunkt und in einer von Amts wegen zu berücksichtigenden Weise, Ffm JB **90**, 1216, Köln Rpfleger **03**, 40. Sie unterbricht ein Verfahren nur, soweit es schon und noch anhängig ist, § 26 Rn 1, Mü MDR **08**, 292, und soweit es die Insolvenzmasse betrifft, § 35 InsO, BGH RR **04**, 48, Karlsr FamRZ **06**, 957, Köln Rpfleger **05**, 363. Das gilt automatisch, BGH NJW **95**, 2563, Nürnb OLGZ **82**, 380. Es gilt also unabhängig davon, ob der Prozeßgegner von der Verfahrenseröffnung auch eine Kenntnis hat. Sie erfolgt *in jeder Lage* des Verfahrens.

4 **B. Beispiele zur Frage des sachlichen Geltungsbereichs**

Abtretung: Eine Unterbrechung erfolgt auch dann, wenn die Partei ihren Anspruch nach dem Eintritt der Rechtshängigkeit nach § 261 abgetreten hat.

Aktiengesetz: *Keine* Unterbrechung erfolgt im Verfahren nach §§ 305 V, 306 AktG, BayObLG **78**, 211.

Anfechtungsprozeß: Eine Unterbrechung tritt in ihm außerhalb des Insolvenzverfahrens auch dann ein, wenn der Schuldner keine Partei ist, § 17 AnfG.

Arbeitsgerichtsverfahren: Eine Unterbrechung kann auch in ihm erfolgen, BAG NZA **07**, 766, zB nach §§ 46 II, 64 VI, 72 V ArbGG, LAG Mainz BB **98**, 55.

Arrest: *Keine* Unterbrechung erfolgt beim persönlichen Arrest nach § 917, Düss FamRZ **06**, 287.

Aufhebung der Eröffnung: Sie steht der Eröffnung des Insolvenzverfahrens *nicht* gleich.

Ausländischer Konkurs: Er unterbricht im Inland zumindest aus den im Verfahrensrecht besonders wichtigen Gründen der Rechtssicherheit nach Einl III 43 unabhängig von seiner sonstigen Wirkung, BGH NJW **90**, 991. Das gilt allerdings nur, soweit das ausländische Recht die ausschließliche Prozeßführungsbefugnis des Verwalters auch mit Bezug auf ein Schuldnervermögen in anderen Staaten vorsieht, BGH (Pressestelle) KTS **98**, 198 (damit Erledigung des Vorlagebeschlusses des 9. ZS NJW **98**, 928), Zweibr RR **01**, 985, Habscheid KTS **98**, 190.

Der Gläubiger muß einen *im Inland vollstreckungsfähigen* Titel vor der Eröffnung des Insolvenzverfahrens erhalten haben, BGH NJW **97**, 2527. Zum Problem der Anerkennung einer ausländischen Konkursentscheidung Trunk KTS **87**, 427. Im Verhältnis zu Österreich ist das Recht des Insolvenzgerichts-Sitzes maßgeblich, Art 14 des deutsch-österreichischen Vertrags vom 4. 3. 85, BGBl II 411, § 50 Rn 6. Die Beschlagnahmewirkung erstreckt sich nicht auf das inländische Vermögen. Die Legitimation geht also nicht auf den Insolvenzverwalter über, BPatG GRUR **83**, 199, Hamm DB **84**, 1922. Wegen der abweichenden Rechtslage bei einem Konkurs in der Schweiz Mü KTS **82**, 315. Eine abweichende Rechtslage kann auch bei einem Auslandskonkurs einer juristischen Person ausländischen Rechts bestehen, soweit sie nach dem Heimatrecht dadurch erlischt.

Befriedigung: Eine Unterbrechung erfolgt auch nach einer schon vor der Eröffnung des Insolvenzverfahrens eingetretenen Befriedigung durch einen vorläufig vollstreckbaren Titel, KG OLGZ **77**, 365.

Berufungsinstanz: Eine Unterbrechung erfolgt auch in ihr, BGH NJW **95**, 2563, Brdb RR **02**, 265, Köln Rpfleger **03**, 40.

BGH-Gesellschaft: Ein Insolvenzverfahren über das Vermögen einer BGB-Außengesellschaft unterbricht denjenigen Prozeß gegen einen Gesellschafter, der seine persönliche Haftung für Verbindlichkeiten der Gesellschaft zum Gegenstand hat, BGH NJW **03**, 590 (krit Häsemayer LMK **03**, 77), Schmidt Festschrift für Kreft (2004) 524 (Massebezogenheit unerheblich). Ein Binnenprozeß ist aber wohl nur bei einer Massebezogenheit unterbrochen, Mü ZIP **94**, 1021, aM Schmidt Festschrift für Kreft (2004) 524.

Eigenverwaltung: Rn 7 „Widerklage". 5

Einstweilige Anordnung: *Keine* Unterbrechung erfolgt, soweit während des vom Schuldner geführten Prozesses eine einstweilige Anordnung nach § 21 InsO ergeht, BGH RR **87**, 1276. Später ist die Aufnahme durch diesen Kläger unabhängig vom Verlauf des Insolvenzverfahrens zulässig, BGH **72**, 235.

Finanzgerichtsverfahren: Eine Unterbrechung kann auch in ihm erfolgen, BFH NJW **98**, 630.

Freigabe: *Keine* Unterbrechung erfolgt, soweit der Insolvenzverwalter die Forderung vor der Klagerhebung nach §§ 253, 261 freigegeben hat, BAG NJW **84**, 998 (bei einer späteren Freigabe endet die Unterbrechung erst mit der Aufnahme durch den Schuldner).

Gesamtvollstreckung: Brdb RR **99**, 1429.

Gläubigerverzicht: *Keine* Unterbrechung erfolgt, soweit ein Insolvenzgläubiger ausdrücklich auf eine Teilnahme am Insolvenzverfahren verzichtet hat, BGH NJW **79**, 162, BAG NJW **84**, 998.

Insolvenzverfahren: Eine Unterbrechung tritt noch nicht im Prüfungsverfahren vor der Eröffnung ein, Naumb RR **04**, 8. Sie tritt auch mit der Eröffnung nur ein, soweit der Prozeß wenigstens teilweise die Insolvenzmasse nach §§ 35, 36 InsO betrifft, BGH VersR **82**, 1054, Karlsr FamRZ **06**, 957, Kblz FamRZ **03**, 109 (also nicht im Eröffnungsmonat fälligen Unterhalt und solchen, der nach § 850 c pfändungsfrei bleibt).

Klagerhebung: *Keine* Unterbrechung erfolgt, soweit das Gericht das Insolvenzverfahren bereits vor der Klagerhebung nach §§ 253, 261 eröffnet hatte, Ffm AnwBl **80**, 291.

Kosenfestsetzung: Eine Unterbrechung erfolgt auch im Kostenfestsetzungsverfahren, §§ 103 ff, BGH FamRZ **05**, 1535, Brdb RR **02**, 265, Mü Rpfleger **04**, 125. Das gilt selbst dann, wenn die Kostengrundentscheidung nach Üb 35 vor § 91 im Zeitpunkt der Eröffnung des Insolvenzverfahrens schon nach § 705 formell rechtskräftig war, KG FamRZ **08**, 1204, aM Hbg MDR **90**, 350, Kblz VersR **88**, 588 (das erstinstanzliche laufe beim Insolvenzverfahren während der höheren Hauptsacheinstanz fort).

Markenrecht: Eine Unterbrechung kann auch im Löschungsverfahren erfolgen, § 82 I MarkenG, BPatG GRUR **97**, 834.

Nachlaßinsolvenz: Eine Unterbrechung durch ein Verfahren nach §§ 315 ff InsO erfolgt im Prozeß desjenigen Erben, der sich auf die Masse bezieht, BGH FamRZ **08**, 1749, Köln Rpfleger **03**, 40, Mü RR **96**, 229, Robrecht KTS **03**, 385 (auch wegen eines Vermächtnisanspruchs). Das gilt auch bei einer Testamentsvollstreckung, Köln Rpfleger **05**, 364, und bei § 722, BGH FamRZ **08**, 1750, Zweiler RR **01**, 985, Gruber IPRax **07**, 428, aM, Drsd FamRZ **06**, 563, Ffm IPRax **02**, 36, Saarbr RR **94**, 637 (aber der Schutzzweck hat Vorrang).

Nichtvermögensrecht: *Keine* Unterbrechung erfolgt, soweit es um einen solchen Gegenstand geht, Mü DB **94**, 1464.

Notarkosten: *Keine* Unterbrechung erfolgt im Verfahren nach § 156 KostO, KG MDR **88**, 329.

Offene Handelsgesellschaft: Ein Insolvenzverfahren über das Vermögen der Offenen Handelsgesellschaft nach § 11 II Z 1 InsO unterbricht nicht für das Vermögen der Gesellschafter und umgekehrt. Bei einer Insolvenz der Offenen Handelsgesellschaft bleibt eine Klagerweiterung nach §§ 263, 264 in der Form des § 253 gegen die Gesellschafter zulässig. § 249 II steht dieser Möglichkeit nicht entgegen. 6

Partnerschaftsgesellschaft: Eine Unterbrechung erfolgt beim Insolvenzverfahren über das Vermögen eines Partners nur dahin, daß er aus der Partnerschaft ausscheidet, § 9 II PartGG.

Patentnichtigkeitsverfahren: Eine Unterbrechung kann grds auch dort erfolgen, BGH RR **95**, 573.

Prozeßbevollmächtigter: Die Vollmacht des ProzBev des Schuldners erlischt, §§ 115 I InsO, 168 BGB, BGH VersR **82**, 1054.

Prozeßkostenhilfe: *Keine* Unterbrechung erfolgt im Verfahren nach §§ 114 ff, BGH RR **06**, 1208, Hamm FamRZ **05**, 280, KG FamRZ **08**, 286, aM Hamm MDR **06**, 1309 (aber dieses Verfahren duldet keine Verzögerung).

Rechtsbeschwerdeinstanz: Eine Unterbrechung erfolgt auch in ihr wie bei einer Revision, s dort.

Rechtskraft: Eine Unterbrechung erfolgt auch zB bei der Kostenfestsetzung nach der formellen Rechtskraft.

Revisionsinstanz: Eine Unterbrechung erfolgt auch in ihr, BGH KTS **86**, 734, BAG KTS **86**, 691, KG KTS **99**, 139.

Schiedsrichterliches Verfahren: Hier ist § 240 *unanwendbar*, Köln SchiedsVZ **08**, 153. 7

Schiffahrtsrechtliches Verteilungsverfahren: Es gilt § 8 II SVertO, BGH NJW **88**, 3093, Rheinschifffahrtsobergericht Köln VersR **80**, 42.

Selbständiges Beweisverfahren: § 249 Rn 3, Üb 4 vor § 485.

Testamentsvollstreckung: Bei einer Testamentsvollstreckung kann der Gläubiger nur auf eine Duldung der Zwangsvollstreckung durch den Testamentsvollstrecker oder auf eine Leistung aus dem von diesem verwalteten Nachlaß vorgehen, Köln Rpfleger **05**, 363.

S auch Rn 5 „Nachlaßinsolvenz".

Unerlaubte Handlung: Eine Unterbrechung bleibt auch dann bestehen, wenn es auch um eine unerlaubte Handlung und um andere Rechtsgründe geht, BGH NJW **00**, 1260.

Vermächtnis: Rn 5 „Nachlaßinsolvenz".

Vollstreckungsklausel: *Keine* Unterbrechung erfolgt im Verfahren auf die Erteilung der Klausel, BGH NJW **08**, 919.

Widerklage: Auch bei ihr erfolgt eine Unterbrechung, Düss RR **01**, 522. Das gilt auch bei einer sog Eigenverwaltung nach §§ 270 ff InsO, Mü MDR **03**, 413, Gundlach/Frenzel/Schmidt NJW **04**, 3225.

Zustellungsbevollmächtigter: Der Schuldner braucht dem Gegner die Aufnahme nicht dadurch zu erleichtern, daß er einen Zustellungsbevollmächtigten bestellt, wenn der Insolvenzverwalter die Aufnahme ablehnt.

Zwangsverwaltung: *Keine* Unterbrechung erfolgt bei einer Zwangsverwaltung.
Zwangsvollstreckung: Sie duldet *keine* Unterbrechung, Grdz 38 vor § 704.
S auch „Vollstreckungsklausel".

8 **4) Persönlicher Geltungsbereich, S 1, 2.** Voraussetzung einer Unterbrechung nach § 240 ist der Umstand, daß die „Partei" nach § 27 InsO in Insolvenz fällt, BGH NJW **98**, 157, Schlesw KTS **89**, 925. Das gilt auch dann, wenn das Gericht eine Eigenverwaltung durch den Schuldner anordnet, BGH RR **07**, 629. Es gilt auch bei einer Verbraucherinsolvenz, BGH XI ZR 330/00, Celle 19 UF 283/03. Es gilt unabhängig von einem etwaigen ProzBev des Schuldners. Dessen Vollmacht erlischt ja dann, §§ 168 BGB, 115, 116 InsO, BGH VersR **82**, 1054. Auch ein Prozeßführungsrecht nach Grdz 22 vor § 50 kann reichen, LG Görlitz MDR **98**, 1308, Vollkommer MDR **98**, 1271 (Sicherungsgeber). Der Schuldner muß also in einem anhängigen Prozeß oder im Mahnverfahren nach §§ 688 ff oder im Kostenfestsetzungsverfahren nach §§ 103 ff eine Partei sein, Grdz 4 vor § 50. Es ist unerheblich, ob den Prozeß vor der Eröffnung des Insolvenzverfahrens der vorläufige Insolvenzverwalter nach § 22 InsO geführt hatte, Schlesw KTS **89**, 925 (abl Wessel). § 246 ist hier unbeachtlich. Eine Zwangsvollstreckung für oder gegen den Schuldner bleibt unberührt, Grdz 38 vor § 704. Die Eröffnung des Insolvenzverfahrens über das Vermögen eines Streitgenossen nach § 59 unterbricht wegen der anderen Streitgenossen nur bei einer notwendigen Streitgenossenschaft, § 62, BGH BB **03**, 604, Schlesw SchlHA **85**, 155, also im allgemeinen auch bei einer Klage gegenüber der Versicherung und dem Versicherungsnehmer, § 62 Rn 15 „Verkehrsunfall", § 239 Rn 5. Ein Nachlaßinsolvenzverfahren nach §§ 315 ff InsO reicht aus.

9 Der *Streithelfer* nach § 66 ist keine Partei, BGH RR **95**, 573, Düss MDR **85**, 504, ebensowenig ein einfacher Streitgenosse, § 59, Düss MDR **85**, 504, oder ein Zedent, BAG NJW **02**, 3122, oder ein Zessionar der Klageforderung, BGH NJW **98**, 157. Trotzdem kann durch ein Insolvenzverfahren über das Vermögen des Streithelfers eine Verhinderung der Prozeßführung wie bei einer Unterbrechung eintreten, § 67 Rn 14. Ein Insolvenzverfahren über das Vermögen einer Partei kraft Amts nach Grdz 8 vor § 50 unterbricht den Prozeß über das verwaltete Vermögen nicht. Ein Insolvenzverfahren über das Vermögen eines Gesellschafters unterbricht den Prozeß der BGB-Gesellschaft nicht, Drsd MDR **07**, 163. Ein Insolvenzverfahren über das Verwaltungsvermögen der Wohnungseigentümergemeinschaft ist unstatthaft, § 11 III WEG.

10 **5) Insolvenzmasse, S 1, 2.** Der Begriff enthält Probleme.

A. Begriff. Die Insolvenzmasse nach § 35 InsO ist dann betroffen, wenn der Streitgegenstand nach § 2 Rn 4 ganz oder teilweise dem Schuldner zur Zeit der Verfahrenseröffnung gehört, Celle FamRZ **05**, 1746, oder wenn er während des Verfahrens hinzugelangt und wenn er auch der Zwangsvollstreckung unterliegt, § 36 I InsO (Sollmasse im Gegensatz zur Istmasse). Eine mittelbare Betroffenheit kann reichen, BAG NZA **07**, 766 (Vorsicht!). Es ist unerheblich, ob der Insolvenzverwalter das Vermögensstück tatsächlich zur Istmasse gezogen hat. Lehnt er die Aufnahme ab oder gibt er sonstwie frei, gilt Rn 15. Es tritt eine Unterbrechung nur dann ein, wenn eine Zuerkennung den Bestand oder die Verwertbarkeit der Masse beeinflussen würde. Das trifft beim Insolvenzverfahren des Klägers allerdings meist zu. Bei einem solchen des Bekl trifft es nur dann zu, wenn er ein eigenes Recht behauptet. Die Prozeßaufnahme erfolgt dann, wenn der Schuldner Bekl ist, nach § 86 I InsO.

11 **B. Beispiele zur Frage einer Betroffenheit der Insolvenzmasse**

Absonderungsrecht: Betroffen ist die Insolvenzmasse bei einer solchen Forderung, Mü MDR **00**, 602.

Arztpraxis: *Nicht* betroffen ist die Insolvenzmasse bei einer Arztpraxis.

Feststellung: Betroffen ist die Insolvenzmasse bei einer Feststellungsklage zur Vorbereitung eines Anspruchs, BAG NJW **84**, 998, auch bei einer verneinenden solchen Klage.

Freiberufler: Betroffen ist die Insolvenzmasse beim Einkommen eines Freiberuflers, Hamm NJW **05**, 2788 (Zahnarzt).

Generalversammlung: Betroffen ist die Insolvenzmasse bei der Verteidigung eines Beschlusses der Generalversammlung.

Gewerbeverbot: *Nicht* betroffen ist die Insolvenzmasse bei einem solchen Verbot wegen Unzuverlässigkeit, VG Gießen KTS **06**, 449 (abl Klement 459).

Hausrat: *Nicht* betroffen ist die Insolvenzmasse bei den in § 36 III InsO genannten Hausratssachen.

Kündigungsschutz: Betroffen ist die Insolvenzmasse des Arbeitgebers bei einem Kündigungsschutzprozeß, LAG Kiel NZA-RR **05**, 658.

Nichtvermögensrechtlicher Anspruch: *Nicht* betroffen ist die Insolvenzmasse bei einer Reihe solcher Ansprüche nach Grdz 11 vor § 1, BAG NJW **84**, 998, Köln Rpfleger **05**, 363, Zeising KTS **02**, 449, oder bei einer nicht unter § 38 InsO fallenden Forderung.

12 **Prozeßkosten:** Betroffen ist die Insolvenzmasse bei einer solchen Forderung nur nach einer Erledigung der Hauptsache.

Prozeßstandschaft: Betroffen ist die Insolvenzmasse beim Insolvenzverfahren des Rechtsinhabers dann, wenn der Kläger in einer gewillkürten Prozeßstandschaft nach Grdz 2 vor § 50 klagt, Düss JMBlNRW **76**, 42.

Rechnungslegung: Betroffen ist die Insolvenzmasse bei einer Klage auf eine Rechnungslegung, LG Düss BB **77**, 1674.

Sicherungsabtretung: Betroffen ist die Insolvenzmasse bei einer zur Sicherung abgetretenen Forderung. Denn sie gibt nur ein Absonderungsrecht, Mü MDR **00**, 602.

Testamentsvollstreckung: Betroffen ist die Insolvenzmasse bei einem der Testamentsvollstreckung unterliegenden Gegenstand, BGH NJW **06**, 2698.

Unpfändbarkeit: *Nicht* betroffen ist die Insolvenzmasse bei einer unpfändbaren Sache oder einem unpfändbaren Anspruch nach § 811 I (Ausnahmen nach § 36 II Z 2 InsO: § 811 I Z 4, 9 ZPO) oder nach §§ 812, 850 a ff, 852, 857 III, 859–863, Köln Rpfleger **05**, 363, Nürnb RR **05**, 776, LAG Düss NZA-RR **05**, 317.

Unterhalt: *Nicht* betroffen ist die Insolvenzmasse bei einem noch nicht fälligen Unterhaltsanspruch, Hamm FamRZ **05**, 280, Naumb FamRZ **08**, 620.

Unterlassung: Betroffen ist die Insolvenzmasse des Verletzers bei einem Unterlassungsanspruch im gewerblichen Rechtsschutz. Denn die Zulässigkeit der beanstandeten Handlung stellt einen Vermögensgegenstand des Verletzers dar. Eine Unterbrechung tritt auch wegen der insolvenzfreien Stellung des Verletzers ein. Ein Ersatzanspruch auf Grund einer einstweiligen Verfügung nach §§ 935 ff auf eine Unterlassung reicht aus. Dasselbe gilt für einen Anspruch auf Grund eines vorläufig vollstreckbaren Titels nach § 717 II, KG OLGZ **77**, 366, aM BGH BB **05**, 1187, oder nach § 717 III, selbst wenn der Bekl nur eine Abweisung beantragt hat, allerdings mit dem Willen, einen Schadensersatz zu verlangen.
Versorgungsausgleich: *Nicht* betroffen ist die Insolvenzmasse beim Rentenstammrecht im Versorgungsausgleichsverfahren, Ffm FamRZ **04**, 1043.
Vorbereitung: Rn 11 „Feststellung".

6) Forderung gegen die Insolvenzmasse, S 1, 2. Ein anmeldungsberechtigter Gläubiger, ein Insolvenzgläubiger, kann eine solche Forderung auf zweierlei Weise verfolgen. Er kann nach der InsO vorgehen. Er erhält nur so eine Befriedigung oder Sicherstellung aus der Masse, § 87 InsO. Er kann bei einer zulässigen Aufnahme grundsätzlich auch keine neue Klage erheben, BGH **105**, 37. Er kann bei einer noch nicht anhängigen Forderung allerdings auch außerhalb des Insolvenzverfahrens vorgehen. Dann muß er eindeutig erklären, daß er nichts aus der Masse verlange, BGH **72**, 234, Zeising KTS **02**, 449. Ein solcher Vollstreckungstitel ist während des Insolvenzverfahrens nicht vollstreckbar, § 89 InsO. Einen solchen Gläubiger, den der Schuldner vor der Eröffnung des Insolvenzverfahrens freiwillig befriedigt hat oder der seine Forderung vorher endgültig beigetrieben hat, berührt § 240 nicht. Das Gericht muß die Unterbrechung des Verfahrens von Amts wegen beachten, Grdz 39 vor § 128. Das gilt auch in der Revisionsinstanz. 13

7) Verstoß, S 1, 2. Soweit das Gericht die Unterbrechung, zB wegen seiner Unkenntnis der Eröffnung des Insolvenzverfahrens nicht berücksichtigt hat, ist ein Urteil nicht etwa nichtig, sondern ein wirksamer, wenn auch fehlerhaft zustande gekommener Staatsakt, Grdz 19, 20 vor § 300. Auch ihm ist aber keine Zwangsvollstreckung statthaft, § 249 Rn 3. Es sind die allgemeinen Rechtsmittel zulässig, auch während der Unterbrechung, BGH NJW **95**, 2563. Es kommt auf Grund eines Rechtsmittels des Schuldners eine Zurückverweisung nach § 538 in Betracht. Der Verwalter kann ohne eine Aufnahme ein Rechtsmittel einlegen, BGH NJW **97**, 1445, LG Wuppert DGVZ **99**, 184. Allerdings läuft die Rechtsmittelfrist nicht. Denn während der Unterbrechung des Verfahrens, die ja kraft Gesetzes vorlag und die nur eben das Gericht nicht beachtet hat, ist keine wirksame Urteilszustellung möglich, § 249, LG Wuppert DGVZ **99**, 184. 14

8) Aufnahme, S 1, 2. Es kommt auf die Prozeßart an, Zeisung KTS **02**, 453. 15

A. Allgemeines. Die Unterbrechung dauert bis zur Aufnahme (nur) nach §§ 85, 86, 179, 180 InsO an, BGH MDR **04**, 231, Köln Rpfleger **05**, 364, Mü Rpfleger **04**, 125. Sie erfolgt nach § 250. Die Aufnahme erfolgt grundsätzlich in derselben Prozeßart in der Form des § 250, Düss RR **87**, 1402, und grundsätzlich mit denselben Anträgen. Man muß zwischen einem Angriffs- und einem Verteidigungsprozeß unterscheiden (Aktiv- und Passivprozeß), Düss RR **01**, 522. Maßgebend ist nicht die Parteistellung des Schuldners, sondern allein die Frage, ob er ein Vermögensrecht fordert oder nicht, BGH NJW **95**, 1750. So ist zB eine verneinende Feststellungsklage gegen den Schuldner ein behauptender Prozeß. Die Klage gegen den Schuldner auf die Feststellung der Unwirksamkeit des Widerrufs seiner Versorgungszusage ist ein Verteidigungsprozeß, BAG NJW **84**, 998.

Der *Schuldner* kann den unterbrochenen Rechtsstreit selbst aufnehmen, § 85 II InsO, soweit das Insolvenzverfahren seine insolvenzfreie Stellung betrifft. Er kann den unterbrochenen Rechtsstreit im übrigen dann aufnehmen, wenn der Insolvenzverwalter den Gegenstand des unterbrochenen Prozesses freigegeben oder eine Aufnahme abgelehnt hat. Der Insolvenzverwalter tritt nur insofern an die Stelle des Schuldners, als der Schuldner oder sein Gegner den Prozeß weiterbetreibt, Düss RR **87**, 1402, Mü KTS **77**, 63. Wenn die Klage und die Widerklage unterbrochen sind, kann sowohl ein Aktiv- als auch ein Passivprozeß vorliegen und der Insolvenzverwalter wirksam nur im Aktivprozeß eine Aufnahme erklären, Düss RR **01**, 522. Eine vom Verwalter erteilte Prozeßvollmacht besteht für den aufnehmenden Schuldner fort.

B. Angriffsprozeß zur Teilungsmasse. Es handelt sich um die Geltendmachung eines Rechts des Schuldners oder um seine Befreiung von einer Last oder Pflicht zwecks einer Verbesserung der Masse. Einen solchen Prozeß kann nach § 85 I 1 InsO nur der Verwalter aufnehmen, und zwar nur in derjenigen Lage, in der sich der Prozeß befindet. Die Aufnahme erfolgt nach § 250, aM Schmidt KTS **94**, 320 (bei einer Handelsgesellschaft entsprechend § 241, da es kein insolvenzfreies Vermögen gebe. Aber § 250 nennt keine Einschränkung seines Geltungsbereichs). Wenn der Verwalter den Prozeß ohne einen gesetzlichen Grund nicht innerhalb einer angemessenen Frist aufnimmt, muß das Gericht ihn auf Grund eines Antrags des Gegners laden, § 239 II entsprechend, § 85 I 2 InsO. Das gilt auch bei einem Prozeß nach dem AnfG. Der Verwalter kann die Aufnahme ablehnen, auch formlos. Er kann auch nach einer Aufnahme die Freigabe erklären. Dann wird der Streitgegenstand jeweils frei. § 265 ist dann unanwendbar. Der Schuldner darf dann selbst prozessieren, BGH MDR **04**, 231. Beide Parteien dürfen den Prozeß dann aufnehmen, § 85 II InsO, Rn 23, BGH NJW **90**, 1239. Eine Abtretung durch den Insolvenzverwalter an einen Dritten reicht nicht, BGH NJW **90**, 1239, aM Schmidt KTS **94**, 320 (bei einer Handelsgesellschaft). 16

C. Verteidigungsprozeß zur Teilungsmasse. Es handelt sich um einen Rechtsstreit mit dem Ziel einer Aussonderung oder einer abgesonderten Befriedigung oder der Masseverbindlichkeit, §§ 47 ff, 86 InsO. Diesen Prozeß können der Insolvenzverwalter und der Gegner aufnehmen, § 250. Man muß die Aufnahme des Gläubigers dem Insolvenzverwalter und nicht dem ProzBev des Schuldners zustellen, BGH ZIP **99**, 75. Wenn der Verwalter die Klageforderung nach § 93 Rn 85 sofort anerkennt, bleibt er kostenfrei, § 86 II InsO. Bei einer Verzögerung gilt dasselbe wie bei Rn 15. Die Aufnahme durch oder gegen den Schuldner ist solange unzulässig, wie der Verwalter den Streitgegenstand nicht freigibt. Eine Freigabe ist möglich, BGH MDR **04**, 231. Eine Aufnahme „nur zur Prozeßführung" usw reicht nicht. Wegen einer Unterlassung Schmidt ZZP **90**, 54. 17

D. Verteidigungsprozeß zur Schuldenmasse. Hier geht es um einen Prozeß über eine Insolvenzforderung, § 38 InsO. Die Forderung muß zum Insolvenzverfahren angemeldet und geprüft worden sein, 18

§§ 87, 174 ff InsO, BGH MDR **04**, 231. Selbst dann ist eine Aufnahme grundsätzlich nur durch den Gegner zulässig, nicht durch den Insolvenzverwalter, Nürnb OLGZ **82**, 380. Daher kann er auch nicht den Prozeß zur Aufnahme durch den Schuldner freigeben, BGH MDR **04**, 231. Im Prüfungstermin können der Verwalter, der Schuldner, der Insolvenzgläubiger widersprechen. Wenn der Schuldner die Forderung bestritten hat, ist eine Aufnahme auch ihm gegenüber zulässig, § 184 S 2 InsO. Der Kläger muß dann nach § 179 III 1 InsO einen Tabellenauszug vorlegen, BGH MDR **00**, 660.

19 Wenn der Gläubiger für die Forderung einen Schuldtitel, ein Endurteil oder einen Vollstreckungsbescheid besitzt, die eine *Vollstreckungsklausel* nach §§ 724 ff aufweisen, muß der Widersprechende aufnehmen, § 179 II InsO, also der Insolvenzverwalter, soweit er diese Forderung nach der Anmeldung zur Insolvenztabelle noch bestreitet, Nürnb OLGZ **82**, 380. Bei einer Verzögerung darf auch der Gläubiger das Verfahren aufnehmen, § 250. Denn einer neuen Klage würde der Einwand der Rechtshängigkeit entgegenstehen.

20 Soweit es sich um eine *gewöhnliche* Forderung handelt, kann nur der Gläubiger den Prozeß aufnehmen, nicht der Insolvenzverwalter, §§ 179 I, 180 II InsO, § 250.

21 **E. Einzelfragen.** § 239 II ist unanwendbar. Es besteht kein Zwang zur Aufnahme. Der Widersprechende kann mangels eines Rechtsschutzbedürfnisses nicht aufnehmen, Grdz 33 vor § 253. Bei einem leugnenden Prozeß muß das Gericht nach der Aufnahme nur über die Teilnahme am Insolvenzverfahren entscheiden. Daher muß der Kläger den Klagantrag dahin ändern, daß er eine Feststellung des sich nach § 45 InsO immer in eine Geldforderung umwandelnden Anspruchs zur Tabelle verlangt, BGH RR **94**, 1251, BAG NJW **84**, 999, oder daß er die Feststellung seines etwaigen Aussonderungsrecht oder sonstigen Vorrechts oder die Zahlung nach dem Insolvenzende begehrt, BGH WertpMitt **80**, 164. Das gilt auch in der Revisionsinstanz. Eine im Urkundenprozeß nach §§ 592 ff erhobene Klage geht kraft Gesetzes in das ordentliche Verfahren über.

22 **9) Aufhebung des Insolvenzverfahrens, S 1, 2.** Es gibt drei Aspekte.

A. Unterbrechungsende. Seine Aufhebung nach §§ 34 III, 200 I, 258 InsO beendet ebenfalls die Unterbrechung des Prozesses. Einer Verfahrensaufhebung stehen die Aufhebung des Eröffnungsbeschlusses in der Beschwerdeinstanz nach § 34 II InsO ohne eine Rückwirkung und eine Einstellung des Verfahrens nach §§ 207, 211, 213 InsO gleich, BGH NJW **90**, 1239. Dabei sind die Aufhebung und die Einstellung grundsätzlich dann wirksam, wenn der Beschluß nach § 9 I 3 InsO als bekannt gilt, BGH **64**, 3 (nur im Beschwerdeverfahren sei wegen [jetzt] § 6 III 1 InsO die Rechtskraft maßgeblich).

23 **B. Prozeßfortsetzung.** Die Aufhebung wirkt immer für die Zukunft. Beide Parteien dürfen den Prozeß ohne eine Aufnahme fortsetzen. Dabei tritt der Schuldner ohne weiteres an die Stelle des Verwalters, Hbg KTS **86**, 507, LAG Hamm KTS **97**, 320. Alle Beteiligten müssen ein unterbrochenes Eilverfahren nach §§ 916 ff, 935 ff in derselben Verfahrensart fortsetzen. Soweit der Streitgegenstand eine Nachtragsverteilung berührt, führt der Verwalter den Prozeß weiter. Eine vom Insolvenzverwalter erteilte Prozeßvollmacht bleibt in Kraft, auch wenn der Schuldner den Prozeß fortsetzt.

24 **C. Freigabe.** Die Freigabe der Sache erfolgt durch den Insolvenzverwalter, BGH **162**, 34 (Gesellschaft). Er muß die Freigabe dem Schuldner gegenüber erklären. Die Abtretung einer streitbefangenen Forderung durch den Verwalter an einen Dritten ist keine Freigabe, BGH NJW **90**, 1239. Die Freigabeerklärung braucht keine Form. Sie kann zB darin liegen, daß der Verwalter es ablehnt, den Prozeß aufzunehmen. Sie hat dieselbe Wirkung wie eine Beendigung des Insolvenzverfahrens. Sie führt also dazu, daß der Schuldner in den Rechtsstreit eintritt. § 265 ist unanwendbar, aM StJSchu 35 (aber die Vorschrift gilt uneingeschränkt). Aus Gründen der Klarheit über das Ende der Unterbrechung und den Wiederbeginn des Laufs von Fristen ist eine Aufnahme notwendig. Über die Fortsetzung eines nach § 17 AnfG unterbrochenen Prozesses vgl § 18 I AnfG. Der Schuldner kann dann nicht nach der Beendigung des Insolvenzverfahrens den Anfechtungsprozeß des Verwalters fortsetzen, BGH **83**, 105. Der Gegner kann den Schuldner auch nicht zur Fortsetzung zwingen.

25 **10) Rechtsbehelfe, S 1, 2.** Vgl § 252.

241 *Unterbrechung durch Prozessunfähigkeit.*

I Verliert eine Partei die Prozessfähigkeit oder stirbt der gesetzliche Vertreter einer Partei oder hört seine Vertretungsbefugnis auf, ohne dass die Partei prozessfähig geworden ist, so wird das Verfahren unterbrochen, bis der gesetzliche Vertreter oder der neue gesetzliche Vertreter von seiner Bestellung dem Gericht Anzeige macht oder der Gegner seine Absicht, das Verfahren fortzusetzen, dem Gericht angezeigt und das Gericht diese Anzeige von Amts wegen zugestellt hat.

II Die Anzeige des gesetzlichen Vertreters ist dem Gegner der durch ihn vertretenen Partei, die Anzeige des Gegners ist dem Vertreter zuzustellen.

III Diese Vorschriften sind entsprechend anzuwenden, wenn eine Nachlassverwaltung angeordnet wird.

Gliederung

1) Systematik, I–III. Vgl zunächst Üb 1 vor § 239. Wegen des Verhältnisses zu § 243 dort Rn 2. § 241 bezieht sich in allen seinen Fällen nur auf eine solche Partei, die nicht nach § 246 einen ProzBev hat, BGH **104**, 3, BFH BB **86**, 1978. War der Weggefallene ein sich selbst vertretender Anwalt, ist zugleich § 244 anwendbar, BGH RR **89**, 255. Wegen des Parteibegriffs § 239 Rn 5. Die Vorschrift ist auch beim Wechsel einer Partei kraft Auftrags anwendbar, § 239 Rn 5, dort auch wegen des Wegfalls. Die Notwendigkeit einer Abwicklung kann für den Prozeß die Dauer der Vertretung kraft Amts bedingen. § 241 bezieht sich nicht auf den Streithelfer außer auf den streitgenössischen, § 69 Rn 10. 1

2) Regelungszweck, I–III. Die Rechtssicherheit nach Einl III 43 erfordert im Geltungsbereich der Vorschrift eine vorübergehende Orientierungspause. Sie verbietet aber auch eine zu langfristige Störung des weiteren Prozeßablaufs. Daher kann auch der am Fortgang etwa besonders interessierte Prozeßgegner die Initiative ergreifen. Das entspricht der Parteiherrschaft, Grdz 18 vor § 128. Es kann auch durchaus prozeßwirtschaftlich sein, daß das Gericht nicht zu lange seine Überlegungen zur weiteren Prozeßförderung unterbrechen muß. Das alles darf man bei der Auslegung mitberücksichtigen. 2

3) Geltungsbereich, I. Vgl zunächst Üb 3 ff vor § 239. Man muß zwei Fallgruppen trennen. 3

A. Verlust der Prozeßfähigkeit. Wenn die Partei die Prozeßfähigkeit nach § 52 verliert, tritt eine Unterbrechung ein. Wenn die Partei von Anfang an nach § 51 Rn 1 prozeßunfähig war, muß das Gericht die Klage durch ein Prozeßurteil als unzulässig abweisen, Grdz 14 vor § 253, § 56 I, soweit es nicht auf Antrag einen Prozeßpfleger nach § 57 bestellen muß, Hager ZZP **97**, 178. Das gilt auch bei der vermögenslos gewordenen gelöschten GmbH bis zur Bestellung eines Abwicklers, BFH BB **86**, 1978. Anders ist die Lage, solange die Vermögenslosigkeit noch nicht feststeht, § 50 Rn 6, 7, § 239 Rn 4. Wegen einer Betreuung Üb 5 vor § 239.

Eine Unterbrechung tritt in folgenden Fällen *nicht* ein: Es tritt ein nach § 53 bestellter Betreuer oder Pfleger ein; das Gericht bestellt für einen Prozeßfähigen einen Pfleger, etwa einen Abwesenheitspfleger; die Partei wird prozeßfähig, BGH ZIP **82**, 1318, Brdb FamRZ **01**, 115 (in diesem Fall tritt der Prozeßfähige kraft Gesetzes in den Prozeß ein); eine Gesellschaft mit beschränkter Haftung ist nach dem Eintritt ihrer Vermögenslosigkeit nach § 2 LöschungsG nicht mehr nach § 61 VwGO beteiligungsfähig, OVG Münst NJW **81**, 2373; es geht gerade um die Streitfrage, *ob* ein gesetzlicher Vertreter weggefallen ist, Köln RR **03**, 758.

B. Tod oder Vertretungsunfähigkeit des Vertreters. Wenn der gesetzliche Vertreter der Partei stirbt oder zB nach § 1886 BGB vertretungsunfähig wird, tritt eine Unterbrechung ein, sofern die Partei nicht prozeßfähig geworden ist, aM Schmidt Festschrift für *Henckel* (1995) 755, 763 (aber irgendein Prozeßfähiger ist eine Bedingung der Prozeßführung). Zum Begriff des gesetzlichen Vertreters § 51 Rn 6. Hierher gehören auch: Der Sondervertreter nach §§ 57 oder 58; die Übertragung des Sorgerechts auf den Prozeßgegner, BGH FamRZ **91**, 548 (auch zu einer Ausnahme); eine Vertretungsunfähigkeit infolge einer Entlassung des Vormunds; bei einer juristischen Person, auch einer KG, Ffm JB **95**, 658 (betr einen Komplementär), die Bestellung eines anderen Vorstands oder der Ausschluß von der Geschäftsführung. Wenn einer von mehreren gesetzlichen Vertretern wegfällt, tritt eine Unterbrechung des Prozesses nur ein, falls die verbleibenden gesetzlichen Vertreter keine ausreichende Vertretungsmacht haben. Der Eintritt einer Abwicklung unterbricht den Prozeß nur, soweit die bisherigen gesetzlichen Vertreter keine Abwickler sind. 4

4) Geltungsbereich, III. Vgl zunächst Üb 3 ff vor § 239. Es gelten unterschiedliche Voraussetzungen. 5

A. Nachlaßverwaltung. Eine Unterbrechung nach III tritt bei einer Nachlaßverwaltung nach § 1981 BGB ein. Diese steht der Eröffnung des Nachlaßinsolvenzverfahrens praktisch gleich. Der Erbe verliert zwar nicht die Prozeßfähigkeit. Er verliert aber sein Prozeßführungsrecht und seine sachliche Berechtigung, § 1984 BGB. Soweit der Erbe trotz einer Nachlaßverwaltung mit seinem Vermögen nach §§ 1994 I, 2006 III, 2013 BGB haftet, tritt eine Unterbrechung nur ein, sofern es sich um einen Vollstreckungstitel gegenüber dem Nachlaß handelt. Ein nicht vererblicher Anspruch kann die Nachlaßverwaltung wegen der Kosten betreffen. Beim Tod des Nachlaßverwalters gilt § 53 in Verbindung mit § 241 I.

B. Einzelheiten. Eine Unterbrechung nach III tritt nur unter folgenden Voraussetzungen ein: Entweder schwebte der Prozeß von vornherein wegen eines Nachlaßgegenstands für oder gegen den Erben; oder der Prozeß schwebte gegen den Erblasser, der Erbe hat die Erbschaft angenommen und den Prozeß aufgenommen, § 239 I, V. Wenn der Prozeß im Zeitpunkt der Anordnung der Nachlaßverwaltung unterbrochen war, muß man nach § 241 verfahren. Mit der Beendigung der Nachlaßverwaltung tritt der Erbe ohne weiteres in den Prozeß ein. Die vom Nachlaßverwalter erteilte Prozeßvollmacht bleibt nach § 86 auch für die Erben wirksam. Ein solches Rechtsmittel, das der Nachlaßverwalter eingelegt hatte, ist für den Erben eingelegt. 6

5) Anzeige, I, II. Die Unterbrechung des Prozesses beginnt mit dem Eintritt einer der in I, III genannten Umstände kraft Gesetzes ohne Rücksicht auf eine entsprechende Kenntnis der Beteiligten. Sie dauert so lange an, bis der gesetzliche Vertreter oder nach seinem Wegfall der neue die Absicht der Fortsetzung des Verfahrens dem Gegner anzeigt, ZöGre 1, aM ThP 3 b aa (aber der letzte Hs in I gehört zu beiden Alternativen), oder bis umgekehrt der Gegner dem Vertreter die Mitteilung nach § 250 macht. Das Gericht prüft die Vertretungsbefugnis erst im weiteren Verfahren, § 56, BGH VersR **83**, 667. Eine Ladung auf Grund einer entsprechenden Eingabe ist eine ausreichende Kundgebung der Absicht. Bei einer Verzögerung der Bestellung eines Vertreters ist kein prozessualer Rechtsbehelf statthaft. § 57 ist unanwendbar. Es bleibt dann nur möglich, die bestellende Behörde anzurufen. 7

6) Verstoß, I–III. Soweit das Gericht eine Unterbrechung zu Unrecht annimmt, findet sofortige Beschwerde statt, §§ 252, 567 I Z 2, Köln RR **03**, 758. 8

242 *Unterbrechung durch Nacherbfolge.* **Tritt während des Rechtsstreits zwischen einem Vorerben und einem Dritten über einen der Nacherbfolge unterliegenden Gegenstand der Fall der Nacherbfolge ein, so gelten, sofern der Vorerbe befugt war, ohne Zustimmung des**

Nacherben über den Gegenstand zu verfügen, hinsichtlich der Unterbrechung und der Aufnahme des Verfahrens die Vorschriften des § 239 entsprechend.

1 **1) Systematik, Regelungszweck.** Üb 1, 2 vor § 239.

2 **2) Geltungsbereich.** Vgl zunächst Üb 3 ff vor § 239. Der Nacherbe ist weder sachlichrechtlich noch prozessual ein Rechtsnachfolger des Vorerben. Er ist vielmehr der Rechtsnachfolger des Erblassers. Daher ist § 239 unanwendbar, soweit nicht der Vorerbe stirbt, s unten. Da aber § 326 II die Rechtskraftwirkung auf den Nacherben erstreckt, soweit der Vorerbe nach §§ 2112, 2136 BGB ohne den Nacherben verfügen kann, sieht § 242 dann eine Unterbrechung des Prozesses vor, wenn der Vorerbe wegfällt. Die Vorschrift ist entsprechend anwendbar, wenn der Vorerbe mit einer Zustimmung des Nacherben verfügt hat, §§ 185, 2120 BGB. Über die der Nacherbfolge unterliegenden Gegenstände §§ 2100 ff BGB. Hierher gehört auch ein Prozeß über den Umfang der Erbschaft des Vorerben.

3 § 242 ist *unanwendbar,* wenn der Vorerbe einen ProzBev hat, § 246. Ein Prozeß über eine Nachlaßverbindlichkeit fällt nicht unter § 242. Soweit der Vorerbe nach § 2145 BGB für eine Nachlaßverbindlichkeit haftet, geht der Prozeß gegen ihn weiter. Die Haftung des Nacherben ergibt sich aus den Urteilsgründen. Der Tod des Vorerben unterbricht diesen Prozeß, § 239. Daher ist § 242 nur dann anwendbar, wenn ein sonstiges Ereignis die Nacherbfolge auslöst. Bei einer Ausschlagung des Nacherben gilt § 239 V. Wenn dem nicht befreiten Vorerben die Verfügungsmacht fehlt, muß das Gericht den Nacherben als nicht prozeßführungsberechtigt abweisen.

243 *Aufnahme bei Nachlasspflegschaft und Testamentsvollstreckung.* **Wird im Falle der Unterbrechung des Verfahrens durch den Tod einer Partei ein Nachlasspfleger bestellt oder ist ein zur Führung des Rechtsstreits berechtigter Testamentsvollstrecker vorhanden, so sind die Vorschriften des § 241 und, wenn über den Nachlass das Insolvenzverfahren eröffnet wird, die Vorschriften des § 240 bei der Aufnahme des Verfahrens anzuwenden.**

1 **1) Systematik, Regelungszweck.** Üb 1, 2 vor § 239.

2 **2) Geltungsbereich.** Vgl zunächst Üb 3 ff vor § 239. Die Vorschrift regelt nicht den Beginn der Unterbrechung, sondern nur ihr Ende durch die Aufnahme bei einer Unterbrechung durch den Tod einer Partei nach § 239, wenn ein Nachlaßpfleger nach §§ 1960 ff BGB oder ein Testamentsvollstrecker nach §§ 2212 ff BGB vorhanden sind. Die Vorschrift ist entsprechend beim Eintritt der Nacherbfolge anwendbar, § 242. In beiden Fällen richtet sich die Aufnahme nach § 241, bei einem Nachlaßinsolvenzverfahren nach § 240. Eine Aufnahme nach § 239, insbesondere dessen V, findet also nicht statt. Bei einem Todesfall zeigen der Nachlaßpfleger oder der Testamentsvollstrecker dem Gegner ihre Bestellung an, oder umgekehrt zeigt der Gegner dem Nachlaßpfleger oder dem Testamentsvollstrecker die Absicht der Fortsetzung des Prozesses an, § 250, BGH **104**, 3. Im Aktivprozeß nach § 2212 BGB kann der Erbe die Aufnahme nicht wirksam erklären, BGH **104**, 3. Im wahren Passivprozeß kann auch der Erbe aufnehmen, BGH **104**, 4.

3 § 243 *gilt nicht,* wenn ein ProzBev vorhanden ist, § 246. Bei einem Nachlaßinsolvenzfahren nach §§ 1975 ff BGB, 315 ff InsO muß man den Prozeß nach den insolvenzrechtlichen Vorschriften aufnehmen, § 240 Rn 15. Nach einer Beendigung des Insolvenzverfahrens erfolgt die Aufnahme nach § 239. Bei einer Aufhebung des Insolvenzverfahrens muß die Aufnahme hinzutreten.

244 *Unterbrechung durch Anwaltsverlust.* **I Stirbt in Anwaltsprozessen der Anwalt einer Partei oder wird er unfähig, die Vertretung der Partei fortzuführen, so tritt eine Unterbrechung des Verfahrens ein, bis der bestellte neue Anwalt seine Bestellung dem Gericht angezeigt und das Gericht die Anzeige dem Gegner von Amts wegen zugestellt hat.**

II 1 Wird diese Anzeige verzögert, so ist auf Antrag des Gegners die Partei selbst zur Verhandlung der Hauptsache zu laden oder zur Bestellung eines neuen Anwalts binnen einer von dem Vorsitzenden zu bestimmenden Frist aufzufordern. 2 Wird dieser Aufforderung nicht Folge geleistet, so ist das Verfahren als aufgenommen anzusehen. 3 Bis zur nachträglichen Anzeige der Bestellung eines neuen Anwalts erfolgen alle Zustellungen an die zur Anzeige verpflichtete Partei.

Gliederung

1 **1) Systematik, I, II.** Die Vorschrift regelt im Rahmen der §§ 240 ff einen häufigeren Fall.

2 **2) Regelungszweck, I, II.** Wenn die Partei in einem Prozeß mit einem Anwaltszwang nach § 78 Rn 1 ihren ProzBev ohne ihr eigenes Zutun verliert, muß das Gesetz dafür sorgen, daß sie nicht schutzlos wird.

Das geschieht mit dem Mittel der Unterbrechung in I. Andererseits darf dieser Schutz nicht zu lange auf dem Rücken des Prozeßgegners und auch des Gerichts erfolgen. Daher begrenzt II die Unterbrechung in einer zeitlich abgestuften Weise bis hin zum Mittel der Unterstellung der Aufnahme. Dabei kann der Prozeßgegner die Initiative ergreifen. Er muß das aber nicht tun. Er behält also einen Teil der Parteiherrschaft, Grdz 18 vor § 128. Das muß man auch bei der Handhabung der Vorschrift mitbeachten.

3) Geltungsbereich, I, II. Vgl zunächst Üb 3 ff vor § 239. § 244 bezieht sich nur auf den Anwaltsprozeß, BGH FamRZ **92**, 49. Das Gericht muß die Vorschrift in allen Instanzen von Amts wegen beachten, Grdz 39 vor § 128, BGH NJW **02**, 2107, Karlsr AnwBl **82**, 434 (krit Thomas AnwBl **82**, 528). Im Parteiprozeß nach § 78 Rn 1 tritt beim Wegfall des Anwalts die Partei kraft Gesetzes an seine Stelle, auch soweit in der Rechtsmittelinstanz kein Anwaltszwang besteht. Bei einer arbeitsrechtlichen Streitigkeit gilt § 244 für denjenigen Verbandsvertreter, der die Partei als ProzBev vertritt, soweit ein Vertretungszwang besteht, § 11 II ArbGG. 3

4) Tod, I. Eine Unterbrechung tritt zunächst dann ein, wenn der ProzBev der Partei stirbt, BGH VersR **84**, 988. Zu den Begriffen des ProzBev § 80 Rn 1, § 172, der Partei § 239 Rn 5. Ebenso verhält es sich beim Tod des streitgenössischen Streithelfers nach § 69, nicht des gewöhnlichen nach § 66. Das gilt aber nicht, wenn ein Vertreter nach § 53 BRAO vorhanden war, BGH NJW **82**, 2324, freilich nur bis zum Ende der Vertreterbestellung, Köln FamRZ **93**, 1469. Dann bestimmt § 54 BRAO, § 86 Rn 4, daß eine Rechtshandlung des bestellten Vertreters des Anwalts trotz des Tods des Anwalts bis zu dessen Löschung in der Anwaltsliste wirksam ist, § 78 Rn 27, BGH VersR **82**, 365, ThP 6, aM StJSchu 2 (wohl überholt, BGH NJW **82**, 2325). 4

Wegen des *Abwicklers* BGH **66**, 59 (maßgeblich ist der Schluß der Abwicklung), aM Köln FamRZ **93**, 1469, wegen seiner Aufnahme Rn 14. Bei einer Bestellung mehrerer, zB einer Anwaltssozietät, kommt es auf den Wegfall aller an. Wenn die Partei nach der Ablehnung eines Antrags auf eine Prozeßkostenhilfe keinen Anwalt findet, ist I 1 nicht entsprechend anwendbar, BGH VersR **80**, 554. Auf den Verkehrsanwalt ist I unanwendbar, BGH VersR **84**, 988, ebenso auf den Unterbevollmächtigten.

5) Vertretungsunfähigkeit, I. Eine Unterbrechung tritt ferner dann ein, wenn der Anwalt der Partei oder des streitgenössischen Streithelfers nach § 69, nicht des gewöhnlichen Streithelfers nach § 66, rechtlich an der Vertretung gehindert wird, BGH **66**, 61. Das kann in den folgenden Situationen eintreten. 5

A. Ausschluß. Der Anwalt kann aus der Anwaltschaft ausgeschlossen worden sein. Die Hinderung tritt mit der Rechtskraft der Ausschließung ein, § 204 I 1 BRAO, BGH **98**, 327 (abl Vollkommer JR **87**, 230).

B. Strafurteil. Der Anwalt kann durch ein strafgerichtliches Urteil rechtlich gehindert sein. Die Hinderung tritt erst mit der Rechtskraft des Urteils ein, §§ 31, 33 StGB. Die bloße Beschuldigung, sei es auch eines Parteiverrats, reicht daher noch nicht, KG MDR **99**, 1402. 6

C. Löschung usw. Die Vertretungsunfähigkeit kann dadurch eintreten, daß der Anwalt in der Liste der Anwälte gelöscht wird, weil er die Zulassung aufgegeben oder zurückgenommen hat, BGH VersR **81**, 679, Celle MDR **06**, 1010, auch ab der Zustellung einer Anordnung über die sofortige Vollziehbarkeit des Widerrufs der Zulassung, Karlsr AnwBl **95**, 97. 7

D. Prozeßunfähigkeit. Die Vertretungsunfähigkeit kann auch dadurch eintreten, daß der Anwalt seine Prozeßfähigkeit verliert, § 51 Rn 1, BVerfG **37**, 79, BGH NJW **02**, 2108 (Beweislast bei demjenigen, der sie behauptet). 8

E. Berufsverbot usw. Die rechtliche Hinderung kann dadurch eintreten, daß gegen den Anwalt ein auch nur vorläufiges Berufs- oder Vertretungsverbot ergeht, §§ 150 ff BRAO, BGH **111**, 106 (auch bei einer Selbstvertretung nach [jetzt] § 76 VI), BAG NJW **07**, 3226, Hamm MDR **08**, 997. 9

F. Sonstiger Verlust. Die Vertretungsunfähigkeit kann schließlich dadurch eintreten, daß der Anwalt auf eine andere Weise als nach Rn 5–9 seine Postulationsfähigkeit verliert, BGH **66**, 61, etwa durch die Zurücknahme der Zulassung. 10

6) Fehlen einer Vertretungsunfähigkeit, I. Eine Unterbrechung findet in folgenden Fällen nicht statt: Der Anwalt kündigt den Auftrag; er ist an der Wahrnehmung der Interessen des Auftraggebers nur tatsächlich und nicht etwa rechtlich verhindert; bei der §§ 45, 46 BRAO; bei der Bestellung eines allgemeinen Vertreters nach § 53 BRAO, BGH VersR **81**, 658; beim Wegfall nur eines von mehreren zu ProzBev bestellten Sozien; wenn nur der Verkehrsanwalt wegfällt. 11

7) Instanz, I. § 244 bezieht sich nur auf den ProzBev der Instanz, Begriff § 172, BGH NJW **95**, 1096. Beim Wegfall eines schon für die nächste Instanz bestellten Anwalts nach der Zustellung des erstinstanzlichen Urteils tritt (jetzt) eine Unterbrechung ein, BGH NJW **02**, 2107. Die Rechtsmittelfrist kann aber unterbrochen sein, ebenso die Begründungsfrist, BGH VersR **77**, 835. Wenn der etwa extra bestellte Anwalt der höheren Instanz wegfällt, tritt nicht etwa der Anwalt der niedrigeren Instanz an seine Stelle, solange die höhere Instanz nicht abgeschlossen ist. Deshalb erfolgt nach einer Unterbrechung des Prozesses trotz § 172 keine Urteilszustellung an den Anwalt der unteren Instanz. Der Tod des ProzBev der Instanz nach der Zustellung eines Versäumnisurteils unterbricht den Prozeß. Denn die Instanz dauert fort, § 340 I. 12

Unter Umständen kann die Unterbrechung auch für ein *Nachverfahren* eintreten, etwa nach einem Vorbehaltsurteil. Das gilt aber nicht, wenn das Gericht ein Vorbehaltsurteil bereits zugestellt hat, für ein Rechtsmittel, also für den Bereich nach dem Abschluß der Instanz, aM BAG NJW **76**, 1334 (Vorlagebeschluß). Soweit der Gegner das Rechtsmittel eingelegt hat, kann das Gericht die Rechtsmittelschrift der Partei selbst zustellen. Man kann denjenigen ProzBev der unteren Instanz, der eine Beschwerde eingelegt hat, nicht stets als den ProzBev der *Beschwerdeinstanz* ansehen. Deshalb unterbricht sein Wegfall das Verfahren in der Beschwerdeinstanz nicht. Der Wegfall des im Prozeßkostenhilfeverfahren nach § 121 beigeordneten Anwalts unterbricht, soweit die Partei ihn schon zum ProzBev bestellt hatte, § 121 Rn 17, 27. Wenn die 13

Partei in der Instanz mehrere Personen zu ProzBev bestellt hat, unterbricht erst der Wegfall der letzten dieser Personen das Verfahren, Rn 2, 3.

14 **8) Aufnahme, I, II.** Ein klarer Grundsatz hat erhebliche Verstoßfolgen.

A. Grundsatz: Anzeige und Zustellung. Die Unterbrechung des Prozesses endet, wenn der wieder vertretungsfähig gewordene oder der bestellte neue Anwalt beim Gericht von seiner Bestellung eine Anzeige macht, BGH VersR **81**, 658, und wenn das Gericht die Anzeige dem Gegner von Amts wegen zustellt, § 250. Die Anzeige der Neubestellung kann auch stillschweigend gleichzeitig mit einem Schriftsatz in der Sache erfolgen, zB gleichzeitig mit einem Rechtsmittel, BGH **111**, 104, Karlsr AnwBl **82**, 434 (krit Thomas AnwBl **82**, 528). Dann gilt § 295 I. Das Gericht prüft die Vollmacht des neuen ProzBev erst im weiteren Verfahren, § 88. Wenn die Landesjustizverwaltung für einen verstorbenen Anwalt nach § 86 Rn 5 einen Kanzleiabwickler bestellt, erfolgt die Aufnahme desjenigen Rechtsstreits, für den der Abwickler als bevollmächtigt gilt, falls die Partei keine anderweitige Vorsorge getroffen hat, § 55 II 3 BRAO, in derselben Weise nach § 250. Es ist also nicht ausreichend, daß der Kanzleiabwickler seine Ernennung dem Gericht anzeigt, § 55 II 4 BRAO. Wohl aber reicht jede auf den Fortgang des Prozesses gerichtete Handlung, BAG NZA **97**, 1294, zB ein Wiedereinsetzungsgesuch. Das gilt beim letzteren auch rückwirkend, BGH **98**, 325, aM ZöGre 6 (aber die Wiedereinsetzung hat stets eine Rückwirkung).

15 **B. Verzögerung der Anzeige.** Wenn der Anwalt die Anzeige nach § 250 nach § 239 Rn 17 verzögert, verfährt das Gericht wie folgt: Das Gericht lädt entweder die Partei selbst zu einer mündlichen Verhandlung über die Hauptsache. Dann soll das Gericht die Partei in Anwaltsprozeß zur Bestellung eines Anwalts auffordern, §§ 215, 525 III. Eine Aufgabe der Ladung zur Post ist ebenso unstatthaft wie eine Zustellung an den Anwalt der ersten Instanz. Denn II stellt eine Ausnahme von § 172 dar. Die Zustellung der Ladung bedeutet eine Aufnahme des Verfahrens. Wenn im Verhandlungstermin kein Anwalt für diese Partei erscheint, kann das Gericht eine Versäumnisentscheidung zur Hauptsache erlassen, §§ 330, 331. Es kann auch nach der Aktenlage entscheiden, § 331 a.

16 **C. Anwaltsbestellung.** Das Gericht kann die Partei auch zur Bestellung eines Anwalts innerhalb einer vom Vorsitzenden festzulegenden und in beglaubigter Ablichtung oder Abschrift förmlich zuzustellenden Frist *auffordern.* Die Unterbrechung endet in diesen Fällen kraft Gesetzes dann, wenn entweder die Frist ergebnislos abläuft oder wenn der neue Anwalt seine Bestellung dem Gericht mitteilt. Das Gericht braucht also dann über die Unterbrechungsfrage nicht mehr zu entscheiden, § 250 Rn 7. Vom Fristablauf an ist eine Zustellung an eine auswärtige Partei ohne einen Zustellungsbevollmächtigten durch eine Aufgabe der Sendung zur Post zulässig.

245 *Unterbrechung durch Stillstand der Rechtspflege.* **Hört infolge eines Krieges oder eines anderen Ereignisses die Tätigkeit des Gerichts auf, so wird für die Dauer dieses Zustandes das Verfahren unterbrochen.**

1 **1) Systematik, Regelungszweck.** Üb 1, 2 vor § 239.

2 **2) Geltungsbereich.** Vgl zunächst Üb 3 ff vor § 239. § 245 betrifft nur einen Stillstand der Rechtspflege, das sog iustitium, etwa wegen eines Kriegs, eines Aufruhrs oder einer Katastrophe, zB eines Lawinenunglücks, einer Überschwemmung usw, also nicht eine rein tatsächliche Behinderung des Gerichts, etwa wegen des Tods aller Richter. Im letzteren Fall hilft § 36 I Z 1. Auch eine Verlegung des Gerichts wegen einer Kriegsgefahr fällt nicht unter § 245. Es ist unerheblich, ob das Gericht noch einzelne Sachen bearbeitet. Es muß aber insgesamt eine völlige Undurchführbarkeit eines geordneten Justizbetriebs auf eine mit Sicherheit derzeit nicht absehbare längere Dauer vorliegen. Nach § 245 ist eine förmliche Aufnahme des Verfahrens unnötig. Die Unterbrechung endet kraft Gesetzes dann, wenn der Stillstand der Rechtspflege beendet ist. Über die Tatsache des Stillstands der Rechtspflege entscheidet der Richter, also über ihren Eintritt und ihre Dauer. Eine Behinderung nur der Partei und nicht des Gerichts fällt nicht unter § 245, sondern zB unter § 247.

246 *Aussetzung bei Vertretung durch Prozessbevollmächtigten.* **I Fand in den Fällen des Todes, des Verlustes der Prozessfähigkeit, des Wegfalls des gesetzlichen Vertreters, der Anordnung einer Nachlassverwaltung oder des Eintritts der Nacherbfolge (§§ 239, 241, 242) eine Vertretung durch einen Prozessbevollmächtigten statt, so tritt eine Unterbrechung des Verfahrens nicht ein; das Prozessgericht hat jedoch auf Antrag des Bevollmächtigten, in den Fällen des Todes und der Nacherbfolge auch auf Antrag des Gegners die Aussetzung des Verfahrens anzuordnen.**

II Die Dauer der Aussetzung und die Aufnahme des Verfahrens richten sich nach den Vorschriften der §§ 239, 241 bis 243; in den Fällen des Todes und der Nacherbfolge ist die Ladung mit dem Schriftsatz, in dem sie beantragt ist, auch dem Bevollmächtigten zuzustellen.

Schrifttum: *Nöll,* Der Tod des Schuldners in der Insolvenz, 2005.

Gliederung

1) Systematik, I, II. Vgl Üb 1 vor § 239. Die Vorschrift ergibt sich aus § 86. § 249 III gilt zumindest entsprechend, dort Rn 3. 1

2) Regelungszweck, I, II. Die Vorschrift bezweckt einen ungestörten Verfahrensfortgang, Nürnb FamRZ **96**, 175. Sie geht davon aus, daß bei §§ 239, 241, 242 eine Unterbrechung dann unnötig ist, wenn ein ProzBev nach § 80 Rn 1 im Anwalts- oder Parteiprozeß die Partei vertritt. Denn die Vollmacht dauert fort, § 86, BGH **157**, 155. Etwas anderes gilt nur dann, wenn der ProzBev das Mandat vor dem Tod der Partei niedergelegt hatte. 2

Erforderlich kann ein Stillstand des Verfahrens trotzdem sein. Denn der ProzBev muß erfahrungsgemäß zunächst mit dem neuen Berechtigten verhandeln, selbst wenn dieser schon bekannt ist. Er muß insbesondere zunächst die Erben feststellen. Er muß sich außerdem die nach § 86 Hs 2 erforderliche Prozeßvollmacht des Nachfolgers beschaffen. Der ProzBev muß eine Gelegenheit zur Rücksprache mit einem etwa noch zu bestellenden Betreuer erhalten, Bork MDR **91**, 99.

3) Geltungsbereich, I, II. Vgl zunächst Üb 3 ff vor § 239. § 246 ist in folgenden Fällen anwendbar: Beim Tod oder Erlöschen einer Partei, § 239 Rn 3–5, BGH NJW **02**, 1431, Karlsr FamRZ **04**, 1039, Rostock RR **07**, 69; beim Wegfall ihrer Prozeßfähigkeit, § 241 Rn 3, nicht aber bei einer vorübergehenden Geistesstörung, Brschw OLGZ **75**, 443; bei einer Änderung der Rechtsform etwa infolge einer Verschmelzung, BGH **157**, 155, BAG NZA **07**, 826; beim Wegfall des gesetzlichen Vertreters, § 241 Rn 4, BFH RR **01**, 244 (in Verbindung mit § 155 FGO), Hbg FamRZ **83**, 1262, aM Köln OLGR **03**, 173; bei einer Nachlaßverwaltung, § 241 Rn 5; bei einer Nacherbfolge der Partei, § 242 Rn 2. Das alles mag auch schon vor der Rechtshängigkeit nach § 261 Rn 1 eingetreten sein, BGH **121**, 266. 3

§ 246 gilt in folgenden Fällen *nicht:* Im Verfahren auf die Bewilligung der Prozeßkostenhilfe, §§ 114 ff; im Verfahren über die Eröffnung eines Insolvenzverfahrens, § 240; bei einer Selbstvertretung des Anwalts, BGH NJW **90**, 1855; nach der Löschung der Partei als juristischer Person, BGH **74**, 212. Vgl im übrigen auch Einf Rn 3 vor §§ 148–155.

4) Vertretung durch Prozeßbevollmächtigten, I, II. Die Vorschrift setzt in allen Fällen voraus, daß die Partei einen ProzBev hat, BGH NJW **02**, 1431, Köln FGPrax **05**, 103 (FGG), Nürnb FamRZ **96**, 175. Es braucht sich außerhalb eines Anwaltszwangs nicht unbedingt um einen Anwalt zu handeln, Robrecht MDR **04**, 980. Es kann sich auch um einen Anwalt handeln, der sich selbst vertritt, § 78 IV, ThP 3, aM KG RR **08**, 143, ZöGre 2 (aber man muß ihn auch hier konsequent als eigenen ProzBev behandeln). Der Auftrag muß für diese Instanz schon und noch bestehen, Gießler FamRZ **03**, 1846. Der Anwalt darf den Auftrag noch nicht wirksam niedergelegt haben, Karlsr BB **04**, 2324. Wegen der Vertretungsfähigkeit § 244 Rn 4. Über die Dauer der Tätigkeit des ProzBev § 172. Der Tod eines von mehreren ProzBev unterbricht den Prozeß nicht. Wenn das hemmende Ereignis erst nach der Einlegung eines Rechtsmittels eintritt, kommt der ProzBev der unteren Instanz trotz einer Fortdauer seiner Vollmacht nicht mehr infrage. Denn er vertritt die Partei nur duldend, nicht handelnd, § 172 II. Deshalb tritt dann eine Unterbrechung des Prozesses ein, solange ein ProzBev der höheren Instanz fehlt, BGH NJW **81**, 687. Dasselbe gilt dann, wenn die Partei nach der Zustellung des Ersturteils stirbt und wenn der Gegner alsdann das höhere Gericht anruft. 4

Wenn der Tod der Partei aber in die Zeit *„zwischen den Instanzen"* fällt und sie erstinstanzlich einen Anwalt hatte und ein Rechtsmittel einlegen wollte, gilt sie insofern als durch jenen ProzBev noch vertreten, BGH NJW **81**, 687. Der ProzBev muß eine Vollmacht des neuen Berechtigten beibringen, § 86 Hs 2. Als ein ProzBev gilt auch ein nach § 89 vorläufig zugelassener Vertreter, nicht aber ein beschränkt Bevollmächtigter, § 83 II. Wenn der Anwalt eine Partei kraft Amts nach Grdz 8 vor § 50 ist oder wenn er ein gesetzlicher Vertreter der Partei nach § 51 Rn 12 ist, ist § 241 und nicht § 246 anwendbar, Robrecht MDR **04**, 980. Denn die letztere Bestimmung setzt voraus, daß die Partei und ihr ProzBev nicht identisch sind.

5) Verfahren, I, II. Wesentlich ist ein richtiger Antrag. 5

A. Antrag. Das Prozeßgericht, also das untere Gericht auch nach dem Erlaß seines Endurteils bis zur Einlegung eines Rechtsmittels, § 248 Rn 3, darf und muß den Prozeß erst auf Grund eines Antrags nach § 248 aussetzen, BAG NZA **06**, 730, KG KTS **99**, 139, Mü BB **05**, 2436. Antragsberechtigt sind: In allen Fällen der ProzBev, nicht auch die von ihm vertretene Partei oder deren Streitgehilfe, § 66; beim Tod im Fall des § 239 oder bei einer Nacherbfolge nach § 242 auch der Gegner. Bei einem Streit über die Erbfolge wird ein zugehöriges Zwischenverfahren nötig, BGH WertpMitt **82**, 1170. Der Antrag ist vor der Geschäftsstelle zulässig, § 248 I Hs 2. Daher unterliegt er keinem Anwaltszwang, § 248 Rn 3. Er ist in jeder Lage des Verfahrens zulässig, auch nach einer Verkündung des Urteils, solange es noch nicht nach § 705 formell rechtskräftig ist, KG RR **06**, 1146. Es ist unerheblich, wann das Ereignis eingetreten ist. Es kommt nur darauf an, ob das Ereignis nach der Anhängigkeit eingetreten war. Eine unrichtige Mitteilung des ProzBev, der Auftraggeber sei verstorben, ist nicht als ein Aussetzungsantrag auslegbar, BGH VersR **93**, 1375. Der ProzBev verliert sein Antragsrecht nicht dadurch, daß er für die neue Partei auftritt. Der Gegner verliert sein Antragsrecht nicht durch eine Verhandlungsbereitschaft des Erben oder des Nacherben. Ein vorsorglicher gegnerischer Fortsetzungsantrag kann das Aussetzungsrecht nicht vereiteln, Mü BB **05**, 2436.

Man kann auf das Recht, eine Aussetzung zu verlangen, einseitig *verzichten.* Ein Verzicht liegt aber noch nicht in einem vorbehaltlosen Verhandeln zur Sache, aM ThP 4 (aber es ist dann nicht sicher, daß man überhaupt die Verzichtmöglichkeit kennt). Solange ein Antrag unterbleibt, läuft der Prozeß einfach weiter. Die wahre Prozeßpartei ist dann der Rechtsnachfolger, BGH **121**, 265. Das gilt selbst dann, wenn das Gericht ihn im Urteil überhaupt nicht genannt hat, VGH Mannh NJW **84**, 196. Wenn er erst nachträglich bekannt wird, muß das Gericht den Urteilskopf berichtigen. Das gilt auch bei einer juristischen Person usw, § 239 Rn 3. Beim Tod eines notwendigen Streitgenossen tritt keine Aussetzung ein, § 62 entsprechend.

B. Weiteres Verfahren. Vgl § 248 Rn 1. Die Aussetzung erfolgt durch einen Beschluß, § 248 Rn 2. Wegen seiner Wirkung vgl § 249. 6

6) Dauer und Aufnahme, II. Beginn und Ende sind unterschiedlich leicht klärbar. 7

A. Beginn der Aussetzung. Die Aussetzung beginnt nicht schon mit der Antragstellung, sondern mit der Wirksamkeit ihrer Anordnung, § 248 Rn 4, BGH NJW **87**, 2379, KG KTS **99**, 139. Infolgedessen bleibt ein Fristablauf vor diesem letzteren Zeitpunkt bestehen, BGH NJW **87**, 2379.

8 **B. Ende der Aussetzung.** Die Aussetzung dauert so lange fort, bis das Verfahren nach § 250 aufgenommen wird oder bis eine Anzeige entsprechend §§ 239, 241–243 erfolgt, KG RR **06**, 1146, oder bis zB die Erbfolge geklärt ist, Rostock RR **07**, 69. Die Anzeige eines Nachlaßpflegers genügt ohne die Notwendigkeit einer Prüfung der Wirksamkeit seiner Bestellung, KG RR **06**, 1146, und ohne eine Notwendigkeit der Darlegung seines Wirkungsumfangs, BGH NJW **95**, 2172. Das Gericht darf die Aussetzung also nicht von Amts wegen aufheben. Im Todesfall oder bei einer Nacherbfolge stellt das Gericht die Ladung mit demjenigen Schriftsatz zu, der den Aufnahmeantrag enthält. Die Zustellung erfolgt gegenüber dem Rechtsnachfolger oder dem Nacherben selbst, soweit er schon bekannt ist, BSG MDR **84**, 702. Andernfalls ist eine Berichtigung der Parteibezeichnung nicht erforderlich, OVG Münst NJW **86**, 1707. Die Zustellung erfolgt außerdem an denjenigen ProzBev, den der Verstorbene oder der Vorerbe für diese Instanz bestellt hatte, also nicht an den ProzBev der unteren Instanz. § 239 IV ist nur insofern anwendbar, als die Rechtsnachfolge als zugestanden gilt, wenn eine Ladung nach § 246 II erfolgt ist. Denn die letztere Vorschrift enthält eine Sonderregelung. Die sachlichrechtlichen Auswirkungen der Rechtsnachfolge sind auch in der Revisionsinstanz jedenfalls dann beachtlich, wenn die maßgebenden Tatsachen feststehen, BGH KTS **86**, 734. Obwohl die Aussetzung mit dem Eintritt der Unterstellung endet, muß das Gericht ein Versäumnisurteil dem ProzBev zustellen. Denn seine Vollmacht dauert fort, § 86. Zulässig ist ein Prozeß- wie ein Sachurteil, BFH RR **01**, 244.

9 **7) Verstoß, II.** Bei einem Verstoß gegen II ist die Prozeßhandlung der Partei wie diejenige des Gerichts unwirksam. Es fehlt dann zB eine ordnungsgemäße Ladung, BGH NJW **84**, 2830.

247 *Aussetzung bei abgeschnittenem Verkehr.* **Hält sich eine Partei an einem Ort auf, der durch obrigkeitliche Anordnung oder durch Krieg oder durch andere Zufälle von dem Verkehr mit dem Prozessgericht abgeschnitten ist, so kann das Gericht auch von Amts wegen die Aussetzung des Verfahrens bis zur Beseitigung des Hindernisses anordnen.**

1 **1) Systematik, Regelungszweck.** Üb 1, 2 vor § 239.

2 **2) Geltungsbereich.** Vgl zunächst Üb 3 ff vor § 239. § 247 setzt voraus, daß das Gericht anders als bei § 245 zwar tätig ist, daß aber die Partei nach § 239 Rn 7 ihre Rechte unverschuldet nicht wahrnehmen kann. Die Existenz eines ProzBev und die Möglichkeit des schriftlichen Verkehrs mit ihm schließen eine Behinderung nicht stets aus. Die Vorschrift gilt also dann nicht, wenn das Gericht einen Zeugen aus den Gründen des § 247 nicht vernehmen kann. Dann kommt § 356 in Betracht. Wenn es sich um Streitgenossen nach § 59 handelt, muß das Gericht für jeden nach § 145 besonders befinden, es sei denn, daß eine notwendige Streitgenossenschaft nach § 62 vorliegt.

Als *Gründe einer Aussetzung* nach § 247 kommen zB in Betracht: Das Prozeßgericht läßt sich infolge einer behördlichen Anordnung oder wegen eines Aufruhrs, eines Kriegs, einer Überschwemmung usw nicht erreichen.

Nicht ausreichend ist eine selbst herbeigeführte Unerreichbarkeit, zB während einer weiten Urlaubsreise oder beim Einsatz in einem Krisengebiet, Zweibr NJW **99**, 2907.

3 **3) Verfahren.** Das Gericht ordnet eine Aussetzung im Rahmen eines pflichtgemäßen Ermessens auf einen Antrag oder von Amts wegen an. Das Verfahren verläuft im übrigen wie bei § 248. Die Aussetzung endet, wenn die behindert gewesene Partei wieder tätig wird. Eine bloße Möglichkeit zum Tätigwerden steht aber nicht gleich. Die Aussetzung endet ferner dann, wenn das Gericht einen Beschluß über ihre Aufhebung mitteilt. Zu einem solchen Beschluß ist es auch bei einer jetzt wieder vorhandenen bloßen Möglichkeit der Partei zum Tätigwerden verpflichtet. Diese Mitteilung kann formlos erfolgen.

248 *Verfahren bei Aussetzung.* **I Das Gesuch um Aussetzung des Verfahrens ist bei dem Prozessgericht anzubringen; es kann vor der Geschäftsstelle zu Protokoll erklärt werden.**

II Die Entscheidung kann ohne mündliche Verhandlung ergehen.

1 **1) Systematik, Regelungszweck, I, II.** Üb 1, 2 vor § 239.

2 **2) Geltungsbereich, I, II.** Üb 3 vor § 239.

3 **3) Antrag, I.** Bei §§ 246, 247, nicht aber auch bei §§ 148 ff, muß man einen Antrag (das Gesuch) schriftlich oder zum Protokoll der Geschäftsstelle anbringen, evtl auch bei einem Gericht des § 129 a. Es handelt sich um eine Parteiprozeßhandlung, Grdz 47 vor § 128. Es besteht kein Anwaltszwang, § 78 III Hs 2. Man kann den Antrag bei dem Erstgericht bis zum Zeitpunkt der Einlegung eines Rechtsmittels einreichen, BGH NJW **77**, 718, KG RR **06**, 1146, anschließend nur beim Rechtsmittelgericht. Das örtlich unzuständige Gericht sendet den Antrag von Amts wegen dem richtigen Gericht zu, § 129 a. Dieser Vorgang kann aber nichts daran ändern, daß eine verspätete Einlegung Rechtsnachteile für die Partei nach sich zieht.

4 **4) Entscheidung, II.** Das Gericht entscheidet auf Grund einer freigestellten mündlichen Verhandlung, § 128 IV. Es trifft seine Entscheidung grundsätzlich durch einen Beschluß, § 329. Es muß unter den gesetzlichen Voraussetzungen aussetzen, sofern kein diesbezüglicher Rechtsmißbrauch vorliegt, Einl III 54. Ein Rechtsmißbrauch kann zB dann vorliegen, wenn ein schon eingelegtes Rechtsmittel unzulässig ist. Freilich sollte das Erstgericht diese Prüfung grundsätzlich dem Rechtsmittelgericht überlassen.

Das Gericht muß seinen *Beschluß* grundsätzlich begründen, § 329 Rn 4, und zwar bei einer Stattgabe durch die Mitteilung des Aussetzungsgrunds, damit die Beteiligten wissen, unter welchen Voraussetzungen eine Aufnahme zulässig ist. Das Gericht verkündet den Beschluß, § 329 I 1. Soweit das Gericht das Verfahren aussetzt, teilt es die Entscheidung beiden Parteien durch eine förmliche Zustellung mit, §§ 252, 329 III Hs 2. Soweit das Gericht eine Aussetzung des Verfahrens ablehnt, stellt es seinen Beschluß nach denselben Vorschriften ebenfalls so zu. Die Aussetzung wird mit dem gesetzmäßigen Erlaß des Beschlusses wirksam, BGH NJW **87**, 2379 (das ist verfassungsgemäß), Mü MDR **90**, 252, LG BadBad MDR **92**, 998. Das Gericht kann die Ablehnung auch in den Entscheidungsgründen des Endurteils aussprechen und begründen.

Wegen der *Wirkung* der Aussetzung § 249. Wenn das Gericht instanzmäßig unzuständig war, ist der Aussetzungsbeschluß wirkungslos. Denn er gilt bestimmungsgemäß für diese Instanz, § 249 Rn 1 aE, aM StJSchu 1 (aber die Begrenzung auf die Instanz ist die fast ausnahmslose Regel).

Gebühren: Des Gerichts: Keine; des Anwalts: Gehört zum Rechtszug, § 19 I 2 Z 3 RVG; sonst VV 3412.

5) Rechtsbehelfe, I, II. S § 252. 5

249 *Wirkung von Unterbrechung und Aussetzung.* **I Die Unterbrechung und Aussetzung des Verfahrens hat die Wirkung, dass der Lauf einer jeden Frist aufhört und nach Beendigung der Unterbrechung oder Aussetzung die volle Frist von neuem zu laufen beginnt.**

II Die während der Unterbrechung oder Aussetzung von einer Partei in Ansehung der Hauptsache vorgenommenen Prozesshandlungen sind der anderen Partei gegenüber ohne rechtliche Wirkung.

III Durch die nach dem Schluss einer mündlichen Verhandlung eintretende Unterbrechung wird die Verkündung der auf Grund dieser Verhandlung zu erlassenden Entscheidung nicht gehindert.

Gliederung

1) Systematik, I–III. Während §§ 239–247 die Voraussetzungen einer Unterbrechung oder Aussetzung regeln und § 248 für diejenigen Fälle, in denen eine Aussetzung in Betracht kommt, das etwaige Antragserfordernis behandelt, richtet sich das jeweilige Verfahren nach den allgemeinen Vorschriften einschließlich derjenigen über die Entscheidungen und deren Mitteilung. § 249 nennt die Rechtsfolgen einer Unterbrechung oder Aussetzung, sobald diese wirksam ist. 1

2) Regelungszweck, I–III. Das Mittel, eine Frist kraft Gesetzes wirkungslos zu machen, ist eine einfache, elegante Methode, einerseits demjenigen Zwischenfall Rechnung zu tragen, der zu einer prozessualen Reaktion gezwungen hat, andererseits dem Prozeßbeteiligten seine prozessualen Möglichkeiten im Interesse der Gerechtigkeit nach Einl III 9, 36 nicht endgültig abzuschneiden. Genau das bezweckt § 249. Er ist entfernt mit § 342 vergleichbar. 2

Unterschiedliches Ausmaß hat die Wirkung einerseits für die Parteien, andererseits für das Gericht. Das unterschätzen manche. II beschränkt die Wirkung nur gegenüber dem Prozeßgegner, nicht auch gegenüber dem Gericht. III erlaubt dem Gericht sehr wohl noch in einer begrenzten, aber wichtigen Art und Weise die Fortführung, sogar eine Beendigung seiner Arbeit. Beides bezweckt eine Prozeßförderung trotz der Unterbrechung oder Aussetzung. Entsprechend darf man diese Teile der Vorschrift auslegen.

3) Geltungsbereich, I–III. Vgl zunächst Üb 3 ff vor § 239. Die Vorschrift bezieht sich auf alle Fälle einer Aussetzung und auf alle solchen Verfahrensarten, die einer Unterbrechung oder Aussetzung des Verfahrens unterliegen, zB § 246, BGH FamRZ **91**, 548, Celle FamRZ **75**, 419. Sie ist auf eine gerichtliche Handlung anwendbar, obwohl II nur von einer Parteihandlung spricht, III, Rn 9. § 21 I 2 FamFG macht § 249 entsprechend anwendbar. 3

Sie ist *nicht anwendbar:* Auf das Prozeßkostenhilfeverfahren, §§ 114 ff; auf das selbständige Beweisverfahren, §§ 485 ff, Üb 4 vor § 485; auf das Rechtsmittel, LG Wuppert DGVZ **99**, 184; auf den Kostenansatz, § 4 GKG, Stgt JB **91**, 952; auf die Kostenfestsetzung, §§ 104 ff, Kblz Rpfleger **91**, 335, Naumb JB **94**, 686, aM Kblz (14. ZS) RR **05**, 512; auf die Zwangsvollstreckung, §§ 704 ff, Bbg RR **89**, 576, Stgt Rpfleger **90**, 312, aM LG Wuppert DGVZ **99**, 184 (aber II erfaßt auch eine Parteiprozeßhandlung zwecks Vollstreckung). Die Wirkungen des § 249 treten bei einer Unterbrechung kraft Gesetzes ohne Rücksicht auf die etwaige Kenntnis des Gerichts oder der Parteien von dem Unterbrechungsgrund ein, BGH **111**, 107, Köln RR **88**, 701 rechts.

Das Gericht muß die Wirkungen in jeder Lage des Verfahrens *von Amts wegen* beachten, Grdz 39 vor § 128, BGH KTS **88**, 498, Köln RR **88**, 701 rechts, Mü RR **89**, 255. Bei einer Aussetzung des Verfahrens treten die

Wirkungen erst dann ein, wenn der Aussetzungsbeschluß wirksam wird, § 248 Rn 3. Eine Aussetzung erstreckt sich nur auf diese Instanz. Man kann ein Zwischenurteil auf eine Feststellung der Unterbrechung bewirken und es auch evtl wie ein Endurteil anfechten, BGH FamRZ **06**, 201 rechts oben.

4 **4) Ende des Fristlaufs, I.** Es kommt auf die Fristart an.

A. Prozessuale Frist: Endgültiges Fristende. Eine Frist beginnt gar nicht erst, BGH MDR **03**, 826. Sie hört jedenfalls grundsätzlich zu laufen auf, BGH **111**, 108. Das gilt für: Jede eigentliche Frist, Üb 10 vor § 214; eine gewöhnliche oder eine Notfrist, § 224 I 2; auch die Berufungsbegründungsfrist, BGA JB **97**, 151, Wagner KTS **97**, 568; nicht aber die uneigentliche Frist, Üb 11 vor § 214. Der Fristablauf wird nicht etwa gehemmt. Vielmehr vernichten eine Unterbrechung oder eine Aussetzung den bisherigen Fristablauf. Nach der Beendigung der Unterbrechung oder Aussetzung beginnt die Frist für beide Parteien völlig neu zu laufen, soweit sie überhaupt anlaufen kann, soweit also zB eine fristschaffende Zustellung wirksam erfolgt ist.

Wenn es sich um eine solche Frist handelt, die das Gericht um einen bestimmten Zeitraum *verlängert* hat, ist die Gesamtlänge der Frist eine volle Frist nach I. Bei einem Fristende nach der Unterbrechung bleibt eine vor dem Fristablauf vorgenommene Prozeßhandlung unabhängig von einer erneuten Fristsetzung rechtzeitig. Wenn das Gericht eine Frist bis zu einem bestimmten Endzeitpunkt gesetzt hatte und wenn sie während der Unterbrechung des Verfahrens abgelaufen wäre, kann das Gericht sie nicht nachträglich verlängern. Man muß vielmehr als die volle Frist nach I die entsprechende gesetzliche Frist ansehen, zB diejenige des § 520 II 1. Wenn der Bekl nach der Zustellung des Ersturteils gestorben ist und wenn das Gericht das Verfahren deshalb ausgesetzt hat, beginnt eine neue Berufungsfrist nicht schon mit der Verkündung desjenigen Urteils, das die Wirksamkeit des Ersturteils gegenüber dem Rechtsnachfolger des Bekl ausspricht.

Eine Unterbrechung und eine Aussetzung verhindern auch den Beginn eines *Fristlaufs,* so den Beginn der Zweiwochenfrist zur Stellung des Antrags auf eine Wiedereinsetzung nach § 234 oder den Beginn der Einmonatsfrist nach (jetzt) § 517 lt Hs, BGH **111**, 108.

5 **B. Sachlichrechtliche Frist.** Eine Aussetzung des Verfahrens beendet nicht die Unterbrechung einer sachlichrechtlichen Frist, BGH VersR **82**, 651, zB die Hemmung der Verjährungsfrist. Hier beginnt eine neue Verjährung erst beim Nichtweiterbetreiben nach dem Wegfall des Grunds der Aussetzung oder Unterbrechung, BGH NJW **87**, 371.

6 **5) Prozeßhandlung, II.** Die Vorschrift hat sehr unterschiedliche Auswirkungen.

A. Parteiprozeßhandlung der anderen Partei gegenüber: Grundsatz der Unwirksamkeit wegen Hauptsache. Eine Parteiprozeßhandlung nach Grdz 47 vor § 128 ist nur dem Prozeßgegner gegenüber grundsätzlich unwirksam, BGH NJW **05**, 3070, BAG NJW **84**, 998, Düss RR **01**, 522. Dazu gehört also jede Prozeßhandlung, die eine Partei gerade zur Hauptsache während der Unterbrechung oder der Aussetzung vornimmt. Das gilt gegenüber dem Prozeßgegner, nicht aber auch gegenüber dem Gericht, Rn 9. Andere Prozeßhandlungen dem Gegner gegenüber bleiben wirksam. Das gilt etwa für die Kündigung einer Prozeßvollmacht. Wegen einer Klagerweiterung beim Insolvenzverfahren über das Vermögen einer Offenen Handelsgesellschaft § 240 Rn 4.

7 *Beispiele der Anwendbarkeit:* Solche Prozeßhandlungen beliebiger Art, die den prozessualen Anspruch nach § 2 Rn 4 betreffen, zB: Eine Zustellung; ein Antrag auf eine Entscheidung nach Lage der Akten; eine Rechtsmittelbegründung.

8 *Beispiele der Unanwendbarkeit:* Das Verfahren auf die Bewilligung einer Prozeßkostenhilfe, §§ 114 ff. Denn es sieht keine Aussetzung vor und benötigt keine solche, Zweibr FamRZ **06,** 349, aM Köln MDR **03**, 526; eine gerade den Verfahrensstillstand betreffende Handlung, BGH NJW **97**, 1445; das Verfahren nach § 36 I Z 3, BayObLG NJW **86**, 389; ein vertraglicher Rechtsmittelverzicht; das Kostenfestsetzungsverfahren als Nebenverfahren, §§ 103 ff; das Verfahren auf die Rückgabe einer Sicherheit, § 109; jeder Rechtsbehelf zur Geltendmachung eben dieser Unwirksamkeit, BAG KTS **01**, 371; grundsätzlich auch ein Wertfestsetzungsverfahren, §§ 3 ff, (jetzt) § 63 GKG, BGH NJW **00**, 1199. Denn sonst könnte unter Umständen gar keine Kostenberechnung stattfinden, Karlsr MDR **93**, 471 (Ausnahme: Der Wert bestimmt die Rechtsmittelfähigkeit, BGH NJW **00**, 1199); eine Prozeßhandlung gegenüber einem Dritten, auch wenn sie sich auf den Prozeß bezieht; ein Einstellungsantrag nach §§ 707, 709, Bbg RR **89**, 576. Die Prozeßhandlung einer fälschlich als Partei, etwa als Erbe, auftretenden Person ist für die wahre Partei ganz bedeutungslos, § 239 Rn 12.

9 **B. Parteiprozeßhandlung dem Gericht oder Dritten gegenüber: Grundsatz der Wirksamkeit.** Für die vornehmende Partei ist die Prozeßhandlung gegenüber dem Gericht grundsätzlich wirksam. Deshalb ist die Einreichung der Rechtsmittelschrift als eine Prozeßhandlung gegenüber dem Gericht wirksam, BGH NJW **97**, 1445, Düss RR **01**, 522. Sie setzt zwar zunächst das Rechtsmittelverfahren nicht in Gang. Sie ist aber nach einer Aufnahme dessen Grundlage, BGH NJW **98**, 2364. Eine Rechtsmittelrücknahme ist wirksam. Auch eine Parteiprozeßhandlung gegenüber einem Dritten ist grundsätzlich wirksam, etwa eine Klagerweiterung oder Widerklage.

10 Einen *Verstoß* beachtet das Gericht grundsätzlich nicht nach Grdz 39 vor § 128 von Amts wegen, ZöGre 3, aM ThP 7. Freilich muß das Gericht die Ordnungsmäßigkeit der etwa notwendigen Zustellung prüfen, BGH VersR **81**, 679. Ein Fehler kann nach § 295 heilen. Nach einer gerichtlichen Entscheidung kann die Heilung aber nur durch eine ausdrückliche oder stillschweigende Genehmigung des Gegners eintreten, §§ 547 Z 4, 579 I Z 4. Die Aufnahmeerklärung nach § 250 ist auch keine Genehmigung. § 295 ist selbst bei einer solchen Notfrist nach § 224 I 2 anwendbar, bei der ein Verzicht nur die Wirkung einer an sich form- und fristgerechten Handlung betrifft. Nur der Prozeßführungsberechtigte nach Grdz 21 vor § 50 kann heilen, daher nicht der Schuldner bei einer Unterbrechung des Insolvenzverfahrens. Wenn der Insolvenzverwalter aber die Klageforderung freigibt, heilt die Aufnahme dieses Verfahrens durch den Schuldner und die darin liegende stillschweigende Genehmigung. Die Aufnahme durch den Insolvenzver-

walter bedeutet dort keinen Verzicht. Eine Heilung ist nicht mehr möglich, wenn das Gericht die Unwirksamkeit festgestellt hat.

C. Gerichtliche Prozeßhandlung beiden Parteien gegenüber: Grundsatz der Unwirksamkeit. 11
Beiden Parteien gegenüber grundsätzlich unwirksam ist eine nach außen und nicht nur im Innenverhältnis vorgenommene gerichtliche Prozeßhandlung, BGH **111**, 107, Ffm OLGZ **94**, 78. Hierher zählt zB eine Terminsbestimmung nach § 216, BGH RR **90**, 342, Gießler FamRZ **03**, 1847, oder eine Ladung oder eine Zustellung nach §§ 168, 270, Karlsr AnwBl **95**, 97. Das alles ergibt sich aus II. Die Vorschrift ist entgegen ihrem zu engen Wortlaut sehr wohl auch auf Gerichtshandlungen anwendbar. Diese Unwirksamkeit besteht also auch für diejenige Partei, die die Unterbrechung oder Aussetzung nicht betrifft, es sei denn, daß die Prozeßhandlung auf ihr Betreiben geschehen wäre, aM BGH NJW **07**, 156. Das Gericht darf also grundsätzlich keine Prozeßhandlung mehr vornehmen, sobald eine Unterbrechung eingetreten ist, ohne daß es auf seine Kenntnis vom Unterbrechungsgrund ankommt, BGH NJW **95**, 2563. Erst recht darf das Gericht nicht mehr prozeßfördernd tätig werden, sobald es einen Unterbrechungsgrund erfährt oder eine Aussetzung angeordnet hat, BGH **111**, 107, Hamm Rpfleger **75**, 446, KG JB **76**, 378. Dann muß das Gericht eine Beweisaufnahme unterlassen, Ffm OLGZ **94**, 78, oder es muß sie abbrechen. Es muß einen um die Beweisaufnahme nach §§ 362, 375 ersuchten Richter oder einen mit einer Feststellung beauftragten Sachverständigen sofort von der Unterbrechung oder Aussetzung benachrichtigen.

Zulässig bleibt eine Entscheidung über prozessuale Wirkungen der Insolvenzeröffnung, BAG NZA **05**, 1076.

Eine demnach etwa ergangene gerichtliche Entscheidung ist freilich abgesehen von einer sog Nichtent- 12
scheidung ausnahmsweise wegen ihres Charakters als eines Staatshoheitsakts nach Üb 10 vor § 300 *wirksam,* Rn 13, BGH NJW **05**, 3069, OVG Bln NVwZ-RR **06**, 584. Der Betroffene kann den Verstoß auch durch eine Genehmigung nach § 295 heilen, Rn 11, BGH NJW **84**, 2830. Hätte wegen der Unterbrechung kein Urteil ergehen dürfen, darf das Berufungsgericht bei einer Säumnis des Berufungsklägers die Berufung nicht durch ein Versäumnisurteil zurückweisen, Köln RR **95**, 891.

Wenn das Gericht trotz eines Insolvenzverfahrens ein *Urteil gegen* den *Schuldner* entgegen § 240 erlassen hat, darf jede Partei persönlich das Rechtsmittel einlegen, BGH NJW **95**, 2563, LAG Bln MDR **03**, 1438, OVG Bln NVwZ-RR **06**, 584. Das Berufungsgericht muß zurückverweisen, Oldb MDR **05**, 836. Allerdings hat der Verwalter keinen Rechtsbehelf gegen eine solche nur gegen den Schuldner ergangene Entscheidung, Köln RR **88**, 702. Eine Entscheidung des BGH bleibt unanfechtbar, BGH BB **04**, 1248.

6) Verkündung, III. Einem Grundsatz stehen Ausnahmen gegenüber. 13

A. Grundsatz: Zulässigkeit. Die Verkündung einer Entscheidung ist voll zulässig, wenn die Aussetzung oder Unterbrechung des Verfahrens erst nach dem Schluß der mündlichen Verhandlung eingetreten ist, § 128 Rn 40, § 136 Rn 27, § 296 a Rn 1. Dann belastet die Unterbrechung die grundsätzlich ja nicht mehr anzuhörenden Parteien nicht mehr. Bei § 156 und bei einem Schriftsatznachlaß nach § 283 mag eine Ausnahme gelten. Das Gericht darf auch über einen Nebenspruch entscheiden, zB den Streitwert nach §§ 3 ff ZPO, § 63 GKG festsetzen sowie eine Berichtigung nach § 319 oder nach § 320 vornehmen oder über eine Prozeßkostenhilfe oder über einen Vollstreckungsschutz befinden, Bbg RR **89**, 576. Dem Schluß der mündlichen Verhandlung steht bei §§ 251 a, 331 a der Schluß des Termins gleich.

Bei *§ 128 II* steht die letzte Einverständniserklärung oder der Ablauf einer vorbehaltenen Schriftsatzfrist gleich, BFH NJW **91**, 2792. Zu streng verlangt BSG NJW **91**, 1909 dann auch noch die Beschlußfassung vor dem Eintritt des unterbrechenden Ereignisses. III erfaßt einen vor der Unterbrechung eingetretenen Umstand wie etwa die Unzulässigkeit eines Rechtsmittels nicht direkt mit. Man mag einen solchen Umstand evtl durch entsprechende Anwendung von III behandeln, Düss MDR **01**, 470. Denn das kann nach Grdz 14 vor § 128 prozeßwirtschaftlich sein. Es läßt sich allerdings kaum mit dem Prinzip vereinbaren, eine Ausnahmevorschrift eng auszulegen.

Das Gericht muß dann eine ordnungsgemäße *Verkündung* vornehmen, §§ 311, 329 I 1. Bei einem Anerkenntnisurteil oder einem Versäumnisurteil ohne eine mündliche Verhandlung ersetzt die Zustellung eine Verkündung von Amts wegen, § 310 III.

B. Ausnahmen. III ist auf die Aussetzung sowie auf das Ruhen des Verfahrens und auf das Kostenfest- 14
setzungsverfahren unanwendbar. Das Gericht mag die Entscheidung vor der Aussetzung des Verfahrens verkünden. Man muß die Ablehnung einer Verkündung auf unbestimmte Zeit als eine Aussetzung des Verfahrens ansehen. Sie ermöglicht die sofortige Beschwerde nach § 252.

7) Rechtsmittel, I–III. Die Entscheidung unterliegt dem statthaften Rechtsbehelf, BGH BB **04**, 1248 15
(abl Pobuda KTS **05**, 99), Ffm OLGZ **94**, 78, Stgt Rpfleger **90**, 312. Die Entscheidung ist also durch ihre Aufhebung auflösend bedingt, Üb 19 vor § 300, KG JB **76**, 378, Köln RR **88**, 802. Der Betroffene kann den Rechtsbehelf gegen eine solche Entscheidung auch während der Unterbrechung des Verfahrens geltend machen, um die Unterbrechung wirksam zu machen, BGH NJW **95**, 2563, LAG Bln MDR **03**, 1438. Das Rechtsmittelgericht kann dann auch während der Unterbrechung entscheiden, BGH NJW **97**, 1445. Es kann auch zB zurückverweisen, (jetzt) §§ 538, 547 Z 4, 563, BGH KTS **88**, 498, LAG Bln MDR **03**, 1438. Das Rechtsmittelgericht darf auch ein Rechtsmittel verwerfen, wenn dessen Unzulässigkeit bereits vor der Unterbrechung feststand. Mangels der Statthaftigkeit eines Rechtsmittels kann § 321 a ensprechend anwendbar sein, AG Bad Schwalbach JB **04**, 494.

250 ***Form von Aufnahme und Anzeige.*** **Die Aufnahme eines unterbrochenen oder ausgesetzten Verfahrens und die in diesem Titel erwähnten Anzeigen erfolgen durch Zustellung eines bei Gericht einzureichenden Schriftsatzes.**

1 **1) Systematik.** Die Vorschrift regelt die Form der Rückkehr in den unterbrochenen oder ausgesetzten Prozeß mithilfe einer einfachen gestaltenden Parteiprozeßhandlung, Grdz 47 vor § 128, Karlsr JB **97**, 138. Das Gericht ist zu ihrer unverzüglichen Bearbeitung verpflichtet.

2 **2) Regelungszweck.** Im Interesse der Gerechtigkeit nach Einl III 9, 36 wie der Prozeßwirtschaftlichkeit nach Grdz 14 vor § 128 soll nun nicht noch mehr Zeit verstreichen. Dabei bleibt freilich die Parteiherrschaft bestehen, Grdz 18 vor § 128. Soweit die Aufnahme überhaupt von einer Partei abhängt, ist eben auch ihr Antrag erforderlich. Sie hat es also in diesem begrenzten Umfang in der Hand, wie lange sie sich dazu Zeit läßt. Deshalb darf man ihr nicht vorschnell einen Antrag unterstellen. Man muß andererseits aber ein in Wahrheit als einen Antrag zu deutendes Verhalten auch unverzüglich so behandeln.

3 **3) Geltungsbereich.** Vgl Üb 3 vor § 239.

4 **4) Grundsatz: Notwendigkeit einer Anzeige.** Die Aufnahme eines unterbrochenen oder ausgesetzten Verfahrens und eine Anzeige nach §§ 239 ff muß grundsätzlich durch einen Schriftsatz erfolgen. Das gilt auch nach der GesO, BAG DB **97**, 1827.

A. Aufnahmerecht. Aunahmeberechtigt ist der Rechtsnachfolger der Weggefallenen, auch der Nachlaßpfleger, BGH NJW **95**, 2171, und der Insolvenzverwalter, bei oder im Kündigungsschutzverfahren evtl der klagende Arbeitnehmer, LAG Hamm NZA-RR **08**, 198. Im Fall einer Verzögerung der Aufnahme kann auch der Prozeßgegner aufnehmen. Jeder Streitgenosse nach § 59 kann die Aufnahme und Anzeige selbständig einreichen. Das gilt auch bei einer notwendigen Streitgenossenschaft, § 62, § 239 Rn 10. Ein Anwaltszwang besteht wie sonst, § 78 Rn 1. Bis (jetzt) zur Zulassung der Revision kann auch der Berufungsanwalt aufnehmen, BGH **147**, 373. Beim AG genügt auch eine Erklärung zum Protokoll der Geschäftsstelle nach § 496 ohne einen Anwaltszwang, § 78 III Hs 2. Zuständig ist dasjenige Gericht, bei dem der Prozeß schon und noch anhängig ist, § 261 Rn 1. Ab der Einlegung des Rechtsmittels ist das Rechtsmittelgericht zuständig, BGH **111**, 109. Im Verhältnis zu Österreich ist das Recht am Sitz des Prozeßgerichts maßgeblich, Art 14 des deutsch-österreichischen Vertrags vom 4. 3. 85, BGB II 411. Das Gericht stellt den Schriftsatz dem Prozeßgegner von Amts wegen nach § 168 zu. Ein Zustellungsmangel ist nach §§ 189, 295 heilbar.

B. Auslegung. Die Rechtsmittelschrift nach (jetzt) §§ 519, 549, 566 II 569 II kann eine wirksame Aufnahme oder Anzeige enthalten, BGH **111**, 109, BezG Meiningen DtZ **92**, 354. Das gilt auch für die Rechtsmittelbegründungsschrift, §§ 520 III, 551 II, für die Einspruchsschrift, §§ 340, 700, oder für einen Wiedereinsetzungsantrag, § 236. Diese Auslegungsmöglichkeit gilt zB bei einer Unterbrechung nach §§ 239 ff zwischen der Verkündung des Urteils und der Einlegung des Rechtsmittels, BGH **111**, 109. Dann ist also eine Aufnahme gegenüber dem Erstgericht nicht erforderlich, BGH **111**, 109, aM RoSGo § 125 V 2, StJSchu 3 (aber die Prozeßwirtschaftlichkeit erlaubt die obige elegantere Lösung, Grdz 14 vor § 128). Die etwa doch dort eingereichte Aufnahme gilt als eine Wiederholung der zunächst wirkungslosen Einlegung des Rechtsmittels, Ffm FamRZ **90**, 297. Das Gericht nimmt das Verfahren grundsätzlich nicht von Amts wegen auf. Vgl aber Rn 6.

6 **5) Ausnahmen.** Von der Regel nach Rn 4 gelten Ausnahmen nach §§ 239–244, 246 II. Eine Aufnahme ist dann entbehrlich, wenn das Gericht ein ausgesetztes Verfahren von Amts wegen fortsetzen darf und evtl muß, etwa bei §§ 148 ff, BGH NJW **89**, 1729, Hbg ZZP **76**, 1790. Fristen beginnen von nun an neu zu laufen, ohne daß eine Aufnahme erforderlich wäre. Eine unterbrochene Frist beginnt dann auch ohne eine Aufnahmeerklärung wieder zu laufen.

7 **6) Schriftsatz.** Ausreichend und notwendig ist jede klare Äußerung des Willens, den Prozeß weiter zu betreiben, BGH NJW **95**, 2171. Der Schriftsatz ist ein bestimmender, § 129 Rn 5. Er muß die sachliche Berechtigung zur Aufnahme behaupten, zB den Umstand, daß der Aufnehmende der Erbe sei. Eine stillschweigende Aufnahme liegt im Zugestehen der entscheidenden Tatsachen und in einer mündlichen Verhandlung zur Hauptsache, BAG KTS **86**, 691, Nürnb OLGZ **82**, 380. Ob die Aufnahme unzulässig und deshalb unwirksam ist, muß man freilich prüfen, Nürnb OLGZ **82**, 380. § 295 ist aber anwendbar.

8 *Nicht ausreichend sind zB:* Die bloße Vereinbarung zwischen den Parteien über eine Aufnahme; die Zustellung eines Urteils; die Mitteilung des Todes durch den Kanzleiabwickler; ein bloßer Antrag auf die Bewilligung einer Prozeßkostenhilfe für ein Rechtsmittel, § 117; ein Antrag, das Gericht möge die Aufnahme des Verfahrens von Amts wegen aussprechen oder zunächst dem Gegner eine Frist zur Bestellung eines Anwalts setzen. Denn dann kommt jeweils nicht genügend klar zum Ausdruck, daß man das Verfahren schon durch die Zustellung des Schriftsatzes aufnimmt.

9 **7) Entscheidung.** Das Gericht erklärt die Zulässigkeit der Aufnahme durch ein Zwischenurteil nach § 303 oder in den Entscheidungsgründen des Endurteils. Soweit der Prozeßgegner die Wirksamkeit der Aufnahme bestreitet oder soweit das Gericht die Unzulässigkeit der Aufnahme von Amts wegen beachten muß, erläßt es ein Endurteil auf die Zurückweisung der Aufnahme oder auf die Verwerfung des zugehörigen Rechtsmittels.

10 **8) Verstoß.** Ein Verstoß gegen § 250 ist nach § 295 heilbar. Das gilt auch dann, wenn die Partei ihr Rechtsmittel vor der Aufnahme eingelegt hatte.

251 *Ruhen des Verfahrens.* [1] **Das Gericht hat das Ruhen des Verfahrens anzuordnen, wenn beide Parteien dies beantragen und anzunehmen ist, dass wegen Schwebens von Vergleichsverhandlungen oder aus sonstigen wichtigen Gründen diese Anordnung zweckmäßig ist.** [2] **Die Anordnung hat auf den Lauf der im § 233 bezeichneten Fristen keinen Einfluss.**

Schrifttum: *Fichtner,* Grenzen des richterlichen Ermessens bei Aussetzung und Ruhen des Verfahrens in der ZPO usw, 1996; *Liermann,* Ruhen des Verfahrens als Verwirkungsgrund, Diss Bonn 1997.

Gliederung

1) Systematik, S 1, 2. Das Ruhen des Verfahrens nach § 251 ist ein Sonderfall der Aussetzung nach §§ 148 ff, Ffm FamRZ **78**, 919. § 251 a hat den Vorrang. 1

2) Regelungszweck, S 1, 2. Vgl zunächst Üb 2 vor § 239. Das Gesetz hat den Parteien die Herrschaft über das Ruhen wegen ihrer Förderungspflicht nach Grdz 12 vor § 128 grundsätzlich entzogen, Ffm FamRZ **78**, 919. Man darf das Ruhen nicht mit einem rein tatsächlichen Stillstand des Verfahrens verwechseln, Üb 1, 2 vor § 239, aM ZöGre 1 (aber das Ruhen hat einen beträchtlichen Rechtscharakter). Es führt auch nicht zur Verfahrensbeendigung, Düss MDR **91**, 550. 2

Prozeßwirtschaftlichkeit nach Grdz 14 vor § 128 ist das eindeutig maßgebliche Merkmal der Vorschrift. Zwar steht zunächst mit dem weiteren Erfordernis beiderseitiger Anträge die Parteiherrschaft nach Grdz 18 vor § 128 im Vordergrund. Liegen solche Anträge vor, „hat" das Gericht gleichwohl nur bei einer „Zweckmäßigkeit" das Recht und die Pflicht zur Anordnung des Ruhens. Nach dem Wegfall der früheren Wartefrist kann und muß überdies das Verfahren weiterlaufen, sobald auch nur eine der Parteien einen Aufnahmeantrag stellt, Rn 10. Auch darin zeigt sich das Gebot der Prozeßwirtschaftlichkeit in Gestalt der gerichtlichen Pflicht zur Verfahrensförderung, § 139 Rn 8. Infolgedessen darf und muß man die Einzelbegriffe der Vorschrift ganz auf eine solche Behandlung hin auslegen, die den vorstehenden Grundsätzen möglichst nahekommt. Das kann zu einer Tendenz für wie gegen das Ruhen führen.

3) Geltungsbereich, S 1, 2. Die Vorschrift ist grundsätzlich in allen Verfahren nach der ZPO anwendbar. Sie ist auch im SGG-Verfahren anwendbar, BSG NJW **77**, 864, und im WEG-Verfahren anwendbar, (zum alten Recht) BayObLG RR **88**, 16, ferner im Bereich des § 113 I 2 FamFG, (zum alten Recht) LG Frankenth JB **06**, 603. 3

Eine Anordnung des Ruhens ist allerdings dann *nicht* zulässig, wenn es sich um ein seiner Art nach *eiliges* Verfahren handelt, etwa um ein selbständiges Beweisverfahren, §§ 485 ff, aM KG RR **96**, 1086 (aber das widerspräche ganz dem Eilverfahren), oder um den Urkunden- oder Wechselprozeß, §§ 592 ff, 602, oder um ein vorläufiges Verfahren auf den Erlaß eines Arrests oder einer einstweiligen Verfügung, § 148 Rn 35, Grdz 13 vor § 916. Bei einer Anspruchsmehrheit muß man § 145 beachten. Beim Kostenfestsetzungsverfahren wirkt sich das Ruhen des Hauptsacheverfahrens nur dann mit aus, wenn die Parteien auch das wünschen, Naumb JB **94**, 686.

4) Voraussetzungen, S 1. § 251 ist nach seinem Wortlaut eine Mußvorschrift. Das im Gesetzestext stehende Wort „zweckmäßig" bedeutet aber in Wahrheit, daß das Gericht einen Ermessensspielraum hat. Das übersieht wohl Ffm FamRZ **78**, 919. Das Gericht muß sein Ermessen natürlich pflichtgemäß ausüben. 4

A. Anträge beider Parteien, S 1 Hs 1. Es müssen Anträge beider Parteien vorliegen, Düss JB **91**, 686, auch ein Antrag des Streithelfers im Rahmen der §§ 67, 69. Insoweit unterscheidet sich § 251 erheblich von § 227 I 2 Z 3. Denn dort reicht das Einvernehmen gerade nicht, um einen dort „erheblichen" Grund auch nur zur bloßen Vertagung zu bieten. Demgegenüber geht in § 251 die Rechtsfolge ja an sich viel weiter. „Neuer Termin nur auf Antrag" mag daher als eine zulässige Anordnung des Ruhens umdeutbar sein. Jeder Streitgenosse nach § 59 muß den Antrag selbständig stellen. Ein Ruhen des Verfahrens nur wegen einzelner Streitgenossen kommt selten vor. Dann ist eine Prozeßtrennung nach § 145 ratsamer. Bei notwendigen Streitgenossen muß man § 62 beachten. Ein Ruhen nur wegen einzelner Teile des Streitgegenstands nach § 2 Rn 4 ist unzulässig.

Nicht ausreichend sind: Der Antrag nur einer Partei; ihre Erklärung, der Prozeßgegner sei einverstanden; allein die Behauptung nur einer Partei, es schwebten Vergleichsverhandlungen. Freilich mag der Gegner in einer Frist zur Stellungnahme durch sein Stillschweigen seinerseits einen „Antrag" stellen. Aber Vorsicht! Der Antrag ist eine Parteiprozeßhandlung, Grdz 47 vor § 128, Düss JB **91**, 686. Man muß ihn schriftlich oder in der mündlichen Verhandlung stellen. Ein Anwaltszwang besteht wie sonst, § 78 Rn 1. Beim AG ist der Antrag auch zum Protokoll des Urkundsbeamten zulässig, § 496, also ohne einen Anwaltszwang, § 78 III Hs 2. Man kann seinen Antrag bis zur Wirksamkeit der Anordnung nach Rn 7 ohne eine Angabe von Gründen widerrufen. Der Antrag bewirkt noch nicht die Unterbrechung einer Frist, zB derjenigen zur Revisionsbegründung, BFH BB **85**, 1719.

B. Zweckmäßigkeit wegen Vergleichsverhandlungen oder sonstigen wichtigen Grundes, S 1 Hs 2. Aus dem Wort „und" in S 1 folgt: Zusätzlich zu den beiderseitigen Anträgen nach Rn 4 muß sich ergeben, daß das Ruhen des Verfahrens zweckmäßig ist, AG Königstein NJW **03**, 1955. Vergleichsverhandlungen zwischen den Parteien können das Ruhen zweckmäßig machen, selbst wenn die Sache nach § 300 Rn 6 entscheidungsreif ist. Auch insoweit stellt § 251 geringere Anforderungen als § 227 I 2 Z 3, obwohl die Rechtsfolgen des Ruhens zumindest formell zunächst weiterreichen als eine bloße Vertagung, Rn 4. Weitere Fälle der Zweckmäßigkeit liegen bei „sonstigen wichtigen Gründen" vor. Es kommen zB in Betracht: Es fehlt noch ein nach § 15 a EGZPO notwendiges obligatorisches Güteverfahren, Grdz 49 vor § 253, AG Königstein NJW **03**, 1955; eine Partei hat den Scheidungsantrag verfrüht eingereicht (man muß 5 aber [jetzt] § 137 FamFG beachten), KG FamRZ **77**, 810, Karlsr NJW **78**, 1388; man will eine Beweisaufnahme abwarten, die in einer anderen Sache stattfinden soll und deren Ergebnisse für den vorliegenden Prozeß vorgreiflich sein können; die Zustimmungsfrist des Mieters zu einem erst im Prozeß ausreichend begründeten Mieterhöhungsverlangen nach §§ 558 ff BGB ist bis zum Termin noch nicht abgelaufen, Barthelmess WoM **83**, 66.

Kein wichtiger Grund liegt bei einer Eilbedürftigkeit vor, §§ 485 ff, 915 ff, 935 ff ZPO, §§ 49 ff FamFG.

6 **C. Glaubhaftigkeit.** Eine Glaubhaftmachung nach § 294 ist nicht notwendig. Die Angaben zur Zweckmäßigkeit müssen aber doch im Kern glaubhaft sein. Das ergibt sich aus den Worten „wenn anzunehmen ist" im Gesetz. Das Gericht muß darauf achten, daß die Parteien nicht auf dem Weg übereinstimmender Anträge nach § 251 in Wahrheit lediglich eine nach § 227 I Z 3 gerade nicht ausreichende und deshalb verschleierte Vertagungsvereinbarung durchsetzen.

7 **5) Entscheidung, S 1.** Das Gericht entscheidet auf Grund einer freigestellten mündlichen Verhandlung, § 128 IV, Karlsr JB **05**, 596. Es entscheidet durch einen Beschluß, § 329, Karlsr JB **05**, 596. Er ist schon vor einer mündlichen Verhandlung und bis zur Verkündung derjenigen Entscheidung zulässig, die den Rechtszug beendet. Das Gericht muß seinen Beschluß grundsätzlich begründen, § 329 Rn 4. Es verkündet ihn nach § 329 I 1 oder stellt ihn beiden Parteien förmlich zu, §§ 252, 329 III Hs 2. Eine Verfügung des Einzelrichters nach §§ 348, 348 a, 524, 527, 568 und des Amtsrichters genügt, nicht aber eine solche des Vorsitzenden des Kollegiums.

8 *Rechtsbehelfe:* § 252.

9 **6) Wirkung, S 1, 2.** Das Ruhen des Verfahrens hat grundsätzlich dieselbe Wirkung wie eine Aussetzung nach § 249, Karlsr MDR **93**, 471, Naumb JB **94**, 686, LAG Drsd MDR **01**, 834. Es hat aber nicht weitere Wirkungen, Düss MDR **91**, 550. Aus S 2 ergibt sich allerdings die Abweichung, daß das Ruhen den Lauf der in § 233 bezeichneten Fristen nicht berührt. Dazu zählen auch die in § 233 Rn 4–15 genannten weiteren Fristen. Hierher zählen zB: Eine Notfrist, § 224 I 2; eine Rechtsmittelfrist, §§ 517, 548, eine Rechtsmittelbegründungsfrist, §§ 518, 551 II; die Frist zum Antrag auf eine Wiedereinsetzung, § 234. Daher kann eine nicht angefochtene Entscheidung eine Rechtskraft erhalten. Alle anderen Fristen, ausgenommen die uneigentlichen nach § 249 Rn 4, hören also auf, Oldb MDR **08**, 763. Sie laufen nach der Beendigung des Ruhens von vorn. Nach der Anordnung des Ruhens verkündet das Gericht keine Entscheidung mehr, § 249 Rn 13. Schon die Vereinbarung des Stillstands und nicht erst die entsprechende gerichtliche Anordnung, auf die BGH RR **88**, 279 (zu § 251 a) abstellt, lassen grundsätzlich die Verjährung nicht neu beginnen, BGH NJW **01**, 219. Wenn das Ruhen des Verfahrens in Wahrheit erst seiner Förderung dient, wirkt die Unterbrechung weiter. Eine neue Verjährungsfrist ist bei einem Beschluß des Ruhens bis zu einer vorzeitigen Aufnahme desjenigen Verfahrens gehemmt, der das Gericht zustimmt. Eine Zustellung, ein Schriftsatz und ein Antrag an das Gericht sind jederzeit zulässig und wirksam.

10 **7) Aufnahmegrundsätze, S 1, 2.** Das Gericht nimmt ein ruhendes Verfahren grundsätzlich nicht von Amts wegen auf, Ffm FamRZ **78**, 920. Das gilt auch bei § 251 a III, LG Bln MDR **93**, 476. Wenn das Gericht allerdings nach Rn 3 fehlerhaft das Ruhen des Verfahrens nur wegen eines Teils des Streitgegenstands nach § 2 Rn 4 angeordnet hatte, darf und muß es von Amts wegen insoweit unverzüglich einen Verhandlungstermin bestimmen, § 216. Jede Partei kann das Verfahren nach § 250 wieder aufnehmen, Köln FamRZ **03**, 689. Das gilt jetzt ohne die Zustimmung des Gerichts zu dieser Aufnahme auch schon vor dem Ablauf von drei Monaten seit dem Wirksamwerden der Anordnung des Ruhens. Ein wichtiger Aufnahmegrund ist nicht mehr erforderlich. Der Aufnahmeantrag braucht überhaupt keine Begründung. Man kann ihn sogar formell zulässig unmittelbar nach der Anordnung des Ruhens stellen, etwa direkt nach einer beiderseits versäumten Verhandlung. Man kann das Gericht dadurch zur sofortigen Anberaumung des neuen Termins auf den nächsten freien Sitzungstag zwingen, § 216 Rn 17. Das geschieht mit einem solchen Hergang gar nicht selten. Ein Aufnahmeantrag ist freilich bei einem Rechtsmißbrauch unbeachtlich, Einl III 54, Rn 11.

11 **8) Aufnahmeverfahren, S 1, 2.** Wenn das Gericht einen Aufnahmeantrag als einen bloßen Rechtsmißbrauch erkennt, Einl III 54, Rn 10, ist es weder berechtigt noch verpflichtet, den Gegner über diesen Antrag anzuhören. Das Gericht verfügt einfach, die Eingabe zu den Akten zu nehmen. Es wartet ab, ob sich der Antragsteller und/oder dessen Gegner nochmals melden. Andernfalls kann das Gericht den Antrag zunächst dem Antragsgegner zur Stellungnahme innerhalb einer angemessenen Frist übersenden. Da das Verfahren derzeit noch ruht, sollte das Gericht seine Frist nicht zu kurz bemessen. Die Übersendung zur etwaigen Stellungnahme bedeutet nur dann, daß das Gericht die Aufnahme nicht endgültig für zulässig hält. Eine bloße Terminsladung ohne eine Übermittlung des alleinigen gegnerischen Aufnahmeantrags ist nicht nach § 335 I Z 2 ordnungsmäßig.

12 **A. Ablehnung einer Aufnahme, S 1 Hs 2.** Eine Entscheidung im Aufnahmeverfahren erfolgt allenfalls, soweit das Gericht erkennt, daß kein wirksamer Aufnahmeantrag nach § 250 vorliegt. Insofern lehnt das Gericht nach einer freigestellten mündlichen Verhandlung nach § 128 IV die Aufnahme als derzeit unzulässig durch einen Beschluß ab, § 329. Es muß seinen Beschluß begründen, § 329 Rn 4, und wie sonst mitteilen. Er enthält keine Kostenentscheidung.

13 **B. Verfahren nach Aufnahme, S 1, 2.** Vgl § 250.

14 **9) Rechtsbehelfe im Aufnahmeverfahren, S 1, 2.** S § 252.

251a ***Säumnis beider Parteien; Entscheidung nach Lage der Akten.*** **I Erscheinen oder verhandeln in einem Termin beide Parteien nicht, so kann das Gericht nach Lage der Akten entscheiden.**

II [1] Ein Urteil nach Lage der Akten darf nur ergehen, wenn in einem früheren Termin mündlich verhandelt worden ist. [2] Es darf frühestens in zwei Wochen verkündet werden. [3] Das Gericht hat der nicht erschienenen Partei den Verkündungstermin formlos mitzuteilen. [4] Es bestimmt neuen Termin zur mündlichen Verhandlung, wenn die Partei dies spätestens am siebenten Tag vor dem zur Verkündung bestimmten Termin beantragt und glaubhaft macht, dass sie ohne ihr Verschulden ausgeblieben ist und die Verlegung des Termins nicht rechtzeitig beantragen konnte.

III Wenn das Gericht nicht nach Lage der Akten entscheidet und nicht nach § 227 vertagt, ordnet es das Ruhen des Verfahrens an.

Gliederung

1) Systematik, I–III. Die Vorschrift regelt eine beiderseitige Säumnis nach Üb 3 vor § 330 im Termin zur mündlichen Verhandlung vor dem Prozeßgericht trotz der Förderungspflicht der Parteien, Grdz 12 vor § 128. Sie regelt also nicht ein entschuldigtes Ausbleiben, § 337 Rn 1, BAG BB **86**, 1232. 1

2) Regelungszweck, I–III. Vgl zunächst Üb 2 vor § 239. Bei einer geeigneten Handhabung ist § 251a ein wirksames Mittel zur Förderung des Prozesses im Interesse der Prozeßwirtschaftlichkeit, Grdz 14 vor § 128. Das gilt zB dann, wenn ein Anwalt aus Berufsgründen kein Versäumnisurteil beantragt. Das Gericht sollte wenn irgend möglich zB einen etwa notwendigen Beweis beschließen. Es kann sich wie folgt verhalten: Es kann nach der Aktenlage entscheiden, I; es kann vertagen, § 227; es kann das Ruhen des Verfahrens anordnen, III; es kann sich auf einen Aktenvermerk beschränken, daß nichts zu veranlassen ist. Es ist verpflichtet, diejenige Maßnahme zu wählen, die ihm als am zweckmäßigsten erscheint. Das Gericht hat insofern ein pflichtgemäßes Ermessen und einen weiten Ermessensspielraum. 2

Ein Parteiantrag auf eine Entscheidung nach Aktenlage kann auch bei § 251a infragekommen. Denn das bloße Nichtverhandeln nach I heißt ja nur: Nichtstellen eines Sachantrags, Rn 5. Ein bloßer Prozeßantrag ist noch kein Sachantrag, § 297 Rn 5. Eine Aktenlageentscheidung bringt die Chance des Instanzgewinns und das Risiko des Instanzverlustes mit sich. Bei aller Pflicht zur Fairness nach Einl III 23 muß sich das Gericht doch oft die Freiheit bewahren, erst in der abschließenden Beratung zum Ergebnis zu kommen. Bei einer klaren Sachlage darf aber auch erst recht keine Überraschungsentscheidung ergehen, § 139 Rn 36. Die Folgen eines Aktenlageantrags sollten daher für den Antragsteller einigermaßen abschätzbar sein.

3) Geltungsbereich, I–III. Es gelten dieselben Regeln wie bei § 251 Rn 3. Zu einer Entscheidung nach Lage der Akten nach § 227 II BauGB ist keine der Voraussetzungen nach I erforderlich. I, II gelten auch im WEG-Verfahren und im arbeitsgerichtlichen Urteils- oder Beschlußverfahren, Lepke DB **97**, 1569. Die Vorschrift gilt auch im Bereich des § 113 I 2 FamFG. 3

4) Zuständigkeit, I–III. Zuständig ist das Gericht, also das Kollegium, der Einzelrichter nach §§ 348, 348a, 526, 527, 568, der Vorsitzende der Kammer für Handelssachen nach § 349 II Z 5. 4

5) Voraussetzungen einer Aktenlageentscheidung, I. Jede Entscheidung nach Lage der Akten setzt voraus, daß beide Parteien nach Grdz 4 vor § 50 nach einem ordnungsgemäßen Aufruf nach § 220 I ausbleiben, evtl auch die Streithelfer nach § 67. 15 Minuten Wartezeit genügen jedenfalls, erst recht 20 Minuten, Köln MDR **91**, 896. Es reicht auch aus, daß beide erschienenen Parteien gleichwohl nicht verhandeln, §§ 137 Rn 7, § 297 Rn 1–3, oder daß die allein erschienene oder vertretene Partei keinen Antrag zur Sache stellt, § 333, Köln MDR **91**, 896. Das gilt auch dann, wenn das Gericht eine Vertagung oder eine Verlegung abgelehnt hat. Denn die Parteien können eine Vertagung nicht wirksam vereinbaren, § 227 I. Das Gericht muß die Parteien wirksam zum Termin geladen haben. Ein Ladungsnachweis etwa in der Form einer bei den Akten befindlichen Zustellungsurkunde ist aber nicht erforderlich. Es genügt vielmehr, daß sich aus den Akten ergibt, daß das Gericht die Einlassungsfrist nach § 274 III oder die Ladungsfrist nach § 217 gewahrt hat. Dieser Umstand kann sich zB daraus ergeben, daß die Partei eine Antwort eingereicht hat, § 189. Eine Entscheidung nach Lage der Akten braucht durchaus nicht nur in einem Urteil zu bestehen, Rn 6. Das übersehen viele. Es ist zB auch ein Beweisbeschluß nach Lage der Akten zulässig, Rn 6. Das Gericht mag ihn eher als ein Urteil erlassen. Ein Urteil setzt jedenfalls voraus, daß 5 die Ladung einwandfrei nachweisbar ist. Denn das Urteil schließt die Instanz für die Partei und bildet einen Vollstreckungstitel.

„Termin" ist nur ein solcher zu einer notwendigen mündlichen Verhandlung, § 128 Rn 4. § 332 ist anwendbar.

Das Verfahren nach § 251 a setzt *keinen Antrag* auf den Erlaß einer Entscheidung nach Lage der Akten voraus. Es geht ja von einer beiderseitigen Säumnis der Parteien aus. Immerhin kann ein derartiger „Antrag" unter Umständen dahin auslegbar sein, daß die Partei dem Gericht anheimstellt, nach § 251 a zu verfahren. Vgl dazu insbesondere § 331 a Rn 5. Eine Partei hat einen Antrag zur Sache nach I bereits dann gestellt, wenn sie lediglich den Erlaß einer Versäumnisentscheidung nach § 330 oder nach § 331 beantragt. Ein Antrag nach I ist nicht stets auch als ein Antrag auf die Verlängerung einer laufenden Rechtsmittelbegründungsfrist auslegbar, BGH RR **01**, 572.

6 **6) Entscheidung im allgemeinen, I, II.** Das Gericht ist manchmal nicht mutig genug.

A. Grundsatz: Ermessen. Das Gericht erläßt im Rahmen seines pflichtgemäßen Ermessens nach der Aktenlage jede ihm als notwendig oder als ratsam erscheinende sachliche Entscheidung. Es ergeht also zB ein Urteil, § 300, ein Teilurteil, § 301, einen Aufklärungsbeschluß, § 273, ein Beweisbeschluß, § 358, eine Entscheidung auf die Verbindung mehrerer Prozesse oder auf deren Trennung, §§ 145 ff, ein Verweisungsbeschluß nach § 281, ein Nachfrist-Bewilligungsbeschluß nach § 283 (er ist keine Aktenlageentscheidung und daher ohne deren Wirkung). Soweit die Voraussetzungen der §§ 227, 335 vorliegen, muß das Gericht vertagen.

7 **B. Notwendigkeit der Entscheidungsreife.** Ein Urteil nach Lage der Akten darf nur dann ergehen, wenn die Sache *entscheidungsreif* ist, § 300 Rn 6, BVerfG **69**, 255. Das Gericht darf sein auch dann verbleibendes Ermessen nicht mißbrauchen. § 128 II stellt andere schärfere Anforderungen. Denn er betrifft keine Säumnis. Es ist stets zulässig und fast stets ratsam, am Ende der Verhandlung nur einen Termin zur Verkündung einer „Entscheidung" festzusetzen und zu verkünden, nicht einen Termin zur Verkündung einer Entscheidung „nach Lage der Akten" oder gar eines „Urteils nach Lage der Akten". Denn so behält man die Möglichkeit, nach einer Beratung die geplante Art der Entscheidung frei ändern zu können, ohne sich durch die Ankündigung festgelegt zu haben. Üblich und bequem ist es, lediglich die Mitteilung zu protokollieren, das Gericht habe einen „Verkündungstermin am Sitzungsschluß" oder „am ..." angesetzt. Auch ist es zulässig, an diesem Sitzungsende zu verkünden: „Weiterer Verkündungstermin am ...", um weitere Zeit zur Beratung usw ohne eine Notwendigkeit zusätzlicher Ladungen zu gewinnen, § 218.

Nicht ratam ist die Formulierung „Weitere Entscheidung von Amts wegen" ohne einen Datumszusatz. Denn sie zwingt zur gesonderten Terminsbestimmung und -mitteilung.

8 **C. Kein Versäumnisurteil.** Ein Urteil nach Lage der Akten ist kein Versäumnisurteil, sondern ein streitmäßiges, Üb 13 vor § 330. Deshalb kann man es nur mit den gegen ein streitiges Endurteil statthaften Rechtsmitteln anfechten, §§ 511 ff, 542 ff, nicht etwa mit einem Einspruch nach §§ 338, 700.

9 **D. Voraussetzungen im einzelnen.** Die Entscheidung nach § 251 a hat mit der Entscheidung nach § 128 II eine Ähnlichkeit. Jedoch tritt als Ersatz für den Schluß der mündlichen Verhandlung nach §§ 136 IV, 296 a anstelle des Zeitpunkts der Einverständniserklärung der Zeitpunkt des Termins. Ein Einverständnis ist auch nicht erforderlich. Vielmehr kann eine Entscheidung nach Lage der Akten auch dann ergehen, wenn eine Partei ihr schriftlich widerspricht.

10 Der *Unterschied* zwischen § 251 a und § 128 II liegt in der Natur der ersteren Vorschrift als einer Versäumnisregelung. Daher sind wegen der Säumnis geringere Anforderungen an die Klärung nötig. Da eine Entscheidung ergeht, als ob die Parteien sie beantragt hätten, gilt auch § 138 III, ZöGre 5, aM StJSchu 15 (aber das wäre inkonsequent). Eine Behauptung gilt also insoweit als zugestanden, als ihr Gegner sie nicht bestritten hat, vorbehaltlich des etwa zulässigen Bestreitens in der zweiten Instanz oder im weiteren Verfahren der ersten Instanz. Deshalb darf das Gericht eine Entscheidung auch dann treffen, wenn eine Partei eine wesentliche Behauptung eingereicht hat, der Gegner aber noch nicht auf sie geantwortet hat. Es reicht aus, daß die Partei die Behauptung schriftlich aufstellen durfte und daß der Gegner ihre Abgabe bei einer sorgfältigen Prozeßführung nach §§ 282, 283 erwarten mußte. Andernfalls und dann, wenn das Gericht voraussieht, daß es den Rechtsstreit an ein anderes Gericht abgeben oder verweisen muß oder daß ein Beweisaufnahmeverfahren notwendig wird, sollte das Gericht noch keine Entscheidungsreife annehmen und daher kein Urteil nach Aktenlage erlassen, Rn 7. Jedenfalls muß das Gericht auch im Aktenlageverfahren den Grundsatz des rechtlichen Gehörs beachten, Artt 2 I, 20 III GG, BVerfG **101**, 404 (Rpfl), Art 103 I GG (Richter), Einl III 16. Das Gericht darf daher für seine Entscheidung nur denjenigen Streitstoff verwenden, der beiden Parteien zugänglich war, § 286 Rn 13.

11 **7) Verwendbarkeit des Akteninhalts, I, II.** Das Gericht darf die folgenden Aktenteile berücksichtigen.

A. Antrag. Das Gericht darf einen Antrag berücksichtigen, soweit ihn der Antragsgegner rechtzeitig zur Kenntnis erhalten hat. Etwas anderes gilt bei einem reinen Prozeßantrag, § 297 Rn 2.

12 **B. Schriftlicher Vortrag.** Das Gericht darf einen Schriftsatz, eine Urkunde, ein Gutachten usw berücksichtigen, wenn es begründete Anhaltspunkte dafür hat, daß dieses Schriftstück dem Gegner zumindest zur Kenntnis gekommen ist. Natürlich muß das Gericht die etwa wirksame Rücknahme berücksichtigen. Es muß einen wirksamen Widerruf usw ebenfalls beachten. § 296 ist grundsätzlich unanwendbar.

13 **C. Mündlicher Vortrag.** Das Gericht darf den gesamten mündlichen Vortrag beider Parteien in früheren Verhandlungsterminen berücksichtigen, soweit dieser Vortrag noch in der Erinnerung aller jetzt entscheidenden Richter ist.

14 **D. Weitere Vorgänge.** Das Gericht darf den gesamten Inhalt eines Protokolls nach §§ 159 ff über einen früheren Verhandlungs- oder Beweisaufnahmetermin berücksichtigen, BGH NJW **02**, 301. Das gilt freilich

nur, soweit die Parteien von diesem Protokoll eine Kenntnis haben oder sie bei einer sorgsamen Prozeßführung haben mußten. Der letztere Fall liegt auch dann vor, wenn die Parteien an dem Termin hätten teilnehmen können und wenn sie nicht beantragt haben, ihnen ein Protokoll zu übersenden, und wenn sie auch kein Protokoll von Amts wegen erhalten haben. Ein Richterwechsel steht trotz § 309 einer Entscheidung nach Lage der Akten nicht entgegen, soweit die in den Akten befindlichen Schriftsätze oder Protokolle den Inhalt der früheren Verhandlungen ausreichend ergeben. Allerdings scheidet die Möglichkeit einer Berücksichtigung nach Rn 13 dann grundsätzlich aus. Eine Klagerweiterung nach §§ 263, 264 steht einer Entscheidung nach Aktenlage nicht entgegen, wenn die Parteien die ursprüngliche Klage zum Gegenstand einer Verhandlung zur Sache gemacht hatten und wenn der sachlichrechtliche Anspruch inhaltlich im wesentlichen unverändert ist, Düss RR **94**, 893.

Die Partei braucht die *Frist* des § 132 *nicht* einzuhalten. Das Gericht darf einen erst am Terminstag eingehenden Schriftsatz nur dann beachten, wenn er spätestens in demjenigen Zeitpunkt zur Akte gelangt ist, in dem der Vorsitzende sie weggelegt hatte. Dieser Zeitpunkt steht ja dem Schluß der mündlichen Verhandlung gleich. Das Gericht kann aber einen später zur Akte kommenden Schriftsatz zum Anlaß nehmen, von einer Entscheidung nach Lage der Akten abzusehen.

E. Fortwirkung. Was eine Entscheidung nach Aktenlage einmal in den Prozeß eingeführt hat, bleibt **15** ebenso wie ein mündlicher Vortrag wirksam. Es läßt also einen Widerruf nur nach denselben Regeln wie beim mündlichen Vortrag zu, §§ 318, 329 Rn 16–18. Das gilt aber nur bei einer endgültigen Entscheidung nach Aktenlage. Wenn das Gericht lediglich einen jederzeit abänderbaren Beweisbeschluß nach Aktenlage erlassen hat, kann er die Partei ebensowenig wie ihre Säumnis endgültig binden, zumal sie ein Urteil abwenden kann, RoSGo § 108 III 2 c, aM StJSchu 20 (aber es kommt auf die Abänderbarkeit durch das Gericht an). Auch für eine Klage nach § 323 oder nach § 767 steht die Weglegung der Akten insofern dem Schluß der mündlichen Verhandlung gleich.

8) Urteil nach Lage der Akten, II 1–3. Das Gericht muß ein etwaiges Urteil als ein solches nach der **16** Aktenlage verkünden, § 311. Im sog Rubrum nach § 313 Rn 4–10 heißt es statt der Angabe des Tages der letzten mündlichen Verhandlung, die Entscheidung ergehe „nach Lage der Akten am ...". Hier steht das Datum des versäumten Termins. Der Verkündungszeitpunkt ergibt sich ja aus dem Verkündungsvermerk, § 315 III. Das Gericht stellt das Urteil nach § 317 von Amts wegen zu. S 1–3 gilt für jede Art von Urteil, auch für ein Zwischenurteil zB nach § 303. Ein Urteil nach Lage der Akten ist nur beim Zusammentreffen der folgenden Voraussetzungen zulässig.

A. Frühere mündliche Verhandlung. Es muß bereits in einem früheren Termin eine mündliche **17** Verhandlung nach § 279 I stattgefunden haben, LAG Bre MDR **04**, 112, und zwar in derselben Instanz, Karlsr MDR **95**, 637. Das gilt auch dann, wenn die Klage offensichtlich unzulässig oder unbegründet ist, es sei denn, es handelt sich um die Verwerfung des Rechtsmittels nach §§ 522, 552. Sie braucht nicht vor demselben Richter erfolgt zu sein, § 309. Es reicht aus, daß im einen Termin die eine Partei verhandelt hat, im anderen die andere, RoSGo § 108 II 4 a, ThP 3, aM MüKoFei 18, StJR 23, ZöGre 3 (aber man sollte prozeßwirtschaftlich vorgehen, Grdz 14 vor § 128). Auch eine beiderseits nichtstreitige Verhandlung genügt, zB wegen eines solchen Anerkenntnisses, das nur noch nicht zum Anerkenntnisurteil nach § 307 hatte führen können. Diese frühere Verhandlung braucht nur dann nicht stattgefunden zu haben, wenn beide Parteien eindeutig und unbedingt mit einem Urteil nach Lage der Akten einverstanden sind. Nach einer Zurückverweisung nach §§ 538, 563 ist keine neue Verhandlung notwendig, auch nicht vor einem anderen Kollegium, wohl aber im Nachverfahren.

Eine Verhandlung vor dem *Einzelrichter* genügt, (jetzt) §§ 348, 348 a, 526, 527, 568, Ffm FamRZ **79**, 290, Karlsr MDR **95**, 637, auch eine Verhandlung vor demjenigen Gericht, das den Rechtsstreit anschließend nach § 281 usw verwiesen hat. Die Verhandlung braucht nicht über den gesamten Streitstoff stattgefunden zu haben, zB nicht unbedingt über eine nachträglich erhobene Widerklage nach Anh § 253 und nicht über eine bloße Zinserhöhung, Düss RR **94**, 892. Sie muß aber zur Sache stattgefunden haben, § 137 Rn 7, und zwar zur Hauptsache nach § 39 Rn 6, soweit das Gericht nach der Aktenlage über die Hauptsache entscheiden will. Eine Güteverhandlung vor dem Vorsitzenden nach § 54 ArbGG reicht, ArbG Bln BB **87**, 1536, Lepke DB **97**, 1569. Eine Güteverhandlung nach § 278 reicht nicht. Denn sie war gerade noch keine „mündliche" Verhandlung, § 278 Rn 3. Eine Verhandlung im Urkundenprozeß reicht nicht beim Ausbleiben usw erst im Nachverfahren nach § 600. Nach der mündlichen Verhandlung darf keine Klagänderung eingetreten sein, § 263, KG ZZP **56**, 197. Vgl freilich § 264. Es reicht nicht aus, daß die Verhandlung in irgendeinem anderen Punkt als der Hauptsache streitig war.

B. Verkündungstermin. Das Urteil darf im Gegensatz zu einem sofort verkündbaren Beschluß nur in **18** einem besonderen Verkündungstermin ergehen, § 311 IV. Zwischen dem Schluß des letzten Verhandlungstermins nach §§ 136 IV, 296 a und dem Verkündungstermin müssen im Gegensatz zu § 310 mindestens zwei Wochen verstreichen. Der Sinn der Regelung besteht darin, eine schuldlos säumige Partei vor einem Schaden zu bewahren. Das Gesetz enthält also eine Art Wiedereinsetzung wegen einer Terminsversäumung. Deshalb muß das Gericht den Termin zwar nach § 310 I 1 sofort ansetzen, aber doch so, daß die Partei ihre Rechte voraussichtlich wahren kann. Dazu kann es erforderlich sein, die Frist nach § 222 zwischen dem Verhandlungsschluß und dem Verkündungstermin auf mehr als die in II 2 bestimmten mindestens zwei Wochen anzusetzen. Es kommt darauf an, ob das Gericht im Zeitpunkt der Fristbestimmung weiß, daß die Partei eine zweiwöchige Frist voraussichtlich nicht einhalten kann.

Das Gericht braucht insofern aber *keine Nachforschungen* anzustellen. Der Umstand, daß die Partei einen Anwalt hat, ist grundsätzlich kein Anhaltspunkt dafür, daß die Zweiwochenfrist zu kurz wäre. Eine Ausnahme mag dann gelten, wenn das Gericht noch einen solchen Schriftsatz des Gegners berücksichtigen will, der erst kurz vor dem Verhandlungstermin einging und der voraussichtlich nähere Erwiderungen auslösen könnte.

19 Die Verkündung ist *unzulässig,* wenn die Post die formlose Benachrichtigung vom Verkündungstermin zurückschickt, weil die Anschrift falsch ist oder weil ein anderer Grund vorliegt, auf dessen Entstehung die säumige Partei ersichtlich keinen Einfluß hat. Das Gericht darf andererseits den Verkündungstermin nicht absetzen, wenn die säumige Partei zwar eine Entschuldigung einreicht, wenn das Gericht diese aber für unzureichend hält.

20 Ein *Verstoß* ist eine Verletzung des rechtlichen Gehörs, Artt 2 I, 20 III GG (Rpfl), BVerfG **101**, 404, Art 103 I GG (Richter). Er ist ein Revisionsgrund, falls das Urteil auf ihm beruht. Er ist aber kein Grund für eine Nichtigkeitsklage nach § 579.

21 **C. Mitteilung.** Das Gericht muß jeder säumigen Partei den Verkündungstermin mitteilen. Ein besonderer Beschluß nach § 329 ist dazu nicht erforderlich. Er ist aber zulässig und üblich. Die Mitteilung geht unter den Voraussetzungen des § 172 an den ProzBev. Das Gericht braucht die im Verhandlungstermin erschienene nicht verhandelnde Partei nicht gesondert zu benachrichtigen. Das gilt selbst dann, wenn das Gericht den Verkündungstermin erst am Schluß jenes Verhandlungstermins und dann in Abwesenheit der Partei verkündet hatte, § 218. Die bloße Verkündung des Termins reicht nicht aus, soweit auch eine Mitteilung des Verkündungstermins erforderlich ist. Die Mitteilung des bloßen Verkündungstermins kann formlos erfolgen, § 329 II 1. Denn es liegt keine Terminsbestimmung nach § 329 II 2 Hs 1 vor. „Termin" ist hier nämlich nur ein Verhandlungstermin nach § 216 I, also kein bloßer Verkündungstermin.

Das Gericht kann freilich den Verkündungstermin zugleich zu einer *weiteren* mündlichen *Verhandlung* bestimmen. Denn in Wahrheit lag ein Verhandlungsschluß im letzten Termin nicht vor. Nur bei einer solchen Kombination der Ankündigung ist eine förmliche Zustellung notwendig, § 329 II 2 Hs 1. Eine Ladungsfrist ist nur bei einer solchen Kombination wegen der geplanten Verhandlung nötig, § 217. Beim bloßen Verkündungstermin braucht man also keine Frist zwischen dem Zugang und dem Termin einzuhalten. Freilich erfordert das Gebot der Rechtsstaatlichkeit und eines fairen Verfahrens eine gewisse Mindestzeitspanne, damit sich der Empfänger auf eine Teilnahme am Verkündungstermin einstellen kann, Einl III 23. Man sollte daher die Mitteilung auch des bloßen Verkündungstermins sogleich nach seiner Anberaumung durchführen lassen, §§ 166 ff.

Ein *Verstoß* gegen die Mitteilungspflicht macht eine im übrigen ordnungsgemäß zustandegekommene und verkündete Entscheidung nicht unwirksam.

22 **9) Neuer Verhandlungstermin, II 4.** Die Verkündung eines Urteils im Verkündungstermin muß unterbleiben, wenn die folgenden Voraussetzungen zusammentreffen.

A. Antrag. Die nicht erschienene Partei muß spätestens am siebenten Tag, also demjenigen mit derselben Bezeichnung, vor dem Verkündungstermin beantragen, einen neuen Verhandlungstermin anzusetzen. Ein Streitgenosse nach § 59 hat ein selbständiges Antragsrecht. Bei einer notwendigen Streitgenossenschaft nach § 62 hilft der Antrag des einen Streitgenossen dem anderen. Denn es handelt sich um die Wahrung eines Rechts des Säumigen. Derjenige Erschienene, der nur nicht verhandelt hatte, hat kein Antragsrecht. Er hätte ja im Verhandlungstermin mindestens eine Vertagung beantragen können und bei einer Ablehnung dieses Antrags zur Sache verhandeln müssen. „Vor dem zur Verkündung bestimmten Termin" bedeutet: Vor der Weglegung der Sache, nicht schon vor dem Aufruf. Der Antrag muß schriftlich erfolgen. Er ist eine Parteiprozeßhandlung, Grdz 47 vor § 128. Ein Anwaltszwang besteht wie sonst, § 78 Rn 1. Soweit er nicht besteht, kann der Antrag auch zum Protokoll der Geschäftsstelle jedes AG erfolgen, § 129 a. Ein Antrag nur unter der Bedingung, daß das Gericht eine dem Antragsteller günstige Entscheidung beabsichtige, gilt als nicht gestellt. Ein Eingang auf der Posteinlaufstelle bis 24 Uhr genügt, § 233 Rn 20, BVerfG NJW **76**, 747.

23 **B. Glaubhaftmachung.** Die nicht erschienene Partei muß außerdem bis zum Fristablauf nach Rn 22 nach § 294 glaubhaft machen, daß sie im Verhandlungstermin schuldlos ausgeblieben war, BAG BB **86**, 1232, und daß sie auch nicht eine Terminsverlegung nach § 227 rechtzeitig beantragen konnte. Begriff des Verschuldens Einl III 68, 69. Das Verschulden eines gesetzlichen Vertreters oder eines ProzBev gilt als solches der Partei, §§ 51 II, 85 II.

Das Gericht muß unter einer sorgfältigen *Abwägung* aller Umstände im Interesse der Verfahrensförderung nach Grdz 12 vor § 128 streng prüfen, ob die vorgebrachten Tatsachen zur Entschuldigung ausreichen, § 227 Rn 9. Eine Verpflichtung des ProzBev, im Zeitpunkt des letzten Verhandlungstermins einen anderen Termin wahrzunehmen, reicht zur Entschuldigung evtl ebensowenig aus wie zu einer Vertagung, § 227 Rn 13. Der Anwalt mußte eben grundsätzlich für eine Terminsvertretung sorgen. Er durfte seine Akten grundsätzlich auch nicht einfach einem sog Kartellanwalt geben, § 216 Rn 20. Das Gericht kann einen zur Rechtfertigung eines Verlegungsantrags angeführten und vom Gericht inzwischen schon zurückgewiesenen Entschuldigungsgrund jetzt nicht nochmals berücksichtigen. Denn die Partei hat ihn verbraucht.

24 **C. Von Amts wegen.** Das Gericht mag auch feststellen, daß die Voraussetzungen einer Aktenlageentscheidung in Wahrheit fehlten, etwa weil eine Ladung nicht ordnungsgemäß erfolgt war. Dann muß es von Amts wegen einen neuen Termin bestimmen, §§ 156, 216, 335.

25 **D. Stattgebende Entscheidung.** Soweit das Gericht dem Antrag entspricht, bestimmt der Vorsitzende einen neuen Verhandlungstermin. Diesen neuen Termin kann er im bisher anberaumten Verkündungstermin verkünden, § 156. Er braucht dann keine neue Zustellung. Das Gericht kann ihn auch dadurch mitteilen, daß es den bisher bestimmten Verkündungstermin aufhebt und wie sonst einen Verhandlungstermin anberaumt. Es kann auch den bisherigen Verkündungstermin in einen Verhandlungstermin umwandeln. Dann muß das Gericht die Parteien wie zu einem sonstigen Verhandlungstermin laden, §§ 168, 217.

26 **E. Ablehnende Entscheidung.** Soweit das Gericht den Antrag nach II 4 ablehnt, braucht es hierüber keinen besonderen Beschluß zu fassen. Es verbleibt vielmehr beim Verkündungstermin. Das Gericht kann sich damit begnügen, die Gründe der Antragsablehnung im Urteil darzustellen.

10) Vertagung oder Ruhen, III. Es kommt auf die Gesamtlage an. 27

A. Vertagung. Wenn das Gericht keine Entscheidung nach Aktenlage erläßt, kann es unter den Voraussetzungen des § 227 eine Vertagung anordnen. Dieser Weg ist zB dann ratsam, wenn es zweifelhaft ist, ob das Gericht eine Partei zum Verhandlungstermin rechtzeitig geladen hatte, oder wenn es unklar geblieben ist, ob einer Partei ein wichtiger Schriftsatz rechtzeitig zuging. Bei einer Vertagung ist oft eine gleichzeitige Auflage nach § 273 ratsam. Sie erfordert keine mündliche Verhandlung, § 128 IV. Eine besondere Bekanntgabe des neuen Verhandlungstermins ist wegen § 218 unnötig. Das gilt unabhängig davon, ob das Gericht den neuen Termin im Verhandlungstermin oder im Verkündungstermin bestimmt. Eine Ladung ist aber zwecks einer Verfahrensförderung ratsam.

B. Ruhen. Das Gericht kann auch statt einer Vertagung das Ruhen des Verfahrens anordnen. Auch hier hat das Gericht ein pflichtgemäßes Ermessen, Köln MDR **91**, 896. Es muß prüfen, ob die ausgebliebenen Parteien offenbar an einer Entscheidung oder an der Weiterführung des Prozesses zumindest derzeit kein Interesse mehr haben oder ob auch nur eine Partei ersichtlich darauf vertraut hat, daß das Gericht zB ohne eine mündliche Verhandlung entscheiden oder vertagen werde. Im letzteren Fall würde die Anordnung des Ruhens ermessensfehlerhaft sein, KG FamRZ **81**, 583, LG Bln MDR **93**, 476. Eine Anordnung des Ruhens ist auch im Anschluß an ein Teilurteil nach § 301 für den Rest möglich, Schneider JB **77**, 1338. Eine Anhörung des nicht Erschienenen ist nicht erforderlich, Köln MDR **91**, 896. 28

Die *Anordnung* ist dieselbe wie bei § 251, dort Rn 7. Es gibt keine Sperrfrist (mehr). Wenn die Zustellung erkennbar nicht erfolgt ist, muß das Gericht eine sofortige Aufnahme zulassen. Das Gericht muß seine Anordnung des Ruhens des Verfahrens begründen, § 329 Rn 2. Es verkündet seinen Beschluß, § 329 I 1, Köln MDR **91**, 896. Es stellt ihn wegen Rn 30 förmlich zu, § 329 III Z 2. Wegen einer Aufnahme des Verfahrens § 251 Rn 10. 29

10) Rechtsbehelfe, I–III. Gegen die Anordnung des Ruhens wie gegen die Ablehnung der Aufnahme des Verfahrens ist nach § 252 die sofortige Beschwerde nach § 567 I Z 1 statthaft, Köln RR **92**, 1022, aM Zweibr OLGR **00**, 564 (aber § 252 gilt auch dann, § 252 Rn 3). Beim Rpfl gilt § 11 RPflG, § 104 Rn 41 ff. Eine Rechtsbeschwerde kommt unter den Voraussetzungen als § 574 in Betracht. Die Vertagung nach III ist nur zusammen mit dem Endurteil anfechtbar. 30

252 *Rechtsmittel bei Aussetzung.* Gegen die Entscheidung, durch die auf Grund der Vorschriften dieses Titels oder auf Grund anderer gesetzlicher Bestimmungen die Aussetzung des Verfahrens angeordnet oder abgelehnt wird, findet die sofortige Beschwerde statt.

Schrifttum: *Fasching,* Rechtsbehelfe zur Verfahrensbeschleunigung, Festschrift für *Henckel* (1995) 161; *Fichtner,* Grenzen des richterlichen Ermessens bei Aussetzung und Ruhen des Verfahrens usw, 1996.

Gliederung

1) Systematik. Die Vorschrift regelt das alleinige Rechtsmittel gegen die fast abschließenden Entscheidungen über eine Aussetzung des Verfahrens usw, Rn 2. Allerdings hat § 227 IV 3 den Vorrang. Aus der Zulassung der sofortigen Beschwerde ergibt sich zugleich indirekt die Verweisung auf §§ 567–577, Köln RR **03**, 758. Wegen der gesetzlich nicht geregelten Gegenvorstellung Üb 3 vor § 567. 1

2) Regelungszweck. Die Rechtsmittelzulassung entspricht dem Grundgedanken einer Überprüfbarkeit in zweiter Instanz im Interesse der Gerechtigkeit, Einl III 9, 36. Beim Rpfl gilt § 11 RPflG, § 104 Rn 41 ff. Bei einer entscheidungslosen bloßen Untätigkeit hilft nicht mehr eine sofortige Beschwerde wegen greifbarer Gesetzwidrigkeit, § 567 Rn 10, aber evtl eine Dienstaufsichtsbeschwerde, § 216 Rn 28, 29. 2

Abhilfe durch den bisherigen Richter, den „judex a quo", ist eine charakteristische Möglichkeit auch bei einer sofortigen Beschwerde, § 572 I 1 Hs 1. Das mag das Beschwerdeverfahren zunächst etwas verlängern. Die Abhilfemöglichkeit kann es aber im Ergebnis dennoch kürzer werden lassen als bei einer zusätzlichen Einarbeitung durch das Beschwerdegericht. Auch die Kosten können niedriger ausfallen, wenn der Richter der Beschwerde gegen die eigene Entscheidung abhilft. Eine floskelhafte Nichtabhilfe wäre unstatthaft. Sie könnte zur Zurückverweisung an ihn führen. Hilft er nicht ab, mag das Beschwerdegericht günstiger beurteilen. Das Abhilfeverfahren erhöht also die Erfolgschancen evtl deutlich. Das darf man bei der Prüfung mitbedenken, ob man das Rechtsmittel einlegen soll.

3) Geltungsbereich. § 252 betrifft grundsätzlich jede durch einen Beschluß oder eine Verfügung erfolgten Ablehnung oder Anordnung der Aussetzung des Verfahrens, BGH BB **06**, 465 rechts oben, KG RR **06**, 1146, auch diejenige nach §§ 148 ff, nicht nur diejenige des Titels 5, Üb 5 vor § 239. Im FamFG-Verfahren macht § 21 II FamFG gegen einen Aussetzungsbeschluß §§ 567–572 entsprechend anwendbar, (zum alten Recht) Hamm FGPrax **07**, 57. Die Vorschrift betrifft weiter das Ruhen, Karlsr MDR **95**, 636, im Gegensatz zum rein tatsächlichen Stillstand, Üb 1 vor § 239, Ffm FamRZ **94**, 1477, Karlsr FamRZ **94**, 1399, Zweibr 3

FamRZ **84**, 75. Denn das Ruhen ist nur ein Sonderfall der Aussetzung nach §§ 148 ff. Die Vorschrift ist auch in einer WEG-Sache anwendbar, (zum alten Recht) BayObLG MDR **94**, 306. Es ist unerheblich, wie das Gericht seinen angefochtenen Beschluß genannt hat. Es kommt vielmehr darauf an, ob die Wirkung dieser Maßnahme einer Aussetzung gleichkommt, Düss FamRZ **94**, 1121 (es mahnt mit Recht zur Zurückhaltung), Hamm RR **97**, 724, Zweibr FamRZ **84**, 75. Das gilt selbst dann, wenn der Beschluß zB nur auf eine Vertagung lautet.

4 **4) Sofortige Beschwerde: Grundsatz der Zulässigkeit.** § 252 ermöglicht grundsätzlich die sofortige Beschwerde nach § 567 I Z 1 gegen die erstinstanzliche Anordnung einer Aussetzung des Verfahrens und gegen die Ablehnung einer Aussetzung, BGH VersR **93**, 1375, von Maltzahn GRUR **85**, 171, strenger LAG Mainz MDR **06,** 275 (nur bei Rechtsmißbrauch. Aber § 252 geht weiter). Eine Ablehnung liegt auch darin, daß das Gericht eine gleichwertige andere Maßnahme trifft, also den Fortgang des Verfahrens in irgendeiner Form anordnet, Ffm FamRZ **80**, 178, oder daß etwa das Beschwerdegericht den Aussetzungsbeschluß aufhebt, § 150. Mangels einer Beschwer kann die sofortige Beschwerde unzulässig sein, (je zum alten Recht) Karlsr FamRZ **98**, 1606 rechts, Kblz VersR **92**, 1536. Die sofortige Beschwerde wird gegenstandlos, soweit bei einer Aussetzung nach §§ 148 ff ein Endurteil ergeht oder soweit bei §§ 246, 247 das Endurteil rechtskräftig wird. Beim Rpfl gilt § 11 RPflG, § 104 Rn 41 ff.

5 Eine Anfechtung mit der Revision ist dann *unzulässig,* wenn das Gericht eine Aussetzung im Urteil abgelehnt hat. Denn der Beschluß wäre unanfechtbar, §§ 557 II. Unter Umständen erfolgt aber eine Aufhebung wegen einer mangelnden Sachaufklärung. Gegen die Entscheidung des OLG kommt allenfalls eine Rechtsbeschwerde an den BGH unter den Voraussetzungen des § 574 in Betracht, BGH VersR **93**, 1375. Eine Aufhebung in der höheren Instanz wirkt für die Zukunft. Sie berührt also die bisherige Wirkung der Aussetzung nicht.

6 **5) Grenzen der Nachprüfbarkeit.** Das Beschwerdegericht darf die vorinstanzliche Entscheidung nur auf einen Verfahrens- oder Ermessensfehler überprüfen, nicht auf die übrige Beurteilung der Sach- und Rechtslage. Denn sie ist nur dem späteren etwaigen Rechtsmittelgericht zur Hauptsache erlaubt, Celle NJW **75**, 2208, Düss OLGR **98**, 83.

7 **6) Keine Kostenentscheidung.** Das Beschwerdegericht überläßt die Kostengrundentscheidung grundsätzlich dem Erstgericht nach §§ 91 ff, BGH BB **06,** 465 rechts oben, Köln OLGR **98**, 90. Eine Annahme gilt bei einer Erstentscheidung nach der Urteilsverkündung, KG RR **07**, 1296.

8 **7) Beispiele zur Frage der Zulässigkeit einer sofortigen Beschwerde**

Abtrennung: *Unzulässig* ist eine sofortige Beschwerde gegen die Ablehnung einer Abtrennung nach § 145, weil noch Ermittlungen nötig seien, Düss FamRZ **94**, 1121.

Arbeitsgerichtsverfahren: Zulässig sein kann eine sofortige Beschwerde auch hier, § 97 V ArbGG, BAG NZA **08**, 490.

Aufnahme: Zulässig ist eine sofortige Beschwerde gegen einen Beschluß auf die Ablehnung der Aufnahme eines unterbrochenen, ausgesetzten oder ruhenden Verfahrens, Köln FamRZ **03**, 689 (auch zur Aktenaussonderung). Das gilt insbesondere vor der Rechtskraft eines Grundurteils oder eines Vorbehaltsurteils, §§ 302, 304, 599.

Aussetzung: Zulässig ist eine sofortige Beschwerde gegen eine ermessensmißbräuchliche Aussetzung des Prozesses, Einl III 54, BGH BB **06**, 465 rechts oben, KG RR **07**, 1296, Mü RR **95**, 779.

Unzulässig ist sie gegen die Ablehnung einer Aussetzung durch ein Urteil.

S auch „Aufnahme“, Rn 9 „Versorgungsausgleich“.

Beweisaufnahme: Zulässig ist evtl die sofortige Beschwerde gegen die Anordnung einer Parteimitwirkung bei einer Beweisaufnahme im Ausland nach § 364, Köln NJW **75**, 2349, LG Aachen RR **93**, 1407, oder gegen eine sehr weite Hinausschiebung der Durchführung einer Beweisaufnahme nach Einf 10 vor §§ 148–155, Celle NJW **75**, 1230, Zweibr FamRZ **84**, 75, LG Aachen RR **93**, 1407.

Europarecht: Zulässig ist eine sofortige Beschwerde gegen einen nach Art 177 II oder III EGV unhaltbaren Beschluß, Pfeiffer NJW **94**, 1999.

Unzulässig ist sie gegen eine Aussetzung nach (jetzt) Art 234 EGV, Köln WRP **77**, 734.

Folgesache: Zulässig ist eine sofortige Beschwerde gegen die Nichtabtrennung einer Folgesache im Verbundverfahren, Ffm FamRZ **97**, 1167, aM Zweibr FamRZ **03**, 1198 (aber § 252 gilt schon wegen seiner Stellung im Buch 1 allgemein).

9 **Termin:** Zulässig ist eine sofortige Beschwerde gegen die entgegen einem Aussetzungs- oder Ruhensantrag erfolgte Anberaumung eines Termins, Ffm FamRZ **80**, 178, Mü BB **05**, 2436, oder überhaupt gegen die Ablehnung einer Terminierung nach § 216 Rn 27.

Tod: *Unzulässig* ist eine sofortige Beschwerde gegen eine Entscheidung dann, wenn es um ein Urteil nach § 239 geht.

Unterbrechung: Zulässig ist eine sofortige Beschwerde gegen einen Beschluß über die Verneinung oder die Anerkennung einer Unterbrechung, Mü RR **96**, 229.

S auch Rn 8 „Aufnahme“.

Verfassungswidrigkeit: Zulässig ist eine sofortige Beschwerde dann, wenn eine Vorlage nach Art 100 GG unterbleibt BVerfG **82**, 192.

Versorgungsausgleich: Zulässig ist eine sofortige Beschwerde gegen die Aussetzung eines Versorgungsausgleichs, Drsd FamRZ **04**, 34.

Vertagung: Zulässig ist eine sofortige Beschwerde gegen die Ablehnung oder Anordnung einer Vertagung nach § 227 Rn 58, Ffm NJW **04**, 3050.

Vgl auch § 227 Rn 58.

Verzögerung: *Unzulässig* ist eine sofortige Beschwerde gegen eine zwar außergewöhnlich lange, aber durch eine Spezialvorschrift geregelte Verzögerung, Düss FamRZ **02**, 1574 links.

Wohnungseigentumssache: Zulässig ist eine sofortige Beschwerde gegen einen Beschluß in einer WEG-Sache, Düss FGPrax **08**, 55.

Buch 2
Verfahren im ersten Rechtszug

Abschnitt 1. Verfahren vor den Landgerichten

Grundzüge

Schrifttum: *Baumgärtel,* Gleicher Zugang zum Recht für alle, ein Grundproblem des Rechtsschutzes 1976; *Böhm,* Die Ausrichtung des Streitgegenstands am Rechtsschutzziel, Festschrift für *Kralik* (1986) 24; *Farkas,* Bemerkungen zur Lehre vom Rechtspflegeanspruch, Festschrift für *Habscheid* (1989) 83; *Geimer,* Internationalrechtliches zum Justizgewährungsanspruch, Festschrift für *Nagel* (1987) 36; *Haas/Beckmann,* Justizgewährungsanspruch und Zeugenschutzprogramm, Festschrift für *Schumann* (2001) 171; *Karwacki,* Der Anspruch der Parteien auf einen fairen Zivilprozeß, 1984; *Merwing,* Mahnen – Klagen – Vollstrecken, 2. Aufl 1990; *Michel/von der Seipen,* Der Schriftsatz des Anwalts im Zivilprozeß, 6. Aufl 2003; *Vollkommer,* Der Anspruch der Parteien auf ein faires Verfahren im Zivilprozeß, Gedächtnisschrift für *Bruns* (1980) 195; *Vossius,* Die Entwicklung der Rechtsschutzlehre, 1985.

Gliederung

1) Systematik. *Rechtsschutz* gewährt der Staat jedem Deutschen und in den Grenzen des Völkerrechts, der Staatsverträge und des sonstigen internationalen Rechts auch jedem Ausländer, Art 20 III GG, Einl III 1. Dieser Rechtsschutz besteht zum einen in der Form eines sog Justizanspruchs, auch *Justizgewährungsanspruch* genannt, Einl III 15, BVerfG RR **07**, 1073, BAG NJW **05**, 174, Preuß DNotZ **08**, 259, Winterhoff AnwBl **08**, 227. Man versteht darunter ein subjektives öffentliches Recht des Bürgers auf das Tätigwerden der Gerichte und der anderen Justizorgane, auf ihr Vorhandensein und auf ihr effektives Funktionieren, EuGH NJW **07**, 3555, BVerfG RR **08**, 29, auch in angemessener Zeit, BVerfG RR **02**, 424. Der Justizanspruch gewährleistet das Ob einer Verfahrensabwicklung. 1

Der Rechtsschutz besteht zum anderen in der Form eines sog *Rechtsschutzanspruchs,* Einl III 15. Man versteht darunter einen Anspruch der Partei auf die Herbeiführung und notfalls zwangsweise Durchsetzbarkeit einer der sachlichen Rechtslage entsprechenden Sachentscheidung des Gerichts. Der Rechtsschutzanspruch ist umstritten. Manche lehnen seine Existenz auf dem Gebiet des Zivilprozesses ab, zB Jauernig § 36 II, RoSGo § 3 II 2. Manche halten ihn zumindest seit dem Inkrafttreten des GG für wieder beachtlich, BVerfG NJW **02**, 2227. Vgl auch Einl III 9. 2

Manche lassen auch beide Rechtsschutzgewährungsansprüche in einem „umfassenden allgemeinen *Rechtsschutzgrundrecht*" aufgehen, dem Recht der Partei auf ein faires Verfahren, das auch dem Art 6 MRK die erforderliche Beachtung verschafft, Einl III 23, Vollkommer (vor Rn 1) 219.

Im FamFG-Verfahren gilt § 23 FamFG. Entsprechend anwendbar sind §§ 253–494 a nach § 113 I 2 FamFG evtl in Ehesachen nach §§ 121 ff FamFG und in Familienstreitsachen nach § 112 Z 1–3 FamFG.

2) Regelungszweck: Durchsetzung sachlichen Rechts. Sowohl wegen des unmittelbar geltenden Art 6 MRK als auch wegen des GG ist ein effektiver Schutz des sachlichen Rechts notwendig. Er erfordert einen funktionierenden Gerichtsapparat, ein rechtsstaatliches Verfahren, einen unverzüglichen Verfahrensbeginn, eine erträgliche Verfahrensdauer, die Berücksichtigung des gesamten prozessual ordnungsgemäßen Tatsachenvortrags der Parteien und die notfalls zwangsweise Durchsetzbarkeit der Entscheidung, Lisken NJW **82**, 1136. Insofern sollte man unter dem Begriff Rechtsschutz mehr als den Justizanspruch verstehen. Andererseits ist es zumindest sprachlich problematisch, ein umfassendes allgemeines Rechtsschutz-„Grundrecht" als Oberbegriff zugrundezulegen. Die Grundrechte sind auch in ihren prozessualen Auswirkungen in Artt 1–19 GG abschließend geregelt. Man darf den Justizgewährungsanspruch nicht zu sehr von den finanziellen Möglichkeiten des Staats abhängig machen, Dorn AnwBl **02**, 212. 3

Wichtiger als die Terminologie ist die Erkenntnis, daß unser heutiges Rechtssystem sowohl das Vorhandensein als auch das unverzügliche Tätigwerden der Justizorgane und die grundsätzliche Ausrichtung des Prozeßrechts als eines Instruments zur Verwirklichung *sachlichen* Rechts unmittelbar gewährleisten, Einl III 9, 36. Das ist zur Auslegung vieler Verfahrensvorschriften und zu ihrer effektiven Handhabung von größter 4

Bedeutung. Freilich gehört zur Rechtsidee neben der Gerechtigkeit und der Zweckmäßigkeit auch die Rechtssicherheit, Einl III 43. Sie gebietet rechtsstaatliche Prozeßregeln. Sie können der Durchsetzung des sachlichen Rechts aus zwingenden Gründen im Wege stehen, § 296 Rn 2.

5 **3) Rechtsschutzvoraussetzungen.** Aus dem Rechtsschutzanspruch folgen für viele die sog Rechtsschutzvoraussetzungen oder Urteilsvoraussetzungen, also die Voraussetzungen eines günstigen Sachurteils, deren Begriff zudem schwankt. Von den Prozeßvoraussetzungen sollen sie dadurch abweichen, daß es bei diesen nicht nur auf die Zeit des Urteils ankomme, sondern auf die gesamte Prozeßgestaltung. Zu den Urteilsvoraussetzungen rechnet man den Tatbestand, die Rechtsschutzfähigkeit, also die Erfordernisse der §§ 257 bis 259 und das Rechtsschutzbedürfnis nach Rn 33, auch wohl verschiedene Prozeßvoraussetzungen wie die Zulässigkeit des Rechtswegs. Diese Lehre hat nicht viel praktischen Nutzen. Sie besagt in Wahrheit nichts anderes, als daß nur diejenige Klage durchdringen kann, die sachlich begründet ist.

6 **4) Rechtsschutzgesuch.** Der Staat gewährt Rechtsschutz im Zivilprozeß nur auf ein Gesuch. Ein solches Gesuch genügt in einfachster Form im Mahnverfahren. Wenn eine Streitverhandlung im Zivilprozeß notwendig ist, verlangt das Gesuch die Form der Klage, also jeweils der Bitte um Rechtsschutz durch ein Urteil. Diese prozessuale Klage muß man scharf von einem sachlichrechtlichen Klagerecht unterscheiden. Es entspricht der römischen actio, dem Anspruch auf ein Tun oder Unterlassen, § 194 BGB. Es macht durchaus nicht jede Klage einen privatrechtlichen Anspruch geltend, Rn 7 ff. Der prozessuale Anspruch zB nach § 253 II ist ein auf ein bestimmtes Urteil gerichtetes Begehren. „Klage" bezeichnet sehr oft die Klageschrift.

7 **5) Geltungsbereich: Klagearten**

Schrifttum: *Fritzsche,* Unterlassungsanspruch und Unterlassungsklage, 2000; *Gaul,* Der Einfluß rückwirkender Gestaltungsurteile auf vorausgegangene Leistungsurteile, in: Festschrift für *Nakamura* (1996); *Grupp,* Die allgemeine Gestaltungsklage im Verwaltungsprozeßrecht, Festschrift für *Lüke* (1997) 207; *Hendricks,* Zivilprozessuale Geltendmachung von Widerrufs- und Hinterlassungsansprüchen im Medienrecht, 2001; *Köhler,* Der Streitgegenstand bei Gestaltungsklagen, 1995; *Marotzke,* Von der schutzgesetzlichen Unterlassungsklage zur Verbandsklage, 1992; *Oppermann,* Unterlassungsanspruch und materielle Gerechtigkeit im Wettbewerbsprozeß, 1993; *Ritter,* Zur Unterlassungsklage: ... Klageantrag, 1994; *Roth,* Der Zivilprozeß zwischen Rechtsklärung und Rechtsschöpfung, in: Festschrift für *Habscheid* (1989); *Schmidt,* Mehrseitige Gestaltungsprozesse bei Personengesellschaften usw, 1992; *Schmidt,* Mehrparteienprozess usw bei Gestaltungsprozessen im Gesellschaftsrecht, Festschrift für *Beys* (Athen 2004) 1485; *Wilke/Jungeblut,* Abmahnung, Schutzschrift und Unterlassungserklärung im gewerblichen Rechtsschutz, 2. Aufl 1995.

8 **A. Leistungsklage** (Verurteilungsklage). Sie erstrebt eine Verurteilung des Gegners zu einer Leistung oder Unterlassung auf Grund eines sachlichrechtlichen Anspruchs nach §§ 194 I, 241 I BGB und damit eine Befriedigung des Klägers. Ein solches Urteil enthält zwei Bestandteile: die Feststellung, daß der Bekl eine Leistung oder eine Unterlassung schuldet, ferner den Befehl zur Erfüllung der Schuld. Nur Leistungsurteile, aber keineswegs alle, ermöglichen eine Zwangsvollstreckung, Grdz 28 vor § 704. Leistungsurteile sind auch diejenigen auf eine Gewährleistung, einen Schadensersatz oder eine Herausgabe nach §§ 883 ff, auf die Vornahme einer Handlung nach §§ 887, 888 oder auf die Abgabe einer Willenserklärung nach §§ 894 ff, auf eine Unterlassung nach § 890 oder auf eine Duldung der Zwangsvollstreckung, zB § 2213 III BGB, § 743, auf eine Befriedigung aus einem bestimmten Vermögensstück (Pfandklage, Sachhaftung), zB §§ 1147, 1204 I BGB, 371 III 1 HGB, oder aus einer bestimmten Vermögensmasse (etwa dem Nachlaß), oder auf die Freistellung von einer Schuld, BGH MDR **96**, 959, Bischoff ZZP **120**, 240. Regelmäßig dient eine Leistungsklage der Durchführung eines privatrechtlichen, gelegentlich auch eines öffentlichrechtlichen Anspruchs. Zur Sonderform der sog arbeitsrechtlichen Einwirkungsklage Kasper DB **93**, 682. S auch Rn 34, § 253 Rn 42 ff, 75.

9 **B. Feststellungsklage.** Sie bezweckt keine zur Befriedigung führende Verurteilung, obwohl das Gericht auch sie für „vollstreckbar" erklärt und obwohl auch sie oft zur „freiwilligen" Erfüllung führt. Sie erzielt vielmehr die Feststellung eines schon vor dem Urteil bestehenden sachlichrechtlichen oder prozessualen Rechtsverhältnisses, Köln NJW **77**, 1783. Sie bezweckt regelwidrig auch die Feststellung der Echtheit oder Unechtheit einer Urkunde, § 256 I. Sie dient der Rechtssicherheit nach Einl III 43 und der Prozeßwirtschaftlichkeit nach Grdz 14, 15 vor § 128, BGH **103**, 365. Sie ist nicht immer eine unentwickelte Leistungsklage. Denn ihr Gegenstand kann auch ein Gestaltungsanspruch sein.

Sie ist entweder als eine *behauptende* (positive) Klage auf die Feststellung eines Begehrens oder als eine *verneinende* (negative) auf die Feststellung des Nichtbestehens gerichtet. Hierher gehört auch das die Leistungsklage abweisende Urteil. Eine besondere Feststellungsklage ist im Arbeitsrecht die Klage des Arbeitnehmers, daß die Kündigung sozial ungerechtfertigt sei, § 4 KSchG. Demgegenüber spricht das Urteil, daß das Arbeitsverhältnis durch die sozial ungerechtfertigte Kündigung nicht aufgelöst worden sei, auf Antrag dann wegen der besonderen Umstände die Auflösung des Arbeitsverhältnisses aus, § 9 KSchG. Es ergeht auf eine Gestaltungsklage (Anspruch gegen den Staat auf Rechtsänderung). Eine besondere Form ist die Zwischenfeststellungsklage, § 256 II.

10 **C. Gestaltungsklage.** Sie fußt auf einem sachlichrechtlichen Anspruch auf eine Rechtsänderung, zB auf eine Scheidung (dort heißt es nicht Klage, sondern Antrag, § 253 Rn 2), aM StJSchu 43 vor § 253, ThP 5 vor § 253 (es bestehe ein Anspruch gegen den Staat auf eine Rechtsgestaltung). Die Gestaltungsklage wirkt nicht wie die Leistungs- und Feststellungsklage rechtsbezeugend, sondern rechtsbegründend. Sie wirkt gegenüber jedermann. Bei ihr übt das Gericht eine verwaltende Tätigkeit aus, die diese Klagen begrifflich der Freiwilligen Gerichtsbarkeit zuweist.

11 *Hierher gehören* Klagen, die einen neuen Rechtszustand für die Zukunft erstreben, wie die Klage auf die Auflösung einer Offenen Handelsgesellschaft nach § 133 HGB oder auf den Ausschluß eines Gesellschafters nach § 140 HGB, zu beiden Schmidt (Rn 7), oder auf die Auflösung der Gütergemeinschaft, die Klage auf ein prozessuales Vollstreckungsurteil nach § 722 oder auf die Erklärung der Zwangsvollstreckung als unzulässig nach §§ 767, 771, BVerfG NJW **00**, 1938, oder auf die Beseitigung der Vollstreckungsklausel nach § 768.

Hierher gehören ferner Klagen, die eine rückwirkende Regelung verlangen, wie die Erbunwürdigkeitsklage, § 2342 BGB, LG Köln NJW **77**, 1783, die Anfechtung des Generalversammlungsbeschlusses einer Aktiengesellschaft, § 246 AktG, BGH RR **92**, 1389, krit Schmidt JZ **77**, 769, die Klage auf die Löschung einer Marke, auf eine Bestimmung des Leistungsinhalts zB aus § 315 III 2, 319 I, 2098 BGB, BGH BB **78**, 270; aus §§ 2048, 2156, 2192 BGB; aus §§ 104 ff SachenRBerG. S auch § 322 Rn 27 ff.

6) Prozeßrechtliche Voraussetzungen 12

Schrifttum: *Jauernig,* Zum Prüfungs- und Entscheidungsvorrang von Prozeßvoraussetzungen, Festschrift für *Schiedermair* (1976) 289; *Ost,* Doppelrelevante Tatsachen im internationalen Zivilverfahrensrecht, 2002; *Rimmelspacher,* Von Amts wegen zu berücksichtigende Verfahrensmängel im Zivilprozeß, Festschrift für *Beys* (Athen 2004) 133; *Schreiber,* Prozeßvoraussetzungen für die Aufrechnungsforderung?, Diss Bochum 1975; *Schwab,* Die Entscheidung über prozeßhindernde Einreden, Festschrift für *Weber* (1975) 69.

A. Begriff der Prozeßvoraussetzung. Prozeßvoraussetzungen sind eigentlich keine Voraussetzungen 13 des Prozesses, sondern des Erfolgs, Erfolgsvoraussetzungen, auch Sachurteilsvoraussetzungen, Balzer NJW **92**, 2722. So heißen die prozeßrechtlichen Bedingungen der Zulässigkeit des Verfahrens im Hinblick auf ein Sachurteil, LG Münst MDR **80**, 854, nicht auf eine bloße prozeßrechtliche förmliche Entscheidung. Im Rechtsmittelverfahren spricht man auch von Prozeßfortsetzungsvoraussetzungen, BAG KTS **02**, 174. Es liegt nicht eine Voraussetzung des Prozesses vor, sondern nur eine Voraussetzung einer Sachverhandlung wie Sachentscheidung, Schwab JuS **76**, 70, Wieser ZZP **84**, 304. Schon die Klage kann prozessual unzulässig sein, etwa mangels Bestimmtheit des Klagantrags, § 253 II Z 2, BGH NJW **01**, 447. Eine Prozeßvoraussetzung kann aber auch im Lauf des Prozesses entfallen oder sich als fehlend ergeben. Das genügt, um eine Sachentscheidung unmöglich zu machen. Man muß dabei auf den Zeitpunkt des Schlusses der letzten mündlichen Verhandlung abstellen, § 136 IV, § 296 a, BVerfG DtZ **92**, 183 (Zeitpunkt der Entscheidung), Rostock RR **02**, 828. Man muß die Prozeßvoraussetzungen auch im arbeitsgerichtlichen Verfahren beachten, LAG Köln BB **95**, 1248.

B. Vorrang der Zulässigkeitsprüfung. Man muß also scharf unterscheiden zwischen den prozessualen 14 und den sachlichrechtlichen Voraussetzungen eines Urteils. Fehlen die sachlichrechtlichen, sei es auch nur zur Zeit, muß das Gericht die Klage durch ein Sachurteil abweisen. Fehlen die prozessualen, muß das Gericht die Klage in der ersten Instanz beim Fehlen des bisher angegangenen Rechtswegs nach §§ 17 ff GVG behandeln, LAG Ffm BB **99**, 644 Mitte, und im übrigen durch ein sog Prozeßurteil als unzulässig abweisen, ohne die Begründetheit zu prüfen, Rostock RR **02**, 828, LG Lpz WettbR **00**, 279. Das ist ein für die innere Rechtskraftwirkung höchst bedeutsamer Unterschied, § 322 Rn 60, BGH ZMR **91**, 100, OVG Schlesw MDR **92**, 525, RoSGo § 96 V 6, aM Düss RR **96**, 1369, Naumb VersR **99**, 1244 (aber schon der Rechtskraftumfang zwingt zur Rangordnung).

Demgegenüber meint Rimmelspacher (oben Rn 12) 136, 144, die prozeßrechtlichen Voraussetzungen seien 15 *gleichrangige* und gleichwertige Glieder der einheitlichen Gruppe der Urteilsvoraussetzungen. Eine Klagabweisung müsse ergehen, wenn irgendeine dieser Urteilserlaßvoraussetzungen fehle. Das ergebe sich aus § 300 I. Gegen den generellen Vorrang der Prozeßvoraussetzungen wenden sich auch Grunsky § 34 III 1: Ein Prüfungs- und Entscheidungsvorrang bestehe nur, soweit er im öffentlichen Interesse erforderlich sei, ähnlich BGH (I. ZS) RR **00**, 635 (nur bei der Verbandsklage ohne zugehörige Begründung), KG NJW **76**, 2353, Roth ZZP **98**, 306. Andere wollen vom Vorrang der Zulässigkeitsprüfung Ausnahmen erlauben, wenn das Verfahren dadurch einfacher werde, ohne daß beachtliche Allgemein- oder Parteiinteressen entgegenstünden, BGH NJW **08**, 1228, Köln MDR **82**, 239, Schneider MDR **88**, 807, aM BGH MDR **76**, 139 bei einer Revision (es erfolge nur ausnahmsweise eine Prüfung der Hilfserwägungen des OLG zur Begründetheit, wenn dieses die Zulässigkeit verneint habe. Vgl aber Rn 17).

Es gibt eine Lehre der sog *doppelrelevanten Tatsachen,* Ost (oben Rn 12). Danach muß man die sowohl für die Zulässigkeit als auch für die Begründetheit der Klage erheblichen Tatsachen für die Zulässigkeit nur einseitig behaupten und sie erst bei der Prüfung der Begründetheit näher klären, BGH **124**, 240. Das ist in solcher Allgemeinheit keineswegs überzeugend. Diese Lehre hätte zur Folge, daß das Gericht eine in Wahrheit unzulässige Klage zwar im Ergebnis als unzulässig abweisen müßte, also ohne eine innere Rechtskraft des Urteils nach § 322, daß aber dieses vorrangige Ergebnis erst im Rahmen der Begründetheitsprüfung erzielbar wäre. Das ist methodisch unsauber. Ein solcher Fall unterscheidet sich auch von der zulässigen *hilfsweisen* Begründetheitsprüfung nach Rn 17.

C. Zulässigkeitsprüfung von Amts wegen. Das Gericht muß die Prozeßvoraussetzungen in jeder Lage 16 des Verfahrens von Amts wegen prüfen, BGH **161**, 165, auch in der Revisionsinstanz, BGH ZMR **91**, 100, BAG KTS **02**, 174, Rostock RR **02**, 828, vgl freilich Grdz 39 vor § 128. Es findet aber keine Amtsermittlung nach Grdz 38 vor § 128 statt. Der Grundsatz der freien Beweiswürdigung gilt auch hier, § 286 Rn 3, Saarbr RR **94**, 184. Wegen des Rechtsschutzbedürfnisses Rn 33 ff. Maßgeblich ist grundsätzlich der Schluß der letzten mündlichen Verhandlung, § 136 IV, § 296 a. Wegen der Beweislast Anh § 286 Rn 36. Eine Entscheidung ist durch ein Zwischenurteil statthaft, § 280.

D. Hilfsweise Begründetheitsprüfung. Das Gericht muß die prozessualen Voraussetzungen vorrangig 17 prüfen. Es darf die Zulässigkeit der Klage nicht ungeklärt lassen, auch nicht mit dem Argument, die Klage sei jedenfalls unbegründet, § 322 Rn 60, BGH NJW **00**, 3719, Düss MDR **87**, 1032, LAG Mainz NZA-RR **04**, 431, aM Düss RR **96**, 1369 (aber schon der Rechtskraftumfang zwingt zur Rangfolge). Das Gericht darf aber dann, wenn es die Klage als unzulässig abweist, hilfsweise darauf hinweisen, daß die Klage auch unbegründet sei, BGH NJW **92**, 438 (Revisionsinstanz), Kblz VersR **95**, 1332 (Beschwerdeinstanz), Grundmann ZZP **100**, 58, aM Tetzner GRUR **81**, 810. Freilich sind derartige Hilfserwägungen keineswegs notwendig. Sie sind keine tragenden Gründe, BGH RR **04**, 1002. Sie entstehen nicht mit einer inneren Rechtskraft, § 322 Rn 60. Sie sollten sich wegen der von § 313 III geforderten Konzentration auf das Wesentliche durchaus auf kurze Andeutungen beschränken. Diese können immerhin ratsam sein, um dem unterlegenen Kläger eine bessere Abschätzung seiner Rechtsmittelrisiken zu ermöglichen und dem Rechtsmittelgericht einen Einblick in die Gesamtproblematik zu erleichtern, § 313 Rn 33. Keineswegs darf das Gericht auch nur hilfsweise darlegen, die Klage sei ungeachtet ihrer Unzulässigkeit teilweise oder gar insgesamt begründet.

18 **E. Begriff der Prozeßhandlungsvoraussetzung.** Von den Prozeßvoraussetzungen, den Zulässigkeitsbedingungen des ganzen Verfahrens, muß man die prozessualen Voraussetzungen einer einzelnen Prozeßhandlung unterscheiden, BVerfG DtZ **92**, 183 (zum Begriff der Prozeßhandlung Grdz 47 vor § 128), BGH **111**, 221. Ihr Fehlen macht zwar die Prozeßhandlung wirkungslos, BGH **111**, 221, Köln MBR **82**, 1024 (vgl freilich § 78 Rn 32). Es hindert aber eine Sachentscheidung meist nicht. Hierher gehört zB das Fehlen einer notwendigen Prozeßvollmacht, § 78 Rn 33, BVerfG DtZ **92**, 183. Bei der Prüfung der Wirksamkeit muß man auf den Zeitpunkt der Vornahme der Prozeßhandlung abstellen, BVerfG DtZ **92**, 183. Hierher gehören ferner überhaupt das Fehlen der Verhandlungsfähigkeit, BGH NJW **92**, 2706, sowie die Unzulässigkeit der Streithilfe, § 66, oder einer Streitverkündung, § 71, oder eines Urteils nach §§ 249 III, 304.

19 **F. Prozeßhindernis.** Hierher zählen Umstände, die die Zulässigkeit des Verfahrens zumindest derzeit ausschließen. Man kann sie zu den Prozeßvoraussetzungen rechnen, gewissermaßen als verneinende. Das Gericht muß sie ebenso wie die gewöhnlichen bejahenden Prozeßvoraussetzungen von Amts wegen nach Grdz 39 vor § 128 beachten, aM BGH NJW **84**, 669 (krit Prütting ZZP **99**, 93). Prozeßhindernisse sind zB: Eine anderweitige Rechtshängigkeit, § 261; eine entgegenstehende Rechtskraft, Einf 11 vor §§ 322–327; eine Schiedsvereinbarung, § 1029, auch in einer Arbeitsstreitigkeit; die mangelnde Sicherheit für die Prozeßkosten, §§ 110 ff; der Fall § 269 IV; eine zumindest grundsätzliche Immunität (mit Ausnahmemöglichkeiten) nach Art 8 EU-Truppenstatut v 17. 11. 03, BGBl **05** II 19, nebst ZustimmungsG v 19. 1. 05, BGBl II 18.

20 **G. Zulässigkeitsrüge.** Das Gesetz verwendet nicht die Ausdrücke Prozeßvoraussetzung oder Prozeßhindernis. Es behandelt beide sehr unzulänglich. Einen Teil der Prozeßerfordernisse faßt die ZPO willkürlich unter dem Ausdruck „Rügen, die die Zulässigkeit der Klage betreffen" zusammen und unterwirft sie einer Sonderregelung, §§ 280, 282 III, 296 III. Man muß diese Gesetzesmängel durch eine Auslegung verringern.

21 **H. Allgemeine Prozeßvoraussetzungen.** Die Prozeßvoraussetzungen gliedern sich in allgemeine und besondere. Allgemeine sind solche, die jedes Verfahren nach der ZPO verlangt. Besondere sind solche, die nur ein besonderes Verfahren oder nur eine Instanz betreffen. Wegen ihres Beweises Einf 4, 5 vor § 284

22 **I. Rangfolge.** Eine Rangfolge der Prüfung der Prozeßvoraussetzungen ist nicht zwingend, Escher/Reichert SchiedsVZ **07**, 73. Sie ist aber meist ratsam, etwa wie folgt: Die Ordnungsmäßigkeit der Klage, § 253 Rn 15, BGH NJW **01**, 447; die deutsche Gerichtsbarkeit (facultas jurisdictionis), §§ 18 ff GVG, Üb 3, 5 vor § 12, von Schönfeld NJW **86**, 2982; die Zulässigkeit des Rechtswegs, §§ 13 ff GVG, BVerfG NJW **92**, 360; die örtliche und die sachliche nationale oder internationale Zuständigkeit, §§ 12 ff, §§ 23 ff ZPO, § 21 GVG, BVerfG NJW **92**, 360, BGH RR **00**, 635, Escher/Reichert SchiedsVZ **07**, 73, aber grundsätzlich nicht die geschäftliche (ihr Mangel führt regelmäßig nicht zur Abweisung), die das Gericht also vor dem Rechtsschutzbedürfnis nach Rn 33 prüfen muß, Kblz MDR **82**, 502; die Parteifähigkeit, § 50, BGH **146**, 341, Kblz RR **08**, 148, Rostock RR **02**, 828; die Prozeßfähigkeit, § 51, BGH RR **00**, 635, deren Fehlen derjenige darlegen muß, der das behauptet; die gesetzliche Vertretung, §§ 51 I, 56; die ordnungsgemäße Vertretung durch einen ProzBev im Anwaltsprozeß nach § 78 Rn 1, § 79; die Verhandlungsfähigkeit und die Vollmacht des gewillkürten Vertreters, §§ 78 ff, wenn der Mangel die Klagerhebung betrifft (nach manchen immer. Aber wenn die Klage ordnungsmäßig war, muß das Gericht durch ein Sachurteil entscheiden, § 88 Rn 13); die förmliche Ordnungsmäßigkeit der Klagerhebung (die Klage selbst ist keine Prozeßvoraussetzung), §§ 253, 261; das Prozeßführungsrecht im Gegensatz zur Sachbefugnis, Grdz 23 vor § 50, BGH **161**, 165, KG VersR **05**, 830; das Rechtsschutzbedürfnis, Rn 33; die Klagbarkeit, Rn 25. Im einzelnen ist manches streitig. Näheres bei der jeweiligen Rechtsfigur und bei § 288 III.

23 **J. Besondere Prozeßvoraussetzungen.** Hierher zählen diejenigen Erfordernisse, die bei der jeweils gewählten Verfahrensart oder Klagart für eine Sachentscheidung zusätzlich vorliegen müssen, BVerfG NJW **92**, 360, zB die Voraussetzungen einer Widerklage nach Anh § 253 oder einer Feststellungsklage nach § 256 oder des Rechtsmittelverfahrens nach §§ 511 ff. Ihr Fehlen führt zur Verwerfung des Rechtsmittels als unzulässig, Es läßt aber das erstinstanzliche Sachurteil unberührt. Ebenso führt eine Unzulässigkeit der Streithilfe nur zur Zurückweisung des Beitritts, ohne den Streit der Prozeßparteien anzutasten. Fehlen die besonderen Prozeßvoraussetzungen des Urkundenprozesses nach §§ 592, 593 II, 597 II, muß das Gericht die Klage ohne eine Sachprüfung abweisen.

24 **K. Überhaupt keine Prozeßvoraussetzungen** sind zB: Die Gerichtsbarkeit in bezug auf die Person (fehlende Exterritorialität), § 18 GVG; die Sachbefugnis (Sachlegitimation), Grdz 23 vor § 50; die Ausschließung und die Ablehnung von Gerichtspersonen, §§ 41 ff; die Verweisung an die Kammer für Handelssachen oder die Zivilkammer, §§ 97 ff GVG; die Kostenzahlung (Ausnahme Rn 19), BPatG GRUR **78**, 43; die Schlüssigkeit, also die Begründetheit auf Grund des Tatsachenvortrags dieser Partei, BGH NJW **84**, 2889.

25 **7) Klagbarkeit**

Schrifttum: *Ballon,* Die Zulässigkeit des Rechtswegs (1980) 103; *Walchshöfer,* Die Abweisung einer Klage als „zur Zeit" unzulässig oder unbegründet, Festschrift für *Schwab* (1990) 921.

A. Begriff. Nicht jeder sachlichrechtliche Anspruch ist auch klagbar. Die Klagbarkeit ist grundsätzlich unverwirkbar, BGH DB **90**, 1081. Das Gericht muß sie auch im arbeitsgerichtlichen Verfahren beachten, LAG Köln BB **95**, 1248. Sie fehlt bei sog natürlichen oder unklagbaren Verpflichtungen, BGH NJW **80**, 390, LAG Hamm BB **76**, 604. Die Klagbarkeit kann eine Prozeßvoraussetzung sein, Rn 12, BGH NJW **90**, 3086 (Klagefrist), Kblz GRUR **79**, 497, Gehrlein DB **95**, 131, aM BGH FamRZ **04**, 777 links, Oldb MDR **87**, 414 (aber was gar nicht einklagbar ist, kann nicht mit innerer Rechtskraft abweisbar sein). Insofern muß das Gericht die Klage beim Fehlen der Klagbarkeit als zumindest derzeit unzulässig durch ein Prozeßurteil nach Rn 14 abweisen. Soweit nur die Fälligkeit fehlt, ist eine differenzierte Beurteilung nötig, § 322 Rn 37 „Fälligkeit".

B. Beispiele zur Frage einer Klagbarkeit 26

Abmahnverein: Rn 30 „Verbandsklage, Gruppenklage".

Allgemeine Geschäftsbedingungen: Rn 30 „Verbandsklage, Gruppenklage".

Arrest, einstweilige Verfügung: Rn 29 „Schiedsstelle".

Befriedigungsrecht: Eine Klagbarkeit kann bei § 1003 BGB bis zum Eintritt der dortigen Voraussetzungen *fehlen.*

Beirat: Eine Klagbarkeit kann *fehlen,* soweit ein Beirat tätig werden muß, etwa bei Gesellschaftsstreitigkeiten.

Besitz: S „Befriedigungsrecht", Rn 31 „Verwendungsersatz".

Devisentermingeschäft: Eine Klagbarkeit kann *fehlen,* soweit es sich um den Saldo aus einem Gewinn von Differenzgeschäften handelt. Er kann trotz seiner etwaigen Anerkennung eine Naturalverbindlichkeit sein, BGH NJW **80**, 390.

Erbrecht: Eine Klagbarkeit kann vor der Annahme der Erbschaft nach § 1958 BGB *fehlen.* Ein Erbschein kann nach § 292 wirken, AG Bln-Charlottenb WoM **03**, 87.

Erwerbsrecht (Verkehrsfläche Ost): Maßgeblich ist das Verkehrsflächenbereinigungsgesetz (VerkFlBerG), 27 verkündet als Art 1 des Grundstücksrechtbereinigungsgesetzes (GrundRBerG). Nach § 14 I 1 VerkFlBerG ist für Streitigkeiten der ordentliche Rechtsweg statthaft. Nach § 14 I 2 VerkFlBerG ist dasjenige LG ausschließlich zuständig, in dessen Besitz das Grundstück ganz oder überwiegend liegt. Nach § 14 I 3 VerkFlBerG ist auf das gerichtliche Verfahren grundsätzlich das SachenRBerG entsprechend anwendbar.

Fälligkeit: Eine Klagbarkeit *fehlt* grds, soweit der Anspruch noch nicht fällig ist. Ausnahmen gelten bei §§ 257–259. Wegen der (zu differenzierenden) Rechtsfragen § 322 Rn 37 „Fälligkeit".

Gesellschaftsrecht: Rn 26 „Beirat".

Gruppenklage: Rn 30 „Verbrauchsklage, Gruppenklage".

Gütestelle: Eine Klagbarkeit *fehlt,* soweit eine Gütestelle vorgeschaltet ist, BGH NJW **77**, 2263, etwa im obligatorischen Güteverfahren, Rn 49.

Hinterlegung: Man kann den Notar *nicht* auf die Auszahlung eines bei ihm hinterlegten Kaufpreises verklagen, Hamm DNotZ **83**, 62.

Internationales Recht: Eine Klagbarkeit kann durch ein internationales Abkommen *ausgeschlossen* sein, etwa beim IWF-Übereinkommen, Gehrlein DB **95**, 129.

Klagefrist: Der Kläger kann sie auch dann evtl einhalten, wenn er die Klage ohne einen Anwalt beim unzuständigen AG einreicht, Nürnb MDR **08**, 708 (großzügig).

Eine Klagbarkeit *fehlt* grds vor oder nach dem An- oder Ablauf einer gesetzlichen oder vereinbarten Klagefrist, BGH NJW **90**, 3085, BAG BB **99**, 909, Hamm VersR **05**, 390. Vgl bei den einzelnen Fristarten, zB bei § 46 WEG, abgedruckt bei § 253 Rn 26. Eine Teilklage wahrt die Frist für den Gesamtbetrag, BGH NVersZ **01**, 452 (großzügig). Die Schonfrist nach § 569 I Z 2 S 1 BGB gehört nicht hierher, O'Sullivan ZMR **02**, 253. Bei einer Klagefrist findet kein obligatorisches Güteverfahren statt, § 15a II 1 Z 1 EGZPO, Hartmann NJW **99**, 3747. Die Berufung auf einen Fristverstoß kann bei einem unklaren Briefkopf eines Konzerns mißbräuchlich sein, Ffm VersR **00**, 708.

Konzern: Rechtlich selbständige Unternehmen dürfen grds auch als Teile eines Konzerns denselben Verstoß eines bundesweiten Konkurrenten je eigenständig verfolgen, Köln WettbR **99**, 92.

Kostenrechnung: Diejenige des Anwalts nach § 10 RVG oder des Notars nach § 154 KostO oder des Steuerberaters ist eine Voraussetzung der Klagbarkeit der Kostenforderung.

Kündigungsschutz: Bei § 4 KSchG handelt es sich um eine sachlichrechtliche Ausschlußfrist. Bei ihrer Nichteinhaltung ist die Klage unbegründet, BAG BB **89**, 2256, Lepke DB **91**, 2040 (ausf).

Künftiger Anspruch: S „Fälligkeit".

Markenrecht: Eine Klagbarkeit kann *fehlen,* wenn die Klagebefugnis von einer noch fehlenden Zustimmung 28 eines anderen zur Klagerhebung abhängt, etwa bei einer sog Kollektivmarke, § 101 I MarkenG.

Mieterhöhung: Eine Klagbarkeit kann bei § 558b I, III 2 BGB *fehlen,* LG Mü WoM **96**, 44, LG Saarbr WoM **90**, 393 (je zum alten Recht).

NATO: Eine Klagbarkeit kann vor dem Ablauf der Frist nach Art 12 III NTS-AG *fehlen,* BGH NJW **90**, 3085.

Notar: Rn 27 „Hinterlegung".

Obligatorisches Güteverfahren: Rn 49.

Parteischiedsgericht: KG NJW **88**, 3159 (zustm Vollkommer).

S auch Rn 29 „Schiedsgericht".

Prozeßvertrag: Eine Klagbarkeit kann *fehlen,* soweit die Parteien unter den übrigen Voraussetzungen eines Stillhalteabkommens nach Rn 29 zB die Geltendmachung in einem schon anhängigen anderen Prozeß durch eine Klagänderung oder Widerklage vereinbart haben, Einl III 11, Grdz 48ff vor § 128.

Sachenrechtsbereinigung: Eine Klagbarkeit *fehlt,* solange das zwingende Vorverfahren nach §§ 87ff SachRBerG nicht abgeschlossen ist, § 104 SachenRBerG, abgedruckt bei § 253.

Schiedsgericht: Es gelten dieselben Regeln wie Rn 31 „Vereinsrecht". Ein privates Schiedsgericht ist keine 29 Gütestelle nach § 15a I 1 EGZPO in Verbindung mit dem Landesrecht. Denn das Schiedsgericht ist im Gegensatz zur dortigen Gütestelle gerade nicht eine von einer Landesjustizverwaltung eingerichtete oder anerkannte derartige Gütestelle zwecks einvernehmlicher Beilegung eines andernfalls vom Staatsgericht zu beurteilenden Streits.

S auch Rn 27 „Gütestelle", Rn 28 „Parteischiedsgericht", Rn 29 „Schiedsstelle".

Schiedsstelle: Eine Klagbarkeit *fehlt,* soweit eine gesetzliche Schiedsstelle vorgeschaltet ist, §§ 14ff G über die Wahrnehmung von Urheberrechten usw (nicht zwingend bei einem Arrest oder einer einstweiligen

Verfügung), BGH NJW **01**, 228, oder soweit es um eine vertragliche Schiedsstelle geht, BGH NJW **99**, 648 (anders bei Rechtsmißbrauch, Einl III 54), Oldb MDR **87**, 414.

S auch Rn 27 „Gütestelle".

Sportverein: Eine Klagbarkeit kann bei einem Versicherungsprozeß mangels eines eigenen schutzwürdigen rechtlichen Klärungsinteresses wegen einer umfassenden Sportversicherung *fehlen,* Köln RR **01**, 533.

Stillhalteabkommen: Eine Klagbarkeit kann wegen eines Stillhalteabkommes *fehlen* (pactum de non petendo), soweit die Parteien über den Anspruch verfügen dürfen, BGH VersR **95**, 192, Piehler Gedächtnisschrift für Arens (1993) 328.

S auch Rn 28 „Prozeßvertrag".

30 **Verbandsklage, Gruppenklage:** dazu *Basedow/Hopt/Kötz/Baetge,* Die Bündelung gleichgerichteter Interessen im Prozeß-Verbandsklage und Gruppenklage, 1999; *Brönneke* (Hrsg), Kollektiver Rechtsschutz im Zivilprozeßrecht usw, 2001; *Greger* NJW **00**, 2457 (Üb); *Halfmeier,* Popularklagen im Privatrecht, 2006; *Maurer,* Grenzüberschreitende Unterlassungsklagen von Vertrautenschutzverbänden, 2001; *Meller-Hannich* (Hrsg), Kollektiver Rechtsschutz im Zivilprozess, 2008; Schmidt NJW **02**, 25 (Üb); *Säckers,* Die Einordnung der Verbandsklagen in das System des Privatrechts, 2006 (Bespr *Halfmeier* ZZP **120**, 393); *Stadler,* Musterverbandsklagen nach künftigem deutschen Recht, Festschrift für *Schumann* (2001) 465; *Stadler,* Gruppen- und Verbandsklagen auf dem Vormarsch?, Festschrift für *Schlosser* (2005) 939: Das deutsche Recht ist auf Grund von Art 11 II b der Richtlinie 97/7/EG des Europäischen Parlaments und des Rates vom 20. 5. 97 über den Verbraucherschutz bei Vertragsabschlüssen im Fernabsatz (ABl EG L 144, 19) und der Richtlinie 98/27/EG vom 19. 5. 98 über Unterlassungsklagen zum Schutz von Verbraucherinteressen (ABl EG L 166, 51) seit 30. 6. 00 angepaßt worden, und zwar durch das UKlaG, geändert durch § 20 IV UWG.

Man muß insbesondere §§ 2, 3, 4, 5, 16 UKlaG beachten.

Schlichtungsstellen nach § 14 UKlaG sind die von der Deutschen Bundesbank bekanntgegebenen, § 1 SchlichtVerfVO idF v 10. 7. 02, BGBl 2577.

Die *Klagebefugnis* ist für Verbände und Betroffene gestärkt worden, Schmidt-Räntsch DB **02**, 1598. Sie ist bei einem Verband vorhanden, dessen satzungsmäßige Hauptaufgabe in der Förderung der Interessen seiner Mitglieder besteht, BGH RR **01**, 36 (Widerlegung zulässig), Mü RR **03**, 222 (Zentrale zur Bekämpfung unlauteren Wettbewerbs). Wettbewerbsverbände nach §§ 13 V 1 Z 2 UKlaG, 8 III Z 2 UWG sind die in § 1 UKlaV genannten Organisationen. Zu einer Verbands-Tochtergesellschaft Celle GRUR **06**, 520. Eine Rechtsanwaltskammer behält die Klagebefugnis ungeachtet ihrer berufsrechtlichen Mittel, BGH GRUR **02**, 717.

Ferner muß man §§ 8 III, 15 I, III, X UWG beachten.

Die Klagebefugnis *fehlt* bei §§ 18 II, 37 II HGB, BGH GRUR **97**, 669. Sie fehlt dem bloß geschäftsmäßig tätigen Abmahnverein, Karlsr RR **86**, 529, Mü RR **86**, 529, grds einem Verband zur Förderung gewerblicher Interessen nach § 8 III Z 2 UWG mangels eines eigenen schutzwürdigen Interesses (sog gewillkürte Prozeßstandschaft, Grdz 47 vor § 50 „Verbandsklage"), (zum alten Recht) BGH BB **98**, 233. Sie kann rechtsmißbräuchlich sein, Einl III 54, BGH MDR **02**, 898.

S auch Rn 27 „Konzern".

31 **Verbraucherzentrale:** Sie kann Verstöße gegen das UWG einklagen, die wesentliche Belange der Verbraucher berühren, Köln NJW **01**, 1288, Mü RR **99**, 485.

Vereinsrecht: Eine Klagbarkeit *fehlt,* solange ein Vereinsorgan oder -schiedsgericht zwar entscheiden dürfte, Hamm RR **93**, 1535, LG Düss RR **90**, 832, aber nicht entschieden hat und soweit der Bekl die Nichtbeachtung dieser Klauseln auch rügt, Köln MDR **90**, 638.

Verlöbnis: Eine Klagbarkeit *fehlt* bei § 1297 BGB.

Verwendungsersatz: Eine Klagbarkeit kann bei § 1001 BGB *fehlen,* bis seine Voraussetzungen vorliegen.

32 **Zustimmung:** Rn 28 „Markenrecht".

33 **8) Rechtsschutzbedürfnis**

Schrifttum: *Brehm,* Rechtsschutzbedürfnis und Feststellungsinteresse, Festgabe *50 Jahre Bundesgerichtshof* (2000) III, 89; *Thannhäuser,* Die neuere Rechtsprechung zum Rechtsschutzbedürfnis im Zivilprozeß, Diss Regensb 1998.

A. Begriff. Der Zivilprozeß gewährt dem einzelnen Bürger einen Schutz nur im Rahmen der Gemeinschaft, Einl III 14 ff, unten Rn 53. Das Rechtsschutzbedürfnis begründet einen Anspruch gegen den Staat. Schon daraus folgt: Niemand darf die Gerichte als einen Teil der Staatsgewalt unnütz oder gar unlauter bemühen, BGH GRUR **76**, 257, Ffm RR **02**, 1475, AG Stgt NJW **90**, 1054. Darum setzt jede Rechtsverfolgung ein Rechtsschutzbedürfnis voraus, Hamm GRUR **91**, 336, Kblz OLGZ **90**, 128, VGH Mannh JB **91**, 114. Dieser Grundsatz ist durchaus mit dem Gebot eines effektiven Rechtsschutzes nach Art 19 IV GG vereinbar, BVerfG NJW **84**, 2510, BGH RR **07**, 193.

34 **B. Zweck: Prozeßwirtschaftlichkeit.** Das Rechtsschutzbedürfnis besteht jedenfalls insoweit, als sich ein rechtlich schutzwürdiges Ziel nur so erreichen läßt. Es besteht also nicht, soweit ein anderer prozessualer Weg gleich sicher, aber einfacher oder billiger ist, BGH NJW **06**, 112 f, BAG NZA-RR **08**, 491 links. Das Rechtsschutzbedürfnis dient also der Prozeßwirtschaftlichkeit, Grdz 14 vor § 218. Es dient keineswegs einem Obrigkeitsstaat. Es verweist den Bürger keineswegs in die Rolle eines Bittstellers (zu solcher Kritik Brehm [bei Rn 33] 107). Es siebt wohltuend gerade *vor* der Klärung sachlichrechtlicher Fragen. Es läßt zB bei einer Abweisung als unzulässig folgerichtig die Fragen der inneren Rechtskraft nach Einf 4 ff vor §§ 322–327 offen. Daher kann man sie nach besserer Vorbereitung der Prozeßvoraussetzungen in einem freilich evtl neuen kostenauslösenden weiteren Prozeß klären lassen.

Das Rechtsschutzbedürfnis ist nämlich eine *Prozeßvoraussetzung,* Rn 22, BGH GRUR **93**, 576 BAG NZA-RR **08**, 491 links. Das Gericht muß das Rechtsschutzbedürfnis in jeder Instanz zwar nicht nach Grdz 38 vor § 128 von Amts wegen ermitteln, wohl aber von Amts wegen prüfen, Grdz 39 vor § 128, BGH NJW

95, 1353, AG Köln DGVZ **95**, 256, Lindacher ZZP **90**, 143. Für eine Berufung des Kfz-Halters kann das Rechtsschutzbedürfnis trotz einer Zahlung seines Haftpflichtversicherers vorliegen, Ffm MDR **85**, 60. Für eine Berufung gegen die Abweisung trotz einer Erledigterklärung ist es entbehrlich, falls sie nur wegen der Kosten erfolgte. Das Rechtsschutzbedürfnis muß in der Revisionsinstanz mindestens noch bei ihrer Einlegung vorhanden gewesen sein. Wenn es später entfällt, bleibt das Rechtsmittel zulässig, die Parteien müssen aber die Hauptsache für erledigt erklären, § 256 Rn 22, 23.

C. Fehlen: Prozeßurteil. Fehlt das Rechtsschutzbedürfnis überhaupt, muß das Gericht die Klage durch ein Prozeßurteil nach Rn 14 als unzulässig abweisen. Braucht der Anspruch keinesfalls einen gerichtlichen Schutz, darf das Gericht nämlich sein Bestehen gar nicht erst prüfen (wegen der hilfsweisen Abweisung als unbegründet Rn 17), BGH NJW **87**, 3139, aM BGH NJW **78**, 2032 (er sieht das Rechtsschutzbedürfnis zwar als eine Prozeßvoraussetzung an, jedoch nicht als eine solche, ohne deren Vorliegen dem Gericht ein Sachurteil überhaupt verwehrt wäre), LG Stgt WoM **76**, 56 (es hält aus Gründen der Prozeßwirtschaftlichkeit eine Sachabweisung für nötig, wenn vor der Entscheidungsreife wegen des Rechtsschutzbedürfnisses feststeht, daß die Klage unbegründet ist). Indessen erlaubt das derzeitige Fehlen des Rechtsschutzbedürfnisses keine Abweisung des Anspruchs mit einer endgültigen inneren Rechtskraft nach § 322. 35

D. Beispiele zur Frage eines Rechtsschutzbedürfnisses 36

Allgemeine Geschäftsbedingungen: Rn 57 „Unterlassungsklage".

Anderer Weg: Steht auch ein solcher zur Verfügung, muß man prüfen, ob die Wirkungen beider Wege oder Rechtsbehelfe dieselben sind, Düss OLGZ **94**, 441. Das ist nicht stets der Fall, Saarbr FamRZ **80**, 385, Schlesw SchlHA **79**, 225. Zudem hat das Gesetz oft bewußt mehrere Wege eröffnet, BGH NJW **79**, 1508, Hamm FamRZ **78**, 817. Daher muß man prüfen, ob sie sich nach ihrer Einfachheit und Billigkeit wesentlich unterscheiden, BGH NJW **96**, 2036. Vorsicht ist daher ratsam, Saarbr FamRZ **80**, 385. 37

Ein Rechtsschutzbedürfnis *fehlt* für den deutlich teureren oder sonstwie umständlicheren Weg, BGH NJW **93**, 1996, LG Hagen WoM **94**, 359. Ein unklarer Vergleich mag als Titel bisher nicht ausreichen, BayObLG NZM **98**, 773, bei den einzelnen Rechtsbehelfsarten.

Anerkenntnis: Ein Rechtsschutzbedürfnis besteht trotz eines schlichten Anerkenntnisses außerhalb § 307, Schlesw SchlHA **77**, 191. 38

Anfechtungsklage: Vgl BGH NJW **96**, 3147 (ausf).

Angebot: Rn 61 „Vorvertrag".

Arbeitsgericht: Zum arbeitsgerichtlichen Verfahren Herschel BB **77**, 1161, Lepke DB **75**, 1938 und 1988.

Arrest, einstweilige Anordnung, Verfügung: Ein bloß vorläufig vollstreckbarer Titel und insbesondere eine einstweilige Anordnung oder Verfügung hindert das Rechtsschutzbedürfnis für eine Hauptklage nicht, BGH GRUR **89**, 115 (auch nicht beim Verzicht auf das Recht zur Erzwingung der Hauptsacheklage), Hamm GRUR **91**, 336 (fordert nicht mehr ein Abschlußschreiben), Köln WettbR **99**, 92, aM Drsd WettbR **96**, 92 (aber das Eilverfahren darf grds gar keine Endlösung schaffen). Das gilt insbesondere dann, wenn sich jener gegen ein Unternehmen, diese gegen die zugehörige Werbeagentur richten.

Auskunft: Rn 44 „Hausrat", Rn 53 „Unterhalt".

Auslegung: Ein Rechtsschutzbedürfnis besteht, soweit man bei einem Vollstreckungstitel mit Auslegungsproblemen insbesondere in der Zwangsvollstreckung rechnen muß, Rn 50 „Prozeßvergleich", BGH NJW **86**, 2705, Brdb RR **96**, 725. Vgl auch § 850 f Rn 9.

Beseitigung: Ein Rechtsschutzbedürfnis für eine vorbeugende Beseitigungsklage besteht, soweit eine Unterlassungsklage nicht erfolgreich genug vollstreckbar wäre, BGH NJW **93**, 2874, Köln MDR **94**, 1121. 39

Ehre: Ein Rechtsschutzbedürfnis *fehlt* meist für die Abwehr einer ehrenkränkenden Äußerung in einem solchen gesetzlichen oder behördlichen Verfahren, das der Rechtsverfolgung oder -verteidigung dient, Mü RR **02**, 1473.

Eidesstattliche Versicherung: Ein Rechtsschutzbedürfnis kann *fehlen,* soweit eine Bucheinsicht besser hilft, BGH NJW **98**, 1636. 40

Erfüllung: Ein Rechtsschutzbedürfnis *fehlt,* soweit der Schuldner die Leistung erbracht hat, BGH MDR **88**, 46 (evtl dann § 256), zB soweit er bisher pünktlich gezahlt oder sonstwie erfüllt hat, etwa beim Unterhalt, Hamm FamRZ **85**, 506, Nürnb FamRZ **86**, 187, aM Hamm FamRZ **92**, 831, Kblz OLGZ **90**, 128 (Avalzinsen. Aber was soll der Schuldner eigentlich noch mehr tun?).

Europarecht: Das Rechtsschutzbedürfnis hat auch zB im Europäischen Wettbewerbsrecht eine zunehmende praktische Bedeutung als eine Prozeßvoraussetzung, Soltész/Müller EuZW **07**, 200.

FamFG: Ein Rechtsschutzbedürfnis *fehlt* für eine Klage vor dem Zivilgericht, soweit ein Verfahren vor dem FamFG-Richter zulässig ist, (zum alten Recht) LG Kiel SchlHA **76**, 141, insbesondere soweit es den Streit beenden kann. 41

Feststellungsklage: Bei der Klage nach § 256 hat das Gesetz das Rechtsschutzbedürfnis ausdrücklich in § 256 I aufgenommen, dort Rn 21 ff. Dazu zählt auch eine Kündigungsschutzklage, Künzl DB **86**, 1282. Das Gericht muß das Rechtsschutzbedürfnis in jeder Verfahrenslage von Amts wegen prüfen, Rn 34.

S auch „Feststellungstitel".

Feststellungstitel: Hat der Gläubiger schon einen Feststellungstitel erwirkt, gelten die Regeln Rn 61 „Vollstreckungstitel", soweit der Gläubiger nicht sicher sein kann, daß der Schuldner bereits auf Grund des Feststellungstitels leisten wird.

S auch „Feststellungsklage".

Forderungsübergang: Das Rechtsschutzbedürfnis besteht nach einem gesetzlichen Forderungsübergang evtl zugunsten des neuen Gläubigers. Freilich ist dann grds § 727 anwendbar.

Gegendarstellung: Rn 50 „Presserecht". 42

Gesellschaft: Ein Rechtsschutzbedürfnis des durch die Gesellschaft Geschädigten gegen sie kann bestehen, wenn er seine Befriedigung aus einem von ihr eingerichteten Fond erstrebt, BGH NJW **96**, 2036.

Gesetzwidrigkeit: Rn 51 „Rechtsmißbrauch".

43 **Gestaltungsklage:** Bei ihr liegt das Rechtsschutzbedürfnis schon immer insoweit vor, als eben nur ein Urteil gestalten kann. Es kann zB bei einer Klage auf die Bewilligung der Löschung einer Grundbucheintragung auch dann fortbestehen, wenn das Grundbuchamt vor der Rechtskraft des erstinstanzlichen Urteils nach § 894 gelöscht hat, BGH RR **88**, 1230. Beim Rechtsmißbrauch nach Einl III 54 ist eine Anfechtungsklage nach § 246 AktG nicht mangels Rechtsschutzbedürfnisses unzulässig, sondern wegen des Verlustes des sachlichen Rechts *unbegründet,* BGH RR **92**, 1389, aM Teichmann JuS **90**, 271 (aber Rechtsmißbrauch verdient nie Schutz. Er bestünde bei einer Wiederholungsmöglichkeit eher).

44 **Grundbuch:** Ein Rechtsschutzbedürfnis *fehlt* für eine Berichtigungsklage nach § 894 BGB, soweit § 22 GBO ausreicht, Celle KTS **77**, 48.

S auch Rn 43 „Gestaltungsklage".

Grundschuld: Ein Rechtsschutzbedürfnis kann bei einer für die Forderung bestellten Grundschuld nebst einer Vollstreckungsunterwerfung fehlen, Rn 61 „Vollstreckungstitel".

Güteverfahren: Rn 49 „Obligatorisches Güteverfahren".

Hauptsache: Rn 38 „Arrest, einstweilige Anordnung, Verfügung".

Hausrat: Vor einem Hausratsverfahren ist eine Auskunftsklage *nicht* notwendig, Düss FamRZ **85**, 1153.

45 **Herausgabeklage:** Für eine Herausgabeklage aus § 546 I BGB muß man das Rechtsschutzbedürfnis trotz § 546 II BGB bejahen. Für eine Klage auf die Herausgabe eines Vollstreckungstitels besteht ein Rechtsschutzbedürfnis, wenn die ernsthafte Möglichkeit vorliegt, daß der Bekl aus dem hinfälligen Titel Rechte ableitet, Celle FamRZ **93**, 1333.

Bei einer *Räumungsklage* nach § 885 kann es fehlen, wenn der Mieter vor der Klagerhebung seine Bereitschaft zum Auszug erklärt hat, AG Münst WoM **80**, 33, oder wenn einer von mehreren Mietern bereits endgültig geräumt hat, Schlesw ZMR **83**, 16.

Insolvenzverfahren: Vgl BGH BB **06**, 1523 (§§ 54, 209 I Z 1 InsO).

46 **Kaufvertrag:** Rn 58 „Unterwerfung".

Klagepflicht: Ähnlich wie bei Rn 50 „Popularklage" ist auch dann kein persönliches Rechtsschutzbedürfnis erforderlich, wenn jemand zur Klage verpflichtet ist, etwa nach § 23 GüKG. Das gilt auch dann, wenn er einem Streithelfer nach § 66 die Fortführung etwa einer Berufung überläßt, weil er die Klage für unbegründet hält.

Kleine Forderung: Bei einer sehr kleinen Forderung kann das Rechtsschutzbedürfnis *fehlen* („minima non curat praetor"), AG Stgt NJW **90**, 1054 (minimale Anwaltskosten als restliche Hauptforderung), aM Buß NJW **98**, 338, Olzen/Kerfack JR **91**, 135, Schmieder ZZP **120**, 208 (aber es geht um eine Form von Rechtsmißbrauch. Er verdient keinen Schutz, Rn 51). Grundsätzlich Vorsicht, aber bitte auch nicht deutsche Überperfektion.

47 **Kostenfestsetzung:** Ein Rechtsschutzbedürfnis *fehlt* für eine Klage unter den Voraussetzungen Rn 37 „Anderer Weg", soweit das Verfahren nach §§ 103 ff oder auch nach § 11 RVG zur Verfügung steht. Denn die letzteren Verfahren sind einfacher und billiger, Einf 3 vor §§ 103–107, BGH **111**, 171, KG Rpfleger **94**, 31. Das gilt auch dann, wenn statt der dortigen Erinnerung ein Antrag nach § 106 II in Betracht kommt, Kblz VersR **90**, 1255.

Leistung: Rn 40 „Erfüllung".

48 **Leistungsklage:** Bei ihr besteht ein Rechtsschutzbedürfnis grds bereits dann, wenn der Kläger auch nur nachvollziehbar behauptet, der Schuldner habe einen sachlichrechtlichen Anspruch des Gläubigers nicht bei der Fälligkeit usw erfüllt, BGH GRUR **93**, 576, BAG NJW **99**, 3576, Düss OLGZ **94**, 441.

S auch Rn 61 „Vollstreckungstitel".

49 **Massenklage:** Vgl Stürner JZ **78**, 500.

S auch Rn 59 „Verbandsklage".

Minimalforderung: Rn 46 „Kleine Forderung".

Neue Klage: Rn 61 „Vollstreckungstitel".

Obligatorisches Güteverfahren: § 15 a EGZPO. Weder im Mahnverfahren noch im anschließenden streitigen Verfahren sieht das Gesetz ein obligatorisches Güteverfahren vor. Denn § 15 a I EGZPO spricht nur von einer Klagerhebung. Ein Mahnantrag steht ihr nach § 688 noch nicht gleich, und § 15 a II Z 5 EGZPO schließt das Güteverfahren beim streitigen Verfahren nach einem Mahnverfahren aus, Hartmann NJW **99**, 3748. Daher findet eine Flucht in das Mahnverfahren statt, Lauer NJW **04**, 1282. Wegen der zahlreichen weiteren Ausschlußfälle vgl § 15 a II, III EGZPO, Hartmann NJW **99**, 3747.

Kosten: Der Gütestelle: § 15 a IV EGZPO, § 91 Rn 143 „Obligatorisches Güteverfahren"; des Anwalts: VV 2303. Zur Kostenerstattung § 91 Rn 286 „Obligatorisches Güteverfahren".

Patentsache: Im Patentnichtigkeitsverfahren ist grds kein Nachweis eines besonderen Rechtsschutzbedürfnisses notwendig, BPatG GRUR **02**, 54 (auch zu Ausnahmen).

S auch Rn 56 „Unterlassungsklage".

50 **Popularklage:** Bei einer solchen Klage etwa nach § 55 II Z 1 MarkenG besteht ein Rechtsschutzbedürfnis wegen der Zugehörigkeit des Klägers zur Allgemeinheit, der das Gesetz dient und die ein Interesse zB an der Löschung der Marke hat. Daher ist auch kein Nachweis eines zusätzlichen persönlichen Rechtsschutzbedürfnisses erforderlich.

S auch Rn 46 „Klagepflicht".

Presserecht: Eine presserechtliche Berichtigung schließt die Unterlassungsklage nicht ohne weiteres aus, wohl aber eine Anerkennung der Gegendarstellung.

Prozeßstandschaft: Bei der sog gewillkürten Prozeßstandschaft nach Grdz 29 vor § 50 muß der Prozeßstandschafter das Rechtsschutzbedürfnis und damit den berechtigten eigenen Grund nach Grdz 30 vor § 50 überzeugend darlegen und beweisen, aM Rüßmann AcP **172**, 554 (aber man darf die Rechtsstellung des Prozeßstandschafters nicht mehr erleichtern als diejenige des eigentlichen Rechtsinhabers).

Prozeßvergleich: Ein Rechtsschutzbedürfnis besteht trotz eines Prozeßvergleichs nach Anh § 307, soweit er mangels anwaltlicher Vertretung unwirksam ist oder sein dürfte, BGH FamRZ **85**, 167, oder soweit man mit Auslegungsproblemen rechnen muß, BGH **98**, 127 (großzügig), Hamm NJW **76**, 246.

Räumung: Rn 45 „Herausgabeklage". 51
Rechtsmißbrauch: Er verdient *nirgends* Schutz, Einl III 54, auch nicht hier, BGH NJW **99**, 1399, Ffm RR **92**, 448, Säcker DB **88**, 276.

S auch Rn 43 „Gestaltungsklage".

Scheinprozeß: Bei ihm, dazu Üb 11 vor § 300, Costede ZZP **82**, 438, kann das Rechtsschutzbedürfnis *fehlen.* 52
Sicherheitsleistung: Ein Rechtsschutzbedürfnis *fehlt* für eine Klage auf die Rückgabe einer Sicherheit wegen § 109, Düss OLGZ **94**, 441 (anders beim Austausch von Sicherheiten).

Sittenwidrigkeit: Rn 51 „Rechtsmißbrauch".

Steuersache: Das Rechtsschutzbedürfnis *fehlt* für eine Klage aus zur Sicherung der Steuerschuld gegebenen Wechseln. Denn das Finanzamt kann die Forderung im Verwaltungsweg beitreiben.

Straftat: Die Zulässigkeit oder die Durchführung eines Strafverfahrens auf eine öffentliche oder eine Privatklage beseitigt das Rechtsschutzbedürfnis nicht.

Stufenklage: § 254 Rn 1.

Ungeeignetheit: Ein Rechtsschutzbedürfnis besteht trotz eines Vollstreckungstitels, soweit ihn ein gängiges 53
Erläuterungswerk für ungeeignet hält.

Unterhalt: Man braucht keine Abänderungsklage des Gegners abzuwarten, Köln FamRZ **08**, 1545.

Bei der Klage des Volljährigen auf (jetzt) vertraglichen Unterhalt *fehlt* der Widerklage nach Anh § 253 auf eine Auskunft über das Einkommen des anderen Elternteils das Rechtsschutzbedürfnis, Ffm RR **87**, 903.

S auch Rn 40 „Erfüllung".

Unterlassungsklage, dazu *Bacher,* Die Beeinträchtigungsgefahr als Voraussetzung der Unterlassungsklage 54
usw, 1996; *Fritzsche,* Unterlassungsanspruch und Unterlassungsklage, 2000; *Ritter,* Zur Unterlassungsklage, Urteilsteuer und Klageantrag, 1994: Man muß zunächst *§ 12 I 1, 2 UWG* beachten. Bei der Unterlassungsklage nach § 253 Rn 89 muß man das Rechtsschutzbedürfnis einerseits als eine Prozeßvoraussetzung sehen, BGH NJW **99**, 1338, und andererseits als einen Teil der sachlichrechtlichen Begründung des Anspruchs prüfen, BGH NJW **80**, 1843, Ffm DB **85**, 968. Die Wiederholungsgefahr schafft allerdings meist auch ein Rechtsschutzbedürfnis, Düss RR **86**, 1231. Das gilt auch dann, wenn der Schuldner schon ein vertragsstrafbewehrtes Unterlassungsversprechen abgegeben hat, BGH MDR **88**, 27, Ffm GRUR-RR **03**, 199, aM BGH WRP **78**, 38, KG GRUR **84**, 156, Teplitzky GRUR **83**, 610 (aber eine Vertragsstrafe ist oft weniger abschreckend als ein Vollstreckungstitel). Das gilt erst recht bei einem solchen unter Vorbehalt, Ffm GRUR-RR **03**, 199 (Grenze: Erlaßvertrag), Hamm RR **86**, 922. Ein Rechtsschutzbedürfnis besteht, soweit man mit Auslegungsproblemen des ergangenen Titels im Verfahren nach § 890 rechnen muß, BGH NJW **86**, 2705. Ffm WettbR **97**, 59. Ein bloßer Kostenstreit schafft *kein* weiteres Rechtsschutzbedürfnis, Hamm BB **82**, 1389.

Die *Wiederholungsgefahr* braucht bei einem vertraglichen Unterlassungsanspruch nicht stets zu bestehen, 55
BGH NJW **99**, 1338. Soweit sie erforderlich ist, muß man sie verneinen (strenge Anforderungen an den Nachweis ihres Wegfalls), wenn zB der alleinige Anlaß oder Zeitpunkt etwa einer Veranstaltung weggefallen oder verstrichen ist, Kblz GRUR **85**, 326. Es fehlt auch bei einer gegenseitigen Unterlassungsklage im Gewerblichen Rechtsschutz, wenn man die klärungsbedürftige Rechtsfrage mit Sicherheit im anderen Unterlassungsstreit entscheiden kann.

Im *Patenterteilungsverfahren* sind diese Regeln anwendbar. Dabei muß man freilich die Rechtsstellung des 56
Erfinders berücksichtigen, ferner die Besonderheiten des Erteilungsverfahrens und des Patentanspruchs. Das gilt zB bei einem Verwendungs- neben dem Stoffanspruch. Die Regeln gelten ferner im Patentnichtigkeitsverfahren. Das Rechtsschutzbedürfnis kann für eine Klage des Arbeitgebers gegen den Arbeitnehmer auf die Rücknahme des Einspruchs gegen ein beantragtes Patent bestehen, wenn das Gericht dem Bekl untersagen soll, weiteres Material nachzuschieben, BAG DB **79**, 2504.

Zum Rechtsschutzbedürfnis bei einer Klage gegen den Verwender empfohlener *Allgemeiner Geschäfts-* 57
bedingungen Bunte DB **80**, 483. Bei der vorbeugenden Unterlassungsklage wegen eines markenmäßigen Gebrauchs muß die Verletzungsgefahr zuverlässig beurteilbar sein. Man kann das Rechtsschutzbedürfnis nicht deshalb verneinen, weil der Anspruch sachlichrechtlich nicht begründet sei, auch nicht schon wegen einer etwaigen Gesetz- oder Sittenwidrigkeit des fraglichen Rechtsverhältnisses, die man ohnehin erst anschließend prüfen kann, Rn 54.

Das Rechtsschutzbedürfnis *fehlt,* wenn die wettbewerbliche Unterlassungsklage eines Anwalts in Wahrheit nur seinem Geschäftsinteresse dient, Düss DB **83**, 766, Hamm GRUR-RR **05**, 141. Zur Unterlassungsklage nach § 37 II HGB von Gamm in: Festschrift für Stimpel (1985). Im Bereich der gerichtlichen Rechtsverfolgung hat meist zB der Ehrenschutz den Nachrang, Köln AnwBl **03**, 370 (auch zu einer Ausnahme gegenüber einem Anwalt). Soweit der Bekl nur die Unterlassung der Klagebehauptung begehrt, fehlt das Rechtsschutzbedürfnis für seine Widerklage, BGH NJW **87**, 3139. Man kann schon die Unterlassungsklage gegen einen Schuldunfähigen wegen § 890 für unzulässig halten, Düss RR **96**, 211. Zum Problem dort Rn 21 ff.

Unterwerfung: Ein Rechtsschutzbedürfnis kann trotz einer Unterwerfung zB des Käufers wegen der 58
Zwangsvollstreckung bestehen, wenn mit dem Notar Streit besteht, ob der Bekl persönlich zahlen muß, Köln VersR **00**, 731.

Unvollstreckbarkeit: Ein Rechtsschutzbedürfnis *fehlt,* soweit das Urteil keinen vollstreckbaren Inhalt hätte, Grdz 4 vor § 704, BGH DB **76**, 573, Brdb RR **96**, 725, Ffm Rpfleger **79**, 432, anders bei § 888 II, BGH DB **77**, 718. Es fehlt ferner, soweit ein Vollstreckungsverbot besteht, etwa nach § 123 III 2 InsO, BAG KTS **03**, 325. Es fehlt auch, soweit das Urteil derzeit nicht im Ausland vollstreckbar ist, BGH DB **77**, 718. Freilich kann wegen § 283 BGB ein Rechtsschutzbedürfnis verbleiben.

Unwirksamkeit: Rn 50 „Prozeßvergleich".

Verbandsklage: Das Rechtsschutzbedürfnis kann für das einzelne Mitglied *fehlen,* soweit schon sein Verband 59
klagt, Rn 30, Hbg MDR **75**, 321. Europarechtlich rechtspolitisch Schmidt Festschrift für Schumann (2001) 420.

S auch Rn 49 „Massenklage", Rn 62 „Wohnungseigentum".

Verjährung: Ein Rechtsschutzbedürfnis besteht, soweit man nur so eine Verjährung abwenden kann, BGH NJW **85**, 1712, AG BergGladb FamRZ **86**, 83.

Verlust des Titels: Ein Rechtsschutzbedürfnis besteht, soweit der Vollstreckungstitel verlorenging, BGH **93**, 289, und ein neuer nicht beschaffbar ist.

Versicherungsrecht: Ein Rechtsschutzbedürfnis *fehlt* unter den Voraussetzungen Rn 37 „Anderer Weg", soweit sich der Kläger an den HUK-Verband wenden kann, KG VersR **89**, 1275.

60 **Vertretbare Handlung:** Das Rechtsschutzbedürfnis für eine Klage auf Schadensersatz kann trotz eines schon vorhandenen und nach § 887 vollstreckbaren Titels bestehen, LG Bonn WoM **92**, 32, es sei denn, auch dann besteht ein verständiger Grund, etwa eine Kostenfestsetzung nach §§ 103 ff zu beantragen, Rn 47 „Kostenfestsetzung".

Verwendbarkeit des Titels: Ein Rechtsschutzbedürfnis kann trotz eines vorhandenen Vollstreckungstitels bestehen, soweit der Gläubiger Zweifel über dessen Verwendbarkeit haben muß.

Vollstreckbare Urkunde: Über die Leistungsklage trotz einer solchen Urkunde § 794 Rn 2, aM LG Lüneb RR **92**, 1190.

Vollstreckbarkeit: Rn 58 „Unvollstreckbarkeit".

Vollstreckungsabwehrklage: Ein Rechtsschutzbedürfnis besteht, soweit man eine Klage nach § 767 erwarten muß, BGH FamRZ **89**, 267, auch gegenüber einem Titel aus § 132 ZVG, Hamm RR **98**, 423.

61 **Vollstreckungstitel:** Der Gläubiger hat grds ein schutzwürdiges Interesse an einer Titulierung, Naumb FamRZ **07**, 474. Hat der Gläubiger schon einen Vollstreckungstitel zu seinen Gunsten erwirkt, besteht ein Rechtsschutzbedürfnis für eine neue Klage grds nur, soweit er deren Ziel auf keine andere Weise erreichen kann, BGH NJW **06**, 1124, Hamm RR **98**, 423, KG Rpfleger **94**, 31, großzügiger BGH BB **07**, 688, Stgt FamRZ **92**, 1196. Das gilt zB bei einem Zweifel über die Verwendbarkeit eines existierenden Titels, LG Köln Rpfleger **00**, 29, oder nach dem Verlust des Titels, oder wegen einer drohenden Verjährung, Rn 59.

S auch bei den einzelnen diesbezüglichen Gründen.

Vorbeugung: Rn 39 „Beseitigung".

Vorvertrag: Ein Rechtsschutzbedürfnis für eine Klage auf die Abgabe eines Angebots *fehlt,* soweit schon ein vollständiger Vorvertrag vorliegt, BGH NJW **01**, 1272.

62 **Wiederholungsgefahr:** Sie begründet meist ein Rechtsschutzbedürfnis, BGH RR **07**, 194 links. Soweit die Notwendigkeit einer Abmahnung streitig ist, wird eine Wiederholungsgefahr vermutet. Daher genügt eine einfache Erklärung nicht, eine Wiederholung unterlassen zu wollen. Das gilt auch dann, wenn eine gegen das Tun gerichtete einstweilige Verfügung vorliegt, § 940 Rn 6.

Wohnungseigentum: Wegen des Rechtsschutzbedürfnisses für einen einzelnen Miteigentümer, soweit schon sein Verband klagt, (zum alten Recht) Riedler DB **76**, 856.

S auch Rn 59 „Verbandsklage".

63 **Zahlung:** Rn 40 „Erfüllung".

Zustimmung: Ein Rechtsschutzbedürfnis *fehlt* für eine Klage auf eine Zustimmung zB zu einer Vertragsänderung, soweit man direkt auf die Leistung klagen kann, etwa beim Fortfall der Geschäftsgrundlage, BGH BB **84**, 1194.

Titel 1. Verfahren bis zum Urteil

Übersicht

Schrifttum: *Bruns,* Verfahren und Verfahrensrechtssatz, Festschrift für *Weber* (1975) 113; *Leipold,* Wege zur Konzentration von Zivilprozessen, 1999; *Schulte,* Die Entwicklung der Eventualmaxime usw, 1980.

Gliederung

1 **1) Systematik, Regelungszweck.** §§ 253–299 a regeln den Kern des Zivilprozesses, das Verfahren vom Klageingang bis zum Urteil, und zwar nach der Systematik des Gesetzes zunächst das Verfahren vor dem LG. Dasjenige vor dem AG regeln ergänzend §§ 495 ff.

Zweck des Verfahrens bis zum Urteil ist die Beschaffung der Grundlagen der Entscheidung. Sie kann nicht sorgfältig genug geschehen. Bevor eine rechtliche Würdigung einsetzen kann, muß der Sachverhalt einwandfrei feststehen. Sonst entscheidet das Gericht über etwas, das gar nicht der Streit der Parteien ist. Den eigentlichen Zivilprozeß leitet beim LG immer eine Klage ein, beim AG oft ein Antrag auf den Erlaß eines Mahnbescheids. Der Parteibetrieb ist im Parteiprozeß und heute auch im Anwaltsprozeß eingeschränkt. Uneingeschränkt aber ist im allgemeinen die Herrschaft der Parteien über den sachlichrechtlichen Anspruch, Grdz 22–24 vor § 128. Die Herrschaft der Parteien über das Verfahren hat erhebliche Grenzen, am meisten im FamFG-Verfahren, Grdz 18 vor § 128.

2 **2) Geltungsbereich: Umfassende Anwendung.** §§ 253 ff gelten grundsätzlich in allen Verfahrensarten nach der ZPO. Sie gelten auch im WEG-Verfahren.

A. Urteilsgrundlage. Die mündliche Verhandlung ist die Grundlage des Urteils, abgesehen vom schriftlichen Verfahren nach § 128 II und den Sonderfällen der §§ 307 S 2, 331 III, 341 II. Über die Förderungspflicht der Parteien Grdz 12 vor § 128, über den Verfügungsgrundsatz Grdz 20 vor § 128, über den Beibringungsgrundsatz (die Verhandlungsmaxime) Grdz 18, 20 vor § 128, über die Gewährung des rechtlichen Gehörs Grdz 41 vor § 128.

B. Einheit der Verhandlung. Für die mündliche Verhandlung besteht der Grundsatz der Einheit der Verhandlung. Alle im Prozeß aufeinanderfolgenden mündlichen Verhandlungen sind in ihrer Gesamtheit in sich gleichwertig und bilden eine Einheit, § 296 a, Düss Rpfleger **78**, 271, Mü FamRZ **84**, 407, Saarbr MDR **02**, 109. Aus diesem Grundsatz der Unteilbarkeit und Einheit der Verhandlung folgt, daß neues Parteivorbringen bis zuletzt zulässig ist, also bis zum Schluß der letzten mündlichen Verhandlung nach §§ 136 IV, 296 a. Vgl aber Rn 4. 3

C. Häufungsgrundsatz, Eventualmaxime. Er verlangt im Gegensatz zum Einheitsgrundsatz nach Rn 3, daß die Partei bis zu einem bestimmten Zeitpunkt alles zur Meidung des Ausschlusses wenigstens hilfsweise (in eventum) vorbringt, was also stets zulässig ist, Bbg VersR **76**, 891. Beide Grundsätze haben Vor- und Nachteile. § 296 II verlangt ein frühzeitiges Vorbringen aller verzichtbaren Zulässigkeitsrügen. §§ 39, 76, 528 f ZPO, 101 GVG schließen gewisse Rechtsbehelfe nach einem bestimmten Zeitpunkt aus. Vgl aber vor allem §§ 275–282, 296. 4

D. Gleichwertigkeit aller Verhandlungsteile. Dieser Grundsatz bewirkt, daß das einmal Vorgetragene für die gesamte Verhandlung gilt, auch ohne daß man es jedesmal wiederholt, BGH VersR **02**, 95, Saarbr MDR **02**, 109. Sogar bei einem Richterwechsel genügen regelmäßig die bisher gestellten Anträge, § 137 Rn 15, und ein Parteibericht über das bisher Geschehene, § 128 Rn 8. 5

E. Zusammenfassungsgrundsatz, Konzentrationsmaxime, dazu *Leipold* (vor Rn 1), *Willmann,* Die Konzentrationsmaxime, 2004: Er ist der in §§ 272, 273, 279, 349, 525 klar ausgesprochene Grundsatz, das Gericht solle den Prozeß so beschleunigt behandeln, daß es ihn möglichst in einer einzigen mündlichen Verhandlung beenden kann. Das Gesetz fördert die Einhaltung dieses Grundsatzes durch ein starkes Aufklärungsrecht und eine entsprechende Pflicht des Gerichts zB nach § 139 und durch den gelockerten Häufungsgrundsatz. Die Parteien ihrerseits müssen zB nach § 138 durch vollständiges wahrhaftes und unverzügliches Vorbringen zur Erreichung dieses Zieles mitwirken. 6

3) Verteidigung. Die ZPO hält die Fachausdrücke nicht sorgfältig auseinander. So nennt sie den Einwand der Unzulässigkeit des Rechtswegs oder der Rechtshängigkeit Einrede, obwohl das Gericht beide von Amts wegen beachten muß, Grdz 39 vor § 128. 7

A. Einwendung, Einwand. Dazu zählt jedes Leugnen des prozessualen Anspruchs des Klägers, Bestreiten, prozessuale Beanstandungen, Einreden, Einl III 70. Eine Prozeßeinrede ist das Vorbringen solcher Tatsachen, die die Wirkung des gegnerischen Vorbringens kraft eines anderen Rechtssatzes aufheben. Es müssen also Vorbringen und Einrede dieselben Merkmale aufweisen, die Einrede dazu noch andere. Die Prozeßeinrede kann eine sachlichrechtliche Einrede geltend machen, zB ein den Klaganspruch lähmendes Gegenrecht wie die Verjährung. Sie kann auch ein rein prozessuales Gegenrecht geltend machen wie eine mangelnde Sicherheit für die Prozeßkosten, § 110. Das Gericht darf eine Prozeßeinrede nur auf einen Vortrag des Berechtigten beachten. Vgl aber auch § 331 Rn 10. Auch bei einer sachlichrechtlichen Einwendung muß man immerhin wie stets beim Vortrag im Prozeß die sie begründenden Tatsachen vorbringen und evtl beweisen, Ress Gedächtnisschrift für Arens (1993) 356. Man kann durch einen Prozeßvertrag auf die Möglichkeit einer Einwendung oder Einrede verzichten, Grdz 49 vor § 128. Sämtliche Einreden führen, soweit sie nicht bloße Prozeßvoraussetzungen nach Grdz 19 vor 253 betreffen, bei ihrem Durchgreifen zur Sachabweisung.

B. Rechtshindernde Einrede. Sie verbaut jeden rechtlichen Erfolg von Anfang an. 8
Beispiele: Der Nichteintritt einer aufschiebenden Bedingung, § 158 I BGB; die Geschäftsunfähigkeit, § 104 BGB; ein gesetzliches Verbot, § 134 BGB; eine Sittenwidrigkeit, § 138 BGB; Bösgläubigkeit, §§ 892, 932 BGB.

C. Rechtsvernichtende Einrede. Sie vernichtet den eingetretenen Erfolg. 9
Beispiele: Der Eintritt einer auflösenden Bedingung, § 158 II BGB; der Rücktritt, § 346 BGB; die Erfüllung, §§ 362 I, 364 I BGB; eine Aufrechnung, § 389 BGB; ein Schulderlaß, § 397 BGB.

D. Rechtshemmende Einrede. Sie schließt die Geltendmachung des Rechts aus. 10
Beispiele: Die Verjährung, § 214 I BGB; ein Zurückbehaltungsrecht, §§ 273, 1000 BGB; die Einrede der Nichterfüllung, §§ 320, 321 BGB, oder der beschränkten Erbenhaftung, §§ 1973, 1989, 1990 BGB.

E. Weitere Begriffe. Gegenerklärung, Gegeneinwand, Gegeneinrede, Replik nennt man die Erwiderung auf eine Einwendung, Zweitantwort. Duplik nennt man die Erwiderung auf die Replik. 11

253 *Klageschrift.* **I Die Erhebung der Klage erfolgt durch Zustellung eines Schriftsatzes (Klageschrift).**

II Die Klageschrift muss enthalten:

1. **die Bezeichnung der Parteien und des Gerichts;**
2. **die bestimmte Angabe des Gegenstandes und des Grundes des erhobenen Anspruchs, sowie einen bestimmten Antrag.**

III Die Klageschrift soll ferner die Angabe des Wertes des Streitgegenstandes enthalten, wenn hiervon die Zuständigkeit des Gerichts abhängt und der Streitgegenstand nicht in einer bestimmten Geldsumme besteht, sowie eine Äußerung dazu, ob einer Entscheidung der Sache durch den Einzelrichter Gründe entgegenstehen.

IV Außerdem sind die allgemeinen Vorschriften über die vorbereitenden Schriftsätze auch auf die Klageschrift anzuwenden.

V 1 Die Klageschrift sowie sonstige Anträge und Erklärungen einer Partei, die zugestellt werden sollen, sind bei dem Gericht schriftlich unter Beifügung der für ihre Zustellung oder Mitteilung erforderlichen Zahl von Abschriften einzureichen. 2 Einer Beifügung von Abschriften bedarf es nicht, soweit die Klageschrift elektronisch eingereicht wird.

SachenRBerG § 104. Verfahrensvoraussetzungen. **1 Der Kläger hat für eine Klage auf Feststellung über den Inhalt eines Erbbaurechts oder eines Ankaufsrechts nach Maßgabe der §§ 32, 61, 81 und 82 den notariellen Vermittlungsvorschlag und das Abschlußprotokoll vorzulegen. 2 Fehlt es an dem in Satz 1 bezeichneten Erfordernis, hat das Gericht den Kläger unter Fristsetzung zur Vorlage aufzufordern. 3 Verstreicht die Frist fruchtlos, ist die Klage als unzulässig abzuweisen. 4 Die Entscheidung kann ohne mündliche Verhandlung durch Beschluß ergehen.**

SachenRBerG § 105. Inhalt der Klageschrift. **In der Klageschrift hat sich der Kläger auf den notariellen Vermittlungsvorschlag zu beziehen und darzulegen, ob und in welchen Punkten er eine hiervon abweichende Feststellung begehrt.**

Schrifttum: *Bieresborn,* Klage und Klagerwiderung im deutschen und englischen Zivilprozeß, 1999; *Breitkopf,* Die Klageerhebung und -rücknahme bei vollmachtsloser Prozessvertretung und ihre kostenrechtliche Beurteilung, 2004; *Gehle,* Antrag und Entscheidung im Zivilprozeß, 3. Aufl 1999; *Grunewald,* Die Gesellschafterklage in der Personengesellschaft und der GmbH, 1990; *Hahn,* Anwaltliche Rechtsausführungen im Zivilprozeß usw, 1998; *Halbach,* Die Verweigerung der Terminsbestimmung und der Klagezustellung im Zivilprozeß, Diss Köln 1980; *Kulaksiz,* Die Teilklage im deutschen und türkischen Zivilprozessrecht, 2004; *Meyke,* Darlegen und Beweisen im Zivilprozeß, 2. Aufl 2001; *Michel/von der Leipen,* Der Schriftsatz des Anwalts im Zivilprozeß, 6. Aufl 2003; *Reichert,* Die BGB-Gesellschaft im Zivilprozeß, 1988; *Schneider,* Die Klage im Zivilprozeß, 3. Aufl 2007 (Bespr *Altmeppen* NJW **08**, 1864); *Vollkommer,* Formenstrenge und Formzweck, in: Festschrift für *Hagen* (1999); *Würthwein,* Umfang und Grenzen des Parteieinflusses auf die Urteilsgrundlagen im Zivilprozeß, 1977.

Gliederung

1 **1) Systematik, I–V.** Über den Begriff und die Arten der Klage Grdz 1–11 vor § 253. Die Klage ist Anlaß und Voraussetzung des Erkenntnisverfahrens, BGH FamRZ **88**, 382, soweit nicht ein Mahnverfahren voranging. Sie ist die regelmäßige Art der Einleitung eines Prozesses. Sie nötigt das Gericht, durch ein Urteil zu entscheiden, von Sonderfällen wie der Klagerücknahme oder dem Vergleich usw abgesehen. Jedes Urteil setzt eine Klage voraus. Ein Antrag auf einen Mahnbescheid ist im Streitfall als Klage umdeutbar. In einer FamFG-Sache gibt es nur einen verfahrenseinleitenden Antrag, § 23 FamFG. Die Klagerhebung bewirkt die Rechtshängigkeit, § 261 I. Sie ist im Fall eines zugestellten Hilfsantrags auflösend bedingt.

Als eine *Parteiprozeßhandlung* nach Grdz 47 vor § 128 duldet die Klage davon abgesehen aber grundsätzlich keine vom Kläger willkürlich gesetzte Bedingungen, Grdz 54 vor § 128, BVerfG **68**, 142, BGH MDR **89**, 539, Drsd RR **00**, 840. Wegen der Hilfswiderklage Anh § 253 Rn 11, zur bedingten Wider-Widerklage Anh § 253 Rn 14. Unzulässig ist darum der Antrag, den Zweitbekl nur insoweit zu verurteilen, als das Gericht die Klage gegen den Erstbekl abweisen werde, § 59 Rn 5, BGH MDR RR **04**, 640, BAG NJW **94**, 1086, Hamm MDR **05**, 533, oder eine Klage des Klägers 2 nur für den Fall der teilweisen oder gänzlichen Abweisung des Klägers 1, Saarbr RR **08**, 47. Auch ist ein Hilfsantrag bei der Notwendigkeit einer Beweisaufnahme zum Hauptantrag unzulässig, BGH NJW **95**, 1353. Wegen einer von der Bewilligung einer Prozeßkostenhilfe abhängigen Klage § 117 Rn 9. Eine im Ausland erhobene Klage hat, auch wenn sie ordnungsmäßig ist, keine Rechtswirkung im Inland, wenn man das ausländische Urteil im Inland nicht anerkennen kann, § 328 oder EuGVVO, SchlAnh V C 2. Sie begründet dann für das Inland keine Rechtshängigkeit nach § 261 Rn 7 und hemmt die Verjährung nicht.

2) Regelungszweck, I–V. Die Vorschrift dient der Rechtsstaatlichkeit nach Einl III 15 und der Rechtssicherheit nach Einl III 43 sowie dem rechtlichen Gehör, Art 103 I GG, Einl III 16. Die Klage soll eine möglichst sichere Verfahrensgrundlage schaffen, BGH FamRZ **88**, 382. Es soll Klarheit über den Umfang und die Reichweite der begehrten Entscheidung bestehen, BAG NZA **06**, 158. KG GRUR-RR **02**, 199. Der Bekl soll den Grund und die Höhe der Klageforderung so weit kennenlernen, daß er darauf seine Verteidigung einrichten kann, Düss MDR **96**, 416, AG Mü RR **03**, 301. Das muß man bei der Auslegung mitbeachten. 2

Mängel haften leider so mancher Klage in einem manchmal überraschenden Ausmaß an. Das hat einen Grund in den ständig ausgebauten gesetzlichen Pflichten des Gerichts zu einer unverzüglichen Mitwirkung an der Beseitigung solcher Mängel. Wer getrost damit rechnen kann, vor einer Abweisung solche Hilfe zu erhalten, mag natürlich seine Obliegenheiten von Anfang an etwas weniger ernst nehmen. Zumindest zeitlich wäre solche Sorglosigkeit wenig sinnvoll. Denn der Prozeß dauert umso länger. Wenn das Gericht allerdings seine prozessuale Fürsorgepflicht nach § 139 dahin mißversteht, eine Klage überhaupt erst einigermaßen schlüssig und vollstreckbar zu machen, kann auch der Sorgloseste geruhsam abwarten. Die Ahndungsmöglichkeiten etwa nach § 95 oder nach § 38 GKG sind stumpfe Schwerter. Auch §§ 283, 296 greifen keineswegs immer. Allerdings kann ein ungenügendes Durchdenken und folglich eine ungenügende Formulierung der Klage teuer werden. Das kann nämlich schließlich doch zum Prozeßverlust führen. Jedenfalls haben alle Beteiligten bei etwas genauerer Betrachtung allen Anlaß, die Anforderungen des § 253 ernstzunehmen.

3) Geltungsbereich, I–V. Die Vorschrift gilt grundsätzlich in allen Verfahrensarten nach der ZPO, auch in WEG-Verfahren, Bergerhoff NZM **07**, 425 (ausf). Sie gilt entsprechend auch im arbeitsgerichtlichen Urteilsverfahren, BAG NZA **07**, 808, und Beschlußverfahren, BAG NZA **06**, 170. 3

A. Rechtsweg. Eine Klage ist auch dann notwendig, wenn der Rechtsweg gegen die Entscheidung einer Verwaltungsbehörde statthaft ist, sog Berufung auf den Rechtsweg. Ist sonst eine Vorentscheidung der Verwaltungsbehörde notwendig, ist der Rechtsweg verfrüht, also unzulässig, solange sie fehlt, Grdz 22 vor § 253. Hat der Kläger die Frist zur Beschreitung des Rechtsweges zB nach § 24 WAG versäumt (vgl aber § 168 I 1), ist der Anspruch dauernd unklagbar geworden. Das Gericht muß die Klage darum durch ein Prozeßurteil und nicht durch ein Sachurteil abweisen, Grdz 14 vor § 253. Das Gericht muß das Vorliegen einer Klage in jeder Lage des Verfahrens von Amts wegen prüfen, Grdz 39 vor § 128, auch in der Revisionsinstanz. 4

B. Patentstreit. Eine eigenartige Prozeßvoraussetzung schafft § 145 PatG für Patentverletzungsklagen. Eine zweite derartige Klage gegen den Bekl wegen derselben oder einer gleichartigen Handlung auf Grund eines anderen Patents verlangt den Nachweis, daß der Kläger das Patent schuldlos im früheren Prozeß nicht geltend machen konnte. 5

C. Arbeitnehmererfindung. Man kann ein im ArbNEG geregeltes Recht oder Rechtsverhältnis über Erfindungen und technischen Verbesserungsvorschläge von Arbeitnehmern im privaten und im öffentlichen Dienst von Beamten und Soldaten im Klageweg grundsätzlich erst nach einem Verfahren vor der Schiedsstelle nach §§ 28 ff ArbNEG geltend machen, § 37 I ArbNEG. Das Schiedsverfahren ist nur dann nicht erforderlich, wenn man Rechte aus einer Vereinbarung über die Feststellung oder Festsetzung der Vergütung, die Anbietungspflicht, Diensterfindungen nach ihrer Meldung, freie Erfindungen und technische Verbesserungsvorschläge nach ihrer Mitteilung oder Rechte aus einem Einigungsvorschlag vor der Schiedsstelle geltend macht oder wenn man die Unwirksamkeit einer solchen Vereinbarung geltend macht, ferner wenn seit der Anrufung der Schiedsstelle 6 Monate verstrichen sind, der Arbeitnehmer aus dem Betrieb ausgeschieden ist oder die Parteien schriftlich das Schiedsverfahren ausgeschlossen haben, § 37 I, II ArbNEG. Eine Klage ist bei einer entsprechenden Rüge unzulässig. Verhandeln die Parteien ohne eine Rüge mündlich zur Hauptsache, ist damit der Mangel geheilt, § 37 III ArbNEG. Zuständigkeit: § 78 b GVG Anh II. 6

4) Klagerhebung, I. Sie hat mannigfache Wirkungen. 7

A. Zustellung. Der Kläger muß seine Klage grundsätzlich durch die gerichtliche förmliche Zustellung eines von ihm beim Gericht eingereichten sog bestimmenden Schriftsatzes nach § 129 Rn 9 mit der Klageschrift erheben, BGH NJW **85**, 317. Er muß die Klageschrift beim AG und LG durch die schriftliche oder nach § 130 a II elektronische Übersendung mit der erforderlichen Zahl von Ablichtungen oder Abschriften einreichen, V, § 496. Der Urkundsbeamte der Geschäftsstelle stellt von Amts wegen zu, § 168 I 1. Beim AG kann man die Klage außerdem noch durch eine Erklärung zum Protokoll jeder Geschäftsstelle einreichen, §§ 129 a, 496. Die Zustellung erfolgt dort ebenfalls von Amts wegen. Auch eine Klageinreichung durch ein Telefax usw kann zulässig sein, § 129 Rn 45.

B. Rechtshängigkeit. Mit der auf die Einreichung hin angeordneten Zustellung ist die Klage erhoben und die Rechtshängigkeit eingetreten, § 261 I, vgl freilich auch § 167. Die wirksame Zustellung einer wirksamen Klageschrift läßt die Verjährung neu beginnen, so schon BGH **100**, 207. Die Ladung erfolgt von Amts wegen durch die Geschäftsstelle, § 214 Rn 1. Mit ihr muß das Gericht die Klageschrift zustellen. 8

C. Klage und Prozeßkostenhilfeantrag. Reicht der Kläger die Klageschrift gleichzeitig mit dem *Prozeßkostenhilfeantrag* ein, gilt das als gleichzeitige Einreichung zum Zweck der Klagerhebung, falls er nichts Gegenteiliges sagt, § 117 Rn 8. Wegen einer bedingten Klage (nur bei Prozeßkostenhilfe) § 117 Rn 9. Wegen einer nur teilweisen Bewilligung von Prozeßkostenhilfe § 117 Rn 11. Eine Antragstellung im Termin aus dem Klagentwurf kann als eine Klageinreichung gelten, wenn auch nicht rückwirkend. 9

Stellt das Gericht die Klageschrift *ohne Terminsbestimmung* und ohne eine Ladung zu, kann die Klage dennoch wirksam erhoben sein, §§ 261 I, 271, auch wenn der Richter nur eine Stellungnahme zu einer Einzelfrage oder nur zum nicht vorrangig eingelegten Prozeßkostenhilfegesuch bezweckte, das aber nicht in der Zustellung zum Ausdruck gebracht hat, BGH FamRZ **87**, 364, KG Rpfleger **79**, 71. 10

Hat das Gericht *trotz* eines eindeutigen *bloßen Prozeßkostenhilfegesuchs die „Klage" zugestellt,* ist zwar ein Prozeßrechtsverhältnis begründet, Grdz 3 vor § 128. Trotzdem liegt eben noch keine wirksame Klageschrift 11 vor, Drsd RR **97**, 1424. Daher kann (jetzt) § 21 GKG oder § 20 FamGKG anwendbar sein, OVG Hbg Rpfleger **86**, 68. Fand hingegen eine förmliche Zustellung der Klageschrift überhaupt nicht statt, etwa wegen einer nur formlosen Übersendung der Klageschrift zB als Anlage zum Antrag auf die Bewilligung einer Prozeßkostenhilfe usw, liegt grundsätzlich keine Klagerhebung vor, Hamm RR **94**, 63. Dann kann freilich § 189 heilen. Bis dahin ist aber noch keine Rechtshängigkeit eingetreten, Hamm RR **94**, 63. Wegen der Wirkung einer versehentlich formlosen Übersendung § 189 Rn 9 „Versehentliche Zustellung", § 295 Rn 61.

12 **D. Widerklage usw.** Bei einer Widerklage, Zwischenfeststellungsklage, Klagänderung oder Klagerweiterung ist auch eine mündliche Erhebung zulässig, §§ 256 II, 261 II, 263, 264, 267, ebenso im sog Adhäsionsverfahren nach § 404 StPO. Das ändert aber nichts an der Notwendigkeit, zB eine schriftlich eingereichte Klagerweiterung auch förmlich zuzustellen, Kblz JB **06**, 646 links. Zur Einlegung eines Rechtsmittels gehört die in (jetzt) §§ 521, 550 vorgeschriebene Zustellung nicht, BGH NJW **88**, 2048. § 93 meint mit Klagerhebung schon die kostenverursachende Klageinreichung, Bbg JB **82**, 1884.

13 **E. Klageschrift.** § 253 stellt für die Klageschrift Erfordernisse auf. Sie sind teils notwendig, teils nur eine Ordnungsmaßnahme, AG Weilburg RR **94**, 829. Zwingend ist nur II, nicht III. Über IV und V Rn 102–105. Der Schriftsatz braucht nicht unbedingt die Bezeichnung „Klageschrift" zu enthalten. Evtl ist zB ein solcher Schriftsatz, den der Kläger trotz rechtskräftiger Abweisung der im Urkundenprozeß unstatthaften Klage mit der Angabe „im Nachverfahren" eingereicht hat, mangels Zulässigkeit eines solchen Nachverfahrens als eine (neue) Klage im ordentlichen Verfahren umdeutbar, § 597 Rn 9.

14 *Verletzt* der Kläger eine notwendige Vorschrift, hat er die Klage nicht ordnungsgemäß erhoben, BGH **100**, 208, Hamm VersR **02**, 1362. Das gilt zB im Anwaltsprozeß bei einer Bezugnahme auf den nicht von einem Anwalt eingereichten Antrag auf die Bewilligung einer Prozeßkostenhilfe. Wegen des Eintritts der Rechtshängigkeit Rn 16, aber auch Rn 45 (Nichtaufteilung).

15 Die Ordnungsmäßigkeit der Klage ist eine *Prozeßvoraussetzung,* Grdz 13 vor § 253, Düss NJW **93**, 2691, Ffm NJW **92**, 1178, KG OLGZ **91**, 466. Das Gericht muß die Klage daher evtl als unzulässig abweisen, BGH **156**, 8, BAG NZA-RR **06**, 330. Das Gericht muß die Ordnungsmäßigkeit der Klage zweckmäßigerweise in allererster Reihe prüfen, noch vor der Zuständigkeit usw, Grdz 22 vor § 253. Vorsicht mit Formularen, Celle FamRZ **78**, 258 (krit Friederici MDR **78**, 725).

Diese Prüfung erfolgt *von Amts wegen,* Grdz 39 vor § 128. Sie erfolgt sogleich nach dem Klageingang, soweit es sich um nicht heilbare Mängel handeln kann, § 295 Rn 16 ff. Hierzu gehören zB: Das Fehlen der deutschen Gerichtsbarkeit, Mü NJW **75**, 2144, oder der Prozeß- und Verhandlungsfähigkeit. Soweit eine Nachholung möglich ist, etwa der Anschrift, Ffm NJW **92**, 1178, oder der Unterschrift, gibt sie der Vorsitzende anheim und wartet solange, bis der Mangel geheilt ist. Im übrigen erfolgt eine Prüfung aber nicht schon bei der Terminsbestimmung. Denn es ist eine Mängelheilung möglich, BayObLG MDR **75**, 408, Friedrici MDR **78**, 726, aM Celle FamRZ **78**, 258 (aber das überspannt § 295). Wohl aber erfolgt die Prüfung auf eine Rüge im späteren Verfahren, solange der Mangel nicht geheilt ist. Das Gericht muß wegen seiner Aufklärungspflicht nach § 139 auf eine Mängelheilung hinwirken, BGH FamRZ **80**, 655, AG Weilburg RR **94**, 829. Das gilt, zumal jede Klageschrift wie jede Parteiprozeßhandlung auslegbar ist, Grdz 52 vor § 128, LAG Hamm MDR **87**, 876, und zB auch Unvollständiges, laienhaft Formuliertes der Sache nach eindeutig sein kann. Darum darf eine Nichtheilung im zweiseitigen Verfahren kaum vorkommen. Denn auf den Willen des Bekl kommt es dabei nicht an, § 263. Das Gericht muß dem Kläger zur Beseitigung des Mangels unter Umständen eine Vertagung bewilligen.

16 **F. Mängelheilung: Genehmigung oder Rügeverzicht.** Die Heilung eines Mangels erfolgt durch eine Genehmigung, BGH FamRZ **81**, 866, oder durch einen Rügeverzicht, § 295 Rn 17 ff, BGH **92**, 254. Denn § 253 bezweckt den Schutz des Bekl, aM ThP 20. Die Vorschrift ist aber auch für den Umfang der Rechtskraft maßgebend. Die Wirkungen der Rechtshängigkeit treten dann also von der Zustellung der fehlerhaften Klage an ein, aM LG Brschw FamRZ **85**, 1075. Fehlte eine Klagezustellung und ist dieser Mangel nach § 295 geheilt, tritt die Rechtshängigkeit von dem Zeitpunkt an ein, in dem man nicht mehr rügen kann, strenger Hamm VersR **02**, 1362 (aber § 295 gilt auch hier). Das gilt auch für sachlichrechtliche Fristen wie die Verjährung.

17 Einen *förmlichen* Mangel insbesondere der nach § 168 I 1 von Amts wegen erfolgenden Zustellung muß das Gericht auch von Amts wegen heilen. Das Gericht stellt die Klage also nochmals zu, nunmehr fehlerfrei. Die Rechtshängigkeit tritt dann erst mit dieser weiteren Zustellung ein. Eine Frist, selbst eine Ausschlußfrist, wahrt aber schon die Einreichung der korrekten Klageschrift, falls die Zustellung nur „demnächst" folgt, (jetzt) § 167, BGH **97**, 159. Dasselbe gilt für den Neubeginn der Verjährung, aM Oldb MDR **96**, 851 (aber das überspannt den ohnehin strengen § 167). So auch Dritten gegenüber. Ein Verzicht des Bekl auf die Zustellung ist an sich nach § 295 beachtlich, BGH FamRZ **84**, 368. Er kann aber nicht gegen den Willen des Klägers heilen. S auch § 189. Der erschienene Bekl kann sich nicht auf Mängel der Ladung berufen, außer auf die Nichteinhaltung der Zwischenfrist, Üb 10, 11 vor § 214. Der erschienene Anwalt kann nicht bemängeln, er sei nicht zur Anzeige seiner Bestellung aufgefordert worden.

18 Ein *inhaltlicher* Mangel läßt sich durch die Zustellung eines Schriftsatzes beheben, aber nur für die Zukunft, Kblz MDR **80**, 149. Daher kann sich die Klage aus mehreren Schriftstücken zusammensetzen.

19 **G. Verfahren.** Wenn ein scheinbarer Mangel der Klage nicht heilt, verneint das Gericht ihn unter Umständen nach einer nochmaligen Prüfung im Endurteil oder durch ein unselbständiges Zwischenurteil, § 303. Die Feststellung eines wirklichen Mangels führt evtl nach einem vergeblichen Hinweis nach § 139 zur Abweisung „angebrachtermaßen" als unzulässig durch ein sog Prozeßurteil, Grdz 14 vor § 253, BGH VersR **84**, 540, Düss RR **90**, 1040, Zweibr RR **99**, 1666. Dann tritt keine innere Rechtskraft ein, § 322 Rn 60 „Prozeßurteil". Freilich kann eine fälschlich nur als unbegründet abgewiesene und in Wahrheit unzulässige Klage im Berufungsrechtszug eben wegen des Verfahrensfehlers des Erstgerichts zulässig geworden sein, BGH MDR **97**, 288. Das Gericht muß den Mangel auch in der Revisionsinstanz beachten, BGH **156**, 10.

Im *Versäumnisverfahren* gilt: Bei einer Säumnis des Bekl erfolgt eine Prüfung der Ordnungsmäßigkeit von Amts wegen. Wenn keine Heilung möglich war oder wenn sie dem Kläger nicht möglich ist, erfolgt eine Prozeßabweisung. Bei einem Mangel der Zustellung erfolgt aber nur eine Zurückweisung des Antrags auf die Versäumnisentscheidung, § 335 I Z 2. Bei einer Säumnis des Klägers liegt im Antrag auf die Versäumnisentscheidung ein Rügeverzicht nach § 295. **20**

E. Sonstige Unzulässigkeit. Auch die formell ordnungsmäßige Klage kann unzulässig sein. Dem Anspruch kann die Klagbarkeit odes es können sonstige Prozeßvoraussetzungen fehlen oder Prozeßhindernisse durchgreifen. Dann muß das Gericht die Klage durch ein Prozeßurteil abweisen, Grdz 14 vor § 253. Die Verjährung beginnt trotzdem neu, § 256 Rn 3. Eine Klage beim unzuständigen Gericht wirkt voll zurück, wenn eine Lage nach § 38 eintritt oder das Gericht verweist, § 281 Rn 37. **21**

5) Bezeichnung der Parteien und des Gerichts, II Z 1 **22**

Schrifttum: *Blackert,* Die Wohnungseigentümergemeinschaft im Zivilprozeß, 1999; *Hass,* Die Gruppenklage usw, 1996; *Kleffmann,* Unbekannt als Parteibezeichnung usw, 1983.

A. Nämlichkeitsklärung. Vgl § 130 Z 1. Zwingend ist nur, *daß,* nicht, *wie* der Kläger die Parteien bezeichnen muß, BGH **102**, 334, Stgt NJW **86**, 1882, LG Kassel RR **91**, 382. Zum Begriff der Partei Grdz 4 vor § 50. Man muß auch den gesetzlichen Vertreter mitangeben, BGH NJW **93**, 2813, freilich nicht stets auch dessen Namen, BGH NJW **89**, 2689. Beim Fiskus ist die Angabe der Vertretungsbehörde zwar nicht zwingend, Zweibr OLGZ **78**, 108. Sie ist aber natürlich ratsam und oft praktisch kaum entbehrlich. In einer FamFG-Sache und im Eilverfahren heißt es statt Kläger: Antragsteller, statt Bekl: Antragsgegner, § 113 V Z 3, 4 FamFG, §§ 916 ff ZPO. Die Parteinämlichkeit genügt, BGH NJW **146**, 341 (BGB-Außengesellschaft), BAG NJW **02**, 459, LG Mönchengladb ZMR **00**, 387. Sie ist auslegbar, BGH FamRZ **06**, 1193 links oben. Sie und die Parteistellung müssen bereits im Zeitpunkt der Klagerhebung klar sein, § 690 Rn 4, BGH **102**, 334, BayObLG NZM **05**, 111 links, Köln NJW **82**, 1888. Der Kläger muß Änderungen schon wegen Rn 2 unverzüglich mitteilen. Man muß die Klageschrift auslegen, Karls MDR **08**, 408 (Sozietät oder Sozius).

B. Beispiele zur Frage einer Parteibezeichnung, II Z 1 **23**

Aktivlegitimation: Der Kläger muß sie nachvollziehbar darlegen, soweit sie zweifelhaft sein kann, LG Essen WoM **08**, 505.

Anschrift: Die Anschriftenangabe des Klägers wie natürlich ebenso des Bekl ist grundsätzlich sowohl im Parteiprozeß als auch im Anwaltsprozeß notwendig, soweit diese Angabe zumutbar ist, LG Dortm WoM **05**, 1247. Heidemann NJW **02**, 494 (das ist nicht stets der allgemeine Gerichtsstand). Denn das Gericht kann im Verfahren aus einer Reihe von Gründen auf sie angewiesen sein, § 130 Rn 10, BVerfG NJW **96**, 1273 (unnötig kompliziert), BGH **145**, 364 (Arbeitsplatz kann reichen), BVerwG NJW **99**, 2608 (Postfach reicht nicht), Hamm MDR **05**, 1247. Alles das gilt auch im Eilverfahren nach §§ 916 ff, BGH MDR **92**, 610, Ffm NJW **92**, 1178, Schlesw DGVZ **93**, 133. Ein Verstoß kann eine Auslagenhaftung entstehen lassen, KV 9002, LAG Bre Rpfleger **88**, 165. Er kann eine Anwaltshaftung nach § 85 II auslösen, LAG Bre Rpfleger **88**, 165.

Arbeitsplatz: Seine Angabe kann als Anschrift ausreichen, BGH **145**, 364.

Auslegung: Auch das Klagerubrum ist natürlich auslegbar, BGH NJW **87**, 1947, Nürnb OLGZ **87**, 483.

Bauherrengemeinschaft: Diese Bezeichnung ist evtl in die Nennung der Mitglieder umdeutbar, BGH VersR **89**, 276 (zu einer Rechtsmittelschrift), Mü MDR **87**, 418.

Berichtigung: Berichtigen darf und muß grundsätzlich die Partei eine falsche Bezeichnung, Mü MDR **90**, 60. Das gilt auch in der Rechtsmittelinstanz, BGH RR **04**, 576, soweit die richtige Partei keine Instanz verliert. Eine Unrichtigkeit oder sogar eine Widersprüchlichkeit schadet nicht, wenn die Nämlichkeit feststeht, BGH NVwZ-RR **05**, 149, BayObLG NZM **05**, 111 links (WEG, vgl aber ohnehin jetzt Rn 26), KG OLGZ **78**, 477, wenn sie also objektiv erkennbar ist, Grdz 5 vor § 50, BGH VersR **00**, 1299 (Rechtsmittelführer). Überhaupt kann jede Förmelei hier nur schaden, Lisken NJW **82**, 1137.

Berufsangabe: Sie ist unwesentlich, soweit die Nämlichkeit der Person feststeht, Saarbr NJW **77**, 1928, Zweibr OLGZ **78**, 108 (je+: Fiskus), aM Düss NJW **87**, 2522 (aber die Nämlichkeit reicht stets aus). IV, vgl § 130, macht allerdings die richtige Berufsangabe zur Sollvorschrift. Wenn ihr Fehlen eine demnächstige Klagezustellung verhindert, erfolgt keine Fristwahrung nach § 167 durch eine dadurch verspätete Zustellung.

BGB-Gesellschaft: Bei einer *BGB-Außengesellschaft* reicht die zur Feststellung der Nämlichkeit (Identität) erforderliche Angabe wegen der Rechts- und Parteifähigkeit solcher Gesellschaft, BGH **146**, 341, BAG NJW **07**, 3740, Schmidt NJW **08**, 1844. Es ist daher nicht mehr notwendig, aber ratsam, die Gesellschaft näher zu beschreiben, zB durch die möglichst exakte Bezeichnung der Gesellschafter, der gesetzlichen Vertreter (im Zweifel alle Gesellschafter) und der Bezeichnung, unter der die Gesellschaft im Verkehr auftritt, BGH **146**, 341, BAG NJW **07**, 3740. Das gilt sowohl für die Kläger- als auch für die Beklagtenrolle. Wird die BGB-Außengesellschaft *verklagt,* ist es wegen der persönlichen Haftung der Gesellschafter für Gesellschaftsschulden immer ratsam, neben der Gesellschaft auch die Gesellschafter persönlich zu verklagen, BGH **146**, 341, insbesondere bei Zweifeln über das Vorhandensein eines Gesellschaftsvermögens, BGH **146**, 341. Natürlich kann man auch lediglich die Gesellschafter verklagen, BGH **146**, 341. Man muß die Klageschrift auslegen, Rn 22. **24**

Es sind unter dieser Bedingung die *Namen* usw der Gesellschafter nur insofern notwendig, als sie selbst anstelle oder neben der Gesellschaft auftreten, BGH **146**, 341, Schmidt NJW **08**, 1844. Man sollte stets klar herausarbeiten, ob die Gesellschaft, nur ihre Gesellschafter oder beide auftreten, sei es als Kläger, Bekl oder Widerkläger, Kemke NJW **02**, 2218.

Deckname: Er kann ausreichen, Haas/Beckmann (vor Rn 1) 178.

Einzelkaufmann: S Rn 25 „Firma".

Erbe: Eine Bezeichnung als Generalbevollmächtigter von Erben ist unzulänglich. Ist ein Verstorbener als Partei bezeichnet, muß man den Erben zustellen, wenn sie alle bekannt sind, sonst evtl dem Nachlaßpfleger. Eine Klage namens des unbekannten Erben ist unzulässig.

25 **Firma:** Bei einer Firma genügt ihre Angabe, § 17 II HGB, Gräve/Salten MDR **03**, 1097. Bekl ist im Zweifel der tatsächliche Inhaber. Den Einzelinhaber muß man schon wegen der Zwangsvollstreckung zweckmäßig bereits in der Klage benennen. Verklagt der Kläger einen Einzelkaufmann unter der fälschlichen Bezeichnung als Offene Handelsgesellschaft, gelten die Klage und das Urteil gegen den Einzelkaufmann. Etwas anderes gilt, wenn der Wille klar ersichtlich ist, nur eine Gesellschaft zu verklagen. Das Gericht muß dem richtigen Bekl das Urteil zustellen.

Fraktion: § 50 Rn 15.

Geburtsdatum: Es kann zur Klärung der Nämlichkeit notwendig sein, zB neben einer früheren Anschrift, BGH NJW **88**, 2114.

Geheimhaltung: Ein solches Interesse kann eine Angabe entbehrlich machen, soweit trotzdem die Nämlichkeit feststeht, KG OLGZ **91**, 466, Rn 26 „Inkognitoadoption". Das gilt zB bei einer früheren Tätigkeit beim Verfassungsschutz. Natürlich muß man das Geheimhaltungsinteresse streng prüfen.

Gemeinschaft: S zunächst Rn 28 „Wohnungseigentümer". Bei einer sonstigen Gemeinschaft gilt grds dasselbe wie bei Rn 24 „BGB-Gesellschaft", BGH NJW **05**, 2061, Mü ZMR **05**, 729 (Berichtigung). Man muß als Kläger wie Bekl stets sämtliche Mitglieder erwähnen, BGH RR **90**, 867, zumindest in einer als Anlage beigefügten Liste. Man kann sie nachreichen, (zum alten Recht) BGH NJW **77**, 1686, freilich nur bis zum Beginn der mündlichen Verhandlung.

Generalbevollmächtigter: Rn 24 „Erbe".

Geeneralbundesanwalt: Grdz 28 vor § 50.

Gesetzlicher Vertreter: Es gilt dasselbe wie bei Rn 23 „Berufsangabe". Die Angabe eines gesetzlichen Vertretes mag zB zwecks Zustellbarkeit ratsam sein, ist aber nicht stets nötig, Karlsr MDR **08**, 408.

Gewaltschutz: Eine Angabe kann bei einer Sache nach dem GewSchG fehlen, soweit trotzdem die Nämlichkeit feststeht, zB durch eine Umschreibung des Fehlenden.

Gewerkschaft: S § 50 Rn 15.

26 **Ikognitoadoption:** Es genügt „das am ... geborene im Register ... unter dem Namen ... eingetragene Kind", Karlsr FamRZ **75**, 507 und 598.

„In pp": Diese Kurzbezeichnung reicht nicht, Köln BB **01**, 1498.

Insolvenzverwalter: Rn 27 „Partei kraft Amts".

Junior/Senior: Dieser Zusatz kann zur Klärung der Nämlichkeit notwendig sein, Nürnb OLGZ **87**, 484.

Künstlername: Er kann ausreichen, Haas/Beckmann (vor Rn 1) 178.

Nachlaßpfleger: Seine Bezeichnung kann bei unbekannten Erben ausreichen, BGH NJW **88**, 2114.
S auch Rn 24 „Erbe".

Nachname – Vorname: Diese Reihenfolge (ohne Komma) mag reichen, LG Hamm JB **92**, 57 (Vorsicht), zB in Süddeutschland (Bayern).

Nämlichkeit: Sie ist die Hauptvoraussetzung einer ausreichenden „Parteibezeichnung".

Namenslöschung: Eine bloße solche Löschung kann zB beim Verein unschädlich sein, Rn 28 „Verein".

Namenlosigkeit: Rn 27 „Personengruppe", Rn 28 „Unbekanntheit".

27 **Offene Handelsgesellschaft:** Rn 25 „Firma".

Partei kraft Amts: Man muß eine solche Partei nach Grdz 8 vor § 50 als solche benennen, zB den „Kaufmann X als Verwalter im Insolvenzverfahren Y".

Personengruppe: Man muß sie nach äußeren Merkmalen abgrenzen, zB „7 bis 10 Personen", Oldb MDR **95**, 794, oder „10 Personen auf einer schwimmenden Rettungsinsel" (LG Düss, zit bei Raeschke-Kessler NJW **81**, 663). Ausreichend ist eine vorübergehende Abgrenzbarkeit, LG Kref NJW **82**, 289, Lisken NJW **82**, 1136. Vgl auch Kleffmann, „Unbekannt" als Parteibezeichnung usw, 1983. Als ausreichend wurde zB erachtet „die unbekannten (derzeitigen) Besitzer", LG Kassel RR **91**, 382 (zu einer einstweiligen Verfügung), als nicht ausreichend zB „die namentlich bekannten" Mitglieder eines „Förderkreises", die „nicht öffentlich genannt werden möchten", LG Hbg MDR **94**, 1247, oder „gegenwärtig ca. 20 Personen als Hausbesetzer", LG Bre WoM **90**, 527, oder gar „die Besetzer des Gebäudes", BezG Potsd OLGZ **93**, 325, oder „eine wechselnde Anzahl von etwa 20 bis 100 Personen in einem besetzten Haus" usw, Köln NJW **82**, 1888, LG Hamm NJW **81**, 1455 (wegen einer einstweiligen Verfügung), § 319 Rn 13 ff, § 750 Rn 11.

Es mag eine Namensangabe *entbehrlich* sein, wenn der Kläger zB den wahren Namen des Bekl nicht zumutbar ermitteln kann, Einl III 54 (Treu und Glauben), LG Bln RR **98**, 714, LG Kassel RR **91**, 382, Christmann DGVZ **96**, 81, aM LG Kref NJW **82**, 289 (aber man darf nichts Unzumutbares fordern). Zum Problem, insbesondere im Eilverfahren, Schladebach ZMR **00**, 72. Gerland DGVZ **91**, 183 fordert eine Gesetzesergänzung.

Politische Partei: § 50 Rn 15.

Postfach: Seine bloße Angabe reicht *nicht,* BVerwG NJW **99**, 2608.

Unbekanntheit: S „Personengruppe".
Unzulässig ist eine Klage namens der unbekannten Erben ohne Nachlaßpfleger.

28 **Testamentsvollstrecker:** Rn 27 „ Partei kraft Amts".

Verein: Klagt ein nicht rechtsfähiger Verein, gilt grds dasselbe wie bei Rn 24 „BGB-Gesellschaft". Eine derzeitige bloße Namenslöschung kann unschädlich sein, BGH NJW **84**, 668.

Verweigerung: Bei einer endgültigen grundlosen Verweigerung der notwendigen Angaben muß das Gericht die Klage durch ein Prozeßurteil nach Grdz 14 vor § 253 als unzulässig abweisen, BGH **102**, 336.

Vornamen: Dieser Zusatz kann zur Klärung der Nämlichkeit notwendig sein, zB zur Unterscheidung von Familienangehörigen, aber auch Namens„vettern" in demselben Haus.
S auch Rn 26 „Nachname – Vorname".

Widersprüchlichkeit: Rn 23 „Berichtigung".

Wohnungseigentümer: Bei einer Wohnungseigentümergemeinschaft gilt seit 1. 7. 07, Art 4 S 2 G v 26. 3. 07, BGBl 370, ÜbergangsR Einl III 78, dazu Niedenführ NJW **08**, 1769, *Sauren* NZM **07**, 858:

***WEG § 44.* Bezeichnung der Wohungseigentümer in der Klageschrift.** **I 1 Wird die Klage durch oder gegen alle Wohnungseigentümer mit Ausnahme des Gegners erhoben, so genügt für ihre nähere Bezeichnung in der Klageschrift die bestimmte Angabe des gemeinschaftlichen Grundstücks; wenn die Wohnungseigentümer Beklagte sind, sind in der Klageschrift außerdem der Verwalter und der gemäß § 45 Abs. 2 Satz 1 bestellte Ersatzzustellungsvertreter zu bezeichnen. 2 Die namentliche Bezeichnung der Wohnungseigentümer hat spätestens bis zum Schluss der mündlichen Verhandlung zu erfolgen.**

II 1 Sind an einem Rechtsstreit nicht alle Wohnungseigentümer als Partei beteiligt, so sind die übrigen Wohnungseigentümer entsprechend Absatz 1 von dem Kläger zu bezeichnen. 2 Der namentlichen Bezeichnung der übrigen Wohnungseigentümer bedarf es nicht, wenn das Gericht von ihrer Beiladung gemäß § 48 Abs. 1 Satz 1 absieht.

WEG § 46. Anfechtungsklage. **I 1 Die Klage eines oder mehrerer Wohnungeigentümer auf Erklärung der Ungültigkeit eines Beschlusses der Wohnungseigentümer ist gegen die übrigen Wohnungseigentümer und die Klage des Verwalters ist gegen die Wohnungseigentümer zu richten. 2 Sie muss innerhalb eines Monats nach der Beschlussfassung erhoben und innerhalb zweier Monate nach der Beschlussfassung begründet werden. 3 Die §§ 233 bis 238 der Zivilprozessordnung gelten entsprechend.**

II Hat der Kläger erkennbar eine Tatsache übersehen, aus der sich ergibt, dass der Beschluss nichtig ist, so hat das Gericht darauf hinzuweisen.

Die Bezeichnung „Wohnungseigentümergemeinschaft" ist evtl in die Nennung der Mitglieder umdeutbar, (je zum alten Recht) BGH ZMR **90**, 188, LG Kempten Rpfleger **86**, 93, OVG Bre NJW **85**, 2660.

Zeugenschutzprogramm: Bei ihm können Angaben fehlen, soweit die Nämlichkeit trotzdem feststeht, zB durch eine Umschreibung des Fehlenden, Haas/Beckmann (vor Rn 1) 178.

Zustellung: Über eine Zustellung an die falsche Partei Grdz 16–18 vor § 50.

C. Gerichtsbezeichnung. Man darf die Anforderungen nicht überspannen. Die funktionelle Zuständigkeit zählt nicht zu den vom Kläger darzulegenden Prozeßvoraussetzungen, strenger BGH BB **04**, 1078 (aber nicht jede Partei kann sich zumutbar den Geschäftsverteilungsplan ansehen oder gar beschaffen). Bei der Bezeichnung des Gerichts ist diejenige der Abteilung oder Kammer unnötig, eine falsche ist unschädlich. Nötig ist aber die Bezeichnung der Kammer für Handelssachen falls die Klage vor diese kommen soll, § 96 I GVG. „An das Landgericht" meint meist die Zivilkammer, Ffm BB **80**, 552. Der Antrag, die Kammer für Handelssachen möge entscheiden, ist weder nachholbar, noch kann man ihn ändern, Ffm BB **80**, 552 (auch nicht auf Grund eines Schreibfehlers). Eine unrichtige oder unvollständige Angabe kann nach §§ 38, 40, 261, 262, 281 unschädlich sein. 29

6) Gegenstand und Grund des Anspruchs, II Z 2 Hs 1 30

Schrifttum: *Arend,* Zahlungsverbindlichkeiten in fremder Währung, 1989; *Meyke,* Darlegen und Beweisen, 1998; *Schneider,* Die Durchsetzung von Fremdwährungsforderungen, 2000; *Singer,* Das Verbot widersprüchlichen Verhaltens, 1993.

A. Nämlichkeit, Rechtskraftumfang. Nötig ist als eine zwingende Prozeßvoraussetzung vor allem zwecks Klärung des Steitgegenstands nach § 2 Rn 4 die bestimmte Angabe des Gegenstands des erhobenen Anspruchs. Das gilt auch für einen erstmals in der mündlichen Verhandlung eingeführten Vortrag, BGH NJW **87**, 3266. Es darf keine Ungewißheit über die Nämlichkeit des Rechtsverhältnisses bestehen, BGH NJW **03**, 669, BAG NZA-RR **06**, 330, OVG Bln DGVZ **83**, 90. Es darf auch keine Unklarkeit über den Umfang der Rechtskraft geben, § 322 Rn 9, BGH NJW **03**, 669, BAG DB **92**, 1195, Düss RR **01**, 1223. Das alles gilt auch im arbeitsgerichtlichen Beschlußverfahren, BAG NZA **07**, 286.

B. Verteidigungsmöglichkeit, Vollstreckbarkeit. Der Klagantrag muß auch für den Gerichtsvollzieher einen vollstreckungsfähig genauen Inhalt haben, Grdz 28 vor § 704, BGH NJW **08**, 1385, BAG NZA-RR **08**, 85, Brdb WoM **06**, 456. Freilich kann und muß man die letzte Genauigkeit manchmal der Zwangsvollstreckung überlassen, Sutschet ZZP **119**, 301. Dergleichen muß aber die Ausnahme bleiben. Der Bekl muß dem Klagvortrag entnehmen können, welches Risiko für ihn besteht. Er muß sich umfassend verteidigen können, BGH NJW **08**, 1385. Der Kläger soll nicht dem Kostenrisiko entgehen, BGH NJW **83**, 1056, Pawlowski ZZP **82**, 131. Zur Auslegung nach Grdz 52 vor § 128 ist seine Begründung heranziehbar, Düss ZMR **03**, 349. Das gilt bis zum Verhandlungsschluß nach §§ 136 IV, 296 a, BGH MDR **01**, 471. Der Kläger darf nicht zwei sich gegenseitig ausschließende Hauptanträge stellen, KG MDR **03**, 955. 31

C. Anspruchsgrund. Nötig ist ferner die bestimmte Angabe des Grundes des erhobenen Anspruchs. Der Klaganspruch soll nach Art und Umfang eindeutig abgrenzbar sein, BGH MDR **04**, 824. Klagegrund ist die Gesamtheit der zur Begründung des Anspruchs nach der Ansicht des Klägers erforderlichen Tatsachen, der sog klagebegründenden Tatsachen, also des konkreten Sachverhalts, Lebensvorgangs, § 2 Rn 4, BGH NJW **03**, 2749, Saarbr VersR **05**, 1235, LAG Hamm NJW **81**, 887. Wieweit der Kläger mit der Darlegung gehen muß (sog Darlegungslast zwecks Schlüssigkeit zur Zeit des Verhandlungsschlusses nach §§ 136 IV, 296 a), ist eine Frage des Einzelfalls, § 138 Rn 18, § 282 Rn 7 ff, BGH NJW **03**, 669, BAG DB **86**, 1578, Gremmer MDR **07**, 1175. Der Kläger muß zB eine Rechnung nachvollziehbar aufschlüsseln, AG Korbach RR **05**, 783. Eine Erweiterung der Darlegungspflicht kann sich aus der Einlassung des Bekl ergeben, § 138 II, BVerfG NJW **92**, 1031, BGH MDR **02**, 832, Düss AnwBl **92**, 144. 32

Das Gesetz lehnt also die Individualisierungstheorie des Mahnverfahrens nach § 690 Rn 6 ab und folgt im Klageprozeß der *Substantiierungstheorie,* BGH MDR **04**, 824, zu großzügig BGH MDR **98**, 1178 (Verlagerung auf § 139). Der Kläger muß also grundsätzlich alle anspruchsbegründenden Tatsachen logisch und vollständig vortragen, BGH NJW **03**, 3564, Düss AnwBl **92**, 144, Meyke NJW **00**, 2230. Der Kläger muß so genau vortragen, daß sich der Bekl sachgemäß verteidigen kann, BGH RR **02**, 1532, Köln MDR **97**, 1059.

33 **D. Beispiele zur Frage von Gegenstand und Grund, II Z 2 Hs 1**

Änderung des Vortrags: Sie ist grds bis zum Schluß der letzten mündlichen Verhandlung nach §§ 136 IV, 296 a statthaft, BGH RR **02**, 1532. Ob das die Glaubwürdigkeit stärkt, ist natürlich eine andere Frage.

Aufklärungspflicht: Sie besteht nach § 139 auch hier, BVerfG NJW **94**, 2683, Mü OLGZ **79**, 355.

Auslegung: Auch die Angaben nach II Z 2 Hs 1 sind wie jede Parteiprozeßhandlung nach Grdz 52 vor § 128 auslegbar, BGH RR **95**, 1470 (auch zum Antrag).

Bezugnahme: Der Kläger darf sich evtl mit einer Bezugnahme auf Anlagen begnügen, Rn 39, BGH NJW **07**, 776, großzügiger BGH MDR **04**, 824. Das gilt aber nicht stets, Drsd RR **99**, 147, Hamm RR **05**, 894. Er darf auch im streitigen Verfahren auf eine Anspruchsbegründung des Mahnverfahrens nach § 690 verweisen, wenn sie auch jetzt noch reicht, BGH NJW **82**, 2002.

S auch Rn 34 „Mahnverfahren".

Btx-Zahlungsklage: Bei ihr mag die bloße Vorlage von Stornolisten unzureichend sein, LG Mönchengladb RR **98**, 714, aM Köln VersR **93**, 840, Oldb RR **96**, 829 (aber die Parteiherrschaft nach Grdz 18 vor § 128 hat nun einmal Obliegenheiten zur Folge).

Darlegungs- und Beweislast: Beide stimmen grds überein, Anh § 286, Stgt RR **86**, 898. Die Darlegungslast kann aber über die Beweislast hinausgehen, § 138 Rn 30 (sog sekundäre Behauptungs- oder Darlegungslast), Lange DRiZ **85**, 249. Man darf keine überspannten Anforderungen stellen, BGH NJW **08**, 2994 (Arzneimittelhaftung).

Dingliche Klage: Bei ihr ist eine Angabe der Erwerbstatsachen erforderlich, soweit nicht eine Eigentumsvermutung erfolgt, zB nach § 1006 BGB.

Dokumentation: Es ist keine rechtliche Würdigung und daher dazu auch keine vollständige Dokumentation notwendig, BGH RR **01**, 887.

Ergänzung: Rn 34 „Frist".

Fehlen jeder Tatsachendarlegung: Dann muß das Gericht die Klage evtl nach einem vergeblichen Hinweis nach § 139 durch ein Prozeßurteil nach Grdz 14 vor § 253 als unzulässig abweisen, BGH RR **89**, 396, BAG DB **81**, 1680. Das gilt selbst dann, wenn der Kläger ihn erst an sich zulässigerweise in der mündlichen Verhandlung einführt. Auch bei der Klage aus einem abgeleiteten, übergegangenen oder abgetretenen Recht gelten dieselben Anforderungen, BGH WertpMitt **82**, 1327.

34 **Frist:** Alle Anforderungen an einen Tatsachenvortrag des Klägers können bei einer Ausschlußfrist eine Bedeutung erhalten. Denn der Kläger darf ihn dann evtl nicht mehr ergänzen, LG Freib MDR **76**, 60, aM LG Brschw WoM **85**, 318, Schmidt-Futterer MDR **75**, 4 (je: Mieterhöhung), AG Stgt-Bad Cannstadt RR **92**, 958 (aber Fristen muß man stets streng beachten).

Gestaltungsklage: Bei ihr geht es nicht um die Verletzung eines Anspruchs, sondern um die Grundlagen eines Anspruchs.

Mahnverfahren: § 690.

Negativtatsache: Man muß evtl auch sie darlegen, BGH MDR **99**, 1371 (Schenkungsversprechen).

35 **Prozeßförderungspflicht:** Diese Pflicht der Parteien nach Grdz 12 vor § 128 führt zu scharfen Anforderungen, Hartmann AnwBl **77**, 92, Putzo AnwBl **77**, 431.

Prozeßführungsrecht: Der Kläger muß die dazu nach Grdz 21 ff vor § 50 notwendigen Tatsachen darlegen.

Prüfungsumfang: Der Kläger kann durch seinen Sachantrag den Prüfungsumfang im Rahmen des § 308 I bestimmen, vgl auch §§ 306, 307, BAG DB **75**, 1226.

Rangfolge: Die vom Kläger gewählte bindet nur bei den Sachanträgen nach § 308 I, nicht aber bei der Anspruchsbegründung. Eigene Behauptungen muß die Partei auch gegen sich gelten lassen. Die Gegenpartei kann sie also zum eigenen Nutzen heranziehen, auch als einen Beweisgrund. Ergibt aber das Vorbringen des Bekl einen neuen Klagegrund, kann man ihn für die Schlüssigkeit der Klage nur dann heranziehen, wenn sich der Kläger darauf beruft.

36 **Rechtliche Würdigung:** Der Kläger braucht keine Einordnung der anspruchsbegründenden Tatsachen unter einen Rechtssatz vorzunehmen. Das ist ja eine Aufgabe des Gerichts: „Da mihi factum, dabo tibi ius", „jura novit curia". Eine rechtliche Beurteilung der Partei bindet das Gericht daher auch nicht, Grdz 24 vor § 128, BAG DB **75**, 1226. Es reicht aus, daß sich die vom Kläger erstrebte Rechtsfolge aus seinem Tatsachenvortrag ergeben kann oder soll, BGH RR **01**, 887. Eine Rechtsansicht ersetzt nicht den notwendigen Tatsachenvortrag, BGH NJW **03**, 3564.

Rechtsschutzbedürfnis: Es ist stets notwendig, Grdz 33 vor § 253. Der Kläger muß die zugehörigen Tatsachen darlegen.

Richtigkeit: Im Rahmen der Wahrhaftigkeitspflicht nach § 138 Rn 13 ff muß sich der Klägr natürlich auch um die Richtigkeit der von ihm genannten Tatsachen bemühen. Es ist aber nicht schon deshalb eine Wahrscheinlichkeit dieser Richtigkeit notwendig, BGH RR **01**, 887.

Sachbefugnis: Der Kläger muß die dazu nach Grdz 21 ff vor § 50 notwendigen Tatsachen darlegen.

Sachlichrechtliche Begründung: S „Rechtliche Würdigung". Es ist also keine vollständige solche Begründung nötig, BGH NZM **04**, 188, Celle RR **04**, 1367.

Saldoforderung: Der Kläger muß bei ihr grds die Einzelzahlen so zusammenstellen, daß das Gericht eine vollständige rechnerische und rechtliche Überprüfung vornehmen kann, BVerfG NJW **94**, 2683, BGH NJW **83**, 2880, AG Köln ZMR **97**, 147. Daran ändert auch Art 103 I GG nichts, AG Mü RR **03**, 301. Freilich muß sich auch das Gericht bei einer nicht perfekten Übersicht etwas Mühe geben. Es hat ja eine Aufklärungspflicht nach § 139, BVerfG NJW **94**, 2683, Mü OLGZ **79**, 355.

Schadensersatzanspruch: Bei ihm muß der Kläger das zum Ersatz verpflichtende Ereignis genau bezeichnen, BGH NJW **02**, 3769, freilich nur in einem ihm zumutbaren Umfang, Köln VersR **87**, 791.

Schlüssigkeit: S zunächst „Rechtliche Würdigung". Ob also eine mit Gründen versehene Klage auch nach der Auffassung des Gerichts in sich ausreichend begründet, also schlüssig ist, gehört nicht zur Prüfung der Prozeßvoraussetzungen, Grdz 12 vor § 253. Das unterliegt vielmehr der sachlichrechtlichen Prüfung in der mündlichen Verhandlung, BGH VersR **79**, 764. Es führt bei einer Verneinung zur Sachabweisung, § 300 Rn 8.

Taschenrechner: LG Ffm RR **97**, 434 hält in zeittypischer Nachgiebigkeit eine Nachrechenbarkeit durch Taschenrechner für ausreichend. Es begünstigt damit noch mehr eine Arbeitsüberbürdung auf den Richter, der dann oft genug mühsam und unnötig zeitraubend erhebliche Rechenfehler entdecken muß. 37

Überspannung: S „Zumutbarkeit".

Unstreitigkeit: Sie verringert die Darlegungslast des Klägers, BGH MDR **02**, 832.

Verjährung: Ihre Hemmung tritt auch bei einer nicht genügend begründeten Klage ein. Zum Problem (jetzt) des Neubeginns der Verjährung beim bloß vorbereitenden Anspruch (Auskunft usw) und bei der verteidigungsweisen Geltendmachung im Prozeß Arens Festschrift für Schwab (1990) 17. Bedeutung gewinnen kann der Streit im Versäumnisverfahren. Seine Hauptbedeutung liegt aber bei der Klagänderung und der Rechtskraftwirkung.

Zumutbarkeit: Sie ist ein wesentlicher Maßstab, § 138 Rn 23. Es bleibt zwar einer Partei manchmal nicht erspart, auf Vermutungen aufzubauen, BGH RR **99**, 361. Sie muß aber darauf hinweisen und sich vor einem Rechtsmißbrauch in Gestalt von einem Behaupten ins Blaue hüten, Einl III 54, BGH RR **99**, 360 und 361. Die Substantiierungslast bezweckt weder in erster Linie die Förderung der Wahrheitsermittlung noch eine Prozeßbeschleunigung noch die Verbesserung der Lage des Gegners, BGH NJW **99**, 2888. „Anspruch aus Vertrag" usw reicht nicht. Man darf freilich die Anforderungen auch nicht überspannen, BGH NJW **01**, 2633, Köln VersR **87**, 791, Wolf NJW **05**, 2417.

7) Antrag, II Z 2 Hs 2 38

Schrifttum: *Anders/Gehle,* Antrag und Entscheidung im Zivilprozeß, 3. Aufl 2000; *Bräuer* AuwBl **05**, 711 (ausf); *Friedrich,* Probleme der Teilklagen, Diss Köln 1995; *Klicka,* Bestimmtheit des Begehrens bei Leistungsklagen, Wien 1989; *Mertins* VersR **06**, 47 (ausf); *Teplitzky,* Anmerkungen zur Behandlung von Unterlassungsanträgen, Festschrift für *Oppenhoff* (1985) 487.

A. Grundsatz: Notwendigkeit der Bestimmtheit. Der Kläger muß zur Bestimmung und zum Umfang des Streitgegenstands nach § 2 Rn 4 vor allem einen bestimmten Antrag zur Sache nach § 297 Rn 4 stellen, BGH NJW **01**, 447, BAG NZA **06**, 170, Sauren NZM **07**, 858 (WEG). Nötig ist also eine Sachbitte, also eine genaue Angabe der gewünschten Entscheidung. Das ist eine notwendige Folge der Parteiherrschaft nach Grdz 18 vor § 128, nicht etwa des ebenfalls aus ihr folgenden Beibringungsgrundsatzes, Grdz 20 vor § 128. Dabei ist der Antrag wie jede Parteiprozeßhandlung nach dem erkennbaren Willen auslegungsfähig, Rn 40, und evtl -bedürftig, Grdz 52 vor § 128, auch unter einer Mitbeachtung der Klagebegründung, BGH GRUR **01**, 1036. Der Antrag muß wie bei Rn 30 den Streitgegenstand und den Umfang der Prüfungs- und Entscheidungsbefugnis des Gerichts und den Umfang der inneren Rechtskraft nach § 322 klar umreißen, BAG NZA **08**, 367. Denn der Bekl soll sich wie bei Rn 31 erschöpfend verteidigen können, BGH RR **08**, 1137. Es soll nicht dem Vollstreckungsgericht überlassen bleiben, was der Bekl tun darf und was nicht, BGH NJW **03**, 669, BAG NZA **08**, 367, Karlsr RR **02**, 251. Der Antrag muß wie bei daher aus sich heraus im Rahmen des dem Kläger an Bestimmtheit der Formulierung Zumutbaren verständlich sein, BGH NJW **01**, 447, VGH Kassel NJW **93**, 3088. Dazu kann evtl sogar die bloße Wiedergabe des Gesetzestextes ausreichen, Mü MDR **94**, 152, etwa des § 8 UWG. Das gilt freilich nicht, wenn das Gesetz mehrere Verletzungsmöglichkeiten nennt. Dann muß man die konkrete Verletzungsform bezeichnen, Hamm WettbR **00**, 63.

B. Bezugnahme. Es kann auch die Bezugnahme auf die Anspruchsbegründung genügen, BGH MDR **03**, 864, Karlsr RR **02**, 251, Köln RR **01**, 1487 (je zu §§ 935 ff). Es reicht auch evtl die Bezugnahme auf eine Anlage, BGH WertpMitt **82**, 68, Schlesw SchlHA **77**, 32, aM BGH RR **94**, 1185 (Bilanz. Aber eine Bilanz reicht im allgemeinen überall, soweit sie gesetzlich einwandfrei entstand). Das gilt auch, wenn der Anwalt zB in einem Parallelprozeß vor derselben Kammer oder Abteilung einen Schriftsatz fertigte und von diesem nun eine Ablichtung oder Abschrift vorlegt oder wenn er auf das selbst gefertigte Prozeßkostenhilfegesuch Bezug nimmt, auch auf eine von der Partei im Mahnverfahren eingereichte Anspruchsbegründung, BGH **84**, 136. Die bloße Bezugnahme auf ein sonstiges Parteivorbringen kann im Einzelfall ausreichen, Düss MDR **96**, 416. Sie kann aber auch unzureichend sein, erst recht diejenige auf den Vortrag eines Dritten, wenn er nicht zB der Streitgenosse oder Streithelfer ist. Eine Bezugnahme reicht aber, wenn sie erkennen läßt, daß man sie durchgearbeitet hat. Unzureichend ist evtl auch die leider beliebte und oft zu großzügig hingenommene bloße Bezugnahme auf den Mahnbescheid, § 697 Rn 4, vgl freilich auch oben Rn 32. 39

C. Amtsprüfung, Auslegung usw. Das Bestimmtheitserfordernis gilt auch bei § 259, dort Rn 12, oder bei einer Feststellungsklage nach § 256, BGH NJW **01**, 447, BAG NZA **06**, 170 (Umdeutung einer Leistungsklage), Köln FamRZ **05**, 1107. Ungenügend ist es also, wenn man nicht erkennen kann, ob der Kläger ein Leistungs- oder ein Feststellungsurteil begehrt oder wenn die geschuldete Summe sich erst durch einen Vergleich mit anderen Faktoren ergibt, BGH NJW **78**, 1585. Unklare Anträge zB wegen handschriftlicher Zusätze evtl unbekannter Herkunft und Datierung muß der Vorsitzende klarstellen lassen und auf die Stellung sachdienlicher Anträge hinwirken, § 139, BGH WettbR **98**, 170, also auch dahin, daß der Antrag einen vollstreckungsfähigen Inhalt hat, BGH WettbR **98**, 170, BAG VersR **88**, 256. Das Bestimmtheitsgebot ist eine Prozeßvoraussetzung nach Grdz 12 ff vor 253, BAG NJW **08**, 1900, LG Lpz WettbR **00**, 279. Das Gericht muß es in jeder Verfahrenslage von Amts wegen beachten, BAG NJW **00**, 3228. Seine Mißachtung führt evtl nach einem vergeblichen Hinweis nach § 139 zur Klagabweisung als unzulässig, Grdz 14 vor § 253, LG Lpz WettbR **00**, 279. Ein Antrag ist freilich der Auslegung fähig, Grdz 52 vor § 128, BGH RR **97**, 1217, BAG NJW **08**, 1900, LG Mü WoM **93**, 611, strenger BGH GRUR **02**, 88 (aber jede Parteiprozeßhandlung ist auslegungsfähig, Grdz 52 vor § 128). Die Auslegung ist in der Revisionsinstanz frei nachprüfbar, BGH RR **93**, 550. Ein Leistungsantrag kann in einen Feststellungsantrag umdeutbar sein, BAG MDR **06**, 33. 40

Ein *Kostenantrag* ist unnötig, § 308 II. Er ist aber unter Umständen zweckmäßig, Rn 73 „Kosten". Auch ein Prozeßantrag nach § 297 Rn 5 ff fällt jedenfalls grundsätzlich nicht unter II Z 2. Eine Ausnahme gilt bei § 96 GVG. Ein Antrag auf ein schriftliches Anerkenntnisurteil nach § 307 oder auf ein Versäumnisurteil nach § 331 III ist keine Pflicht, im letzteren Fall aber eine Obliegenheit, Grdz 11 vor § 128. Über den Hilfsantrag § 260. Eine Klage nur mit einem Hilfsantrag ohne einen Hauptantrag wäre bedingt und darum unzulässig, Rn 1. 41

Notfalls hilft zunächst eine Auskunftsklage nach § 254 Rn 4, Düss FamRZ **78**, 134. Auch bei ihr ist aber ein Ausforschungsantrag unzulässig, also ein solcher, den der Kläger bestimmter fassen kann, BGH NJW **83**, 1056. Wegen §§ 708 ff sind Anträge zur Vollstreckbarkeit nur unter besonderen Voraussetzungen nötig.

42 **D. Beispiele zur Frage der Bestimmtheit des Klagantrags**

Allgemeine Geschäftsbedingungen: Bei einer Verbandsklage nach Grdz 30 vor § 253 muß der Klagantrag auch den Wortlaut der beanstandeten Bestimmung und die Bezeichnung derjenigen Rechtsgeschäfte enthalten, für die der Kläger die Bestimmung beanstandet.

S auch § 8 I UKlaG.

Alternativantrag: § 260 Rn 7.

Anerkenntnisurteil: Ein Antrag auf ein schriftliches Anerkenntnisurteil nach § 307 ist keine Pflicht, auch nicht mehr eine Obliegenheit, Grdz 11 vor § 128. Denn § 307 II aF ist weggefallen.

Anfechtungsklage: Sie muß die bestimmte Angabe enthalten, für welche vollstreckbaren Forderungen in welcher Reihenfolge und für welche jeweiligen Beträge der Kläger einen Rückgewähranspruch erhebt, BGH **99**, 277. Bei der Insolvenzanfechtung durch eine sog Replik (Einrede) ist II Z 2 nicht voll anwendbar, sofern nur grds eine Bestimmtheit vorliegt, Düss RR **90**, 576.

Angemessener Betrag: Rn 51 „– (Angemessenheit)", Rn 59 „– (Unbezifferter Leistungsantrag)".

43 **Anspruchsmehrheit,** dazu *Jauernig,* Teilurteil und Teilklage, Festgabe *50 Jahre Bundesgerichtshof* (2000) III 311: Der Kläger muß zB bei einer Saldoforderung grds die Einzelzahlen so zusammenstellen, daß das Gericht eine vollständige rechnerische und rechtliche Überprüfung vornehmen kann, BGH MDR **03**, 825. Er muß bei mehreren prozessual selbständigen Ansprüchen zwecks einer Klärung des Streitgegenstands und des Umfangs der inneren Rechtskraft im einzelnen angeben, wie er die Gesamtsumme auf die verschiedenen Einzelansprüche verteilt, BGH NJW **00**, 3719, Ffm VersR **96**, 764. Er muß nur dann auch die Reihenfolge angeben, in der das Gericht die einzelnen Beträge prüfen soll, BGH NJW **00**, 3719, BAG DB **03**, 348, Düss NJW **93**, 2691. Diese Reihenfolge ist für das Gericht verbindlich, § 308 I, BGH NJW **98**, 1140. Nur die vom Kläger gewählte Rangfolge der rechtlichen Begründung bindet das Gericht nicht, Rn 33.

Soweit der Kläger aus *mehreren* selbständigen Ansprüchen in der Klage jeweils nur einen *Teilbetrag* oder den einen Anspruch voll, einen oder mehrere weitere Ansprüche aber nur teilweise geltend macht, muß man natürlich durch eine Auslegung mitklären, BGH RR **87**, 640. Mangels Angaben muß das Gericht jeden Teilbetrag entsprechend seinem Anteil am Gesamtanspruch kürzen, BGH GRUR **02**, 155.

44 Der Kläger kann auch den einen Anspruch voll erheben und die anderen *hilfsweise* in bestimmter Reihenfolge geltend machen, § 260 Rn 8, zB bei Heilungskosten, Verdienstausfall, Schmerzensgeld. § 139 ist anwendbar. Jedoch genügt ein Hinweis auf Bedenken gegen die Zulässigkeit, selbst wenn der Vorderrichter sie bejahte, BGH JZ **75**, 449. Eine Teilklage ist bei einer Teilbarkeit zulässig, Jauernig (bei Rn 43) 329. Soweit der Kläger einen solchen Teilanspruch geltend macht, entsteht auch nur insofern eine Rechtshängigkeit.

45 *Ungenügend ist* die unterschiedslose Angabe von Klagegründen ohne die betragsmäßige Aufteilung auf den Klagantrag. Eine Angabe des Eventualverhältnisses ist notwendig. Unzulässig ist eine Erklärung, daß die Reihenfolge der Prüfung dem Gericht überlassen bleiben solle. Verstößt der Kläger gegen diese Erfordernisse der Antragstellung, dann werden trotzdem bei einer späteren Aufteilung alle Einzelansprüche bis zur Höhe der Klagesumme rechtshängig. Auch wird die Verjährung trotz mangelnder Aufgliederung auf die Einzelforderungen gehemmt, selbst wenn der Kläger die Aufgliederung und Bezifferung der Einzelforderungen erst nach dem Ablauf der Verjährungsfrist vorgenommen hat. Bei einer verneinenden Feststellungsklage nach § 256 mit der Beschränkung auf einen aus mehreren selbständigen Ansprüchen zusammengesetzten Teilbetrag muß der Kläger angeben, für welche einzelnen Ansprüche oder Teile er die Feststellung begehrt. Aus der Klagebegründung oder der Streitwertangabe kann sich eine Beschränkung des Feststellungsbegehrens ergeben. Sie kann für die Verjährung von Bedeutung sein.

46 **Arbeitsrecht:** Auch im arbeitsgerichtlichen Beschlußverfahren muß man den Streitgegenstand nach § 2 Rn 4 so genau bezeichnen, daß das Gericht die Streitfrage mit einer Rechtskraftwirkung entscheiden kann, BAG MDR **06**, 33, LAG Mainz NZA-RR **08**, 249 links. Daher reicht zB die bloße Wiedergabe des Gesetzestextes nicht, BAG DB **89**, 536. Freilich läßt sich der Antrag auslegen, Rn 40, BAG NZA **07**, 1350. Die Notwendigkeit einer Bezifferung nach Rn 49 gilt auch bei einem Lohnfortzahlungsanspruch, Lepke DB **78**, 839 (wegen „brutto/netto" oder ähnlichen Angaben BAG NJW **01**, 3571, LG Mainz Rpfleger **98**, 530, LAG Mü DB **80**, 886; wegen der Anrechnung des Arbeitslosengeldes BAG NJW **79**, 2634). „Restliche Vergütung für 61 Werktage 1999 wegen Kranken- und Urlaubsvergütung" reicht nicht, BAG DB **03**, 348. Nach § 38 ArbNEG, Rn 6, ist ein Antrag auf die Zahlung eines vom Gericht zu bestimmenden angemessenen Betrags zulässig. Einen Beschäftigungsanspruch muß man genau bezeichnen, LAG Kiel NZA-RR **05**, 514. Ausreichend ist die Forderung wegen eines Wertguthabens nach § 7 I a 1 SGB IV, BAG NZA **06**, 1053. Notwendig ist die genaue Bezeichnung des betroffenen Arbeitnehmers, BAG NZA **07**, 1011 (Tarifgebundenheit). Ausdrücke wie „Kassierer", „Spieltisch", „Saalchef", „Croupier", „Kessel" genügen, BAG NZA-RR **07**, 584. „Zuständigkeit des Betriebsrats" kann reichen, BAG NZA **07**, 1246. Ausreichend ist eine Überlassung der Verteilung der beantragten Verringerung der Arbeitszeit an den Arbeitgeber, BAG NZA-RR **08**, 212.

Bei einer Klage auf ein *qualifiziertes Zeugnis* kann dessen vollständige Formulierung nötig sein. Zum arbeitsgerichtlichen Beschlußverfahren BAG DB **84**, 1479. Bei einer Kündigungsschutzklage darf man großzügig auslegen, BAG NJW **08**, 1900, und es genügen solche Angaben, aus denen man ersehen kann, wo der Kläger tätig war, gegen wen er sich wendet und daß er seine Entlassung nicht als berechtigt anerkennt, BAG NJW **82**, 1174. Der Kläger muß ein Betriebs- oder Geschäftsgeheimnis hinreichend genau und damit unverwechselbar bezeichnen, auch durch eine Zeichnung, Fotografie usw, BAG NJW **89**, 3237. Er muß den Vergütungszeitraum angeben, BAG DB **96**, 1344. „Zur-Verfügung-Stellung eines tabakrauchfreien Arbeitsplatzes" reicht aus, BAG NJW **98**, 162. Ein Antrag auf „Wiedereinstellung" reicht aus, BAG NJW **01**, 1297. Dasselbe gilt beim Antrag auf eine Ersetzung der Zustimmung des Betriebsrats zur Eingruppierung, BAG NZA **04**, 801. Man muß die Art der Einwirkung auf den Abschluß eines Tarifvertrags nicht stets näher angeben, BAG NZA **06**, 1008 links. Zur Bestimmtheit beim koalitionsrechtlichen Unterlassungsanspruch gegen eine tarifwidrige Einheitsregelung Kocher NZA **05**, 140. Ein Antrag, das Arbeitsverhältnis „ordnungsgemäß abzurechnen", ist zu unbestimmt, BAG DB **01**, 1512. „Weiterbeschäftigung als Lagerleiter" kann vollstreckungsunfähig unscharf sein, LAG Mainz MDR **05**, 1060.

Auflassung: Rn 100 „Zug-um-Zug-Gegenleistung".

Aufrechnung: Wer mit der Aufrechnung einen Teilbetrag aus mehreren selbständigen Ansprüchen geltend macht, muß angeben, welchen Teilbetrag von jedem dieser Ansprüche er in welcher Reihenfolge geltend macht, § 145 Rn 9, Schlesw MDR **76**, 50, ThP § 145 Rn 14, aM Schneider MDR **88**, 928 (aber gerade wegen der zumindest auch sachlichrechtlichen Bedeutung einer im Prozeß erklärten Aufrechnung muß man die Parteiherrschaft mit ihrem Beibringungsgrundsatz nach Grdz 18–20 vor § 128 beachten. Das hat zur Folge, daß die Partei bestimmen kann und muß, welche Aufrechnung sie in welcher Reihenfolge der Prüfung des Gerichts unterbreitet). 47

S auch Rn 49 „Bezifferung".

Auskunftsklage, dazu *Kiethe* MDR **03**, 781 (ausf): Bei einer Auskunftsklage nach § 254 muß der Kläger diejenigen Belege, die der Bekl vorlegen soll, in einem zumutbaren Umfang genau bezeichnen, BGH FamRZ **88**, 496, Bbg RR **04**, 476, Köln MDR **93**, 83, Er muß beim Antrag auf eine Auskunft zB über Einkommens- und Vermögensverhältnisse (besser: über die Brutto- und Nettoeinkünfte lt Steuerbescheiden, Ffm FamRZ **91**, 1334) den begehrten Zeitraum nennen, Ffm FamRZ **91**, 1334, Büttner FamRZ **92**, 629. Er muß die Einkommensarten möglichst näher bezeichnen, Büttner FamRZ **92**, 630. Er muß beim Verlangen nach einer Auskunft über Bemühungen zur Aufnahme von Erwerbstätigkeit genau angeben, welche Tatsachen der Arbeitssuche und Eingliederung in das Erwerbsleben der Bekl angeben soll, Brschw FamRZ **87**, 284. Bei der Auskunftsklage des Pflichtteilsberechtigten oder sonstigen Nichterben gegen den Erben oder Testamentsvollstrecker kann es zulässig sein, auch die Vorlage von Geschäftsunterlagen zwecks einer eigenen Wertermittlung zu fordern, BGH NJW **75**, 1776, Zweibr FamRZ **87**, 1198 (eine weite Antragsfassung ist statthaft).

S auch § 254 Rn 4.

Bedingung: Die Klage unter einer Bedingung ist grds unstatthaft, BGH NJW **07**, 914.

Befreiung: Rn 65 „Freistellung".

Bereicherung: Der Kläger muß auch sie beziffern, Zweibr FER **01**, 142.

Berufung: Eine Bezugnahme auf ein verteidigtes vorinstanzliches Urteil reicht, BGH BB **95**, 1377.

Beschwer: Wenn der zuerkannte Betrag wesentlich unter demjenigen bleibt, den der Kläger als angemessen oder gar als den Mindestbetrag bezeichnet hatte, muß insofern eine Klagabweisung erfolgen, BGH VersR **79**, 472. Insofern liegt also eine Beschwer vor, Grdz 14 vor § 511. 48

Bestimmungsrecht: Der Kläger darf sein derartiges Recht zB aus §§ 315, 316 BGB *nicht* sogleich dem Gericht überlassen.

Bezifferung, dazu *Menges,* Die Zulässigkeit des unbezifferten Klageantrags, 2004: 49

a) Grundsatz: Notwendigkeit der Klarheit für Beschwer, Rechtskraft und Vollstreckung. Der Leistungskläger muß infolge der Parteiherrschaft nach Grdz 18 vor § 128 die Leistung so genau bezeichnen, daß der Bekl sein Risiko erkennen und sich demgemäß erschöpfend verteidigen kann, Rn 32, BGH NJW **83**, 1056, daß ferner das Berufungsgericht eine Beschwer nach Grdz 14 vor § 511 ermitteln kann, BGH NJW **02**, 3769 (insofern freilich nur Obliegenheit), daß das Urteil klar die Grenzen der inneren Rechtskraft nach § 322 erkennen läßt und daß es demgemäß für die Zwangsvollstreckung klar ist, BGH NJW **94**, 3103, BAG NJW **85**, 646, KG ZMR **02**, 824. Das gilt besonders auch für eine Unterlassungsklage. Der Kläger muß einen geforderten Geldbetrag grundsätzlich beziffern, BGH NJW **94**, 587, Ffm FamRZ **82**, 1223, aM MüKoWo § 726 Rn 8 (aber die Parteiherrschaft hat nun einmal Obliegenheiten zur Folge). Ausnahmen gelten (vgl auch Rn 52) nur, wenn das unmöglich oder dem Kläger aus besonderen Gründen nicht zumutbar ist, § 287, Düss DNotZ **78**, 684, Oldb NJW **91**, 1187. Bull JR **75**, 449 fordert eine Gesetzesänderung, Röhl ZZP **85**, 73, 86, 326 hält einen unbezifferten Antrag für überflüssig und fordert dessen Unzulässigkeit. Die Notwendigkeit einer Bezifferung gilt an sich auch bei einem Unterhaltsanspruch, Düss FamRZ **78**, 134, Ffm FamRZ **82**, 1223, aM Spangenberg MDR **82**, 188 (aber obige Grundsätze gelten auch hier).

Die Notwendigkeit der Bezifferung gilt ferner grundsätzlich bei einem *Schadenersatzanspruch,* Düss VersR **93**, 883, Kblz MDR **79**, 587, bei einem Anspruch nach § 651 f BGB, Bendref NJW **86**, 1722, bei einem *Lohnzahlungsanspruch,* Lepke DB **78**, 839 (wegen „brutto/netto" oä BAG NJW **85**, 646, LAG Mü DB **80**, 886. Wegen der Anrechnung des Arbeitslosengeldes BAG NJW **79**, 2634). Die Notwendigkeit der Bezifferung gilt ferner zB bei einem Entschädigungsanspruch, BayObLG **82**, 422, Stgt NJW **78**, 2209 (StPO). Die Notwendigkeit einer Bezifferung gilt auch bei einer Mitverursachung oder bei einem Mitverschulden. 50

Sie gilt aber *nicht,* wenn der Kläger einen angemessenen Preis oder eine *angemessene* Vergütung verlangt. Eine Bezifferung ist nicht erforderlich, soweit sie dem Kläger bei einer erforderlichen Abwägung der Gesamtumstände objektiv nicht zumutbar ist. Selbst dann muß er aber grds wenigstens als eine Schätzungsgrundlage Tatsachen vortragen, die eine Ermittlung des objektiv angemessenen Betrags gestatten, BGH VersR **79**, 472, Ffm VersR **79**, 265, vgl auch § 287.

b) Einzelfragen 51

– **(„abzüglich x . . ."):** Wegen der Notwendigkeit, den Vollstreckungstitel auch zB für den Gerichtsvollzieher aus sich heraus verständlich zu formulieren, ist ein Antrag, den Bekl etwa zur Zahlung von x Euro „abzüglich y (zB durch Teilurteil ausgeurteilt)", in dieser Form zwar für den Kläger bequem, aber unbrauchbar. Der Vorsitzende muß nach § 139 I 2 mit dem Kläger solange rechnen, bis ein in EUR usw bezifferter Schlußbetrag herauskommt. Man sollte dann nur diesen Betrag beantragen und am besten klarstellen, daß es sich um eine Restforderung handelt, also zB den Bekl zu verurteilen, an den Kläger „über die durch Teilurteil vom ... zugesprochene Summe hinaus restliche x EUR zu zahlen".

– **(Angemessenheit):** Der Kläger kann auch zumindest bei § 287 einen „angemessenen Betrag, Preis usw" verlangen, BAG BB **77**, 1356, LG Düss BB **07**, 848, strenger BGH ZZP **86**, 322 (aber die Prozeßwirtschaftlichkeit nach Grdz 14 vor § 128 sollte mitgelten). Er darf allerdings nicht das Risiko einer Beweisaufnahme oder der Kosten von sich abwälzen wollen, BGH NJW **83**, 1056, Pawlowski ZZP **82**, 131, aM AG Groß Gerau MDR **77**, 410 (zu § 1360 a BGB. Aber das würde an eine Umdrehung der Beweislast grenzen).

Ein Beweisantrag *„Sachverständigengutachten"* ersetzt die Darlegung von Berechnungs- und Schätzungsgrundlagen nicht, BGH MDR **75**, 741. Es genügt jedoch, daß sich der Geldbetrag nach den gegebenen Unterlagen ohne weiteres genau berechnen läßt, BGH WertpMitt **82**, 68, zB aus verständlichen, übersichtlichen Kontenblättern als Anlagen, Schlesw SchlHA **77**, 32. Solche Belege, die der Bekl vorlegen soll, muß der Kläger in zumutbarem Umfang schon in der Klage bezeichnen, BGH NJW **83**, 1056. Die Bezifferung ist in der Berufungsinstanz nachholbar, Köln VersR **85**, 844.

– **(Arbeitsrecht):** Rn 46 „Arbeitnehmer", Lepke BB **90**, 273 (ausf).

– **(Auskunft):** Vgl zunächst Rn 47 „Auskunftsklage". Es ist *unzulässig,* den Bekl A auf eine Auskunft und den Bekl B auf eine Zahlung einer erst von der Auskunft abhängenden Summe zu verklagen, BGH NJW **94**, 3103. Der Kläger darf die Ausübung seines Bestimmungsrechts nicht über das Gesetz hinaus dem Gericht überlassen.

S auch Rn 43.

– **(Auslegung):** Sie ist zwecks Klärung der Bezifferung zulässig, Grdz 52 vor § 128, BAG NJW **02**, 3122.

– **(Bezugnahme):** Rn 32, 39.

– **(Ermäßigung):** Sie kann eine teilweise Klagerücknahme bedeuten, Brschw OLGR **01**, 165.

52 – **(Ersatzklage):** Bei einer Ersatzklage ist eine ziffernmäßige Angabe nicht unbedingt nötig, zB nicht bei der Notwendigkeit einer hypothetischen Schadensberechnung nach § 249 BGB. Der Kläger muß aber genügende tatsächliche Unterlagen für das richterliche Ermessen beibringen. Sie müssen für eine Schätzung nach § 287 genügen, falls diese überhaupt zulässig ist. Bei einem merkantilen Minderwert muß der Kläger das Alter und den Zustand des Fahrzeugs, die Art der Unfallschäden, die Reparaturkosten, etwa technische Mängel, die Anzahl der Vorbesitzer und Vorschäden und die Zulassungsdaten angeben, Darkow VersR **75**, 211. Zulässig ist eine Klage auf eine Verurteilung zum Ersatz des gesamten durch den Bekl dem Kläger entstandenen der Höhe nach durch einen Sachverständigen feststellbaren Schadens. Ein solcher Antrag macht den Anspruch seinem ganzen Umfang nach rechtshängig, auch wenn er nach unten begrenzt ist. Der Kläger muß aber Angaben über die Größenordnung dessen machen, was er als angemessen ansieht. Ein Zusatz „oder nach richterlichem Ermessen" ist neben einem bestimmten Antrag bedeutungslos.

53 – **(Feststellungsantrag):** Auch beim Antrag nach Grdz 9 vor § 253, § 256 muß der Kläger II Z 2 mitbeachten, BGH GRUR **85**, 987. Ein Feststellungsantrag ohne eine Betragsangabe ist zulässig, soweit der Kläger ein rechtliches Interesse an der alsbaldigen Feststellung nach § 256 unter der Beschränkung auf den Grund nachweist. Möglich ist auch eine ziffernmäßig beschränkte Teilfeststellungsklage. Auch bei einer verneinenden Feststellungsklage muß der Antrag allerdings grundsätzlich so bestimmt sein, daß der Umfang der Rechtshängigkeit nach § 261 und der inneren Rechtskraft nach § 322 feststeht, LAG Düss BB **75**, 471.

54 – **(Gestaltungsklage):** Bei einer Gestaltungsklage nach Grdz 10 vor § 253, §§ 315 III 2, 343 BGB muß der Kläger die gewünschte Gestaltung grds eindeutig bezeichnen, vgl freilich zB § 2048 S 3, § 2156 S 2 BGB. Ausreichend ist die Herabsetzung einer Vertragsstrafe „auf den angemessenen Betrag".

– **(Minderung):** Zu einer (Miet-)Minderung muß der Kläger den Betrag beziffern, KG ZMR **02**, 824.

– **(Mindestbetrag):** Er kann bei § 287 ausreichen, LG Düss BB **07**, 848.

S auch Rn 56 „Schmerzensgeld".

– **(Prozeßkosten):** Da das Gericht nach § 308 II von Amts wegen über sie entscheiden muß, ist ein Kostenantrag grds ganz entbehrlich und daher auch unbeziffert zulässig, auch zB bei einem Schadensersatzanspruch etwa aus § 840 II 2, solange die Kosten nicht zur Hauptsache werden. Im letzteren Fall würde eine Verweisung auf die Möglichkeit einer Kostenfestsetzung nichts an der Notwendigkeit einer Bezifferung ändern, sobald und soweit sie technisch errechenbar ist.

55 – **(Rückgabe):** Es kann zulässig sein, „Zahlung Zug um Zug gegen Rückgabe eines Kfz abzüglich x pro km ab km-Stand y bis zum km-Stand bei Rückgabe" zu fordern, Oldb NJW **91**, 1187.

56 – **(Schmerzensgeld),** dazu *von Gerlach* VersR **00**, 525 (Üb): Es ist kraft Gewohnheitsrechts grds unbeziffert zulässig, BGH NJW **02**, 3769, Schneider MDR **85**, 992. Beim Schmerzensgeldanspruch nach § 253 II BGB muß der Kläger wenigstens solche Tatsachen vortragen, die die Ermittlung eines angemessenen Betrags gestatten, § 287, BGH NJW **02**, 3769, BAG NJW **84**, 1651, Lemcke-Schmalzl/Schmalzl MDR **85**, 362. Eine Angabe, der Kläger sei erheblich verletzt, genügt nicht. Daher hält der Kläger eine etwa mit der Klage nötige Frist nicht ein, solange der Antrag nicht die nötige Bestimmtheit hat und daher eine Rechtshängigkeit nicht begründen kann, aM LG Hbg VersR **79**, 64 (die Angaben seien nachholbar). Das Gericht muß den Kläger nach § 139 befragen, was er etwa erwartet, Bbg VersR **84**, 875. Bleibt der zuerkannte Betrag wesentlich unter jenem, erfolgt insofern eine Klagabweisung, BGH VersR **79**, 472. Also liegt eine Beschwer vor, Grdz 14 vor § 511. Ein Teilschmerzensgeld ist nur zeitlich bis zum Verhandlungsschluß und außerdem nur dann zulässig, wenn die Schadensentwicklung dann noch nicht ganz überschaubar ist, Stgt RR **04**, 1510.

57 Notwendig ist aber auch beim unbezifferten Schmerzensgeldantrag die Angabe der *vorgestellten Größenordnung,* BGH NJW **02**, 3769, Düss RR **95**, 955, Nürnb VersR **88**, 301, aM Allgaier VersR **87**, 31, Husmann VersR **86**, 715 (aber dann könnte man jedes Kostenrisiko umgehen).

58 Ausreichend ist auch eine *bezifferte Mindestforderung,* BGH NJW **82**, 340, Lindacher AcP **82**, 275. In diesem Zusammenhang mag sogar die Streitwertangabe oder die Vorschußhöhe oder das *Schweigen* auf

eine Festsetzung des vorläufigen Streitwerts ausreichen, BGH NJW **84**, 1809 (reichlich beflissen), von Gerlach VersR **00**, 527. Freilich ist ein Mindestbetrag nur ein Pol, BGH NJW **96**, 2425, aM Ruttloff VersR **08**, 52 (ein Muß). Die Bezifferung usw ist auch in der Berufungsinstanz nötig, BGH RR **04**, 863, aber evtl nachholbar, BGH NJW **02**, 3769, Köln VersR **85**, 844. Andernfalls kann eine Beschwer nach Grdz 14 vor § 511 fehlen, Köln MDR **88**, 62.

S auch Rn 59.

– **(Teilurteil):** Rn 51 „– (abzüglich x . . .)".

– **(Unbezifferter Leistungsantrag):** Nötig ist bei einem unbezifferten Leistungsantrag auf ein Schmerzensgeld oder aus anderem Rechtsgrund, Dunz NJW **84**, 1734 (Rspr-Üb), entweder die Angabe der *vorgestellten Größenordnung* oder wenigstens ein solcher Sachvortrag, der dem Gericht die Ermittlung der Größenordnung ohne weiteres erlaubt, Rn 56, oder eine *bezifferte Mindestforderung,* Rn 58. Alles das muß der Kläger innerhalb einer etwaigen Klagefrist vortragen. Wegen der Änderung bei einer Berufung Zweibr JZ **78**, 244. **59**

– **(Urlaubsfreude):** LG Hann NJW **89**, 1936 läßt den Anspruch nach § 651 f II BGB ohne eine Bezifferung zu, da er schmerzensgeldähnlich ist.

Bezugnahme: Rn 39. **60**

Computerprogramm: Zu den Anforderungen an die Darlegungslast BGH MDR **91**, 503 (ausf). Man muß das Programm so beschreiben, daß Verwechslungen möglichst ausschließbar sind, BGH GRUR **08**, 357 (ausf).

Dingliche Klage: Bei einer solchen Klage ist mangels einer Eigentumsvermutung etwa nach § 1006 BGB die Angabe der Erwerbstatsache notwendig. Bei der dinglichen Befriedigungsklage oder Duldungsklage nach § 1147 BGB muß der Antrag auf eine Verurteilung zur Duldung der Zwangsvollstreckung in das Grundstück und in mithaftende Gegenstände zur Befriedigung des Klägers wegen der Hypothek und der Nebenforderungen gehen. Entsprechendes gilt bei einer Klage aus einem Schiffspfandrecht. **61**

Dritter: Gegen einen Antrag auf die Unterlassung einer Beeinträchtigung muß der Gegner sich erschöpfend verteidigen können, auch wenn er dabei einen Dritten nennen muß. Der Kläger muß einen herausverlangten Gegenstand ausreichend und auch für einen Dritten zweifelsfrei erkennbar bezeichnen. Dasselbe gilt für ein herausverlangtes Recht. Also ist es unzureichend, nur das Betriebsvermögen zu nennen. Man muß auch die zugehörigen Verlags-, Aufführungs- und mechanischen Rechte nennen.

Drittschuldner: Wenn der Schuldner zulässigerweise den Drittschuldner auf eine Erfüllung verklagt, muß er die Rangfolge der Pfändungsgläubiger genau angeben, BGH **147**, 229 (abl Berger JZ **02**, 48).

Duldung: Der Inhalt und Umfang der Pflicht müssen aus dem Klagantrag unzweideutig erkennbar sein, Köln NZM **03**, 200.

Duldung der Zwangsvollstreckung: Rn 100 „Zwangsvollstreckung".

Duldungsklage: S „Dingliche Klage".

Einsicht: Man muß nicht jedes in der einsichtsbedürftigen Parteiakte vorhandene Schriftstück angeben, BAG NZA **06**, 59. **62**

Entlassung: Rn 46.

Entschädigung: Die grundsätzliche Notwendigkeit einer Bezifferung nach Rn 49 ff gilt auch bei einem Entschädigungsanspruch, BayObLG **82**, 422, Stgt NJW **78**, 2209 (StPO). Bei einer Klage nach dem BEG ist eine Bezugnahme auf den angefochtenen Bescheid und die Akten der Entschädigungsbehörde ausreichend.

Erbrecht: Bei der Klage wegen eines Pflichtteilsanspruchs, den man zunächst noch ermitteln muß, kann ein unbezifferter Antrag zulässig sein. Bei der Klage auf eine Erbauseinandersetzung nach § 2042 BGB muß schon die Klage einen genauen Auseinandersetzungsplan enthalten.

Ermessen: Soweit keine Bezifferung nach Rn 49 erforderlich ist, muß der Kläger wenigstens genügende tatsächliche Unterlagen für das dann notwendige richterliche Ermessen beibringen. Sie müssen für eine Schätzung nach § 287 genügen, falls diese überhaupt zulässig ist. Der Kläger muß Angaben über die Größenordnung dessen machen, was er als angemessen ansieht, Rn 59. Ein Zusatz „oder nach richterlichem Ermessen" ist neben einem bestimmten Antrag bedeutungslos. Nach § 38 ArbNEG, Rn 6, ist ein Antrag auf die Zahlung eines vom Gericht zu bestimmenden angemessenen Betrages zulässig. **63**

S auch Rn 49–59, Rn 86 „Schadensersatz", „Schmerzensgeld".

Ersatz: Rn 49–59, Rn 86.

Feststellungsklage: Bei einer Feststellungsklage nach Grdz 9 vor § 253, § 256 ist erforderlich und genügt eine bestimmte Bezeichnung des Rechtsverhältnisses, die den Umfang der Rechtshängigkeit nach § 261 und der inneren Rechtskraft der begehrten Feststellung nach § 322 nicht ungewiß läßt, § 256 Rn 42, 43, BGH NJW **02**, 681, BAG DB **92**, 1195, Köln FamRZ **05**, 1107. Erforderlich ist ferner die Bezeichnung aller tatsächlichen Unterlagen der genauen Feststellung, BGH NJW **83**, 2250. Ein Feststellungsantrag ohne eine Betragsangabe ist zulässig, wenn der Kläger ein rechtliches Interesse an der alsbaldigen Feststellung nach § 256 Rn 21 ff unter der Beschränkung auf den Grund nachweist. Möglich ist auch eine ziffernmäßig beschränkte Teilfeststellungsklage. Auch bei der verneinenden Feststellungsklage muß der Antrag so bestimmt sein, daß der Umfang der Rechtshängigkeit und der Rechtskraft klar sind, BAG DB **92**, 1196, LAG Düss BB **75**, 471. Bei einer verneinenden Feststellungsklage wegen eines aus mehreren selbständigen Ansprüchen zusammengesetzten Teilbetrags muß der Kläger angeben, wegen welcher einzelnen Ansprüche oder Teile von ihnen er die Feststellung begehrt. Aus der Klagebegründung oder der Streitwertangabe kann sich eine Beschränkung des Feststellungsbegehrens ergeben. Das hat für die Verjährung Bedeutung. **64**

Frachtgeschäft: Anh § 286 Rn 231–233 „Werkvertrag".

Fragepflicht: Das Gericht muß den Kläger nach § 139 fragen, was er etwa erwartet, wenn die Angaben des Klägers beim unbezifferten Antrag nicht ausreichen, Bbg VersR **84**, 875. Soweit der zuerkannte Betrag wesentlich unter demjenigen bleibt, den der Kläger wenigstens auf die Frage genannt hat, muß eine Klagabweisung erfolgen, BGH VersR **79**, 472. Insofern liegt also auch eine Beschwer vor, Grdz 14 vor § 511. **65**

Freistellung: Ein Antrag mit dem Ziel der Freistellung von einer Verbindlichkeit ist grds eine Leistungsklage, Grdz 8 vor § 253, Bischof ZIP **84**, 1444. Wenn er freilich keinerlei Angaben über den Umfang der Verbindlichkeit enthält, ist er regelmäßig zu unbestimmt, Düss MDR **82**, 942, Gerhards FamRZ **06**, 1799. Denn zur Vollstreckbarkeit wäre ein weiterer, den Umfang klärender Prozeß notwendig, KG MDR **99**, 118, Saarbr FamRZ **99**, 110, Stgt JB **98**, 324. Das Gericht muß aber nach § 139 klären, ob eine Umdeutung in einen Feststellungsanspruch möglich ist, BGH FamRZ **80**, 655.

Fremdwährung: Rn 31.

66 **Gemeinschaft:** S „Gesellschaft, Gemeinschaft".

Gesamtforderung: Rn 43, 76.

Gesamtgläubiger: Rn 76.

Geschäftsgrundlage: Rn 94 „Vertragsanpassung".

Gesellschaft, Gemeinschaft: Man muß einen Auseinandersetzungsplan selbst formulieren, BGH MDR **88**, 847. *Nicht* ausreichend ist ein Antrag, „an der Durchführung der Auseinandersetzung und an der Erstellung der Auseinandersetzungsbilanz mitzuwirken", BGH DB **81**, 366, oder ein Antrag „zusammen mit dem Kläger die Auseinandersetzung der BGB-Gesellschaft der Parteien durchzuführen", Hamm BB **83**, 1304. Zur Klage nach § 61 GmbHG Becker ZZP **97**, 314. Zur Verweigerung der Zustimmung zur Übertragung eines Gesellschaftsanteils Kblz DB **89**, 672.

S auch Rn 62 „Erbrecht".

Gestaltungsklage: Bei der Gestaltungsklage nach Grdz 10 vor § 253, §§ 315 III 2, 343 BGB muß der Kläger grds die gewünschte Gestaltung einheitlich bezeichnen, vgl freilich zB § 2048, S 3, § 2156 S 2 BGB. Der Kläger darf die Ausübung seines Bestimmungsrechts nicht über das Gesetz hinaus dem Gericht überlassen. Ausreichend ist zB die Herabsetzung einer Vertragsstrafe „auf den angemessenen Betrag".

Gewährleistung: Man muß den Mangel klar bezeichnen, BGH NJW **02**, 681.

67 **Größenordnung:** Soweit eine unbezifferte Klage nach Rn 49–59 zulässig ist, muß der Kläger entweder den vorgestellten Mindestbetrag oder jedenfalls die Größenordnung des begehrten Betrags angeben, Rn 57. Ausreichend ist auch ein solcher Sachvortrag, der dem Gericht die Ermittlung der Größenordnung ohne weiteres erlaubt, Rn 56. Der Kläger muß auch Angaben über die Größenordnung dessen machen, was er als „angemessen" ansieht, BGH NJW **02**, 3769. Bei einer Zusammenfassung mehrerer Ansprüche in einer einheitlichen Gesamtsumme oder bei einer Mehrheit von Gläubigern oder Schuldnern muß der Kläger jeden einzelnen unbezifferten Anspruch der Größenordnung nach bezeichnen. Dabei darf sich der Kläger mit einer abweichenden Aufteilung des Gesamtbetrags durch das Gericht einverstanden erklären, insbesondere bei einem Entschädigungsanspruch, soweit sich der Eingriff gegen den Grundstückseigentümer, den Nutzungsberechtigten und den Inhaber des Gewerbebetriebs richtet. Die Bezifferung usw ist in 2. Instanz nachholbar, BGH NJW **02**, 3769, Köln VersR **85**, 844.

S auch Rn 49–59, Rn 86 „Schadensersatz", „Schmerzensgeld".

68 **Grundstück:** Bei der dinglichen Befriedigungsklage nach § 1147 BGB muß der Antrag auf die Verurteilung zur Duldung der Zwangsvollstreckung in das Grundstück und in mithaftende Gegenstände zur Befriedigung des Klägers wegen der Hypothek und der Nebenforderungen lauten. Ein Antrag auf die Annahme eines noch abzugebenden Angebots kann ausreichen, BGH NJW **86**, 1983. Ausreichend ist ein Antrag, es zu unterlassen, den Kläger an der ungehinderten Ausübung des Besitzes zu stören, aM Düss NJW **86**, 2512 (aber ein solcher Antrag ist bei einer vernünftigen Auslegung auch in der Zwangsvollstreckung durchaus genau genug).

69 **Herausgabe:** Der Kläger muß einen herausverlangten Gegenstand, auch eine Urkunde, ausreichend und auch für einen Dritten zweifelsfrei erkennbar bezeichnen, BGH NJW **03**, 668. Köln MDR **97**, 1059, Sutschet ZZP **119**, 302 (evtl keine letzte Genauigkeit nötig. Das muß aber die Ausnahme bleiben). Das gilt auch wegen der Notwendigkeiten bei der Zwangsvollstreckung zB nach § 883, BGH NJW **03**, 668. Dasselbe gilt für ein herausverlangtes Recht. Es kann ein Antrag reichen, rechtswidrig hergestellte Vervielfältigungsstücke herauszugeben, BGH NJW **03**, 669. Es ist ausreichend, ein Grundstück „befreit von sämtlichen oberirdischen Aufbauten und unterirdischen Anlagen" herauszuverlangen, Düss MDR **02**, 1394.

Demgegenüber ist es *unzureichend,* nur das Betriebsvermögen zu nennen. Insbesondere muß der Kläger auch die dazugehörigen Verlags-, Aufführungs- und mechanischen Rechte nennen. Ausreichend sind zB der Antrag, „die in diesen Bauwerken aufgestellten Maschinen herauszugeben", nicht ausreichend „eine Zahnarztpraxis", KG MDR **97**, 1058, oder ein Antrag auf Nutzungsentschädigung „bis zur Herausgabe", BGH NJW **99**, 954, oder die Bezugnahme auf eine Liste, aus der ein herausverlangter Gegenstand nicht sofort herauslesbar ist, LG Düss BB **94**, Beilage Nr 14 S 2.

70 **Hilfsantrag,** dazu *Wendtland,* Die Verbindung von Haupt- und Hilfsantrag im Zivilprozeß, 2001: Eine Angabe des Eventualverhältnisses ist zulässig, § 260 Rn 8, BAG NZA **05**, 815. Sie ist dann auch notwendig. Der Kläger muß die Rangfolge des Haupt- und der Hilfsanträge nennen, BGH NJW **00**, 3719, BAG NZA **05**, 815. Die Erklärung, daß die Reihenfolge der Prüfung dem Gericht überlassen bleiben solle, ist unzulässig. Soweit der Kläger gegen diese Anforderungen verstößt, werden trotzdem bei einer späteren Aufteilung alle Einzelansprüche bis zur Höhe der Klagesumme rechtshängig. Der Kläger kann auch einen Anspruch voll, die anderen hilfsweise in bestimmter Reihenfolge geltend machen, etwa Heizungskosten, Verdienstausfall, Schmerzensgeld. § 139 ist anwendbar. Jedoch genügt ein Hinweis auf Bedenken gegen die Zulässigkeit, selbst wenn der Vorderrichter sie bejahte, BGH JZ **75**, 449. Eine vom Kläger gewählte Rangfolge der Haupt- und Hilfsanträge ist für das Gericht verbindlich, § 308 I. Eine vom Kläger gewählte Rangfolge der Begründung bindet das Gericht aber nicht.

S auch Rn 97 „Wahlschuld".

Hypothek: Bei der dinglichen Befriedigungsklage nach § 1147 BGB muß der Antrag auf die Verurteilung zur Duldung der Zwangsvollstreckung in das Grundstück und in mithaftende Gegenstände zur Befriedigung des Klägers wegen der Hypothek und der Nebenforderungen lauten. Entsprechendes gilt bei der Klage aus einem Schiffspfandrecht.

Immission: Rn 99 „Zuführung".

Inbegriff: Ein Inbegriff von Sachen und/oder Rechten etwa beim Warenlager erfordert im Rahmen des vernünftigerweise Möglichen die Aufzählung aller einzelnen Gegenstände, Schmidt BB **88**, 6. 71

Kartellrecht: Auch hier muß der Anspruch bestimmt sein, Hbg WettbR **97**, 214.

Kind: Rn 88 „Unterhalt". 72

Kapitalabfindung: Zu *unbestimmt* ist ein Antrag, der nicht ersehen läßt, ob der Kläger eine Kapitalabfindung oder eine Rente verlangt.

Klagefrist: Grundsätzlich muß der Kläger entweder die Bezifferung oder die Angabe der vorgestellten Größenordnung oder des Mindestbetrags innerhalb einer Klagefrist vornehmen. Die Angabe, der Kläger sei erheblich verletzt, genügt *nicht*. Daher ist eine Klagefrist nicht gewahrt, wenn der Antrag insofern nicht bestimmt genug ist und er daher eine Rechtshängigkeit nach § 261 nicht begründen kann, aM LG Hbg VersR **79**, 64 (die Angaben seien nachholbar. Aber man muß eine Frist stets streng einhalten). Das Gericht muß den Kläger befragen, was er etwa erwartet, § 139, Bbg VersR **84**, 875. Bleibt der zuerkannte Betrag wesentlich unter jenem, erfolgt insofern eine Klagabweisung, BGH VersR **79**, 472, also liegt eine Beschwer vor, Grdz 14 vor § 511.

Klagegrund: Rn 32. *Ungenügend* ist die unterschiedslose Angabe von Klagegründen ohne eine betragsmäßige Aufteilung auf den Klagantrag.

Konkrete Verletzungsform: Ihre Bezeichnung ist zumindest dann notwendig, wenn das Gesetz mehrere Verletzungsformen nennt, Hamm WettbR **00**, 63.

Kontenblatt: Beim unbezifferten Klagantrag genügt es, daß sich der geforderte Geldbetrag nach den gegebenen Unterlagen ohne weiteres genau berechnen läßt, BGH WertpMitt **82**, 68, zB aus verständlichen, übersichtlichen Kontenblättern als Anlagen, Schlesw SchlHA **77**, 32. Solche Belege, die der Bekl vorlegen soll, muß der Kläger in zumutbarem Umfang schon in der Klage bezeichnen, BGH NJW **83**, 1056. Insgesamt darf der Kläger dem Gericht nicht diejenige Arbeit überlassen, die er selbst zumutbar vornehmen könnte. 73

Kosten, dazu BGH RR **96**, 1402: Es ist *nicht zulässig*, die Bezifferung des Haupt- oder Hilfsanspruchs zu unterlassen, nur um einem Kostenrisiko zu entgehen. Ein Kostenantrag ist wegen § 308 II zwar unnötig. Er ist trotzdem unter Umständen zweckmäßig. Denn ein gestempeltes Versäumnis- oder Anerkenntnisurteil nimmt oft nur auf die Klageschrift Bezug. Man müßte es dann ergänzen, Stürner ZZP **91**, 359.

Kraftfahrzeug: Rn 77 „Merkantiler Minderwert".

Kündigungsschutzklage, dazu *Diller* NJW **98**, 663 (ausf): Bei einer Kündigungsschutzklage genügen solche Angaben, aus denen man ersehen kann, wo der Kläger tätig war, gegen wen er sich wendet und daß er seine Entlassung nicht als berechtigt anerkennt, BAG NJW **82**, 1174.

S auch Rn 46.

Künftige Leistung: Der Kläger kann einen vertraglich begründeten Unterlassungsanspruch durch eine Leistungsklage nach Grdz 8 vor § 253 nicht für die Vergangenheit einklagen, sondern nur für die zukünftigen Leistungen, § 259, aM RoSGo § 93 II 2c (§ 259 sei beim Unterlassungsanspruch unanwendbar, da dieser auf eine gegenwärtige Leistung gehe. Aber das ist zu wenig prozeßwirtschaftlich). Er muß die etwaige Leistungsdauer angeben, soweit ihm schon jetzt zumutbar, zB „bis zur Herausgabe", BGH NJW **99**, 954. Ein auf eine künftige Leistung gerichteter Antrag kann freilich *zu unbestimmt* sein, LG Bln WettbR **00**, 251. 74

S auch Rn 86 „Schadensersatz".

Leistungsklage: Der Leistungskläger nach Grdz 8 vor § 253 muß infolge der Parteiherrschaft nach Rn 39 die Leistung so genau bezeichnen, daß der Bekl sein Risiko erkennen und sich demgemäß erschöpfend verteidigen kann, Rn 32, daß ferner das entsprechende Urteil klar die Grenzen der inneren Rechtskraft nach § 322 erkennen läßt und daß es demgemäß für die Zwangsvollstreckung klar ist, Rn 31. Das gilt besonders auch für eine Unterlassungsklage. Der Kläger muß einen geforderten Geldbetrag grds beziffern, Ffm FamRZ **82**, 1223. Ausnahmen gelten nur, wenn das unmöglich oder dem Kläger aus gesonderten Gründen nicht zumutbar ist, vgl auch § 287, Düss DNotZ **78**, 684. Bull JR **75**, 449 fordert eine Gesetzesänderung, Röhl ZZP **85**, 73, **86**, 326 hält einen unbezifferten Antrag für überflüssig und fordert dessen Unzulässigkeit, aM Karlsr BB **73**, 119 bei einem ermittlungsbedürftigen Pflichtteilsanspruch. 75

S auch Rn 43, Rn 63 „Ermessen", Rn 86 „Schadensersatz" usw.

Marke: Der Antrag, die markenmäßige Verwendung einer Bezeichnung zu unterlassen, ist hinreichend bestimmt, Köln GRUR **88**, 220.

Maß: Der Antrag muß ganz genau sein. Soll zB ein Durchgang zwischen zwei Gittern frei bleiben, muß klar sein, welche Breite er zwischen den quer verlaufenden Gitterfüßen haben soll, nicht nur an den oberen Gitterrändern. Das engt zumindest die Möglichkeit von Mißdeutungen ein.

Mehrheit von Gläubigern: Mehrere Gläubiger nach §§ 59 ff müssen angeben, welchen Betrag ein jeder fordert. Sie dürfen sich also nicht auf die Gesamtforderung aller beschränken, BGH NJW **81**, 2462. Sie dürfen sich allenfalls mit einer vom Antrag abweichenden Aufteilung im Rahmen der Gesamtforderung aller einverstanden erklären, BGH **81**, 2462. Um den Umfang der inneren Rechtskraft nach § 322 später klarstellen zu können, dürfen mehrere Personen ihre Ansprüche gegen denselben Bekl auf Grund desselben Ereignisses nicht in einer Summe zusammenfassen, sondern müssen sie einzeln angeben, Ffm FamRZ **80**, 721. Bei einer Schadensersatzklage wegen eines Unfalls ist es zulässig, daß mehrere Ersatzberechtigte gemeinsam klagen. Dabei müssen sie mangels einer etwaigen Gesamtgläubigerschaft zwar ein jeder den ihn betreffenden Anspruch der Größenordnung nach bezeichnen. Sie dürfen sich aber mit einer abweichenden Aufteilung des Gesamtbetrags durch das Gericht einverstanden erklären. Das gilt insbesondere bei einem Entschädigungsanspruch, wenn die Eingriffe sich gegen den Grundstückseigentümer, den Nutzungsberechtigten und den Inhaber des Gewerbebetriebs richten. 76

S auch Rn 43–45.

Merkantiler Minderwert: Bei ihm muß der Kläger angeben: Alter und Zustand des Fahrzeugs, Art der Unfallschäden, Reparaturkosten, etwaige technische Mängel, die Anzahl der Vorbesitzer und Vorschäden, schließlich die Zulassungsdaten, Darkow VersR **75**, 211. 77

Miete, dazu *Gies* NZM **03**, 545 (Üb): Zu den Mindestanforderungen Brdb WoM **06**, 579 (Üb). Eine Klage auf eine vertragsgemäße Betriebskostenabrechnung braucht evtl keine Präzisierung im einzelnen, LG Kassel WoM **91**, 358. Aber Vorsicht!

Mindestforderung: Sofern der Kläger überhaupt nach Rn 49–59 einen unbezifferten Klagantrag stellen kann, muß er entweder die bezifferte Mindestforderung oder diejenige Größenordnung angeben, die dem Gericht die Ermittlung des angemessenen Betrags ohne weiteres erlaubt, Rn 56. Die Bezifferung usw ist in der Berufungsinstanz nachholbar, Köln VersR **85**, 844.

Mitverschulden: Man muß einen nach § 254 BGB ermittelten unstreitigen Anteil vom Gesamtschaden abziehen, Schlesw VersR **83**, 932.

78 **Nachbarrecht:** Ausreichend ist bei der Forderung nach der Beseitigung eines Baumes seine Lokalisierung ohne einen botanischen Namen, Köln MDR **04**, 532.

Nicht ausreichend ist ein Antrag, „die Grenze so zu befestigen, daß das Nachbargrundstück so wie vor dem Abgraben belastet werden kann", BGH NJW **78**, 1584. Beim länderrechtlich geregelten Anspruch auf ein Zurückschneiden muß man darauf achten, daß die bloße Forderung nach einem Rückschnitt der Höhe nach meist zumindest mißverständlich ist. Denn der Anspruch auf ein Zurückschneiden umfaßt mehr, nämlich auch den Seitenabstand zur Grenze.

Nebenforderung: Rn 99 „Zinsen".

Negative Feststellungsklage: Rn 64.

79 **Nutzungsentschädigung:** Rn 69 „Herausgabe".

80 **Patentverletzung,** dazu *Lenz* GRUR **08**, 565 (ausf): Ein Antrag muß die konkrete Ausführungsform des Verstoßes angeben. Ein sog Zukunftsabzug ist denkbar, BGH GRUR **04**, 755. Bei einem Verstoß muß das Gericht evtl nach § 139 vorgehen, BGH **162**, 368.

Pflichtteil: Rn 62 „Erbrecht".

Preis: Es kann zulässig sein, den „angemessenen Preis" oder eine „angemessene Vergütung" zu verlangen, BAG BB **77**, 1356, strenger BGH ZZP **86**, 322 (aber die Prozeßwirtschaftlichkeit nach Grdz 14 vor § 128 sollte mitgelten). Damit darf der Kläger aber nicht das Risiko einer Beweisaufnahme oder der Kosten beseitigen.

Preisbindung: Bei der Preisbindungsklage ist eine bestimmte Bezeichnung jedes einzelnen Buchs und des insoweit gebundenen Preises erforderlich. Bei der Unterbietung eines preisgebundenen Buchsortiments muß der Kläger die einzelnen Teile des Sortiments nennen. Es genügt aber ein Antrag, „die Unterbietung der jeweils hierfür geltenden Preise zu unterlassen".

S auch Rn 98 „Wettbewerbsrecht".

81 **Rente:** Ein Antrag, der nicht ersehen läßt, ob der Kläger eine Kapitalabfindung oder eine Rente verlangt, ist *zu unbestimmt.* Der Kläger muß eine Verdienstausfallrente zugunsten eines nicht Selbständigen auf den Zeitraum der aktiven Dienstzeit begrenzen, BGH BB **95**, 2292 (meist 65. Lebensjahr).

Unzureichend ist auch ein Antrag auf eine Rentenzahlung „bis zur Wiedererlangung der vollen Arbeitskraft", BGH NJW **99**, 954.

S auch Rn 49–59, Rn 86 „Schadensersatz", Rn 88 „Unterhalt".

Recht: Rn 69.

Rechtsbegriff: Seine Verwendung kann ungenügend sein, BAG NZA-RR **08**, 354.

82 **Rechtshängigkeit:** Falls der Kläger nur einen Teilanspruch geltend macht, entsteht auch nur insofern eine Rechtshängigkeit nach § 261. Wenn der Kläger zunächst die erforderliche Angabe unterlassen hat, in welcher Reihenfolge er die Anträge geprüft wissen wolle, und wenn er diese Angabe später nachholt und auch zB später das Eventualverhältnis nach § 260 Rn 8 angibt, werden alle Einzelansprüche bis zur Höhe der Klagesumme doch noch rechtshängig. Ein Antrag auf die Verurteilung des Bekl zum Ersatz des gesamten dem Kläger entstandenen und der Höhe nach durch einen Sachverständigen feststellbaren Schadens macht den Anspruch seinem ganzen Umfang nach rechtshängig, auch wenn der Kläger ihn nach unten begrenzt hat. Der Kläger muß aber Angaben über die Größenordnung dessen machen, was er als angemessen ansieht. Auch bei der verneinenden Feststellungsklage nach § 256 muß der Kläger den Antrag so bestimmt fassen, daß der Umfang der Rechtshängigkeit klar ist, LAG Düss BB **75**, 471. Solange der Antrag nicht bestimmt genug ist, kann keine Rechtshängigkeit entstehen, LG Hbg VersR **79**, 64.

83 **Rechtskraft:** Der Kläger muß so bestimmte Angaben über den Gegenstand und Grund des erhobenen Anspruchs machen, daß keine Ungewißheit über den Umfang der inneren Rechtskraft des begehrten Anspruchs besteht, § 322 Rn 9, BGH NJW **84**, 2347, BAG NJW **85**, 646, Kblz GRUR **85**, 61. Das gilt besonders auch für die Unterlassungsklage. Um den Umfang der Rechtskraft später klarstellen zu können, dürfen mehrere Kläger ihre Ansprüche gegen denselben Bekl auf Grund desselben Ereignisses *nicht* in einer einzigen Summe zusammenfassen, sondern müssen angeben, wer wieviel verlangt, Ffm FamRZ **80**, 721.

S auch Rn 43–45.

Rechtsschutzbedürfnis: Zum Rechtsschutzbedürfnis bei der Unterlassungsklage Grdz 41–44 vor § 253. Zum Klagegrund gehört auch die nötige Darlegung des Rechtsschutzbedürfnisses.

84 **Reihenfolge:** Soweit der Kläger aus mehreren selbständigen Ansprüchen nur Teilbeträge oder einen Anspruch voll, andere nur teilweise geltend macht, muß er angeben, welchen Teilbetrag er von jedem dieser Ansprüche in welcher Reihenfolge verlangt, BGH NJW **84**, 2347, Schlesw MDR **76**, 50. Der Kläger kann auch einen Anspruch voll, die anderen hilfsweise in bestimmter Reihenfolge geltend machen, § 260 Rn 8, zB bei Heilungskosten, Verdienstausfall, Schmerzensgeld. § 139 ist anwendbar. Jedoch genügt ein Hinweis auf Bedenken gegen die Zulässigkeit, selbst wenn der Vorderrichter sie bejahte, BGH JZ **75**, 449. Eine Erklärung, daß die Reihenfolge der Prüfung dem Gericht überlassen bleiben soll, ist unzulässig. Eine vom Kläger gewählte Rangfolge der Haupt- und Hilfsanträge ist für das Gericht verbindlich, § 308 I. Eine vom Kläger gewählte Rangfolge der Begründung bindet das Gericht nicht.

S auch Rn 43–45.

Rente: Unzulässig unbestimmt ist ein Antrag auf eine Rente „bis zur Wiedererlangung der vollen Arbeitskraft".

Revision: Eine Antragsverbesserung ist noch im Revisionsverfahren statthaft, BGH RR **08**, 1137.

Sachbefugnis: Zum Klagegrund gehört auch die etwa notwendige Darlegung der Sachbefugnis und des Prozeßführungsrechts, Grdz 22 vor § 50. 85

Sachenrechtsbereinigungsgesetz: Vgl §§ 104, 105 SachenRBerG, abgedruckt vor Rn 1.

Sachverständiger: Eine Klage auf die Verurteilung zum Ersatz des gesamten dem Kläger entstandenen und der Höhe nach durch einen Sachverständigen feststellbaren Schadens ist zulässig. Ein solcher Antrag macht den Anspruch seinem ganzen Umfang nach rechtshängig, auch wenn er nach unten begrenzt ist. Der Kläger muß aber Angaben über die Größenordnung dessen machen, was er als angemessen ansieht, Rn 57. Den Beweisantrag „Sachverständigengutachten" ersetzt die Darlegung von Berechnungs- und Schätzungsgrundlagen grds nicht, BGH MDR **75**, 741.

S auch Rn 49–59.

Saldo: Rn 45.

Schadensersatz: Die Grundsätze zur Notwendigkeit der Bezifferung nach Rn 49 ff gelten auch bei einem Schadensersatzanspruch, Kblz MDR **79**, 587. Eine ziffernmäßige Angabe ist nicht unbedingt notwendig, zB nicht beim Schmerzensgeld nach Rn 56 oder bei der Notwendigkeit einer hypothetischen Schadensberechnung. Es kann ausreichen zu beantragen, den Bekl zu verurteilen, „Schadensersatz aus dem Verkehrsunfall vom ... zu zahlen", Ffm MDR **75**, 334. Der Kläger muß aber nach Rn 57 entweder die vorgestellte *Größenordnung* nennen oder er muß nach Rn 58 eine bezifferte *Mindestforderung* nennen. 86

S auch Rn 49 „Bezifferung", Rn 77 „Mitverschulden".

Schätzung: Soweit es ausreicht, tatsächliche Unterlagen für ein richterliches Ermessen nach Rn 63 beizubringen, müssen sie eine Schätzung nach § 287 erlauben, soweit diese überhaupt zulässig ist.

Schiffspfandrecht: Bei einer Klage aus einem Schiffspfandrecht muß der Antrag auf die Verurteilung zur Duldung der Zwangsvollstreckung in das Schiff und in mithaftende Gegenstände zur Befriedigung des Klägers wegen des Schiffspfandrechts und der Nebenforderungen lauten.

Schmerzensgeld: Rn 49 „Bezifferung", Rn 86 „Schadensersatz".

Software: Rn 60 „Computerprogramm",

Streitwert: Beim unbezifferten Klagantrag läßt BGH VersR **84**, 740 unter Umständen die bloße direkte oder sogar nur stillschweigende Wertangabe als Bezifferung ausreichen, krit Grossmann JR **82**, 158.

Stufenklage: § 254 Rn 1, 2.

Teilbetrag: Man muß erkennen können, welchen Teil des Gesamtanspruchs und welche Reihenfolge der Kläger geltend macht, BGH NJW **08**, 1742 links. Eine nachträgliche Klarstellung ist statthaft. 87

S auch Rn 43 „Anspruchsmehrheit", Rn 82 „Rechtshängigkeit", Rn 94 „Verjährung".

Unbezifferter Antrag: Rn 49 „Bezifferung". 88

Unterhalt: Die ZPO gilt beim gestzlichen Unterhalt nach §§ 111, 112 Z 1, 113 I 2 nur entsprechend. Mit dieser Einschränkung: Die grundsätzliche Notwendigkeit einer Bezifferung gilt an sich auch beim Unterhaltsanspruch, Ffm FamRZ **82**, 1223, Köln RR **03**, 1229, aM Spangenberg MDR **82**, 188 (aber die Parteiherrschaft nach Grdz 18 vor § 128 hat wenigstens beim vertraglichen Unterhalt Obliegenheiten zur Folge). Jeder Gläubiger muß seinen Anspruch gesondert beziffern, BGH NJW **81**, 2462. Indessen ist eine Auslegung auch insoweit zulässig, BGH FamRZ **95**, 1132 (großzügig).

Ungenügend sind zB: Der Antrag auf „1/3 der Sätze der Düsseldorfer Tabelle", Ffm FamRZ **91**, 1458 (welcher ihrer Sätze?); „... abzüglich Kindergeld", Düss VersR **93**, 883; die Geltendmachung von Kindesunterhalt in Prozeßstandschaft und Trennungsunterhalt in *einer* nicht getrennt dargestellten, Summe, Mü FamRZ **94**, 836.

Unterlassung, dazu *Hendricks,* Zivilprozessuale Geltendmachung von Widerrufs- und Unterlassungsansprüchen im Medienrecht, 2001; *Pastor/Ahrens,* Der Wettbewerbsprozeß usw, 4. Aufl 1999; *Ritter,* Zur Unterlassungsklage, Urteilstenor und Klageantrag, 1994; *Teplitzky* Festschrift für *Oppenhoff* (1985) 487; *Teplitzky,* Wettbewerbsrechtliche Ansprüche usw, 5. Aufl 1986: 89

Zunächst muß man bei Allgemeinen Geschäftsbedingungen *§ 8 I UKlaG* beachten, Schönfelder Nr 105. Außerhalb seines Geltungsbereichs (§ 1 UKlaG) gilt:

Bei der Unterlassungsklage gilt Z 2 mangels abweichender gesetzlicher Vorschriften uneingeschränkt, Düss GRUR **87**, 450. Man kann *keine bestimmten* Vorkehrungen verlangen. Der Kläger muß seinen Antrag auf die tatsächlich vorgekommenen Zuwiderhandlungen stützen, KG WettbR **98**, 160 links, oder auf eine Berühmung stützen. Aus bestimmten Rechtsverletzungen kann er einen Anspruch auf bestimmte Unterlassungen herleiten.

– **(Keine Überspannung):** Eine letzte Bestimmtheit kann man im Antrag nicht verlangen, § 890 Rn 2, BGH **140**, 3 (Gerüche), Düss ZMR **03**, 349, Mü GRUR **94**, 625. Denn es lassen sich nicht alle Fälle voraussehen. Man muß aber den erstrebten Erfolg bestimmt angeben, BGH GRUR **03**, 887, BAG NZA **04**, 676, LAG Mainz NZA-RR **08**, 249 links. Daher muß der Kläger die beanstandete Verstoßform so genau wie ihm zumutbar angeben, BGH NJW **03**, 3406. Der Kläger darf auch einmal einen auslegungsbedürftigen Begriff verwenden, BGH GRUR **02**, 1089, Düss ZMR **03**, 349. Das schützt freilich nicht immer vor einer Teilabweisung. Der Kläger muß auch bei Formulierungsproblemen zumindest das Charakteristische der Handlung eindeutig mit Worten beschreiben, BGH RR **08**, 125, KG GRUR **07**, 80. Stgt RR **04**, 621. Auch eine verdeckte Störung kann unter den verbotenen Kern fallen, BGH NJW **08**, 1385, Köln RR **07**, 43 (zu § 940). 90

– **(Kern):** Der Kläger muß also den Kern nennen, BGH NJW **01**, 3711, ebenso wie bei § 890, dort Rn 2. Ein im Antrag benutzter Begriff kann zu unscharf sein, BGH **120**, 327 („Vorteil durch Preisunterbietung"). Er kann aber auch reichen, BGH NJW **99**, 3638 („unmißverständlich, unübersehbar, unüberhörbar", strenger BGH NJW **05**, 2551), Köln WettbR **97**, 158 („in sonstiger Form auf Preisvorteile hinzuweisen"). Man darf die Abgrenzung des Verbots nicht der Zwangsvollstreckung überlassen, BGH NJW **08**, 1385, BAG NJW **89**, 3237, Düss Rpfleger **98**, 530. Man muß den Umfang des Unterlassungsanspruchs erkennen können, BGH RR **08**, 1137, Nürnb RR **07**, 1267. Der Bezug auf ein Musikalbum mag beim Verstoß gegen einen dortigen Einzeltitel nicht ausreichend sein, Hbg GRUR-RR **08**, 72.

Jedenfalls darf sich der Antrag grundsätzlich *nicht* in der *Wiederholung des Gesetzestextes* erschöpfen, BGH GRUR **07**, 608, Hamm WettbR **00**, 63 (bei mehreren im Gesetz genannten Verletzungsformen), Zweibr GRUR **87**, 854 (zu § 890), großzügiger Düss RR **88**, 526 (aber die Parteiherrschaft nach Grdz 18 vor § 128 hat Obliegenheiten zur Folge). Davon kann bei einer Zuführung (Immission) eine Ausnahme gelten, Rn 99. Ein allgemeiner Antrag etwa auf eine Unterlassung derartiger Beeinträchtigungen ist unstatthaft, Düss Rpfleger **98**, 530, KG GRUR **07**, 80. Der Gegner muß sich erschöpfend verteidigen können, BGH GRUR **08**, 85, BAG NZA **03**, 1223, KG GRUR **07**, 80. Das gilt auch dann, auch wenn er dabei Dritte nennen muß. So muß der Kläger bei einer Unterbietung eines preisgebundenen Buchsortiments die einzelnen Teile des Sortiments nennen. Andererseits genügt es zu beantragen, „die Unterbietung der jeweils hierfür geltenden Preise" zu unterlassen. Beim Antrag auf eine Unterlassung mehrerer von unterschiedlichen Voraussetzungen abhängiger Handlungen muß der Kläger gesondert konkrete Verletzungsformen umschreiben, BGH **156**, 10. Bei einer irreführenden Werbung muß der Kläger vortragen, weshalb das Verkehrsverständnis von der Wirklichkeit abweicht, BGH GRUR **07**, 161. Die Bezugnahme auf Anlagen ist erlaubt, zB auf einen Bild- oder Tonträger, BGH WRP **00**, 205.

91 – **(Fälle des Ausreichens):** Waren anzubieten, von denen kein 3-Tage-Vorrat vorhanden ist, BGH GRUR **87**, 53; in einem Anzeigenblatt in redaktionell gestalteten und nicht als Anzeigen kenntlich gemachten Beiträgen für einzelne Unternehmen zu werben, Ffm GRUR **87**, 751; zu unterlassen, was „in der Ausgabe vom ... geschehen ist", Jena GRUR-RR **06**, 248 (keine weite Auslegung), oder „wenn dies geschieht", BGH NJW **00**, 2196; dem Bekl aufzugeben, in bestimmten Zeiten geeignete Maßnahmen gegen störende Geräusche (Hundegebell), oder „wenn dies geschieht", BGH NJW **00**, 2196; zu treffen, Köln VersR **93**, 1242; eine Verpflichtung zu übernehmen, Musik nur in Zimmerlautstärke zu spielen oder zu hören, LG Hbg MietR **96**, 6; „die erforderlichen" Maßnahmen zur Verhinderung einer Beeinträchtigung zu treffen, Köln RR **90**, 1087; es zu verbieten, in einer Anzeige von der „Werkstatt für Ihren Opel" zu sprechen, Hamm GRUR **90**, 384; erstmals und unaufgefordert am Arbeitsplatz Abwerbung über erste Kontaktaufnahme hinaus vorzunehmen, BGH NJW **04**, 2083; es zu unterlassen, „Aussagen wie" zu machen, BGH NJW **01**, 3710; es zu unterlassen, eine Mehrarbeit ohne jede Beteiligung des Betriebsrats anzuordnen, LAG Düss NZA-RR **04**, 155; die bühnenmäßige Aufführung eines Werks zu unterlassen, BGH NJW **00**, 2207; es zu unterlassen, unaufgefordert eine Telefonwerbung zu betreiben, aM BGH GRUR **07**, 608 (aber was soll man eigentlich noch mehr vorwegahnen?). Das Verbot einer „markenmäßigen" Verwendung einer Bezeichnung kann ausreichen, BGH NJW **91**, 296, Mü MDR **95**, 174 (auch mit Zusatz: „insbesondere ...", Hbg RR **94**, 290), auch dasjenige eines „werblichen Charakters", BGH NJW **95**, 3181. Über bestimmte Anordnungen bei Wettbewerbsurteilen Hefermehl/Köhler/Bornkamm UWG. Rechtsschutzbedürfnis: Grdz 41 vor § 253. Zur mittelbaren Patentverletzung nach § 10 I PatG Scharen GRUR **01**, 995.

92 Eine *vereinbarte* Unterwerfungserklärung kann die Klage unbegründet werden lassen, eine strafbewehrte einseitige meist nicht, Ffm DB **85**, 968. Für die Vergangenheit kann man einen vertraglich begründeten Unterlassungsanspruch nicht durch eine Leistungsklage geltend machen, sondern nur einen solchen, der auf künftige Leistungen gerichtet ist, § 259.

93 – **(Fälle des Nichtausreichens):** Kunden außerhalb von Öffnungszeiten Waren anzubieten bzw zu verkaufen, „sofern es sich nicht um ein Ausbedienen handelt", Kblz GRUR **85**, 61, oder wenn nur die Marke genannt wird, Ffm WettbR **98**, 41; es zu verbieten, „im Rahmen eines Schlußverkaufs" näher bezeichnete nicht schlußverkaufsfähige Waren „zum Verkauf zu stellen", Kblz GRUR **87**, 296; Modelle, die „seit längerer Zeit", nicht mehr geführt werden, ohne die Bezeichnung als Auslaufmodelle anzubieten, Düss GRUR **87**, 450; einen Pressebeitrag „werbenden Inhalts ohne publizistischen Anlaß" zu verbreiten, Karlsr WettbR **96**, 6; „ohne ausreichenden Anlaß" öffentlich zu berichten, KG RR **05**, 1711; eine „Werbung in einer Zeitung in Form von redaktionellen Beiträgen zu verbreiten", selbst wenn unter dem Anhängsel „insbesondere" ein Beispiel für sich allein präzise genug wäre, KG GRUR **87**, 719; „überwiegend pauschale Anpreisung" vorzunehmen, BGH MDR **98**, 301; nur vor einer „unmißverständlichen und unübersehbaren Aufklärung" zu schreiben, BGH NJW **99**, 3638, oder von „deutlich und unübersehbar" zu schreiben, BGH NJW **05**, 2550; „Anzeigen derselben Art" zu beanstanden, BGH RR **01**, 684; etwas „ähnlich wie ...", BGH NJW **91**, 1115, oder etwas „sinngemäß" zu behaupten oder einen bloßem „Eindruck" zu erwecken, Kblz GRUR **88**, 143; Sortimentsartikel „ohne einen eindeutig zuzuordnenden und leicht erkennbaren Hinweis" zu bewerben, BGH NJW **08**, 1385; „Bestellungen aufzugeben usw, auf die wie in den mit der Klage beanstandeten Fällen deutsches Recht anwendbar ist", BGH RR **92**, 1068, aM Stgt RR **90**, 1082; einen Pressebeitrag zu veröffentlichen, der „inhaltlich Werbung" sei, BGH MDR **93**, 632; einen näher beschriebenen „Eindruck zu erwecken", wenn nicht zugleich in dem Antrag die konkreten Umstände einbezogen werden, auf denen der Eindruck beruht, Hbg RR **94**, 290; den Kläger „in Schreiben zu verunglimpfen oder zu beleidigen" bzw „beleidigende verbale Äußerungen Dritten gegenüber zu verbreiten", LG Oldb VersR **00**, 385 (streng); Preise „herabsetzend und/oder ironisch vergleichend gegenüberzustellen", BGH NJW **02**, 377; eine Vorrichtung in Verkehr zu bringen, die „nach Farbe, Gesamtaussehen usw zu Verwechslungen mit dem Klagmodell geeignet" sei, BGH GRUR **02**, 88 (sehr streng. Denn was ist dann eigentlich noch zulässig?); eine Farbe „als Kennzeichnung" zu benutzen, BGH **156**, 130; einen „statt"-Preis ohne klaren Vergleichspreis zu nennen, BGH NJW **05**, 2551; evtl: eine Marke „für ein Lenkrad zu benutzen", Köln GRUR-RR **08**, 303.

Unternehmen: Rn 46, 71.

Unterwerfungserklärung: Eine vereinbarte Unterwerfungserklärung kann die Verjährung hemmen, eine nicht strafbewehrte einseitige meist nicht, Ffm DB **85**, 968.

94 **Verbandsklage:** Bei einer Verbandsklage nach Grdz 30 vor § 253 muß der Klagantrag auch den Wortlaut der beanstandeten Bestimmung und die Bezeichnung derjenigen Rechtsgeschäfte enthalten, für die der Kläger die Bestimmung beanstandet.

S auch § 8 UKlaG.

Verbot: Rn 89 „Unterlassungsklage".

Verjährung: Die Verjährung kann durch eine ungenügend substantiierte Klage gehemmt werden. Das gilt auch dann, wenn der Kläger die Aufgliederung und die Bezifferung der Einzelforderungen erst nach dem Ablauf der Verjährungsfrist vornimmt, BGH NJW **84**, 2347, Köln VersR **85**, 844, Arens ZZP **82**, 143. Bei einer Feststellungsklage kann sich aus der Klagebegründung oder der Streitwertangabe eine Beschränkung des Feststellungsbegehrens ergeben. Das kann für die Verjährung eine Bedeutung haben.

Versäumnisurteil: Ein Antrag nach § 331 III ist eine Obliegenheit, Grdz 11 vor § 128.

Verschulden: Die grundsätzliche Notwendigkeit einer Bezifferung nach Rn 49 ff gilt auch zur Frage des Verschuldens oder Mitverschuldens. Ein unbezifferter Antrag steht unter Umständen nicht mit der Klagebehauptung in Übereinstimmung, die etwa die Alleinschuld des Bekl ergeben soll.

Vertragsabschluß: Rn 99 „Willenserklärung".

Vertragsanpassung: Bei § 313 muß man den neuen Vertragsinhalt bestimmt bezeichnen, ZöGre 13. Es ist keine Stufenklage nötig, Bayreuther, Die Durchsetzung des Anspruchs auf Vertragsanpassung usw (2004) 53, ZöGre 13, aM Dauner-Lieb/Dötsch NJW **03**, 926, Schmidt-Kessel/Baldus NJW **02**, 2077. Auch eine Feststellung kann infragekommen, BGH RR **06**, 699.

Vertragsstrafe: Es reicht aus, einen Antrag zu stellen, eine Vertragsstrafe „auf den angemessenen Betrag" **95**
herabzusetzen.

S auch Rn 63 „Ermessen".

Verursachung: Die grundsätzliche Notwendigkeit einer Bezifferung nach Rn 49 ff gilt auch zur Frage der Verursachung oder Mitverursachung.

Verzugszinsen: Der Kläger braucht die Höhe von Verzugszinsen nur dann darzulegen, wenn sie den gesetzlichen Zinsfuß des § 247 BGB oder beim beiderseitigen Handelsgeschäft demjenigen des § 352 I 1 HGB übersteigen. Auch höhere Zinsen braucht er erst dann näher darzulegen, wenn der Bekl diese bestritten hat (auch vorgerichtlich!) oder im Rechtsstreit bestreitet, BGH MDR **77**, 296. Freilich kann ein jetzt angebotener Beweis verspätet sein, §§ 282, 296.

Vollstreckung: Rn 100 „Zwangsvollstreckung".

Vorlage: *Ungenügend* ist die Forderung der Vorlage „geeigneter" Unterlagen, BGH FamRZ **95**, 1060.

Vornahme einer Handlung: Bei der Klage auf die Vornahme einer Handlung nach §§ 887, 888 muß der **96**
Kläger deren Art und Umfang so bestimmt bezeichnen, wie ihm zumutbar, BGH NJW **78**, 1584, Kblz RR **98**, 1770. Es kann ausreichen zu beantragen, „das Haus mit einem funktionsfähigen Fahrstuhl zu versehen", LG Hbg MDR **76**, 847. Eine gewisse Großzügigkeit kann notwendig sein, BAG NZA **04**, 674 (seinerseits großzügig). Bei einer Beseitigung von Baumängeln genügt deren bestimmte Bezeichnung und die Angabe des verlangten Erfolgs, eine Angabe der Beseitigungsmethode ist im Erkenntnisverfahren noch nicht erforderlich, BGH NJW **83**, 751, Mü MDR **87**, 945 (zu § 887), Schneider MDR **87**, 639.

Unzureichend kann ein Antrag sein, „zu veranlassen", daß eine Eintragung bei einer privaten Auskunftsstelle gelöscht werde, LAG Mü VersR **86**, 151.

S auch Rn 99 „Willenserklärung".

Vorvertrag: Wenn ein Vertragspartner auf Grund eines Vorvertrags den Abschluß des Hauptvertrags erzwingen will, kann die Klage auf die Abgabe eines vom Bekl zu formulierenden Angebots *unzureichend* sein. Vielmehr kann eine Klage auf die Annahme eines vom Kläger genau zu formulierenden Angebots notwendig sein, BGH NJW **84**, 479. Etwas anderes kann gelten, wenn der beurkundungsbedürftige Hauptvertrag im Vorvertrag noch nicht vollständig ausformuliert war, BGH NJW **86**, 2825. Gerade dann kann es aber auch notwendig sein, den gesamten Inhalt des Hauptvertrags in den Klagantrag aufzunehmen, BGH WoM **94**, 71, Köln RR **03**, 375.

Wahlantrag: § 260 Rn 7. **97**

Wahlschuld: Bei einer Wahlschuld genügt ein Antrag auf eine wahlweise Verurteilung nach der Wahl des Gläubigers oder des Schuldners, strenger ZöGre 16 (der Gläubiger müsse schon in der Klage wählen. Aber man kann grds evtl die ganze Klage bis zum Verhandlungsschluß ändern). *Verfehlt* ist ein Wahlantrag auf die Herausgabe nach § 985 BGB oder auf den Ersatz oder auf die Zahlung mit der Anheimgabe, stattdessen herauszugeben. Richtig ist ein Antrag auf den Ersatz im Fall der Nichtherausgabe mit einer Frist nach §§ 281 BGB, 255, sofern § 259 zutrifft.

Währung: Einen Geldbetrag auch zB einer Hypothek, Grundschuld oder Rentenschuld darf der Kläger nur in EUR oder in der Währung der Schweiz oder der USA angeben, VO vom 30. 10. 97, BGBl 2683. Wegen einer zulässigen Klage auf eine Zahlung in einer sonstigen Fremdwährung § 313 Rn 11, BGH NJW **80**, 2017, Maier/Reimer NJW **85**, 2053, Schmidt ZZP **98**, 40. Nach § 244 I BGB kann im übrigen der Schuldner mangels einer abweichenden Vereinbarung eine im Inland zahlbare Fremdwährungsschuld auch in EUR begleichen. Das wirkt sich auf die Zulässigkeit einer entsprechenden Klage aus.

Warenlager: Rn 71 „Inbegriff".

Wertsicherungsklausel: Es gelten im wesentlichen dieselben Abgrenzungsmerkmale wie beim Vergleich **98**
mit einer Wertsicherungsklausel, § 794 Rn 34 „Wertsicherungsklausel". Eine solche Klausel ist im Antrag und Tenor nicht schlechthin, wohl aber dann *unzulässig,* wenn sie nur nach vielen Faktoren („dynamische Rente") in eine Endsumme umsetzbar ist.

S auch Rn 31.

Wettbewerbsrecht: Es kann ausreichen zu beantragen, „Körperpflegemittel in solchen Aufmachungen als Zugabe zu gewähren, die mit handelsüblichen Verkaufseinheiten verwechslungsfähig sind"; „Flaschenbier zu denjenigen Preisen und Konditionen zu liefern, die der Beklagte Großhändlern einräumt, deren Umsätze mit denen des Klägers vergleichbar sind", Kblz GRUR **80**, 753.

S auch Rn 86 „Schadensersatz", Rn 89 „Unterlassungsklage", Rn 93 „Unterwerfungserklärung", Rn 98 „Widerruf", Rn 99 „Willenserklärung".

Widerruf, dazu *Hendricks,* Zivilprozessuale Geltendmachung von Widerrufs- und Unterlassungsansprüchen im Medienrecht, 2002: Der Kläger muß angeben, wer einen Widerruf wem gegenüber erklären soll, BGH GRUR **66**, 272.

S auch Rn 96 „Willenserklärung".

99 **Willenserklärung:** Eine Klage auf die Abgabe einer Willenserklärung nach § 894 ist grds statthaft, BAG NZA **08**, 358. Bei ihr muß man grds ihren Wortlaut mitteilen, so daß bei seiner unveränderten Übernahme in den Urteilstenor der Text der mit der formellen Rechtskraft nach § 705 als abgegeben geltenden Erklärung feststeht, BGH WoM **94**, 71. Es kann ausnahmsweise ausreichen, den Antrag zu stellen, „alle Rechtsgeschäfte, die zur Übertragung des Geschäfts erforderlich sind, mit dem Kläger abzuschließen", oder auf die Abgabe eines „später anzunehmenden" Angebots zu klagen, BGH RR **05**, 666.

S auch Rn 96 „Vorvertrag".

Wohnungseigentum: In einer WEG-Sache ist II Z 2 (jetzt) anwendbar, Bergerhoff NZM **07**, 425 (ausf), Sauren NZM **07**, 858. Man darf aber nicht sofort bei einer (Not-)Verwalterbestellung die Benennung einer bestimmten Person fordern, Sauren NZM **07**, 858, aM Bonifacio MDR **07**, 869.

Zeugnis: Bei der Klage auf die Erteilung eines qualifizierten Zeugnisses kann dessen vollständige Formulierung notwendig sein. Eine Unterzeichnung durch einen „Ranghöheren" kann dessen bloße Mitunterschrift meinen, BAG NZA **06**, 437.

Zinsen: Der Kläger muß auch Zinsen vollstreckungsfähig genau bezeichnen, § 308 I 2, BAG NJW **03**, 2404, Ffm Rpfleger **92**, 206, Köln RR **05**, 932. Es ist zB ausreichend ein bestimmter Prozentpunkt „über dem Basiszinssatz" etwa der EZB, BAG NJW **03**, 2404. „Gesetzliche Zinsen aus dem Bruttolohn" kann reichen, BAG NJW **01**, 3570, „aus dem Nettolohn" meist *nicht,* BAG NZA **01**, 418, Schaller/Eppelein NZA **01**, 194. „Gesetzliche Zinsen" ist zumindest beim Auslandsbezug unzureichend, Köln RR **05**, 932. Es ist ferner unzureichend der „Drei-Monats-Liborsatz" des Londoner Geldmarkts. Man muß evtl für jeden unterschiedlichen Teilbetrag und Zinsfuß die jeweilige Laufzeit genau angeben, also zB: „x% Zinsen auf 1000 EUR für die Zeit vom ... bis zum ..., y% Zinsen auf weitere 5000 EUR für die Zeit seit dem ..., z% Zinsen auf restliche 2000 EUR für die Zeit vom ... bis zum ...". Es ist nicht sogleich eine Aufgabe des Vorsitzenden, sondern des Klägers, dergleichen auszuformulieren. Freilich muß der Vorsitzende wegen § 139 I 2 dabei oft entscheidend helfen. Er macht oft zweckmäßigerweise einen Formulierungsvorschlag. Der Kläger muß ihn allerdings nach § 160 III Z 2 letzthin selbst verantworten und nach § 162 genehmigen. Der gesetzliche Zinsfuß von derzeit 5 Prozentpunkten über dem Basiszinssatz ist mehr als 5 Prozent usw, Hartmann NJW **04**, 1358. Im Zweifel ist ersteres gemeint. Das Gericht darf und sollte rückfragen, § 139, auch beim anwaltlich vertretenen Kläger. Zinsen „ab Rechtshängigkeit" sind zulässig.

Zuführung: Man darf die Anforderungen nicht überspannen, BGH NJW **99**, 356 (Beschränkung auf den Gesetzeswortlaut), VGH Kassel NJW **93**, 3088.

S auch Rn 100 „Zumutbarkeit".

100 **Zug-um-Zug-Gegenleistung:** Es genügt, daß ihre Nämlichkeit klar ist, § 756 Rn 4, BGH NJW **93**, 325, Naumb RR **95**, 1149, LG Hildesh DGVZ **00**, 94 (je wegen eines Computerprogramms). Ein Antrag auf eine Feststellung des etwaigen Annahmeverzugs ist wegen §§ 756, 765 ratsam, ZöGre 18.

Nicht ausreichend bestimmt ist eine Klage auf eine Auflassung Zug um Zug gegen eine Vergütung des erst noch durch einen Schiedsgutachter für einen künftigen Zeitpunkt zu ermittelnden Verkehrswerts, BGH NJW **94**, 3221. Dasselbe kann für eine Gegenleistung „Herstellung eines lotrechten Mauerwerks" gelten, Düss RR **99**, 794, oder für die Zahlung eines „angemessenen Entgelts" statt einer bestimmten, unter einem Vorbehalt gebotenen Gegenleistung, Düss GRUR-RR **02**, 176.

Zumutbarkeit: Man muß darauf abstellen, was dem Kläger an Bestimmtheit der Formulierung des Antrags zumutbar ist, VGH Kassel NJW **93**, 3088.

S auch Rn 99 „Zuführung".

Zwangsvollstreckung: Der Kläger muß die verlangte Leistung so genau bezeichnen, daß sie auch für die Zwangsvollstreckung genügend klar ist, BGH NJW **93**, 1657, BAG NJW **85**, 646, Schlesw MDR **96**, 416. Auch bei der Unterlassungsklage darf der Kläger die Entscheidung nicht praktisch in die Vollstrekkungsinstanz verlegen. Bei der dinglichen Befriedigungsklage nach § 1147 BGB muß der Antrag auf eine Verurteilung zur Duldung der Zwangsvollstreckung in das Grundstück und in mithaftende Gegenstände zur Befriedigung des Klägers wegen der Hypothek und der Nebenforderungen lauten. Entsprechendes gilt bei der Klage aus einem Schiffspfandrecht. Zur vorläufigen Vollstreckbarkeit ist ein Antrag wegen §§ 708 ff unnötig.

101 **8) Streitwertangabe, Einzelrichter, III.** Die Klage soll weiter die Angabe des Streitwerts enthalten, § 61 GKG. Er ist nötig zur Berechnung der nach KV 1210, 1220 usw in Verbindung mit §§ 7, 12 GKG geschuldeten Verfahrensgebühr. Die Versäumung der Angabe kann also den Fortgang des Verfahrens verzögern und bei § 167 andere Nachteile herbeiführen. Wichtig ist sie auch unter Umständen für die Beurteilung der sachlichen Zuständigkeit. Trotzdem ist die Streitwertangabe nicht erzwingbar. Sie ist freilich ratsam, Hartmann Teil I A § 61 GKG Rn 5–7.

Ferner soll eine Äußerung enthalten sein, ob Gründe gegen die Entscheidung der Sache durch den *Einzelrichter* nach §§ 348, 348 a bestehen, etwa wegen einer besonderen Schwierigkeit tatsächlicher oder rechtlicher Art oder wegen der grundsätzlichen Bedeutung der Sache, aber auch zB wegen der voraussichtlich besseren Beurteilungsmöglichkeit durch die gesamte Kammer, die zB einen Parallelprozeß kennt. Zweckmäßig, aber nicht notwendig ist „keine Bedenken".

102 **9) Sonstige Erfordernisse, IV**

Schrifttum: *Braun,* Metaphysik der Unterschrift, Festschrift für *Schneider* (1997) 447.

Die Klageschrift ist ein bestimmender Schriftsatz, § 129 Rn 9. Daher soll sie den §§ 130, 131, 133 genügen. § 130 enthält entgegen dem „Soll"-Wortlaut eine Mußvorschrift, BGH FamRZ **88**, 382, aM BVerfG NJW **93**, 1319 (vgl aber § 130 Rn 2). Der Kläger muß die Klageschrift also mangels einer Benutzung des vorrangigen § 130 a (elektronisches Dokument nebst Signatur) als einen bestimmenden

Schriftsatz eigenhändig unterschreiben, § 129 Rn 8 ff, BGH VersR **85**, 60, Köln MDR **97**, 500, Sauren NZM **07**, 857 (WEG). Eine Unterschrift unter einer beglaubigten Ablichtung oder Abschrift genügt, LG Amberg MDR **00**, 659, ebenso eine solche auf dem Anschreiben, BAG NJW **76**, 1285. Für die Anspruchsbegründung mag die nachträgliche Unterzeichnung eines in Bezug genommenen Schriftstücks reichen, Mü RR **98**, 634. Eine maschinenschriftliche Namensangabe genügt nicht, ebensowenig ein Namensstempel, BFH DB **75**, 88 links, auch nicht ein Abzug, wenn der Kläger das Original (die Matrize) eigenhändig unterschrieben hatte, aM BFH DB **75**, 88 und 1095. Ein Zusatz „Rechtsanwalt" ist nicht erforderlich, LAG Ffm DB **97**, 938. Wegen eines Telefax § 129 Rn 44.

103 Beim *Fehlen einer wirksamen Unterschrift* auch zB wegen einer offensichtlichen oder nach § 56 erklärbaren hochgradig wahrscheinlichen Prozeßunfähigkeit des Unterzeichners leitet das Gericht bei einer korrekten Handlungsweise keine Maßnahmen zur Verfahrenswahl usw und insbesondere zur Terminsvorbereitung ein. Denn es ist ja in Wahrheit noch gar keine Klage eingereicht, auch keine mangelhafte, BGH **92**, 254, aM RoSGo § 98 III 3. Freilich muß das Gericht dem Kläger bei einer Behebbarkeit anheimgeben, die fehlende oder sonstwie mangelhafte Unterschrift nachzuholen oder nachzubessern. Das kann notfalls in der Verhandlung geschehen, § 295 Rn 55, freilich bei einer Klagefrist nicht rückwirkend, BGH VersR **04**, 629. Ein Anwaltszwang besteht wie sonst, § 78, BGH VersR **04**, 629.

104 *Nicht ausreichend* ist im Anwaltsprozeß für die Begründung eine bloße *Bezugnahme* auf eine nur von der Partei verfaßte Schrift. Diese „Klage" schützt also nicht vor einer Verjährung, Oldb MDR **96**, 851. Sie wahrt auch nicht eine Ausschlußfrist. Das gilt unabhängig davon, ob der Gegner den Fehler gerügt hat. Die Wahrung von gesetzlichen der Parteiverfügung entzogenen Ausschlußfristen erfolgt erst durch die Erhebung, BAG NJW **76**, 1285. Nach dem Übergang in das streitige Verfahren genügt evtl im Anwaltsprozeß die Bezugnahme auf eine vom Kläger im Mahnverfahren eingereichte und dem Bekl zugestellte Anspruchsbegründung, § 697 Rn 3, 4, BGH **84**, 139. Vgl aber auch Rn 32. Eine Angabe von Beweismitteln ist in der Klageschrift grundsätzlich noch nicht zwingend nötig. Vgl freilich § 282.

105 **10) Einreichung der Klageschrift, V.** Wegen des Begriffs der Einreichung § 496 Rn 3. Die Übersendung per Telefax in mehreren vom Absender unverschuldeten jeweils rechtzeitig eingehenden Teilen ist ausreichend, BGH NJW **04**, 2230. Der Eingang auf der Post- oder Telefaxeingangsstelle reicht, BGH NJW **04**, 2230. Auch eine elektronische Einreichung nach § 130a II ist zulässig. Das folgt aus V 2. Die Einreichung bewirkt den Eintritt der Anhängigkeit, § 261 Rn 1. Ihr Zeitpunkt ist bei einer demnächst erfolgenden Zustellung für den Zeitpunkt der Fristwahrung und Verjährung maßgebend, Rn 17 und § 167. Zur Einreichung der Ablichtungen oder Abschriften § 133 Rn 6, 10. Der Urkundsbeamte der Geschäftsstelle kann beim Fehlen eine Ablichtung auf Kosten des Klägers fertigen lassen, (jetzt) KV 9000 Z 1, AG Bln-Charlottenb DGVZ **81**, 43, oder eine Nachreichung verlangen. Dennoch muß der Kläger grundsätzlich unaufgefordert einreichen. Bei einem Verstoß tritt evtl keine Fristwahrung nach § 167 ein. Bei einer elektronischen Einreichung entfällt eine Beifügung von Ablichtungen oder Abschriften nach V 2.

Nach *mehreren* Einreichungen derselben Klageschrift verfährt man sinnvoll ebenso wie nach dem Eingang mehrerer Berufungsschriften, § 519 Rn 18, aM ZöGre 6 (mehrere Rechtshängigkeiten, notfalls Prozeßurteil. Aber das entspricht nicht einer Auslegung dieser Parteiprozeßhandlungen, wie man sie nach Grdz 52 vor § 128 vornehmen darf und muß, zumindest sollte).

Anhang nach § 253. Widerklage

Schrifttum: *Ackermann,* Die Drittwiderklage, 2005 (Bespr *Greger* ZZP **119**, 119); *Costa Filho,* Die streitgenössische Widerklage usw, 1997; *Habermann,* Die Flucht in die Widerklage zur Umgehung der Verspätungspräklusion, 2004; *Ott,* Die Parteiwiderklage, 1999; *Rimmelspacher,* Die Bedeutung des § 33 ZPO, Festschrift für *Lüke* (1997) 655; *Roth,* Parteierweiternde Widerklage und gerichtliche Bestimmung der Zuständigkeit, Festschrift für *Beys* (Athen 2004) 1353; *Schäfer,* Drittinteressen im Zivilprozeß, Diss Mü 1993; *Uhlmannsiek,* Die Zulässigkeit der Drittwiderklage usw, 1995. S auch bei § 33.

Gliederung

1 **1) Systematik.** Die von manchen bei § 33 behandelte Widerklage hat eine ziemliche Bedeutung.

A. Keine planvolle Regelung. Eine Widerklage ist die vom Bekl und Widerkläger im Lauf des Prozesses gegen den Kläger und Widerbekl in demselben Prozeß erhobene Klage über einen anderen Anspruch als denjenigen des Klägers, Hamm FamRZ **87**, 711. Sie ist nirgends in der ZPO planvoll geregelt. Über ihren Gerichtsstand § 33. Dort Rn 1 ff über die Streitfrage, ob § 33 ihre Voraussetzungen regelt. BGH NJW **91**, 2838 läßt im Rahmen von §§ 59, 60 auch die Heranziehung eines Dritten durch die Widerklage zu.

2 Nach § 33 ist das Gericht der Klage auch für diesen Widerbekl zuständig, Nieder MDR **79**, 11, wenn das Gericht unter Berücksichtigung von § 263 die *Sachdienlichkeit* und damit auch die Zumutbarkeit für den bisher am Rechtsstreit nicht Beteiligten bejaht. Daher bleibt für § 36 I Z 3 kein Raum, BGH NJW **75**,

1228, Schröder AcP **164**, 531, Wieser ZZP **86**, 45, aM BGH (1. ZS) NJW **91**, 2838 und (7. ZS) NJW **93**, 2120 (aber bei Sachdienlichkeit ist das Zwischenverfahren im Ergebnis eine überflüssige Mehrarbeit).

3 **B. Dritter.** Die Widerklage nur *eines Dritten* ist grundsätzlich *unzulässig,* Rn 14, Hbg RR **04**, 63, Köln FamRZ **05**, 1260. Die Widerklage *gegen* einen Dritten ist grundsätzlich *zulässig,* soweit sie auch gegen den *Kläger* erfolgt, BGH RR **90**, 1267, LG Freib VersR **91**, 1431. Sie ist folglich grundsätzlich *unzulässig,* solange sie *nicht* auch gegen den *Kläger* ergeht, BGH NJW **08**, 2854, Drsd RR **00**, 902, Luckey MDR **02**, 745 (auch, wenn der Widerbekl an den Kläger abgetreten hat), aM LG Hann NJW **88**, 1601, Kirschstein-Freund KTS **04**, 46 (aber die Grenzen dürfen nicht verschwimmen). Die Drittwiderklage kann aus Gründen der Prozeßwirtschaftlichkeit nach Rn 9 ausnahmsweise auch isoliert zulässig sein, BGH NJW **07**, 1753 (im Ergebnis zustm Riehm JZ **07**, 1002), Düss MDR **90**, 728, Karlsr 14 W 22/03 v 28. 5. 03, aM Köln FamRZ **05**, 1260. Das gilt zB dann, wenn ein Architekt seine Honorarforderung abgetreten hat, ihr neuer Gläubiger klagt und der Auftraggeber Widerklage gegen den Architekten erhebt, BGH **147**, 222, oder wenn der Bekl als Unfallgegner eine Widerklage gegen den Zessionar des Klägers erhebt, BGH NJW **07**, 1753, oder wenn sich die Widerklage gegen einen BGB-Gesellschafter richtet und es um ein Auseinandersetzungsguthaben geht, LG Bonn RR **02**, 1400. Nieder ZZP **85**, 437 hält die Widerklage des Dritten oder gegen einen Dritten für zulässig, soweit das Urteil auf die Hauptklage eine innere Rechtskraft gegen den Dritten erhalte (ähnlich Rüßmann AcP **172**, 554 bei einer Widerklage gegen den Einziehungsermächtigenden, Greger ZZP **88**, 454) und läßt auch einen der Rechtskraft nicht unterworfenen Dritten unter Umständen als Streitgenossen im Widerklageprozeß zu. Wieser ZZP **86**, 45, ZöV § 33 Rn 23 sehen alle diese Fälle als solche nach §§ 59, 60 an und behandeln sie nach §§ 145 I, 147.

4 Die Widerklage gegen den *Streitgenossen* des Prozeßgegners kann zulässig sein, Schlesw SchlHA **85**, 154, diejenige gegen den eigenen ist unzulässig. Der Streithelfer kann die Widerklage nicht für die unterstützte Partei erheben. Er kann aber ein Streitgenosse werden. Die Widerklage gegen einen Streithelfer des Bekl nach § 66 ist nicht schon deshalb unzulässig, BGH **131**, 78.

5 **C. Rechtsnatur.** Die Widerklage ist eine richtige Klage, Hbg MDR **89**, 272, Gaul JZ **84**, 63, auch eine Hauptsacheklage nach § 494 a, Ffm OLGR **02**, 295. Sie ist ein selbständiger Gegenangriff, nicht ein bloßes Angriffs- oder Verteidigungsmittel nach Einl III 71, § 282, BGH NJW **95**, 1224, Schneider MDR **77**, 796, oder nach § 296, BGH NJW **95**, 1224, oder nach § 528 II, BGH NJW **86**, 2258. Daher ist eine „Flucht in die Widerklage" zulässig, BGH NJW **95**, 1224, aM Goulanakis MDR **97**, 216. Das gilt freilich nur außerhalb von Arglist, Einl III 54, § 296 Rn 29, 51. Die Widerklage bringt einen eigenen Streitgegenstand nach § 2 Rn 4, BGH WertpMitt **91**, 1154, BAG NJW **03**, 991, Walter NJW **87**, 3140. Sie ist keine Klagänderung, BGH RR **96**, 65 (zur Wider-Widerklage). Sie ist keine bloße Haupt- oder Hilfsaufrechnung, § 145 Rn 8.

Sie erfordert die *Prozeßvoraussetzungen* nach Grdz 12 ff vor § 253, Rn 8. Sie ist nur bis zum Schluß der letzten mündlichen Verhandlung zulässig, § 282 Rn 6, § 296 a Rn 6, BGH NJW **00**, 2513, Düss RR **00**, 173, Hbg MDR **95**, 526. Das gilt auch bei einer Säumnis des Klägers und auch noch nach einem Teilurteil gemäß § 301 oder nach einem Grundurteil gemäß § 304 oder nach einem Vorbehaltsurteil, §§ 302, 599. Es gilt aber nicht nach dem einem Verhandlungsschluß entsprechenden Zeitpunkt, § 128 II 2. In der Berufungsinstanz muß man (jetzt) § 533 beachten, BGH RR **05**, 437, Schlesw SchlHA **85**, 154, Zweibr FamRZ **83**, 930 (Sachdienlichkeit). Dabei ist jeder Rechtsmißbrauch wie stets verboten, Einl III 54, BGH RR **90**, 1267. Eine Einbeziehung eines Dritten durch eine Anschlußberufung ist unstatthaft, BGH NJW **95**, 198. In der Revisionsinstanz ist eine Widerklage wegen § 559 nur unter den Voraussetzungen der §§ 302 IV, 600 II, 717 II, III, 1065 II 2 zulässig. Einzelheiten Nieder NJW **75**, 1000.

6 **D. Gewisse Unabhängigkeit vom Hauptprozeß.** Ist die Widerklage einmal richtig erhoben, besteht insoweit ein eigenes Prozeßrechtsverhältnis nach Grdz 4 vor § 128. Die Widerklage ist *unabhängig* vom Schicksal der Hauptklage, Hbg MDR **89**, 272, LG Mü NJW **78**, 953. Der Widerkläger kann sie also auch nach deren Erledigung noch erweitern. Verneint sie nur den Klaganspruch, ist sie wegen des Fehlens eines Rechtsschutzbedürfnisses unzulässig, Grdz 33 vor § 253, BGH NJW **87**, 3139. Sie muß einen selbständigen Anspruch nach § 2 Rn 4 enthalten, Bork JA **81**, 389. Daher ist keine Widerklage auf eine verneinende Feststellung gegenüber der entsprechenden Leistungsklage zulässig, außer soweit die Widerklage einen Überschuß enthält, soweit der Kläger also nur einen Teil eingeklagt hat und der Widerkläger die Feststellung des Nichtbestehens eines Mehranspruchs begehrt. Gegenüber einer behauptenden Feststellungsklage ist eine verneinende Feststellungswiderklage nur ausnahmsweise zulässig, soweit ein entsprechendes berechtigtes Interesse besteht. Unnötig ist die Bezeichnung als Widerklage. Auch ein Antrag aus § 717 II kann eine Widerklage sein.

7 **E. Gewisse Anpassung an Hauptprozeß.** Da sich die Widerklage in einen rechtshängigen Prozeß hineinschiebt, muß das Gericht der Klage auch für die Widerklage sachlich zuständig sein. Dabei ist auch ein höheres Gericht grundsätzlich mit zuständig, § 513 II. Nur bei § 48 I ArbGG und bei einer ausschließlichen Zuständigkeit kann eine Verweisung nach einer Abtrennung nötig sein. Es kann auch eine Zuständigkeitsvereinbarung nach § 38 vorliegen. Vgl ferner § 506 und wegen der Kammer für Handelssachen Gaul JZ **84**, 62. Ferner muß sich die Widerklage der Prozeßart der Hauptklage anpassen, Düss FamRZ **82**, 512.

8 Ist die Widerklage in der *Prozeßart* der Hauptklage unzulässig, fehlt ihr eine unverzichtbare Prozeßvoraussetzung, Grdz 12 vor § 253, BGH NJW **02**, 751, Ffm FamRZ **93**, 1466. Eine Widerklage ist danach unzulässig im Mahnverfahren, §§ 688 ff, AG Lüb RR **90**, 1152, und im Arrest- und Verfügungsverfahren, §§ 916 ff, 936 ff. Freilich kann man eine Gegenverfügung beantragen. Die Widerklage wird erst zulässig nach der Überleitung des Mahnverfahrens ins Streitverfahren. Unzulässig ist sie als eine Urkunden- oder Wechselwiderklage im ordentlichen Verfahren, aM BGH **149**, 226 (aber die Prozeßarten unterscheiden sich in mehrfacher Hinsicht ganz beträchtlich). Unzulässig ist sie aber nach § 595 I auch im Urkunden- oder Wechselprozeß (im Nachverfahren ist eine gewöhnliche Widerklage zulässig), BGH **149**, 226. In einer FamFG-Sache ist eine nicht diesem Gebiet unterstehende Widerklage (dort jetzt: Gegenantrag) unzulässig, BGH **97**, 81, Düss FamRZ **82**, 512, Klauser MDR **79**, 630. Eine Unterart der Widerklage ist die

Zwischenwiderklage, Inzidentwiderklage, § 256 II. Ersatzansprüche aus unberechtigter Zwangsvollstreckung nach §§ 302 IV, 600 II, 717 II, III sind der Widerklage nicht verschlossen. Sie lassen aber auch einfachen Zwischenantrag (Inzidentantrag) zu.

2) Regelungszweck. Die Widerklage dient dem praktischen Bedürfnis der einheitlichen Verhandlung 9 von etwas Zusammengehörigem, BGH **147**, 222, zumal man die gleiche Prozeßlage durch eine Verbindung nach § 147 erreichen könnte. Man kann einen Dritten sogar noch im Berufungsverfahren hereinziehen, wenn er zustimmt oder seine Zustimmung rechtsmißbräuchlich verweigert, Karlsr VersR **79**, 1033. Die Widerklage dient damit der Prozeßwirtschaftlichkeit, Grdz 14 vor § 128, BGH **147**, 222. Das muß man bei der Auslegung mitbeachten. Zur Prozeßtaktik Schneider MDR **98**, 21.

Abwarten vor der Erhebung einer Widerklage kann durchaus ratsam sein. Eine Zurückweisung wegen Verspätung scheidet jedenfalls bis unmittelbar vor dem Schluß der zur Entscheidungsreife der Klage führenden Verhandlung nach §§ 136 IV, 296 a meist als Gefahr aus. Denn die Widerklage ist kein Angriffs- oder Verteidigungsmittel nach Einl III 70, 71, sondern der Gegenangriff selbst, Rn 5. Man kann im Verlauf des Prozesses zur Klage die Haltung dieses Gerichts in den Grenzen des Arglistverbots nach Einl III 54 abtasten und dann besser die Chancen einer Widerklage einschätzen, auch deren psychologische Wirkung auf ein vielleicht schon wegen der Klage genervtes Gericht. Man kann sich immer noch zu einer selbständigen Klage wegen der eigenen Gegenforderung vor einem anderen Gericht mithilfe eines besseren Anwalts zu einem späteren Zeitpunkt entschließen. Das mag auch evtl „nur" zur Aufrechnung geschehen, sei es im, sei es außerhalb des Prozesses mit einem dazu ausreichenden Teilbetrag der Gegenforderung, auch zwecks Kostendämpfung. Freilich kann eine späte Widerklage und überhaupt eine Widerklage einigen Unmut beim Gericht erzeugen. Es muß ihn pflichtgemäß bekämpfen. Ob ihm das auch gelingt, ist eine andere, psychologisch heikle Frage. Man sollte solches Risiko besser von vornherein mitbeachten, Hau ZZP **117**, 38, 57.

3) Prozeßvoraussetzungen der Widerklage. Es findet kein obligatorisches Güteverfahren statt, § 15 a 10 II 1 Z 1 EGZPO, Hartmann NJW **99**, 3747. Es müssen mehrere Voraussetzungen zusammentreffen.

A. Rechtshängigkeit der Hauptklage (Vorklage) bei Erhebung der Widerklage. Sie ist die erste Vorausetzung, Celle FamRZ **81**, 791, Ffm FamRZ **93**, 1466, Zweibr FamRZ **99**, 942. Zum Begriff der Rechtshängigkeit § 261 Rn 2. Zur ausländischen Anhängigkeit Heiderhoff IPRax **99**, 392. Die Rechtshängigkeit muß noch andauern, BGH RR **01**, 60, Hbg MDR **95**, 526, Stgt OLGR **03**, 396. Das Mahnverfahren macht anhängig, aber nicht stets sogleich rechtshängig, § 696 Rn 13. Daher ist dann noch keine Widerklage zulässig, Rn 8. Das Prozeßkostenhilfeverfahren nach §§ 114 ff macht nicht als solches rechtshängig. Daher ist dann noch keine Widerklage zulässig, Ffm FamRZ **83**, 203 (man muß sie dann unter Umständen in eine Klage umdeuten), soweit nicht zugleich schon eine unbedingte Klage vorliegt, § 253 Rn 7.

Die *Prozeßvoraussetzungen der Klage* selbst nach Grdz 12 vor § 253 berühren die Widerklage nicht. Sie bleibt ab eigener Rechtshängigkeit nach Rn 16 nach prozessualer oder sachlicher Abweisung der Klage und nach deren Rücknahme selbständig bestehen, Düss MDR **90**, 728. Darum darf der Widerkläger die Zulässigkeit der Klage leugnen, ohne sich zu schaden. Über die Widerklage in der Berufungsinstanz § 533, Rn 5. In der Revisionsinstanz gibt es keine Widerklage. Ebenso gibt es keine Möglichkeit der Erhebung der Widerklage erst nach einer rechtskräftigen Entscheidung über die Hauptklage, § 705, oder nach einem Prozeßvergleich, Anh § 307, oder nach einer Rücknahme der Klage, weil diese die Rechtshängigkeit rückwärts vernichtet, § 269 III, BGH RR **01**, 60. Die vorher erhobene Widerklage bleibt aber durch die Klagerücknahme unberührt, Kblz FamRZ **83**, 939, LG Mü NJW **78**, 953, ebenso durch einen Klägerwechsel, § 261 III Z 2, Kblz FamRZ **83**, 939. Eine Erledigung der Hauptsache hindert eine Widerklage selbst dann, wenn das Gericht noch nicht über die Kosten entschieden hat, ZöV § 33 Rn 17, aM Bork JA **81**, 387 (aber die Rechtshängigkeit endet mit der Erledigung, § 91 a Rn 108). Dasselbe gilt bei § 269 III 3.

B. Zulässigkeit der Widerklage. Sie ist eine Klage, Rn 5. Daher müssen die allgemeinen Prozeßvoraus- 11 setzungen vorliegen, Grdz 13 vor § 253. Es muß also auch das Rechtsschutzbedürfnis vorliegen, Grdz 33 vor § 253, BGH NJW **87**, 3139, Ffm RR **87**, 903, Kblz FamRZ **93**, 1098. Es fehlt meist, soweit eine Aufrechnung genügen würde, Naumb RR **03**, 210. Prozeßhindernisse nach Grdz 19 vor § 253 müssen fehlen. Es darf auch kein Rechtsmißbrauch vorliegen, Einl III 54, Celle OLGR **96**, 45, Drsd RR **00**, 902 (nicht schon bei Zeugenausschaltung), LG Kblz MDR **99**, 1020 (gerade bei Ausschaltung des einzigen Zeugen). Das Gericht muß für die Widerklage sachlich zuständig sein. Es kann eine Auskunftswiderklage infrage kommen, Zweibr FamRZ **04**, 1885. Das LG ist aber auch für eine als Klage vor ein AG gehörende Widerklage zuständig, Mayer JuS **91**, 678. Bei einer vor die Kammer für Handelssachen gehörenden Widerklage wird diese Kammer auch für die Klage anstelle der Zivilkammer zuständig, Gaul JZ **84**, 62, umgekehrt kann die Zivilkammer wegen einer vor sie gehörenden Widerklage zuständig werden, Gaul JZ **84**, 62. Bei einer arbeitsrechtlichen Widerklage ist § 17 a II, IV GVG anwendbar, BGH NJW **96**, 1532. Eine Sondervorschrift besteht für die örtliche Zuständigkeit in § 33. Ein Zwang zur bloßen Widerklage besteht nicht. Man kann den Gegenanspruch evtl auch in einer gesonderten Klage außerhalb des bisherigen Prozesses erheben, BGH NJW **94**, 3107.

C. Hilfswiderklage. Eine Hilfswiderklage, Eventualwiderklage, ist aus Gründen der Waffengleichheit 12 nach Einl III 21 zulässig, wenn der Bekl beim Durchdringen der Klage mit der Eventualwiderklage die dann für ihn gegebenen Folgen zieht, BGH **132**, 398, Köln VersR **98**, 98, LG Kassel RR **95**, 889. Das gilt auch dann, wenn der Bekl zB einer Klage auf die Feststellung der Nichtigkeit eines Vertrags mit dem Abweisungsantrag begegnet, für den Fall der Nichtigkeit aber widerklagend Rückforderungsansprüche geltend macht, oder gegenüber der Klage des Lieferers auf eine solche Zahlung, der man nach den Lieferungsbedingungen Gewährleistungsansprüche nicht entgegenhalten darf, bei einer Widerklage auf Rückzahlung der künftigen Zahlung bei einer Verurteilung. Hierher zählten auch bei einer Vollstreckungsabwehrklage nach § 767 die

Hilfswiderklage auf die Leistung, BGH NJW **96**, 2166, oder bei einer Teilklage die Hilfswiderklage auf eine Feststellung des Restanspruchs, BGH **132**, 398, oder eine Hilfswiderklage für den Fall der Erfolglosigkeit der (Haupt)-Widerklage, BGH NJW **96**, 2306.

Unzulässig ist eine Hilfswiderklage gegen einen *Dritten.* Denn sie wäre eine bedingte Klage, BGH NJW **01**, 2094, BAG **73**, 39.

Hält der Kläger dem *Aufrechnungseinwand* des Bekl nach § 145 Rn 9 die Unzulässigkeit der Aufrechnung entgegen, kann der Bekl diese mit einer auch vertraglich nicht ausschließbaren Widerklage geltend machen, auch mit einer Hilfswiderklage, BGH **132**, 397, Hamm JB **78**, 64, Schneider MDR **88**, 462. Mit Rücksicht auf den Abwehrcharakter ist auch nicht erforderlich, daß die Hilfswiderklage und der Hauptantrag der Widerklage zB auf eine Klagabweisung in einem *wirklichen Eventualverhältnis* stehen. Man darf die Verteidigung gegen neue Anträge nicht erschweren. Die Widerklage ist zwar kein Verteidigungsmittel, Rn 5. Sie wirkt aber praktisch im wesentlichen sehr ähnlich wie ein solches. Der neue Widerbekl (Dritter) darf evtl die Ergänzung oder Wiederholung einer Beweisaufnahme verlangen, die vor seinem Eintritt erfolgte, BGH **131**, 79. Eine Abtrennung der Hilfswiderklage ist unzulässig, § 145 Rn 7.

13 **C. Zusammenhang.** Viele meinen, die Widerklage müsse mit dem Klaganspruch oder einem Angriffs- oder Verteidigungsmittel nach Einl III 70 im Zusammenhang stehen, BGH **132**, 307. Man entnimmt das zu Unrecht dem § 33, dort Rn 2. Ein solcher Mangel heilt jedenfalls durch eine Nichtrüge, § 295.

14 **D. Wider-Widerklage.** Da die Widerklage eine Klage ist, muß man beim Vorliegen der sonstigen Voraussetzungen grundsätzlich auch eine Widerklage gegen die Widerklage zulassen, BGH RR **96**, 65, BAG DB **02**, 52 (auch zu den Grenzen). Streitgenossen sind selbständig, jeder kann Widerklage erheben. Der Streithelfer ist nicht widerklagebefugt, Rn 4, auch nicht als streitgenössischer, § 69, aM Nieder MDR **79**, 117 (aber die Grenzen dürfen nicht verschwimmen).

15 **E. Mangel.** Fehlt der Widerklage eine Prozeßvoraussetzung, muß das Gericht sie mangels einer Heilung nach §§ 38, 39 und mangels eines Verweisungsantrags nach §§ 281, 506, § 48 I ArbGG evtl nach einem vergeblichen Hinweis gemäß § 139 durch ein Prozeßurteil als unzulässig abweisen, Grdz 14 vor § 253, auch durch ein Teilurteil, LG Kblz MDR **99**, 1020 (Zeuge als Widerbekl). Eine Verweisung an das auswärtige Gericht des Wohnsitzes des Klägers ist unstatthaft, Zweibr RR **00**, 590. Der Bekl trägt die Kosten der unzulässigen Widerklage auch dann, wenn sich der Widerbekl auf die Widerklage eingelassen hat und der im ersten Rechtszug abgewiesene Kläger seine Berufung zurücknimmt, Mü MDR **84**, 499.

16 **4) Erhebung der Widerklage.** Man erhebt eine Widerklage: Entweder mündlich bis zum Schluß der mündlichen Verhandlung, §§ 136 IV, 256 II, 261 II, 296 a, 297, 525, BGH NJW **00**, 2513, Hbg MDR **95**, 526, Köln MDR **04**, 962. Das scheidet aber für den hereingezogenen Dritten nach Rn 3 aus, aM Nieder MDR **79**, 11 (vgl aber Rn 14); oder mit der Zustellung eines den Erfordernissen des § 253 II Z 2 entsprechenden Schriftsatzes, §§ 261 II, 271, 496, Gaul JZ **84**, 63, beim AG nach § 496. Er muß evtl bereits den Antrag nach § 96 I GVG enthalten, Gaul JZ **84**, 63. Die Bezeichnung „Widerklage" ist nicht notwendig, aber natürlich ratsam. Wer die Ordnungsmäßigkeit der Klage leugnet, erklärt seine Widerklage für unstatthaft, weil er ihr die Voraussetzung entzieht (anders die Zulässigkeit der Klage, Rn 11). Die Widerklage ist auch im Nachverfahren nach einem Vorbehaltsurteil usw nach §§ 302, 599 statthaft, ZöV § 33 Rn 9. Nach dem Schluß der Verhandlung über die Klage ist eine Widerklage nicht mehr zulässig, Rn 5. Dasselbe gilt nach dem einem Verhandlungsschluß entsprechenden Zeitpunkt des schriftlichen Verfahrens, § 128 II 2.

17 **5) Kosten.** Das Gericht darf über die Kosten von Klage und Widerklage nur einheitlich entscheiden, auch zB nach Bruchteilen, nicht aber getrennt, § 92 Rn 25. Streitwert: § 3 Anh Rn 71 „Hilfswiderklage", Rn 138 „Widerklage".

254 ***Stufenklage.*** **Wird mit der Klage auf Rechnungslegung oder auf Vorlegung eines Vermögensverzeichnisses oder auf Abgabe einer eidesstattlichen Versicherung die Klage auf Herausgabe desjenigen verbunden, was der Beklagte aus dem zugrunde liegenden Rechtsverhältnis schuldet, so kann die bestimmte Angabe der Leistungen, die der Kläger beansprucht, vorbehalten werden, bis die Rechnung mitgeteilt, das Vermögensverzeichnis vorgelegt oder die eidesstattliche Versicherung abgegeben ist.**

Schrifttum: *Assmann,* Das Verfahren der Stufenklage, 1990; *Fett,* Die Stufenklage, Diss Saarbr 1978; *Roth,* Parteierweiternde Widerklage usw, in: Festschrift für *Beys* (Athen 2003).

Gliederung

1) Systematik. § 254 hat zumindest im Gewerblichen Rechtsschutz und Urheberrecht eine außerordentliche praktische Bedeutung, Rn 2. Es handelt sich formell gleichwohl um eine Ausnahme von § 253, insbesondere von dessen II Z 2, BGH NJW **94**, 3103, BAG NJW **01**, 3804, Düss FamRZ **96**, 493. Die Vorschrift behandelt meist einen vorrangigen Sonderfall der objektiven Klagenhäufung, § 260 Rn 1, BGH NJW **94**, 3103, Naumb FamRZ **08**, 98, Zweibr RR **04**, 1727. Nach dem Wortlaut erlaubt die Vorschrift die Verbindung von zwei, richtig von drei prozessual selbständigen Ansprüchen in der Klage eines einheitlichen Prozesses, BGH NJW **94**, 2895, Kblz RR **98**, 71. Das gilt, obwohl jeder weiterer Anspruch die Erledigung des vorhergehenden voraussetzt. Darüber, welche Ansprüche verbindbar sind, Rn 3–11. 1

Das Gericht muß *stufenweise entscheiden,* Rn 13, BGH NJW **91**, 1893, LAG Hamm DB **91**, 556. Daher heißt diese Klage zweckmäßig Stufenklage. Sie muß sämtlichen Erfordernissen des § 253 genügen mit der alleinigen Ausnahme, daß sie die bestimmte Angabe der endgültigen Leistung nur dieses Bekl entgegen § 253 II Z 2 vorbehalten kann, BGH NJW **94**, 3103, BAG NJW **01**, 3804, Zweibr RR **01**, 865. Notwendig und ausreichend ist, daß der Kläger auch bei der ihm zumutbaren Bemühung zur Zeit der Klagerhebung noch keine Bezifferung oder ähnliche Bestimmung des etwaigen Leistungsanspruchs vornehmen kann, BAG NJW **01**, 3804, LG Arnsb NJW **04**, 233. Das gilt, obwohl der Kläger natürlich zB den nach seiner Meinung vorhandenen Mindestanspruch auf eine Leistung usw bereits in der Klage beziffern darf, BGH FamRZ **03**, 32 (dann liegt nur wegen des Rests eine Stufenklage vor), Köln OLGR **96**, 88. Der Kläger braucht die Stufenklage nicht ausdrücklich als solche zu bezeichnen. Sie ist auslegbar, Rn 4, Naumb FamRZ **08**, 98. Das Rechtsschutzbedürfnis nach Grdz 33 vor § 253 fehlt grundsätzlich, soweit eine bezifferte Leistungsklage bereits möglich ist, BGH NJW **96**, 2098. Eine Ausnahme bildet der Gewerbliche Rechtsschutz, BGH NJW **03**, 3274.

Die Stufenklage ist eine *Leistungsklage,* BGH GRUR **01**, 1177, Ffm FamRZ **02**, 31, Zweibr RR **01**, 865, aM Celle RR **95**, 1411 (erst ab Stellung des Zahlungsantrags. Aber das verkennt die Regel Rn 12). Aber auch eine Abänderungsklage ist als Stufenklage zulässig, § 323 Rn 44. Einer Feststellungsklage wird sie also mangels eines Feststellungsinteresses grundsätzlich entgegenstehen, § 256 Rn 86, BGH GRUR **01**, 1177 (Ausnahmen aber im Gewerblichen Rechtsschutz und Urheberrecht), Ffm FamRZ **02**, 31, ebenso einer Feststellungs- oder Zwischenfeststellungsklage, daß der Bekl zur Zahlung des sich aus der Abrechnung ergebenen Betrags verpflichtet sei. Es ist aber ein Übergang von der Leistungsklage zur Stufenklage denkbar, Mü Fam RZ **95**, 679 (das ist eine Klagänderung), oder von der Auskunfts- zur Feststellungsklage (das ist keine Klagänderung), BGH ZIP **99**, 447. Der Unterhaltsschuldner kann die verneinende Feststellungsklage im Weg einer Stufenklage mit einem Auskunftsbegehren verbinden, Ffm FamRZ **87**, 175. Auch ein Übergang zur Gestaltungsklage ist denkbar, BGH NJW **85**, 196, Köln NJW **90**, 2630, aM Hbg FamRZ **82**, 935 (aber die Prozeßwirtschaftlichkeit nach Rn 2 hat den Vorrang).

Die Stufenklage läßt die *Rechtshängigkeit* auch der nachgeordneten Ansprüche bereits mit der Erhebung des Auskunftsanspruchs eintreten, § 261 Rn 11 „Stufenklage“. Sie läßt eine Verjährung neu beginnen, BAG DB **77**, 1371, Brdb RR **05**, 872, KG FamRZ **01**, 105 (auch beim falschen Stichtag). Das gilt auch beim unbezifferten Hauptanspruch, BGH NJW **92**, 2563 (auch zu den Grenzen), BAG DB **86**, 1931. Eine Frist beginnt neu, wenn der Kläger nach der Erledigung der Vorstufe den Anspruch nicht weiter verfolgt, BGH NJW **92**, 2563.

2) Regelungszweck. Die Vorschrift dient der Prozeßwirtschaftlichkeit nach Grdz 14, 15 vor § 128, Rn 4, BGH NJW **94**, 3103, Düss FamRZ **96**, 493, Karlsr FamRZ **87**, 607. Daher darf man sie trotz ihres formellen Ausnahmecharakters nach Rn 1 nicht zu eng auslegen. Das gilt insbesondere im Gewerblichen Rechtsschutz und Urheberrecht. Dort hat die Stufenklage eine ganz unentbehrliche und praktisch herausragende Rolle, Rn 1. Ohne ihre praxisnahe Handhabung würden sich insbesondere dort gar keine halbwegs befriedigenden Lösungen finden lassen. Deshalb ist eine ziemliche Großzügigkeit erlaubt und notwendig. Das gilt insbesondere in der ersten Stufe. Dort muß sich der Kläger an das Mögliche oft erst herantasten. Das darf man ihm nicht allzu erschweren. Sein Tatsachenvortrag kann oft zunächst nur Umrisse der Situation schildern. 2

Zur *Ausforschung* ist die Grenze fließend, Rn 5. Zwar kann die Auskunftsklage bei einer Beweisnot und zB bei einem Betriebsgeheimnis helfen, Kiethe JZ **05**, 1035. § 254 dient aber jedenfalls nicht einer Information, die mit dem Ziel der Bestimmbarkeit des Leistungsanspruchs nicht im Zusammenhang steht, BGH NJW **02**, 2953 (dann Sachabweisung des Auskunftsanspruchs), LG Arnsb NJW **04**, 233 (dann Abweisung als unzulässig). Auch eine Klage auf Auskunft über eine herauszugebende Sache hat wegen § 883 II kein Rechtsschutzbedürfnis. Einer Auskunftsklage nur zur Erforschung etwaiger Gegenansprüche zwecks Geltendmachung eines diesbezüglichen Zurückbehaltungsrechts fehlt das Rechtsschutzbedürfnis, Zweibr RR **04**, 1727 (aber evtl Übergang nach § 260). Die Entscheidungen sollten widerspruchsfrei ergehen, Peters ZZP **111**, 71. Das erfordert trotz aller Großzügigkeit doch auch einen gewissen Schutz des Bekl vor einer Ausspähung.

3) Geltungsbereich. Die Vorschrift ist in allen Verfahren nach der ZPO anwendbar, auch im WEG-Verfahren. Im Verbundverfahren nach § 137 FamFG ist eine Stufenklage denkbar, (je zum alten Recht) Mü FamRZ **81**, 482, Schlesw FamRZ **91**, 95, Stgt FamRZ **87**, 1035, auch im Abstammungsverfahren nach §§ 169 ff FamFG, (zum alten Recht) Gaul FamRZ **00**, 1475. Die Auskunftsklage ist auch im Involvenzverfahren möglich, Naumb RR **02**, 1704 (Auskunftsstufe gegen den Schuldner, Leistungsstufe gegen den Insolvenzverwalter). Im Verfahren nach § 313 I BGB ist § 254 mindestens entsprechend anwendbar, Dauner-Lieb/Dötsch NJW **03**, 927. Eine Stufenklage kommt auch wegen der Verletzung eines Geschmacksmusters in Betracht, § 46 III GeschmMG. § 254 kommt auch im arbeitsgerichtlichen Verfahren in Betracht, BAG BB **05**, 1168. 3

4) Anspruch auf Rechnungslegung. Das ist mehr als eine bürgerlichrechtliche Rechenschaftspflicht, BAG NJW **01**, 3804. Gemeint ist zumindest jede Auskunft, die auf einer gesetzlichen und vertraglichen Rechtspflicht beruht und in einer verständlichen und nachprüfbaren Bekundung von Tatsachen besteht, nach denen sich ein Anspruch bemessen kann, BAG NJW **01**, 3804, Bbg RR **04**, 476. Infrage kommt also vor allem eine geordnete Aufstellung der Einnahmen und Ausgaben, BGH NJW **85**, 1694 (sie geht meist 4 weiter als eine bloße Auskunft), oder die Vorlegung eines Vermögensverzeichnisses (auch die Herausgabe eines Inbegriffs), etwa aus §§ 259, 260, 681, 2314 I 3 BGB, Naumb FamRZ **08**, 98, ferner zB aus §§ 105, 114 HGB, 154 ZVG. Nicht jedes Auskunftsbegehren nebst einer Ankündigung etwaiger späterer Leistungsforderungen bedeutet eine Stufenklage, Düss FamRZ **99**, 1097 (aber keine Haarspaltereien!). Andererseits ist der Klagantrag natürlich wie stets auslegbar, Grdz 52 vor § 128. Er wird bei solcher Kombination durchweg eine Stufenklage bedeuten, zumal der Kläger sie ja nicht als solche bezeichnen muß, Rn 1. Ein Auslandsbezug erweitert eine innerdeutsche sachlichrechtliche Auskunftspflicht nicht stets, Bbg FamRZ **05**, 1682.

A. Grundsatz: Erleichterung, Ermöglichung. Auch der Anspruch auf eine Auskunft nach §§ 260 BGB, 51 a GmbHG reicht aus. Denn die Auskunft bereitet den Herausgabeanspruch vor, Naumb RR **02**, 1704. Man kann sie immer dann verlangen, wenn sie die Rechtsverfolgung des Ersatzberechtigten wesentlich erleichtert oder gar erst ermöglicht und wenn der Verpflichtete sie unschwer erteilen kann. Das gilt zB bei einer Verletzungsklage des Gewerblichen Rechtsschutzes oder des Wettbewerbsrechts, auch zwecks Beseitigung, oft auch bei Unterlassungsansprüchen, auch für den Verpflichteten, LG Düss FamRZ **76**, 218 (zustm Mutschler). Es gilt überhaupt immer dann, wenn der Kläger eine geordnete Auskunft über solche Tatsachen begehrt, die für ihn einen gesetzlichen oder vertraglichen Anspruch begründen. Dabei sollte der Kläger den Zeitraum, für den er die Auskunft begehrt, klar im Antrag angeben. Andernfalls umfaßt ein in der Urteilsformel unbestimmtes Urteil allenfalls die Zeit zwischen der Klagezustellung und dem Urteilserlaß, Ffm FamRZ **84**, 271.

5 **B. Beispiele zur Frage einer Rechnungslegung**

Aufbewahrungsort: Weiß der Kläger, um welche Unterlagen es sich handelt, nicht aber, wo sie sind, kann statt einer Auskunft nur eine Herausgabe infrage kommen. Sie führt zur eidesstattlichen Versicherung nach § 883 II.

Auseinandersetzung: § 254 gilt auch beim Streit um ein Auseinandersetzungsguthaben, Karlsr BB **77**, 1475.

Ausforschung: Sie ist als Rechtsmißbrauch auch hier unstatthaft, Einl III 54, Rn 2. Freilich ergeben sich dann schwierige Abgrenzungsprobleme, BGH NJW **00**, 1645.

Beschränkung: Man kann sich grds auf eine bloße Auskunftsklage oder auf diese und auf die eidesstattliche Versicherung beschränken, Celle RR **95**, 1411, KG FamRZ **97**, 503, Zweibr NJW **86**, 939.

6 **Erledigung:** Ergibt die Rechnungslegung in erster Instanz, daß kein Zahlungsanspruch mehr besteht, muß das Gericht die Klage bei einer nur *einseitigen Erledigterklärung* nach § 91 a Rn 168 abweisen (sonst s unten). Es darf dann die Hauptsache nicht für erledigt erklären, BGH NJW **94**, 2895, Düss FamRZ **96**, 493, ZöGre 5, aM Ffm FamRZ **87**, 293, Karlsr FamRZ **89**, 1100, ZöV § 91 a Rn 58 (vgl aber § 91 a Rn 170 ff). Erklärt der Kläger den Auskunftsanspruch einseitig für erledigt, kündigt er den Anspruch der nächsten Stufe an. Das Gericht erläßt in erster Instanz nicht extra ein Teilurteil nach § 91 a, sondern sorgt für die Umstellung auf den Antrag der nächsten Stufe, § 139, Düss FamRZ **96**, 493, Köln VersR **97**, 601, aM Schneider MDR **88**, 807. Es weist den Antrag notfalls als unzulässig ab, Rixecker MDR **85**, 634. In der Berufungsinstanz gelten die normalen Regeln, § 91 a Rn 55 „Stufenklage", Karlsr FamRZ **86**, 272. Bei einer einseitigen Erledigterklärung des Leistungsanspruchs, weil die Auskunft sein Nichtbestehen ergab, muß der Kläger die Kosten tragen, Hamm MDR **89**, 461.

Bei *beiderseitigen* wirksamen *Erledigterklärungen* nach § 91 a Rn 96 gehen die Kosten meist zulasten des Bekl, § 91 a Rn 136 „Stufenklage", Brdb RR **03**, 795, Ffm FamRZ **87**, 85, Karlsr RR **98**, 1454, aM Bbg FamRZ **86**, 371, Zweibr NJW **86**, 939, Rixecker MDR **85**, 633 (aber es besteht kein Anlaß zur grundsätzlichen Abweichung von den Regeln zu § 91 a).

Feststellungsklage: Ihr fehlt neben § 254 das rechtliche Interesse nach § 256 Rn 21. Denn bei § 254 wird ja auch der Zahlungsanspruch in seinem nur zunächst noch unbestimmten Umfang nach § 261 rechtshängig, BGH RR **95**, 513, BAG DB **86**, 1931, Kblz FamRZ **93**, 1098.

Geschäftsgrundlage: Eine Stufenklage kommt auch beim Wegfall der Geschäftsgrundlage nach § 313 BGB infrage, Schmidt-Kessel/Baldus NJW **02**, 2077.

7 **Hauptanspruch:** Steht sein Fehlen fet, ist ein Auskunftsverlangen unbegründet, Düss FamRZ **88**, 1071, aM Ffm FamRZ **87**, 293, AG Aachen FamRZ **88**, 1072 (aber das wäre ein Rechtsmißbrauch, Einl III 54).

Hausratsverfahren: Vor einem solchen Verfahren ist eine Auskunftsklage unstatthaft, Düss FamRZ **85**, 1153.

Leistungsklage: Man kann neben oder nach einer Stufenklage der ersten und zweiten Stufe eine gesonderte Leistungsklage erheben, BGH NJW **06**, 217, Hamm NJW **83**, 1914. Freilich kann man deren Mehrkosten evtl nur teilweise erstattet fordern.

Nochmalige Auskunft: Hat der Kläger schon eine vollständige Abrechnung, kann er keine nochmalige Auskunft fordern, auch nicht in einer Prozeßstandschaft nach Grdz 26 ff vor § 50, BAG BB **85**, 529.

8 **Offenbarungsversicherung:** Die Möglichkeit ihrer Berichtigung oder Ergänzung hat den Vorrang vor einer Auskunft, Düss OLGZ **85**, 376.

Pflichtteil: § 254 gilt auch beim Streit um einen Pflichtteilsanspruch, § 253 Rn 47 „Auskunftsklage", Zweibr FamRZ **87**, 1198.

Prozeßkostenhilfe: § 114 Rn 39 „Stufenklage", § 119 Rn 43 „Stufenklage".

9 **Teilforderung:** Die Stufenklage beschränkt sich auch nicht auf denjenigen Betrag, den eine etwa überreichte Rechnung ausweist, sondern sie ergreift denjenigen, den der Kläger glaubt geltend machen zu können. Weist also das Gericht den Antrag auf eine Rechnungslegung ab, weil der Bekl sie nach Ansicht des Gerichts gelegt hat, ergeht lediglich ein Teilurteil, Seetzen WertpMitt **85**, 220. Das gilt auch dann, wenn der Bekl das nach seiner Rechnungslegung Geschuldete gezahlt hat. Denn es können sich möglicherweise zahlenmäßig noch weitere Ansprüche ergeben. Soweit der Kläger nach dem Erhalt der Auskunft zunächst nur einen Teil des ihm danach zustehenden Leistungsanspruchs geltend macht, ist auch nur dieser Teil sogleich mit der Erhebung des Auskunftsanspruchs rechtshängig geworden, Hbg FamRZ **83**, 602, Köln FamRZ **96**, 51.

Teilurteil: Wegen der Kosten Üb 37 vor § 91.

Unvollständigkeit usw: Man muß eine zwar „erteilte", aber unzureichende „Auskunft" je nach den Gesamtumständen als das Fehlen jeglicher wahren Auskunft oder als das Vorliegen einer solchen werten, die nur noch den Anspruch auf die eidesstattliche Versicherung gibt.

Zugewinnausgleich: § 254 gilt auch beim Zugewinnausgleich im Verbundverfahren, Rn 3.

5) Anspruch auf Leistung der eidesstattlichen Versicherung. Manche lassen diesen Anspruch zur Bekräftigung der Rechnung usw etwa aus §§ 259 II, 260 II, 2006 BGB in dieser Klage nicht von Anfang an zu. Aber er besteht bedingt von Anfang an, und die Prozeßwirtschaftlichkeit verlangt die Zulassung, Grdz 14 vor § 128. Bei einer sofortigen bezifferten Schätzbarkeit kann sogar eine sofortige Zahlungsklage zulässig sein, Hamm FamRZ **05**, 1924. 10

6) Anspruch auf Herausgabe oder sonstige Leistung des Geschuldeten. Macht der Kläger diesen Anspruch so, wie es sich aus Rn 3–10 ergibt, neben der Rechnungslegung geltend, handelt es sich meist ebenfalls um eine Stufenklage. Das Gericht darf den Leistungsanspruch nicht abweisen, wenn es einen Anspruch auf die Rechnungslegung zuspricht. Denn diese kann möglicherweise den Leistungsanspruch ergeben. In Betracht kommt als letzte Stufe auch eine zuvor unbezifferte Abänderungsklage, (je zum alten Recht) BGH NJW **85**, 196, Hbg (2. FamS) FamRZ **83**, 626, Köln NJW **90**, 2630, aM Hbg (2 a. FamS) FamRZ **82**, 935 (aber das widerspräche der Prozeßwirtschaftlichkeit, Grdz 14 vor § 128), ferner eine Feststellungsklage, soweit das nach § 256 Rn 77 ff reicht, BGH ZIP **99**, 447 (§ 256 II), Ffm FamRZ **87**, 175. 11

7) Zulässigkeit gleichzeitiger Anträge; Unzulässigkeit gleichzeitiger stattgebender Entscheidung. Es ist nicht notwendig, aber zwecks Prozeßwirtschaftlichkeit nach Grdz 14 vor § 128 zulässig, gleichzeitig die beiden ersten Sachanträge zu stellen, BGH MDR **99**, 350 (§ 256 II), KG FamRZ **97**, 503. Der Kläger kann auch sogleich sämtliche Sachanträge stellen, BGH FamRZ **96**, 1070, Ffm JB **99**, 303, Mü FamRZ **81**, 482, aM Celle OLRG **99**, 286 Zweibr RR **01**, 865 (auch sogleich Zwang zum unbezifferten Leistungsantrag), LAG Hamm DB **91**, 556 (evtl sei eine Umdeutung dahin notwendig, daß nur der erste Antrag gestellt sei. Aber beide Meinungen sind nicht prozeßwirtschaftlich genug. Der Kläger braucht ja überhaupt keine Stufenklage zu erheben und kann sie auf die ersten beiden Stufen beschränken Rn 7). Er kann dann „den sich aus der künftigen Auskunft ergebenden" Betrag usw fordern, ähnlich BGH NJW **03**, 2748. Soweit zulässig, ist die Verbindung der Anträge in derselben Klage statt die Erhebung getrennter Klagen auch notwendig, Düss FamRZ **89**, 204. Es kann auch zulässig sein, gleichzeitig abschließend sämtliche Ansprüche wegen des Fehlens eines Leistungsanspruchs *abzuweisen,* BGH NJW **06**, 217, LG Hildesh RR **08**, 1340, aM Saarbr NZM **99**, 1108 (aber es kann sich doch ergeben, daß von vornherein überhaupt kein Anspruch besteht). 12

Es ist aber grundsätzlich *unzulässig, gleichzeitig* sämtliche Ansprüche abschließend *zuzusprechen,* also vor der Rechtskraft der Entscheidung über die vorausgehenden Stufen, BGH FamRZ **96**, 1071, Köln FamRZ **01**, 423, Zweibr FER **98**, 243, aM ThP 6–8 (aber das Gebot der Rechtssicherheit setzt Grenzen). Das gilt auch nach einem umfassenden Anerkenntnis, Brdb FamRZ **98**, 1247 (beim Verstoß: § 99 II), oder nach einer Pfändung und Überweisung des Rechnungslegungsanspruchs. In Betracht kommt allerdings ein Teilurteil nach § 301, BGH NJW **06**, 217, oder Grundurteil zur dritten Stufe zugleich mit dem Urteil einer früheren Stufe, aM BGH NJW **89**, 2822 (überhaupt kein Grundurteil zulässig), BGH NJW **99**, 1709 (nur ausnahmsweise Grundurteil. Aber das widerspräche der Prozeßwirtschaftlichkeit, Grdz 14 vor § 128). 13

A. Rechnungslegungsanspruch. Es zeigen sich folgende prozessual jeweils selbständige Stufen, BGH **76**, 12, zunächst im Streitverfahren: Zuerst muß man über den erforderlichen sachlichrechtlichen Anspruch etwa nach §§ 259 ff BGB auf eine Rechnungslegung, ein Vermögensverzeichnis, eine Auskunft verhandeln und entscheiden, KG MDR **75**, 1024. Das muß auch vollständig geschehen, also auch über Unklarheiten zum Umfang des Rechnungslegungsanspruchs, Köln FamRZ **01**, 423. 14

Es kommt eine *Klagabweisung* in Betracht, Kblz NZM **04**, 146. Das gilt etwa wegen einer Unzulässigkeit der Klage oder wegen des Fehlens eines Auskunftanspruchs, ZöGre 9, aM Hamm RR **90**, 709 (aber es gelten die allgemeinen Regeln). Dann ist der Prozeß in dieser Instanz beendet, BGH NJW **91**, 1893, Kblz NZM **04**, 146, LG Stgt VersR **75**, 1005, falls nicht etwa der Zahlungsanspruch unberührt bleibt, das Gericht etwa die Erfüllung des Rechnungslegungsanspruch annimmt. Das gilt auch bei einer Säumnis des Klägers, § 330, Stgt RR **90**, 766. 15

Beim *Stattgeben* kann ein Teilurteil auf eine Rechnungslegung ergehen. Der Kläger kann keine Vervollständigung der äußerlich ordnungsmäßigen Rechnung verlangen. Wohl aber darf er eine andere Rechnung aufmachen, deren Richtigkeit beweisen und danach die Herausgabe verlangen oder den ihm obliegenden Beweis für den Schadenseintritt und die Schadenshöhe auf anderer Weise führen, also ohne den zugesprochenen Rechnungslegungsanspruch nach § 888 zu vollstrecken, LAG Bre BB **97**, 2223. 16

Eine *Verurteilung* zur Rechnungslegung schafft zwar wegen der direkt ausgesprochenen Rechtsfolge im späteren Verfahren zB als eine Vorfrage eine innere Rechtskraft, § 322, BGH WertpMitt **75**, 1086, aber nicht eine Bindung nach § 318 und nicht eine Rechtskraft wegen des Klagegrundes, § 322 Rn 64 „Stufenklage". Eine Zurückweisung wegen Verspätung nach § 296 erfaßt nur den Vortrag der bisherigen Stufe, Karlsr NJW **85**, 1350. Möglich ist ein Urteil auf eine Rechnungslegung und auf die gleichzeitige Herausgabe einer schon bestehenden Leistung. Das Urteil muß vollstreckungsfähig sein, Grdz 18 vor § 704, Karlsr FamRZ **83**, 631. Ein Zwischenfeststellungsurteil nach § 256 II ist denkbar, BGH ZIP **99**, 447. Der Kläger kann ohne eine Erledigterklärung zur nächsten oder übernächsten Stufe nach Rn 21 übergehen, Köln FamRZ **84**, 1029, Mü FamRZ **83**, 629. 17

B. Eidesstattliche Versicherung. Liegen die sachlichrechtlichen Voraussetzungen eines Anspruchs auf eine eidesstattliche Versicherung zB nach §§ 259-261 BGB vor, Köln FamRZ **90**, 1128, ergeht sodann ein weiteres Teilurteil über diesen Anspruch, BGH **10**, 385, wenn er unbegründet ist, auf seine Abweisung. Dieses Urteil muß man vor oder gleichzeitig mit dem Rechnungslegungsurteil zulassen. Die Zwangsvollstreckung richtet sich nach § 889. Erklärt der Bekl die eidesstattliche Versicherung freiwillig vor dem Urteil, entfällt diese Stufe. Der Kläger darf sie überhaupt entgegen seinem anfänglichen Antrag nach dem Erhalt der Auskunft überspringen, Grdz § 18 vor § 128, BGH NJW **91**, 1893, aM Köln FamRZ **84**, 1029, Mü FamRZ 18

95, 679. Für eine einseitige Erledigterklärung bleibt daher dann kein Bedürfnis, § 91 a Rn 55 „Stufenklage", Düss FamRZ **96**, 493, aM BGH NJW **99**, 2522 (Erledigung in der Rechtsmittelinstanz).

19 **C. Leistungsanspruch.** Erst dann kommt es zur Verhandlung und Entscheidung über das eigentliche Ziel, dem die Vorstufen dienen, Düss FamRZ **96**, 493, nämlich über die nunmehr bestimmt zu bezeichnende Leistung, § 253 Rn 39, 47 „Auskunftsklage", Hamm RR **90**, 709, Schlesw SchlHA **81**, 148. Sie braucht nicht mit der Rechnungslegung des Bekl übereinzustimmen. Zulässig sein kann zB die „Herausgabe von Wertpapieren" oder „Zahlung des Erlöses" oder die Leistung von Schadensersatz, BGH NJW **03**, 2748. Unzulässig ist zB die „Herausgabe der Erbschaft". Der Kläger ist nicht an seine anfängliche etwa vorläufige Bezifferung gebunden, BGH FamRZ **96**, 1070. Verweigert der Kläger nun eine bestimmte Bezeichnung, muß das Gericht die Klage nach einem vergeblichen Hinweis nach § 139 als unzulässig abweisen, Zweibr FamRZ **83**, 1155, Rixecker MDR **85**, 633. Hat der Kläger die Rechnungslegung oder Auskunft anderweitig erhalten und geht daher zum Leistungsanspruch über, ist das eine nach § 264 Z 2 statthafte Klagerweiterung, dort Rn 9. Daher wird der Auskunftsanspruch nicht etwa „obsolet", aM Köln VersR **94**, 114 (aber dergleichen Zauberei kennt die ZPO nicht). Vielmehr muß der Kläger ihn zurücknehmen oder für erledigt erklären. Nur daraus ergeben sich Wert- und Kostenfolgen, aM BGH BB **01**, 228 (direkter Übergang von der Auskunftsstufe zur Leistungsklage. Aber auch das wäre Wegzauberei). Hat der Bekl den Leistungsanspruch vereitelt, kann der Kläger den Ersatz des Interesses beantragen.

20 **D. Kosten.** Nach jeder Stufe ist eine zugehörige Kostenentscheidung nötig, § 308 II, Mü MDR **90**, 636, Rixecker MDR **85**, 635, aM Brdb FamRZ **07**, 161, Ffm RR **98**, 1536 (verwechseln die Wert- und Gebührenberechnung mit der Kostengrundentscheidung und übersehen, daß es gerade bei einer Rücknahme der Anträge der 2. oder 3. Stufe mangels eines Sachantrags keinen weiteren richterlichen Kostenausspruch geben kann), Karlsr FamR **03**, 944. Zu den zahlreichen Streitfragen Kassebohm NJW **94**, 2728 (ausf).

21 **8) Fortsetzungsantrag.** Nach dem Eintritt der nach § 705 formellen Rechtskraft der Entscheidung jeder der beiden ersten Stufen nach Rn 12 muß der Kläger den Fortgang des Prozesses beantragen, um das Verfahren wieder in Gang zu setzen, Brdb FamRZ **06**, 1772, Karlsr FamRZ **97**, 1224, Schlesw FamRZ **91**, 96, aM MüKoLü 21 (aber die Parteiherrschaft nach Grdz 18 von § 128 besteht auch in dieser Lage). Rechtlich kann der Kläger zB nach einem außergerichtlichen Kenntniserhalt sogleich von der ersten zur dritten Stufe nach Rn 19 übergehen, § 264 Rn 8 „Auskunft-Leistung", oder auch aus einem anderen Grund die zweite Stufe überspringen, BGH NJW **00**, 833, ebenso zurückkehren, ZöGre 4, aM Mü FamRZ **95**, 679 (aber die Prozeßwirtschaftlichkeit nach Rn 2 hat den Vorrang). Der Rechtsstreit bleibt in 1. Instanz anhängig. Wenn das Gericht die Klage nur irrtümlich voll abgewiesen hat, muß der Kläger § 321 beachten, sofern nicht § 319 anwendbar ist, Oldb MDR **86**, 62. Stellt der Kläger keinen Fortsetzungsantrag, kann das Gericht schon wegen der Parteiherrschaft nach Grdz 18 vor § 128 den Prozeß nicht mehr fördern. Ein Antrag des Bekl, auch auf eine Ausschlußfrist, ist daher unzulässig, aM Brdb FamRZ **06**, 1772, Karlsr FamRZ **97**, 1224, ZöGre 11 (aber das Gericht darf auch die Folge einer mangelnden Bezifferung erst auf Antrag klären). Mag er eine verneinende Feststellungsklage erheben, § 256, AG Korbach FamRZ **01**, 553. Nach voller erstinstanzlicher Abweisung darf das Gericht in zweiter zunächst nur über den Auskunftsanspruch erkennen, BGH RR **87**, 1029.

22 **9) Instanzfragen.** Weist das Erstgericht überhaupt ab und verurteilt das *Berufungsgericht* zur Rechnungslegung, kann (nicht muß) das Berufungsgericht jetzt nur auf Antrag entsprechend § 538 II Z 4 in die 1. Instanz zurückverweisen, BGH ZMR **06**, 601, BAG NJW **01**, 3805, aM Celle RR **96**, 430 (es bedürfe keiner Zurückverweisung. Aber jedenfalls jetzt auf Antrag darf man nicht den Rechtsweg verkürzen). Verurteilt das Erstgericht zur Rechnungslegung und hält das Berufungsgericht den ganzen Anspruch für unbegründet, muß es die ganze Klage abweisen, BGH RR **90**, 390 (schwebt der vorbereitende Anspruch vor dem Rechtsmittelgericht, kann der Kläger die dortige Abweisung der ganzen Klage nicht durch eine Bezifferung des Hauptanspruchs in der ersten Instanz verhindern), Celle RR **95**, 1021, Kblz FamRZ **07**, 590. Dasselbe gilt, wenn das Revisionsgericht vorgreifliche andere Ansprüche verneint, BGH NJW **76**, 1501. Ein in der ersten Stufe verspätetes Vorbringen kann in der zweiten nur im Rahmen von § 531 II rechtzeitig sein.

Ändert der Kläger den Klagegrund nicht, kann er nach der Entscheidung über die Auskunftsklage mit der Berufung die *Leistung* verlangen, BGH NJW **79**, 925. War eine Zwangsvollstreckung aus den Stufen Rn 18 ff und Rn 18 vergeblich, kann der Kläger statt der Herausgabe das Interesse fordern, §§ 264 Z 3, 893. § 91 a ist anwendbar, Ffm FamRZ **87**, 85.

23 **10) Versäumnisverfahren.** Bei einer Säumnis des Klägers erfolgt eine volle Abweisung in jeder Stufe, § 330, Schlesw FamRZ **91**, 96, Stgt RR **90**, 766, aM Hamm RR **90**, 709 (aber die Sache ist insgesamt rechtshängig geworden, Rn 1). Das gilt, soweit nicht das Gericht rechtskräftig erkannt hat, Zweibr FamRZ **83**, 1155. Bei einer Säumnis des Bekl erfolgt nur eine Entscheidung durch ein Teilversäumnisurteil über die spruchreife Stufe, § 331. Ein unzulässig ergangenes rechtskräftiges Versäumnisurteil über die Rechnungslegung und zugleich über die Leistung gilt für die Leistung als ein Feststellungsurteil. §§ 264 Z 3, 893 sind anwendbar.

255 *Fristbestimmung im Urteil.*

I Hat der Kläger für den Fall, dass der Beklagte nicht vor dem Ablauf einer ihm zu bestimmenden Frist den erhobenen Anspruch befriedigt, das Recht, Schadensersatz wegen Nichterfüllung zu fordern oder die Aufhebung eines Vertrages herbeizuführen, so kann er verlangen, dass die Frist im Urteil bestimmt wird.

II Das Gleiche gilt, wenn dem Kläger das Recht, die Anordnung einer Verwaltung zu verlangen, für den Fall zusteht, dass der Beklagte nicht vor dem Ablauf einer ihm zu bestimmenden Frist die beanspruchte Sicherheit leistet, sowie im Falle des § 2193 Abs. 2 des Bürgerlichen Gesetzbuchs für die Bestimmung einer Frist zur Vollziehung der Auflage.

1) Systematik, I, II. Die in der Praxis nicht häufig anwendbare Vorschrift ist eine vorrangige Sonderregel in ihrem Geltungsbereich, Rn 3–6. Ihr gegenüber vorrangige Sonderregeln enthalten § 510 b (AG), § 61 II ArbGG (ArbG), Rn 5. 1

2) Regelungszweck, I, II. Die Vorschrift dient der Verfahrensbeschleunigung, der Vermeidung zusätzlicher Verfahren und damit der Prozeßwirtschaftlichkeit, Grdz 14 vor § 128. Das muß man bei der Auslegung mitbeachten. Immerhin verdient auch der Bekl einen Schutz vor jeder Übereilung. Wenn das Gericht ihm schon sogleich auch eine sachlichrechtliche Frist setzen darf und muß, sollte es den Bekl nicht über solches Ob hinaus auch zum Wann unter einen unerfüllbaren Druck setzen. Der Kläger gewinnt ja ohnehin schon erheblich Zeit durch eine Fristsetzung nach § 255. Auch das muß man mitbedenken. 2

3) Geltungsbereich, I, II. Vgl zunächst Üb 2 vor § 253. § 255 greift in den folgenden Fällen ein. 3

A. Nichterfüllung. Nach dem sachlichen Recht muß die Nichterfüllung eine Folge herbeiführen können, etwa den Rücktritt oder eine Ersatzpflicht erst mit dem Ablauf einer vom Gläubiger zu setzenden Frist. Beispiele: (jetzt) §§ 280, 281 BGB, Grieber/Lösche NJW **07**, 2819 („doppelt bedingter" Antrag ratsam), Gsell JZ **04**, 115, Schmidt ZZP **87**, 49 Wieser NJW **03**, 2433, ferner §§ 323, 325, 530, 634, 637, 651, 1003 II, 1133, 2193 II BGB. Die Verbindung von Urteil und Frist soll die rasche Durchführung des Anspruchs sichern. I ist entsprechend anwendbar, wenn sonst der Gläubiger dem Schuldner eine Frist mit ähnlicher Wirkung setzen darf, BGH **97**, 182, wie bei §§ 250, 264 II, 354, 467, 527, 1003 II, 1133 BGB, 375 HGB, 37 VerlG.

B. Verwaltung. Der Kläger muß die Anordnung einer Verwaltung mangels einer fristgemäß geleisteten Sicherheitsleistung verlangen dürfen. Fälle: §§ 1052 BGB (Eigentümer und Nießbraucher), 2128 BGB (Nacherbe und Vorerbe). 4

C. Auflage. Im Fall § 2193 II BGB, der dem Beschwerten eine Frist gibt, muß man diejenige Person bestimmen können, an die der Bekl eine Auflage leisten muß. Dann kann der Kläger eine Fristbestimmung im Urteil verlangen. Demgegenüber ist das Nachlaßgericht zuständig, wenn das Bestimmungsrecht einem Dritten zusteht, § 2193 III BGB. Eine erweiterte Anwendung sehen für den Parteiprozeß § 510 b und für das Arbeitsgerichtsverfahren § 61 II ArbGG vor. In solchen Fällen ist der Schuldner später auf eine Vollstrekkungsabwehrklage nach § 767 angewiesen. 5

D. Unanwendbarkeit. Die Vorschrift ist unanwendbar, soweit es nicht um die Frist zur Erfüllung einer Leistung geht, sondern um diejenige zur Ausübung eines Rechts zB bei §§ 350, 415 BGB. 6

4) Verfahren, I. Maßgeblich ist ein Antrag. 7

A. Fristantrag. Die Fristsetzung erfolgt nur auf Grund eines Antrags des Klägers. Er kann in der Klageschrift oder im Lauf des Verfahrens durch eine Klagerweiterung nach § 264 Z 2 bis zum Schluß der mündlichen Verhandlung nach §§ 136 IV, 296 a verlangen, daß das Gericht die Frist im Urteil bestimmt. Der Antrag ist ein Sachantrag, § 297 Rn 1. Der Kläger braucht keine bestimmte Frist vorzuschlagen. Das Gericht darf trotz seines grundsätzlichen pflichtgemäßen Ermessens eine etwa vorgeschlagene Frist zwar überschreiten, aber nicht verkürzen, §§ 308 I, 335 I Z 3, Schmidt ZZP **87**, 66. Der Antrag ist auch in der Berufungsinstanz statthaft, aber nicht mehr in der Revisionsinstanz.

Der Antrag macht den Ersatzanspruch *nicht rechtshängig*, § 261. Er hat daher auch keinen Einfluß auf den Streitwert. Der Kläger kann die Klage auf einen Ersatz oder auf eine Vertragsaufhebung mit der zur Fristsetzung führenden Klage nur bei § 259 verbinden, BGH NJW **99**, 955, Kaiser MDR **04**, 313. Der Antrag lautet dann auf eine Fristsetzung und auf eine Verurteilung bei einem fruchtlosen Ablauf. 8

B. Einzelheiten. Da die vom Gläubiger zu setzende Frist sachlichrechtlich ist, ist es auch die Urteilsfrist nach § 255. Diese Frist richtet sich daher ganz nach §§ 187 ff BGB, Schmidt ZZP **87**, 49. Sie beginnt mit der formellen Rechtskraft des Urteils nach § 705, Schmidt ZZP **87**, 51, Wieser NJW **03**, 2433. Die vorläufige Vollstreckbarkeit des Urteils wegen des Klaganspruchs nach §§ 708 ff betrifft die Frist nicht. Die formelle Rechtskraft des Urteils macht die Frist auch sachlichrechtlich unanfechtbar. Die Fristsetzung schafft keine innere Rechtskraft für das Rechtsverhältnis, § 322 Rn 9. Daher darf der Richter, der über dieses zu entscheiden hat, oder der Richter der freiwilligen Gerichtsbarkeit es anders beurteilen, Schmidt ZZP **87**, 53. Das Urteil auf eine Fristsetzung wirkt rechtsgestaltend. Soweit keiner der Fälle Rn 3–5 vorliegt, weist das Gericht den Antrag evtl nach einem vergeblichen Hinweis nach § 139 als unbegründet ab. Es kommt auch eine Teilabweisung in Betracht, zB dann, wenn das Gericht die etwa beantragte Frist von vornherein für zu kurz hält. § 321 ist entsprechend anwendbar, dort Rn 13. 9

256 *Feststellungsklage.* **[I] Auf Feststellung des Bestehens oder Nichtbestehens eines Rechtsverhältnisses, auf Anerkennung einer Urkunde oder auf Feststellung ihrer Unechtheit kann Klage erhoben werden, wenn der Kläger ein rechtliches Interesse daran hat, dass das Rechtsverhältnis oder die Echtheit oder Unechtheit der Urkunde durch richterliche Entscheidung alsbald festgestellt werde.**

[II] Bis zum Schluss derjenigen mündlichen Verhandlung, auf die das Urteil ergeht, kann der Kläger durch Erweiterung des Klageantrags, der Beklagte durch Erhebung einer Widerklage beantragen, dass ein im Laufe des Prozesses streitig gewordenes Rechtsverhältnis, von dessen Bestehen oder Nichtbestehen die Entscheidung des Rechtsstreits ganz oder zum Teil abhängt, durch richterliche Entscheidung festgestellt werde.

SachenRBerG § 108. Feststellung der Anspruchsberechtigung. **[I] Nutzer und Grundstückseigentümer können Klage auf Feststellung des Bestehens oder Nichtbestehens der Anspruchsberechtigung nach diesem Gesetz erheben, wenn der Kläger ein rechtliches Interesse an alsbaldiger Feststellung hat.**

II Ein Interesse an alsbaldiger Feststellung besteht nicht, wenn wegen der Anmeldung eines Rückübertragungsanspruchs aus § 3 des Vermögensgesetzes über das Grundstück, das Gebäude oder die bauliche Anlage noch nicht verfügt werden kann.

Schrifttum: *Baltzer,* Die negative Feststellungsklage aus § 256 I ZPO, 1980; *Brehm,* Rechtschutzbedürfnis und Feststellungsinteresse, Festgabe *50 Jahre Bundesgerichtshof* (2000) III 89; *Chern,* Die Feststellungsklage im Zivilprozeß, Diss Köln 1997; *Dichtl,* Der Prozess der negativen Feststellungsklage usw, 2004; *Geibert,* Das Unternehmensimage als rechtliches Interesse im Sinne des § 256 Abs. 1 ZPO, Diss Bielefeld 1999; *Graf,* Feststellungsklage und Verjährungsunterbrechung, Diss Regensb 1989; *Ho,* Zum Anspruchsbegriff bei der Feststellungsklage, 1986; *Jacobs,* Der Gegenstand des Feststellungsverfahrens, Rechtsverhältnis und rechtliches Interesse usw, 2005; *Knöpfle,* Feststellungsinteresse und Klagebefugnis bei verwaltungsprozessualen Feststellungsklagen, in: Festschrift für *Lerche* (1993) 771; *Kuchinke,* Zur Sicherung des erbvertraglich oder letztwillig bindend Bedachten durch Feststellungsurteil, Vormerkung und Gewährung einstweiligen Rechtsschutzes, Festschrift für *Henckel* (1995) 475; *Lüke,* Zur Klage auf Feststellung von Rechtsverhältnissen mit oder zwischen Dritten, Festschrift für *Henckel* (1995) 567; *Michaelis,* Der materielle Gehalt des rechtlichen Interesses bei der Feststellungsklage usw, Festschrift für *Larenz* (1983) 443; *Moser,* Die Zulässigkeitsvoraussetzung der Feststellungsklage usw, Diss Erlangen-Nürnb 1981; *Schumann,* Die Zwischenfeststellungsklage als Institut zwischen Prozessrecht und materiellem Recht, Festschrift für *Georgiades* (2006) 543; *Teplitzky,* Zum Verhältnis von Feststellungs- und Leistungsklage im Bereich des gewerblichen Rechtsschutzes und des Wettbewerbsrechts, in: Festschrift für *Lindacher* (2007); *Trzakalik,* Die Rechtschutzzone der Feststellungsklage im Zivil- und Verwaltungsprozeß, 1978; *de With,* Die negative Feststellungsklage gegen die einstweilige Anordnung zur Unterhaltsregelung nach Rechtskraft des Scheidungsurteils, Erlanger Festschrift für *Schwab* (1990) 257; *Zeuner,* Überlegungen zum Begriff des Rechtsverhältnisses i. S. von § 256 ZPO, Festschrift für *Schumann* (2001) 595.

Gliederung

1 **1) Systematik, I, II.** Vgl zunächst Grdz 9 vor § 253. Die Feststellungsklage ist eine rein prozeßrechtliche Einrichtung nach I. Sie gibt keinen sachlichrechtlichen Anspruch nach § 241 BGB, sondern stellt nur für bereits bestehende sachlichrechtliche Ansprüche unter gewissen Voraussetzungen eine andere Rechtsschutzform zur Verfügung, Grdz 2 vor § 253, BGH ZZP **86**, 312.

2 **2) Regelungszweck, I, II.** Die Vorschrift dient der Rechtssicherheit nach Einl III 43 und der Prozeßwirtschaftlichkeit nach Grdz 14, 15 vor § 128, Grdz 9 vor § 253, BGH **103**, 365, BAG NJW **97**, 2257. Ziel ist die Feststellung des Anspruchs mit einer abschließenden Klärung der Streitfrage, BGH **126**, 373, BAG NZA **06**, 807, durch ein Urteil, Grdz 9 vor § 253 (dort Näheres über die Arten der Feststellungsklage). Eine Verurteilung zu einer Leistung, etwa einer Anerkennung, kommt nicht in Betracht. Die Worte „auf Anerkennung einer Urkunde" im Text sind das Überbleibsel einer überwundenen Anschauung. Gemeint ist die Klage auf eine Feststellung der Echtheit einer Urkunde. Demgemäß zielt die Feststellungsklage auch nicht auf eine Zwangsvollstreckung ab. Vgl freilich Rn 102 sowie Grdz 29 vor § 704.

Unvermeidbar kann die bloße Feststellungsklage sein, soweit eine Leistung derzeit noch nicht bezifferbar ist oder soweit schon ihr Ob noch unklar ist. Das besondere rechtliche Interesse (Feststellungsinteresse) nach Rn 21 ff kann aber auch nur schwierig begründbar sein. Manches Gericht neigt eher zu seiner Verneinung.

Deshalb ist eine sorgfältige Darlegung gerade zu dieser Prozeßvoraussetzung ratsam. Das gilt auch zu der Frage, ob sich der Gegner voraussichtlich schon einer bloßen Feststellung seiner Leistungspflicht beugen und dann ohne eine Leistungsklage leisten wird. Eine vorprozessuale diesbezügliche Klärung läge im Regelungszweck.

3) Geltungsbereich, I, II. Vgl zunächst Üb 2 vor § 253. Die Zulässigkeit der Feststellungsklage ist gesetzlich abschließend geregelt, Köln FamRZ **03**, 540. Im Eheverfahren gilt § 121 Z 3 FamFG, im Abstammungsverfahren § 169 Z 2 FamFG, im Lebenspartnerschaftsverfahren § 269 I Z 2 FamFG. § 256 gilt auch im WEG-Verfahren, im arbeitsrechtlichen Urteils- und Beschlußverfahren, BAG NZA **07**, 1177, und im sonstigen FamFG-Verfahren, (je zum alten Recht) BGH JR **98**, 424, BayObLG NZM **04**, 383, Köln NZM **00**, 305. §§ 179 ff InsO enthalten vorrangige Spezialvorschriften. Für Sonderfälle beseitigt das Gesetz das Erfordernis des Feststellungsinteresses. Manchmal verbietet es eine Feststellungsklage, zB in § 9 AnfG. Da Feststellungsklagen keinen sachlichrechtlichen Anspruch verfolgen, verjähren sie nicht. Einwendungen und Einreden gegenüber dem behaupteten Anspruch können geltend gemacht werden, LG Dortm RR **89**, 1300, jedoch nicht gegenüber einer verneinenden Feststellungsklage ein Zurückbehaltungsrecht. Denn der Kläger verlangt keine Leistung. Feststellungsurteile sind im Grund auch alle klagabweisenden Urteile. Vom Zwischenurteil unterscheidet sich das Feststellungsurteil dadurch, daß es den Rechtsstreit beendet. Das Zwischenurteil ist nur wegen der Rechtsmittel ein Endurteil. Wegen Art 21 EuGVVO Rn 68, SchlAnh V C 2. Wegen einer Musterfeststellung für Kapitalanleger SchlAnh VIII § 1. 3

4) Voraussetzungen, I, II. Das Gericht muß die allgemeinen Prozeßvoraussetzungen wie bei einer Leistungsklage prüfen, Grdz 13 vor § 253, Rn 41. Es muß die besonderen prozessualen Voraussetzungen der Feststellungsklage in jeder Lage des Verfahrens von Amts wegen prüfen, Grdz 39 vor § 128, BAG DB **98**, 1192. Fehlen sie, muß das Gericht die Klage evtl nach einem vergeblichen Hinweis nach § 139 durch ein Prozeßurteil als unzulässig abweisen, Grdz 14 vor § 253, BGH RR **87**, 1138, Nürnb FamRZ **82**, 1103, RoSGo § 93 IV 1, aM BGH NJW **78**, 2031, BAG NJW **03**, 1756, Bre MDR **86**, 765 (aber § 256 stellt gerade nicht von den allgemeinen Zulässigkeitsvoraussetzungen frei, sondern verschärft sie aus gutem Grund). Das Gericht muß aber auch prüfen, ob die Klage nicht als eine Zwischenklage aus II haltbar ist oder ob in Wahrheit eine Leistungsklage vorliegt, Rn 20, Düss ZMR **85**, 235. Auch eine unzulässige Klage hemmt die Verjährung, § 253 Rn 21. Evtl erfolgt eine Zurückverweisung, § 538. 4

5) Gegenstand, I, dazu *Habscheid* ZZP **112**, 17 (Üb): Die Regelung ist kompliziert genug. 5

A. Vorliegen eines Rechtsverhältnisses. Zulässig ist eine Klage auf eine Feststellung des Bestehens oder Nichtbestehens eines Rechtsverhältnisses gerade zwischen den Parteien, BGH NJW **08**, 1303, BAG NZA RR **08**, 185 und 223, KG VersR **08**, 213, Kblz RR **06**, 1523, also der aus einem greifbaren Sachverhalt entstandenen Rechtsbeziehungen von Personen zu Personen oder Sachen, BGH GRUR **01**, 1036, BAG NZA **07**, 1177, KG VersR **08**, 213. Es reicht aber auch ein sog Drittrechtsverhältnis, soweit es für die Rechtsbeziehungen der Parteien eine Bedeutung hat, BGH NJW **93**, 2540, Karlsr RR **05**, 453, Kblz RR **06**, 1523, aM ZöGre 3 b (aber man darf die Prozeßwirtschaftlichkeit nach Grdz 14 vor § 128 stets mitbeachten). Zulässig ist auch eine Klage auf die Feststellung eines Teilrechtsverhältnisses, Mü RR **87**, 926, ArbG Paderb DB **75**, 1655, also auch einer einzelnen von mehreren selbständigen Anspruchsgrundlagen, BGH **109**, 276, BAG NZA RR **08**, 85, auch die Wirksamkeit eines Gestaltungsrechts.

Das *Rechtsverhältnis* ist grundsätzlich mehr als ein Anspruch. Dieser ergibt sich erst aus ihm, BGH GRUR **92**, 114, LAG Köln DB **84**, 1631, aM BAG NZA-RR **08**, 250, LG Hbg WoM **93**, 464, StJSchu 23 (s aber Rn 6). Das Rechtsverhältnis gehört regelmäßig dem Privatrecht an, zB als ein beliebiges Schuldverhältnis, Karlsr RR **05**, 453, ein Vertrag, BGH MDR **05**, 292, Mü VersR **07**, 1637. Es zählt gelegentlich aber auch zum reinen Prozeßrecht, zB bei §§ 878 ZPO, 115, 156 ZVG, oder zum öffentlichen Recht, sofern eben der Rechtsweg zulässig ist, § 13 GVG Rn 30, BGH NJW **93**, 2540. Es kann auch dem ausländischen Recht angehören, vgl auch Art 33 II EuGVVO, SchlAnh V C 2. Über die Urkundenfeststellungsklage Rn 107. 6

B. Beispiele zur Frage eines Rechtsverhältnisses 7

Abmahnung: *Unzulässig* ist eine Feststellungsklage zur Klärung der Berechtigung oder Nichtberechtigung einer Abmahnung außerhalb des Arbeitsrechts, BGH NJW **08**, 1303 (Mietrecht).

Auskunft: Zulässig sein kann eine Feststellungsklage zur Klärung eines Auskunftsanspruchs zB wegen einer Amtshaftung, BGH NJW **02**, 1646.

Berechnungsgrundlage: *Unzulässig* ist eine Feststellungsklage zur Klärung nur der Berechnungsgrundlagen, BGH NJW **95**, 1097.

Eigenschaft: *Unzulässig* ist eine Feststellungsklage zur Klärung einer Eigenschaft, BAG NZA **07**, 1311.

Einzelfolge: *Unzulässig* ist eine Feststellungsklage zur Klärung einer einzelnen Rechtsfolge, Karlsr VersR **03**, 1432, aM BAG NZA **07**, 1311, Zeuner (vor Rn 1) 610.

Einzelhandlung: *Unzulässig* ist eine Feststellungsklage zur Klärung der Wirksamkeit oder Unwirksamkeit einzelner Rechtshandlungen, BGH DB **84**, 2567, BayObLG NZM **04**, 383 (Willenserklärung), LG Bln RR **97**, 205.

Element: *Unzulässig* ist eine Feststellungsklage nur zur Klärung der Elemente desselben Rechtsverhältnisses, BGH FamRZ **79**, 906, BAG DB **02**, 1562, Hamm AnwBl **89**, 616.

S auch „Vorfrage".

Fähigkeit: *Unzulässig* ist eine Feststellungsklage zur Klärung einer Fähigkeit, BAG NZA **07**, 1311.

Gesellschaft: Zulässig ist die Feststellung eines Auseinandersetzungsanteils BGH NJW **08**, 2989.

Realakt: *Unzulässig* ist eine Feststellungsklage zur Klärung eines bloßen Realakts, zB der Wirksamkeit einer Zustellung.

Tatsache: *Unzulässig* ist eine Feststellungsklage zur Klärung einer reinen Tatsache, BGH NJW **08**, 1304.

Urheberschaft: Zulässig ist eine Klage zu ihrer Feststellung, LG Mü GRUR-RR **08**, 291.

Vorfrage: *Unzulässig* ist eine Feststellungsklage zur Klärung einer bloßen Vorfrage, BGH NJW **08**, 1303, BAG NZA **07**, 286, KG VersR **08**, 213, aM Zeuner (vor Rn 1) 610 (aber die Grenzen fließen schon genug).

S auch „Element".

Willenserklärung: *Unzulässig* ist eine Feststellungsklage zur Klärung der Wirksamkeit einer Willenserklärung, BGH NJW **08**, 1303, BayObLG NZM **04**, 383.

8 **C. Subjektives Recht.** Zulässig ist eine Feststellungsklage zB über subjektive Rechte jeder Art, Nürnb FamRZ **82**, 1102, Schlesw VersR **02**, 429 (auch zu den Grenzen). Das gilt ohne Rücksicht auf ihren Entstehungsgrund. Das Rechtsverhältnis braucht keinen Leistungsanspruch zu begründen oder vorzubereiten oder auch nur vorbereiten zu können. Auch ein Recht des rechtlichen Könnens kann feststellbar sein.

9 **D. Beispiele zur Frage eines subjektiven Rechts**

Änderung: Es kann ein subjektives Recht auf eine Änderung zB von Preisen oder anderen Bedingungen geben, Hamm NJW **81**, 2474.

Anfechtung: Ausreichend ist eine verneinende Feststellungsklage gegen den eine Anfechtung nach § 4 AnfG ankündigenden Gläubiger.

Befreiungsanspruch: Ein subjektives Recht ist auch der Anspruch auf eine Befreiung von einer Verbindlichkeit oder von einer Rückgriffsforderung.

Besitz: Er begründet ein subjektives Recht. Es gibt ja auch ein Recht auf den Besitz.

Dingliches Recht: Es reicht aus.

Ehefeststellung: Ein subjektives Recht kann auch ihrer Feststellung zugrundeliegen.

Getrenntleben: Es kann ein subjektives Recht auf ein Getrenntleben geben, Hamm FamRZ **76**, 341.

Gewerblicher Rechtsschutz: Natürlich enthält auch er subjektive Rechte.

Kindschaftssache: Ein subjektives Recht kann auch bei ihr vorliegen.

Kündigung: Es kann ein subjektives Kündigungsrecht geben.

10 **Leistungsverweigerung:** Ein subjektives Recht ist auch ein Leistungsverweigerungsrecht zB aus § 478 BGB.

Mitgliedschaft: Ein subjektives Recht ergibt sich auch aus ihr.

Mittelbarkeit: Es muß nicht stets ein unmittelbares Recht zwischen den Parteien bestehen.

Name: Er ist ein subjektives Recht.

Nutzungsrecht: Subjektives Recht ist auch ein streitiges Nutzungsrecht beider Parteien.

Mittelbare Wirkung: Notwendig ist wenigstens eine mittelbare Wirkung des Rechts schon und noch in der Gegenwart.

Rechtsinhaber: Es reicht der Streit aus, ob das Recht dem Kläger oder einem Dritten zustehe, Ffm NJW **76**, 1944.

Teilanspruch: Ein subjektives Recht ist auch ein bloßer Teilanspruch, ebenso eine mit einer Widerklage behauptete Nichtexistenz eines über die gegnerische Klage hinausgehenden weiteren Forderungsteils, BGH **69**, 41.

Urheber: Er hat subjektive Rechte.

Vergütung: Ein subjektives Recht liegt auch in derjenigen Vergütung, die ein Sänger vom Bühnenverein fordert.

11 **E. Unzulässigkeit bei bloßer Rechtsfrage.** Eine Festellungsklage ist unzulässig, soweit es nur um eine gedachte oder abstrakte Rechtsfrage geht, BGH GRUR **01**, 1036, Ffm RR **06**, 405, oder um den Bestandteil einer solchen Rechtsfrage, LG Mannh ZMR **79**, 319.

12 **F. Beispiele zur Frage einer bloßen Rechtsfrage**

Anspruchsgrundlagen: *Keine* bloße Rechtsfrage liegt in der Behandlung der Frage, welche von mehreren denkbaren Anspruchsgrundlagen zutrifft, BGH NJW **84**, 1556.

Anwendbares Recht: Eine bloße Rechtsfrage liegt in der Frage des anwendbaren Rechts, Düss RR **98**, 283, aM Ffm OLGR **00** 197.

Auslandswirkung: Eine bloße Rechtsfrage liegt in der Behandlung der Frage einer Auslandswirkung eines Anspruchs dann, wenn dabei in keiner Weise feststeht, daß man die Entscheidung dort anerkennen wird oder verwerten kann.

Auslegung: Sie kann ergeben, daß der Kläger *doch* ein Rechtsverhältnis klären möchte, Rn 20, BGH NJW **01**, 3790.

Beförderungspflicht: Eine bloße Rechtsfrage liegt in der Behandlung der allgemeinen Beförderungspflicht zB einer Eisenbahn.

Berechnungsgrundlage: Eine bloße Rechtsfrage liegt in der Behandlung der Frage nach der Berechnungsgrundlage eines Anspruchs, BGH NJW **95**, 1097.

Fahrzeughalter: Eine bloße Rechtsfrage liegt in der Behandlung der Halterfrage beim Kfz.

Geschäftsfähigkeit: Eine bloße Rechtsfrage liegt in der Behandlung der Geschäftsfähigkeit.

Gesellschaft: *Keine* bloße Rechtsfrage liegt in der Behandlung der Frage des Bestehens eines faktischen Gesellschaftsverhältnisses.

Gesetzestext: Eine bloße Rechtsfrage liegt vor bei der Widergabe einer Gesetzesvorschrift, BAG DB **03**, 456.

13 **Konkurrenzklausel:** Eine bloße Rechtsfrage liegt in der Behandlung der Auslegung einer solchen Klausel im allgemeinen.

Kündigung: Eine bloße Rechtsfrage liegt in der Behandlung der Frage der Rechtsfolgen einer Kündigung, vgl aber BGH GRUR **92**, 114.

Nichtigkeit: Eine bloße Rechtsfrage liegt in der Behandlung der Frage der Nichtigkeit eines Vertrags, auch mit einem Dritten.

Rechtmäßigkeit: Eine bloße Rechtsfrage liegt in der Behandlung der Rechtmäßigkeit eines Verhaltens, BGH NJW **01**, 3789.

Rechtshandlung: Eine bloße Rechtsfrage liegt in der Behandlung der Wirksamkeitsfrage bei einer Rechtshandlung.

Tarifvertrag: Eine bloße Rechtsfrage liegt in der Behandlung des Geltungsbereichs eines Tarifvertrags, BAG DB **89**, 1832.

Unwahrheit: Eine bloße Rechtsfrage liegt in der Behandlung der Frage der Unwahrheit einer Tatsachenbehauptung, BGH **68**, 331.

Versicherung: Eine bloße Rechtsfrage liegt in der Behandlung einer Pflicht zur Gewährung eines Versicherungsschutzes, solange keine Ablehnung erfolgt ist, oder der Feststellung, daß sich die Versicherung nicht auf eine Leistungsfreiheit berufen kann, BGH VersR **86**, 133, es sei denn, daß ein Anspruch schon nach Grund und Höhe rechtskräftig festgestellt ist, BGH NJW **81**, 870.

Vertragsart: *Keine* bloße Rechtsfrage liegt in der Behandlung der Frage, ob der Vertrag zwischen den Parteien zB ein Dienst- oder Gesellschaftsvertrag ist, BGH GRUR **92**, 114.

Vertragsfortdauer: *Keine* bloße Rechtsfrage liegt in der Behandlung der Frage, ob ein Vertrag der Parteien fortdauert, BGH GRUR **92**, 114.

G. Unzulässigkeit bei reiner Tatsache. Eine Festellungsklage ist unzulässig, soweit es nur um eine reine Tatsache geht, BAG DB **01**, 2056, LAG Köln DB **84**, 1631 (Ausnahmen Rn 107), selbst wenn sie rechtserheblich ist, BGH **68**, 334. Unzulässig ist zB die Feststellung der Vollziehung des Beischlafs; der Unrichtigkeit einer Kreditauskunft; des Eindringens von Rauch in eine Mietwohnung, LG Mannh MDR **78**, 25; der Tatsache eines Vertragsschlusses im Gegensatz zum Bestehen und zur Auslegung des Vertrags; eines Regreßanspruchs gegen den Vorstand und den Aufsichtsrat einer Aktiengesellschaft, ohne daß die dafür erforderliche Mehrheit oder Minderheit vorhanden ist, in der Hoffnung, daß sie sich finde. **14**

Unzulässig ist *ferner* zB die Feststellung der Angemessenheit der inneren Ordnung eines Vereins, über die die Mitgliedversammlung nicht beschlossen hat. BGH **68**, 334, ZöGre 5 lehnen die Feststellung der Unwahrheit reiner Tatsachen ab, aM Leipold ZZP **84**, 160. In der Tat kann ein Rechtsschutzbedürfnis für eine solche Feststellung bestehen. Denn ein bloßer Widerruf ermöglicht oft keine schutzwürdige Klärung der Wahrheit, Ritter ZZP **84**, 166. Vgl Rn 90 „Persönlichkeitsrecht". **15**

H. Gegenwärtigkeit des Rechtsverhältnisses. Das Rechtsverhältnis muß beim Verhandlungsschluß in der Regel schon bestehen, BGH GRUR **02**, 1037, BAG NZA **07**, 1246, Kblz RR **06**, 1523, Mü RR **06**, 328. Es mag und muß evtl wenigstens noch bestehen, BAG NZA **07**, 1246, BFH BB **81**, 1567, Hamm VersR **94**, 193. Eine Feststellung des Bestehens eines vergangenen Rechtsverhältnisses ist nur dann zulässig, wenn sich Rechtsfolgen für die Gegenwart oder Zukunft ergeben, Rn 19, also zB nicht, soweit nur ein Sozialversicherungsträger das Ergebnis respektieren will. Aus dem Rechtsverhältnis muß sich der künftige Anspruch entwikkeln können, BGH VersR **06**, 536, BAG NZA-RR **07**, 520, Mü VersR **07**, 1637. Es besteht aber kein Raum für die Feststellung eines nur erhofften oder befürchteten etwaigen künftigen Rechtsverhältnisses, dessen entscheidungserhebliche Tatsachen man derzeit noch nicht feststellen kann, BGH NJW **01**, 3789, Brdb RR **02**, 578, Kblz FamRZ **03**, 542, aM Zeuner Festschrift für Schumann (2001) 607. **16**

I. Beispiele zur Frage der Gegenwärtigkeit eines Rechtsverhältnisses **17**

Bedingung: Ein bedingtes oder betagtes Recht kann ausreichen, BGH NJW **92**, 437, Düss VersR **99**, 587, Karlsr FamRZ **89**, 185.

Billigkeitshaftung: Bei § 829 BGB reicht es aus, daß die Billigkeit vielleicht eine spätere Heranziehung des Schädigers rechtfertigen kann.

Kündigungsfrist: *Keine* Gegenwärtigkeit besteht zwei Jahre vor dem Beginn einer Kündigungsfrist, Stgt WoM **76**, 56.

Künftige Einwirkung: Ausreichen kann eine nicht nur ganz eventuell mögliche Ersatzpflicht für eine künftige Einwirkung, BGH NJW **98**, 160, Hamm MDR **98**, 304 (selbst bei einem Verzicht auf die Verjährungseinrede), KG VersR **00**, 1146.

Künftige Folgen: Es reicht aus, daß man schon jetzt einen Anspruch auf den Ersatz des bereits eingetretenen Schadens auch wegen seiner künftigen Folgen feststellen kann, BGH FamRZ **90**, 39, BAG NZA-RR **07**, 520 (Richtschnur für die Zukunft).

S auch Rn 19 „Wahrscheinlichkeit".

Merkantiler Minderwert: Man kann ihn evtl schon jetzt sofort ohne seine Konkretisierung durch den Verkäufer annehmen. Dann *fehlt* aber ein Feststellungsinteresse. **18**

Ruhen des Anspruchs: Eine Gegenwärtigkeit besteht dann, wenn der Anspruch wiederaufleben kann.

Testament: Seine Gültigkeit bedeutet vor dem Tod des Testators noch *kein* gegenwärtiges Rechtsverhältnis, Rn 68.

Ungewißheit: *Keine* Gegenwärtigkeit besteht bei einer bloßen Ungewißheit über das Bestehen eines Rechtsverhältnisses.

Unwirksamkeit: Die Klage auf die Feststellung der Unwirksamkeit eines Grundstückskaufvertrags wegen Formmangels oder Anfechtung ist nicht schon deshalb unzulässig, weil in einem Verfahren vor dem Landwirtschaftsgericht noch keine Entscheidung über die Wirksamkeit des Vertrags nach dem GrdstVG erfolgte, BGH NJW **84**, 2950.

Verein: Nach einem Ausscheiden muß zur Klärung, ob noch ein gegenwärtiges Rechtsverhältnis vorliegt, eine gewisse Nachwirkung bestehen.

Wahrscheinlichkeit: Notwendig und ausreichend ist eine gewisse Wahrscheinlichkeit zB eines Schadens, BGH RR **01**, 1352, Düss AnwBl **05**, 790, Karlsr VersR **02**, 729, großzügiger KG VersR **00**, 1146 (Ausreichen einer entfernten Möglichkeit. Aber das sprengt die Grenzen). **19**

Keine Gegenwärtigkeit besteht bei einer hohen Unwahrscheinlichkeit zB eines künftigen Schadens, Düss VersR **01**, 250.

Wiederholungsgefahr: Sie kann die Gegenwärtigkeit begründen, BVerwG NJW **78**, 335.

Wunsch: *Keine* Gegenwärtigkeit liegt beim bloßen Wunsch einer Bestrafung des früheren Vertragspartners vor, Ffm MDR **84**, 59.

J. Maßgeblichkeit des Klaginhalts. Entscheidend ist der Inhalt der Klage. Sie ist als eine Parteiprozeßhandlung auslegbar, Grdz 52 vor § 128, BGH GRUR **01**, 1036, BAG NJW **98**, 2307. Nicht entscheidend ist **20**

die gewählte Form. Der Kläger kann trotz einer Feststellungsklage in Wahrheit eine Leistungsklage meinen, selbst wenn er eine solche unvorsichtigerweise eigentlich nicht für möglich hält, Köln GRUR **83**, 753. Eine Vorbedingung richtiger prozessualer Behandlung einer Klage ist also, daß sich das Gericht über ihre Rechtsnatur klar wird. Oft verwechselt die Praxis die behauptende und die verneinende Feststellungsklage, weil sie sich durch die Form des Antrags irreführen läßt.

21 **6) Rechtliches Interesse, I.** Die Grenzen zum Rechtsschutzbedürfnis, Grdz 33 vor § 253, verschwimmen oft.

A. Grundsatz: Besondere Zulässigkeitsvoraussetzung. Das rechtliche Interesse ist eine besondere Zulässigkeitsvoraussetzung (Prozeßvoraussetzung) einer Feststellungsklage, Grdz 13, 33 vor § 253, BGH **165**, 186, BAG NZA **08**, 308, LAG Stgt NZA-RR **05**, 198. Das gilt unabhängig vom allgemeinen Rechtsschutzbedürfnis, Rn 41. Es gilt auch unabhängig von der sachlichrechtlichen Begründetheit eines Feststellungsanspruchs auch prozessual grundsätzlich (Ausnahme § 640 II Z 1). Damit nimmt I das Rechtsschutzbedürfnis nach Grdz 33 vor § 253 in seinen Tatbestand auf, BGH NJW **78**, 2032. Es muß bis zum Verhandlungsschluß nach §§ 136 IV, 296 a vorliegen, BAG NJW **06**, 939. Ob es vorliegt, muß das Gericht in jeder Lage des Verfahrens prüfen. Das geschieht zwar ohne jede Amtsermittlung nach Grdz 38 vor § 128, LAG Stgt BB **00**, 1252, aber doch von Amts wegen, Grdz 39 vor § 128, BAG NZA **08**, 308, Karlsr FamRZ **94**, 837, aM BAG NJW **03**, 1756, Karlsr VersR **89**, 806, Naumb VersR **99**, 1244 (je: nur beim stattgebenden Urteil. S aber Grdz 14 vor § 253). Die zu prüfenden Tatsachen unterliegen freilich der Parteiherrschaft nach Grdz 18 vor § 128, BGH RR **90**, 319. Sie sind daher zB dem Geständnis nach § 288 zugänglich.

22 **B. Beispiele zur Frage eines rechtlichen Interesses**

Anerkenntnis: Hat der Bekl einen Anlaß zur Erhebung der behauptenden Feststellungsklage gegeben, läßt ein außergerichtliches Anerkenntnis das Feststellungsinteresse nicht ohne weiteres wegfallen (anders der Verzicht bei einer verneinenden Feststellungsklage), wohl aber ein solches nach § 307. Es wird dann zur Grundlage für ein Anerkenntnisurteil, ohne daß das Gericht das Rechtsschutzbedürfnis für die Feststellungsklage noch prüfen dürfte, aM RoSGo § 133 IV 5 a (das Rechtsschutzbedürfnis sei für die Klage zu prüfen. Aber die Prozeßlage hat sich geändert).

Berufsinteresse: Es reicht *nicht stets* aus, zB nicht für die verneinende Feststellungsklage eines Anwalts gegenüber einer Mietforderung. Es kann aber ausnahmsweise vorliegen, zB bei hartnäckigen rufschädigenden Behauptungen eines Auftraggebers des Anwalts, BGH VersR **85**, 39.

Nichtigkeit: Rn 23 „Revisionsinstanz".

23 **Revisionsinstanz:** Das rechtliche Interesse muß grundsätzlich noch in der Revisionsinstanz vorliegen, BAG MDR **08**, 465, BayObLG **92**, 311, LAG Stgt BB **00**, 1252. Daß es früher einmal vorlag, genügt nicht, BAG DB **93**, 1480, aM Düss ZMR **87**, 377 (aber es kommt stets auf die Lage beim Verhandlungsschluß an, Rn 21). Die mißverständliche Ansicht, es genüge sein Vorliegen beim Stellen des Antrags, trifft nur in der Richtung zu, daß ein späterer Wegfall nicht zum Leistungsantrag nötigt, Rn 83.

Macht der *Mangel* der Prozeßvoraussetzung das Urteil nichtig oder vernichtbar, ist der Zeitpunkt der Revisionsverhandlung maßgebend. Daher kann das Revisionsgericht dann allerdings neue Tatsachen berücksichtigen. Dasselbe gilt, wenn infolge des Entfallens des Feststellungsinteresses das Berufungsgericht zur gleichen Entscheidung kommen müßte.

Erhebt der Gegner eine Leistungsklage in der ersten Instanz, entfällt nicht das Feststellungsinteresse für die im Revisionsrechtszuge anhängige entscheidungsreife verneinende Feststellungsklage. Denn mit deren Erfolg wäre festgestellt, daß die Leistungsklage unbegründet wäre.

24 **Rufschädigung:** Ein rechtliches Interesse kann gegenüber hartnäckigen rufschädigenden Behauptungen des Auftraggebers eines Anwalts vorliegen, Rn 22 „Berufsinteresse".

Teilklage: Das rechtliche Interesse an einer verneinenden Feststellungsklage entfällt nicht schon deshalb, weil der Kläger erklärt, er werde keinen weitergehenden Anspruch geltend machen, wenn er mit seiner Teilklage unterliege, BGH NJW **93**, 2609.

Zwischenfeststellung: Soweit ein rechtliches Interesse nach I fehlt, kann es nach II vorliegen. Dann darf das Gericht nicht schon wegen I als unzulässig abweisen.

25 **C. Tatsächliche Unsicherheit: Weite Auslegung.** Der Kläger hat ein rechtliches Interesse, wenn eine gegenwärtige tatsächliche Unsicherheit sein Rechtsverhältnis nach der Art oder dem Umfang gefährdet, BGH NJW **99**, 432, BAG NJW **06**, 3803, Hamm RR **06**, 1537. Ob das behauptete Rechtsverhältnis wirklich besteht oder das verneinte fehlt, gehört zur Klärung nicht schon der Zulässigkeit, sondern erst der Begründetheit, BGH NJW **91**, 2708, Karlsr RR **88**, 252, Kblz RR **89**, 510.

26 Dabei entscheidet ein persönlicher und nicht ein allgemein gültiger Maßstab, BGH VersR **85**, 39. Es findet eine weite und freie Auslegung im Interesse des Klägers statt, Hamm VersR **01**, 1169. Dabei muß das Gericht die *Prozeßwirtschaftlichkeit* beachten, Grdz 14, 15 vor § 128, Kblz BB **80**, 855. Es genügt, daß der Kläger sein Verhalten nach der Feststellung regeln will, BGH KTS **81**, 218. Es genügt auch, daß der Kläger sich eine gesicherte Grundlage für die Anerkennung eines vor einer anderen Behörde verfolgbaren Anspruchs verschaffen will. Dann besteht aber nur ein Feststellungsinteresse, wenn auch eine andere Behörde das Urteil als eine Grundlage für die dortige Entscheidung anerkennen wird.

27 **D. Unsicherheit bei Drittbeteiligung.** Das Feststellungsinteresse muß grundsätzlich gerade gegenüber dem Bekl bestehen, BGH NJW **84**, 2950. BAG BB **02**, 155 (Verbandsklage). Der Kläger kann allerdings ausnahmsweise auch ein Interesse am Bestehen oder Nichtbestehen eines Rechtsverhältnisses zwischen dem Bekl und einem Dritten haben, wenn das für die Rechtsbeziehung zwischen dem Kläger und dem Bekl wichtig ist, BGH NJW **06**, 511, BVerwG NJW **97**, 3257, Düss NVersZ **00**, 347, aM LG Hbg WoM **05**, 730, MüKoLü 34, ZöGre 3 b (aber die Prozeßwirtschaftlichkeit geht vor, Rn 2). Dabei können die Parteien auf derselben Vertragsseite stehen, zB als Mitverpächter. Voraussetzung bei alledem ist stets, daß die Rechtsbeziehungen nicht eindeutig nichtig sind. Eine bloße Unklarheit darüber, wer Gläubiger ist, reicht nicht,

BGH VersR **00**, 866. Ein nur wirtschaftliches und nicht auch rechtliches Interesse reicht grundsätzlich nicht, Düss NVersZ **00**, 347, Kblz RR **06**, 1523. Vgl freilich Rn 29.

Ebenso kann ein *Dritter* ein Interesse an der Feststellung der Nichtigkeit eines von anderen abgeschlossenen Vertrags haben, wenn ihn das Bestehen oder Nichtbestehen des Rechtsverhältnisses zwischen dem Bekl und einem anderen in seinem Rechtsbereich auch nur *mittelbar* betrifft, BGH NJW **93**, 2540. Daher besteht auch ein schutzwürdiges Interesse des Drittschuldners an der Feststellung der Unrechtmäßigkeit der Pfändung, BGH **69**, 147. Das gilt auch wegen eines künftigen Anspruchs. Es gilt allerdings erst nach einer dem Gläubiger zustehenden Prüfungsfrist, BGH **69**, 150. Es kommt sogar eine Klage auf die Feststellung in Betracht, daß zwischen mehreren am gegenwärtigen Prozeß überhaupt nicht beteiligten Dritten ein Rechtsverhältnis bestehe, BGH NJW **90**, 2628. Freilich kommt es auch insofern darauf an, ob ein einfacher anderer Weg offensteht, zB nach §§ 766, 843, BGH NJW **77**, 1881. 28

E. Unsicherheit bei wirtschaftlichem Interesse usw. Der von der Lehre und Rspr gemachte Unterschied zwischen einem rechtlichen und einem berechtigten oder wirtschaftlichen Interesse, vgl (nur zu diesen Begriffen und im übrigen zu dem von I abweichenden § 100 FGO) BFH BB **75**, 1328, ist recht unsicher. Wer ein wirtschaftliches Interesse hat, der hat regelmäßig auch ein rechtliches. Nicht genügen kann aber zB das wirtschaftliche Interesse des Aktionärs am Gedeihen einer Aktiengesellschaft oder die Hoffnung, bei der Feststellung der Nichtigkeit eines Pachtvertrags selbst Pächter zu werden. Ein wirtschaftliches Interesse reicht bei einem schiedsrichterlichen Verfahren aus, BGH KTS **77**, 45. 29

Ein *allgemeines* menschliches oder verwandtschaftliches Interesse kann mit Ausnahme des Abstammungsantrags nach § 171 FamFG *nicht* genügen. Wohl aber kann das Interesse an der Wahrung der Ehre genügen, BGH VersR **85**, 39. Es ist kein Grund zur Verneinung des Feststellungsinteresses, wenn sich eine sichere Entscheidungsgrundlage wegen eines ungeklärten Verhältnisses nur schwer finden läßt. Vgl aber Rn 31. Das Interesse muß schutzwürdig sein. Das ist es auch bei einer unsicheren Lage, BGH NJW **91**, 2708, ja sogar bei einer aussichtslosen. Das gilt freilich nicht bei demjenigen, der die Feststellungsklage mißbrauchen will, Einl III 54, zB um eine Streitverkündung nach §§ 72 ff an ihn oder eine Zeugenvernehmung des Bekl oder die Geltendmachung eines Zurückbehaltungsrechts zu verhindern. 30

F. Gefährdung des Rechtsverhältnisses. Eine solche Gefährdung liegt schon dann vor, wenn sich der Kläger in seiner Entscheidungsfreiheit oder in seinen Vorkehrungen gehemmt oder gestört sieht, LG Zweibr RR **98**, 1106, wenn er einen erkennbaren Anlaß zur Besorgnis hat, BGH VersR **07**, 359 (strenger bei einem reinen Vermögensschaden – ? –), Mü RR **06**, 328. Es genügt bei einer behauptenden Feststellungsklage, daß der Bekl das Recht des Klägers ernstlich bestreitet, BGH NJW **99**, 432, Hamm RR **06**, 1537, Mü VersR **07**, 1637. Bei einer verneinenden Feststellungsklage genügt es, daß sich der Bekl ernsthaft eines Rechts gegen den Kläger oder gegen einen Dritten „berühmt", BGH NJW **92**, 437, Brdb MDR **04**, 1003, LG Hbg NZM **08**, 293. In einer bloßen Streitverkündung nach §§ 72 ff liegt keine Berühmung. Ebensowenig liegt eine solche in der Ablehnung einer Unfallentschädigung durch den Verletzten. Daher besteht kein Feststellungsinteresse des Schädigers dahin, daß kein höherer Ersatzanspruch bestehen, auch nicht stets im bloßen Schweigen, BGH NJW **95**, 2032. 31

Es muß dem Kläger aber auch ein wirklicher *Nachteil* drohen, Hbg WoM **98**, 18. Eine gegnerische Leistungsklage reicht theoretisch meist, vgl aber § 261 III Z 1. Nicht genügen: Eine rein gedankliche Behauptung; eine Möglichkeit, die in weiter Ferne liegt und sich jedenfalls noch nicht konkret erkennen läßt, BGH RR **07**, 601, Karlsr FamRZ **94**, 837; ein evtl künftiges Rechtsverhältnis, das sich infolge der gegenwärtigen Ungewißheit über die entscheidungserheblichen Umstände derzeit nicht feststellen läßt; ein für den Kläger nur lästiges und ganz einflußloses Berühmen, LG Zweibr RR **98**, 1106; eine bloße Möglichkeit, BGH NJW **92**, 436, LG Hbg RR **98**, 682. Andererseits können außergerichtliche Handlungen oder Unterlassungen genügen, ferner zB die Pfändung einer Forderung als eine Grundlage für die Klage des Drittschuldners, Rn 10, oder die Erwirkung einer einstweiligen Verfügung, oder das Unterlassen einer nach Treu und Glauben notwendigen Erklärung, BGH **69**, 46. Ein Einverständnis des Gegners mit dem Getrenntleben oder das Fehlen eines eindeutigen Einverständnisses reichen für eine Feststellungsklage auf ein Getrenntleben nicht aus. Die Gefährdung fällt weg, soweit und sobald der Bekl den bisherigen Standpunkt endgültig aufgibt, KG RR **96**, 846. 32

G. Feststellungsinteresse: Zweckmäßigkeit. Der Kläger muß ein Interesse an der Feststellung haben, BAG NZA **08**, 308, LAG Hamm NZA-RR **05**, 607. Das gilt auch bei der Klärung einer Drittrechtsbeziehung, BAG NJW **83**, 1751, und auch im WEG-Verfahren, (zum alten Recht) Köln NZM **00**, 305. Über dessen Vorliegen muß das Gericht in freier, weiter, nicht förmelnder Auslegung entscheiden, also nach dem Grundsatz der Prozeßwirtschaftlichkeit, Grdz 14 vor § 128, Kblz BB **80**, 855, Rn 77 „Leistungsklage". 33

Die Feststellung muß den Kläger *zum Ziel führen* können, BAG DB **80**, 504. Das Urteil muß also trotz seiner rein inneren Wirkung auch ohne eine Vollstreckbarkeit bereits die Gefährdung beseitigen können, BGH NJW **92**, 437, BAG NJW **06**, 3803, Hamm **06**, 1537. Darum kann bei einer Behörde als Bekl eine Feststellung zur Streitbeilegung ausreichen, BGH **165**, 186, LG Mü VersR **03**, 1308 (aber Vorsicht! Gerade die öffentliche Hand sträubt sich erfahrungsgemäß oft besonders hartnäckig). Es ist regelmäßig keine Feststellungsklage zulässig, wenn der Kläger einen einfacheren Weg gehen kann, zB eine Erinnerung nach § 766 oder eine Aufforderung nach § 843, BGH **69**, 144, oder wenn eine Leistungsklage möglich ist, Rn 77 „Leistungsklage", oder wenn eine anderweit schwebende Gestaltungsklage den Gegenstand der Feststellungsklage mitumfaßt, oder wenn keine abschließende Klärung möglich wäre, BGH **126**, 373, BAG NZA **06**, 807, oder wenn nur eine Einstellung der Zwangsvollstreckung dem Kläger helfen könnte. Unzulässig ist eine Feststellungsklage auch, wenn die Feststellung nur eine von mehreren notwendigen Voraussetzungen schafft, wenn zB der Kläger das Recht auf ein Getrenntleben nur wegen der Entfernung des anderen Ehegatten aus der Wohnung und wegen einer Unterhaltsregelung geltend macht oder wenn das Feststellungsurteil doch nicht mehr helfen kann, BAG DB **93**, 1480. Es reicht nicht aus, wenn der FamFG-Richter ohne eine Bindung an die Feststellungsentscheidung über Streitpunkte entscheiden muß. 34

35 **H. Feststellungsinteresse: Notwendigkeit.** Die Feststellung muß nötig sein, BGH NJW **06**, 2855, BAG MDR **02**, 777. Darum kann neben einem allgemeinen Feststellungsantrag ein zusätzlicher auf eine spezielle Schadensposition gerichteter Feststellungsantrag statthaft sein, BGH NJW **99**, 3775. Andererseits ist grundsätzlich keine Feststellungsklage zulässig, wenn der Kläger bereits ein rechtskräftiges Urteil besitzt (wohl aber, wenn jenes zB wegen einer Unklarheit nicht vollstreckbar ist), oder soweit über den Streit bereits ein Prozeß schwebt, Bre FamRZ **81**, 981. Daher besteht zB bei einer Stufenklage auch auf eine Zahlung kein Interesse an einer Feststellung der Verpflichtung zu einer solchen, § 254 Rn 5.

Nötig ist die Feststellung *nicht,* wenn die entsprechende Klage als eine Widerklage nach Anh § 253 nicht über den in der Leistungsklage erhobenen Anspruch hinausgeht. Überhaupt ist eine Feststellungsklage nicht als eine Widerklage zulässig, soweit eine bloße Verteidigung die Rechte des Bekl ausreichend wahrt. Es genügt also auch nicht, wenn der Schädiger oder seine Versicherungsgesellschaft gegenüber demjenigen Unfallgeschädigten, der sich über die Schadensauswirkungen noch unklar sein muß, eine verneinende Feststellungsklage dahin erhebt, daß kein weiterer Schaden vorhanden sei, um den Geschädigten zum Abschluß eines Abfindungsvertrags zu veranlassen.

Unzulässig ist eine Feststellungsklage wegen solcher Rechtsfolgen, die das Gesetz ausspricht und die der Bekl nicht bestreitet. Unzulässig ist sie bei einer Zulässigkeit der Widerspruchsklage, § 771. Unzulässig ist eine verneinende Feststellungsklage, wenn sie gegenüber der erhobenen Leistungsklage keinen Vorteil bringt. Etwas anderes gilt zB dann, wenn die Leistungsklage ruhen soll, Rn 77 „Leistungsklage".

36 **I. Notwendigkeit alsbaldiger Feststellung.** Das Interesse muß eine alsbaldige Feststellung verlangen, BGH **69**, 46, BAG DB **94**, 992, KG VersR **00**, 1146. Das gilt, wenn eine begründete Besorgnis der Gefährdung schon und noch jetzt besteht, Rn 16, Ffm GRUR-RR **04**, 64, Hamm VersR **94**, 194. Diese Voraussetzung hängt im übrigen von der Lage des Einzelfalls ab. Man muß sie streng auslegen, Hamm VersR **94**, 194, aber auch nicht zu streng, BAG VersR **04**, 1048, Oldb MDR **96**, 265. Wegen § 108 I, II SachenR-BerG vgl vor Rn 1.

37 **J. Beispiele zur Frage der Notwendigkeit alsbaldiger Feststellung**

Amtshaftung: Bei einer anderweitigen Ersatzmöglichkeit nach § 839 I 2 BGB besteht ein rechtliches Interesse erst dann, wenn man dort Beweisschwierigkeiten befürchten muß.

Anhaltspunkt: Bei einem Ersatzanspruch genügt es, daß er sich *allmählich* entwickelt, daß für die Entstehung eines künftigen Schadens wenigstens ein Anhalt vorhanden ist, BGH FamRZ **90**, 39, Hamm OLGZ **90**, 45. Das ist zB dann der Fall, wenn die Witwe eines tödlich verunglückten Ehemanns sich zwar derzeit selbst erhält, aber auf den Verlust der sonst bisherigen Unterhaltspflicht des Ehemannes bei einer eigenen Erwerbslosigkeit hinweist. Ähnliches gilt bei der Möglichkeit einer Unterhaltspflicht, mag diese infolge der Arbeitsfähigkeit des Klägers derzeit auch nicht bestehen.

Beweisaufnahme: *Nicht* ausreichend ist die Notwendigkeit einer selbst evtl zeitraubenden Beweisaufnahme.

Ernsthafte Möglichkeit: Eine hohe Wahrscheinlichkeit eines Schadenseintrittes ist für das Feststellungsinteresse *nicht* erforderlich, von Gerlach VersR **00**, 531, aM BGH NJW **06**, 832 (beim reinen Vermögensschaden), BAG NJW **07**, 2573, LAG Düss NZA-RR **05**, 607 (je: zu streng), wohl aber für die Feststellung der Begründetheit der Klage, Kblz BB **91**, 722. Auch dort darf man freilich keine zu hohen Anforderungen stellen, BGH VersR **91**, 779, Hamm VersR **01**, 1169. Jedenfalls genügt es, daß spätere Schadensfolgen ernsthaft in Betracht kommen können, BGH MDR **01**, 765, Oldb MDR **96**, 265, LAG Düss NZA-RR **05**, 607.

38 **Fürsorgeleistung:** Das rechtliche Interesse kann dadurch *entfallen,* daß Fürsorgeleistungen eintreten und dann einen Forderungsübergang zur Folge haben.

Gesetzesregelungsplan: Ausreichend ist ein Interesse an einer alsbaldigen rechtlichen Feststellung bei einem Anspruch auf eine Entschädigung aus einem enteignungsgleichen Eingriff, wenn der Gesetzgeber die Möglichkeit einer Leistungsklage noch nicht zuverlässig geklärt hat und eine gesetzliche Regelung in Aussicht steht. Denn der Gesetzgeber hat dann die Klärung noch nicht der richterlichen Gewalt überlassen.

Klage auf künftige Leistung: Ihre Möglichkeit nach § 259 braucht nicht zu schaden, BGH NJW **86**, 2507 (großzügig).

Möglichkeit: *Nicht* ausreichend ist eine rein denkgesetzliche bloße Möglichkeit eines späteren und jetzt noch ganz ungewissen Schadens.

Schadensberechnung: Das rechtliche Interesse kann dann *entfallen,* wenn derzeit keine Schadensberechnung möglich ist oder wenn sie untunlich ist.

Selbständiges Beweisverfahren: Rn 40 „Verlustgefahr".

39 **Spätere Veränderung:** Ihre bloße Möglichkeit läßt die Notwendigkeit einer alsbaldigen Feststellung unberührt.

Standpunktsaufgabe: Durch sie kann das rechtliche Interesse *entfallen.*

Tod: Durch ihn kann das rechtliche Interesse zB des Bekl als Erblasser *entfallen,* BGH RR **93**, 391.

Überspannung: Man darf keine zu hohen Anforderungen stellen, BGH VersR **91**, 779, Hamm VersR **01**, 1169.

40 **Vergleich:** Ausreichen kann ein bestimmter Anlaß zur Hoffnung auf einen Vergleich.

Nicht ausreichend ist eine bloß denkbare Möglichkeit eines Vergleichs auf Grund eines Feststellungsurteils.

Verhandlungsschluß: Es darf noch kein Verhandlungsschluß nach §§ 136 IV, 296 a eingetreten sein, Kblz RR **89**, 510.

Verjährungshemmung: Ausreichend ist eine solche Absicht, BGH VersR **91**, 779, Celle FamRZ **76**, 89.

Verjährungsverzicht: *Nicht* ausreichend ist eine solche Lage, in der der Haftpflichtversicherer des Schädigers die bereits entstandenen unfallbedingten Aufwendungen erstattet und wegen der noch entstehenden Ansprüche auf die Dauer von mehr als drei Jahren auf die Einrede der Verjährung verzichtet hat, Oldb VersR **80**, 272.

Verlustgefahr: *Nicht* ausreichend ist die Gefahr eines Verlusts von Beweismitteln, Karlsr FamRZ **89**, 185. Denn dagegen hilft das selbständige Beweisverfahren nach §§ 485 ff. Dieses ist natürlich unterstützend heranziehbar.

7) Verfahren, I. Man muß viele Besonderheiten beachten. 41

A. Prozeßvoraussetzungen. Hierher zählen außer den besonderen nach I diejenigen der Leistungsklage, Grdz 13 vor § 253, auch zB im Verfahren über einen Versorgungsausgleich, BGH NJW **82**, 387. Hierzu zählt auch das allgemeine Rechtsschutzbedürfnis, Grdz 33 vor § 253, BGH NJW **77**, 1881, und das ebenfalls von Amts wegen prüfpflichtige Feststellungsinteresse nach Rn 21 ff. Gerichtsstand ist bei einer behauptenden Feststellungsklage derjenige der entsprechenden Leistungsklage, bei einer verneinenden der ausschließliche oder derjenige der umgekehrten Leistungsklage, sonst der allgemeine des Bekl, bei der Urkundenfeststellungsklage derjenige des Rechtsverhältnisses, jedoch kein dinglicher, wenn die Urkunde ein dingliches Recht nur beweist (anders § 24), bei einer Klage auf eine Feststellung derjenige des Eigentums. Die Prozeßvoraussetzungen müssen beim Schluß der letzten Verhandlung vorliegen, §§ 136 IV, 296 a. Beim Fehlen der allgemeinen Prozeßvoraussetzungen muß das Gericht die Feststellungsklage ebenso wie beim Fehlen der besonderen nach Rn 3 nach einem vergeblichen Hinweis nach § 139 als unzulässig abweisen, Grdz 14 vor § 253. Bei einer Auslandsberührung entscheidet das Gericht über die Zulässigkeit nach deutschem Verfahrensrecht, Einl III 74, Geimer DNotZ **89**, 334.

B. Klageschrift. Die Klageschrift muß das Rechtsverhältnis genau angeben, § 253 II, BGH RR **94**, 1272. Der Kläger muß die rechtsbegründenden Tatsachen auch hier näher angeben, BGH NJW **83**, 2250. Dazu gehört auch die Darlegung und notfalls der Beweis seines Feststellungsinteresses nach Rn 21 ff. Das gilt in allen Instanzen, BGH RR **90**, 130, BAG NZA **98**, 332. Bei der verneinenden Feststellungsklage umreißen hinreichend die vom Bekl erhobenen Ansprüche und braucht der Kläger nur ihr Nichtbestehen zu behaupten. Der Antrag muß bestimmt sein, § 253 Rn 40, 64, unten Rn 51, BGH RR **92**, 1272, Düss ZMR **85**, 235, LG Rottweil FamRZ **00**, 34. Der Kläger braucht nicht den weitestmöglichen Feststellungsantrag zu stellen, BAG DB **02**, 50. Die Bezugnahme auf eine gesetzliche Bestimmung genügt jedenfalls dann nicht, wenn diese mehrere Tatbestände enthält. Falsche Anträge etwa auf eine Anerkennung oder unbezifferte Leistung außerhalb des nach § 253 Rn 42 ff Zulässigen sind umdeutbar, BGH RR **92**, 771. 42

Die behauptende Feststellungsklage kann im allgemeinen nicht auf einen ziffernmäßig bestimmten *Betrag* gehen. Die verneinende Feststellungsklage kann nicht dahin gehen, daß der Kläger nichts schulde, sondern nur, daß er aus einem bestimmten Rechtsverhältnis nichts schulde. Darin steckt mangels einer gegenteiligen Erklärung der Antrag auf eine Feststellung, in welcher Höhe der Anspruch des Bekl etwa nicht begründet sei. Bei einem Schaden handelt es sich nicht um die Bezifferung oder Berechnung von Einzelansprüchen, sondern um die bestimmte Bezeichnung des zum Ersatz verpflichtenden Ereignisses, Düss RR **99**, 1401, sowie anders als für das Feststellungsinteresse um erforderliche Tatsachen für die Wahrscheinlichkeit einer Schadensentstehung, BGH NJW **83**, 2250. Ein Feststellungshauptantrag und ein Leistungshilfsantrag sind unvereinbar. Eine Aufspaltung in einen Leistungs- und einen Feststellungsantrag ist nicht stets erforderlich, BGH VersR **91**, 788, aber meist statthaft und ratsam. Im Kündigungsschutzprozeß muß man den Umfang des Klagantrags wie stets auslegen, Grdz 52 vor § 128, BAG NJW **98**, 698. Im Zweifel geht es nur um die konkrete Einzelkündigung, BAG NZA **95**, 596, Diller NJW **98**, 663. 43

C. Rechtshängigkeit. Die Rechtshängigkeit nach § 261 erfaßt bei einer verneinenden Feststellungsklage nicht stets eine demgegenüber noch erhebbare Leistungsklage, Rn 78. Eine erst nachfolgende verneinende Feststellungsklage ist aber nach § 261 III Z 1 unzulässig. Die Rechtshängigkeit hat sachlichrechtliche Wirkungen nur bei der behauptenden Feststellungsklage. Nur sie und nicht die verneinende läßt im Zweifel wegen des gesamten Anspruchs die Verjährung und Ersitzung neu anlaufen, §§ 209, 941 BGB, Gürich MDR **80**, 359. Freilich kann die bloße Bezugnahme auf eine Anlage der Klageschrift dazu unzureichend sein, Hbg ZMR **95**, 20. Wert Anh § 3 Rn 53 „Feststellungsklage". 44

D. Zuständigkeit, dazu *Foerste* Festschrift für *Kollhosser* II (2004) 141: Man muß die Zuständigkeit wie sonst beurteilen, Rn 41. Bei der verneinenden Feststellungsklage kommt wegen § 269 BGB meist der Wohnsitz des Klägers in Betracht. 45

E. Weiteres Verfahren. Der Bekl muß die ihm möglichen Einwendungen wie gegenüber einer Leistungsklage unverzüglich erheben, BGH **103**, 367. Das gilt zB für eine Aufrechnung, § 145 Rn 9. Die Verhandlung läuft wie sonst ab. Erkennt der Bekl an, ergeht ein Anerkenntnisurteil nach § 307, ohne daß das Gericht noch ein rechtliches Interesse prüfen müßte. Das Anerkenntnis muß sich aber auf den Klaganspruch beziehen. Eine Anerkennung des Rechtsverhältnisses oder der Berühmung als unzutreffend genügt nicht. Das Gericht muß jedoch prüfen, ob nach dem Wegfall der Berühmung noch ein Feststellungsinteresse vorliegt. § 93 kann anwendbar sein. Wer sich aber nicht berühmt hat, braucht den Klaganspruch nicht anzuerkennen, um der Kostenlast zu entgehen. Er muß aber evtl eine Erklärung abgeben, wenn man sie von ihm nach Treu und Glauben erwarten kann. Danach muß man beurteilen, ob er sich durch seinen Abweisungsantrag berühmt oder ob er nur den Klaganspruch leugnet. Ein „hilfsweises" Anerkenntnis beseitigt das Feststellungsinteresse nicht, BGH DB **76**, 1009. Die Frage eines mitwirkenden Verschuldens darf nicht offen bleiben, BGH NJW **78**, 544. 46

F. Beweisfragen. Die Beweislast richtet sich nach allgemeinen Grundsätzen, Anh § 286 Rn 92 „Feststellungsklage". Die äußere Parteistellung entscheidet nicht, BGH NJW **92**, 1103, Hbg FamRZ **89**, 1112, Oldb FamRZ **91**, 1071. Bei der behauptenden Feststellungsklage hat also meist der Kläger die Beweislast. Bei der verneinenden Feststellungsklage muß der Kläger die behauptete Berühmung des Bekl und alle Prozeßvoraussetzungen beweisen, BGH NJW **93**, 1716, BAG NJW **85**, 221. Wenn der Kläger bei ihr die den bekämpften Anspruch begründenden Tatsachen leugnet, muß der Bekl ihr Vorhandensein nach Grund und Höhe beweisen, Anh § 286 Rn 92 „Feststellungsklage", BGH NJW **92**, 1103, Hbg FamRZ **89**, 1112, Balzer NJW **92**, 2725. Wenn der Kläger die Beseitigung der Wirkung durch rechtshemmende oder rechtsvernichtende Tatsachen behauptet, muß der Kläger diese beweisen, Balzer NJW **92**, 2725. Wenn der Kläger die Wirksamkeit aus 47

Rechtsgründen leugnet, ist kein Beweis nötig. Denn es liegt dann ein vorweggenommenes Geständnis vor. Der Kläger muß auch sein Feststellungsinterersse nach Rn 21 ff beweisen, Rn 42.

48 **G. Urteil.** Sämtliche Erfordernisse des I sind besondere Prozeßvoraussetzungen, Grdz 13, 21 vor § 253. Fehlt das rechtliche Interesse nach Rn 21 ff, muß das Gericht die Klage evtl nach einem vergeblichen Hinweis nach § 139 durch ein Prozeßurteil als unzulässig abweisen, Grdz 14 vor § 253, Rn 4. Das Gericht darf die Feststellungsklage so wenig wie die Leistungsklage gleichzeitig als unzulässig und als unbegründet abweisen. Es darf sie aber als unzulässig und hilfsweise als unbegründet behandeln, Grdz 17 vor § 253. Das Berufungs- oder Revisionsgericht darf die von der Vorinstanz als unzulässig abgewiesene Klage als unbegründet abweisen.

49 Eine *Abweisung* der behauptenden Feststellungsklage ist nicht schon nach einer summarischen Prüfung möglich, ob ein Schaden entstanden ist. Eine völlige Abweisung der verneinenden Feststellungsklage setzt, wenn der Bekl beziffert hat, voraus, daß das Gericht den vom Kläger verneinten Anspruch voll bejaht. Hat der Bekl nicht beziffert, muß das Gericht nach § 139 feststellen, ob der Kläger überhaupt jeden Anspruch leugnet (dann müßte es also abweisen, wenn der Anspruch in irgendwelcher Höhe begründet ist, s aber unten) oder ob er wenigstens hilfsweise nur in der angemaßten Höhe leugnet. Eine betragsmäßige Begrenzung des verneinenden Feststellungsurteils nebst einer Abweisung der restlichen Klage ist zulässig, Kblz FamRZ **83**, 1150.

50 Ein *Teilurteil* nach § 301 ist auch bei der verneinenden Feststellungsklage möglich, sofern der Bekl nicht beziffern muß. Das gilt aber nur dann, wenn das Schlußurteil nicht im Gegensatz dazu stehen kann. Das ist aber regelmäßig dann der Fall, wenn ein derartiges Urteil für einen Teil der eingeklagten Summe ergeht, der Bekl dann aber seine Ansprüche erweitert, wie beim Schadensprozeß häufig. Wenn der Kläger eine Verurteilung auf eine Feststellung verlangt, ist ein Leistungsurteil unzulässig. Wohl aber ist umgekehrt dann, wenn der Kläger eine Leistung verlangt, eine Verurteilung auf eine bloße Feststellung möglich. Denn das Feststellungsurteil ist gegenüber dem Leistungsurteil ein Weniger, § 308 Rn 8. Ist wegen eines Einwands des Mitverschuldens aus § 254 II BGB der Wegfall des Anspruchs ungewiß, ist ein Urteil auf eine unbegrenzte Feststellung falsch. Ist der Anspruch teilbar, muß das Gericht prüfen, ob es der Klage teilweise stattgeben kann, BGH ZMR **85**, 295. Das Urteil muß also erkennen lassen, ob das Gericht das Rechtsverhältnis ganz oder teilweise bejaht oder verneint.

51 Eine Prozeßvoraussetzung ist die *Bestimmtheit* des Klagantrags, Rn 42, 43. Das Gericht muß sie noch in der Revisionsinstanz von Amts wegen nachprüfen. Bei ihrem Fehlen erfolgt evtl nach einem vergeblichen Hinweis nach § 139 eine Abweisung als unzulässig, Grdz 14 vor § 253. Wegen der inneren Rechtskraftwirkung § 322 Rn 38 „Feststellungsurteil“. Die Zwangsvollstreckung läßt ein Feststellungsurteil nur im Kostenpunkt zu. Seine Wirkung ist eine rein innere. Trotzdem muß das Gericht es nach §§ 704 ff für vollstreckbar erklären.

52 **H. Wegfall des zunächst vorhandene rechtlichen Interesses.** Ist das zunächst vorhandene rechtliche Interesse erst im Prozeß weggefallen, kann der Kläger die Kostenpflicht vermeiden, wenn er die Hauptsache für erledigt erklärt, § 91 a. Ob das Interesse weggefallen ist, braucht eine sorgfältige Prüfung. So erledigt eine Widerklage des Gegners mit dem Ziel einer Unterlassung vor der Rechtskraft der Entscheidung nur unter den Voraussetzungen Rn 77 die verneinende Feststellungsklage. Auch ein zu langes Zuwarten kann schaden, Ffm DB **88**, 1488. Selbst ein Anerkenntnis im Prozeß erledigt nicht, wenn das spätere Verhalten zweifelhaft ist. Vgl auch im übrigen Rn 77.

53 **8) Weitere Beispiele zur Frage der Zulässigkeit einer Feststellungsklage, I.** Die nachfolgenden Beispiele ergänzen die speziellen vorangegangenen Beispiele zu Teilaspekten. „Ja“ bedeutet: eine Feststellungsklage ist zulässig; „nein“ bedeutet: eine Feststellungsklage ist unzulässig. Vgl auch Rn 21 ff.

Abänderungsklage: Rn 80.

Abmahnung: Ja bei gegnerischer, Rn 74, BGH RR **95**, 1380, Mü GRUR-RR **06**, 365, aM LAG Köln DB **84**, 1631, Juckat DB **90**, 2219. Nein bei solcher irrtümlichen, Mü WettbR **98**, 42.
S aber auch Rn 88.

Absolutes Recht: Ja. Vgl auch bei den einzelnen derartigen Rechten.

Abstammung: Rn 96 „Vaterschaft“.

Abtretung: Ja für die verneinende Feststellungsklage gegen den Zessionar, wenn sich der Zedent der Forderung berühmt, der Zessionar sich zur Berechtigung ausschweigt, BGH **69**, 37, oder beim Streit zur Wirksamkeit der Abtretung, BGH RR **92**, 252.

Abzahlungsgeschäft: Rn 75 „Kauf“.

Amtshaftung: Ja beim Amtshaftungsanspruch, BGH NJW **02**, 1646.

Anerkenntnis: Ja beim bloß deklaratorischen Anerkenntnis, Karlsr MDR **00**, 1014. Nein, wenn der Kläger ein außergerichtliches Anerkenntnis des Bekl herbeiführen kann, Celle VersR **89**, 102. Nein evtl, soweit ein wirksames Anerkenntnis des Versicherers vorliegt, BGH NJW **85**, 791, zumindest wenn es dem Grunde nach voll ergeht, Hamm VersR **01**, 1257. Nein, solange kein eindeutiger Ersatz eines Feststellungsurteils erfolgen soll, Karlsr MDR **00**, 1014.

Anfechtungsgesetz: Grds ja gegenüber einer drohenden Gläubigeranfechtung für die verneinende Feststellungsklage, BGH NJW **91**, 1062.

Anwaltskosten: Rn 88 „Notarkosten“.

Anwartschaftsrecht: Ja für die Feststellung eines dinglichen Anwartschaftsrechts.

54 **Arbeitsverhältnis:** Es ergeben sich zahlreiche Aspekte.

Berechtigung und Wirksamkeit einer Versetzung: Ja, BAG NZA **06**, 623, spätestens auch noch seit ihrer Durchführung.

– **(Abmahnung):** Nein für das Recht des Arbeitgebers, den Arbeitnehmer betrieblich abzumahnen, LAG Köln DB **84**, 1631, Jurkat DB **90**, 2219.

– **(Altersteilzeit):** Ja zur Feststellung eines solchen Verhältnisses, BAG NZA **08**, 706.

– **(Arbeitskampf):** Nein für einen Arbeitgeberverband wegen des Anspruchs seiner Mitglieder auf die Unterlassung bestimmter Arbeitskampfmaßnahmen gegen eine Gewerkschaft, BAG NJW **83**, 1751.

– **(Arbeitszeit):** Ja zur Klärung einer unangemessenen Benachteiligung bei einer Arbeitszeitänderung, LAG Düss NZA-RR **07**, 239. Nein für die abstrakte Feststellung der Beschäftigungszeit ohne einen besonderen Anlaß, BAG BB **04**, 223.
– **(Aussperrung):** Ja, daß sie rechtswidrig sei, ArbG Paderb DB **75**, 1655, aM LAG Hamm NJW **83**, 783.
– **(Bedingung):** Ja wegen der Befristung einer Vertragsbedingung, BAG NJW **02**, 3421, oder wegen ihrer Widerruflichkeit, BAG NJW **05**, 1820.
– **(Betriebsfrieden):** Bei einer nur ideellen Rechtskraftwirkung ja nur, falls wenigstens ähnliche Fälle auftreten können oder die Entscheidung den Betriebsfrieden fördert, BAG JZ **78**, 153.
– **(Betriebsrat):** Ja für die Feststellung der Verpflichtung des Arbeitgebers, den Betriebsrat über die Einführung und Anwendung eines neuen Finanzberichtssystems zu unterrichten und mit ihm zu beraten, BAG NJW **83**, 2838. Ja zur Zuständigkeitsfrage bei § 50 I, II BetrVG, LAG Nürnb NZA-RR **07**, 249. Nein für die Feststellung der Unwirksamkeit eines Beschlusses des Betriebsrats, die man auch als eine Vorentscheidung im Rahmen eines anderen Verfahrens treffen kann, BAG NZA **05**, 171 (streng).
– **(BetrVG):** *§ 17:* Nein wegen der Bildung eines Betriebsrats unabhängig vom BetrVG, BAG DB **76**, 823.
§ 118 I: Ja, BAG NJW **99**, 1422.
– **(Dauer):** Ja zur Klärung der Dauer des Arbeitsverhältnisses, BAG MDR **02**, 777. **55**
– **(Disziplinarrecht):** Ja bei einer Disziplinarmaßnahme gegen einen Arbeitnehmer im öffentlichen Dienst, LAG Bln BB **80**, 1749.
– **(Einzelmaßnahme):** Nein für die Klage eines einzelnen Arbeitnehmers gegen die Wirksamkeit einer einzelnen Maßnahme, LAG Mainz NZA-RR **05**, 198.
S aber auch Rn 54 „(Aussperrung)".
– **(Erfindung):** Ja für die Feststellung der Alleinerfinderschaft, falls der Arbeitgeber die Miterfinderschaft Dritter schon anerkannt hat, Mü GRUR **93**, 661.
– **(Fortbestand):** Nein für die Feststellung, daß ein unbefristetes Arbeitsverhältnis bestehe, solange keine Tatsachen dafür vorliegen, daß auch dieser Kläger alsbald entlassen werden soll, BAG DB **80**, 503.
– **(Feierabendarbeit):** Nein für die Feststellung der Rechtswidrigkeit von Feierabendarbeit, soweit der klagende Betriebsrat sie einfach verbieten kann, BAG MDR **04**, 1122.
– **(Freier Mitarbeiter):** Ja, daß der Kläger Arbeitnehmer und kein freier Mitarbeiter ist, BAG DB **95**, 835, **56** evtl auch, wenn schon ein weiterer Prozeß über einzelne Arbeitsbedingungen schwebt, BAG DB **77**, 2460 (aber nein, wenn es dabei in Wahrheit nur um die Höhe eines Vergütungsanspruchs geht, BAG BB **79**, 1456).
– **(Insolvenz):** Ja, daß eine Masseforderung bestehe, auch wenn die Quote ungewiß ist, LAG Düss DB **76**, 538.
– **(Kündigung):** Ja bei einer Klage auf die Feststellung der Unwirksamkeit einer betriebsbedingten Kündigung, BAG NJW **97**, 2257, oder einer außerordentlichen Kündigung, BGH NJW **05**, 3070, BAG FamRZ **76**, 622, selbst wenn nach § 103 II BetrVG die Zustimmung bereits rechtskräftig ersetzt worden ist, BAG NJW **75**, 1752. Ja auch für den Arbeitgeber, wenn die Kündigung des Arbeitnehmers unwirksam sei, BAG MDR **97**, 370, erst recht für den Arbeitnehmer, daß das Arbeitsverhältnis wegen der Unwirksamkeit einer eigenen Kündigung fortbestehe, BAG NJW **06**, 395, LAG Mainz BB **99**, 800. Ja, daß das Arbeitsverhältnis trotz eines Betriebsübergangs fortbestehe, BAG NJW **00**, 3226, aM LAG Hamm BB **03**, 588 (aber gerade dann kann eine erhebliche Unsicherheit bestehen). Ja neben einer Kündigungsschutzklage, BAG NJW **06**, 395, soweit man im Kündigungsschutzprozeß mit Nachkündigungen rechnen muß (das ist freilich nicht oft so), BAG MDR **94**, 1128, LAG Hamm MDR **99**, 1391. Ja, daß die Kündigung die Ehre des Arbeitgebers verletze, BAG DB **86**, 2678. Nein, wenn die Parteien einvernehmlich die Folgen der angegriffenen Kündigung aufgehoben haben, LAG Kiel DB **86**, 2334. Nein für die Feststellung der Unwirksamkeit der Kündigung eines Nichtberechtigten nach einem Betriebsübergang, LAG Hamm DB **01**, 2000.
S auch „– (Kündigungsschutz)".
– **(Kündigungsschutz):** Ja bei einer Sozialwidrigkeit der Kündigung, § 4 KSchG, BAG NJW **88**, 2692, BAG MDR **94**, 1128 (auch zu den Grenzen), BAG MDR **97**, 849 (zum Verhältnis zwischen einer Kündigungsschutzklage und einer allgemeinen Feststellungsklage). Zum allgemeinen Beschäftigungsanspruch außerhalb eines Kündigungsschutzprozesses Pallasch, Der Beschäftigungsanspruch des Arbeitnehmers (1993) 114. Zum Weiterbeschäftigungsanspruch während des Kündigungsschutzprozesses Bötticher BB **81**, 1958.
S auch „– (Kündigung)".
– **(Leitender Angestellter):** Ja für die vom Betriebsrat begehrte Feststellung, der Arbeitnehmer sei kein leitender Angestellter, selbst wenn der letztere eine Klage auf die Feststellung erhebt, er sei ein solcher, BAG NJW **75**, 1717, und umgekehrt, BAG MDR **75**, 609. Das gilt selbst dann, wenn kein akuter Streitfall mehr vorliegt, BAG NJW **75**, 1244 und 1246.
– **(Mitbestimmung):** Ja für den Betriebsrat, BAG NZA **06**, 1368. Ja für den Arbeitnehmer, BAG NZA **07**, 1311. Ja insoweit auch in der Privatwirtschaft, LAG Hamm DB **79**, 1560, auch wenn schon übertariflich gezahlt wird, und auch für Zinsen.
Nein für sie nach einer Einigung vor der Einigungsstelle, BAG DB **02**, 2727. Nein bei § 99 I BetrVG, BAG NZA **08**, 1020.
– **(Nebentätigkeit):** Ja zur Klärung ihrer Zulässigkeit, BAG DB **02**, 1561 rechts oben.
– **(Pension):** S „– (Rente)". **57**
– **(Personalüberhang):** Nein bei einer Zuordnung zu ihm, BAG NZA **06**, 623.
– **(Rente):** Ja für den Arbeitgeber zur Feststellung gegenüber dem Versorgungsträger, auch vor dem Versorgungsfall und dann, wenn eine Leistungsklage möglich ist, BAG MDR **96**, 290, oder gegenüber einem Pensions-Sicherungs-Verein, daß eine Kürzung oder Einstellung von Leistungen berechtigt ist, BAG DB **80**, 1172, aM LAG Köln DB **84**, 624. Ja wenn die an sich bezifferbare Rente nur von der Rechtsfrage abhängt, ob eine Abgeordnetenpension anrechenbar ist, BAG BB **86**, 1990. Ja, wenn man

einen Anspruch auf die Zahlung einer Betriebsrente noch nicht gegen den Träger der gesetzlichen Insolvenzsicherung geltendmachen kann, BAG KTS **88**, 349. Ja, daß die Ehefrau einen Anspruch auf eine Witwenrente hat, BAG MDR **98**, 850. Nein für die bloße Möglichkeit, daß einem Kläger Altersversorgung zustehe, falls er Arbeitnehmer war, BAG NJW **99**, 2918.

– **(Sozialplan):** Ja, daß ein von der Einigungsstelle beschlossener Sozialplan unwirksam sei, BAG NZA **04**, 110.

– **(Sozialwidrigkeit):** Rn 56 „– (Kündigungsschutz)".

– **(Stellenpool):** Ja bei der Unterstellung unter einen Stellenpool, BAG NZA **07**, 1311.

– **(Streik):** Rn 54 „– (Arbeitskampf)".

58 – **(Tarifrecht):** Ja bei einer Verbandsklage, Grdz 30 vor § 253, zur Klärung der Gültigkeit und zur Auslegung einer Tarifnorm, BAG VersR **81**, 942. Ja für die Klärung des Bestehens oder Nichtbestehens eines Rechts auf Tarifverhandlungen, wenn eine Gewerkschaft sie nachdrücklich fordert und gar mit Kampfmaßnahmen droht, aM BAG NJW **85**, 221 (aber was soll eigentlich noch geschehen?). Ja für die Frage, ob ein Tarifvertrag oder Tarifwerk auf ein Arbeitsverhältnis anwendbar ist, BAG NZA **06**, 691, LAG Bln DB **92**, 1300, und zwar selbst bei einem Streit über den persönlichen Geltungsbereich des Tarifvertrags, BAG DB **02**, 50. Nein, solange mangels eines Tarifvertrags kein Rechtsverhältnis besteht, Rn 5, BAG NJW **78**, 2116. Nein für den einzelnen Arbeitnehmer wegen der Feststellung des Geltungsbereichs eines Tarifvertrags, BAG DB **89**, 1832. Nein zum Bestehen eines Tarifvertrags nach seinem Ende, BAG MDR **08**, 465.

S auch „(Urlaub)".

– **(Tatbestandsmerkmal):** Nein für ein bloßes Tatbestandsmerkmal, das für Rechtsbeziehungen wesentlich ist, BAG NJW **83**, 2838.

– **(Urlaub):** Beim Streit mit einem privaten oder öffentlichen Arbeitgeber über den Urlaubsumfang, BAG NZA-RR **07**, 520: Ja, da erfahrungsgemäß auch der private Arbeitgeber sich daran hält, aber auch ein Leistungsurteil ist möglich. Das gilt auch bei einem Tarifvertrag, BAG NZA **97**, 1006.

– **(Vergütung):** Ja beim Streit, ob der Arbeitgeber brutto vergüten darf, BAG NZA-RR **06**, 330. Einstufung in die Gehaltsgruppe: Ja für den Betriebsrat, LAG Mainz BB **01**, 2066. Ja für die Feststellung der Vergütungspflicht nach einer bestimmten Vergütungsgruppe (nicht auch deren Fallgruppe), BAG DB **03**, 2292, überhaupt zur Eingruppierung, BAG MDR **04**, 817.

– **(Versetzung):** Ja wegen der Berechtigung und Wirksamkeit einer Versetzung, BAG NZA **06**, 623, spätestens auch noch nach ihrer Durchführung.

– **(Versicherung):** Ja, falls der Arbeitgeber die Versicherungskarte falsch ausgefüllt hat und eine Nachversicherung unmöglich oder von einem Prozeß abhängig ist, für die Klärung der Eintragungspflicht. Ja, daß eine versicherungs- und steuerpflichtige Arbeit vorliegt, wenn zB eine Rentenverkürzung droht oder wenn die Behörde das Urteil des ArbG zugrundelegen wird.

59 – **(Versorgung):** Rn 57 „– (Rente)".

– **(Vertragsende):** Nein für die Feststellung des Bestehens oder Nichtbestehens eines Arbeitsverhältnisses, wenn es unstreitig mittlerweile beendet ist und wenn keine Ansprüche aus ihm mehr zumindest dem Grunde nach bestehen können, BAG BB **00**, 1252.

– **(Weihnachtsgeld):** Ja für Anwartschaftsrechte des Dienstherrn wegen der Erstattung von Weihnachtsgeld bei einer Arbeitsunfähigkeit.

– **(Weisungsrecht):** Ja wegen des Weisungsrechts des Arbeitgebers, LAG Hamm NJW **02**, 2492.

– **(Weiterbeschäftigung):** Rn 56 „– (Kündigungsschutz)".

– **(Zulage):** Nein zur Klärung der Methode der Berechnung einer Zulage, BAG DB **02**, 1562 links.

Architekt: Nein für den Bauherrn, wenn er seine restliche Forderung wegen eines Planungsfehlers des Architekten bereits beziffern kann, Köln VersR **93**, 1376.

Arrest; einstweilige Verfügung: Ja für eine verneinende Feststellung trotz eines Antrags des Kläger nach § 926, Hbg MDR **02**, 965, oder nach § 945 (eine Berühmung reicht), BGH NJW **94**, 2766.

Nein für die Feststellung, daß das Gericht den Arrestbefehl nach § 922 rechtmäßig erlassen hatte, wenn nach § 91 a eine Erledigung eingetreten ist.

Aufopferungsanspruch: Als solcher ja, auch dafür, daß er einen Anspruch auf vollen Schadensersatz gewährt. Nein aber wegen der Verpflichtung zur Ausgleichung einzelner Nachteile (Heilkosten, Entschädigung für verminderte Erwerbsaussichten). Denn es liegt ein einheitlicher Anspruch vor.

Aufrechnung: Ja, soweit ihretwegen eine Unsicherheit über den restlichen Anspruch des Klägers besteht, Köln RR **03**, 596. Sie kann sogar notwendig sein, um im späteren Prozeß über die Leistungsklage einen Ausschluß zu vermeiden, BGH **103**, 367. Ihre bloße Möglichkeit reicht für den Gegner nicht zur verneinenden Feststellungsklage, LG Hbg RR **98**, 1682.

60 **Auseinandersetzung:** Ja, wenn dem Kläger schon die Entscheidung bestimmter Fragen dient, zB als Grundlage der Abrechnung, so ob bestimmte Posten miteinbezogen wurden oder außer Ansatz bleiben müssen, KG OLGZ **77**, 458.

Nein wegen der Verpflichtung zur Aufstellung einer neuen Bilanz. Dann ist vielmehr eine Leistungsklage erforderlich, bei der man die bemängelten Wertansätze mitprüft. Handelt es sich um einen auf dem Gesellschaftsverhältnis beruhenden Zahlungsanspruch, kann man diesen nach der Auflösung der Gesellschaft nicht durch eine Leistungs-, sondern nur durch eine Feststellungsklage geltend machen. Denn er stellt nur einen unselbständigen Rechnungsposten innerhalb der Auseinandersetzungsrechnung dar.

Auskunft: Ja beim Auskunftsanspruch, BGH NJW **02**, 1646, aM Brdb MDR **04**, 1003 (aber der Anspruch bereitet direkt vor).

Ausland: Ja, falls es die Klärung praktisch fördert, zB bei der Anerkennung im Ausland (SchlAnh V) oder wenn es um die Vollstreckbarkeit des zugehörigen Leistungsurteil im Inland geht, §§ 722, 723, oder nach der EuGVVO, SchlAnh V C 2, (zum alten Recht) Geimer JZ **77**, 145.

Nein, soweit man im Ausland nicht mit einer Anerkennung rechnen kann, BGH WertpMitt **82**, 619.

Auslobung: Rn 90 „Preisausschreiben".

Baulandsache: Ja, BGH NJW **77**, 716, zB wenn die Feststellung der Rechtswidrigkeit eines während des Baulandprozesses erledigten Verwaltungsakts im zukünftigen Zivilprozeß bindet und der Zivilprozeß nicht offensichtlich aussichtslos ist. 61

Bausache: Ja, soweit ein Feststellungs- statt eines Leistungsantrags ausnahmsweise zweckmäßig ist, Düss VersR **83**, 463.

Beanspruchersstreit: Ja für die Feststellungsklage eines Beanspruchers gegenüber dem Schuldner, schon weil das Urteil im Beanspruchersstreit nicht gegenüber dem Schuldner eine innere Rechtskraftwirkung nach § 322 erhalten kann, BGH KTS **81**, 218. Ja für die Feststellungsklage des einen Beanspruchers gegen den anderen, BGH FamRZ **92**, 1056.

Bedingung: Auch ein bedingter Anspruch kann ausreichen, Rn 17.

Bergschaden: Da ein Ersatz regelmäßig durch den Kapitalbetrag als Gesamtentschädigung erfolgt, nein wegen des noch entstehenden Schadens.

Besitz: Ja, soweit der Kläger aus ihm ein Recht ableitet, BayObLG WoM **89**, 529, zB eine Ersitzung.

Betagung: Auch ein betagter Anspruch kann ausreichen, Rn 17.

Bilanz: Ja für die Klarstellung einzelner für die Auseinandersetzungsrechnung oder Schlußbilanz streitiger Einzelposten, BGH WertpMitt **84**, 361.

Bürgschaft: Nein für die Klage des sog Rückbürgen gegen den Gläubiger, daß dieser nicht berechtigt sei, den Hauptbürgen in Anspruch zu nehmen, Hamm NJW **93**, 3275.

S auch Rn 75 „Kauf".

Drittschuldner: Ja für die Rechtsbeziehung zum Gläubiger der gepfändeten Forderung, soweit nicht zB §§ 766, 840, 843 als einfachere Wege helfen, BGH NJW **77**, 1881. 62

Ehe: § 256 gilt nur entsprechend in den Grenzen von § 113 I 2 FamfG. Mit dieser Einschränkung: Ja für die Hinzurechnung einzelner Vermögensstücke zum Anfangsvermögen, selbst nach der Beendigung des Güterstands. Ja grds für eine verneinende Feststellungsklage, selbst wenn eine einstweilige Anordnung vorliegt, BGH NJW **83**, 1330, Brdb FamRZ **02**, 1497, Mü FamRZ **85**, 410, aM Hbg FamRZ **85**, 1273 (aber die Rechtskraftwirkung des Hauptsacheurteils geht weiter). 63

Das gilt auch dann, wenn die Parteien zu ihrer Abänderung einen *Vergleich* geschlossen hatten, § 779 BGB oder Anh § 307, § 323 Rn 66, 77, Düss FamRZ **85**, 87, Stgt FamRZ **82**, 1033, Zweibr FamRZ **85**, 1150. Freilich muß das allgemeine Feststellungsinteresse bestehen. Es kann mangels einer Berühmung durch den Gegner fehlen, Hamm FamRZ **85**, 952 (§ 623 ist hier nicht maßgeblich). Es kann auch fehlen, wenn zB bei § 1586 a BGB eine weitere Scheidung noch ganz ungewiß ist, Karlsr FamRZ **89**, 185. Ja für eine Feststellung nach § 1368 BGB, BGH RR **90**, 1154. Ja für die Höhe des schuldrechtlichen Versorgungsausgleichs, wenn es sich um eine Überschreitung der Höchstgrenze des § 1587 b V BGB handelt und wenn die Entscheidung des Erstgerichts einen falschen Betrag nennt, BGH FamRZ **82**, 43, Köln FamRZ **87**, 287. Ja stets für die Feststellung der Nichtigkeit eines Ehevertrags, Düss RR **05**, 1, Ffm FamRZ **06**, 713 (erst ab Scheidungsverfahren).

Nein für die Feststellung des Bestehens oder Nichtbestehens. Insofern ist allenfalls (jetzt) § 121 Z 3 FamFG anwendbar, Hamm FamRZ **80**, 706. Nein für die Fortwirkung einer Entscheidung nach § 1361 BGB nach der Scheidung, aM Köln FamRZ **79**, 925. Für das Recht zum Getrenntleben ausnahmsweise ja, Saarbr FamRZ **07**, 402, aber grds nein, KG FamRZ **88**, 81, zumindest dann nicht, wenn der andere Ehegatte dieses Recht nie bestritten hat, Karlsr RR **89**, 1415. Nein, daß für den Zugewinnausgleich das am Stichtag X vorhandene Vermögen als Endvermögen gilt, BGH FamRZ **79**, 906. Nein für die Feststellung der Zugehörigkeit einer noch nicht unverfallbaren Anwartschaft auf einen Versorgungsausgleich, BGH FamRZ **96**, 1465, Düss FamRZ **81**, 565 (je: wegen eines schuldrechtlichen Versorgungsausgleichs), aM Bre FamRZ **82**, 393 (wegen eines öffentlichrechtlichen Versorgungsausgleichs. Aber Anspruch bleibt Anspruch.). Nein für die Feststellung, daß ein Ehegatte im Weg eines schuldrechtlichen Versorgungsausgleichs eine Ausgleichsrente zahlen müsse, BGH FamRZ **96**, 1465. Nein für die Feststellung, daß ein Ehepartner eine Forderung auf einen Zugewinnausgleich in eine Gütergemeinschaft einbrachte, Nürnb FER **98**, 236. Nein für den nachehelichen Unterhalt vor der Scheidung, Brdb RR **02**, 578. Nein für die Feststellung der Nichtigkeit eines Ehevertrags vor einem Scheidungsantrag und bei dessen Unsicherheit, Ffm FamRZ **05**, 457, oder für die Feststellung seiner Unwirksamkeit, Ffm RR **07**, 289, Naumb FamRZ **08**, 619. 64

Ehre: Ja für die zu ihrer Wahrung erforderlichen Feststellungen, BGH VersR **85**, 39, auch für die verneinende Feststellungsklage des Beleidigten, LG Oldb MDR **93**, 385. Sie kann die sogar seiner zusätzlichen Unterlassungs- oder Widerrufsforderung das Rechtsschutzinteresse nehmen, LG Oldb MDR **93**, 385. Ja für eine verneinende Feststellungsklage gegenüber einem Widerrufsverlangen, Celle RR **92**, 1468. 65

Eigentum: Ja zB für den Eigentümer gegen den derzeitigen Besitzer, dem die Sache auf Grund gesetzlicher Vorschriften überwiesen wurde. Ja für geschiedene Eheleute zur Klärung der Eigentumsverhältnisse an dem früherem Eigentum als einer Vorfrage für einen Entschädigungsanspruch. Ja zur Klärung eines Eigentumserwerbs, aM LG Mannh GRUR-RR **08**, 143.

Energieversorgung: Ja evtl wegen eines Einspeisungsvertrags, Kblz NJW **00**, 2031.

Erbrecht: Es bestehen viele Aspekte. 66

- **(Abfindungsvertrag):** Ja für den Erblasser gegen den Notar, daß einem Testamentserben mit einiger Wahrscheinlichkeit aus einem fehlerhaft beurkundeten Abfindungsvertrag ein Schaden entstehen werde, Hamm VersR **81**, 1037.
- **(Erbengemeinschaft):** Ja für den Erben gegen den Miterben zB beim Streit nur über gewisse Punkte, wenn der Nachlaß noch nicht teilungsreif ist, BGH RR **90**, 1220, Düss RR **96**, 1338, KG OLGZ **77**, 458, oder wenn eine Erbauseinandersetzungsklage unterbleiben kann, die wesentlich teurer wäre, da sie auch die unstreitigen Punkte mitumfaßt, BGH FamRZ **90**, 1113. Nein bei der Klage aller Miterben wegen desjenigen von ihnen, dem gegenüber schon ein rechtskräftiges Urteil zu demselben Streitgegenstand vorliegt, BGH NJW **89**, 2134.

– **(Erbvertrag):** Ja beim Streit unter den Vertragserben, Düss FamRZ **95**, 58. Ja für die Feststellung der Unwirksamkeit der Anfechtung des Erbvertrags.
S auch Rn 68 „(Schenkung)".
– **(Erbverzicht):** Ja für einen gesetzlichen Erben auf eine Feststellung der Haftung eines Notars, der die Unwirksamkeit eines Erbverzichts verschuldet hat, und zwar schon vor dem Tod des Erblassers, BGH NJW **96**, 1063.
– **(Gültigkeit des Testaments):** Ja gegen den Erben, daß das Testament gültig und auszuführen ist.

67 – **(Lebzeit):** Nein im allgemeinen für eine Feststellung der erbrechtlichen Verhältnisse nach einem noch Lebenden, Ffm MDR **97**, 481, Kblz FamRZ **03**, 542, aM Assmann ZZP **111**, 369. Nein für eine Klage gegen den noch lebenden Erblasser wegen der Unwirksamkeit einer letztwilligen Verfügung wegen bestimmter Vorfälle, aM BGH NJW **04**, 1874 (aber der letzte Wille bleibt bis zum letzten Atemzug frei abänderbar).
– **(Nacherbschaft):** Nein für die Frage der Ausgleichspflicht im Nacherbfall vor seinem Eintritt, Karlsr FamRZ **89**, 1232.
S auch Rn 68 „(Vorerbschaft)".
– **(Notar):** Rn 66 „– (Erbverzicht)".
– **(Pflichtteil):** Nein für den Erben, der nach dem Erbfall eine Klage des Erblassers gegen den Pflichtteilsberechtigten auf die Feststellung eines Rechts zum Pflichtteilsentzug fortsetzen will. Denn der Erbe hat dieses Verfügungsrecht nicht mehr, BGH DB **90**, 321.

68 – **(Schenkung):** Ja für den Vertragserben gegen den Beschenkten auch schon vor dem Tod des überlebenden Erblassers, Kblz MDR **87**, 936, aM Mü FamRZ **96**, 253. Ja gegen den früher Beschenkten wegen § 2329 III BGB.
– **(Teilungsanordnung):** Ja bei der Abgrenzung zu einem Vorausvermächtnis, BGH RR **90**, 1220.
– **(Teilungsversteigerung):** Ja, daß bei ihr der Bekl zuviel erhielt, Köln RR **96**, 1352.
– **(Testamentsvollstrecker):** Ja für den Testamentsvollstrecker, soweit er ein eigenes rechtliches Interesse in dieser Eigenschaft hat, zB den letzten Willen zu verwirklichen und zu verteidigen, BGH RR **87**, 1091. Ja für den Testamentsvollstrecker gegen den Erben wegen der Feststellung, ob jemand Erbe ist, Karlsr FamRZ **05**, 1201, oder daß sein Widerspruch gegen die Auszahlung des Vermächtnisses unbegründet ist oder daß ein Dritter nicht Erbe geworden ist, Karlsr RR **05**, 453. Ja für den Erben gegen den Testamentsvollstrecker, daß er an der Erbauseinandersetzung mitwirken muß, BGH DB **81**, 366. Ja für den Sozialhilfeträger gegen den Testamentsvollstrecker des Sozialhilfeempfängers, ob er korrekt amtiert, BGH **123**, 370.
– **(Vermächtnis):** Ja wegen der Unwirksamkeit der Anfechtung gegenüber einer Vermächtnisanordnung in einem gemeinsamen Testament.
S auch „– (Vorausvermächtnis)".
– **(Vorausvermächtnis):** S „– (Teilungsanordnung)".
– **(Vorerbschaft):** Ja für die von ihrem verstorbenen Ehemann als Vorerbin eingesetzte Ehefrau, die mit ihm im früheren gesetzlichen Güterstand gelebt hat, gegen den Nacherben auf die Feststellung desjenigen Rechtsverhältnisses, das dadurch entstanden ist, daß ihr verstorbener Mann eingebrachtes Gut für sich verwendet hatte.
S auch Rn 67 „(Nacherbschaft)".
– **(Vorwirkung):** Ja bei gegenwärtigen Vorwirkungen eines erbrechtlichen Verhältnisses, Battes AcP **78**, 349, wie wegen des Bestehens eines Pflichtteils, BGH NJW **04**, 1874, oder der Berechtigung Nichtberechtigung, ihn zu entziehen, BGH NJW **04**, 1874, Saarbr NJW **86**, 1182.
S auch Rn 68 „– (Vorwirkung)".

Erledigung der Hauptsache: Nein, wenn der Schuldner gezahlt und eine Kostenübernahme erklärt hat, BGH RR **06**, 929.

EuGVVO: Sie kennt keinen Vorrang der späteren Leistungsklage wegen eines Wegfalls des Rechtsschutzinteresses für die frühere verneinende Feststellungsklage, BGH **134**, 208.

69 **Fischereirecht:** Es kann Gegenstand eines Rechtsverhältnisses sein, BayObLG **92**, 311.

Forderungsprätendentenstreit: Er kann ausreichen, BGH **123**, 46.

Freihaltungsanspruch: Ja, soweit eine bestimmte Freistellungsklage nicht möglich war, BGH NJW **07**, 1809, oder wenn der Kläger der Inanspruchnahme in einem anderen Prozeß entgegentritt, Drsd RR **03**, 306, Hbg VersR **86**, 385.
Nein, wenn der Kläger eine Inanspruchnahme nicht mehr befürchten muß, Hbg VersR **86**, 385, Hamm OLGR **95**, 254.
S auch Rn 101 „Versicherung".

70 **Genossenschaft:** Ja für die Feststellung der beschränkten Unwirksamkeit eines Beschlusses der Genossen. Ja für die Feststellung der Unwirksamkeit des Ausschlusses eines Genossen zumindest dann, wenn ihn nicht die Generalversammlung beschlossen hatte, Ffm DB **88**, 1487.

Geschäftsfähigkeit: Nein, soweit sie eine bloße Vorfrage darstellt, Rn 5.

71 **Gesellschaft:** Hierher zählt auch eine Vorgesellschaft, BGH NJW **07**, 590 (ja für ihr Verhältnis zu ihren Gesellschaftern und für dasjenige ihrer Gesellschafter untereinander). Ja für die Feststellung der Unwirksamkeit einer formell protokollierten Entschließung (keine Anfechtungsklage), BGH RR **92**, 227. Ja für die Feststellung, daß die Gesellschafterversammlung gegen den Widerstand von Gesellschaftern, die vom Stimmrecht ausgeschlossen worden seien, einen Beschluß gefaßt habe, den der Versammlungsleiter nicht ordnungsgemäß festgestellt habe, BGH NJW **96**, 259. Ja für die Feststellung, daß der Geschäftsführer wegen seiner Abberufung ausgeschieden sei, BGH BB **99**, 867 (keine Klagefrist), oder daß er infolge einer auflösenden Bedingung ausgeschieden sei oder auch nicht, BGH RR **06**, 183, oder daß der Gesellschaft gegen den Geschäftsführer keine Ersatzansprüche wegen einer Entlastungsperiode zustehen, BGH BB **85**, 1870. Ja gegen jeden Ausschließungsbeschluß, BGH RR **92**, 227. Ja (nur) für eine Nichtigkeitsklage des widersprechenden Gesellschafters gegen alle übrigen, BGH RR **07**, 758, Hbg RR **96**, 1065, Köln RR **94**,

491, oder des Aufsichtsratsmitglieds, BGH NJW **97**, 1926, oder eines abberufenen Geschäftsführers, BGH MDR **08**, 579 links unten. Ja für die Klage eines GmbH-Gesellschafters gegen die übrigen und gegen die GmbH wegen einer Verletzung von Gesellschafterrechten, BGH RR **96**, 869. Ja dazu, welche Vermögensgegenstände die beklagte Gesellschaft zum Nachteil des klagenden Gesellschafters auf einen Dritten übertragen hat, BGH NJW **94**, 460. Es gibt keine Klagefrist, wohl aber evtl einen Rechtsmißbrauch, Einl III 54, BGH NJW **99**, 3114. Ja zur Wirksamkeit eines Aufsichtsratsbeschlusses, BGH **135**, 244, oder zur Entsendung eines Aufsichtsratsmitglieds, BGH NJW **06**, 510.

Ja zur Klärung, ob und welche *Vergütung* dem Geschäftsführer-Gesellschafter zusteht, BGH BB **80**, 855. **72**
Soweit die Gesellschafter die Ansicht des Klägers teilen, ist aber eine Klage gegen diese nicht erforderlich. Ja für einzelne Rechnungsposten, solange keine Auseinandersetzung möglich ist, BGH NJW **00**, 2587, Mü RR **95**, 485. Das gilt auch bei einer Stufenklage nach § 254, BGH NJW **95**, 188. Ja für eine Treuepflichtverletzung der Gesellschaft gegenüber dem klagenden Mitgesellschafter, BGH NJW **90**, 2628. Man muß die Ansprüche und Einzelposten, die die Grundlage der Abrechnung bilden sollen, genau bezeichnen, soweit eben möglich. Ja für die Feststellung der Wirksamkeit des Ankaufsrechts an einem Gesellschaftsanteil, Mü RR **87**, 26. Ja für die Feststellung des Fortbestands der Gesellschaft zwischen den Parteien, Düss MDR **88**, 976. Ja für die Feststellung des Erlöschens der Gesellschaft, selbst wenn schon eine Leistungsklage auf die Vorlage einer Auseinandersetzungsbilanz vorliegt, Kblz RR **02**, 828. Ja für die Feststellung, der Vorstand habe pflichtwidrig gehandelt, BGH NJW **06**, 374.

Nein für die Klage nur eines von mehreren nur gemeinsam Geschäftsführungsberechtigten. Nein für den **73**
Gesellschafter gegenüber einem Gesellschaftsschuldner, soweit nur die Gesellschaft über die Forderung verfügen darf. Nein für die Klage eines Gesellschafters gegenüber einem Geschäftspartner, daß seine Vertretungsmacht vorhanden sei, BGH BB **79**, 286. Nein gegenüber einem Gesellschafter der OHG, soweit sie schon verklagt ist. Zu § 249 AktG Haase DB **77**, 241, Schmidt JZ **77**, 769 (dieser auch zu § 243 AktG). Nein, soweit der Gesellschafter mehr an Rechten beansprucht, als ihm nach dem Gesetz und Vertrag zusteht, LG Ffm DB **01**, 1084. Nein für die Feststellung der Nichtigkeit eines Beschlusses auf eine Kapitalerhöhung einer AG, wenn sie schon eingetragen ist usw, Ffm DB **03**, 710. Nein für den Kommanditisten A wegen eines Ausschlusses des Kommanditisten B, BGH NJW **06**, 2855 (anders wegen des eigenen Ausschlusses).

Gestaltungsrecht: Ja über seine Existenz, Gruber ZZP **117**, 160.

Gesundheitsschaden aus einer unerlaubten Handlung: Ja für die Feststellung eines Schmerzensgeldanspruchs. Ja, falls man mit einem weiteren Folgeschaden rechnen muß. Ja, soweit sich die Gesamtentwicklung noch nicht absehen läßt, LG Wiesb RR **04**, 888. Das gilt, auch wenn man einen Teilschaden schon beziffern kann, Köln VersR **92**, 764.

Gewerbliches Schutzrecht: Ja ausnahmsweise trotz der Möglichkeit einer Leistungsklage, insbesondere **74**
einer Stufenklage, auch im Urheberrecht, BGH NJW **03**, 3275 links. Ja, wenn nur die Höhe des Schadens noch unklar ist, etwa bei einer Patentverletzung, Düss GRUR-RR **02**, 48. Ja für die Erfinderklage, BGH **72**, 245. Ja, wenn der Verletzer etwa eines Patents einen erheblichen Anlaß zur Besorgnis einer Gefährdung des Rechts gibt. Ja für eine verneinende Feststellungsklage, auch wenn die Marke beim Patentamt angemeldet wurde oder wenn dort ein Widerspruchsverfahren läuft. Denn dessen Entscheidung über eine Markenübereinstimmung bindet das Gericht nicht. In der Regel für eine verneinende Feststellungsklage ohne eine Abmahnung ja, BGH MDR **85**, 467, Ffm GRUR **89**, 706, insbesondere sobald ein Inhaber eines Schutzrechts eine widerrechtliche Verwarnung ausgesprochen hat, Ffm GRUR **89**, 706, KG DB **80**, 735, Mü GRUR-RR **06**, 365, aM KG WRP **80**, 81 (aber es ist eine alsbaldige Klärung wünschenswert).

Ja bei einer widerrechtlichen Verwarnung wegen eines angeblichen sonstigen Verstoßes erst im Anschluß an eine Abmahnung durch den Verwarnten, KG DB **80**, 735, großzügiger Hamm GRUR **85**, 84. Ja für die Feststellung der Unwirksamkeit eines Gebrauchsmusters, wenn ein Verfahren nach § 945 folgen soll. Das gilt auch dann, wenn es noch nicht eingeleitet worden ist, BPatG GRUR **81**, 125. Ja, wenn der Kläger einen Grund zur Besorgnis hat, man könne ihn wegen einer Handlung vor dem inzwischen erfolgten Erlöschen in Anspruch nehmen, BGH GRUR **85**, 872. Ja für eine Nichtigkeitsklage gegen ein erloschenes Patent, auch wenn kein patentrechtlicher Anspruch aus dem Streitverhältnis besteht, BPatG GRUR **84**, 645.

Grundschuld: Ja für die Feststellung, daß der Bekl aus mehreren Grundschulden insgesamt nur in einem begrenzten Umfang vollstrecken dürfe, BGH **110**, 111.

Grundurteil: Rn 12 „Schmerzensgeld".

Herausgabe: Rn 77 ff „Leistungsklage".

Insolvenz: Ja, freilich grds nur für die Klage nach §§ 179, 184 InsO, wenn der Bekl die angemeldete Forderung oder ihr Vorrecht bestreitet, BGH BB **00**, 1005, BAG NJW **86**, 1896. Ja, wenn der Verwalter das Recht der Teilnahme am Verfahren leugnet, BGH MDR **98**, 672. Nein, solange er es nur „vorläufig bestreitet", LG Düss DB **76**, 2155. Ja für den Verwalter gegen den Schuldner, daß ein Gegenstand in die Masse falle. Ja für Gesellschafter einer OHG, über deren Vermögen das Insolvenzverfahren besteht, wegen des Nichtbestehens einer von ihnen bestrittenen Gesellschaftsverbindlichkeit. Ja, soweit einer Leistungsklage das Rechtsschutzbedürfnis nach Grdz 33 vor § 253 fehlt, BAG NZA **04**, 1096. Ja, daß eine Forderung eine Masseverbindlichkeit nach § 209 I Z 2 InsO sei, BAG NZA **05**, 355, oder eine solche nach § 209 I Z 3 InsO, BAG NZA **06**, 737. Ja wegen einer Forderung aus dem Sozialplan des Insolvenzverwalters, BAG NZA **06**, 221. Ja, daß eine vom Schuldner bestrittene Forderung aus einer vorsätzlichen unerlaubten Handlung stamme, AG Rostock JB **07**, 666.

Nein für den Verwalter auf eine Feststellung des Nichtbestehens einer zur Aufrechnung gestellten Insolvenzforderung. Denn der Verwalter hat nur die Aufgabe, die Masse zu vergrößern, und es ist Sache der Gläubiger, eine bestrittene Forderung im Klageweg geltend zu machen, BAG NJW **86**, 1896. Nein zur Feststellung zur Tabelle, soweit der Kläger die Forderung auf einen anderen als den in der Anmeldung genannten Grund stützt, BGH BB **02**, 804. Nein gegen den Verwalter auf die Feststellung einer unbezifferten Insolvenzforderung, BGH DB **04**, 379 (zustm Müller LMK **04**, 79).

75 **Kartellstreit:** Schon eine einverständliche Aussetzung des Hauptsacheverfahrens kann das Rechtsschutzbedürfnis nach Grdz 33 vor § 253 für das Kartellstreitverfahren begründen, Karlsr GRUR **83**, 464.

Kauf: Ja, daß ein Kaufvertrag sich noch auf ein anderes Grundstück bezieht, wenn die Wirksamkeit des ganzen Kaufvertrags im Streit ist. Ja, daß eine (auch bedingte) Wiederkaufsabrede besteht, BGH NJW **86**, 2507. Ja auch dann, wenn der Verkäufer vom Erfüllungs- zum Schadensersatzanspruch übergehen will, Kblz RR **89**, 510. Ja für eine Rechtsmängelhaftung, Kblz NZM **08**, 224.

Nein für die Feststellung, daß kein wirksamer früherer Abzahlungs-Kaufvertrag mehr bestehe, wenn sich der Bekl nur eines Bürgschaftsvertrags berühmt, BGH **91**, 41.

Kindschaft: Rn 96 „Vaterschaft".

76 **Kündigung:** Ja, daß sie wirksam sei, weil damit das Rechtsverhältnis endet. aM KrG Großenhain WoM **92**, 536 (aber die Kündigung ist als Gestaltungsrecht mehr als eine bloße Willenserklärung, auch wenn sie in der Kündigung steckt). Ja, daß sie erst in einem bestimmten Zeitpunkt wirksam sei. Ja, wenn im Prozeß eine fristlose Kündigung erfolgte, oder bei einer Klage des fristlos Entlassenen auf ein Weiterbestehen des Dienstverhältnisses. Ja, daß man die Rechtsbeziehungen der Gesellschafter bei einem Übernahmerecht eines Gesellschafters nach der Kündigung in bestimmter Weise regeln müsse. Ja neben einer Kündigungsschutzklage, BAG NJW **98**, 698. Ja, daß eine Kündigung unwirksam sei, wenn die Auslegung dieses Antrags ergibt, daß der Kläger die Feststellung begehrt, daß ein Vertrag nicht beendet sei, BGH NJW **00**, 354. Ja, daß ein Vertrag nicht durch eine fristlose Kündigung beendet sei, Saarbr RR **98**, 1191. Das gilt zB dann, wenn sich der Kläger dadurch geschädigt fühlt, daß der Vertragspartner die Wirksamkeit der Kündigung Dritten gegenüber behauptet, Ffm VersR **92**, 492, Mü RR **95**, 485.

Nein, daß ein nicht ausgeübtes Kündigungsrecht bestehe, dessen Ausübung man gar nicht beabsichtigt.

77 **Leistungsklage:** Es entscheidet immer der Grundsatz der Prozeßwirtschaftlichkeit, Grdz 14 vor § 128, BGH NJW **06**, 2549, BAG NZA **07**, 1177, Naumb FamRZ **08**, 619. Das gilt erst recht bei einer hilfsweisen Feststellungsklage, BGH NJW **98**, 1633. Man darf ihn aber nicht zugunsten der Feststellungsklage überspannen, Pawlowski MDR **88**, 631. Darum regelmäßig nein (Ausnahmen s unten) für eine behauptende Feststellungsklage, wenn von vornherein eine erschöpfende Leistungsklage möglich ist, BGH NJW **06**, 2549, BAG NZA **07**, 1177, KG MDR **06**, 534, oder wenn sie gar notwendig bleibt, Celle MDR **07**, 582 (Baumängel). Ja, wenn erst in der Berufungsinstanz eine Leistungsklage möglich wäre, BGH NJW **78**, 210, BAG NZA **97**, 1168. Nein, wenn eine Unterlassungsklage zulässig ist oder wenn der Kläger sie gar schon erhoben hat, Karlsr GRUR **86**, 313. Nein, wenn der Kläger sie nicht mehr einseitig zurücknehmen kann, BGH NJW **99**, 2516, Brdb FER **99**, 251, Düss FamRZ **97**, 824, es sei denn, die Feststellungsklage ist dann schon entscheidungsreif, BGH MDR **90**, 540, LG Saarbr ZMR **97**, 655, aM Düss ZMR **87**, 377. Auch die Stufenklage ist eine Leistungsklage, § 254 Rn 2, BGH GRUR **01**, 1177 (auch zur Zulässigkeit trotz Stufenklage im Gewerblichen Rechtsschutz und Urheberrecht). Das gilt auch für eine „steckengebliebene" Stufenklage, Kblz FamRZ **04**, 1733. So muß man beim Streit über das Zustandekommen eines Vorvertrags auf den Abschluß eines bestimmten Hauptvertrags klagen, nicht auf die Feststellung einer Verpflichtung zum Abschluß des Hauptvertrags.

78 – **(Abweisungserfolg):** *Nein* evtl für eine Leistungsklage des Bekl, wenn der Kläger der verneinenden Feststellungsklage dem abweisenden Urteil voraussichtlich folgen wird.

– **(Amtspflicht):** Ja, wenn der Bekl zB kraft Amtspflicht die innere Rechtskraft nach § 322 voraussichtlich ohne jeden Zwang anerkennen und leisten wird, BGH RR **07**, 1276, BAG MDR **08**, 576, VGH Mü NVwZ-RR **08**, 357. Ja oft gegenüber einer Behörde, einer Körperschaft oder Anstalt des öffentlichen Rechts, BGH NJW **84**, 1119, BAG JZ **90**, 194 (jedoch nicht immer: die Sache muß sich durch eine Feststellungsklage in jeder Hinsicht erledigen, es dürfen also keine Fragen unentschieden bleiben), Löwisch VersR **86**, 406, auch gegenüber dem als Gesamtschuldner haftenden Bediensteten, soweit ihm ein Freistellungsanspruch zusteht, Köln VersR **88**, 61, oder gegenüber einem Insolvenzverwalter.

– **(Änderung der Verhältnisse):** Dann gilt § 323, Ffm FamRZ **93**, 347, Karlsr FamRZ **92**, 938. Das trifft aber für die Witwe eines getöteten Beamten regelmäßig nicht zu. Sie hat vielmehr mit Rücksicht auf die zu erwartende Anpassung der Gehälter trotz der Möglichkeit einer Leistungsklage noch ein Feststellungsinteresse.

– **(Anderer Rechtsstreit):** Ja, soweit sein Ausgang mitbeachtbar ist.

79 – **(Anfechtungsklage):** *Nein,* wenn erst in absehbarer Zukunft eine solche Klage möglich sein wird.

– **(Ausländisches Urteil):** Geimer JZ **77**, 213.

– **(Auslegungszweifel):** Rn 82 „– (Prozeßwirtschaftlichkeit)".

– **(Behörde):** Rn 78 „– (Amtspflicht)".

80 – **(Berühmungsende):** *Nein* für eine verneinende Feststellungsklage, soweit sich der Gegner nicht mehr ernsthaft eines weitergehenden als des eingeklagten Anspruchs berühmt, LG Ffm RR **91**, 379.

– **(Beschleunigung):** Rn 85 „– (Vereinfachung)".

– **(Beweisaufnahme):** Nicht schon deshalb ja, weil im Leistungsprozeß eine Beweisaufnahme nötig wird (es ist ein Grundurteil möglich!), Düss MDR **87**, 1032.

– **(Bezifferbarkeit):** Rn 83 „– (Schadensunklarheit)".

81 – **(Insolvenzverwalter):** Rn 78 „– (Amtspflicht)".

– **(Kaskoversicherung):** *Nein,* wenn der Kaskoversicherer die Deckungspflicht nicht bestreitet und nur die Zuständigkeit des Sachverständigenausschusses zur Entscheidung über die Schadenshöhe einwendet, Stgt VersR **80**, 1114.

– **(Kostenstreit):** *Nein,* wenn nur noch die Kostenfrage ungeklärt ist und wenn man zB durch einen Widerspruch gegen eine einstweilige Verfügung einfacher und billiger klären kann, BGH MDR **85**, 467. *Nein* nach der gegnerischen *Erfüllung vor der Rechtshängigkeit* für eine noch unbezifferte Kostenerstattungsforderung, aM Hbg MDR **98**, 367 (aber man kann sehr wohl eine bezifferte Leistungsklage erheben, nur evtl erst etwas später).

– **(Leistungs[wider]klage des Beklagten folgt nach):** Ja, wenn es um eine verneinende Feststellungsklage *vor* der Erhebung der gegnerischen Leistungsklage geht, BGH NJW **94**, 3108, LG Saarbr ZMR

97, 655, Haar Festschrift für Ishikawa (2001) 183. Ja, wenn trotz der Möglichkeit der Leistungsklage ein Interesse an der behauptenden Feststellung besteht, BGH RR **07**, 1276 und WoM **07**, 527, BAG DB DB **86**, 2678, Köln RR **03**, 670. Ja, wenn erst die Feststellung eine sachgemäße und erschöpfende Lösung des Streits erwarten läßt, BGH RR **07**, 1276, BAG NZA **04**, 748, Köln RR **03**, 670. Ja, wenn eine Leistungsklage erst nach der Erhebung einer Feststellungsklage möglich wird, BGH RR **04**, 81, Ffm RR **04**, 1519, LG Bln ZMR **03**, 488. Das gilt auch nach einer gegnerischen verneinenden Feststellungsklage, Brschw GRUR-RR **07**, 392, Walker ZZP **111**, 454.

– **(Leistungs[wider]klage des Beklagten geht voraus):** Eine solche nach § 261 III Z 1 statthafte Klage macht eine ihrer Rechtshängigkeit erst nachfolgende verneinende Feststellungsklage des Klägers regelmäßig unzulässig, BGH NJW **06**, 516, Ffm GRUR **97**, 485, Mü GRUR-RR **06**, 365, aM Gruber ZZP **117**, 161, evtl auch eine behauptende Feststellungsklage des Klägers, BGH NJW **94**, 3108, Karlsr RR **93**, 243 (auch bei einer Klagerweiterung), LAG Düss BB **75**, 471, ThP 19, aM BGH NJW **75**, 1320, Walker ZZP **111**, 454 (wegen [jetzt] Art 27 EuGVVO), Zeuner Festschrift für Lüke (1997) 1013 (Ausschluß der Leistungsklage. Aber alles das widerspricht der Prozeßwirtschaftlichkeit, Grdz 14 vor § 128). Da gilt sogar vor einer Entscheidung nach § 343, BGH GRUR **06**, 217. Die folgende Leistungsklage zwingt also den Feststellungskläger zur Erledigterklärung, § 91 a. Das gilt aber nur, wenn der Bekl sie nicht mehr einseitig zurücknehmen kann, BGH NJW **94**, 3108, Düss GRUR **93**, 160, Hamm RR **86**, 923, oder wenn das Gericht sogar schon über sie entschieden hat, obendrein rechtskräftig, Mü GRUR-RR **06**, 365. Weitere Voraussetzung ist dann, daß der Kläger nicht trotzdem ein berechtigtes Interesse an der Durchführung hat, zB wegen der Beschleunigung oder Vereinfachung des Verfahrens. Ja evtl, wenn die Feststellungsklage in erster oder zweiter Instanz im wesentlichen entscheidungsreif ist, BGH NJW **99**, 1569, Hamm RR **86**, 923, Düss GRUR **93**, 160, aber nur bis zum Erlaß eines Leistungsurteils, BGH NJW **06**, 515. Ja, wenn man durch eine verneinende Feststellungsklage den Streit um Geld vermeiden kann, dessen Hinterlegung droht, BGH NJW **78**, 1521, oder wenn sich die Streitgegenstände unterscheiden, BayObLG WoM **89**, 529. **82**

– **(Öffentlichrechtlichkeit):** Rn 78 „– (Amtspflicht)".

– **(Persönlichkeitsrecht):** Ja zur Feststellung einer Persönlichkeitsrechtsverletzung nebst einem Antrag auf eine Veröffentlichung des Urteils, Hbg MDR **75**, 56.

– **(Prozeßwirtschaftlichkeit):** S Rn 77. Ja, wenn die Feststellungsklage prozeßwirtschaftlich zu einem sinnvollen Ergebnis führt, BGH NJW **84**, 1119, etwa bei § 850 f II, oder gar zu einem noch sinnvolleren als die Leistungsklage, Grdz 14 vor § 128. Ja, wenn das Feststellungsurteil den Streit endgültig beilegen kann, BGH RR **07**, 1276, BAG NJW **06**, 2549, Düss WoM **97**, 557. Ja, wenn die Leistungsklage die Streitfrage nicht klären kann, BGH **134**, 208, oder wenn sie zu einer Erschwerung der Rechtsbeziehungen der Parteien führt, wenn man eine Feststellungsklage also prozeßwirtschaftlich vertreten kann, BayObLG **76**, 62. Ja bei Auslegungszweifeln wegen eines schon vorhandenen Leistungstitels.

– **(Rechtsschutzbedürfnis):** Ja, soweit einer Leistungsklage das Rechtsschutzinteresse nach Grdz 33 vor § 253 fehlt, BAG KTS **03**, 325. **83**

– **(Schadensrest):** Bei einer erst teilweise feststehenden Schadenshöhe ja wegen des Rests, Naumb RR **01**, 304. Bei einer teilweise fälligen Forderung ja auf eine Feststellung der Restforderung, zB auf eine Feststellung des entstandenen und künftigen Schadens ohne eine Spaltung in Feststellungs- und Leistungsklage.

– **(Schadensunklarheit):** Ja, wenn unklar ist, ob ein Schaden entstehen kann, BGH NJW **84**, 1554. Denn gerade dann besteht eine tatsächliche Unsicherheit, Rn 25. Ja, wenn sich zB der Schaden bei der Erhebung der Feststellungsklage noch nicht beziffern läßt, BGH RR **04**, 81 (eine spätere Bezifferbarkeit schadet nicht), Brdb VersR **01**, 1242, Karlsr NJW **04**, 2245; sonst aber nein, AG Wetzlar VersR **05**, 494. Dabei muß man aber beachten, daß bei einer Wahl nach § 249 S 2 BGB die Bezifferung auch des voraussichtlichen Nutzungsausfalls schon jetzt zumutbar ist. Jedenfalls verhindert keineswegs jede Schwierigkeit eine Bezifferbarkeit, wenigstens nach und nach, BGH NJW **96**, 2098. Nürnb FamRZ **04**, 1734. Ja, soweit nur eine teilweise Bezifferung möglich ist, Kblz VersR **06**, 978. Ja, soweit ein Schaden jedenfalls noch in der Entwicklung begriffen ist, BGH VersR **91**, 788, Düss VersR **88**, 522, Hbg VersR **80**, 1030.

– **(Spätfolgen):** Sind keine Spätfolgen mehr wahrscheinlich, kann sich die Hauptsache erledigt haben, großzügiger Köln VersR **88**, 61.

– **(Streitbeilegung):** Rn 82 „– (Prozeßwirtschaftlichkeit)". **84**

– **(Stufenklage):** *Nein* grds, soweit eine Stufenklage in Betracht kommt, BGH GRUR **01**, 1177 (auch zur Ausnahme im Gewerblichen Rechtsschutz und Urheberrecht), Ffm RR **07**, 289.

– **(Tragweite):** Ja dann, wenn die Tragweite der Feststellung weiter reicht, BAG FamRZ **76**, 622, Celle BB **78**, 567, zB dann, wenn derzeit ein Anspruch aus § 829 BGB zwar noch nicht besteht, aber möglich werden kann, Rn 18.

– **(Übergang zur Leistungsklage):** War eine Feststellungsklage bei der Klagerhebung zulässig, braucht der Kläger im Prozeß grds nicht zur Leistungsklage überzugehen. Ausnahmsweise muß das aber dann geschehen, wenn die Schadensentwicklung bereits im 1. Rechtszug voll abgeschlossen ist, wenn der Bekl den Übergang anregt und wenn damit weder eine Verzögerung noch ein Instanzverlust verbunden sind, BGH NJW **78**, 210, Hamm VersR **75**, 173.

– **(Unterhalt):** Ja statt § 258 für den (jetzt:) vertraglichen Unterhalt in der ferneren Zukunft, (zum alten Recht) BGH NJW **83**, 2197. Beim gesetzlichen Unterhalt gilt § 113 I 2 FamFG. Ja bei der Zulässigkeit einer Klage aus § 259, weil sie zu unsicher ist. **85**

– **(Verbilligung):** S „– (Vereinfachung)".

– **(Vereinfachung):** Ja, wenn eine Feststellungsklage das Verfahren vereinfacht, beschleunigt und und verbilligt und annähernd dasselbe erreicht, Düss FamRZ **96**, 1338, Hamm RR **95**, 1318. Das gilt insbesondere bei der Klage, die eine Erbauseinandersetzung vorbereiten oder vermeiden soll.

– **(Vergleich):** *Nicht* schon deshalb ja, weil durch ein Feststellungsurteil evtl ein Vergleich möglich wird.

86 – **(Versicherung):** Ja bei einer Versicherung, BGH VersR **83**, 125, Hamm VersR **88**, 173 (großzügig), strenger Düss GRUR **95**, 1302. Denn sie unterliegt der Aufsicht, und man kann annehmen, daß sie bei einer Verurteilung eine Regulierung vornehmen wird, ohne die Pfändung und Überweisung des Dekkungsanspruchs durch den Geschädigten abzuwarten, Hamm VersR **80**, 1061, großzügiger BAG DB **84**, 2517 (wahrscheinlich ja bei einem privatrechtlichen Pensions-Sicherungsverein mit Aufgaben und Befugnissen der öffentlichen Verwaltung), strenger Hamm AnwBl **89**, 616 (nein, wenn offen ist, ob die Versicherung zahlen wird). Zum Problem Bach VersR **79**, 506. Erst recht ja, wenn der Haftpflichtversicherer des Bekl den Kläger gerade zur bloßen Feststellungsklage auffordert, Stgt VersR **99**, 1558. Nicht schon bei einer bedeutenden juristischen Person des Privatrechts.

– **(Vollstreckungsabwehr):** *Nein,* wenn mit der Feststellung nur eine Einstellung nach § 769 möglich werden soll, Düss FamRZ **85**, 1149.

87 **Marke:** Ja für den verwarnten Anmelder bei einem Abwehrinteresse. Ja für den Verletzten, wenn Schadensersatzansprüche noch problematisch sind, aber die Verjährung droht.

Mietverhältnis: Ja für die Feststellung, daß der Mietvertrag durch die Kündigung beendet sei, neben der Klage auf Räumung, Celle BB **78**, 576. Eine Feststellungsklage auf die Verpflichtung des Vermieters, die Umzugskosten zu erstatten und eine Räumungsentschädigung zu zahlen, kann auch vor der Räumungsklage zulässig sein. Ja für die Feststellung, daß das Mietverhältnis mit einem vereinbarten Inhalt fortbestehe, BGH RR **02**, 1377, oder trotz einer Streitigkeit über seinen Umfang oder trotz einer drohenden Kündigung des Vermieters fortdauere, AG Ibbenbüren WoM **80**, 62, oder daß es wegen der Unwirksamkeit einer bereits ausgesprochenen Kündigung des Vermieters fortbestehe, Mü ZMR **97**, 234, LG Hbg WoM **06**, 528, Notz ZMR **97**, 499 (selbst beim Zurückbehaltungsrecht), aM LG Bielef WoM **85**, 121 (aber es geht um das ganze Mietverhältnis). Ja, daß der Mietvertrag auf eine unbestimmte Zeit fortbestehe, BGH RR **02**, 1377. Ja, daß ein Mietverhältnis nicht bestehe, BGH NZM **05**, 704 (zu II), oder daß es nicht fortbestehe, Düss MietR **96**, 154, LG Bln ZMR **00**, 673 (zumindest wegen weiterer etwaiger Vermieteransprüche). Ja beim Streit, wer von den Parteien mit einem Dritten einen Mietvertrag schloß. Rechtsverhältnis im Sinn von I ist der Mietvertrag, nicht die Kündigung, AG Hbg-Blankenese WoM **80**, 56.

Die Tatsache, daß *Rauch* eindringt, ist kein Rechtsverhältnis, LG Mannh ZMR **78**, 25. Ja, soweit trotz einer Aufrechnung in einem Verwaltungsprozeß dort eine Aussetzung erfolgen mußte, AG Springe WoM **85**, 158. Ja, daß der Mieter beim Mietende Verunreinigungen beseitigen müsse, Hamm RR **97**, 1489. Ja für eine Schadensersatzpflicht des Vermieters dem Grunde nach, soweit sich der Schaden noch nicht beziffern läßt, LG Bln ZMR **99**, 823. Ja evtl statt § 259, LG Heidelb WoM **01**, 346. Ja evtl zur Klärung, ob man Schönheitsreparaturen ausführen muß, LG Bln ZMR **03**, 489.

Nein wegen der Feststellung einer künftigen Räumungspflicht, wenn der Vermieter nach dem Ablauf der Kündigungsfrist eine Räumungsklage erheben kann, AG Löbau WoM **93**, 664, oder wenn es um die Unwirksamkeit einer Abmahnung des Vermieters geht, LG Bln RR **97**, 205, AG Münst WoM **06**, 456. Nein, soweit die Forderungen der Höhe nach feststehen, Naumb RR **01**, 304. Nein wegen der Räumungskosten, wenn der Vermieter die Räumungsklage nach der Räumung nicht unverzüglich zurücknahm, LG Bln ZMR **04**, 193.

S auch Rn 105 „Wohnungseigentum".

Mitverschulden: Ja, BGH NJW **03**, 2986.

88 **Nichtige Entscheidung:** Auf Einwendungen gegen die Zulässigkeit der Vollstreckungsklausel oder auf eine angebliche Unzulässigkeit der Zwangsvollstreckung aus dieser Klausel braucht sich der Kläger nicht verweisen zu lassen.

Notarkosten: Nein für eine verneinende Feststellung, soweit der vorrangige § 156 KostO anwendbar ist, auch beim Anwaltsnotar, BGH AnwBl **88**, 115.

89 **Öffentliches Recht:** Ja, soweit der Rechtsweg zulässig ist, § 13 GVG Rn 30 ff.

90 **Pacht:** Ja für die Klage eines Mitverpächters gegen den anderen Mitverpächter wegen eines Rechtsverhältnisses zu einem Dritten.

Patent: Rn 74 „Gewerbliches Schutzrecht".

Persönlichkeitsrecht: Evtl ja für die Feststellung, durch welche Tatsachenbehauptung der Bekl es verletzt habe, selbst wenn der Kläger zugleich Unterlassung, Schmerzensgeld usw verlangt, LG Konst NJW **76**, 2353, Rn 14, 15.

Politische Partei: Ja für die Feststellung der Ungültigkeit einer Wahl eines Ortsverbands. Ja bei einer Unsicherheit über die Fortdauer der Mitgliedschaft, Hamm NJW **00**, 523. Zum richtigen Bekl § 50 Rn 15.

Preisausschreiben: Ja für die Feststellung, daß die Preisvorgabe an einen Mitbewerber unwirksam sei, BGH NJW **84**, 1118.

Presserecht: Es kann durchaus ein rechtliches Interesse an der Feststellung des Nichtbestehens des Anspruchs auf eine Gegendarstellung bestehen, Celle RR **89**, 183.

Prozeßrechtliche Feststellung: Ja nur dann, wenn sie gesetzlich besonders zugelassen ist, wie bei § 878 ZPO, §§ 115, 156 ZVG.

91 **Rabattverlust:** Rn 101 „Versicherung".

Rechnungslegung: Nein für eine Ersatzfeststellung neben der Klage auf eine Rechnungslegung, § 254 Rn 2.

Rechtsanwalt: Ja für die Feststellung des Nichtbestehens einer Haftung wegen Vertragsverstoßes beim Anwaltsvertrag, sobald der Auftraggeber mit einem Schadensersatzanspruch droht, BGH NJW **92**, 437.

Rechtswidrigkeit: Nein, soweit sie eine bloße Vorfrage darstellt, Rn 5, BGH NJW **77**, 1288.

Sachenrechtsbereinigungsgesetz: Vgl dessen § 108 I, II, abgedruckt vor Rn 1.

Schadensersatz: Ja für die Feststellung der Pflicht zum Schadensersatz, soweit sein Eintritt nach der Lebenserfahrung und nach gewöhnlichem Verlauf in gewissem Maße wahrscheinlich ist, BGH NJW **03**, 1052 (evtl nähere Darlegung nötig), Kblz MDR **08**, 1068, Mü NJW **04**, 228.

Schiedsvereinbarung: Ja für eine Klage auf Feststellung des Nichtbestehens, solange § 1054 nicht erfüllt ist. Ein wirtschaftliches Interesse reicht aus, BGH KTS **77**, 45. 92
Schmerzensgeld: Ja bei der Möglichkeit weiterer Verletzungsfolgen selbst nach einem Grundurteil, BGH MDR **01**, 765.
Schuldnermehrheit: Ja zur Klärung zwischen den Schuldnern, BGH **123**, 46.
Selbständiges Beweisverfahren: Nein für eine verneinende Feststellungsklage bis zum Abschluß des zugehörigen selbständigen Beweisverfahrens nach §§ 485 ff, Düss OLGZ **94**, 228.
Sicherheitsleistung: Nein, solange die Frist nach § 109 I läuft, Schlesw MDR **86**, 944.
Sorgerecht: Ja, Stgt FGPrax **08**, 24.
Sozialhilfe: Ja, daß der Schädiger gegenüber dem Sozialhilfeträger ersatzpflichtig und der Geschädigte daher kein „Sozialhilfefall" sei, Köln VersR **88**, 61.
Stiftung: Nein, soweit dem klagenden Destinatär die Sachbefugnis fehlt, Grdz 23 vor § 50, BGH **99**, 355.
Streitverkündungsgegner: Nein bei einem schwebenden Prozeß für eine Klage auf eine Feststellung des Nichtbestehens des Anspruchs des Streitverkünders, §§ 72 ff, weil sonst dessen Recht beeinträchtigt wird.
Stufenklage: Rn 74 „Gewerbliches Schutzrecht", Rn 86 „Leistungsklage. Nein".
Teilklage: Ja wegen eines Teilrechtsverhältnisses, Mü RR **87**, 926, ArbG Paderborn DB **75**, 1655. Ja für eine verneinende Widerklage wegen etwaiger weiterer Nachforderungen selbst nach einem sachlichrechtlichen Klägerverzicht, BGH NJW **06**, 2780 rechts.
Testamentvollstreckung: Rn 66 „Erbrecht". 93
Unterhalt: Für den gesetzlichen Unterhalt auf Grund Ehe oder Verwandtschaft gilt vorrangig das FamFG und nur über § 113 I 2 FamFG die ZPO entsprechend. In diesen Grenzen: 94

Ja für die Feststellung der künftigen Ersatzpflicht für einen entgangenen Unterhaltsanspruch. Das gilt auch dann, wenn der Gesamtumfang der zur Zeit gewährten Renten der Sozialversicherung den Unterhaltsanspruch erheblich übersteigt, Ffm VersR **83**, 238. Ja (statt § 258) für die fernere noch nicht absehbare Zukunft, BGH NJW **83**, 2197, Celle RR **88**, 990. Ja für die Feststellung, ob und in welcher Höhe ein Zehnjähriger als Sonderbedarf eine voraussichtliche kieferorthopädische Behandlung bezahlt bekommen wird, Karlsr FamRZ **92**, 1317. Grds ja, daß der Unterhaltsanspruch nicht ganz oder teilweise verwirkt sei, Ffm FamRZ **93**, 436. Nein freilich, wenn insoweit bereits eine Abänderungsklage schwebt, Ffm FamRZ **93**, 347. Ja für die Feststellung, daß der Kläger aus einer einstweiligen Anordnung keinen Unterhalt mehr schulde, Zweibr FamRZ **01**, 424 (das Urteil muß den Anspruch abschließend behandeln). Ja, daß kein Anspruch des Sozialleistungsträgers mehr bestehe, Köln RR **01**, 867.

Nein für die Feststellungsklage, daß die volljährige Tochter keinen Unterhaltsanspruch für die Vergangenheit gehabt habe, wenn sie keinen Unterhalt gefordert hatte, Nürnb FamRZ **82**, 1102. Nein für die verneinende Feststellungsklage dann, wenn der Gegner (Gläubiger) nach der Ablehnung einer einstweiligen Anordnung längere Zeit wartete, BGH NJW **95**, 2032, Karlsr FamRZ **94**, 837, strenger Köln FamRZ **01**, 106 (nein überhaupt gegenüber § 644). Nein, soweit ein Vollstreckungstitel vorliegt, Hamm FamRZ **97**, 1407. Nein für die Feststellung, daß der Bekl nicht berechtigt sei, Unterhalt nur unter Vorbehalt zu zahlen, soweit der Kläger in einem weiteren Prozeß die Feststellung begehrt, daß der Unterhaltsanspruch nicht ganz oder teilweise verwirkt sei, Ffm FamRZ **93**, 436. Nein für nachehelichen Unterhalt vor der Scheidung, Brdb RR **02**, 578. Nein für die verneinende Feststellungsklage gegen den ursprünglichen Gläubiger während des Rechtsübergangs auf den Sozialhilfeträger, KG FamRZ **03**, 1571.

S auch Rn 60 „Auskunft", Rn 63 „Ehe", Rn 96 „Vaterschaft".

Unterlassung: Ja für den Vertragsschuldner, wenn der Gläubiger auf eine Anfrage, ob eine geplante Änderung der beanstandeten Äußerung erlaubt sei, nicht antwortet, Düss MDR **88**, 783. Ja, wenn man so auf einen Angriff nach §§ 926, 945 reagieren kann, Mü MDR **92**, 864. Ja bei einem gegnerischen Sich-Bemühen, Stgt RR **02**, 1625. Ja für die Feststellung des Nichtbestehens eines gegnerischen Unterlassungsanspruchs, solange der Gegner eindeutig, nachhaltig und ernsthaft abmahnt, BGH **08**, 1002, Hbg RR **03**, 411, Hamm RR **07**, 1264.

Nein für die Feststellung des Nichtbestehens einer gesetzlichen Unterlassungsanspruchs, soweit der Bekl seine vor einem anderen Gericht rechtshängige Unterlassungsklage nicht mehr einseitig zurücknehmen kann, Düss GRUR **92**, 208.

S auch „Urheberrecht".

Urheberrecht: Ja für die Klärung nur der urheberrechtlichen Beziehungen, nicht der sonstigen, soweit das prozeßwirtschaftlich ausreicht, BGH GRUR **87**, 704. Nein für die Feststellung, daß dem Bekl kein Unterlassungsanspruch gegen den Kläger zustehe, falls dieser in Zukunft Tonträger durch einen Kauf auf Probe vertreiben sollte, an denen der Bekl ein Recht nach § 85 UrhG besitze, GRUR **01**, 1036.
Urkunde: Ja für die Feststellung ihrer Echtheit oder Unechtheit, BGH NJW **00**, 2663, KG VersR **08**, 213, Kblz RR **06**, 1523. Das ergibt sich schon aus dem Wortlaut von I. Zum Urkundenbegriff Üb 5 vor § 415, zur Echtheit §§ 437 ff.
Urteil: Ja wegen der Tragweite und des Inhalts, wenn Zwangsvollstreckungs-Organe den Streit beenden können. Ja, wenn über die Tragweite eines auf Benutzungsunterlassung eines Patents oder einer Marke gehenden Urteils eine Unklarheit besteht, auch wenn ein Gericht die Frage im vorangegangenen Vollstrekkungsverfahren schon entschieden hat. Ja bei einem Streit, ob eine Zug-um-Zug-Leistung erbracht ist. 95
Vaterschaft, dazu *Frank,* Gedanken zu einer isolierten Abstammungsfeststellungsklage, Gedächtnisschrift für *Arens* (1993) 65: *Habscheid/Habscheid* FamRZ **99**, 480 (Üb): Es gilt vorrangig das FamFG. Dessen Verweisung auf die ZPO in § 113 I 2 FamFG gilt nicht für das Abstammungsverfahren nach §§ 169 ff FamFG. In diesen strengen Grenzen: 96

Ja für ein nicht anerkanntes Kind, daß die Vaterschaft eines bestimmten Mannes feststellen lassen will, § 1600 n BGB. Ja, selbst wenn der Mann urkundlich anerkennen will, solange er es nicht tut, KG FamRZ **94**, 909, Nürnb AnwBl **95**, 110. Ja für einen Antrag auf die Unwirksamkeit der Anerkennung. Ja für eine Feststellung, daß der Anerkennende nicht Vater des Kindes sei, § 1599 BGB. Nein für eine gewöhnliche

Feststellung, Gaul FamRZ **00**, 1474, insbesondere soweit § 151 FamFG anwendbar ist. Ja für die Feststellung der Anerkennung eines ausländischen Kindschaftsurteils, Hamm FamRZ **93**, 438.

Nein für ein eheliches Kind wegen der Feststellung, ob es das Kind des Mannes ist, weil er nach § 1592 Z 2 BGB der Vater ist. Auch § 1593 BGB steht einer solchen behauptenden Feststellung entgegen. Man kann die Vaterschaft allenfalls anfechten. Der angeblich wahre Vater hat aber kein Anfechtungsrecht und kann nicht auf eine Feststellung vorgehen, solange die Anerkennung eines anderen Mannes besteht, BGH MDR **99**, 549, Köln NJW **02**, 525. Damit kann freilich etwa nach einem Anerkenntnis des anderen Mannes die Vaterschaft zugunsten des wahren Vaters ungeklärt bleiben, ein fragwürdiges Ergebnis. Die Beschränkung auf einzelne Rechtswirkungen der Vaterschaft ist unzulässig, BGH **60**, 248, krit Sturm JZ **74**, 205.

§§ 231 ff FamFG verlangen *nicht* die Darlegung eines *besonderen Rechtsschutzbedürfnisses.* Wer es leugnet, muß einen Grund dafür dartun. Nein für die Feststellung, daß das Kind nicht von dem Ehemann der Mutter abstamme, sondern vom Kläger, solange niemand die Vaterschaft mit Erfolg angefochten hat, BGH **80**, 219.

S auch Rn 94 „Unterhalt".

97 **Verein:** Ja, daß eine Ausschließung unstatthaft gewesen sei, Hamm RR **97**, 989. Ja für einen obendrein vom Registergericht unter einer Fristsetzung „angeordneten" Antrag auf eine Feststellung der Nichtigkeit der in einer Mitgliederversammlung durchgeführten Vorstandswahl, Zweibr Rpfleger **90**, 77. Ja nur für den Verein selbst auf eine Feststellung der Nichtigkeit eines Versammlungsbeschlusses, LG Ffm RR **98**, 396. Ja für eine Feststellung, daß ein Vorstandsmitglied, dem eine „Entlastung verweigert" wurde, nicht schadensersatzpflichtig sei, Köln RR **97**, 483.

Nein, daß ein Vereinsbeschluß unwirksam sei, wenn dieser später wirksam bestätigt wurde.

Vergleich: Über eine Klage auf die Feststellung der Unwirksamkeit eines Prozeßvergleichs Anh § 307 Rn 36. Ja für die Auslegung des Vergleichs, Mü AnwBl **86**, 542. Ja für die Feststellung, nach einem Vergleich einen noch vorbehaltenen Anspruch geltend machen zu können, Düss VersR **99**, 587. Nein bei einer vergleichsähnlichen Vereinbarung, die einen Verzicht auf gerichtliche Feststellungen enthält, Karlsr VersR **92**, 375.

98 **Verjährung:** Ja, (nur) wenn dem Anspruch die Verjährung droht, BGH FamRZ **03**, 1092, Kblz NJW **03**, 521, Mü NJW **04**, 225, aM AG Groß Gerau FamRZ **89**, 1102 (aber gerade die drohende Verjährung schafft ein Feststellungsinteresse). Erhebt der Kläger eine Feststellungsklage für Ansprüche aus der Vergangenheit und für die Zukunft und wendet der Bekl die Verjährung für die ersteren ein, die das Gericht im Feststellungsrechtsstreit prüfen muß, muß das Gericht beim Durchgreifen der Einrede das Feststellungsinteresse insoweit verneinen und die Klage evtl nach einem vergeblichen Hinweis nach § 139 als unzulässig abweisen. Ja sogar für eine weitere Feststellungsklage, wenn man die Verjährung nur so abwenden kann, BGH **93**, 289. Ja beim nur befristeten Verzicht auf die Verjährungseinrede, Celle VersR **89**, 102, Hamm OLGR **00**, 290.

99 Ja für einen Deckungsprozeß aus einem zu pfändendem Recht, wenn der Dritte ein rechtliches Interesse an der alsbaldigen Feststellung der Deckungspflicht hat, zB wegen eines Entzugs des Deckungsanspruchs als Befriedigungsobjekt, etwa infolge einer Verjährung oder infolge des Ablaufs der Klagefrist, (zum alten Recht) LG Mü VersR **94**, 83.

Nein, soweit eine *Leistungsklage* möglich und zumutbar ist. Das ist nicht der Fall, wenn der Zahlungsanspruch noch eine eingehende tatsächliche Prüfung erfordert. Nein wegen des Neubeginns der Verjährung. Die Verjährung rechtfertigt nur eine Feststellung des Verweigerungsrechts, nicht mehr. Durch eine verneinende Feststellungsklage und deren Abweisungsantrag tritt kein Neubeginn der Verjährung ein, durch die Abweisung der Klage als unbegründet erfolgt evtl keine Wirkung gemäß § 197 I Z 3 BGB. Bei einem zeitlich unbeschränkten Verzicht auf die Verjährungseinrede trotz § (jetzt) 202 BGB nein, LG Weiden VersR **76**, 548.

Nein, wenn der Versicherer auf die Verjährungseinrede verzichtet und dem Versicherungsnehmer den Schutz nicht entzieht, BGH VersR **84**, 787, Karlsr VersR **02**, 729 (ein auf die Verjährungswirkung beschränktes Anerkenntnis genügt nicht). Freilich darf die Verjährungseinrede nicht arglistig gewesen sein, BGH NJW **86**, 1861. Nein bei einem mehrjährigen Verzicht, Oldb VersR **80**, 272, aM Celle VersR **89**, 102 (aber dann liegt kein Rechtsschutzinteresse mehr vor, Grdz 33 vor § 253). Nein, soweit der Gläubiger eine Verjährung durch eine Vollstreckungshandlung abwenden kann, BGH FamRZ **03**, 1092.

100 **Verlag:** Ja gegen ihn beim zweigleisigen Vertrieb, daß der vorgeschriebene Endpreis nicht mehr gilt, Ffm RR **86**, 262.

Verlöbnis: Ja für einen Streit aus ihm.

Vermächtnis: Rn 66 ff.

Verschulden: Nein, soweit es eine bloße Vorfrage darstellt, Rn 5.

101 **Versicherung:** Ja, soweit der Versicherungsnehmer zur Erhaltung seiner Rechte den „Anspruch auf die Leistung" geltend machen muß, (je zum alten Recht) BGH VersR **75**, 440, von Stebut VersR **82**, 108. Ja für die Feststellung des Fortbestands einer Versicherung, BGH RR **05**, 260. Ja für die Feststellung der Gewährung eines Versicherungsschutzes in der Krankenversicherung, BGH VersR **06**, 535, oder in der Rechtsschutzversicherung trotz der Bezifferbarkeit der Kosten des betreffenden Prozesses, BGH VersR **83**, 125. Ja für die Feststellung, der Versicherer müsse kraft besonderer Vereinbarung abweichend von AVB auf Reparaturkostenbasis statt auf Totalschadenbasis abrechnen, BGH VersR **84**, 75. Ja, solange ein in den Versicherungsbedingungen vorgesehenes Sachverständigenverfahren zur Ermittlung der Schadenshöhe noch möglich bleibt, BGH VersR **86**, 675, Hamm NVersZ **99**, 380. Ja für eine Feststellung unabhängig von einer etwa möglichen Leistungsklage, wenn sie vor der Rechtskraft des Haftpflichtanspruchs anhängig geworden ist, Hamm VersR **87**, 88.

Ja für die *verneinende* Feststellungsklage des *Haftpflichtversicherers* gegen den Versicherungsnehmer, selbst wenn dieser bisher im Deckungsverhältnis eine Leistungsklage erhoben hat, LG Ffm ZfS **88**, 24. Ja im Deckungsprozeß gegen die Kfz-Versicherung, selbst wenn der Versicherungsnehmer den Schaden beziffern könnte, Brschw VersR **94**, 1293. Ja für eine Erstattung von Kosten einer in-vitro-Fertilisation, BGH

NJW **88**, 774. Ja wegen eines künftigen Rabattverlustes, BGH NJW **92**, 1035. Ja wegen einer Zusatzversicherung, BGH RR **05**, 260, KG VersR **97**, 95. Ja evtl auch für den Geschädigten, daß der Haftpflichtversicherer dem Schädiger Deckungsschutz gewähren müsse, BGH VersR **01**, 90, KG VersR **07**, 350. Ja, wenn man dem Versicherungsnehmer eine Vorleistung ohne eine Klärung der Leistungspflicht des Versicherers nicht zumuten kann, Köln RR **03**, 1609. Ja für einen Freistellungsanspruch des Geschädigten gegen den Haftpflichtversicherer nach einer rechtskräftigen Feststellung des Anspruchs des Geschädigten, BGH NJW **81**, 870.

Nein, daß die Haftpflichtversicherung keine Leistungsfreiheit geltend machen könne, BGH VersR **75**, 440, es sei denn, der Anspruch des Geschädigten steht schon nach Grund und Höhe rechtskräftig fest, BGH NJW **81**, 870. Neben der Klage auf Rente nein, daß der Versicherer eine Beitragsfreiheit versprochen habe, LG Kaisersl VersR **92**, 221. Nein, soweit der Versicherer eine Widerklage auf die Erstattung seiner Leistungen erhebt. Nein zur bloßen Auslegung einer Ausschlußklausel, BGH VersR **86**, 133. Nein für die Deckungsklage, wenn das Gericht den Kläger auf seine Direktklage durch ein Teilversäumnisurteil verurteilt hat, wenn der Versicherer aber gesiegt hat, weil ein gestellter Unfall vorlag, LG Köln VersR **90**, 1384. Nein gegen eine sog Startgutschrift, Hamm VersR **06**, 1250. Nein nur zur Klärung der Berechenbarkeit einzelner Posten der unstreitigen Leistungspflicht, LG Köln VersR **08**, 774.

S auch Rn 53 „Anerkenntnis".

Vertrag: Ja zur Auslegung, Wirksamkeit oder Beendigung, BGH MDR **82**, 928. Nein zur Feststellung der Pflicht zum Abschluß (man kann auf ihn klagen), BGH RR **94**, 1273.

Vertragsstrafe: Nein für die Feststellung einer Schadensersatzpflicht, soweit der Kläger eine Vertragsstrafe geltend machen kann, BGH NJW **93**, 2993. Darauf muß das Gericht den Kläger wegen seiner Möglichkeit nach § 264 Z 2 hinweisen, § 139, BGH RR **94**, 1273.

Verzicht: Nein, sobald der Kläger auf den Anspruch verzichtet, Düss VersR **00**, 992.

S auch Rn 97 „Vergleich".

Verzug: Ja bei einer Leistung Zug um Zug wegen §§ 756, 765, BGH WestpMitt **87**, 1498. Nein im übrigen für sein Vorliegen oder Fehlen, weil er nur ein Element oder eine Vorfrage eines Rechtsverhältnisses ist, Rn 5, (zum Gläubiger) BGH NJW **00**, 2663 (krit Schilken JZ **01**, 199), aM Zeuner (vor Rn 1) 610, (zum Schuldner) BGH NJW **00**, 2280 (abl Schilken JZ **01**, 198).

Vollstreckungsfragen: Ja zwecks Klärung eines erweiterten Zugriffs bei § 850 f II. Ja bei Auslegungsschwie- **102**
rigkeiten wegen eines schon vorhandenen Vollstreckungstitels, BGH NJW **97**, 2321, BAG NJW **02**, 3046, Karlsr Rpfleger **05**, 96 (Vollstreckungsfähigkeit), zB bei § 850 f II, § 850 f Rn 11. Ja beim Verlust des Leistungstitels. Eine Entscheidung im Vollstreckungsverfahren beseitigt das Feststellungsinteresse nicht stets. Die Vollstreckungsabwehrklage nach § 767 beseitigt, wenn der Bekl sie nachträglich erhoben hatte, nicht grds ein rechtliches Interesse des Kläger an der verneinenden Feststellung. Denn sie hat ein anderes Ziel und eine andere Wirkung, § 767 Rn 6 (A), BGH NJW **97**, 2321, Kblz FamRZ **94**, 1196, Mü RR **01**, 131. Ja für den Gläubiger, der einen Schuldtitel besitzt. Ja also, daß die Vollstreckung aus einem Titel gegen seinen das leugnenden Schuldner zulässig sei, Kblz Rpfleger **93**, 28. Vgl auch § 767 Rn 6. Ja für den Unterhaltsschuldner, der den Wegfall der Bedürftigkeit des Gläubigers behauptet, für die verneinende Feststellungsklage, und zwar auch für den Zeitraum vor dem Verzug des Gläubigers mit dem Verzicht auf den Anspruch aus einer einstweiligen Anordnung, Düss FamRZ **85**, 1148, aM Karlsr FamRZ **80**, 610 (aber das ist zu streng).

Nein, wenn sich der Vollstreckungsschuldner nur mit dem Einwand „unverschuldete Zahlungsschwäche" wehrt, Kblz AnwBl **90**, 40. Nein wegen eines Sonderkündigungsrechts nach § 57 c ZVG, Drsd ZMR **03**, 421.

Vorsatz: Ja bei § 850 f II, dort Rn 8.

Vorschußklage: Nein neben einer umfassenden Vorschußklage für die Feststellung der Pflicht, alle weiteren Mängelbeseitigungskosten zu tragen, Celle RR **86**, 99.

Wahl: Rn 90 „Politische Partei". **103**

Werkvertrag: Ja für den Besteller, der neben einem Kostenvorschuß zur Mängelbeseitigung die Feststellung der Verpflichtung des Unternehmers zur Bezahlung der den Vorschuß übersteigenden Kosten begehrt, BGH NJW **02**, 681. Ja für den Besteller, soweit noch ein selbständiges Beweisverfahren läuft, Kblz RR **88**, 533. Ja gegen den Bauträger, daß er verpflichtet sei, Grundwasserschaden abzuwenden und evtl Schadensersatz zu leisten, Düss RR **00**, 973.

Widerklage: Ja gegen den Zedenten auch als verneinende Drittwiderklage, BGH NJW **08**, 2854. Nicht **104**
schon deshalb nein für die Feststellungsklage, weil man sie in einem anderen Prozeß als eine Widerklage nach Anh § 253 erheben kann. Denn beide Wege bestehen nebeneinander.

S auch Rn 101 „Versicherung".

Widerruf: Rn 65 „Ehre".

Wohnungseigentum: Ja, daß der Bekl eine Funkantenne nicht ohne eine Zustimmung des Klägers habe **105**
errichten dürfen, BayObLG NZM **99**, 1146. Ja, daß ein nicht angefochtener Beschluß der Eigentümerversammlung für einen bestimmten Eigentümer verbindlich sei, LG Mannh ZMR **79**, 319. Ja für die Feststellung der Nichtigkeit der Verwalterbestellung, selbst wenn diese wegen Zeitablaufs hinfällig ist, BayObLG NZM **04**, 624. Ja, daß ein Beschluß der Eigentümer in Wahrheit einen anderen bestimmten Inhalt habe, BayObLG **03**, 64, oder keinen bestimmten Inhalt habe, BayObLG RR **90**, 211. Ja für den Verwalter, soweit sich ein Eigentümer eines Anspruchs gegen ihn berühmt, Düss ZMR **96**, 622. Ja für den Verwalter, daß eine Kündigung seines Vertrags unwirksam sei, BGH MDR **02**, 1427. Ja für die Feststellung der Nichtigkeit der Versagung der Verkaufszustimmung, BayObLG RR **03**, 950.

Nein, daß ein auslegungsfähiger Rechtsbegriff in der Teilungserklärung einen bestimmten allgemeinen Sinn habe, LG Mannh ZMR **79**, 319. Nein, daß ein Beschluß der Eigentümer nicht wirksam geworden sei, wenn sie dazu später einen weiteren, wirksamen Beschluß gefaßt haben, BayObLG WoM **86**, 356. Nein, daß die Gemeinschaft eine Zustimmung zu der Gebrauchsüberlassung an einen Dritten nur aus wichtigem Grund versagen dürfe, BayObLG WoM **88**, 91. Nein, soweit ein anderer umfassenderer Weg in Betracht kommt, zB eine Verpflichtungsklage, Rn 77, BayObLG RR **92**, 1433. Nein, wenn ein Gericht die Feststellung einer Duldungspflicht schon in einer einen Beseitigungsanspruch abweisenden Entscheidung getroffen hatte, Köln NZM **00**, 305. Nein für einen bestimmten Rang nach § 10 I Z 1 ZVG, Mü NZM **06**, 544.

106 **Zahlungsklage:** Rn 77 „Leistungsklage".

Zugewinnausgleich: Nein für die Feststellung des Stichtags, Rn 11, Köln FamRZ **03**, 539.

Zug um Zug: Rn 101 „Verzug".

Zustellung: Nein, da man kein Rechtsverhältnis klären muß, sondern einen sog Realakt.

Zwangsvollstreckung: Rn 102 „Vollstreckungsfragen".

Zwischenfeststellung: Rn 108.

107 **9) Urkundenfeststellungsklage, I.** Regelwidrig ist eine Klage auf eine Feststellung der Echtheit oder Unechtheit einer Urkunde zulässig, BGH NJW **08**, 1303. Da es sich hierbei um eine reine Tatsachenfeststellung handelt, läßt der Ausnahmefall keine ausdehnende Auslegung zu, zB nicht auf eine Feststellung der Vollmacht eines fremden Unterzeichners. Das Rechtsverhältnis selbst ist hier gar nicht im Streit. Begriff der Urkunde Üb 4 vor § 415, Begriff der Echtheit § 440 Rn 3. Unerheblich ist, wer Besitzer oder Aussteller der Urkunde ist. Die innere Rechtskraftwirkung des Urteils nach § 322 Rn 38 besteht im Ausschluß jeder anderen Würdigung der Echtheit in jedem zwischen denselben Parteien schwebenden Streitverfahren. Aber darum ist die Klage noch nicht zulässig, wenn die Rechtskraft eines Leistungsurteils den Gegner nicht binden würde. Übrigens ist diese Klage sehr selten. Ihre Zulassung im Gesetz ist lehrmäßig und praktisch verfehlt. Wer ein Recht aus der Urkunde ableitet, muß ihre Echtheit beweisen. Hat das Gericht die Echtheit rechtskräftig festgestellt, können zwar nicht die Parteien dieses Prozesses die Unechtheit noch beweisen, wohl aber kann jeder andere diesen Beweis führen, auch der Streitgenosse. Vgl § 419 Rn 4.

108 **10) Zwischenfeststellungsklage, Inzidentfeststellungsklage oder -widerklage, II.** Es gelten die folgenden Sonderregeln. Etwas ähnlich, aber mit erheblich weiteren Wirkungen verläuft das Verfahren nach dem KapMuG, SchlAnh VIII, mit seinem Musterentscheid des OLG.

A. Rechtsnatur. Die Zwischenfeststellungsklage oder -widerklage nach § 33 ist eine zugleich mit der Hauptklage nach § 260 oder im rechtshängigen Verfahren nach § 261 II erhobene Klage oder Widerklage auf die Feststellung eines die Entscheidung bedingenden vorgreiflichen Rechtsverhältnisses, BGH NZM **05**, 704, BAG NZA **08**, 185, Köln RR **06**, 1513. Ihr Zweck ist die Ausdehnung der inneren Rechtskraftwirkung nach § 322 auf den Grund der Zwischenklage oder -widerklage, BGH NJW **92**, 1897, Kblz ZMR **02**, 745, Hager KTS **93**, 51. Es ist unerheblich, ob das Gericht seine Entscheidung über die Feststellungsklage auch auf die mit der Zwischenklage geltend gemachten Gründe stützen muß, Köln MDR **81**, 678. Die Zwischenklage ist oder wird dann unzulässig, wenn oder sobald schon die in der Hauptsache ergehende Entscheidung die Rechtsbeziehungen erschöpfend klarstellt, BGH MDR **79**, 746, Ffm FamRZ **83**, 176, Nürnb MDR **85**, 417. Die Zwischenklage wird ferner dann unzulässig, wenn der Kläger der Zwischenwiderklage auf alle Ansprüche aus dem Rechtsverhältnis verzichtet.

109 Sie ist ein *Ausgleich* dafür, daß die Grundlagen der Entscheidung bis auf die nach § 322 Rn 6 ff, 20 tragenden ohne II nicht in innere Rechtskraft übergehen könnten, aM Hager KTS **93**, 40. Ihr Gegenstand kann nur eine durch den Sachverhalt und eine Rechtsnorm gegebene Beziehung einer Person zu einer anderen oder zu einer Sache sein, Ffm FamRZ **83**, 176. Sie ist eine Feststellungsklage. Ihre Voraussetzungen legt aber allein II fest. Ein besonderes rechtliches Interesse an der alsbaldigen Feststellung ist grundsätzlich nicht nötig, BGH NJW **92**, 1897, BAG NZA-RR **07**, 446, Kblz AnwBl **89**, 49, vgl aber Rn 118. In geeigneten Fällen steht dem Kläger ausnahmsweise auch die gewöhnliche Feststellungsklage des I offen. Indessen hat II grundsätzlich den Vorrang, Naumb RR **01**, 304. Auf seiten des Klägers enthält die Klage als „Zusatzklage" keine Erweiterung des Klagantrags, sondern eine Anspruchshäufung nach § 260. Der Bekl erhebt mit ihr eine eigenartige Widerklage, Anh § 253, BAG NZA **08**, 185.

110 **B. Beispiele zur Frage einer Zulässigkeit der Klage nach II**

Arbeitsrecht: Wegen des Beschäftigungsanspruchs Pallasch, Der Beschäftigungsanspruch des Arbeitnehmers (1993) 114. Wegen des arbeitsgerichtlichen Beschlußverfahrens BAG DB **90**, 132, Hager Festschrift für Kissel (1994) 338 (grds entsprechend anwendbar). Ein besonderes Feststellungsinteresse ist nicht erforderlich, BAG NJW **03**, 991.

Arrest, einstweilige Verfügung: *Unzulässig* ist die Klage nach II im Eilverfahren wegen seiner Eigenart, §§ 916 ff, 935 ff.

Berufungsinstanz: Zulässig ist die Klage nach II auch in der Berufungsinstanz. Denn II geht dem § 533 Z 1 vor, § 525, BGH MDR **08**, 159 links oben.

Dritter: Zulässig ist die Klage nach II auch gegen den Prozeßgegner *und* einen Dritten wie bei der Widerklage nach Anh § 253 Rn 3. BGH NJW **77**, 1638.

Eheverfahren: *Unzulässig* ist die Klage nach II im Eheverfahren, Ffm FamRZ **83**, 176.

Grundurteil: *Unzulässig* ist die Klage nach II nach einem Grundurteil.

Hauptverfahren: Die Klage nach II setzt ein schon und noch in einer Tatsacheninstanz schwebendes Hauptverfahren zwischen den Parteien zu demselben Streitgegenstand nach § 2 Rn 4 voraus, BAG NZA **08**, 185.

Hilfsklage: Zulässig ist die Klage nach II auch als Hilfsklage, BGH NJW **92**, 1897.

Kindschaftsverfahren: *Unzulässig* ist die Klage nach II im Kindschaftsverfahren, Göppinger JR **75**, 160.

Lebenspartnerschaftsverfahren: Unzulässig ist die Klage nach II.

Leistungsklage: *Unzulässig* ist die Klage nach II dann, wenn eine Leistungsklage mangels Bestimmtheit unzulässig ist, § 253 II Z 2, BGH RR **94**, 1272.

Rechtskraft: *Unzulässig* ist die Klage nach II dann, wenn das Gericht den Hauptanspruch schon rechtskräftig geklärt hat, BayObLG **03**, 66.

Revisionsinstanz: *Unzulässig* ist die Klage nach II in der Revisionsinstanz, BAG MDR **82**, 526.

Stufenklage: Zulässig ist die Klage nach II auch bei einem Hauptrozeß nach § 254, BGH MDR **99**, 350.
Umdeutung: Ein nach II unzulässiger Antrag kann in einen solchen nach I zulässigen umdeutbar sein, BayObLG **03**, 66.
Urkunden- und Wechselprozeß: *Unzulässig* ist die Klage nach II im Urkunden- oder Wechselprozeß wegen seiner Eigenart, §§ 592 ff.
Vorfrage: *Unzulässig* ist die Klage nach II dann, wenn es nur um eine Vorfrage geht, BGH NZM **05**, 704.
Widerspruchsvermeidung: Zulässig ist die Klage nach II auch zur Vermeidung widersprüchlicher Entscheidungen nach § 301, BGH RR **03**, 303.
Wohnungseigentum: Zulässig ist die Klage nach II auch im WEG-Verfahren.

C. Klageberechtigung. Klageberechtigt sind nur die eigentlichen Prozeßparteien, nicht der Streithelfer nach § 66, auch nicht der streitgenössische des § 69. 111

D. Allgemeine Prozeßvoraussetzungen. Sie müssen wie sonst vorliegen, Grdz 12 vor § 253. Es ist also auch ein Parteiantrag erforderlich, BGH FamRZ **05**, 513. Man darf einen unzulässigen evtl umdeuten, Grdz 52 vor § 128, BGH NZM **05**, 704. Man muß die Partei- und Prozeßfähigkeit nach §§ 50, 51 für diese Klage selbständig beurteilen. Eine Prozeßvollmacht für den Hauptprozeß genügt, § 81. Das Gericht muß die Zulässigkeit des Rechtswegs nach § 13 GVG selbständig beurteilen. Die örtliche Zuständigkeit ist hier, außer bei einem ausschließlichen Gerichtsstand, stets vorhanden. Das folgt aus dem Zweck des II, § 33. Die sachliche Zuständigkeit liegt beim LG immer vor. Beim AG macht eine Überschreitung der Zuständigkeit durch die Zwischenfeststellungsklage eine Verweisung an das LG nötig, § 506. Für die Kammer für Handelssachen gilt § 99 GVG. 112

E. Streitigkeit eines Rechtsverhältnisses. Es ist eine Auslegung zulässig und notwendig, Köln MDR **81**, 678. Es muß als eine besondere Prozeßvoraussetzung zunächst ein Rechtsverhältnis nach Rn 5 ff vorliegen, BGH NJW **07**, 83, oder es muß im Prozeß streitig geworden sein, BAG DB **85**, 1538. Es muß noch über den Streitgegenstand der Klage nach I hinaus zwischen den Parteien eine Bedeutung gewinnen können, BGH NZM **05**, 704 (dann kann auch ein Rechtsverhältnis des Bekl zu einem Dritten der Ausgangspunkt sein), BAG NZA **07**, 1391 links, BayObLG NZM **99**, 34. Nicht genügt eine bloße Tatsache wie die Echtheit einer Urkunde. Es genügt auch nicht eine rechtliche Vorfrage, BGH MDR **85**, 38, Lüke Gedächtnisschrift für Bruns (1980) 131, oder gar eine von mehreren evtl erheblichen Vorfragen. Ausreichend ist nur ein bestehendes Rechtsverhältnis, aber auch ein bedingtes, wenn gerade der Eintritt der Bedingung vorgreiflich wirkt. Ausreichend sind auch Forderungsrechte und Ansprüche, die einem umfassenderen Rechtsverhältnis entspringen, etwa bei einem Vertrag, BGH NJW **07**, 83, Nürnb MDR **85**, 417. Nur darf nicht schon die Rechtskraft der Hauptentscheidung das Rechtsverhältnis miterfassen, BGH **83**, 255. Das Rechtsverhältnis kann schon vor der Klage streitig sein. Der Kläger kann einen Feststellungsanspruch schon in die auf eine teilweise Leistung gerichtete Klage aufnehmen, BGH RR **90**, 320. Im übrigen ist unerheblich, welche Partei sich auf eine vorgreifliche Entscheidung stützt und sie herbeigeführt hat. 113

Beispiel des Vorliegens eines Rechtsverhältnisses: Streit über die Gültigkeit eines Vertragsverhältnisses, BGH **125**, 132, und über seine Dauer. Beispiel des Fehlens eines Rechtsverhältnisses: Erweiterung einer Teilklage im Berufungsrechtszug um einen zusätzlichen Betrag, Schlesw RR **91**, 190; Klärung der Angemessenheit eines Gehalts, BAG NZA **06**, 107; Klärung eines Verzugsschadens, BGH NJW **07**, 83.

F. Vorgreiflichkeit. Das Bestehen oder Nichtbestehen des Rechtsverhältnisses nach Rn 5 ff muß statt des bei I nach Rn 21 ff erforderlichen Feststellungsinteresses als eine weitere besondere Prozeßvoraussetzung für die Entscheidung über den Hauptanspruch ganz oder teilweise vorgreiflich sein, § 148 Rn 1, BGH NJW **07**, 83, BAG NZA **07**, 1391 links, Köln RR **06**, 1513. Das Gericht muß daher über die Frage mindestens in den Gründen entscheiden. Es genügt die Möglichkeit einer Bedeutung über den gegenwärtigen Streitstand hinaus, BGH NJW **07**, 83. Ist das Rechtsverhältnis in beiden Fällen dasselbe, zB die Klagebefugnis oder die Parteifähigkeit, erledigt es das Urteil ohnehin mit einer Rechtskraftwirkung, BGH NJW **07**, 83. Es genügt die Möglichkeit, daß der Partei noch weitere Ansprüche entstehen als die mit dem Hauptanspruch verfolgten, BGH MDR **79**, 746, BAG NZA **07**, 1391 links, Nürnb MDR **85**, 417. Es genügt auch, wenn beide Parteien selbständig Ansprüche verfolgen, für die das streitige Rechtsverhältnis vorgreiflich ist, wenn sie auch in ihrer Gesamtheit die Ansprüche erschöpfen, die sich aus dem Rechtsverhältnis überhaupt ergeben können. 114

G. Beispiele zur Frage einer Vorgreiflichkeit 115

Abweisungsreife: Die Hauptklage darf nicht abweisungsreif sein, BGH NJW **04**, 3332, Hager KTS **93**, 45.
Angriffs- und Verteidigungsmittel: Eine Zurückweisung von Mitteln nach Einl III 70 macht eine Klage nach II *unzulässig,* wenn sie die Vorgreiflichkeit beseitigt, Hager KTS **93**, 51.
Aufrechnung: Wegen ihr als Klage nach II § 261 Rn 6 und als Widerklage nach II § 261 Rn 13.
S auch „Hilfsaufrechnung".
Ehevertrag: Zur Feststellung seiner Nichtigkeit krit Gomille NJW **08**, 274.
Erbschaftssache: Beim Streit in einer Erbschaftsklage über die Wirksamkeit des Tetaments gilt dasselbe wie bei „Widerklage".
Hilfsaufrechnung: Ein nur für eine Hilfsaufrechnung vorgreifliches Rechtsverhältnis kann *nicht* Gegenstand einer Klage nach II sein, solange nicht der Anspruch der Hauptklage feststeht.
Klagerücknahme: Die Hauptklage darf nicht infolge ihrer wirksamen Rücknahme nach § 269 weggefallen sein.
Mehrere Begründungen: Bei unterschiedlichen Begründungsmöglichkeiten kommt diejenige als zulässig in Betracht, bei der das nach II vorgetragene Rechtsverhältnis vorgreiflich ist, Köln MDR **81**, 678.
Räumung: Die Erfolglosigkeit einer Räumungsklage läßt die Möglichkeit der Feststellung der Unwirksamkeit einer Kündigung bestehen. 116
Rechtshindernde Einwendung: Bei ihr ist eine Klage nach II zulässig, Hager KTS **93**, 51.

Rechtsvernichtende Einwendung: Bei ihr ist eine Klage des *Klägers* nach II *unzulässig,* soweit das Gericht die Klage wegen Einwendung abweisen muß, Hager KTS **93**, 51. Dagegen ist eine Klage des *Bekl* nach II auch bei einer solchen Einwendung zulässig, Hager KTS **93**, 51.

Teilanfechtung: Hat der Kläger nur einen Teil der Rechtshandlungen des Schuldners angefochten, ist eine Widerklage nach II auf eine Feststellung des Fehlens jedes Anfechtungsrechts zulässig.

Teilklage: Hat der Kläger nur einen Teil des Anspruchs eingeklagt, kann die Klage nach II die ganze Vorfrage zur Entscheidung stellen.

Teilleistung: Wenn der Kläger eine Teilleistung aus einem Vertrag fordert, ist eine Widerklage nach II auf eine Feststellung zulässig, daß der Kläger keinen anderen Vertragsanspruch habe, BGH **69**, 41 (das Rechtsschutzbedürfnis kann man dadurch ausräumen, daß der Kläger erklärt, beim Unterliegen wolle er keinen weiteren Anspruch erheben).

Umdeutung: Es kann eine Umdeutung von II auf I infragekommen.

Verbundverfahren: Eine noch dort anhängige Streitfrage reicht *nicht* aus, Köln RR **06**, 1513.

Verhandlungsschluß: Die Vorgreiflichkeit muß am Schluß der letzten mündlichen Verhandlung nach §§ 136 IV, 296 a fortdauern.

Widerklage: Gegenüber einer Klage nach II ist eine Widerklage mit einem entgegengesetzten Antrag trotz des unklaren Wortlauts von II nur bei einem entsprechenden Rechtsschutzbedürfnis zulässig. Gegenüber einer Teilklage auf einen festen Betrag aus einem unbezifferten Gesamtanspruch ist die Feststellungswiderklage zulässig, daß über den geltend gemachten Teilanspruch hinaus ein bezifferter weiterer Anspruch nicht bestehe, Rn 10.

117 **H. Verbindung mit Hauptantrag.** Eine Verbindung mit dem Hauptantrag muß zulässig sein, § 260, BAG NZA **07**, 1391 links. Falls man das nicht nach Rn 110 ff bejahen kann, kommt eine Trennung nach § 145 und notfalls eine Abweisung durch ein Prozeßurteil nach Grdz 14 vor § 253 in Betracht.

118 **I. Verfahren.** Zur Klagerhebung Anh § 253, §§ 260, 261 II. Die Klage ist bis zum Schluß der mündlichen Verhandlung der 1. Instanz über den Hauptanspruch nach §§ 136 IV, 296 a zulässig. Eine Zulassung der Klagerhebung nach einem unzulässigen Teilurteil auch noch in der Berufungsinstanz oder die Auschaltung des § 533 Z 1 für die Widerklage wäre jeweils eine Verkürzung des Rechtszugs wegen des Zwischenstreits. In der Revisionsinstanz zum Grund des Hauptanspruchs ist die Zwischenklage nicht mehr zulässig. Im Betragsverfahren ist die Zwischenklage nicht mehr zulässig. Die Rechtshängigkeit richtet sich nach § 261 II, auflösend bedingt durch die Ablehnung der Entscheidung wegen der Unzulässigkeit. Das Gericht muß die besonderen Prozeßvoraussetzungen Rn 3 ff von Amts wegen beachten, Grdz 39 vor § 128. Vgl ferner § 595 I. Ein besonderes Feststellungsinteresse ist wegen der Vorgreiflichkeit entbehrlich, BGH NJW **77**, 1637, BAG NZA **06**, 1176. §§ 145, 506 sind anwendbar. Fehlen die besonderen Prozeßvoraussetzungen oder fehlt eine von Amts wegen beachtbare allgemeine Prozeßvoraussetzung, muß das Gericht die Zwischenklage mangels Vorliegens wenigstens der Voraussetzungen des I evtl nach einem vergeblichen Hinweis nach § 139 durch ein Prozeßurteil nach Grdz 14 vor § 253 als unzulässig abweisen. Dann kann das in der Hauptsache ergehende Endurteil trotzdem über die vorgreifliche Frage entscheiden, auch ohne Rechtskraftwirkung für sie.

119 Die *Entscheidung* über die Zwischenklage ist ein Endurteil. Es setzt einen Parteiantrag voraus, BGH FamRZ **05**, 513. Es kann auch ein Hilfsantrag für den Fall der Abweisung des Hauptantrags sein, BGH NJW **92**, 1897. Zulässig ist wegen der selbständigen Bedeutung dieser Entscheidung auch ein Teilurteil, § 301. Das gilt zB dann, wenn die Legitimation zur Hauptklage auch von demjenigen Rechtsverhältnis abhängt, das den Gegenstand der Zwischenfeststellungsklage bildet. Eine Abweisung der Zwischenklage nur als unbegründet ist vor der Klärung ihrer Zulässigkeit ebensowenig wie bei der Hauptklage statthaft, Grdz 14 vor § 253, aM Bre MDR **86**, 765 (aber die Zulässigkeitsklärung hat eben stets den Vorrang). Während der Anhängigkeit der Zwischenklage ist ein Teilurteil über die Hauptklage unzulässig. Wegen der Umdeutung eines unzulässigerweise gestellten Antrags nach § 280 in eine Zwischenfeststellungsklage vgl § 280. Streitwert Anh § 3 Rn 53 „Feststellungsklage".

120 **J. Rechtsmittel.** Soweit gegen das Urteil in der Hauptsache ein Rechtsmittel statthaft ist, ist es auch gegen den Feststellungsausspruch zulässig. Ein vor der formellen Rechtskraft des Feststellungsurteils nach § 705 in der Hauptsache ergehendes Endurteil ist durch die Aufhebung des Feststellungsurteils auflösend bedingt. Ein auf die Hauptsache beschränktes Rechtsmittel läßt die Zwischenfeststellung wegen des Anspruchsgrunds unberührt, §§ 318, 512, 548. § 533 ist unanwendbar.

Einführung vor §§ 257–259. Klage vor der Fälligkeit

Schrifttum: *Murach,* Rechtsschutzprobleme bei der Klage auf künftige Leistung nach den §§ 257–259 ZPO, Diss Bonn 2007.

Gliederung

1 **1) Systematik.** Im allgemeinen ergibt erst die Fälligkeit des sachlichrechtlichen Anspruchs die Zulässigkeit der Klage, BGH NJW **07**, 294. Davon geben §§ 257–259 abschließend geregelte Ausnahmen, Kblz KTS **00**, 639, Wax FamRZ **82**, 347. Andernfalls muß das Gericht die Klage ohne eine Sachverhandlung evtl nach

einem vergeblichen Hinweis nach § 139 durch ein Prozeßurteil als unzulässig abweisen, Grdz 14, 27 vor § 253. Die Abweisung als „zur Zeit unbegründet", BGH NJW **07**, 294, führt nur irre. Bei allen diesen Folgen entscheidet wie stets der Schluß der letzten Tatsachenverhandlung, § 136 IV, § 296 a, BGH NJW **07**, 294, KG WoM **81**, 54, aM LG Duisb ZMR **99**, 334 (abl Eckert/Rau. In der Tat besteht keinerlei Anlaß zur Abweichung vom bewährten Grundsatz.). Tritt ein Leistungsverweigerungsrecht erst später ein, muß der Bekl nach § 767 vorgehen, BGH ZMR **96**, 546. §§ 257 bis 259 sind rein verfahrensrechtliche Vorschriften, Hamm NJW **82**, 1402, aM Roth ZZP **98**, 312 (aber die Prozeßwirtschaftlichkeit nach Grdz 14 vor § 128 ist ein typisch prozessualer Aspekt).

2) Regelungszweck. Die Vorschriften dienen der Vermeidung zusätzlicher Wartezeiten sowie immer neuer Verfahren, Hamm RR **96**, 1222. Sie dienen damit der Prozeßwirtschaftlichkeit, Grdz 14 vor § 128. Sie dürfen freilich nicht dazu führen, den Schuldner wegen irgendeiner winzigen Unklarheit seines Verhaltens längst vor der eigentlichen Fälligkeit kostenriskant und auch psychisch problematisch in ein solches Gerichtsverfahren hineinzuziehen, das nach der inneren Haltung des Schuldners gar nicht erforderlich wäre, weil er in Wahrheit zur verabredeten oder sonstwie erforderlichen Stunde sehr wohl leisten will und voraussichtlich auch können wird. Auch das sollte man in die Abwägung einbeziehen, ob die Voraussetzungen der §§ 257 ff vorliegen. Es kommt also sehr auf die wirkliche erkennbare Haltung des Schuldners zum Leistungszeitpunkt an, nicht nur auf die beredten Befürchtungen des Gläubigers, mögen sie für sich allein betrachtet auch noch so einleuchten. Das gilt nicht nur bei § 259. 2

3) Geltungsbereich. §§ 257–259 gelten in drei Gruppen von Fällen. 3

A. Kalendermäßige künftige Leistung, § 257. Es geht um einen Anspruch aus einer kalendermäßig bestimmten einseitigen Geldforderung oder um einen Anspruch auf eine kalendermäßige Räumung, soweit es sich nicht um Wohnraum handelt. Im letzteren Fall gilt § 259.

B. Wiederkehrende Leistung, § 258. Es geht um einen Anspruch auf eine mehr oder weniger oft wiederkehrende Leistung. 4

C. Besorgnis der Nichterfüllung, § 259. Es um eine berechtigte Besorgnis der Nichterfüllung durch den Bekl. 5

4) Gemeinsamkeit: Besondere Prozeßvoraussetzungen. Diese Erfordernisse sind besondere Prozeßvoraussetzungen, Grdz 23, 27 vor § 253, Henssler NJW **89**, 139, RoSGo § 92 II 1, § 96 III, ZöGre 19 vor § 253, aM Roth ZZP **98**, 306 (vgl aber Rn 1). Das Gericht muß diese Voraussetzungen von Amts wegen prüfen, Grdz 39 vor § 128. Maßgebend ist der Schluß der letzten Tatsachenverhandlung nach §§ 136 IV, 296 a, BGH NJW **08**, 1662. Fehlen die Voraussetzungen dann, muß das Gericht die Klage evtl nach einem vergeblichen Hinweis nach § 139 durch ein Prozeßurteil als unzulässig abweisen, Grdz 14 vor § 253. Beispiel: Bei der Klage auf eine sofortige Zahlung erfolgt dann, wenn der Bekl erst in 6 Monaten schuldet, eine Sachabweisung, weil der Anspruch derzeit noch nicht fällig ist. Bei der Klage auf eine künftige Zahlung erfolgt eine Prozeßabweisung, wenn das Gericht den Bekl verurteilen soll, weil er sich der Erfüllung entziehen wolle. Denn diese Besorgnis ist nicht erwiesen, sofern nicht eine Klage nach §§ 257 ff zulässig ist. Muß das Gericht dagegen den Anspruch nicht nur wegen des Fehlens der Fälligkeit verneinen, muß es die Klage als unbegründet abweisen. Wegen der inneren Rechtskraftwirkung § 322 Rn 37 „Fälligkeit". 6

5) Einzelheiten. Die Klagen aus §§ 257 bis 259 sind Leistungsklagen. Das Urteil ergeht auf eine Leistung. Will der Bekl der Kostenlast entgehen, muß er bei einer Zulässigkeit der Klage sofort anerkennen, § 93. Etwas anderes gilt, wenn der Bekl die Zulässigkeit leugnet, wenn er etwa jeden Grund zur Besorgnis der Nichterfüllung bestreitet. Eine Verurteilung benachteiligt den Bekl insofern, als sie ihm nach dem Urteil entstehende Einreden abschneidet und ihn insofern auf die Vollstreckungsabwehrklage nach § 767 verweist. Man muß aber vernünftigerweise dem Bekl das Recht zubilligen, mit allen denjenigen Forderungen aufzurechnen, die nicht später fällig werden als die Klageforderung, Hoppenz FamRZ **87**, 1099. Denn dasjenige, was das Gesetz dem Kläger gewährt, gibt es unausgesprochen auch dem Bekl. Andererseits gilt das Gleichbehandlungsgebot bei Veränderungen auch grundsätzlich zugunsten des Gläubigers, § 323 Rn 1, Hoppenz FamRZ **87**, 1099. Das Mahnverfahren ist zulässig. Zur Anwendbarkeit im gestörten Arbeitsverhältnis Vossen DB **85**, 385 und 439 (ausf). 7

257 *Klage auf künftige Zahlung oder Räumung.* **Ist die Geltendmachung einer nicht von einer Gegenleistung abhängigen Geldforderung oder die Geltendmachung des Anspruchs auf Räumung eines Grundstücks oder eines Raumes, der anderen als Wohnzwecken dient, an den Eintritt eines Kalendertages geknüpft, so kann Klage auf künftige Zahlung oder Räumung erhoben werden.**

Gliederung

1) Systematik. Vgl zunächst Einf 1 vor §§ 257–259. § 258 ergänzt die Vorschrift, dort Rn 1. Sie ist gegenüber § 259 eine vorrangige Sonderregel in ihrem Geltungsbereich. 1

2) Regelungszweck. Vgl Einf 2 vor §§ 257–259. Sobald das Wann einer etwaigen Leistungspflicht feststeht, fordert die Gerechtigkeit als oberstes Prozeßziel nach Einl III 9, 36 eine noch raschere Klärung des 2

Ob, Wo und Wie dieser Pflicht als in anderen, schon zeitlich unklaren Fällen. Dem dient § 257. Die Vorschrift hilft damit auch der Prozeßwirtschaftlichkeit, Grdz 14 vor § 128. Im Idealfall soll der Vollstreckungstitel schon am ja feststehenden Tag der behaupteten Leistungspflicht zur Verfügung stehen. Daher mag § 257 nach seinem Zweck schon mindestens Monate vorher anwendbar sein. Die Vorschrift soll auch den besonderen Problemen Rechnung tragen, vor denen oft der Räumungsgläubiger in der Zwangsvollstreckung steht. Das Erkenntnisverfahren soll möglichst rasch enden. Den Sozialschutz des Räumungsschuldners auch beim Nicht-Wohnraum bietet das Buch 8. Freilich ist auch bei § 258 wie stets ein Rechtsschutzbedürfnis nötig, Grdz 33 vor § 253. Es ist nicht stets sogleich erkennbar. Das alles muß man bei der Auslegung mitbeachten.

3 **3) Geltungsbereich.** Vgl zunächst Üb 2 vor § 253. § 257 bezieht sich auf die folgenden Fälle.

A. Nicht von einer Gegenleistung abhängige Geldforderung. Es geht wie bei § 258, aber anders als bei § 259 um eine am Schluß der mündlichen Verhandlung nach §§ 136 IV, 296 a nicht, noch nicht oder nicht mehr von einer Gegenleistung abhängige, also einseitige oder einseitig gewordene Geldforderung, zB nach der vollständigen Erbringung der Gegenleistung, Henssler NJW **89**, 139, mag auch die Mitteilung noch nicht vorliegen und sogar einklagbar sein. Der Rechtsgrund und seine Natur als eine Bring- oder Holschuld sind unerheblich.

4 **B. Beispiele zur Frage des Geltungsbereichs**

Darlehen: Anwendbar ist § 257 auf einen Darlehensvertrag.

Grundschuld: Anwendbar ist § 257 auf eine Grundschuld.

Herausgabe: *Unanwendbar* ist § 257 auf einen Herausgabeanspruch.

Hypothek: Anwendbar ist § 257 auf eine Hypothekenforderung.

Leistung außer Geld: *Unanwendbar* ist § 257 auf einen Anspruch auf eine nicht in Geld bestehende Leistung.

Lohn: Anwendbar ist § 257 auf einen Vertrag mit einer Lohnvereinbarung, BAG NJW **02**, 3122.

Miete: Anwendbar ist § 257 auf eine am Schluß der letzten Tatsachenverhandlung nach Einf 1 vor §§ 257–259 jedenfalls rückständig gewordenen Miete.

Unanwendbar ist die Vorschrift auf einen Anspruch auf künftige Miete, BGH NZA **03**, 231, Henssler NJW **89**, 139. Denn sie hängt von einer Gegenleistung ab. Auch ein Anspruch auf die Zustimmung zu einer Mieterhöhung nach § 558 BGB fällt deshalb nicht unter § 257.

S auch „Nutzungsentschädigung".

Nutzungsentschädigung: *Unanwendbar* ist § 257 bei einem Anspruch auf eine Nutzungsentschädigung bis zur Räumung. Denn er hängt von einer Gegenleistung des Vermieters ab, BGH NZM **03**, 231.

S auch „Miete".

Quittung: *Unanwendbar* ist § 257 bei einem Anspruch auf die Erteilung einer Quittung nach § 368 BGB, Art 39 WG. Denn es fehlt der Gegenwert.

Scheck: Anwendbar ist § 257 auf einen Scheck.

Schenkung: Anwendbar ist § 257 auf einen Schenkungsvertrag oder eine Handschenkung.

Versorgungsausgleich: *Unanwendbar* ist § 257 auf einen Anspruch auf einen künftigen Versorgungsausgleich, BGH NJW **84**, 611.

Vorleistung: Anwendbar ist § 257 auf einen solchen zweiseitigen Vertrag, bei dem der Kläger beim Schluß der letzten Tatsachenverhandlung und nicht unbedingt vorher bereits vollständig vorgeleistet hat.

Wechsel: Anwendbar ist § 257 auf einen Wechsel.

Zug um Zug: *Unanwendbar* ist § 257 auf einen Anspruch auf eine Leistung Zug um Zug, § 322 BGB.

Zurückbehaltungsrecht: *Unanwendbar* ist § 257 bei einem Zurückbehaltungsecht nach § 274 BGB.

Zwangsvollstreckung: Anwendbar ist § 257 auf eine Duldung der Zwangsvollstreckung wegen einer einer einseitigen Geldforderung.

5 **C. Räumung von Nicht-Wohnraum.** Es geht um einen Anspruch auf die Räumung eines nicht Wohnzwecken dienenden Grundstücks oder Raums ohne Rücksicht auf den Rechtsgrund, ob also zB aus Vertrag, etwa Miete, Leihe, Besitz oder aus einem dinglichen Recht.

Nicht hierher gehört eine Klage auf die Einräumung oder auf die Rückgabe beweglicher Sachen, ebensowenig auf eine Räumung von auch nur teilweisem Wohnraum oder zB eines Wohnwagens oder eines Schiffs. Das gilt unabhängig davon, ob man gemietet, gepachtet, geliehen hat und ob man ihn auf Grund eines dinglichen Wohnrechts oder ohne Rechtsgrund bewohnt. Insofern ist nur eine Klage aus § 259 möglich, also bei der Besorgnis der Nichterfüllung, § 259 Rn 5.

6 **4) Kalendermäßige Fälligkeit.** Die Fälligkeit muß sich nach dem Gesetz oder Vertrag oder auf Grund einer Stundung an den Eintritt eines Kalendertages knüpfen. Sie muß also entweder nach dem Kalender bestimmt oder nach ihm bestimmbar sein, (jetzt) § 286 II Z 1 BGB, Kblz KTS **00**, 639. Beispiel: 1 Monat nach Kündigung; 2 Monate „nach Sicht", Art 35 WG; „Ziel 3 Monate nach Empfang der Ware", sofern diese bereits empfangen ist. Eine Kündigung zB nach § 608 BGB liegt ohne weiteres in der Klagezustellung, Grdz 62 vor § 128. Hat der Kläger den Anspruch zunächst als einen fälligen eingeklagt und stellt sich im Prozeß heraus, daß die Fälligkeit erst später eintritt, muß der Kläger den Antrag ändern. Darin liegt die Forderung eines Weniger nach § 308 Rn 7, keine Klagänderung. Tritt die Fälligkeit im Prozeß ein, kommt es auf die Zulässigkeit der Klage aus § 257 nicht mehr an. Das Gericht muß auch in der Revisionsinstanz schlechthin verurteilen. Auf einen bedingten, nicht nur noch nicht fälligen Anspruch ist § 257 unanwendbar. Auch Schönheitsreparaturen sind meist nicht mit einem Kalendertag vereinbart bzw gesetzlich geschuldet, LG Hann WoM **01**, 444.

7 **5) Verfahren.** Der Kläger ist für das Vorliegen der tatsächlichen Voraussetzungen beweispflichtig. Eine Besorgnis der Nichterfüllung ist anders als bei § 259 nicht erforderlich. StJSchu 3, ThP 5, ZöGre 6, aM Bittmann FamRZ **86**, 420. Der Antrag und das Urteil lauten auf eine Verurteilung zur Zahlung oder Räumung am zu bezeichnenden Datum. Beim Eintritt der Fälligkeit bis zum Verhandlungsschluß nach §§ 136 IV, 296 a darf das Gericht ein uneingeschränktes Leistungsurteil erlassen. Verzugszinsen sind nach

§ 288 BGB möglich, Prozeßzinsen erst seit der Rechtshängigkeit nach § 262 S 1 und erst seit der Fälligkeit, § 291 BGB. Ein Anlaß zur Klagerhebung kann schon in der Nichtzahlung früherer Raten liegen, StJSchu 3, aM Bittmann FamRZ **86**, 420 (aber es kann dann sogar schon ein Anscheinsbeweis auch einer künftigen Unpünktlichkeit usw vorliegen). Ein erst nach dem Verhandlungsschluß mögliches Leistungsverweigerungsrecht bleibt unbeachtlich, aM ZöGre 7 (aber die eben genannten Vorschriften gelten uneingeschränkt). Ein besonderes Rechtsschutzinteresse ist nicht erforderlich. Bei einem Anerkenntnis nach § 307 muß man § 93 aber streng auslegen. Die vorläufige Vollstreckbarkeit ergibt sich wie sonst, §§ 708 ff. Wegen der Zwangsvollstreckung § 751. Eine vollstreckbare Ausfertigung vor der Fälligkeit erfolgt ohne eine Anordnung des Vorsitzenden. Denn die Befristetheit der Vollstreckbarkeit ergibt sich bereits aus dem Vollstreckungstitel.

258 *Klage auf wiederkehrende Leistungen.* **Bei wiederkehrenden Leistungen kann auch wegen der erst nach Erlass des Urteils fällig werdenden Leistungen Klage auf künftige Entrichtung erhoben werden.**

Schrifttum: *Petzoldt,* Die Rechtskraft der Rentenurteile des § 258 ZPO und ihre Abänderung nach § 323 ZPO, 1992.

Gliederung

1) Systematik. Wiederkehrende Leistungen sind in gewissen Zeitabschnitten aus demselben Schuldverhältnis fällig werdende Leistungen, BGH **82**, 251, KG FamRZ **79**, 171 (es besteht aber evtl wegen einer freiwilligen Unterwerfung nach §§ 59, 60 KJHG usw kein Rechtsschutzbedürfnis nach Grdz 33 vor § 253, aM AG Bln-Charlottenb FamRZ **91**, 859). Bei ihnen darf sich die Klage auf die beim Schluß der letzten Tatsachenverhandlung nach §§ 136 IV, 296 a der Höhe nach bereits bestimmbaren, wenn auch erst nach dem Urteil fällig werdenden Leistungen erstrecken, BGH ZMR **96**, 546, auch wenn die Raten ungleich hoch sind. § 258 behandelt den Unterhaltsanspruch, Hbg FamRZ **92**, 328. Er ist vom Zeitpunkt der Entstehung an ein einheitliches und durch den Wegfall seiner Voraussetzungen auflösend bedingtes Recht, BGH FamRZ **88**, 371. Der Gläubiger hat evtl ein Rechtsschutzbedürfnis nach Rn 3 auch wegen noch nicht fälliger Beträge, Stgt RR **01**, 1011. § 256 gilt nur mangels einer Anwendbarkeit von § 258. Den formellen Vorrang hat das FamFG. Es verweist freilich im Bereich seines § 113 I 2 auf die ZPO. 1

2) Regelungszweck. Vgl zunächst Einf 2 vor §§ 257–259. Das dort und bei § 258 Rn 2 angesprochene Ziel der Prozeßwirtschaftlichkeit nach Grdz 14 vor § 128 steht bei § 259 im Vordergrund. Der Kläger soll mit der Klage nicht bis zur jeweiligen Fälligkeit der Forderung warten müssen, BGH NJW **07**, 294, Düss FamRZ **07**, 142, Künkel NJW **85**, 2665, aM Bittmann FamRZ **86**, 420, Köhler FamRZ **91**, 645 (aber das widerspräche ganz der Prozeßwirtschaftlichkeit). Die Vollstreckung ist ohnehin von der Fälligkeit abhängig, Kblz NJW **04**, 1744. Das muß man bei der Auslegung wesentlich mitbeachten. Es gilt weitere Parallelprozesse zu vermeiden, BGH NZM **03**, 913. Das Gericht darf und muß daher die künftige Entwicklung mitberücksichtigen, BGH FamRZ **82**, 260, Düss FamRZ **07**, 142, Ffm FamRZ **89**, 83. Freilich darf man den zukünftigen Zeitraum nur in zumutbaren übersehbaren Grenzen einbeziehen, Ffm FamRZ **89**, 83 (bis zum Studienabschluß). Eine erst nach dem Verhandlungsschluß nach §§ 136 IV, 296 a mögliche Einwendung bleibt daher zunächst ebenso unbeachtlich wie bei § 257 Rn 6, BGH MDR **96**, 1232. Vgl aber Rn 8 und § 767, BGH MDR **96**, 1232. 2

Der Anspruch muß aber anders als bei § 259 als ganzer *bereits entstanden* sein, BGH GRUR **85**, 289, Naumb FamRZ **08**, 1546. Das ist beim Ruhegehaltsanspruch der Fall. Er ist nicht durch das Erleben aufschiebend bedingt, sondern durch den Tod auflösend bedingt. Der Kläger braucht wegen der Parteiherrschaft nach Grdz 18 vor § 128 zwar nicht eine fällige Rate miteinzuklagen („auch" erweitert nur den Kreis der zulässigen Klagen), BGH **82**, 251. Er braucht andererseits aber auch eine Mahnung nicht regelmäßig zu wiederholen, KG FamRZ **84**, 1132. 3

Das Gericht muß das *Rechtsschutzbedürfnis* ungeachtet des von ihm scheinbar gar nicht abhängigen § 258 stets prüfen, Düss FamRZ **07**, 142. Es ist nicht immer sogleich erkennbar vorhanden. Eine klare Bereitschaft zur auch künftig pünktlichen Leistung kann es derzeit selbst dann bestehenlassen, aber auch begrenzen, Düss FamRZ **07**, 142, KG FamRZ **79**, 171. Zumindest kann dann § 93 anwendbar sein. Freilich hängt eine solche Bereitschaft natürlich von einer ebenso klaren Bereitschaft zur Gegenleistung bei deren Fälligkeit ab. 4

Da § 258 den § 257 ergänzt, setzt er wie dieser eine einseitige Leistung voraus. Sie darf anders als bei § 259 noch *nicht* oder nicht oder nicht mehr von einer *Gegenleistung* abhängig sein, BGH NJW **03**, 1395, BAG NZA **95**, 1109. Der Einschluß zweiseitiger Leistungen wie derjenigen des Mieters würde den Bekl zu sehr durch das Abschneiden seiner Einwendungen benachteiligen. Freilich ist die bloß denkbare Möglichkeit einer künftigen Einwendung unschädlich. Das Merkmal der Fälligkeit ist zu eng. Hierher zählt evtl auch ein betagter, bedingter, befristeter Ausspruch, Roth ZZP **98**, 303. Der Rechtsgrund ist unerheblich.

Wer schon eine *fällige Rate* einklagen muß, der soll auch die künftigen in den Prozeß einbeziehen dürfen, Henckel AcP **174**, 104, wenn auch keineswegs müssen.

3) Geltungsbereich. Vgl zunächst Üb 2 vor § 253. 5

A. Unterhaltsanspruch. § 258 ist anwendbar auf Geld- und andere Leistungen, wegen der letzteren anders als bei § 257. Die Vorschrift ist zB auf einen vertraglichen Unterhaltsanspruch anwendbar, Naumb FamRZ **08**, 1546, und ZWR auf einen vertraglichen Anspruch direkt und auf einen gesetzlichen FamFG-

Anspruch entsprechend anwendbar, (jetzt) § 113 I 2 FamFG, BGH FamRZ **98**, 1165 (Spitzenbetrag), Düss FamRZ **91**, 1207, Karlsr FamRZ **05**, 378 (Zahlung im voraus). Eine Besorgnis künftiger Nichterfüllung ist wegen Rn 2 nicht erforderlich.

6 **B. Weitere Anwendungsbeispiele.** § 258 ist ferner zB anwendbar: Auf Kapitalzinsen; Erbbauzins, BGH NJW **07**, 294; Leibrenten, §§ 759 ff BGB; Haftpflichtrenten, §§ 843 ff BGB; Überbaurenten, § 912 BGB. Bei den Haftpflichtrenten muß man die voraussichtliche künftige Gestaltung der Erwerbsverhältnisse des Klägers berücksichtigen. Bei einer betrieblichen Pensionszusage hindert die Ungewißheit über die wirtschaftliche Entwicklung des Unternehmens eine Klage aus § 258 grundsätzlich nicht. Eine Anpassungsbefugnis nach (jetzt) §§ 305 ff BGB bei dem Bekl schadet nicht, BGH VersR **87**, 808, ebensowenig eine Wertsicherungsklausel, BGH NJW **07**, 254.

7 Die *Zusatzklage* ist also nur dann zulässig, wenn sich die erste Klage als eine bloße Teilklage kennzeichnet oder so auffassen läßt, etwa nach einer teilweisen Prozeßkostenhilfeverweigerung, Ffm FamRZ **80**, 895, Schlesw SchlHA **79**, 227, oder wenn das Gericht die erste Unterhaltsforderung wegen des Fehlens einer Bedürftigkeit voll abgewiesen hatte, BGH **82**, 252, aM Karlsr FamRZ **80**, 1125 (aber dann hatte das Gericht eben gerade noch nicht im jetzt fraglichen Punkt entschieden).

8 Einer *Feststellungsklage* fehlt grundsätzlich das Rechtschutzbedürfnis nach Grdz 33 vor § 253, soweit § 258 anwendbar ist. Sie kommt aber in Betracht, soweit zB die Anspruchshöhe unklar ist oder soweit man mit Sicherheit eine Einwendung erwarten muß, etwa beim vertraglichen Unterhalt des Kindes über das 18. Lebensjahr hinaus.

9 **4) Unanwendbarkeit.** § 258 ist aber unanwendbar auf Ansprüche auf einen Unterhalt nach der Scheidung, wenn deren formelle Rechtskraft nach (jetzt) §§ 45, 116 II FamFG noch nicht absehbar ist, Hamm FamRZ **78**, 815, Stgt FamRZ **95**, 1427, oder in einer noch nicht übersehbaren ferneren Zukunft. Für diese ist nur eine Abänderungsklage nach § 323 oder eine Feststellungsklage nach § 256 zulässig, BGH NJW **83**, 2197, Köln VersR **88**, 1185.

Nicht hierher gehören *ferner*: Miete und Pacht, BGH NZM **03**, 913, Düss MietR **96**, 154, Henssler NJW **89**, 140, aM BGH WoM **05**, 459 (aber dann liegt eine einseitige Leistung nach Rn 3 vor); Zinsen für einen künftigen, noch nicht absehbaren Verzug, Kblz FamRZ **80**, 585; Hypothekenzinsen; Gehaltsansprüche, weil sie von einer Gegenleistung abhängig sind, BGH NZM **03**, 913; Leistungen, deren Wiederkehr willkürlich bestimmt ist, wie Kaufpreisraten; Ansprüche, deren Grund und Höhe zweifelhaft sind, zB bei einer Wertsicherungsklausel; der Anspruch aus § 53 V UrhG vor der Geräteveräußerung, BGH GRUR **85**, 289; ein Schadensersatzanspruch, der nicht auf eine Rente usw hinausläuft, Düss GRUR-RR **02**, 48.

10 **5) Verfahren.** § 257 Rn 6. Die Sicherheitsleistung richtet sich nach § 324, die vorläufige Vollstreckbarkeit nach § 708 Z 8.

259 *Klage wegen Besorgnis nicht rechtzeitiger Leistung.* **Klage auf künftige Leistung kann außer den Fällen der §§ 257, 258 erhoben werden, wenn den Umständen nach die Besorgnis gerechtfertigt ist, dass der Schuldner sich der rechtzeitigen Leistung entziehen werde.**

Gliederung

1 **1) Systematik.** § 259 ist eine Art Generalklausel für sämtliche nach Grund und Höhe auf einem gegenwärtigen Rechtsverhältnis nach § 256 Rn 16 beruhenden und schon entstandenen und nur noch nicht fälligen Ansprüche aller Arten, insofern anders als §§ 257, 258. Die Vorschrift gilt grundsätzlich auch für ein bedingtes Rechtsverhältnis, BGH RR **92**, 567, Köln FamRZ **87**, 165, aM Schlesw SchlHA **85**, 111 (aber auch dann kann schon eine schützenswerte Besorgnis bestehen). Das gilt freilich ausnahmsweise nicht, wenn die Bedingung nur im Willen eines Dritten liegt, etwa in der Genehmigung einer Behörde, aM BGH NJW **78**, 1262 (Verurteilung unter dem Vorbehalt der Erteilung; krit ThP 2).

2 **2) Regelungszweck.** Vgl zunächst Einf 2 vor §§ 257–259. Sinn der Vorschrift ist es, als eine Auffangsbestimmung im Interesse der Prozeßwirtschaftlichkeit nach Grdz 14, 15 vor § 128 eine baldige, rechtzeitige gerichtliche Klärung ohne jeden Zeitdruck und ohne eine Notwendigkeit einstweiliger Regelungen nach §§ 916 ff, 935 ff zu ermöglichen. Das bedeutet zunächst eine möglichst großzügige Anwendung des Begriffs Besorgnis im Gesetzestext. Andererseits muß das schon indirekt im Gesetzestext anklingende Rechtsschutzbedürfnis nach Grdz 33 vor § 253 auch bei § 259 vorliegen und zieht eine Grenze. Man darf nicht zu rasch einem Schuldner unterstellen, er wolle sich der Leistung geradezu entziehen. Alles das muß man bei der Auslegung mitbeachten.

3 **3) Geltungsbereich.** Es gibt einen einfachen Grundsatz.

A. Grundsatz: Umfassende Anwendung. Es gelten dieselben Regeln wie in Üb 2 vor § 253.

4 **B. Beispiele zur Frage des Geltungsbereichs**

Amtshaftung: *Unanwendbar* ist § 259, bevor ein Ausfall nach § 839 I 2 BGB fetsteht, Köln MDR **97**, 1059, aM Baumann AcP **169**, 333.

Anderweitige Beschäftigung: Anwendbar ist § 259 auf einen Anspruch auf anderweitige Beschäftigung, BAG MDR **03**, 699.

Bedingung: Anwendbar ist § 259 unabhängig von einer Bedingung, anders als bei §§ 257, 258, BGH MDR **05**, 1365. Das gilt, sofern diese Bedingung einwandfrei bestimmbar ist und sofern der Bekl aller Voraussicht nach die verlangte Leistung dann unmittelbar schulden wird (unzureichend ist „nach Vorlage entsprechender Bescheinigungen der zuständigen Stellen") und das Gericht sie auch ins Urteil aufnehmen wird, aM BGH **147**, 231 (ohne Begründung. Eine überzeugende solche ist auch nicht erkennbar).

Bestimmtheit: Die künftige Leistung muß abgesehen von einer ins Urteil aufnehmbaren Bedingung in ihrem Bestand gewiß sein, Düss GRUR-RR **02**, 48, von Stebut VersR **82** 109.

Drittschuldner: Anwendbar ist § 259 gegenüber einem Drittschuldner, zB nach § 835, Stgt FamRZ **88**, 166, oder nach § 840.

Kauf: S „Widerklage".

Künftiger Anspruch: *Unanwendbar* ist § 259 bei einem erst künftig entstehenden Anspruch, BGH RR **07**, 1646, Drsd NZM **99**, 173, Düss GRUR-RR **02**, 48. Für ihn bleibt die Feststellungsklage nach § 256, BGH RR **06**, 1485 (evtl Umdeutung). § 259 schließt sie nie aus. Denn sie ist der sichere Weg, BGH NJW **86**, 2507, Düss GRUR-RR **02**, 48, LG Heidelb WoM **01**, 346.

Lohn: Anwendbar ist § 259 auf eine Lohnforderung, BAG NZA **06**, 1051.

Mitmieter: Anwendbar ist § 259 auf das Verhältnis zweier Mitmieter, zB zwischen Eheleuten, LG Kassel WoM **77**, 255.

Rchtsschutzbedürfnis: Das Gericht muß das allgemeine Rechtsschutzbedürfnis auch hier prüfen, Grdz 33 vor § 253, BGH WoM **90**, 395 (auch zum Problem eines besonderen Rechtsschutzbedürfnisses), Henckel AcP **174**, 104.

Sozialhilfe: Anwendbar ist § 259 auf eine Leistung zugunsten des Sozialhilfeträgers, und zwar auch vor der jeweiligen Zalung, Bre FamRZ **84**, 1256 (freilich muß das Gericht die Bedingung der Zahlung ins Urteil aufnehmen, aM LAG Düss 8 Sa 1031/03 v 6. 1. 04).

Unterlassung: Die Unterlassungsklage nach Grdz 8 vor § 253 fällt an sich *nicht* unter § 259. Bei ihr handelt es sich zwar um eine künftige Leistung. Aber es sind ihre Voraussetzungen selbständig geregelt und es genügt bei ihr meist schon, daß eine Beeinträchtigung droht. Anders ist es aber, wenn die Unterlassung eine reine Vertragspflicht ist und wenn künftige Zuwiderhandlungen drohen, Köln RR **87**, 360, auch wenn das gegen den Willen des Verpflichteten geschehen kann, § 253 Rn 92.

Weiterbeschäftigung: Anwendbar ist § 259 auf den Weiterbeschäftigungsanspruch, Löwisch VersR **86**, 405.

Widerklage: Sie kann statthaft sein. Das gilt etwa dann, wenn der Käufer seine Aufrechnung oder Minderung vertraglich erst nach einer Zahlung des Kaufpreises geltend machen darf.

Willenserklärung: *Unanwendbar* ist grds § 259 bei einem dem § 894 unterfallenden Anspruch schon deshalb, weil die erhoffte Wirkung dann ja mit der formellen Rechtskraft nach § 705 automatisch eintritt, Köln FamRZ **91**, 571.

Zurückbehaltungsrecht: Anwendbar ist § 259 unabhängig von einem Zurückbehaltungsrecht, anders als bei §§ 257, 258, BGH NZM **03**, 231 (Miete nebst Nutzungsentschädigung).

4) Besorgnis der Nichterfüllung. Eine Klage auf künftige Leistung ist nach § 259 zulässig, wenn die Umstände die Besorgnis begründen, daß sich der Schuldner der rechtzeitigen Leistung entziehen wolle, BGH NJW **08**, 1662, BAG NZA **06**, 1051. Damit ist nicht ein böser Wille oder auch nur ein bedingter Vorsatz oder eine Fahrlässigkeit des Schuldners eine Voraussetzung. Es ist zwar nicht stets erforderlich, aber genügend, daß der Schuldner den Anspruch ernstlich, wenn auch gutgläubig, nach Grund oder Höhe bestreitet, BGH BB **05**, 1818, BAG FamRZ **83**, 900, LG Bln ZMR **92**, 346. Mit der Besorgnis der Nichterfüllung liegt das nach Grdz 33 vor § 253 stets erforderliche Rechtsschutzbedürfnis vor. 5

Nur unter der Voraussetzung des § 259, dann aber jeweils sehr wohl ist eine Klage auf eine künftige Herausgabe von auch nur teilweisem ortsfestem oder beweglichem *Wohnraum* zulässig, Rn 2, 9 „Räumung", AG Bonn WoM **92**, 611, AG Münst WoM **88**, 364, Henssler NJW **89**, 144. Das gilt für: Einen Wohnwagen; einen gekündigten oder auf bestimmte Zeit vermieteten, LG Aachen WoM **85**, 150, oder geliehenen, gepachteten, auf Grund eines dinglichen Wohnrechts oder sonst ohne Rechtsgrund innegehaltenen Wohnraum, AG Düss WoM **76**, 31. 6

5) Beispiele zur Frage der Besorgnis einer Nichterfüllung 7

Ablehnung: Eine Besorgnis der Nichterfüllung liegt vor, soweit der Schuldner die Leistung ablehnt, zB der Mieter die Räumung, Karlsr NJW **84**, 2953, LG Aachen MDR **76**, 848.

Anfrage: Eine Besorgnis der Nichterfüllung *fehlt,* soweit der Mieter nur auf eine Anfrage des Vermieters nicht antwortet, AG Bln-Charlottenb WoM **89**, 427, AG Köln ZMR **77**, 240. Das gilt freilich nur, wenn der Vermieter früher als 2 Monate vor dem Ablauf der Überlegungsfrist des Mieters angefragt hatte.

S auch „Auskunft".

Arbeitgeber: Eine Besorgnis der Nichterfüllung *fehlt,* soweit ein Arbeitgeber bisher lediglich das Gericht angerufen hat, Löwisch VersR **86**, 405.

Arrest, einstweilige Verfügung: Einen Arrest oder eine einstweilige Verfügung nach §§ 916 ff, 935 ff macht das Urteil nach § 259 nicht überflüssig, und umgekehrt.

Aufrechnung: Eine Besorgnis der Nichterfüllung *fehlt,* soweit der Schuldner eine Hauptaufrechnung angekündigt hat. Denn mit ihr bringt er ja seine Schuld zum Erlöschen, und zwar rechtmäßig. Dann bleibt eine verneinende Feststellungsklage denkbar.

Auskunft: Eine Besorgnis der Nichterfüllung *fehlt,* soweit der Schuldner bisher lediglich keine Auskunft gegeben hat, BGH GRUR **85**, 289 oder wenn der Mieter erklärt hat, seine Wohnungssuche sei noch erfolglos, AG Waiblingen WoM **89**, 428.

S auch „Anfrage".

Bedingung: Der Anspruch darf von einer Bedingung abhängig sein, Rn 1, 3. 8

Bestreiten: Rn 5.

Fälligkeit: Eine Besorgnis der Nichterfüllung liegt vor, wenn der Schuldner droht, den Anspruch bei seiner Fälligkeit nach Grund oder Höhe zu bestreiten, Kblz FamRZ **80**, 585, oder jedenfalls nicht zu erfüllen, BGH NJW **03**, 1395, LG Hbg RR **96**, 1051, AG Kerpen WoM **91**, 439.

S auch Rn 9 „Räumung".

Gegenleistung: Der Anspruch darf von einer Gegenleistung abhängig sein, Rn 3.

Genehmigung: Rn 1.

Herausgabezeitpunkt: Eine Besorgnis der Nichterfüllung *fehlt,* soweit wegen des trotz § 259 fortbestehenden gesetzlichen Widerspruchsrechts der Herausgabezeitpunkt noch ungewiß ist, Karlsr NJW **84**, 2953, LG Bln ZMR **80**, 143, Hennsler NJW **89**, 138.

Hilfsantrag: Er ist denkbar, Rn 12, etwa auf einen Wertersatz nach § 255 oder auf eine Zahlung nach dem Abschluß des mit dem Hauptantrag begehrten Vertrags, BGH NJW **01**, 1285.

9 **Räumung:** Vgl zunächst Rn 6. Eine Besorgnis der Nichterfüllung liegt vor, wenn der Mieter erklärt, er werde wegen der Unwirksamkeit einer Kündigung nicht ausziehen, LG Bln ZMR **98**, 636, LG Karlsr RR **96**, 778.

S auch Rn 7 „Ablehnung", „Auskunft", Rn 8 „Herausgabezeitpunkt", Rn 10 „Umdeutung".

Stundung: Sie kann eine Besorgnis der Nichterfüllung nach einem Stundungsablauf bestehen lassen.

10 **Umdeutung:** Eine Besorgnis der Nichterfüllung *fehlt,* soweit lediglich ein Übergang von der auf eine fristlose Kündigung gestützten Räumungsklage auf eine solche wegen einer ordentlichen Kündigung vorliegt, LG Heidelb WoM **82**, 133. Indessen mag die Besorgnis wegen des nachfolgenden Verhaltens des Bekl gegenüber dem neuen Klagegrund eintreten.

Unmöglichkeit: Eine Besorgnis der Nichterfüllung *fehlt,* soweit die Leistung unmöglich ist, Kblz FamRZ **80**, 585.

Unpünktlichkeit: Eine Besorgnis der Nichterfüllung *fehlt,* soweit der Schuldner bisher nur unpünktlich geleistet hat. Denn er mag sich bessern wollen, Lützenkirchen WoM **01**, 70, aM Drsd NZM **99**, 173, Gies NZM **03**, 549 (aber die Prozeßwirtschaftlichkeit nach Grdz 14 vor § 128 darf nicht im Zweifel zu Lasten einer Partei gehen, strenger als selbst im Strafprozeß).

Unterlassung: Eine Besorgnis der Nichterfüllung liegt meist schon nach einer ersten Zuwiderhandlung des Schuldners vor, Köln RR **87**, 360.

Urkundenprozeß: Rn 12.

Vollstreckungsvereitelung: Eine Besorgnis der Nichterfüllung *fehlt,* soweit die Vereitelung der Vollstrekkung droht. Dann sind freilich §§ 916 ff beachtlich.

Vorzeitige Klage: Eine Besorgnis der Nichterfüllung *fehlt,* soweit und solange der Kläger vorzeitig Klage erhoben hat, LG Kempten WoM **93**, 45.

Widerklage: Rn 4.

11 **Widerspruch:** Eine Besorgnis der Nichterfüllung liegt vor, wenn der Mieter gegen die Kündigung einen Widerspruch nach § 574 BGB erhebt. Das setzt aber voraus, daß der Vermieter im Kündigungsschreiben auf das Widerspruchsrecht hingewiesen hat, LG Kempten WoM **93**, 45, LG Wiesb WoM **89**, 428, AG Steinfurt WoM **89**, 427, aM AG Fritzlar WoM **98**, 606, AG Hbg-Altona WoM **93**, 460 (aber das Gesetz macht den Vermieterhinweis generell zur Obliegenheit).

S auch Rn 9 „Räumung".

Wohnungssuche: Rn 7 „Auskunft".

Zahlungsunfähigkeit: Eine Besorgnis der Nichterfüllung *fehlt,* soweit der Schuldner lediglich voraussichtlich zahlungsunfähig ist, BGH NJW **03**, 1395, Kblz FamRZ **80**, 585.

Zurückbehaltungsrecht: Rn 3.

12 **6) Verfahren.** Vgl im wesentlichen § 257 Rn 6. § 253 II Z 2 (bestimmter Antrag) ist anwendbar, Karlsr RR **98**, 1761. Andernfalls kann § 256 anwendbar sein, BGH RR **06**, 1485. Soweit bei einer Entscheidungsreife nach § 300 Rn 6 bereits eine Fälligkeit vorliegt, kann das Gericht auf eine sofortige Leistung auch ohne eine Antragsumstellung verurteilen, Drsd NZM **99**, 173. Der Urkundenprozeß ist zulässig, §§ 592 ff, Bussmann MDR **04**, 674. Neben einer Leistungsklage ist ein hilfsweiser Antrag nach § 259 statthaft, § 256 kann neben § 259 anwendbar sein, zB wenn der Schuldner die Verpflichtung bestreitet. Ein bloßer Hilfsantrag aus § 259 ist denkbar, Rn 8. Das Gericht muß die Besorgnis der Leistungsverweigerung als eine Prozeßvoraussetzung nach Einf 3 vor §§ 257–259 von Amts wegen prüfen, Grdz 39 vor § 128. Demgemäß erfolgt bei ihrem Fehlen grundsätzlich nach einem vergeblichen Hinweis nach § 139 durch ein Prozeßurteil nach Grdz 14 vor § 253 eine Klagabweisung als unzulässig. Bei einem Anerkenntnis des Bekl nach § 307 muß man § 93 beachten. Klaganlaß ist dann die begründete Besorgnis. Die Vollstreckung des Urteils auf eine bedingte Leistung richtet sich nach §§ 721 II, 726, 751. Das Urteil muß daher die Gegenleistung und Bedingung nennen, BGH NJW **78**, 1262. §§ 766, 767 sind auf eine spätere Einwendung anwendbar.

260 *Anspruchshäufung.* **Mehrere Ansprüche des Klägers gegen denselben Beklagten können, auch wenn sie auf verschiedenen Gründen beruhen, in einer Klage verbunden werden, wenn für sämtliche Ansprüche das Prozessgericht zuständig und dieselbe Prozessart zulässig ist.**

Schrifttum: *Brandhuber,* Konnexität bei Haupt- und Hilfsantrag, Diss Regensb 1987; *Frank,* Anspruchsmehrheit im Streitwertrecht, 1986; *Hackenbeck,* Eventuelle Anspruchskonkurrenz und unechte Eventualklage, Diss Freibg/Br 1979; *Hipke,* Die Zulässigkeit der unechten Eventualklagenhäufung, 2003; *Jahr,* Anspruchsgrundlagenkonkurrenz und Erfüllungskonnexität, Festschrift für *Lüke* (1997) 297; *Lüke,* Zur Streitgegenstandslehre Schwabs – eine zivilprozessuale Retrospektive, Festschrift für *Schwab* (1990) 309; *Wendtland,* Die Verbindung von Haupt- und Hilfsantrag im Zivilprozeß, 2001; *Wolf,* Die Zulässigkeit unechter Eventualklagen, insbesondere bei Teilklagen, Festschrift für *Gaul* (1997) 805.

Gliederung

1) Systematik. Man muß zwei Situationen unterscheiden. 1

A. Anspruchshäufung. § 260 betrifft im Gegensatz zur Parteienhäufung (subjektiven Klagenhäufung, §§ 59 ff) die Anspruchshäufung (objektive Klagenhäufung), BPatG GRUR **06**, 1047. Das ist eine Verbindung mehrerer Streitgegenstände, also mehrerer prozessualer Ansprüche nach Einl III 73 und § 2 Rn 4 desselben Klägers gegen denselben Bekl in einer Klage, BGH MDR **01**, 949, KG WoM **02**, 614. Stützt der Kläger einen Anspruch auf die Herausgabe von Räumen einerseits auf sein Eigentum, andererseits auf die Beendigung eines Vertragsverhältnisses, liegt eine Anspruchshäufung vor. Denn die Aufhebung zB eines Mietverhältnisses als Voraussetzung eines Herausgabeanspruchs ist etwas anderes als das Eigentum. Das zeigt sich auch bei der inneren Rechtskraft, § 322, ThP 3, aM ZöGre 1 (aber Eigentum und Mietvertragsende sind auch tatsächlich verschiedene Vorgänge).

Eine Klagenhäufung liegt auch dann vor, wenn der Kläger eine Zustimmungsklage jetzt auf ein neues *Mieterhöhungsverlangen* nach § 558 BGB stützt. Eine nachträgliche Anspruchshäufung ist abgesehen von § 256 II eine Klagänderung, BGH MDR **81**, 1012, Braun ZZP **89**, 98. Eine Anspruchshäufung ist nicht erzwingbar. Sie steht grundsätzlich wegen der Parteiherrschaft nach Grdz 18 vor § 128 im Belieben des Klägers. Das Gericht darf seine Entscheidung daher nicht durch eine grundlose getrennte Behandlung unterlaufen, BPatG GRUR **06**, 1047. Wegen der Unzulässigkeit einer Erschleichung der Zuständigkeit Einl III 56, § 2 Rn 7, LG Bln JB **05**, 545. Allerdings kann das Gericht nicht von sich aus eine Verbindung nach § 147 vornehmen. § 610 II schränkt die Zulässigkeit der Anspruchshäufung ein, zB dann, wenn es um eine Auskunft über das Vermögen und um einen Unterhalt geht. Das Gericht muß eine solche Unzulässigkeit von Amts wegen beachten. Sie führt evtl nach einem vergeblichen Hinweis nach § 139 zur Prozeßtrennung, Verweisung, Abweisung durch ein Prozeßurteil nach Grdz 14 vor § 253.

B. Verschiedene rechtliche Gesichtspunkte. Der Gegensatz zur Anspruchshäufung ist das Herleiten 2
desselben Anspruchs aus verschiedenen rechtlichen Gesichtspunkten, (alternative Klagenhäufung), BGH **154**, 348, etwa aus Vertrag, unerlaubter Handlung und ungerechtfertigter Bereicherung oder gerichtlicher Haftpflicht, aus Besitz und Eigentum, aus unerlaubter Handlung oder aus Nachbarrecht, BGH MDR **97**, 1022. In solchen Fällen ist das Gericht in der Reihenfolge der Untersuchung selbst dann frei, wenn der Kläger die Begründung in ein Eventualverhältnis stellt. Wenn also zB die erste Begründung streitig bleibt, während die zweite den Anspruch ohne eine weitere Beweisaufnahme trägt, muß eine Beweisaufnahme zum Zweck der Klärung der ersten Anspruchsbegründung unterbleiben und muß das Gericht den Anspruch zusprechen. Denn die Entscheidung bleibt dieselbe, wenn der an erster Stelle geltend gemachte Klagegrund durchgreifen würde. Freilich muß das Gericht seine Zuständigkeitsgrenzen beachten, § 32 Rn 14.

Allerdings mag das Gericht vorsorglich auch zum ersten Anspruchsgrund Beweis erheben, wenn das *ohne zusätzlichen Aufwand* an Zeit oder Kosten möglich ist. Im übrigen muß es natürlich prüfen, ob die Feststellungs- und Tatbestandswirkungen des Urteils nach §§ 313, 314 bei beiden Ansprüchen gleich wären. Wegen Einwendungen im Eventualverhältnis § 300 Rn 10. Man kann zur Vermeidung eines „Berufungszwangs" ein nach §§ 282, 296 verspätetes Vorbringen unter der auflösenden Bedingung für zulässig halten, daß das Gericht es auch berücksichtigt, Deubner NJW **78**, 356.

2) Regelungszweck. Die Vorschrift dient der Prozeßwirtschaftlichkeit, Grdz 14 vor § 128. Sie kann bei 3
einer verständigen Anwendung weitere Prozesse ersparen. Die Prozeßwirtschaftlichkeit muß aber ihre Grenzen in den Anforderungen finden, die die Vorschrift durch die Merkmale Rn 16–19 im Interesse der Rechtssicherheit selbst zieht, Einl III 43, BGH **149**, 226. Beides muß man bei der Auslegung abwägen. Diese Auslegung sollte freilich möglichst informell werten. Es liegt meist im wohlverstandenen Interesse aller Beteiligten, ein in mehrfacher Hinsicht genanntes Rechtsverhältnis der Parteien in möglichst nur einem Prozeß zu klären. Das Gericht hat ja manche Möglichkeit zum Vorziehen, Durchverhandeln, zum Teilurteil nach § 301. Deshalb sollte man zunächst nicht zu streng sein, wenn eine Anspruchshäufung auch zusätzliche Arbeit ohne zusätzliche „Nummer" verheißt.

3) Sachlicher Geltungsbereich. Vgl Üb 2 vor § 253. 4

4) Persönlicher Geltungsbereich: Nämlichkeit der Parteien. Es muß sich um denselben Kläger und 5
denselben Bekl handeln. Andernfalls mögen §§ 59 ff gelten, Rn 1. Die Nämlichkeit besteht auch bei einer Prozeßstandschaft nach Grdz 21 ff vor § 50. Sie fehlt beim Zusammentreffen von einem eigenen Anspruch und solchen einer Partei kraft Amts.

5) Verbindung mehrerer Ansprüche. Man muß zahlreiche Aspekte beachten. 6

A. Mehrere Hauptansprüche. Der Kläger darf grundsätzlich mehrere Ansprüche gegen denselben Bekl verbinden, auch wenn sie verschiedene Klagegründe haben, BAG NZA **05**, 1259, Saenger MDR **94**, 863. Das darf er gleichzeitig oder durch eine nachträgliche Klagerweiterung tun, § 261 II. Daß die Ansprüche einander widersprechen, hindert nicht, BGH RR **04**, 1197. Es ist also sowohl eine kumulative als auch eine alternative, jedoch nicht hilfsweise Anspruchshäufung möglich, Düss FamRZ **89**, 649. Der Kläger bestimmt frei, ob er die Ansprüche in demselben Prozeß oder in getrennten geltend macht (Ausnahme: Einl III 54), BGH NJW **96**, 2569, Klevemann MDR **99**, 974 (gegen Hbg, dort zit). Er bestimmt auch frei, in welchem Verhältnis mehrere Ansprüche zueinander stehen sollen. Er muß diese Bestimmung treffen, wenn sich die Ansprüche auf verschiedene Sachverhalte stützen, ebenso bei mehreren Ansprüchen aus demselben Sachverhalt. Bei einer Teilklage ist hinsichtlich mehrerer Ansprüche wegen der inneren Rechtskraftwirkung ihre genaue Abgrenzung nötig, § 253 Rn 43, § 322 Rn 51 „Nachforderung", 65. Verbindbar sind auch solche Ansprüche, die der Kläger teils aus eigenem, teils aus fremdem Recht erhebt. Mit der Klage gegen den Zwangsverwalter als Partei kraft Amts kann er auch eine solche gegen ihn persönlich verbinden.

Nicht verbindbar sind ein fälliger und ein noch nicht fälliger Anspruch, soweit nicht ausnahmsweise §§ 257–259 gelten, aM zu (jetzt) § 558 BGB und der höheren Miete LG Duisb ZMR **99**, 334 (abl Eckert/Rau. In der Tat schaffen §§ 257–259 eine vorrangige Sonderregelung).

7 **B. Einzelheiten bei mehreren Hauptansprüchen.** Mehrere Hauptansprüche liegen vor, wenn der Kläger entweder einen oder mehrere verschiedene Ansprüche aus verschiedenen Sachverhalten ableitet, BGH MDR **01**, 949, BAG NZA **07**, 95. Beispiel: Der Anspruch auf Darlehnszinsen und auf einen Kaufpreis. Mehrere Hauptansprüche liegen ferner vor, wenn der Kläger verschiedene Ansprüche demselben Sachverhalt entnimmt. Beispiel: Ein Anspruch auf Darlehnszinsen und auf die Rückzahlung des Darlehens; die Geltendmachung verschiedener Schadensarten aus dem Mietverhältnis, KG WoM **02**, 614. Mehrere Hauptansprüche liegen weiter bei einer wahlweisen Verbindung vor, wenn also der Kläger nur den einen oder nur den anderen Anspruch erhebt. So, wenn er eine Wahlschuld nach §§ 262 ff BGB einklagt oder wenn dem Bekl eine Abwendungsbefugnis zusteht, wie bei § 528 I 2 BGB, zB bei einer Wahlwährungsklausel.

Das Urteil ergeht bei einer *Wahlschuld* dahin, daß der Bekl nach seiner oder des Klägers Wahl das oder jenes leisten muß. Bei einer Abwendungsbefugnis muß das Gericht ihn zu einer bestimmten Leistung verurteilen und den Zusatz hinzufügen „Der Beklagte kann diese Leistung durch ... abwenden". Abgesehen davon verstößt ein Wahlanspruch (Alternativantrag) gegen das Erfordernis eines bestimmten Klagantrags, § 253 II Z 2, BGH FamRZ **90**, 38, BAG NZA **07**, 95. Das gilt zB bei einer Klage auf eine Mietzahlung oder auf die Räumung. Ein Teilurteil ist in allen genannten Fällen außer bei der Wahlschuld zulässig. Dagegen liegt keine Anspruchshäufung vor, wenn der Kläger denselben Antrag verschiedenen Sachverhalten entnimmt, Rn 3.

8 **C. Haupt- und Hilfsanspruch.** Eine Anspruchshäufung liegt auch dann vor, wenn der Kläger gleichzeitig neben einem Hauptanspruch (Prinzipalanspruch) oder später einen oder mehrere Hilfsansprüche (Eventualansprüche) für den Fall erhebt, daß der Hauptanspruch unzulässig oder unbegründet ist, BGH **132**, 397, Köln RR **87**, 505, Lüke/Kerner NJW **96**, 2123, oder wenn der Bekl eine Hilfsaufrechnung hinzufügt, § 145 Rn 13. Das mag auch erstmals in der Berufungsinstanz geschehen, BGH FamRZ **79**, 573. Zur Berufungssumme KG OLGZ **79**, 348. Freilich kann man die Zulässigkeit eines neuen Hauptantrags in der Berufungsinstanz nicht allein aus der Zulässigkeit eines Hilfsantrags herleiten, den der Kläger nur für den Fall stellt, daß der Hauptantrag unbegründet ist, BGH NJW **01**, 226. Es ist zwecks Prozeßwirtschaftlichkeit nach Grdz 14 vor § 128 auch ein sog uneigentlicher Hilfsantrag für den Fall des Erfolgs des Hauptantrags denkbar, sog unechte Eventualklagenhäufung, BGH NJW **01**, 1286, BAG DB **88**, 1660, Hipke (vor Rn 1) 445. Das Gericht darf dann freilich nicht dem Haupt- *und* Hilfsantrag durch ein Grundurteil stattgeben, BGH NJW **02**, 3479. Zum Problem Rüter VersR **89**, 1241.

9 Das Gericht muß auch *klarstellen,* wie es die Klägeranträge versteht, § 139, Hamm RR **92**, 1279. Der Kläger muß die Reihenfolge der Ansprüche genau angeben, § 253 Rn 43, LAG Düss MDR **06**, 217. Dann ist sie für das Gericht nach § 308 I verbindlich, BGH RR **92**, 290 (auch beim Grundurteil), LAG Düss MDR **06**, 217. Maßgeblich ist zunächst nur der Hauptantrag. Zulässig ist evtl auch ein Hilfsantrag des Klägers auf seine Verurteilung nach einer Widerklage. Eine Staffelung der Hilfsanträge untereinander ist zulässig, BGH RR **92**, 290, BAG NZA **05**, 815. Auch sie kann zu einer Mehrheit von Streitgegenständen nach § 2 Rn 4 führen, BGH NJW **84**, 371. Es ist auch möglich, den Hauptantrag für erledigt zu erklären und den Hilfsantrag aufrechtzuerhalten, BGH NJW **03**, 3203 links. Zur hilfsweisen Erledigterklärung usw § 91 a Rn 76.

10 **D. Bloße Hilfsbegründung.** Mit einem Hilfsantrag darf man nicht eine *Hilfsbegründung* desselben Antrags verwechseln. Sie ist immer zulässig, auch wenn sich die einzelnen Begründungen widersprechen. Darin liegt nicht notwendig ein Verstoß gegen die Wahrhaftigkeitspflicht, BGH RR **94**, 995. Über die letztere, auch beim Hilfsantrag, § 138 Rn 13 ff. Nicht hierher gehören die Fälle der §§ 255, 510 b. Denn das Hilfsverhältnis besteht erst für die Zwangsvollstreckung.

11 **E. Derselbe Sachverhalt.** Der Haupt- und der Hilfsanspruch können sich aus demselben Sachverhalt ergeben. Beispiele: Der Hauptanspruch geht auf eine Leistung, der Hilfsanspruch auf eine Feststellung; der Hauptanspruch geht auf einen Ersatz, der Hilfsanspruch auf eine Minderung.

12 **F. Verschiedene Sachverhalte.** Beide Ansprüche können sich aus verschiedenen Sachverhalten ergeben. Beispiele: Der Hauptanspruch geht auf eine Berichtigung des Grundbuchs wegen eines Scheinverkaufs, der Hilfsanspruch ergibt sich aus einem Wiederkaufsrecht.

13 **G. Derselbe Antrag.** Er kann sich auf verschiedene Sachverhalte stützen. Beispiel: Der Kläger stützt den Antrag in erster Linie auf eine Bürgschaft von 2006, hilfsweise auf eine Bürgschaft von 2007. Daß die verschiedenen Klagegründe einander ausschließen, ist nicht erforderlich, Rn 5. Weiteres Beispiel: Der Kläger stützt den Antrag in erster Linie auf eine abgetretene Forderung des X, hilfsweise auf eine abgetretene Forderung des Y. Verbindbar sind auch der Anspruch auf eine künftige Leistung nach § 259 und der ihn rechtlich bedingende Hauptanspruch. Beispiel: Der Kläger verlangt eine Herausgabe, hilfsweise einen Ersatz (beim AG gilt § 510 b). Hier besteht das Hilfsverhältnis allerdings für die Zwangsvollstreckung. Denn das

Urteil soll beides zusprechen. Ein Hilfsantrag für den Fall, daß der Hauptantrag begründet, aber nicht durchsetzbar ist, kann wegen Unbestimmtheit unzulässig sein.

Zulässig ist ein Antrag auf eine Herausgabe mit einer Abwendungsbefugnis durch eine Restzahlung. **14**
Wegen der Anspruchshäufung in einer Ehesache § 126 FamFG. Unzulässig ist die auch nur hilfsweise Verbindung des Antrags auf die Feststellung des Nichtbestehens der Ehe und eines Scheidungsantrags, Düss FamRZ **89**, 649. Über die Hilfswiderklage Anh § 253 Rn 11. Rechtshängig wird der Hilfsanspruch nach § 261 I mit der Erhebung, rückwirkend auflösend bedingt durch die rechtskräftige Zuerkennung des Hauptanspruchs, Merle ZZP **83**, 442. Ein noch nicht nach § 705 formell rechtskräftiges Urteil wird mit dem Eintritt der auflösenden Bedingung gegenstandslos, BGH NJW **02**, 3479. Trotz des Eintritts dieser auflösenden Bedingung bleibt die Wirkung der Verjährungshemmung nach § 209 BGB bestehen.

H. Beendigung der Verbindung. Die Anspruchshäufung endet: Durch die restlose Erledigung (unscharf: Gegenstandslosigkeit, so BayObLG FamRZ **00**, 558) eines Antrags, § 91 a, auch im Weg eines Teilurteils nach § 301; durch eine auch teilweise Klagerücknahme, § 269; durch einen gerichtlichen Beschluß auf eine Verfahrenstrennung, §§ 145, 150. **15**

6) Prozeßgericht und Prozeßart. Ein klarer Grundsatz zeigt Einzelprobleme. **16**

A. Grundsatz: Notwendigkeit der Zulässigkeit derselben Prozeßart. Für die gehäuften Ansprüche muß dieselbe Prozeßart zulässig sein, auch derselbe Rechtsweg, BGH NJW **98**, 828. Es läßt sich zB eine Wiederaufnahmeklage nach §§ 578 ff als ein Rechtsbehelf eigener Art nicht mit einer gewöhnlichen Klage verbinden und ein Wechselprozeß-Hauptantrag nicht mit einem Hilfsantrag im Urkunden- oder Normalprozeß, BGH NJW **82**, 2258. Das Prozeßgericht muß für jeden einzelnen Anspruch die Prozeßvoraussetzungen nach Grdz 12 ff vor § 253 von Amts wegen prüfen, Grdz 39 vor § 128. Es muß insbesondere sachlich und örtlich zuständig sein, Düss FamRZ **80**, 794. Die örtliche Zuständigkeit kann sich zB aus §§ 25, 38 ff ergeben. Die sachliche Zuständigkeit kann durch eine Zusammenrechnung der Ansprüche entstehen, auch derjenigen mehrerer Kläger, soweit die Ansprüche einen selbständigen Wert haben, § 5 Rn 2.

Unerheblich ist eine funktionelle, geschäftsplanmäßige Zuständigkeit, abgesehen vom Verhältnis zwischen der Zivilkammer und der Kammer für Handelssachen. Dort erfolgt bei einem Widerspruch eine Trennung und Verweisung, §§ 97 ff GVG. Unerheblich ist es auch, wenn für einen Anspruch ein anderes Gericht ausschließlich zuständig ist oder wenn die Prozeßart für einen Anspruch fehlt. Das letztere ist aber nur dann der Fall, wenn für die abgetrennte Klage überhaupt Raum ist, wenn zB bei einer Abtrennung im Urkundenprozeß wegen dessen Unzulässigkeit der Kläger gleich nach § 596 ins ordentliche Verfahren übergeht. **17**

B. Einzelfragen. Es findet keine Verbindung von Ansprüchen statt, die teils eine FamFG-Sache, teils anderer Art sind, BGH NJW **81**, 2418, BayObLG FamRZ **03**, 1569, es sei denn, daß es sich um einen Haupt- und einen Hilfsantrag handelt. Eine Verbindung von Haupt- und Arrestprozeß ist unzulässig. Die Verbindung mit einem Anspruch zB nach einem verfahrensmäßig besonders gestalteten Landesgesetz ist unstatthaft, Grdz 12 vor § 916. Unzulässig ist ferner im Wechselprozeß ein Hilfsantrag aus einem anderen Klagegrund, § 602, oder im Urkundenprozeß nach §§ 592 ff oder im Arrest- oder Verfügungsverfahren nach §§ 916 ff, 935 ff ein weiterer Antrag auf eine Feststellung. Es kann auch ein gesetzliches Verbot einer Prozeßverbindung entgegenstehen, zB in § 578 II. Ein Hilfsanspruch läßt sich nicht nach § 145 abtrennen. Denn er würde damit zu einer bedingten Klage. Ist nur für ihn das eine Gericht zuständig, für den Hauptanspruch jedoch das andere Gericht zuständig, muß man an dieses verweisen oder abgeben, § 281 Rn 7, wenn und soweit das Gericht den Hauptanspruch abgewiesen hat, BGH NJW **81**, 2418. Der Hilfsanspruch bleibt zunächst unbeschieden. Evtl verweist das Gericht zurück. **18**

Das Gericht muß auch aussetzen, wenn die Wirksamkeit des die Klage in erster Linie stützenden Vertrags vom *GWB* abhängt und wenn die Kammer dann unzuständig wäre, obwohl eine solche Hilfsbegründung, über die sie sachlich entscheiden könnte, den Anspruch trägt. Denn das Gericht darf die von der Partei festgelegte Reihenfolge der Begründungen wegen § 308 I nicht umkehren. **19**

7) Verfahren. Man muß drei Phasen trennen. **20**

A. Gleichzeitigkeit. Bei einer Anspruchshäufung muß das Gericht über die verbundenen Ansprüche gleichzeitig verhandeln und entscheiden, Rn 1, BPatG GRUR **06**, 1047. Ein Grundurteil nach § 304 ist unzulässig, BGH MDR **75**, 1007. Eine Trennung durch das Gericht richtet sich nach § 145, ein Teilurteil nach § 301, soweit das Gericht nicht entsprechend § 146 die Verhandlung auf einen Antrag beschränkt. Fehlt eine von Amts wegen beachtbare Prozeßvoraussetzung nach Grdz 12 ff vor § 253, etwa der ordentliche Rechtsweg, darf das Gericht nur den davon betroffenen Anspruch durch ein Prozeßurteil ganz oder teilweise nach einem vergeblichen Hinweis nach § 139 als unzulässig abweisen oder nach § 281 oder nach § 17 a GVG verweisen, Grdz 14 vor § 253, BGH NJW **98**, 868. Die Zulässigkeit der Anspruchshäufung ist selbst eine Prozeßvoraussetzung. Das Gericht muß sie von Amts wegen prüfen, Rn 2. Eine Heilung kann nicht eintreten, § 295 Rn 17. Das Gericht kann nicht zwischen den gehäuften Ansprüchen frei wählen. Es muß vielmehr in der vom Kläger gewählten Reihenfolge prüfen, Rn 9, § 253 Rn 84. Nach einer unzulässigen Verbindung kann bei einem Hilfsanspruch bei einer Entscheidungsreife nach § 300 Rn 6 eine Abweisung als unzulässig notwendig sein, BGH FamRZ **07**, 125 (nicht beim Entfallen der Bedingung).

B. Urteil erster Instanz. Das Gericht darf über einen Hilfsantrag erst bei einer Abweisung oder Erledigung des Hauptantrags entscheiden, BGH WRP **03**, 1138. Es muß die letztere Entscheidung im Urteil verdeutlichen, BGH NJW **94**, 2766. § 321 ist anwendbar, BGH GRUR **81**, 755. Eine Abweisung der Klage insgesamt erfolgt nur, wenn sämtliche Haupt- und Hilfsansprüche unzulässig oder unbegründet sind und wenn auch keine Verweisung möglich ist. Nicht zulässig ist zB die Abweisung einer verneinenden Feststellungsklage mit zwei Ansprüchen, weil einer von ihnen unbegründet sei. Eine Teilabweisung des Hauptanspruchs ohne eine Prüfung des Hilfsanspruchs ist im allgemeinen nicht möglich. Etwas anderes gilt, wenn die Auslegung der Anträge ergibt, daß der Kläger seinen Hilfsantrag nur für den Fall einer völligen **21**

Abweisung des Hauptantrags gestellt hat und daß das Gericht wegen des Hilfsantrags nur eine Verweisung nach § 281 oder nach § 17 GVG vornehmen darf, BGH NJW **81**, 2418. S auch bei § 301. Das Gericht muß klarlegen, welchen Anspruch es beschieden hat, Hamm RR **92**, 1279. Das Gericht muß die Klage auslegen, wenn es erwägt, den Hauptantrag wegen des Fehlens einer Prozeßvoraussetzung als unzulässig zu beurteilen. Die Voranstellung des unzulässigen Hauptanspruchs beweist im Zweifel, daß der Kläger seinen Hilfsanspruch von der sachlichen Beurteilung des Hauptanspruchs abhängig macht. Gibt das Gericht dem Hilfsanspruch statt, muß es spätestens gleichzeitig und dann im Tenor den Hauptanspruch abweisen, BGH WertpMitt **78**, 194, falls er sich nicht vorher erledigt hatte, Rn 15.

22 **C. Urteil der Berufungsinstanz.** Trotz des Erfolgs des Hilfsantrags kann der Kläger wegen der Abweisung des Hauptantrags rechtsmittelfähig nach Grdz 14 vor § 511 beschwert sein, selbst wenn der Hilfsantrag einen höheren Streitwert hat. Soweit er deswegen Berufung einlegt, ist nur der Hauptantrag im Berufungsrechtszug anhängig, soweit nicht der Bekl wegen des Hilfsantrags eine Anschlußberufung einlegt. Soweit der Bekl wegen des Hilfsantrags Berufung einlegt, muß entsprechend der Kläger Anschlußberufung einlegen, um den abgewiesenen Hauptantrag in die Berufungsinstanz zu bringen, BGH NJW **94**, 2766. Das gilt auch bei einem bloßen Versehen, BGH GRUR **01**, 755.

Hat das Erstgericht den Hauptanspruch zugesprochen, ohne über den ihn ausschließenden Hilfsanspruch zu befinden, fällt auch die Entscheidung über den Hilfsanspruch der *Berufungsinstanz* an, weil der Vorderrichter den Hilfsanspruch aberkannt hat, und zwar schon aus Gründen der Prozeßwirtschaftlichkeit, BGH MDR **90**, 711. Etwas anderes gilt, wenn das Erstgericht den Hauptantrag abgewiesen und nicht über den Hilfsantrag erkannt hat. Dann muß es sein Urteil ergänzen, § 321, oder es wird eine Berufung zulässig, § 537 Rn 7. Man kann den erstinstanzlichen Hauptantrag ohne eine Anschlußberufung als einen Hilfsantrag weiterverfolgen.

261 *Rechtshängigkeit.* **I Durch die Erhebung der Klage wird die Rechtshängigkeit der Streitsache begründet.**

II Die Rechtshängigkeit eines erst im Laufe des Prozesses erhobenen Anspruchs tritt mit dem Zeitpunkt ein, in dem der Anspruch in der mündlichen Verhandlung geltend gemacht oder ein den Erfordernissen des § 253 Abs. 2 Nr. 2 entsprechender Schriftsatz zugestellt wird.

III Die Rechtshängigkeit hat folgende Wirkungen:

1. während der Dauer der Rechtshängigkeit kann die Streitsache von keiner Partei anderweitig anhängig gemacht werden;

2. die Zuständigkeit des Prozessgerichts wird durch eine Veränderung der sie begründenden Umstände nicht berührt.

Schrifttum: *Bäumer,* Die ausländische Rechtshängigkeit und ihre Auswirkungen auf das internationale Zivilverfahrensrecht, 1999; *Bosch,* Rechtskraft und Rechtshängigkeit im Schiedsverfahren, 1991; *Buschmann,* Rechtshängigkeit im Ausland als Verfahrenshindernis usw, Diss Mü 1996; *Dohm,* Die Einrede ausländischer Rechtshängigkeit im deutschen internationalen Zivilprozeßrecht, 1996; *Gansen,* Die Rechtshängigkeit des Schmerzensgeldanspruchs, Diss Bonn 1989; *Gerichtshof der Europäischen Gemeinschaften* (Herausgeber), Internationale Zuständigkeit und Urteilsanerkennung in Europa, 1993; *Habscheid,* Bemerkungen zur Rechtshängigkeitsproblematik im Verhältnis der Bundesrepublik Deutschland und der Schweiz einerseits und den USA andererseits, in: Festschrift für *Zweigert,* 1987; *Heiderhoff,* Die Berücksichtigung ausländischer Rechtshängigkeit im Ehescheidungsverfahren, 1998; *Herrmann,* Die Grundstruktur der Rechtshängigkeit, 1988; *Kerameus,* Rechtsvergleichende Bemerkungen zur internationalen Rechtshängigkeit, Festschrift für *Schwab* (1990) 257; *Koussoulis,* Beiträge zur modernen Rechtskraftlehre, 1986; *Leipold,* Internationale Rechtshängigkeit, Streitgegenstand und Rechtsschutzinteresse usw, Gedächtnisschrift für *Arens* (1993) 227; *de Lousanoff,* Die Anwendung des EuGVÜ in Verbrauchersachen mit Drittstaatenbezug, Gedächtnisschrift für *Arens* (1993) 251; *Lüke,* Die Zuständigkeitsprüfung nach dem EuGVÜ, Gedächtnisschrift für *Arens* (1993) 273; *Lüke,* Tempus regit actum, Festschrift für *Lüke* (1997) 391; *Nieroba,* Die europäische Rechtshängigkeit nach der EuGVVO usw, 2006; *Otto,* Die subjektiven Grenzen der Rechtshängigkeitssperre im deutschen und europäischen Zivilprozessrecht, 2007; *Prütting,* Die Rechtshängigkeit im internationalen Zivilprozeßrecht und der Begriff des Streitgegenstandes nach Art. 21 EuGVU, Gedächtnisschrift für *Lüderitz,* (2000) 623; *Reinhard,* Klageerhebung und Beklagtenschutz nach US-amerikanischem und deutschem Zivilprozessrecht, 2006; *Schlosser,* Die perpetuatio litis als rechtsstaatlicher Leitgedanke des nationalen und internationalen Zivilprozeßrechts, in: Festschrift für *Nagel,* 1987; *Schütze,* Zur internationalen Rechtshängigkeit im deutschen Recht, Festschrift für *Beys* (Athen 2004) 1501; *Schumann,* Internationale Rechtshängigkeit (Streitanhängigkeit), Festschrift für *Kralik* (Wien 1986) 301; *Schumann,* Die Relativität des Begriffes der Rechtshängigkeit usw, Festschrift für *Lüke* (1997) 767; *Walter,* Lis alibi pendens und forum von conveniens: Von der Konfrontation über die Koordination zur Kooperation, Festschrift für *Schumann* (2001) 559; *Wittibschlager,* Rechtshängigkeit in internationalen Verhältnissen, Basel 1994; *Zeuner,* Zum Verhältnis zwischen internationaler Rechtshängigkeit nach Art 21 EuGVÜ und Rechtshängigkeit nach den Regeln der ZPO, Festschrift für *Lüke* (1997) 1003.

Gliederung

1) Systematik, I–III. Die Vorschrift hat zentrale Bedeutung. 1

A. Begriffe. *Rechtshängigkeit,* Litispendenz, ist das Schweben eines Streits über denselben prozessualen Anspruch nach § 2 Rn 4, Hbg GRUR **99**, 429, Karlsr IPRax **92**, 172. Das gilt im Urteilsverfahren eines jeden Rechtswegs, § 17 I 2 GVG, Schumann (vor Rn 1) 790. *Anhängigkeit* ist das Schweben vor dem Eintritt der Rechtshängigkeit sowie das Schweben in einem beliebigen anderen gerichtlichen Verfahren, Bbg FamRZ **94**, 520, Ffm NJW **93**, 2448, Nierwetberg NJW **93**, 3247 (je: Mahnverfahren). Die Anhängigkeit ist also der weitere Begriff, BPatG GRUR **78**, 43. Sie beginnt mit dem Eingang, BGH NJW **87**, 3265, Schlesw SchlHA **89**, 161 (die Uhrzeit kann maßgeblich sein), Stgt MDR **04**, 1017. Maßgeblich ist der Eingang auf der Posteinlaufstelle des Gerichts, auch des zu diesem Zeitpunkt schon oder noch örtlich und/oder sachlich unzuständigen. Bei einer erstmals in der Verhandlung erfolgender Geltendmachung beginnt die Anhängigkeit und zugleich Rechtshängigkeit mit dieser mündlichen Geltendmachung, BGH NJW **87**, 3265. Die Anhängigkeit umfaßt zB das Schweben im Prozeßkostenhilfeverfahren, §§ 114ff, Ffm MDR **89**, 272. Die Anhängigkeit endet mit einer wirksamen Klagerücknahme nach § 269, mit beiderseitigen wirksamen Vollerledigterklärungen nach § 91a oder mit der formellen Rechtskraft nach § 705.

Die Rechtshängigkeit setzt freilich mehr als nur die Beziehung zwischen dem Gericht und dem Antragsteller voraus. Nötig ist nämlich eine *Einbeziehung des Gegners* in das Prozeßrechtsverhältnis, Grdz 4 vor § 128, Köln MDR **85**, 680, aM Ffm VersR **78**, 160 (ersteres genüge), Celle JB **74**, 867 (anhängig bedeutet ebensoviel wie rechtshängig), Schilken JR **84**, 446 (aber die Wirkungen sind sehr unterschiedlich, Rn 2). Meist hält man die Ausdrücke zu Unrecht nicht genügend auseinander. Die ZPO benutzt gar beide als gleichwertig. Das erklärt sich daraus, daß früher das Mahnverfahren von vornherein rechtshängig machte. Zum jetzigen Zustand § 696 Rn 6, 7. Im Verfahren mit einer Amtsermittlung nach Grdz 38 vor § 128 bedeutet eine bloße Erörterung zwecks Vorklärung nicht stets eine Anhängigkeit, KG FamRZ **87**, 727 (Versorgungsausgleich). §§ 302 IV 4, 496, 600 II, 717 II, III enthalten vorrangige Sonderbestimmungen. Im Eilverfahren auf einen Arrest oder eine einstweilige Verfügung fallen die Anhängigkeit und die Rechtshängigkeit ausnahmsweise zusammen, Rn 6 „Arrest, einstweilige Verfügung".

B. Rechtshängigkeitswirkung. Die Rechtshängigkeit hat prozessuale und sachlichrechtliche Wirkungen, BGH RR **87**, 323, zB wegen des Neubeginns der Verjährung, BGH BB **90**, 22 (auf Inlandswährung umgerechnete Forderung in ausländischer Währung) und FamRZ **96**, 1271 (wegen einer Klagerweiterung), Naumb FamRZ **01**, 831 (sogar vor dem unzuständigen Gericht, falls eine Verweisung folgt), aM Naumb FamRZ **01**, 1006 und 1007 (beim Verstoß gegen § 78. Aber auch diese Vorschrift steht im Gesamtsystem.). Von ihnen behandeln §§ 261ff nur einen Teil. Weitere prozessuale Wirkungen sind: Die Notwendigkeit einer Entscheidung durch ein Endurteil; die Zulässigkeit der Widerklage nach Anh § 253 und einer Zwischenfeststellungsklage nach § 256 II; die Zulässigkeit der Einmischungsklage nach § 64; die Zulässigkeit einer Streithilfe nach § 66 und Streitverkündung nach § 72; die Begründung des Prozeßrechtsverhältnisses nach Grdz 4 vor § 128, Mü MDR **97**, 1063. Die Zulässigkeit oder Begründetheit der Klage ist für die Rechtshängigkeit unerheblich. 2

2) Regelungszweck, I–III. Die Vorschrift dient der Klärung einer grundlegenden Frage, nämlich des Prozeßrechtsverhältnisses, Grdz 4 vor § 128. Das gilt, auch wenn sie nur einen Teil seiner Voraussetzungen behandelt. Damit dient sie zugleich der für das Gesamtverhalten des Bekl wichtigen Rechtssicherheit, Einl III 43. Das gilt insbesondere bei III Z 1. Hier führt das Gesetz in einer teilweise gewissen Vorwegnahme der Wirkung der späteren inneren Rechtskraft nach Einf 12 vor §§ 322–327 den Grundsatz ein, daß man über den Streitgegenstand nach § 2 Rn 4 nicht vor mehreren Gerichten gleichzeitig verhandeln darf, „ne bis in idem". Damit soll natürlich auch die Gefahr widersprüchlicher Entscheidungen geringer werden. Das gilt, auch wenn man solche Widersprüche notfalls durch Rechtsmittel und andere Maßnahmen spätestens in der Zwangsvollstreckung beseitigen oder doch weiter eindämmen kann. Das Gericht nimmt bei einer Parteiherrschaft nach Grdz 18 vor § 128 zwar eine Amtsprüfung nach Grdz 39 vor § 128 vor, nicht aber eine Amtsermittlung nach Grdz 38 vor § 128, Zweibr (4. ZS) MDR **98**, 123, aM Zweibr (5. ZS) FamRZ **98**, 1446 (aber die Parteiherrschaft zwingt als eine Grundlage des Prozesses zu solcher Unterscheidung). III dient der Prozeßwirtschaftlichkeit, Grdz 14 vor § 128, unten Rn 24. 3

III Z 2 dient darüber hinaus der Vermeidung von Manipulationen des Bekl, Einl III 54, Wilske/Kocher NJW **00**, 3550 (auch zur [jetzt] EuGVVO).

Unterschiedliche Auslegungsstrenge ist die notwendige Folge derart unterschiedlicher Regelungszwecke. Die Forderung nach einer klaren Abgrenzung steht aber durchweg im Vordergrund. Das bedeutet eine deutliche Eingrenzung der Auslegungsmöglichkeiten. Wohl nur dann kann auch das Zusammenspiel mit dem Begriff Streitgegenstand funktionieren.

3) Geltungsbereich, I–III. Vgl Üb 2 vor § 253. 4

4) Rechtshängigkeit, I–III. Sie hat eine Fülle von Auswirkungen. 5

A. Beginn. Jede ordnungsgemäße Klagerhebung nach § 253 I vor Gericht macht den Anspruch rechtshängig, BGH NJW **94**, 52 (zitiert irrig § 263 I statt § 261 I), Hamm RR **94**, 63. Das gilt vor einem deutschen staatlichen ordentlichen oder Sonderzivilgericht, zB einem Arbeits- oder Sozialgericht (wegen ausländischer Gerichte Rn 7 und § 328 Rn 26), BAG DB **96**, 2448 (Beschlußverfahren). Es gilt in jeder beliebigen Prozeßart, nicht aber im FamFG-Verfahren, soweit nicht § 113 I 2 FamFG auf die ZPO verweist. Das gilt auch bei der Widerklage oder einer Zwischenfeststellungsklage aus § 256 II. Auch die Zustellung einer Scheidungsantragsschrift durch das FamG an den Antragsgegner begründet eine Rechtshängigkeit, (je zum alten Recht) BGH FamRZ **90**, 1109, Kblz FamRZ **83**, 201. Die Rechtshängigkeit eines im Prozeß erhobenen Anspruchs richtet sich nach II.

6 **B. Beispiele zur Frage des Beginns der Rechtshängigkeit, I**

Abänderungsklage: Ihre Erhebung begründet noch *keine* Rechtshängigkeit nach § 819 BGB, BGH FamRZ **92**, 1155, Karlsr FamRZ **99**, 609 links.

Adhäsionsprozeß: Rn 11 „Strafverfahren".

Anschlußberufung: Es gelten keine Besonderheiten. Vgl auch Rn 21.

Arrest, einstweilige Verfügung: § 261 gilt auch in diesen Verfahrensarten, Hamm WettbR **96**, 234. Die Rechtshängigkeit beginnt nur für den Eilantrag im Eilverfahren wegen der dann bestehenden Prozeßtreuhänderschaft des Gerichts bereits mit dem Eingang beim Gericht, Grdz 6 vor § 128, § 920 Rn 8. Vgl freilich wegen der Kosten § 91 a Rn 42, § 269 Rn 38.

Für den *Hauptantrag* (Hauptsacheantrag) gilt aber dieser frühe Beginn der Rechtshängigkeit *nicht*. Für ihn bleibt es bei der Notwendigkeit der Zustellung an den Gegner.

Aufrechnung: Sie begründet *keine* Rechtshängigkeit, § 145 Rn 15, BGH RR **94**, 380, Mü FamRZ **85**, 85, aM RoSGo § 105 IV 2. Deshalb darf der Kläger zB eine Forderung einklagen, mit der er in einem anderen Prozeß schon aufgerechnet hatte. Der Bekl darf mit einer bereits eingeklagten Forderung aufrechnen, BGH RR **94**, 380, Düss FamRZ **87**, 706. Er darf der Aufrechnung eine Hilfswiderklage über dieselbe Gegenforderung nach Anh § 253 Rn 11 beifügen oder folgen lassen. Der Kläger kann alle Einwendungen gegen die Aufrechnungsforderung erheben, auch zB die im Nachverfahren zulässigen, BGH NJW **77**, 1687. Beides gilt, soweit das Gericht nicht jeweils im Erstprozeß bereits nach § 322 rechtskräftig entschieden hatte. Manche fordern bis dahin eine Aussetzung des Zweitprozesses, Düss FamRZ **87**, 706, Bettermann ZZP **85**, 488, aM Häsemeyer Festschrift für Weber (1975) 232. Andere halten eine Aufrechnung mit derselben Forderung in mehreren Prozessen für unzulässig, Bettermann ZZP **85**, 489, Häsemeyer Festschrift für Weber (1975) 233. Wieder andere halten eine Aufrechnung im Prozeß für eine unzulässige Zwischenfeststellungswiderklage nach § 256 II, BGH NJW **07**, 83, und empfehlen als eine interessengerechte Lösung notfalls eine Aussetzung, Mittenzwei ZZP **85**, 466.

S auch §§ 145 Rn 24, 322 II.

7 **Ausland,** dazu *Bäumer,* Die ausländische Rechtshängigkeit und ihre Auswirkung auf das Internationale Zivilverfahrensrecht, 2000; *Krusche* MDR **00**, 677; Walter (vor Rn 1; je: ausf): Das Gericht muß das Vorliegen einer Rechtshängigkeit im Ausland in einer Abweichung vom Grundsatz der lex fori gemäß Einl III 74 nach dem ausländischen Recht prüfen, BGH RR **92**, 643, Bbg FER **00**, 160, AG Leverkusen FamRZ **03**, 41. Dabei erfolgt eine bloße Amtsprüfung, nicht Amtsermittlung, Rn 3.

Länder-Übersicht bei Schütze ZZP **104**, 136. Wegen der vorrangigen *EuGVVO* SchlAnh V C 2, besonders Artt 27 ff; *Belgien* Celle FamRZ **93**, 439, KG FamRZ **95**, 1074 (zu einer Ausnahme), Rauscher IPRax **94**, 188, *Frankreich* Ffm FamRZ **75**, 632, Safferling, Rechtshängigkeit in deutsch-französischen Scheidungsverfahren, 1996, *Griechenland* Kerameus Festschrift für Schwab (1990) 262, *Großbritannien* Hamm NJW **88**, 3102 – zustm Geimer –, *Italien* Ffm FamRZ **75**, 647, LG Ffm VersR **77**, 67, AG Siegburg RR **97**, 388 (separatione legale reicht nicht), *Polen* BGH FamRZ **92**, 1061, Mü FamRZ **92**, 73, *Türkei* Köln FamRZ **03**, 544, AG Leverkusen FamRZ **03**, 41, *Vereinigte Staaten* Karlsr FamRZ **94**, 47, LG Landstuhl FamRZ **94**, 837, AG Hbg FamRZ **05**, 285.

Liegt eine ausländische Rechtshängigkeit *vor,* muß das Gericht sie im Geltungsbereich der EuGVVO und des LugÜ stets beachten, AG Hbg FamRZ **05**, 285, Zeuner (vor Rn 1) 1003. Im übrigen darf das Gericht sie aber nur insoweit beachten, als das fremde Urteil voraussichtlich hier *anerkennbar* ist oder sein wird, § 328, § 107 FamFG, BGH FamRZ **94**, 434 (krit Philippi FamRZ **00**, 525), Zweibr RR **07**, 1232 (Iran), Gottwald FamRZ **05**, 286. Zur ausländischen Anhängigkeit und Widerklage Heiderhoff IPRax **99**, 392. Stets muß man Art 6 I EMRK beachten, Krusche MDR **00**, 678.

Es muß eine generelle oft unsichere *Prognose* genügen, Schumann IPRax **86**, 14. Sie geht dahin, daß die internationale Zuständigkeit gewahrt ist, Üb 6 vor § 12, daß die Gegenseitigkeit verbürgt ist, § 328 Rn 46, Anh § 328, und daß kein Verstoß gegen den deutschen ordre public bevorsteht, § 328 Rn 30. Außerdem muß eine Sachentscheidung wahrscheinlich sein, BGH FamRZ **82**, 917. Schließlich darf die Sperrwirkung des ausländischen Verfahrens dem Inländer keine unzumutbare Beeinträchtigung bringen, BGH NJW **83**, 1270 betr ein ausländisches Scheidungsverfahren (sehr weitgehend; zustm Geimer NJW **84**, 527), Ffm MDR **87**, 413, AG Leverkusen FamRZ **03**, 41. Dagegen erfolgt keine gesetzliche Vermutung für oder gegen die Anerkennungsmöglichkeit, aM Düss IPRax **86**, 29, Schumann Festschrift für Kralik (Wien 1986) 309 (aber das Gesetz überläßt gerade die Einzelfallprüfung aus gutem Grund voll dem Gericht). Es besteht eine zunehmend anerkennungsfreundliche begrüßenswerte Tendenz, Walter (vor Rn 1) 577.

S auch Rn 7 „Ehesache", Rn 8 „Insolvenz".

8 **Aussetzung:** Bei der Frage der Rechtshängigkeit wegen einer noch anerkennungsbedürftigen Auslandsentscheidung ist § 148 unanwendbar, aM Karlsr FamRZ **94**, 47 (aber ihm entgegen ist [jetzt] allenfalls § 206 BGB entsprechend anwendbar).

Ehesache: Wegen der Besonderheiten bei einer Auslands-Ehesache (jetzt) §§ 98 ff FamFG, (je zum alten Recht) Jena FamRZ **99**, 1211, KG NJW **83**, 2326, Mü FamRZ **92**, 74. Man kann ihre Rechtshängigkeit nicht erschleichen, Einl III 54, KG FamRZ **08**, 1006.

Einrede: Sie begründet *keine* Rechtshängigkeit.

S auch Rn 5 „Aufrechnung".

Einstweilige Verfügung: Rn 5 „Arrest, einstweilige Verfügung".
FamFG: Ein reines FamFG-Verfahren begründet grundsätzlich *keine* Rechtshängigkeit vor dem Gericht für streitige Zivilprozeßsachen. Vgl freilich § 113 I 2 FamFG.
Feststellungsklage: Es gelten keine Besonderheiten.
Gerichtsstandsbestimmung: Die Zustellung eines solchen Antrags begründet *keine* Rechtshängigkeit, Düss JB **07**, 547.
Geschäftsunfähigkeit: Sie oder eine Unzurechnungsfähigkeit des Klägers hindert den Eintritt der Rechtshängigkeit nicht.
Hilfsantrag: Es gelten keine Besonderheiten gegenüber dem Hauptantrag.
Insolvenz: Ein unterbrochenes Verfahren bleibt anhängig oder rechtshängig, BGH KTS **95**, 488. Eine Anmeldung zum Insolvenzverfahren begründet *keine* Rechtshängigkeit des Anspruchs. Wegen der Besonderheiten bei einer ausländischen Entscheidung Art 102 EGInsO.
Internationaler Bezug: Rn 7 „Ausland".
Klagerweiterung: Ihre Zustellung macht vor dem Eintritt der formellen Rechskraft nach § 705 in den Grenzen von Arglist nach Einl III 54 rechtshängig, § 296 a Rn 6.
Mahnverfahren: Eine rückwirkende Rechtshängigkeit kann nach §§ 696 III, 700 II bereits mit der Zustellung des Mahnbescheids eintreten, BGH **103**, 27 und NJW **79**, 1709, sofern das Mahngericht die Streitsache alsbald nach der Erhebung des Widerspruchs abgibt, § 696 Rn 13 ff, BPatG GRUR **02**, 733. Im übrigen tritt die Rechtshändigkeit nach § 696 Rn 15 mit der Zustellung der Anspruchsbegründung ein, also *nicht* schon mit dem Akteneingang beim Gericht des streitigen Verfahrens. Denn dieser bewirkt dann nur die Anhängigkeit. Das übersieht BayObLG MDR **95**, 312. Ab dem Erlaß eines Vollstreckungsbescheids gilt die Sache nach § 700 II stets als bereits mit der Zustellung des Mahnbescheids rechtshängig geworden.
Mangelheilung: Wenn der Kläger die Klage nicht formell ordnungsgemäß erhoben hat, kann die Rechtshängigkeit durch eine Heilung der Mängel eintreten, § 253 Rn 16, § 295, aM LG Brschw FamRZ **85**, 1075 (aber § 295 heilt noch wesentlich schwerere Mängel im Interesse der Prozeßwirtschaftlichkeit, Grdz 14 vor § 128). Mangels einer Heilung muß das Gericht die Klage aber evtl nach einem vergeblichen Hinweis nach § 139 durch ein Prozeßurteil nach Grdz 14 vor § 253 als unzulässig evtl abweisen, BAG BB **81**, 1528.
Prozeßfähigkeit: Auf ihren Mangel nach § 51 kommt es für die Rechtshängigkeit nicht an. 9
S auch Rn 12 „Unzulässigkeit".
Prozeßkostenhilfe: Die Rechtshängigkeit beginnt *nicht* schon durch die Zustellung des nach § 117 gestellten Antrags im bloßen Verfahren auf die Bewilligung einer Prozeßkostenhilfe, § 253 Rn 9, BGH FamRZ **80**, 131, LG Brschw (12. ZK) FamRZ **85**, 1075. Sie beginnt auch nicht bei einer Hinzufügung der Klageschrift nur im Verfahren der Prozeßkostenhilfe, Hbg RR **96**, 204, Nürnb MDR **99**, 1409, grds auch nicht bei einer von einer Prozeßkostenhilfe abhängig gemachten Klage vor deren evtl erneuter Zustellung nach ihrer Bewilligung, Bbg FamRZ **01**, 1380, LG Saarbr FamRZ **02**, 1260, vgl aber § 117 Rn 10. Das gilt auch beim Verzicht des Bekl auf eine förmliche Klagezustellung, Nürnb MDR **99**, 1409.
Freilich kann eine *rückwirkende* Bewilligung von Prozeßkostenhilfe bei einer für den Fall einer Bewilligung eingereichten Klage eintreten, aM LG Brschw FamRZ **85**, 1075 (aber § 119 ermöglicht vielfache Rückwirkungen, dort Rn 10 ff). Es kommt auf die Gesamtumstände an, also zB auf die Art der Bezeichnung der Klage usw. In einer Antragstellung im Termin kann eine Klagerhebung liegen, Bbg FamRZ **01**, 1380.
Prozeßvoraussetzungen: Rn 12 „Unzulässigkeit".
Rechtsmittel: LG Ffm FamRZ **86**, 1037 spricht von der Möglichkeit einer Rechtsmittelhängigkeit. Ob man damit etwas gewinnen kann, erscheint freilich als zweifelhaft. 10
Rechtsweg: Die Anrufung eines im Rechtsweg nach §§ 13, 17 ff GVG unzuständigen Gerichts hindert den Eintritt der Rechtshängigkeit nicht, BPatG GRUR **78**, 43.
Rückwirkung: Vgl §§ 167, 693 II.
S auch Rn 8 „Mahnverfahren", Rn 9 „Prozeßkostenhilfe".
Scheckprozeß: Eine Rechtshängigkeit entsteht nur für den Anspruch aus der Urkunde, *nicht* auch für denjenigen aus dem Grundgeschäft. 11
Schiedsrichterliches Verfahren: Eine Klagerhebung vor dem Schiedsgericht nach § 1046 begründet *keine* Rechtshängigkeit vor einem Staatsgericht, sondern nur die Rüge der Schiedsvereinbarung, § 1032 I vorbehaltlich dort II, Junker KTS **87**, 41.
Schmerzensgeld: Rn 12 „Unbezifferter Antrag".
Selbständiges Beweisverfahren: Das Verfahren nach §§ 485 ff begründet als solches *keine* Rechtshängigkeit des Hauptsacheanspruchs, Köln VersR **92**, 638.
Strafverfahren: Wer im Strafverfahren als Verletzter eine Entschädigung beansprucht, macht diesen Anspruch rechtshängig. Denn dieses Vorgehen wirkt wie eine Klage, § 404 II StPO.
Streithilfe: Die Streithilfe nach §§ 66 ff begründet als solche *keine* Rechtshängigkeit. Zum Problem Mansel IPRax **90**, 214 (internationalrechtlich).
Streitverkündung: Die Streitverkündung nach §§ 72 ff begründet als solche *keine* Rechtshängigkeit. Zum Problem Mansel IPRax **90**, 214 (internationalrechtlich).
Stufenklage: Bei der Klage nach § 254 wird der Zahlungsanspruch unabhängig vom Bezifferungszeitpunkt bereits mit der Erhebung der Auskunftsklage rechtshängig, § 254 Rn 1, § 294 Rn 6, BGH RR **95**, 513, Brdb FamRZ **07**, 55, Ffm FamRZ **02**, 31.
Unbegründetheit: Es gelten dieselben Regeln wie bei einer Unzulässigkeit, s dort. 12
Unbezifferter Antrag: Beim unbezifferten Klagantrag nach § 253 Rn 49 wird der gesamte Anspruch rechtshängig.
Unterhalt: Man muß § 261 in Verbindung mit § 113 I 2 FamFG auch beim rückständigen Kindesunterhalt beachten, (zum alten Recht) Armasow MDR **04**, 309.
Unterschrift: Ein Mangel oder das Fehlen der ordnungsgemäßen Unterschrift nach § 129 Rn 9 hindern den Eintritt der Rechtshängigkeit nicht, BGH RR **87**, 323.

Unzulässigkeit: Auch eine unzulässige, aber formell ordnungsgemäße Klage macht rechtshängig, Ffm FamRZ **80**, 711, aM LAG Köln MDR **99**, 376 (aber das Gericht müßte sonst ohne eine Rechtshängigkeit urteilen). Es kommt überhaupt auf den Mangel von Prozeßvoraussetzungen nach Grdz 12 vor § 253 nicht an. Vgl bei den einzelnen Arten solcher Voraussetzungen.

S auch Rn 8 „Mangelheilung", Rn 10 „Rechtsweg".

Unzuständigkeit: Die Anrufung eines unzuständigen Gerichts hindert den Eintritt der Rechtshängigkeit nicht, BGH **97**, 161, KG NJW **83**, 2710.

S auch Rn 10 „Rechtsweg".

13 **Urkundenprozeß:** Es gilt dasselbe wie beim Scheckprozeß, Rn 11.

Verweisung: Bei einer Verweisung von einem anderen Gerichtszweig zur ordentlichen Gerichtsbarkeit entsteht die Rechtshängigkeit unter den sonstigen Voraussetzungen schon vor dem zunächst angegangenen Gericht. Sie behält ihre Wirkungen auch für das folgende Verfahren, BGH NJW **83**, 1052. Vgl auch bei § 17 GVG. Insofern kann also zB die bloße Einreichung der Klage bei dem Strafgericht oder dem FG, SG oder VG nach deren Verfahrensordnungen die Rechtshängigkeit mit einer Fortwirkung auch vor dem ordentlichen Gericht begründen, Mü VersR **75**, 1157, LG Lüneb NJW **85**, 2279, Zeiss ZZP **93**, 484, aM LG Marb NJW **85**, 2280 (zu formell). Eine mithilfe dieser Regeln etwa erschlichene frühere Rechtshängigkeit vor einem in Wahrheit von vornherein eindeutig unzuständigen Gericht zwecks Verweisung wäre aber als ein Rechtsmißbrauch, Einl III 54. Zum Problem Henrichs MDR **89**, 701, Schneider MDR **86**, 459.

14 **Vollmacht:** Ihr Fehlen hindert den Eintritt der Rechtshängigkeit nicht, BGH **69**, 323, ebensowenig ein Mangel der Vollmacht.

Wechselprozeß: Es gilt dasselbe wie beim Scheckprozeß, Rn 11.

Widerklage: Es gelten keine Besonderheiten. Vgl auch Rn 21.

Zwischenfeststellungsklage: Es gelten keine Besonderheiten. Vgl auch Rn 21.

15 **C. Ende.** Die Rechtshängigkeit endet mit dem Eintritt der formellen Rechtskraft des Urteils nach § 705 Rn 1, BGH NJW **95**, 1096, §§ 302, 599. Sie endet ferner: Mit der Wirksamkeit einer Klagänderung gegenüber dem ausscheidenden Bekl, § 264, BGH FamRZ **87**, 928; mit einem Prozeßvergleich, Anh § 307 Rn 35; mit einer Klagerücknahme, § 269 Rn 32, auch einer unterstellten aus § 113; mit der Versäumung der Antragsfrist für eine Urteilsergänzung wegen eines übergangenen Anspruchs, § 321 II; mit dem Fristablauf nach § 321; mit einer Aussetzung vor einem ausländischen Gericht ohne die Aussicht einer Wiederaufnahme.

16 Die Rechtshängigkeit endet *nicht* durch andere Umstände, wie: Beim Ruhen des Verfahrens, § 251 a, Saarbr FamRZ **78**, 522; bei einer Aussetzung nach § 21 FamFG; bei einem bloßen, wenn auch vielleicht jahrelangen Stillstand, Üb 6 vor § 239, BGH RR **93**, 898, Köln FamRZ **03**, 689; beim Vorbehaltsurteil, §§ 302, 599; bei einer Verweisung, §§ 281, 506; beim nur außergerichtlichen Vergleich, BGH NJW **02**, 1503; beim Verzicht, § 306; beim Arrest oder der einstweiligen Verfügung erst mit deren formeller Rechtskraft und nicht schon beim Scheitern rechtzeitiger Vollziehung, weil das Gericht über die Aufhebung wiederum zunächst entscheiden mußte, § 929 Rn 6, Hamm WettbR **96**, 234, aM Düss MDR **83**, 239; bei einer bloßen Weglegung der Akten, AG Mölln FamRZ **01**, 292.

17 Wegen der *Erledigung der Hauptsache* § 91 a Rn 108. Mit der Beendigung erlöschen die prozessualen Wirkungen. Ob auch die sachlichrechtlichen erlöschen, das richtet sich nach dem Privatrecht. Wegen des Hilfsantrags § 260 Rn 21. Die Rechtshängigkeit der Hilfswiderklage nach Anh § 253 Rn 11 entfällt rückwirkend, wenn der Eventualfall nicht eintritt.

18 **5) Voraussetzungen der Rechtshängigkeit, I.** Es müssen zwei Bedingungen zusammentreffen.

A. Nämlichkeit (Identität) **der Parteien,** Köln GRUR-RR **07**, 405. Sie können in vertauschter Stellung auftreten, BGH NJW **01**, 3714. Es kann zB dieselbe Partei in dem einen Prozeß Kläger sein, im anderen Widerkläger. Es genügt, daß die Entscheidung im ersten Prozeß eine innere Rechtskraftwirkung für den zweiten hat, §§ 325 ff, Kblz RR **90**, 1023, Köln GRUR-RR **07**, 405; Schwab Gedächtnisschrift für Bruns (1980) 185. Die Klage eines Insolvenzgläubigers kann derjenigen eines Insolvenzverwalters gleichstehen, BGH RR **90**, 47.

Keine Nämlichkeit liegt vor, wenn eine Partei in dem einen Prozeß für sich selbst beteiligt ist, in dem anderen als gesetzlicher Vertreter, als Partei kraft Amts nach Grdz 8 vor § 50 oder als Mitglied einer Personenmehrheit. Auch eine Prozeßstandschaft nach Grdz 21 ff vor § 50 kann zur Rechtshängigkeit führen, BGH **123**, 135. Bei einer Einziehungsermächtigung nach Grdz 29 vor § 50 tritt die Rechtshängigkeit nur ein, soweit der Ermächtigte sich auf die Ermächtigung derart stützt, daß der Gegner sich demgegenüber verteidigen kann. Eine OHG oder eine KG und ihre Gesellschafter sind schon wegen § 129 IV HGB jeweils verschiedene Parteien, § 50 Rn 8, BGH **62**, 132. ZöGre 8 empfiehlt dann eine Aussetzung nach § 148. Die Klagen verschiedener Verbände nach dem UKlaG oder nach § 13 UWG gegen dieselbe Partei geben nicht die Rüge der Rechtshängigkeit. Sie lassen aber für die spätere Klage evtl das Rechtsschutzbedürfnis nach Grdz 33 vor § 253 entfallen, StJSchu 55. Wegen des WEG (zum alten Recht) BayObLG Rpfleger **77**, 446.

19 **B. Nämlichkeit des Streitgegenstands**, also des prozessualen Anspruchs, § 2 Rn 4, und Klagegrunds, BAG NZA **07**, 1246, Köln GRUR-RR **07**, 405, Naumb RR **07**, 1159. Die verneinende Feststellungsklage nach § 256 macht den Anspruch selbst rechtshängig, BGH NJW **75**, 1320. Sie sperrt die Möglichkeit einer nachfolgenden behauptenden Feststellungsklage und umgekehrt. Sie gibt aber trotzdem nicht die Rüge der Rechtshängigkeit gegenüber der Leistungsklage, BGH **149**, 226, oder gegenüber der Unterlassungsklage, Hamm MDR **91**, 546, RoSGo § 100 III 1 c, aM ZöGre 9 (aber schon die Streitgegenstände sind nicht dieselben).

20 **C. Beispiele zur Frage einer Nämlichkeit**

Abänderung: Nämlichkeit kann zwischen der Abänderungsklage des A und derjenigen des B bestehen, Düss FamRZ **94**, 1536.

Anspruchsgrund: Nämlichkeit kann dann vorliegen, wenn der Kläger nun nur einen anderen Anspruchsgrund nennt, AG Plettenberg WoM **83**, 57.

Befreiung: *Keine* Nämlichkeit besteht zwischen der Klage auf eine Feststellung des an den Gläubiger gezahlten Betrags und der Klage auf eine Befreiung von dieser Verbindlichkeit.

Einrede: *Keine* Nämlichkeit ergibt sich aus einer Einrede. Denn ein durch sie geltend gemachter Anspruch begründet keine Rechtshängigkeit, Rn 12.

Feststellung – Leistung: *Keine* Nämlichkeit besteht zwischen einer Feststellungs- und der zugehörigen Leistungsklage. Denn beide haben verschiedene Ziele, Kblz JZ **89**, 1075.

Hypothek: *Keine* Nämlichkeit besteht zwischen einer Hypothekenklage und einer Klage auf eine Minderung des Kaufpreises und auf eine Teillöschung.

Insolvenz: Nämlichkeit kann bestehen zwischen dem Prozeß vor dem Insolvenzverfahren des Bekl, den man ja gegen den Verwalter aufnehmen müßte, und einem trotzdem gegen den letzteren neu betriebenen weiteren Feststellungsprozeß, Düss RR **87**, 1401.

Klagegrund: *Keine* Nämlichkeit besteht zwischen zwei Ansprüchen aus demselben Rechtsverhältnis über verschiedene Forderungen.

Prozeßstandschaft: Nämlichkeit kann zwischen der Klage des Prozeßstandschafters und derjenigen nun auch des Ermächtigenden bestehen, BGH RR **86**, 158.

Räumung – Beseitigung: *Keine* Nämlichkeit besteht zwischen einer Klage auf eine Räumung und Herausgabe einerseits und einer Klage auf die Beseitigung eines Bauwerks auf dem zu räumenden Grundstück.

Scheck: *Keine* Nämlichkeit besteht zwischen einer Klage aus dem Scheck und einer Klage aus dem zugrunde liegenden Rechtsverhältnis, vgl auch BGH RR **87**, 58 (Wechsel).

Teilforderung: *Keine* Nämlichkeit besteht dann, wenn der zweite Prozeß den Rest der im ersten Prozeß eingeklagten Teilforderung betrifft, selbst nach einem Grundurteil nach § 304.

Unterhalt: *Keine* Nämlichkeit besteht zwischen dem Unterhaltsprozeß und dem Eilverfahren desselben Ziels, Düss FamRZ **87**, 1058.

Unterlassung: Nämlichkeit kann bestehen zwischen einer Unterlassungsklage und einer verneinenden Feststellungsklage, Karlsr MDR **97**, 292.

Vorfrage: *Keine* Nämlichkeit besteht schon wegen einer Vorfrage. Das gilt selbst dann, wenn ihre Klärung im Erstprozeß für den Zweitprozeß verbindlich ist, Naumb RR **07**, 1159.

Wechsel: *Keine* Nämlichkeit besteht zwischen dem Anspruch aus einer Wechselschuld und dem Anspruch auf eine Herausgabe des Wechsels. Dasselbe gilt bei einer Klage aus dem Wechsel und einer Klage aus dem zugrunde liegenden Rechtsverhältnis, BGH RR **87**, 58.

Zurückbehaltung: III Z 1 hindert *nicht* eine Einrede wegen eines Zurückbehaltungsrechts usw im Rahmen eines anderen Mietteils.

6) Im Prozeß erhobener Anspruch, II. Er kommt sehr häufig vor. 21

A. Anwendungsbereich. Die Vorschrift bezieht sich auf einen erst im Prozeß, auch durch eine Anschlußberufung nach § 524, erhobenen Anspruch, also: Auf die Klagerweiterung, § 264 Z 2, 3, BGH **103**, 26 (zustm Vollkommer Rpfleger **88**, 195), Fenn ZZP **89**, 133, aM BGH RR **97**, 1486 (vgl aber § 296 a Rn 6); auf die nachträgliche Anspruchshäufung (Zusatzklage), § 260, Ffm JB **80**, 142; auf die Widerklage, § 33, Anh § 253, Köln MDR **04**, 962; auf den Scheidungsantrag des bisherigen Antragsgegners, Ffm FamRZ **82**, 811; auf den Ersatzanspruch aus § 510 b; auf die Klagänderung, §§ 263, 264; auf die Zwischenfeststellungsklage, § 256 II. II bezieht sich nicht auf Einreden, BGH **98**, 11, wie diejenige der Aufrechnung, § 145 Rn 15. Zur Anspruchserweiterung während des Mahnverfahrens § 691 Rn 7.

B. Rechtshängigkeitsbeginn. Die Rechtshängigkeit tritt bei Rn 21 durch eine Geltendmachung in der 22
mündlichen Verhandlung ein. Das ist noch nicht die bloße „Verhandlung" oder „Güteverhandlung" nach § 278 II 1. Denn diese geht nach seinem klaren Wortlaut der „mündlichen Verhandlung" gerade voraus. Diese schließt sich ja auch nach § 279 I 1 der Güteverhandlung erst an. II Hs 1 meint also erst die eigentliche „mündliche Verhandlung (früher erster Termin oder Haupttermin)" nach §§ 279 I 1, 297, so schon BGH NJW **87**, 3265, Brdb FER **01**, 82.

Auch die wirksame Zustellung eines *Schriftsatzes* kann reichen, BGH RR **88**, 685. Er muß die bestimmte Angabe des Gegenstands und des Grundes sowie einen bestimmten Antrag enthalten, § 253 Rn 39, Brdb FER **01**, 82. Vor dem FamG reicht die Zustellung einer entsprechenden Antragsschrift, Brdb FER **01**, 82, Kblz FamRZ **83**, 201. Die Partei reicht nur ein, die Zustellung veranlaßt der Urkundsbeamte der Geschäftsstelle von Amts wegen, §§ 253 V, 270. Ausreichend ist es aber, wenn statt dieser Zustellung eine solche nach § 195 von Anwalt zu Anwalt erfolgt ist, BGH NJW **92**, 2236. Der Zustellungsgegner muß im Termin nicht anwesend, aber ordnungsgemäß geladen worden sein, Brdb FER **01**, 82.

Fehlt ein Erfordernis, kündigt der Schriftsatz nur an. § 189 ist anwendbar. Wenn der Schriftsatz im Antrag 23
einen Schreibfehler enthält, den die Partei berichtigt, wird nur der berichtigte Anspruch rechtshängig. Eine gleichzeitige oder vorherige *Terminsbestimmung* ist unnötig. Die Wahrung der Einlassungsfrist nach § 274 III ist wegen der Möglichkeit einer Geltendmachung erst in der Verhandlung unnötig. Eine Versäumnisentscheidung ergeht aber nur bei einer rechtzeitigen Zustellung, §§ 335 Z 3, 132, soweit diese überhaupt nötig ist, zB nicht im Verfahren vor dem AG. Eine Erhebung nach II erzeugt die vollen Wirkungen der Rechtshängigkeit, I, LG Mü NJW **78**, 954 (Widerklage). Sie erzeugt auch jetzt eine Hemmung der Verjährung, Merschformann, Der Umfang der Verjährungshemmung durch Klageerhebung, 1992. Also schadet bei einer mündlichen Geltendmachung ein Fehlen von Einzelheiten nach § 253 II Z 2 nicht, BGH NJW **87**, 3266. Das alles gilt auch in der Berufungsinstanz. Beim Hilfsantrag entscheidet seine endgültige Verneinung als unzulässig, Oldb FamRZ **96**, 1438.

7) Klagsperre, III Z 1. Sie findet zu wenig Beachtung. 24

A. Grundsatz: Wahrung von Prozeßwirtschaftlichkeit und Rechtssicherheit. Zweck der Vorschrift ist, die Belästigung einer Partei durch mehrere gleichzeitige Prozesse desselben Inhalts zu verhüten, eine unnütze Anrufung der Gerichte zu verhindern, also die Prozeßwirtschaftlichkeit nach Grdz 14 vor § 128 zu wahren und widersprechende Entscheidungen mehrerer Gerichte gerade über denselben Streitgegenstand zu verhindern, also die Rechtssicherheit zu bewahren, Einl III 43, BGH NJW **86**, 663, BAG NZA **07**, 1246, Hamm RR **95**, 510. Es handelt sich also größtenteils um öffentliche Belange. Darum muß das Gericht die Rechtshängigkeit als ein Prozeßhindernis in jeder Lage des Verfahrens von Amts wegen beachten, Grdz 39 vor § 128, BGH RR **93**, 239. Das gilt, zumal dem Kläger für den zweiten Prozeß jedes Rechtsschutzbedürfnis fehlt, Grdz 33 vor § 253.

25 Die Rechtshängigkeit *bewirkt*, daß während ihrer Dauer keine Partei dieselbe Sache nach § 2 Rn 4 gegen denselben Prozeßgegner anderweit rechtshängig und nicht bloß anhängig machen darf, Düss FamRZ **92**, 1313, Hamm OLGZ **85**, 96. Das gilt auch beim Rechtsnachfolger, KblZ JZ **89**, 1075. Dieses Verbot gilt auch im Mahnverfahren. Es gilt auch in einem anderen Rechtsweg, § 17 I 2 GVG. Eine Aufrechnung ist wegen § 145 Rn 15 (keine Rechtshängigkeit) statthaft. Ein Beitritt des früheren als Streithelfers schadet nicht. Ist dieselbe Sache vor einem ausländischen Gericht anhängig, ist entscheidend, ob das Verfahren dort zum Urteil führt und ob man das Urteil voraussichtlich anerkennen wird. Denn dann wird das Rechtsschutzbedürfnis fehlen, Rn 9, 10, Karlsr IPRax **92**, 172, Rauscher IPRax **92**, 16. Zwischen einem inländischen Scheidungsverfahren und einem ausländischen Ehetrennungsverfahren kann bereits die zunächst zu prüfende Nämlichkeit fehlen, KG NJW **83**, 2326.

26 **B. Einzelheiten.** Die Rechtshängigkeit ist ein Prozeßhindernis, Grdz 19 vor § 253, BGH NJW **89**, 2064, Düss FamRZ **94**, 1536, LG Aachen WoM **94**, 461. Das Gericht muß sie von Amts wegen in jeder Prozeßlage beachten, Rn 24, aber nicht von Amts wegen etwa nach Grdz 38 vor § 128 ermitteln, höchstens als wahrscheinlich behandeln, BGH NJW **89**, 2064. Sie führt evtl nach einem vergeblichen Hinweis nach § 139 zur Abweisung der später rechtshängig gewordenen Klage als unzulässig durch ein Prozeßurteil ohne eine Sachprüfung, Grdz 14 vor § 253, BGH FER **98**, 136, Stgt MDR **04**, 1017 (sogar bei früherer Anhängigkeit der erst später rechtshängig gewordenen Klage). Macht der Kläger zwei Prozesse mit übereinstimmenden Anträgen gleichzeitig rechtshängig, muß jedes Gericht „seine" Klage abweisen, erst recht, sobald das Gericht im anderen Prozeß rechtskräftig entschieden hat. Von zwei gleichzeitig eingereichten Anträgen ist aber der höhere statthaft, BAG NZA **97**, 337. Hat das Gericht die Rechtshängigkeit allerdings in einem rechtskräftigen Urteil übersehen, bindet das, BGH NJW **83**, 515. Sind Urteile in beiden Prozessen rechtskräftig geworden, unterliegt das später rechtskräftige der Restitutionsklage, § 580 Z 7 a, Gaul Festschrift für Weber (1975), 159. Ist diese nicht erhoben oder unzulässig, geht das frühere Urteil wegen seiner Rechtskraftwirkung dem späteren vor, BGH NJW **81**, 1517, und ist gegen das spätere die Vollstreckungsabwehrklage nach § 767 zulässig, BGH NJW **98**, 161. Denn das frühere Urteil läßt sich weder durch eine Vereinbarung noch durch ein späteres Urteil beseitigen. Eine anderweitige Rechtshängigkeit kann infolge einer Änderung der ersten Klage enden, LG Bln ZMR **00**, 26. Ein außergerichtlicher Vergleich beendet den Prozeß nicht unmittelbar, BGH NJW **02**, 1503.

27 **C. Rechtshängigkeit und Rechtskraft.** Beide haben nicht immer dieselbe Tragweite. Die innere Rechtskraft verlangt nach § 322 nicht immer eine Nämlichkeit des Streitgegenstands. Bei demselben Anspruch kann die Rechtshängigkeit fehlen, die Rechtskraft jedoch vorliegen. So hat ein Sieg bei einer verneinenden Feststellungsklage eine Rechtskraftwirkung für die zukünftige Leistungsklage. Aber die verneinende oder die ein gegensätzliches Recht behauptende Feststellungsklage begründet keine Rechtshängigkeit für die Leistungsklage, Rn 20, BGH NJW **89**, 2064, Kblz JZ **89**, 1075.

28 **8) Erhaltung der Zuständigkeit, III Z 2.** Die Vorschrift gilt erst ab Rechtshängigkeit, also nicht in einem vorangehenden Prozeßkostenhilfeverfahren nach §§ 114 ff, Hamm MDR **95**, 1066.

A. Grundsatz: Kein Einfluß späterer Veränderungen. Die Rechtshängigkeit bewirkt weiter, daß nach § 17 I GVG der einmal begründete Rechtsweg bei einem gleichbleibenden Streitgegenstand nach § 2 Rn 4 trotz späterer Veränderungen des Wohnsitzes usw unberührt bleibt (perpetuatio fori), mögen sie von Anfang an bestanden haben oder später entstanden sein, BPatG GRUR **07**, 908, Mü MDR **07**, 1279, Pantl VersR **89**, 1008. Dasselbe gilt nach Z 2 entsprechend für die örtliche oder sachliche Zuständigkeit, Zweibr MDR **05**, 1187. Das bisherige Gericht soll nicht wertlos gearbeitet haben. Der Bekl soll nicht zB durch einen ständigen Wohnsitzwechsel ein Sachurteil vereiteln können, Lüke (vor Rn 1) 407, Wilske/Kocher NJW **00**, 3550.

29 **B. Beispiele zur Frage einer Erhaltung der Zuständigkeit, III Z 2**

EuGVVO: Anwendbar ist der Grundgedanke von III Z 2 auch bei der EuGVVO, SchlAnh V C 2, Wilske/Kocher NJW **00**, 3551.

Familiensache: Anwendbar ist III Z 2 auch dort, Hbg FamRZ **84**, 69, Hamm RR **05**, 1024, aM Köln FamRZ **99**, 29 (aber in [jetzt] §§ 1, 121 ff FamFG stehen grds keine abweichenden Sonderregeln. Vgl freilich auch §§ 98 ff FamFG).

Gerichtseinteilung: Anwendbar ist III Z 2 bei einer Änderung der Gerichtseinteilung. Ein wiedereröffnetes Gericht setzt das frühere Verfahren fort.

Gerichtsstandsvereinbarung: Anwendbar ist III Z 2 grds bei einer Vereinbarung nach § 38 nach dem Eintritt der Rechtshängigkeit. Diese Vereinbarung kann daher die einmal begründete Zuständigkeit nicht mehr beseitigen, BGH RR **94**, 126, Brdb NJW **06**, 3446, Zweibr MDR **05**, 1187, aM BGH (KartellSen) NJW **00**, 2749 (abl Piepenbrock NJW **00**, 3476), LG Waldshut-Tiengen MDR **85**, 941, Klein NJW **02**, 16 (aber III Z 2 muß wegen seiner weitreichenden formellen Wirkung den Vorrang behalten). Das alles gilt auch bei einer bis zur Rechtshängigkeit etwa vorhanden gewesenen ausschließlichen Zuständigkeit, BGH FamRZ **01**, 2478.

Unanwendbar ist die Vorschrift ausnahmsweise dann, wenn ein zunächst unzuständig gewesenes Gericht jetzt unter eine Vereinbarung nach § 38 fällt, BGH NJW **00**, 626, Zweibr RR **89**, 716.

S auch „EuGVVO".

Gesetzesänderung: Anwendbar ist III Z 2 auch bei einer Gesetzesänderung mit einem Einfluß auf die Klageforderung.

Internationale Zuständigkeit: Anwendbar ist III Z 2 auch bei der internationalen Zutändigkeit, Üb 6 vor § 12, Üb 7 vor § 38, BGH NJW **02**, 2956, BayObLG FamRZ **93**, 1469, Grunsky ZZP **91**, 85, aM Damrau Festschrift für Bosch (1976) 113 (vgl aber Rn 28).
Kartellsache: Wegen des Übergangsrechts BGH WettbR **00**, 250.
Klagermäßigung: Anwendbar it III Z 2 bei einer nachträglichen Klagermäßigung nach § 264 Rn 5 ff (also einer unstatthaften Klagänderung).
Rechtsänderung: Auch sie fällt unter III Z 2, ArbG Köln NZA-RR **08**, 392. **30**
Rechtsprechungsänderung: Anwendbar bleibt III Z 2 bei einer Änderung oder Aufgabe der maßgeblichen Rechtsprechung, BGH NJW **78**, 949.
Rügelose Einlassung: *Unanwendbar* ist III Z 2 bei einer rügelosen Einlassung des Bekl nach § 39.
Verfassungsprozeß: *Unanwendbar* ist III Z 2 im Verfassungsprozeßrecht, BVerfG **64**, 317.
Völkerrecht: *Unanwendbar* ist III Z 2, soweit ein völkerrechtlicher Vertrag vorrangig etwas abweichend besagt, BGH FamRZ **02**, 1184 (zustm Henrich).
Vollstreckungsbescheid: § 700 II.
Wegfall des Gerichtsstands: Anwendbar ist III Z 2 auch beim Wegfall eines inländischen Gerichtsstands.
Widerklage: Anwendbar ist III Z 2 bei einer Widerklage nach Anh § 253 dann, wenn die Parteien nur die Klage für erledigt erklären, Düss FamRZ **83**, 401, oder wenn nur der Kläger die Klage zurücknimmt, LG Mü NJW **78**, 943.

C. Keine Umkehrung bei allgemeiner Zuständigkeit. Umkehren läßt sich der der perpetuatio fori **31** zugrundeliegende Satz nicht. Ein unzuständiges Gericht kann zuständig werden. Ändert sich der Streitgegenstand wie bei einer Klagerweiterung nach §§ 263, 264 oder bei einer Widerklage nach Anh § 253 (dort abgesehen von den in Rn 28–30 genannten Fällen) oder nach § 506, erfolgt eine neue Prüfung für den Zeitpunkt dieser Veränderung, BGH RR **95**, 513, Hamm FamRZ **88**, 1293, Butzer NJW **93**, 2649. Es kann sich dann eine andere Zuständigkeit ergeben, BGH NJW **90**, 54. Das gilt natürlich nicht bei einer bloßen Änderung der Klagebegründung. Ausschlaggebend und genügend ist die Zuständigkeit beim Schluß der letzten Tatsachenverhandlung, §§ 136 IV, 296 a.

D. Keine Umkehrung bei ausschließlicher Zuständigkeit. Das Verbot der Umkehrung gilt auch bei **32** einer ausschließlichen Zuständigkeit zB nach § 40 II, BGH NJW **01**, 2478. Es gilt jedoch *nicht* zwischen *zwei Spruchkörpern* desselben Gerichts wie in einer Familiensache, BGH NJW **81**, 2465, Brschw NJW **78**, 56, Hbg FamRZ **83**, 613 (dort sogar nicht zwischen verschiedenen Gerichten), aM BayObLG **79**, 291, Hbg FamRZ **78**, 544 und 797, Kissel DRiZ **78**, 136 (aber die gerichtsinterne Geschäftsverteilung darf nicht zur Überspannung von III Z 2 führen).

Im Interesse der Rechtssicherheit nach Einl III 43 ist grundsätzlich aber eine *enge Auslegung* notwendig, **33** KG FamRZ **77**, 819, aM BGH FamRZ **80**, 671. Veränderungen bei der Streitwertberechnung nach § 4 berühren die Zuständigkeit nicht.

262 *Sonstige Wirkungen der Rechtshängigkeit.* [1] **Die Vorschriften des bürgerlichen Rechts über die sonstigen Wirkungen der Rechtshängigkeit bleiben unberührt. [2] Diese Wirkungen sowie alle Wirkungen, die durch die Vorschriften des bürgerlichen Rechts an die Anstellung, Mitteilung oder gerichtliche Anmeldung der Klage, an die Ladung oder Einlassung des Beklagten geknüpft werden, treten unbeschadet der Vorschrift des § 167 mit der Erhebung der Klage ein.**

Schrifttum: *Arens,* Zur Verjährungsunterbrechung durch Klageerhebung, Festschrift für *Schwab* (1990) 17.

1) Systematik, S 1, 2. Die Vorschrift ergänzt den § 261. **1**

2) Regelungszweck, S 1, 2. Die Vorschrift klärt das Verhältnis zum einschlägigen sachlichen Recht. Sie **2** dient damit der Rechtssicherheit, Einl III 43. Ob das angesichts der enormen Schwierigkeiten bei der Bewältigung des sachlichen Rechts nach den Reformen insbesondere der letzten Jahre noch gilt, ist allerdings fragwürdig. Dessen ungeachtet folgt auch aus dem erkennbaren Regelungszweck die Notwendigkeit der Beachtung des einschlägigen sachlichen Rechts. Das muß man bei der Auslegung mitbeachten.

3) Geltungsbereich, S 1, 2. Vgl Üb 2 vor § 253. **3**

4) Sachlichrechtliche Wirkungen, S 1, 2. Vgl zunächst § 261 Rn 2. Die hier geklärten Wirkungen **4** richten sich ausschließlich nach dem sachlichen Recht, evtl nach dem ausländischen Recht oder nach dem Landesrecht. Eine wesentliche Wirkung ist oft die Hemmung der Verjährung, (jetzt) § 204 I Z 1 BGB, ThP 1, ZöGre 3, aM Addicks **92**, 332 (aber es gibt keinen Anlaß zu solcher Ausnahme). Das gilt natürlich auch für den eingeklagten Betrag, BGH NJW **84**, 2348, auch bei einer von Anfang an erkennbar gewesenen und nur erst später ausdrücklich miterhobenen Mehrforderung, BGH NJW **02**, 2167 (Vorsicht!), auch bei einer Mehrheit von Ansprüchen, dort auch wegen der nicht ausdrücklich vorgetragenen Gründe, BGH RR **96**, 1409, auch wegen des Hilfsantrags, § 260 Rn 8, und auch bei einer bloßen Feststellungsklage. Weitere Wirkungen sind: Unterbrechung der Ersitzung, § 941 BGB; Unterbrechung vieler Ausschlußfristen, BGH RR **87**, 323, wie derjenigen des § 864 BGB; Entstehung des Anspruchs auf Prozeßzinsen, § 291 BGB; grundsätzlich eine Steigerung der Haftung bei obligatorischen Ansprüchen, zB § 818 IV BGB, oder bei dinglichen Ansprüchen, vor allem bei der Eigentumsklage, §§ 987, 989, 991, 994 II, 996 BGB; evtl Kündigungswirkungen, zB bei einer Räumungsklage, zum Problem Deggau ZMR **82**, 291; evtl Ausschluß des Ehegattenerbrechts, § 1933 BGB, BGH FamRZ **90**, 1110 (auch zur Ansicht, die bloße Anhängigkeit genüge).

Die *Voraussetzungen* sind im einzelnen *verschieden* und im sachlichen Recht enthalten. So genügt beim **5** Vermieterpfandrecht die „gerichtliche Geltendmachung". Die Stufenklage hemmt die Verjährung in Höhe des schließlich bezifferten Leistungsantrags, ZöGre 3. Die behauptende Feststellungsklage hemmt die Verjährung, § 204 I Z 1 BGB. Die Verteidigung gegenüber der verneinenden Feststellungsklage hemmt die Verjährung aber nicht, (je zum alten Recht) BGH **72**, 25, Gürich MDR **80**, 359, ZöGre 3, aM Schlesw NJW **76**, 970 (aber § 262 läßt die Klage und nicht die Klagsicherung maßgeblich sein). Bei § 818 IV BGB genügt eine verneinende Feststellungsklage nicht, BGH **93**, 185, aM Hamm FamRZ **85**, 298. Ein Antrag auf einen Arrest oder auf eine einstweilige Verfügung nach §§ 916 ff, 935 ff genügt jetzt nach § 204 I Z 9 BGB, nicht aber eine verneinende Feststellungsklage, BGH **72**, 23, Gürich MDR **80**, 359. Das sachliche Recht bestimmt auch, ob die sachlichrechtlichen Wirkungen gleichzeitig mit den prozeßrechtlichen erlöschen.

6 **5) Zeitpunkt der Wirkungen, S 2.** Alle Wirkungen treten mit der Klagerhebung und daher grundsätzlich mit der Zustellung der Klageschrift nach §§ 253 I, 261 I oder mit demjenigen Ereignis ein, das dieser zB nach §§ 167, 261 II, § 920 Rn 8 gleichsteht, mögen auch ältere Gesetze einen anderen Vorrang entscheiden lassen. Die sachlichrechtliche Wirkung tritt also grundsätzlich nicht vor dem prozessual maßgebenden Ereignis ein, BayObLG RR **90**, 517. Der Kläger muß seine Klage freilich für den Eintritt der sachlichrechtlichen Wirkungen ordnungsgemäß eingelegt und daher zB ordnungsgemäß unterschrieben haben, § 129 Rn 9, BGH RR **87**, 323. An Stelle desjenigen Zeitpunkts, in dem die Zustellung der Klage erfolgt und in dem daher die Klagerhebung nach §§ 253 I, 261 I vorliegt, tritt fristwahrend und die Verjährung neu beginnend bereits die Klageinreichung beim Gericht, wenn das Gericht die Klage demnächst zustellt, § 167. Dasselbe gilt bei der Einreichung des Antrags auf einen Mahnbescheid, wenn das Mahngericht ihn demnächst zustellt, § 167. Dabei genügt die allgemeine Bezeichnung des Anspruchs nach § 690 I Z 3. Die Zulässigkeit und Schlüssigkeit der Klage sind unerheblich, BGH RR **96**, 1409.

263 *Klageänderung.* Nach dem Eintritt der Rechtshängigkeit ist eine Änderung der Klage zulässig, wenn der Beklagte einwilligt oder das Gericht sie für sachdienlich erachtet.

Schrifttum: *Gethmann,* Der Begriff der Sachdienlichkeit im Rahmen des § 264 ZPO, Diss Heidelb 1975; *Gollhoffer,* Die Ermäßigung des Klageantrages, 1985; *Heinrich,* Der gewillkürte Parteiwechsel, 1990; *Isenburg-Epple,* Die Berücksichtigung ausländischer Rechtshängigkeit nach dem europäischen Gerichtsstands- und Vollstreckungsübereinkommen usw, 1991; *Nagel,* Der nicht (ausdrücklich) geregelte gewillkürte Parteiwechsel im Zivilprozess, 2005; *Pawlowski,* Klageänderung und Klagerücknahme, Festschrift für *Rowedder* (1994) 309; *Putzo,* Die gewillkürte Parteiänderung, Festgabe *50 Jahre Bundesgerichtshof* (2000) III 149; *Schiller,* Die Klageänderung in der Revisionsinstanz in Zivilsachen, 1997; *Wahl,* Die Bindung an Prozeßlagen als Hauptproblem des gewillkürten Parteiwechsels, Diss Heidelb 1990.

Gliederung

1 **1) Systematik.** Die ZPO regelt die Klagänderung an verschiedenen Stellen, zB in §§ 263, 264, 267, 268. Die Änderung der Parteien ist überhaupt nicht zentral geregelt, Rn 5.

2 **2) Regelungszweck.** Die Vorschrift dient der Parteiherrschaft, Grdz 18, 19 vor § 128, und der Prozeßwirtschaftlichkeit, Grdz 14, 15 vor § 128. Das Gesetz erschwert einerseits die Klagänderung, um den Bekl gegen eine leichtfertige Prozeßführung zu schützen, Grdz 2 vor § 253 (Rechtsschutzanspruch auch des Bekl). Die Prozeßwirtschaftlichkeit fordert andererseits eine gewisse Großzügigkeit, sei es bei der Klärung, ob überhaupt eine Klagänderung vorliegt, sei es bei der praktisch evtl gerade leichter klärbaren Entscheidung, ob eine etwaige Klagänderung überhaupt mangels einer Einwilligung des Gegners sachdienlich ist. In solcher Spannung ist eine ruhige Abwägung bei der Auslegung der Rechtsbegriffe ratsam.

3 **3) Geltungsbereich.** Die Vorschrift gilt in allen Verfahren nach der ZPO, auch im WEG-Verfahren. Sie gilt auch für alle Arten der Rechtshängigkeit, auch für die Widerklage und die Zwischenfeststellungsklage des § 256 II. § 296 steht einer Klagänderung oder Klagerweiterung aber grundsätzlich nicht entgegen, BGH VersR **82**, 346. Schlechthin verboten ist eine Klagänderung im Insolvenzfeststellungsprozeß, §§ 179, 189 InsO. Erschwert ist sie im Verteilungsverfahren, §§ 878 ZPO, 115 ZVG, und im aktienrechtlichen Anfechtungsprozeß, § 246 I AktG. Zulässig ist sie in einer Baulandsache, BGH **61**, 132. Im Gebrauchsmusterlöschungsverfahren ist sie entsprechend anwendbar, BGH **135**, 61. Unzulässig sind der Übergang vom Arrest- in das Hauptverfahren und umgekehrt, § 920 Rn 9. In einer Ehesache ist § 263 unanwendbar, § 113 IV Z 2 FamFG.

4 **4) Klagänderung: Änderung des Streitgegenstands.** Klagänderung ist die Änderung des Streitgegenstands nach § 2 Rn 4, BGH RR **06**, 1503, Saarbr MietR **96**, 217, Ritten NJW **99**, 1215. Eine Klagänderung liegt vor, wenn der Kläger anstelle des rechtshängigen prozessualen Anspruchs nach § 2 Rn 4 oder neben ihm einen anderen oder einen weiteren zusätzlichen Anspruch erhebt, BGH NJW **01**, 1211, BAG WertpMitt **76**, 600, Zweibr MDR **81**, 586, auch hilfsweise, BGH NJW **85**, 1842. Sie kann den Klagegrund oder den

Antrag betreffen, § 264 Rn 4, BGH NJW **01**, 1211. Sie kann auch die Parteien betreffen, Rn 5 ff. Die Klagänderung setzt eine ordnungsmäßige Klagerhebung voraus, also den Eintritt der Rechtshängigkeit, § 261 Rn 4. Eine Heilung der mangelhaften Klagerhebung macht die Klagänderung ordnungsmäßig, § 253 Rn 16. Bis zur Heilung kann höchstens eine Klageberichtigung infrage kommen. Sie ist ohne weiteres zulässig. Die Ankündigung „Sollte der Beklagte vor der Klagezustellung erfüllen, so beantrage ich die Verurteilung in die Kosten", ist eine zulässige bedingte Klageberichtigung. Eine nachträgliche Anspruchshäufung nach § 260 ist eine Klagänderung, BGH NJW **01**, 1211, Rimmelspacher Festschrift für Lüke (1997) 658. Nachträge zur Klageschrift kommen infrage, soweit sie der Kläger vorgetragen hat oder soweit er § 261 II beachtet. Eine Widerklage nach Anh § 253 ist keine Klagänderung. § 296 ist bei der Klagänderung unanwendbar, dort Rn 29. Vgl aber auch § 264 Rn 4.

5) Parteiwechsel in erster Instanz. Die praktisch recht häufige Lage ist rechtlich viel zu kompliziert. 5
Stets muß eine Rechtshängigkeit vorliegen, § 261 Rn 1, 22. Erst dann liegt ja überhaupt auch eine „Partei" vor.

A. Grundsatz: Lückenausfüllung. Ein Wechsel der Parteien im Prozeß meint den Wechsel ihrer Nämlichkeit, Saarbr VersR **97**, 436 (nur andernfalls kann § 319 anwendbar sein). Er kann gesetzlich eintreten, zB §§ 75 ff, 265, 266, 239 ff, EV, dazu BezG Potsd VersR **94**, 576 (betr die damalige Treuhandanstalt). Mangels einer gesetzlichen Sonderregelung ist er als ein gewillkürter Parteiwechsel nach feststehender Rechtsprechung und Teilen der Lehre zumindest in der 1. Instanz eine Klagänderung, sog Klagänderungstheorie, BGH MDR **04**, 700 (vgl freilich § 265 Rn 23), Jena FamRZ **01**, 1619 (Wechsel vom gesetzlichen Vertreter zum Vertretenen), Nagel (vor Rn 1) 257.

Dieser Standpunkt ist *dogmatisch anfechtbar.* Denn eine Änderung der Parteien zerreißt das Prozeßrechtsverhältnis nach Grdz 4 vor § 128 und begründet ein neues. Tritt eine neue Partei an die Stelle der alten, liegt streng genommen stets eine neue Klage vor; die alte ist zurückgenommen, Düss ZMR **91**, 176, Hamm RR **91**, 61 (sog Klagerhebungstheorie). Daran ändert es nichts, daß der neue Bekl auf eine ordnungsmäßige Klagerhebung verzichten kann und daß auch § 295 heilt, aM RoSGo § 42 III 2 c (es liege ein prozessuales Institut eigener Art vor). Man wird sich dem Bedenken, den gewillkürten Parteiwechsel wie eine Klagänderung zu behandeln, nicht verschließen können. Es handelt sich nämlich um etwas anderes. Denn § 263 ist auf eine Änderung des Streitgegenstands zugeschnitten, beschäftigt sich demgemäß nicht mit dem Verhalten und dem Dulden der Parteien bei einem Parteiwechsel.

Es bleibt wegen des praktischen Zulassungsbedürfnisses, Nagel (vor Rn 1) 257, also nur eine Lückenfüllung übrig, sog Theorie der *Gesetzeslücke.*

B. Klägerwechsel. Er stellt eine Klagänderung dar, BGH BB **04**, 406. Sie ist nicht bedingt statthaft, 6
BGH MDR **04**, 700. Beim unbedingten Eintritt eines neuen Klägers ist zwar an sich keine besondere Zustimmung nötig, Düss ZMR **91**, 176, aM Mü RR **98**, 788 (aber der Wechsel ist ohnehin von dem Verhalten des alten und des neuen Klägers abhängig). Der bisherige Rechtsstreit läuft einfach gegen den bisherigen Bekl weiter, Jena FamRZ **01**, 1619 (freilich Beendigung des bisherigen Prozeßrechtsverhältnisses). Diesem muß das Gericht freilich einen Schriftsatz mit der Eintrittserklärung zustellen, Jena FamRZ **01**, 1620, auch weil eine Klagerücknahme nach § 269 I auch seitens des ausscheidenden bisherigen Klägers nicht erfolgt.

Das gilt zB: Wenn ein Wechsel dahin eintritt, daß statt der Gesellschafter einer BGB-Gesellschaft jetzt die 7
Gesellschaft auftritt, aM BGH NJW **03**, 1043 (bloße Berichtigung der Parteibezeichnung. Aber man muß auch nach BGH **146**, 341 streng zwischen dem Prozeß der Gesellschafter und demjenigen der Gesellschaft unterscheiden, § 253 Rn 26); wenn statt der Offenen Handelsgesellschaft oder der Kommanditgesellschaft ihre Gesellschafter oder Kommanditisten klagen oder verklagt werden; wenn in einer 2-Mann-GmbH die Gesellschaft in die Klage eines ihrer Gesellschafters auf einen Ausschluß des anderen eintritt; wenn ein Vertreter und der Vertretene wechseln, Zweibr FamRZ **86**, 289, oder der Wohnungsverwalter, Köln RR **04**, 1668, oder die KG und ihre Kommanditisten, oder der einfache und der notwendige Streitgenosse; wenn der Insolvenzverwalter oder der Zwangsverwalter den Rechtsstreit anstelle des bisherigen Klägers fortführt oder umgekehrt der Ersteher eintritt, Düss ZMR **91**, 176; wenn ein Wechsel zwischen dem gesetzlichen Vertreter und dem Vertretenen eintritt, Jena OLGR **01**, 390; wenn der Zwangsverwalter und der Ersteher wechseln, Düss MDR **91**, 542; wenn der Insolvenzverwalter die Sache im Aktivprozeß freigibt, aM ThP § 269 Rn 3 (aber dann handelt der Kläger eben wieder ganz unabhängig); wenn Prozeßstandschafter wechseln, BGH **161**, 166, oder Prozeßstandschafter und Rechtsinhaber. Man darf aber nicht übersehen, daß der Bekl einen Anspruch nach § 269 I geltend machen könnte. Er muß also einwilligen, sobald er zur Hauptsache verhandelt hat.

C. Beklagtenwechsel. Wechselt der Bekl und hat der Kläger den bisherigen Bekl nicht nur unrichtig 8
bezeichnet, Grdz 4 vor § 50, LG Marbg VersR **93**, 1424, sind zunächst die Zustimmungen des Klägers und des ausscheidenden Bekl erforderlich, der sonst ab Verhandlung zur Hauptsache auch dann einen Anspruch aus § 269 hätte, BGH NJW **81**, 989, Ffm MDR **90**, 930, Hamm RR **91**, 61, aM Schlesw JB **97**, 584 (aber man darf sein Kosteninteresse nicht übergehen). Die Zustimmung des neuen Bekl ist daneben nicht erforderlich, obwohl die Ergebnisse des bisherigen Prozeßverlaufs den neuen Bekl binden. Er kann allerdings Geständnisse widerrufen und evtl eine Wiederholung der Beweisaufnahme fordern, § 398 I. Erst die Aufnahme durch den Insolvenzverwalter ist ein Parteiwechsel, Düss Rpfleger **05**, 55, Köln KTS **83**, 452, LAG Kiel NZA-RR **05**, 658, aM Hamm Rpfleger **89**, 525 (aber die Parteistellung ändert sich grundlegend). Ein Wechsel der Gesellschafter einer BGB-Außengesellschaft ist wegen ihrer Rechts-, Partei- und Prozeßfähigkeit kein Pareiwechsel, soweit die Gesellschaft selbst auftritt, BGH NJW **146**, 341.

Man muß davon ausgehen, daß das *Verfahren ein Ganzes* ist, daß also keine Klagerücknahme vorliegt. Andererseits muß man durch eine Lückenfüllung einen Weg finden, damit die einheitliche Fortführung des Verfahrens die neue Partei nicht benachteiligt, Rn 5. Man muß dem neuen Bekl also einen Schriftsatz entsprechend § 253 zustellen. Die Rechtshängigkeit nach § 261 beginnt ihm gegenüber mit dieser Zustellung. Die bisherigen Prozeßergebnisse bleiben mangels einer abweichenden Haltung des neuen Bekl auch ihm gegenüber wirksam, BGH NJW **06**, 1354. Er darf eine Wiederholung der Beweisaufnahme fordern, BGH **131**, 80, aM Kohler JuS **93**, 318 bei einer vorherigen Einflußmöglichkeit. Der Kläger muß eine etwaige Klagefrist nach Grdz 27 vor § 253 erneut einhalten. Dasselbe gilt für die Einlassungsfrist, § 274 III. Erst seit dem Eintritt des neuen Bekl kann man ihm Prozeßzinsen auferlegen. Erst jetzt tritt ihm gegenüber ein Neubeginn der Verjährung ein.

9 **6) Parteiwechsel in der Berufungsinstanz.** Sie ist etwas unkomplizierter, aber systematisch unverändert problematisch, Nagel (vor Rn 1) 258 (Klageänderungstheorie), Putzo (vor Rn 1) 158 (empfiehlt dem BGH, von der Klagänderungstheorie abzurücken. Ein Argument mehr für die Theorie der Gesetzeslücke, Rn 5).

A. Klägerwechsel. Dieselben Grundsätze gelten in der Berufungsinstanz bei einem Klägerwechsel, BGH MDR **04**, 700, Bbg OLRG **02**, 444, Rostock MDR **05**, 1011, strenger Hamm VersR **96**, 149 (aber die Rechtslage ist schon schwierig genug). Ein Klägerwechsel ist im übrigen nur dann zulässig, wenn überhaupt eine zulässige Berufung vorliegt, BGH **155**, 24, BAG NJW **05**, 1884. Bei einem Klägerwechsel reicht eine rechtzeitige Berufungsbegründung des neuen Klägers, BGH **155**, 24. Eine Sachdienlichkeit ersetzt auch hier die Zustimmung des Gegners, BGH **155**, 26. Nach dem Ablauf der Begründungsfrist ist ein Klägerwechsel nicht mehr zulässig, BGH NJW **03**, 2173. Der Beitritt eines weiteren Klägers in der Berufungsinstanz ist eine Klagänderung, BGH NJW **89**, 3225 (Zurückhaltung bei der Prüfung der Sachdienlichkeit!), Düss FamRZ **80**, 156, Stgt RR **01**, 970. Auch ein zusätzlicher Widerbekl ist denkbar, Schlesw SchlHA **85**, 154.

10 **B. Beklagtenwechsel.** In die Berufungsinstanz darf man einen neuen Bekl nicht schon bei einer Sachdienlichkeit hinzuziehen, BGH WertpMitt **88**, 1073, sondern grundsätzlich nur beim Vorliegen seiner Zustimmung oder ausnahmsweise bei einer rechtsmißbräuchlichen Verweigerung der Zustimmung, Einl III 54. Denn man darf ihm nicht seine Abwehrmöglichkeiten verkürzen, BGH NJW **98**, 1497, Mü MDR **06**, 1186, Kirschstein-Freund KTS **02**, 662.

11 Es erfolgt also mangels Zustimmung des neuen Bekl grundsätzlich eine *Abweisung,* keine Zurückverweisung, Mü MDR **06**, 1186. Man kann einen Dritten nicht schon deshalb in die zweite Instanz hineinziehen, weil das Erstgericht eine entsprechende Klagerweiterung nicht zugestellt hatte, BGH BB **00**, 1061. Eine Ausnahme kann bei einem neuen Streitgegenstand gelten.

12 **C. Parteiobjektiver Maßstab.** Man muß die Zulässigkeit eines Parteiwechsels vom Standpunkt des neuen Bekl aus entscheiden, soweit dieser als vernünftig erscheint (sog parteiobjektiver Maßstab, § 42 Rn 10), Kirschstein-Freund KTS **02**, 661. Man kann sie also dann bejahen, wenn sein besonderes Interesse nicht gegen seinen Eintritt in das Verfahren spricht. Letzteres darf man aber nicht mit der Sachdienlichkeit verwechseln. Diese muß man vom Verfahren her beurteilen, Rn 21, BGH **62**, 132. Der Verlust einer Instanz ist ein durchweg beachtliches Verweigerungsargument, aM Hamm RR **93**, 96 (aber niemand braucht sich den Rechtsschutz nur im Interesse des Gegners oder zur Bequemlichkeit der Justiz verkürzen zu lassen). Im übrigen ist ausnahmsweise keine Zustimmung des erst in der Berufungsinstanz in den Prozeß als Bekl geratenen neuen Betriebsinhabers nach § 613 a BGB nötig, Zeuner Festschrift für Schwab (1990) 591.

13 **7) Parteiwechsel in der Revisionsinstanz.** Im Revisionsverfahren ist wegen § 559 eine Klagänderung grundsätzlich unzulässig, BGH RR **06**, 278, BAG NZA-RR **06**, 589. Daher ist auch dann ein Parteiwechsel unstatthaft, BGH **161**, 166, Kirschstein-Freund KTS **02**, 665. Schmidt NJW **08**, 1843. Ausnahmsweise kommt eine Klagänderung freilich dann infrage, wenn sie sich auf eine solche neue Tatsache stützt, die das Revisionsgericht von Amts wegen ermitteln muß, BAG MDR **08**, 465.

Nicht um einen Parteiwechsel handelt es sich, wenn an die Stelle der Mitglieder des nicht rechtsfähigen Vereins der inzwischen rechtsfähig gewordene Verein tritt, evtl durch eine Auslegung oder Berichtigung des sog Rubrums, Schmidt NJW **08**, 1844, oder wenn der vertretungsberechtigte Gesellschafter einer BGB-Gesellschaft die Gesellschaftsforderung zunächst im eigenen Namen und in demjenigen des anderen Gesellschafters, dann nur noch im eigenen Namen auf Zahlung an beide Gesellschafter geltend macht, wenn also nicht auch die Gesellschaft auftritt, wie es ja zulässig wäre, BGH **146**, 341.

14 **8) Gewillkürter Parteibeitritt.** Von einem Parteiwechsel muß man den gewillkürten Parteibeitritt unterscheiden. Ihn regelt nur § 856 gesetzlich. Er ist unter den Voraussetzungen der §§ 59, 60 zulässig, aM LG Konst VersR **75**, 94 (es liege eine Klagänderung vor. Aber Wechsel ist gänzlicher Austausch.). Der Kläger kann also unter diesen Voraussetzungen nachträglich einen Zweiten ordnungsgemäß verklagen und im anhängigen Prozeß zuziehen, LG Hbg KTS **85**, 576, jedoch nicht in der 2. Instanz.

15 **9) Kosten beim Parteiwechsel.** Maßgeblich ist das endgültige Prozeßergebnis, § 91 Rn 19. Die ausscheidende Partei hat ausnahmslos einen Anspruch auf eine Kostenentscheidung, Ffm MDR **77**, 410, Hamm MDR **07**, 1448, Mü OLGZ **81**, 89. Freilich kann das Rechtsschutzbedürfnis nach Grdz 33 vor § 253 beim Gegner für einen Kostenantrag fehlen, Zweibr JB **04**, 494. Die Kostenentscheidung ergeht nach § 308 II von Amts wegen, insofern nur scheinbar abweichend von § 269 III 2, der ja nur eine feststellende Bedeutung hat, anders als § 269 III 3. Sie erfolgt durch einen Beschluß, evtl durch das Urteil, Hamm JB **75**, 1503. Der ausscheidende Kläger trägt und die bis dahin entstandenen Mehrkosten nach § 96, BPatG GRUR **94**, 609, Hamm MDR **07**, 1448, Zweibr JB **99**, 650, aM LG Ffm MDR **87**, 591, LG Hagen JB **88**, 919, (seine volle Quote. Aber der Bekl verliert keinen Kostenvorteil).

16 Wer den Ausscheidenden *verklagt* hat, trägt die Kosten, Grdz 14 vor § 50, Hbg AnwBl **78**, 143, Schlesw SchlHA **75**, 66. Der ausgeschiedene Bekl kann einen dem § 269 entsprechenden Beschluß wegen seiner außergerichtlichen Kosten beantragen, BGH NJW **06**, 1353. Hat die richtige Partei den Kläger nach der Klagerhebung befriedigt, ist eine Klagezustellung an sie die Erhebung einer unbegründeten Klage. Auch aus dem Gesichtspunkt des Verzugs kann sie nicht für die Kosten des falschen Prozesses haften. Übernimmt jemand die eingeklagte Schuld und tritt er im Einverständnis der Prozeßparteien im Weg einer Parteiänderung an die Stelle des bisherigen Bekl, gilt § 265 Rn 24 entsprechend. Ein sachlichrechtlicher Ersatzanspruch gegen einen Dritten setzt natürlich dessen gesetzliche Haftung oder einen Vertrag mit ihm voraus, Schneider MDR **81**, 355. Die Übernahme von „Kosten des Rechtsstreits" durch den Bekl umfaßt evtl nur die Kosten des neuen Klägers, Hbg MDR **90**, 1019.

10) Bloße Parteiberichtigung statt Parteiwechsels. Vom Eintritt einer neuen Partei muß man die bloße Berichtigung einer falschen Parteibezeichnung unterscheiden, Grdz 4 ff vor § 50, BGH RR **04**, 276, Mü OLGZ **81**, 90. Sie ist immer zulässig, auch wenn der Kläger denselben Bekl unter zwei Bezeichnungen verklagt hat oder wenn zB statt mehrerer Gesamthänder (Gesellschafter) jetzt die Gesellschaft klagen muß, BGH RR **04**, 276. 17

11) Verfahren bei der Klagänderung. Die Beteiligten handhaben es oft zu lasch. 18

A. Erste Instanz. Der neue Anspruch wird mit der Zustellung eines nach § 253 II-V bestimmenden Schriftsatzes nach § 129 Rn 5 auch von Anwalt zu Anwalt oder mit dem Vortrag in der mündlichen Verhandlung nach § 297 rechtshängig, § 261 II, BGH NJW **92**, 2235, Hummel WoM **86**, 79, also evtl schon vor der Entscheidung über die Zulässigkeit der Klagänderung, Ffm JB **80**, 142. Die Zulässigkeit der Klagänderung ist eine Prozeßvoraussetzung, Grdz 13 vor § 253. Das Gericht muß sie daher in jeder Verfahrenslage von Amts wegen prüfen, Grdz 16 vor § 253. Eine Klagerweiterung auf insgesamt mehr als (jetzt) 750 EUR kann ein obligatorisches Güteverfahren erübrigen, wenn die Klage und die Erweiterung ohnehin erst zu demselben Zeitpunkt zustellbar oder zugestellt werden, Grdz 49 vor § 253 „Obligatorisches Güteverfahren", LG BadBad WoM **01**, 560.

Bei einer *unwirksamen* Klagänderung bleibt die bisherige Klage rechtshängig. Das Gericht muß über sie mangels ihrer Rücknahme usw entscheiden, BGH NJW **90**, 2682, Walther NJW **94**, 427. Bei einer zulässigen Klagänderung tritt der neue Antrag an die Stelle des alten. Dessen Rechtshängigkeit endet mit der Zulassung des neuen, BGH NJW **90**, 2682 (evtl also im Urteil). Eine erneute Einhaltung der Einlassungsfrist nach § 274 I ist entbehrlich. Man muß aber die Frist des § 132 und die Ladungsfrist nach § 217 beachten, § 274 Rn 7. Das Gericht darf nach § 308 I nur noch über den neuen Antrag entscheiden, Ffm FamRZ **81**, 979. Die bisherigen Prozeßvorgänge bleiben aber wirksam, zB ein Anerkenntnis, ein Geständnis oder eine Beweisaufnahme, ZöGre 1. Das Gericht muß evtl einen weiteren Kostenvorschuß nach § 12 I 2 GKG anfordern und bis zu seinem Eingang warten. §§ 504, 506 sind anwendbar.

B. Zwischenstreit. Der Streit über die Zulässigkeit der Klagänderung ist ein Zwischenstreit. Für den neuen Antrag müssen alle Prozeßvoraussetzungen vorliegen, Grdz 13 vor § 253. Wenn das Gericht daher die neue Klage nach § 264 Rn 1 nicht zugelassen hat, muß es sie evtl nach einem vergeblichen Hinweis nach § 139 durch ein Prozeßurteil ohne eine innere Rechtskraftwirkung nach § 322 als unzulässig abweisen, Grdz 14 vor § 253, Saarbr WoM **85**, 295, Gießler FamRZ **03**, 1848, nur scheinbar aM Walther NJW **94**, 427 (er überliest Rn 18). Eine unzulässige Sachentscheidung über den neuen Anspruch erlangt keine innere Rechtskraft, § 322 Rn 9. Die Rechtshängigkeit des neuen Anspruchs endet mit dem Eintritt der formellen Rechtskraft des die Klagänderung nicht zulassenden Urteils nach § 705. Gleichzeitig kann das Gericht über die alte Klage entscheiden, und zwar über deren Begründetheit, BGH NJW **88**, 128, Schwab ZZP **91**, 493, ZöGre 17, aM LG Nürnb-Fürth ZZP **91**, 490, ThP 9, 17 (aber die Prozeßwirtschaftlichkeit hat Gewicht, Grdz 14 vor § 128). Das Gericht muß die alte Klage evtl für zurückgenommen erklären, § 269. Unzulässig ist es, eine Klagänderung abzulehnen, aber sachlich über die neue Klage zu entscheiden, Ffm FamRZ **81**, 979, oder die Klagänderung zuzulassen, den zugehörigen tatsächlichen Vortrag aber wegen Verspätung zurückzuweisen. 19

C. Entscheidung. Das Gericht kann den Zwischenstreit entweder in den Gründen des Endurteils entscheiden, Franz NJW **82**, 15, oder durch ein unselbständiges Zwischenurteil aus § 303. Er muß jede Überraschungsentscheidung vermeiden, Einl III 16, BVerfG FamRZ **03**, 1447. Die Zurückweisung als unzulässig erfolgt aber nur durch ein Endurteil ohne eine Sachprüfung. Läßt man den Eintritt einer neuen Partei nach Rn 5, 14 zu, muß dieser in der mündlichen Verhandlung erfolgen. Rechtsbehelfe vgl § 268. 20

D. Berufungsinstanz. Eine Klagänderung ist als solche keine Urteilsanfechtung, BGH NJW **01**, 226. Sie kommt allerdings auch in der Berufungsinstanz in Betracht, BGH NJW **04**, 2154, Bbg FER **00**, 297, Stgt MDR **99**, 1342. Das Gesetz nimmt dann den Verlust einer Tatsacheninstanz in Kauf, BGH NJW **85**, 1842. Es muß eine Beschwer nach Grdz § 14 vor § 511 vorliegen, BGH NJW **99**, 1339, BAG MDR **97**, 95, Stgt MDR **99**, 1342. Sie kann dann vorliegen, wenn der Kläger von der Leistungsklage zur Stufenklage nach § 254 übergeht, Stgt MDR **99**, 1342. Sie kann fehlen, wenn zB der in erster Instanz mit einer Feststellungsklage nach § 256 siegende Kläger nur in der Berufungsinstanz zur Leistungsklage übergeht, BGH NJW **88**, 829 (anders bei erstinstanzlichem Unterliegen), Köln RR **90**, 1086, oder wenn der Kläger ein Schmerzensgeld nur unter der Angabe einer ungefähren Betragsvorstellung verlangt und mit dieser Summe gesiegt hatte, BGH NJW **99**, 1339. Eine Klagänderung setzt die Zulässigkeit der Berufung voraus, BGH BB **02**, 804. Auch muß zumindest ein Teil des erstinstanzlichen Begehrens bei zusätzlichen und erstmals in der Berufungsinstanz gestellten Forderungen neben ihnen in dieser Instanz bestehenbleiben, und zwar nicht nur hilfsweise, BGH MDR **04**, 700 (Bedingung), Stgt MDR **99**, 1342, Gaier NJW **01**, 3290. Ferner muß das Berufungsgericht über den Klaganspruch sachlich entscheiden können, Bbg RR **94**, 456. Wegen einer Nachliquidation nach §§ 103 ff vgl § 104 Rn 51. 21

E. Revisionsinstanz. Hat das Berufungsgericht eine Klagänderung zu Unrecht nicht zugelassen, verweist das Revisionsgericht an das Berufungsgericht zurück, Rn 21. Wegen der Revisionsinstanz im übrigen BGH **123**, 136, BAG NZA **06**, 589, BayObLG WoM **88**, 333. 22

12) Zulässigkeit. Sie erfordert die Erfüllung mindestens einer der folgenden Bedingungen. 23

A. Einwilligung des Beklagten. Die Klagänderung ist nach der Rechtshängigkeit zulässig, wenn der Bekl einwilligt, Bbg FER **00**, 297. Diese rein prozeßrechtliche Einwilligung hat nichts mit derjenigen des § 183 BGB gemeinsam. Sie ist eine Parteiprozeßhandlung, Grdz 47 vor § 128. Sie braucht nicht vorangehen. Sie muß unbedingt sein. Sie ist nicht widerruflich, Grdz 58 vor § 128. Der Bekl muß sie schriftsätzlich oder in der mündlichen Verhandlung erklären, BGH NJW **92**, 2236 (auch stillschweigend möglich), im schriftlichen Verfahren des § 128 II in einem Schriftsatz oder elektronischen Dokument, § 130 a. Es ist auch eine vorweggenommene stillschweigende Einwilligung denkbar, BGH RR **90**, 506 (Verteidigung nur wegen Abtretung der Klageforderung, der eine Rückabtretung gefolgt ist); aber Vorsicht! Eine vorbehaltlose Einlassung auf die neue Klage begründet die unwiderlegliche Vermutung der Einwilligung, § 267. Sie führt zur Heilung nach § 295, BGH KTS **86**, 666. Eine Einwilligung liegt auch bei einer vorweggenommenen Einlassung vor, also dann, wenn der Kläger der Verteidigung des Bekl einen neuen Klagegrund entnimmt. Eine Einwilligung oder die Bejahung der Sachdienlichkeit ist auch dann erforderlich, wenn der Kläger die Klage vor der Verhandlung zur Hauptsache ändert. Wegen § 269 vgl § 264 Rn 9. Die Einwilligung ist auch ohne eine Sachdienlichkeit nach Rn 24 wirksam.

24 **B. Sachdienlichkeit bei Prozeßwirtschaftlichkeit.** Zulässig ist die Klagänderung ferner dann, wenn das Gericht sie nach seinem pflichtgemäßen Ermessen sachdienlich findet, BGH NJW **01**, 1201, aM Mü RR **98**, 788 (aber Text und Sinn des Gesetzes sind eindeutig, Einl III 39). Maßgeblich ist die objektive Prozeßwirtschaftlichkeit, Grdz 14, 15 vor § 128, BGH NJW **01**, 1201, Düss RR **93**, 1150, Hamm MDR **01**, 1186. Dabei kommt es auf den gerade unter § 263 und nicht unter § 264 fallenden Teil an, BGH NJW **96**, 2869. Man muß die Frage der Sachdienlichkeit nach den objektiven Interessen beider Parteien beurteilen, BGH NJW **00**, 803 links. Eine Sachdienlichkeit liegt vor, soweit die Klagänderung geeignet ist, den tatsächlichen Streitstoff endgültig auszuräumen, BGH RR **02**, 930. Das sollte man eher großzügig bejahen, selbst wenn das Gericht damit weniger rasch zum Prozeßende kommt. Soweit die Sachdienlichkeit vorliegt, ist keine Einwilligung des Bekl nötig, BGH NJW **01**, 1201, BayObLG ZMR **00**, 111. § 269 ist dann nicht anwendbar, selbst wenn der Kläger jetzt weniger fordert.

25 **C. Beispiele zur Frage einer Sachdienlichkeit**

Arrest, einstweilige Verfügung: Sachdienlichkeit *fehlt* beim Übergang in beiden Richtungen (Eil- und Hauptverfahren), § 920 Rn 9.

Aufrechnung: Sachdienlichkeit *fehlt,* soweit der Bekl erstmals in der Berufungsinstanz eine Aufrechnung nach § 145 Rn 9 erklärt, BGH MDR **83**, 1019.

Aussetzung: Sachdienlichkeit liegt vor, soweit eine Klagänderung eine Aussetzung nach §§ 148 ff verhindert, Celle VersR **75**, 264.

Berufungsinstanz: Man muß strengere Anforderungen stellen, Bbg FER **00**, 297, Hamm MDR **01**, 1186. Maßgeblich sind die Verwertbarkeit des bisherigen Prozeßstoffs und die Vermeidbarkeit eines weiteren Prozesses, Bbg FER **00**, 297, Rn 21.

Beweisaufnahme: Sachdienlichkeit kann vorliegen, soweit keine erstmalige oder weitere Beweisaufnahme notwendig ist, BGH GRUR **96**, 866, Mü ZMR **96**, 496, großzügiger BGH NJW **00**, 803 links.

Sachdienlichkeit *fehlt,* soweit man eine gar umfangreiche Beweisaufnahme als Folge der Zulassung befürchten muß, Hamm MDR **01**, 1186.

S auch Rn 27 „Neue Beweisaufnahme".

Entscheidungsreife: Sachdienlichkeit *fehlt,* soweit der bisherige Prozeß bereits entscheidungsreif ist, § 300 Rn 6, BGH NJW **75**, 1229, BAG WertpMitt **76**, 598, aM BGH NJW **85**, 1842 (aber das widerspricht der Prozeßwirtschaftlichkeit, Rn 24).

Erledigung: Sachdienlichkeit liegt vor, soweit die Klagänderung die sachliche Erledigung des Streitfalls fördert, BGH NJW **00**, 803 links, KG VersR **78**, 767. Bei einer „Erledigung" vor der Rechtshängigkeit wird aber keine Feststellungsklage sachdienlich, aM Hbg MDR **98**, 367 (aber man kann evtl etwas später eine Leistungsklage auf eine Kostenerstattung erheben), AG Hann ZMR **01**, 114 (aber vor der Rechtshängigkeit liegt grds mangels eines Prozeßverhältnisses nach § 261 Rn 1 noch gar keine „Hauptsache" vor).

26 **Instanzverlust:** Sachdienlichkeit kann vorliegen, selbst wenn eine Instanz verlorengeht, Rn 10, BGH NJW **85**, 1842, Zweibr ZMR **99**, 429, LG Gießen ZMR **94**, 706.

Künftige Leistung: Die etwaige Sachdienlichkeit ersetzt nicht die Voraussetzungen der §§ 257 ff, AG Freibg WoM **89**, 573.

Mieterhöhung: Sachdienlichkeit *fehlt* bei §§ 558 ff BGB für den Übergang von der Zahlungs- zur notwendigen Zustimmungsklage, Hummel WoM **86**, 78, oder beim Nachschieben einer Neubegründung, aM LG Bln ZMR **98**, 430 (vgl aber Einl III 54).

Nämlichkeit des Streitstoffs: Rn 28 „Streitstoff".

27 **Nachverfahren:** Sachdienlichkeit kann bei §§ 302 IV, 600 vorliegen.

Neue Beweisaufnahme: Sachdienlichkeit *fehlt,* soweit eine neue oder zusätzliche Beweisaufnahme erforderlich würde, Rn 26 „Entscheidungsreife".

S auch Rn 25 „Beweisaufnahme".

Neuer Klagegrund: Sachdienlichkeit *fehlt,* soweit der Kläger einen neuen Klagegrund einführt, BGH NJW **00**, 803. Das gilt insbesondere, wenn er den neuen Streitstoff offenbar nur deshalb nachschiebt, um den Bekl zu schikanieren, oder weil er vorher ins Blaue losgeklagt hatte, oder wenn das Gericht für den neuen Klagegrund unzuständig ist, Einl III 54, BGH ZZP **95**, 66, Düss FamRZ **83**, 401, aM Schikora MDR **03**, 1160 (aber das ist gerade nicht prozeßwirtschaftlich, Rn 24), oder weil nur so eine Rechtsmittelfähigkeit erzielbar wäre, BGH **155**, 24. Freilich kann der Kläger zunächst hilfsweise eine Verweisung nach § 281 beantragen, Schikora MDR **03**, 1161.

Neuer Prozeß: Sachdienlichkeit liegt vor, soweit eine Klagänderung einen neuen Prozeß verhindert, BGH NJW **00**, 803 links, Düss RR **01**, 1029, Hamm FamRZ **00**, 1174.

Neuer Streitstoff: Rn 28 „Streitstoff".

Neuer Termin: Eine Sachdienlichkeit kann wegen seiner Notwendigkeit *fehlen,* ZöGre 11.

Obligatorisches Güteverfahren: Sachdienlichkeit *fehlt,* soweit der Kläger dieses Verfahren umgehen will, Einl III 54, AG Brakel RR **02**, 936.

Rechtsmittelfähigkeit: S „Neuer Klagegrund".

Scheckprozeß: Rn 28 „Urkundenprozeß".

28 **Streitstoff:** Vgl zunächst Rn 24. Sachdienlichkeit liegt vor, soweit der Streitstoff im wesentlichen derselbe bleibt, BGH **91**, 134, Saarbr MietR **96**, 217, Zweibr ZMR **99**, 429.

Sachdienlichkeit *fehlt,* soweit der Kläger durch eine Klagänderung einen völlig neuen Streitstoff zur Entscheidung stellen will, ohne daß die Möglichkeit bestünde, das bisherige Prozeßergebnis nennenswert dabei mitzuverwerten, BGH NJW **00**, 803 links, BezG Erfurt WoM **92**, 358, Saarbr WoM **85**, 295.

Teilunzulässigkeit: Sachdienlichkeit kann *fehlen,* soweit durch die Klagänderung erst eine Teilunzulässigkeit einträte, Hamm FamRZ **87**, 1303.

Unterhalt: Sachdienlichkeit kann beim Übergang zum Ausgleichsanspruch vorliegen, vgl § 113 I 2 FamFG, (zum alten Recht) Ffm FamRZ **07**, 909, Kblz RR **97**, 1230, aM Rostock FamRZ **03**, 1846 (abl Gießler).

Unzulässigkeit: Sachdienlichkeit kann auch dann vorliegen, wenn das Gericht die geänderte Klage als unzulässig abweisen müßte, BGH RR **02**, 930.

Urkundenprozeß: Sachdienlichkeit liegt meist vor, soweit es um einen Übergang vom Urkunden- (Wechsel-, Scheck-)Prozeß in den ordentlichen Prozeß geht, § 596, BGH RR **87**, 58. Umgekehrt liegt sie nur ausnahmsweise vor, BGH **69**, 70, großzügiger LG Flensb NJW **03**, 3425.

Verlust einer Instanz: Rn 26 „Instanzverlust".

Verschulden: Für die Frage einer Sachdienlichkeit ist ein etwaiges Verschulden unerheblich.

Verzögerung: Sachdienlichkeit kann trotz einer möglichen oder wahrscheinlichen Verzögerung vorliegen, 29
BGH NJW **00**, 803. Freilich ist Vorsicht ratsam. Denn die Klagänderung könnte zum Unterlaufen aller Verspätungsfolgen verleiten, Einl III 54.

Wechselprozeß: Rn 28 „Urkundenprozeß".

Weiterer Prozeß: Rn 27 „Neuer Prozeß".

Zeuge: Sachdienlichkeit *fehlt* grds, soweit eine Klagänderung einen Zeugen prozessual ausschalten soll, Einl III 54, LG Heidelb VersR **89**, 200. Nur ausnahmsweise kann Sachdienlichkeit insofern vorliegen, etwa dann, wenn der Prozeßgegner ein solches Vorgehen verursacht oder verschuldet hat.

Zusammenhang: Für die Frage einer Sachdienlichkeit ist ein rechtlicher oder wirtschaftlicher Zusammenhang der Ansprüche unerheblich.

Zuständigkeit: Rn 27 „Neuer Klagegrund".

D. Verfahren der Zulässigkeitsprüfung. Läßt das Gericht die Klagänderung zu, darf es das Vorbringen 30
nicht gleichzeitig etwa nach § 296 als verspätet zurückweisen, § 296 Rn 29. Auch im Nachverfahren der §§ 302 IV, 600 kann die Sachdienlichkeit vorliegen, Rn 27. Das Vorbehaltsurteil bleibt zunächst wirksam. Ob eine Klagänderung sachdienlich ist, steht im pflichtgemäßen Ermessen des Gerichts, BGH NJW **01**, 1201. Muß es die Sachdienlichkeit aber bejahen, steht die Zulassung der Klagänderung nicht mehr im Ermessen des Gerichts. Das Gericht muß sie also zulassen, sobald es die Sachdienlichkeit bejaht, BGH NJW **01**, 1201. Hat das Gericht die Klagänderung angeregt, darf der Kläger darauf vertrauen, daß das Gericht die Sachdienlichkeit trotz eines Widerspruchs des Bekl bejahen werde, BGH NJW **88**, 128. Freilich kann er die Zulassung nicht erzwingen, BGH NJW **88**, 128.

Eine *Verkennung* des Begriffs der Sachdienlichkeit begründet die Revision. Sie führt auf Antrag nach 31
§§ 538, 565 zur Zurückverweisung, soweit nicht eine Anfechtung durch § 268 unstatthaft ist, BGH RR **87**, 59. Das Berufungsgericht prüft nur eine Überschreitung der Ermessensgrenzen nach Rn 24, 30, BGH NJW **85**, 1842. Das Revisionsgericht kann diese so begrenzte Prüfung der Sachdienlichkeit nachholen, BGH RR **94**, 1143. Die Zulassung kann auch stillschweigend erfolgen, etwa durch den Eintritt in eine Verhandlung über die neue Klage.

264 *Keine Klageänderung.* Als eine Änderung der Klage ist es nicht anzusehen, wenn ohne Änderung des Klagegrundes

1. die tatsächlichen oder rechtlichen Anführungen ergänzt oder berichtigt werden;

2. der Klageantrag in der Hauptsache oder in Bezug auf Nebenforderungen erweitert oder beschränkt wird;

3. statt des ursprünglich geforderten Gegenstandes wegen einer später eingetretenen Veränderung ein anderer Gegenstand oder das Interesse gefordert wird.

Gliederung

1) Systematik, Z 1–3. Über die Klagänderung im allgemeinen § 263 Rn 1, 3. Liegt eine Klagänderung 1
vor und wird sie weder vom Gericht zugelassen noch vom Bekl gebilligt, muß das Gericht die geänderte Klage evtl nach einem vergeblichen Hinweis nach § 139 durch ein Prozeßurteil nach Grdz 14 vor § 253 als unzulässig abweisen. Die Prüfung, ob eine Klagänderung vorliegt, muß der Sachprüfung vorausgehen. Behandelt das Gericht die Klagänderung als unzulässig, gleichzeitig aber den neuen Anspruch als unbegründet, ist die Entscheidung zum sachlichen Anspruch wirkungslos. Zur Hilfsbegründung Grdz 17 vor § 253. Bei einem Widerspruch des Bekl erfolgt eine Entscheidung nach § 268 Rn 1.

Der neue Anspruch wird ohne Rücksicht auf die Zulassung *rechtshängig,* § 261 I. Ob seine Erhebung eine Rücknahme der bisherigen Klage bedeutet, ist eine Auslegungsfrage, aM LG Köln MDR **90**, 254 (aber eine Parteiprozeßhandlung ist stets auslegbar, Grdz 52 vor § 128). Es kann die Abweisung des alten Anspruchs nötig sein. Tritt freilich der neue Anspruch völlig an die Stelle des alten, darf und muß das Gericht allein über den neuen entscheiden. Es empfiehlt sich stets eine Klärung nach § 139. Dabei muß das Gericht die Prozeßvoraussetzungen nach Grdz 12 vor § 253 und insbesondere die Zuständigkeit neu prüfen. Eine Einlassung gilt als eine Vereinbarung der Zuständigkeit nach § 39. Muß man eine Klagerücknahme annehmen, gilt § 269 für die Kosten. Über die Änderung der Partei § 263 Rn 5.

Eine *Klagerweiterung* ist statthaft, BAG NJW **07**, 795. Sie ist aber nur solange möglich, wie das Gericht über die bisherige Klage nicht nach § 705 formell rechtskräftig entschieden hat, also evtl auch im Rechtsmittelverfahren, BGH NJW **83**, 173, Karlsr FamRZ **87**, 298, Schneider MDR **82**, 626. Eine Klagerweiterung ist auch nach dem Ablauf einer etwaigen Klagefrist zulässig. Das ist allerdings nicht mehr in der Revisionsinstanz statthaft, BGH RR **91**, 1347. Freilich ist eine Klagerweiterung keineswegs stets ein zwingender Grund zu einer Wiedereröffnung der Verhandlung, § 156 Rn 3. Eine Änderung des Antrags ist abgesehen von Z 2 und 3 auch dann eine Klagänderung, wenn der Klagegrund unverändert ist. Die Rechtshängigkeit der Erweiterung tritt wie sonst ein, § 261 I. Wegen der durch die Erweiterung eintretenden Unzuständigkeit des AG § 506. Eine Beschränkung des Klagantrags beseitigt die vorher begründete Zuständigkeit keineswegs. Das gilt entgegen einem in der Praxis häufigen Standpunkt, den nicht selten Bequemlichkeitserwägungen unschön mitmotivieren. Eine Beschränkung erlaubt also keine Verweisung vom LG an das AG.

2 **2) Regelungszweck, Z 1–3.** Das Gericht darf die Frage, ob eine Klagänderung vorliegt, nicht offenlassen. Dieser Notwendigkeit dient § 264 mit Klarstellungen, mag die Vorschrift die genannten Fallgruppen auch durchaus problematisch formulieren. Es entsteht bei der Klärung der einschlägigen Begriffe das Spannungsverhältnis § 263 Rn 2. Von einer vernünftigen Lösung hängen eine ganze Reihe prozessualer, zeitlicher und finanzieller Folgen für beide Parteien und auch eine erhebliche Vorentscheidung für die weitere Arbeitsweise des Gerichts ab. Diese Vorentscheidung darf trotz aller Prozeßwirtschaftlichkeit nach Grdz 14 vor § 128 doch nicht nur von dem Wunsch einer vordergründigen Arbeitsentlastung abhängig sein. Andererseits muß man sehr wohl alle möglichen Erschleichungen der Zuständigkeit oder eines rascheren Verfahrens in Grenzen halten. Das alles muß man bei der Auslegung mitbeachten.

3 **3) Geltungsbereich, Z 1–3.** Vgl zunächst Üb 2 vor § 253. In einer Ehesache ist § 264 unanwendbar, § 113 IV Z 2 FamFG.

A. Grundsatz: Keine wesentliche Änderung, Z 1–3. § 264 verneint eine Klagänderung für drei Fallgruppen, in denen der Klagegrund nach § 253 Rn 32 unberührt bleibt. Indessen berührt die durch Z 1 zugelassene Änderung oder Berichtigung der tatsächlichen Ausführungen notwendigerweise den Klagegrund. Darum kann nur ein solches Vorbringen eine Klagänderung enthalten, das nicht den Gesamtsachverhalt unverändert läßt, sondern die klagebegründenden Tatsachen wesentlich abändert. Z 2 und 3 können zusammentreffen.

4 **B. Ergänzung oder Berichtigung der Anführungen, Z 1.** § 264 verneint eine Klagänderung bei einer bloßen Ergänzung oder Berichtigung der tatsächlichen Angaben oder des Antrags ohne eine Veränderung der Nämlichkeit des Vorgangs und der Personen, BGH GRUR **05**, 409. Die rechtlichen Angaben haben mit einer Klagänderung überhaupt nichts zu tun. Das gilt abgesehen von der Einschränkung Rn 3. Die Vorschrift dient nur diesem Ziel, Zweibr MDR **81**, 586. Z 1 dient nicht dazu, über die Ausnahmefälle des § 296 hinaus einen verspäteten Vortrag zulässig zu machen. Zweibr MDR **81**, 586. Vgl aber grundsätzlich § 296 Rn 29.

5 **C. Erweiterung oder Beschränkung des Antrags, Z 2.** Keine Klagänderung ist eine quantitative oder qualitative Erweiterung oder Beschränkung des Klagantrags, BGH MDR **06**, 567, BAG NZA **06**, 48, Hamm FGR **00**, 64. Das darf man nicht auf zahlenmäßige Unterschiede beschränken. Diese Regel gilt auch im Nachverfahren nach § 304. Insofern ist das Gericht für den Mehrbetrag nicht an seine Entscheidung gebunden. Neue tatsächliche Fragen führen aber auch bei einer Antragsbeschränkung über Z 2 hinaus, BGH GRUR **06**, 961.

Über die *Vorwegleistung* der Verfahrensgebühr nach § 12 GKG vgl Anh § 271. Zu den sonstigen Kostenfragen Göppinger JB **75**, 1409.

6 **D. Anderer Gegenstand, Interesse, Z 3.** Keine Klagänderung ist eine später eingetretene Veränderung dann, wenn der Kläger deswegen den ursprünglichen Gegenstand nicht mehr fordern kann, wenn er vielmehr zur Vermeidung eines neuen Prozesses jetzt einen anderen Gegenstand fordert, also ein anderes Objekt des prozessualen Anspruchs oder das Interesse, BGH MDR **05**, 502, Schneider MDR **87**, 812, aM Düss MDR **89**, 356 (aber das widerspricht auch der Prozeßwirtschaftlichkeit, Grdz 14 vor § 128). Die Veränderung muß nach der Klagerhebung eingetreten oder dem Kläger bekanntgeworden sein, Ffm FamRZ **81**, 979, Altmeppen ZIP **92**, 454. Es ist unerheblich, ob die anfängliche Unkenntnis schuldhaft war. Nur solange einer der bisherigen Ansprüche nach § 261 Rn 4, 12 rechtshängig ist, kann der Kläger „statt" des ursprünglich geforderten Gegenstands einen anderen fordern.

Ob die Veränderung auf dem Verhalten einer Partei oder auf einem *Zufall* beruht, ist unerheblich. Der neue Anspruch muß demselben Klagegrund wie der alte entstammen, § 253 Rn 32, nicht aber dem alten Anspruch. Der Insolvenzverwalter kann gegenüber einem solchen Gläubiger, der gegen den Schuldner ein nicht rechtskräftiges Urteil erstritten hat, dessen zur Tabelle angemeldete Forderung er aber ablehnt, den Rechtsstreit mit dem Antrag aufnehmen, seinen Widerspruch für begründet zu erklären. Eine Änderung oder Einschränkung des Antrags ist auch für denjenigen zulässig, der nach § 265 veräußert hat. Ob der Kläger einen anderen Gegenstand usw verlangen kann, richtet sich nach dem sachlichen Recht. Das Gericht muß eine Klagerweiterung gesondert beurteilen, BGH NJW **96**, 2869.

7 **4) Beispiele zur Frage einer Klagänderung, Z 1–3**

Abänderung – Leistung: Eine Änderung des Klag*antrags* liegt vor, soweit der Kläger von der Abänderungsklage nach § 323 zur Leistungsklage übergeht, Hamm FamRZ **87**, 1303, und umgekehrt, Zweibr FamRZ **97**, 838.

Abschlag – Schluß- oder Teilschlußzahlung: Eine Änderung des Klag*antrags fehlt,* soweit der Kläger von der Forderung auf eine Abschlags- oder Abstandszahlung bei einem unveränderten Klagegrund nun zur Forderung auf die teilweise oder gänzliche Schlußzahlung übergeht, BGH RR **06**, 390, Düss RR **02**, 163.

Absonderung – Aussonderung: Eine Änderung des Klage*grundes* liegt vor, soweit der Kläger statt der Absonderung jetzt die Aussonderung geltend macht, und umgekehrt.

Abstrakt – Konkret: Rn 8 „Auswechslung von Berechnungen".

Abtretung – eigener Vertrag: Rn 19 „Neuer Erwerbsgrund".

Abtretung – Pfändung/Überweisung: Eine Klagänderung liegt vor, soweit der Kläger zunächst aus einer Pfändung und Überweisung klagt, nach der Feststellung ihrer Unwirksamkeit aber aus einer Abtretung, Hamm MDR **01**, 1186, oder umgekehrt, aM BGH NJW **07**, 2561.

Abtretung – stille Zession: Eine Klagänderung kann dann ausnahmsweise *fehlen,* BGH NJW **99**, 2110, Hamm MDR **01**, 1186.

Abtretung – Wertersatz: Eine Klagänderung *fehlt* wegen Z 3, soweit der Kläger statt einer Abtretung nun einen Wertersatz fordert, aM BGH NJW **99**, 1407 (zu formell).

S auch Rn 17 „Leistung – Wertersatz".

Abwandlung der Verletzungsform: Eine Änderung des Klag*antrags* liegt vor, wenn ihre Begründung neue tatsächliche Fragen aufwirft, BGH GRUR **06**, 961.

Abzahlung: Rn 17 „Leistung – Wertersatz".

Amtspflichtverletzung: Rn 17 „Mehrheit von Handlungen".

Anfechtung: Rn 11 „Erfüllung – Bereicherung".

Arrest – Hauptsache: Eine Änderung des Klag*antrags* kann vorliegen, soweit der Kläger vom Arrest- zum Hauptsacheprozeß übergeht. Vgl auch § 920 Rn 9 (Unzulässigkeit dieses Übergangs).

Aufgabe eines Antrags: Eine Änderung des Klag*antrags* liegt vor, soweit der Kläger zB den bisherigen Antrag auf die Auflösung eines Arbeitsverhältnisses nicht weiterverfolgt, BAG NJW **80**, 1485.

Aufhebung – Unzulässigkeit: Rn 9 „Berichtigung".

Aufrechnung: Rn 15 „Leistung – Aufrechnung".

Auskunft – eidesstattliche Versicherung: Eine Änderung des Klage*grundes fehlt,* soweit der Kläger vom Auskunftsanspruch zum Anspruch auf eine zugehörige eidesstattliche Versicherung übergeht. 8

Auskunft – Feststellung: Eine Änderung des Klag*antrags fehlt,* soweit der Kläger vom Auskunftsanspruch nach § 254 zur Feststellungsklage übergeht, § 256.

Auskunft – Rechnungslegung: Eine Änderung des Klag*antrags fehlt,* soweit der Kläger vom Auskunfts- zum Rechnungslegungsanspruch und von ihm zum Leistungsanspruch übergeht. § 254 erfaßt ja alle diese Stufen, BGH NJW **79**, 926.

Auskunft – Leistung: Zulässig ist der Übergang auch nach einer Erledigung des Auskunftsanspruchs, BGH NJW **91**, 1893, Hamm FER **00**, 64, Köln MDR **96**, 637, aM Mü FamRZ **95**, 678 (aber dieser Schritt dient der Prozeßwirtschaftlichkeit, Grdz 14 vor § 128).

Auskunft – Schadensersatz: Eine Änderung des Klag*antrags* liegt grds vor, soweit der Kläger vom Auskunfts- zum Schadensersatzanspruch übergeht, sofern nicht eine echte Stufenklage vorliegt, § 254, BGH **91**, 129, BSG NJW **99**, 895, LAG Stgt JB **94**, 135.

Eine Antragsänderung *fehlt* aber ausnahmsweise, soweit der Kläger den Drittschuldner infolge von dessen mangelhafter Auskunft nun nach § 840 II auf einen Schadensersatz in Anspruch nimmt, § 840 Rn 17 (Streitfrage, bitte dort nachlesen).

Auswechslung von Ansprüchen: Eine Änderung des Klage*grundes* liegt vor, wenn der Kläger völlig oder weitgehend verschiedene Ansprüche auswechselt, BGH MDR **97**, 94, Düss GRUR-RR **06**, 388 (erst Gebrauchsmuster, dann Patent), Mü BB **97**, 1705, Spickhoff MDR **97**, 12.

Auswechslung von Anträgen: Eine Klagänderung liegt bei einer Auswechslung der Klaganträge vor, BGH NJW **04**, 2154.

Auswechslung von Begründungen: Rn 19 „Neue Begründungsart".

Auswechslung von Berechnungen: Eine Änderung des Klage*grundes fehlt,* soweit der Kläger nur die Art der Schadensberechnung auswechselt, BGH NJW **92**, 568, Düss GRUR-RR **06**, 384, etwa statt abstrakter jetzt konkrete Berechnung, oder wenn er nur Rechnungsposten auswechselt, BGH NJW **02**, 3020.

S auch Rn 19 „Neue Begründungsart".

Auswechslung von Einwendungen: Eine Änderung des Klage*grundes* liegt vor, soweit der Kläger bei einer Vollstreckungsabwehrklage nach § 767 seine Einwendungen auswechselt oder neue Einwendungen nachschiebt, Köln RR **99**, 1509, Zweibr NZM **00**, 201.

Auswechslung von Personen: § 263 Rn 5 ff.

Auswechslung von Währungen: Eine Änderung des Klag*antrags* liegt vor, soweit der Kläger von der einen auf die andere Währung übergeht, BGH IPRax **94**, 366, Ritten NJW **99**, 1215 (EUR).

Auswechslung von Zeiträumen: Eine Änderung des Klag*antrags* liegt vor, soweit der Kläger den der Klage zugrunde liegenden Zeitraum auswechselt, etwa beim Unterhalt, Bbg FamRZ **89**, 520, oder bei der Miete (meist sachdienlich).

Befreiung: Rn 17 „Leistung – Schuldbefreiung". 9

Berechnungsfaktoren oder -methode: Ihre Auswechslung schadet innerhalb desselben Schadens nicht, BGH RR **06**, 253, Düss GRUR-RR **06**, 384.

Bereicherung – Vollstreckungsabwehr: Eine Änderung des Klage*grundes fehlt,* soweit der Kläger von einer Vollstreckungsabwehrklage nach § 767 zur Forderung nach §§ 812 ff BGB übergeht, Schlesw MDR **91**, 669, und umgekehrt, BayObLG KTS **03**, 513.

Berichtigung: Eine Änderung des Klag*antrags fehlt,* wenn in Wahrheit eine bloße Berichtigung vorliegt, BGH GRUR **05**, 409, wenn der Kläger zB die Feststellung der Unzulässigkeit einer Pfändung statt Aufhebung der Vollstreckung fordert.

Eine Änderung des Klage*grundes fehlt,* soweit der Kläger nur eine Berichtigung vornimmt, BGH NJW **07**, 84, zB bei der Parteibezeichnung, Ffm MDR **77**, 410, oder bei Zahlen, auch beim Streitwert.

S auch Rn 21 „Sprachliche Verbesserung".

Berufungsinstanz, dazu *Sundermann,* Die Bedeutung der Berufungsanträge für die Zulässigkeit der Berufung usw, Diss Bonn 1998: Wegen des Klagegrundes vgl bei den einzelnen Stichwörtern sowie BGH NJW **04**, 2154, Karlsr FamRZ **87**, 298, Schneider MDR **82**, 626.

Beschränkung des Klagantrags: Sie kann eine teilweise Klagerücknahme bedeuten, § 269 Rn 1.

Beschwerdeinstanz: §§ 263, 264 sind entsprechend auch im Beschwerdeverfahren mitbeachtlich, Saarbr MDR **05**, 233.

10 **Dingliche Klage:** Rn 19 „Neuer Erwerbsgrund".

Drittschuldner: Rn 8 „Auskunft – Schadensersatz".

Drittwiderspruchsklage: Rn 15 „Leistung – Drittwiderspruch".

Duldung: Rn 15 „Leistung – Duldung".

11 **Erfüllung – Bereicherung:** Eine Klagänderung *fehlt* wegen Z 3, soweit der Kläger wegen einer gegnerischen Vertragsanfechtung statt der Erfüllung nun die Herausgabe einer Bereicherung fordert.

Erfüllung – Schadensersatz: Eine Änderung des Klag*antrags* liegt ausnahmsweise vor, soweit der Kläger statt einer Herausgabe zB nach § 985 BGB, nun den Schadensersatz nach § 989 BGB, fordert, aM BGH NJW **99**, 360 oben links.

Eine Änderung des Klage*grundes fehlt,* soweit der Kläger auf Grund desselben Sachverhalts vom Erfüllungs- zum Schadensersatzanspruch wegen Nichterfüllung übergeht, BGH NJW **90**, 2684, aM Hamm MDR **00**, 48, und umgekehrt, aM Mü RR **98**, 207 (zu formell). Dasselbe gilt grds auch beim Klagantrag.

Ergänzung: Es gilt dasselbe wie bei Rn 9 „Berichtigung", BGH NJW **07**, 84.

Erhöhung eines Anspruchs: Eine Änderung des Klag*antrags fehlt,* soweit der Kläger den Anspruch erhöht, BGH BauR **06**, 701, Mü BB **97**, 1705, auch in zweiter Instanz, Stgt VersR **94**, 106 (Schmerzensgeld).

Erledigung der Hauptsache: Rn 16 „Leistung – Erledigung".

Erneuter Vortrag: Eine Änderung des Klage*grundes* liegt vor, soweit der Kläger ein zuvor fallengelassenes Vorbringen wieder vorträgt oder einen in der ersten Instanz übergangenen Vortrag in der zweiten Instanz wieder aufnimmt.

12 **Feststellung – Leistung:** Eine Änderung des Klag*antrags fehlt,* soweit der Kläger bei demselben Sachverhalt von der Feststellungs- zur Leistungsklage übergeht, BGH RR **02**, 283, BAG NZA **06**, 879, Hamm VersR **00**, 992 (in zweiter Instanz), aM LG Hbg KTS **85**, 576, ThP § 263 Rn 2 (zu formell).

S aber auch Rn 13 „Insolvenz".

Feststellung – Rechnungslegung: Eine Änderung des Klag*antrags* liegt vor.

Freistellung – Feststellung: Gegenüber dem Haftpflichtversicherer liegt *keine* Klagänderung vor, Düss RR **96**, 1246.

Freistellung – Vollstreckungsabwehr: Eine Änderung des Klag*antrags* liegt vor, soweit der Kläger von einem Freistellungsanspruch zur Vollstreckungsabwehrklage nach § 767 übergeht, Ffm NJW **76**, 1983.

Gefährdungshaftung – unerlaubte Handlung: Eine Änderung des Anspruchsgrunds *fehlt.*

Geldleistung – Sachleistung: Eine Änderung des Klag*antrags* liegt in diesem Fall vor.

Gesamtgläubiger – Einzelgläubiger: Eine Änderung des Klag*antrags* liegt vor, soweit der Kläger von einer Gesamtgläubigerschaft zu einem eigenen Einzelgläubigeranspruch übergeht (das ist allerdings meist sachdienlich) und umgekehrt.

Gesamtschuldnerausgleich – Zugewinnausgleich: Eine Änderung des Klage*grundes* liegt vor, wenn der Kläger seine Forderung zusätzlich zum Gesamtschuldnerausgleich zwischen Ehegatten nun auch auf den Zugewinnausgleich stützt, BGH RR **89**, 68.

Grundgeschäft – Wechsel: Eine Änderung des Klage*grundes* liegt vor, wenn der Kläger die Forderung statt auf das Grundgeschäft jetzt auf einen Wechsel stützt, und umgekehrt, BGH RR **87**, 58.

13 **Haftpflichtgesetz – Unerlaubte Handlung:** Eine Änderung des Klage*grundes fehlt,* soweit der Kläger zunächst aus dem Haftpflichtgesetz und dann aus unerlaubter Handlung vorgeht.

Hauptantrag – Hilfsantrag: Eine Änderung des Klage*grundes* liegt vor, soweit der Kläger vom erstinstanzlichen Hilfsantrag zum nach § 533 in der Zulässigkeit beschränkten zweitinstanzlichen Hauptantrag übergeht, BGH RR **87**, 125, aM BAG NZA **06**, 1053.

S auch Rn 19 „Nachschieben".

Herausgabe – Rückzahlung: Bei einer Bürgschaft *fehlt* eine Klagänderung wegen Z 3, BGH NJW **96**, 2869.

Herausgabe – Schadensersatz: Rn 11 „Erfüllung – Schadensersatz".

Hinterlegung: Rn 17 „Leistung – Hinterlegung".

Hinzufügen: Rn 19 „Nachschieben".

Hypothekenlöschung: Eine Änderung des Klag*antrags fehlt,* soweit der Kläger statt der Löschungsbewilligung nun eine Einwilligung in die Auszahlung eines Erlöses begehrt.

Eine Änderung des Klage*grundes* liegt vor, soweit der Kläger die Löschung einer Hypothek erst aus dem einen Grund begehrt, dann aus einem anderen.

Insolvenz: Eine Änderung des Klag*antrags* liegt vor, soweit der Kläger von der Feststellung zur Insolvenztabelle wegen einer Masseschuld zu einer Leistungs- oder Feststellungsklage übergeht, auch in der Revisionsinstanz, BGH **105**, 35.

S aber auch Rn 12 „Feststellung – Leistung".

14 **Kapital – Zinsen:** Eine Änderung des Klag*antrags* liegt vor, soweit der Kläger statt eines Kapitals nun Zinsen fordert.

Klagerücknahme: Rn 16 „Leistung – Erledigung".

Künftige – jetzige Leistung: Eine Änderung des Klag*antrags fehlt,* soweit der Kläger von der Klage auf eine künftige Leistung zur Forderung nach jetziger Leistung übergeht, § 257 Rn 5, und umgekehrt, Köln OLGR **96**, 36.

Leistung – Abänderung: Rn 7 „Abänderung – Leistung".

Leistung – Aufrechnung: Eine Änderung des Klag*antrags fehlt,* soweit der Kläger statt einer Leistungsforderung nun eine Aufrechnung geltend macht, § 145 Rn 9. 15

Leistung – Drittwiderspruch: Eine Änderung des Klag*antrags* liegt vor, soweit der Kläger von der Leistungs- zur Drittwiderspruchsklage nach § 771 übergeht, LG Bln KTS **89**, 207.

Leistung – Duldung: Eine Änderung des Klag*antrags fehlt,* soweit der Kläger statt der Leistung nun eine Duldung der Zwangsvollstreckung usw begehrt, BGH FamRZ **98**, 906.

Leistung – Erledigung: Eine Klagänderung kann vorliegen, soweit der Kläger statt der Leistung nun einseitig die Feststellung der Erledigung der Hauptsache fordert, § 91 a Rn 168, BGH NJW **08**, 2580, Fischer MDR **02**, 1100, Prütting/Wesser ZRP **116**, 289, oder soweit er nun die Erstattung der Kosten fordert, LG Mainz RR **00**, 520. Dann kann auch eine teilweise Klagerücknahme vorliegen, § 269 Rn 1. Dann sind §§ 263 ff und § 269 nebeneinander anwendbar. Denn sie haben unterschiedliche Ziele, Groß JR **96**, 357. 16

Leistung – Feststellung: Eine Klagänderung des Klag*antrags* kann vorliegen, Celle VersR **75**, 264. Das gilt zB wenn der Kläger zunächst eine Genehmigung fordert, dann die Feststellung ihrer Entbehrlichkeit, Zweibr ZMR **99**, 429, aM BAG NJW **06**, 2061.

Leistung – Herausgabe: Eine Klagänderung kann *fehlen,* soweit der Kläger statt einer Leistung nun eine Herausgabe fordert, etwa diejenige einer Bürgschaftsurkunde, Düss RR **01**, 1029. 17

Leistung – Hinterlegung: Eine Änderung des Klag*antrags fehlt,* soweit der Kläger statt einer Leistung bzw Zahlung nun eine Hinterlegung fordert, BGH RR **05**, 956.

Leistung an Kläger – an Dritten: Eine Änderung des Klag*antrags fehlt,* soweit der Kläger die Leistung statt an sich selbst nun zugunsten eines Dritten fordert, BGH RR **90**, 505.

Leistung – Kündigung: Eine Änderung liegt vor, soweit der Kläger vom Leistungsanspruch zur Kündigung übergeht, Kblz RR **01**, 65.

Leistung an mehrere – an einen: Eine Änderung des Klag*antrags fehlt,* soweit der Kläger statt einer Leistung an mehrere nun die Leistung an sich allein fordert.

Leistung – Rechnungslegung: Eine Änderung des Klage*grundes fehlt,* soweit der Kläger zum Leistungsanspruch den Anspruch auf eine Rechnungslegung hinzufügt. Denn der letztere betrifft nur eine Nebenforderung. Diese hat hier eine weitere Bedeutung als bei § 4.

Auch eine Änderung des Klag*antrags fehlt* dann, BGH FamRZ **75**, 38, aM Köln RR **89**, 567.

Leistung – Schuldbefreiung: Eine Änderung des Klag*antrags fehlt,* soweit der Kläger statt einer Leistung nun eine Schuldbefreiung fordert, und umgekehrt, BGH NJW **94**, 945, Ffm FamRZ **90**, 50, aM Görmer MDR **95**, 241 (zu formell).

Leistung – Stufenklage: Eine Änderung des Klag*antrags* liegt vor, soweit der Kläger von einer bezifferten Leistungsklage zur Stufenklage übergeht, Bbg FER **00**, 296, Stgt MDR **99**, 1342.

Leistung – Vollstreckbarerklärung: Eine Änderung des Klag*antrags* liegt vor, soweit der Kläger statt einer Leistung nun die Vollstreckbarerklärung nach §§ 724 eines Schiedsspruchs nach § 1059 oder die Erteilung der Vollstreckungsklausel nach §§ 724 ff fordert, BGH FamRZ **04**, 180 (verneint im Ergebnis § 264).

Leistung – Wertersatz: Eine Änderung des Klag*antrags fehlt,* soweit der Kläger statt der Leistung nun einen Wertersatz fordert, zB der Abzahlungsverkäufer, der nun außerdem eine Vorprüfung für eine Gebrauchsüberlassung begehrt, aM Düss MDR **89**, 356 (zu formell), oder nach § 281 BGB, oder bei § 346 II 2 BGB, aM Saabr MDR **06**, 227.

S auch Rn 7 „Abtretung – Wertersatz".

Leistung – Zug um Zug: Eine Änderung des Klag*antrags fehlt,* soweit der Kläger statt einer unbedingten Leistung nun eine solche nur noch Zug um Zug gegen eine eigene Gegenleistung fordert.

Mängelbeseitigung – Neuherstellung: Eine Änderung des Klag*antrags fehlt,* soweit der Kläger statt einer Mängelbeseitigung eine Neuherstellung fordert, und umgekehrt. 18

Materieller Schaden – Schmerzensgeld: Eine Änderung des Klag*antrags* liegt vor, soweit der Kläger statt eines materiellen Schadens nun ein Schmerzensgeld fordert, und umgekehrt.

Mauer – Zaun: Eine Änderung des Klag*antrags fehlt,* soweit der Kläger statt einer festen Mauer nun einen Zaun auf einer festen Grundlage fordert.

Mehrheit von Handlungen: Eine Änderung des Klage*grundes* liegt vor, wenn der Kläger erst in der einen Handlung, dann in einer anderen eine Amtspflichtverletzung sieht.

Mieterhöhung: Rn 19 „Nachschieben", „Neue Begründungsart".

Minderung – Schadensersatz: Eine Änderung des Klag*antrags* liegt vor, soweit der Kläger statt einer Minderung nun einen Schadensersatz geltend macht, und umgekehrt, BGH NJW **90**, 2682 und 2683, LG Mönchengladb RR **92**, 1524, Walcher NJW **94**, 424.

Minderung – Nachbesserung: Eine Änderung des Klage*grundes fehlt,* soweit der Kläger statt einer Nachbesserung nun eine Minderung geltend macht, und umgekehrt.

Nachschieben: Eine Änderung des Klage*grundes* kann vorliegen, soweit der Kläger etwas nachschiebt, zB ein Mieterhöhungsverlangen, LG Bln ZMR **98**, 430, AG Bad Homburg WoM **85**, 323, oder einen weiteren Haupt- oder Hilfsklagegrund anderer Art, BayObLG WoM **03**, 351, auch in der Berufungsinstanz, BGH NJW **85**, 1842, oder eine weitere Kündigung, Brdb ZMR **00**, 374, Mü ZMR **96**, 496, oder eine weitere Verletzungshandlung im Markenrechtsverfahren. 19

S auch Rn 17 „Leistung – Rechnungslegung", Rn 19 „Neue Begründungsart".

Neue Begründungsart: Eine Änderung kann ausnahmsweise vorliegen, soweit der Kläger eine neue Begründung vorlegt, BGH NJW **04**, 2154, LG Hildesh RR **08**, 1340. Das gilt zB für eine Mieterhöhung, Grdz 32 vor § 253, LG Bln ZMR **98**, 430, aM Stgt RR **96**, 1085 (neuer Zeitraum. Aber er begründet einen neuen Streitgegenstand).

Grundsätzlich *fehlt* aber eine Änderung, soweit der Kläger auf Grund desselben Sachverhalts nur eine rechtlich andere weitere Begründung vorträgt, BGH RR **06**, 1503, Karlsr GRUR **79**, 473, Schlesw MDR **91**, 669, aM Bbg RR **94**, 455 (zu streng), oder wenn er den Kern des bisher vorgetragenen Sachverhalts nicht ändert, BGH NJW **07**, 84.

S auch Rn 8 „Auswechslung …", Rn 9 „Nachschieben".

Neuer Erwerbsgrund: Eine Änderung des Klag*antrags fehlt* bei einer Rückabtretung, BGH RR **90**, 505.

Eine Änderung des Klage*grundes* liegt vor, wenn der Kläger die Forderung nun auf einen neuen Erwerbs- oder Entstehungsgrund stützt, etwa statt auf den eigenen Vertrag nun auf ein an ihn abgetretenes Recht, KG RR **07**, 368, oder auf eine Prozeßstandschaft, oder umgekehrt, BVerfG **54**, 127, BGH NJW **99**, 1407, Naumb RR **03**, 212 (und umgekehrt), aM Grunsky ZZP **91**, 317 (aber es geht jetzt um einen anderen Sachverhalt und Streitgegenstand).

Neue Kündigung: Eine Änderung des Klage*grundes* liegt vor, soweit der Kläger sich nun auf eine neue Kündigung stützt. BezG Erfurt WoM **92**, 358, Zweibr MDR **81**, 586, AG Freibg WoM **89**, 373.

Eine Änderung *fehlt,* soweit der Arbeitgeber eine erst nach der Rechtshängigkeit nach § 261 Rn 1 erklärte weitere Kündigung zu demselben Zeitpunkt nun im Prozeß geltend macht, Stgt BB **92**, 865.

Neue Schlußrechnung: Eine Änderung der Klage *fehlt* meist, BGH RR **02**, 1596.

Normalprozeß – Urkundenprozeß: Eine Änderung des Klag*antrags* mag *fehlen,* wenn der Übergang ganz am Anfang erfolgt, LG Flensb NJW **03**, 3425.

Neuordnung: Eine Änderung des Klage*grundes fehlt,* soweit der Kläger nur den Streitstoff neu ordnet.

20 **Patentnichtigkeit:** Eine Änderung des Klage*grundes fehlt,* soweit der Kläger im Patentnichtigkeitsverfahren mangels bisheriger Erfindungsneuheit nun weitere Veröffentlichungen anführt. Denn dann liegt nur eine Klagerweiterung vor.

Prozeßstandschaft: Rn 19 „Neuer Erwerbsgrund".

Räumung – Unterlassung: Eine Änderung des Klag*antrags* liegt vor, soweit der Kläger vom Räumungs- zum Unterlassungsanspruch übergeht, LG Gießen WoM **76**, 13.

Realteilung – Auseinandersetzungsvertrag: Dann liegt eine Änderung des Klag*antrags* vor, Oldb FamRZ **96**, 1438.

Rechnungslegung – Feststellung: Eine Änderung des Klag*antrags fehlt,* soweit der Kläger von der Rechnungslegungs- zur Feststellungsklage übergeht, §§ 254, 256.

Rechnungslegung – Leistung: Eine Änderung des Klag*antrags fehlt,* soweit der Kläger vom Rechnungslegungs- zum Leistungsanspruch übergeht, § 254, BGH NJW **79**, 926.

Rechtshängigkeit: Eine Änderung *fehlt,* soweit ein Umstand erst nach dem Eintritt der Rechtshängigkeit eintritt, § 261 Rn 1, soweit der Sachverhalt im Kern unverändert bleibt, BGH NJW **85**, 1560. Etwas anderes gilt bei anderem Sachverhalt, Zweibr MDR **81**, 586.

S auch Rn 19 „Neue Kündigung", Rn 22 „Wirtschaftsplan – Jahresabrechnung".

Regreß: Jeder zusätzliche Regreßanspruch ist eine Klagerweiterung, Hamm VersR **02**, 367.

Rückabwicklung – Minderung: Eine Änderung des Klag*antrags* liegt dann vor, BGH NJW **90**, 2682.

Rückgriff: S „Regreß".

Rückzahlung: Rn 22 „Vollstreckungsabwehr – Rückzahlung".

Sachverhaltsänderung: Eine Klagänderung liegt vor, soweit der Kläger denselben Anspruch oder gar einen anderen auf einen geänderten Sachverhalt (Lebensvorgang) stützt, BAG NZA **08**, 429.

Schadensersatz – Kostenvorschuß für Mangelbeseitigung: Hier liegt eine Änderung des Klage*grundes* vor, Drsd MDR **00**, 1030.

Schadensersatz – nachbarrechtlicher Ausgleich: Eine Änderung des Anspruchs*grundes fehlt,* BGH RR **97**, 1375, aM ZöGre § 7.

21 **Schiedsspruch:** Rn 17 „Leistungs – Vollstreckbarerklärung".

Schmerzensgeld: Rn 11 „Erhöhung des Anspruchs", Rn 17 „Materieller Schaden – Schmerzensgeld".

Sprachliche Verbesserung: Eine Änderung des Klag*antrags fehlt,* soweit der Kläger den Antrag nur sprachlich verbessert, nicht inhaltlich, zB bei einem Anspruch auf eine Gegendarstellung oder bei einem bloßen Zusatz „insbesondere" beim Unterlassungsantrag, KG DB **87**, 2409.

S auch Rn 9 „Berichtigung".

Stufenklage: Rn 5 „Auskunft – eidesstattliche Versicherung", Rn 8 „Auskunft – Leistung", „Auskunft – Rechnungslegung", „Auskunft – Schadensersatz", Rn 17 „Leistung – Rechnungslegung", Rn 20 „Rechnungslegung – Leistung".

22 **Übereignung – Zustimmung:** Eine Änderung des Klage*grundes fehlt* dann, BGH MDR **01**, 1071.

Üblichkeit – Vereinbarung: Eine Änderung des Klage*grundes* liegt vor, wenn der Kläger erst die übliche, dann eine vereinbarte Vergütung fordert, oder umgekehrt, Ffm MDR **84**, 238.

Unerlaubte Handlung – Vertrag: Rn 19 „Neue Begründungsart".

Unterhalt: Eine Änderung des Klage*grundes* liegt vor, soweit der Kläger neben Elementarunterhalt nun auch einen Krankenvorsorge- und Altersvorsorgeunterhalt begehrt, vgl § 113 I 2 FamFG, (zum alten Recht) Hamm FER **97**, 98, oder soweit er nur einen Ausgleichsanspruch erhebt, Kblz RR **97**, 1230.

Unterlassung – Ausgleich: Eine Änderung des Klag*antrags* liegt vor, soweit der Kläger vom Unterlassungs- zum Ausgleichsanspruch übergeht.

Unterlassung – Feststellung: Eine Änderung des Klag*antrags* liegt vor, soweit der Kläger vom Unterlassungs- zum Feststellungsbegehren übergeht, BAG DB **93**, 100 (freilich muß ein Rechtsschutzbedürfnis nach Grdz 33 vor § 253 vorliegen).

Unterlassung – Schadensersatz: Eine Änderung des Klage*grundes fehlt,* soweit der Kläger vom Unterlassungs- zum Schadensersatzanspruch übergeht.

Urkunde – Wechsel: Eine Klagänderung liegt bei der Forderung der Herausgabe jetzt einer ganz anderen Urkunde vor, Hamm RR **03**, 1720. Wegen des Übergangs vom Urkunden- zum Wechselprozeß usw § 602 Rn 3.

23 **Verbot der Zwangsvollstreckung – Auskunft über und Auskehr des Erlöses:** Eine Änderung des Klag*antrags fehlt* dann, Z 3, Hamm RR **01**, 1575.

Verfrühter Vortrag: Rn 20 „Rechtshängigkeit".

Vergleich: Er kann eine Klagänderung erlauben, Jena FamRZ **06**, 1277.
Verzicht: Ein teilweiser Verzicht nach § 306 kann eine endgültige Klagänderung sein.
Vollstreckungsabwehr – Rückzahlung: Eine Klagänderung *fehlt* wegen Z 3, soweit der Kläger einer Vollstreckungsabwehrklage nach § 767 nach Zahlung an den Gläubiger nun eine Rückzahlung fordert, BAG NJW **80**, 142, KG FamRZ **88**, 85, Stgt MDR **89**, 463.
Vollstreckungsabwehrklage: Rn 8 „Auswechslung von Einwendungen", Rn 9 „Bereicherung – Vollstreckungsabwehr", Rn 12 „Freistellung – Vollstreckungsabwehr", Rn 23 „Vollstreckungsabwehr – Rückzahlung".
Vorschuß – Schadensersatz oder -erstattung: Eine Änderung des Klage*grundes fehlt,* soweit der Kläger von einer Vorschuß- zu einer Schadensersatz- bzw -erstattungsforderung übergeht, BGH NJW **93**, 598 und (7. ZS) MDR **06**, 587 links, Brdb RR **01**, 386, Kblz VersR **08**, 229 (evtl auch bei § 529), aM BGH (7. ZS) MDR **98**, 557 (zu streng).
Währung: Rn 8 „Auswechslung von Währungen".
Weitere Kündigung: Rn 19 „Neue Kündigung". 24
Werklohn – Anspruch nach § 649 BGB: Eine Änderung liegt vor, soweit der Kläger vom Anspruch nach § 631 BGB auf denjenigen nach § 649 BGB übergeht, Kblz RR **01**, 65.
Werklohn – neue Schlußrechnung: Eine Änderung des Klage*grundes fehlt,* soweit der Kläger nur eine neue Schlußrechnung legt, BGH MDR **04**, 148 (zustm Reichold LMK **04**, 55).
Widerruf – Kostenfeststellung: LG Bln RR **98**, 749 wendet Z 2 an.
Widerruf – Unterlassung: Eine Änderung des Klag*antrags* liegt vor, soweit der Kläger vom Widerrufs- zum Unterlassungsanspruch übergeht, BGH MDR **94**, 1143.
Wiederaufnahme von Vortrag: Rn 11 „Erneuter Vortrag".
Wirtschaftsplan – Jahresabrechnung: Eine Änderung des Klage*grundes fehlt,* soweit der Kläger einen Wohngeldanspruch statt auf den Wirtschaftsplan nun nur noch auf die erst im Prozeß ergangene Jahresabrechnung stützt, Köln WoM **90**, 47.
S auch Rn 20 „Rechtshängigkeit".
Zahlung – Wertersatz: Eine Änderung des Klage*grundes* liegt vor, wenn der Kläger von der Zahlungsklage zur Forderung auf einen Wertersatz übergeht.
Zeitraum: Eine Änderung des Klag*antrags* liegt vor bei einer Ausdehnung des Forderungszeitraums, Karlsr FamRZ **87**, 297.
Zinsen: Eine Änderung des Klage*grundes fehlt* bei einer bloßen Zinsänderung.

265 *Veräußerung oder Abtretung der Streitsache.* **I Die Rechtshängigkeit schließt das Recht der einen oder der anderen Partei nicht aus, die in Streit befangene Sache zu veräußern oder den geltend gemachten Anspruch abzutreten.**

II 1 Die Veräußerung oder Abtretung hat auf den Prozess keinen Einfluss. 2 Der Rechtsnachfolger ist nicht berechtigt, ohne Zustimmung des Gegners den Prozess als Hauptpartei an Stelle des Rechtsvorgängers zu übernehmen oder eine Hauptintervention zu erheben. 3 Tritt der Rechtsnachfolger als Nebenintervenient auf, so ist § 69 nicht anzuwenden.

III Hat der Kläger veräußert oder abgetreten, so kann ihm, sofern das Urteil nach § 325 gegen den Rechtsnachfolger nicht wirksam sein würde, der Einwand entgegengesetzt werden, dass er zur Geltendmachung des Anspruchs nicht mehr befugt sei.

Schrifttum: *Baur,* Rechtsnachfolge in Verfahren und Maßnahmen des einstweiligen Rechtschutzes, Festschrift für *Schiedermair* (1976) 19; *Calavros,* Urteilswirkungen zu Lasten Dritter, 1978; *Henckel,* Der Schutz des Schuldners einer abgetretenen Forderung im Prozeß, Festschrift für *Beys* (Athen 2004) 545; *Jänsch,* Prozessuale Auswirkungen der Übertragung der Mitgliedschaft, 1996; *Lüke,* Die Beteiligung Dritter im Zivilprozeß, 1993; *Schilken,* Veränderungen der Passivlegitimation im Zivilprozeß: Studien zur prozessualen Bedeutung der Rechtsnachfolge auf Beklagtenseite außerhalb des Parteiwechsels, 1987; *Schober,* Drittbeteiligung im Zivilprozeß usw (auch rechtsvergleichend), 1990; *Wahl,* Die Bindung an Prozeßlagen als Hauptproblem des gewillkürten Parteiwechsels, Diss Heidelb 1990; *Zeuner,* Verfahrensrechtliche Folgen des Betriebsübergangs nach § 613 a BGB, Festschrift für *Schwab* (1990) 575.

Gliederung

1 **1) Systematik, I–III.** § 265 gibt in I eine überflüssige, weil nach dem BGB selbstverständliche Vorschrift. Das sachliche Recht kennt kein Verbot der Veräußerung einer Streitsache. Das Gericht muß das Rechtsschutzbedürfnis wie stets nach Grdz 33 vor § 253 prüfen, BayObLG **83**, 77. Ergänzungen geben §§ 325 I, 727, die die Wirkung des Urteils wegen der Rechtsnachfolge regeln. II geht dem § 263 vor, BGH NJW **88,** 3209, BPatG GRUR **01**, 775. § 266 hat als Sondervorschrift den Vorrang.

2 **2) Regelungszweck, I–III.** Die Vorschrift dient der Erkenntnis, daß niemand aus dem öffentlichrechtlichen Prozeßrechtsverhältnis nach Grdz 4 ff vor § 128 ohne weiteres ausscheiden darf, insbesondere nicht durch eigenes Tun, BGH **117**, 146. Ohne §§ 265, 266 würde aber der Kläger die Sachlegitimation nach Grdz 23 vor § 50 verlieren, BGH NJW **01**, 3340. Der Bekl würde gezwungen sein, den vielleicht sicheren Prozeß gegen einen anderen Gegner von neuem zu beginnen, BGH **117**, 146, BAG DB **84**, 2567. Andere sachlichrechtliche Veränderungen sind voll beachtlich. Für sie gelten §§ 265, 266 nicht. II, III haben eine große prozessuale Tragweite. Sie sollen verhüten, daß die eine Partei durch eine Veräußerung der streitbefangenen Sache nach dem Eintritt der Rechtshängigkeit nach § 261 um die Früchte ihres bisherigen Prozesses kommt, BGH **117**, 146, oder daß sich die Lage der anderen Partei verschlechtert, BGH **72**, 241, BayObLG NZM **00**, 1024, OVG Münst NJW **81**, 598.

Die Vorschrift soll aber *nicht* zu einem sachlich *unrichtigen Anspruch* führen, BayObLG NZM **00**, 1024. Sie dient nach alledem sowohl der Gerechtigkeit nach Einl III 9, 36 als auch der Prozeßwirtschaftlichkeit nach Grdz 14 vor § 128, BGH NJW **01**, 3340, wie auch der Rechtssicherheit, Einl III 43. Dieser Häufung anspruchsvoller Ziele entspricht die Schwierigkeit einer richtigen Anwendung in der Praxis, ähnlich wie beim vergleichbaren § 325. Das alles muß man bei der Auslegung mitbedenken.

3 **3) Geltungsbereich, I–III.** Die Vorschrift gilt in allen Verfahren nach der ZPO, auch im WEG-Verfahren. Im Verfahren auf den Erlaß eines Arrests oder einer einstweiligen Verfügung nach §§ 916 ff, 935 ff ist § 265 grundsätzlich anwendbar. In einer Baulandsache ist § 265 unanwendbar. II gilt auch im Verfahren nach §§ 66 ff MarkenG, BGH WRP **98**, 996. II ist im Patentgerichtsverfahren entsprechend anwendbar, BGH GRUR **08**, 88, BPatG GRUR **06**, 525, nicht aber im Einspruchs- oder Beschwerdeverfahren, BPatG GRUR **02**, 374, und nicht im markenrechtlichen Widerspruchsverfahren, BPatG WettbR **97**, 232, aM BGH RR **98**, 1505, BPatG (25. Sen) GRUR **00**, 816 (aber die Prozeßwirtschaftlichkeit ist stets beachtlich). Auf eine Abtretung oder Veräußerung nach der Zustellung des Mahnbescheids, aber vor einer Abgabe nach § 696 III ist § 265 unanwendbar, BGH NJW **75**, 929, aM Bork/Jacoby JZ **00**, 135 (aber auch dann sollte man prozeßwirtschaftlich handeln, Rn 2). Trotz der Rechtshängigkeit behält jede Partei das Verfügungsrecht über die Streitsache.

4 **4) Veräußerung der Streitsache, I.** Die Vorschrift birgt zahlreiche Probleme.

A. Sache. Das ist in I nicht nur die körperliche Sache nach § 90 BGB, sondern jeder Gegenstand, also auch ein Grundstück, soweit es nicht unter § 266 fällt. Hierher gehören ferner auch ein Recht, eine Forderung, Schmidt JuS **97**, 108, eine rechtsähnliche Position, Brdb RR **96**, 725, die verpfändete Hypothek oder eine Marke. Ein Gesamtanspruch wie bei der Erbschaftsklage macht nicht die einzelnen Sachen streitbefangen.

5 **B. Streitbefangenheit.** „In Streit befangen" ist weit auslegbar. Das ist der Gegenstand dann, wenn auf der rechtlichen Beziehung zu ihm die Sachbefugnis einer Partei nach Grdz 23 vor § 50 beruht, OVG Münst NJW **81**, 598, oder wenn sein Verlust droht, Hamm RR **91**, 20. Das trifft zB dann zu, wenn der Besitz oder das Eigentum streitig sind oder wenn es sich um ein dingliches Recht oder ein gegen den jeweiligen Besitzer oder Eigentümer gerichtetes persönliches Recht handelt oder wenn der gestörte Nachbar den Störenden wegen einer von dessen Grundstück ausgehenden Beeinträchtigung verklagt, OVG Münst NJW **81**, 598.

6 **C. Beispiele zur Frage einer Streitbefangenheit, I**

Anfechtungsklage: Streitbefangen macht eine Anfechtungsklage nach § 246 AktG.

Nicht streitbefangen macht eine Klage nach dem AnfG. Denn sie gibt einen persönlichen Anspruch auf Rückgewähr.

Beseitigung: S „Räumung".

Besitzklage: Streitbefangen macht jede Klage auf oder aus Besitz, Ffm NZM **07**, 103.

Betrieb: Bei § 13 IV UWG macht der Betrieb streitbefangen, Foerste GRUR **98**, 454.

Dingliche Klage: Streitbefangen macht jede dingliche Klage.

Drittwiderspruchsklage: Streitbefangen macht der gepfändete Gegenstand.

Eigentumsstörung: Streitbefangen macht die Klage des Eigentümers gegen den Störer.

Nicht streitbefangen macht das Eigentum am Grundstück des Störers.

Erbbaurechtseigentum: Streitbefangen macht die Klage wegen der Veräußerung desjenigen Eigentums, auf dem ein Erbbaurecht lastet, Hamm RR **91**, 20.

Gesamthand: Streitbefangen macht die Klage eines Gesamthänders oder gegen ihn, BGH NJW **00**, 291 (BGB-Gesellschafter).

Gesellschaftsanteil: Streitbefangen macht seine Veräußerung.

Gesicherter Anspruch: *Keine* Streitbefangenheit tritt ein, soweit der Kläger nur den gesicherten Anspruch geltend macht.

Grundbuchberichtigung: Streitbefangen macht die Klage auf eine Zustimmung zur Berichtigung des Grundbuchs nach § 894 BGB.

Miete: Streitbefangen macht die Klage auf eine Zustimmung zur Mieterhöhung, §§ 558 ff BGB, LG Köln NZM **02**, 288.

Mietmangel: Bei einer Klage nach § 536 BGB ist das Mietgrundstück streitbefangen, wenn der Vermieter der Eigentümer ist, § 566 BGB, Müller WoM **01**, 4, Zeuner Festschrift für Schwab (1990) 584.

Nichtigkeitsklage: Streitbefangen macht eine Nichtigkeitsklage nach § 249 AktG.

Notweg: Streitbefangen macht eine Klage nach § 917 I BGB.

Räumung: Die Klage auf die Räumung und Herausgabe eines Grundstücks macht den Anspruch auf die Beseitigung eines auf diesem errichteten Bauwerks *nicht* streitbefangen.

Sachhaftung: Streitbefangen macht eine solche persönliche Klage, die auf der unmittelbaren Haftung der Sache beruht, zB nach §§ 809, 810 BGB.
Schuldrechtlicher Anspruch: *Keine* Streitbefangenheit tritt ein, soweit nur ein schuldrechtlicher Anspruch auf eine Eigentumsübertragung im Streit ist, Schlesw FamRZ **96**, 175 (beim Zugewinnausgleich).
Übereignungspflicht: *Nicht* streitbefangen macht die Klage aus einer persönlichen Übereignungspflicht.
Vormerkung: Streitbefangen macht eine Klage aus einem durch eine Vormerkung gesicherten Anspruch.
Wechsel: *Keine* Streitbefangenheit tritt bei einem rücklaufenden Wechsel ein.

D. Geltend gemachter Anspruch. Der in Streit befangenen Sache steht der „geltend gemachte Anspruch" gleich. Der Begriff Anspruch ist dabei sachlichrechtlich. Das Gesetz meint also ein beliebiges subjektives Recht zB nach § 194 BGB. I hat ja überhaupt einen sachlichrechtlichen Inhalt, Rn 1. Der prozessuale Anspruch nach § 2 Rn 21 ist nicht ohne den sachlichrechtlichen Anspruch abtretbar. Die Abtretung des Widerspruchsrechts aus § 771 enthält eine Abtretung des im Widerspruchsprozeß erhobenen sachlichrechtlichen Anspruchs. Bei der Feststellungsklage nach § 256 ist die Sache oder das Recht streitbefangen. **7**

E. Veräußerung und Abtretung. Diese Begriffe haben in § 265 nicht den Sinn wie im BGB. Während §§ 239 ff die Rechtsnachfolge durch Tod, infolge Insolvenz usw regelt, erfassen §§ 265, 266 einen solchen Einzelrechtsübergang unter Lebenden, der einen Wechsel der Sachbefugnis zur Folge hat, also durch eine Veräußerung und Abtretung. Dabei ist eine weite Auslegung notwendig, Nürnb OLGZ **94**, 459. § 265 erfaßt also jede Art von Rechtsübergang, soweit ihn nicht §§ 239 ff regeln, Ramm KTS **90**, 620, um die in Rn 1 genannten Folgen auszuschließen. Demgemäß wirkt auch das Urteil für und gegen denjenigen Rechtsnachfolger, der die streitbefangene Sache oder den rechtshängigen Anspruch nach dem Eintritt der Rechtshängigkeit nach § 261 I erwirbt. Dabei kommt es nicht auf die Art des Rechtsübergangs an, Nürnb FamRZ **95**, 237. Maßgeblich ist der für den Rechtsübergang letzte notwendige Teilakt, BGH NJW **98**, 158. **8**

Hierher zählen eine rechtsgeschäftliche Übertragung, eine Übertragung durch eine staatliche Verfügung und ein Übergang kraft Gesetzes.

F. Beispiele zur Frage einer Veräußerung oder Abtretung, I **9**

Ablösungsrecht: I ist anwendbar, soweit ein Dritter sein Ablösungsrecht ausübt und die Forderung auf ihn gesetzlich nach § 268 III BGB übergeht oder soweit es um ein Ablösungsrecht nach § 1249 BGB geht.
Abspaltung: I ist *unanwendbar*, BGH NJW **01**, 1218.
Abtretung: I ist anwendbar, soweit es um eine Abtretung geht, BGH NJW **05**, 2159, Köln MDR **08**, 165, zB des Schlußsaldos, BGH NJW **79**, 324, oder eines Gesellschaftsanteils.
S auch Rn 11 „Hypothek", Rn 12 „Sicherungsabtretung".
Aneignung: I ist anwendbar, soweit es um eine Aneignung geht, zB nach §§ 928 II, 958 BGB.
Anfechtungsklage: I ist anwendbar, soweit es um eine Anfechtungsklage gegen einen Gesellschafterbeschluß geht.
Aufgabe: Rn 10 „Eigentumsaufgabe", Rn 11 „Rechtsaufgabe".
Ausgliederung: I ist *unanwendbar*, BGH NJW **01**, 1218.
Belastung: I ist anwendbar bei einer zum Verlust der Sachbefugnis führenden Belastung nach § 873 BGB.
Berufsgenossenschaft: I ist anwendbar, soweit es um einen Ersatzanspruch an die Berufsgenossenschaft geht.
Beschlagnahme: I ist anwendbar, soweit bei der Zwangsverwaltung eine Beschlagnahme erfolgt, BGH NJW **86**, 3207.
Besitzaufgabe: I ist *unanwendbar*.
Besitzübertragung: I ist anwendbar, soweit es um die Übertragung des Besitzes nach § 868 BGB geht, Schlesw SchlHA **75**, 48.
Betriebsübergang: I ist anwendbar, soweit es um den Aktivprozeß des bisherigen Betriebsinhabers beim Betriebsübergang nach § 613 a BGB geht, Zeuner Festschrift für Schwab (1990) 578, oder soweit es um einen entsprechenden Passivprozeß geht, zumindest insoweit, als nur der neue Betriebsinhaber noch erfüllen kann, BAG NJW **77**, 1119, PalP § 613 a BGB Rn 9, Zeuner Festschrift für Schwab (1990) 594, aM BAG DB **91**, 1886, Schilken (vor Rn 1) 43, StJSchu 6 Fn 3 (aber ein Betriebsübergang ist gerade ein typischer Fall auch einer Veräußerung).
Bürgschaft: I ist anwendbar, soweit die Forderung kraft Gesetzes wegen des Umstands auf den ersteren übergeht, daß der Bürge den Gläubiger befriedigt, § 774 I BGB.
Eigentumsaufgabe: I ist anwendbar, soweit es um die Eigentumsaufgabe geht, zB nach §§ 928 I, 959 BGB. **10**
Eigentumsübertragung: Rn 12 „Übereignung".
Enteignung: I ist anwendbar, soweit bei einer Enteignung das Eigentum auf den Enteignenden übergeht.
Erbausschlagung: I ist *unanwendbar* (kein Übergang kraft Gesetzes), soweit es um eine Erbausschlagung geht, BGH **106**, 364.
Erbbaurecht: I ist bei seiner Aufhebung usw anwendbar.
Erlöschen: Rn 12 „Tod".
Gesamtschuldner: I ist anwendbar, soweit ein Gesamtschuldner den Gläubiger befriedigt und daher vom anderen Gesamtschuldner Ausgleichung nach § 426 II BGB fordern kann.
Gesellschaft: I ist anwendbar bei einer Anwachsung oder Abtretung eines Gesellschaftsanteils, BGH NJW **00**, 291.
I ist *unanwendbar* bei der Einziehung eines Geschäftsanteils nach § 34 GmbHG.
S auch Rn 12 „Übernahme"
Gesetzlicher Forderungsübergang: Rn 12 „Sozialhilfe".
Gesetzliches Pfandrecht: I ist anwendbar, soweit es um seine Entstehung geht.
Grundbuchberichtigung: I ist *unanwendbar* (kein Übergang kraft Gesetzes), soweit es um die Abtretung des Anspruchs auf eine Berichtigung des Grundbuchs geht. Denn sie gibt nur ein Recht, in fremdem Namen zu handeln.
Haftungsübergang: I ist *unanwendbar* (kein Forderungsübergang), soweit statt des Schuldners A jetzt der Schuldner B kraft Gesetzes haftet, BGH **106**, 365. **11**

Hypothek: I ist anwendbar, soweit derjenige Eigentümer, der kein persönlicher Schuldner ist, wegen einer Befriedigung des Gläubigers dessen Forderung kraft Gesetzes erhält, § 1143 I BGB, oder soweit es um den Übergang der Hypothek bei einer Abtretung der Forderung nach § 1153 BGB geht.

Indossament: I ist anwendbar, soweit es um ein Indossament geht.

Insolvenz: I ist anwendbar, soweit der Arbeitnehmer wegen des Übergangs des Anspruchs auf ein Ausfallgeld auf die Bundesagentur für Arbeit den Antrag auf eine Feststellung zur Tabelle zu ihren Gunsten umstellt, LAG Hamm BB **01**, 787.

I ist *unanwendbar* (kein Übergang kraft Gesetzes), soweit das Insolvenzverfahren endet oder soweit der Verwalter eine Sache freigibt, aM Nürnb OLGZ **94**, 459.

Markenrecht: I ist anwendbar bei einer Umschreibung nach § 27 III MarkenG, BGH WRP **98**, 996, Drsd RR **99**, 135.

Nichtigkeitsklage: I ist anwendbar, soweit es um eine Nichtigkeitsklage gegen einen Gesellschafterbeschluß geht.

Patentsache: I ist anwendbar bei einer Umschreibung in der Patentrolle, BGH NJW **93**, 203.

Pfandrecht: Rn 10 „Gesetzliches Pfandrecht".

Prozeßführungsrecht: I ist *unanwendbar* (kein Übergang kraft Gesetzes), soweit es um die Abtretung eines Prozeßführungsrechts geht, RoSGo § 46 IV 3, ThP 10, aM StJSchu 20.

Prozeßstandschaft: I ist *unanwendbar* nach der Beendigung einer Prozeßstandschaft, BGH NJW **93**, 3072.

Rechtsaufgabe: I ist anwendbar, soweit es um die Aufgabe eines Rechts geht, zB nach §§ 875, 876 BGB.

Sachpfändung: I ist anwendbar, soweit der Gerichtsvollzieher durch eine Sachpfändung den unmittelbaren Besitz erwirbt, Schlesw SchlHA **75**, 47.

12 **Schuldübernahme:** I ist anwendbar, soweit es um eine befreiende Schuldübernahme geht. Sie ist nämlich eine Veräußerung, nicht anders als diejenige eines überlasteten Grundstücks, § 325 Rn 7, RoSGo § 102 II 2, aM BGH NJW **01**, 1218 (erst recht nicht bei kumulativer Schuldübernahme), Ahrens GRUR **96**, 521, ZöGre 5 a.

I ist *unanwendbar* (kein Übergang kraft Gesetzes), soweit es um eine *kumulative* Schuldübernahme geht, BGH NJW **75**, 420, Zeuner Festschrift für Schwab (1990) 579.

S auch Rn 13 „Vermögensübernahme".

Sicherungsabtretung: I ist anwendbar, soweit es um Sicherungsabtretung geht.

Sicherungsübereignung: I ist anwendbar, soweit es um eine Sicherungsübereignung geht.

Sozialhilfe: I ist anwendbar, soweit es zu einer Überleitung der Forderung zB nach §§ 268 III, 426 II, 774 I BGB, §§ 90, 91 BSHG, SGB XII usw kommt, Bbg RR **95**, 581, Hamm OLGR **97**, 278, Nürnb FamRZ **95**, 237, aM Karlsr FamRZ **95**, 617 (nur für Übergangsfälle), AG Bergheim FamRZ **95**, 1499 (aber der Forderungsübergang sollte zumindest aus Gründen der Prozeßwirtschaftlichkeit als veräußerungsgleicher Vorgang gelten).

Squeeze out: Dieser Fall nach § 327 a AktG kann einer Veräußerung gleichstehen, BGH NJW **07**, 301.

Streit um Rechtsnachfolge: Grdz 22 ff vor § 50, §§ 146, 303.

Tod: I ist *unanwendbar* beim Tod des Rechtsvorgängers, ZöGre 5 a (§ 239).

Übereignung: I ist anwendbar, soweit es um eine Übereignung geht, zB nach §§ 873, 929 BGB, Hbg NZM **02**, 523.

S auch „Sicherungsübereignung".

Übernahme: I ist anwendbar, soweit es um die Übernahme einer OHG durch einen Gesellschafter nach § 142 II HGB geht.

Überweisung: I ist anwendbar, soweit das Vollstreckungsgericht die gepfändete Forderung dem Gläubiger zur Einziehung nach § 835 überweist, BGH MDR **88**, 1053, LG Bln MDR **86**, 327.

Umwandlung: I ist *unanwendbar* (kein Übergang kraft Gesetzes), soweit es um eine Umwandlung zB einer Erwerbs- in eine Abwicklungsgesellschaft geht, und umgekehrt. Denn die Nämlichkeit bleibt. I ist unanwendbar bei einer Vermögensübertragung nach § 174 II Z 2, 3 UmwG. Vgl auch das UmwG.

Unterhaltspflicht: I ist anwendbar, soweit ein nachrangig haftender Verwandter den Anspruch gegen den vorrangig haftenden kraft Gesetzes wegen einer eigenen Leistung erwirbt, § 1607 II 2 BGB, vgl § 113 I 2 FamFG.

13 **Vermieterwechsel:** I ist anwendbar, soweit der bisherige Vermieter nach der Veräußerung der Mietsache dem Mieter nach § 566 II BGB haftet oder soweit der klagende Vermieter und der Hauskäufer vereinbart haben, der Klaganspruch werde außerhalb § 566 BGB auf den Käufer übergehen und dieser werde ihn nicht weiter verfolgen, AG Köln WoM **89**, 31, oder soweit der Vermieter während der Zustimmungsfrist nach § 558 b BGB wechselt, LG Kassel WoM **96**, 418, Müller WoM **01**, 4.

Vermögensgesetz: I ist anwendbar, soweit es um einen gesetzlichen Forderungsübergang nach § 16 VermG geht, LG Bln WoM **95**, 108.

Verpfändung: I ist anwendbar, soweit es um die Bestellung eines Pfandrechts geht oder soweit der Verpfänder, der nicht der persönliche Schuldner ist, wegen einer Befriedigung des Pfandgläubigers dessen Forderung kraft Gesetzes erhält, § 1225 BGB.

S auch Rn 9 „Ablösungsrecht".

Verpflichtungsgeschäft: I ist *unanwendbar* bei der bloßen schuldrechtlichen Verpflichtung zu einem Rechtsübergang.

Verschmelzung: I ist *unanwendbar* (kein Übergang kraft Gesetzes), soweit es um die Verschmelzung zB von Aktiengesellschaften geht. Dann gelten §§ 239, 246. Vgl auch das UmwG.

Zuschlag: I ist anwendbar, soweit bei der Zwangsversteigerung ein Erwerb infolge des Zuschlags erfolgt, BGH NJW **02**, 2102. Der Ersteher und der Grundstücksgläubiger werden aber nicht Rechtsnachfolger des Zwangsverwalters.

Zwangsversteigerung: S „Zuschlag".

Zwangsverwaltung: Rn 9 „Beschlagnahme", Rn 13 „Zuschlag".

G. Übergang als notwendige Folge. I ist anwendbar, wenn der Übergang die notwendige Folge eines anderen Rechtsgeschäfts ist, wie der Übergang einer Mietforderung als eine Folge der Veräußerung des Mietgrundstücks. Der Zeitpunkt der Veräußerung bestimmt sich nach dem sachlichen Recht. Eine Veräußerung nach der Rechtshängigkeit liegt nur vor, wenn sie später liegt. 14

H. Nach Rechtshängigkeit. Die Veräußerung oder Abtretung muß nach dem Eintritt der Rechtshängigkeit nach § 261 Rn 4 erfolgt sein, Celle RR **98**, 206. Es kommt auf den letzten nach dem sachlichen Recht zum Rechtserwerb erforderlichen Vorgang an, zB: Auf den Eintritt der Bedingung; auf die Aushändigung des Hypothekenbriefs, §§ 1117, 1154 BGB. Bei einer Rechtsnachfolge erst nach der formellen Rechtskraft nach § 705 bleibt der Rechtsvorgänger nach § 578 passiv legitimiert, auch nach einer dem Rechtsnachfolger erteilten vollstreckbaren Ausfertigung. Daneben ist auch der Rechtsnachfolger passiv legitimiert. 15

5) Einfluß auf den Prozeß, II 1, dazu *Dinstübler* ZZP **112**, 61 (Üb): Ein Grundsatz zeigt mancherlei Wirkungen. 16

A. Grundsatz: Kein Einfluß. Eine Veräußerung oder eine Abtretung der Streitsache oder des Streitanspruchs haben „auf den Prozeß keinen Einfluß", BGH NJW **98**, 156. Dasselbe gilt bei der Umschreibung einer Auflassungsvormerkung auf den Nachkäufer im Prozeß über einen Berichtigungsanspruch nach § 894 BGB, BGH DB **02**, 2433. Der Wegfall der Sachbefugnis nach Grdz 23 vor § 50 bleibt also unerheblich. Der Rechtsvorgänger darf den Prozeß im eigenen Namen in gesetzlicher Prozeßstandschaft weiterführen, Grdz 26 vor § 50, BGH NJW **05**, 2159, Düss FGPrax **06**, 203, Hamm FamRZ **97**, 1406. Das kann auch gelten, wenn ein BGB-Gesellschafter eine Gesellschaftsforderung als Prozeßstandschafter geltend macht, weil die anderen ihre Mitteilung verweigern, Düss ZMR **01**, 182. Aber Vorsicht! Vgl auch BGH **146**, 341 (Rechts-, Partei- und Prozeßfähigkeit der BGB-Außengesellschaft). Das Feststellungsinteresse nach § 256 Rn 34 bleibt bestehen. KG MDR **81**, 940 wendet diesen Grundsatz auf das selbständige Beweisverfahren nach §§ 485 ff entsprechend an. Erlangt das Gericht von ihnen keine Kenntnis, wirkt die Prozeßführung des Veräußerers voll für und gegen den Erwerber, vorbehaltlich der sachlichrechtlichen Ansprüche.

Hat das Gericht *Kenntnis* von einer Veräußerung oder Abtretung, geht der Prozeß trotzdem unverändert weiter. Die Parteien bleiben die alten, das Urteil wirkt für und gegen den Nachfolger, §§ 325, 727, Hbg NZM **02**, 523. Ein Prozeßvergleich nach Anh § 307 bindet ihn, BAG NZA **07**, 330. Der Nachfolger kann nur als einfacher Streithelfer nach § 66 beitreten, II 3, ThP 12, aM Pawlowski JZ **75**, 681 (auch als streitgenössischer nach § 69. Aber II 3 lautet eindeutig und bindet.). Einer Klage des Erwerbers stünde die Rechtshängigkeit nach § 261 I entgegen. II gilt auch im Verfahren nach § 722, BGH VersR **92**, 1282, aM Grunsky ZZP **89**, 257 (aber die Interessenlage sollte auch dort die Anwendung erlauben).

B. Antragsumstellung. Die Veräußerung ist entgegen der sog Unbeachtlichkeitslehre (kauderwelsch: Irrelevanztheorie) beachtlich. Nach der jetzt verbreiteten Beachtlichkeitslehre (Relevanztheorie) muß der Kläger seinen Antrag auch ohne einen Einwand des Bekl grundsätzlich umstellen. Denn die Veräußerung ist sachlichrechtlich wirksam. Das gilt zB bei einer Abtretung, BGH ZMR **85**, 376, oder bei einer Überleitung, Celle FamRZ **06**, 1204, Nürnb FamRZ **95**, 237, Schlesw FamRZ **96**, 40. Die Notwendigkeit einer Umstellung des Antrags gilt ferner bei einer Sicherungsabtretung. Denn §§ 265 ff sollen zwar verhindern, daß sich eine Partei dem Prozeßrechtsverhältnis nach Grdz 4 vor § 128 entzieht. Sie sollen aber kein sachlich unrichtiges Urteil herbeiführen. 17

Also handelt der Veräußerer von der Veräußerung an als ein *Prozeßgeschäftsführer,* Grdz 29 vor § 50. Evtl gilt dasselbe bei einer Abtretung vor der Rechtshängigkeit, BGH RR **88**, 289, BayObLG NZM **00**, 1024, Hbg NZM **02**, 523. Er bleibt Partei, BGH NJW **86**, 3207, Kblz Rpfleger **86**, 449, Schmidt JuS **97**, 108. Er ist einer Widerklage ausgesetzt. Aber er muß seinen Antrag zur Vermeidung einer Sachabweisung wegen des Fehlens seiner Sachbefugnis nach Grdz 23 vor § 50 ändern, BGH RR **86**, 1182, und zwar grundsätzlich dahin, daß er die Leistung nunmehr an den Erwerber verlangt, BayObLG NZM **00**, 1024. Eine Ausnahme gilt bei § 27 III MarkenG, Drsd WettbR **99**, 135. Die Antragsänderung ist allerdings in der Revisionsinstanz nur insoweit zulässig, als das Berufungsgericht die Abtretung festgestellt hat, BGH VersR **92**, 1282. Das Prozeßführungsrecht nach Grdz 22 vor § 50 für eine vom Insolvenzverwalter eingeklagte und danach abgetretene Masseforderung geht nach der Beendigung des Insolvenzverfahrens in der Regel auf den neuen Gläubiger über, BGH NJW **92**, 2895.

Hat der Kläger den Anspruch *verpfändet,* muß er die Leistung an sich und den Pfandgläubiger gemeinsam fordern, § 1281 BGB. Nach einer Pfändung lautet der Antrag vor einer Überweisung auf eine Feststellung oder Hinterlegung, ab Überweisung auf eine Zahlung an den Pfändungsgläubiger. Bei einem Arrest lautet er auf eine Hinterlegung. Das Gericht muß eine Änderung des Antrags anregen, § 139. Das gilt zB bei der Zwangsverwaltung auf eine Leistung an den Zwangsverwalter, BGH NJW **86**, 3207.

Die Notwendigkeit einer Antragsumstellung *entfällt,* wenn der Kläger zB bisher beantragt hatte, den unmittelbaren Besitzer nicht zu behindern, und wenn der Kläger trotz der Veräußerung der Sache ihr unmittelbarer Besitzer bleibt. 18

C. Prozeßhandlung, sachlichrechtliche Verfügung. Das Recht des Veräußerers zu einer Parteiprozeßhandlung bleibt unberührt, Grdz 47 vor § 128. Die Befugnis zu sachlichrechtlichen Verfügungen verliert er nach dem sachlichen Recht, Zeuner Festschrift für Schwab (1990) 592. Er kann also alle Prozeßhandlungen vornehmen, einen Gegenanspruch erheben, zB nach §§ 302 IV 3, 4, 600 II, 717 III 2–4. Er kann eine Widerklage erheben, Anh § 253. Er kann nach wie vor anerkennen, § 307, verzichten, § 306, die Klage zurücknehmen, § 269, Nürnb FamRZ **95**, 237, sich vergleichen, Anh § 307, BGH RR **87**, 307, Zeuner Festschrift für Schwab (1990) 592. Einreden gegen den Nachfolger müssen auch gegen den Veräußerer zulässig sein. Andernfalls wäre der Bekl nicht geschützt, sondern benachteiligt. Etwas anderes gilt nur bei einer solchen Einrede, die man gegenüber dem Nachfolger unwirksame Verfügungen geltend macht. Wegen der Wiederaufnahme § 578 Rn 5. Hat der Bekl an den Nachfolger zur Abwendung der Zwangsvollstreckung geleistet, ist der Nachfolger nach der Aufhebung des Urteils zur Rückzahlung verpflichtet. Macht der 19

Bekl den Anspruch aus § 717 in demselben Prozeß geltend, richtet er sich gegen den ursprünglichen Kläger, § 717 Rn 2, aM Nieder NJW **75**, 1004 (aber der ursprüngliche Kläger hat den Schaden verursacht). Eine Einwendung aus der Person des Rechtsnachfolgers bleibt auch dem Rechtsvorgänger gegenüber möglich, zB eine Erfüllung an den Erwerber (Ausnahmen §§ 406, 407 BGB).

20 **D. Veräußerung, Abtretung des Beklagten.** Eine Veräußerung oder Abtretung durch den Bekl ist für das Gericht unbeachtlich. Das Gericht darf nicht einen am Prozeß Unbeteiligten verurteilen, BGH **61**, 143, aM BAG DB **77**, 681 wegen § 613a BGB (aber das sprengt das Prozeßrechtsverhältnis, Grdz 4 vor § 128). Der Kläger wird natürlich zweckmäßig seine Anträge der Veräußerung anpassen. Er wird also etwa zum Ersatzanspruch übergehen, § 264 Z 3, Brdb RR **96**, 725, oder die Erledigung der Hauptsache erklären, § 91a, evtl die Klage zurücknehmen, § 269, BGH **61**, 143. Versäumt er das, bleiben nur eine Umschreibung der Klausel nach § 727 oder eine Klage nach § 731 möglich, Brdb RR **96**, 724

21 **6) Übernahme durch den Rechtsnachfolger, II 2.** Ein Grundsatz kennt Ausnahmen.

A. Begriff. Rechtsnachfolger ist hier der Nachfolger des Veräußerers oder des Abtretenden nach Rn 20, mag die Nachfolge als unmittelbares oder mittelbares Ergebnis des Rechtsvorgangs eintreten, durch die Vermittlung eines Vorgängers oder kraft Gesetzes, voll oder nur beschränkt. So ist in einem auf eine Grundbuchberichtigung gehenden Prozeß Rechtsnachfolger derjenige, der nach der Rechtshängigkeit nach § 261 I die Buchstellung erlangt hat. Eine Beendigung der Prozeßführungsbefugnis des Mannes infolge der Beendigung des früheren gesetzlichen Güterstandes richtet sich nach § 239 Rn 7, 8. Eine Beendigung der Prozeßführungsbefugnis des Zwangsverwalters tritt infolge Rücknahme des Gläubigerantrags ein, BGH **155**, 43, nicht aber infolge Aufhebung der Zwangsverwaltung des beschlagnamten Grundstücks, BGH **155**, 43. Der Insolvenzverwalter des Gesellschaftsvermögens ist kein Rechtsnachfolger eines Gesellschaftsgläubigers, BGH **82**, 216. Eine Überleitung nach § 7 UVG läßt die Aktivlegitimation des unterhaltsberechtigten Kindes für künftigen Unterhalt bestehen, Bbg FamRZ **87**, 859. Rechtsnachfolger ist man nicht erst ab Eintragung in die Patentrolle, sondern schon ab Einreichung des Umstellungsantrags, BPatG GRUR **02**, 234.

22 **B. Übernahme.** Sie erfolgt in der mündlichen Verhandlung schriftsätzlich oder elektronisch, § 130a. Notwendig und ausreichend ist die Erklärung des Rechtsnachfolgers.

23 **C. Grundsatz: Notwendigkeit der Zustimmung beider bisherigen Parteien.** Der Rechtsnachfolger ist zur Prozeßübernahme außerhalb des § 265 grundsätzlich nicht verpflichtet, BPatG GRUR **01**, 775, MüKoLü 93, aM Roth NJW **88**, 2980 (aber § 266 wirkt abschließend). Er darf den Prozeß grundsätzlich nur mit einer Zustimmung des Prozeßgegners übernehmen, BGH NJW **96**, 2799, BPatG GRUR **01**, 775, BayObLG **94**, 239. Daneben braucht er die Einwilligung des Veräußerers. Ohne sie müßte das Gericht ihn wie einen Erben, dessen Rechtsnachfolge es nach Unterbrechung verneint, aus dem Prozeß verweisen, § 239 Rn 22. Die Erklärung des Veräußerers muß ausdrücklich sein, diejenige des Gegners ist stillschweigend möglich, etwa durch seine Einlassung, also auch nachträglich. § 295 ist unanwendbar. Denn es handelt sich um keine Verletzung einer Verfahrensvorschrift. Die Zustimmung des Prozeßgegners ist nicht erzwingbar, auch nicht dadurch, daß das Gericht die Sachdienlichkeit bejaht, BGH NJW **96**, 2799 (zustm Schmidt JuS **97**, 109), BPatG GRUR **01**, 775. Mü OLGZ **94**, 88 (nicht einmal nach den Erlöschen des Rechtsvorgängers). Sie kann entbehrlich sein, wenn der Rechtsvorgänger die Parteifähigkeit nach § 50 verloren hat, Ffm RR **91**, 318.

24 Der Nachfolger übernimmt den Prozeß beim *derzeitigen Stand*. Bindende Prozeßhandlungen des Veräußerers nach Grdz 47 vor § 128 binden auch ihn. Der Veräußerer scheidet stillschweigend und ohne eine besondere Entscheidung aus. Das Urteil ergeht in der Hauptsache wie in den Nebenfragen nur für und gegen den Nachfolger, auch wegen der gesamten Prozeßkosten, BGH NJW **06**, 1353, Köln JB **92**, 817. Der Ausgeschiedene muß einen etwaigen Kostenersatzanspruch nach dem sachlichen Recht einklagen, Üb 43 vor § 91. Tritt der Nachfolger dem Veräußerer als Streithelfer nach §§ 66ff bei, ist er stets ein gewöhnlicher Streithelfer, kein streitgenössischer. Manche fordern wegen Art 103 I GG die Streichung von II 3, Calavros, Urteilswirkungen zu Lasten Dritter (1978), 70, Pawlowski JZ **75**, 685, aM Wolf AcP **180**, 430.

25 **D. Ausnahmen.** Vgl § 266 I. Diese Vorschrift ist unter den Voraussetzungen des § 266 II wiederum unanwendbar. Vgl die dortigen Anm.

26 **E. Einmischungsklage.** Dasselbe gilt entsprechend für die Einmischungsklage (Hauptintervention) des Rechtsnachfolgers.

27 **7) Schutz des gutgläubigen Erwerbers, III.** Man muß zwei Fallgruppen unterscheiden.

A. Veräußerung durch Kläger. Soweit § 325 dem im Prozeß zwischen dem Veräußerer und dem Gegner ergehenden Urteil die Wirkung gegen den Rechtsnachfolger versagt, ist auch § 265 unanwendbar. Das trifft diejenigen Fälle, in denen nach dem sachlichen Recht der Nichtberechtigte kraft guten Glaubens erwirbt, LG Freibg WoM **93**, 127, wie nach §§ 892ff, 932ff BGB (Pawlowski JZ **75**, 685 hält eine grobe Fahrlässigkeit für unschädlich), BAG DB **77**, 681, ferner die Fälle der §§ 1032, 1138, 1155, 1207, 1208, 2366, 2367 BGB, § 366 HGB. Dann erwirbt er auch frei von der Beschränkung durch die Rechtshängigkeit nach § 261 I. Für Grundstücke gilt § 266. Dann könnte dem Bekl der Sieg im Prozeß nicht helfen. Darum gibt § 265 III dem Bekl hier den Einwand des Fehlens einer Sachbefugnis nach Grdz 21 vor § 50. Er führt mangels einer Erledigterklärung des Klägers nach § 91a Rn 62 zu einer Sachabweisung der Klage. Eine Zwangsversteigerung kann als eine Veräußerung gelten und III anwendbar machen, BGH NJW **02**, 2102.

28 **B. Veräußerung durch Beklagten.** Hat der Bekl veräußert, gilt II. Der Kläger darf den Prozeß wegen der Kosten fortsetzen oder zu einem Ersatzanspruch übergehen, § 264 Z 3. Der Rechtsnachfolger darf selbständig klagen, auch nach § 64. Der Kläger kann mit einer Ermächtigung des Rechtsnachfolgers die Klage auf die Leistung an diesen ändern. Das ist meist sachdienlich.

29 **8) Verstoß, I–III.** Soweit der Kläger den Antrag trotz eines etwa notwendigen Hinweises des Gerichts nach Rn 17 nicht umstellt, weist das Gericht die Klage wegen des jetzt eingetretenen Fehlens der Sachbefugnis nach Rn 16 als unbegründet ab, Grdz 18 vor § 50, BGH NJW **86**, 3207, Reinicke/Tiedtke JZ **85**,

892. Das gilt auch bei einer Sicherungsabtretung. Soweit Veräußerer und Erwerber gemeinsam das Verfahren fortführen, kann jeder bei einer eigenen Beschwer ein Rechtsmittel einlegen, BayObLG **94**, 237.

9) Rechtsmittel, I–III. Soweit das Gericht den übernahmebereiten Rechtsnachfolger aus dem Prozeß weist, kann er Rechtsmittel einlegen, allerdings nur zu dem Zweck der Übernahme, BGH MDR **88**, 956. 30

266 *Veräußerung eines Grundstücks.* I 1 **Ist über das Bestehen oder Nichtbestehen eines Rechts, das für ein Grundstück in Anspruch genommen wird, oder einer Verpflichtung, die auf einem Grundstück ruhen soll, zwischen dem Besitzer und einem Dritten ein Rechtsstreit anhängig, so ist im Falle der Veräußerung des Grundstücks der Rechtsnachfolger berechtigt und auf Antrag des Gegners verpflichtet, den Rechtsstreit in der Lage, in der er sich befindet, als Hauptpartei zu übernehmen.** 2 **Entsprechendes gilt für einen Rechtsstreit über das Bestehen oder Nichtbestehen einer Verpflichtung, die auf einem eingetragenen Schiff oder Schiffsbauwerk ruhen soll.**

II 1 **Diese Bestimmung ist insoweit nicht anzuwenden, als ihr Vorschriften des bürgerlichen Rechts zugunsten derjenigen, die Rechte von einem Nichtberechtigten herleiten, entgegenstehen.** 2 **In einem solchen Fall gilt, wenn der Kläger veräußert hat, die Vorschrift des § 265 Abs. 3.**

Schrifttum: S bei § 265.

Gliederung

1) Systematik, I, II. § 266 trifft gegenüber § 265 eine vorrangige Sonderregelung für eine freiwillige oder zwangsweise Veräußerung eines belasteten oder herrschenden Grundstücks, § 265 Rn 7, BGH NJW **08**, 1810. Voraussetzung ist ein rechtshängiger Prozeß zwischen dem Besitzer und einem Dritten über eine mit dem Grundstück verbundene Berechtigung oder eine Belastung oder eine Schiffs- oder Schiffsbauwerkslast oder ein Registerpfandrecht an einem Luftfahrzeug. 1

2) Regelungszweck, I, II. Die Vorschrift dient der Erkenntnis, daß mit dieser Veräußerung das Interesse des Berechtigten regelmäßig wegfällt und daß mit der leichteren Erkennbarkeit der mit dem dinglichen Recht verbundenen Pflichten auch eine strengere Haftung des Erwerbers eintreten soll. Damit ist ein Hauptziel die Rechtssicherheit, Einl III 43. Demgemäß sollte die Auslegung erfolgen. 2

3) Geltungsbereich, I, II. Vgl zunächst Üb 2 vor § 253, § 265 Rn 1. § 266 ist anwendbar auf: Grunddienstbarkeiten; Notwege, Karlsr MDR **95**, 745; dingliche Vorkaufsrechte, §§ 1018, 1094 BGB; subjektiv dingliche Rechte, §§ 1094 II, 1105 II BGB; alle dinglichen Lasten, wie die Hypothek, die Schiffshypothek, den Nießbrauch, eine Grundschuld, eine Rentenschuld, §§ 1105, 1113, 1191 BGB; eine Vormerkung, § 265 Rn 4, s aber auch unten; die Klage aus § 894 BGB gegen den im Grundbuch Eingetragenen; überhaupt alle Fälle, bei denen das Grundstück wie ein Berechtigter oder Verpflichteter dasteht, den der jeweilige Besitzer nur vertritt. Daher zählen hierher auch Prozesse über Nachbarrechte, BGH NJW **08**, 1810, Karlsr Just **96**, 9 (Notweg), und über das Wohnungseigentum, (zum alten Recht) BayObLG **83**, 76, oder nach § 1004 BGB, BGH NJW **08**, 1810. Die Regelung gilt weiter auch für die Veräußerung eines eingetragenen Schiffs oder Schiffsbauwerks, ebenso für diejenige eines in der Luftfahrzeugrolle eingetragenen Luftfahrzeugs, § 99 I LuftfzRG. Die Natur der Klage ist unerheblich. 3

Nicht hierher gehören zB die Eigentumsklage oder die Klage aus einer persönlichen Verpflichtung des Eigentümers, etwa aus einem Miet- oder Pachtvertrag oder aus §§ 823 ff BGB oder wegen einer Störung aus § 1004 BGB, oder die Klage auf Brandentschädigungsgeld, selbst wenn dieser persönliche Anspruch durch eine Vormerkung gesichert ist.

4) Übernahme, I. Ein Grundsatz hat recht zahlreiche Auswirkungen. 4

A. Grundsatz. Der Rechtsnachfolger darf bei der freiwilligen oder zwangsweisen Veräußerung des Grundstücks in einer Abweichung von § 265 II grundsätzlich den Prozeß übernehmen und muß das auf Verlangen des Gegners tun. Soweit der Veräußerer weiter mithaftet, zB bei einer nur teilweisen Veräußerung, bleibt auch er Partei als ein nach § 69 notwendiger (dingliche Mithaftung) oder als ein nach § 66 einfacher Streitgenosse. Bei einer Veräußerungsreihe haftet nur der Letzterwerber. Man kann eine Übernahme in einem Schriftsatz ankündigen. Das Gericht muß ihn den Beteiligten von Amts wegen zustellen. Der Übernehmer muß sie in der mündlichen Verhandlung erklären.

B. Freiwillige Übernahme. Eine Zustimmung des Veräußerers und des Gegners ist abweichend von § 265 II 2 entbehrlich. Bis zur Übernahme geht der Prozeß unverändert weiter. Der Rechtsnachfolger muß einen Termin zur Erklärung der Übernahme erwirken. Die Ladung erfolgt auch hier von Amts wegen, § 214. 5

C. Terminsablauf bei freiwilliger Übernahme. Bei einem Widerspruch des Veräußerers oder des Gegners ergeht eine Entscheidung über die Sachbefugnis des Nachfolgers nach Grdz 21 vor § 50. Seine Zulassung erfolgt durch ein unselbständiges Zwischenurteil nach § 303. Man kann es nur zusammen mit dem Endurteil anfechten. Sie kann auch im Schlußurteil erfolgen, notfalls nach der Beweisaufnahme. Seine Zurückweisung erfolgt durch ein Endurteil mit einer Entscheidung über die Kosten des Nachfolgers nach §§ 91 ff. Nach einer Zurückweisung geht der Prozeß zwischen den alten Parteien weiter. Ein Endurteil ist aber mit der auflösenden Bedingung der rechtskräftigen Zulassung des Nachfolgers durch das Rechtsmittel- 6 gericht behaftet, ähnlich der Vorabentscheidung über den Grund nach § 304. Wenn niemand widerspricht, erfolgen der Eintritt und das Ausscheiden ohne eine Entscheidung. Der Prozeß nimmt seinen Fortgang wie bei § 265 Rn 21–26.

Eine *Säumnis* des Veräußerers nach §§ 330 ff ist unbeachtlich. Bei einer Säumnis des Nachfolgers ergeht keine Entscheidung. Der Prozeß geht vielmehr unter den alten Parteien weiter. Bei einer Säumnis des Gegners gilt: Erfolgt die Übernahme widerspruchslos, ergeht eine Versäumnisentscheidung in der Sache. Bei einer Säumnis aller Beteiligten gilt: War die Übernahme schriftlich erklärt, ist eine Entscheidung nach Aktenlage nach § 251 a zwischen dem Nachfolger und dem Gegner möglich, aber mangels einer Verhandlung mit dem Übernehmer ist kein Urteil zulässig, § 251 a. Andernfalls ergeht eine Entscheidung nach Aktenlage zwischen den bisherigen Parteien.

7 **D. Notwendige Übernahme.** Nur der Gegner darf eine Übernahme verlangen, nicht der Veräußerer. Der Gegner muß die Termine zur Übernahme und Verhandlung veranlassen.

8 **E. Terminablauf bei notwendiger Übernahme.** Bei einer Erklärung der Übernahme durch den Rechtsnachfolger ist keine Entscheidung nötig. Der Prozeß nimmt seinen Fortgang wie bei § 265 Rn 21–26. Bei einer Verweigerung der Übernahme durch den Rechtsnachfolger muß das Gericht über die Sachbefugnis entscheiden, Grdz 23 vor § 50. Das Urteil lautet auf eine Verneinung, auch bei einem Leugnen der Rechtsnachfolge, mit einer Entscheidung über die Kosten des Nachfolgers, bei einer Bejahung durch ein unselbständiges Zwischenurteil oder im Endurteil.

Eine *Säumnis* des Veräußerers nach §§ 330 ff ist belanglos. Bei einer Säumnis des Nachfolgers gilt die Rechtsnachfolge entsprechend § 239 IV als zugestanden. Es ergeht eine Versäumnisentscheidung in der Sache. Dasselbe gilt bei einer Säumnis des Gegners, wenn der Rechtsnachfolger übernimmt. Andernfalls ergeht nur eine Versäumnisentscheidung auf eine Verneinung der Übernahmepflicht, aM StJSchu 5 (ein Versäumnisurteil in der Sache. Aber das wäre nach § 308 I verboten.). Bei einer Säumnis aller gilt dasselbe wie bei Rn 6.

9 **F. Übernahmewirkung.** Die Übernahme wirkt sich dahin aus, daß der Veräußerer als Partei ausscheidet. Nach einem formell nach § 705 rechtskräftigen Ausscheiden ist er zeugnisfähig, Üb 11 vor § 373. Der Nachfolger trägt beim Unterliegen sämtliche Prozeßkosten, § 91.

10 **5) Schutz des gutgläubigen Erwerbers, II.** Nach dem Privatrecht mag ein guter Glaube auch bei dem Erwerb vom Nichtberechtigten ein Grundstück oder ein Recht am Grundstück erwerben lassen, §§ 892, 893, 1140, 2366 BGB, § 90 ZVG. Wenn der Kläger es veräußert, gilt grundsätzlich nicht I, sondern § 265 III. Man muß aber auch hier die in § 325 III genannten Rechte ausnehmen und nach I behandeln, Denn II soll offensichtlich nur die Fälle ausscheiden, in denen das Urteil nicht gegen den Erwerber wirkt, § 325 II. Bei II hat der Bekl den Einwand einer mangelnden Sachbefugnis des Veräußerers, Grdz 23 vor § 50. Vgl auch § 265 Rn 27, 28.

267 *Vermutete Einwilligung in die Klageänderung.* **Die Einwilligung des Beklagten in die Änderung der Klage ist anzunehmen, wenn er, ohne der Änderung zu widersprechen, sich in einer mündlichen Verhandlung auf die abgeänderte Klage eingelassen hat.**

1 **1) Systematik.** Die Vorschrift ergänzt § 263. Sie behandelt eine Parteiprozeßhandlung, Grdz 47 vor § 128.

2 **2) Regelungszweck.** Die Vorschrift dient wie der sie ergänzende § 295 der Vereinfachung und Beschleunigung und damit der Prozeßwirtschaftlichkeit, Grdz 14 vor § 128. Eine rügelose Nichteinlassung mit nachteiligen Rechtsfolgen ist ja in der ZPO vielfach als ein Ausdruck der Parteiherrschaft vorhanden, Grdz 18 vor § 128. Das sollte allerdings nun auch nicht dazu führen, eine Einwilligung allzu leicht zu unterstellen. Das alles muß man bei der Auslegung mitbeachten.

3 **3) Geltungsbereich.** Üb 2 vor § 253. § 267 ist entsprechend anwendbar bei (jetzt) § 533 Z 1, Schneider MDR **75**, 979. Wegen des Parteiwechsels in der Berufungsinstanz § 263 Rn 9–12.

4 **4) Einlassung.** Eine Einwilligung ist auch dann evtl nötig, wenn die Klagänderung vor der ersten mündlichen Verhandlung erfolgte. In der widerspruchslosen Einlassung des Bekl oder Widerbekl, Düss MDR **90**, 728, auf den erforderlichen Vortrag einer geänderten Klage liegt nach einer unwiderleglichen Vermutung eine Einwilligung in die Änderung, BGH RR **90**, 506, Düss FGPrax **06**, 203, KG MietR **97**, 170. Die Einlassung steckt in jeder sachlichen Gegenerklärung in der mündlichen Verhandlung, § 39 Rn 6, BGH NJW **90**, 2682. Im bloßen Vorbringen einer Rüge der Zulässigkeit oder in einer schriftsätzlichen Erklärung liegt keine Einlassung. Im schriftlichen Verfahren nach §§ 128 II, 495 a I I und im Aktenlageverfahren nach §§ 251 a, 331 a genügt eine schriftliche Einlassung auf die geänderte Klage.

5 In einer bloßen *Säumnis* des Bekl im Verhandlungstermin liegt keine Einlassung. Das gilt selbst dann, wenn der Kläger eine Änderung angekündigt hatte und der Bekl sich vor dem Termin schriftsätzlich auf sie eingelassen hat. In einem Antrag auf Klagabweisung kann eine stillschweigende Bezugnahme nach § 137 III auf einen früheren Widerspruch stecken, BGH NJW **75**, 1229, aber auch eine Einlassung nach § 267, BGH RR **90**, 506. Das Gericht muß im Zweifel nach § 139 vorgehen. Es mag evtl großzügig eine Sachdienlichkeit nach § 263 bejahen. Ob sich der Bekl der rechtlichen Natur des Vorbringens als einer Klagänderung und deren Zulässigkeit oder Unzulässigkeit bewußt war, ist unerheblich. Eine vorweggenommene Einlassung nach § 263 Rn 23 verschließt auch dem Bekl die Rüge der Klagänderung.

268 *Unanfechtbarkeit der Entscheidung.* **Eine Anfechtung der Entscheidung, dass eine Änderung der Klage nicht vorliege oder dass die Änderung zuzulassen sei, findet nicht statt.**

1) Systematik, Regelungszweck. Eine ausdrückliche Entscheidung über die Klagänderung ergeht zwecks Prozeßwirtschaftlichkeit nach Grdz 14 vor § 128 nur bei einem Widerspruch des Bekl. Abgesehen davon genügt es, daß das Urteil die stillschweigende Zulassung ergibt. Den etwaigen Zwischenstreit entscheidet das Gericht durch ein unselbständiges Zwischenurteil nach § 303, soweit es sachdienlich ist, oder in den Gründen des Endurteils. Auch die Unanfechtbarkeit dient der Prozeßwirtschaftlichkeit. Das gilt ungeachtet des natürlich auch bei § 268 mitbeachtlichen Gebots einer etwaigen Berichtigung nach § 319 bzw einer Maßnahme nach §§ 320–321 a. Denn die Prozeßwirtschaftlichkeit erlaubt keine sehenden Auges drohende noch behebbare Fehlentscheidung. **1**

2) Geltungsbereich. Vgl Üb 2 vor § 253. **2**

3) Rechtsbehelfe. Man muß vier Situationen unterscheiden. **3**

A. Nichtzulassung. Soweit das Gericht entschieden hat, daß eine Klagänderung nicht vorliege oder nicht zulässig sei, erfolgt die Anfechtung nur zusammen mit derjenigen des Endurteils, §§ 512, 557 II, ZöGre 3, für den ersteren Fall aM ThP 4 (Unanfechtbarkeit; zu formell). Liegt darin ein Aussetzungsbeschluß, gilt § 252.

B. Zulassung. Soweit das Gericht eine Klagänderung zugelassen hat, ist kein Rechtsbehelf statthaft, BAG BB **05**, 830, BayObLG WoM **93**, 700. Das gilt unabhängig davon, wie das Gericht zugelassen hat, ob in einem End- oder Zwischenurteil oder nur in den Gründen. Ein Rechtsmittel besteht auch nicht, wenn eine Klagänderung erst in der Berufungsinstanz erfolgte, BGH MDR **08**, 158 rechts, BAG BB **05**, 830. Es ist unerheblich, ob die Zulassung ausdrücklich oder stillschweigend erfolgte. Das Urteil ist wie stets auslegbar. Ein völliges Schweigen im Urteil enthält freilich keine Zulassung, BGH MDR **79**, 829. Unerheblich ist, ob das Gericht die Einwilligung zu Unrecht angenommen hat. Zulässig ist die Rüge, die Einführung des neuen Anspruchs sei zB wegen der Rechtskraft des bisherigen Anspruchs überhaupt unzulässig. Ein Zwischenurteil auf die Zulassung des Wechsels des Bekl ist für beide Bekl anfechtbar, BGH NJW **81**, 989, ZöGre 2, aM BGH RR **87**, 1085, Franz NJW **82**, 15 (nur für den alten Bekl. Aber auch der neue Bekl kann beschwert sein.). Denn es fehlt eine echte Klagänderung, § 263 Rn 5 ff, BGH **65**, 264. **4**

C. Übergehung. Hat das Gericht eine begründet gerügte Klagänderung übersehen, erfolgt eine Anfechtung nur zusammen mit derjenigen des Endurteils, §§ 512, 557 II. **5**

D. Verbot der Klagänderung. Ist eine Klagänderung gesetzlich schlechthin unstatthaft, § 263 Rn 2, zB bei § 181 InsO, versagt § 268 und ist eine Anfechtung zusammen mit derjenigen des Endurteils möglich. **6**

E. Weitere Einzelfragen. Das Revisionsgericht kann die Prüfung der Sachdienlichkeit der Klagänderung selbst nachholen, BGH MDR **79**, 829, aM BGH (12. ZS) FamRZ **06**, 262, BAG BB **05**, 830. Verweist das Revisionsgericht an das Vordergericht zurück, das zugelassen hat, bindet das. Der Eintritt einer neuen Partei nach §§ 76, 77, 239, 240, 265, 266, 856 gehört hierhin nur, soweit er eine Klagänderung darstellt, § 263 Rn 14. **7**

269

Klagerücknahme. **I Die Klage kann ohne Einwilligung des Beklagten nur bis zum Beginn der mündlichen Verhandlung des Beklagten zur Hauptsache zurückgenommen werden.**

II 1 Die Zurücknahme der Klage und, soweit sie zur Wirksamkeit der Zurücknahme erforderlich ist, auch die Einwilligung des Beklagten sind dem Gericht gegenüber zu erklären. 2 Die Zurücknahme der Klage erfolgt, wenn sie nicht bei der mündlichen Verhandlung erklärt wird, durch Einreichung eines Schriftsatzes. 3 Der Schriftsatz ist dem Beklagten zuzustellen, wenn seine Einwilligung zur Wirksamkeit der Zurücknahme der Klage erforderlich ist. 4 Widerspricht der Beklagte der Zurücknahme der Klage nicht innerhalb einer Notfrist von zwei Wochen seit der Zustellung des Schriftsatzes, so gilt seine Einwilligung als erteilt, wenn der Beklagte zuvor auf diese Folge hingewiesen worden ist.

III 1 Wird die Klage zurückgenommen, so ist der Rechtsstreit als nicht anhängig geworden anzusehen; ein bereits ergangenes, noch nicht rechtskräftiges Urteil wird wirkungslos, ohne dass es seiner ausdrücklichen Aufhebung bedarf. 2 Der Kläger ist verpflichtet, die Kosten des Rechtsstreits zu tragen, soweit nicht bereits rechtskräftig über sie erkannt ist oder sie dem Beklagten aus einem anderen Grund aufzuerlegen sind. 3 Ist der Anlass zur Einreichung der Klage vor Rechtshängigkeit weggefallen und wird die Klage daraufhin zurückgenommen, so bestimmt sich die Kostentragungspflicht unter Berücksichtigung des bisherigen Sach- und Streitstandes nach billigem Ermessen; dies gilt auch, wenn die Klage nicht zugestellt wurde.

IV Das Gericht entscheidet auf Antrag über die nach Absatz 3 eintretenden Wirkungen durch Beschluss.

V 1 Gegen den Beschluss findet die sofortige Beschwerde statt, wenn der Streitwert der Hauptsache den in § 511 genannten Betrag übersteigt. 2 Die Beschwerde ist unzulässig, wenn gegen die Entscheidung über den Festsetzungsantrag (§ 104) ein Rechtsmittel nicht mehr zulässig ist.

VI Wird die Klage von neuem angestellt, so kann der Beklagte die Einlassung verweigern, bis die Kosten erstattet sind.

Schrifttum: *Breitkopf,* Die Klageerhebung und -rücknahme bei vollmachtloser Prozeßvertetung und ihre kostenrechtliche Beurteilung, 2004; *Hinz,* Zeitliche Grenzen der Klagerücknahme; *Mende,* Die in den Prozeßvergleich aufgenommene Klagerücknahme, 1976; *Pawlowski,* Klageänderung und Klagerücknahme, Festschrift für *Rowedder* (1994) 309.

Gliederung

1 **1) Systematik, I–VI.** Die Klagerücknahme ist das Gegenteil der Klagerhebung. Sie ist ausschließlich eine Parteiprozeßhandlung, Grdz 47 vor § 128. Sie unterscheidet sich: Vom zeitweisen Ruhenlassen, § 251 a; vom bloßen Nichtweiterbetreiben eines Antrags; von der Klagänderung, §§ 263 ff einschließlich eines Parteiwechsels (vgl aber § 263 Rn 8); vom Verfahrensstillstand, Üb 1 vor § 239; von der Erklärung der Hauptsache als erledigt, § 91 a Rn 62, Brdb Rpfleger **98**, 484, Köln FamRZ **92**, 334; vom Verzicht auf den Anspruch, § 306 Rn 4; vom schuldrechtlichen Vertrag auf eine Klagerücknahme, Rn 10; von der gesetzlichen Unterstellung einer Klagerücknahme nach § 113. Die Klagerücknahme geht als ein das gesamte Prozeßrecht erfassendes Prinzip auch einem Eilantrag vor, (je zum alten Recht) Düss FamRZ **78**, 910, aM Ffm NJW **75**, 2350 (aber auch ein Antrag auf einstweilige Anordnung leitet ein streitiges Verfahren ein). Für die Rücknahme eines Rechtsbehelfs oder Rechtsmittels enthalten §§ 346, 516, 565 Sonderregeln. Die Klagerücknahme ist nur ein derzeitiger teilweiser oder gänzlicher Verzicht auf eine Entscheidung in diesem Prozeß. Sie läßt den sachlichrechtlichen Anspruch unberührt, BGH NJW **84**, 3019 (nur ausnahmsweise Erlaßvertrag). Daher ist Empfänger das Gericht, nicht der Gegner, Rn 27.

Man kann die *Klage neu erheben,* sogar bis zur formellen Rechtskraft nach § 705 in demselben Prozeß, VI, BGH NJW **84**, 658. Eine Beschränkung des Klagantrags kann eine teilweise Rücknahme enthalten, § 264 Rn 9, BAG NZA **07**, 279, Kblz Rpfleger **88**, 162, aM Mü MDR **95**, 174 (aber auch eine Beschränkung ist meist eine Form von Rücknahme). Das gilt auch in der Rechtsmittelinstanz, BGH MDR **89**, 987. Eine Antragsbeschränkung ist bei einem von mehreren Klägern oder Bekl nur bedingt statthaft, Rn 5. Sie ist aber bei einem von mehreren nach § 145 abtrennbaren Ansprüchen oder bei einem dem Teilurteil nach § 301 zugänglichen Anspruchsteil grundsätzlich voll statthaft. Sie kann freilich auch eine teilweise Erledigung der Hauptsache bedeuten. Ob eine Klagänderung auch eine Rücknahme der bisherigen Klage mit den gegenüber §§ 91 ff teilweise vorrangig abweichenden Kostenfolgen III, VI bedeutet, das ist eine Auslegungsfrage, § 264 Rn 1. Zum Problem Walther NJW **94**, 423.

Ein *Parteienwechsel* bedeutet regelmäßig eine Rücknahme gegenüber der erstbeklagten Partei, § 263 Rn 5. Im Vergleich nach Anh § 307 steckt nicht ohne weiteres eine Rücknahme. Spricht sie der Vergleich aus, ist sie von dessen Bestehen und davon abhängig, daß sie auch im fraglichen Prozeß und nicht nur in einem anderen zur Akte kommt, und zwar urschriftlich, BGH MDR **81**, 1002. Was der Kläger meint, muß das Gericht bei Zweifeln durch Befragen ermitteln, § 139.

2 **2) Regelungszweck, I–VI.** Die Klagerücknahme dient der Parteiherrschaft, Grdz 18 vor § 128. Sie dient oft auch der Prozeßwirtschaftlichkeit, Grdz 14 vor § 128. Daran ändert auch VI mit seinem Schutzzweck zugunsten des Bekl nichts. Sie führt oft zum endgültigen Schluß des Gesamtstreits ohne neuen Prozeß. Die Fälle einer nochmaligen Klage sind praktisch selten. II 4 mit seiner Unterstellung der Einwilligung führt nur dann zum gewünschten Ziel, wenn Richter und Geschäftsstelle sowohl bei der Belehrung als auch bei der Unterschrift und der Ausführung der strengen Zustellung aufpassen (also kein Namenskürzel und keine formlose Übersendung). Eine Teilrücknahme sollte aus Gründen der Prozeßwirtschaftlichkeit möglichst einer völligen Rücknahme gleichstehen. I dient mit dem Zustimmungserfordernis der Verhinderung einer einseitigen Flucht des Klägers aus dem Prozeß nach dem Deutlichwerden des Umstands, daß sich der Bekl auch wirklich wehrt und daher einen Anspruch auf eine richterliche Klärung des vom Gegner angefangenen Streits hat. III 3 verdient wegen seines eindeutigen Zwecks der Vermeidung eines folgenden Kostenprozesses ebenfalls eine großzügige Behandlung. Aber das muß man auch bei der sonstigen Auslegung mitbeachten.

3) Geltungsbereich, I–VI. Ein einfacher Grundsatz hat viele Auswirkungen. 3

A. Umfassende Anwendbarkeit. § 269 ist grundsätzlich in allen Verfahrensarten nach der ZPO direkt anwendbar, auch im WEG-Verfahren. Im Rechtsmittelverfahren muß man vorrangig §§ 516, 565 beachten.

B. Beispiele zur Frage des Geltungsbereichs 4

Arbeitsgerichtsverfahren: *Unanwendbar* ist III bei § 54 IV, V ArbGG, LaG Hamm MDR **83**, 964, LAG Mü NJW **89**, 1503.

Eilantrag: Entsprechend anwendbar ist § 269 auf einen solchen Antrag zB nach §§ 916, 935, 940.

FamFG: Im FamFG-Verfahren gelten §§ 22, 113 I 2, 141 und daher auch § 269 entsprechend. Freilich ist I unanwendbar, soweit er eine Einwilligung des „Bekl" vorschreibt, BayObLG ZMR **99**, 842, aM Düss NJW **80**, 349, Lindacher JuS **78**, 579 (aber das paßt nicht zur dortigen Begrenztheit der Parteiherrschaft). III, IV können aber entsprechend anwendbar sein, LG Lpz RR **05**, 465, AG Neust/W FamRZ **04**, 1392.

Freigestellte Verhandlung: Entsprechend anwendbar ist § 269 bei einer freigestellten mündlichen Verhandlung auf die Rücknahme des Verhandlungsgesuchs nach § 128 IV, BayObLG **04**, 122, Dresd JB **98**, 28, Hamm MDR **93**, 909, aM Ffm GRUR-RR **02**, 45 (je: Antrag auf Eilverfahren. Aber es ist eine der Klage entsprechende Behandlung sinnvoll).

Insolvenzverfahren: Entsprechend anwendbar ist III–V im Insolvenzverfahren, Karlsr RR **00**, 1237, LG Freibg Rpfleger **04**, 373, aM Celle MDR **00**, 1031 wegen eines vorläufigen Insolvenzverwalters (aber auch er arbeitet in einem gerichtlichen Verfahren).

KapMuG: SchlAnh VIII § 16.

Kartellsache: Wegen der Anwendbarkeit im Kartellverwaltungsverfahren BGH NJW **82**, 2775.

Kostenfestsetzung: Entsprechend anwendbar ist § 269 auf den Kostenfestsetzungsantrag nach §§ 103 ff, Kblz Rpfleger **76**, 324.

Mahnverfahren: Entsprechend anwendbar ist § 269 auf die Rücknahme des Mahnantrags nach § 690 Rn 16.

Unanwendbar ist die Vorschrift auf die Rücknahme des Antrags auf ein streitiges Verfahren nach § 696 Rn 22, BGH BB **05**, 1876.

Markensache: BGH RR **98**, 1203.

Patentsache: Wegen eines patentgerichtlichen Beschwerdeverfahrens BPatG GRUR **01**, 328 und 329.

Prozeßkostenhilfe: Entsprechend anwendbar ist § 269 auf einen Prozeßkostenhilfeantrag, Rn 5, aM Brschw FamRZ **05**, 1263.

RVG: *Unanwendbar* ist III 4 bei (jetzt) § 59 II RVG, Köln Rpfleger **98**, 129, aM LG Osnabr JB **87**, 1379 (aber dann liegt eine ganz andere Verfahrensart vor).

Scheidungsantrag: S zunächst „FamFG". Entsprechend anwendbar ist § 269 auf ihn, Naumb FamRZ **03**, 545, Stgt FamRZ **05**, 287, AG Kempten FamRZ **03**, 1117. Vgl freilich auch § 626, AG Bln-Charlottenb FamRZ **86**, 704.

Schiedsrichterliches Verfahren: Entsprechend anwendbar ist § 269 auf die Vollstreckbarerklärung eines Schiedsspruchs, Mü JB **05**, 665.

Selbständiges Beweisverfahren: Entsprechend anwendbar ist § 269 auf einen Antrag nach § 485, BGH BB **04**, 2602 rechts unten, Kblz WoM **04**, 621 rechts, Zweibr JB **04**, 99.

Teilungsversteigerung: *Unanwendbar* ist hier III, LG Konst JB **02**, 269.

Unterstellung: Entsprechend anwendbar ist § 269 auf alle diejenigen Fälle, in denen das Gesetz eine Klagerücknahme unterstellt oder fingiert, zB § 113.

Vergabeverfahren: Entsprechend anwendbar ist III auf einen Beigeladenen im Vergabeverfahren, Brdb JB **02**, 437.

Widerklage: Entsprechend anwendbar ist § 269 auf die Rücknahme einer Widerklage nach Anh § 253. Die Rücknahme der Klage läßt die Widerklage bestehenbleiben.

ZVG: In seinem Vollstreckungsverfahren gilt § 788, dort Rn 19.

S auch „Teilungsversteigerung".

4) Zulässigkeit, I, II. Man prüft sie zu oft folgenschwer ungenau. 5

A. Unabhängigkeit von Klagerhebung. Voraussetzung einer Klagerücknahme ist wegen III 3 Hs 2 nicht mehr ein Prozeßrechtsverhältnis nach Grdz 4 vor § 128, also eine Klagerhebung, also der Eintritt der Rechtshängigkeit, § 261 Rn 4. Die bisherige Streitfrage ist damit erledigt, BGH FamRZ **05**, 794, Knauer/Wolf NJW **04**, 2858, aM Brschw FamRZ **05**, 1263. Es reicht also jetzt die bloße Einreichung, die sog Anhängigkeit, § 261 Rn 1, wie schon seit jeher im Eilverfahren.

Unerheblich ist, ob die Klage zulässig ist, ob zB Prozeßvoraussetzungen fehlen, Grdz 12 vor § 253, und ob sie sogar auch begründet ist. Es besteht daher jetzt auch vor einer wirksamen Klagezustellung evtl ein Grund zu einer Sach- oder Kostenentscheidung. Es liegt auch vor der Zustellung an den Gegner eine echte Rücknahme vor bei einer entsprechenden Anwendung im Arrestverfahren ab Antragseintrag wegen § 920 Rn 8, Celle AnwBl **87**, 237, KG GRUR **85**, 325, Mü NJW **93**, 1604. 6

Bei einer *falschen Zustellung* gilt § 269 entsprechend, Schneider ZZP **76**, 32. Dasselbe gilt zB in folgenden Fällen: Wenn die Klage vor ihrer Zustellung zurückgenommen, dann aber doch fälschlich zugestellt wurde, Köln MDR **94**, 618, Schlesw RR **87**, 951; wenn man die Klage nach §§ 184, 187 als zugestellt ansehen muß; wenn ein Anwalt vor dem Erhalt des Auftrags des Bekl eine Klagezustellung bescheinigt und dann vor einer wirksamen Klagerücknahme den Auftrag des Bekl erhält, § 184 BGB; nach der Rücknahme des Antrags auf die Durchführung des streitigen Verfahrens, § 696 IV; wenn ein Verzicht auf die Rüge einer fehlerhaften oder fehlenden Klagezustellung vorliegt, Karlsr MDR **89**, 268. Nach einem Vollstreckungsbescheid gemäß § 700 kommt nicht mehr eine Antragsrücknahme nach § 696 IV in Betracht, sondern nur noch eine Klagerücknahme, Kblz MDR **84**, 322. 7

8 Es reicht daher auch die Bitte, zunächst *keinen Termin* zu bestimmen. Es reicht ferner, wenn das Gericht die Klageschrift nach dem Willen des Klägers nur bei einer Bewilligung der Prozeßkostenhilfe zustellen soll und wenn er sie dann vor oder nach deren Versagung zurückzieht.

9 Die Rücknahme kann auch einen zur selbständigen Entscheidung nach § 301 geeigneten *Teil* betreffen, BAG NJW **80**, 1486, Köln RR **92**, 1480 (Stufenklage), Stgt NJW **84**, 2538, einen von mehreren gehäuften Ansprüchen oder einen von mehreren Streitgenossen. Die etwa notwendige Einwilligung des Bekl ist eine Voraussetzung nicht der Zulässigkeit, sondern der Wirksamkeit, Rn 28. Das Gericht muß die Zulässigkeit der Klagerücknahme von Amts wegen beachten, Grdz 39 vor § 128. Sie ist von der Zulässigkeit oder Begründetheit der Klage unabhängig.

10 **B. Rücknahmepflicht.** Eine außergerichtliche Vereinbarung der Klagerücknahme ist zulässig, BGH RR **87**, 307, Piehler Gedächtnisschrift für Arens (1993) 329, auch in einem Vergleich, OVG Hbg NJW **89**, 604. Sie kann eine von III abweichende vorrangige Kostenregelung enthalten, Rn 33. Sie ist ein sachlichrechtliches Rechtsgeschäft über prozessuale Beziehungen, Grdz 48 vor § 128. Sie verpflichtet zur Rücknahme. Sie steht aber mangels einer anderweitigen Abrede so wenig wie eine Rücknahme einer neuen Klage entgegen. Der Bekl kann auf die Erklärung der Rücknahme klagen, im anhängigen Prozeß auch durch eine Widerklage, Anh § 253. Die Klage ist mit der formellen Rechtskraft des Urteils nach § 705 zurückgenommen, § 894. Aber der Fortsetzung des Prozesses stünde ohnehin die Rüge der prozessualen Arglist nach Grdz 57 vor § 128 und das Fehlen des Rechtsschutzbedürfnisses nach Grdz 33 vor § 253 entgegen. Der Bekl kann nicht mehr erreichen als eine Klagerücknahme, also keine Sachabweisung, sondern nur eine Prozeßabweisung, Grdz 14 vor § 253, BGH RR **87**, 307, Stgt ZZP **76**, 318, OVG Hbg NJW **89**, 604.

11 **C. Vor Rechtskraft, Erledigung oder Vergleich.** Der Kläger kann seine Klage in jeder Lage des Prozesses bis zum Eintritt der formellen Rechtskraft des Urteils nach § 705 zurücknehmen, Einf 1 vor §§ 322–327, § 705 Rn 1, wenn auch unter den Voraussetzungen Rn 17 nur mit einer Einwilligung des Bekl. Das gilt auch bis zu beiderseits wirksamen Vollerledigterklärungen, § 91 a Rn 108, oder bis zum Prozeßvergleich, Anh § 307, auch bis zu einem gerichtlichen Vergleich nach § 118 I 3, auch nach dem Schluß der Verhandlung nach §§ 136 IV, 296 a, Hamm RR **91**, 61, auch zwischen zwei Instanzen, BGH MDR **95**, 952, oder in der Rechtsmittelinstanz, BGH BB **98**, 2495 sofern das Rechtsmittel statthaft ist, mag es auch fehlerhaft eingelegt oder begründet worden sein, oder nach einer Rechtswegverweisung nach §§ 17, 17 a GVG. Das Prozeßrechtsverhältnis nach Grdz 4 vor § 128 unterliegt der Herrschaft der Parteien, Grdz 18, 19 vor § 128. Bis zur notwendigen Einwilligung ist die Klagerücknahme auflösend bedingt. Klagerücknahme ist nicht Rücknahme eines Rechtsmittels. Die letztere läßt das frühere Urteil bestehen, die Klagerücknahme macht die frühere Entscheidung kraftlos, auch das Rechtsmittelurteil.

12 Zum Begriff der *Einwilligung* § 263 Rn 23. Vgl ferner unten Rn 17. Sie ist eine grundsätzlich unwiderrufliche Parteiprozeßhandlung nach Grdz 47 vor § 128. Für sie besteht ein Anwaltszwang wie sonst. Die Einwilligung muß unbedingt sein, LAG Düss DB **77**, 1708. Sie kann in einer schlüssigen Handlung liegen, Rn 2, 22, zB in der Mitteilung einer außergerichtlichen Einigung oder eines außergerichtlichen Vergleichs oder in einem Kostenantrag nach IV, aber nicht in der bloßen Einreichung einer Vergleichsabschrift, BGH MDR **81**, 1002. Eine vorweggenommene Einwilligung ist zumindest aus praktischen Erwägungen zulässig. Sie ist freilich erst ab Rechtshängigkeit nach § 261 I und nur bis zur formellen Rechtskraft nach § 705 wirksam möglich. In einer Aufforderung des Bekl an den Kläger, sich zu einer etwaigen Klagerücknahme zu äußern, liegt keineswegs stets eine vorweggenommene Einwilligung des Bekl, BGH NJW **80**, 839. Sie kann indessen nach II 4 unterstellbar sein. Sie gilt im übrigen als verweigert, wenn sie nicht in der nächsten oder gar derselben mündlichen Verhandlung erfolgt, Drsd RR **97**, 765. Nach der Rechtskraft ist keine Klagerücknahme mehr möglich. Denn das Urteil hat die Klage voll erledigt und läßt sich durch keine Parteivereinbarung mehr beseitigen, Düss FamRZ **79**, 446. Allenfalls können die Parteien seine Nichtdurchsetzung vereinbaren, Grdz 24 vor § 704. Wohl aber ist eine Klagerücknahme nach der Verkündung des Urteils möglich, solange es noch nicht formell rechtskräftig ist, Rn 11.

13 Weil auch ein Urteil des *OLG* selbst dann nicht sofort rechtskräftig wird, wenn die Voraussetzungen des § 547 nicht vorliegen, § 705 Rn 6, ist also die Klagerücknahme bei einer Einwilligung des Bekl bis zu dem Zeitpunkt der Rechtskraft durch einen anwaltlichen Schriftsatz an das OLG oder nach einer Revisionseinlegung durch eine Erklärung der Parteien gegenüber dem Revisionsgericht ohne eine Einwilligung durch einen Anspruchsverzicht des Klägers zulässig, § 705 Rn 10. Eine Rücknahme und eine Einwilligung liegen nicht in einem rein untätigen Verhalten. Wenn der Bekl den Abweisungsantrag verliest, versagt er damit seine Einwilligung zur Klagerücknahme. Die Verweigerung führt zur Unwirksamkeit der Klagerücknahme.

14 **D. Vor mündlicher Verhandlung.** Die Klagerücknahme ist ohne eine Einwilligung des Bekl nur bis zum Beginn einer wirksamen mündlichen Verhandlung des Bekl zur Hauptsache möglich, § 39 Rn 6, Stgt NJW **84**, 2538. Das ist eine Ausnahme von dem Satz, daß sich keine Partei dem Prozeßrechtsverhältnis nach Grdz 4 vor § 128 einseitig entziehen kann. Der Bekl kann durchaus ein Rechtsschutzinteresse daran haben, daß das Gericht ihn durch eine Klagabweisung vor einer erneuten Klage schützt, Grdz 33 vor § 253, BGH NJW **81**, 989. In einer Patentnichtigkeitssache ist die einseitige Rücknahme der Klage bis zur formellen Rechtskraft nach § 705 zulässig, BGH MDR **93**, 1073. In einer Ehesache gelten §§ 113 I 2, 121, 141 FamFG und daher auch § 269. Hier ist die Antragsrücknahme in jeder Verfahrenslage möglich, wenn der Antragsgegner anwaltlich nicht vertreten war, also nicht zur Hauptsache verhandeln konnte, mochte er auch geladen, erschienen und sogar gehört sein, BGH FamRZ **04**, 1365, Stgt FamRZ **05**, 287 (erst recht vor einer Verhandlung), Zweibr RR **97**, 833, aM Karlsr OLGZ **77**, 479 (aber auch in solcher Lage verdient die in solchem Verfahren ohnehin begrenzte Parteiherrschaft nach Grdz 18 vor § 128 ihre Beachtung).

15 Im *schriftlichen Verfahren* des § 128 II ist die Klagerücknahme nur bis zur Erklärung des letzten Einverständnisses mit einer schriftlichen Entscheidung möglich, Kblz AnwBl **03**, 187. Dabei ist ein Rügevorbehalt unzulässig. Eine Nachfrist nach § 283 reicht aber nicht aus. Im Aktenlageverfahren nach § 251 a ist die Klagerücknahme bis zum Terminschluß zulässig.

Wenn bei der *Stufenklage* nach § 254 die Auskunft das Fehlen des bisher vermuteten Anspruchs ergibt, kann der Kläger die Klage zu den nächsten Stufen auch nach einer streitigen Verhandlung über den Auskunftsanspruch noch bis zum Beginn der Verhandlung des Bekl zur nächsten Stufe ohne dessen Einwilligung wirksam zurücknehmen. Die Rücknahme nur der Leistungsstufe ist evtl eine nur teilweise Klagerücknahme, Köln RR **92**, 1480.

Wenn der Bekl rügt, daß es an *Prozeßvoraussetzungen* nach Grdz 12 vor § 253 fehle und daß die Klage daher unzulässig sei, kann er den zur Rücknahme bereiten Kläger nicht durch eine Verweigerung seiner Einwilligung an der Klage festhalten, selbst wenn schon zur Hauptsache verhandelt wurde, § 39, Einl III 54. Im bloßen Abweisungsantrag liegt keine Verhandlung zur Hauptsache, Kblz FamRZ **81**, 261, aM ZöGre 13 (aber man kennt dann noch nicht die Stoßrichtung). Im Scheidungsverfahren liegt eine Verhandlung zur Hauptsache auch nicht stets schon darin, daß das Gericht einen Beweisbeschluß erläßt und den Scheidungsantragsgegner nach (jetzt) § 128 FamFG anhört, Kblz FamRZ **81**, 261, Köln FamRZ **85**, 1061. Eine Verhandlung zur Hauptsache liegt aber in der Erhebung einer Widerklage, Anh § 253, aM StJSchu 11 (falls die Widerklage zur Klage keine Stellung nehme und zu nehmen brauche. Aber auch die Widerklage ist eine Klage, Anh nach § 253 Rn 5). Ein früherer Antrag des Bekl auf ein Versäumnisurteil stört wegen § 342 nicht. Soweit das Gericht ein Versäumnisurteil wegen § 335 I Z 3 abgelehnt hat, liegt keine mündliche Verhandlung vor, BGH NJW **80**, 2313. 16

E. Ab mündlicher Verhandlung: Nur bei Einwilligung des Beklagten. Nach dem Beginn der wirksamen mündlichen Verhandlung des Bekl zur Hauptsache nach § 39 Rn 6 ist zwar nicht die Zulässigkeit, wohl aber die Wirksamkeit der Klagerücknahme von seiner Einwilligung abhängig, BGH NJW **98**, 3784, BAG NZA **07**, 279. Denn jedenfalls ab jetzt hat jeder Bekl grundsätzlich einen Anspruch auf einen Schutz vor einem neuen Prozeß über demselben Streitgegenstand nach § 2 Rn 4, Mü RR **94**, 201. Er hat daher ein Recht auf ein Urteil über jeden gegen ihn erhobenen prozessualen Anspruch, BGH **106**, 367. Die Güteverhandlung ist keine mündliche Verhandlung zur Hauptsache, § 278 Rn 5, BGH NJW **87**, 3263. Die Einwilligung des Bekl erfolgt nach Rn 12. Sie ist eine Parteiprozeßhandlung, Grdz 47 vor § 128. Sie erfolgt formlos in der mündlichen Verhandlung, Stgt FamRZ **02**, 831 (krit Bergerfurth 1261), und nach einer schriftlichen Klagerücknahme auch durch die Einreichung eines sog bestimmenden Schriftsatzes nach § 129 Rn 6, auch als ein elektronisches Dokument, § 130 a. Der Bekl kann die Einwilligung durch ein schlüssiges Verhalten erklären, BAG NZA **07**, 279. Sie muß ebenso wie die Klagerücknahme gerade dem Prozeßgericht gegenüber erfolgen. Es reicht nicht aus, daß der Bekl sie nur außergerichtlich gegenüber dem Kläger erklärt, selbst wenn dieser sie dem Gericht mitteilt. Vgl freilich Rn 10. 17

F. Beispiele zur Frage einer Einwilligung 18

Anspruchsverzicht: Man muß ihn von einer Klagerücknahme unterscheiden, § 306. Er beendet den Prozeß im Rahmen von § 306 insbesondere vor einer wirksamen Klagerücknahme, Mayer MDR **85**, 374.

Antragswiederholung: Mündliche Verhandlung liegt auch dann vor, wenn der Bekl einen in *demselben* Termin schon gestellten Sachantrag nicht wiederholt, § 334, Rupp/Fleischmann MDR **85**, 18.

Keine mündliche Verhandlung erfolgt aber dann, wenn der Bekl den Sachantrag in einem *weiteren* Termin nicht wiederholt. Denn dadurch wird er jetzt säumig, § 333, Rupp/Fleischmann MDR **85**, 18.

Das alles gilt auch bei einer *Teilrücknahme* für den zurückgenommenen Teil, Rupp/Fleischmann MDR **85**, 19.

Anwaltszwang: Er besteht wie sonst, Rn 25. Denn gerade diese weitreichende Parteiprozeßhandlung muß ihm unterliegen, auch zum Schutz des Bekl.

Arret, einstweilige Verfügung: Bei einem solchen Eilverfahren kann man den Antrag auch nach einer mündlichen Verhandlung ohne eine Einwilligung des Gegners zurücknehmen, § 920 Rn 18.

Bedingung: Eine bedingte, nämlich zB vorweggenommene, Einwilligung ist zwar an sich unzulässig, Grdz 54 vor § 128. Sie ist aber aus prozeßwirtschaftlichen Gründen hinnehmbar, § 295, Karlsr FamRZ **90**, 84 (zum vergleichbaren [jetzt] § 516). Die Erklärung, der Bekl stimme einer Klagerücknahme nur unter der Bedingung des klägerischen Anspruchsverzichts zu, läßt erkennen, daß der Bekl sich zumindest bis zum Eintritt seiner Bedingung gegen die Wirksamkeit der Klagerücknahme wendet. Das Gericht sollte daher dem Kläger anheimgeben, sich binnen einer zu bestimmenden angemessenen Frist zur Bedingung des Bekl zu äußern. Nimmt der Kläger die Bedingung eindeutig an, liegt nunmehr eine Einwilligung des Bekl vor. Andernfalls liegt ein Widerspruch vor.

Bindungswirkung: Den Kläger bindet seine Klagerücknahme nicht, soweit der Bekl eine notwendige Einwilligung nicht wirksam erklärt, Kblz VersR **81**, 1136.

Eheverfahren: In ihm gelten §§ 22, 113 I 2, 141 FamFG. Eine Aussage des Antragsgegners ohne einen ProzBev ist noch keine Verhandlung zur Hauptache nach I, Karlsr Just **79**, 102, Köln FamRZ **85**, 1060. Nach dem Tod einer Partei ist eine Antragsrücknahme unzulässig. Denn erledigt ist erledigt. eine Einwilligung mit der Antragsrücknahme ist trotz einer vorangegangenen Zustimmung zum Scheidungsantrag wie sonst erforderlich, Mü RR **94**, 201. 19

Insolvenz: Im Verfahren wegen einer Restschuldbefreiung ist die einseitige Rücknahme bis zum Schlußtermin möglich, LG Freib Rpfleger **04**, 373.

Kindschaftsverfahren: In ihm gelten §§ 22, 113 I 2, 141 FamFG.

Klagabweisungsantrag: In ihm liegt die Versagung einer Einwilligung, Kblz VersR **81**, 1136.

Kostenantrag: Er kann eine stillschweigende Einwilligung enthalten, Bbg FamRZ **97**, 92, Kblz VersR **81**, 1135.

Kostenerörterung: In einer solchen Erörterung der Parteien können den Prozeß beendende beiderseitige wirksame Erledigterklärungen liegen, § 91 a Rn 96, Köln RR **98**, 143.

Patent: In einer Patentnichtigkeitssache kann man die Klage in jeder Verfahrenslage ohne eine Einwilligung des Bekl zurücknehmen. 20

Prozeßfähigkeit: ein nach § 51 Prozeßunfähiger kann trotzdem evtl wirksam einwilligen, Karlsr FamRZ **77**, 563.

Rechtskraft: Die Einwilligung ist bis zur formellen Rechtskraft nach § 705 statthaft. Eine später erklärte Einwilligung wirkt auch nicht mehr auf eine vor der Rechtskraft erfolgte Klagerücknahme zurück.

Rechtswegverweisung: Bei einer solchen nach §§ 13, 17 GVG ist eine Einwilligung wie sonst erforderlich. Denn es beginnt beim aufnehmenden Gericht kein „neuer Rechtsstreit", aM Schlesw SchlHA **76**, 48, ZöGre 13.

Rückwirkung: S „Rechtskraft".

Säumnis des Beklagten: In *diesem* Termin gilt zwar nach § 331 I 1 das tatsächliche mündliche Vorbringen des Klägers als zugestanden, § 288. Das gilt auch nach einer früheren streitigen Verhandlung. Daran ändert auch der Grundsatz der Einheit der Verhandlung nach Üb 3 vor § 253 nichts. Indessen erfaßt eine solche Unterstellung eben nur den gegnerischen Tatsachenvortrag. Daher kann man aus der bloßen Säumnis nicht eine auch nur stillschweigende Einwilligung des Bekl zu einer ganz anderen Art von klägerischer Parteiprozeßhandlung ableiten, nämlich zur Klagerücknahme.

Säumnis des Klägers: Wenn er nicht zur Sache verhandelt und wenn der Bekl den Antrag auf ein Versäumnisurteil stellt, darf und muß das Gericht die Klage evtl nach einem vergeblichen Hinweis nach § 139 nun gemäß § 330 abweisen. Ein Sachantrag des Bekl läßt sich meist als ein stillschweigender Antrag auf ein Versäumnisurteil mitauslegen.

Kein solches Nichtverhandeln des Klägers liegt durchweg dann vor, wenn er einen vorher gestellten Sachantrag nicht ausdrücklich wiederholt, es sei denn, er hätte inzwischen eingeräumt, den Klaganspruch noch nicht oder nicht mehr zu besitzen, BGH MDR **99**, 861.

21 **Teilrücknahme:** Rn 18 „Antragswiederholung".

Untätigkeit: Sie kann nach II 4 ausreichen. Danach gilt die Einwilligung beim Zusammentreffen mehrerer Bedingungen als erteilt (Fiktion). Zunächst muß die Geschäftsstelle die Klagerücknahme dem Bekl nach dem gegenüber § 270 S 2 vorrangigen II 3 förmlich zugestellt haben. Sie muß auch auf die gesetzliche Folge seines Schweigens hingewiesen haben, II 4 Hs 2, am besten durch Wiedergabe des Gesetzestextes, aber auch mit anderen Worten, wenn eindeutig. Sodann darf der Bekl der Klagerücknahme binnen der in II 4 genannten Notfrist von zwei Wochen nicht widersprochen haben. Die Notfrist nach § 224 I 2 beginnt mit der Zustellung der Klagerücknahme. Sie errechnet sich im übrigen nach § 222. Der Widerspruch ist eine Parteiprozeßhandlung, Grdz 47 vor § 128. Er ist gegenüber dem Prozeßgericht notwendig. Eine Vornahme nur gegenüber dem Kläger reicht nicht aus. Die Erklärung ist auslegbar, Grdz 52 vor § 128. Der Urkundsbeamte teilt sie dem Kläger formlos mit, § 270.

Verhandlungsschluß: Eine Versagung der Einwilligung liegt dann vor, wenn der Bekl die Einwilligung nicht bis zum Verhandlungsschluß nach §§ 136 IV, 296 a erklärt, Kblz VersR **81**, 1136.

Vorwegnahme: Rn 18 „Bedingung".

Widerruf: Die Einwilligung ist eine unwiderrufliche Parteiprozeßhandlung, Grdz 58 vor § 128. Hat der Bekl seine Einwilligung versagt, kann er den Kläger auch nicht durch den nachträglichen Widerruf seiner Versagung an dessen zunächst erklärter Klagerücknahme festhalten, Grdz 58 vor § 128, Kblz VersR **81**, 1136. Vielmehr kann der Bekl evtl nach § 333 ein Versäumnisurteil erwirken, Rupp/Fleischmann MDR **85**, 18.

Wirksamkeit: Solange eine erforderliche Einwilligung fehlt oder nicht wirksam ist, geht der Prozeß unverändert weiter, Rupp/Fleischmann MDR **85**, 18, und die Rechtshängigkeit bleibt bestehen, Hamm OLGZ **85**, 18. Das gilt, falls nicht etwa der Kläger auf den Anspruch eindeutig verzichtet, § 306, Mayer MDR **85**, 374.

22 **5) Verfahren, II.** Es erfolgt oft erstaunlich „großzügig".

A. Form der Klagerücknahme. Die Erklärung ist als eine Parteiprozeßhandlung auslegbar, Grdz 52 vor § 128, BGH FamRZ **07**, 375. Sie braucht nicht ausdrücklich zu geschehen, Rn 1, BGH RR **96**, 886, LAG Düss DB **77**, 1708. Die Rücknahmeerklärung muß aber unmißverständlich (gemeint) sein, BGH RR **96**, 886. Die Klagerücknahme kann schon im Nichtstellen des Klagantrags oder eines Teils des Antrags liegen, freilich nur bei einer besonderen Sachlage. Regelmäßig gilt nur der Termin als versäumt, § 333. Eine Klagerücknahme kann sogar dann vorliegen, wenn der Kläger auf eine für den Prozeßfortgang wesentliche Anfrage des Gerichts monatelang nicht antwortet, wenn er zB die Unterlagen über den Zeitpunkt der Zustellung eines Vollstreckungsbescheids nicht einreicht und auch keinen Hinderungsgrund nennt.

23 **B. Beispiele zur Frage einer Rücknahmeerklärung**

Anfechtung: Es gilt dasselbe wie bei Rn 26 „Widerruf".

Anwaltszwang: Er besteht für die Rücknahmeerklärung wie sonst nach § 78, Ffm Rpfleger **79**, 148, Kblz MDR **00**, 226, aM LG Bonn NJW **86**, 855 (vgl aber Rn 19). Die Rücknahme muß durch den ProzBev derjenigen Instanz erfolgen, in der der Prozeß schwebt, also bis zur Einlegung eines Rechtsmittels durch den ProzBev der bisherigen Instanz, § 172 Rn 8.

Bedingung: Die Rücknahmeerklärung muß als eine Parteiprozeßhandlung unbedingt sein, Grdz 57 ff vor § 128, Kblz MDR **00**, 226.

Ehesache: Es gelten keine besonderen Formvorschriften, Hamm FamRZ **89**, 1102. Vgl allerdings auch Rn 17.

Erledigterklärung: Sie ist grds *keine* Klagerücknahme nach Rn 1.

24 **Kindschaftssache:** Es gelten keine besonderen Formvorchriften, Hamm FamRZ **89**, 1102. Vgl allerdings auch Rn 17.

Mahnverfahren: Wegen einer „Klagerücknahme" nach einem vorangegangenen Mahnverfahren § 696 Rn 20–22.

Mitteilung: Eine formlose Mitteilung ist wegen § 270 S 1 statthaft.

Protokolierung: Sie erfolgt durch Vorlesen und Genehmigen nach §§ 160 III Z 8, 162 I. Vgl aber auch Rn 28.

Prozeßvergleich: In einem Prozeßvergleich kann eine Klagerücknahmeerklärung stecken.

Rechtsmittelinstanz: Hat der Bekl ein Rechtsmittel eingelegt, muß muß unabhängig von dessen Zulässigkeit grundsätzlich der etwa gesondert beauftragte Rechtsmittelanwalt tätig werden. Ist der Kläger aber noch nicht in der höheren Instanz vertreten, kann die Klagerücknahme gegenüber dem Rechtsmittelgericht auch durch den ProzBev der bisherigen Instanz erfolgen, Kblz MDR **00**, 226, LG Bonn RR **86**, 223. 25

Rücknahmevereinbarung: Rn 29.

Schriftsatz: Nach II 2 erfolgt die Rücknahme dann, wenn sie nicht in der mündlichen Verhandlung geschieht, durch die Einreichung eines Schriftsatzes, BGH MDR **81**, 1002, Kblz JB **75**, 1083, und zwar im anhängigen Verfahren, BGH MDR **81**, 1002. Er ist ein bestimmender Schriftsatz, § 129 Rn 6.

Versöhnungsanzeige: Sie ist meist eine Erledigterklärung nach § 91 a Rn 62. 26

Verweisung: Es mag zulässig sein, daß der Kläger nach der Verweisung einer beim AG eingereichten Klage an das LG die Klagerücknahme selbst erklärt, Kblz MDR **00**, 226.

Vorschuß: Seine Nichtzahlung ist grds *keine* Klagerücknahme, Düss MDR **02**, 603 (zu §§ 485 ff).

Widerruf: Die Rücknahmeerklärung ist als eine Parteiprozeßhandlung nach Grdz 47 ff vor § 128 grds unwiderruflich, BGH GRUR **85**, 920, Mü FamRZ **82**, 510, Saarbr OLGR **00**, 176.

Wirksamkeit: Die Rücknahmeerklärung wird bei einer schriftlichen Abgabe mit ihrem Eingang auf der Posteingangsstelle des Gerichts oder mit ihrer Vorlage im Termin wirksam, Rostock MDR **95**, 212, im Gütetermin nach § 278 V 1 auch beim verordneten Richter.

C. Empfänger der Klagerücknahme. Die Klagerücknahme geschieht durch eine Erklärung gegenüber dem Gericht, Rostock MDR **95**, 212. Sie ist nur gegenüber dem Prozeßgericht zulässig, BGH MDR **81**, 1002, mag ihre Wirksamkeit auch von einer Einwilligung des Bekl abhängen. Die Erklärung läßt sich vor dem nach §§ 361, 362 verordneten Richter nur im Vergleichs- bzw Gütetermin nach § 118 I oder § 278 wirksam erklären. Die bloße Mitteilung einer Ablichtung oder Abschrift der Rücknahmeerklärung, die der Kläger für diesen Prozeß in einem anderen abgegeben hatte, zu den richtigen Akten genügt nicht, BGH MDR **81**, 1002. Freilich kann in der bloßen Ablichtung oder Abschrift die Erklärung auch gegenüber dem richtigen Prozeßgericht stecken. 27

D. Wirksamkeit der Rücknahmeerklärung. Eine unter Beachtung von Rn 22–27 abgegebene Rücknahmeerklärung ist als solche grundsätzlich wirksam. Ihre Wirksamkeit ist nicht davon abhängig, daß das Gericht die Protokollierungsvorschriften der §§ 160 III Z 8, 162 I beachtet hat, BSG MDR **81**, 612. Die Erklärung eines gesetzlichen Vertreters unter einem offenkundigen Mißbrauch seiner Befugnis kann aber unwirksam sein. Der Schuldner kann die Rücknahme nach der Eröffnung des Insolvenzverfahrens nicht mehr wirksam erklären, BGH WertpMitt **78**, 521. Soweit die Einwilligung des Bekl nach Rn 17 notwendig ist, ist diese zwar nicht eine Voraussetzung der Zulässigkeit, wohl aber der Wirksamkeit. Über die Wirksamkeit der Rücknahme entscheidet dasjenige Gericht, vor dem die Rücknahmeerklärung erfolgte, BayObLG ZMR **01**, 989 (zum alten Recht). 28

E. Amtsprüfung. Die wirksame Klagerücknahme ist von der Zulässigkeit oder Begründetheit der Klage unabhängig. Das Gericht muß sie von Amts wegen beachten, Grdz 39 vor § 128. Denn sie beseitigt die Rechtshängigkeit nach § 261 und damit die Grundlage der richterlichen Tätigkeit. Man darf aber aus Gründen der Prozeßwirtschaftlichkeit nach Grdz 14 vor § 128 keine neue Klage verlangen, falls die Parteien eine Rücknahme der Klagerücknahme vereinbaren. Das kann stillschweigend durch eine Fortsetzung des Prozesses geschehen, Eisenführ GRUR **85**, 922. Vor der Klarstellung erfolgt kein Kostenurteil. 29

F. Entscheidung. Das Gericht, also evtl der Vorsitzende der Kammer für Handelssachen oder der Einzelrichter nach §§ 348, 348 a, 349 II Z 4, 527 III Z 1, 568 stellt fest, daß der Kläger die Klage zurückgenommen habe. Das geschieht durch ein Endurteil, Hamm RR **91**, 61, VGH Mü NVwZ **82**, 45 (zu § 92 II VwGO), ZöGre 19 b, aM BGH NJW **78**, 1585, ThP 20 (durch einen unanfechtbaren Beschluß. Aber V 1 gilt eindeutig auch für die bloße Feststellung, Einl III 39). Dagegen sind die üblichen Rechtsmittel zulässig. Dabei bleibt die Hauptsache im Streit, auch falls das Gericht nur eine Kostenentscheidung erlassen hat. 30

Soweit *keine* wirksame Klagerücknahme vorliegt, ergeht die Entscheidung durch ein unselbständiges Zwischenurteil nach § 303 oder in den Gründen des Endurteils nach § 313. 31

6) Wegfall der Rechtshängigkeit, III 1. Die Sache gilt rückwirkend als nicht anhängig oder als nicht rechtshängig geworden, § 261 Rn 1, Köln JB **99**, 366. Es ist so, als hätte der Kläger keine Klage erhoben und kein Mahngesuch vorgebracht, LG Itzehoe RR **94**, 1216. Das Gericht darf keine Sachentscheidung mehr treffen, BVerwG NVwZ-RR **05**, 739. Das gilt auch für die Kündigungsschutzklage, Pallasch, Der Beschäftigungsanspruch des Arbeitnehmers (1993) 98. Auch ein Beschwerdeverfahren wird gegenstandslos, Ffm RR **95**, 956. Der Kläger kann *diesen* Prozeß auch nicht dadurch fortsetzen, daß er – wenn auch im Einverständnis des Bekl – den Klagantrag in einer späteren Verhandlung stellt, Saarbr MDR **00**, 722, statt nach IV vorzugehen. Darin erschöpft sich die Bedeutung der Klagerücknahme, BGH NJW **84**, 658, Schlesw JB **91**, 588, anders als bei einem Verzicht auf den Klaganspruch, Rn 1. Ein formell nach § 705 noch nicht rechtskräftiges Urteil wird grundsätzlich kraft Gesetzes wirkungslos, BVerwG NVwZ-RR **05**, 739, Brdb Rpfleger **98**, 485. Das Gericht darf das zur Klärung durch einen *Beschluß* feststellen. Eine neue Widerklage ist nicht mehr statthaft. Das Verfahren bleibt allein wegen der Kosten rechtshängig, Hamm OLGZ **89**, 466, LG Itzehoe RR **94**, 1216, sofern nicht wegen der Kosten wenigstens ein Teilurteil nach § 301 möglich ist, Rn 43. Das Gericht hebt einen anstehenden Termin auf. Die prozessualen Wirkungen der Rechtshängigkeit nach § 261 Rn 1 entfallen rückwirkend, AG Nürnb FamRZ **85**, 1073. Auch eine Streithilfe nach § 66 bleibt bloß wegen der Kosten bestehen, BGH **65**, 134. 32

Eine schon vor der Klagerücknahme wirksam erhobene *Widerklage* nach Anh § 253 bleibt unberührt, LG Mü NJW **78**, 953. Denn sie ist eine wirkliche Klage, Anh nach § 253 Rn 5, und sie leitet ein eigenes Verfahren ein. Dieses kann der Kläger nicht einseitig zunichte machen. Die Klage bedingt nicht die Widerklage, sondern erleichtert nur ihre Erhebung, LG Mü NJW **78**, 953. Die sachlichrechtlichen Wirkungen der Rechtshängigkeit entfallen nach dem sachlichen Recht, §§ 212, 941 S 2, 1408 II 2 BGB, BGH NJW **86**, 2318, BFH BB **95**, 347, aM Zweibr FamRZ **86**, 72 (aber solcher Wegfall ist eine typische Folge des Prozeßendes). Auch sie entfallen im Zweifel rückwirkend, BGH NJW **86**, 2318. Eine im Prozeß abgegebene sachlichrechtliche Erklärung kann wirksam bleiben, zB § 145 Rn 8. Ein nur anhängig gewordener Scheidungsgegenantrag ist als ein Erstantrag umdeutbar, Zweibr FamRZ **99**, 952.

33 **7) Bei Klaganlaß bis zur dann eingetretenen Rechtshängigkeit: Kostenlast des Klägers kraft Gesetzes, III 2.** Der Kläger trägt bei einer praktisch vollen Klagerücknahme (sonst Rn 43) grundsätzlich die Prozeßkosten. Er trägt nur diese, Kblz VersR **90**, 1135. Er trägt sie mangels einer unten dargelegten zulässigen abweichenden Parteivereinbarung, BGH BB **04**, 1987. Er trägt sie dann unmittelbar kraft Gesetzes nach Rn 39, BGH NJW **04**, 224, Düss JB **07**, 547, Rostock MDR **95**, 212. Ein Antrag des Bekl ist also dann unnötig, Mü GRUR-RR **06**, 347. Der Kläger trägt die Kosten also keineswegs erst auf Grund des lediglich diese Kostenfolge richtigerweise nur noch zusätzlich feststellenden Beschlusses, Karlsr MDR **94**, 1245. Das verkennen leider viele, zB Brdb FamRZ **96**, 683, LG Mü RR **04**, 524, Barschkies DRiZ **87**, 278. Insoweit bestehen auch Unterschiede zum Kostenausspruch nach § 494 a II 1, dort Rn 11. Die gesetzliche Kostenfolge ist also eine diesmal nicht richterliche, sondern eben bereits gesetzliche Kostengrundentscheidung nach Üb 35 vor § 91. Diese ist eine zur Kostenfestsetzung ausreichende Grundlage. Das gilt unabhängig davon, daß der etwa zusätzlich beantragte feststellende Beschluß ein Vollstreckungstitel ist, Rn 43. In einer Scheidungssache gilt vorrangig § 150 FamFG.

Die Kostenpflicht betrifft die *gesamten Kosten,* soweit sie nicht die Widerklage betreffen, durch den aufrechterhaltenen Rest entstanden oder soweit das Gericht über sie rechtskräftig erkannt hat, LG Aachen VersR **79**, 1144. Dazu können auch die Kosten des selbständigen Beweisverfahrens nach §§ 485 ff zählen, vgl Rn 42, BGH NJW **07**, 1280 und 1282, Jena MDR **07**, 172, Karlsr JB **05**, 491, aM Kblz NJW **03**, 3281, Köln MDR **02**, 1391. Der Grund der Klagerücknahme ist unerheblich, Mü MDR **81**, 940. Wer zurücknimmt, begibt sich nämlich freiwillig in die Rolle des Unterliegenden, BGH NJW **04**, 223, Köln MDR **93**, 700 (irrtümlicher Bekl). Daher gilt III 2 auch beim Klägerwechsel, ZöV 13 „Parteiwechsel“, Zweibr JB **04**, 494 (Ausnahme: kein Rechtsschutzbedürfnis), aM Celle MDR **04**, 410. Das gilt auch dann, wenn die Klage begründet war, BGH NJW **04**, 223, § 93 ist deshalb unanwendbar, § 93 Rn 17 „Klagerücknahme“. Darauf, ob der Bekl eingewilligt hat, kommt es nicht an. Will er Kosten übernehmen, ist ein Vergleich notwendig, Anh § 307, Bbg JB **91**, 1696, Bre MDR **03**, 1142, Rostock JB **08**, 266, aM Ffm RR **89**, 571 (aber niemand haftet ohne eine klare Grundlage). Eine Beweisaufnahme dazu, ob ein solcher Vergleich zustandegekommen ist, ist aber unzulässig, Ffm MDR **83**, 675. Bei der Klage eines vollmachtlosen Vertreters ist dieser daher nur dann selbst für die Kosten haftbar, wenn nicht der Vertretene die Klage veranlaßt hat, § 56 Rn 18, Hamm OLGZ **89**, 321, Emde MDR **97**, 1003, aM Vollkommer MDR **97**, 1004 (aber der Grundgedanke der Haftung eines Vollmachtlosen gilt auch hier, vgl auch § 89 I 3).

34 **8) Kosten bei Säumnis, III 2.** § 344 hat als eine Spezialvorschrift den Vorrang vor dem ja allgemeineren, weil jede bisherige Verfahrenslage erfassenden § 269, BGH **159**, 157, Mü MDR **01**, 533, Brdb MDR **99**, 639, aM Karlsr MDR **96**, 319, Schlesw MDR **02**, 1274, (aber gerade wegen der bloß feststellenden Wirkung des Beschlusses nach [jetzt] III 2, IV, Ffm MDR **83**, 675, bleibt der Vorrang des spezielleren § 344).

35 **9) Kosten bei Teilrücknahme bei Klaganlaß bis zur Rechtshängigkeit, III 2.** Die Kostenpflicht aus § 269 reicht jedoch nur so weit wie die Klagerücknahme. Also entsteht bei einer teilweisen Klagerücknahme auch nur eine entsprechende Kostenpflicht, §§ 92, 308 II, Rn 43, Hamm JB **86**,106 (Stufenklage), Kblz RR **98**, 71, Mü GRUR-RR **06**, 347. § 96 ist unanwendbar.

36 **10) Bei Klaganlaßwegfall vor Rechtshängigkeit: Bedingte Kostenverteilung, III 3,** dazu *Schneider* JB **02**, 511 (krit), Schur KTS **04**, 373 (teilweise zum alten Recht): Bei III 3 darf das Gericht die eingereichte Klage noch nicht zugestellt haben, BGH FamRZ **05**, 794. Soweit auf dieser Grundlage der Anlaß zur erfolgten Einreichung der Klage anschließend schon vor der Klagerücknahme weggefallen war, kommt in einer Abweichung von III 2 eine Kostenverteilung durch eine nur insoweit echte rechtsbegründende Kostengrundentscheidung nach Üb 35 vor § 91 in Betracht, LG Münst RR **02**, 1221, Knauer/Wolf NJW **04**, 2858. Das gilt, sofern die folgenden Voraussetzungen zusammentreffen.

37 **A. Wegfall des Klaganlasses.** Es darf bei einer rückschauenden Betrachtung im Zeitpunkt der Entscheidungsreife nach § 300 Rn 6 vernünftigerweise schon zur dann freilich erfolgten bloßen Einreichung der Klageschrift objektiv kein Anlaß mehr bestanden haben. Hauptfall ist die dem Gläubiger bei der Klageeinreichung noch unbekannte Erfüllung durch den Schuldner nach §§ 362 ff BGB. Es kommen aber auch andere tatsächliche oder rechtliche Vorgänge in Betracht. Diese sind in § 93 Rn 29 ff ausführlich dargestellt. Maßgebend ist wie dort Rn 29, ob der Bekl ein solches Verhalten zeigte, das zwar subjektiv eine Klageeinreichung darstellte, objektiv aber nicht mehr die Notwendigkeit eines Prozesses rechtfertigte, Ffm NZM **07**, 341.

38 **B. Wegfall vor Rechtshängigkeit.** Der tatsächliche Klaganlaß muß schon vor dem tatsächlich nach Rn 36 erfolgten Eintritt der Rechtshängigkeit weggefallen sein, also grundsätzlich vor der Zustellung der eingereichten Klageschrift, §§ 253 I, 261 I, BGH MDR **05**, 825, Jena FamRZ **07**, 1108 (je: auch zum Prozeßkostenhilfegesuch), Köln FamRZ **03**, 1572, aM Brschw FamRZ **05**, 1263 (vgl aber Rn 5). Bedenken des Gerichts gegen die Schlüssigkeit gehören nicht hierher, Düss JB **07**, 547, Oldb MDR **07**, 868. Das Stadium ab Rechtshängigkeit fällt gerade nicht unter III 3, AG Bln-Neukölln MDR **03**, 112, aM Bonifacio MDR **02**, 499 (aber Wortlaut und Sinn sind eindeutig, auch gerade im Vergleich mit III 2, Einl III 39). Das Stadium der bereits mit der Klageeinreichung nach § 261 Rn 1 beginnenden sog Anhängigkeit fällt nur ausnahmsweise mit demjenigen der Rechtshängigkeit zusammen, nämlich im Eilverfahren zB nach §§ 916 ff, 935 ff, dazu § 920 Rn 8. Das übersieht Stgt RR **07**, 528. Mit III 3 erfaßt das Gesetz einen Teil der Probleme, die sich ergeben, wenn man vor der Rechtshängigkeit den eingereichten Sachantrag unverschuldet nicht mehr aufrechthalten oder aus den Gründen § 91 a Rn 30–38 nicht wirksam eine Erledigung der Hauptsache erklären kann, Elzer NJW **02**, 2006 (grundsätzlich kein Feststellungsinteresse).

Unanwendbar ist III 3 bei einer Rücknahme des noch gar nicht beim Gericht eingegangenen und deshalb noch *nicht einmal anhängigen* Rechtsschutzgesuchs. Denn dann liegt nun wirklich noch kein Prozeßrechtsverhältnis nach Grdz 4 ff vor § 128 vor, vom Sonderfall einer sog Schutzschrift im Eilverfahren abgesehen, dazu § 91 Rn 192. Also gibt es noch keine Prozeßkosten nach Üb 14 vor § 91. Vorbereitungskosten nach § 91 Rn 270 ff setzen ja ein nachfolgendes Prozeßrechtsverhältnis voraus. Nach alledem paßt III 3 auch bei aller größtmöglichen Auslegungsbemühung nicht, trotz des auch hier wieder gründlich mißglückten Wortlauts, aM Mü OLGR **04**, 218, Deckenbrock/Dötsch JB **03**, 573, Schur KTS **04**, 389.

C. Zulässigkeit der Klagerücknahme. Die Klagerücknahme muß bereits wirksam möglich sein. Das setzt III 3 als selbstverständlich voraus. Wegen III 3 Hs 2 bleibt trotzdem eine Kostenverteilung dann möglich, wenn nicht nur der Klaganlaß vor der Klagezustellung wegfiel, sondern wenn der Kläger ebenfalls vor der Rechtshängigkeit seine „Klage" zurücknahm, wenn es also gar nicht mehr vor der Rücknahme des in Wahrheit bisher nur vorhandenen Rechtsschutzgesuchs zur Zustellung der Klageschrift gekommen ist. 39

Das Gericht darf und muß daher einem Schuldner evtl auch dann die Prozeßkosten auferlegen, wenn überhaupt kein Prozeßrechtsverhältnis nach Grdz 4 vor § 128 entstanden ist. Es können „Kosten des Rechtsstreits" nach §§ 91 ff auch die sog Vorbereitungskosten umfassen, § 91 Rn 14, 270 ff. Das gilt allerdings nur, wenn es dann überhaupt zu einem „Rechtsstreit" gekommen ist. Das erfordert an sich ein Prozeßrechtsverhältnis, Rn 38. Der Gläubiger mag durchaus einem sachlichrechtlichen Anspruch auf den Ersatz seines Verzugsschadens haben, Üb 69 vor § 91.

Nur müßte er diesen notfalls auch *gesondert einklagen* und könnte ihn auch nicht über den gar nicht anwendbaren III 2 als Prozeßkosten festsetzen lassen. Insofern durfte der Gesetzgeber jedenfalls nicht unter dem von ihm auch in III 2 beibehaltenen Begriff der Rücknahme gerade der „Klage" aus einem Schadensersatz eine Erstattung von Prozeßkosten machen. Er hätte dann zusätzlich den Begriff der Rücknahme des Rechtsschutzgesuches einführen können und müssen. Das hat er nach dem klaren Wortlaut nicht getan. Angesichts des so klaren Wortlauts bleibt auch eigentlich kein Raum für eine sinnändernde, weil -erweiternde Auslegung, Einl III 39. Auch § 253 I spricht folgerichtig von einer Klagerhebung erst ab „Zustellung eines Schriftsatzes (Klageschrift)", nicht ab Zustellung „der Klage". Man darf die Standfestigkeit einer Säule des Zivilprozesses, des Prozeßrechtsverhältnisses nach Grdz 4 ff vor § 128 mit allen seinen Rechten, Pflichten und Obliegenheiten nicht über eine noch so praktisch scheinende Umdeutung von III 2 erschüttern, auch nicht auf Kosten von Art 103 I GG, ZöGre 18 e. Das alles hat freilich III 3 Hs 2 für den derartigen Fall beiseitegefegt. Bei III 2 gilt es indessen fort. Das alles hält Dalibor ZZP **119**, 344 denn auch für einen Verstoß gegen das Verfassungsgebot der Waffengleichheit nach Einl III 21.

D. Keine Notwendigkeit unverzüglicher Klagerücknahme. Die Klagerücknahme muß nicht unverzüglich erfolgt sein. Der Gesetzgeber hat das Wort „unverzüglich" nicht mehr in III aufgenommen. 40

E. Kostenverteilung nach Ermessen. Die Vorschrift ist verfassungsgemäß, BGH NJW **06**, 775. Beim Zusammentreffen der Voraussetzungen Rn 37–40 darf und muß das Gericht nicht von Amts wegen entscheiden, wie sonst im Urteil bei § 308 II. Es darf und muß vielmehr nur auf einen Antrag durch einen Beschluß nach IV eine Kostenentscheidung zu treffen. Insoweit besteht noch kein Ermessen. Es beginnt erst bei der anschließenden Frage, ob und wie als eine Abweichung von der in III 2 genannten Kostenpflicht des Klägers eine Kostenverteilung unter den Prozeßbeteiligten stattfinden soll. Dabei bedeutet „billiges" Ermessen nur: Das Gericht hat im Rahmen seines wie stets pflichtgemäßen Ermessens einen weiten Spielraum. Dabei darf und muß es den bisherigen Sach- und Streitstand berücksichtigen, wie bei § 91 a I 1, dort Rn 112 ff entsprechend. Ein Verzug oder eine vorwerfbare Untätigkeit des Bekl können zu seiner Kostenlast führen, Karlsr JB **07**, 41. Auch sind die in § 92 genannten Verteilungsmöglichkeiten entsprechend vorhanden, dort Rn 27 ff, Schlesw MDR **08**, 353. Der Kläger ist für eine Abweichung von III 2 beweispflichtig, BGH NJW **06**, 775. Vor der Entscheidung auch nur teilweise zulasten des Bekl muß er rechtliches Gehör nach Art 103 I GG erhalten, Knauer/Wolf NJW **04**, 2858. Daher muß ihm das Gericht die Klageschrift unter angemessener Fristsetzung zustellen, Knauer/Wolf NJW **04**, 2858, freilich nur zum letzteren Zweck. Zwei Wochen Frist dürften meist reichen. Wer zurücknimmt, statt richtigerweise für erledigt zu erklären, muß die Kostenfolgen seiner Rücknahme tragen, Rostock MDR **08**, 593. 41

11) Beispiele zur Frage sonstiger Kostenfälle, III 2, 3 42

Arrestantrag: III gilt bei seiner Rücknahme entsprechend, Düss NJW **81**, 2284.

Dritter: Rn 43 „Widerklage".

Einstweilige Verfügung: III gilt entsprechend bei der Rücknahme eines solchen Eilantrags, Ffm WettbR **00**, 149, KG MDR **88**, 239.

Ermäßigung: Wenn eine Rücknahme unter den Voraussetzungen KV 1212, 1221, 1231 erfolgt, ermäßigt sich die Verfahrensgebühr.

Ersatzanspruch: Unanwendbar ist § 269 beim sachlichrechtlichen Ersatzanspruch, BGH RR **05**, 1661, Becker-Eberhardt JZ **95**, 814, aM BGH JZ **95**, 840, Karlsr FamRZ **08**, 1459 (begrifflich unklar), Schneider JB **02**, 509.

Hilfswiderklage: Rn 43 „Widerklage".

Insolvenz: Bei einer Rücknahme des Insolvenzantrags muß der Antragsteller auch die Kosten des etwaigen vorläufigen Insolvenzverwalters tragen, LG Münst MDR **90**, 453.

Markenrecht: III gilt *nicht* entsprechend bei der Rücknahme eines markenrechtlichen Widerspruchs.

Parteiwechsel: III gilt entsprechend bei einem Ausscheiden eines Klägers nach § 263 Rn 6. Die Kostenpflicht entsteht auch dann, wenn das Gericht die Klage dem zunächst benannten, aber nach einer Auswechslung ausgeschiedenen, davon jedoch nicht informierten Bekl noch zugestellt hat, LG Bln MDR **90**, 1122.

Schutzschrift: III gilt *nicht* entsprechend bei der „Rücknahme" einer Schutzschrift, Brdb MDR **99**, 560. 43

Selbständiges Beweisverfahren: Nach einem zunächst isoliert gewesenen selbständigen Beweisverfahren nach §§ 485 ff ist III nicht entsprechend anwendbar, LG Mönchengladb JB **06**, 39. Der im etwa nachfolgenden Prozeß ergehende Kostenspruch nach IV erfaßt auch die Kosten dieses Verfahrens, vgl

Rn 33, § 91 Rn 193, Bre FamRZ **92**, 1083, ZöGre 18b, aM Düss RR **06**, 1028, Karlsr MDR **91**, 911, Köln MDR **02**, 1391 (aber solche Lösung wäre eben systemwidrig).

Stufenklage: Nimmt der Kläger bei der Stufenklage nach § 254 den unbezifferten Zahlungsantrag nach einer Erledigung des Auskunftsbegehrens zurück, muß er die gesamten Kosten des Rechtsstreits tragen, Hamm RR **91**, 1407. Denn es kommt wie stets bei Prozeßkosten nur auf das Endergebnis an, Grdz 27 vor § 91, Hamm RR **91**, 1407, Mü MDR **90**, 636, aM BGH NJW **94**, 2895 (allenfalls sachlichrechtlicher Kostenersatz), Stgt FamRZ **94**, 1505 (aber dergleichen verwässert den vorgenannten harten Kostengrundsatz, eine Säule des Prozesses).

Teilrücknahme: Soweit der zurückgenommene Teilantrag nicht praktisch die gesamte Klageforderung beträgt, muß grds eine Kostenteilung nach § 92 erfolgen.

Vergleich: Den rechtskräftig ausgeschiedenen Kosten stehen die durch einen Vergleich geregelten gleich, BGH MDR **04**, 1251, auch die durch einen außergerichtlichen geregelten, Köln VersR **99**, 1122, Mü VersR **76**, 395, LG Aachen VersR **79**, 1144. Ferner stehen den rechtskräftig ausgeschiedenen Kosten die durch einen Vergleich in einem anderen Prozeß entstandenen gleich.

S auch „Versöhnung".

Versöhnung: Eine Versöhnung im Scheidungsverfahren ist ein rein tatsächlicher Vorgang. Sie enthält grundsätzlich keine Kostenübernahme. Sie kann jedoch als ein Vergleich bewertbar sein.

Widerklage: Liegen eine Klage und eine Widerklage nach Anh § 253 und die Rücknahmen beider vor, kann hier nicht jede Partei die Kosten ihrer Klage übernehmen. Es muß grds eine Kostenteilung nach § 92 erfolgen. Denn es liegt nur ein Streitwert vor, Stgt MDR **06**, 1317 (Ausnahme: besondere Kosten zB nur der Klage wegen einer Beweisaufnahme).

Die Kosten einer unzulässigen *Hilfswiderklage* gegen einen Dritten trägt nach der Rücknahme der Hauptklage der Bekl und Hilfswiderkläger, Mü OLGZ **84**, 222.

44 **12) Kostenantrag, IV.** Zuständig ist das Gericht der Instanz, vor dem die Klagerücknahme erfolgte, Düss Rpfleger **99**, 133, Hamm RR **91**, 60. Es darf und muß die bereits mit der Wirksamkeit der Klagerücknahme unmittelbar kraft Gesetzes eingetretene Kostenfolge nach Rn 33 nur dem Grunde nach feststellen. Darauf hat der Bekl ein Recht. Diese Feststellung erfolgt zwar nicht von Amts wegen, Brdb JB **01**, 264, Kblz MDR **04**, 297, wohl aber auf Antrag, Barschkies DRiZ **87**, 279. Ein Anwaltszwang besteht wie sonst. Sie erfolgt insofern wegen der nur feststellenden Bedeutung nur scheinbar von § 308 II abweichend. Erforderlich ist ein Antrag des Bekl bzw des Scheidungsantragsgegners oder des sonstigen Antraggegners, (zum alten Recht) KG GRUR **85**, 325, wenn auch nach einer Zurückverweisung. Funktionell zuständig ist der Vorsitzende der Kammer für Handelssachen bzw der Einzelrichter, §§ 348, 348a, 349 II Z 4, 526, 527 III Z 1, 568.

Der Bekl soll sogleich einen *Vollstreckungstitel* erwerben können, Rn 43, wenn auch der Höhe nach nur in Verbindung mit dem Kostenfestsetzungsverfahren, Hamm AnwBl **84**, 504. Für dieses ist der Kostenausspruch dem Grunde nach grundsätzlich bindend, Einf 8 vor §§ 103–107. Das Gericht muß den Tatsachenvortrag beachten und evtl Beweis erheben, BGH NJW **06**, 776. Der Einwand, die Kosten seien bezahlt, hindert nicht, wenn die Erstattungsfähigkeit der Kosten irgendwie streitig ist. Denn diese Feststellung gehört ins Kostenfestsetzungsverfahren nach §§ 103ff. Sind die Kosten unstreitig bezahlt worden und besteht kein Erstattungsanspruch, würde allerdings das Rechtsschutzbedürfnis fehlen, Grdz 33 vor § 253, Hamm AnwBl **84**, 504, Mü MDR **75**, 584. Nach einer teilweisen Klagerücknahme gilt auch hier § 92, Rn 35, 43.

Kein Rechtsschutzbedürfnis liegt ferner grundsätzlich vor, soweit der Bekl schon einen Kostentitel besitzt oder die Kosten übernommen hat, Hamm VersR **94**, 834 (Ausnahme: abredewidriges Verhalten des Klägers), Schlesw SchlHA **84**, 48, AG Bielef VersR **86**, 498, aM ZöGre 19 (Unbegründetheit), oder soweit er gar nicht beabsichtigt, wegen der Kosten zu vollstrecken, etwa weil er einen entsprechenden Verzicht dem Kläger gegenüber erklärt hat. Ein Rechtsschutzbedürfnis für ein Festsetzungsverfahren fehlt selbst dann, wenn der Bekl seinen Erstattungsanspruch vorher abgetreten hatte. Das Gericht muß einen außergerichtlichen oder gerichtlichen Kostenvergleich beachten, Rn 33, Bbg VersR **83**, 563. Das gilt auch dann, wenn in ihm der Versicherer des Bekl die Kosten übernommen hat, Ffm MDR **86**, 765, LG Trier VersR **85**, 1151.

Unbeachtlich sind zB: Der Einwand, der Bekl habe auf die Kostenerstattung verzichtet, soweit dieser eine solche Erklärung bestreitet, Hamm FamRZ **91**, 839, KG VersR **94**, 1491, LG Ffm AnwBl **85**, 270; der Einwand, ein Streitgenosse habe für den anderen auf solche Erstattung verzichtet, soweit der letztere einen eigenen ProzBev hat und einer derartigen „Vereinbarung" nicht beigetreten war, LG Ffm AnwBl **85**, 270; der Einwand, der Kl habe einen sachlichrechtlichen Schadensersatzanspruch, aM Hamm GRUR **91**, 391 (aber der Ausspruch nach III 2, IV stellt eben nur eine bereits kraft Gesetzes eingetretene Kostenfolge fest. Mag der Kläger nach § 767 vorgehen, Hamm GRUR **91**, 391).

Das Gericht darf die *Prozeßvoraussetzungen* nach Grdz 12 vor § 253 bis auf das Rechtsschutzbedürfnis nach Rn 40 im übrigen nicht prüfen. Fehlten sie, besteht die Kostenpflicht erst recht. Der bewußt vollmachtlose ProzBev haftet als ein Veranlassungsschuldner, Karlsr MDR **97**, 689. Ein wegen § 51 Prozeßunfähiger kann unter Umständen den Antrag wirksam stellen, Karlsr FamRZ **77**, 563. Verzichtet der Kläger zugleich auf den Anspruch, gilt § 306, nicht § 269. Ist der Verzicht aber streitig, muß der Bekl nach §§ 767, 795 vorgehen, Ffm MDR **83**, 675. Ein Verzicht auf den Antrag nach III ist zulässig und bindend. Der Verzicht des Versicherers bindet den Versicherungsnehmer, AG Duisb AnwBl **83**, 471. Auch beim Ausscheiden eines Streitgenossen ergeht eine Kostenentscheidung, falls sie möglich ist, Hamm GRUR **83**, 608, oft nur wegen der eigenen Kosten des Ausscheidenden, Kblz VersR **85**, 789, Köln MDR **76**, 496. § 93 ist auch nicht entsprechend anwendbar, Karlsr GRUR **83**, 608.

Der Kläger trägt nicht die Kosten des eigenen *Streitgehilfen,* wohl aber die des gegnerischen. Wegen des Anspruchs des ausgeschiedenen Bekl bei einer teilweisen Klagerücknahme (auch Parteiwechsel) § 263 Rn 15. Wenn wegen eines ausgeschiedenen Streitgenossen eine Entscheidung nach III ergeht, berührt ein solcher nachträglicher Kostenvergleich sie nicht, an dem der Ausgeschiedene nicht beteiligt ist, Kblz VersR **81**, 1136. Wenn ein Dritter ohne eine Veranlassung des Antragstellers nur wegen eines Zustellungsfehlers in den Prozeß geriet, kann man jedenfalls nicht III zu seinen Gunsten entsprechend anwenden, Düss MDR **86**, 504, aM Hbg GRUR **89**, 458 (aber das wäre eine Überspannung des Prozeßrechtsverhältnisses). Dann kommt die Staatshaftung in Betracht.

13) Kostenausspruch, IV. Die Entscheidung erfolgt nur nach einer wirksamen vollen Klagerücknahme und auf Antrag des Bekl, Rn 44. Sie geschieht durch einen Beschluß bei einer freigestellten mündlichen Verhandlung, IV, § 128 IV, nicht etwa durch ein Urteil, LG Itzehoe RR **94**, 1216. Der feststellende Kostenausspruch ist ein Vollstreckungstitel, Rn 33, III 5 in Verbindung mit § 794 I Z 3. LG Bückebg MDR **97**, 978 wendet § 780 entsprechend an. 45

Gebühren: Des Gerichts keine; des Anwalts: keine, da zum Rechtszug gehörig, § 19 I 2 Z 3 RVG. Es treten ähnliche Fragen auf wie bei § 100, dort Rn 55 ff.

Es ist grundsätzlich kein gesonderter Kostenausspruch aus § 269 auf eine Feststellung über den *zurückgenommenen Teil* möglich, Wielgoss JB **99**, 127. Vielmehr muß das Gericht dann in der Kostenentscheidung des etwa noch folgenden Urteils über die restliche Klage einheitlich und von Amts wegen über die gesamte Kostenverteilung unter einer Beachtung des Anteils der teilweisen Rücknahme am Gesamtstreitwert entscheiden, §§ 92, 308 II, § 92 Rn 15 „Klagerücknahme", BGH RR **96**, 256, Düss Rpfleger **99**, 133, Mü MDR **90**, 636 (zur Stufenklage), aM Düss RR **94**, 828, ThP 16 (aber III, IV setzen kostenmäßig eine volle Rücknahme voraus und ermöglichen eine Kostenverteilung nur auf Grund einer vollen Rücknahme). Freilich kommt ein Beschluß vor dem Urteil in Betracht, soweit ein Streitgenosse ausscheidet. Insofern kann das Gericht auch noch nach dem Urteil den Kostenausspruch durch einen Beschluß vornehmen, Karlsr MDR **89**, 268. Ein fälschlich ergangener Beschluß bindet im Kostenfestsetzungsverfahren nach §§ 103 ff nicht für die Frage, ob und welche Kosten dem Bekl zu Recht entstanden sind, Hbg MDR **83**, 411. Ist er formell rechtskräftig, muß man ihn beachten, Nürnb MDR **01**, 535 (freilich aus [jetzt] VV 3301 usw).

14) Ausspruch der Wirkungslosigkeit des Urteils, IV. Ein ergangenes, noch nicht nach § 705 formell rechtskräftiges Urteil oder Versäumnisurteil oder ein entsprechender Vollstreckungsbescheid nach § 700 I werden wirkungslos, ohne daß das Gericht sie aufheben muß, BGH NJW **95**, 1096, Schlesw JB **92**, 404. Da der Kläger die Klagerücknahme dem Gericht gegenüber erklären muß, braucht man eine Rechtskraftbescheinigung nach § 706 nicht zu befürchten. Aus Gründen der Klarheit muß das Gericht aber auf Antrag des Bekl aussprechen, daß das Urteil wirkungslos ist und daß der Rechtsstreit als nicht anhängig geworden gilt. Der Ausspruch erfolgt ohne die Notwendigkeit einer mündlichen Verhandlung durch einen Beschluß, IV, § 128 IV, BGH RR **93**, 1470, AG Nürnb **85**, 1073, aM ZöGre 19 b (Zwischenurteil). Er ist eine Entscheidung im Sinn von § 775 Z 1. Eine Antragszurückweisung erfolgt ebenso, aM ZöGre 19 (§ 303 oder Endurteil. Aber es gibt nach einer vollen wirksamen Rücknahme der Klage beides nicht mehr). 46

Für einen Antrag des Bekl kann ein *Rechtsschutzbedürfnis* nach Grdz 33 vor § 253 zB bei einer Kostenübernahmeverpflichtung fehlen, LG Detm JB **77**, 1780 (auch betr mehrere Bekl), Rn 39, oder bei einer Unstreitigkeit der Wirkungslosigkeit, Hbg GRUR-RR **07**, 382 (dann auch keine sofortige Beschwerde). Bei einem Rechtsschutzbedürfnis kann auch der Kläger den Antrag stellen, zB wegen einer Unklarheit über den Ehebestand, Düss FamRZ **77**, 131.

Eine *Widerklage* nach Anh § 253 ist *nicht* mehr statthaft. Die vorher erhobene bleibt statthaft. War ein Urteil noch nicht ergangen, erfolgt nur der Ausspruch, daß der Rechtsstreit als nicht anhängig geworden gilt. Ein nach wirksamer Klagerücknahme ergehendes Urteil ist wirksam, aber mangelhaft und aufhebbar, Üb 19 vor § 300, aM ThP 12 (nichtig. Aber es liegt ein äußerlich wirksamer Staatshoheitsakt vor, Üb 10 vor § 300). Eine Klagerücknahme nach einem rechtskräftigen Urteil ist begrifflich ausgeschlossen, Hamm Rpfleger **77**, 445 (betr Insolvenz). Die Zwangsvollstreckung erfolgt nach § 794 I Z 3, Oldb Rpfleger **83**, 329 (krit Lappe), AG Warburg RR **98**, 1221 (deshalb nicht § 767). Stgt RR **87**, 128 wendet III nach einem trotz verspäteten Vergleichswiderrufs ergangenen Urteil entsprechend an.

15) Sofortige Beschwerde, V. Sie hängt vom Zusammentreffen mehrerer Voraussetzungen ab. 47

A. Gegen den Kostenausspruch, V 1. Erste Voraussetzung ist ein Kostenbeschluß nach IV. Ausreichend ist ein wenigstens teilweise die Kostenfrage behandelnder Beschluß, auch eine irrig als „Urteil" bezeichnete Entscheidung, LG Itzehoe RR **94**, 1216 (vgl freilich Rn 43), Ffm FamRZ **00**, 240, Karlsr MDR **89**, 268. Das gilt auch, soweit man eine einheitliche Kostenentscheidung des Urteils nach einer Teilrücknahme nur insofern angreifen will, als sie auf § 269 beruht, BGH FamRZ **07**, 894, LG Freibg NJW **77**, 2217. Soweit das Gericht den Kostenausspruch abgelehnt hat, ist ebenfalls die sofortige Beschwerde nach V 1, § 567 I Z 2 statthaft. Soweit das OLG entschieden hat, kommt auch keine Rechtsbeschwerde nach § 574 in Betracht, BGH NJW **03**, 3565. Die Beschwerdefrist gilt auch bei einer Partei kraft Amts, Grdz 8 vor § 50, Kblz RR **00**, 1370 (Insolvenzverwalter, auch beim nachträglichen Eintritt in den Prozeß).

B. Hauptsachewert mindestens 600,01 EUR, V 1. Zweite Voraussetzung einer sofortigen Beschwerde ist ein Mindestwert. Die Statthaftigkeit hängt nach V 1 davon ab, daß der Streitwert der Hauptsache mindestens 600,01 EUR beträgt. Denn der in V 1 genannte § 511 fordert in seinem I Z 1 einen Wert von mehr als 600 EUR. Das gilt unabhängig davon, ob eine Berufung nach § 511 I Z 2 hätte zugelassen werden können, sollen oder müssen. Denn V 1 stellt nur auf den Betrag von mindestens 600,01 EUR ab. 48

C. Zulässigkeit eines Rechtsmittels gegen Kostenfestsetzung, V 2. Dritte Voraussetzung einer sofortigen Beschwerde ist, daß gegen die Entscheidung über den Festsetzungsantrag nach § 104 noch ein Rechtsmittel zulässig ist, V 2. Nach § 11 II 1 RPflG ist die befristete Erinnerung zulässig, soweit nach den allgemeinen Vorschriften kein Rechtsmittel statthaft wäre. Diese Regelung gilt auch und gerade bei § 104, dort Rn 41 ff. Folglich reicht es für die Zulässigkeit der sofortigen Beschwerde nach V 2 aus, daß entweder nach § 104 III 1 die dort genannte sofortige Beschwerde oder nach § 11 II 1 RPflG in Verbindung mit § 104 III 1 ZPO die befristete Erinnerung noch zulässig ist. Man muß also auch die in § 104 Rn 41 ff erläuterten Fristen beachten. Krit zur Frist Schneider MDR **03**, 901. 49

Gebühren: KV 1241, VV 3500. Soweit bei entsprechender Anwendung der Rpfl entschieden hat, gilt § 11 RPflG, § 104 Rn 41 ff.

50 **16) Neue Klage, VI.** Die Vorschrift ist als Ausnahme eng auslegbar, Oldb MDR **98**, 61.

A. Grundsatz: Zulässigkeit. Eine neue Klage steht dem Kläger frei, BGH NJW **84**, 658, BAG NZA **04**, 1290, LG Ffm Rpfleger **84**, 472. Das gilt jedenfalls dann, wenn er nicht nach § 306 auf den Anspruch verzichtet hat (dann müßte das Gericht eine erneute Klage evtl nach einem vergeblichen Hinweis nach § 139 durch ein Prozeßurteil nach Grdz 14 vor § 253 als unzulässig abweisen), Kblz VersR **90**, 1135, Mü OLGZ **77**, 484. Der Kläger darf auch die Klage in demselben Verfahren wieder erweitern, BGH NJW **84**, 658, sofern er nicht auf den Anspruch verzichtet hat. Das kann freilich schon aus Zweckmäßigkeitsgründen dann nicht mehr gelten, wenn das bisherige Verfahren auch kostenmäßig abgeschlossen ist. Natürlich kann man aber eine nur teilweise wirksam zurückgenommene Klage bis zur formellen Rechtskraft nach § 705 jederzeit in einer Tatsacheninstanz wieder ganz oder teilweise erweitern oder durch einen Feststellungsantrag ersetzen, Düss FamRZ **03**, 43. Hat der Bekl eine Widerklage erhoben, kann der Kläger gegen diese eine Wider-Widerklage erheben, Anh § 253 Rn 14. Wegen einer Klagänderung Rn 1.

51 **B. Kostenerstattung.** Hat der Kläger dem Bekl die Kosten des ersten Prozesses nicht erstattet, hat der Bekl zu seinem Schutz, BGH MDR **87**, 137, bis zur Erstattung eine Zulässigkeitsrüge, §§ 282 III, 296 III, LG Gera MDR **02**, 54. Das gilt auch im selbständigen Beweisverfahren nach §§ 485 ff, LG Mönchengladb JB **06**, 153. Es gilt ferner dann, wenn der Kläger gegenüber dem nach der Klagerücknahme erlassenen Kostenfestsetzungsbeschluß nach § 104 eine solche Vollstreckungsabwehrklage nach § 767 erhebt, die er auf eine Aufrechnung mit dem Anspruch der zurückgenommenen Klage stützt. Das gilt, obwohl VI kein allgemeines Aufrechnungsverbot enthält, BGH NJW **92**, 2034 (eine Belästigungsabsicht des Klägers ist nicht erforderlich), Bre BB **91**, 1891, LG Gera MDR **02**, 54. Auch die Gewährung einer Prozeßkostenhilfe nach § 114 schließt sie nicht aus, § 122 I 2 gilt hier nicht. Wohl aber entfällt sie, wenn dem Kläger jede den Gegner belästigende Absicht fehlt oder wenn der Bekl die Kosten im Verfahren bis zur Klagerücknahme übernommen hatte. Nach einer Klagabweisung ist VI nicht entsprechend anwendbar, Rn 48, Oldb MDR **98**, 61.

Der Bekl muß den fehlenden Betrag *darlegen,* der Kläger die Zahlung. Eine Zahlung vernichtet die Rüge. Eine Ergänzung und Berichtigung der alten Klage hindern nicht. VI gilt als Sondervorschrift trotz § 280. VI gilt auch gegenüber einem anderen Gesamtgläubiger nach § 429 I BGB oder gegenüber dem Rechtsnachfolger des früheren Klägers nach § 265, auch gegenüber dem eine neue Klage erhebenden bisherigen Widerkläger, auch gegenüber der nach einer Rücknahme im Urkundenprozeß nach §§ 592 ff nun folgenden ordentlichen Klage.

52 **C. Verfahren.** Das Gericht setzt dem Kläger eine Frist zur Kostenerstattung, LG Gera MDR **02**, 54. Der Bekl muß beweisen, daß und wieviel der Kläger ihm an Kosten des Vorprozesses noch erstatten muß. Der Kläger muß die Erfüllung des so ermittelten Erstattungsanspruchs beweisen. Nach dem ergebnislosen Ablauf der Erstattungsfrist erfolgt auf Antrag evtl nach einem vergeblichen Hinweis nach § 139 eine Klagabweisung durch ein Prozeßurteil als unzulässig nach Grdz 14 vor § 253, BGH NJW **92**, 2034, LG Gera MDR **02**, 54.

270 *Zustellung; formlose Mitteilung.*

[1] Mit Ausnahme der Klageschrift und solcher Schriftsätze, die Sachanträge enthalten, sind Schriftsätze und sonstige Erklärungen der Parteien, sofern nicht das Gericht die Zustellung anordnet, ohne besondere Form mitzuteilen. [2] Bei Übersendung durch die Post gilt die Mitteilung, wenn die Wohnung der Partei im Bereich des Ortsbestellverkehrs liegt, an dem folgenden, im Übrigen an dem zweiten Werktag nach der Aufgabe zur Post als bewirkt, sofern nicht die Partei glaubhaft macht, dass ihr die Mitteilung nicht oder erst in einem späteren Zeitpunkt zugegangen ist.

Schrifttum: *Gansen,* Die Rechtshängigkeit des Schmerzensgeldanspruchs, Diss Bonn 1989; *Halbach,* Die Verweigerung der Terminsbestimmung und der Klagezustellung im Zivilprozeß, Diss Köln 1980.

Gliederung

1 **1) Systematik, S 1, 2.** § 270 (vgl auch §§ 214, 261) enthält den Grundsatz, daß eine förmliche Zustellung nach §§ 166 ff von Amts wegen erfolgt, also nicht auf Betreiben der Parteien, §§ 191 ff. Dieser Grundsatz kennt nur in den ausdrücklich im Gesetz vorgesehenen Fällen Ausnahmen, zB in § 497 I 1.

2 **2) Regelungszweck, S 1, 2.** Die Vorschrift dient in ihrem nur Parteierklärungen betreffenden Geltungsbereich nach Rn 3 zwar teilweise auch der Prozeßwirtschaftlichkeit nach Grdz 14 vor § 128 in einem auch vom erfahrenen Praktiker erstaunlich oft verkannten Maße. Sie dient aber vor allem der Rechtssicherheit, Einl III 43. Sie dient insbesondere der Sicherstellung des rechtlichen Gehörs, Artt 2 I, 20 III GG (Rpfl), BVerfG **101**, 404, Art 103 I GG (Richter), Mü NJW **05**, 1130. Denn bei der Mißachtung einer notwendigen förmlichen Zustellung oder einer vollständigen Übermittlung läuft zB oft eine Frist nicht an und daher auch nicht ab. Doch kann die dennoch getroffene Entscheidung auf einem solchen schweren Verfah-

rensfehler beruhen. Deshalb sollte man § 270 insofern streng auslegen. Andererseits dient die Vorschrift auch nach dem Wegfall von III (jetzt § 167) dem Schutz desjenigen, der zur Wahrung einer Frist die Mitwirkung des Gerichts braucht, LAG Hamm AnwBl **00**, 60 (zum früheren III). Auch das sollte man mitbeachten. Im Zweifel empfiehlt sich die dem Gericht stets erlaubte Anordnung einer förmlichen Zustellung ohne Rücksicht auf deren Mehrkosten. Denn sie dient der Rechtssicherheit. Sie kann weitere Fristsetzungen oder Termine evtl erübrigen.

3) Geltungsbereich, S 1, 2. Vgl Üb 3 vor § 253. Die Vorschrift betrifft nur Schriftsätze und Erklärungen der Parteien, nicht auch Maßnahmen des Gerichts, insbesondere nicht ein Urteil, § 317 I, oder eine sonstige Sachentscheidung oder eine fristsetzende Verfügung oder einen derartigen Beschluß, § 329 II, III. Sie gilt zB nicht bei einer sonstigen Verfügung etwa nach § 273, nicht bei einer Terminsbekanntmachung, nicht bei einem verkündeten Beschluß, soweit man sie zustellen muss, § 329 II 2, III. Das wird oft übersehen. 3

4) Amts- oder Parteizustellung, S 1, 2. Sie folgen sehr unterschiedlichen Regeln. 4

A. Von Amts wegen. Die Zustellung erfolgt nicht nur beim AG, sondern auch bei den anderen ordentlichen Gerichten von Amts wegen, §§ 166 ff. Das gilt bei bestimmenden Schriftsätzen, § 129 Rn 5, und Erklärungen der Parteien, auch bei Ladungen, § 214, soweit sie nicht nach § 218 entbehrlich sind.

B. Parteibetrieb. Eine Zustellung im Parteibetrieb nach §§ 191 ff ist zulässig bei der Zwangsvollstreckung, §§ 750 I 2, II, 751 II, 756, 765, 795, 798, 829 II, 835 III, 843, 858 IV. Sie ist nötig beim Vollstreckungsbescheid, sofern die Partei die Übergabe an sich zur Parteizustellung beantragt, § 699 IV 2, Bischof NJW **80**, 2235, beim Arrest und bei der einstweiligen Verfügung, §§ 916, 922 II, 929, 936. 5

C. Verfahren der Amtszustellung. Der Urkundsbeamte der Geschäftsstelle besorgt die Zustellung grundsätzlich ohne eine richterliche Weisung (Ausnahme: § 168 III). Das übersehen manche infolge einer mangelhaften Ausbildung nur zu oft. Er handelt ohne einen besonderen Antrag. Die Partei braucht nichts anderes zu tun als das zuzustellende Schriftstück dem Gericht einzureichen. Natürlich muß man aus dem Schriftstück erkennen können, daß seine Bekanntmachung an den Gegner der Zweck ist. Beifügen muß man Ablichtungen oder Abschriften in der erforderlichen Zahl, § 253 Rn 105. Der Urkundsbeamte prüft beim Eingang eines Schriftstücks nur die Notwendigkeit der Zustellung, nicht diejenige der Eingabe. Denn der Amtsbetrieb für Zustellungen und Ladungen läßt die Parteiherrschaft unberührt, Grdz 18 vor § 128, Hager NJW **92**, 354. Wegen der notwendigen Ablichtungen oder Abschriften § 133. Die Zustellung erfolgt nach §§ 166–190. Wegen der Mängelheilung Üb 14 vor § 166. Der Urkundsbeamte muß schon zur Vermeidung einer Amtshaftung die ordnungsmäßige und insbesondere auch unverzügliche Zustellung überwachen und sie notfalls wiederholen. 6

5) Förmliche Zustellung, S 1, 2. Förmlich zustellen lassen muß das Gericht nur die folgenden Schriftstücke der Parteien (wegen der Verfügungen und Beschlüsse des Gerichts gilt § 329 II 1, 2). Stets muß man das vollständige Dokument nebst Anlagen übermitteln und darf nicht auf eine bloße Akteneinsicht verweisen, Mü NJW **05**, 1130. 7

A. Klageschrift. Zuzustellen ist die Klageschrift, § 253 I, und nach § 340 a die Einspruchsschrift. Ihre formlose Mitteilung zB wegen eines gleichzeitigen Antrags auf die Bewilligung einer Prozeßkostenhilfe nach § 114 reicht nicht aus, Schlesw SchlHA **77**, 189, auch nicht bei einer Kenntnis des Bekl von der Einreichung der Klageschrift.

B. Sachantrag. Zuzustellen sind alle Sachanträge nach § 297 Rn 1, auch diejenigen des Bekl zB auf eine Klagabweisung. Reine Prozeßanträge nach § 297 Rn 4 sind nicht zustellungsbedürftig. Ihre Übermittlung von Amts wegen ist aber meist ratsam. Denn der Urkundsbeamte kann nicht stets klar beurteilen, ob nur ein Prozeßantrag vorliegt. 8

Nicht hierher gehört ein bloßer Verfahrensantrag, zB derjenige des selbständigen Beweisverfahrens. Vgl freilich dann Rn 10.

C. Klagerücknahme bei Einwilligungsbedürftigkeit. Zuzustellen ist die Klagerücknahme nach § 269, soweit zu ihrer Wirksamkeit die Einwilligung des Bekl nach § 269 II 3 erforderlich ist, also ab Beginn der mündlichen Verhandlung des Bekl zur Hauptsache, § 269 Rn 17. Die Notwendigkeit der förmlichen Zustellung folgt freilich nicht aus S 1, sondern aus § 269 II 3, 4. 9

D. Andere Fälle. Zuzustellen sind andere Schriftsätze und Erklärungen auf eine besondere Anordnung des Gerichts. Eine förmliche Zustellung kann bei wichtigen Erklärungen stets ratsam sein. Verstoß: Rn 32. Wegen seiner Bedeutung für die Klage § 253 Rn 16, 17. 10

6) Formlose Übersendung, S 1, 2. Man muß die beiden Prozeßarten unterscheiden. 11

A. Anwaltsprozeß. Außer bei Rn 4 darf man alle Parteierklärungen unbeglaubigt unmittelbar und formlos von Partei zu Partei übersenden, §§ 191 ff. Die Einhaltung einer Form schadet natürlich nicht. Jede Partei darf aber solche Erklärungen auch beim Gericht einreichen. Das kann wegen der Feststellung der Absendung zweckmäßig sein. Dann muß das Gericht sie an die Gegenpartei weitergeben. § 166 II bezieht sich zwar dem Wortlaut nach nur auf Zustellungen. Ihn so eng aufzufassen, wäre aber der Partei nachteilig. Es fehlte ihr dann oft jeder Nachweis des Aufgabetags. Damit wäre die Vermutung des Zugangs des S 2 für sie wertlos. Diese durch eine Glaubhaftmachung des Nichtzugangs oder des verspäteten Zugangs nach § 294 entkräftbare Rechtsvermutung ist aber entbehrlich, wenn die Formlosigkeit nicht zur Verschleppung führen soll. Kommt die Sendung als unbestellbar zurück, steht ihr Nichtzugehen fest.

B. Parteiprozeß. Im Verfahren vor dem AG gelten S 1 nach § 495 ohnehin, S 2 nach § 497 I 2 entsprechend. Die Zugangsvermutung ist keineswegs schon als solche etwa wegen Artt 2 I, 20 III GG (Rpfl), BVerfG **101**, 404, Art 103 I GG (Richter) verfassungswidrig, zumal sie ja widerlegbar ist, S 2 Hs 2, § 294. Im Einzelfall kann sich eine Versagung des rechtlichen Gehörs freilich aus den Gesamtumständen ergeben. 12

13 **7) Verstoß, S 1, 2.** Die Unterlassung der Mitteilung ist ein Verstoß gegen Art 103 I GG. Sie läßt sich weder durch ein Geheimhaltungsinteresse des Gegners noch durch eine nachträgliche Erlaubnis zur Akteneinsicht nach § 299 heilen, Mü NJW **05**, 1130. Eine Zustellung im Parteibetrieb nach §§ 191 ff statt einer Zustellung von Amts wegen oder umgekehrt ist unwirksam. Dieser Fehler kann aber nach §§ 189, 295 heilen. Freilich kann eine Zustellung von Anwalt zu Anwalt nach § 195 ausreichen. Solche Schriftsätze, die sich die Parteien formlos zugehen lassen, wenn förmlich zuzustellen war, sind keine vorbereitenden im Sinn der ZPO, zB nach § 335 I Z 3. Sie lassen also keine Versäumnisentscheidung nach §§ 330 ff zu. Wegen einer unvollständigen oder sonstwie mangelhaften Zustellung Üb 13, 14 vor § 166. Ein Verstoß zwingt zur Nachholung der Zustellung, BGH RR **86**, 1119. Er macht ersatzpflichtig. Ist die Einlassungsfrist nach § 274 oder die Ladungsfrist nach § 217 nicht gewahrt, muß der Urkundsbeamte die Sache dem Richter zur Terminsverlegung nach § 227 vorlegen. Gegen eine verzögerliche oder unterbliebene Zustellung ist die Dienstaufsichtsbeschwerde an den Gerichtsvorstand zulässig. Der Spruchrichter muß aber auch von sich aus auf eine Erledigung hinwirken, ohne ein Zwangsmittel zu besitzen.

271 *Zustellung der Klageschrift.* **I Die Klageschrift ist unverzüglich zuzustellen.**

II Mit der Zustellung ist der Beklagte aufzufordern, einen Rechtsanwalt zu bestellen, wenn er eine Verteidigung gegen die Klage beabsichtigt.

Schrifttum: *Halbach,* Die Verweigerung der Terminsbestimmung und der Klagezustellung im Zivilprozeß, Diss Köln 1980.

1 **1) Systematik, I, II.** Die Vorschrift enthält eine gegenüber § 270 vorrangige Sonderregel.

2 **2) Regelungszweck, I, II.** Die Bestimmung dient sowohl der Prozeßförderung nach Grdz 12, 13 vor § 128 als auch der Prozeßwirtschaftlichkeit nach Grdz 14, 15 vor § 128 und der Rechtssicherheit nach Einl III 43 durch den Hinweis auf einen etwaigen Anwaltszwang nach § 78. Deshalb ist sie auch bei einer Überlastung zwingend, selbst wenn die anschließende weitere Bearbeitung derzeit noch kaum möglich scheint. Sie zwingt auch zur unverzüglichen Wahl des Verfahrens, nach einer etwaigen Güteverhandlung nach § 278 zur Einleitung des schriftlichen Vorverfahrens nach §§ 276 ff oder zur Bestimmung eines frühen gar vollwertigen ersten Termins, § 272 Rn 5. Auch die Unsicherheit über eine solche Wahl darf nicht dazu führen, § 271 zu unterlaufen.

3 **3) Geltungsbereich, I, II.** Vgl Üb 2 vor § 253.

4 **4) Zustellung der Klageschrift, I.** Nur eine wirksame oder wenigstens voraussichtlich zwar derzeit noch mangelhafte, aber insofern heilbare Klageschrift fällt unter I. Auch eine unzulässige Klage zählt grundsätzlich zu I. Andernfalls könnte es ja gar nicht zur rechtskräftigen Klärung ihrer Unzulässigkeit kommen. Die Grenze liegt beim eindeutigen Rechtsmißbrauch nach Einl III 54. Denn nicht jede Unsinnigkeit kann das Gericht zur Verfahrensförderung zwingen und dem Gegner zB beim Anwaltszwang das Risiko abfordern, entweder auf ein unechtes Versäumnisurteil gegen den Kläger nach § 331 Rn 13 hoffen zu müssen oder keine Vorsteuererstattung zu bekommen, wenn der Kläger mittellos ist.

Erst eine Zustellung bewirkt die zB wegen der Verjährung oder der Rechtshängigkeit nach § 261 I wichtige *Klagerhebung,* § 253 I. Deshalb muß die Klagezustellung unverzüglich (Begriff § 216 Rn 16) von Amts wegen nach §§ 166 II, 168 erfolgen. Das gilt jeweils ungeachtet eines etwaigen Güteverfahrens des § 278 bei einem frühen ersten Termin spätestens zugleich mit der zugehörigen Ladung nach § 274 II, bei einem schriftlichen Vorverfahren nach § 272 II, 276 ebenfalls unverzüglich nach dem Klageingang, auch wenn das Gericht noch nicht absehen kann, wann ein Verhandlungstermin stattfinden wird. Eine geringe Verzögerung zwischen der Aktenvorlage und der Zustellungsverfügung ist zulässig, etwa wegen eines Diktats und der Niederschrift vorbereitender Maßnahmen, § 273. Sie wäre im übrigen auch eine „demnächst" erfolgende Zustellung, § 167.

Die Zustellung erfolgt *förmlich,* § 270. Sie erfolgt durch die Übersendung einer vom ProzBev oder nach § 169 II vom Urkundsbeamten beglaubigten Klagablichtung oder -abschrift. Sie geschieht nach §§ 170 ff und unter den Voraussetzungen § 172 Rn 10 an den bestellten ProzBev. Bei einer Klage zum Protokoll des Urkundenbeamten der Geschäftsstelle nach § 496 letzter Hs erfolgt die Zustellung des Protokolls, § 498. Es erfolgt keine Klagezustellung, solange das Gericht nicht unter den Voraussetzungen des § 63 I 1 GKG den Kostenstreitwert vorläufig festgesetzt hat und solange der Kläger seine Vorwegleistungspflicht nicht erfüllt hat, § 12 II GKG, Anh § 271. Die Zustellung erfolgt aber dann, wenn der Bekl den Vorschuß zahlt, Düss OLGZ **83**, 117, oder wenn das Gericht dem Kläger eine Prozeßkostenhilfe bewilligt hat, § 122 I Z 1. Mit der Klagezustellung muß das Gericht die jetzt schon möglichen Fragen, Hinweise und Auflagen nach §§ 139, 273 verbinden. Außerdem erfolgen gleichzeitig die Festsetzungen nach §§ 275, 276. § 271 gilt nach einem Widerspruch im Mahnverfahren entsprechend, § 697 I, aber nicht bei einer Klage vor der Kammer für Handelssachen, § 96 GVG.

5 **5) Aufforderung zur Bestellung eines Anwalts, II.** Diese Aufforderung erfolgt zugleich mit der Zustellung nach I von Amts wegen an sich formlos. Sie ist daher bei einer Nachholung formlos statthaft, § 329 II 1, wenn ein Anwaltsprozeß nach § 78 Rn 1 vorliegt, also beim AG nur bei § 114 I FamFG, sowie beim LG. Sie erfolgt nur, soweit der Bekl noch nicht mitgeteilt hat, er wolle sich nicht verteidigen. Eine solche Erklärung könnte ja schon vor der Klagezustellung eingegangen sein. II geht dem ähnlichen § 215 vor. Der letztere gilt erst bei der Ladung, II jedoch schon bei der Klagezustellung, besonders bei einem schriftlichen Vorverfahren. Eine Aufforderung nach II macht eine solche nach § 215 auch keineswegs stets überflüssig. Denn es geht ja zunächst nur um die Klärung, ob das Gericht überhaupt mit einer Verteidigung rechnen soll, §§ 276 I, II, 307 II, 331 III. Deshalb geht die Aufforderung dahin, einen Anwalt zu bestellen, falls der Bekl eine Verteidigung gegen die Klage beabsichtige. Zugleich erfolgt eine Belehrung nach § 276 II.

Der Urkundsbeamte der Geschäftsstelle fügt die Aufforderung nach II von Amts wegen der Klagezustellung bei.

6) Verstoß, I, II. Ein Unterbleiben der Aufforderung ist zwar auf die Wirksamkeit der Klagezustellung ohne Einfluß. Jedoch ist die deshalb ohne einen ausreichenden Anwalt erscheinende Partei nicht im Sinn von § 335 I 2 ordnungsgemäß geladen. Im übrigen ist eine fehlerhafte Klagezustellung zunächst wirkungslos. Der Fehler ist aber heilbar, § 295 Rn 34. 6

7) Rechtsmittel, I, II. Gegen die Verweigerung der Zustellung ist die sofortige Beschwerde nach § 567 I Z 2 statthaft. Gegen die Zustellungsanordnung und -durchführung gibt es ein Rechtsmittel erst auf Grund der zugehörigen Sachentscheidung, Ffm NJW **04**, 3050. Gegen eine Vorschußanordnung vgl § 67 GKG. 7

Anhang nach § 271

Vorwegleistungspflicht des Klägers

GKG § 12. Verfahren nach der Zivilprozessordnung. **I 1 In bürgerlichen Rechtsstreitigkeiten soll die Klage erst nach Zahlung der Gebühr für das Verfahren im Allgemeinen zugestellt werden. 2 Wird der Klageantrag erweitert, soll vor Zahlung der Gebühr für das Verfahren im Allgemeinen keine gerichtliche Handlung vorgenommen werden; dies gilt auch in der Rechtsmittelinstanz.**

II Absatz 1 gilt nicht

1. für die Widerklage und

2. für Rechtsstreitigkeiten über Erfindungen eines Arbeitnehmers, soweit nach § 39 des Gesetzes über Arbeitnehmererfindungen die für Patentstreitsachen zuständigen Gerichte ausschließlich zuständig sind.

III 1 Der Mahnbescheid soll erst nach Zahlung der dafür vorgesehenen Gebühr erlassen werden. 2 Wird der Mahnbescheid maschinell erstellt, so gilt Satz 1 erst für den Erlass des Vollstreckungsbescheids. 3 Im Mahnverfahren soll auf Antrag des Antragstellers nach Erhebung des Widerspruchs die Sache an das für das streitige Verfahren als zuständig bezeichnete Gericht erst abgegeben werden, wenn die Gebühr für das Verfahren im Allgemeinen gezahlt ist; dies gilt entsprechend für das Verfahren nach Erlass eines Vollstreckungsbescheids unter Vorbehalt der Ausführung der Rechte des Beklagten. 4 Satz 3 gilt auch für die nach dem Gesetz über Gerichtskosten in Familiensachen zu zahlende Gebühr für das Verfahren im Allgemeinen.

IV Über den Antrag auf Abnahme der eidesstattlichen Versicherung, auf Erteilung einer Ablichtung oder eines Ausdrucks des mit eidesstattlicher Versicherung abgegebenen Vermögensverzeichnisses oder den Antrag auf Gewährung der Einsicht in dieses Vermögensverzeichnis soll erst nach Zahlung der dafür vorgesehenen Gebühr entschieden werden.

V Über Anträge auf Erteilung einer weiteren vollstreckbaren Ausfertigung (§ 733 der Zivilprozeßordnung) und über Anträge auf gerichtliche Handlungen der Zwangsvollstreckung gemäß § 829 Abs. 1, §§ 835, 839, 846 bis 848, 857, 858, § 886 oder § 890 der Zivilprozessordnung soll erst nach Zahlung der Gebühr für das Verfahren und der Auslagen für die Zustellung entschieden werden.

Vorbem. II Z 1 geändert, Z 2–5 aufgehoben, bisherige Z 6 zu Z 2, III geändert dch Art 47 I Z 4 a–d FGG-RG, in Kraft seit 1. 9. 09, Art 112 I Hs 1 FGG-RG, Übergangsrecht Art 111 FGG-RG, Einf 4 vor § 1 FamFG.

Schrifttum: *Hartmann* Teil I A.

1) Systematik, I–V. Die Vorschrift regelt für fast alle Bereiche des GKG die Frage, ob und wer in welcher Höhe eine finanzielle Vorwegleistung erbringen muß, bevor das Gericht tätig werden soll oder darf, Stgt RR **98**, 648. Auf Sondergebieten enthalten §§ 15 ff GKG vorrangige Sonderregeln. 1

2) Regelungszweck, I–V. Die Vorschrift dient der Verhinderung oder Verminderung des zwar nicht rechtlichen, aber oft tatsächlichen Kostenrisikos der Staatskasse, Düss RR **00**, 368. Damit dient sie auch der Kostengerechtigkeit im weiteren Sinn. So, wie der Beamte trotz einer etwaigen formellen Verfügungsmacht doch zumindest im Verhältnis zum Dienstherrn an Haushaltsvorschriften gebunden ist, „soll" der Richter oder Rpfl die Bestimmungen zur Vorwegleistungspflicht beachten. Da der Gesetzgeber auch das Wort „muß" kennt, es aber hier nicht benutzt hat, liegt dem klaren Wortlaut nach eine bloße Sollvorschrift vor. Bei einem klaren Wortlaut bleibt grundsätzlich kein Raum für eine inhaltsändernde Regelung, Einl III 39. Mag der Gesetzgeber sich anders entscheiden, wenn er ein „muß" meint. Auch ist das überlastete Gericht kein Zahlmeister und keine Steuer- oder Gebührenbehörde im Sinn einer den Prozeß durchweg hemmenden Vorrangigkeit einer Vorschuß- oder Gebühreneintreibung. Daher kann man den Richter oder Rpfl auch nicht einfach haftbar machen, wenn sie zwecks Prozeßförderung und so in aller Regel auch ohne einen derartigen Nachweis von einer bloßen Sollvorschrift keinen Gebrauch machen. Sie haben ein pflichtgemäßes Ermessen. Alles das muß man bei der Auslegung mitbeachten. 2

3) Geltungsbereich, I–V. Im Verfahren vor den Arbeitsgerichten aller Instanzen ist (jetzt) § 12 ebenfalls anwendbar, § 1 II Z 4 GKG, ebenso im Verfahren nach dem ArbNEG vor dem für Patentstreitsachen zuständigen Kollegium des ordentlichen Gerichts. 3

Ein *ProzBev* ist persönlich nie vorschußpflichtig. Man muß aber den Vorschuß wegen § 172 von der Partei über ihn anfordern. Er kann sich verpflichtet haben, für den Auftraggeber einen Vorschuß auch dann an das Gericht zu zahlen, wenn der Auftraggeber im Innenverhältnis noch keine Deckung erbracht hat.

Bei einer *Nichtzahlung* legt das Gericht lediglich die Akten nach § 7 III e AktO weg, Ffm Rpfleger **92**, 26, LG Frankenth Rpfleger **84**, 288, LG Kleve RR **96**, 939.

4) Einzelfragen, I–V. Dazu die Kommentierung bei Hartmann Teil I A. 4

Einführung vor § 272
Die Vorbereitung des Haupttermins

Gliederung

Schrifttum: *Leipold,* Wege zur Konzentration von Zivilprozessen, 1999.

1 **1) Systematik.** §§ 272 ff enthalten ein mit deutscher Überperfektion entwickeltes schwer durchschaubares nicht abgeschlossenes System von Möglichkeiten der Terminsvorbereitung, des Ausscheidens des nicht Verhandlungsbedürftigen und der Heranführung an das Entscheidungserhebliche. Ergänzend gelten §§ 130 ff, 373 ff, 495 a usw.

2 **2) Regelungszweck.** §§ 272 ff dienen mehreren Grundsätzen, vor allem denjenigen der Prozeßförderung und Prozeßwirtschaftlichkeit, Grdz 12 ff vor § 128. Ein umfassend vorbereiteter sog Haupttermin soll den Rechtsstreit als sein Kernstück in der Regel zu einer raschen Entscheidungsreife führen. Diesem Ziel dienen umfangreiche gesetzliche Anweisungen an das Gericht und die Parteien, zahlreiche Fristen, Belehrungen, Auflagemöglichkeiten, eine erhebliche Prozeßförderungspflicht aller Beteiligten, die oft sinnvolle, evtl notwendige Einführung in den Sach- und Streitstand durch das Gericht zu Beginn des Haupttermins, die Pflicht zur Erörterung aller eventuell entscheidungserheblichen, erkennbar von einer Partei oder gar von beiden übersehenen oder für unerheblich gehaltenen rechtlichen Gesichtspunkte und vor allem erhebliche Rechte und Pflichten des Gerichts zur Zurückweisung verspäteten Vorbringens. Zum Haupttermin führen nach der Wahl des Vorsitzenden zwei Wege: derjenige über einen frühen ersten Termin oder derjenige über ein schriftliches Vorverfahren.

Eine *Güteverhandlung* ist dem allen vorgelagert. Sie ist eine zwar nicht stets, aber doch offiziell als Regel und praktisch je nach vorläufiger Beurteilung einer Erfolgsaussicht und nach der Mentalität des Gerichts und der übrigen Prozeßbeteiligten notwendige wünschenswerte oder höchst unerwünschte Vorstufe der eigentlichen mündlichen Verhandlung nach § 279. Sie soll möglichst zur Beendigung des Rechtsstreits führen, noch bevor er richtig begonnen hat. Das ist ein hehres Ziel und deshalb oft auch ein illusionäres. Denn zumindest der Kläger wünscht eine Entscheidung, einen vollstreckbaren Urteilsspruch. Er hat schon lange genug warten müssen und will über Vergleich und Nachgeben jedenfalls in diesem Frühstadium des Prozesses nun gerade noch keineswegs nachdenken, sondern erst einmal die Haltung des Gerichts erfahren und die hoffentlich schwache Verteidigung des Gegners erleben.

Dieses *Spannungsfeld* verlangt vom Gericht sowohl Behutsamkeit als auch Entschlossenheit, soweit seine Wahlmöglichkeit bei der Verfahrensgestaltung überhaupt besteht.

3 **3) Aufgaben des Gerichts.** Damit muß das Gericht zwischen dem Eingang der Klage und dem Verhandlungstermin vielfältige Aufgaben mit hohen Anforderungen erfüllen, zB §§ 129 II, 273, 275 I, 276 I, III, 358 a. Eine bloße Terminsbestimmung und Verfügung „zum Termin" auf den eingehenden Schriftsätzen bis zum Termin, nicht so häufig anzutreffen wie Schneider MDR **89**, 712 meint, ist manchmall ein glatter Verstoß gegen seine Amtspflicht. Vielmehr findet eine Annäherung an strafprozessuale Vorbereitungsaufgaben statt. Es besteht nämlich die Notwendigkeit, in einer Art erstem „Kopfgutachten" schon die Klageschrift und sämtliche weiteren Eingänge unverzüglich sorgfältig auf solche Gesichtspunkte zu prüfen, die (weitere) vorbereitende Maßnahmen sinnvoll oder notwendig erscheinen lassen. Die Denkarbeit des Richters konzentriert sich zunächst ganz auf den Schreibtisch, van Bühren DRiZ **86**, 400. Das gilt auch beim Verfahren mit einem frühen ersten Termin.

Überdies muß er in zahlreichen Situationen *schriftliche Belehrungen* erteilen, Düss NJW **84**, 1567. Ihre Mangelhaftigkeit kann zu beträchtlichen Rechtsnachteilen jedenfalls einer Partei führen, aM BGH **86**, 225, Hamm NJW **84**, 1566 (aber die Praxis zeigt oft genug derartige üble Folgen). Auch insofern gelten fast Regeln des Strafprozesses. Freilich gelten nach wie vor der Beibringungsgrundsatz nach Grdz 20 vor § 128 und der Grundsatz der Parteiherrschaft, Grdz 18, 25 vor § 128, Engels DRiZ **85**, 196. Damit hat das Gericht eine wesentlich stärkere Position. Ihr entspricht freilich eine erhöhte Verantwortung für die Zweckmäßigkeit wie Gerechtigkeit des Verfahrens nach § 139, Wagner AnwBl **77**, 329.

4 **4) Aufgaben der Parteien.** Die Parteien müssen zur Vermeidung unwiederbringlicher Rechtsnachteile von Anfang an ganz erheblich intensiv und sorgfältig mitarbeiten, zB §§ 129, 277 I, 282 II, III. Sie haben dann eine große Chance, rasch und verhältnismäßig billig zu ihrem Recht zu kommen. Keineswegs darf eine Partei und/oder ihr ProzBev, dessen Verschulden man ihr nach § 85 II anlasten muß, erst einmal den Verhandlungstermin an sich herankommen lassen, auch nicht im Parteiprozeß, Brehm AnwBl **83**, 197. Beide müssen zusammenarbeiten. Sie müssen wenigstens eine Auflage des Gerichts erfüllen, BGH NJW **82**, 437. Spätestens im Verhandlungstermin oder beim Einspruch gegen ein Versäumnisurteil muß man zur Sache umfassend Stellung nehmen und Farbe bekennen. Das ist die Regel mit nur wenigen Ausnahmen, Hartmann AnwBl **77**, 92, 93.

5 **5) Kritik.** Bei etwas Achtung vor der Zeit und Mühe der übrigen Prozeßbeteiligten funktioniert dieses Verfahren ausgezeichnet, Greger ZZP **100**, 384, aM Behnke MDR **92**, 209 (aber die Praxis beweist die Brauchbarkeit). Das gilt im Ergebnis auch zB in Bayern, Greger ZZP **100**, 384, Mertins DRiZ **88**, 91, Walchshöfer ZZP **94**, 179. Das gilt sogar eingeschränkt trotz der inzwischen enorm angewachsenen Arbeitslast der Gerichte auch jetzt noch, Birk AnwBl **84**, 171. Zum Problem auch Rottleuthner, Die Dauer von Gerichtsverfahren usw, 1990. Die wahren Justizprobleme liegen auf ganz anderen Ebenen, Bachof Festschrift für Baur (1981) 175, Kissel DRiZ **81**, 219. Das Verfahren belohnt die eigene Sorgfalt weit eher als früher. Es läßt die eigene Nachlässigkeit oder Verschleppungsabsicht nachhaltiger spürbar werden. Ob es im Ergebnis

statt einer gewissen Entlastung wegen der umfassenden Vorbereitung eine böse Mehrbelastung aller Beteiligten und entgegen seiner erklärten Zielsetzung gerade eine Abkehr von der mündlichen Verhandlung bringt, einen Rückfall in eine Schriftsatzjustiz, ob es den zu zögernden oder zu laschen Richter, den es bewußt anstacheln will, um so mehr überfordert und am Ende doch wieder alles in einer Kette von unvollständig vorbereiteten Terminen mündet, das liegt weitgehend an der Sorgfalt und Haltung vor allem des Richters.

Die *Praxis* fällt freilich vielerorts immer wieder in Übungen früherer Gesetzesfassungen zurück, Brehm AnwBl **83**, 197, van Bühren DRiZ **86**, 400, Lange NJW **88**, 1645, aM Maniotis, Gedächtnisschrift für Arens (1993) 295 (aber eine pflichtbewußte Haltung ist das Gegenteil einer Gefährdung der Rechtssicherheit). Das ist um so bedauerlicher, als die Gerichte in der gegenwärtigen Periode eines auf zahlreichen Gebieten abnehmenden Bewußtseins der mit Rechten untrennbar verbundenen Pflichten eine wachsende Aufgabe bei der Durchsetzung der vom Gesetzgeber immerhin im Kern klaren Prozeßgrundsätze haben, auch wenn der Prozeß niemals ein bloßer Selbstzweck sein darf. 6

Überflüssig sind ebenfalls die hier und dort erkennbaren Tendenzen einer Verlagerung der Sachdiskussion auf eine *emotionale Ebene.* Man sollte auch bei einer Kritik Ausdrücke wie „überzeugter Verfahrensbeschleuniger", Deubner NJW **80**, 2363, durchaus vermeiden. Die Gesetzgebungstechnik der §§ 272 ff ist allerdings alles andere als übersichtlich. Allein die verschiedenen Belehrungspflichten finden sich derart verstreut, daß Pannen naheliegen. Es muß die Aufgabe der Praxis sein, einerseits trotz aller Bedrängnis durch das komplizierte Gesetz ihren guten Willen zu zeigen, Brangsch AnwBl **77**, 277, Vogel AnwBl **77**, 284. Man muß andererseits bei der Auslegung und Fortführung des Gesetzes beim gesunden Menschenverstand und der immer dringenderen Notwendigkeit bleiben, das höchst überfeinerte Prozeßrecht wenigstens leidlich verständlich zu halten. Sonst nähme die Rechtssicherheit als eines der höchsten Rechtsgüter, Einl III 43, noch mehr Schaden. Kritisch auch Mertins DRiZ **88**, 91, Rottleutner pp DRiZ **87**, 144. Wegen der Anwendbarkeit in Entschädigungssachen Weiß RzW **78**, 41. 7

272 *Bestimmung der Verfahrensweise.* I **Der Rechtsstreit ist in der Regel in einem umfassend vorbereiteten Termin zur mündlichen Verhandlung (Haupttermin) zu erledigen.**

II **Der Vorsitzende bestimmt entweder einen frühen ersten Termin zur mündlichen Verhandlung (§ 275) oder veranlasst ein schriftliches Vorverfahren (§ 276).**

III **Die Güteverhandlung und die mündliche Verhandlung sollen so früh wie möglich stattfinden.**

Schrifttum: *Bathe,* Verhandlungsmaxime und Verfahrensbeschleunigung bei der Vorbereitung der mündlichen Verhandlung, 1977; *Bender,* Mehr Rechtsstaat durch Verfahrensvereinfachung, Festschrift für *Wassermann* (1985) 629; *Bender/Belz/Wax,* Das Verfahren nach der Vereinfachungsnovelle und vor dem Familiengericht, 1977; *Böhm,* Evaluationsforschung mit der Survivalanalyse am Beispiel des Gesetzes zur Vereinfachung und Beschleunigung des gerichtlichen Verfahrens, 1989; *Fasching,* Der mühsame Weg der Prozessbeschleunigung, Festschrift für *Beys* (Athen 2004) 305; *Halbach,* Die Verweigerung der Terminbestimmung und der Klagezustellung im Zivilprozeß, Diss Köln 1980; *Leipold,* Wege zur Konzentration von Zivilprozessen, 1999; *Rottleuthner/Rottleuthner-Lutter,* Die Dauer der Gerichtsverfahren usw, 1990; *Rudolph,* Beschleunigung des Zivilprozesses, Festschrift für die *Deutsche Richterakademie* (1983) 151.

Gliederung

1) Systematik, I–III. S zunächst Einf 1, 2 vor § 272. Vor die eigentliche mündliche Verhandlung schiebt sich nicht stets, aber oft eine Güteverhandlung nach § 278. Die mündliche Verhandlung findet anschließend statt, und zwar entweder als vorbereitender oder als vollwertiger früher erster Termin nach II, Rn 5, oder als Haupttermin nach I oder als weiterer Termin, der vor oder nach dem Haupttermin liegen kann und evtl ein 2. Haupttermin ist. Im Protokoll und im Urteilskopf genügt die Bezeichnung als mündliche Verhandlung. Bei einer Auflage oder Aufforderung an eine Partei zB nach § 275 I muß aber klar sein, welche Art von Frist das Gericht setzt. Es sollte daher ganz eindeutig mitteilen, für welche Art von mündlicher Verhandlung die Partei sich äußern soll. 1

2) Regelungszweck, I–III. Die Vorschrift dient insgesamt und nicht nur beim frühen ersten Termin der Förderungsaufgabe nach Grdz 12 vor § 128 und damit der Prozeßwirtschaftlichkeit nach Grdz 14 vor § 128 und der Gerechtigkeit, La Bruyère (vor dem Vorwort). Ungeachtet der Worte „in der Regel" in I (zum Haupttermin) kann auch ein geschickt vorbereiteter und vor allem durchgeführter früher „erster" Termin das Ziel der Entscheidungsreife herbeiführen, Rn 5. 2

Geschickt gehandhabt, insbesondere durch ein sogleich nach dem Klageingang selbstauferlegtes „Kopfgutachten" des Vorsitzenden (dringend anzuraten) und evtl durch einen Hinweis nach § 139 oder durch vorbereitende Maßnahmen nach § 273 kann das Verfahren mit solchem frühen ersten Termin die Gesamtdauer des Prozesses ganz wesentlich verkürzen. Es kann auch die Terminszahlen nachhaltig senken. Es kann die Kosten und den Zeitaufwand aller Beteiligten senken und so eine ungleich geringere Mühe bei gleich sorgfältigem Ergebnis bedeuten, ein wahrhaft lohnendes Ziel: Die Zahl der unerledigten Sachen sinkt rapide, wenn man das überhaupt ohne Furcht vor anschließender noch weitergehender Belastung („der schafft ja rasch weg!") anzustreben wagt. Die Dezernatsarbeit kann sich halbieren oder noch geringer werden, wie langjährige Erfahrung zeigt, ohne daß Rechtsmittelzahlen steigen.

3 **3) Geltungsbereich, I–III.** Die Vorschrift gilt grundsätzlich in fast allen Verfahren nach der ZPO. Sie gilt auch im WEG-Verfahren. In einer Ehesache ist § 272 unanwendbar, § 113 IV Z 3 FamFG. Wegen des arbeitsgerichtlichen Verfahrens Rn 8, §§ 46 II, 56, 57 ArbGG. Vgl ferner § 246 III 2 AktG, §§ 51 II 4, 96, 112 I 2 GenG.

4 **4) Terminsarten, I, II.** Man muß zwei Hauptunterschiede beachten.

A. Haupttermin, I. Das ist diejenige mündliche Verhandlung, in der auf Grund einer möglichst umfassenden Vorbereitung spätestens die Entscheidungsreife nach § 300 Rn 6 eintreten soll. Das Gesetz meint mit einer „Erledigung des Rechtsstreits" natürlich nicht nur die Erledigung der Hauptsache nach § 91 a. Mit dieser erheblichen Betonung des Grundsatzes der Verfahrenskonzentration (Konzentrationsmaxime) nach Üb 6 vor § 253 erfolgt eine Annäherung an strafprozessuale Regeln. Das Gericht muß im Rahmen der ihm von Amts wegen vorgeschriebenen umfassenden Vorbereitung jetzt insoweit ähnlich wie der Strafrichter an alle nur denkbaren Eventualitäten zur Aufklärung des Sachverhalts denken und letztere nach §§ 273 ff intensiv betreiben. Freilich findet keine Amtsermittlung statt, Grdz 38 vor § 128. Es gilt vielmehr der Beibringungsgrundsatz nach Grdz 18, 20 vor § 128 mit einer erheblichen Prozeßförderungspflicht der Parteien, §§ 275 ff, 282.

5 **B. Früher erster Termin, II.** Auch ein früher erster Termin nach § 275 kann ein vollwertiger, möglichst abschließender Termin sein, BVerfG **75**, 310 (verfehlt krit Deubner NJW **87**, 2735), BGH NJW **87**, 500, Hamm NJW **03**, 2544, AG Lübeck WoM **83**, 51, aM Düss NJW **95**, 2173, Hamm MDR **92**, 186 (aber 15 Minuten können erfahrungsgemäß gar nicht selten zu einer erschöpfenden Verhandlung nebst kurzer Beweisaufnahme usw reichen), Mü NJW **83**, 402. Soweit das Gericht also (meist pflichtgemäß, Rn 12) Entscheidungsreife im frühen ersten Termin herbeiführen will und zumindest beim AG meist auch kann, Herget MDR **92**, 2340, muß es ihn entsprechend vorbereiten und kann nur dann § 296 schon in ihm anwenden, BayVerfGH NJW **90**, 502.

Das Gericht mag ihn aber auch als einen sog *Durchlauf- oder Durchruftermin* geplant haben, obwohl das nicht geschehen sollte, Rn 12. Dann gelten andere Regeln zB zur Zurückweisung verspäteten Vortrags, BVerfG **69**, 140 (50 Sachen zu derselben Terminszeit!) und NJW **92**, 300, BGH NJW **87**, 499 und 500, Düss NJW **95**, 2173. Vgl aber auch § 275 Rn 9. Freilich ist ein früher erster Termin keineswegs schon deshalb ein bloßer Durchruftermin, weil I den Haupttermin als den Regelfall bezeichnet, aM Deubner NJW **87**, 1584 (verkennt die Weite des Begriffs).

6 **5) Wahl des Verfahrens, II.** Der Vorsitzende hat ein echtes Wahlrecht, LG Hbg WoM **03**, 276. Seine Ausübung erfolgt äußerst unterschiedlich je nach Richterpersönlichkeit und bisherigem Akteninhalt.

A. Grundsatz: Ermessen des Vorsitzenden. Der Vorsitzende und nicht das Gericht muß die Wahl unverzüglich vornehmen, § 216 II. Das gilt auch bei einer Überlastung; Schlesw NJW **81**, 691. Sie erfolgt nach freigestellter Beratung ohne Stimmrecht der übrigen Richter und ohne Anhörung der Parteien, auch ohne Bindung an deren diesbezügliche „Anträge", die nur Anregungen sind. Sie erfolgt vielmehr nur auf Grund der voraussichtlichen Prozeßentwicklung und nach pflichtgemäßem Ermessen. Sie erfolgt im Rahmen der richterlichen Unabhängigkeit. Sie unterliegt keiner Dienstaufsicht, BGH **98**, 11, Ffm MDR **83**, 411, Franzki DRiZ **77**, 162.

7 **B. Durchführung der Wahl.** Die Wahl erfolgt vor oder bei einer Änderung, Rn 9, nach der Klagezustellung, § 271, § 273 Rn 3. Sie erfolgt vor oder nach der Übertragung auf den obligatorischen Einzelrichter, §§ 348 a, 527. Nach der Übertragung auf ihn ist er der Vorsitzende. Zum Problem Bischof NJW **77**, 1898. Sie erfolgt vor oder nach prozeßleitenden Maßnahmen. Die Terminsbestimmung erfolgt beim etwaigen schriftlichen Vorverfahren erst nach seinem Abschluß, Mü MDR **83**, 324, Bischof NJW **77**, 1897, aM Grunsky JZ **77**, 203, oder nach seinem Abbruch.

Die Wahl erfolgt durch eine *Terminsverfügung,* evtl nebst einer Anordnung nach § 275, oder durch eine Aufforderung nach § 276, jeweils evtl neben Maßnahmen nach § 273. Ratsam ist eine stichwortartige Klarstellung, welchen Weg das Gericht meint, durch den Vorsitzenden in den Akten, am besten bei der Terminsbestimmung, Brühl FamRZ **78**, 551. Der Vorsitzende muß die Einlassungsfrist des § 274 III und die Ladungsfrist beachten, §§ 217, 337, 495, 697 II, III. Er muß auch darauf achten, ob der Kläger die Verfahrensgebühr bezahlt hat, § 12 GKG, Anh § 271, § 12 FamGKG. Eine bloße Terminsbestimmung gilt als früher erster Termin, sofern das Gericht nicht zuvor schon Maßnahmen nach § 276 getroffen hatte. Eine bloße Klagezustellung ohne Terminsbestimmung und Ladung ist mangels einer abweichenden Klarstellung durch den Vorsitzenden eine Anordnung des schriftlichen Vorverfahrens, Bischof NJW **77**, 1899.

8 **C. Ausnahmen.** In einer Arbeitssache findet kein schriftliches Vorverfahren statt, § 46 II 2 ArbGG, Eich DB **77**, 909, ebensowenig in einer Ehe- oder Kindschaftssache. In einer Arbeitssache muß das Gericht statt eines frühen ersten Termins § 54 ArbGG beachten, Eich DB **77**, 909. Vgl auch Rn 1.

9 **D. Änderung der Wahl.** Der Vorsitzende kann seine Entscheidung auch ohne eine natürlich mögliche nicht bindende Zustimmung der Parteien aus einem erheblichen Grund ändern, § 227 I, Brühl FamRZ **78**, 551. Das kann geschehen zB auf Grund besserer Erkenntnis und/oder des weiteren Verfahrensablaufs, zB eines weiteren Schriftsatzes, also infolge eines sehr wohl möglichen jetzt erst eingetretenen Bedürfnisses. Die Änderung ist im Interesse einer möglichst sachgerechten Terminsvorbereitung unanfechtbar, Rn 6. Sie ist ohne einen Begründungszwang möglich, KG MDR **85**, 416, Mü RR **86**, 1512, Hartmann NJW **78**, 1457, aM Mü MDR **83**, 324, Grunsky ZZP **92**, 107, ZöGre 3 (aber eine solche Verfahrensänderung kann sogar dringend ratsam sein. Sie verringert keineswegs von vornherein die Rechte der anderen Prozeßbeteiligten).

Natürlich muß man die aus einer Änderung folgenden *Formalitäten* beachten. Man muß zB bei einem Übergang ins schriftliche Vorverfahren nunmehr die Frist nach § 276 I 2 beachten. Bei einem Abbruch des schriftlichen Vorverfahrens und einer Terminsbestimmung liegt freilich in der Regel kein früher erster Termin vor (er ist allerdings zulässig, KG MDR **85**, 416), sondern eine Bestimmung des Haupttermins. Der Vorsitzende kann natürlich auch nach einer abweichenden Parteianregung unanfechtbar bei seiner vorherigen Wahl bleiben, Ffm MDR **83**, 411. Nach einer Terminsbestimmung ist kein Versäumnisurteil nach § 331 III mehr zulässig, KG MDR **85**, 416, Mü MDR **83**, 324, aM Nürnb MDR **82**, 943 (aber § 331 III paßt nun einmal eindeutig nur ins schriftliche Vorverfahren).

E. Gesamtabwägung. Maßgeblich ist das Ziel einer möglichst baldigen Sammlung des Streitstoffs, 10 soweit er voraussichtlich entscheidungserheblich sein wird. Welcher Weg ratsam ist, läßt sich nur auf Grund der Aktenlage beantworten. Beachtbar sind zB der Geschäftsanfalls, die Erfahrung, eine etwaige Anregung des Klägers, eine schon vorliegenden Äußerung des Bekl, die Kenntnis der Mentalität der Beteiligten aus anderen Prozessen und sämtliche weiteren Umstände.

Ein *einfacher Fall* kann schon wegen der Chance der Aussonderung durch ein Anerkenntnis- oder Versäumnisurteil nach §§ 307, 331 III das schriftliche Vorverfahren ratsam machen, Dittmar AnwBl **79**, 166. Es ist auch keineswegs nur ausnahmsweise statthaft, aM ZöGre 7 (aber diese Lösung ist überhaupt nicht erkennbar als bloße Ausnahme geregelt). Freilich riskiert der Vorsitzende, daß der Bekl gegen das Versäumnisurteil ordnungsgemäß Einspruch einlegt, so daß eine mündliche Verhandlung doch noch notwendig wird.

Gerade einfache Fälle können aber auch einen *frühen ersten Termin ratsam* machen, BGH **86**, 38, zB wenn 11 es voraussichtlich nur um Rechtsfragen geht oder wenn ein einigermaßen stoffumfassendes Prozeßkostenhilfeverfahren vorangegangen ist, Franzki DRiZ **77**, 161. Er mag auch sinnvoll sein, um eine Klagerücknahme, eine Erledigterklärung, einen Prozeßvergleich zu erreichen oder den einzelnen, prozeßleitend geladenen Zeugen sogleich vernehmen zu können, KG NJW **80**, 2362. Auch ein komplizierter Fall kann im übrigen einen frühen ersten Termin ratsam machen, Dittmar AnwBl **79**, 166, Lange DRiZ **80**, 409. Das gilt etwa, um statt rasch anschwellender Schriftsätze als einer Hauptgefahr des schriftlichen Vorverfahrens besser sogleich in Rede und Gegenrede zum Kern vorzustoßen, Nebensächliches auszusondern und allen Beteiligten die vorläufige, aber wohldurchdachte rechtliche Beurteilung des Gerichts klarzumachen, bevor sie unnützes Schreibwerk liefern, Lange NJW **86**, 1730. Überhaupt kann ein früher erster Termin ohne vorherige Fristen das Verfahren erfahrungsgemäß außerordentlich beschleunigen helfen.

Die Notwendigkeit einer *Erörterung* des Vorbringens des Bekl erst im Termin ändert daran nichts. Der 12 Kläger darf dann keineswegs schon im frühen ersten Termin eine Zurückweisung wegen Verspätung fordern, sondern allenfalls einen Schriftsatznachlaß nach § 283 erbitten. Auch ein solcher Antrag ist keineswegs automatisch begründet. Der Kläger muß dazu nachvollziehbar darlegen, daß und in welchem Punkt er zur Klagerwiderung nicht sogleich Stellung nehmen kann. Dabei kommt es nicht nur auf die Möglichkeiten des ProzBev an, sondern auch und oft sehr wesentlich auf die dem Kläger selbst zumutbaren Möglichkeiten. Oft wiederholt der Bekl in seiner Stellungnahme nur vorprozessuale Argumente. Auf sie hätte sich der Kläger zum Termin ebenfalls vorbereiten können und müssen. Er und sein ProzBev hätten dabei zusammenarbeiten sollen. Schon deshalb reicht auch keineswegs stets eine Begründung aus, man müsse als ProzBev mit dem Auftraggeber Rücksprache halten.

Sofortige Erörterung der Klagerwiderung im frühen ersten Termin ist jedenfalls erfahrungsgemäß bei eigener Bereitschaft des Gerichts zum Mitdenken ein ganz vorzügliches Mittel zur Prozeßförderung, Konzentration auf den streitigen Kern und Verdeutlichung auch der vorläufigen Beurteilung durch das Gericht. Im Ergebnis zahlt sich diese anfängliche Bereitschaft meist sehr aus.

Andererseits ist zB bei einem vom Kläger übersichtlich dargelegten sogenannten Punkteprozeß das schriftliche *Vorverfahren* in der Regel *ratsam,* damit der Bekl Punkt für Punkt mit Unterlagen und Gegenbeweisantritten erwidern und das Gericht sodann vor dem Haupttermin sehr viel mehr tun können. Ausschlußfristen sind bei beiden Wegen möglich, §§ 275 I 1, III, IV einerseits, §§ 276 I 2, III andererseits je in Verbindung mit § 296 I. Sie sind also kein Kriterium für oder gegen den einen oder anderen Weg. Das Gericht muß aber bedenken, daß das schriftliche Vorverfahren zunächst erheblich mehr Schreibtischarbeit machen kann, während ein früher erster Termin die Zeit aller Beteiligten unter Umständen weniger beansprucht. Die Entlastung der Parteien und ihrer ProzBev darf jedenfalls nicht auf Kosten des Gerichts gehen. Das wäre auch nicht zum Nutzen der Parteien.

F. Kein Durchruftermin. Keineswegs darf der Vorsitzende den frühen ersten Termin zum bloßen 13 „Durchruftermin" degradieren, Rn 4, BVerfG **69**, 140, BGH **88**, 182, ZöGre 1 („unsinnig"). Freilich kann auch ein „Sammeltermin" ausreichen, § 216 Rn 20, BayVerfG NJW **90**, 1654 (abl Deubner). Aber Vorsicht! Das Gericht darf die Akten nicht bis zum ersten Verhandlungstermin fast ungelesen vor sich herschieben. Das übersieht Bayer AnwBl **86**, 443 bei seinem Lob des sog Anwaltskartells, § 216 Rn 20, § 296 Rn 66. Unrichtig auch Deubner NJW **85**, 1140. Die Terminsplanung muß sachgerecht sein, Hamm RR **89**, 895. Zum Problem Franzki NJW **79**, 10.

Ob ein bloßer Durchlauftermin vorliegt, muß man nach *objektiven Merkmalen* und nicht allein nach der subjektiven Ansicht des terminierenden Gerichts bestimmen, Ffm NJW **89**, 722. Freilich dürfte seine am besten kurz protokollierte Ansicht in Verbindung mit dem gesamten Terminsplan dieses Tages und dessen tatsächlichem Ablauf erheblich sein, den man nicht nur wegen § 139 IV kurz mitprotokollieren sollte.

G. Unanfechtbarkeit. Die Verfahrenswahl des Vorsitzenden ist weder durch die übrigen Mitglieder des 14 Kollegiums noch durch eine Partei anfechtbar, BGH **86**, 35, Ffm MDR **83**, 411, LG Hbg WoM **03**, 276. Es gibt also bei einem Verstoß des Vorsitzenden gegen diese Regeln keine direkten Folgen für das Gericht. Der Gesamtbereich aller obigen Erwägungen fällt in die richterliche Unabhängigkeit, Rn 15. Lediglich die an die Verfahrenswahl anschließenden Entscheidungen können angreifbar sein, zB die Bestimmung des Termins auf einen zu späten Zeitpunkt, § 216 Rn 28, 29.

15 **6) Beschleunigung, III.** Sie ist gerade bei einer Überlastung dringend notwendig.

A. Regelfall. Die mündliche Verhandlung soll stets möglichst bald stattfinden. Das gilt besonders beim frühen ersten Termin. Das betrifft nicht nur die Zeit zwischen dem Eingang der Klage und der Terminsbestimmung nach § 216 II, sondern auch die Zeit zwischen der Terminsbestimmung und dem Terminstag nach III. Natürlich muß man sämtliche gesetzlichen Voraussetzungen berücksichtigen, von der Erfüllung einer etwaigen Vorwegleistungspflicht nach Anh § 271 und der Ladungsfrist nach § 217 und Einlassungsfrist nach Rn 7 bis zur richterlichen Frist etwa nach § 273 II Z 1. Die Nichterfüllung einer Auflage ändert an III nichts, Hamm VersR **99**, 860. Wegen allzu später Terminierung § 216 Rn 28, 29.

Auch die *Güteverhandlung* soll so früh wie möglich stattfinden. Damit unterliegt auch eine solche Verhandlung dem Beschleunigungsgebot, die nach der amtlichen Begriffsbildung keine „mündliche" ist, wie § 278 I 1 zeigt, obwohl natürlich die Güteverhandlung ebenso mündlich erfolgt wie ein früher erster oder ein Haupttermin. Beim Verstoß gelten § 216 Rn 27 ff.

16 **B. Sonderfälle.** Im Eilverfahren nach §§ 916 ff, 935 ff gilt III nicht, ferner nicht in den Verfahren nach §§ 246 III 2 AktG, 51 III 4, 96, 112 I 2 GenG. Indessen kann eine baldige Verhandlung notwendig sein, wenn sich sonst die Lage einer Partei verschlechtern würde, Schlesw SchlHA **84**, 56. Zumindest sollte das Gericht eine der Erhaltung der Ehe dienende Sache nach III (jetzt) in Verbindung mit § 113 I 2 FamFG behandeln, Ditzen FamRZ **88**, 1010.

273 *Vorbereitung des Termins.* [I] **Das Gericht hat erforderliche vorbereitende Maßnahmen rechtzeitig zu veranlassen.**

[II] **Zur Vorbereitung jedes Termins kann der Vorsitzende oder ein von ihm bestimmtes Mitglied des Prozessgerichts insbesondere**

1. **den Parteien die Ergänzung oder Erläuterung ihrer vorbereitenden Schriftsätze aufgeben, insbesondere eine Frist zur Erklärung über bestimmte klärungsbedürftige Punkte setzen;**
2. **Behörden oder Träger eines öffentlichen Amtes um Mitteilung von Urkunden oder um Erteilung amtlicher Auskünfte ersuchen;**
3. **das persönliche Erscheinen der Parteien anordnen;**
4. **Zeugen, auf die sich eine Partei bezogen hat, und Sachverständige zur mündlichen Verhandlung laden sowie eine Anordnung nach § 378 treffen;**
5. **Anordnungen nach den §§ 142, 144 treffen.**

[III] [1] **Anordnungen nach Absatz 2 Nr. 4 und, soweit die Anordnungen nicht gegenüber einer Partei zu treffen sind, 5 sollen nur ergehen, wenn der Beklagte dem Klageanspruch bereits widersprochen hat.** [2] **Für die Anordnungen nach Absatz 2 Nr. 4 gilt § 379 entsprechend.**

[IV] [1] **Die Parteien sind von jeder Anordnung zu benachrichtigen.** [2] **Wird das persönliche Erscheinen der Parteien angeordnet, so gelten die Vorschriften des § 141 Abs. 2, 3.**

Schrifttum: *Baur,* Richterliche Verstöße gegen die Prozeßförderungspflicht, Festschrift für *Schwab* (1990) 53; *Deubner,* Gedanken zur richterlichen Verfahrensbeschleunigungspflicht, Festschrift für *Lüke* (1997) 51; *Fuhrmann,* Die Zurückweisung schuldhaft verspäteter und verzögernder Angriffs- und Verteidigungsmittel im Zivilprozeß, 1987; *Leipold,* Wege zur Konzentration von Zivilprozessen, 1999; *Rudolph,* Beschleunigung des Zivilprozesses, Festschrift für die *Deutsche Richterakademie* (1983) 151; *Scheuerle,* Vierzehn Tugenden für Vorsitzende Richter, 1983; *Schöpflin,* Die Beweiserhebung von Amts wegen im Zivilprozeß, 1992.

Gliederung

1 **1) Systematik, I–IV.** Die Vorschrift enthält vor allem in I als einer Ausformung von § 139 zusammen mit §§ 272, 275 ff den Grundsatz, daß das Gericht den Prozeß tunlichst in einer einzigen mündlichen Verhandlung erledigen soll (Zusammenfassungsgrundsatz, Konzentrationsmaxime), Üb 6 vor § 253, Ffm AnwBl **88**, 411. Trotz einer gewissen Einschränkung der Parteiherrschaft nach Grdz 18 vor § 128 ist diese Regelung mit dem GG vereinbar.

2 **2) Regelungszweck, I–IV.** Der Zusammenfassungsgrundsatz nach Rn 1 hat zusammen mit den vielfach möglichen weiteren Maßnahmen des Gerichts eine große Bedeutung für eine schnelle Prozeßerledigung. Er führt bei sorgfältiger Handhabung oft zur Erledigung in nur einem Termin. Zweck des § 273 ist wie bei §§ 272, 274 ff die Förderung des Prozesses durch mögliche Herbeischaffung des gesamten zur Entscheidung nötigen Stoffes zur mündlichen Verhandlung, BGH **88**, 182, Kblz JB **92**, 610. Die Vorschrift soll aber nicht die Parteiherrschaft nach Grdz 18 vor § 128 zum bequemen Abwartendürfen verkommen lassen. Daher kann

die Partei nicht verlangen, daß das Gericht zB solche umfangreichen Strafakten beizieht und durchsieht, die die Partei selbst einsehen könnte, Hamm AnwBl **02**, 67.

Zweifelhaft ist *zu viel Mühe* des Gerichts. Das zeigt die Erfahrung ebenfalls, leider. Die bloße Anheimgabe statt einer direkten Auflage beugt dem Vorwurf einer Verletzung des rechtlichen Gehörs ebenso wirksam vor. Sie zwingt aber weder zu ausführlicher präzisester Angabe der fraglichen Punkte noch zu einer auch kostenmäßig aufwendigeren Fristsetzung mit dem Risiko fehlerhafter Ausführung usw. Eine Zeugenladung mit Zusatz „Es geht um den Unfall (oder Vorgang) vom ... um ca ... Uhr" kann völlig reichen. Alles das darf man bei der Anwendung mitbedenken.

3) Geltungsbereich, I–IV. Die Vorschrift gilt in allen Verfahren nach der ZPO, auch vor einem frühen ersten Termin nach § 275, auch im WEG-Verfahren, auch im Verfahren nach §§ 916 ff, LG Aachen RR **97**, 380, soweit nicht § 495 a im Kleinverfahren zu abweichender Handhabung führt. Im arbeitsgerichtlichen Verfahren gilt § 56 ArbGG. Die Anwendung des § 273 ist dort nicht verboten, Grunsky JZ **78**, 81. Wegen des KapMuG SchlAnh VIII § 10. 3

4) Zumutbarkeit, I–IV. Im Kollegialverfahren ist in erster Linie der Vorsitzende für den Prozeßbetrieb verantwortlich. Daneben ist aber nach dem Wortlaut und Sinn von I auch das übrige Kollegium für die Prozeßförderung mitverantwortlich, Wolf ZZP **94**, 315. In jeder Lage des Verfahrens muß das Gericht insbesondere an Hand der eingegangenen Schriftsätze anstatt ihrer bloßen Weiterleitung rechtzeitig und sorgfältig prüfen, ob Maßnahmen zur Vorbereitung des Termins ratsam oder gar notwendig sind, BVerfG NJW **89**, 706, Deubner NJW **77**, 924. Das gilt auch schon vor der Verfahrenswahl nach § 272, dort Rn 5, also schon (wichtig und ratsam) nach dem Klageingang oder nach dem Akteneingang beim Streitgericht nach § 696 I 1. Es gilt ferner nach einem Verhandlungstermin. Freilich folgt dann in der Regel eine ordentliche Beweisaufnahme. Es gilt auch in der Berufungsinstanz, BGH NJW **91**, 2760. Was das Gericht trotz eines späten Parteivortrags vorher durchführen kann, das sollte auch geschehen, BGH **76**, 178, Köln VersR **79**, 89, Zweibr JB **78**, 270. 4

Freilich darf das nicht zu einem *Unterlaufen* der §§ 216 II, 272 III führen, aM Hamm NJW **80**, 294, Kalthoener DRiZ **75**, 202 (zum alten Recht. Aber Rechtsmißbrauch ist niemandem erlaubt). Ebensowenig darf es zu überstürzten Entscheidungen kommen. Das gilt erst recht bei einer erst durch solche Anordnungen entstehenden Verzögerungsgefahr. Das Gericht braucht nur im Rahmen des normalen Geschäftsgangs tätig zu werden, BVerfG **81**, 271, BGH NJW **88**, 3097, LG Hann MDR **85**, 241, also zB nicht dann, wenn nur noch einige Werktage zur Verfügung stehen, BGH NJW **87**, 499, Schlesw SchlHA **80**, 161, aM Hamm RR **94**, 958 (aber dann klappt schon technisch kaum noch etwas). 5

Keineswegs darf oder muß gar das Gericht zB schon die bloße Möglichkeit verspäteten Beweisantritts mitberücksichtigen, Celle NJW **89**, 3024. Ob das Gericht etwas anordnen muß, hängt davon ab, ob man ihm jetzt schon oder noch eine solche Anordnung *zumuten* kann, BVerfG **81**, 271, BGH MDR **99**, 1400, Hamm AnwBl **02**, 67. Zumutbar ist dasjenige, was ohne einen unangemessenen zeitlichen oder sonstigen Aufwand in der Verhandlung klärbar sein dürfte, BGH MDR **99**, 1401, Hamm AnwBl **02**, 67. Die Zumutbarkeit hängt also unter anderem von der Terminsplanung ab, insbesondere von der Zahl und der mutmaßlichen Verhandlungsdauer der schon anberaumten Sachen, Oldb MDR **78**, 1028. Die Zumutbarkeit hängt auch davon ab, ob die Partei schon ein Versäumnisurteil gegen sich hatte ergehen lassen, BGH NJW **81**, 286, ZöGre 3, aM BGH NJW **80**, 1849 (überspannt die Anforderungen an die Urteilsgründe in solchen Punkten, § 313 Rn 32). Das Gericht muß sich unmißverständlich ausdrücken, Rn 20. Es braucht aber keineswegs die Art und Weise der beabsichtigten Prozeßförderung den Parteien in allen Einzelheiten zu verdeutlichen, BVerfG NJW **91**, 2824, BGH NJW **83**, 577. Es besteht keine Belehrungspflicht wegen einer Fristversäumung, Rn 19. Das Gericht darf im Verfahren mit einer Parteiherrschaft nach Grdz 18 vor § 128 keineswegs seine Unparteilichkeit durch eine Amtsermittlung nach Grdz 38 vor § 128 verletzen, BVerfG NJW **94**, 1211. 6

Bei einem *ausländischen Zeugen* ist evtl eine Vertagung nötig oder eine Anheimgabe ratsam, den Zeugen im Termin zu gestellen, BGH NJW **80**, 1849 (sehr weitgehend). Die Einleitung einer weitgehenden Beweiserhebung ist formell jetzt schon vor dem Termin zulässig, § 358 a. Der Vorsitzende darf aber nicht die Entscheidungen des Kollegiums zur Beweiserheblichkeit und -erhebung unterlaufen, Rn 9. Natürlich muß das Gericht die Partei vor einer Überrumplung schützen, BVerfG NJW **91**, 2824. Nicht die Taktik soll siegen, sondern das Recht, Einl III 10. Im Prozeßkostenhilfeverfahren gilt § 118, nicht § 273. Im Eilverfahren nach §§ 916 ff kommt wegen der Beschränkung auf präsente Beweismittel nach §§ 920 II, 294 II eine Maßnahme nach § 273 nicht grundsätzlich in Betracht, Mü WRP **78**, 400, sondern nur zB dann, wenn die Partei den Zeugen nicht gestellen kann, Teplitzki DRiZ **82**, 41.Wenn eine Prozeßabweisung oder eine Aussetzung nach §§ 148 ff wahrscheinlich sind, sind Maßnahmen zur Vorbereitung einer sachlichen Entscheidung wertlos. Stets ist es die Pflicht des Gerichts, die Parteien zur rechtzeitigen und vollständigen Erklärung über tatsächliche Punkte (über rechtliche nur ausnahmsweise) zu veranlassen, § 139. 7

5) Terminsvorbereitung, II. Mancher vernachlässigt, mancher übertreibt sie. 8

A. Notwendigkeit der Prüfung. Die vorbereitenden Anordnungen sind beim Kollegialgericht grundsätzlich Aufgaben des Vorsitzenden, Schneider MDR **80**, 178, ausnahmsweise eines von ihm zu bestimmenden Richters, etwa des Berichterstatters, beim AG des Amtsrichters. Alle diese Richter handeln unter eigener Verantwortung im Rahmen eines pflichtgemäßen Ermessens, BGH NJW **75**, 1745, Kalthoener DRiZ **75**, 203, Walchshöfer NJW **76**, 699.

Wegen des Regelungszwecks nach Rn 2 und wegen § 139 IV 1 soll eine Anordnung nach § 273 *möglichst frühzeitig* und jedenfalls unverzüglich erfolgen. Sie braucht zumindest dann eine volle Unterschrift, wenn das Gericht sie zB wegen einer Fristbestimmung förmlich zustellen muß, § 329 Rn 8. Eine Belehrung über die Folgen einer Fristversäumung ist nicht erforderlich, Düss MDR **85**, 417, Rudolph DRiZ **83**, 225, ZöGre 4, aM BGH **86**, 218 (aber das Belehrungssystem ist in der ZPO abschließend und durchaus lückenbewußt geregelt, Karlsr RR **87**, 895. Eine unnötige Belehrung kann sogar ein Ablehnungsgrund sein, BVerfG JZ **87**, 719). 9

10 Die Prüfung, ob überhaupt eine Anordnung notwendig ist, ist eine *Rechtspflicht,* Kalthoener DRiZ **75**, 202. Die Prüfung, welche Anordnungen erforderlich sind, steht im pflichtgemäßen *Ermessen,* Rn 8. Dieses soll nicht zu einem Vorgriff gegen das Kollegium führen. Jedoch genügt eine Prüfung, ob das zugrundeliegende Parteivorbringen erheblich sein *kann.* Es ist also nicht nötig, daß es auch erheblich *ist.*

11 **B. Entbehrlichkeit einer Maßnahme.** Keineswegs darf oder muß das Gericht gar eine umfangreiche Beweisaufnahme zur Klärung eines vielschichtigen Streitstoffs nach § 273 vorbereiten, BGH NJW **80**, 1103, Kblz NJW **79**, 374, Köln RR **87**, 442, aM Deubner NJW **79**, 337, ThP 1, Wolf ZZP **94**, 315 (aber die Erfahrung zeigt, daß gerade ein solcher Stoff sogar fast ohne jede Beweisaufnahme entscheidungsreif werden kann).

12 Das Gericht darf eine Beweisaufnahme erst recht nicht zu dem Zweck vorbereiten, ein *verspätetes* Vorbringen vor einer Zurückweisung zu retten, BGH **91**, 304, großzügiger BVerfG NJW **89**, 706. Maßnahmen nach § 273 können entbehrlich sein, soweit zB der Kläger eine nach § 697 I 1 angeordnete, nach § 253 II Z 2 erforderliche Anspruchsbegründung nicht eingereicht oder eine nach §§ 275 IV, 276 III, 277 IV angeordnete Stellungnahmefrist nicht eingehalten, der Bekl Anordnungen nach §§ 275 III, 276 I 2, 697 III 1 nicht beachtet haben.

13 **C. Zulässige Maßnahmen.** Die nicht abschließende Aufzählung II Z 1–5 („insbesondere") gibt nur Beispiele zulässiger Maßnahmen, Kalthoener DRiZ **75**, 203. Grundsätzlich sind das Kollegium ebenso wie der Vorsitzende zu Aufklärungsmaßnahmen jeder Art zwecks sachlichrechtlicher oder prozessualer Förderung befugt und verpflichtet, Mü JB **92**, 404, Wolf ZZP **94**, 315, mit Ausnahmen derjenigen aus Z 4 und evtl Z 5 bei einem fehlenden Widerspruch des Bekl, ferner derjenigen, die mit einem Beschluß des Gerichts im Widerspruch stehen, oder derjenigen, die eine über II hinausgehende Beweisaufnahme enthalten (dazu § 358 a).

Die Form einer Maßnahme hängt mit von ihrer Art ab, etwa einerseits bei einer prozeßleitenden Ladung, wenn das Gericht sicher sein will, daß der Zeuge die Ladung erhalten hat (Zustellung), andererseits bei einem bloßem Hinweis ohne Aufgabe einer Antwort (telefonisch oder einfach schriftlich). Eine Verfügung reicht, ein Beschluß ist nicht erforderlich. Eine Begründung ergibt sich meist schon aus der Anordnungsart. Eine Begründung ist in übrigen in knappster Form ratsam, aber nur selten notwendig. Schon auf die bloße Klage hin sind Anordnungen möglich. Denn III 1 ist nur eine Sollvorschrift. Das übersieht Walchshöfer NJW **76**, 699. Außerdem nennt III 1 nur Z 4 und 5 und begründen §§ 271 ff mannigfaltige Pflichten des Gerichts vor dem ersten Termin. Eine Anordnung mit einer Fristbestimmung ist unabhängig von § 132 und auch beim Verfahren mit einem frühen ersten Termin nach § 275 schon vor der Terminsbestimmung zulässig, Kblz JB **75**, 1645, Büttner NJW **75**, 1349, aM Mü MDR **75**, 495 (aber gerade eine solche Frühmaßnahme fördert den Prozeßablauf).

14 **D. Beispiele zur Frage der Zulässigkeit einer Maßnahme**

Akteneinforderung: Zulässig ist sie in den Grenzen von Rn 2, Düss MDR **92**, 812, einschließlich von Generalakten der Gerichtsverwaltung etwa zur Geschäftsverteilung oder zu einer Generalvollmacht. Ihre Klärung kann im Verfahren mit einer mündlichen Verhandlung ja nur dort unter den kontrollierenden Augen der Parteien und ihrer ProzBev korrekt erfolgen. Sie unterliegt nicht dem Datenschutz. Die Verwaltung darf die Akten daher auch nicht als unentbehrlich zurückhalten, Art 35 I GG, § 80 Rn 13.

Amtliche Auskunft: Zulässig ist ihre Einholung, Üb 32 vor § 373, BGH NJW **86**, 3081.

Augenschein: Zulässig ist seine Vornahme, § 371.

Auslandsrecht: Zulässig ist die Anordnung seines Nachweises nach § 293 S 2.

Informationsbeschaffung: Zulässig ist eine Anregung oder Anordnung zwecks Beschaffung einer Information unter der Wahrung eines Vertraulichkeitsinteresses, Schlosser (bei § 138 vor Rn 1) 1015.

Registerauszug: Zulässig ist seine Einholung, Mü JB **92**, 404.

Schriftliche Zeugenaussage: Zulässig ist ihre Einholung nach § 377 III, dort Rn 8.

Urkunde: Zulässig ist eine Aufforderung oder Anheimgabe zur Einreichung einer oder mehrerer Urkunden etwa noch §§ 142, 144, 423.

Zeuge: Zulässig ist eine Aufforderung oder Anheimgabe der Gestellung oder Sistierung eines oder mehrerer Zeugen oder zur Einsicht in Unterlagen durch ihn vor dem Erscheinen nach § 378.

15 **E. Verstoß der Parteien.** Eine Nichtbefolgung von Anordnungen durch die Parteien bei einer Erklärungsfrist nach II Z 1 läßt sich gemäß § 296 I, IV auch gegenüber einer nicht anwaltlich vertretenen Partei frei würdigen, § 286, BGH **88**, 184, Karlsr FamRZ **90**, 535. Der Anwaltsvertrag begründet für beide Partner die Nebenpflicht, einander so weit zu informieren, daß eine sachgemäße und ausreichende Beantwortung einer gerichtlichen Auflage möglich ist, BGH NJW **82**, 437. Ein Verschulden des gesetzlichen Vertreters oder des ProzBev gilt auch insofern als ein Verschulden der Partei, §§ 51 II, 85 II. Das Gericht ist an solche Anordnungen nicht gebunden, die bis zum Schluß der mündlichen Verhandlung nach §§ 136 IV, 296 a undurchführbar sind. Denn sonst würde gerade keine Beschleunigung erfolgen. Wird eine Vertagung nötig, können § 95 ZPO, § 38 GKG, Anh § 95, anwendbar sein. Es liegt kein Verstoß der Parteien vor, wenn ohne ihr Zutun ein Zeuge oder Sachverständiger nicht erscheint oder eine Behörde nicht reagiert, BGH MDR **86**, 1018 (abl Schneider).

16 **F. Verstoß des Gerichts.** Eine Verletzung des § 273 begründet trotz § 567 keine sofortige Beschwerde, aM Schlosser (bei § 138 vor Rn 1) 1016. Er begründet grundsätzlich auch keine Revision. Denn das Urteil kann nicht auf ihr beruhen, BAG MDR **00**, 648. Wohl aber kann eine Verzögerung nach §§ 282, 296, 530 fehlen, weil die Möglichkeiten des § 273 zur Verfügung standen, BVerfG NJW **89**, 706, BGH RR **02**, 646, KG NJW **79**, 1369. Freilich darf das Berufungsgericht nicht gezwungen sein, einen erstinstanzlichen Verstoß gegen § 296 durch § 273 unschädlich zu machen, BGH MDR **99**, 1401 (8 Zeugen: unzumutbar), VerfGH Mü RR **93**, 638. Es kann auch ein Verstoß gegen Art 103 I GG vorliegen, BVerfG **65**, 307, BGH NJW **91**, 2760. Zum Problem allgemein Walchshöfer NJW **76**, 697. Es liegt keineswegs etwa deshalb eine Unwirksamkeit vor, weil das Gericht keine Belehrung über eine Fristversäumung erteilt hat, Rn 19. Soweit der

Gerichtsvorstand oder eine andere Stelle einen Verstoß begeht, etwa Generalakten nicht zur Verfügung stellt (das kommt tatsächlich vor, § 80 Rn 13), bleibt nur der Partei die Möglichkeit eines Antrags nach §§ 23 ff EGGVG und dem Prozeßgericht die Möglichkeit einer etwaigen diesbezüglichen Aussetzung nach § 148.

G. Verstoß der Beweisperson. Soweit ein Zeuge eine zumutbar erfolgte Aufforderung vorwerfbar nicht genug beachtet, muß das Gericht ihn nach § 390 behandeln, sofern das Gericht auf diese Folge rechtzeitig hingewiesen hatte, II Z 4 Hs 2 in Verbindung mit §§ 378, 390. 17

6) Maßnahmen im einzelnen, II. Innerhalb der nach Rn 13, 14 erläuterten Zulässigkeit hat das Gericht „insbesondere" die folgenden in II ausdrücklich genannten Möglichkeiten. Der Vorsitzende oder der von ihm bestimmte Richter, meist der Berichterstatter, unterschreibt die prozeßleitende Anordnung mit seinem vollen Nachnamen, BGH **76**, 236. 18

A. Auflage, II Z 1 Hs 1. Zulässig ist in einer Fortführung der §§ 139, 142 eine Auflage zur Ergänzung und Erläuterung schriftsätzlichen Vorbringens, auch zB zur besseren Ordnung des Vortrags oder der Anlagen, ferner zur Anfertigung und Vorlegung einer Skizze oder von Fotos, sowie eine Erklärungsfrist. Auch die Klärung rechtlicher Gesichtspunkte ist unter Umständen ratsam. Wegen Urkundenvorlage gelten §§ 142, 144. Urkunden über die Vorbereitung des Prozesses scheiden aus, § 143 Rn 6. Die Beibringung einer Übersetzung einer fremdsprachigen Urkunde läßt sich allenfalls nach § 142 verlangen.

Die Auflage *ergeht* auf Grund einer mündlichen Verhandlung oder außerhalb dieser. Denn der Beschluß oder die Verfügung sind rein prozeßleitend. Daß die Auflage eine Ausschlußfrist gibt, besagt nicht mehr als eine sonstige Zurückweisungsmöglichkeit. Die bloße Klageschrift kann eine ausreichende Unterlage sein. Sie kann glaubhaft zB die Zweckmäßigkeit einer Zeugenladung ergeben. Bei einer ein- oder zweiseitigen Säumnis ist eine Auflage zulässig. Eine Aktenlageentscheidung ist sie nicht, § 251 a Rn 7. Zulässig ist sie auch beim AG. Das Gericht muß seine Anordnung verkünden und muß sie dann, wenn sie ohne eine mündliche Verhandlung ergeht, der aufklärungspflichtigen Partei zustellen, BGH **76**, 238 (ein Zustellungsmangel kann nicht heilen). Der anderen Partei kann das Gericht die Anordnung formlos mitteilen, IV, § 329 II. Die Frist ist eine richterliche, Üb 10 vor § 214. Ihre Berechnung richtet sich nach § 222, ihre Abkürzung und Verlängerung nach § 224. Das Gericht kann sie auf den nächsten Termin begrenzen. Dann genügt die Abgabe der Erklärung bis zum Terminsschluß. Dasselbe muß aber auch bei einer kalendermäßigen Befristung genügen. 19

Die *Erklärung* braucht nicht unbedingt schriftsätzlich zu sein. Das Gericht kann aber eine schriftsätzliche Erklärung auch im Parteiprozeß verlangen. Es verlangt sie stillschweigend im Anwaltsprozeß. Bei einer Verweigerung sind §§ 427, 444 entsprechend anwendbar. Bei Verspätung gilt § 296 I, IV. § 356 hat bei einer ungenügenden Zeugenanschrift den Vorrang, BGH NJW **93**, 1926. Es besteht keine Belehrungspflicht, BGH **88**, 183, Düss MDR **85**, 417, Grunsky JZ **78**, 83 (Belehrung ratsam).

B. Aufklärungsfrist, II Z 1 Hs 2. Die Festsetzung einer solchen Frist ist zulässig, wenn das Gericht bestimmte tatsächliche, nicht rechtliche, Punkte für aufklärungsbedürftig hält, Ffm MDR **79**, 764, Grunsky JZ **78**, 83. Die Punkte müssen streitig sein. Dazu genügt aber ein schriftsätzliches Bestreiten bei einer Säumnis oder bei einem Beschluß außerhalb der mündlichen Verhandlung. Die Partei muß sich auf eine andere Akte wenigstens im Kern bezogen haben, bevor das Gericht sie beizieht, BGH NJW **04**, 1325. Eine Aufrechnung nach § 145 Rn 8 kann nicht unberücksichtigt bleiben. Denn zu ihrer Geltendmachung fordert das Gericht auch nicht auf. Z 1 ist also überhaupt nicht anwendbar. Außerdem würde man durch eine Nichtberücksichtigung die zur Aufrechnung gestellte Forderung aberkennen, § 322 II. Das Gericht muß die Punkte so genau bezeichnen, daß eine zulängliche Erklärung möglich ist, § 138 II, Mü MDR **78**, 147. Nicht etwa soll die Auflage zu einer Erklärung „auf den Schriftsatz des Klägers vom ..." auffordern, außer wenn dieser nur einen bestimmten Punkt behandelt. Natürlich kommt nicht eine Auflage zur Erwiderung auf ein noch gar nicht beim Gericht eingegangenes gegnerisches Vorbringen in Betracht, BGH NJW **80**, 1168. Regelmäßig muß die Auflage alle erklärungsbedürftigen streitigen Punkte betreffen. 20

C. Ersuchen, II Z 2. Zulässig ist ferner ein Ersuchen um die Mitteilung von Urkunden oder um eine amtliche Auskunft. Hierher zählt zB die Beiziehung eines Ampelschaltplans, KG VersR **08**, 798. Auch eine ausländische Behörde kommt infrage, BGH NJW **92**, 3107. Die Übersendungspflicht richtet sich nach § 432, eine amtliche Auskunft nach Üb 32 vor § 373. 21

D. Anordnung des persönlichen Erscheinens, II Z 3. Die Vorschrift führt den § 141 fort. Diese Bestimmung ist voll anwendbar, auch § 141 I 1, aM Stgt Rpfleger **81**, 372 (aber das wäre nicht folgerichtig). Anwendbar ist ferner § 141 I 2, obwohl IV nur § 141 II, III anführt. Denn eine Anordnung nach § 273 kann keine größeren Pflichten nach sich ziehen als diejenige aus § 141. Daher kommt auch die Ladung vor einer streitigen Erklärung der Partei grundsätzlich nicht in Betracht, Köln JB **76**, 1113, ZöGre 9, aM ThP 13 (aber die Parteiherrschaft geht vor, Grdz 18 vor § 128). Es besteht kein Erscheinenszwang. Daher ist kein Ordnungsgeld vor einer Einlassung zulässig, § 141 Rn 29, Köln JB **76**, 1113, Mü MDR **78**, 147. Man kann evtl Z 3 auf den Streithelfer des § 66 entsprechend anwenden. 22

E. Ladung von Zeugen und Sachverständigen, II Z 4. Die Ladung eines Zeugen ist nur dann möglich, wenn sich eine Partei auf diesen Zeugen berufen hat, sei es auch nur zu ihrem Hilfsvortrag, Deubner NJW **77**, 924 (wegen einer Berufung Deubner NJW **78**, 355). Sie ist nur sinnvoll, soweit der Prozeßgegner des Beweisführers das Beweisthema schon bestritten hat oder erkennbar bestreiten wird. Dann kann sie aber auch notwendig sein, BVerfG RR **99**, 1079, BGH (6. ZS) NJW **87**, 261 (je zur Berufungsinstanz), aM BGH (10. ZS) NJW **87**, 499 (aber § 273 dient entschieden der Prozeßförderung auch durch das Gericht, Grdz 12 vor § 128). Zur Klärung der Frage, ob das Beweisthema streitig ist, kann das Gericht eine Frist nach Z 1 setzen und „soll" so verfahren, III 1. Der Zeuge muß zu einem präzisen und überschaubaren Beweisthema benannt worden sein, BGH NJW **87**, 261. Das Gericht muß ihm dieses Beweisthema wenigstens im Kern mitteilen, Meyer JB **92**, 717. Mehr ist aber auch nicht nötig, § 373 Rn 6–8. Statt einer Ladung kommt auch eine vorbereitende Anordnung der schriftlichen Beantwortung einer Beweisfrage nach § 377 III in Betracht, dort Rn 6. 23

24 **F. Beispiele zur Frage einer Ladung, II Z 4**

Aufzeichnungen: Das Gericht darf und sollte im Rahmen seines pflichtgemäßen Ermessens dem Zeugen aufgeben, Aufzeichnungen und Unterlagen usw einzusehen und zum Termin mitzubringen, Hs 2. Dabei bildet die etwaige Unzumutbarkeit eine Ermessensgrenze. Das Gericht muß den Zeugen wegen § 378 II Hs 2 auf die Folgen der Unterlassung solcher ausreichender Vorbereitung „vorher" hinweisen, also auf die Möglichkeit der Kostenauferlegung von Ordnungsgeld und ersatzweiser Ordnungshaft, § 390. Soweit der Hinweis in der Ladung erfolgt, wäre an sich scheinbar dazu die Geschäftsstelle zuständig, § 168 I 1. Indessen sollte der Vorsitzende zumindest organisieren und kontrollieren, ob, wann und wie der Hinweis erfolgt. Er muß eine ausreichende Frist einhalten.

Auslandsvernehmung: Sie findet noch nicht nach § 273 statt, Köln VersR **75**, 772.

Auswärtiger: Seine Vernehmung auch durch das Prozeßgericht ist bei einem eindeutigen Bedarf natürlich zulässig.

25 **Beweisanordnung:** Sie liegt bei § 273 anders als bei § 358 a noch nicht vor, Mü AnwBl **89**, 110.

Gestellung, Sistierung: Das Gericht braucht keine Eilmaßnahmen anzuordnen, etwa einen verspätet benannten Zeugen (jetzt) per Telefax laden zu lassen, Schlesw SchlHA **80**, 161, zumal es auch dem Zeugen eine gewisse Dispositionsfreiheit belassen und sein Persönlichkeitsrecht auch zeitlich wahren muß, Karlsr FamRZ **95**, 738. Es kann durchaus ausreichen, daß das Gericht dem Beweisführer notfalls telefonisch anheimgibt, den Zeugen im Termin zu gestellen, zu „sistieren". Es darf auch den Sistierten vernehmen, Gießler NJW **91**, 2885, aM Schlesw NJW **91**, 303 (aber man darf stets noch im Termin präsente Beweismittel zur Verfügung stellen, ungeachtet einer etwaigen Nachfrist zur Stellungnahme zum Beweisergebnis). Das Gericht darf gleichwohl die sofortige Vernehmung des gestellten Zeugen unter anderem dann ablehnen, wenn der Terminstag durcheinander käme oder wenn es den Zeugen aus anderen nicht vom Gericht vertretbaren Gründen nicht abschließend vernehmen kann, BGH NJW **86**, 2257, VerfGH Mü RR **93**, 638, LG Köln VersR **90**, 674. Freilich entschuldigt ein Urlaub des Richters nicht, BVerfG RR **95**, 1469.

26 **Kostenvorschuß:** § 379 ist entsprechend anwendbar, III 2.

Ladung: Zu ihr gehört auch die Mitteilung des Gegenstands der Vernehmung nach Rn 23, Celle NJW **77**, 540, Ffm MDR **79**, 236 (zu § 377), KG NJW **76**, 719.

Ordnungsmittel: Rn 7 „Zeuge".

Privatgutachter: Er ist nicht schon als solcher ein Sachverständiger nach II Z 4, Üb 21 vor § 402, Karlsr VersR **03**, 977.

27 **Streitfrage:** Die Ladung eines Sachverständigen ist schon wegen § 144, den Z 4 fortführt, von einem entsprechenden auch nur ohne einen Namensvorschlag gestellten Parteiantrag unabhängig. Auch sie soll aber nur zu einer Streitfrage erfolgen.

Umfangreiche Beweisaufnahme: Das Gericht darf oder muß keineswegs dergleichen vorbereiten, Rn 11.

Verspätung: Den verspäteten Beweisantritt „Sachverständigengutachten" braucht das Gericht keineswegs damit zu berücksichtigen, daß es den Gutachter nur mündlich vortragen läßt, LG Hann MDR **85**, 241. Vielmehr muß das Gericht zunächst den Prozeßgegner anhören und anschließend prüfen, ob die Zeit noch dazu ausreicht, ein schriftliches Gutachten einzuholen und den Parteien zur Stellungnahme vorzulegen, LG Hann MDR **85**, 241, Köln VersR **90**, 674.

28 **G. Anordnung nach §§ 142, 144, II Z 5.** Das Gericht kann die Vorlegung von Urkunden oder anderen Unterlagen mit oder ohne eine Fristsetzung nach § 142 und die Einnahme eines Augenscheins sowie die Begutachtung durch Sachverständige nach § 144 anordnen. II Z 5 ist an sich eine überflüssige Wiederholung der eben genannten weiteren Vorschriften. Sie gewinnt dadurch Bedeutung, daß der Verstoß gegen eine Anordnung nach §§ 142, 144 infolge von deren Erwähnung in II Z 5 zur Zurückweisung nach § 296 I führen kann. Dessen abschließende Aufzählung erfaßt zwar nicht direkt, aber eben indirekt über die Bezugnahme auf § 273 II Z 5 auch §§ 142, 144 mit.

29 **7) Widerspruch, III.** Nur dann, wenn der Bekl dem Klagantrag widersprochen hat, soll eine Anordnung nach II Z 4 sowie gegenüber einem Dritten nach II Z 5 ergehen, dann freilich auch schon zur Vorbereitung eines frühen ersten Termins, KG NJW **80**, 2363. Die Anordnung ist aber auch ohne einen vorherigen Widerspruch wirksam, ebenso bei einem verspäteten Widerspruch, §§ 275 III, 276 I 1, 2. Stets kann und nicht muß das Gericht einen Vorschuß nach seinem pflichtgemäßen Ermessen fordern, § 379 Rn 1. Es darf die Ladung nach Z 4 von der Zahlung nach § 379 abhängig machen, III 2, aM ZöGre 10, 11 (aber diese Vorschrift gilt uneingeschränkt). Vgl § 379 III 2 auch wegen eines Verstoßes gegen die Vorschußanforderung und wegen der Rechtsmittel.

30 **8) Benachrichtigung, IV.** Das Gericht muß jede Partei von jeder nicht ihr gegenüber ergangenen Aufklärungsanordnung zeitig formlos benachrichtigen. Das gilt schon wegen des rechtlichen Gehörs, BVerfG NJW **94**, 1211, aber auch mit Rücksicht auf die Parteiöffentlichkeit, §§ 357, 397. Es gilt auch dann, wenn das Unterbleiben nach dem Ermessen des Richters eine Partei in der Wahrnehmung ihrer Rechte nicht beeinträchtigt, BVerwG NJW **80**, 900. Eine Beweisaufnahme ohne die Benachrichtigung ist vorbehaltlich einer Heilung nach § 295 nicht verwertbar, BVerwG NJW **80**, 900, Schlesw NJW **91**, 304 (erörtert nicht den § 295), Gießler NJW **91**, 2885.

274 *Ladung der Parteien; Einlassungsfrist.* **I Nach der Bestimmung des Termins zur mündlichen Verhandlung ist die Ladung der Parteien durch die Geschäftsstelle zu veranlassen.**

II Die Ladung ist dem Beklagten mit der Klageschrift zuzustellen, wenn das Gericht einen frühen ersten Verhandlungstermin bestimmt.

III 1 Zwischen der Zustellung der Klageschrift und dem Termin zur mündlichen Verhandlung muss ein Zeitraum von mindestens zwei Wochen liegen (Einlassungsfrist). 2 Ist die Zustellung im

Ausland vorzunehmen, so hat der Vorsitzende bei der Festsetzung des Termins die Einlassungsfrist zu bestimmen.

Gliederung

1) Systematik, I–III. Nach dem Eingang der Klageschrift prüft der Vorsitzende zunächst, ob er einen Gütetermin nach § 278 und sodann oder gleichzeitig einen frühen ersten Termin oder ein schriftliches Vorverfahren veranlassen soll, § 272 II, oder ob das schriftliche Verfahren stattfinden kann und soll, § 128 II. Nur im ersteren Fall bestimmt er sogleich nach § 216 II einen Güte- oder baldmöglichen Verhandlungstermin, § 272 III. Demgegenüber verfährt er beim schriftlichen Vorverfahren nach § 276. Erst nach dessen Abwicklung oder Abbruch erfolgt eine Terminsbestimmung. I bezieht sich auf beide Wege, II auf die Wahl des frühen ersten Termins, III wiederum auf beide Wege. 1

2) Regelungszweck, I–III. Während I eine Zuständigkeitsvorschrift zwecks Entlastung des Vorsitzenden enthält, dient II der Klarstellung des Umfangs des Prozeßrechtsverhältnisses nach Grdz 4 vor § 128 und zusammen mit III dem rechtlichen Gehör, Art 103 I GG, Einl III 16, und damit dem Schutz des Bekl. Diese außerordentliche Bedeutung der Vorschrift muß man bei der notwendigen strengen Auslegung mitbeachten. 2

Es ist *keinesfalls* stets eine *Pflicht des Vorsitzenden,* dem Urkundsbeamten der Geschäftsstelle nun auch noch die genaue Ladungsverfügung abzunehmen. Daran ändern auch murrende Verwaltungen mit immer weitergehenden Verlagerungen der Arbeitslast auf den Richter nichts. Ob er im Zweifel dem Urkundsbeamten zB die Anweisung gibt, einen ProzBev durch eine Zustellungsurkunde statt mit einem erfahrungsgemäß bei diesem Anwalt seltsam spät datiertem Empfangsbekenntnis oder den Zeuge A formlos zu laden, den B förmlich schriftlich, den C „nur" telefonisch mit Aktenvermerk mit der Beweiskraft des § 418, das ist eine andere von den Gesamtumständen abhängende und tunlichst eine Ausnahme bleibende Frage.

3) Geltungsbereich, I–III. Die Vorschrift gilt im Gesamtbereich der ZPO, auch im WEG-Verfahren. Im Kleinverfahren nach § 495 a gilt zumindest grundsätzlich III. Wegen des Mahnverfahrens § 697 Rn 12. Die Einlassungsfrist ist immer dann notwendig, wenn eine Klage vorliegt. Sie gilt entsprechend im Berufungsverfahren nach § 523 II und im Revisionsverfahren, § 553 II. Sie gilt auch bei einer öffentlichen Zustellung nach §§ 185 ff. Sie gilt nicht im vorläufigen Verfahren nach §§ 916 ff auf einen Arrest oder eine einstweilige Verfügung. Denn mit dessen Zweck der raschen Verfahrensdurchführung wäre sie nicht vereinbar. Das gilt selbst dann, wenn das Gericht eine mündliche Verhandlung nach §§ 922 I Hs 1, 936 für erforderlich hält oder nach §§ 926 I, 936 anordnen muß. Jedoch gilt dort die Ladungsfrist nach § 217, Lidle GRUR **78**, 93. Im arbeitsgerichtlichen Verfahren gilt § 47 I ArbGG, Lorenz BB **77**, 1001. I ist im arbeitsgerichtlichen Verfahren anwendbar, Lorenz BB **77**, 1001. 3

4) Ladung, I. Es gibt drei Wege. 4

A. Förmliche Zustellung. Die Ladung zu einem jeden Verhandlungstermin erfolgt grundsätzlich von Amts wegen, §§ 166 II, 168, 214, 270. Das geschieht gegenüber allen Parteien, ab Bestellung eines ProzBev an diesen, § 172. Sie erfolgt evtl zusätzlich an die Partei in den Fällen §§ 141, 273 II 3, 278 II, 445 ff. Sie geschieht unter einer Zustellung der Terminsverfügung des Vorsitzenden nach § 329 II 2 und unter einer Wahrung der Ladungsfrist nach § 217 durch den Urkundsbeamten der Geschäftsstelle, §§ 167 ff. Er „veranlaßt" nicht die Ladung, sondern bewirkt sie in eigener Verantwortung. Der Urkundsbeamte prüft nicht, ob, sondern wen er laden muß. Er muß vor allem § 63 Hs 2 bei der Ladung von Streitgenossen und § 71 III bei der Zuziehung des Streithelfers beachten. Er muß eine Beiladung nach § 48 I WEG mitbeachten, Anh § 72. Für die Beiladung von Streitgenossen nach § 63 muß die Partei die Unterlagen der Ladung der Geschäftsstelle liefern. Ob und welche Belehrung das Gericht beifügen muß, das muß es von Amts wegen nach den infragekommenden Vorschriften prüfen. Der Urkundsbeamte muß jede Ladung nach ihrer Art und ihrem Zeitpunkt aktenkundig machen.

B. Formlose Ladung. Im Verfahren vor dem AG erfolgt die Ladung des Klägers nach § 497 I 1 zum ersten Verhandlungstermin formlos. Jedoch muß das Gericht ihn bei § 340 a S 1 auch zum ersten Termin förmlich laden. Den Bekl lädt das AG wie sonst. 5

C. Keine Ladung. Zu einem Verhandlungstermin, den das Gericht, auch ein LG oder OLG, in einer verkündeten Entscheidung bestimmt hat, ist nach § 218 eine förmliche oder formlose Ladung überhaupt nicht nötig, abgesehen von § 141 II. Sie ist ferner bei § 218 und im Verfahren vor dem AG bei § 497 II nicht erforderlich, aber zulässig. 6

5) Früher erster Termin, II. Grundsätzlich bereits zugleich mit der Klageschrift muß das Gericht die Ladung nur dann nach §§ 253 I, 217 I zwingend zustellen, wenn der Vorsitzende nach § 272 II statt eines schriftlichen Vorverfahrens einen frühen ersten Termin nach § 275 bestimmt. Das liegt auch in der bloßen Terminsbestimmung auf die Vorlage der Klageschrift bei ihm, selbst wenn er zugleich vorbereitende Maßnahmen nach § 273 trifft. Im Zweifel besteht eine Erkundigungspflicht der Geschäftsstelle, welchen Weg der Vorsitzende gewählt hat. Erst mit der Klagezustellung ist die Klage erhoben, so daß deren Wirkungen eintreten, § 253 Rn 8. Vgl im übrigen §§ 271, 275, 276. Nach einem schriftlichen Vorverfahren erfolgt die Ladung, sobald der Vorsitzende den Termin bestimmt hat. Wegen der Vorwegleistungspflicht, nach § 12 GKG vgl Anh § 271. 7

8 **6) Einlassungsfrist, III.** Das Gericht muß sie wegen Art 103 I GG sorgsam wahren.

A. Grundsatz: Gesetzliche Überlegungsfrist. Einlassungsfrist ist nach dem klaren Wortlaut von III 1 nur die gesetzliche Frist zwischen der Zustellung der Klageschrift (Klagerhebung) und dem ersten Termin zur „mündlichen" Verhandlung. Die Güteverhandlung nach § 278 II 1 geht nach dessen ebenso eindeutigem Wortlaut der mündlichen Verhandlung gerade voraus. Sie ist also selbst gerade noch keine „mündliche Verhandlung", auch nicht eine solche nach III 1. Infolgedessen ist eine Einlassungsfrist vor einer Güteverhandlung noch nicht notwendig. Wohl aber ist sie notwendig vor der etwa nach § 279 I 1 unmittelbar oder überhaupt irgendwann anschließenden eigentlichen mündlichen Verhandlung etwa eines frühen ersten Termins. Ein Verstoß ist heilbar, § 295 Rn 39 „Ordnungsvorschrift". Daher ist auch ein Verzicht zulässig. Man sollte ihn nach § 160 II protokollieren.

Die Einlassungsfrist ist eine *Zwischenfrist* (Überlegungsfrist). Sie ist eine gesetzliche Frist, Üb 10 vor § 214, eine Schutzfrist gegenüber dem Bekl nur zur Sache selbst, BGH RR **94**, 1213. Sie ist nicht zur Einhaltung des rechtlichen Gehörs auch in allen übrigen Prozeßfragen notwendig, also zB nicht bei §§ 36, 37, BGH RR **94**, 1213.

Die Übersendung des Schriftsatzes im *Prozeßkostenhilfeverfahren* nach §§ 114 ff, der die Klageschrift mitenthält, zur bloßen Stellungnahme zum Prozeßkostenhilfegesuch an den Antragsgegner läßt die Einlassungsfrist noch nicht beginnen. Daher muß das Gericht nach der Bewilligung der Prozeßkostenhilfe die Klageschrift auch wegen III nochmals und jedenfalls jetzt förmlich zustellen lassen, § 329 II 2. Für alle späteren Termine gelten nur noch §§ 132, 217 und das Gebot rechtlichen Gehörs, Düss RR **99**, 860. Das gilt auch bei einer Klagerweiterung oder -änderung, § 263, Düss RR **99**, 860, und bei einer Widerklage, Anh § 253. Vgl freilich § 227 I.

Die Ladungs- und die Einlassungsfrist können an *verschiedenen* Tagen beginnen, zB die Einlassungsfrist bereits mit der noch terminlosen Zustellung der Klageschrift, mit der das Gericht die Fristen nach § 276 setzt, Büttner NJW **75**, 1349. Das muß man besonders nach einem schriftlichen Vorverfahren beachten.

9 **B. Dauer.** Die Dauer der Einlassungsfrist beträgt grundsätzlich 2 Wochen, III 1. Das gilt auch beim AG, § 495, und auch in einer Wechsel- und Schecksache, § 604 Rn 3, § 605 a. Bei einer Auslandszustellung muß der Vorsitzende sie nach III 2 festsetzen. Wohl meist üblich sind ähnlich wie bei § 339 Rn 6 etwa 4 Wochen. Eine kürzere als die in III 1 genannte Frist widerspräche natürlich dem Sinn und wäre daher auch nach § 227 I ein „erheblicher" Grund. Der Urkundsbeamte muß die Festsetzung in einer beglaubigten Ablichtung oder Abschrift zustellen. Für eine öffentliche Zustellung nach §§ 185 ff gilt nichts Besonderes. Der Zustellungstag bestimmt sich nach § 188. Ihre Berechnung richtet sich nach § 222, ihre Abkürzung nach § 226. Eine Verlängerung ist unzulässig, § 224 II Hs 2. Ihre Unterbrechung richtet sich nach § 249, ihre Hemmung nach § 223. Sie ist keine Notfrist, § 224 I 2. Deshalb ist keine Wiedereinsetzung nach § 233 möglich. Man sollte bei der Terminierung bedenken, daß die Akte zwischen der Bearbeitung durch den Richter und dem Hinausgehen der Ladung je nach der Geschäftsbelastung Tage oder mehr Zeit benötigt.

10 **C. Verstoß.** Bei einem Verstoß findet kein Versäumnisverfahren gegen den Bekl statt, § 337, aM ThP 4, ZöGre 6 (sie wenden § 335 I Z 3 an. Aber § 337 spricht spezieller von der Einlassungsfrist). Das gilt auch, wenn der Bekl anwesend ist, aber die Einlassung verweigert, ZöGre 6, aM StJL 13 (aber auch dann enthält § 337 die richtige Spezialregelung). Der Bekl hat vielmehr einen Vertagungsanspruch. Der Kläger darf sich aber auf die Nichteinhaltung der Frist gegenüber dem verhandlungsbereiten Bekl nicht berufen. Denn der Mangel ist heilbar, § 295 Rn 39 „Ordnungsvorschrift", Stgt RR **01**, 971. Außerdem gilt § 189. Eine zu Unrecht ergangene Versäumnisentscheidung läßt sich nur mit dem jeweils etwa statthaften Rechtsbehelf anfechten. Gegen ein Zweites Versäumnisurteil nach § 345 ist die Berufung nach § 514 II zulässig.

275 *Früher erster Termin.* I 1 **Zur Vorbereitung des frühen ersten Termins zur mündlichen Verhandlung kann der Vorsitzende oder ein von ihm bestimmtes Mitglied des Prozessgerichts dem Beklagten eine Frist zur schriftlichen Klageerwiderung setzen.** 2 **Andernfalls ist der Beklagte aufzufordern, etwa vorzubringende Verteidigungsmittel unverzüglich durch den zu bestellenden Rechtsanwalt in einem Schriftsatz dem Gericht mitzuteilen; § 277 Abs. 1 Satz 2 gilt entsprechend.**

II **Wird das Verfahren in dem frühen ersten Termin zur mündlichen Verhandlung nicht abgeschlossen, so trifft das Gericht alle Anordnungen, die zur Vorbereitung des Haupttermins noch erforderlich sind.**

III **Das Gericht setzt in dem Termin eine Frist zur schriftlichen Klageerwiderung, wenn der Beklagte noch nicht oder nicht ausreichend auf die Klage erwidert hat und ihm noch keine Frist nach Absatz 1 Satz 1 gesetzt war.**

IV 1 **Das Gericht kann dem Kläger in dem Termin oder nach Eingang der Klageerwiderung eine Frist zur schriftlichen Stellungnahme auf die Klageerwiderung setzen.** 2 **Außerhalb der mündlichen Verhandlung kann der Vorsitzende die Frist setzen.**

Schrifttum: *Deubner,* Gedanken zur richtlichen Verfahrensbeschleunigungspflicht, Festschrift für *Lüke* (1997) 51; *Garbe,* Antrags- und Klagerwiderungen in Ehe- und Familiensachen, 2. Aufl 2001; *Maniotis,* Einige Gedanken zur Beteiligung des Richters an der Bemessung der Fristen für Klageerwiderung und Replik, Gedächtnisschrift für *Arens* (1993) 289.

Gliederung

1) Systematik, I–IV. Vorgelagert ist eine nicht stets, aber oft notwendige Güteverhandlung nach § 278. § 275 gilt sodann zur Durchführung des zur Wahl des Vorsitzenden gestellten Verfahrens mit frühem ersten Termin. Die Vorschrift ergänzt also § 272 II, aber auch § 273. 1

2) Regelungszweck, I–IV. Das ziemlich verwirrend anmutende Geflecht verschiedener Vorbereitungsmöglichkeiten schon des frühen ersten Termins ist ein typisches Produkt deutscher Überperfektion. Es dient einer auf den Einzelfall zugeschnittenen Arbeitsweise aller Prozeßbeteiligten. Das Gesetz soll auch einer zögernden Richterpersönlichkeit entgegenkommen. Natürlich dient das alles in seiner Gründlichkeit der Gerechtigkeit als dem obersten Prozeßziel, Einl III 9, 36. Der erfahrene, energisch arbeitende Richter macht von allen diesen ja auch Zeit kostenden Möglichkeiten so wenig wie möglich Gebrauch. 2

Er fertigt sich ohnehin bei *gründlicher Arbeitsweise* sogleich nach dem Klageingang ein erstes „Kopfgutachten" an. Er kann dann selbst beim Erhalt einer Klagerwiderung erst im Termin doch sogleich um eine mündliche Darstellung ihres wesentlichen Inhalts bitten, sie gleichzeitig „querlesen". Er kann anschließend ergänzende Fragen an den Bekl stellen und daran sofort eine erste oder sogar möglichst abschließende Erörterung der bisherigen Sach- und Rechtslage anschließen. Ihr darf sich der Beteiligte (Kläger wie Bekl) oder sein ProzBev keineswegs stets entziehen, gar ohne eine Begründung oder mit der Floskel, erst einmal nachdenken zu müssen usw. Man kann doch eine eigene geduldige und einfühlsame Verhandlungsführung durchaus auch im nicht durch Fristen vorbereiteten, aber als vollwertig angelegten und im ausführlichen Gespräch voll ausgenutzten frühen ersten Termin erreichen, § 272 Rn 5. Man kann zumindest einen Beweisbeschluß erstreben, eine fristbemessene Auflage, eine Verweisung, ein Teilurteil, wenn nicht schon die verfahrensbeendende Entscheidung mit oder sogar ohne besonderen Verkündungstermin. Vor alledem sollte sich jedenfalls ein etwas erfahrenes Gericht nicht scheuen.

3) Geltungsbereich, I–IV. Die Vorschrift gilt im Gesamtbereich der ZPO, auch im WEG-Verfahren. Sie gilt im Kleinverfahren nach § 495 a nur, soweit der Richter es wünscht. Im arbeitsgerichtlichen Verfahren gilt § 275 nicht, § 46 II 2 ArbGG. In einer FamFG-Sache gilt § 32 FamFG. In einer Ehesache ist § 275 unanwendbar, § 113 IV Z 3 FamFG. Wegen des arbeitsgerichtlichen Verfahrens vgl ferner BAG DB **80**, 2399, Grunsky JZ **78**, 82. 3

4) Vorbereitung des frühen ersten Termins, I. Wegen seiner Bedeutung § 272 Rn 4, 12. Auch ein früher erster Termin kann also die Bedeutung eines Haupttermines haben, §§ 271, 272 Rn 5, 273, 274, 358 a, BGH NJW **83**, 576. Neben diesen zum Teil notwendigen Maßnahmen hat der Vorsitzende mehrere Wahlmöglichkeiten. 4

A. Klagerwiderung, I 1: Wahlrecht des Vorsitzenden. Der Vorsitzende kann statt einer Maßnahme nach I 2, Rn 8, dem Bekl eine Frist zur schriftlichen Klagerwiderung setzen, § 277 (er gilt auch hier, wie § 277 III ergibt). Der Vorsitzende oder ein von ihm bestimmtes Mitglied des Kollegiums kann, aber muß nicht so vorgehen, BGH **88**, 182, aM Kramer NJW **77**, 1660 (er dürfe nur so vorgehen, wenn der Bekl sich schon zur Verteidigung bereit gezeigt habe. Aber schon die Klageschrift kann eine schriftliche Klagerwiderung aus Richtersicht erforderlich machen). Es besteht also ein pflichtgemäßes Ermessen, KG NJW **80**, 2362, unklar BGH NJW **87**, 499. Man muß wegen § 274 II zugleich nach § 216 II den frühen ersten Termin bestimmen und die Ladung zustellen. Die Entscheidung erfolgt durch eine prozeßleitende unanfechtbare Verfügung. Der Vorsitzende muß sie mit seinem vollen Nachnamen unterschreiben. Das Gericht muß sie nach § 329 II 2 zB zugleich mit der Klageschrift in einer beglaubigten Ablichtung oder Abschrift zustellen und dem Kläger evtl formlos mitteilen, BGH NJW **81**, 1217.

Der Sinn besteht darin, den Bekl zu zwingen, die ihm unter Beachtung seiner Prozeßförderungspflicht nach § 282 I–III möglichen Verteidigungsmittel so zeitig vorzubringen, daß das Gericht und der Kläger schon vor und spätestens in dem frühen ersten Termin möglichst viel aussondern, abtrennen, entscheiden können, Rn 2, BGH **88**, 182, KG NJW **80**, 2363, Stgt NJW **84**, 2538. Zumindest soll das Gericht den Haupttermin möglichst umfassend vorbereiten können, BGH **86**, 35.

Nicht notwendig ist es, zu mehr als zu einer schriftlichen „Klagerwiderung" aufzufordern. Der Vorsitzende kann sich auf Anordnungen nach § 273 beschränken, Karlsr NJW **83**, 403. Eine Aufforderung wegen bestimmter Einzelpunkte ist im allgemeinen eine solche nach § 273 II Z 1 Hs 2. Sie ist freilich auch im Rahmen von I 1 zulässig. Auch beim AG erfolgt die Fristsetzung zweckmäßig schon bei der Klagezustellung, Kramer NJW **77**, 1660.

Der *Inhalt* der Klagerwiderung richtet sich nach § 277 I. Eine Äußerung zu etwaigen Bedenken gegen eine Entscheidung der Sache durch den Einzelrichter ist keine Pflicht. Das ergibt sich aus dem Wort „soll" in I 2 Hs 2. Daher besteht insofern auch keine Hinweis- oder Belehrungspflicht des Gerichts, etwa nach § 277 II, auf den I 2 Hs 2 nicht mitverweist. Freilich kann eine Obliegenheitsverletzung zu prozessualen Nachteilen führen, wenn auch nicht nach dem eng auslegbaren § 296, so doch zB nach § 95. Das Gericht muß keineswegs die Art und Weise der beabsichtigten Prozeßförderung in jeder Einzelheit verdeutlichen, BGH **86**, 39.

5 **B. Fristbemessung, I 1.** Die Frist beträgt mindestens 2 Wochen seit der Zustellung, § 277 III. Der Vorsitzende muß sie im übrigen so bemessen, daß der Bekl vernünftigerweise die Klage prüfen, etwa notwendige erste Ermittlungen anstellen und daß er eine Erwiderung formulieren, sie mit dem ProzBev besprechen, überdenken und absenden kann. Er muß wegen §§ 282, 296 zu einer umfassenden Antwort Zeit haben, BVerfG NJW **82**, 1691, Hamm MDR **83**, 63, Köln NJW **80**, 2421.

6 *2 Wochen* können in einer einfachen Sache ausreichen, Stgt NJW **84**, 2538, 3 Wochen reichen meist aus, Karlsr NJW **84**, 619. Im Anwaltsprozeß darf und sollte der Vorsitzende einen normalen Kanzleibetrieb des Anwalts berücksichtigen. Er darf aber keine Verzögerungs- oder Störversuche durchgehen lassen, Mü MDR **80**, 148. Der Fristablauf muß spätestens am Ende des frühen ersten Termins liegen. Er muß dann freilich die 2-Wochen-Frist des § 277 II wahren. Jedoch ist wegen § 283 jedenfalls im Anwaltsprozeß eine Frist von mindestens etwa 2 Wochen vor dem frühen ersten Termin sinnvoll. Infolge der Frist ist der frühe erste Termin unter Umständen erst nach 6 bis 8 Wochen möglich. Das ist dann trotz § 272 III zulässig.

Eine *Friständerung* erfolgt nach §§ 224 ff. Eine Unklarheit bei der Fristbemessung führt zur Unanwendbarkeit von § 296 I, BVerfG **60**, 6, ebenso unter Umständen eine zu kurze Frist, § 296 Rn 23, BVerfG **69**, 137, oder gar die Planung und Vorbereitung des Termins zum bloßen Durchlauf oder Durchruf, BVerfG **69**, 137, noch weitergehend Deubner NJW **85**, 1140, oder eine unzureichend kurz bemessene Terminsdauer, Hamm RR **89**, 895. Eine Verweisung zB nach § 281 beeinflußt die Frist zumindest grundsätzlich nicht, Ffm RR **93**, 1085. Eine übermäßig lange Klagerwiderungsfrist ist auch bei einer Überlastung unzulässig, § 216 Rn 11. Sie ist als Ablehnung einer Terminsbestimmung anfechtbar, § 216 Rn 27.

7 **C. Belehrung, I 1.** Es besteht eine Belehrungspflicht nur nach § 277 II. Sie besteht auch gegenüber einer anwaltlich vertretenen Partei, BGH **88**, 183. Nur nach ihrer Beachtung kann das Gericht bei einem Fristversäumnis § 296 I anwenden, BGH **88**, 184, Karlsr OLGZ **84**, 472. Gegenüber einem Anwalt genügt der Hinweis auf das Gesetz, Hamm NJW **84**, 1566. Die Frist muß die Aufforderung zu einer schriftlichen Erwiderung enthalten. Man muß strenge Anforderungen an die Belehrung stellen, Karlsr OLGZ **84**, 472.

8 **D. Mitteilung der Verteidigungsmittel, I 2.** Soweit der Vorsitzende keine Frist nach I 1 setzt, Rn 2, muß er den Bekl zu einer unverzüglichen Mitteilung der etwaigen Verteidigungsmittel auffordern, im Anwaltsprozeß nach § 78 Rn 1 durch einen Anwalt. Das Verfahren läuft wie bei Rn 2–7 ab. Jedoch erfolgt mangels einer hier nicht zulässigen Frist eine formlose Mitteilung, § 329 II 1. Ein Schriftsatzzwang besteht nur im Anwaltsprozeß. Sonst kann man die Erklärung zum Protokoll jeder Geschäftsstelle abgeben, §§ 496, 129 a. Es besteht eine Pflicht zur Aufforderung. Ihr Unterlassen kann (nicht muß) eine Zulassung nach § 296 I oder eine Nachfrist nach § 283 notwendig machen. Hier besteht keine Belehrungspflicht über die Folgen einer etwaigen Versäumnis. Denn weder § 276 II noch § 277 III sind anwendbar. Nach I 2 Hs 2 ist § 277 I 2 entsprechend anwendbar, § 277 Rn 5. § 139 ist anwendbar, BGH NJW **83**, 576, auch § 358 a.

9 **5) Vorbereitung des Haupttermins, II.** Reicht der frühe erste Termin nicht aus, muß das Gericht alle Anordnungen zur Vorbereitung des Haupttermins treffen. Der frühe erste Termin ist ein vollwertiger Termin zur mündlichen Verhandlung, § 272 Rn 5. Das gilt zumindest dann, wenn das Gericht ihn nach dem Akteninhalt als solchen ansetzen kann, Stgt NJW **84**, 2538. Das Gericht darf ihn dann freilich nicht zum bloßen „Durchruftermin" herabwürdigen, § 272 Rn 13. Selbst wenn es das tut, muß die Partei meist vorsorglich mit einer sich als abschließend entwickelnden Verhandlung rechnen, aM Karlsr NJW **84**, 619, Stgt RR **86**, 1062 (aber eine Partei muß stets damit rechnen, daß das Gericht einen gesetzlich zulässigen Weg zur Prozeßförderung einschlägt). Sein Ablauf richtet sich nach (jetzt) § 279 II, III. Diese Vorschrift ist auch im übrigen beachtbar, Grunsky JZ **77**, 202, Putzo NJW **77**, 3. Auch hier ist eine ganz kurze Einführung ratsam. Sie ist aber nicht strikt vorgeschrieben. Der frühe erste Termin soll ein Versäumnis-, Anerkenntnis-, Verzichtsurteil ermöglichen, ferner einen Prozeßvergleich, ein streitiges Endurteil in einer einfachen Sache. Er soll zumindest die Eingrenzung des entscheidungserheblichen Stoffs erleichtern.

10 Ist dennoch *keine Entscheidungsreife* nach § 300 Rn 6 erzielbar, sind zB Auflagen nebst einer Frist nach § 273 II Z 1 ratsam, auch eine Frist zur Klagerwiderung nach III oder zur Stellungnahme darauf nach IV, auch ein Beweisbeschluß. Das Gericht sollte ihn nur bei der Notwendigkeit einer Frist nach § 283 erst in einem sofort anzuberaumenden Verkündungstermin, sonst sogleich formulieren. Was notwendig ist, entscheidet die Gesamtlage. Dabei kann auch jetzt schon eine gewisse rechtliche Erörterung wegen § 139 notwendig sein. Dabei muß der Vorsitzende den neuen Termin möglichst bald anberaumen, § 272 III. Fristen sind wie sonst zulässig, zB nach §§ 356, 379.

11 **6) Klagerwiderung, III.** Man muß drei Punkte beachten.

A. Grundsatz: Vermeidung einer Zurückweisung. Wenn der Bekl bis zum frühen ersten Termin nicht oder nicht ausreichend erwidert hat, muß das Gericht evtl sein weiteres Vorbringen bereits im frühen ersten Termin als verspätet zurückweisen, falls es ihm eine Frist nach I 1 gesetzt hatte, § 296 I, BGH NJW **83**, 576, Saarbr MDR **79**, 1030, Stgt NJW **84**, 2538, aM Stgt RR **86**, 1062 (aber § 296 I nennt § 275 III eindeutig mit). Eine Zurückweisung kann auch dann erforderlich sein, wenn der Bekl die Aufforderung nach I 2 nicht unverzüglich befolgt hatte, §§ 282, 296 II. Falls das Gericht keine Frist gesetzt hat, Lange NJW **86**, 1731, oder falls der Bekl die Frist unverschuldet versäumte, muß, nicht bloß kann oder soll, das Gericht im frühen ersten Termin oder spätestens unverzüglich danach dem Bekl eine Frist zur Klagerwiderung setzen, Rn 2. Es kommt auch ein Verlängerungsantrag in Betracht, sogar für den anwaltlich noch nicht vertretenen Bekl durch den ProzBer des Klägers, Klaes/Schöne ProzRB **03**, 226. Das gilt auch beim Einzelrichter nach §§ 348, 348 a oder beim Vorsitzenden der Kammer für Handelssachen, § 349. Rechtsmißbrauch ist auch hier unstatthaft, Einl III 54.

12 **B. Fristbemessung.** Der Vorsitzende muß die Frist unter Beachtung der Mindestfrist von 2 Wochen seit der Verkündung bzw Zustellung nach § 277 III bemessen. Er muß sie im übrigen freilich anders als diejenige vor dem frühen ersten Termin berechnen. Denn es wird dem Bekl auf Grund des frühen ersten Termins im allgemeinen eher und schneller möglich sein, seine Erwiderung zu formulieren, Mü MDR **80**, 148. Vgl im übrigen § 224. Zum Inhalt der Aufforderung § 277 I. Eine Friständerung erfolgt nach §§ 224 ff. Wegen

einer übermäßig langen Frist Rn 6. Das Gericht entscheidet durch einen Beschluß. Er braucht wegen der Unanfechtbarkeit der Anordnung keine besondere Begründung, § 329 Rn 6. Das Gericht muß ihn verkünden, § 329 I 1. Man kann die Fristsetzung mit einer weiteren vorbereitenden Anordnung verbinden, zB nach § 273.

C. Belehrung. Es besteht eine Belehrungspflicht nur nach § 277 II. Das gilt auch gegenüber einer anwaltlich vertretenen Partei, BGH **88**, 183. Nur dann, wenn die Belehrung ordnungsgemäß erfolgte, kann man bei einer Fristversäumung § 296 I anwenden, Rn 7. Evtl gilt § 283. Gegenüber einem Anwalt genügt der Hinweis auf das Gesetz, Hamm NJW **84**, 1566. Das Gericht braucht keineswegs die Art und Weise der beabsichtigten Prozeßförderung den Parteien in jeder Einzelheit zu verdeutlichen, BGH **86**, 39. **13**

7) Stellungnahme des Klägers, IV. Auch hier sind drei Aspekte beachtlich. **14**

A. Grundsatz: Pflichtgemäßes Ermessen. Das Gericht darf diese sog Replik nach seinem pflichtgemäßen nicht nachprüfbaren Ermessen anfordern. Zuständig zur Fristsetzung ist in der mündlichen Verhandlung das Gericht, IV 1, evtl also das gesamte Kollegium. Außerhalb der mündlichen Verhandlung kann nach IV 2 zwar natürlich ebenfalls das ganze Kollegium, aber auch nur der Vorsitzende die Frist setzen. Eine Entscheidung des Kollegiums erfolgt wie stets durch einen Beschluß, eine solche des Vorsitzenden kann durch eine Verfügung ergehen. Ein Beschluß erfordert wegen der Unanfechtbarkeit grundsätzlich keine Begründung, § 329 Rn 6 (auch zu Ausnahmen). Eine Verfügung erhält ohnehin keine Begründung. Maßgeblich ist im übrigen das Ermessen des Einzelrichters nach §§ 348, 348 a oder des Vorsitzenden der Kammer für Handelssachen, § 349. Die Anforderung erfolgt nur nach dem Eingang einer Klagerwiderung, BGH NJW **80**, 1168. Sie erfolgt vor, im oder nach dem frühen ersten Termin, aber nicht mehr, wenn er zum vollwertigen Termin wurde, § 272 Rn 3, BVerfG **75**, 310 (dann gilt § 283).

B. Fristbemessung. Die Frist läßt sich mit einer richterlichen Frist verbinden. Diese muß man unter einer Beachtung der Mindestfrist von 2 Wochen seit der Verkündung oder Zustellung nach § 277 IV, III bemessen, im übrigen nach den Gesamtumständen. Sie muß eine ausreichende Überlegung ermöglichen. Sie kann jedoch meist kürzer als die Frist zur Klagerwiderung sein. Ausnahmen bestehen, wenn der Bekl dort eine umfangreiche Aufrechnung, eine komplizierte Gegenberechnung, längere Rechtsausführungen usw vorgenommen hat. Vgl im übrigen § 224. Bei einer Fristversäumnis gilt § 296 I auch gegenüber einer nicht anwaltlich vertretenen Partei, BGH **88**, 184. Zum Verfahren Rn 2–4. Die Anordnung der Frist muß durch das gesamte Gericht erfolgen. Sie muß im Termin verkündet, § 329 I 1, vor oder nach ihm zugestellt werden, § 329 II 2, Ffm (17. ZS) RR **86**, 1446, Köln MDR **99**, 1462, aM Ffm (9. ZS) MDR **90**, 60, ThP 8 (eine Verfügung des Vorsitzenden oder eines anderen Kollegialmitgliedes reiche. Aber IV fordert eine Fristsetzung des „Gerichts".). Eine übermäßig lange Frist ist auch bei einer Überlastung unzulässig, § 216 Rn 12. Sie ist als Ablehnung einer Terminbestimmung anfechtbar, § 216 Rn 27. **15**

C. Belehrungspflicht. Hier besteht jetzt auch eine Belehrungspflicht. Denn § 277 IV verweist auch auf dessen II. Zum Inhalt der Aufforderung § 277 IV in Verbindung mit I. **16**

276 *Schriftliches Vorverfahren.*

I 1 Bestimmt der Vorsitzende keinen frühen ersten Termin zur mündlichen Verhandlung, so fordert er den Beklagten mit der Zustellung der Klage auf, wenn er sich gegen die Klage verteidigen wolle, dies binnen einer Notfrist von zwei Wochen nach Zustellung der Klageschrift dem Gericht schriftlich anzuzeigen; der Kläger ist von der Aufforderung zu unterrichten. 2 Zugleich ist dem Beklagten eine Frist von mindestens zwei weiteren Wochen zur schriftlichen Klageerwiderung zu setzen. 3 Ist die Zustellung der Klage im Ausland vorzunehmen, so bestimmt der Vorsitzende die Frist nach Satz 1.

II 1 Mit der Aufforderung ist der Beklagte über die Folgen einer Versäumung der ihm nach Absatz 1 Satz 1 gesetzten Frist sowie darüber zu belehren, dass er die Erklärung, der Klage entgegentreten zu wollen, nur durch den zu bestellenden Rechtsanwalt abgeben kann. 2 Die Belehrung über die Möglichkeit des Erlasses eines Versämnisurteils nach § 331 Abs. 3 hat die Rechtsfolgen aus den §§ 91 und 708 Nr. 2 zu umfassen.

III Der Vorsitzende kann dem Kläger eine Frist zur schriftlichen Stellungnahme auf die Klageerwiderung setzen.

Vorbem. II 2 angefügt dch Art 1 Z 3 G v 18. 8. 05, BGBl 2477, in Kraft seit 21. 10. 05, Art 3 S 1 G, ÜbergangsR Einl III 78.

Schrifttum: *Deubner,* Gedanken zur richterlichen Verfahrensbeschleunigungspflicht, Festschrift für *Lüke* (1997) 51; *Maniotis,* Einige Gedenken zur Beteiligung des Richters an der Bemessung der Fristen für Klageerwiderung und Replik, Gedächtnisschrift für *Arens* (1993) 289.

Gliederung

1 **1) Systematik, I–III.** Zur Wahl des Verfahrens als früher erster Termin oder schriftliches Vorverfahren § 272 Rn 6, 10. Das Güteverfahren nach § 278 ist nicht stets, aber doch oft notwendig und dann zeitlich vorrangig. Das schriftliche Vorverfahren hat formell einen Gleichrang mit dem Verfahren des frühen ersten Termins. Es herrscht aber in der Praxis durchweg vor. Ein Abbruch des schriftlichen Vorverfahrens ist jederzeit zulässig, § 272 Rn 9, Brühl FamRZ **78**, 551. Jedoch muß das Gericht die gesetzliche Mindestfrist wahren. Auch nach einer planmäßigen Beendigung des Vorverfahrens erfolgt unverzüglich eine Terminsbestimmung, §§ 216 II, 279 I.

2 **2) Regelungszweck, I–III.** Es gelten grundsätzlich dieselben Erwägungen wie bei § 275 Rn 2. Allerdings enthält § 276 zwingende Regeln in I und II wegen der Gefahr, daß der Bekl zunächst nach § 331 III ohne mündliche Verhandlung unterliegen kann. Sie sind wegen ihrer erheblichen Bedeutung zB nach § 296 I streng auslegbar.

Verführerisch ist das schriftliche Vorverfahren, wenn man sich vor einem raschen Eindringen in den Streitstoff und gar vor einer baldigen Terminierung scheut. Das Argument, man müsse doch zunächst einmal wissen, ob und wie sich der Bekl überhaupt wehren wolle, ist in Wahrheit oft nur ein Vorwand, im überlasteten Dezernat Zeit zu gewinnen. Denn auch im Verfahren mit frühem ersten Termin kann (nicht muß) das Gericht Fristen zur Klagerwiderung setzen, ja zur Stellungnahme auf diese. Im übrigen erhält der Bekl ja stets im frühen ersten Termin eine Gelegenheit zur Äußerung.

Allerdings gibt es natürlich Fälle, in denen ein *ruhiges schriftliches* Hin und Her förderlicher und sachdienlicher ist als ein hastiger Termin. Das Gesetz gibt jeder Richtermentalität Entwicklungsmöglichkeit. Auch das ist bei der Auslegung mitbeachtlich. Es darf nur nicht zum Vor-sich-Herschieben und erst damit zu einem immer größeren Aktenumlauf kommen, zu immer größeren Rückständen und zu immer mehr Zeitaufwand beim immer neuen Einarbeiten. Zumindest im schriftlichen Vorverfahren darf und sollte das Gericht seine Aufgaben nach §§ 139, 273 so früh wie möglich und einigermaßen fleißig erfüllen. Jede vermeidbare Unterlassung beim Durchdenken, Anregen, Auffordern, Anordnen rächt sich durchweg im weiteren Prozeßverlauf, wenn es nicht gerade zum Versäumnisurteil nach § 331 III ohne einen Einspruch kommt. Letzteres geschieht doch meist weniger als erwartet.

3 **3) Geltungsbereich, I–III.** Das schriftliche Vorverfahren ist auch beim AG statthaft, § 495. Die Vorschrift gilt auch im WEG-Verfahren. I 2, II sind im schriftlichen Verfahren nach § 128 II entsprechend anwendbar, Kramer NJW **78**, 1411. Nach einem Mahnverfahren kommt jetzt ebenfalls ein schriftliches Vorverfahren in Betracht, § 697 II, § 700 IV. In einer FamFG-Sache gilt § 32 FamFG. Es sind aber evtl Anordnungen nach § 273 in Verbindung mit § 113 I 2 FamFG statthaft. In einer Ehesache ist § 276 unanwendbar, § 113 IV Z 3 FamFG. Beim ArbG gibt es kein schriftliches Vorverfahren, § 46 II ArbGG, Lorenz BB **77**, 1001, Reichel NZA **05**, 1098.

4 **4) Anzeige der Verteidigungsabsicht, I 1, 3.** Sie hat sehr erhebliche Bedeutung.

A. Grundsatz: Pflicht des Vorsitzenden zur Aufforderung. Es ist die Pflicht des Vorsitzenden, den Bekl zur Anzeige einer etwaigen Verteidigungsabsicht aufzufordern. Diese Pflicht hat auch der Vorsitzende der Kammer für Handelssachen nach § 349 I oder der Einzelrichter, §§ 348, 348 a. Die Pflicht entsteht sogleich nach dem Klageingang und der Wahl des Verfahrens nach § 272 Rn 6. Sie entsteht zugleich mit der Klagezustellung nach § 271 I und zunächst abgesehen vom etwaigen Gütetermin ohne eine Terminsbestimmung, ThP 2, ZöGre 2, aM Grunsky JZ **77**, 203 (eine sofortige Terminsbestimmung sei zulässig. Aber das widerspricht gerade dem Wesen des schriftlichen Vorverfahrens. Daran ändert auch § 279 I 1 nichts). Das Gericht muß seine Aufforderung notfalls unverzüglich nachholen. Außerdem erfolgen zahlreiche weitere Aufforderungen und Belehrungen. Sie erfordern wegen ihrer zum Teil erheblichen prozessualen Auswirkungen äußerste Sorgfalt. Sie können jedenfalls an diesem Punkt zum genauen Gegenteil einer Vereinfachung führen.

5 **B. Inhalt der gerichtlichen Aufforderung.** Der Inhalt der Aufforderung nach I 1 ist davon abhängig, ob ein Anwalts- oder ein Parteiprozeß vorliegt, § 78 Rn 1. Stets muß der Vorsitzende den Bekl auffordern, eine etwaige Verteidigungsabsicht dem Gericht binnen einer Notfrist nach §§ 224 I 2, 233 anzuzeigen. Im Anwaltsprozeß erhält der Bekl zusätzlich den Hinweis, daß das nur durch einen Anwalt schriftlich wirksam erfolgen kann, II in Verbindung mit §§ 78 I, 271 II. Im Parteiprozeß erfolgt der Hinweis, daß die Verteidigungsanzeige schriftlich oder zum Protokoll jeder Geschäftsstelle erfolgen kann, §§ 496, 129 a (§ 496 erfaßt nur eine Erklärung, die das Gericht zustellen soll, meint aber hier mit der Zustellung nur den Übermittlungsweg über das Gericht im Gegensatz zur Übermittlung von Partei zu Partei. Die Vorschrift erfaßt daher auch die vom Gericht dem Kläger formlos mitzuteilende Anzeige der Verteidigungsabsicht). Dabei ist der weitere Hinweis ratsam, nicht notwendig, daß bei einer Erklärung zum Protokoll eines auswärtigen Gerichts erst der Erklärungseingang beim Prozeßgericht maßgeblich ist, § 129 a II 2.

6 **C. Frist; weiteres Verfahren.** Die gesetzliche Notfrist nach §§ 224 I 2 beträgt bei einer Inlandszustellung zwingend 2 Wochen seit der Klagezustellung, I 1, Putzo AnwBl **77**, 432, an den jeweiligen Streitgenossen, § 61 Rn 7. Bei einer Auslandszustellung nach § 183 gibt es eine richterliche Notfrist zur Verteidigungsanzeige. Der Vorsitzende handelt dabei nach seinem pflichtgemäßen Ermessen, I 3. Er muß die Einschaltung eines Übersetzers bedenken. Unter Umständen sind 6 bis 8 Monate je nach der voraussichtlichen Laufzeit der erforderlichen Zustellungsart erforderlich, § 274 Rn 9, aM Bergerfurth JZ **78**, 299 (aber gerade dann schadet zu große Zügigkeit oft). Dabei muß der Vorsitzende die Einlassungsfrist abweichend vom Wortlaut des § 274 III 3 bereits jetzt mitbestimmen. Die Fristberechnung erfolgt nach §§ 224 ff. Der Bekl im Ausland muß

innerhalb der Frist zur Anzeige der Verteidigungsabsicht einen inländischen Zustellungsbevollmächtigen bestellen. I 3 Hs 2, um die Rechtsfolgen nach § 184 I 2, II 1 zu vermeiden. Darauf muß ihn der Vorsitzende nach § 184 II 2 hinweisen.

Der *Kläger* erhält von der Aufforderung eine formlose Mitteilung, damit er erfährt, daß das schriftliche Vorverfahren läuft. Dem *Bekl* stellt das Gericht die Aufforderung (Verfügung oder Beschluß) nach § 329 II 2 zu, § 329 Rn 32. Zugleich mit der Aufforderung nach I 1 ist eine Belehrung nach II erforderlich, Rn 13 ff. Ferner ist zugleich eine Aufforderung nach § 271 II sowie eine Fristsetzung nach I 2 nebst Belehrung nach § 277 II notwendig, im Parteiprozeß nach Maßgabe des § 496. Sie muß unmißverständlich sein, Düss NJW **84**, 1567. Schließlich ist evtl eine Frist nach § 273 II Z 1 Hs 2 notwendig.

D. Verstoß des Gerichts. § 276 ist eng auslegbar, BGH NJW **91**, 2773. Ein Verstoß des Vorsitzenden oder der ausführenden Organe des Gerichts (Geschäftsstelle, Kanzlei usw) gegen diese Pflichten ist nach § 189 heilbar, soweit es um die förmliche Zustellung geht, vgl auch § 331 Rn 17. Ein Verstoß kann im übrigen zur Entschuldigung nach § 296 I führen, Bischof NJW **77**, 1899. Er kann die Notwendigkeit einer Nachfrist auslösen, § 283. Ein Versäumnisurteil nach § 331 III kann unzulässig sein, § 335 I Z 4. Soweit statt des Vorsitzenden usw nur ein von ihm bestimmtes Mitglied des Kollegiums gehandelt hat, ist allerdings dessen Anordnung einschließlich einer formell korrekt erfolgten, zB im Original nach § 129 Rn 8, 11 voll unterschriebenen Fristsetzung wirksam, ThP 9, aM Oldb NdsRpfl **79**, 179, StJL 24 (aber I 1 spricht nur vom Vorsitzenden, nicht vom Gericht). Im übrigen kann trotz eines Verstoßes des Gerichts eine Zurückweisung nach §§ 282, 296 II in Betracht kommen. 7

Bei einer *Nichteinhaltung* der Notfrist im Anwaltsprozeß gilt wegen der Unmöglichkeit, nun rechtzeitig einen Anwalt zu bestellen, bis zur Zustellung eines schriftlichen Versäumnisurteils § 337, § 331 Rn 20. Danach ist ein Einspruch notwendig, es kann auch § 337 entsprechend anwendbar sein, KG MDR **96**, 634, Dittmar AnwBl **79**, 167, Franzki NJW **79**, 10, aM Rastätter NJW **78**, 96 (liest I 1 als einfache Frist, zustm Brühl FamRZ **78**, 552. Aber I 1 spricht eindeutig von Nofrist.).

E. Verstoß des Beklagten. Ein Verstoß des Bekl kann im engeren Sinn nicht erfolgen. Denn er hat keine Pflicht zur Antwort. Ein Prozeßkostenhilfegesuch oder eine Klagerwiderung können meist auch eine Verteidigungsanzeige darstellen, Franzki DRiZ **77**, 163, Klinge AnwBl **77**, 395, ZöGre 10. Soweit der Bekl diese Obliegenheit aber nicht erfüllt, zB die Verteidigungsabsicht im Anwaltsprozeß nicht durch einen Anwalt oder im Parteiprozeß nicht durch einen prozeßfähigen ProzBev anzeigt, (zum alten Recht) LG Düss VersR **89**, 467, oder nur die Bestellung eines Anwalts anzeigt, darf und muß das Gericht auf Grund eines Antrags des Klägers bei einer Schlüssigkeit seines Vortrags ohne eine mündliche Verhandlung eine Entscheidung nach § 331 III erlassen, nämlich ein Versäumnisurteil gegen den Bekl oder sog unechtes Versäumnisurteil, also ein streitiges Endurteil gegen den Kläger, § 331 Rn 24. Das gilt nicht, wenn eine verspätete Verteidigungsanzeige noch vor der Übergabe des von allen Richtern unterschriebenen Urteils an die Geschäftsstelle gerade dort eingeht, § 331 III 1 Hs 2, dort Rn 17. Mangels Antrags ordnet das Gericht das Ruhen des Verfahrens an, § 331 a entsprechend, ThP 4, aM ZöGre 11 (Terminsbestimmung. Aber § 331 a geht als Spezialvorschrift vor.). Bei einem Verstoß des Bekl im Ausland gegen die Obliegenheit, einen Zustellungsbevollmächtigten zu bestellen, treten die Rechtsfolgen nach § 184 I 2, II 1 ein, Rn 6. 8

5) Klagerwiderung, I 2, 3, II. Es ist schon wegen § 138 II–IV große Sorgfalt notwendig. 9

A. Grundsatz: Pflicht des Vorsitzenden zur Fristsetzung. Es ist ebenfalls die Pflicht des Vorsitzenden, auch desjenigen der Kammer für Handelssachen nach § 349 I, zugleich mit einer Aufforderung nach I 1 dem Bekl nach II eine richterliche Frist zur Klagerwiderung zu setzen. Das gilt natürlich nur für den Fall, daß dieser sich überhaupt verteidigen wolle, Düss NJW **81**, 2264 (abl Deubner), aM ThP 9 (aber das wäre Formelei). Verfahren wie Rn 2–8. Hier handelt es sich nicht um eine Notfrist nach § 224 I 2, sondern um eine gewöhnliche richterliche Frist, §§ 221 ff. Ein Mangel der Zustellung kann (jetzt) nach § 189 heilen. BGH **76**, 238. Der Vorsitzende muß die Fristverfügung mit dem vollen Namen und nicht nur einem Handzeichen (sog Paraphe) unterzeichnen, § 329 Rn 8, 11, BGH NJW **91**, 2774. Eine Unterzeichnung „auf Anordnung" durch einen Justizangestellten reicht also nicht aus, BGH JZ **81**, 351. Der Urkundsbeamte der Geschäftsstelle muß dem Bekl nach § 329 II 2 eine beglaubigte Ablichtung oder Abschrift dieser Verfügung förmlich zustellen, BGH NJW **80**, 1167.

B. Frist; weiteres Verfahren. Die Frist beträgt bei einer Inlandszustellung mindestens (und nicht etwa in der Regel, Leipold ZZP **93**, 248) 2 Wochen seit dem Ablauf der Anzeigefrist des I 1 („weitere" Wochen). Zur Fristbemessung § 275 Rn 5. Im Anwaltsprozeß darf und sollte der Vorsitzende einen normalen Kanzleibetrieb des Anwalts berücksichtigen. Er sollte aber keine Verzögerungs- oder Störversuche durchgehen lassen, Mü MDR **80**, 148. Der Bekl hat also bei einer Inlandszustellung zur Klagerwiderung insgesamt mindestens 4 Wochen seit der Klagezustellung Zeit. Das gilt auch im Parteiprozeß. Daher ist der Haupttermin auch bei einer einfachen Sache frühestens etwa 6 bis 8 Wochen nach dem Klageingang zulässig. Selbst ein Versäumnis- oder Anerkenntnisurteil nach §§ 307, 331 III kann ja wegen der Laufzeit bis zur Klagezustellung usw praktisch erst nach frühestens etwa 4 Wochen nach dem Klageingang ergehen. Bei einer Auslandszustellung bestimmt der Vorsitzende die Klagerwiderungsfrist. Eine übermäßig lange Klagerwiderungsfrist ist auch bei einer Überlastung unzulässig, § 216 Rn 12. Sie ist als Ablehnung einer Terminsbestimmung anfechtbar, § 216 Rn 27. Wegen der Fristberechnung und Friständerung §§ 222 ff. Nach einer Klagänderung muß der Vorsitzende grundsätzlich eine neue ausreichende Klagerwiderungsfrist bestimmen, Düss MDR **80**, 943. Wegen der Lage bei § 101 I 2 GVG Schneider MDR **00**, 725, aM LG Bonn MDR **00**, 724. 10

Ein *Hinweis* auf den notwendigen *Inhalt* der Klagerwiderung nach § 277 I ist nicht notwendig, oft aber ratsam. Eine Belehrung über die Folgen einer Versäumung der Klagerwiderungsfrist ist nach § 277 II notwendig, im Parteiprozeß also ohne einen Hinweis auf einen Anwaltszwang, §§ 495, 78. Der Vorsitzende kann mit der Frist zur umfassenden Klagerwiderung nach I 2 weitere Auflagen nach § 273 verbinden. Er 11 sollte aber wegen der evtl unterschiedlichen Folgen der Nichtbeachtung diese letzteren Anordnungen klar sondern. Er sollte insbesondere verdeutlichen, daß er vor allem eine umfassende Klagerwiderung anordnet. Nach dem Eingang einer Klagerwiderung bestimmt der Vorsitzende den Haupttermin oder verfährt nach III.

12 **C. Verstoß.** Es gilt dasselbe wie bei Rn 7, 8, aM BGH NJW **91**, 2773 (aber §§ 189, 295 gelten auch hier). Geht bis zum Ablauf der Klagerwiderungsfrist keine Klagerwiderung ein, bestimmt der Vorsitzende unverzüglich nach § 216 II ohne eine Nachfrist den Haupttermin auf einen möglichst baldigen Zeitpunkt, § 272 III. Dann kann § 296 anwendbar werden, dort Rn 31.

13 **6) Belehrung, II.** Sie erfordert viel Sorgfalt.

A. Grundsatz: Pflicht des Vorsitzenden. Die Belehrung erfolgt durch eine Verfügung des Vorsitzenden, auch desjenigen der Kammer für Handelssachen nach § 349 I, oder des Einzelrichters, §§ 348, 348 a. Das Gericht muß sie zugleich mit der Aufforderung nach I 1 und damit praktisch in derselben Form nach Rn 5 zustellen und dem Kläger nicht notwendig mitteilen. Ein Verstoß nur bei der Belehrung beeinträchtigt zwar die Wirksamkeit der Notfrist des I 1 nicht, wohl aber evtl diejenige der Frist des I 2, BGH NJW **91**, 2774. Er begründet aber evtl eine Wiedereinsetzung nach § 233, zumal dort keine gesteigerten Sorgfaltsanforderungen mehr bestehen.

14 **B. Schriftliche Entscheidung.** Stets erfolgt die Belehrung, daß bei einer Fristversäumnis auf einen Antrag des Klägers eine Entscheidung ohne eine mündliche Verhandlung erfolgen könne. Ein Hinweis auf § 331 III ist nicht notwendig. Der Gebrauch des Wortes „Versäumnisurteil" ist nicht ratsam. Denn es wird evtl eine andere Entscheidung notwendig, und das Gericht würde sich durch das Wort „Versäumnisurteil" vorzeitig festlegen. Das könnte auch die Gefahr einer Ablehnung herbeiführen. Ebensowenig ist ein Hinweis notwendig, daß eine Entscheidung auch in einer Nicht-Sommersache während der Zeit vom 1. 7.–31. 8. möglich sei, § 331 Rn 25.

15 Der Hinweis sollte an sich auch dahin erfolgen, daß die Entscheidung *ohne* eine mündliche *Verhandlung* erfolgen könne, falls die Verteidigungsanzeige nicht bis zur Übergabe der Entscheidung an die Geschäftsstelle eingehe. Auch diese Belehrung ist ratsam, obwohl sie die Wirkung der Fristversäumnis wieder erheblich abschwächt. Denn das Gericht muß den Bekl „über die (also alle!) Folgen einer Versäumung ..." belehren. Dazu gehört auch nach III 2 ein Hinweis auf Kostenfolgen nur nach § 91, nicht auch nach §§ 91 a ff. Dazu gehört ferner ein Hinweis auf die vorläufige Vollstreckbarkeit nach § 708 Z 2, § 215 Rn 10. Dazu gehört schließlich genau genommen auch der Hinweis, daß eine verspätete Anzeige unschädlich sein kann. Freilich sind solche rechtlichen Feinheiten eine Folge des überperfekten Gesetzes, Recken DRiZ **80**, 337. Die Belehrung muß klar sein, BGH **86**, 225 (krit Schneider MDR **85**, 288 vornehmlich zu § 528). Warum aber die Mitteilung des Wortlauts des II, auch formularmäßig, schlechthin unzureichend sein soll, bleibt unerfindlich, aM BGH NJW **91**, 2774 (das Gericht müsse dem Bekl klarmachen, daß er bei einer Fristversäumung grundsätzlich jede Verteidigungsmöglichkeit verliere und daß er dann Gefahr laufe, den Prozeß vollständig zu verlieren. Aber so schlecht ist der knappere Gesetzeswortlaut nun auch nicht).

16 **C. Anwaltszwang.** Im Anwaltsprozeß nach § 78 Rn 1 erfolgt außerdem eine Belehrung, daß der Bekl seine Anzeige nach I 1 nur durch einen Anwalt wirksam abgeben könne, § 271 II. Im Parteiprozeß erfolgt kein Hinweis auf einen Anwaltszwang, §§ 495, 78.

17 **D. Weitere Belehrung.** Unabhängig von II muß der Vorsitzende etwaige weitere notwendige Belehrungen beachten, § 277 II. Im Verfahren vor dem AG ist der Hinweis auf die Folgen eines schriftlich abgegebenen Anerkenntnisses erforderlich, § 499. Eine Belehrung über die Folgen einer Versäumung der Klagerwiderungsfrist ist nicht nach II erforderlich, sondern nach § 277 II Hs 2. Denn II verweist nur auf I 1, nicht auf I 2. Eine etwa unrichtige Belehrung kann zur Entschuldigung wegen Fristversäumung ausreichen.

18 **E. Mittellosigkeit des Beklagten.** Der mittellose Bekl kann die Notfrist des I 1 oft nicht einhalten, weil er eine Prozeßkostenhilfe noch nicht erhalten hat. Er muß trotzdem mit einer Versäumnisentscheidung rechnen. Der Bekl muß evtl eine Wiedereinsetzung nach § 233 beantragen. Diese wird er freilich im allgemeinen dann ohne weiteres erhalten. Deshalb ist es evtl ratsam, auch auf diese Folge hinzuweisen. Es besteht jedoch keine diesbezügliche Belehrungspflicht.

19 **F. Verstoß.** Es gilt dasselbe wie bei Rn 7, 8.

20 **7) Stellungnahme des Klägers, III.** Sie kann hilfreich, aber auch verzögernd sein.

A. Grundsatz: Ermessen des Vorsitzenden. Zur sog Replik kann, nicht muß, der Vorsitzende dem Kläger eine Frist setzen. Diese Aufgabe haben auch derjenige der Kammer für Handelssachen nach § 349 I oder der Einzelrichter nach §§ 348, 348 a und nicht das Kollegium wie bei § 275 IV, dort Rn 14. Ob eine solche Frist notwendig ist, muß der Vorsitzende nach seinem pflichtgemäßen Ermessen unter Berücksichtigung von §§ 272 I, 273 entscheiden, aM BVerfG NJW **89**, 3212 (aber „kann" meint auch hier mehr als eine bloße Zuständigkeitsbestimmung). Die Klagerwiderung muß bereits eingegangen sein, BGH NJW **80**, 1167. Es ergeht eine Verfügung oder ein Beschluß. Das Gericht muß sie dem Kläger nach § 329 II 2 zustellen, BGH **76**, 238. Es kann sie dem Bekl formlos mitteilen, auch zusammen mit der Ablichtung oder Abschrift der Klagerwiderung, Nürnb MDR **91**, 357. Der Vorsitzende kann auch die Frist zur Replik mit einer prozeßleitenden Anordnung zB nach §§ 273, 358 a verbinden. Er sollte dann aber ähnlich scharf abgrenzen wie bei der Frist nach I 2, Rn 10.

Die Frist beträgt *mindestens zwei Wochen,* § 277 III, IV. Sie ist wirkungslos, wenn das Gericht die Klagerwiderung nicht spätestens zugleich mit der Fristsetzung zustellt, BGH NJW **80**, 1167. Man kann eine schriftliche Stellungnahme nur im Anwaltsprozeß nach § 78 Rn 1 verlangen. Sonst kann der Kläger seine Stellungnahme auch zum Protokoll des Urkundsbeamten der Geschäftsstelle jedes AG abgeben, §§ 496, 129 a, Rn 4. Wegen des Mahnverfahrens § 697 Rn 17. Es besteht jetzt eine Belehrungspflicht, § 277 Rn 9.

21 **B. Verstoß.** Es gilt dasselbe wie bei Rn 7, 8. Ein Fristversäumnis ist nach § 296 I schädlich, auch bei einer nicht anwaltlich vertretenen Partei, BGH **88**, 184.

277 *Klageerwiderung; Replik.* **[I 1] In der Klageerwiderung hat der Beklagte seine Verteidigungsmittel vorzubringen, soweit es nach der Prozesslage einer sorgfältigen und auf Förderung des Verfahrens bedachten Prozessführung entspricht. [2] Die Klageerwiderung soll ferner eine Äußerung dazu enthalten, ob einer Entscheidung der Sache durch den Einzelrichter Gründe entgegenstehen.**

[II] Der Beklagte ist darüber, dass die Klageerwiderung durch den zu bestellenden Rechtsanwalt bei Gericht einzureichen ist, und über die Folgen einer Fristversäumung zu belehren.

[III] Die Frist zur schriftlichen Klageerwiderung nach § 275 Abs. 1 Satz 1, Abs. 3 beträgt mindestens zwei Wochen.

[IV] Für die schriftliche Stellungnahme auf die Klageerwiderung gelten Absatz 1 Satz 1 und Absätze 2 und 3 entsprechend.

Schrifttum: *Garbe,* Antrags- und Klagerwiderungen in Ehe- und Familiensachen, 1997; *Maniotis,* Einige Gedanken zur Beteiligung des Richters an der Bemessung der Fristen für Klageerwiderung und Replik, Gedächtnisschrift für *Arens* (1993) 289.

Gliederung

1) Systematik, I–IV. Das Gericht kann den Bekl weder im Anwaltsprozeß nach § 78 Rn 1 noch sonst, weder bei einem frühen ersten Termin noch bei einem schriftlichen Vorverfahren zwingen, sich zu melden oder gar Anträge zu stellen oder auch nur an einer Erörterung teilzunehmen. Eine Anordnung des persönlichen Erscheinens führt nur zu den Folgen des § 141 III. Das Gericht kann aber nach § 273 II Z 1 eine Ergänzung, Erläuterung, Erklärung über bestimmte Einzelpunkte fordern. Es kann auch stattdessen oder außerdem eine Frist setzen, binnen der der Bekl eine etwaige Klagerwiderung beim Gericht ordnungsgemäß einreichen soll. Bei einem Fristversäumnis muß das Gericht den Vortrag grundsätzlich nach § 296 zurückweisen. Die Klagerwiderung ist also keine Rechtspflicht, keine Förderungspflicht im engeren Sinn, sondern eine Obliegenheit. Ihre Verletzung kann erhebliche Rechtsnachteile bedeuten. Den notwendigen Inhalt einer ordnungsgemäßen Klagerwiderung bestimmt I 1. Die Form richtet sich im Anwaltsprozeß nach II, §§ 129 ff. Sonst gilt § 496. Die jeweilige Frist richtet sich vor einem frühen ersten Termin sowie in oder nach ihm nach III in Verbindung mit § 275 I 1, III, im schriftlichen Vorverfahren nach § 276 I 2, 3. **1**

Darüber hinaus kann, nicht muß, das Gericht den Kläger zu einer *Stellungnahme* auf eine etwaige Klagerwiderung, zur sog Replik, auffordern, nicht zwingen. Ihr notwendiger Inhalt ergibt sich aus IV in Verbindung mit I 1, die Form im Anwaltsprozeß nach § 78 Rn 1 aus §§ 129 ff, sonst aus § 496. Die jeweilige Frist folgt aus IV. Auch sie ist eine Obliegenheit. Ihre Verletzung kann zur Zurückweisung nach § 296 führen, BGH MDR **91**, 240. Man darf also auch beim Amtsrichter keineswegs mehr stets bis zum ersten Verhandlungstermin mit dem Vortrag oder doch mit der Stellungnahme zum gegnerischen Vorbringen warten. Unabhängig von einer Frist können beide Parteien zur Mitteilung nach § 282 II verpflichtet sein. **2**

2) Regelungszweck, I–IV. Die Prozeßförderungspflicht der Parteien nach Grdz 12 vor § 128, § 282 Rn 7 ist das Gegenstück zur Förderungspflicht des Gerichts vor einer Zurückweisung verspäteten Vorbringens, § 296 Rn 16. Sie zwingt den Bekl, alsbald nach dem Erhalt der Klageschrift wegen des nun einmal entstandenen Prozeßrechtsverhältnisses nach Grdz 4 vor § 128 auch im eigenen Interesse zu prüfen, ob und wie er sich verteidigen will. Sowohl das Gericht als auch der Gegner können auch nach § 138 II erwarten, daß bereits in der Klagerwiderung eine der Klageschrift entsprechende umfassend auf den Angriff eingehende Verteidigung erkennbar wird. Das Zurückhalten von Argument, Tatsache, Sachkenntnis und Beweisantrag ist zwar in Grenzen durchaus erlaubt, § 282 Rn 8. Es ist aber doch eine Ausnahme von der grundsätzlichen Obliegenheit (nicht Pflicht), sich so früh und so vollständig zur Wehr zu setzen, wie es überhaupt zumutbar ist. Die Prozeßwirtschaftlichkeit nach Grdz 14 vor § 128 ist ein so erhebliches Ziel auch des § 277, daß man die Auslegung wesentlich an diesem Ziel ausrichten sollte. **3**

Für die *Stellungnahme nach IV* gilt das alles natürlich entsprechend.

Vernachlässigung der Aufgaben der Parteien ist eine bedauerlich oft vom Gericht hingenommene, statt mit den möglichen Rechtsnachteilen beantwortete Praxis. Sie tritt umso eher ein, je mehr das Gericht im schriftlichen Vorverfahren dazu neigt, aus Duplik und Replik durch immer weitere übervorsichtige „Gelegenheiten zur weiteren Stellungnahme" vollends ein schriftliches Vollverfahren über dessen durch § 128 II gesetzte Grenzen hinaus einreißen zu lassen, statt energisch zum Haupttermin und dessen Regeln überzugehen. Auch das Gericht hat prozeßwirtschaftliche Aufgaben. Auch das gehört zur Gerechtigkeit, § 296 Rn 2.

3) Geltungsbereich, I–IV. Die Vorschrift gilt in allen Verfahrensarten der ZPO, auch im WEG-Verfahren. Abweichungen sind bei § 495 a möglich. Sie ist beim Arbeitsgericht unanwendbar, § 46 II 2 ArbGG, ebenso in einer Ehesache, § 113 IV Z 3 FamFG. **4**

4) Inhalt der Klagerwiderung, I. In der Klagerwiderung muß der Bekl nach I 1 alles mitteilen, was zur Zeit notwendig ist, damit der Kläger sich auf die Verteidigung des Bekl einrichten und notfalls noch einmal umfassend antworten kann und damit das Gericht den Verhandlungstermin ebenfalls umfassend vorbereiten kann, § 138 II, BVerfG **54**, 126, BGH **91**, 303. Hierher gehört zB grundsätzlich eine Aufrechnung, BGH **5**

91, 303, ThP 6, aM Knöringer NJW **77**, 2336 (aber auch sie ist der Prozeßförderungspflicht mitunterworfen). Zur Rechtzeitigkeit § 282 Rn 7 ff. Der Bekl darf auch entgegen einer zunehmend verbreiteten Unsitte weder bitten noch etwa verlangen, das Gericht solle ihm weitere dort für notwendig gehaltene Auflagen machen. Denn damit könnte er seine Obliegenheiten und seine Prozeßförderungspflicht nach Grdz 12 vor § 128 glatt weitgehend unterlaufen. Eine rechtzeitige, aber inhaltlich mangelhafte Erwiderung kann ebenfalls eine Zurückweisung wegen Verspätung auslösen, § 296. Das gilt auch für die Replik, IV.

Die Verteidigungs*anzeige* ist nur dann beachtlich, wenn sie einen Verteidigungs*willen* ohne prozessual unzulässige Bedingungen ergibt. Eine Anzeige einer „Verteidigungsabsicht für den Fall, daß eingeleitete Vergleichsverhandlungen scheitern", würde die gesetzliche Frist unterlaufen. Dann liegt keine wirksame Verteidigungsanzeige vor, und das Gericht darf und muß evtl nach § 331 III entscheiden. Es braucht jedenfalls dann keine Berichtigung der Anzeige anzuregen, wenn sie von einer anwaltlich vertretenen Partei stammt, § 85 II. Eine Äußerung dazu, ob einer Entscheidung der Sache durch den Einzelrichter Gründe entgegenstehen, ist nach I 2 nicht notwendig, sondern „soll" nur erfolgen. Sie erübrigt sich beim originären Einzelrichter des § 348. Sie kommt also praktisch nur beim obligatorischen des § 348 a in Betracht. Eine Unterlassung dieser Obliegenheit kann Folgen nach §§ 95, 296 I haben.

6 **5) Belehrung, II.** Sie erfordert Sorgfalt.

A. Grundsatz: Pflicht des Vorsitzenden. Vgl zunächst Rn 1–3. Die Belehrung erfolgt durch den Vorsitzenden, und zwar auch nach einer Anwaltsbestellung, BGH NJW **86**, 133, aM BVerfG **75**, 311, auch nach derjenigen schon im Mahnverfahren, BGH NJW **83**, 2507, Jüss NJW **78**, 2203, Hamm MDR **81**, 764. Beim AG erfolgt eine Belehrung über einen Anwaltszwang nur in den Fällen § 78 I 2 Z 1–3. Die Belehrung muß sich auch auf die Folgen einer Versäumung der Klagerwiderungsfrist erstrecken. Sie muß diese ganz klarstellen, BGH **86**, 225 (krit Schneider MDR **85**, 288 vornehmlich zu § 528). Gegenüber einem Anwalt genügt aber ein Hinweis auf das Gesetz, BGH NJW **91**, 493. Es ist nie ein ermüdender Roman nötig.

7 **B. Verstoß.** Bei einem Verstoß gegen eine vorgeschriebene Belehrung ist evtl keine Zurückweisung nach § 296 zulässig, BVerfG NJW **82**, 1454, BGH **88**, 184, Düss NJW **78**, 2204. Im übrigen ist evtl § 283 anwendbar.

8 **6) Erwiderungsfrist, III.** Die gesetzliche nur für das Verfahren mit einem frühen ersten Termin geltende Frist von 2 Wochen seit der Verkündung oder Zustellung der Fristverfügung ist nur die gesetzliche Mindestfrist. Im schriftlichen Vorverfahren gilt eine entsprechende Fristregelung, § 276 I 2. Die Frist nach III gilt im Verfahren mit einem frühen ersten Termin sowohl bei der Bestimmung vor ihm wie auch bei derjenigen in ihm. Eine Abkürzung nach §§ 224 ff unter sie ist unzulässig und unwirksam. Das Gericht sollte bei der Fristbemessung den üblichen Kanzleibetrieb des Anwalts berücksichtigen. Es sollte aber keine Verzögerungs- oder Störversuche durchgehen lassen, Mü MDR **80**, 148. Ein nachgeschobenes Mieterhöhungsverlangen rechtfertigt keine längere Frist, LG Hbg WoM **85**, 322. Zum Rechtsbehelf und zu den weiteren Einzelheiten der Frist §§ 221 ff. Wegen einer übermäßig langen Frist § 276 Rn 10.

9 **7) Stellungnahme (Replik), IV.** Sie kann hilfreich, aber auch verzögernd sein.

A. Ermessen des Gerichts. Vgl zunächst Rn 1. Falls das Gericht eine Frist zur Stellungnahme setzt, besteht ebenfalls eine Belehrungspflicht. Denn IV verweist auch auf II. Wegen einer übermäßig langen Frist § 276 Rn 10.

10 **B. Verstoß.** Vgl bei §§ 275, 276. Bei IV kann ein Fristverstoß nach § 296 I zur Zurückweisung des Vortrags auch einer nicht anwaltlich vertretenen Partei führen, BGH **88**, 184. Es kann aber in Wahrheit § 283 anwendbar sein, BVerfG **75**, 310. Allerdings kann bei einem unterlassenen oder mangelhaften Hinweis auf Folgen der Fristversäumnis eine Verspätung nach § 296 I entschuldigt sein, BVerfG NJW **82**, 1454, BGH **86**, 225, Bischof NJW **77**, 1899.

278 *Gütliche Streitbeilegung, Güteverhandlung, Vergleich.* **[1] Das Gericht soll in jeder Lage des Verfahrens auf eine gütliche Beilegung des Rechtsstreits oder einzelner Streitpunkte bedacht sein.**

II [1] Der mündlichen Verhandlung geht zum Zwecke der gütlichen Beilegung des Rechtsstreits eine Güteverhandlung voraus, es sei denn, es hat bereits ein Einigungsversuch vor einer außergerichtlichen Gütestelle stattgefunden oder die Güteverhandlung erscheint erkennbar aussichtslos. [2] Das Gericht hat in der Güteverhandlung den Sach- und Streitstand mit den Parteien unter freier Würdigung aller Umstände zu erörtern und, soweit erforderlich, Fragen zu stellen. [3] Die erschienenen Parteien sollen hierzu persönlich gehört werden.

III [1] Für die Güteverhandlung sowie für weitere Güteversuche soll das persönliche Erscheinen der Parteien angeordnet werden. [2] § 141 Abs. 1 Satz 2, Abs. 2 und 3 gilt entsprechend.

IV Erscheinen beide Parteien in der Güteverhandlung nicht, ist das Ruhen des Verfahrens anzuordnen.

V [1] Das Gericht kann die Parteien für die Güteverhandlung vor einen beauftragten oder ersuchten Richter verweisen. [2] In geeigneten Fällen kann das Gericht den Parteien eine außergerichtliche Streitschlichtung vorschlagen. [3] Entscheiden sich die Parteien hierzu, gilt § 251 entsprechend.

VI [1] Ein gerichtlicher Vergleich kann auch dadurch geschlossen werden, dass die Parteien dem Gericht einen schriftlichen Vergleichsvorschlag unterbreiten oder einen schriftlichen Vergleichsvorschlag des Gerichts durch Schriftsatz gegenüber dem Gericht annehmen. [2] Das Gericht stellt das Zustandekommen und den Inhalt eines nach Satz 1 geschlossenen Vergleichs durch Beschluss fest. [3] § 164 gilt entsprechend.

Schrifttum, dazu auch Einl I 5: *Alexander,* Mediation usw, 2005; *Bahlmann,* ZPO-Reform 2002: Stärkung der ersten Instanz? Eine Untersuchung zu §§ 139, 278 ZPO nF, 2005; *Bastine,* Mediation für die Praxis usw, 1998; *Bietz* DRiZ **03**, 406 (ausf); *Blankenburg/Gottwald/Strempel,* Alternativen in der Ziviljustiz, 1982; *Blankenburg/Simsa/Stock/Wolff,* Mögliche Entwicklungen im Zusammenspiel von außer- und innergerichtlichen Konfliktregelungen, 2 Bde, 1990; *Bork,* Der Vergleich, 1988; *Breidenbach/Henssler,* Mediation für Juristen, 1997; *Dietz,* Werkstattbuch Mediation, 2004; *Duve,* Mediation und Vergleich im Prozeß, 1999; *Ekelöf,* Güteversuch und Schlichtung, Gedächtnisschrift für *Bruns* (1980) 3; *Englert/Franke/Gaeger,* Streitlösung ohne Gericht usw (Bausachen), 2006; *Foerste* NJW **01**, 3103 (Üb); *Friedrich* MDR **04**, 481 (Mediation-Üb); *Gottwald/Hutmacher/Röhl/Strempel,* Der Prozeßvergleich, 1983; *Gottwald/Haft,* Verhandeln und Vergleichen als juristische Fertigkeiten, 2. Aufl 1993; *Gottwald/Treuer,* Verhandleln und Vergleichen im Zivilprozess, 2. Aufl 2005; *Greger,* Autonome Konfliktlösung innerhalb und außerhalb des Prozesses, Festgabe für *Vollkommer* (2006) 3; *Haft,* Mediation – Ein Weg zur außergerichtlichen Konfliktbeilegung in Europa, Festschrift für *Söllner* (2000) 391; *Haft,* Mediation – Palaver oder neue Streitkultur?, Festschrift für *Schütze* (1999) 255; *Haft/von Schlieffen,* Handbuch Mediation, 2. Aufl 2008; *Hager,* Konflikt und Konsens usw, 2001; *Hammacher* SchiedsVZ **08**, 30; *Hennsler/Koch,* Mediation in der Anwaltspraxis, 2000; *Kauffmann* MDR **04**, 1035 (Üb); *Kraft,* Mediation usw, 2001; *Loer* ZZP **119**, 199 (Üb); *Mattisseck,* Zweckmäßigkeit und Ausgestaltung einer obligatorischen Streitschlichtung im deutschen Zivilverfahren, 2002; *von Moltke,* Die zivilprozessuale Güteverhandlung nach neuem Recht, 2006; *Musielak* Der Schlichtungsgedanke im deutschen Zivilprozessrecht, Festschrift für *Beys* (Athen 2004) 1093; *Neuenhahn* NJW **05**, 1244 (Üb); *Oldenbruch,* Die Vertraulichkeit im Mediationsverfahren usw, 2005; *Ortloff,* NJW **08**, 2544 (Mediation); *Ott,* Außergerichtliche Konfliktbeilegung in Zivilsachen, 2000; *Preibisch,* Außergerichtliche Vorverfahren in Streitigkeiten der Zivilgerichtsbarkeit, 1982; *Proksch,* Kooperative Vermittlung (Mediation) in streitigen Familiensachen usw, 1998; *Prütting* (Hrsg), Außergerichtliche Streitschlichtung, 2003; *Schlosser,* Die ZPO auf dem Wege zum Urteil mit vereinbartem Inhalt?, Festschrift für *Schumann* (2001) 389; *Stürner,* Formen der konsenzualen Prozeßbeendigung in den europäischen Zivilprozeßrechten, in: Festschrift für *Schlosser* (2001); *Weth,* Prämien für gute Richter, Festschrift für *Lüke* (1997) 961; *Wolfram-Korn/Schmarsli,* Außergerichtliche Streitschlichtung in Deutschland usw, 2001. Vgl ferner Anh nach § 307.

Gliederung

1) Systematik, I–VI. Die dem § 54 ArbGG ähnliche Vorschrift ist ein Teil einer Gruppe von Bestimmungen innerhalb und außerhalb der ZPO mit ähnlichem Ziel, Rn 6. Man orientiert sich wegen des Verhältnisses dieser Regeln untereinander am besten am zeitlichen Ablauf einer rechtlichen Auseinandersetzung. § 341 a hat Vorrang. Im Altfall gilt § 26 Z 2 EGZPO, aM Kranz MDR **03**, 918 (VI entsprechend. Aber der Wortlaut und Sinn sind klar, Einl III 39). 1

A. Verhältnis zum außergerichtlichen Einigungsversuch und zur Mediation, § 15 a EGZPO usw, dazu VG Bln (Pressemitteilung) NVwZ **03**, 1357 (Gerichtsmediator), *Friedrich* JR **02**, 398, Wolf/Weber/Knauer NJW **03**, 1488 und die vor Rn 1 Genannten: Zunächst kommt es darauf an, ob und mit 2 welchem Ergebnis ein sog obligatorisches Güteverfahren nach § 15 a EGZPO oder nach entsprechenden anderen Vorschriften vor einer sonstigen Gütestelle nach § 794 I Z 1 stattgefunden hat oder nötig ist. Denn ein solches vorprozessuales Güteverfahren kann eine Prozeßvoraussetzung für das gerichtliche Verfahren sein, § 15 a I 1 EGZPO, Grdz 13 vor § 253. Es kann ein Rechtsschutzbedürfnis entfallen lassen, zumindest derzeit noch, Grdz 49 vor § 253 „Obligatorisches Güteverfahren". II 1 Hs 2 nimmt diesen Vorrang auf, Rn 13.

Mediation, bei der der Mediator ungeachtet aller schillender Unschärfen dieses Modebegriffs im Kern am besten keineswegs eine eigene Meinung zum Ausdruck bringt oder gar mit ihrer Anwendung im Scheiternsfall droht, ist überhaupt keine typisch richterliche Tätigkeit. Sie ist noch nicht einmal eine typische anwaltliche Tätigkeit, AG Lübeck NJW **07**, 3792. Das gilt trotz aller vom Gesetz geforderten und geförderten richterlichen Vergleichsbemühungen usw. Ob Mediation überhaupt in Richterhand gehört, kann man erheblich bezweifeln, Greger NJW **07**, 3262, aM Schlesw SchlHH **08**, 304 (Leitlinien zum „Mediationsangebot", einem nun wirklich verfehlten Vorgang), Wimmer/Wimmer NJW **07**, 3243 (unkorrekt zitierend). Sie gehört in den außerprozessualen, außergerichtlichen Bereich vor oder während des eigentlichen Zivilprozesses, Greger NJW **07**, 3262. Sie ist kein Teil gerichtlicher „Streitkultur", aM die bei Rüssel SchiedsVZ **07**, 321 Genannten (aber das Gericht ist zur Streit-*Entscheidung* und nur in diesem Rahmen zu Bemühungen um deren Vermeidung da. Das „übersehen" die Mediations-Protagonisten mehr oder minder geflissentlich). Selbst im Rahmen von § 278 kommt insofern allenfalls ein richterlicher Vorschlag infrage, AG Eilenberg RR **07**, 154. Auch ein nach §§ 361, 362 verordneter Richter hat im Verfahren keine weitere Befugnis, aM v Olenhusen DRiZ **03**, 396, ZöGre 5 (aber dazu müßte die ZPO an einem grundlegenden Punkt geändert werden). Zum neuen Streitbeilegungsverfahren für „eu"-Domains Müller SchiedsVZ **08**, 76 (Üb). Rechtspolitisch zur Europäischen Mediationsrichtlinie Eidenmüller/Prause NJW **08**, 2737 (Üb).

3 **B. Verhältnis zur materiellen Prozeßleitung, § 139.** Dagegen haben die Rechte und Pflichten aller Beteiligten nach § 139 keinen Vorrang gegenüber § 278. Denn § 139 bezieht sich erst auf die mündliche Verhandlung nach § 279 I 1. Das ergibt sich schon aus der amtlichen Überschrift des Buchs 1 Abschnitt 3 Titel 1 „Mündliche Verhandlung", zu dem sie gehört. Demgegenüber behandelt aber § 278 I „jede Verfahrenslage". II behandelt gerade nur diejenige „Güteverhandlung", die nach II 1 der „mündlichen Verhandlung" gerade „vorausgeht" und daher eben nicht schon Teil der eigentlichen mündlichen Verhandlung im Sinn von §§ 128 ff ist, sondern diese gerade möglichst vermeiden helfen soll.

Daher entsteht (jetzt) auch *keine Terminsgebühr* schon in der Güteverhandlung. Denn VV amtliche Vorbemerkung 3 III Hs 1 setzt ausdrücklich nur eine „Verhandlung" voraus, also keine „mündliche". Vgl auch VV 3104 amtliche Anmerkung I Z 1, Hartmann Teil X VV 3104 Rn 30 (bitte dort zur Streitfrage nachlesen). Der ganze Vorgang nach § 278 ist auch der eigentlichen Prozeßverhandlung eben gerade bewußt zu deren Vermeidung vorgelagert. Indessen können die Verfahrens- und die Einigungsgebühr entstehen.

4 **C. Verhältnis von I, VI zu II–V.** Die ersteren Absätze haben keinen Vorrang gegenüber den letzteren. Beide Absatzgruppen bezwecken eine gütliche Streitbeendigung. I bezieht sich auf „jede Lage des Verfahrens". Anders als bei § 15 a EGZPO liegt ja bei I auch bereits ein gerichtliches Verfahren vor. Indessen ist II gegenüber I vorrangig, weil spezieller. I ordnet nur allgemein an, was II für den ganz speziellen Abschnitt einer Güteverhandlung näher und weitaus eingehender regelt. Lediglich VI mit seiner Möglichkeit eines gerichtlichen Vergleichsvorschlags ist auch im Geltungsbereich von II–V mitbeachtlich.

5 **D. Verhältnis zur mündlichen Verhandlung, § 279 I, und zur Erörterung der Beweisaufnahme, § 279 III.** Die Vorschrift gilt gerade *vor* der eigentlichen *mündlichen* Verhandlung nach § 279 I 1. Die Unterscheidung zwischen „großer" und „kleiner" Verhandlung, so Fischer/Schmidtbleicher AnwBl **05**, 233, zeigt nicht den vorstehenden Kern. Deshalb gilt ein Verstoß im Güteverfahren noch nicht als ein solcher in der mündlichen Verhandlung. III hat keinen Vorrang gegenüber § 278. III ist allgemeiner gefaßt. Aus allen diesen Gründen ist eine Stellungnahme in der Güteverhandlung kein Verhandeln zur Hauptsache nach 269 I.

6 **2) Regelungszweck, I–VI.** Auch die in Rn 2, 3, 5 genannten Vorschriften bezwecken die Begrenzung des Streitstoffs und möglichst eine gütliche Beendigung des Streits ohne eine eigentliche mündliche streitige Verhandlung, § 128 II, und jedenfalls möglichst ohne ein Urteil. Das ist auch der Sinn des § 278. Die Vorschrift dient damit zumindest der Prozeßwirtschaftlichkeit, Grdz 14 vor § 128. Ein Verfahren mit einer Einigung ohne Urteil endet meist schneller und ist oft billiger, schon wegen des Wegfalls einer zweiten Instanz. Diese Chance muß man hoch bewerten, Fischer/Schmidtbleicher AnwBl **05**, 233, Greger Festgabe für Vollkommer (2006) 22, Wrege DRiZ **03**, 130.

Rechtssicherheit nach Einl III 43 ist ein weiteres Ziel der Vorschrift. Der Rechtsfrieden läßt sich meist durch eine wie immer zustandegekommene Einigung eher und oft auch dauerhafter wiederherstellen als durch denjenigen Richterspruch, von dem weder Sieger noch Verlierer so ganz überzeugt sind.

Gerechtigkeit, Hauptziel aller ernsthaft bemühten Justiz nach Einl III 9, 36, ist meist schon dann am ehesten erreicht, wenn die Parteien immerhin eine Einigung erzielt haben. Um so höher muß man den Wert jeder richterlichen Mitbemühung um eine gütliche Einigung ansetzen.

7 *Einigung mit sanfter Gewalt* ist die nicht selten fragwürdige Methode, Zierl NJW **02**, 2695. Ihrer bedient sich so mancher nicht zuletzt um Anerkennung auch der Zweiten Gewalt (Vorgesetzte) bemühte Richter, um die störrischen Parteien zusammenzureden (Heinrich von Kleists Dorfrichter Adam läßt grüßen). Wenn man liest, daß die dienstliche Beurteilung, ja Besoldung und Aufstiegschance, ja Amtsdauer rechtspolitisch von dem Prozentsatz erzielter Vergleiche zumindest mitabhängen sollen, muß man nachdenklich werden. Alle noch so beschwörenden Gesetzesaufforderungen finden ihre Grenze dort, wo man nur noch um irgendeine äußerliche Einigung feilscht. Sie bringt in Wahrheit fast das Gegenteil einer gütlichen Beilegung des Streits mit sich, nämlich eine tiefe Unzufriedenheit mit einem nachträglich als doch zu unbefriedigend empfundenen Richtervorschlag usw, Zierl NJW **02**, 2695. Jeder erfahrene Richter kennt die Reaktion gerade derjenigen Partei, die scheinbar ihres Rechts ganz sicher war und nach gleichwohl vollem Prozeßverlust durch einen klaren Urteilsspruch ersichtlich geradezu erleichtert den Saal verläßt: Sie hatte in Wahrheit vom Gericht auch gar keine andere Entscheidung erwartet. *Diese* Art von Gerechtigkeitserkenntnis wird durch immer neu erzwungene Schlichtungsversuche keineswegs gefördert, obwohl gerade sie wertvoll ist,

auch für die weiteren Beziehungen der Parteien. Der Richter heißt auch nicht Schlichter. Schon gar nicht kommt eine von vornherein „mediationsfreundliche" Auslegung infrage, gar mit einer Sanktion beim „Verstoß", aM Althammer JZ **06**, 75. Der Gang zum Richter ist daher keineswegs nur eine „ultima ratio", aM Greger Festgabe für Vollkommer (2006) 22.

Abwägen ist daher die schwierige Aufgabe des Gerichts. Fingerspitzengefühl ist gefragt, Katzenmeier ZZP **115**, 91. Das Gericht sollte den Parteien nicht wie lahmen Eseln zureden, schon gar nicht mit Kostenvorteilen, obwohl natürlich auch sie zur Erörterung hinzugehören können. Ebensowenig sollte sich der Richter mit einer allzu bequemen Verfügung „Vermerk: Güteverhandlung erkennbar aussichtslos" nach II 1 Hs 3 um eine Güteverhandlung drücken, bevor er auch nur die Klagerwiderung kennt, geschweige denn die Einigungschance wenigstens mit *einem* der Beteiligten auch nur andeutungsweise angesprochen hat, Zierl NJW **02**, 2695. Ebensowenig überzeugt an sich die rhetorische Frage zu „Terminsbeginn", ob die Parteien überhaupt eine anfängliche Güteverhandlung wünschten oder ob „wir gleich die Anträge stellen wollen", auch wenn meist wohl kein Widerspruch gegen diesen Vorschlag erfolgen wird. Erst recht unhaltbar ist in der Theorie eine womöglich noch ausführliche streitige mündliche Verhandlung mit der erst anschließenden rhetorischen Frage des Vorsitzenen: „Müssen wir noch einen Güteversuch machen?", soweit er jetzt noch einen solchen nach II und nicht nach I meint. 8

Alles das ist des Gerichts eigentlich *unwürdig*. Es zeigt aber eine leider realistische Einschätzung der vom Gesetz überspannten Erwartungen an nochmalige Einigungsversuche, Rn 17. Im übrigen kann die eigentliche mündliche Verhandlung nach § 279 I 1 sofort nach der Güteverhandlung in demselben Termin stattfinden, sei es als früher erster Termin, sei es als Haupttermin. Ein paar Minuten eines ernsthaften Anfangsbemühens mögen zwar lästig sein. Sie sind aber allen Beteiligten meist zumutbar. Freilich sind sie oft erkennbar nicht der Weg, den die Parteien wünschen, Rn 7. Alles das muß man bei der Auslegung insbesondere von II 1 Hs 3 mitbeachten.

3) Geltungsbereich, I–VI. Die Vorschrift gilt grundsätzlich in allen Instanzen und Verfahrensarten nach der ZPO, auch im WEG-Verfahren. Das gilt grundsätzlich auch im Prozeßkostenhilfeverfahren, § 118 Rn 6, und nach einem Mahnverfahren (Ausnahme: §§ 241 a, 700 I), ferner im Urkundenprozeß, auch im FamFG-Verfahren im Bereich von §§ 36 III, 113 I 2 FamFG, freilich nicht in einer Ehesache, § 113 IV Z 4 FamFG. Sie gilt auch im Eilverfahren etwa nach §§ 916 ff, 935 ff, einschränkend Jena GRUR-RR **08**, 109, schließlich im Wiederaufnahmeverfahren nach §§ 578 ff. Im Arbeitsgerichtsverfahren gilt vorrangig § 54 ArbGG, aM Dahlem/Wiesner NZA **04**, 531 (§§ 46 II ArbGG, 495. Aber es gilt auch § 54 ArbGG). Freilich muß das Gericht im Eilverfahren das besondere Eilbedürfnis auch dann vor der Anordnung einer Güteverhandlung besonders bedenken, wenn es überhaupt eine mündliche Verhandlung plant. 9

Unanwendbar ist § 278 II–VI nach dem Einspruch gegen ein Versäumnisurteil. Denn dann muß der Vorsitzende nach § 341 a mangels einer Verwerfung sogleich einen Termin zur eigentlichen mündlichen Verhandlung ansetzen, Rn 1. Unanwendbar ist § 278 auch nach § 9 I 2 KapMuG, SchlAnh VIII.

4) Gütliche Beilegung in jeder Lage des Verfahrens, I. Das Gericht soll auf Antrag oder von Amts wegen ohne besondere Förmlichkeiten auf einen Ausgleich im ganzen oder in einzelnen Punkten bedacht sein, BGH **160**, 350. Das gilt schon im Prozeßkostenhilfeverfahren nach § 118 Rn 14, Lüke NJW **94**, 234, oder im selbständigen Beweisverfahren nach § 492 Rn 6, Lüke NJW **94**, 234. Es gilt ferner zB schon vor der mündlichen Verhandlung nach § 279 I 1, Bbg MDR **88**, 149, Schlicht DRiZ **80**, 311, vor allem in der Güteverhandlung, § 278. Es gilt auch vor dem verordneten Richter, §§ 361, 362, 375, nur eben nicht als sog Mediation, Rn 2. Es gilt natürlich auch jederzeit in der eigentlichen mündlichen Verhandlung, BGH **100**, 389, insbesondere nach einer Beweisaufnahme, auch derjenigen nach § 375, auch bei der Erörterung der Beweisergebnisse nach §§ 279 III, 285, auch zwecks oder nach einer Wiedereröffnung, die wegen § 156 sogar nötig werden kann. Es gilt ferner in der Berufungsinstanz, BGH **100**, 389, und noch in der Revisionsinstanz. Es wäre grotesk, schon in einer solchen Bemühung als einer solchen einen Ablehnungsgrund nach § 42 zu sehen. Vielmehr hat bei einer korrekten Handhabung des I die Partei kein Ablehnungsrecht, Karlsr OLGZ **78**, 226. Erst eine problematische Art und Weise der Bemühung mag eine Befangenheit bedeuten können. 10

„Bedacht sein" ist zwar weniger als ein „Hinwirken", aber auch mehr als ein bloßes „Denken an", Nagel DRiZ **77**, 325, Schneider JB **77**, 146 (sie lesen freilich zu eng das Wort „soll" als „muß"). Das Gericht hat also vielerlei Möglichkeiten zur Initiative, Weber DRiZ **78**, 166, Wolf ZZP **89**, 292. Es sollte freilich nicht manipulieren, Stürner, Die richterliche Aufklärungspflicht im Zivilprozeß (1982) 73. Es soll sich auch nicht dem Verdacht aussetzen, sich die Arbeit der Urteilsfällung und -abfassung ersparen zu wollen. Es soll auch nicht mit einem Urteil drohen, sondern auf die natürlich mangels einer Einigung ein stets wahrscheinliche Beendigung des Verfahrens durch ein Urteil ruhig hinweisen. Es soll ferner nicht in Zeiten ungehemmter Streitlust den Parteien Kompromisse aufdrängen, die doch keinen Rechtsfrieden herbeiführen. Das Gericht darf zwar durchaus das Kostenrisiko erörtern. Es sollte es aber nicht als ein Druckmittel benutzen. Im vorläufigen Verfahren (Arrest und einstweilige Verfügung) ist eine Maßnahme nach I naturgemäß meist nur im etwaigen Verhandlungstermin sinnvoll.

5) Anberaumung einer Güteverhandlung, II 1. Die Vorschrift erklärt die Güteverhandlung als den Regelfall, Hs 1. Das folgt aus den Wörtern „es sei denn, daß ..." in Hs 2. 11

A. Notwendigkeit, II 1 Hs 1. Eine Güteverhandlung ist, wenn überhaupt, grundsätzlich auch ohne einen Parteiantrag notwendig, soweit nicht die besonderen Voraussetzungen Hs 2, 3 vorliegen, ZöGre 22, aM Foerste NJW **01**, 3104, Friedrich JR **02**, 399, Kaufmann MDR **04**, 1035 (aber II 1 steht schlicht im Indikativ). Man muß also zunächst prüfen, ob schon erfolglos eine außergerichtliche Einigung versucht worden war oder ob eine Güteverhandlung erkennbar erfolglos sein dürfte. Erst bei einer Verneinung beider Umstände entsteht auch ohne Antrag ein Zwang zur Anberaumung eines Gütetermins. 12

Den *Verhandlungstermin* als frühen ersten oder Haupttermin soll das Gericht nach § 279 I 1 unmittelbar an den Gütetermin anschließen. Deshalb ist eine Ladung zu beiden Terminsarten durch dieselbe Verfügung dringend ratsam, jedenfalls zulässig. Natürlich muß die Geschäftsstelle und für sie manchmal besser auch ein fürsorglich mitdenkender Richter in seiner Terminsverfügung dafür sorgen, daß die Parteien usw ganz klar aus der Ladung beide Terminsarten erkennen können. Daher muß auch aktenkundig werden, daß sie zB das richtige Ladungsformular erhalten haben, „ZP XXX" kann beim höheren Gericht zu verständlichem Unmut und Zweifel an korrekter Verfahrensweise des Vordergerichts führen und auf Antrag sogar zur Zurückverweisung nach § 538 zwingen. Weit verbreitete Sorglosigkeit der Dokumentation ist daher durchaus nicht überzeugend, auch wenn manche Geschäftsstelle oder Verwaltung hier murrt. Wegen der Fristen usw § 279 Rn 4. Bei einer eindeutigen Ladung nur zum Gütetermin muß das Gericht nur die Ladungsfrist nach §§ 217, 604 II, 605 a einhalten, soweit die Parteien nicht sogar auf sie wirksam verzichten. Die Einlassungsfrist nach § 274 III gilt ja nur vor der eigentlichen mündlichen Verhandlung.

13 **B. Keine Güteverhandlung nach erfolglosem Versuch vor Gütestelle, II 1 Hs 2.** Eine Güteverhandlung „geht nicht voraus", soweit bereits ein erfolgloser Einigungsversuch vor einer außergerichtlichen Gütestelle nach § 15 a EGZPO usw stattgefunden hatte, Rn 2. Denn dann wäre eine nochmalige Einigungsbemühung in diesem jetzt streitig gewordenen gerichtlichen Stadium nur eine sinnlose Zeitverschwendung, zumal das Gericht ja auch im weiteren streitigen Verfahren ständig um eine Einigung bemüht bleiben muß, Rn 3–5. Die Gütestelle muß freilich dem § 794 I Z 1 entsprochen haben, Hartmann NJW **01**, 2581, aM Friedrich JR **02**, 398, ZöGre 22 (aber II 1 Hs 2 setzt das als selbstverständlich voraus).

14 **C. Keine Güteverhandlung bei Aussichtslosigkeit oder allseitigem Einverständnis, II 1 Hs 3.** Eine Güteverhandlung entfällt unabhängig von Rn 13 auch insoweit, als alle Beteiligten einverstanden sind, Bamberger ZRP **04**, 137, aM ZöGre 22 (aber die Parteiherrschaft hat erhebliche Bedeutung, Grdz 18 vor § 128). Sie entfällt ferner, soweit eine Güteverhandlung als „erkennbar aussichtslos" erscheint. Diese Bestimmung schafft ein weites Ermessen, Schläger ZMR **02**, 402. Sie ist zugleich segensreich und gefährlich.

„Erscheint" ist subjektiver als „ist". Das Gesetz deutet mit seiner vorsichtigeren Formulierung an, daß es jedenfalls zunächst nur auf die Bewertung des Gerichts im jetzigen Zeitpunkt ankommt, also bei seiner Entscheidung darüber, ob es eine Güteverhandlung anberaumen muß oder nicht. Nicht dagegen kommt es nach dieser Gesetzesformulierung darauf an, ob man auch später bei einer rückblickenden Betrachtung eine damalige Aussichtslosigkeit bejahen dürfte. Das rechtliche Gehör nach Art 103 I GG kommt kaum schon durch eine fälschliche oder irrige Annahme der Aussichtslosigkeit in Gefahr. Denn auch dann muß das Gericht ja die eigentliche mündliche Verhandlung anberaumen.

15 *„Erkennbar"* steht auf dem Boden von „erscheint". Auch hier kommt es nur auf die Bewertung im Terminierungszeitpunkt an, nicht auf später zutage tretende Erkenntnismöglichkeiten. „Erkennbar" bedeutet daher: Soweit nach der derzeitigen Akten- und Verfahrenslage schon einigermaßen übersehbar, und nicht: Soweit bei späterer abschließender Würdigung rückblickend als schon damals sicher einstufbar.

16 *„Aussichtslos"* meint natürlich nicht die Prozeßaussicht, sondern nur die Aussicht auf eine abschließende Einigung welcher Art auch immer. Aussichtslos ist krasser als „nicht hinreichend erfolgsversprechend". Man darf jetzt wirklich vernünftigerweise noch nicht, nicht mehr oder überhaupt gar nicht mit irgendeinem auch nur teilweisen nicht ganz unerheblichen Erfolg der Gütebemühung rechnen können.

17 *Aktenvermerk „Erkennbar aussichtslos"* ist ohne irgendeine wenigstens stichwortartige Mindestbegründung kaum je ein genügendes Zeichen der Abwägung, Rn 8. Das Gericht sollte nicht seine Autorität als von vornherein unzureichend einschätzen. Freilich kann etwa in einer vorprozessual bis zur Erschöpfung ausgeschriebenen Streitigkeit zwischen solchen ohnehin erbitterten Gegnern, die beide ausdrücklich eine Entscheidung durch ein Urteil begehren, und in ähnlich wirklich eindeutigen Fällen auch der bloße Vermerk durchaus als Rechtfertigung der Unterlassung einer Güteverhandlung reichen. Er kann auch die in Rn 8 angesprochene rhetorische Frage ausnahmsweise ausreichen lassen. Fingerspitzengefühl schützt vor einem Ablehnungsgesuch und dergleichen. Es macht im Zweifel eine gewisse Begründung ratsam.

18 **6) Erörterung in der Güteverhandlung, II 2.** In der bloßen Güteverhandlung amtiert das Gericht grundsätzlich wie sonst in voller erkennenden Besetzung (Ausnahme Rn 35) unter der Leitung des Vorsitzenden nach § 136 I, soweit es nicht den nach §§ 361, 362 verordneten Richter einsetzt, Rn 10, 35. In einer Handelssache gilt § 349 I 1. Das Gericht hat Rechte und Pflichten. Man muß sie von denjenigen in einer eigentlichen anschließenden mündlichen Verhandlung unterscheiden. Sie hängen in Art und Umfang vom Einigungszweck ab. §§ 136 ff, 139 sind ja in diesem Prozeßabschnitt noch nicht direkt anwendbar, Rn 3, und auch nicht ohne weiteres entsprechend beachtbar. Denn sie dienen dem weitergehenden Zweck der abschließenden Behandlung bis zur Entscheidungsreife. Das Gericht muß seine Unparteilichkeit nach § 139 Rn 87 wahren, Rensen AnwBl **02**, 638. Es besteht ein Anwaltszwang wie sonst nach § 78, Zweibr RR **03**, 1654. Wegen eines Dolmetschers gilt § 185 GVG. § 128 a (Videokonferenz) ist zumindest entsprechend anwendbar. Ein Anerkenntnisurteil ist (jetzt) statthaft, § 307 S 2. Ein Protokoll ist nach §§ 159 ff notwendig. Denn dazu muß nur eine „Verhandlung" und keine „mündliche" vorliegen.

19 **A. Erörterung des Sach- und Streitstands, II 2 Hs 1.** Das Gericht muß in der Güteverhandlung den Sach- und Streitstand mit den Parteien unter freier Würdigung aller Umstände erörtern usw, Rn 22. Das gilt sowohl bei einer von Amts wegen für notwendig oder sinnvoll gehaltenen Güteverhandlung als auch bei einer erst oder doch wesentlich nur auf einen Parteiantrag anberaumten. Eine Parteiprozeßhandlung nach Grdz 47 vor § 128 ist statthaft, soweit das Gesetz sie nicht gerade der „mündlichen" Verhandlung vorbehält.

20 *Erörterung* ist derselbe Begriff wie in § 139 I 1, aber weniger als die in § 139 I 2 zusätzlich geforderte Tätigkeit des Hinwirkens auf rechtzeitige und vollständige Erklärungen usw. Immerhin setzt der in Rn 6, 7 dargelegte und begrenzte Zweck der ganzen Güteverhandlung auch deutliche Grenzen der Erörterungspflicht. Das Gericht braucht nur die Einigungschancen auszuloten. Das mag gerade im schwierigsten Punkt eine doch schon ziemlich präzise tatsächliche bzw rechtliche Besprechung erfordern. Denn nur so können die Parteien ihre Chancen für die streitige mündliche Verhandlung einigermaßen abschätzen. Andererseits zeigt schon das Ausbleiben einer Anordnung wie bei § 139 I 2 und erst recht das Fehlen einer Anordnung wie bei § 139 II, III in § 278 II 3 die geringeren Anforderungen für die Güteverhandlung. Ein Vergleich läßt sich auch und oft gerade dann erreichen, wenn das Gericht seine ja meist jetzt noch keineswegs präzise Bewertung durchaus noch etwas offen läßt und dadurch auch eine gewisse Unsicherheit der Parteien jetzt noch nicht völlig ausräumt. Das darf und sollte der Richter sehr wohl mitbedenken. Er darf ja selbst in der

eigentlichen mündlichen Verhandlung trotz des § 139 immer nur eine vorläufige Beurteilung preisgeben, wenn er ein Ablehnungsgesuch verhindern will, § 42 Rn 44. Zu diesem wäre eine Partei auch schon in der bloßen Güteverhandlung formell berechtigt.

B. Fragenstellung, II 2 Hs 2. Diese Aufgabe heißt unter solchen Umständen keineswegs: Hinwirken auf erschöpfende Darlegungen, wie bei § 139 I 2 allenfalls nötig sein könnte. Nur bei solchen Umständen darf und muß das Gericht fragen, die gerade für eine Einigung wesentlich wären. Nur insoweit sind Fragen „erforderlich". 21

C. Freie Würdigung aller Umstände, II 2 Hs 1, 2. Das Gericht hat ein zwar pflichtgemäßes, aber weites Ermessen bei der Abwägung der Einigungschancen. Es muß zwar „alle" rechtlichen, wirtschaftlichen, psychologischen Umstände mitbeachten. Es hat aber einen erheblichen Spielraum in ihrer Gewichtung. Daher darf man den Richter auch nicht schon dann bequem abzulehnen versuchen, wenn er nicht auf jedes von einer Partei für wichtig gehaltene Detail sogleich ebenso zentral eingeht. Er hat ja im Prinzip selbst ein Interesse an einer Einigung, und sei es auch nur, um keine mündliche Verhandlung oder gar Beweisaufnahme anschließen und kein Urteil schreiben zu müssen. Man sollte ihm vertrauen, daß er sich um eine gütliche Beilegung genug bemühen wird. Er darf bei der freien Würdigung auch den Umstand beachten, daß evtl eine Partei eben ein Urteil und keinen Vergleich wünscht, Rn 8. Eine Beweisaufnahme oder gar -würdigung sollte aber dem eigentlichen streitigen Verfahrensabschnitt vorbehalten bleiben. Auch eine nur informelle Zeugenbefragung sollte jetzt noch unterbleiben, Stürner JR **79**, 137. Freilich darf und sollte das Gericht durchaus vorbereitende Informationen einholen, auch zu vorliegenden Beweismitteln. 22

7) Anhörung jeder erschienenen Partei, II 3. Das Gericht muß jede nun einmal von sich aus erschienene oder gar persönlich vorgeladene Partei schon nach II 3 „hierzu" auch persönlich hören, unabhängig von den Möglichkeiten nach III, Rn 24. „Hierzu" meint: zu den in II 2 genannten Umständen, Rn 19–21, nicht zu einer abschließenden Erörterung, schon gar irgendwelcher Nebenpunkte. „Hören" meint: Gelegenheit zu einer sofortigen Äußerung in diesem Gütetermin geben, nicht etwa: Der Partei, die sich nicht sogleich äußert, dazu eine Nachfrist setzen. Denn an den Gütetermin darf sich die eigentliche mündliche Verhandlung nach § 279 I 1 sogleich anschließen, und auch unabhängig von solcher Terminierung soll die Güteverhandlung nicht auch noch alle Möglichkeiten der eigentlichen mündlichen Verhandlung vorwegnehmen. § 283 gilt für die mündliche Verhandlung, nicht auch schon für die Güteverhandlung. 23

Prozeßhandlungen der Parteien nach Grdz 46 ff vor § 128 sind zulässig, soweit das Gesetz nicht ihre Vornahme gerade in der ja erst nach § 279 I 1 nachfolgenden eigentlichen mündlichen Verhandlung zur Wirksamkeitsbedingung macht, wie zB beim Sachantrag nach § 279.

8) Anordnung des persönlichen Erscheinens, III. Zur Erhöhung der Einigungschance soll das Gericht das persönliche Erscheinen aller Parteien anordnen. Es soll dabei die Möglichkeiten nach § 141 I 2, II, III ausnutzen. Das gilt auch für den verordneten Richter. Es handelt sich um eine Sollvorschrift, nicht um eine bloße Kannbestimmung, aM Kauffmann MDR **04**, 1035, ZöGre 6. Das bedeutet gleichwohl eine Bindung wie an eine Mußvorschrift nach Einl III 32, nur eben eine eingeschränkte Folge der Nichtbeachtung durch das Gericht. Die Vorschrift gilt gerade dann, wenn die Partei gegenüber dem Gericht bereits anwaltlich vertreten ist oder sein muß. Sie gilt aber auch schon dann, wenn das Gericht noch nicht weiß, ob als ProzBev ein Anwalt oder außerhalb von einem Anwaltszwang ein befugter anderer Vertreter auftreten wird. Deshalb ist praktisch immer die Anordnung nach III erforderlich, solange man nicht höchstwahrscheinlich eine Einigung auch ohne die Anwesenheit der Parteien und ohne notwendige Rückfragen der Anwälte erwarten kann. Das bedeutet für jeden Prozeß in diesem früheren Stadium eine erhebliche Zunahme an Mühe, Aufwand und Zeitplanung, ein zweifelhaftes Ergebnis, Zierl NJW **02**, 2695. 24

A. Anordnung, III 1, 2. Von der grundsätzlich notwendigen Anordnung nach III 1 darf das Gericht nach III 2 in Verbindung mit § 141 I 2 nur dann absehen, wenn es einer Partei die persönliche Wahrnehmung des Gütetermins wegen großer Entfernung oder aus einem sonstigen wichtigen Grund nicht zumuten kann, Kahlert NJW **03**, 3391. Wegen dieser letzteren Voraussetzungen § 141 Rn 17–21. Für die bloße Güteverhandlung darf man eine Unzumutbarkeit eher annehmen als für die eigentliche mündliche Verhandlung. Die bloße Güteverhandlung ist nicht so wichtig wie die mündliche Verhandlung. In ihr ist das Gericht ja ohnehin ständig neu zur Einigungsbemühung verpflichtet, Rn 3–5. 25

B. Ladung persönlich trotz Anwalts usw, III 2. Wenn das Gericht das Erscheinen anordnet, muß es die Partei nach III 2 in Verbindung mit § 141 II 1 von Amts wegen nach §§ 141 III 2 Hs 2, §§ 168 ff, 214, 270 laden. Das Gericht muß die Ladung auch dann an die Partei persönlich richten, wenn sie einen ProzBev nach §§ 80 ff, 172 bestellt hatte, III 2 in Verbindung mit § 141 II 2 Hs 1. Die Ladungsfrist beträgt eine Woche im Anwaltsprozeß, Begriff § 78 I, im übrigen 3 Tage, § 217. Eine Einlassungsfrist ist nicht vor der „Güteverhandlung" notwendig, sondern erst vor der „mündlichen" Verhandlung, § 274 Rn 8. Wegen der Einzelheiten § 141 Rn 26–28. 26

C. Ordnungsgeld usw, III 2. Bleibt eine ordnungsgemäß geladene Partei im Gütetermin aus, kann das Gericht sie nach III 2 in Verbindung mit § 141 III 1 mit einem Ordnungsgeld wie bei einem im Vernehmungstermin nicht erschienen Zeugen belegen, also nach §§ 380, 381, krit Wieser MDR **02**, 11. Wegen der Einzelheiten zu den Voraussetzungen des § 141 III 1 dort Rn 30–44. Das Gericht kann nach seinem pflichtgemäßen Ermessen auch unabhängig von einem Ordnungsmittel ohne die Partei verhandeln lassen. 27

Kein Ordnungsgeld ergeht nach III 2 in Verbindung mit § 141 III 2 dann, wenn die Partei zur Güteverhandlung einen solchen Vertreter entsendet, der zur Aufklärung des Tatbestands in der Lage und zur Abgabe der schon im Gütetermin notwendigen Erklärungen imstande ist, also insbesondere zum Abschluß eines Vergleichs, Karlsr VersR **05**, 1103. Zu diesen Einzelheiten § 141 Rn 45–51. Ein Ordnungsgeld unterbleibt ferner, wenn die Ladung bei Abwägung unzumutbar war, § 141 Rn 18, Düss VersR **05**, 855. 28

Hinweisen muß das Gericht die Partei nach III 2 in Verbindung mit § 141 III 3 von Amts wegen auf die Folgen ihres Ausbleibens in der Ladung, Düss VersR **05**, 854. Wegen dieser Einzelheiten § 151 Rn 52, 53. 29

Aufhebung des Ordnungsgelds und Rechtsmittel richten sich nach den in § 141 Rn 54–60 dargelegten Regeln.

30 **9) Ruhen des Verfahrens, IV.** In einer hier vorrangigen Abwandlung des allgemeineren § 251 bestimmt IV eine Pflicht und nicht nur ein Recht des Gerichts, beim Nichterscheinen beider Parteien das Ruhen des Verfahrens anzuordnen. Das ist ein ganz erhebliches Druckmittel zwecks Einigungsversuchs. Wegen des jedenfalls zunächst schon zeitlich oft praktisch eintretenden gewissen Zeitverlusts sollten sich die Parteien und ihre ProzBev die Rechtsfolge des Ruhens klarmachen, bevor sie nicht zum Gütetermin erscheinen.

31 **A. Nichterscheinen beider Parteien.** Erste Voraussetzung des Ruhens des ganzen Prozesses und nicht nur seines Gütestadiums ist das schlichte Nichterscheinen beider Parteien. Das Ausbleiben nur eines Teils der Parteien reicht also nicht. „Partei" meint dasselbe wie sonst, Grdz 4 ff vor § 50. Das Erscheinen des ProzBev reicht, Schläger ZMR **02**, 402. Das Erscheinen nur des Streithelfers reicht nicht aus, ZöGre 20, aM Foerste NJW **01**, 3104.

Eine *Entschuldigung* ist unerheblich. IV stellt nicht auf eine Säumnis ab, sondern nur auf das bloße Nichterscheinen. Es gibt daher auch keine Veranlassung, etwa § 337 entsprechend anzuwenden. Es liegt ja noch gar keine mündliche Verhandlung vor, sondern erst die Güteverhandlung, Rn 3. Eine Säumnis setzt beim Kläger nach § 330 und beim Bekl nach § 331 I 1 eine gerade „mündliche" Verhandlung nach Rn 5 voraus.

32 **B. Ordnungsmäßigkeit der Ladung.** Zweite Voraussetzung des Ruhens ist die Ordnungsmäßigkeit der Ladung aller Parteien gerade und zumindest auch zunächst zur Güteverhandlung. Das ist eine selbstverständliche und darum in III nicht besonders wiederholte Bedingung der Rechtsfolge. Das Gericht muß also entweder gerade das persönliche Erscheinen der Parteien nach III 1, 2 angeordnet haben, Rn 25, 26, oder es muß doch die ProzBev ordnungsgemäß geladen haben. Im letzteren Fall würde schon deren Ausbleiben beim Fehlen auch des Vollmachtgebers ausreichen, selbst wenn dieser nicht mitgeladen worden wäre.

33 **C. Anordnung des Ruhens.** Soweit und sobald die Voraussetzungen Rn 31, 32 zusammentreffen, muß das Gericht das Ruhen anordnen, und zwar verzüglich nach § 121 I 1 BGB, also ohne schuldhaftes Zögern, mithin meist sofort. Die Anordnung erfolgt durch einen Beschluß. Man muß ihn wie bei § 251 Rn 7 behandeln. Das Gericht muß ihn also grundsätzlich begründen, § 329 Rn 4. Er wird verkündet, § 329 I 1 oder beiden Parteien mitgeteilt. Das geschieht durch seine förmliche Zustellung, § 329 II 2 Hs 2. Denn er setzt die Frist der sofortigen Beschwerde nach §§ 252, 567 I Z 1, 569 I 1, 2 in Lauf. Eine Verfügung des Einzelrichters nach §§ 348, 348 a bzw des Amtsrichters genügt. Man muß sie wie einen Beschluß behandeln. Eine bloße Verfügung des Kollegiums reicht nicht.

Rechtsbehelfe: § 252. Vgl aber Rn 34. Daher könnte schon das Rechtsschutzinteresse für die sofortige Beschwerde fehlen.

34 **D. Aufnahme der Güteverhandlung.** Jede Partei kann nach der Anordnung des Ruhens die Aufnahme der Güteverhandlung jederzeit ohne besondere Voraussetzungen und ohne eine Wartefrist beantragen, auch ohne eine Zustimmung des Gegners. Das folgt aus allgemeinen Verfahrensgrundsätzen. Daher ist es auch wenig sinnvoll, gegen den Beschluß nach Rn 33 sofortige Beschwerde einzulegen. Ein formloser Aufnahmeantrag führt rascher und billiger zu einem sicheren Ziel. Nach dem Eingang des Aufnahmeantrags beginnt die Vorbereitung einer Güteverhandlung von neuem, Foerste NJW **01**, 3104. Nur bei einem sinnlos wiederholten Ausbleiben verfährt das Gericht wegen Rechtsmißbrauchs der Parteien nach Einl III 54 so wie nach einer gescheiterten Güteverhandlung, ZöGre 20, aM Foerste NJW **01**, 3104 (aber Rechtsmißbrauch ist nie statthaft).

35 **10) Verweisung, insbesondere an verordneten Richter, V 1.** Das Gericht kann nach § 281 oder nach §§ 17, 17 a GVG verweisen. Es hat ein pflichtgemäßes Ermessen, ob es die Parteien für die notwendige Güteverhandlung vor einen beauftragten oder ersuchten Richter verweisen will. Für diesen gelten §§ 361, 362 entsprechend. Er muß alles an sich dem Prozeßgericht Obliegende veranlassen. Er darf das Ersuchen nur unter den Voraussetzungen des § 158 GVG ablehnen.

Eine *Verweisung* erfolgt nur durch einen Beschluß des Prozeßgerichts, nicht des verordneten Richters selbst, Ffm FamRZ **87**, 737 (zum alten Recht). Der Beschluß erfordert keine mündliche Verhandlung, § 128 IV. Sie erfordert keine Öffentlichkeit. Denn sie findet nicht vor dem erkennenden Gericht statt, § 169 S 1 GVG. Der verordnete Richter bestimmt einen Termin. Er lädt die Parteien von Amts wegen. Ein Güteversuch und ein Prozeßvergleich nach Anh § 307 sind allerdings auch vor dem Einzelrichter der §§ 348, 348 a, 526 zulässig, Ffm FamRZ **87**, 737 (es bestehe kein Bedürfnis), ebenso vor dem Vorsitzenden der Kammer für Handelssachen, § 349 I. Vor dem verordneten Richter besteht kein Anwaltszwang, § 78 III Hs 1, Anh § 307 Rn 29. Im übrigen besteht ein Anwaltszwang wie sonst, Anh § 307 Rn 26, Karlsr JB **76**, 372, also auch vor dem Einzelrichter, §§ 348, 348 a. Denn er ist das erkennende Gericht. Bleibt eine Partei aus, gilt III. In einer Wettbewerbssache ist eine Vertagung auch zwecks eines Güteversuchs vor dem Einigungsamt nach § 15 X UWG zulässig.

36 **11) Vorschlag außergerichtlicher Streitschlichtung, V 2,** dazu *Schneeweiß* DRiZ **02**, 107 (Üb): Die Vorschrift erweitert die Möglichkeiten des Gerichts zur Erzielung einer Einigung. Diesen Möglichkeiten stehen entsprechende Pflichten gegenüber. Beide gelten freilich nur unter einer bestimmten Voraussetzung. Zuständig ist grundsätzlich das Gericht und nur bei der Durchführung durch eine Terminierung usw der Vorsitzende.

A. Bedingung: Geeigneter Fall. Es muß sich bei einer pflichtgemäßen Prüfung des Gerichts ergeben, daß der Fall für einen Vorschlag der außergerichtlichen Streitbeilegung überhaupt schon und noch geeignet ist. Solche Prüfung erfordert eine Abwägung jedenfalls dahin, daß das Gericht die Chance deutlich höher ansetzen kann als die Risiken. Es reicht also nicht aus, daß das Gericht den Fall als nicht völlig ungeeignet ansieht. Was nicht völlig ungeeignet ist, wird nicht schon deshalb geeignet. Oft lassen sich die Chancen und Risiken ja gerade erst in einem ersten Gespräch ausloten, eben in der Güteverhandlung. Es wäre eine wirkliche Überhitzung des Gütegedankens, den Richter sogar noch vor dieser Güteverhandlung zu einer evtl umfangreichen Aktivität zu verpflichten, um sogar noch die Güteverhandlung zu erübrigen.

37 *Chancenreich genug* ist nur eine solche Lage, in der aus tatsächlichen und/oder rechtlichen Erwägungen ein gewisses gegenseitiges Nachgeben oder sogar ein außergerichtliches Eingeständnis oder eine Anspruchsrücknahme noch ratsamer sind als ein erstes Gespräch vor dem Richter. Dabei sollte man die Chance eher

zurückhaltend bejahen. Natürlich mag schon ein schriftlicher oder telefonischer Hinweis des Gerichts die Vergleichsbereitschaft ganz wesentlich erhöhen, etwa bei einer möglichen Verwirkung oder bei einer ersichtlichen Unkenntnis einer festen Rechtsprechung oder einer Spezialnorm. Andererseits darf V 2 nicht zu einer noch weiteren Verzögerung sogar noch vor einer Güteverhandlung führen.

B. Geeignetenfalls: Vorschlagsermessen. Liegen die Voraussetzungen Rn 36, 37 vor, ist das Gericht zu einem Vorschlag vor der Güteverhandlung berechtigt, aber nicht stets verpflichtet. „Kann" bedeutet ein zwar pflichtgemäßes, aber ziemlich weites Ermessen. Das Gericht darf es nicht dahin mißbrauchen, daß ähnlich wie bei Rn 16 einfach ein Aktenvermerk „keine Eignung zum Vergleichsvorschlag" zu den Akten gelangt. Andererseits darf sich das Gericht mit einer knappen Skizzierung der Erwägungen begnügen, aus denen es von einem Vorschlag nach V 2 absehen möchte. Die Unterlassung eines solchen Vorschlags zieht ohnehin keine anderen Rechtsfolgen nach sich als die Anberaumung der Güteverhandlung, wenn nicht auch diese nach II 1 als aussichtslos zu bewerten ist. 38

C. Formfreiheit. Das Gericht braucht bei seinem Vorschlag keine Form einzuhalten. Es kann ihn schriftlich abfassen, durch Telefax übersenden, telefonisch oder elektronisch übermitteln, in einem spontan oder zufällig sich ergebenden Gespräch an beliebiger Stelle ansprechen. Es kann ihn der einen Partei anders übermitteln als der anderen, der einen früher als der anderen, der einen gegenüber vorläufiger formulieren als gegenüber der anderen. Es kann den Vorschlag als Skizze oder als volle Ausarbeitung abfassen. 39

Schriftform usw ist ratsam. Denn sie ermöglicht am besten eine eigene Entscheidung jeder Partei. Sie beugt am ehesten dem Argwohn vor, der Richter taste zum Vorteil der einen Partei die Haltung der anderen ab usw. Sie vermeidet am besten eine zeitliche Ausdehnung dieser ohnehin schon verzögernden Phase.

D. Inhaltsfreiheit. Das Gericht hat im Rahmen der Bemühung um eine Schlichtung dieses Rechtsstreits ein weites Ermessen für den Vorschlagsinhalt. Es kann sich auf den wichtigsten Teil des Streits beschränken, um dann den Rest nachzuschieben. Es kann mit den leichtesten Punkten oder den schwierigsten beginnen. Es kann eine abschließende Gesamtäußerung fordern oder eine Teiläußerung anregen. Es kann Streitpunkte, die gar nicht ein Gegenstand des jetzt unter diesem Aktenzeichen anhängigen Prozesses sind, von vornherein oder im Verlauf einbeziehen. Es kann sogar nach § 147 verbinden oder nach § 146 auf einzelne Punkte begrenzen oder nach § 145 trennen, soweit das der Streitbeilegung des Hauptverfahrens dienlich sein kann. Es kann kurze oder geräumige Fristen setzen, Zwischenäußerungen zulassen oder ablehnen usw. Gerade auch hier gilt zur Frage der Ablehnbarkeit Rn 10. Natürlich darf der Richter gerade auch hier anregen, neue Ansprüche oder Bedenken miteinzubeziehen. Denn es soll ja gerade möglichst eine Einigung zustandekommen, KG RR **00**, 1166. 40

Beilegung gerade dieses Streits muß das klar erkennbare Ziel des ganzen Vorschlagsverfahrens sein und bleiben. Dazu mögen eine Klagerücknahme wie ein Anerkenntnis dienen, Erledigterklärungen wie ein Verzicht, eine Ratenzahlung, das Ruhenlassen des Verfahrens und jede denkbare andere Art und Weise der Streitbeendigung. Auch die Anregung eines vollstreckbaren Anwaltsvergleichs nach § 796 a kann sinnvoll sein, ebenso ein Schiedsgutachten, BGH WertpMitt **01**, 1863, Greger ZRP **98**, 185, Stubbe BB **01**, 690. Der Richter darf sich zu einem endlosem Hin und Her weder verleiten lassen noch gar verpflichtet fühlen.

Fertige Vergleichsformulierung ist von vornherein ratsam. Auch der außergerichtliche Vergleich, den das Gericht vorschlägt, steht unter einer gerichtlichen Mitverantwortung für den Inhalt bis hin zur Brauchbarkeit der Kostenregelung und zur Vollstreckbarkeit des Gesamtinhalts, auch wenn die Parteien die formelle Alleinentscheidung treffen, ob und wie sie sich außergerichtlich einigen wollen. 41

E. Erfolglosigkeit: Güteverhandlung oder streitiges Verfahren. Soweit und sobald das Gericht erkennen muß, daß sein Vorschlag nicht zu irgendeiner abschließenden außergerichtlichen Einigung führt, darf und muß es das im Protokoll nach § 160 III Z 10 feststellen. Es darf und muß sodann entweder in die weitere Durchführung der etwa bisher im übrigen noch gar nicht begonnenen Güteverhandlung eintreten, sie terminieren usw, oder ausnahmsweise eine weitere Güteverhandlung anberaumen oder die ganze Gütebemühung als gescheitert erachten und folglich den Prozeß weiter fördern, sei es durch die Durchführung eines schon vorsorglich anberaumten und auch durch ordnungsgemäße Ladungen vorbereiteten unmittelbar anschließenden Termins zur eigentlichen mündlichen Verhandlung nach § 279 I, II, sei es durch die Anberaumung eines frühen ersten Termins, durch eine Einleitung oder Fortführung eines schriftlichen Vorverfahrens usw, etwa durch eine Vorbereitung nach § 273. Ob eine solche Erfolglosigkeit des Schlichtungsvorschlags vorliegt, entscheidet das Gericht nach seinem pflichtgemäßen Ermessen. Ein entsprechender, kurz in Stichworten begründeter Vermerk beugt dem Vorwurf vor, § 278 nicht genug beachtet zu haben. 42

12) Außergerichtliche Einigung, V 3. Soweit und sobald sich die Parteien nach einem Vorschlag des Gerichts so oder irgendwie anders außergerichtlich wenigstens dahin geeinigt haben, den vorliegenden Prozeß zumindest derzeit nicht weiter zu führen, muß das Gericht wegen der Verweisung in V 3 auf § 251 das Ruhen des Verfahrens anordnen, nicht weniger, aber auch nicht mehr. 43

Ruhen hat die in § 251 Rn 8 erläuterten Wirkungen. Es kann jede Partei den Prozeß jederzeit ohne Angabe von Gründen aufnehmen, § 251 Rn 10. Bis dahin hat das Gericht zur Prozeßförderung kein Recht und keine Pflicht. Es läßt die Akten nach der Abwicklung der Kostenfrage weglegen. Zwar mag über den Vorschlag des Gerichts ein Protokoll nach § 159 I 1 erforderlich gewesen sein. Denn diese Vorschrift gilt nicht nur für die mündliche Verhandlung nach § 279 I 1, sondern für jede Verhandlung, also auch für die Güteverhandlung. Auch mag nach § 160 III Z 10 das Ergebnis der Güteverhandlung in Protokollform vorliegen. Wenn es aber eben noch nicht einen gerichtlichen Vergleich ausweist, liegt im außergerichtlichen selbst dann nicht stets ein Vollstreckungstitel, wenn er auf einem Gerichtsvorschlag beruht. Denn § 794 I Z 1 erfaßt ihn nicht mit. Freilich kann ein vollstreckbarer Anwaltsvergleich nach §§ 796 a–c entstanden sein. Meist wird wohl aus dem Ruhen ein wirkliches Prozeßende. Sonst haben es eben die Parteien in der Hand, dem Prozeß durch Aufnahmeanträge den Fortgang zu geben.

VI bleibt unberührt, Rn 4. Die Parteien können also statt eines außergerichtlichen Vergleichs einen Prozeßvergleich schließen. Er bildet einen Vollstreckungstitel nach § 794 I Z 1.

44 **13) Prozeßvergleich, VI 1,** dazu *Nungeßer* NZA **05**, 1027 (Üb): In Ergänzung zu den im Anh § 307 ausführlich dargestellten Regeln zum Prozeßvergleich gibt VI dem Gericht die Möglichkeit, einen solchen Vollstreckungstitel nach § 794 I Z 1 auch ohne eine Güteverhandlung nach II–V oder gar eine mündliche Verhandlung zustandebringen zu helfen. Denn natürlich ist ein ordnungsgemäß nach VI zustandegekommener Vergleich nach § 794 I Z 4 „vor Gericht abgeschlossen". Das Gericht hat ja wesentlich an seinem Zustandekommen zumindest formell teilgenommen, selbst wenn es die Brauchbarkeit, Bestimmtheit, Vollstreckbarkeit nur überprüft hat, wie es auch bei VI seine Pflicht war. Oft braucht das Gericht bekanntlich auch außerhalb eines Verfahrens nach VI nicht mehr zu tun. Niemand bezweifelt dann die Existenz eines Prozeßvergleichs. Schließlich ist der Vergleich nach VI 1 ausdrücklich ein „gerichtlicher". Obendrein „ersetzt" natürlich der Feststellungsbeschluß nach VI 2 zugleich ein sonstiges Protokoll, auch eine notarielle Beurkundung, § 127 a BGB, BAG NJW **07**, 1833, Deckenbrock/Dötsch MDR **06**, 1328, aM Brdb FamRZ **08**, 1192, Dahlem/Wiesner NZA **04**, 531 (aber sie findet hier ja gerade nicht statt, Foerste NJW **01**, 3105). VI 1 ersetzt aber nicht § 925 BGB, Düss RR **06**, 1610.

45 **A. Schriftlicher Vergleichsvorschlag der Parteien oder des Gerichts.** Erste Voraussetzung ist ein Vergleichsvorschlag. Ihn dürfen die Parteien dem Gericht schriftlich unterbreiten. Er kann aber auch vom Gericht ausgehen. Das Gericht muß ihn also für sinnvoll halten. Es muß aber auch seinen Vorschlag so formulieren, daß er weder die Wirksamkeit noch die Vollstreckbarkeit des Vergleichs gefährdet. Das Gericht hat also in beiden Fällen von VI 1 eine entscheidende Mitverantwortung für die Brauchbarkeit seines Vorschlags, Knauer/Wolf NJW **04**, 2859. Ein Prozeßvergleich „auf dringliches Anraten des Gerichts" kann eine Staatshaftung usw auslösen, Einl III 28.

Schriftlichkeit und die ihr gesetzlich gleichstehende elektronische Form des § 130 a sind erforderlich. Bloße Mündlichkeit oder ein nur telefonischer Vorschlag reichen allenfalls zur Vorbereitung des dann schriftlich folgenden Textes aus.

46 **B. Inhaltsfreiheit.** Inhaltlich haben die Beteiligten ein dem Sinn der Vorschrift gemäßes weites Ermessen. Sie können alles dasjenige vorschlagen, was im Rahmen der Parteiherrschaft nach Grdz 18 vor § 128 vergleichbar ist, wie bei einem Prozeßvergleich in der eigentlichen mündlichen Verhandlung. Sie können zB auch andere, bisher anderswo oder noch nicht anhängige Streitpunkte einbeziehen. Sie mögen aber auch nur auf die Beilegung der nach I ausreichenden einzelnen Streitpunkte auch mit weiteren Beteiligten abzielen. Sie können auch zunächst nur die einfacheren Punkte zur Einigung vorschlagen, nach deren Beilegung dann andere und nach deren Schlichtung den schwierigen Rest zur Einigung vorschlagen usw.

Kein Bazar darf entstehen. Das Gericht braucht und sollte nicht würdelos immer neu und mit feilschender Methodik auf Biegen und Brechen irgendeine Einigung herbeischreiben, nur um als ein edel schlichtender Richter dastehen zu können. Der moderne Servicegedanke darf nicht zur Würdelosigkeit abgleiten. Das gilt in jeder Verfahrenslage.

47 **14) Schriftsätzliche Annahmen durch die Parteien, VI 1 Hs 2.** Zweite Voraussetzung eines Vergleichs nach VI ist, daß alle Beteiligten einen etwaigen Vorschlag des Gerichts wirksam annehmen, ähnlich wie bei einem Vertragsschluß, §§ 145 ff BGB.

A. Uneingeschränkte Zustimmung. Jeder Beteiligte muß inhaltlich voll und unbedingt einverstanden sein, aM Foerste NJW **04**, 3105. Es ist also kein einseitiger Widerrufsvorbehalt statthaft, ZöGre 24, aber auch kein einverständlicher, aM ZöGre 24 (aber auch das wäre eine aufschiebende Bedingung, Anh § 307 Rn 10). Dabei gelten die bei jeder Parteiprozeßhandlung möglichen und erforderlichen Auslegungsregeln, Grdz 51 ff vor § 128. Eine „Annahme" unter Erweiterungen usw läßt sich wie bei § 150 II BGB beurteilen, ZöGre 24, aM Foerste NJW **01**, 3105 (aber es ist für VI gerade typisch, daß ein Vergleich ganz ähnlich wie ein Vertrag zustandekommt). Solche Art „Annahme" führt grundsätzlich zu einem neuen Gerichtsvorschlag, nicht etwa zur Möglichkeit, daß etwa nun das Gericht den geänderten Parteivorschlag seinerseits „annimmt". Es ist ja nicht selbst Partei des Vergleichs, sondern vermittelt ihn nur. Freilich können übereinstimmende „Annahmen" trotz ihrer Abweichung vom Gerichtsvorschlag ein weiteres Verfahren vor dem Erlaß eines Feststellungsbeschlusses erübrigen, Naumb NJW **02**, 3786.

48 **B. Schriftsatzform.** Jede Annahmeerklärung braucht die Form eines sog bestimmenden Schriftsatzes, § 129 Rn 5 ff. Eine formlose Annahme reicht also nicht. Denn nur durch den ordnungsgemäß gefertigten und unterzeichneten Schriftsatz kann man die notwendige Verantwortung dafür übernehmen, daß mit dem Zugang der Annahmeerklärung der Vergleichsvorschlag zum gerichtlichen Vergleich und Vollstreckungstitel wird. Deshalb ist hier eine strenge Auslegung notwendig. Wegen einer elektronischen Übermittlung § 130 a.

49 **C. Adressat: Gericht.** Jeder Beteiligte muß seine Annahme gerade dem Gericht gegenüber erklären. Eine Erklärung nur gegenüber dem Gegner ist für VI unwirksam und stellt allenfalls einen außergerichtlichen Vergleich dar, Jena FamRZ **06**, 1277. Hat das Gericht eine Annahmefrist gesetzt, muß die Annahme bis zum Fristablauf bei demjenigen Gericht in der Posteingangsstelle eingehen, das den Vergleichsvorschlag gemacht hat. Eine Notfrist steht dem Gericht nicht zur Verfügung. Denn § 224 I 2 setzt eine gesetzliche Fristsetzung voraus, keine nur richterliche Frist nach § 224 II Hs 1. Hat das Gericht seine Frist fälschlich als Notfrist bezeichnet, hat es gleichwohl nur eine einfache richterliche Frist bestimmt. Deshalb kommt auch keine Wiedereinsetzung in Betracht, § 233.

50 **15) Feststellungsbeschluß, VI 2.** Dritte Voraussetzung eines Vergleichs nach VI ist, daß das Gericht sein Zustandekommen und den Inhalt durch einen Beschluß feststellt. Das gilt auch und gerade nach einem Vergleichsvorschlag der Parteien. Denn sie haben bei VI 1 Hs 1 keinen Vergleich „geschlossen", sondern nur einen Vergleichs-„Vorschlag dem Gericht unterbreitet". Das Gericht hat also seine inhaltliche Mitverantwortung zB wegen §§ 134, 138 BGB, Knauer/Wolf NJW **04**, 2859, und seine alleinige Feststellungsbefugnis behalten. Sein Feststellungsbeschluß ist keine Entscheidung im kostenrechtlichen Sinn, Kblz JB **03**, 533. Er

führt zum Vollstreckungstitel nach § 794 I Z 1, Nürnb FamRZ **05**, 920, aM Oldb OLGR **05**, 253 (aber der Feststellungsbeschluß führt erst zur Wirksamkeit).

A. Form: Beschluß. VI 2 schreibt als Form den Beschluß vor, § 329. Man mag eine bloße Verfügung nach §§ 329, 319 in einen Beschluß berichtigen oder sogar so auslegen dürfen. Das ist aber riskant. Die Urteilsform ist verfehlt. Auch sie mag der Berichtigung oder Umdeutung zugänglich sein. Der Beschluß ist der inneren Rechtskraft fähig, § 329 Rn 21, Schlosser (vor Rn 1) 402, aM Knauer/Wolf NJW **04**, 2859.

B. Inhalt: Feststellung der vereinbarten Punkte. Obwohl ja schon ein Vorschlag und uneingeschränkte Annahmeerklärungen vorliegen, muß doch noch die gerichtliche Bestätigung als eine Feststellung des Vergleichsinhalts hinzutreten. Das beruht darauf, daß ja die sonst in mündlicher Verhandlung nach Anh § 307 Rn 21 erforderliche Protokollierung gerade entfallen kann (nicht muß, aber dann läge eben kein Vergleich gerade nach VI vor), Kblz JB **03**, 533, Mü MDR **03**, 533. **51**

Volles Rubrum, ein klarer Feststellungstext nebst einer Kostenregelung und volle Unterschriften aller am Zustandekommen des Vergleichsvorschlags beteiligten Richter sind wesentliche Bedingungen für das Zustandekommen der weitreichenden Wirkungen des Prozeßvergleichs nach VI. Er kann ja sogar den ganzen Prozeß beenden, wenn er alle Streitpunkte umfaßt. Auf die Vollstreckungsfähigkeit muß das Gericht großen Wert legen. Zu diesem Zweck mag sogar eine zwar nicht inhaltliche, aber in der Formulierung etwas vom Vorschlag und seinen Annahmen abweichende Fassung ausnahmsweise in engen Grenzen erlaubt sein. Das Recht soll auch hier nicht an wirklichen Formalien scheitern, Ein III 10. Aber Vorsicht!

C. Zustellung von Ausfertigungen. Die Mitteilung erfolgt durch eine förmliche Zustellung je einer Ausfertigung an alle am Vergleich Beteiligten schon wegen des Charakters eines Vollstreckungstitels nach § 794 I Z 1, LG Ingolst Rpfleger **05**, 456. Das folgt aus § 329 III Hs 1, Rn 50, ZöGre 24, aM Oldb OLGR **05**, 253. **52**

16) Berichtigung, VI 3. Infolge der Verweisung auf § 164 gilt: Die Parteien können den nach VI geschlossenen Vergleich grundsätzlich nicht anfechten (Ausnahme evtl bei Aufnötigung). Das Gericht kann seinen Feststellungsbeschluß bei einer Unrichtigkeit jederzeit von Amts wegen oder auf Antrag berichtigen, § 164 I, Mü MDR **03**, 533. Es muß zuvor die Beteiligten anhören, § 164 II. Es vermerkt die Berichtigung auf dem Feststellungsbeschluß. Dabei kann es auf eine mit dem Originalbeschluß verbundene Anlage verweisen, § 164 III 1. Den Vermerk unterschreiben diejenigen Richter, die den Feststellungsbeschluß unterschrieben haben, oder der allein tätige Richter, selbst wenn dieser zunächst an der Unterschrift verhindert war, § 164 III 2 Hs 1. Eine Mitwirkung des Urkundsbeamten entfällt bei VI 3 anders als beim sonstigen Prozeßvergleich, II 2 Hs 2 in Verbindung mit Anh § 307 Rn 22 J. **53**

17) Verstoß, I–VI. Soweit das Gericht gegen eine seiner Pflichten verstößt, hat das auf den weiteren Prozeßverlauf nur sehr bedingt einen direkten Einfluß. Er ist oben bei den jeweiligen Pflichten mit dargestellt worden. Grundsätzlich nimmt das Verfahren dann den vom Gericht eingeschlagenen weiteren Gang, LG Stgt JB **05**, 322. § 164 ist anwendbar, Stgt RR **04**, 424. Wie jeder Verfahrensfehler kann auch ein solcher nach § 278 zwar theoretisch in der höheren Instanz zur Zurückverweisung führen. Indessen müßte dann gerade wegen des Fehlers im Güteverfahren später nach § 538 II Z 1 auch eine umfangreiche oder aufwendige Beweisaufnahme notwendig sein. Das dürfte praktisch nie schon wegen eines Verstoßes gegen § 278 in Betracht kommen. **54**

Soweit das Gericht eine *bei VI* wesentliche nicht berichtigungsfähige Betätigung versäumt hat, kommt kein Vollstreckungstitel nach § 794 I Z 1 zustande. Dann kann eine Amtshaftung nach Art 34 GG, § 839 BGB eintreten. Freilich gehört das Verfahren zur Rechtsprechung und unterfällt daher dem Spruchrichterprivileg nach § 839 II BGB.

18) Rechtsmittel, I–VI. Es gelten die allgemeinen Regeln, zB §§ 252, 567 ff, aM Hintzen Rpfleger **03**, 328 (aber § 567 I Z 2 kann jedenfalls gegen die Ablehnung des von einer Partei beantragten Güteversuches durch einen Beschluß infrage kommen). § 321 a ist wegen ganz anderer Ausgangslage nicht einmal entsprechend anwendbar. Bei II kommt gegen die Anordnung wie gegen die Unterlassung keine sofortige Beschwerde in Betracht, Gehrlein MDR **03**, 422. Bei VI kommt bei der Ablehnung eines Gerichtsvorschlags in den Grenzen von § 567 II die sofortige Beschwerde nach § 567 I Z 2 in Betracht, Mü MDR **03**, 533, Hartmann NJW **01**, 2581, aM ZöGre 23 (aber diese Vorschrift gilt allgemein). Gegen einen Vergleichsvorschlag besteht kein Rechtsbehelf, sondern die ja auch ausreichende Möglichkeit, ihn einfach nicht anzunehmen. Gegen die Ablehnung des erforderlichen Feststellungsbeschlusses gelten wiederum §§ 567 I Z 2, II. Gegen den Feststellungsbeschluß kommt keine sofortige Beschwerde in Betracht, Mü MDR **03**, 533, Kranz MDR **03**, 918. Denn VI sieht sie nicht ausdrücklich vor, § 567 I Z 1. Abramenko NJW **03**, 1358 regt die Zulassung der sofortigen Beschwerde durch eine Gesetzesänderung an. Eine Dienstaufsichtsbeschwerde kommt nur bei einer pflichtwidrigen nicht ganz unerheblichen Verzögerung in Betracht, eine sofortige Beschwerde unter den Voraussetzungen des § 252 auch bei einer pflichtwidrigen nicht unerheblich andauernden völligen Untätigkeit. Gegen eine Ablehnung der Feststellung nach VI 2 kann die sofortige Beschwerde unter den Voraussetzungen des § 567 I Z 2 zulässig sein, Knauer/Wolf NJW **04**, 2859. **55**

279 *Mündliche Verhandlung.* **I [1] Erscheint eine Partei in der Güteverhandlung nicht oder ist die Güteverhandlung erfolglos, soll sich die mündliche Verhandlung (früher erster Termin oder Haupttermin) unmittelbar anschließen. [2] Andernfalls ist unverzüglich Termin zur mündlichen Verhandlung zu bestimmen.**

II Im Haupttermin soll der streitigen Verhandlung die Beweisaufnahme unmittelbar folgen.

III Im Anschluss an die Beweisaufnahme hat das Gericht erneut den Sach- und Streitstand und, soweit bereits möglich, das Ergebnis der Beweisaufnahme mit den Parteien zu erörtern.

Schrifttum: *Bottke,* Materielle und formelle Verfahrensgerechtigkeit im demokratischen Rechtsstaat, 1991; *Brehm,* Die Bindung des Richters an den Parteivortrag und Grenzen freier Verhandlungswürdigung, 1982; *Hahn,* Anwaltliche Rechtsausführungen im Zivilprozeß usw, 1998; *Laumen,* Das Rechtsgespräch im Zivilprozeß, 1984; *Nowak,* Richterliche Aufklärungspflicht und Befangenheit, 1991; *Peters,* Richterliche Hinweispflichten und Beweisinitiativen im Zivilprozeß, 1983; *Scheuerle,* Vierzehn Tugenden für Vorsitzende Richter, 1983; *Spickhoff,* Richterliche Aufklärungspflicht und materielles Recht usw, 1999; *Stürner,* Die richterliche Aufklärungspflicht im Zivilprozeß, 1982; *Waldner,* Der Anspruch auf rechtliches Gehör, 1989. S auch bei § 139.

Gliederung

1 **1) Systematik, I–III.** Die Vorschrift regelt die eigentliche mündliche Verhandlung im frühen ersten Termin des § 275 oder in dem nach einem schriftlichen Vorverfahren gemäß §§ 276, 277 nun notwendigen Haupttermin, 272 I. Sie ergänzt in I den § 278 II–V. Sie wird durch §§ 136 ff, 285 ergänzt, ferner durch §§ 169 ff GVG.

2 **2) Regelungszweck, I–III.** Ziel ist entsprechend dem Gebot des § 272 I die Herbeiführung der Entscheidungsreife nach § 300 I, aber nicht auf fixem Weg, sondern unter der Einhaltung aller rechtsstaatlich notwendigen Anforderungen. Die Vorschrift dient also zugleich der Prozeßförderung nach Grdz 12 vor § 128, der Prozeßwirtschaftlichkeit nach Grdz 14 vor § 128, der Gerechtigkeit nach Einl III 9, 36 und in diesem Rahmen dem rechtlichen Gehör, Art 103 I GG, BGH RR **97**, 441. Diese in der Praxis manchmal schwer verbindbaren Ziele muß man bei der Auslegung abwägen.

„Neuer Termin" ist eine verbreitete Entscheidung am Ende des Haupttermins, des ersten von manchmal erschreckend vielen, von denen sich so mancher durch mehr Sorgfalt und Energie vor allem des Gerichts hätte vermeiden läßt. War schon nach der außergerichtlichen Phase des § 15 a EGZPO und jedenfalls nach der Güteverhandlung des § 278 ein schriftliches Vorverfahren vorausgegangen, gar mit einer Stellungnahme nach § 277 IV (Duplik) oder mit einem weiteren schriftlichen Hin und Her nach § 277 Rn 2, dann sollte nun wirklich ein auch nach § 273 usw vorbereiteter Haupttermin zumindest zum Beweisbeschluß führen, allenfalls in einem kurzfristig anberaumten Verkündungstermin. Andernfalls dürfte die bisherige Verfahrensführung zu großzügig gewesen sein. Ausnahmen bestätigen eine Regel, die man bei der Auslegung mitbeachten sollte.

3 **3) Geltungsbereich, I–III.** Die Vorschrift gilt in allen Verfahrensarten nach der ZPO, auch im WEG-Verfahren, auch im arbeitsgerichtlichen Verfahren, §§ 46 II 1, 54 ArbGG.

4 **4) Mangels oder nach erfolgloser Güteverhandlung: Unmittelbar anschließender Verhandlungstermin, I 1.** Wenn es zu einer nicht erfolgreichen oder zu gar keiner Güteverhandlung nach § 278 II–VI gekommen ist, „soll" sich die eigentliche „mündliche Verhandlung" einschließlich derjenigen nach § 128 a unmittelbar anschließen, also sofort an demselben Tag, wenn auch vielleicht nach einer kurzen Pause. Das bedeutet: Das Gericht muß, wenn es derart verfahren will, die Einlassungsfrist des § 274 III einhalten. Es muß mindestens die Ladungsfrist nach § 217 beachten, wenn es die Güteverhandlung nach § 278 anberaumt. Es muß klarstellen, daß sowohl die Güteverhandlung als auch bei deren Ausbleiben oder Scheitern die mündliche Verhandlung stattfinden soll. Wer zur Güteverhandlung ausbleibt, wird ähnlich wie nach einer Beweisaufnahme gemäß § 370 nach §§ 330 ff säumig, wenn er nicht zur ordnungsgemäß anberaumten unmittelbar anschließenden mündlichen Verhandlung erscheint, ohne sich wenigstens zu letzteren nach § 337 entschuldigt zu haben. Alles das gilt unabhängig davon, ob die mündliche Verhandlung als ein früher (evtl aber vollwertiger!) erster Termin stattfindet, § 275, oder nach einem schriftlichen Vorverfahren als der Haupttermin, § 276. Die Güteverhandlung mit einem unmittelbar anschließenden Haupttermin kann also erst nach einem etwaigen schriftlichen Vorverfahren stattfinden.

5 **5) Mangels Unmittelbarkeit: Unverzügliche Terminsbestimmung, I 2.** Soweit das Gericht von der bloßen Sollvorschrift des I 1 keinen Gebrauch macht, muß es den frühen ersten Termin oder den Haupttermin „unverzüglich" ansetzen, also zwar unter Wahrung der Einlassungs- und Ladungsfrist, in diesen Grenzen aber ohne ein vorwerfbares Zögern, § 121 I 1 BGB.

6 **6) Haupttermin, I, II.** Er hat zentrale Bedeutung.

A. Grundsatz: Sachliche, ruhige Gestaltung. Zum Begriff § 272 Rn 1, 2. § 279 gilt auch für den frühen ersten Termin, soweit er zu einer Entscheidungsreife führt, § 272 Rn 5, Bischof NJW **77**, 1902, Grunsky JZ **77**, 202, Schneider MDR **77**, 886. Das Gesetz verpflichtet das Gericht und alle Beteiligten, den Haupttermin als Zentrum des Prozesses in einem für alle Verfahrensbeteiligten und Interessierten klar verständlichen Ablauf und weder hektisch noch sonst irgendwie strapaziös, sondern ruhig und sachlich zu gestalten. Zur Sitzungsgewalt § 176 GVG, zur Öffentlichkeit §§ 169 ff GVG, zur Prozeßleitung § 136.

B. Verhandlungsablauf. Zunächst erfolgt der Aufruf. Daran schließt sich die Eröffnung der einer Güteverhandlung des § 278 ja erst nachfolgenden eigentlichen mündlichen Verhandlung an, § 136 I. Die weitere Reihenfolge ergibt sich nach der Sachdienlichkeit. Über sie befindet der Vorsitzende nach seinem pflichtgemäßen Ermessen unter einer Berücksichtigung des Üblichen nach §§ 137 ff, Henkel ZZP **110**, 91 unterscheidet aus psychologischer Sicht sogar 7 Phasen. 7

Nach dem *Aufruf* folgt im allgemeinen die Feststellung, wer anwesend ist. Sodann klärt der Vorsitzende die Sitzordnung. Dann klärt er ob die Verhandlung öffentlich oder nichtöffentlich ist. In der eigentlichen mündlichen Verhandlung folgt, soweit noch nicht in der Güteverhandlung geschehen, durch den Vorsitzenden oder den Berichterstatter die Einführung in den Sach- und Streitstand, soweit sie zur Zulässigkeit der Klage gehört. Sodann erfolgen etwa notwendige Hinweise zB nach § 504 und die Aufnahme etwaiger Zulässigkeitsrügen, über die das Gericht evtl entscheiden muß. Danach folgt die Einführung in den Sach- und Streitstand, soweit diese zur Frage der Klagebegründetheit gehört. Daran schließt sich die Anhörung der Parteien hierzu an. Bereits jetzt ist ein ja grundsätzlich in jeder Verfahrenslage nötiger Versuch der Einigung nach § 278 I zulässig. Es folgt eine etwaige Erörterung vor einer Antragstellung. Nun beginnt die eigentliche streitige Verhandlung durch die Antragstellung, § 137 I, Baur ZZP **91**, 329, Bischof NJW **77**, 1900, RoSGo § 106 III 4, aM Grunsky JZ **77**, 203, Putzo AnwBl **77**, 433 (die Antragstellung sei grundsätzlich schon vor der Einführung in den Sach- und Streitstand notwendig. Aber die Einführung soll gerade einem selbstkritischen Überdenken des geplanten Sachantrags mitdienen, Rn 8). Hierauf folgt die Parteianhörung, § 137 IV. Daran schließt sich die streitige Verhandlung in Rede und Gegenrede an, § 137 II.

Nun ergeht der etwa notwendige besondere *Beweisbeschluß* usw, oder der Vorsitzende ordnet eine Vertagung an, § 227. Sonst folgt unmittelbar die Beweisaufnahme, II. Erst jetzt müssen Zeugen bis zu ihrer Vernehmung den Raum verlassen. Der Vorsitzende sollte sie freilich schon vor der Einführung in den Sach- und Streitstand darum bitten, ohne sie dazu nötigen zu dürfen, wenn er sie nicht zulässigerweise ganz bewußt an der Einführung teilnehmen läßt, um auch ihnen ohne einen zeitraubenden Einzelaufwand zu verdeutlichen, zu welchem Beweisthema sie sich anschließend voraussichtlich äußern sollen, Rn 9. Nach der Beweisaufnahme folgt die nach III sowie nach §§ 285, 370 I vorgesehene sofortige Verhandlung über die Beweisergebnisse und eine erneute Erörterung des Sach- und Streitstands mit den Parteien, II. Daran schließen sich abschließende Zwischenentscheidungen an. Wenn möglich schließt der Vorsitzende zugleich die Verhandlung, §§ 136 IV, 296 a. Es folgt die Beratung und die sofortige oder spätere Verkündung der Endentscheidung.

7) Einführung in den Sach- und Streitstand, I. Es handelt sich um eine von einem verständigen Gericht seit jeher vorgenommene Maßnahme. Sie dient der besseren Verständlichkeit, Beschleunigung und Herausarbeitung des tatsächlich oder rechtlich Erörterungsbedürftigen und der Verbesserung des Prozeßklimas, Schneider DRiZ **80**, 221, Weber DRiZ **78**, 168, aM Bettermann ZZP **91**, 372 (dergleichen sei „Unfug". Aber die vorstehenden Ziele sind alle hilfreiche Mühe wert). Die Einführung erfolgt durch den Vorsitzenden oder ein von ihm zu bestimmendes Mitglied des Kollegiums, in der Regel den Berichterstatter. Ein schriftliches Votum ist nicht notwendig, oft jedoch ratsam. Keineswegs kann die Partei oder gar ihr ProzBev zunächst einen umfassenden Bericht fordern oder gar die Einlassung vorher verweigern. Letzteres wäre evtl Säumnis. Das Gesetz will den Parteien und ihren ProzBev keineswegs das Denken und die insbesondere nach §§ 277, 282 nötige gründliche Vorbereitung auf den Haupttermin abnehmen. In einer einfachen, und für alle Prozeßbeteiligten übersehbaren Sache ist ausnahmsweise keine Einführung notwendig. Gerade der Haupttermin soll konzentriert und zügig ablaufen. 8

Der *Umfang* der Einführung ist von sämtlichen zur Verständlichkeit des Sach- und Streitstands maßgeblichen Gesichtspunkten abhängig, zB von der Schwierigkeit der Rechtslage, von dem Aktenumfang, davon, ob Maßnahmen nach §§ 273, 358 stattgefunden haben, ob seit dem schriftlichen Vorverfahren neue Erwägungen bei einem Beteiligten vorliegen usw. Die Einführung erfolgt möglichst konzentriert und knapp. Auf Zuhörer braucht das Gericht in der Regel keine besondere Rücksicht zu nehmen. Etwas anderes mag gelten, wenn zB eine Schulklasse zuhört. Denn § 279 soll auch zur Übersichtlichkeit der Rechtspflege beitragen. Ein Verstoß ist nur in Verbindung mit § 139 II prozessual erheblich.

8) Anhörung der Parteien, I. Sie kann sehr nützlich sein, aber auch zu Spannung führen. 9

A. Grundsatz: Sollvorschrift. Die Anhörung erfolgt an sich schon nach der Einführung in den Sach- und Streitstand. Das gilt aber nur, wenn die Partei von sich aus oder auf Anforderung des persönlichen Erscheinens erschienen ist. Es erfolgt also keineswegs eine Vertagung schon deshalb, weil eine Partei ohne einen Erscheinenszwang ausgeblieben ist. Das wäre eine Umgehung der Säumnisfolgen. Oft ist es freilich ratsam, die Anhörung noch nicht in diesem Stadium durchzuführen. Denn die vermutlichen Ausführungen der Partei könnten den weiteren Gang erschweren. Deshalb handelt es sich nur um eine Sollvorschrift. Zeugen müssen entgegen einem verbreiteten Irrtum nicht vor dem Saal warten, Rn 7. Denn § 394 I gebietet nur die Vernehmung eines Zeugen in Abwesenheit späterer Zeugen, also nicht die Anwesenheit aller Zeugen vor Beginn der ersten Vernehmung. Das Gericht sollte die Zeugen aber um vorübergehendes Warten vor dem Saal bitten, es sei denn, ihr Zuhören dient einer zügigeren Durchführung der Beweisaufnahme, Rn 7.

Diese letztere Möglichkeit sollte man *großzügig annehmen*. Denn sie kann die Beweisaufnahme eher vereinfachen und abkürzen. Das gilt etwa dann, wenn der Vorsitzende 20 Zeugen in einem Mietstreit über Lärm aus der Wohnung des Bekl dieselbe Frage vorlegen muß und sie gemeinsam einführen und auf das Wesentliche einstimmen kann, um knappe Einzelvernehmungen zu ermöglichen, ein praktisch ausgezeichnet funktionierendes elegantes Verfahren mit einem enormen Zeitgewinn.

B. Verstoß, I. Ein Verstoß gegen I ist prozessual belanglos, soweit das Gericht Art 103 I GG durch die Anhörung am Verhandlungsschluß erfüllt, BVerfG RR **93**, 765, BGH RR **97**, 441. Bei einer Unterlassungsklage nach § 8 UKlaG muß das Gericht außerdem die Aufsichtsbehörde bzw das Bundesaufsichtsamt hören, § 8 II Z 1, 2 UKlaG. 10

11 **9) Beweisaufnahme, II.** Ihre zügige Vornahme ist segensreich.

A. Grundsatz: Unmittelbare zeitliche Folge. Sie gehört grundsätzlich vor das Prozeßgericht, § 355. Sie soll, nicht muß, der streitigen Verhandlung unmittelbar folgen, und zwar auch im frühen ersten Termin, soweit sie dann schon durchführbar wird. Damit läßt sich der Prozeß konzentrieren und beschleunigen. Daher besteht eine Pflicht des Gerichts, den Haupttermin demgemäß nach §§ 139, 144, 273, 358 a vorzubereiten, und es besteht eine Pflicht der Parteien, dem Gericht diese Vorbereitung zu ermöglichen. Eine erneute Erörterung des Sach- und Streitstands nach dem Abschluß der Beweisaufnahme ist wegen der Notwendigkeit des rechtlichen Gehörs erforderlich, III 1, § 285 I. Hier ist evtl ein auch nochmaliger Güteversuch nach § 278 I ratsam. Es ist empfehlenswert, in das Protokoll aufzunehmen, daß eine Gelegenheit zur Äußerung bestand, § 160 II, IV. Grundsätzlich erfolgt keine Vertagung nur zu dem Zweck, einer Partei eine schriftliche Würdigung der Beweisaufnahme zu ermöglichen, Franzki DRiZ **77**, 163. Daher darf das Gericht auch keineswegs stets artig dem verbreiteten fast automatischen Antrag eines ProzBev folgen, ihm eine Frist zur Erörterung mit seinem nicht miterschienenen Auftraggeber zu gewähren.

12 **B. Verstoß, II.** Ein Verstoß gegen II läßt sich nur im Rahmen von §§ 282, 296 ahnden. Evtl muß das Gericht § 283 beachten. Gerät der Zeitplan durcheinander, muß man unterscheiden. Muß das Gericht die Verzögerung verantworten, zB wegen einer mangelhaften Berechnung der Verhandlungsdauer, haben die Parteien einen Anspruch auf eine sofortige Beweisaufnahme, soweit diese an sich durchführbar wäre. Das Gericht darf und muß dann auch einen oder mehrere von dem Beweisführer angekündigte oder nicht angekündigte gestellte anwesende Zeugen vernehmen, BGH NJW **83**, 1495, Hamm MDR **86**, 766, strenger Schlesw NJW **91**, 303 (abl Gießler 2885). Das Gericht muß dann evtl bei den folgenden Sachen nach § 227 verfahren. Verantworten die Parteien die Verspätungen usw etwa wegen mitgebrachter unvorhersehbarer Zeugen oder wegen einer mangelhaften Vorbereitung, so muß das Gericht evtl diesen Termin vertagen, schon BGH **86**, 201, damit das nicht bei den nachfolgenden Sachen nötig wird. Freilich darf und muß das Gericht auch § 296 beachten. Ein Verstoß gegen II kann ein Verfahrensmangel sein und daher auf Antrag zur Zurückverweisung nach (jetzt) § 538 führen, BGH NJW **90**, 122. Gegen die Entscheidung besteht jeweils der Rechtsbehelf wie bei § 227.

13 **10) Nochmalige Erörterung, III,** dazu *Schulz/Sticken* MDR **05**, 1 (ausf): Das, was im wohl irrtümlich stehengebliebenen § 285 I gesagt ist, besagt überflüssigerweise III nochmals mit etwa anderen Worten, ergänzt durch den Zwang nach Hs 2, nach der Beweisaufnahme nochmals den Sach- und Streitstand mit den Parteien zu erörtern. Sie sollen vor dem Verhandlungsschluß nach §§ 136 IV, 296 a nochmals die Möglichkeit zur Stellungnahme haben, diesmal zum Ergebnis der Beweisaufnahme. Es ist ratsam, diese Möglichkeit nach § 160 II zu protokollieren, BGH NJW **90**, 121, schon wegen §§ 139 IV, 321 a, Schulz/Sticken MDR **05**, 5. Das Gericht sollte seine vorläufige Beweisführung möglichst wenigstens im Kern andeuten, Gehrlein MDR **03**, 423, freilich nur, soweit sie das überhaupt eindeutig wünschen, BVerwG NVwZ **03**, 1132. Es muß auch § 139 II beachten.

14 **11) Verstoß, III.** Ein Verstoß gegen III geht auch gegen Art 103 I GG, BGH NJW **90**, 122. Er kann zum Abhilfeverfahren nach § 321 a führen.

280 ***Abgesonderte Verhandlung über Zulässigkeit der Klage.*** **[I] Das Gericht kann anordnen, dass über die Zulässigkeit der Klage abgesondert verhandelt wird.**

II [1] Ergeht ein Zwischenurteil, so ist es in betreff der Rechtsmittel als Endurteil anzusehen. [2] Das Gericht kann jedoch auf Antrag anordnen, dass zur Hauptsache zu verhandeln ist.

Schrifttum: *Schwab,* Die Entscheidung über prozeßhindernde Einreden, Festschrift für *Weber* (1975) 413.

Gliederung

Schrifttum: *Ernst,* Die Einrede des nichterfüllten Vertrages usw, 2000; *Jäger,* Zwischenstreitverfahren nach den §§ 280, 303 ZPO, 2002.

1 **1) Systematik, I, II.** Die Zulässigkeit der Klage oder Widerklage hängt von solchen Umständen ab, die das Gericht zum Teil von Amts wegen und zu einem anderen Teil nur auf eine Rüge beachten muß (der frühere Begriff der prozeßhindernden Einrede ist entfallen). Während §§ 282 III, 296 III die Zulässigkeitsrügen behandeln, erfaßt § 280 diese und außerdem alle von Amts wegen zu prüfenden Prozeßvoraussetzungen, insbesondere Grdz 12 ff vor § 253, Düss RR **98**, 109. Die Vorschrift ist dem § 146 ähnlich, der einzelne Angriffs- und Verteidigungsmittel behandelt.

Die *Reihenfolge* der Prüfung ist etwa: Die deutsche Gerichtsbarkeit, §§ 18–20 GVG; die Ordnungsmäßigkeit der Klagerhebung, §§ 253, 261; die Parteifähigkeit, § 50; die Prozeßfähigkeit, §§ 51, 52, BayObLG WoM **01**, 303; die gesetzliche Vertretung, § 51 II; die Prozeßvollmacht, § 80; das Prozeßführungsrecht, Grdz 22 vor § 50; die Zulässigkeit des Rechtswegs, §§ 13 ff GVG; die örtliche und sachliche Zuständigkeit;

ein etwa nötiger Vorbescheid einer Behörde; das Fehlen einer anderweiten Rechtshängigkeit, § 261; das Rechtsschutzbedürfnis, Grdz 33 vor § 253; besondere Prozeßvoraussetzungen des betreffenden Verfahrens, Grdz 23 vor § 253, BGH NJW **79**, 428; die Klagbarkeit, Grdz 25 vor § 253; das Fehlen des Mangels einer Kostenerstattung; das Fehlen der Kostengefährdung, § 110 Rn 1, § 282 Rn 22; das Fehlen einer Schiedsvereinbarung, §§ 1025 ff, einschließlich einer Schiedsgutachtervereinbarung (beide sind aber auslegbar, Brdb RR **02**, 1537); das Fehlen eines obligatorischen Güteverfahrens nach § 15 a EGZPO, Grdz 49 vor § 253, LG BadBad WoM **01**, 560; die Zulässigkeit der Klagänderung, § 263, BGH NJW **81**, 989; das Fehlen einer entgegenstehenden Rechtskraft, § 322.

2) Regelungszweck, I, II. I gibt dem Gericht im Interesse der Prozeßwirtschaftlichkeit nach Grdz 14 vor § 128 eine Möglichkeit zur abschließenden Klärung vorgreiflicher Fragen. Sie ist freilich meist mit einem erheblichen Zeitverlust verbunden und daher nur von Fall zu Fall sinnvoll, nicht stets. 2

Nicht häufig ist ein Zwischenurteil nach § 280 sinnvoll. Falls ja, erscheint es aber auch vernünftigerweise meist als geradezu notwendig. Dieser Erfahrungssatz erleichtert die Entscheidung innerhalb des durch das Wort „kann" in I formell eingeräumten pflichtgemäßen Ermessens. Das Gericht muß einen Ablehnungsantrag vorweg erledigen, einen Verweisungsantrag nach der Zuständigkeitsprüfung. Man kann II entsprechend bei einer Zwischenentscheidung des Familiengerichts über die Zuständigkeit anwenden, (zum alten Recht) Stgt FamRZ **78**, 443. Soweit das Gericht das Verfahren der abgesonderten Verhandlung aber nicht beachtet, sondern einfach durch einen Beschluß entschieden hat, kommt die sofortige Beschwerde und dann evtl eine Zurückverweisung in Betracht, Zweibr FamRZ **83**, 618. Wegen einer Sicherheitsleistung nach § 110 vgl § 112 Rn 3.

3) Geltungsbereich, I, II. Die Vorschrift gilt in allen Verfahren nach der ZPO, auch im WEG-Verfahren. Sie ist auch im arbeitsgerichtlichen Verfahren anwendbar, Lorenz BB **77**, 1002. Dabei kann zB der Große Senat des BAG vorab gesondert über die Zulässigkeit seiner Anrufung entscheiden, BAG NJW **84**, 1990. Wegen eines Patentstreits BPatG GRUR **86**, 50. Wegen eines Zwischenstreits über andere Fragen als die Zulässigkeit der Klage §§ 303, 304. Wegen eines Zwischenstreits mit einem Dritten §§ 71, 135 II, 387, 402. Das Gericht darf bei § 280 die Anspruchsgründe nicht eingrenzen, BGH VersR **85**, 45. 3

4) Zulässigkeit abgesonderter Verhandlung und Entscheidung, I. Über sämtliche Zulässigkeitsfragen kann das Gericht jederzeit abgesondert verhandeln und entscheiden, I, II. Das gilt unabhängig davon, ob das Gericht sie nun von Amts wegen oder nur auf Grund einer Rüge prüfen muß. Nach § 349 II Z 2 ist auch der Vorsitzende der Kammer für Handelssachen befugt, BGH RR **01**, 930. Wann eine Rüge notwendig ist, das richtet sich nach §§ 282 III, 296 III. Bei der Prüfung von Amts wegen ist wegen deren Vorrangs vor der Prüfung der Begründetheit nach Grdz 14 vor § 253 die Prüfung ebenfalls vorrangig, ob eine abgesonderte Verhandlung stattfinden soll. Jedoch kann man § 280 auch noch später anwenden, wenn sich zB die Zweckmäßigkeit des Zwischenverfahrens erst dann ergibt, BGH RR **92**, 1388. Das Gericht entscheidet nach einer etwa nach § 278 II notwendigen Güteverhandlung von Amts wegen nach seinem pflichtgemäßen Ermessen, Ffm MDR **85**, 149. Ein Parteiantrag läßt sich als eine bloße Anregung bewerten. Ein Anwaltszwang besteht wie sonst nach § 78. 4

Eine *Entscheidung* ergeht auch nach § 128 II. § 280 ist auch noch in der Berufungsinstanz anwendbar, BAG DB **01**, 1044 (evtl sogar in der Revisionsinstanz). Verweigern darf der Bekl die Verhandlung zur Hauptsache nur bei §§ 113 S 2, 269 IV. Sonst wäre er säumig, § 333. Lehnt das Gericht eine abgesonderte Verhandlung ab, muß der Bekl sofort zur Sache verhandeln, BGH DB **76**, 1009. Die Anordnung abgesonderter Verhandlung ist auch dann zulässig, wenn die Rüge nur einen von mehreren Klagegründen betrifft. Die Anordnung leitet einen Zwischenstreit ein. Das Versäumnisverfahren findet nur nach § 347 II statt. Es kann auch zum unechten Versäumnisurteil gegen den Kläger führen, § 331 II Hs 2. Über den Beweis rügebegründender Behauptungen Üb 19 vor § 12 entsprechend. Gelingt der Beweis nicht, muß das Gericht zur Hauptsache entscheiden.

5) Entscheidungen, I, II. Es sind mehrere recht unterschiedliche Wege möglich. 5

A. Anordnung abgesonderter Verhandlung, I. Die Entscheidung ergeht durch einen unanfechtbaren Beschluß. Das Gericht muß ihn verkünden oder nach § 329 II 1 formlos mitteilen. Bei einer gleichzeitigen Terminsbestimmung muß es den Beschluß nach § 329 II 2 förmlich zustellen, abgesehen vom Verkündungsfall des § 218. Das Gericht darf den Beschluß ändern. Es muß dabei freilich § 139 beachten.

B. Entscheidung nach abgesonderter Verhandlung, II 1. Auf Grund der abgesonderten Verhandlung sind mit Ausnahme von § 128 II, Rn 4, die folgenden Entscheidungen möglich. Bei einer Säumnis gilt § 347 II. 6

Bei einer *Unzulässigkeit* der Klage oder Widerklage erfolgt evtl nach einem vergeblichen Hinweis nach § 139 grundsätzlich eine Abweisung durch ein Prozeßurteil nach Grdz 14 vor § 253 ohne eine innere Rechtskraftwirkung, § 322 Rn 60. Ausnahmsweise muß das Gericht bei seiner Unzuständigkeit evtl nach §§ 281, 506 durch einen Beschluß verweisen, BAG BB **76**, 513, LG Trier NJW **82**, 286. Bei einer Rechtswegverweisung nach §§ 17–17 b GVG ergeht ebenfalls ein Beschluß, § 17 a II 3, IV 1 GVG. Wegen § 113 S 2 vgl dort. Ein die Sicherheit anordnendes Zwischenurteil ist unabhängig davon, ob eine abgesonderte Verhandlung stattfand, selbständig anfechtbar, § 112 Rn 3. Unanfechtbar ist die gegenüber dem Antrag des Bekl niedrigere Bemessung der Sicherheitsleistung.

Bei einer *Zulässigkeit* der Klage oder Widerklage nach Anh § 253 ergeht nach einer abgesonderten Verhandlung über diese ein Zwischenurteil, II 1, § 303, BGH FamRZ **06**, 777 links Mitte, Düss GRUR **07**, 224, Zweibr NJW **95**, 538. Es kann zB lauten: „Die Klage" (oder: „Der ordentliche Rechtsweg") „ist zulässig", BGH **102**, 234 (Feststellungsurteil). Dieses führt einen tatsächlichen Verfahrensstillstand herbei, Üb 1 vor § 239. Er dauert bis zu der nach dem Eintritt der formellen Rechtskraft nach § 705 von Amts wegen notwendigen Ladung fort, BGH NJW **79**, 2307 (zu § 304), oder bis zu einer Anordnung nach Rn 6 7

C. Rechtsmittel gegen Zwischenurteil, II 1. Die *Anfechtung* des Endurteils ergreift das Zwischenurteil nicht. Ist es nach § 705 formell rechtskräftig, bindet es die höhere Instanz. Wegen der inneren Rechtskraft § 322 Rn 60 „Prozeßurteil". Die Kostenentscheidung bleibt dem Schlußurteil vorbehalten. Streitwert: Anh 8

§ 3 Rn 90 „Prozeßvoraussetzungen". Das Zwischenurteil ist unabhängig von der formellen Rechtskraft des Endurteils und auch im übrigen selbständig anfechtbar, BGH FamRZ **06**, 777 links Mitte. Bei einer wahren Sachentscheidung gilt das erst recht, BGH RR **06**, 565. Die Rechtsmittel sind grundsätzlich dieselben wie nach einem Endurteil, II 1, BGH NJW **79**, 428, Düss ZMR **01**, 182, Saarbr NJW **92**, 987. Unanfechtbar sind ein solches Urteil des LG, das die sachliche Zuständigkeit zu Unrecht bejaht, und ein solches Urteil, das in einer vermögensrechtlichen Sache nach Grdz 10 vor § 1 die Rüge der örtlichen Unzuständigkeit verwirft, (jetzt) § 513 II, Schlesw FamRZ **78**, 429, § 545 II, BGH MDR **98**, 177. Anfechtbar ist indessen ein solches Urteil, das die Rüge der internationalen Unzuständigkeit verwirft, das Gericht also für zuständig erklärt, BGH NJW **03**, 426, Düss VersR **75**, 646, Saarbr NJW **92**, 987. Unanfechtbar ist ein Zwischenurteil mit einer vom Kläger zu erfüllenden Bedingung der Zulässigkeit, BGH NJW **88**, 1733, Demharter MDR **86**, 186. Dem Rechtsmittelgericht fällt grundsätzlich nur der Zwischenstreit an, BGH RR **86**, 62. Bei einer Erfolglosigkeit des Rechtsmittels gilt § 97. Im übrigen erfolgt die Kostenentscheidung im Schlußurteil. Hat das Gericht fälschlich einen „Nichtverweisungsbeschluß" anstelle eines Zwischenurteils gefällt, ist nach dem Meistbegünstigungsprinzip nach Grdz 28 vor § 511 die sofortige Beschwerde wie die Berufung möglich, Gottwald FamRZ **91**, 1072.

9 **D. Zwischenurteil ohne Endurteil, II 2.** Die Anordnung der Verhandlung zur Hauptsache erfolgt vor der formellen Rechtskraft des Zwischenurteils nach II 1 nur auf einen Antrag und grundsätzlich nur nach einer mündlichen Verhandlung, Rn 7. Vgl freilich §§ 128 II. Wegen der Terminierung nach der Rechtskraft Rn 7. Die Anordnung kann die Anhängigkeit des Prozesses in zwei Instanzen gleichzeitig begründen. Sie ist sofort nach dessen Verkündung zulässig. Sie steht im pflichtgemäßen Ermessen des Gerichts. Sie empfiehlt sich bei einer Gefahr im Verzug oder bei schlechten Aussichten eines Rechtsmittels, zB wegen (jetzt) § 513 II, BGH NJW **98**, 1230, oder wegen § 545 II. Sie ergeht durch einen Beschluß, evtl nebst einer Terminsbestimmung. Das Gericht muß ihn begründen, § 329 Rn 4. Es muß seinen Beschluß verkünden oder nach § 329 mitteilen. Die Terminsbestimmung ist wegen des gerichtlichen Ermessens unanfechtbar, Ffm MDR **85**, 149, ZöGre 9, aM StJL 25. Gegen die Ablehnung einer Terminsbestimmung ist entsprechend § 252 die sofortige Beschwerde statthaft.

10 **E. Zwischenurteil und Endurteil, II 2.** Liegen ein Zwischenurteil über die Zulässigkeitsfrage und ein Endurteil zur Hauptsache vor, ist das Endurteil auflösend bedingt durch eine Aufhebung des Zwischenurteils, ähnlich dem Urteil über den Betrag nach § 304. Das Zwischenurteil ist bei der Frage der Kostengefährdung nur zusammen mit dem Endurteil nach § 113 anfechtbar, BGH **102**, 232, Ffm NJW **95**, 538. Hebt das höhere Gericht das Zwischenurteil auf und weist ab, bricht das Endurteil ohne weiteres und trotz etwa eingetretener formeller Rechtskraft nach § 705 zusammen und entsteht eine Schadensersatzpflicht nach § 717 II. Ein Endurteil hindert also die Anfechtung des Zwischenurteils nicht, Rn 6. Dasselbe Gericht kann das Endurteil nicht förmlich aufheben, das höhere nicht. Denn ihm ist nicht die Entscheidung über dieses Urteil angefallen. Eine solche Aufhebung ist auch nicht notwendig. Das Urteil ist nämlich hinfällig und ein Rechtsmittel mangels einer Beschwer nach Grdz 14 vor § 511 unzulässig. Die Zwangsvollstreckung aus dem Endurteil ist schon vor der formellen Rechtskraft des die Zulässigkeitsrüge verwerfenden Zwischenurteils zulässig. Dieselben Grundsätze gelten bei einer Säumnis des Bekl in der Hauptsache nach dem Erlaß des Zwischenurteils.

11 **F. Rechtsmittel gegen Beschluß, II 2.** Gegen die Anordnung wie Ablehnung durch einen Beschluß ist die sofortige Beschwerde zulässig, § 252 entsprechend, § 567 I Z 1, BGH NJW **01**, 3787 (zum alten Recht und zu § 1059), aM BayObLG WoM **01**, 303 (eine Auflage sei unanfechtbar), Ffm MDR **85**, 149 (die Anordnung der Hauptsacheverhandlung sei unanfechtbar. Beides paßt jedenfalls jetzt nicht mehr zum klaren Gesetzestext). Eine Rechtsbeschwerde kommt unter den Voraussetzungen des § 574 in Betracht. Eine Verhandlung zur Hauptsache zwingt das Gericht, über diese zu entscheiden.

281 *Verweisung bei Unzuständigkeit.* I [1] **Ist auf Grund der Vorschriften über die örtliche oder sachliche Zuständigkeit der Gerichte die Unzuständigkeit des Gerichts auszusprechen, so hat das angegangene Gericht, sofern das zuständige Gericht bestimmt werden kann, auf Antrag des Klägers durch Beschluss sich für unzuständig zu erklären und den Rechtsstreit an das zuständige Gericht zu verweisen.** [2] **Sind mehrere Gerichte zuständig, so erfolgt die Verweisung an das vom Kläger gewählte Gericht.**

II [1] **Anträge und Erklärungen zur Zuständigkeit des Gerichts können vor dem Urkundsbeamten der Geschäftsstelle abgegeben werden.** [2] **Der Beschluss ist unanfechtbar.** [3] **Der Rechtsstreit wird bei dem im Beschluss bezeichneten Gericht mit Eingang der Akten anhängig.** [4] **Der Beschluss ist für dieses Gericht bindend.**

III [1] **Die im Verfahren vor dem angegangenen Gericht erwachsenen Kosten werden als Teil der Kosten behandelt, die bei dem im Beschluss bezeichneten Gericht erwachsen.** [2] **Dem Kläger sind die entstandenen Mehrkosten auch dann aufzuerlegen, wenn er in der Hauptsache obsiegt.**

Schrifttum: *Gaede,* Zuständigkeitsmängel und ihre Folgen nach der ZPO, 1989; *Herz,* Die gerichtliche Zuständigkeitsbestimmung: Voraussetzungen und Verfahren, 1990; *Sachsenhausen,* Die Entwicklung der Verweisung eines Verfahrens usw, Diss Regensb 1989; *Schwab,* Zum Sachzusammenhang bei Rechtsweg- und Zuständigkeitsentscheidung, in: Festschrift für *Zeuner* (1994); *Vollkommer,* Die Neuregelung des Verhältnisses zwischen den Arbeitsgerichten und den ordentlichen Gerichten und ihre Auswirkungen, in Festschrift für *Kissel* (1994).

Gliederung

1) Systematik, I–III. Die Vorschrift regelt das Verfahren, das vor einen objektiv unzuständigen Richter geraten ist, mit den Folgen zur Haupt- und Nebensache. §§ 36 ff, 295, 696 gelten ergänzend. Wegen der nachträglich eintretenden Unzuständigkeit des AG § 506. 1

2) Regelungszweck, I–III. Die Vorschrift dient dem Gebot des gesetzlichen Richters nach Art 101 I 2 GG und damit der Rechtssicherheit, Einl III 43. Sie dient in Wahrheit auch der Prozeßwirtschaftlichkeit, Grdz 14, 15 vor § 128. § 281 soll eine Verzögerung verhindern, AG Seligenstadt MDR **82**, 502. Die Vorschrift soll eine Verteuerung des Prozesses durch einen Streit um die anfängliche örtliche und/oder die sachliche Zuständigkeit vermeiden, BGH FamRZ **88**, 943, Ffm NJW **01**, 1583, Diederichsen ZZP **91**, 406. Wegen der funktionellen Unzuständigkeit Rn 6 ff. Wegen der Gefahr eines Verstoßes gegen Art 101 I 2 GG ist die Vorschrift strikt, aber nicht allzu rasch anwendbar. Man darf die Hemmungslosigkeit manchen Gerichts bei dem Versuch, eine Sache „loszuwerden", nicht durch eine Unterstützung der dazu aufgewendeten Fantasie auch noch fördern, die Fischer MDR **00**, 684 mit Recht als grenzenlos bezeichnet. 2

Verfahrensverstoß nach Rn 38–45 sollte andererseits nun auch nicht zum Mittel der Abstrafung werden. Willkür ist ein schwerer, der Justiz nicht förderlicher Vorwurf. Dasselbe gilt für den Vorwurf, das rechtliche Gehör und damit ein Fundament rechtsstaatlichen Verfahrens versagt zu haben. Die Leichtigkeit, mit der eine abweichende Meinung, noch dazu vielleicht von einer nur schlicht als „herrschend" plakatierten, Einl III 47, zur Aufhebung eines Verweisungsbeschlusses praktisch auf dem Rücken der Parteien nach Rn 39 vorkommen kann, ist alles andere als überzeugend. Alles das sollte man bei der Auslegung mitbeachten.

3) Geltungsbereich, I–III. Ein Grundsatz zeigt breite Wirkung. Er findet sich auch in zahlreichen Sondervorschriften anderer Gesetze. 3

A. Umfassende Geltung. § 281 ist unmittelbar nur für das Urteilsverfahren anwendbar, BGH FamRZ **89**, 847. Ihrem Grundgedanken nach ist die Vorschrift aber weit darüber hinaus grundsätzlich in jedem beliebigen Verfahren nach der ZPO anwendbar, BayObLG Rpfleger **86**, 98, Düss FamRZ **86**, 181, KG WoM **06**, 391. Das gilt auch im WEG-Verfahren und grundsätzlich auch im Verfahren nach §§ 36, 37, Mü NJW **07**, 164, oder im Prozeßkostenhilfeverfahren, Rn 9 „Prozeßkostenhilfeverfahren" im Rechtsmittelverfahren, BGH NJW **86**, 2764, Hbg FamRZ **83**, 613, aM BGH FamRZ **84**, 36 (aber Art 101 I 2 GG gilt in jeder Instanz), oder in der Zwangsvollstreckung (Ausnahme: § 828 III). Wegen Ausnahmen Rn 7 „Handelssache", Rn 10 „Rechtsmittelgericht". Im FamFG-Verfahren gilt § 3 FamFG.

Unanwendbar ist II 3 in einer Abschiebungshaftsache, Celle FGPrax **07**, 244.

B. Beispiele zur Frage der Anwendbarkeit 4

Abtrennung: § 281 kann für eine Teilverweisung gelten, soweit eine Abtrennung nach § 145 zulässig ist.

Anerkenntnis: Rn 12 „Teilanerkenntnisurteil".

Arbeitsgerichtssache: § 281 schafft *keine* rechtswegübergreifende Zuständigkeit, Ffm RR **95**, 319. Vgl vielmehr §§ 17, 17 a GVG in Verbindung mit § 48 ArbGG.

Arrest, einstweilige Verfügung: § 281 gilt im Verfahren auf einen Arrest oder eine einstweilige Verfügung, §§ 916 ff, 935 ff, BGH FamRZ **89**, 847, BAG BB **82**, 313. Das gilt freilich nur, soweit sein Eilzweck nicht einer Verweisung entgegensteht, Teplitzky DRiZ **82**, 41.

S auch Rn 11 „Schriftliches Verfahren".

Aufgebotsverfahren: Es gilt § 3 FamFG.

Ausland: Vgl zunächst Einl III 77. Es erfolgt *keine* Verweisung an ein ausländisches Gericht, Köln NJW **88**, 2183, LG Kassel NJW **88**, 652. Im übrigen kann § 281 auch bei einer Auslandsberührung anwendbar sein, BGH FamRZ **84**, 162. Wegen einer Verweisung auf Grund vorrangiger Zuständigkeit nach der EuGVVO, SchlAnh V C 2.

Ausschließlicher Gerichtsstand: § 281 galt auch dann, § 40 II 1, 2, BGH NJW **83**, 285.

Baulandsache: Von der Zivilkammer erfolgt an die Kammer für Baulandsachen eine *formlose Abgabe* durch eine prozeßleitende Verfügung, Kissel NJW **77**, 1035, aM Oldb FamRZ **78**, 345, Müller DRiZ **78**, 15 (§ 281 sei entsprechend anwendbar. Aber es geht nur um die funktionelle Unzuständigkeit, Rn 6). Man kann § 281 entsprechend bei einer Anrufung des örtlich falschen OLG in der Berufungsinstanz anwenden, Köln RR **97**, 1351, aM BGH FamRZ **96**, 1544.

Beschwerdeverfahren: § 281 gilt im Beschwerdeverfahren, § 573 Rn 4.

Eheverfahren: Es gilt § 3 FamFG. Vgl auch § 123 FamFG.

Einstweilige Verfügung: Rn 4 „Arrest, einstweilige Verfügung".

Erledigung der Hauptsache: § 281 gilt im Verfahren nach § 91 a wegen der Kosten, Ffm NJW **93**, 2946.

Europarecht: Rn 4 „Ausland".

5 **FamFG-Sache:** Eine Verweisung erfolgt nach § 3 FamFG.

Wie bei jeder bloß funktionellen Unzuständigkeit nach Rn 6 erfolgt im Verhältnis zwischen ProzG und FamG sowie umgekehrt grds nur eine *formlose Abgabe* durch eine prozeßleitende Verfügung, Üb 3 vor § 128 (evtl mit der Folge eines Verfahrens nach § 36 I Z 6, § 36 Rn 33), BGH NJW **86**, 2765, Kblz FamRZ **99**, 658, Köln FamRZ **98**, 171, aM BGH FamRZ **90**, 987, Karlsr FamRZ **98**, 1380, Köln FER **99**, 190 rechts (aber man darf die Förmlichkeit nicht überspannen). In einer Hausratssache gilt § 202 FamFG.

§ 281 gilt *ferner nicht* im Verhältnis zwischen einem erstinstanzlichen FamG und einem Familiensenat des OLG, BayObLG FamRZ **79**, 940, oder im Verhältnis zwischen dem Vollstreckungsgericht und dem FamG, LG Mainz NJW **78**, 172.

S auch Rn 10 „Rechtsmittelgericht".

Finanzgerichtssache: § 281 gilt bei einer Finanzgerichtssache.

S auch Rn 7 „Haupt- und Hilfsanspruch", aber auch Rn 7 „Mehrheit von Klagegründen".

Freiwillige Gerichtsbarkeit: S auch „FamFG-Sache".

6 **Funktionelle Unzuständigkeit:** § 281 gilt *nicht direkt* bei einer bloß funktionellen Unzuständigkeit, § 21 e GVG Rn 8, BGH FamRZ **04**, 869 rechts, Rostock FamRZ **07**, 742, LG Hechingen RR **03**, 769. Das gilt also zB im Verhältnis der Abteilungen, Kammern oder Senate desselben Gerichts untereinander, BGH **63**, 217, Bbg FamRZ **90**, 180, oder bei § 1062, Brdb RR **01**, 645. Vielmehr erfolgt dann erstinstanzlich eine formlose Abgabe nach der Geschäftsverteilung durch eine prozeßleitende Verfügung, Üb 5 vor § 128, BGH NJW **78**, 1531, Mü MDR **07**, 1338. Freilich ist dann evtl § 36 I Z 6 anwendbar.

S auch Rn 5 „FamFG-Sache", Rn 7 „Handelssache".

Gerichtsstandsbestimmung: § 281 gilt auch bei § 36, BayObLG NJW **03**, 366 (abl Vossler 1164), aM jetzt BayObLG **03**, 217 (derselbe 1. ZS ohne ausdrückliche Aufgabe seiner früheren Beurteilung. Er setzt sich hier nicht einmal mit der früheren Entscheidung und den dort zitierten weiteren Fundstellen auseinander, sondern erklärte schlicht, seine [jetzige] Auffassung entspreche „der ständigen Praxis des BayObLG." Danach erfolgte eine nicht bindende formlose bloße Abgabe).

Gerichtsstandsvereinbarung: Vgl zunächst §§ 38 ff, ferner § 261 Rn 28. Sie erlaubt eine entsprechende Verweisung, BGH RR **08**, 1309.

Gesetzlicher Richter: Die Anwendung oder Nichtanwendung von § 281 darf nicht dazu führen, daß ein Gericht jemanden seinem gesetzlichen Richter entzieht, Art 101 I 2 GG.

7 **Handelssache:** In einer Handelssache muß das *AG* auf Klägerantrag verweisen. Das Gericht darf und muß den Antrag anregen, § 139. Eine Verweisung erfolgt grds nicht etwa von Amts wegen (nur Amtsprüfung, Grdz 39 vor § 128). Die Verweisung geschieht an die Kammer für Handelssachen, §§ 95, 96 II GVG. Das ist keine bloße Abgabe. In einem Zweifelsfall sollte das Gericht allerdings nur an die Zivilkammer verweisen.

Vom *LG, Zivilkammer,* erfolgt an die Kammer für Handelssachen *nicht* eine Verweisung nach § 281, sondern eine formlose Abgabe, §§ 97 ff GVG, § 696 I 4, § 36 Rn 30 ff. Die ordentliche Berufungskammer kann nicht mehr an die Kammer für Handelssachen verweisen, Schneider NJW **97**, 992, aM LG Köln NJW **96**, 2737.

Haupt- und Hilfsanspruch: § 281 gilt, soweit es sich um einen Haupt- und einen Hilfsanspruch handelt und soweit nur der Hilfsanspruch zur Zuständigkeit des ordentlichen Gerichts gehört, § 260 Rn 8. BGH NJW **80**, 192.

S aber Rn 8 „Mehrheit von Klagegründen".

Hausratssache: Anh I § 281.

Insolvenzverfahren: § 281 gilt nach § 4 InsO auch ohne eine dortige mündliche Verhandlung, II 2, Celle Rpfleger **04**, 240, Kblz Rpfleger **89**, 251.

Kartellsache: § 281 gilt in einer Kartellsache auch bei einer Verweisung vom allgemeinen Berufungsgericht zum besonderen, BGH **71**, 374, Hamm WettbR **00**, 198, Köln WettbR **00**, 224.

Klagänderung, -erweiterung: § 281 gilt auch dann, wenn das Gericht erst infolge einer Änderung bzw Erweiterung usw der Klage nach §§ 263, 264 unzuständig geworden ist.

8 **Landwirtschaftssache:** § 281 gilt bei einer Verweisung an ein LwG. Wegen der Verweisung von einem LwG an ein anderes Gericht Anh II § 281.

Mahnverfahren: § 696 Rn 26, § 700 Rn 14, BAG NJW **82**, 2792. Eine Verweisung findet auch auf Grund einer ordnungsgemäßen Vereinbarung eines Gerichtsstands statt, BayObLG MDR **95**, 312.

Markensache: Anh I § 78 b GVG.

Mehrheit von Klagegründen: § 281 gilt *nicht,* soweit bei einer mehrfachen rechtlich und tatsächlich selbständigen Begründung eines einheitlichen prozessualen Anspruchs nach § 260 Rn 2 für einen Klagegrund der ordentliche Rechtsweg, die sachliche oder die örtliche Zuständigkeit besteht. Dann darf sich das ordentliche Gericht nur mit diesem befassen und durch Endurteil entscheiden. Falls diese Anspruchsgrundlage nicht ausreicht, muß er also abweisen. In den Gründen muß es aber die Unzulässigkeit oder Unzuständigkeit im übrigen aussprechen, BGH NJW **64**, 45 (sachliche Zuständigkeit), BGH VersR **80**, 846, Ffm MDR **82**, 1023 (örtliche Zuständigkeit), ZöGre 8, aM LG Köln NJW **78**, 329 (Sachzusammenhang, krit Flieger NJW **79**, 2603), StJL 13 (Teilverweisung. Aber es gibt keinen allgemeinen Gerichtsstand

des Sachzusammenhangs, § 32 Rn 14). Die Verweisung ist insofern unstatthaft, da eine solche über einen einzigen Klagegrund eines einheitlichen Anspruchs unzulässig ist, § 301 Rn 5, Ffm MDR **82**, 1023.
S aber Rn 7 „Haupt- und Hilfsanspruch".
Mindestbedarf: § 281 gilt auch im Verfahren auf eine Änderung des Mindestunterhalts, § 255 II 1 FamFG.
Nichtvermögensrechtlicher Streit: § 281 gilt auch bei einem solchen Streit, Grdz 10 vor § 1.
Patentsache: Anh I § 78 b GVG, BGH **72**, 6 (zustm von Falck GRUR **78**, 529.
Prozeßkostenhilfeverfahren: § 281 gilt im Verfahren nach §§ 114 ff, BGH FER **97**, 40, BAG NJW **93**, 751, KG MDR **08**, 708, aM OVG Münst NJW **93**, 2766 (keine isolierte Verweisung. Aber eine Verweisung ist grds in allen Verfahrensarten denkbar). 9

Dabei besteht eine *Bindung* an den Verweisungsbeschluß für das Prozeßkostenhilfeverfahren, BGH RR **94**, 706, Drsd FamRZ **99**, 449, KG WoM **06**, 391. Sie besteht aber nicht auch für die Klage, erst recht nicht für eine erst beabsichtigte Klage, BGH FER **97**, 40 (Vorlage), Hamm RR **00**, 67, KG WoM **06**, 391, aM BAG MDR **82**, 172, Düss Rpfleger **79**, 431 (eine Bindung erfolge auch für die Klage, soweit der Gegner gehört werde. Aber das ändert nichts an § 308 I). Notfalls ist § 36 I Z 6 anwendbar, BGH NJW **83**, 285, Düss FamRZ **86**, 181, Hamm FamRZ **89**, 641.
Rechtsmittelgericht: Vgl zunächst Rn 3.
10 § 281 gilt *nicht* im Verhältnis zwischen zwei Rechtsmittelgerichten, BGH FamRZ **01**, 618, Hamm FamRZ **97**, 502, Bergerfurth FamRZ **87**, 1008. Die Vorschrift gilt auch dann nicht, wenn der Kläger zB statt des OLG das LG hätte anrufen müssen, BGH VersR **96**, 1391.
S auch Rn 7 „Handelssache", Rn 12 „Verfahrensfehler".
Rechtswegverweisung: Es gelten § 48 I ArbGG, §§ 17 a, b GVG.
Sachzusammenhang: § 17 GVG Rn 5.
Scheidung: Es gilt § 3 FamFG.
11 **Schiedsrichterliches Verfahren:** § 281 gilt im Verfahren auf die Vollstreckbarerklärung eines Schiedsspruchs, §§ 1060, 1061.
§ 281 gilt *nicht* zwischen dem staatlichen Gericht und dem Schiedsgericht, Junker KTS **87**, 37, und nicht bei § 1062, Brdb RR **01**, 645.
Schiedsspruch: S „Schiedsrichterliches Verfahren".
Schriftliches Verfahren: § 281 gilt im Verfahren ohne eine mündliche Verhandlung nach §§ 128 II, 495 a S 1 schon wegen II 2. Das gilt zB im Arrestverfahren oder im Insolvenzverfahren, Kblz Rpfleger **89**, 251. Denn der Zivilprozeß ist nicht für nutzlose förmliche Tüfteleien da, Mü MDR **87**, 147.
Selbständiges Beweisverfahren: § 281 gilt in diesem Verfahren, § 490 Rn 5.
Sozialgerichtssache: §§ 17, 17 a GVG, § 52 SGG.
S auch Rn 7 „Haupt- und Hilfsanspruch", aber auch Rn 8 „Mehrheit von Klagegründen".
Spruchverfahren: § 281 ist entsprechend anwendbar, BGH BB **06**, 1069.
Teilanerkenntnisurteil: § 281 gilt nach einem Teilanerkenntnisurteil, § 307 Rn 5, BGH RR **92**, 1091. 12
Verfahrensfehler: § 281 gilt *nicht,* soweit der Berufungskläger wegen eines Verfahrensfehlers der ersten Instanz das Berufungsgericht fälschlich angerufen hat, KG RR **87**, 1483.
Versäumnisurteil: § 281 gilt nach einem Versäumnisurteil, § 342, BGH RR **92**, 1091. 13
Verwaltungsgerichtssache: Rn 60.
Widerklage: § 281 gilt auch gegenüber einer unzulässigen Widerklage eines Dritten, Hbg RR **04**, 62. 14
Wiederaufnahmeverfahren: § 281 gilt im Verfahren nach §§ 578 ff, BayObLG WoM **91**, 134.
Wohnungseigentumssache: Anh § 29 b.
Zurückverweisung: § 281 ist auf einen solchen Antrag anwendbar, Karls FamRZ **05**, 380.
Zuständigkeitsbestimmung: § 281 gilt auch bei § 36, BayObLG RR **00**, 589.
Zwangsvollstreckung: § 281 gilt im Zwangsvollstreckungsverfahren, BayObLG Rpfleger **86**, 98.

4) Verweisung, I, II 1. Sie erfolgt oft erstaunlich „großzügig". Es müssen die folgenden Voraussetzungen zusammentreffen. 15

A. Unzuständigkeit des angerufenen Gerichts. Erste Voraussetzung einer Verweisung ist, daß das angerufene Gericht unter keinem Gesichtspunkt zuständig ist, Mü MDR **07**, 1279, und daß es seine örtliche oder sachliche Unzuständigkeit oder seine Unzuständigkeit im ordentlichen Rechtsweg ausspricht, zu letzterer §§ 17 ff GVG. Das verweisende Gericht muß seine Unzuständigkeit begründen, Mü MDR **07**, 1279. Die Klage darf also nicht nur eingereicht, sondern muß auch zugestellt worden sein, BGH NJW **80**, 1281, Düss Rpfleger **78**, 62, Ffm RR **08**, 634. Denn sonst ist keine Verweisung nach § 281 möglich, der die Möglichkeit einer Unzuständigkeitserklärung zur Voraussetzung hat, Rn 20.

Das *verweisende Gericht* kann mit der obigen Einschränkung auch ein Berufungsgericht sein, KG BB **83**, 214, Köln OLGZ **89**, 87. Der früher versäumte Verweisungsantrag läßt sich dort nachholen, BAG BB **75**, 1209. Verweisen kann auch das Revisionsgericht, BAG BB **75**, 1209. Dabei ist das die Zuständigkeit bejahende oder wegen Unzuständigkeit abweisende Urteil der Vorinstanz durch ein Urteil aufhebbar, also nicht durch einen Beschluß, KG BB **83**, 214, Köln OLGZ **89**, 86. Dieses aufhebende Urteil ist entsprechend § 281 II unanfechtbar. So kann zB nach erstinstanzlichem Prozeßurteil unter dessen Aufhebung grundsätzlich eine Verweisung an das erstinstanzlich zuständige Gericht erfolgen, Köln OLGZ **89**, 87. 16

Unzulässig wäre es aber, daß das LG als Berufungsgericht nach einer Klagerweiterung der amtsgerichtlichen Klage nunmehr durch eine Verweisung an eine andere Kammer des LG diese wegen des über die amtsgerichtliche Zuständigkeit hinausgehenden Streitwerts als erste Instanz zuständig macht.

B. Bestimmbarkeit des zuständigen Gerichts. Weitere Voraussetzung einer Verweisung ist, daß das Gericht ein inländisches Gericht nach Rn 14 als örtlich und sachlich zuständig bestimmen kann. Sind mehrere Gerichte örtlich zuständig, gehört es zum Antrag des Klägers, daß er wählt. Nicht aber darf das verweisende Gericht demjenigen Gericht, an das es verweist, die Prüfung seiner Zuständigkeit unter mehreren anderen Gerichten überlassen, BayObLG **93**, 172. Im übrigen genügt es und ist notwendig, daß das verweisende Gericht das andere pflichtmäßig für örtlich und sachlich zuständig hält, Köln OLGR **04**, 17

257. Dabei muß es die Behauptungen des Klägers zugrundelegen, soweit sie für die Bestimmung der Zuständigkeit genügen, Üb 19 vor § 12. Bestreitet der Gegner die eine Verweisung begründenden Tatsachen, also die Zuständigkeit eines anderen Gerichts, kann auch eine Beweiserhebung nötig werden, soweit vorher ein Antrag vorliegt, Rn 18. Die Bezeichnung derjenigen Abteilung oder Kammer oder desjenigen Senats des Gerichts, an das verwiesen wird, ist unnötig und zwecklos, Hamm FamRZ **79**, 1035. Das gilt freilich nur innerhalb derselben Funktion dieses Gerichts. Die Bezeichnung einer Funktion wie „Familiengericht" oder „Prozeßgericht" bindet, Rn 31. Wegen der Verweisung an die Kammer für Handelssachen eines anderen LG § 96 GVG Rn 3, 4.

18 **C. Antrag des Klägers.** Erforderlich ist ferner grundsätzlich (Ausnahmen: §§ 621 III, 696 I, 698, 700 III) ein Antrag des Klägers auf eine Verweisung, BGH **63**, 218, Karlsr RR **02**, 1168, Köln GRUR **02**, 104. Das gilt auch in höherer Instanz. Ein „Antrag" des Bekl ist nicht als solcher wirksam, sondern nur eine Anregung, auch in höherer Instanz, aM BezG Gera FamRZ **91**, 1072 (abl Gottwald), Oldb FamRZ **81**, 186 (diese Gerichte lassen, letzteres unter Berufung auf den BGH, den Antrag des „Betroffenen" ausreichen. Aber I 1 spricht klar von einem Antrag nur „des Klägers". Das entspricht seiner Parteiherrschaft, Grdz 18 vor § 128). Etwas anderes gilt in den Fällen §§ 506, 696 ZPO, §§ 97 ff GVG sowie bei einer sog Meistbegünstigung, Grdz 28 vor § 511. Der Verweisungsantrag kann ein Sachantrag sein, § 297 Rn 9 „Verweisung". Er ist als ein Hilfsantrag zulässig. Der Kläger kann ihn auch im Säumnisverfahren nach §§ 331 ff stellen, auch im Verfahren nach § 36 I Z 6, BGH NJW **78**, 1163, auch in Verbindung mit einem Rechtsmittel oder im Anschluß an dieses. Er kann den Verweisungsantrag auch nach einer Rücknahme wiederholen. Ein Teilverweisungsantrag ist für einen nach § 145 abtrennbaren Teil statthaft, Mü MDR **96**, 642, nicht aber nur wegen einzelner Anspruchsgrundlagen, BGH NJW **03**, 828, Ffm RR **96**, 1341 (auch zu Ausnahmen zB bei § 32).

19 Es besteht *kein Anwaltszwang, soweit* man den Verweisungsantrag oder eine weitere diesbezügliche Erklärung des Klägers oder des Bekl (zulässigerweise, II 1) *vor* dem Urkundsbeamten der *Geschäftsstelle* auch jedes Amtsgerichts nach § 129 a zu Protokoll abgibt, § 78 III Hs 2. Ein Anwaltszwang entsteht allenfalls, soweit es zu einer dem Gericht freigestellten und nun eben tatsächlich anberaumten oder doch stattfindenden mündlichen Verhandlung kommt, und nur für ihre Dauer. Wegen derjenigen Verfahren, die überhaupt keine Verhandlung kennen, s unten.

20 **D. Rechtshängigkeit.** Der Prozeß muß schließlich bei dem verweisenden Gericht schon und noch rechtshängig sein, § 261 Rn 4, § 920 Rn 7, BGH RR **97**, 1161, Ffm RR **08**, 634, Zweibr RR **98**, 1606 (also evtl auch nach einem Teilversäumnisurteil). Eine bloße Anhängigkeit nach § 261 Rn 1 genügt nicht, BGH RR **97**, 1161, BayObLG **91**, 243, Karlsr NZM **03**, 576. Vielmehr findet dann eine formlose Abgabe ohne eine vorherige Anhörung eines Gegners und ohne eine Bindungswirkung statt, Hbg FamRZ **88**, 300 (Umdeutung eines „Verweisungs"-Beschlusses), BayObLG **91**, 243, Ffm RR **08**, 634. Es liegt ja noch gar kein Prozeßrechtsverhältnis vor, Grdz 4 vor § 128. Ab dem Ende der Rechtshängigkeit ist keine Verweisung mehr statthaft, auch nicht zB wegen einer noch nach § 91 a nötigen Kostenentscheidung, Mü OLGZ **86**, 69. Es ist ratsam, eine bloße Abgabe klar als solche zu bezeichnen und knapp zu begründen.

21 **E. Verstoß.** Fehlt ein Erfordernis nach Rn 15–20 und war keine Heilung möglich, liegt grundsätzlich eine Willkürentscheidung vor, Rn 39, BayObLG MDR **02**, 661, Karlsr RR **02**, 1168 (Ausnahme nur bei Rn 18), Mü MDR **07**, 1279. Ausnahmsweise kann freilich bei einer Gewährung des rechtlichen Gehörs eine erfolgte Verweisung wirksam sein, BGH FER **97**, 89. Andernfalls muß das Gericht die Klage durch ein Prozeßurteil abweisen. Es ist eine vorherige Belehrung nach § 139 nötig, Stürner, Die richterliche Aufklärungspflicht im Zivilprozeß (1982) 66.

22 **F. Weiteres Verfahren.** Zuständig ist auch bei einer Entscheidung ohne eine mündliche Verhandlung das gesamte Gericht (Kollegium), der Einzelrichter nach §§ 348, 348 a, 526, 527, 568, der Vorsitzende der Kammer für Handelssachen nach § 349 II Z 1. Die Entscheidung über den Verweisungsantrag kann wegen der in I 1, II 3, 5 vorgeschriebenen Beschlußform grundsätzlich ohne eine mündliche Verhandlung stattfinden, § 128 IV, Karlsr JB **05**, 596. Sie ist also freigestellt.

23 Das Erstgericht entscheidet nach *pflichtgemäßem Ermessen,* ob es eine mündliche Verhandlung zur Zuständigkeitsfrage anordnet oder diese Anordnung wieder aufhebt. Ein diesbezüglicher „Antrag" bindet es nicht. Es muß die Schwierigkeit der Sach- und Rechtslage zur Zuständigkeitsfrage abwägen. Es muß ferner die Entfernung der Parteien vom Gerichtsort und nur in diesem Rahmen auch die Kosten eines etwa notwendigen oder gar zusätzlich erforderlichen Anwalts(wechsels) gerade nur zwecks Wahrnehmung dieser Verhandlung mitbedenken. Es sollte sich mit ihrer Anordnung zwar zurückhalten. Es darf und muß eine Verhandlung bei Erforderlichkeit oder auch nur Zweckmäßigkeit auch durchaus anordnen und darf sie keineswegs an Kostenerwägungen scheitern lassen. § 21 GKG oder § 20 FamGKG ist unanwendbar, solange die Terminsanordnung nicht gänzlich abwegig war.

24 Ein besonderes *Einverständnis* „mit einer schriftlichen Entscheidung" oder „mit dem schriftlichen Verfahren" ist überflüssig. Schriftlich kann die Verweisung ohnehin im schriftlichen Verfahren stattfinden, KG AnwBl **84**, 507. Das kann auch im Aktenlageverfahren nach § 251 a sowie in denjenigen Verfahren stattfinden, die keine mündliche Verhandlung erfordern, zB beim Arrestantrag, § 921 I. Ein Anwaltszwang gilt auch dann, Ffm AnwBl **80**, 198. Alles das gilt auch im Verfahren auf den Erlaß einer einstweiligen Verfügung, §§ 935 ff. Soweit keine Verhandlung stattfindet, muß das Gericht schon wegen Artt 2 I, 20 III GG (Rpfl), BVerfG **101**, 404, Art 103 I GG (Richter) grundsätzlich mit einer angemessenen Frist den Antragsgegner vor der Verweisung anhören, BGH FamRZ **89**, 847. Es muß dem Antragsgegner daher selbst in einer klarliegenden Sache eine Gelegenheit zu einer schriftlichen Äußerung geben, aM BAG BB **82**, 313. Das gilt natürlich nicht, soweit sogar die Hauptentscheidung zur Sache etwa im Eilverfahren ohne eine vorherige Anordnung zulässig und notwendig wäre.

25 **G. Entscheidung des Erstgerichts.** Die Verweisung geschieht grundsätzlich durch einen Beschluß, Karlsr JB **05**, 516. Das Gericht verkündet ihn oder teilt ihn bei einer Entscheidung ohne eine mündliche Verhandlung grundsätzlich nach § 329 II 1 formlos mit, BGH RR **00**, 1732 oben links (also nicht durch

Urteil, dazu aber Rn 26). Nicht etwa erfolgt zusätzlich eine Klagabweisung als unzulässig, BAG BB **76**, 513, aM LAG Hamm BB **76**, 331 (aber der Prozeß geht vor dem richtigen Gericht weiter; bisherige Kosten Rn 54). Die etwaige Möglichkeit einer sofortigen Beschwerde in den leider in der Praxis gar nicht seltenen formell strengen Ausnahmefällen nach Rn 46 mag allerdings zur Anordnung der vorsorglichen förmlichen Zustellung nach § 329 III führen. Diese dürfte man jedenfalls nicht nach § 21 GKG oder § 20 FamGKG beurteilen (Nichterhebung etwaiger Zustellungs-Auslagen). Nach einem erfolglosen Güteversuch nach § 278 erfolgt die Verweisung auch durch den Vorsitzenden.

Der *Beschluß lautet* entweder auf eine Zurückweisung des Antrags oder dahin, daß sich das Gericht insgesamt, nicht nur in der entscheidenden Abteilung oder Kammer usw, Ffm FamRZ **88**, 736, für örtlich und/oder sachlich unzuständig erklärt und den Rechtsstreit grundsätzlich insgesamt an das andere Gericht verweist, nicht nur wegen einzelner Anspruchsgrundlagen, Rn 18. Unterbleibt die Unzuständigkeitserklärung, ist das unwesentlich, solange diese Grundlage der Verweisung eindeutig erkennbar ist. Das verweisende Gericht muß das andere Gericht genau bezeichnen. Eine Verweisung „an das zuständige Gericht" oder „an das ordentliche Gericht" ist wirkungslos. Es muß seinen Verweisungsbeschluß grundsätzlich begründen, § 329 Rn 4, schon wegen unten Rn 43. Er darf keine Kostenentscheidung enthalten, auch nicht wegen der Mehrkosten des II 2. Er wird mit der letzten Mitteilung wirksam, BGH MDR **95**, 739.

H. Entscheidung des Rechtsmittelgerichts. Bei ihr ist nach einem Ersturteil nun auch zwecks Verweisung ausnahmsweise ein Urteil notwendig, BGH MDR **05**, 265 (keine Hinderung durch § 513 II). Denn man kann die gleichzeitig erforderliche Aufhebung des Ersturteils nicht durch einen Beschluß vornehmen, BGH RR **88**, 1403, Ffm FamRZ **91**, 1073, Köln FamRZ **90**, 645. Das gilt auch beim bloßen Hilfsantrag auf eine Verweisung im Anschluß an eine erstinstanzliche Klagabweisung, BGH NJW **84**, 2040, BAG BB **75**, 1209, Hamm OLGZ **89**, 339. Insoweit ist dann auch unverändert und trotz II 2 in Wahrheit eine mündliche Verhandlung mit Anwaltszwang notwendig. Freilich kommt doch wieder wie nach Rn 25 ein Beschluß infrage, wenn eine Verweisung nur denjenigen Teil der Klage berührt, den der Rechtsmittelführer erstmals durch eine nachträgliche Anspruchshäufung eingeführt hatte und der das Ersturteil nicht berührt, Köln FamRZ **90**, 645. Nach einer erst im Anschluß an einen Einspruch gegen ein Versäumnisurteil oder einen Vollstreckungsbescheid oder erst im Anschluß an einen Widerspruch im vorläufigen Verfahren erfolgten Verweisung durch das Rechtsmittelgericht muß dasjenige Gericht über diese Rechtsbehelfe befinden, an das die Verweisung erfolgte. Die Ablehnung der Verweisung geschieht wie bei Rn 25. 26

5) Grundsatz: Unanfechtbarkeit, II 2–4. Beim Rpfl gilt bei Rn 27–45 § 11 RPflG, § 104 Rn 41 ff. Im übrigen gilt: Der Beschluß ist unabhängig von der Frage der Bindungswirkung nach Rn 30 grundsätzlich völlig unanfechtbar, BGH FamRZ **04**, 869 rechts, Rostock FamRZ **06**, 432. Das gilt, mag er zurückweisen, BGH MDR **04**, 699, Oldb MDR **92**, 518, oder verweisen, BGH NJW **03**, 2990, Naumb FamRZ **00**, 545, LG Mainz NJW **78**, 171, mag er zurückverweisen, BGH FamRZ **98**, 477, Düss MDR **96**, 311, Karlsr FamRZ **05**, 380, mag er richtig sein oder auf einem Prozeßverstoß beruhen, BGH NJW **03**, 2990, BAG NJW **91**, 1630, Naumb FamRZ **00**, 545, aM Ffm NJW **93**, 2448, Hbg MDR **03**, 1072, ZöGre 14 (aber der Regelungszweck liegt zunächst auch in der Eindämmung von Prozeßerschwernissen, Rn 29, 30). 27

Der Verweisungsbeschluß ist sogar dann unanfechtbar, wenn das verweisende Gericht *ausschließlich* zuständig ist, BAG BB **83**, 579, Düss Rpfleger **75**, 102, Ffm MDR **79**, 851. Die Unanfechtbarkeit besteht auch dann, wenn das Erstgericht die Verweisung durch ein Urteil ausgesprochen hat, BGH RR **00**, 1732 oben links. Ist für die Anspruchsgrundlagen eines einheitlichen prozessualen Anspruchs zum Teil das ordentliche Gericht, zum Teil das ArbG ausschließlich zuständig und verweist das AG oder das ArbG zu Unrecht die Sache ans LG, ist das LG (anders Rn 7) uneingeschränkt zuständig geworden, erst recht bei mehreren Ansprüchen. 28

Der Zweck der Vorschrift nach Rn 2, 30 *verbietet* grundsätzlich jede *Nachprüfung* durch das Rechtsmittelgericht, BGH NJW **90**, 94. Das gilt selbst dann, wenn das verweisende Gericht nicht ordnungsgemäß besetzt war, Ffm MDR **79**, 851. Vielmehr ist evtl § 36 I Z 6 anwendbar, Düss MDR **96**, 311 (nicht nach Zurückverweisung, BGH FamRZ **98**, 477). Eine Nachprüfung erfolgt freilich dann, wenn das Erstgericht an ein anderes Gericht zur Prüfung der Zuständigkeit verweist. Denn das ist keine Verweisung nach § 281, Rn 30, 33. Erst recht nicht eröffnet die Fehlerhaftigkeit eine sonst fehlende weitere Instanz, Köln FamRZ **92**, 971. Gegen einen Beschluß ist freilich evtl eine Verfassungsbeschwerde zulässig, Art 101 I 2 GG, BVerfG **29**, 50 (zu § 36). 29

6) Weiterer Grundsatz: Unwiderruflichkeit; Bindung, II 2–4. Der formell korrekte, formell nach §§ 329, 705 rechtskräftige Beschluß ist für das verweisende Gericht grundsätzlich unwiderruflich, § 329 Rn 16, Karlsr RR **95**, 1536, Schlesw MDR **05**, 233, LG Regensb JB **04**, 390. Er bindet grundsätzlich zwar nicht eine andere Abteilung oder Kammer usw desselben Gerichts, BayObLG Rpfleger **02**, 630, Bbg FamRZ **90**, 180, Köln RR **02**, 427 (dann ist § 36 I Z 6 anwendbar). Er bindet aber auch bei Mängeln nach Rn 27 grundsätzlich das andere selbständige Gericht, BGH NJW **03**, 2990, KG RR **08**, 809, Schlesw NJW **06**, 3362. Er bindet auch das FamG, Köln FamRZ **08**, 283. Er bindet auch das höhere Gericht, Ffm JB **96**, 481. Er bindet auch die Rechtsmittelinstanzen des anderen Gerichts. Die Verweisung soll ja gerade die Sache fördern und einen Zwischenstreit zur Zuständigkeit beenden, BGH RR **92**, 903, Oldb MDR **89**, 1002. Das gilt nicht nur wegen derjenigen Zuständigkeitsfrage, derentwegen er verwiesen hat, BAG BB **77**, 613, sondern auch wegen sonstiger Zuständigkeitsfragen, jedenfalls soweit das verweisende Gericht letztere erkennbar zumindest subjektiv abschließend (mit)geprüft hat, BGH RR **98**, 1219, BayObLG WoM **03**, 534 rechts oben, Ffm MDR **79**, 851. 30

Die Bindungswirkung gilt auch im *Mahnverfahren*, BGH Rpfleger **78**, 13. Sie gilt ferner im streitigen Verfahren, BayObLG RR **02**, 1152, und im Verfahren nach § 36, BGH NJW **06**, 700, BayObLG NZM **02**, 796. Auch der Verweisungsbeschluß eines in Wahrheit ausschließlich zuständigen Gerichts kann unter diesen Voraussetzungen grundsätzlich binden, BAG RdA **83**, 72, BayObLG **85**, 20. Eine im Prozeßkostenhilfeverfahren beschlossene Verweisung an das damals zuständige Gericht kann auch für das Klageverfahren binden, BAG MDR **82**, 171, Düss Rpfleger **79**, 431, KG VersR **08**, 1235, aM BGH RR **92**, 59, BAG NZA **93**, 285, KG MDR **08**, 708 (aber der Regelungszweck nach Rn 2, 30 ist auch hier maßgeblich). 31

Eine *Prozeßkostenhilfeentscheidung* des verweisenden Gerichts im Hauptverfahren bindet grundsätzlich, Düss RR **91**, 63, aM BGH NJW **80**, 1282, ThP 1 (die Bindung umfasse nicht die Unterfrage, welcher Spruchkörper desjenigen Gerichts funktionell zuständig sei, an das die Verweisung erfolge. Diese Meinung ist eine Folge des heillosen gesetzgeberischen Durcheinanders). Die Verweisung des Einzelrichters nach § 348, 348 a, 526, 527, 568 bindet den Einzelrichter des anderen Gerichts, Ffm MDR **03**, 1375, Kblz MDR **86**, 153.

32 Im Umfang der Bindungswirkung darf das andere Gericht die Zuständigkeit des verweisenden Gerichts auch nicht erneut unter einem *anderen rechtlichen Gesichtspunkt* überprüfen, BGH MDR **93**, 1236, BayObLG RR **93**, 11, Oldb MDR **89**, 1002. Das wegen der Zuständigkeitsfrage gebundene Gericht muß zur Sache entscheiden. Es ist dabei aber an die diesbezügliche Ansicht des verweisenden Gerichts nicht mitgebunden, LG Gött VersR **80**, 1180.

33 **7) Ausnahme: Keine Bindungsabsicht, II 2–4.** Der Beschluß bindet allerdings nur, soweit er auch in Wahrheit bei einer vernünftigen Auslegung überhaupt binden will, BGH RR **96**, 897, BAG NJW **97**, 1091, BayObLG RR **96**, 956, aM StJL 27 (aber auch der Bindungswille und sein Umfang sind durch eine Auslegung ermittelbar, soweit das notwendig wird). Daher bindet er nicht für die sachliche Zuständigkeit, wenn die Verweisung nur wegen der örtlichen oder wegen der funktionellen erfolgt war, Nürnb MDR **96**, 1068, und nicht wegen der angeblichen funktionellen, Brdb FamRZ **07**, 293, Zweibr FamRZ **02**, 1044. Er bindet ferner nicht, wenn das Gericht nur wegen der örtlichen Unzuständigkeit verwiesen hat, BGH NJW **78**, 887, BayObLG MDR **86**, 326, Düss Rpfleger **78**, 328. Dann ist jeweils eine Weiterverweisung zulässig, BayObLG MDR **86**, 326, LG Hbg WoM **88**, 407. Deshalb ist auch bei einer Verweisung vom AG an das LG nur wegen des Streitwerts eine Weiter- oder Rückverweisung an ein ausschließlich zuständiges Gericht möglich, BayObLG MDR **83**, 322 Nr 68, auch an ein ArbG, Oldb MDR **89**, 1002.

34 Es kommt auch eine Weiter- oder Zurückverweisung in Betracht, soweit sich der *Streitgegenstand* nach § 2 Rn 4 nach der vorangegangenen Verweisung *ändert*, BGH NJW **90**, 54, oder soweit zB wegen Parteiänderung zum jetzigen Bekl bei der ersten Verweisung noch gar kein Prozeßrechtsverhältnis nach Grdz 4 vor § 128 bestand, KG MDR **98**, 367.

35 Es ist auch eine *Weiterverweisung* von ArbG zu ArbG möglich (nicht aber eine Rückverweisung), oder in einen anderen Rechtsweg, BAG NJW **93**, 1878, Karlsr VersR **04**, 886, oder nach einer Rechtswegverweisung nunmehr an ein im neuen Rechtsweg örtlich zuständiges anderes Gericht, BAG NJW **96**, 742, oder eine Rückverweisung vom LG an das AG, wenn dieses § 29 a übersehen hatte.

36 Zulässig ist eine Verweisung von der Berufungs- an die erstinstanzliche Kammer. Denn sonst würde eine Verkürzung des Rechtszugs eintreten. Ist eine Verweisung nur wegen der *sachlichen* Unzuständigkeit erfolgt, kann der Beschluß *auch für* die *örtliche* Zuständigkeit binden. Denn das verweisende Gericht müßte sie an sich ja bei einer ordnungsgemäßen Arbeit bei der sachlichen mitgeprüft haben, BayObLG RR **96**, 956, Mü Rpfleger **76**, 108, aM BAG BB **81**, 616 (aber das Gericht muß stets alle Zulässigkeitsfragen klären). Ausnahmen gelten aber, wenn das verweisende Gericht die örtliche Zuständigkeit in Wahrheit eindeutig nicht wenigstens subjektiv abschließend geprüft hatte, BGH NJW **78**, 888 (Familiensache), BayObLG MDR **83**, 322 Nr 68, Köln VersR **94**, 77. Man muß im übrigen § 11 beachten. Eine Weiterverweisung nach §§ 97 ff GVG an die Kammer für Handelssachen bleibt möglich. Der an ein AG ergangene Verweisungsbeschluß bindet nur das AG als Ganzes, nicht sein Familiengericht, soweit es sich nicht um eine Familiensache handelt, Düss Rpfleger **81**, 239.

37 **8) Weitere Ausnahme: Irrtum, II 2–4.** Vgl zunächst Rn 27–29. Hat das verweisende Gericht einen landesrechtlichen Spezialgerichtsstand offenbar übersehen, ist eine Weiterverweisung zulässig, LG Regensb JB **04**, 390. Hatte das verweisende Gericht sich offenbar über die richtige Bezeichnung desjenigen Gerichts geirrt, an das es verweisen wollte, zB einen falschen Ortsnamen gewählt, weil es die Bezirksgrenzen nicht kannte, ist eine Weiterverweisung zulässig, BAG DB **94**, 1380, oder auch eine Berichtigung nach § 319 möglich, Rn 50, BGH FamRZ **97**, 173, Stgt MDR **04**, 1377. Das gilt freilich nicht bei einer fehlerhaften Prüfung des Wohnsitzes usw, BGH RR **93**, 700. Ohne eine bindende Wirkung ist eine Verweisung an eine andere Zivilkammer desselben Gerichts in derselben Instanz, weil es sich um eine Geschäftsverteilungsfrage handelt, oder sonst bei einer funktionellen Unzuständigkeit, zB bei § 1062, Brdb RR **01**, 645, KG JB **07**, 49. Dagegen ändert eine bloß unrichtige rechtliche Beurteilung nichts an der Bindungswirkung, BGH RR **92**, 903, Düss WoM **92**, 548, KG RR **97**, 251. Dasselbe gilt erst recht bei einer zweifelhaften Rechtslage, BGH RR **95**, 702.

38 **9) Weitere Ausnahme: Schwerer Verfahrensverstoß, II 2–4.** Nicht bindend ist eine Verweisung ferner, wenn sie nicht mehr eine im Rahmen des § 281 liegende Entscheidung ist, BGH FER **97**, 89, BAG NZA **05**, 183, Karlsr NZM **03**, 576. Bei derart schweren Verfahrensverstößen kommt es nicht darauf an, ob sie für die Verweisung ursächlich waren, BayObLG MDR **80**, 583. Insofern muß man die folgenden Fallgruppen unterscheiden.

39 **A. Willkür,** dazu *Fischer* MDR **05**, 1091 (Üb): Die Regelung entspricht Art 6 I MRK, EGMR NJW **08**, 2317. Die Verweisung bindet nicht beim endgültigen Fehlen des nach Rn 18 erforderlichen Verweisungsantrags, Brdb FGPrax **03**, 130, Köln GRUR **02**, 104. Sie bindet ferner nicht, soweit sie objektiv willkürlich ist, Einl III 21, BVerfG **22**, 254, BGH NJW **04**, 3201, KG VersR **08**, 1235 rechts (zustm Jaeger). Willkür liegt beim Fehlen jeder rechtlichen Grundlage vor, Einl III 21, BGH NZM **05**, 396, VerfGH Mü NJW **05**, 3771, KG MDR **07**, 174. So mag es liegen, wenn das Gericht den Verweisungsantrag des Klägers mißachtet und nach dem abweichenden Antrag nur des Bekl verweist, Brdb MDR **06**, 1184. Willkür kann beim Nichtbeachten einer eindeutigen eigenen Zuständigkeit vorliegen (leider gar nicht selten!), Ffm RR **96**, 1403, KG RR **08**, 1024, Mü RR **94**, 892, oder bei der Nichtbeachtung einer seit längerem eingetretenen Gesetzesänderung, BGH MDR **02**, 1446. Willkür kann bei einer Unverständlichkeit infolge einer Unterlassung der nötigen Vertragsauslegung vorliegen, BGH BB **04**, 2602 (streng. Wann beginnt Unverständlichkeit?). Willkür dürfte zumindest dann naheliegen, wenn die auch nur bloße Erwähnung einer Streitfrage als solcher oder gar auch nur einer der abweichenden Stimmen einfach nicht erfolgt oder wenn das verweisende Gericht nicht erkennbar macht, weshalb es eine allgemeine Rechtsansicht nicht übernimmt, Schlesw NJW **06**, 3360. Dergleichen muß man leider sogar auch höchstrichterlich zunehmend beobachten. Eine Willkür kann auch bei einer unbrauch-

baren Verweisungsbegründung des in Wahrheit schon eindeutig zuständigen Gerichts vorliegen, KG RR **08**, 810, oder dann, wenn jede Begründung dazu fehlt, Hamm NZM **08**, 543, KG RR **08**, 1024.

Gefährlich ist die Benutzung eines Begriffs, mit dem man in einer ohnehin notgedrungen die Berufsehre des Gerügten scharf angreifenden Weise das Verfahren in zweifelhafter Weise steuern könnte. Es kann bequem sein, einem vielleicht nur ungeschickt ausgedrückten Denken das Fehlen jeglicher gesetzlichen Grundlage anzulasten, um dem Verfahren eine andere Richtung zu geben. Natürlich muß man einen schweren Fehler rügen dürfen. Man sollte aber doch sehr zögern, einem Gericht das Fehlen jeder gesetzlichen Grundlage auch nur objektiv vorzuwerfen. Es könnte sich ein eigener Denkfehler bei solcher Kritik eingeschlichen haben.

B. Fehlen von Willkür. Willkür fehlt bei einer vertretbaren Auffassung, § 313 Rn 45, Brdb NJW **06**, 3445, Hbg MDR **02**, 1210, Tombrink NJW **03**, 2367. Zum Begriff der Vertretbarkeit Schuler JZ **08**, 609. Das gilt bei einer Bezugnahme auf die fachgerichtliche Rspr und Literatur, BVerfG NJW **07**, 3487. Es gilt evtl sogar beim Abweichen von einer fast einhelligen Rspr, BGH NJW **04**, 3201, KG MDR **07**, 174, Schlesw NJW **06**, 3362. Es gilt inbesondere bei einer Streitfrage, Schlesw MDR **05**, 234, LG Regensb JB **04**, 390. Es gilt selbst dann, wenn das verweisende Gericht zwar die Streitfrage als solche erwähnt, BGH RR **05**, 1052, und wenn es sie auch zumindest teilweise belegt, aber nun auch nicht sämtliche Stimmen dazu erkennt oder erwähnt und selbst wenn eine der Meinungen überwiegt, Hbg MDR **02**, 1210, aM Schlesw MDR **00**, 1453 (der Senat macht denselben Fehler, den er dem unteren Gericht wahrscheinlich obendrein deshalb zu Unrecht vorwirft, weil er Rspr und Schrifttum nicht einigermaßen vollständig erkundet), Fischer MDR **02**, 1405, Womelsdorf MDR **01**, 1161 (vgl aber § 29 Rn 33). Willkür fehlt ferner dann, wenn eine schon begrifflich nach Einl III 47 ja problematische „herrschende Meinung" gar des BGH keine Begründung erhalten hat, Ffm NJW **00**, 1583. 40

Willkür *fehlt ferner* beim vorläufigen Fehlen eines nachholbaren Antrags, Oldb FamRZ **03**, 1853, oder bei der Nichtbeachtung von gar nicht vorgetragenen Allgemeinen Geschäftsbedingungen, BGH BB **95**, 2029, und evtl auch bei einer Gesetzesunkenntnis gar in Verbindung mit deshalb unrichtiger Anregung zu einem falschen Verweisungsantrag, BGH BB **02**, 2152, Bre FamRZ **99**, 1666 (generell aber Vorsicht! Wo liegt die Grenze?). Nicht jede Abweichung selbst ist gleich willkürlich, BGH NJW **03**, 3202, aM Naumb MDR **01**, 770. Willkür sollte eigentlich nur bei einer wirklichen objektiven Rechtsbeugung vorliegen, Endell DRiZ **03**, 135. Willkür fehlt auch beim bloßen Irrtum nach Rn 37, BGH RR **92**, 902, BayObLG RR **01**, 646, Rostock FamRZ **06**, 432, aM Zweibr RR **00**, 590.

C. Sonstiger Rechtsmißbrauch. Die Verweisung bindet ferner nicht, soweit sie sonst rechtsmißbräuchlich ist, Einl III 54, wenn ihr zB jede gesetzliche Grundlage fehlt, BGH NJW **06**, 847, BayObLG ZMR **00**, 185, Zweibr RR **00**, 590, oder wenn sie auf einer Täuschung des Gerichts beruht, BayObLG **03**, 229, Celle RR **04**, 627. 41

D. Kein rechtliches Gehör. Die Verweisung bindet insbesondere grundsätzlich nicht, soweit das Gericht das rechtliche Gehör nicht gewährt hatte, Artt 2 I, 20 III GG (Rpfl), BVerfG **101**, 404, Art 103 I GG (Richter), Einl III 16, BVerfG **61**, 40, BGH FamRZ **97**, 171 und 173, Brdb NJW **06**, 3445, aM BGH NJW **03**, 2990, Hbg FamRZ **88**, 300, Saarbr FamRZ **78**, 521 (das gelte nicht bei § 251. Aber das rechtliche Gehör ist ein Eckpfeiler, Einl III 16). Abweichungen gelten bei einer Insolvenz, BGH NJW **96**, 3013. 42

Das Gericht muß also auch den Lauf seiner selbst gesetzten *Frist* zunächst einmal wirksam *in Gang setzen.* Daran fehlt es ungeachtet ständiger Verstöße aller möglichen Gerichte, wenn die fristsetzende Verfügung usw nur ein bloßes Handzeichen trägt, § 329 Rn 10, und wenn das Gericht sie auch nicht förmlich zugestellt hat, § 329 II 2. Das Gericht muß sodann auch den Frist*ablauf* abwarten, BVerfG **61**, 41, BGH FamRZ **86**, 789. Es darf seine Überlegungen nicht nur der einen Partei mitteilen, BGH FamRZ **86**, 789. Diesen Verstoß muß man auch bei der Verweisung eines Antrags auf den Erlaß einer einstweiligen Verfügung beachten, Rn 24, aM BAG BB **82**, 313 (aber gerade im Eilverfahren sollte das Gericht keinen erheblichen Verfahrensverstoß auf dem Rücken des Betroffenen begehen dürfen). Die bloße Unterlassung einer ohnehin freigestellten mündlichen Verhandlung stellt aber noch keinen derart schweren Verstoß dar, BGH RR **90**, 506.

E. Keine Begründung. Die Verweisung bindet nicht, wenn man mangels einer Begründung des Verweisungsbeschlusses nicht feststellen kann, ob das verweisende Gericht eine gesetzliche Grundlage angenommen hatte, und wenn man letzteres auch nicht den Akten entnehmen kann, Art 101 I 2 GG, BayObLG BB **03**, 2371, KG MDR **02**, 905, Fischer NJW **93**, 2421, aM BGH FamRZ **88**, 943 (aber Art 101 I 2 GG duldet keine völlige Unklarheit). Zwar braucht der Beschluß schon wegen seiner Unanfechtbarkeit keine ausführliche Begründung zu enthalten. Der bloße Satz „Es handelt sich um eine Familiensache" oder eine ähnliche bloße Floskel ist aber keine Begründung, § 329 Rn 4, Brdb FamRZ **07**, 294, Mü FamRZ **82**, 943. Die Begründung fehlt vielfach, ein nicht endendes Übel allzu verweisungsfreudiger Gerichte. Nur in einem für beide Parteien eindeutig klaren Fall mag die aus den Akten ableitbare Unzuständigkeit keine Begründung brauchen. Unzulängliche Zitate bei Streitfragen stellen jedenfalls keinen Verstoß nach Rn 41, 42 dar, aM Köln RR **97**, 825 (zitiert selbst unvollständig). Eine Begründung fehlt auch, soweit das Gericht diejenigen Tatsachen völlig außer acht läßt, die einer Verweisung entgegenstehen, KG MDR **99**, 56, oder soweit es ohne jede nachvollziehbare Begründung von einer bisher einhelligen Meinung abweicht, Brdb FamRZ **07**, 294, KG RR **00**, 801. 43

F. Klagänderung, Klagerücknahme. Bei einer nachträglichen nach § 263 sachdienlichen Klagänderung ist eine Weiter- oder Rückverweisung zulässig, BGH RR **94**, 126, Ffm FamRZ **81**, 186, KG MDR **98**, 367. Eine solche Maßnahme ist aber nicht auf Grund einer nunmehr getroffenen Parteivereinbarung statthaft, § 261 III 2, BGH RR **94**, 126, Düss OLGZ **76**, 476. Ferner tritt nach dem Wegfall der Rechtshängigkeit und deshalb nach einer wirksamen Klagerücknahme keine Bindung ein, Köln JB **99**, 366. 44

G. Gerichtsstandsvereinbarung. Eine solche Vereinbarung *vor* einer Verweisung nach § 38 ist unschädlich, wenn sie dem verweisenden Gericht unbekannt war, BGH MDR **95**, 952. Eine solche Vereinbarung *nach* einer Verweisung erlaubt keine Weiter- oder Zurückverweisung, § 261 Rn 28. 45

46 **10) Bei Ausnahme von der Unanfechtbarkeit: Sofortige Beschwerde, II 2–4.** Die sofortige Beschwerde ist nach § 567 I grundsätzlich dann zulässig, wenn der Beschluß nicht einmal den allgemeinen Anforderungen des Gesetzes genügt, Kblz FamRZ **77**, 796, wenn das Erstgericht etwa an ein OLG verwiesen hat oder wenn der Kläger die Verweisung erst nach dem Verhandlungsschluß nach §§ 136 IV, 296 a in einem ihm nicht nach § 283 nachgelassenen Schriftsatz beantragt hatte, AG Seligenstadt MDR **82**, 502, oder wenn in Wahrheit nur eine formlose Abgabe vorliegt, Mü RR **88**, 982, LG Mainz NJW **78**, 171, aM Oldb FamRZ **78**, 344 (aber andernfalls würde ein gerichtliches Versehen die Partei ihres Rechts berauben). Eine Rechtsbeschwerde ist in einer Fortführung der vorstehenden Erwägung unter den Voraussetzungen des § 574 denkbar. Wegen einer Anschlußbeschwerde § 567 III. Beim Rpfl gilt § 11 RPflG, § 104 Rn 41 ff.

47 **11) Weiterverweisung, Zurückverweisung, II 2–4.** Verweist das grob verfahrensfehlerhaft für zuständig erklärte und in Wahrheit unzuständige Gericht *zulässig* weiter oder zurück, bindet diese Weiter- oder Zurückverweisung das ursprünglich verweisende Gericht. Dieses darf auch nicht etwa zB jetzt die versäumte Anhörung nachholen und dann wirksam erneut an dasselbe Gericht verweisen, Ffm MDR **80**, 583. Zulässig kann eine Zurückverweisung ferner etwa dann erfolgen, wenn sich der Streitgegenstand inzwischen geändert hat, Rn 44.

48 Verweist das Gericht dagegen *unzulässig* weiter oder zurück, entscheidet das im Rechtszug vorgeordnete Gericht, § 36 I Z 6, BGH FER **97**, 89, Brdb NJW **04**, 780, Ffm FamRZ **88**, 735. Hat das Gericht, an das die Verweisung erfolgte, sich vorher rechtskräftig nach § 11 für unzuständig erklärt, geht diese Rechtskraft dem späteren Verweisungsbeschluß vor, er bindet also nicht. Einzelheiten § 36 Rn 24 ff.

49 **12) Internationale Zuständigkeit, II 2–4.** Das bezeichnete Gericht darf und muß seine internationale Zuständigkeit prüfen, Üb 6 vor § 12. Die Verweisung wegen sachlicher Unzuständigkeit bindet nicht zur internationalen, BGH **84**, 18, Schütze RIW **95**, 631.

50 **13) Berichtigung, II 2–4.** Das verweisende Gericht darf seinen nach § 329 Rn 23 hinausgegangenen Beschluß grundsätzlich nicht ändern. Es darf ihn aber berichtigen, § 319, Rn 37. Das gilt insbesondere bei einem offenbaren Irrtum über das wirklich zuständige Gericht. Dabei sind nicht der Wortlaut maßgeblich, sondern der Sinn und Zweck des früheren wie des berichtigenden Beschlusses, BVerfG **29**, 50. Solange das Gericht die Entscheidung nach einer gemäß II 2 freigestellten mündlichen Verhandlung oder nach § 128 II nicht verkündet oder sonst ohne eine mündliche Verhandlung nicht § 329 Rn 23, 24 hinausgegeben hat, ist sie frei abänderlich.

51 **14) Anhängigkeit beim neuen Gericht, II 2–4.** Nicht mit der nach Rn 25, 26 notwendigen Verkündung (Mitteilung), sondern nach II 3 schon und erst mit dem Eingang der Akten (Posteingangsstempel der Verwaltungsgeschäftsstelle) „wird" die Sache beim bezeichneten Gericht „anhängig", § 261 Rn 1, BGH RR **93**, 700. Gleichzeitig endet die „Anhängigkeit" beim verweisenden Gericht, BGH RR **93**, 700. Eine schon vorher nach § 261 Rn 3 rechtshängig gewesene Sache bleibt natürlich auch beim neuen Gericht vom Eingang an rechtshängig, BGH JZ **89**, 50, Köln FamRZ **85**, 1278, aM BayObLG FGPrax **98**, 103 (ab Verweisungsbeschluß). Hat das AG verwiesen, ist zB jetzt das LG das Erstgericht. Daher geht eine sofortige Beschwerde in der Sache selbst an das OLG. Auch ist keine Aufhebung der einstweiligen Verfügung durch das verweisende, aber bisher unzuständige Gericht mehr möglich, auch nicht die Nachholung der unterlassenen Prüfung, ob ein Einspruch gegen das Versäumnisurteil des verweisenden Gerichts überhaupt zulässig war.

52 **15) Weiteres Verfahren, II 2–4.** Es richtet sich nach einer sofortigen Beschwerde gegen eine richterliche Entscheidung nach §§ 567 ff, gegen eine solche des Rpfl nach § 11 RPflG in Verbindung mit §§ 567 ff, vgl § 104 Rn 41 ff. Erstinstanzlich gilt: Das verweisende Gericht muß dem anderen Gericht die Akten von Amts wegen zusenden. Dieses bestimmt einen Termin und lädt von Amts wegen, und zwar wegen der jetzigen Anhängigkeit bei ihm nach Rn 51 auch dann, wenn es den Verweisungsvorgang für fehlerhaft und nicht bindend hält, BGH JZ **89**, 50. Die Einlassungsfrist nach § 274 III ist nicht ab Verweisung neu zu wahren. Das bisherige Verfahren behält seine prozessuale Bedeutung, BGH NJW **83**, 1052, Zweibr RR **98**, 1606, LG Arnsberg RR **93**, 319. Das gilt selbst nach einer fehlerhaften Verweisung, BGH NJW **98**, 3649. Eine Prozeßkostenhilfe und frühere Prozeßhandlungen wirken fort, Düss RR **91**, 63. Die Zuweisung an den Einzelrichter nach §§ 348, 348 a bleibt bindend, Ffm MDR **03**, 1375, Kblz MDR **86**, 153. Die Wirkungen der Rechtshängigkeit dauern an, ebenso die Bindung durch ein Geständnis oder durch ein Teilanerkenntnis usw, BGH RR **92**, 1091. Das neue Verfahren setzt das alte fort, BGH **97**, 161, Hamm Rpfleger **76**, 142.

53 Wird verwiesen, sind auch *Ausschlußfristen* gewahrt, § 253 Rn 21. Soweit das jetzt befaßte Gericht seine Zuständigkeit ebenfalls verneinen will, muß es evtl nach einem Hinweis nach §§ 139, 504 notfalls mangels eines wenigstens hilfsweisen Weiterverweisungsantrags evtl nach einem vergeblichen Hinweis nach § 139 die Klage als unzulässig abweisen, BGH JZ **89**, 50. Über ein Rechtsmittel gegen eine der Verweisung voraufgegangene richterliche Entscheidung befindet abgesehen von § 11 II 3, 4 RPflG das neue Gericht, soweit es abhelfen darf, sonst sein Rechtsmittelgericht.

54 **16) Kosten, III.** Ein klarer Grundsatz zeigt manches Einzelproblem.

A. Grundsatz: Mehrkostenlast des Klägers. Die gesamten Prozeßkosten bilden ebenso wie das Verfahren eine Einheit, Ffm GRUR **88**, 646. Das Gericht, an das die Verweisung erfolgte, entscheidet grundsätzlich allein über die Kosten, Rn 25. Das gilt auch, wenn die Gerichte verschiedenen Ländern angehören. Dagegen kann bei einer Verweisung von einem höheren an ein erstinstanzliches Gericht das Rechtsmittelgericht über die Kosten des Rechtsmittelverfahrens entscheiden, Hamm Rpfleger **76**, 142, auch bei einer Verweisung an ein VG, BGH JR **76**, 85, aber nicht bei einer Verweisung an ein LwG. Bei einer Verweisung in der höheren Instanz entscheidet das Rechtsmittelgericht über die Rechtsmittelkosten. Im Fall einer Rechtswegverweisung nach §§ 17 ff GVG kann das verweisende Gericht evtl selbst über die bisherigen Kosten entscheiden. Das Gericht, an das die Verweisung erfolgte, muß dem Kläger die durch die Anrufung des unzuständigen Gerichts erwachsenen Mehrkosten auferlegen, Schlesw SchlHA **80**, 220 (etwas anderes gilt nur bei einer abweichenden Regelung in einem Vergleich, § 98 Rn 55 „Verweisung"). Das gilt auch dann, wenn der Kläger in der Hauptsache siegt. Das gilt auch, wenn das Gericht nicht hätte verweisen dürfen. „Kosten" können „Mehrkosten" bedeuten, Kblz Rpfleger **91**, 477.

B. Mehrkostenbegriff. Mehrkosten sind der Unterschied zwischen den dem Bekl tatsächlich entstandenen gesamten Kosten (Gebühren und Auslagen) und denjenigen, die ihm nur entstanden wären, wenn der Kläger das zuständige Gericht sofort angerufen hätte, Hamm MDR **90**, 161, Nürnb JB **91**, 1636, LAG Bre BB **86**, 672. **55**

Zu den Mehrkosten zählen meist die Kosten eines etwaigen anderen Anwalts, (je zum alten Recht) Düss MDR **80**, 321, Ffm VersR **80**, 876, aM von Gierke-Braune/Hiekel Rpfleger **85**, 228 (vgl aber § 91 Rn 130 „Unzuständigkeit"). Wegen des Verkehrsanwalts Ffm AnwBl **82**, 384. Zu den Mehrkosten zählen auch die Kosten für Informationsreisen zu dem nunmehr etwa erforderlich gewordenen Anwalt. Der Bekl braucht sich nicht schon wegen einer möglichen Verweisung einen Anwalt auszusuchen. Hat das Rechtsmittelgericht verwiesen, kommen nur die Mehrkosten der 1. Instanz infrage. Ein wie stets auslegbarer Vergleich geht vor, § 98 Rn 29 ff. Säumniskosten nach § 344 und Kosten erfolgloser Angriffs- und Verteidigungsmittel nach § 96 sind keine Mehrkosten nach III 2. **56**

C. Einzelfragen. Bei einer Verweisung vom ArbG ans ordentliche Gericht gelten der dem III inhaltlich entsprechende § 17 b II GVG in Verbindung mit § 48 I ArbGG. Im übrigen gilt dort (jetzt) § 4 GKG, Hamm Rpfleger **76**, 142; desgleichen umgekehrt. Im Arbeitsgerichtsverfahren muß man ferner § 12 a ArbGG beachten, Ffm MDR **83**, 942, LAG Hamm MDR **87**, 876, LAG Kiel SchlHA **89**, 79, aM LAG Bln AuR **84**, 122, LAG Bre BB **86**, 671 (Erstattung nur der Mehrkosten. Aber § 12 a ArbGG hat teilweise andere Grundsätze). Bei einer Verweisung nach § 506 gilt S 2 nicht. Wegen des Mahnverfahrens § 696 Rn 21. Bei einer bloßen Abgabe nach Rn 20 ist III unanwendbar. Vielmehr gelten dann §§ 91 ff, Ffm FamRZ **94**, 1603, KG MDR **90**, 1019, Schlesw JB **91**, 702, aM Hbg MDR **86**, 679, Kblz JB **84**, 759 (die Vorschrift sei entsprechend anwendbar. Aber § 281 ist nicht zu weit auslegbar). **57**

Gebühren: §§ 4, 37 GKG, wegen eines Vorschusses Anh § 271. Mehrere Anwalte können getrennt berechnen.

D. Verstoß. Hat das Gericht die Auferlegung der Kosten versäumt, darf der Rpfl im Kostenfestsetzungsverfahren nicht abhelfen, Einf 9 vor §§ 103–107, Düss MDR **99**, 568, Hbg MDR **98**, 1502, Naumb Rpfleger **01**, 372, aM Ffm MDR **97**, 102, Rostock JB **01**, 591, LG Mü MDR **00**, 729 (aber der Rpfl ist dort weitgehend gebunden). Regelmäßig liegt dann eine unvollständige Entscheidung vor. Es muß dann eine Urteilsergänzung nach § 321 erfolgen, keine Berichtigung nach § 319, Hamm MDR **00**, 1150, Köln Rpfleger **93**, 37. Denn wenn das Gericht alle Kosten dem Bekl auferlegt hat, hat es die Mehrkosten einfach übersehen. Ist eine richterliche Ergänzung nicht mehr möglich, kann der Rpfl eine Ergänzung auch nicht mit der Erwägung nachholen, daß diese Kosten nicht notwendig gewesen seien, § 91 I, aM Mü MDR **00**, 543 (vgl aber Einf 8 ff vor §§ 103–107). Ein unrichtiger Urteilsausspruch bleibt für ihn bindend, Einf 17 vor §§ 103–107, Hbg MDR **98**, 1502, Karlsr MDR **88**, 1063 (auch wegen Prozeßvergleichs), Kblz RR **92**, 892, aM Rostock JB **01**, 591 (aber § 321 ist systematisch sauberer), Köln Rpfleger **93**, 37 (der Beschluß bindet, aber man müsse seine Notwendigkeit prüfen. Das ähnelt einer Wortspielerei), LG Mü MDR **00**, 729. § 99 hilft nicht, Kblz MDR **85**, 852. Beim Verstoß gegen § 47 kommt es nicht darauf an, welcher Richter bei richtiger Verfahrensweise entschieden hätte, Karlsr NJW **03**, 2174. **58**

Mit einer grundsätzlich zulässigen *Auslegung* nach Einf 19 vor §§ 103–107 hat das nichts zu tun. Die richterliche Entscheidung umfaßt eben auch dann die gesamten Kosten, wenn das Gericht § 281 übersehen hat. Die beim unzuständigen Gericht entstandenen Säumniskosten trägt der Säumige, aM Habel NJW **97**, 2358 (aber § 344 hat auch hier Vorrang). Bei einer Willkür kann § 36 I Z 6 entsprechend anwendbar sein, BAG NJW **05**, 3232. **59**

Anhang nach § 281

I. Abgabe nach der HausrVO

HausrVO § 18. Rechtsstreit über Ehewohnung und Hausrat. I 1 **Macht ein Beteiligter Ansprüche hinsichtlich der Ehewohnung oder des Hausrats in einem Rechtsstreit geltend, so hat das Prozeßgericht die Sache insoweit an das zuständige Familiengericht abzugeben.** 2 **Der Abgabebeschluß kann nach Anhörung der Parteien auch ohne mündliche Verhandlung ergehen.** 3 **Er ist für das in ihm bezeichnete Gericht bindend.**

II **Im Falle des Absatzes 1 ist für die Berechnung der in § 12 bestimmten Frist der Zeitpunkt der Klageerhebung maßgebend.**

Vorbem. Wegen des zum 1. 9. 09 möglichen Wegfalls der HausrVO vgl den Rechtspolitischen Ausblick am Buchende, Art 2 G-Entwurf (dort nicht mit abgedruckt. Neuregelung dann §§ 1568 a, b BGB).

Schrifttum: *Wagner,* Zuständigkeitsverteilung zwischen Familiengericht und Prozeßgericht bei Streitigkeiten um die Herausgabe des Hausrats zwischen getrenntlebenden Eheleuten, Diss Münst 2000 (2001).

1) Systematik, Regelungszweck. Die HausrVO sieht keine Verweisung vor, sondern eine Abgabe. Das ist ein Unterschied. Die Abgabe muß zum einen von Amts wegen erfolgen. Das Verfahren vor dem Gericht der Abgabe ist zum anderen keine Fortsetzung des Verfahrens vor dem abgebenden Prozeßgericht, schon weil es anderer Art ist, kein Prozeß-, sondern ein Verfahren nach dem FamFG. **1**

Zweck ist derselbe wie bei § 281. Vgl daher dort Rn 2.

2) Voraussetzungen der Abgabe, § 18 I. Es müssen zwei Bedingungen zusammentreffen. **2**

A. Einigungsmangel. Es muß sich um einen Fall handeln, in dem bisherige Ehegatten sich nach der Trennung, Scheidung oder Aufhebung der Ehe nach § 25 HausrVO nicht darüber einigen können, wer von ihnen künftig die Ehewohnung (auch eine Gartenlaube, BGH FamRZ **90**, 987) bewohnen, Ffm FamRZ **91**, 1327, oder die Wohnungseinrichtung oder den sonstigen Hausrat erhalten soll. Für einen solchen Fall sieht die HausrVO eine auf Antrag stattfindende Regelung durch den Richter der freiwilligen Gerichtsbarkeit vor. Darum muß das außerhalb dieses Falls angerufene Prozeßgericht die Sache an das zuständige Familiengericht abgeben. Eine Hausratssache liegt auch vor, soweit es um eine andere als die in § 1361 a BGB genannte Eigentums- oder Besitzstreitigkeit zwischen getrennt oder in Scheidung lebenden Eheleuten über Haushaltsgegenstände geht, Bbg RR **96**, 1413, Hbg FamRZ **80**, 250, LG Bochum FamRZ **83**, 166, oder soweit es nur die Zuweisung eines Haustiers geht, Zweibr MDR **98**, 911.

Eine Hausratssache liegt *nicht* vor, wenn der Streit der Eheleute nur um eine Nutzungsentschädigung für die Vergangenheit geht, Hbg FamRZ **82**, 941. Vor einem Hausratsverfahren ist eine Auskunftsklage unzulässig, Düss FamRZ **85**, 1153. Zur Zulässigkeit des Hausratsverfahrens vor Anhängigkeit einer Ehesache Hamm FamRZ **86**, 490.

3 **B. Anspruch eines Beteiligten.** Es muß sich weiter handeln um den Anspruch eines „Beteiligten". Beteiligt sind nicht nur die Ehegatten, sondern auch der Vermieter der Ehewohnung, der Grundstückseigentümer, Personen, mit denen die Gatten oder ein Gatte wegen der Wohnung in einer Rechtsgemeinschaft stehen, bei einer Dienstwohnung auch der Dienstherr.

4 **3) Entscheidung.** Das Prozeßgericht prüft, ob die Voraussetzungen Rn 2 vorliegen. Trifft das einwandfrei von vornherein zu, kann es ohne eine mündliche Verhandlung abgeben. Andernfalls muß es die Parteien hören, um ein klares Bild zu gewinnen. Es kann das in einer mündlichen Verhandlung tun, aber auch schriftlich. Ob die Frist des § 12 HausrVO eingehalten ist, berührt das Prozeßgericht nicht. Darüber befindet das Gericht nach der Abgabe. Das Prozeßgericht darf in keinerlei sachliche Verhandlung eintreten. Das Fehlen der örtlichen Zuständigkeit ist ein wichtiger Grund für das AG, die Sache an das örtlich zuständige AG weiterzugeben.

Die *Entscheidung* erfolgt durch einen verkündeten oder formlos mitgeteilten Beschluß. Das Gericht muß seinen Beschluß begründen, § 329 Rn 4. Er bindet das AG, an das die Abgabe erfolgt, BGH FamRZ **90**, 987, Karlsr FamRZ **92**, 1083, auch wenn er falsch ist, Schlesw SchlHA **80**, 212. Diese Wirkung tritt auch innerhalb desselben AG im Verhältnis zwischen seiner Zivilprozeßabteilung und seinem FamG ein, Ffm FamRZ **81**, 479, Heintzmann FamRZ **83**, 960. Die Bindung ergreift aber nicht die Frage, nach welchen Verfahrensregeln das nunmehr zuständige Gericht entscheiden muß, Hbg FamRZ **82**, 941, Heintzmann FamRZ **83**, 960, für die erste Instanz aM Karlsr OLGZ **86**, 131 (aber nur die Zuständigkeitsfrage ist nun geklärt).

5 **4) Rechtsmittel.** Gegen den Beschluß ist die befristete Beschwerde zulässig, §§ 59 ff FamFG. § 567 ist unanwendbar. Denn auch das Prozeßgericht ist den Sonderregeln der HausrVO (und damit FamFG) bei der Abgabe unterworfen, Karlsr FamRZ **76**, 93, Heintzmann FamRZ **83**, 957, aM BayObLG FamRZ **82**, 399 (aber die HausrVO ist Spezialgesetz). Zur Entscheidung über die Beschwerde ist der Familiensenat des OLG zuständig, Heintzmann FamRZ **83**, 961. Karlsr OLGZ **86**, 132 wendet den Meistbegünstigungsgrundsatz an, Grdz 28 vor § 511. Beim Rpfl gilt § 11 RPflG, § 104 Rn 41 ff.

II. Abgabe nach dem LwVG

LwVG § 12. Abgabeverfahren. **I 1 Hält das Gericht sich für unzuständig, so hat es die Sache an das zuständige Gericht abzugeben. 2 Der Abgabebeschluß kann nach Anhörung der Beteiligten ohne mündliche Verhandlung ergehen. 3 Er ist für das in ihm bezeichnete Gericht bindend. 4 Im Falle der Abgabe an ein Gericht der streitigen Gerichtsbarkeit gilt die Rechtshängigkeit der Sache in dem Zeitpunkt als begründet, in dem der bei dem für Landwirtschaftssachen zuständigen Gericht gestellte Antrag dem Beteiligten bekanntgemacht worden ist, der nach der Abgabe Beklagter ist. 5 § 167 der Zivilprozeßordnung ist entsprechend anzuwenden.**

II 1 Wird in einem Rechtsstreit eine Angelegenheit des § 1 Nr. 1 oder Nr. 2 bis 6 anhängig gemacht, so hat das Prozeßgericht die Sache insoweit an das für Landwirtschaftssachen zuständige Gericht abzugeben. 2 Absatz 1 Satz 2, 3 ist anzuwenden.

III Für die Erhebung der Gerichtskosten ist das Verfahren vor dem abgebenden Gericht als Teil des Verfahrens vor dem übernehmenden Gericht zu behandeln.

1 **1) Abgabe ans Prozeßgericht, I.** Man muß drei Phasen beachten.

A. Verfahren. Hält das Landwirtschaftsgericht das Prozeßgericht für sachlich zuständig, BGH NJW **91**, 3280 (für den umgekehrten Fall), muß es auch ohne einen Antrag die Sache von Amts wegen an das Prozeßgericht abgeben. Vorher erfolgt eine Anhörung der Parteien, ohne daß hiervon die Wirksamkeit der Abgabe abhängig wäre. Die Anträge der Parteien binden das Gericht nicht. Eine mündliche Verhandlung steht ihm frei. Der Vorsitzende kann allein entscheiden, § 20 I Z 3 LwVG. Als rechtshängig gilt bei der Verweisung die Sache von demjenigen Zeitpunkt ab, in dem das Gericht den bei dem Landwirtschaftsgericht gestellten Antrag dem Beteiligten bekannt gibt, der nunmehr Bekl ist. Ist erheblich, ob der Antrag eine Frist wahrt oder die Verjährung hemmt, ist die Einreichung des Antrags beim Landwirtschaftsgericht maßgebend, wenn die Bekanntmachung demnächst erfolgt, § 167.

2 **B. Entscheidung.** Der Beschluß ist keine Entscheidung in der Hauptsache. Das Gericht muß ihn begründen, § 21 LwVG. Er ist für das Prozeßgericht bindend. Im Prozeßkostenhilfeverfahren gilt dasselbe wie § 281 Rn 3.

3 **C. Rechtsmittel.** Gegen den Beschluß ist die sofortige Beschwerde zulässig, zumal der Beschluß nach § 12 LwVG das Landwirtschaftsgericht nicht für unanfechtbar erklärt ist, vgl dagegen § 281 II. § 567 ist unanwendbar. Denn auch das Prozeßgericht ist den Sonderregeln bei der Abgabe unterworfen, § 9 LwVG. Es entscheidet das OLG. Wird der Beschluß durch das Beschwerdegericht aufgehoben, entfällt damit auch die Anhängigkeit beim Prozeßgericht. In der Revisionsinstanz findet keine Überprüfung der sachlichen

Zuständigkeit mehr statt, § 545 II, § 48 I LwVG, BGH NJW **91**, 3280. Beim Rpfl gilt § 11 RPflG, § 104 Rn 41 ff.

2) Abgabe ans Landwirtschaftsgericht, II. Auch hier gelten drei Phasen. 4

A. Verfahren. Im umgekehrten Fall wie Rn 1 muß das sachlich unzuständige Prozeßgericht an das Landwirtschaftsgericht abgeben, BGH NJW **91**, 3280. Stützt sich der Anspruch außer auf einen Landpachtvertrag auch auf eine unerlaubte Handlung, kann man wegen letzterer nicht an das Landwirtschaftsgericht abgeben.

B. Entscheidung. Der Beschluß ergeht nur nach einer Anhörung der Parteien, II 2, aber ohne eine 5
Bindung an deren Anträge und in jeder Lage des Verfahrens von Amts wegen, Celle MDR **76**, 586. Auch dann erfolgt keine sofortige Abweisung der Klage. Das Gericht muß seinen Beschluß begründen. Er bindet das Landwirtschaftsgericht, nicht aber die Parteien, Rn 2. Denn es fehlt eine dem § 281 II Hs 1 entsprechende Vorschrift. Es greift also die Sonderregelung des § 12 LwVG ein.

In der *Rechtsmittelinstanz* ist die Abgabe zwar grundsätzlich zulässig. Sie bindet aber nur dann, wenn sie 6
durch ein Urteil unter einer gleichzeitigen Aufhebung des Vorderurteils erfolgt, BGH RR **88**, 1403.

C. Rechtsmittel. Es gelten dieselben Regeln wie Rn 3. 7

3) Kosten, III. Für die Kostenregelung ist maßgebend, welches Gericht endgültig über die Sache 8
entscheidet. Man muß die Sache also im Falle der Abgabe auch wegen der Gerichtskosten ansehen, als wenn sie immer bei diesem Gericht anhängig gewesen wäre („als Teil des Verfahrens vor dem übernehmenden Gericht zu behandeln"). Eine Entscheidung des abgebenden Gerichts über die durch seine Anrufung entstandenen Mehrkosten ist unzulässig.

282 *Rechtzeitigkeit des Vorbringens.*

I Jede Partei hat in der mündlichen Verhandlung ihre Angriffs- und Verteidigungsmittel, insbesondere Behauptungen, Bestreiten, Einwendungen, Einreden, Beweismittel und Beweiseinreden, so zeitig vorzubringen, wie es nach der Prozesslage einer sorgfältigen und auf Förderung des Verfahrens bedachten Prozessführung entspricht.

II Anträge sowie Angriffs- und Verteidigungsmittel, auf die der Gegner voraussichtlich ohne vorhergehende Erkundigung keine Erklärung abgeben kann, sind vor der mündlichen Verhandlung durch vorbereitenden Schriftsatz so zeitig mitzuteilen, dass der Gegner die erforderliche Erkundigung noch einzuziehen vermag.

III 1 Rügen, die die Zulässigkeit der Klage betreffen, hat der Beklagte gleichzeitig und vor seiner Verhandlung zur Hauptsache vorzubringen. 2 Ist ihm vor der mündlichen Verhandlung eine Frist zur Klageerwiderung gesetzt, so hat er die Rügen schon innerhalb der Frist geltend zu machen.

Schrifttum: *Fleck,* Die Redlichkeitspflichten der Parteien im Zivilprozess usw, 2004; *Fleck,* Die Zurückweisung schuldhaft verspäteter und verzögernder Angriffs- und Verteidigungsmittel im Zivilprozeß, 1987; *Fuhrmann,* Die Zurückweisung schuldhaft verspäteter und verzögernder Angriffs- und Verteidigungsmittel im Zivilprozeß, 1987; *Grunsky,* Taktik im Zivilprozeß, 2. Aufl 1996; *Hartwieg,* Die Kunst des Sachvortrags im Zivilprozeß, 1988 (rechtsvergleichend); *Nordemann,* Taktik im Wettbewerbsprozeß, 2. Aufl 1984; *Oelkers,* Anwaltliche Strategien im Zivilprozeß usw, 4. Aufl 2001; *Peters,* Auf dem Wege zu einer allgemeinen Prozeßförderungspflicht der Parteien?, Festschrift für *Schwab* (1990) 399. *Prechtel,* Erfolgreiche Taktik im Zivilprozeß, 3. Aufl 2006; *Rinsche,* Prozeßtaktik, 4. Aufl 1999.

Gliederung

1) Systematik, I–III. Während § 138 den Inhalt des Parteivortrags regelt, erfaßt § 282 neben anderen 1
Vorschriften wie zB §§ 275 I 2, 276 I 2, 296 denjenigen Zeitpunkt, bis zu dem ein Vortrag zur Vermeidung von Prozeßnachteilen erfolgen muß. Ergänzend gelten § 132, BGH NJW **97**, 2244, § 283. Für eine Zulässigkeitsrüge gilt III als Sonderregelung, BGH VersR **06**, 506. § 1032 I hat aber als eine Sondervorschrift den Vorrang vor III 2, BGH NJW **01**, 2176.

2) Regelungszweck, I–III. Während vor allem §§ 272, 273 das Gericht zu einer konzentrierten Verfah- 2
rensführung anhalten, Schneider MDR **77**, 796, enthält § 282 den Grundsatz der allgemeinen Prozeßförderungspflicht der Parteien, Grdz 12 vor § 128, Peters (vor Rn 1) 407. Diese Pflicht hat eine erhebliche praktische Bedeutung, Ffm MDR **80**, 943, AG Lübeck WoM **83**, 52. Ihre Verletzung kann zumindest zur Zurückweisung nach § 296 II führen, wenn nicht nach § 296 I. Die Prozeßförderungspflicht gilt für beide

Parteien, Hamm OLGZ **89**, 465. II bezweckt den Schutz des Gegners, nicht eine Erleichterung des Gerichts, BGH MDR **99**, 822.

Zumutbarkeit ist der in § 282 nicht ausdrücklich, aber erkennbar zugrundegelegte Maßstab der zeitlichen Redlichkeit. Man muß ihn nach der parallelen Verschärfung der gerichtlichen Pflichten durch § 139 I, II, IV strenger beurteilen. In der Praxis verstößt so mancher Beteiligte bei der Anfertigung, Entgegennahme, Weiterleitung der Information aus solchen Gründen gegen seine Obliegenheit, die nicht tragfähig genug sind. Beim Tempo der möglichen Mitteilungswege darf man an die Zumutbarkeit des zeitigen Vorbringens zusätzlich einen nicht allzu großzügigen Maßstab anlegen. Eine allzu entgegenkommende Handhabung schafft zwar evtl weniger Verdruß bei den anderen Prozeßbeteiligten, aber oft ein ungleich härteres Maß an Arbeit ohne ein nennenswert gerechteres Ergebnis. Auch das zeigt leider die Erfahrung nicht ganz selten. Das alles darf und sollte man bei der Auslegung mitbedenken.

3 **3) Geltungsbereich, I–III.** Die Vorschrift gilt grundsätzlich in allen Verfahren nach der ZPO, auch im WEG-Verfahren. Sie findet schon vor der mündlichen Verhandlung Anwendung, §§ 277 I, IV, 282 II, III 2, BVerfG, zit bei Schneider MDR **86**, 896, Hartmann AnwBl **77**, 90, aM BGH RR **05**, 1007 (aber es handelt sich um eine Grundregel. Man sollte sie in diesem frühen Verfahrensabschnitt schon aus Gründen der Prozeßwirtschaftlichkeit nach Grdz 14 vor § 128 anwenden dürfen). Der Grundsatz gilt sogar evtl vor einem frühen ersten Termin, § 272 Rn 3, aM BGH RR **05**, 1007, Deubner NJW **87**, 1585 (vgl aber die soeben angestellte Erwägung). Der Grundsatz gilt ferner in einer mündlichen Verhandlung gleich welcher Art, BVerfG NJW **89**, 3212, aM BGH NJW **92**, 1965 (nicht in der ersten Verhandlung. Aber auch hier gilt die vorher genannte Überlegung). Der Grundsatz gilt schließlich erst recht vor einer weiteren Verhandlung, I, III 1, BGH NJW **92**, 1965, Celle VersR **83**, 187.

In einer *FamFG-Sache* gilt er auch im Bereich des § 113 I 2 FamFG abgeschwächt. In der Berufungsinstanz gelten (jetzt) §§ 530 ff, BGH NJW **87**, 261. § 282 gilt nach § 523 auch für die Anschlußberufung, BGH **83**, 373. Die in erster Instanz siegende Partei kann sich in der Berufungserwiderung grundsätzlich auf eine Verteidigung des angefochtenen Urteils und auf eine kritische Auseinandersetzung mit den Argumenten des Berufungsklägers beschränken, BGH NJW **81**, 1378. Ein nicht rechtzeitiges Vorbringen kann zu einer Nachfrist nach § 283 veranlassen.

4 Im *Arbeitsgerichtsverfahren* gilt § 61 a ArbGG, Zimmermann BB **84**, 478. Eine Güteverhandlung nach § 54 ArbGG ist eine Verhandlung auch im Sinn von § 282 I, LAG Mü DB **88**, 1608.

5 **4) Angriffs- und Verteidigungsmittel, I, II.** Die in Einl III 70, § 296 Rn 28 erläuterten Begriffe erhalten hier eine weite Auslegung, BGH VersR **82**, 346, Schenkel MDR **05**, 727. Sie umfassen jeden Vortrag zur Begründung eines Sachantrags nach § 253 II 2 oder zur Verteidigung gegen ihn. Sie erfassen also tatsächliche Behauptungen, Beweismittel, Einwendungen, das Bestreiten, Beweiseinreden, sachlichrechtliche Erklärungen, etwa eine Aufrechnung, BGH **91**, 303, evtl auch rechtliche Ausführungen, Rn 15, aM Deubner NJW **77**, 921 (aber auch solche Ausführungen haben Bedeutung für das weitere Prozeßgeschehen). Zulässigkeitsrügen sind in III besonders geregelt, obwohl sie begrifflich zu den Angriffs- und Verteidigungsmitteln zählen.

6 Ein Angriffs- oder Verteidigungsmittel liegt erst dann vor, wenn eine Partei es überhaupt *einführt,* AG Lübeck WoM **83**, 52. Die Klage oder die Widerklage und daher die Sachanträge selbst und deren Änderung oder Erweiterung sind keine Angriffs- oder Verteidigungsmittel, Einl III 70, Anh § 253 Rn 5, BGH NJW **97**, 870. Die Widerklage ist also bis zum Schluß derjenigen mündlichen Verhandlung zulässig, auf die das Urteil ergeht, §§ 136 IV, 296 a, BGH NJW **95**, 1224, aber eben auch nicht später, § 296 a Rn 2. Eine Klagänderung nach §§ 263, 264 ist kein Angriffs- oder Verteidigungsmittel, sondern ein neuer Angriff, BGH NJW **95**, 1224, Karlsr NJW **79**, 879. Freilich kann das Gericht bei ihrer Verspätung ihre Sachdienlichkeit verneinen.

7 **5) Rechtzeitigkeit des Vorbringens, I.** Die Praxis verfährt oft zu großzügig, Rn 2.

A. Möglichkeiten. Maßgeblich ist die Prozeßlage unabhängig von § 132. Beide Parteien müssen je nach den objektiven Anforderungen der Prozeßlage sorgfältig und auf eine nach § 121 I BGB unverzügliche Prozeßförderung bedacht vorgehen. Was jemand noch ohne einen Beweisantritt behauptet, das kann man auch noch ohne einen Gegenbeweisantritt bestreiten: „quod gratis asseritur, gratis negatur" (scholastische Maxime). Freilich gilt das nur bei einer eindeutigen Beweislast und beim Fehlen einer gerichtlichen Auflage. Es besteht also keineswegs der Zwang, von vornherein tatsächlich oder gar rechtlich erschöpfend alles auch nur ganz eventuell im Prozeßverlauf einmal Erhebliche vorzutragen und unter Beweis zu stellen, BVerfG **54**, 126, BGH NJW **92**, 2428, Hbg RR **90**, 63. Das stünde nämlich im Widerspruch zum Beibringungsgrundsatz, Grdz 20 vor § 128, BVerfG **67**, 42. Es würde auch der dringend notwendigen Konzentration auf das Wesentliche widersprechen. Es könnte sogar zur Verzögerung des Rechtsstreits führen, BVerfG **54**, 126

8 **B. Taktik.** Eine *gewisse Prozeßtaktik* ist in den Grenzen der Wahrhaftigkeits- und Lauterkeitspflicht zulässig, § 138, Grdz 16 vor § 128, BVerfG NJW **80**, 1738, BGH NJW **03**, 1400, Müther MDR **98**, 1335. Der Umfang der Darlegungspflicht nach § 138 Rn 13 ff, § 253 Rn 32 hängt vom Verhalten des Prozeßgegners mit ab, BGH NJW **92**, 2428. Keine Partei braucht sich selbst ans Messer zu liefern, noch gar von vornherein. Es kann zweckmäßig sein, bestimmte Gesichtspunkte zurückzuhalten, solange nicht die Entwicklung des Prozesses oder eine Auflage des Gerichts die Einführung des Gesichtspunkts erfordert, BVerfG **54**, 126, zB nach § 273 II. Der Bekl mag zB mit dem Verwirkungseinwand oder mit der Einrede der Verjährung zurückhalten, bis objektiv erkennbar wird, daß der Kläger seinen Anspruch ausreichend dargelegt hat (das überliest ZöGre 3) und evtl auch bewiesen hat, BGH MDR **91**, 240, oder daß der Bekl seine Behauptung, er habe den Anspruch erfüllt, nicht beweisen kann, strenger Hamm MDR **93**, 686, Leipold ZZP **93**, 260, Schneider MDR **77**, 795.

Selbst eine auf Grund der *Verjährungseinrede* jetzt erst mögliche Beweisaufnahme mag statthaft sein. Denn der Bekl braucht sich durchaus verständlich nicht nachsagen zu lassen, er habe nur das moralisch oft umstrittene Notmittel der Verjährung einsetzen können, strenger BGH MDR **91**, 240, Hamm MDR **93**,

686, Schneider MDR **77**, 795 (aber die Parteiherrschaft gilt auch insofern, Grdz 18 vor § 128). Eine Partei braucht sich noch nicht zu einer erst vorbehaltenen oder angekündigten, aber noch nicht erklärten Aufrechnung des Prozeßgegners zu äußern, BVerfG **67**, 42, ebensowenig zu einer vom Gegner rechtswidrig erlangten Tatsache, Heinemann MDR **01**, 142. Man muß die Prozeßlage daher unter einer Beachtung der Interessen aller Beteiligten abschätzen. Nur ausnahmsweise muß die Partei eine ihr bisher unbekannte Tatsache schon wegen § 282 ermitteln, BGH NJW **03**, 202.

C. Grenzen der Möglichkeiten. Andererseits duldet das nach dem Sach- und Streitstand Notwendige keinen Aufschub, Schlesw SchlHA **82**, 72. Es ist keineswegs eine tröpfchenweise Information des Gerichts und des Gegners zulässig, nur um Zeit zu gewinnen, Ffm MDR **82**, 329, Leipold ZZP **93**, 240, oder nur um den Gegner zu zermürben. Bei einem unkomplizierten und übersichtlichen Sachverhalt ist eine alsbaldige einigermaßen umfassende Klagebegründung oder Klagerwiderung notwendig, LG Kblz NJW **82**, 289 (zustm Deubner), und zwar einschließlich aller zumutbaren Beweisantritte, BVerfG, zit bei Schneider MDR **86**, 896. Das berücksichtigt Hbg RR **90**, 63 nicht genügend. Wenn sich auf denselben Anspruch mehrere selbständige Angriffs- oder Verteidigungsmittel beziehen, darf die Partei sich grundsätzlich nicht auf das Vorbringen einzelner von ihnen beschränken. Das gilt selbst dann, wenn sie nach dem Sach- und Streitstand davon ausgehen darf, daß diese für die Rechtsverfolgung oder Rechtsverteidigung ausreichen, Flieger MDR **78**, 535. Was schon nach dem eigenen Vortrag „auf der Hand liegt", das darf man nicht länger zurückhalten, Kblz RR **03**, 970. Man darf nicht stets bis zum Ergebnis der bisherigen Beweisaufnahme warten, BGH VersR **07**, 373. 9

D. Hilfsvortrag. Eine Hilfsbegründung ist zB bei einer Zahlungsklage mit einer Hauptbegründung aus einem Kaufvertrag und mit hilfsweise genannten Tatsachen wegen einer unerlaubten Handlung oder einer ungerechtfertigten Bereicherung nur solange entbehrlich, wie der Kläger hochgradig mit dem Erfolg der Hauptbegründung rechnen kann. Man muß den Wechsel des Aufenthaltsorts des eigenen Zeugen unverzüglich anzeigen, LG Ffm RR **86**, 143. Bei einer Verteidigung gegen den Vertragsanspruch mit der Behauptung, man habe die Schuld erfüllt, ist eine Hilfsaufrechnung notwendig, BGH **91**, 303, jedenfalls sobald die Beweisbarkeit der Erfüllung fraglich wird. Das mag allerdings erst nach einer Beweisaufnahme so sein, strenger Schneider MDR **77**, 796, ZöGre 3 (aber man darf die Zumutbarkeit nicht überspannen). 10

E. Nachlässigkeit. Bloße Nachlässigkeit oder gar eine Verschleppungsabsicht sind *schädlich*. Das Gericht sollte jeden Ansatz zu einem erneuten Zurückfallen in den altbekannten Schlendrian der Parteien energisch unterbinden. Ein Verschulden des gesetzlichen Vertreters und des ProzBev, gilt als solches der Partei, auch dasjenige des sog Kartellanwalts, § 216 Rn 20, oder des „nicht sachbearbeitenden" Sozius, § 296 Rn 14, §§ 51 II, 85 II, BGH VersR **83**, 562. Eine Partei muß auch eine sog negative Tatsache darlegen, also das Fehlen von Umständen, soweit das für ihren Angriff oder ihre Verteidigung erheblich ist. Aus Darlegungsschwierigkeiten folgt keine Umkehr der Darlegungslast. Vielmehr folgt nach Treu und Glauben die Aufgabe des Gegners, sich nicht mit einem einfachen Bestreiten zu begnügen, sondern im einzelnen darzulegen, daß die von ihm bestrittene Behauptung unrichtig sei, § 138 II, BGH NJW **81**, 577. Das Gericht darf freilich diese Anforderungen nicht überspannen, BGH NJW **84**, 2889 (zustm Lange DRiZ **85**, 252, Stürner JZ **85**, 185). Zur Aufklärungspflicht der nicht beweisbelasteten Partei Arens ZZP **96**, 1. 11

F. Beweisfragen. Ein Beweisbeschluß kann jede Partei auch ohne eine ausdrückliche Auflage zwingen, den bisherigen Vortrag selbstkritisch zu überprüfen und zB weitere Beweisanträge genauer zu fassen oder die bisherigen schärfer zu formulieren, BGH VersR **84**, 540, oder das Gericht vor dem Schluß der letzten Verhandlung dieser Instanz nach §§ 136 IV, 296 a vorsorglich auf sein offenkundiges Übergehen eines erheblichen Beweisantrags hinzuweisen, aM BVerfG, zit bei Schneider AnwBl **88**, 259 (das sei eine unzulässige Verlagerung richterlicher Pflichten auf die ProzBev. Aber die Prozeßförderungspflicht bleibt gerade dann bestehen). Ein für den Gegner völlig unerwartetes Beweisergebnis mag das Gericht dazu zwingen, eine Gelegenheit zur Rücksprache mit der Partei zu geben. An sich muß die Partei sich aber auf die möglichen Waffen des Gegners einstellen, Kblz RR **91**, 1087. 12

G. Verstoß. Es gilt § 296 Rn 74–76. Im schriftlichen Verfahren nach § 128 II ist das alles entsprechend anwendbar. Soweit keine Zurückweisung erfolgt, kann § 138 III zunächst unanwendbar sein. Es kommen dann eine Vertagung nach § 227 oder eine Nachfrist nach § 283 in Betracht, Düss RR **99**, 859, daneben Kostenfolgen nach § 95 und/oder eine Verzögerungsgebühr nach § 38 GKG, Anh § 95. 13

6) Rechtzeitigkeit eines Schriftsatzes, II. Auch hier ist die Praxis oft zu großzügig, Rn 2. 14

A. Grundsatz: Gegner muß Zeit behalten. I behandelt das Verhalten in der mündlichen Verhandlung, BVerfG NJW **93**, 1319, sei sie ein früher erster Termin oder ein Haupttermin, BGH NJW **89**, 716, 718 und 3212, Schlesw NJW **86**, 856, Deubner NJW **87**, 1585. Demgegenüber erfaßt der von KG NJW **80**, 2362 nicht genug beachtete II Angriffs- und Verteidigungsmittel nach Einl III 70 und außerdem Anträge aller Art vor der mündlichen Verhandlung, also vor dem frühen ersten Termin, zwischen ihm und dem Haupttermin und im schriftlichen Vorverfahren sowie zwischen dem Haupttermin und einem etwaigen weiteren Verhandlungstermin, BGH NJW **89**, 716.

B. Anwendungsbereich. Die Anwendungsbereiche von II und von § 277 I, IV sowie von § 132 *überlappen* sich zum Teil. Das sieht BGH NJW **89**, 716 nicht deutlich genug. Das gilt nur im Anwaltsprozeß, § 129 I, BVerfG NJW **89**, 3212, Ffm FamRZ **93**, 1468. Eine etwaige Anordnung im Parteiprozeß nach § 129 II fällt jedenfalls nicht unter II, sondern zB unter § 273 II Z 1, BVerfG NJW **93**, 1319. Vgl freilich § 129 a. 15

II bezieht sich auch auf *Rechtsausführungen*. Die Partei muß einen Schriftsatz so rechtzeitig einreichen, daß der Gegner sich noch im erforderlichen Umfang dazu erkundigen kann. Aus II folgt, daß auch das Gericht dem Gegner die nötige Zeit lassen muß, BVerfG NJW **82**, 1691, Kblz RR **91**, 1087, Schlesw NJW **86**, 856. Zur bloßen Verspätung muß bei II also die dadurch bedingte Einschränkung der Erklärungsmöglichkeit für den Gegner hinzutreten, Schlesw NJW **86**, 856, Deubner NJW **87**, 1585. Was für eine Versäumnisentscheidung zeitig genug ist, besagt an sich § 132. Man muß aber berücksichtigen, daß der Anwalt zunächst seine Partei benachrichtigen muß und daß diese auch noch etwas anderes tun darf als den Prozeß zu führen.

Im übrigen ist wegen der Prozeßförderungspflicht und der Folgen nach §§ 296 II, 283 keine Langatmigkeit zulässig. In einem etwas umfangreicheren Fall kann eine Einreichung spätestens etwa drei Wochen vor der mündlichen Verhandlung notwendig sein, BGH VersR **82**, 346. Das Gericht braucht nicht umzuterminieren, LG Dortm RR **08**, 1417.

16 **C. Verstoß.** Bei einem Verstoß, der auch bei einer Einhaltung der Frist des § 132 vorliegen kann, BGH NJW **89**, 716, gilt § 296 Rn 74–76.

17 **7) Zulässigkeitsrüge, III.** Man muß zahlreiche Aspekte beachten.

A. Grundsatz: Prozeßwirtschaftlichkeit und Beschleunigung. Die Vorschrift dient der Prozeßwirtschaftlichkeit nach Grdz 14, 15 vor § 128 und der Beschleunigung, BGH NJW **85**, 744. Gemeint sind sämtliche Rügen, die die Sachurteilsbefugnis des Gerichts bezweifeln, also nicht nur alle prozeßhindernden Einreden des § 274 aF, sondern sämtliche Prozeßhindernisse und Prozeßvoraussetzungen, § 280 Rn 1, also auch alle von Amts wegen zu prüfenden, § 296 Rn 71. Bei ihnen ist die Rüge natürlich nur eine Anregung, das Unterlassen der Rüge prozessual belanglos. Der Bekl muß alle Rügen gegenüber einer nach dem Klägervortrag zulässigen, aber unbegründeten Klage vor der ersten Verhandlung zur Hauptsache nach § 39 Rn 6 in erster Instanz im Anwalts- wie im Parteiprozeß gleichzeitig und für alle Rechtszüge vorbringen, BGH NJW **85**, 744, Zweibr NJW **95**, 538. Dabei gibt es keinerlei logisches, prozessuales oder praktisches Eventualverhältnis, Schröder ZZP **91**, 305. III ist entsprechend anwendbar auf Rügen des Klägers zB als Widerbekl oder bei einem Gegenvorbringen gegen eine Zulässigkeitsrüge des Bekl. Daher muß der Kläger sie evtl innerhalb einer diesem gesetzten Frist vorbringen, §§ 275 IV, 276 III, 277 IV, Schröder ZZP **91**, 313.

18 **B. Unzuständigkeit.** Eine Rüge ist bei einer Unzuständigkeit nach §§ 529 II, 549 II erforderlich. Wie die sachliche Zuständigkeit behandelt das Gesetz die Zuständigkeit des zum Patentgericht bestellten LG, § 78 b GVG Anh I Rn 2. Der Streit, ob ein ArbG oder ein VG zuständig ist, geht um die Zulässigkeit des Rechtswegs, §§ 13, 17 ff GVG. Eine Rüge der Unzuständigkeit führt demgegenüber in der Regel nur zur Verweisung, § 281. Das ist zumindest entsprechend anwendbar auf die internationale Unzuständigkeit, BGH DB **76**, 1009. Man kann III dann entsprechend anwenden, wenn der Bekl rügt, nicht die Zivilkammer sei zuständig, sondern die Kammern für Handelssachen, Bre MDR **80**, 410. Wegen des Einspruchs § 340 III 1, 3, § 700.

19 **C. Schiedsgericht**, dazu *Schröder* ZZP **91**, 302: Eine Rüge ist bei der Zuständigkeit eines Schiedsgerichts zulässig und erforderlich, § 1032 I, BGH DB **88**, 2302. Diese Vorschrift hat Vorrang vor III, Rn 1. Voraussetzung ist ein schiedsrichterliches Verfahren nach §§ 1025 ff, mag es auf einer Schiedsvereinbarung oder einer Verfügung nach § 1066 beruhen. Für das arbeitsgerichtliche Verfahren gelten §§ 101 ff ArbGG. Auch den Insolvenzverwalter bindet die vom Schuldner eingegangene Schiedsvereinbarung.

20 Die *Zuständigkeit* eines gesetzlich eingesetzten Schiedsgerichts gehört nicht hierher, auch nicht die Vereinbarung eines vorherigen gütlichen Ausgleichsversuchs, Grdz 28 vor § 253, ein Gütevertrag oder ein Vereinsschiedsgericht, gegen das die Anrufung der Hauptversammlung zulässig ist, Grdz 28 vor § 253, aM Oldb MDR **87**, 414. Die Rüge versagt mit dem Erlöschen der Schiedsvereinbarung, zB infolge Kündigung wegen einer Mittellosigkeit. Das muß der Kläger beweisen. Sie versagt ebenso mit der Beendigung des schiedsrichterlichen Verfahrens. Denn der Schiedsspruch bewirkt die Rechtskraft. Ein Vergleich gibt die Rüge aus diesem. Eine rechtskräftige Unzuständigkeitserklärung bindet zur Zuständigkeit.

21 Hat sich der Bekl vor dem Schiedsgericht darauf berufen, daß das ordentliche Gericht zuständig sei, widerspricht es *Treu und Glauben* nach Einl III 54, wenn er in dem darauf folgenden Verfahren vor dem ordentlichen Gericht die Schiedsgerichtsrüge erhebt. Ein ausländischer Schiedsvertrag gibt die Rüge, falls er nach dem anwendbaren Recht wirksam ist, mag der Schiedsspruch im fremden Staat Anerkennung finden oder nicht. Haben die Parteien für das schiedsrichterliche Verfahren deutsches Prozeßrecht vereinbart, muß das Gericht die Rüge nach dem deutschen Recht prüfen, BAG NJW **75**, 408. Ist der Hauptvertrag wirksam, greift die Rüge trotzdem durch, wenn das Schiedsgericht über die Wirksamkeit entscheiden muß.

Die Rüge versagt gegenüber einer *einstweiligen Verfügung,* §§ 935 ff. Denn für sie ist immer das Staatsgericht zuständig ist. Eine Schiedsgerichtsklausel kann die Vereinbarung betreffen, das Schiedsgericht solle auch über die Auslegung der Schiedsvereinbarung entscheiden, insbesondere über ihren Umfang. Dann prüft das Staatsgericht nur die Gültigkeit dieser sog Kompetenz-Kompetenzklausel, BGH DB **88**, 2302. Die Schiedsgerichtsklausel kann ferner die zur Aufrechnung verwendete Gegenforderung betreffen, § 145 Rn 10, 11, BGH **60**, 89. Die Verweisung auf eine Charter Party-Klausel im Konossement kann genügen, Hbg VersR **76**, 538. Die Verweisung auf eine noch fehlende Schiedsvereinbarung ist nicht in einen Vorvertrag dazu umdeutbar. Ein Vorvertrag gibt die Rüge, Habscheid KTS **76**, 4. Keineswegs darf man dem Bekl zubilligen, die Rüge schon deshalb zurückzuhalten, um sich nicht einen Sieg in der Sache zu verbauen, Ffm MDR **82**, 329, aM StJGr § 529 Rn 3 (aber das verstößt dann doch gegen seine Prozeßförderungspflicht, Grdz 12 vor § 128).

22 **D. Kostengefährdung.** Eine Rüge ist bei einer Kostengefährdung erforderlich, § 110 Rn 10, BGH NJW **81**, 2646, Ffm NJW **95**, 538, Zweibr NJW **95**, 538. Eine Klagerweiterung begründet die einmal verwirkte Rüge nicht neu. Erweitert der Kläger die zunächst in geringfügiger Höhe erhobene Klage unverhältnismäßig, braucht sich der Bekl nicht mit der bisherigen Sicherheitsleistung zu bescheiden. Er muß die Rüge aber vor der nächsten Hauptsacheverhandlung geltend machen.

23 **E. Keine Kostenerstattung.** Eine Rüge ist schließlich bei einer mangelnden Kostenerstattung erforderlich, § 269 IV, BGH JR **87**, 332. Es ist keine „Erneuerung des Rechtstreits", wenn die frühere Klage durch ein Urteil erledigt war oder wenn die Partei das Rechtsmittel erneuert oder wenn der Kläger die Klage nach einer teilweisen Klagerücknahme wieder erweitert.

24 **8) Verlust des Rügerechts, III.** Man muß die folgenden Situationen unterscheiden.

A. Verhandlung zur Hauptsache. Das Rügerecht erlischt mit dem Beginn der Verhandlung des Bekl oder des Klägers zur Hauptsache, III 1, § 39 Rn 6, BGH JR **87**, 332. Das gilt in jedem Rechtszug, BGH

NJW **85**, 744. Also ist eine Erörterung vor der Antragstellung unschädlich. Da III in Wahrheit ohnehin nur diejenigen Rügen erfaßt, auf die der Bekl nach Rn 18–23 verzichten kann, erübrigt sich die entsprechende Beschränkung in § 296 III.

B. Fristablauf. Das Rügerecht erlischt auch mit dem Ablauf einer etwaigen Klagerwiderungsfrist, III 2 in Verbindung mit §§ 275 I 1, III, 276 I 2, 277, 697 III 3, aM Gergen JuS **03**, 488. Es erlischt also nicht schon mit dem Ablauf einer Erklärungsfrist nach § 273 II Z 1. Dann erfolgt jedoch eine Zurückweisung nach § 296 I. Trotz einer Frist muß die Partei die Rüge spätestens im Termin erheben, selbst wenn er vor dem Fristablauf liegt. Das ergibt sich aus dem Wort „schon" in III 2. Bei Rn 24, 25 erfolgt die Zulassung einer verspäteten Rüge nur nach § 296 II, III, BGH NJW **85**, 744. 25

283 *Schriftsatzfrist für Erklärungen zum Vorbringen des Gegners.* [1] **Kann sich eine Partei in der mündlichen Verhandlung auf ein Vorbringen des Gegners nicht erklären, weil es ihr nicht rechtzeitig vor dem Termin mitgeteilt worden ist, so kann auf ihren Antrag das Gericht eine Frist bestimmen, in der sie die Erklärung in einem Schriftsatz nachbringen kann; gleichzeitig wird ein Termin zur Verkündung einer Entscheidung anberaumt.** [2] **Eine fristgemäß eingereichte Erklärung muss, eine verspätet eingereichte Erklärung kann das Gericht bei der Entscheidung berücksichtigen.**

Gliederung

Schrifttum: S bei § 296.

1) Systematik, S 1, 2. Die Vorschrift stellt eine Ergänzung zu den in § 282 Rn 1 genannten Regeln dar. Ihr setzt § 296 a eine Grenze. 1

2) Regelungszweck, S. 1, 2. Die Vorschrift soll die Beachtung des Art 103 I GG sichern. Sie durchbricht daher den Grundsatz des § 310 I 1 Hs 1, Stgt NJW **84**, 2539. Sie durchbricht auch den Mündlichkeitsgrundsatz nach Üb 1 vor § 128 zum Nachteil der nicht rechtzeitig vortragenden Partei. Die Vorschrift dient auch der Prozeßwirtschaftlichkeit nach Grdz 14 vor § 128 durch eine Straffung des Verfahrens. Wegen der zahlreichen Rechte und Pflichten des Gerichts, schon vor der mündlichen Verhandlung für einen umfassenden Vortrag beider Parteien zu sorgen und ihn durch Ausschlußfristen zu erzwingen, hat § 283 theoretisch nur noch eine hilfsweise Bedeutung, praktisch aber eine unverändert erhebliche, Katzenstein IPPrax **08**, 41. Man darf die Vorschrift nicht mit § 277 IV verwechseln, BVerfG FamRZ **91**, 1283. Sie verdrängt keineswegs den § 296, § 296 Rn 1, 44, 48, Stgt NJW **84**, 2538, aM BGH NJW **85**, 1558, BAG NJW **89**, 2214, Köln VersR **89**, 778 (aber dann könnte man § 296 allzu leicht unterlaufen. Er ist eine vorrangige Spezialvorschrift). 2

Angebliche Unfähigkeit sofortiger Stellungnahme läßt sich leider nur allzu oft beobachten. Manches Gericht verlangt dazu nicht einmal eine ausreichende Erklärung. „Alleinige Sachbearbeitung" ist in einer Sozietät auch an dieser Stelle keineswegs automatisch ein ausreichendes Argument, solange man nicht einmal die wirkliche Verhinderung aller anderen Mitglieder der Sozietät darlegt. Sie sind schließlich auch füreinander tätig. Nicht selten erscheint genau der angeblich absolut verhinderte „Sachbearbeiter" dann noch persönlich vor dem konsequent gebliebenen Richter. Eine Überlastung ist weder beim Gericht noch beim anderen Prozeßbeteiligten stets als Entschuldigung ausreichend, wenn auch oft genug gerade beim Tüchtigen vorhanden. Auch kurz vor dem Termin kann und muß man wenigstens im Kern noch aufnehmen und durchdenken können, was der Gegner leider erst jetzt vorträgt. Notfalls ist eine gewisse Sitzungspause mit einer telefonischen Rückfrage beim Auftraggeber ein geeignetes Mittel zur Vermeidung einer solchen Nachfrist, die alle nur zu einem nochmaligen Einarbeiten usw zwingen würde. Auch das sollte man bei der Auslegung mitbeachten.

3) Geltungsbereich, S 1, 2. Die Vorschrift gilt in allen Verfahren nach der ZPO, auch im WEG-Verfahren. Sie ist hauptsächlich dann anwendbar, wenn die Partei ihre Verspätung genügend entschuldigt hat, um dem Gegner das nur dann erforderliche rechtliche Gehör zu sichern, Stgt NJW **84**, 2539. Sie gilt aber auch dann erst, wenn die Verspätung so erheblich ist, daß der Gegner sich trotz seiner erhöhten Pflicht nach Rn 2 zur sorgfältigen und auf Verfahrensförderung bedachten Prozeßführung nicht bis zur mündlichen Verhandlung nach § 138 II ausreichend äußern kann, BVerfG NJW **80**, 277, Stgt NJW **84**, 2539. Wenn der verspätete Vortrag erst im Verhandlungstermin erfolgt, mag zwar § 282 den Gegner dazu zwingen, sich je nach der Art und dem Umfang des Vortrags sogleich dazu zu äußern. Dabei mag ein Bestreiten mit Nichtwissen nach § 138 IV unzulässig sein. Dann kann sich der ProzBev auch nicht auf sein persönliches Nichtwissen berufen, § 85 II. 3

Es wäre aber eine *glatte Verkennung* der §§ 296, 528, stets einen Antrag nach § 283 für zumutbar zu halten und eine Verzögerung schon deshalb zu verneinen, weil ja nach dem Ablauf der Nachfrist aus § 283 bloß ein Verkündungstermin nach § 310 notwendig werde, BVerfG NJW **89**, 705, Ffm **92**, 1405, Hamm RR **94**, 958. Abgesehen davon, daß das Gericht eine fristgerecht nachgereichte Erklärung nach S 2 berücksichtigen muß und daß eine solche Erklärung einen völlig anderen weiteren Prozeßverlauf einleiten mag, kann schon die Notwendigkeit eines derart erzwungenen besonderen Verkündungstermins eine Verzögerung bedeuten, aM BGH NJW **85**, 1558, Mü VersR **80**, 95, Schlesw NJW **86**, 856 (aber das gewünschte Ergebnis darf nicht die Abgrenzung der Voraussetzungen beherrschen). Das Gericht darf auch keinen solchen Antrag anregen, den es sogleich zurückweisen müßte. Vgl auch § 282 II. Wegen der Wahrhaftigkeitspflicht nach § 138 I hat § 283 eine besondere Bedeutung. Die Vorschrift darf aber nicht außerhalb von § 128 II zu einem schriftlichen Verfahren führen, Rn 16. Wegen eines Beschlußverfahrens Köln VersR **81**, 559.

4 **4) Vorbringen des Gegners, S 1.** Das ist an sich jede entscheidungserhebliche Tatsachenbehauptung und jede Rechtsausführung, jeder Gesichtspunkt nach § 139 II 1. Denn das Gericht darf danach ja auch insofern eine Entscheidung nicht ohne Gelegenheit zur Äußerung treffen, BVerfG **86**, 144, aM BPatG GRUR **04**, 953, ThP 2, ZöGre 2 a (aber Art 103 I GG gilt für jedes Vorbringen). Es kann also zB notwendig sein, wegen des in der mündlichen Verhandlung vom Bekl mit Nachweisen aus der Rspr vorgetragenen Gedankens einer Verwirkung dem Kläger eine Nachfrist zur Überprüfung der Nachweise usw zu gewähren, wenn das Gericht erwägt, die Klage wegen Verwirkung abzuweisen. Wenn aber nicht der Gegner, sondern erst das Gericht einen beachtlichen rechtlichen Gesichtspunkt eingeführt hat, ist § 283 unanwendbar, AG Lübeck WoM **83**, 52. Dasselbe gilt bei solchen Rechtsausführungen des Gegners, die bei zumutbarer Sorgfalt nach § 85 Rn 9 ff nicht wirklich überraschend sein können. Ob dann § 139 anwendbar bleibt, ist eine andere Frage.

Nicht hierher gehören der Sachantrag nach § 297 Rn 4, aM Schur ZZP **114**, 324, und ein solches Vorbringen, das man als bloße Erwiderung mithilfe schon genannter Argumente einstufen muß.

5 **5) Rechtzeitigkeit der Mitteilung, S 2.** Ob eine Partei ein Vorbringen nicht rechtzeitig mitgeteilt hat, richtet sich im Anwaltsprozeß zunächst nach § 132, stets aber nach §§ 273 I Z 1, 275 I 1, III, IV, 276 I 2, III, 277, 282, aM ZöGre 2 b (aber auch eine nur der Verfahrensbeschleunigung dienende Vorschrift ist wegen Rn 2 gerade auch hier beachtbar). Im Parteiprozeß genügt nur nach Maßgabe dieser Vorschriften ein Vortrag im Termin.

6 **6) Erklärungsmöglichkeit, S 1.** Ob die Partei sich nicht erklären kann, muß das Gericht nach seinem pflichtgemäßen Ermessen im Rahmen von Rn 2 prüfen. Dabei muß das Gericht drei Prüfungsschritte vornehmen.

A. Unzumutbarkeit sofortiger Erklärung. Das Gericht muß zunächst klären, ob wirklich keine sofortige Erklärung zumutbar ist. Dabei muß man strenge Anforderungen stellen, Rn 2. Denn die Partei ist längst auf ihre Förderungspflicht aufmerksam gemacht worden und hat unabhängig davon eine gesteigerte Vorbereitungspflicht nach § 282. Das Gericht hat die Pflicht, im Verhandlungstermin mit den Parteien auch einen längeren Schriftsatz oder Vertrag Punkt für Punkt wenigstens im Kern darauf durchzugehen, was er an Neuem enthält und ob oder weshalb eine sofortige Stellungnahme dem Gegner nicht zumutbar ist. Dabei kommt es grundsätzlich nicht auf den Kenntnisstand des ProzBev an, sondern auf denjenigen der Partei und die ihr vor dem Termin zumutbaren Möglichkeiten der vollständigen und rechtzeitigen Information des ProzBev, BVerfG NJW **92**, 2144, Brschw OZGR **95**, 146. Er darf daher keineswegs grundsätzlich erklären, er könne sich nicht sogleich äußern, unklar BVerfG FamRZ **95**, 1562. Daran ändert auch ein nach wie vor weitverbreiteter Gerichtsgebrauch nichts. Andererseits mag ein überraschend später Hinweis nach § 139 dazu führen, daß sich die Partei nicht sofort erklären kann, BGH MDR **99**, 758 rechts.

7 **B. Keine Großzügigkeit.** Keineswegs darf man mithilfe einer allzu großzügigen Auslegung des Nichtkönnens nach S 1 eine der Hauptsünden des Zivilprozesses begünstigen, nämlich die lasche, oberflächliche, in letzter Sekunde stattfindende Terminsvorbereitung. Sie ist leider nicht nur bei manchem Gericht vorhanden, sondern auch gelegentlich bei Anwälten, und zwar wegen § 85 II zulasten ihrer Auftraggeber. Dasselbe gilt natürlich erst recht dann, wenn eine Partei erst im letzten Moment einen ProzBev beauftragt oder gar einen sog gewillkürten Anwaltswechsel vornimmt, so daß der (jetzige) ProzBev notgedrungen ungenügend informiert auftritt. Flucht in die Anwaltsbestellung oder den Anwaltswechsel wäre ein zu bequemer Weg, alle gesetzlichen und gerichtlichen Versuche der Verfahrensförderung und -beschleunigung zu unterlaufen. Es ist und bleibt vielmehr der Prozeß der Parteien, Grdz 18 vor § 128. Sie mögen um ihr Recht kämpfen und sich auch auf die bei etwas Überlegung möglichen Waffen des Gegners einstellen. Natürlich können die Art und der Umfang des gegnerischen Vorbringens auch dem sorgfältig vorbereiteten Gegner und dessen ProzBev eine sofortige Stellungnahme unmöglich machen. Ob und inwiefern das aber so ist, läßt sich nur bei einer wenigstens vorläufigen sorgfältigen Erörterung dessen beurteilen, was überhaupt „übrigbleibt". Das gilt auch nach einer Beweisaufnahme, § 370 I, BGH FamRZ **91**, 43. Eine Ausnahme gilt nach einer fremdsprachigen Zeugenerklärung gem § 377 III.

8 **C. Verspätung als Ursache.** Das Gericht muß ferner klären, ob wirklich nur die fehlende Rechtzeitigkeit nach Rn 5 und nicht etwa auch oder vor allem ein Mangel der eigenen Überlegung dazu führen, daß die Partei sich nicht sofort erklären kann.

9 **D. Keine Vertagung.** Das Gericht muß schließlich klären, ob statt einer bloßen Nachfrist nebst einem ja sogleich zu bestimmenden Verkündungstermin eine Vertagung nach § 227 erforderlich wird. Man darf § 283 nicht mit § 277 IV verwechseln, BVerfG FamRZ **91**, 1283. Nur soweit sie erkennbar schon jetzt unvermeidbar ist, hat diese Maßnahme den Vorrang vor einer Nachfrist.

10 **7) Nachfrist, S 1.** Die Praxis verfährt oft viel zu großzügig, Rn 2.

A. Antrag. Zunächst ist ein Antrag erforderlich, BVerfG **75**, 310, BPatG GRUR **08**, 78, Deubner NJW **87**, 1585. Man muß ihn im Zweifel vor einer Verfassungsbeschwerde stellen, Einl III 17, BVerfG NJW **93**,

2794. Das Gericht darf der Partei eine Nachfrist also nicht von Amts wegen gewähren. Es darf einen Antrag zwar grundsätzlich anregen, BGH NJW **85**, 1543, Hansen NJW **84**, 1672, und mag auch dazu nach § 139 verpflichtet sein, Naumb RR **94**, 704. Es ist zu solcher Anregung aber keineswegs stets verpflichtet oder auch nur berechtigt. § 139 Rn 66 „Nachfrist", aM Hamm MDR **92**, 186 (aber die Parteiherrschaft gilt auch hier, Grdz 18 vor § 128). Das Gericht darf eine solche Anregung zB dann nicht geben, wenn es einen daraufhin gestellten Antrag doch nicht berücksichtigen dürfte, aM BGH **94**, 214 (aber seine Auffassung paßt nicht zu seinem eigenen Verzögerungsbegriff). Es ist unzulässig, statt eines Antrags auf eine Nachfrist jede Einlassung zu verweigern, BVerfG NJW **89**, 705, BGH **94**, 214, Naumb RR **94**, 704. Wer nur einen Antrag nach § 227 stellt, riskiert, sowohl mit ihm abgewiesen zu werden als auch die Chance der Nachfrist zu verlieren, BVerfG NJW **80**, 277, und beides erst im Urteil zu erfahren. Soweit ein Antrag fehlt, setzt das Gericht einen Verkündungstermin ohne jede Nachfrist an oder entscheidet sofort oder am Schluß der Sitzung auch nach § 138 II, III, ZöGre 3.

B. Anordnung. Die Bestimmung einer Nachfrist nebst einer gleichzeitigen Bestimmung eines Verkündungstermins nach § 310 I ist nur dann wegen Art 103 I GG eine Rechtspflicht des Gerichts, wenn nach seinem pflichtgemäßen Ermessen sämtliche Voraussetzungen Rn 4–9 vorliegen und wenn es überhaupt um einen derzeit entscheidungsbedürftigen Punkt geht, Gaier MDR **97**, 1094, aM Schneider MDR **98**, 139 (aber Unerhebliches ist überhaupt nicht beachtlich, vgl auch § 156). Insofern bedeutet „kann" = muß (es handelt sich um eine bloße Zuständigkeitsregelung, aM ZöGre 3 a). Die Nachfrist erfolgt durch einen Beschluß des Gerichts, nicht durch einen solchen des Vorsitzenden, BGH NJW **83**, 2031. Er ergeht in der mündlichen Verhandlung. Daher gibt es gegen sie wie gegen ihre Ablehnung keinen Rechtsbehelf, § 567 I Z 2. Die Fristberechnung erfolgt nach § 222, die Abkürzung oder Verlängerung nach §§ 224 II, 225, und zwar durch das Kollegium, nicht den Vorsitzenden, BGH NJW **83**, 2031. **11**

C. Berechnung. Im *Anwaltsprozeß* darf und sollte das Gericht einen normalen Kanzleibetrieb des Anwalts berücksichtigen. 3 Arbeitstage können zu kurz sein, erst recht in einer umfangreichen oder schwierigen Sache, BAG DB **82**, 1172. Das Gericht darf aber keine Verzögerungs- oder Störversuche durchgehen lassen, Rn 6, 7, Mü MDR **80**, 148. Es besteht wegen der Fristbedeutung keine Belehrungspflicht, BVerfG **75**, 311. Der Verkündungstermin unterliegt keiner Höchstfrist. Man sollte ihn so legen, daß das Gericht einen fristgemäß eingehenden Schriftsatz noch durcharbeiten kann. Dabei muß man beachten, daß bei einer Frist ohne einen Zusatz der Eingang bei der Poststelle genügt und bis zum Eingang bei der Geschäftsstelle der Abteilung Tage vergehen können. Da das Gericht einen fristgemäß eingehenden Schriftsatz berücksichtigen muß, ist eine erhöhte Vorsicht zur Vermeidung einer wegen § 318 irreparablen Fehlentscheidung wegen einer zu kurzen Zeit zwischen dem Fristablauf und dem Verkündungstermin notwendig. Eine Fehlentscheidung könnte eine Staatshaftung auslösen. Zweckmäßig sollte auch beim AG oder beim Einzelrichter, wo keine Beratung notwendig ist, zwischen dem Fristablauf und dem Verkündungstermin mindestens 1 Woche liegen. Die 3-Wochen-Frist des § 310 I 2 ist zwar hier nicht direkt anwendbar, wohl aber sinngemäß seit dem Ablauf der Nachfrist. Man darf den Verkündungstermin auch nachträglich bestimmen. **12**

D. Ablehnung. Soweit das Gericht eine Nachfrist ablehnt, muß das unverzüglich erfolgen, also im Termin, durch einen Beschluß. Das Gericht darf eine an sich schon im Termin mögliche Entscheidung nicht bis zum Urteilserlaß hinausschieben, Schneider MDR **82**, 902. Es sollte sich aber auch nicht gedrängt fühlen, über eine Nachfrist sofort zu entscheiden. Es darf wie muß evtl in einem Verkündungstermin nach § 310 I 1 Hs 1 durch das Urteil zugleich eine Nachfrist ablehnen, wenn sich diese Notwendigkeit nach erneuter Beratung ergibt. Um dem Antragsteller den Erlaß eines Versäumnisurteils gegen sich und damit einen weiteren Vortrag in der Einspruchsfrist zu ermöglichen, sollte das Gericht über einen vor einem Sachantrag gestellten Antrag nach § 283 soweit ihm zumutbar freilich auch vor der Protokollierung des Sachantrags entscheiden. **13**

8) Umfang der Erklärungspflicht, S 1, 2. Das Gericht darf die Nachfrist auf eine Erklärung über inhaltlich bestimmte Punkte beschränken. Sonst könnte die Partei unter dem Vorwand, auf einen Nebenpunkt nicht sofort antworten zu können, umfangreiche neue Behauptungen nachschieben und damit das gesamte System der §§ 272–282, 296 unterlaufen, aM BGH **94**, 214 (aber das wäre sogar Rechtsmißbrauch, Einl III 54). Eine genaue Eingrenzung im Beschluß ist dringend ratsam. Nur sie gibt dem Gericht die Möglichkeit, aus dem innerhalb der gewährten Nachfrist Eingereichten das „Untergemogelte" unbeachtet zu lassen. Mangels einer Eingrenzung besteht die Nachfrist nur zu allen denjenigen Punkten tatsächlicher und rechtlicher Art, zu denen die Partei im Verhandlungstermin keine Erklärung abgeben konnte, LG Brschw WoM **77**, 12. Nur in diesem Umfang darf das Gericht das Nachgereichte beachten, BGH FamRZ **79**, 575. **14**

Innerhalb des gewährten Erklärungsumfangs hat die begünstigte Partei die Pflicht, die zuvor noch nicht mögliche Erklärung vollständig und wahrheitsgemäß *nachzuholen,* § 138 I, II. Andernfalls können zB die Rechtsfolgen aus § 138 III, IV eintreten. Das Gericht darf den zum Anlaß einer Nachfrist genommenen Vortrag nicht schon deshalb als verspätet zurückweisen, weil der von ihr begünstigte Gegner ohne eine Entschuldigung auch in der Nachfrist nicht geantwortet hat. Vielmehr läßt sich die Verspätungsfrage erst auf Grund der Erwiderung beurteilen, Mü VersR **80**, 94. Freilich kann sich dabei ergeben, daß eine zunächst verständlicherweise vorsorglich gewährte Nachfrist in Wahrheit objektiv gar nicht notwendig gewesen war. Das in ihr Nachgeschobene bleibt dann unberücksichtigt, wie man überhaupt alles unerlaubt Nachgeschobene zurückweisen muß, insbesondere einen derart nachgeschobenen Sachantrag, Hbg MDR **95**, 526, Mü MDR **81**, 502, soweit nicht eine Wiedereröffnung nach Rn 17 notwendig wird. Ein Vortrag zu einer Abtretung reicht zB nicht als ein Vortrag zu einer Prozeßermächtigung, Düss GRUR-RR **05**, 283. **15**

9) Einhaltung der Nachfrist, S 2. Vgl zunächst Rn 1–3. Geht die Erklärung nach Rn 12 fristgemäß ein, also im Zweifel bei der Poststelle des Gerichts, muß das Gericht sie bei der nächsten Entscheidung berücksichtigen, auch wenn das zu einer erheblichen weiteren Verzögerung usw führt. Ihre Nichtberücksichtigung würde gegen Art 103 I GG verstoßen, Einl III 16, BVerfG **34**, 347. Sie kann auch bei einer nur **16**

irrigen Fehlleitung im Gericht die Berufung entsprechend (jetzt) § 514 II 2 eröffnen, LG Hann RR **89**, 382, LG Münst RR **89**, 381. Das gilt natürlich nur, soweit das Gericht eine Stellungnahme erlaubt hatte, Rn 14, BGH FamRZ **79**, 573. Haben beide Parteien Nachfristen erhalten, wenn auch nacheinander, ist das Gericht damit ins schriftliche Verfahren übergegangen, § 128 II, Köln RR **87**, 1152, Schlesw SchlHA **83**, 182. Dann ist evtl § 156 anwendbar. Das Gericht braucht sich auch keineswegs beiderseitigen Verschleppungsabsichten der Parteien zu unterwerfen. Es braucht daher keineswegs stets beiderseitigen Anträgen stattzugeben.

17 **10) Wiedereröffnung, S 2.** Eine *Wiedereröffnung* kann notwendig werden, wenn die nachgereichte Erklärung eine trotz Rn 14 erlaubte Klagänderung enthält, § 263, Mü NJW **81**, 1106, oder wenn sie eine Gegenerklärung notwendig macht. Denn diese wäre grundsätzlich nicht verwertbar, auch wenn sie vor dem Verkündungstermin eingegangen ist. Keineswegs sieht aber das Gesetz eine solche Gegenerklärung vor, BFH BB **75**, 771. Das Abschneiden der Gegenerklärung ist vielmehr gerade der Zweck des § 283, LG Bln MDR **84**, 58. Darum sollte die Wiedereröffnung nur dann stattfinden, wenn ohne sie ein Verfahrensfehler eintreten würde, LG Bln MDR **84**, 58, oder wenn das Gericht ohne Gegenerklärung nicht weiterkommt, großzügiger Katzenstein IPRax **08**, 49. Insofern hat das Gericht im Zweifel ein pflichtgemäßes Ermessen, BGH NJW **04**, 3103.

18 **11) Mitteilung der Nachfrist, S 2.** Das Gericht muß die in der Nachfrist eingegangene Erklärung dem Gegner *mitteilen*. Das kann formlos geschehen. Die Unterlassung der Mitteilung ist wegen § 296 a Rn 20, prozessual belanglos. Eine Zurückweisung wegen Verspätung kommt zumindest nach § 296 I auch dann in Betracht, wenn das Gericht dem Gegner eine Frist zur Erklärung auf einen nachgereichten Schriftsatz gesetzt hatte, Düss MDR **85**, 417.

19 **12) Nichteinhaltung der Nachfrist, S 2.** Geht die Erklärung nach Rn 12 nicht fristgemäß ein, also im Zweifel bei der Poststelle des Gerichts, kann das Gericht sie bei der nächsten Entscheidung berücksichtigen. Kann bedeutet hier grundsätzlich nur: darf, keineswegs: muß. Es gibt also ein pflichtgemäßes Ermessen, BVerfG NJW **93**, 2794, Fischer NJW **94**, 1321, nicht nur eine Zuständigkeitsregelung. Eine Berücksichtigung kommt zB dann in Betracht, wenn das Gericht selbst verfahrensfehlerhaft gehandelt hatte, BGH NJW **00**, 143 links, oder wenn die Fristversäumung nur gering war und wenn das Gericht bei der Vorlage der Erklärung noch nicht mit der Beratung oder dem Diktat der Entscheidung begonnen hatte, oder wenn fälschlich nur der Vorsitzende und nicht das Kollegium die Frist oder deren Verlängerung bewilligt hatte, BGH NJW **83**, 2031, oder wenn eine sonst etwa doch unvermeidbare Wiedereröffnung auf diesem Weg unnötig wird. Das Gericht sollte die Nichtberücksichtigung im Tatbestand oder in den Entscheidungsgründen ganz kurz vermerken. § 156 ist auch hier mitbeachtlich, Schneider MDR **86**, 905.

20 **13) Verhandlungsschluß, S 1, 2.** Es verschiebt sich nur der Schluß der wie sonst erforderlichen mündlichen Verhandlung nach §§ 136 IV, 296 a, Schlesw SchlHA **86**, 91. Der Verhandlungsschluß tritt mit dem Eingang der fristgemäßen Erklärung oder mit dem Fristablauf ein, BGH **152**, 305 (auch zu Besonderheiten nach § 26 Z 5 S 1 EGZPO), VGH Mannh NVwZ-RR **08**, 429. Daher darf das Gericht eine Entscheidung verkünden, auch wenn das Verfahren später unterbrochen wurde, § 249 III. Es müssen dieselben Richter wie in der mündlichen Verhandlung mitwirken, § 309. Nach §§ 323, 767 verschiebt sich der Verhandlungsschluß auf das Fristende für denjenigen, dem das Gericht die Einreichung erlaubt hatte, nicht für den Gegner.

21 **14) Entscheidung, S 1, 2.** Die Entscheidung ergeht nicht etwa in einem nunmehr schriftlichen Verfahren. Wäre das Gericht nach Rn 16 in dieses übergegangen, müßte es jetzt § 128 II beachten. Die Entscheidung kann beliebiger Art sein, auch ein Beweisbeschluß, ThP 7, aM Knöringer NJW **77**, 2336 (aber das Gesetz erfaßt gerade auch diese prozeßfördernde Maßnahme).

Einführung vor § 284
Beweis

Schrifttum: *Adloff,* Vorlagepflichten und Beweisvereitelung im deutschen und französischen Zivilprozess (2007) 45 ff; *Balzer,* Beweisaufnahme und Beweiswürdigung im Zivilprozeß, 2. Aufl 2005; *Baumgärtel,* Beweisrechtliche Studien, Festschrift der *Rechtswissenschaftlichen Fakultät . . . Köln* (1988), 165; *Baumgärtel,* Das Beweismaß im deutschen Zivilprozeß, in: Tagungsbericht 1987 Nauplia, 1991; *Baumgärtel,* Ausprägung der prozessualen Grundprinzipien der Waffengleichheit und der fairen Prozeßführung im zivilprozessualen Beweisrecht, Festschrift für *Matscher* (Wien 1993) 29; *Bender/Nack,* Tatsachenfeststellung vor Gericht, Bd I, II, 2. Aufl 1995; *Berger,* Beweisaufnahme vor dem Europäischen Gerichtshof, Festschrift für *Schumann* (2001) 27; *Brehm,* Die Bindung des Richters an den Parteivortrag und Grenzen freier Verhandlungswürdigung, 1982; *Coester-Waltjen,* Internationales Beweisrecht, 1983; *Eberle,* Zur Rhetorik des zivilprozessualen Beweises, 1989; *Eichele/Klinge,* Das Beweisbuch für den Anwalt, 1997; *Gottwald,* Das flexible Beweismaß im englischen und deutschen Zivilprozess, in: Festschrift für *Henrich,* 2000; *Greger,* Beweis und Wahrscheinlichkeit, 1978; *Huber,* Das Beweismaß im Zivilprozeß, 1983; *Jäckel,* Beweisvereinbarungen im Zivilrecht usw, 2007; *Kargados,* Das Beweismaß, in: Tagungsbericht 1987 Nauplia, 1991; *Kemper,* Beweisprobleme im Wettbewerbsrecht, 1992; *Kollhosser,* Das Beweisantragsrecht usw, Festschrift für *Stree* und *Wessels,* 1993; *Leipold,* Beweismaß und Beweislast im Zivilprozeß, 1985; *Leipold,* Wahrheit und Beweis im Zivilprozeß, in: Festschrift für *Nakamura* (1996); *Marauhn,* Bausteine eines europäischen Beweisrechts, 2007; *Meyke,* Darlegen und Beweisen, 2. Aufl 2001; *Michel/von der Seipen,* Der Schriftsatz des Anwalts im Zivilprozess, 6. Aufl 2004; *Meyke,* Darlegen und Beweisen im Zivilprozeß, 2. Aufl 2001; *Motsch,* Vom rechtsgenügenden Beweis, 1983; *Motsch,* Einige Bemerkungen zum Beweisrecht usw, Festschrift für *Schneider* (1997) 129; *Musielak/Stadler,* Grundfragen des Beweisrechts, 1984; *Nagel/Bajons,* Beweis/Preuve/Evidence, Grundzüge des Beweisrechts in Europa, 2003; *Pantle,* Die Beweisunmittelbarkeit im Zivilprozeß, 1991; *Rechberger,* Maß für Maß im Zivilprozeß? Ein Beitrag zur Beweismaßdiskussion, Festschrift für *Baumgärtel* (1990); *Saenger* ZZP **121**, 139 (Üb); *Schilken,* Gedanken zum

Anwendungsbereich von Strengbeweis und Freibeweis im Zivilverfahrensrecht, Festschrift für *Kollhosser* 2004 (649); *Schneider,* Anwaltratgeber Beweisrecht im Zivilprozess, 2008; *Schneider,* Beweis und Beweiswürdigung, 5. Aufl 1994; *Schneider* MDR **98**, 887 (Üb); *Schöpflin,* Die Beweiserhebung von Amts wegen im Zivilprozeß, 1992; *Sturmberg,* Der Beweis im Zivilprozeß, 1999.

Gliederung

1) Systematik. „Das Wahre ist gottähnlich; es erscheint nicht unmittelbar, wir müssen es aus seinen Manifestationen erraten" (Goethe, Wilhelm Meisters Wanderjahre III, 18. Kap). §§ 284 ff regeln zusammen mit §§ 355 ff das Beweisrecht. Beweis ist eine Tätigkeit des Gerichts und der Parteien, die das Gericht von der Wahrheit oder der Unwahrheit einer Tatsachenbehauptung überzeugen soll, aM Meyke NJW **89**, 2032 (aber das Gericht darf erst auf Grund der Beweisaufnahme zur allein entscheidenden abschließenden Überzeugung kommen, § 286 Rn 16). Oft versteht man unter Beweis auch das Beweismittel oder das Beweisergebnis. Wegen der Freiheit der Rechtswahl Art 14 Übk v 19. 6. 80, BGBl **86** II 810. 1

2) Regelungszweck. Ziel allen Beweisrechts wie allen Prozeßrechts ist die sachlichrechtlich richtige Entscheidung, Einl III 9, 36. Die Rechtsidee hat freilich mehrere Komponenten. Von ihnen stellt die materielle Gerechtigkeit nur *eine* dar, § 296 Rn 1. Deshalb muß oft die Beweislast entscheiden. Das gilt ungeachtet ihrer umstrittenen Rechtsnatur, Anh § 286 Rn 2, 3. Der für den modernen Prozeß so außerordentlich wichtige Grundsatz freier Beweiswürdigung nach § 286 Rn 2 darf nicht zur Schludrigkeit der Beweiserhebung führen. 2

Anscheinsbeweis nach Anh § 286 Rn 15 ist ein manchmal verlockender, aber oft auch allzu verführerischer „Ausweg", wenn die Durchführung einer vollen Beweisaufnahme mit ihren Mühen und Tücken droht. Er ist andererseits ein elegantes Mittel, mithilfe der nicht allzu strapazierten Lebenserfahrung die Unsicherheiten nicht nur eines Zeugenbeweises zu erübrigen. Bedenkt man, wie schillernd im Grunde auch das übliche Beweismaß der „an Sicherheit grenzenden Wahrscheinlichkeit" bleibt, ist weder Scheu noch Leichtfertigkeit erlaubt. Wohl aber ist eine vernünftige ruhige Abwägung der Beweisbedürftigkeit und -methode das richtige Verfahren. Alles das sollte man bei jeder Auslegung mitbedenken.

3) Geltungsbereich. Die Vorschriften über den Beweis gelten voll in allen Verfahrensarten nach der ZPO, auch im WEG-Verfahren. Nur diejenigen zur Beweislast nach Anh § 286 gelten eingeschränkt. Im FamFG-Verfahren gilt § 29 FamFG. 3

4) Beweisbedürftigkeit. Das Gericht muß jeden ihm ordnungsmäßig unterbreiteten Zivilprozeßfall entscheiden. Es darf eine Entscheidung niemals mangels genügender Klärung ablehnen. Im Rahmen des Beibringungsgrundsatzes und der Verhandlungsmaxime nach Grdz 20 vor § 128 ist das Gericht verpflichtet, alles zur Klärung Geeignete zu tun. Die Partei hat infolge des Justizanspruchs nach Grdz 1 vor § 253 grundsätzlich auch ein Recht auf Beweis, Habscheid ZZP **96**, 306. Das gilt auch bei sehr großer Unwahrscheinlichkeit der behaupteten Beweisbarkeit, BVerfG NVwZ **87**, 786. 4

Beweis braucht alles, was nicht unstreitig oder nach § 307 anerkannt oder offenkundig ist und was man nicht nach § 292 vermuten darf. Beweisbedürftig ist ferner alles, was sich nicht unterstellen (fingieren) läßt, zB nach § 138 III, IV, oder was man nicht als sog gleichwertiges, also der anderen Partei günstiges Vorbringen des Prozeßgegners bewerten kann, § 138 Rn 19. Die beweispflichtige Partei kann sich nicht mehr auf solche beweisbedürftigen Tatsachen berufen, die sie nicht beweist.

Bei *mehreren* beweisbedürftigen Fragen sollte das Gericht zwar kostenschonend vorgehen. Es darf aber die Prozeßwirtschaftlichkeit nach Grdz 14 vor § 128 auch so beachten, daß es zunächst denjenigen Beweis erhebt, der die weitere Beweisaufnahme erübrigen könnte, selbst wenn er teuer ist, etwa beim Sachverständigen. Hier ist viel Fingerspitzengefühl nötig. Der weite Ermessensspielraum wegen der Reihenfolge bleibt indes bestehen.

Von Amts wegen darf das Gericht Beweis erheben, soweit er in einem Augenschein besteht oder in der Zuziehung von Sachverständigen, der Heranziehung von Urkunden, in der Vernehmung einer Partei nach §§ 142, 144, 273, 358 a, 448 oder soweit der Ermittlungsgrundsatz gilt, Grdz 38 vor § 128, vor allem in einer FamFG-Sache nach § 29 FamFG. Im übrigen gelten die Parteiherrschaft nach Grdz 18 vor § 128 und der Beibringungsgrundatz nach Grdz 20 vor § 128, Habscheid ZZP **96**, 309. Daher muß das Gericht von den Parteien einen Beweisantritt nach Rn 23 erfordern, § 139, BVerfG NJW **94**, 1211. Vgl bei diesen Vorschriften auch wegen gewisser Einschränkungen. 5

Die Parteien müssen den Beweis nach den Vorschriften der ZPO *erbringen,* ihn führen. In Wahrheit haben sie aber keine prozessuale Pflicht, sondern nur eine Obliegenheit. Deren Nichteinhaltung kann zum Unterliegen führen. Der so häufig mißbrauchte Ausdruck „unter Beweis stellen" bedeutet nicht beweisen, den Beweis erbringen, sondern den Beweis antreten, ihn versuchen, § 282.

6 **5) Beweisgrad.** Nach dem Grad von Anforderungen an die Überzeugungskraft kann man drei Beweisarten unterscheiden.

7 **A. Strengbeweis.** Es gibt den eigentlichen vollen Beweis (Strengbeweis), §§ 355 ff. Er bezweckt die volle Überzeugungsbildung des Gerichts, § 286 Rn 16, Kiethe MDR **03**, 782.

8 **B. Glaubhaftmachung.** Es gibt einen geringeren, für gewisse Fälle ausreichenden Beweis, die Glaubhaftmachung, § 294.

9 **C. Freibeweis.** Es gibt den Freibeweis, BGH NJW **08**, 1533, Koch/Steinmetz MDR **80**, 901. Das gilt (jetzt) auch nach § 284 S 2–4 namentlich bei der Feststellung der allgemeinen und der besonderen Prozeßvoraussetzungen, Grdz 18 vor § 253, § 56 Rn 4, Knauer/Wolf NJW **04**, 2862, und bei der Feststellung sonstiger von Amts wegen zu prüfenden Tatsachen, Grdz 39 vor § 128, BGH NJW **87**, 2876, KG MDR **86**, 1032, ZöGre 7 vor § 284, aM StJSchu 21 ff vor § 355, ThP 6 vor § 284 (aber das engt das Gericht in der Beweiswürdigung zu sehr ein). Einen Freibeweis gibt es ferner bei der Feststellung eines Erfahrungssatzes nach Rn 22 in gewissen Grenzen im Prozeßkostenhilfeverfahren nach § 118, in solchen Verfahrensabschnitten, in denen das Gericht ohne mündliche Verhandlung entscheidet, etwa im Beschwerdeverfahren nach §§ 567 ff, und bei der Ermittlung ausländischen Rechts, § 293. Wegen amtlicher Auskünfte Üb 32 vor § 373.

10 **6) Beweisrichtung.** Nach der Richtung, die ein Beweis aus der Sicht des jeweiligen Beweisführers erbringen soll, kann man drei Beweisarten unterscheiden.

11 **A. Hauptbeweis.** Es gibt den Hauptbeweis. Er liefert die Tatbestandsmerkmale des anzuwendenden Rechtssatzes. Er liegt erst dann vor, wenn das Gericht voll überzeugt ist, § 286 Rn 16, BGH JR **78**, 418. Er ist beim Bestreiten seiner Tatsachen auch dann nötig, wenn Indiztatsachen unstreitig sind, BGH RR **97**, 238. Das Fehlen eines Gegenbeweises reicht natürlich nicht zum Hauptbeweis aus, BAG DB **03**, 724.

12 **B. Gegenbeweis.** Es gibt den Gegenbeweis. Ihn erbringt die Gegenpartei zum Beweis des Gegenteils der Behauptung des Beweisführers. Er liegt grundsätzlich erst dann vor, wenn das Gericht vom Gegenteil der vom Beweisführer zu erbringenden Tatsache voll überzeugt ist, also nicht schon dann, wenn man durch ihn die Überzeugung des Gerichts von der zu beweisenden Tatsache lediglich erschüttern kann, § 418 Rn 9, BVerfG NJW **92**, 225, BGH NJW **90**, 2125, Köln RR **03**, 803, aM BGH VersR **83**, 561 (aber das begünstigt unzulässig den Gegner des Hauptbeweisführers). Der sog „Beweis des Gegenteils" ist Hauptbeweis, wenn er eine gesetzliche Vermutung entkräftet, wie bei § 292, oder Gegenbeweis, zB bei § 445 II, Düss MDR **95**, 959.

13 **C. Negativbeweis.** Es kann zum Haupt- wie zum Gegenbeweis erforderlich sein, das Nichtvorliegen einer Tatsache zu beweisen. Das gilt zB dann, wenn eine anspruchsbegründende oder -vernichtende Vorschrift im Tatbestand das Nichtvorhandensein eines meist subjektiven Umstands voraussetzt, BGH NJW **85**, 1775, BAG NJW **04**, 702.

14 **7) Streitnähe.** Nach dem Grad von Annäherung an die umstrittene tatsächliche beweisbedürftige Behauptung kann man zwei Beweisarten unterscheiden.

15 **A. Unmittelbarer Beweis.** Es gibt den unmittelbaren, direkten Beweis. Er ergibt unmittelbar das Vorliegen der Beweistatsachen.

16 **B. Mittelbarer Beweis**, dazu *Meixner,* Der Indizienbeweis, 1982; *Nack* MDR **86**, 366 (ausf): Es gibt den mittelbaren, indirekten, den Indizienbeweis, BGH RR **02**, 1072, BAG NJW **93**, 613. Man muß ihn vom Anscheinsbeweis nach Anh § 286 Rn 15 unterscheiden. Er ergibt nur Tatsachen, aus denen der Richter kraft seiner Lebenserfahrung auf das Vorliegen oder Fehlen der unmittelbaren Beweistatsachen schließt und schließen darf, BGH VersR **98**, 1302, Fricke VersR **06**, 1474. Hilfstatsachen des Beweises nennt man solche Tatsachen, die der Würdigung von Beweismitteln oder Indizien dienen, Lange DRiZ **85**, 248, zB die Glaubwürdigkeit oder Unglaubwürdigkeit eines Zeugen dartun, BGH NJW **92**, 1899. Sie sind die Grundlage der Beweiseinreden, § 282. Für diese Fälle gelten die gewöhnlichen Regeln der Beweisführung, BGH RR **88**, 412. Der Richter darf den Antritt eines mittelbaren statt eines unmittelbaren Beweises nicht von vornherein zurückweisen oder unbeachtet lassen, BGH NJW **92**, 1899. Er muß zunächst prüfen, ob der Beweisantritt schlüssig ist, BGH RR **93**, 444. Der Indizienbeweis ist keineswegs von vornherein ungeeignet, BGH RR **90**, 1276, aM LG Bbg VersR **84**, 49 (aber das verstößt gegen den Grundsatz freier Beweiswürdigung). Das gilt, mag sein Beweiswert zB beim Zeugem vom Hörensagen auch in der Regel nur gering sein, BGH NJW **84**, 2040. Es ist eine Gesamtschau erforderlich, BGH RR **94**, 1113. Das Gericht darf nicht auf Grund eines Indizienbeweises den Hauptbeweisantrag übergehen, BGH RR **02**, 1072.

17 **8) Beweisgegenstand.** Man muß vier Aspekte beachten.

A. Tatsache: Nachprüfbarkeit durch Dritte. Beweisgegenstand sind nur Tatsachen. Rechtssätze unterliegen wegen Art 20 III GG grundsätzlich nicht der freien Beweiswürdigung, Ffm Rpfleger **87**, 34. Trotzdem zählen sie bei § 293 zu den Beweistatsachen. Indessen findet dann nicht ein wirklicher Beweis statt, § 293 Rn 6.

18 Regelmäßig stellt man Tatsachen in Gegensatz zu *Werturteilen* oder Urteilen schlechthin, BVerfG **77**, 362. Dabei bezeichnet BGH NJW **81**, 1562 als Tatsachen „konkrete, nach Zeit und Raum bestimmte, der Vergangenheit oder der Gegenwart angehörige Geschehnisse oder Zustände der Außenwelt und des menschlichen Seelenlebens". Tatsachen als gegenständliche Vorgänge kommen in ihrer Reinheit aber für den Richter nicht in Betracht. Der Mensch nimmt alle gegenständlichen Vorgänge mit den Sinnen auf und verarbeitet sie mit dem Verstand. An ihn selbst, und erst recht durch ihn an Dritte, treten sie ausnahmslos in der Form eines Urteils heran. Ob dieses mehr oder weniger gefärbt ausfällt, mehr oder weniger „Werturteil"

ist, hängt von gar manchem ab, Köln NJW **98**, 237. Manche stellen darauf ab, ob eine objektive Klärung möglich ist oder ob eine subjektive Wertung ganz im Vordergrund steht, BGH NJW **78**, 751. Andere lassen maßgeblich sein, ob eine Beurteilung als richtig oder falsch erlaubt ist (Tatsache) oder ob noch Streit möglich ist, Tillmann NJW **75**, 761.

Nach richtiger Auffassung ist *Tatsache* jeder äußere oder innere Vorgang, der der Nachprüfung durch Dritte offensteht. Das trifft bei „Werturteilen" zu, wenn sich feststellen läßt, daß die Mehrzahl der anständig und verständig Denkenden denselben Vorgang gleichermaßen würdigt. In der Rechtsprechung herrscht Verwirrung. Die Auslegung eines Rechtsgeschäfts oder einer Urkunde ist keine Tatfrage, sondern immer eine Rechtsfrage. Häufig werden dem Richter Beweistatsachen durch Mittelspersonen, insbesondere Zeugen, zugänglich. Er empfängt dann als Tatsache, was diese Personen als Tatsache beurteilen. Bekundet ein Zeuge die Ermordung eines Menschen, so bekundet er eine Tatsache, besser eine Tatsachenfülle. Behauptet der Zeuge, jemand sei Erbe des Ermordeten, so zieht er einen Schluß aus Tatsachen und gibt damit ein wirkliches reines Urteil ab. Man muß ein solches Urteil von Tatsachen scharf unterscheiden. Es bezieht sich nicht auf Tatsachen, Vorgänge, sondern auf die Folge eines Vorgangs. **19**

B. Innere Tatsache. Innere Tatsachen nennt man Vorgänge des Seelenlebens im Gegensatz zu äußeren Tatsachen. Zu den inneren Tatsachen gehören Beweggründe, Überlegungen und Willensrichtungen, BVerfG NJW **93**, 2165, BGH VersR **98**, 195, ferner ein Kenntnisstand, BGH RR **04**, 248. Sie sind mustermäßige „Urteile". Im juristischen Sinn gelten aber Vermutungstatsachen (hypothetische Tatsachen), also Dinge, die unter bestimmten Voraussetzungen geschehen wären, regelwidrig als Gegenstand des Beweises, BVerfG NJW **93**, 2165, zB daß man jemanden unter gewissen Umständen zum Direktor gewählt hätte oder daß jemand ein Grundstück erwerben würde, aM LG Ffm RR **86**, 551 (aber dann geht es wirklich nur um einen zukünftig denkbaren Vorgang). Man darf und muß den Parteivortrag darauf prüfen, ob seine Auslegung nach Grdz 52 vor § 128 auch auf die Behauptung einer inneren Tatsache hinausläuft, etwa einer Absicht, BGH VersR **98**, 195. Natürlich ist in solchen Fällen Vorsicht bei der Beweiswürdigung ratsam. Zu den inneren Tatsachen gehören auch unmögliche oder unterbliebene (negative). Das Gericht muß prüfen, auf Grund welcher Umstände der Zeuge von der inneren Tatsache Kenntnis erlangt hat, BGH RR **04**, 248. **20**

C. Juristische Tatsache. Solche Tatsachen, besser juristische Urteile, enthalten die rechtliche Beurteilung eines Vorgangs als Kauf, Kündigung usw, also eine Einordnung unter Rechtssätze. Sie sind begrifflich keine Beweistatsachen, sondern reine Urteile, Rn 22, Teil der richterlichen Tätigkeit. Eine scharfe Scheidung verbietet aber das praktische Bedürfnis. Man kann mit Rücksicht auf den Bildungsgrad und die Begabung der Mittelsperson und die Einfachheit und Geläufigkeit des Begriffs die Grenze nur von Fall zu Fall ziehen. Ein ganz einfacher und allen geläufiger Rechtsbegriff kann im Einzelfall Beweistatsache sein, zB ein einfacher Kauf, die Erteilung eines Auftrags, vereinzelt sogar Eigentum. Keine Beweistatsache ist zB der Begriff „höhere Gewalt". Wohl aber ist eine Beweistatsache zB der die höhere Gewalt angeblich auslösende Sturm. Reine Urteile sind auch die sog technischen Tatsachen, also Schlüsse, die man wegen seiner besonderen Sachkunde aus Vorgängen zieht, wie den Tod infolge einer Körperverletzung oder die Zahlungseinstellung. Für sie gilt dasselbe wie für juristische Urteile. Andere reine Urteile sind prozessual belanglos. **21**

D. Erfahrungssatz, dazu *Konzen,* Normtatsachen und Erfahrungssätze usw, Festschrift für *Gaul* (1997) 335: Erfahrungssätze, etwa ein Handelsbrauch, BGH RR **04**, 1249, eine Verkehrssitte, ein typischer Ablauf, Anh § 286 Rn 15, sind selbst nicht stets Tatsachen, BGH NJW **156**, 254. Sie sind vielmehr Schlüsse, die man erst aus einer Reihe gleichartiger Tatsachen auf Grund seiner Erfahrung zieht, auch auf Grund fachlicher Erfahrung oder auf Grund einer Meinungsumfrage nach Üb 7 vor § 402. Sie gehören also entweder der allgemeinen Lebenserfahrung oder der besonderen Fachkunde an. Sie mögen ausnahmslos oder nur in bestimmten Fällen gelten. Der Richter darf und muß sie stets einer etwa vorhandenen eigenen Sachkunde entnehmen, BGH NJW **04**, 1164. Diese hängt nicht stets von seiner Zugehörigkeit zum angesprochenen Verkehrskreis ab, BGH **156**, 254. Macht er solches Wissen zur Grundlage seiner Entscheidung, muß er es den Parteien mitteilen, sofern es außerhalb der allgemeinen Lebenserfahrung liegt, Ffm NJW **86**, 855, außer wenn er sich auf Grund dieses Wissens einem Sachverständigengutachten anschließt. Er kann sein Wissen auch Gutachten aus anderen Akten entnehmen. Darin liegt ein erlaubter Urkundenbeweis von Amts wegen. **22**

Erfahrungssätze bieten immer nur ein Mittel zur rechtlichen Einordnung der Tatsachen. Sie sind keine Normen, schon weil sie auf Erfahrung beruhen, aM Oestmann JZ **03**, 290 (aber auch ein allgemeiner Rechtsmißbrauch kann leider ein Erfahrungssatz sein). Eine Beweislast für Erfahrungssätze gibt es nicht. Der Richter darf und muß sie von Amts wegen beachten, Grdz 39 vor § 128, Christl NJW **84**, 270, auch wenn sie eine besondere Fachkunde verlangen, falls er sich diese zutraut. Als Rechtssätze zur Beurteilung von Tatsachen sind Erfahrungssätze in der Revisionsinstanz nachprüfbar.

9) Beweisantritt. Das ist die Einführung eines bestimmten Beweismittels nach §§ 282, 371, 373, 403, 420 ff, 445, 447 durch die Partei in den Prozeß zum Beweis einer bestimmten gleichzeitig oder vorher aufgestellten Behauptung, des Beweissatzes (Beweisthemas). Dessen Genauigkeit hängt nach § 138 I, II vom Gesamtvortrag des Gegners mit ab, BGH MDR **04**, 1016 (krit Wax LMK **04**, 200). Das verkennt BGH MDR **07**, 1029 links oben. **23**

A. Form und Inhalt. Der Beweisführer muß angeben, zB welcher Zeuge was zu welchem Vorgang genau bekunden soll, § 373 Rn 8. Beweisführer braucht nicht derjenige zu sein, den die Beweislast trifft, BGH NJW **84**, 2039, Stgt MDR **87**, 1035. Der Beweisantritt erfolgt durch einen vorbereitenden Schriftsatz nach § 130 Z 5, durch einen mündlichen Vortrag, durch Bezugnahme auf einen Schriftsatz nach § 137 III, BGH RR **96**, 1459, Hamm RR **97**, 764, oder durch die Vorlage einer Urkunde. Beweisantritt erfolgt also nicht schon durch deren bloße Ankündigung. Das ergibt sich aus dem immer wieder oberflächlich gelesenen § 420 bei genauer Prüfung schon seines Wortlauts. Der Vortrag eines einzelnen Beweisantrags schließt eine stillschweigende Bezugnahme im übrigen nicht stets aus. Es kommt aber auf die Prozeßlage an. Der Beweisführer muß die Beweismittel nach Rn 5 außer beim Sachverständigenbeweis nach § 403 zu jeder Tatsache besonders bezeichnen, BGH **66**, 68 (sonst evtl § 144).

24 **B. Grenzen der Zulässigkeit.** Eine völlig *unsubstantiierte* Behauptung ist nicht ausreichend, BGH RR **94**, 378, Köln VersR **77**, 577. Eine bloße Verweisung auf umfangreiche alte Schriftsätze ist bei einer langen Dauer eines verwickelten Prozesses kein Beweisantritt. Entgegen einer weitverbreiteten Unsitte ist auch die bloße Bezugnahme auf eine Bußgeld- oder Strafakte kein ausreichender Beweisantritt. Das gilt selbst dann, wenn der Beweisführer das Aktenzeichen angibt, LG Köln VersR **81**, 245, und wenn die Akte nur einen geringen Umfang hat. Denn es ist insbesondere im Bereich des Beibringungsgrundsatzes nach Grdz 20 vor § 128 nicht die Aufgabe des Gerichts, solche Akte ohne eine nähere Seitenzahlangabe des Beweisführers auf die ihm günstigen Teile zu durchsuchen. Freilich muß das Gericht im Rahmen des Zumutbaren auf den Mangel einer lückenhaften Bezugnahme hinweisen. Es darf aber keine damit zusammenhängende Verzögerung dulden und braucht dem Beweisführer keineswegs alles nach § 139 abzunehmen, aM BGH MDR **07**, 102 links oben.

25 *Ebensowenig genügt* in der Berufungsinstanz stets eine allgemeine Bezugnahme auf das frühere Vorbringen ohne die Rüge, daß und welche Beweise der Vorderrichter bisher nicht erhoben habe. Das Gericht muß auf eine ungenügende Bezugnahme hinweisen, BVerfG NJW **82**, 1637. Eine Bezugnahme reicht aus, soweit das Vordergericht den Vortrag als unerheblich beurteilte und der Rechtsmittelführer diese Ansicht angreift, BVerfG NJW **74**, 133, oder soweit das Berufungsgericht einen Beweisantritt für erheblich hält, BGH NJW **82**, 581.

26 *Ohne* einen *Beweisantritt* darf das Gericht *keinen Gegenbeweis* erheben. Der Beweisantritt hemmt nicht die Verjährung nach dem BGB, anders als ein Beweissicherungsantrag, § 485.

27 **10) Ausforschungsbeweis**

Schrifttum: *Chudoba,* Der ausforschende Beweisantrag, 1993; *Müller,* Der Ausforschungsbeweis usw, Zürich 1991; *Stürner,* Die richterliche Aufklärung im Zivilprozeß, 1982.

A. Grundsatz: Unzulässigkeit. Es ist grundsätzlich unzulässig, Beweis zur Beschaffung einer beweiserheblichen Tatsache als Grundlage für neue Behauptungen anzutreten, also willkürliche aus der Luft gegriffene Behauptungen aufzustellen, wenn tatsächliche Unterlagen für sie ganz fehlen, BGH NJW **99**, 1407, BAG NZA **08**, 431 links Mitte, Oldb MDR **08**, 1059. Ebenso unzulässig ist es, Behauptungen aufzustellen, für deren Richtigkeit keine Wahrscheinlichkeit spricht, die nicht im erforderlichen Maß substantiiert sind. Sie sollen vielmehr eine Substantiierung erst ermöglichen, BGH MDR **91**, 689, BAG NZA **08**, 431 links Mitte, Baumgärtel MDR **95**, 987. Zu Unrecht meint Gamp DRiZ **82**, 171, es handle sich um ein Scheinproblem. Die hinter dem Ausforschungsbeweisantrag stehende, vom Gesetz mißbilligte Haltung geht oft weit über eine bloß nicht genügend bestimmte Formulierung eines Beweisantrags hinaus. Wegen gewisser Besonderheiten beim selbständigen Beweisverfahren § 485 Rn 2, 12, § 494 Rn 1. Zum internationalen Recht Schlosser ZZP **94**, 369.

28 Das alles gilt auch beim Beweis durch *Zeugen,* BGH NJW **92**, 2489, oder durch die Gegenpartei. Es gilt aber auch beim *Urkundenbeweis,* etwa beim beliebten Antrag, eine nur generell bezeichnete Unfallakte „beizuziehen", § 420 Rn 3. Es gilt ferner beim *Sachverständigenbeweis,* zB dann, wenn eine Partei noch nicht ausreichende Tatsachen vortragen kann, LG Köln NZM **99**, 404, oder wenn sie mittelbare Tatsachen zurückhält, um sie erst durch den Sachverständigen „ermitteln" zu lassen, oder wenn sich eine Partei der Prüfung ihrer kaufmännischen Fähigkeit durch den Sachverständigen unterziehen soll. Denn diese dient der Beschaffung des tatsächlichen Materials gegen sie. Es gilt schließlich im *selbständigen Beweisverfahren* nach §§ 485 ff, Düss JB **92**, 426.

29 Jede Partei steht zwar unter der *Wahrhaftigkeitspflicht.* Aber niemand braucht seinem Gegner die Waffen in die Hand zu geben, § 138 Rn 21, BGH **93**, 205. Der Richter braucht auch nicht einer ohne jede Grundlage ins Blaue aufgestellten Behauptung nachzugehen, BGH NJW **95**, 2111, Kiethe MDR **03**, 1326. Er kann den Beweisführer vielmehr zur Darlegung der Erkenntnisquelle der Beweisbehauptung auffordern, BGH NJW **91**, 2707. Er darf den Erlaß eines Ausforschungsbeweisbeschlusses ablehnen oder einfach unterlassen. Der ersuchte Richter darf dessen Ausführung ablehnen, § 158 II GVG (verbotene Handlung). Freilich braucht sich der nicht Beweispflichtige auch nicht ins Blaue zu verteidigen.

30 **B. Ausnahmen: Zulässigkeit.** Die Partei behauptet aber *nicht ins Blaue,* wenn sie lediglich imstande ist, eine zunächst nur vermutete Tatsache als Behauptung einzuführen, BGH NJW **96**, 3150, Düss RR **88**, 1529, Demharter FamRZ **85**, 235. Das gilt auch dann, wenn die Partei zB einen Antrag auf die Einholung eines Blutgruppengutachtens oder eines erbbiologischen Zusatzgutachtens nach § 372 a Rn 6 ff damit begründet, daß ein Dritter der Kindesmutter in der Empfängniszeit beigewohnt habe und das Kind nicht die geringste Ähnlichkeit mit dem Beweisführer habe, oder wenn die Partei die Glaubwürdigkeit der Kindesmutter bestreitet und darum bittet, diese Glaubwürdigkeit durch das beantragte Gutachten überprüfen zu lassen, § 372 a Rn 2. Freilich muß ein Anhaltspunkt für die Vermutbarkeit der Tatsache bestehen, BGH NJW **95**, 2111, ZöGre 5.

31 *Zulässig ist* die Vernehmung eines Lotterieeinnehmers darüber, ob er ein Los auf eigene oder fremde Rechnung gespielt habe. Kein Ausforschungsbeweis liegt vor, wenn gewisse Umstände ein Beweisergebnis wahrscheinlich machen, BVerfG NJW **03**, 2977, zB daß sich das Behauptete aus solchen Akten ergeben kann, die das Gericht heranziehen soll, oder aus einem Privatgutachten, BGH RR **03**, 69. Der Beweisführer braucht überhaupt nicht bereits beim Beweisantritt das behauptete Ergebnis wahrscheinlich zu machen. Denn das wäre eine verfrühte Beweiswürdigung, Mü OLGZ **79**, 355. Eine Verwertung eines nach Rn 27–30 unzulässig erfolgten Beweises ist nicht von vornherein unstatthaft, BGH NJW **06**, 1659.

32 **11) Beweismittel.** Die Möglichkeiten sind zahlreich.

A. Arten. Beweismittel nach § 282 sind die im Titel 6–10 des Buchs 2 der ZPO geregelten, nämlich Augenschein, Zeugen, Sachverständige, Urkunden, Parteivernehmung. Dazu tritt die amtliche Auskunft, Üb 32 vor § 373. Wegen einer Tonaufzeichnung usw Üb 11 vor § 371.

Keine Beweismittel sind das gerichtliche Geständnis nach § 288 Rn 1 ff und das außergerichtliche Geständnis. Es ist vielmehr ein bloßes Indiz, Rn 16. Andere Erkenntnisquellen als die genannten sind nur bei Erfahrungssätzen nach Rn 22, bei einem Rechtssatz oder bei Offenkundigkeit nach § 291 zulässig.

B. Benutzungsfreiheit. Beweisfragen unterliegen der Parteiherrschaft, Grdz 18 vor § 128. Ihr unterliegen außer dem Sachverständigen- und dem Augenscheinsbeweis alle Beweismittel, soweit nicht die Parteiherrschaft gesetzlich beschränkt ist, wie im Eheverfahren. Die Wahrhaftigkeitspflicht nach § 138 zwingt keine Partei dazu, ihr Vorbringen zu beweisen. Die ZPO gibt jeder Partei das Recht, auf Beweismittel des Gegners zu verzichten. Darum dürfen die Parteien beliebige Tatsachen dem Beweis entziehen oder einzelne Beweismittel durch Vereinbarung ausschließen. Insofern darf das Gericht keinerlei Beweis erheben, Schultze NJW **77**, 412. Wegen eines Beweisvertrags Anh § 286 Rn 7. 33

12) Beweiswürdigung. Die fast unlösbare Aufgabe des Richters ist es, in dem ihm übermittelten Trugbild angeblicher Tatsachen die wahren Umrisse, den wirklichen Vorgang zu erkennen, Rn 1. Dazu muß er Fehlerquellen möglichst ausscheiden und auf einer reichen Lebenserfahrung aufgebaute Schlüsse fast hellseherisch ziehen. Er darf sich dabei notfalls technischer Gehilfen, der Sachverständigen, bedienen. Über sachverständige Zeugen § 414. Weiteres bei § 286. Die freie Beweiswürdigung ist ein Kernstück des neuzeitlichen Zivilprozesses. Sie ist sein größter Fortschritt gegenüber dem Gemeinen Prozeß. Sie ist der notwendige Ausgleich der erheblichen Mangelhaftigkeit fast jeder Beweiserhebung. Sie gilt ausnahmslos, soweit nicht § 286 II eingreift. Die Vorschriften über die Beweiswürdigung sind zwingendes öffentliches Recht. Sie sind daher der Parteivereinbarung entzogen. 34

Das *Berufungsgericht* prüft die Beweiswürdigung in grundsätzlich freier Würdigung nach. Das Revisionsgericht prüft nur auf gesetzliche Anwendung des Würdigungsrechts. Dieses ist entweder durch die gesetzwidrige Beschaffung der Grundlagen der Entscheidung verletzt, zB durch eine unzulässige Ablehnung einer Zeugenvernehmung, oder durch falsche Schlüsse aus den Grundlagen. 35

284 *Beweisaufnahme.*

[1] Die Beweisaufnahme und die Anordnung eines besonderen Beweisaufnahmeverfahrens durch Beweisbeschluss wird durch die Vorschriften des fünften bis elften Titels bestimmt. [2] Mit Einverständnis der Parteien kann das Gericht die Beweise in der ihm geeignet erscheinenden Art aufnehmen. [3] Das Einverständnis kann auf einzelne Beweiserhebungen beschränkt werden. [4] Es kann nur bei einer wesentlichen Änderung der Prozesslage vor Beginn der Beweiserhebung, auf die es sich bezieht, widerrufen werden.

1) Systematik, Regelungszweck. Die Beweisaufnahme erfolgt nach den §§ 355–455. Ob ein förmlicher Beweisbeschluß notwendig ist, regeln §§ 358–360. Wegen des Freibeweises nach Einf 9 vor § 284 kann man die Verweisung in § 285 nicht als abschließend bewerten. Das gilt erst recht nach S 2–4. Das danach formell erforderliche und nur bedingt widerrufliche Einverständnis der Parteien entweder allgemein oder wegen einzelner Maßnahmen hat wegen des unveränderten § 286 mit seinen längst geltenden Freiheiten der Überzeugungsbildung keine nennenswerte Bedeutung. Es kann zB eine formlose ergänzende Zeugenbefragung erleichtern. S 2 gilt auch bei einer von Amts wegen zu prüfenden Voraussetzung, (zum alten Recht) BGH NJW **90**, 1735. Freilich muß das Gericht gerade dann im Ergebnis voll überzeugt sein, Grdz 39 vor § 128. Das alles gilt nicht bei dem nach § 295 II Unverzichtbaren, Fölsch MDR **04**, 1030. Bei einer wesentlichen Änderung der Prozeßlage mag das Gericht einem neuen Beweisantrag stattgeben müssen, ZöGre 2. 1

285 *Verhandlung nach Beweisaufnahme.*

I Über das Ergebnis der Beweisaufnahme haben die Parteien unter Darlegung des Streitverhältnisses zu verhandeln.

II Ist die Beweisaufnahme nicht vor dem Prozessgericht erfolgt, so haben die Parteien ihr Ergebnis auf Grund der Beweisverhandlungen vorzutragen.

Gliederung

1) Systematik, I, II. Während § 284 und die in ihm in Bezug genommenen Vorschriften die Beweisaufnahme regeln, bestimmt § 285 zusammen mit § 279 III als notwendiges und leider nicht selten mißachtetes Zwischenstadium die Erörterung der Beweisergebnisse mit den Parteien, bevor dann §§ 286 ff zur Beweiswürdigung überleiten. 1

2) Regelungszweck, I, II. Gelegenheit zur Äußerung über das Beweisergebnis müssen die Parteien erhalten. Das gilt schon wegen Artt 2 I, 20 III GG (Rpfl), BVerfG **101**, 404, Art 103 I GG (Richter), Einl III 16, BGH NJW **90**, 122, Bbg FER **99**, 99, Schneider MDR **92**, 827. § 279 III verpflichtet das Gericht deshalb auch schon wegen § 529 I zur Erörterung des Beweisergebnisses mit den Parteien unter Darlegung seiner vorläufigen Beweiswürdigung, natürlich vorbehaltlich der Schlußberatung. § 285 gibt ihnen das Recht, ihre Auffassung über das Beweisergebnis darzulegen, Beweiseinreden, auch des Beweisführers selbst, vorzubringen und Gegenbeweis oder neuen Beweis anzutreten, Walker Festschrift für Schneider (1997) 167. 2

Darum verlangt er eine mündliche Verhandlung der Parteien über das Beweisergebnis nach § 279 III, bei der sie den jetzigen Streitstand erörtern können, nicht müssen, Schneider MDR **01**, 781. Diese Verhandlung setzt die durch die Beweisaufnahme unterbrochene Verhandlung fort. Sie soll grundsätzlich unmittelbar nach der Beweisaufnahme in demselben Termin stattfinden, § 370 I, BGH FamRZ **91**, 43. Sie bildet mit ihr eine Einheit, Üb 3 vor § 253. Daher braucht man die schon gestellten Anträge nicht zu wiederholen, BGH **63**, 95. Das Gericht darf abgesehen von einer Säumnis nach Rn 5 in seiner Entscheidung kein solches Beweisergebnis verwerten, über das die Parteien nicht verhandeln konnten, Schneider MDR **92**, 827.

Vielfältige Folgen kann das Beweisergebnis auch für das weitere prozessuale Verhalten aller Beteiligten haben. Man kann nur nach den Gesamtumständen beurteilen, ob und welche weiteren oder erstmaligen Beweismittel man verständigerweise jetzt anbieten, erheben oder zurückweisen muß; ob jetzt erst Widerklage, Hilfsantrag, Verweisung, Abgabe, Nachfrist usw infrage kommen und ob dazu Vertagung ratsam oder notwendig wird. Alles das muß man bei der Art und dem Umfang der „Verhandlung" nach I oder des „Vortrags" nach II mitbeachten. Die Vorschrift darf aber keine Trödelei erlauben.

3 **3) Geltungsbereich, I, II.** Die Vorschrift gilt in allen Verfahrensarten nach der ZPO, auch im WEG-Verfahren. Im (jetzt) FamFG-Verfahren ist I unanwendbar, BayObLG **90**, 179, und gilt § 30 IV FamFG.

4 **4) Verhandlung, I.** Man darf ihre Bedeutung wegen § 286 nicht unterschätzen.

A. Übliche Sorgfalt. Es gelten natürlich zur Frage des „Könnens" nach Rn 2 die üblichen Sorgfaltsmaßstäbe, Schneider MDR **92**, 827. Im übrigen muß die Partei selbst bei gegnerischen Betriebsgeheimnissen auch im Anschluß an die Möglichkeit der Teilnahme an einer Beweisaufnahme nach § 357 Rn 4 über diese verhandeln dürfen. Man muß die Vorschrift auch bei einer Wiederholung der Beweisaufnahme beachten. Wenn die Beweisaufnahme unmittelbar voranging, ist der Vortrag ihres Ergebnisses grundsätzlich entbehrlich. Wenn aber zB ein Sachverständiger ein Gutachten nur mündlich erstattet, dafür aber außerordentlich ausführlich, muß das Gericht einer nicht sachkundigen Partei die Gelegenheit geben, nach der Vorlage des Protokolls nochmals Stellung zu nehmen, BGH FamRZ **91**, 45. Dazu muß sie eine sachkundige Beratung einholen können, BGH NJW **84**, 1823. Bei einer früheren Beweisaufnahme genügt regelmäßig ein Parteibericht, Üb 5 vor § 253. Es ist zumindest ratsam, einen Hinweis auf die Verhandlung nach § 285 in das Protokoll aufzunehmen, strenger BGH NJW **90**, 122 (er sei nach § 160 II auch notwendig).

Der *Bezug* auf einen Schriftsatz oder auf das Protokoll richtet sich nach § 137 III. Der Vorsitzende muß auf einen geeigneten Vortrag hinwirken, § 139. Im schriftlichen Verfahren nach § 128 II muß man entsprechend vorgehen. Am besten setzt das Gericht dann eine Erklärungsfrist, wenn es die Beweisergebnisse mitteilt. Die Ablehnung eines Antrags, einen beweiswürdigenden Schriftsatz nachreichen zu dürfen, ist grundsätzlich kein Verstoß gegen Art 103 I GG, Einl III 16, BGH FamRZ **91**, 43, ZöGre 1, aM BGH MDR **01**, 830, LAG Ffm NZA-RR **96**, 168, Schneider MDR **92**, 827 (aber man darf auch ein weitgefaßtes Gehör nicht endlos ausdehnen. In aller Regel ist eine sofortige Würdigung zumutbar).

5 **B. Erneute Erörterung des Sach- und Streitstands.** Während § 285 die Erörterung des Ergebnisses gerade der Beweisaufnahme regelt, schreibt § 279 III eine erneute Erörterung des übrigen Sach- und Streitstands nach der Beweisaufnahme vor. In der Praxis lassen sich diese beiden Erörterungsarten freilich oft kaum trennen.

6 **C. Säumnisverfahren.** Wenn das Gericht den Termin gleichzeitig zur Beweisaufnahme und zur mündlichen Verhandlung angesetzt hat, gilt: Bei Säumnis *einer* Partei erfolgt die Beweisaufnahme nach Möglichkeit, § 367. Dann ergeht auf Antrag eine Versäumnisentscheidung in der Sache, §§ 330, 331, 331 a. Das gilt aber natürlich nur dann, wenn die Partei überhaupt noch keinen Sachantrag gestellt hat. Wenn sie dagegen zu Beginn des Termins streitig verhandelt hat und nun nach der Beweisaufnahme „keinen Antrag stellt", ist das keine Säumnis, sondern in Wahrheit ein Verzicht auf weitere Ausführungen nach Erhalt des Gehörs. Bei einer Säumnis *beider* Parteien findet die Beweisaufnahme ebenfalls wenn möglich statt. Dann beschließt das Gericht eine Vertagung, das Ruhen oder eine Entscheidung nach Aktenlage. Bei ihr darf und muß das Gericht das Beweisergebnis verwerten, § 251 a.

7 **5) Außerprozeßgerichtliche Beweisaufnahme, II.** Ein Grundsatz hat Ausnahmen.

A. Grundsatz: Vortrag des Beweisergebnisses. Es gibt eine Beweisaufnahme vor dem beauftragten oder ersuchten Richter oder im Ausland oder vor demjenigen Einzelrichter oder Vorsitzenden der Kammer für Handelssachen, der nur vorbereitend tätig und deshalb nicht Prozeßgericht war, §§ 361, 362, 363, 372 II, 375, 402, 434, 451, § 157 GVG. Anschließend müssen die Parteien das Ergebnis vor dem Prozeßgericht auf Grund der Beweisverhandlungen vortragen, falls ein allseits wirksamer Verzicht darauf erfolgt. Eine Säumnis oder ein Nichtstellen des Sachantrags bleiben statthaft, BGH NJW **04**, 1733, natürlich mit deren Folgen. Dabei genügt eine auch stillschweigende Bezugnahme nach § 137 III auf das Protokoll nach § 160 III Z 4, auf ein Gutachten nach § 411 oder auf eine schriftliche Auskunft nach §§ 273, 358 a, 377 III. Dasselbe muß bei einer Beweisaufnahme vor einem anderen Kollegium gelten. Das Verfahren läuft im übrigen wie bei I ab. In der Praxis übernimmt der Vorsitzende den Vortrag für die Parteien. Er ist aber dazu nicht verpflichtet.

Unverwertbar ist der persönliche Eindruck des vernehmenden verordneten Richters, wenn er ihn nicht im Vernehmungsprotokoll festgelegt hat, § 355 Rn 6. Dasselbe gilt nach einem Richterwechsel, § 355 Rn 7.

8 **B. Ausnahmen.** Bei einem Amtsbeweis § 144 oder beim Beweis über solche Punkte, die das Gericht von Amts wegen nach Grdz 39 vor § 128 beachten muß, ist der Vortrag nach II unnötig. Bei einer Verwertung der Ergebnisse eines selbständigen Beweisverfahrens gilt § 493 II.

9 **6) Verstoß, I, II.** Ein Verstoß gegen I oder II ist ein Verfahrensfehler, BGH FER **01**, 176, Kblz RR **91**, 1087. Er kann nach § 295 heilen, BGH **63**, 95, MüKoPr 6, ZöGre 1, aM ThP 2 (aber man kann im Bereich der Parteiherrschaft sogar auf jeden Beweis als Gegner verzichten). Ein Verstoß begründet ein Rechtsmittel, auch eine Revision. Er erlaubt aber nicht stets eine Verfassungsbeschwerde, BVerfG **67**, 95, BGH FamRZ **91**, 43, aM Schneider MDR **92**, 827.

286 *Freie Beweiswürdigung.* **I** [1] **Das Gericht hat unter Berücksichtigung des gesamten Inhalts der Verhandlungen und des Ergebnisses einer etwaigen Beweisaufnahme nach freier Überzeugung zu entscheiden, ob eine tatsächliche Behauptung für wahr oder für nicht wahr zu erachten sei.** [2] **In dem Urteil sind die Gründe anzugeben, die für die richterliche Überzeugung leitend gewesen sind.**

II An gesetzliche Beweisregeln ist das Gericht nur in den durch dieses Gesetz bezeichneten Fällen gebunden.

Schrifttum: *Balzer,* Beweisaufnahme und Beweiswürdigung im Zivilprozeß, 2. Aufl 2005; *Baumgärtel,* Beweisrechtliche Studien, Festschrift der *Rechtswissenschaftlichen Fakultät ... Köln* (1988) 165; *Bender,* Merkmalskombinationen in Aussagen usw, 1987; *Bender/Nack,* Vom Umgang der Juristen mit der Wahrscheinlichkeit, in: Festschrift für die *Deutsche Richterakademie* (1983) 263; *Bender/Nack/Treuer,* Tatsachenfeststellung vor Gericht, 3. Aufl 2007; *Brehm,* Die Bindung des Richters an den Parteivortrag und Grenzen freier Verhandlungswürdigung, 1982; *Brinkmann,* Das Beweismaß in Zivilprozessen aus rechtsvergleichender Sicht, 2005; *Deppenkemper,* Beweiswürdigung als Mittel prozessualer Wahrheitserkenntnis usw, 2004; *Englisch,* Elektronisch gestützte Beweisführung im Zivilprozeß usw, 1999; *Fuchs,* Das Beweismaß im Arzthaftungsprozess, 2005; *Habscheid,* Beweislast und Beweismaß – ein kontinentaleuropäischer und angelsächsischer Rechtsvergleich, Festschrift für *Baumgärtel* (1990) 105; *Heilmann,* Kindliches Zeitempfinden und Verfahrensrecht, 1998; *Huber,* Das Beweismaß im Zivilprozeß, 1983; *Kodek,* Rechtswidrig erlangte Beweismittel im Zivilprozeß, Wien 1988 (rechtsvergleichend); *Koussoulis,* Beweismaßprobleme im Zivilprozeßrecht, Festschrift für *Schwab* (1990) 277; *Lampe,* Richterliche Überzeugung, Festschrift für *Pfeiffer* (1988) 353; *Leipold,* Beweismaß und Beweislast im Zivilprozeß, 1985; *Leipold,* Wahrheit und Beweis im Zivilprozeß, in: Festschrift für *Nakamura* (1996); *Lepa,* Beweislast und Beweiswürdigung im Haftpflichtprozeß, 1986; *Matscher,* Mangel der Sachverhaltsfeststellung, insbesondere der Beweiswürdigung und Verletzung von Verfahrensgarantien im Licht der EMRK, Festschrift für *Gaul* (1997) 435; *Motsch,* Vom rechtsgenügenden Beweis, 1983; *Motsch,* Einige Bemerkungen zum Beweisrecht usw, Festschrift für *Schneider* (1997) 129; *Musielak,* Hilfen bei Beweisschwierigkeiten im Zivilprozeß, Festgabe *50 Jahre Bundesgerichtshof* (2000) 193; *Musielak/Stadler,* Grundfragen des Beweisrechts, 1984; *Nell,* Wahrscheinlichkeitsurteile in juristischen Entscheidungen, 1983; *Nierhaus,* Beweismaß und Beweislast – Untersuchungsgrundsatz und Beteiligtenmitwirkung im Verwaltungsprozeß, 1989; *Perband,* Der Grundsatz der freien Beweiswürdigung im Zivilprozeß (§ 286 ZPO) in der Rechtsprechung des Reichsgerichts, 2003; *Peters,* Richterliche Hinweispflichten und Beweisinitiativen im Zivilprozeß, 1983; *Prütting,* Gegenwartsprobleme der Beweislast (1983) § 8; *Rechberger,* Maß für Maß im Zivilprozeß? Ein Beitrag zur Beweismaßdiskussion, Festschrift für *Baumgärtel* (1990) 471; *Schneider,* Beweis und Beweiswürdigung, 5. Aufl 1994; *Schneider* MDR **98**, 999 (Üb); *Schwab,* Das Beweismaß im Zivilprozeß, Festschrift für *Fasching* (1988) 451; *Stürner,* Die richterliche Aufklärung im Zivilprozeß, 1982; *Walter,* Freie Beweiswürdigung, 1979.

Gliederung

1) Systematik, I, II. Über die Beweiswürdigung im allgemeinen Einf 1 vor § 284. 1

2) Regelungszweck, I, II. Der Grundsatz der freien Beweiswürdigung nach Rn 4 ist als eine der 2
wichtigsten Errungenschaften des modernen Prozeßrechts auch der Zweck des § 286, selbst wenn gewisse gesetzliche Beweisregeln aus Gründen der Praktikabilität fortbestehen, II. Grenzen ziehen das Gebot des

rechtlichen Gehörs nach Artt 2 I, 20 III GG (Rpfl), BVerfG **101**, 404, Art 103 I GG (Richter), Einl III 16, BVerfG RR **01**, 1006, und das Verbot der Willkür nach Einl III 21. In diesen Grenzen soll das Gericht aber wirklich nur dem Gesetz und seinem Gewissen gehorchen, Art 97 I GG. Das gilt auch und gerade bei der Feststellung der entscheidungserheblichen Tatsachen. Das übersehen viele bei der oft reichlich engen Handhabung von Durchführungsvorschriften wie etwa dem § 398 bedauerlicherweise. Freilich ist der – auch wiederholte – persönliche Eindruck von einer Beweisperson usw zur wirklich freien Würdigung meist notwendig. Daher muß man vor einer zu großzügigen Handhabung des § 286 auch insoweit warnen.

3 **3) Geltungsbereich, I, II.** Die Vorschrift gilt in allen Verfahrensarten nach der ZPO, auch im WEG-Verfahren. Sie gilt auch im arbeitsgerichtlichen Verfahren, § 46 II 1 ArbGG, und im (jetzt) FamFG-Verfahren, §§ 37, 113 I 2 FamFG, BayObLG FER **97**, 173.

4 **4) Freie Beweiswürdigung, I.** „Was ist Wahrheit?" (Joh **18**, 38). Die Freiheit des Gerichts bei der Beweiswürdigung ist eine der wichtigsten Errungenschaften des heutigen Prozeßrechts. Sie hat auch im Zivilprozeß eine zentrale Bedeutung.

A. Freiheit der Überzeugungsbildung. Das Gericht entscheidet mit Ausnahme einer gesetzlichen Vermutung oder Beweisregel im gesamten Prozeßrecht auch zB bei den Prozeßvoraussetzungen nach Grdz 12 vor § 253 nach seiner freien Überzeugung, ob eine tatsächliche Behauptung wahr ist oder nicht, BGH NJW **07**, 2921, Britz ZZP **110**, 90. Das gilt in Wahrheit unabhängig von dem etwaigen Einverständnis der Parteien nach § 284 S 3–5, Rn 1. Das Gericht steht in der Würdigung des Prozeßstoffs auf dessen Beweiswert völlig frei da. Dabei entscheiden die Verknüpfung von Denken und Fühlen sowie Intuition, Scherzberg ZZP **117**, 184. Daran sollten auch nicht die verbreiteten Verkümmerungen in der Praxis der Bewertung von Zeugenaussagen etwas ändern, die Reinecke MDR **86**, 636 mit Recht beklagt. Es ist aber auch erforderlich, daß das Gericht vorher die Parteien von allem für sie Wissenswerten in Kenntnis gesetzt hat, zB auch davon, daß der Zeuge erklärt hat, er könne eine vollständige Aussage erst nach einer Einsicht in seine Unterlagen machen, wenn das Gericht diese Einsicht nicht für erforderlich gehalten hat. Es gehört zu den Rechten und Pflichten des Gerichts, die Glaubwürdigkeit grundsätzlich selbst zu beurteilen. Das Gericht darf zB einem 7jährigen Zeugen glauben, AG BergGladb WoM **94**, 193. Nur ausnahmsweise wird es ratsam sein, zB einen Aussagepsychologen heranzuziehen, BVerwG NJW **85**, 757.

5 **B. Erstgericht.** Das Gericht darf eine Tatsache *ohne jede Beweisaufnahme* für wahr halten, § 294 Rn 4 (zur Glaubhaftmachung), BGH VersR **92**, 868, Düss NVersZ **00**, 579, Hamm VersR **93**, 694. Dieser Grundsatz gilt auch im Urkundenprozeß, §§ 440 Rn 3, 592 Rn 9, 10, Köln DB **83**, 105. Er gilt bei einem klaren und widerspruchsfreien Sachverhalt sogar trotz beiderseitiger Beweisantritte, BGH **82**, 21. Das Gericht muß freilich seine Sachkunde prüfen, BGH VersR **81**, 577. Das Gericht darf sich mit einer Anhörung einer zB nach § 141 erschienenen Partei begnügen, wenn sie glaubwürdig wirkt, BGH VersR **99**, 994, Hamm VHR **97**, 271, KG MDR **04**, 533. Das darf und muß das Gericht grundsätzlich durchaus annehmen, Karlsr MDR **98**, 494, und zwar schon wegen Artt 1, 2 GG. Das Gericht darf auch einer Parteierklärung ebenso oder mehr glauben als einem eidlichen Zeugnis, KG MDR **04**, 533, Karlsr MDR **98**, 494. Es darf der Behauptung des Klägers bei einer mangelnden Substantiierung der Gegenerklärung des Bekl folgen, BGH FamRZ **89**, 841 (auch zu den Grenzen). Das Gericht ist dann auch nicht gezwungen, die Partei nach § 448 zu vernehmen.

Das Gericht kann *unterstellen,* daß eine Partei ein ihr günstiges Beweisergebnis in den eigenen Vortrag übernimmt, BGH NJW **01**, 2178 links. Es darf das Gegenteil mehrerer Aussagen feststellen. Es kann die Glaubwürdigkeit der im Vorprozeß als Zeuge vernommenen Partei des jetzigen Rückgriffsprozesses ohne eine Bindung an das Gericht des Vorprozesses beurteilen, aM Karlsr MDR **01**, 1188 (aber außerhalb der inneren Rechtskraft nach § 322 gilt § 286 uneingeschränkt. Ein verständiger Richter wird eine Abweichung nur aus triftigen Gründen vornehmen). Das Gericht darf einem Polizisten besonders glauben, weil er im Beruf sorgfältig beobachten muß, Karlsr VersR **77**, 937.

Das Gericht kann aber nicht dann, wenn ein Parteigegner die Behauptung bestreitet, auf Grund einer einfachen Anhörung solche Feststellungen treffen, die seinen eigenen in einem früheren Urteil *widersprechen.* Es kann nicht die bisher von einem anderen Kollegium für glaubwürdig angesehenen Zeugen nach einer Zurückverweisung nach § 538 ohne ihre erneute Vernehmung für unglaubwürdig halten, § 398 Rn 5.

6 **C. Berufungsgericht.** Das Berufungsgericht darf grundsätzlich nicht die Glaubwürdigkeit eines Zeugen ohne eine eigene Vernehmung anders als das Erstgericht beurteilen, § 398 Rn 9 (Ausnahmen Rn 64). Es darf nicht auf Grund von Lichtbildern aus einer anderen Blickrichtung solche Feststellungen treffen, die von den Ergebnissen einer Ortsbesichtigung des Erstgerichts abweichen. Das Berufungsgericht darf grundsätzlich nicht eine solche Aussage für widerspruchsfrei erklären, die erstinstanzlich mit Nichtwissen, zweitinstanzlich mit Wissen lautete, BGH RR **00**, 686. Freilich kann die Erinnerung zwischenzeitlich zurückgekehrt sein. Das Berufungsgericht darf nicht eine solche Aussage als sachlich und emotionslos würdigen, die einen anderen als „gerissen" und „verlogenen Hund" gekennzeichnet hatte, BGH RR **00**, 686. Verweist das Berufungsgericht nach einer fehlerhaften erstinstanzlichen Beweisaufnahme nicht nach § 538 zurück, sondern entscheidet selbst, muß es zuvor die Beweisaufnahme voll selbst wiederholen, BGH NJW **00**, 2024.

7 **D. Revisionsgericht.** Das Revisionsgericht darf die vorinstanzliche Beweiswürdigung nur auf Verstöße gegen Denkgesetze und Verfahrensregeln überprüfen, BGH RR **05**, 558 (Ermessensfehlgebrauch), BAG NJW **04**, 2852, BayObLG WoM **94**, 229. Ein solcher Verstoß liegt zB in den Fällen Rn 5 aE vor, BGH RR **00**, 686. Das gilt ferner zB dann, wenn der Tatrichter die Doppeldeutigkeit einer Indiztatsache nicht erkennt oder einer Tatsache eine solche Indizwirkung zuerkennt, die sie nicht haben kann, BGH NJW **91**, 1895, oder beim auch stillschweigenden Verzicht auf eine Vernehmung, BGH RR **97**, 343, auch bei einer Nichtbeachtung allgemein anerkannter Erfahrungssätze, KG WoM **97**, 608 (aber Vorsicht!). Ein Verstoß liegt dagegen nicht schon dann vor, wenn die Feststellungen und Schlüsse des Vorderrichters nicht zwingend sind, BAG KTS **89**, 151.

Das Revisionsgericht darf freilich eine *Urkunde anders auslegen* als das Berufungsgericht, soweit dieses rechtsfehlerhaft ausgelegt hat und keine weiteren tatsächlichen Feststellungen mehr in Betracht kommen, BGH NJW **91**, 1180.

E. Parteinähe. Unzulässig ist es, aus der Unglaubwürdigkeit eines der Partei nahestehenden Zeugen auf die Unglaubhaftigkeit des Parteivortrags zu schließen, Rn 37, BGH VersR **99**, 181, strenger Foerste NJW **01**, 326. Es ist unzulässig, einen Zeugen schon wegen seiner *Bindung an die Partei* oder nur unter besonderen Voraussetzungen zB als deren Angestellten oder Beifahrer für glaubhaft oder unglaubhaft zu halten, BGH NJW **88**, 567, Karlsr MDR **98**, 494, Reinecke NJW **95**, 955, aM Hamm VersR **83**, 871 (fordert zusätzliche Anzeichen. Aber auch ein solcher Zeuge kann natürlich sehr wohl die Wahrheit gesagt haben), LG Köln NZV **88**, 28, Reinecke MDR **89**, 115 (fordert mit Recht die Gesamtabwägung, beurteilt aber die Wahrheitsliebe des Beifahrers zu kritisch). Ein vorbestrafter Zeuge ist keineswegs schon deshalb unglaubwürdig, Bbg MDR **04**, 648 8

F. Wertungsgrenzen. Das Gericht darf sich nicht auf ein Sachverständigengutachten stützen, wenn es einen anderen Sachverhalt zugrunde legt. Es darf aber aus Tatsachen und Beweisverhandlungen andere Schlüsse ziehen als die Parteien. Es darf Handlungen und Unterlassungen der Partei frei würdigen, KG JR **78**, 379. Es darf aber nicht eine Vertragsauslegung gegen seinen Wortlaut, gegen das übereinstimmende Verständnis der Beteiligten und gegen die Parteiinteressen vornehmen, BGH NJW **01**, 143 und 144. 9

F. Unerheblichkeit der Beweislast. Die Beweislast ist dabei völlig unerheblich. Vor allem kommt sie für die Auslegung von Urkunden und Willenserklärungen nicht in Betracht, vgl aber auch Anh 286 Rn 220 „Vertragsurkunde". Weigert sich die nicht beweispflichtige Partei grundlos, die Anschrift eines nur ihr bekannten Zeugen anzugeben, kann das zu ihren Ungunsten sprechen, vgl auch § 444 Rn 6, 7. Dasselbe gilt, wenn die Partei das Bankgeheimnis ausnutzt, um die Wahrheitsfindung zu vereiteln, Anh § 286 Rn 26. Wegen der Weigerung, das Augenscheinsobjekt bereitzustellen, Üb 7 vor § 371. Tatsächliche Vermutungen und der Anscheinsbeweis gehören zur Beweiswürdigung, Anh § 286 Rn 15. 10

H. Keine neuen Beweisregeln. Der freien Beweiswürdigung widerspricht es, wenn das Gericht den gesetzlichen Beweisregeln weitere hinzufügt, II, wenn es zB mangels besonderer Anhaltspunkte für eine unrichtige Aussage stets auf die Glaubwürdigkeit schließt, AG Marbach MDR **87**, 241, oder wenn es aus der Eidesverweigerung oder der Verwandtschaft des Zeugen mit der Partei ohne weiteres auf seine Unglaubwürdigkeit schließt, Rn 8, § 384 Rn 6. 11

I. Indizien. Der Beweiswert einer *Indiztatsache* nach Einf 16 vor § 284 für den Hauptbeweis ist in der Regel nur begrenzt, BGH VersR **08**, 776. Unzulässig ist es, ein Indiz ohne seine Schlüssigkeitsprüfung auszuwerten, BGH VersR **83**, 375, oder eine etwaige Doppeldeutigkeit nicht zu würdigen, BGH NJW **91**, 1895, oder ohne eine weitere Prüfung aus dem Ausscheiden eines Indizes zu folgern, daß die übrigen nicht genügen, oder einen Anwalt von vornherein für besonders glaubwürdig zu halten. Es empfiehlt sich natürlich ebenso eine Zurückhaltung vor der Annahme, der Anwalt habe bewußt unwahr ausgesagt. Es ist auch unzulässig, sich auf stereotype Wendungen zurückzuziehen, Schneider DRiZ **77**, 75. 12

J. Berücksichtigung des gesamten Streitstoffs. Das Gericht muß den gesamten Streitstoff erschöpfen, schon wegen Art 103 I GG, BVerfG NJW **03**, 421, BGH FamRZ **07**, 1644, VerfGH Bln WoM **07**, 255. § 286 erlaubt dem Gericht nicht eine Mißachtung der Parteiherrschaft nach Grdz 18 vor § 128 und des Beibringungsgrundsatzes, Grdz 23 vor § 128. Daher darf das Gericht nur dasjenige berücksichtigen, was die Prozeßbeteiligten ihm vortragen, BGH NJW **01**, 1285. In diesen Grenzen gilt jedoch: § 286 befreit den Richter nicht von der Pflicht zu gewissenhaftester Prüfung und Abwägung der für oder gegen die Wahrheit einer erheblichen Behauptung sprechenden Umstände, BVerfG RR **01**, 1006, BGH VersR **87**, 767, BAG DB **97**, 1235. Der Richter darf zB nicht ein zulässiges einfaches Bestreiten zum Nachteil der nicht beweispflichtigen Partei auswerten, BGH FamRZ **87**, 260. Er darf nicht in einer Spezialfrage schon deshalb dem Vortrag eines sachverständigen Zeugen folgen, BAG DB **76**, 2356, oder demjenigen einer sachkundigen Partei folgen, weil der nicht sachkundige Gegner nur knapp bestreitet. Der Richter muß seine Sachkunde im Urteil darlegen, soweit er von einem sachverständigen Zeugen oder von einem Sachverständigen abweicht, Rn 50, 60, BGH NJW **03**, 1325 rechts. Er darf nicht das Gutachten eines anerkannten Fachgelehrten hinter dasjenige eines solchen anderen Sachverständigen zurücksetzen, dem die Sachkunde auf dem betreffenden Gebiet fehlt. 13

K. Beispiele zur Frage einer Berücksichtigung des gesamten Streitstoffs 14

Änderung: Das Gericht muß eine Änderung zB des Parteivortrags voll beachten, BGH RR **95**, 1341, BAG NZA **97**, 86.

Aktenkundigkeit: Das Gericht darf alles Aktenkundige beachten, soweit sich die Parteien dazu äußern konnten, BVerfG **91**, 180, BGH NJW **91**, 1302, Pantle NJW **91**, 1280.

Anlage zur Klage usw: Das Gericht muß sie grds voll mitbeachten, BGH NJW **90**, 1171, Mü RR **01**, 66, Zoller NJW **93**, 433.

Augenschein dazu *Forys,* Blinde Menschen im Richteramt, 2008: Der Richter darf nicht leugnen, was durch einen Augenschein klar erwiesen ist, Grave-Mühle MDR **75**, 276.

Beweisbedürftigkeit: Ihr Wegfall kann sich natürlich im Lauf des Verfahrens und der Beweisaufnahme ergeben.

Erbbiologisches Gutachten: Der Richter darf ihm nicht grds einen Beweiswert absprechen, § 372 a Rn 13.

Glaubwürdigkeit: Das Gericht muß die Glaubwürdigkeit eines Zeugen oder einer Partei voll prüfen, BGH NJW **97**, 1586, BAG BB **78**, 1217.

Grundsatzentscheidung: Die evtl notwendige Beachtung einer erst nach dem Verhandlungsschluß nach §§ 136 IV, 296 a veröffentlichten Grundsatzentscheidung kann den Wiedereintritt in die mündliche Verhandlung nach §§ 139 II, 156 erfordern.

Lebenserfahrung: Der Richter darf seine Lebenserfahrung voll mitbeachten.

Letzter Moment: Das Gericht muß grds auch zB einen erst am Vortag des Termins eingegangenen Schriftsatz voll prüfen, BFH BB **84**, 1673 (freilich zum Steuerverfahren), auch wegen Art 3 I GG (Willkürverbot), Einl III 21, BVerfG NJW **97**, 311, oder einen erst auf Grund eines gerichtlichen Hinweises fristgerecht eingegangenen Schriftsatz, BGH FamRZ **04**, 1095.

Mitwirkung: Das Gericht muß voll beachten, daß eine Beweisperson ihre Mitwirkung bei der Beweisaufnahme versagt hat, § 444 Rn 5, 6, BGH FamRZ **88**, 485.

15 **Nichterörterung:** Sie kann eine unstatthafte Nichtwahrnehmung erkennen lassen, Einl III 17, BVerfG NJW **07**, 2241 und 2243.

Nichterscheinen: Das Gericht muß es zB bei § 141 voll beachten, Karlsr VersR **00**, 487.

Offenbarungsversicherung: Das Gericht muß eine Abweichung von einer solchen früheren Versicherung voll beachten, Karlsr VersR **00**, 487.

Privatgutachten: Das Gericht darf es nicht als solches ganz unbeachtet lassen, BGH NJW **01**, 78 links.

Rechtliche Erwägung: Diejenige einer Partei kann mitbeachtbar sein, Einl III 16, BVerfG WoM **99**, 383. S auch Rn 14 „Grundsatzentscheidung".

Schlaf: Kein Richter darf auch nur vorübergehend schlafen, Einl III 18, BFH BB **86**, 2402 (auch zur Revisionsrüge), BVerwG NJW **01**, 2898, Günther MDR **90**, 875 (ausf).

Treu und Glauben: Das Gericht muß jeden Verstoß voll beachten, Einl III 54.

Überraschungsentscheidung: Das Gericht muß sie stets unterlassen, § 139, Saarbr MDR **03**, 1372.

Überspannung: Man darf die Anforderungen zB an die Schlüssigkeit einer Darstellung nicht überspannen, BGH RR **96**, 56.

Urkundenbeweis: Wenn eine bisherige Urkunde nicht reicht, muß das Gericht einen ordnungsgemäßen weiteren Beweisantritt beachten, BGH MDR **08**, 994 links oben.

Verhandlungsschluß: Das Gericht muß grds alle Vorgänge bis zum Schluß der letzten Tatsachenverhandlung nach §§ 136 IV, 296 a beachten, BGH GRUR **95**, 700 und 701, BayObLG **90**, 175.

Verweigerung: Rn 14 „Mitwirkung".

Widerruf: Das Gericht muß den Widerruf zB eines Beweisantritts voll beachten.

Widersprüchlichkeit: Eine Widersprüchlichkeit im Verlauf des Vortrags einer Partei nimmt dem Vortrag eine Schlüssigkeit nicht von vornherein, BGH NJW **02**, 1277. Freilich ist dann stets eine besondere Vorsicht ratsam, § 138 I. Auch das Berufungsgericht muß einen entscheidungserheblichen Widerspruch zu klären versuchen, BGH NJW **02**, 1277.

Zeugenaussage: Das Gericht muß sie voll ausschöpfen, BGH RR **03**, 1107.

16 **L. Überzeugungsbildung.** Beweis ist erst dann vorhanden, wenn der Richter persönlich voll überzeugt ist, BGH VersR **98**, 1302, und zwar nicht nur von der Wahrscheinlichkeit, sondern von der Wahrheit der behaupteten Tatsache, BGH NJW **91**, 3284, Karlsr RR **98**, 789, Oldb VersR **97**, 1492. Die Formel von der „an Sicherheit grenzenden Wahrscheinlichkeit", ist zumindest mißverständlich, BGH VersR **08**, 1127, Kblz VersR **00**, 219, aM Kollhosser ZZP **96**, 271, Meyke NJW **89**, 2036 (aber was heißt „hohe Flexibilität"?). Zum Problem Allgaier MDR **86**, 626.

17 Noch weniger reicht anders als bei einer bloßen Glaubhaftmachung nach § 294 Rn 1 eine *überwiegende Wahrscheinlichkeit* zum Beweis oder auch nur zum Anscheinsbeweis aus, Oldb FamRZ **00**, 835. Denn das Gericht muß eine größtmögliche Übereinstimmung zwischen der Wahrheit und ihrem Erkennen anstreben, § 284 Rn 1, Bruns ZZP **91**, 70, Katzenmeier ZZP **117**, 193, ZöGre 18, aM Einmahl NJW **01**, 474 (beim Verkehrsunfall reiche hohe Wahrscheinlichkeit), Maaßen, Beweismaßprobleme im Schadensersatzprozeß (1976) 9, Motsch NJW **76**, 1389 (aber weder im Verkehrsrecht noch sonstwo hilft ein Abgleiten auf bloße Wahrscheinlichkeitsstufen). Natürlich kann auch eine eidesstattliche Versicherung zur vollen Überzeugung führen. Andernfalls muß das Gericht den Antritt von Vollbeweis anheimgeben, BGH NJW **00**, 814. Es gibt aber keineswegs von vornherein eine Herabsetzung des Beweismaßes beim Interessenausgleich, Katzenmeier ZZP **117**, 215.

18 Der Richter muß prüfen, ob er die an sich möglichen Zweifel überwinden kann. Er braucht diese aber nicht völlig auszuschließen. Ausreichend ist ein für das praktische Leben *brauchbarer Grad von Gewißheit* und nicht nur von Wahrscheinlichkeit, BGH VersR **08**, 1127, (keine unerfüllbaren Anforderungen), Kblz NVersZ **02**, 185. Dieser Gewißheitsgrad muß einem restlichen etwaigen Zweifel Schweigen gebieten, ohne ihn völlig ausschließen zu müssen, BVerfG NJW **01**, 1640, BGH RR **94**, 567, Kblz NVersZ **02**, 407.

19 Das gilt sogar dann, wenn nach dem Gesetz zB eine „offenbare Unmöglichkeit" vorliegen muß. Es gilt auch für die *von Amts wegen* prüfbaren Punkte, Grdz 38, 39 vor § 128, zB für die Prozeßvoraussetzungen, Grdz 12 vor § 253, BGH VersR **77**, 721. Der Richter darf und muß sich seine persönliche Gewißheit frei von Beweisregeln bilden (Ausnahmen II). Er ist nur dem Gesetz und seinem Gewissen unterworfen. Es ist unerheblich, ob andere zweifeln oder eine andere Auffassung haben können, Kblz VersR **00**, 219.

20 **M. Begründungspflicht,** dazu *Grunsky,* Überlegungen zur Konkurrenz mehrerer Klageabweisungsgründe, Festschrift für *Schumann* (2001) 159: Das Gericht muß trotz der Erleichterungen der §§ 313 III, 313 a I, II die bei der Beweiswürdigung wesentlichen Punkte im Urteil darlegen, BGH NJW **91**, 1894, BAG NJW **93**, 612. Das muß nachvollziehbar geschehen, BVerfG WoM **94**, 187, BGH VersR **94**, 163, und in einem streng logischen Aufbau, BGH VersR **94**, 163, Grave-Mühle MDR **75**, 276. Sätze wie „das Gericht hat auf Grund der Verhandlung und der Beweisaufnahme die Überzeugung erlangt, daß ..." sind nichtssagend. Das Gericht muß diejenigen Umstände nennen, die seine Überzeugung gebildet haben, BGH MDR **78**, 826. Es sollte Leerfloskeln möglichst vermeiden, BAG MDR **00**, 323, Schneider MDR **01**, 246, gerade weil sie bei der Beweis-„Würdigung" verführerisch oft vorkommen.

21 Was dem Gericht *unerheblich* scheint, braucht es nicht ausdrücklich zu erörtern. Es braucht zB nicht jedes Parteivorbringen, jedes Beweismittel, jede Zeugenaussage, jedes abgelehnte Beweisvorbringen abzuhandeln, BVerfG NJW **93**, 254, BGH NJW **93**, 270, BAG NJW **04**, 2852. Ausreichend ist, daß das Gericht nichts übersehen und alles im Zusammenhang gewürdigt hat, BVerfG NJW **92**, 2217, BGH GRUR **91**, 215, BAG NJW **04**, 2852. Ein Verstoß kann zur Zurückverweisung nach § 538 führen, BGH RR **88**, 524. Er kann eine Verfassungsbeschwerde begründen, BVerfG NJW **92**, 2217.

22 **N. Verhandlungsinhalt.** Der „gesamte Inhalt der Verhandlung" umfaßt alles und grundsätzlich auch nur oben das in der mündlichen Verhandlung Vorgetragene, BGH RR **04**, 425, Düss NJW **87**, 508, einschließlich

der außerprozeßgerichtlichen Beweisverhandlung, § 285 II, und der vor dem Prozeßgericht aufgenommenen Beweise, BGH VersR **81**, 352. Jedes Mitglied eines Kollegiums müßte danach die gesamten Akten selbst lesen und dürfte sich keineswegs auf die Kenntnisnahme eines Berichts des Vorsitzenden oder des sog Berichterstatters (Votum) beschränken, Einl III 18. Das wäre eine in der überarbeiteten Praxis nicht ganz selten verständlicherweise aufgegebene Aufgabe, BVerfG NJW **87**, 2220, BGH **95**, 317, vgl auch § 194 GVG Rn 2, aM BGH NJW **86**, 2706 (für ein Amtsermittlungsverfahren nach Grdz 38 vor § 128). Das Gericht muß die Parteien von den für die Parteien wichtigen Vorgängen unterrichten, BVerfG MDR **78**, 201. Es darf und muß auch und manchmal sehr wesentlich seinen persönlichen Eindruck von den Prozeßbeteiligten und ihren Vertretern berücksichtigen. Über die Verwertung des Eindrucks eines Zeugen, eines Sachverständigen, einer Partei auf den verordneten Richter § 285 Rn 6. Über die Beweiswürdigung nach einem Richterwechsel § 355 Rn 8. Über die Behandlung eines nach dem Verhandlungsschluß nach §§ 136 IV, 296 a eingereichten Schriftsatzes § 156 Rn 4. Eine Beweisaufnahme ist nur dann verwertbar, wenn das Gericht bei ihr alle wesentlichen Formen gewahrt hat, zB die Parteiöffentlichkeit nach § 357, die Protokollierung nach §§ 159 ff usw. Unverwertbar ist ein solcher Sachverhalt, den keine Partei behauptet und der sich auch nicht aufdrängt, § 308 I, BGH RR **90**, 507.

O. Privatwissen, dazu *Lipps*, Das private Wissen des Richters usw, 1995: Sein privates Wissen über im Prozeß behauptete Vorgänge darf der Richter nicht verwerten. Er kann nicht gleichzeitig Richter und Zeuge sein, dazu noch ein heimlicher. Etwas anderes gilt bei Erfahrungssätzen, Einf 22 vor § 284, den Parteien bereits mitgeteilten Kenntnissen und offenkundigen Tatsachen, § 291. Amtliches Wissen etwa aus einem Vorprozeß ist benutzbar, wenn es gerichtskundig ist, § 291 Rn 3, 4. **23**

5) Erschöpfung der Beweismittel, I **24**

Schrifttum: *Born,* Wahrunterstellung zwischen Aufklärungspflicht und Beweisablehnung wegen Unerheblichkeit, 1984; *Gamp,* Die Ablehnung von Beweisanträgen im Zivilprozeß usw, Diss Bochum 1980; *Reichenbach,* § 1004 BGB als Grundlage von Beweisverboten usw, 2004; *Schwab,* Unzulässigkeit von Beweismitteln bei Verletzung des Persönlichkeitsrechts, Festschrift für *Hubmann* (1985) 421. Vgl zur Beweisbedürftigkeit zunächst Einf 2 vor § 284.

A. Grundsatz: Vollständige Beachtung. Das Gericht muß die Beweise *erschöpfen,* von den in Rn 27 ff und in § 287 I 2 genannten Fällen abgesehen, BVerfG RR **01**, 1006, BGH RR **04**, 425, KG MDR **93**, 797. Das gilt schon wegen des Justizgewährungsanspruchs nach Grdz 1 vor § 253, Stürner JuS **94**, 240. Grundsätzlich muß das Gericht alle vom Beweispflichtigen prozessual korrekt und insbesondere rechtzeitig angetretenen entscheidungserheblichen Beweise erheben, BVerfG NJW **90**, 3260, BGH RR **92**, 1393. Ein Parteiverstoß gegen §§ 356, 402 ändert daran nichts, BGH NJW **07**, 2123. Die Änderung des Parteivortrags ist nicht von vornherein unstatthaft, auch nicht in der Berufungsinstanz. Ein daraus folgender etwaiger Beweis ist frei bewertbar, BGH RR **00**, 208. Es ist also keine Vorwegnahme der Beweiswürdigung statthaft, BGH MDR **99**, 183. Es gibt auch kein generelles Verwertungsverbot, BAG NJW **08**, 2734. Auch ein zeitnaher neuer Zeuge macht die beantragte Vernehmung anderer Zeugen aus früherer Zeit (10 Jahre zwischen Ereignis und Vernehmung) nicht einfach entbehrlich, aM Hamm RR **00**, 1669 (aber dergleichen gehört erst zur Beweiswürdigung). Eine eidesstattliche Versicherung kann ein Zeugenbeweisantritt sein, BVerfG NJW **90**, 3260, BGH NJW **97**, 1988, VGH Kassel MDR **97**, 98.

B. Einzelfragen. Das gilt auch bei einem zur Vertragsauslegung notwendigen Beweis, auch Indizienbeweis nach Einf 16 vor § 284, BGH NJW **92**, 2489, oder dann, wenn für den wirklichen Willen der Parteien ein Beweisantritt vorliegt, BAG VersR **75**, 98. Eine weitergehende Erhebungspflicht besteht im Verfahren mit einer Amtsermittlung nach Grdz 38 vor § 128 zB bei §§ 616, 640, BGH JZ **91**, 371. Sie besteht auch evtl beim ausländischen Recht, § 293. Der Beweisantrag muß erkennen lassen, auf welche vorangestellten Behauptungen er sich bezieht, BAG BB **75**, 885. Evtl muß das Gericht die Partei befragen, § 139. Es mag auch einen Zeugen vom Hörensagen vernehmen müssen. Es mag seine Aussage freilich besonders kritisch würdigen müssen, ArbG Bln BB **83**, 1478. Das Gericht darf und muß im Umfang des § 284 S 3–5 auch außerhalb von §§ 355 ff liegende Beweisarten und -möglichkeiten beim Einverständnis der Parteien nach § 285 S 2 nutzen. **25**

C. Verstoß. Ein Verstoß ist ein erheblicher Verfahrensfehler, Hamm RR **95**, 518, Zweibr FamRZ **93**, 441. Er kann einen Verstoß auch gegen Artt 2 I, 20 III GG (Rpfl), BVerfG **101**, 404, Art 103 I GG (Richter) darstellen, BVerfG RR **01**, 1006, BGH RR **07**, 1409, BVerwG NJW **96**, 1553. Er kann ein Rechtsmittel begründen. Er kann einen absoluten Revisionsgrund nach § 547 bilden, BVerfG NJW **79**, 413. Er kann unter den in Einl III 16 ff genannten Voraussetzungen eine Verfassungsbeschwerde begründen, BVerfG RR **95**, 441, sofern nicht ein Verstoß gegen die Prozeßförderungspflicht vorliegt, § 282 Rn 12. Er kann auch (jetzt) auf Antrag zur Zurückverweisung nach § 538 II Z 1 führen, BGH MDR **99**, 183, Hamm RR **95**, 518, Zweibr FamRZ **93**, 441. **26**

6) Ablehnung eines Beweismittels, I. Hier ist eine Zurückhaltung erforderlich, BVerfG NJW **93**, 254. Man kann die folgenden Fallgruppen unterscheiden. Dabei gelten etwa dieselben Grundsätze, wie sie § 244 III, IV StPO einhält, BGH FamRZ **96**, 1001, BVerwG VBlBW **88**, 469 (unsubstantiierter Beweisantrag), OVG Münst FamRZ **81**, 700, aM Schneider ZZP **75**, 180 (diese Anlehnung sei weder notwendig noch statthaft. Aber gerade bei der Beweisaufnahme gleichen sich beide Verfahrensordnungen ziemlich. Erst bei der Beweiswürdigung trennen sich die Wege). Eine ordnungsgemäße Ablehnung eines Beweismittels ist kein Verstoß gegen Art 103 I GG, BGH DB **02**, 2716. **27**

A. Erwiesenheit, Offenkundigkeit, Unstreitigkeit. Das Gericht darf die ordnungsgemäß beantragte Beweiserhebung dann ablehnen, wenn das Gericht eine solche Tatsache, die der Beweisführer beweisen will, in Wahrheit für schon erwiesen hält, BGH NJW **00**, 3720, oder wenn es sie zugunsten des Beweisführers unterstellen kann, BGH NJW **00**, 3720, oder wenn sie nach § 291 offenkundig ist, oder wenn sie unstreitig ist. Ein Geständnis nach § 288 bindet das Gericht bis zur Offenkundigkeit des Gegenteils. Eine einstweilige Indiztatsache nach Einf 16 vor § 284 mag die Tatsachen zum Hauptbeweis dennoch streitig lassen, BGH RR **97**, 238. Ähnliches mag für einen vorprozessualen Vorgang gelten, BGH NJW **96**, 1541. Auch eine gesetz- **28**

liche Tatsachen- oder Rechtsvermutung kann einen zusätzlichen Beweis nach § 292 entbehrlich machen. Das Gericht muß auf Probleme nach § 139 hinweisen. Das Berufungsgericht darf eine Tatsache nicht schon deshalb als erwiesen ansehen, weil das Erstgericht sie als erwiesen erachtet hat, BVerfG WoM **94**, 187.

Vgl aber auch Rn 35.

29 **B. Unerheblichkeit.** Das Gericht darf die Beweiserhebung ablehnen, wenn die Tatsache für die Entscheidung unerheblich ist. Das muß das Gericht im Urteil näher begründen. Solange der Hauptbeweis nicht nach Einf 11 vor § 284 vorliegt, *darf* das Gericht zwar den Gegenbeweis anordnen und erheben, Einf 12 vor § 284. Es *muß* das aber noch *nicht* tun. Das Gericht darf nicht auf Grund eines Indizienbeweises nach Einf 16 vor § 284 den Hauptbeweisantrag übergehen, BGH RR **02**, 1072. Es darf aber auch nicht die Vernehmung eines hier mittelbaren Zeugen nur deshalb unterlassen, weil der Beweisführer nicht auch den zugehörigen unmittelbaren Zeugen benannt hat, BGH RR **02**, 1433. Die Unerheblichkeit kann sich auch zB wegen eines restlichen Beweisbeschlusses ergeben. Dazu ist evtl eine Erörterung erforderlich, Art 103 I GG, Ffm NJW **86**, 855. Es reicht auch, daß das Gericht die Erheblichkeit mangels näherer Bezeichnung der unter Beweis gestellten Tatsache nicht beurteilen kann, BGH NJW **96**, 394, BFH NJW **07**, 1616 links, Baumgärtel MDR **95**, 987, oder daß die Partei ihre Behauptung erkennbar aus der Luft gegriffen hat, Einf 27 vor § 284. Die Unerheblichkeit mag auch nur derzeit bestehen, etwa dann, wenn es um einen Beweisantritt des Gegners des Beweispflichtigen geht und wenn das Gericht den Beweisantritt des letzteren noch nicht erledigt hat, weil zB sein Zeuge ausgeblieben ist. Eine vorprozessuale Äußerung nimmt dem prozessualen Vortrag die Beachtlichkeit nicht von vornherein, BGH NJW **96**, 394.

30 **C. Wahrunterstellung.** Das Gericht darf die Beweiserhebung dann ablehnen, wenn es die behauptete Tatsache (nicht etwa ihr Gegenteil) und nicht nur die Aussage als wahr unterstellen kann, BGH RR **05**, 1052, LG Bbg VersR **84**, 49, Bauer MDR **94**, 955. Eine teilweise Wahrunterstellung genügt nicht. Handelt es sich nur um Indizien für einen Vorgang, kann das Gericht frei würdigen, ob sie geeignet sind, Beweis zu erbringen, falls es sie als wahr unterstellen würde. Das Gericht kann die Beweiserhebung ablehnen, falls es diese Eignung bei seiner freien Würdigung verneint, BGH RR **93**, 444.

31 **D. Unzulässigkeit.** Das Gericht darf die Beweiserhebung dann ablehnen, wenn das Beweismittel unzulässig ist. Das gilt etwa wegen des Rechts auf eine informationelle Selbstbestimmung nach Einl III 21, BVerfG NVwZ **05**, 681, oder wegen einer in Wahrheit vorliegenden Beweisvereitelung, § 444, LG Köln RR **94**, 1487 (Nichtvorlage erforderlicher Dokumente), oder wegen Rechtsmißbrauchs (offensichtlich ins Blaue aufgestellte Behauptung), Einl III 54, BGH RR **03**, 491, Mü MDR **00**, 1096 (Vorsicht!). Es gilt ferner wegen einer mindestens tilgungsreifen Strafe, § 51 BZRG, BGH VersR **98**, 488, oder wegen einer Verletzung des Persönlichkeitsrechts, BVerfG NJW **92**, 816, Kiethe MDR **05**, 965, zB bei einer Verletzung der Privatsphäre usw, Üb 12 vor § 371 (Tonbandaufnahme, Mithören usw), oder nach §§ 294 II, 383 ff, 592 II, 595, Reichenbach (bei Rn 24), etwa bei einem solchen Detektiv, der das Vertrauen des Prozeßgegners erschlich, Hbg VersR **03**, 616 (auch zu einer Ausnahme). Das gilt ferner bei Mitbestimmungswidrigkeit, Fischer BB **99**, 156, oder wenn das Beweismittel unerreichbar ist, §§ 356, 363 ff, Rn 34, BGH NJW **06**, 3418, Hamm RR **88**, 703 (Zeuge im damaligen Polen), Saarbr RR **98**, 1685 (Zeuge in ausländischer psychiatrischer Behandlung), Nagel IPRax **92**, 301 (Zeuge in der Türkei). Es gilt schließlich, wenn das Beweismittel für den Beweis der behaupteten Tatsache völlig ungeeignet ist, BVerfG NJW **93**, 254, Zurückhaltung nötig), BGH NJW **03**, 2528 (Lügendetektor), Düss VersR **93**, 1168. Dabei muß man § 284 S 3–5 beachten.

Es kann zB eine Einwilligung des Beweisführers in eine Operation zwecks Aufklärung eines Arztfehlers wegen deren Lebensgefährlichkeit unwirksam sein, Saarbr VersR **88**, 831. Dabei ist eine *Vorwegnahme* der Beweiswürdigung *unzulässig*, BVerfG RR **95**, 441, BGH NJW **94**, 1448.

32 **E. Unerreichbarkeit.** Unerreichbarkeit des Beweismittels kann ebenfalls seine Ablehnung rechtfertigen. Die Unerreichbarkeit muß auf unbestimmte Zeit bestehen, BGH NJW **92**, 1768, Köln MDR **01**, 109, Saarbr RR **98**, 1685.

Es ist eine *strenge, aber nicht überzogene Prüfung* notwendig. Unzulässig ist also die Begründung, der Zeuge werde doch nichts Wesentliches aussagen können, BVerwG NJW **84**, 2962, etwa weil der Vorfall zu lange zurückliege und er vermutlich doch keine Erinnerung mehr daran habe, oder weil der Zeuge über die Schmerzen einer Partei doch nichts Wesentliches sagen könne, BVerfG RR **95**, 441, BGH NJW **86**, 1542, oder weil der Sachverständigenbeweis unergiebig sein werde, BGH VersR **86**, 546. Denn ob der Zeuge noch eine Erinnerung hat, das soll sich ja erst in der Beweisaufnahme ergeben.

Etwas anderes mag gelten, wenn eine Partei für einen lange zurückliegenden durch Fotos und einen Polizeibericht festgehaltenen Vorfall einen Zeugen benennt, ohne seine Erinnerungsmöglichkeiten darzulegen, evtl auch bei einem geistesschwachen Zeugen (Vorsicht!). Auch kann die *Lebenserfahrung* mitbeachtlich sein, BGH RR **90**, 1276, KG VersR **06**, 1705, freilich nur in engen Grenzen, Söllner MDR **88**, 365. Es kann ein Anscheinsbeweis vorliegen, Anh § 286 Rn 15. Bei einem schlechten Gedächtnis des Zeugen muß das Gericht Kontrollmöglichkeiten ausnutzen, die sich anbieten. Man darf das ausgeübte Schweigerecht eines Zeugen oder Sachverständigen nur unter besonderen Umständen zum Nachteil des Beweisführers würdigen. Vielmehr ist das Beweismittel dann ungeeignet, Hamm VersR **83**, 870. Das gilt auch dann, wenn der Zeuge erst in zweiter Instanz schweigt, aM Hamm VersR **01**, 1169 (Verwertung der erstinstanzlichen Aussage, noch dazu ins Gegenteil. Aber das ist ein gefährlicher Weg des Unterlaufens).

Eine zunächst unzulässig gewesene Beweisaufnahme mag *zulässig* werden. Die Verwertung einer rechtsfehlerhaften Beweiserhebung ist nicht stets unzulässig, BVerfG NJW **05**, 3205. Das gilt zB dann, soweit der zur Aussageverweigerung entschlossen gewesene und berechtigte Zeuge nun doch noch aussagen will, Köln NJW **75**, 2074. Bloßer Ungehorsam nach § 380 oder ein Umzug bedeuten keine Unerreichbarkeit, Köln NVersZ **00**, 483. Ein solches strafprozessuales Geständnis, das in verfahrensfehlerhafter Handlungsweise der Ermittlungsbehörde oder des Strafgerichts zustande kam, ist dennoch evtl als Indiz mitverwertbar, Einf 16 vor § 284, BGH BB **04**, 1248, Hamm RR **89**, 573. Der Zivilrichter kann eine Verhörsperson des Strafverfahrens trotz dortiger Belehrungsverstöße usw evtl als einen Zeugen oder Sachverständigen in die Beweisaufnahme einbeziehen, BGH **153**, 169 (zustm Leipold JZ **03**, 632, krit Katzenmeier ZZP **116**, 375).

Bei einem nur im Ausland lebenden Zeugen ohne die Möglichkeit einer persönlichen Anwesenheit des Gerichts bei einer Auslandsvernehmung nach Rn 31 kommt es auf die Entbehrlichkeit des persönlichen Eindrucks des Gerichts an, BGH MDR **83**, 505.

F. Ungeeignetheit. Ungeeignetheit ist ein weiterer Grund der Ablehnbarkeit eines Beweismittels. Man muß dabei behutsam sein, BVerfG NJW **93**, 254, etwa zum Erinnerungsvermögen, BVerfG NJW **04**, 1443, oder zum Wahrscheinlichkeitsgrad, oder beim mittelbaren Beweisantritt, Einf 16 vor § 284, BGH RR **02**, 1435, oder beim sog Lügendetektor, BGH NJW **03**, 2527. Zur gefährlichen Operation Düss VersR **85**, 457. Ein ziemlich psychiatrischer Schock eines minderjährigen Zeugen infolge der Anwesenheit beim der Klage zugrundeliegenden Vorgang kann eine derzeitige Ungeeignetheit bedeuten. 33

G. Ungenauigkeit. Eine Ablehnung kann ferner dann erfolgen, wenn der Beweisantritt in Wahrheit *zu ungenau* ist, BGH NJW **91**, 2707, BFH NJW **07**, 1616 links, also zB beim Indizienbeweis nach Einf 16 vor § 284, BGH NJW **93**, 1391, oder beim Ausforschungsbeweis nach Einf 27 vor § 284, BGH RR **95**, 716, 723. Das kann zB dann so sein, wenn der Vermieter beim Mieterhöhungsverlangen die angeblich vergleichbaren Wohnungen nicht für den Mieter identifizierbar angibt, BGH MDR **03**, 451. Man darf aber auch die Anforderungen nicht überspannen, BGH NJW **92**, 1968, Mü MDR **00**, 1096. Wegen des Beweisvertrags Anh § 286 Rn 5. Wegen des Beweislastvertrags Anh § 286 Rn 6. 34

H. Erwiesenheit des Gegenteils. Die Ablehnung der Beweisaufnahme mit der Begründung, das Gegenteil sei bereits erwiesen, wäre eine unstatthafte vorweggenommene Beweiswürdigung, BVerfG RR **01**, 1006, BGH MDR **05**, 164, VGH Kassel MDR **97**, 98, aM Brdb FamRZ **00**, 1581. Erst recht unstatthaft ist die Ablehnung wegen großer Unwahrscheinlichkeit der behaupteten Tatsache, BVerfG NVwZ **87**, 786. Es verstößt aber andererseits auch gegen I, wenn sich das Gericht nicht mit dem Fehlen jeder „inneren Wahrscheinlichkeit" (ein unglücklicher Ausdruck) auseinandersetzt, BGH NJW **95**, 967. Man darf auch das vorprozessuale Verhalten einer Partei erst *nach* und nicht *statt* der Beweisaufnahme berücksichtigen, BGH MDR **02**, 595. Ein aussagebegleitendes Verhalten kann erheblich sein, Karlsr FamRZ **07**, 226. 35

I. Unglaubwürdigkeit. Man spricht von der Glaubwürdigkeit der Person, der Glaubhaftigkeit der Aussage, BGH VersR **91**, 925. Das Gericht darf schon wegen Art 103 I GG eine Unglaubwürdigkeit nicht von vornherein abstrakt annehmen, Artt 1, 2 GG, BVerfG RR **95**, 441, BGH NJW **95**, 957, auch nicht zB gegenüber Mitfahrern oder sonstigen Unfallbeteiligten. Vielmehr kann sich das Gericht über die Unglaubwürdigkeit solcher Personen erst aus der Vernehmung ein Bild machen, BGH NJW **95**, 957, Hamm VHR **96**, 87, zumal ein Zeuge gerade in gewissen Punkten Glauben verdienen kann. Nur in eigenartigen Ausnahmefällen mag es anders sein, zB bei einem ziemlich psychiatrischen Schock, Rn 34. Die Partei braucht eine beweisbedürftige Behauptung nicht wahrscheinlich zu machen. Es genügt nicht, daß sich aus anderen Tatsachen oder aus einem früheren Parteiverhalten die Unwahrscheinlichkeit oder Unglaubhaftigkeit der behaupteten Tatsache ergibt. Angaben der Partei darüber, auf welche Weise, wo oder wann ein Zeuge eine Tatsache erfahren hat, sind grundsätzlich noch nicht erforderlich, § 373 Rn 4, sondern natürlich evtl vom Zeugen selbst. Insbesondere ist es unzulässig, die Unglaubhaftigkeit aus der Vernehmung des Zeugen in einer anderen Sache zu schließen oder sie aus dem Urteil in einem anderen Verfahren zu übernehmen, solange die Parteien nicht mit der Verwendung der dortigen Aussagen einverstanden sind, § 285 S 2. Aber auch dann bindet die frühere Würdigung das Gericht natürlich nicht. Ist eine Partei die Gewährsperson des Zeugen, mag das Gericht neben seiner auch ihre Glaubwürdigkeit prüfen müssen, BGH VersR **96**, 703. 36

J. Verwandtschaft, Gesellschafterbeteiligung usw. Unzulässig wäre es, die Vernehmung eines Verwandten der Partei als Zeugen mit der Begründung abzulehnen, wegen eines Beteiligungs-, Verwandtschafts-, Schwägerschafts-, Gesellschaftsverhältnisses usw sei keine Klärung zu erwarten usw, Rn 8. Das gilt jedenfalls, solange keine besonderen die Glaubwürdigkeit beeinträchtigenden weiteren Umstände hinzutreten, BGH NJW **95**, 957, Mü RR **91**, 17. 37

K. Auswärtiger Zeuge. Unzulässig ist die Ablehnung der Vernehmung eines nur durch einen beauftragten Richter vernehmbaren Zeugen mit der Begründung, das Prozeßgericht könne seine Glaubwürdigkeit nur durch eine Vernehmung vor eben dem Prozeßgericht beurteilen, BAG BB **77**, 1706. Der Spruchrichter muß sich vielmehr den Eindruck des verordneten Richters in einer prozessual einwandfreien Weise vermitteln lassen, BGH NJW **97**, 1586. Er darf sich nicht stets auf dessen bisheriges Protokoll beschränken, BGH NJW **98**, 2222. 38

L. Unwirtschaftlichkeit. Unzulässig ist erst recht die Ablehnung einer Beweisaufnahme mit der Begründung, die Beweiserhebung sei unwirtschaftlich, BVerfG **50**, 35. 39

Berechtigt ist aber zB die Ablehnung der erneuten Vernehmung eines in demselben Prozeß schon vernommenen Zeugen mit der Begründung, er habe den Beweispunkt schon früher bekunden müssen und verdiene daher bei einer erneuten Bekundung keinen höheren oder geringeren Glauben. Vgl aber auch Rn 64, 68. Nur ganz ausnahmsweise und nur dann kann man also den Beweis von vornherein als ungeeignet ablehnen und die Erhebung des Beweises als völlig nutzlos ansehen, so daß sie für die Überzeugung des Gerichts nichts Sachdienliches erbringen könne. Das Gericht muß die Gründe einer solchen Ablehnung eingehend darlegen. Sie können etwa in der rechtswidrigen Erlangung des Beweismittels liegen. Das gilt zB dann, wenn der Zeuge heimlich, wenn auch nicht unbedingt strafbar, mitgehört hatte, Üb 11, 12 vor § 371, Gießler NJW **77**, 1186. Die Ablehnungsgründe mögen in einer völligen Unglaubwürdigkeit des Zeugen liegen. Freilich ist größte Vorsicht bei derartiger Bewertung ratsam. 40

Ein schwerwiegender *Widerspruch* zwischen mehreren Aussagen desselben Zeugen, auch in mehreren Instanzen, läßt sich kaum mit dem persönlichen Eindruck des Gerichts vom Zeugen beseitigen, strenger BGH NJW **95**, 967. Auch ein Widerspruch zwischen den Aussagen mehrerer Zeugen zwingt zur Erörterung bei der Beweiswürdigung.

M. Abstammungsverfahren, dazu auch bei § 372 a. Im Abstammungsverfahren nach §§ 169 ff FamFG muß das Gericht schon nach § 177 FamFG alle vernünftigerweise sachdienlichen Beweise erheben, BGH FamRZ **96**, 1001, Karlsr FamRZ **77**, 342. Jedoch darf und muß sich das Gericht hier ebenso wie sonst 41 nach Rn 18 mit einem praktisch brauchbaren Grad von Gewißheit begnügen, BGH FamRZ **94**, 506, Oldb FamRZ **79**, 970. Problematisch ist eine ohne eine Kenntnis und Zustimmung des Betroffenen erhobene DNA-Analyse, Üb 13 vor § 371, VGH Mannh NJW **01**, 1084 (zur arbeitsrechtlichen Verdachtskündigung). Es gelten insofern ähnliche Folgen wie beim Augenschein, Üb 12, 13 vor § 371. Ein Ausforschungsbeweis ist auch hier unstatthaft, Einf 27 vor § 284.

42 Die Einholung eines Blutgruppen- oder erbbiologischen *Gutachtens* (zum Antrag Hummel FamRZ **76**, 257, Schlosser FamRZ **76**, 6, 258) ist zwar in seltener Ausnahmelage entbehrlich, Brdb FamRZ **00**, 1582 (s aber unten), AG Westerstede FamRZ **94**, 645. Sie ist aber grundsätzlich kaum entbehrlich. Man darf sie nicht davon abhängig machen, daß der Mann konkrete Umstände gegen die Vaterschaft vortragen kann. Das Gericht darf die Einholung des Gutachtens nicht ablehnen, wenn ein Mehrverkehr eingeräumt worden ist und man den entsprechenden Zeugen nicht mehr vernehmen kann, Kblz JB **76**, 683, oder weil das Bundesgesundheitsamt die fragliche Methode des Gutachters noch nicht anerkannt habe, BGH NJW **76**, 1793, oder weil die Mutter eine Prostituierte sei. Man darf die Vernehmung eines Mehrverkehrszeugen selbst bei einer hohen Wahrscheinlichkeit der Vaterschaft des Bekl (99,9996% im Blutgruppengutachten) nicht ablehnen, BGH FamRZ **88**, 1038, aM Brdb FamRZ **00**, 1582 (aber gerade in diesem Verfahren mit seinen weiten Rechtswirkungen ist eine besondere Sorgfalt bei der Aufklärung des Sachverhalts notwendig).

43 Jedoch braucht das Gericht grundsätzlich *kein erbbiologisches* Gutachten einzuholen, wenn der Geschlechtsverkehr in der Empfängniszeit bereits nebst gewichtigen Anzeichen für die Vaterschaft erwiesen ist und kein Anhalt mehr für einen Mehrverkehr in der Empfängniszeit besteht.

44 Ein zusätzliches erbbiologisches Gutachten ist ferner nicht mehr erforderlich, wenn das weitere Bestreiten des Bekl *ohne jede Substanz* ist, Bbg FamRZ **75**, 51, aM Hbg FamRZ **75**, 108 (es sei unerheblich, ob der Bekl einen Mehrverkehr behaupten könne. Aber auch hier gilt das besondere Sorgfaltsgebot, Rn 42). Wenn das Abstammungsgutachten nicht zur Überzeugung des Gerichts von der Vaterschaft ausreicht, darf das Gericht es auch nicht als ein Indiz für eine Beiwohnung innerhalb der Empfängniszeit verwenden, aM Maier NJW **76**, 1135. Bei einer unberechtigten Verweigerung einer nicht zwangsweise durchführbaren Blutprobe muß man dem Bekl zunächst eine Frist nach § 356 setzen, BGH FamRZ **86**, 663. Nach deren ergebnislosem Ablauf kann man ihn dann so beurteilen, als hätte eine Untersuchung keine schwerwiegenden Zweifel an seiner Vaterschaft erbracht, BGH FamRZ **97**, 492, Stürner JZ **87**, 44. In der Beschwerdeinstanz ist eine Wiederholung solcher Frist unnötig, BGH NJW **93**, 1393. Vgl auch Rn 50 sowie Anh § 286 Rn 204 „Vaterschaft" und 4 und § 372 a.

45 **N. Verschwiegenheitspflicht.** Unzulässig ist die Beweisaufnahme, soweit die Beweismittel nur unter einem Verstoß gegen eine Verschwiegenheitspflicht verwertbar wären, LAG Köln MDR **03**, 462. Ihr unterliegt zB auch das Finanzamt, BAG NJW **75**, 408, § 299 Rn 5. Wegen der Verwertbarkeit der Aussage von Polizisten bei deren Verstoß gegen § 136 I 2 StPO, Üb 10 vor § 373.

46 **O. Verspätung.** Das Gericht darf ein Beweismittel nicht berücksichtigen, soweit man es wegen §§ 282 I, 296, 530, 531 als verspätet zurückweisen muß.

47 **P. Gesetzliche Beweisregel.** Soweit sie vorliegt, ist ein Hauptbeweis nicht notwendig. Der Gegenbeweis ist aber grundsätzlich zulässig, falls das Gesetz ihn nicht ausschließt. Man unterscheidet zB Tatsachenvermutungen, etwa in §§ 363, 685 II, 938, 1117 III, 1253 II, 1720 II, 2009, 2270 BGB, und Rechtsvermutungen, etwa in §§ 891, 1006, 1362, 2365 BGB, sowie weitere Beweisregeln, etwa in §§ 80, 165, 415–418, 445, 592, 595 II, Rn 71.

48 **Q. Rechtskräftige Feststellung.** Soweit eine Tatsache in einem anderen Verfahren in einer für beide jetzige Prozeßparteien bindenden Weise rechtskräftig festgestellt ist, liegt nunmehr ein Beweistatsachenverbot vor, Habscheid ZZP **96**, 310.

49 **R. Weitere Einzelfragen.** Auch sachlichrechtliche Bestimmungen können der Durchführung eines Beweises entgegenstehen, so § 38 I StVO (daher ist ein Einsatzfahrzeug nicht im fließenden Verkehr als Beweismittel für Fragen akustischer oder optischer Wahrnehmbarkeit geeignet), Nürnb VersR **77**, 64, oder § 1594 BGB, der es verbietet, daß die Ehelichkeit eines Kindes in einem anderen Verfahren angegriffen wird, oder § 1600 d BGB. Das Gericht darf aber einen Beweisantrag nicht mit der Begründung ablehnen, ein allgemeiner Erfahrungssatz stehe entgegen. Abgesehen davon, daß ein solcher mit der Revision nachprüfbar ist, daß er allerdings auch eine mangelnde oder unzureichende Beweise ersetzen kann, läßt er im allgemeinen den Nachweis zu, daß der Fall eine abweichende Entwicklung genommen hat. Ob noch ein Beweisantrag vorliegt, ist eine Auslegungsfrage, BAG DB **78**, 1088. Das Gericht darf dem protokollierten Ergebnis eines Augenscheins des Vorderrichters mangels einer eigenen Beweiserhebung keine abweichende Bedeutung geben, vgl auch für den Zeugenbeweis § 398 Rn 6, 7, BGH VersR **85**, 839.

50 **7) Sachverständigenbeweis, I,** dazu *Ehlers,* Medizinische Gutachten im Prozess, 2000; *Fratz,* Die Zivilprozessuale Bedeutung der Regeln der Technik, 2001: Das Gericht ist nach einigen Spezialvorschriften zur Einholung eines Gutachtens verpflichtet, zB nach §§ 4 IV 2, 13 II RVG. Im übrigen ist es zur Einholung eines Gutachtens berechtigt und nach Maßgabe der folgenden Regeln verpflichtet, BGH GRUR **04**, 413.

A. Grundsatz: Freie Beweiswürdigung. Auch ein Sachverständigengutachten nach §§ 402 ff unterliegt der freien Beweiswürdigung, BVerfG FamRZ **97**, 152, BGH MDR **07**, 1445 rechts oben, BayObLG BB **79**, 185. Zu den allgemeinen Anforderungen Rumler-Detzel VersR **99**, 1209 (Üb). Den Sachverständigenbeweis darf das Gericht nur dann ablehnen, wenn es seine eigene Sachkunde mit Recht für ausreichend hält und halten darf, BVerfG NJW **03**, 1655, BGH RR **07**, 357, Naumb RR **04**, 965. Das muß es darlegen, BGH RR **08**, 1252. Dabei genügt die Sachkunde „nur" eines der Beisitzer oder diejenige der Handelsrichter, BGH NJW **89**, 2822, Pieper ZZP **84**, 1. Das Gericht handelt insofern nach seinem pflichtgemäßen Ermessen, BGH **89**, 114.

51 **B. Beispiele zur Frage eines Sachverständigenbeweises**

Ablehnung: Das Gericht darf das Gutachten eines abgelehnten Sachverständigen dann verwerten, wenn alle Beteiligten damit doch noch einverstanden sind.

Abweichung: Das Gericht kann vom Ergebnis des Gutachtens dann abweichen, Stgt NJW **81**, 2581, wenn es bei einer eigenen Sachkunde hierfür eine ausreichende Begründung geben kann. Es muß dann aber dem Sachverständigen zuvor eine Gelegenheit zur Nachbesserung, Vervollständigung, Vertiefung geben, BGH MDR **02**, 570. Die vom Gutachten abweichende Begründung des Gerichts sollte nur zurückhaltend sein, Schneider MDR **84**, 194. Sie muß sorgfältig erfolgen, BGH NJW **01**, 2791, Baumgärtel VersR **75**, 677.
S auch „Arzneimittelaufsicht".
Anhörung: Rn 60 „Vorladung".
Arzneimittelaufsicht: Eine Abweichung von ihr erfordert ein Gutachten, BGH NJW **05**, 2705.
Arzthaftung: In der Regel ist ein Sachverständiger nötig, BGH MDR **08**, 916 links.
Aufklärbarkeit: Das Gericht muß sie nutzen, BGH VersR **06**, 823, zB nach § 144, KG VersR **04**, 1195, 52
Oldb MDR **91**, 546, Schlesw RR **91**, 715.
Aussagepsychologie: Rn 2.
Berufungsgericht: Ein weiteres Gutachten kommt dann infrage, wenn das Berufungsgericht vom Erstgericht abweichen will, ohne eine eigene Sachkunde zu haben, BGH NJW **06**, 2485 links.
Beweiswürdigung: Auch das Gutachten eines fachlich anerkannten Sachverständigen hat keinen „Anschein der Richtigkeit" für sich, den die betroffene Partei entkräften müßte. Es unterliegt vielmehr der normalen Beweiswürdigung, BGH VersR **81**, 1151. Das Gericht muß selbständig und eigenverantwortlich prüfen, ob es dem oder den Gutachten folgen darf, BGH NJW **94**, 163, 1597, Stgt VersR **88**, 410, Schneider MDR **85**, 199 (er kritisiert freilich mit Recht die Strenge der Anforderungen der Rechtsprechung an die Sachkunde des Tatrichters). Es ist eine sorgfältige Abwägung notwendig, bevor das Gericht sich einem der Sachverständigen anschließt, BVerfG FamRZ **97**, 152, BGH RR **88**, 764. Das Gericht muß erkennen lassen, daß es sich mit Unterschieden in mehreren Äußerungen des Sachverständigen auseinandergesetzt hat, BGH NJW **93**, 270, Ffm MDR **08**, 586. Das Gericht muß die Sachkunde des Sachverständigen prüfen, BGH GRUR **98**, 366, auch wenn das praktisch nur sehr bedingt möglich ist. Zumindest empfiehlt sich im Urteil ein Satz, gegen die Sachkunde seien keine Bedenken erkennbar geworden.
Computer-Tomographie: Mü VersR **78**, 65. 53
Denkgesetze: Ihre Feststellung erfordert keine besondere Fachkunde, Brschw RR **08**, 1061.
Fahrtempo: Vorsicht mit der Beurteilungsfähigkeit eines Zeugen, Schneider MDR **75**, 19.
Geschäftsfähigkeit: Die Beurteilung der Geschäftsfähigkeit ist in der Regel keine besonders schwierige Frage, die ein Obergutachten erforderlich machen würde. Denn hier ist nur die Feststellung des tatsächlichen Verhaltens schwierig, nicht die ärztliche Beurteilung. Eine Prüfung, ob der Betreffende wegen Trunkenheit geschäftsunfähig gewesen sei, bloß auf Grund einer Unterschriftsprobe ist meist unmöglich.
Glaubwürdigkeit: Das Gericht darf ihre Beurteilung meist sich selbst zutrauen, BGH RR **97**, 1111, Hamm VersR **07**, 513.
Klarstellung: Sie kann bei einer Unklarheit, einem Widerspruch oder einer Lücke im Gutachten notwendig 54
werden. Das Gericht muß sie dann veranlassen, BGH NJW **01**, 2791, KG VersR **04**, 1195, Saarbr RR **99**, 719.
Literaturstudium: Es reicht nur dann aus, wenn man das gesuchte Ergebnis unmittelbar der Literatur entnehmen kann, BGH MDR **78**, 42.
Lücke: S „Klarstellung".
Medizinische Frage: Vorsicht mit der eigenen Sachkunde des Gerichts, BGH NJW **94**, 794 (Selbstmordgefahr). Ein Guthaben ist erst dann entbehrlich, wenn man seine Beweiseignung ausschließen kann, BGH VersR **08**, 1133.
Meinungsforschung: Die Anforderungen Rn 58 „Tatsächliche Feststellungen" gelten auch beim Gut- 55
achten eines Meinungsforschungsinstitut, BGH RR **87**, 351.
Merkantiler Minderwert: Vorsicht mit der eigenen Sachkunde des Gerichts, Darkow VersR **75**, 210.
Mietspiegel: Das Gericht muß prüfen, ob der Sachverständige eine Abweichung vom Mietspiegel nachvollziehbar begründet hat, LG Potsd WoM **04**, 671. Daher ist das Gutachten unverwertbar, soweit der Gutachter seine tatsächlichen Grundlagen aus welchem berechtigten Grund auch immer, etwa wegen einer Schweigepflicht, nicht vollständig nachprüfbar offenlegt, Üb 8 vor § 402, § 407 a Rn 18, BVerfG WoM **97**, 318, BGH NJW **01**, 2794 und 2795, LG Mü WoM **03**, 97, eigenartig als Fallfrage eingeschränkt von BVerfG NJW **97**, 311, aM LG Halle ZMR **02**, 427, Walterscheidt WoM **95**, 86 (vgl aber § 407 a Rn 18).
Nachbesserung: Rn 51 „Abweichung".
Obergutachten: Es ist nur bei konkreten sachlichen Bedenken gegen den vom Gutachter gewählten Weg 56
notwendig, Köln GRUR **91**, 390 (nicht schon deshalb, weil er neue Wege beschreitet), oder bei besonders schwierigen Fragen, BGH BB **80**, 863. Diese liegen nicht stets schon dann vor, wenn die bisherigen Gutachten voneinander abweichen, BGH BB **80**, 863, aM Hamm VersR **80**, 683 (aber das Gericht kann das Gewicht jedes Gutachtens selbst einschätzen). Dann ist vielmehr unter Umständen eine Stellungnahme der bisherigen Gutachter ausreichend, um das Gericht instand zu setzen, die Fragen zu überblicken. Es ist allerdings unzulässig, Abweichungen unkritisch nebeneinanderzustellen, BGH NJW **92**, 2292, und daraus auf die Unmöglichkeit von Feststellungen zu schließen, oder gar überhaupt keine Stellungnahme zu den Abweichungen zu beziehen, Hamm VersR **80**, 683. Vielmehr muß das Gericht nachvollziebar begründen, warum es sich welchem der sich widersprechenden Gutachter anschließt, § 412 Rn 4, BGH RR **04**, 1680, Pieper ZZP **84**, 24. Das Gericht muß im Urteil darlegen, warum es ein Obergutachten nicht für notwendig hielt, BGH VersR **85**, 189, Hamm VersR **80**, 683. Dasselbe gilt bei auch nur angeblichen, einigermaßen substantiiert behaupteten groben Mängeln im eingeholten Gutachten, BGH RR **88**, 764, Mü RR **86**, 1142, Stgt VersR **88**, 410. Das gilt ferner dann, wenn der Sachverständige selbst neuerliche Beweisbehauptungen für evtl erheblich erklärt.
Operation: Das Gericht darf nicht anordnen, daß sich eine Partei einer noch dazu etwa riskanten Operation unterziehen müsse, weil der Sachverständige nur auf Grund der Ergebnisse einer Operation ein Gutachten erstellen könne, § 372 a.

Parapsychologie: Ein solches Gutachten ist ungeeignet, BGH NJW **78**, 1207.

Privatgutachten: Üb 21 vor § 402. Es darf nicht schon deshalb ganz unbeachtet bleiben, BGH NJW **01**, 78 links. Es kann evtl einen Gerichtsgutachter entbehrlich machen, Köln VersR **01**, 755. Es kann aber auch zu einer weiteren Aufklärung Veranlassung geben, BGH VersR **06**, 823. Das gilt sogar nach einem vorangegangenen Gutachten des vom Gericht beauftragten Sachverständigen, BGH MDR **02**, 570. Bei einem oder mehreren sich widersprechenden Privatgutachten muß das Gericht eine Aufklärbarkeit versuchen, Hamm VersR **00**, 56.

57 **Rechtliches Gehör:** Rn 59 „Verfassungsbeschwerde".

Revisionsgericht: Es darf und muß den Nachweis der Sachkunde des Berufungsgerichts überprüfen, BGH RR **88**, 764, Köln VersR **95**, 1082.

Sachunde des Gerichts: Das Gericht muß seine ausreichende Sachkunde den Parteien im Prozeß darlegen. Die Urteilsgründe müssen ebenfalls stets die Sachkunde des Gerichts nachvollziehbar erkennen lassen, BVerfG JZ **60**, 124, BGH NJW **99**, 1860, BayObLG **83**, 310. Das gilt sowohl bei einer Entscheidung ohne die Hinzuziehung eines Sachverständigen, BayObLG NZM **99**, 1146, als auch besonders bei einer Abweichung vom Gutachter, BGH VersR **01**, 1030. Selbst eine langjährige Tätigkeit schafft nicht stets eine ausreichende Sachkunde des Gerichts, BGH DB **97**, 1329.

Schwierige Frage: Das Gericht muß sie und ihren Grad mitbedenken, BGH RR **95**, 677, KG VersR **04**, 1195, Mü RR **86**, 1142. Ein Hinweis auf Fachliteratur mag zB nicht als Nachweis eigener Sachkunde des Sachverständigen reichen, BGH VersR **94**, 986, Naumb NJW **01**, 3420 (zumindest nicht vor einer gründlichen selbstkritischen Überprüfung).

58 **Software:** Vorsicht mit der eigenen Sachkunde des Gerichts, Bartsch, Softwareüberlassung und Zivilprozeß, 1991.

Tatsächliche Feststellungen des Gerichts: Das Gericht muß die tatsächlichen Grundlagen entweder selbst ermitteln und sie dem Sachverständigen mitteilen, BGH VersR **02**, 1259, BAG DB **99**, 104, oder es muß deren Ermittlung dem Sachverständigen überlassen, BGH RR **95**, 716.

Tatsächliche Feststellungen des Sachverständigen: Das Gericht muß prüfen, ob der Sachverständige von zutreffenden Tatsachen ausgegangen ist, BVerfG WoM **97**, 318, BGH MDR **07**, 1445 rechts oben, BAG DB **99**, 104, aM LG Halle ZMR **02**, 427 (aber der Sachverständige bleibt trotz aller faktischen Macht doch ein bloßer Gehilfe des Richters). Dazu reicht eine anonymisierte Angabe des Sachverständigen nicht aus, aM LG Mü WoM **02**, 557 (aber man muß „auf den richtigen Klingelknopf drücken" können, ähnlich BGH NJW **03**, 963).

S auch Rn 55 „Meinungsforschung".

Unklarheit: Rn 54 „Klarstellung".

59 **Unbestimmtheit:** Das Gericht darf einen Antrag auf die Beiziehung eines Gutachtens nicht mit der Begründung ablehnen, die zugehörigen Behauptungen seien zu unbestimmt, § 412 Rn 4, 5.

Unergiebigkeit: Das Gericht darf einen Beweisantritt nicht schon wegen einer bloß drohenden Unergiebigkeit eines Gutachtens zurückweisen, BGH VersR **86**, 546, aber auch VersR **87**, 782.

Verfassungsbeschwerde: Sie kommt beim Verstoß gegen § 286 wegen Art 103 I GG infrage, BVerfG NJW **03**, 1655, BGH DB **02**, 2716.

Verstoß: S „Verfassungsbeschwerde", Rn 62 „Zurückverweisung".

60 **Vervollständigung:** Rn 51 „Abweichung".

Vollständigkeit: Das Gericht muß prüfen, ob sich der Sachvertändige vollständig geäußert hat, BGH NJW **97**, 1039, BayObLG FamRZ **88**, 1313.

Voreingenommenheit: Das Gericht muß sorgfältig auf Anzeichen einer etwaigen evtl unbewußten Voreingenommenheit des Sachverständigen achten, BGH NJW **81**, 2010, BSG NJW **93**, 3022. Das gilt besonders im Kunstfehlerprozeß wegen etwa überholter Standesregeln, BGH NJW **80**, 2751, BSG NJW **93**, 3022 Franzki NJW **75**, 2225.

Vorladung: Dem Antrag, einen Sachverständigen vorzuladen, um ihm Fragen vorzulegen, muß das Gericht im allgemeinen stattgeben, § 411 Rn 10, BGH NJW **97**, 802, Köln NJW **94**, 394. Dasselbe gilt evtl für einen Antrag, einen Zeugen zur Widerlegung der tatsächlichen Grundlagen eines Gutachtens zu hören, BVerfG RR **96**, 186 (großzügig), BGH RR **96**, 185. Wegen einer ergänzenden Anhörung § 402 Rn 8 „§ 398", § 411 Rn 9 (evtl Anhörungspflicht). Sie steht im pflichtgemäßen Ermessen des Gerichts, BGH NJW **97**, 803. Sie kann durchaus notwendig werden, BGH VersR **02**, 1259.

61 **Weiteres Gutachten:** Es kann zB mangels eigener Sachkunde des Gerichts notwendig werden, BGH VersR **07**, 1398, KG VersR **06**, 1234. Die Einholung eines weiteren Gutachtens kommt insbesondere dann in Betracht, wenn das Berufungsgericht vom erstinstanzlichen Gutachter abweichen will, ohne eine eigene Sachkunde zu haben, BGH NJW **06**, 2485 links. Ein Antrag auf die Hinzuziehung eines weiteren Sachverständigen ist nicht ausreichend, wenn der Beweisführer nicht darlegt, der weitere Sachverständige verfüge über bessere Methoden usw, Mü RR **91**, 17.

S auch Rn 56 „Obergutachten".

Widersprüchlichkeit: Rn 54 „Klarstellung". Das Gericht muß prüfen, ob sich der Sachverständige widerspruchsfrei geäußert hat, BGH NJW **97**, 1039, BayObLG FamRZ **88**, 1313. Bei einem unaufklärbaren Widerspruch ist der Sachvertändige als Beweismittel ungeeignet, BGH RR **01**, 1509, Düss NJW **84**, 2635.

62 **Zurückverweisung:** Ein Verstoß des Gerichts gegen § 286 kann auf Antrag zur Zurückverweisung nach § 538 führen, BGH NJW **97**, 1641, Kblz NJW **04**, 1186, Saarbr RR **99**, 719.

Zweitgutachten: Rn 61 „Weitere Gutachten".

63 **8) Urkundenwürdigung, I.** Sie erfolgt oft recht großzügig.

A. Freie Beweismittelwahl. Unter den Beweismitteln darf die Partei frei wählen, also insbesondere Zeugen- oder Sachverständigenbeweise durch einen Urkundenbeweis ersetzen. Das Gericht darf auch einen Mietspiegel heranziehen, §§ 558 c, d BGB, Wetekamp NZM **03**, 184 (Üb). Es darf ihn freilich als alleiniges

Beweismittel nur vorsichtig einsetzen, strenger LG Mü WoM **96**, 709 (abl Blank WoM **97**, 178), großzügiger LG Ffm RR **95**, 463. Eine solche Ersetzung kann auch im Einverständnis mit der Verwertung von Beiakten liegen, § 285 S 2. Die Parteien können auch den Inhalt anderer Akten einschließlich dortiger Zeugenprotokolle vortragen. Das Gericht muß sie dann als Parteivortrag würdigen. Das Gericht darf und muß den Urkundeninhalt frei würdigen, BAG KTS **89**, 151, evtl auch zum Nachteil des Beweisführers, BGH MDR **83**, 1018. Es darf einer Urkunde nicht statt ihres lediglich nach Einf 16 vor § 284 vorhandenen Indizwerts einen vollen Beweiswert geben, LG Darmst NJW **93**, 2448. Das gilt erst recht bei einer Urkunde aus dem Vorprozeß im späteren selbständigen weiteren Prozeß, BGH NJW **06**, 156. Es darf die Verwertung einer fremdsprachigen Urkunde wegen Artt 2 I, 20 III GG (Rpfl), BVerfG **101**, 404, Art 103 I GG (Richter) trotz § 184 GVG mit Rücksicht auf § 142 III erst nach einer vergeblichen Fristsetzung zur Vorlage einer Übersetzung ablehnen, BVerwG NJW **96**, 1553, und auch das nicht bei einer Amtsermittlung nach Grdz 38 vor § 128 ZPO, § 28 FamFG.

B. Würdigung anderer Akten, dazu *Fasching,* Strafurteil und Zivilprozeß, Festschrift für *Schumann* (2001) 83; *Foerster,* Transfer der Ergebnisse von Strafverfahren in nachfolgenden Zivilverfahren, 2008; *Häcker,* Grenzen der Verwertbarkeit strafprozessualer Aussagen im Zivilprozeß, Diss Tüb 1994; *Völzmann,* Die Bindungswirkung von Strafurteilen im Zivilprozess, 2006 (Bespr Fölsch NJW **06**, 3764): Das Gericht darf auf Grund eines Beweisantrags Zeugen- und andere Protokolle sowie andere Urkunden würdigen, zB eine schriftliche Erklärung. Solche Würdigung ist grundsätzlich aus anderen Akten ohne eine Zustimmung der Parteien statthaft, Üb 12 vor § 402, BGH NJW **97**, 3381, Köln VersR **00**, 1303, Oldb FamRZ **00**, 835, zB aus Strafakten, BGH NJW **02**, 2324 (auch zu den Grenzen), Hamm NVersZ **98**, 44 (§ 383), Köln VersR **94**, 374. Die Rechtssicherheit nach Einl III 43 ist lediglich *ein* Element der Rechtsidee, § 296 Rn 2. Die Gerechtigkeit als Hauptziel des Zivilprozesses hat den Vorrang, Einl III 9, 36. Sie führt den Zivilrichter zu Grenzen einer auch nur gefühlsmäßigen Bindung an ein Strafurteil, Hartmann NJW **02**, 2618. Deshalb bindet ein Strafurteil den Zivilrichter keineswegs stets auch nicht im Weg des Urkundenbeweises. 64

Zumindest kann auf Parteiantrag erneut Beweis dazu notwendig werden. Er zwingt das Gericht dann auch hier zur freien Beweiswürdigung. Es handelt sich dann um einen Urkundenbeweis, §§ 415 ff, BGH NJW **83**, 122, jedoch nach einem selbständigen Beweisverfahren nach §§ 485 ff im zugehörigen Hauptsacheprozeß um einen Sachverständigenbeweis. Der Beweisantrag braucht allerdings nicht förmlich zu sein, BVerfG NJW **94**, 1211 (die Bezugnahme genügt, ist aber notwendig).

C. Protokoll. Das Gericht darf Protokolle auch aus einem Prozeßkostenhilfeverfahren nach § 118 II 2 urkundenbeweislich würdigen, sogar bei einem Widerspruch des Gegners des Beweisführers, BGH NJW **85**, 1471, Ffm VersR **96**, 838, Köln VersR **93**, 1367 (es braucht aber eine Klärung, zB nach § 139. Vgl im übrigen Rn 68). Es darf ein Protokoll in der Berufungsinstanz wenigstens nach § 284 S 2 grundsätzlich ohne eine eigene Zeugenvernehmung würdigen, (zum alten Recht) Oldb FamRZ **00**, 835, und zwar vom Vorderrichter abweichend, § 398 Rn 4, BGH MDR **83**, 830. Etwas anderes gilt nach einer früheren Vernehmung im Prozeß, Rn 4. Natürlich muß die Partei eine Gelegenheit haben, sich zur Verwertung zu äußern, BGH MDR **91**, 844. Einen Widerruf zB eines Geständnisses vor der Polizei darf das Gericht frei würdigen, Köln VersR **00**, 1303. 65

Ebenso darf das Gericht eine amtliche *Auskunft* würdigen, Üb 25 vor § 402, BVerwG NJW **86**, 3221. Wegen Privatgutachten Üb 21 vor § 402. Freilich muß das Gericht dann einen anderen Sachverständigen hinzuziehen, wenn ihm ein Gutachten nicht ausreicht, BGH NJW **02**, 2324. Das Gericht darf derartige Akten von Amts wegen heranziehen. Ein Unfallbericht der Polizei hat zwar nicht den Wert einer Parteivernehmung, § 448. Er hat aber einen gewissen Indizwert, insbesondere wenn der Vernommene sich auf ihn bezieht.

D. Privaturkunde. Auch eine Privaturkunde, etwa ein ärztliches Zeugnis, ist benutzbar, BGH RR **87**, 1522, LG Köln VersR **02**, 334. Sie läßt aber keinen Beweis über solche Tatsachen außerhalb der Urkunde zu, die sich mit ihrem unzweideutigen Inhalt nicht vertragen, BGH NJW **82**, 581 (abl Hartung VersR **82**, 141), oder die nicht zur Deutung führen müßten, sondern zu einer Umdeutung. Natürlich muß das Gericht die Parteien über eine beabsichtigte Verwertung informieren, Artt 2 I, 20 III GG (Rpfl), BVerfG **101**, 404, Art 103 I GG (Richter), Stürner, Die richterliche Aufklärungspflicht im Zivilprozeß (1982) 58. Die Parteien können Bedenken äußern. Diese muß das Gericht wenigstens mitbeachten, BFH BB **85**, 1118. Der Beweiswert wird bei einer Privaturkunde oft gering sein. Als Zeugenaussage lassen sich Aussagen in anderen Prozessen nur dann würdigen, wenn die Voraussetzungen des § 374 vorliegen oder wenn beide Parteien sie gelten lassen wollen, als seien sie als solche in diesem Prozeß und vor diesem Gericht erfolgt, § 285 S 2, BGH MDR **92**, 803, Düss MDR **78**, 60. 66

Die *Glaubwürdigkeit* läßt sich aus einem Protokoll eines anderen Prozesses selbst dann kaum beurteilen, wenn das dortige Gericht zugehörige Umstände dort vermerkt hat, BGH NJW **00**, 3420. Freilich darf das nicht zur völligen diesbezügliche Unverwertbarkeit des Protokolls des ersuchten Richters führen. Entsprechendes gilt bei der Augenscheinseinnahme, § 371. Auch ein bloßer Vermerk des beauftragten Richters über die Ergebnisse seines Augenscheins hat einen Beweiswert, wenn die Parteien ihn nicht beanstanden, auch nach einem Richterwechsel.

E. Vernehmung. Wird dagegen eine Vernehmung auch für den vorliegenden Rechtsstreit beantragt, handelt es sich nicht um einen solchen Antrag auf eine wiederholte Zeugenvernehmung, über den das Gericht nach § 398 Rn 4 befinden könnte, sondern um einen neuen Beweisantritt, BGH NJW **95**, 2857, Düss RR **96**, 638, Ffm VersR **96**, 838. Das gilt auch dann, wenn das Gericht dem Zeugen im vorausgegangenen Prozeßkostenhilfeverfahren gehört hatte, oder bei der Aufnahme von Zeugenaussagen in einem früheren, nunmehr aufgehobenen Berufungsurteil nach einem Richterwechsel. Es gilt auch im Berufungsverfahren dann, wenn das Berufungsgericht zur Berufung gegen ein Teilurteil Beweis erhoben hat, wenn es aber jetzt um die Berufung gegen das Schlußurteil geht. Denn dann liegen zwei verschiedene Berufungsverfahren vor. Vgl dann also Rn 24, auch wenn eine Abweichung vom früheren Protokoll sehr wahrscheinlich ist, vgl auch § 355 Rn 4–6. 67

Das gilt erst recht bei einer *schriftlichen Äußerung* einer Privatperson, um so mehr, als die Unmittelbarkeit und die Parteiöffentlichkeit fehlen und die Aussage nicht mit der Aussicht auf eine Beeidigung erfolgte.

68 **F. Rechtswidrig erlangte Urkunde.** Eine solche Urkunde ist unverwertbar, soweit sie verfassungswidrig entstand oder in die Hand des Vorlegers kam. Üb 13 vor § 371, aM Zeiss ZZP **89**, 399 (sie sei verwertbar, wenn die Schwere des Eingriffs zum erstrebten Zweck in einem angemessenen Verhältnis stehe. Aber das GG hat den Vorrang und schützt die Geheimsphäre usw stärker). Eine solche Urkunde ist ferner dann unverwertbar, wenn sie unter einem Verstoß gegen eine bei ihrer Entstehung vorhandene sonstige gesetzliche Bestimmung zustandekam, Ffm MDR **87**, 152, zB wenn der danach Vernommene keine Belehrung über sein Schweigerecht erhalten hatte, BGH VersR **85**, 573. Dieser Mangel ist aber nach § 295 heilbar, BGH NJW **85**, 1158, etwa dadurch, daß der Vernommene im späteren Zivilprozeß nach einer ordnungsmäßigen Belehrung aussagt, BGH NJW **85**, 1471. Das Gericht darf ferner zB nicht das von ihm eingeholte Gutachten eines anderen als des im Beweisbeschluß genannten Sachverständigen ohne die Zustimmung der Parteien als Urkunde würdigen, § 285 S 2, BGH NJW **85**, 1401.

69 **G. Verhältnis zum Zeugenbeweis.** Grundsätzlich darf das Gericht einen Zeugenbeweis nicht in ungesetzlicher Form zulassen oder ihn außerhalb der Verwertungsmöglichkeiten nach § 374 durch einen Urkundenbeweis ersetzen, BGH MDR **92**, 803, Kblz MDR **06**, 771, Köln NVersZ **00**, 483. Beantragt eine Partei die mündliche Vernehmung nicht, sondern evtl sogar eine Urkundenverwertung der Aussage, darf und muß evtl das Gericht die Urkunde als solche würdigen, BGH NJW **95**, 2856, BAG NJW **08**, 542, KG VersR **85**, 332. Beantragt sie aber die Vernehmung, darf das Gericht diese auf eine Urkunde hin nicht grundsätzlich ablehnen, BGH NJW **95**, 2856, BAG NJW **08**, 542, sondern nur dann, wenn es die Zeugen- oder Sachverständigenvernehmung überhaupt ablehnen könnte, Rn 24 und 66. Liegt ein Vernehmungsantrag vor, darf sich das Gericht nicht auf eine urkundenbeweisliche Verwertung der Niederschrift einer Aussage in einem anderen Verfahren beschränken, BGH VersR **83**, 668 und 669, KG VersR **76**, 474, Köln NVersZ **00**, 483.

Das gilt auch dann, wenn der Zeuge zB wegen *Ungehorsams* nach § 380 oder wegen eines Umzugs Probleme bereitet, Köln NVersZ **00**, 483. § 398 ist dann unanwendbar. Freilich kann im Einverständnis mit der Aktenverwertung ein Verzicht auf den Zeugen nach § 399 zumindest für diese Instanz liegen, BGH MDR **92**, 803, Mü VersR **76**, 1144. Das gilt noch in der 2. Instanz. Man kann einen solchen Verzicht aber nicht ohne weiteres unterstellen, Hamm RR **02**, 1653. Denn wenn die Partei in der 1. Instanz nicht die Vernehmung verlangt hatte, lag ein Verfahrensmangel noch gar nicht vor, auf dessen Rüge sie hätte verzichten können.

70 Verlangt die Partei eine *Augenscheinseinnahme* durch das Prozeßgericht nach § 371, darf dieses eine solche aus einem anderen Verfahren ohne das Einverständnis der Parteien nicht urkundenbeweislich verwenden. Soweit das Gesetz nach § 377 III eine schriftliche Zeugenaussage zuläßt, liegt kein Urkundenbeweis vor, sondern ein Zeugenbeweis.

71 **9) Gesetzliche Beweisregeln, II.** Solche binden das Gericht wegen ihres Ausnahmecharakters nach Rn 2 nur in den im Gesetz ausdrücklich bezeichneten Fällen, LG Hbg WoM **77**, 37. Sie bestehen zB: Für Urkunden, §§ 415–418, BGH NJW **90**, 2125; für die Echtheit einer elektronischen Signatur, § 292 a; für das Protokoll, § 165; für die Zustellung von Anwalt zu Anwalt, §§ 174 I 2, 195 II; für eine Zustellung im Ausland, § 183; für eine Amtszustellung an einen Anwalt usw, (jetzt) §§ 174, 195 I 2, BGH NJW **90**, 2125; für die Übersendung von Schriftsätzen und die Erklärung durch die Post, § 270 S 2; für den Tatbestand des Urteils, § 314, usw.

Anhang nach § 286

Beweislast

Schrifttum: *Arens,* Zur Problematik von non-liquet-Entscheidungen, Festschrift für *Müller-Freienfels* (1986) 13; *Baumgärtel,* Beweislastpraxis im Privatrecht, 1996; *Baumgärtel,* Das Verhältnis von Beweislastumkehr und Umkehr der konkreten Beweisführungslast im deutschen Zivilprozeß, in: Festschrift für *Nakamura* (1996); *Baumgärtel/Laumen/Prütting,* Handbuch der Beweislast im Privatrecht, BGB Allgemeiner Teil, (§§ 1–241), 3. Aufl 2008; BGB Schuldrecht Allgemeiner Teil (§§ 242–432), 3. Aufl 2008; Sachen-, Familien- und Erbrecht, 3. Aufl 2002; Bd 3: AGBG/UWG, 1987; Bd 4: AbzG, HGB (§§ 1–340, 343–438), CMR, BinnSchG, 1988; Bd 5: Versicherungsrecht, 1993; *Berg,* Die verwaltungsrechtliche Entscheidung bei ungewissem Sachverhalt, 1980; *Buciek,* Beweislast und Anscheinsbeweis im internationalen Recht, Diss Bonn 1984; *Chiang,* Beweislast und Beweiserleichterung bei der Haftung von Angehörigen der freien Berufe usw, 1999; *Eickmann,* Beweisverträge im Zivilprozeß, 1987; *Ekelöf,* Beweiswert, Festschrift für *Baur* (1981) 343; *Engels,* Der Anscheinsbeweis der Kausalität usw, 1994; *Friedl,* Beweislastverteilung unter Berücksichtigung des Effizienzkriteriums, 2003; *Habscheid,* Beweislast und Beweismaß – ein kontinentaleuropäisch-angelsächsischer Rechtsvergleich, Festschrift für *Baumgärtel* (1990) 105; *Heinemann,* Die Beweislastverteilung bei positiven Forderungsverletzungen, 1988 (rechtsvergleichend); *Heinrich,* Die Beweislast bei Rechtsgeschäften, 1996; *Heinrich,* Die Funktion der Beweislastnormen, Festschrift für *Musielak* (2004) 229; *Huber,* Das Beweismaß im Zivilprozeß, 1983; *Hüffer,* Zur Darlegungs- und Beweislast bei der aktienrechtlichen Anfechtungsklage, Festschrift für *Fleck* (1988) 151; *Kegel,* Beweislast und Relationskunst, Festschrift für *Baumgärtel* (1990) 201; *Konzen,* Normtatsachen und Erfahrungssätze bei der Rechtsanwendung im Zivilprozeß, Festschrift für *Gaul* (1997) 335; *Larenz,* Zur Beweislastverteilung nach Gefahrenbereichen, Festschrift für *Hauß* (1978) 225; *Leipold,* Beweismaß und Beweislast im Zivilprozeß, 1985; *Lepa,* Beweislast und Beweiswürdigung im Haftpflichtprozeß, 1988; *Lieb,* Vermutungen, Beweislastverteilung und Klarstellungsobliegenheiten im Arbeitskampf, Festschrift für *Herschel* (1982); *Motsch,* Vom rechtsgenügenden Beweis, 1983; *Musielak,* Die Grundlagen der Beweislast im Zivilprozeß, 1976; *Musielak,* Hilfen bei Beweisschwiereigkeiten im Zivilprozeß,

Festgabe *50 Jahre Bundesgerichtshof* (2000) 193; *Musielak/Stadler,* Grundfragen des Beweisrechts, 1984; *Nierhaus,* Beweismaß und Beweislast – Untersuchungsgrundsatz und Beteiligtenmitwirkung im Verwaltungsprozeß, 1989; *Prütting,* Gegenwartsprobleme der Beweislast, 1983 (speziell auch zum Arbeitsrecht); *Rommé,* Der Anscheinsbeweis im Gefüge von Beweiswürdigung, Beweismaß und Beweislast, 1989; *Rosenberg,* Die Beweislast usw, 5. Aufl 1966; *Schlemmer-Schulte,* Beweislast und Grundgesetz, 1997; *Schneider,* Beweis und Beweiswürdigung, 5. Aufl 1994; *Schwab,* Zur Abkehr moderner Beweislastlehren von der Normentheorie, Festschrift für *Bruns* (1978) 505; *Schwab,* Das Beweismaß im Zivilprozeß, Festschrift für *Fasching* (1988) 451; *Stürner,* Beweislastverteilung und Beweisführungslast in einem harmonisierten europäischen Zivilprozeß, in: Festschrift für *Stoll* (2001); *Wahrendorf,* Die Prinzipien der Beweislast im Haftungsrecht, 1976; *Walter,* Freie Beweiswürdigung, 1979.

Gliederung

1) Systematik. Die Beweislast hat enorme praktische Bedeutung. Sie ist gefährlich. 1

A. Begriff. Die Beweislast (schlecht: Beweispflicht) ist das Risiko des Prozeßverlusts bei einer Nichtbeweisbarkeit. Sie ist eine Folge des Beibringungsgrundsatzes, Grdz 20 vor § 128, BVerfG **52**, 145. Es ist die Aufgabe einer Partei, die ihr Vorbringen tragenden Tatsachen notfalls zu beweisen, BGH NJW **91**, 1053. Das gilt nicht nur im Bereich des Beibringungsgrundsatzes. Es gilt auch beim Kampf um die Identität oder wenn es sich um ein Grundrecht handelt.

B. Rechtsnatur. Auch heute noch gelten die Rechtssätze über die Beweislast vereinzelt als prozessual, da 2
die Beweislast nur im Prozeß eine Rolle spielt, indem sie notfalls den Inhalt des richterlichen Urteils im Zivilprozeß bestimmt, Häsemeyer AcP **188**, 165, Mühlberger MDR **01**, 735 (prozessuale Theorie). Inzwischen erwies sich auch die Auffassung als zu eng, daß die Regelung der Beweislast dem sachlichen Recht angehörte, BGH NJW **83**, 2033, Schneider MDR **89**, 138.

Heute ordnet man die Rechtssätze über die Beweislast meist demjenigen Rechtsgebiet zu, dem der *Rechtssatz angehört,* dessen Voraussetzungen die streitigen Tatsachen *begründen* sollen, BGH RR **88**, 831, Fritze GRUR **82**, 525, Schneider MDR **82**, 502, aM Düss ZMR **88**, 335 (aber erst eine solche Zuordnung berücksichtigt die faktische Gemengelage derartiger Rechtssätze in unterschiedlich geartetem Gestzeszusammenhang). Diese Zuordnung hat eine praktische Bedeutung, Rn 237. BGH NJW **96**, 1059 unterscheidet zwischen „objektiver" und „subjektiver" Beweislast (zu § 52; vgl aber unten Rn 11 und § 56 Rn 5). Es gibt Versuche in Teilen der Rechtslehre, die dogmatischen und rechtstheoretischen Grundlagen der Beweislast zu klären, um bessere und sicherere Methoden zur Lösung des Einzelfalls zu gewinnen, Musielak ZZP **100**, 385 (Üb). Sie haben aber für die Praxis noch nicht zu grundlegend neuen Erkenntnissen geführt.

Es scheint am ehesten unverändert mit der weiterentwickelten *„Normentheorie" Rosenbergs* eine fall- 3
gerechte Lösung möglich zu sein. Jede Partei muß nach ihr die Voraussetzungen der *ihr günstigen Norm beweisen,* also derjenigen, deren Rechtswirkung ihr zugutekommt, BGH NJW **05**, 2396 und RR **05**, 1184, BAG BB **05**, 2542, AG Ludwigslust FamRZ **05**, 1925, aM Boechen VersR **91**, 965. Der Anspruchsteller hat also die Beweislast der rechtsbegründenden Tatsachen, der Gegner hat diejenige der rechtshemmenden, -hindernden oder -vernichtenden Tatsachen, Rn 12. Das gilt freilich nur im Rahmen des Zumutbaren, Rn 11. Eine Umkehrung der Beweislast nur aus Billigkeitsgründen ist unzulässig, BGH MDR **97**, 496. Das ausländische Recht bestimmt die Beweislast, falls man das Rechtsverhältnis nach ihm beurteilen muß, § 293 Rn 6.

2) Regelungszweck. Der Richter muß das gesamte Vorbringen beider Parteien würdigen. Er muß die 4
angetretenen Beweise ohne Rücksicht auf eine Beweislast erheben, Einf 23, 26 vor § 284, BGH NJW **79**, 2142. Daher ist der wahre Sinn der Beweislast praktisch nur die Klärung der Frage, wen nach der Erschöpfung aller Beweismittel die Folgen der Beweislosigkeit treffen, BGH NJW **85**, 498 (zustm Baumgärtel JR **85**, 244), Musielak ZZP **100**, 391.

Man hat die Lehre von der Beweislast das *Rückgrat des Zivilprozesses* genannt. Das ist übertrieben. Zivilprozesse leben ohne dieses Rückgrat sehr nachdrücklich. Streitigkeiten über die Beweislast sind nicht allzu häufig. Oft tritt auch der nicht Beweispflichtige einen Beweis an. Das verlangt ja § 282 I eigentlich auch von ihm. Zu seiner Aufklärungspflicht Arens ZZP **96**, 1. Bedeutungsvoll wird die Beweislast vor allem beim Beweisantritt durch einen Antrag auf eine Parteivernehmung, § 445. Die Beweislast schließt die Darlegungs- oder Behauptungslast ein, LAG Mü DB **82**, 2302. Sie zwingt die Parteien, Behauptungen aufzustellen. Wie weit sie dabei im einzelnen gehen müssen, richtet sich nach der Prozeßlage, §§ 138, 282, BGH NJW **81**, 577. Sie gilt auch bei der Amtsprüfung nach Grdz 39 vor § 128. Sie gilt aber nicht im

Verfahren mit einer Amtsermittlung nach Grdz 38 vor § 128. Sie gilt ferner nicht bei der Ermittlung der Rechtsfolge einer Tatsache. Auf die Auslegung von Willenserklärungen und Urkunden nach Grdz 52 vor § 128 sind die Regeln der Beweislast unanwendbar, Rn 220 „Vertragsurkunde".

Anscheinsbeweis nach Rn 15 ist ein Weg der Umkehrung der Beweislast. Er ist oft prozeßentscheidend, mindestens oft arbeitserleichternd und damit verführerisch und gefährlich. Er ist aber auch oft unentbehrlich. Mit diesem Mittel der Wahrheitsfindung muß man deshalb behutsam, aber auch nachdrücklich umgehen.

Unterliegen wegen Beweislast ist eine solche Entscheidungsgrundlage, die manche zu sehr scheuen. Es ist evtl weniger belastend, „nur" mangels Beweises zu verlieren. Es ist für das Gericht evtl ehrlicher, die verbleibende Ungewißheit einzugestehen, genauer: ganz einfach mitzuteilen, als sich selbst verpflichtet zu fühlen, zu einer Überzeugung zu kommen, obwohl sie nicht erreichbar ist. Zwar kann es bequem sein, die Beweislast entscheiden zu lassen. Oft genug verbleiben aber auch bei allem Bemühen nun wirklich mehrere Erklärungsmöglichkeiten für einen mehr oder minder lange Zeit zurückliegenden Vorgang des äußeren oder inneren Geschehens. Zwischen ihnen sich irgendwie mit gequälter Gewißheit zu entscheiden ist in Wahrheit nicht vertretbar. Dann ist der Mut zum Abstellen auf die Beweislast nötig. Alles das sollte man bei ihrer Anwendung mitbedenken.

5 **3) Geltungsbereich.** Die Vorschrift gilt in allen denjenigen Verfahrensarten nach der ZPO, in denen das Gericht keine Amtsermittlung nach Grdz 38 vor § 128 vornimmt, sondern allenfalls eine Amtsprüfung, nach Grdz 39 vor § 128. Sie gilt derart auch im WEG-Verfahren. Im FamFG-Verfahren gilt weitgehend der Amtsermittlungsgrundsatz, § 28 FamFG. Nur im Restbereich kommt eine BewL infrage.

6 **4) Vertragliche Regelung,** dazu *Wagner,* Prozeßverträge, Privatautonomie im Verfahrensrecht 1998. Es gibt drei Hauptwege.

A. Beweisvertrag. Eine vertragliche Beschränkung der Freiheit der richterlichen Beweiswürdigung ist der sogenannte Beweisvertrag. Er soll das Gericht an die Bewertung von Vorgängen seitens der Parteien binden, also eine Beschränkung der Beweise erreichen. Er mag zwar zulässig sein, kann aber das Gericht dennoch nicht in der Beweiswürdigung binden, § 286 Rn 4, Weth AcP **189**, 333, aM ThP 41 vor § 284. Daher ist ein solcher Vertrag unbeachtlich, nach dem das Gericht oder ein Partner eine bestimmte Tatsache als unwiderlegbar ansehen müsse (Geständnisvertrag). Ebenso unbeachtlich ist ein solcher Vertrag, nach dem eine Tatsache als bewiesen gelten soll, falls eine andere bewiesen wird (Vermutungsvertrag). Solche Verträge schränken zudem unzulässig die Entschlußfreiheit der Parteien ein. Sie enthalten regelmäßig eine Knebelung der beweispflichtig gemachten Partei und damit einen Verstoß gegen § 138 BGB. Über die Einschränkungen der Beweislast durch Unterstellungen und Rechtsvermutungen vgl bei § 292.

7 **B. Beweislastvertrag.** Hingegen ist ein Beweis*last*vertrag gültig. Er belastet eine Partei mit der Ungewißheit einer Tatsache, auch als Teil von allgemeinen Geschäftsbedingungen, sofern die Parteien über den Vertragsgegenstand verfügen dürfen und sofern die Vereinbarung nicht gegen § 309 Z 12 b BGB verstößt, § 726 Rn 4, BGH MDR **87**, 665 („Kasse gegen Faktura"), Düss RR **96**, 148, Mü RR **01**, 131. Allerdings ist eine Änderung zum Nachteil des Partners des AGB-Verwenders insbesondere dann unwirksam, wenn die zu beweisenden Umstände im Verantwortungsbereich des Verwenders liegen oder wenn er den Partner eine bestimmte Tatsache bestätigen läßt (Ausnahme: gesondert unterschriebenes Empfangsbekenntnis), Stgt RR **93**, 1535, LG Mü DNotZ **90**, 574, aM Nürnb DNotZ **90**, 565, LG Köln DNotZ **90**, 570 und 577, LG Mainz DNotZ **90**, 567 (aber dergleichen liegt an der Grenze von Rechtsmißbrauch nach Einl III 54).

Eine allzu ungewöhnliche Klausel *kann* nach § 305 c BGB *unwirksam* sein, § 38 Rn 6, BGH **65**, 123. Eine solche Klausel, die eine überwiegende Wahrscheinlichkeit zum Leistungsausschluß des Versicherers genügen läßt, kann wirksam sein, Karlsr VersR **88**, 713. Beweislastverträge zu Lasten Dritter sind ungültig, KG OLGZ **75**, 11. Bei der Auslegung eines Beweislastvertrags ist § 242 BGB anwendbar.

8 **C. Rechtswahl.** Wegen der Freiheit der Rechtswahl vgl Art 14 Übk v 19. 6. 80, BGBl **86** II 810.

9 **5) Träger der Beweislast.** Seine Ermittlung ist manchmal schwierig.

A. Ausdrückliche direkte gesetzliche Regelung. Zunächst muß man prüfen, ob das Gesetz die Beweislast ausdrücklich und direkt selbst regelt, zB in §§ 179 I, 2336 III BGB, § 22 AGG, Rn 34, oder ob es eine solche Tatsachen- oder Rechtsvermutung gibt, die der Richter nach § 292 beachten muß. Auch eine Beweislastregel muß mit dem GG vereinbar sein, Einl III 21 ff, Reinhardt NJW **94**, 99.

10 **B. Grundsatz mangels gesetzlicher Regelung.** Soweit eine vorrangige Regelung nach Rn 9 fehlt, gilt der Grundsatz Rn 3: Jede Partei muß unabhängig von ihrer prozessualen Parteistellung die bejahenden oder verneinenden Tatsachen beweisen, aus denen sie ein Recht herleitet. Es kommt aber nicht auf eine geringere Wahrscheinlichkeit oder auf die sachliche Gerechtigkeit allein an.

11 **C. Zweckbeachtung.** Allerdings muß man den Zweck der jeweiligen sachlichrechtlichen Norm mitberücksichtigen, Baumgärtel Gedenkrede auf Bruns (1980) 16. Ebenso ist die Zumutbarkeit mitbeachtlich, BVerfG NJW **00**, 1483, BGH NJW **05**, 2397. Dieser Grundsatz gilt nahezu lückenlos, sofern nicht das Gesetz eine Aufklärung von Amts wegen vorschreibt. Gewisse Einschränkungen gelten beim UWG, BGH MDR **78**, 469. Die gelegentliche Unterscheidung zwischen subjektiver und objektiver Beweislast nach Rn 2 ist praktisch bedeutungslos.

12 **D. Anwendbarkeit.** Der Grundsatz Rn 3 gilt bei rechtsbegründenden, rechtshindernden, rechtsvernichtenden, rechtshemmenden Tatsachen, Üb 8 vor § 253. Anders gesagt: Wer ein Recht in Anspruch nimmt, muß die rechtsbegründenden Tatsachen beweisen, BVerfG **54**, 157, BGH NJW **02**, 1123, LG Mü DNotZ **90**, 575. Das sind diejenigen Tatsachen, die das Gesetz für wesentlich hält. Wer ein Recht trotz dessen gewisser Entstehung leugnet, muß die rechtshindernden, rechtsvernichtenden, rechtshemmenden Tatsachen beweisen, Rn 4, BGH NZM **05**, 665, BAG BB **95**, 468, Oldb FamRZ **91**, 1071. Zu diesen letzteren Tatsachen gehören abweichende Vereinbarungen (die accidentalia). Die Parteistellung ist bei alledem ohne Bedeutung, BGH NJW **01**, 2098, LG Mü DNotZ **90**, 575. Zu alledem krit Grunsky AcP **81**, 345 (er erwägt die Einführung „verschiedener Stufen der Beweislastnormen". Aber warum noch mehr Komplikationen?).

Der Gedanke, die Beweislast allgemein demjenigen aufzuerlegen, in dessen Einflußsphäre sich der Vorgang ereignet hat, ist in dieser Allgemeinheit zu wenig differenziert. Im übrigen muß man den Schutz zB eines Geschäftsgeheimnisses beachten, Stgt RR **87**, 677. Einen Ausnahmetatbestand muß derjenige beweisen, der sich auf ihn beruft, BGH NJW **06**, 1874. Alles Vorstehende gilt grundsätzlich auch beim Beweis einer sog negativen Tatsache, also beim Beweis des Fehlens eines erforderlichen Umstands, BGH NJW **85**, 265.

Bei einer *Vollstreckungsabwehrklage* nach § 767 trägt der Kläger die Beweislast für eine rechtsvernichtende oder hemmende Einwendung, § 767 Rn 47, BGH NJW **81**, 2756, Münch NJW **91**, 805 (ausf, auch zum Problem der anspruchsbegründenden Tatsachen). Bei einer Widerrufsklage muß der Bekl sein Recht auf eine ehrenschädigende Behauptung beweisen. Im höheren Rechtszug bleibt die Beweislast unverändert.

E. Anhalt beim Gesetzestext. Oft ist zweifelhaft, ob eine rechtshindernde Vorschrift vorliegt oder ein im Fehlen liegendes (negatives) Tatbestandsmerkmal. Dann gibt das BGB meist einen sicheren Anhalt. Es macht eine rechtshindernde Vorschrift durch Wendungen erkennbar wie „es sei denn, daß", „gilt nicht, wenn", „wenn nicht", „ist ausgeschlossen, wenn", „beschränkt sich" und ähnlich. Nicht immer ist aber ein solcher Anhalt vorhanden. Dann entscheidet, ob das Vorbringen des Bekl auf die Geltendmachung einer Gegennorm oder einer von ihm zu beweisenden Ausnahme von der Regel hinausläuft, BGH BB **89**, 658, ThP 24 vor § 284, aM Reinecke JZ **77**, 159 (aber die vorstehende Regel ist gerade noch praktikabel), oder ob es nur ein Bestreiten des Klagegrunds darstellt, Rn 186 „Schenkung". Man muß einen bösen Glauben beweisen, nicht einen guten. Denn den letzteren sollte man wegen Artt 1, 2 GG zunächst unterstellen. 13

6) Tatsächliche Vermutung. Die Lebenserfahrung begründet häufig die hohe Wahrscheinlichkeit eines gewissen Ablaufs, einen Erfahrungssatz, Einf 22 vor § 284, eine tatsächliche oder unechte Vermutung. Sie kann bei freier Beweiswürdigung einen weiteren Beweis überflüssig machen. Man kann sie neben anderen Umständen würdigen, wenn ihr eine so starke Beweiskraft nicht zukommt. Man hüte sich aber vor einem Mißbrauch. Insbesondere nötigt nicht jede Wahrscheinlichkeit den Gegner zur Entkräftung. Es besteht zB kein Erfahrungssatz für das Zugehen eines behördlichen Schriftstücks. 14

7) Anscheinsbeweis (Prima-facie-Beweis, Beweis des ersten Anscheins). Dieser Beweis ist eine Form des Indizienbeweises nach Einf 16 vor § 284, nicht etwa eine andere Beweisart, BGH NJW **98**, 81. Er fällt in das Gebiet der Erfahrungssätze, BGH NJW **98**, 81, und der Beweiswürdigung, BGH NJW **98**, 81, nicht der Beweislast, BGH NJW **04**, 2012, BFH BB **89**, 2386, Taupitz ZZP **100**, 295 (keine Beweislastumkehrung), aM Greger VersR **80**, 1102 (ausf), der den Anscheinsbeweis nur aus dem sachlichen Recht ableitet (aber man muß die Rechtsnatur der Beweislast nach Rn 2 beurteilen). Der Anscheinsbeweis ist dogmatisch noch nicht geklärt, Düss VersR **97**, 337. Es hat indessen eine erhebliche praktische Bedeutung. Er hat sich im allgemeinen bewährt. Er ist Gewohnheitsrecht, Celle MDR **96**, 1248. Das Gericht muß ihn daher von Amts wegen beachten, § 293 Rn 3, aM Huber MDR **81**, 98 (er will den Anscheinsbeweis ganz abschaffen. Aber der Anscheinsbeweis ist trotz seiner Gefährlichkeit praktisch unentbehrlich). Man sollte den Anscheinsbeweis nicht mit dem Begriff „Beweisregel auf erste Sicht", oder „für das äußere Bild" verwechseln, einer weniger weitgehenden bloßen Beweiserleichterung, BGH VersR **91**, 925. 15

Freilich birgt der Anscheinsbeweis auch eine erhebliche *Versuchung,* Einf 2 vor § 284. Denn man kann mit seiner Hilfe unter einer Berufung auf so schillernde Begriffe wie „Lebenserfahrung" oder „typischer Geschehensablauf" nach Rn 16 dem Prozeß eine erwünschte Richtung geben, die derjenigen ohne eine Anwendung solcher oft gefährlich unkontrollierten Begriffe gerade entgegengesetzt verläuft. Eine „Lebenserfahrung" ist rasch dahingeredet und dann nur mühsam als Leerformel widerlegbar. Deshalb ist beim Anscheinsbeweis wegen seiner Unentbehrlichkeit wie Gefährlichkeit eine Zurückhaltung für alle Prozeßbeteiligten einschließlich des Gerichts erforderlich, Rn 4.

A. Typischer Geschehensablauf. Der Anscheinsbeweis greift nur bei einem formelhaften typischen Geschehensablauf ein. Es muß ein gewisser Sachverhalt feststehen, der nach der Lebenserfahrung auf nur eine bestimmte Ursache oder auf nur einen bestimmten Ablauf hinweist, BVerfG NJW **06**, 301, BGH MDR **08**, 208, Schlesw RR **08**, 1362, aM BVerwG ZMR **79**, 372 (zu eng). Das gilt zunächst im Ergebnis, Rn 25. Dabei muß man sämtliche bekannten Fallumstände in die Prüfung einbeziehen, BGH NJW **01**, 1140. Die Wahrscheinlichkeit des fraglichen Verlaufs muß sehr groß sein, BGH MDR **08**, 208. Es muß schon auf den ersten Blick ein regelmäßiger, üblicher, häufiger, musterartiger Vorgang vorliegen, BGH NJW **91**, 231, Repa NZV **92**, 130. 16

Dabei ist es unerheblich, ob der Sachverhalt *unstreitig oder streitig* ist, BGH RR **88**, 790, KG VersR **88**, 1127, Köln RR **89**, 439. Der Beweispflichtige muß dann nur den typischen Tatbestand dartun und evtl beweisen, BGH NJW **82**, 2448, Ffm VersR **78**, 828, Karlsr VersR **78**, 771. Dabei muß man gewisse Denkgesetze des Anscheinsbeweises beachten, Nack NJW **83**, 1035. Das Revisionsgericht kann nachprüfen, ob ein Geschehensablauf typisch ist, BGH VersR **92**, 59, BayObLG **94**, 285. 17

B. Abweichungsmöglichkeit. Wer dann einen vom gewöhnlichen Verlauf *abweichenden Gang* des Geschehens behauptet, muß die ernstliche und nicht nur vage Möglichkeit einer solchen Abweichung durch konkrete Tatsachen darlegen, BVerfG NJW **92**, 226, BGH VersR **06**, 932, Hamm VersR **99**, 1255. 18

Eine bloß *vage,* nicht ernstliche *Möglichkeit* eines derart abweichenden Verlaufs entkräftet den Anscheinsbeweis nicht, BGH NJW **78**, 2033, Hamm VersR **05**, 1303. Auch gehen Untersuchungserschwerungen nicht zulasten des für den typischen Geschehensablauf Beweispflichtigen. Ein voller Gegenbeweis ist aber nicht nötig, LG Hildesh RR **86**, 254. 19

Sind diejenigen Tatsachen *streitig,* die eine Abweichung vom gewöhnlichen Gang ergeben sollen, muß derjenige sie voll beweisen, der sich auf sie beruft, BGH NJW **91**, 231, LG Gießen VersR **77**, 1118. Damit verliert der Anscheinsbeweis die Grundlage. Das Gericht muß also der Behauptung nachgehen, daß der nach der Lebenserfahrung typische Verlauf nicht eingetreten sei. Diese Behauptung kann man auch nicht damit entkräften, daß der behauptete Verlauf der Lebenserfahrung widerspreche. Dabei gilt ein mehrere mögliche schuldhafte Verursachungen umfassender Anscheinsbeweis erst bei einer Ausräumung aller unterstellten Möglichkeiten als entkräftet, Rn 25. Wer ihm das verwehrt, kann sich nicht auf einen Anscheinsbeweis 20 berufen, § 444 Rn 5 (Beweisvereitelung), BGH NJW **98**, 81. Dagegen scheidet ein Anscheinsbeweis aus, soweit sich der Schaden auf mehrere typische Geschehensabläufe zurückführen läßt, von denen nur einer zur Haftung führt, Hamm VersR **00**, 56, Köln VersR **01**, 872.

21 **C. Abweichungsnachweis.** *Gelingt* der Nachweis eines atypischen Geschehens, kann sich der Beweispflichtige auf den Ablauf nach der Lebenserfahrung nicht mehr berufen, sondern muß nun seinerseits vollen Beweis erbringen, KG VersR **78**, 155, Zweibr RR **02**, 749. Hier liegt also keine sog Umkehrung der Beweislast vor. Zum Problem Laumen NJW **02**, 3739 (ausf). Welche Tatsachen zur Erschütterung des typischen Ablaufs genügen, um ernsthaft einen atypischen Ablauf wahrscheinlich zu machen, ist eine Frage der tatrichterlichen Beweiswürdigung. Das Revisionsgericht kann aber nachprüfen, ob der Vorderrichter den Begriff der Ernsthaftigkeit verkannt hat.

22 **D. Anwendbarkeit.** Der Anscheinsbeweis ist im *Vertragsrecht* möglich, BGH NJW **05**, 3276, Hamm VersR **05**, 1075, KG VersR **88**, 1127, und im Recht der *unerlaubten Handlungen,* zB bei einer Verkehrssicherungspflicht, BGH NJW **94**, 945, oder bei einer Unfallverhütungsvorschrift, BGH NJW **05**, 2454, überhaupt bei einem Schutzgesetz, BGH NJW **94**, 946. Der Anscheinsbeweis ist auch zum Nachweis eines ursächlichen Zusammenhangs zulässig, BGH VersR **93**, 1351 (Brandursache), Köln NJW **87**, 2303 (Operation), LG Kblz NJW **88**, 1522. Der Anscheinsbeweis ist auch zum Nachweis des *Verschuldens* zulässig, BGH RR **88**, 790, Celle MDR **96**, 1248, Schlesw RR **08**, 1362, aM Hamm RR **87**, 609 (aber es handelt sich um eine ganz allgemeine Methode der Beweiserleichterung). Vgl freilich auch Rn 24, 25 sowie Rn 206–217 „Verschulden".

23 Die Grundsätze zum Anscheinsbeweis sind abgewandelt auch im Verfahren der *freiwilligen Gerichtsbarkeit* anwendbar, (je zum alten Recht) BayObLG **79**, 266, Zweibr RR **02**, 749. Manche meinen, daß es sich beim Anscheinsbeweis um verschleierte gewohnheitsrechtliche Beweiswürdigungsregeln handele, die § 286 doch gerade abgeschafft habe, mit denen sich also das Revisionsgericht entgegen der gesetzlichen Regelung die Möglichkeit einer Nachprüfung der Beweiswürdigung offenhalte, Ekelöf ZZP **75**, 301. Zum Unterschied zwischen Anscheinsbeweis und Beweislastumkehr Walter ZZP **90**, 270 (erst sachlichrechtliche Gründe erlaubten eine Beweiserleichterung). Man sollte das Gebiet des Anscheinsbeweises nicht gesetzlich regeln. Solche Regelung würde noch stärker als bisher die Tendenz fördern, die formelle Wahrheit zum Schaden einer gerechten Entscheidung genügen zu lassen, Baumgärtel Gedenkrede auf Bruns (1980) 15. Die Gefahr, daß das Gericht mithilfe des Anscheinsbeweises so manche prozessuale Klippe einigermaßen kühn umschifft, nämlich einen Anscheinsbeweis annimmt oder ausschließt, um sich die Entscheidung zu erleichtern, Rn 4, ist demgegenüber das geringere Übel.

24 **E. Unanwendbarkeit.** Ein Anscheinsbeweis fehlt zB: Auf Grund eines bloßen Verdachts; bei einem außergewöhnlichen Vorgang, etwa bei einem nur seltenen Fehler eines Handwerkers, KG VersR **88**, 1128; für die privatrechtliche Inhaberschaft eines Betriebes durch seine gewerberechtliche Anmeldung; durch ordnungsgemäß geführte Handelsbücher; für den Zugang einer empfangsbedürftigen Willenserklärung, wenn diese „eingeschrieben" abgegangen ist, Rn 153; für die Wahrheit der vom Anmeldenden im behördlichen Meldeschein angegebenen Tatsachen; bei einem Sachverständigenstreit für die Möglichkeit eines angeblich typischen Ablaufs; bei der Klärung, wie jemand gehandelt haben würde, BGH VersR **75**, 540; bei der vertraglichen Regelung eines besonderen Einzelfalls, da dann ein atypischer Verlauf vorliegt, BGH NJW **80**, 122; beim Massenunfall, Müller VersR **98**, 1184. Ein Anscheinsbeweis läßt sich auch nicht zum bloßen Verschuldensgrad bilden, Düss NJW **06**, 1073.

25 Ein Anscheinsbeweis *fehlt* abgesehen von den Fragen Rn 22 *ferner* bei der Feststellung eines individuellen *Willensentschlusses* angesichts einer besonderen Lage, BGH NJW **88**, 2041, BFH BB **89**, 2386, Düss VersR **97**, 337, aM Walter ZZP **90**, 270 (aber die Erfahrung zeigt, daß es eben auch Querdenker gibt). Ein Anscheinsbeweis fehlt ferner dann, wenn erfahrungsgemäß zwei verschiedene Möglichkeiten in Betracht kommen, auch wenn die eine wahrscheinlicher als die andere ist, Rn 20, BGH VersR **07**, 394, Düss VersR **95**, 724, Köln MDR **02**, 1370. Erst wenn alle anderen zunächst in Betracht gekommenen Ursachen bei näherer Prüfung ausgeschieden sind, liegt zugunsten der allein verbliebenen Ursache ein „Anscheinsbeweis ohne ersten Anschein" vor, Jungmann ZZP **120**, 473. Erfahrungssätze, die für einen Anscheinsbeweis nicht ausreichen, lassen sich evtl als Beweisanzeichen auswerten.

26 **8) Beweisvereitelung**

Schrifttum: *Baumgärtel,* Die Beweisvereitelung im Zivilprozeß, Festschrift für *Kralik* (Wien 1986) 63; *Krapoth,* Die Rechtsfolgen der Beweisvereitelung im Zivilprozeß, 1996; *Musielak,* Die Grundlagen der Beweislast im Zivilprozeß (1975) 133 ff; *Musielak,* Hilfen bei Beweisschwierigkeiten im Zivilprozeß, Festgabe *50 Jahre Bundesgerichtshof* (2000) III 193; *Schatz,* Die Beweisvereitelung in der Zivilprozeßordnung, Diss Köln 1992.

27 **A. Grundsatz: Freie Beweiswürdigung.** Es gibt eine Beweisvereitelung, BGH NJW **08**, 984, AG Bln-Wedding FamRZ **05**, 1193 (bei § 372 a). Das Gesetz regelt sie nicht allgemein, BGH DB **85**, 1020. Zur Dogmatik krit Paulus AcP **197**, 136 (ausf). Sie liegt vor, wenn eine Partei dem beweispflichtigen Gegner die Beweisführung vorwerfbar unmöglich macht oder erschwert, indem sie vorhandene Beweismittel vernichtet oder sonstwie deren Benutzung verhindert, BGH NJW **08**, 984, Bre MDR **08**, 1062, Düss MDR **03**, 216. Das Gericht darf dann wegen des stets von Amts wegen beachtbaren Verstoßes gegen Treu und Glauben nach Einl III 54 in einer freien Beweiswürdigung aus einem solchen Verhalten einer Partei beweiserleichternde Schlüsse ziehen, § 444 Rn 5, BGH NJW **08**, 984, Drsd FamRZ **06**, 584, AG Bln-Wedding FamRZ **05**, 1193, aM BGH DB **85**, 1020 (man müsse ein Verschulden voraussetzen, bevor man dann frei würdigen könne), Hbg NJW **82**, 1158 (es handle sich um einen Anwendungsfall unzulässiger Rechtsausübung. Daher könne man auch von der Schuldfrage absehen. Beide letzteren Meinungen verengen aber den tragenden Gedanken einer wirklich freien Beweiswürdigung).

Nicht ganz zutreffend spricht man in derartigen Fällen oft von einer *Umkehrung* der Beweislast, BGH NJW **80**, 888, Bre MDR **08**, 1062, LG Bautzen VersR **96**, 367. Richtigerweise ermöglicht die Beweisvereitelung zunächst nur eine dem Vereiteler nachteilige Beweiswürdigung, BGH GRUR **95**, 697. Das gilt, wenn die Partei eine Beweisführung arglistig oder fahrlässig vereitelt oder verzögert, BGH NJW **06**, 436, Hbg VersR **89**, 1282, Mü VersR **92**, 320. Das gilt ferner, wenn sie die Beweisführung erschwert, BGH NJW **08**, 984, LG Köln DB **89**, 1780.

Maßgeblich ist nicht die Vernichtung des Beweismittels, sondern die Vernichtung seiner Beweisfunktion, BGH VersR **75**, 954. Im Prozeß folgt aus dem Prozeßrechtsverhältnis nach Grdz 4 vor § 128 eine Förderungspflicht, § 282. Vgl auch § 444 Rn 4. Keine Umkehr der Beweislast erfolgt, wenn eine Partei eine vorprozessuale Aufforderung des Gegners nicht befolgt, sich untersuchen zu lassen. 28

B. Fälle. Vgl auch §§ 427, 444 Rn 6, 7. Eine Beweisvereitelung liegt zB in folgenden Situationen vor: Die Partei gibt die allein ihr bekannte Anschrift eines Unfallzeugen nicht an, vgl freilich § 282 Rn 7; sie nutzt unberechtigt das Bankgeheimnis aus; sie verweigert dem Gegner die Einsicht in solche Akten, die sie selbst in den Prozeß eingeführt hat; ein Anwalt legt seine Handakten im Prozeß des Auftraggebers gegen ihn nicht vor; die Partei vernichtet ein Beweismittel, Mü OLG **77**, 79, zB ein Testament; sie verändert den beweiserheblichen Zustand, Bre MDR **08**, 1062, Mü VersR **89**, 489, und macht dadurch die Beweisführung unmöglich; sie entfernt das vom Sachverständigen zu prüfende Objekt, LG Hbg ZMR **77**, 210; sie verweigert dem Sachverständigen des Versicherers nach dessen Anreise grundlos die Besichtigung eines Unfallwagens, BGH BB **84**, 568 (zur Pflicht zum Ersatz etwaiger diesbezüglicher Mehrkosten); sie gibt dem beweispflichtigen Gegner im Patentverletzungsprozeß keine Spezifizierung von ihr leicht, ihm aber praktisch nicht zugänglichen Tatsachen, BGH GRUR **04**, 269. 29

Weitere Beispiele: Eine Partei hat eine für das Rechtsverhältnis zum Prozeßgegner wichtige Unterlage pflichtwidrig nicht aufbewahrt, BGH NJW **06**, 434 (Bauteil); ein Arzt hat die vorgeschriebenen Aufzeichnungen über ein Krankheitsbild unterlassen, so daß sich der strenge Beweis einer falschen Behandlung nicht führen läßt, BGH **72**, 137 (zum Problem BVerfG JZ **79**, 596); er hat es unterlassen, rechtzeitig Röntgenaufnahmen zu machen; er hat ein Röntgenbild nicht vorgelegt; er hat seine Aufzeichnungspflicht ungewöhnlich grob vernachlässigt, BGH NJW **78**, 2337; der Gegner des Beweisführers stellt sich nicht zu der vom Gericht angeordneten Untersuchung durch einen Sachverständigen, BAG NJW **77**, 350, und zwar gerade nach dem Ablauf einer Frist aus § 356 oder aus § 372 a. 30

Weitere Beispiele: Eine Partei entbindet den Arzt nicht von der Schweigepflicht, obwohl letzteres zumutbar wäre, § 444 Rn 7, BGH RR **96**, 1534; sie handelt ebenso wegen ihres Anwalts, Drsd FamRZ **06**, 584; die Entbindung von der Schweigepflicht erfolgt verspätet, Ffm NJW **80**, 2758; die Partei verweigert im Verfahren grundlos eine ihr zumutbare Untersuchung, § 372 a Rn 30, BGH NJW **86**, 2371; eine Partei handelt den Unfallverhütungsvorschriften entgegen; eine Werbeagentur klärt den Kunden nicht über die Rechtswidrigkeit der vorgeschlagenen Werbung auf (sie ist beweispflichtig, daß der Kunde die Werbung dennoch eingesetzt hätte), BGH **61**, 123; in einer Tbc-Fürsorgestelle sind die Räume unzureichend gegen Ansteckungsgefahr gesichert, § 618 BGB; eine Partei legt die erhaltene Urkunde nicht vor, Brschw OLGR **00**, 245 (Schriftproben); sie „variiert" ihre Unterschrift, BGH NJW **04**, 222; vgl aber auch § 427; ein angetrunkener Unfallbeteiligter schaltet die Polizei durch ein mündliches Schuldanerkenntnis aus; ein Tierkörperverwerter läßt einen Kadaver nicht auf eine Seuche untersuchen, LG Oldb VersR **82**, 1176. 31

Weitere Beispiele: Eine verkehrssicherungspflichtige Gemeinde verschuldet durch zu seltene Kontrollen, daß man das Alter einer schadhaften Stelle nicht mehr klären kann, LG Ravensbg VersR **75**, 434; die versäumt es, vor einem Straßenausbau ein Nivellement zu erstellen, so daß später unklar bleibt, worauf eine jetzige Überschwemmung beruht, Ffm MDR **84**, 947; der eigentlich Beweispflichtige kann nicht beurteilen, ob der Gegner zum Vorsteuerabzug berechtigt ist, KG VersR **75**, 451; ein Provisionsvertreter schweigt auf die Übersendung von Auszügen seines Provisionskontos und von Provisionslisten, Brschw VersR **75**, 518; ein Unfallbeteiligter stellt den Wagen so ab, daß er eine objektive Feststellung der maßgeblichen Fahrspuren erschwert oder sogar unmöglich macht, LG Stade VersR **80**, 100; er entfernt sich unerlaubt vom Unfallort, LG Saarbr RR **88**, 37; er zieht entgegen einer vertraglichen Obliegenheit etwa als Mieter des Kraftfahrzeugs die Polizei nicht hinzu, Hamm MDR **82**, 414; der Gläubiger verkauft den Unfallwagen, ohne dem Schuldner eine Schadensfeststellung zu ermöglichen, und fordert dann die gedachten Reparaturkosten, BGH VersR **78**, 183; der Käufer eines Pkw läßt das wesentliche Ersatzteil nicht aufbewahren, BGH NJW **06**, 436; der Kläger kann bei § 3 UWG einen innerbetrieblichen Vorgang beim Bekl kaum näher darlegen, BGH MDR **78**, 469, Schmeding BB **78**, 741. 32

9) Beispiele zur Frage der Beweislast. „AnschBew" bedeutet: Anscheinsbeweis; „BewL" bedeutet: Beweislast; „bewpfl" bedeutet: beweispflichtig. 33

Abänderungsklage: Rn 198 „Unterhalt".

Abstammung: Rn 204 „Vaterschaft".

Abtretung: Der neue Gläubiger muß, auch bei einer Aufrechnung, nur die zur Abtretung führenden Tatsachen beweisen, allerdings auch die Noch-Wirksamkeit der Abtretung bei ihrer Vornahme, BGH NJW **86**, 1925, Düss MDR **90**, 627. Der Schuldner muß rechtshindernde Tatsachen beweisen, BGH DB **83**, 1486. § 406 BGB regelt die BewL nur zwischen dem neuen Gläubiger und dem Schuldner, nicht aber zwischen dem Schuldner und einem Dritten, wenn der Schuldner seine Kenntnis von der Abtretung beim Erwerb seiner Forderung einräumt, Hamm RR **89**, 51. Der neue Gläubiger ist dafür bewpfl, daß die Abtretung vor der Zustellung eines Pfändungs- und Überweisungsbeschlusses erfolgt war, LG Hanau MDR **99**, 628.

Abzahlung: Rn 205 „Verbraucherkreditgesetz".

Aktivlegitimation: Rn 104 „Klagebefugnis".

Allgemeine Deutsche Spediteurbedingungen: Rn 227 ff „Werkvertrag". 34

Allgemeine Geschäftsbedingungen: S §§ 305 ff BGB, insbesondere 309 Z 12 BGB, (zum alten Recht:) BGH BB **87**, 781 (Aushandelnsbestätigung), BGH RR **89**, 817, Mü RR **95**, 1468. Wer sich auf sie beruft, ist für ihr Vorliegen bewpfl, BGH **148**, 286, LG Potsd RR **98**, 129 (Weigerung der Vorlage). Dabei kann ein AnschBew vorliegen, Willemsen NJW **82**, 1124. Der Verwender ist dafür bewpfl, daß man die AGB einzeln ausgehandelt hatte, Heinrichs NJW **77**, 1509, Willemsen NJW **82**, 1124. Der Verwender muß die

Marktmäßigkeit beweisen, der Partner dann seine unangemessene Benachteiligung, BGH NZM **03**, 292. Bei einer Unterlassungsklage ist der klagende Verband für die Merkmale des Verwendens oder Empfehlens von AGB bewpfl, BGH **112**, 209. Bei §§ 2 ff UKlaG kann der Verwender beweisen müssen, daß wegen einer Zusatzinformation eine ausreichende Durchschaubarkeit vorlag, BGH **116**, 3. Bei einer Schadensersatzpauschale nach § 309 Z 12 a BGB ist der Kunde dafür bewpfl, daß der Verwender bei der Kalkulation gegen diese Vorschrift verstoßen hat. Indessen darf man keine übermäßigen Anforderungen an die BewL stellen, BGH **67**, 319, Reich NJW **78**, 1571. Eine Sparkasse ist dafür bewpfl, daß ihre Ablehnung einer teilweisen Freigabe von Sicherheiten der Billigkeit entspricht, BGH JZ **81**, 27. Beim UKlaG ist der Kläger für die Voraussetzungen der Zuwiderhandlung bewpfl. Beim Verbrauchervertrag hat der Verbraucher die BewL für eine Vorformulierung einer Klausel, BGH BB **08**, 1586.

S auch Rn 70 „Schulmedizin".

Allgemeines Gleichbehandlungsgesetz: Es gilt seit 18. 8. 06, Artt 1, 4 S 1 G v 14. 8. 06, BGBl 1897.

AGG § 22 Beweislast. **Wenn im Streitfall die eine Partei Indizien beweist, die eine Benachteiligung wegen eines in § 1 genannten Grundes vermuten lassen, trägt die andere Partei die Beweislast dafür, dass kein Verstoß gegen die Bestimmungen zum Schutz vor Benachteiligung vorgelegen hat.**

Vermutung der Benachteiligung ist ein vager Begriff. *Indizien* einer Vermutung ist ein doppelt vager Begriff, „gekünstelt", Eisenschmidt WoM **06**, 479, „voller Rätsel", Richardi NZA **06**, 886. Ihn auch noch erst einmal zugunsten des angeblich Benachteiligten zu handhaben, heißt dessen Gegner bequem beweisbelastet zu machen. Verdachts-Verdachts-Beweislast als Gegenstück strafrechtlicher Schuldlosigkeitsvermutung – ein kaum glaublicher Vorgang im Zivilprozeß, und ein gefährlicher, selbst wenn ein Vollbeweis der Benachteiligung allzu schwer fallen würde. Man sollte einen auch für einen verständigen Dritten nachvollziebaren Zusammenhang fordern, Grobys NZA **06**, 903, Jünemann DRiZ **06**, 271, Nicolai AnwBl **06**, 564. Man muß die Vorschrift europarechtsgemäß auslegen, Bauer/Evers NZA **06**, 895, Richardi NZA **06**, 886. Das ist wegen ihres Inhalts aber kaum möglich, Eisenschmidt WoM **06**, 479. Es sollte im Auslegungsweg im Ergebnis bei den Regeln zum Indizienbeweis nach Einf 16 vor § 284 bleiben, Fricke VersR **06**, 1473.

35 **Amtspflichtverletzung:** Rn 160 „Schadensersatz: Amtspflichtverletzung".

Amtsprüfung: Bei einer nach Grdz 39 vor § 128 von Amts wegen zu prüfenden Tatsache (nicht zu verwechseln mit der Amtsermittlung nach Grdz 38 vor § 128) ist derjenige bewpfl, der aus ihr eine ihm günstige Entscheidung herleiten möchte, es sei denn, es handelt sich um eine nur auf Grund einer Rüge, dann aber von Amts wegen zu beachtende Tatsache. Bloße gerichtsinterne Vorgänge dürfen nicht zulasten einer Partei unaufklärbar bleiben, BGH MDR **81**, 644.

36 **Anerkenntnis:** Das echte Schuldanerkenntnis nach §§ 781, 782 BGB macht grds den Anerkennenden für die etwa noch zulässigen ihn entlastenden Umstände bewpfl. Das gilt im Ergebnis auch für ein Saldoanerkenntnis zwischen Bank und Bürge, BGH BB **99**, 1625, oder für ein Bekenntnis der Verursachung oder Schuld ohne besonderen rechtsgeschäftlichen Erklärungswillen, etwa spontan nach einen Unfall, § 840 Rn 10, BGH NJW **84**, 799, Bbg VersR **87**, 1246. Beim sofortigen Anerkenntnis ist grds der Bekl unabhängig von der sachlichrechtlichen Lage wegen des Ausnahmecharakter des § 93 gegenüber § 91 nach § 93 Rn 1 an sich für alle Voraussetzungen des § 93 darlegungs- und bewpfl, Hamm MDR **04**, 1078, Köln FamRZ **00**, 395, Naumb JB **99**, 596, aM Köln FamRZ **88**, 96, ZöHe § 53 Rn 6 „Beweislast" (aber auch bei der BewL muß man allgemeine Auslegungsregeln mitbeachten).

Freilich ist der Kläger für die *Entbehrlichkeit* einer an sich notwendigen Abmahnung bewpfl, etwa für das Ausreichen einer nur kurzen Abmahnfrist, Stgt WRP **83**, 305, und für den Zugang einer etwa notwendigen Abmahnung aus den Gründen Rn 154, Karlsr RR **99**, 1085 (zumindest wegen Absendung), aM Hamm MDR **99**, 956, Naumb MDR **07**, 925 (aber § 93 ist eben eine Ausnahmevorschrift). Beim Anerkenntnis des Fahrers müssen Versicherung und Halter dessen Unrichtigkeit beweisen, LG Erfurt VersR **03**, 193.

37 **Anfechtung:** Wenn der Anfechtende ihre Unverzüglichkeit darlegt, ist der Gegner für ihre Verspätung bewpfl, Mü RR **88**, 498. Zur lange zurückliegenden Anfechtung BayObLG FER **01**, 153.

Anfechtungsgesetz: Der Kläger ist bei § 2 AnfG dafür bewpfl, daß die Zwangsvollstreckung nicht zur Befriedigung führen würde. Fruchtlose Vollstreckungsversuche usw sind nur zeitlich begrenzt Anhaltspunkte, BGH DB **90**, 2317. § 3 I Z 2 AnfG ist zwar auch im Verhältnis zwischen der Gesellschaft und dem Gesellschafter anwendbar, nicht aber zwischen einem Gesellschafter und einem anderen Gesellschafter, BGH NJW **75**, 2194.

Anlagenberater: Er muß beweisen, daß er seine umfassende Informationspflicht erfüllt hat, Schlesw MDR **97**, 130 (zustm Graf von Westphalen). Der Anleger muß aber Arglist der Bank beweisen, BGH NJW **08**, 2912.

38 **Anwaltsvertrag,** dazu das Schrifttumsverzeichnis bei § 85, ferner *Friedhoff,* Der hypothetische Inzidentprozeß bei der Regreßhaftung des Anwalts usw, 2002; *Lange,* Die Beweislast im Anwaltshaftungsprozeß, 2002: Es gibt grds keine BewLUmkehr, Köln NJW **86**, 726. Wenn der „Auftraggeber" einen in sich schlüssigen Sachverhalt gegen den Abschluß eines Anwaltsvertrags behauptet, muß der Anwalt beweisen, daß der Gegner ihn gerade als Anwalt in Anspruch genommen hat, Ffm AnwBl **81**, 153. Der Auftraggeber muß bei der Rückforderung eines angeblich überhöhten Honorars beweisen, daß die Partner keine Honorarabrede getroffen hatten. Bleibt unklar, ob eine mündliche Abrede vorlag, muß der Anwalt die Kenntnis des Auftraggebers von einer über das RVG hinausgehenden Vergütung beweisen, LG Freibg MDR **83**, 1033.

39 Die BewL für eine *Gebührenvereinbarung* trifft denjenigen, der aus der Vereinbarung ein Recht herleitet, Mü NJW **84**, 2537. Der Auftraggeber ist zB dafür bewpfl, daß er mit dem Anwalt eine geringere als die gesetzliche Vergütung vereinbart hat, Stgt AnwBl **76**, 440. Derjenige, der sich auf die Unwirksamkeit der Vereinbarung einer geringeren als der gesetzlichen Vergütung für eine außergerichtliche Anwaltstätigkeit nach § 4 II 1 RVG beruft, muß die dafür sprechenden Umstände beweisen. Es gibt auch keinen AnschBew zu seinen Gunsten. Das Gericht darf auch nicht auf dem verborgenen Umweg über eine Rechts-

ansicht der grundsätzlichen Unzulässigkeit einer geringeren Vergütung an den Beweis von Tatsachen zur Unzulässigkeit nur geringe Anforderungen und an den Gegenbeweis um so höhere stellen.

Der Auftraggeber muß beweisen, daß der Anwalt sich so *vertragswidrig* verhalten hat, daß die Kündigung durch den Auftraggeber berechtigt war, BGH NJW **82**, 438. Der Auftraggeber muß beweisen, daß er eine vorzeitige Kündigung des Anwalts nicht durch eigenes vertragswidriges Verhalten veranlaßt hatte, Düss VersR **88**, 1155.

S auch Rn 81 „Dienstvertrag", Rn 178 „Rechtsgeschäft", Rn 205 „Verjährung".

Arbeitsrecht, dazu *Kosnopfel* BB **86**, 1982; *Prütting,* Beweisrecht und Beweislast im arbeitsrechtlichen Diskriminierungsprozess, in: Festschrift *50 Jahre BAG,* 2004; *Vietze,* Die Beweislastverteilung bei Pflichtverletzungen usw, 2005 (je: Üb): 40

– **(Abmahnung):** Ihre Entfernung aus der Personalakte erfordert die BewL des Arbeitgebers, BAG NJW **86**, 1065, aM Kopke NZA **07**, 1212.

– **(Abtreibung):** Rn 49 „– (Schwangerschaftsabbruch)"

– **(Akkord):** Der Arbeitgeber ist dafür bewpfl, daß eine Akkordgruppe Schaden verursacht hat. Das Mitglied der Gruppe ist dann dafür bewpfl, daß es selbst einwandfrei arbeitete oder jedenfalls keine Schuld hatte.

– **(Amtsarztattest):** Liegt ein amtsärztliches Attest wegen der Arbeitsunfähigkeit vor, haben anderslautende privatärztliche Atteste einen evtl geringeren Beweiswert, OVG Kblz NJW **90**, 788.

S auch Rn 41 „– (Attest)".

– **(Änderungskündigung):** Die Grundsätze zur Änderungskündigung lassen sich nicht stets auf die Beendigungskündigung übertragen, BAG DB **85**, 1189.

– **(Arbeitnehmereigenschaft):** Der Kündigungsschutzkläger muß sie beweisen, LAG Bre BB **98**, 223.

– **(Arbeitnehmererfindung):** Es kann gegen den früheren Arbeitnehmer ein AnschBew dahin vorliegen, daß er eine Erfindung noch vor dem Ausscheiden machte oder entwickelte, Mü MDR **95**, 283. Eine Anmeldung durch den Arbeitgeber gibt ein Anzeichen für eine Arbeitnehmererfindung, BGH RR **06**, 1124.

– **(Arbeitsförderungsgesetz):** Der Arbeitgeber ist für die Richtigkeit einer Arbeitsbescheinigung nach § 133 AFG bewpfl, ArbG Wetzlar BB **76**, 978.

– **(Arbeitsunfähigkeit):** Der Arbeitgeber ist dafür bewpfl, daß der Arbeitnehmer ohne den Nachweis der Arbeitsunfähigkeit gefehlt hat, BAG NJW **77**, 167. Der Arbeitnehmer ist demgegenüber für seine Arbeitsunfähigkeit bewpfl, BAG BB **98**, 485 (evtl vom ersten Tag an). Er braucht aber seine Arbeitswilligkeit während der Arbeitsunfähigkeit nur ausnahmsweise besonders darzulegen und nachzuweisen, BAG BB **86**, 136.

S auch Rn 41 „– (Attest)", Rn 47 „– (Krankheit)", „– (Kurzerkrankung)".

– **(Attest):** Für die Arbeitsunfähigkeit reicht ein dem LFG genügendes Attest trotz der Problematik des sog „gelben Urlaubschein" in der Regel aus, BAG BB **98**, 485, LAG Hamm MDR **03**, 1120, LAG Köln BB **89**, 2048, aM LAG Mü NJW **89**, 2970 (aber man darf gegenüber dem Ärztestand schon wegen Artt 1, 2 GG nicht von vornherein mißtrauisch sein). Das gilt, obwohl das Attest keine Vermutung nach § 292 darstellt, Eich BB **88**, 202. Allerdings muß der Arzt seine dortige Beurteilung auf Grund einer eigenen Untersuchung vorgenommen haben, BAG NJW **77**, 351, LAG Hamm DB **78**, 2180. Die bloße Schilderung des Verletzten kann beim HWS-Syndrom unzureichend sein, Ffm RR **99**, 822. Ohne irgendwie nachvollziehbare Angaben im Attest bleibt der Arbeitnehmer bewpfl, BAG NZA **08**, 551. Der Arbeitgeber ist nach ausreichender Diagnose aber dafür bewpfl, daß das Attest unrichtig ist, BAG NJW **02**, 235, LAG Ffm BB **79**, 1200, Reinecke DB **89**, 2073 (ausf), aM LAG Mü NJW **89**, 998 (vgl aber auch insoweit die vorstehenden Erwägungen zu Artt 1, 2 GG. Ein Falschattest könnte immerhin eine Urkundenfälschung sein). Das gilt zB bei einer Rückdatierung von 2 oder mehr Tagen, LAG Hamm DB **78**, 2180, ArbG Hamm BB **86**, 2127. Der Arbeitgeber ist sodann bewpfl, daß der Arbeitnehmer in Wahrheit doch arbeitsfähig ist, BAG NJW **02**, 235, Wenzel MDR **78**, 128. Es kann ein AnschBew für Unrichtigkeit des Attests etwa dann vorliegen, wenn der Arbeitnehmer unmittelbar vorher diese Arbeit verweigert hat, LAG Bln NZA-RR **03**, 523, oder wenn er nach einer Auseinandersetzung mit dem Arbeitgeber zwei Monate hindurch Atteste von fünf Ärzten über jeweils andere Erkrankungen vorlegt, LAG Hamm NZA-RR **04**, 292, oder wenn er einen direkt vor der „Erkrankung" gebuchten Urlaubsrückflug auf das „Krankheitsende" umbuchte, LAG Hamm NZA-RR **05**, 625. Auch ein ausländisches Attest kann reichen, Rn 42. 41

S auch Rn 40 „– (Amtsarztattest)", Rn 42 „– (Auslandsattest)", Rn 43 „Beschäftigungsverbot", Rn 50 „– (Solidarische Erkrankung)".

– **(Auflösung durch Urteil):** Bei einer Auflösung des Arbeitsverhältnisses durch ein Urteil nach § 9 KSchG ist der Antragsteller bewpfl, BAG DB **77**, 358, aM ArbG Kassel BB **80**, 417 (aber es sollten die allgemeinen Regeln zur BewL nach Rn 3 auch hier gelten). 42

– **(Auslandsattest):** Es kann reichen, EuGH DB **92**, 1721, BAG DB **97**, 1942, LAG Mü DB **89**, 281.

S auch Rn 41 „– (Attest)".

– **(Auszubildender):** Ein Auszubildender, der die Lehrstelle vorzeitig verläßt, ist für die einverständliche Beendigung des Lehrverhältnisses bewpfl. Die BewL versagt bei einem Auszubildenden, soweit sein Verhalten außerhalb der Ausbildung lag.

– **(Bedingung, Befristung):** Zur EG-Richtlinie und EuGH v 4. 12. 97 – Rs C-253/96 Hohmeister BB **98**, 587. Vgl auch Rn 77. 43

– **(Befristung):** Der Arbeitgeber muß eine Befristung beweisen, Lembke NJW **06**, 331. Der Arbeitnehmer ist für einen Verstoß gegen das Ausschlußverbot nach § 14 II 2 TzBfG bewpfl, LAG Hamm NZA-RR **05**, 410, Lembke NJW **06**, 331.

– **(Behinderung):** Der Behinderte ist für die anspruchsbegründenden Tatsachen bewpfl, der Arbeitgeber für die Unzumutbarkeit einer solchen Beschäftigung, BAG NJW **06**, 3742 links.

– **(Bereicherung):** Rn 78.

– **(Berufsfortkommensschaden):** Rn 78.

– **(Berufskrankheit):** Mummenhoff ZZP **80**, 129 (ausf).
– **(Beschäftigungsverbot):** Für sein Bestehen ist grds der Arbeitnehmer bewpfl, BAG BB **01**, 2430 (s aber auch unten). Für seine Unzulässigkeit ist der Arbeitgeber bewpfl, BAG BB **01**, 2430, LAG Düss BB **99**, 1607, LAG Hamm MDR **03**, 1120 (je: evtl für anschließenden Gegenbeweis BewL der Schwangeren). Eine psychische Ausnahmelage ist zugunsten des Arbeitnehmers mitbeachtlich, BAG BB **01**, 2430.
S auch Rn 41 „Attest".
– **(Betriebliche Altersversorgung):** Bei einer betrieblichen Altersversorgung muß der Träger der Insolvenzsicherung beweisen, daß der Versorgungsberechtigte Unternehmer ist, LG Köln DB **89**, 1780 (auch zu einer Ausnahme), und daß der Versorgungsempfänger einen Anspruch auf ein Altersruhegeld hat, weil er innerhalb der letzten 1$^{1}/_{2}$ Jahre mindestens 52 Wochen arbeitslos gewesen sei, § 25 II 1 AVG, BGH **113**, 210. Der nach einer Versorgungsordnung schädliche Verdacht einer „Versorgungsehe" läßt sich vom dann bewpfl Versorgungsberechtigten entkräften, BAG VersR **89**, 1218.
– **(Betriebsänderung):** Bei § 1 V 1 KSchG ist der Arbeitnehmer für die Unrichtigkeit der Vermutung (§ 292 S 1) bewpfl, ArbG Siegburg MDR **97**, 1038.
44 – **(Betriebsbedingte Kündigung):** Vgl BAG BB **86**, 1092 und bei den einzelnen Gründen.
– **(Betriebsbezogene Arbeit):** Rn 46 „– (Gefahrgeneigte Arbeit)".
– **(Betriebsdurchschnitt):** Beim Abweichen vom Betriebsdurchschnitt kann ein AnschBew unzumutbarer betrieblicher Auswirkungen vorliegen, Osthold BB **82**, 1308.
– **(Betriebsrat):** Der Arbeitgeber ist dafür bewpfl, daß er den Betriebsrat nach § 102 I BetrVG gehört hat oder nicht zu hören brauchte, BAG NJW **76**, 310, Wenzel MDR **78**, 188.
– **(Betriebsübergang):** Zu § 613 a BGB vgl zunächst BAG NJW **86**, 454. Der Arbeitnehmer ist dafür bewpfl, daß der neue Chef das Arbeitsverhältnis unverändert übernommen hatte.
– **(DDR, frühere):** Zur BewL im Prozeß um das Fortbestehen eines Arbeitsverhältnisses des öffentlichen Dienstes der früheren DDR BVerfG NJW **00**, 1483.
– **(Entgelt):** Der Arbeitnehmer muß grds seine Behauptung der Vereinbarung eines bestimmten Entgelts beweisen, LAG Hamm NZA-RR **03**, 520 (auch zu einem Grenzfall).
45 – **(Fehlbestand):** Rn 48 „– (Manko)".
– **(Firmenwagen):** Der Arbeitgeber ist dafür bewpfl, daß er die Benutzung des Firmenwagens nur gegen Entgelt zugelassen hatte, LAG Hamm DB **75**, 1564, oder daß der Monteur den von Unbekannten gestohlenen Kundendienstwagen nicht abgeschlossen hatte, BAG NJW **86**, 865.
– **(Fortsetzungserkrankung):** Zur BewL für das Vorliegen einer sog Fortsetzungserkrankung BAG NJW **86**, 1568.
– **(Fortzahlungsanspruch):** Der Arbeitnehmer muß dessen Voraussetzungen beweisen, BAG BB **05**, 2642.
– **(Fristlose Entlassung):** Der Arbeitnehmer ist dafür bewpfl, daß der Arbeitgeber bei einer fristlosen Entlassung wußte, daß der Arbeitnehmer in Wahrheit krank war, LAG Ffm BB **75**, 745, Feichtinger DB **83**, 1203. Bei einem arbeitsteiligen Betrieb reicht es aber nicht, daß der Arbeitnehmer seine Krankheit ordnungsgemäß mitgeteilt hatte, LAG Bln BB **77**, 296.
46 – **(Gefahrgeneigte Arbeit):** Für das Vorliegen einer sog gefahrgeneigten Arbeit ist der Arbeitnehmer bewpfl, BAG BB **77**, 194, LAG Bln VersR **77**, 388, zB beim Lenken eines schwerbeladenen Sattelschleppers bei Nacht, BAG **79**, 70.
S auch Rn 52 „– (Verschulden)".
– **(Gelber Urlaubsschein):** Rn 41 „– (Attest)".
– **(Geschäftsführer):** Der Kläger ist bewpfl für eine Tatsache, aus der er eine persönliche Haftung des Geschäftsführers herleitet, BAG NZA **06**, 1058.
– **(Gleichberechtigung):** Wegen der Gleichbehandlung von Mann und Frau § 611 a I 3 BGB, dazu Langohr-Plato MDR **94**, 122 (ausf), Lorenz DB **80**, 1745, Röthel NJW **99**, 611 (fordert wegen Unvereinbarkeit mit der EG-Richtlinie Beweislast eine weitere Gesetzesänderung).
– **(Häufige Krankheiten):** Rn 52 „– (Vorerkrankung)".
– **(HIV):** Vgl Magnus ZZP **120**, 347 (ausf).
– **(Insolvenz):** Die AOK ist dafür bewpfl, daß der Arbeitgeber zahlungsfähig war, als er Arbeitnehmeranteile zur Sozialversicherung nicht abführte, BGH NJW **02**, 1123.
47 – **(Konkurrenztätigkeit):** Der Arbeitnehmer ist dafür bewpfl, daß er eine Erlaubnis zu einer Konkurrenztätigkeit erhalten hatte, BAG NJW **77**, 646.
– **(Krankheit):** Der Arbeitgeber ist dafür bewpfl, daß der Arbeitnehmer eine Krankheit, auch eine seelische, verschuldet hatte, LAG Stgt BB **77**, 1607, oder daß er sie vorgetäuscht hat, BAG DB **97**, 1235 (freilich freie Beweiswürdigung, § 286).
S auch bei den einzelnen Krankheitsarten, Rn 40 „– (Arbeitsunfähigkeit)", Rn 41 „– (Attest)".
– **(Kündigung):** S bei den einzelnen Kündigungsgründen.
– **(Kündigungsschutz):** Im Kündigungsschutzprozeß ist grds nach § 1 II 4 KSchG der Arbeitgeber bewpfl, Becker-Schaffner BB **92**, 557, Eich BB **88**, 205, Oetker BB **89**, 418. Bei § 23 I 2 KSchG ist der Arbeitgeber bewpfl, LAG Bln BB **97**, 1000. Der Arbeitnehmer ist dafür bewpfl, daß er in einem Betrieb mit mehr als fünf Beschäftigten tätig war (Schwellenwert), BAG BB **05**, 1630, Krügermeyer MDR **06**, 132, LAG Hamm DB **97**, 881 (auch zu Einzelheiten), aM ArbG Bln MDR **04**, 1124, und daß überhaupt ein Verstoß gegen das KSchG vorlag, aM Berkowsky MDR **98**, 83 (aber solche Verletzung gehört zu den anspruchsbegründenden Tatsachen).
S auch bei den einzelnen Kündigungsgründen.
– **(Kurzarbeit):** Der Arbeitgeber ist dafür bewpfl, daß er eine betriebsbedingte Kündigung auch nicht durch Kurzarbeit vermeiden konnte, ArbG Mannh BB **83**, 1032, Meinhold BB **88**, 627.
– **(Kurzerkrankung):** Bei einer nach dem Tarifrecht nicht attestbedürftigen Kurzerkrankung ist der Arbeitgeber für Zweifel an der Arbeitsunfähigkeit bewpfl, und erst sie führen zur BewL des Arbeitnehmers für die Erkrankung, LAG Bln BB **88**, 768.

– **(Langanhaltende Krankheit):** Es gibt keinen AnschBew dafür, daß man wegen einer langanhaltenden bisherigen Arbeitsunfähigkeit auch in Zukunft mit einer schlechten Gesundheit rechnen muß, BAG NJW **83**, 2899. Freilich kommt es auf die Krankheitsart an. 48

– **(Magengeschwür):** Ein Magengeschwür einen Monat nach Beginn der Arbeit ist nicht stets ein AnschBew dafür, daß der Arbeitnehmer es beim Vertragsschluß schon kannte, LAG Bln BB **78**, 1311.

– **(Manko):** Der Arbeitgeber ist für den Fehlbestand bewpfl, LAG Hamm MDR **06**, 592. Der Arbeitnehmer ist dafür bewpfl, daß er ein Manko bei der ihm übergebenen Ware oder bei dem ihm anvertrauten Geld weder verursacht noch verschuldet hat, BAG NJW **85**, 220, LAG Hamm MDR **06**, 592. Solange der Arbeitnehmer keinen Gewahrsam hatte, bleibt der Arbeitgeber bewpfl, BAG NJW **85**, 220. Ähnliches gilt, solange dieser die Geschäftsbücher besitzt, BGH NJW **86**, 55.

– **(Mobbing):** Der Arbeitnehmer ist grds bewpfl. Sasse BB **08**, 1452. Das Gericht darf die etwaige Beweisnot des Arbeitnehmers möglichst wohlwollend mitbeachten, LAG Erfurt MDR **01**, 699.

– **(Nachweisgesetz):** Zu den BewLFragen LAG Hamm MDR **99**, 618, Bergwitz BB **01**, 2316, Franke DB **00**, 274.

– **(Positive Vertragsverletzung):** Rn 49 „– (Schlechterfüllung)".

– **(Rationalisierung):** Der Arbeitnehmer kann dafür bewpfl sein, daß eine Rationalisierung willkürlich erfolgte, BGH VersR **79**, 185, oder daß ein anderweitiger Einsatz möglich war, (es darf keine Überspannung stattfinden), BAG NJW **77**, 125, aM BAG BB **78**, 1310 (aber man darf dem Arbeitgeber nicht von vornherein böse Motive unterstellen). 49

– **(Schlägerei):** Der Arbeitnehmer ist bewpfl, daß er keine Schuld hatte, LAG Ffm VersR **76**, 1128.

– **(Schwangerschaft):** Zum Beweiswert eines Attests nach § 3 I MuSchG BAG BB **97**, 1485, LAG Hamm MDR **03**, 1120, ArbG Köln NZA-RR **04**, 633. Zum Schwangerschaftsabbruch) Müller DB **86**, 2670.

– **(Schwerbehinderung):** Es kann eine Verschiebung der BewL zugunsten des Behinderten eintreten, BAG BB **05**, 2818.

– **(Seelische Erkrankung):** Rn 47 „– (Krankheit)". 50

– **(Solidarische Erkrankung):** Bei auffällig vielen „solidarischen" Erkrankungen kann der Beweiswert der Atteste selbst verschiedener Ärzte erschüttert sein, ArbG Bln BB **80**, 1105.

– **(Soziale Rechtfertigung):** Der Arbeitgeber ist dafür bewpfl, daß seine Kündigung grds sozial gerechtfertigt war, BAG NJW **77**, 167, ArbG Münst DB **83**, 444, aM ArbG Münst BB **81**, 913, Tschöpe NJW **83**, 1890 (aber das ist eine Wirksamkeitsbedingung der Kündigung). Zum Problem Linck DB **90**, 1866 (ausf). Der Arbeitnehmer kann dafür bewpfl sein, daß eine Sozialauswahl unrichtig erfolgte, BAG DB **83**, 560, Westhoff DB **83**, 2466.

S auch Rn 49 „– (Rationalisierung)".

– **(Sozialversicherung):** Rn 46 „Insolvenz".

– **(Sport):** Der Arbeitgeber ist dafür bewpfl, daß eine Sportart besonders gefährlich war, LAG Ffm VersR **76**, 1128.

– **(Stasi-Unterlagen):** Vgl BAG DtZ **94**, 190, Lansnicker/Schwirtzek DtZ **94**, 162.

– **(Trunksucht):** Der Arbeitnehmer ist dafür bewpfl, daß er seine Trunksucht nicht verschuldet hatte, LAG Stgt BB **77**, 1607, soweit man sie nicht (wie mittlerweile wohl fast stets) ohnehin als Krankheit ansieht. 51

– **(Unfall):** Der Arbeitnehmer ist dafür bewpfl, daß ein Arbeitsunfall vorlag, ArbG Solingen BB **97**, 1956. Er muß beweisen, daß er wegen eines Unfalls einen Verdienstausfall hatte, Zweibr VersR **78**, 67. Es hängt von der Konjunkturlage ab, ob beim Streit um die Unfallfolgen der Arbeitgeber beweisen muß, daß ohnehin Arbeitslosigkeit eingetreten wäre, oder der Arbeitnehmer, daß er ohne den Unfall wieder Arbeit gefunden hätte, LG Itzehoe VersR **87**, 494.

– **(Urlaubsschein):** Rn 41 „– (Attest)".

– **(Verdienst):** Der Arbeitgeber ist bei seiner Einrede der Nichterfüllung bewpfl, LAG Köln MDR **96**, 79.

– **(Verdienstausfall):** S bei den Ausfallsgründen.

– **(Verschulden):** Der Arbeitgeber ist grds dafür bewpfl, daß der Arbeitnehmer insbesondere bei gefahrgeneigter betriebsbezogener Arbeit schuldhaft handelte. Das schließt aber einen AnschBew nicht aus. Der Arbeitgeber ist bei der Lohnfortzahlung grds dafür bewpfl, daß der Arbeitnehmer eine Erkrankung verschuldet hat, LAG Düss DB **78**, 215. Jedoch ist ein AnschBew zB bei einer Verwicklung des Arbeitnehmers in eine Schlägerei möglich, Rn 49 „– (Schlägerei)". 52

S auch Rn 46 „– (Gefahrgeneigte Arbeit)", Rn 207 „Verschulden".

– **(Verschweigen):** Rn 48 „– (Magengeschwür)".

– **(Versorgungsanwartschaft):** Rn 53 „– (Vorruhestand)".

– **(Verzug):** Bei § 297 BGB ist der Arbeitgeber für das Unvermögen des Arbeitnehmers nach § 296 BGB bewpfl, LAG Düss NZA-RR **07**, 458.

– **(Vorerkrankung):** Bei häufigen Vorerkrankungen ist der Arbeitnehmer dafür bewpfl, daß die vorletzte Krankheit beim Beginn der neuen Schicht aufgetreten war, LAG Bln BB **90**, 1708. Der Arbeitgeber muß die Besorgnis weiterer Erkrankungen darlegen, BAG DB **83**, 2525. Dazu kann freilich die Zahl der bisherigen Erkrankungen genügen. Der Arbeitnehmer ist sodann dafür bewpfl, daß trotzdem keine Bedenken gegen die weitere Arbeitsfähigkeit bestehen, BAG DB **03**, 724 (kaum mittels Gutachtens; streng), LAG Hamm BB **79**, 1350 (abl Popp BB **80**, 684).

– **(Vorruhestand):** Der Arbeitnehmer muß die Voraussetzungen eines Anspruchs auf Abschluß einer Vorruhestandsvereinbarung beweisen, LAG Mü BB **89**, 71. Zur Versorgungsanwartschaft beim vorzeitigen Ausscheiden BAG VersR **85**, 998. 53

– **(Vorschuß):** Der Arbeitgeber ist dafür bewpfl, eine Zahlung als Lohnvorschuß erbracht zu haben, LAG Mü DB **90**, 1292 (kein AnschBew).

– **(Wichtiger Kündigungsgrund):** Bei der Kündigung des Arbeitgebers nach § 626 BGB muß er diejenigen Tatsachen beweisen, die einen vom Arbeitnehmer schlüssig behaupteten Rechtfertigungsgrund ausschließen, BAG BB **88**, 487. Der Arbeitnehmer ist dafür bewpfl, daß er seinerseits nach § 626 BGB kündigen konnte. Er ist dafür bewpfl, daß er die Ausschlußfrist des § 626 II 1 BGB gewahrt hatte, BAG BB **75**, 1017. Der Arbeitgeber muß beweisen, daß eine vom gekündigten Arbeitnehmer behauptete Insolvenzreife nicht vorlag, BGH RR **07**, 690.

– **(Zeugnis):** Wegen Verdienstausfalls mangels eines qualifizierten Zeugnisses BAG NJW **76**, 1470. Der Arbeitgeber ist für den Erteilungszeitpunkt bewpfl, BAG DB **83**, 2043. Er ist für die Richtigkeit einer nachteiligen Beurteilung bewpfl. Der Arbeitnehmer ist dafür bewpfl, daß er besser als „durchschnittlich gut" war, BAG BB **04**, 1503, oder daß er durch ein unrichtiges Zeugnis einen Schaden erlitten hat, BAG BB **77**, 697, oder durch einen unrichtigen Vermerk des Arbeitgebers in seinen Personalakten, BAG DB **79**, 2429. Der Arbeitnehmer ist dafür bewpfl, daß eine begehrte Lohnzulage nicht befristet war, LAG Düss DB **76**, 1113. Der Arbeitnehmer ist dafür bewpfl, daß der Arbeitgeber die auf eine Abfindung abgeführte Steuer unrichtig berechnet hat, LAG Bre BB **88**, 408.

54 **Architekt:** Der Architekt ist dafür bewpfl, daß er einen umfassenden Auftrag erhalten hat, nicht nur einen begenzten, BGH NJW **80**, 122. Es gibt für einen umfassenden Auftrag keinen AnschBew, BGH NJW **80**, 122. Der Bauherr ist dafür bewpfl, daß ein wichtiger Grund für seine entsprechende Kündigung vorlag, BGH RR **90**, 1109, und daß eine objektiv fehlende Planung oder eine ungenügende Aufsicht für seinen Schaden ursächlich waren. Dafür kann ein AnschBew vorliegen, BGH MDR **04**, 1298 links. Der Architekt ist dafür bewpfl, daß er schuldlos handelte. Wendet der Bauherr gegenüber einer Forderung gemäß HOAI einen niedrigeren Festpreis ein, ist der Architekt mangels eines schriftlichen Vertrags für seine höhere Forderung bewpfl, BGH NJW **80**, 122 (erst, wenn der Bauherr Einzelumstände für einen Festpreis vorträgt, Düss VersR **78**, 1044), KG RR **99**, 242, aM BGH (7. ZS) RR **02**, 1597 (ohne Erörterung der entgegenstehenden obigen BGH-Entscheidung. Aber es sollten die auch sonst bestehenden Regeln gelten).

Die *HOAI* hat keinen AnschBew ihrer Anwendbarkeit im Einzelfall für sich. Daran ändert auch § 4 II HOAI nichts. Das gilt auch dann, wenn das Honorar von der Frage abhängt, ob der Bauherr die Bausumme begrenzt hatte, BGH NJW **80**, 122, Rn 101 „Kauf". Der Architekt ist für diejenigen Umstände bewpfl, nach denen der Auftraggeber seine Leistung nur gegen eine Vergütung erwarten könnte. Der Auftraggeber muß dann beweisen, daß der Architekt trotzdem unentgeltlich arbeiten sollte, BGH NJW **87**, 2742. Bei viel zu geringer Betondichte und -härte ist der Architekt dafür bewpfl, daß er den Beton ausreichend überwacht hat.

Der nicht planende, sondern nur die *Bauaufsicht* führende Architekt braucht eine statische Berechnung nicht zu überprüfen. Daher bleibt insofern der Bauherr für das Verschulden des Architekten bewpfl, Stgt VersR **75**, 70. Hat der bauleitende Architekt dem Bauherrn eine einwandfreie Herstellung zugesichert, ist der Beweis seiner Schuld bei zahlreichen schweren Baumängeln kaum noch widerlegbar, Köln VersR **75**, 352. Es besteht kein AnschBew dafür, daß eine vom Architekten geprüfte Schlußrechnung fehlerfrei ist, Köln MDR **77**, 404. Bestreitet der Bauherr die vom Architekten angesetzten Kosten substantiiert, muß der Architekt entsprechend näher darlegen und beweisen, daß die tatsächlichen und rechnerischen Ansätze stimmen, BGH RR **97**, 1378. Der Architekt muß beweisen, daß eine erhaltene Vorauszahlung entgegen einer genaueren Berechnung des Bauherrn nicht überhöht war, BGH RR **08**, 329.

55 **Arglist:** Wer sie behauptet, ist für sie grds bewpfl, BGH NJW **08**, 2912. Es gibt in der Regel auch keinen AnschBew dazu, daß sich jemand durch sie zum Vertragsabschluß entschloß. Wohl aber ist der AnschBew möglich, wenn der Kunde bei einem kaufmännischen Umsatzgeschäft nach bestimmten Erfahrungen mit der Ware gefragt hatte und wenn der Verkäufer oder Lieferer diese falsch angab. Die Zugabe von Diäthylenglykol ergibt einen AnschBew für die Absicht der Vortäuschung einer höheren Weinqualität, AG Bad Kreuzn RR **87**, 242. Legt eine Privatperson Geld an, besteht kein AnschBew, da es sich um einen individuellen Willensentschluß handelt. Dasselbe gilt bei individuellen Vereinbarungen. Ab Vorlage objektiv falscher Angaben kann ihr Verantwortlicher für seine Entlastung bewpfl sein, BGH VersR **08**, 242.

S auch Rn 173.

Arrest, einstweilige Verfügung: Gehrlein MDR **00**, 689 (zum Schadensersatzanspruch), Ulrech GRUR **85**, 201 (ausf).

Arzneimittelgesetz: Vgl *Kullmann,* Bestrebungen zur Änderung der Beweislast bei der Haftung aus § 83 AMG, Festschrift für *Steffen* (1995) 247. Vgl auch § 84 II AMG (Vermutung der Ursächlichkeit eines Medikaments), Karczewski VersR **01**, 1076.

56 **Arzt,** dazu *Baumgärtel,* Das Wechselspiel der Beweislastverteilung im Arzthaftungsprozeß, Gedächtnisschrift für *Bruns* (1980) 93; *Baumgärtel,* Die beweisrechtlichen Auswirkungen der vorgeschlagenen EG-Richtlinie zur Dienstleistungshaftung auf die Arzthaftung und das Baurecht, JZ **92**, 321; *Dopheide* VersR **07**, 1050 (Üb); *Fuchs,* Das Beweismaß im Arzthaftungsprozess, 2005; *Hausch* VersR **05**, 600 (personelle Reichweite); *Jorzig* MDR **01**, 481 (Üb); *Knoche,* Arzthaftung, Produkthaftung, Umwelthaftung, 2005; *Laufs/Uhlenbruck,* Handbuch des Arztrechts, 2. Aufl 1999; *Lepa,* Der Anscheinsbeweis im Arzthaftungsprozeß, in: Festschrift für *Deutsch* (1999); *Meyer-Maly,* Vom hippokratischen Eid zur Beweislastumkehr?, in: Festschrift für *Deutsch* (1999); *Müller* NJW **97**, 3049 (Üb); *Peter,* Das Recht auf Einsicht in Krankenunterlagen, 1989; *Prütting,* Beweisprobleme im Arzthaftungsprozeß, Festschrift für das *LG Saarbrücken* (1985) 257; *Scholz,* Der Sachverständigenbeweis im Zivilprozeß (Arthaftpflichtprozeß), 2003; *Sick,* Beweisrecht im Arzthaftpflichtprozeß, 1986; *Spickhoff* NJW **08**, 1641 (Üb); *Steffen,* Beweislasten für den Arzt ... aus ihren Aufgaben zur Befundsicherung, Festschrift für *Brandner* (1996):

Die Gerichte haben *harte Anforderungen* entwickelt. Wohl sehr viele Ärzte bewerten sie als manchmal nahezu unerfüllbar und daher unzumutbar. So denken wohl auch die gewissenhaftigsten. Es ist schon deshalb stets eine maßvolle, den Arzt und den Patienten bedenkende Abwägung ratsam. Freilich darf man auch vom Patienten keine allzu genauen Angaben verlangen, Celle VersR **07**, 205.

57 – **(Abszeß):** Zur BewL bei einer Arzthelferin als Keimträgerin BGH VersR **07**, 847.

– **(Anderer Arzt):** Ein Behandlungsfehler ergibt sich nicht schon stets daraus, daß erst ein anderer Arzt tätig war, etwa eine Fistel sogleich beseitigte, Hamm VersR **87**, 1119.

– **(Arztbrief):** Ein Behandlungsfehler ergibt sich nicht schon stets aus einem Arztbrief, Düss VersR **87**, 1138.

S auch Rn 62 „Dokumentation".

– **Assistenzarzt:** Die Übertragung einer Operation auf einen noch nicht ausreichend qualifizierten Asisstenzarzt ist ein Behandlungsfehler mit dessen Rechtsfolgen (s das Unterstichwort „Behandlungsfehler"), BGH **88**, 252 (zustm Giesen JR **84**, 331), Düss RR **96**, 279, aM Oldb MDR **93**, 956 (aber auch noch so bedrängende Umstände erlauben keinen Verzicht auf ausreichendes Können, solange der Anfänger nicht unter den schützenden Augen des wenigstens sofort zum Operationstisch abrufbaren Erfahreneren arbeiten kann). Der Krankenhausträger wie auch der für die Übertragung der Operationsaufsicht auf einen Nichtfacharzt verantwortliche Arzt und der aufsichtsführende Arzt selbst müssen beweisen, daß die Gesundheitsbeschädigung nicht auf der mangelhaften Qualifikation des operierenden Assistenzarztes beruhte, BGH NJW **92**, 1561. Zur Frage, ob der Assistenzarzt eine ausreichende Schulung hatte, BGH NJW **78**, 1681. 58

S auch Rn 68 „Organisationsverschulden", Rn 69 „Routinefall", Rn 72 „Ursächlichkeit".

– **(Aufbewahrung):** Rn 62 „Dokumentation".

– **(Aufklärung),** dazu *Büttner,* Die deliktsrechtliche Einordnung der ärztlichen Eingriffsaufklärung – ein juristischer Behandlungsfehler?, Festschrift für *Geiß* (2000) 353; *Hausch* VersR **07**, 167; *Lepa* in: Festschrift für *Geiß* (2000): Der Arzt muß die notwendige Aufklärung geben, Stgt VersR **08**, 927, und muß beweisen, daß er sie auch gegeben hat oder hat geben lassen, BGH **169**, 366, Hamm RR **02**, 815, aM Köln VersR **01**, 66, Büttner Festschrift für Geiß (2000) 361 (aber bei gewissenhafter Dokumentation, die ja auch zeitlich im Notfall nachfolgen kann, ist die BewL begrenzt). Das muß wenn möglich am Vortag der Operation und nicht später geschehen, Kblz MDR **06**, 993. Freilich kann § 287 helfen (haftungsausfüllende Ursächlichkeit), dort Rn 6, Büttner 363. Zumindest darf man die Anforderungen in Eil- und Notfällen oder bei einem seelischen Problemzustand des Patienten nicht zu hoch ansetzen.

Derjenige Arzt, der gnädig die volle Wahrheit in diesem Augenblick noch *unerörtert* läßt, sollte Verständnis auch vor dem Richter finden. Die BewL ausreichender Aufklärung gilt zwar auch dann, wenn der Arzt behauptet, der Patient habe keine Aufklärung gebraucht, weil er die aufzuklärende Behandlung verweigert habe, BGH MDR **92**, 651, oder weil andere ihn bereits hinreichend aufgeklärt hätten, BGH NJW **84**, 1809 (zustm Giesen JZ **85**, 238, krit Deutsch NJW **84**, 1802), Schmid NJW **84**, 2605 (diese BewL gelte nur beim Vertragsanspruch; beim Anspruch aus unerlaubter Handlung müsse der Patient eine unzureichende Aufklärung beweisen). Man darf aber keine übertriebenen Anforderungen an diesen Beweis stellen, BGH NJW **85**, 1399, Schlesw VersR **96**, 635. Der Patient ist für Beratungsfehler des Arztes bewpfl, Köln VersR **89**, 632. Zur HIV-Aufklärung BGH NJW **05**, 2615.

S auch Rn 60 „Behandlungsfehler", „Beratung", Rn 68 „Nachuntersuchung", Rn 72 „Ursächlichkeit".

– **(Ausbildung):** Zu ihr BGH MDR **98**, 535.

– **(Bakteriologie):** Eine Umkehrung der BewL tritt ein, wenn ein Arzt eine bakteriologische Untersuchung pflichtwidrig unterlassen hat. 59

– **(Befund):** Rn 61 „Diagnose".

– **(Behandlungsfehler):** Der Patient muß einen Behandlungsfehler nur im zumutbaren Umfang darlegen, Brdb RR **01**, 1608, Mü MDR **79**, 1030. Es muß ihn grds auch beweisen, BVerfG NJW **79**, 1928, BGH NJW **88**, 2949, Kblz VersR **07**, 1002, aM Düss MDR **84**, 1033, Köln VersR **87**, 164 (es genüge ein bestimmter Verdachtsgrund, dann müsse das Gericht von Amts wegen weiterermitteln. Aber das wäre eine Ausforschung nach Einf 27 vor § 284. Sie ist auch durch § 144 nicht gerechtfertigt). 60

Unter einem *Behandlungsfehler* versteht man eine unsorgfältige Erhebung der Befunde, BGH MDR **96**, 694, Düss RR **94**, 481, und eine vorwerfbare Verletzung der allgemeinen bloßen sog therapeutischen Aufklärungspflicht im Gespräch mit dem Patienten, BGH **107**, 226 (nicht nur mit Angehörigen), Naumb RR **04**, 964, im Gegensatz zur sog Selbstbestimmungsaufklärung, Rn 70, Karlsr VersR **87**, 1248. Zum Behandlungsfehler gehört natürlich auch der Kunstfehler, das Abweichen von generell geübten und nicht umstrittenen Erkenntnisformen und Behandlungsschritten, BGH NJW **03**, 2312. Ferner zählen hierher die Verletzung der von einem Arzt der Fachrichtung erwartbaren Sorgfalt sowie die Übertragung einer Operation auf einen noch nicht ausreichend qualifizierten Assistenzarzt, BGH **88**, 252 (zustm Giesen JR **84**, 331), Düss RR **96**, 279, aM Oldb MDR **93**, 956 (s aber Rn 58 „Assistenzarzt"). Ein Behandlungsfehler ergibt sich nicht schon stets aus einem Arztbrief, Düss VersR **87**, 1138, oder daraus, daß erst ein anderer Arzt eine Fistel sogleich beseitigte, Hamm VersR **87**, 1119.

Ob ein Behandlungsfehler vorliegt, muß das *Gericht* nach Beratung durch einen Sachverständigen selbst entscheiden, § 286 Rn 16, Üb 4 vor § 402, BGH NJW **02**, 2945 (keine ungeprüfte Übernahme des Gutachtens). Der Arzt muß eine Abweichung vom Standardverfahren begründen und deren Sinn beweisen, Hamm RR **02**, 815. Eine Beweiserleichterung für den Patienten kommt bei einem Routineeingriff nicht schon deshalb in Betracht, weil ihn ein Assistenzarzt in Abwesenheit eines Facharztes ausführte, Düss NJW **94**, 1598. Zur Weiter- oder Ausbildung BGH MDR **98**, 535.

S auch Rn 65 „Grober Fehler", Rn 67 „Kunstfehler", Rn 72 „Ursächlichkeit".

– **(Beratung):** Der Patient ist für einen Beratungsfehler des Arztes bewpfl, Köln VersR **89**, 632, auch für deren Unterlassung, Kblz NJW **06**, 2928. Der Arzt muß beweisen, daß sich die Mutter nach umfassender und richtiger Beratung nicht anders entschieden hätte, BGH NJW **84**, 658. 61

S auch Rn 58 „Aufklärung", Rn 67 „Mongoloismus", Rz 70 „Schwangerschaft".

– **(Desinfektion):** Es gibt keinen AnschBew dafür, daß ein Einstich zB in oder neben das Kniegelenk nur dann zu einer Entzündung führt, wenn die Einstichstelle vorher nicht gründlich gereinigt oder desinfiziert wurde, Oldb VersR **87**, 590. Auch ein enger zeitlicher Zusammenhang zwischen Einstich und Spritzenabszeß soll keinen AnschBew bringen, Köln NJW **99**, 1791.

S auch Rn 66 „Infektion", „Injektion".

– **(Diagnose):** Man muß zwischen der Diagnose und einer Befunderhebung unterscheiden, Schultze-Zeu VersR **08**, 901. Der Arzt muß nicht stets seine Schuldlosigkeit beweisen. Eine zur Befundergänzung notwendige Information muß der Patient beweisen, Kblz VersR **08**, 123. Evtl genügen sogar die Angaben des Patienten, BGH VersR **99**, 839 (generalisierende Tendomyopathie). Nicht jeder Diagnosefehler ist ein grober Behandlungsfehler, Köln NJW **06**, 70. Der Arzt kann sich aber leichtfertig verhalten haben, etwa wenn er in einem erheblichen Ausmaß Diagnose oder Kontrollbefunde nicht oder falsch erhoben hat, BGH NJW **99**, 1778, Düss VersR **89**, 193, Ffm VersR **00**, 853. Das kann zur Beweiserleichterung für den Patienten führen, BVerfG NJW **04**, 2079. Das gilt sowohl zum Vorliegen eines Befunds als auch zur Ursächlichkeitsfrage, BGH NJW **04**, 1871, Kblz VersR **08**, 924, Zweibr RR **08**, 540. Im Zweifel ist ein Gutachten erforderlich, BGH NJW **03**, 3412 links. Wegen der Folgen der Unterlassung der Befundsicherung BGH VersR **98**, 586, Hamm RR **03**, 809, Schultze-Zeu VersR **00**, 565 (Üb).

S auch Rn 65 „Grober Fehler", Rn 67 „Kunstfehler", Rn 69 „Röntgenaufnahme".

– **(Diebstahl):** Rn 161 ff.

62 – **(Dokumentation):** dazu *Bittner,* Die virtuelle Patientenakte usw, 2001; *Muschner* VersR **06**, 621 (Üb): Der Patient hat einen sachlichrechtlichen Anspruch auf eine ordnungsgemäße lückenlose und genaue Dokumentation durch den Arzt, BGH NJW **96**, 780, Saarbr VersR **88**, 916. Sie muß zeitnah erfolgen, Kblz RR **07**, 405. Sie braucht sich nur dem Fachmann zu erschließen, Kblz RR **07**, 405. Sie hat eine erhebliche Beweisfunktion, Hamm VersR **05**, 412, Oldb MDR **97**, 685. Ihr entspricht eine prozessuale Pflicht zur Vorlage der Dokumentation im Rahmen einer Beweisaufnahme, BGH NJW **78**, 1681, Franzki DRiZ **77**, 37. Die Dokumentation muß sich sowohl auf die Beschreibung des Handlungsablaufs, der Pflegesituation, der Medikamente usw erstrecken, BGH NJW **86**, 2366 (zustm Matthies JZ **86**, 959), als auch auf die Aufbewahrung der Originalunterlagen, BGH NJW **96**, 1589. Zur Dokumentationspflicht auch Wasserburg NJW **80**, 623. Die Verletzung dieser Pflicht kann zur Beweiserleichterung für den Gegner führen, BGH NJW **98**, 1780 (auch wegen eines Gesundheitsschadens), bis hin zur BewLUmkehr wegen Beweisvereitelung, BGH NJW **96**, 780, Köln RR **93**, 920. Das gilt insofern, als ein Behandlungsfehler in Betracht kommt, Saarbr VersR **88**, 916. Das gilt aber nicht, soweit man den fehlerhaft dokumentierten Befund doch noch ermitteln kann. Düss VersR **87**, 1138, oder soweit eine Dokumentation nicht üblich ist, BGH NJW **93**, 2376, Köln VersR **98**, 1026, oder soweit sich Aufklärungserschwernisse nicht ausgewirkt haben, Oldb VersR **90**, 666. Zum Mitverschulden des Patienten Taupitz ZZP **100**, 337, 343.

S auch Rn 73 „Zahnarzt".

63 – **(Einwilligung):** Der Arzt muß beweisen, daß er eine objektiv erforderliche Einwilligung etwa auch eines oder beider Elternteile usw erhalten hat oder daß er sie auch bei einer nach Rn 58 ausreichenden Aufklärung erhalten hätte, BGH NJW **94**, 2414. Der Patient muß beweisen, daß die Einwilligungserklärung bei der Unterzeichnung noch nicht den Vermerk über die Beschreibung des Eingriffs enthielt, Ffm VersR **94**, 986.

S auch Rn 70 „Selbstbestimmungserklärung".

– **(Erfolglosigkeit):** Die Erfolglosigkeit einer Operation bedeutet grds keine AnschBew für einen Behandlungsfehler, Düss NJW **75**, 595.

– **(Erweiterung des Auftrags):** Der Patient ist für eine Erweiterung über das Fachgebiet des Arztes hinaus bewpfl, Karlsr RR **06**, 459.

– **(Folgeverletzung):** Für die Ursächlichkeit des groben Behandlungsfehlers für mittelbare, spätere Schäden bei einer sog haftungsausfüllenden Ursächlichkeit nach § 287 Rn 6 ist grds der Patient bewpfl, BGH NJW **94**, 802, Düss RR **94**, 481, Oldb VHR **98**, 138 (§ 287). Allerdings kann die BewL beim Arzt auch bei der Frage der Nichtursächlichkeit zwischen Erst- und Folgeverletzung bleiben, wenn er gerade auch diesem Folgeschaden hätte vorbeugen müssen, Mü VersR **93**, 607, Oldb VersR **88**, 603.

Der *Arzt* muß dann also grds *nachweisen,* daß die Schädigung auch *ohne* den Behandlungsfehler eingetreten wäre, BGH VersR **89**, 701. Außerdem muß der Fehler geeignet gewesen sein, einen Schaden dieser Art herbeizuführen, BGH VersR **83**, 983, Ffm VersR **79**, 39, Hamm VersR **84**, 92. Der Krankenhausträger wie auch der für die Übertragung der Operationsaufsicht auf einen Nichtfacharzt verantwortliche Arzt und der aufsichtführende Arzt selbst müssen beweisen, daß die Gesundheitsschädigung nicht auf der mangelhaften Qualifikation des operierenden Assistenzarztes beruhte, BGH VersR **92**, 746. Braucht ein gewissenhafter Arzt bei pflichtgemäßer Prüfung eine bestimmte Folge bei der Behandlung nicht in Erwägung zu ziehen, tritt keine Umkehrung der BewL ein, BGH VersR **78**, 543, ebensowenig beim Verschulden auch des Patienten (Vereitelung der Arztbemühungen), KG VersR **91**, 928.

S auch Rn 72 „Ursächlichkeit".

– **(Fragepflicht):** Der *Arzt* hat im Rahmen der Pflicht zur Beratung und Aufklärung, vgl diese Unterstichwörter, auch eine Fragepflicht etwa nach Vorerkrankungen usw.

Das *Gericht* hat keine erhöhte Fragepflicht nach § 139, aM BGH NJW **79**, 1934 (aber ihr Umfang ergibt sich ohnehin bei jeder Anspruchsart aus den Gesamtumständen).

64 – **(Gebräuchlichkeit):** Es tritt keine Umkehr der BewL ein, wenn der Arzt ein gebräuchliches Verfahren anwendet, gegen dessen vereinzelt beschriebene Gefahren noch kein anerkannter Schutz gefunden worden ist. Zum Problem der Hinweispflicht auf Versagerquoten BGH NJW **81**, 2004 (zustm Fischer JR **81**, 501). Der Arzt muß den Sinn einer Abweichung vom Standardverfahren beweisen, Hamm RR **02**, 815.

S auch Rn 60 „Beratung".

– **(Grenzbereich):** Es findet keine Umkehr der BewL statt, soweit sich der Arzt allenfalls im Grenzbereich zwischen mittel- und schweren Fehlern bewegt hat und soweit außerdem die Ursächlichkeit sehr unwahrscheinlich ist, BGH NJW **88**, 2950, Köln VersR **86**, 1216.

S auch Rn 65 „Grober Fehler", Rn 72 „Ursächlichkeit".

65 – **(Grober Fehler):** Zum Begriff BGH NJW **99**, 862, Kblz VersR **07**, 1002 (fundamentaler Fehler). Ob er vorliegt, hängt von den objektiven Gesamtumständen ab, BGH NJW **88**, 1511, Kblz VersR **07**, 396 (sectio), Köln VersR **03**, 1444, Oldb VersR **93**, 753 (Verspätung des Eingriffs), Zweibr OLGZ **88**, 474

(Anfängernarkose). Es kommt also nicht auf eine etwa zusätzliche Vorwerfbarkeit an, Köln VersR **03**, 1444. Als grober Fehler kann auch die Nichterhebung von Diagnose- oder Kontrollbefunden in erheblichem Ausmaß gelten, BGH NJW **99**, 861 und 862, Düss VersR **89**, 193, Nixdorf VersR **96**, 160. Dergleichen muß man unabhängig von der Frage der Aufklärungspflicht prüfen, BGH NJW **87**, 2292. Zum Problem Roth NJW **06**, 2815 (Üb).

Der *Patient muß* einen groben Behandlungsfehler *beweisen,* Zweibr RR **97**, 666. Diese Schwelle liegt hoch, Bbg VersR **92**, 832, Köln VersR **98**, 1026. Gelingt dem Patienten dieser Beweis, muß der *Arzt* grds im Wege einer Umkehrung der BewL nachweisen, daß der Kunstfehler für die unmittelbar folgende körperliche Schädigung *nicht ursächlich war,* BGH NJW **08**, 1304 (allgemein), BGH NJW **94**, 802 (verspätete Diagnose), BGH NJW **05**, 427 (Aufklärung); BGH NJW **94**, 1594 (Organisationsfehler), Bre RR **96**, 1115 (auch zu Ausnahmen), Düss RR **96**, 279 (Geburtshilfe), BVerfG NJW **04**, 2079, BGH NJW **159**, 53 (krit Katzenmeier JZ **04**, 1030, Spickhoff NJW **04**, 2345), Hamm RR **03**, 809 (je: Unterlassung diagnostischer Abklärung). Das gilt auch dann, wenn man nicht mehr aufklären kann, ob für die eingetretenen Schäden der Kunstfehler oder andere Ereignisse ursächlich waren, BGH NJW **00**, 3424, Düss VersR **92**, 240, etwa die Konstitution des Kranken, aM Bre VersR **77**, 378, oder wenn andere Ereignisse hinzutraten, Ffm VersR **00**, 853, Kblz RR **08**, 541. Freilich muß sich gerade dasjenige Risiko verwirklicht haben, dessen Nichtbeachtung den Fehler als grob erscheinen läßt, BGH NJW **81**, 2513. Auch muß der Begünstigte evtl einer Obduktion des Verstorbenen zwecks Ursachenklärung zustimmen, LG Köln NJW **91**, 2974 (Vorsicht!). Der Ursachenzusammenhang kann im Einzelfall natürlich ganz unwahrscheinlich sein, Hamm VersR **04**, 1322. Andererseits ist keine Wahrscheinlichkeit für ein Ergebnis einer Kontrolluntersuchung erforderlich, BGH NJW **05**, 427.

S auch Rn 60 „Behandlungsfehler", Rn 67 „Kunstfehler", Rn 72 „Ursächlichkeit".

– **(Handlungsablauf):** Rn 62 „Dokumentation". 66
– **(Hebamme):** Zu unterlassener Eintragung im Geburtsjournal Bbg VersR **05**, 1244. Bei einem groben Behandlungsfehler gilt Rn 65 entsprechend, BGH NJW **00**, 2739. Ein Arztfehler geht nicht stets zulasten auch der Hebamme, Kblz VersR **08**, 222.
– **(HIV):** S „Infektion".
– **(Indikation):** Der auf Schadensersatz beanspruchte Arzt muß das Fehlen einer Indikation beweisen, BGH NJW **85**, 2754.
– **Infektion):** Beim Infektionsschaden kann ein AnschBew zugunsten des Patienten gelten, Deutsch NJW **86**, 759. Das kann auch bei HIV gelten, BGH NJW **05**, 2615.
  S auch Rn 61 „Desinfizierung".
– **(Injektion):** Zum Injektionsschaden Jaeger VersR **89**, 994 (Üb). Nach einem Spritzenabszess und bei nachweisbaren Hygienemängeln der Praxis ist der Arzt für eine Nichtursächlichkeit bewpfl, Kblz RR **06**, 1402.
– **(Kausalität):** Rn 72 „Ursächlichkeit". 67
– **(Kontrollbefund):** Rn 61 „Diagnose".
– **(Kunstfehler):** Er ist das Abweichen von generell geübten und nicht umstrittenen Erkenntnisformen und Behandlungsschritten und damit Teil des Oberbegriffs Behandlungsfehler, Rn 60. In gesteigerter Form tritt der Kunstfehler als grober Fehler auf, Rn 65.
– **(Lagerung):** Arzt und Krankenhaus sind für eine ordnungsgemäße Lagerung des Patienten bewpfl, Köln VersR **91**, 696.
– **(Leberbiopsie):** Zur perkutanen Leberbiopsie Celle MDR **77**, 410.
– **(Medikament):** Rn 62 „Dokumentation".
– **(Mitverschulden):** Rn 62 „Dokumentation", Rn 68 „Patientenschuld".
– **(Mongoloismus):** Diejenige Patientin, die wegen unvollständiger Beratung über die Gefahr der Trisomie einen Ersatz des Unterhaltsaufwands für ein mongoloides Kind verlangt, ist dafür bewpfl, daß es ihr gelungen wäre, rechtzeitig für einen erlaubten Schwangerschaftsabbruch eine Fruchtwasseruntersuchung durchführen zu lassen, BGH NJW **87**, 2923.
– **(Nachuntersuchung):** Der Patient ist dafür bewpfl, daß man ihn nicht ordnungsgemäß über ihre Notwendigkeit aufgeklärt und nicht richtig einbestellt hatte, Hamm VersR **05**, 837 (streng). 68
– **(Narkose):** Ob bei einer Anfängernarkose ein grober Behandlungsfehler nach Rn 60, 65 vorliegt, muß man nach den Gesamtumständen beurteilen, Zweibr OLGZ **88**, 474. Eine Umkehrung der BewL zulasten des Arztes kann eintreten, wenn er technisch unzulängliche Mittel benutzt hatte, BGH JZ **78**, 275, Hamm VersR **80**, 585 (Narkosegerät). Zu Narkoseschäden Düss VersR **87**, 487 und 489.
– **(Obduktion):** Der Begünstigte muß evtl einer Obduktion zwecks Ursachenklärung zustimmen, LG Köln NJW **91**, 2975 (Vorsicht!).
  S auch Rn 72 „Ursächlichkeit".
– **(Organisationsverschulden):** Bei einem schweren Fehler kommt eine BewL des Arztes in Betracht, falls bloßes Organisationsverschulden genügt.
  S auch Rn 58 „Assistenzarzt".
– **(Patientenschuld):** Es tritt keine Umkehr der BewL zulasten des Arztes ein, soweit der Patient zumindest mitvorwerfbar handelte, BGH NJW **05**, 428, etwa durch eine Vereitelung der Arztbemühungen, KG VersR **91**, 928.
– **(Pflegesituation):** Rn 62 „Dokumentation".
– **(Psychotherapie):** Zur psychotherapeutischen Behandlung Kroitzsch VersR **78**, 399.
– **(Reinigung):** Rn 61 „Desinfizierung". 69
– **(Röntgenaufnahme):** Eine Umkehr der BewL zulasten des Arztes kann eintreten, wenn er eine erforderliche Röntgenaufnahme unterlassen hatte, BGH VersR **89**, 701.
– **(Routinefall):** Eine Beweiserleichterung für den Patienten kommt bei einem Routineeingriff nicht schon deshalb in Betracht, weil ihn ein Assistenzarzt in Abwesenheit eines Facharztes ausführte, Düss NJW **94**, 1598.

70 – **(Schuldlosigkeit):** Der Arzt muß nicht stets seine Schuldlosigkeit beweisen, Weber NJW **97**, 767.
S auch Rn 68 „Patientenschuld".

– **(Schulmedizin):** Eine solche Klausel, die dem Versicherungsnehmer die BewL dafür auferlegt, daß ein nicht zur Schulmedizin zählendes Mittel in der Praxis ebenso erfolgversprechend ist, ist wegen Verstoßes gegen (jetzt) §§ 307 ff BGB unwirksam, LG Hbg NVersZ **00**, 274.
S auch Rn 68 „Patientenschuld".

– **(Schwangerschaft):** Der Arzt muß beweisen, daß die Mutter sich nach umfassender und richtiger Beratung nicht für eine pränatale Untersuchung der Leibesfrucht auf etwaige Schädigungen entschieden hatte und daß sie sich nach einem etwa ungünstigen Ergebnis auch nicht für den Abbruch der Schwangerschaft entschieden hätte, BGH NJW **84**, 658. Eine Schwangerschaft trotz Tubensterilisation ist kein AnschBew für die Fehlerhaftigkeit der letzteren, Düss RR **01**, 959, Saarbr VersR **88**, 831 (das Gewebe kann nämlich nachwachsen).
S auch Rn 67 „Mongoloismus".

– **(Selbstbestimmungserklärung):** Der Arzt muß beweisen, daß er die von ihm vor einem Eingriff zur wirksamen Einwilligung des Patienten anzufordernde sog Selbstbestimmungserklärung des Patienten erhalten hat, BGH NJW **86**, 1542, Düss VersR **90**, 853 (beim Arzt ist evtl ein Dolmetscher nötig), Karlsr VersR **87**, 1248, aM Hamm VersR **89**, 195 (aber außer im Notfall ist die wirksame Einwilligung nur ganz selten schon aus dem Besuch beim Arzt usw ableitbar).
S auch Rn 57 „Aufklärung", Rn 63 „Einwilligung".

– **(Sorgfaltspflicht):** Rn 58 „Aufklärung", Rn 60 „Behandlungsfehler".

71 – **(Technische Mittel):** Eine Umkehrung der BewL zulasten des Arztes kann eintreten, wenn er technisch unzulängliche Mittel benutzt hatte, BGH JZ **78**, 275, Hamm VersR **80**, 585 (Narkosegerät).

– **(Tierarzt):** Die in diesem Unter-ABC für den Arzt genannten Regeln gelten auch grds beim Tierarzt, Karlsr MDR **99**, 1461, aM Baumgärtel/Wittmann JR **78**, 63. Denn das Tier hat neue rechtliche Qualität. Daher ist bloße Ausrichtung auf wirtschaftliche Interessen überholt, aM Celle VersR **89**, 640. Der Tierarzt ist beim groben Kunstfehler entlastungsbewpfl, Hamm VersR **89**, 1106, Mü MDR **89**, 738. Der Tierarzt ist dafür bewpfl, daß die Verletzung einer voll beherrschbaren Nebenpflicht nicht schuldhaft war, etwa bei den technischen Geräten, BGH VersR **78**, 82. Wegen schädigender Auswirkungen des Haftungsgrundes ist § 287 anwendbar.

– **(Tubensterilisation):** Rn 68 „Narkose".

– **(Tupferrest):** Eine Umkehr der BewL tritt ein, wenn man Tupferreste in einer solchen Wunde findet, die bis dahin kein anderer Arzt behandelt hatte. Damit ist auch die Verwendung von Tupfern gerade bei dem jetzt beklagten Arzt erwiesen.

– **(Unaufklärbarkeit):** Eine Umkehr der BewL zulasten des Arztes tritt auch dann ein, wenn man nicht mehr klären kann, ob für die eingetretenen Schäden der unstreitige oder erwiesene Kunstfehler nach Rn 67 oder andere Ereignisse ursächlich waren, BGH NJW **88**, 2304, Düss VersR **92**, 240, etwa der Zustand des Kranken, aM Bre VersR **77**, 378 (aber ein wirklicher Kunstfehler führt nun einmal erfahrungsgemäß meist zu bösen Folgen).
Im übrigen gibt es aber bei einer *Unaufklärbarkeit* des eingetretenen Ergebnisses weder einen AnschBew noch eine Umkehr der BewL gegen den Arzt.
S auch Rn 72 „Ursächlichkeit".

– **(Unterlassung):** Rn 59 „Bakteriologie", Rn 60 „Behandlungsfehler", Rn 65 „Grober Fehler", Rn 69 „Röntgenaufnahme".

72 – **(Ursächlichkeit):** Nicht ohne weiteres trägt der Arzt die *Folgen* einer jeden Fehlbehandlung. Sie begründet nicht ohne weiteres die Vermutung, daß sie die Ursache für einen eingetretenen Schaden ist, BVerfG **52**, 146, BGH NJW **93**, 3140, Hamm VersR **91**, 1059, aM Mü MDR **79**, 1030 (es stellt darauf ab, ob man dem Patienten einen noch präziseren Tatsachenvortrag zumuten kann. Aber damit überfordert man den Patienten ohnehin meist). Es findet keine BewLUmkehr statt, soweit sich der Arzt allenfalls im Grenzbereich zwischen mittelschweren und schweren Fehlern bewegt hat und soweit außerdem die Ursächlichkeit sehr unwahrscheinlich ist, BGH NJW **88**, 2950, Karlsr VersR **05**, 1246, Köln VersR **86**, 1216.

Der *Patient* muß einen *groben* Behandlungsfehler beweisen, Zweibr RR **97**, 666. Diese Schwelle liegt hoch, Bbg VersR **92**, 832, Köln VersR **98**, 1026. Gelingt dem Patienten dieser Beweis, muß der *Arzt* grds im Wege einer Umkehrung der Beweislast nachweisen, daß der Kunstfehler für die unmittelbar folgende körperliche Schädigung nicht ursächlich war, BGH NJW **01**, 2795 (allgemein), BGH NJW **94**, 802 (verspätete Diagnose), BGH NJW **94**, 1594 (Organisationsfehler), Bre RR **96**, 1115 (auch zu Ausnahmen), Düss RR **96**, 279 (Geburtshilfe), Hamm VersR **96**, 756, Kblz VersR **99**, 318 und 491 (je: Unterlassung diagnostischer Abklärung).

Das gilt auch dann, wenn man *nicht mehr aufklären* kann, ob für die eingetretenen Schäden der Kunstfehler oder andere Ereignisse ursächlich waren, BGH NJW **88**, 2304, Celle MDR **02**, 882, Düss VersR **92**, 240, etwa die Konstitution des Kranken, aM Bre VersR **77**, 378 (aber ein wirklicher Kunstfehler hat nun einmal meist böse Folgen). Freilich muß sich gerade dasjenige Risiko verwirklicht haben, dessen Nichtbeachtung den Fehler als grob erscheinen läßt, BGH NJW **81**, 2513. Auch muß der Begünstigte evtl einer Obduktion des Verstorbenen zwecks Ursachenklärung zustimmen, LG Köln NJW **91**, 2974 (Vorsicht!).

Für die Ursächlichkeit des groben Behandlungsfehlers für *mittelbare spätere* Schäden (sog haftungsausfüllende Ursächlichkeit nach § 287 Rn 6) ist grds der Patient bewpfl, BGH NJW **94**, 802, Düss RR **94**, 481, Oldb VHR **98**, 138 (§ 287). Allerdings kann die BewL beim Arzt auch bei der Frage der Nichtursächlichkeit zwischen Erst- und Folgeverletzung bleiben, wenn er gerade auch diesem Folgeschaden hätte vorbeugen müssen, Mü VersR **93**, 607, Oldb VersR **88**, 603.

Der *Arzt* muß dann also grds nachweisen, daß die Schädigung *auch ohne* den Behandlungsfehler eingetreten wäre, BGH VersR **05**, 942. Außerdem muß der Fehler geeignet gewesen sein, einen Schaden dieser Art herbeizuführen, BGH VersR **83**, 983, Ffm VersR **79**, 39, Hamm VersR **84**, 92.

Mangels ausreichender Aufklärung muß der Arzt beweisen, daß er zu dem Eingriff auch bei zutreffender Aufklärung gekommen wäre, BGH VersR **05**, 942. Der Krankenhausträger wie auch der für die Übertragung der Operationsaufsicht auf einen Nichtfacharzt verantwortliche Arzt und der aufsichtführende Arzt selbst müssen beweisen, daß die Gesundheitsschädigung nicht auf der mangelhaften Qualifikation des operierenden Assistenzarztes beruhte, BGH VersR **92**, 746. Braucht ein gewissenhafter Arzt bei pflichtgemäßer Prüfung eine bestimmte Folge bei der Behandlung nicht in Erwägung zu ziehen, tritt keine Umkehrung der BewL ein, BGH VersR **78**, 543, ebensowenig beim Verschulden auch des Patienten (Vereitelung der Arztbemühungen), KG VersR **91**, 928.

– **(Vereitelung):** Rn 68 „Patientenverschulden".
– **(Verrichtungsgehilfe):** Man darf die Regeln des § 831 BGB nur unter Beachtung aller von den Gerichten zur Arzthaftung entwickelten Gesichtspunkte anwenden, aM Oldb VersR **87**, 794 (abl Wosgien).
– **(Versagerquote):** Vgl zur Hinweispflicht auf sie BGH NJW **81**, 2004 (zustm Fischer JR **81**, 501).
S auch Rn 60 „Beratung", Rn 64 „Gebräuchlichkeit".
– **(Versicherung):** Der Versicherer ist bewpfl, daß ein Schaden vor dem Ablauf der Wartezeit eingetreten war, Hamm VersR **77**, 953.
– **(Vornahme):** Der Arzt muß beweisen, daß er den vereinbarten Eingriff überhaupt vorgenommen hat, BGH NJW **81**, 2004 (zustm Fischer JR **81**, 501), Köln FamRZ **86**, 465.
– **(Vorsatz):** Die Regeln über eine etwaige Umkehrung der BewL zulasten des Arztes gelten nicht, wenn es um einen Anspruch des Täters einer vorsätzlichen Körperverletzung gegen den Arzt des Opfers geht, Köln VersR **89**, 294.
– **(Wartezeit):** Rn 72 „Versicherung". 73
– **(Weiterbildung):** Zu ihr BGH MDR **98**, 535.
– **(Zahnarzt):** Die in diesem Unter-ABC genannten Regeln zum Arzt gelten auch beim Zahnarzt, BVerfG **52**, 131, Hbg VersR **89**, 1298, Köln RR **95**, 347 (Dokumentation). Manche meinen, es spreche eine AnschBew für eine längere und schmerzhaftere Behandlung als üblich, wenn nicht der Zahnarzt, sondern eine nicht beaufsichtigte Hilfskraft eine an sich dem Arzt vorbehaltene Tätigkeit im grundsätzlichen Einverständnis des Patienten und objektiv fehlerfrei durchführe, LG Ffm NJW **82**, 2611.
– **(Zwischenfall):** Vgl Celle VersR **81**, 784 und die spezielleren Unterstichwörter, zB Rn 68 „Narkose".
S auch Rn 127 „Krankenhaus".

Aufklärungspflicht: Rn 57 ff „Ärztliche Behandlung", Rn 179 „Schadensersatz", Rn 201 „Ursächlichkeit". 74

Aufrechnung: Der Aufrechnende ist für seinen Gegenanspruch bewpfl, BGH NJW **92**, 2229.

Aufsichtsverstoß, § 832: Der Kläger ist dafür bewpfl, daß der Bekl für eine Aufsicht Anlaß hatte. Erst dann ist der Bekl für das Fehlen einer Ursache oder einer Schuld bewpfl.
S auch Rn 174.

Auftrag: Der Auftraggeber ist für den Auftragsinhalt und seine Weisungen bewpfl, BGH RR **04**, 927. Der Beauftragte ist anschließend für die ordnungsgemäße Ausführung des Auftrags bewpfl, BGH RR **04**, 927. Der Auftraggeber ist dafür bewpfl, daß der Verwalter eines Sparkontos noch Beträge besitzt, BGH FamRZ **89**, 960. Nach einer Verfügung muß der Beauftragte den Verbleib und die Rechtmäßigkeit der Verwendung beweisen, BGH NJW **91**, 1884, Saarbr MDR **02**, 690.

Ausgleichsanspruch: Rn 82 „Ehe".

Auskunft, dazu *Bürge,* Der Kupolofall – zwischen Beweislastverteilung und Auskunftsanspruch, Festschrift für *Lüke* (1997) 7: Es gelten die normalen Regeln, BAG DB **87**, 2050, Köln FamRZ **94**, 1197. Man darf keine unerfüllbaren Beweisanforderungen stellen, BGH NJW **98**, 2969.

Auslegung: Sie hat wegen §§ 133, 157 BGB grds nichts mit der BewL zu tun, BGH FamRZ **89**, 959. Sind Wortlaut und Sinn eindeutig, muß derjenige, der ein vom Wortlaut und objektiven Sinn abweichendes Verständnis der Erklärungen geltend macht, das beweisen, BGH NJW **01**, 144. Wer einen anderen Vertragsinhalt als den durch Auslegung zu findenden behauptet, muß ihn beweisen, LAG Bre BB **88**, 408.

Bankrecht, dazu *Nirk,* Beweislast und Prozeßökonomie bei der Saldokontokorrentklage, in: Festschrift für *Merz* (1992); *Pleyer,* Materiellrechtliche und Beweisfragen bei der Nutzung von EC-Geldausgabeautomaten, Festschrift für Baumgärtel (1990) 439: 75

Der *Stempel auf der Rechnung* oder dem Überweisungsdoppel hatte sehr wohl einen Beweiswert, Vogel DB **97**, 1758. Das galt, solange nicht die Übung um sich griff, daß die Bank den Kunden auffordert, ihren Stempel in Selbstbedienung selbst zu betätigen. Wegen des Abbaus des Service und des Übergangs zu elektronischer Überweisung und zum Eintippen am Automaten hat ein solcher Stempel praktisch kaum noch Beweiswert. Bei § 676 b BGB muß der Überweisende eine Pflichtverletzung der Bank beweisen, Graf von Westphalen BB **00**, 161. Es gibt keinen AnschBew dafür, daß eine Bank einen Überweisungsauftrag auch ausgeführt hat, BGH RR **97**, 177, solange sie letzteres nicht ausdrücklich mitbescheinigt hat. Klagt der Abbuchungsschuldner gegen den Gläubiger aus ungerechtfertigter Bereicherung, muß der Gläubiger ausnahmsweise beweisen, daß er seine Leistung erbracht hat, Düss RR **99**, 417.

Diejenige *Gläubigerbank,* die wegen einer unberechtigten Rückbelastung einer Abbuchungsauftragslastschrift gegen die Schuldnerbank einen Anspruch aus ungerechtfertigter Bereicherung geltend macht, trägt die BewL dafür, daß die Lastschrift schon vor ihrer Rückgabe eingelöst worden war und nicht mehr hätte zurückgegeben werden dürfen, BGH NJW **83**, 221. Es besteht ein AnschBew dafür, daß derjenige, auf den ein Bankkonto auch nur formell lautet, über das Guthaben verfügen darf, BGH NJW **83**, 627. Beim sog „Oder-Konto" muß der nach § 430 BGB in Anspruch Genommene beweisen, daß die Partner das Innenverhältnis der Gesamtschuldner anders als nach dem Gesetz ausgestaltet hatten, BGH DB **90**, 215, Rn 95 „Gesamtschuldner". Beim Diebstahl einer EC-Karte gelten etwa dieselben Regeln wie beim Autodiebstahl, Rn 161, Hamm NJW **97**, 1711. Hat der Dieb die richtige PIN benutzt, besteht nicht stets ein AnschBew, daß der Kontoinhaber sie entweder auf der Karte oder auf einem ihr beigegebenen Zettel notiert habe, Ffm VersR **02**, 370, Oldb VersR **02**, 371. Trotzdem besteht dann im Ergebnis ein AnschBew für grobe Fahrlässigkeit des Kunden mit der ec-Karte und Geheimzahl, BGH **160**, 313 (ziemlich streng wohl auch vom verständlicherweise gewünschten Ergebnis her; zustm Meder LMK **05**, 24, Spindler BB **04**, 2767, im

Ergebnis auch Timme MDR **05**, 306). Wer zB am Flughafen 90 Minuten bis zur Bitte um eine Kartensperre wartet, setzt einen AnschBew für Nachlässigkeit, Ffm RR **04**, 207. Dasselbe gilt, wenn man 3–4 Wochen auf eine mehrfach angekündigte ec-Karte wartet, ohne die Bank nach ihr zu fragen, KG NJW **06**, 381.

Wenn die Bank auf Grund einer vom Kläger *widerrufenen Anweisung* dennoch irrig zahlte, muß der Kläger beweisen, daß der Widerruf dem Empfänger bekannt war, BGH **87**, 400. Beim Geldautomaten ist grds der Kunde für den Einwurf der gefüllten Kassette bewpfl, Ffm BB **87**, 1765. Es besteht mangels anderer Anhaltspunkte ein AnschBew dafür, daß er die Codekarte mit der Geheimzahl usw benutzt hat, LG Bonn MDR **95**, 277, LG Duisb RR **89**, 879, LG Saarbr NJW **87**, 2382. Es ist der Kunde für eine zu geringe Auszahlung bewpfl, AG Nürnb NJW **87**, 660. Indessen können aufgetretene Fehlermöglichkeiten die Bank für ihre korrekte Auszahlung bewpfl machen, AG Aschaffenb RR **89**, 45, AG Bln-Schöneb RR **04**, 1277, AG Essen RR **01**, 699. Es gibt keinen AnschBew dafür, daß der Kunde mit seiner Geheimnummer Mißbrauch trieb, LG Ffm BB **96**, 820. Beim Börsentermingeschäft braucht zu beweisen derjenige, der Schadensersatz wegen unredlicher Verhinderung des Terminseinwands fordert, nicht zu beweisen, daß das Geschäft für ihn unverbindlich war, BGH MDR **92**, 575. Der Bankbevollmächtigte muß bei einer Abhebung beweisen, daß er ein formnichtiges Schenkungssprechen mit dem Willen des Vollmachtgebers erfüllte, BGH RR **07**, 489.

Die *Mißbrauchsklausel* ist wirksam, AG Saarbr NJW **87**, 963. Die Bankeintragung im Sparbuch (und nicht im Geschäftsbuch) liefert Beweis für Höhe und Zeitpunkt der Einzahlung, Ffm RR **89**, 1517 (auch nach vielen Jahren), AG Hbg RR **87**, 1073. Die Bank ist grds dafür bewpfl, daß sie ein Sparguthaben ausgezahlt hat, LG Bonn RR **96**, 557. Zu einer Beweiserleichterung nach dem Ablauf einer langen Zeit BGH NJW **02**, 2708 (krit), KG RR **92**, 1195. Der Beweiswert einer Bankquittung ist zwar hoch, Karlsr RR **98**, 789, Foerste NJW **01**, 321. Er kann aber im Einzelfall erschüttert sein, Ffm RR **91**, 172. Wer den Untergang einer unstreitigen Forderung behauptet, muß ihn beweisen, BGH BB **93**, 1551. Das Kreditkartenunternehmen ist bewpfl, daß abgerechnete Leistungen nicht vom Vertragsunternehmen stammen, Ffm RR **96**, 1328. Wegen eines Uraltsparguthabens mit Sparbuch BGH NJW **02**, 2708, Arendts/Teuber MDR **01**, 549. Ohne Vorlage des Sparbuches ist der Kunde bewpfl, Köln BB **99**, 759.

S auch Rn 36 „Anerkenntnis“, Rn 37 „Anlagenberater“, Rn 151 „Rechtsgeschäft“, Rn 185 „Scheck“.

76 **Baurecht,** dazu *Baumgärtel,* Grundlegende Probleme der Beweislast im Baurecht, Keio Law Review **90**, 109; *Baumgärtel,* Die beweisrechtlichen Auswirkungen der vorgeschlagenen EG-Richtlinie zur Dienstleistungshaftung auf die Arzthaftung und das Baurecht, JZ **92**, 321:

Zum Problem des AnschBew bei einer unvorschriftsmäßigen Anbringung von *Sicherungsstiften* an einem Baugerüst Düss VersR **82**, 501. Der Baugläubiger ist bewpfl für die Höhe des vom Empfänger erhaltenen sog Baugeldes, BGH NJW **87**, 1196. Zum Problem Bre VersR **93**, 488. Der Auftraggeber ist für den Umfang selbst gestellter Arbeitskräfte bewpfl, BGH RR **88**, 983. Zu VOB/B Hamm RR **98**, 885. Zum Subventionsbetrug Mü RR **02**, 888.

S auch Rn 227 „Werkvertrag“.

77 **Bedingung und Befristung:** Wer sich auf eine Bedingung des Wollens (Potestativbedingung) beruft, muß deren Eintritt beweisen, Düss AnwBl **88**, 411. Derjenige Bekl, der eine aufschiebende Bedingung auch bei einem Rückgaberecht oder eine Befristung einwendet, leugnet den behaupteten Vertragsinhalt. Der Kläger ist dann für unbedingten und unbefristeten Abschluß bewpfl, BGH NJW **02**, 2862, AG Delmenhorst RR **94**, 823, LAG Köln DB **88**, 1607 (anders bei Befristung des Arbeitsvertrags), aM BAG BB **95**, 467 (bei Befristung sei bewpfl, wer sich auf die frühere Beendigung berufe. Aber auch dann leugnet der Bekl den klagebegründenden behaupteten Vertragsinhalt). Dagegen ist der Behauptende bewpfl, daß eine auflösende Bedingung vorlag und eingetreten ist, auch wenn er diese Behauptung nur hilfsweise neben dem Leugnen des Zustandekommens des Geschäfts aufstellt, Reinecke JZ **77**, 164.

Wer eine nachträgliche Bedingung behauptet, ist dafür bewpfl. Es genügt, daß der Kläger einen Vorgang beweist, der keine Bedingung erkennen läßt. Wer die Vereinbarung einer Rückwirkung eines Bedingungseintritts behauptet, muß diese Vereinbarung beweisen, Düss GRUR **85**, 149. Die Vorschrift regelt eine rechtshindernde Einwendung. Daher muß der Kunde beweisen, daß die Voraussetzung der schwebenden Unwirksamkeit und damit seines Widerrufsrechts vorlagen, BGH **113**, 225.

Befreiung: Der Gläubiger ist bewpfl für die Voraussetzungen eines Freistellungsanspruchs, Gerhards FamRZ **06**, 1799.

Befundsicherung, dazu *Steffen,* Beweislasten für den Arzt und den Produzenten aus ihren Aufgaben zur Befundsicherung, Festschrift für *Brandner* (1996): Man kann oft von einer Befundsicherungspflicht sprechen, nicht nur im Arzthaftungsrecht. Die Verletzung kann zur Umkehr der BewL führen, zumindest zur Beweiserleichterung, BGH NJW **96**, 317, Baumgärtel Festschrift für Walder (Zürich 1994) 152.

Benachteiligung: Rn 34 „Allgemeines Gleichbehandlungsgesetz“.

78 **Bereicherung,** dazu *Halfmeier,* Zur Beweislast für den Mangel des Rechtsgrunds, in: Festschrift für *Schmidt* (2005): Es gelten grds die allgemeinen BewLRegeln, BGH MDR **92**, 803, Köln VersR **99**, 1507. Der vorbehaltlos leistende Kläger ist grds für eine Erfüllung und für das Fehlen des Rechtsgrundes dazu bewpfl, BGH **154**, 9, Ffm FamRZ **86**, 997, Köln VersR **89**, 1073. Er muß auch eine Nichtberechtigung des Empfängers beweisen, BGH VersR **00**, 1565 (Schenkung) und NJW **04**, 2897 (Abschlag), Düss RR **88**, 1536, Ffm RR **86**, 1354. Der Bereicherungsgläubiger trägt auch dann die BewL, wenn der Bereicherungsschuldner sich hilfsweise auf einen anderen als den ursprünglich angegebenen Rechtsgrund beruft, BGH RR **91**, 575. Man darf die Anforderungen an den Entreicherten aber nicht überspannen, BGH **154**, 9. Der Kläger muß nicht das Fehlen eines solchen Umstands beweisen, auf den sich der Bekl gar nicht beruft, BGH NJW **03**, 1039. Abweichungen können beim Abbuchungsverfahren bestehen, Düss RR **99**, 417. Das gilt auch bei der Kfz-Versicherung, Köln VersR **86**, 1234, oder bei der Aufrechnung des Arbeitgebers gegen Lohnansprüche, LAG Mü DB **89**, 280.

Wenn aber die Leistung nur in der *bloßen Erwartung* der künftigen Feststellung der Schuld erfolgte, also nicht in Anerkennung einer schon bestehenden, ist der Bekl dafür bewpfl, daß die Feststellung erfolgt ist oder erfolgen muß, BGH NJW **89**, 162, oder daß der geforderte Vorschuß berechtigt war, BGH NJW **04**, 2897, LG Kblz WoM **95**, 99 (Mietnebenkosten). Der Scheckschuldner ist für die Unwirksamkeit des

Grundgeschäfts bewpfl, Oldb BB **95**, 2342. Wer nach § 58 ScheckG klagt, ist dafür bewpfl, daß es gegen den Rückgriffsanspruch keine sonstigen Einwendungen gab, KG RR **01**, 1056.

Ein *Vorbehalt* ist je nach seinem auslegbaren Sinn evtl geeignet, den Empfänger für die Berechtigung seiner Forderung bewpfl zu machen, Düss DB **88**, 2849. Er ist evtl aber auch nur als Ausschluß des § 814 BGB gedacht und dann kein Grund für eine BewLUmkehrung, BGH MDR **92**, 803. Die Erfüllung der bestimmten Schuld läßt durch eine ausdrückliche oder stillschweigende Erklärung bei der Leistung beweisen, § 157 BGB. Bei § 814 BGB muß der Empfänger der Leistung beweisen, daß dem Leistenden die Nichtschuld bekannt war. Der „Bereicherte" muß die Unmöglichkeit der Herausgabe beweisen, BGH BB **88**, 1552 (anders beim diesbezüglichen Scheingeschäft). Wegen § 2287 BGB vgl BGH **66**, 17. Wer eine Entreicherung nach § 818 III BGB geltend macht, muß ihre Voraussetzungen beweisen, BGH NJW **99**, 1181, zB eine Minderung des Saldos, BGH BB **90**, 20 (Leasingvertrag), oder den Verbrauch, BAG MDR **95**, 827. Dafür kann zwar ein AnschBew bestehen, nicht aber auch nach einer erheblichen Gehaltsüberzahlung, BAG MDR **01**, 1357.

S auch Rn 75 „Bankrecht", Rn 79 „Bürgschaft", Rn 218 „Versicherung".

Berufsrecht: Bei § 14 II Z 7 BRAO ist der Anwalt mangels der dortigen gesetzlichen Vermutung seines Vermögensverfalls dazu nicht bewpfl, BGH AnwBl **08**, 67.

Berufsfortkommensschaden: Vgl *von Hoyningen-Huene/Boemke* NJW **94**, 1757 (ausf).

Berufung: Die BewL bleibt unverändert.

S auch Rn 94 „Frist".

Beschwerde: Die BewL bleibt unverändert.

Besitz: Wer die Aufgabe des Mitbesitzes gegenüber § 958 BGB behauptet, ist dafür bewpfl, Düss NZM **02**, 192.

S auch Rn 99 „Herausgabe".

Bevollmächtigung: Rn 222 „Vollmacht".

Beweissicherung: Rn 189 „Selbständiges Beweisverfahren". **79**

Beweisvereitelung: Rn 26, 27, § 449.

Börsenprospekt: Rn 148 „Prospekthaftung".

Brand: Es kommt auf die Gesamtumstände an, Stgt VersR **97**, 340.

S auch Rn 166.

Briefzugang: Rn 153 ff.

Bürgschaft: Es gelten grds die allgemeinen BewLRegeln, BGH MDR **02**, 403. Der Gläubiger ist für das Bestehen der Hauptschuld bewpfl, BGH MDR **02**, 403. Der Bürge ist für die Erfüllung der Hauptverbindlichkeit ebenso bewpfl wie der Hauptschuldner, BGH MDR **02**, 403, Düss BB **88**, 97. Das gilt auch dann, wenn die Bürgschaft einen nicht anerkannten Tagessaldo aus einem Kontokorrent betrifft, BGH NJW **96**, 719, oder einen sonstigen Abschlußsaldo, BGH MDR **02**, 403. Der Bürge ist für eine andere Sicherheit nach § 772 II BGB bewpfl. Bei der Bürgschaft „auf erstes Anfordern" muß grds der Bereicherte das Entstehen und die Fälligkeit der Hauptforderung beweisen, der Bürge die Leistung des Hauptschuldners, BGH RR **93**, 693 (Art 189 II EGV enthält eine vorrangige abweichende Regelung). Dann gelten im Rückforderungsprozeß dieselben BewLRegeln wie im Hauptprozeß gegen den Bürgen, BGH DB **89**, 2600. Der Gläubiger ist dafür bewpfl, daß der Anspruch durch die vom Bürgen „auf erstes Anfordern" übernommene Verpflichtung gesichert ist, BGH NJW **99**, 2361.

Der Bürge ist für eine solche Tatsache bewpfl, die den Einwand nach *§ 242 BGB* rechtfertigt, BGH DB **96**, 2074. Das gilt auch für die Behauptung der Nichtigkeit des Bürgschaftsvertrags, BGH NJW **02**, 1339. Wer eine Blankobürgschaft unterschrieben haben will, ist dafür bewpfl, Köln BB **99**, 339. Bei der Ausfallbürgschaft ist der Gläubiger nicht nur für den Verlust bewpfl, sondern auch dafür, daß der Ausfall trotz aller Sorgfalt eingetreten ist oder wäre, BGH NJW **99**, 1467. Bei der Abgrenzung von Zeitbürgschaft und gegenständlich beschränkter Bürgschaft ist der Gläubiger grds für den von ihm behaupteten Inhalt bewpfl und kann beim Kontokorrent die letztere Auslegung naheliegen, BGH NJW **04**, 2233. Im Befreiungsprozeß gegenüber dem Hauptschuldner ist der Bürge für die Behauptung bewpfl, ihm stünden die Rechte eines Beauftragten zu, BGH NJW **00**, 1643.

S auch Rn 36 „Anerkenntnis".

Btx-Anschluß: Der Inhaber ist für einen nicht veranlaßten Mißbrauch bewpfl, Köln VersR **93**, 840.

S auch Rn 91 „Fernsprechgebührenrechnung".

Computer: Es gelten die normalen Regeln, zB Rn 151 „Rechtsgeschäft". Der Speicher ist keine Urkunde, Üb 7 vor § 415, Redeker NJW **84**, 2394. Der Anbieter kann für die Brauchbarkeit einer EDV-Anlage bewpfl sein, BGH NJW **96**, 2924 (Sicherungsroutine).

Darlehen: Wenn der Bekl bestreitet, das Geld als Darlehen erhalten zu haben, ist der Kläger dafür bewpfl, es als Darlehen gegeben zu haben, Rn 186 „Schenkung", BGH **147**, 205 (§ 767, auch bei Unterwerfung unter die Zwangsvollstreckung), LG Bayreuth RR **02**, 1423 (Bankkredit, auch nach Vertragserneuerung), Schneider MDR **89**, 138. Das soll sogar dann gelten, wenn der Schuldner den Empfang notariell bestätigt hat, BGH NJW **01**, 2096 (!?). Wer den Darlehensempfang quittiert und eine Rückzahlungspflicht unterschreibt, ist dafür bewpfl, daß keine Schuld entstanden ist, BGH NJW **86**, 2571 (zu einem Testament). **80**

Allerdings beweist eine schriftliche *Verpflichtung* zu einer zB monatlichen Zinszahlung aus einem bestimmten Betrag nicht schon die Hingabe eines Darlehens, BGH WertpMitt **76**, 974. Der Beweis, daß entgegen dem Schuldschein kein Bardarlehen nach § 488 I 2 BGB vorliegt, entbindet nicht von der Entkräftung der gegnerischen Behauptung, es liege ein Vereinbarungsdarlehen nach § 488 I 1 BGB vor. Eine Umwandlung in ein Bardarlehen muß der Gläubiger beweisen. Der Schuldner ist für die Unwirksamkeit des Darlehensvertrags bewpfl. Der Gläubiger ist für die Fälligkeit nach §§ 488 III, 608 BGB bewpfl, der Schuldner für eine Stundung oder für einen Erlaß usw, ferner grds für eine vertragsgemäße Rückzahlung, AG Mü RR **96**, 687 (auch zu einer Ausnahme nach anfänglichen Teilzahlungen und dann langem Zeitablauf). Zur Beweiswürdigung bei Darlehen oder Schenkung naher Angehöriger Kblz FamRZ **05**, 898. Der Kunde muß Arglist der Bank beweisen, BGH NJW **08**, 2912.

Wenn der Geschäftsinhaber für einen *Angehörigen* im Betrieb ein Darlehenskonto führt und wenn der Angehörige den Saldo anerkannt hat, muß der Angehörige beweisen, welche Buchungen unrichtig sind, BGH MDR **80**, 45. Beim objektiv sittenwidrigen Kredit muß der Darlehensgeber beweisen, daß die subjektiven Voraussetzungen des § 138 I BGB nicht vorgelegen haben, BGH BB **94**, 1311 (krit Groeschke 1312), Sandkühler DRiZ **89**, 127. Der Schuldner muß beweisen, daß die Parteien einen Folgeanspruch ausnahmsweise nicht in eine Sicherungsabrede, zB eine Grundschuld, einbezogen haben, BGH NJW **04**, 158.

S auch Rn 76 „Baurecht", Rn 88 „Erfüllung", Rn 96 „Gesellschaft", Rn 205 „Verbraucherdarlehensvertrag".

Deckungspflicht: Rn 203 „Ursächlichkeit", Rn 218 „Versicherung".

Diebstahl: Rn 161, 168, 170 „Schadensersatz".

81 **Dienstbarkeit:** Zur BewL im Rahmen von § 1020 BGB beim Streit über eine rechtsgeschäftlich festgelegte Trassenführung einer Leitungsdienstbarkeit BGH NJW **84**, 2157. Zu einer Dienstbarkeit nach dem Code Civil Saarbr RR **08**, 104.

Dienstvertrag, dazu *von Craushaar,* Die Auswirkungen der Beweislastregelung in der geplanten EG-Dienstleistungshaftungsrichtlinie auf das deutsche Privatrecht, Gedächtnisschrift für *Arens* (1993) 26:

Die BewL für die Vergütung läßt sich ebenso wie beim Kauf beurteilen. Bei einem Anspruch aus § 618 BGB oder aus § 62 HGB ist der Kläger nur für solche Mängel bewpfl, die nach dem natürlichen Verlauf der Dinge die späteren Schäden verursachen konnten. Der Bekl muß beweisen, daß ihn und diejenigen, für die er haftet, keine Schuld trifft und daß die Mängel nicht ursächlich waren (sozialer Schutz). Wer sich auf § 626 BGB beruft, muß seine Voraussetzungen beweisen, BGH NJW **03**, 432. Der Dienstverpflichtete muß beweisen, daß er seine Dienste angeboten hat, KG BB **97**, 114. Der Dienstberechtigte muß beweisen, daß er die Kündigung des Partners nicht (mit)verschuldet hat, BGH MDR **97**, 197. Der Dienstberechtigte ist grds dafür bewpfl, daß eine abgeschlossene Dienstleistung Fehler oder Lücken aufweist, Kblz RR **93**, 251 (auch zu einer Teilleistung), oder daß die Vertragspartner ausnahmsweise keine Vergütung vereinbart hatten, wenn sie sonst üblich ist, oder daß er anfechten oder kündigen konnte, KG BB **97**, 114.

S auch Rn 38 „Anwaltsvertrag", Rn 151 „Rechtsgeschäft".

DIN-Norm: Vgl BGH **114**, 273, Kroitzsch BauR **94**, 673.

Dokumentationspflicht. Ihre Verletzung führt zur Beweiserleichterung für den Gegner bis zur Umkehr der BewL wegen Beweisvereitelung, Rn 27, BGH DB **85**, 1020.

S auch Rn 62 „Ärztliche Behandlung: Dokumentation".

Duldung: Der Gläubiger braucht im Prozeß auf eine Duldung der Zwangsvollstreckung aus einer Zwangshypothek grds die Entstehung der gesicherten Forderung nicht zu beweisen, BGH NJW **94**, 460 (Ausnahme, wenn dem Titel die innere Rechtskraft nach § 322 fehlt).

82 **eBay-Kauf:** Rn 101.

EDV-Anlage: Rn 79 „Computer".

Ehe: Außerhalb der Amtsermittlung, Rn 5: Der Antragsteller (Kläger) muß beweisen, daß der andere Ehegatte Familieneinkommen beiseitegeschafft hat, BGH NJW **86**, 1871. Bei § 1357 I 1 BGB ist der Vertragspartner des geschäftsführenden Ehegatten dafür bewpfl, daß das die Mithaftung des anderen Ehegatten begründende Geschäft nicht nur nach seiner Art, sondern tatsächlich dem familiären Lebensbedarf dient, AG Bochum RR **91**, 453. Bei §§ 1365, 1368 BGB ist derjenige Ehegatte bewpfl, der die Unwirksamkeit des Rechtsgeschäfts geltend macht, BGH RR **90**, 1155. Beim Ausgleichsanspruch muß nur in einem einfachen Fall der Ausgleichspflichtige lediglich beweisen, daß der andere von denjenigen Umständen wußte, die die Ehe beendeten. Sodann muß der Ausgleichsberechtigte einen Rechtsirrtum beweisen, BGH **100**, 210. Vgl aber Rn 205 „Verjährung". Der Ausgleichsberechtigte muß die Höhe des Anspruchs beweisen, Stgt FamRZ **93**, 193, freilich nur der Größenordnung nach, BGH NJW **98**, 353, strenger Köln RR **99**, 229 (BewL für Aktiva und Fehlen von Passiva im Endvermögen, auch zu den Grenzen).

83 **Ehre,** dazu *Leipold,* Zur Beweislast beim Schutz der Ehre und des Persönlichkeitsrechts, Festschrift für *Hubmann* (1985) 271:

Grundsätzlich ist der Verletzte dafür bewpfl, daß der Verletzer rechtswidrig handelte. Bei einer üblen Nachrede ist jedoch wegen § 186 StGB der Verletzer bewpfl, solange er sich nicht auf die von ihm zu beweisende Wahrnehmung berechtigter Interessen berufen kann, BGH NJW **85**, 1621, Ffm NJW **80**, 597. Nach der Feststellung der Wahrnehmung berechtigter Interessen kann der Verletzte für die Unwahrheit der Behauptung bewpfl werden, BGH NJW **85**, 622. Bei § 185 StGB ist der Verletzer für die Wahrheit bewpfl, Ffm MDR **80**, 495. Wer wegen teils wahrer, teils unwahrer Behauptungen aus § 824 BGB klagt, muß beweisen, daß sein Schaden durch die unwahren entstand, BGH NJW **87**, 1403.

S auch Rn 235 „Widerruf".

Eigenbedarf: Rn 137 „Miete".

84 **Eigentum:** Derjenige Kläger, der eine auf dem Nachbargrundstück bevorstehende Anlage verbieten will, muß beweisen, daß mit Sicherheit von ihr unzulässige Einwirkungen ausgehen werden. Der Störer ist dafür bewpfl, daß eine bestehende Störung nur unwesentlich ist, Düss NJW **77**, 931, oder daß er alles Zumutbare zur Beseitigung der Störung unternommen hat, BGH NJW **82**, 440, oder daß der Beeinträchtigte die Störung sonstwie dulden muß, BGH **106**, 145. Wer trotz § 891 BGB das Grundeigentum bestreitet, ist für dessen Fehlen bewpfl, auch bei einem Erwerb durch eine Genehmigung, BGH DB **79**, 1357, oder bei § 900 BGB. Bei § 931 BGB ist der Veräußerer dafür bewpfl, daß vor der Abtretung in seiner Person Eigentum entstanden ist. Der Erwerber muß beweisen, daß das Eigentum des Veräußerers vor der Abtretung untergegangen war. Der Vorbehaltseigentümer ist gegenüber dem unmittelbaren Besitzer bewpfl, aM KG JR **78**, 378. Er muß auch Eigentumsvorbehalt versicherter, abgebrannter Sachen beweisen, BGH NVersZ **99**, 177. Die Eigentumsvermutung nach § 1006 BGB gilt auch zugunsten des Pfandgläubigers, Saarbr MDR **08**, 48. Sie zwingt zum Beweis des Gegenteils, BGH KTS **02**, 362. Diejenige nach § 1362 II BGB führt nicht stets zur Umkehrung der BewL, Nürnb MDR **00**, 704. Wegen

eines Anbaus Köln DB **75**, 497. Zur BewL bei unzulässigen Einwirkungen Baumgärtel Keio Law Review **83**, 151.

S auch Rn 99 „Herausgabe", „Höferecht".

Einschreiben: Rn 153. 85

Einstweilige Einstellung: Vgl § 707 Rn 7.

Eisenbahn: Bei Verspätung, Verlust, Beschädigung gelten Artt 28 CIM, CIV (grds ist die Eisenbahn für ein Verschulden des Reisenden bewpfl, Ausnahmen dort), Einl IV 14. Verunglückt ein Reisender beim Einsteigen in einen haltenden Zug, liegt ein AnschBew für sein Verschulden vor, LG Düss VersR **79**, 166. Frachtrechtliche Einzelheiten bei Finger VersR **82**, 636.

Elektronische Signatur: § 292 a.

E-mail-Ausdruck: Er wird sich als Beweismittel durchsetzen, Mankowski NJW **04**, 1903 (Üb), aM noch AG Bonn RR **02**, 1363. Ein AnschBew ist nur unter den Voraussetzungen des § 292 a möglich, Ernst MDR **03**, 1091.

E-mail-Werbung: Rn 234 „Wettbewerb".

Emission: Es gibt bei einer genehmigten Anlage grds keinen AnschBew für ihre Ursächlichkeit für einen Schaden, Köln VersR **93**, 894.

Energieversorgung: Der Versorger muß diejenigen Tatsachen beweisen, die zum gesetzlichen Haftungsausschluß führen, BGH BB **82**, 335. Er muß auch beweisen, daß er die Preise im Rahmen eines billigen Ermessens festgesetzt hat, BGH NJW **03**, 1181.

S aber auch Rn 78 „Bereicherung".

Enteignung: Der Kläger ist für einen Umbauplan bewpfl.

Entgangener Gewinn: Aus § 252 S 2 BGB folgt, daß der Geschädigte nur die Wahrscheinlichkeit darlegen und beweisen muß, der Schädiger aber bewpfl dafür ist, daß der Geschädigte einen solchen Gewinn nicht hätte erzielen können, BGH NJW **88**, 204.

Erbrecht: Zur Totenfürsorge BGH MDR **92**, 588. Durch den Erbfall gehen nicht nur die Ansprüche des Erblassers auf den Erben über, sondern auch dessen damit verbundene beweisrechtliche Positionen, BGH RR **94**, 323. Wer einen von § 2066 S 1 BGB abweichenden Erblasserwillen behauptet, muß ihn beweisen, Tappmeier NJW **88**, 2715. Wer sein Erbrecht auf ein Testament stützt, sei es vorhanden oder nicht mehr, muß sowohl die formgültige Errichtung nachweisen, Hamm FamRZ **93**, 607, als auch grds den vollen Wortlaut des Testaments, BayObLG Rpfleger **85**, 194. Dabei sind alle zulässigen Beweismittel verwendbar, Zweibr RR **87**, 1158. Wer sich auf die Gültigkeit eines Erbvertrags beruft, ist dafür bewpfl, daß sie in seinem Sinn gemeint ist und damit dem § 2274 BGB genügt, Stgt OLGZ **89**, 417. Der den Erbvertrag widerrufende Erblasser muß beweisen, daß der Bedachte den Tatbestand einer entsprechenden Straftat erfüllt hat. Zur lange zurückliegenden Anfechtung BayObLG FER **01**, 153. Der Bedachte muß Rechtfertigungs- oder Entschuldigungsgründe beweisen, BGH MDR **86**, 208. Bei § 2077 BGB ist derjenige, der die Unwirksamkeit der letztwilligen Verfügung geltend macht, dafür bewpfl, daß im Zeitpunkt des Erbfalls keine Versöhnungsbereitschaft der Ehegatten bestand, BGH **128**, 130. 86

Bei *§ 2079 BGB* trägt der gesetzliche Erbe die BewL dafür, daß das gesamte Testament auf der Nichtkenntnis des Pflichtteilsberechtigten beruhte, LG Darmst RR **88**, 262. Die BewL dafür, daß das Recht eines Dritten zur Anfechtung eines gemeinschaftlichen Testaments entsprechend § 2285 BGB erloschen ist, trifft den Anfechtungsgegner, Stgt OLGZ **82**, 315. Für die Voraussetzungen eines Herausgabeanspruchs nach § 2287 BGB ist der Kläger bewpfl, BGH **66**, 8, Köln RR **92**, 200. Verlangt der Nacherbe nach dem Eintritt des Nacherbfalls die Herausgabe solcher Sachen, die nicht von Anfang an zum Nachlaß des Erblassers gehörten, trägt der Nacherbe die BewL für die während der Vorerbschaft eingetretenen Ersatzvorgänge, BGH NJW **83**, 2874. Bei § 827 BGB ist der Schädiger für die Unzurechnungsfähigkeit bewpfl, BGH **102**, 229. Bei § 2350 BGB ist derjenige bewpfl, der aus einem unbedingten Verzicht ein Recht herleitet, BGH Rpfleger **08**, 77. 87

Die Anforderungen an den Beweis, eine *Veränderung* der Urkunde sei auf eine Handlung des Erblassers zurückzuführen, dürfen vor allem dann nicht zu hoch sein, wenn sich die Urkunde bis zuletzt im Gewahrsam des Erblassers befand, BayObLG **83**, 208. Der Nachlaßverwalter ist dafür bewpfl, daß eine Zulänglichkeit des Nachlasses für eine Zahlung vorhanden oder anrechenbar war, BGH FamRZ **84**, 1005. Hängt die Entgeltlichkeit einer Verfügung des Testamentsvollstreckers davon ab, daß der Empfänger der Leistung Miterbe ist, muß man die Erbengemeinschaft nachweisen, BayObLG RR **86**, 1070. Die Beweiskraft eines Erbscheins verringert sich nicht dadurch, daß das Nachlaßgericht ihm nur für bestimmte Zwecke erteilt hat, Ffm RR **94**, 10.

S auch Rn 74 „Auftrag", Rn 127 „Krankenhaus", Rn 144 „Pflichtteil", Rn 186 „Schenkung".

Erfüllung: Der Schuldner muß sie bis zur Annahme als Erfüllung grds beweisen, §§ 362, 363 BGB, BGH RR **07**, 705, Ffm RR **88**, 108, Hamm RR **88**, 1088 (Ausnahme: Gläubiger wartet 20 Jahre, LG Münst RR **07**, 125). Das gilt auch insoweit, als der Gläubiger einen Anspruch aus einer angeblichen Nichterfüllung geltend macht, aM Grames ZMR **94**, 7 (aber auch dann ist Erfüllung eine rechtsvernichtende Einwendung, Rn 3). Eine Quittung hat wegen der Unterschrift den Beweiswert des § 416, Saarbr MDR **97**, 1107, und wegen der Richtigkeit des Inhalts zwar meist einen AnschBew, Saarbr MDR **97**, 1107. Das Gericht darf sie indes zumindest bei Zweifeln frei würdigen, BGH VersR **93**, 1911, Ffm RR **91**, 172, Saarbr MDR **97**, 1107. Eine auch maschinelle Bankquittung hat einen erheblichen Beweiswert, BGH RR **88**, 881, Köln MDR **97**, 3080. Der Bekl muß eine Abweichung von den gesetzlichen Vorschriften beweisen, zB bei einer Stundung nach § 271 I BGB, bei einer Unmöglichkeit, Schopp ZMR **77**, 354, und bei einer Teilzahlung, aM Reinecke JZ **77**, 165 (aber sie ist nicht die gesetzliche Regel). Der Gläubiger ist bewpfl für eine Vorleistungspflicht des Schuldners, für einen Ausschluß der Aufrechnung, für ein Fixgeschäft usw. 88

Bei einer *Erfüllungsverweigerung* ist der Gläubiger grds dafür bewpfl, daß er zur Gegenleistung bereit war. Jedoch muß der Schuldner das Gegenteil beweisen, wenn er endgültig verweigerte. Will der Kläger auf seine Klageforderung eine Zahlung nicht anrechnen, muß er Forderungen aus mehreren Schuldverhältnis- 89 sen beweisen. Der Bekl muß dann beweisen, daß er gerade die Klageforderung getilgt hat, BGH RR **93**, 1015, Ffm RR **88**, 108. Ist offen, ob eine Zahlung für den Empfänger bestimmt war oder für einen solchen Dritten, als dessen Vertreter oder Inkassobeauftragten der Zahlungsempfänger auftritt, richtet sich die BewL nach den Regeln zur „Stellvertretung", Ffm RR **88**, 109. Soweit der Schuldner den Nachweis der Erfüllung nicht mehr zumutbar führen kann, weil er den geleisteten Gegenstand nicht mehr in Händen hat, muß der diesen besitzende Gläubiger beweisen, daß die Leistung nach § 363 BGB unvollständig war, Köln FamRZ **84**, 1090. Der Versicherer ist dafür bewpfl, daß er den Versicherungsnehmer nach dem VVG gemahnt hatte, AG Mü VersR **76**, 1032.

S auch Rn 51 „– (Verdienst)", Rn 75 „Bankrecht", Rn 79 „Bürgschaft", Rn 142 „Nachgiebige Vorschriften".

90 **Erledigung der Hauptsache:** Soweit das Gericht über ihr Vorliegen streitig entscheiden muß, ist der Kläger grds wie sonst dafür bewpfl, daß die Klageforderung zulässig und begründet war und daß erst ein erledigendes Ereignis sie beseitigt hat, Düss RR **91**, 138, Schneider MDR **84**, 550. Indessen kann der Bekl bewpfl werden, wenn er sich auf eine Unmöglichkeit beruft, Düss RR **91**, 138.

91 **Fahrrad:** Die Notwendigkeit einigen Kraftaufwands zur Beseitigung der Verdrehung des Lenkers nach einem Unfall bringt einen AnschBew dafür, daß er vorher nicht fest genug saß, Ffm VersR **94**, 1118.

S auch Rn 105 ff.

Fälligkeit: Der Schuldner ist für eine solche erst nach dem Verlangen des Gläubigers bewpfl, BGH RR **04**, 209.

Fehlen von Umständen: Beweispflichtig ist der Kläger. Fehlt ihm aber jeder Anhalt und kann der Bekl leicht aufklären, gilt das Fehlen nach der Lebenserfahrung als bewiesen, wenn der Bekl die Klärung verweigert. Es liegt dann übrigens auch ein Verstoß des Bekl gegen die Förderungspflicht vor, Grdz 12 vor § 128, BVerfG **54**, 157.

Fernabsatzgesetz: Die BewL für einen Ausschluß des Widerrufsrechts nach § 3 II FernAbsG (§ 312 IV BGB) liegt beim Unternehmer, BGH **154**, 239.

Fernsprechgebührenrechnung: Rn 79 „Btx-Anschluß", Rn 194 „Telefonrechnung".

92 **Feststellungsklage,** dazu *Stetter-Lingemann,* Die materielle Rechtskraft eines die negative Feststellungsklage abweisenden Urteils – insbesondere bei unrichtiger Beweislastverteilung, Diss Tüb 1992:

Bei der behauptenden und der verneinenden Klage muß derjenige, der eine rechtshindernde oder rechtsvernichtende Tatsache behauptet, diese beweisen. Rechtswirkungen wie die Gültigkeit eines Rechtsgeschäfts sind nicht bewpfl. Die Parteistellung entscheidet nicht, § 256 Rn 47, BGH NJW **93**, 1717, Hbg FamRZ **89**, 1112, Oldb FamRZ **91**, 1071. Es reicht aus, daß die Grundlagen einer künftigen Leistungsklage wahrscheinlich vorliegen, BGH NJW **78**, 544. Bei der verneinenden Klage ist der Bekl für das beanspruchte Recht nach Grund und Höhe bewpfl, BGH NJW **92**, 1103, Hbg FamRZ **89**, 1112.

Vgl auch § 256 Rn 47, 107.

93 **Form:** Wer sich auf sie beruft, muß ihre Einhaltung beweisen, Rostock NZM **02**, 955. Behauptet der Kläger einen vorbehaltlosen Vertragsabschluß, der Bekl dessen Abhängigkeit von einer Schriftform, ist der Kläger bewpfl. Wer mündliche Abreden neben einem ausführlichen schriftlichen Vertrag behauptet, muß solche Umstände dartun, die die Nichtaufnahme der Abreden in den Vertrag erklären. Denn der schriftliche Vertrag hat die Vermutung der Vollständigkeit und Richtigkeit für sich, BGH NJW **02**, 3164, Fricke VersR **07**, 1617. Die Gerichte sollten jeden Angriff auf das einzige einigermaßen zuverlässige Beweismittel Urkunde mißtrauisch behandeln und den oft minderwertigeren Zeugenbeweis strenger beurteilen. Wenn die Urkunde lückenhaft ist, fragt es sich, ob man diese Lücken nicht als Absicht vermuten muß. Das trifft meist zu, wenn das Gesetz die Regelung ausreichend ergänzt.

Formularvertrag: Der Kunde muß diese Eigenschaft nach § 305 I BGB beweisen, BGH NJW **77**, 381, Heinrich NJW **77**, 1509, Weyer NJW **77**, 2237.

Fortdauer eines Zustands: Bis zum Beweis des Gegenteils spricht für sie kein Erfahrungssatz.

Fracht: Rn 223 „Währung", Rn 227 „Werkvertrag".

94 **Fremdwährung:** Rn 223 „Währung".

Frist: Wer eine Verjährung oder den Ablauf einer Auschlußfrist behauptet, ist für Beginn und Ablauf bewpfl. Der Gegner ist dafür bewpfl, daß die Verjährung gehemmt wurde. Der Einwendende ist für deren Beseitigung bewpfl. Steht ein Posteinzahlungstag fest, liegt AnschBew dafür vor, daß die Einzahlung vor Schalterschluß erfolgte, Düss VersR **76**, 429. Bei einer Rechtsmittelfrist ist der Rechtsmittelführer grds für die Einhaltung bewpfl, jedoch nicht bei Umständen aus dem Verantwortungsbereich des Gerichts, Baumgärtel Festschrift für Mitsopoulos (Athen 1993) 22.

Fund: Rn 220 „Verwahrung".

95 **Gefahrenbereich:** Es gibt eine Verteilung der BewL nach Gefahrenbereichen, BGH RR **90**, 1422, Karlsr MDR **99**, 1461, soweit man dem Geschädigten mangels näherer Kenntnis von Tatsachen aus dem Bereich des Schädigers nicht zumuten kann, näher vorzutragen und unter Beweis zu stellen, BGH NJW **80**, 2186. Eine Umkehr der BewL setzt aber voraus, daß der Betroffene das Risiko voll beherrscht, Hamm RR **03**, 31 (nicht im Altenheim bei maximal 215 Minuten Pflege pro Tag).

Geliebtentestament: Beweispflichtig ist jeweils derjenige, zu dessen Gunsten die behaupteten Umstände bei der Prüfung der Sittenwidrigkeit ausfallen. Für diese sind der Inhalt des Testaments und seine Auswirkung wesentlich, auch das Motiv, etwa eine Belohnung für die Hingabe.

Gemeinschaft: Der Zusatz „TG" auf einem Spielschein beweist, daß der Ausfüller den Gewinn der Tippgemeinschaft zufließen lassen wollte, Mü RR **88**, 1268.

Genehmigung: Rn 141 „Minderjährigkeit".

Gerichtsstand: Vgl Üb 19 vor § 12.

Gesamtschuldner: Wer eine von § 426 BGB abweichende Vereinbarung behauptet, muß sie beweisen, BGH DB **90**, 215, Köln RR **96**, 557.

S auch Rn 75 „Bankrecht".

Geschäftsunfähigkeit: Rn 99 „Handlungsunfähigkeit".

Geschlecht: Seine Benachteiligung ist stets verboten, Art 3 II 1 GG, Richtlinie 97/80/EG v 15. 12. 97, ABl L 14/6 DE v 20. 1. 98.

Gesellschaft: Derjenige Gesellschafter, der ein Recht aus einem Gesellschafterbeschluß ableitet, muß die formelle und sachlichrechtliche Wirksamkeit des Beschlusses beweisen, BGH BB **82**, 1016. Nach einer Übertragung eines Gesellschaftsanteils ist derjenige bewpfl, der den Verbleib einer Forderung gegen die Gesellschaft beim Übertragenden behauptet, BGH DB **88**, 281. Wer sich auf die Nichtigkeit eines Beschlusses beruft, muß sie im einzelnen darlegen und beweisen, BGH NJW **87**, 1263. Im Abwicklungsstadium ist der Gesellschafter dafür bewpfl, daß der rückständige Beitrag nicht mehr notwendig ist. Der Abwickler ist sodann dafür darlegungspflichtig, wie die Verhältnisse der Gesellschaft liegen, BGH MDR **79**, 119. Gliedert der herrschende Unternehmer-Gesellschafter im Rahmen eines Beherrschungsvertrags mit einer KG das Unternehmen der abhängigen Gesellschaft in das eigene Unternehmen ein, ist er nicht nur dafür bewpfl, daß ihn kein Verschulden trifft, sondern im allgemeinen auch dafür, daß die behaupteten pflichtwidrigen Handlungen nicht vorliegen, BGH BB **79**, 1735. Bei der BGB-Außengesellschaft muß der einzelne für die Gesellschaft auftretende Gesellschafter, wegen § 714 BGB seine Alleinvertretungsbefugnis beweisen, Schmidt NJW **01**, 999. 96

Der Gesellschafter ist für die Leistung seiner *Einlage* bewpfl, BGH NJW **07**, 3067 (AnschBew möglich), Ffm RR **05**, 1628 (auch noch nach längerer Zeit), Köln RR **89**, 354. Soweit die GmbH beweist, daß ihr neben der Stammeinlage noch eine weitere Forderung gegen den Gesellschafter zusteht, muß er beweisen, daß er gerade die Stammeinlage vorgenommen hat, Stgt NJW **87**, 1032. Bei einem Anspruch gegen den Gesellschafter aus sog Unterbilanzhaftung kann der Anspruchsteller im Besitz der notwendigen Unterlagen bewpfl dafür sein, daß der Gesellschafter seinen Anteil am Stammkapital bei Eintragung der Gesellschaft nicht voll eingezahlt hatte, Ffm DB **92**, 1335. Mangels geordneter Aufzeichnungen kann ausnahmsweise der Gesellschafter für das Fehlen einer Unterbilanz bewpfl sein, BGH LMK **03**, 89 (zustm Müller). Der Gesellschafter ist bewpfl, daß er keine Kenntnis von einer solchen Krise hatte, die zur Anwendung von Eigenkapitalersatzregeln führte, BGH NJW **98**, 3201. Wer sich auf die Eigenkapitalersatzregeln beruft, ist für eine Insolvenz der GmbH bewpfl, BGH RR **01**, 1450.

Der Gläubiger muß gegenüber dem Geschäftsführer die *Überschuldung* der Gesellschaft beweisen, der Geschäftsführer sodann, daß eine Fortbestandschance bestand, Kblz RR **03**, 1198. Beim Streit um ein Gesellschafterdarlehen ist die Gesellschaft für ihre Kreditunfähigkeit und für das Fehlen stiller Reserven bewpfl, wenn für ihr Vorliegen nach dem Jahresabschluß Anhaltspunkte bestehen, BGH NJW **99**, 3121. Der von einem Mitgesellschafter die Rückzahlung angeblich eigenmächtiger Entnahmen verlangende Gesellschafter muß solche Entnahmen beweisen. Anschließend muß der Bekl seine Berechtigung beweisen, BGH BB **00**, 58.

Steht fest, daß ein Gesellschaftsanteil *treuhänderisch* für einen Außenstehenden gehalten worden ist, muß dieser, wenn er später der Gesellschaft ein Darlehen gewährt, beweisen, daß zu diesem Zeitpunkt das Treuhänderverhältnis nicht mehr bestand, BGH DB **89**, 271 (wegen einer Gesellschaftsinsolvenz). Zur BewL bei der aktienrechtlichen Anfechtungsklage Hüffer Festschrift für Fleck (1988). Zur BewL wegen der Aktivlegitimation des geschäftsführenden Alleingesellschafters BGH BB **04**, 1359. Die GmbH ist bewpfl für einen Schaden infolge eines Verhaltens des Geschäftsführers. Er ist bewpfl für seine Schuldlosigkeit, BGH DB **02**, 2706. Der Geschäftsführer ist dafür bewpfl, eingenommene Gesellschaftsmittel an die Gesellschaft abgeführt zu haben, BGH BB **91**, 232. Der Geschäftsführer ist dafür bewpfl, für die Gesellschaft erhaltene Gelder ordnungsgemäß an die Gesellschaft weitergeleitet zu haben, Ffm RR **93**, 546. Die Gesellschaft ist bei § 303 AktG für innere Vorgänge bewpfl, der Anspruchsteller für die weiteren Voraussetzungen der Konzernhaftung, BAG NJW **99**, 741. Beim Freistellungsanspruch des Ausgeschiedenen nach § 738 I 2 BGB ist der Befreiungsschuldner für das Erlöschen bewpfl, BGH NJW **00**, 1642.

S auch Rn 74 „Aufrechnung".

Geständnis: Das prozessuale Geständnis nach § 290 kehrt die BewL um, das außergerichtliche läßt sich frei würdigen, Köln VersR **90**, 857. Dementsprechend bestimmt § 476 BGB beim Verbrauchsgüterkauf: „Zeigt sich innerhalb von sechs Monaten seit Gefahrübergang ein Sachmangel, so wird vermutet, daß die Sache bereits bei Gefahrübergang mangelhaft war, es sei denn, diese Vermutung ist mit der Art der Sache oder des Mangels unvereinbar". 97

Gewässerschaden: Zum sog Kleckerschaden Emde VersR **96**, 291 (ausf).

Gewerblicher Rechtsschutz: Rn 234 „Wettbewerb".

Gewinn: Für den entgangenen Gewinn ist der Geschädigte bewpfl, BGH NJW **89**, 2757 (krit Wolf ZZP **103**, 70). Vgl freilich § 287.

Gleichbehandlung: Rn 34 „Allgemeines Gleichbehandlungsgesetz".

Grundrecht: Die Behauptung, es sei verletzt worden, ändert die BewL nicht.

Grundschuld: Wer eine fehlende Valutierung behauptet, ist dafür bewpfl, BGH KTS **92**, 497 (freilich muß der Sicherungsnehmer Umfang und Höhe der gesicherten Forderung beweisen). Der Schuldner ist für eine solche Sicherungsabrede bewpfl, die ihm Einwendungen erlaubt, BGH RR **91**, 759. Der Sicherungsgeber ist für das Erlöschen der gesicherten Forderung auch dann bewpfl, wenn er nicht zugleich Schuldner der Forderung ist, BGH NJW **00**, 1108.

Haftpflicht, dazu *Lepa,* Beweislast und Beweiswürdigung im Haftpflichtprozeß, 1988: Die Darlegungs- und BewL für das Vorliegen der Voraussetzungen des § 4 I Nr 6 a AHG trägt der Versicherer. Beweiserleichterungen kommen dem Versicherer dabei nicht zugute, Kblz VersR **95**, 1083. 98

S auch Rn 105 „Kraftfahrzeug", Rn 159 „Schadensersatz", Rn 200 „Ursächlichkeit", Rn 218 „Versicherung".

Handelsbrauch: Soweit sein Bestehen feststeht, ist man für ein Abweichen von ihm bewpfl, Schmidt Handelsrecht (1980) 21.

S auch Rn 151 „Rechtsgeschäft".

Handelsregister: AnschBew besteht für seine Richtigkeit, BGH DtZ **97**, 354. Seine Beweisfunktion läßt sich nicht auf Zeugnisse über den Inhalt der dem Register zur Eintragung vorgelegten Urkunden ausdehnen, Köln RR **91**, 425.

Handelsvertreter, dazu *Martinek,* der handelsvertreterrechtliche Ausgleichsprozeß usw, Festschrift für *Lüke* (1997) 409 (426): Er ist dafür bewpfl, daß er geschäftliche Beziehungen zwischen neuen Kunden und dem Unternehmer hergestellt hat, BGH BB **89**, 1077. Der Unternehmer ist dafür bewpfl, daß ihm die Ausführung des Geschäfts aus von ihm nicht zu vertretenden Gründen unmöglich geworden oder ihm nicht zumutbar ist, BGH BB **89**, 1077. Zum Ausgleichsanspruch des ausgeschiedenen Tankstellenpächters BGH MDR **88**, 930. Der entgangene Gewinn läßt sich nach § 287 ermitteln, dort Rn 22, BGH BB **89**, 2429. Zur BewL für den Fall, daß der Unternehmer ein Grundkapital zur Verfügung stellen und auf dessen Rückzahlung evtl verzichten muß, BGH RR **92**, 1388.

99 **Handlungsunfähigkeit;** dazu *Reinicke,* Entspricht die Beweislast bei Prozeßfähigkeit derjenigen bei der Geschäftsfähigkeit?, in: Festschrift für *Lukes* (1989) 755; *Wolf* AcP **170**, 181 (Handlungsbegriff):

Beweispflichtig ist der Einwendende, BGH RR **04**, 174, Düss FamRZ **97**, 829, Musielak NJW **97**, 1741. Das gilt: Bei der Unzurechnungsfähigkeit. Das darf aber nicht dazu führen, daß der Versicherer die BewL für grobe Fahrlässigkeit verliert; bei der Testierunfähigkeit; bei der Deliktsunfähigkeit; bei der Minderjährigkeit. Wer trotzdem eine Handlungsfähigkeit etwa nach § 112 BGB behauptet, ist dafür bewpfl. Man kann den Beweis dafür, daß der Verletzungsvorgang nicht unter physischem Zwang erfolgte oder als unwillkürlicher Reflex durch fremde Einwirkung entstand, zu den vom Verletzten zu beweisenden Tatsachen rechnen. Denn andernfalls liegt kein der Bewußtseinskontrolle unterliegendes und durch den Willen beherrschtes Tun vor, also keine Handlung nach § 823 BGB. Davon weicht BGH NJW **87**, 121 bei einer Bewußtlosigkeit des Täters ab und gibt ihm diese BewL. Hat der Arzt trotz 3,0‰ oder mehr BAK „klares Bewußtsein, geordneten Denkablauf und beherrschtes Verhalten" attestiert, muß man eine Unzurechnungsfähigkeit näher beweisen, Ffm NVersZ **99**, 573. Wegen der Prozeßfähigkeit § 56 Rn 5.

Haustürgeschäft: Vgl zunächst Rn 77 „Bedingung und Befristung" sowie Rn 235 „Widerruf". Läßt sich der Auftragnehmer eine von ihm vorformulierte Erklärung bestätigen, die mündliche Verhandlung sei auf vorhergehende Bestellung des Kunden erfolgt, bleibt es wegen Nichtigkeit dieser Klausel bei der BewL des Auftragnehmers für eine vorhergegangene Bestellung nach (jetzt) § 312 II Z 1 BGB, Köln MDR **02**, 751, Zweibr RR **92**, 565. Ist streitig, ob und wann der Kunde eine Belehrung über das Widerrufsrecht usw dem Kunden erhalten hat, ist sein Vertragsgegner bewpfl, § 312 II BGB.

Hebamme: Ein schwerer Behandlungsfehler kann zu Beweiserleichterungen zugunsten der Patientin bei der Frage der Ursächlichkeit führen, Brschw VersR **87**, 76.

Herausgabe: Wegen der Notwendigkeit einer Gesamtschau sachlichrechtlicher und prozessualer Regeln insbesondere des § 893 kommt es auf einen Beweis der Unmöglichkeit der Herausgabe nur an, soweit der Schuldner behauptet, er müsse die Unmöglichkeit nicht vertreten, Schmidt ZZP **87**, 61, aM Wittig NJW **93**, 638 (aber der Besitzer hatte mit der Sachherrschaft auch die Vermutung gegen sich, nicht herausgeben zu wollen). Hat der Besitzer in gemieteten Räumen investiert, muß er gegenüber dem Anspruch des Eigentümers auf eine Herausgabe von Nutzungen den nicht herausgabepflichtigen Investitionsmehrwert beweisen, BGH BB **95**, 2341.

Hinterlegung: Beim Streit, an wen man herausgeben muß, trägt grds der Kläger wie bei § 812 BGB die BewL, BGH **109**, 244. Bei einer Widerklage entscheidet das Innenverhältnis, Peters NJW **96**, 1249.

Höferecht: Verlangt ein Abkömmling aus einem formlosen Hofübergabevertrag die Übereignung des Hofes, hat er die BewL dafür, daß sich der Eigentümer trotz aufgetretener Zerwürfnisse binden wollte und die Bindung nachträglich nicht wieder weggefallen ist, BGH MDR **93**, 241.

100 **Immission:** Rn 237 „Zuführung".

Injektionsschaden: Rn 56 „Ärztliche Behandlung".

Insolvenz: Der Gläubiger ist grds dafür bewpfl, daß die objektiven Voraussetzungen einer Pflicht zum Insolvenzantrag vorlagen, BGH BB **94**, 1657. Zur BewL zur Überschuldung nach Gutachten BGH NJW **97**, 3171, und bei der Kreditunwürdigkeit einer GmbH BGH BB **98**, 555. Bei einer unzureichenden Deckung kann ein Beweisanzeichen für eine Benachteiligungsabsicht des Schuldners vorhanden sein, BGH **157**, 252 (zustm Lessing LMK **04**, 96). Man kann es bei einer nur geringen Unterdeckung entkräften, noch dazu bei einem direkten Zusammenhang mit einem Sanierungsplan usw, BGH RR **93**, 238. Der Insolvenzverwalter ist bewpfl, soweit streitig ist, ob die an den Anfechtungsgegner abgetretene Forderung auf der Weiterveräußerung solcher Ware beruht, die der Schuldner unter verlängertem Eigentumsvorbehalt erworben hatte, BGH NJW **00**, 3777. Der Insolvenzverwalter muß nur nach § 287 beweisen, daß sich eine Verwertung nicht verzögerte, BGH NJW **06**, 1874. Hat der Schuldner dem Anfechtungsgegner eine Vergütung für solche Leistungen gewährt, die dieser unentgeltlich erbringen mußte, liegt darin ein erhebliches Beweisanzeichen für eine Gläubigerbenachteiligungsabsicht, BGH NJW **95**, 1093.

S auch Rn 37 „Anfechtungsgesetz", Rn 40 „Arbeitnehmer", Rn 96 „Gesellschaft".

Internetgeschäft: Es gibt keine Beweiserleichterung zugunsten des Anbieters, Köln VersR **02**, 1565, Hoffmann NJW **04**, 2571. Wegen des Dialers Schlegel MDR **04**, 128 (evtl AnschBew der Richtigkeit. Vgl aber Rn 194 „Telefonrechnung").

S auch Rn 219 „Versteigerung".

Kapitalanlagevermittler: Zu seiner BewL BGH RR **06**, 685 (ausf).

Kartellrecht: Wegen der BewL beim Alleinbezugsvertrag wegen Art 85 I EGV Ebenroth/Rapp JZ **91**, 965. Die BewL dafür, daß die Behinderung eines Unternehmens nach § 26 II GWB unbillig ist, trifft denjenigen, der daraus Rechte herleitet, BGH **134**, 9. § 34 IV GWB enthält eine Beweiserleichterung, Meyer GRUR **06**, 28.

101 **Kauf,** dazu *Henninger,* Die Frage der Beweislast im Rahmen des UN-Kaufrechts usw, 1995; *Reimers-Zocher,* Beweislastfragen im Haager und Wiener Kaufrecht, 1995: Es zeigen sich zahlreiche Aspekte.

– **(Angemessenheit):** Rn 102 „– (Preis)".

– **(Aufklärung):** Der Käufer muß beweisen, daß ihn der Verkäufer nicht genug aufgeklärt hat, BGH NJW **08**, 2853. Das gilt auch dann, wenn dieser erklärt hatte, ihm sei „vom Vorhandensein wesentlicher unsichtbarer Mängel nichts bekannt", BGH NJW **03**, 2380.
– **(Bierdeckeltrunk):** Beim Gaststättentrunk „auf Bierdeckel" reicht nicht einmal der nicht vom Trinker geschriebene Name des Trinkers aus, aM AG Saarbr RR **88**, 948 (aber das öffnet der Fälschung Tür und Tor).
– **(„Blechschaden"):** Derjenige Verkäufer, der im schriftlichen Vertrag erklärt hatte, am verkauften PKW sei nur Blechschaden entstanden, muß bei schärfsten Anforderungen an ihn beweisen, den tatsächlich größeren Schadensumfang mündlich erläutert zu haben, Bbg RR **94**, 1333.
– **(eBay-Kauf):** Es gibt keinen AnschBew wegen der Verwendung eines Paßworts, Hamm NJW **07**, 611.
S auch Rn 103 „– (Vertragsabschluß)".
– **(Einbaumöbel):** Wegen eines BewLVertrags beim Kauf solcher Möbel Rn 6.
– **(Einheitliches Kaufgesetz):** Rn 1, Düss DB **87**, 1039.
– **(Freibleiben):** Wer einen freibleibenden Kauf behauptet, ist dafür bewpfl.
– **(Garantie):** Bei einer solchen des Verkäufers ist er für ein Verschulden des Käufers während der Garantiezeit bewpfl, BGH DB **95**, 623.
– **(„Gekauft wie besichtigt"):** Bei der Klausel „gekauft wie besichtigt" ist der Verkäufer dafür bewpfl, daß der Käufer den Mangel kannte oder hatte erkennen müssen, Ffm MDR **80**, 140.
– **(Gewährleistung):** Derjenige Käufer, der trotz einer Beschränkung seiner Gewährleistungsrechte auf Nachbesserung oder Ersatzlieferung wegen § 309 Z 12 BGB zurücktritt oder mindert, ist dafür bewpfl, daß die Nachbesserung oder Ersatzlieferung fehlgeschlagen ist, BGH DB **90**, 1082, auch wenn sich die Sache beim Verkäufer befindet, Düss OLGZ **92**, 382.
– **(„Kassa gegen Faktura"):** Bei dieser Klausel muß der vorleistungspflichtige Käufer die Mangelhaftig- **102**
keit beweisen, BGH MDR **87**, 665.
– **(Kurs):** Rn 103 „– (Verzug)".
– **(Lieferumfang):** Der Verkäufer muß den behaupteten größeren beweisen, LG Freib MDR **80**, 140.
– **(Mangelhaftung):** Der Verkäufer kann bei einer Rückgängigmachung des Kaufs für die Mangelfreiheit der Ware bewpfl sein, Hamm MDR **81**, 756. Nach einer Annahme als Erfüllung muß der mindernde oder rücktretende Käufer aber den Mangel beweisen, BGH **86**, 1386. Einzelheiten zur BewL für Sollbeschaffenheit und Qualitätsabrede Nierwetberg NJW **93**, 1745 und zur Vorteilsanrechnung BGH RR **02**, 1280. Der Käufer muß Arglist beweisen, der Verkäufer deren Nichtursächlichkeit oder die Mängelkenntnis des Käufer, BGH **89**, 1583. Der Käufer ist für den Zugang der Mängelanzeige nach *§ 377 HGB* bewpfl, BGH NJW **87**, 2236.
– **(Miet- und Pachtrecht):** Behauptet ein solcher Grundstückskäufer, dem „Miet- und Pachtrechte" bekannt waren, man habe ihm bei den Verhandlungen gesagt, die Verlängerungsvereinbarung zu einem Pachtvertrag sei entfallen, ist er bewpfl, BGH RR **88**, 79.
– **(Nachname):** Der Verkäufer muß beweisen, den Kaufpreis nach einer Versendung der Ware per Nachnahme nicht erhalten zu haben, AG Bielef RR **04**, 560.
– **(Preis):** Wenn der Verkäufer einen Kauf zu einem unbestimmten, angemessenen Preis behauptet, der Käufer einen solchen zu einem bestimmten höheren Preis, ist der Verkäufer für seine Behauptung bewpfl. Beim anfänglichen Skonto ist meist der Verkäufer für das Fehlen usw bewpfl, BGH NJW **83**, 2944. Anders muß man einen von Anfang an konkret festgelegten Kaufpreis beurteilen, LG Stgt RR **99**, 1738 (BewL des Käufers für Skontovereinbarung). Natürlich muß der Käufer auch eine nachträgliche Ermäßigung beweisen, BGH NJW **83**, 2944.
– **(Probekauf):** Beim Kauf auf Probe trägt nach einer sofortigen Beanstandung durch den Käufer der Verkäufer die BewL für die Probemäßigkeit, Karlsr OLGZ **91**, 372.
– **(Rücktrittsrecht):** Wer es behauptet, ist dafür bewpfl.
– **(Skonto):** S „– (Preis)".
– **(Späte Rüge):** Derjenige Käufer, der das Fehlen einer Eigenschaft erst nach Monaten rügt, ist für ihr anfängliches Fehlen bewpfl, Köln RR **95**, 751 (Alarmanlage).
– **(Stromlieferung):** Zweibr MDR **87**, 844 zählt einen Stromlieferungsvertrag hierher und macht den Lieferanten für einwandfreie Zähler und Ablesungen bewpfl.
– **(Stundung):** Rn 88 „Erfüllung".
– **(Umtauschrecht):** Wer es behauptet, ist dafür bewpfl. **103**
– **(Verbrauchsgüterverkauf):** Die Vermutung des § 476 BGB zu beachtbar, BGH NJW **07**, 2622 (zustm Lorenz, krit Gsell JZ **08**, 29, abl Klöhn NJW **07**, 2815), Hamm RR **05**, 1369, Lorenz NJW **04**, 3022. Der Käufer muß die Voraussetzungen des § 476 beweisen, BGH NJW **07**, 2620. Das ist aber keine Umkehrung der BewL für das Vorliegen eines Sachmangels, sondern nur für seinen Zeitpunkt, BGH **159**, 218. Zum Problem Andreae NJW **07**, 3462 (Üb). Die Vermutung des § 476 BGB gilt bei regelmäßigem Verschleiß keineswegs stets, Celle NJW **04**, 3566, Maultzsch NJW **06**, 3097 (ausf). Sie entfällt andererseits nicht schon deshalb, weil der Verbraucher das Kaufobjekt durch einen Dritten hat zB einbauen lassen, BGH NJW **05**, 283 (zustm Wertenbruch LMK **05**, 21). Sie läßt sich nur nach § 292 durch den vollen Gegenbeweis entkräften, Celle NJW **04**, 3566. Der Versender muß beweisen, daß der Mangel des Verbrauchsguts nicht beim Transport entstand, AG Fürstenwalde NJW **05**, 2717.
– **(Vergleichswertverfahren):** Bei einer Wertermittlung im Vergleichswertverfahren liegt eine Sittenwidrigkeit nicht schon im Mißverhältnis von Wert und Preis, BGH **160**, 11.
– **(Verschulden):** Der wegen Untergangs zurücktretende Käufer ist für sein Nichtverschulden bewpfl, BGH NJW **75**, 44.
S auch Rn 101 „– (Garantie)".
– **(Vertragsabschluß):** Der Verkäufer ist für ihn bewpfl, BGH NJW **02**, 363. Das gilt auch beim eBay-Kauf, Hamm NJW **07**, 611.

– **(Verwirkung):** Fordert der Verkäufer den Kaufpreis erst nach Jahrzehnten, muß er zumindest die bisherige Nichtzahlung beweisen, LG Münst RR **07**, 125.
– **(Verzug):** Wegen eines Verzugsschadens infolge eines Kursverlusts BGH NJW **76**, 848.
– **(Vorkaufsrecht):** Wegen desjenigen eines Siedlungsunternehmens BGH DB **77**, 494.
– **(Zahlung):** S „– (Verwirkung)".
– **(Zug-um-Zug):** Verweigert der Käufer bei einem Kauf Zug um Zug die Annahme, muß grds der Verkäufer die Mangelfreiheit beweisen, BGH DB **86**, 1386.

Kausalität: Rn 200 „Ursächlichkeit".

104 **Kindergeld:** Der Berechtigte oder Begünstigte ist dafür bewpfl, daß die Sperrfrist von 7 Tagen seit der Gutschrift noch läuft, § 12 I 3 Hs 2 BKGG.

Klagebefugnis: Man muß ihren Wegfall wegen Forderungsübergangs beweisen, KG BB **97**, 114.

Kommission: Im Rahmen des § 384 III HGB trägt der Kommissionär die BewL dafür, daß er dem Kommittenten zugleich mit der Anzeige von der Ausführung der Kommission den Dritten namhaft gemacht hat, mit dem er das Geschäft abgeschlossen hat, BGH DB **84**, 2297. Der Kommittent ist bewpfl dafür, daß der Kommissionär die Ware erhielt und ohne eine Ausführung der Kommission nicht herausgeben kann, BGH BB **07**, 1412. Der Kommissionär ist dafür bewpfl, daß der Verlust oder die Beschädigung trotz der Sorgfalt eines ordentlichen Kaufmanns unabwendbar waren, § 390 HGB. Der Kommissionär ist für die Durchführung eines Auftrags wegen im Ausland verwahrter Wertpapiere bewpfl, BGH DB **88**, 1313.

Kontokorrent: Rn 75 „Bankrecht".

105 **Kraftfahrzeug, Fahrrad,** dazu *Metz* NW **08**, 2806 (Rspr-Beispiele): Man muß sehr fein unterscheiden.
– **(Abbiegen):** Rn 114 „Linksabbiegen".
– **(Abkommen von Fahrbahn):** Bei ungeklärter Ursache besteht zwar ein AnschBew für einen vermeidbaren Fahrfehler, Hamm RR **07**, 1174, Kblz VersR **06**, 1382, aber kein AnschBew für grobe Fahrlässigkeit, Hamm RR **07**, 1174, Schlesw NVersZ **00**, 278.

S auch Rn 125 „– (Vorfahrt)".
– **(Absichtlichkeit):** Für sie kann ein AnschBew vorliegen, Kblz RR **06**, 95.
– **(Abstand):** Der AnschBew gegen den Auffahrer geht dahin, daß er entweder einen zu kurzen Abstand einhielt, zB bei 60 km/h nur eine Wagenlänge, Bre VersR **76**, 545, oder daß er auf den Vordermann zu spät reagierte. Bei § 3 I StVO fehlt ein AnschBew, wenn der Fußgänger evtl zu spät auf die Fahrbahn trat, LG Tüb VersR **98**, 607.

106 – **(Alkohol):** Wenn ein alkoholbedingt *bewußtseinsgestörter Fußgänger* einen Unfall erleidet, spricht ein AnschBew für seine Schuld, Hamm VersR **77**, 762, jedenfalls nicht für die Schuld des ihn auf der eigenen Fahrbahn von hinten erfassenden Pkw-Fahrers, Mü RR **86**, 253, aM Zweibr VersR **77**, 1135 (zum alten Recht), LG Köln VersR **84**, 796 (aber auch § 3 II a StVO entkräftet nicht eine Lebenserfahrung). Dieser AnschBew läßt sich nicht schon durch die Möglichkeit entkräften, daß auch ein Nüchterner die gleiche Unachtsamkeit begehen kann. Der AnschBew fehlt vielmehr erst bei der realen Möglichkeit, daß der Gefährdete auch nüchtern die Lage nicht gemeistert hätte, Kblz VersR **75**, 515. Der Versicherer muß eine alkoholbedingte Bewußtseinsstörung beweisen, BGH NJW **02**, 3113.

Die BewL des Versicherers für eine *absolute Fahruntüchtigkeit* des Versicherungsnehmers besteht auch gegenüber einem vom Versicherungsnehmer behaupteten Nachtrunk, Hamm VersR **81**, 924. Ist aber die Fahruntüchtigkeit zur Unfallzeit geklärt, ist der Versicherungsnehmer für den Nachtrunk bewpfl, Nürnb VersR **84**, 437. Er kann sich dann auch beim Überholen nicht mit einem Überraschungsmoment wegen eines Dritten herausreden, Naumb VersR **05**, 1233. Bei einer relativen Fahruntüchtigkeit spricht kein AnschBew dafür, daß über die Alkoholmenge hinaus weitere ernsthafte Anzeichen für Ausfallerscheinungen vorliegen, Hamm VersR **81**, 924.

Bei alkoholbedingter nur *relativer Fahruntüchtigkeit* gibt es keinen AnschBew für sie, BGH NZV **88**, 17. Wenn ein alkoholbedingt Fahruntüchtiger verunglückt, spricht ein AnschBew dafür, daß der Alkohol unfallursächlich war, falls ein Nüchterner die Verkehrslage hätte meistern können, Ffm VersR **87**, 281, Karlsr VersR **83**, 628, Köln VersR **02**, 1040 (Radfahrer). Selbst bei einem verkehrswidrigen Verhalten des nüchternen Gegners bleibt ein AnschBew für eine Mitursächlichkeit der Trunkenheit bestehen, falls auch ein Nüchterner ebenso wie der Angetrunkene reagiert hätte, aM KG NJW **75**, 267, Schlesw VersR **75**, 290.

107 Wenn der Fahrer bei 1,94‰ auf der Gegenfahrbahn mit einem *Entgegenkommer* zusammenstößt, liegt ein AnschBew für grobe Fahrlässigkeit des betrunkenen Fahrers vor, LG Köln VersR **82**, 386. Zu streng wertet Ffm VersR **85**, 759 beim Ermüdeten bereits 1,15‰ als Anzeichen einer alkoholbedingten Bewußtseinsstörung. Beim Zusammenstoß in der Fahrbahnmitte kann ein AnschBew dafür vorliegen, daß der mit 2,4‰ Alkoholisierte infolgedessen auf die Gegenfahrbahn geriet, Hamm VersR **87**, 788. Fährt ein Alkoholisierter ungebremst in den Wagen des Unfallgegners, spricht ein AnschBew für die Unfallursächlichkeit der Alkoholisierung, Hamm VersR **02**, 76. Bei 0,97‰ Blutalkohol sprechen objektive alkoholtypische Verstöße natürlich zusätzlich für Fahruntüchtigkeit und entlastet eine Blendung usw nicht, Kblz VersR **02**, 181 links unten.

Der AnschBew der Schuld des Angetrunkenen fehlt, wenn der *Gegner ebenfalls alkoholbedingt fahruntüchtig* ist, Schlesw VersR **92**, 843, LG Münst VersR **77**, 128. Wenn jemand stark alkoholisiert einen solchen Unfall begeht, den ein Nüchterner vermieden hätte, spricht ein AnschBew für Bewußtseinsstörung als Unfallursache, Hamm VersR **77**, 762.

Ein Mitverschulden des *Mitfahrers* setzt voraus, daß er die Fahruntüchtigkeit des alkoholisierten Fahrers hätte erkennen müssen, Ffm VersR **87**, 1142 (dazu soll nicht einmal ein Alkoholgeruch beim Verlassen einer Diskothek zu später Nachtzeit ausreichen!), Köln VHR **96**, 38. Es gibt keinen AnschBew dafür, daß ein Mitfahrer die Fahruntauglichkeit des Fahrers erkennen muß, und zwar selbst dann nicht, wenn der Fahrer hochgradig alkoholisiert ist.

Es gibt keinen AnschBew für Alkohol als Unfallursache, *wenn* ein *nüchterner Fahrer nicht anders* gehandelt hätte, Bbg VersR **87**, 909. Die bloße Möglichkeit eines auch in nüchternem Zustand gleichen Unfallablaufs entlastet freilich nicht, LG Stgt VersR **83**, 1153. Man kann nicht schon bei jedem solchen Fahrer ein falsches Verhalten annehmen, der nicht mehr ganz nüchtern ist, Zweibr DB **75**, 497. Der AnschBew der Ursächlichkeit der Angetrunkenheit des Fahrers für den Unfall läßt sich nicht schon durch die bloße Behauptung eines sog Nachtrunks entkräften, Ffm VersR **81**, 51.

– **(Ampel):** Das Überfahren einer roten Ampel läßt sich nur nach den Gesamtumständen beurteilen, **108**
Hamm RR **87**, 609. Der Überfahrer muß eine Bewußtlosigkeit (Sekundenschlaf) beweisen, Saarbr RR **03**, 605. Der Ampelbetreiber ist dafür bewpfl, daß er an einer Ampelstörung keine Schuld trägt, Düss MDR **76**, 842.

S auch Rn 114 „Linksabbiegen".

– **(Anerkenntnis):** Rn 118 „Schuldanerkenntnis".

– **(Anfahren vom Fahrbahnrand):** AnschBew spricht für ein Verschulden desjenigen, der vom Fahrbahnrand anfährt, gegenüber dem fließenden Verkehr, Düss VersR **78**, 852.

S auch Rn 125 „– (Vorfahrt)".

– **(Anrollen):** Rn 110 „– (Führerlosigkeit)".

– **(Anschnallen):** AnschBew spricht gegen den Unterlasser bei einer typischen Unfallverletzung, BGH NJW **91**, 230.

– **(Aquaplaning):** Rn 116 „– (Nässe)".

– **(Auffahren):** Beim Auffahren (Vorderpartie gegen Hinterpartie eines Kfz, Oldb VersR **92**, 842, kein seitlicher Aufprall, kein Aufprall auf ein schräges Fahrrad) sind alle Umstände beachtlich, Hamm VersR **05**, 1303, KG MDR **75**, 664. Es gilt der Grundsatz eines AnschBew für das Verschulden des Auffahrers, BGH VersR **75**, 374, Düss NJW **06**, 1073 (keine Ausnahme wegen Ausweichens), Köln VersR **04**, 78 (Ausnahme beim Spurwechseln des Vordermanns, dazu Rn 119 „Spurwechsel"), LG Bre RR **05**, 1050 (grds keine Änderung wegen Vor-Heckschadens). Scharfes Bremsen beim Anfahren entkräftet den AnschBew, Rn 109 „Bremsen".

Soweit unklar ist, ob ein Auffahren oder ein Spurwechsel vorliegt, gibt es für das erstere *keinen* AnschBew, KG VersR **05**, 1746 (Schadensteilung 1:1), Köln VersR **04**, 78, Saarbr MDR **06**, 329.

S im einzelnen bei den unterschiedlichen Merkmalen eines Auffahrunfalls sowie Rn 109 „Bundesautobahn", Rn 110 „Doppelauffahren".

– **(Bahnübergang):** Erfaßt ein Zug jemanden auf dem Übergang einer eingleisigen Bahnstrecke trotz **109**
rechtzeitig geschlossener Schranken, spricht der AnschBew dafür, daß sich der Unglücksfall mit einem Verschulden des Verunglückten ereignet.

– **(Baum):** Fährt jemand gegen einen Baum usw, besteht AnschBew für ein Verschulden, Ffm VersR **87**, 281. Daran ändert auch eine Übermüdung nichts. Es besteht kein AnschBew dafür, daß er beim Aufprall noch lebte, Ffm NVersZ **02**, 558 (?!).

S auch Rn 112 „– (Hindernis)".

– **(Beifahrer):** Rn 107 „– (Alkohol)".

– **(Beleuchtung):** AnschBew für Verschulden des Wartepflichtigen kann fehlen, wenn der Vorfahrtberechtigte nachts ohne Licht fährt, Köln VersR **88**, 859. AnschBew kann zwischen Nichtbeleuchtung und Auffahren vorliegen.

S auch Rn 112 „– (Hindernis)" sowie bei den einzelnen Beleuchtungsarten.

– **(Bergfahrer):** Ein AnschBew kann für ein Auffahren des Talfahrers statt für ein Zurückrollen des Bergfahrers sprechen, LG Stgt NJW **90**, 1858.

– **(Berührung):** AnschBew spricht grds für ein Verschulden des Fahrers, wenn eine Berührung mit einem anderen Fahrzeug erfolgt, aM BGH VersR **75**, 765 (Überholen).

S aber auch Rn 121 „– (Ursächlichkeit)".

– **(Betriebsgefahr):** Sie kann angesichts eines AnschBew völlig zurücktreten, aM Köln VersR **04**, 78 (aber das wäre eine Verletzung der Pflicht zur Abwägung der Gesamtumstände).

– **(Betrug):** Rn 120 „– (Täuschung)".

– **(Bewußtlosigkeit):** Wer sich auf sie beruft (Sekundenschlaf usw), ist dafür bewpfl, Saarbr RR **03**, 605.

– **(Blutalkohol):** Rn 106 „– (Alkohol)".

– **(Bremsen):** Ein AnschBew kann zwischen einer fehlerhaften Bremsanlage und einem Unfall bestehen. Der AnschBew gegen einen Linksfahrer kann fehlen, wenn sich der Unfall erst infolge eines solchen Bremsens ereignet, dessen Ursache unklar bleibt, Oldb VersR **78**, 1449, LG Stgt VersR **84**, 592. Der AnschBew gegen den Auffahrer kann entfallen, wenn der Vordermann scharf bremst, Ffm VersR **06**, 668, Köln VersR **76**, 670, aM LG Freib VersR **77**, 90 (Mitschuld, wenn der Vordermann wegen eines Tieres bremst. Aber das ist eine erst wegen des AnschBew klärbare Anschlußfrage). Die bloße Behauptung, ein Tier sei in die Fahrspur gelaufen, reicht meist nicht, Karlsr Just **79**, 295. Der AnschBew gegen den Auffahrer fehlt aber, wenn er den Grund des Bremsens des Vordermanns erkennt, AG Singen VersR **77**, 629. Ein Bushalter ist gegenüber dem Fahrgast dafür bewpfl, daß eine scharfe Bremsung des Busfahrers notwendig war, KG VersR **77**, 724, aM LG Düss VersR **83**, 1044 (aber auch der Busfahrer muß § 1 StVO beachten).

S auch Rn 124 „– (Verwechslung)".

– **(Bundesautobahn):** Kommt ein Fahrer über den Grünstreifen der Autobahn auf die Gegenfahrbahn, spricht ein AnschBew für sein Verschulden, außer wenn die Fahrbahn grobe Mängel aufweist. Beim Auffahren auf einer BAB-Einfahrt spricht kein AnschBew gegen den BAB-Benutzer, BGH NJW **82**, 1596, sondern ein AnschBew gegen den Einfahrer, auf den der BAB-Benutzer auffuhr, KG VersR **02**, 628. Das gilt umso mehr wegen der bekannten Rücksichtslosigkeit vieler Einfahrer, die sich für absolut bevorrechtigt wähnen. Wer auf der BAB einen Unfall verursacht, kann zu zwei Dritteln am Schaden eines Hineinfahrers schuldig sein, Düss VersR **78**, 142.

– **(Bus):** Es gibt keinen AnschBew, daß ein Linienbus an einer Haltestelle hält, LG Bln VersR **76**, 1097.
S auch „– (Bremsen)".

110 – **(Diebstahl):** Rn 114 „– (Lenkradschloß)", Rn 122 „– (Versicherung)".
S auch Rn 161 ff „Schadensersatz".

– **(Doppelauffahren):** Der AnschBew gegen jeden Auffahrer besteht auch beim sog Doppelauffahrunfall, Zweibr VersR **75**, 1158. Der AnschBew gegen den Hintermann als Auffahrer kann fehlen, wenn auch sein Vordermann selbst auffährt, Bre VersR **76**, 571, Düss VersR **99**, 729, LG Heilbr VersR **87**, 290. Beim sog Kettenunfall (Massenunfall), dazu Heitmann VersR **94**, 137, gilt der AnschBew nur gegen den letzten Fahrer, LG Heilbr VersR **87**, 290. Ein Fahrer inmitten der Kette muß bei einer Unklarheit über die Reihenfolge der Anstöße denjenigen Teil des Gesamtschadens tragen, der dem Umfang der von ihm mit Sicherheit verursachten Schäden im Verhältnis zu den übrigen Beschädigungen entspricht, Karlsr VersR **82**, 1150. Soweit er beweist, daß der Hintermann auf ihn auffuhr, braucht er nicht zu beweisen, daß sein eigener Wagen durch den Stoß von rückwärts auf seinen Vordermann aufprallte, Nürnb VersR **83**, 252.

– **(Einsehbarkeit):** Der AnschBew gegen den Wartepflichtigen kann bei einer schwer einsehbaren Vorfahrtstraße fehlen, Hamm VersR **78**, 64, Köln VersR **88**, 859. Freilich gilt dort die höchste Sorgfaltspflicht.

– **(Eisglätte):** Rn 112 „Glatteis".

– **(Entgegenkommer):** Beim Zusammenstoß auf der linken Seite kann der Entgegenkommer mitschuldig sein, Oldb VersR **89**, 526. Der AnschBew für ein Verschulden des Linksfahrers kann ferner dann fehlen, wenn der Entgegenkommer nach links abbiegt, besonders in ein Grundstück, LG Mü VersR **83**, 936. Der AnschBew für das Verschulden eines Fahrers läßt nicht dadurch entkräften, daß § 18 I 2 StVG im Rahmen der Gefährdungshaftung das Verschulden des entgegenkommenden Fahrers vermutet. Wer trotz Gegenverkehrs überholt wird und nach rechts abkommt, hat keinen AnschBew gegen sich, BGH NJW **96**, 1828.

– **(Fahrbahnrand):** Rn 108 „– (Abkommen von Fahrbahn)", „– (Anfahren vom Fahrbahnrand)".

– **(Fahrer):** Wer nur Fahrer und kein Halter ist, braucht nicht die Unabwendbarkeit des Unfalls zu beweisen, sondern nur seine Schuldlosigkeit, § 18 I 2 StVG, freilich wegen sämtlicher möglichen Unfallursachen.

– **(Fahrerlaubnis):** Wer ohne sie fährt, muß den AnschBew für Unfallursächlichkeit zumindest dann entkräften, wenn ähnliches Fahren die Entziehungsursache war, LG Lpz RR **97**, 25.

– **(Fahrlehrer, -schüler):** Der Fahrlehrer ist dafür bewpfl, daß er den Motorrad-Fahrschüler ausreichend im Kurvenfahren unterwiesen hat, Mü VersR **88**, 526.

– **(Fahrstreifenwechsel):** Rn 119 „Spurwechsel".

– **(Fahruntüchtigkeit):** Rn 106 „– (Alkohol)".

– **(Führerlosigkeit):** Ein AnschBew spricht für ein Verschulden desjenigen, der ein Fahrzeug nachmittags geparkt hatte, wenn es nachts führerlos anrollt.

– **(Fußgänger):** Beim Zusammenstoß eines Fußgängers mit einem Kfz auf dessen Fahrbahnseite spricht ein AnschBew dafür, daß der Fußgänger unaufmerksam ist, Nürnb VersR **84**, 247, aM Zweibr VersR **77**, 1135 (aber der Fußgänger muß auf der Fahrbahn den Vorrang des Kfz beachten). Das gilt auch dann, wenn der Fußgänger vor Schreck fällt, oder wenn es sich um ein Kind handelt, Nürnb VersR **84**, 247, oder wenn der Fußgänger betrunken ist, auf der Fahrbahn rechts (statt auf einem der Seitenwege) nachts schwarz gekleidet geht und nicht durch Laternen beleuchtet ist, Karlsr VersR **89**, 302, aM grds Mü VersR **08**, 799 (viel zu grob; krit Kyanik). Bleibt ein Fußgänger am Busausstieg hängen, spricht AnschBew für seinen Unfallschock. Erfaßt ein Zug auf dem Übergang einer eingleisigen Bahnstrecke trotz rechtzeitig geschlossener Schranken jemanden, spricht der AnschBew dafür, daß sich der Unglücksfall nicht ohne Verschulden des Verunglückten ereignet. Bei einem Unfall mit einer nach § 3 I StVO geschützten Person fehlt ein AnschBew gegen den Fahrer, wenn der Fußgänger evtl zu spät auf die Fahrbahn trat, LG Tüb VersR **98**, 607. Bei § 3 II a StVO setzt ein AnschBew der Schuld des Fahrers voraus, daß er den Geschützten sieht oder sehen kann, Hamm RR **87**, 1250.
S auch Rn 106 „– (Alkohol)", Rn 117 „– (Rückwärtsfahrt)".

111 – **(Gefährdungshaftung):** Rn 110 „– (Entgegenkommer)".

– **(Gefälle):** Bei einer ansteigenden Straße besteht beim Anfahren kein AnschBew gegen den Hintermann (Auffahren) oder gegen den Vordermann (Zurückrollen), LG Köln NJW **92**, 324.

– **(Gegenfahrbahn):** S zunächst Rn 114 „– (Linke Seite)". Die bloße Benutzung der Gegenfahrbahn reicht nicht stets für einen AnschBew des Verschuldens aus, BGH JZ **86**, 251, Ffm VersR **91**, 1194, Hamm VersR **04**, 529 (je: Möglichkeit der Schuld eines Dritten).
S aber auch Rn 109 „– (Bundesautobahn)".

– **(Gehweg):** Rn 117 „– (Rückwärtsfahrt)".

– **(Gerade Strecke):** Ein AnschBew spricht grds für ein Verschulden des Fahrers, wenn sein Fahrzeug auf gerader Strecke aus der Fahrbahn gerät, Ffm VersR **87**, 281, Hamm MDR **93**, 516, Karlsr VersR **94**, 698. Das gilt aber nicht, wenn er trotz Gegenverkehrs knapp überholt wurde, BGH NJW **96**, 1828.

– **(Geschwindigkeit):** Rn 120 „– (Tempo)".

112 – **(Glatteis):** Ein AnschBew für Verschulden des Fahrers liegt vor, wenn der Wagen bei Glatteis ins Schleudern gerät, Hamm VersR **78**, 950, Schlesw VersR **75**, 1132, milder Köln VersR **99**, 377, Schlesw (7. ZS) VersR **99**, 375 (nur bei Vorhersehbarkeit. Aber Glatteis ist meist vorhersehbar, sogar unter dünnem Schnee). Ein AnschBew liegt ferner bei einem Unfall in Windböen und bei Glatteis vor, KG VersR **85**, 370, Karlsr VersR **75**, 886. Dabei ist eine Entkräftung zwar dann möglich, wenn ein Beifahrer den Fahrer irritiert, KG VersR **85**, 369, nicht aber schon dann, wenn der Fahrer die nötige und mögliche besondere Fahrweise in solcher Lage nicht kennt oder nur mangelhaft beherrscht.

– **(Granulat):** Rn 119 „– (Stein)".

– **(Grundstücksaus- oder einfahrt):** Ein AnschBew spricht für ein Verschulden desjenigen, der aus einem Grundstück herausfährt, gegenüber dem fließenden Verkehr, Celle MDR **03**, 1351, KG VersR **08**, 507, oder für ein Verschulden desjenigen, der als Einbieger in ein Grundstück mit einem Überholer zusammenstößt, Oldb VersR **78**, 1027, LG Mü VersR **83**, 936, oder der sonstwie mit dem fließenden Verkehr zusammenstößt, Hamm VersR **79**, 266.
S auch Rn 124 „– (Vorfahrt)".
– **(Haube):** Es besteht kein AnschBew, daß der Tankwart am Vortag den Umstand verschuldete, daß die Haube später auffliegen konnte.
– **(HWS-Syndrom):** Für ein solches des Vordermanns besteht grds kein AnschBew bei einer nur geringen Tempoänderung infolge eines Auffahrens des Hintermanns, KG VersR **08**, 838, Mü VersR **05**, 424, LG Wuppert VersR **05**, 1099, aM Schlesw RR **07**, 172. Die Einhaltung solcher „Harmlosigkeitsgrenzen" schließt aber auch nicht die Ursächlichkeit des Unfalls für eine HWS-Verletzung aus, BGH NJW **08**, 1127. Es kommt auf alle Einzelumstände an, Brdb VersR **06**, 237.
– **(Hindernis):** Es besteht kein AnschBew für ein Verschulden desjenigen, der bei Dunkelheit auf ein unbeleuchtetes Hindernis auffährt, Celle VersR **86**, 450.
S auch Rn 109 „– (Baum)".
– **(Kanaldeckel):** Der Verkehrssicherungspflichtige ist dafür bewpfl, daß das Unterbleiben regelmäßiger Kontrollen eines dann brüchigen Kanaldeckels nicht schadensursächlich war, Ffm MDR **81**, 764.
– **(Kauf):** Rn 101. **113**
– **(Kausalität):** Rn 121 „– (Ursächlichkeit)".
– **(Kettenunfall):** Rn 110 „– (Doppelauffahren)".
– **(Kind):** § 7 I StVG gilt auch zulasten desjenigen, der einem Kind ausweicht und von dessen Eltern Schadensersatz wegen einer Geschäftsführung ohne Auftrag fordert, Celle VersR **76**, 449.
S auch Rn 115 „– (Minderjähriger)".
– **(Kraftrad):** S bei den einzelnen Vorgängen.
– **(Kreuzung):** Rn 110 „– (Einsehbarkeit)", Rn 114 „Linksabbiegen", Rn 124 „– (Vorfahrt)", Rn 125 „– (Wartepflicht)".
– **(Kurve):** AnschBew spricht für ein Verschulden des Fahrers, wenn sein Fahrzeug in einer Kurve aus der Fahrbahn gerät, Düss VersR **81**, 263, LG Köln VersR **84**, 396, sei es in einer Linkskurve, KG VersR **81**, 64, in einer Rechtskurve oder in einer Doppelkurve. Ein AnschBew gegen den Auffahrer kann fehlen, wenn sich der Auffahrunfall in einer engen starken Kurve ereignet.
S auch Rn 110 „– (Fahrlehrer, -schüler)".
– **(Laterne):** Ein AnschBew gegen den Auffahrer kann fehlen, wenn jemand gegen einen nur unzurei- **114**
chend durch eine Laterne beleuchteten Lkw fährt, weil er nicht genug dem Eigentempo angepaßt Obacht gibt, Hamm VersR **87**, 492.
– **(Lenkradschloß):** Es besteht kein AnschBew, daß das unbeschädigte Lenkradschloß des gestohlenen Pkw nicht auf „Blockieren" stand.
– **(Linienbus):** Rn 109 „– (Bus)".
– **(Linke Seite):** AnschBew spricht für ein Verschulden desjenigen, der grundlos nach links gerät, BGH JZ **86**, 251, Hamm MDR **93**, 516, KG VersR **83**, 1163, und dort mit einem Entgegenkommer zusammenstößt, Düss VersR **88**, 1190, Oldb VersR **89**, 526 (Mitverschulden des Entgegenkommers), oder mit einem Wartepflichtigen, BGH NJW **82**, 2668.
S auch Rn 110 „– (Entgegenkommer)", Rn 111 „– (Gegenfahrbahn)".
– **(Linksabbiegen):** Es kann ein AnschBew dafür vorliegen, daß ein Linksabbieger schuldhaft handelt, wenn er mit einem geradeaus fahrenden Entgegenkommer in dessen Fahrbahn zusammenstößt, BGH VersR **07**, 682, Celle VersR **78**, 94 (dieser AnschBew ist entkräftbar), Düss VersR **76**, 1135. Es besteht kein AnschBew für ein Verschulden des Überholers bei einem Zusammenstoß mit dem in derselben Richtung nach links Abbiegenden. Er besteht auch dann nicht, wenn der Überholte alsbald von der Fahrbahn abkommt, LG Traunstein VersR **76**, 476. Beim Zusammenstoß zwischen einem Linksabbieger und einem entgegenkommenden Geradeausfahrer an einer mit grünem Pfeil versehenen Kreuzung entfällt eine BewL des Abbiegers wegen § 9 I, III StVO, BGH MDR **97**, 733, und muß der Geradeausfahrer beweisen, daß der Pfeil nicht leuchtete, BGH NJW **96**, 1405, solange nicht feststeht, daß die Ampelschaltung defekt war.
– **(Massenunfall):** Rn 110 „– (Doppelauffahren)". **115**
– **(Mauer):** Rn 109 „– (Baum)".
– **(Mietwagen):** Der Geschädigte muß die Notwendigkeit eines Mietwagens beweisen, LG Bonn VersR **06**, 90. Das gilt zB dann, wenn seine Fahrleistung vor und nach dem Unfall wesentlich geringer ist als während der umstrittenen Ausfallzeit. Das Gericht darf dann auch nicht einfach einen Mindestbetrag für Mietwagenkosten ansetzen, LG Paderb VersR **81**, 585.
– **(Minderjähriger):** Ein AnschBew ist auch gegenüber einem falsch fahrenden Minderjährigen möglich.
S auch Rn 113 „– (Kind)".
– **(Mitverschulden):** S bei den einzelnen Gründen eines Mitverschuldens.
– **(Montage):** Es gibt grds keinen AnschBew für die Ursächlichkeit eines Montagefehlers im Herstellerwerk für einen späteren Unfall, Oldb VersR **84**, 1097. Ausnahmen können nach einer sog Rückrufaktion gelten.
– **(Motorrad):** S bei den einzelnen Vorgängen.
– **(Nässe):** Ein AnschBew gegen den Auffahrer besteht auch bei sehr nasser Fahrbahn, BGH VersR **75**, **116**
374. Ein AnschBew für ein Verschulden des Fahrers besteht dann, wenn sein Wagen infolge Aquaplaning ins Schleudern gerät, Düss VersR **75**, 160. Er besteht jedoch nicht für grobes Verschulden, Hamm VersR **85**, 679.

– **(Ölspur):** Ein AnschBew gegen einen Auffahrer kann fehlen, wenn der Auffahrer möglicherweise nur infolge einer Ölspur auf seiner Fahrbahn in Verbindung mit Seitenwind ins Schleudern kam, Hbg VersR **80**, 1172.

– **(Parklicht):** Ein AnschBew gegen den Auffahrer kann fehlen, wenn der Vordermann außerhalb einer geschlossenen Ortschaft nur das Parklicht einschaltet, Mü VersR **83**, 1064.

– **(Parklücke):** Rn 117 „– (Rückwärtsfahrt)".

– **(Parkstreifen):** Rn 117 „– (Rückwärtsfahrt)".

– **(Polizeieinsatz):** Ohne Blaulicht *und* Martinshorn kein Vorrecht, KG VersR **07**, 413.

– **(Querstellen):** Ein AnschBew gegen einen Auffahrer kann fehlen, wenn der Vordermann grob fahrlässig von der Fahrbahn abkommt und sich querstellt, Hamm VersR **81**, 788.

117 – **(Radfahrer):** Rn 106.

– **(Reaktion):** Rn 105 „– (Abstand)".

– **(Rechte Seite):** Ein AnschBew spricht für ein Verschulden desjenigen, der grundlos nach rechts gerät, BGH VersR **84**, 44 (Entlastungsbeweis möglich, wenn ein Tier den Fahrer irritierte). Ein AnschBew kann zwischen dem Nichteinhalten der rechten Fahrbahnseite und einem Zusammenstoß mit einem Entgegenkommer vorliegen.

– **(Reifen):** Ein AnschBew gegen den von der Fahrbahn abkommenden Fahrer kann fehlen, wenn infolge eines schleichenden Luftverlustes ein Vorderreifen zusammenbricht, Köln VersR **89**, 526.

– **(Rettungswagen):** Ein AnschBew gegen den Wartepflichtigen kann fehlen, wenn ein Rettungswagen die Vorfahrtstraße kreuzt.

– **(Richtgeschwindigkeit):** Die bloße Überschreitung einer Richtgeschwindigkeit erbringt noch keinen AnschBew für die Ursache des folgenden Unfalls, auch nicht auf der BAB, Köln VersR **82**, 708. Indessen kann sich der Fahrer dann nur für den Fall auf § 7 II StVG berufen, daß er nachweist, daß es auch beim Einhalten des Richttempos zu vergleichbaren Folgen gekommen wäre, BGH BB **92**, 1310.

S auch Rn 120 „– (Tempo)".

– **(Rückblick):** Rn 120 „– (Tempo)".

– **(Rücktritt):** Wer den Einwand erhebt, auch der Gegner habe sich vertragswidrig verhalten, braucht nur dies zu beweisen. Der Gegner muß seine Berechtigung dazu beweisen, BGH NJW **99**, 352.

– **(Rückwärtsfahrt):** Ein AnschBew spricht für das Alleinverschulden desjenigen, der vom Parkstreifen oder von einem anderen Straßenteil rückwärts auf die Fahrbahn fährt und mit einem dort Herankommenden zusammenstößt, Ffm VersR **82**, 1079, KG VersR **06**, 1516, oder der einen Fußgänger auf dem Gehweg anfährt. Ein AnschBew gegen den Auffahrer kann fehlen, wenn der Vordermann wegen einer Parklücke zurücksetzt, BGH VersR **78**, 155.

118 – **(Schadensersatz):** Rn 159.

– **(Schenkung):** Man kann sie evtl schon durch eine Anmeldung und Schlüsselübergabe beweisen, aM Brdb JB **08**, 47 (aber dann liegt doch ein AnschBew vor).

– **(Schleudern):** Rn 112 „– (Glatteis)", Rn 116 „– (Nässe)", „– (Ölspur)".

– **(Schuldanerkenntnis):** Ein mündliches oder gar schriftliches Bekenntnis der Alleinschuld am Unfallort kann die BewL umkehren, Celle VersR **80**, 1122, KG VersR **06**, 1127. Aber Vorsicht! Es kommt darauf an, ob das Bekenntnis ernst gemeint und wirksam war, ob kein Unfallschock usw vorlag.

– **(Schutzhelm):** Wenn ein Kraftradfahrer ohne Schutzhelm solche Kopfverletzungen erleidet, vor denen der Helm allgemein schützen soll, spricht der AnschBew für den Ursachenzusammenhang zwischen der Nichtbenutzung des Helms und den Verletzungen, BGH NJW **83**, 1380.

– **(Schwarzfahrt):** Der Geschädigte ist grds dafür bewpfl, daß der Halter seine Verkehrssicherungspflicht verletzt. Jedoch ist der Halter dafür bewpfl, daß er vom Schlüsselbesitz des Schwarzfahrers nichts wissen mußte, Oldb VersR **78**, 1046.

119 – **(Seitenwind):** Rn 116 „– (Ölspur)".

– **(Sicherheitsgurt):** Die Nichtbenutzung eines Sicherheitsgurts gilt als ein AnschBew für eine Mitverursachung der eigenen Unfallfolgen, Karlsr Just **79**, 263. Zur Problematik Weber NJW **86**, 2670. Bei bestimmten typischen Gruppen von Folgen (Verletzungen) kann ein AnschBew dafür bestehen, daß ein Insasse keinen Gurt benutzt hat, BGH NJW **91**, 230.

– **(Spurwechsel):** Ein AnschBew gegen einen Auffahrer kann fehlen oder doch gegen den „Vordermann" umschlagen, wenn der Vordermann erst unmittelbar zuvor von der Seite her in die Spur des Auffahrers hineingewechselte, BGH VersR **82**, 672, KG VersR **04**, 621, Köln VersR **04**, 78. Freilich besteht grds kein AnschBew dafür, daß ein Spurwechsel stattfand, Rn 108 „Auffahren", und daß er auf die Überholspur unmotiviert war, Hbg VersR **75**, 911. Etwas anderes gilt beim Aufprall noch in Schrägstellung, AG Hbg-Blankenese VersR **05**, 1549.

S auch; Rn 108 „Auffahren", Rn 119 „– (Straßenbahn)".

– **(Stein):** Bei nicht unerheblichem Tempo spricht ein AnschBew dafür, daß ein Stein hochgeschleudert werden kann. Die Anforderungen an den Entlastungsbeweis des Überholers, dessen Wagen den Stein hochschleuderte, sind hoch, LG Aachen VersR **83**, 591. Zur Problematik dann, wenn Herabfallen oder Wegschleudern infrage kommt, LG Passau VersR **89**, 1061. Ein durch Granulat geschädigter Autobesitzer ist dafür bewpfl, daß die Gemeinde fehlerhaft und übermäßig gestreut hat, LG Wiesb NJW **87**, 1270.

– **(Straßenbahn):** Es gibt keinen AnschBew zulasten eines auffahrenden Straßenbahnführers, Düss VersR **76**, 499. Er besteht erst recht dann nicht, wenn obendrein ein Pkw vor der Straßenbahn die Spur wechselt, Hbg VersR **75**, 475.

– **(Streuen):** S „– (Stein)".

120 – **(Talfahrer):** Rn 109 „– (Bergfahrer)".

– **(Täuschung):** Beim Vortäuschen eines Auffahrunfalls durch den Vordermann Köln VersR **77**, 938. Wegen des betrügerischen Zusammenwirkens zweier „Unfall"-Fahrer Ffm VersR **78**, 260, LG Hagen VersR **78**, 356.

– **(Technisches Versagen):** Ein AnschBew spricht für ein Verschulden des Fahrers, wenn eine technische Einrichtung am Fahrzeug versagt.

– **(Tempo):** Ein unzulässig hohes Tempo kann ein AnschBew für die Unfallursache und -schuld sein, KG VersR **06**, 1378. Das gilt etwa bei einer Überschreitung um 50%, Kblz VersR **00**, 720. Schleudert der Wagen nach einer Linkskurve, spricht das dafür, daß der Fahrer zu schnell fährt, Düss VersR **75**, 615. Dasselbe gilt dann, wenn ein Motorrad eine Kurve außerordentlich schnell durchfährt und dann stürzt. Eine Mitschuld des Vorfahrtberechtigten ist nicht schon bei einem nur um 15 oder 20% überhöhten Tempo erwiesen, Celle VersR **86**, 450, Köln VersR **78**, 830, wohl aber bei einem um 100% überhöhten Tempo, KG VersR **83**, 1163, oder bei einem Tempo von 120 km/h, Stgt VersR **82**, 1175. Bei solchem Tempo auf der Autobahn kann der Fahrer (Versicherungsnehmer) für das Fehlen grober Fahrlässigkeit bewpfl sein (zu langer Blick nach hinten), Köln VersR **83**, 575.

S auch Rn 117 „– (Richtgeschwindigkeit)", Rn 119 „– (Stein)", Rn 125 „– (Wenden)".

– **(Tier):** Ein Entlastungsbeweis ist möglich, soweit ein Tier im oder vor dem Fahrzeug den Fahrer irritierte, BGH VersR **84**, 44, Düss NVersZ **00**, 579, Naumb RR **03**, 676 (je: kein AnschBew bei Rehen), strenger Hamm RR **04**, 1264. Freilich muß der Fahrer die Irritation durch das Tier beweisen, Naumb RR **03**, 677 (Reh). Der Aufenthalt einer Katze auf dem Autodach liefert keinen AnschBew dafür, daß sie tiefe dortige Kratzer verursachte, AG Celle VersR **99**, 1376. Solange der Versicherer nicht das Fehlen des vom Versicherungsnehmer behaupteten Wildunfalls beweist, haftet er, Hamm MDR **08**, 912.

S auch Rn 109 „– (Bremsen)".

– **(Trunkenheit):** Rn 106 „– (Alkohol)".

– **(Überholen):** Ein AnschBew gegen den Hintermann besteht auch dann, wenn der Vordermann über- **121**
holt hat. Freilich ist der Entlastungsbeweis eines verkehrswidrigen Überholens zulässig, Düss VersR **76**, 298 (beim scharfen Wiedereinscheren wegen eines Hindernisses).

S auch Rn 109 „– (Berührung)", Rn 112 „– (Grundstücksaus- oder einfahrt)", Rn 114 „– (Linksabbiegen)", Rn 119 „– (Stein)".

– **(Übermüdung):** Rn 109 „– (Baum)".

– **(Unfallmanipulation):** Maßgeblich ist die Werthaltigkeit der Beweisanzeichen, KG MDR **08**, 971. Es kommt auf die Gesamtumstände an, Hamm VersR **08**, 1233.

– **(Unfallschock):** Wer ihn behauptet, muß ihn grds beweisen, Ffm NVersZ **01**, 321. Natürlich ist ein AnschBew möglich.

– **(Ursächlichkeit):** Der Geschädigte ist für die Ursächlichkeit der Fahrweise des Gegners jedenfalls dann bewpfl, wenn sich die Fahrzeuge der Parteien nicht berührt haben, Düss VersR **87**, 568, Kblz VersR **75**, 913. Der Geschädigte ist dafür bewpfl, daß der Schaden am Gebrauchtfahrzeug gerade durch den Zusammenstoß entstanden ist.

S auch Rn 113 „– (Kanaldeckel)", Rn 115 „– (Montage)".

– **(Verletzung):** Es besteht kein steter AnschBew dafür, daß die gleich nach dem Unfall im Krankenhaus festgestellten Verletzungen Unfallfolgen sind.

S auch Rn 118 „– (Schutzhelm)", Rn 119 „– (Sicherheitsgurt)".

– **(Versicherung):** Der Versicherungsnehmer ist dafür bewpfl, daß bei einer Kaskoversicherung der **122**
Unfall durch Haarwild entstand, Jena RR **99**, 1258 (Wildausweichschaden), LG Tüb VersR **76**, 262 (der AnschBew durch Tierhaare am Kfz fehlt, wenn der Fahrer alkoholisiert ist). Eine Schreckreaktion vor plötzlich auftauchendem Kleinwild läßt nicht zwingend auf grobe Fahrlässigkeit schließen, Zweibr NVersZ **00**, 34. Der Versicherungsnehmer und bei der Direktklage der Geschädigte, BGH VersR **87**, 38, sind dafür bewpfl, daß eine Gefahrerhöhung, zB durch abgefahrene Reifen oder mangelhafte Bremsen, keinen Einfluß auf den Eintritt des Versicherungsfalls und den Umfang der Versicherungsleistung gehabt hat, BGH NJW **78**, 1919. Es besteht kein AnschBew dafür, daß das Anzünden einer Zigarette durch den übermüdeten Fahrer Unfallursache war. Man kann die BewL bei einer Ausschlußklausel evtl entgegen deren Wortlaut verstehen, Hamm RR **89**, 26.

Der Versicherer ist dafür bewpfl, daß der Versicherte *vorsätzlich* handelte, Kblz RR **04**, 113, aM BGH DB **81**, 1667. An den Nachweis eines Diebstahls darf man keine überspannten Anforderungen stellen, Kblz VersR **76**, 1173 (Kfz), LG Kref VersR **76**, 1127, strenger BGH VersR **77**, 368. Man muß aber Mindesttatsachen darlegen, BGH VersR **02**, 431. Eine Unstimmigkeit, vgl auch „Schadensersatz", kann den AnschBew eines Unfalls entkräften, Ffm VersR **02**, 476, Hamm VersR **00**, 103 (Rost schon am „Unfall"-Tag), KG VersR **03**, 611 (zum „Berliner Modell") und 613 (ungewöhnliche Häufung von Beweisanzeichen gegen „echten" Unfall). Sie kann auch dem AnschBew eines KfzDiebstahls entkräften, Ffm VersR **75**, 341, LG Kblz VersR **77**, 563, LG Mü VersR **76**, 430, erst recht eine fingierte Rechnung, Mü VersR **76**, 1127. Der Versicherer muß besondere Umstände beweisen, nach denen der Halter den Kfz-Schlüssel auch vor Angehörigen sichern mußte, Hamm VersR **83**, 871.

Für die *Vortäuschung* eines Diebstahls können Widersprüche beim „Schlüsselverlust" sprechen, Köln NVersZ **99**, 480. Wenn der Versicherer Umstände nachweisen kann, die den Schluß auf einen Verkehrsunfall als zweifelhaft erscheinen lassen, etwa sehr hohe Mietwagenkosten, Zweibr VersR **00**, 223, muß der Anspruchsteller den vollen Beweis der anspruchsbegründenden Tatsachen erbringen, Ffm VersR **80**, 978, LG Mü VersR **83**, 300.

Zur Glaubwürdigkeit des Versicherungsnehmers nach einer *früheren Unwahrheit* BGH MDR **77**, 738. **123**
Wegen einer früheren falschen Offenbarungsversicherung BGH RR **88**, 343 (zu einem Hausratsdiebstahl). Der Versicherungsnehmer ist dafür bewpfl, daß er der Versicherung eine unrichtige Auskunft nur infolge einfacher Fahrlässigkeit erteilt hat, Mü VersR **77**, 540. Der Versicherungsnehmer ist dafür bewpfl, daß das Fehlen seiner Fahrerlaubnis nicht ursächlich war, Köln VersR **77**, 537. Die BewL für das Fehlen eines Rechtswidrigkeitszusammenhangs liegt beim Versicherungsnehmer, Nürnb MDR **02**, 1309. Der Versicherungsnehmer muß beweisen, daß er dem Fahrer ohne Fahrerlaubnis den Wagen nicht überlassen hatte (Schwarzfahrt), BGH RR **88**, 342, aM Düss VersR **86**, 377 (aber trotz „Laternengaragen" usw bleibt doch notgedrungen grds der Halter dafür verantwortlich, daß kein Unbe-

fugter losfahren kann). Der Versicherer ist für einen höheren Restwert als den erzielten Verkaufspreis bewpfl, BGH BB **05**, 2212.

S auch Rn 162 ff.

124 – **(Verwechslung):** Wenn der Vordermann Kupplung und Bremse verwechselt und deshalb grundlos bremst, was freilich der Auffahrer beweisen muß, LG Amberg VersR **79**, 1130, kann der AnschBew gegen den Auffahrer fehlen, LG Stgt VersR **75**, 165.

– **(Vordermann):** Beim Auffahren kann der Vordermann mitschuldig sein, Düss VersR **76**, 545, Mü VersR **83**, 1064, LG Gießen VersR **96**, 773 (Spurwechsel).

S auch bei den unterschiedlichen Merkmalen des Auffahrunfalls.

– **(Vorfahrt):** Ein AnschBew spricht für ein Verschulden desjenigen, der die Vorfahrt verletzt, BGH VersR **76**, 365, zB an einer Kreuzung, KG VersR **02**, 589, Köln VersR **88**, 59, Stgt VersR **82**, 783. Dieser AnschBew läßt durch den Beweis eines wesentlich überhöhten Tempos des Vorfahrtberechtigten entkräften, Köln VersR **88**, 859, aM LG Köln VersR **78**, 68 (aber sehr hohes Tempo führt meist zu bösen Folgen). Zur Unklarheit, ob der Bevorrechtigte beim Beginn des gegnerischen Einbiegens sichtbar war, Mü VersR **98**, 733.

S auch bei den einzelnen Arten der Vorfahrtverletzung. Vgl ferner Rn 110 „– (Einsehbarkeit)", Rn 120 „– (Tempoverstoß)", Rn 125 „– (Wartepflicht)".

– **(Vorschaden):** Steht fest, daß nicht sämtliche Schäden auf diesem Unfall beruhen, ist der Geschädigte dafür bewpfl, daß kein Vorschaden vorlag, KG NJW **08**, 1007, Köln VersR **99**, 866.

125 – **(Wartepflicht):** Der Wartepflichtige ist für die Mitschuld des Vorfahrtberechtigten bewpfl, Düss VersR **83**, 1164, KG VersR **77**, 651, aM Hamm VersR **78**, 64 (aber es muß noch ein Rest von Vertrauen auf das eigene Vorfahrtrecht bestehenbleiben dürfen).

S auch Rn 124 „– (Vorfahrt)", ferner bei den einzelnen Situationen einer Wartepflicht.

– **(Waschanlage):** Wegen des Herausspringens des Wagens aus einer Waschanlage LG Bln VersR **83**, 841, LG Darmst VersR **78**, 1047. Der bei einer Beschädigung des Kundenwagens in einer Waschanlage dem Unternehmer obliegende Entlastungsbeweis läßt sich nicht schon durch den Hinweis auf die Vollautomatik führen, LG Bayreuth VersR **83**, 253. Für Fehler der Bedienung ist der Kunde bewpfl, LG Bochum RR **04**, 963. Eine Änderung der BewL kommt nur ausnahmsweise infrage, AG Wetzlar VersR **06**, 668.

– **(Wenden):** Der Wender ist für ein korrektes Manöver bewpfl. Ein überhöhtes Tempo des Entgegenkommers kann, muß aber nicht den AnschBew gegen den Wender entkräften, BGH VersR **85**, 989.

– **(Windböe):** Bei Windstärke 9 spricht ein AnschBew für diese Ursache des Umfallens eines nur im Plastiksockel verankerten Verkehrschilds, LG Bln RR **04**, 169. Rn 112 „– (Glatteis)".

– **(Windschutzscheibe):** Wenn eine Windschutzscheibe zerspringt, spricht ein AnschBew für einen Unfallschock, selbst wenn dieser tödlich verläuft.

126 – **(Zeuge):** Für einen AnschBew ist kein Raum, soweit der (Auffahr-)Vorgang durch Zeugen feststellbar ist, Köln VersR **77**, 939. Zum Problem der Glaubwürdigkeit Kirchhoff MDR **99**, 1473 (ausf).

– **(Zurücksetzen):** Rn 117 „– (Rückwärtsfahrt)".

127 **Krankenhaus,** dazu *Baumgärtel,* Das Wechselspiel der Beweislastverteilung im Arzthaftungsprozeß, Gedächtnisschrift für *Bruns* (1980) 93:

Der Träger ist dafür bewpfl, daß der Patient wirksam in eine kunstgerechte Behandlung *eingewilligt* hat, aM Baumgärtel 105 (der Patient sei für das Fehlen seiner Einwilligung bewpfl. S aber Rn 63 „Einwilligung"). Der Träger ist auch dafür bewpfl, daß die Behandlung kunstgerecht war, „lege arte". Der Träger ist dafür bewpfl, daß ein Fehler bei der Zubereitung einer Infusionsflüssigkeit nicht auf einem ihm zurechenbaren Organisations- oder Personalverschulden beruht, BGH NJW **82**, 699. Der Träger ist neben dem verantwortlichen Arzt dafür bewpfl, daß das Personal den Patienten sorgfältig und richtig im Bett gelagert hatte, Naumb VHR **97**, 63, oder beim Einschieben in den Transportwagen, Hamm MDR **06**, 1228, oder auf dem Operationstisch und daß die Operateure das kontrolliert haben, BGH NJW **84**, 1404. Bei einer extrem seltenen unvorhersehbaren Anomalie kann die Notwendigkeit solchen Entlastungsbeweises entfallen, BGH NJW **95**, 1618. Der Träger kann dafür bewpfl sein, daß Fehler irgendwelcher Angehörigen des Pflegepersonals für die Infektion nicht ursächlich waren. Ein Therapieversuch einer Krankenschwester kann als eine grobe Fehlbehandlung zur Haftung des Krankenhausträgers führen, Stgt VersR **93**, 1358 (Verstellen eines Tropfes).

Mängel des *Krankenblatts* können den Patienten von seiner etwaigen BewL befreien und diese umkehren. Ein gestürzter Patient ist dafür bewpfl, daß der grds zugelassene Boden übermäßig glatt war, Köln VersR **77**, 575. Zur BewL für die Ursächlichkeit zwischen einem Organisationsmangel und dem Nichtzustandekommen eines wirksamen Patiententestaments BGH NJW **89**, 2946.

S auch Rn 56 „Ärztliche Behandlung".

Kreditkarte: Rn 75 „Bankrecht".

Kündigung: Der Kündigende ist für die Wirksamkeit grds bewpfl, KG BB **97**, 114, AG Osnabr WoM **00**, 35. Wer die Vereinbarung einer anderen als der gesetzlichen Kündigungsfrist behauptet, ist dafür bewpfl. Sonst käme der Kündigende in die Hand des Gegners. Der Unternehmer ist dafür bewpfl, daß seine Kündigung zuging, insbesondere zu einem bestimmten Datum, LAG Bre BB **86**, 1992, und daß sie auch nach §§ 89 a I, 90 a II 2 HGB berechtigt war. Dabei wäre eine BewLUmkehr im Formularvertrag unwirksam.

S auch Rn 40 „Arbeitnehmer".

128 **Lagerung:** Wie „Kommission", §§ 390, 417 I HGB. Wegen Braugerste BGH VersR **75**, 417. Der Lagerhalter muß darlegen, wie und wo er das Gut aufbewahrt und welche Sicherungsmaßnahmen er getroffen hat. Erst dann ist der Kunde für eine grobe Fahrlässigkeit bewpfl, BGH VersR **86**, 1021. Der Einlagerer ist dann, wenn man auf seinen Wunsch von einer Auflistung des Lagergutes abgesehen hatte, dafür bewpfl, daß bestimmte Güter in bestimmter Menge in die Verwahrung des Lagerhalters kamen und dort auch verblieben, BGH BB **91**, 2330.

Leasing: Der Leasingnehmer ist für die entscheidungserheblichen Verhältnisse des Leasinggebers bewpfl, an denen sich im Versicherungsfall die Höhe der Neupreisentschädigung orientiert, Karlsr VersR **90**, 1222.

Der Umstand, daß der Leasingnehmer den Erhalt des geleasten Gegenstands vor Vertragsschluß bestätigte, schließt den Beweiswert als Quittung nicht aus, Mü RR **93**, 123. Derjenige Leasinggeber, der sich mit einer Vollstreckungsabwehrklage gegen die Zwangsvollstreckung aus einer Sicherungsgrundschuld wehrt, muß beweisen, daß der Sicherungszweck der Grundschuld nicht seinen Anspruch auf eine Nutzungsentschädigung erfaßt, BGH **114**, 71.

S auch Rn 78 „Bereicherung", Rn 131 „Miete, Pacht".

Leihe: Bei § 599 BGB ist der Schuldner dafür bewpfl, daß er die Unmöglichkeit der Leistung oder die Leistungsverzögerung nicht vertreten muß. Der Verleiher ist für die Voraussetzungen seines Kündigungsrechts nach § 605 BGB bewpfl, Köln RR **00**, 153.

Leistungsbestimmungsrecht: Der Gläubiger ist bewpfl, daß seine Bestimmung der Billigkeit entspricht, §§ 315, 316 BGB, BGH DB **95**, 1760.

Luftfahrzeug: Die Regeln zum Kraftfahrzeug sind nicht ohne weiteres anwendbar. Beim Leistungsausschluß ist der Versicherer bewpfl, daß der Versicherte gar kein Fluggast war, BGH NVersZ **99**, 476.

Makler: Die Vorkenntnisklausel begründet lediglich eine widerlegbare Beweisvermutung. Der Gegner des 129
Maklers muß die eigene Vorkenntnis beweisen. Es kann für trotzdem vorhandene Mitursächlichkeit der Maklertätigkeit eine tatsächliche Vermutung bestehen, BGH WertpMitt **78**, 885 (das Angebot folgte, war günstiger, kurz danach Vertragsschluß). Bei einem gleichzeitigen Zugang mehrerer Angebote ist der Makler dafür bewpfl, daß gerade sein Angebot (mit-)ursächlich war, BGH NJW **79**, 869. Der Auftraggeber ist dafür bewpfl, daß einer derjenigen Umstände vorliegt, aus denen ein Maklerananspruch trotz Vertragsabschlusses, Tätigkeit und Erfolgsursächlichkeit wegen § 2 II, III WoVermG nicht besteht.

Der Makler ist für den *Zugang* seines Angebots bewpfl, ferner für den Abschluß des vermittelten oder eines gleichwertigen Vertrags, BGH ZMR **98**, 580 (evtl Beweiserleichterungen), und für seine auftragsgemäße Tätigkeit, PalSprau § 652 BGB Rn 55. Er hat also die BewL auch dafür, daß der Auftrag nur den von ihm behaupteten Umfang hatte, BGH RR **90**, 629. Der Makler muß beweisen, daß der Kunde ihm eine Provisionszusage gegeben hat, auch wenn sich der Kunde unstreitig an den Makler wandte, Hamm BB **89**, 873. Wird für den Fall der Weitergabe an einen Dritten ein Schadensersatzanspruch vereinbart, ist der Makler für die anspruchsbegründenden Umstände bewpfl, Mü RR **95**, 1525 (innerhalb eines Konzerns).

Bei *§ 653 I BGB* muß der Makler beweisen, daß solche Umstände vorlagen, nach denen der Auftraggeber seine Vermittlung nur gegen eine Vergütung erwarten konnte. Der Auftraggeber muß dann beweisen, daß die Parteien eine Unentgeltlichkeit der Vermittlung vereinbart haben, BGH NJW **81**, 1444.

Bei *§ 653 II BGB* ist der Makler dafür bewpfl, daß die Parteien die vom Auftraggeber behauptete niedrigere Vergütung nicht vereinbart hatten, so daß die höhere übliche als vereinbart gilt, BGH DB **82**, 1263. Jedoch muß der Auftraggeber eine nachträgliche Herabsetzung beweisen, BGH DB **82**, 1263.

Bei *§ 654 BGB* ist grds der Auftraggeber bewpfl, BGH BB **92**, 236. Soweit aber der Makler Vorteile daraus ableiten will, daß der Kunde ihn aus der Treuepflicht entlassen habe, ist der Makler für eine endgültige Absage des Auftraggebers bewpfl, BGH BB **92**, 236.

S auch Rn 34 „Allgemeine Geschäftsbedingungen", Rn 100 „Kaptialanlagevermittler".

Mangel: Rn 101 „Kauf".

Marke: Der vom Markeninhaber belangte Dritte ist für die Erschöpfung des Markenrechts grds bewpfl, EuGH GRUR **03**, 513 (auch zu den Grenzen; zustm Müller 669). Der Markeninhaber muß evtl beweisen, daß er die Orginalware des Verletzers in den Verkehr gebracht hatte, BGH GRUR **04**, 157. Der Anmelder ist nicht für die Absicht bewpfl, eine entsprechende Ware ins Sortiment aufzunehmen, BGH MDR **75**, 643 (zum alten Recht). Zu § 24 MarkenG Hbg GRUR-RR **02**, 328, Meyer-Kessel GRUR **97**, 878. Wegen der BewL im Löschungsverfahren vgl § 55 III MarkenG.

Mehrwertsteuer: Der Gläubiger ist dafür bewpfl, daß die Mehrwertsteuer zu einem Nettopreis hinzutreten 130
sollte, Karlsr BB **92**, 231.

Meßinstrument: Die allgemeine Erwägung, daß es versagen kann, genügt nicht. Vielmehr müssen die übrigen Beobachtungen mit dem Meßergebnis unvereinbar sein. Vor allem muß ein derartiges Versagen, wie es dann eingetreten sein müßte, physikalisch denkbar sein.

Miete, Pacht: Die BewL bei der Vergütung läßt sich grds wie beim Kaufpreis beurteilen. 131

- **(§ 134 BGB):** Bei § 5 II WiStrG muß der Mieter beweisen, daß er erfolglos eine günstigere Wohnung gesucht hatte und daher auf den jetzigen ungünstigen Vertrag angewiesen ist, BGH NZM **04**, 381.
- **(§§ 276–278 BGB):** Bei einer Schlechterfüllung durch den Vermieter kann dieser für seine Schuldlosigkeit bewpfl sein, AB Bln-Spandau WoM **00**, 678, AG Bln-Wedding RR **92**, 968 (Rohrbruch). Bei einer Schlechterfüllung durch den Mieter ist der Vermieter für den Schaden bewpfl, BGH NJW **94**, 2019, der Mieter für seine Schuldlosigkeit, BGH VersR **78**, 724, und für ein Mitverschulden des Vermieters, BGH NZM **05**, 341. Wegen ölverseuchten Bodens BGH NJW **94**, 1880.
- **(§ 535 BGB):** Für die rechtzeitige Gewährung mangelfreien Gebrauchs ist vor der Übergabe der Vermieter bewpfl, Köln ZMR **87**, 230. Beim Einwand überhöhter Miete kann die Vorspiegelung des Mieters, der Nachmieter gestatte keine Besichtigung, eine Beweisvereitelung sein, § 444 Rn 5, 6, LG Ffm RR **91**, 13. Bei § 535 BGB muß der Vermieter beweisen, daß ihm eine (Nebenkosten-)Forderung zustand, auch wenn der Mieter eine Überzahlung zurückfordert, LG Kblz WoM **95**, 99, AG Hbg-Harbg NZM **00**, 460 (zumindest bei Zahlung unter Vorbehalt).

  Unter *Kaufleuten* kann bei einer probeweisen Gebrauchsüberlassung der Benutzer für die Unentgeltlichkeit bewpfl sein, Stapel NZM **99**, 932 unter Hinweis auf Rostock v 22. 3. 99.
- **(§ 535 I 2 BGB):** Der Vermieter muß beim Bestreiten eines Mangels (Wasserverfärbung) mehr als nur *eine* Stichprobe nehmen, LG Bln NZM **00**, 709.
- **(§ 536 BGB):** Bei § 536 BGB, auch in Verbindung mit § 320 BGB, muß der Mieter den objektiven 132
  Mangel beweisen, LG Tüb WoM **97**, 41, Michalski ZMR **96**, 638. Das gilt insbesondere nach einer Übernahme ohne Protokollrüge für Anfangsmängel, Düss RR **04**, 300. Dafür kann ein AnschBew vorliegen, zB bei einer Feuchtigkeit, Hamm MietR **97**, 275, LG Brschw ZMR **02**, 916, Jenmann NZM **98**, 855. Der Mieter muß beweisen, daß ein Mangel den Gebrauchswert beeinträchtigt, LG Ffm

RR **01**, 944, und in welchem Umfang, Streyl WoM **08**, 7. Im übrigen muß man unterscheiden: Der Vermieter ist bewpfl, daß die Mangelursache nicht aus seinem Verantwortungsbereich stammt, sondern aus demjenigen des Mieters, BGH NJW **00**, 2344, VerfGH Bln NZM **05**, 819, LG Bln NZM **03**, 434 (sog fogging = Schwärzung). Hat er das bewiesen oder liegt dafür ein AnschBew vor, muß der Mieter nachweisen, daß er den Mangel nicht vertreten muß, BGH NJW **00**, 2344, VerfGH Bln NZM **05**, 819, LG Bln NZM **02**, 523 (Wasserschaden). LG Brschw ZMR **02**, 916. Nur in den sonstigen Fällen muß der Vermieter beweisen, daß der Mieter einen Mangel vertreten muß, LG Brschw WoM **88**, 357, LG Hbg WoM **88**, 359, AG Dortm WoM **93**, 40 (die bloße Behauptung mangelnder Lüftung nebst Beweisantritt „Gutachten" reicht nicht), aM Hamm MietR **97**, 275 (aber es bleibt beim gesetzlichen Grundsatz der umfassenden Haftung beim objektiven Mangel).

Der Vermieter ist auch für ein *Mitverschulden* des Mieters bewpfl, AG Bochum WoM **85**, 25. Zur BewL beim Frostwasserschaden Mü VersR **89**, 1157, Heitgreß WoM **85**, 107. Der Vermieter ist dafür bewpfl, daß seine Mängelbeseitigung erfolgreich war, BGH NJW **00**, 2344, Hamm RR **95**, 525. Zur BewL bei Bodenverunreinigungen Schlemminger/Latinovic NZM **99**, 163.

– **(§ 536 a BGB):** Der Mieter muß die Voraussetzungen eines Schadensersatzanspruchs beweisen, BGH NJW **06**, 1061 und RR **06**, 1238 (sog Fogging. Etwas anderes gilt nur bei einer Schwadensursache im Einflußbereich des Vermieters).

– **(§ 536 b BGB):** Der Vermieter ist dafür bewpfl, daß der Mieter eine Kenntnis nach § 536 b BGB hatte.

– **(§ 537 BGB):** Bei § 537 I 2 BGB ist der Mieter für eine anderweitige Vermietbarkeit bewpfl, Köln VersR **92**, 243. Der vorzeitig ausgezogene Mieter muß im Rahmen von § 537 II BGB beweisen, daß der Vermieter die Wohnung selbst bezogen hat, Oldb OLGZ **81**, 202.

133 – **(§ 538 BGB):** Bei einer Klage auf Schadensersatz wegen vertragswidriger Abnutzung der Mietsache und beim Einwand des Mieters, es liege nur eine nach § 538 BGB unschädliche Abnutzung vor, ist der Vermieter für den einwandfreien Anfangszustand bei der Übergabe und dafür bewpfl, daß bei der Rückgabe überhaupt eine Veränderung oder Verschlechterung vorlag, Saarbr RR **88**, 652. Der Vermieter muß auch beweisen, daß ein vertragswidriger Mietgebrauch die Veränderung oder Verschlechterung herbeigeführt hatte, soweit der Endzustand auch ohne eine Vertragswidrigkeit des Mieters eingetreten sein konnte, Saarbr RR **88**, 652, LG Kiel RR **91**, 400, aM BGH NJW **94**, 2019 (stellt auf den Obhutsbereich ab und schafft damit zusätzliche Probleme), Karlsr NJW **85**, 142 (der Mieter sei auch dann für Schuldlosigkeit bewpfl).

134 Der Mieter ist sodann dafür bewpfl, daß der *Endzustand* vertragsgemäß war, LG Karlsr VersR **84**, 1055. Zum Problem des § 538 BGB Schweer ZMR **89**, 287 (ausf). Soweit der Endzustand objektiv nur vom Verhalten des Mieters herrührt, ist er dafür bewpfl, daß er die weitergehende Abnutzung jedenfalls subjektiv nicht vertreten mußte, BGH **66**, 349, Karlsr NJW **85**, 142. Man muß auch § 11 Z 15 AGBG beachten.

135 – **(§ 540 BGB):** Bei einer Untervermietung muß der Hauptvermieter grds beweisen, daß der Untermieter beim Abschluß des Untermietvertrags die Rechtslage zwischen dem Haupt- und Untervermieter kannte, LG Nürnb-Fürth WoM **91**, 489. Der Mieter muß beweisen, daß die Berufung des Vermieters auf ein vertragliches Verbot der Untervermietung oder auf das Fehlen ihrer vertraglichen Erlaubnis eine unzulässige Rechtsausübung ist, Hbg NJW **82**, 1158, aM LG Ffm WoM **81**, 40 (aber es handelt sich um eine Ausnahme vom Grundsatz der Vertragsfreiheit). Der Mieter muß den Fortbestand eines an sich erloschenen Optionsrechts beweisen, BGH DB **82**, 2456.

– **(§ 543 BGB):** Der Kündigende trägt die BewL, Reichert-Leininger ZMR **85**, 402. Man kann aus dem Gesamteindruck der Zeugen auf deren Alkoholmißbrauch schließen, AG Rheine WoM **97**, 217. Bei einer fristlosen Mieterkündigung wegen allzu schwerer Mängel der Mietsache kann dem an sich bewpfl Mieter ein AnschBew zugutekommen, Köln RR **89**, 439. Der Betreiber eines Parkhauses muß beim Schadensersatzanspruch beweisen, daß der Besitzer einer verlorengemeldeten Code-Karte auch die ersatzweise erhaltene genutzt und nicht nur besessen hat, LG Kleve RR **90**, 666. Der Vermieter ist grds dafür bewpfl, daß der Mieter den Schaden in seinem Obhutsbereich entstehen ließ, BGH NZM **05**, 18 (Ausnahme, wenn alle Vermietersachen ausgeräumt waren).

– **(§ 543 II Z 3 BGB):** Bei § 543 II Z 3 BGB gelten für die Erfüllung die normalen Regeln, Rn 88 „Erfüllung", Bender ZMR **94**, 252, aM Grams ZMR **94**, 5 (aber es gibt keinen Anlaß zur Abweichung von den allgemeinen Beweisregeln).

136 – **(§ 546 BGB):** Bei § 546 BGB muß der Vermieter grds die Wirksamkeit seiner Kündigung beweisen, AG Osnabr WoM **00**, 35, oder das Zustandekommen eines Mietaufhebungsvertrags, auch durch schlüssiges Verhalten des Mieters im Anschluß an eine Vermieterkündigung, LG Freibg WoM **89**, 7. Aber Vorsicht mit der Umdeutung der Kündigung, AG Offenbach WoM **89**, 71. Für eine rechtzeitige Rückgabe ist der Mieter bewpfl, LG Bln ZMR **98**, 703.

Man muß die BewL bei einer *Mietsicherheit* nach Rn 135 ist zunächst nach dem auslegbaren Wortlaut der zugehörigen Vereinbarung beurteilen. Meist setzt diese für den Rückzahlungsanspruch nicht nur das Ende des Mietverhältnisses voraus, sondern außerdem zB eine „ordnungsgemäße Rückgabe der Mietsache" (BewL des Mieters) und weiter, daß „der Vermieter keine Gegenansprüche geltend machen kann". Auch bei einer solchen Fassung wäre der Mieter bewpfl. Wegen Vermieterwechsels LG Ffm WoM **98**, 31.

137 – **(§ 546 a BGB):** Der Mieter ist für den Untergang der Mietsache bewpfl, der Vermieter dafür, daß daraus ein Schaden entstand, Schopp ZMR **77**, 354.

– **(§ 548 BGB):** Der Vermieter ist dafür bewpfl, daß ein Schaden nicht von einem Dritten stammt, für den der Mieter nicht nach § 278 BGB haftet, BGH MDR **05**, 386.

– **(§ 556 BGB):** Für einen Verstoß gegen das Wirtschaftlichkeitsgebot ist der Vermieter bewpfl, BGH NZM **07**, 563, aM Streyl NZM **08**, 23. Er muß beweisen, daß die von ihm auf die Mieter umgelegte Versicherung die günstigste ist, AG Lpz NZM **08**, 83.

– **(§ 557 a BGB):** Der Vermieter muß die Wirksamkeit der Vereinbarung der Staffelmiete beweisen.

– **(§ 558 BGB):** Der Vermieter muß alle Voraussetzungen beweisen, insbesondere die Ortsüblichkeit der verlangten Miete, AG Köln WoM **85**, 294, auch des Betriebskostenanteils, AG Hbg-Altona WoM **87**,

227, sowie die Richtigkeit der Daten der Vergleichsobjekte, AG Karlsr WoM **90**, 222. Der Vermieter ist dafür bewpfl, daß die bei einer Mieterhöhung begehrte neue Miete das Ortsübliche nicht übersteigt, BVerfG **53**, 361. Die Vergleichbarkeit beweist noch nicht die Ortsüblichkeit, LG Düss WoM **90**, 393. Ein Mietspiegel, dazu Börstinghaus NZM **02**, 273 (Üb mit Tabelle), kann im Prozeß einen geringeren Beweiswert haben, wenn er nicht auf einer Repräsentativbefragung beruht, strenger AG Ffm RR **89**, 12 (er dürfe dann nicht als Beweismittel verwendet werden. Aber das wäre eine unzulässige Einschränkung des Grundsatzes der freien Beweiswürdigung, § 286 Rn 2, LG Lüb WoM **95**, 189. Das Mietgefüge ist nur *ein* Anhaltspunkt der Ortsüblichkeit).

- **(§ 558 d BGB):** Ein sog qualifizierter Mietspiegel kann die Vermutung der Ortsüblichkeit bringen, § 558 d III BGB.
- **(§ 566 a BGB):** Der Mieter ist dafür bewpfl, daß der Erwerber die Mietsicherheit vom Veräußerer erhalten hatte, BGH NZM **06**, 179.
- **(§ 569 I BGB):** Bei § 569 I BGB ist der Mieter für diejenigen Tatsachen bewpfl, die seine Kündigung **138** rechtfertigen, LG Mannh WoM **88**, 360.
- **(§ 573 BGB):** Bei einer Eigenbedarfsklage nach § 573 II Z 2 BGB ist der Vermieter dafür bewpfl, daß die Partner keine bestimmte Mietzeit vereinbart hatten, LG Aachen RR **90**, 1163, und daß für seine Kündigung zu ihrem Zeitpunkt ein berechtigtes Interesse bestand (und erst später weggefallen ist), BGH NJW **05**, 2397, LG Gießen ZMR **96**, 328, LG Hbg WoM **95**, 175, Freilich muß der Mieter beim Schadensersatzanspruch beweisen, daß der Vermieter einen Eigenbedarf vorgetäuscht hatte, BGH NJW **05**, 2397, LG Aachen WoM **76**, 201, Lützenkirchen WoM **06**, 81. Indessen setzt das stimmige Tatsachenbehauptungen des Vermieters zum unverschuldeten Wegfall des Eigenbedarfs voraus, LG Ffm WoM **95**, 165. Freilich kann auch der Vermieter getäuscht worden sein, zB vom Mieter über das Fehlen einer Ersatzwohnung, LG Brschw WoM **95**, 184.

  Unterbleibt aber die Eigennutzung, muß der Vermieter beweisen, daß das nur infolge wirklich unvor- **139** hersehbarer Umstände geschieht, LG Gießen ZMR **96**, 328. Der Mieter muß beweisen, daß er ein Feuer in der Mietsache nicht zu verantworten hat, BGH VersR **78**, 724, Düss OLGZ **75**, 318. Zum Problem auch Wichardt ZMR **79**, 197. Der Vermieter ist dafür bewpfl, daß der Mieter eine Verstopfung verschuldet hat, AG Bln-Schöneb MDR **77**, 54. Der Vermieter muß beweisen, daß die Partner entgegen dem Wortlaut des Mietvertrags nicht eine Pauschale vereinbart hatten, sondern eine bloße Vorauszahlung, LG Mannh WoM **77**, 8.
- **(§ 575 BGB):** Der Mieter ist bewpfl dafür, daß demnächst eine weitere Wohnung frei wird, LG **140** Hann WoM **89**, 416. Beim Zeitmietvertrag nach § 575 I BGB ist der Vermieter für dessen Vorliegen bewpfl, ebenso für sein berechtigtes Interesse an der Beendigung des Mietverhältnisses. Beim Fortsetzungsstreit nach § 575 II, III BGB ist der Vermieter für alle Voraussetzungen bewpfl, § 575 III 2 BGB.
- **(Sonstiges):** Der Eigentümer muß beweisen, welchen Mietausfall er durch seinen Verwalter hatte, der Verwalter muß seine Schuldlosigkeit beweisen, Köln RR **03**, 1665. Der Mieter muß den Verzicht des Vermieters auf dessen Pfandrecht beweisen, BGH NZM **05**, 665.

Minderjährigkeit: Außerhalb der Amtsermittlung, Rn 5: Die BewL für die fortdauernde oder die wieder- **141** hergestellte Genehmigungsfähigkeit des Vertrags trifft den Partner des Minderjährigen, Hbg FamRZ **88**, 1168. Der volljährig Gewordene, der den Vertrag jetzt genehmigt und sich trotzdem auf dessen Unwirksamkeit beruft, ist dafür bewpfl, daß sein gesetzlicher Vertreter die Genehmigung vor der Volljährigkeit verweigert hatte, BGH NJW **89**, 1728.

Mitverschulden: Rn 209.

Mobilfunk: Rn 194 „Telefonrechnung".

Muster (Gebrauchs- und Geschmacks-): Der Gegner des Inhabers ist für den Mangel der Neuheit bewpfl. Denn sonst würde man den Schutz praktisch unerträglich erschweren. Es besteht also eine tatsächliche Vermutung für den Schutz.

Nachbarrecht: Wenn streitig ist, ob der eine Nachbarwurzel zurückschneidende gestörte Eigentümer den **142** Störer benachrichtigt hat, damit dieser die restliche Standfestigkeit des Baumes sichern konnte, muß der Störer das Fehlen der Unterrichtung beweisen, Köln VersR **95**, 665. Der Störer ist dafür bewpfl, daß ein Überhang nicht beeinträchtigt, BGH NZM **05**, 319.

Nachgiebige Vorschriften: Wenn die Partner gesetzliche Vorschriften unstreitig vertraglich ausgeschaltet haben oder wenn streitig ist, ob sie sie ausgeschaltet haben, ist derjenige bewpfl, der eine günstigere Regelung als die gesetzliche für sich beansprucht. Wenn der Kläger behauptet, er habe dem Bekl 3 Monate Ziel bewilligt, muß der Bekl ein längeres Ziel beweisen, weil er ja wenigstens diese 3 Monate zugesteht und nur noch mehr will.

Nachnahme: Nach ihrer Aushändigung muß der Zusteller die Nichtzahlung beweisen, LG Hann RR **99**, 1225.

Negativbeweis: Zum Begriff Einf 13 vor § 284. Die BewL kehrt sich nicht um, BGH NJW **85**, 1775 (zustm Baumgärtel JZ **85**, 541).

Nettopreis: Rn 130 „Mehrwertsteuer".

Nichtigkeit: Wer sich auf die Nichtigkeit des Vertrags beruft, muß die zugehörigen Tatsachen darlegen, § 253 Rn 33, und daher auch beweisen, BGH GRUR-RR **04**, 353 (auch bei Teilnichtigkeit), Sedemund NJW **88**, 3071. Es kann ihm aber § 291 zugutekommen, LG Aachen MDR **89**, 63. Bei einem objektiv krassen Mißverhältnis zwischen Leistung und Gegenleistung läßt sich eine verwerfliche Gesinnung des Begünstigten auch ohne dessen Kenntnis der tatsächlichen Verhältnisse vermuten, soweit nicht besondere Umstände entgegenstehen, BGH NJW **01**, 1127.

Notar: Der Geschädigte muß nicht beweisen, daß dem Notar keine Rechtfertigung für eine schadensverursachende Amtshandlung zur Seite steht, BGH BB **85**, 153. Der Notar muß beweisen, daß eine Belehrung nicht (mehr) notwendig war. Ein Verstoß gegen § 13 a I 2 BeurkG ändert die BewL nicht, BGH RR **03**, 1432. Vgl die Üb DNotZ **85**, 25 sowie Rn 177 „Schadensersatz".

Notwehr: Der Notwehrer muß ihre Voraussetzungen beweisen, zB eine Unverhältnismäßigkeit der polizeilichen Mittel, BGH NJW **76**, 42, Düss RR **96**, 22. Die BewL gilt bei jeder Schädigungshandlung, BGH NJW **08**, 573 links. Für eine Notwehrüberschreitung ist aber der Angreifer bewpfl, BGH NJW **76**, 42. Bei einer Putativnotwehr muß der angeblich Angegriffene die Entschuldbarkeit des Irrtums beweisen, BGH NJW **81**, 745.

143 **Parteifähigkeit:** § 56 Rn 5.

Patent, dazu *Scholl,* Die Beweislast im Patenterteilungs-, Patentverletzungs- und Patentnichtigkeitsverfahren, Diss Heidelb 1963:

Technische Erfahrungssätze können die Ausführbarkeit oder den technischen Fortschritt für die Erteilung ausreichend glaubhaft werden lassen. Für die Erschöpfung der Patentrechte ist bewpfl, wer die Erschöpfung behauptet, BGH RR **00**, 569. Wer ein Gegenrecht behauptet, ist dafür bewpfl, BGH NJW **02**, 1277. Der Verletzer ist für die Unverhältnismäßigkeit einer Vernichtung bewpfl. Düss GRUR-RR **07**, 259.

Persönlichkeitsrecht, dazu *Brandner* JZ **83**, 295, *Leipold,* Zur Beweislast beim Schutz der Ehre und des Persönlichkeitsrechts, Festschrift für *Hubmann* (1985) 271: Es gelten die normalen Regeln, Rn 9, 10.

144 **Pflichtteil,** dazu *Baumgärtel,* Das Verhältnis der Beweislastverteilung im Pflichtteilsrecht zu den Auskunfts- und Wertermittlungsansprüchen in diesem Rechtsgebiet, in: Festschrift für *Hübner* (1984):

Die Entziehung richtet sich nach *§ 2336 III BGB.* Jedoch bleiben die BewLRegeln des Eheverfahrens unberührt. Der Pflichtteilsberechtigte muß die Zugehörigkeit des umstrittenen Gegenstands zum Nachlaß beweisen, BGH **89**, 29. Er muß für einen Ergänzungsanspruch die Unentgeltlichkeit der früheren Verfügung beweisen, Keim FamRZ **04**, 1086. Freilich muß der Gegner das Gegenteil darlegen und bei grobem Mißverhältnis beweisen, BGH RR **96**, 1705, Keim FamRZ **04**, 1086.

S auch Rn 86 „Erbrecht“, Rn 186 „Schenkung“.

Positive Forderungsverletzung: Rn 173, Rn 189 „Schlechterfüllung“.

Post: Rn 153.

Preisbindung: Der nach § 9 II Z 1–4 G v 2. 9. 02, BGBl 3448, Klageberechtigte ist für einen Verstoß gegen das G bewpfl. Der Kläger muß gegenüber einem Außenseiter beweisen, daß er ein Preisbindungssystem lückenlos aufgerichtet hat und durch Verpflichtung der einzelnen Händler und ihre Überwachung auch kontrolliert. Dann kann er sich auch einer Reihe von Testkäufern bedienen. Sie büßen nicht schon dadurch allein ihre Glaubwürdigkeit ein. Der Außenseiter kann den gegen ihn sprechenden AnschBew dadurch erschüttern, daß er nachweist, daß der Preisbinder nicht gegen alle Verstöße vorgegangen ist, daß die Durchführung des Systems mangelhaft ist, daß das System in einem solchen Ausmaß zusammengebrochen ist, das die weitere Vertragserfüllung für ihn unzumutbar macht. Gegenüber einem Händler liegt die BewL für eine theoretische Lückenlosigkeit beim Preisbinder. Der Händler ist bewpfl dafür, daß tatsächlich Lücken bestehen.

145 **Produkthaftung,** dazu *Arens* ZZP **104**, 123; *Knoche,* Arzthaftung, Produkthaftung, Umwelthaftung, 2005; *Steffen,* Beweislasten für den ... Produzenten aus ihren Aufgaben zur Befundsicherung, Festschrift für *Brandner* (1996):

A. Geltungsbereich des ProdHaftG. Soweit das ProdHaftG den Sachverhalt erfaßt, richtet sich die BewL nach § 1 ProdHaftG.

Wegen des Umfangs des Geltungsbereichs des ProdHaftG vgl dessen §§ 1–5. In den neuen Bundesländern gilt das ProdHaftG nur für solche Produkte, die am 3. 10. 90 oder später in den Verkehr gekommen sind, EV Anl I Kap III Sachgeb B Abschn III Z 8. Die Regeln zur BewL gelten auch voll beim 2000-Problem, Spindler NJW **99**, 3741. Die Gefährdungshaftung nach § 1 I ProdHaftG verschließt anders als zB § 7 II StVG den Entlastungsbeweis eines schuldlosen Verhaltens.

146 Ob ein *Produkt* nach dem ProdHaftG vorliegt, richtet sich nach seinem § 2. Ob ein *Fehler* vorliegt, muß man nach seinem § 3 beurteilen. Wer als *Hersteller* gilt, besagt § 4 (evtl auch ein Kleinbetrieb, BGH **116**, 106; zustm Baumgärtel JR **92**, 504). Der Geschädigte ist grds dafür bewpfl, daß sich das Produkt überhaupt dem Hersteller zurechnen läßt, BGH NJW **05**, 2695, Frietsch DB **90**, 33, daß das Produkt im Schadenszeitpunkt fehlerhaft war, Frietsch DB **90**, 33, daß man diesen Zustand im Zeitpunkt des Inverkehrbringens schon als Fehler einstufen mußte, Frietsch DB **90**, 33, und daß überhaupt ein Schaden durch die Benutzung des Produkts eingetreten ist, BGH VersR **92**, 99, Ffm RR **94**, 800. Erst danach ist der Hersteller dafür bewpfl, daß dieses Produkt seinen Betrieb danach fehlerfrei verlassen hat oder daß der Fehler erst danach entstanden ist, BGH NJW **99**, 1028, Frietsch DB **90**, 33. Zum Verfalldatum Michalski/Riemenschneider BB **93**, 2103.

Jedoch kann bei einem *besonders risikobehafteten* Produkt unter ganz besonderen Umständen eine BewL-Umkehr zugunsten des Geschädigten eintreten, so schon BGH NJW **93**, 528 (zu § 823 BGB; zustm Foerste JZ **93**, 680). Grundsätzlich bleibt es aber bei Art 4 EU-Produkthaftungsrichtlinie. Danach muß der Geschädigte den Schaden, den Fehler und den Ursachenzusammenhang beweisen, Arens ZZP **104**, 127. Als vorrangiges Spezialgesetz muß man das ProdHaftG und daher auch seinen § 1 IV eng auslegen. Es ist nach seinem § 16 nicht auf ein vor dem 1. 1. 90 in den Verkehr gebrachtes Produkt anwendbar.

147 *Im einzelnen:* Zu den in Rn 146 genannten Grenzen gelten die in § 1 IV genannten gesetzlichen Beweisregeln. Wegen der sog Befundsicherungspflicht BGH BB **93**, 1476.

148 **B. Übrige Fälle.** Soweit das vorrangige ProdHaftG unanwendbar ist, zB für ein solches Produkt, das vor dem 1. 1. 90 in den Verkehr kam, kann eine Haftung nach anderen Vorschriften in Betracht kommen. Sie bleibt nach § 15 ProdHaftG ohnehin unberührt und kommt vor allem in Betracht, soweit diese Vorschriften weiter reichen. Soweit freilich das ProdHaftG gerade wegen seiner Anwendbarkeit einen Anspruch versagt, muß man die Anwendbarkeit anderer Vorschriften trotz § 15 II ProdHaftG kritisch prüfen, auch zur BewL. Zur deliktischen Haftung Schmidt-Salzer NJW **92**, 2871.

Prozeßfähigkeit: § 56 Rn 5.

Prospekthaftung: Bei §§ 44, 47 II BörsG ist der Anspruchsteller bewpfl, bei § 45 BörsG der Anspruchsgegner.

Prozeßvoraussetzungen: Sie unterliegen der BewL des Klägers, Grdz 40 vor § 128, BVerfG NJW **92**, 361, BGH RR **92**, 1339. Denn eine Prüfung von Amts wegen nach Grdz 39 vor § 128 ist keine Ermittlung von Amts wegen nach Grdz 38 vor § 128.

Prüfung von Amts wegen: Rn 35 „Amtsprüfung".

Quittung: Rn 75 „Bankrecht", Rn 88 „Erfüllung", Rn 128 „Leasing". **149**

Rechtliches Gehör: Wer die Versagung behauptet, kann dafür bewpfl sein, BGH BB **99**, 2053. **150**

Rechtsanwalt: Wegen einer geringeren als der gesetzlichen Vergütung ist der Auftraggeber bewpfl, § 4 II 1 RVG.

S im übrigen Rn 178 „Schadensersatz".

Rechtsbeistand: Rn 178.

Rechtsfähigkeit: Bewpfl ist der sie Bestreitende, BGH **97**, 273, Rn 99 „Handlungsunfähigkeit".

Rechtsgeschäft, dazu *Heinrich,* Die Beweislast bei Rechtsgeschäften, 1996; *Hübner,* Beweislastverteilung bei **151** der Verletzung von Vertragspflichten im französischen und deutschem Recht, Festschrift für *Baumgärtel* (1990) 151:

Rechtsgeschäftliche und *bloß tatsächliche* Erklärungen haben eine unterschiedliche Beweiskraft, BGH VersR **89**, 834. Wer den Abschluß eines Rechtsgeschäfts behauptet, behauptet auch die gewöhnliche Rechtsfolge. Den Abschluß muß der Kläger beweisen, etwaige Willensmängel muß der Bekl beweisen. Beim kaufmännischen Bestätigungsschreiben ist der Absender dafür bewpfl, daß und wann dieses zugegangen ist, BGH **70**, 233 (zustm Baumgärtel JR **78**, 458). Inhalt und Umfang einer Vertragsänderung muß grds derjenige beweisen, der aus ihr ein Recht herleiten will, BGH NJW **95**, 50. Der Absender muß ferner beweisen, daß vorher Verhandlungen stattfanden. Er ist dafür bewpfl, daß zusätzliche Absprachen vorliegen, BGH **67**, 381. Überhaupt gilt: Wer Abweichungen vom schriftlichen Vertrag behauptet, muß sie beweisen, BGH VersR **99**, 1374, Hbg VersR **88**, 811. Haben die Parteien eine solche Nebenabrede zu einem beurkundungsbedürftigen Rechtsgeschäft getroffen, die sie nicht mitbeurkunden wollten, ist die grundsätzliche Vermutung der Richtigkeit und Vollständigkeit der diese Abrede nicht enthaltenden Vertragsurkunde entkräftet, BGH NJW **89**, 898. Wer ein Scheingeschäft behauptet, ist bewpfl, Rn 185.

Der Empfänger ist dafür bewpfl, warum das kaufmännische *Bestätigungsschreiben nicht gilt,* etwa wegen **152** einer erheblichen Abweichung von den früheren Vereinbarungen oder wegen bewußter Unrichtigkeit, oder wegen eines Widerspruchs. Insofern ist er jedoch nicht bewpfl, wenn er weder Kaufmann ist noch wie ein solcher aufgetreten ist. Die Rechtzeitigkeit der Annahme des Antrags muß der Kläger beweisen, ebenso die Wahrung der nötigen Form. Der nach §§ 315, 316 BGB zur Bestimmung Berechtigte ist dafür bewpfl, daß seine Bestimmung der Billigkeit entspricht, BGH DB **75**, 250, Reinecke JZ **77**, 159. Wer sich auf das Fehlen der Einwilligung nach § 1365 I BGB beruft, ist bewpfl dafür, daß alle Vertragspartner wußten, daß der Gegenstand dem § 1365 BGB unterfiel.

Es gibt keinen AnschBew dafür, daß ein Mahn-Einwurf- oder Übergabe-*Einschreibebrief* (ohne Rück- **153** schein), zu den Begriffen Dübbers NJW **97**, 2503, zugegangen ist, BGH VersR **78**, 671, LG Potsd NJW **00**, 3722, Friedrich VersR **01**, 1039, aM AG Erfurt WoM **07**, 581, AG Paderb NJW **00**, 3723, Schneider MDR **84**, 281 (s aber Rn 154). Das gilt trotz der sehr geringen Verlustquote der Deutschen Post AG, AG Brschw JB **91**, 133, Allgaier VersR **92**, 1070. Ihre Qualität läßt nach, LG Bonn DGVZ **04**, 45. Dieser Gedanke läßt sich vorsichtig auch außerhalb des VVG anwenden, Hamm VersR **76**, 723, LG Ffm MDR **87**, 582, AG Köln ZMR **77**, 278. Es gibt auch keinen AnschBew dafür, daß der Einschreibebrief einen bestimmten Inhalt hat, selbst wenn man vermuten darf, daß er weder leer ist noch ein Schriftstück ohne Unterschrift enthält, großzügig Hamm RR **87**, 344. Erst recht gibt es keinen AnschBew dafür, daß der Einschreibebrief ohne Rückschein innerhalb einer bestimmten Frist zuging, Düss NVersZ **02**, 357, Kblz Rpfleger **84**, 434, Köln MDR **87**, 405, aM AG Osnabr WoM **00**, 35 (aber der Alltag zeigt manchmal stark schwankende Laufzeiten). Zur besseren Lage beim Einwurf-Einschreiben Hohmeister BB **98**, 1478, Reichert NJW **01**, 2524 (ein Rückschein ist am besten), aM AG Kempten NJW **07**, 1215 (krit Putz 2450). Ein Einwurf einer Benachrichtigung mit der Bitte um Abholung eines Einschreiben mit Rückschein bei der Post führt grds nicht zum Zugang, Brdb NJW **05**, 1585.

Die Regeln zum Einschreibebrief (§ 418 ist unanwendbar, dort Rn 4 „Post") gelten ebenso bei einem **154** *gewöhnlichen Brief,* BGH NJW **78**, 886, Hamm RR **95**, 363 (keine Ausnahme bei § 93), LAG Düss JB **04**, 389, aM BVerfG NJW **92**, 2217 (Absendung und Fehlen einer postalischen Rücksendung „als unzustellbar" = Beweisanzeichen für Zugang, also praktisch als AnschBew, grds problematisch, s unten), LG Hbg VersR **92**, 85 (bei einer Reihe von Schreiben in engem zeitlichen Abstand), Schneider MDR **84**, 281 (aber Vorsicht gegenüber Statistiken der dort mitgeteilten Art: Sie weisen zB nicht aus, wieviele nicht als „Verlust" gemeldete Briefe die Post tatsächlich doch nicht oder doch falsch „zugestellt" hat, wie die Gerichtserfahrung beweist. Mancher Bürger hält es mit Recht für meist sinnlos, sich zu beschweren. Er erscheint schon deshalb nicht in solchen Statistiken!).

Man darf zwar *keine unzumutbaren Anforderungen* an den Absender stellen, BVerfG NJW **92**, 2217, BAG **155** DB **86**, 2337. Aber Vorsicht! Wo liegen die Grenzen? Diese Regeln gelten erst recht bei einer bloßen Fotokopie, LG Ffm VersR **78**, 861. Es gibt auch keinen AnschBew dafür, daß eine Postsendung nach einem bestimmten Zeitablauf beim Empfänger ankommt, Hamm VersR **82**, 1045. Bei einer Nachnahme gibt es keinen AnschBew für die Bezahlung, wenn die Nachnahme dem Empfänger nicht erkennbar war, BGH NJW **06**, 301. Zu einer Willenserklärung gegenüber dem Versicherungsnehmer Voosen VersR **77**, 895. Zur BewL für die Bösgläubigkeit einer Pfandkreditanstalt bei der Verpfändung von Teppichen BGH NJW **82**, 38.

S auch Rn 38 „Anwaltsvertrag", Rn 75 „Bankrecht", Rn 79 „Computer", Rn 81 „Dienstvertrag", Rn 98 „Handelsbrauch", Rn 142 „Nichtigkeit", Rn 192 „Stellvertretung", Rn 194 „Telefax", Rn 206 „Verschulden", Rn 219 „Vertrag", Rn 227 „Werkvertrag" usw.

Rechtsmißbrauch: Vgl zunächst Einl III 54. Soweit eine Partei den gegnerischen Rechtsmißbrauch aus- **156** reichend darlegt, muß der Gegner das Fehlen eines solchen Mißbrauchs beweisen, BGH DB **99**, 797, aM

LG Bln MDR **00**, 915 (aber dann liegt die Entlasungsmöglichkeit nun wirklich nur beim Mißbrauchsverdächtigen).

Rechtsschein: Wer sich auf ihn beruft, ist für ihn bewpfl, ferner auch dafür, daß der Rechtsschein für sein rechtsgeschäftliches Handeln ursächlich war. Letzteres muß man allerdings meist nach der Erfahrung des täglichen Lebens annehmen. Wer Rechtsscheinsfolgen nicht gegen sich gelten lassen will, ist bewpfl zB dafür, daß sein Partner eine Haftungsbeschränkung trotz eines Verstoßes gegen § 4 II GmbHG kannte oder daß der Verstoß für den Schaden nicht ursächlich war, BGH BB **75**, 924. Vgl auch Rn 192 „Stellvertretung".

Rechtsschutzversicherung: Rn 218 „Versicherung".

Rechtswidrigkeit: Bei der unerlaubten Handlung muß grds zunächst der Verletzte die Rechtswidrigkeit beweisen. Der Verletzer muß anschließend einen Rechtfertigungsgrund beweisen. Vgl aber zB § 7 II StVG.

157 **Reisegepäckversicherung:** Rn 161 „Schadensersatz".

Reisevertrag: Wenn viele an demselben Essen erkrankten, muß der Veranstalter beweisen, daß seine Reiseverpflegung nicht ursächlich war, LG Hann RR **89**, 634. Der Veranstalter muß beweisen, daß am Reiseziel ein Reiseleiter für Mängelanzeigen erreichbar war und daß der Reisende ihn nicht oder zu spät ansprach. Der Reisende muß insofern seine Schuldlosigkeit beweisen, LG Ffm RR **86**, 540 (auch zu weiteren Einzelfragen), LG Ffm RR **89**, 1212, aM BGH NJW **05**, 418 (volle BewL des Veranstalters für die Schuldlosigkeit seiner Erfüllungsgehilfen), LG Hann RR **90**, 1018 (BewL des Reisenden), zu großzügig LG Ffm NJW **87**, 133 (zum Entlastungsbeweis nach § 651 g BGB genüge die Glaubhaftmachung der Absendung. Vgl aber Rn 151 „Rechtsgeschäft"). Der Veranstalter, der sich auf Verjährung beruft, ist für denjenigen Zeitpunkt bewpfl, zu dem eine nach § 651 g II 3 BGB eingetretene Hemmung endete, LG Ffm RR **87**, 569.

Rennsport: Zur BewL der Rennleitung wegen des Fehlens sofortiger Hindernisbeseitigung BGH VersR **87**, 1149.

Revision: Die BewL bleibt unverändert.

158 **Sachbefugnis:** Zugunsten einer urheberrechtlichen Verwertungsgesellschaft darf man ihre Sachbefugnis im Umfang von § 13 b des VerwertungsG vermuten.

Sachverständiger: Der außergerichtliche Sachverständige ist für die Billigkeit des von ihm festgesetzten Honorars bewpfl, AG Schwerin RR **99**, 510. Beim gerichtlich bestellten gilt das JVEG.

Saldo: Rn 75 „Bankrecht".

159 **Schadensersatz,** dazu *Baumgärtel/Wittmann,* Zur Beweislastverteilung im Rahmen von § 823 Abs. 1 BGB, Festschrift für *Schäfer* (1980) 13; *Fischer,* Der Kausalitätsbeweis in der Anwaltshaftung, in: Festschrift für *Odersky* (1996); *Grunsky,* Beweiserleichterungen im Schadensersatzprozeß, 1990; *Lepa,* Beweislast und Beweiswürdigung im Haftpflichtprozeß, 1988; *Prütting,* Beweiserleichterungen für den Geschädigten, Karlsruher Forum 1989, 3, VersR **90**, (Sonderheft) 13; *Vollkommer,* Beweiserleichterungen für den Mandanten bei Verletzung von Aufklärungs- und Beratungspflichten durch den Anwalt?, Festschrift für *Baumgärtel* (1990) 585:

160 Es ergibt sich ein außerordentlich vielfarbiges Erscheinungsbild. Man kann nur grob etwa die folgenden Hauptaskepte zusammenfassen.

– **(Abfindung):** Die Unterzeichnung einer Abfindungsvereinbarung durch einen Beauftragten kann einen AnschBew für die Wirksamkeit ergeben, Hamm VersR **84**, 229.

– **(Amtspflichtverletzung):** Der Kläger ist für die objektive Verletzung und ihre Ursächlichkeit bewpfl (Ausnahmen bestehen bei einer Beratungspflicht, s unten), BGH **110**, 257, Köln MDR **93**, 630. Der Beamte muß sodann seine Schuldlosigkeit beweisen, Karlsr MDR **90**, 722. S auch Rn 175 (Diensthund), Rn 200 „Ursächlichkeit". Bei einer Amtshaftung kann § 287 anwendbar sein, BGH **129**, 233. Es gibt keinen AnschBew, soweit andere Vorkehrungen ausreichten, BGH MDR **08**, 208.

– **(Anerkenntnis):** Ein außergerichtliches Anerkenntnis kann die BewL umkehren, BGH **66**, 255. Eine Zahlung ohne Anerkenntnis einer Rechtspflicht kehrt die BewL nicht um.

161 – **(Anwalt):** Gegen einen Anwalt, Rechtsbeistand, Steuerberater usw wegen Verschuldens, zB beim Verlust eines Rechtsstreites, dazu *Ruppel,* Standeswidriges Verhalten des Anwalts im Zivilprozeß und seine prozessualen und materiellrechtlichen Folgen, Diss Gießen 1984, *Vollkommer,* Beweiserleichterungen für den Mandanten bei Verletzung von Aufklärungs- und Beratungspflichten?, in: Festschrift für *Baumgärtel* (1990):

Der *Kläger* muß diejenigen Tatsachen beweisen, die er in dem anderen Prozeß auch hätte beweisen müssen, BGH RR **87**, 899, und zwar auch negative Tatsachen, BGH NJW **85**, 265. Man darf die Anforderungen an die BewL des Auftraggebers für eine Unterlassung eines notwendigen Verhaltens des Anwalts nicht überspannen, Lange VersR **07**, 36. Es gibt keinen AnschBew für ein einwandfreies Anwaltsverhalten, aM Chab AnwBl **07**, 82, aber auch keinen dagegen. Zur BewL bei § 49 b V BRAO § 85 Rn 24 „Wertgebühren".

Das gilt auch dann, wenn der Kläger einen Verstoß gegen die *Aufklärungspflicht* des Bekl behauptet, BGH BB **87**, 1203. Der Kläger braucht aber nicht auch zu beweisen, daß seinem Anspruch keine Einwände entgegengestanden hätten. Letzteres ist vielmehr eine Aufgabe des Bekl. Es kommt nicht darauf an, ob der Auftraggeber einem pflichtwidrigen Anwaltsrat folgte oder aus eigenem Antrieb handelte, sondern darauf, wie er sich bei einer richtigen Beratung verhalten hätte, BGH MDR **07**, 674, Düss AnwBl **05**, 790. Es kommt ferner nicht darauf an, wie das Gericht entschieden hätte, sondern darauf, wie es hätte entscheiden müssen, BGH NJW **05**, 3072, Düss VersR **88**, 522, Hamm RR **95**, 526. Der Auftraggeber ist dafür bewpfl, daß der Anwalt den Vergleich vorwerfbar für ihn nachteilig abgeschlossen hat, Köln VersR **97**, 619. Das Gericht kann auch diejenigen Beweismittel verwerten, die das Gericht in dem durch ein Verschulden des Anwalts unterbliebenen Prozeß nicht hätten berücksichtigen dürfen, BGH NJW **87**, 3256. Zum Problem Celle MDR **06**, 358.

Der Auftraggeber ist dafür bewpfl, daß der *Fehler* des Anwalts vorlag und daß dieser Fehler auch gerade für seinen Schaden *ursächlich* war, BGH MDR **04**, 1297, Karlsr VersR **03**, 327. Das gilt auch dann, wenn er keinen Einblick in die Hintergründe hat, BGH NJW **99**, 2437, Kblz VersR **01**, 1027 (auch zu den Grenzen). Ein AnschBew kommt dem Auftraggeber zugute, wenn bei einer vertragsgemäßen Beratung eigentlich nur ein bestimmtes Verhalten des Auftraggebers nahegelegen hätte, BGH MDR **04**, 333 (andernfalls § 287). Das setzt freilich nicht eine bestimmte Empfehlung des Anwalts voraus, BGH **123**, 314 (zustm Baumgärtel JR **94**, 466). Er kann demgegenüber Tatsachen zu beweisen versuchen, die für eine atypische Reaktion des Auftraggebers sprechen, BGH **123**, 314 (zustm Baumgärtel JR **94**, 466). Der Anwalt ist für Schuldlosigkeit einer objektiven Pflichtverletzung bewpfl, BGH NJW **02**, 292.

Der Anwalt ist bewpfl dafür, daß derjenige Auftraggeber, den er nicht genug über die Möglichkeiten einer Beratungs- oder Prozeßkostenhilfe beraten hatte, trotzdem zu den gesetzlichen Gebühren abgeschlossen hätte, Schneider MDR **88**, 282, und daß der Prozeß trotz des Anwaltsfehlers zum Nachteil des Auftraggebers hätte ausgehen müssen, BGH NJW **05**, 3072 (krit Römermann BB **05**, 1813). Der aus der Sozietät Ausgeschiedene haftet, solange er nicht alles ihm Zumutbare zur Tilgung seines Namens aus dem Praxisschild und den Briefkopf des Verbliebenen tat, BGH VersR **91**, 1003.

– **(Arglist):** Der Bekl ist dafür bewpfl, daß die von ihm im Vorprozeß vernichtete Urkunde einen anderen Inhalt als den jetzt vom Kläger behaupteten hatte, Mü NJW **76**, 2137. Für die Täuschung ist bewpfl, wer sie behauptet, Köln WoM **92**, 263. Der Kläger ist bewpfl auch für die Ursächlichkeit der Täuschung für seinen Schaden. **162**

– **(Aufsichtspflicht):** An den Entlastungsbeweis nach § 832 I 2 BGB muß man strenge Anforderungen stellen, BGH NJW **84**, 2576.

– **(Betrug):** Rn 174 „– (Täuschung)".

– **(Brandstiftung):** Sprechen alle Anzeichen zB gegen eine Brandstiftung durch einen Dritten, muß der Versicherungsnehmer den AnschBew der eigenen Brandstiftung entkräften, LG Arnsb VersR **88**, 794.

– **(Darlegungslast):** § 287 ändert grds nichts an derjenigen nach § 287 Rn 2, BGH NJW **86**, 247.

– **(Diebstahl):** Man darf keine überspitzten Anforderungen an den Bestohlenen stellen, BGH RR **91**, 737 und 738, Düss VersR **00**, 225 (je: Nachschlüsseldiebstahl), Hamm RR **00**, 1049 (Art der Entwendung unklar), strenger BGH NJW **93**, 1014 (der Versicherungsnehmer hatte ein Kfz einem Dritten überlassen), Mü RR **03**, 678 (Autovermieter behauptet Verschwinden des Wagens beim Autopflegedienst). Überspitzte Anforderungen sind insbesondere dann unzulässig, wenn der Dieb entkam, BGH VersR **92**, 868, Hamm VersR **91**, 330, AG Bochum VersR **95**, 1094 (Reisegepäck), strenger BGH VersR **77**, 368, Karlsr VersR **77**, 904, AG Mü NVersZ **01**, 41 (aber was soll der Bestohlene dann noch tun?). Das gilt auch beim Werkverkehr, Hamm RR **03**, 251. Der Dieb ist für einen schadensmindernden Umstand bewpfl, Köln MDR **06**, 890. **163**

Zum *Einbruchschaden* BGH VersR **94**, 1185, Bre VersR **81**, 1169, Hamm RR **04**, 1402. Zum Kfz-Aufbruch AG Hbg VersR **87**, 1189 (Spuren am Kfz nötig).

Die *objektiven Umstände* müssen aber auf einen Einbruch, Raub usw schließen lassen, damit man einen entsprechenden AnschBew annehmen kann, BGH **130**, 3, Hamm VHR **97**, 271, Köln VersR **94**, 420. Der Unfallgeschädigte muß grds beweisen, daß und welcher Schaden ihm gerade durch den von ihm behaupteten Vorgang entstanden ist, LG Ffm VersR **05**, 1409 (Vorschaden?), LG Wiesb VersR **03**, 1297. Das äußere Bild eines Versicherungsfalls muß vorliegen, BGH NVersZ **00**, 87, Köln VersR **02**, 372, Saarbr RR **96**, 409 (je: die bloße Anzeige reicht nicht), Düss VHR **96**, 79 (Schlüsselgutachten), Köln VersR **95**, 41, Nürnb VersR **95**, 1089 (je: beim Kfz-Diebstahl müssen alle Schlüssel vorliegen oder plausibel fehlen). Das reicht dann freilich auch beim Fehlen eines typischen Geschehensablaufs aus, BGH RR **93**, 798, Hamm VersR **93**, 220. Dazu muß aber der Versicherungsnehmer zB beweisen, daß er das Kfz an bestimmter Stelle abgestellt und dann nicht dort wiedergefunden hat, Brdb NVersZ **98**, 127, oder daß und wie der Täter in den Besitz eines passenden Schlüssels gekommen war, Hbg VersR **95**, 208, Hamm DB **93**, 695. Es kommt natürlich auf seine Glaubwürdigkeit an, Düss RR **06**, 1263, Hamm VersR **07**, 1512, Rostock VersR **05**, 495. Ein AnschBew zugunsten des Bestohlenen ist nicht erforderlich, BGH RR **87**, 537. Er braucht beim Kunstdiebstahl nur zu beweisen, *daß,* nicht auch, wie das Ausstellungsstück aus einer Vitrine verschwand, Köln NVersZ **02**, 234. Nach einem Verstoß gegen eine Obliegenheit des Bestohlenen zur Einreichung einer Stehlgutanzeige binnen 3 Tagen muß er beweisen, daß das Stehlgut auch bei rechtzeitiger Anzeige mit an Sicherheit grenzender Wahrscheinlichkeit nicht wieder herbeigeschafft worden wäre, LG Detm VersR **84**, 249. Der Beweis des Diebstahls eines Tresors ergibt noch keinen AnschBew für dessen Inhalt, BGH NJW **07**, 373. **164**

Zum AnschBew beim Kfz-Diebstahl *im Ausland* Stgt VersR **83**, 29. Vorsicht mit § 141, Hbg VersR **00**, 1273, Mü VersR **98**, 1370. Es würde allgemein zu weit gehen, aus dem Fehlen vorher vorhandener Sachen stets auf einen Nachschlüsseldiebstahl zu schließen, Hamm VersR **80**, 738. Auch bei ihm darf man die Anforderungen aber nicht überspannen, Düss VersR **82**, 765, Hamm VersR **93**, 694 (stellt auf Ungereimtheiten ab), Köln VersR **83**, 1121. Die bloße Tatsache, daß der „Bestohlene" eine Strafanzeige erstattet, reicht auch zusammen mit dem Verschwinden von Gepäck nicht als AnschBew für einen Gepäckdiebstahl aus, LG Hbg VersR **84**, 1169, ebensowenig dann, wenn der Täter das Fahrzeug ausgeschlachtet hatte, LG Freibg VersR **87**, 758. Beweiserleichterungen zugunsten des „Bestohlenen" gelten nicht im Rückforderungsprozeß zugunsten des Versicherers, BGH **123**, 219 (zustm Knoche MDR **93**, 1056). Mangels Einbruchspuren muß der Geschädigte beweisen, daß nicht versicherte Begehungsweisen praktisch ausscheiden, Karlsr MDR **06**, 515. **165**

Ob *Hausrat* aus einer Wohnung entwendet wurde, darf das Gericht dem Bestohlenen evtl auch ohne einen Beweis glauben, solange seine Glaubwürdigkeit nicht durch Anzeichen geschwächt ist, Hamm VersR **94**, 48. Steht ein Diebstahl von Hausrat aus der Wohnung fest und liegt kein AnschBew für einen Einbruch oder ein Eindringen vor, kann ein AnschBew für einen Nachschlüsseldiebstahl bestehen bleiben, LG Köln VersR **86**, 29. Dann kann im übrigen der Versicherungsnehmer den erforderlichen Beweis dadurch erbringen, daß er alle nicht versicherten Regelungsmöglichkeiten ausschließt, Ffm NVersZ **01**, 36, Hamm RR **04**, 1402, KG VersR **04**, 733, oder daß er Umstände beweist, die nach der **166**

Lebenserfahrung mit lediglich hinreichender Wahrscheinlichkeit auf die Benutzung zB eines Nachschlüssels schließen lassen, BGH RR **90**, 607, Köln RR **06**, 41. Aus einer Unklarheit läßt sich nicht stets ein Diebstahl zB mittels eines Nachschlüssels folgern, Ffm VersR **86**, 1092, AG Bre VersR **85**, 1030. Wegen des auf einen „Diebstahl" folgenden „Brandes" Bre VersR **86**, 434.

Steht ein Einbruchdiebstahl fest, ist der Versicherer für *grobe Fahrlässigkeit* des Versicherungsnehmers bewpfl, BGH VersR **85**, 29. Die sog Nachtzeitklausel der Hausratsversicherung führt zur BewL des Versicherungsnehmers, AG Köln VersR **88**, 76.

167 – **(Gebäudebesitzer):** Bei § 836 BGB, mit seiner BewLUmkehrung, BGH NJW **99**, 2593, liegt kein AnschBew vor, daß ein Rohrbruch seine Ursache in einer fehlerhaften Anlage oder Unterhaltung hatte, LG Heidelb VersR **77**, 47.

– **(Gefahrenbereich):** Rn 95.

– **(Geldrente nach Tötung):** Bei § 844 II BGB ist der Geschädigte für die Leistungsfähigkeit des Getöteten bewpfl. Das Gericht muß sie nach § 287 prüfen.

168 – **(Klagefrist):** Der Versicherungsnehmer ist dafür bewpfl, daß er eine gesetzliche Klagefrist schuldlos versäumt hat, Schlesw VersR **82**, 358.

– **(Manöverschaden):** BGH **125**, 232.

169 – **(Notar):** Gegen einen Notar wegen der Verletzung einer Belehrungspflicht: Der Geschädigte ist grds bewpfl, Hamm VersR **80**, 683. Freilich kann § 287 anwendbar sein, BGH NJW **92**, 3241. Vgl auch die Üb DNotZ **85**, 25 und Rn 142 „Notar".

170 – **(Obliegenheit):** Rn 181 „– (Verschulden)".

– **(Positive Vertragsverletzung):** Rn 172 „– (Schlechterfüllung)".

– **(Rauchen):** Zum „Rauchen im Bett" Düss VersR **83**, 626.

– **(Rechtsbeistand):** Rn 161 „– (Anwalt)".

171 – **(Schadenshöhe):** Rn 85 „Entgangener Gewinn".

– **(Schadensminderung):** Der Schädiger ist für eine Verletzung der Schadensminderungspflicht bewpfl, BGH VersR **78**, 183.

172 – **(Schlechterfüllung):** Der Kläger ist für die Ursächlichkeit bewpfl, selbst bei einer Schädigung durch Unterlassen, für die ein AnschBew möglich ist. Jedoch wird die BewL umgekehrt, wenn die Schadensursache im Gefahrenkreis des Schuldners liegt, BGH NJW **86**, 55, Zweibr VersR **77**, 848, LG Bln VersR **83**, 842. Hinzukommen muß freilich, daß die Schadensursache zumindest in der Regel der Sachkenntnis des Klägers entzogen ist, BGH VersR **78**, 87, Rn 189 „Schlechterfüllung". Es kommt darauf an, ob der Auftraggeber einem pflichtwidrigen Anwaltsrat folgte oder aus eigenem Antrieb handelte, und darauf, wie er sich bei richtiger Beratung verhalten hätte, BGH NJW **02**, 594, wie das Gericht hätte richtigerweise entscheiden müssen, Köln NJW **00**, 3076.

173 – **(Steuerberater):** Rn 161 „– (Anwalt).

– **(Steuerrecht):** Der Geschädigte ist dafür bewpfl, daß ihm kein Vorsteuerabzug möglich ist, KG VersR **75**, 451. Zur Anrechnung von Steuerersparnissen beim vom Geschädigten zu beweisenden Verdienstausfall BGH JZ **87**, 574 (krit Laumen).

174 – **(Täuschung):** Der Versicherer ist grds bewpfl für eine Täuschung durch den „Abgebrannten", BGH VersR **87**, 277, Karlsr VersR **95**, 1088, Kblz VersR **98**, 181. Es kann zugunsten des Versicherers aber eine Beweiserleichterung eintreten, BGH RR **96**, 275. Ein bloßer Verdacht nebst Strafverfahren gegen den dann Freigesprochenen reicht nicht, BGH VersR **90**, 175. Die bloße Verspätung der Schadensanzeige schafft keine zu hohe BewL des Versicherungsnehmers für Nichtursächlichkeit, BGH VersR **01**, 756.

Der Versicherer ist ferner grds bewpfl für eine Täuschung durch den in Wahrheit Kranken, Hamm VersR **84**, 232, oder durch den „Verunglückten", BGH VersR **79**, 515, KG VersR **07**, 126, LG Kiel VersR **06**, 716. Freilich ist ein AnschBew für einen *gestellten Unfall* möglich, BGH VersR **89**, 269, KG VersR **07**, 126, Karlsr RR **07**, 1172 (je: Auffälligkeitenhäufung), Köln VersR **97**, 129 (auffälliges Gutachten), Bre VersR **03**, 1553, KG VersR **06**, 715 rechts (je: Häufung von Auffälligkeiten). Selbst das Zusammentreffen von Entwendung, Unfall und Unfallflucht ergibt nicht stets einen AnschBew für einen gestellten Unfall, Köln VersR **01**, 673. Zum „Bayeschen Theorem" BGH NJW **89**, 3161 (zustm Rüßmann ZZP **103**, 65). Es kommt auf die Werthaltigkeit der Beweisanzeichen an, KG MDR **80**, 971. Zum Gesamtproblem Knoche MDR **92**, 919 (ausf). Freilich gelten Beweiserleichterungen für den Versicherer nicht, soweit der Versicherungsfall als solcher bewiesen oder unstreitig ist, BGH MDR **89**, 976.

Der Versicherer ist auch grds bewpfl für eine Täuschung durch den *„Bestohlenen"*, BGH VHR **97**, 50, Düss NVersZ **01**, 511, Kblz VersR **03**, 1567 (erst recht nach Zahlung), aM Saarbr NJW **89**, 1679 (aber man kann trotz böser Erfahrungen nicht einfach jeden Kunden ohne weiteres erst einmal eine Straftat unterstellen, Artt 1, 2 GG). Üb bei Kollhosser NJW **97**, 969. Man kann einen AnschBew durch eine fingierte oder überhöhte Rechnung entkräften, Düss NJW **78**, 830, Mü VersR **76**, 1127, Nürnb VersR **78**, 614.

175 – **(Tiefflugschaden):** Der Schädiger ist bewpfl, daß er zB die zulässige Flughöhe einhielt, Schmid JR **86**, 403, strenger LG Mü JR **86**, 420.

– **(Tier):** Wegen Tierhalterhaftung, dazu *Baumgärtel* Festschrift *Karlsruher Forum* 1983, 85, *Honsell* MDR **82**, 798, *Terbille* VersR **95**, 129: Der Geschädigte ist bewpfl für die Tierhaltereigenschaft des Bekl und eine spezifische Tiergefahr, Terbille VersR **95**, 133. Grundsätzlich muß der Tierhalter sodann beweisen, daß der Schaden nicht auf einer spezifischen Tiergefahr beruht, aM LG Gießen RR **95**, 601, Terbille VersR **95**, 133 (aber das BGB macht es dem Tierhalter bewußt schwer). Der Tierhalter muß zwar beweisen, daß seine Sicherungsmaßnahmen generell geeignet waren, nicht aber, wie das Tier konkret die Sicherung überwinden konnte, LG Köln RR **01**, 1606. Der Tierhalter ist für ein Mitverschulden des Geschädigten bewpfl, Terbille VersR **95**, 133. Man muß strenge Anforderungen an die Entlastungsmöglichkeit desjenigen stellen, dessen Bulle auf der BAB einen Unfall verursacht, Celle NJW **75**, 1891, Hamm VersR **82**, 1009. Strenge Anforderungen muß man evtl auch an den Entlastungsbeweis eines Reitlehrers stellen, Köln VersR **77**, 938.

Der *Tiermieter* ist gegenüber dem Tierhalter dafür bewpfl, daß er selbst die erforderliche Sorgfalt beobachtete oder daß der Mangel an Sorgfalt für den Schaden nicht ursächlich war, Düss NJW **76**, 2137. Der AnschBew spricht für Untauglichkeit oder Fehlerhaftigkeit eines Karabinerhakens für ein Pferdegespann, das mit 18 Reisenden verunglückt, Karlsr NJW **89**, 908. Zur Infektion durch Importbier Ffm NJW **85**, 2425. § 833 II BGB findet auch bei einer Amtshaftung (Schaden durch Diensthund) Anwendung, BGH VersR **95**, 173.

– **(Unfallschaden):** Der Berechtigte der Unfallversicherung muß den Unfall beweisen, Köln RR **95**, 546, Zweibr VersR **84**, 578. Im übrigen: Der Kläger ist dafür bewpfl, daß zu den Folgen sein entgangener Gewinn zählt. Bei § 828 II BGB ist der Minderjährige bewpfl, BGH VersR **77**, 431. Der Schädiger ist für eine Mitschuld nach § 254 BGB bewpfl, KG VersR **77**, 724, ebenso für die Verletzung einer Schadensminderungspflicht durch den Geschädigten, BGH VersR **86**, 705, aM Köln VersR **78**, 552 (wegen einer anderen Erwerbsmöglichkeit. Aber auch sie würde ja eine anspruchsverringernde Tatsache sein). Ein AnschBew für die Fehlerhaftigkeit eines Baugerüsts kann vorliegen, wenn der Gerüstbauer es erst kurz vor dem Unfall eines Bauarbeiters (Loslösung einer Strebe) errichtet hatte und wenn dieser es als erster betreten hat, Köln VersR **92**, 704. Zur BewL bei einer Gefahrerhöhung Honsell VersR **81**, 1094. **176**

– **(Unstimmigkeit):** Sie kann den AnschBew eines Diebstahls entkräften, BGH RR **87**, 537, Hamm RR **04**, 1402, Köln NVersZ **00**, 35. **177**

Das gilt freilich *nicht für jede* Unstimmigkeit, BGH VersR **02**, 531, Hamm VHR **96**, 33 (Nachschlüssel), Saarbr VHR **96**, 30.

– **(Ursächlichkeit):** Wer eine Ursächlichkeit leugnet, weil der Schaden doch in anderer Form eingetreten wäre, ist für diesen Verlauf bewpfl. Vgl aber auch die obige Rechtsprechung zum Anwaltsverschulden. Wer seine Aufklärungs- oder Beratungspflicht verletzt, ist dafür bewpfl, daß der Schaden auch bei einem eigenen korrekten Verhalten eingetreten wäre, Rn 16, BGH VersR **89**, 701 (auch zu einer Ausnahme beim Arzt), Düss AnwBl **84**, 444, Stgt DNotZ **77**, 48 (Notar), aM Stgt NJW **79**, 2413 (es genüge wahrscheinlich zu machen, wie sich der Geschädigte bei einer ordnungsgemäßen Aufklärung verhalten haben würde. Aber Beweis ist eben mehr als Wahrscheinlichkeit, Einf 7 vor § 284). Es kann ein AnschBew dafür bestehen, daß ein Turmdrehkran fehlerhaft errichtet oder unterhalten wurde, Düss MDR **75**, 843. Bei einer möglichen Selbstverursachung besteht keine Vermutung nach § 830 I 2 BGB zugunsten des Geschädigten, wohl aber evtl ein AnschBew. Zu § 830 I 2 BGB im übrigen Celle VersR **77**, 1008. Die BewL für die Nichtursächlichkeit einer grob fahrlässigen Obliegenheitsverletzung oder Gefahrerhöhung für den Umfang der Leistungspflicht des Versicherers trifft den Geschädigten oder den Versicherungsnehmer, Ffm VersR **87**, 1143, AG Aachen VersR **81**, 1146, aM BGH VersR **85**, 29 (aber grobe Fahrlässigkeit muß eine Erleichterung auch bei weiteren Details nachlegen). **178**

– **(Verkehrssicherungspflicht):** Der Geschädigte ist für sie grds bewpfl, Bre VersR **78**, 873, Hamm MDR **00**, 86, Schmid NJW **88**, 3183. Der Fußgänger ist bei einem Sturz auf einem erkennbar unebenen Bürgersteig bewpfl, Ffm VersR **79**, 58. Indessen kann der Verkehrssicherungspflichtige darlegen müssen, ob und welche Maßnahmen er zur Gefahrenabwehr getroffen hatte, Mü VersR **92**, 320, AG Gernsbach VersR **96**, 1291. Steht die Verletzung der Streupflicht fest, kann ein AnschBew dafür vorliegen, daß sie für den Glätteunfall ursächlich war, BGH NJW **94**, 945, Hamm MDR **00**, 86, aM Karlsr VersR **02**, 1385 (aber eine bloße Nichtausschließbarkeit einer anderen Ursache steht einer Lebenserfahrung für die eine Ursache nicht entgegen). Der AnschBev, daß das Fehlen eines Treppen-Handlaufs ursächlich für einen Sturz war, entfällt dann, wenn der Sturz nicht in demjenigen Bereich erfolgt ist, in dem ein Handlauf ihn hätte verhindern können, BGH VersR **86**, 916, Kblz VersR **97**, 339, Köln VersR **92**, 512. **179**

Wenn sich der Schaden unmittelbar an einer *Gefahrenquelle* ereignet, kann ein AnschBew für ihre Ursächlichkeit vorliegen, BGH NJW **05**, 2454, Kblz RR **95**, 158 (Banane im Laden), aM Hamm BB **94**, 820 (aber man stürzt dort erfahrungsgemäß allzu leicht). Liegt die Schadensursache im Gefahrenbereich des Verkehrssicherungspflichtigen, hat er die BewL dafür, daß seine Leute sich korrekt verhielten, Drsd RR **00**, 761 (Pflegeheim). Ab Beginn von Vertragsverhandlungen ist aber § 282 BGB entsprechend anwendbar, BGH BB **86**, 1185. Zum schadhaften Gerüstbrett BGH VersR **97**, 834.

Beim Schadensersatzanspruch des bei *Glatteis* Gestürzten muß man unterscheiden: Ist er innerhalb der zeitlichen Grenzen der Streupflicht gestürzt, kann ein AnschBew dafür vorliegen, daß der Verantwortliche seine Streupflicht verletzt hat, Ffm NVwZ-RR **05**, 763 (Zebrastreifen zum Schulbeginn). Das gilt aber dann nicht, wenn der Sturz außerhalb der Zeit der Streupflicht eingetreten ist, BGH NJW **84**, 433, LG Bln VersR **81**, 1138, aM LG Mannh VersR **80**, 1152 (aber jedermann weiß, daß keine Streupflicht zeitlich unbegrenzt erfüllbar ist). Der Verunglückte muß dann beweisen, daß er bei einem pflichtgemäßen Verhalten des Sicherungspflichtigen nicht verunglückt wäre, KG VersR **93**, 1369. Der Sicherungspflichtige muß nachweisen, daß Streumaßnahmen unzumutbar gewesen wären, zB weil sie ihre Wirkung alsbald verloren hätten, BGH NJW **85**, 485, Schmid NJW **88**, 3184.

– **(Verrichtungsgehilfe):** Derjenige, der den anderen zur Verrichtung bestellt hat, ist nach § 831 I 2 BGB entlastungsbewpfl wegen der gegen ihn sprechenden Vermutung eines Verschuldens oder der ebenso gearteten Vermutung der Schadensverursachung, BGH RR **92**, 533. **180**

– **(Verschulden):** Den Versicherungsnehmer trifft die BewL für das Fehlen von grober Fahrlässigkeit oder Vorsatz bei einer Verletzung einer Obliegenheit, BGH VersR **83**, 675 (Auskunft). **181**

– **(Vorschaden):** Der Versicherungsnehmer ist dafür bewpfl, daß er einen Vorschaden nur versehentlich nicht im Schadenanzeigeformular erwähnte, selbst wenn er für ihn keine Erstattung verlangt hatte, LG Hbg VersR **85**, 132. **182**

– **(Vorstrafe):** Eine Vorstrafe des Versicherungsnehmers oder seines Repräsentanten oder Geschäftspartners oder Zeugen kann den AnschBew für einen Diebstahl des Kfz samt seiner Ladung entkräften,

Hamm VersR **87**, 150, Mü VersR **85**, 277, LG Mannh VersR **85**, 1131. Das gilt besonders dann, wenn außerdem weitere Umstände entgegenstehen, Ffm RR **87**, 1244, Hamm VersR **83**, 852, LG Hbg VersR **91**, 810 (Raub). Ein früherer Verdacht eines fingierten Diebstahls reicht aber jetzt nicht zur Entkräftung des AnschBew eines jetzt echten Diebstahls aus, Hamm VersR **83**, 1172. Eine frühere falsche Offenbarungsversicherung kehrt die BewL nicht stets um, BGH RR **88**, 343. Eine frühere Entwendung eines anderen Fahrzeugs des Bestohlenen spricht aber für sich nicht dafür, daß der Versicherungsnehmer den Diebstahl vorgetäuscht hatte, Düss NVersZ **01**, 511, Hamm VersR **81**, 923. Der Beweis für die Vortäuschung eines Versicherungsfalls liegt auch nicht schon deswegen vor, weil das Fahrzeug wiederholt in Versicherungsfälle verwickelt worden war, Hamm VersR **90**, 378, strenger Hamm (27. ZS) VersR **99**, 336.

183 – **(Wartefrist):** Der Versicherungsnehmer ist dafür bewpfl, daß die zum Versicherungsfall führende Krankheit erst nach dem Ablauf der Wartefrist eintrat, LG Ffm VersR **84**, 458.

184 – **(Wiederholung von Auffälligkeiten):** Sie kann einen AnschBew entkräften, Hamm VersR **94**, 1223, Ffm MDR **89**, 458, Karlsr VersR **94**, 1224.

Schadensminderungspflicht: Rn 209.

185 **Scheck:** Wenn der Scheckeinreicher die Inkassobank auf einen Schadensersatz in Anspruch nimmt, weil sie den Scheck schuldhaft nicht der bezogenen Bank vorgelegt habe, muß er darlegen und beweisen, daß auf dem Konto des Scheckausstellers bei der bezogenen Bank bei einer ordnungsgemäßen Vorlage des Schecks eine Deckung vorhanden gewesen wäre, BGH NJW **81**, 1102. Wer Einreden aus dem Grundgeschäft erhebt, trägt gegenüber dem ersten Schecknehmer die BewL für deren Bestehen, BGH RR **94**, 114. Der Scheckschuldner ist beim Herausgabeverlangen wegen ungerechtfertigter Bereicherung für die Unwirksamkeit des Grundgeschäfts bewpfl, Oldb BB **95**, 2342.

S auch Rn 75 „Bankrecht", Rn 151 „Rechtsgeschäft".

186 **Scheingeschäft:** Wer es behauptet, ist bewpfl, BGH NJW **99**, 3481, BAG NJW **03**, 2930.

Schenkung, dazu *Böhr* NJW **01**, 2059: Soweit der Bekl eine Schenkung behauptet, muß der Kläger seinen vertraglichen oder gesetzlichen Anspruch auf eine Zahlung oder Herausgabe beweisen, BGH VersR **00**, 1565, Zweibr Rpfleger **85**, 328, zB auf Grund eines Darlehens, Rn 80 „Darlehen", oder eines Kaufs, oder eines Werkvertrags. Bei der Herausgabeklage ist für den Kläger § 1006 II BGB anwendbar, für den Bekl § 1006 I BGB anwendbar. Bei einer Zuwendung nach § 516 II BGB ist der Bekl nur für die Zuwendung und den Fristablauf bewpfl.

Bei der Schenkung unter einer *Auflage* trägt der Beschenkte bei § 526 BGB die BewL für den Mangel, den Fehlwert und seine Unkenntnis. Beim Widerruf wegen Undanks nach § 530 BGB muß der Schenker nicht nur das verletzende Verhalten des Bekl beweisen, Kblz RR **02**, 630, sondern auch ihr Nichtvorhandensein, falls dieser eine Reizung durch den Schenker einwendet. Er kann bei einer Beweisnot seine eigene Parteivernehmung beantragen, Kblz RR **02**, 630 (das Gericht darf dann neben § 448 auch § 141 anwenden). Der Pflichtteilsberechtigte muß auch bei der Behauptung, der Erblasser habe innerhalb der Frist des § 2325 III BGB verschenkt, beweisen, daß der Gegenstand zum gedachten Nachlaß gehörte, BGH **89**, 30. Er trägt die BewL für die Werte von Leistung und Gegenleistung, wenn er in einem vom Erblasser mit einem Dritten abgeschlossenen Kaufvertag eine gemischte Schenkung sieht, BGH **89**, 30. Bei einem groben Mißverhältnis zwischen Leistung und Gegenleistung besteht eine Vermutung unentgeltlicher Zuwendung, BGH NJW **87**, 890, Winkler von Mohrenfels NJW **87**, 2559.

S auch Rn 75 „Bankrecht".

187 **Schiedsrichterliches Verfahren:** Wegen eines ausländischen Schiedsspruchs BGH MDR **00**, 1450.

Schiffsunfall: Eine Pflichtverletzung spricht dafür, daß sie für den Unfall ursächlich war. Beim Zusammenstoß zwischen einem fahrenden und einem ordnungsgemäß liegenden Schiff spricht ein AnschBew für die Schuld des Führers des ersteren, KG VersR **76**, 463. Zur Problematik beim Anfahren gegen einen nicht ordnungsgemäß gesicherten Stillieger BGH VersR **82**, 491. Die Verletzung einer Unfallverhütungsvorschrift spricht dafür, daß sie ursächlich war. Dasselbe gilt beim Verstoß gegen die Notwendigkeit eines Radarschifferzeugnisses, BGH VersR **86**, 546. Zum AnschBew für eine Ursächlichkeit zwischen dem Anzünden einer Zigarre an Deck einer kurz zuvor betankten Motorjacht und einer sofort anschließenden Explosion unter Deck Köln VersR **83**, 44. Der Kläger muß beweisen, daß der Unfall durch ein solches Ereignis eingetreten ist, vor dem die Verhütungsvorschrift schützen sollte. Ein AnschBew spricht für Schuld des Auffahrers, Köln VersR **79**, 439.

Wenn ein Kahn *aus dem Kurs läuft,* spricht ein AnschBew für seine falsche Führung. Es ist aber ein Gegenbeweis zulässig (zB: Ruderversagen, Zwang durch andere Schiffsführer), Hbg VersR **78**, 959. Steht fest, daß ein Schiff beim Begegnen mit einem anderen eine solche Geschwindigkeit hatte, die zu einer Absenkung des Wasserspiegels und daher zu einer Grundberührung des Entgegenkommers führen kann, so spricht ein AnschBew dafür, daß das überhöhte Tempo die Grundberührung verursacht hat, BGH VersR **80**, 328. Auf dem Rhein muß der Talfahrer beweisen, daß ihm der Bergfahrer keinen geeigneten Weg zur Vorbeifahrt freigelassen hat usw, BGH RR **89**, 474.

188 Wenn ein Schiff durch das unsachgemäße Verhalten der Leute des Greiferbetriebs beim *Beladen* beschädigt wird, hat der in Anspruch genommene Geschäftsherr die BewL dafür, daß der Schaden auch bei einer unsachgemäßen Beladung eingetreten wäre. Es gibt keinen AnschBew schon wegen eines fehlenden Ausgucks. Es besteht kein AnschBew zugunsten des unerlaubten Ankerliegers. Es gibt keinen AnschBew dafür, daß ein Ladungsschaden während der Seefahrt ohne weitere Störung auf einem Verschulden der Besatzung beruht, Hbg VersR **78**, 714. Wegen eines Unfalls zwischen einem Schwimmkran und einer Containerbrücke Hbg VersR **76**, 752. Wegen der Beschädigung eines Dalbens BGH VersR **77**, 637. Wer ein solches Manöver durchführt, das den durchgehenden Verkehr behindern kann, ist für die Zulässigkeit des Manövers bewpfl.

189 **Schlechterfüllung,** dazu *Baumgärtel,* Gedanken zur Beweislastverteilung bei der positiven Forderungsverletzung, Festschrift für *Carnacini* (1984) Bd 2, 915; *Heinemann,* Die Beweislastverteilung bei positiven Forderungsverletzungen, 1988 (rechtsvergleichend):

Der Kläger muß eine Schlechterfüllung grds als Anspruchsbegründung beweisen, BGH MDR **08**, 253, Hamm RR **89**, 468, Köln NJW **86**, 726. Soweit allerdings der Schaden bei der Vertragsabwicklung eingetreten ist, liegt grds schon deshalb ein Beweis der objektiven Pflichtverletzung und ihrer Ursächlichkeit vor, Hamm RR **00**, 837. Im übrigen trägt der Bekl die BewL für Umstände aus seinem Gefahrenbereich, BGH RR **91**, 575. Hat der Öllieferant das Einfüllen nicht aussreichend überwacht, muß er im Rahmen der vertraglichen Haftung beweisen, daß der Ölaustritt nicht durch eine Pflichtverletzung verursacht wurde, anders beim deliktischen Anspruch, LG Trier RR **92**, 1378.

S auch Rn 173 „Schadensersatz".

Schuld: Rn 36 „Anerkenntnis", Rn 206 „Verschulden".

Schuldversprechen: § 780 BGB: Der Kläger trägt die BewL für die Selbständigkeit, der Bekl diejenige von Einwendungen aus dem etwaigen Grundgeschäft, BGH WertpMitt **76**, 254 (eigentlich selbstverständlich).

Schwarzfahrt: Rn 122 „Kraftfahrzeug: Versicherungsfragen".

Selbständiges Beweisverfahren: Hat im selbständigen Beweisverfahren der Gegner eine mögliche und zumutbare Einwendung unterlassen, ist er dafür bewpfl, daß das Ergebnis der Beweisaufnahme nicht zutrifft, Düss BB **88**, 721.

Selbsttötung, Selbstverletzung: Der Lebensversicherer ist für eine Selbsttötung bewpfl, Düss NVersZ **99**, 322, Oldb NVersZ **00**, 86. Es gibt grds keinen AnschBew für eine vorsätzliche Selbsttötung, BGH NJW **94**, 794, Köln VersR **92**, 229, Oldb VersR **91**, 985. Der durch Lebensversicherung Begünstigte hat die BewL für einen Ausschluß der freien Willensbestimmung des Selbstmörders, Karlsr VersR **03**, 978. Zur versuchten Selbsttötung Hamm VersR **90**, 1345, KG VersR **87**, 778, Oldb NVersZ **00**, 86. **190**

Sicherheitsleistung: Wegen des Wegfalls § 109 Rn 17. Wegen der Ausländersicherheit § 110 Rn 12.

Signatur, elektronische: § 292 a.

Sofortiges Anerkenntnis: Rn 36 „Anerkenntnis".

Software: Rn 199 „Urheberrecht".

Sortenschutz: Vgl Hesse GRUR **75**, 455, Würtenberger GRUR **04**, 568 (je: ausf.)

Sozialleistung: Beim Unterhalt muß man die in § 1610 a BGB enthaltene BewLRegelung beachten, Rn 198.

Sparbuch: Rn 75 „Bankrecht".

Spedition: Rn 227 ff „Werkvertrag".

Sportunfall: Zur Risikoverteilung Scheffen NJW **90**, 2663, Zimmermann VersR **80**, 497. Der Geschädigte ist beim Gemeinschaftssport für einen Regelverstoß bewpfl, BGH NJW **76**, 2161, Heinze JR **75**, 288, Scheffen NJW **90**, 2663. Das gilt auch beim Handball, AG Bln-Charlottenb VersR **82**, 1086, und bei anderen Sportarten nach Regeln, Bonde SchlHA **84**, 180, aber nicht beim Schlittschuhlauf, BGH NJW **82**, 2555. Bei diesem besteht auch kein AnschBew für ein Verschulden des von hinten Auffahrenden, Düss VersR **94**, 1484. Beim Fußball besteht für einen Regelverstoß nicht schon deshalb ein AnschBew, weil eine erhebliche Verletzung eingetreten ist, Nürnb VersR **98**, 69. Die Abrede, nicht mit vollem Einsatz zu spielen, begründet keine Umkehr der BewL zugunsten des verletzten Fußballers, Hamm MDR **97**, 553. Der Geschädigte ist für die Schuld des Schädigers bewpfl, AG Bln-Charlottenb VersR **82**, 1086, Heinze JR **75**, 288. **191**

Ist ein *Badebecken* 4 Stunden nach der Reinigung schon wieder gefährlich glitschig, besteht ein AnschBew dafür, daß die Reinigung ungenügend war, Mü VersR **75**, 478. Es besteht ein AnschBew dafür, daß eine tiefe Stelle in der Badeanstalt, an der ein Nichtschwimmer versank, für seinen Tod ursächlich war. Beim Tanzsport gelten die sonstigen Sport-Beweisregeln nur eingeschränkt, Hamm VersR **88**, 1295. Für den Verlust eines eng sitzenden Ringes durch eine äußere Einwirkung beim Ski-Sturz spricht ein AnschBew nur dann, wenn der Finger anschließend schwer verletzt war, Hbg VersR **83**, 1129. Zur Skibindung Mü VersR **85**, 298, Dambeck VersR **92**, 284. Eine positive A-Probe begründet den AnschBew eines schuldhaften Dopingregelverstoßes, Ffm RR **00**, 1121. Zum Inline-Skating (Blader) Mü RR **04**, 751. Zum Zusammenprall von Ski und Snowboard Brdb MDR **06**, 1113. Zum Reitunfall Kblz MDR **07**, 92.

Spedition: Rn 231–233 „Werkvertrag".

Staatshaftung: Zu den zahlreichen Problemen Baumgärtel VersR **82**, 514.

Stellvertretung: Der Kläger ist für die Vertretungsmacht des Abschließenden und dafür bewpfl, daß die Vollmacht nicht eingeschränkt war. Der Bekl muß das Erlöschen der Vollmacht beweisen. Behauptet der Bekl, in anderem oder fremdem Namen gehandelt zu haben, ist der Bekl dafür bewpfl, daß das beim Vertragsabschluß erkennbar hervorgetreten war, BGH RR **92**, 1010, Köln BB **97**, 229, Reinecke JZ **77**, 164. Der Bote ist dafür bewpfl, daß er als solcher erkennbar war, Schlesw MDR **77**, 841. **192**

S auch Rn 88 „Erfüllung", Rn 222 „Vollmacht", Rn 225 „Wechsel".

Steuerberater: Er ist dafür bewpfl, daß er die zur Erledigung des Autrags benötigten Unterlagen angefordert, jedoch erst nach dem Erlaß des zugehörigen Bescheids des Finanzamts erhalten hat, BGH VersR **83**, 61. Der Steuerberater ist dafür bewpfl, daß trotz seines Fehlers dieselbe oder eine höhere Steuerschuld entstanden wäre, soweit im Besteuerungsverfahren das Finanzamt dieselbe sachlichrechtliche BewL hat, BGH VersR **83**, 177. Vgl im übrigen BGH NJW **86**, 2570. Der Steuerberater ist für die Ermessensausübung bei einer Rahmengebühr nicht nur beim Überschreiten der Mittelgebühr bewpfl, Hamm RR **99**, 510. Der Auftraggeber ist für eine Pflichtverletzung durch den Steuerberater bewpfl, BGH RR **99**, 642. Die BewL des Ausgangsprozesses kann auch im Rückgriffsverfahren gelten, BGH NJW **01**, 2169. Bloßes Bestreiten durch den Steuerberater gilt dabei als sein Geständnis, BGH RR **99**, 642. Aus einer Möglichkeit von Steuerersparnis läßt sich keineswegs ein AnschBew für einen Kirchenaustritt ableiten, aM Düss RR **03**, 1071 (aber Religionszugehörigkeit hängt dem wohl gottlob doch noch von anderen als Geldargumenten ab). **193**

S auch Rn 159, 178 „Schadensersatz".

Streithilfe, Streitverkündigung: § 68 Rn 7.

Stromversorgung: Rn 218 „Versorgungsunternehmen".

194 **Tankstellenpächter:** Rn 98 „Handelsvertreter".

Teilleistung: Wer sie erbracht hat, muß seine Berechtigung zu ihr beweisen, Kblz RR **93**, 251 (zum Dienstvertrag). Eine Teilleistung kann ein „Zeugnis gegen sich selbst" bedeuten, BGH MDR **06**, 1182.

Telefax, dazu § 233 Rn 164, *Riesenkampff* NJW **04**, 3296 (je: Üb): Der Absender ist für den Zugang bewpfl, BGH NJW **95**, 666, LG Bln ZMR **02**, 751, aM Mü MDR **94**, 286, Burgard BB **95**, 224. Die Absendung beweist wie beim Brief nach Rn 153 ff nicht stets den Zugang, sondern ist dafür evtl nur ein Anzeichen, § 233 Rn 164, BGH NJW **95**, 667, LG Bln ZMR **02**, 751 (Sendeprotokoll), AG Hbg-Altona MDR **07**, 705, Gregor NJW **05**, 2886 (je: „OK"-Vermerk), aM Hbg RR **94**, 629, Rostock NJW **96**, 1831, noch strenger AG Düss RR **99**, 1510 großzügiger Riesenkampff NJW **04**, 3298 (aber es gibt trotz technischer erheblicher Weiterentwicklungen leider immer noch eine Fälle von Störungsmöglichkeiten bei der Übermittlung, § 233 Rn 164 ff). Daran ändert auch BVerfG MDR **00**, 836 nichts. Vielmehr muß der Absender auch nach dieser Entscheidung jedenfalls im Ergebnis einen Fehler in der Leitung und/oder im Empfangsgerät beweisen. Der Ausdruck des Empfangsgeräts reicht, BGH **101**, 280, LG Bln ZMR **02**, 751. Freilich kann schon der *Sendebericht nebst „OK"-Vermerk* einen AnschBew erbringen, Mü MDR **99**, 286, AG Hbg-Altona MDR **07**, 705, AG Rudolstadt RR **04**, 1151. Das erörtert LG Bln ZMR **02**, 751 nicht mit. Freilich ist Zurückhaltung ratsam, BAG BB **02**, 2560 (noch strenger).

Telefonrechnung: Zunächst muß man klären, ob überhaupt eine Vergütungspflicht dem Grunde nach besteht. Manche verneinen sie wegen Sittenwidrigkeit nach § 138 BGB bei Telefonleistungen im Bereich von Telefonsex auch gegenüber der Telefongesellschaft, BGH RR **02**, 1424 (partielle Geschäftsunfähigkeit!), Düss RR **99**, 1431, Stgt RR **99**, 1430, aM LG Bielef RR **99**, 1513. Bei einer Bejahung der Vergütungspflicht gilt das folgende.

Man kann grds (nur) einen *AnschBew der Richtigkeit* der Rechnung zulassen, Karlsr OLGR **97**, 89, LG Saarbr RR **96**, 894, LG Wuppert RR **97**, 701, Schlegel MDR **04**, 128 (zum Dialer), aM LG Aachen NJW **95**, 2364, LG Oldb RR **98**, 1365, AG Haßfurt RR **98**, 1368 (aber auch der Inhaber einer geschäftstüchtigen solchen Firma ist nicht schon deshalb von vornherein ein Betrüger). Er ist aber jedenfalls dann erschüttert, wenn eine Manipulation der Software möglich ist, AG Bielef RR **03**, 1699, oder wenn sonstige konkrete Umstände gegen den üblichen Kausalverlauf sprechen, LG Saarbr RR **96**, 894, AG Bln-Tiergarten RR **02**, 997, AG Paderb RR **02**, 1141 (je: vielfach höhere Gebühren als sonst). Das gilt, wenn zB der Anschlußinhaber verreist war, LG Mü RR **96**, 893, oder wenn die Verteilanlage im Keller des Kunden oder gar außerhalb nicht gegen Mißbrauch geschützt ist, LG Saarbr RR **98**, 1367, AG Ffm DWW **94**, 187 (Antillen-Nr), AG Lpz RR **94**, 1396, oder wenn die Möglichkeit der softwaremäßigen Simulation von Verbindungen besteht, AG Starnberg NJW **02**, 3714, oder wenn ständig Premium-SMS-Nummern auftauchen, AG Aachen RR **04**, 1569, oder überhaupt bei der Möglichkeit eines Mißbrauchs, AG Pinneb RR **04**, 270.

Da ein Verbrauch gerade durch den Anschlußinhaber oder die von seinem Gerät Telefonierenden zu den *Anspruchsvoraussetzungen* der Telefonfirma gehört, sollte sie für solchen Verbrauch auch unabhängig von den skandalösen Mißbrauchsfällen durch angeblich technisch schwer bekämpfbare Dritte eigentlich ganz selbstverständlich darlegungs- und bewpfl sein, Celle RR **97**, 568, AG Bln-Charlottenb RR **02**, 998 (je: auch zur Beweisvereitelung durch Zuwarten des Kunden bis zur Datenlöschung), LG Mü BB **96**, 450 (keine datenschutzrechtlichen Bedenken), LG Ulm BB **99**, 472 (BewL dafür, daß die automatische Gebührenerfassung funktionierte). Zumindest muß der Anbieter den Kunden auf eine vertragliche BewLUmkehrung hinweisen, LG Memmingen RR **02**, 997. Beim Mobilfunk gibt es bei hohen Gebühren keinen AnschBew dafür, daß die Datenerfassung richtig gearbeitet hat, LG Bln BB **96**, 818, AG Hersbruck RR **99**, 1510. Wegen Einzelgesprächsnachweisen LG Kiel RR **98**, 1366.

Tierarzt: Rn 71 „Tierarzt".

Tierhalterhaftung: Rn 175 „Schadensersatz".

Transportunternehmer: Rn 227 „Werkvertrag".

Umsatzsteuer: Rn 130 „Mehrwertsteuer".

195 **Umwelthaftung,** dazu *Boecken* VersR **91**, 964; *von Craushaar,* Die Auswirkungen der Beweislastregelung in der geplanten EG-Dienstleistungshaftungsrichtlinie auf das deutsche Privatrecht, Gedächtnisschrift für *Arens* (1993) 28; *Kargados,* Zur Beweislast bei der Haftung für Umweltschäden, Festschrift für *Baumgärtel* (1990) 187; *Kimeck,* Beweiserleichterungen im Umwelthaftungsrecht, 1998; *Knoche,* Arzthaftung, Produkthaftung, Umwelthaftung, 2005:

Da es sich um eine Gefährdungshaftung nach § 1 UmweltHG handelt, kommt eine BewL grds nur zur *Verursachungsfrage* in Betracht. § 6 I UmweltHG stellt auf Grund der bloßen Eignung einer Anlage auch die gesetzliche Vermutung auf, daß ein Schaden durch sie entstanden ist. § 6 II–IV, § 7 UmweltHG regeln diejenigen Fälle, in denen diese gesetzliche Vermutung entkräftet oder sonst unanwendbar ist. Die BewL trägt derjenige, der die Vermutung entkräften muß. Soweit sie entfällt, muß man die BewL nach den sonst geltenden Regeln beurteilen. Insoweit ist grds der Verletzte oder Geschädigte bewpfl. Freilich kann auch bei einer Unanwendbarkeit der gesetzlichen Vermutungsregeln nach den Gesamtumständen ein AnschBew gelten. Mit seiner Bejahung soll man allerdings wegen der vorrangigen eingehenden Regeln der §§ 6, 7 UmweltHG zurückhaltend sein. Zum Problem BGH NJW **97**, 2748 (zustm Petersen NJW **98**, 2099). Die BewL für eine Altlast, auf die das UmweltHG nach seinen § 23 unanwendbar ist, trägt der Inhaber der Anlage, Boecken VersR **91**, 966.

196 **Unerlaubte Handlung:** Vgl *Baumgärtel/Wittmann,* Zur Beweislastverteilung im Rahmen von § 823 Abs. 1 BGB, Festschrift für *Schäfer* (1980) 13. Der Geschädigte muß grds die Haftungsvoraussetzungen beweisen, Köln VersR **99**, 1507. Es gibt keinen AnschBew dafür, daß Musikhören einen Hörsturz verursachte, Karlsr JZ **00**, 789 (zustm Stadler/Bensching). Für einen Fall nach § 823 II BGB können auch im Gesellschaftsrecht besondere Umstände sprechen, Drsd RR **01**, 1690.

S auch Rn 159 „Schadensersatz".

Unfall: Rn 105 ff, 200 ff, 206 ff, 218 ff.

Ungerechtfertigte Bereicherung: Rn 78 „Bereicherung".
Unmöglichkeit: Der Schuldner ist bewpfl dafür, daß er sie nicht vertreten muß, BGH RR **88**, 1196 (zum alten Recht). Dabei darf es nicht zu einer faktischen Umkehr der BewL kommen, BGH RR **92**, 1337. Bei § 324 I BGB ist der Schuldner bewpfl, daß der Gläubiger Unmöglichkeit zu vertreten hat, BGH NJW **92**, 683.
Unterhalt, dazu *Oelkers/Kreutzfeldt* FamRZ **95**, 137 (ausf): 197

Vgl zunächst BGH NJW **81**, 923. Außerhalb der Amtsermittlung, Rn 5: Der Unterhaltsberechtigte muß seine Bedürftigkeit beweisen, der Unterhaltsverpflichtete die etwaige Beschränkung seiner Leistungsfähigkeit, BGH NJW **03**, 969 (auch nach einem Anspruchsübergang), Hbg FamRZ **89**, 1112 (auch bei einer verneinenden Feststellungsklage), Karlsr RR **97**, 323, oder eine Befristung oder Bechränkung des nacheheliches Unterhalts, BGH NJW **08**, 150. Das Kind, das mehr als den Mindestbedarf fordert, ist für die Höhe bewpfl, Karlsr FER **01**, 60. Der Bekl muß zwar das Vorhandensein anderer, näher Verpflichteter beweisen. Der Kläger ist aber dafür bewpfl, daß diese an sich näher Verpflichteten hier ausscheiden, Ffm FamRZ **84**, 396. Eine Ehefrau, die bei ihrem Freund lebt, ist für ihre Bedürftigkeit bewpfl, Bre NJW **78**, 1331.

Zur BewL für die *Unterhaltsbedürftigkeit* eines *Geschiedenen,* der einen anderen in seine Wohnung aufnimmt, BGH NJW **83**, 683. Der Unterhaltspflichtige muß die tatsächlichen Voraussetzungen des § 1579 I Z 4 BGB beweisen, BGH FamRZ **82**, 464, ebenso diejenigen für das Fortbestehen eines Härtegrundes nach § 1579 I Z 7 BGB, BGH NJW **91**, 1290. Ein Vollstreckungstitel reicht bis zur Abänderung usw zB nach §§ 323, 767 als Beweis aus, aM BSG RR **96**, 899 (Abänderbarkeit genüge. Aber man muß dann eben klagen). Bei (jetzt) §§ 249 ff FamFG gelten keine Besonderheiten, Brdb FamRZ **00**, 1159. Wer nur den Mindestbedarf fordert, ist für dessen Höhe nicht bewpfl, KG FamRZ **00**, 1174.

Beansprucht der Gläubiger für Aufwendungen infolge eines Körper- oder Gesundheitsschadens *Sozialleistungen,* muß wegen § 1610 a BGB und darf wegen § 292 der Schuldner beweisen, daß die Kosten der Aufwendungen geringer als die Höhe dieser Sozialleistungen waren, BGH FamRZ **93**, 22, Hamm (12. FamS) FamRZ **91**, 1198, Weychardt FamRZ **91**, 782. Man kann die BewL für die Höhe von Aufwendungen vor und nach dem Inkrafttreten des § 1610 a BGB einheitlich beurteilen, Hamm FamRZ **91**, 1200. Gelingt die Widerlegung der gesetzlichen Vermutung, ist der Gläubiger bewpfl, Künkel FamRZ **91**, 1134. Bei der Abänderungsklage nach § 323 ist der Kläger für eine wesentliche Änderung der Verhältnisse bewpfl, BGH FamRZ **04**, 1180, Brdb RR **03**, 1448, Hbg FamRZ **93**, 1476 (Eintritt der Volljährigkeit). Der Bekl ist aber dafür bewpfl, daß trotz Wegfalls wesentlicher Umstände der Titel im Ergebnis unverändert gerechtfertigt ist, Brdb RR **03**, 144, Köln RR **01**, 1371, Zweibr FamRZ **04**, 1885. 198

Entsprechendes gilt bei einer *Erweiterung der Berufung* nach dem Ablauf der Begründungsfrist anstelle einer Abänderungsklage, Kblz RR **88**, 1478. Den Umstand, daß sich die Einkommensverhältnisse der Eheleute seit der Trennung unerwartet und erheblich geändert haben, muß grds derjenige Ehegatte beweisen, der daraus ein Recht herleitet, BGH FamRZ **99**, 1512. Ausnahmsweise muß dessen Gegner beweisen, daß die Veränderung nicht maßgeblich ist, Mü FamRZ **99**, 1512. Wechselt der Abänderungsbekl die Anspruchsgrundlage, ist er für den neuen Anspruch bewpfl, BGH FamRZ **90**, 496, KG FamRZ **89**, 1206, Zweibr FamRZ **89**, 1192.
Unterlassung: Grundsätzlich muß der Gläubiger die Erstbegehungs- wie die etwaige Wiederholungsgefahr beweisen, Hirtz MDR **88**, 182. Man kann die Wiederholungsgefahr mit allen Mitteln des § 286 ausräumen, Steines NJW **88**, 1361. Bei einer Briefkastenwerbung trotz Verbots besteht ein AnschBew dafür, daß die Werber trotz einer Verbotsaufschrift auf dem Kasten die Werbung eingeworfen haben, solange nicht das Unternehmen Belehrung bzw Überwachung der Mitarbeiter darlegen kann, KG DB **90**, 2319. 199

S auch Rn 34 „Allgemeine Geschäftsbedingungen", Rn 234 „Wettbewerb".
Unterschrift, elektronische: § 292 a.
Unzulässigkeit der Rechtsausübung: Rn 156 „Rechtsmißbrauch".
Unzurechnungsfähigkeit: Rn 99 „Handlungsunfähigkeit", Rn 206 „Verschulden".
Urheberrecht: Im Verletzungsprozeß muß der Urheber die Schutzfähigkeit und evtl den Schutzumfang des Werks beweisen. Der Verletzer muß beweisen, daß der Urheber auf vorbekanntes Formengut zurückgegriffen hatte, BGH NJW **82**, 108. Die Herstellung von Plattenhüllen bringt keinen AnschBew für die Herstellung zugehöriger Platten, aM BGH **100**, 34 (zustm von Gravenreuth GRUR **87**, 633. Aber man stellt im allgemeinen das eine nicht ohne das andere her). Zur Problematik bei einer Verletzung betr Software Dreier GRUR **93**, 789. Die BewL dafür, daß eine pauschale Nutzungsrechtseinräumung dem Vertragszweck entspricht, trägt derjenige, der sich darauf beruft, BGH GRUR **96**, 121.
Urkunde: §§ 415 ff.
Ursächlichkeit, dazu *Fischer,* Der Kausalitätsbeweis in der Anwaltshaftung, in: Festschrift für *Odersky* (1996); *Knoche,* Arzthaftung, Produkthaftung, Umwelthaftung, 2005; *Mätzig,* Der Beweis der Kausalität im Anwaltshaftungsprozeß, 2001; *Mummenhoff,* Erfahrungssätze im Beweis der Kausalität, 1997; *Weber,* Der Kausalitätsbeweis im Zivilprozeß, 1997: 200

Für den Beweis der *haftungsbegründenden* Ursächlichkeit gibt es keine allgemeinen Beweiserleichterungen, BGH NJW **98**, 748 (freilich § 287), Hamm NVersZ **01**, 508 (Unfall als Ursache für Bandscheibenschaden), Knoche 71. Bestehen nur für eine von mehreren möglichen Ursachen bestimmte Anhaltspunkte, spricht die Erfahrung für diese Ursache, selbst bei ungewöhnlicher Folge, BGH **81**, 227. Wenn der Schuldner durch ein vom Gläubiger zu beweisendes objektiv pflichtwidriges Verhalten in seinem Gefahren- und Verantwortungsbereich eine positive Vertragsverletzung begangen hat, wird er von seiner Haftung für den dadurch entstandenen Schaden nicht schon durch den Nachweis frei, daß ihn wegen einer von zwei als Schadensursache infragekommenden Handlungen kein Verschulden trifft, BGH MDR **81**, 39.

Wer eine *Aufklärungs- oder Betreuungspflicht* verletzt hat, muß beweisen, daß der Schaden auch bei einem vertragsmäßigen Verhalten eingetreten wäre, BGH NJW **89**, 2946, Schultz VersR **90**, 812, Stodolkowitz 201

VersR **94**, 12 (Beweiserleichterung zugunsten des Geschädigten). Auch bei einem Verstoß gegen ein Schutzgesetz ist grds der Verletzte bewpfl, BGH NJW **84**, 433. Er muß beweisen, daß er einen Unfall nicht erlitten hätte, wenn der Verkehrssicherungspflichtige rechtzeitig gestreut hätte, Düss VersR **84**, 1173, oder daß ein Sturz im Gefahrenbereich geschah, Schlesw MDR **98**, 286. Ein gerichtliches Mitverschulden ist beachtlich, Schneider NJW **98**, 3696.

202 Es kann jedoch ein AnschBew bestehen, wenn das Schutzgesetz einer *typischen Gefährdungsmöglichkeit* entgegenwirken will, BGH VersR **75**, 1008 (Straßenbahnunfall), BGH NJW **84**, 433, BayObLG **94**, 285, Ffm VersR **80**, 51 (Streupflicht), BGH NJW **89**, 2947 (Unfallverhütungsvorschrift, auch zu den Grenzen), BGH BB **91**, 1149 (DIN), Kblz OLGZ **89**, 346 (Technische Regeln Flüssiggas), aM Zweibr VersR **77**, 849 (Brand. Aber auch er ist eine typische Gefahr). Es muß sich aber auch die vom Schutzgesetz bekämpfte Gefahr verwirklicht haben, BGH DB **86**, 1815. Die bei einem groben Behandlungsfehler des Arztes nach Rn 56 „Ärztliche Behandlung" mögliche BewLVerteilung kann auch bei einer groben Verletzung der Pflicht eines anderen Berufsstandes gelten, zB bei einer Badefrau, Ffm VersR **84**, 169. Wegen einer Amtspflichtverletzung BGH MDR **86**, 650. Für eine Mitverursachung durch den Geschädigten ist der Schädiger bewpfl, BGH VersR **83**, 1162. Fließt aus einer Wasserleitung „dicke braune Brühe", muß das Wasserwerk beweisen, daß dieser Umstand weder auf typischen Betriebsrisiken noch auf einem groben Überwachungsverschulden beruht, LG Duisb MDR **82**, 53. Zu Brand-Folgeschäden BGH VersR **84**, 63.

203 Auch bei *§ 7 I StVG* ist der Kläger bewpfl, Düss VersR **87**, 568, Köln VersR **89**, 152. Das gilt auch im Deckungsprozeß, nunmehr zulasten desjenigen Versicherers, der im Außenverhältnis gegenüber dem Unfallgegner des Kunden geleistet hatte. Trotz abgefahrener Reifen kann deren Ursächlichkeit für Unfallfolgen fehlen, BGH NJW **78**, 1919. Der Versicherer ist auch dann bewpfl, wenn der Versicherungsnehmer eine Straftat beging, deren Beendigungszeitpunkt unklar ist, Hamm VersR **78**, 1137. Der Versicherungsnehmer ist beim Sturmschaden dafür bewpfl, daß der Sturm alleinige oder letzte Ursache war, Köln RR **99**, 468. Es besteht ein AnschBew dafür, daß täuschende Angaben des Versicherungsnehmers im Versicherungsantrag für den Vertragsabschluß ursächlich waren, LG Dortm VersR **80**, 963. Bei einer Tempoänderung von unter 15 km/h spricht kein AnschBew für die Ursächlichkeit eines Auffahrunfalls für einen HWS-Schaden, KG NJW **00**, 878.

Vgl auch Rn 56 „Ärztliche Behandlung", Rn 105 „Kraftfahrzeug", Rn 159 „Schadensersatz", Rn 187 „Schiffsunfall", Rn 189 „Selbständiges Beweisverfahren", Rn 193 „Steuerberater" usw.

204 **Vaterschaft:** Vgl §§ 1591 ff BGB, § 286 Rn 25, § 372 a Rn 3. Trotz §§ 1592, 1593 BGB erfolgt eine etwaige Ermittlung von Amts wegen nach Grdz 38 vor § 128, oben Rn 5, selbst wenn die Vaterschaft unstreitig ist. Außerhalb dieser Amtsermittlung: Weder Kosten noch eine Verzögerung sind maßgeblich. Denn es geht darum, die biologische Abstammung zu klären. Daher ist eine Berufung des Mannes auf ein erbbiologisches Gutachten kein unzulässiger Ausforschungsantrag. Eine Vaterschaftsvermutung wird erst nach der Beweisaufnahme bedeutsam. „Schwerwiegende Zweifel" bestehen, wenn die Vaterschaft nicht „sehr wahrscheinlich" ist, ferner wenn die Erzeugung durch den angeblichen Vater nicht wahrscheinlicher ist als diejenige durch einen erwiesenen Mehrverkehrer. Im Anfechtungsprozeß ist grds der Bekl dafür bewpfl, daß die Frist abgelaufen ist, BGH RR **87**, 899. Das klagende Kind muß beweisen, daß die Mutter den Namen seines Vaters kennt, Köln FamRZ **94**, 1198.

205 **Verbotene Eigenmacht:** Grundsätzlich hat derjenige die BewL, der aus einer verbotenen Eigenmacht Rechte ableitet, Saarbr MDR **03**, 1198. Jedoch muß der Störer die gesetzliche oder vertragliche Gestattung beweisen, Saarbr MDR **03**, 1198.

S auch Rn 98 „Besitz".

Verbraucherdarlehensvertrag, dazu (zum alten Recht) *Bülow* NJW **98**, 3454 (ausf), *Gilles,* Prozessuale Weiterungen des Verbraucherschutzes bei Kreditgeschäften, Festschrift für *Kitagawa* (1992) 347: Es gelten die allgemeinen BewLRegeln, zB Rn 151 „Rechtsgeschäft", Teske NJW **91**, 2801.

Einen AnschBew für die Entgeltlichkeit eines erheblichen *Zahlungsaufschubs* kann der Kreditgeber dadurch ausräumen, daß er seine Absicht beweist, die für den Zahlungsaufschub anfallenden Kosten ausnahmsweise aus seinem sonstigen Ertrag bestreiten zu wollen, LG Hbg RR **94**, 247. Der Kreditgeber ist grds dafür bewpfl, daß der Verbraucher nicht rechtzeitig und wirksam widerrufen hat, aM Teske NJW **91**, 2801 (aber §§ 491 ff BGB machen den Eintritt der zu den anspruchsbegründenden Voraussetzungen zählenden Wirksamkeit der Willenserklärung des Verbrauchers vom Nichtwiderruf abhängig, Rn 77 „Bedingung und Befristung"). Das gilt auch beim sog verbundenen Geschäft (Kauf + Kredit). Die vom Kreditgeber zu beweisende Übergabe oder Leistungserbringung kann bei Verträgen auf Lieferung oder Leistung gegen Teilzahlungen den Mangel der gesetzlichen Form heilen.

Vereinsbeschluß: Behauptet ein Mitglied, daß unberechtigte Dritte bei der Abstimmung mitgewirkt hätten, muß grds der Verein das Gegenteil beweisen. Lag der Mitgliederversammlung satzungsgemäß das Protokoll der vorangegangenen Versammlung zur Genehmigung vor und hat das Mitglied damals nicht widersprochen, sondern erst nachträglich die Nichtigkeit behauptet, weil erst nichtberechtigte Dritte die Mehrheit erzielt hätten, ist das Mitglied dafür bewpfl.

Verfahrensdauer: Ihre Überlänge kann zur Beweiserleichterung führen, Einl III 23.

Verjährung: Wer sich auf sie beruft, muß ihre Voraussetzungen beweisen, BGH BB **94**, 601. Bei § 167 ist der Gläubiger für seine Schuldlosigkeit und damit für eine Hemmung der Verjährung bewpfl, Kblz VersR **89**, 164. Der Anwalt, der pflichtwidrig nicht auf mögliche Verjährung hinwies, ist dafür bewpfl, daß der Auftraggeber nicht belehrungsbedürftig war, BGH NJW **00**, 1263.

Verkehrssicherungspflicht: Rn 176 „Schadensersatz".

Verkehrsunfall: Rn 91 „Fahrrad", Rn 105 ff, 200 ff, 206 ff, 218 ff.

Vermögensanlage: Der Anleger muß beweisen, vom Vermittler keinen Prospekt erhalten zu haben, BGH RR **06**, 1345.

Vermögensgesetz: Der Grundsatz, daß jede Partei die BewL für das Vorliegen der ihr günstigen Tatsachen trägt, gilt auch bei § 1 VermG. Ob eine Umkehrung der BewL in Betracht kommt, hängt vom Einzelfall ab, auch bei § 1 VermG, BVerwG DB **94**, 37.

Verschulden, dazu *Eschke,* Die Geltung der Unschuldsvermutung im Zivil- und Zivilverfahrensrecht, 2003: Beim Verschulden während der Vertragsverhandlungen kann der Gefahrenkreis und Verantwortungsbereich wesentlich für die BewL sein, BGH NJW **91**, 1540, strenger BGH NJW **05**, 1938. Der Schädiger muß die Behauptung des Geschädigten widerlegen, letzterer hätte bei wahrheitsgemäßer Information keinen Vertrag abgeschlossen, BGH NJW **96**, 2503. Bei einem vertraglichen Schuldverhältnis ist der Bekl für seine Schuldlosigkeit bewpfl, BGH NJW **78**, 2243, zB für den Wegfall des Schuldnerverzugs, für eine unvertretbare Unmöglichkeit, Crezelius BB **85**, 213, für eine Schuldlosigkeit bei positiver Vertragsverletzung, BGH VersR **78**, 724, Düss OLGZ **75**, 318. Vgl aber auch Rn 56 „Ärztliche Behandlung". **206**

Anders liegt es bei betriebsbezogener, *gefahrengeneigter Arbeit,* Rn 40 „Arbeitnehmer". Die positive Vertragsverletzung selbst muß der Gläubiger beweisen, wenn die Schadensursache nicht nachweislich im Gefahrenkreis des Schuldners liegt, Rn 159 „Schadensersatz". **207**

Ein Beamter, in dessen amtliche Obhut die Sache gelangt ist, muß den Verlust aufklären. Dazu genügt der Nachweis, daß die Sache ohne sein Verschulden verloren worden sein kann. Bei einem Schaden aus fehlerhafter Vertragserfüllung ist der Schuldner bewpfl, wenn der den Schaden verursachende Mangel zunächst gegen seine Sorgfalt spricht. **208**

Der Schädiger, auch ein minderjähriger, ist für ein *Mitverschulden* des Geschädigten bewpfl, BGH VersR **06**, 286 (der Geschädigte ist aber darlegungspflichtig, daß und wie er den Schaden mindern helfen kann), KG VersR **77**, 724. Zum Problem Köhnken VersR **79**, 791. Auch bei einem Minderjährigen ist ein AnschBew möglich. **209**

Wegen des AnschBew beim Brand infolge Asche im Plastikeimer Celle VersR **78**, 1033. Wegen Schweißarbeiten nahe von brennbarem Material BGH VersR **80**, 532. Wegen vorsätzlicher Brandstiftung beim eigenen Hof Hamm VersR **85**, 437. Der Beweis der Selbstverstümmelung liegt bereits dann vor, wenn die Schilderung des Unfallversicherten falsch ist, LG Mü VersR **82**, 466. **210**

Ein objektiv *schwerer Verstoß* liefert keinen AnschBew für grobe Fahrlässigkeit, Düss VersR **04**, 66. Vgl freilich grds Rn 16. Der Versicherungsnehmer muß beweisen, daß er schuldlos annehmen durfte, sein ausländischer Führerschein sei noch im Inland gültig, Karlsr VersR **76**, 181, oder sein Fahrer besitze einen Führerschein, LG Regensb VersR **75**, 850. **211**

Bei einer *unerlaubten Handlung* ist der Geschädigte für das Verschulden des Schädigers grds bewpfl, BGH NJW **78**, 2242. Bei § 823 II BGB muß der Schädiger seine Schuldlosigkeit beweisen, soweit das Schutzgesetz das geforderte Verhalten so genau umschreibt, daß die Verwirklichung des objektiven Tatbestands den Schluß auf die Schuld nahelegt, BGB NJW **92**, 1040. Bei § 486 IV 2 HGB ist der Geschädigte für das Eigenverschulden des Reeders bewpfl. Eine Vertragsklausel, daß der Kraftfahrzeugmieter trotz einer entgeltlichen Haftungsfreistellung die BewL dafür trage, daß er weder vorsätzlich noch grob fahrlässig handelte, kann gegen Treu und Glauben verstoßen, (jetzt) § 309 Z 12 a BGB, BGH VersR **76**, 689, LG Ffm VersR **76**, 841. **212**

Wegen des Entlastungsbeweises eines *Brotherstellers* AG Ffm VersR **77**, 1137. Es findet grds keine BewLUmkehr betr Verschulden statt, LG Kref VersR **86**, 270, LG Mainz VersR **77**, 941. Bei *§ 827 BGB* ist aber der Schädiger für die Unzurechnungsfähigkeit bewpfl, BGH NJW **90**, 2388. Zu den Anforderungen an den Nachweis einer alkoholbedingten Bewußtseinsstörung im Verkehr BGH VersR **85**, 583. **213**

S auch Rn 36 „Anerkenntnis", Rn 159 „Schadensersatz".

Versicherung, dazu *Hansen,* Beweislast und Beweiswürdigung im Versicherungsrecht, 1990; *Lang,* Beweislast und Beweiswürdigung im Versicherungsrecht, 1990; *Lücke* VersR **96**, 791, 802: **214**

Es gelten die *allgemeinen* Regeln zur BewL, Hamm VersR **07**, 1397, Neuhaus/Effelsberg MDR **05**, 1212. Der Versicherungsnehmer ist für den Inhalt der Vereinbarung über Art und Umfang der Versicherung bewpfl, Saarbr NVersZ **01**, 401. Er ist auch für den Eintritt eines Versicherungsfalls bewpfl, Ffm NVersZ **01**, 36 (Hausratsversicherung), Hamm NVersZ **02**, 213, Karlsr VersR **97**, 607. Wegen der Diebstahlsversicherung vgl zunächst die umfangreichen Nachweise in Rn 161 ff „Schadensersatz", wegen der Brandversicherung Rn 166 ff, wegen der Verkehrsunfallsfragen Rn 166 ff. Der Vertreter ist dafür bewpfl, daß er vor dem Ablauf der meist vereinbarten 12 Beitragsmonate schon die Provision endgültig verdient hat, Karlsr VersR **84**, 935.

– **(Antrag):** S „– (Aufklärung)".
– **(Arglist):** Der Versicherer ist für eine Arglist beim Vertragsschluß bewpfl, zB daß der Versicherungsnehmer eine im Antrag nicht erwähnte Krankheit kannte, Hamm VersR **86**, 865. Man darf jedoch keine überspannten Anforderungen stellen, AG Altötting VersR **79**, 1024. Der Versicherer ist für Arglist bei Nichtangabe nicht erfragter Gefahrumstände nach (jetzt) § 19 II VVG bewpfl, BGH NJW **04**, 3427.
– **(Aufklärung):** Der Versicherer ist für eine Verletzung einer Aufklärungsobliegenheit des Versicherungsnehmers bewpfl, BGH NJW **07**, 1126, krit Pohlmann VersR **08**, 443 (Üb). Der Versicherer ist dafür bewpfl, daß der Versicherte, der im vom Versicherungsvertreter ausgefüllten Antrag Gesundheitsfragen objektiv falsch beantwortete, Kenntnis des wahren Krankheitsbildes hatte, Ffm NVersZ **02**, 114, Hamm VersR **94**, 1333, Karlsr RR **93**, 489, aM Fricke VersR **07**, 1620. Zur BewL beim Streit, ob der Versicherungsvertreter oder der Versicherer den Antrag änderten, BGH NJW **88**, 62. Zur Frage, ob der Versicherungsnehmer den Versicherungsvertreter bei der Antragsausfüllung richtig informierte und der letztere unrichtig ausgefüllt hat, BGH BB **90**, 1731. Der Versicherungsnehmer ist dafür bewpfl, daß entgegen dem schriftlichen Antrag mündlich ein erweiterter Schutz vereinbart wurde, BGH VersR **02**, 1089. Die BewL in § 827 S 1 BGB gilt bei (jetzt) § 69 VVG, § 3 Z 1 PflVG, BGH **111**, 374.
– **(Beratungspflicht):** Der Versicherungsnehmer ist dafür bewpfl, daß der Versicherer eine Ausweis- und Beratungspflicht nicht erfüllt hat, Hamm VersR **05**, 685. Der Versicherungsmakler ist dafür bewpfl, daß der Schaden des Kunden auch bei vertragsrechter Erfüllung der Aufklärungs- und Beratungspflicht eingetreten wäre, BGH **94**, 363.
– **(Berufsunfähigkeit):** BGH NJW **88**, 974.

215 – **(Brandstiftung):** Für eine Eigenbrandstiftung gibt es keinen AnschBew, Stgt VersR **97**, 824.
– **(Eigentumsvorbehalt):** Der Versicherungsnehmer ist auch für Eigentumsvorbehalt an versicherten, abgebrannten Sachen bewpfl, BGH NVersZ **99**, 177.
– **(Gefahrerhöhung):** Der Versicherer muß beweisen, daß der Versicherungsnehmer von den Umständen Kenntnis hatte, die eine Gefahrerhöhung auslösten, LG Karlsr VersR **81**, 1169. Der Versicherungsnehmer muß beweisen, daß eine Gefahrerhöhung den Schaden nicht verursachte, BGH MDR **87**, 224, Hamm VersR **78**, 284, oder daß er sie nicht verschuldet hatte. Der Versicherer ist dafür bewpfl, daß nur eine Sucht die Ursache der Krankheit war. Wegen der BewL bei einer sog Brandrede (Anstiftung) Sieg VersR **95**, 369.
– **(Gesundheitsraubbau):** BGH NVersZ **01**, 404.
– **(Grobe Fahrlässigkeit):** Bei (jetzt) § 81 II VVG ist der Versicherer für grobe Fahrlässigkeit bewpfl, Karlsr VersR **76**, 454, LG Landau VersR **76**, 455, und für deren Schadensursächlichkeit, LG Mü VersR **77**, 858. Auch hier ist ein AnschBew nach Einf 6 vor § 284 zulässig, Ffm VersR **77**, 927. Der Versicherer ist dafür bewpfl, daß ein Kippfenster grob fahrlässig lange offenstand, Hamm NVersZ **99**, 178.
– **(Heilbehandlung):** Der Versicherungsnehmer muß beweisen, daß eine Heilbehandlung überhaupt notwendig war, BGH RR **04**, 1399. Der Versicherer muß aber sodann beweisen, daß die Heilbehandlung das medizinisch notwendige Maß überschritten hat, BGH VersR **91**, 987. Der Versicherungsnehmer muß die Angemessenheit stationärer Behandlungskosten beweisen, BGH NVersZ **99**, 177.

216 – **(Leistungspflicht):** Der Versicherungsnehmer ist grds für die Leistungspflicht des Versicherers bewpfl, Knoche MDR **90**, 965. Indessen ist der Versicherer dafür bewpfl, daß er wegen Zahlungspflicht eines anderen leistungsfrei ist, Kblz NJW **06**, 71.
– **(Mahnung):** Der Versicherer ist für den Zugang einer qualifizierten Mahnung nach (jetzt) § 38 I VVG bewpfl, Hamm VersR **07**, 1397, Köln NVersZ **02**, 110. Zu § 7 Z 1 a, 2 AFB 87 BGH RR **97**, 407.
– **(Obliegenheit):** Bei der Verletzung einer Obliegenheit des Versicherungsnehmers ist der Versicherer für deren objektives Vorliegen bewpfl, Hamm VersR **78**, 815 (§ 8 AVB).

Der Versicherungsnehmer muß beweisen, daß die Verletzung der Obliegenheit für den Schaden nicht ursächlich war, Ffm VersR **84**, 859, Karlsr VersR **77**, 245, oder daß er keine Schuld hatte, Hamm VersR **78**, 816, daß zB nicht grob fahrlässig handelte, LG Wiesb VersR **77**, 1148, aM BGH RR **86**, 705, LG Köln VersR **76**, 748, LG Mü **76**, 430 (aber eine Obliegenheitsverletzung geht erfahrungsgemäß sehr oft mit ganz erheblicher Nachlässigkeit einher, wenn nicht sogar mit Gleichgültigkeit und daher mit bedingtem Vorsatz). Der Versicherungsnehmer ist wegen (jetzt) § 19 VVG grds für die Erfüllung seiner Obliegenheit bewpfl, BGH VersR **08**, 241 (Ausnahme: Rückforderung), LG Stade, VersR **88**, 712, aM Köln VersR **95**, 567 (aber diese Erfüllung ist selbstverständliche Anspruchsvoraussetzung). Das gilt zB bei einer vollständigen und rechtzeitigen Schadensanzeige, AG Düss VersR **87**, 63. Der Versicherer ist dafür bewpfl, daß der Versicherungsnehmer seine sog Nachmelde-Obliegenheit verletzte, Saarbr VersR **07**, 675.
– **(Prämie):** Der Versicherungsnehmer ist für eine rechtzeitige Prämienzahlung bewpfl, LG Osnabr VersR **87**, 62. Der Versicherer muß aber seine Zahlungsaufforderung nebst Belehrung wegen der Erstprämie beweisen, Brschw VersR **05**, 1557.
– **(Rückforderung):** Der Versicherer ist für die Voraussetzungen einer Rückforderung bewpfl, BGH NZM **01**, 638 (grobe Fahrlässigkeit bei Obliegenheitsverletzung), Köln NVZ **90**, 466, Knoche MDR **90**, 965.

217 – **(Schadensanzeige):** Bei einer Berichtigung der Schadensanzeige ist der Versicherungsnehmer dafür bewpfl, erst nachträglich die notwendige Tatsachenkenntnis erlangt zu haben, LG Osnabr VersR **86**, 1237.
– **(Schiffsbrand):** Zum kriegsbedingten Hbg VersR **03**, 730.
– **(Schuldfähigkeit):** Der Versicherer muß grds (Ausnahme: § 827 I BGB) die Zurechnungsfähigkeit des Versicherungsnehmers beweisen, aM Hamm VersR **82**, 995, LG Wiesb VersR **77**, 1148 (aber man darf nicht dergleichen zunächst einfach zu Lasten eines sich wehrenden Kunden beurteilen).
– **(Sturmschaden):** Es gibt keinen AnschBew für Mängel der Gebäudeerrichtung oder -unterhaltung nach Ablösung von Gebäudeteilen bei einem Orkan, LG BadBad VersR **03**, 517.
– **(Ursächlichkeit):** Zum Umfang des Kausalitäts-Gegenbeweises bei (jetzt) § 21 II VVG BGH NVersZ **01**, 400.

218 – **(Versicherungsvertreter):** Der Versicherungsnehmer muß beweisen, daß der Versicherungsvertreter nach (jetzt) § 21 II VVG war, Köln VersR **05**, 775, aM Saarbr RR **06**, 1467 (BewL des Gegenteils beim Versicherer). Zur Provision bei vermittlungsfremder Vertretertätigkeit BGH RR **05**, 1275.
– **(Vorbehalt):** Hat der Versicherer vor Fälligkeit „vorbehaltlich Akteneinsicht" gezahlt, muß er aber nur den Vorbehalt beweisen, der Versicherungsnehmer muß indes das Bestehen der Schuld beweisen, Düss VersR **96**, 89.
– **(Vorsatz):** Der Versicherer muß beweisen, daß der Versicherungsnehmer vorsätzlich handelte, BGH RR **05**, 1051, Hamm VersR **96**, 601, Zweibr VersR **77**, 807, aM BGH MDR **85**, 917 (aber man kann nicht einfach von einer Straftat ausgehen, Artt 1, 2 GG).

Versorgungsunternehmen: Es hat die BewL für „Billigkeit" des Tarifs, LG Bln RR **02**, 993 (Strom).

219 **Verspätung:** Bei § 296 I ist der verspätet Vortragende für die zur Entschuldigung ausreichenden Tatsachen bewpfl, Schneider MDR **87**, 900. Jedoch mag das Gericht nur eine Glaubhaftmachung nach § 294 fordern, § 296 IV. Bei § 296 II ist der verspätet Vortragende nicht dafür bewpfl, daß keine grobe Nachlässigkeit vorlag, solange das Gericht sie nicht feststellen kann, Schneider MDR **87**, 901.

Versteigerung: Im Internet-Auktionshaus eBay muß der „Powerseller" beim Streit über einen angeblichen Testabsatzvertrag beweisen, daß er kein Unternehmer nach § 14 BGB ist, Kblz GRUR-RR **06**, 208.

Vertrag: Wegen des Inhalts Gsell AcP **203**, 119. Wegen der grundsätzlichen Vermutung seiner Vollständigkeit und Richtigkeit hat derjenige die BewL, der eine Nebenabrede behauptet, BGH RR **00**, 274.

S auch Rn 74 „Auslegung", Rn 77 „Bedingung und Befristung", Rn 93 „Form", Rn 99 „Handlungsunfähigkeit", Rn 101 „Kauf", Rn 141 „Minderjährigkeit", Rn 151 „Rechtsgeschäft", Rn 189 „Schlechterfüllung", Rn 192 „Stellvertretung".

Vertrag zugunsten Dritter: Der Dritte ist bei § 331 BGB für einen entsprechenden Abschluß bewpfl.

Vertragsänderung: Wer aus ihr ein Recht ableitet, ist für sie bewpfl, BGH NJW **95**, 49.

Vertragsstrafe: Unterwirft sich der Schuldner ihr „für jeden Fall einer schuldhaften Zuwiderhandlung", ergibt sich zB nach dem Hamburger Brauch aus dem Wort „schuldhaft" nicht, daß damit eine BewL-Abrede dahingehend getroffen worden ist, der Gläubiger müsse dem Schuldner ein Verschulden nachweisen, Hbg GRUR **80**, 874 (zum alten Recht).

Vertragsurkunde: Diejenige Partei, die sich für einen bestimmten Vertragsinhalt auf Tatsachen außerhalb **220**
der Urkunde beruft, muß diese beweisen. Eine Ermittlungspflicht für derartige Umstände besteht für das Gericht nicht. Ist der Vertragsinhalt völlig widerspruchsvoll, verbinden die Parteien aber einen bestimmten Sinn damit, muß das Gericht von diesem ausgehen. Nur im äußersten Fall kann man den Vertrag als nicht auslegungsfähig ansehen, nämlich wenn die bewpfl Partei wegen einer Uneinigkeit über die Auslegung keine klärenden Tatsachen beweisen kann. Ist dagegen die Urkunde aus sich heraus verständlich, muß man eine abweichende Vereinbarung beweisen. Die Auslegung selbst ist eine Aufgabe des Gerichts und hat mit der BewL nichts zu tun. S auch Rn 151 „Rechtsgeschäft".

Vertreter: Rn 98 „Handelsvertreter", Rn 192 „Stellvertretung".

Verwahrung: Auch auf die öffentliche Verwahrung sind §§ 688 ff BGB entsprechend anwendbar, BGH MDR **90**, 417.

Verwirkung: Der Schuldner muß beweisen, daß der Gläubiger seine Forderung lange Zeit hindurch nicht **221**
geltend gemacht hat. Der Gläubiger braucht nur substantiiert zu bestreiten und darzulegen, wann und unter welchen Umständen er das getan hat. Daher gehen Unklarheiten auch nach einer Parteivernehmung des Gläubigers zulasten des Schuldners. Beweisschwierigkeiten des Schuldners rechtfertigen die Annahme einer Verwirkung zwar nicht schon wegen des Zeitmoments, evtl aber dann, wenn der Schuldner ein Beweismittel im Vertrauen darauf vernichtet hat, der Gläubiger werde nicht mehr hervortreten (Umstandsmoment), BGH MDR **93**, 26.

Verzicht: Wer den gegnerischen behauptet, ist bewpfl, BGH RR **07**, 1367.

Verzug: Wegen (jetzt) § 286 IV BGB ist der Schuldner für das Fehlen von Verzug bewpfl, BGH VersR **83**, 61. Eine Vereinbarung kann zur BewL des Gläubigers führen, AG Rastatt Rpfleger **97**, 75.

Verzugsschaden, Verzugszinsen: Der Gläubiger ist für ihre Entstehung und die Höhe bewpfl. Freilich ist § 287 anwendbar, Schopp MDR **89**, 1. Der Unternehmer muß beweisen, daß er an der Verzögerung schuldlos ist, BGH RR **01**, 806.

Vollmacht: Bei der Klage gegen den Vollmachtgeber ist der Kläger für das Entstehen der Vollmacht bewpfl, **222**
der Bekl für deren Untergang. Etwas anderes gilt dann, wenn der Untergang der Vollmacht unstreitig ist. Bei einem Wechsel ist der Kläger dafür bewpfl, daß die Vollmacht zur Zeit der Annahme noch bestand. Ist ein Generalbevollmächtigter eine Wechselschuld für eigene Verbindlichkeit eingegangen, muß der Vertretene einen Mißbrauch der Vollmacht beweisen, insbesondere wenn der Gegner das Einverständnis des Vertretenen behauptet. Verhandlungs- und Bankvollmacht können den Rechtsschein für eine Abschlußvollmacht begründen, Oldb BB **95**, 2342.

S auch Rn 95 „Gemeinschaft", Rn 192 „Stellvertretung", Rn 225 „Wechsel".

Vollstreckungsabwehrklage: Der Kläger muß grds die Voraussetzungen seiner Klage zumindest wegen der **223**
den Anspruch des Vollstreckungstitels vernichtenden Tatsachen beweisen, § 767 Rn 47, BGH NJW **81**, 2756, Düss RR **97**, 444, Münch NJW **91**, 795 (ausf). Jedoch muß der Bekl beweisen, daß eine solche Vereinbarung, auf deren Nichtigkeit der Kläger die Vollstreckungsabwehrklage stützt, ein bloßes Scheingeschäft war, BGH DNotZ **93**, 234.

Vorkauf: Der Vorkaufsberechtigte ist für eine Umgehung (jetzt) des § 465 BGB bewpfl, BGH **110**, 234.

S auch Rn 101 „Kauf".

Vorläufiger Insolvenzverwalter: Der nach §§ 21 II Z 1, 22 InsO Bestellte muß seine Verwaltungs- und Verfügungsbefugnis beweisen, Urban MDR **82**, 446.

Vorlegung: Es kommt auf die Beachtung des Verbots des Ausforschungsbeweises an, Einf 27 vor § 284, BGH **93**, 205.

Vorsatz: Ein AnschBew für ihn kommt kaum in Betracht, BGH NJW **02**, 1645 (sehr streng).

Vorschuß: Rn 78 „Bereicherung".

Währung: Wer eine Forderung in fremder Währung geltend macht (Valutaforderung), muß ihre wirksame Entstehung beweisen, auch eine etwa nach § 3 WährG erforderliche Genehmigung, Kblz NJW **88**, 3099.

Warenhaus: Bei einem Unfall des Kunden, der über Obstreste ausglitt, muß der Inhaber beweisen, daß er zur **224**
Erfüllung seiner Verkehrssicherungspflicht genügend getan hat. Der Inhaber muß insbesondere dafür sorgen ließ, daß das Personal den Boden ständig beobachtete und räumte. Das gilt besonders bei einem Selbstbedienungsgeschäft.

Wasserverbrauch: Bei einwandfreiem Zähler (spätere Kontrolle genüge – ? –) ist der Verbraucher für geringeren Verbrauch bewpfl, VG Ffm NVwZ-RR **04**, 898. Ein ungeeichter Zähler ist keine ausreichende Grundlage, AG Löbau WoM **08**, 486.

Wechsel: Der Wechselschuldner muß das Fehlen einer sachlichen Berechtigung beweisen, BGH NJW **94**, **225**
1353, Bulla DB **75**, 193. Das gilt auch dann, wenn die Wechselrechte beim Besitzerwerb nicht auf den Gläubiger übergegangen sind, wenn dieser aber behauptet, die Rechtsübertragung habe nachträglich stattgefunden. Das gilt ferner dann, wenn der Gläubiger behauptet, er habe sich mit dem Schuldner nachträglich über ein Grundgeschäft geeinigt, BGH NJW **75**, 214, oder wenn es um eine Zwischenfeststellungsklage des Gläubigers geht, BGH **125**, 256. Der Gläubiger ist dafür bewpfl, daß der Schuldner auf eine Einrede verzichtet hat, Bulla DB **75**,193. Der Gläubiger muß beweisen, daß der Wechselinhaber

beim Erwerb wußte, daß die zugrunde liegende Forderung noch nicht fällig war, BGH RR **86**, 670. Wer aus einem Wechsel als Vertreter ohne Vertretungsmacht zahlen soll, muß beweisen, daß er bevollmächtigt war, den Wechsel für den Vertretenen zu zeichnen, BGH NJW **87**, 649.

226 **Werbebehauptung:** Grundsätzlich muß der Kläger die Eignung einer Irreführung beweisen, BGH GRUR **04**, 246. S aber auch Rn 234. Der Richter wird eine Irreführung oft auf Grund eigener Sachkunde bestätigen können, aber kaum ohne weiteres das Gegenteil. Wer vorhersagt, muß beweisen, daß er nicht irreführt, KG RR **97**, 993. Der Werbende muß beweisen, daß die Lieferunfähigkeit unverschuldet war, BGH DB **83**, 2351. Der Kläger mußte schon nach dem UWG aF grundsätzlich alle Umstände beweisen, die eine vergleichende Werbung als sittenwidrig erscheinen ließen, BGH **138**, 58 und **139**, 381, Hbg GRUR-RR **02**, 362, Hartmann NJW **63**, 517. Das gilt mit den Präzisierungen in § 6 II Z 1–6 UWG im Kern unverändert. Denn der Vergleich als Denkmethode ist wertfrei. Er kann erst durch seine Art der Vornahme evtl unlauter werden, im Ergebnis auch Richtlinie 97/55 EG v 6. 10. 97 (abgedruckt auch in GRUR **98**, 117), BGH NJW **02**, 378. Freilich kann ein AnschBew für den Kläger vorliegen, Jena GRUR-RR **06**, 291. Bei einer Gegenüberstellung eigener Leistungen usw ist der Werbende für deren Richtigkeit bewpfl. Das Gericht muß aber seine Geschäftsgeheimnisse schützen, Stgt RR **87**, 677. Wenn der Kläger den Wettbewerbsverstoß nicht zumutbar darlegen kann, ist der Bekl dafür bewpfl, daß kein Verstoß vorliegt, BGH RR **91**, 1391, Schmeding BB **78**, 741. Es kann ein AnschBew dafür bestehen, daß der Hersteller an einer redaktionellen Werbung mitwirkte, BGH NJW **97**, 2757.

S auch Rn 234 „Wettbewerb".

227 **Werkvertrag: Allgemeines,** dazu *von Craushaar,* Die Auswirkungen der Beweislastregelung in der geplanten EG-Dienstleistungshaftungsrichtlinie auf das deutsche Privatrecht, Gedächtnisschrift für *Arens* (1993) 22:

Der Unternehmer muß das Zustandekommen beweisen, Düss RR **02**, 163. Die Bew für den Leistungsumfang liegt beim Unternehmer wegen eines Pauschalpreises, wenn er selbst die Leistungsbeschreibung erstellt hat, Schlesw MDR **03**, 215.

Man muß die BewL für die *Vergütung* wie beim Kauf beurteilen. Der Unternehmer muß grds beweisen, daß die Parteien statt des vom Besteller eingeräumten niedrigen Festpreises, Höchstpreises oder Pauschalpreises entweder einen höheren bestimmten Preis vereinbarten, Düss RR **02**, 163, zB den Einheitspreis nach VOB, oder daß sie zusätzliche Leistungen vereinbarten, BGH RR **02**, 740, oder daß sie gar keinen bestimmten Preis vereinbart haben, und zwar mit der Folge, daß man einen höheren Preis als üblichen Werklohn ansehen muß, BGH NJW RR **92**, 848, Düss RR **07**, 902, aM Honig BB **75**, 447, von Mettenheim NJW **84**, 776 (aber der angebliche Festpreis oder Höchstpreis ist gegenüber der Forderung des höheren Bestimmten oder des höheren Angemessenen ein substantiiertes Bestreiten). Man kann vom Besteller eine präzise Darstellung der Vereinbarung nach Ort, Zeit und Höhe fordern, BGH BB **92**, 1238 (krit Baumgärtel MDR **92**, 1028), Celle RR **02**, 1675, Jagenburg NJW **96**, 2219, Beweispflichtig ist auch derjenige, der sich auf eine solche Vereinbarung beruft, die die Kosten nicht einmal halbwegs deckt, Karlsr MDR **79**, 756.

Allerdings ist derjenige Besteller bewpfl, der sich auf eine solche *Fest- oder Pauschalpreisvereinbarung* beruft, die erst während der Vertragsdurchführung getroffen sei. Denn er behauptet eine Vertragsänderung, BGH BauR **03**, 1782, Ffm RR **97**, 276, Hamm NJW **86**, 199. Bei § 632 a BGB ist der Unternehmer bewpfl. Bei § 641 II 1, 2 BGB ist der Unternehmer bewpfl. Der Unternehmer ist grds für die Notwendigkeit der Arbeitszeit bewpfl, BGH NJW **00**, 1107, Celle RR **03**, 1243. Gegenüber einer genauen Aufstellung des Unternehmers ist evtl der Besteller für eine geringere Stundenzahl bewpfl, Düss RR **03**, 456 (Vorsicht!).

228 *Bis zur Abnahme* muß der Unternehmer mangels abweichender Vereinbarung die Mangelfreiheit des Werks beweisen, § 13 Z 1 VOB/B, BGH NJW **02**, 223. *Nach der Abnahme* und dem ihr nach §§ 640 I 2, 3, 641 a BGB gleichstehenden und noch vom Unternehmer zu beweisenden Situationen muß der Besteller beweisen, daß das Werk mangelhaft ist oder daß der Unternehmer pflichtwidrig handelte, BGH NJW **02**, 223. Bei § 641 III BGB ist der Besteller bewpfl. Der Steuerberater muß beweisen, daß er einen notwendigen Hinweis oder Rat auch gegeben hat, BGH NJW **82**, 1517. Nach einer Mangelbeseitigung ist der Besteller dafür bewpfl, noch nicht abrechnen zu können, BGH NJW **90**, 1475. Bei § 649 ist der Besteller für ersparte Aufwendungen, anderweitige Verwendung der Arbeitskraft oder deren böswilliges Unterlassen bewpfl, BGH MDR **01**, 447.

229 Hat der Besteller nachgewiesen, daß objektiv eine *Pflichtverletzung* vorliegt, ist es die Aufgabe des Unternehmers nachzuweisen, daß sein Verhalten nicht schadensursächlich war, Celle VersR **87**, 993, oder daß er den Schaden nicht vertreten muß, §§ 634 Z 4 in Verbindung mit § 280 I 2 BGB. Das gilt unabhängig davon, ob es sich um einen Mangel- oder Folgeschaden handelt, Baumgärtel Festschrift für Baur (1981) 225 (auch zu weiteren Einzelfragen).

230 Jedoch muß man grds eine objektive Pflichtverletzung und ihre Schadensursächlichkeit dann als bewiesen annehmen, wenn der Schaden bei der *Vertragsabwicklung* vor der Werkabnahme entstand, Hamm RR **89**, 468. Derjenige Unternehmer, der den Besteller vor einem Schaden bewahren muß, ist für seine Schuldlosigkeit bewpfl, wenn die Ursache im eigenen Verantwortungsbereich liegt, BGH RR **95**, 684. Er muß auch eine Einwilligung des Bestellers etwa in dessen Eigentumsverletzung beweisen, BGH RR **05**, 172. Nach seiner Kündigung ist der Besteller dafür bewpfl, daß der Unternehmer eine höhere Ersparnis als die eingeräumte hatte, BGH RR **92**, 1077. Im übrigen ist der Besteller dafür bewpfl, daß der Unternehmer nach § 638 BGB arglistig handelte, BGH DB **75**, 1166. Der Unternehmer muß beweisen, daß er bei der Annahme einer Schlußzahlung nach § 16 VOB/B einen Vorbehalt gemacht hatte. Hat der Unternehmer die Einsparung von Energie zugesichert und dem Besteller ein Rücktrittsrecht für den Fall eingeräumt, daß die Einsparung nicht erreicht wird, muß der Unternehmer die Einhaltung der Zusicherung beweisen, BGH BB **81**, 1732. Wenn es um ein Aushandeln der Gewährleistungsregelung der VOB/B geht, ist der Verwender bewpfl, Hamm ZMR **89**, 100. Wegen § 6 Z 6 c VOB/B Düss RR **01**, 1028.

231 **Werkvertrag: Fracht.** Der Anspruchsteller ist dafür bewpfl, daß das Frachtgut in die Obhut des Frachtführers kam, BGH MDR **07**, 1436. Der Absender ist dafür bewpfl, daß Tiefkühlgut bei der Beendigung

seiner Verladung noch die für die Beförderung zugesagte Temperatur hatte. Der Frachtbrief dient bis zum Gegenbeweis als Nachweis für Abschluß und Inhalt des Frachtvertrags, § 409 I HGB. Dasselbe gilt für eine Empfangsbestätigung oder Übernahmequittung des Frachtführers von geschlossenen Behältnissen, BGH MDR **03**, 650. Er dient auch mangels eines Vorbehalts als Vermutung, daß das Gut und seine Verpackung bei Übernahme durch den Frachtführer äußerlich einwandfrei waren, § 409 II HGB. Der jeweilige Anspruchsteller ist daher dafür bewpfl, daß der Schaden in der Zeit zwischen Übernahme und Ablieferung des Guts durch den Frachtführer eintrat, BGH RR **88**, 1369. Zu § 51 ADSp BGH BB **97**, 652 (Containerdiebstahl). Bei § 51 ADSp trägt der geschädigte Anspruchsteller die BewL, BGH **129**, 347. Für die Voraussetzungen des § 54 lit a Z 3 ADSp ist der Anspruchsteller bewpfl, BGH RR **96**, 546. Es kann ein AnschBew dafür bestehen, daß im verschlossenen Behältnis der aus beiliegendem Lieferschein nebst Rechnung ersichtliche Inhalt enthalten war, BGH RR **07**, 28 (äußerst großzügig. Vorsicht!).

Der Kunde muß darlegen und beweisen, daß der Spediteur entgegen § 54 ADSp ausnahmsweise *unbegrenzt* haftet, Köln RR **92**, 1448. Der Spediteur ist dafür bewpfl, daß das in ordnungsgemäßem Zustand in seine Obhut gelangte Gut ohne sein Verschulden Schaden nahm, BGH VersR **98**, 128 (Umzug), und daß es nicht auf der Fernstrecke abhanden kam, sondern im speditionellen Gewahrsam, Mü BB **92**, 1744. Zur BewL bei grober Fahrlässigkeit BGH NJW **95**, 1490 (§ 51 Buchstabe b S 2 ADSp ist wirksam, insbesondere mit [jetzt] §§ 307 ff BGB vereinbar), Geiger VersR **92**, 170, Wingbermühle VersR **93**, 539 (str).

Der Absender muß beweisen, daß das beförderte Gut erst *auf dem Transport* Schaden erlitt, BGH RR **94**, **232**
995, Karlsr VersR **75**, 669. Bei einer Beförderung gemäß CMR, dazu Thume VersR **00**, 821, ist ein AnschBew zulässig, BGH BB **00**, 2491 (es reicht für Art 18 II 1 CMR die Möglichkeit eines ursächlichen Zusammenhangs zwischen den in Art 17 IV CMR bezeichneten besonderen Gefahren und einem Verlust des Transportguts aus). Dann ist der Auftraggeber dafür bewpfl, daß die Verladung einwandfrei war oder daß deren Mangel für den Schaden nicht ursächlich war, Köln BB **75**, 719. Beim sog multimodalen Transport nach BGH **101**, 176 muß der Auftraggeber beweisen, daß der Schaden auf derjenigen Transportstrecke eintrat, bei der die für ihn günstigste Haftungsordnung galt, Karlsr OLGZ **84**, 492. Eine Nachlässigkeit bei der Erstellung der Tatbestandsaufnahme bei einer Umladung kann man entsprechend § 444 würdigen, Hbg VersR **89**, 1282. Zur BewL bei § 438 HGB Tunn VersR **05**, 1646. Zur Beweiskraft des Frachtbriefs § 409 HGB.

Der Verfrachter ist dafür bewpfl, daß die Partner eine *IoC-Klausel* vereinbart hatten, LG Hbg VersR **75**, 734. Bei einem normalen Fahrtverlauf spricht der AnschBew dafür, daß der Absender ungenügend verladen hatte, Köln VersR **77**, 860. Der Verfrachter muß beweisen, daß das Schiff anfänglich tauglich war, BGH MDR **78**, 735. Zu Sackrißschäden BGH MDR **78**, 819. Zur Reichweite der Beweiswirkung von Art 11 II WA bei Luftfracht BGH VersR **05**, 811. Der Empfänger einer Luftfracht muß beweisen, daß das Frachtgut während der Luftbeförderung Schaden erlitt, Ffm MDR **84**, 236. Ein AnschBew dafür, daß ein Handwerker einen Fehler machte, liegt nur bei einem solchen Fehler vor, der sich oft einschleicht, BGH VersR **79**, 823. Der Frachtführer muß die Fälligkeit der Fracht beweisen, Düss RR **94**, 1122. Es kann sich aus der Rechnung ein AnschBew für die Übergabe an den Spediteur ergeben, Karlsr VersR **06**, 719.

Zur BewL bei *§ 61 IV BinnSchG* BGH VersR **85**, 36. Zur BewL wegen eines Standgelds im inter- **233**
nationalen Güterverkehr Mü OLGZ **87**, 472. Zur BewL wegen grober Fahrlässigkeit bei einer speditionellen Falschbehandlung Köln VersR **94**, 1453, Mü RR **93**, 927, Nürnb RR **93**, 862. Zur BewL beim Warschauer Abkommen betr Luftfracht Gran Festschrift für Piper (1996) 847. Zu einem Zwischenhändler und § 5 GüKG BGH MDR **88**, 930.

S auch Rn 54 „Architekt", Rn 76 „Baurecht", Rn 157 „Reisevertrag", Rn 205 „Verjährung".

Wettbewerb, dazu *Kemper,* Beweisprobleme im Wettbewerbsrecht, 1991; *Kur,* Beweislast und Beweisführung **234**
im Wettbewerbsprozeß, 1981, *Mes,* Si tacuisses. Zur Darlegungs- und Beweislast im Prozeß des gewerblichen Rechtsschutzes, in: Festschrift für *Hertin* (2000):

Der Kläger muß beweisen, daß ein Angestellter oder Beauftragter die Handlung im *Geschäftsbetrieb* des beklagten Inhabers vorgenommen hat. Es gibt keinen AnschBew dafür, daß der für ein Unternehmen Reisende eine solche Ware, die sein Unternehmen nicht selbst führt und die sich der Reisende selbst beschafft hat, zugunsten des Geschäftsherrn verkauft, daß er sich also mit der Provision bescheidet, auch wenn es sich um Ware aus dem Geschäftszweig handelt, BGH MDR **78**, 735. Grundsätzlich muß der Kläger die Eignung zur Irreführung beweisen, BGH GRUR **04**, 246. Zur Umkehr der BewL bei irreführender Werbung auch BGH GRUR **92**, 525, Borck GRUR **82**, 657, Kur GRUR **82**, 663. Zum Arrest und zur einstweiligen Verfügung Ulrich GRUR **85**, 201 (Üb). Zum Sortenschutz-Verletzungsprozeß Hesse GRUR **75**, 455. Zu Beweiserleichterungen allgemein BGH **120**, 327. Beim Unterlassungsanspruch gilt kraft Gewohnheitsrechts eine tatsächliche Vermutung der Wiederholungsgefahr nach einer Erstbegehung. Der Bekl muß sie widerlegen, Hirtz MDR **88**, 186.

Der Unterlassungsschuldner ist bewpfl dafür, daß seine einem *Dritten* gegenüber abgegebene strafbewehrte Unterwerfungserklärung auch dem Gläubiger des vorliegenden Verfahrens gegenüber die Wiederholungsgefahr beseitigen kann, BGH NJW **87**, 3252, oder daß eine Marktverstopfung droht, Köln WettbR **97**, 54. Der Beweis läßt sich mit allen Mitteln des § 286 führen, Steines NJW **88**, 1361. Der Verletzer muß beweisen, daß der Schaden auch bei einer Erfüllung seiner diesbezüglichen Aufklärungspflicht eingetreten wäre, BGH RR **88**, 1067. Ein bloßer Beweisantritt ist natürlich noch kein Beweis, Ffm GRUR-RR **03**, 295. Zum sortenschutzrechtlichen Übertragungsanspruch BGH GRUR **04**, 936. Der Verletzer ist auch bei einer erstmaligen e-mail-Werbung für eine Erlaubnis des Adressaten bewpfl, AG Hbg GRUR-RR **05**, 399.

S auch Rn 53 „Arbeitnehmer", Rn 199 „Unterlassung", Rn 200 „Ursächlichkeit", Rn 226 „Werbebehauptung".

Widerruf einer ehrenkränkenden Behauptung: Es ist ein AnschBew für deren Fortwirkung möglich. Der **235**
Bekl ist für die Wahrheit der behaupteten Tatsache erweitert darlegungspflichtig, BGH NJW **77**, 1681.

Der Kläger muß aber sodann die Unwahrheit beweisen, BGH DB **76**, 1100, Schnur GRUR **79**, 142 (er unterscheidet zwischen einem eingeschränkten und einem uneingeschränkten Widerruf). Beim Widerruf einer Willenserklärung zB beim Haustürgeschäft ist der Widerrufende für die Widerruflichkeit und daher dafür bewpfl, daß das Gesetz damals bereits galt, BGH **113**, 224, und daß besondere Umstände für die häusliche Erklärung mitursächlich waren, BGH FamRZ **04**, 1866. Er muß auch den Zugang zB beim Widerspruchsvergleich beweisen, Rn 135, 136, LAG Düss JB **04**, 389.

S auch Rn 83 „Ehre", Rn 99 „Haustürgeschäft".

Widersprüchlichkeit: Sie kann zur Umkehrung der BewL führen, Ffm GRUR-RR **03**, 277.

Wiederholungsgefahr: Rn 199 „Unterlassung", Rn 234 „Wettbewerb".

Willenserklärung: Wer eine Willenserklärung im eigenen Namen abgegeben hat und sich darauf beruft, sie sei unternehmensbezogen und wirke daher gegen den mit ihm nicht personengleichen Unternehmensinhaber, muß die Unternehmensbezogenheit beweisen, BGH BB **95**, 11.

S auch Rn 37 „Anfechtung", Rn 74 „Auslegung", Rn 151 „Rechtsgeschäft".

236 **Zahnarzt:** Rn 72 „Ärztliche Behandlung".

Zinsen: Der Gläubiger muß beweisen, daß er höhere als die gesetzlichen fordern kann. Es gibt dafür keinen AnschBew, BGH RR **91**, 1406. Es ist keineswegs eine „Rechtsfortbildung" zulässig, soweit der Wille des Gesetzes eindeutig feststeht, zumal die Zinssätze der Wirtschaft rasch schwanken, aM Gelhaar NJW **80**, 1373 (aber das Gesetz hat trotz seiner irritierend häufigen Änderungen Vorrang und ist leidlich klar). Freilich braucht ein Kaufmann nicht zu beweisen, daß er wegen seiner Klageforderung Kredit aufnehmen mußte. Auch kann bei einem hohen Schaden eine großzügigere Beurteilung zulässig sein, BGH VersR **80**, 195.

237 **Zuführung,** dazu *Gmehling,* Die Beweislastverteilung bei Schäden aus Industrieimmissionen, 1988: Bei § 906 I BGB ist der Kläger für sein Eigentum und dessen Störung bewpfl, der Bekl für die Unwesentlichkeit oder Üblichkeit oder Unvermeidbarkeit. Bei § 906 II 2 BGB muß der Kläger die Unzumutbarkeit beweisen. Dabei sind die Richtwerte des BImSchG für einen AnschBew erheblich. Der Betreiber einer Schmelzanlage ist dafür bewpfl, daß er zumutbare Vorkehrungen getroffen hat, um die Schädigung eines anderen zu verhindern, BGH BB **86**, 2297.

Zugang einer Erklärung: Rn 153 ff.

Zugewinnausgleich: Rn 82 „Ehe".

Zurechnungsfähigkeit: Rn 99 „Handlungsunfähigkeit", Rn 206 „Verschulden".

Zurückbehaltungsrecht: Der Gegner ist dafür bewpfl, daß der einbehaltene Betrag unbillig hoch ist, BGH DB **96**, 2435.

Zusage persönlicher Vorteile an den Vertreter der Gegenpartei: Da damit im allgemeinen eine Vernachlässigung des Interesses eintritt, muß nicht der sich darauf berufende Vertretene, sondern sein Vertragsgegner beweisen, daß keine nachteiligen Wirkungen eingetreten sind.

Zuständigkeit: Rn 95 „Gerichtsstand".

Zustellung: Die BewL liegt bei demjenigen, der für sich günstige Folgen aus einer ordnungsgemäßen Zustellung herleiten will, BGH NJW **92**, 1240.

Zwangsverwaltung: Der Verwalter ist dafür bewpfl, daß er an einem Verwahrlosungsschaden schuldlos ist, BGH WoM **05**, 597.

238 **Zwangsvollstreckung,** dazu *Baumgärtel,* Probleme der Beweislastverteilung in der Zwangsvollstreckung, Festschrift für *Lüke* (1997) 1: Die BewL entspricht im wesentlichen den Regeln des Erkenntnisverfahrens, Baumgärtel aaO (6). Wegen einer einstweiligen Einstellung § 707 Rn 7.

S auch Rn 81 „Duldung".

239 **10) Verstoß.** Wegen der Rechtsnatur der Beweislast, Rn 2, 3, gilt: Der Verstoß gegen die Beweislastregel braucht keine besondere Rüge, BGH RR **92**, 1010. Demgegenüber muß man einen Verfahrensverstoß besonders rügen. Er ermöglicht nur dann auf Antrag eine Zurückverweisung, wenn die jeweilige Beweislastvorschrift dem Prozeßrecht angehört, BGH RR **88**, 831, ZöGre 15 vor § 284, aM Düss ZMR **88**, 336, Ffm RR **96**, 575, Mühlberger MDR **01**, 735 (stets sei Zurückverweisung möglich), Schneider MDR **89**, 139 ([jetzt] § 538 sei entsprechend anwendbar, wenn ein grober sachlichrechtlicher Fehler bei der Beweislastverteilung zu einem überflüssigen Rechtsmittelverfahren geführt habe. Beides widerspricht dem Grundgedanken des § 538 mit seiner Beschränkung auf Verfahrensfehler und – jetzt – einen Zurückverweisungsantrag). Ein Verstoß kann aber auch im Unterlassen eines Hinweises auf die Beweislast nach § 139 liegen. Das wäre ein zur Zurückverweisung nach § 538 II 1 Z 1 führender Verfahrensfehler, ZöGre 16 vor § 284.

287 *Schadensermittlung; Höhe der Forderung.* **I 1 Ist unter den Parteien streitig, ob ein Schaden entstanden sei und wie hoch sich der Schaden oder ein zu ersetzendes Interesse belaufe, so entscheidet hierüber das Gericht unter Würdigung aller Umstände nach freier Überzeugung. 2 Ob und inwieweit eine beantragte Beweisaufnahme oder von Amts wegen die Begutachtung durch Sachverständige anzuordnen sei, bleibt dem Ermessen des Gerichts überlassen. 3 Das Gericht kann den Beweisführer über den Schaden oder das Interesse vernehmen; die Vorschriften des § 452 Abs. 1 Satz 1, Abs. 2 bis 4 gelten entsprechend.**

II Die Vorschriften des Absatzes 1 Satz 1, 2 sind bei vermögensrechtlichen Streitigkeiten auch in anderen Fällen entsprechend anzuwenden, soweit unter den Parteien die Höhe einer Forderung streitig ist und die vollständige Aufklärung aller hierfür maßgebenden Umstände mit Schwierigkeiten verbunden ist, die zu der Bedeutung des streitigen Teiles der Forderung in keinem Verhältnis stehen.

Schrifttum: *Gottwald,* Schadenszurechnung und Schadensschätzung, 1979; *Greger,* Beweis und Wahrscheinlichkeit, 1978; *Weber,* Der Kausalitätsbeweis im Zivilprozeß, 1997.

Gliederung

1) Systematik, I, II. Die Vorschrift stellt eine Ausnahme vom Grundsatz des § 286 dar. Daran ändert auch der Umstand nichts, daß man sie in ihrem Geltungsbereich praktisch wie einen eigenen weiteren Grundsatz anwendet. 1

2) Regelungszweck, I, II. § 287 ist aus Gründen der Prozeßwirtschaftlichkeit nach Grdz 14 vor § 128 eine Ausnahmevorschrift, Rn 1. Man darf sie daher nicht zu weit auslegen, Bendref NJW **86**, 1723, Schmieder ZZP **120**, 208. Das beachtet BGH RR **92**, 203 zu wenig. Sie ist nicht anwendbar, soweit man zB den Schaden ohne Schwierigkeiten exakt berechnen kann oder soweit stärkere Anhaltspunkte als die nach § 287 ausreichenden vorliegen, Leisse GRUR **88**, 90. Die Vorschrift erweitert im Ersatzprozeß den Umfang der richterlichen Würdigung über die Grenzen des § 286 hinaus. Sie erleichtert die Darlegungs- und Beweislast des Geschädigten, Köln VersR **06**, 559, Mü NJW **07**, 1008. Denn ein strenger Beweis läßt sich dann oft kaum führen, BGH NJW **88**, 2366, Streitigkeiten hierüber verzögern nur ungebührlich, BayObLG **87**, 14, und der Schuldner ist der Verursacher der Beweisnotlage, Hamm RR **90**, 42. Ähnlich ist der Sinn des § 252 S 2 BGB, BGH NJW **82**, 583. § 287 tritt gegenüber § 252 S 2 BGB zurück, von Hoyningen-Huene/Boenke NJW **94**, 1763 (zum sog Berufsfortkommensschaden). 2

Eine Erleichterung bringt § 287 für die Darlegungslast in einer Abweichung vom Grundsatz der Notwendigkeit der Erschöpfung der Beweismittel nach § 286 Rn 24 zur Vereinfachung und Beschleunigung des Verfahrens, BGH NJW **00**, 3358, Hamm RR **90**, 42, Schreiber NJW **98**, 3743. Daher muß der Kläger dann auch nicht den strengen Beweis erbringen. Man darf die Anforderungen an ihn nicht überspannen, BGH VersR **00**, 233. Es sind erforderlich und genügen greifbare Anhaltspunkte, BGH **173**, 181, Hamm RR **04**, 214. Es kann sogar eine deutlich überwiegende und auf einer gesicherten Grundlage beruhende Wahrscheinlichkeit genügen, BGH NJW **02**, 505, Kblz NVersZ **01**, 269 (diese ist aber auch nötig), LG Halle NZM **07**, 40. Die Darlegungs- und Beweislast nach Anh § 286 entfällt aber nicht schlechthin, BGH BB **92**, 1300, BAG NZA **06**, 682, Nürnb MDR **87**, 150. Sie bleibt zB bestehen, wenn „alles offen" ist, BGH RR **92**, 203, wenn eine Schätzung also völlig in der Luft hängen würde, Rn 4, BGH **173**, 181, Hamm FamRZ **05**, 718, LG Halle NZM **07**, 40.

Man darf dann auch nicht nach § 287 einfach einen *„Mindestschaden"* konstruieren, aM BGH RR **06**, 1404, Düss RR **03**, 87 (aber § 287 ersetzt nicht einfach eine Grundregel des Beibringungsgrundsatzes nach Grdz 22 ff vor § 128). Lücken im Vertrag lassen sich im Rahmen des von BGH RR **92**, 203 als „frei" bezeichneten und in Wahrheit natürlich pflichtgemäßen Ermessens zwar berücksichtigen. Man darf sie aber deshalb doch nicht einfach zugunsten des unzureichend Vortragenden ausfüllen. Wo wäre sonst die Grenze? Es erfolgt also keine Umkehr der Darlegungs- oder Beweislast. Im übrigen ist der Umfang der Beweiserleichterung eine Tatfrage, zB bei § 844 II BGB.

Den *Richter binden keine Beweisanträge,* BGH NJW **02**, 128. Er ist freilich auch nicht zu ihrer willkürlichen Zurückweisung befugt, BGH VersR **76**, 389. Er steht vielmehr in der Auswahl der Beweise und ihrer Würdigung freier da, BGH NJW **02**, 128. Er darf aber auch bei § 287 auf einen Sachverständigen nur bei genügender eigener Sachkunde statt eines bloßen „Eindrucks" usw verzichten, BGH NJW **95**, 1619. Man muß zwar eine Einschränkung der Glaubwürdigkeit der Partei beachten. Sie darf aber nicht für sich allein zur Anwendung des § 286 statt des § 287 führen, BGH RR **88**, 343. Freilich bleibt § 287 unanwendbar, soweit der Geschädigte bewußt die Sachaufklärung wegen der Grundlagen der Schadensschätzung behindert, Hamm RR **90**, 42. II erstreckt die Erweiterung auf ähnliche Fälle. § 287 betrifft aber nur die Entstehung und die Höhe des Schadens, BGH NJW **02**, 128, Schlesw SchlHA **80**, 213. Die Vorschrift betrifft also nicht das schädigende Ereignis, den Haftungsgrund, Rn 10, BVerfG **50**, 36. 3

Obwohl die *Verursachung* an sich zum schädigenden Ereignis gehört, unterwerfen die Rechtsprechung und Lehre sie ziemlich einmütig aus praktischen Gründen dem § 287. Daher kann man einen ursächlichen Zusammenhang bejahen, wenn man eine erhebliche Wahrscheinlichkeit bejahen darf. Sie reicht dem Richter hier anders als bei § 286 Rn 16 zur freien Überzeugungsbildung aus, Bbg VersR **76**, 998, AG Köln VersR **84**, 492. 4

Sehr häufig folgt ein ausreichender Beweis aus Erfahrungssätzen oder läßt sich durch einen *Anscheinsbeweis* erleichtern, Anh § 286 Rn 15. Wenn man aber ein Ereignis durch zwei verschiedene typische Geschehensabläufe erklären kann, ist weder ein Anscheinsbeweis annehmbar noch § 287 anwendbar, Bbg VersR **76**, 998. Wegen der Nachprüfung durch das Revisionsgericht Rn 32. Im Versäumnisverfahren ist § 287 unanwendbar. Dort muß das Gericht über die Höhe nach § 331 befinden.

Schätzung ins Blaue ist die Hauptgefahr bei § 287. Das weite richterliche Ermessen kann unversehends zur nur noch floskelhaft verbrämten Nachlässigkeit umschlagen. Oft lassen sich bei weiterer Erörterung und fleißigerer Suche im eigenen Kopf doch noch Maßstäbe, Argumente, Vergleichszahlen, -mengen, -zeiten entdecken. Sie können wenigstens etwas mehr nachprüfbare Präzision bedeuten, selbst wenn am Ende doch nur eine Schätzung möglich bleibt. Sowohl beim Ob als auch beim Wie, Wann und Wo der Anwendung von § 287 sollten sich alle Prozeßbeteiligten solcher Risiken bewußt bleiben. Das veranlaßt zu einer im Ergebnis weder zu großzügigen noch zu vorsichtigen Handhabung dieser schwierigen, hilfreichen, tückischen Vorschrift. Sie erfordert erhebliche Abwägungskunst des Richters. Er darf auch nicht die Parteiaufgaben nach §§ 315, 316 BGB unterlaufen, BGH ZZP **86**, 322.

5 **3) Geltungsbereich, I, II.** Die Vorschrift gilt in den Verfahrensarten nach der ZPO, auch im WEG-Verfahren, auch in arbeitsgerichtlichen Verfahren, § 46 II 1 ArbGG. Im FamFG-Verfahren ist § 287 im Bereich des § 113 I 2 FamFG entsprechend anwendbar.

6 **4) Ursächlichkeit, I, II**

Schrifttum: *Hanau,* Die Kausalität der Pflichtwidrigkeit, 1971.

Fehlt die Ursächlichkeit naturwissenschaftlich, fehlt sie auch rechtlich, Köln VersR **83**, 980. Ist die Ursächlichkeit naturwissenschaftlich vorhanden, kann sie rechtlich fehlen, BGH NJW **83**, 232. Erforderlich ist zunächst ein *nach § 286* beurteilbarer Zusammenhang zwischen dem Verhalten des Verletzers oder dem rechtswidrigen Zustand und dem ersten Erfolg der *haftungsbegründenden* Ursächlichkeit, BGH RR **08**, 905 und VersR **08**, 1127, KG VersR **06**, 1233, Köln VersR **05**, 423. Das gilt etwa zwischen Unfall oder Schuß und Wunde oder zwischen Stufe und Sturz, Köln VersR **05**, 423, LG Kleve VersR **87**, 775.

Erforderlich ist ferner ein *nach § 287* beurteilbarer Zusammenhang zwischen dem rechtswidrigen Zustand oder einer ersten Folge und den etwaigen weiteren Folgen der *haftungsausfüllenden* Ursächlichkeit, BGH NJW **08**, 1381, Kblz RR **06**, 1360, Karlsr RR **06**, 459. Das gilt zB zwischen Wunde (Behandlungsfehler) und Verdienstausfall, BGH NJW **93**, 2384, oder zwischen Unfallverletzung und Erhöhung des Risikos weiterer Unfälle, Oldb VersR **94**, 60 (Vorsicht!), oder zwischen dem seelischen Schock der schwangeren Ehefrau des Unfallopfers und der Verletzung ihrer Leibesfrucht, BGH **93**, 354, strenger BGH MDR **98**, 1165 (Hirnschaden) oder zwischen Gesundheitsschaden und Invalidität, BGH **159**, 369.

7 Das Verhalten des Verletzers muß bei einer objektiv nachträglichen Vorhersage im allgemeinen und nicht nur unter besonderen, unwahrscheinlichen Umständen die Folge ermöglicht haben, *sog Adäquanzlehre,* BGH **85**, 12, Düss VersR **82**, 1201, aM Bernert AcP **169**, 442 (aber diese Lehre hat sich als praktisch allein brauchbar längst auch im Zivilprozeß durchgesetzt). Von einer besonderen „Sozialadäquanz" sollte man aber nicht sprechen, BGH **85**, 112.

8 Zusätzlich ist ein Rechtswidrigkeitszusammenhang notwendig, *sog Schutzzwecklehre.* Danach muß der Schaden innerhalb der verletzten Norm liegen, BGH MDR **85**, 112, Lange JZ **76**, 198. Dieser Zusammenhang *liegt* zB in folgenden Fällen *vor:* Für die Haftung des betrügerischen Autoverkäufers, wenn der Wagen durch einen vom Käufer unverschuldeten Unfall beschädigt wurde, BGH **57**, 137 (bei einer Unfallschuld des Käufers sei § 254 BGB auch hier anwendbar); bei der Bezifferung des als Vermögensschaden oder als Schmerzensgeld verlangten Ersatzes wegen Urlaubsärgers; bei einer weiteren Verletzung des Opfers des ersten Unfalls dadurch, daß ein Dritter in die Unfallstelle hineinfuhr.

Der Zusammenhang *fehlt:* Für Strafverteidigungskosten des Unfallverletzten; für einen Verdienstausfall wegen eines bei der Unfalloperation mitentdeckten früheren Hirnschadens; für einen Verstoß gegen § 15 d StVZO, wenn keine Fahrgäste verletzt wurden. Die Prüfung der Ursächlichkeit ist jedenfalls nicht etwa eine bloße Tatsachenfeststellung, sondern eine richterliche Bewertung von Tatsachen.

9 **5) Schadensermittlung, I 1.** Die Vorschrift gibt dem Gericht eine manchmal gefährliche Freiheit.

A. Schadensentstehung. I gilt im Schadensersatzprozeß jeder Art, also beim vertraglichen oder gesetzlichen Schaden, bei einer schuldabhängigen Haftung oder bei einer Gefährdungshaftung, auch bei einer Enteignung oder Aufopferung.

10 Nach I muß man einen Streit über die Entstehung des Schadens beurteilen, also über den *konkreten Haftungsgrund,* wenn der Haftungsgrund unstreitig oder erwiesen ist, BGH RR **87**, 339. Wenn mehrere Ereignisse zum Haftungsgrund gehören, muß der Kläger sie grundsätzlich sämtlich nach § 286 beweisen. Das gilt auch dann, wenn sie aufeinander folgen oder wenn eines aus dem anderen folgt, BGH VersR **87**, 766.

11 Allerdings ist § 286 und nicht § 287 dann anwendbar, wenn streitig ist, ob das schadenstiftende Ereignis den Ersatzbegehrenden *überhaupt betroffen* hat, sog konkreter Haftungsgrund, BGH MDR **07**, 1436, LG Köln VersR **08**, 1061, LAG Köln NZA-RR **07**, 157. Nach § 286 muß man auch prüfen, ob die eine oder die andere Ursachenkette maßgeblich ist, BGH NJW **06**, 2769, Köln VersR **78**, 346, aM Stgt VersR **89**, 643 (zwar sei § 287 in einem gewissen Umfang auch für die „Feststellung schadensbegründeter Tatsachen" anwendbar, also möglicherweise für den Haftungsgrund. Nötig sei aber die Überzeugung von der Richtigkeit solcher Feststellungen. Damit würde also im Ergebnis doch wieder § 286 gelten, dort Rn 16. Deshalb ist diese Ansicht unnötig kompliziert). Manche wenden demgegenüber § 287 sogar dann an, wenn man im Verfahren nach § 323 die für das frühere Urteil maßgeblichen Erwägungen nicht hinreichend erkennen kann, Zweibr FamRZ **82**, 415.

12 Nach § 286 und nicht nach § 287 muß man ferner die Frage beurteilen, ob überhaupt dem Grunde nach ein *Mitverschulden* vorliegt, BGH NJW **07**, 507. Man darf nur dessen *Höhe* nach § 287 klären, Rn 21 „Mitverschulden".

13 Dagegen muß man Ursachenzusammenhang zwischen dem *Haftungsgrund und dem Schaden* nach § 287 beurteilen, BGH NJW **93**, 2676 , Ffm OLGZ **87**, 25, Oldb VersR **94**, 60 (Vorsicht!). Allerdings differenziert BGH NJW **93**, 3076:

14 Wie hier nur bei einer Vertragsverletzung, bei § 823 I BGB dagegen Anwendung des § 286 auf den Zusammenhang zwischen dem Verhalten des Schädigers und der Rechtsgutsverletzung im allgemeinen(?). Hypothetische Ereignisse sind nur bedingt beachtlich, BGH RR **95**, 936.

15 **B. Schadenshöhe.** Nach I muß man auch einen Streit über die Höhe des Schadens beurteilen. Dahin gehört alles, was zur Berechnung der Schadenshöhe zählt, BGH NJW **02**, 826, BAG NJW **89**, 317 (krit Bauer VersR **89**, 724), Düss NJW **05**, 1803.

16 **C. Beispiele zur Frage der Anwendbarkeit von I**

Abänderungsklage: Nach § 287 muß man einen Mehr- oder Minderbedarf beurteilen, BGH FamRZ **01**, 1604, Düss FamRZ **81**, 587.

Ab- und Anmeldekosten: Nach § 287 muß man beurteilen, welche Kosten nach einem Unfall zur Ab- oder (Wieder-)Anmeldung angemessen sind, Hamm RR **95**, 224 (100 DM).
Abnutzungsersparnis: Nach § 287 muß man beurteilen, ob und welche Abnutzungsersparnis eingetreten ist, Ffm VersR **78**, 1044 (15–20% der Mietwagenkosten), Karlsr VersR **89**, 58, Mü VersR **76**, 1147 (meist 15%).
Abschleppkosten: Nach § 287 muß man beurteilen, welche Höhe Abschleppkosten erreicht hätten, Hamm VersR **99**, 364.
Abschreibung: Hamm FER **99**, 142 erkennt nur 66,6% der steuerrechtlichen Möglichkeiten als Wertverlust an.
Abstrakte Schadensberechnung: Nach § 287 muß man beurteilen, welcher Schaden dem einzelnen entstanden ist, wenn unsicher ist, welches von mehreren Unternehmen den Auftrag erhalten hätte, und wenn man demgemäß einen Schaden nur mit einer abstrakten und nicht konkreten Berechnung ermitteln kann. Das Gericht darf aber nicht einen Beweisantrag für eine konkrete Schadensberechnung unbeachtet lassen, BVerfG JZ **79**, 23.
Abzinsung: Rn 24 „Zinsen".
Allgemeinunkosten: Nach § 287 muß man beurteilen, welcher Pauschalsatz wegen Allgemeinunkosten angemessen ist, etwa bei einer Vermietung oder Verpachtung für den Erhaltungsaufwand, BGH RR **90**, 408, oder nach einem Verkehrsunfall, Köln VersR **92**, 719 (bis [jetzt] ca 15 EUR + 40 EUR zur An- und Abmeldung), AG Wiesb VersR **84**, 397 ([jetzt] ca 15 EUR auch bei Schaden unter 500 EUR).
Amtspflichtverletzung: § 287 ist auf eine Forderung aus jedem Rechtsgrund und daher auch aus einer Amtspflichtverletzung anwendbar, BGH NJW **05**, 72 (Staatsgewalt) und NJW **96**, 3009 (Notar), Mü NJW **07**, 1008 (Examensprüfer).
Anderer Arbeitgeber: Nach § 287 muß man beurteilen, ob sich bei einem anderen Arbeitgeber nur ein geringerer Verdienst erzielen läßt, BAG NJW **76**, 1470.
S auch Rn 19 „Gewinn".
Anschaffungskosten: Nach § 287 muß man beurteilen, welchen Teil der Anschaffungskosten eines neuen Pkw ein infolge eines Unfalls Querschnittsgelähmter vom Schädiger ersetzt fordern kann, Mü VersR **84**, 246.
Anwaltsvertrag: Rn 23 „Vertrag".
Arbeitsfähigkeit: Nach § 287 muß man beurteilen, wie man einen Mehrbedarf zur Erhaltung der Arbeitskraft berechnen muß, BGH FamRZ **94**, 22 (Kampfflieger), oder wie sich eine unfallbedingte Erkrankung (§ 286) auf die Arbeitsunfähigkeit auswirkt, BGH VersR **01**, 1548. Nach § 287 muß man die Dauer einer ärztlich ohne zeitliche Angaben bescheinigten Arbeitsunfähigkeit beurteilen, BGH NJW **02**, 128.
Art des Ersatzes: Nach § 287 muß man die Art eine Schadensersatzes beurteilen.
Arztpraxis: Ihr Wert läßt sich nach § 287 ermitteln, KG RR **96**, 431 (Zahnarzt). Dasselbe gilt evtl für den Wert zahntechnischer Leistungen, LG Mannh RR **08**, 653.
Aufopferung: § 287 ist auf eine Forderung aus jedem Rechtsgrund und daher auch auf Grund eines Aufopferungsanspruchs anwendbar, insbesondere wegen eines Impfschadens.
Aufwendung: Nach § 287 muß man ihre Höhe beurteilen, auch ihre Ersparnis, BayObLG ZMR **00**, 49.
Bankkredit: Nach § 287 muß man beurteilen, zu welchem Zinssatz der Gläubiger einen Bankkredit in **17**
Anspruch nehmen durfte bzw genommen hat, BGH NJW **84**, 372, Karlsr RR **90**, 945 (nicht ab Verhandlungsschluß), Schlesw SchlHA **80**, 213 (Vorsicht, insbesondere zur Frage, ob jemand überhaupt Bankkredit in Anspruch genommen hat).
S auch Rn 24 „Zinsen".
Bastlerstück: Nach § 287 muß man beurteilen, wie sich der Geldersatz bei der Beschädigung eines wertvollen Bastlerstücks bemißt. Das gilt zB bei einem Modellboot, BGH **92**, 86, Köln VersR **83**, 378, Medicus JZ **85**, 42.
Baum, Strauch: Nach § 287 muß man beurteilen, wie hoch der Schaden an einem Baum, Straßenbaum oder Strauch ist, Mü VersR **90**, 670, Breloer VersR **87**, 436, Koch VersR **86**, 1160 sowie Aktualisierte Gehölzwerttabellen, 2. Aufl 1987. Seine Methode ist brauchbar, Düss VersR **05**, 1445.
Baurecht: Zur Ermittlung einer Schadensquote im Bauprozeß Schulz BauR **84**, 40, Diederichs, Schadensabschätzung nach § 287 ZPO bei Behinderungen gemäß § 6 VOB/B, 1998. Beim Subventionsbetrug ist der hypothetische Wettbewerbspreis nach § 287 einschätzbar, Mü RR **02**, 888.
Behinderung: Nach § 287 muß man den durch eine Behinderung bedingte Mehraufwand schätzen, Düss RR **02**, 870.
Bereicherung: Rn 22 „Ungerechtfertigte Bereicherung".
Berufsausbildung: Nach § 287 muß man beurteilen, wie eine Berufsausbildung voraussichtlich verlaufen wäre und nun verlaufen wird, Celle VersR **08**, 82, Karlsr FamRZ **89**, 738.
S auch Rn 18 „Erwerbsleben".
Betreuer: Nach § 287 muß man ermitteln, welchen Stundensatz ein Betreuer erhalten kann, Zweibr FGPrax **00**, 198, LG Bln FamRZ **00**, 1452, und wieviel Zeit er brauchte, BayObLG FamRZ **01**, 375, LG Essen FER **98**, 83, LG Stgt FamRZ **98**, 496. Man darf den Gesamtaufwand nicht zu eng schätzen, Schlesw FER **98**, 36.
Beweislast: § 287 dienst *nicht* der Verringerung des Kostenrisikos bei der Beweislast.
Beweisvereitelung: Sie kann § 287 *unanwendbar* machen, Düss VersR **03**, 1294.
Bild: Nach § 287 muß man beurteilen, welcher Betrag als Entschädigung bei der Verletzung des Rechts am eigenen Bild angemessen ist.
Bonus: § 287 ist bei der Ermittlung eines vereinbarten Bonus beim Streit über dessen Höhe anwendbar, BAG NJW **08**, 878.
Bremsstrecke: Nach § 287 muß man beurteilen, welche Strecke ein Kraftwagen bis zum Unfallpunkt zurücklegte.

18 **Darlehen:** Rn 17 „Bankkredit".
Dauer: Rn 24 „Zeitpunkt".
Dauerschaden: Nach § 287 muß man beurteilen, ob infolge einer Verletzung ein Dauerschaden bevorsteht, BGH NJW **02**, 505, Hamm RR **94**, 482 (ungeachtet etwa strengerer medizinischer Maßstäbe).
S auch Rn 22 „Rente", Rn 24 „Zeitpunkt".
Detektiv: Rn 22 „Unerlaubte Handlung".
Diebstahl: § 287 ist *nicht* für den Inhalt eines gestohlenen Tresors anwendbar, BGH NJW **07**, 373.
Dienstbarkeit: Nach § 287 muß man den Wert einer beschränkten persönlichen Dienstbarkeit beurteilen, Karlsr WoM **96**, 325.
Dritter: Nach § 287 muß man beurteilen, welche Beträge der Bekl von einem veruntreuenden Dritten in Einzelposten erhalten kann.
S aber auch Rn 24 „Willensbildung".
Ehe: Nach § 287 in Verbindung mit § 113 I 2 FamFG läßt sich evtl ein Arbeitsumfang als Ausgleichsleistung nach ehebedingter Zuwendung beurteilen, BGH RR **02**, 1298.
Einbauküche: § 287 ist für die Wertermittlung anwendbar, BGH **164**, 84. Im Rahmen von § 4a II 2 WoVermittlG muß man den objektiven Wert an Ort und Stelle und nicht nach dem Abbau ermitteln, Köln ZMR **01**, 187.
Emission, Immission: Zur Problematik Schwabe VersR **95**, 376.
Enteignung: Nach § 287 muß man eine Entschädigung beurteilen, BGH NJW **85**, 387, BayObLG **87**, 450.
Epilepsie: Nach § 287 muß man einen Ursachenzusammenhang zwischen einem Unfall und einer Epilepsie beurteilen, Rn 13.
Erfüllung: Rn 23 „Vertrag".
Ermessen: Seine Voraussetzungen und Grenzen sind auch bei § 287 beachtbar, Mü NJW **04**, 959.
Erschleichung: Nach § 287 muß man beurteilen, welche Schadensfolgen ein erschlichenes Urteil hat. Es erfolgt also keine erneute Prüfung dieses Urteils auf Grund der neuen Tatsachen, sondern das nunmehr erkennende Gericht beurteilt diese Tatsachen selbständig.
Erst-, Zweit-, Dauerschaden: § 287 kann mangels abgrenzbarer Schadensteile auf jede dieser Schadensarten anwendbar sein, BGH NJW **02**, 505.
Erwerbsleben: Nach § 287 darf und muß man beurteilen, wie sich das Erwerbsleben voraussichtlich entwickelt hätte und nun entwickeln wird, BGH JR **95**, 2292, Schlesw FamRZ **08**, 65. Man darf und muß die letzten Jahre vor dem Schadensfall beachten, BGH NJW **04**, 1947. Dabei darf man die Anforderungen an den Geschädigten nicht überspannen, BGH VersR **00**, 233.
S auch Rn 17 „Berufsausbildung", Rn 19 „Gewinn".
Examen: Rn 21 „Prüfung".
Firmenwagen: Seine private Nutzungsmöglichkeit erhöht das Einkommen, AG Weilbg FamRZ **98**, 1169. Dieser Vorteil läßt sich nach § 287 beurteilen, Bbg FamRZ **07**, 1818.
Foto: § 287 ist auf die Schadensberechnung wegen unberechtigter Verwertung anwendbar, Düss RR **99**, 194 (auch evtl Pauschalzuschlag).
Gebrauchsdauer: Man muß ihre voraussichtliche Länge beachten, zB bei einer Wohnungseinrichtung, Celle MietR **96**, 123.

19 **Gehalt:** Die Üblichkeit seiner Höhe ist nach § 287 ermittelbar, LAG Ffm NJW **00**, 3372.
Gehölz: Rn 17 „Baum, Strauch".
GEMA: Nach § 287 muß man beurteilen, welche Vergütung die GEMA zahlt, falls kein Tarif vorhanden ist, BGH MDR **76**, 28, Brdb VHR **96**, 85, oder wieviel die GEMA bei einer unberechtigten öffentlichen Musikwiedergabe fordern kann. Diese Regeln sind auf andere ungenehmigte Vervielfältigungen und Verbreitungen von Musikwerken nicht stets anwendbar, BGH NJW **87**, 1405.
Geschäftsgrundlage: Nach § 287 muß man beurteilen, wie beim Fehlen der Geschäftsgrundlage die voraussichtliche Entwicklung verlaufen wäre und nun verlaufen wird, Köln NJW **94**, 3237.
Gewinn: Nach § 287 muß man beurteilen, welcher Gewinn oder Verdienst nun fehlt, (jetzt) § 252 S 1 BGB, BGH NJW **02**, 2553 und 2557, Stgt VersR **07**, 952, AG Arnsberg RR **07**, 1255, aM Ffm VersR **81**, 1036 (aber dieser Fall ist ein geradezu klassisches Anwendungsbeispiel für § 287). § 287 ist auch anwendbar, soweit es auf einen Durchschnittsgewinn ankommt, BGH **62**, 108, Düss RR **90**, 608, Hamm VersR **02**, 732. Allgemeinkosten scheiden dabei aus, BGH RR **01**, 986.
S auch Rn 16 „Anderer Arbeitgeber", Rn 18 „Erwerbsleben", Rn 22 „Umsatz", Rn 24 „Zinsen".
Grundstück: Rn 17 „Belastbarkeit", Rn 23 „Verkehrswert".
Gutachtenbasis: Nach § 287 muß man beurteilen, ob sich ein Unfallschaden auch trotz bereits durchgeführter Reparatur auf Gutachtenbasis ermitteln läßt, BGH NJW **89**, 3009, Schlesw MDR **01**, 270 (Vorsicht!), soweit solche Berechnung überhaupt noch zulässig ist. § 142 I 1 kann helfen, Greger NJW **02**, 1478.
Haftpflicht: § 287 ist auf eine Forderung aus jedem Rechtsgrund und daher auch aus einer gesetzlichen oder vertraglichen Haftpflicht anwendbar.
S auch Rn 16 „Amtspflichtverletzung".
Halswirbelsäulenverletzung: Nach *§ 286* muß man die Ursächlichkeit eines Unfalls für einen HWS-Schaden beurteilen, KG NJW **00**, 878.
Handelsvertreter: Auf seinen Ausgleichsanspruch ist § 287 anwendbar, Schreiber NJW **98**, 3743.
Hausfrau: Nach § 287 muß man beurteilen, wie sich nach einer Tötung oder Verletzung der Hausfrau bzw des Hausmanns die Mehrkosten nach Art und Umfang bemessen lassen, Düss RR **03**, 87 (mangels Darlegung: Mindestschaden, zu großzügig, Rn 3), Kblz NJW **03**, 2835, Oldb NJW **77**, 962.
Haushaltsgeld: Auf seine Schätzung ist § 287 anwendbar, Mü FamRZ **05**, 367.
Haushaltshilfeschaden: Auf ihn ist § 287 anwendbar, LG Brschw VersR **07**, 1584.
Hausmeisterkosten: § 287 ist anwendbar, LG Halle NZM **07**, 40.

Heilungskosten: Nach § 287 muß man beurteilen, ob Aufwendungen zwecks Heilung angemessen sind.
Heizkosten: Rn 23 „Vertrag".
Impfschaden: Rn 16 „Aufopferung".
Invalidität: § 287 ist auf die Frage anwendbar, ob ein Unfall auch eine Invalidität ausgelöst hat, Düss VersR **04**, 462.
Interesse: Das in I erwähnte „zu ersetzende Interesse" fällt nach der jetzigen Fachsprache unter den Schaden.
Jagdrecht: Nach § 287 muß man den Wert eines Eigenjagdrechts und seine Steigerungsrate beurteilen, BayObLG **01**, 252.
Kapital: Rn 22 „Rente". 20
Kfz-Reparaturkosten: § 287 ist anwendbar, BGH NJW **92**, 304.
Kostenpauschale: Rn 16 „Allgemeinunkosten".
Kostenrisiko: Rn 17 „Beweislast", Rn 21 „Mitverschulden", Rn 22 „Unbezifferter Klagantrag".
Kredit: Rn 17 „Bankkredit".
Kundenstamm: Nach § 287 muß man seinen Wert beurteilen, BGH NJW **02**, 1341 (Umsatz maßgeblich).
Leasing: Rn 24 „Zinsen".
Lizenz: Nach § 287 muß man beurteilen, welcher Mindestschaden infolge entgangener Lizenz vorliegt, BGH **119**, 30 (keine zu hohen Anforderungen), und wie man überhaupt eine Lizenzgebühr bemessen kann, BGH RR **06**, 186, Mü RR **03**, 767. Meist ist ca 1% des zugehörigen Umsatzes angemessen, Hbg GRUR-RR **04**, 140.
S auch „Marke", Rn 21 „Patent".
Lohn: Die Üblichkeit seiner Höhe usw ist nach § 287 ermittelbar, LAG Düss NZA-RR **06**, 266, LAG Ffm NJW **00**, 3372.
Luftfracht: Rn 22 „Reisemängel".
Lungenembolie: Nach § 287 muß man einen Ursachenzusammenhang zwischen einer Körperverletzung und einer tödlichen Lungenembolie beurteilen, Rn 13.
Mangelbeseitigungskosten: Das Gericht braucht für I greifbare Anhaltspunkte, BGH RR **04**, 1023.
Marke: Nach § 287 muß man beurteilen, welche Lizenzgebühr bei einer Markenverletzung erforderlich ist.
Marktverwirrung: Nach § 287 muß man beurteilen, wie hoch ein sog Marktverwirrungsschaden ist, BGH MDR **88**, 1029, zum Problem Leisse GRUR **88**, 90.
Mehrbedarf: Ein solcher zB im Krankenhaus läßt sich nach § 287 beurteilen, Karlsr FamRZ **98**, 1436.
Mehrheit von Schuldnern: Nach § 287 muß man beurteilen, wie man einen Schaden auf mehrere Schuldner verteilen kann.
Merkantiler Minderwert: Nach § 287 muß man beurteilen, wie hoch ein merkantiler Minderwert ist, BGH **164**, 157, Düss VersR **88**, 1026 (auch beim älteren Kfz), Ffm VersR **78**, 1044 (man darf den Minderwert nicht stets durch einen Prozentsatz der Reparaturkosten errechnen), KG VersR **88**, 361, Karlsr VersR **83**, 1065, AG Essen VersR **87**, 1154 (je: eine Meinungsumfage kann Grundlage sein).
Mietvertrag: Rn 23 „Vertrag".
Mietwagen: Rn 22 „Unfallersatztarif".
Minderung: § 287 ist unanwendbar, soweit es um einen Minderungsanspruch geht, BGH NJW **05**, 1713, AG Hbg-Harbg WoM **07**, 621, aM BGH RR **05**, 1157. Denn das ist kein Schadensersatz, KG ZMR **02**, 824.
S auch Rn 23 „Vertrag".
Mindestschaden: § 287 ist anwendbar, soweit es um die Klärung eines Mindestschadens geht, BGH RR **06**, 1404, Brdb ZMR **99**, 166, Ffm VersR **02**, 476. § 139 kann anwendbar sein, BGH RR **96**, 1077. Aber Vorsicht!
Mitverschulden: Nach § 287 muß man beurteilen, *in welcher Höhe* es vorliegt, BGH NJW **06**, 2769, Köln RR **05**, 1044. 21
Demgegenüber muß man nach *§ 286* klären, *ob überhaupt* ein Mitverschulden vorliegt, Rn 12. Im übrigen dient § 287 *nicht* der Verringerung des Kostenrisikos beim Mitverschulden.
Mitverursacher: Nach § 287 muß man beurteilen, wenn es um das Entstehen und die Höhe des Schadens durch einen Mitverursacher geht, BGH **66**, 75.
Modellboot: Rn 17 „Bastlerstück".
Neu für alt: Nach § 287 muß man beurteilen, wie weit die Regeln „neu für alt" anwendbar sind, Karlsr RR **88**, 373.
Nichterfüllung: Rn 23 „Vertrag".
Notar: Rn 16 „Amtspflichtverletzung".
Nutzungsausfall, dazu *Dietermann* NJW **08**, Heft 1/2 Beilage, *Küppersbusch* NJW **06**, 19, *Sanden/Danner* (je: Tabellen): Nach § 287 muß man beurteilen, wie hoch ein Nutzungsausfall ist, BGH NJW **07**, 2916, Celle NJW **04**, 3347, Naumb NJW **08**, 2511, aM LG Osnabr RR **99**, 349 (aber dieser Fall ist ein geradezu klassisches Anwendungsbeispiel für § 287). Nach dieser Vorschrift muß man ferner klären, wie sich ein Mietvorteil bemißt, Hamm FER **99**, 204. Ein Tabellengebrauch ist grds zulässig, BGH NJW **07**, 2916, aM KG MDR **07**, 211. Der Geschädigte muß aber bestimmt darlegen, daß er sein Kfz hätte nutzen können und wollen, AG Hildesh VersR **07**, 412.
Nutzungsdauer: Sie kann beim Großkommentar 15 Jahre betragen, AG Köln NJW **04**, 3343.
Nutzungsherausgabe: Nach § 287 muß man beurteilen, wie hoch man herauszugebende Nutzungen ansetzen muß, BGH **115**, 51 (Kaufpreis = Bruttopreis), Düss RR **05**, 1243 (Mietausfall), Ffm RR **96**, 585 (Nutzung auf Grund Vermieterpfandrechts), Kblz RR **92**, 688 (EDV-Anlage).
Patent: Nach § 287 muß man klären, welche Lizenzgebühr bei Verletzung erforderlich ist und wie sich ein Schaden errechnet, Schmaltz/Kuczera GRUR **06**, 103.
Pauschale: Rn 16 „Allgemeinunkosten".

Persönlichkeitsrecht: Es ist mitbeachtlich, Hbg RR **07**, 1419.

Pflegekosten: Nach § 287 darf und muß man ihre Höhe bemessen, Düss RR **03**, 90. Solche der Mutter dürfen höher sein als solche eines Pflegedienstes, Mu RR **02**, 675.

Privatnutzungsanteil: Nach § 287 muß man beurteilen, wie hoch der Anteil der privaten Nutzung ist, zB beim Pkw, Ffm NJW **85**, 2956, Hamm FamRZ **08**, 281, Mü FamRZ **99**, 1350 (man kann von der steuerlich anerkannten Aufteilung ausgehen).

Prognose: Bei der Schadensberechnung ist auch eine Zukunftsprognose zulässig, BGH NZM **01**, 859. Zum Problem beim Berufsanfänger BGH NJW **98**, 1633.

Psychischer Folgeschaden: Man muß ihn nach § 287 beurteilen, BGH NJW **00**, 863, Celle RR **04**, 1253, KG VersR **04**, 1195.

Prüfung: Nach § 287 muß man beurteilen, wie eine Prüfung bei einer richtigen Arbeitsweise des Prüfers wahrscheinlich verlaufen wäre, wenn der durchgefallene Prüfling einen Schadensersatz wegen Amtspflichtverletzung fordert, etwa bei einer Befangenheit des Prüfers, BGH NJW **83**, 2242.

Rechnungslegung des Schuldners: Sie bindet den Gläubiger nicht und befreit ihn nicht von der Darlegungs- und Beweislast seiner abweichenden Berechnung, Düss GRUR-RR **07**, 378.

22 **Rechtsanwalt:** § 287 ist anwendbar, wenn der Auftraggeber auf Grund der Beratung vernünftigerweise zwischen mehreren Entscheidungen hätte wählen können, BGH MDR **04**, 333. Man muß nach § 287 prüfen, wie der Auftraggeber sich verhalten hätte, BGH FamRZ **08**, 1171.

Reisemängel: Nach § 287 muß man beurteilen, wie sich ein Geldersatz wegen eines Reisemangels und wegen vertaner Urlaubszeit bemißt, KG MDR **82**, 317, LG Hann NJW **89**, 1936. Auch ein Reisegepäckschaden läßt sich so bewerten, Ffm RR **03**, 23 (Luftfracht).

Rente: Nach § 287 muß man beurteilen, wie sich die Höhe einer Rente berechnet, BGH RR **90**, 962, Stgt VersR **77**, 1039, und wie man ihre vermutliche Dauer bemessen soll, BGH VersR **76**, 663, Stgt VersR **93**, 1537, sowie ob ein Kapital oder eine Rente in Betracht kommt, BGH DB **76**, 1521.

S auch Rn 18 „Dauerschaden".

Restwert: Nach § 287 läßt sich der Restwert eines Kfz klären, Düss RR **04**, 1471, LG Regensb RR **04**, 1475.

Schadensentwicklung: Nach § 287 kann man sie großzügig auch für die Zukunft beurteilen, BGH FamRZ **07**, 128. Freilich muß man sie mit ausreichender Wahrscheinlichkeit beurteilen können, BGH MDR **04**, 277.

Schadenshöhe: Man kann sie typischerweise nach § 287 beurteilen, BGH NJW **07**, 1808.

Schadensminderung: Rn 21 „Mitverschulden".

Schadensverteilung: Rn 20 „Mehrheit von Schuldnern", Rn 21 „Mitverschulden".

Schlechterfüllung: Rn 20 „Mindestschaden".

Schmerzensgeld, dazu *Hacks,* Schmerzensgeldbeträge 2007, 25. Aufl 2007; *Slizyk,* Beck'sche Schmerzensgeldtabelle, 4. Aufl 2001; *Slizyk/Schlindwein,* IMM-DAT, Die Schmerzensgeld-Datenbank, seit 2002: Nach § 287 muß man beurteilen, wie hoch es sich bemißt, BGH MDR **92**, 349, KG VersR **07**, 1708, Naumb RR **08**, 694. Das gilt auch beim Bagatellschaden, AG Lpz WoM **07**, 518.

S aber auch „Schadensentwicklung", „Unbezifferter Klagantrag".

Schwangerschaftsfolgeschaden: Er läßt sich der Höhe nach gemäß § 287 beurteilen, BGH NJW **07**, 991.

Selbstmord: Nach § 287 muß man beurteilen, ob eine unfallbedingte Schmälerung der geistigen und seelischen Verfassung zu einem Selbstmord führte.

Sport: Ein Teilnahmerecht an einem Wettbewerb und sein Erlösanteil lassen sich nach § 287 schätzen, BGH NJW **01**, 144.

Steuerberater: Nach § 287 kann man beurteilen, welche Entwicklung bei einem ordnungsgemäßen Handeln eines Steuerberaters eingetreten wäre, BGH NJW **00**, 2804, Köln VersR **06**, 559. Es gibt aber keinen AnschBew dafür, daß der Auftraggeber bei einer richtigen Beratung zB aus der Kirche ausgetreten wäre, BGH RR **06**, 1646.

Straßenbaum: Rn 17 „Baum, Strauch".

Teilnutzung: Man kann sie nach § 287 beurteilen, AG Köln NJW **04**, 3343.

Telekommunikation: Nach § 287 muß man einen Ausgleichsanspruch nach § 57 II 2 TKG beurteilen, Hamm RR **02**, 769.

Tier: Man kann seinen Wert mangels Marktgängigkeit nach § 287 schätzen, BVerwG NVwZ-RR **05**, 448.

Totalschaden: Nach § 287 muß man beurteilen, ob ein Totalschaden eines Kfz vorliegt, wie hoch dann der Wiederbeschaffungspreis ist und wieviel die sog Totalschadenspauschale beträgt, also beim Einsatz eines Sachverständigen zur Klärung der Fahrfähigkeit eines gebrauchten Ersatzwagens, AG Freibg VersR **83**, 70.

Umsatz: Nach § 287 muß man beurteilen, welcher Umsatzausfall vorliegt, BGH NJW **90**, 2471 oben links, BAG NJW **89**, 61. S auch Rn 19 „Gewinn".

Umwelthaftung: Zur Problematik Schwabe VersR **95**, 376.

Unbezifferter Klagantrag: § 287 dient *nicht* der Verringerung des Kostenrisikos beim unbezifferten Klagantrag.

S auch „Schmerzensgeld".

Unerlaubte Handlung: § 287 ist auf eine Forderung aus jedem Rechtsgrund und daher auch aus unerlaubter Handlung anwendbar, BGH **111**, 181 (Detektivkosten) und NJW **92**, 3298 (§ 844 II BGB). Zum Unlauteren Wettbewerb Leisse/Traub GRUR **80**, 1 (ausf). Zu einem unerlaubten Werbehinweis in einer Fernsehsendung Mü DB **87**, 89.

Unfallersatztarif, dazu *Herrler* VersR **07**, 582, *Richter* VersR **07**, 620 (je: Üb): Man kann ihn nach § 287 beurteilen, BGH NJW **08**, 2910, Karlsr VersR **08**, 92, LG Karlsr RR **06**, 1397. Datei darf man ohne einen genauen Nachvollzug aller Kalkulationsangaben abschätzen, BGH NJW **06**, 2693. Ein pauschaler Aufschlag kann statthaft sein, BGH NJW **08**, 2910. Man darf aber auch nicht einen günstigeren Ersatztarif ohne weiteres unbeachtet lassen, wenn er dem Geschädigten zugänglich war, BGH NJW **08**, 2010. Der

Geschädigte muß darlegen und beweisen, daß ein höherer als der Normaltarif gerechtfertigt war, BGH NJW **08**, 2910, LG Düss VersR **07**, 125.

Unfallschaden: § 287 ist erst nach der Klärung der Verursachungsfrage anwendbar, KG NJW **08**, 1007. Die sog Schwackeliste reicht, LG Bielef NJW **08**, 1601.

Unfallversicherung: *§ 286* ist auf die Ausgestaltung und Dauer des Schadens anwendbar, *§ 287* auf eine Ursächlichkeit zwischen Schädigung und Invalidität, BGH VersR **01**, 1548, strenger Kblz VersR **02**, 181 links Mitte (§ 286).

Ungerechtfertigte Bereicherung: § 287 ist auf eine Forderung aus jedem Rechtsgrund und daher auch gerade auf einen Schadensersatz nach § 818 BGB anwendbar.

§ 287 ist aber *unanwendbar*, soweit es um die sonstige Herausgabe der Bereicherung geht. Denn das ist kein Schadensersatz.

Unkostenpauschale: Nach § 287 darf man sie beurteilen, etwa nach einem Verkehrsunfall.

Unlauterer Wettbewerb: S „Unerlaubte Handlung".

Unterhalt: Nach § 287 evtl in Verbindung mit § 113 I 2 FamFG muß man beurteilen, ob der Kläger einen Unterhaltsanspruch verloren hat, ob also der getötete Unterhaltspflichtige leistungsfähig gewesen wäre oder wie man einen Mehr- oder Minderbedarf beziffern muß, BGH FamRZ **01**, 1604, Hamm FamRZ **06**, 1603, Düss FamRZ **81**, 587. § 287 gilt auch bei der Frage, wie man einen Naturalunterhalt bewerten soll, KG FamRZ **03**, 53, oder welcher Prozentsatz des Mindestsatzes infragekommt, Celle NJW **07**, 1001, oder wie sich beim freiberuflichen Schuldner die Pflichten weiterentwickelt hätten, Brdb FamRZ **07**, 2073 (Unfalltod).

Unternehmenswert: Man muß ihn nach § 287 beurteilen, BayOblG JB **00**, 416.

UPE-Aufschlag: § 287 ist anwendbar, AG Bln-Mitte NJW **08**, 529.

Urheberrecht: Eine Lizenz läßt sich nach § 287 beurteilen, BVerfG NJW **03**, 1655, Hbg RR **00**, 1072.

Urlaub: S „Reisemangel".

Urteil: Rn 18 „Erschleichung".

Verdienst: Rn 19 „Gewinn". 23

Verdienstausfall: § 287 ist auf seine Berechnung anwendbar, KG VersR **06**, 794 (keine zu hohen Anforderungen). Man kann Aufwendungsersparnisse mit einem fallbedingten Prozentsatz des Nettoeinkommens ansetzen, Celle MDR **06**, 985.

S auch Rn 21 „Nutzungsausfall".

Vergleich: S „Vertrag".

Verkehrswert: Nach § 287 muß man beurteilen, wie hoch der Verkehrswert eines Grundstücks ist, BayObLG **87**, 14, Celle NZM **98**, 638 (Ertragswert). Anerkannt ist die WertermittlungsVO 1988/1997, BGH NZM **01**, 440.

Verletzter: Sein Verhalten kann sich auf die Beurteilung der Ursächlichkeit auswirken, Hamm VersR **00**, 373.

S auch Rn 21 „Mitverschulden", „Mitverursacher".

Vermehrung der Bedürfnisse: Eine solche nach § 843 I Hs 2 BGB läßt sich nach § 287 beurteilen, BGH RR **04**, 672.

Vermögensschaden: Seine Höhe kann man nach § 287 berechnen, BVerwG NJW **99**, 594. Das gilt aber nur bei einer Feststellbarkeit der zugrunde liegenden Bedingungen, Köln VersR **04**, 391.

Versicherungsentschädigung: Nach § 287 muß man beurteilen, in welcher Höhe eine Versicherung eine Entschädigung leisten muß, BGH RR **88**, 343, oder ob der Eigentümer wegen eines Brandschadens eine Versicherungsleistung erhalten hätte, BGH NJW **03**, 296.

Vertrag: § 287 ist auf einen Vertrag anwendbar, zB auf einen Anwaltsvertrag, BGH VersR **07**, 395, LG Hbg RR **98**, 1384, auch wegen eines Ersatzwagens, LG Freibg RR **97**, 1069, oder auf einen Mietvertrag, BGH NJW **05**, 1713 (Grundlage einer Minderung: Bruttomiete einschließlich aller Nebenkosten, auch bei Pauschalen), zB auf die Miethöhe anhand eines Mietspiegels, BGH NJW **05**, 2074, Karlsr RR **08**, 1113, LG Duisb WoM **05**, 460, oder wegen der Höhe von Mängelbeseitigungskosten einschließlich Hotelunterkunft des Mieters, BGH RR **03**, 878, oder wegen des Mindestschadens, Brdb ZMR **99**, 166, oder wegen eines Mietausfalls, LG Brschw NZM **00**, 277, oder wegen einer „schwarzen" Wohnung, AG Hbg-Wandsbek NZM **00**, 906 (zur Problematik Moriske NZM **00**, 894), oder wegen eines Vergleichs, Köln NJW **94**, 3237, oder wegen Hausmeisterkosten, AG Köln WoM **02**, 615, oder wegen hoher Schäden (Vandalismus), AG Köln WoM **00**, 680, oder wegen der Abwägung von Modernisierungskosten und einer Heizkostenersparnis, LG Köln NZM **01**, 617, LG Lüneb WoM **01**, 83, oder wegen der Entfernung von Inventar des Mietobjekts, LG Hildesh ZMR **03**, 267 (Lampe). Wegen eines Mietspiegels vgl auch Üb 32 vor § 373.

§ 287 ist aber *unanwendbar*, soweit es um den Anspruch auf eine Vertragserfüllung und nicht auf einen Schadensersatz geht.

Vertragsstrafe: § 287 ist *unanwendbar*, soweit es um sie geht. Denn sie ist kein Schadensersatz.

Verzugsschaden: § 287 ist anwendbar, soweit es um seine Höhe beim Verbraucherkredit geht, BGH RR **99**, 1274. Das gilt auch beim Nutzungsausfall, Rn 21, oder beim Marktzins, BGH MDR **84**, 298.

Vorfälligkeitsentschädigung: Zur Berechnung ist § 287 anwendbar, BGH NJW **05**, 752, Schlesw MDR **98**, 356.

Vorteilsausgleich: Nach § 287 muß man beurteilen, welcher Vorteilsausgleich in Betracht kommt, BGH NJW **05**, 1042, Hamm RR **94**, 346.

Wasser-Nachbarschaden: § 287 ist anwendbar, soweit der Kläger wegen eines vom Nachbar verursachten 24
Wasserschadens seine Räume nicht nutzen kann, LG Köln NZM **01**, 333.

Wert: Nach § 287 kann man ihn und seine Minderung ermitteln, BGH MDR **07**, 669 links, LG Bln RR **08**, 617, AG Hbg-Altona WoM **08**, 27.

Wettbewerbsverstoß: § 287 ist bei einem Folgeschaden anwendbar, BGH NJW **92**, 2753.

Wiederbeschaffungspreis: Rn 22 „Totalschaden".

Willensbildung: § 287 dient *nicht* der Erleichterung bei der Klärung der Frage, unter welchen Voraussetzungen ein Dritter eine bestimmte Willensbildung vorgenommen hätte, BGH NJW **85**, 3082.
Wohnungseinrichtung: Rn 19 „Gebrauchsdauer".
Wohnungsmangel: Nach § 287 läßt sich beim sog Großen Schadensersatz ein Abschlag vom Nutzungsvorteil errechnen, BGH NJW **06**, 54 links.
Zahnarztpraxis: Rn 16 „Arztpraxis".
Zeitaufwand: Er läßt sich entsprechend § 287 beurteilen, Hbg MDR **00**, 116 (vereinbartes Anwalts-Zeithonorar), Zweibr Rpfleger **99**, 182 (Betreuer).
Zeitpunkt: Nach § 287 muß man beurteilen, in welchem Zeitpunkt das schädigende Ereignis eingetreten ist und wann seine Wirkung aufgehört hat.
S auch Rn 18 „Dauerschaden".
Zinsen: Nach § 287 muß man beurteilen, welcher Zinssatz infragekommt, Schopp MDR **89**, 1, aM Köln JB **01**, 312 (wendet II an), und welche Abzinsung in Betracht kommt, Celle MDR **94**, 273 (bei Leasingraten). Es reichen Anhaltspunkte dafür, welcher über den gesetzlichen Zinsfuß hinausgehende Gewinn erzielt worden wäre, BGH NJW **95**, 733.
S auch Rn 17 „Bankkredit".
Zukunft: Rn 21 „Prognose".
Zwangsversteigerung: Nach § 287 muß man die Höhe eines mutmaßlichen Gebots beurteilen, das wegen eines Verfahrensfehlers des Gerichts unterblieb, oder die Frage, ob bei einer richtigen Verfahrensführung ein höheres Gebot erfolgt wäre, BGH NJW **00**, 3359.
Zweitverletzung: Auf sie kann § 287 anwendbar sein, BGH NJW **02**, 505, aM Arens ZZP **88**, 43 (§ 286).

25 **D. Verfahren.** Es ist wie sonst nach § 253 II Z 2 grundsätzlich ein beziffeter Antrag nötig. Das Gericht entscheidet bei Rn 9–24 unter einer Würdigung aller Umstände, BGH VersR **01**, 1458. Es entscheidet nach seiner pflichtgemäßen freien Überzeugung, Rn 4. Man braucht die Entstehung, Höhe, den ursächlichen Zusammenhang nach Rn 6 nicht im einzelnen substantiiert darzulegen, BGH NJW **94**, 664 (zustm Baumgärtel JZ **94**, 531). Das Gericht muß die Parteien aber nach § 139 anhalten, geeignete Schätzungsunterlagen beizubringen, BGH NJW **95**, 1023, Nürnb MDR **85**, 240, AG Köln WoM **02**, 615. Diese Unterlagen müssen also ausreichen, die Ausgangssituation für die Schätzung zu schaffen, BGH MDR **00**, 883, soweit diese Beibringung zumutbar ist, Karlsr VersR **88**, 1164 (etwa durch Abdecken der den Ehegatten betreffenden Teile einer gemeinsamen Steuererklärung).

26 Der Geschädigte muß beweisen, daß diese *Unterlagen zutreffen.* Bei alledem darf man die Anforderungen an ihn nicht überspannen, BGH NJW **95**, 1023. Kann er mögliche Anhaltspunkte nicht nachweisen, geht das zu seinen Lasten, BGH NJW **94**, 664 (zustm Baumgärtel JZ **94**, 531), KG VersR **91**, 706. Erst ab Vorlage ausreichender Unterlagen darf und muß das Gericht den Schaden und seine Höhe nach dem mutmaßlichen Geschehensablauf einschätzen, Köln NJW **95**, 1023. Dagegen kann der Bekl einen Gegenbeweis antreten. Die Partei darf auch nichts versäumen, BGH NJW **81**, 1454. Sie muß zB einen Schaden rechtzeitig feststellen lassen, wenn sie andernfalls in den Verdacht der Mitverursachung käme. Der Kläger braucht jedoch nicht genaue Tatsachen anzugeben, die zwingend auf das Bestehen und den Umfang des Schadens schließen lassen.

27 Das Gericht darf allerdings auch keine bloße Spekulation betreiben, LG Darmst ZMR **94**, 166. Das Gericht darf *nicht ins Blaue entscheiden*, BGH NJW **94**, 665, Ffm VersR **91**, 1070. Es muß über die streitigen Ausgangs- und Anknüpfungstatsachen auch beim Sachverständigenbeweis evtl selbst Beweis erheben, BGH MDR **00**, 818. Es darf nicht eine abstrakte Berechnung eines hypothetischen Schadens vornehmen, soweit feststeht, daß tatsächlich überhaupt kein Schaden eingetreten ist. Es darf einen Mindestschaden schätzen, LG Aachen VersR **86**, 775, aber nicht, sofern auch er der Höhe nach völlig unklar ist, aM BGH NJW **02**, 3320, Mü VersR **77**, 628 (aber dann gäbe es praktisch immer einen bequemen Teil- oder sogar Vollerfolg des Klägers).

28 Das Gericht kann aber zur Klärung des Schadens gesetzliche Bemessungsregeln heranziehen. Es kann ferner zB im Rahmen und in den Grenzen von § 144 Rn 10 einen *Augenschein* vornehmen, § 371. Es kann *Sachverständige* beauftragen, §§ 144, 402 ff, Einf 5 vor § 284. Es kann ferner anordnen, daß der Kläger sich vernehmen und untersuchen läßt, §§ 372a, 448. Das Gericht darf Listen oder Tabellen mitverwerten, solange nicht bestimmte Tatsachen dagegen sprechen, BGH NJW **08**, 1519. Das Gericht kann die „Grundsätze zur Errechnung der Höhe des Ausgleichsanspruchs (§ 89b HGB)" berücksichtigen, Ffm VersR **86**, 814. Solange das Gericht mit solchen Mitteln nach § 287 zu einer Schätzung kommen kann, ist eine Klagabweisung unstatthaft. Sie würde auf einen Verstoß gegen Art 103 I GG hinauslaufen, BGH BB **05**, 2378. Darum läßt sich der Anspruch regelmäßig nicht mit Wendungen wie „die Verhältnisse sind unübersehbar" abtun. Es genügt die allgemeine Überzeugung des Gerichts, daß aus dem Ereignis ein Schaden entstanden ist. Aber auch diese allgemeine Überzeugung braucht eine nachvollziehbare Begründung.

29 Die *Ablehnung* einer Schätzung kommt erst nach einer Prüfung infrage, ob nicht wenigstens eine ausreichende Grundlage für die Schätzung eines Mindestschadens vorliegt. Kommt es darauf an, wie eine Verwaltungsbehörde entschieden hätte, muß das Gericht die praktische Einstellung der Behörde ermitteln. Bei einem Schadensersatzanspruch gegenüber einem ProzBev wegen eines mangelnden Sachvortrags muß das Gericht den Schaden nach demjenigen Ergebnis beurteilen, das man in dem früheren Prozeß bei einem vollständigen Vortrag und einer zutreffenden Entscheidung erzielt hätte.

30 **6) Schadensschätzung, I 2, 3.** Auch insoweit besteht ein fast zu weiter Spielraum.

A. Ermessen, I 2. Ob und wie weitgehend das Gericht Beweis erheben will, steht in seinem pflichtgemäßen Ermessen, BGH VersR **88**, 38, Schlesw SchlHA **80**, 213, Kblz VersR **96**, 908. Das Gesetz nimmt ein etwaiges Abweichen der richterlichen Schätzung von der Wirklichkeit hin, BGH **91**, 256. Das Gericht entscheidet ohne eine Bindung an einen Beweisantrag, BGH MDR **91**, 424. Die Schätzung soll aber das Gericht möglichst nahe an die Wirklichkeit heranführen, BGH VersR **92**, 1411. Es kann ohne eine Beweiserhebung schätzen, wenn es von der Entstehung des Schadens überzeugt ist und auch sein darf, BSG NZS **04**, 207. Das Urteil muß die tatsächlichen Schätzungsgrundlagen angeben, BGH NJW **91**, 2342. Es muß auch die Beweisanträge würdigen, BVerfG NJW **03**, 1655. Es muß ihre Ablehnung begründen, BGH NJW **82**, 33. Das gilt zB dann, wenn nach dem Ermessen des Gerichts die Beweisaufnahme keine Klärung bringen würde. Das Gericht muß eine solche Erwägung aber näher darlegen. Denn es muß genügende schätzungsbegründende Tatsachen feststellen, BGH VersR **92**, 1411. Das Gericht darf nicht das Parteivorbringen zugunsten eines beweisanzeigenden Umstands vernachlässigen, Mü DB **87**, 89. Es darf in einer wichtigen Frage nicht auf die Herbeischaffung einer unerläßlichen Fachkenntnis verzichten, BVerfG NJW **03**, 1655, BGH RR **95**, 1320. Es darf nicht wegen einer Unwirtschaftlichkeit einen Beweisantrag ablehnen, § 286 Rn 39. Ist eine Täuschung möglich oder kann der äußere Eindruck irreführend sein, muß der Richter mit der Verwertung der eigenen Sachkunde vorsichtig sein, BGH VersR **76**, 390. Auch hier genügt aber eine hohe Wahrscheinlichkeit für das gefundene Ergebnis.

Die Partei muß schätzungserleichternde Tatsachen *darlegen*. Das Gericht muß sie soweit zumutbar rechtlich einwandfrei auch ohne Unterstellungen feststellen können, BGH RR **88**, 1209, Mü VersR **87**, 362 (nur grds zustm Künz). Das Gericht darf zwischen abstrakter und konkreter Schadensberechnung wählen, soweit nicht der Kläger einen Beweis für die konkrete höhere Schadenshöhe angetreten hat. Die für die Schadensfeststellung maßgebenden einzelnen Erwägungen des Gerichts sind als Äußerungen des freien Ermessens in der Berufungsinstanz voll nachprüfbar, Zweibr MDR **89**, 269. In der Revisionsinstanz findet eine Überprüfung aber nur noch auf eine etwaige Überschreitung dieser Grenzen statt, BGH RR **88**, 1209, BayObLG **87**, 15. 31

Das *Revisionsgericht* kann also nur nachprüfen, ob der Tatrichter von zutreffenden Erwägungen ausgegangen ist, BGH VersR **05**, 945, zB von einem richtigen Eigentumsbegriff, BGH DB **81**, 2170, und ob er überhaupt die Grundsätze einer Beweiswürdigung nach § 284 beachtet hat, BGH MDR **05**, 1108, und ob er § 287 beachtet und die Schätzungsgrundlagen richtig ermittelt hat, BGH RR **05**, 1157 und VersR **05**, 945, BSG NZS **04**, 208. Das Revisionsgericht kann prüfen, ob der Tatrichter eine notwendige Beweisaufnahme unterlassen hat, BGH MDR **00**, 818. Es kann die Erwägungen des Tatrichters beanstanden, wenn sie auf einem grundsätzlich falschen Satz beruhen oder offensichtlich unsachlich sind, BGH VersR **88**, 943, BayObLG **87**, 15. Das Revisionsgericht kann die Erwägungen des Tatrichters ferner dann beanstanden, wenn sie zu einer grundlosen Bereicherung oder zu einem verkappten Ausgleich des immateriellen Schadens führen, insbesondere bei einem typischen Fall wie bei der Berechnung eines Kraftfahrzeug-Nutzungsausfalls oder eines Wertverlusts nach zeitweiser Benutzung durch den Käufer vor dem Austausch, BGH **88**, 29. 32

Eine *Schmerzensgeldtabelle* gibt nur Anhaltspunkte, Köln VersR **77**, 628. Der Wert von Tabellen ist trotz ihrer Beliebtheit und ihrer Hilfe zu einer einigermaßen einheitlichen Beurteilung doch leider oft nur begrenzt, § 323 Rn 38, 39, AG St Blasien MDR **86**, 757 (zustm Müller-Langguth). Das Revisionsgericht darf prüfen, ob der Vorderrichter schätzungsbegründende Tatsachen nicht gewürdigt oder falsche Rechtsbegriffe oder Rechtssätze angewandt hat, BGH VersR **88**, 943. 33

B. Schätzungsvernehmung, I 3. Das Gericht kann den Beweisführer über die Höhe des Schadens vernehmen, BAG NJW **05**, 3167, aber nicht über andere Punkte. Solche Befugnis besteht auch dann, wenn der Kläger seinen Ersatzanspruch nicht im einzelnen begründet hat. Diese Vernehmung ist eine Unterpart der Parteivernehmung nach § 448, nicht eine bloße Parteianhörung nach § 141, Kblz VersR **80**, 1173. Sie unterscheidet sich von der Parteivernehmung dadurch, daß § 448 nach dort Rn 4 einigen Beweis voraussetzt, die Schätzungsvernehmung nicht. Ein Einverständnis des Gegners ist nicht erforderlich. Auch hier ist eine Vernehmung des Gegners nach § 445 zulässig, also auf Antrag des Beweisführers. Zunächst erfolgt eine uneidliche Vernehmung. Eine Beeidigung geschieht nur nach § 452 I 1, II–IV, also auf eine Anordnung des Gerichts, wenn es einigen Beweis durch die Vernehmung für erbracht hält. Den § 452 I 2 erwähnt der § 287 I nicht. Das besagt, daß das Gericht nur den Beweisführer beeidigen darf, auch wenn es den Gegner vernommen hat. Die Schätzungsvernehmung kommt unter den Voraussetzungen des § 296 nicht mehr in Betracht. 34

7) Anderer Prozeß: Bedingte Anwendbarkeit, II. Die erweiterte freie Würdigung mit Ausnahme der Schätzungsvernehmung ist bei einem auf Geld oder vertretbare Sachen gehenden Anspruch („Höhe der Forderung") insoweit anwendbar, als die Voraussetzungen Rn 35, 36 zusammentreffen. 35

A. Schwierigkeit der Aufklärung. Eine völlige Aufklärung aller maßgebenden Umstände muß im Vergleich zur Bedeutung der gesamten Forderung oder eines Teils davon schwierig sein, BGH **74**, 226, BAG NZA **06**, 682 (fordert sogar eine „unverhältnismäßige" Schwierigkeit).

B. Geringfügigkeit des Streits. Außerdem darf der Streit im Verhältnis zur Schwierigkeit der Klärung nur eine geringe Bedeutung haben, BGH FamRZ **93**, 792. Es gilt also ein ganz fallweiser Maßstab. 36

C. Beispiele zur Frage der Anwendbarkeit von II 37

Arbeitslohn: II gilt wegen der Höhe eines fiktiven Arbeitseinkommens, BGH FamRZ **93**, 792, Düss FamRZ **81**, 256. II gilt auch wegen eines Urlaubskassenbeitrags, BAG MDR **07**, 280.

Aufklärung: II gilt bei einer Unmöglichkeit der Aufklärung.

Aufopferung: II ist anwendbar.

Ausgleichsanspruch: II gilt beim Ausgleichsanspruch eines Bausparkassenvertreters wegen eines Folgevertrags nach seinem Ausscheiden oder beim Ausgleichsanspruch nach § 89 b HGB, BGH NJW **00**, 1415. Beim vorzeitigen Erbausgleich ist eine Lebensversicherung mit dem Zeitwert ansetzbar, Karlsr FER **97**, 207.

Beweisaufnahme: II gilt bei einer wahrscheinlich langen Dauer und bei hohen Kosten einer Beweisaufnahme, zB in einem Bauprozeß, BGH FamRZ **93**, 792.

Enteignungsentschädigung: II ist anwendbar. 38

Erfüllung: II gilt bei einem Erfüllungsanspruch, zB aus ungerechtfertigter Bereicherung.

Erwerbsmöglichkeit: II gilt *nicht,* soweit es um die anderweitige Erwerbsmöglichkeit eines unterhaltsberechtigten geschiedenen Ehegatten geht, BGH NJW **86**, 3081.

Gefahrgeneigte Arbeit: II gilt beim Ersatzanspruch des gefahrgeneigten Arbeitnehmers wegen des Verfalls einer Sicherheitsleistung nach der StPO, BAG NJW **89**, 317, krit Bauer VersR **89**, 724.

Grunderwerb: II gilt bei einem Anspruch nach § 311 b BGB.

Haushaltstätigkeit: II gilt bei ihrer Bewertung, BGH FamRZ **01**, 1694 (zustm Büttner).

39 **Impfschaden:** II ist anwendbar.

Inflation: II gilt beim Anspruch auf eine Anpassung von Gehalt oder Ruhegeld wegen der Geldentwertung, BAG MDR **87**, 257.

Insolvenz: II gilt zwecks Beurteilung der Masseunzulänglichkeit, BGH NJW **01**, 3706.

Kleine Forderung: Da II auf I 1, 2 verweist, gilt II beim Streit darüber, ob eine dem Grunde nach unstreitige Forderung überhaupt einen Betrag ausmacht, etwa bei einem angeblichen Gewinn.

Leistungsbestimmung: II gilt *nicht* bei §§ 315, 316 BGB. Denn das Gericht darf nicht einfach anstelle der Partei die Leistung betimmen, BGH ZZP **86**, 322.

Mangel: II gilt bei der Schätzung seiner Mindesthöhe, LG Tüb RR **04**, 267 (Garagenparkfläche).

Mieterhöhung: II läßt sich zur Frage der Ortsüblichkeit höherer Miete bei § 558 BGB anwenden, soweit das Gericht nicht dadurch praktisch überfordert wird, LG Düss WoM **90**, 393, LG Hbg WoM **90**, 32, AG Straubing WoM **85**, 327.

Pflegebedarf: II gilt bei der Ermittlung des Zeitbedarfs der Pflegeperson(en), BSG NZS **04**, 207.

40 **Provision:** II gilt beim Provisionsausfall über einen längeren Zeitraum, BAG VersR **86**, 75.

Steuerberatung: II gilt bei der Haftung eines Steuerberaters zB wegen einer fehlerhaften Bilanz, BGH VersR **88**, 178.

Unterhalt: II kann evtl in Verbindung mit § 113 I 2 FamFG anwendbar sein, Ffm FamRZ **07**, 406.

Ursächlichkeit: II gilt bei einer hypothetischen Ursächlichkeit, Karlsr FamRZ **85**, 1045.

Versicherungsvertrag: II gilt bei der Geschäftsgebühr des zurücktretenden Versicherers, Sieg VersR **88**, 310.

Wasserschaden: II gilt nach einem Wasserschaden bei der Bestimmung des Mindestverbrauchs, AG Mü WoM **90**, 85.

Einführung vor §§ 288–290
Geständnis

1 **1) Systematik.** Man muß vier Varianten unterscheiden.

A. Gerichtliches Geständnis. Gerichtliches Geständnis, Tatsachengeständnis, ist die einseitige Erklärung an das Gericht, eine vom Gegner behauptete Tatsache sei wahr, BGH NJW **83**, 1497, Schneider MDR **91**, 297.

2 **B. Außergerichtliches Geständnis.** Es gibt zunächst das außergerichtliche Geständnis. Es ist etwa in einem anderen Verfahren erfolgt, BGH RR **04**, 1001, oder in einem vorbereitenden Schriftsatz. Es ist kein Beweismittel, sondern ein Indiz, Einf 16 vor § 284. Sein Beweiswert nach § 286 hängt von den Begleitumständen ab. Bedeutsam sind die Geständnisabsicht und das Bewußtsein der Tragweite. So beweist eine Quittung bis zu einem Gegenbeweis regelmäßig den Empfang der Leistung. Die Annahme ist unnötig.

3 **C. Anerkenntnis; Verzicht.** Das ist ein Rechtsgeständnis. Es bezieht sich nicht auf Tatsachen nach Einf 17 vor § 284, sondern auf einen prozessualen Anspruch, §§ 306, 307.

4 **D. Nichtbestreiten.** Es gibt schließlich das bloße Nichtbestreiten, Rn 3, § 138 II, III, BGH NJW **99**, 580, § 288 Rn 5.

5 **2) Regelungszweck.** Das gerichtliche Geständnis ist eine einseitige nicht annahmebedürftige Parteiprozeßhandlung nach Grdz 47 vor § 128, BGH NJW **87**, 1948. Es kann durch einen Prozeßvertrag erfolgen, BGH NJW **01**, 2551. Es ist kein Beweismittel. Denn es erbringt nicht Beweis, sondern es erspart den Beweis, es erläßt dem Gegner die Beweislast nach Anh § 286, Köln VersR **90**, 857. Das tut aber auch das bloße Nichtbestreiten, § 138 III. Darum liegt die eigentümliche Wirkung des Geständnisses nicht hierin, sondern in der besonderen Regelung der Widerruflichkeit, § 290. Das gerichtliche Geständnis ist daher die prozessuale Erklärung des Einverständnisses damit, daß das Gericht die zugestandene Tatsache ungeprüft verwertet. Insoweit geht es über das bloße Nichtbestreiten hinaus. Deshalb ist eine Gleichsetzung von bloßem Nichtbestreiten und Geständnis evtl eine Verletzung von Art 103 I GG, BVerfG NJW **01**, 1565.

Zurückhaltung vor der Annahme des Vorliegens eines Geständnisses ist die notwendige Folge der vorstehenden Funktion dieses prozessualen Verhaltens. Ob es häufiger vorkommt oder seltener als im allgemeinen angenommen, läßt sich auch nach langer zivilrichterlicher oder -anwaltlicher Tätigkeit schwer beurteilen. Jedenfalls ist eine sorgfältige Begründung der Entscheidung ratsam, es liege ein Geständnis vor, sei es auch nur zur Vermeidung des Vorwurfs, man habe sich um eine nähere Prüfung des in Wahrheit bloßen Nichtbestreitens gedrückt.

6 **3) Geständnis und Wahrheitspflicht.** Die Geständniswirkung tritt nach dem Gesetz unabhängig von der Postulationsfähigkeit nach Üb 1 vor § 78 ein, Hamm MDR **98**, 286. Sie tritt grundsätzlich auch dann ein, wenn das Geständnis der Wahrheit widerspricht, § 290 Rn 5, BGH **129**, 111, Schneider MDR **75**, 444. Indessen darf der Richter ein als offenkundig unwahr erkanntes Geständnis nicht beachten, BGH MDR **79**, 1001. Denn es läuft der Wahrhaftigkeitspflicht des § 138 zuwider, einer öffentlichrechtlichen Pflicht, § 291 Rn 7. Ein arglistiges oder zu einem betrügerischen oder sonstwie sittenwidrigen Zweck abgegebenes Geständnis verliert seine Wirkung nicht bloß nach § 290, sondern überhaupt, sobald sich die Unwahrheit herausstellt, Einl III 54, Düss RR **98**, 606. Der Gegner darf die zugestandene Behauptung immer zurücknehmen, wenn er damit nicht gegen die Wahrhaftigkeitspflicht verstößt. Die Rücknahme eines nach § 288 Rn 4 vorweggenommenen Geständnisses ist unzulässig.

288 *Gerichtliches Geständnis.* **I Die von einer Partei behaupteten Tatsachen bedürfen insoweit keines Beweises, als sie im Laufe des Rechtsstreits von dem Gegner bei einer mündlichen Verhandlung oder zum Protokoll eines beauftragten oder ersuchten Richters zugestanden sind.**

II Zur Wirksamkeit des gerichtlichen Geständnisses ist dessen Annahme nicht erforderlich.

Schrifttum: *Brehm,* Die Bindung des Richters an den Parteivortrag und Grenzen der freien Verhandlungswürdigung, 1982; *Orfanides,* Berücksichtigung von Willensmängeln im Zivilprozeß, 1982; *Orfanides,* Das vorweggenommene Geständnis, Festschrift für *Baumgärtel* (1990) 427; *Panetta* NJW **08**, 2082 (Üb); *Schoofs,* Entwicklung und aktuelle Bedeutung der Regeln über Geständnis und Nichtbestreiten im Zivilprozeß, Diss Münster 1980; *Ullmann,* Gedanken zur Parteimaxime im Patentverletzungsstreit – Geständnis usw, Festschrift für *Ballhaus* (1985) 809; *Wolf,* Geständnis zu eigenen Lasten und zu Lasten Dritter?, in: Festschrift für *Nakamura* (1996).

Gliederung

1) Systematik, Regelungszweck, I, II. Vgl Einf 1–5 vor §§ 288–290. §§ 289, 290 gelten ergänzend. 1

2) Geltungsbereich, I, II. Die Vorschrift gilt in allen Verfahrensarten nach der ZPO, die überhaupt der 2
Parteiherrschaft unterliegen, Grdz 18 vor § 128. Sie gilt auch im WEG-Verfahren. Sie gilt nicht im Insolvenzverfahren, Köln Rpfleger **00**, 410, ebensowenig im Eheverfahren, § 113 IV Z 5 FamFG.

3) Beweisentbehrlichkeit, I, II. Die Vorschrift findet zu wenig Beachtung. 3

A. Tatsachenbezug. Das Geständnis muß eine Tatsache nach Einf 17 vor § 284 betreffen, BGH RR **06**, 281, Düss GRUR-RR **04**, 167, Gehrlein NJW **07**, 2833. Es kann also eine innere Tatsache genügen, etwa eine Willensrichtung, BGH VersR **07**, 1439. Auf eine juristische Tatsache kann sich das Geständnis in demselben Umfang erstrecken wie eine Beweiserhebung, also auch auf einen ganz geläufigen einfachen Rechtsbegriff nach Einf 21 vor § 284, BGH RR **06**, 281 (Vertragsschluß) und VersR **07**, 1439 (Auslegung), Kblz OLGZ **93**, 234 (auch zu den Grenzen), auch auf die Echtheit der eigenen Unterschrift, Saarbr MDR **02**, 109.

Das Geständnis kann sich *nicht* auf einen schwierigen Rechtsbegriff erstrecken, etwa: Auf eine Gesellschaftereigenschaft, BGH RR **87**, 416; auf eine Bürgschaft, BGH WertpMitt **80**, 194; auf eine Abnahme, Ffm RR **94**, 530; auf eine Rechtsnachfolge, Hamm OLGR **95**, 50; auf eine Schenkung in einer nichtehelichen Lebensgemeinschaft, BGH NJW **92**, 906; auf den Begriff der guten Sitten; auf reine Werturteile oder Wertungen, Düss GRUR-RR **04**, 167, auf Rechtssätze, Rechtsfolgen, Hamm MDR **92**, 998, oder auf Erfahrungssätze. Die Parteien können das Gericht nicht zu einer bestimmten rechtlichen Beurteilung auf Umwegen zwingen. Vorgreifliche, präjudizielle Tatsachen sind dem Geständnis zugänglich, BGH FamRZ **03**, 1549. So kann zB bei der Klage des Vermieters auf eine Zahlung und Räumung im Anerkenntnis des Zahlungsanspruchs das Geständnis der Verzugstatsache liegen.

B. Tatsachenbehauptung. Sie muß von einer Partei stammen, also vom Gegner des Gestehenden, BGH 4
NJW **06**, 157 links oben, oder von dessen Streithelfer im Rahmen des § 67, Köln VersR **00**, 1302. Eigene Behauptungen darf jede Partei bis zum Schluß der letzten Tatsachenverhandlung nach §§ 136 IV, 296 a im Rahmen des § 290 Rn 8 widerrufen, BGH NJW **90**, 393. Der Gegner kann sie aber übernommen, also zu den seinigen gemacht und auch vorbehaltlos darüber verhandelt haben, BGH NJW **90**, 393. Dann liegt ein vorweggenommenes Geständnis mit allen Wirkungen des gerichtlichen Geständnisses vor, BGH FamRZ **78**, 333. Es ist dann keine Wiederholung der Behauptung nötig, sofern er sie nicht vorher widerrufen hatte. Der Widerruf kann auch in einer vom Gericht gesetzten Nachfrist erfolgen, auch durch einen jetzt abweichenden Vortrag, BGH NJW **90**, 393.

Die Partei muß aber auch die nicht widerrufenen eigenen Behauptungen darüber hinaus nach *Treu und Glauben* gegen sich gelten lassen, Einl III 54, § 286 Rn 13 ff. Die bei der Parteivernehmung oder -anhörung erfolgte zugestehende Bekundung kann ein Geständnis sein, Rn 5, LG Arnsb RR **03**, 1187, ZöGre 5, aM BGH NJW **95**, 1432, Köln VersR **00**, 1302, StJL 12 (aber auch eine Beweisaufnahme mit ihrer Wahrhaftigkeitspflicht usw ist zumindest im weiteren Sinn Teil der Verhandlung. Sonst wäre zB auch eine unmittelbar während einer Parteivernehmung erfolgende Klagerücknahme bis zum Vernehmungsende unbeachtlich. Das wäre formalistisch).

C. Zugeständnis des Gegners. Der Gegner des Behauptenden muß die Tatsache als wahr zugestanden 5
haben, BGH RR **01**, 986, LAG Nürnb NZA-RR **07**, 195. Nötig ist also ein übereinstimmendes Parteivorbringen, BGH RR **97**, 150 (dann kann auch die eigene Behauptung unter I fallen), Kblz MDR **06**, 871. Das Geständnis muß unzweideutig sein, Schlesw SchlHA **83**, 43. Es liegt auch in einer Anerkennung, Oldb RR **99**, 611. Es braucht nicht notwendig ausdrücklich zu geschehen, BGH NJW **99**, 580. Eine bloße Hauptaufrechnung des Bekl kann sein Zugeständnis der klagebegründenden Tatsachen bedeuten, BGH RR **96**, 699.

Ein *bloßes Nichtbestreiten* genügt grundsätzlich nicht, Einf 5 vor §§ 288–290, BVerfG NJW **01**, 1565, BGH RR **05**, 1298, Hamm FamRZ **01**, 371. Denn es hat nur die Unterstellung eines Geständnisses zur Folge. Eine Ausnahme gilt nach § 439 II, III, BGH NJW **06**, 157 links oben. Ebensowenig genügt die Erklärung,

„nicht bestreiten zu wollen". Über deren Gleichwertigkeit § 138 Rn 36 ff, BGH NJW **94**, 3109, Karlsr VersR **81**, 645, ZöGre 3, aM Mü MDR **84**, 322 (aber die praktische Brauchbarkeit verlangt eine Gleichwertigkeit). Eine Erklärung während einer Parteivernehmung muß nicht ein Geständnis sein, BGH NJW **95**, 1432, Köln VersR **03**, 385. Dasselbe gilt für eine Erklärung während einer Anhörung nach § 141, BGH VersR **06**, 663, Hamm RR **97**, 999, Köln VersR **03**, 385 (Folge: § 286), aM Brdb OLGR **97**, 326.

Doch kann diese Erklärung in Verbindung mit anderen Parteiäußerungen ein *stillschweigendes* Geständnis enthalten, BGH RR **01**, 986, Köln RR **97**, 213. Es ist aber eine vorsichtige Beurteilung nötig, BGH RR **05**, 1298. Entsprechendes gilt von dem ausdrücklichen Aufgeben einer Behauptung. Der Wille zu gestehen (animus confitendi) oder das Bewußtsein der ungünstigen Wirkung sind hier unerheblich, BGH (4. ZS) VersR **96**, 584, aM BGH NJW **91**, 1683.

6 **D. Unbedingtheit usw.** Ein nur bedingtes Geständnis ist grundsätzlich unzulässig, BGH RR **03**, 1146 (Ausnahme: innerprozessuale Bedingung). Ein Geständnis nur für diese Instanz ist wie jedes bedingte Geständnis unzulässig, § 53. Tatsächlich handelt es sich hier meist nicht um ein Geständnis, sondern um ein vom Gericht nach § 139 zu klärendes Nichtbestreitenwollen in dieser Instanz, § 138 III, Köln JB **75**, 1251. Zulässig ist auch ein vorweggenommenes Geständnis, wenn sich der Gegner des Erklärenden dessen Ausführungen zumindest hilfsweise zu eigen macht (sog gleichwertiges Vorbringen, § 138 Rn 19), BGH RR **94**, 1405. Unzulässig wie ein bedingtes Geständnis ist das nur für einen gewissen Fall unbedingte. Wirksam gestehen oder widerrufen können nur die prozeßfähige Partei oder der gesetzliche Vertreter nach § 51, also evtl beide Eltern, BGH NJW **87**, 1947, sowie der Streitgenosse für sich persönlich und der Streithelfer im Rahmen von § 67, BGH NJW **76**, 293, Hamm MDR **98**, 286. Die Partei kann natürlich immer auch selbst gestehen, § 78 Rn 17, BGH **129**, 110, Hbg FamRZ **88**, 1169, ZöGre 5, aM BGH VersR **06**, 663, Zweibr OLGZ **78**, 359, RoSGo § 124 I 3 (aber die Parteiherrschaft gilt als Grundregel weit, Grdz 18 vor § 128, Rn 7). Das gilt zB beim Widerruf der Partei, wenn der ProzBev gesteht, § 85 I 2.

7 **4) Erklärung, I,** dazu *Panetta* (vor Rn 1): Das Geständnis ist eine Parteiprozeßhandlung, Grdz 47 vor § 128. Es erfolgt im Lauf des Prozesses in der notwendigen oder doch stattfindenden mündlichen Verhandlung, BGH RR **91**, 541, auch bei einer Säumnis des Gegners. Die Erklärung erfolgt vor dem Prozeßgericht, auch vor dem Einzelrichter oder dem Vorsitzenden der Kammer für Handelssachen, oder nach I 2 (nur) zum Protokoll eines verordneten Richters, BGH RR **91**, 541, Bbg RR **03**, 1223 (nicht sonstwo). Ein diesbezüglicher Verstoß kann aber unschädlich sein, BGH-MDR **03**, 1433, Brschw MDR **76**, 673. Auch eine stillschweigende Erklärung kann ausreichen, BGH MDR **05**, 1308, Hamm RR **97**, 405, Bbg RR **03**, 1223, etwa durch die Bezugnahme auf einen Schriftsatz, § 137 Rn 28 ff, BGH RR **99**, 1113, Bbg RR **03**, 1223, Saarbr MDR **02**, 109. Der ProzBev ist zu ihm stets ermächtigt. Bei einem Widerspruch zwischen seiner Erklärung und derjenigen seines Auftraggebers geht die letztere allgemein vor, Rn 6.

Das Geständnis ist *kein Anerkenntnis* des prozessualen Anspruchs nach § 307. Es ist auch kein Verzicht auf ihn nach § 306, Einf 3 vor §§ 288–290. Eine Protokollierung ist in der mündlichen Verhandlung vor dem Prozeßgericht unnötig. Beim verordneten Richter ist eine Protokollierung aber für die Wirksamkeit des Geständnisses wesentlich, Brschw MDR **76**, 673. Ein schriftliches Geständnis genügt im schriftlichen Verfahren nach § 128 II, III, im schriftlichen Vorverfahren nach §§ 272, 276, 277 und im Aktenlageverfahren, § 251 a. Dasselbe gilt bei einer freigestellten mündlichen Verhandlung, § 128 IV. Die Erklärung ist bis zum Schluß der letzten Tatsachenverhandlung zulässig, §§ 136 IV, 296 a, auch bei einer Abwesenheit des Gegners. Eine Annahme des Geständnisses ist unnötig, Einf 3 vor §§ 288–290. Eine Erklärung nur im Prozeßkostenhilfeverfahren nach §§ 114 ff ist für das Hauptverfahren nicht ausreichend, Ffm VersR **84**, 972. Eine Erklärung nach § 141 ist grundsätzlich kein Geständnis, BGH VersR **06**, 669.

8 **5) Geständniswirkung, II.** Ein Grundsatz hat mancherlei Grenzen.

A. Grundsatz: Kein Beweisbedarf. Die Wirkung des Geständnisses liegt darin, daß die zugestandene Tatsache keinen Beweis braucht, Einf 3 vor §§ 288–290, Rugullis KTS **07**, 289. Es tritt also eine Umkehr der Beweislast ein, Köln VersR **90**, 857. Das Geständnis bindet diese Partei ferner im Rahmen des § 290, BGH RR **05**, 1298, aM Rugullis KTS **07**, 290. Das gilt nur in diesem Prozeß, BGH NJW **06**, 157, dort aber auch im Nachverfahren, Saarbr MDR **02**, 109, und auch in der Berufungsinstanz, § 535, Düss MDR **00**, 1211 (Säumnis), Ffm GRUR **02**, 237, Hamm BB **98**, 1654. Das Geständnis bezieht sich nicht ohne weiteres auf einen neuen Klagegrund. Ein behauptetes Geständnis muß derjenige beweisen, der sich darauf beruft.

Die Geständniswirkung *entfällt* mit der Rücknahme der Behauptung des Gegners, BGH VersR **79**, 75, oder mit der Aufhebung des Verfahrens nach § 564 II oder bei einer Zurückverweisung nach § 565. Das gilt selbst nach einem vorweggenommenen Geständnis, Rn 3.

9 **B. Grenzen.** Das Geständnis ist eine mögliche Folge der Parteiherrschaft, Grdz 18 vor § 128. Es kann deshalb seine Wirkung nur in ihrem Machtbereich haben, Rugullis KTS **07**, 289. Darüber hinaus kann das Gericht es nach § 286 frei würdigen, Pawlowski MDR **97**, 7. Das gilt zB in der Revisionsinstanz, BGH RR **05**, 1298. Dort kann eine solche Bewertung auch erstmalig erfolgen, BGH NJW **99**, 580. Das gilt auch im FamFG-Verfahren, § 113 IV Z 5 FamFG (schließt nur die gesetzliche „Wirkung" aus), so schon Karlsr FamRZ **77**, 205. Es gilt ferner bei allen von Amts wegen zu beachtenden Punkten, Grdz 39, 40 vor § 128. Es gilt ferner bei einer Berichtigung des Tatbestands, § 320. Es gilt ferner für unmögliche Tatsachen, auch für diejenigen, deren Gegenteil offenkundig ist, Einf 4 vor §§ 288–290. Denn die Logik entzieht sich der Parteiherrschaft. Es gilt ferner dann, wenn das Geständnis nur infolge einer unzulässigen Auswertung eines Beweismittels erfolgte, zB nach einem Video-Spähangriff des Arbeitgebers gegen seine Kassiererin, LAG Stgt BB **99**, 1439. Es gilt schließlich für offenkundige Tatsachen aus demselben Grund und wegen § 291. Das Geständnis gilt voll nur in diesem Prozeß, BGH NJW **06**, 157 links oben. Über das Geständnis unwahrer Tatsachen Einf 4 vor § 288, § 290 Rn 6. Zur Patentverletzung Ullmann GRUR **85**, 809.

289 *Zusätze beim Geständnis.* **I Die Wirksamkeit des gerichtlichen Geständnisses wird dadurch nicht beeinträchtigt, dass ihm eine Behauptung hinzugefügt wird, die ein selbständiges Angriffs- oder Verteidigungsmittel enthält.**

II Inwiefern eine vor Gericht erfolgte einräumende Erklärung ungeachtet anderer zusätzlicher oder einschränkender Behauptungen als ein Geständnis anzusehen sei, bestimmt sich nach der Beschaffenheit des einzelnen Falles.

1) Systematik, Regelungszweck, I, II. Vgl Einf 1–5 vor §§ 288–290. § 289 behandelt drei verschie- 1
dene Fälle von Zusätzen zu einem gerichtlichen Geständnis. Zweck ist eine möglichst weite Geltung der Parteiherrschaft nach Grdz 18 vor § 128.

2) Geltungsbereich, I, II. Vgl § 288 Rn 2. 2

3) Beifügung eines selbständigen Angriffs- oder Verteidigungsmittels, I. Begriff Einl III 70, vgl 3
auch § 146 Rn 3. Hier sind der Sachverhalt des Geständnisses und der Zusatz verschieden. Daher bleibt das Geständnis wirksam.

Beispiel: Der Kläger klagt auf eine Lieferung der Kaufsache; der Bekl gibt den Kaufabschluß zu, behauptet aber geliefert zu haben: Das Geständnis des Kaufabschlusses ist voll wirksam, der Bekl muß die Lieferung beweisen.

4) Zusätze nach II. Man muß die folgenden Situationen unterscheiden. 4

A. Anderer Sachverhalt. Es kann sich um die Beifügung eines anderen Zusatzes mit einem verschiedenen Sachverhalt handeln, also um ein begründetes, qualifiziertes Bestreiten und Leugnen, motiviertes Leugnen.

Beispiele: Der Kläger klagt auf eine Lieferung der Kaufsache; der Bekl gibt den Kaufabschluß zu, behauptet aber einen aufschiebend bedingten Kauf. Hier liegt kein Geständnis vor. Denn der Bekl leugnet. Daher muß der Kläger einen unbedingten Kauf beweisen, Anh § 286 Rn 77 „Bedingung und Befristung". Das gilt immer beim Einwand einer aufschiebenden Bedingung. Eine andere Rechtsauffassung beim Zugestehen ist unerheblich.

B. Derselbe Sachverhalt. Es kann sich auch um die Beifügung eines anderen Zusatzes mit demselben 5
Sachverhalt handeln, also um ein eingeschränktes, qualifiziertes Geständnis.

Beispiel: Der Kläger klagt auf eine Lieferung der Kaufsache; der Bekl gesteht den Kaufabschluß wie behauptet zu, ficht aber wegen Irrtums an. Hier liegt ein Geständnis des Kaufs vor. Der Bekl muß den Anfechtungsgrund beweisen, Anh § 286 Rn 151 „Rechtsgeschäft".

Ob Rn 4 oder Rn 5 vorliegt, muß das Gericht notfalls nach den Regeln der Beweislast entscheiden.

290 *Widerruf des Geständnisses.* **1 Der Widerruf hat auf die Wirksamkeit des gerichtlichen Geständnisses nur dann Einfluss, wenn die widerrufende Partei beweist, dass das Geständnis der Wahrheit nicht entspreche und durch einen Irrtum veranlasst sei. 2 In diesem Fall verliert das Geständnis seine Wirksamkeit.**

Schrifttum: *Orfanides,* Die Berücksichtigung von Willensmängeln im Zivilprozeß, 1982.

1) Systematik, Regelungszweck S 1, 2. Vgl Einf 1–5 vor §§ 288–290. 1

2) Geltungsbereich, S 1, 2. Die Vorschrift hat nur eine geringe Bedeutung. 2

A. Anwendbarkeit. § 290 behandelt den grundsätzlich zulässigen einseitigen Widerruf des gerichtlichen Geständnisses abweichend von der bei Parteiprozeßhandlungen geltenden Regel, Grdz 58 vor § 128, BGH DB **77**, 628, Gaul AcP **172**, 355. Wegen des Widerrufs eines Streithelfers § 67 Rn 11.

Freilich ist der Widerruf des gerichtlichen Geständnisses anders als derjenige sonstiger tatsächlicher Erklärungen nicht schon wegen *bloßer Unrichtigkeit* zulässig. Eine Anfechtung des Geständnisses nach dem sachlichen Recht gibt es so wenig wie bei anderen Parteiprozeßhandlungen, Grdz 59 vor § 128.

B. Unanwendbarkeit. § 290 bezieht sich nicht auf: Das außergerichtliche Geständnis. Sein Widerruf 3
läßt sich unbeschränkt und frei würdigen, Köln VersR **90**, 857; den sofortigen Widerruf von Erklärungen des ProzBev oder Beistands nach §§ 85 I 2, 90 II; das sog unterstellte Geständnis des § 138 III, dort Rn 43. Es ist grundsätzlich bis zum Schluß der mündlichen Verhandlung nach §§ 136 IV, 296 a frei widerruflich, § 288 Rn 5; den Widerruf mit dem Einverständnis des Gegners. Er ist im Rahmen der Parteiherrschaft nach Grdz 18 vor § 128 frei zulässig; den Widerruf des prozessualen Anerkenntnisses, Einf 5 vor §§ 306 ff, BGH NJW **81**, 2194, Ffm AnwBl **88**, 119; eine Anfechtung nach § 119 BGB, ZöGre 4.

C. Berufungsinstanz. In der Berufungsinstanz gilt für das wirkliche Geständnis § 532, für das unter- 4
stellte § 528.

3) Widerruf nach § 290, S 1, 2. Es müssen mehrere Bedingungen zusammentreffen. 5

A. Unwahrheit. Der Widerruf des gerichtlichen Geständnisses ist nur dann wirksam, wenn die widerrufende Partei beweist, daß das Geständnis objektiv unwahr war, Hamm VersR **97**, 302, Oldb VHR **98**, 140. Der volle Beweis der Unrichtigkeit der zugestandenen Tatsache ist auch dann notwendig, wenn dem Widerrufenden ohne das Geständnis nach dem sachlichen Recht eine Beweiserleichterung zugute gekommen wäre, Ffm MDR **82**, 329. Das Gericht kann den Nachweis der Unwahrheit nach § 286 frei würdigen. Alle Beweismittel sind zulässig, auch eine Parteivernehmung nach §§ 445 ff. § 290 hat keineswegs stets einen Vorrang vor § 138, Olzen ZZP **98**, 421.

B. Irrtum. § 290 verlangt ferner den Nachweis, daß das Geständnis auf einem Irrtum beruhte, Oldb 6
VHR **98**, 140. Der Irrtum mag auf einer Fahrlässigkeit beruhen, nicht aber auf einem auch nur bedingten Vorsatz, also nicht auf einer Gleichgültigkeit. Wenn das Geständnis gegen besseres Wissen und zu eigenem

Nutzen erfolgte, also ohne einen Irrtum, ist § 290 nicht anwendbar, § 814 BGB. Unbeachtlich ist nämlich ein solches Geständnis, das mit der Wahrhaftigkeitspflicht nach § 138 I unvereinbar ist. Die Partei kann es ohne weiteres widerrufen, um ihre Wahrhaftigkeitspflicht zu erfüllen. Wirkt ein solches Geständnis zugunsten des Gegners, bleibt aber der Erklärende an seine Erklärung gebunden.

7 **C. Einzelfragen.** Jeder Irrtum genügt, also der irrige Glaube an die Wahrheit der zugestandenen Tatsache. Das gilt für einen Tatsachen- oder Rechtsirrtum, solchen der Partei oder ihres gesetzlichen Vertreters, solchen des ProzBev. Nur muß der Irrtum gerade beim Erklärenden gelegen haben. Eine bloße gar wiederholte Änderung seiner Beurteilung genügt nicht, BGH VersR **99**, 839. Der ProzBev muß sich selbst geirrt haben. Dasselbe gilt für die Partei oder ihren zur Unterrichtung des ProzBev bevollmächtigten Vertreter bei der Unterstützung nach § 166 BGB. Vgl aber auch dessen II. Man muß die den Irrtum veranlassenden Tatsachen ausreichend darlegen, Köln RR **00**, 1478. Man muß sie auch beweisen. § 286 ist anwendbar. Die Genehmigung des Geständnisses in einer Kenntnis seiner Unwahrheit oder Irrigkeit ist ein neues Geständnis. Ein Betrug enthält stets eine Irrtumserregung. Andere Willensmängel kommen nicht in Betracht, also nicht ein bloßer Scherz oder ein bloßer Motivirrtum. Da das Geständnis der Parteiherrschaft nach Grdz 18 vor § 128 unterliegt, kann ein Einverständnis der Parteien die Erfordernisse des Widerrufs ersetzen, soweit es die öffentlichen Belange zulassen. Über den Widerruf in der 2. Instanz vgl bei § 532.

291 *Offenkundige Tatsachen.* Tatsachen, die bei dem Gericht offenkundig sind, bedürfen keines Beweises.

Gliederung

Schrifttum: *Schmidt-Hieber,* Richtermacht und Parteiherrschaft über offenkundige Tatsachen, Diss Freibg 1975; *Seiter,* Beweisrechtliche Probleme der Tatsachenfeststellung bei richterlicher Rechtsfortbildung, Festschrift für *Baur* (1981) 573.

1 **1) Systematik.** Die Vorschrift zählt im weiteren Sinn zu den von § 286 II umfaßten gesetzlichen Beweisregeln. Freilich verbietet sie dem Gericht eine Beweiserhebung nur indirekt, zB auch über § 21 GKG.

2 **2) Regelungszweck.** Die Vorschrift dient der Prozeßförderung nach Grdz 12 vor § 128 und der Prozeßwirtschaftlichkeit nach Grdz 14 vor § 128. Sie dient auch der Kostengerechtigkeit, Rn 1, § 91 Rn 28, 29. Sie hat eine etwas verführerische Komponente. Deshalb ist eine allzu rasche Annahme der Offenkundigkeit zwar bequem, aber nicht schon deshalb erlaubt. Die Begriffe sowohl der Allgemeinkundigkeit nach Rn 4 als auch der Gerichtskundigkeit nach Rn 5 brauchen Schutz vor einer manipulierenden Handhabung. Im Zweifel sollte man eine Offenkundigkeit verneinen, und man sollte einen Zweifel eher bejahen als verneinen. Andererseits gibt es natürlich eine völlig klare Offenkundigkeit. Sie braucht nun wirklich keine Begründung. Deshalb ist auch keine Ängstlichkeit vor § 288 erforderlich.

3 **3) Geltungsbereich.** Die Vorschrift gilt in allen Verfahrensarten nach der ZPO, auch im WEG-Verfahren. Sie gilt auch im arbeitsgerichtlichen Verfahren, § 46 II 1 ArbGG, und im Bereich des § 113 I 2 FamFG.

4 **4) Offenkundige Tatsache.** Zum Begriff der Tatsache Einf 17 vor § 284. Ein Erfahrungssatz ist keine Tatsache, Einf 22 vor § 284, BGH **156**, 254. Offenkundige Tatsachen lassen sich wie folgt unterteilen.

A. Allgemeinkundigkeit. Es kann sich um eine solche Tatsache handeln, die weite verständige Kreise für feststehend halten, Ffm GRUR-RR **03**, 275, Kblz FamRZ **87**, 83, Mü MDR **04**, 532 (Schullärm). Allgemeinkundig ist ein Ereignis oder Zustand, den so viele wahrnehmen oder ohne weiteres zuverlässig wahrnehmen können, daß die Unsicherheit bei der Wahrnehmung des einzelnen unerheblich ist, Karlsr MDR **89**, 363. Allgemeinkundig ist ein so allgemein verbreitetes Ereignis oder Zustand, daß ein besonnener Mensch von seiner Wahrheit überzeugt sein kann, BGH MDR **89**, 63, BVerwG NJW **87**, 1433, Celle MDR **95**, 1262.

Beispiele: Allgemein anerkannte wissenschaftliche Wahrheiten (also nicht etwa okkulte); weltgeschichtliche Vorgänge unter einem Ausschluß wissenschaftlicher Streitfragen; geographische Umstände; in den Medien widerspruchslos veröffentlichte, auch dem Besonnenen glaubhafte Mitteilungen zB eines Index, BAG MDR **08**, 214; Gewohnheiten und Bräuche, auch örtlich begrenzte, dort aber allgemein bekannte; *nicht* schon die Staatsangehörigkeit eines bekannten Rockmusikers, Köln GRUR-RR **05**, 75; dortige allgemeine Sichtverhältnisse, BGH NJW **07**, 3211.

Es schadet nichts, wenn der Richter die Tatsache erst durch eine *Nachfrage* oder durch ein Nachschlagen in einem allgemein zugänglichen zuverlässigen Buch feststellt, zB in einem statistischen Jahrbuch, BGH JR **93**, 1229. Das gilt zB: Für einen Lebenskostenindex, BGH NJW **92**, 2088 (die Fachpresse genügt), oder für ein statistisches Jahrbuch, BGH RR **93**, 1122; für das Datum einer Wahl; für eine Entfernung oder den Kurs eines Börsenpapiers; für die Unmöglichkeit einer Leistung durch Parapsychologie, LG Kassel NJW **85**, 1642. Zumindest liegt dann ein Beweisanzeichen für ihre Richtigkeit vor. Vorsicht ist ratsam, Pantle MDR **93**, 1168 (enge Auslegung). Das Erstgericht darf nicht eine Gefahr laufen, daß das Rechtsmittelgericht dasjenige widerlegt, was das Erstgericht als offenkundig bezeichnet. Ein Zugang ist nicht schon auf Grund eines Posteinlieferungsscheins offenkundig.

Allgemeinkundige Tatsachen, die auch alle Prozeßbeteiligten mit Sicherheit kennen und von denen sie wissen, daß sie für die Entscheidung erheblich sind, brauchen *keine Erörterung,* BSG NJW **79**, 1063, Mü

GRUR-RR **02**, 20. Sie brauchen auch keinen Beweis, BGH JR **93**, 1229, Mü GRUR-RR **02**, 20, LG Aachen MDR **89**, 63. Soweit die Parteien sich nicht auf die allgemeinkundige Tatsache berufen können, ist wegen Art 103 I GG eine Erörterung nach § 139 erforderlich, BGH JR **93**, 1229.

Nicht allgemeinkundig ist eine Tatsache, die nur für den Empfänger oder Wahrnehmer offenkundig ist, BGH NJW **02**, 1719.

B. Gerichtskundigkeit. Es kann sich auch um eine solche Tatsache handeln, die der Richter aus seiner jetzigen oder früheren amtlichen Tätigkeit sicher kennt, BGH RR **88**, 173 (Sitz einer Großbank), BAG MDR **96**, 828 (Tarifrecht), AG Bln-Tempelhof-Kreuzb FamRZ **05**, 1261, AG Dortm WoM **04**, 721 (allgemein bekannte Rechtsfrage). Hierher gehören die ihm aus dienstlichen Mitteilungen, aus früheren Prozessen, Konzen JR **78**, 405, oder aus früherer Spezialzuständigkeit, BGH NJW **98**, 3498, aM BGH NJW **04**, 1163, Lindacher BB **91**, 1524, Pantle MDR **93**, 1168, oder aus einem früheren Sachverständigengutachten einwandfrei bekannten Tatsachen. Das Gericht muß gerichtskundige Tatsachen aber als solche mitteilen und zum Gegenstand der Verhandlung machen. Denn sonst verletzt es das rechtliche Gehör, Artt 2 I, 20 III GG (Rpfl), BVerfG **101**, 404, Art 103 I GG (Richter), Einl III 16, (jetzt) § 139, BVerfG **48**, 209, Köln Rpfleger **85**, 498, AG Bln-Tempelhof-Kreuzb FamRZ **05**, 1261. 5

Sind die Tatsachen *nur aktenkundig,* muß sie der Richter also erst aus den Akten feststellen, noch gar der Vorinstanz, *fehlt* die Gerichtskundigkeit, Ffm NJW **77**, 768, Hbg FamRZ **82**, 426, ZöGre 1, aM Nürnb JB **78**, 762, RoSGo § 114 I 3 (aber das Gericht darf keine Überraschungsentscheidung treffen, Art 103 I GG). Dasselbe gilt für Eintragungen in einem öffentlichen Register. Ein privates Wissen des Richters kann zwar nicht unter Rn 5 fallen, wohl aber unter Rn 4.

5) Beweisentbehrlichkeit. Man muß die Darlegung und den Beweis unterscheiden. 6

A. Grundsatz: Kein Beweisbedarf. Offenkundige, notorische Tatsachen brauchen keinen Beweis, BGH NJW **07**, 3211. Eine Hilfstatsache der Offenkundigkeit läßt sich im Weg des Freibeweises nach § 286 würdigen. Allgemeine Erfahrungssätze nach Einf 22 vor § 284 unterliegen zwar derselben Regel. Sie sind aber als Schlüsse aus Tatsachen keine offenkundigen Tatsachen. Der praktische Unterschied liegt darin, daß man einen Erfahrungssatz nicht als solchen geltendmachen muß. Aus demselben Grund gehören die Vorgänge im Prozeß nicht hierher.

B. Behauptungslast. Die Partei muß außerhalb der Amtsermittlung nach § 26 FamFG eine offenkundige Tatsache behaupten, Grdz 22, 23 vor § 128, BVerfG JZ **60**, 124, BGH RR **93**, 1122, ZöGre 3, aM AG Dortm WoM **04**, 721, MüKoPr 13, RoSGo § 114 I 3 (aber die Parteiherrschaft nach Grdz 18 vor § 128 hat eine Behauptungslast zur Begleitfolge). Das gilt, sofern es sich nicht um Indizien und Hilfstatsachen des Beweises handelt, Einf 16 vor § 284. Das gilt auch für eine rechtsvernichtende und rechtshemmende Tatsache. Es gilt zwar nicht für eine solche Tatsache, die das Gericht von Amts wegen beachten muß. Es gilt aber wohl für eine solche Erklärung, auf deren Vortrag der Vorsitzende nach § 139 hinwirken muß, Ffm MDR **77**, 849, Köln Rpfleger **85**, 498. Ein solcher Hinweis ist freilich bei allen Beteiligten als entscheidungserheblich bekannter Umstand entbehrlich, BGH WRP **97**, 762. Ein Bestreiten oder ein Geständnis ist bei einer Offenkundigkeit bedeutungslos, BGH BB **79**, 1470, ebenso eine Säumnis. Angebotene Beweise braucht das Gericht nicht zu erheben. Ein Gegenbeweis ist dahin zulässig, daß die als offenkundig angenommene Tatsache unrichtig sei, BGH NJW **04**, 1164, MüKoPr 19, StJh 7, aM BAG NZA **98**, 663, Pantle MDR **93**, 1166, ZöGre 4 (aber „nicht bedürfen" kann nicht meinen „sind nicht überprüfbar"). Die Frage der Offenkundigkeit ist keine Rechts-, sondern eine Tatfrage, BGH GRUR **90**, 608, BayObLG WoM **84**, 17. Die Parteien dürfen natürlich zu ihrer Klärung beitragen. Die Verkennung des Begriffs ist ein Verfahrensmangel. Er kann folglich auf Antrag zur Zurückverweisung nach § 538 führen. 7

C. Einzelfragen. Was in der 1. Instanz offenkundig war, braucht es nicht in der 2. Instanz zu sein. Das Rechtsmittelgericht prüft den Beweiswert der in der 1. Instanz bejahten Offenkundigkeit frei nach. Das Revisionsgericht prüft nur die richtige Anwendung des Begriffs, ob das Berufungsgericht also eine Offenkundigkeit hinreichend sicher festgestellt hat, § 559 II. Das Revisionsgericht braucht nicht zur Klärung einer von ihm als offenkundig erachteten Tatsache zurückzuverweisen, ZöGre 5. Die Prüfung der Offenkundigkeitsfeststellung des Berufungsgerichts muß sich aus der Urteilsbegründung ergeben. Eine verfahrensmäßig einwandfreie Feststellung der Offenkundigkeit ist zumindest wegen derjenigen Umstände nötig, deren Kenntnis man normalerweise nicht vermuten kann. Zur Bejahung der Offenkundigkeit durch das Kollegium genügt die Mehrheit. Denn es handelt sich um eine Beweisfrage. 8

292 *Gesetzliche Vermutungen.* [1] **Stellt das Gesetz für das Vorhandensein einer Tatsache eine Vermutung auf, so ist der Beweis des Gegenteils zulässig, sofern nicht das Gesetz ein anderes vorschreibt.** [2] **Dieser Beweis kann auch durch den Antrag auf Parteivernehmung nach § 445 geführt werden.**

Schrifttum: *Allner,* Die tatsächliche Vermutung mit besonderer Berücksichtigung der GEMA-Vermutung, 1993; *Baumgärtel,* Die Bedeutung der sog „tatsächlichen Vermutung" im Zivilprozeß, Festschrift für *Schwab* (1990) 43; *Holzhammer,* Die einfache Vermutung im Zivilprozeß, Festschrift für *Kralik* (Wien 1986) 205; *Konzen,* Normtatsachen und Erfahrungssätze bei der Rechtsanwendung im Zivilprozeß, Festschrift für *Gaul* (1997) 335; *Medicus,* Ist Schweigen Gold?, Zur Widerlegung der Rechtsvermutungen aus §§ 891, 1006 BGB, Festschrift für *Baur* (1981) 63; *Prütting,* Die Vermutungen im Kartellrecht, Festschrift für *Vieregge* (1995) 733; *Sander,* Normtatsachen im Zivilprozeß, 1998.

1) Systematik, S 1, 2. Die Vorschrift zieht aus den vorwiegend im sachlichen Recht verstreuten verschiedenartigen sog Vermutungen, einer aus Gründen der Praktikabilität geschaffenen eigenartigen Rechtsfigur, die prozessualen Folgen. Sie ergänzt gesetzliche Beweisregeln im Sinn von § 286 II, ohne im engeren Sinn zu ihnen zu gehören. 1

2 **2) Regelungszweck, S 1, 2.** Die Vorschrift dient der Gerechtigkeit nach Einl III 9, 36. Sie schränkt in Wahrheit deshalb prozeßwirtschaftliche Erwägungen nach Grdz 14 vor § 128 ein, auf denen gesetzliche Vermutungen ja an sich beruhen. Das gilt jedenfalls bei einer widerleglichen Vermutung. Aus dieser Erwägung darf man auch nicht etwa zum Wie und Wann eines Beweises des Gegenteils härtere Anforderungen stellen als sonst, Einf 12 vor § 284. Man darf die Mittel eines danach zulässigen Gegenbeweises ebensowenig beschränken, wie man das Beweismaß aus § 286 Rn 16 ff nur wegen § 292 strenger gestalten darf. Auch das muß man bei der Auslegung mitbeachten.

3 **3) Geltungsbereich, S 1, 2.** Die Vorschrift gilt in allen Verfahrensarten nach der ZPO, auch im WEG-Verfahren, auch zB bei § 50, AG Hameln NJW **06**, 1441, aM KG FamRZ **75**, 693. Sie gilt auch im arbeitsgerichtlichen Verfahren, § 46 II 1 ArbGG, und im Bereich des § 113 I 2 FamFG.

4 **4) Rechtsvermutung, S 1.** Rechtsvermutungen sind ungeachtet mancher dogmatischer Nuancen solche Vorschriften, nach denen das Gericht eine Tatsache als feststehend behandeln muß, wenn eine andere feststeht.

A. Gewöhnliche Rechtsvermutung. Diese Art, praesumtio iuris, läßt den Gegenbeweis zu. Das gilt zB bei §§ 270, 437 I, 440 II, dort Rn 4, BGH MDR **88**, 770, Köln WoM **96**, 266, OVG Münst ZMR **89**, 395. Es gilt ferner bei § 476 BGB, Celle NJW **04**, 3566. Es gilt auch bei § 558 d III BGB, OVG Münst WoM **06**, 623, ferner zB bei §§ 891, 921, 938, 1006 I 1, 1253 II, 1362, 1377 I, 1610 a BGB, Hamm FamRZ **91**, 1199. Es gilt bei §§ 1964 II, 2009, 2365 BGB, AG Bln-Charlottenb WoM **03**, 87. Es gilt bei § 1 V 1 KSchG, ArbG Siegburg MDR **97**, 1038, krit Medicus Festschrift für Baur (1981) 81. Auch ein Subventionsbetrug gehört hierher, Mü RR **02**, 888.

5 **B. Unwiderlegliche Rechtsvermutung.** Diese Art, praesumtio iuris et de iure, schließt jeden Gegenbeweis aus, zB in §§ 39, 267, 547, 755 ZPO, §§ 892, 893, 1138, 1155, 1566 BGB, Brdb FamRZ **00**, 1417, oder in § 27 III InsO. Die Auslegungsregeln des BGB sind regelmäßig Tatsachenvermutungen, zB § 742 BGB. Bei der unwiderleglichen Vermutung regelt das Gesetz in Wahrheit nicht das Verfahren der Tatsachenermittlung, sondern ändert den anwendbaren Rechtssatz durch eine Art Fiktion, OVG Münst ZMR **89**, 395.

6 **5) Tatsachenvermutung, S 1.** Eine Tatsachenvermutung, unechte Vermutung, praesumtio facti, ist eine Beweislastnorm, Baumgärtel Festschrift für Schwab (1990) 18, 45, 50 f, nämlich ein aus der Lebenserfahrung gezogener Schluß (vgl auch Anh § 286 Rn 14). Das gilt zB bei §§ 363, 685 II, 836, 938, 1117 III, 1253 II, 2009, 2270 BGB. Alle tatsächlichen Vermutungen lassen den Gegenbeweis zu, Hbg GRUR-RR **07**, 303 (zu § 12 II UWG). Er geht dahin, daß die vermutete Tatsache nicht zutrifft, Rn 7.

7 **6) Unterstellung, S 1.** Von einer Vermutung muß man eine Unterstellung oder Fiktion unterscheiden. Sie zwingt zur Anwendung der Rechtsfolgen eines Sachverhalts auf einen anderen Sachverhalt, obwohl jede Möglichkeit fehlt, daß dieser Sachverhalt zutrifft. Dahin gehören zB § 138 III (unterstelltes Geständnis) und § 332 (unterstellter Wegfall der früheren Verhandlung). Die Unterstellung ist keine Beweisvorschrift. Man darf diese Unterstellung nicht mit der Unterstellung einer möglicherweise wahren Tatsache als tatsächlich wahr unterstellen, etwa dann, wenn die Wahrheit nichts an der Entscheidung ändern könnte.

8 **7) Quellen, S 1.** Rechtsvermutungen finden sich größtenteils in sachlichrechtlichen Gesetzen, obwohl sich ihre Bedeutung im Prozeß erschöpft. Sie sind meist prozessualer Natur, Anh § 286 Rn 2, 3. Landesgesetzliche Vermutungen bestehen weiter, weil die Gesetze sie irrig als sachlichrechtliche behandeln. Ausländische bestehen ebenso, sofern das ausländische Gesetz sie als sachlichrechtlich behandelt. Rechtsvermutungen bestehen nur, wenn das Gesetz sie ausdrücklich vorschreibt. Sie sind nur dann unwiderleglich, wenn es das Gesetz ausdrücklich anordnet. Andernfalls lassen sie den Beweis des Gegenteils zu und fordern ihn, VGH Kassel FamRZ **86**, 1100.

9 **8) Beweiserleichterung, S 1, 2.** Man muß zwei Fallgruppen trennen.

A. Grundsatz, S 1. Eine Rechtsvermutung ändert die Beweislast nicht, aM Prütting (vor Rn 1) 738. Sie erleichtert nur den Beweis, indem sie nur dazu nötigt, das Vorhandensein eines Anzeichens, die Ausgangstatsache, zu behaupten und zu beweisen. Den Schluß daraus zieht das Gesetz.

Beispiel: Wer seinen Besitz bewiesen hat, gilt als der Eigentümer, § 1006 BGB. Das ist ein vom Gesetz gezogener Rechtsschluß. Der Beweisführer braucht diesen Rechtsschluß nicht einmal zu behaupten. Der Gegner muß beweisen, daß der Besitzer etwa nur ein Verwahrer ist.

Der *Beweis des Gegenteils* erfordert den vollen Nachweis, daß man aus dem Indiz, aus dem als Vermutungsgrundlage behandelten Sachverhalt, notwendig einen anderen Schluß ziehen muß, daß also jede Möglichkeit des gesetzlichen Schlusses wegfällt, BGH MDR **03**, 650, Celle MDR **04**, 3566, LSG Halle NZA-RR **08**, 208. In Wahrheit liegt kein Gegenbeweis vor, sondern ein Hauptbeweis, Einf 11 vor § 284. Jedes Beweismittel nach §§ 371 ff ist zulässig. Das Gericht darf und muß den Beweis des Gegenteils frei wie zuerst nach § 286 würdigen. Eine bloße Wahrscheinlichkeit genügt nicht.

10 **B. Parteivernehmung, S 2.** Hierher zählt auch eine Parteivernehmung nach § 445 ff, falls die Partei keine anderen Beweismittel vorbringt oder schon einigen Beweis, aber nicht vollständig erbracht hat. § 445 II ist hier unanwendbar, BGH MDR **88**, 770. Daß § 292 die Parteivernehmung nach § 447 nicht ausschließt, folgt aus dem Sinn und Zweck der Vorschrift, Rn 2.

292a (weggefallen)

293 *Fremdes Recht; Gewohnheitsrecht; Statuten.*
[1] **Das in einem anderen Staat geltende Recht, die Gewohnheitsrechte und Statuten bedürfen des Beweises nur insofern, als sie dem Gericht unbekannt sind.** [2] **Bei Ermittlung dieser Rechtsnormen ist das Gericht auf die von den Parteien beigebrachten Nachweise nicht beschränkt; es ist befugt, auch andere Erkenntnisquellen zu benutzen und zum Zwecke einer solchen Benutzung das Erforderliche anzuordnen.**

Schrifttum: *Adamczyk,* Die Überprüfung der Anwendung ausländischen Rechts durch den BGH und das schweizerische Bundesgericht im Zivilprozeß, 1999; *Arens,* Prozessuale Probleme bei der Anwendung ausländischen Rechts im deutschen Zivilprozeß, in: Festschrift für *Zajtay* (1982) 7; *Buchholz,* Zur richterlichen Rechtsfindung in internationalen Familiensachen, Festschrift für *Hauß* (1978) 15; *Coester-Waltjen,* Internationales Beweisrecht, 1983; *Graf von Westphalen,* Einige international-rechtliche Aspekte bei grenzüberschreitender Tätigkeit von Anwälten, Festschrifit für *Geimer* (2002) 1485; *Heldrich,* Probleme bei der Ermittlung ausländischen Rechts in der gerichtlichen Praxis, in: Festschrift für *Nakamura* (1996); *Hetger,* Sachverständige für ausländisches und internationales Privatrecht, 1990 (auch DNotZ **94**, 88); *Jaspers,* Nachträgliche Rechtswahl im internationalen Schuldvertragsrecht (2002) 279; *Körner,* Fakultatives Kollisionsrecht in Frankreich und Deutschland, 1995; *Krause,* Ausländisches Recht und deutscher Zivilprozeß, 1990; *Kropholler,* Internationales Privatrecht, 5. Aufl 2004, § 59; *Küster,* Die Ermittlung ausländischen Rechts im deutschen Zivilprozeß und ihre Kostenfolgen, Diss Hann 1995 (rechtsvergleichend); *Lindacher,* Zur Mitwirkung der Parteien bei der Ermittlung ausländischen Rechts, Festschrift für *Schumann* (2001) 283; *Lindacher,* Zur Anwendung ausländischen Rechts, Festschrift für *Beys* (Athen 2004) 909; *Linke,* Internationales Zivilprozeßrecht, 4. Aufl 2006, § 8; *Nagel/Gottwald,* Internationales Zivilprozessrecht, 5. Aufl 2002; *Oldenbourg,* Die unmittelbare Wirkung von EG-Richtlinien im innerstaatlichen Bereich, 1984; *Raape/Sturm,* IPR I, 6. Aufl (1977) § 17; *Reichert-Facilides,* Fakultatives und zwingendes Kollisionsrecht, 1995; *Ress,* Die Direktwirkung von Richtlinien: Wandel von der prozeßrechtlichen zur materiellrechtlichen Konzeption, Gedächtnisschrift für *Arens* (1993) 351; *Schellack,* Selbstermittlung oder ausländische Auskunft unter dem europäischen Rechtsauskunftsübereinkommen, 1998; *Schilken,* Zur Rechtsnatur der Ermittlung ausländischen Rechts nach § 293 ZPO, Festschrift für *Schumann* (2001) 373; *Sturm,* Fakultatives Kollisionsrecht: Notwendigkeit und Grenzen, Festschrift für *Zweigert* (1981) 329; *Theiss,* Die Behandlung fremden Rechts im deutschen und italienischen Zivilprozeß, 1990; *Wiedemann,* Revisibilität ausländischen Rechts im Zivilprozeß, Diss Erl 1991. S ferner die weiteren Lehrbücher zum deutschen IPR. Rechtsvergleichend *Bachmann* IPRax **96**, 228 (Tagungsbericht).

Gliederung

1) Systematik, S 1, 2. Man muß zwei Hauptgebiete unterscheiden. 1

A. In Deutschland geltendes Gesetzesrecht. Der Richter muß das gesamte in Deutschland geltende Bundes-, Landes- oder sonstige Gesetzes- und Verordnungsrecht sowie das Kreis- und Gemeinderecht einschließlich der Rechtsprechung und Lehre kennen. Er muß es von Amts wegen anwenden: jura novit curia, BGH RIW **98**, 318, Hay/Hampe RIW **98**, 761, Schneider AnwBl **88**, 260. Das muß in jeder Lage des Verfahrens geschehen, BGH NJW **93**, 2305, Ffm FamRZ **00**, 37. Kennt der Richter es nicht, muß er es von Amts wegen ermitteln, Grdz 38 vor § 128, BGH NJW **84**, 2764, BAG MDR **96**, 828 (Tarifrecht). Insoweit findet auch keine Beweisaufnahme statt, Karlsr FamRZ **90**, 1367, Kblz FamRZ **98**, 756 (internationale Zuständigkeit, dazu Üb 6 vor § 12), Spickhoff ZZP **112**, 268 (fremdes deutsches Rechtsgebiet), aM BGH JZ **99**, 301 (abl Spickhoff), BVerwG NJW **99**, 1045 (aber wo liegen die Grenzen?). Man muß die Kosten eines zu Unrecht eingeholten Gutachtens nach § 21 GKG behandeln, Hartmann Teil I A dort Rn 31 „Rechtsgutachten“. Auch der grenzüberschreitend tätige Anwalt muß zB die Kollisionsregeln des deutschen Rechts zutreffend anwenden, Kblz NJW **89**, 2699, Graf von Westphalen (vor Rn 1) 1488.

Zum in Deutschland geltenden Recht zählt auch das deutsche *internationale* Recht, BGH FamRZ **01**, 412, von Bogdandy NJW **99**, 2088 (Überlagerung durch WTO-Recht), Mankowski MDR **01**, 199. Hierher zählt ferner das *Völkerrecht,* Artt 25, 59 II GG, von Schönfeld NJW **86**, 2980, Schütze EWS **90**, 49, Sommerlad/Schrey NJW **91**, 1378, vgl aber auch § 1 GVG Rn 7. Hierher gehört ferner das als inländisches Recht geltende Recht der *Europäischen Union,* Einl III 39, BGH **19**, 265, Schütze EWS **90**, 50, Sommerlad/Schrey NJW **91**, 1378. Zum deutschen Recht gehört natürlich theoretisch auch das Steuerrecht, Tipke NJW **76**, 2200, aM BGH JZ **99**, 301 (krit Spickhoff). Vgl freilich Üb 32 ff vor § 373.

Eine Direktwirkung von *Richtlinien des Gemeinschaftsrechts* ist zwischen dem Staat und einem Bürger nur dann möglich, wenn die Richtlinienbestimmung klar, eindeutig und unbedingt ist, wenn keine weiteren nationalen Ausführungsakte zu ihrer Anwendung erforderlich sind und wenn der Staat seine Umsetzungspflicht in nationales Recht innerhalb der in der Richtlinie gesetzten Frist nicht erfüllt hat, EuGH zB Slg 1982, 53, 71, Ress (vor Rn 1) 351. Im Verhältnis von Bürger zu Bürger tritt keine solche Direktwirkung ein, EuGH zB Slg 1987, 3969, 3985, Ress (vor Rn 1) 351.

Die *Verkehrssitte* oder der Handelsbrauch, also die Verkehrssitte des Handels, oder Vertragsformulare schaffen keinen Rechtssatz, Berger IPRax **93**, 281, Jayme IPRax **93**, 351, Kappus IPRax **93**, 137, aM Oestmann JZ **03**, 290 (aber nicht jeder Erfahrungssatz wird schon deshalb zu einer Rechtsnorm. Erfahrungssatz ist auch etwa ein leider oft verbreiteter Rechtsmißbrauch, Einl III 54). Sie geben dem Richter nur ein Auslegungsmittel an die Hand. Zu den Grenzen einer entsprechenden Anwendbarkeit im Steuerrecht BFH BB **84**, 715.

2 **B. Weiteres Recht.** Recht, das nicht in Deutschland gilt, sowie Gewohnheitsrecht und Satzungsrecht (Statutarrecht) braucht der Richter nicht zu kennen, Hetger DNotZ **94**, 88. Das gilt auch bei dessen inhaltlicher Übereinstimmung mit dem deutschen Recht, RIW **78**, 718. Der Richter muß es aber in jeder Verfahrenslage von Amts wegen ermitteln, Grdz 38 vor § 128, BGH NJW **06**, 764. Das gilt also auch im Revisionsverfahren. Er muß dabei alle ihm zugänglichen Erkenntnisquellen ausschöpfen, BGH MDR **02**, 900, BVerwG NJW **89**, 3107, Ffm FER **99**, 194. Das gilt auch für die ausländische Rechtsprechung und Rechtspraxis, BGH MDR **02**, 900. Es gilt auch zB für die Auskunft eines ausländischen Ministers. Sie reicht evtl zur Auslegung dann nicht aus, wenn sie sich auf den Gesetzestext beschränkt, BGH IPRax **02**, 302 (krit Hüßtege 292). Zum Problem Jansen/Michaels ZZP **116**, 3. Dabei läßt sich das Problem nicht stets klären, ob fremdes Recht eine Rechts- oder Tatfrage ist. Man sollte funktionelle Gesichtspunkte mitentscheiden lassen, Spickhoff ZZP **112**, 291.

Zum Gewohnheitsrecht gehören namentlich das Gewohnheitsrecht engeren Geltungsbereichs, das *Herkommen,* eine Verkehrssitte, BGH RR **04**, 1248, die räumlich begrenzten sog Observanzen, eine Regelung der Streupflicht. Ein Gewohnheitsrecht verlangt zur Entstehung die Rechtsüberzeugung der Beteiligten, nicht notwendig die Überzeugung von der Befolgung eines positiven Rechtssatzes. Hierher gehört auch eine Satzung, Spickhoff ZZP **112**, 267. Ein Statut ist das geschriebene oder geübte Recht eines autonomen Kreises, zB eine Tarifnorm, BAG MDR **00**, 648. Man darf es nicht mit einer privatrechtlichen Rechtsvorschrift vermengen, wie Allgemeinen Geschäftsbedingungen, den Statuten von Versicherungsgesellschaften oder Vereinssatzungen, BayObLG MDR **77**, 491. Man wendet § 293 entsprechend zwecks Feststellung der Arbeitsweise von Heimarbeitsausschüssen an. Der Rpfl darf, nicht muß die Sache nach § 5 II RPflG seinem Richter vorlegen, soweit ein ausländisches Recht in Betracht kommt.

3 **2) Regelungszweck, S 1, 2.** Die Vorschrift dient zwar einerseits der Gerechtigkeit, Einl III 9, 36. Denn sie nimmt dem Gericht nicht die Ermittlung des etwa anwendbaren ausländischen Rechts gänzlich ab. Sie dient aber andererseits auch der Prozeßwirtschaftlichkeit, Grdz 14 vor § 128. Denn sie zwingt die Parteien zu einer verstärkten Prozeßförderung. Sie erweitert überdies die gerichtlichen Erkenntnisquellen.

Überforderung ist eine Hauptgefahr für alle Beteiligten sowohl bei der Ermittlung als auch bei der Anwendung des fremden Rechts. Daran hat sich trotz der rasant zunehmenden Internationalisierung erstaunlich wenig geändert. Sogar in so manchem mittleren LG gibt es nur in Ansätzen übernationale oder gar ausländische Rechtsquellen, sondern allenfalls einigermaßen bequem zugängliche und nutzbare technische Hilfsmittel wie das Internet. Dabei zwingt der Vorrang etwa supranationaler Vorschriften und die ganze Problematik der Vereinbarkeit solcher schon längst in den Rechtsalltag eingedrungenen Regeln mit einer noch deutschen Verfassung zu einer wenigstens unproblematischen Erschließungsmöglichkeit der Quellen und Literatur.

Mut zur Einarbeitung ist eine daher oft nicht nur an Überlastung scheiternde Notwendigkeit. Umso verantwortungsvoller ist die Übertragung der Aufgabe auf den Sachverständigen oder den ProzBev. Wer zur Einarbeitung bereit ist, darf von der Gerichtsverwaltung jede mögliche Unterstützung erwarten. Auch sie hat eine deutliche Mitverantwortung an der Anwendbarkeit des § 293 mit seiner ständig wachsenden Bedeutung.

4 **3) Geltungsbereich, S 1, 2.** Die Vorschrift gilt in allen Verfahrensarten nach der ZPO, auch im WEG-Verfahren, auch im Eilverfahren, KG NJW **07**, 706, auch im Urkundenprozeß, BGH MDR **97**, 879, ferner im arbeitsgerichtlichen Verfahren, § 46 II 1 ArbGG, und im finanzgerichtlichen Verfahren, § 155 FGO, BFH RR **98**, 1041, und im Bereich des § 113 I 2 FamFG.

5 **4) Beweis, S 1, 2.** Die Regelung hat eine steigende Bedeutung. Wie das Gericht ein ausländisches Recht ermittelt, steht in seinem pflichtgemäßen Ermessen, Rn 11 „Ermessen".

A. Grundsatz: Gerichtsanspruch auf Parteimitwirkung. Nach dem deutschen internationalen Zivilprozeßrecht gilt verfahrensrechtlich das am Gerichtsort bestehende Recht, die lex fori, Einl III 74, Üb 7 ff vor § 12, BGH RR **90**, 249. Wenn § 293 sagt, fremdes Recht usw bedürfe des Beweises, bedeutet das nur: Das Gericht darf die Mithilfe der Partei in einem ihr zumutbaren Umfang bei der Erforschung dieses Rechts beanspruchen, BGH NJW **87**, 1146.

6 *Nicht aber bedeutet* § 293 etwa, daß das Gericht einen bisher nur behaupteten Rechtssatz als nicht vorhanden ansehen dürfte oder daß es wegen einer wirtschaftlichen Betrachtungsweise von der Ermittlung des ausländischen Rechts absehen dürfte, BGH RR **95**, 766, selbst wenn das schwierig ist, BGH NJW **97**, 325, oder daß es das fremde Recht wie eine beweisbedürftige Tatsache ansehen dürfte. Ein Beweisverfahren ist gar nicht möglich. Denn Rechtssätze unterliegen keinem Beweis und keiner Beweislast, BGH RR **05**, 1071, Kblz JB **03**, 364, Stgt MDR **89**, 1111, aM Schilken (vor Rn 1) 388 (Freibeweis. Aber eine Amtsermittlung geht über eine Beweisaufnahme weit hinaus). Vielmehr muß das Gericht das etwa maßgebliche ausländische Recht eben von Amts wegen nach Grdz 38 vor § 128 ermitteln, Rn 3, schon weil § 293 hinter §§ 288–290 steht, Saarbr NJW **02**, 1209, Geißler ZZP **91**, 176, Lindacher (vor Rn 1) 294, nur scheinbar aM Mü NJW **76**, 489 (übersieht das Problem, krit auch Küppers). Das Übk v 19. 6. 1980, BGBl **86** II 809, gilt nicht, dort Art 1 II h. Dabei darf und muß der Richter natürlich alle Erkenntnisquellen und daher auch alle Beweismittel benutzen. Ein Verstoß gegen die Ermittlungspflicht ist ein Verfahrensfehler. Er kann (jetzt) auf Antrag nach § 538 zur Zurückverweisung führen, Saarbr NJW **02**, 1209.

7 **B. Sachverständigenhilfe.** Das Gericht kann und muß evtl amtliche Auskünfte erfordern, auch von ausländischen Stellen, wenn das ein Staatsvertrag vorsieht, oder es muß ein Gutachten einholen, BGH MDR **97**, 879, Hamm FamRZ **88**, 639, etwa des Max-Planck-Instituts für ausländisches und internationales Privatrecht in Hamburg, BGH NJW **91**, 1419, Saarbr NJW **02**, 1209. Das reicht meist aus, aber nicht stets, zB dann nicht, wenn das Institut die ausländische Praxis nicht kennt, BGH NJW **91**, 1419, krit Samtleben NJW **92**, 3057. Das Gericht kann und muß im technisch zumutbar möglichen Umfang auch das Fachschrifttum einsehen, Rn 3. Es darf bei fortbestehenden eigenen Zweifeln auch ein Rechtsgutachten von einer Einzelperson anfordern, Üb 10 vor § 402, Bendref MDR **83**, 894, vgl die Zusammenstellung geeigneter Sach-

verständiger bei Hetger DNotZ **03**, 310, schon weil manches Institut notgedrungen langsam arbeitet, Hetger DRiZ **83**, 233.

C. Auslegung; Ermittlungsgrenzen. Das deutsche Gericht darf und muß einen ausländischen Rechtssatz unter einer Ermittlung des dortigen Gesamtgefüges entsprechend seiner ausländischen Anwendung auslegen, BGH NJW **03**, 2686, Düss RR **97**, 3. Einen übereinstimmend vorgetragenen Inhalt des ausländischen Rechts kann das Gericht in der Regel ohne eine eigene Nachprüfung zugrundelegen, BAG MDR **75**, 875. Es sollte dabei freilich vorsichtig sein. 8

Läßt sich das fremde Recht weder von Amts wegen noch mit Hilfe der Parteien ermitteln, muß das deutsche Gericht nach dem deutschen sog *Ersatzrecht* entscheiden, BGH FamRZ **82**, 265, KG FamRZ **02**, 167, Graf von Westphalen NJW **94**, 2116, aM Kreutzer NJW **83**, 1945, Müller NJW **81**, 486 (bitte dort im einzelnen nachlesen mit Hinweisen auf die zahlreichen Meinungsspielarten, unter ihnen zB StJL 36 ff: Zunächst müsse das Gericht das dem anwendbaren Recht vermutlich am nächsten verwandte anwenden; Heldrich Festschrift für Ferid, 1978, 216: Der Gesetzestext sei unter Umständen ausreichend, soweit die Rechtssprechung oder Literatur nicht zugänglich seien). Aber man muß stets die Prozeßwirtschaftlichkeit beachten, Grdz 14 vor § 128. Die Klärung des anwendbaren Rechts und seines Inhalts darf nicht eine endlose Zeit beanspruchen und auch nicht unverhältnismäßig schwierig sein. 9

Erst in letzter Linie ist die *lex fori* anwendbar, Rn 5. Nur ganz selten darf das Gericht ein nur wahrscheinlich geltendes ausländisches Recht heranziehen. Das ist etwa dann zulässig, wenn auch die Anwendbarkeit des deutschen Ersatzrechts nach Rn 9 äußerst unbefriedigend wäre, BGH NJW **78**, 497, KG FamRZ **02**, 167.

D. Beispiele zur Frage der Ermittlung ausländischen Rechts, dazu *Schellack* (vor Rn 1, ausf): 10

Amtsermittlung: Rn 1, 4.

Arrest, einstweilige Verfügung: dazu *Brinker* NJW **96**, 2851 (EG-Recht), *Sommerlad/Schrey* NJW **91**, 1381: Die Regeln Rn 4 ff müssen auch im Verfahren auf den Erlaß eines Arrests oder einer einstweiligen Anordnung oder einer einstweiligen Verfügung gelten, KG NJW **07**, 706. Denn dieses Verfahren entbindet trotz seiner Notwendigkeit einer schnellen Erledigung das Gericht nicht von seiner Pflicht zur Heranschaffung der fremden Rechtsquellen. Freilich geht die Pflicht zur Ermittlung und Glaubhaftmachung grds im Eilverfahren nicht über die sogleich heranziehbaren Erkenntnisquellen hinaus, KG NJW **07**, 706, Kblz IPRax **95**, 39.

Auslegungsregeln: Rn 11 „Entscheidungsgründe".

Beweisantritt: S „Bindung".

Beweislast: Wegen der Notwendigkeit der Amtsermittlung nach Rn 1, 4 gibt es keine Beweislast im eigentlichen Sinn, § 286 Anh Rn 4, Küppers NJW **76**, 489, aM Stgt RIW **83**, 460 (abl Schütze). Denn die Beweislast gehört in den Bereich der Tatsachenklärung, nicht der Klärung des anwendbaren Rechts.

Bindung: Das Gericht hat zwar die Aufgabe, evtl Fragen zu stellen, Rn 11 „Fragepflicht". Es ist aber weder stets gezwungen, einen etwa angetretenen Beweis zu erheben, noch in den Erkenntnisquellen an das Parteivorbringen gebunden, Hamm FamRZ **88**, 639. Es ist auch nicht sonst irgendwie beschränkt oder an Beweisquellen gebunden, Geisler ZZP **91**, 196. Vgl freilich Rn 13 „Sachverständiger".

Einstweilige Verfügung: Rn 10 „Arrest, einstweilige Verfügung". 11

Entscheidungsgründe: Sie müssen ergeben, ob dem Gericht bei der Anwendung eines ausländischen (Vertrags-)Rechts auch die Auslegungsregeln des ausländischen Rechts bekannt waren, BGH RR **90**, 249.

Erkenntnisquelle: Rn 10 „Bindung".

Ermessen: § 293 erlaubt nur, die Ermittlung in den Formen des Beweises vorzunehmen, also unter einer Benutzung der Beweismittel wie überhaupt aller zugänglichen Erkenntnisquellen, BGH FamRZ **82**, 265. *Wie* sich das Gericht die Kenntnis verschafft, das steht in seinem pflichtgemäßen Ermessen, BGH Rpfleger **07**, 211, BVerwG NJW **89**, 3107, Sommerlad/Schrey NJW **91**, 1379. Das Gericht muß dabei alle Umstände berücksichtigen, BGH NJW **95**, 1032. Es muß mangels einer eigenen Fachkunde zumindest die Anregung befolgen, sachverständigen Rat einzuholen, BGH NJW **84**, 2764. Das Gericht muß wegen seiner Erkenntnisquellen zum Inhalt und Zweck von Auslandsrecht den Prozeßbeteiligten rechtliches Gehör geben, Art 103 I GG, BVerwG InfAuslR **85**, 275.

Ersatzrecht: Rn 9.

Fragepflicht: Das Gericht muß zwar evtl nach § 139 fragen und auch evtl § 144 anwenden, BGH **87**, 591, Es ist aber nur wenig gebunden, Rn 10 „Bindung".

Geständnis: Wegen des Amtsermittlungsgrundsatzes nach Rn 1, 4 ist ein Geständnis im Verfahren der Ermittlung zur Anwendung des ausländischen Rechts meist bedeutungslos, Sommerlad/Schrey NJW **91**, 1381. Soweit das anwendbare ausländische Recht ein Geständnis kennt und beachtlich macht, muß ein deutsches Gericht es natürlich auch beachten. 12

Nichtbestreiten: Es gelten dieselben Regeln wie Rn 12 „Geständnis".

Parteimitwirkung: Rn 5.

Parteivernehmung: Es gelten dieselben Regeln wie Rn 12 „Geständnis".

Parteivorbringen: Rn 10 „Bindung".

Privatgutachten: Es ist als Parteivortrag zulässig. Das Gericht muß es auch kostenrechtlich so beurteilen, Mankowski MDR **01**, 199.

Rechtspraxis, -lehre, Rechtsprechung: Das Gericht muß das ausländische Recht als Ganzes ermitteln, BGH NJW **03**, 2686. Es muß daher auch die Rechtspraxis, die Lehre und die Rechtsprechung ermitteln, BGH NJW **03**, 2686, BVerwG NJW **89**, 3107, aM Samtleben NJW **92**, 3057 (aber die Mitwirkungspflicht der Parteien entbindet das Gericht nicht von *seiner* umfassenden Klärungspflicht). Es darf sich freilich im Interesse der Prozeßwirtschaftlichkeit nach Grdz 14 vor § 128 evtl mit einer neueren ihm als ausreichend erscheinenden Stimme aus dem ausländischen oder deutschen Schrifttum begnügen, Düss FER **96**, 26. 13

Sachverständiger: Vgl zunächst Rn 7. Das Gericht sollte einem Sachverständigen stets die Gelegenheit geben, die Frage zu prüfen, welches Recht anwendbar ist. Es sollte im Ersuchen Angaben über den Wohnsitz, den gewöhnlichen Aufenthaltsort, die Staatsangehörigkeit, die Religion und die Volksgruppenzugehörigkeit machen, Bendref, zit bei Herold DRiZ **83**, 479. Das Gericht kann den Sachverständigen zur mündlichen Erläuterung vorladen, § 411 III, BGH NJW **75**, 2142. Es ist auf Antrag dazu verpflichtet, BGH NJW **94**, 2959.

Säumnis: Auch im Säumnisverfahren findet eine Prüfung von Amts wegen nach Grdz 38 vor § 128 statt. Sie ist allenfalls dann geringer, wenn keine begründeten Zweifel am Vortrag des Klägers über das ausländische Recht bestehen, MüKoPr 55, Sommerlad/Schrey NJW **91**, 1382, ZöGei 18, aM Mü NJW **76**, 489 (ein Beweisantritt des Klägers reiche aus. Aber das paßt nicht zu § 331 I 1 mit seiner Beschränkung auf die Wirkung tatsächlichen Vorbringens).

Urteil: Rn 11 „Entscheidungsgründe“.

Versäumnisverfahren: S „Säumnis“.

14 **5) Europäisches Auskunftsübereinkommen.** Das Übk v 7. 6. 68, BGBl 74 II 938, nebst AusfG v 5. 7. 74, BGBl 1433, zuletzt geändert durch Art 8 I RpflVereinfG v 17. 12. 90, BGBl 2847 lautet:

A. Übereinkommen

Übk Art 1. Anwendungsbereich des Übereinkommens. **[I] Die Vertragsparteien verpflichten sich, einander gemäß den Bestimmungen dieses Übereinkommens Auskünfte über ihr Zivil- und Handelsrecht, ihr Verfahrensrecht auf diesen Gebieten und über ihre Gerichtsverfassung zu erteilen.**

[II 1] Zwei oder mehr Vertragsparteien können jedoch vereinbaren, den Anwendungsbereich dieses Übereinkommens untereinander auf andere als die im vorstehenden Absatz angeführten Rechtsgebiete zu erstrecken. [2] Eine solche Vereinbarung ist dem Generalsekretär des Europarats im Wortlaut mitzuteilen.

Übk Art 2. Staatliche Verbindungsstellen. **[I 1] Zur Ausführung dieses Übereinkommens errichtet oder bestimmt jede Vertragspartei eine einzige Stelle (im folgenden als „Empfangsstelle“ bezeichnet), welche die Aufgabe hat:**

a) Auskunftsersuchen im Sinne des Artikels 1 Abs. 1 entgegenzunehmen, die von einer anderen Vertragspartei eingehen;

b) zu derartigen Ersuchen das Weitere gemäß Artikel 6 zu veranlassen.

[2] Diese Stelle kann entweder ein Ministerium oder eine andere staatliche Stelle sein.

[II 1] Jeder Vertragspartei steht es frei, eine oder mehrere Stellen (im folgenden als „Übermittlungsstelle“ bezeichnet) zu errichten oder zu bestimmen, welche die von ihren Gerichten ausgehenden Auskunftsersuchen entgegenzunehmen und der zuständigen ausländischen Empfangsstelle zu übermitteln haben. [2] Die Aufgabe der Übermittlungsstelle kann auch der Empfangsstelle übertragen werden.

[III] Jede Vertragspartei teilt dem Generalsekretär des Europarats Bezeichnung und Anschrift ihrer Empfangsstelle und gegebenenfalls ihrer Übermittlungsstelle oder ihrer Übermittlungsstellen mit.

Bem. Deutsche Empfangs- und Übermittlungsstelle nach II 1, 3 ist (jetzt) das Bundesministerium der Justiz, 11015 Berlin, Bek v 11. 4. 02, BGBl II 1160 (dort auch wegen Ukraine). Wegen Mecklenburg-Vorpommern Bek v 7. 8. 07, BGBl II 1418. Wegen des Vereinigten Königreichs Bek v 11 2. 03, BGBl II 259.

Übk Art 3. Zur Stellung von Auskunftsersuchen berechtigte Behörden. **[I 1] Ein Auskunftsersuchen muß von einem Gericht ausgehen, auch wenn es nicht vom Gericht selbst abgefaßt worden ist. [2] Das Ersuchen darf nur für ein bereits anhängiges Verfahren gestellt werden.**

[II] Jede Vertragspartei, die keine Übermittlungsstelle errichtet oder bestimmt hat, kann durch eine an den Generalsekretär des Europarats gerichtete Erklärung anzeigen, welche ihrer Behörden sie als Gericht im Sinne des vorstehenden Absatzes ansieht.

[III 1] Zwei oder mehr Vertragsparteien können vereinbaren, die Anwendung dieses Übereinkommens untereinander auf Ersuchen zu erstrecken, die von anderen Behörden als Gerichten ausgehen. [2] Eine solche Vereinbarung ist dem Generalsekretär des Europarats im Wortlaut mitzuteilen.

Übk Art 4. Inhalt des Auskunftsersuchens. **[I 1] Im Auskunftsersuchen sind das Gericht, von dem das Ersuchen ausgeht, und die Art der Rechtssache zu bezeichnen. [2] Die Punkte, zu denen Auskunft über das Recht des ersuchten Staates gewünscht wird, und für den Fall, daß im ersuchten Staat mehrere Rechtssysteme bestehen, das System, auf das sich die gewünschte Auskunft beziehen soll, sind möglichst genau anzugeben.**

[II] Das Ersuchen hat eine Darstellung des Sachverhalts mit den Angaben zu enthalten, die zum Verständnis des Ersuchens und zu seiner richtigen und genauen Beantwortung erforderlich sind; Schriftstücke können in Abschrift beigefügt werden, wenn dies zum besseren Verständnis des Ersuchens notwendig ist.

[III] Zur Ergänzung kann im Ersuchen Auskunft auch zu Punkten erbeten werden, die andere als die in Artikel 1 Abs. 1 angeführten Rechtsgebiete betreffen, sofern diese Punkte mit denen im Zusammenhang stehen, auf die sich das Ersuchen in erster Linie bezieht.

[IV] Ist das Ersuchen nicht von einem Gericht abgefaßt, so ist ihm die gerichtliche Entscheidung beizufügen, durch die es genehmigt worden ist.

Übk Art 5. Übermittlung des Auskunftsersuchens. **Das Auskunftsersuchen ist von einer Übermittlungsstelle oder, falls eine solche nicht besteht, vom Gericht, von dem das Ersuchen ausgeht, unmittelbar der Empfangsstelle des ersuchten Staates zu übermitteln.**

Übk Art 6. Zur Beantwortung von Auskunftsersuchen zuständige Stellen. I Die Empfangsstelle, bei der ein Auskunftsersuchen eingegangen ist, kann das Ersuchen entweder selbst beantworten oder es an eine andere staatliche oder an eine öffentliche Stelle zur Beantwortung weiterleiten.

II Die Empfangsstelle kann das Ersuchen in geeigneten Fällen oder aus Gründen der Verwaltungsorganisation auch an eine private Stelle oder an eine geeignete rechtskundige Person zur Beantwortung weiterleiten.

III Ist bei Anwendung des vorstehenden Absatzes mit Kosten zu rechnen, so hat die Empfangsstelle vor der Weiterleitung des Ersuchens der Behörde, von der das Ersuchen ausgeht, die private Stelle oder die rechtskundige Person anzuzeigen, an die das Ersuchen weitergeleitet werden soll; in diesem Falle gibt die Empfangsstelle der Behörde möglichst genau die Höhe der voraussichtlichen Kosten an und ersucht um ihre Zustimmung.

Übk Art 7. Inhalt der Antwort. [1] Zweck der Antwort ist es, das Gericht, von dem das Ersuchen ausgeht, in objektiver und unparteiischer Weise über das Recht des ersuchten Staates zu unterrichten. [2] Die Antwort hat, je nach den Umständen des Falles, in der Mitteilung des Wortlauts der einschlägigen Gesetze und Verordnungen sowie in der Mitteilung von einschlägigen Gerichtsentscheidungen zu bestehen. [3] Ihr sind, soweit dies zur gehörigen Unterrichtung des ersuchenden Gerichts für erforderlich gehalten wird, ergänzende Unterlagen wie Auszüge aus dem Schrifttum und aus den Gesetzesmaterialien anzuschließen. [4] Erforderlichenfalls können der Antwort erläuternde Bemerkungen beigefügt werden.

Übk Art 8. Wirkungen der Antwort. Die in der Antwort enthaltenen Auskünfte binden das Gericht, von dem das Ersuchen ausgeht, nicht.

Übk Art 9. Übermittlung der Antwort. Die Antwort ist von der Empfangsstelle, wenn die Übermittlungsstelle das Ersuchen übermittelt hat, dieser Stelle oder, wenn sich das Gericht unmittelbar an die Empfangsstelle gewandt hat, dem Gericht zu übermitteln.

Übk Art 10. Pflicht zur Beantwortung. I Vorbehaltlich des Artikels 11 ist die Empfangsstelle, bei der ein Auskunftsersuchen eingegangen ist, verpflichtet, zu dem Ersuchen das Weitere gemäß Artikel 6 zu veranlassen.

II Beantwortet die Empfangsstelle das Ersuchen nicht selbst, so hat sie vor allem darüber zu wachen, daß es unter Beachtung des Artikels 12 erledigt wird.

Übk Art 11. Ausnahmen von der Pflicht zur Beantwortung. Der ersuchte Staat kann es ablehnen, zu einem Auskunftsersuchen das Weitere zu veranlassen, wenn durch die Rechtssache, für die das Ersuchen gestellt worden ist, seine Interessen berührt werden oder wenn er die Beantwortung für geeignet hält, seine Hoheitsrechte oder seine Sicherheit zu gefährden.

Übk Art 12. Frist für die Beantwortung. [1] Ein Auskunftsersuchen ist so schnell wie möglich zu beantworten. [2] Nimmt die Beantwortung längere Zeit in Anspruch, so hat die Empfangsstelle die ausländische Behörde, die sich an sie gewandt hat, entsprechend zu unterrichten und dabei nach Möglichkeit den Zeitpunkt anzugeben, zu dem die Antwort voraussichtlich übermittelt werden kann.

Übk Art 13. Ergänzende Angaben. I Die Empfangsstelle sowie die gemäß Artikel 6 mit der Beantwortung beauftragte Stelle oder Person können von der Behörde, von der das Ersuchen ausgeht, die ergänzenden Angaben verlangen, die sie für die Beantwortung für erforderlich halten.

II Das Ersuchen um ergänzende Angaben ist von der Empfangsstelle auf dem Wege zu übermitteln, den Artikel 9 für die Übermittlung der Antwort vorsieht.

Übk Art 14. Sprachen. I [1] Das Auskunftsersuchen und seine Anlagen müssen in der Sprache oder in einer der Amtssprachen des ersuchten Staates abgefaßt oder von einer Übersetzung in diese Sprache begleitet sein. [2] Die Antwort wird in der Sprache des ersuchten Staates abgefaßt.

II Zwei oder mehr Vertragsparteien können jedoch vereinbaren, untereinander von den Bestimmungen des vorstehenden Absatzes abzuweichen.

Übk Art 15. Kosten. I Mit Ausnahme der in Artikel 6 Abs. 3 angeführten Kosten, die der ersuchende Staat zu zahlen hat, dürfen für die Antwort Gebühren oder Auslagen irgendwelcher Art nicht erhoben werden.

II Zwei oder mehr Vertragsparteien können jedoch vereinbaren, untereinander von den Bestimmungen des vorstehenden Absatzes abzuweichen.

Übk Art 16. Bundesstaaten. In Bundesstaaten können die Aufgaben der Empfangsstelle, mit Ausnahme der in Artikel 2 Abs. 1 Buchstabe a vorgesehenen, aus Gründen des Verfassungsrechts anderen staatlichen Stellen übertragen werden.

Übk Art 17. Inkrafttreten des Übereinkommens. I [1] Dieses Übereinkommen liegt für die Mitgliedstaaten des Europarats zur Unterzeichnung auf. [2] Es bedarf der Ratifikation oder der Annahme. [3] Die Ratifikations- oder Annahmeurkunden werden beim Generalsekretär des Europarats hinterlegt.

II Dieses Übereinkommen tritt drei Monate nach Hinterlegung der dritten Ratifikations- oder Annahmeurkunde in Kraft.

III Es tritt für jeden Unterzeichnerstaat, der es später ratifiziert oder annimmt, drei Monate nach der Hinterlegung seiner Ratifikations- oder Annahmeurkunde in Kraft.

Übk Art 18. (nicht abgedruckt).

Übk Art 19. Örtlicher Geltungsbereich des Übereinkommens. **[I] Jede Vertragspartei kann bei der Unterzeichnung oder bei der Hinterlegung ihrer Ratifikations-, Annahme- oder Beitrittsurkunde das Hoheitsgebiet oder die Hoheitsgebiete bezeichnen, für das oder für die dieses Übereinkommen gelten soll.**

[II] Jede Vertragspartei kann bei der Hinterlegung ihrer Ratifikations-, Annahme- oder Beitrittsurkunde oder jederzeit danach durch eine an den Generalsekretär des Europarats gerichtete Erklärung dieses Übereinkommen auf jedes weitere in der Erklärung bezeichnete Hoheitsgebiet erstrecken, dessen internationale Beziehungen sie wahrnimmt oder für das sie berechtigt ist, Vereinbarungen zu treffen.

[III] Jede nach dem vorstehenden Absatz abgegebene Erklärung kann für jedes darin bezeichnete Hoheitsgebiet gemäß Artikel 20 zurückgenommen werden.

Übk Artt 20, 21. (nicht abgedruckt).

15 **B. Ausführungsgesetz**

I. Ausgehende Ersuchen

AusfG § 1. **[1] Hat ein Gericht in einem anhängigen Verfahren ausländisches Recht einer der Vertragsparteien anzuwenden, so kann es eine Auskunft nach den Vorschriften des Übereinkommens einholen. [2] Das Gericht kann die Abfassung des Ersuchens auch den Parteien oder Beteiligten überlassen; in diesem Fall ist dem Auskunftsersuchen des Gerichts die gerichtliche Genehmigung des Ersuchens beizufügen. [3] Das Auskunftsersuchen ist von dem Gericht der Übermittlungsstelle vorzulegen.**

AusfG § 2. **[1] Eine Mitteilung des anderen Vertragsstaats, daß für die Erledigung des Ersuchens mit Kosten zu rechnen ist (Artikel 6 Abs. 3 des Übereinkommens), leitet die Übermittlungsstelle dem ersuchenden Gericht zu. [2] Das Gericht teilt der Übermittlungsstelle mit, ob das Ersuchen aufrechterhalten wird.**

AusfG § 3. **[1] Werden für die Erledigung eines Auskunftsersuchens von einem anderen Vertragsstaat Kosten erhoben, sind die Kosten nach Eingang der Antwort von der Übermittlungsstelle dem anderen Vertragsstaat zu erstatten. [2] Das ersuchende Gericht übermittelt den Kostenbetrag der Übermittlungsstelle.**

AusfG § 4. **Die Vernehmung einer Person, die ein Auskunftsersuchen in einem anderen Vertragsstaat bearbeitet hat, ist zum Zwecke der Erläuterung oder Ergänzung der Antwort unzulässig.**

II. Eingehende Ersuchen

AusfG § 5. **[1] Bezieht sich ein Auskunftsersuchen auf Landesrecht, leitet es die Empfangsstelle an die von der Regierung des Landes bestimmte Stelle zur Beantwortung weiter. [2] Bezieht sich ein Auskunftsersuchen auf Bundesrecht und auf Landesrecht, soll es die Empfangsstelle an die von der Regierung des Landes bestimmte Stelle zur einheitlichen Beantwortung weiterleiten. [3] Gilt Landesrecht in mehreren Ländern gleichlautend, so kann die Beantwortung der Stelle eines der Länder übertragen werden.**

AusfG § 6. **[I] [1] Die Empfangsstelle kann ein Auskunftsersuchen an einen bei einem deutschen Gericht zugelassenen Rechtsanwalt, einen Notar, einen beamteten Professor der Rechte oder einen Richter mit deren Zustimmung zur schriftlichen Beantwortung weiterleiten (Artikel 6 Abs. 2 des Übereinkommens). [2] Einem Richter darf die Beantwortung des Auskunftsersuchens nur übertragen werden, wenn auch seine oberste Dienstbehörde zustimmt.**

[II] [1] Auf das Verhältnis der nach Absatz 1 bestellten Person zur Empfangsstelle finden die Vorschriften der §§ 407, 407 a, 408, 409, 411 Abs. 1, 2 und des § 412 Abs. 1 der Zivilprozeßordnung entsprechende Anwendung. [2] Die nach Absatz 1 bestellte Person ist wie ein Sachverständiger nach dem Gesetz über die Entschädigung von Zeugen und Sachverständigen zu entschädigen. [3] In den Fällen der §§ 409, 411 Abs. 2 der Zivilprozeßordnung und des § 16 des Gesetzes über die Entschädigung von Zeugen und Sachverständigen ist das Amtsgericht am Sitz der Empfangsstelle zuständig.

AusfG § 7. **[1] Wird die Auskunft von einer privaten Selle oder rechtskundigen Person erteilt (Artikel 6 Abs. 2 des Übereinkommens, § 6), obliegt die Entschädigung dieser Stelle oder Person der Empfangsstelle. [2] Die Empfangsstelle nimmt die Zahlungen des ersuchenden Staates entgegen. [3] Die Kostenrechnung ist der Empfangsstelle mit der Auskunft zu übersenden.**

AusfG § 8. **[1] Leitet die Empfangsstelle ein Ersuchen an eine von der Landesregierung bestimmte Stelle weiter, so nimmt diese die Aufgaben und Befugnisse der Empfangsstelle nach den §§ 6, 7 Satz 1, 3 wahr. [2] In den Fällen des § 6 Abs. 2 Satz 3 ist das Amtsgericht am Sitz der von der Landesregierung bestimmten Stelle zuständig. [3] Die von der Landesregierung bestimmte Stelle übermittelt die Antwort der Empfangsstelle. [4] Hatte die von der Landesregierung bestimmte Stelle die Beantwortung übertragen (Artikel 6 des Übereinkommens, § 6), übermittelt die Empfangsstelle die Zahlungen des ersuchenden Staates dieser Stelle.**

III. Sonstige Bestimmungen

AusfG § 9. **[I] Die Aufgaben der Empfangsstelle im Sinne des Artikels 2 Abs. 1 des Übereinkommens nimmt der Bundesminister der Justiz wahr.**

II 1 Die Aufgaben der Übermittlungsstelle im Sinne des Artikels 2 Abs. 2 des Übereinkommens nimmt für Ersuchen, die vom Bundesverfassungsgericht oder von Bundesgerichten ausgehen, der Bundesminister der Justiz wahr. 2 Im übrigen nehmen die von den Landesregierungen bestimmten Stellen diese Aufgaben wahr. 3 In jedem Land kann nur eine Übermittlungsstelle eingerichtet werden.

III 1 Der Bundesminister der Justiz wird ermächtigt, durch Rechtsverordnung, die der Zustimmung des Bundesrates bedarf, eine andere Empfangsstelle zu bestimmen, wenn dies aus Gründen der Verwaltungsvereinfachung oder zur leichteren Ausführung des Übereinkommens notwendig erscheint. 2 Er wird ferner ermächtigt, durch Rechtsverordnung, die nicht der Zustimmung des Bundesrates bedarf, aus den in Satz 1 genannten Gründen eine andere Übermittlungsstelle für Ersuchen zu bestimmen, die vom Bundesverfassungsgericht oder von Bundesgerichten ausgehen.

AusfG § 10. **Dieses Gesetz gilt nach Maßgabe des § 13 Abs. 1 des Dritten Überleitungsgesetzes vom 4. Januar 1952 (Bundesgesetzbl. I S. 1) auch im Land Berlin.**

AusfG § 11. **I Dieses Gesetz tritt gleichzeitig mit dem Europäischen Übereinkommen vom 7. Juni 1968 betreffend Auskünfte über ausländisches Recht in Kraft.**

II Der Tag, an dem dieses Gesetz in Kraft tritt, ist im Bundesgesetzblatt bekanntzugeben.

C. Geltungsbereich. Das Übereinkommen *gilt auch für* Belgien, Dänemark, Frankreich einschließlich seiner Übersee-Departments u -territorien, Island, Italien, Liechtenstein, Malta, Norwegen, Österreich, Schweden, Schweiz, Spanien, Vereinigtes Königreich, Zypern, Jersey, Bek v 4. 3. 75, BGBl II 300, Türkei, Costa Rica, Bek v 8. 6. 76, BGBl II 1016, Niederlande, Bek v 21. 1. 77, BGBl II 80, Griechenland, Bek v 21. 4. 78, BGBl II 788, Luxemburg, Portugal, Bek v 12. 10. 78, BGBl II 1295, Aruba, Bek v 26. 6. 87, BGBl II 385, Ungarn, Bek v 10. 1. 90, BGBl II 67, Finnland, Bulgarien, Sowjetunion, Bek v 20. 3. 91, BGBl II 647, Polen, Bek v 12. 3. 93, BGBl II 791, Estland, Weißrußland, Bek v 11. 3. 98, BGBl II 681, Slowenien, Bek v 22. 5. 98, BGBl II 1174, Albanien, Bek v 26. 9. 01, BGBl II 1120, Ukraine, Bek v 11. 4. 02, BGBl II 1160, Republik Moldau, Bek v 9. 7. 02, BGBl II 2295, Niederlande, Norwegen, Bek v 8. 11. 02, BGBl II 2924, Vereinigtes Königreich, Bek v 11. 2. 03, BGBl II 259, Mazedonien, Bek v 20. 3. 03, BGBl II 418, Mexiko, Bek v 7. 5. 03, BGBl II 538. 16

D. Zusatzprotokoll. Vgl ferner das *Zusatzprotokoll* v 15. 3. 78, BGBl **87** II 60, dazu G v 21. 1. 87, BGBl II 58. Es gilt für die BRep, Belgien, Dänemark, Frankreich, Italien, Luxemburg, Niederlande, Norwegen, Österreich, Portugal, Schweden, Schweiz, Spanien, Vereinigtes Königreich, Zypern, Bek v 11. 9. 87, BGBl II 593, Griechenland, Bek v 10. 12. 87, BGBl **88** II 6, Malta, Bek v 30. 5. 89, BGBl II 524, Island, Ungarn, Bek v 10. 1. 90, BGBl II 67, Finnland, Bulgarien, Bek v 20. 3. 91, BGBl II 647, Rumänien, Bek v 14. 5. 92, BGBl II 413, Polen, Bek v 12. 3. 93, BGBl II 791, Ukraine, Bek v 13. 7. 94, BGBl II 1260, Slowakei, Bek v 11. 3. 97, BGBl II 804, Litauen, Bek v 23. 4. 97, BGBl II 1083, Estland, Weißrußland, Bek v 11. 3. 98, BGBl II 682, Slowenien, Bek v 22. 5. 98, BGBl II 1174, Tschechische Republik, Bek v 14. 10. 98, BGBl II 2945, Belgien, Bek v 11. 12. 98, BGBl **99** II 15, Aserbaidschan, Bek v 22. 8. 00, BGBl II 1210, Schweden, Georgien, Beck v 18. 7. 01, BGBl II 789, Republik Moldau, Bek v 9. 7. 02, BGBl II 2295, Bundesrepublik Jugoslawien, Bek v 4. 9. 02, BGBl II 2535, Mazedonien, Bek v 20. 3. 03, BGBl II 418, Mexiko, Bek v 7. 5. 03, BGBl II 538, Liechtenstein, Bek v 23. 7. 03, BGBl II 957, Litauen, Bek v 23. 9. 04, BGBl II 1458, Türkei, Bek v 26. 4. 05, BGBl II 587, Albanien, Bek v 3. 7. 06, BGBl II 693, Montenegro, Bek v 8. 2. 08, BGBl II 176, Spanien, Bek v 23. 5. 08, BGBl II 608, 609. 17

Zum Übk *Otto* Festschrift für *Firsching* (1985), *Wolf* NJW **75**, 1583 ausf, *Wollny* DRiZ **84**, 479. Vgl ferner die Auskunftsstellen für Notare lt Liste in DNotZ **79**, 130.

6) Zweiseitige Auskunftsverträge. Vgl Art 18–26 des deutsch-marokkanischen Vertrags v 29. 10. 85, BGBl **88** II 1055, in Kraft seit 23. 6. 94, Bek v 24. 6. 94, BGBl II 1192. 18

7) Rechtsbehelfe, S 1, 2. Die Anordnung zur Unterstützung des Gerichts zB durch die Beibringung eines Rechtsgutachtens ist nur zusammen mit dem Endurteil anfechtbar, Ffm MDR **83**, 410. Beim Rpfl gilt § 11 II RPflG, § 104 Rn 69 ff. In der Berufungsinstanz kann die Klärung eher notwendig werden, ob deutsches oder ausländisches Recht gilt, BGH WertpMitt **80**, 1083, Ffm RIW **85**, 488, aM ZöGei 13 (aber das Rechtsmittelgericht hat eine höhere Verantwortung). Das Revisionsgericht darf das Ermessen des Berufungsgerichts grundsätzlich nur auf die Überschreitung der Grenzen des Ermessens nachprüfen. Es darf also das Verfahren bei der Feststellung des ausländischen Rechts nur im letzteren Sinn und wegen des sonstigen Verfahrens prüfen, BGH VersR **96**, 515, BVerwG RR **90**, 248, Saarbr NJW **02**, 1209. Insoweit ist aber auch eine volle Nachprüfung möglich, BGH NJW **02**, 3335. Allerdings darf es dabei nicht nur um die Nachprüfung des nicht revisiblen ausländischen Rechts gehen, BGH **118**, 163 und NJW **88**, 648. Die Klärung kann evtl offen bleiben, BGH NJW **91**, 2214, aM BGH NJW **92**, 3106 (aber es geht um Amtsermittlung, Grdz 38 vor § 128). Zum Problem Samtleben NJW **92**, 3057. 19

294 *Glaubhaftmachung.* **I Wer eine tatsächliche Behauptung glaubhaft zu machen hat, kann sich aller Beweismittel bedienen, auch zur Versicherung an Eides statt zugelassen werden.**

II Eine Beweisaufnahme, die nicht sofort erfolgen kann, ist unstatthaft.

Schrifttum: *Bender/Nack,* Vom Umgang der Juristen mit der Wahrscheinlichkeit, in: Festschrift für die *Deutsche Richterakademie* 1983; *Bender/Nack,* Tatsachenfeststellung vor Gericht, Bd I: Glaubwürdigkeits- und Beweislehre, 2. Aufl 1995; *Greger,* Beweis und Wahrscheinlichkeit, 1978; *Scherer,* Das Beweismaß bei der Glaubhaftmachung, 1996. S ferner bei §§ 916, 920.

Gliederung

1 **1) Systematik, I, II.** Die Glaubhaftmachung hat eine enorme praktische Bedeutung. Sie ist bei einer einstweiligen Verfügung in einer UWG-Sache entbehrlich, § 12 II UWG.

A. Begriff. „Ich weiß aber, daß die Reden, die sich nur auf die Wahrscheinlichkeit stützen, Geschwätz sind und ... einen gar leicht täuschen", Simmias, in: Platon, Phaidon, 41. – Glaubhaftmachung ist ein geringerer Grad der Beweisführung, Einf 8 vor § 284, BFH BB **78**, 245, LAG Stgt NZA-RR **08**, 432. Das Verfahren weicht daher von §§ 355 ff ab, BGH **156**, 141. Beweis ist eine an Sicherheit grenzende Wahrscheinlichkeit, § 286 Rn 16. Glaubhaftmachung ist weniger, nämlich nur eine *überwiegende Wahrscheinlichkeit*, BVerfG **38**, 39 (OWiG, StPO), BGH FamRZ **07**, 552 links, Zweibr MDR **01**, 413, LAG Nürnb NZA-RR **07**, 194. Dabei sollte man aber eine Überspannung vermeiden, Zweibr MDR **01**, 413 (§ 4 InsO), strenger ZöGre 6 (an die Umstände angepaßtes Maß. Aber auch das ist recht weit). An der Intensität, mit der das Gericht die rechtliche Beurteilung des Sachverhalts vornehmen muß, ändert die Zulässigkeit einer bloßen Glaubhaftmachung einer Tatsache nichts, Kblz NJW **01**, 1364. Auch bleiben Einwendungen des Gegners wie sonst statthaft. Auch sie brauchen dann nur glaubhaft zu sein, ZöGre 2. Das gilt selbst bei § 418 II, BGH VersR **83**, 491.

2 **B. Zulässigkeit.** Die Glaubhaftmachung setzt natürlich eine schlüssige Darlegung voraus, Zeuner NJW **07**, 2953. Sie ist sodann grundsätzlich nur in den vom Gesetz ausdrücklich genannten Fällen statthaft und ausreichend.

Beispiele: §§ 1994 II BGB, 44 II, 71 I 2, 104 II 1, 118 II 1, 224 II, 236 II 1, 251 a II 4, 296 IV, 299 II, 367 II, 386 I, II, 406 I, II 2, III, 424 Z 5, 430, 435 S 1, 441 IV, 487 Z 4, 493 II, 494 I, 511 III, 531 II 2, 532 S 3, 571 III 2, 589 II, 605 II, 714 II, 719 I 2, II 2, 769 I 2, 805 IV 1, 807 I 1, 815 II 1, 903, 914 I, 920 II.

Eine Glaubhaftmachung ist meist bei reinen *Prozeßfragen* oder dann zulässig, wenn eine mündliche Verhandlung nicht notwendig ist. Eine entsprechende Anwendung auf andere Fälle ist nur ganz vereinzelt zulässig. Denn § 294 ist als eine Ausnahme von der Regel des Vollbeweises nach § 286 eng auslegbar. Die entsprechende Anwendung ist regelmäßig nur dann möglich, wenn eine mündliche Verhandlung entbehrlich ist. § 294 gilt für beide Parteien. Er ist auch dann anwendbar, wenn das sachliche Recht eine Glaubhaftmachung verlangt.

3 **C. Notwendigkeit.** Soweit die Glaubhaftmachung für die eine Partei ausreicht, reicht sie auch gegenüber dem gegnerischen Bestreiten, Köln KTS **88**, 554. Freilich darf dann auch die andere Partei für ihre Gegenbehauptungen eine bloße Glaubhaftmachung vornehmen, BGH MDR **83**, 749. Wenn sich ein Beweis erübrigt, ist auch keine Glaubhaftmachung notwendig. Das gilt beim gerichtlichen Geständnis nach § 288, beim unterstellten Geständnis nach § 138 III, bei einer Offenkundigkeit nach § 291, bei einer Rechtsvermutung nach § 292. Der Richter muß seine pflichtgemäße Beurteilung zur Glaubhaftigkeit einer Tatsache zwar nicht bis in jede Verästelung begründen. Er muß aber nachvollziehbar machen, daß er anhand des richtigen Maßstabs sorgfältig geprüft und abgewogen hat. § 286 I 2 ist insofern nicht voll anwendbar, empfiehlt sich aber im Hinblick auf ein Rechtsmittel. In der Revisionsinstanz ist das tatsächliche Vorbringen nicht nachprüfbar. Daher sind auch die Mittel zu seiner Glaubhaftmachung nicht überprüfbar. Da ein voller Beweis aber nach Rn 1 ein Mehr ist, genügt er stets, soweit das Gericht ihn auch sofort erheben kann, II.

4 **2) Regelungszweck, I, II.** Sinn der Vorschrift ist zunächst eine zeitliche Einschränkung im Interesse der Prozeßwirtschaftlichkeit nach Grdz 14 vor § 128 und im Interesse der Gerechtigkeit, Einl III 9, 36. Zugleich schafft die Vorschrift aber auch eine im Umfang klare Ausweitung der prozessualen Möglichkeiten der Meinungsbildung.

Großzügigkeit wie Behutsamkeit sind die Pole der Spannung, in die § 294 das Gericht und damit die Parteien stellt. Die floskelhafte Versicherung der Richtigkeit darf nicht zu einer bequemen Bejahung einer Glaubhaftigkeit führen. Sie führt noch dazu oft zum Vollstreckungstitel ohne eine vorherige Anhörung des Gegners, etwa bei §§ 916 ff, 935 ff. Andererseits lassen sich nun einmal enorme wirtschaftliche Verluste oder immaterielle Nachteile nur auf dem Boden der bloßen Glaubhaftigkeit eines Vortrags wenigstens vorläufig eindämmen oder verhindern. Das zwingt zu einer weder zu nachlässigen noch zu vorsichtigen Handhabung des Begriffs der Glaubhaftmachung. Die Zumutbarkeit eines weiteren Vortrags oder weiterer präsenter Beweismittel ist oft ein hilfreiches Abwägungsmerkmal.

5 **3) Geltungsbereich, I, II.** Die Vorschrift gilt in allen Verfahrensarten nach der ZPO, auch im WEG-Verfahren, auch im arbeitsgerichtlichen Verfahren, § 46 II 1 ArbGG, oder im Insolvenzverfahren, § 4 InsO, BayObLG KTS **02**, 145, Zweibr MDR **01**, 413, AG Potsd RR **03**, 335. § 611 a BGB erfordert nicht § 294, ArbG Bln NJW **08**, 1401. Im FamFG-Verfahren gilt § 31 FamFG.

6 **4) Zulässigkeit aller Beweismittel, I.** Wer in den gesetzlich vorgesehenen Fällen eine tatsächliche Behauptung glaubhaft machen muß, darf sich aller Beweismittel nach § 284 S 2, §§ 355 ff bedienen, auch einer rechtskräftigen Entscheidung, BGH **156**, 139, oder einer schriftlichen Zeugenerklärung nach § 377 III, oder eines Attests, Ffm NJW **05**, 2634, auch eines Privatgutachtens nach Üb 21 ff vor § 402, auch der uneidlichen Parteivernehmung, §§ 445 ff. Die eidliche setzt voraus, daß sich das Gericht auf Grund der unbeeidigten Aussage einer Partei eine Überzeugung von der Wahrheit oder Unwahrheit der zu erweisenden Tatsachen noch nicht bilden konnte, § 452. Das Gericht kann auch außerhalb der

Formen der Beweismittel nach §§ 371 ff jede nach II sofort mögliche Art und Weise der Wahrscheinlichmachung berücksichtigen. Es kann zB eine sofort erreichbare Akte beiziehen, ein Foto betrachten, Jena OLGR **97**, 94, oder eine unbeglaubigte Kopie, BGH **156**, 143, oder das Wissen jeder Auskunftsperson ohne Rücksicht auf die Form der Bekundung würdigen, Mü Rpfleger **85**, 457. Eine schlichte Parteierklärung kann zur Glaubhaftmachung genügen, § 286 Rn 5, BVerfG NJW **97**, 1771, Köln FamRZ **83**, 711, LG Dortm Rpfleger **86**, 321. Daher kann ausnahmsweise (zur Regel § 420 Rn 2) auch zB eine unbeglaubigte Fotokopie genügen, BGH RR **87**, 900, BayObLG RR **92**, 1159. Andererseits mag ein bloßer Beweisantritt ungenügend sein, Köln FER **97**, 175.

5) Versicherung an Eides Statt, I. Die Praxis behandelt sie zu großzügig. 7

A. Grundsatz: Druckmittel der Strafbarkeit falscher Versicherung. Das Gericht kann auch die mit dem Druckmittel des § 156 StGB versehene eidesstattliche Versicherung der Behauptung gestatten, BGH **156**, 141. Es kann also eine solche Versicherung entgegennehmen, soweit nicht das Gesetz das ausdrücklich verbietet, zB in §§ 44 II 1, 406 III, 511 III Hs 2. Sie ist schriftlich, mündlich oder evtl auch per Telefax statthaft, BayObLG NJW **96**, 406 (krit Vormbaum/Zwiehoff JR **96**, 292). Sie ersetzt den bei der Parteivernehmung geleisteten Eid. Sie ist aber ein ganz andersartiges Beweismittel. Die eidesstattliche Versicherung setzt eine Eidesfähigkeit voraus. Das Gericht kann sie den Parteien und Dritten über eigene und fremde Handlungen abnehmen, auch dem Beweisführer. Es kann außerdem alle Mittel anwenden, die seiner Überzeugungsbildung dienen können. Es kann zB eine schriftliche Zeugenaussage oder eine solche per Telefax entgegennehmen und deren Echtheit nach § 286 frei prüfen, BayObLG NJW **96**, 406. Bei der Würdigung einer eidesstattlichen Versicherung ist in der Regel eine besondere Vorsicht nötig, BPatG GRUR **78**, 359, AG Brschw AnwBl **85**, 539. Es ist auch ein gesundes Mißtrauen erlaubt, LAG Mü DB **78**, 260, zB bei der Erklärung eines Testkäufers, Ffm GRUR **84**, 304.

B. Einzelfragen. Nicht jede einfache Erklärung des ProzBev reicht aus. Freilich darf das Gericht auch sie nach § 286 stets frei würdigen, BAG BB **86**, 1232, LAG Stgt MDR **78**, 789. Seine anwaltliche Versicherung kann eher ausreichen. Das Gericht darf alles frei würdigen, § 286, BGH FamRZ **07**, 552 links, BayObLG WoM **94**, 297, Köln MDR **86**, 152. Die eidesstattliche Versicherung eines Anwalts ist allerdings keineswegs von vornherein mehr wert, LAG Düss DB **76**, 106, AG Brschw AnwBl **85**, 539. Auch sie muß sich gerade auf eine selbst erlebte Tatsache beziehen, BGH NJW **04**, 3492. Sie darf sich daher nicht nur zB auf das „Entstehen einer Gebühr" beschränken, LG Köln AnwBl **82**, 84. Sie darf auch nicht im Widerspruch zum sonstigen Vortrag stehen, BGH NJW **02**, 1430 links oben. Die sog anwaltliche Versicherung reicht zumindest nicht wegen des Verhaltens eines Dritten aus, etwa eines Angestellten, Drsd FamRZ **00**, 834. 8

Die eidesstattliche Versicherung einer *Partei* ist oft wertlos. Sie erfolgt nur zu oft leichtfertig. Sie ist meist nichts anderes als eine eindringliche Parteierklärung. Man muß eine bloße Bezugnahme der Partei auf einen gesonderten eigenen Antrag oder auf einen Anwaltsschriftsatz ohne eine eigene Tatsachenbehauptung in der eidesstattlichen Versicherung zurückhaltend bewerten, BGH NJW **88**, 2045 (er bezeichnet sie als eine „heute weit verbreitete Unsitte"), BGH NJW **96**, 1682, Ffm FamRZ **84**, 313. Es kommt darauf an, ob die Partei den Anwaltsschriftsatz als selbst gelesen hat, Kblz MDR **05**, 828, oder ob sie wenigstens nicht nur sein Diktat als miterlebt bezeichnet, sondern auch die Fertigstellung, am besten bis zur Anwaltsunterschrift. Dritte unterschreiben meist, was man ihnen vorlegt, BPatG GRUR **78**, 360. Im übrigen ist höchstens die derartige Bezugnahme auf einen Tatsachenvortrag zulässig, nicht auch diejenige auf Rechtsausführungen, Kblz MDR **05**, 828. Eine eidesstattliche Versicherung des Gegners kann diejenige des Erklärenden entkräften, Mü FamRZ **76**, 696.

6) Sofortige Beweisaufnahme, II. Viele verkennen die Vorschrift. Sie gilt nur, soweit das Gesetz eine Glaubhaftmachung geradezu erfordert und nicht bloß als genügend bezeichnet. 9

A. Notwendigkeit. Die Glaubhaftmachung verlangt einen solchen Beweis, den das Gericht sofort erheben kann. Das gilt insoweit, als das Gesetz sie fordert und nicht nur zuläßt und soweit das Gericht nicht ohnehin nach § 216 einen Termin anberaumen und zB nach § 273 vorbereiten muß. Ein bloßes Erbieten zur Glaubhaftmachung ist unbeachtlich. Die Partei muß daher grundsätzlich jedes Beweismittel und insbesondere jeden Zeugen zum Gericht bringen, auch im Eilverfahren, BGH **156**, 141, Ffm MDR **84**, 1034. Eine Vertagung zur Beweisaufnahme ist unzulässig, BGH FamRZ **89**, 373. Das übersieht Ffm NJW **87**, 1411 und 1412, das eine erst noch wenn auch kurzfristig anberaumte Augenscheinseinnahme zuläßt (aber ein möglichst baldiger Termin ist ohnehin bei jeder Terminsart nach § 216 II notwendig).

Daher müssen *Urkunden* sofort vorliegen. Auch eine eidesstattliche Versicherung des Gegners zur Entkräftung muß sofort vorliegen, Mü FamRZ **76**, 696. Ein Antrag zB nach § 421 reicht also nicht aus. Die Bezugnahme auf eine vom Gericht erst noch einholbare Auskunft reicht nicht aus. Das gilt selbst dann, wenn die Behörde sie der Partei nicht direkt erteilen würde. Die Vernehmung des Prozeßgegners ist zulässig, wenn er sofort erscheint. Über die Echtheit einer Urkunde muß das Gericht sofort nach §§ 286, 438 ff entscheiden. Man darf im Termin beantragen, sofort erlangbare Akten beizuziehen.

Dem Gericht kann einer Partei aber *nicht* zumuten, eine Akte erst auf einer anderen Geschäftsstelle oder im Archiv usw *heraussuchen* zu lassen, jedenfalls dann nicht, wenn der Verhandlungstermin im übrigen enden könnte und wenn sich sofort Verhandlungen in anderen Sachen anschließen sollen. Eine Amtliche Auskunft muß sofort vorliegen. Der Beweisführer muß eine Beweisperson regelmäßig gestellen, „sistieren", Rn 9. Hat er sich auf sie in einem vorbereitenden Schriftsatz bezogen, so darf, nicht muß, der Richter sie zwar auch laden, §§ 118 II 3, 273. Die Partei kann sich aber nicht auf eine derartige Ladung verlassen Das Gericht muß den Beweisführer von dem Unterbleiben der Ladung einer Beweisperson nur dann informieren, wenn das ohne jede zeitliche oder sonstige Schwierigkeit möglich ist. Ein Beweisbeschluß und eine Protokollierung der Beweisaufnahme sind wie sonst nötig. 10

B. Verstoß. Er ist an sich unheilbar, soweit keine Parteiherrschaft besteht, Grdz 18, 19 vor § 128, BGH FamRZ **89**, 373. Jedoch ist ein verfahrensfehlerhaft bis zum Verhandlungsschluß nach §§ 136 IV, 296a zur Akte gelangtes Glaubhaftmachungsmittel mitverwertbar, BGH FamRZ **89**, 373. 11

295 *Verfahrensrügen.* [I] **Die Verletzung einer das Verfahren und insbesondere die Form einer Prozesshandlung betreffenden Vorschrift kann nicht mehr gerügt werden, wenn die Partei auf die Befolgung der Vorschrift verzichtet, oder wenn sie bei der nächsten mündlichen Verhandlung, die auf Grund des betreffenden Verfahrens stattgefunden hat oder in der darauf Bezug genommen ist, den Mangel nicht gerügt hat, obgleich sie erschienen und ihr der Mangel bekannt war oder bekannt sein musste.**

[II] **Die vorstehende Bestimmung ist nicht anzuwenden, wenn Vorschriften verletzt sind, auf deren Befolgung eine Partei wirksam nicht verzichten kann.**

Schrifttum: *Ahrendt,* Der Zuständigkeitstreit im Schiedsverfahren, 1996 (rechtsvergleichend zu §§ 1025 ff); *Fenger,* Die Genehmigung unwirksamer Prozeßhandlungen, Diss Mü 1986.
S ferner Grdz 45 vor § 128.

Gliederung

1 **1) Systematik, I, II.** Die Vorschrift stellt in I nur scheinbar eine Ausnahme vom Grundsatz dar, daß man einen Verfahrensverstoß auch bis zum Schluß der letzten mündlichen Verhandlung §§ 136 IV, 296 a rügen kann und daß das Gericht ihn ohnehin von Amts wegen beachten muß In Wahrheit ist I ein neben II gleichrangiger weiterer Grundsatz. §§ 276 I, 277 I gehen vor, dort Rn 4.

2 **2) Regelungszweck, I, II.** I dient der Parteiherrschaft nach Grdz 18, 19 vor § 128, Nürnb MDR **99**, 1409. Die Vorschrift dient auch der Erkenntnis, daß die Rechtsidee eben aus drei Komponenten besteht. Von ihnen ist die Gerechtigkeit nach Einl III 9, 36 nur *ein* Aspekt, wenn auch der wichtigste, § 296 Rn 2. II dient vor allem der Rechtsstaatlichkeit nach Einl III 15, aber auch der Rechtssicherheit, Einl III 43. Auch soll das Verfahrensrecht nie zum Selbstzweck werden, Einl III 10, 38. Diese unterschiedlichen Zielsetzungen muß man bei der Auslegung mitbeachten.

Kenntnis oder Kennenmüssen sind nach I wesentliche Voraussetzungen des Rügeverlusts. Ihr Vorliegen läßt sich manchmal nur schwierig beurteilen. Dann kommt es darauf an, welches Maß an Sorgfalt man von der Partei verlangen will. Je mehr Wert man der Parteiherrschaft zuspricht, desto mehr muß man von der Partei auch eine Aufmerksamkeit fordern, nicht umgekehrt, wie es oft fälschlich geschieht. Wer einer Partei eher eine Erkennbarkeit zumutet, ehrt sie in Wahrheit mehr. Natürlich darf eine solche Haltung nicht zur glatten Überforderung führen. Wohl aber darf eine solche Haltung auch zur Folge haben, daß die Partei und ihr ProzBev sich intensiver und selbstkritischer verhalten müssen und daß man im Zweifel eher eine Rüge erheben sollte. Auch das ist bei der Anwendung von § 295 mitbeachtlich.

3 **3) Geltungsbereich, I, II.** § 295 gilt im Gesamtbereich der ZPO, auch im WEG-Verfahren. Die Vorschrift betrifft nur Verfahrensvorschriften und auch insoweit nur ein Verfahren mit einer notwendigen oder freigestellten mündlichen Verhandlung, nicht zB das Mahnverfahren, §§ 688 ff. Er bezieht sich auf mangelhafte Prozeßhandlungen im weitesten Sinn nach Grdz 46 vor § 128, und zwar auf solche der Parteien, des Gerichts, mitwirkender Amtspersonen, etwa der Zustellungs- und Vollstreckungsbeamten. Wenn solche Prozeßhandlungen gegen zwingende öffentlichrechtliche Vorschriften verstoßen, sind sie als Entscheidung nach Einl III 30 bedingt wirksam, sonst ganz unwirksam. Sie sind aber schon zur Vermeidung des Selbstzwecks von Verfahrensregeln nach Einl III 9, 10 evtl heilbar, wenn der Mangel ihre Form oder das Verfahren im Gegensatz zum Inhalt der Prozeßhandlung betrifft, den error in procedendo im Gegensatz zum error in iudicando.

Danach ist § 295 *nicht* auf solche Mängel anwendbar, die die Beschaffenheit des Prozeßstoffs betreffen, also den Inhalt der Parteierklärungen oder die Begründung der Ansprüche. Unanwendbar ist die Vorschrift auch auf die Beurteilung des Prozeßstoffs durch das Gericht, zB auf die Verwertung einer nicht protokollierten Aussage nach einem Richterwechsel. Die Rechtskraft schließt jede Mängelrüge aus. Es bleibt lediglich die Möglichkeit einer Nichtigkeitsklage nach § 579. Auch die von dieser betroffenen Mängel heilen aber mit dem Ablauf der Frist des § 586. § 295 ist bei § 111 BNotO entsprechend anwendbar, BGH MDR **00**, 914. § 295 ist im Bereich des § 113 I 2 FamFG außerhalb einer Amtsermittlung nach § 26 FamFG anwendbar, (zum alten Recht), BayObLG FamRZ **88**, 873. Die Vorschrift gilt nicht im Verwaltungsverfahren, BSG MDR **92**, 1067.

4 **4) Heilungsarten, I, II.** Mangelhafte Prozeßhandlungen heilen: Rückwirkend durch eine Genehmigung, wenn sie zulässig ist, wenn also die handelnde Partei nach § 50 parteiunfähig oder nach § 51 prozeßunfähig war oder wenn sie mangelhaft vertreten war, § 78 Rn 32, Hager NJW **92**, 353; für die Zukunft durch die erneute Vornahme einer wirksamen Prozeßhandlung, BPatG GRUR **82**, 365; durch den Verzicht des Rügeberechtigten; durch die Unterlassung einer Rüge, BVerwG NJW **89**, 601, Nürnb OLGZ **87**, 485. § 295 behandelt nur die beiden letzten Fälle. Beide Arten von Mängeln heilen für alle Instanzen, §§ 531, 558. Sachlichrechtlich können sich aus der Heilung für die Verjährung und andere Fristen Wirkungen ergeben.

Rügt man das objektiv völlige Fehlen einer Klagezustellung nicht, tritt die *Rechtshängigkeit* nach § 261 I mit demjenigen Zeitpunkt ein, in dem man nicht mehr rügen kann, also grundsätzlich nicht rückwirkend, BGH NJW **84**, 926. Jedoch wahrt man dadurch rückwirkend die Frist entsprechend § 167, wenn das noch einer demnächstigen Zustellung entspricht. Ebenso kann sich eine Unterbrechung bei der Erhebung eines neuen Anspruchs mit der Einreichung des Schriftsatzes ergeben, wenn vor der ordnungsgemäßen Zustellung eines Schriftsatzes eine rügelose Verhandlung stattfindet.

Liegt eine Klagezustellung vor, wenn auch eben fehlerhaft, kann durch das rügelose Verhandeln eine *Rückwirkung* der Heilung auf den Zustellungspunkt eintreten, BGH NJW **84**, 926. Freilich gilt das nicht nach einer Umgehung zwingender Vorschriften wie etwa einer Klagausschlußfrist oder von § 1589 II BGB, BGH NJW **84**, 926. Auch sonst hat eine Heilung keine rückwirkende Kraft, zB dann nicht, wenn der Klageschrift ein wesentliches Erfordernis fehlt, etwa die Unterschrift nach §§ 130 Z 6, 253 IV, Tempel NJW **83**, 556. Die Heilung tritt dann erst im Zeitpunkt der Behebung des Mangels oder der rügelosen Verhandlung ein, aM BAG NJW **86**, 3224 (aber eine Rückwirkung ist als Ausnahme nur selten möglich). 5

Die etwaige Heilbarkeit berechtigt das Gericht keineswegs dazu, einen schon vorher erkannten Mangel zu *übersehen* oder zu übergehen und einfach abzuwarten, ob eine Partei ihn rügt. Keine Partei kann das Gericht zu einer solchen Mißachtung der Verfahrensvorschriften zwingen, schon gar nicht mit dem Mittel eines Ablehnungsgesuchs nach §§ 42 ff oder mit einer Dienstaufsichtsbeschwerde. Mag sie nach § 567 I Z 2 vorgehen. 6

5) Heilbarer Mangel, I. Er beherrscht die Praxis. Er liegt vor, soweit kein öffentliches Interesse oder Schutzbedürfnis im Sinn von Rn 16 besteht. 7

A. Grundsatz: Rügemöglichkeit bis zur Verhandlung. Mangelhafte Prozeßhandlungen des Gerichts dürfen beide Parteien rügen, solche einer Partei nur der Gegner. Die Rüge ist eine einseitige Parteiprozeßhandlung nach Grdz 47 vor § 128, Jena FamRZ **03**, 1843. Sie ist nicht annahmebedürftig und daher auch dann wirksam möglich, wenn der Gegner nicht erscheint oder nicht verhandelt, Jena FamRZ **03**, 1843. Sie ist stillschweigend möglich, Jena FamRZ **03**, 1843. Die Partei muß evtl schon vor, jedenfalls aber bei der nächsten mündlichen Verhandlung nach § 39 Rn 6 rügen, die auf Grund des mangelhaften Verfahrens stattfindet, wenn auch vor einem unzuständigen Gericht, oder die auf die Verhandlung des mangelhaften Verfahrens Bezug nimmt. Das Verfahren vor dem Kollegium und vor dem Einzelrichter nach §§ 348, 348 a, 526, 527, 568 ist einheitlich, BGH NJW **94**, 802. Beim verordneten Richter der §§ 361, 362 ist eine Rüge entbehrlich. Der Termin muß der Verhandlung derjenigen Sache dienen, die der Mangel betrifft. Eine bloße Vertagung nach § 227 begründet keinen Verzicht. Nach einem entscheidungserheblichen heilbaren Mangel muß das Gericht die Verhandlung wiedereröffnen, § 156 II Z 1. Ein erst aus dem Urteil erkennbarer Verfahrensfehler heilt in dieser Instanz nicht, Schlesw MDR **99**, 761.

B. Verhandlung. Das ist auch eine solche im Anschluß an die Beweisaufnahme, §§ 285 I, 370 I. Es ist also nicht ein neuer Termin notwendig, BVerwG NJW **77**, 314, Karlsr VersR **89**, 810, Nürnb MDR **05**, 473. Die Verhandlung braucht keine solche zur Hauptsache zu sein, § 137 Rn 7. Sie muß aber über eine Verfahrensfehler-Erörterung hinausgehen und zur Sache erfolgen, Nürnb MDR **05**, 473. Man muß Mängel der Beweisaufnahme vor dem Prozeßgericht in der anschließenden Verhandlung rügen. Das darf also nicht erst im danach folgenden Termin geschehen, § 367 Rn 4, Zweibr RR **99**, 1368. Die Partei muß im Termin erschienen sein und verhandelt haben. Die Rüge in einem vorbereitenden Schriftsatz nach § 129 Rn 7 genügt nicht. Ein Erscheinen und Verhandeln des Gegners ist unnötig. Vgl aber § 342. Im schriftlichen Verfahren nach § 128 II ist die Rüge im nächsten Schriftsatz nötig, Bischof NJW **85**, 1144, aM ThP 6, StJL 31 (sie sei bis zur nächsten Entscheidung erlaubt), ZöGre 2 (sie sei nur bis zum Einverständnis mit einer Entscheidung – gemeint wohl: der nächsten – im schriftlichen Verfahren erlaubt. Beide Varianten beachten nicht genug das Gebot der Prozeßförderung nach Grdz 12 vor § 128 und damit das Gebot der Unverzüglichkeit wie bei § 121 I 1 BGB). Im Aktenlageverfahren nach § 251 a erfolgt die Rüge nur in einer mündlichen Verhandlung. Denn diese Verfahrensart hat keinen Dauercharakter und ist nicht freiwillig schriftlich. 8

C. Verzichtserklärung. Das Rügerecht geht durch den Verzicht auf eine Befolgung der Vorschrift verloren. Der Verzicht hat mit demjenigen auf den Anspruch nach § 306 nichts gemeinsam. Er entspricht dem Verzicht des § 296 III. Er ist eine einseitige Erklärung derjenigen Partei, die durch den Mangel benachteiligt wäre. Ein Verzicht ihres Prozeßgegners ist nicht erforderlich und nicht ausreichend. Die Verzichtserklärung ergeht als eine Parteiprozeßhandlung nach Grdz 47 vor § 128 gegenüber dem Gericht. Soweit das Verfahren eine mündliche Verhandlung verlangt, muß man seinen Verzicht in dieser Verhandlung erklären, Zweibr RR **99**, 1368, aM StJL 21 (aber genau auch zu einer solchen fast prozeßbeendenden Erklärung ist die Verhandlung grundsätzlich da). Die Verzichtserklärung kann formlos, ausdrücklich oder stillschweigend geschehen, BVerwG NJW **89**, 601, Düss RR **01**, 522. Wenn das Gesetz nicht einen vorherigen Verzicht ausdrücklich erlaubt, also eine „Einwilligung“ wie bei § 263, kann man den Verzicht nur nachträglich im Anschluß an den Verfahrensverstoß wirksam erklären. Jedoch kann man auf das Rügerecht nicht zurückgreifen, wenn die Parteien selbst einen dahingehenden Antrag gestellt haben. Ein weitergehender Verzichtswille ist nicht erforderlich, Nürnb MDR **05**, 473. Der Verzicht ist unwiderruflich, Grdz 58 vor § 128. 9

D. Verlust durch Rügeunterlassung. Das Rügerecht geht ferner durch das Unterlassen der Rüge verloren, und zwar endgültig, Karlsr OLGZ **85**, 495 (zu § 93), von jetzt an, nicht stets rückwirkend, Jena FamRZ **98**, 1447 (Rechtshängigkeit). Das ist nicht ein vermuteter Verzicht, sondern ein selbständiger Heilungsgrund. Er erfordert darum keinen Verzichtswillen. Der Verzichtende muß aber den Mangel kennen oder schuldhaft nicht kennen, BVerwG NJW **89**, 601. Ob das zutrifft, braucht des Gericht in einer Ausübung seiner Fragepflicht nach § 139 nur dann festzustellen, wenn es die Partei ohne einen entsprechenden Hinweis auf das Rügerecht mit seiner Entscheidung überraschen würde. Ein Anwalt braucht ihm übersandte Akten nicht außerhalb des bisherigen Einsichtszwecks auf etwaige Verfahrensfehler durchzuprüfen, BVerfG **18**, 150. Eine Unkenntnis gerichtsinterner Vorgänge schließt die Fahrlässigkeit im allgemeinen aus. Bei einer späteren Rüge muß die Partei ihre Schuldlosigkeit an der Unkenntnis dartun, BGH RR **99**, 1252. Die Rüge und ihr Unterlassen können durch schlüssige Handlungen geschehen. 10

E. Voraussetzungen einer Rügeunterlassung. Es müssen im einzelnen die folgenden Voraussetzungen zusammentreffen. 11

Im Anschluß an den Verfahrensverstoß muß eine mündliche *Verhandlung* stattfinden, Schlesw MDR **99**, 761. Sie kann sich unmittelbar anschließen, zB an eine Beweisaufnahme, §§ 279 III, 285 I, 370 I. Eine Erörterung genügt nicht, Rn 12. Es genügt, daß ein Verfahrensbeteiligter oder das Gericht in dieser nächsten Verhandlung oder Erörterung auf den fehlerhaften Verfahrensteil oder -akt auch nur stillschweigend Bezug nimmt.

12 Der vom Verfahrensmangel Benachteiligte muß ferner gerade zu der nächsten Verhandlung nach Rn 11 *erschienen* sein, sei er Partei, Streitgenosse, Streithelfer, Beigeladener, gesetzlicher oder rechtsgeschäftlicher Vertreter, ProzBev oder Beistand. Das Erscheinen auch des Prozeßgegners ist nicht erforderlich, Jena FamRZ **03**, 1843. Das gilt vorbehaltlich § 342.

13 Der vom Verfahrensmangel Benachteiligte nach Rn 12 muß gerade in der nächsten Verhandlung nach Rn 11 auch zur Sache *verhandeln,* § 137 Rn 7, Düss RR **01**, 522.

14 Der Verhandelnde nach Rn 13 darf den Mangel bis zum Schluß dieser Verhandlung nach §§ 136 IV, 296 a *nicht* ausdrücklich oder stillschweigend *gerügt* haben. Nach einem Verstoß des vorbereitenden Einzelrichters genügt die nächste Verhandlung vor dem Kollegium, BGH NJW **94**, 802. Im schriftlichen Verfahren nach § 128 II genügt die Rüge in dem einem Verstoß folgenden Schriftsatz, Bischof NJW **85**, 1143.

15 Der nach Rn 14 nicht gerügte Mangel muß beim Benachteiligten im Zeitpunkt des Beginns seiner Verhandlung nach § 137 Rn 4, § 297 schon und noch *bekannt* sein oder sein können, Pantle NJW **88**, 2028. Dabei gelten §§ 51 II, 85 II, BGH **65**, 46, aM Köln RR **97**, 1291. Eine einfache Fahrlässigkeit ist bereits schädlich. Bei einer nachträglichen Rüge muß man seine Schuldlosigkeit darlegen, BGH RR **99**, 1251 (streng).

16 **6) Unheilbarer Mangel, II.** Ein unheilbarer Mangel liegt vor, soweit die Partei nicht wirksam auf die Rüge verzichten kann, BGH NJW **05**, 1661. Es handelt sich hier um einen wesentlichen Verstoß. Er unterliegt nicht dem Beibringungsgrundsatz, Grdz 20 vor § 128. Es handelt sich nämlich vielmehr um eine Mißachtung zwingender öffentlichrechtlicher Vorschriften, BGH **86**, 113, Hbg FamRZ **85**, 94, Schlesw FamRZ **88**, 737. Zu ihnen gehört ein Verstoß gegen die Grundlagen des Prozeßrechts, Köln OLGZ **85**, 320, vor allem gegen die von Amts wegen beachtbaren Punkte, Grdz 39 vor § 128, also ein Verstoß gegen die Funktionsfähigkeit der Rechtspflege.

17 **7) Beispiele zur Frage der Heilbarkeit oder Unheilbarkeit, I, II**

Abänderungsklage: *Unheilbar* ist ein Verstoß gegen § 323 III, Hbg FamRZ **85**, 94.

Ablehnung eines Richters: Heilbar ist die Unterlassung einer Entscheidung über das Befangenheitsgesuch, BVerwG NJW **92**, 1186.

Unheilbar ist mit Ausnahme der Fälle nach § 43 grds ein Verstoß gegen die Regeln über die Ablehnung eines Richters, Üb 7 vor § 41. Eine Ausnahme mag bei § 48 gelten, BGH MDR **00**, 914 (zu § 111 BNotO).

Anspruchshäufung: *Unheilbar* ist die fälschliche Zulassung einer Anspruchshäufung, § 260.

18 **Antrag:** Heilbar ist eine versehentliche Nichtverlesung usw des Antrags, Ffm FamRZ **82**, 812, KG FamRZ **79**, 140.

Unheilbar sind das Hinausgehen über den Antrag, § 308 I, § 295 Rn 13 (dort auch zu einer zweitinstanzlichen Ausnahme), oder das Fehlen der nach § 253 II Z 2 nötigen Bestimmtheit des Antrags, BGH RR **94**, 1185.

Anwaltszwang: *Unheilbar* ist grds ein Verstoß gegen die Regeln zum Anwaltszwang, Kblz RR **02**, 1510. Vgl freilich § 78 Rn 32–34.

Arbeitnehmererfindung: Rn 32 „Klageerhebung".

Arbeitsgericht: Rn 60 „Zuständigkeit".

19 **Aufnahme:** Rn 54 „Unterbrechung".

Ausländer: Rn 51 „Sicherheitsleistung".

Aussageverweigerungsrecht: Rn 60 „Zeugnisverweigerungsrecht".

Ausschließliche Zuständigkeit: Rn 60 „Zuständigkeit".

Ausschluß eines Richters: *Unheilbar* ist ein Verstoß gegen die Regeln über den Ausschluß eines Richters, Üb 7 vor § 41.

20 **Baulandprozeß:** Heilbar ist im Baulandprozeß die Bestellung eines nur vorbereitenden Einzelrichters, BGH **86**, 113.

Beeidigung: Rn 24 „Eid".

Befangenheit: Rn 17 „Ablehnung eines Richters".

Beglaubigungsvermerk: Rn 27 „Form".

Beibringungsgrundsatz: Heilbar ist ein Verstoß gegen den Beibringungsgrundsatz, Grdz 20 vor § 128, BGH VersR **77**, 1125.

21 **Belehrung:** Rn 60 „Zeugnisverweigerungsrecht".

Besetzung (Zusammensetzung): Rn 29 „Gerichtsbesetzung".

Beweisantrag: Heilbar ist das Fehlen eines Beweisantrags bei der Zeugenvernehmung.

22 **Beweisaufnahme:** Rn 21 „Beweisantrag", Rn 22 „Beweisbeschluß", Rn 25 „Einzelrichter", Rn 41 „Parteiöffentlichkeit", Rn 47 „Referendar", Rn 53 „Unmittelbarkeit der Beweisaufnahme", Rn 57 „Verhandlung nach Beweisaufnahme".

Beweisbeschluß: Heilbar ist eine Beweisaufnahme ohne einen nach §§ 358, 358 a erforderlichen Beweisbeschluß.

Beweismittel: Heilbar ist die Auswertung eines unzulässigen Beweismittels, BGH MDR **84**, 824.

Beweissicherung: Rn 51 „Selbständiges Beweisverfahren".

23 **Beweiswürdigung:** Heilbar ist ein Verstoß gegen § 285, BGH **63**, 94.

Unheilbar ist ein Verstoß gegen die Regeln zur Beweiswürdigung, § 286, BGH RR **95**, 1328, Pantle NJW **91**, 1280.

Dolmetscher: Rn 24 „Eid".

Ehesache: *Unheilbar* ist die Nichtbeachtung der Besonderheiten des Eheverfahrens, zB zum Verbundverfahren, (jetzt) § 137 FamFG, Düss FamRZ **88**, 965. 24

S auch Rn 50 „Scheidungsantrag", Rn 58 „Vorwegentscheidung beim Scheidungsantrag".

Eid: Heilbar ist ein Mangel der Beeidigung, außer in einer Ehe- oder Kindschaftssache.

Unheilbar ist wegen § 189 GVG die Nichtvereidigung des Dolmetschers, BGH NJW **94**, 942.

Einlassungsfrist: Rn 39 „Ordnungsvorschrift". 25

Einzelrichter: *Unheilbar* ist grds ein Verstoß gegen die Regeln über die Bestellung des streitentscheidenden Einzelrichters. Denn es liegt ein Verstoß gegen Art 101 I 2 GG vor, BGH NJW **01**, 1357, BayObLG FamRZ **04**, 1137, Celle RR **06**, 1077, aM Brdb VersR **01**, 1242, Karlsr VersR **94**, 860, ZöGre § 348 Rn 6 (je zum alten Recht. Aber unabhängig davon ist ein so schwerwiegender Verstoß nicht hinnehmbar).

S aber auch Rn 20 „Baulandprozeß", ferner Rn 29 „Gerichtsbesetzung", Rn 55 „Unterschrift", § 375 Rn 17.

Erörterungspflicht: Heilbar ist ein Verstoß gegen §§ 134, 279 III. Denn mit ihm ist nicht die Funktionsfähigkeit der Justiz gefährdet.

Feststellungsklage: *Unheilbar* ist die fälschliche Annahme, es sei eine Feststellungsklage zulässig. 26

Form: *Unheilbar* ist die Nichtbeachtung einer solchen Formvorschrift, deren Einhaltung eine Entscheidung überhaupt erst zur wirksamen Entstehung bringt oder überhaupt erst einen Vollstreckungstitel schafft, etwa bei §§ 160 III Z 1, 7, 165, § 170 Rn 6, §§ 310, 317 (Beglaubigungsvermerk), BGH NJW **76**, 2263. 27

S auch Rn 43 „Prozeßvergleich".

Frist: Heilbar ist das Fehlen der Zustellung einer gewöhnlichen Klage auch dann, wenn von einer ordnungsgemäßen Zustellung eine sachlichrechtliche Frist abhängt, Rn 3. Heilbar ist ein Verstoß bei einer anderen Zustellung. Das gilt wegen § 189 auch, soweit sie eine Notfrist in Lauf setzt, Rn 37. 28

S aber auch Rn 61 „Zustellung".

Gehör: Rn 44 „Rechtliches Gehör". 29

Gerichtsaufbau: *Unheilbar* ist die Nichtbeachtung des Aufbaus der Gerichte.

Gerichtsbarkeit: Rn 43 „Prozeßvoraussetzungen".

Gerichtsbesetzung: *Unheilbar* ist eine fehlerhafte Besetzung (Zusammensetzung) des Gerichts, BGH RR **98**, 699, BVerwG NJW **97**, 674, Ffm MDR **03**, 1375.

S auch Rn 25 „Einzelrichter", Rn 30 „Gesetzlicher Richter", Rn 48 „Richteramt".

Gerichtsbrauch: Heilbar ist ein Verstoß auch dann, wenn er bei einem Gericht ständig erfolgt, aM Köln OLGR **98**, 56 (aber die Partei darf nicht auch noch dafür büßen müssen).

Gerichtsstand: Rn 45 „Rechtsmißbrauch", Rn 60 „Zuständigkeit". 30

Geschäftsverteilung: Heilbar ist ein Verstoß gegen die Geschäftsverteilung, erst recht beim AG, § 22 d GVG.

Gesetzlicher Richter: Heilbar ist eine Vernehmung als Zeuge.

Unheilbar ist ein über einen bloßen Verfahrensirrtum hinausgehender Verstoß gegen das Gebot des gesetzlichen Richters nach Art 101 I 2 GG, BGH NJW **93**, 601, Celle MDR **03**, 524, Ffm MDR **03**, 1375, aM Herr JZ **84**, 318.

S auch Rn 29 „Gerichtsbesetzung".

Gesetzliche Vertretung: Heilbar ist die Vernehmung des gesetzlichen Vertreters als Zeugen. 31

Unheilbar ist ein Verstoß gegen die Regeln zur gesetzlichen Vertretung, §§ 51, 170. Vgl freilich Üb 20 vor § 300.

Gutachten: Rn 49 „Sachverständiger".

Hinweispflicht: Rn 26 „Erörterungspflicht".

Insolvenz: Die fehlerhafte Zustellung einer gegen den Schuldner gerichteten Klage an den Verwalter kann dadurch heilen, daß er den Prozeß aufnimmt und daß der Kläger klarstellt, daß die Klage gegen den Verwalter gerichtet sein soll, Nürnb OLGZ **94**, 456.

Klagänderung: Rn 39 „Ordnungsvorschrift". 32

Klagbarkeit: *Unheilbar* ist ein Verstoß gegen die Regeln zur Klagbarkeit, Grdz 25 ff vor § 253.

Klagerhebung: Heilbar ist eine Klagerhebung ohne ein vorausgegangenes Schiedsverfahren nach dem ArbNEG.

Klagerweiterung: Rn 39 „Ordnungsvorschrift". 33

Klagefrist: *Unheilbar* ist die Nichtbeachtung einer Klagefrist. Das gilt zB: Für § 61 LandbeschG; für § 4 KSchG, aM BAG NJW **86**, 3224 (aber Fristen muß man stets streng einhalten); für Art 12 NTS-AG, BGH NJW **90**, 3086.

Klagerücknahme: Heilbar ist ein Verstoß gegen das Gebot der Kostenerstattung nach § 269 IV.

Klageschrift: Heilbar ist ein inhaltlicher oder formeller Mangel der Klageschrift, auch des Scheidungsantrags, Rostock FamRZ, **99**, 1076, solange kein Verstoß gegen den Bestimmtheitsgrundsatz vorliegt, BGH **65**, 346, und sogar im letzteren Fall, wenn in der Verhandlung außer Frage steht, was Streitgegenstand usw sein soll, BGH NJW **96**, 1351 (reichlich großzügig). Heilbar ist auch ein Verstoß gegen § 253 V, AG Weilburg RR **94**, 829. 34

S auch Rn 43 „Prozeßkostenhilfe", Rn 50 „Scheidungsantrag", Rn 55 „Unterschrift", Rn 61 „Zustellung".

Klagezustellung: Rn 31 „Insolvenz", Rn 61 „Zustellung".

Ladung: Heilbar ist ein Mangel bei der Ladung einer Partei zum Beweistermin nach § 357 oder eines Zeugen, Karls VersR **89**, 810. 35

S auch Rn 39 „Ordnungsvorschrift".

Mahnbescheid: Heilbar ist das Fehlen seiner Zustellung, Nürnb OLGZ **87**, 485. 36

Mündlichkeitsgrundsatz: Heilbar ist ein Verstoß gegen den Mündlichkeitsgrundsatz, Üb 3 vor § 128.

Nebenintervention: Rn 52 „Streithilfe".

37 **Notfrist:** Heilbar ist die Nichtbeachtung einer Notfrist, § 189.
S auch Rn 61 „Zustellung".

38 **Obligatorisches Güteverfahren:** Rn 43 „Prozeßvoraussetzungen".

Öffentlichkeit: *Unheilbar* ist ein Verstoß gegen die Voll-Öffentlichkeit oder -nichtöffentlichkeit (anders als gegen die bloße Parteiöffentlichkeit, zu ihr Rn 41), Köln OLGZ **85**, 320, StJL 6, ThP 3, aM BFH **161**, 429, ZöGre 5 (wirksam sei der *nach* dem Verfahrensfehler erklärte Verzicht der Partei. Aber sie kann gar nicht auf die im allgemeinen Interesse mühsam errungene Öffentlichkeit wirksam verzichten, Üb 2 vor § 169 GVG).

39 **Ordnungsvorschrift:** Heilbar ist ein Verstoß gegen eine bloße Ordnungsvorschrift, etwa über die Einlassungs- und Ladungsfrist, BVerwG NJW **89**, 601, oder über die Klage- und Widerklageerhebung (vgl freilich Rn 61 „Zustellung") oder über die Klagänderung, BGH KTS **86**, 666, oder Klagerweiterung, LAG Bln MDR **01**, 1304.

Örtliche Zuständigkeit: Rn 60 „Zuständigkeit".

40 **Parteifähigkeit:** *Unheilbar* ist ein Verstoß gegen die Regeln zur Parteifähigkeit, § 50.

Parteiherrschaft: *Unheilbar* ist ein Verstoß im Verfahren außerhalb der Parteiherrschaft nach Grdz 18 vor § 128. Vgl bei den einzelnen Stichwörtern.

41 **Parteiöffentlichkeit:** Heilbar ist ein Verstoß gegen den Grundsatz der Parteiöffentlichkeit der Beweisaufnahme, § 357. Das kann im Verfahren nach der FGO erst dann der Fall sein, wenn das Gericht die Voll-Öffentlichkeit auf Antrag des Steuerpflichtigen zulässigerweise ohne eine weitere Begründung ausgeschlossen hatte.
S aber auch Rn 38 „Öffentlichkeit".

42 **Parteivernehmung:** Heilbar sind: Die Vernehmung einer Partei als Zeuge und umgekehrt; ein Verstoß gegen die Regeln über die Zulässigkeit der Vernehmung einer Partei von Amts wegen, § 448, BGH VersR **81**, 1176.

Postulationsfähigkeit: *Unheilbar* ist ein Verstoß gegen die Postulationsfähigkeit der Parteien und der ProzBev, BGH MDR **91**, 131.

Protokoll: *Unheilbar* ist die Unterlassung einer notwendigen Protokollierung, zB der Aussage eines Zeugen oder der Darstellung eines Sachverständigen, es sei denn, das Urteil gibt sie einwandfrei wieder, § 161 Rn 7 (dort zur Streitfrage), BGH RR **93**, 1034.
S auch Rn 27 „Form".

Prozeßart: *Unheilbar* ist die irrige Bejahung einer besonderen Prozeßart.
S auch Rn 26 „Feststellungsklage".

43 **Prozeßfähigkeit:** *Unheilbar* ist ein Verstoß gegen die Regeln zur Prozeßfähigkeit, §§ 51, 170. Vgl freilich Üb 20 vor § 300.

Prozeßkostenhilfe: Soweit der Antragsgegner auf eine förmliche Klagezustellung im Prozeßkostenhilfeverfahren verzichtet, ist § 295 *unanwendbar,* Nürnb MDR **99**, 1409.

Prozeßvergleich: *Unheilbar* ist ein Formmangel beim Prozeßvergleich, § 160 Rn 8, Anh § 307 Rn 21 ff, Ffm FamRZ **80**, 907 (er läßt sich auch nicht durch eine dauernde Erfüllung des Vergleichs heilen).

Prozeßvoraussetzungen: *Unheilbar* ist ein Verstoß gegen die von Amts wegen beachtbaren Prozeßvoraussetzungen, Grdz 12 ff vor § 253. Wegen des obligatorischen Güteverfahrens Grdz 49 vor § 253 und § 15 a EGZPO, Hartmann NJW **99**, 3747 (*keine* Heilung).

44 **Rechtliches Gehör:** Heilbar ist ein Verstoß gegen das Gebot des rechtlichen Gehörs, Grdz 45 vor § 128, BFH DB **77**, 804, Höfling NJW **83**, 1584, noch großzügiger ZöGre 5, strenger BAG BB **79**, 274. Freilich heilt die Erlaubnis zur Akteneinsicht nicht einen Verstoß gegen § 103 I GG, Mü NJW **05**, 1130. Ein unsachliches Verhalten des Vorsitzenden kann dazu führen, daß man einer Partei im Revisionsverfahren nicht entgegenhalten kann, sie hätte das Verhalten des Richters schon im damaligen Rechtszug rügen müssen und könne deshalb die Verletzung des Anspruchs auf das rechtliche Gehör jetzt nicht mehr rügen, BFH NJW **80**, 1768.

45 **Rechtshängigkeit:** Heilbar ist ein Verstoß gegen § 261 II 1 Hs 1 (Geltendmachung eines nachträglich erhobenen Anspruchs in der mündlichen Verhandlung), AG Landstuhl FamRZ **94**, 838 (betr USA).
Unheilbar ist ein Verstoß gegen die übrigen Regeln zur Rechtshängigkeit, § 261.

Rechtsmißbrauch: *Unheilbar* ist Rechtsmißbrauch, zB die Erschleichung des Gerichtsstands, Einl III 56, § 504 Rn 3.

46 **Rechtsmittel:** *Unheilbar* ist grds ein Verstoß gegen die Regeln über die Statthaftigkeit und Zulässigkeit eines Rechtsmittels, BGH RR **89**, 441, BAG DB **77**, 216.

47 **Rechtsmittelschrift:** Rn 61 „Zustellung".

Rechtsschutzbedürfnis: *Unheilbar* ist ein Verstoß gegen die Regeln zum Rechtsschutzbedürfnis, Grdz 33 ff vor § 253.

Rechtsweg: *Unheilbar* ist ein Verstoß gegen die Regeln zur Zulässigkeit des Rechtswegs, § 13 GVG.

Referendar: *Unheilbar* ist der Fehler einer Zeugenvernehmung durch einen Referendar in Abwesenheit des Richters, § 10 GVG Rn 1.

48 **Rheinschiffahrtsgericht:** Rn 46 „Rechtsmittel".

Richteramt: *Unheilbar* ist ein Verstoß gegen die Regeln über die Befähigung zum Richteramt.

49 **Sachliche Zuständigkeit:** Rn 60 „Zuständigkeit".

Sachverständiger: Heilbar ist ein Mangel bei der Anordnung der Form des Gutachtens, Karlsr VersR **89**, 810, oder bei seinem Inhalt oder bei der Person des Erstellers, Ffm VersR **03**, 927, Zweibr RR **99**, 1368, oder bei der Unterzeichnung, BGH BB **90**, 2435.

50 **Schiedsstelle:** Rn 32 „Klageerhebung".

Schiedsvereinbarung: Heilbar ist ein Verstoß gegen § 1032 I (vorbehaltlich dort II), Mü MDR **94**, 1244.

51 **Schriftliches Vorverfahren:** Rn 60 „Zuständigkeit".

Selbständiges Beweisverfahren: Heilbar ist ein Verfahrensfehler im selbständigen Beweisverfahren, §§ 485 ff.

Sicherheitsleistung: Heilbar ist das Fehlen einer Ausländersicherheitsleistung, §§ 110 ff, BGH RR **93**, 1021.

Streitgenossenschaft: Heilbar ist ein Verstoß gegen die Erfordernisse der Streitgenossenschaft. 52

Streithilfe: Heilbar ist ein Verstoß gegen die Erfordernisse der Streithilfe nach §§ 66 ff, Nürnb MDR **05**, 473.

Streitverkündung: Heilbar ist ein Mangel des Inhalts oder der Zustellung des Streitverkündungs-Schriftsatzes nach § 73.

Unmittelbarkeit der Beweisaufnahme: Heilbar ist ein Verstoß gegen den Grundsatz der Unmittelbarkeit 53
der Beweisaufnahme nach §§ 355, 375, soweit er nicht dadurch auch § 286 verletzt (wie wohl meist), § 375 Rn 17, BGH RR **97**, 506, BayObLG FamRZ **88**, 423, Hamm MDR **93**, 1236 (der Mangel ist freilich unheilbar, wenn der Einzelrichter ohne einen entsprechenden Übertragungsbeschluß des Kollegiums entscheidet), aM Düss BB **77**, 1377, Schneider DRiZ **77**, 15 (die Mängelheilung sei zumindest bei einer Umgehung des § 348 a möglich, die man durchweg annehmen dürfe. Aber der Mangel ist nicht derart schwerwiegend). Freilich muß der Verstoß überhaupt vor dem Verhandlungsschluß nach §§ 136 IV, 296 a bekannt geworden sein, Pantle NJW **88**, 2028. Das ist zB dann nicht der Fall, wenn er sich erst aus dem Urteil ergibt, BGH RR **97**, 506.

Unterbrechung: Heilbar ist ein Fehler bei der Aufnahme eines unterbrochenen Prozesses nach § 250. 54
Unheilbar ist im übrigen ein Verstoß gegen §§ 240, 250, Nürnb OLGZ **82**, 380.

Unterschrift: Heilbar ist das Fehlen der wirksamen Unterzeichnung der prozessual fristgebundenen Klage, 55
BGH NJW **96**, 1351, BAG NJW **86**, 3225, und erst recht der nicht fristgebundenen Klage, BGH RR **99**, 1252, Zweibr FamRZ **89**, 191, LG Regensb JB **07**, 483. Bei der fristgebundenen Klage ist allerdings keine Rückwirkung möglich, BGH VersR **04**, 629. Heilbar ist ferner bei einem echten Beschluß des Kollegiums nach (jetzt) § 348 a eine vergessene Unterschrift, Köln NJW **76**, 680.

S auch Rn 49 „Sachverständiger".

Urteil: Rn 8, 11, 62 „Zustellung". 56

Verbundverfahren: Rn 24 „Ehesache". 57

Verhandlung nach Beweisaufnahme: Heilbar ist ein Verstoß gegen die Notwendigkeit, nach der Beweisaufnahme nochmals zu verhandeln, § 285, BGH **63**, 95.

Verhandlungsschluß: Heilbar ist ein Verstoß gegen die Regeln zum Vortrag nach dem Verhandlungsschluß, §§ 136 IV, 296 a.

Verlesung: Rn 18 „Antrag". 58

Verspätetes Vorbringen: *Unheilbar* ist grds ein Verstoß gegen § 296, BGH NJW **90**, 2390.

Vollmacht: Heilbar ist ein Verstoß gegen § 88 I, LG Münst MDR **80**, 853.

Wahrhaftigkeitspflicht: *Unheilbar* ist eine Verletzung der öffentlichrechtlichen Pflicht zur Wahrheit bzw 59
Wahrhaftigkeit, zB bei § 138, dort Rn 13 ff.

Widerklage: Heilbar ist das Fehlen eines Zusammenhangs zwischen der Klage und der Widerklage. Heilbar ist das Fehlen der Zustellung der Widerklage nach Anh § 253, Jena FamRZ **03**, 1843.

Wiedereinsetzung: *Unheilbar* ist grds ein Verstoß gegen die Regeln über die Wiedereinsetzung in den vorigen Stand, § 238 Rn 4, BGH FamRZ **89**, 373 (auch zu einer Ausnahme).

Zeugnisverweigerungsrecht: Heilbar sind: Ein Mangel in der Beurteilung des Zeugnisverweigerungs- 60
rechts, § 387 Rn 1; eine wegen einer mangelhaften Belehrung über ein Aussageverweigerungsrecht unzulässige Verwertung der Zeugenaussage, BGH NJW **85**, 1159.

Zuständigkeit: Heilbar ist ein Verstoß gegen eine nicht ausschließliche Zuständigkeit, Vossler NJW **02**, 2374.
Unheilbar sind: Ein Verstoß gegen die ausschließliche Zuständigkeit, §§ 39, 40, zB eines Kartellgerichts, BGH NJW **05**, 1661, oder eines Arbeitsgerichts, Mü VersR **82**, 198; ein Verstoß gegen die Zuständigkeit bei § 276, BGH NJW **91**, 2773.

S auch Rn 29 „Gerichtsaufbau".

Zustellung: Heilbar ist wegen § 189 ein anfänglicher Verstoß gegen eine Zustellungsvorschrift zB nach 61
§§ 166 ff, sobald und soweit ein tatsächlicher Zugang erfolgt. Heilbar ist das Fehlen der Zustellung einer gewöhnlichen Klageschrift, BGH WoM **08**, 156, Karlsr RR **08**, 403, Köln VersR **03**, 269, aM BGH RR **91**, 926, Jena FamRZ **98**, 1447, LG Brschw FamRZ **85**, 1075 (aber bei einer Parteiherrschaft nach Grdz 18 vor § 128 ist das kein zu schwerer Mangel). Das gilt auch dann, wenn von einer ordnungsgemäßen Zustellung eine sachlichrechtliche Frist abhängt, Rn 3, oder bei einer anderen Zustellung, und zwar wegen § 189 ohne eine Rückwirkung auch, soweit sie eine Notfrist nach § 224 I 2 in Lauf setzt, Rn 55, oder bei der Einlassungs- und Ladungsfrist nach §§ 217, 274 III, Rn 39 „Ordnungsvorschrift". Heilbar ist ferner das Fehlen der Zustellung der Rechtsmittelschrift, BGH **65**, 116, Düss RR **01**, 522, oder der Widerklage, Jena FamRZ **03**, 1843.

Unheilbar sind: Das Fehlen der Zustellung eines Scheidungsantrags, Schlesw FamRZ **88**, 737, aM 62
Naumb FamRZ **02**, 401 (s aber Rn 50 „Scheidungsantrag"); vorbehaltlich § 189 ein Verstoß gegen die Regeln über eine fristschaffende Zustellung, zB bei § 329 II 2, Düss MDR **85**, 852; bei § 929 II, dort Rn 2; ein Verstoß über die Regeln der Urteilszustellung, BGH FamRZ **07**, 1314; ein Verstoß gegen § 170. Vgl aber Üb 20 vor § 300.

S auch Rn 31 „Insolvenz", Rn 37 „Notfrist", Rn 52 „Streitverkündung".

296

Zurückweisung verspäteten Vorbringens. **I Angriffs- und Verteidigungsmittel, die erst nach Ablauf einer hierfür gesetzten Frist (§ 273 Abs. 2 Nr. 1 und, soweit die Fristsetzung gegenüber einer Partei ergeht, 5, § 275 Abs. 1 Satz 1, Abs. 3, 4, § 276 Abs. 1 Satz 2, Abs. 3, § 277) vorgebracht werden, sind nur zuzulassen, wenn nach der freien Überzeugung des Gerichts ihre Zulassung die Erledigung des Rechtsstreits nicht verzögern würde oder wenn die Partei die Verspätung genügend entschuldigt.**

II Angriffs- und Verteidigungsmittel, die entgegen § 282 Abs. 1 nicht rechtzeitig vorgebracht oder entgegen § 282 Abs. 2 nicht rechtzeitig mitgeteilt werden, können zurückgewiesen werden, wenn ihre Zulassung nach der freien Überzeugung des Gerichts die Erledigung des Rechtsstreits verzögern würde und die Verspätung auf grober Nachlässigkeit beruht.

III Verspätete Rügen, die die Zulässigkeit der Klage betreffen und auf die der Beklagte verzichten kann, sind nur zuzulassen, wenn der Beklagte die Verspätung genügend entschuldigt.

IV In den Fällen der Absätze 1 und 3 ist der Entschuldigungsgrund auf Verlangen des Gerichts glaubhaft zu machen.

Schrifttum: *Ballon,* Das Zurückweisungsrecht des Gerichts bei nachträglichem Parteivorbringen, Festschrift für *Beys* (Athen 2004) 75; *Baur,* Wege zur Konzentration der mündlichen Verhandlung im Prozeß, in: Beiträge zur Gerichtsverfassung und zum Zivilprozeßrecht (1983) 223; *Deubner,* Gedanken zur richterlichen Verfahrensbeschleunigungspflicht, Festschrift für *Lüke* (1997) 51; *Fuhrmann,* Die Zurückweisung schuldhaft verspäteter und verzögernder Angriffs- und Verteidigungsmittel im Zivilprozeß, 1987; *Geisler* AnwBl **06**, 524 (Rspr-Üb); *Gounalakis,* Die Flucht vor Präklusion bei verspätetem Vorbringen im Zivilprozeß, 1995; *Habermann,* Die Flucht in die Widerklage zur Umgehung der Verspätungspräklusion, 2004; *Kallweit,* Die Prozeßförderungspflicht der Parteien und die Präklusion verspäteten Vorbringens usw, 1983; *Mackh,* Präklusion verspäteten Vorbringens im Zivilprozeß usw, 1991; *Müller-Eising,* Die Zurückweisung verspäteten Vorbringens nach § 296 Abs. I ZPO in besonderen zivilprozessualen Verfahrensarten, Diss Bonn 1993; *Nottebaum,* Die Zurückweisung verspäteten Vorbringens nach der Vereinfachungsnovelle, Diss Bochum 1984; *Otto,* Die BGH-Rechtsprechung zur Präklusion verspäteten Vorbringens, Festgabe *50 Jahre Bundesgerichtshof* (2000) 161; *Pieper,* Eiljustiz statt materieller Gerechtigkeit? usw, Festschrift für *Wassermann* (1985) 773; *Rinsche,* Prozeßtaktik, 4. Aufl 1999; *Rudolph,* Beschleunigung des Zivilprozesses, Festschrift für die *Deutsche Richterakademie* (1983) 151; *Ruppel,* Standeswidriges Verhalten des Anwalts im Zivilprozeß und seine prozessualen und materiellrechtlichen Folgen, Diss Gießen 1984; *Schumann,* Die materiellrechtsfreundliche Auslegung des Prozeßgesetzes, Festschrift für *Larenz* (1983) 571; *Seifert,* Prozeßstrategien zur Umgehung der Präklusion, 1996; *von Stosch,* Prozeßförderung durch das Mittel der Präklusion im österreichischen und deutschen Recht usw, 2000; *Weth,* Die Zurückweisung verspäteten Vorbringens im Zivilprozeß, 1988.

Gliederung

1 **1) Systematik, I–IV.** Die Vorschrift ist ziemlich wichtig, Lange DRiZ **80**, 408. Sie enthält eine Einschränkung von Art 103 I GG, BGH RR **05**, 669. Sie regelt die Folgen eines verspäteten Vortrags, der

immerhin noch vor dem Verhandlungsschluß nach §§ 136 IV, 296 a erfolgt. Demgegenüber regelt § 296 a in Verbindung mit §§ 156, 283 den Vortrag nach dem Verhandlungsschluß. Allerdings muß man auch in den Fällen des § 296 die Regelung des § 283 mitbeachten, BGH NJW **81**, 1319, BPatG GRUR **07**, 597. Vgl freilich auch Rn 4. Manchmal helfen § 95 und § 38 GKG, abgedruckt im Anh § 95. Sie helfen eher als § 296, Völker FamRZ **01**, 1332.

2) Regelungszweck, I–IV. Die Rechtsidee hat drei Komponenten: *Gerechtigkeit, Rechtssicherheit, Zweckmäßigkeit.* Gerechtigkeit, eine „Utopie" (Max Frisch), ist das Hauptziel, Einl III 9, 36, BGH **76**, 178, Baumgärtel Gedenkrede auf Bruns (1980) 18. Aber es läßt sich weder ohne Rechtssicherheit erreichen, Einl III 43, BVerfG RR **93**, 232, BGH RR **93**, 131, noch ohne Zweckmäßigkeit, Einl III 37, BAG NJW **89**, 1054. Das gilt auch im Zivilprozeß. Ein noch so gerechtes Urteil ist sinnlos, wenn es inzwischen niemandem mehr nützen kann, La Bruyère (vor dem Vorwort dieses Buchs). Kein Zivilprozeß darf unerträglich dauern, nur um so gerecht wie nur möglich zu enden. Natürlich soll nicht Fixigkeit siegen, sondern das Recht, BGH **86**, 224, Brangsch AnwBl **77**, 277, Wolf JZ **83**, 312. Das wahre Recht darf aber nicht endlos auf sich warten lassen, Rauter DRiZ **87**, 354. Natürlich besteht bei einem so weitgehenden System von Zurückweisungsvorschriften wie dem jetzigen die Gefahr, daß der allzu forsche Richter allzu formal vorgeht und einen entscheidungserheblichen Stoff übergeht, Bruns Festschrift für Liebman (1979) I 132. Dieses Risiko hat der Gesetzgeber aber ersichtlich selbst bewußt in Kauf genommen, BGH **86**, 33 und 223, Baumgärtel Gedenkrede auf Bruns (1980) 18. Daher ist § 296 auch im Rahmen der Abwehr einer pflichtwidrigen Verfahrensverzögerung verfassungsgemäß, BGH RR **05**, 669. Das alles muß man bei jeder Auslegung der Vorschrift beachten, BGH **86**, 223, Otto (vor Rn 1) 187, Wolf ZZP **94**, 322. 2

Einfühlsamkeit, aber auch Entschlossenheit sind zusammen der richtige Weg der Abwägung für das Gericht. Genügende Entschuldigung bei I und III, grobe Nachlässigkeit beim strengeren II sind ziemlich dehnbare Begriffe. Man kann sie innerhalb des richterlichen Ermessens in sehr unterschiedlicher Richtung anwenden und ziemlich strapazieren. Der heftige Anfangsstreit dazu ist zwar längst vorbei. Die Akzente lassen sich aber gerade im alltäglichen Durchschnittsfall unverändert äußerst unterschiedlich setzen. Eine weder eilfertige noch unsichere Handhabung bringt am ehesten ein unangefochtenes Ergebnis.

3) Geltungsbereich, I–IV. Die Vorschrift gilt in allen Verfahrensarten der ZPO, auch im WEG-Verfahren, ähnlich auch im arbeitsgerichtlichen Verfahren, §§ 46 II 1, 67 II, 83 I a, 87 II 4 ArbGG, LAG Köln NZA-RR **08**, 93, und im patentgerichtlichen Verfahren, BPatG GRUR **05**, 59. Vor den Finanzgerichten gelten die vergleichbaren §§ 76 III, 79 b III FGO, BFH BB **99**, 1911. In einer Ehesache oder Familienstreitsache gilt zunächst vorrangig § 115 FamFG. Außerhalb der Amtsermittlung gilt § 296 auch im Bereich des § 113 I 2 FamFG. 3

4) Zurückweisungspflicht in erster Instanz, I–IV. Der Richter darf einen klaren Gesetzesbefehl nicht mißachten, Lange NJW **86**, 1732 und 3044. Er darf das schon gar nicht mit genau demjenigen Argument tun, das der Gesetzgeber eben nicht als das maßgebliche anerkannt hat, nämlich demjenigen einer Gefahr für die Gerechtigkeit der Entscheidung. Das klärt BGH **76**, 178 trotz seiner im übrigen richtigen Haltung nicht genügend. Zwar ist § 296 keine Strafvorschrift, Leipold ZZP **93**, 251, Mischke NJW **81**, 565, aber er dient der Beschleunigung, BGH **86**, 33, aM Hamm NJW **80**, 294 (beachtet §§ 216 III, 272 nicht; abl auch Deubner). 4

A. Pflicht. Das Gericht hat das Recht und die unmißverständliche Pflicht, verspätetes und verzögerndes Vorbringen, den „prozessualen Wechselbalg", Zeidler DRiZ **83**, 257, unter den gesetzlichen Voraussetzungen zurückzuweisen, Stgt NJW **84**, 2539. Das gilt auch schon im frühen ersten Termin nach § 275, BGH NJW **87**, 499 und 500, Düss NJW **87**, 508, Lange NJW **86**, 3043, solange eine Streitbeendigung dort nicht von vornherein aussichtslos ist, BGH BB **05**, 1818. Das gilt evtl sogar gegen den Wunsch des Gegners des Verspäteten, Grdz 27 vor § 128, aM Deubner NJW **79**, 343 („Sachvortrag auf Probe"), Schneider MDR **89**, 676 (§ 296 sei ganz abdingbar. Beide Varianten bedenken nicht genug die Prozeßförderungspflicht auch des Gerichts).

B. Hinnahme von Nachteilen. Das Gericht muß evtl eine sachlichrechtliche Unrichtigkeit, eine Ungerechtigkeit der daraus folgenden Entscheidung hinnehmen. Damit erweist sich § 296 als eine betonte Maßregel zur Stützung der Rechtssicherheit und der Zweckmäßigkeit, selbst auf Kosten der Gerechtigkeit, Rn 2, BVerfG **2**, 403, BGH **86**, 223. Die Vorschrift ermächtigt nicht nur, sondern verpflichtet den Richter unter den strengen Voraussetzungen des Gesetzes unter Umständen sehr wohl, in einem in Wahrheit nur auf einer Verkennung des Wertsystems beruhenden Sinn „sehenden Auges Unrecht" zu sprechen, zumal in einem weiteren, eigentlichen Sinn auch ein solches Ergebnis „gerecht" ist, BVerfG **69**, 136, BGH **75**, 142, Deubner NJW **77**, 921, aM Bischof MDR **86**, 439, Knöringer NJW **77**, 2337, ZöGre 2 (aber es ist und bleibt im Bereich der Parteiherrschaft nach Grdz 18 vor § 128 eben der Streit der Parteien, Rn 8. Wer ihre Herrschaft schon wegen Artt 1, 2 GG ernst nimmt, muß auch ihre Verantwortung hoch ansetzen). 5

C. Beendigungsziel. Ohne eine energische Anwendung des § 296 würde das für den Richter verbindliche Ziel des Gesetzes, den Zivilprozeß in einem erträglichen Zeitraum zu beenden, und damit die gesamte Regelung der §§ 271 ff weitgehend unerreichbar sein, § 342 Rn 1, BGH **86**, 34, Stgt NJW **84**, 2539, van Els FamRZ **94**, 735 (er leitet aus dem Grundsatz eines fairen Verfahrens nach Einl III 22 allgemein einen Beschleunigungsgrundsatz ab), aM Baumgärtel NJW **78**, 931, Deubner NJW **80**, 947 (aber II macht ohnehin schon wieder erhebliche Zugeständnisse gegenüber der ungleich schärferen Waffe des I). Aus diesen Gründen ist auch die hier und dort erkennbare Tendenz bedauerlich, die Sachdiskussion auf eine emotionale Ebene zu verlagern. Man sollte auch Ausdrücke wie „Überzeugter Verfahrensbeschleuniger", Deubner NJW **80**, 2363, bei seiner Kritik durchaus vermeiden. 6

D. Erträglichkeit der Anforderungen. Zwar stellt § 296 hohe Anforderungen an alle Beteiligten. Es hat sich aber ergeben, daß sie durchaus nicht zu hoch sind, wenn die Beteiligten nur mit der vom Gesetz geforderten und forderbaren Haltung vor den Staat und dem Gegner gegenübertreten. Sie beeinträchtigt auch die in gewissen Grenzen zulässige Prozeßtaktik nach § 282 Rn 8 entgegen ZöGre 2 keineswegs. Man 7 mag es als problematisch empfinden, wenn das Gesetz solche Sorgfaltsanforderungen aufstellt, die im Vergleich zu den heutigen allgemeinen Qualitätsvorstellungen jedenfalls äußerst anspruchsvoll sind. Um so mehr ist der Richter verpflichtet, den unmißverständlichen Willen des Gesetzgebers zu respektieren. Er darf ihn nicht durch noch so gut gemeinte Gerechtigkeitsbestrebungen oder gar durch Ignoranz unterlaufen, BGH **86**, 34. Die Parteien müssen eine vom Gericht gesetzte Frist auch dann grundsätzlich strikt einhalten, wenn sie nicht erkennen können, wie weitgehend das Gericht den Prozeß im folgenden Termin zur Entscheidungsreife nach § 300 Rn 6 führen will, BGH **86**, 37.

8 **E. Auslegung.** Bei der Auslegung vom § 296 muß man stets auch §§ 277 I, 282 berücksichtigen, BGH **86**, 37. Keineswegs darf man bequem auf § 283 ausweichen. Der Zivilprozeß ist und bleibt der Kampf der Parteien, Leipold ZZP **93**, 264. Er ist nur in diesem Rahmen auch eine bloße „Arbeitsgemeinschaft", Grdz 26 vor § 128, aM Schmidt JZ **80**, 158, Schneider MDR **77**, 793. Die gesamte Regelung des verspäteten Vorbringens ist der nicht geringe Preis, den die Parteien dafür zahlen müssen, daß sie schneller zu ihrem Recht kommen können. Sie sollen die gesetzten Fristen nach allen Kräften einhalten und ihre Prozeßförderungspflicht sehr ernst nehmen, Grdz 12 vor § 128.

9 **5) Zurückweisungspflicht in der Berufungsinstanz, I–IV.** Daher wäre es auch verfehlt, durch eine obendrein bequeme Zurückverweisungspraxis nach §§ 528, 529, 538 den vom Gesetz gerade erst mühsam geschaffenen Ermessensspielraum der 1. Instanz bei § 296 gleich wieder einzuengen, BGH **76**, 138. Das Rechtsmittelgericht sollte auch im Rahmen von §§ 530, 531 dieselben harten Anforderungen stellen wie das Erstgericht bei § 296. Nur durch eine derartige Übereinstimmung der Auslegung kann man die dringend erforderliche Zügigkeit zum Nutzen aller Beteiligten erreichen, BVerfG NJW **92**, 2557, BGH ZMR **99**, 94, Düss RR **92**, 1239.

10 Nicht überzeugen solche Formulierungen, die zB ZöGre § 543 Rn 14 unter Bezug auf BGH NJW **82**, 2874 *„emotionale Äußerungen"* (in früheren Auflagen „Schulmeistereien"), Roellecke DRiZ **83**, 261 „öffentliche Blamierungen" nennt. Wenn das Berufungsgericht ein vom Erstgericht als verspätet zurückgewiesenes Vorbringen als rechtzeitiges beurteilt und den Rechtsstreit zurückverweist, sollte es keine solchen Wertungen der Arbeitsweise des Erstgerichts vornehmen, die als unangemessene sprachliche Wendungen und als Zeichen dafür gelten müßten, daß sich das Berufungsgericht seiner eigenen Aufgabe nicht bewußt ist, Horst DRiZ **87**, 115, Mutschler FamRZ **82**, 549. Eine Häufung solcher Mißgriffe kann eine Befangenheit nach § 42 begründen, Hamm VersR **78**, 646. Eine Zurückverweisung nach § 538 kommt ohnehin dann nicht mehr in Betracht, wenn der Prozeß inzwischen entscheidungsreif geworden ist, Ffm DB **79**, 2476.

11 Das *Berufungsgericht* muß Angriffs- und Verteidigungsmittel des ersten Rechtszugs unter den Voraussetzungen des (jetzt) § 531 I ausschließen. Es darf eine vom Erstgericht unterlassene Prüfung nicht nachholen. Es darf daher auch nicht ein vom Erstgericht nur nach I zurückgewiesenes Vorbringen nach II zurückweisen. Denn § 531 I setzt dem Berufungsgericht klare Grenzen. Das Berufungsgericht muß § 139 beachten, BVerfG VersR **91**, 1268 (§ 296 enthält freilich verschiedenartige Tatbestände).

12 **6) Anwaltspflicht, I–IV.** Auch der ProzBev muß § 296 beachten. Überlastung ist zwar ein Zeichen der Zeit. Der Gesetzgeber hat sie gleichwohl nicht als eine ausreichende Entschuldigung anerkannt. Deshalb ist eine Überlastung kein Argument zur Prozeßverschleppung, auch nicht zur ungewollten.

A. Zumutbarkeit. Jeder einzelne Vertrag zwingt den Anwalt als ProzBev, alles ihm überhaupt nur Zumutbare zu tun, um diesen einzelnen Rechtsstreit korrekt und rasch zum Ziel zu führen, § 85 Rn 8, § 233 Rn 114 Gesetzesunkenntnis", BGH NJW **82**, 437. Jeder einzelne Mandant hat das Recht, eine derartige Sorgfalt zu verlangen, und braucht grundsätzlich keinerlei Rücksicht auf andere Auftraggeber zu nehmen, aM Schlesw VersR **81**, 691 (aber jeder einzelne Anwaltsvertrag verursacht eine volle Verbindlichkeit).

13 **B. Berufsrecht.** An dieser eindeutigen bürgerlichrechtlichen Situation vermag auch kein *Berufsrecht* etwas zu ändern. Der ProzBev darf nur soviele Aufträge annehmen, daß er jeden einzelnen mit der vom Gesetz und vom Vertrag geforderten Sorgfalt bearbeiten kann, und zwar vor allem zum Prozeßbeginn, Brehm AnwBl **83**, 197, Franzki DRiZ **77**, 169. Auch das Gericht muß ja jedem Prozeß sein volles Können zuwenden. Zur Problematik Hanna, Anwaltliches Standesrecht im Konflikt mit zivilrechtlichen Ansprüchen des Mandanten, 1988.

14 Der sog *Kartellanwalt* nach § 216 Rn 20 muß selbstverständlich den Sachstand beherrschen, Düss NJW **82**, 1888, ebenso der nicht sachbearbeitende Sozius, § 85 Rn 21 „Sozius". An die Sorgfalt des Anwalts muß das Gericht schärfere Anforderungen stellen als an diejenige der Partei.

5 **C. Haftung.** Ein Verschulden des ProzBev gilt als solches der Partei, § 85 II, auch im Bereich des § 296, BGH NJW **83**, 577, Düss NJW **82**, 1889 (zu § 528 II), Karlsr NJW **84**, 619. Es wäre verhängnisvoll, ein diesbezügliches Verschulden nur deshalb zu verneinen, weil eine allgemeine Überlastung vorliege, Schlesw VersR **81**, 691. Genau solche Argumentation hat der Gesetzgeber bei der Verschärfung der Vorschriften zur Zurückweisung verspäteten Vorbringens nicht anerkennen wollen. Im Urteil ist ein Hinweis auf eine etwaige Haftung nach einem möglichen Verschulden nach § 85 II zulässig, Karlsr NJW **84**, 619, Köln VersR **84**, 1176, aM Franzki NJW **79**, 12 (aber das Gericht ist sogar verpflichtet klarzustellen, daß die persönlich schuldlose Partei zwar im Außenverhältnis die Folgen einer etwa vorwerfbaren Untätigkeit oder Verzögerung ihres ProzBev hinnehmen muß, gleichwohl ihm gegenüber dadurch nicht völlig rechtlos wird).

16 **7) Förderungspflicht des Gerichts, I–IV.** Es gilt ein Grundsatz mit klaren Grenzen.

A. Grundsatz: Voraussetzung jeder Zurückweisung. Die gesamte Neuregelung zur Zurückweisung verspäteten Vortrags setzt natürlich voraus, daß auch und vor allem das Gericht seine Pflichten erfüllt, § 139, § 273 Rn 16, BVerfG NVwZ **07**, 807, BGH RR **02**, 646, Schneider MDR **02**, 684.

17 **B. Grenzen: Unzumutbarkeit.** Freilich muß das Gericht bei einem verspäteten Vorbringen nur in zumutbaren Grenzen aktiv werden, BGH RR **94**, 1145, Köln RR **87**, 442, Stürner, Die richterliche

Aufklärungspflicht im Zivilprozeß (1982) 34. Es braucht sich nicht abzuhetzen und alles andere liegenzulassen, andere Termine zu verschieben usw, BVerfG RR **99**, 1079, BGH NJW **91**, 1182. Ein Zeitraum von 2–3 Werktagen ist meist zu kurz, BGH NJW **80**, 1103. Keineswegs kann man dem Gegner des verspätet Vortragenden durchweg zumuten, einen Antrag nach § 283 zu stellen. Schon die Notwendigkeit eines derart erzwungenen besonderen Verkündungstermins kann eine Verzögerung verursachen, § 283 Rn 1. Man darf eine vermeidbare Verzögerung des Gerichts nicht als eine Unzumutbarkeit mißbrauchen, BVerfG RR **99**, 1079.

C. Ermessen. Das Gericht hat ein pflichtgemäßes, aber weites Ermessen. Natürlich darf das Gericht mit einer Fristsetzung keinen Mißbrauch treiben, Einl III 54, BVerfG WoM **94**, 123, BGH NJW **87**, 499 und 500, Karlsr NJW **84**, 619. In diesen Grenzen ist jede Zusammenarbeit mit den Parteien und ihren Anwälten hilfreich, Hamacher DRiZ **85**, 331. Selbst nach einem Verstoß des Gerichts gegen seine Förderungspflicht kann dennoch eine Zurückweisung notwendig sein, weil zB die Partei die mangels wirksamer Zustellung nicht angelaufene „Frist" zu einer vorwerfbar unvollständigen Stellungsnahme genutzt hat, so daß zwar nicht I, wohl aber II anwendbar ist. 18

D. Beispiele zur Frage einer Förderungspflicht, I–IV 19

Anregung: Das Gericht braucht keineswegs stets einen Beweisantritt anzuregen, Mayer NJW **83**, 858.
S auch Rn 21 „Hinweis".

Belehrung: Das Gericht muß eine Belehrung ordnungsgemäß vornehmen, soweit es sie überhaupt erteilen muß oder will. Das erstere ist grds nur in den im Gesetz ausdrücklich genannten Fällen so, zB bei § 277, nicht aber zB bei § 276 II. Denn dort erfolgt eine Verweisung nur auf § 276 I 1. Demgegenüber verweist § 296 I nur auf § 276 I 2, Düss MDR **85**, 417. Vgl aber auch § 335 I Z 4. Natürlich muß auch eine ohne gesetzlichen Zwang erteilte Belehrung ordnungsgemäß erfolgen. Der bloße Gesetzeswortlaut reicht gegenüber dem ProzBev meist, BGH NJW **91**, 493, sonst aber nicht stets. Freilich ist auch kein ermüdender Roman nötig.

Ist eine gesetzlich zwingende Belehrung auch tatsächlich *unterblieben*, kann darin natürlich kein Verstoß gegen Art 103 I GG liegen, BVerfG NJW **87**, 2736. Ist sie irreführend erfolgt, kann eine Zurückweisung unzulässig sein, BVerfG **60**, 100, BGH NJW **86**, 133. Ist eine zwingende Belehrung unterblieben, schützt § 296 die verspätet vortragende Partei, BGH NJW **86**, 183, Franzki NJW **79**, 12.

Beweismittel: Trotz § 273 braucht das Gericht keineswegs jedes verspätet angebotene Beweismittel sofort herbeizuschaffen, etwa einen Zeugen erst fünf Tage vor dem Termin zu laden, BGH NJW **80**, 1104, oder ihn gar notgedrungen nur telefonisch usw zu laden, Schlesw SchlHA **80**, 161. Es muß vielmehr zunächst dem Gegner des verspäteten Beweisführers eine ausreichende Gelegenheit zu einer Stellungnahme geben, Art 103 I GG, BVerfG RR **95**, 1469, BGH NJW **80**, 946. Erst anschließend darf es prüfen, ob die jetzt noch verbleibende Zeit zu zumutbaren Maßnahmen nach § 273 ausreicht, BGH **76**, 136.

In diesem Zeitpunkt kommt es sehr wohl darauf an, ob die *Terminsbelastung* am meist ja längst anberaumten Sitzungstag noch die Ladung zusätzlicher Zeugen usw erlaubt, BVerfG RR **95**, 1469 (Urlaub des Richters entschuldigt nicht), aM BVerfG WoM **94**, 123, Kblz NJW **89**, 987, Schneider NJW **80**, 948 (aber eine solche Großzügigkeit verleitet geradezu zur Laxheit der Partei und verkennt die Notwendigkeit, im allgemeinen an denselben Tag mehrere Verhandlungstermine mit notgedrungen nur schätzbarer Einzeldauer anzuberaumen). Das Gericht darf und muß nämlich auch an die anderen anschließend anberaumten Prozesse und an die Zeitplanung dafür denken, § 227 Rn 8, soweit diese sachgemäß war, Hamm RR **89**, 895.

Eine *ergänzende* Vernehmung des noch anwesenden Zeugen kann aber notwendig sein, BVerfG RR **95**, 377.

Vgl freilich Rn 21 „Gestellung".

Durchlauftermin: Das Gericht darf allerdings einen Vortrag nicht schon auf Grund eines wirklich bloßen „Durchlauftermins" als verspätet zurückweisen, BVerfG NJW **92**, 300. Freilich mag es auch einen frühen ersten Termin zulässigerweise als einen echten zur Entscheidungsreife nach § 300 Rn 6 führenden Termin geplant und durchgeführt haben, § 272 Rn 5. Eine solche Zügigkeit ist förderungswürdig. Man sollte sie nicht im Ergebnis erschweren. 20

Fristbemessung: Das Gericht darf eine richterliche Frist nicht so kurz bemessen, daß das praktisch einer Verletzung des rechtlichen Gehörs entspräche, BGH **124**, 74, Köln NJW **80**, 2421. Auch eine unklare Fristbemessung macht I unanwendbar, BVerfG NJW **82**, 1453.

Fristverlängerung: Rn 22 „Nachfrist".

Früher erster Termin: Soweit er nach § 272 Rn 5 eine Entscheidungsreife nach § 300 Rn 6 herbeiführen soll, muß das Gericht ihn ausreichend vorbereiten, BayVerfGH NJW **90**, 502. Es muß eine Frist nach § 275 IV in voller Besetzung beschließen, § 275 Rn 15. Eine Zurückverweisung ist statthaft, soweit das Gericht den frühen ersten Termin als einen vollwertigen möglichst abschließenden nach § 272 Rn 5 geplant hat, BVerfG NJW **85**, 1149, BGH **98**, 368, aM Deubner NJW **87**, 2736. Sie entfällt, soweit eine Streitbeendigung im frühen ersten Termin von vornherein aussichtslos ist, BVerfG **69**, 126, BGH BB **05**, 1818.

Gestellung: Die Erwägungen Rn 19 „Beweismittel" gelten erst recht beim gestellten (sistierten) Beweismittel. Es kann ratsam und sogar notwendig sein, den verspätet benannten Zeugen zwar nicht zu laden, dem Beweisführer jedoch seine Gestellung anheimzugeben, BGH NJW **80**, 1849 (sehr weitgehend). Erscheint der gestellte Zeuge, kommt es auf die nach der Terminsplanung verfügbare zusätzliche freie Zeit an. Ist ohne eine Vorhersehbarkeit ein Dazwischenschieben der Vernehmung des gestellten Zeugen zumindest für die in anderen Sachen pünktlich Erschienenen unzumutbar, muß das Gericht keineswegs, schon wegen seiner bloßen Anheimgabe des Erscheinens auch sogleich eine Vernehmung vornehmen. Würde deshalb ein weiterer Termin erforderlich, ist die Zurückweisung wegen Verspätung dann sehr wohl zulässig und im Interesse der Prozeßwirtschaftlichkeit nach Grdz 14 vor § 128 wie im Interesse des 21

Prozeßgegners auch notwendig, und zwar ohne eine Frist nach § 356, BGH NJW **98**, 762. Das gilt trotz vielfach entgegenstehender falsch verstandener „Fürsorge"-Anschauungen.

Gutachten: Es kann notwendig sein, ein Gutachten nach §§ 139, 402 ff anzuregen oder von Amts wegen einzuholen, § 144, BGH NJW **83**, 2031. Das Gericht braucht einen verspätet beantragten Beweis „Gutachten" keineswegs derart zu berücksichtigen, daß es den Gutachter nur mündlich vortragen läßt, LG Hann MDR **85**, 895.

Hinweis: Auch ein nach § 139 notwendiger Hinweis gibt der Partei nicht einen Anspruch auf die Berücksichtigung eines nicht unverzüglich und daher evtl sofort noch in demselben Termin zumindest im Kern erfolgten anschließenden Vortrags oder Beweisantritts, Deubner NJW **89**, 1475. Die Unterlassung eines Hinweises zB auf das Abhandenkommen eines Einspruchs kann aber II unanwendbar machen, BVerfG NJW **98**, 2044.

22 **Kartellanwalt:** Hat sich das Gericht pflichtwidrig nach § 216 Rn 20 auf die Mitwirkung eines sog Kartellanwalts eingelassen, muß es der Partei eine Gelegenheit geben, noch anschließend vorzutragen, Düss NJW **89**, 1489. Das ist eine traurige unvermeidbare Folge einer unhaltbaren vorangegangenen Verfahrensleitung.

Ladung: Das Gericht muß eine Ladung in vernünftiger sinnvoller Weise anordnen und veranlassen, BVerfG RR **95**, 378 (aber: noch nicht eindeutig notwendige Ladungen sind aus einer ganzen Reihe von prozeßwirtschaftlichen Gründen durchaus vermeidbar. Außerdem darf nicht infolge zusätzlicher Vernehmungen alles durcheinander geraten, Rn 17).

Nachfrist: Es kann erforderlich sein, auch unabhängig von der Verspätungsfrage eine Nachfrist anzuregen, LG Aurich MDR **00**, 106, oder zu gewähren, § 283, BPatG GRUR **99**, 352, Mü VersR **82**, 884 (vgl aber auch Rn 44), und zwar durch einen Beschluß des Kollegiums, auch bei einer Fristverlängerung, § 283 Rn 11, BGH DB **83**, 1503.

23 **Rechtliches Gehör:** Das Gericht muß zur Frage der Verspätung stets das rechtliche Gehör geben, Art 103 I GG, Einl III 16, Bbg RR **98**, 1607, Karlsr NJW **79**, 879, LG Aurich MDR **00**, 106.

S auch Rn 19 „Beweismittel".

Sachverständiger: Das Gericht muß prüfen, ob es zumutbar und sinnvoll ist, einen Sachverständigen wenigstens zum Termin hinzuzuziehen, auch in der Berufungsinstanz, BGH NJW **99**, 585.

Schriftsatznachlaß: Rn 22 „Nachfrist".

Sistierung: Rn 21 „Gestellung".

24 **Terminierung:** Das Gericht darf und muß einen Termin in einer vernünftigen und sinnvollen Art bemessen, BVerfG NJW **92**, 299, und muß ihn rechtzeitig ankündigen, BVerfG RR **95**, 378.

S auch Rn 22 „Ladung".

Überspannung: Man darf die Förderungspflicht des Gerichts keineswegs überspannen, Deubner NJW **79**, 880, aM Karlsr NJW **79**, 879.

Unklarheit: Eine solche der gerichtlichen Anordnung kann eine Zurückweisung verbieten, BVerfG NJW **82**, 1453, Oldb NJW **80**, 295.

Unterschrift: Der Richter muß eine fristsetzende Verfügung mit dem vollen Namen handschriftlich unterschreiben, § 129 Rn 8 ff. Das darf also nicht nur mit einem Namenskürzel (Paraphe) geschehen, § 129 Rn 31, § 329 Rn 8, 9, 15.

25 **Verfahrensplanung:** Das Gericht soll das „gesetzliche Leitbild des Prozeßablaufs" beachten, Wolf JZ **83**, 312. Es braucht aber auch insofern wegen seines weiten Ermessens nach Rn 20 insbesondere die Art seiner beabsichtigten Verfahrensförderung den Parteien nicht in sämtlichen Einzelheiten zu verdeutlichen, BGH **86**, 39.

Zeitplanung: Rn 19 „Beweismittel".

Zeuge: Sein Nichterscheinen trotz einer korrekten Ladung ist kein Verstoß des Gerichts gegen seine Förderungspflicht.

S auch Rn 19 „Beweismittel", Rn 21 „Gestellung".

Zustellung: Das Gericht muß eine fristsetzende Verfügung förmlich zustellen, § 329 Rn 32, BGH VersR **90**, 673, und zwar in einer beglaubigten Ablichtung oder Abschrift, BGH JZ **81**, 351, an die fristbelastete Partei. Nur an ihren nicht mitbelasteten Gegner genügt die formlose Mitteilung.

26 **8) Verfassungsmäßigkeit, I–IV**, dazu *Schumann*, Bundesverfassungsgericht, Grundgesetz und Zivilprozeß, 1983: Nach alledem ist die Regelung bei einer natürlich notwendigen verfassungskonformen Handhabung durchaus mit dem GG vereinbar, Einl III 16, BVerfG RR **93**, 637 (zu § 296 a), BGH **86**, 33, 38, 222, Stgt NJW **84**, 2538, aM Deubner NJW **89**, 1238 und 1475 (er sieht wegen des Verhältnismäßigkeitsgrundsatzes Probleme), Schneider NJW **80**, 947 (aber eine angebliche Unverhältnismäßigkeit usw ist meist nur eine Selbsttäuschung. Entschiedenheit und entschlossenes Durchgreifen gegen eine verschuldete Verzögerung ist durchweg nicht nur durchaus verhältnismäßig, sondern dringend notwendig, auch als eine Folge der Parteiherrschaft, Grdz 18 vor § 128). Prozeßrecht erfüllt keinen Selbstzweck, Einl III 10. Mancher, aber keineswegs jeder Verstoß gegen § 296 ist auch ein Verstoß gegen Art 103 I GG, einerseits BVerfG NJW **92**, 681, andererseits BVerfG NJW **90**, 566. Gerade Art 103 I GG kann eine Zurückweisung erfordern, BVerfG NJW **91**, 2276, BayVerfGH NJW **90**, 1654, Franke NJW **86**, 3053. Nicht jede Abweichung von einer höchstrichterlichen Auslegung ist mangels einer näheren Begründung verfassungswidrig, aM VerfGH Bln JR **96**, 234 (in erschreckender Verengung).

Eine *entsprechende* Anwendung des § 296 ist wegen seiner einschneidenden Wirkungen auch bei der verfassungsrechtlichen Beurteilung unzulässig, BVerfG **69**, 136 und 149, BGH VersR **82**, 345, Düss MDR **83**, 943. Die Vorschrift ist auch im Beschwerdeverfahren anwendbar, BVerfG **59**, 334, BGH MDR **81**, 664, Mü MDR **81**, 1025, aM KG OLGZ **79**, 367 (aber es handelt sich um eine Hauptfolge der Parteiherrschaft, Grdz 18 vor § 128).

27 **9) Rechtsmißbrauch, I–IV.** Wegen der Pflichten des Gerichts Rn 16. Ein formell nicht verspätetes Vorbringen einer Partei kann wegen Rechtsmißbrauchs dennoch unbeachtlich sein, Einl III 54, LG Bln WoM

03, 155, Wolf ZZP **94**, 322 (er spricht von Verwirkung). Freilich kann eine solche Situation nur ausnahmsweise vorliegen, Wolf ZZP **94**, 323, und unter anderem nur dann, wenn man dem Gegner infolge eines mittlerweile zu seinen Gunsten bestehenden Vertrauensschutzes eine solche Rechtsausübung nicht mehr zumuten kann, die infolge einer Zulassung des Vorbringens der anderen Partei notwendig würde. Denn er würde dadurch einen solchen Rechtsnachteil erleiden, den er sonst nicht erlitten hätte, etwa eine Verschlechterung seiner Beweismöglichkeiten, Wolf ZZP **94**, 323. Es kann auch ein gerichtlicher Rechtsmißbrauch verliegen, BVerfG RR **95**, 378.

10) Angriffs- und Verteidigungsmittel, I, II. Die beiden Absätze gelten im Erkenntnisverfahren, Mü MDR **81**, 1025, auch im WEG-Verfahren. Sie gelten auch in der Berufungsinstanz, (jetzt) § 525, BVerfG NJW **91**, 2276, BGH NJW **81**, 1319, mit gewissen Abweichungen, §§ 530 ff. Sie gelten auch nach einem Mahnverfahren, §§ 697 III, 700 III 2, 340 III 3. Sie gelten jeweils bis zum Schluß der mündlichen Verhandlung, §§ 136 IV, 296 a. Im schriftlichen Verfahren gelten sie bis zum Erlaß der Entscheidung, BVerfG NJW **83**, 2187, Mü MDR **81**, 1025, Schneider MDR **89**, 513, aM Schumann NJW **82**, 1611. Sie umfassen alle nicht rechtzeitig vorgebrachten Angriffs- und Verteidigungsmittel, Einl III 70, § 282 Rn 5, BGH FamRZ **96**, 1071 (das sind nicht nur Tatsachenbehauptungen, Bischof Rpfleger **93**, 378), einschließlich ihrer Begründungen, Karlsr NJW **79**, 879, mit Ausnahme der Zulässigkeitsrügen, die in III besonders geregelt sind. Im Eilverfahren nach §§ 916 ff, 935 ff ist eine Zurückweisung nach § 296 ebenfalls zulässig, § 922 Rn 6, LG Aachen RR **97**, 380, Schneider MDR **88**, 1025, aM Hbg RR **87**, 36, Kblz RR **87**, 509 (aber es handelt sich um eine Hauptfolge der gerade auch im Eilverfahren vorhandenen Parteiherrschaft, Grdz 18 vor § 128). Ein Eilverfahren läßt im übrigen natürlich auch eine Zurückweisung nach §§ 920 II, 936, 294 II zu. Gewisse Besonderheiten oder andere Regelungen gelten im Beschlußverfahren, BVerfG NJW **83**, 2187, Mü MDR **81**, 1025, aM Schumann NJW **82**, 1611, im Beschwerdeverfahren, §§ 567, 571 III, bei einer örtlichen oder sachlichen Unzuständigkeit, §§ 39, 504, 530 ff, und in einer Arbeitssache, §§ 56 II, 61 a V, 67 ArbGG. Vgl im übrigen § 282 I. 28

Ein Angriffs- oder Verteidigungsmittel liegt erst dann vor, wenn eine Partei es überhaupt bis zum *Schluß der mündlichen Verhandlung nach §§ 136 IV, 296 a einführt,* AG Lübeck WoM **83**, 52, ebenso die Anschlußbeschwerde, BPatG GRUR **97**, 57. Die Anschlußberufung kann hierher gehören, BGH **83**, 371, Deubner NJW **82**, 1708, Olzen JR **82**, 447.

Keine Angriffs- oder Verteidigungsmittel sind zB: Der Sachantrag, § 297 Rn 3; die nach § 253 II Z 2 erforderliche Aufgliederung, BGH MDR **97**, 288; die Klagänderung oder -erweiterung, §§ 263, 264, und deren Begründung, BGH NJW **86**, 2257, Karlsr NJW **79**, 879. Sie sind vielmehr jeweils ein neuer Angriff, BGH NJW **01**, 1201, Köln WoM **92**, 263, Mü RR **95**, 740. Vgl aber auch § 264 Rn 3. Auch eine Widerklage ist kein bloßes Angriffs- oder Verteidigungsmittel, Anh § 253 Rn 5, § 282 Rn 5, BGH NJW **95**, 1224, Köln MDR **04**, 962, aM LG Bln MDR **83**, 63 (es komme darauf an, ob zwar die Klage, nicht aber die Widerklage entscheidungsreif sei. Aber man muß begrifflich scharf unterscheiden und darf die Entscheidungsreife nach § 300 Rn 6 erst anschließend klären). Natürlich darf die Widerklage nicht als Arglist erfolgen, Einl III 54, unten Rn 51. Zum Problem Habermann (vor Rn 1). Bei einer verspäteten Angabe einer Zeugenanschrift gilt § 356, BVerfG NJW **00**, 946, BGH NJW **93**, 1926. Bei einer verspäteten Vorschußzahlung gelten §§ 379, 402. 29

11) Fristablauf, I. Die Vorschrift gilt für die Fälle des Fristablaufs, während II, III andere Fälle erfassen. 30

A. Notwendigkeit enger Auslegung. Eine Verspätung liegt nur vor, wenn die Partei eine Frist nach I versäumt hat. Das ergibt sich schon aus dem Ausnahmecharakter des § 296, BVerfG NJW **93**, 1319, BGH VersR **90**, 674, BayVerfGH NJW **90**, 502 und 1654. Diese enge Auslegung ist auch verfassungsrechtlich notwendig, Rn 24.

B. Beachtbare Fristen. In Betracht kommen daher nach I nur die folgenden Fristen, Franzki NJW **79**, 12. 31

§ 273 II Z 1, LG Aachen RR **97**, 380 (auch bei §§ 916 ff);

§ 273 II Z 5 in Verbindung mit einer Anordnung nach § 142 oder nach § 144 (Fristsetzung gegenüber einer Partei);

§ 275 I 1, BGH NJW **87**, 499 und 500, Düss NJW **87**, 508, Karlsr (8. ZS) NJW **83**, 403, aM Karlsr (13. ZS) NJW **80**, 296, Mü NJW **83**, 402, Deubner NJW **85**, 1140 (aber gerade auch durch die Mißachtung der in I eindeutig mitgenannten Klagerwiderungsfrist beginnen die sattsam bekannten Verzögerungen, die man vermeiden muß);

§ 276 I 2, BGH NJW **79**, 2110;

§ 276 III;

§ 277, AG Meldorf RR **03**, 1029;

§ 340 III, dort Rn 15, BGH **75**, 141, Deubner NJW **77**, 922;

§ 411 IV 2;

§ 530;

§ 697 III 2 Hs 2;

§ 700 V Hs 2.

C. Unbeachtliche Fristen. I ist bei anderen Fristen nur infolge einer dortigen Verweisung entsprechend anwendbar, also bei §§ 340 III 3, 411 IV, 530, 697 III 2, 700 I. I ist also nicht beim Ablauf anderer Fristen ohne eine solche Verweisung anwendbar, zB derjenigen nach *§ 283,* BVerfG FamRZ **91**, 1283, oder derjenigen nach *§ 379,* BGH NJW **80**, 344, Hamm RR **95**, 1152, oder derjenigen nach *§ 697 I,* BGH NJW **82**, 1533, Hamm MDR **83**, 413, Köln FamRZ **86**, 928, aM Franzki NJW **79**, 12, Kramer NJW **78**, 1414, Mischke NJW **81**, 565 (aber I ist eng auslegbar, Rn 30). Es kann freilich dann jeweils *II* anwendbar sein. Im schriftlichen Verfahren nach § 128 II ist bei einem Vortrag nach dem Fristablauf § 296 a entsprechend anwendbar, nicht § 296, aM Kramer NJW **78**, 1414 (vgl aber auch insofern Rn 30). 32

33 **D. Notwendigkeit wirksamer Anordnung.** Das Gericht muß die Frist wirksam gesetzt haben, BGH NJW **91**, 2774. Die Anordnung muß inhaltlich eindeutig gewesen sein, BVerfG NJW **82**, 1453. Eine gesetzlich notwendige Belehrung nach §§ 276 II, 277 II, IV muß erfolgt sein, BGH NJW **83**, 823, KG RR **08**, 223. Der Vorsitzende und nicht etwa ein anderer muß gehandelt haben, BGH NJW **91**, 2774. Das Kollegium muß nicht gehandelt haben, aM KG RR **08**, 223. Der Vorsitzende muß die Verfügung mit seinem vollen Namen unterzeichnet haben, §§ 129 Rn 13, 329 Rn 8. Ein bloßes Handzeichen (Paraphe) reicht also nicht aus, § 329 Rn 8, 11, BGH VersR **90**, 673, LAG Hamm MDR **82**, 612. Eine Unterzeichnung „auf Anordnung" durch einen Justizangestellten reicht natürlich erst recht nicht aus, BGH JZ **81**, 351. Der Urkundsbeamte der Geschäftsstelle muß die Fristverfügung dem von der Frist betroffenen Empfänger in beglaubigter Ablichtung oder Abschrift wegen § 329 II 2 förmlich zugestellt haben, BGH JZ **81**, 351. Vgl freilich § 189 Rn 6 „Amtszustellung".

34 Eine Verspätung kommt ferner nur in Betracht, wenn die fragliche Frist gerade vom Gericht dieser Instanz stammt, BVerfG **59**, 334, und wenn es sie gerade für dieses Angriffs- und Verteidigungsmittel *(„hierfür")* gesetzt hatte, Deubner NJW **77**, 922, Schröder ZZP **91**, 306. Das gilt also zB nicht dann, wenn die Partei eine andere als die vom Richter nach § 273 II Z 1 angeforderte Urkunde vorlegt. Dann kann freilich evtl II anwendbar sein. Bei einer umfassenden Klagerwiderung oder Replik gibt § 277 I, IV den Maßstab des Notwendigen.

Ein Vorbringen kann unter solchen Voraussetzungen *schon im ersten Termin verspätet* sein, Rn 20 „Früher erster Termin". Das Gericht darf und muß ein verspätetes Vorbringen auch dann als verspätet behandeln, wenn es ein Grundurteil erlassen will, BGH MDR **80**, 51.

35 **E. Erheblichkeit des Angriffsmittels usw.** Natürlich setzt das Gesetz außerdem voraus, daß das Angriffs- oder Verteidigungsmittel überhaupt erheblich ist, Düss NJW **87**, 508, Deubner NJW **89**, 717.

36 **F. Maßgeblichkeit des Eingangs.** Für die Einhaltung der Frist reicht der Eingang beim Gericht aus. Ein Eingang auf der zuständigen Geschäftsstelle ist dann nicht notwendig, BVerfG **60**, 122, aber auch 246. Natürlich reicht nicht der rechtzeitige Eingang irgendeines Schriftsatzes aus, sondern nur derjenige eines inhaltlich den jeweiligen gesetzlichen Anforderungen entsprechenden, Rn 48 „Lückenhaftigkeit". Man darf eine Frist bis zur letzten Sekunde ausnutzen, § 233 Rn 164. Wegen einer Fristverlängerung § 224 II. Das Gericht darf den verspäteten Eingang nicht auch nur mitverschuldet haben, § 167 Rn 18, BVerfG NJW **82**, 1453.

37 **12) Grundsatz: Ausschluß verspäteten Vortrags, I.** Ein Fristversäumnis nach I hat grundsätzlich den Ausschluß des Vortrags kraft Gesetzes zur Folge, BGH JZ **81**, 352. Man darf diese entscheidende Verschärfung gegenüber der Regelung nach II nicht durch eine allzu großzügige Zulassung verwässern, Rn 4.

38 **13) Ausnahme: Zulassung nach Ermessen, I.** Trotz einer Fristversäumnis kann das Gericht den Vortrag ausnahmsweise dann zulassen, wenn eine der beiden Voraussetzungen Rn 39 ff oder Rn 52 ff vorliegt. Diese Voraussetzungen sind wie alle Ausnahmeregeln eng auslegbar, obendrein wegen der grundsätzlichen Bedeutung des § 296, Rn 2. *Ob* eine Verzögerung fehlt, muß das Gericht nach der freien Überzeugung des Kollegiums und nicht nur des Vorsitzenden prüfen. Das Gericht hat also einen zwar pflichtgemäßen, aber weiten Ermessensspielraum, BGH NJW **81**, 928. *Wenn* aber nach seinem Befund eine Verzögerung fehlt, muß es den verspäteten Vortrag zulassen. Es hat also insofern anders als bei II keinen weiteren Ermessensspielraum. Die Entscheidung über die Zulassung erfolgt im Endurteil oder in einem Zwischenurteil nach § 304. Ein bloßer Beschluß hätte keine Bedeutung. Das Gericht müßte die Entscheidung im Endurteil wiederholen. Die Anfechtung der Zulassung ist nur zusammen mit derjenigen des Endurteils möglich, Rn 74. Nachprüfbar ist in der höheren Instanz nur, ob Ermessensmißbrauch vorlag, Rn 75.

39 **14) Fehlen von Verzögerung, I.** Das Gericht muß einen verspäteten Vortrag dann zulassen, wenn er die Erledigung des Rechtsstreits nicht verzögert. Grundsätzlich kommt eine Verzögerung nur gerade auf Grund einer tatsächlichen streitigen Behauptung in Betracht, BGH NJW **80**, 947, Hamm MDR **92**, 186, Naumb RR **94**, 704. Die Behauptung darf auch nicht sofort klärbar sein, Karlsr MDR **87**, 241, Deubner NJW **81**, 930. Sie muß natürlich entscheidungserheblich sein, Rn 46. Freilich kann zB bei schwierigen Rechtsfragen auch eine Rechtsausführung ausnahmsweise die Verzögerung herbeiführen, aM Bischof Rpfleger **93**, 378 (aber dann geht es eigentlich gar nicht um eine schuldhafte Verzögerung). Das Gericht muß auch in der Verhandlung klären, ob eine evtl verspätete Behauptung überhaupt streitig und entscheidungserheblich ist, Karlsr MDR **87**, 241, Bischof Rpfleger **93**, 378. Man darf den Verzögerungsbegriff keineswegs im Verfahren mit einem frühen ersten Termin großzügiger auslegen als nach einem schriftlichen Vorverfahren, BGH **86**, 36, Stgt NJW **84**, 2539.

40 **A. Schädlichkeit irgendeiner zeitlichen Verschiebung, sog absoluter Verzögerungsbegriff.** Eine Verzögerung liegt auch dann vor, wenn der Prozeß ebenso lange dauern würde, falls der verspätete Vortrag fristgerecht eingegangen wäre. Eine Verzögerung liegt also schon dann vor, wenn die Zulassung des nach dem Fristablauf eingegangenen Vortrags zu irgendeiner zeitlichen Verschiebung zwingt, die nicht ganz unerheblich ist, Rn 43. Nur so kann I seine Aufgabe wirksam erfüllen. Man muß die Vorschrift zu diesem Zweck klar und streng handhaben, Rn 4.

41 Der BGH vertritt diese Auslegung seit vielen Jahren, zB BGH NJW **80**, 945, ferner Celle NJW **79**, 377, Hamm NJW **79**, 824. Man kennzeichnet sie als den *„absoluten"* oder „realen" Verzögerungsbegriff (Wolf ZZP **94**, 313). Dieser ist grundsätzlich mit dem GG vereinbar, BVerfG FamRZ **91**, 1284 (unklar BVerfG NJW **95**, 1418 ohne eine ausreichende Erörterung der wahren Problematik), BGH NJW **87**, 500, BayVerfGH NJW **90**, 1654, MüKoPr 77, ThP 14. Der absolute Verzögerungsbegriff gilt auch im finanzgerichtlichen Verfahren, BFH BB **99**, 1911.

42 **B. Unanwendbarkeit des sog hypothetischen Verzögerungsbegriffs.** Demgegenüber vertraten früher einige trotz der schon damals festen Praxis des BGH nach Rn 41 unrichtigerweise immer noch den sog „hypothetischen" Verzögerungsbegriff (eine Verzögerung liege nur dann vor, wenn die Instanz bei einem

rechtzeitigen Vorbringen früher beendigt wäre), *so* möglicherweise BVerfG NJW **95**, 1417 (unklar, ohne eine ausreichende Erörterung der wahren Problematik), Drsd MDR **98**, 1118, Naumb VersR **99**, 1099, Leipold ZZP **97**, 410, Schumann ZZP **96**, 208. Wolf JZ **87**, 418 empfiehlt eine Orientierung am jeweils richterlich geplanten Prozeßablauf.

Ein *Verstoß* gegen die von BVerfG **75**, 315, Hamm RR **89**, 895 ausdrücklich als grundsätzlich mit dem GG vereinbar erklärte Auslegung des BGH ist für sich allein allerdings noch kein Verfassungsverstoß, BVerfG **51**, 191.

C. Schädlichkeit einer nicht ganz unerheblichen Verzögerung. Nur eine völlig unerhebliche Zeitspanne ist wegen des Übermaßverbots nach Einl III 22 unschädlich, Karlsr NJW **80**, 296, Fey DRiZ **78**, 180, strenger Mü NJW **90**, 1371 (krit Deubner), Stgt NJW **84**, 2539. Jede größere Zeitspanne ist aber bereits schädlich, Lange DRiZ **80**, 410, zB 10 Kalendertage, Karlsr NJW **84**, 619. Das Gericht darf also einen Vortrag nach dem Fristablauf nicht etwa schon dann zulassen, wenn die Verzögerung zwar erheblich, aber nicht ernstlich ist. 43

D. Schädlichkeit bei Notwendigkeit einer Nachfrist. Eine Verzögerung liegt insbesondere vor, sobald der geplante oder anberaumte Verhandlungstermin voraussichtlich in Gefahr kommt, Karlsr NJW **80**, 296. Sie liegt auch dann vor, wenn die Zulassung des Vortrags das Gericht auch nur voraussichtlich dazu zwingen würde, dem Gegner eine Nachfrist nach § 283 zu setzen, § 283 Rn 1, 11, Brdb RR **98**, 498, Stgt NJW **84**, 2538, aM BGH NJW **85**, 1558, BAG NJW **89**, 2213, Hamm MDR **92**, 186 (aber das paßt nicht zu dem ja auch und gerade vom BGH vertretenen absoluten Verzögerungsbegriff, Rn 41). 44

E. Beispiele zur Frage einer Verzögerung, I 45

Ausbleiben: Eine Verzögerung kann vorliegen, soweit ein verspätet benannter Zeuge oder eine verspätet benannte Partei als eine solche Beweisperson, die das Gericht nach § 273 II Z 4 dennoch ohne eine Vernehmungsverpflichtung geladen hatte, im Termin ausgeblieben ist. Das gilt selbst dann, wenn der Beweisführer das bloße Nichterscheinen der verspätet benannten und dann doch noch an sich ordnungsgemäß geladenen Beweisperson nicht verschuldet hatte. Denn die Beweisperson war eben verspätet benannt, Köln VersR **84**, 1176, Schneider MDR **85**, 279, ZöGre 18, aM BGH NJW **87**, 503 und 1950 (aber es gilt der auch vom BGH vertretene absolute Verzögerungsbegriff, Rn 40, 41). Erst recht kann eine Verzögerung dann vorliegen, wenn der verspätet benannte und vom Gericht nicht geladene Zeuge auch nicht erschienen ist, selbst wenn ihn der Beweisführer gestellen wollte, BGH NJW **89**, 719.

Eine *Verzögerung fehlt,* soweit eine Beweisperson rechtzeitig benannt und ordnungsgemäß geladen wurde. Ist sie dann entschuldigt, erfolgt eine Vertagung, § 227 Rn 4. Ist sie unentschuldigt, mag zur Vertagung ein Ordnungsmittel hinzutreten müssen, § 380. Eine Zurückweisung wegen Verspätung kann nur unter den Voraussetzungen von II erfolgen, § 379 Rn 9.

Entscheidungsreife: Eine Verzögerung kann grds nur insoweit vorliegen, als der Rechtsstreit bereits insgesamt entscheidungsreif ist, § 300 Rn 6, BGH RR **99**, 787, LG Bln WoM **03**, 155, zB nicht nur zur Klage oder Widerklage, BGH NJW **81**, 1217, oder wegen *eines* Streitgenossen, Brdb RR **98**, 498 (vgl aber Rn 49). Eine Verspätung zur Klage ist also *unschädlich,* soweit der Vortrag mit demjenigen zur Widerklage übereinstimmt und insofern nicht verspätet ist, BGH NJW **81**, 1217, LG Bln WoM **03**, 155 (Ausnahme: Rechtsmißbrauch, Einl III 54), oder soweit ohnehin zB nur ein Beweisbeschluß möglich wäre, BGH RR **99**, 787, Ffm RR **93**, 62. 46

Das Gericht muß aber ein verspätetes Vorbringen zurückweisen, soweit der Gegner es zwar als richtig zugesteht, indes nun eine solche *neue Tatsache* vorträgt, die im an sich bereits nach § 300 Rn 6 entscheidungsreifen Prozeß eine Beweisaufnahme notwendig machen würde, Düss RR **92**, 1239, aM LG Freibg MDR **82**, 762 (aber es gilt der absolute Verzögerungsbegriff, Rn 40, 41).

S auch Rn 46 „Grundurteil", Rn 49 „Teilurteil".

Förderungspflicht: Rn 16 ff.

Gegenbeweis: Rn 51 „Weiterer Beweis".

Grundurteil: Eine Verzögerung kann vorliegen, soweit das verspätete Vorbringen den Anspruchsgrund betrifft. Dann kann das Gericht den Vortrag nur durch ein Grundurteil zurückweisen. Denn dieses muß sämtliche Klagegründe usw erschöpfend erledigen und einen Anspruch auch der Höhe nach als mit hoher Wahrscheinlichkeit bestehend beurteilen, § 304 Rn 2, 8. Daher liegt dann Entscheidungsreife vor, § 300 Rn 6, BGH WoM **79**, 918.

S auch Rn 46 „Entscheidungsreife", Rn 49 „Teilurteil".

Haupttermin: Eine Verzögerung kann vorliegen, soweit zusätzlich zum frühen ersten Termin ein bisher nicht vorgesehener Haupttermin notwendig wird, § 272 Rn 2. Das gilt insbesondere dann, wenn das Gericht den frühen ersten Termin zulässigerweise als einen vollwertigen abschließenden Termin geplant und durchgeführt hat, § 272 Rn 4. Denn das Gericht hätte sonst auf Grund der schon zuvor eingetretenen Entscheidungsreife auch entscheiden müssen, § 300 Rn 6, Karlsr NJW **83**, 403, Stgt NJW **84**, 2538, aM Ffm MDR **86**, 539, Mü NJW **83**, 402 (aber es gilt der absolute Verzögerungsbegriff, Rn 40, 41). 47

Insolvenzverfahren: Zum Einfluß des § 240 Kühnemund KTS **99**, 28 (ausf). 48

Lückenhaftigkeit: Eine Verzögerung kann vorliegen, soweit die Partei inhaltlich lückenhaft vorträgt, etwa auf ein gegnerisches Argument oder einen Hinweis des Gerichts nicht ausreichend und zumutbar antwortet.

Mutmaßung: Rn 42.

Nachfrist: Eine Verzögerung auf seiten der einen Partei kann auch dann vorliegen, wenn das Gericht der anderen Partei eine Nachfrist nach § 283 zur Erklärung auf einen nachgereichten Schriftsatz des Gegners gesetzt hatte, § 283 Rn 4, Düss MDR **85**, 417, aM BVerfG NJW **89**, 705, Ffm RR **92**, 1405, Hamm RR **94**, 958.

Nichterscheinen: Rn 45 „Ausbleiben".

Prozeßtaktik: § 282 Rn 8 gilt auch hier.

Selbständiges Beweisverfahren: Ein Antrag auf ein selbständiges Beweisverfahren oder in einem solchen Verfahren ist grds im Rahmen von II kein „Fluchtweg", Mertins DRiZ **85**, 348. Andernfalls könnte man jede Verspätungsfolge unterlaufen.

Stufenklage: § 254 Rn 20.

49 **Teilurteil:** Eine Verzögerung kann vorliegen, soweit das Gericht das verspätete Vorbringen nur durch ein Teilurteil zurückweisen kann. Denn in seinem Umfang muß eine Entscheidungsreife nach § 300 Rn 6 vorliegen, unabhängig vom Reststoff, § 301 Rn 4 ff, BGH (8. ZS) MDR **80**, 51, LG Fulda NJW **89**, 3290, Gounalakis MDR **97**, 220, aM BGH (7. ZS) NJW **80**, 2355, Düss NJW **93**, 2543, ZöGre 12 (aber es gilt der auch vom BGH vertretene absolute Verzögerungsbegriff, Rn 40, 41).

S auch Rn 46 „Entscheidungsreife", „Grundurteil", Rn 51 „Widerklage".

50 **Verfassungsmäßigkeit:** Vgl zunächst Rn 24 ff. Eine verfassungsmäßige Auslegung darf nicht dazu führen, den Verzögerungsbegriff in sein Gegenteil zu verkehren, Stgt NJW **84**, 2539. Art 103 I GG (Rechtliches Gehör) verbietet nur eine Zurückweisung eines solchen verspäteten Vorbringens, dessen Beachtung die Erledigung des Rechtsstreits nicht verzögert, Einl III 16, BVerfG NJW **89**, 705.

Verhältnismäßigkeit: Zwar muß das Gericht den Grundsatz der Verhältnismäßigkeit der Mittel auch hier beachten, Einl III 22, 23. Es darf und muß ihn aber zurückhaltend anwenden. Denn II konkretisiert ihn schon. Jedenfalls bleibt bei einer Verzögerung kein Raum mehr für Verhältnismäßigkeitsabwägungen. Die hat ja schon der Gesetzgeber vorgenommen, Stgt NJW **84**, 2539.

Verkündungstermin: Eine Verzögerung kann vorliegen, soweit am Schluß des Verhandlungstermins eine Entscheidungsreife nach § 300 Rn 6 eingetreten ist und die Partei zB ihr verspätetes Beweismittel bis zu einem vom Gericht nach § 311 IV 1 anberaumten bloßen Verkündungstermin noch beschaffen könnte. Denn der Gegner hat einen Anspruch auf eine unverzügliche Entscheidung auf Grund des bis zum Ende des Verhandlungstermins vorliegenden Tatsachenstoffs, §§ 136 IV, 296 a, Zweibr MDR **81**, 504, aM BGH NJW **85**, 1558, Hamm RR **94**, 958, ZöGre 15 (aber es gilt der ja gerade auch vom BGH übernommene absolute Verzögerungsbegriff, Rn 40, 41).

Verständnisurteil: § 342 Rn 4.

51 **Weiterer Beweis:** Eine Verzögerung kann vorliegen, soweit das Gericht einen verspätet benannten und lediglich vom Beweisführer gestellten Zeugen in diesem Termin nicht abschließend vernehmen kann, BVerfG RR **99**, 1079, BGH NJW **91**, 1182, Hamm MDR **86**, 766 (je zu [jetzt] § 531 II). Sie kann ferner vorliegen, soweit das Gericht nach der Vernehmung eines verspätet benannten, aber im ersten Termin vom Beweisführer gestellten Zeugen einen erst infolgedessen erforderlichen weiteren Beweis oder Gegenbeweis erst in einem späteren Termin erheben könnte oder müßte, BVerfG RR **99**, 2373, BGH NJW **86**, 2257, Kblz NVersZ **01**, 363, auch wegen Durcheinandergeratens des Terminstages, Köln MDR **85**, 772, Schneider MDR **85**, 730, aM BGH NJW **91**, 1182 (zu theoretisch. Im übrigen gilt der auch vom BGH vertretene absolute Verzögerungsbegriff, Rn 40, 41).

Eine Verzögerung kann *fehlen,* soweit das Gericht ungeachtet der Verspätung noch einen nicht verspäteten weiteren Beweisantritt beachten muß, BGH RR **99**, 787.

S auch Rn 45 „Ausbleiben", Rn 48 „Selbständiges Beweisverfahren".

Weiterer (Haupt-)Termin: Rn 47 „Haupttermin", Rn 51 „Weiterer Beweis".

Widerklage: Sie darf nicht der Umgehung von § 296 dienen, Einl III 54, LG Bln WoM **03**, 155, LG Gießen RR **03**, 381, Gounalakis MDR **97**, 220.

S auch Rn 49 „Teilurteil".

Zeuge: Eine Verzögerung kann vorliegen, soweit die Partei einen Zeugen erst nach Monaten und so spät benennt, daß das Gericht dessen Dispositionsfreiheit und sein Persönlichkeitsrecht durch eine Ladung im letzten Moment mißachten müßte, Karlsr FamRZ **95**, 738, Gottschalk NJW **04**, 2941.

Eine Verzögerung kann *fehlen*, wenn die Partei das Ausscheiden ihres gesetzlichen Vertreters (Geschäftsführers) rechtzeitig ankündigt und ihn erst dann benennt, Üb 8 vor § 373, BGH NJW **99**, 2446.

S auch Rn 45 „Ausbleiben".

52 **15) Genügende Entschuldigung, I.** Das Gericht muß einen verspäteten Vortrag ferner auch dann zulassen, wenn er die Erledigung des Rechtsstreits zwar verzögert, wenn die Partei die Verspätung jedoch entschuldigt. I spricht überflüssig von „genügender" Entschuldigung. I nennt nicht als eine weitere Voraussetzung der Zurückweisung ein Verschulden, sondern als eine Voraussetzung der Zulassung trotz Verspätung eine Entschuldigung, also gerade den entgegengesetzten Vorgang, Rn 53.

A. Begriff der Partei. Der Parteibegriff ist derselbe wie sonst, Grdz 4 vor § 50. Man muß ein etwaiges Verschulden des gesetzlichen Vertreters oder ProzBev auch hier nach §§ 51 II, 85 II als das Verschulden der Partei beurteilen, Karlsr NJW **84**, 619. Die Partei muß sich spätestens im folgenden Termin entlasten, Karlsr Just **79**, 14. Ein Verschulden des Streithelfers schadet der Partei nicht, soweit sie ausreichend darauf geachtet hat, daß er die Prozeßförderungspflicht einer Prozeßpartei erfüllt, Grdz 12 vor § 128, Fuhrmann NJW **82**, 978, Schulze NJW **81**, 2665.

53 **B. Scharfe Anforderungen.** An eine Entschuldigung muß das Gericht aus den Gründen Rn 4 scharfe Anforderungen stellen, BGH NJW **85**, 744, Deubner NJW **77**, 924, aM Lange NJW **86**, 3045 (aber nur eine konsequente Anwendung des § 296 ermöglicht es, seinem Zweck gerecht zu werden). An die Sorgfalt des Anwalts muß man schärfere Anforderungen stellen als an diejenige der Partei. Keineswegs braucht das Gericht von Amts wegen nachzuweisen, daß die Partei die Verspätung schuldhaft oder gar grob fahrlässig oder gar in einer Verschleppungsabsicht herbeigeführt hat, BGH NJW **83**, 577, Schneider MDR **84**, 726, mißverständlich BVerfG NJW **89**, 706 rechts unten (es scheint I und II zu vermengen), BGH **88**, 62. Vielmehr muß die Partei ihre Schuldlosigkeit nachvollziehbar darlegen und beweisen, Rn 55 „Glaubhaftmachung". Allerdings muß das Gericht evtl trotz einer etwaigen prozeßleitenden Belehrung unter Umständen nochmals im Termin einen Hinweis darauf geben, daß der Vortrag verspätet sein könnte, Deubner NJW **78**, 356, Kinne DRiZ **85**, 15, aM von Bassewitz NJW **82**, 459 (aber § 139 stellt hohe Anforderungen an das Gericht). Es muß auch die Schuldfrage ansprechen, Hamm RR **03**, 1651. Es muß wegen der gerichtlichen

Pflicht zur Unparteilichkeit zunächst abwarten, ob die Partei ihrerseits Entschuldigungsgründe darlegt bzw nachreicht, Karlsr Just **79**, 14.

C. Beispiele zur Frage einer Entschuldigung, I 54

Anwaltsfrist: Eine Entschuldigung liegt vor, soweit die Partei glauben durfte, ihr ProzBev erhalte ebenfalls eine Frist, LG Paderb NJW **78**, 381.

Anwaltswechsel: Eine Entschuldigung *fehlt,* soweit er gewillkürt war, § 91 Rn 128.

Beauftragung: Eine Entschuldigung *fehlt,* soweit die Partei ihren ProzBev vorwerfbar spät beauftragt hat, LG Paderb NJW **78**, 381.

Einspruchsbegründung: Rn 55 „Fristverlängerung".

Fristbemessung: Eine Entschuldigung liegt *nicht* schon dann stets vor, wenn das Gericht von vornherein oder 55
rückblickend betrachtet eine Frist zwar formell gesetzmäßig, aber gemessen am Einzelfall doch zu kurz bemessen hatte, BGH NJW **94**, 736, Celle RR **98**, 499 (großzügig: 20 Tage), Deubner NJW **79**, 338, aM Hamm MDR **83**, 63. Natürlich ist ein solcher Verstoß des Gerichts aber ein Anzeichen für eine Entschuldigung der Partei, Lange NJW **86**, 3045, Leipold ZZP **93**, 247. Dann kann es unschädlich sein, daß ein Verlängerungsantrag erst nach dem Fristablauf einging, aber vor der Terminsbestimmung, Karlsr RR **90**, 703.

Fristverlängerung: Eine Entschuldigung kann ausreichen, soweit die Partei sofort nach dem Fristablauf ausreichende Gründe für die Nichteinhaltung genannt hatte, Karlsr MDR **97**, 196.

Im übrigen *fehlt* eine Entschuldigung, soweit die Partei keine Fristverlängerung beantragt, zB nach § 340 III 2, BGH NJW **79**, 1989, aM Karlsr RR **97**, 829, Lange NJW **86**, 3045 (aber das ist eine zumutbare Mindestanforderung). Das Gericht muß hohe Anforderungen stellen, Rn 53, BGH NJW **88**, 62 (Erkundigungsobliegenheit).

Glaubhaftmachung: Erst wenn die Partei ihren Entschuldigungsgrund nach Rn 53 nachvollziehbar, schlüssig, vorgetragen hat, darf das Gericht prüfen, ob es nach IV eine Glaubhaftmachung fordern muß, Rn 73, LG Ffm NJW **79**, 2112. Letztere braucht die Partei allerdings unabhängig von etwaiger Offenkundigkeit der Gründe nach § 291 erst auf ein Verlangen des Gerichts zu liefern, § 282 Rn 8, BGH NJW **86**, 3193, Karlsr Just **79**, 14. Daher darf das Gericht den Vortrag nicht etwa wegen des Fehlens einer Entschuldigung zurückweisen, nur weil die Partei ihre Entschuldigungsgründe nicht zugleich mit dem verspäteten Vortrag bereits glaubhaft gemacht hat. Das Gericht muß eine kurze Frist setzen, BGH MDR **86**, 1002. Falls das Gericht eine Glaubhaftmachung fordert, muß es auch § 294 II beachten. Es darf also eine nicht sofortige Beweisaufnahme nicht durchführen.

Krankheit: Eine Entschuldigung liegt evtl vor, wenn der Alleingeschäftsführer der Partei eine stationäre Kur 56
nehmen mußte, Hamm RR **92**, 122 (großzügig). Freilich muß das Gericht insofern scharfe Anforderungen stellen, Rn 53.

Urlaub: Eine Entschuldigung kann vorliegen, wenn der mit dem Streitstoff bekannte Vertrauensanwalt einer Partei im Urlaub war, Köln NJW **80**, 2422. Im allgemeinen muß sich aber der Urlaubsvertreter einarbeiten, wie in jeder Sozietät. Das besagt schon ihr rechtverstandener Name.

Verfahrensfehler: Eine Entschuldigung liegt vor, soweit ein Verfahrensfehler des Gerichts für die Verzögerung auch ursächlich war, Rn 16.

Kein Gerichtsfehler liegt im Nichterscheinen eines korrekt geladenen Zeugen.

Zeuge: Sein Ausbleiben trotz einer korrekten Ladung kann zur Entschuldigung evtl ausreichen (Fallfrage), BGH NJW **82**, 2559, LG Kblz NJW **82**, 289.

Zumutbarkeit: Liegt sie für einen früheren Vortrag vor, fehlt eine Entschuldigung für erst späteren, BGH NJW **03**, 202, großzügiger BGH RR **04**, 167, krit Schenkel MDR **04**, 790.

16) Verspätung von Angriffs- oder Verteidigungsmittel, II. Während I die Fälle des Fristablaufs und 57
III die Fälle der Zulässigkeitsrügen regelt, nennt II die Voraussetzungen, unter denen eine sonstige Verspätung zur Zurückweisung führen kann. Die Vorschrift umfaßt alle Angriffs- und Verteidigungsmittel nach Einl III 70, 71, BGH FamRZ **96**, 1072. Eine Zurückweisung erfolgt nur, wenn der Vortrag nicht so rechtzeitig einging, wie § 282 I, II es fordern, BGH GRUR **05**, 59, Celle VersR **83**, 187, Hamm NJW **87**, 1207. Ein Verstoß nur gegen § 132 genügt hier nicht, BGH NJW **97**, 2244, BGH NJW **93**, 1926 behandelt das Fehlen der Zeugenanschrift nur nach § 356. Im schriftlichen Verfahren nach § 128 II gilt Rn 32 entsprechend. Das Gericht darf und muß ein verspätetes Vorbringen auch dann als verspätet behandeln, wenn es nach § 304 ein Grundurteil erlassen will, BGH MDR **80**, 51. II gilt auch in der Berufungsinstanz, BVerfG, zit bei Schneider MDR **86**, 896, BGH NJW **87**, 502. II gilt auch im Mahnverfahren, § 697 Rn 7.

Unanwendbar ist II auf eine Rüge der Unzulässigkeit der Klage, BGH FamRZ **06**, 408 links oben.

17) Ermessen, II. Das Fehlen der Rechtzeitigkeit des Vortrags hat mangels eines Fristverstoßes keinen 58
automatischen Ausschluß zur Folge, Saarbr MDR **79**, 1030. Insofern bestehen erhebliche Unterschiede zu der scharfen Regelung nach I. Bei II ist vielmehr zum Ausschluß des Vortrags auf Antrag oder von Amts wegen ein pflichtgemäßes Ermessen nach Rn 38 nötig, BVerfG NJW **85**, 1151, BGH VersR **82**, 345, Leipold ZZP **102**, 487, aM Weth 293 (bei einer verfassungsgemäßen Auslegung verbleibe kein Ermessen. Aber eine Abwägungsmöglichkeit ist für II gerade kennzeichnend).

„Freie Überzeugung" ist weit gefaßt, Hbg NJW **79**, 376. Bei einer Zurückweisung besteht kein Anspruch 59
auf eine Wiedereröffnung der Verhandlung nach § 156. Das Gericht ist nicht verpflichtet, § 227 anzuwenden, solange es das rechtliche Gehör gibt, Einl III 16. Keine Zurückweisung erfolgt bei einem Vortrag, der sich auf solche Umstände bezieht, die zu den von Amts wegen beachtbaren Prozeßvoraussetzungen nach Grdz 12 ff vor § 253 zählen, und soweit das Gericht eine Amtsermittlung nach Grdz 38 vor § 128 vornehmen muß. Soweit ein früher erster Termin ein bloßer Durchlauftermin nach § 272 Rn 5 war, ist II unanwendbar, BVerfG **69**, 139, Hamm NJW **87**, 1207. Ein als vollwertiger Termin geplanter und durchgeführter früher erster Termin reicht aber aus, § 272 Rn 4, 10, Hamm NJW **87**, 1207.

18) Verzögerung, II. Die Zurückweisung des ohne einen Fristverstoß dennoch nicht rechtzeitigen 60
Vortrags kommt nach II in Betracht, soweit die beiden in Rn 60, 61 erläuterten Voraussetzungen zusammen-

treffen. Als erste Bedingung müßte sich die Erledigung des Rechtsstreits verzögern. Zum Verzögerungsbegriff vgl die freilich umgekehrten Voraussetzungen Rn 40, 41, BGH NJW **82**, 2560 (krit Deubner). Eine Verzögerung allein reicht jedoch nicht.

61 **19) Grobe Nachlässigkeit, II.** Als weitere Voraussetzung einer Zurückweisung nach II muß die Verspätung auf einer mindestens groben Nachlässigkeit beruhen. Es ist also zwar keine Verschleppungsabsicht notwendig. Andererseits ist aber eine nur leichte Nachlässigkeit hier unschädlich.

A. Begriff der groben Nachlässigkeit. Eine solche liegt erst dann vor, wenn die Partei eine Pflicht in besonders schwerwiegender Weise verletzt, BVerfG **69**, 137, BGH NJW **87**, 502, Hamm NJW **87**, 1207. Sie muß also jede prozessuale Sorgfalt unterlassen haben. Sie muß die im Prozeß erforderliche Sorgfalt in einem ungewöhnlich groben Maß verletzt haben. Sie muß dasjenige unbeachtet gelassen haben, was jeder Partei hätte einleuchten müssen, BGH GRUR **90**, 1054, Köln VersR **84**, 1176, Schlesw NJW **86**, 857. Sie muß ausnehmend sorglos gewesen sein. Das liegt erst bei einem groben prozessualen Verschulden vor, Einl III 68. Es besteht keine gesetzliche Vermutung für ein grobes Verschulden. Ein grobes prozessuales Verschulden darf man freilich wegen der erheblichen Sorgfaltsanforderungen nicht zu vorsichtig annehmen, BGH NJW **82**, 2561, Düss NJW **82**, 1889.

62 **B. Ermessen.** Es besteht auch hier ein Ermessensspielraum, Rn 58, BGH NJW **81**, 928, aM BGH NJW **86**, 1351, Hamm NJW **87**, 1207 (bloßer Würdigungsspielraum. Aber das ist Wortspielerei). Demnach ist die Anwendung des Rechtsbegriffs der groben Nachlässigkeit in der höheren Instanz nachprüfbar, Rn 75. Deshalb muß das Gericht die zugehörigen Tatsachen im Urteil feststellen, Saarbr MDR **79**, 1030. Es muß sie dabei miteinander abwägen. Maßgeblich ist ein objektiver Maßstab, BGH NJW **86**, 135, Hamm NJW **87**, 1207.

63 **C. Haftung.** Ein Verschulden des gesetzlichen Vertreters oder des ProzBev ist auch hier ein Verschulden der Partei, §§ 51 II, 85 II, Karlsr NJW **84**, 619 (zu I), Köln VersR **84**, 1176, LAG Köln NZA-RR **08**, 93 (je zu II). Auch auf dieses Verschulden darf und muß das Gericht unter Umständen im Urteil eingehen, Köln VersR **84**, 1176. An die Sorgfalt eines Anwalts muß das Gericht auch hier hohe Anforderungen stellen, sogar höhere als an die Partei selbst, Köln VersR **84**, 1176. Seine Überlastung kann auch hier ein Organisationsverschulden sein. Ein Verschulden des Streithelfers nach §§ 66 ff schadet der Partei nicht, soweit sie ausreichend darauf geachtet hat, daß er die Prozeßförderungspflicht einer Prozeßpartei erfüllt, Fuhrmann NJW **84**, 978, Schulze NJW **81**, 2665.

64 **D. Notwendigkeit des Ursachenzusammenhangs.** Eine grobe Nachlässigkeit ist nur dann schädlich, wenn die Verspätung gerade auf ihr beruht, BGH NJW **82**, 1533. Sie ist also nicht schon dann schädlich, wenn eine Verspätung objektiv feststellbar ohnehin eingetreten wäre bzw wenn auch bei einem rechtzeitigen Vortrag eine Verzögerung eingetreten wäre, Hamm RR **95**, 127.

65 **E. Beispiele zur Frage einer groben Nachlässigkeit, II**

Anwaltsauftrag: Grobe Nachlässigkeit kann vorliegen, wenn die Partei den ProzBev zu spät beauftragt.

Anwaltskartell: Grobe Nachlässigkeit kann vorliegen, wenn der ProzBev ein sog Anwaltskartell beauftragt, § 85 Rn 28, § 216 Rn 20, § 272 Rn 12, Rudolph DRiZ **86**, 17.

S auch Rn 68 „Unkenntnis".

Anwaltswechsel: Grobe Nachlässigkeit kann vorliegen, wenn die Partei einen zu späten gewillkürten Anwaltswechsel vornimmt.

Auslagenvorschuß: Großbe Nachlässigkeit kann bei seiner Nichtzahlung vorliegen, LG Bln RR **07**, 675.

66 **Beweisantritt:** Grobe Nachlässigkeit kann vorliegen, wenn der Beweisführer den Beweis nicht einmal nach der ersten streitigen Verhandlung unverzüglich antritt, Celle VersR **83**, 187.

S auch Rn 67 „Rechtsansicht".

Beweisbeschluß: Grobe Nachlässigkeit kann vorliegen, wenn der ProzBev einen Beweisbeschluß nicht alsbald darauf überprüft, ob er einen Antrag auf eine Berichtigung oder Ergänzung stellen oder weitere Informationen einholen muß, Köln VersR **84**, 1176.

Erkundigung: Grobe Nachlässigkeit kann vorliegen, soweit man sich unschwer hätte erkundigen können usw, BGH NJW **88**, 62.

Kostenvorschuß: Grobe Nachlässigkeit kann trotz 7 Wochen Verzug *fehlen,* wenn das zugehörige Gutachten ohnehin lange gedauert hätte, Rostock WoM **03**, 597.

Krankheit: Grobe Nachlässigkeit kann bei einer schweren Erkrankung natürlich *fehlen,* BGH VersR **82**, 346.

Letzter Moment: Grobe Nachlässigkeit liegt vor beim Zusammentreffen einer Mißachtung einer richterlichen Frist, einer Einspruchsfrist und beim Zuwarten bis zum späten Nachmittag vor dem dritten Termin, LAG Köln NZA-RR **08**, 93.

67 **Organisation:** Grobe Nachlässigkeit kann bei einem anwaltlichen Organisationsverschulden vorliegen, BGH VersR **82**, 346.

S auch Rn 65 „Anwaltskartell", Rn 67 „Rechtsansicht", Rn 68 „Unkenntnis".

Rechtsansicht: Grobe Nachlässigkeit kann vorliegen, wenn der ProzBev trotz der Hinweise des Gerichts auf einer irrigen Rechtsansicht beharrt und daher nicht ergänzend Tatsachen vorträgt oder Beweis antritt, Oldb NJW **87**, 1340. Es kann zur groben Nachlässigkeit hier auch genügen, daß man sich unschwer hätte erkundigen können usw, BGH NJW **88**, 62.

Triftige Gründe: Grobe Nachlässigkeit kann *fehlen,* wenn triftige Gründe zugunsten der Partei oder des ProzBev sprechen, zB bei einer Zurückhaltung von Vortrag, Düss JB **92**, 263.

68 **Unkenntnis:** Grobe Nachlässigkeit kann vorliegen, wenn der Anwalt verhandelt, ohne die Sache überhaupt zu kennen, Düss NJW **82**, 1889.

Sie kann *fehlen*, wenn die Partei die Bedeutung des Vorbringens wirklich nicht erkennen konnte.

S auch Rn 65 „Anwaltskartell".

Urlaub: Grobe Nachlässigkeit kann vorliegen, wenn der Beweisführer zwar eine Fristverlängerung beantragt, dann aber in den wenn auch angekündigten Urlaub fährt, ohne die Bewilligung der Fristverlängerung abzuwarten oder in einer unkomplizierten übersichtlichen Sache noch vor dem Urlaubsantritt vorzutragen, LG Kblz NJW **82**, 289.

Zurückbehaltungsrecht: Grobe Nachlässigkeit kann vorliegen, soweit eine Partei ein Zurückbehaltungsrecht erst im oder gar nach dem Termin geltend macht, Hamm RR **89**, 61.

20) Verspätung von Zulässigkeitsrüge, III. Die Vorschrift enthält eine gegenüber I, II vorrangige **69** Sonderregelung für Zulässigkeitsrügen. Sie ist zwingend, BGH VersR **06**, 506. IV bleibt anwendbar. Das zeigt die ausdrückliche Verweisung.

A. Grundsatz des Rügeverlustes. Mit dem Beginn der ersten mündlichen Verhandlung des Bekl (oder **70** des Klägers, § 282 Rn 10) zur Hauptsache nach § 39 Rn 6, § 282 III gehen sämtliche Zulässigkeitsrügen grundsätzlich verloren, auf die der Bekl oder der Kläger nach § 295 verzichten kann, BGH NJW **81**, 2646, Mü MDR **94**, 1244. Wegen des Einspruchs § 342 Rn 4. Es kommt insoweit auch nicht darauf an, ob die Verspätung zu einer Verzögerung führt, Mü MDR **94**, 1244.

B. Ausnahme: Beachtlichkeit der Rüge bei einem von Amts wegen prüfbaren Mangel. Eine **71** „verspätete Zulässigkeitsrüge" ist ausnahmsweise erlaubt, soweit ein von Amts wegen beachtbarer Mangel vorliegt, Brückner NJW **06**, 14.

Beachtlich bleiben von Amts wegen zB: Eine sachliche Unzuständigkeit, zB eine ausschließliche Zuständigkeit des Arbeitsgerichts, Mü VersR **82**, 198, oder in einer nichtvermögensrechtlichen Sache, Grdz 10 vor § 1; die Unzulässigkeit des Rechtswegs nach § 13 GVG, Brückner NJW **06**, 15; das Fehlen der deutschen internationalen Zuständigkeit, (jetzt) Artt 22, 25, 26 EuGVVO, SchlAnh V C 2, BGH NJW **97**, 397, Köln NJW **88**, 2182; eine anderweitige Rechtshängigkeit, § 261 Rn 28; das Fehlen der Partei- und Prozeßfähigkeit, §§ 50, 51, 56, BGH NJW **04**, 2524; ein Mangel bei der gesetzlichen Vertretung, § 51 II; das Fehlen der Prozeßvollmacht nach §§ 80 ff, Mü OLGZ **92**, 317 (Ausnahme: § 88 II), LG Münst MDR **80**, 853.

Nicht von Amts wegen beachtbar sind zB: Die Rüge einer Schiedsvereinbarung, § 1032 I (vorbehaltlich dort II), BGH **147**, 396, Mü MDR **94**, 1244; die Rüge der örtlichen Unzuständigkeit, Bischoff NJW **77**, 1900, Grunsky JZ **77**, 206, aM BGH **134**, 127, Ffm OLGZ **83**, 99, Saarbr NJW **05**, 907 (aber das ist kein elementarer Verfahrensverstoß); die Rüge einer mangelhaften Sicherheitsleistung wegen der Kosten, §§ 110 ff, BGH NJW **81**, 2646; die Rüge einer mangelhaften Kostenerstattung nach § 269 VI; die Rechtskraft, § 322.

C. Weitere Ausnahme: Genügende Entschuldigung, III. Trotz des grundsätzlichen Verlusts kann **72** man die verspätete Zulässigkeitsrüge ausnahmsweise auch dann zulassen, wenn der Bekl oder der Kläger nach § 282 Rn 17 die Verspätung entschuldigt. III spricht wie I überflüssig von einer „genügenden" Entschuldigung. Zur Entschuldigung und zur etwaigen Glaubhaftmachung nach IV vgl Rn 73. Ob eine Entschuldigung ausreicht, richtet sich auch hier nach der Beurteilung des Gerichts und nicht nach derjenigen des Vorsitzenden. *Wenn* die Entschuldigung ausreicht, ist eine Zulassung der Rüge eine Pflicht des Gerichts, Rn 38. Dort auch zum Verfahren.

21) Glaubhaftmachung, IV. Die Vorschrift enthält eine Regelung nur für I, III, nicht auch für II. Das zeigt **73** schon der Wortlaut. Die Glaubhaftmachung ist nur auf Verlangen des Gerichts nötig, BGH MDR **86**, 1002, Brdb RR **98**, 498, dann aber unverzüglich oder in der gesetzten Frist, BGH MDR **86**, 1002. Das Gericht muß die eigene Frist abwarten. Die Glaubhaftmachung erfolgt nach § 294, Leipold ZZP **93**, 246.

22) Entscheidung erst im Urteil, I–IV. Das Gericht entscheidet erst im Urteil, also nicht durch einen **74** Beschluß, BGH NJW **02**, 290. Es muß seine Entscheidung für die Beteiligten und das Rechtsmittelgericht nachvollziehbar begründen, BVerfG MDR **87**, 904, BGH NJW **99**, 585.

23) Verstoß; Rechtsmittel, I–IV. Die fehlerhafte Zulassung eines verspäteten Vortrags ist nur zusammen **75** mit derjenigen des Endurteils anfechtbar, BGH FamRZ **84**, 38. Köln NJW **80**, 2361, LG Freibg NJW **80**, 295. Die Anfechtung ist nur dem Benachteiligten möglich, BGH NJW **91**, 1897. Ein Verstoß gegen § 296 ist in der höheren Instanz nachprüfbar, Ostermeier ZZP **120**, 236.

Der Verstoß gegen § 296 ist ein wesentlicher *Verfahrensfehler,* Naumb RR **94**, 704, Stgt RR **86**, 1062, LG Bln WoM **03**, 155. Er kann auf Antrag zur Zurückverweisung nach (jetzt) § 538 II Z 1 führen, BGH NJW **87**, 501, LG Bln WoM **03**, 155, LG Aurich MDR **00**, 106. Das Revisionsgericht prüft die Rechtsbegriffe Verzögerung, Verspätung, Verschulden, grobe Nachlässigkeit voll, BGH VersR **07**, 633 links oben. Es prüft ein Ermessen des Gerichts aber nur auf dessen Überschreitung nach, BGH VersR **83**, 34.

Zur Problematik einer *Dienstaufsichtsbeschwerde* § 26 DRiG, SchlAnh I, Baur Festschrift für Schwab (1990) **76** 56. § 21 GKG (Kostennichterhebung) ist kaum anwendbar, Hartmann Teil I A § 21 GKG Rn 8, 9. Auch § 839 BGB (Amtshaftung) hilft kaum. Soweit kein Rechtsmittel statthaft ist, kann die Verfassungsbeschwerde in Betracht kommen, Rn 24, BVerfG NJW **87**, 2733. Freilich ist nicht jeder Verstoß gegen § 296 auch ein Verfassungsverstoß, BVerfG, zit bei Schneider MDR **86**, 896, Waldner NJW **84**, 2926.

296a *Vorbringen nach Schluss der mündlichen Verhandlung.* [1] **Nach Schluss der mündlichen Verhandlung, auf die das Urteil ergeht, können Angriffs- und Verteidigungsmittel nicht mehr vorgebracht werden.** [2] **§ 139 Abs. 5, §§ 156, 283 bleiben unberührt.**

1) Systematik, S 1, 2. Die Vorschrift ist mit Art 103 I GG vereinbar, BVerfG RR **93**, 637, VerfGH Mü **1** RR **01**, 1646. Sie schafft einen wesentlichen Verfahrensgrundsatz von erheblicher Bedeutung. Sie wird durch § 156 ergänzt, aber nicht etwa verdrängt, sondern bestätigt. § 321 a kann den Vorrang haben, vgl aber Rn 6.

2) Regelungszweck, S 1, 2. Die Vorschrift dient dem rechtlichen Gehör des Gegners nach Art 103 I **2** GG, der Förderungsaufgabe nach Grdz 12, 13 vor § 128, der Prozeßwirtschaftlichkeit nach Grdz 14, 15 vor § 128, dem Verhandlungsgrundsatz nach § 128 Rn 4 und der Rechtssicherheit, Einl III 43. Sie begrenzt die Parteiherrschaft, Grdz 18 vor § 128. Das sollte man bei der Auslegung mitbeachten.

3 **3) Geltungsbereich, S 1, 2.** Die Vorschrift erfaßt jedes Angriffs- oder Verteidigungsmittel nach Einl III 70, 71. Sie verbietet aber keine bloßen Rechtsausführungen. Sie gilt in allen Verfahrensarten der ZPO, auch im WEG-Verfahren, auch im Räumungsprozeß, BVerfG WoM **91**, 466. Sie gilt auch in einer Markensache, § 82 I 1 MarkenG, BPatG GRUR **03**, 531, und im Bereich des § 113 I 2 FamFG.

4 **4) Verhandlungsschluß, Urteil, S 1, 2.** Die Vorschrift versteht unter „Urteil" nicht schon ein Teilurteil, wenn die anschließende Verhandlung noch den hier maßgeblichen Rest erfassen kann, Köln FamRZ **92**, 1317. Sie enthält eine eindeutige und zwingende Regelung, Düss NJW **87**, 508. Sie setzt eine Entscheidungsreife nach § 300 Rn 6 nicht voraus. Denn diese läßt sich erst am Ende der an den Verhandlungsschluß anschließenden Beratung erkennen. Sie dient aber solcher Klärung. Sie setzt nicht voraus, daß die stattgefundene mündliche Verhandlung notwendig war, aM Mü MDR **81**, 1025 (aber sie spricht schlicht von „der" mündlichen Verhandlung). Der Verhandlungsschluß nach §§ 136 IV, 296 a beendet in der Regel unabhängig vom etwaigen Verschulden der Partei jede Möglichkeit irgendwelcher Angriffs- oder Verteidigungsmittel nach Einl III 70, irgendwelchen tatsächlichen Vorbringens in dieser Instanz, Düss NJW **87**, 508, also auch eines Sachantrags, §§ 261 II, 297, Düss MDR **00**, 1458, sofern sie überhaupt bis zum Verhandlungsschluß bestand, § 296 usw, BGH NJW **79**, 2110. Das Gericht muß einen vorher eingegangenen Schriftsatz beachten, auch wenn er im Termin nicht vorlag, Düss RR **98**, 1536. Nach dem rechtzeitigen Widerruf eines bedingten Vergleichs ist aber ein neuer Vortrag erlaubt, Hamm VersR **05**, 1445.

Eine erst *nach* dem Verhandlungsschluß auf der Posteingangsstelle oder per Fax eingehende Erklärung bleibt ungeachtet vorsorglicher Kenntnisnahme nach Rn 5 mangels berechtigter Verfahrensrügen durchweg im Ergebnis unbeachtlich, VerfGH Mü RR **01**, 1646, aM LG Hbg MDR **95**, 204 (aber man darf Art 103 I GG nicht überstrapazieren). Dem Verhandlungsschluß entspricht bei § 128 II der dort bestimmte Zeitpunkt, bei § 331 III die Übergabe des unterschriebenen Versäumnisurteils an die Geschäftsstelle.

5 **5) Verfahren, S 1, 2.** Das Gericht muß zwar einen verspätet eingegangenen Schriftsatz durchlesen, Fischer NJW **94**, 1321. Denn er kann ein Rechtsmittel enthalten oder zB ein wegen der vor dem Verhandlungsschluß eingetretenen Vorgänge evtl noch zulässiges Prozeßkostenhilfegesuch, § 114 Rn 95 „Letzter Augenblick", oder zB einen nach § 139 V zugelassenen und in dessen Nachfrist eingegangenen Vortrag, oder einen Antrag nach §§ 156, 283 usw. Der Schriftsatz kann auch ergeben, daß der Verhandlungsschluß verfrüht war. Das darf man freilich keineswegs schon wegen der Nachreichung eines Antrags nach § 283 stets annehmen, § 156 Rn 5, BayVGH NJW **84**, 1027. Das Gericht braucht überhaupt grundsätzlich nur in einem solchen Ausnahmefall etwas anderes als „zu den Akten" zu verfügen, zumal sich das Gericht nicht um die nächsthöhere Instanz zu kümmern braucht, BGH NJW **83**, 2031, Hbg MDR **95**, 526, Fischer NJW **94**, 1321, aM StJL 16 (aber wo lägen die Grenzen?). Vgl freilich § 313 Rn 42. § 531 I ist unanwendbar, BGH NJW **83**, 2031.

Eine erst *nach* dem Verhandlungsschluß veröffentlichte Grundsatzentscheidung kann zur Wiedereröffnung zwingen, soweit das Gericht sie verwerten will, §§ 139 II, 286 Rn 14. Soweit keine Wiedereröffnung nach § 156 in Betracht kommt, ergeht keine Entscheidung über einen nachgereichten Antrag und erhöht sich der Streitwert durch ihn nicht, Düss MDR **00**, 1458. Eine Tatbestandsberichtigung kommt nicht in Betracht, Köln MDR **91**, 988.

6 Eine *Klagerweiterung* kann beachtbar sein, BFH DB **86**, 628. Denn sie fällt schon deshalb grundsätzlich nicht unter § 296 a, weil sie überhaupt kein bloßes Angriffs- oder Verteidigungsmittel ist, Einl III 71, BGH NJW **95**, 1224. Das übersieht BGH RR **97**, 1486. Auch beiderseits wirksame Vollerledigterklärungen sind noch statthaft, § 91 a Rn 71, aM Fischer NJW **94**, 1316. Nur Arglist ist verboten, Einl III 54. Freilich wird eine Wiedereröffnung nicht schon deshalb notwendig, weil eine Partei in einem ohne Nachfrist eingereichten Schriftsatz erklärt, sie werde auf ihn bei einer Wiedereröffnung Bezug nehmen, Düss NJW **87**, 508. Zur Behandlung eines ohne Nachfrist nach dem Verhandlungsschluß eingegangenen Schriftsatzes allgemein Fischer NJW **94**, 1315. Man kann ein verspätetes Vorbringen im Berufungsverfahren in Bezug nehmen (vgl freilich § 528), BGH RR **98**, 1514.

Eine erst jetzt eingehende *Widerklage* nach Anh § 253 ist unbeachtlich, weil unzulässig, Anh § 253 Rn 5, § 282 Rn 6, BGH MDR **92**, 899, Düss RR **00**, 173, Hbg MDR **95**, 526. Durch ihre Berücksichtigung ließe sich beliebig eine Wiedereröffnung der Verhandlung erzwingen. Das gilt auch dann, wenn der Bekl eine Nachfrist nach § 283 zur Stellungnahme nur auf ein gegnerisches Vorbringen erhalten hat, Hbg MDR **95**, 526. Daher kommt auch keine Wiedereröffnung der Verhandlung nur zwecks Abweisung der Widerklage als unzulässig infrage, BGH NJW **00**, 2512. Wenn ein Angriffs- oder Verteidigungsmittel nach Einl III 70, 71 unbeachtlich ist, braucht das Gericht es auch nicht mehr an den Gegner zu übersenden, Fischer NJW **94**, 1316, aM Schur ZZP **114**, 348 (aber gerade dergleichen soll § 296 a verhindern. Es liegt dann auch kein Fall nach § 321 a vor). Soweit das Gericht freilich zB einen nachgereichten Sachantrag dem Gegner zustellt, kann es dadurch insoweit die Rechtshängigkeit begründen, § 261 I, Mü MDR **81**, 502, Schur ZZP **114**, 348, aM StJL 16, ZöGre 2 a (aber § 261 I sieht die Zustellung gerade der Klage und daher auch einer Widerklage vor). Erst deshalb kann dann auch eine Wiedereröffnung nach § 156 oder eine Abtrennung nach § 145 usw notwendig werden.

7 **6) Verstoß, S 1, 2.** Er kann zu einer Verletzung des Art 103 I GG werden, BSG MDR **85**, 700. Er kann, auch wegen Verstoßes gegen § 139 auf Antrag (jetzt) nach § 538 zur Zurückverweisung führen, Düss RR **98**, 1530.

297 *Form der Antragstellung.* [I 1] **Die Anträge sind aus den vorbereitenden Schriftsätzen zu verlesen.** [2] **Soweit sie darin nicht enthalten sind, müssen sie aus einer dem Protokoll als Anlage beizufügenden Schrift verlesen werden.** [3] **Der Vorsitzende kann auch gestatten, dass die Anträge zu Protokoll erklärt werden.**

[II] **Die Verlesung kann dadurch ersetzt werden, dass die Parteien auf die Schriftsätze Bezug nehmen, die die Anträge enthalten.**

Gliederung

1) Systematik, I, II. Die Vorschrift ergänzt als Folge des Mündlichkeitsgebots nach § 128 Rn 4 die Regel § 137 I und regelt auch die theoretische Form dieses wichtigsten Teils der mündlichen Verhandlung. Sie wird ihrerseits durch § 157 ergänzt. 1

2) Regelungszweck, I, II. Die Praxis hält die strenge Ausgangsform in I ebensowenig ein wie die übrigen in I, II zur Auswahl gestellten Formen. Das verdeutlicht, wie problematisch der Zweck des § 297 in der Praxis geworden ist. Der Vorsitzende befragt durchweg die Parteien oder ProzBev, was sie beantragen oder ob es bei den schriftsätzlich angekündigten Anträgen bleibe. Zu diesem Zweck liest *er* die Anträge vor. Sie bejahen oder verneinen sie oder ändern sie mündlich zum Protokoll ab. Immerhin dient auch der praktisch derart abgeschwächte § 297 der Klärung des Streitgegenstands, § 2 Rn 4. Er hat daher größte Bedeutung. 2

Alsbaldige Antragstellung kann für den weiteren Gang nicht nur dieses Termins, sondern des ganzen Prozesses hilfreich sein. Das Gericht sollte schon deshalb durchweg möglichst am Terminanfang herbeiführen. Wer schon den Sachantrag gestellt hat, kann sich zB nicht mehr in diesem Termin säumig machen, nur um Zeit zu gewinnen, § 137 Rn 13 ff. Hat der Gegner seinen Antrag gestellt, droht demjenigen, der nicht den Gegenantrag stellt, eine Versäumnisentscheidung oder sogar ein Urteil nach Lage der Akten und damit das endgültige Ende mindestens dieser Instanz. Die Stellung des Sachantrags führt evtl zum Verlust eines Rügerechts nach §§ 39, 43, 295.

Vorheriges Rechtsgespräch kann andererseits ebenso ratsam sein, um nicht nur gebührenrechtlich eine Zuspitzung zu verhindern und eine Vergleichsbereitschaft wenn nicht in der Güteverhandlung des § 278 zu erkunden, so doch wenigstens zu Beginn der eigentlichen mündlichen Verhandlung nochmals zu versuchen.

Alle diese Aspekte sollte man beachten, wenn es um die Antragstellung und ihre Protokollierung geht. Fingerspitzengefühl ist gerade an dieser Stelle ein Ausdruck der Souveränität.

3) Geltungsbereich, I, II. Die Vorschrift gilt in allen Verfahrensarten der ZPO im Anwalts- wie Parteiprozeß nach § 78 Rn 1, auch im WEG-Verfahren. Sie gilt auch im arbeitsgerichtlichen Verfahren, § 46 II 1 ArbGG, und im Bereich des § 113 I 2 FamFG. 3

4) Antrag, I 1. Zwei Antragsarten folgen unterschiedlichen Regeln. 4

A. Sachantrag. Anträge sind nur die sogenannten Sachanträge. Sie begründen bei § 261 II die Rechtshängigkeit. Sie bestimmen den Inhalt der gewünschten Sachentscheidung und begrenzen ihn, §§ 33, 253 Rn 39 ff, §§ 261 II, 263, 264 Z 2, 3, 308 I, 520 III Z 1, 524 III, 551 III Z 1, Hbg JB **94**, 608, KG Rpfleger **00**, 238, LG Mönchengladb Rpfleger **06**, 169. Sie begründen bei § 261 II die Rechtshängigkeit.

B. Prozeßantrag. Nicht unter I 1 fallen bloße Prozeßanträge. Sie betreffen nur das Verfahren, zB der Antrag auf eine Terminsanberaumung, auch zB nach § 697 III, Karlsr MDR **93**, 1246, oder der Antrag auf eine Aussetzung oder eine Verweisung, zB nach § 281, KG AnwBl **84**, 508, der Beweisantrag, §§ 355 ff, der Antrag auf das Ruhen des Verfahrens, § 251 a. Eine Verbindung von Sach- und Prozeßantrag kann beim Versäumnisurteil vorliegen, §§ 330 ff, Mü MDR **80**, 235, ferner zB beim Anerkenntnisurteil, § 307, beim Verzichtsurteil, § 306, auch bei einer Protokollberichtigung, § 164, aM Geffert NJW **78**, 1418 (aber gerade dann können Verfahrens- und Sachbitten zusammentreffen). 5

C. Beispiele zur Frage des Vorliegens eines Prozeß- oder Sachantrags 6

Abweisungsantrag: Rn 7 „Klagabweisung".

Anerkenntnisurteil: Beim Antrag auf den Erlaß eines Anerkenntnisurteils kann eine Verbindung von Prozeß- und Sachantrag vorliegen, ähnlich wie beim Versäumnis- oder Verzichtsurteil. Der bloße Kostenantrag nach § 93 ist ein Prozeßantrag, aM Kblz AnwBl **89**, 294 (zu [jetzt] VV 3104. Aber schon § 308 II zeigt den Unterschied).

Anschließung: Es gelten dieselben Regeln wie zum Antrag derjenigen Partei, der man sich anschließt. Meist ist die Anschließung an das gegnerische Rechtsmittel ein Sachantrag, BGH NJW **93**, 270.

Anwaltsbestellung: Sie ist *kein* Sachantrag, Bbg JB **84**, 403, Kblz JB **81**, 1518.

Arrest, einstweilige Verfügung: Es gelten dieselben Regeln wie bei der Klage, auch im Verfahren mit einer mündlichen Verhandlung oder auf Grund eines Widerspruchs und auf eine Aufhebung. Vgl also zB „Abweisungsantrag", Rn 7 „Klagantrag", „Klagerwiderung".

Aufnahme: Die Erklärung nach § 250 ist *kein* Sachantrag, Karlsr JB **97**, 138.

Beigeladener: Der Antrag eines Beigeladenen zur Sache ist ein Sachantrag wie beim Streithelfer, Rn 8.

Berichtigungsantrag: Rn 6 „Protokollberichtigung", Rn 8 „Tatbestandsberichtigung oder -ergänzung".

Beweisantrag: Der bloße Beweisantrag ist ein Prozeßantrag. Das gilt auch im selbständigen Beweisverfahren.

Dritter: S „Irrig einbezogene Partei".

Einstweilige Anordnung, Verfügung: S „Arrest, einstweilige Verfügung".

Erledigterklärung: Die erste Erklärung der Hauptsache als ganz oder teilweise erledigt ist ein Sachantrag. Denn der zunächst derart Erklärende muß zumindest mit der Möglichkeit rechnen, daß der Prozeßgegner sich dieser Erklärung doch nicht anschließt, und dann wird ein streitiges Urteil darüber notwendig, ob die Klage zunächst begründet war, § 91 a Rn 170, Beuermann DRiZ **78**, 311, ThP 1, ZöGre 1, aM Schlesw

SchlHA **82**, 143 (aber auch die Erledigterklärung bestimmt den Inhalt der jetzt noch gewünschten Sachentscheidung und begrenzt ihn nach § 308 I). Dagegen ist die Erklärung, man schließe sich der gegnerischen Erledigterklärung an, mit Rücksicht auf den dann meist nur noch notwendigen Kostenausspruch nach § 91 a meist ein bloßer Prozeßantrag. Auch der bloße Kostenantrag statt einer Erledigterklärung ist ein Prozeßantrag, Ffm VersR **78**, 573.

Irrig einbezogene Partei: Der bloße Kostenantrag des irrig in den Prozeß Einbezogenen, der nach Grdz 14 vor § 50 aus dem Prozeß entlassen wurde oder werden will, ist ein Sachantrag, Mü Rpfleger **85**, 326. Das gilt auch dann, wenn der „Gegner" die Befugnis des Dritten bestreitet, die zur Entlassung aus dem Prozeß nötigen Handlungen vorzunehmen, Mü Rpfleger **85**, 326.

7 **Klagabweisung:** Der Antrag auf die Abweisung der Klage oder eines Teils der Klage ist ein Sachantrag, auch der stillschweigende oder umschriebene, Kblz JB **95**, 197 („Entscheidung wie rechtens"). Denn von ihm hängt ab, ob und welche Sachentscheidung das Gericht treffen darf und muß, Hamm MDR **92**, 308, Karlsr MDR **93**, 1246, Mü MDR **91**, 165, aM Kblz VersR **78**, 388, ThP 2 (aber was soll der Bekl noch mehr zur Sache beantragen als eine nicht eindeutig auf ein bloßes sog Prozeßurteil begrenzte Klagabweisung?).

Klagantrag: Ein Antrag „aus der Klageschrift" kann ein Sach- oder ein Prozeßantrag sein. Man muß klären, welchen Inhalt er hat, um ihn einordnen zu können.

Klagänderung: Es gelten dieselben Regeln wie bei der Klage. Vgl also zB Rn 6 „Abweisungsantrag", Rn 7 „Klagantrag", „Klagerweiterung", „Klagerwiderung".

Klagebeschränkung: Es gelten dieselben Regeln wie bei der Klage. Vgl also zB Rn 6 „Abweisungsantrag", Rn 7 „Klagantrag".

Klagerücknahme: Die Erklärung der Klagerücknahme oder einer Rechtsmittelrücknahme ist ein Prozeßantrag. Denn sie richtet sich gerade darauf, die zuvor begehrte Sachentscheidung des Gerichts solle jedenfalls in diesem Prozeß nicht mehr erfolgen, Mü MDR **83**, 944. Dagegen ist der Antrag, durch einen Beschluß nach § 269 IV festzustellen, daß der Kläger nach § 269 III 2 die Kosten tragen müsse, ein Sachantrag. Denn die Kosten sind jetzt die restliche Hauptsache. Dasselbe gilt bei § 269 III 3.

Klagerweiterung: Es gelten dieselben Regeln wie bei der Klage, Beuermann DRiZ **78**, 311. Vgl also zB Rn 6 „Abweisungsantrag", Rn 7 „Klagantrag", „Klagänderung", „Klagerwiderung".

Klagerwiderung: Ein Antrag aus der Klagerwiderungsschrift oder zum Protokoll kann ein Sach- oder ein Prozeßantrag sein. Man muß klären, welchen Inhalt er hat, um ihn einordnen zu können.
S auch Rn 6 „Abweisungsantrag".

Kostenantrag: Rn 6 „Anerkenntnisurteil", Rn 7 „Erledigterklärung", „Irrig einbezogene Partei", „Klagerücknahme".

Mahnverfahren: Rn 8 „Terminsanberaumung".

Protokollberichtigung: Beim Antrag auf die Berichtigung des Protokolls kann eine Verbindung von Prozeß- und Sachantrag vorliegen, Geffert NJW **78**, 1418.

8 **Rechtsmittelantrag:** Es gelten grds dieselben Regeln wie in der ersten Instanz, auch für den Anschließungsantrag, Rn 6 „Abweisungsantrag", Rn 7 „Klagantrag", „Klagerwiderung". Sachantrag ist auch derjenige auf die Zurückweisung oder Verwerfung des gegnerischen Rechtsmittels, Hamm AnwBl **78**, 138. Das gilt unabhängig davon, ob die Partei einen solchen Antrag verliest oder ob das Gericht ihn zustellen lassen muß. Wegen der Rechtsmittelrücknahme Rn 5 „Klagerücknahme".

Rücknahme: Rn 7 „Klagerücknahme".

Ruhen des Verfahrens: Der Antrag, das Ruhen des Verfahrens anzuordnen, ist ein Prozeßantrag.
S auch „Terminsanberaumung".

Scheidungsantrag: Es gelten dieselben Regeln wie bei der Klage, Rn 7 „Klagantrag".

Schiedsrichterliches Verfahren: Der Antrag auf die Vollstreckbarerklärung eines ausländischen Schiedsspruchs ist ein Sachantrag, BayObLG **99**, 57.

Schriftsatznachlaß: Ein Antrag zB nach § 283 S 1 ist ein bloßer Prozeßantrag.

Selbständiges Beweisverfahren: Rn 6 „Beweisantrag".

Streithelfer: Der Antrag eines Streithelfers zur Sache ist ein Sachantrag, Hamm MDR **92**, 308.

Streitiges Verfahren: S „Terminsanberaumung".

Tatbestandsberichtigung oder -ergänzung: Der Antrag auf eine Berichtigung oder Ergänzung des Tatbestands ist ein Sachantrag.

Teilantrag: Er kann zur Klärung nötigen, ob eine restliche Teilrücknahme vorliegt, §§ 139, 269.

Terminsanberaumung: Ein bloßer Prozeßantrag ist der Antrag auf eine Terminsanberaumung, auch zB nach § 697 III, Karlsr MDR **93**, 1246.

9 **Versäumnisurteil:** Beim Antrag auf den Erlaß eines Versäumnisurteils kann eine Verbindung von Prozeß- und Sachantrag vorliegen, Mü MDR **80**, 235, nämlich wie beim Anerkenntnis- oder Verzichtsurteil.

Verweisung: Der bloße Verweisungsantrag, auch der hilfsweise gestellte, ist ein Prozeßantrag, KG NJW **84**, 508. Tritt zu ihm ein solcher Klagabweisungsantrag hinzu, den der Bekl auf die Unbegründetheit der Klage stützt, liegt insofern ein Sachantrag vor.

Verwerfung: Rn 8 „Rechtsmittelantrag".

Verzichtsurteil: Beim Antrag auf den Erlaß eines Verzichtsurteils kann eine Verbindung von Prozeß- und Sachantrag vorliegen, ähnlich wie beim Anerkenntnis- oder Versäumnisurteil.

Vorläufige Vollstreckbarkeit: Der Antrag auf eine nicht schon von Amts wegen notwendige Erklärung der vorläufigen Vollstreckbarkeit ist ein Sachantrag.

10 **Widerklage:** Es gelten dieselben Regeln wie bei der Klage, Rn 6 „Abweisungsantrag", Rn 7 „Klagantrag", „Klagerwiderung".

Zug-um-Zug-Verurteilung: Der Antrag auf einen Verurteilung Zug um Zug gegen eine Gegenleistung ist ein Sachantrag.

Zurückweisungsantrag: Rn 7 „Klagabweisung", Rn 8 „Rechtsmittelantrag".

Zwischenklage: Es gelten dieselben Regeln wie bei der Klage, Rn 6 „Abweisungsantrag", Rn 7 „Klagantrag", „Klagerwiderung".

5) Verlesung, I 1, 2. Die Verlesung nur der Sachanträge nach Rn 1 aus einem nach §§ 129ff, 282 vorbereitenden oder nach § 160 V zur Protokollanlage erklärten Schriftsatz ist grundsätzlich sowohl im Anwalts- als auch im Parteiprozeß eine Voraussetzung wirksamer Antragstellung, Karlsr OLGZ **77**, 486. Das gilt, soweit das Gericht im Parteiprozeß überhaupt eine schriftsätzliche Vorbereitung angeordnet hatte, § 129 II. Es muß eindeutig sein, was die Partei beantragt und was zur Zeit nicht. Das gilt wegen der zentralen Bedeutung der Sachanträge zB für den Streitgegenstand und damit für den Streitwert, LG Bbg AnwBl **85**, 265, für die Rechtskraft und für die Kosten Deshalb ist die Verlesung keine Förmelei, sofern irgendeine auch nur etwaige Unklarheit besteht, die man oft in der mündlichen Verhandlung noch nicht erkennen, später aber umso schwerer beseitigen kann. 11

Das Gericht muß die Verlesung im *Protokoll* feststellen, § 160 III Z 2. Diese Feststellung hat eine erhöhte Beweiskraft, § 165. Eine Berichtigung ist zulässig, § 164. Wenn eine Partei den Antrag in einem vorbereitenden Schriftsatz zur Zeit der mündlichen Verhandlung nicht wesentlich verändert, muß sie ihn aus dem Schriftsatz verlesen, auch im Parteiprozeß. Soweit kein solcher Schriftsatz vorhanden ist oder soweit schriftliche Anträge überholt sind, ist grundsätzlich eine besondere neue Schrift erforderlich. Der Vorsitzende muß sie dem Protokoll als Anlage beifügen und verlesen (lassen), § 160 V. Eine wesentliche Änderung des schriftsätzlichen Antrags durch eine handschriftliche Vornahme im Termin muß den Zeitpunkt und den Urheber erkennen lassen. Sie kann man nach §§ 263, 264 beurteilen. Eine Wiederholung der Verlesung usw ist auch im späteren Termin nicht erforderlich, auch nicht nach einer Beweisaufnahme nach § 370 I oder nach einem Richterwechsel. Freilich ist eine Antragsklärung zum Protokoll zumindest am Schluß der letzten mündlichen Verhandlung nach §§ 136 IV, 296a sinnvoll und oft ratsam. 12

6) Antrag zum Protokoll, I 3. Ein solcher Antrag, den die Partei weder verliest noch durch die Bezugnahme auf eine Schrift stellt, sondern nur mündlich erklärt, ist im Anwalts- wie Parteiprozeß nach § 78 Rn 1 zulässig, soweit der Vorsitzende ihn gestattet, Ffm FamRZ **82**, 812. „Kann" stellt hier nicht bloß in die Zuständigkeit, sondern ins pflichtgemäße Ermessen. Es würde sonst wegen der heute üblichen Verhandlung ohne einen zusätzlichen Urkundsbeamten der Geschäftsstelle nach § 159 I 2 unter Umständen ein erheblicher Zeitverlust durch die Entgegennahme und das etwaige Diktat eintreten. Das aber sollen §§ 159ff gerade verhindern. Immerhin ist das Ermessen durch den Zwang zur Aufnahme wesentlicher Vorgänge ins Protokoll begrenzt, § 160 II. Zum stillschweigenden Antrag § 137 Rn 12. 13

Freilich kann die Partei *nicht* schon wegen der Notwendigkeit, Anträge nach § 160 III Z 2 ins Protokoll aufzunehmen, ihre mündliche Erklärung der Anträge zum Protokoll *erzwingen*. Es liegt ja erst nach der Erlaubnis des Gerichts zur mündlichen Antragstellung überhaupt ein wirksamer Antrag nach § 160 III Z 2 vor. § 160 IV ist auch nicht entsprechend anwendbar. Denn I 3 behält die Entscheidung dem Vorsitzenden und nicht dem Gericht vor. Im Zweifel ist eine Verlesung oder eine Bezugnahme auf eine Schrift notwendig, zumal § 162 I die Vorlesung und Genehmigung der Sachanträge nicht vorsieht (keine Verweisung auch auf § 160 III Z 2). Die Ablehnung der Gestattung mündlicher Anträge gehört ins Protokoll, § 160 III Z 6. Eine kurze Begründung ist zumindest eine Anstandspflicht des Gerichts. 14

7) Bezugnahme auf Schriftsätze, II. Eine solche Bezugnahme steht beiden Parteien im Anwalts- wie Parteiprozeß nach § 78 Rn 1 frei. Sie braucht keine Genehmigung durch das Gericht nach § 137 III. Sie ersetzt die Verlesung voll, BGH VersR **02**, 95. Es genügt, auf eine Schrift nach I 2 Bezug zu nehmen. Der sprachliche Unterschied zwischen „Schriftsatz" in I 1, 2 und „Schrift" in I 2 nimmt Rücksicht darauf, daß die letztere nicht voll dem § 130 entsprechen muß. Sie kann zB aus einem im Termin handschriftlich und sogar ohne das Datum und ohne eine Unterschrift angefertigten und dem Vorsitzenden sogleich übergebenen Zettel bestehen. Eine solche Bezugnahme ist aber nur dann ausreichend, wenn der Antrag in der Schrift eindeutig ist, BAG NJW **03**, 1549. Bedenklich ist die bloße Bezugnahme auf den Antrag auf den Erlaß des Mahnbescheids oder eine Bezugnahme auf den schon vorhandenen Mahnbescheid, Schuster MDR **79**, 724, aM Mickel MDR **80**, 278 (aber beim Antrag ist stets die höchste Sorgfalt und Klarheit erforderlich). Notfalls muß das Gericht nachfragen, § 139. Es ist aber in erster Linie eine Aufgabe der Partei, bei ihrer Bezugnahme Mißverständnissen vorzubeugen. Es ist nicht eine Aufgabe des Gerichts, der Partei auch noch das Heraussuchen dessen abzunehmen, was sie beantragen will. Das wenigstens sollten sie und ihr ProzBev beim Beginn des Verhandlungstermins bereits wissen. Im schriftlichen Verfahren nach § 128 II erfolgt weder eine Verlesung noch eine Bezugnahme, sondern eben ein schriftlicher Antrag. Im Aktenlageverfahren nach § 251a erfolgt eine Verlesung oder Bezugnahme nur bei einer einseitigen Verhandlung. 15

8) Teilverlesung usw, I, II. Im bloß teilweisen Verlesen usw kann eine auf den nicht verlesenen Teil erstreckte Klagerücknahme liegen, § 269. Das Gericht muß evtl nach § 139 fragen. Die Partei darf die Frage nicht unbeantwortet lassen oder unklar beantworten. Sie riskiert dann eine pflichtgemäße Auslegung zu ihrem Nachteil, § 269 Rn 22. 16

9) Verstoß, I, II. Ein Verstoß gegen § 297 hat die Unwirksamkeit des Antrags zur Folge. Stets muß das Gericht § 139 beachten. Vgl freilich auch Rn 8. Der Verstoß ist ebenso heilbar wie ein Verstoß gegen den Grundsatz der Mündlichkeit, §§ 39, 43, 295. Nur das gesetzmäßige Stellen der Anträge ist unverzichtbar, nicht ihr Verlesen usw, Ffm FamRZ **82**, 812, KG FamRZ **79**, 140. Nach einer erfolglosen Anwendung des § 139 ist die Wiedereröffnung der Verhandlung nach § 156 unnötig. Eine Zurückverweisung nach § 538 sollte nur zurückhaltend erfolgen, Mü FamRZ **84**, 407. 17

298 *Aktenausdruck.* **[I] Von einem elektronischen Dokument (§§ 130a, 130b) kann ein Ausdruck für die Akten gefertigt werden.**

[II] Der Ausdruck muss den Vermerk enthalten,

1. welches Ergebnis die Integritätsprüfung des Dokumentes ausweist,
2. wen die Signaturprüfung als Inhaber der Signatur ausweist,
3. welchen Zeitpunkt die Signaturprüfung für die Anbringung der Signatur ausweist.

[III] **Das elektronische Dokument ist mindestens bis zum rechtskräftigen Abschluss des Verfahrens zu speichern.**

Gliederung

1 **1) Systematik, I–III.** Während § 298 a II die Übertragung der Papierform in ein elektronisches Dokument regelt, enthält I, II 1 die Regelung des umgekehrten Wegs der Umwandlung aus einer elektronischen Form in die papierne. Beide Wege sind ja unvermeidbar, solange es noch überhaupt die Papierform gibt. III klärt entsprechend § 298 a II 2 die Mindestfrist der hier Speicherung genannten Aufbewahrung.

2 **2) Regelungszweck, I–III.** Die Vorschrift zeigt, wie gefährlich sogar der bloße Aktenausdruck in der Herstellung ist, um rechtlich brauchbar zu werden. In bestem Neudeutsch enthält II Z 1 für Juristen, denen man heutzutage nicht einmal mehr das Große Latinum abverlangt, mit dem Begriff Integritätsprüfung ein schillerndes Gebilde auch vor allem für denjenigen Urkundsbeamten, der nicht in einem mehrgliedrigen Schulsystem gelernt hat. II wird auch im übrigen in der Alltagshast kaum stets mit der vom Gesetzgeber als Folge des ganzen Systems kompliziert genug ausgestatteten dreistufigen Sorgfalt zur Anwendung kommen. Andererseits dient ein korrekter Ausdruck nach § 416 a der Beweiskraft. Man muß die Vorschrift daher behutsam abwägend und nicht allzu technikgläubig, aber auch nicht zu lasch handhaben.

3 **3) Zulässigkeit eines Aktenausdrucks, I.** Sie ist eigentlich selbstverständlich, Rn 1. Sie gilt beim gerichtlichen wie beim sonstigen elektronischen Dokument. Das zeigt der Verweis auf beide einschlägigen Vorschriften §§ 130 a, b. Natürlich sind auch mehrere Ausdrucke gleichzeitig oder in einem beliebigen zeitlichen Abstand herstellbar, solange das elektronische Dokument noch lesbar vorhanden ist.

4 **4) Vermerk, II.** Zur rechtlichen Brauchbarkeit und insbesondere zur Beweiskraft nach § 416 a ist ein Vermerk auf dem Aktenausdruck erforderlich. Ihn muß der Urkundsbeamte oder derjenige anbringen, der den Ausdruck sonst herstellt und in den Verkehr bringt. Der Vermerk muß drei Gesichtspunkte klären. Es handelt sich nicht etwa nur um eine Sollvorschrift. Es besteht daher kein bloßes Ermessen, sondern eine Amtspflicht zum Handeln.

5 **A. Integritätsprüfung, II Z 1.** Der Vermerk muß zunächst besagen, welches Ergebnis die sog Integritätsprüfung des Dokuments ausweist. Zu dieser sprachlichen Glanzleistung Rn 2. Sachlich soll man unter diesem Begriff etwas anderes als eine Authentizität verstehen. Wieso sich beides voneinander unterscheidet, besagt der Bericht des Rechtsausschusses BT-Drs 15/4952, der die Integritätsprüfung fordert, nicht anders als dahin, die Prüfung der Integrität und der Authentizität erfolge durch einen Abgleich der sog Hash-Werte zum Zeitpunkt des Signierens und zum Zeitpunkt des Aktenausdrucks. Was ein Hash-Wert ist, bleibt dem dortigen Leser verborgen. Er soll es wahrscheinlich gefälligst ohnehin wissen. Man liest aber, die Prüfung könne automatisch durchgeführt werden und zusammen mit dem Auslesen von Zertifikationsdaten geschehen, und zwar ohne einen besonderen Aufwand. Man läßt also besser die Begriffe Integrität, Authentizität, Hash-Wert, Zertifikation ohne lateinisches und englisches Wörterbuch in der Hoffnung auf sich wirken, daß dieser ganze geheimnisvolle Vorgang automatisch klappen wird.

6 **B. Signaturprüfung, II Z 2.** Der Vermerk muß sodann klären, wen die Signaturprüfung als Inhaber der Signatur ausweist. Welchen Grad die Signatur haben muß, besagt die Vorschrift nicht. Vgl dazu §§ 130 a I 2, 130 b Hs 2. Zum Signaturbegriff § 130 a Rn 4.

7 **C. Zeitpunkt der Signaturprüfung, II Z 3.** Der Vermerk muß schließlich klären, welchen Zeitpunkt die Signaturprüfung für die Anbringung der Signatur ausweist, wann der Verantwortliche das elektronische Dokument also „unterzeichnet" hat, um im herkömmlichen Deutsch zu bleiben. Maßgeblich ist nicht, wann die Signatur hätte erfolgen sollen, dürfen oder müssen, sondern, wann sie tatsächlich geschehen ist. Im Zweifel darf man nicht einen Zeitpunkt hinzudichten. Es kann zB beim Versäumnisurteil usw auf die genaue Uhrzeit ankommen.

8 **5) Mindestspeicherungsdauer bis Rechtskraft, III.** Das Gericht muß ein elektronisches Dokument mindestens bis zum rechtskräftigen Abschluß des Verfahrens speichern. Anders als bei der Aufbewahrung eines Papierdokuments nach § 298 a II 2 ist die Speicherung eines elektronischen Dokuments nicht davon abhängig, daß jemand es noch weiter benötigt. Denn die elektronische Aktenführung wird ja nun zur Regel. Auch bisherige Akten wurden ja unabhängig davon verwahrt, ob man sie noch brauchte.

Rechtskräftiger Verfahrensabschluß ist wie bei § 298 a ein anderer Zeitpunkt als die formelle Rechtskraft des Urteils oder gar der ersten von mehreren Entscheidungen nach § 705. Auch das Kostenfestsetzungsverfahren nach §§ 103 ff gehört zB noch zum „Verfahren" nach III. Es ist zulässig und nach den Regeln Rn 2 evtl durchaus ratsam, über die gesetzliche bloße Mindestdauer hinaus in elektronischer Form zu speichern.

Das *Schriftgutaufbewahrungsgesetz* nach Anh § 298 a gibt in seinem begrenzten Geltungsbereich Regeln zur Art und Weise der Speicherung und ihrer Höchstdauer.

298a *Elektronische Akte.* [I 1] **Die Prozessakten können elektronisch geführt werden.** [2] **Die Bundesregierung und die Landesregierungen bestimmen für ihren Bereich durch Rechtsverordnung den Zeitpunkt, von dem an elektronische Akten geführt werden sowie die hierfür geltenden organisatorisch-technischen Rahmenbedingungen für die Bildung, Führung und Aufbewahrung der elektronischen Akten.** [3] **Die Landesregierungen können die Ermächtigung**

durch Rechtsverordnung auf die Landesjustizverwaltungen übertragen. [4] Die Zulassung der elektronischen Akte kann auf einzelne Gerichte oder Verfahren beschränkt werden.

II [1] In Papierform eingereichte Schriftstücke und sonstige Unterlagen sollen zur Ersetzung der Urschrift in ein elektronisches Dokument übertragen werden. [2] Die Unterlagen sind, sofern sie in Papierform weiter benötigt werden, mindestens bis zum rechtskräftigen Abschluss des Verfahrens aufzubewahren.

III Das elektronische Dokument muss den Vermerk enthalten, wann und durch wen die Unterlagen in ein elektronisches Dokument übertragen worden sind.

Gliederung

1) Systematik, I–III. Die Vorschrift bildet zusammen mit dem Schriftgutaufbewahrungsgesetz (SchrAG) nach Anh § 298 a und zusammen mit §§ 130 a, b die Basis für die allmähliche Überleitung in das elektronische Aktenführungssystem. Eine weitere Ergänzung befindet sich in der Regelung der zugehörigen Akteneinsicht in § 299 III und in zahlreichen weiteren Vorschriften, zB zur Erteilung von Ausfertigungen usw in § 317 III, V. 1

2) Regelungszweck, I–III. Ob der Übergang in das elektronische System ein Segen oder ein Fluch sein wird, kann mit gutem Gewissen derzeit niemand sagen. Die praktisch dem Urkundsbeamten übertragene Aufgabe der Entscheidung, ob und wann ein in Papier eingereichtes Schriftstück überhaupt noch nach seiner hoffentlich fehlerfreien Übertragung in ein elektronisches Dokument mindestens bis zum rechtskräftigen Verfahrensabschluß irgendwo als Papierform bestehenbleibt oder sogleich „ersetzt" wird, also in den Papierkorb wandert, ist ein geradezu atemberaubendes Unterfangen nach II 1, 2. Man kann nur hoffen, daß dabei keine unersetzbaren Verluste entstehen. Ob jemand nach 20 Jahren die derzeitigen elektronischen Systeme außerhalb einiger weniger Spezialinstitute weltweit überhaupt noch entziffern kann, ist ja eine offenbar nach bisherigen Erfahrungen wahrhaft offene Frage – Abschied von zweitausendjahrelanger Lesbarkeit sogar einer Steinschrift. Das Ganze wirkt eher behindernd als fördernd, Viefhues NJW **05**, 1013. 2

Umso *sorgfältiger* muß man eine Übertragung ins Elektronische vornehmen. Daher darf man die zugehörigen Anforderungen theoretisch gar nicht hoch genug ansetzen. In der überlasteten Alltagspraxis wird sich auch hier die verbreitete Sorglosigkeit folgenschwer durchsetzen, soweit das elektronische System überhaupt finanzierbar sein wird.

3) Zulässigkeit elektronischer Aktenführung, I 1. Sie besteht seit 1. 4. 05 theoretisch unbeschränkt. Sie beinhaltet noch keinerlei Pflicht zur Einführung, wohl aber im angeordneten Umfang eine Pflicht zur Durchführung für das Gericht nach I 1 und eine Möglichkeit (nicht Pflicht) zur Benutzung für die übrigen Prozeßbeteiligten nach § 130 a: 3

4) Rechtsverordnungen, I 2–4. Es sind die folgenden Rechtsverordnungen ergangen: 4
Bund:
Baden-Württemberg:
Bayern:
Berlin:
Brandenburg:
Bremen:
Hamburg: VO v 1. 8. 06, GVBl 455 (Weiterübertragung auf die Justizbehörde);
Hessen: VO v 23. 11. 07, GVBl 827;
Mecklenburg-Vorpommern:
Niedersachsen:
Nordrhein-Westfalen:
Rheinland-Pfalz:
Saarland:
Sachsen:
Sachsen-Anhalt:
Schleswig-Holstein:
Thüringen:

5) Übertragung in elektronisches Dokument, II 1. Zur Problematik und zu den daraus zwingend folgenden Sorgfaltsanforderungen Rn 2. Es handelt sich formell um eine bloße Sollvorschrift. Sie begründet formell ein pflichtgemäßes Amtsermessen. Der Urkundsbeamte darf zwar die Meinung des Vorsitzenden oder auch zB des Berichterstatters des Richterkollegiums oder des Rpfl einholen und wird sich praktisch strikt an Weisungen, Empfehlungen, Richtlinien halten. Natürlich darf er auch nicht eine mit der Bitte um Rückgabe nach Gebrauch zur Akte eingereichte Papierurkunde nach Übertragung ins Elektronische zerreißen und fortwerfen. Er handelt aber im übrigen in eigener Zuständigkeit und Verantwortung. 5

6) Mindestaufbewahrung bis Rechtskraft, II 2. Eine Pflicht zur Aufbewahrung der Papierform besteht überhaupt nur insoweit, als eine Unterlage in Papierform „weiter benötigt wird". Auch und gerade darüber muß man wie bei Rn 2 entscheiden. Beim geringsten Zweifel geht die Aufbewahrung jeder entgegengesetzten Bitte der Gerichtsverwaltung vor. Die Entscheidung kann Teil der nach § 26 DRiG, 6

SchlAnh I, unangreifbaren richterlichen Entscheidungsfreiheit sein. Nötig machen kann zB die geringste etwaige Augenscheinsnahme zwecks Echtheitsprüfung, aber auch etwa eine Schwerlesbarkeit des Originals, irgendein Streit über ein Datum, eine Unterschrift, eine Randänderung usw. Maßgebend ist die Gesamtlage im Entscheidungszeitpunkt zur Aufbewahrungsfrage. Es empfiehlt sich dringend, die Gründe bloßer „Ersetzung" der Urschrift aktenkundig zu machen. Ein vernünftiger Beteiligter verweigert weder seine Mitwirkung noch seine Unterschrift oder Signatur dazu.

Rechtskräftiger Verfahrensabschluß ist wie bei § 298 ein anderer Zeitpunkt als die formelle Rechtskraft des Urteils oder gar der ersten von mehreren Entscheidungen nach § 705. Auch das Kostenfestsetzungsverfahren nach §§ 103 ff gehört zB noch zum „Verfahren" nach II 2. Es ist zulässig und nach den Regeln Rn 2 evtl durchaus ratsam, über die gesetzliche bloße Mindestdauer hinaus in Papierform aufzubewahren.

Das *Schriftgutaufbewahrungsgesetz* nach Anh § 298 a gibt für seinen begrenzten Geltungsbereich Regeln zur Art und Weise der Aufbewahrung und zu ihrer Höchstdauer.

7 **7) Übertragungsvermerk, III.** Ihn schreibt III zwingend vor. Ihn muß der Urkundsbeamte selbst dann anfertigen, wenn er die Übertragung auf eine Bitte oder Anweisung des Richters oder Rpfl vorgenommen hat. Der Urkundsbeamte muß ihn elektronisch so signieren, wie es der Bedeutung des Vermerks entspricht, also in der Regel qualifiziert elektronisch nach § 130 a Rn 4.

Anhang nach § 298 a

Schriftgutaufbewahrungsgesetz

SchrAG § 1. Aufbewahrung von Schriftgut. [I] **Schriftgut der Gerichte des Bundes und des Generalbundesanwalts, das für das Verfahren nicht mehr erforderlich ist, darf nach Beendigung des Verfahrens nur so lange aufbewahrt werden, wie schutzwürdige Interessen der Verfahrensbeteiligten oder sonstiger Personen oder öffentliche Interessen dies erfordern.**

[II 1] **Schriftgut im Sinne des Absatzes 1 sind Aktenregister, Namensverzeichnisse, Karteien, Urkunden, Akten und Blattsammlungen sowie einzelne Schriftstücke, Bücher, Drucksachen, Karten, Pläne, Zeichnungen, Lichtbilder, Filme, Schallplatten, Tonträger und sonstige Gegenstände, die Bestandteile oder Anlagen der Akten geworden sind.** [2] **Satz 1 gilt für elektronisch geführte Akten und Dateien entsprechend.**

[III] **Die Regelungen des Zweiten Abschnitts des Achten Buches der Strafprozessordnung, auch in Verbindung mit § 49 c des Gesetzes über Ordnungswidrigkeiten, sowie die Anbietungs- und Übergabepflichten nach den Vorschriften des Bundesarchivgesetzes bleiben unberührt.**

SchrAG § 2. Verordnungsermächtigung. [I 1] **Die Bundesregierung bestimmt durch Rechtsverordnung das Nähere über das aufzubewahrende Schriftgut und die hierbei zu beachtenden allgemeinen Aufbewahrungsfristen.** [2] **Die Rechtsverordnung bedarf nicht der Zustimmung des Bundesrates.** [3] **Die Bundesregierung kann die Ermächtigung auf das Bundesministerium der Justiz, das Bundesministerium für Wirtschaft und Arbeit, das Bundesministerium der Verteidigung sowie das Bundesministerium für Gesundheit und Soziale Sicherung insoweit übertragen, dass diese Bundesministerien Regelungen nach Satz 1 für das Schriftgut ihres jeweiligen Verantwortungsbereichs treffen können.**

[II 1] **Die Regelungen zur Aufbewahrung des Schriftguts haben dem Grundsatz der Verhältnismäßigkeit, insbesondere der Beschränkung der Aufbewahrungsfristen auf das Erforderliche, Rechnung zu tragen.** [2] **Bei der Bestimmung der allgemeinen Aufbewahrungsfristen sind insbesondere zu berücksichtigen**

1. **das Interesse der Betroffenen, dass die zu ihrer Person erhobenen Daten nicht länger als erforderlich gespeichert werden,**
2. **ein Interesse der Verfahrensbeteiligten, auch nach Beendigung des Verfahrens Ausfertigungen, Auszüge oder Abschriften aus den Akten erhalten zu können,**
3. **ein rechtliches Interesse nicht am Verfahren beteiligter Personen, Auskünfte aus den Akten erhalten zu können,**
4. **das Interesse von Verfahrensbeteiligten, Gerichten und Justizbehörden, dass die Akten nach Beendigung des Verfahrens noch für Wiederaufnahmeverfahren, zur Wahrung der Rechtseinheit, zur Fortbildung des Rechts oder für sonstige verfahrensübergreifende Zwecke der Rechtspflege zur Verfügung stehen.**

[III] **Die Aufbewahrungsfristen beginnen mit Ablauf des Jahres, in dem nach Beendigung des Verfahrens die Weglegung der Akten angeordnet wurde.**

1 **1) Systematik, §§ 1, 2.** Die Vorschriften ergänzen §§ 298 III, 298 a II 2 ZPO mit ihren Mindestfristen durch die Einführung von Höchstzeiten der Aufbewahrung von Schriftgut und durch eine Regelung ihrer Art und Weise. § 1 II 1 bestimmt den Schriftgutbegriff. § 1 II 2 macht die Regelung für elektronische Akten entsprechend anwendbar. § 1 III läßt einschlägige Vorschriften der StPO, des OWiG und des BArchivG unberührt. § 2 I gibt eine Verordnungsermächtigung. § 2 II nennt den Verhältnismäßigkeitsgrundsatz nach Einl III 23 als einen Leitgedanken zum Ob und Wie sowie zum Wielange der Aufbewahrung.

2 **2) Regelungszweck, §§ 1, 2.** Die Regelung dient sowohl dem Datenschutz als auch einer geordneten rechtsstaatlichen Ermöglichung der Einsicht und sonstigen Benutzung durch jeden Berechtigten nach dem Verfahrensende. Die Auslegung erfordert die Beachtung beider Ziele.

3 **3) Geltungsbereich, §§ 1, 2.** Die Vorschriften gelten nur für Schriftgut und elektronische Akten der Bundesgerichte und des Generalbundesanwalts, I 1. Das beruht auf Zweifeln des Gesetzgebers an seiner

Kompetenz zur Regelung auch für die Länder nach Art 72 II GG im Anschluß an das Studiengebühr-Urteil des BVerfG vom 26. 1. 05 – 2 BvF 1/03 –, BT-Drs 15/4952.

4) Rechtsverordnung, § 2. Die BReg hat eine VO nach § 2 I wie folgt erlassen: 4
Die in § 2 I 3 genannten BMinisterien haben für ihre Bereiche die folgenden Regelungen getroffen:
Justiz:
Verteidigung:
Gesundheit und Soziale Sicherung:

5) Länderrecht. Es gibt auch insofern Regelungen, zB in 5
Baden-Württemberg: G v 23. 7. 08. GBl 254.

299 *Akteneinsicht; Abschriften.*

I Die Parteien können die Prozessakten einsehen und sich aus ihnen durch die Geschäftsstelle Ausfertigungen, Auszüge und Abschriften erteilen lassen.

II Dritten Personen kann der Vorstand des Gerichts ohne Einwilligung der Parteien die Einsicht der Akten nur gestatten, wenn ein rechtliches Interesse glaubhaft gemacht wird.

III 1 Werden die Prozessakten elektronisch geführt, gewährt die Geschäftsstelle Akteneinsicht durch Erteilung eines Aktenausdrucks, durch Wiedergabe auf einem Bildschirm oder Übermittlung von elektronischen Dokumenten. 2 Nach dem Ermessen des Vorsitzenden kann Bevollmächtigten, die Mitglied einer Rechtsanwaltskammer sind, der elektronische Zugriff auf den Inhalt der Akten gestattet werden. 3 Bei einem elektronischen Zugriff auf den Inhalt der Akten ist sicherzustellen, dass der Zugriff nur durch den Bevollmächtigten erfolgt. 4 Für die Übermittlung ist die Gesamtheit der Dokumente mit einer qualifizierten elektronischen Signatur zu versehen und gegen unbefugte Kenntnisnahme zu schützen.

IV Die Entwürfe zu Urteilen, Beschlüssen und Verfügungen, die zu ihrer Vorbereitung gelieferten Arbeiten sowie die Dokumente, die Abstimmungen betreffen, werden weder vorgelegt noch abschriftlich mitgeteilt.

Schrifttum: *Abel,* Datenschutz in Anwaltschaft, Notariat und Justiz, 2. Aufl 2003; *Hähnchen* NJW **05**, 2257 (Kosten usw); *Hirte,* Der Zugang zu Rechtsquellen und Rechtsliteratur, 1991; *Jansen,* Geheimhaltungsvorschriften im Prozeßrecht, Diss Bochum 1989; *Liebscher,* Datenschutz bei der Datenübermittlung im Zivilverfahren, 1994; *Werner,* Untersuchungen zum Datenschutz und zur Datensicherung bei der Anwendung elektronischer Datenverarbeitung im Zivilprozeß, Diss Bonn 1994.

Gliederung

1) Systematik, I–IV. Die Vorschrift stellt eine aus unterschiedlichen Gründen notwendige Regelung in I als Teil der Rechtsprechung dar, Hamm FGPrax **04**, 142 (deshalb ist bei I § 23 EGGVG unanwendbar. Wegen II vgl Rn 30). Ohne §§ 299, 299 a müßte man sie nach dem allgemeinen Verwaltungsrecht in einer den Prozeßfortgang oft störenden Weise klären. Ergänzend gelten §§ 299 a, 760, 915 II, 915 b ff und die AktO, § 29 VwVfG, Bohl NVwZ **05**, 133 (ausf), ferner die in Rn 3, 4 genannten Vorschriften anderer Verfahrensordnungen, etwa § 42 ZVG, § 72 GWB. Wegen des Datenschutzes Rn 4. Vgl §§ 12 ff EGGVG. § 299 bezieht sich auf eine bereits vorhandene Verfahrensakte, § 23 EGGVG demgegenüber auf die Frage, ob überhaupt ein Verfahren besteht, Brdb RR **01**, 1630. 1

Außerhalb des Justizbetriebs gelten in einigen Ländern Vorschriften zur Einsicht in Behördenakten, zB für Bundesbehörden das IFG v 5. 9. 05, BGBl 2722, in Bremen IFG, in Hamburg IFG v 11. 4. 06, GVBl 167, in Schleswig-Holstein ein IFG v 25. 2. 00, GVBl 166. Diese Vorschriften treten aber gegenüber § 299 zurück. Er hat als ein bundesrechtliches Spezialgesetz den Vorrang, Teschner SchlHA **02**, 222.

2) Regelungszweck, I–IV. Die Akteneinsicht ist ein wesentlicher Bestandteil der Parteiöffentlichkeit, § 357, LG Mü JB **00**, 260. Sie ersetzt freilich nicht die sonstigen Pflichten nach Art 103 I GG, Mü NJW **05**, 1130. Sie dient unter anderem der Durchsetzung von Artt 2 I, 20 III GG (Rpfl), BVerfG **101**, 404, Art 103 I GG (Richter), BVerwG NJW **88**, 1280, LG Mü JB **00**, 260. Sie ersetzt rechtlich nicht die sonstigen Pflichten nach Art 103 I GG, Mü NJW **05**, 1130. Sie dient aber auch der Rechtssicherheit nach Einl III 43 und der Prozeßwirtschaftlichkeit nach Grdz 14 vor § 128, Ffm MDR **96**, 379. Sie ersetzt aber 2 nicht eine nach § 270 S 1 oder sonstwie notwendige vollständige Übermittlung, Mü NJW **05**, 1230. Wege des Zwecks von I Hs 2 vgl Rn 20.

Weder gedankenlose *Großzügigkeit noch* gleichgültige *Strenge* sind bei der Auslegung sinnvoll. Datenschutz, Persönlichkeitsschutz, Schweigepflicht stehen dem Grundrecht auf informationelle Selbstbestimmung und dem oft berechtigten Bedürfnis nach präziser Kenntnis eines evtl vorgreiflichen Vorgangs gegenüber, wenn man die natürlich einzudämmende Sensationslüsternheit hinter einem vorgeschütztem „Informationsbedürfnis" einmal ausklammert. Der Richter muß wieder einmal abwägen. Ihn ermächtigt, genauer beauftragt bei II oft der Gerichtsvorstand auch dann fragwürdig zu einer solchen Entscheidung, die nach dem Gesetz nun gerade die Aufgabe der Verwaltung wäre. Solche Art, Arbeit auf andere abzuwälzen, läßt sich auch beim AG nicht auf § 22 II GVG stützen, aM ZöGre 6 (aber diese Vorschrift nennt nur ein „anderes" AG oder ein LG). Derartiges darf nicht zu einer unüberlegten Einsichtserlaubnis führen, wohl aber natürlich zu einer begründeten, bei einer formellen Handhabung nur „im Auftrag" des Gerichtsvorstands. Vgl freilich Rn 6. Natürlich kann auch der Spruchrichter am besten entscheiden, ob und für welche Zeit die Prozeßakten derzeit entbehrlich sind und inwieweit ein Datenschutz gehen muß.

3 **3) Geltungsbereich, I–IV.** Die Vorschrift gilt bei den Gerichtsakten in allen Verfahrensarten der ZPO, auch im WEG-Verfahren, auch bei der Zwangsvollstreckung und Zwangsverwaltung, Stgt OLGR **97**, 66. Die Vorschrift gilt theoretisch im Bereich des § 113 I 2 FamFG. Freilich enthält § 13 FamFG eine wohl vorrangige Regelung, verweist allerdings auch wieder teilweise auf § 299. Die Einrichtung der Gerichtsakten richtet sich nach der AktO mit landesrechtlichen Ergänzungen. Das Einsichtsrecht umfaßt grundsätzlich die gesamten Akten mit Ausnahme der in III genannten Teile, LG Mü JB **00**, 260, und in den Grenzen von Rn 4. Zu den Prozeßakten gehören auch die Zustellungsurkunden und die Beiakten. Urstücke von Parteiurkunden, Handelsbücher usw sind nicht Bestandteil der Akten, LG Hann KTS **84**, 500, Schneider MDR **84**, 109, wohl aber die Prozeßvollmacht. Eine zu den Generalakten der Gerichtsverwaltung genommene oder jedenfalls nicht in die Prozeßakten geheftete Eingabe eines Dritten unterliegt nicht einem Einsichtsrecht nach § 299, Brdb RR **00**, 1454.

§ 299 regelt die Einsicht usw durch die Parteien, ihre gesetzlichen Vertreter, ihre ProzBev, § 19 BerufsO (Wirksamkeit bezweifelt, AnwG Düss NJW **98**, 2296, zustm Römermann NJW **98**, 2249, abl Schlosser NJW **98**, 2794), aM AnwG Kblz NJW **98**, 2751.

4 **4) Beispiele zur Frage des Geltungsbereichs**

Arbeitsgerichtssache: § 299 gilt im arbeitsgerichtlichen Verfahren, § 46 II 1 ArbGG.

Aufgebotssache: Es gelten als Sondervorschriften §§ 459 II, 464, 477, 482 II, 483 FamFG.

Dienstaufsicht: Es gilt als Sondervorschrift § 26 DRiG, SchlAnh I, BGH DRiZ **87**, 58.

Finanzgerichtsverfahren: Wegen § 78 I 1 FGO FGH NJW **94**, 752.

Gerichtsvollzieher: Es gilt für seine Handakten als Sondervorschrift § 760.

Insolvenz: Die Vorschrift ist nach § 4 InsO im Insolvenzverfahren entsprechend anwendbar, Celle NJW **04**, 863, AG Drsd KTS **02**, 596, Zeuner NJW **07**, 2954, zB auf die Gläubiger, Brdb KTS **99**, 379, LG Potsd Rpfleger **97**, 450, Haarmeyer/Seibt Rpfleger **96**, 221 (evtl auch auf einen Dritten), oder auf den Insolvenzverwalter, LG Hagen Rpfleger **87**, 427, wegen eines Gutachtens vor der Eröffnung LG Magdeb Rpfleger **96**, 365, AG Potsd Rpfleger **98**, 37.

KapMuG: Wegen der Einsicht in das Klageregister SchlAnh VIII § 2 II.

Kartellsache: Es gilt als Sondervorschrift § 72 GWB.

Patentsache: Die Einsichtnahme in die Akten nicht oder noch nicht bekanntgemachter Patentanmeldungen regeln §§ 28 I, 30 I PatG in Verbindung mit § 15 VO vom 5. 9. 68, BGBl 997. § 299 kommt insofern nicht in Betracht, Boehme GRUR **87**, 668. In Patentnichtigkeitssachen entscheidet der Patentsenat selbst. Vgl zum Patentverletzungsprozeß § 99 III PatG, BGH GRUR **07**, 133 und 815, BPatG GRUR **83**, 264 und 365.

Schuldnerverzeichnis: §§ 915 ff regeln seine Einsicht. Ergänzend kann § 299 gelten.

Streithelfer: Bei dem Streithelfer nach § 66 gilt auch § 299.

Vergabesache: Wegen einer Einsicht in Vergabeakten Prieß/Gabriel NJW **08**, 331 (§ 810 BGB).

Wohnungseigentum: § 299 gilt im WEG-Verfahren.

Zwangsversteigerung: § 299 gilt im ZVG-Verfahren, § 42 ZVG, Ffm Rpfleger **92**, 267, Stgt OLGR **97**, 66.

Zwangsverwaltung: § 299 gilt im Zwangsverwaltungsverfahren, Stgt OLGR **97**, 66.

Zwangsvollstreckung: § 299 gilt im Zwangsvollstreckungsverfahren, Stgt OLGR **97**, 66.

5 **5) Datenschutz, I–IV,** dazu neben den vor Rn 1 Genannten *Prütting* ZZP **106**, 427, *Wagner* ZZP **108**, 193 (ausf): Das BDSG und die Datenschutzgesetze der Länder sind beachtlich, aber nicht stets vorrangig, BGH VersR **88**, 38 (zu § 915 aF), Prütting ZZP **106**, 456, aM LG Hof Rpfleger **90**, 27 (es sei stets nachrangig. Aber man muß in der Beurteilung dessen, was spezieller sein kann, vorsichtig sein). Man muß seine Anwendbarkeit im Einzelfall prüfen, insbesondere unter dem Gesichtspunkt des Rechts auf eine informationelle Selbstbestimmung, Einf III 21, Ehmann CR **89**, 49. Zur Problematik auch Dauster/Braun NJW **00**, 313, Hirte NJW **88**, 1698. Art 2 I GG enthält einen Gesetzesvorbehalt auch zugunsten der ZPO. Es kommt für den Umfang des Einsichtsrechts stets auf den Einsichtszweck und dessen Grenzen mit an, AG Köln KTS **89**, 936. Vgl ferner zB §§ 12 ff EGGVG, §§ 35 I SGB I, 67 ff, 78 SGB X, BGH DRiZ **87**, 58. § 117 II 2 kann außerhalb eines Prozeßkostenhilfeverfahrens entsprechend anwendbar sein, Nürnb MDR **99**, 315 (Attest nicht an Gegner). Datenschutz kann zB im Rahmen von § 17 II Z 2 UWG zurücktreten, § 34 StGB kann die Offenlegung sogar von Betriebsgeheimnissen rechtfertigen, Kiethe JZ **05**, 2039.

6 **5) Behördeneinsicht, I–IV.** Die Einsicht durch Behörden ist öffentlichrechtlich, Art 35 I GG, KG OLGZ **90**, 299, Holch ZZP **87**, 14, Schnapp/Friehe NJW **82**, 1422, § 183 GVG, Nierwetberg NJW **96**, 434, §§ 12 ff EGGVG.

A. Aktenübersendung. Zuständig zur Entscheidung über die Einsicht im engeren Sinn, also über diejenige durch eine Aktenübersendung, ist der Gerichtsvorstand, Holch ZZP **87**, 23, Uhlenbruck KTS **89**,

538 aM ZöGre 8 (auch der Vorsitzende). In einem schwebenden Verfahren darf die Übersendung nur mit einer Zustimmung des erkennenden Gerichts erfolgen, Rn 15. In der Praxis ist eine Übertragung des Entscheidungsrechts vom Gerichtsvorstand auf denjenigen Richter üblich, um dessen Abteilungsakten es geht, AG Potsd Rpfleger **98**, 37. Das ist zwar oft sinnvoll, trotzdem aber oft nicht unproblematisch, Rn 2. Sie ist aber grundsätzlich wohl zulässig und wohl meist zweckmäßig, Teschner SchlHA **02**, 222, Uhlenbruck KTS **89**, 334. Soweit der Vorsitzende oder das Kollegium entscheiden, liegt in Wahrheit eine in richterlicher Unabhängigkeit ausgeübte Tätigkeit vor. Das Gericht darf Ehescheidungsakten ohne das Einverständnis beider Parteien auch bei einer Rechts- und Amtshilfe nur dann zugänglich machen, wenn das nicht außer Verhältnis zur Bedeutung der Sache und zur Stärke des Tatverdachts steht, Einl III 23, BVerfG **27**, 352.

Das Gericht muß ferner Akten insbesondere der *freiwilligen Gerichtsbarkeit* vor einer Herausgabe auch bei einer Anforderung nach § 273 auf ihre Geheimhaltungsbedürftigkeit überprüfen, zB wegen psychiatrischer Gutachten, Rn 23. Steuerakten sind unverwertbar, solange der Betroffene das Finanzamt nicht von der Verschwiegenheitspflicht entbindet, § 286 Rn 31, BAG NJW **75**, 408 (freilich darf das Gericht eine Weigerung des Betroffenen evtl mitverwerten). 7

B. Auskunft aus Akten. Bei dem Verlangen um eine Auskunft aus einer Akte ohne deren Übersendung handelt es sich um ein Verlangen nach einer Akteneinsicht im weiteren Sinn. Da die Akte beim Gericht bleibt, scheint eine Mitwirkung des Prozeßgerichts nicht erforderlich zu sein. Es handelt sich aber bei der Auskunftserteilung bei genauer Betrachtung um eine richterliche Tätigkeit, Uhlenbruck KTS **89**, 528. Daher empfiehlt es sich für den Gerichtsvorstand, die Zustimmung des Prozeßgerichts einzuholen oder ihm die Entscheidung zu überlassen, Holch ZZP **87**, 25. Wegen einer Auskunft aus dem Schuldnerverzeichnis gelten §§ 915 ff. 8

7) Parteieneinsicht, I Hs 1, III, IV. Ihre Grenzen sind nicht immer klar. 9

A. Einsichtsrecht. Die Parteien haben ein Einsichtsrecht. Diese Einsicht muß grundsätzlich auf der Geschäftsstelle erfolgen, Rn 13. Parteien sind nur diejenigen nach Grdz 4 vor § 50, LG Mönchengladb NJW **89**, 3164, großzügiger Ffm JB **89**, 867, KG NJW **89**, 534.

Hierher gehören allerdings auch der Streithelfer nach § 66 und der Bevollmächtigte, auch zB der Bezirksrevisor bei § 127, Karlsr Rpfleger **88**, 425, auch ein weiterer Gläubiger, AG Dortm AnwBl **94**, 480, auch zB bei § 903, dort Rn 3, auch der Beigeladene, Anh § 72, nicht aber der bloße Streitverkündete, § 72. Die Parteien haben grundsätzlich das Recht, die gesamten Prozeßakten einzusehen, KG NJW **88**, 1738, LG BadBad JB **90**, 1348, LG Kref JB **90**, 1347. Zu den Akten gehört grundsätzlich alles, was den Akten beiliegt und was das Gericht im Prozeß verwerten will, darf, soll oder zulässig verwertet hat, also auch Urkunden, § 134 II, Mü NJW **05**, 1130, Prütting, ZZP **106**, 456. Wegen einer gesonderten Beiakte Rn 12. Nicht dazu gehören Entscheidungsentwürfe, Voten und andere interne Beratungsunterlagen, §§ 192, 193 GVG, Teschner SchlHA **02**, 222. Wegen der Erklärung nach § 117 vgl dort Rn 27, BGH **89**, 67 (kein Einsichtsrecht), Uhlenbruck KTS **89**, 529. Beim elektronischen Dokument nach § 130 a beschränkt sich die Einsicht nach III auf einen von der Geschäftsstelle anzufertigenden Ausdruck. Schon die „Anfertigung" kann eine Dokumentenpauschale nach KV 9000 entstehen lassen, erst recht die „Erteilung", also Aushändigung, oder die „Übermittlung". Zuständig ist jeweils das Prozeßgericht, Schlesw MDR **90**, 254.

B. Grenzen. Eine Bitte der übersendenden Behörde, die Akten den Parteien nicht zugänglich zu machen, bindet zunächst das Gericht. Das gilt zB für Strafakten im Vorverfahren. Ihre Beifügung im Zivilprozeß darf sie nicht offenlegen. Die Entscheidung darüber, ob und wem sie zugänglich sein sollen, steht der Staatsanwaltschaft zu. Im übrigen kann die betroffene Partei nach §§ 12 ff, 23 ff EGGVG klären lassen, ob die Behörde die Akten den Parteien zugänglich machen darf und muß, Köln RR **99**, 1562. Läßt das Gericht Akten nach § 273 beifügen, wird es zweckmäßig die Erlaubnis einholen. Soweit die Akteneinsicht unzulässig ist, darf das Gericht natürlich ihren Inhalt auch nicht vortragen lassen und nicht als Beweismittel verwerten, § 286 Rn 31. Zuschriften Dritter, die nicht Aktenbestandteil werden, unterliegen keiner Einsicht, Brdb RR **00**, 1454. 10

C. Beispiele zur Frage einer Parteieneinsicht, I, III, IV 11

Anwaltszwang: Eine Einsicht unterliegt nicht dem Anwaltszwang.

Arbeitsgerichtsverfahren: Rn 16 „Rechtshängigkeit".

Arrest, einstweilige Verfügung: Der Antragsgegner kann von Anfang an einsehen, Hamm OLGR **94**, 96, aM ZöGre 2 (erst ab seiner Beteiligung).

Auskunft: Das Einsichtsrecht gibt *nicht* stets auch ein Auskunftsrecht. Auskünfte aus Geheimakten darf nur die für diese zuständige Stelle geben.

Auswärtige Einsicht: Die Aktenversendung nach auswärts, auch an einen dortigen Anwalt, kommt nur *ausnahmsweise* in Betracht. Freilich kann die Übersendung an ein dortiges Gericht zur dortigen Einsicht ratsam sein. Wegen der Versendungskosten gelten §§ 9 I, 17 GKG, KV 9003, Hartmann Teil I A.

Der Vorsitzende entscheidet im Rahmen pflichtgemäßen *Ermessens*, Rn 13 „Einsichtsort".

Behördenakte: S „Beiakte". 12

Beiakte: Für eine Beiakte gilt grds dasselbe wie für die Hauptakte, soweit auch die Beiakte der Einsicht eines Privaten offensteht, BayObLG **75**, 281. Im übrigen benötigt das Gericht zur Gestattung der Einsicht evtl die Genehmigung der zusändigen Behörde oder des Betroffenen, LG Hann KTS **84**, 500. Diese muß es auch im Zweifel einholen, LG Mü JB **00**, 260, Schneider MDR **84**, 109 (ausf).

Beratungsunterlagen: Rn 9.

Berichterstatter: Äußerungen des Berichterstatters in einer Gerichtsakte gehören als interne Vorbereitungsvorgänge *nicht* zu den einsehbaren Prozeßakten, §§ 192, 193 GVG.

Dienstliche Äußerung: Rn 17 „Selbstablehnungsanzeige".

Einsichtsort: Die Einsicht erfolgt grds nur an der Gerichtsstelle, BSG MDR **77**, 1051, Brdb FamRZ **04**, 388, Düss MDR **87**, 768. Die Aufsicht führt der Urkundsbeamte der Geschäftsstelle oder im Sitzungssaal usw der Vorsitzende. 13

Ausnahmsweise und praktisch vielfach üblich darf das Gericht eine Einsicht des *Anwalts* bei diesem gestatten, Ffm MDR **89**, 465, Hamm FamRZ **91**, 93, LG Köln Rpfleger **89**, 334. Maßgeblich ist dann das pflichtgemäße Ermessen des Vorsitzenden, Brdb FamRZ **04**, 388, Düss MDR **08**, 1060, LG Mü JB **00**, 260, aM Brdb RR **08**, 512 (ratsam, aber kein Anspruch), Köln RR **86**, 1125, Schneider MDR **84**, 108 (Ermessen des Kollegiums. Aber dergleichen zählt zum Kernbereich typischer Leitungsaufgaben). In der Zwangsvollstreckung entscheidet der Rpfl, Ffm MDR **89**, 465, Hamm NJW **90**, 843, LG Bln Rpfleger **89**, 468. Dabei darf das Gericht den Ortsansässigen „besser" behandeln, Düss MDR **08**, 1060.

Der Vorsitzende muß alle Umstände *abwägen*, Rn 15 „Geschäftsgang", Hamm FamRZ **91**, 93, BSG MDR **77**, 1051, LG Mü JB **00**, 260. Wegen der Versendungskosten §§ 9 I, 17 GKG, KV 9003.

S auch Rn 11 „Auswärtige Einsicht":

Elektronisches Dokument: Es gilt III.

14 **Entscheidung:** Ein Antrag auf eine bloße Akteneinsicht durch einen Anwalt am Ort braucht keine förmlichen Entscheidung, Köln RR **86**, 1125. Freilich meint er meist eine Übersendung in seine Kanzlei. Diese ist entscheidungsbedürftig, Rn 13.

Entwurf: *Nicht* zu den einsehbaren Prozeßakten gehören die Entscheidungsentwürfe vor wie nach der Verkündung der zugehörigen Reinschriften, §§ 192, 193 GVG. Entwurf ist eine noch nicht voll unterschriebene oder signierte und noch nicht gesetzmäßig verkündete Entscheidung, § 311 Rn 2, Schneider MDR **84**, 109. Ein Gutachten zählt nicht nach IV, Düss RR **00**, 926.

S auch Rn 12 „Berichterstatter", Rn 17 „Urschrift".

Geheimakte: Rn 11 „Auskunft".

Geheimhaltungsbedürfnis: Das Gericht muß es zugunsten eines Betroffenen mit in die Abwägung einbeziehen, Köln RR **99**, 1562. Es muß dabei aber auch den Parteianspruch auf rechtliches Gehör nach Art 103 I GG mitbeachten, Liebscher (vor Rn 1) 74, Prütting ZZP **106**, 456.

Generalakte: § 80 Rn 13.

Generalvollmacht: § 80 Rn 13.

Gerichtsstelle: Rn 13 „Einsichtsort".

15 **Geschäftsgang:** Das Gericht hat ein Ermessen, ob der Anwalt die Akten außerhalb der Gerichtsstelle einsehen darf, Rn 13 „Einsichtsort". Es muß mitprüfen, ob die Akten derzeit im Rahmen eines geordneten Geschäftsgangs überhaupt, für wen und für welchen Zeitraum entbehrlich sind. Benötigt das Gericht sie demnächst eilig, zB zur Vorbereitung eines Termins oder wegen neuer Eingänge, soll es sie nicht versenden, Hamm NJW **90**, 843, LG Heilbr Rpfleger **89**, 468 (Zwangsvollstreckung), Uhlenbruck KTS **89**, 539.

Es kann freilich *mißbräuchlich* sein, einem Anwalt die Herausgabe generell mit der Begründung zu versagen, der geordnete Geschäftsgang habe den Vorrang, Hamm NJW **90**, 843, LG Köln JB **93**, 241, LG Osnabr JB **91**, 267. Zum Steuerprozeß Oswald AnwBl **83**, 253.

16 **Häusliche Einsicht:** Rn 13 „Einsichtsort".

Insolvenzakte: Ein künftiger Gläubiger kann schon im Eröffnungsverfahren ein schutzwürdiges Einsichtsinteresse haben, etwa zwecks Prüfung, ob eine Stammeinlage erbracht ist, Köln RR **99**, 1562. Ein Dritter kann auch dann die Einsicht in eine Insolvenzakte erhalten, wenn er wegen einer Einstellung mangels Masse ein Insolvenzgläubiger hätte sein können, Ffm MDR **96**, 379.

S auch Rn 25 „Insolvenzverfahren".

Prozeßbevollmächtigter: Er darf Behörden- und Gerichtsakten nur an Mitarbeiter aushändigen usw, § 19 BerufsO (Wirksamkeit bezweifelt, Rn 3, AnwG Düss NJW **98**, 2296).

Prozeßkostenhilfe: Vermögensangaben nach § 117 II gehören *nicht* zu den einsehbaren Prozeßakten, sondern zu den gesondert erforderlichen Sonderakten des Prozeßkostenhilfeverfahrens zur Frage der Bedürftigkeit, § 117 Rn 27. Soweit freilich solche Angaben in demselben Schriftsatz stehen, der auch zu den der Anhörung des Gegners unterliegenden Fragen der Erfolgsaussicht Stellung nimmt, ist eine Trennung technisch kaum möglich.

Rechtshängigkeit: Vor der Rechtshängigkeit nach § 261 Rn 1 kommt eine Einsicht für den Antragsgegner oder Bekl *keineswegs* in Betracht, aM Hamm OLGR **94**, 96 (aber dann besteht noch gar kein Prozeßrechtsverhältnis nach Grdz 4 vor § 128. Vgl freilich § 920 Rn 8). Vor diesem Zeitpunkt besteht ein Einsichtsrecht auch nicht auf Grund einer sog Schutzschrift nach Grdz 7 vor § 128, Liebscher (vor Rn 1) 95, Prütting ZZP **106**, 458, auch nicht im arbeitsgerichtlichen Verfahren, Hilgard, Die Schutzschrift im Arrest- und Einstweiligen Verfügungsverfahren (1983) 46, aM Marly BB **89**, 773 (aber wo lägen die Grenzen, auch des Datenschutzes?).

Rechtskraft: Die formelle Rechtskraft nach § 705 beendet keineswegs stets das Einsichtsrecht, Schlosser Festgabe für Vollkommer (2006) 227, Schneider MDR **84**, 109, aM ZöGre 2 (aber auch dann kann noch ein ganz erhebliches solches Einsichtsbedürfnis bestehen, etwa zur Klärung von Abweichungen einer Ausfertigung von der Urschrift oder zur Vorbereitung eines Schadensersatz- oder Wiederaufnahmeverfahrens). Ab Rechtskraft muß die Gerichtsverwaltung entscheiden, BFH NJW **06**, 400.

17 **Schutzschrift:** Rn 16 „Rechtshängigkeit".

Selbstablehnungsanzeige: Die Anzeige nach § 48 gehört wegen der Notwendigkeit einer Anhörung der Parteien, § 48 Rn 7, zu den Prozeßakten. Daher unterliegt sie ebenso wie eine sonstige dienstliche Äußerung der Parteieinsicht, BVerfG NJW **93**, 2229.

Übersendung: Rn 11 „Auswärtige Einsicht", Rn 13 „Einsichtsort".

Urschrift: Zu den Prozeßakten gehören die Urschriften der Entscheidungen, auch wenn diese beim entscheidenden Gericht gesammelt zurückbleiben.

S auch Rn 13 „Entwurf".

Vollmacht: Sie muß entweder als Prozeßvollmacht oder als sonstige Vollmacht aktenkundig sein.

Votum: Rn 9.

18 **D. Rechtsbehelfe.** Wenn ein Mitglied des Kollegiums die Einsicht verweigert, ist die Anrufung des Gerichts zulässig, § 140 entsprechend. Beim Urkundsbeamten ist die Erinnerung nach § 573 I statthaft. Das gilt auch bei einem Urkundsbeamten beim OLG oder BGH, § 573 III. Bei einer Entscheidung des Rpfl gilt

§ 11 RPflG, § 104 Rn 41 ff. Gegen eine Entscheidung des Richters außerhalb von § 11 II 3, 4 RPflG ist die sofortige Beschwerde zulässig, (jetzt) § 573 II, LG Köln Rpfleger **89**, 334, Schneider MDR **84**, 109, aM Brdb RR **00**, 1454 (sogleich Beschwerde, zum altem Recht). Die Ansicht, die Entscheidung sei stets nur zusammen mit dem Endurteil anfechtbar, überzeugt nur nach einer Verweigerung in der mündlichen Verhandlung, Schneider MDR **84**, 109. Manche befürworten bei einer Übertragung nach Rn 6 die Vorlage beim Gerichtsvorstand und gegen ihn das Verfahren nach § 23 EGGVG, Uhlenbruck KTS **89**, 534. Vgl aber Rn 1. Evtl ist auch eine Richterablehnung statthaft, § 42 Rn 14.

Eine *Rechtsbeschwerde* ist unter den Voraussetzungen des § 574 denkbar.

8) Ausfertigungen usw, I Hs 2. Die Regelung zeigt wenig Probleme. 19

A. Grundsatz: Parteirecht auf Erteilung. Die Parteien nach Grdz 4 vor § 50 einschließlich des Streithelfers nach § 66 und des Bevollmächtigten oder eines nach Anh § 72 Beigeladenen, nicht aber der bloße Streitverkündete nach § 72 haben auf Grund ihres Antrags ein Recht auf die Erteilung von Ausfertigungen nach § 317 Rn 8 und von Auszügen und Ablichtungen oder Abschriften, auch unbeglaubigten, aus den Gerichtsakten, also auch auf eine Protokollabschrift, Celle Rpfleger **82**, 388. Diese darf das Gericht freilich nicht schon nach der ZPO von Amts wegen erteilen, zumal die Parteien die erforderlichen Ablichtungen oder Abschriften ihrer Schriftsätze nach § 133 selbst vorlegen sollen.

Zweck der Vorschrift ist, der Partei die zum ordnungsmäßigen Prozeßbetrieb trotzdem noch nötigen Unterlagen zu sichern, BVerwG NJW **88**, 1280. Darum muß das Gericht einen Antrag trotz der grundsätzlichen Entbehrlichkeit eines rechtlichen Interesses ausnahmsweise als mißbräuchlich ablehnen, wenn die Partei ohne ein begründetes Interesse statt einer einfachen Ablichtung oder Abschrift eine Ausfertigung fordert oder wenn sie eine größere Anzahl von Kopien oder umfangreiche Kopien verlangt, obwohl sie oder ihr Anwalt sich mühelos aus den Akten die nötigen Aufzeichnungen machen könnte, Einl III 54. Überhaupt muß die Anfertigung dem Gericht zumutbar sein, LG Magdeb Rpfleger **96**, 523. Die Partei kann auslagenfrei mindestens eine vollständige und eine „kurze" Urteilsausfertigung fordern, KV 9000 III a. 20

Der das Offenbarungsverfahren nach §§ 807, 900 ff nicht betreibende sog *Drittgläubiger* ist wegen § 903 nicht Dritter, dort Rn 3, 7. Er kann also eine Einsicht fordern, Ffm MDR **89**, 465, LG Kaisersl JB **93**, 436, ZöStö § 900 Rn 27, aM Schlesw MDR **90**, 254 (aber eine Einsichtnahme ist oft prozeßwirtschaftlich hilfreich).

Der Antragsteller kann eine Ablichtung oder Abschrift aber nur verlangen, wenn er im Besitze eines *vollstreckbaren Titels* ist, der eine Klausel trägt und zugestellt ist. Hat der Antragsteller nicht eine Prozeßkostenhilfe nach §§ 114 ff, kann die Geschäftsstelle die Erteilung der Ausfertigung usw von der vorherigen Zahlung der Dokumentenpauschale abhängig machen, (jetzt) § 17 II GKG, aM Hamm Rpfleger **89**, 469 (aber die Justizverwaltung ist keine billige Bank). Bei einer Überlastung darf das Gericht die Erteilung nicht ablehnen, wohl aber zurückstellen. Es besteht kein Anwaltszwang, § 78 III Hs 2. Es entscheidet der Urkundsbeamte der Geschäftsstelle. Die Parteien usw können sich aus den Akten auch selbst Ablichtungen oder Abschriften anfertigen. 21

B. Rechtsbehelf. Gegen die Entscheidung des Urkundsbeamten kann man das Gericht anrufen, § 573 I. Gegen seine Entscheidung ist die sofortige Beschwerde nach (jetzt) statthaft, § 573 II, Brdb FamRZ **04**, 388. Auch ist eine Ablehnung nach § 42 denkbar, Köln MDR **01**, 891. Eine Rechtsbeschwerde kommt unter den Voraussetzungen des § 574 in Betracht. Ein Verstoß bedeutet nicht stets auch eine Verletzung des an sich von § 299 geschützten Art 103 I GG, BVerwG NJW **88**, 1280 (anders, wenn das Gericht über eine Bitte um eine Fristverlängerung zwecks Verwertung einzusehender Unterlagen nicht entschieden hat). Beim Verstoß gegen Art 103 I GG kommt auch das gegen die Hauptsacheentscheidung statthafte Rechtsmittel in Betracht. Beim Rpfl gilt § 11 RPflG, § 104 Rn 41 ff. § 23 EGGVG ist unanwendbar, Rn 1. 22

9) Einsicht eines Dritten, II. Es gelten die folgenden Regeln. 23

A. Parteieinwilligung oder rechtliches Interesse. Es geht um eine solche Person, die noch nicht oder nicht mehr Prozeßpartei nach Grdz 4 vor § 50 oder Streithelfer nach § 66 oder deren Bevollmächtigte ist oder war, OVG Münst MDR **78**, 258, Willikowsky BB **87**, 2015 (Einsicht in eine Schutzschrift, Grdz 7 vor § 128). Ihr steht kein allgemeines gesetzliches Einsichtsrecht zu, KG NJW **88**, 1738, Saarbr RR **01**, 931. Ihr kann der Gerichtsvorstand allenfalls die Akteneinsicht im Rahmen einer Ermessensausübung gestatten, Rn 24. Zuständig ist der aufsichtsführende Amtsrichter oder Präsident, nicht der Vorsitzende des Kollegiums. Wegen der in der Praxis üblichen Übertragung der Entscheidung vom Gerichtsvorstand auf einzelne Richter Rn 2, 6. Man darf die Einsicht nicht schon wegen einer allgemeiner Arbeitsbelastung usw verweigern, Rn 15. Man kann sie gestatten, wenn entweder beide Parteien einwilligen, Keller NJW **04**, 413, oder wenn der Antragsteller ein rechtliches und nicht nur berechtigtes oder gar nur wirtschaftliches oder gesellschaftliches Interesse glaubhaft macht, § 294, Ffm RR **04**, 1194, KG NJW **08**, 1748 (rechtlicher Bezug zum Prozeßstoff), Köln KTS **91**, 205.

In beiden Fällen übt der Gerichtsvorstand sein pflichtgemäßes *Ermessen* aus, KG NJW **08**, 1748, Keller NJW **04**, 413. Er muß auch ein Geheimhaltungsinteresse der Parteien beachten, BGH KTS **98**, 582 (deshalb evtl Anhörung des Schuldners nötig), BPatG GRUR **84**, 342, LG Nürnb-Fürth JB **93**, 241. Der Dritte hat also einen Anspruch auf eine Entscheidung ohne Ermessensfehler, Haertlein ZZP **114**, 470, Teschner SchlHA **02**, 222.

Er muß ferner das absolute *Vorrecht des Spruchrichters* beachten, die Akten während der gesamten Verfahrensdauer zur Verfügung zu behalten, Rn 15, Keller NJW **04**, 413, Teschner SchlHA **02**, 222. Das gilt zumindest, solange er mit einem solchen Wunsch keinen offensichtlichen Mißbrauch treibt, Einl III 54, Köln RR **99**, 1562. Der Spruchrichter und nicht der Gerichtsvorstand entscheidet in richterlicher Unabhängigkeit. Daher ist zunächst seine Einwilligung erforderlich. Der Spruchrichter kann auch die Dauer der Herausgabe bestimmen. Er kann den Gerichtsvorstand insofern binden. Denn der Gerichtsvorstand ist ein Hilfsorgan der Rechtsprechung, nicht umgekehrt.

Das Ermessen des Gerichtsvorstands beginnt überhaupt erst nach diesen Vorklärungen und *nach* der 24
Feststellung eines rechtlichen Interesses, BGH KTS **98**, 582, Düss RR **00**, 926, Saarbr RR **01**, 931, aM Ffm

KTS **97**, 672 (aber auch für den Vorstand gilt die Logik). Ein rechtliches Interesse hat jeder, dessen Rechtskreis der Prozeß oder die einzusehende Urkunde oder Erklärung auch nur mittelbar berühren, Brschw Rpfleger **97**, 229, Celle NJW **04**, 864, Hbg RR **02**, 139. Es muß ein auf Rechtsnormen beruhendes gegenwärtiges Verhältnis einer Person zu einer anderen oder zu einer Sache vorliegen, BGH NJW **90**, 842, Hamm RR **97**, 1490 (Schutzzweck der jeweiligen Norm), KG NJW **89**, 534. Es ist allerdings wegen der Prozeßwirtschaftlichkeit nach Grdz 14 vor § 128 wohl meist eine weitherzige Handhabung ratsam, BGH RR **94**, 381 (er unterscheidet haarfein zwischen einem rechtlichen und einem weitergehenden berechtigten Interesse), BPatG GRUR **92**, 56, Hbg RR **02**, 139. Es sind jedenfalls nicht so strenge Aufrechnungen wie bei § 256 nötig.

25 **B. Beispiele zur Frage eines Einsichtsrechts durch Dritte, II**

Ablichtung, Abschrift: Auf eine Ablichtung oder Abschrift hat ein Dritter grds *keinen* Anspruch, großzügiger Celle NJW **04**, 863, LG Bln NJW **02**, 838 – StPO –, Bohne NVwZ **07**, 660 (je: für fachjournalistische oder wissenschaftliche Zwecke; vgl „Forschung"). Indessen kann die Justizverwaltung sie gestatten. Sie sollte das großzügig tun, Schlosser Festgabe für Vollkommer (2006) 228, natürlich nach einer Schwärzung von Namen, Anschriften, nicht erforderlichen Zahlen usw wie üblich, Rn 29. Das gilt zB bei einer Urteilskopie zum Gebrauch durch einen Sachverständigen, durch einen Verband, für eine wissenschaftliche Arbeit usw. Sie ist evtl auslagenfrei, §§ 4 IV, 12 JVKostO, Hartmann Teil VIII A.

Akteneil: Es kann ratsam oder notwendig sein, die Einsicht des Dritten auf einen bestimmten Aktenteil zu beschränken, Pardey NJW **89**, 1647.

Ausforschung: *Nicht* ausreichend ist ein nur wirtschaftliches Ausforschungsinteresse, selbst wenn es zur Grundlage einer Klage gegen eine der bisherigen Parteien werden kann, BGH NJW **90**, 842, Hbg RR **02**, 139, Saarbr RR **01**, 931. Man sollte aber nicht zu streng werden, Rn 24. Das wirtschaftliche kann nämlich zum rechtlichen Interesse werden und dann ausreichen, Hbg RR **02**, 139.

S auch „Forschung".

Behörde: Sie ist *kein* Dritter, Rn 5. Das gilt auch für eine Steuerfahndungsstelle. Ihr muß der Vorsitzende ohnehin beim Verdacht eines Steuerdelikts die Akten evtl nach § 183 GVG von Amts wegen zuleiten. Auch der Dienstvorgesetzte des Gerichts ist kein Dritter, BGH DRiZ **87**, 58.

Bezugnahme: Sie reicht noch nicht, aM Saarbr OLGR **00**, 297 (aber dann wäre praktisch jede Ausforschung offen).

Einzelfrage: Ihre Klärung ist kaum ausreichend, aM Hamm RR **97**, 1490 (zu großzügig).

Fachzeitschrift: S „Ablichtung, Abschrift".

Forschung: Zwar gibt ein rein wissenschaftliches Forschungsinteresse keinen verfassungsunmittelbaren Anspruch, BVerfG NJW **86**, 1278, Keller NJW **04**, 413, Peglau NJ **93**, 443 (ausf), auch nicht nach Art 5 III GG (das wäre reichlich hochgegriffen). Indessen sollte man bei einwandfrei wissenschaftlichen Motiven großzügig sein, Haertlein ZZP **114**, 441, Keller NJW **04**, 413. Das gilt unabhängig davon, ob das Gericht usw die einzusehende Entscheidung veröffentlichen will (wer weiß, wann das endlich geschehen wird?). Es kann auch ein rechtliches Interesse an der Einsicht der ganzen Akte bestehen, Keller NJW **04**, 414 (auch zum Anforderungsverfahren).

S aber auch „Ablichtung, Abschrift", „Ausforschung".

Informationelle Selbstbestimmung: Das Recht der Parteien auf sie ist bei der Ermessensausübung mitbeachtlich, BVerfG NJW **88**, 3009.

Insolvenzverfahren: Ausreichend ist zugunsten eines Titelinhabers die Ablehnung der Eröffnung, BGH BB **06**, 1701, Celle NJW **04**, 864, Hbg MDR **02**, 235. Das Gericht mag den Schuldner anhören müssen, BGH KTS **98**, 582.

Ein nicht Verfahrensbeteiligter hat *kaum* ein Einsichtsrecht, Köln RR **98**, 407, aM Brdb MDR **98**, 1433 (aber auch im Insolvenzverfahren besteht ein Datenschutz, Persönlichkeitsschutz und oft ein gewerbliches Schutzbedürfnis). Eine Auskunft dazu, ob überhaupt ein Insolvenzverfahren besteht, gehört nicht nach § 299, sondern nach § 23 EGGVG, Rn 1, Brdb RR **01**, 1630.

S auch Rn 16 „Insolvenzakte".

Kostenersparnis: S „Musterprozeß".

Mündliche Verhandlung: Sie erhöht wegen § 137 III nicht das Einsichtsinteresse, ZöGre 6 b, aM Mü OLGZ **84**, 477.

Musterprozeß: Ausreichend kann die Bemühung sein, rechtliche Vergleichsmaßstäbe für einen ähnlichen Streit zu erhalten. Dieser mag vor Gericht anhängig sein, KG OLGZ **84**, 478, aM LG Mönchgladb NJW **89**, 3164, oder noch außergerichtlich bestehen. Es mag dasselbe Gericht zuständig sein, aber auch ein anderes. Es kann sich sogar um einen Streit außerhalb der deutschen Gerichtsbarkeit handeln, Hbg OLGZ **88**, 53. Es reicht auch aus, Kosten zu sparen.

26 **Neugier:** *Nicht* ausreichend ist eine bloße Neugier.

Parallelprozeß: Ausreichend sein kann eine Überlagerung der Sachverhalte mit einer möglichen Gesamtschuldnerschaft beider Bekl, Drsd VersR **03**, 85.

Presse: Ausreichen kann ein Interesse der Presse. Vgl aber Rn 4.

S auch „Neugier".

Sachverständiger: Ausreichen kann das Interesse eines Sachverständigen am Fortgang oder jedenfalls am Ausgang des Prozesses, auch eines Musterprozesses, Rn 25 „Musterprozeß".

S auch Rn 25 „Abschrift".

Schwarze Liste: Vgl §§ 915 ff.

S auch Rn 27 „Vermögensverzeichnis".

Streitverkündung: Der Streitverkündete hat grds schon vor einem Beitritt ein rechtliches Interesse, nämlich zwecks Entscheidung über seine Vornahme.

Verband: Ausreichen kann das Interesse eines Fachverbands. Vgl aber Rn 4.

S auch Rn 25 „Abschrift".

Verfahrensfremder: *Nicht* ausreichend ist eine Absicht, Tatsachen über einen Verfahrensfremden zu ermitteln, Brdb RR **01**, 1419.
Veröffentlichung: Sie ist zulässig, auch durch einen beteiligten Richter, BVerwG NJW **97**, 2694. Er braucht keine Erlaubnis des Gerichtsvorstands, OVG Bln NJW **93**, 676. Er muß den Datenschutz beachten, KG OLGZ **76**, 158, Mü OLGZ **84**, 477.
Vermögensverzeichnis: Vor dem Besitz eines Vollstreckungstitels hat ein Dritter grds *kein* Einsichtsrecht in 27
das Vermögensverzeichnis nach § 807, KG NJW **89**, 934 (anders als in die nach § 915 beurteilbare Schwarze Liste), LG Hbg Rpfleger **92**, 306, großzügiger LG Frankenth Rpfleger **92**, 306, LG Paderb Rpfleger **92**, 306. Anschließend kann sich sein Einsichtsrecht zB daraus ergeben, daß er eine Klarheit über die Pfändungsmöglichkeiten gegenüber seinem Schuldner gewinnen möchte, Hamm NJW **89**, 553, LG Hof Rpfleger **90**, 27, strenger LG Bln Rpfleger **91**, 428.

Es kann ein *Ermessensmißbrauch fehlen,* wenn das Gericht die Akten zurückhält, um sie jederzeit für eine Ablichtung oder Abschrift des Vermögensverzeichnisses verfügbar zu haben, LG Nürnb-Fürth JB **93**, 241.
Wirtschaftliches Interesse: Rn 25 „Ausforschungsinteresse“. 28
Wissenschaft: Rn 25 „Forschung“.
Zwangsvollstreckung: Ausreichen kann ein Interesse des Gläubigers an einer Schuldneranschrift und einem Aktivprozeß des Schuldners, Brdb JB **05**, 435.

C. Entscheidung, II. Die Entscheidung erfolgt durch eine Verfügung. Im Patentnichtigkeitsverfahren 29
enthalten §§ 31, 99 III PatG Sonderregeln, BGH MDR **83**, 750. Kosten: § 5 I JVKostO, Hartmann Teil VIII A. Bei der Herausgabe von Akten muß das Gericht die Namen von Einzelpersonen abdecken, soweit sie an der Geheimhaltung ein berechtigtes und nicht nur ein rechtliches (oder gar nur wirtschaftliches) Interesse haben, Celle JB **91**, 81, Hirte NJW **88**, 1703. Man kann ein solches Interesse stets bei einer Berufsgefährdung oder bei einer erheblichen Persönlichkeitsverletzung bejahen. Eine Einsicht von Akten über die Intimsphäre zB von Scheidungsakten dürfen selbst Behörden und Gerichten nur dann fordern, wenn sie zur Erreichung des angestrebten Zwecks geeignet und erforderlich ist und wenn der Einbruch in die Intimsphäre nicht unverhältnismäßig schwerwiegt, Rn 6, Einl III 23, BVerfG **34**, 209. Wegen des BDSG Rn 4.

D. Rechtsbehelfe. Gegen die Entscheidung sind eine Dienstaufsichtsbeschwerde und (nur) gegen die 30
Entscheidung des Gerichtsvorstands nach II der Antrag auf eine gerichtliche Entscheidung zulässig, § 23 I 1 EGGVG, dort Rn 3. Nachprüfen darf man aber nur, ob der Gerichtsvorstand sein Ermessen mißbraucht hat, Einl III 54, Celle NJW **04**, 864, KG NJW **88**, 1738, Schlesw MDR **90**, 254. Gegen die Entscheidung des OLG ist keine Beschwerde zulässig, § 29 I 1 EGGVG. Es kann jedoch eine Pflicht zur Vorlage beim BGH bestehen, § 29 I 2, 3 EGGVG. Beim Rpfl gilt § 11 RPflG, § 104 Rn 41 ff. Bei I ist § 23 EGGVG unanwendbar, dort Rn 3.

10) Einsicht in elektronische Akte, III, dazu *Gottwald* Festgabe für *Vollkommer* (2006) 259: Soweit das 31
Gericht die Prozeßakten nach § 298 a I elektronisch führt, kommt eine herkömmliche Einsicht in diejenigen Unterlagen in Betracht, die das Gericht noch in Papierform erhielt, solange es sie nach § 298 a II 2 in dieser Papierform aufbewahrt. Diese Papiereinsicht erfolgt nach I, II. In die elektronischen Akten erfolgt eine Einsicht demgegenüber nach III. Beide Einsichtsarten können also nebeneinander in Betracht kommen.

A. Aktenausdruck, Bildschirmwiedergabe, elektronische Übermittlung, III 1. Der Urkundsbe- 32
amte gewährt die Einsicht in die elektronische Akte nach seinem pflichtgemäßen Ermessen unter einer Abwägung aller Umstände und unter einer möglichsten Befolgung der Wünsche des Antragstellers entweder durch die evtl kostenpflichtige Erteilung eines Aktenausdrucks nach § 298 I, II oder durch die Wiedergabe auf einem Bildschirm in der Geschäftsstelle oder in einem vom Gericht etwa dazu eingerichteten Raum (Vorsicht vorm Mit-Hingucken Ungebetener und Unbefugter!) oder durch die evtl ebenfalls kostenpflichtige elektronische Übermittlung der Dokumente. Die zur Einsicht in die Papierakten entwickelten zeitlichen und sonstigen Grenzen nach I, II gelten grundsätzlich auch hier. Freilich mag zB die elektronische Übermittlung zeitgleich mit einer elektronischen Bearbeitung durch das Gericht möglich sein und daher auch noch direkt vor dem Termin bedenkenlos bleiben.

B. Elektronischer Zugriff beim Mitglied einer Anwaltskammer, III 2, 3. Soweit ein ProzBev ein 33
Mitglied einer Anwaltskammer ist, darf der Vorsitzende ihm nach seinem pflichtgemäßen Ermessen die Einsicht auch durch einen elektronischen Zugriff auf den Akteninhalt gestatten. Die Geschäftsstelle muß sicherstellen, daß nur dieser Bevollmächtigte einen solchen Zugriff nehmen kann. Der Vorsitzende sollte den Urkundsbeamten oder den Antragsteller auf diese Sicherungsnotwendigkeit aktenkundig hinweisen. Soweit eine Anwaltssozietät den Zugriff beantragt oder erhält, wird sich der Zugriff durch ein jedes Mitglied der Sozietät technisch evtl kaum verhindern lassen, Gottwald Festgabe für Vollkommer (2006) 267. Selbst ein angestellter Anwalt oder ein Rechtsbeistand als Kammermitglied sind zum Zugriff nach III 2, 3 gesetzlich nach dem stets erforderlichen Ermessen des Vorsitzenden befugt. Der Urkundsbeamte kann das Ermessen des Vorsitzenden ebensowenig ersetzen wie selbst der Berichterstatter des Kollegiums, der in diesem Stadium nicht auch dessen Vorsitzender ist.

C. Signatur, Schutz, III 4. Das Gericht muß bei einer Gestattung des elektronischen Zugriffs sicher- 34
stellen, daß die Gesamtheit der Dokumente eine qualifizierte elektronische Signatur nach § 130 a Rn 4 erhält und daß außerdem ein ausreichender Schutz gegen eine unbefugte Kenntnisnahme besteht. Das letztere ist wahrscheinlich ein reines Wunschdenken des Gesetzgebers. Wie soll das Gericht verhindern, daß im Anwaltsbüro jemand mitliest usw, für den die Übermittlung gerade nicht gedacht war? Das läuft also auf die Notwendigkeit einer bloßen Aufforderung zur Beachtung des Schutzes beim Empfänger hinaus. Umso deutlicher sollte das Gericht diese Forderung aktenkundig machen.

D. Rechtsbehelfe. Es gilt dasselbe wie bei Rn 18, 22, 30. 35

299a *Datenträgerarchiv.* [1] **Sind die Prozessakten nach ordnungsgemäßen Grundsätzen zur Ersetzung der Urschrift auf einen Bild- oder anderen Datenträger übertragen worden und liegt der schriftliche Nachweis darüber vor, dass die Wiedergabe mit der Urschrift übereinstimmt, so können Ausfertigungen, Auszüge und Abschriften von dem Bild- oder dem Datenträger erteilt werden.** [2] **Auf der Urschrift anzubringende Vermerke werden in diesem Fall bei dem Nachweis angebracht.**

1 **1) Systematik, S 1, 2.** Die Vorschrift ergänzt § 299 in ihrem begrenzten Geltungsbereich als eine gegenüber der AktO vorrangige Sonderbestimmung. Ergänzend gilt § 130 a II.

2 **2) Regelungzweck, S 1, 2.** Er liegt in einer den technischen Verhältnissen angepaßten prozeßwirtschaftlich vertretbaren Vereinfachung. Diesen Zweck muß man bei der Anwendung neben dem Grundgedanken beachten, daß eine formelle Ausnahmevorschrift eng auslegbar ist.

3 **3) Geltungsbereich, S 1, 2.** Bei einem Bild- oder anderen Datenträgerarchiv, zB Mikrofilm, CD-ROM, Diskette und anderen elektronischen Speichermöglichkeiten muß die Gerichtsverwaltung Ausfertigungen, Auszüge, Ablichtungen und Abschriften von dem Bild- oder Datenträger herstellen. Das muß natürlich vollständig geschehen. Ihre Erteilung ist nur dann zulässig, wenn beim Gericht ein schriftlicher Nachweis der Übereinstimmung dieser verkleinerten Wiedergabe mit der Urschrift vorliegt. Der Nachweis muß im Original vorhanden sein, nicht etwa darf er seinerseits nur als Datenträger vorliegen. Eine Karteiform ist zulässig. Eine Verbindung zwischen dem Nachweis und dem Datenträger etwa durch eine Schnur ist nicht notwendig. Denn sie ist kaum durchführbar. Die Übereinstimmung der Inhalte des Originals und des Datenträgers muß eindeutig bestehen, Heuer NJW **82**, 1506. Dafür ist außer der Schriftlichkeit keine besondere Form notwendig. Es ist also zB eine Beglaubigung entbehrlich, Heuer NJW **82**, 1506. Die Aufnahme des Datenträgers muß ordnungsgemäß erfolgt sein. Die zugehörigen Grundsätze muß das BJM für die Gerichte des Bundes, Richtlinie vom 1. 8. 78 (Inkrafttreten), im übrigen die Landesjustizverwaltung erlassen. Man muß sie vorher im Einzelfall ermitteln. Die Einsicht erfolgt über ein Lesegerät im Gericht zB auf der Geschäftsstelle und unter einer technischen Überwachung.

4 Es mag eine bloße *Sicherheitsverfilmung* vorliegen. Das geschieht etwa dann, wenn das Gericht die Originalakten neben dem Datenträger aufbewahrt, statt sie zu vernichten, zB weil das letztere unzulässig wäre, etwa bei von den Parteien eingereichten oder vom Gericht beigezogenen ohnehin zurückzugebenden Urkunden. Dann darf das Gericht Ausfertigungen, Auszüge und Ablichtungen nur anhand des Originals anfertigen. Auf der Urschrift sind evtl Vermerke nötig, zB nach §§ 164 III 1, 319 II, 320 IV 5, 734. Sie gehören auf den schriftlichen Nachweis, und zwar auf sein Original, falls von ihm ebenfalls ein Datenträger existiert. Wegen der Bedeutung des § 299 a für Notarakten BGH NJW **77**, 1400. Das Gericht kann durch den Vorsitzenden die Aufbewahrung des Originals nach seinem pflichtgemäßen Ermessen anordnen.

Titel 2. Urteil

Übersicht

Schrifttum: Vgl bei den einzelnen Vorschriften, vor allem bei § 313.

Gliederung

1 **1) Systematik.** Titel 2 behandelt das Hauptziel des streitig bleibenden Erkenntnisverfahrens, nämlich das Urteil als Rechts-„Erkenntnis" und als Grundlage einer etwa notwendigen anschließenden Zwangsvollstreckung nach Buch 8. Dabei geht das Gesetz von einem über das Urteil hinausgehenden Begriff der Entscheidung aus. Entscheidung nennt die ZPO häufig jede Willenserklärung des Gerichts, mag sie der Prozeßleitung nach Üb 5 vor § 128 angehören oder als eine eigentliche Entscheidung den Ausspruch einer Rechtsfolge enthalten. Die eigentlichen Entscheidungen gliedern sich wie folgt.

A. Urteil. Es ergeht in bestimmter Form und auf Grund einer notwendigen mündlichen Verhandlung oder in dem diese Verhandlung ersetzenden schriftlichen Verfahren nach § 128 II oder im Aktenlageverfahren nach § 251 a oder im Einspruchsprüfungsverfahren nach § 341 II oder im Verfahren ohne eine Verhandlung nach § 495 a.

B. Beschluß. Er ergeht ohne die Form des Urteils oder auf Grund einer mündlichen Verhandlung, die dem Gericht freilich meist freisteht, § 128 IV. Im FamFG-Verfahren gibt es kein Urteil, sondern nur die Beschlußform, §§ 38, 116 FamFG.

C. Verfügung. Das ist eine Anordnung des Vorsitzenden oder eines verordneten Richters, §§ 361, 362. Regelwidrig gebraucht die ZPO das Wort Verfügung in dem Begriff „einstweilige Verfügung".

D. Sonstiges. Entscheidungen des Rpfl sind Beschlüsse oder Verfügungen. „Anordnung" nennt die ZPO ebenso wie das FamFG Beschlüsse verschiedener Art, prozeßleitende und entscheidende. Titel 2 handelt nicht nur von Urteilen, wie seine Überschrift vermuten läßt, sondern auch von Beschlüssen und Verfügungen, § 329. Über die Abfassung des Urteils Hartmann JR **77**, 181.

2) Regelungszweck. Die Bedeutung jeder Entscheidung und insbesondere des Urteils liegt zwar darin, 2
das Recht zu finden, es zu „erkennen", Rn 3. Sie besteht aber nicht darin, Recht zu schaffen, wenn kein solches besteht. Es gibt Fälle, in denen der Richter durch sein Urteil in Wahrheit schon nach dem Gesetz bestehende Rechte nach Grdz 20 vor § 253 nur nach Rn 3 genau gestaltet. Von ihnen abgesehen darf er Rechtsbeziehungen zwischen den Parteien nicht schaffen, sondern nur klarstellen, wer von den Parteien im bereits vorhandenen Recht ist. Wie aber, wenn er dem Recht zuwider entscheidet? Hat zB A dem B 1000 EUR geliehen und weist der Richter die Rückzahlungsklage mangels Beweises ab, kann das Urteil nichts daran ändern, daß B dem A 1000 EUR schuldet. Es kann den Anspruch aus einem Darlehen nicht vernichten. Andernfalls läge die Verteilung aller Güter in der Richtershand. Wohl aber nimmt das Urteil dem Anspruch den Rechtsschutz, oder, in umgekehrt liegenden Fällen, es gibt einen Rechtsschutz, obwohl ein Anspruch fehlt. Das zeigt, daß man den Rechtsschutz von dem sachlichrechtlichen Anspruch trennen muß. Zahlt im Beispielsfall B dem A trotz einer rechtskräftigen Aberkennung des Anspruchs die 1000 EUR zurück, hat er ihm nichts geschenkt, sondern eine klaglose Verbindlichkeit erfüllt, Grdz 25 vor § 253, nicht anders, als sei der Anspruch verjährt gewesen.

Das Wesentliche liegt also in der Gewährung oder Versagung des *Rechtsschutzes,* Grdz 1 vor § 253. Zweck 3
des Prozesses ist nicht nur, auch nicht bei einer Feststellungsklage, der Ausspruch, daß etwas Recht oder nicht Recht ist. Zweck ist vielmehr vor allem die Erlangung des Rechtsschutzes für einen sachlichrechtlichen Anspruch. Ein von einem ordentlichen Gericht erlassenes Urteil über ein öffentlichrechtliches Rechtsverhältnis wandelt dieses nicht in einen privatrechtlichen Titel um.

Auch ein *Gestaltungsurteil* läßt sich dem Zweck eines sachgerechten Rechtsschutzes ohne weiteres zuordnen. Damit wird deutlich, daß der Richter auch bei der Gestaltung eines Rechts oder Rechtsverhältnisses nicht etwa aus Nichts ein neues Wesen schafft, sondern ausgestaltend im Grunde nur „für Recht erkennt", wie es üblicherweise in wohl jedem Urteil unmittelbar vor dem eigentlichen Spruch, dem Tenor, heißt. In dieser Selbstbescheidung liegt zugleich die dienende Funktion der Rechtsprechung. Sie „beherrscht" das Recht nur vordergründig. In Wahrheit verdeutlicht sie selbst bei einer grundlegenden umwälzenden Gestaltung des Einzelfalls nur die Erkenntnis der Folgen einer bereits durch die Rechtslage entstandenen Situation. Das alles muß man bei der Anwendung mitbedenken.

3) Tragweite des Urteils. Maßgeblich ist weder die Bezeichnung noch die rechtliche Beurteilung des 4
Gerichts, sondern der wahre Inhalt. Ihn ermittelt man im Weg der Auslegung, BGH VersR **99**, 638, Ffm VersR **84**, 168, Köln RR **99**, 1084 (Meistbegünstigung). Man kann die Urteile nach der Tragweite der Erledigung wie folgt einteilen.

A. Sachurteil. Es entscheidet in der Sache selbst und schafft insofern eine innere wie formelle Rechtskraft.

B. Prozeßurteil. Es entscheidet nur über Prozeßfragen, über allgemeine oder besondere Prozeßvoraus- 5
setzungen, Grdz 13 vor § 253. Daher kann es nur für diese Prozeßfragen eine formelle Rechtskraft schaffen, nicht für die Sache selbst. Die Abweisung durch ein solches Urteil heißt Prozeßabweisung im Gegensatz zur Sachabweisung, Grdz 14 vor § 253. Kein Urteil kann, richtig bedacht, gleichzeitig gleichrangig eine Prozeß- und eine Sachabweisung aussprechen, § 322 Rn 60 „Prozeßurteil". Verneint das Gericht zB die Zulässigkeit des Rechtswegs, gilt alles, was es im Urteil zur Sache ausführt, für die Revisionsinstanz grundsätzlich als nicht geschrieben, OVG Schlesw MDR **92**, 525.

Freilich darf das die Klage als unzulässig abweisende Gericht im Prozeßurteil *hilfsweise zur Unbegründetheit* der Klageforderung Ausführungen machen, Grdz 17 vor § 253. Das Berufungsgericht muß dann, wenn es die Voraussetzungen eines Sachurteils bejaht, den vom Erstgericht hilfsweise erkannten sachlichen Abweisungsgrund prüfen, unklar OVG Schlesw MDR **92**, 525. Das Gericht darf aber nicht eine Entscheidung über Prozeßvoraussetzungen dahingestellt lassen und nur deshalb sachlich entscheiden, Grdz 14 vor § 253, OVG Schlesw MDR **92**, 525. Trotzdem braucht das Revisionsgericht dann nicht aufzuheben, wenn die Prozeßvoraussetzungen nach dem unstreitigen Sachverhalt vorliegen. Dagegen erfolgt eine Zurückverweisung, wenn das Urteil auf eine unberechtigte Prozeßabweisung lautet selbst, wenn es außerdem sachliche Abweisungsgründe enthält. Zur Unzulässigkeit der Abweisung „angebrachtermaßen" § 322 Rn 15.

4) Sachlichrechtlicher Inhalt. Nach ihm lassen sich Urteile wie folgt einteilen. 6

A. Leistungsurteil. Hierhin gehört auch ein Duldungsurteil, ein Teilurteil nach § 301, ein Vorbehaltsurteil nach Rn 8, ein Verzichtsvergleich nach § 306, ein Anerkenntnisurteil nach § 307, BGH FamRZ **03**, 1922, ein Ergänzungsurteil nach § 321, ein Urteil im Kleinverfahren nach § 495 a, ein Urteil im Eilverfahren nach §§ 925 I, 936.

B. Feststellungsurteil. Auch dieses gehört hierher.

C. Gestaltungsurteil. Diese Urteilsarten entsprechen den betreffenden Klageformen, Grdz 10 vor § 253. Ein Urteil kann grundsätzlich nur auf die entsprechende Klageform hin ergehen. Das Gericht kann aber ein Weniger zusprechen, indem es auf eine Feststellung statt auf eine Leistung erkennt, § 308 Rn 9. Gewissen

Feststellungsurteilen weist das eine rückwirkende Gestaltungswirkung zu. Es ist aber falsch, einem Feststellungsurteil eine Gestaltungswirkung schon deshalb beizulegen, weil es für und gegen alle wirkt.

7 **5) Art des Zustandekommens.** Nach ihr kann man Urteile wie folgt einteilen.

A. Streitmäßiges (kontradiktorisches) Urteil. Es ergeht auf eine zweiseitige Streitverhandlung oder im schriftlichen oder im Aktenlageverfahren. Es umfaßt grundsätzlich jede Urteilsart, auch zB das Anerkenntnisurteil nach § 307, das Verzichtsurteil nach § 306 oder das Urteil nach Lage der Akten, § 251 a.

B. Versäumnisurteil. Es ergeht auf Grund einer einseitigen Säumnis gegen den Säumigen, bei § 331 III ohne eine mündliche Verhandlung. Das unechte Versäumnisurteil bei einer einseitigen Säumnis gegen den Erschienenen ist ein streitmäßiges Sachurteil, Üb 13 vor § 330.

8 **6) Äußere Bedeutung.** Nach ihr kann man die Urteile wie folgt einteilen.

A. Endurteil. Es entscheidet über die Klage oder das Rechtsmittel endgültig, entweder als Vollurteil über den ganzen Anspruch oder als Teilurteil über einen Teil, § 301. Das abschließende Urteil nach einem Teilurteil heißt auch Schlußurteil. Kein Urteil ist der Spruch im schiedsrichterlichen Verfahren.

B. Zwischenurteil. Es erledigt nur einen Zwischenstreit zwischen den Parteien oder mit Dritten, zB bei § 280, ferner bei einer Vorabentscheidung über den Grund des Anspruchs, § 304. Bei einer Vorwegnahme der Entscheidung gibt es das dazu gehörende Rechtsmittel, BGH BB **06**, 182.

C. Vorbehaltsurteil. Es erledigt den Streit unter dem Vorbehalt einer Entscheidung derselben Instanz über bestimmte Einwendungen des Bekl, § 302. Zulässig ist es im Urkunden- und Wechselprozeß nach § 599 und bei der Aufrechnung, § 302. Urteile unter dem Vorbehalt der beschränkten Haftung nach §§ 305, 305 a, 780 schließen den Prozeß endgültig ab und sind darum keine Vorbehaltsurteile.

9 **7) Bedingtheit.** Nach ihr lassen sich die Urteile wie folgt einteilen.

A. Unbedingtes Urteil. Ihm haftet keinerlei Bedingung an. Dahin gehören nur die äußerlich rechtskräftigen, vorbehaltslosen Urteile.

B. Auflösend bedingtes Urteil. Dahin gehören sämtliche Vorbehaltsurteile nach Rn 8, sämtliche vorläufig vollstreckbaren Urteile nach §§ 708, 709 (sie sind durch ihre Rechtskraft bedingt) und Endurteile, die vor der Rechtskraft eines in demselben Verfahren erlassenen Zwischenurteils ergehen. Es ist zB bei § 304 das Urteil über die Höhe bedingt durch die Rechtskraft des Zwischenurteils über den Grund.

10 **8) Wirksamkeit als Hoheitsakt**

Schrifttum: *Hein,* Das wirkungslose Urteil, 1995.

Jede gerichtliche Entscheidung ist ein *Staatshoheitsakt,* Hamm MDR **97**, 1155 (einschließlich der Zustellung). Als solche hat sie grundsätzlich die angeordneten Wirkungen, mag sie sachlich richtig oder falsch sein, BGH VersR **87**, 1195, Oldb MDR **89**, 268. Wenn Erfordernisse fehlen, sei es in der Entscheidung selbst oder in ihren Voraussetzungen, muß man wie bei Rn 11–20 unterscheiden.

11 **9) Unwirksamkeit einer Scheinentscheidung**

Schrifttum: *Schneider,* Rechtsschutzmöglichkeiten gegen formelle Verlautbarungsmängel usw, 1999.

Scheinentscheidungen, vor allem Scheinurteile, oft Nichturteile genannt, Ffm MDR **91**, 63, Zweibr OLGZ **87**, 372, tragen das Gewand der Entscheidung nur als Maske. In Wahrheit fehlt ihnen das Wesen der Entscheidung. Man kann wie folgt unterscheiden.

A. Nichtgericht. Es kann eine Entscheidung eines gerichtsverfassungsmäßig nicht vorgesehenen Gremiums vorliegen, Hamm FamRZ **86**, 583, also eine solche, die ein Nichtgericht gefällt hat, BGH VersR **87**, 1195, BezG Lpz DtZ **93**, 27. Dazu zählen das Nicht-mehr-Gericht, mit Recht krit Jauernig DtZ **93**, 173, wie eine Entscheidung durch eine Regierungsstelle oder eine Endentscheidung des beauftragten Richters.

12 **B. Keine Verkündung oder Zustellung.** Es kann eine Entscheidung ohne die vorgeschriebene Form in deren Elementarteilen vorliegen, BGH **137**, 51, Hamm FamRZ **86**, 583, zB eine nicht bekannt gemachte Entscheidung, namentlich eine entgegen dem Gesetz überhaupt nicht nach § 311 verkündete, BGH VersR **85**, 46, Brdb FamRZ **04**, 385, Ffm RR **95**, 511. Etwas anderes gilt, wenn nur das Protokoll fehlt, BGH VersR **85**, 46, oder wenn die Verkündung nur mangelhaft erfolgt ist, § 310 Rn 3. Ein Fehler beim Erlaß liegt ferner zB bei § 310 III vor, wenn das Gericht sein Urteil überhaupt nicht zugestellt hat, § 317. Es ist in Wahrheit dann nur ein innerer Vorgang des Gerichts vorhanden, ein bloßer Urteilsentwurf, BGH **61**, 370, Brdb RR **02**, 356, Ffm MDR **91**, 63. Anders kann man eine zwar gegen Art 103 I GG verstoßende, aber vor Jahren ergangene öffentliche Zustellung bewerten, Hamm MDR **97**, 1155. Der Verkündungsvermerk nach § 315 III genügt zum Nachweis der Verkündung nicht, § 315 Rn 14.

Nicht hierher gehört ein solches Urteil, das das Gericht erst nach dem Ablauf der 3-Wochen-Frist des § 310 I 2 verkündet hat, BGH NJW **89**, 1157, oder das entgegen § 310 II bei der Verkündung noch nicht vollständig vorliegt, BGH NJW **89**, 1157, oder das entgegen § 315 I noch keine vollständigen Unterschriften trägt, BGH NJW **89**, 1157.

13 **C. Folgen.** Eine Nichtentscheidung ist grundsätzlich unwirksam, BGH **137**, 51, Brdb FamRZ **04**, 385, Kblz GRUR **89**, 75. Sie beendet auch nicht das Verfahren. Wegen Berufung § 310 Rn 5 und Grdz 26 vor § 511. Das alles muß das Gericht von Amts wegen beachten, Grdz 38 vor § 128, BezG Lpz DtZ **93**, 27. Wenn der Gläubiger aus einem solchen Urteil die Zwangsvollstreckung anhand einer obendrein scheinbar ordnungsmäßig für vollstreckbar erklärten Ausfertigung betreibt, bleibt der Weg der §§ 732, 766, 775, 776. Ein Rechtsmittel ist zwar eigentlich gar nicht erforderlich. Es ist aber ausnahmsweise zulässig, Brdb RR **96**, 767, Kblz GRUR **89**, 75, Zweibr OLGZ **87**, 372.

10) Unwirksamkeit eines Urteils. Eine wirkungslose Entscheidung, auch eine nichtige, BayObLG **97**, 57, liegt nur ganz ausnahmsweise vor, Bbg RR **94**, 460, LG Zweibr JB **08**, 662, nämlich in den folgenden Fällen. 14

A. Fehlen der Gerichtsbarkeit. Die Entscheidung ist wirkungslos, soweit dem Gericht die Gerichtsbarkeit fehlt, nicht nur die Zuständigkeit, OVG Lüneb NJW **85**, 1573.

Beispiele: Ein Urteil gegen einen Exterritorialen, Einf 2, 3 vor § 18 GVG; ein Urteil des Schöffengerichts in einem Zivilprozeß; ein Urteil des Einzelrichters der §§ 348, 348 a, 526, 527, 568 statt des notwendigen Kollegiums; eine Entscheidung des FamFG in einem FamFG-Verfahren wegen eines solchen Streitgegenstands, der zur streitigen ZPO-Gerichtsbarkeit gehört, aM BayObLG FGPrax **05**, 197.

Über die Urteile eines *Sondergerichts* außerhalb seiner Zuständigkeit Üb 2 vor § 12 GVG. Hierher kann ein sog Instanzvorgriff zählen, BPatG GRUR **85**, 219. Ein auf eine unzulässige Beschwerde hin gesetzwidrig erlassener Beschluß fällt unter Rn 19, 20.

B. Nicht bekannte Rechtsfolge. Die Entscheidung ist auch wirkungslos, soweit die Rechtsordnung eine dort ausgesprochene überhaupt nicht kennt, BGH VersR **87**, 1195, Oldb MDR **89**, 268, AG Lübeck Rpfleger **82**, 109. 15

Beispiel: Das Urteil verurteilt zur Bestellung eines dem Gesetz unbekannten dinglichen Rechts.

BGH RR **90**, 893 gab bei einer schlechthin mit der Rechtsordnung unvereinbaren Entscheidung (gemeint wohl: auch) ein außerordentliches Rechtsmittel. Das war dogmatisch unsauber, § 567 Rn 10, BGH NJW **02**, 1577. Es gilt zudem jetzt § 574.

C. Unzulässige Rechtsfolge. Die Entscheidung ist auch wirkungslos, soweit die ausgesprochene Rechtsfolge schlechthin gesetzlich unzulässig ist, BGH VersR **87**, 1195, Oldb MDR **89**, 268, AG Lübeck Rpfleger **82**, 109. Der Staat kann kein solches Urteil anerkennen, das gegen seine Ordnung verstößt. Das gilt für ein solches Urteil, dessen Erfüllung gegen die öffentliche Ordnung oder gegen die guten Sitten verstoßen würde, und für ein Urteil auf die Teillöschung einer Marke, weil diese einen gesetzwidrigen Zustand herstellen würde. Man rechnet zu dieser Gruppe ein Versäumnisurteil vor der Rechtshängigkeit nach § 261, LG Tüb JZ **82**, 474, aM ZöGre § 261 Rn 2 (aber auch das ist ein schwerer Verfahrensfehler). Nicht mehr hierher gehört ein deutsches Urteil, das bei Ausländern entsprechend ihrem Heimatrecht auf eine Trennung von Tisch und Bett erkennt. 16

D. Tatsächliche Wirkungslosigkeit. Die Entscheidung ist schließlich wirkungslos, soweit sie aus tatsächlichen Gründen nicht ihrem Inhalt entsprechend wirken kann, BayObLG RR **00**, 672, Oldb MDR **89**, 268. 17

Beispiele: Ein Urteil oder ein Beschluß nach § 329 ohne eine Klage oder einen verfahrenseinleitenden Antrag (ihn hatte der Kläger usw etwa nur angekündigt), BayObLG RR **00**, 672 (zu § 238); ein Urteil oder Beschluß gegen eine nicht, noch nicht oder nicht mehr bestehende Partei, Grdz 19 vor § 50, Hamm MDR **86**, 417; ein Urteil auf eine unmögliche Leistung; ein unverständliches oder widerspruchsvolles Urteil.

E. Folgen. Ein Urteil dieser Art bindet zwar das Gericht, aM Hamm FamRZ **86**, 583 (aber es liegt ein Staatsakt vor, Rn 10). Es ist auch Grundlage eines Kostenerstattungsanspruchs nach §§ 91 ff, 103 ff, Einf 18 vor §§ 103–107. Es ist auch der formellen Rechtskraft fähig, Einf 1 vor §§ 322–327, nicht aber der inneren, Einf 2 vor §§ 322–327. Der Betroffene muß ein solches Urteil mit dem jeweiligen Rechtsmittel oder mit einer Klage auf die Feststellung der Unwirksamkeit bekämpfen, BGH VersR **87**, 1195, Düss NJW **86**, 1763, evtl auch mit der Nichtigkeitsklage nach § 579. Der Zwangsvollstreckung muß man wie bei Rn 15 entgegentreten. Möglich ist auch eine Vollstreckungsabwehrklage, § 767. 18

11) Bloße Mangelhaftigkeit eines Urteils. Mangelhafte Entscheidungen im engeren Sinn sind alle mit Fehlern behafteten Entscheidungen, die nicht unter Rn 11–18 fallen. 19

A. Fälle. Dahin gehören: Eine mit erheblichen Mängeln behaftete Entscheidung, BGH NJW **98**, 1319 (wegen eines Beschlusses), Hamm MDR **08**, 997, zB gegen eine gar nicht gemeinte Partei, Grdz 4 vor § 50, BGH RR **95**, 764; eine Entscheidung ohne Gehör der Parteien usw, Stgt MDR **96**, 1077 (mangelhafte Belehrung), Jauernig ZZP **101**, 383, oder in einer fehlerhaften Besetzung; ein Urteil ohne ein Prozeßrechtsverhältnis nach Grdz 4 vor § 128, aM BGH BB **06**, 182 (insich obendrein widersprüchlich), LAG Ffm BB **82**, 1925 (es liege dann eine Nichtigkeit vor); ein Urteil über eine in Wahrheit nicht mehr wirksame Klage, aM Pantle NJW **88**, 2775, RoSGo § 62 IV 2 d, ZöV 18 vor § 300 (aber dann würde eine reine Rechtsfrage etwa zur Wirksamkeit einer Klagerücknahme nach § 269 über die äußere Wirksamkeit eines formell ordnungsgemäßen Urteils entscheiden); eine Bewilligung von Prozeßkostenhilfe ohne einen Antrag nach § 117, Oldb MDR **89**, 268. Hierhin gehören auch die sog ungeheuerlichen, monströsen Urteile, zB wenn die Entscheidung von einem Eid abhängig sein soll. 20

B. Wirksamkeit bis zur Aufhebung. Eine mangelhafte Entscheidung ist bis zur Aufhebung auf den zugehörigen Rechtsbehelf voll wirksam, (nur) im Ergebnis richtig BGH NJW **08**, 2125 (abl Sujecki), ferner Oldb MDR **89**, 268, Stgt MDR **96**, 1077, aM BGH BB **06**, 182 (zwar wirkungslos, aber trotzdem anfechtbar). Es kann wegen § 574 sogar bei einer greifbaren Gesetzwidrigkeit nicht mehr eine „außerordentliche" Beschwerde in Betracht kommen, § 567 Rn 10, sondern allenfalls eine Rechtsbeschwerde. Kein Gericht darf eine nur mangelhafte Entscheidung als nichtbestehend behandeln. Freilich kann ihr die sonst bestehende Bindungswirkung fehlen, AG Lübeck Rpfleger **82**, 109. Verspätungsvorschriften können unanwendbar sein, etwa §§ 296 I, 340 III 3, LAG Hamm MDR **82**, 1053. Für andere mangelhafte Prozeßhandlungen, zB für die Beweisaufnahme, gelten die allgemeinen Grundsätze. Sie sind also unwirksam. 21

300 *Endurteil.* ^I **Ist der Rechtsstreit zur Endentscheidung reif, so hat das Gericht sie durch Endurteil zu erlassen.**

^II **Das Gleiche gilt, wenn von mehreren zum Zwecke gleichzeitiger Verhandlung und Entscheidung verbundenen Prozessen nur der eine zur Endentscheidung reif ist.**

Gliederung

1 **1) Systematik, I, II.** Die Vorschrift enthält nur *einen* der für das Urteil maßgebenden Gesichtspunkte, nämlich denjenigen des richtigen Zeitpunkts. §§ 301 ff nennen die weiteren Aspekte. § 495 a II regelt die Besonderheiten des Kleinverfahrens usw.

2 **2) Regelungszweck, I, II.** Die Vorschrift dient einerseits der Verhinderung einer vorschnellen Entscheidung. Erst bei einer wirklichen Entscheidungsreife nach Rn 6 soll das Urteil ergehen dürfen. Damit bezweckt § 300 die Verhinderung eines ungerechten Spruchs, Einl III 9, 36. Andererseits soll das Gericht bei einer Spruchreife auch sogleich entscheiden, sei es auch nur über einen abtrennbaren Teil. Das dient der Prozeßförderung nach Grdz 12 vor § 128 und der Prozeßwirtschaftlichkeit nach Grdz 14 vor § 128, wie schon § 272 III.

Entscheidungsreife ist ein Zustand, dessen Voraussetzungen sich nur unter einer Mitbeachtung der Richterpersönlichkeit klären lassen. Was der eine Richter als eindeutig urteilsreif erachtet, das gibt dem anderen alle Veranlassung zu weiteren Zweifeln, Überlegungen, Klärungsversuchen. Man muß sich davor hüten, die eigene Betrachtungsweise als allein maßgeblich zu bewerten. Freilich darf der Richter weder zu forsch noch zu zaudernd handeln. Beide Arten von Denkweisen treten versteckt öfter auf als gemeinhin angenommen. Wie so oft, ist ein ruhiges Abwägen der richtige Weg zur Vermeidung von Fehlern, die sich in diesem Stadium des Prozesses kaum noch korrigieren lassen. Das alles sollte man bei der Auslegung beachten.

3 **3) Geltungsbereich, I, II.** Die Vorschrift gilt in allen Verfahrensarten der ZPO, auch im WEG-Verfahren. Sie gilt auch im arbeitsgerichtlichen Verfahren, § 46 II 1 ArbGG. Im FamFG-Verfahren heißt die Endentscheidung Beschluß, § 38 FamFG.

4 **4) Urteil, I, II.** Endurteil ist ein Urteil, das nach seiner ordnungsgemäßen Entstehung den Prozeß für die Instanz endgültig entscheidet, so daß in ihr kein weiteres Urteil über denselben Anspruch(steil) mehr denkbar ist, Üb 6 vor § 300. Freilich zählt auch ein Versäumnisurteil hierher, Üb 11 vor § 330. Auch ein Prozeßurteil nach Grdz 14 vor § 253 kann ein Endurteil sein, Üb 5 vor § 300. Jedes Verfahren mit einer notwendigen mündlichen Verhandlung nach § 128 Rn 4 verlangt ein Endurteil, soweit nicht eine Klagerücknahme nach § 269, ein Vergleich nach Anh § 307 oder übereinstimmende wirksame Erledigterklärungen ein Urteil abschneiden, § 91 a.

Eine *Abweisung „angebrachtermaßen"* ist abgeschafft, § 322 Rn 15. Über die Abweisung wegen des Fehlens der Fälligkeit § 322 Rn 37 „Fälligkeit". Ein Urteil auf eine jedem unmögliche Leistung ist unstatthaft. Etwas anderes gilt nur bei einer noch nicht festgestellten Unmöglichkeit. Sonst muß der Kläger zur Ersatzforderung übergehen. Wirkungslos ist nur ein Urteil auf eine rechtlich unmögliche Leistung, nicht dasjenige auf eine nur *diesem* Gegner tatsächlich nicht mögliche, Üb 17 vor § 300.

Kein Gericht darf zu einer gesetzlich unstatthaften Leistung verurteilen. Daher muß beim Erlaß des Urteils eine etwa nötige Genehmigung nach *Preisvorschriften* vorliegen, § 3 AWG, SchlAnh IV. Doch ist ein unter Verstoß gegen solche Vorschriften erlassenes Urteil nur mangelhaft, Üb 19 vor § 300. Wenn die Genehmigung erst in der Revisionsinstanz ergeht, muß das Revisionsgericht das berücksichtigen.

5 **5) Zulässigkeit eines Vorbehalts, I, II.** Entscheidungsreif, spruchreif, ist der Prozeß, sobald und soweit das Gericht dem Klagantrag stattgeben oder die Klage abweisen kann, Rn 2. Nötig ist also eine Klärung des Sachverhalts, soweit sie dem Gericht möglich ist, § 286 Rn 24, und soweit nicht etwa ein Vorbringen wegen §§ 282, 296, 530, 531 außer Betracht bleibt. Ein Urteil unter dem Vorbehalt der Entscheidung über Angriffs- oder Verteidigungsmittel ist nur nach §§ 302, 599 zulässig. Daher ist auch keine Verurteilung zu einer Zahlung abzüglich eines noch unklaren Betrags zulässig. Ebenso unzulässig ist ein solches Urteil, dem erst die Vollstreckungsinstanz einen bestimmten Inhalt geben könnte. Das muß man besonders bei einem Urteil auf eine Unterlassung beachten. Zulässig ist der Vorbehalt der beschränkten Haftung des Erben, §§ 305, 780. Bei einer Entscheidungsreife gegenüber nur einem Streitgenossen vgl § 301 Rn 24.

6 **6) Endurteil, I.** Es ist das Ziel des Erkenntnisverfahrens. Das Gericht muß es entsprechend sorgsam vorbereiten.

A. Entscheidungsreife. Das Gericht „hat das Endurteil zu erlassen" (Mußvorschrift), sobald der Prozeß zur Entscheidung reif ist, Rn 2, 5, BVerwG NJW **89**, 119. Bei einer Verzögerung der Entscheidung tritt evtl eine Staats- und Richterhaftung ein, bis hin zur Bestrafung wegen Rechtsbeugung durch Unterlassen, Einl III 28. Das Endurteil ergeht auf Grund des Streitstands beim Schluß der mündlichen Verhandlung, §§ 136 IV, 296 a, BGH **77**, 308, BVerwG NJW **89**, 119, Brschw RR **96**, 380. Das gilt, mag der Anspruch von Anfang an begründet gewesen oder auch erst im Lauf des Prozesses begründet geworden sein. Ist ein anfänglich begründeter Anspruch unzulässig oder unbegründet geworden, muß das Gericht die Klage abweisen, wenn keine übereinstimmenden wirksamen Erledigterklärungen vorliegen. Das Gericht muß natürlich sämtliche Grundlagen einer günstigen Entscheidung beachten, natürlich auch die Prozeßvoraussetzungen nach Grdz 12 vor § 253 (vgl aber wegen des teilweisen Wegfalls des Feststellungsinteresses § 256 Rn 77 „Leistungsklage") und die Sachbefugnis, Grdz 23 vor § 50. Keineswegs darf das Gericht über die gesetzlichen Fälle zB der §§ 257 ff hinaus künftige Umstände oder Änderungsmöglichkeiten zum Anlaß nehmen, die Entscheidungsreife schon deshalb zu verneinen, BVerwG NJW **89**, 119.

Das *Fehlen* einer Prozeßvoraussetzung *kann* freilich eine grundlegende Prozeßhandlung *unwirksam machen.* So ist die Klage beim Fehlen der Prozeßfähigkeit nach § 51 fehlerhaft. Das Gericht muß sie daher abweisen, soweit nicht eine Handlung möglich und geschehen ist. Der Wegfall der Zuständigkeit nach dem Eintritt der Rechtshängigkeit ist stets unbeachtlich, § 261 III Z 2. Über den maßgebenden Zeitpunkt im schriftlichen Verfahren § 128 Rn 27, 28, im Aktenlageverfahren § 251 a Rn 10. Vgl im übrigen §§ 307, 331 III. In der Berufungsinstanz gilt nichts Besonderes.

B. Maßgebender Rechtszeitpunkt. Das Endurteil ergeht auf Grund des bei der Verkündung geltenden Rechts, Einl III 78. Es genügt eine Gesetzesänderung zwischen der Verhandlung und der Verkündung. Freilich muß das Gericht dann den Parteien rechtliches neues Gehör geben. Für das Revisionsgericht kann nichts anderes gelten. Es muß nach dem geltenden Recht entscheiden, nicht nach einem aufgehobenen Recht, Bettermann ZZP **88**, 370. 7

C. Zulässigkeitsprüfung. Zunächst muß das Gericht die Prozeßvoraussetzungen einschließlich des Rechtsschutzbedürfnisses prüfen, Grdz 14, 33 vor § 253. Bei einem Fehlen erfolgt eine Prozeßabweisung, Üb 5 vor § 300. Eine Abweisung der Klage als „unbegründet" kann in eine solche als „unzulässig" umdeutbar sein, Düss RR **90**, 1040. Das Gericht darf sich darüber, ob ein Angriff oder eine Verteidigung unbegründet ist, hilfsweise nur dann äußern, wenn es zur Frage der Zulässigkeit eine abschließende Entscheidung spätestens gleichzeitig trifft, Grdz 17 vor § 253, § 313 Rn 35. Eine Abweisung wegen einer unzulänglichen Angabe derjenigen Tatsachen, die geeignet seien, den Anspruch zu begründen (mangelnde Substantiierung), ist eine Sachabweisung. 8

D. Haupt- und Hilfsantrag. Bei mehreren Haupt- und Hilfsanträgen nach § 260 Rn 8 darf das Gericht nur dann abweisen, wenn es sie sämtlich für unzulässig oder unbegründet befindet. Auf den Hilfsantrag darf es grundsätzlich nur dann eingehen, wenn der Hauptantrag unzulässig oder unbegründet oder erledigt ist, BGH **150**, 381. Unzulässig ist es auch, über den Hilfsantrag zu erkennen, „falls der Hauptanspruch nicht durchsetzbar ist". Freilich kann eine vorsorgliche Hilfsbegründung zusätzlich zur stattfindenden Hauptbegründung ratsam sein, Grdz 17 vor § 253, § 313 Rn 35. Greift eine rechtsvernichtende Einrede des Bekl durch, erübrigt sich die Prüfung des Klagegrunds. Da diese Entscheidung aber eine Sachabweisung ist, befreit sie nicht von der Prüfung der Prozeßvoraussetzungen. 9

E. Mehrheit rechtlicher Gründe. Unter mehreren rechtlichen Begründungen auf Grund des Sachverhalts kann der Richter grundsätzlich wählen. Wegen einiger Ausnahmen Einl III 9, 10, § 304 Rn 23. Wegen einer besseren Vollstreckbarkeit kann der Kläger evtl eine Prüfung bestimmter Anspruchsgrundlagen und eine entsprechende Kennzeichnung im Tenor fordern, § 850 f Rn 9, Stöber Festgabe für Vollkommer (2006) 365. Unter mehreren Gründen der Sachabweisung kann der Richter wählen, auch wenn der Kläger einen Grund nur hilfsweise geltend gemacht hat, § 260 Rn 4. 10

Anders ist es bei der *Hilfsaufrechnung,* § 145 Rn 10–14. Wenn das Gericht auf Grund der Aufrechnung abweist, ist die aufgerechnete Forderung erloschen. Darum darf das nur geschehen, wenn die Klageforderung feststeht (Beweiserhebungslehre), § 322 II, BGH **80**, 99, Köln FamRZ **91**, 1194. Ebenso muß das Gericht den Hilfseinwand der Zahlung behandeln. Denn sonst bleibt das Rückforderungsrecht des Bekl ungeklärt. Zur Hilfsbegründung Grdz 17 vor § 253, § 313 Rn 35.

7) Prozeßverbindung, II. Hat das Gericht mehrere Prozesse nach § 147 verbunden, muß es ohne einen Ermessensspielraum ein Endurteil erlassen, sobald einer der Prozesse entscheidungsreif ist. Die Erledigung soll nicht unter der Verbindung leiden. Die Anspruchshäufung nach § 260 trifft II nicht. Das Urteil ist ein Vollurteil und enthält eine Aufhebung der Verbindung. Auch das restliche Urteil ist ein Endurteil, nicht ein Teilurteil. Über eine gewöhnliche Klägerhäufung § 301 Rn 7 ff. 11

301 *Teilurteil.*

I [1] Ist von mehreren in einer Klage geltend gemachten Ansprüchen nur der eine oder ist nur ein Teil eines Anspruchs oder bei erhobener Widerklage nur die Klage oder die Widerklage zur Endentscheidung reif, so hat das Gericht sie durch Endurteil (Teilurteil) zu erlassen. [2] Über einen Teil eines einheitlichen Anspruchs, der nach Grund und Höhe streitig ist, kann durch Teilurteil nur entschieden werden, wenn zugleich ein Grundurteil über den restlichen Teil des Anspruchs ergeht.

II Der Erlass eines Teilurteils kann unterbleiben, wenn es das Gericht nach Lage der Sache nicht für angemessen erachtet.

Schrifttum: *Friedrich,* Probleme der Teilklage, Diss Köln 1995; *Jauernig,* Teilurteil und Teilklage, Festgabe *50 Jahre Bundesgerichtshof* (2000) III 311; *de Lousanoff,* Zur Zulässigkeit des Teilurteils gemäß § 301 ZPO, 1979; *Mauer,* Zum Gestaltungsspielraum des § 301 ZPO in Werkvertragsprozessen, in: Festschrift für *Jagenburg* (2002); *Musielak,* Zum Teilurteil im Zivilprozeß, Festschrift für *Lüke* (1997) 561; *Rimmelspacher,* Teilurteile und Anschlußberufungen, in: Festschrift für *Odersky* (1996); *Robertz,* Probleme beim Erlaß des Teilurteils, Diss Köln 1994; *Scholz,* Das unzulässige Teilurteil, Diss Bonn 1998.

Gliederung

1 **1) Systematik, I, II.** Die Vorschrift birgt erhebliche Schwierigkeiten. Teilurteil ist, anders als ein Grundurteil nach § 304, ein Endurteil über einen größenmäßig, selbständigen Teil des Streitgegenstands, BGH NJW **98**, 686, Karlsr FamRZ **94**, 1122. Es kann sich dabei um einen von mehreren selbständigen Ansprüchen handeln, I 1 Hs 1 Fall 1, BGH **157**, 142, oder um einen Teil desselben Anspruchs, I 1 Hs 1 Fall 2, BGH **157**, 142. Im Fall 1 darf freilich entweder kein sachlichrechtlicher Zusammenhang bestehen oder es darf keine prozessuale Abhängigkeit der Ansprüche voneinander vorliegen, BGH **157**, 142. Eine Abhängigkeit nur von derselben Rechtsfrage stört nicht, BGH **157**, 142. Das Gericht überläßt den in der bisherigen Instanz anhängig bleibenden Rest einem weiteren Teilurteil, dem Schlußurteil. Man kann diesen Rest mit einer Anschlußberufung in die Berufungsinstanz ziehen. Es liegt aber nicht im Belieben der Partei oder gar des Gerichts, den Instanzenzug zu ändern, § 521 Rn 2, § 537 Rn 3, BGH NJW **83**, 1312, großzügiger Ffm JR **84**, 290. Zulässig ist es freilich, daß das Berufungsgericht auf einen entsprechenden Antrag, dem der Gegner nicht widerspricht, die ganze Klage abweist, wenn das für einen solchen Teilanspruch geschieht, der dem Grunde nach mit dem Restanspruch gleich ist. Die Regelung ist mit dem GG vereinbar, Köln MDR **77**, 939.

2 **2) Regelungszweck, I, II.** Das Teilurteil soll den Rechtsstreit vereinfachen und beschleunigen, BGH **77**, 310, Oldb VersR **86**, 927, Klose MDR **07**, 1351. Es bindet das Gericht nach § 318. Es ist nicht der Sinn des § 301, einer Partei solche prozessualen Möglichkeiten abzuschneiden, die sie sonst noch hätte, BGH **77**, 308. Dennoch ist eine Zurückweisung eines verspäteten Vortrags durch ein Teilurteil zulässig, § 296 Rn 51. Jedes Teilurteil bewirkt allerdings eine Aufspaltung des Prozesses in mehrere voneinander unabhängig werdende Teile, BGH NJW **98**, 686. Das gilt zB für die Zulässigkeit von weiterem Vortrag, für die Zulässigkeit eines Rechtsmittels, BGH NJW **98**, 686, Heidemann NJW **02**, 494, für die Vollstreckbarkeit. Deshalb dient das Teilurteil nur bedingt der Prozeßwirtschaftlichkeit, Grdz 14 vor § 128. Das gilt es stets mitzubedenken, zumal ja zunächst auch eine zusätzliche Arbeit am Teilurteil entsteht. Auch kann sich nicht ganz selten ergeben, daß die Voraussetzungen Rn 4 ff doch nicht vollständig vorlagen. Deshalb ist eine gewisse Zurückhaltung vor dem Erlaß eines Teilurteils durchaus vertretbar.

Jedes Teilurteil wird *selbständig rechtskräftig,* Mü FamRZ **80**, 279. Das gilt natürlich nur für den entschiedenen Teil des Streitgegenstands, BGH NJW **98**, 686. Man muß die Rechtsmittelsumme für jedes Teilurteil selbständig nach der Beschwer nach Grdz 14 vor § 511 berechnen. Eine Teilung kann also das Rechtsmittel unstatthaft machen, BGH NJW **98**, 686. Über die Kosten beim Teilurteil Rn 19, § 97 Rn 35.

3 **3) Geltungsbereich, I, II.** Die Vorschrift gilt in allen Verfahren nach der ZPO, auch im WEG-Verfahren. Sie ist ferner entsprechend anwendbar auf das Beschwerdeverfahren nach §§ 567 ff, Schneider MDR **78**, 525. Sie ist im arbeitsgerichtlichen Urteilsverfahren entsprechend anwendbar, § 46 II 1 ArbGG, ebenso im arbeitsgerichtlichen Beschlußverfahren, LAG Bln DB **78**, 1088, und im sonstigen Beschlußverfahren, BPatG GRUR **91**, 829, Bre FamRZ **82**, 393, Köln RR **86**, 1190. Sie ist jedoch unanwendbar im Hausratsverfahren, LG Siegen FamRZ **76**, 698. Zur entsprechenden Anwendbarkeit im Verfahren über einen Versorgungsausgleich, (je zum alten Recht) BGH NJW **84**, 120 und 1544, Zweibr FamRZ **83**, 941, zur entsprechenden Anwendbarkeit (jetzt) im sonstigen FamFG-Verfahren Naumb FGPrax **06**, 166, Zweibr RR **94**, 1527. Zum finanzgerichtlichen Teilurteil Rössler BB **84**, 204.

4 **4) Zulässigkeit eines Teilurteils, I.** Sie wird leider oft überschätzt. Das Gericht muß die Voraussetzungen von Amts wegen beachten, Grdz 39 vor § 128, Nürnb MDR **03**, 220 (auch in der Berufungsinstanz).

5 **A. Grundsatz: Teilbarkeit, Entscheidungsreife, Unabhängigkeit vom Rest.** Es müssen mehrere Voraussetzungen zusammentreffen, Prütting ZZP **94**, 106. Das derzeitige Rechtsverhältnis muß getrennte Entscheidungen überhaupt als möglich erscheinen lassen, Stgt FamRZ **84**, 273, Gehrlein NJW **07**, 2834. Es müßte ein Vollendurteil ergehen können, wenn nur der Teilanspruch im Streit wäre, BGH **72**, 37, Stgt FamRZ **84**, 273. Zum maßgeblichen Zeitpunkt § 300 Rn 6, 7. Der weitere Verlauf des Prozesses darf die Entscheidung unter keinen Umständen mehr berühren können, BGH WoM **08**, 157 links, BAG NZA **07**, 1232, Düss VersR **06**, 1269. Es darf also das Schlußurteil nicht auch nur evtl dem Teilurteil widersprechen können, BGH NJW **07**, 144, Naumb FGPrax **06**, 166, LAG Düss MDR **06**, 217. Schädlich ist schon eine etwaige Widersprüchlichkeit im weitesten Sinn, BGH NJW **07**, 144, Bre FamRZ **07**, 2089, Hamm RR **06**, 942, nicht nur bei der Rechtskraft, Ffm GRUR-RR **05**, 69.

6 Die Entscheidung über den Teil darf folglich auch *nicht* davon *abhängig* sein, wie der Streit über den *Rest* ausgeht, BGH **07**, 144, BAG NZA **07**, 1232, Hamm FamRZ **06**, 1779, aM Köln VersR **92**, 852, Musielak (vor Rn 1) 580 (er stellt auf Abgrenzbarkeit des vom Urteil erfaßten Prozeßstoffs und seine Entscheidungsreife ab, die herkömmliche sei sogar „schädlich", weil zu kompliziert. Das Gegenteil ist aber der Fall). Das gilt etwa bei der unselbständigen Anschlußberufung, BAG NJW **75**, 1248. Freilich ist es keineswegs die Aufgabe des unteren Gerichts, nun auch noch die Möglichkeit einzukalkulieren, daß das höhere Gericht seine Entscheidung abändern könnte, aM BGH FamRZ **87**, 152, BAG NZA **06**, 1063, Hbg FamRZ **91**, 446 (aber dann wäre überhaupt kein Teilurteil statthaft).

7 **B. Beispiele zur Frage der Zulässigkeit eines Teilurteils**

Abänderungsklage: Rn 29 „Unterhalt".

Amtshaftung: Sind Beamter und Dienststelle Bekl, kann ein Teilurteil gegen nur einen der Bekl *unzulässig* sein, BGH NJW **99**, 1035.

Anfechtungsklage: Zulässig kann ein Teilurteil dann sein, wenn der Bekl eine nicht mehr zulässige Hilfsaufrechnung und eine Widerklage erhebt, BGH **173**, 333.

Angriffs- und Verteidigungsmittel: Zulässig sein kann ein Teilurteil über eines von mehreren Angriffs- oder Verteidigungsmitteln, BGH NJW **84**, 615. Es kommt aber auf die Umstände an, BGH DB **93**, 930 (zur Zurückweisung wegen Verspätung nach [jetzt] § 530 II).

Anschlußberufung: Rn 10 „Berufung".

8 **Anspruchshäufung:** Zulässig ist ein Teilurteil bei mehreren in einer Klage geltend gemachten selbständigen Ansprüchen, I 1 Hs 1 Fall 1, also bei einer objektiven Anspruchshäufung, §§ 260 ff, BGH **157**, 142, BAG

NZA **07**, 1232, Oldb VersR **86**, 927. Das setzt aber voraus, daß aus dem Teilurteil klar hervorgehen kann, über welche Teile einer Gesamtforderung das Gericht entscheidet, BGH NJW **00**, 959. Dazu ist eine im einzelnen bezifferte Zuordnung notwendig, Karlsr VersR **00**, 1422.

Ein „erstrangiger" Teilbetrag kann *unzureichend* sein, Karlsr VersR **00**, 1422. Unzulässig ist natürlich auch ein solches Teilurteil, daß vor der Entscheidungsreife des jetzt zur Beurteilung anstehenden Teils ergeht, Hamm RR **01**, 96.

Arbeitsrecht: Rn 20 „Kündigung".

Aufopferungsanspruch: *Unzulässig* ist ein Teilurteil bei einem Aufopferungsanspruch.

Aufrechung, Zurückbehaltungsrecht: *Unzulässig* ist ein Teilurteil, wenn dem Klaganspruch eine Aufrechnung oder ein Zurückbehaltungsrecht entgegensteht, Ffm MDR **75**, 322, oder entgegenstehen kann, BGH NJW **92**, 1633, Brschw NJW **75**, 2209, LG Bonn RR **90**, 19 (kein Teilurteil über den Räumungsanspruch vor Klärung des Verzugs beim Zahlungsanspruch). Unzulässig ist ein Teilurteil ferner, wenn das Gericht zu dem Ergebnis kommt, der Anspruch habe entweder nicht bestanden oder sei durch eine Aufrechnung entfallen, mag selbst der Bekl seinen Aufrechnungsanspruch widerklagend geltend gemacht haben, oder wenn ein offenbleibender Klaganspruch die Aufrechnung berühren kann, BGH NJW **00**, 959, Düss RR **99**, 858 (dann Grundurteil unter Vorbehalt). 9

S auch Rn 7 „Anfechtungsklage", Rn 14 „Feststellungsklage", Rn 17 „Hilfsantrag".

Aussetzung: § 249 Rn 11.

Baulandsache: Bei einer Baulandsache ist ein Teilurteil nur *ausnahmsweise* zulässig. 10

Berufung: Zulässig ist ein Teilurteil, Rostock NJW **03**, 2755. Das gilt auch für ein solches über die Berufung und die Anschlußberufung, selbst bei einer Rücknahme der restlichen Berufung, Celle RR **86**, 357.

Unzulässig ist eine Teilentscheidung über eine unselbständige Anschlußberufung, BGH MDR **94**, 940, und gar eine derartige Teilversäumnisentscheidung, BGH NJW **99**, 1719, oder ein echtes Versäumnisurteil gegen den Kläger nebst einem unechten über den Teil einer Widerklage, Kblz JB **08**, 42.

Einheitlichkeit des Anspruchs: Zulässig ist grds ein Teilurteil bei einem einheitlichen nach Grund und Höhe streitigen Anspruch nur dann, wenn das Gericht zugleich ein Grundurteil nach § 304 über den restlichen Teil dieses Anspruchs fällt, I 2, BGH NJW **01**, 760, Kblz ZMR **02**, 745, Gehrlein NJW **07**, 2834. Das alles gilt sogar bei einer dem Grunde nach bisher unstreitigen Haftung zu allen Anspruchsfolgen. Denn ein Grundurteil über den Rest darf wegen § 304 nicht ergehen. Dann aber könnte beim Rest mangels Rechtskraft zum Grund noch eine andere Beurteilung nötig werden. Das widerspräche dem Grundgedanken Rn 5. Zum Problem Schmitz NJW **00**, 3623. Das gilt zB: Bei einem Anspruch des Handelsvertreters auf einen Ausgleich; bei einem Anspruch auf den Versorgungsausgleich; bei beklagten notwendigen Streitgenossen, Rn 27 „Streitgenosse". 11

S auch Rn 23 „Postensache", Rn 26 „Scheidungsfolgesache", Rn 32 „Zugewinnausgleich".

Elemente des Anspruchs: *Unzulässig* ist ein Teilurteil über nur einzelne Elemente des Anspruchs, BGH NJW **99**, 1035, Düss VHR **97**, 30. 12

S auch Rn 7 „Angriffs- und Verteidigungsmittel".

Endgültigkeit des Teilanspruchs: Ein Teilurteil ist zulässig über einen größenmäßig bestimmten und endgültig feststehenden Teil des Anspruchs, BGH NJW **99**, 1035. Eine Abweisung des Teilanspruchs setzt voraus, daß der gesamte Anspruch nicht höher sein kann als der Rest. Eine Verurteilung, „mindestens x EUR zu zahlen", ist unstatthaft. Denn sie enthält keine genaue Feststellung dazu, wie sich der Mindestbetrag auf die einzelnen Posten verteilt, § 260 Rn 5. Zulässig ist aber die Begründung der Verurteilung zu x EUR damit, daß der Bekl soviel auf alle Fälle schuldet.

Einzelne Posten eines Kontokorrents usw sind *kein* Teilanspruch, Mü FamRZ **79**, 1026. Zur Nachholbarkeit der Individualisierung in der Rechtsmittelinstanz BAG NJW **78**, 2114.

Enteignungsanspruch: *Unzulässig* ist ein Teilurteil bei einem Enteignungsanspruch, aM Mü MDR **72**, 788 (überhaupt in Baulandsachen nur ausnahmsweise).

Entscheidungsreife: Rn 4. 13

Erledigung der Hauptsache: Rn 19 „Kosten".

Feststellungsklage: Zulässig sein kann ein Teilurteil dann, wenn es um eine behauptende Feststellungsklage geht, während der Bekl den gegnerischen zusätzlichen Zahlungsanspruch mit einer höheren Aufrechnung bekämpft hat, Kblz RR **88**, 533. 14

Unzulässig ist ein Teilurteil, wenn man das Feststellungsinteresse noch nicht klären kann, Mü VersR **97**, 1492, und wenn keine Bezifferung vorliegt, BGH NJW **00**, 1406.

Gesamtschuldner: Zulässig ist ein Teilurteil auch gegen einen von mehreren Gesamtschuldnern, aM KG MDR **05**, 291 (aber es kann außer restlicher Klagerücknahme auch zahlreiche weitere Entwicklungen ohne ein widersprechendes Schlußurteil geben, und die Verurteilung als Gesamtschuldner ändert nichts an der Leistungspflicht des Verurteilten). 15

Geschäftsraum: Rn 24 „Räumung".

Gesellschaftsrecht: *Unzulässig* ist bei der Klage mehrerer Aktionäre durch eine Anfechtungs- und Nichtigkeitsklage ein Teilurteil nur über die eine oder andere Rechtsfolge, BGH NJW **99**, 1638. 16

Unzulässig ist ein Teilurteil bei einer Klage auf die Feststellung der Unwirksamkeit, einer Widerklage auf eine Zustimmung zu demselben Beschluß, Mü RR **04**, 192.

Grundurteil: Zulässig ist die Verbindung von Teil- und Grundurteil bei einem bestimmten Teil eines teilbaren Streitgegenstands, BGH NJW **99**, 1709 (bei § 254), Düss VHR **97**, 30 (Vorsicht!), Schlesw RR **99**, 1094. Freilich kann man bei einem einheitlichen nach Grund und Höhe streitigen Anspruch durch ein Teilurteil nur dann entscheiden, wenn zugleich ein Grundurteil über den restlichen Teil des Anspruchs ergeht, I 2, BGH MDR **04**, 820, Kblz ZMR **02**, 745, Saarbr MDR **07**, 1422. Ein Grundurteil über einen Teilanspruch darf dann, wenn der Bekl wegen des Restanspruchs eine verneinende Feststellungswiderklage erhoben hat, nur zugleich mit einem Endurteil über die Widerklage ergehen, BGH NJW **02**, 1806.

S auch Rn 14 „Feststellungsklage".

17 **Haftungsquote:** Zulässig ist ein Teilurteil über die Haftungsquote, wenn es im Schlußurteil um ein zugehöriges Schmerzensgeld geht, BGH NJW **89**, 2758.

Handelsvertreter: Rn 11 „Einheitlichkeit des Anspruchs".

Hauptanspruch: Rn 17 „Hilfsantrag", Rn 30 „Vorbehalt", Rn 32 „Zinsen".

Hilfsantrag: Beim Hilfsantrag nach § 260 Rn 10, 21 gilt: Wechselseitige Hilfsanträge sind zulässig, BGH MDR **92**, 708. Gibt das Urteil dem Hauptanspruch statt, ist es ein Vollendurteil. Den Hauptanspruch kann das Gericht durch ein Teilurteil abweisen, soweit es sich beim Hilfsanspruch nicht nur um eine andere Begründung desselben prozessualen Anspruchs handelt, sondern um einen anderen Anspruch, BGH NJW **95**, 2361, mag er auch aus demselben Sachverhalt folgen, § 2 Rn 4, BPatG GRUR **80**, 997 (jedoch gilt § 301 nicht im patentamtlichen Patenterteilungsverfahren).

So ist ein Teilurteil über den *Hauptanspruch* zulässig bei einem Hauptanspruch auf die Feststellung der Nichtigkeit des Kaufvertrags, beim Hilfsanspruch auf eine Zahlung, oder ein Teilbeschluß bei einem Hauptanspruch auf eine Rente nach dem BEG, beim Hilfsanspruch auf eine Kapitalentschädigung, oder bei einem Hauptanspruch auf die Feststellung des Nichtbestehens der Ehe, beim Hilfsantrag auf die Scheidung, BGH NJW **81**, 2418, Düss FamRZ **89**, 649.

Unzulässig ist ein Teilurteil, solange eine Hilfsaufrechnung ungeklärt ist, mag der Bekl auch insofern Widerklage erhoben haben, Düss RR **95**, 576, oder soweit eine Vollstreckungsklage unzulässig ist und das Gericht für die hilfsweise erhobene Abänderungsklage örtlich nicht zuständig ist (es muß dann verweisen), Drsd FamRZ **00**, 34.

Kauf: Zulässig ist ein Teilurteil über das Objekt 1 von mehreren Objekten, selbst bei Musterwirkung, BGH NJW **04**, 1664.

18 **Klägerhäufung:** Zulässig ist ein Teilurteil bei mehreren in einer Klage geltend gemachten Ansprüchen, I 1 Hs 1 Fall 1, also auch bei einer Klägerhäufung, §§ 59 ff, BGH **157**, 142, Oldb VersR **86**, 927, Saarbr MDR **07**, 1422 (auch zu den Grenzen). § 300 II ist auf eine gewöhnliche Klägerhäufung nicht anwendbar.

Klagenhäufung: Rn 8 „Anspruchshäufung", Rn 27 „Subjektive Klagenhäufung".

19 **Kosten:** Ein Teilurteil über die Kosten kann ratsam sein. Denn der Ausgang des Rechtsstreits kann unklar sein. Es ist aber grds nicht nötig, ZöV 11, aM LAG Bln MDR **78**, 345 (aber dann gilt ohnehin § 308 II). Es ist zulässig, soweit auch diese Entscheidung vom Ausgang des Reststreits nicht abhängt, BGH RR **01**, 642, zB beim Ausscheiden eines Streitgenossen. Ein Teilurteil über die Kosten des beiderseits wirksam für erledigt erklärten Teils des ursprünglichen Streits ist denkbar. Das gilt unabhängig davon, ob diese Kosten jetzt Hauptsache sind oder nicht, besonders in der Berufungsinstanz. Vgl freilich § 91 a Rn 77.

20 **Kündigung:** *Unzulässig* ist ein Teilurteil, wenn es im Rechtsstreit über die Auflösung eines Arbeitsverhältnisses um die Wirksamkeit einer Kündigung geht, BAG NJW **82**, 1119.

Unzulässig ist ein Teilurteil mangels Teilbarkeit auch bei § 9 KSchG, BAG NJW **80**, 1485, LAG Köln MDR **97**, 1132. Unzulässig ist ein Teilurteil, wenn die Wirksamkeit der Kündigung auch für die Widerklage eine Bedeutung haben kann, BGH NJW **00**, 2513.

21 **Leistungsverweigerungsrecht:** *Unzulässig* ist ein Teilurteil, soweit das Gericht ein solches Recht dem Grunde nach verneint, während das Berufungsgericht es bejahen könnte, KG RR **03**, 804.

Mehrheit von Ansprüchen: Rn 8 „Anspruchshäufung", Rn 18 „Klägerhäufung".

Miete: Rn 23 „Postensache".

Minderungsrecht: *Unzulässig* ist ein Teilurteil, wenn dem Klaganspruch ein Minderungsrecht entgegensteht, Düss MDR **90**, 930 (es ist nämlich kein eigener Anspruch).

Mindestschaden: Zulässig sein kann ein Teilurteil wegen eines nach § 287 zugesprochenen Mindestschadens, selbst wenn zur darüber hinausgehenden Höhe noch ein Beweis notwendig ist, BGH MDR **96**, 520 (abl Müller JZ **96**, 1189. Aber § 287 dient gerade der Erleichterung).

Mitverschulden: Zulässig sein kann ein Teilurteil zur Frage des Mitverschuldens, BGH NJW **84**, 615.

Musterentscheidung: Zulässig sein kann ein Teilurteil als eine Musterentscheidung, BGH **157**, 142.

22 **Passivlegitimation:** Ist sie ganz streitig, darf sie *nicht* im Teilurteil offen bleiben, Düss RR **97**, 660.

Patent: Rn 17 „Hilfsantrag".

Pflichtteil: Zulässig ist ein Teilurteil, soweit ein bestimmtes Guthaben feststeht, Hbg FER **99**, 129.

Unzulässig ist ein Teilurteil bei einem Pflichtteilsanspruch, wenn ungeklärt bleiben würde, ob seine Abweisung wegen zu geringer Aktiven oder zu hoher Passiven geschehen soll, oder wenn nur eine solche Verteilungsmasse verbleibt, die evtl später nicht mehr reicht, Celle FamRZ **04**, 1823.

23 **Postensache:** Zulässig ist ein Teilurteil wegen der Einheitlichkeit des Anspruchs nur unter den Voraussetzungen I 2, Rn 11. Bei einer Mietermehrheit ist unter den Voraussetzungen eines Teilurteils ein Zwischenfeststellungsurteil nach § 256 II denkbar, Kblz ZMR **02**, 745.

24 **Räumung:** Zulässig ist ein Teilurteil auf die Räumung eines Wohnraums trotz eines Streits auch über gesondert vereinbarten Geschäftsraum, BezG Cottbus WoM **92**, 302.

Unzulässig ist ein Teilurteil auf eine Räumung beim Streit über eine evtl sittenwidrige Mietforderung, Stgt MDR **98**, 960, oder auf rückständige Miete, BGH WoM **08**, 157 links.

S auch Rn 9 „Aufrechnung, Zurückbehaltungsrecht".

Rechtliche Grundlage: *Unzulässig* ist ein Teilurteil grds wegen einer von mehreren rechtlichen Grundlagen desselben prozessualen Anspruchs, BGH NJW **99**, 1035. Ausnahmsweise kann auch eine Verweisung durch ein Endurteil wegen eines vor dem bisher angegangenen Gericht nicht zulässigen Anspruchsgrunds in Betracht kommen, etwa bei § 32, Peglau JA **99**, 141.

S auch Rn 25 „Rechtsfrage".

25 **Rechtsfrage:** *Unzulässig* ist ein Teilurteil über einzelne Rechtsfragen, zB über das Vorliegen von Verzug, § 256 Rn 50, Ffm MDR **75**, 322. Unzulässig ist es auch bei einer Widerspruchsgefahr wegen einer ungeklärten Rechtsfrage, Hamm RR **04**, 820.

S auch Rn 24 „Rechtliche Grundlage".

Rechtsmißbrauch: Er ist auch hier unstatthaft, Einl III 54. Daher stört die Gefahr widersprüchlicher Entscheidungen ausnahmsweise dann nicht, wenn die Widerklage rechtsmißbräuchlich ist, LG Gießen RR **03**, 381.
Rechtsmittel: Rn 10 „Berufung", Rn 29 „Unterhalt".
Reisevertrag: Rn 23 „Postensache", Rn 26 „Schmerzensgeld".
Scheidungs- und Folgesache: Zulässig ist ein Teilbeschluß bei einer Scheidungs- und Folgesache nach §§ 133 ff FamFG wegen der Einheitlichkeit des Anspruchs nach § 142 FamFG nur unter den Voraussetzungen I 2, (zum alten Recht) Hamm RR **06**, 942, Göttsche MDR **06**, 781 (ausf). **26**
Schmerzensgeld: Zulässig sein kann ein Teilurteil über ein Teilschmerzensgeld, BGH MDR **04**, 702, Oldb VersR **86**, 927. Zulässig ist ein Teilurteil bei einem einheitlichen bloßen Schmerzensgeldanspruch nur unter den Voraussetzungen I 2, Rn 11, BGH MDR **04**, 701.

Unzulässig ist ein Teilurteil bei einem Schmerzensgeld nebst Minderung wegen Reisemängeln, LG Ffm RR **90**, 189, oder ein Teilurteil über Schmerzensgeld ohne Grundurteil über weitere Arzthaftungsansprüche, Kblz MDR **03**, 1373.

Streitgenossen: Zulässig ist grds ein Teilurteil bei der einfachen Streitgenossenschaft, BGH BB **03**, 604, BAG NZA **06**, 1429, Köln VersR **03**, 1049, aM Köln RR **05**, 798 (nicht bei Gefahr widersprüchlicher Entscheidungen), Mü RR **94**, 1278 (aber die einfache Streitgenossenschaft erfordert grds keine einheitliche Entscheidung, § 61 Rn 7). **27**

Unzulässig ist ein Teilurteil ausnahmsweise sogar evtl bei einer einfachen Streitgenossenschaft bei einer Gefahr sich widersprechender Entscheidungen, BGH NJW **04**, 1452, BAG NZA **06**, 1429, ferner grds bei der notwendigen Streitgenossenschaft, BGH BB **03**, 604, Köln NVersZ **00**, 481, außer wenn die übrigen Streitgenossen sich zur Leistung bereit erklärt haben.

S auch Rn 19 „Kosten".

Stufenklage: Rn 29 „Unterhalt".
Subjektive Klagenhäufung: *Unzulässig* ist ein Teilurteil schon dann, wenn es zu unterschiedlicher Beurteilung gegenüber einem weiteren Bekl kommen kann, Schlesw MDR **02**, 662.
Teilbarkeit des Streitverhältnisses: Rn 4. **28**
Tilgungsbestimmung: *Unzulässig* ist ein unter ihrer Mißachtung nach § 366 II BGB ergehendes Teilurteil, Zweitb VersR **99**, 509.
Unabhängigkeit vom restlichen Stoff: Rn 5, 6. **29**
Unterbrechung: § 249 Rn 11.
Unterhalt: Zulässig ist ein Teilurteil nur auf einen vertraglichen Vorsorgeunterhalt, soweit das Gericht über den Gesamtunterhalt noch nicht entschieden hat, Mü FamRZ **94**, 967, und soweit ein Teilurteil zulässig wäre, BGH NJW **07**, 144. Zulässig ist eine gleichzeitige Entscheidung über den Auskunfts- und einen teilweise bezifferten Zahlungsantrag (Mindestunterhalt), wenn man ausschließen kann, daß das weitere Verfahren den letzteren Antrag dem Grunde und der Höhe nach noch beeinflussen kann, Nürnb FamRZ **94**, 1594. Das Verbundverfahren nach § 137 FamFG schadet nicht stets, aM AG Groß Gerau FamRZ **02**, 1265 (abl Gottwald). Zulässig ist ein Teilurteil über den von einer Verfahrensunterbrechung nach § 240 nicht betroffenen künftigen vertraglichen Unterhalt, Hamm FamRZ **05**, 280.

Unzulässig ist eine Teilentscheidung in folgenden Fällen: Das Gericht könnte nur über einen Teil des Unterhalts von einem bestimmten Zeitpunkt an entscheiden, nicht aber über den restlichen Unterhalt für denselben Zeitraum (sog horizontale Teilentscheidung), Brdb FER **00**, 219, Bre FamRZ **07**, 2089, Nürnb MDR **03**, 220; die Leistungsfähigkeit läßt sich noch nicht abschließend klären, Hamm FamRZ **93**, 1215, insbesondere bei mehreren gleichrangigen Gläubigern, Hamm FamRZ **06**, 1779, Zweibr FamRZ **01**, 115; bei einer Abänderungsforderung auf eine Erhöhung der vertraglichen Unterhaltspflicht ist in demselben Rechtsstreit ein Gegenantrag auf eine Ermäßigung derselben Pflicht anhängig, BGH **87**, 441, ebenso beim entsprechenden Rechtsmittel, BGH NJW **99**, 1719 (gar durch Teilversäumnisbeschluß), Kblz FamRZ **89**, 770.

Urteilselement: *Unzulässig* ist ein Teilurteil schon bei einer Gefahr unterschiedlicher Beurteilung einzelner Urteilselemente, Schlesw MDR **02**, 662.
Versäumnisurteil: Rn 10 „Berufung". **30**
Versorgungsausgleich: Rn 11 „Einheitlichkeit des Anspruchs".
Verteidigungsmittel: Rn 7 „Angriffs- und Verteidigungsmittel".
Vertragsaufhebung: Rn 31 „Widerklage".
Verzug: Rn 45 „Rechtsfrage".
Vorbehalt: *Unzulässig* ist ein Vorbehalt über den Hauptanspruch im Teilurteil, BGH NJW **96**, 395.
Vorfrage: *Unzulässig* ist ein Teilurteil schon dann, wenn die Möglichkeit einer abweichenden Beurteilung im Schlußurteil wegen einer zunächst noch offenen Vorfrage besteht, Ffm GRUR-RR **05**, 69.
Werkvertrag: Rn 23 „Postensache". **31**
Widerklage: Zulässig ist ein Teilurteil grds dann, wenn das Gericht nur über die Klage oder nur über die Widerklage oder die Zwischenwiderklage des § 256 II entscheidet, BGH NJW **87**, 441 (auch zu den Grenzen), LG Kblz MDR **99**, 1020. Ein rechtlicher Zusammenhang hindert dann nicht.

Unzulässig ist ein Teilurteil grds in folgenden Fällen: Klage und Widerklage betreffen denselben Streitgegenstand, schließen sich also gegenseitig aus, BGH MDR **97**, 593, Düss RR **01**, 523 (Ausnahme: Abweisung der Widerklage beim Nichtbestehen der Gegenforderung), Köln NZM **99**, 417 (Ausnahme während einer bloßen Anhängigkeit der Widerklage); die Klage betrifft die Rückgewähr einer Anzahlung wegen einer Vertragsaufhebung, die Widerklage betrifft die Zahlung einer Restvergütung, Ffm MDR **83**, 498; für Klage wie Widerklage kommt es auf die Abnahme an, BGH NJW **97**, 454; die Klage betrifft die Feststellung der Unwirksamkeit einer Kündigung, die Widerklage betrifft eine damit zusammenhängende Schadensersatzforderung, Stgt RR **99**, 141; die Klage betrifft einen Ersatzanspruch des wegen eines Sachmangels fristlos ausgezogenen Mieters, die Widerklage betrifft die restliche Miete, LG Köln ZMR **03**,

190; die Klage gründet auf dem Fehlen eines Vermögens, die Widerklage auf seinem Vorhandensein, Jena FamRZ **03**, 1843.

S auch Rn 7 „Anfechtungsklage", „Aufrechnung, Zurückbehaltungsrecht", Rn 29 „Unterhalt".

Wohnraum: Rn 24 „Räumung".

32 **Zinsen:** *Unzulässig* ist ein Teilurteil über Zinsen, soweit nicht zugleich eine Entscheidung über den zugehörigen Hauptanspruch ergeht, Ffm MDR **75**, 322.

Zugewinnausgleich: Zulässig ist ein Teilbeschluß wegen der Einheitlichkeit des Anspruchs nach § 142 FamFG nur unter den Voraussetzungen I 2, Rn 11, noch strenger Brdb FamRZ **05**, 1920, Hamm FamRZ **03**, 1393. Der Zugewinn- und ein Ausgleichsanspruch können selbständig beurteilbar sein, Drsd FamRZ **01**, 762, aber nicht stets, BGH FamRZ **02**, 1097.

S auch Rn 26 „Scheidungsfolgesache".

Zurückbehaltungsrecht: Rn 7 „Aufrechnung, Zurückbehaltungsrecht".

Zwischenklage: Rn 31 „Widerklage".

33 **5) Unterbleiben des Teilurteils, II.** Das Gericht braucht weder bei I 1 noch bei I 2 ein Teilurteil zu erlassen, wenn ihm das unsachgemäß scheint. II mildert die Amtspflicht von I.

A. Ausnahme. Immerhin zeigt schon die Fassung von II, daß ein Unterbleiben die Ausnahme sein soll, Köln MDR **77**, 939, Schlesw SchlHA **79**, 23, Schneider MDR **76**, 93. Das gilt auch im Versäumnisverfahren, §§ 330 ff. Ausnahmen von II: §§ 254, 306. § 307 geht dem § 301 II vor, § 307 Rn 18. Das Gericht muß zum Ausdruck bringen, ob es nur über einen Teil des Streitgegenstands vorabentscheiden und bei I 1 den Rest später regeln will, Düss RR **99**, 858. Andernfalls liegt kein Teilurteil vor, BGH NJW **84**, 1544, Düss RR **99**, 858. Das Urteil ist aber auch beim Fehlen der Bezeichnung als eines solchen evtl dahin auslegbar, § 322 Rn 6, BGH NJW **99**, 1035, Düss VersR **89**, 705. Ergibt die Auslegung nicht, über welche Einzelforderungen oder Teilbeträge das Gericht entschieden hat, entsteht keine innere Rechtskraft nach § 322, BGH NJW **99**, 1035.

34 **B. Ermessen.** Die *Zweckmäßigkeit* eines Teilurteils ist *nicht nachprüfbar,* Köln MDR **77**, 939. Denn sonst müßte das Berufungsgericht grundsätzlich unzulässigerweise den noch nicht der Berufungsinstanz angefallenen Streitstoff heranziehen, BGH NJW **83**, 1312. Auch dürfte das Berufungsgericht weder selbst entscheiden noch zurückverweisen. Ein Verfahrensfehler wegen Unzulässigkeit des Teilurteils heilt, wenn das Rechtsmittelgericht die gegen das Teilurteil und das Schlußurteil gerichteten Rechtsmittel verbindet, BGH NJW **91**, 3036. Andernfalls kann es auf einen Antrag zur Zurückverweisung kommen, (jetzt) § 538, Zweibr VersR **99**, 509.

35 **C. Rechtsmittelgerichte.** Das *Berufungsgericht kann* auch wegen Sachdienlichkeit die vom Erstgericht noch nicht beschiedenen Anträge *„an sich ziehen",* § 540, Düss RR **97**, 660, Köln VersR **97**, 625, Schlesw MDR **07**, 881. Es kann ein Zwischenfeststellungsverfahren nach § 256 II anregen, BGH RR **03**, 303. Das Gericht kann die Zulassung der Revision auf einen solchen tatsächlich oder rechtlich selbständigen Teil des Streitgegenstands beschränken, über den das Berufungsgericht durch ein Teilurteil hätte entscheiden können, BGH FamRZ **95**, 1405. Das Revisionsgericht darf die Zulässigkeit eines angefochtenen Teilurteils grundsätzlich nur auf Grund einer Verfahrensrüge prüfen, BGH NJW **99**, 1035, BAG DB **94**, 484, zweifelnd BGH NJW **03**, 2381. Dann darf es aber aufheben und insgesamt entscheiden, BAG DB **94**, 484. Bei einer einfachen Streitgenossenschaft handelt es sich um ein Teilurteil. Es kann also trotz einer Entscheidungsreife nach § 300 Rn 6 aus Zweckmäßigkeitsgründen unterbleiben. Mit dem Einverständnis der Parteien darf das Berufungsgericht über den an sich in erster Instanz verbliebenen Reststoff mitentscheiden, Düss VersR **89**, 705.

302 *Vorbehaltsurteil.* **I Hat der Beklagte die Aufrechnung einer Gegenforderung geltend gemacht, so kann, wenn nur die Verhandlung über die Forderung zur Entscheidung reif ist, diese unter Vorbehalt der Entscheidung über die Aufrechnung ergehen.**

II Enthält das Urteil keinen Vorbehalt, so kann die Ergänzung des Urteils nach Vorschrift des § 321 beantragt werden.

III Das Urteil, das unter Vorbehalt der Entscheidung über die Aufrechnung ergeht, ist in Betreff der Rechtsmittel und der Zwangsvollstreckung als Endurteil anzusehen.

IV 1 In Betreff der Aufrechnung, über welche die Entscheidung vorbehalten ist, bleibt der Rechtsstreit anhängig. 2 Soweit sich in dem weiteren Verfahren ergibt, dass der Anspruch des Klägers unbegründet war, ist das frühere Urteil aufzuheben, der Kläger mit dem Anspruch abzuweisen und über die Kosten anderweit zu entscheiden. 3 Der Kläger ist zum Ersatz des Schadens verpflichtet, der dem Beklagten durch die Vollstreckung des Urteils oder durch eine zur Abwendung der Vollstreckung gemachte Leistung entstanden ist. 4 Der Beklagte kann den Anspruch auf Schadensersatz in dem anhängigen Rechtsstreit geltend machen; wird der Anspruch geltend gemacht, so ist er als zur Zeit der Zahlung oder Leistung rechtshängig geworden anzusehen.

Schrifttum: *Hall,* Vorbehaltserkenntnis und Anerkenntnisvorbehaltsurteil im Urkundenprozeß, 1992; *Rabback,* Die entsprechende Anwendbarkeit des den §§ . . ., 302 Abs. 4 S. 3 usw zugrunde liegenden Rechtsgedankens auf die einstweiligen Anordnungen der ZPO, 1999.

Gliederung

1) Systematik, I–IV. Die Vorschrift schafft eine gegenüber § 301 vorrangige Sonderregelung mit einem grundsätzlichen Zwang zur Anwendung nach I. Man muß sie als solche eng auslegen, Kblz MDR **02**, 715. Ihr gegenüber enthalten §§ 599, 602, 605 a wiederum vorrangige Spezialregelungen. 1

2) Regelungszweck, I–IV. Die Vorschrift dient theoretisch der Prozeßförderung nach Grdz 12, 13 vor § 128 und der Prozeßwirtschaftlichkeit, Grdz 14, 15 vor § 128. In Wahrheit schafft sie oft zusätzliche Unklarheiten, Schwierigkeiten und Verzögerungen. § 302 soll eine Prozeßverschleppung durch eine ungeklärte Aufrechnung verhindern. Seine Beschränkungen dienen auch dem Schutz des Bekl, Schmitz/Goldmann NJW **99**, 2953. Über eine Prozeßtrennung § 145 III. Sie ist nicht notwendig. 2

Einheitlichkeit der Gesamtentscheidung auch im zeitlichen Sinn ist ein für den Rechtsfrieden im Einzelfall fast immer so wichtiger Umstand, daß ein Vorbehaltsurteil mit seinen nicht ganz leicht durchschaubaren Folgen nur in einer wirklich klaren Lage hilfreich wird, also nur dann, wenn wirklich nur noch die Gegenforderung eine weitere Erörterung braucht, diese aber sehr wohl. Man sollte den Schadenersatzanspruch nach IV 3 möglichst gar nicht erst auch nur formell eventuell möglich machen. Schon er würde ja auch der Prozeßwirschaftlichkeit des Gesamtverfahrens ziemlich entgegenstehen. Das sollte man bei der Handhabung mitbedenken.

3) Geltungsbereich, I–IV. Die Vorschrift ist in allen Verfahren nach der ZPO anwendbar, auch im WEG-Verfahren. In der Berufungsinstanz ist § 302 für eine erstinstanzliche und eine zweitinstanzliche Aufrechnung anwendbar. Im Urkundenprozeß ist § 302 unanwendbar, § 598 Rn 2, aM ThP 5 (aber die Vorschrift paßt dort nicht). § 302 findet bei einer Vorlage nach Art 100 GG keine entsprechende Anwendung, BVerfG **34**, 321, Jülicher ZZP **86**, 211 (allenfalls ist eine einstweilige Verfügung möglich). § 302 ist im Bereich des § 113 I 2 FamFG entsprechend anwendbar. 3

4) Voraussetzungen eines Vorbehaltsurteils, I. Sie sind nicht allzu problematisch. 4

A. Geltendmachung einer Gegenforderung. Der Bekl muß eine Gegenforderung geltend machen, und zwar durch eine Aufrechnung mit einer rechtlich selbständigen Gegenforderung, § 145 Rn 8, Mü RR **03**, 863. Es genügt nicht, daß der Bekl sich die Aufrechnung nur vorbehalten hat. Er muß sie vielmehr erklären, BGH RR **08**, 32.

„Geltendmachung" einer „Gegenforderung" ist dem Wortlaut nach etwas anderes als eine bloße Minderung der Hauptforderung oder als ein Zurückbehaltungsrecht oder eine bloße Verrechnung, Celle RR **05**, 654. Der Wortlaut ist für sich klar. Für eine Auslegung bleibt zwar nur dann kein Raum, wenn der Wortlaut und Sinn und Zweck eindeutig sind, Einl III 39. Sinn der Vorschrift ist vorwiegend eine Verbesserung der Stellung des Klägers, zB eines Bauhandwerkers, BGH NJW **06**, 648. Er soll nicht wegen irgendwelcher formellen Aufrechnung endlos länger auf die Durchsetzung seines für sich allein entscheidungsreifen Klaganspruchs warten müssen. Andererseits ist aber nicht einmal eine formell als „Aufrechnung" bezeichnete Verhaltensweise eine echte Aufrechnung mit einer „Gegenforderung", Kblz MDR **02**, 715. Dann aber dürfen erst recht nicht auch eine Minderung oder ein Zurückbehaltungsrecht der Aufrechnung im Sinn von I gleichstehen.

Zwar hätte der Gesetzgeber zu solchem Zweck gut daran getan, einfach nur von der *„Geltendmachung eines Einwands"* zu sprechen. Die sprachliche Präzision des Gesetzgebers läßt aber oft genug zu wünschen übrig. Die Stellung des Klägers sollte bei I an sich nicht davon abhängen, in welche Form der Bekl seine Bemühung um eine Verringerung der Klageforderung kleidet. Es gibt aber unleugbar rechtliche Unterschiede zwischen Aufrechnung, Minderung, Zurückbehaltung oder Verrechnung. § 302 ist als eine Ausnahme von § 301 eng auslegbar, Kblz MDR **02**, 716, Mü RR **03**, 864. Es läßt sich daher kaum vertreten, die letzteren Verhaltensweisen einer Aufrechnung nach I gleichzustellen. Ein Vorbehaltsurteil ist vielmehr außerhalb einer echten Aufrechnung unzulässig, KG IBR **02**, 288 (abl Buscher), Kblz MDR **02**, 715, aM Buscher BauR **02**, 875 (aber es kommt nicht nur auf praktische Wünsche an).

B. Unerheblichkeit der Frage eines Zusammenhangs. Es kommt nach I nicht (mehr) darauf an, ob zwischen der Klageforderung und der Aufrechnungsforderung ein rechtlicher oder auch nur wirtschaftlicher Zusammenhang besteht, Düss RR **01**, 882. Die früheren diesbezüglichen Streitfragen sind infolge der jetzigen Fassung des Gesetzes überholt. Damit könnte das Gericht zB über einen Werklohn vor der Klärung von Gewährleistungsansprüchen entscheiden, krit Korbion MDR **00**, 942. 5

C. Einzelfragen. Unerheblich ist, wann der Bekl aufrechnet, ob vor oder in dem Prozeß. Hat er aufgerechnet und wegen des überschießenden Teils eine Widerklage nach Anh § 253 erhoben, ist ein Vorbehaltsurteil höchst unzweckmäßig. Über die sachlichrechtliche und die prozessuale Aufrechnung § 145 Rn 10. 6

Eine *Hilfsaufrechnung* genügt grundsätzlich, § 145 Rn 13. Bei einer Hilfsaufrechnung mit einer Gegenforderung, die mit der Klageforderung zusammenhängt, erlassen Schmitz/Goldmann NJW **99**, 2953 ein Feststellungsvorbehaltsurteil. Das setzt eine Auslegung dahin voraus, daß I unter „Verurteilung" nur ein Leistungsurteil meint. Eine solche Auslegung orientiert sich am Regelungszweck, Rn 2. Gleichwohl bleibt sie gewagt, Einl III 39. Denn auch ein Feststellungsurteil ist nun einmal schon nach dem Wortlaut eine

Verurteilung. Man sollte daher wenn irgend möglich den Prozeß auch zur Hilfsaufrechnung entscheidungsreif machen und dann einheitlich entscheiden.

7 **D. Entscheidungsreife des Klaganspruchs.** Der Klaganspruch muß nach § 300 Rn 6 entscheidungsreif sein, so daß der Entscheidung nur die Aufrechnung im Weg steht. Es genügt aber, daß er nur dem Grunde nach feststeht, ThP 3, ZöV 4, aM StJL 8 (aber auch ein Grundurteil setzt diesbezügliche Entscheidungsreife voraus).

8 **E. Fehlen der Entscheidungsreife des Aufrechnungsanspruchs.** Die Aufrechnungsforderung darf nicht entscheidungsreif sein, § 300 Rn 6, BAG NJW **02**, 292. Sonst ist weder ein Vorbehaltsurteil noch ein Teilurteil noch ein Zwischenurteil zulässig. Das gilt auch, wenn sich die Aufrechnung von vornherein als unzulässig erweist, so daß man die Zulässigkeit zunächst prüfen muß. Bei einer Bejahung der Zulässigkeit ist ein Vorbehalt für das Nachverfahren möglich, Rn 13, § 322 Rn 21. Man darf aber eine nach Grund und Höhe umstrittene Forderung hier nur dann zur Aufrechnung stellen, wenn das Prozeßgericht darüber entscheiden kann. Daher darf man mit einem Kostenerstattungsanspruch nur dann aufrechnen, wenn das Gericht ihn rechtskräftig festgestellt hat.

9 **5) Vorbehaltsurteil, I–III.** Sein Gebrauch hat Vor-, aber auch Nachteile.

A. Grundsatz: Ermessen des Gerichts. Liegen die Voraussetzungen des § 302 I vor, kann das Gericht auch ohne einen Antrag das Urteil unter dem Vorbehalt der Entscheidung über die Aufrechnung erlassen, Düss RR **01**, 882, Hamm MDR **75**, 1029, Braun ZZP **89**, 108. Diese Möglichkeit ist durch eine Parteivereinbarung nicht ausschließbar. Das Gericht entscheidet im Rahmen eines pflichtgemäßen Ermessens, BGH NJW **06**, 698. Es muß zwar grundsätzlich auch berücksichtigen, daß dem Bekl durch die Nichtanwendung der Vorbehaltsbefugnis die Geltendmachung einer etwa verspätet erklärten Aufrechnung in diesem Prozeß unmöglich werden kann. Es muß aber auch das Interesse des Klägers an einer baldigen endgültigen Beendigung des Prozesses beachten und bedenken, daß der Bekl sonst die Verspätungsregeln mithilfe des Vorbehalts unterlaufen könnte. Bei einer Aufrechnung gegen Werklohn muß das Gericht deren Aussicht und das Klägerinteresse abwägen, BGH RR **08**, 32. Es darf bei einer verspäteten Aufrechnung in der Regel kein bloßes Vorbehaltsurteil erlassen.

Das Vorbehaltsurteil ist durch eine anderweitige Entscheidung im Nachverfahren *auflösend bedingt*, und umgekehrt. Für die Rechtsmittel und die Zwangsvollstreckung steht es einem Endurteil gleich, III, wenn man es nicht überhaupt als ein Endurteil ansehen will, StJL 11, ThP 1, aM RoSGo § 59 V 4 (aber auch das Vorbehaltsurteil muß normal anfechtbar sein). §§ 707, 719 sind anwendbar. Der inneren Rechtskraft nach Einf 4 vor §§ 322–327 ist ein Vorbehaltsurteil seiner Natur nach unfähig. Es bindet aber dasselbe Gericht und alle anderen Gerichte wegen des Anspruchs des Klägers wie ein rechtskräftiges Urteil, § 318. Das Gericht muß über die Kosten nach § 91 und über die vorläufige Vollstreckbarkeit nach § 708 wie sonst entscheiden, IV 2. Es darf nicht weitergehen als eine Aufrechnung. Wegen des überschießenden Teils des Klaganspruchs muß ein abschließendes Urteil ergehen. Ein Vorbehalt mit Wirkung nur für eine Partei ist unzulässig.

10 **B. Entscheidungsformel.** Der Vorbehalt muß in der Urteilsformel stehen, §§ 311 II 1, 313 I Z 4, BGH NJW **81**, 394. Das Gericht muß die Aufrechnungsforderung dort möglichst genau bezeichnen, auch durch eine Bezugnahme auf den Tatbestand. Man kann zB so formulieren: „Der Beklagte wird verurteilt, an den Kläger 10 000 EUR ... zu zahlen (folgen Nebenentscheidungen). In Höhe von 3000 EUR ergeht das Urteil unter Vorbehalt wegen einer Aufrechnungsforderung des Beklagten vom ..., näher gekennzeichnet im Tatbestand dieses Urteils". Fehlt der Vorbehalt, stehen ein Antrag auf eine Berichtigung, falls das Gericht den Vorbehalt nur in der Formel vergessen hatte, § 319 Rn 6 ff, oder ein Antrag auf eine Urteilsergänzung nach § 321 und im übrigen die Rechtsmittel zur Wahl, § 321 Rn 3. Hat das Gericht teils mit und teils ohne Vorbehalt verurteilt und liegt unbeschränkt Berufung vor, muß das Berufungsgericht voll entscheiden, wenn die Voraussetzungen des § 302 fehlten. Wenn der Vorbehalt erst im Berufungsurteil ergeht, erfolgt (jetzt) auf einen Antrag evtl eine Zurückverweisung nach § 538, Mü MDR **00**, 903, LAG Düss DB **75**, 2040.

11 **C. Rechtsmittel.** Das Rechtsmittelgericht prüft nur den im Vorbehaltsurteil entschiedenen Streitstoff, also nicht die Aufrechnungsforderung. Es kann das Vorliegen der Voraussetzungen des Ermessens nachprüfen, nicht aber die Angemessenheit des Vorbehaltsurteils, und zwar aus denselben Gründen nicht wie beim Teilurteil, § 301 Rn 24. Hat das Erstgericht ein Vorbehaltsurteil erlassen, obwohl die Aufrechnungsforderung unzulässig war, liegt ein zur Zurückverweisung berechtigender Verfahrensmangel vor, Karlsr RR **87**, 254. Dann kann der Kläger die Verurteilung ohne einen Vorbehalt beantragen, BGH NJW **79**, 1046, Karlsr RR **87**, 254. Liegt gegen ein Urkunden-Vorbehaltsurteil eine Berufung vor und weist das Gericht vor deren Beendigung die Klage im Nachverfahren ab, wird die Berufung gegenstandslos, Brschw RR **00**, 1094.

12 **6) Nachverfahren, IV.** Es findet oft nicht zügig genug statt.

A. Grundsatz: Fortbestand der Rechtshängigkeit. Das Vorbehaltsurteil läßt die Klageforderung in der Instanz rechtshängig. Das gilt aber nur, soweit das Gericht dem Bekl eine Aufrechnung vorbehalten hat. Neues Vorbringen gegen die Klageforderung ist unstatthaft. Das Gericht beraumt von Amts wegen einen Verhandlungstermin an, § 216. Er ist vor der Rechtskraft des Vorbehaltsurteils zulässig. Das Gericht muß die Ladungsfrist beachten, § 217. Eine Einlassungsfrist nach § 274 III besteht nicht. Führt der Bekl im Vorbehaltsverfahren in der 2. Instanz eine Gegenforderung ein, erstreckt sich die Bestätigung des Vorbehalts durch das Berufungsgericht auch auf das Nachverfahren der 1. Instanz, Mü MDR **75**, 324. Möglich ist aber eine Klagänderung oder Klagerweiterung. Ihrem neuem Anspruch kann der Bekl dann auch Neues entgegensetzen. Möglich ist es auch, den abgewiesenen Teilanspruch mit einer Anschlußberufung geltend zu machen. Der Bekl kann wegen § 145 Rn 15 nur die vorbehaltene Aufrechnungsforderung geltend machen. Er kann diese aber auch anderweit verfolgen, solange das Gericht nicht im Nachverfahren rechtskräftig entschieden hat, § 322 II. Die Parteirollen im Nachverfahren bleiben unverändert. Eine Widerklage nach Anh § 253 sowie eine Streithilfe sind zulässig, § 72.

B. Bindungswirkung. Eine Entscheidung über die Zulässigkeit der *Aufrechnung* bindet für das Nachverfahren, BGH NJW **79**, 1046. Das gilt selbst dann, wenn das Gericht nur über bestimmte Aufrechnungshindernisse entscheidet. Dann ist das Vorbehaltsurteil aber anfechtbar. Eine Bindung nach § 318 tritt in demjenigen Umfang ein, in dem das Tatsachengericht entscheiden wollte oder mußte, also nicht wegen der übrigen Aufrechnungshindernisse. Fehlt eine Entscheidung über die Zulässigkeit, fehlt eine Bindungswirkung. **13**

C. Antrag. Die *Fortsetzung* des Verfahrens geschieht auf einen Antrag einer Partei, §§ 253 V, 274, 497. Er ist sofort nach dem Erlaß des Vorbehaltsurteils zulässig. Im allseitigen Einverständnis darf das Gericht dann auch sofort im Nachverfahren verhandeln lassen. Das Vorbehaltsurteil bewirkt bis zu einem Antrag einen tatsächlichen Stillstand des Verfahrens, Üb 1 vor § 239. Die Ladung setzt eine Rechtskraft des Vorbehaltsurteils nach § 322 nicht voraus. Die Einstellung der Zwangsvollstreckung erfolgt nach § 707. **14**

D. Urteilsformel. Das Schlußurteil im Nachverfahren lautet wie folgt: Beim Durchgreifen der Aufrechnung erfolgen eine Aufhebung des Vorbehaltsurteils und eine Klagabweisung. Dabei bindet das Urteil über die Klageforderung das Gericht schlechthin. Es darf daher die Klageforderung nicht erneut prüfen, § 318. Das Gericht muß über die Kosten neu entscheiden. Die vorläufige Vollstreckbarkeit des Vorbehaltsurteils entfällt nach § 717 I. Bei einer Ablehnung der Aufrechnung spricht das Gericht die Aufrechterhaltung des bisherigen Urteils und den Wegfall des Vorbehalts aus. Es muß zugleich über die weiteren Kosten entscheiden. Hebt das höhere Gericht das Vorbehaltsurteil auf und weist die Klage ab, wird damit ohne weiteres ein Urteil im Nachverfahren hinfällig, selbst wenn es rechtskräftig war. **15**

E. Versäumnisverfahren. Ein Versäumnisverfahren nach §§ 330 ff ist nur wegen der Aufrechnung denkbar. Denn der Prozeß schwebt nur insoweit noch in der Instanz. Da der Aufrechnende in diesem Verfahren angreift, hat er praktisch die Stellung des Klägers. Ist er säumig, spricht das Gericht den Wegfall des Vorbehalts und die Aufrechterhaltung des bisherigen Urteils im übrigen aus. Ist der Kläger säumig, gilt der Vortrag des Bekl zur Aufrechnungsforderung als zugestanden, § 331. Soweit er schlüssig ist, hebt das Gericht das Vorbehaltsurteil auf und weist die Klage ab. Daher ist die Aufrechnung bis zur Höhe der Klageforderung verbraucht. **16**

7) Schadensersatz, IV. Die Vorschrift kat keine große Bedeutung. **17**

A. Grundsatz: Volle Ersatzpflicht. Hebt das Gericht im Nachverfahren das Vorbehaltsurteil ganz oder teilweise auf und weist die Klage insoweit ab, muß der Kläger dem Bekl ohne Rücksicht auf ein Verschulden grundsätzlich den vollen Schaden ersetzen, der dem Bekl durch eine Zwangsvollstreckung aus dem Vorbehaltsurteil entstanden ist. Dazu gehört nicht nur der durch die Beitreibung entstandene Schaden, sondern auch der durch eine Leistung zur Vermeidung der Beitreibung entstandene. Unerheblich ist, ob das Vorbehaltsurteil rechtskräftig oder vorläufig vollstreckbar war. Dieser sachlichrechtliche Ersatzanspruch entsteht aufschiebend bedingt mit der Beitreibung oder einer Abwendungsleistung, aM StJL 28 (mit der Verkündung des Schlußurteils. Aber erst die vorgenannten Leistungen verschlechtern die Vermögenslage wirklich). Man kann wegen der Haft, die man auf Grund eines später aufgehobenen Vorbehalturteils nach § 901 erlitt, Schmerzensgeld unter den Voraussetzungen des § 253 II BGB fordern.

B. Verfahren. Der Bekl kann den Ersatzanspruch geltend machen: In einem besonderen Prozeß; durch eine Widerklage, Anh § 253; durch eine Aufrechnung in einem anderen Prozeß; durch einen Zwischenantrag (Inzidentantrag) im Nachverfahren. Das gilt auch noch in der Revisionsinstanz entsprechend § 717. Nur beim Zwischenantrag im Nachverfahren gilt der Anspruch als mit der Zahlung oder Leistung rechtshängig geworden. Weiteres bei § 717. § 717 III ist unanwendbar. **18**

303 *Zwischenurteil.* Ist ein Zwischenstreit zur Entscheidung reif, so kann die Entscheidung durch Zwischenurteil ergehen.

Schrifttum: *Jäger,* Zwischenstreitverfahren nach dem §§ 280, 303 ZPO, 2002.

Gliederung

1) Systematik. Ein Zwischenurteil ist bei §§ 280, 303, 304 ein Feststellungsurteil das nur über einzelne verfahrensrechtliche Streitpunkte ergeht, und zwar zwischen den Parteien oder zwischen diesen und einem Dritten. Ein Zwischenurteil ist unzulässig, soweit es endgültig über einen Teil des Streitgegenstands nach § 2 Rn 4 entscheidet, BGH NJW **87**, 3265, also über einen sachlichrechtlichen Anspruch oder über ein selbständiges Angriffs- oder Verteidigungsmittel nach Einl III 70, Tiedtke ZZP **89**, 65. Bei mehreren solchen Zwischenurteilen erfolgt notfalls eine Beschränkung der Verhandlung nach § 146. Die Entscheidung muß immer einheitlich sein. **1**

2) Regelungszweck. Die Vorschrift dient der Prozeßförderung nach Grdz 12, 13 vor § 128 und der Prozeßwirtschaftlichkeit, Grdz 14, 15 vor § 128. In der Praxis kann ihre Anwendung freilich zu Unklarheiten, Schwierigkeiten und Verzögerungen führen. Es gelten ähnliche Erwägungen wie beim Teil- oder Vorbehaltsurteil, § 301 Rn 2, § 302 Rn 2. Das Zwischenurteil kann durchaus hilfreich sein. Man sollte es aber nur bei einer wirklich klaren Lage zum Zwischenpunkt erwägen und selbst dann nur zurückhaltend erlassen. Die Einheitlichkeit einer Schlußentscheidung über den Gesamtprozeß verdient meist den Vorzug, selbst wenn sie noch etwas Zeit braucht. **2**

3 **3) Geltungsbereich.** § 303 gilt in allen Verfahren nach der ZPO, auch im WEG-Verfahren. Die Vorschrift gilt entsprechend im Beschwerdeverfahren, § 567, Düss OLGZ **79**, 454. § 303 ist im patentgerichtlichen Beschwerdeverfahren entsprechend anwendbar, BPatG GRUR **78**, 533. Im arbeitsgerichtlichen Beschlußverfahren ist ein Zwischenbeschluß zulässig. Der Große Senat des BAG kann vorab gesondert über die Zulässigkeit seiner Anrufung entscheiden, BAG NJW **84**, 1990. Die Vorschrift gilt entsprechend für eine Zwischenentscheidung (jetzt) im Bereich des § 113 I 2 FamFG, LG Neubrdb FamRZ **00**, 1305, und im Patentverfahren, BPatG GRUR **02**, 371.

4 **4) Zwischenstreit.** § 303 betrifft nur den Zwischenstreit, also noch nicht die Hauptsache, zwischen den Parteien und auch dann unter Ausschluß desjenigen Zwischenstreits, der durch eine Zulässigkeitsrüge entstanden ist (darüber §§ 280, 282 III, 296 III), und desjenigen über eine Vorabentscheidung über den Grund nach § 304, der kein Zwischenstreit ist. Unter § 303 fällt auch das Grundurteil des arbeitsgerichtlichen Verfahrens, § 61 III ArbGG, BAG NJW **76**, 774. Zwischenstreit ist ein zwischen den Parteien entstandener Streit über eine solche Frage, die den Fortgang des anhängigen Verfahrens betrifft und über die das Gericht nur auf Grund einer mündlichen Verhandlung entscheiden darf.

5 **5) Beispiele zur Frage einer Anwendbarkeit**

Angriffs- und Verteidigungsmittel: *Nicht* unter § 303 fällt der Streit über einzelne Angriffs- und Verteidigungsmittel, Rn 1.

Anspruchsgrund: Unter § 303 fällt der Streit über einzelne Anspruchsgründe, BGH VersR **85**, 45.
S aber auch „Element".

Ausländersicherheit: Unter § 303 fällt ein Streit über die Notwendigkeit einer Sicherheitsleistung durch einen Ausländer, § 112 Rn 3, BGH DB **82**, 802, Bre NJW **82**, 2737.

Dritter: Unter § 303 fällt ein Zwischenstreit mit einem Dritten, Rn 1.

Einspruch: Unter § 303 fällt der Streit über die Zulässigkeit eines Einspruchs, § 341, BPatG GRUR **02**, 371.

Element: *Nicht* unter § 303 fällt der Streit über einzelne Elemente der Sachentscheidung, BGH **72**, 38.
S aber auch „Anspruchsgrund".

Erledigung der Hauptsache: *Nicht* unter § 303 fällt der Streit über eine Erledigung der Hauptsache, Köln RR **96**, 122, Tiedtke ZZP **89**, 72.

6 **Gerichtsstand:** Unter § 303 fällt der Streit über die örtliche Zuständigkeit, LG Mainz RR **00**, 588.

Geständnis: Unter § 303 fällt der Streit über den Widerruf eines Geständnisses, § 290.

Grundurteil: Rn 2.

Klagänderung: Unter § 303 fällt der Streit über die Zulässigkeit einer Klagänderung, §§ 263 ff, Düss GRUR **07**, 224.
S aber auch „Parteiwechsel".

Klaglosstellung: Unter § 303 fällt der Streit darüber, ob der Bekl den Kläger klaglos gestellt hat.

Parteiwechsel: *Nicht* unter § 303 fällt der Streit über die Zulässigkeit eines gewillkürten Parteiwechsels, § 263 Rn 5, BGH NJW **81**, 989.

Prozeßvergleich: Anh § 307 Rn 39.

Prozeßvoraussetzungen: Unter § 303 fällt der Streit über Prozeßvoraussetzungen, soweit sie nicht in einer Zulässigkeitsrüge bestehen.

7 **Rechtsmittel:** Unter § 303 fällt ein Streit über die Zulässigkeit eines Rechtsmittels, BGH NJW **87**, 3265, oder eines Rechtsbehelfs.

Rechtsweg: Unter § 303 fällt ein Streit über die Zulässigkeit des Rechtswegs, Tiedtke ZZP **89**, 68.

Sachbefugnis: *Nicht* unter § 303 fällt der Streit über die Sachbefugnis, Grdz 23 vor § 50, Tiedtke ZZP **89**, 72.

Sachverständiger: Unter § 303 fällt der Zwischenstreit mit einem Sachverständigen, §§ 387 ff, 402.

Streithelfer: Unter § 303 fällt der Zwischenstreit mit einem Streithelfer, § 71.

8 **Unterbrechung:** Unter § 303 fällt der Streit über den Eintritt einer Unterbrechung nach § 240, BGH FamRZ **06**, 201 rechts Mitte, oder über die Aufnahme nach einer Unterbrechung, § 250.

Urkunde: Unter § 303 fällt ein Streit über die Pflicht zur Vorlegung einer Urkunde, §§ 422, 423, oder über deren Echtheit, §§ 440 ff, oder der Streit mit dem ProzBev des Gegners bei einer Urkundenrückgabe, § 135 II.

Vergleich: § 307 Rn 39.

Verjährung: *Nicht* unter § 303 fällt der Streit über das Vorliegen einer Verjährung, Tiedtke ZZP **89**, 65.

Wiederaufnahme: Unter § 303 fällt der Streit über eine Wiederaufnahme des Verfahrens, § 590 II 1.

Wiedereinsetzung: Unter § 303 fällt der Streit über die Zulässigkeit einer Wiedereinsetzung, § 238.

Zeuge: Unter § 303 fällt ein Zwischenstreit mit einem Zeugen, §§ 387 ff.

Zuständigkeit: Rn 6 „Gerichtsstand".

9 **6) Zwischenurteil.** Ein Zwischenurteils steht grundsätzlich im pflichtgemäßen nicht nachprüfbaren Ermessen des Gerichts. Ausnahmen bilden §§ 280 II, 347 II, 366. Bisweilen ist ein Zwischenurteil zweckmäßig, weil es die Streitfrage infolge der Bindung des Gerichts für die Instanz ausscheidet, § 318. Auch ein Versäumniszwischenurteil ist statthaft, § 347. Es kommt aber praktisch kaum je vor. Ein unzulässiges Zwischenurteil bindet das Gericht nicht, Tiedtke ZZP **89**, 75. Ebensowenig ist das Berufungsgericht an seine Sachentscheidung gebunden, die es trotz einer Unzulässigkeit des Rechtsmittels erlassen hat.

10 *Keine Bindung besteht,* wenn das Zwischenurteil wegen später eingetretener neuer Umstände nicht mehr zutrifft. Es ergeht grundsätzlich keine Kostenentscheidung. Die Zwangsvollstreckung ist unstatthaft. Eine Kostenentscheidung nach §§ 91 ff ergeht nur bei einem Zwischenstreit mit einem Dritten, nicht bei einem Zwischenstreit zwischen den Parteien. Ob ein Zwischenurteil oder ein Beschluß ergehen muß, ist oft zweifelhaft und steht manchmal zur Wahl. Aus dem Begriff des Zwischenstreits folgt dafür nichts.

11 **7) Rechtsmittel.** Das Zwischenurteil ist ein vorweggenommener Teil der Endentscheidung. Es ist darum als solches grundsätzlich nicht selbständig anfechtbar, BGH NJW **87**, 3265, BVerwG NJW **97**, 2898, Köln

RR **96**, 122, großzügiger BGH NJW **05**, 291. Wegen einiger Ausnahme § 112 Rn 4, BGH FamRZ **06**, 201 rechts Mitte. Auch ein unzulässiges Zwischenurteil ist nur zusammen mit dem Endurteil anfechtbar, BGH VersR **85**, 45, BAG MDR **84**, 83. Eine das unzulässige Rechtsmittel verwerfende Entscheidung des Berufungsgerichts ist nicht mit der Revision oder Anschlußrevision anfechtbar, BGH VersR **85**, 45.

304 *Zwischenurteil über den Grund.* [I] **Ist ein Anspruch nach Grund und Betrag streitig, so kann das Gericht über den Grund vorab entscheiden.**

[II] **Das Urteil ist in Betreff der Rechtsmittel als Endurteil anzusehen; das Gericht kann jedoch, wenn der Anspruch für begründet erklärt ist, auf Antrag anordnen, dass über den Betrag zu verhandeln sei.**

Schrifttum: *Arnold,* Das Grundurteil, 1996; *Becker,* Die Voraussetzungen für den Erlaß eines Grundurteils usw, Diss Augsb 1984; *Lohner,* Die Aufteilung eines einheitlichen Rechtsstreits durch ein Grundurteil nach § 304 ZPO bei einer Mehrheit von Klagegründen innerhalb eines Streitgegenstands, Diss Regensb 1985.

Gliederung

1 **1) Systematik, I, II.** § 304 erlaubt in gewissen Fällen eine Vorabentscheidung über den Grund des Anspruchs durch ein besonders geregeltes Zwischenurteil, BGH NJW **98**, 1709, Schlesw MDR **87**, 417. Es ist im Fall des § 301 I 2 sogar notwendig. Es beendet den Prozeß noch nicht.

2 **2) Regelungszweck, I, II.** Die Vorschrift dient der Prozeßwirtschaftlichkeit, Grdz 14, 15 vor § 128, BGH VersR **06**, 79, BVerwG WoM **94**, 698, Düss ZMR **02**, 42. Sie soll das Verfahren nicht verwirren, BGH VersR RR **87**, 1278. Sie soll es vielmehr vereinfachen und verbilligen, BGH MDR **89**, 535, indem sie umfangreiche Beweisaufnahmen über den Betrag erspart, die bei einer anderweitigen Einstellung des höheren Gerichts entfällt. Es kann auch eine Beschleunigung eintreten, Klose MDR **07**, 1381. Diese Zweckrichtungen muß man bei der Auslegung mitbeachten, BGH VersR **06**, 79, Düss ZMR **02**, 42, aM BGH NJW **84**, 2214 (zu eng). § 304 ist insofern für den Kläger zweischneidig, als dieser Gefahr läuft, daß das Gericht durch eine unzweckmäßige Beschränkung auf den Grund die Entscheidung und die Befriedigung des Klägers stark verzögert. Außerdem bedeutet die Vorschrift eine starke Verteuerung, wenn etwa der Kläger auch in der Berufungs- und Revisionsinstanz dem Grunde nach siegt, der Bekl also diese Rechtsmittelkosten nach § 97 I nach einem hohen Streitwert tragen muß, wenn sich dann aber im Betragsverfahren herausstellt, daß von der Klageforderung wenig oder nichts übrig bleibt. Das Gericht sollte auch bedenken, daß es sich doch im Grundurteil voreilig festlegen könnte. Es geht jedenfalls keineswegs nur um den Bekl, sondern auch um den Kläger, der weiterkommen will. Das übersieht Celle RR **03**, 788.

Der Richter muß also bei jedem einzelnen der geltend gemachten Ansprüche prüfen, ob er *mit hoher Wahrscheinlichkeit in irgendeiner Höhe* besteht, BGH BB **05**, 1248. Dabei muß er auch einen Übergang auf den Versicherungsträger und möglichst den Grad eines etwaigen mitwirkenden Verschuldens berücksichtigen, Rn 8–18. Prozeßwirtschaftlich ist oft eine baldige Heranziehung der Unterlagen über die Höhe. Daher kann das Gericht wenigstens teilweise auch über den Betrag entscheiden. Problemübersicht bei Schneider MDR **78**, 705, 793.

3 **3) Geltungsbereich, I, II.** Die Vorschrift ist in allen Verfahren nach der ZPO anwendbar, auch bei einer Stufenklage, BGH NJW **99**, 1709, aM BGH NJW **89**, 2822 (aber die Prozeßwirtschaftlichkeit erlaubt die Anwendung, Grdz 14 vor § 128). Sie gilt auch im WEG-Verfahren und im arbeitsgerichtlichen Verfahren, § 46 II 1 ArbGG. Zum finanzgerichtlichen Zwischenurteil Rössler BB **84**, 204. Die Vorschrift gilt entsprechend für eine Grundentscheidung (jetzt) im Bereich des § 113 I 2 FamFG, LG Neubrdb FamRZ **00**, 1305.

4 **4) Voraussetzungen, I.** Sie bereiten der Praxis ganz erhebliche Probleme.

A. Art des Anspruchs. Da § 304 einen „Betrag" verlangt, muß der sachlichrechtliche Anspruch nach § 194 BGB auf Geld oder vertretbare Sachen gehen, BGH RR **94**, 319. Darunter fällt der Ersatz durch die Befreiung von einer bestimmten Geldschuld, ferner der Anspruch auf eine Duldung der Zwangsvollstreckung oder auf die Zustimmung zur Auszahlung eines hinterlegten Betrags oder auf eine bezifferte Feststellung, BAG NJW **82**, 774. Auch bei einem Bereicherungsanspruch ist ein Grundurteil möglich, aM Celle ZZP **80**, 145 (abl Walchshöfer). Man muß den Anspruch mit der Klage oder der Widerklage erheben, Anh § 253.

Keine Vorabentscheidung findet statt: Über einen Rückgewährsanspruch nach dem AnfG oder nach der InsO; über einen Anspruch auf eine Herausgabe bestimmter Sachen; auf eine Auflassung, BGH DNotZ **82**, 699; auf die Bestellung eines Erbbaurechts; über den erbbaurechtlichen Heimfallanspruch, BGH NJW **84**,

2213; wegen einzelner Kontokorrentposten, weil sie bei einer Klage auf den Saldo nur ein Bestandteil des Klagegrunds sind; auf die Befreiung von einer der Höhe nach unbestimmten Hauptschuld, BGH NJW **90**, 1367; wegen einer bloßen Feststellung, § 256, BGH NJW **83**, 332; wegen einzelner Anspruchsgrundlagen, Ffm MDR **87**, 62; wegen bloßer sonstiger Elemente der Begründetheit, BGH NJW **92**, 511, Ffm VersR **84**, 168. Bei einer Widerklage wegen einer aufgerechneten Gegenforderung muß ihr Gegenstand denjenigen der Klage übersteigen, so daß bei einer Verrechnung ein Überschuß bleibt, LG Köln VersR **78**, 162. Andernfalls muß das Gericht die Widerklage abweisen. Bei einem Anspruch aus § 89b HGB ist ein Grundurteil unzulässig, ebenso bei einem Anspruch wegen unbestimmter Kosten, Spesen und Zinsen, BGH RR **87**, 756.

5 **B. Streitumfang.** Der Anspruch muß zum Grund schlüssig sein, BGH MDR **08**, 815. Er muß nach Grund und Betrag streitig sein, § 301 I 2, BGH NZM **03**, 373, Karlsr RR **04**, 816, Köln VersR **78**, 771. Die Entscheidung über den Grund muß spruchreif sein, § 300 Rn 6, BGH NZM **03**, 373, Karlsr RR **04**, 816. Die Entscheidung über die Höhe darf noch nicht spruchreif sein, BGH NZM **03**, 373, Ffm RR **88**, 640, Karlsr RR **04**, 816. Zur Zulässigkeit oder zur Notwendigkeit der Verbindung von Teil- und Grundurteil Rn 21 und § 301 Rn 8, 11. Es genügt nicht, daß nur der Betrag streitig ist, also Geld oder vertretbare Sachen, BGH MDR **89**, 535, Schneider JB **76**, 1137, oder daß nur der Grund streitig, jedoch der Betrag unstreitig ist. Im Enteignungsverfahren zB steht der Grund fest, also findet grundsätzlich keine Vorabentscheidung statt (wegen einer Ausnahme BGH WertpMitt **75**, 141). Etwas anderes gilt ausnahmsweise etwa bei einem Streit, ob der Bekl eine Ersatzanlage liefern oder in Geld entschädigen muß.

6 **5) Grund und Betrag, I.** Der Zweck wird nicht immer genug beachtet.

A. Grundsatz: Vereinfachungszweck. Was zum Grund und was zum Betrag gehört, ist manchmal schwer zu sagen. Die Rechtsprechung schwankt. Leitender Gedanke muß sein, daß § 304 vereinfachen soll, Rn 2. Die Abgrenzung ist darum nicht nach rein abstrakten Erwägungen möglich. Sie ist vielmehr nach der Prozeßwirtschaftlichkeit nach Rn 2 und nach der praktischen Brauchbarkeit notwendig, BGH VersR **06**, 79, Hamm VersR **94**, 301, Karlsr FamRZ **94**, 1122. Immer muß das Urteil klar zu erkennen geben, worüber das Gericht entschieden hat, BGH NZM **03**, 373. Denn das Gericht muß die Grenzen der Rechtskraft klären, sein, § 322. Das wäre nicht der Fall, wenn der Kläger zB in den Anträgen nicht gesagt hätte, wie hoch der Rentenanspruch für die Witwe und wie hoch er für das Kind sein soll, § 253 Rn 81 „Rente". Andererseits darf das Gericht im Grundurteil je nach der Zweckmäßigkeit den Beginn und das Ende einer Rente festlegen oder sie dem Betragsverfahren vorbehalten. Es muß dann aber den Vorbehalt wenigstens in den Gründen aussprechen. Jedenfalls ist eine Begrenzung der Ansprüche im Grundurteil nicht schlechthin unzulässig. Sie muß aber gerade den Grund betreffen und darf nicht dem Betragsverfahren vorgreifen.

7 **B. Feststellungszweck.** Hat der Kläger die Leistungsklage mit einer *Feststellungsklage* verbunden, muß das Gericht bei ihrer Entscheidungsreife ihretwegen ein Teilurteil nach § 301 erlassen. Es kann wegen jener ein Grundurteil fällen, also ein Zwischenurteil. In der Zuerkennung des Anspruchs dem Grunde nach kann unter Umständen aber auch diejenige des Feststellungsanspruchs liegen. Insofern handelt es sich um ein Teilendurteil, BGH VersR **75**, 254, Düss VHR **97**, 30 (Vorsicht!). Eine Pfändung und Überweisung nach §§ 829 ff steht dem Grundurteil nicht entgegen. Denn es stellt nur fest, daß der Bekl zahlen muß, nicht aber auch, ob er an den Kläger oder den Pfandgläubiger zahlen soll.

8 **C. Erschöpfende Erledigung.** Das Grundurteil muß grundsätzlich sämtliche Klagegründe und die Sachbefugnis nach Grdz 23 vor § 50 nebst zugehörigen Einwendungen dem Grunde nach erschöpfend erledigen, BGH RR **07**, 306, Düss FamRZ **80**, 1012, Hamm NVersZ **99**, 192.

9 *Das gilt auch* für eine Abtretung und für einen gesetzlichen Forderungsübergang, BGH VersR **87**, 1243. Wegen jeden Unfalls, wegen jeden Teilanspruchs muß das Bestehen dem Grunde nach feststehen, BGH NJW **92**, 511, Düss VHR **97**, 30, und müssen hinreichende Anhaltspunkte für irgendeinen erstattungsfähigen Schaden vorliegen, BGH BB **05**, 1248, BayObLG NZM **02**, 667 (WEG), Karlsr RR **04**, 816 (verlangt sogar hohe Wahrscheinlichkeit). Das gilt, mag der Kläger auch einen Gesamtschaden aus selbständigen Ansprüchen geltend machen. Daher muß das Gericht über jeden Klagegrund entscheiden, Ffm MDR **87**, 62. Das gilt selbst dann, wenn das Gericht summenmäßig dem Antrag voll stattgibt. Jedoch kann bei einer Forderung mehrerer Teilbeträge zugunsten verschiedener Personen ausreichen, daß das Gericht die Forderung entsprechend der Summe der geltend gemachten Ansprüche für möglich hält, BGH NJW **08**, 1742 links, Mü VersR **92**, 375. Das Urteil muß ergeben, welchem Kläger welcher Anspruch dem Grunde nach zusteht.

Das Gericht darf den *weiteren* Klagegrund nur dann unentschieden lassen, wenn der entschiedene Klagegrund zur Begründung der Klage auch nach der im einzelnen noch offenen Höhe voll geeignet ist, Mü VersR **92**, 375, und wenn man aus dem unentschieden bleibenden Klagegrund keine weiteren Folgen herleiten kann als aus dem entschiedenen, BGH **72**, 34. Ein Grundurteil über einen Teilanspruch ist bei einer verneinenden Feststellungswiderklage gegen den Restanspruch nur zugleich mit einem Endurteil über die Widerklage zulässig, BGH NJW **02**, 1806.

10 Hat der Kläger aber für einen Anspruch *zwei Klagegründe* geltend gemacht, die *sich ausschließen* und die auch verschiedene Schadensbeträge ergeben können, muß das Gericht klären, welcher Klagegrund zutrifft. Im Nichtbescheiden eines Klagegrundes liegt in der Regel noch keine Abweisung, aM Ffm MDR **87**, 62 (aber das ist eine Frage der Gesamtauslegung im Einzelfall). Das nur einen Klagegrund ablehnende Urteil ist ein Zwischenurteil. Das Gericht muß auch klarstellen, ob mehrere Hauptansprüche vorliegen oder ob nur ein Hauptanspruch mit Hilfsansprüchen besteht.

11 **D. Beispiele zur Frage von Grund oder Betrag**

Abtretung: Zum Anspruchsgrund gehört die Entscheidung über eine Abtretung.

Alternative Ansprüche: Sie gehören zum Anspruchsgrund und müssen daher sämtlich dem Grunde nach entscheidungsreif sein, BGH NJW **01**, 225 (Gesellschafts-Auseinandersetzung).

Amtshaftung: Eine anderseitige Ersatzmöglichkeit ist unerheblich, soweit zumindest ein Teilschaden bleibt, BGH VersR **06**, 79.

A. Zulässigkeit, Notwendigkeit, I. Eine Vorabentscheidung muß ausnahmsweise bei § 301 I 2 ergehen, dort Rn 11. Sie sollte in den übrigen Fällen nur dann ergehen, wenn in ihr wirklich eine Förderung des Prozesses liegt und nicht in Wahrheit eine Verschleppung oder Gefährdung, Rn 2. Sie sollte nicht ergehen, wenn das Gericht *einen* Grund bejaht, andere Gründe verneint, und wenn die Gründe im Betragsverfahren verschieden wirken können. Ob die Entscheidung das tut, muß man durch eine Auslegung ermitteln, § 322 Rn 10. Das Grundurteil muß wegen seiner Bindungswirkung nach § 318 eindeutig ergeben, inwieweit es den Streit vorab entscheidet, BGH VersR **87**, 1243. Eine Abweisung wegen der verneinten Gründe in der Formel ist nicht unbedingt notwendig. Eine Vorabentscheidung ist unzulässig, wenn die Tatsachen für den Grund und die Höhe des Anspruchs annähernd identisch sind oder in einem so engen Zusammenhang stehen, daß die Vorwegnahme einer Grundentscheidung unzweckmäßig und verwirrend wäre, BGH MDR **95**, 412, Hamm VersR **94**, 301, Schlesw MDR **98**, 720. Hat der Kläger einen Gesamtschaden eingeklagt, ist ein Grundurteil nur dann statthaft, wenn das Gericht die Verteilung der rechtlich selbständigen Einzelansprüche auf die Klagesumme klären konnte.

Setzt sich ein Anspruch aus *mehreren* nicht selbständigen Forderungen zusammen, kann das Gericht mit Ausnahme des Falles § 301 I 2, Rn 20, die Entscheidung über die Verursachung der einzelnen Posten dem Betragsverfahren überlassen, BGH **108**, 259. Jedoch sind dann die Rechtsmittel wegen derjenigen Schadensposten möglich, die nicht verursacht sein sollen, § 318 Rn 8, 11. Eine Pfändung und Überweisung nach §§ 829 ff steht einem Grundurteil nicht entgegen. Das Grundurteil ist auch als Teilurteil statthaft, BGH MDR **05**, 46. Ist es zur Klage unstatthaft, dann auch bei derselben Vorfrage zur Widerklage, BGH MDR **05**, 46. Bei § 301 I 2 muß das Gericht in den nicht nach dort gehörenden Fällen abweisen, soweit die Klage unbegründet ist. Zulässig ist das auch als Berufungsurteil, wenn das Erstgericht auch über den Betrag erkannt hat, BGH VersR **79**, 25, freilich nicht als Versäumnisurteil. Denn der Streit über den Grund ist kein Zwischenstreit. Es ist nur ein Versäumnisurteil in der Sache möglich, Kblz MDR **79**, 587. Ein Urteil nach der Aktenlage ist statthaft, § 251 a. Eine Verjährung steht dem Grundurteil nur insoweit nicht entgegen, als sie nur einen Teil der Klageforderung betrifft. **21**

B. Amtsprüfung, I. Das Gericht muß die Zulässigkeit oder Notwendigkeit des Grundurteils *von Amts wegen* prüfen, Grdz 39 vor § 128. Denn das ganze weitere Verfahren baut auf ihm auf, BGH RR **91**, 600, BayObLG **94**, 281. Liegt sie vor, steht eine Vorabentscheidung in den nicht von § 301 I 2 erfaßten Fällen im pflichtgemäßen Ermessen des Gerichts, Rn 20. Es darf und muß ein verspätetes Vorbringen ebenso wie vor einem Endurteil behandeln, BGH MDR **80**, 51. Wegen einer Zurückverweisung BGH NJW **76**, 1401, Düss MDR **85**, 61. Eine vorherigen Beschränkung der Verhandlung auf den Grund ist nicht erforderlich. **22**

C. Urteilsformel, I, II. Die Urteilsformel lautet: „Die Klage ist dem Grunde nach gerechtfertigt", BGH VersR **79**, 25 (insbesondere in der Berufungsinstanz). Wenn notwendig, macht das Gericht Einschränkungen zB zur Leistung erst von einem bestimmten Zeitpunkt ab, Celle VersR **82**, 598, oder zur Hälfte, wenn der Kläger nur die Hälfte eingeklagt hatte oder wenn der Bekl infolge eines mitwirkenden Verschuldens des Klägers nur zur Hälfte leisten muß. Dann muß man die andere Hälfte aber sofort abweisen. Denn die Sache ist insofern entscheidungsreif. Wenn zB nach einem Unfall eine Leistungs- und Feststellungsklage folgt und wenn das Gericht über den Feststellungsanspruch gleichzeitig mit dem Leistungsanspruch entscheiden kann, muß es das auch aussprechen. Insofern liegt ein Teilendurteil vor. Ein Vorbehalt muß wenigstens in den Entscheidungsgründen stehen, BGH ZMR **96**, 315. Bei einem Anspruch des Klägers gegen eine Krankenkasse oder Berufsgenossenschaft ist eine Entscheidung dem Grunde nach gerechtfertigt, soweit der Anspruch nicht auf öffentliche Versicherungsträger übergegangen ist. Bei einem Haupt- und Hilfsanspruch nach § 260 Rn 8 muß die Formel klarstellen, welcher begründet ist. Über die Kostenentscheidung bei einem erfolglosen Rechtsmittel § 97 Rn 37. Sonst erfolgt keine Kostenentscheidung, BGH **110**, 205. Es erfolgt auch keine Entscheidung zur Vollstreckbarkeit. **23**

D. Urteilsfunktion, II. Das Urteil ist ein Zwischenurteil, BGH MDR **07**, 1445 links unten, Düss RR **93**, 976, Schlesw MDR **87**, 417. Es ist aber selbständig anfechtbar und steht insofern einem Endurteil gleich, BGH MDR **80**, 51. Im arbeitsgerichtlichen Verfahren muß man §§ 61 III, 64 VII ArbGG beachten, BAG NJW **76**, 744. Es ist aber kein Endurteil nach § 179 II InsO. Es unterscheidet sich von einem Feststellungsurteil dadurch, daß es einen bestimmt begrenzten Vermögensschaden erfordert, während die Feststellungsklage einen nicht zu übersehenden und vielleicht gar nicht entstehenden Schaden genügen läßt und daher kein Grundurteil zuläßt, Hamm VersR **92**, 209. Außerdem kennt das Feststellungsverfahren kein Nachverfahren. Nach einem Feststellungsurteil läuft eine Verjährungsfrist von 30 Jahren, § 197 I Z 3 BGB. Nach dem Grundurteil läuft die dreijährige Frist des § 195 BGB. Ein Teilurteil nach § 301 liegt vor, wenn das Gericht einen bezifferten Teil des Anspruchs abweist. Ein Grundurteil liegt vor, wenn das Gericht den Grund des Anspruchs einschränkend näher bestimmt. Die Umdeutung eines Zwischenurteils in ein Teilurteil ist jedenfalls insoweit unzulässig, als sie zu einer unzulässigen Änderung zum Nachteil des Bekl führen würde, BGH NJW **84**, 2214. **24**

Entscheidet das Gericht im Grundurteil über etwas zum *Betragsverfahren* Gehöriges, ist diese Entscheidung insofern unverbindlich und ohne eine innere Rechtskraftwirkung, § 322 Rn 45 „Grund des Anspruchs", aM Tiedtke ZZP **89**, 79 (das Grundurteil sei bis zur Aufhebung bindend). Läßt ein Grundurteil etwas zum Grund Gehöriges offen, findet eine Nachholung des Versäumten im Betragsverfahren statt, Tiedtke ZZP **89**, 76. Die Verkündung des Grundurteils bewirkt einen tatsächlichen Stillstand des Verfahrens nach Üb 1 vor § 239, bis eine Partei die Fortsetzung anregt, RoSGo § 59 IV 5 a, StJL 45, ZöV 19, aM BGH NJW **79**, 2308 (das Gericht müsse nach dem Eintritt der formellen Rechtskraft des Grundurteils von Amts wegen einen Termin zur Fortsetzung des Betragsverfahrens bestimmen; mit Recht krit Grunsky ZZP **93**, 179). Der rechtskräftig ausgeschiedene, am Betragsverfahren noch beteiligte Streitgenosse nach §§ 59 ff bleibt im Grundverfahren seines Genossen Partei. **25**

E. Fortsetzungsanordnung, II Hs 2. Das Gericht kann auf Antrag einer Partei jederzeit die Fortsetzung anordnen. Das steht in seinem pflichtgemäßen Ermessen, aM Celle RR **03**, 788 (aber es geht nicht nur um den Bekl, sondern auch um den Kläger, der weiterkommen will). Dabei ist die Dringlichkeit oder die **26**

offensichtliche Erfolglosigkeit des Rechtsmittels gegen das Grundurteil beachtbar und die Fortsetzung die Ausnahme. Die Fortsetzung ist auch dann zulässig, wenn das Verfahren über das Grundurteil in der Rechtsmittelinstanz anhängig ist, Nürnb MDR **90**, 451.

27 **F. Rechtsmittel, II Hs 1.** Vgl § 280 Rn 5. Es liegt also grundsätzlich ein dem Endurteil gleicher Fall vor, Ffm ZMR **97**, 523. Über den Fall, daß das Urteil Zweifel über seine Natur läßt, Grdz 28 vor § 511. Eine Beschwer liegt vor, soweit sich das Grundurteil auf das Betragsverfahren auswirken kann, BGH BB **06**, 465 rechts Mitte. In der Zurückweisung des Rechtsmittels gegen das Grundurteil kann eine Zurückverweisung wegen des Betrags liegen, Düss JB **78**, 1809, Ffm AnwBl **84**, 98, aM Schlesw MDR **87**, 417 (aber sonst würde dem Kläger eine Instanz verlorengehen). Bei der Feststellungs- und Leistungsklage nach Grdz 8 vor § 253 darf das Berufungsgericht nicht auch zur Entscheidung über den Feststellungsanspruch zurückverweisen, wenn es wegen der Leistungsklage zum Grundurteil kommt, BGH NJW **97**, 3176, Hamm NZM **99**, 753. Es liegt insofern keine Aufhebung oder Abänderung des erstinstanzlichen Zahlungsurteils vor, BGH NJW **90**, 1302. Hält das Berufungsgericht die Klage auch der Höhe nach für begründet, darf es durchentscheiden, Kblz MDR **92**, 805. Man kann die Zulassung der Revision auf einen solchen tatsächlich oder rechtlich selbständigen Teil des Streitgegenstands beschränken, über den man durch ein Grundurteil hätte entscheiden können, BGH FamRZ **95**, 1405. Das Revisionsgericht überprüft die Voraussetzungen des § 304 von Amts wegen, BGH NJW **03**, 2381, BayObLG **94**, 81. Es kann zurückverweisen, (jetzt) § 563, BGH NJW **99**, 1709. Wegen der Kosten § 97 Rn 29.

28 **7) Betragsverfahren, II Hs 2.** Es folgt einem selbstverständlichen Grundsatz.

A. Grundsatz: Bindung an Grundurteil. Das Grundurteil bindet das Gericht für das Nachverfahren ähnlich wie § 322, BGH NJW **04**, 2527, Oldb VHR **98**, 139. Das gilt, soweit es den Anspruch subjektiv und objektiv tatsächlich festgestellt und rechtlich bestimmt hat (Auslegungsfrage, BGH RR **05**, 1158), und zwar nach § 318, vgl aber auch dort Rn 9, nicht nach § 322, BGH VersR **87**, 940. Wegen der Bindung des Berufungsgerichts BGH NJW **04**, 2527. Das Urteil „ist in betreff der Rechtsmittel als Endurteil anzusehen". Es ist also nur der formellen Rechtskraft fähig, Einf 1 vor §§ 322–327, nicht der inneren, Einf 2 vor §§ 322–327. Etwas anderes gilt im arbeitsgerichtlichen Verfahren. Dort findet ja keine selbständige Anfechtung statt, § 61 III ArbGG, BAG NJW **76**, 744.

29 Das Gericht kann dann, wenn es *keinen Schaden* feststellen kann, noch im Nachverfahren ganz abweisen, § 322 Rn 45 „Grund des Anspruchs", BSG FamRZ **91**, 561. Das Gericht muß abweisen, wenn sich das Fehlen einer Prozeßvoraussetzung ergibt, Grdz 12 vor § 253. Denn das gesamte Verfahren ist einheitlich. Das gilt zB bei einer nachträglichen Feststellung der Unzulässigkeit des Rechtswegs nach § 13 GVG oder bei einer Säumnis des Klägers, § 330. Bei einer Säumnis des Bekl nach § 331 wirkt die Bindung. Irgendwelche Einwendungen zum Grund, die der Bekl vor dem Erlaß des Grundurteils hätte erheben können, läßt das Nachverfahren nicht zu.

30 **B. Einzelheiten.** Die Entscheidung über die Zulässigkeit einer Aufrechnung ist bindend. Mit einer solchen Schadensersatzforderung, die schon vor der Entscheidung über den Grund bestand, kann der Bekl nicht mehr im Betragsverfahren aufrechnen. Etwas anderes gilt nur für diejenige Forderung, die erst nach dem Schluß der mündlichen Verhandlung nach §§ 136 IV, 296 a im Grundverfahren entstanden ist, und für diejenige, die das Gericht zu Recht oder zu Unrecht ins Verfahren über den Betrag verwiesen oder übersehen hat. Das Gericht kann die Entscheidung über diesen Anspruch im Betragsverfahren nachholen. Dann tritt keine Bindung an das Grundurteil ein. Im Nachverfahren muß die Partei auch Wiederaufnahmegründe gegen das Grundurteil geltend machen.

31 *Erweitert* der Kläger die Klage im Nachverfahren, muß das Gericht den Klagegrund für den überschießenden Teil ganz neu prüfen. Denn insofern bestand keine Rechtshängigkeit, § 261, BGH NJW **85**, 496. Notfalls muß das Gericht die Gründe der Vorabentscheidung zur Auslegung dessen heranziehen, was diese feststellt, § 322 Rn 10. Die im Verfahren über den Grund mögliche Heilung eines sachlichrechtlichen Mangels des Kaufvertrags und dergleichen läßt sich nicht im Nachverfahren nachholen. Hebt das höhere Gericht die Vorabentscheidung auf, verliert das Betragsurteil ohne weiteres jede Bedeutung, BGH MDR **07**, 1445 links unten. Das gilt selbst dann, wenn es nach § 705 formell rechtskräftig ist. Es ist also auflösend bedingt, Köln VersR **05**, 237 (das Rechtsmittelgericht muß über die Kosten im Umfang des weggefallenen Grundurteils mitentscheiden). Auch vor der formellen Rechtskraft der Vorabentscheidung kann der Sieger aus dem Betragsurteil vollstrecken. Er tut das freilich auf seine Gefahr. Denn er haftet bei einer Aufhebung auch ohne ein Verschulden für jeden Schaden grundsätzlich entsprechend § 717 II (Ausnahme § 717 III). Denn der dort ausgesprochene Rechtsgedanke trifft auch hier zu, § 717 Rn 26.

305 *Urteil unter Vorbehalt erbrechtlich beschränkter Haftung.*

[I] Durch die Geltendmachung der dem Erben nach den §§ 2014, 2015 des Bürgerlichen Gesetzbuchs zustehenden Einreden wird eine unter dem Vorbehalt der beschränkten Haftung ergehende Verurteilung des Erben nicht ausgeschlossen.

[II] Das Gleiche gilt für die Geltendmachung der Einreden, die im Falle der fortgesetzten Gütergemeinschaft dem überlebenden Ehegatten nach dem § 1489 Abs. 2 und den §§ 2014, 2015 des Bürgerlichen Gesetzbuchs zustehen.

1 **1) Systematik, Regelungszweck, I, II.** Die Vorschrift schafft für die dortigen Sonderfälle ähnlich wie § 599 eine eigenartige und wegen ihres Ausnahmecharakters eng auslegbare Regelung. Sie wird der Vorläufigkeit des jetzt möglichen Spruchs gerecht. Das Gericht sollte die in § 302 Rn 2 genannten möglichen Nachteile eines Vorbehaltsurteils auch bei § 305 durchaus mitbedenken. I drückt sich ja schon mit den Worten „... nicht ausgeschlossen" bemerkenswert zurückhaltend aus. Gerade der Erbschaftsstreit sollte

möglichst mit nur einem einzigen den Gesamtprozeß abschließenden Urteil enden, wenn sich das in einer einigermaßen nahen Zukunft einrichten läßt.

2) Geltungsbereich, I, II. Die Vorschrift gilt in allen Verfahren nach der ZPO, auch im WEG-Verfahren. 2

3) Erbenstellung, I, II. Man muß zwei Zeiträume unterscheiden. 3

A. Vor Annahme der Erbschaft. Der Erbe ist dann noch kein richtiger Bekl. Denn es steht nach § 1958 BGB noch nicht fest, ob er überhaupt haftet, und der Berechtigte kann nur gegen einen Nachlaßpfleger klagen, § 1961 BGB. Das Gericht muß eine gegen den „Erben" erhobene Klage durch ein Sachurteil abweisen, aM StJL 1, ZöV 1 (die Klage sei derzeit unzulässig. Aber es fehlt nicht das Rechtsschutzbedürfnis, sondern die Rechtsstellung). Wegen der Zwangsvollstreckung § 778. Der erneuten Klage nach der Annahme der Erbschaft steht die innere Rechtskraft nach § 322 nicht entgegen. Denn die neue Klage stützt sich auf andere Tatsachen. Einen nach § 261 rechtshängigen Prozeß braucht der Erbe nicht fortzusetzen, § 239 V.

B. Nach Annahme der Erbschaft. Wenn der Erbe durch eine Versäumung der Inventarfrist nach § 1994 BGB oder gegenüber dem betreffenden Gläubiger unbeschränkt haftet, verläuft das Verfahren wie gegen den Erblasser. Wenn der Erbe die Haftung noch auf den Nachlaß beschränken darf, kann er die Begleichung bis zum Ablauf der Fristen der §§ 2014 f BGB verweigern (Dreimonatseinwand und Einwand aus dem Aufgebot, beides aufschiebende Einreden). 4

4) Haftungsvorbehalt, I. Die Einreden führen nur zur Verurteilung unter dem Vorbehalt der beschränkten Haftung ohne eine Prüfung der Begründetheit der Einreden. Das mit diesem Vorbehalt versehene Urteil ist kein Vorbehaltsurteil, Üb 8 vor § 300. Das Gericht muß den Vorbehalt in die Formel aufnehmen, §§ 311 II 1, 313 I Z 4, und zwar von Amts wegen, sobald der Erbe die Einreden erhoben hat. Wegen des Vorbringens in der Revisionsinstanz § 780 Rn 4. Das gilt auch bei einem Urteil nach Aktenlage nach § 251 a. Es gilt nicht aber bei einem Versäumnisurteil nach §§ 330 ff, falls es nicht der Kläger selbst beantragt. In einen Kostenfestsetzungsbeschluß nach § 104 kann man den Vorbehalt jedenfalls dann nicht aufnehmen, wenn der Erblasser beim Urteilserlaß noch lebte, Hamm AnwBl **82**, 385. Bei einer Übergehung des Vorbehalts erfolgt eine Ergänzung nach § 321 oder ein Rechtsmittel, § 321 Rn 3. Denn der Vorbehalt ist wegen § 780 I nötig. 5

Erkennt der Erbe *sofort* mit einem Vorbehalt nach § 307 an und hat er keinen Klagegrund gegeben, bleibt er kostenfrei, § 93. Andernfalls erstreckt sich der Vorbehalt nicht auf die Kosten. Denn die Haftung hierfür entsteht durch die Prozeßführung als solche. Bei einem unbeschränkten Antrag erfolgt eine Kostenteilung nach § 92. Eine Einrede des Testamentsvollstreckers, Nachlaßverwalters, Nachlaßpflegers macht wegen § 780 II keinen Vorbehalt nötig.

5) Überlebender Gatte, II. Soweit der Überlebende nur infolge des Eintritts der fortgesetzten Gütergemeinschaft den Gläubigern persönlich haftet, haftet er wie ein Erbe, § 1489 II BGB. Darum gilt für den Haftungsvorbehalt hier dasselbe wie beim Erben. 6

305a *Urteil unter Vorbehalt seerechtlich beschränkter Haftung.*

I [1] Unterliegt der in der Klage geltend gemachte Anspruch der Haftungsbeschränkung nach § 486 Abs. 1 oder 3, §§ 487 bis 487 d des Handelsgesetzbuchs und macht der Beklagte geltend, dass

1. **aus demselben Ereignis weitere Ansprüche, für die er die Haftung beschränken kann, entstanden sind und**
2. **die Summe der Ansprüche die Haftungshöchstbeträge übersteigt, die für diese Ansprüche in Artikel 6 oder 7 des Haftungsbeschränkungsübereinkommens (§ 486 Abs. 1 des Handelsgesetzbuchs) oder in den §§ 487, 487 a oder 487 c des Handelsgesetzbuchs bestimmt sind,**

so kann das Gericht das Recht auf Beschränkung der Haftung bei der Entscheidung unberücksichtigt lassen, wenn die Erledigung des Rechtsstreits wegen Ungewissheit über Grund oder Betrag der weiteren Ansprüche nach der freien Überzeugung des Gerichts nicht unwesentlich erschwert wäre. [2] Das Gleiche gilt, wenn der in der Klage geltend gemachte Anspruch der Haftungsbeschränkung nach den §§ 4 bis 5 m des Binnenschifffahrtsgesetzes unterliegt und der Beklagte geltend macht, dass aus demselben Ereignis weitere Ansprüche entstanden sind, für die er die Haftung beschränken kann und die in ihrer Summe die für sie in den §§ 5 e bis 5 k des Binnenschifffahrtsgesetzes bestimmten Haftungshöchstbeträge übersteigen.

II Lässt das Gericht das Recht auf Beschränkung der Haftung unberücksichtigt, so ergeht das Urteil

1. **im Falle des Absatzes 1 Satz 1 unter dem Vorbehalt, dass der Beklagte das Recht auf Beschränkung der Haftung geltend machen kann, wenn ein Fonds nach dem Haftungsbeschränkungsübereinkommen errichtet worden ist oder bei Geltendmachung des Rechts auf Beschränkung der Haftung errichtet wird,**
2. **im Falle des Absatzes 1 Satz 2 unter dem Vorbehalt, dass der Beklagte das Recht auf Beschränkung der Haftung geltend machen kann, wenn ein Fonds nach § 5 d des Binnenschifffahrtsgesetzes errichtet worden ist oder bei Geltendmachung des Rechts auf Beschränkung der Haftung errichtet wird.**

1) Geltungsbereich, I, II. §§ 486 ff HGB, 4–5 m BinnenschiffahrtsG erlauben eine Beschränkung der Haftung für Forderungen, auch wegen Ölverschmutzungsschäden. In diesem Zusammenhang muß man auch die SVertO beachten, § 872. § 305 a erfaßt aus dem Kreis solcher Fälle diejenigen, bei denen die Voraussetzungen I Z 1 und 2 zusammentreffen. Zur bloßen Möglichkeit der Haftungsbeschränkung müssen also die in Rn 2 genannten Umstände hinzutreten. Der Bekl muß sie auch geltend machen. Ihn müssen 1 außerdem aus demselben Ereignis mindestens zwei weitere solche Gläubiger in Anspruch nehmen, denen gegenüber er eine Haftungsbeschränkung geltend machen kann. Schließlich muß die Summe der Ansprüche die gesetzlichen Haftungshöchstbeträge übersteigen. Maßgeblich ist der Schluß der letzten mündlichen Verhandlung, §§ 136 IV, 296 a.

2 **2) Zulässigkeit des Vorbehaltsurteils, I.** Es müssen die folgenden Voraussetzungen zusammentreffen.

A. Erschwerung der Erledigung des Rechtsstreits. Die Beendigung des Prozesses (der Ausdruck Erledigung ist nicht wie bei § 91 a gemeint) muß nicht unwesentlich erschwert sein, sei es zeitlich, sei es sachlich oder prozessual. Eine nur unerhebliche Erschwerung reicht also nicht aus. Als Erschwerungsgrund nennt I 1 eine Ungewißheit über den Grund oder den Betrag der außerhalb dieses Prozesses entstandenen weiteren Ansprüche nach I 1 Z 1. Ob eine ausreichende Erschwerung besteht, muß das Gericht nach seiner pflichtgemäßen weiter „freien" Überzeugung entscheiden. Das Gericht muß daher nicht in eine umfassende Prüfung eintreten. Freilich reicht eine bloße Parteibehauptung ebensowenig aus. Eine Aktenbeiziehung kann entbehrlich sein, wenn das andere Gericht usw eine ausreichende Auskunft über den dortigen Sach- und Verfahrensstand gibt.

3 **B. Entscheidungsreife.** Der vorliegende Rechtsstreit muß unabhängig von der Frage der Haftungsbeschränkung wegen der weiteren Ansprüche entscheidungsreif sein, § 300 Rn 6.

4 **3) Fassung des Urteils, II.** Die Verurteilung des Bekl kann ohne einen Vorbehalt ergehen, nach dem pflichtgemäßen Ermessen des Gerichts aber auch unter etwa folgendem Zusatz: „Der Beklagte kann ein Recht auf die Beschränkung seiner Haftung nach §§ 486 ff HGB (oder: nach §§ 4 ff BinnenschiffahrtsG) geltend machen, soweit ein Fonds nach dem Übereinkommen über die Beschränkung der Haftung für Seeforderungen" (oder: nach § 5 d BinnenschiffahrtsG) „errichtet worden ist oder im Zeitpunkt der Geltendmachung seines Rechts auf Haftungsbeschränkung errichtet wird". Die Entscheidungen zu den Kosten und zur vorläufigen Vollstreckbarkeit ergehen wie sonst, §§ 91 ff, 708 ff. Das Urteil ist kein Vorbehaltsurteil, Üb 8 vor § 300. Wegen der Zwangsvollstreckung § 786 a.

Einführung vor §§ 306, 307

Verzicht und Anerkenntnis

Schrifttum: *Ebel,* Die Grenzen der materiellen Rechtskraft des Anerkenntnis- und Verzichtsurteils usw, Diss Saarbr 1975.

Gliederung

1 **1) Systematik.** Man muß das Prozeßrecht und das sachliche Recht sorgfältig trennen.

A. Prozessuale Erklärung. Verzicht und Anerkenntnis sind prozessuale Gegenstücke, Saarbr FamRZ **08**, 1465. Beide müssen also gerade auch im Prozeß erfolgen, um die Rechtsfolgen der §§ 306, 307 auszulösen, LG Lpz RR **97**, 571 (zu § 307). Andernfalls tritt eine freie Beweiswürdigung nach § 286 ein. Beide betreffen als Parteiprozeßhandlungen nach Grdz 47 vor § 128 den prozessualen Anspruch, § 2 Rn 4, BGH NJW **81**, 686, BPatG GRUR **94**, 280, Gehrlein NJW **07**, 2833. Beide enthalten ein Zugeständnis, der Verzicht dahin, daß der prozessuale Anspruch nicht besteht, das Anerkenntnis dahin, daß er besteht. Man könnte den Verzicht eine Anerkennung der Einwendungen des Bekl nennen, das Anerkenntnis einen Verzicht auf Einwendungen, LG Lpz RR **97**, 571.

2 **B. Sachlichrechtliche Erklärung.** Verzicht und Anerkenntnis können auch sachlichrechtliche Erklärungen enthalten, BGH **66**, 253, Düss FamRZ **83**, 723, Hamm FamRZ **88**, 854. Als Parteiprozeßhandlungen muß man sie aber von einem solchen sachlichrechtlichen Inhalt streng trennen, Grdz 61 vor § 128, BPatG GRUR **94**, 280, Düss RR **99**, 1514, ZöV 5 vor §§ 306–307, aM AG Hildesh ZMR **76**, 153, Thomas ZZP **89**, 80 (*Doppelnatur:* Verzicht und Anerkenntnis sollen prozessual und sachlichrechtlich sein), ZöGre § 269 Rn 2 (rein sachlichrechtliche Willenserklärung. Diese letzteren Auffassungen berücksichtigen nicht den grundverschiedenen Charakter des prozessualen und des sachlichrechtlichen Verzichts und Anerkenntnisses). Sachlichrechtlich bestehen Formvorschriften und eine Anfechtbarkeit wegen Willensmangels. Prozeßrechtlich bestehen eine Formfreiheit und keinerlei Anfechtbarkeit, Grdz 56 vor § 128, Düss RR **99**, 1514. Vielmehr kommt beim prozessualen Anerkenntnis allenfalls ein Widerruf unter den Voraussetzungen Grdz 58 vor § 128 in Betracht, etwa bei einem Restitutionsgrund nach §§ 580, 581, Rn 8.

Der sachlichrechtliche Verzicht führt nach einer Sachprüfung zur *Sachabweisung,* der prozessuale Verzicht führt zwar auch zu einer Sachabweisung, aber ohne jede sachlichrechtliche Prüfung. Das sachlichrechtliche Anerkenntnis begründet eine neue Schuld und führt zum Sachurteil auf Grund dieser Schuld, das prozessuale Anerkenntnis führt ohne jede weitere Prüfung zum Sachurteil, BSG MDR **78**, 172 (krit Behn JZ **79**, 200).

Die prozessuale Erklärung eines Verzichts läßt sich *frei würdigen,* § 307 Rn 16, wenn nicht die Gegenpartei auf sie hin ein entsprechendes Urteil beantragt. Beim Anerkenntnis ist kein Antrag des Klägers mehr erforderlich, § 307 Rn 15.

3 **2) Regelungszweck.** §§ 306, 307 dienen in hohem Maße der Parteiherrschaft nach Grdz 18 vor § 128 und damit der Prozeßwirtschaftlichkeit, Grdz 14 vor § 128. Der mündige Bürger soll auch als Kläger oder Bekl weitgehend über den Anspruch und dessen prozessuale Behandlung verfügen können, sei es auch durch Folgen, die der wahren Rechtslage kaum entsprechen. Deshalb darf man die Vorschriften weit auslegen.

Richterliches Zureden wäre freilich unangebracht, solange nicht eindeutig nur eine Unkenntnis prozessualer und kostenrechtlicher Vorteile den Hinderungsgrund eines Verzichts oder Anerkenntnisses bilden oder die Aussichtslosigkeit der Rechtsverfolgung oder -verteidigung klar zutage getreten ist. Insbesondere in der letzteren Lage kann allerdings ein behutsamer Ton einer richterlichen Anheimgabe erfahrungsgemäß zu einer raschen und alle Beteiligten erleichternden Prozeßbeendigung beitragen, wenn ein Prozeßvergleich keine als gerecht empfundene Lösung zu sein scheint.

3) Geltungsbereich. Vgl zunächst Üb 2 vor § 253. 4

A. Unbedingtheit. Verzicht und Anerkenntnis müssen als Parteiprozeßhandlungen nach Grdz 47 vor § 128 unbedingt und vorbehaltlos sein, Düss OLGZ **77**, 252, aM Schilken ZZP **90**, 175, Baumgärtel ZZP **87**, 132 (vgl aber Rn 2). Beide wirken entsprechend in der Berufungsinstanz, und zwar trotz § 531. Beide erfordern als Prozeßhandlungen nur die Prozeßvoraussetzungen, Grdz 12 vor § 253, nicht die sachlichrechtlichen Voraussetzungen wie die Verfügungsbefugnis und die Geschäftsfähigkeit. Sachlichrechtliche Formerfordernisse scheiden ganz aus. Die Prozeßvollmacht nach § 80 ermächtigt zur Erklärung von Verzicht und Anerkenntnis. Sie läßt aber eine Beschränkung zu, § 83. Verzicht und Anerkenntnis sind einseitige Erklärungen. Sie brauchen keine Annahme, BPatG GRUR **80**, 783. Man kann sie wirksam nur dem Prozeßgericht gegenüber abgeben, BPatG GRUR **80**, 783, auch gegenüber dem Vorsitzenden der Kammer für Handelssachen, § 349 II Z 4, nicht aber vor dem verordneten Richter.

Beide sind als Prozeßhandlungen grundsätzlich *unwiderruflich,* soweit nicht der Gegner zustimmt, KG 5
FamRZ **06**, 1871 (auch zu einer Ausnahme), Mü FamRZ **92**, 698, Saarbr RR **97**, 252, aM ThP § 307 Rn 8 (aber eine Parteiprozeßhandlung ist fast stets unwiderruflich, Grdz 58, 59 vor § 128).

Beide unterliegen den sachlichrechtlichen Vorschriften über *Willensmängel* nicht, Grdz 56 vor § 128, BGH 6
80, 393, Bbg FamRZ **90**, 1096 (bei § 323 widerruflich), KG FamRZ **06**, 1871.

Bei einer arglistigen Täuschung oder Drohung ist die *Wiederaufnahme* nach der Rechtskraft des Urteils 7
zulässig, § 578, Hamm FamRZ **93**, 78, Mü FamRZ **92**, 698. Während des Verfahrens sind ein Widerruf und Rechtsmittel zulässig. Beim Vorliegen eines Restitutionsgrundes kann man den Widerruf auch mit der Berufung geltend machen, BGH **80**, 394, Hamm FamRZ **93**, 78, KG RR **95**, 958.

B. Unwirksamkeit. Es verstößt gegen Treu und Glauben, wenn die Gegenpartei auf einen als irrig 8
erkannten Verzicht oder ein als irrig erkanntes Anerkenntnis hin ein Urteil verlangt. Das Gericht muß einen solchen Antrag als rechtsmißbräuchlich zurückweisen, Einl III 54, BGH VersR **77**, 574, Ffm AnwBl **88**, 119. Dasselbe gilt, wenn der Verzicht oder das Anerkenntnis gesetz- oder sittenwidrig erfolgt, § 307 Rn 11, 12, oder wenn der Verzicht oder das Anerkenntnis offensichtlich nur die Benachteiligung eines Dritten erstreben (Scheinprozeß). Bei einem nicht anerkannten Irrtum gibt es keinen Einwand. Der Widerruf ist nur beim Vorliegen eines Restitutionsgrundes möglich, § 580 Z 2, 4, 7, Düss RR **99**, 1514, Ffm AnwBl **88**, 119, Rostock FamRZ **05**, 119, aM Hamm FamRZ **93**, 78, Kblz FamRZ **98**, 916 (auch bei § 323, vgl aber Rn 5). Ein Verschulden nach § 582 ist dabei unschädlich.

Weder ein Verzicht noch ein Anerkenntnis können der Förderung einer *gesetzwidrigen Handlung* dienen, 9
Rn 8. Beide führen nicht zum Urteil, soweit die Parteien über das Rechtsverhältnis nicht verfügen können, § 307 Rn 10, BGH **104**, 24, Hamm Rpfleger **87**, 414, Nürnb NJW **89**, 842. Es ist keine gerichtliche Genehmigung nötig. Das gilt auch dann, wenn sie sachlichrechtlich nötig wäre, ZöV 7 vor §§ 306–307, aM Brüggemann FamRZ **89**, 1137 (ausf), Thomas ZZP **89**, 81 (aber es handelt sich eben nur um die prozessualen Folgen, Rn 2).

306 *Verzicht.* **Verzichtet der Kläger bei der mündlichen Verhandlung auf den geltend gemachten Anspruch, so ist er auf Grund des Verzichts mit dem Anspruch abzuweisen, wenn der Beklagte die Abweisung beantragt.**

1) Systematik. Vgl Einf 1 vor §§ 306, 307. 1

2) Regelungszweck. Die Vorschrift dient der Parteiherrschaft wie der Prozeßwirtschaftlichkeit, Einf 2 2
vor §§ 306, 307. Das erlaubt freilich keine vorschnelle Bejahung des Vorliegens eines Verzichts.

3) Geltungsbereich. Der prozessuale Verzicht nach Einf 1 vor § 306 ist eine Folge der Parteiherrschaft 3
nach Grdz 18 vor § 128. Er ist darum nur in deren Wirkungsbereich zulässig, § 307 Rn 11, 12. Er ist auch im vorläufigen Verfahren zulässig, §§ 916 ff, 935 ff. Die Erklärung, einen Arrest oder eine einstweilige Verfügung nicht vollziehen zu wollen, ist ein prozessualer Verzicht auf die Sicherung des Anspruchs. Sie führt zur Aufhebung des Arrests usw. Auch ein teilweiser Verzicht ist möglich, zB wegen eines Auflösungsantrags nach § 9 I KSchG, BAG NJW **80**, 1485. Dann hat § 306 Vorrang vor § 301 II. Wenn der Kläger den Anspruch sofort auf die Kosten beschränkt, dann kann eine Umkehrung von § 93 in Betracht kommen, § 93 Rn 109, aM Hamm MDR **82**, 676 (aber § 93 enthält einen allgemeinen Rechtsgedanken. Eine Umkehrung ist etwas anderes als eine zu weite Auslegung). Der Verzicht kann im Anerkenntnis des Abweisungsantrags des Berufungsklägers liegen. Er liegt keineswegs in einer Rechtsmittelbeschränkung, BGH RR **89**, 962. § 306 ist im Verfahren nach dem KapMuG unanwendbar, SchlAnh VIII § 14 III 1, Schneider BB **05**, 2255. § 306 ist im Bereich des § 113 I 2 FamFG entsprechend anwendbar, soweit der Beteiligte über den Verfahrensgegenstand verfügen kann.

4) Verzichtserklärung. Der Kläger muß einen Verzicht in der mündlichen Verhandlung ausdrücklich 4
oder schlüssig erklären, § 128 Rn 7. Immer muß der Verzicht aber eindeutig sein. Ein Anwaltszwang besteht wie sonst, § 78 Rn 2, BGH NJW **88**, 210. Der Verzicht braucht im Gegensatz zur Klagerücknahme nicht eine Zustimmung des Gegners. Im Zweifel liegt kein Verzicht vor. Er liegt nicht in einer Klagerücknahme, § 269. Denn sie besagt anders als eine Verzichtserklärung über das Nichtbestehen des bisher geltend gemachten Anspruchs nichts. Ein Verzicht liegt auch nicht in der Ermäßigung des Anspruchs. Wenn der Kläger bei

der Klagerücknahme zugleich auf den Anspruch verzichtet, muß das Gericht nach § 306 verfahren, nicht nach § 269. Das Gericht muß nach § 139 klären, ob in einer Erledigterklärung der Hauptsache ein Verzicht liegen soll. Meist wird in solchem Antrag kein derartiger Verzicht liegen, § 91 a Rn 92 „Verzicht". Ein bloßer Kostenantrag kann eine bloße Erledigterklärung sein. Ein schriftlicher Verzicht ist nur im schriftlichen Verfahren nach § 128 II und bei einer Entscheidung nach Aktenlage wirksam, § 251 a. Vor dem nach §§ 361, 362 verordneten Richter kann man einen Verzicht nicht erklären. Seine Protokollierung erfolgt nach §§ 160 III Z 1, 162. Die Erklärungsabgabe läßt sich aber auch außerhalb des Protokolls nachweisen.

5 **5) Verzichtsfolge.** Ein einfache Folge ergibt sich in einem etwas komplizierten Verfahren.

A. Verzichtsurteil. Einzige Folge ist das Verzichtsurteil. Der prozessuale Verzicht berührt ohne ein entsprechendes Urteil die Rechtshängigkeit nach § 261 und das sachliche Recht überhaupt nicht, Ffm FamRZ **82**, 812. Nach einem Urteil berührt er es nur insofern, daß er den Anspruch unklagbar macht, falls dieser an sich trotzdem bestehen sollte, Einf 2 vor §§ 306 ff, aber auch Üb 3 vor § 300. Wenn der Bekl trotz eines Verzichts ein streitiges Urteil beantragt, fehlt das Rechtsschutzbedürfnis, Grdz 33 vor § 253, BGH **76**, 50.

6 **B. Verfahren.** Wenn der Bekl es beantragt, muß das Gericht den Kläger auf den Verzicht hin mit dem Anspruch abweisen, Einf 2 vor §§ 306 ff. Dieser Antrag ist ein Prozeßantrag, § 297 Rn 5, Einf 1, 2 vor §§ 306 ff, StJL 11, ZöV 5, aM Schilken ZZP **103**, 217 (aber die Abweisung erfolgt ohne jede sachlichrechtliche Prüfung, BGH RR **98**, 1652). Der Antrag des Bekl auf ein Verzichtsurteil braucht sich dem Verzicht nicht unmittelbar anzuschließen. Er ist auch bei einer Säumnis des Klägers zulässig, § 330. Das Gericht muß das Verzichtsurteil auf den Antrag hin erlassen, auch wenn der Kläger auf einen abtrennbaren Teil des Anspruchs verzichtet, BAG NJW **80**, 1486. Denn § 306 geht dem § 301 II vor. Fehlt eine Prozeßvoraussetzung nach Grdz 12 vor § 253, ist auch hier eine Prozeßabweisung nötig, nicht eine Sachabweisung auf Verzicht, Grdz 14 vor § 253. Das gilt auch bei § 256, dort Rn 3. Verneint das Gericht einen wirksamen Verzicht, muß es ein Verzichtsurteil durch ein Zwischenurteil oder im Endurteil ablehnen, MüKoMu 5, aM ZöV 7 (durch Beschluß. Aber § 280 paßt besser). Über eine Verkündung vor der Niederschrift § 311 II 2.

7 Eine *abgekürzte Form* des Urteils ist statthaft, § 313 b I. Aus dem Verzicht folgt die Kostenpflicht, und zwar grundsätzlich nach § 91. § 93 ist grundsätzlich unanwendbar, § 93 Rn 12. Vgl aber oben Rn 3. Evtl ist § 97 II anwendbar, Schlesw SchlHA **78**, 172. Das Gericht muß die vorläufige Vollstreckbarkeit ohne eine Sicherheitsleistung aussprechen, § 708 Z 1. Während die Klagerücknahme eine Erneuerung des Prozesses zuläßt, weil der Kläger nur auf die Durchführung in diesem Prozeß verzichtet hat, § 269 Rn 48, steht nach einem Verzichtsurteil dem Anspruch die Rechtskraft entgegen, § 322.

8 **6) Rechtsmittel.** Das Verzichtsurteil ist mit den normalen Rechtsmitteln anfechtbar, §§ 511 ff. Der Verzicht ist auch in der Rechtsmittelinstanz zulässig. Verzichtet der Kläger dann auf einen Anspruchsteil, bleibt das Rechtsmittel zulässig, selbst wenn der Restanspruch die Rechtsmittelsumme unterschreitet.

307 *Anerkenntnis.* [1] **Erkennt eine Partei den gegen sie geltend gemachten Anspruch ganz oder zum Teil an, so ist sie dem Anerkenntnis gemäß zu verurteilen.** [2] **Einer mündlichen Verhandlung bedarf es insoweit nicht.**

Schrifttum: *Hall,* Vorbehaltserkenntnis und Anerkenntnisvorbehaltsurteil im Urkundenprozeß, 1992; *Ullmann,* Gedanken zur Parteimaxime im Patentverletzungsstreit – Anerkenntnis usw, Festschrift für *Ballhaus* (1985) 809; *Würthwein,* Umfang und Grenzen des Parteieinflusses auf die Urteilsgrundlagen im Zivilprozeß, 1977.

Gliederung

1 **1) Systematik, S 1, 2.** Über den Begriff, die Form und die Rechtsnatur des Anerkenntnisses Einf 1–3 vor §§ 306 ff. Ein Geständnis nach § 288 bezieht sich auf Tatsachen, das Anerkenntnis bezieht sich auf den bisher geltend gemachten prozessualen Anspruch gleich welcher Art, BSG MDR **78**, 172, Ffm MDR **78**, 583. Das Geständnis bezieht sich auf die Vordersätze, das Anerkenntnis auf die Schlußfolgerungen. Ein Anerkenntnis kann unter Umständen das Geständnis vorgreiflicher Tatsachen enthalten, § 288 Rn 1.

2 **2) Regelungszweck, S 1, 2.** Die Vorschrift dient der Parteiherrschaft wie der Prozeßwirtschaftlichkeit, Einf 2 vor §§ 306, 307.

3 **3) Geltungsbereich, S 1, 2.** Die Vorschrift ist in allen Verfahren nach der ZPO mit einer Parteiherrschaft anwendbar, Grdz 18 vor § 128, auch im WEG-Verfahren und (jetzt) im schriftlichen Arbeitsgerichtsverfahren, Troje NZA **08**, 691. Im sozialgerichtlichen Verfahren ist § 307 entsprechend anwendbar, BSG MDR **78**, 172 (krit Behn JZ **79**, 200). Im Eheverfahren hat ein Anerkenntnis nicht die Wirkung des § 307 ZPO, so (jetzt) § 113 IV Z 6 FamFG, Hbg FamRZ **88**, 1179. Zum Patentverletzungsstreit Ullmann GRUR **85**, 810. Im markenrechtlichen Löschungsverfahren mit seinem Amtsermittlungsgrundsatz ist S 1 unanwendbar, BPatG

GRUR **07**, 508. Zur Befugnis des Generalbundesanwalts im Verfahren nach dem AUG Grdz 28 vor § 50, Üb 6, 8 vor § 78. Im Adhäsionsverfahren der StPO ist ein Anerkenntnisurteil jetzt nach § 406 II StPO zulässig.

4) Anerkenntnis, S 1, 2. Es ist ein Ausdruck von Rechtseinsicht, oft erst infolge behutsamen richterlichen „Zuredens". 4

A. Voraussetzungen. Das Anerkenntnis muß anders als ein Geständnis unumschränkt sein, BGH NJW **85**, 2716, LG Hann RR **87**, 384. Wer „anerkennt", daß er zwar nicht uneingeschränkt schulde, wohl aber Zug um Zug, der gesteht freilich beschränkt zu, BGH NJW **06**, 217. Ein Anerkenntnisurteil Zug um Zug hätte aber einen anderen Inhalt als ein uneingeschränktes. Es wäre nicht ein Weniger oder ein Teilurteil (Anerkenntnis der minderen Verpflichtung), Düss MDR **89**, 825, RoSGo § 133 IV 2, aM BGH NJW **06**, 217, Schilken ZZP **90**, 175, StJL 6 (aber Zug um Zug ist eine Bedingung eigener Art). Ebenfalls erkennt nicht an, wer nur „im Urkundenprozeß" anerkennt. Denn das dann ergehende Urteil wäre ein durch die Aufhebung im Nachverfahren bedingtes, Rn 5, § 599 Rn 9, Naumb RR **97**, 893, LG Hann RR **87**, 384, aM Düss RR **99**, 68 (kommt daher zu Folgeproblemen).

Kein Anerkenntnis gibt derjenige ab, der statt Zug um Zug gegen 100 EUR nur Zug um Zug gegen 150 EUR herausgeben will. Der Kläger kann in solchen Fällen ein Anerkenntnisurteil nur dann erzielen, wenn er seinen Klagantrag diesem Anerkenntnis anpaßt. Ein Vorbehalt der Aufrechnung nach § 302 ist unzulässig, aM Ffm MDR **78**, 583 (aber auch das wäre eine unzulässige Einschränkung). Der Vorbehalt der beschränkten Haftung nach § 305 ist freilich wegen dieser gesetzlichen Sonderregelung statthaft, ebenso derjenige nach § 780, Bre OLGZ **89**, 365. Eine Beschränkung auf ein vorgreifliches Recht oder Rechtsverhältnis ist als Anerkenntnis unzulässig, Schilken ZZP **90**, 177.

B. Unbedingtheit. Das Anerkenntnis duldet keine Bedingung, BGH NJW **85**, 2716, auch nicht diejenige der Gewährung von Ratenzahlungen, die schon in einer „Bitte um Genehmigung durch das Gericht" liegen kann. Es darf nicht im Ermessen eines Dritten stehen, etwa des Gerichts. Ein solcher Zusatz, der die rechtlichen Folgen des Anerkenntnisses ausschließen soll, ist wirkungslos. Eine Formulierung wie „ich erkenne an, verwahre mich aber gegen die Kosten" wirkt allerdings als ein unbedingtes Anerkenntnis. Denn das Gericht muß ohnehin über die Kosten von Amts wegen befinden, § 308 II. Unbedenklich ist ein Anerkenntnis eines zum Teilurteil geeigneten Anspruchsteils, § 301 Rn 4, Schilken ZZP **90**, 178. 5

C. Unzulässigkeit. Unzulässig ist das Anerkenntnis nur eines von mehreren Klagegründen, LG Hann RR **87**, 384, ZöV 2 vor §§ 306–307, aM Schilken ZZP **90**, 183 (aber dann fehlt eben die Uneingeschränktheit, Rn 4). Unzulässig ist auch ein Anerkenntnis nur des Grundes des Anspruchs, also beim Bestreiten des Betrags, MüKoMu 12, StJL 9, aM LG Mannh MDR **92**, 898, RoSGo § 133 IV 2, ZöV 7 (aber auch dann fehlt die Uneingeschränktheit). Kein Anerkenntnis ist ferner ein solches zwar des Arrestanspruchs nach § 916, aber nicht des Arrestgrundes, § 917. Ein solches Anerkenntnis ist regelmäßig ein Geständnis nach § 288, aM Schilken ZZP **90**, 184 (es sei bindend. Aber die Parteiherrschaft nach Grdz 18 vor § 128 legt eine Geständniswirkung als die elegantere Lösung näher). Ein derartiges Geständnis ist unter den Voraussetzungen des § 290 widerruflich. Ein Anerkenntnis der Kosten ist nur zugleich mit demjenigen der Hauptsache zulässig, wenn die Kosten zur Hauptsache geworden sind oder wenn die Hauptsache erledigt ist, § 91 a. 6

Neben einem Abweisungsantrag ist ein *hilfsweises* Anerkenntnis selbst dann unzulässig, wenn der Bekl den Abweisungsantrag auf Fehler einer von Amts wegen zu prüfenden Prozeßvoraussetzung stützt, Grdz 12 vor § 253. Darauf kann der Bekl ja hinweisen, RoSGo § 133 IV 2, aM Mummenhoff ZZP **86**, 311, ThP 3, ZöV 9. Zulässig ist aber ein Anerkenntnis für den Fall, daß die Rüge der internationalen Unzuständigkeit nach Üb 6 vor § 12 erfolglos bleibt, BGH DB **76**, 1010. 7

D. Erklärung. Die Erklärung des Anerkenntnisses erfolgt zwar oft erst in der mündlichen Verhandlung. Nach S 2 kann sie aber (jetzt) auch schriftlich erfolgen. Das ergibt sich aus dem Wort „insoweit" und ist daher kein Versehen des Gesetzgebers, aM Knauer/Wolf NJW **04**, 2861 (aber § 137 III zwingt nicht zur Mündlichkeit). Freilich sollte (nicht: muß) das Gericht wegen Art 6 I EMRK mit seinem Mündlichkeitsgrundsatz wenigstens auf Antrag eine mündliche Verhandlung ansetzen. Sie ist auch im schriftlichen Verfahren nach § 128 II statthaft, so schon Brdb MDR **99**, 504, auch im schriftlichen Arbeitsgerichtsverfahren, Troje NZA **08**, 691, und im Aktenlageverfahren, § 251 a. Das Gericht protokolliert sie nach § 160 III Z 1, Düss FamRZ **83**, 723. Diese Protokollierung ist aber nicht der einzige zulässige Nachweis des prozessualen Anerkenntnisses, BGH NJW **84**, 1466, BSG MDR **81**, 612, Ffm AnwBl **88**, 119, aM Düss FamRZ **83**, 723 (zu formstreng). 8

Das Anerkenntnis ist *in jeder Lage* des Verfahrens möglich, auch in der Güteverhandlung nach § 278, Jena GRUR-RR **08**, 109, Köln MDR **06**, 227, auch in der Revisionsinstanz. Es kann freilich zwar noch zum Urteil nach S 2 führen, wenn der Bekl vorher eine Verteidigungsabsicht angezeigt hatte, Bohlander NJW **97**, 36, nicht aber mehr zur Kostenlast des Klägers, § 93 Rn 97 „Klagerwiderung", Ffm RR **93**, 128, Hbg GRUR **88**, 488. Es kann ausdrücklich oder durch eine schlüssige Handlung erfolgen, auch durch eine Rechtsmittelbeschränkung, BGH NJW **06**, 217. Es muß aber zweifelsfrei sein und dem Gericht gegenüber erfolgen. Denn es ist etwas anderes als das sachlichrechtliche Anerkenntnis, Einf 3 vor §§ 306, 307. In einem bloßen Schweigen liegt kein Anerkenntnis, ebensowenig in einer trotz eines fortbestehenden Abweisungsantrags vorbehaltlosen außergerichtlich stattfindenden Leistung, BGH NJW **81**, 686. Das unterstellte Geständnis des § 138 wirkt erst für die letzte Tatsachenverhandlung. Eine Ermäßigung der Klageforderung um den Betrag einer Aufrechnungsforderung enthält kein Anerkenntnis und bindet den Kläger nicht. Ein Anerkenntnis ist auch bei einer Feststellungsklage nach § 256 zulässig, Ffm MDR **78**, 583 (es wirkt aber nicht beim Übergang zur Leistungsklage ihr gegenüber), oder bei der Gestaltungsklage, zB bei der Erklärung für erbunwürdig, LG Köln NJW **77**, 1783, aM LG Aachen MDR **88**, 240 (aber auch solche Gestaltung unterliegt der Parteiherrschaft, Grdz 18 vor § 128). 9

E. Wirksamkeit. Anerkennen kann nur eine Partei, hier grundsätzlich nur der Bekl oder der Widerbekl, und zwar jeder Streitgenosse für sich selbst, §§ 59 ff. Der streitgenössische Streithelfer nach § 69 kann dem Anerkenntnis des Bekl wirksam widersprechen, Schlesw RR **93**, 932. Der Kläger kann nur ganz ausnahmsweise anerkennen, so zB die Kostenlast nach einer Erledigung der Hauptsache nach § 91 a. Ein Anwalts- 10 zwang besteht wie sonst, § 78 Rn 2. Erkennt der Kläger und Berufungsbekl den Berufungsantrag des die Klagabweisung fordernden Bekl und Berufungsklägers an, ist das ein Verzicht auf den Klaganspruch, Einf 2 vor §§ 306 ff. Das Anerkenntnis ist nur insoweit wirksam, als die Prozeßhandlungsvoraussetzungen nach Grdz 18 vor § 253 vorliegen und das Rechtsverhältnis der Verfügung der Parteien unterliegt, Grdz 20 vor § 128, Einf 8 vor §§ 306 ff, BGH **104**, 24, Brdb FamRZ **05**, 1843, Kblz RR **00**, 530.

11 **F. Beispiele zur Frage einer Wirksamkeit**

Anfechtung: Grdz 56 vor § 128, Einf 2, 8 vor §§ 306, 307, Düss RR **99**, 1514, Rostock FamRZ **05**, 119.

Arrest, einstweilige Verfügung: Wirksam sein kann ein Anerkenntnis auch in einem Eilverfahren nach §§ 916 ff, 935 ff. Dabei bezieht es sich nur auf die Schutzbedürftigkeit. Es greift dem Hauptprozeß nicht vor. Es ist insoweit auch im Aufhebungsverfahren nach §§ 925, 936 statthaft.

Auslandsurteil: *Unwirksam* ist Anerkenntnis, um einem nicht anerkennungsfähigen ausländischen Urteil nach § 328 Rn 14 eine Vollstreckbarkeit zu verschaffen.

Ehesache: *Unwirksam* ist ein Anerkenntnis in einer solchen Sache, Ffm FamRZ **84**, 1123, LG Köln NJW **77**, 1783.

Formnichtigkeit: Wirksam bleibt auch ein solches Anerkenntnis. Das gilt zB bei einer fehlerhaften Protokollierung, § 162 Rn 11.

Genehmigung: Wirksam kann auch ein solches Anerkenntnis sein, zu dem das Gericht keine sachlichrechtlich notwendige Genehmigung erteilt hat, Einf 9 vor §§ 306 ff.

12 **Gesetzwidrigkeit:** *Unwirksam* ist ein Anerkenntnis, soweit es eine gesetzwidrige Entscheidung herbeiführen soll, Üb 16 vor § 300, Kblz RR **00**, 530 (kein Anspruch wegen Fehlens gesetzlicher Grundlage), Stgt JZ **86**, 1117, Geimer DNotZ **89**, 335.

Insolvenzverwalter: *Unwirksam* ist seine Anerkennung einer nicht anmeldbaren Forderung.

Irrtum: Grdz 56 vor § 128.

Kindschaftssache: *Unwirksam* ist ein Anerkenntnis in einer solchen Sache, Brdb FamRZ **05**, 1843 (Ausnahme: Unterhalt), Hamm FamRZ **88**, 854, AG Hann FamRZ **00**, 1434.

Ordre public: *Unwirksam* ist ein solches Anerkenntnis, das wesentliche Grundsätze der deutschen Rechtsordnung überspielt.

13 **Protokollierung:** Rn 11 „Formnichtigkeit".

Sachurteilsvoraussetzung: *Unwirksam* ist ein Anerkenntnis, soweit eine unverzichtbare Sachurteilsvoraussetzung fehlt, etwa die Vollstreckbarkeit des bisherigen Titels bei § 323, KG FamRZ **88**, 310.

Sittenwidrigkeit: *Unwirksam* ist ein sittenwidriges Anerkenntnis, Einl III 54, Stgt NJW **85**, 2273, Kohte NJW **85**, 2228.

Testamentsvollstrecker: *Unwirksam* ist das „Anerkenntnis" eines Testamentsvollstreckers, sein Amt sei nicht nur in seiner Person erloschen, sondern überhaupt.

Unwahrheit: Wirksam ist auch ein unwahres Anerkenntnis, solange es nicht sittenwidrig wird. Denn die Partei darf über ihren prozessualen Anspruch und dessen Abwehr frei verfügen, Grdz 18, 19 vor § 128. Sie darf ja zB auch eine Nichtschuld bezahlen, Köln RR **98**, 724.

Verbot: *Unwirksam* ist ein Anerkenntnis, soweit ihm ein öffentlichrechtliches Verbot entgegensteht.

Vorläufige Vollstreckbarkeit: Es gilt Rn 12 „Gesetzwidrigkeit", Einf 4 vor §§ 708–720, Nürnb NJW **89**, 842.

Widerruf: Grdz 56 vor § 128, Einf 2, 8 vor §§ 306, 307, Düss RR **99**, 1514, Rostock FamRZ **05**, 119.

14 **5) Anerkenntnisfolge, S 1, 2.** Der Prozeß ist rasch und fast umfassend beendet.

A. Anerkenntnisurteil. Einzige Wirkung des prozessualen Anerkenntnisses ist der Anspruch auf ein Anerkenntnisurteil, Hirtz AnwBl **04**, 504. Das gilt auch dann, wenn keine mündliche Verhandlung stattfand, S 2, also zB nur eine Güteverhandlung nach § 278 II. Denn § 128 IV erlaubt nur dann einen Beschluß ohne eine Verhandlung, wenn die Entscheidung kein Urteil ist. S 2 spricht aber (unverändert) von „verurteilen". Die Lage ist daher dem § 341 II vergleichbar, auch wenn nur dort das Hauptwort „Urteil" steht. Auch bei § 331 III 1 ergeht die „Entscheidung" ohne eine Verhandlung nach der amtlichen Überschrift ja durch ein (Versäumnis-)Urteil. Das prozessuale Anerkenntnis berührt das sachlichrechtliche Schuldverhältnis überhaupt nicht, anders als evtl ein sachlichrechtliches Anerkenntnis. Daher gibt auch ein Teilanerkenntnis für eine Würdigung des Restanspruchs nichts her, zumal die Beweggründe für jenes nicht sachlichrechtliche, sondern taktische und sonstige Erwägungen sein können. Über den Widerruf des Anerkenntnisses Grdz 59 vor § 128 und Einf 2, 8 vor §§ 306, 307. Ein vereinbarter Widerruf ist bis zum Urteil als Folge der Parteiherrschaft jederzeit statthaft, Grdz 18, 19 vor § 128. Wenn ein Anerkenntnisurteil entgegen Rn 10 ergeht, kann man es mit dem gewöhnlichen Rechtsmittel anfechten, §§ 511 ff, Grdz 16 vor § 704, § 89 Rn 11. Ein Anerkenntnisurteil ist nur dann wirkungslos, wenn auch ein sonstiges Urteil wirkungslos wäre, Üb 14 vor § 300, ferner bei einem widersinnigen Anspruch, etwa beim Anerkenntnis des Eigentums eines nicht eingetragenen Grundstücksbesitzers. Denn es schafft keine innere Rechtskraft nach § 322 gegenüber dem in Wirklichkeit Eingetragenen.

15 **B. Von Amts wegen.** Es ist kein Antrag erforderlich, Rn 16. Vielmehr führt das wirksame Anerkenntnis in seinem Umfang von Amts wegen zur Entscheidung, und zwar beim Erfolg zum Anerkenntnisurteil. Bei einer Säumnis des Klägers darf auf Antrag des Bekl ein Versäumnisurteil auf Abweisung ergehen, § 330. Ein bloßes Anerkenntnisurteil kann grundsätzlich keine Abweisung eines Klagantrags enthalten, Zweibr OLGZ **87**, 372. Bei einer Säumnis des Bekl hindert das Anerkenntnis ein Zurückgreifen auf die Klagebegründung nicht. Es kann und muß daher auch dann ein echtes Versäumnisurteil ergehen, § 331, BGH NJW **93**, 1718, aM StJL 29, ZöV 5 (möglich sei nur ein unechtes Versäumnisurteil auf Anerkennung).

16 **C. Unerheblichkeit eines Antrags.** Aus Rn 15 folgt: Es kommt nicht darauf an, ob der Kläger einen „Antrag" auf den Erlaß eines „bloßen" Anerkenntnisurteils stellt oder ausdrücklich ein „streitiges" Urteil

und „kein Anerkenntnisurteil" beantragt usw. Denn die Anerkenntnisfolge besteht eben in einem von Amts wegen ergehenden entsprechenden Spruch.

D. Sonstige Verfahrensfragen. Das Gericht muß die unheilbaren Prozeßvoraussetzungen nach Grdz 12, 14 vor § 253 auch in diesem Verfahren prüfen, Grdz 39 vor § 128, Karlsr WRP **79**, 223. Fehlen sie, muß das Gericht die Klage trotz eines Anerkenntnisses durch ein Prozeßurteil abweisen, Rn 16, Grdz 14 vor § 253, Hamm MDR **90**, 638. Hingegen ist ein Anerkenntnis auch beim Fehlen der besonderen Prozeßvoraussetzungen des § 256 zulässig, aM Köln VersR **77**, 938 (aber die Parteiherrschaft hat den Vorrang, Grdz 18 vor § 128). Es ist auch beim Fehlen der Voraussetzungen der §§ 259, 592, 722, 723 zulässig. Heilbare Mängel nach § 295 kommen hier nicht infrage. Denn ihrer Rüge steht das Anerkenntnis entgegen. Bei einem Anerkenntnis ist keine mündliche Verhandlung notwendig, S 2. **17**

E. Urteilseinzelheiten. Das Anerkenntnisurteil muß ohne jede Sachprüfung ergehen, Hamm VersR **90**, 1026, Schlesw RR **93**, 932, Streit/Schade JB **04**, 121. Das gilt auch dann, wenn die Sache aussichtslos wäre. Etwas anderes gilt nur bei einer gesetzwidrigen Forderung, Rn 11. Wenn die Partei einen Teilanspruch anerkennt, muß ein Teilanerkenntnisurteil ergehen. Denn § 307 geht dem § 301 II vor, Schlesw SchlHA **88**, 65. Das Gericht darf den Erlaß nur bei einer Verneinung eines wirksamen Anerkenntnisses ablehnen. Diese kann das Gericht durch ein Zwischenurteil aussprechen, LG Nürnb-Fürth NJW **76**, 633, oder im Endurteil aussprechen, Rn 6, aM Schumann Festschrift für Larenz (1983) 585, ThP 10 (Zwischenurteil oder Beschluß), ZöV 4 (Beschluß. Aber § 280 paßt besser). **18**

Die *Bezeichnung* als Anerkenntnisurteil ist grundsätzlich erforderlich, § 313 b I. Sie ist jedoch entbehrlich, soweit ein derartiges Urteil vollständig mit Tatbestand und Entscheidungsgründen ergeht, Düss MDR **90**, 59. Die Kostenentscheidung ergeht nach §§ 91, 93, dort Rn 22. Das Gericht spricht die vorläufige Vollstreckbarkeit nach § 708 Z 1 aus. Die Verkündung erfolgt nach § 311, evtl durch eine Zustellung, § 310 III, BGH NJW **04**, 2020 (zum alten Recht). Eine abgekürzte Urteilsform ist zulässig, § 313 b. §§ 319–321 a sind anwendbar. **19**

6) Rechtsmittel, S 1, 2. Die Anfechtung erfolgt wie bei jedem Endurteil, §§ 511 ff, BGH FamRZ **03**, 1923 links, Düss RR **99**, 1514, Kblz RR **00**, 530 (gesetzwidriges Urteil). Nach einem gemäß § 310 III erlassenen Anerkenntnisurteil beginnt die Rechtsmittelfrist mit der letzten von Amts wegen notwendigen Zustellung, § 317, Ffm NJW **81**, 291. Hat das Gericht unrichtigerweise ein Teilanerkenntnisurteil zur Hauptsache und ein Schlußurteil über die Kosten erlassen, ist eine sofortige Beschwerde gegen das letztere zulässig. Soweit das OLG als Berufungsgericht entschieden hat, kommt allenfalls eine Rechtsbeschwerde an den BGH unter den Voraussetzungen des § 574 in Betracht. Auf Grund neuer Tatsachen kann man sein Anerkenntnis in der Berufungsinstanz ändern, Hbg FamRZ **84**, 706. **20**

Anhang nach § 307

Vergleich

Schrifttum: *Atteslauder-Dürenmatt,* Der Prozessvergleich im internationalen Verhältnis, 2006 (Bespr *Hau* ZZP **121**, 121); *Bork,* Der Vergleich, 1988; *Duve,* Mediation und Vergleich im Prozeß, 1999; *Egli,* Vergleichsdruck im Zivilprozeß, 1996 (Rechtstatsachen); *Ekelöf,* Güteversuch und Schlichtung, Gedächtnisschrift für *Bruns* (1980) 3; *Felsenstein,* Die Vergleichspraxis vor deutschen Gerichten, Diss Augsb 1980; *Frische,* Verfahrenswirkungen, Rechtskraft – internationale Anerkennung und Vollstreckung von Prozessvergleichen . . ., 2005; *Göppinger/Börger,* Vereinbarungen anläßlich der Ehescheidung, 8. Aufl 2005; *Gottwald,* Streitbeilegung ohne Urteil, 1983; *Gottwald/Treuer,* Verhandeln und Vergleichen im Zivilprozess, 2. Aufl 2005; *Gottwald/Treuer,* Vergleichspraxis – Tips für Anwälte und Richter, 1991; *Gottwald/Hutmacher/Röhl/Strempel,* Der Prozeßvergleich usw, 1983; *Haft,* Verhandeln – Die Alternative zum Rechtsstreit, 1992; *Jerschke,* Der Richter als Notar usw, in: Festschrift für *Hagen* (1999); *Kropholler,* Europäisches Zivilprozeßrecht, 8. Aufl 2005 (Bespr *Heiss* VersR **06**, 201); *Lindacher,* Der Prozeßvergleich, Festgabe *50 Jahre Bundesgerichtshof* (2000) III 253; *Musielak,* Der Schlichtungsgedanke im deutschen Zivilprozessrecht, Festschrift für *Beys* (Athen 2004) 1093; *Negaal,* Der außergerichtliche Vergleich, 2002; *Preibisch,* Außergerichtliche Vorverfahren in Streitigkeiten der Zivilgerichtsbarkeit, 1982; *Röhl,* Der Vergleich im Zivilprozeß usw, 1983; *Salje* DRiZ **94**, 285 (ausf; krit *Geffert* DRiZ **94**, 421, *Lempp* DRiZ **94**, 422); *Schallow,* Der mangelhafte Prozessvergleich usw, 2003; *Stueber,* Grundfrage zum Prozeßvergleich aus deutscher und österreichischer Sicht, 2001; *Tempel,* Der Prozeßvergleich usw, Festschrift für *Schiedermair* (1976) 517; *Tempel/Theimer,* Mustertexte zum Zivilprozeß, 1. Erkenntnisverfahren erster Instanz, 6. Aufl 2005; *Ullmann,* Gedanken zur Parteimaxime im Patentverletzungsstreit – Prozeßvergleich, Festschrift für *Ballhaus* (1985), 809; *Veeser,* Der vollstreckbare Anwaltsvergleich, 1995; *Vollkommer,* Formzwang und Formzweck im Prozeßrecht, in: Festschrift für *Hagen* (1999); *Wagner,* Prozeßverträge, Privatautonomie im Verfahrensrecht, 1998; *Wehrmann,* Die Person des Dritten im Prozeßvergleich in materiellrechtlicher und prozessualer Hinsicht, 1995. Vgl ferner die Angaben bei § 279.

Gliederung

1 **1) Systematik.** Die Begriffsbestimmung des bürgerlichrechtlichen Vergleichs gibt § 779 BGB. Häsemeyer ZZP **108**, 289 erörtert sogar beim außergerichtlichen Vergleich eine Doppelnatur (prozessual/sachlichrechtlich). Der Prozeßvergleich ist ein Vollstreckungstitel nach § 794 I Z 1. Er ist eine Rechtsfigur zumindest auch prozeßrechtlicher Art und nicht etwa nur ein bürgerlichrechtlicher Vergleich, der zufällig im Prozeß zustandekommt, Rn 3. Auch während des Prozesses können die Parteien einen außergerichtlichen Vergleich vereinbaren, Grdz 61 vor § 128. Er kommt ohne das Gericht zustande. Er unterliegt nur den Vorschriften des sachlichen Rechts. Er gibt gerade keinen Vollstreckungstitel, auch wenn er während des rechtshängigen Prozesses zustandekommt. Wenn im Anwaltsprozeß nach § 78 Rn 1 eine Partei in Abwesenheit ihres Anwalts vor Gericht einen Vergleich schließt, ist das grundsätzlich ein außergerichtlicher Vergleich, Rn 26. Ein solcher Vergleich berührt die Rechtshängigkeit nach § 261 nicht, auch nicht die ergangene Entscheidung. Er verpflichtet aber als ein sachlichrechtlicher Vertrag über prozessuale Beziehungen nach Grdz 48 vor § 128, soweit er den Prozeß erledigt, zur Klagerücknahme nach § 269. Er gibt insoweit bei einer Fortsetzung des Prozesses die Einrede der Arglist, Einl III 54, § 269 Rn 10. Der außergerichtliche Vergleich kann nur durch eine Klage aus ihm und durch ein entsprechendes Urteil vollstreckbar werden.

Den außergerichtlichen Vergleich regeln unter anderem *§§ 796 a–c (anwaltlicher Vergleich).* Der außergerichtliche Vergleich ist im Prozeß unbeachtlich, solange ihn nicht eine Partei geltend macht. Er beendet einen Prozeß nicht unmittelbar, BGH NJW **02**, 1503. Jede Partei darf sich auf ihn berufen und eine Verurteilung nach dem Vergleich mit einem neuen Antrag verlangen. Darin liegt nach § 264 Z 3 keine Klagänderung. Im weiteren Verfahren muß das Gericht auch über die Wirksamkeit des außergerichtlichen Vergleichs entscheiden. Hat sich eine Partei im Vergleich zur Klagerücknahme verpflichtet, darf das Gericht nur auf eine Rüge des Bekl aussprechen, daß das Verfahren seit dem Abschluß des Vergleichs unstatthaft war.

Nach *§ 278 VI* 1 können die Parteien einen „gerichtlichen Vergleich" auch dadurch schließen, daß sie einen schriftlichen Vergleichsvorschlag des Gerichts schriftsätzlich gegenüber dem Gericht annehmen. Diese Unterart eines Prozeßvergleichs unterscheidet sich von dem in Rn 3 ff erläuterten, in einem Termin zur mündlichen Verhandlung vor Gericht mit oder ohne dessen Vorschlag oder sonstige Mitwirkung zustandekommenden Prozeßvergleich nur durch die Art des Zustandekommens, nicht aber durch die Rechtsfolgen.

Im *FamFG*-Verfahren gilt § 36 FamFG. Diese Vorschrift ist freilich unanwendbar, soweit eine Situation wie bei § 2 FamFG Rn 2 vorliegt.

2 **2) Regelungszweck.** Der Prozeßvergleich wie indirekt der außergerichtliche Vergleich während eines Prozesses dienen der Parteiherrschaft nach Grdz 18 vor § 128. Er dient damit auch der Prozeßwirtschaftlichkeit, Grdz 14 vor § 128. Deshalb fördert ihn § 278 VI, und deshalb lassen sich die ihn betreffenden Regeln an sich großzügig handhaben. Als Vollstreckungstitel nach Rn 1 muß der Prozeßvergleich aber auch die Anforderungen der Rechtssicherheit erfüllen, Einl III 43. Er muß bestimmt sein. Er muß einen vollstreckbaren Inhalt haben usw. Daher muß das Gericht seine formellen wie inhaltlichen Anforderungen auch wiederum streng prüfen. Erst eine vorsichtige Abwägung ergibt eine in erheblicher Mitverantwortung des Gerichts liegende richtige Handhabung.

Bedrängung der Parteien zum Abschluß eines solchen Vergleichs, den sie erkennbar noch oder überhaupt im Grunde gar nicht abschließen wollen, ist eine zwar keineswegs ganz seltene, aber des Gerichts unwürdige Praxis. Sie erhält gelegentlich Förderung von einer Strömung, die den ständigen Einigungsversuch des Richters höher bewertet als seinen Mut und seine Fähigkeit zur Streitentscheidung im Namen des Volkes. Natürlich kann auch ein mit sanfter Gewalt herbeigeredeter Prozeßvergleich eine heilsame Wirkung haben. Dem Rechtsfrieden dient es, wenn sich die Streithähne schließlich sogar im Gerichtssaal die Hände reichen. Aber auch der durch ein Urteil Unterliegende zeigt nicht selten sogleich nach dem Spruch, daß er im Grunde auch nichts anderes erwartet hatte. Die Zweifel darüber, ob ein Vergleich wirklich gerecht war, können sogar einen weiteren Streit über andere Fragen herbeiführen oder verstärken. Auch das gilt es mitzubedenken.

Widerrufsvergleich ist eine verbreitete Praxis. Bald ist sie der einzige Weg, bald nur ein scheinbares und alsbald erfolgloses Mittel der Lösung von Problemen, die tiefer sitzen, und sei es nur psychologisch. Wer sich den Widerruf vorbehält, schließt derzeit in Wahrheit eben noch nicht einen wirklichen Vergleich. Das Gericht bräuchte sich daher eigentlich gar nicht auf einen Widerrufs-„Vergleich" einzulassen. Tut es das doch, sollte es zumindest sofort nach dieser bedingten Einigung einen baldigen Termin zur Verkündung „einer" Entscheidung für den Fall eines rechtzeitigen Widerrufs ansetzen und noch im Vergleichstermin mitteilen, auch um eine nochmalige Ladungsfrist und förmliche Zustellung zu erübrigen, § 218. Selbst ein solches prozessual einwandfreies etwaiges Druckmittel hilft erfahrungsgemäß nicht stets. Das weiß jeder Praktiker. Auch das gilt es vor einem umständlichen Hin und Her zum Ob eines Widerrufsvergleichs mitzubedenken und evtl energisch mitzuteilen, damit die Parteien von einem Widerruf absehen, evtl nach einer kurzen Terminsunterbrechung zwecks Rücksprache mit dem Mandanten usw. Sie kann oft mehr nutzen als eine Widerrufsfrist.

3) Rechtsnatur des Prozeßvergleichs. Sie ist streitig, aber nicht allzu wichtig. 3

A. Rechtsgeschäft. Eine teilweise Begriffsbestimmung des Prozeßvergleichs steckt in § 794 I Z 1: Eine vor Gericht oder vor einer durch die Landesjustizverwaltung eingerichteten oder anerkannten Gütestelle abgegebene beiderseitige Parteierklärung legt einen Streit ganz oder zu einem eines Teilurteils fähigen Teil bei. § 127 a BGB besagt nichts anderes. Die Formulierung „gerichtlicher Vergleich" in §§ 278 VI 1, 794 I Z 1 nötigt nicht zur Unterstellung des Prozeßvergleichs auch unter § 779 BGB. Das gilt, zumal § 127 a BGB ihn nicht erwähnt, obwohl das nur zu nahe gelegen hätte. Der Prozeßvergleich führt zur Vollstreckbarkeit und beendet den Prozeß, Hbg FamRZ **87**, 1173. Ein gegenseitiges Nachgeben ist hier unnötig, LAG Halle MDR **00**, 1635, Keßler DRiZ **78**, 79. Selbst dann, wenn der Bekl vergleichsweise den Anspruch anerkennt und die gesamten Kosten übernimmt, liegt ein wesentlicher Unterschied zum Anerkenntnisurteil vor. Es fehlen nämlich sowohl die innere Rechtskraftwirkung nach § 322 Rn 69 „Vergleich" als auch vor allem die seelische Wirkung einer Verurteilung.

B. Doppelnatur. Nach absolut herrschenden Meinung (zum problematischen Begriff Einl III 47, Zasius DGVZ **87**, 80) hat der Prozeßvergleich nun aber ebenso wie sein Widerruf eine *Doppelnatur,* BGH NJW **05**, 3576, BAG NJW **07**, 1833, Düss Rpfleger **07**, 77: Er ist einerseits ein sachlichrechtliches Geschäft nach § 779 BGB, andererseits eine Parteiprozeßhandlung, Rn 5. Holzhammer Festschrift für Schima (1969) 217 sieht den privatrechtlichen Vergleich und einen Prozeßbeendigungsvertrag isoliert nebeneinander (Doppeltatbestand); ähnlich Tempel Festschrift für Schiedermair (1976) 543. RG **153**, 67 nannte ihn einen „bloßen Privatvertrag", ähnlich BayObLG DNotZ **88**, 113 („Vertrag"). Es braucht kein Vollstreckungstitel zu entstehen, Ffm AnwBl **82**, 248. Natürlich kann ein sachlichrechtliches Geschäft gleichzeitig erfolgen, Düss Rpfleger **07**, 77, Stgt OLGZ **89**, 416 (je: Erbvertrag), auch wenn es als solches den Prozeß nicht beenden kann. Für den Prozeßvergleich ist gerade die Mitwirkung des Gerichts eigentümlich. Das Gericht trägt die volle Verantwortung für die Form, §§ 160 III Z 1, 162, und auch für den Inhalt zumindest insofern, daß der Vergleich nicht gegen ein gesetzliches Gebot verstößt, Keßler DRiZ **78**, 80 (weitergehend). Das Gericht darf erst recht einen Vorschlag nach § 278 VI natürlich nicht mit einem gesetzwidrigen Inhalt und insbesondere nicht mit einem nicht vollstreckungsfähigen Inhalt machen. 4

C. Parteiprozeßhandlung. Der Prozeßvergleich ist also auch eine *Prozeßhandlung der Parteien,* soweit er gegenüber dem Prozeßgericht erfolgt, Grdz 47 vor § 128, Rn 11, AG Mosbach FamRZ **77**, 813. Das gilt auch bei den Annahmeerklärungen nach § 278 VI 1. Sie müssen zur Wirksamkeit ja gerade „gegenüber dem Gericht" erfolgen. Der Prozeßvergleich ist auslegbar, Rn 11. Der Prozeßvergleich ist wie jede Parteiprozeßhandlung auslegbar, Grdz 52 vor § 128 Hamm DGVZ **08**, 64 (Raten, Verfallklausel). Wegen seiner Änderung oder Beseitigung Rn 37. Auch nach Ansicht derer, die ein gegenseitiges zumindest ganz geringes Nachgeben verlangen, braucht sich dieses nicht auf die Hauptsache zu beziehen. Es genügt, daß eine Partei einen Bruchteil der Kosten und der Zinsen übernimmt, LAG Köln MDR **01**, 656, oder daß der Bekl in eine Klagerücknahme einwilligt, wenn diese Einwilligung notwendig ist, aM Mü MDR **85**, 328, StJM § 794 Rn 15 (läßt sogar eine volle Anerkennung genügen, wenn der Kläger sein Ziel einer der inneren Rechtskraft fähigen Entscheidung aufgibt. Dann bleibt freilich von § 779 BGB nichts Rechtes mehr übrig). Zu den Möglichkeiten und Grenzen des Vergleichs Freund DRiZ **83**, 136, Strecker DRiZ **83**, 97, Wacke AnwBl **91**, 601. 5

D. Vergleichsgegenstand. Der Prozeßvergleich muß den Streitgegenstand nach § 2 Rn 4 wenigstens mitbetreffen. Er braucht ihn aber nicht unmittelbar zu betreffen. Auch ein Dritter kann an ihm teilhaben. Zum Problem Segmüller NJW **75**, 1686. Die Parteien können zB einen Mietstreit dadurch erledigen, daß der Bekl dem Kläger einen Pkw abkauft. Der Prozeßvergleich kann auch einen nicht eingeklagten Anspruch einbeziehen, Brdb FamRZ **07**, 487. Er kann auch ein nach § 148 Rn 1 vorgreifliches Rechtsverhältnis bindend bewerten, auch als einen sog Zwischenvergleich. Dieser muß den Prozeß zwar tatsächlich oder rechtlich berühren, beendet ihn aber nicht voll. Der Prozeßvergleich kann auch die Kosten eines anderen Prozesses mitbetreffen oder sich auf die Kosten des vorliegenden Prozesses beschränken, § 98. Soweit die Parteien mehrere anhängige Verfahren erledigen, liegt ein sog Gesamtvergleich vor, BAG MDR **82**, 526. Der Prozeßvergleich kann aufschiebende oder auflösende Bedingungen enthalten. 6

E. Teilbarkeit. Der Prozeßvergleich kann sich auf einen durch ein *Teilurteil* abtrennbaren Teil beschränken, § 301 Rn 4. Wenn er die Kosten übergeht, greift § 98 ein. Ein Prozeßvergleich nur über die Hauptsache und eine gerichtliche Entscheidung über die Kosten ist zulässig, § 98 Rn 30 „Anrufung des Gerichts". Ein Prozeßvergleich ist auch in einem Privatklageverfahren oder in einem öffentlichen Strafverfahren über Kosten und über eine Ersatzleistung zulässig. Kein Prozeßvergleich ist der im schiedsrichterlichen Verfahren geschlossene Vergleich, § 1053 (Ausnahme: § 1032 II). 7

4) Zulässigkeit. Sie folgt einer prozessualen Grundregel. 8

A. Notwendigkeit der Parteiherrschaft. Die Grenzen der Parteiherrschaft nach Grdz 18 vor § 128 beschränken den Prozeßvergleich inhaltlich, Zweibr Rpfleger **92**, 441, LAG Düss MDR **90**, 1044. Das gilt insbesondere nach § 36 I 1 FamFG. Das Gericht muß bei § 278 VI 1 formell vorschlagen und darf und muß auch außerhalb von § 278 VI 1 anregen und bei der Formulierung helfen. Es darf aber keinerlei eigene inhaltliche Entscheidung treffen, auch nicht bei § 278 VI 1. Dort bleibt es ebenfalls den Parteien überlassen, ob sie den Gerichtsvorschlag annehmen. Ein Prozeßvergleich ist unzulässig und daher unwirksam, Rn 36 ff, soweit die Parteiherrschaft fehlt, soweit also zwingende Vorschriften entgegenstehen.

B. Beispiele zur Frage einer Zulässigkeit 9

Arbeitsrecht: Wegen des arbeitsgerichtlichen Beschlußverfahrens Lepke DB **77**, 629.
S auch „Öffentlichrechtliche Pflicht", „Tariflohn".

Auslandsunterhalt: Wegen der Befugnisse des Generalbundesanwalts im Verfahren nach dem AUG Grdz 28 vor § 50, Üb 6, 8 vor § 78.

Ehesache: Zur Zulässigkeit eines Vergleichs in einer Ehesache (jetzt) § 36 FamFG, LG Aachen Rpfleger **79**, 61, AG Mosbach FamRZ **77**, 813.

Unzulässig ist ein Vergleich über das Bestehen einer Ehe außer in Richtung auf eine Versöhnung.

Gesetzeswidrigkeit: *Unzulässig* ist ein Vergleich, soweit sein Inhalt staatsordnungs- oder sonst gesetzwidrig ist, § 134 BGB.

S auch „Sittenwidrigkeit".

Kapitalanleger-Musterverfahren: Ein Prozeßvergleich ist nur begrenzt zulässig, § 14 III 2 KapMuG, SchlAnh VIII.

Notar: *Unzulässig* ist ein Vergleich über die Höhe einer Notarvergütung nach § 140 S 2 KostO, soweit es nicht um echte Unklarheiten des Wertansatzes geht, Schlesw DNotZ **85**, 480 (zustm Lappe).

Öffentliche Mittel: *Unzulässig* kann ein Vergleich sein, soweit eine Partei über den Streitgegenstand nicht verfügen darf, Rn 8, weil es sich zB um öffentliche Mittel handelt, §§ 58, 59 BHO, § 4 DarlVO v 31. 5. 74, BGBl 1260.

Öffentlichrechtliche Pflicht: *Unzulässig* ist ein Vergleich, soweit es sich um eine öffentlichrechtliche Pflicht handelt, zB um eine Eintragung in eine Steuer- oder Versicherungskarte, LAG Düss MDR **90**, 1044 (auch zur Vollstreckbarkeit nach § 888).

Ordnungsmittel: *Unzulässig* ist ein Vergleich, soweit er ein Ordnungsmittel androht oder festsetzt, § 890 Rn 7, 32.

Patent: Wegen eines Patentverletzungsstreits Brändle GRUR **01**, 880, Ullmann GRUR **85**, 811.

Scheidung: S „Ehesache".

Sittenwidrigkeit: *Unzulässig* ist ein Vergleich, soweit sein Inhalt sittenwidrig ist, § 138 BGB.

S auch „Gesetzwidrigkeit".

Strafantrag: Zulässig ist ein Vergleich auch, soweit er die Rücknahme eines Strafantrags umfaßt. Es hat sich sogar die faktische Aushandlung der Ergebnisse ganzer Strafverfahren mehr oder minder eingebürgert.

Strafanzeige: Zulässig ist ein Vergleich auch, soweit er die Rücknahme einer Strafanzeige umfaßt, Ffm MDR **75**, 585.

S auch „Strafantrag".

Tariflohn: *Unzulässig* ist ein Vergleich, soweit er gesetz- oder sittenwidrigerweise den Grundsatz der Unabdingbarkeit des Anspruchs auf einen Tariflohn verletzt.

Überschreitung des Streitgegenstands: Zulässig ist ein Vergleich auch, soweit er über den bisherigen Streitgegenstand nach § 2 Rn 4 hinausgeht, Oldb VersR **92**, 377.

Unbestimmtheit: Sie mag vollstreckungsschädlich sein und eine neue Klage erfordern. Sie macht den Vergleich aber nicht unwirksam, Zweibr FamRZ **98**, 1127.

Vollstreckbarkeit: Sie ist zwar eine Voraussetzung einer Zwangsvollstreckung. Sie ist aber nicht eine Voraussetzung schon der Wirksamkeit des Prozeßvergleichs, BayObLG NJW **00**, 225 (Vereinbarung, keiner schulde dem anderen noch etwas), Kblz JB **04**, 135.

Wohnungseigentum: Zur Zulässigkeit eines Vergleichs in einer WEG-Sache (zum alten Recht) BayObLG FGPrax **99**, 99.

10 **5) Widerruf**, dazu *Scharpenack*, Der Widerrufsvergleich im Zivilprozeß, 1996; *Schneider* MDR **99**, 595 (zur Fristberechnung): Man muß eine etwaige Genehmigungsbedürftigkeit prüfen, zB bei einer Wohnungseigentümergemeinschaft, KG ZMR **02**, 72. Liegt sie vor, hängt die Wirksamkeit bereits von der Genehmigung ab. Ist diese zwar nicht erteilt, aber auch nicht erforderlich oder ist sie erteilt, hängt der Widerruf des Prozeßvergleichs in seiner Wirksamkeit zunächst von einem eindeutig anderen natürlich vorrangigen Parteiwillen ab, BGH **88**, 367. Mangels solcher Abhängigkeit ist seine Erklärung trotz des auf eine auflösende Bedingung deutenden Worts „Widerruf" in der Regel als eine aufschiebende Bedingung des Nichtwiderrufs auslegbar, BGH **88**, 367, BAG DB **98**, 1924, BVerwG NJW **93**, 2193. Das gilt insbesondere bei einer kurzen Widerrufsfrist. Sie ist in der Praxis die Regel. Der Widerruf ist grundsätzlich zulässig. Das gilt auch bei § 278 VI 1. Zu seiner praktischen Bedeutung wie Problematik Rn 2. Den Widerruf knüpft der Vergleich zweckmäßig an einen bestimmten Tag, bis zu dem der Widerruf beim Gericht eingehen muß, Rn 13. Sonst können Unklarheiten über die Wirksamkeit entstehen, § 222 Rn 1.

A. Widerrufsfrist. Sie ist keine richterliche Frist. Sie ist erst recht keine gesetzliche Notfrist, § 224 I 2. Das gilt auch bei § 278 VI 1. Denn dort schlägt das Gericht nur vor, erst die Parteien vereinbaren die Frist. Darum gibt es gegen ihre Versäumung grundsätzlich keine Wiedereinsetzung, § 233 Rn 9, BGH NJW **95**, 522, BAG MDR **98**, 794, LAG Bre DB **02**, 2732, aM StJSchu § 233 Rn 17 (aber man muß angesichts des klaren Wortlauts des § 233 mit einer ausdehnenden Auslegung äußerst behutsam sein, Einl III 39). Die Rechtzeitigkeit des Widerrufs läßt sich unterstellen, falls sonst ein Verstoß wegen Treu und Glauben vorliegen würde, Einl III 54, BGH **61**, 400. Die Parteien können die Frist wegen der Parteiherrschaft nach Grdz 18 vor § 128 bei einer Einhaltung der Vergleichsform einverständlich verlängern, Hamm FamRZ **88**, 535, Karlsr JB **05**, 546, LG Bonn MDR **97**, 783, aM BGH **61**, 398 (aber es ist eben der Vergleich der Parteien. Das Gericht beurkundet ihn nur). Das gilt wohl sogar für eine einverständliche erst nach dem Fristablauf vereinbarte „Verlängerung". Sie läuft inhaltlich auf einen außergerichtlichen Vergleich mit einem Widerrufsvorbehalt bis zum Ende der „verlängerten" Frist hinaus. Eine Anzeige vor dem Fristablauf beim Gericht ist bei einer so vereinbarten Verlängerung nicht nötig, Karlsr JB **05**, 546.

11 **B. Wirksamkeit.** Da der Widerruf nach Rn 5 auch eine Parteiprozeßhandlung ist, darf das Gericht seine Wirksamkeit auch bei der Vereinbarung einer Form *nur nach dem Prozeßrecht* beurteilen, Grdz 58 vor § 128, Mü NJW **92**, 3042, aM Hamm NJW **92**, 1705, ThP § 794 Rn 13 (aber die Parteien haben die Inhaltsherrschaft, das Gericht hat die Formherrschaft). Es ist eine Unterschrift nötig, LAG Kiel NZA-RR **06**, 379.

Der Vergleich ist *auslegbar,* Düss Rpfleger **07**, 77, auch wegen eines Widerrufs, Rn 5, Grdz 52 vor § 128. Das gilt auch in der Revisionsinstanz, BAG BB **04**, 895. Sie darf nicht kleinlich am Wortlaut kleben, Einl III 40, BGH Rpfleger **91**, 261, Oldb VersR **92**, 377, Gottwald FamRZ **01**, 843. Das gilt auch bei § 278 VI 1. Der Widerruf nur eines von mehreren Schuldnern kann danach ausreichend sein, Kblz VersR **05**, 656. Zur Auslegung des Vorbehalts zugunsten mehrerer gemeinsam Vertretener BGH **61**, 394. Wenn danach ein wirksamer Widerruf erfolgte, ist eine Rücknahme des Widerrufs nicht möglich, selbst wenn der Gegner einverstanden wäre. Denn es würde sich zumindest auch um den Widerruf einer in Wahrheit unwiderruflichen Prozeßhandlung handeln, Grdz 56 vor § 128. Ein einseitiger Rücktritt ist mangels vereinbarter Zulässigkeit wirkungslos, BayObLG FGPrax **99**, 99.

C. Adressat. Den Adressaten dürfen die Parteien vereinbaren, BGH NJW **05**, 3576 (krit Würdinger JZ **06**, 627), Düss RR **87**, 256. Mangels abweichender Vereinbarung genügt ein Widerruf gegenüber dem Gegner nicht, Rn 46. Das gilt erst recht bei § 278 VI 1, Rn 45. Dort ist ja schon die Annahme des Gerichtsvorschlags „gegenüber dem Gericht" notwendig. Wenn die Parteien freilich zulässigerweise eindeutig vereinbart haben, daß der etwaige Widerruf nur gegenüber dem Gegner erfolgen müsse, dann handelt es sich auch bei § 278 VI 1 (nur) beim Widerruf um eine empfangsbedürftige Willenserklärung des bürgerlichen Rechts, § 130 BGB. Es kann eine abweichende Übung bestehen. Haben die Parteien eine bloße „Anzeige zu den Akten" vereinbart, genügt ein Schriftsatz ohne eine eigenhändige Unterschrift des ProzBev. Haben sie freilich „mit Schriftsatz" oder „schriftlich" vereinbart, muß man den Widerruf als einen sog bestimmenden Schriftsatz wie sonst voll unterschreiben, § 129 Rn 5, 9, BAG NJW **89**, 3035, LAG Köln AnwBl **90**, 626. Wegen eines elektronischen Dokuments § 130 a. Die Fristberechnung erfolgt nach § 222 II, BGH MDR **79**, 49 (§ 193 BGB). 12

D. Rechtzeitigkeit. Für die Rechtzeitigkeit eines Widerrufs „gegenüber dem Gericht" ohne eine nähere Angabe, gegenüber wem dort im einzelnen, genügt der Eingang im Machtbereich des Gerichts, BGH NJW **80**, 1752 (zustm Grundmann JR **80**, 331), BAG NJW **86**, 1374. Es genügt also der Eingang auf der dortigen Posteinlaufstelle, zB der Verwaltungsgeschäftsstelle. Es ist dann also der weitere Eingang auf der Geschäftsstelle der zuständigen Abteilung usw nicht notwendig, BVerfG **60**, 246. Das gilt auch bei einer „Anzeige zu den Gerichtsakten", Hamm MDR **05**, 1072. Dem ArbG München steht die „allgemeine Einlaufstelle der Justizbehörden" gleich. Denn das ArbG gehört zu den letzteren, aM LAG Mü NJW **88**, 439. Der vereinbarten auswärtigen Zweigstelle steht ihr Stammgericht gleich, BAG NZA **04**, 1000. Vgl auch Rn 42. Es kann ein Einwurf in den Nachtbriefkasten genügen, Köln RR **96**, 122 (auch zu Beweisfragen). Es kann auch ein Einwurf in das beim AG für das LG miteingerichtete Postfach genügen, BGH VersR **89**, 932. 13

Falls die Parteien nichts Besonderes vereinbart haben, genügt eine *telefonische* Mitteilung oder die Aushändigung der Widerrufsschrift an den Urkundsbeamten der Geschäftsstelle des Gerichtstages, BGH NJW **80**, 1754. Man kann den Eingang beim Stammgericht für nicht ausreichend halten, wenn die Parteien vereinbart haben, der Widerruf müsse bei einem auswärtigen Senat eingehen. Ein Widerruf des vor einem LAG geschlossenen Vergleichs muß durch den ProzBev erfolgen, LAG Freibg DB **76**, 203. An die Überwachung der Rechtzeitigkeit des Widerrufs durch den ProzBev muß man scharfe Anforderungen stellen. Sie gehen über diejenigen bei § 233 wegen Rn 10 hinaus, BGH NJW **95**, 522.

E. Unanfechtbarkeit. Die Nichtausnutzung einer Widerrufsmöglichkeit ist unanfechtbar. Der Verzicht auf einen Widerruf ist zulässig. Er ist ebenfalls unanfechtbar, LAG Köln MDR **04**, 902. Er führt zur Unwirksamkeit eines trotzdem erklärten Widerrufs. Der Widerruf ist grundsätzlich unwiderruflich, Grdz 56 vor § 128. Bei einem Streit über den Widerruf gilt das in Rn 36 ff Ausgeführte, § 310 Rn 7, auch zum Verkündungstermin bei einem rechtzeitigen Widerruf. 14

6) Erfordernisse. Man muß eine ganze Reihe von Bedingungen beachten. 15

A. Vor Gericht. Der Prozeßvergleich muß vor einem deutschen Gericht erfolgen. Das gilt auch bei § 278 VI 1. Denn die erforderlichen Annahmeerklärungen müssen „gegenüber dem Gericht" erfolgen. Erst mit ihrem dortigen Eingang kommt der Vergleich nach § 278 VI 1 zustande, auch in Verbindung mit § 36 III FamFG. Gemeint ist das Prozeßgericht, Düss JB **93**, 728, also auch der Einzelrichter, §§ 348, 348 a, 526, 527, 568. Gemeint sind ferner: Bei § 118 I 3 das mit dem Prozeßkostenhilfeverfahren befaßte Gericht, §§ 117 ff; das Beschwerdegericht, § 567; der verordnete Richter, §§ 361, 362; das Vollstreckungsgericht einschließlich des Versteigerungsrichters; die Kammer für Baulandsachen, Mü MDR **76**, 150; der Rpfl, soweit er zuständig ist, zB Rn 21; das Strafgericht zB bei §§ 403 ff StPO, Pecher NJW **81**, 2170. Eine fehlerhafte Besetzung schadet nicht, zB mit einem Hilfsrichter als Vorsitzendem. Denn es kann auch eine gerichtliche Protokollierung erfolgen. Anders, wenn §§ 41 ff vorliegen.

Ein befaßtes Gericht kann sämtliche *anderen Streitigkeiten* der Parteien, anhängige und andere, zusammen mit dem Streitgegenstand nach § 2 Rn 4 vergleichen. Dabei genügt jeder Zusammenhang mit dem Streitgegenstand, Rn 6. Gerade das ist eine verdienstvolle Tätigkeit des Richters, zwischen den Parteien glatte Bahn zu schaffen. Hierhin gehört jedes ordentliche Gericht, aber auch ein anderes Gericht, das wesentlich nach der ZPO arbeitet, also vor allem auch das Arbeitsgericht, §§ 54, 57 ArbGG. Es kommt also weder auf die örtliche noch auf die sachliche Zuständigkeit an. Demgemäß genügt auch ein Gericht der freiwilligen Gerichtsbarkeit. Das ist eine praktische Notwendigkeit, zumal immer mehr „streitige" Sachen im Verfahren der „freiwilligen" Gerichtsbarkeit entschieden werden. Wegen der vorrangigen EuGVVO SchlAnh V C 2. 16

B. Vor Gütestelle. Der Prozeßvergleich kann auch vor einer durch die Landesjustizverwaltung eingerichteten oder anerkannten Gütestelle erfolgen, § 794 Rn 4, § 797 a Rn 2. Dieser Vergleich steht in seinen Voraussetzungen und Wirkungen dem gerichtlichen gleich. Er ersetzt also wie ein gerichtlicher Vergleich auch jede sachlichrechtliche Form, Rn 34. 17

C. Vergleichspartner. Zustandekommen kann der Vergleich zwischen den Parteien des Streit-, Güte-, Prozeßkostenhilfeverfahrens nach Grdz 4 vor § 50, auch des Vollstreckungsverfahrens. Dabei muß man grundsätzlich jeden Streitgenossen selbständig behandeln, § 61. Bei einer notwendigen Streitgenossenschaft nach § 62 bindet der von von einem Streitgenossen abgeschlossene Prozeßvergleich das Gericht und andere Streitgenossen nur, wenn der Abschließende sachlichrechtlich über den ganzen Streitgegenstand verfügen durfte oder wenn alle anderen zustimmen, § 62 Rn 20. Über die Vergleichsbefugnis des Streithelfers § 67 Rn 11. Der Vergleich kann auch zwischen beiden Parteien und einem Dritten zustandekommen. Dieser gilt für den Prozeßvergleich als Partei, aber nicht für den Prozeß, BGH **86**, 164. Das gilt nach dem Regelungszweck auch bei § 278 VI 1. Ein Vergleich zwischen „einer Partei und einem Dritten" (so der Text des § 794 I Z 1) würde die andere Partei nichts angehen, § 794 Rn 5. 18

19 **D. Verfahrensart.** Der Prozeßvergleich muß grundsätzlich zustandekommen ab Anhängigkeit, § 261 Rn 1 (s aber unten), zB im Prozeßkostenhilfeverfahren, § 118 I 3, und bis zur formellen Rechtskraft, eines zivilgerichtlichen Streitverfahrens, §§ 705, 794 I Z 1, oder eines Entschädigungsanspruchs im Strafprozeß, § 404 II StPO, ohne daß er auf das Urteilsverfahren beschränkt wäre. Der Prozeßvergleich ist also auch im Arrest- und einstweiligen Verfügungs- oder Anordnungsverfahren zulässig, §§ 916 ff, BGH Rpfleger **91**, 261. Dort läßt sich auch die Hauptsache vergleichen. Dabei muß man KV 1900 beachten. Der Prozeßvergleich ist ferner im selbständigen Beweisverfahren nach §§ 485 ff zulässig, unabhängig von einer Klagerhebung, § 492 III Hs 2. Natürlich ist ein Prozeßvergleich auch in einer höheren Instanz statthaft. Nicht ausreichend ist sein Abschluß im Vollstreckbarkeitsverfahren des § 722. Denn dort ist auch eine private Vereinbarung unstatthaft, § 722 Rn 3.

20 *Nicht zulässig* ist ein zu protokollierender Prozeßvergleich im Mahnverfahren nach §§ 688 ff. Denn vor einem Widerspruch, mit dem es endet, ist keine Terminsbestimmung möglich. Es ist aber ein Prozeßvergleich nach § 278 VI 1 auf einen Vorschlag schon des Rpfl möglich. Über den Prozeßvergleich in einer Ehesache Rn 9. Eine tatsächliche Rechtshängigkeit nach § 261 genügt. Das Gericht darf diejenigen Prozeßvoraussetzungen nach Grdz 12 vor § 253 nicht prüfen, die die Parteien und den Dritten betreffen. Vorliegen müssen: Die Partei- und Prozeßfähigkeit, §§ 50, 51; eine gesetzliche Vertretung; die Vollmacht, § 80. Die letztere ermächtigt stets nach außen, wenn der Vollmachtgeber sie nicht ersichtlich beschränkt hat, § 83. Auch dann heilt eine Genehmigung. Unbeachtlich sind zB eine Unzuständigkeit oder eine Unzulässigkeit des Rechtswegs oder einer Widerklage, Anh § 253, BGH NJW **88**, 65.

21 **E. Protokoll: Wegfall bei § 278 VI 1, sonst Notwendigkeit.** Beim Prozeßvergleich auf einen *Gerichtsvorschlag* nach § 278 VI 1 entfällt ein Protokoll, LG Stgt JB **05**, 322, zumindest für die Annahmeerklärungen der Parteien, Dahlem/Wiesner NZA **04**, 531. Vielmehr genügt es und ist erforderlich, daß diese Erklärungen bei Gericht eingehen und daß das Gericht anschließend das Zustandekommen und den Inhalt des bereits „geschlossenen" Vergleichs nach § 278 VI 2 durch einen Beschluß feststellt. Er ersetzt eine Schriftform. Er erfordert keine mündliche Verhandlung, § 128 IV, und daher auch kein Protokoll. Das gilt ungeachtet § 164. Es gilt nach § 278 VI 3 ja nur entsprechend für den Beschluß des § 278 VI 2.

In sonstigen Fällen gilt: § 118 I 3 Hs 2 schreibt für den Vergleich im Prozeßkostenhilfeverfahren ein gerichtliches Protokoll vor, BVerwG JZ **96**, 100, LG Bln Rpfleger **88**, 110, AG Groß Gerau JB **98**, 76. Das gilt auch in allen anderen sonstigen Verfahrensarten außerhalb von § 278 VI 1, Köln FamRZ **94**, 1048. Zur Beurkundung kann auch der Rpfl zuständig sein, soweit ihn der Vorsitzende damit beauftragt, § 20 Z 4 a RPflG.

Zur *Berichtigung* des Protokolls § 164. Ein Prozeßvergleich enthält streng genommen selbst dann keine Sachentscheidung nach § 319, wenn das Gericht auf seinen Inhalt erheblich eingewirkt hat. Aus praktischen Erwägungen ist aber § 319 meist entsprechend anwendbar, § 319 Rn 3. Die Protokollierung ersetzt eine notarielle Beurkundung, § 127 a BGB.

Erforderlich und ausreichend sind Angaben nach Rn 22, 23.

22 **F. Ort, Zeit, Beteiligte.** In das Protokoll gehören nach § 160 I: Der Ort und der Tag der Verhandlung; die Namen der Richter oder des Rpfl, des Urkundsbeamten der Geschäftsstelle, des Dolmetschers; die Bezeichnung der Sache; die Namen der erschienenen Parteien, Streithelfer, Vertreter, Bevollmächtigten, Beistände, Zeugen und Sachverständigen; die Angabe, ob öffentlich oder nichtöffentlich verhandelt ist.

23 **G. Verhandlungsablauf.** In das Protokoll gehören nach § 160 II die Angaben des Ablaufs der Verhandlung im wesentlichen, also zB ob der Vergleich auf eine Anregung des Gerichts zustande kam. Das ist für seine Wirksamkeit freilich nicht wesentlich.

24 **H. Vergleichswortlaut.** In das Protokoll gehört nach § 160 III Z 1 der volle Wortlaut des eigentlichen Prozeßvergleichs.

25 **I. Vorlesung, Genehmigung.** Erforderlich sind nach § 162 I der Vermerk über die Vorlesung oder Vorlegung gegenüber allen Beteiligten, KG FamRZ **84**, 285, und der Vermerk über deren Genehmigung, BGH **142**, 88, Düss FamRZ **83**, 723, Hbg FamRZ **87**, 1173. Ein Verstoß ist aber kein Wirksamkeitsmangel, BGH MDR **99**, 1150, aM Hamm MDR **00**, 350, Köln FamRZ **99**, 1048 (aber ein solcher Verstoß ist meist heilbar, § 162 Rn 10). Erforderlich und unverzichtbar ist ferner der Vermerk über etwaige Einwendungen, zB über einen Rücktritts- oder Widerrufsvorbehalt, Hbg FamRZ **87**, 1173, LG Köln JMBlNRW **80**, 272.

26 **J. Unterschriften.** Erforderlich sind nach § 163 die vollen Unterschriften des Vorsitzenden und des Urkundsbeamten der Geschäftsstelle, vor denen der Prozeßvergleich zustande kam, also zB des beauftragten Richters bzw Rpfl.

27 **K. Weitere Einzelfragen.** Wegen einer vorläufigen Aufzeichnung § 160 a. Das Gericht darf und muß stets sorgfältig auf die Klarheit und vor allem auch auf eine Vollstreckbarkeit achten, Schneider MDR **97**, 1092. Ein Prozeßvergleich, „die laufende Miete pünktlich zu zahlen", ist nicht vollstreckbar. Eine Formungültigkeit läßt sich zeitlich unbegrenzt geltend machen. Eine mündliche Erklärung ohne Protokollierung reicht nicht mehr aus, Rn 21. Die Bezugnahme auf ein Schriftstück genügt, falls es dem Protokoll als eine Anlage beiliegt, § 160 V, Ffm FamRZ **80**, 908. Eine sachliche Änderung nur durch das Gericht ist unstatthaft, Nürnb MDR **03**, 652. Eine bloße Protokollberichtigung ist zulässig, Hamm MDR **83**, 410, Vollkommer Rpfleger **76**, 258, aM Stgt Rpfleger **76**, 278 (aber § 164 gilt für jedes Protokoll). Ein Formverzicht ist unwirksam, LG Brschw MDR **75**, 322.

Falls danach ein unheilbarer *Formfehler* vorliegt, ist der Prozeßvergleich nicht wirksam zustande gekommen. Folglich liegt dann auch kein Vollstreckungstitel vor, BGH NJW **84**, 1466, Köln FamRZ **86**, 1018, Zweibr Rpfleger **00**, 461. Vielmehr mag dann ein außergerichtlicher Vergleich vorliegen, § 160 Rn 8, Düss FamRZ **83**, 723. Das gilt auch dann, wenn der Formfehler einen Dritten betrifft. Es kommt für die Wirksamkeit als außergerichtlicher Vergleich auf § 154 II BGB an, KG FamRZ **84**, 285 (beim Scheidungsfolgenvergleich ist Zurückhaltung geboten).

Eine *Unterschrift der Parteien* oder des zugezogenen Dritten unter dem Protokoll ist *unnötig.* Ein gerichtlicher Vergleichsvorschlag mit dem Zusatz, mangels anderweitiger Nachricht gelte der Vergleich als abgeschlossen, bedeutet nur, daß das Gericht beim Schweigen eine Einigung annimmt. Die Annahme des gerichtlichen Vergleichsvorschlags ist eine unwiderrufliche Parteiprozeßhandlung, Grdz 47 ff vor § 128.

7) Vertretung 28

Schrifttum: *Bücker,* Anwaltszwang und Prozeßvergleich, Diss Bochum 1980.

A. Grundsatz: Anwaltszwang wie sonst. Soweit sonst ein Anwaltszwang besteht, § 78 I, II, gilt er auch für einen Prozeßvergleich, BGH NJW **91**, 1743, Schlesw MDR **99**, 252, aM Mü Rpfleger **86**, 409 (aber gerade der Prozeßvergleich erfordert erfahrungsgemäß eine anwaltliche Vertretung). Das gilt auch bei § 278 VI 1. Denn die Annahme des dortigen Gerichtsvorschlags erfordert ja eine Parteiprozeßhandlung „gegenüber dem Gericht". Sowohl die Partei als auch ein hereingezogener Dritter muß anwaltlich vertreten sein, aM BGH **86**, 160 (abl Bergerfurth JR **83**, 371. Andernfalls handelt es sich dann grundsätzlich allenfalls um einen außergerichtlichen Vergleich. Auf ihn ist § 794 I Z 1 unanwendbar, Düss NJW **75**, 2299, Köln AnwBl **82**, 114, Stgt JB **76**, 92). Das hat seinen guten Sinn darin, daß die Parteien oder der Dritte oft genug nicht die volle Tragweite der Erklärungen einschließlich der oft mit dem Vergleich verbundenen Verzichtserklärungen übersehen können, während sich andererseits auch das Kollegium oft nicht hinreichend allen solchen Einzelheiten widmen kann, die die Beteiligten etwa vergleichen oder mitberühren. Deshalb hat der Gesetzgeber den Weg nach § 278 VI eröffnet.

Vor einer *zu großzügigen Praxis* insbesondere vor dem Abschluß bei einem Kollegialgericht ohne eine 29 Anwaltsmitwirkung sollte man im Interesse der Vollstreckbarkeit absehen. Mangels Vollstreckbarkeit oder wegen einer Unwirksamkeit des Vergleichs kann nur zu leicht ein weiterer Rechtsstreit entstehen, BGH NJW **85**, 1963.

B. Beispiele zur Frage eines Anwaltszwangs 30

Arrest, einstweilige Verfügung: Ein Anwaltszwang besteht auch im Eilverfahren wie sonst, § 920 Rn 17, § 936 Rn 2 „§ 920", Köln FamRZ **88**, 1274.

Beauftragter, ersuchter Richter: *Kein* Anwaltszwang besteht vor ihm, §§ 78 III Hs 1, 361, 362, Düss NJW **75**, 2299, Ffm FamRZ **87**, 838 (er muß natürlich gesetzmäßig zuständig sein).

Einzelrichter: Ein Anwaltszwang besteht auch vor dem Einzelrichter, soweit er das Prozeßgericht ist, (jetzt) 31 §§ 348, 348 a, 526, 527, 568, Celle OLGZ **75**, 353, Karlsr JB **76**, 372, ZöV § 78 Rn 11, aM Kblz MDR **76**, 940 (aber dann erfolgt der Vergleich eben vor dem Prozeßgericht).

Familiensache: Ein Anwaltszwang besteht stets beim Vergleich vor dem FamG in den Fällen (jetzt) § 114 I FamFG, BGH NJW **91**, 1743 (eine gerichtliche Genehmigung heilt nicht), Zweibr FamRZ **87**, 84, AG Groß Gerau FamRZ **01**, 422, aM Hbg FamRZ **88**, 1299, Mü Rpfleger **86**, 409, AG Groß Gerau FamRZ **88**, 187 (aber [jetzt] § 114 I FamFG ist nach seinem Wortlaut und Sinn eindeutig, Einl III 39).

Handelssache: Ein Anwaltszwang besteht auch vor dem Vorsitzenden der Kammer für Handelssachen, 32 § 349, Stgt JB **76**, 92, Bergerfurth NJW **75**, 335, § 78 Rn 38.

Klagerücknahme: Eine Klagerücknahme nach § 269 ist ebenso wie die Rücknahme eines Rechtsmittels oder ein Rechtsmittelverzicht häufig der Gegenstand eines Vergleichs. Man kann sie vor einem Kollegialgericht nur durch den ProzBev wirksam erklären. Denn der Prozeßvergleich ist ja zumindest auch eine Parteiprozeßhandlung nach Rn 3, Ffm Rpfleger **80**, 291, Köln FamRZ **88**, 1274, StJBo § 78 Rn 17, aM Schneider MDR **76**, 393 (aber man muß dann auch konsequent sein).

Prozeßkostenhilfeverfahren: *Kein* Anwaltszwang besteht vor dem dort tätigen Rpfl, § 20 Z 4 a RPflG. 33

Ein Anwaltszwang *besteht* für einen erst nach der Beendigung des Prozeßkostenhilfeverfahrens geschlossenen Vergleich, Köln AnwBl **82**, 114, unklar Celle Rpfleger **90**, 27.

Rechtsgeschäft: Ein Anwaltszwang für den Prozeßvergleich bedeutet bei einem gleichzeitig erfolgenden sachlichrechtlichen Geschäft nicht, daß für das letztere die Mitwirkung *seiner* Partner entbehrlich wäre, Grdz 61 vor § 128, Stgt OLGZ **89**, 417 (Erbvertrag).

8) Wirkung 34

Schrifttum: *Münzberg,* Die Auswirkung von Prozeßvergleichen auf titulierte Ansprüche und deren Vollstreckung, Festschrift für *Gaul* (1997) 447.

A. Sachlichrechtliche Wirkung. Der Prozeßvergleich ersetzt schon wegen seiner Doppelnatur auch jede sachlichrechtliche Form, Rn 5, BGH Rpfleger **91**, 261. Das gilt nicht nur bei einem Vertrag. Es gilt auch bei § 278 VI 1. Etwas anderes gilt nur dann, wenn eine andere Behörde sachlich ausschließlich zuständig ist, wie der Standesbeamte für die Eheschließung. Der Prozeßvergleich ersetzt zB die Schriftform der Bürgschaftserklärung oder eine Beurkundung etwa eines Erbverzichtsvertrags. Das gilt auch dann, wenn die gleichzeitige Anwesenheit der Parteien erforderlich ist, wie beim Ehevertrag. Denn auch beim Prozeßvergleich müssen ja außerhalb desjenigen nach § 278 VI 1 beide Teile anwesend sein, wenn sie auch anwaltlich vertreten sein mögen, Art 143 EGBGB, und beim Vergleich nach § 278 VI 1 müssen die Annahmeerklärungen „gegenüber dem Gericht" erfolgen und zur Wirksamkeit dort auch rechtzeitig eingehen. Eine Auflassung kann im Prozeßvergleich erfolgen, § 925 I 3 BGB. Eine persönliche Erklärung zB nach § 2347 II BGB wird nicht ersetzt. Denn sie ist kein reines Formerfordernis. Dann aber darf die Partei persönlich erscheinen und sich erklären, selbst im Anwaltsprozeß.

Bei *§ 278 VI* ist der nach dort S 2 vorgeschriebene feststellende Beschluß notwendig. Unabhängig davon muß man bei jedem Prozeßvergleich eine etwa notwendige gerichtliche Genehmigung abwarten, AG Mosbach FamRZ **77**, 813. Im Zweifel ist der im Vergleich erfaßte Anspruch sofort fällig, Köln ZMR **96**, 86. Solange nicht zB der Betreuer seine Genehmigung dem Gegner mitgeteilt hat, ist ein im übrigen wirksamer Vergleich doch unwirksam, § 1829 BGB. Der Prozeßvergleich wirkt nicht schuldumschaffend, BGH NJW **03**, 3346. Wegen der Wirkung des außergerichtlichen Vergleichs Rn 2, 24. Wegen einer Abänderbarkeit § 323 Rn 66.

35 **B. Prozessuale Wirkung.** Der Prozeßvergleich beendet den Prozeß, §§ 81, 83: „Beseitigung des Rechtsstreits", BGH **86**, 187, Hamm AnwBl **89**, 239. Das gilt auch bei § 278 VI 1. Daher erlischt mit seinem Wirksamwerden in seinem Umfang die Rechtshängigkeit, § 261. Sie beginnt allenfalls neu, wenn der Rechtsstreit wegen der Unwirksamkeit des Prozeßvergleichs seinen Fortgang findet, Rn 37, BAG NJW **83**, 2213. Ein Prozeßvergleich macht den Rückgriff auf einen früheren Standpunkt unwirksam, Düss NVersZ **01**, 479. Er beseitigt auch im vereinbarten Umfang die Wirkung eines noch nicht rechtskräftigen Urteils, Düss RR **99**, 943, Hamm AnwBl **89**, 239, Mü BB **00**, 744. Die Parteien können durch eine Verzichtserklärung usw den wirksam zustande gekommenen Prozeßvergleich in seiner prozessualen Wirkung nicht wieder beseitigen, Rn 42, 43. Sie können höchstens vereinbaren, ihn nicht geltend zu machen, Grdz 27 vor § 704. Der Prozeßvergleich ist ein Vollstreckungstitel, § 794 Rn 7, BGH Rpfleger **91**, 261. Das gilt natürlich auch bei § 278 VI 1. Denn auch er ist ein „gerichtlicher" Vergleich, nämlich zumindest im weiteren Sinn vor Gericht geschlossen. Ein Prozeßvergleich muß nicht schon zur Wirksamkeit, sondern erst zur Vollstreckbarkeit einen vollstreckungsfähigen Inhalt haben, Rn 9 „Vollstreckbarkeit", Grdz 15 vor § 704. Einzelfragen § 794 Rn 7–11.

36 **9) Unwirksamkeit,** dazu *Schneider* MDR **05**, 19 (Kostenfragen), *Schallow* (vor Rn 1): Man muß zahlreiche Streitfragen beachten.

A. Grundsatz: Anfechtbarkeit. Der Prozeßvergleich ist wegen seiner Doppelnatur nach dem bürgerlichen Recht anfechtbar, Rn 5, Hbg ZMR **96**, 266, OVG Hbg NJW **04**, 2111. Wegen einer Geistesstörung Brschw OLGZ **75**, 441, LG Schweinfurt MDR **83**, 64. Wegen der Doppelnatur fehlt jeder Grund zu einer unterschiedlichen Behandlung der sachlichrechtlichen Anfechtbarkeit oder Nichtigkeit und der zweifellos möglichen prozeßrechtlichen, etwa beim Mangel in der Vertretung. Auch bleibt danach trotz des Fehlens der prozessualen Form nach Rn 21 meist die sachlichrechtliche Wirkung bestehen. Das gilt insbesondere dann, wenn eine Berufung auf einen Formmangel ohnehin rechtsmißbräuchlich wäre, Einl III 54, Grdz 44 vor § 704, Ffm FamRZ **84**, 302. Beim „Fortfall der Geschäftsgrundlage", § 323 Rn 67, die BGH NJW **86**, 1348 nicht als einen ausreichenden Angriff auf die Wirksamkeit anerkennt, zeigen sich freilich die Schwierigkeiten der absolut herrschenden Meinung deutlich, zB bei BAG NJW **98**, 2379. Man kann sie aber wegen ihres praktisch erdrückenden Gewichts in Kauf nehmen.

Erst recht muß ein *Prozeßbetrug* eine Anfechtbarkeit auslösen. Denn es versagen diejenigen Gründe, die an sich bei einem rechtskräftigen Urteil dagegen sprechen, ihm die Wirksamkeit aus dem Gesichtspunkt einer Erschleichung abzusprechen, Einf 35 vor §§ 322–327. Zur Annahme eines Prozeßbetrugs genügt freilich noch nicht ein Mißverhältnis zwischen der Ausgangslage und den übernommenen Leistungen. Wohl aber genügt es, wenn die Partei sich eines derartigen Mißverhältnisses bewußt war und unter einer Hinzunahme weiterer für den Gegner ungünstiger Umstände die Situation in einer nach § 138 BGB vorwerfbaren Weise ausnutzte. Ein solcher Vergleich, den das Gericht der Partei unkorrekt aufgenötigt hat, kann für sie anfechtbar sein.

Zum *Widerruf* Rn 10. Eine Verfassungsbeschwerde ist unstatthaft, BayVerfGH NJW **94**, 2281.

37 **B. Beim Streit: Fortsetzungsverfahren.** Bei einem Streit über die Wirksamkeit des Prozeßvergleichs kann jede Partei grundsätzlich in dem bisherigen Prozeß die Anberaumung eines Termins zur Fortsetzung des bisherigen Prozesses erwirken, BAG DB **03**, 2500, LG Stgt JB **05**, 322 (wegen § 278 VI), LAG Hamm NZA-RR **07**, 30 (wegen § 142 I BGB). Das geschieht grundsätzlich vor dem bisherigen Prozeßgericht, BGH NJW **99**, 2903, Hamm FamRZ **01**, 106, Köln FER **99**, 109. Das gilt grundsätzlich auch bei § 278 VI 1. Denn auch jener Vergleich ist im Verlauf eines Prozesses zustandegekommen. Ein Verfahren zur Klärung der Frage der Wirksamkeit eines Vergleichs des § 278 VI 1 würde mangels mündlicher Verhandlung auf ein rein schriftliches Verfahren hinauslaufen. Dieses wäre allenfalls unter den Bedingungen der §§ 128 II, 495 a S 1 statthaft. In jedem Vergleichsfall fehlt einer neuen Klage das Rechtsschutzbedürfnis nach Grdz 33 vor § 253, BGH **142**, 254 (auch bei § 812 BGB).

38 **C. Verfahrensablauf.** Die vorstehende Regel gilt auch, falls streitig ist, ob ein Voll- oder nur ein Teilvergleich vorliegt, Köln FamRZ **96**, 174. Nur insoweit, als der Vergleich unstreitig ein bloßer Teilvergleich sein und die streitig gebliebenen übrigen Streitpunkte gar nicht berühren sollte, kann eine neue Klage notwendig werden, BGH **142**, 254, Ffm RR **90**, 168. Dasselbe gilt beim Auslegungsstreit über den unstreitig erfolgten Vergleich, BAG DB **03**, 2500. Zuständig ist im erstgenannten Fall der Fortsetzung des bisherigen Prozesses das Gericht derjenigen Instanz, in oder nach der der Vergleich zustande kam. Das Revisionsgericht darf die Auslegung des Prozeßvergleichs durch das Berufungsgericht nur beschränkt überprüfen, BAG BB **05**, 446. Die Rechtshängigkeit nach § 261 lebt ab einer Terminsanberaumung wieder auf, aM StJM § 794 Rn 47 (sie bestehe fort. Aber der Vergleich hatte sie zumindest zunächst beendet, Rn 35).

Einer *Vollstreckungsabwehrklage* fehlt grundsätzlich das Rechtsschutzbedürfnis, soweit das Prozeßgericht in einer Fortsetzung des bisherigen Prozesses entscheiden kann, § 767 Rn 10. Dieses Gericht muß unverzüglich einen neuen Termin bestimmen, sobald eine Partei die Unwirksamkeit des Vergleichs behauptet, § 216. Ein Einspruch reicht aus. Ein Antrag, die Wirksamkeit des Vergleichs festzustellen, ist unzulässig, ThP § 794 Rn 38, aM Ffm MDR **75**, 584 (aber eine solche Feststellung führt oft nicht zur notwendigen abschließenden Klärung nach Rn 39).

39 **D. Entscheidung.** Das bisherige Prozeßgericht muß über die Wirksamkeit des Vergleichs entscheiden. Es muß also darüber befinden, ob der Prozeß bereits beendigt ist. Bejaht es diese Beendigung, fällt es ein Endurteil, BGH NJW **96**, 3346 (Streitfrage der Entscheidungsform). Das Urteil lautet auf eine Feststellung dahin, daß der Prozeß bereits durch den Vergleich erledigt, besser: eben beendet war, BAG NJW **07**, 1833, Hamm FamRZ **01**, 106. Die weiteren Kosten trägt dann entsprechend § 91 derjenige, der sich auf die Unwirksamkeit berief. Alles das gilt aus den in Rn 37 genannten Gründen auch beim Vergleich nach § 278 VI 1. Ab der formellen Rechtskraft dieses Urteils nach § 705 ist ein weiterer Streit um diese Wirksamkeit unzulässig, BGH **79**, 71, aM Pecher ZZP **97**, 172 (aber es muß wenigstens jetzt endlich eine Rechtssicherheit eintreten).

Verneint das Gericht diese Beendigung evtl auch durch ein Zwischenurteil nach § 303, Pankow NJW **94**, 1184, muß es in der Sache selbst entscheiden, Kblz NJW **78**, 2399. Das gilt auch dann, wenn der Prozeßvergleich über den Streitgegenstand nach § 2 Rn 4 hinausging. Wenn der Vergleich ein anderes Verfahren umfaßte, kann man die Unwirksamkeit auch in jenem geltend machen, BGH BB **83**, 1250. Wenn die Beteiligten den Vergleich in einem Verfahren nach §§ 49 ff FamFG abgeschlossen hatten, ist ein neues ordentliches Erkenntnisverfahren notwendig, falls es zum Streit über die Wirksamkeit des Verfahrensvergleichs kommt, Hamm FamRZ **91**, 582. Eine solche Partei, die sich weiter auf den Prozeßvergleich beruft, erstrebt den Anspruch des Gerichts über die Prozeßlage dahin, daß der Rechtsstreit beendet sei, aM Ffm MDR **75**, 584 (es sei nur eine neue Feststellungsklage zulässig. Aber gerade diese Lösung bringt nicht die durchweg gewünschte Vollstreckbarkeit). Hat das Erstgericht die Wirksamkeit eines Widerrufs zu Unrecht verneint, verweist das Rechtsmittelgericht zurück, Karlsr JB **05**, 546.

E. Vollstreckungsabwehrklage. Wenn der Bekl außer der Berufung auf eine Nichtigkeit des Vergleichs **40** auch behauptet, daß die durch den Vergleich begründete Forderung nachträglich weggefallen sei, ist für alle Einwendungen die Vollstreckungsabwehrklage im bei ihr möglichen Umfang zulässig, § 767 Rn 10. Wenn die Parteien nur über die Auslegung eines unstreitig wirksamen Prozeßvergleichs streiten, ist beim Streit über den vollstreckbaren Inhalt eine Feststellungsklage nach § 256 zulässig, sonst eine Vollstreckungsabwehrklage. Wegen eines sog Anwaltsvergleichs §§ 796 a–c. Alles gilt auch bei § 278 VI 1.

F. Neues Verfahren. Manche lassen beim Streit über die Wirksamkeit eines Prozeßvergleichs über **41** mehrere anhängige Verfahren (sog *Gesamtvergleich*) auch ein neues Verfahren sowie eine Zwischenfeststellungsklage nach § 256 II oder -widerklage im alten oder neuen Verfahren zu, BAG MDR **82**, 526. Andere lassen dann ein neues Verfahren zu, wenn es nur um die Wirksamkeit eines über den ursprünglichen Streitgegenstand hinausgehenden Vergleichspunkts geht, BGH **87**, 231, Ffm FamRZ **84**, 408. Der Fortsetzungsantrag des nach § 50 Prozeßunfähigen ist unzulässig, BGH **86**, 189. Dasselbe gilt vom Fortsetzungsantrag eines Dritten, selbst wenn er dem Vergleich beigetreten war, BGH **86**, 164. Er muß nach §§ 732 ff, 767 vorgehen, BGH **86**, 164.

10) Bedingter Vergleich. Man kann einen Vergleich unter der aufschiebenden Bedingung der fristgerechten **42** Nachreichung einer notwendigen noch fehlenden Vollmacht oder unter der Bedingung des Nichtwiderrufs schließen. Das geschieht auch meist so, Rn 10, BGH NJW **88**, 416, Ffm FGPrax **96**, 8, LG Kblz JB **03**, 444. Das gilt auch bei § 278 VI 1. Dann ist der Eintritt der Bedingung für die Wirksamkeit des Prozeßvergleichs entscheidend. Bei einem Streit über die Wirksamkeit des Widerrufs erfolgt eine Fortsetzung des Prozesses. Wenn erst das Berufungsgericht den Widerruf für wirksam hält, ist eine Zurückverweisung zulässig. Wenn der Vergleich ebenfalls zulässigerweise unter der auflösenden Bedingung des Widerrufs stand, findet der Rechtsstreit beim Streit über ihren Eintritt seine Fortsetzung. Über den Widerruf Rn 10. Die Widerrufsfrist beginnt beim Prozeßvergleich im Zweifel mit dem auf den Vergleichsabschluß folgenden Tag, Schlesw RR **87**, 1022 (Leitsatz irreführend). Eine stillschweigende Vereinbarung reicht, BGH RR **05**, 1324.

Bei einem *Rücktritt* wegen Nichterfüllung des Vergleichs ist ein neuer Prozeß notwendig. Die Rechts- **43** hängigkeit kann nicht wieder aufleben. Nur die sachlichrechtlichen Folgen des Vergleichs können entfallen. Dasselbe gilt dann, wenn jemand mit der Behauptung einer positiven Vertragsverletzung des Vergleichs einen Schadensersatzanspruch geltend macht oder wenn er den Wegfall seiner Geschäftsgrundlage behauptet, aM LG Brschw NJW **76**, 1749 (aber das setzt ja gerade den vorherigen Wegfall der Rechtshängigkeit voraus). Auch auf Grund einer Parteivereinbarung wie etwa eines beiderseitigen Verzichts auf den Prozeßvergleich oder seiner einverständlichen Aufhebung lebt der alte Prozeß nicht wieder auf, sondern ist ein neuer Prozeß nötig, Kblz JB **93**, 115, aM BAG NJW **83**, 2213 (aber ab dem Ende der Rechtshängigkeit ist durchweg ein formell neues Verfahren notwendig).

11) Änderungsvereinbarung. Möglich ist aber, die sachlichrechtlichen Wirkungen des Prozeßvergleichs **44** durch eine Parteivereinbarung zu ändern oder zu beseitigen, Hbg FamRZ **87**, 1174, auch zum Adressaten eines Widerrufs, BGH NJW **05**, 3576, Düss RR **87**, 256. Das gilt auch bei § 278 VI 1. Die *prozessualen* Vereinbarungen zum Widerruf des Prozeßvergleichs sind nur eingeschränkt auslegbar, Grdz 52 vor § 128, anders als beim außergerichtlichen. Zum Problem Hbg FamRZ **87**, 1174 (zustm Künkel). Auf die sachlichrechtlichen Wirkungen kann § 139 BGB anwendbar sein, BGH NJW **88**, 416.

Mangels einer nach Rn 12 zulässigen abweichenden klaren Vereinbarung, Gilfrich MDR **06**, 1149, muß **45** der Widerruf wegen der ohne eine solche Vereinbarung auch prozessualen Natur des Prozeßvergleichs nach Rn 3 *dem Gericht gegenüber* erfolgen, BAG MDR **98**, 784, Brdb RR **96**, 123, Mü NJW **92**, 3042, aM BGH NJW **05**, 3576, Gilfrich MDR **06**, 1149, ThP § 794 Rn 24 (auch bloß dem Gegner gegenüber. Aber eine Parteiprozeßhandlung erfolgt im Prozeß, und ihre Wirksamkeit hängt grundsätzlich von ihrer Einführung in die Gerichtsvorgänge und damit -akten ab, Grdz 51 vor § 128). Das gilt erst recht bei § 278 VI 1. Denn dort müssen ja schon die Annahmeerklärungen „gegenüber dem Gericht" erfolgen, aM BGH NJW **05**, 3576. Ein nicht handschriftlich voll unterzeichneter Widerruf reicht grundsätzlich nicht aus. Denn der Widerruf ist ein bestimmender Schriftsatz, § 129 Rn 5, 6, LAG Düss BB **90**, 562, LAG Mü DB **89**, 836. Ein Telefax kann ausreichen, § 129 Rn 21, 22. Wegen der „Anzeige zu den Gerichtsakten" Rn 13.

Ein *„Eingang beim Gericht"* bedeutet den Zugang nach § 130 I 1 BGB, also nicht eine Übergabe an einen **46** zur Entgegennahme und zur Beurkundung des Zeitpunkts befugten Beamten, sondern einen Zugang in den Machtbereich des gesamten Gerichts, Rn 13. Maßgeblich ist der normale Postzustelldienst, BAG NJW **86**, 1374 (auch wegen eines Postfachs). Haben die Parteien eine schriftliche Anzeige an das Gericht vereinbart, kann der Widerruf im Zweifel nicht wirksam schon gegenüber dem Prozeßgegner erfolgen, BAG DB **91**, 2680. Die Vereinbarung einer Verlängerung der Rücktrittsfrist braucht daher dann eine Protokollierung, VG Hbg MDR **82**, 962, LG Bonn MDR **97**, 783, aM Hamm FamRZ **88**, 536, ZöStö § 794 Rn 10 (aber die Parteien hatten eben das Gericht als Adressaten vereinbart). Hat eine Partei die Widerrufsfrist nicht eingehalten, ist der Rechtsstreit beendet, AG Mü ZMR **87**, 343. Dann ist auch keine Wiedereinsetzung möglich, Rn 10. War ein Widerruf gegenüber dem Gegner wie auch gegenüber dem Gericht vereinbart, reicht letzterer, BGH RR **05**, 1324.

47 **12) Einstellung der Zwangsvollstreckung.** Sie ist entsprechend §§ 719, 707 zulässig. Das gilt auch bei § 278 VI 1 und im arbeitsgerichtlichen Verfahren, LAG Ffm NZA-RR **04**, 158, ferner auch bei einer Vollstreckungsabwehrklage nach §§ 767, 769, sofern vor dem Abschluß des Prozeßvergleichs eine vollstreckbare Entscheidung ergangen war, § 767 Rn 10, 11, Ffm Rpfleger **80**, 117. Es besteht für die Einstellung der Zwangsvollstreckung kein Rechtsschutzbedürfnis nach Grdz 33 vor § 253, sofern der Weg nach Rn 37 möglich ist. Man muß eine Rückforderung des Geleisteten in einem besonderen Prozeß klären.

308 *Bindung an die Parteianträge.* **I [1] Das Gericht ist nicht befugt, einer Partei etwas zuzusprechen, was nicht beantragt ist. [2] Dies gilt insbesondere von Früchten, Zinsen und anderen Nebenforderungen.**

II Über die Verpflichtung, die Prozesskosten zu tragen, hat das Gericht auch ohne Antrag zu erkennen.

SachenRBerG § 106. Entscheidung. **I [1] Das Gericht kann bei einer Entscheidung über eine Klage nach § 104 im Urteil auch vom Klageantrag abweichende Rechte und Pflichten der Parteien feststellen. [2] Vor dem Ausspruch sind die Parteien zu hören. [3] Das Gericht darf ohne Zustimmung der Parteien keine Feststellung treffen, die**

1. einem von beiden Parteien beantragten Grundstücksgeschäft,
2. einer Verständigung der Parteien über einzelne Punkte oder
3. einer im Vermittlungsvorschlag vorgeschlagenen Regelung, die von den Parteien nicht in den Rechtsstreit einbezogen worden ist,

widerspricht.

Schrifttum: *Brehm,* Die Bindung des Richters an den Parteivortrag und Grenzen freier Verhandlungswürdigung, 1982; *Bruns,* Zur richterlichen Kognition, judicial process, Festschrift für *Rammos* (1979) 167; *DuMesnil de Rochemont,* Die Notwendigkeit eines bestimmten Antrags bei der Unterlassungsverfügung ..., § 308 Abs. 1 ZPO contra § 938 Abs. 1 ZPO?, 1993; *Frühauf,* Die Grenzen des Zinsurteils usw, 1998; *Jauernig,* Das gleichwertige („aequipollente") Parteivorbringen, Festschrift für *Schwab* (1990) 247; *Melissionos,* Die Bindung des Gerichts an die Parteianträge nach § 308 I ZPO, 1982; *Musielak,* Die Bindung des Gerichts an die Anträge der Parteien im Zivilprozeß, Festschrift für *Schwab* (1990) 349; *Wendtland,* Die Verbindung von Haupt- und Hilfsantrag im Zivilprozeß, 2001; *Würthwein,* Umfang und Grenzen des Parteieinflusses auf die Urteilsgrundlagen im Zivilprozeß, 1977.

Gliederung

1 **1) Systematik, I, II.** Die Vorschrift enthält eine inhaltliche Grundregel aller Urteilsarten. Sie gilt auch im EU-Recht, EuGH NJW **00**, 1933. Abgesehen von der Kostenentscheidung nach §§ 91 ff und derjenigen über die vorläufige Vollstreckbarkeit nach Einf 4 vor §§ 708–720 begrenzen die Parteianträge und nicht der Beschluß über die Gewährung einer Prozeßkostenhilfe das Urteil. In der Berufungsinstanz muß man § 536 beachten, BGH NJW **98**, 3411. § 308 a enthält eine vorrangige Sonderregelung.

2 **2) Regelungszweck, I, II.** Die Vorschrift dient in I der Parteiherrschaft, Grdz 18 vor § 128, BAG NZA **04**, 975. Aus ihr folgt: Ohne Antrag keine Verurteilung („ne ultra petita partium"). II enthält wegen des Gebots der Prozeßwirtschaftlichkeit nach Grdz 14, 15 vor § 128 einen anderen weiteren Grundsatz.

Sorgfältige Beachtung beider Regeln ist ein in der Praxis leider bei I nicht ganz selten übersehenes Gebot. Ein Verstoß läßt sich oft auch nicht nach § 319 korrigieren. Er ändert an der Wirksamkeit des über das erlaubte Ziel hinausgegangenen Urteils als eines Staatsakts meist nichts, Einf 19, 20 vor § 300. Er ändert auch nichts an einer zugehörigen etwaigen Unanfechtbarkeit mangels Beschwer usw und an der zugehörigen Rechtskraft, § 322. Die Abgrenzung ist freilich dann außerordentlich schwierig, wenn es nicht um eine Bezifferung geht, sondern um ein Tun oder Unterlassen, um eine vertretbare oder unvertretbare Handlung, um eine Willenserklärung. Das Gericht sollte dann im Urteil klarstellen, weshalb es den ihm nach I gesetzten Rahmen nicht als gesprengt ansieht.

3 **3) Geltungsbereich, I, II.** Die Vorschrift gilt in allen Prozeßarten, BGH NJW **92**, 825, BAG NJW **95**, 1374, Köln FamRZ **95**, 888. Sie gilt auch: Im WEG-Verfahren; im Beschwerdeverfahren, § 567, Köln NJW **80**, 1531, aM Ffm FamRZ **83**, 1042 (aber sie enthält einen Kerngedanken des Zivilprozeßrechts); beim Kostenfestsetzungsbeschluß, Köln Rpfleger **01**, 150, Zweibr Rpfleger **81**, 455; beim Schiedsspruch, §§ 1051 ff; grundsätzlich in einer Ehesache, § 121 FamFG (wegen der Ausnahmen s unten); bei einer Schadenschätzung nach § 287; trotz § 938 I auch bei der einstweiligen Verfügung, § 938 Rn 3; für Haupt- und Nebenforderungen, § 4 Rn 10, BGH WertpMitt **78**, 194; bei der Rangfolge von Haupt- und Hilfsanträgen, § 260 Rn 8, BGH RR **92**, 290, etwa bei einer Hilfsaufrechnung, § 145 Rn 13, denn der Bekl will

den eigenen Gegenanspruch natürlich nur für den Fall opfern, daß ihm die Abwehr des gegnerischen Klaganspruchs mißlingt; bei der Reihenfolge von mehreren Hilfsanträgen untereinander; im selbständiges Beweisverfahren, §§ 485 ff, Ffm RR **90**, 1024; im patentgerichtlichen Verfahren, § 99 I PatG, BPatG GRUR **08**, 635 und 637.

4) Maßgeblichkeit der Parteianträge, I. Maßgebend sind allein die Parteianträge, BGH **168**, 184. 4
Dabei kommt es grundsätzlich nur auf den Sachantrag an, § 297 Rn 1, 3. Maßgeblich ist grundsätzlich der Sachantrag des Klägers oder Widerklägers und nur ausnahmsweise derjenige des Bekl, Musielak (vor Rn 1) 351, zB bei §§ 306, 330. Freilich kann es ausreichen, daß zwar nicht die vom Kläger, wohl aber die vom Bekl vorgetragenen Tatsachen das Begehren des Klägers im Ergebnis auch dann ohne eine Beweisaufnahme rechtfertigen, wenn der Kläger den Vortrag des Bekl bestreitet, sog gleichwertiges, „aequipollentes", Parteivorbringen, § 138 Rn 19, Einf 4 vor § 284, Jauernig (vor Rn 1) 251, RoSGo § 133 I 3 a, aM BGH NJW **89**, 2756 (aber die Prozeßwirtschaftlichkeit hat hohen Rang, Grdz 14 vor § 128). Maßgeblich ist nicht der Wortlaut, sondern der erkennbare wahre Wille des Antragstellers, Grdz 52 vor § 128, BGH RR **06**, 924, BAG NZA **04**, 975, Ffm MDR **77**, 56, Nürnb FamRZ **82**, 1103. Das Gericht muß ihn durch eine auch in den Grenzen des § 308 I zulässige Auslegung klären, Grdz 52 vor § 128, BGH NJW **06**, 1062, Nürnb FamRZ **82**, 1103. Das geschieht durch eine Mitbeachtung der Antragsbegründung und durch eine Ausübung der Fragepflicht nach § 139, Grunsky ZZP **96**, 398. Das Gericht darf aber nicht ganz neue, zusätzliche Anträge anregen, auch nicht zB bei einem hohen Zinsbetrag. Das Gericht darf nicht mithilfe einer Auslegung den Wortlaut und Sinn unterlaufen, BGH GRUR **07**, 309.

Sofern ein *unbezifferter* Antrag nach § 253 Rn 49 zulässig ist, darf das Gericht die vom Kläger genannte 5
Mindestsumme überschreiten. Es darf auch die vom Kläger genannte Größenordnung überschreiten, Rn 11 „Unbezifferter Antrag", § 253 Rn 59, BGH **132**, 351, Fenn ZZP **89**, 134, MüKoMu 14, aM Röttger NJW **94**, 369 (aber auch die Größenordnung stellt nur eine gesetzliche Mindestangabe dar). Das Gericht muß stets nach § 139 von Amts wegen auf die Vollstreckbarkeit des Urteils achten, Meyer NJW **03**, 2888. Zum Problem allzu präziser Widerrufsanträge Ritter ZZP **84**, 168. Auch das Zusprechen von Früchten, Zinsen und dergleichen muß sich grundsätzlich streng im Rahmen des Beantragten halten, Zimmermann JuS **91**, 583 (ausf). In der höheren Instanz wirkt sich derselbe Grundsatz als ein Verbot einer vorteilhaften oder nachteiligen Änderung aus, §§ 528 S 2, 557. Das Verbot, einer Partei etwas anderes als dasjenige zuzusprechen, was sie beantragt hat, wirkt für Maß und Art, BGH KTS **86**, 666, Köln MDR **02**, 717. Das Gericht darf also nicht 150 EUR statt 100 EUR zusprechen und darf nicht auf die Herausgabe einer Ware statt auf eine Zahlung verurteilen, Rn 7.

5) Bindungsgrenzen, I. Grundsätzlich bindet die von der Partei gewünschte rechtliche Begründung 6
ihres Vortrags das Gericht nicht, Grdz 35 vor § 128, auch nicht deren Reihenfolge, BAG BB **75**, 609. Das gilt auch bei einer nur hilfsweise geltend gemachten Verjährung, § 145 Rn 13, PalH § 222 BGB Rn 2, Schneider JB **78**, 1265. Denn mit der Verjährungseinrede opfert der Bekl anders als bei der auch nur hilfsweisen Aufrechnung keinen eigenen Gegenanspruch. Der Kläger kann das Gericht grundsätzlich auch nicht zwingen, eine bestimmte rechtliche Anspruchsgrundlage ungeprüft zu lassen, zB den Gesichtspunkt einer unerlaubten Handlung. Wegen einer dortigen Ausnahme § 32 Rn 14. Der Kläger kann das Gericht ferner nicht dazu zwingen, bei einem Streit über die Erledigung der Hauptsache von einer Abweisung wegen einer anfänglichen Unzulässigkeit oder Unbegründetheit abzusehen, aM BGH NJW **91**, 1684 (eine Abweisung dürfe nicht erfolgen, wenn der Kläger den Anspruch nicht mehr zur Entscheidung stelle. Er tut das aber auch durch eine einseitige Erledigterklärung, § 91 a Rn 170). Wegen des SachenRBerG vgl dessen § 106, abgedruckt vor Rn 1.

6) Weniger als beantragt, I. Ein quantitatives oder qualitatives Weniger (minus) steckt stets im Mehr, 7
BGH NZM **05**, 319, Ffm FamRZ **90**, 50. Das gilt auch dann, wenn der Kläger neben dem Leistungsantrag nicht ausdrücklich hilfsweise einen Feststellungsantrag nach § 256 stellt, BGH **118**, 82. Daher darf das Gericht den letzteren Anspruch zusprechen, auch durch eine Umdeutung, Rn 11. Es muß aber auch über den Rest entscheiden. Es muß die Klage dann im übrigen abweisen. Die Kostenverteilung erfolgt dann nach § 92. Das Gericht muß einen unzulässigen und unbegründeten Anspruch immer auch von Amts wegen zurückweisen. Diese Zurückweisung enthält kein „Zusprechen". Sie ist daher auch bei einer Säumnis des Gegners zulässig, § 331 II. Das Gericht ist „nicht befugt", etwas zuzusprechen, was die Partei als Herr der Anträge überhaupt nicht haben will, also etwas ganz anderes (aliud), Rn 5, BGH NJW **01**, 1792, Ffm FamRZ **90**, 50. Deshalb darf das Gericht keine Verurteilung aussprechen, die der Kläger ausdrücklich als unerwünscht bezeichnet. Es muß dann abweisen, wenn der Kläger von dem erfolglosen Antrag, so wie er ihn gestellt hat, nicht abgehen will.

7) Beispiele zur Frage der Gerichtsbefugnis, I 8

Andere Tatsache: Das Gericht darf *nicht* anstelle der vom Kläger zur Entscheidung gestellten Tatsache eine ganz andere, wenn auch vielleicht ähnlich wirkende, als Begründung heranziehen, BGH **154**, 342 (zustm Walker LMK **03**, 157).

Arbeitsgericht: Das Gericht darf im Streit über die Entfernung eines Abmahnungsschreibens den beklagten Arbeitgeber *nicht* ohne einen entsprechenden Antrag für berechtigt erklären, erneut schriftlich abzumahnen, BAG NJW **95**, 1374. Zum Zustimmungsersuchen bei § 99 I 1 BetrVG BAG NZA **06**, 1179.

Arbeitsrecht: Hat eine Partei keinen Antrag auf eine Feststellung der Beendigung eines Arbeitsverhältnisses gestellt, darf das Gericht *nicht* eine außerordentliche Kündigung in eine ordentliche umdeuten, BGH MDR **00**, 656.

Aufrechnung: Das Gericht darf *nicht* ohne einen Antrag nach § 302 IV entscheiden.

Aufspaltung: Das Gericht darf *nicht* einen nach seinem Wortlaut und Sinn einheitlichen Antrag in mehrere prozessuale Ansprüche aufspalten, BAG NJW **04**, 387.

Ausgleichsanspruch: Das Gericht darf zum Ausgleich nach § 906 II 2 BGB statt zum Schadensersatz verurteilen, BGH JZ **90**, 978 (zustm Gerlach), Stgt NJW **89**, 1224.

Befreiung: Das Gericht darf zur Freistellung von einer Schuld des Klägers statt zu einer Zahlung an ihn verurteilen, BGH NJW **94**, 945, Ffm FamRZ **90**, 50, Schneider MDR **06**, 970, aM Görner MDR **95**, 241 (aber Freistellung läuft auf nichts anderes hinaus als auf Nichtzahlung).

Begründung: Zur Auslegung des Antrags ist seine Begründung heranziehbar, und zwar bis zum Verhandlungsschluß, BGH MDR **01**, 471.

Bezifferung: Rn 11 „Unbezifferter Antrag".

Bild: Das Gericht darf *nicht* auf die Einwilligung in die Entfernung der Signatur statt in die Kennzeichnung des Bildes als Fälschung verurteilen, BGH **107**, 394.

Duldung: Das Gericht darf zur Duldung etwa der Zwangsvollstreckung statt zur Leistung verurteilen, BGH KTS **96**, 717.

Einstweilige Anordnung: Keine Bindung des Gerichts an Parteianträge liegt vor zB bei (jetzt) §§ 217 ff FamFG (Vertragsausgleich), Düss FamRZ **85**, 720.

Einstweilige Verfügung: § 308 I gilt trotz § 938 I, II auch bei der einstweiligen Verfügung, § 938 Rn 3.

Erfindung: Der Anspruch auf eine Vergütung als Alleinerfinder umfaßt denjenigen als Miterfinder, BGH RR **01**, 477.

Erledigung: Das Gericht darf *nicht* zu einer Zahlung verurteilen, soweit der Kläger die Hauptsache wirksam, wenn auch vielleicht einseitig, für erledigt erklärt hat. Freilich kann dann eine Klagabweisung nötig sein, aM Ffm MDR **77**, 56 (aber gerade die einseitige Erledigterklärung zwingt zu Sachentscheidung, § 91 a Rn 170).

9 **FamFG:** (Zum alten Recht) Brschw OLGZ **76**, 435, Kblz KTS **95**, 363 (§ 139).

Feststellung: Das Gericht darf theoretisch ein bloßes Feststellungsurteil statt eines Leistungsurteils erlassen. Denn jede Verurteilung zur Leistung enthät eine Feststellung, Grdz 8 vor § 253, BGH **118**, 82, Köln FamRZ **86**, 578. Das gilt freilich nur, soweit eine bloße Feststellung dem Kläger nützt, § 139, BGH NJW **84**, 2296. Das trifft meist praktisch *nicht* zu. Denn wer einen Vollstreckungstitel begehrt, kommt regelmäßig mit einer Feststellung nicht aus. Die vom Kläger begehrte uneingeschränkte Feststellung schließt eine vom Bekl verlangte nur eingeschränkte evtl aus, BPatG GRUR **91**, 315.

Bei einer *verneinenden* Feststellungsklage kann das Gericht entscheiden, daß ein Teilanspruch doch besteht, wenn das dem Klagezweck nicht widerspricht. Es kommt also auf die Klarstellung und Auslegung des Antrags an.

Das Gericht darf grds *nicht* auf eine Leistung statt auf die nur beantragte Feststellung erkennen. Jedoch kann ein formell bloßer Feststellungsantrag in einen Antrag auf eine jetzige oder sogar nur künftige Leistung umdeutbar sein, Düss MDR **04**, 1257.

Freistellung: Rn 8 „Befreiung".

Geldersatz: Das Gericht darf *nicht* zum Geldersatz statt zu der nur beantragten tatsächlichen Wiederherstellung verurteilen.

Gesamthaftung: Das Gericht darf eine objektiv vorliegende Gesamthaftung auch ohne einen entsprechenden Antrag klarstellen.

Grenzstreit: Das Gericht darf eine Grenzlinie anders als beantragt festsetzen, soweit der Kläger dadurch nicht mehr als beantragt erhält.

Hausrat: Keine Bindung des Gerichts liegt bei einer Hausratssache nach §§ 200 ff FamFG vor.

Heizungskosten: Das Gericht darf *nicht* zur Erstattung auf Grund einer Abrechnung statt auf Grund einer Pauschale verurteilen, soweit eine solche Pauschale überhaupt im Klagezeitraum zulässig war.

Herausgabe: Das Gericht darf *nicht* zu einer Herausgabe statt zu einer Zahlung verurteilen.

Hinterlegung: Das Gericht darf zu einer Hinterlegung statt zu einer Zahlung verurteilen.

Immission: Rn 8 „Ausgleichsanspruch".

Kapitalabfindung: Das Gericht darf *nicht* eine Kapitalabfindung statt eine Rente zusprechen.

Kommanditgesellschaft: Eine bloße Teilentziehung der Geschäftsführungs- und Vertretungsbefugnis eines Gesellschafters ist gegenüber der zunächst beantragten vollständigen nicht ein Weniger, sondern etwas *anderes,* BGH DB **02**, 678.

Kosten: Rn 15 ff.

Kostenvorschuß: Rn 11 „Vorschuß".

Künftige Leistung: Das Gericht darf zur künftigen statt zur sofortigen Leistung verurteilen, §§ 257 ff. Bei einer Klage auf eine künftige Räumung darf eine Umdeutung auf einen späteren Zeitpunkt erfolgen, LG Bonn WoM **93**, 464. Es ist auch eine Umdeutung von § 259 auf § 256 zulässig, BGH RR **06**, 1485.

10 **Lärm:** Rn 11 „Verbot".

Markenrecht: Ein Verzicht auf einen Antrag im Beschwerdeverfahren ist kein nach I erheblicher Umstand, BPatG GRUR **00**, 897.

Mietmängel: Das Gericht darf *nicht* statt des begehrten bloßen Aufwendungsersatzes nach §§ 256, 257, 536 a II Z 1 BGB auf einen Minderungsanspruch nach § 536 BGB oder auf einen Schadensersatz nach §§ 249, 536 a BGB erkennen.

Mitverschulden: Eine seinetwegen erfolgende Kürzung ist als bloßes Minus zulässig, BGH NJW **97**, 2235.

Patentsache: Der Anspruch auf eine Mitberechtigung ist in dem Verlangen nach einer vollen Rechtsübertragung enthalten, BGH **167**, 168.

Postensache: Das Gericht darf nur die Endsumme der eine Einheit bildenden Posten *nicht* überschreiten. Einzelne Posten dürfen sich der Höhe nach grundsätzlich verschieben, sogar über das jeweils einzeln Geforderte hinaus, BGH GRUR **90**, 355, Nürnb JB **75**, 771. Freilich darf das Gericht der Partei für einen Zeitabschnitt *nicht* auf einem solchen Saldierungsweg mehr zusprechen, als sie gerade für sich zB als eine Rente beantragt, BGH VersR **90**, 212.

Prozeßurteil: Nach einer solchen Entscheidung nach Grdz 14 vor § 253 darf das Gericht evtl etwa infolge einer Zurückverweisung nach § 538 ein abweisendes Sachurteil fällen.

Räumung: Im Rahmen des § 308 a binden die Parteianträge das Gericht nicht.

S auch Rn 9 „Künftige Leistung".

Rente: Rn 9 „Kapitalabfindung".

Säumnis: Das Gericht darf auch beim bloßen Versäumnisantrag des Klägers durch ein sog unechtes Versäumnisurteil entscheiden, § 331 Rn 24. Liegt in Wahrheit gar keine Säumnis vor, darf das Gericht trotz eines irrigen bloßen Säumnisantrags streitig entscheiden, BAG MDR **07**, 1026. Im Kleinverfahren nach § 495 a darf das Gericht trotz eines bloßen Antrags auf ein Versäumnisurteil durch ein die Instanz beendendes Urteil entscheiden, § 495 a Rn 75. Es sollte freilich ein solches Urteil eindeutig so bezeichnen und nach § 313 a I 2 Hs 2 begründen.

Schadensberechnung: Rn 11 „Vorbehalt".

Schadensersatz: Rn 11 „Vorschuß".

Schmerzensgeld: Rn 11 „Unbezifferter Antrag".

Schutzrecht: Es kommt auf den Lebensvorgang an, den Sachverhalt. Trägt der Kläger nur denjenigen zum Schutzrecht A vor, darf das Gericht *nicht* das Schutzrecht B mit einem ganz oder teilweise anderen Sachverhalt beurteilen, BGH MDR **01**, 950.

Stufenklage: Das Gericht darf *nicht* eine Endsumme mit einem solchen Betrag auffüllen, den es einem noch nicht bezifferten Zahlungsanspruch einer Stufenklage entnimmt, BGH GRUR **90**, 355.

Teilanspruch: Das Gericht darf natürlich grds einen Teilanspruch statt des ganzen zuerkennen. 11

Es darf aber *nicht* zu einer bloßen Teilmaßnahme verurteilen, die dem Kläger nur im Rahmen eines nicht durchsetzbaren Gesamtplans nützen würde, LG Köln WoM **93**, 41, oder wenn der Teilanspruch andere Voraussetzungen als die vom Kläger eingeführten erfaßt, BGH **154**, 342.

S auch Rn 9 „Feststellung".

Umdeutung: Sie kann statthaft sein, zB von einer Leistungs- in eine Feststellungsklage, Mü RR **07**, 1651.

Unbezifferter Antrag: Soweit er zulässig ist, darf das Gericht die vom Kläger genannte Mindestsumme überschreiten. Es darf ebenso auch die von ihm genannte Größenordnung überschreiten, Rn 5, § 253 Rn 59, BGH VersR **96**, 990 (zustm Frahm 1212), Fenn ZZP **89**, 134, MüKoMu 14, aM Röttger NJW **94**, 369 (aber diese Befugnis ist nur eine zwingende Folge der Zulässigkeit eingrenzbarer unbezifferter Antragstellung). Manche begrenzen die Überschreitung auf 20%, Düss RR **95**, 955, andere lassen 50% und mehr zu, Brdb VersR **00**, 490.

Unterhalt: Da ein Elementar- und ein Altersvorsorgeunterhalt zu demselben Anspruch gehören, darf das Gericht die Mitteilung anders vornehmen, vgl § 113 I 2 FamFG, (zum alten Recht) Hamm FamRZ **99**, 443.

Unterlassung, dazu *Backsmeier,* Das „minus" beim unterlassungsrechtlichen Globalantrag, 2000: Beim Unterlassungsurteil ist gegenüber einer Erstreckung des Tenors auf den „Kern" nach § 890 Rn 3 mangels eines präzisen Antrags eine Zurückhaltung ratsam, Schubert ZZP **85**, 51.

Das Gericht darf aber *nicht* statt des vom Kläger bezeichneten Produkts ein ganz anderes einbeziehen, BGH NJW **01**, 157.

S auch „Verbot".

Vaterschaft: Keine Bindung des Gerichts liegt vor bei § 182 FamFG (Abweisung des verneinenden Vaterschaftsfeststellungsantrags).

Verbot: Das Gericht darf ein beantragtes Verbot eingeschränkt aussprechen.

Das Gericht darf *nicht* zu einer zeitlichen Einschränkung zB eines Flugbetriebs statt zur begehrten Unterlassung zu starken Lärms verurteilen, BGH **69**, 122. Es darf auch nicht statt der Unterlassung einer Lautstärke von mehr als 40 dbA zu einer solchen von mehr als 35 dbA verurteilen, LG Freibg WoM **02**, 95. Man darf aber seine Verurteilung auslegen, Rn 4.

Versäumnis: Rn 10 „Säumnis".

Verurteilung des Klägers: Das Gericht darf den Kläger *nicht* ohne eine Widerklage oder einen Zwischenantrag des Bekl verurteilen.

Vollstreckbarkeit: Das Gericht muß stets von Amts wegen auf die Frage der Vollstreckbarkeit des Urteils achten, § 139. Ein etwa notwendiger Vorbehalt einer behördlichen Genehmigung steckt im nachbarrechtlichen Hauptantrag, BGH NZM **05**, 319.

Vollstreckungsschaden: Das Gericht darf *nicht* ohne einen Antrag nach § 717 II entscheiden.

Vorbehalt: Das Gericht darf ein bloßes Vorbehaltsurteil statt eines endgültigen erlassen. Es darf wegen der Besonderheiten im Patent- und Wettbewerbsprozeß auch ohne einen Antrag dem Schuldner wahlweise vorbehalten, daß der Gläubiger die für die Berechnung des Schadens maßgebenden Umstände einer Vertrauensperson mitteilen müsse, BGH GRUR **78**, 53.

S aber auch Rn 8 „Aufrechnung".

Vorschuß: Das Gericht darf *nicht* statt des begehrten Schadensersatzes einen Kostenvorschuß zusprechen, Köln MDR **02**, 717. 12

Währungswechsel: Das Gericht darf *nicht* eine Zahlung statt in der ursprünglich begehrten Währung nun in einer anderen ausurteilen, § 264 Rn 8 „Auswechslung von Währungen", BGH IPRax **94**, 366.

Widerruf: Zum Problem allzu präziser Widerrufsanträge Ritter ZZP **84**, 168.

Wiederherstellung: Rn 9 „Geldersatz".

Wohnungseigentum: I gilt (jetzt) auch im WEG-Verfahren.

Zug um Zug: Das Gericht darf Zug um Zug statt unbedingt verurteilen, BGH **117**, 3.

Zwangsvollstreckung: Rn 8 „Duldung".

8) Verstoß, I. Ein Verstoß gegen I betrifft nicht die Form, sondern das sachliche Prozeßrecht. Er ist daher nach § 295 II unheilbar. Das Gericht muß ihn von Amts wegen in jeder Lage des Verfahrens beachten, Grdz 39 vor § 128, BGH RR **89**, 1087, BAG NZA **04**, 975, Rostock WoM **02**, 675. Hat das Erstgericht mehr als beantragt zugesprochen, genügt ausnahmsweise zur Aufrechterhaltung eine auch nur hilfsweise Übernahme in den Berufungsantrag, BGH NJW **99**, 61, oder in den Antrag auf die Zurückweisung der Berufung, BGH NJW **06**, 1062, Mü RR **02**, 1340, Rostock WoM **02**, 675. Das gilt auch ohne eine Anschlußberufung, BGH NJW **79**, 2250, LG Kaisersl NJW **75**, 1037. Etwas anders gilt bei einem Antrag auf die Zurückweisung der Revision, BGH WertpMitt **80**, 344, BAG DB **75**, 892, und bei einer Stufenklage, § 254. 13

14 Man muß einen Verstoß durch das jeweils zulässige *Rechtsmittel* geltend machen, §§ 511 ff, Ffm FamRZ **94**, 835, Hamm MDR **85**, 241. Der Verstoß führt zur Aufhebung und auf Antrag zur Zurückverweisung nach (jetzt) § 538, Kblz MDR **02**, 415, Köln MDR **02**, 717. Das mag nicht möglich sein, soweit es gegen das Urteil nach Einf 13 vor §§ 322–327 kein Rechtsmittel gibt. Dann ist eine Verfassungsbeschwerde zulässig, Artt 2 I, 20 III GG (Rpfl), BVerfG **101**, 404, Art 103 I GG (Richter), BVerfG **28**, 385, Schneider MDR **79**, 620. Bei einem nur versehentlichen Verstoß kommt eine Urteilsergänzung entsprechend § 321 in Betracht, Klette ZZP **82**, 93, RoSGo § 133 I 1 b, ZöV 6, aM MüKoMu § 321 Rn 7 (aber schon die Prozeßwirtschaftlichkeit macht solche Lösung vertretbar, Grdz 14 vor § 128). Das Gericht muß Gerichtskosten dann evtl nach § 21 GKG, § 20 FamGKG niederschlagen. Wert: Maßgeblich ist der Antrag, nicht die Entscheidung.

15 **9) Prozeßkosten, II.** Ein klarer Grundsatz hat wenige Ausnahmen.

A. Grundsatz: Entscheidung von Amts wegen. Über die Kostenpflicht darf und muß meist das Gericht wegen des öffentlichen Interesses an einer gerechten Kostenverteilung im Rahmen seiner Kostengrundentscheidung grundsätzlich von Amts wegen erkennen, BGH RR **95**, 1211, Musielak (vor Rn 1) 356, Schneider MDR **97**, 706 (Teilkostenentscheidung). Das gilt auch für Kosten des obligatorischen Güteverfahrens als Teil der Prozeßkosten, § 91 Rn 106, und auch bei einer Gerichtskostenfreiheit, OVG Kblz Rpfleger **83**, 124, im Urkundenprozeß nach §§ 592 ff, Karlsr OLGZ **86**, 125, und bei einer Prozeßkostenhilfe, §§ 114 ff. Ein diesbezüglicher Parteiantrag ist freilich oft eine sinnvolle Anregung, § 91 Rn 106 (Güteverfahrenskosten). Es kann eine Schlechterstellung eintreten, Rn 17. Das gilt auch bei § 91 a Rn 62, aM KG FamRZ **94**, 1608 (aber Kosten bleiben Kosten), oder im Patenterteilungsverfahren, § 99 I PatG, BGH **92**, 139. Etwas anderes gilt nur bei §§ 269 III 2, IV, 516 III 2, 565 (bloße Feststellungen). Soweit § 98 eingreift, ergeht nur bei einem nachträglichen Streit oder Antrag ein Beschluß, der die gesetzliche Kostenfolge bestätigt. Eine mündliche Verhandlung ist unnötig, § 128 IV.

16 **B. Ausnahmen.** Freilich muß das Gericht trotz II nicht stets über die Kosten von Amts wegen entscheiden. Das gilt zB bei einer Zurückverweisung nach §§ 538, 561 oder bei einem Prozeßvergleich nach § 98 oder überhaupt insoweit, als die Kostenfolge ohnehin kraft Gesetzes eintritt, Musielak (vor Rn 1) 357, aM Köln JB **83**, 1882 (aber II gilt uneingeschränkt), und soweit die Partei nicht einen Anspruch auf einen ja nur klarstellenden entsprechenden Ausspruch erhebt wie etwa bei § 269 III 2, IV, ferner zB bei § 308 a. Auch der Kostenfestsetzungsantrag fällt unter I, nicht II, Rn 3. Im übrigen ist die Kostenfestsetzung nur im Rahmen eines Rechtsbehelfs überprüfbar, Mü MDR **00**, 666. Das Revisionsgericht darf die Kostenentscheidung des Berufungsgerichts nicht ändern, wenn es die Beschwerde gegen die Nichtzulassung der Revision zurückweist, BGH NJW **04**, 2598.

17 **C. Verstoß, II.** Man muß einen Verstoß von Amts wegen beachten, Grdz 39 vor § 128, BGH RR **98**, 334 ([jetzt] § 528 S 2 ist unanwendbar). Es würde aber zu weit führen, ein Urteil schon deshalb als unwirksam zu erachten, weil die Partei etwas anderes beantragt hatte, sofern überhaupt ein Rechtsschutzgesuch an das Gericht vorlag, Üb 10, 19 vor § 300, Musielak (vor Rn 1) 360, aM RoSGo § 133 I 1 b (aber das Urteil bleibt ein Staatshoheitsakt). Dasselbe gilt erst recht beim Zusprechen eines Mehr.

18 **10) Rechtsmittel, I, II.** Gegen einen Verstoß hat der Betroffene die sofortige Beschwerde. §§ 269 III–V, 567 I Z 1 gelten entsprechend. In der Rechtsmittelinstanz unterliegt die Kostenentscheidung nicht dem Verbot der nachteiligen Änderung. BGH NJW **81**, 2360, BAG BB **75**, 231. Das gilt aber nur dann, wenn das Rechtsmittel zulässig ist. Eine Rechtsbeschwerde kommt unter den Voraussetzungen des § 574 in Betracht. Beim unzulässigen Rechtsmittel darf das Rechtsmittelgericht die Kostenentscheidung des Erstgerichts gar nicht prüfen. Hat das Gericht Kosten übergangen, ist § 321 anwendbar, Celle JB **76**, 1255. Es gibt keinen anderen Rechtsbehelf und nach dem Ablauf der Frist zum Ergänzungsantrag keine besondere Klage. Beim Rpfl gilt § 11 RPflG, § 104 Rn 41 ff.

19 **11) Verfassungsbeschwerde, I, II.** Nach dem Eintritt der Rechtskraft bleibt nur die Verfassungsbeschwerde denkbar, § 579 Rn 8.

308a *Entscheidung ohne Antrag in Mietsachen.* **I 1 Erachtet das Gericht in einer Streitigkeit zwischen dem Vermieter und dem Mieter oder dem Mieter und dem Untermieter wegen Räumung von Wohnraum den Räumungsanspruch für unbegründet, weil der Mieter nach den §§ 574 bis 574 b des Bürgerlichen Gesetzbuchs eine Fortsetzung des Mietverhältnisses verlangen kann, so hat es in dem Urteil auch ohne Antrag auszusprechen, für welche Dauer und unter welchen Änderungen der Vertragsbedingungen das Mietverhältnis fortgesetzt wird. 2 Vor dem Ausspruch sind die Parteien zu hören.**

II Der Ausspruch ist selbständig anfechtbar.

1 **1) Systematik, I, II.** Es handelt sich um eine vom Grundsatz des § 308 I abweichende vorrangige Sondervorschrift, Musielak Festschrift für Schwab (1990) 358.

2 **2) Regelungszweck, I, II.** Die Vorschrift schränkt die Parteiherrschaft nach Grdz 18 vor § 128 im Interesse des Rechtsfriedens in ihrem sozial so empfindlichen Geltungsbereich bewußt ein. Das muß man bei der Auslegung mitbeachten.

3 **3) Geltungsbereich, I, II.** Die Vorschrift gilt in dem in I umrissenen Sonderfall und nur in dieser Lage. Es muß also zwar an sich eine wirksame und daher auch eine an sich sachlich gerechtfertigte Vermieterkündigung, vorliegen, LG Mü WoM **01**, 561. Es muß aber eine Räumungsklage gerade und nur aus den in I genannten Gründen ausnahmsweise dennoch jedenfalls derzeit unbegründet sein, LG Mü WoM **01**, 561. § 308 a gilt nicht bei § 575 a II BGB, LG Bln MDR **99**, 1436, AG Hbg WoM **88**, 364.

4 **4) Fortsetzung des Mietverhältnisses, I.** § 308 a zwingt das Gericht von Amts wegen zu einer Entscheidung, also ohne die Notwendigkeit eines Antrags, Grdz 39 vor § 128, AG/LG Freibg WoM **93**,

402, AG Friedberg WoM **93**, 675. Das gilt bei einer Abweisung der Räumungsklage unabhängig davon, ob der Mieter eine Fortsetzung des Mietverhältnisses verlangt *hat*. Es genügt vielmehr nach I 1, daß er sie fordern *kann*. Die Entscheidung ergeht in der Urteilsformel rechtsgestaltend darüber, wielange, am praktischsten: bis zu welchem Datum und unter welchen Bedingungen das Mietverhältnis fortbestehen soll. Das Gericht muß einen bestimmten Endzeitpunkt nennen. Es darf nicht etwa eine Fortsetzung auf unbestimmte Zeit aussprechen, aM AG Friedberg WoM **93**, 675 (aber das Gesetz verlangt einen Anspruch „für welche Dauer"). Auch eine Mieterhöhung kommt in Betracht, LG Aurich WoM **92**, 610, LG Heidelb WoM **94**, 682. Das gilt freilich nur, wenn der Vermieter sie nur durch eine Kündigung durchsetzen könnte, AG Heidenheim WoM **92**, 436.

Beiden Parteien muß das Gericht dazu das *rechtliche Gehör* geben, Art 103 I GG. Es muß einen Termin nach § 216 unverzüglich bestimmen, und zwar auch für die Zeit vom 1. 7. bis 31. 8. ohne eine spätere Verlegungsmöglichkeit, § 227 III 2 Hs 1 Z 2. Ein Versäumnisurteil nach § 331 ist gegen den Bekl unzulässig, soweit die vom Kläger genannten Tatsachen (im Zweifel nicht) einen Fortsetzungsanspruch des Bekl ergeben. Das Gericht ermittelt sie aber nicht von Amts wegen, Grdz 39 vor § 128. Der Kläger kann aber auch für den Fall der Abweisung seiner Räumungsklage aus §§ 574–574 b BGB hilfsweise beantragen, daß das Mietverhältnis nicht länger als bis zum .... fortgesetzt werde. Die Klärung der Verhältnisse, die ein solcher Mietstreit ohnehin erfordert, muß sich auch darauf erstrecken. Das Gericht wirkt bei der Erörterung der Sache darauf hin, daß die Parteien zweckentsprechende Anträge stellen, § 139. Der Bekl kann auch eine Widerklage erheben. Diese liegt im Zweifel aber nicht vor. Ein Zwischenantrag entsprechend §§ 302 IV, 717 III 2 ist zulässig. Die vorläufige Vollstreckbarkeit der Entscheidung richtet sich nach § 708 Z 7. 5

Kostenrechtlich findet keine Zusammenrechnung der Ansprüche auf eine Räumung und auf eine Fortsetzung des Mietverhältnisses statt, § 16 III, IV GKG. § 93 b ist anwendbar, §§ 91, 93 sind nur hilfsweise anwendbar. Eine Berichtigung oder eine Urteilsergänzung sind nach §§ 319, 321 möglich. 6

5) Rechtsmittel, II. Die Entscheidung ergeht in dem Urteil, durch das das Gericht den Räumungsanspruch als derzeit noch unbegründet abweist. Auch wenn der Kläger insofern kein volles Rechtsmittel einlegt, kann er den Ausspruch über die Dauer der Fortsetzung des Mietverhältnisses und über die Vertragsbedingungen selbständig mit der Berufung anfechten. Das gilt auch für den Bekl. Dabei kommt es nicht darauf an, ob er in 1. Instanz mit dem Abweisungsantrag Erfolg hatte und ob er wegen der Mietvertragsfortsetzung Anträge gestellt hat. Denn das Gericht mußte über die Dauer und die Bedingungen der Fortsetzung des Mietverhältnisses von Amts wegen entscheiden, I. Auch das Berufungsgericht muß in einer Räumungssache beim Vorliegen der §§ 574–574 b BGB den § 308 a von Amts wegen beachten. 7

309 *Erkennende Richter.* Das Urteil kann nur von denjenigen Richtern gefällt werden, welche der dem Urteil zugrunde liegenden Verhandlung beigewohnt haben.

Schrifttum: *Schmidt,* Richterwegfall und Richterwechsel im Zivilprozeß, Diss Hann 1993.

1) Systematik. Die Vorschrift regelt eine wesentliche Frage der Besetzung des Gerichts. Nur diejenigen Richter dürfen die Sachentscheidung treffen, die bei der für diese Entscheidung maßgeblichen Schlußverhandlung die Richterbank gebildet haben, BGH NJW **81**, 1274. 1

2) Regelungszweck. § 309 enthält eine Ausprägung des Gebots des gesetzlichen Richters nach Art 101 I 2 GG, BVerfG NJW **08**, 2243, und des Grundsatzes der Mündlichkeit und Unmittelbarkeit der Verhandlung, § 128 Rn 1, Köln NJW **77**, 1159. Natürlich dient eine nach einem Richterwechsel notgedrungen wegen § 309 anberaumte nochmalige „Verhandlung" in Wahrheit oft nur einer nochmaligen Antragsprotokollierung, um das zuvor in anderer Besetzung praktisch abschließend beratene Urteil am Schluß der Sitzung verkünden zu können. Das dient nur sehr bedingt dem Regelungszweck. Immerhin liegt es an der verbliebenen Besetzung, dem hinzugekommenen Kollegiumsmitglied wenigstens die wirkliche Möglichkeit zu geben, einen vielleicht gerade wegen dieses Hinzukommens fruchtbaren weiteren Gedanken zu äußern. Der „Neue" sollte sich davor nicht scheuen. Bei einer vertrauensvollen vernünftigen Handhabung entartet § 309 auch nicht. Eine solche verständige Praxis dürfte auch durchweg vorhanden sein. 2

3) Geltungsbereich. Wegen des Regelungszwecks nach Rn 2 ist die Vorschrift zwar in allen Verfahren mit einer tatsächlich stattgefundenen mündlichen Verhandlung nach der ZPO anwendbar, auch im WEG-Verfahren und für einen Beschluß im Bereich § 113 I 2 FamFG, soweit eine Verhandlung stattfand. Sie ist aber nicht auf eine von vornherein oder schließlich schriftliche Entscheidung nach §§ 128 II, 495 a anwendbar, BVerfG NJW **08**, 2243, BGH RR **92**, 1065, StJL 17, aM Krause MDR **82**, 186 (aber § 309 ist ganz auf eine Lage beim Verhandlungsschluß zugeschnitten). Auch im Verfahren nach Aktenlage nach § 251 a ist § 309 unanwendbar, ebenso im arbeitsgerichtlichen Verfahren, BAG MDR **03**, 48, und (jetzt) im FamFG-Verfahren, Düss WoM **01**, 620. Der Einzelrichter muß nach der Übertragung auf ihn die Verhandlung geleitet haben, Köln NJW **77**, 1159. 3

§ 309 gilt auch für einen *Beschluß* nach einer mündlichen Verhandlung nach § 329 I. Vorher von anderen Richtern ordnungsgemäß gefaßte Beschlüsse bleiben wirksam. Über die Beratung und Abstimmung §§ 192 ff GVG.

4) Einzelfragen. Man muß eine sich aus der Sache ergebende und unvermeidbare Ungewißheit hinnehmen, etwa beim Ausscheiden, bei einer Krankheit, Verhinderung, beim Urlaub oder Richterwechsel, BVerfG NJW **04**, 3696 (zu § 522 II). Unschädlich, wenn auch oft unzweckmäßig, ist grundsätzlich ein Richterwechsel zwischen der Beweisaufnahme und der Schlußverhandlung, § 285 II, BGH NJW **79**, 2518, Hamm MDR **93**, 1235. Der Richter der Schlußverhandlung darf also eine Urkunde auswerten, die ein anderer Richter in der Beweisaufnahme gesehen hat. Der Richter der Schlußverhandlung darf einen Zeugen würdigen, dessen Aussage ausnahmsweise der andere Richter des Beweisaufnahmetermins protokolliert hatte, 4 aM BGH NJW **84**, 2629 (aber es bleibt immer die Möglichkeit der Wiederholung der Beweisaufnahme auch in derselben Instanz). Er darf aber keine unprotokollierte vor einem anderen Richter gemachte Aussage verwerten, Düss NJW **92**, 188, Hamm MDR **93**, 1236, Schlesw MDR **99**, 761, auch keinen ungenügend protokollierten Augenschein, BGH VersR **92**, 884. Freilich zwingt nicht jeder Richterwechsel zur Antragswiederholung, § 295 I, Düss NJW **92**, 188. Mehrere Termine können dieselbe Schlußverhandlung bilden, VGH Mannh JZ **85**, 852 (VwGO). Unerheblich ist ein bloßer Funktionswechsel im Vorsitz desselben Kollegiums, BAG DB **02**, 2056.

5 Wechselt ein Richter auch nur wegen einer Änderung des Geschäftsverteilungsplans zwischen der Schlußverhandlung und der *Beschlußfassung* zum Urteil, muß das Gericht die Verhandlung vor dem neuen Richter wiedereröffnen, § 156 II Z 3, BAG MDR **03**, 48. Der neue Richter kann dann auch nicht argumentieren, die Sache sei schon entscheidungsreif, § 300 Rn 6. Denn er kann den bisherigen Richter nicht zur Entscheidung gegen dessen Überzeugung zwingen, falls dieser überhaupt noch amtiert. Mag er die wegen der eigenen Überzeugung nach § 309 notwendige nochmalige Verhandlung durchführen. Wechselt ein Richter zwischen der Beschlußfassung und der Verkündung des Urteils nach § 310, ist § 309 grundsätzlich unanwendbar, aM Kblz VersR **07**, 366. Der neue Richter darf und muß also die bloße Verkündung dann vornehmen, BGH VersR **02**, 1575, Krause MDR **82**, 186. Etwas anderes gilt aber wegen der Unterschriften nach § 315 Rn 1 und dann, wenn sich aus einem vor der Verkündung nachgereichten Schriftsatz ein Zwang zur Wiedereröffnung der Verhandlung wegen eines erst jetzt zutage tretenden Verfahrensfehlers aus § 156 ergibt, BGH NJW **02**, 1427.

6 **6) Verstoß.** Ein Verstoß macht das Urteil nicht nichtig, Grdz 11, 14 vor § 300. Er führt vielmehr auf Antrag evtl zur Zurückverweisung, (jetzt) § 538, Köln NJW **77**, 1159. Er ist ein unbedingter Revisions- und Nichtigkeitsgrund nach §§ 547 Z 1, 579 I Z 1, BVerfG NJW **64**, 1020. Ein Verstoß nur des Erstgerichts ist aber in der Revisionsinstanz nur nach (jetzt) § 545 beachtlich, BGH FamRZ **86**, 898. Nach der Erschöpfung des Rechtswegs nach Einl III 17 ist evtl die Verfassungsbeschwerde nach Art 101 I 2 GG statthaft.

310 *Termin der Urteilsverkündung.*

I [1] Das Urteil wird in dem Termin, in dem die mündliche Verhandlung geschlossen wird, oder in einem sofort anzuberaumenden Termin verkündet. [2] Dieser wird nur dann über drei Wochen hinaus angesetzt, wenn wichtige Gründe, insbesondere der Umfang oder die Schwierigkeit der Sache, dies erfordern.

II Wird das Urteil nicht in dem Termin, in dem die mündliche Verhandlung geschlossen wird, verkündet, so muss es bei der Verkündung in vollständiger Form abgefasst sein.

III [1] Bei einem Anerkenntnisurteil und einem Versäumnisurteil, die nach §§ 307, 331 Abs. 3 ohne mündliche Verhandlung ergehen, wird die Verkündung durch die Zustellung des Urteils ersetzt. [2] Dasselbe gilt bei einem Urteil, das den Einspruch gegen ein Versäumnisurteil verwirft (§ 341 Abs. 2).

Gliederung

1 **1) Systematik, §§ 310–312.** Die Vorschriften regeln einen wesentlichen Akt der Entstehung des Kernstücks des Prozesses, des Urteils. Man muß sie im Zusammenhang verstehen.

2 **2) Regelungszweck, I–III.** Die ordnungsgemäße Bekanntgabe des Urteils dient der Rechtssicherheit, Einl III 43. Sie hat eine hohe Bedeutung, auch zur Vermeidung aller möglichen Grauzonen im Umfeld des Zustandekommens und der Korrektur der Entscheidung, an die das Gericht ja nach § 318 gebunden ist. Das muß man bei der Auslegung mitbeachten.

Umterminierung ist zwar kein ideales, aber ein oft durchaus ratsames Mittel der Vermeidung einer übereilten nicht korrigierbaren Fehlentscheidung. Man kann getrost zunächst „Entscheidung am Schluß der Sitzung" und dann „Weitere Entscheidung am ..." verkünden, Rn 6–8. Man darf sogar diese nochmals notgedrungen vertagen, ohne erneut in eine Verhandlung eintreten zu müssen. Man sollte die Dreiwochenfrist des I 2 freilich nicht durch eine allzu großzügige Handhabung der dortigen Bedingungen weiter hinausschieben als nun wirklich unumgänglich.

Vollständige Form ist bei II eigentlich eine Selbstverständlichkeit. Der Verstoß überzeugt nicht, auch wenn er keine direkte Haftung des Staates für den säumigen Richter auslöst.

3 **3) Geltungsbereich, I–III.** Die Vorschrift gilt in allen Verfahren nach der ZPO, auch im WEG-Verfahren. Sie gilt auch beim Urteil nach § 341 II. Eine Verkündung erfolgt auch im schriftlichen Verfahren nach § 128 II, Ffm MDR **80**, 320, oder bei einem Urteil nach Aktenlage, § 251 a II 2. Nur beim Anerkenntnis- oder Versäumnisurteil ohne eine mündliche Verhandlung tritt seine Zustellung an die Stelle der Verkündung, § 310 III, BGH VersR **84**, 1193, Unnützer NJW **78**, 986. Die Protokollierung erfolgt nach § 160 III Z 7. Ihr Nachweis ist nur nach § 165 möglich. Der Verkündungs- oder Zustellungsvermerk nach § 315 III beweist die Verkündung nicht stets. Er kann aber einen Anscheinsbeweis geben. Zulässig ist der Nachweis, daß das Protokoll verloren ist. Die Öffentlichkeit richtet sich

nach § 173 GVG. Vgl §§ 60, 84 ArbGG, § 94 I 2 PatG, Schmieder NJW **77**, 1218. Im FamFG-Verfahren gilt § 41 FamFG.

4) Mitteilung, I. Es gibt zwei Mitteilungsarten. I regelt die eine, III die andere. 4

A. Grundsatz: Verkündungszwang. Das Gericht muß jedes Urteil verkünden, das auf Grund einer mündlichen Verhandlung ergeht. Die Verkündung muß grundsätzlich öffentlich erfolgen, Art 6 I 1 MRK, Einl III 23. Eine vereinbarte Urteilszustellung kann die notwendige Verkündung nicht ersetzen. Erst die Verkündung bringt das Urteil rechtlich zum Entstehen, BGH NJW **94**, 3358, Brdb FamRZ **04**, 385, Ffm RR **95**, 511. Erst mit der Verkündung ist das Urteil „gefällt", „erlassen", §§ 309, 318. Bis zur Verkündung bleibt es eine innere Angelegenheit des Gerichts, ist es rechtlich lediglich ein abänderbarer Urteilsentwurf, § 299 III, BGH NJW **04**, 2020, Brdb FamRZ **04**, 385, Ffm MDR **90**, 63. Dasselbe gilt wegen § 160 III Z 7, § 165, wenn etwa eine korrekte Protokollierung unterblieben wäre, BGH NJW **07**, 3210. Von der Verkündung ab ist das Urteil unabänderlich, § 318. Der Vorsitzende muß auf einen Behinderten im Sinn des BBG Rücksicht nehmen.

B. Verstoß. Ob eine ordnungsmäßige Verkündung oder Zustellung vorliegt, muß das höhere Gericht jederzeit von Amts wegen prüfen, Grdz 39 vor § 128. Bei einem leichteren Mangel erfolgt die Prüfung allerdings praktisch meist nur auf Grund einer Rüge, BGH **61**, 370, Düss MDR **77**, 144. Eine Rüge ist allerdings bei einem Verstoß gegen eine unerläßliche Formvorschrift entbehrlich. Das völlige Fehlen einer ordnungsgemäßen Verkündung führt evtl zunächst zur bloßen Scheinentscheidung, Üb 11 ff vor § 300, Brdb FamRZ **04**, 385, Ffm RR **95**, 511, Zweibr FamRZ **92**, 972. Die fehlende oder mangelhafte Verkündung läßt sich aber grundsätzlich nachholen, BGH NJW **07**, 3210, Ffm RR **95**, 511, Zweibr FamRZ **92**, 972 (nach 2$^1/_2$ Jahren zweifelhaft). Freilich muß man evtl § 128 II 3 beachten, Ffm FamRZ **78**, 430, Schlesw SchlHA **79**, 21. Die Nachholung ist selbst nach einer Rüge bis zum Urteil der nächsthöheren Instanz möglich. 5

Beispiele von Fehlern: Der Einzelrichter nach §§ 348, 348 a verkündet ein Kollegialurteil und umgekehrt, Düss MDR **77**, 144; es erfolgt eine Verkündung durch den nach der Geschäftsverteilung unzuständigen Richter, LAG Ffm BB **88**, 568; die Verkündung erfolgt statt im Sitzungs- im Beratungszimmer ohne eine Herstellung dortiger Öffentlichkeit; es erfolgt eine Zustellung statt der notwendigen Verkündung und umgekehrt, BGH NJW **04**, 2020, Ffm MDR **80**, 320. Bei (jetzt) § 311 II 2 erfolgt eine bloße Bezugnahme auf die Urteilsformel, BGH VersR **85**, 46. Erst recht läßt sich eine fehlende Protokollierung der Verkündung nachholen, § 164, § 163 Rn 3. Ein verständiger Vorsitzender schickt die Akten dann einfach zur Nachholung zurück. Fehlt die Verkündung, liegt kein Urteil vor. Daher ist keine Urteilsanfechtung möglich, Rn 1, aM Ffm MDR **91**, 63 (aber es fehlt der Geburtsakt, Rn 4). Anders ist die Lage, wenn die Geschäftsstelle eine Urteilsausfertigung erteilt hat, wenn also äußerlich ein Urteil vorliegt und wenn sogar eine Zustellung folgte, BGH NJW **04**, 2020. Dann sind die gewöhnlichen Rechtsmittel statthaft, BGH NJW **04**, 2020, Ffm RR **95**, 511, LAG Hamm BB **98**, 275.

Eine *mangelhafte Verkündung* läßt aber ebenfalls Rechtsmittel zu, §§ 511 ff, BGH MDR **96**, 404, Schlesw SchlHA **79**, 21. Das gilt schon deshalb, weil aus einem solchen Urteil die Zwangsvollstreckung droht. Freilich beginnen die Fünfmonatsfristen der §§ 517, 548 mangels wirksamer Verkündung nicht zu laufen, BGH NJW **07**, 3210. Das Urteil beruht meist nicht auf einem Fehler der Verkündung, Köln Rpfleger **82**, 113. Andernfalls erfolgt eine Zurückverweisung, Brdb RR **02**, 356. Vgl auch § 312 Rn 4. Das Urteil in einer Baulandsache wird von dem besonderen Spruchkörper verkündet. Jedoch ist seine Verkündung durch eine Zivilkammer (Senat) desselben Gerichts wirksam. Das Urteil eines Einzelrichters der §§ 348, 348 a, 526, 527 wird von ihm verkündet. Die Verkündung durch seine Kammer gilt nur auf eine Rüge als ein Verfahrensverstoß, Düss MDR **77**, 144.

5) Verkündungszeit, I, II. Eine sofortige Verkündung birgt Risiken, Rn 2, 7 ff. 6

A. Grundsatz: Unmittelbar nach Verhandlung. Grundsätzlich soll sich die Verkündung unmittelbar an die Verhandlung und Beratung anschließen („Stuhlurteil"), BGH NJW **04**, 1666, Stgt NJW **84**, 2539. Zulässig ist es auch, am Schluß der einzelnen Verhandlung einen Beschluß zu verkünden, daß „am Schluß der (gesamten) Sitzung eine Entscheidung verkündet werden" soll, und dann am Sitzungsschluß nach einem nochmaligen Aufruf nebst einer Feststellung der Anwesenden zu Protokoll entweder durch einen gleichartigen weiteren Beschluß der Sache nach nur die Beratung derselben Sitzung natürlich ohne eine Notwendigkeit einer Parteizustimmung nochmals zu verlängern oder das Urteil zu verkünden, BGH NJW **04**, 1666 (das Protokoll muß das aber eindeutig ergeben). Vor allem bei einer Entscheidung durch nur einen Richter ist dieses Verfahren elegant, Rn 2. Es dient der wünschenswerten Prozeßbeschleunigung. Es ist aber beim geringsten Zweifel und oft auch bei einer scheinbar eindeutigen Sach- und Rechtslage in Wahrheit riskant. Wenn der Richter nämlich das Urteil schriftlich erst nach der Verkündung absetzen kann, können sich Bedenken ergeben, die zu einer mangelhaften Begründung oder unkorrekten „Berichtigung" führen, Rn 2.

B. Besonderer Verkündigungstermin. Der Richter darf auch eine Entscheidung in einem besonderen Verkündungstermin verkünden. Das Gericht muß ihn sofort anberaumen. Dazu reicht es aber auch, am Schluß der Sitzung „weitere Entscheidung am ..." zu verkünden, Rn 2. „Sofort" meint zweckmäßig auch: sofort bei der Entscheidungsreife nach § 300 Rn 6, zB nach dem Ablauf einer Frist nach §§ 379 S 2, 402. Eine Ladung ist entbehrlich, § 218. Das Gericht darf den Verkündungstermin auf grundsätzlich höchstens drei Wochen hinausschieben, länger nur aus wichtigem Grund, insbesondere wenn der Umfang oder die Schwierigkeit der Sache es erfordern, I 2. Das Gericht hat insofern aber insbesondere bei einer Überlastung einen Ermessensspielraum. Ihn überschreitet es durch einen etwaigen Wegfall einer Rechtsmittelmöglichkeit nicht stets, BVerfG RR **93**, 253 (keine Willkür bei dargelegten Erwägungen). Ihn darf natürlich auch keine Dienstaufsicht unterlaufen, schon gar nicht, wenn die Kanzlei und/oder Geschäftsstelle verzögerlich arbeiten oder ebenfalls überlastet sind. Ein wegen § 283 erzwungener Verkündungstermin kann bereits eine Verzögerung nach § 296 bedeuten, § 283 Rn 1, Stgt NJW **84**, 2539. 7

Man sollte einen Termin vorsorglich schon wegen einer etwa zutage tretenden Notwendigkeit zB eines Beweisbeschlusses nur zur Verkündung „einer *Entscheidung*" und nicht „des Urteils", ansetzen. Auch im ersteren Fall müssen die Parteien grundsätzlich mit einem Urteil rechnen, BGH VersR **83**, 1082. Auch ist zumindest in ständiger Praxis ein Verkündungstermin für den Fall des rechtzeitigen Widerrufs eines Prozeßvergleichs nach Anh § 307 Rn 10 üblich und trotz einer solchen Bedingung zulässig. Geht kein rechtzeitiger Widerruf ein, muß man den Verkündungstermin nicht zusätzlich aufheben. Denn seine Bedingung existiert nicht mehr. Freilich mag beim Streit über die Wirksamkeit des Widerrufs eine neue Verhandlung nötig werden, Anh § 307 Rn 14, 36 ff.

8 **C. Neuer Termin.** Bei einer Zeitnot läßt man sich, bitte, nicht zur Verkündigung einer Entscheidung verleiten. Man könnte das bereuen, zumal man an sie nach § 318 gebunden sein kann. Vielmehr hebt man dann den bisherigen Verkündungstermin auf und beraumt mit Ladungen und einer Ladungsfrist einen neuen Verhandlungstermin (Haupttermin) an oder verschiebt den Verkündungstermin, Rn 2. Letzteres kann schriftlich geschehen, aber auch in dem bisherigen Verkündungstermin. Hatte das Gericht diesen bisherigen Termin ordnungsgemäß anberaumt und mitgeteilt, braucht es einer im bisherigen Verkündungstermin nicht erschienenen Partei den neuen bloßen Verkündungstermin nicht mitzuteilen. Es braucht sie im Rahmen des § 218 erst recht nicht förmlich zu laden. Es war ja ihre Sache, zum bisherigen Verkündungstermin zu erscheinen oder sich unverzüglich nach seinem Ergebnis zu erkundigen. Keine Partei hat einen Anspruch darauf, ein Verkündungsprotokoll ohne ihren Antrag zu erhalten, noch gar sofort. Abweichende Übungen freundlicher Gerichte sind zwar ein hilfreicher Service, aber keine Dienstpflicht. Eine Säumnis fehlt nicht schon deshalb, weil man ein Protokoll nicht so rasch erhalten hatte, wie man es sich gedankenlos erwartet hatte.

Die *Geschäftsstelle* sollte freilich vom soeben verkündeten weiteren Verkündungstermin möglicht bald erfahren, um zB telefonische Anfragen nach dem Terminsausgang beantworten zu können. Einen Anspruch hat die Partei aber auch nicht darauf, daß der Richter die Geschäftsstelle sofort informiert. Die Partei hätte eben im Verkündungstermin erscheinen sowie zuhören können und müssen.

Die *Hinausschiebung* ist auch durch andere Richter als die nach § 309 berufenen statthaft. Gegen eine zu weite Hinausschiebung schützen § 252 oder eine Dienstaufsichtsbeschwerde, BVerfG NJW **89**, 3148. Eine Verkündung in einem erst später anberaumten Termin führt nicht zur Aufhebung. Der Verkündungstermin läßt ausschließlich die Verkündung zu, sonst nichts, weder eine Verhandlung noch eine Beweisaufnahme, solange nicht sämtliche Prozeßbeteiligten einer Umfunktion unter dem Verzicht auf alle Ladungsfristen usw zum Protokoll uneingeschränkt zustimmen. Die Verkündung erfolgt durch den Vorsitzenden, § 136 IV. Im besonderen Verkündungstermin ist die Anwesenheit der Beisitzer unnötig, § 311 IV 1. Die Parteien können auf ihr eigenes Prozeßrisiko abwesend sein, § 312 I.

Bei einem *besonderen Verkündungstermin* muß das Gericht sein Urteil zur Zeit der Verkündung theoretisch vollständig abgefaßt haben, BVerfG NJW **96**, 3203, BGH FamRZ **04**, 1277. Das Gericht muß das Urteil dann also in allen seinen Bestandteilen nach § 313 I schriftlich niedergelegt und mit allen beteiligten Richtern unterschrieben haben, Mü MDR **86**, 62. Die Praxis verstößt allerdings oft genug gegen diese Vorschrift. Das ist meist folgenlos, Rn 10.

9 **D. Unzulässigkeit.** Die Verkündung in einem durch eine Unterbrechung über den natürlichen Tagesrhythmus hinaus erstreckten und nicht als einen besonderen Verkündungstermin anberaumten Verhandlungstermin ist unzulässig, Ffm AnwBl **87**, 235. Unzulässig ist ein besonderer Verkündungstermin nur deshalb, weil ein Vermieter in der Zeit zwischen dem Verhandlungsschluß und der Verkündung eine wirksame Nachholung eines Mieterhöhungsverlangens nach §§ 558 ff BGB angekündigt hat. Denn das Gericht müßte dann einerseits den Ablauf der Zustimmungsfrist nach § 558 b III 2 BGB abwarten. Es dürfte aber andererseits den Prozeß nicht schon deshalb aussetzen, Einf 1 vor §§ 148–155, § 148 Rn 7. Es käme also doch nicht weiter. Wenn freilich nur noch der Ablauf der bereits vor dem Verhandlungsschluß begonnenen Frist nach § 558 b III 2 BGB bevorsteht, mag ein Verkündungstermin vertretbar sein und in ihm eine Wiedereröffnung der Verhandlung, § 156 Rn 3.

10 **E. Verstoß, II.** Ein Verstoß kann nach § 295 heilbar sein, etwa eine Verkündung durch einen nach der Geschäftsverteilung unzuständigen Richter, LAG Ffm BB **88**, 568, oder in einem nicht korrekt anberaumten oder im falschen Termin, oder eine Verkündung in einem auch zur Verhandlung bestimmten Termin in einer Nichtsommersache während der in § 227 III 1 genannten Zeit. Ein Verstoß gegen das Gebot einer vollständigen Urteilsfassung im besonderen Verkündungstermin beeinträchtigt die Wirksamkeit der Verkündung grundsätzlich nicht, BGH NJW **89**, 1157, BAG MDR **03**, 47, Jura MDR **08**, 43, ebensowenig ein Verstoß gegen I 2, BGH NJW **89**, 1157. Er stellt erst dann einen Verstoß gegen Art 103 I GG dar, wenn sich das Gericht in Wahrheit keineswegs mehr erinnern konnte, BVerfG NJW **96**, 3203, BGH FamRZ **04**, 1277. Eine mangelhafte, aber wirksame Verkündung setzt die Frist des (jetzt) § 517 in Lauf, BGH RR **94**, 127. Indessen muß man das Urteil in einem krassen Fall aufheben, etwa beim zwischenzeitlichen Ausscheiden eines Mitglieds des Kollegiums oder nach dem Ablauf von fünf Monaten oder mehr seit der Verkündung, BGH FamRZ **04**, 1277, Hamm FamRZ **97**, 1166, Stgt AnwBl **89**, 232. §§ 276, 283, 310 III, 331 a regeln Sonderfälle.

11 **7) Zustellung, III.** Man muß sie strikt beachten. Sie erfolgt von Amts wegen nach §§ 166 ff.

A. Grundsatz: Verkündungsersatz. Knauer/Wolf NJW **04**, 2861 haben Bedenken zur Vereinbarkeit von III mit Art 6 I EMRK. Die Zustellung ersetzt bei einem Anerkenntnis- oder Versäumnisurteil ohne eine mündliche Verhandlung nach §§ 276, 307, 331 III die Verkündung, BGH VersR **82**, 597, LG Stgt AnwBl **81**, 197. Eine solche hätte keine Wirkung. Daran hat sich auch durch Art 6 I 2 MRK nichts geändert. Das ist keine Gefahr einer „tückischen Falle", aM Zugehör NJW **92**, 2261, sondern eine sich aus der Schriftlichkeit des Vorverfahrens vernünftig ergebende Folge. Das Gericht muß die vollständige Fassung einschließlich des etwaigen Tatbestands und der etwaigen Entscheidungsgründe beiden Parteien zustellen. Die einer Verkündung gleichstehende Wirkung tritt erst mit der letzten nach § 317 Rn 1 notwendigen Zustellung ein, BGH NJW **96**, 1969, Brdb RR **96**, 767, LG Kiel RR **97**, 1022, aM LG Bückebg RR **86**,

1508, Rau MDR **01**, 797 (aber die Bindung nach § 318 ist eine andere Rechtsfolge als die Einspruchsmöglichkeit).

Die *Verwerfung des Einspruchs* durch ein Urteil nach § 341 II erfordert statt einer Verkündung (jetzt) ebenfalls nur eine Zustellung.

Bei *Streitgenossen* nach §§ 59 ff tritt die Wirkung für jeden Streitgenossen besonders ein. Bei einer not- 12
wendigen Streitgenossenschaft nach § 62 tritt sie erst mit der letzten Zustellung für alle Streitgenossen ein. Bei einer Streithilfe nach § 66 ist die Zustellung an den Streithelfer notwendig, um die Entscheidung ihm gegenüber wirksam zu machen. Soweit die Verkündung eine Frist in Lauf setzt, wie für die Berichtigung des Tatbestands nach § 320 II 3, beginnt die Frist für beide Parteien mit der letzten notwendigen Zustellung zu laufen, § 317 Rn 1, Nürnb NJW **78**, 832. Die Zustellung nach III ersetzt nur die Verkündung.

B. Verstoß, III. Nur schwere Fehler machen die Zustellung unwirksam, zB: Das völlige Fehlen der 13
Mitwirkung des Urkundsbeamten der Geschäftsstelle, §§ 315, 317; das Fehlen der Unterschriften nach § 315 unter dem Original im Zeitpunkt der Zustellung der Ausfertigung. Andere Fehler beeinträchtigen die rechtliche Entstehung des Urteils nicht, zB das Fehlen nur des Ausfertigungs- oder Beglaubigungsvermerks oder des Empfangsbekenntnisses des Anwalts, § 195, wenn unstreitig ist, daß er das Urteil erhalten hat, § 189.

311 *Form der Urteilsverkündung.* [I] **Das Urteil ergeht im Namen des Volkes.**

[II] [1] **Das Urteil wird durch Vorlesung der Urteilsformel verkündet.** [2] **Die Vorlesung der Urteilsformel kann durch eine Bezugnahme auf die Urteilsformel ersetzt werden, wenn bei der Verkündung von den Parteien niemand erschienen ist.** [3] **Versäumnisurteile, Urteile, die auf Grund eines Anerkenntnisses erlassen werden, sowie Urteile, welche die Folge der Zurücknahme der Klage oder des Verzichts auf den Klageanspruch aussprechen, können verkündet werden, auch wenn die Urteilsformel noch nicht schriftlich abgefasst ist.**

[III] **Die Entscheidungsgründe werden, wenn es für angemessen erachtet wird, durch Vorlesung der Gründe oder durch mündliche Mitteilung des wesentlichen Inhalts verkündet.**

[IV] **Wird das Urteil nicht in dem Termin verkündet, in dem die mündliche Verhandlung geschlossen wird, so kann es der Vorsitzende in Abwesenheit der anderen Mitglieder des Prozessgerichts verkünden.**

Schrifttum: *Schneider,* Rechtsschutzmöglichkeiten gegen formelle Verlautbarungsmängel usw, 1999.

Gliederung

1) Systematik, I–IV. Während §§ 313 ff den Inhalt des Urteils, § 310 zusammen mit § 311 IV den Verkündungszeitpunkt, § 309 die Gerichtsbesetzung regeln, enthalten §§ 311, 312 zusammen mit § 173 I 1
GVG die Formen einer wirksamen Urteilsverkündung, sofern sie überhaupt notwendig ist, § 310 III.

2) Regelungszweck, I–IV. Die Vorschrift bezweckt wegen der zentralen Bedeutung des Urteils eine 2
formell klare Bekanntgabe, und zwar stets in öffentlicher Sitzung, also vor „dem Volk", in dessen Namen das Gericht spricht, § 173 I GVG. Man sollte diese Formen nicht verwässert handhaben. Das gilt auch und gerade wegen der immer weitergehenden Abschwächung der Vorschrift. Das „Beschreien der Wände" mag keineswegs mehr notwendig sein. Verboten ist eine solche anhörbare akustische letzte Selbstkontrolle nicht. Es kann auch nicht schaden, ein einfaches Versäumnisurteil usw nicht nur „nach Antrag" zu verkünden, sondern den Tenor zugleich im hinteren Aktendeckel oder auf einem Zettel zu formulieren. Ist eine vermutlich sehr enttäuschte Partei anwesend, sind ein paar Sätze der Begründung „zu viel" vielleicht doch geeignet, ihre Einsicht zu fördern.

3) Geltungsbereich, I–IV. Die Vorschrift gilt in allen Verfahren nach der ZPO, auch im WEG- 3
Verfahren, ferner im arbeitsgerichtlichen Verfahren, § 46 II 1 ArbGG. Das gilt auch für IV, §§ 53 II, 60 III ArbGG, Philippsen pp NJW **77**, 1135. Sie gilt in den Grenzen von § 41 FamFG auch im Bereich des § 113 I 2 FamFG.

4) Verkündungsform, I, II. Sie erhält nicht stets eine genaue Beachtung. 4

A. Eingangsformel. Das Urteil ergeht im Namen des Volkes, Art 20 II GG. Das Fehlen des Vermerks ist unschädlich, LG Dortm WoM **95**, 548.

B. Urteilsformel. Ihre Verkündung ist der „Geburtsakt" des Urteils, BGH VersR **85**, 46, LAG Köln 5
AnwBl **95**, 159. Sie kann auch „am Schluß der Sitzung" erfolgen, § 310 Rn 6 ff. Das ist ein Fall von I, nicht von IV, Fischer DRiZ **94**, 97. Grundsätzlich muß das Gericht nur die Urteilsformel verlesen, nicht auch die Eingangsformel. Deren Erwähnung ist aber üblich. Die Urteilsformel muß also schriftlich vorliegen, BGH NJW **99**, 794, Roth NJW **97**, 1968, oder der Vorsitzende muß sie wenigstens „laut niederschreiben", wie es in der Praxis vielfach üblich ist. Die Urteilsformel muß freilich grundsätzlich bei ihrer Verkündung nicht unbedingt schon Unterschriften tragen, BGH NJW **99**, 794 (nämlich im Stenogramm usw stehen), aM BFH BB **96**, 997. Ausnahmen: I 2. Die Verweisung auf das Protokoll ersetzt die

notwendige Verkündungsform nicht, Naumb FamRZ **06**, 959. § 137 III ist unanwendbar. Denn diese Vorschrift betrifft nur solche Schriftstücke, die den Parteien bekannt sind. Doch muß es vernünftigerweise genügen, daß die Parteien die Urteilsformel einsehen. Auch darf man die Unterlassung des Vorlesens zweckmäßigerweise als unschädlich ansehen, BAG DB **88**, 136, Jauernig NJW **86**, 117.

Ein *Aufstehen* während der Verkündung der Urteilsformel ist nicht üblich. Man darf es aber jederzeit praktizieren. Jeder Anwesende muß zumindest nach einer Aufforderung des Vorsitzenden aufstehen, zumal es die Bedeutung des Augenblicks würdig betont, §§ 173 I, 176 ff GVG. Wegen des Protokolls §§ 160 III Z 6, 7, 165, BGH NJW **94**, 3358. Wegen des Verkündungsvermerks § 315 III.

6 **C. Vereinfachte Verkündung.** Eine Verkündung ohne ein Vorlesen der Urteilsformel ist dann statthaft, wenn man kein Auseinanderklaffen der verkündeten und der später schriftlich abgefaßten Urteilsformel befürchten muß, Jauernig NJW **86**, 117. Das gilt bei der Verkündung eines Urteils am Schluß der Sitzung oder in einem besonderen Verkündungstermin, sofern jeweils von den Parteien oder ihren ProzBev niemand dazu erschienen ist, II 2. Dann muß lediglich zum Protokoll eine Bezugnahme auf die Urteilsformel erfolgen. Die Formel muß daher bereits bei der Bezugnahme vorliegen. Weitere Fälle: Beim zu verkündenden echten Versäumnisurteil, § 331 II; beim zu verkündenden Anerkenntnisurteil, § 307; beim Verzichtsurteil, § 306; beim Urteil auf die Rücknahme des Einspruchs, § 346; beim Urteil auf eine Rechtsmittelrücknahme, §§ 516 III, 565.

Unstatthaft ist die vereinfachte Verkündung: Beim unechten Versäumnisurteil, Üb 13 von § 330; beim Aktenlageurteil, § 251 a. Über die Folgen eines Verstoßes § 310 Rn 3. Wegen eines ohne eine mündliche Verhandlung ergehenden Versäumnis- oder Anerkenntnisurteils § 310 III.

7 **5) Entscheidungsgründe, III.** Ihre Verkündung ist stets entbehrlich, BAG DB **88**, 136. Sie steht im pflichtgemäßen Ermessen des Vorsitzenden als des zur Verkündung nach § 136 IV Zuständigen. Geschieht sie, muß er die wesentlichen Gesichtspunkte mündlich mitteilen oder die Gründe verlesen. Sie sollte immer mündlich stattfinden, wenn keine schriftliche Begründung erfolgt. Bei einem Widerspruch zwischen den mündlich verkündeten und den schriftlich niedergelegten Gründen gelten die letzteren.

8 **6) Verkündungstermin, IV.** In einem besonderen Verkündungstermin, der nach § 227 III 1 Hs 1 auch in der Zeit vom 1. 7. bis 31. 8. stets zulässig ist, braucht nur der Vorsitzende anwesend zu sein. Er darf wie am Schluß der Sitzung nach Rn 6 zum Protokoll auf die Urteilsformel verweisen, wenn von den Parteien beim Aufruf nach § 220 Rn 5 niemand erscheint, also sich niemand zum Protokoll meldet, § 310 II. Er braucht dann also erst recht nicht die Wände (mit dem vollen Tenor) zu „beschreien", BGH NJW **94**, 3358, Jauernig NJW **86**, 117. Vgl freilich auch Rn 2. Wegen der Entbehrlichkeit eines Verkündungstermins bei der Einspruchsverwerfung ohne eine mündliche Verhandlung nach § 341 II vgl § 310 Rn 11.

9 **7) Verstoß, I–IV.** Soweit nicht einmal eine schriftliche Abfassung der Urteilsformel vorliegt, reicht die Bezugnahme auf das Urteil auch dann nicht aus, wenn IV sie im übrigen erlaubt, BGH NJW **85**, 1783, aM Jauernig NJW **86**, 117 (aber dann entfällt für das Gericht das nach einer streitigen Verhandlung dringend notwendige Gebot der Selbstkontrolle bei der Urteilsformulierung).

Mangels wirksamer Verkündung liegt rechtlich ein bloßer Urteilsentwurf vor, Üb 12 vor § 300, aM BAG NJW **96**, 674 (evtl § 319. Aber es liegt gar kein Geburtsakt vor, nicht etwa nur ein unrichtiger). Der bloße Entwurf setzt die Rechtsmittelfrist nicht in Lauf, LAG Köln AnwBl **95**, 159, auch nicht die Fünfmonatsfristen der (jetzt) §§ 517, 547, BGH VersR **85**, 46. Eine fehlerhafte Bekanntgabe des Verkündungstermins ist kein wesentlicher Verlautbarungsmangel, § 310 Rn 3.

312 *Anwesenheit der Parteien.*

I [1] **Die Wirksamkeit der Verkündung eines Urteils ist von der Anwesenheit der Parteien nicht abhängig.** [2] **Die Verkündung gilt auch derjenigen Partei gegenüber als bewirkt, die den Termin versäumt hat.**

II Die Befugnis einer Partei, auf Grund eines verkündeten Urteils das Verfahren fortzusetzen oder von dem Urteil in anderer Weise Gebrauch zu machen, ist von der Zustellung an den Gegner nicht abhängig, soweit nicht dieses Gesetz ein anderes bestimmt.

Schrifttum: S bei § 311.

1 **1) Systematik, I, II.** Die Vorschrift ist eine Ergänzung zu §§ 310, 311, dort Rn 1.

2 **2) Regelungszweck, I, II.** Das Urteil als ein Hoheitsakt nach Üb 10 vor § 300 soll möglichst wirksam sein und bleiben. Die Anwesenheit ist wegen Art 103 I GG nur im Verhandlungsteil eines Termins wichtig. Sie ist selbst dort aber keine Pflicht, sondern nur evtl eine Obliegenheit (evtl ein Nachteil infolge Fehlens, zB keine sofortige Kenntnisnahme). Bei der Verkündung darf man fehlen, ohne eines der Prozeßziele zu gefährden.

Ein *erfahrener guter ProzBev* schickt wenn irgend möglich einen Mitarbeiter zum Verkündungstermin, schon wegen § 218, aber auch aus manchem weiteren Grund. Denn die Geschäftsstelle kennt den Tenor einer Entscheidung und damit auch eine dort verkündete Frist oder Auflage meist mangels Aktenbesitzes noch nicht sogleich anschließend. Der Auftraggeber hat aber einen Anspruch auf die alsbaldige Mitteilung dessen, was ihn am meisten interessiert, nämlich auf das Ergebnis der Verhandlung. Die leider nicht ganz seltene Art, das Gericht mit der Ansicht zu konfrontieren, man brauche vor dem Erhalt des Protokolls vom Ergebnis der Sitzung keine Kenntnis zu nehmen, beruht auf einer Verkennung gleich mehrerer Grundsätze. Sie führt evtl alsbald zur Haftung nach § 85 II. Es kann erst recht nicht eine Aufgabe des Gerichts sein, eine Partei oder ihren ProzBev gar ungebeten zusätzlich von jedem Terminsergebnis telefonisch usw zu informieren, von seltenen Ausnahmen und einer nur selten nötigen richterlichen Anordnung abgesehen.

3) Geltungsbereich, I, II. Die Vorschrift gilt in allen Verfahren nach der ZPO, auch im WEG-Verfahren, ferner im arbeitsgerichtlichen Verfahren, § 46 II 1 ArbGG und in den Grenzen von § 41 FamFG im Bereich des § 113 I 2 FamFG. 3

4) Wirksamkeit des Urteils, I. Die Urteilsverkündung nach § 310 Rn 1–10 darf in einer Abwesenheit der Parteien geschehen, Rn 2. Hat das Gericht sein Urteil nicht im verkündeten Termin verkündet, sondern in einem den Parteien nicht bekannt gegebenen weiteren Termin, handelt es sich nicht um ein Nichturteil, sondern um eine solche Entscheidung, die zur Grundlage für eine Sachentscheidung des Revisionsgerichts werden kann. Das Gericht beachtet einen Fehler nur auf eine Rüge, § 551 III Z 2 b. Meist beruht das Urteil nicht auf ihm, § 310 Rn 1. Mit der Verkündung hat die Partei gesetzlich eine Kenntnis vom Urteilsinhalt. Unerheblich ist, wann sie von ihm wirklich erfährt. Das gilt auch für ihren gesetzlichen Vertreter oder ProzBev. Sein Verschulden gilt nur im Verhältnis zum Prozeßgegner als ein solches der Partei, §§ 51 II, 85 II. 4

Die Zustellung des Urteils ist nur für folgende Situationen *unentbehrlich:* Für den Beginn der Zwangsvollstreckung, § 750 I; für den Beginn der Notfristen für den Einspruch und die Rechtsmittel (aber nicht für deren Zulässigkeit), §§ 339 I, 517, 547, 569 I; für den Beginn der Frist zur Tatbestandsberichtigung nach § 320 II und zur Urteilsergänzung, § 321 II; beim Anerkenntnis- oder Versäumnisurteil ohne eine mündliche Verhandlung, § 310 III.

5) Fortsetzung des Verfahrens, II. Es steht den Parteien frei, ein zum Stillstand gekommenes Verfahren fortzusetzen. Das Gericht muß in diesen Fällen eine entsprechende Willenskundgebung abwarten. Sie liegt in der ausdrücklichen Anregung oder in einer Antragstellung. 5

313 *Form und Inhalt des Urteils.* [I] **Das Urteil enthält:**

1. die Bezeichnung der Parteien, ihrer gesetzlichen Vertreter und der Prozessbevollmächtigten;
2. die Bezeichnung des Gerichts und die Namen der Richter, die bei der Entscheidung mitgewirkt haben;
3. den Tag, an dem die mündliche Verhandlung geschlossen worden ist;
4. die Urteilsformel;
5. den Tatbestand;
6. die Entscheidungsgründe.

[II 1] **Im Tatbestand sollen die erhobenen Ansprüche und die dazu vorgebrachten Angriffs- und Verteidigungsmittel unter Hervorhebung der gestellten Anträge nur ihrem wesentlichen Inhalt nach knapp dargestellt werden.** [2] **Wegen der Einzelheiten des Sach- und Streitstandes soll auf Schriftsätze, Protokolle und andere Unterlagen verwiesen werden.**

[III] **Die Entscheidungsgründe enthalten eine kurze Zusammenfassung der Erwägungen, auf denen die Entscheidung in tatsächlicher und rechtlicher Hinsicht beruht.**

Schrifttum: *Anders/Gehle,* Das Assessorexamen im Zivilrecht, 8. Aufl 2005; *Anders/Gehle,* Handbuch für das Zivilurteil, 2. Aufl 1995; *Anders/Gehle,* Antrag und Entscheidung im Zivilprozeß, 3. Aufl 2000; *Baader,* Vom richterlichen Urteil: Reflexionen über das „Selbstverständliche", 1989; *Balzer,* Das Urteil im Zivilprozess, 2003; *Balzer/Forsen,* Relations- und Urteilstechnik, Aktenvortrag, 7. Aufl 1993; *Baumfalk,* Die zivilgerichtliche Assessorklausur, 13. Aufl 2006; *Bischof,* Die zivilrechtliche Anwaltsklausur, 2001; *Brehm,* Die Bindung des Richters an den Parteivortrag und Grenzen freier Verhandlungswürdigung, 1982; *Christensen/Kudlich,* Theorie richterlichen Begründens, 2001; *Fischer,* Bezugnahmen ... in Tatbeständen ... im Zivilprozeß usw, 1994; *Furtner,* Das Urteil im Zivilprozeß, 5. Aufl 1985; *Gottwald,* Das Zivilurteil (Anleitung für Klausur und Praxis), 2. Aufl. 2005; *Grabenhorst,* Das argumentum a fortiori usw, 1990; *Hartmann,* Das Urteil nach der Vereinfachungsnovelle, JR **77,** 181; *Heinen/Knemeyer,* Zivilrechtliche Assessorklausuren mit Erläuterungen, 3. Aufl 2003; *van den Hövel,* Die Tenorierung im Zivilurteil, 4. Aufl 2007 (Bespr *Theimer* NJW **07,** 2460); *Huber,* Das Zivilurteil usw, 2. Aufl 2003; *Jauernig,* Das gleichwertige („aequipollente") Parteivorbringen, Festschrift für *Schwab* (1990) 247; *Kaiser,* Die Zivilgerichtsklausur im Assessorexamen, 2007; *Kegel,* Beweislast- und Relationskunst, Festschrift für *Baumgärtel* (1990); *Knerr,* Die Veröffentlichung von Namen in gerichtlichen Entscheidungen, 2004; *Knöringer,* Die Assessorklausur im Zivilprozeß, 12. Aufl 2008; *Köttgen,* Der Kurzvortrag in der Assessorprüfung, 1988; *Kötz,* Über den Stil höchstrichterlicher Entscheidungen, 1973 (Auszüge DRiZ **74,** 146 und 183); *Kunz,* Rechtsmittelbelehrung durch die Zivilgerichte usw, 2000; *Lackmann,* Der Zivilrechtsfall in Prüfung und Praxis, 2006; *Lamprecht,* Richter kontra Richter, Abweichende Meinungen und ihre Bedeutung für die Rechtskultur, 1992; *Lücke,* Begründungszwang und Verfassung, 1987; *Mürbe/Geiger/Wenz,* Die Anwaltsklausur in der Assessorprüfung, 5. Aufl 2004; *Nordhues/Trinczek,* Technik der Rechtsfindung, 6. Aufl 1994; *Olivet,* Juristische Arbeitstechnik in der Zivilstation, 3. Aufl 2005; *Rosenberg/Solbach/Wahrendorf,* Der Aktenvortrag in Zivilsachen usw (ASSEX), 2. Aufl 1996; *Sattelmacher/Sirp/Schuschke,* Bericht, Gutachten und Urteil, 33. Aufl 2003; *Schellhammer,* Die Arbeitsmethode des Zivilrichters, 15. Aufl 2005; *Schlosser,* Die ZPO auf dem Wege zum Urteil mit vereinbartem Inhalt?, Festschrift für *Schumann* (2001) 389; *Schmitz,* Zivilrechtliche Musterklausuren für die Assessorprüfung, 5. Aufl 2006; *Schmitz/Ernemann/Frisch,* Die Station in Zivilsachen, 6. Aufl 2002; *Schneider,* Zivilrechtliche Klausuren, 4. Aufl 1984; *Schneider,* Beweis und Beweiswürdigung, 5. Aufl 1994; *Schneider,* Der Zivilrechtsfall in Prüfung und Praxis, 7. Aufl 1988; *Schneider/van den Hövel,* Richterliche Arbeitstechnik usw, 4. Aufl 2007; *Schneider,* Logik für Juristen, 4. Aufl 1995; *Schneider/van den Hövel,* Die Tenorierung im Zivilurteil, 3. Aufl 2004; *Schneider/Teubner,* Typische Fehler in Gutachten und Urteil einschließlich Akten-Kurzvortrag, 3. Aufl 1990; *Schreiber,* Übungen im Zivilprozeß, 2. Aufl 1996; *Schumann,* Die ZPO-Klausur, 3. Aufl 2006; *Smid,* Richterliche Rechtserkenntnis: zum Zusammenhang von Recht, richtigem Urteil und Urteilsfolgen im pluralistischen Staat, 1989; *Tempel,* Mustertexte zum Zivilprozeß, Bd II ... Relationstechnik, 6. Aufl 2007; *Theesfeld,* Urteilsklausuren für das Assessorexamen: Zivilrecht, 2. Aufl 2008; *Vollkommer,* Formzwang und Formzweck, in: Festschrift für *Hagen* (1999); *Walchshöfer,* Die Abweisung einer Klage als „zur Zeit" unzulässig oder unbegründet, Festschrift für *Schwab* (1990) 521; *Weitzel,* Tatbestand und Entscheidungsqualität, 1990; *Zimmermann,* Klage, Gutachten und Urteil, 18. Aufl 2003.

Gliederung

1 **1) Systematik, I–III.** § 313 gilt für fast sämtliche Urteile, nämlich mit Ausnahme nur derjenigen nach §§ 313 a I, 313 b I, 495 a. Er enthält abgesehen von § 315 in II und III alle für die Rechtswirksamkeit des Urteils wesentlichen Erfordernisse. Unwesentlich sind danach der Vermerk „Im Namen des Volkes" nach § 311 I oder die Bezeichnung eines vollständigen Urteils als Anerkenntnis-, Versäumnis-, Wechselurteil usw, BGH VersR **99**, 638. Sie sind aber üblich. Den Verkündungstag ergibt der Vermerk nach § 315 III. Auf eine schriftliche Abfassung des Urteils können die Parteien im Umfang des § 313 a verzichten. Bei einem Anerkenntnis-, Versäumnis- oder Verzichtsurteil ist eine abgekürzte Fassung im Rahmen von § 313 b zulässig. Beim Berufungsurteil gibt § 540 Abkürzungsmöglichkeiten. Das Urteil gliedert sich in: Den Kopf, das Rubrum, Z 1–3; die Formel, den Tenor, Z 4; den Tatbestand, Z 5; die Entscheidungsgründe, Z 6; die Unterschriften, § 315 I. Vgl §§ 60, 61 ArbGG. Ein Verstoß gegen § 313 macht das Urteil nicht unwirksam, sofern es überhaupt besteht, BGH VersR **80**, 744. Er macht aber das sonst zulässige Rechtsmittel statthaft, soweit das Urteil unbestimmt oder sachlich unvollständig ist. Wegen eines Unterschriftsmangels § 315 Rn 8.

2 **2) Regelungszweck, I–III.** Die Vorschrift dient einerseits der Prozeßwirtschaftlichkeit nach Grdz 14, 15 vor § 128 in einem wesentlichen Punkt. Denn auch eine kurze Urteilsfassung trägt zur Arbeitsfähigkeit der Justiz bei. Sie dient andererseits natürlich wesentlich der Rechtsstaatlichkeit nach Einl III 15 und Rechtssicherheit, Einl III 43. Sie dient aber schließlich vor allem der Erzielung eines gerechten Ergebnisses, Einl III 1 ff. Denn die Notwendigkeit für das Gericht, über sein Verfahren und dessen Ergebnisse Rechenschaft abzulegen, fördert eine Sorgfalt und Gewissenhaftigkeit. Das alles muß man bei der Auslegung mitbeachten.

Enorm breit ist das Spektrum von Praktiken, was alles in ein Urteil gehören sollte und was nicht. Man findet alle Spielarten zwischen ruppig kurzen Andeutungen und geschwätzig ausgewalzten Wiederholungen dessen, was die Parteien längst wissen und was das Rechtsmittelgericht ohnehin aus der übrigen Akte zusammenlesen muß. § 313 erlaubt und verlangt geradezu in weitem Umfang Bezugnahmen. Das Urteil ist jedenfalls zumeist auch „nur" für die Parteien und ihre Anwälte und Versicherungen da, nicht für die Öffentlichkeit. Sogar in der Revisionsinstanz steht das Informationsbedürfnis der Wissenschaft über eine hoffentlich abschätzbare Linie nicht in der ersten Reihe der Interessen. Daran sollte man getrost gelegentlich erinnern dürfen.

Ansicht und Meinung sind im Grunde verfehlte Ausdrücke zur Bekanntgabe der Haltung des Gerichts. Es beurteilt, bewertet und entscheidet über die Ansichten und Meinungen der übrigen Prozeßbeteiligten. Das ist selbst dann etwas ganz anderes, wenn sich das Gericht einer solchen Meinung höflich „anschließt". Erst durch seine Beurteilung wird aus einem Plädoyer eine verbindliche Entscheidung. Das dürfte auch in der Sprachführung durchaus klarer zum Ausdruck kommen.

3 **3) Geltungsbereich, I–III.** Die Vorschrift gilt in allen Verfahren nach der ZPO, auch im WEG-Verfahren, (zum alten Recht) BayObLG FGPrax **01**, 189, ferner im arbeitsgerichtlichen Verfahren nach § 46 II 1 ArbGG, BAG NZA **04**, 565, und nach § 69 II, III ArbGG, BAG NZA **08**, 551 rechts unten. Im FamFG-Verfahren gilt § 38 FamFG.

4 **4) Parteien usw, I Z 1.** Die Nämlichkeit muß bei allen Angaben zweifelsfrei feststehen. Es gelten dieselben Regeln wie bei § 253 II Z 1, dort Rn 22 ff, BayObLG FGPrax **01**, 189 (WEG). Denn diese Feststellung ist für den Umfang der Rechtskraft nach § 325 Rn 4 und für eine richtige Zustellung mit deren Rechtsfolgen unentbehrlich.

A. Tatsächliche Parteien. Erforderlich ist die Bezeichnung der tatsächlichen Parteien nach Grdz 4 vor § 50 und der Streithelfer nach § 66, nicht auch diejenige der nicht beigetretenen Streitverkündungsgegner, § 74 II. Maßgebend ist der Stand bei der letzten mündlichen Verhandlung, §§ 136 IV, 296 a. Anführen muß das Gericht also eine eingetretene neue Partei, ohne einen Eintritt bei § 265 die alte Partei, bei einer Vertretung ohne eine Vollmacht den Vertretenen, § 89. Die jeweilige Parteistellung gehört jedenfalls im weiteren Sinn zur Nämlichkeitsklärung, Grdz 4 vor § 50. Man sollte sie stets angeben, zB „Kläger und Berufungsbeklagter". Die Firma kann genügen, §§ 17 II, 124 I, 161 II HGB. Vgl aber § 750 Rn 3.

B. Gesetzliche Vertreter. Erforderlich ist ferner die Bezeichnung der gesetzlichen Vertreter, Begriff 5
Grdz 7 vor § 50. Die Angabe „vertreten durch den Vorstand" ist nichtssagend, Kunz MDR **89**, 593. Vielmehr ist die Namensnennung notwendig.

C. Prozeßbevollmächtigte. Erforderlich ist ferner grundsätzlich die Angabe derjenigen ProzBev, die 6
sich als solche nach § 172 Rn 5 bestellt haben, Hbg GRUR **81**, 91, und die auch aufgetreten sind. Diese Aufgabe kann zwar beim Tätigwerden in einer eigenen Sache unterbleiben. Sie empfiehlt sich aber dennoch vorsorglich, § 78 Rn 56, § 91 Rn 57, 170. Solche Anforderungen fehlen beim Einreichen einer „Schutzschrift" vor der Einreichung des gegnerischen Antrags auf den Erlaß einer einstweiligen Verfügung, Grdz 7 vor § 128, Hbg GRUR **81**, 91, oder vor der Klagezustellung, § 253 I. Die Anführung im Urteilskopf beweist streng genommen nicht das Vorliegen einer Prozeßvollmacht, § 80. Sie genügt aber praktisch für deren Nachweis im weiteren Verfahren, zB für die Kostenfestsetzung nach §§ 103 ff. Bei einem Anwalt als ProzBev ist ohnehin meist keine Vollmachtsprüfung erforderlich, § 88 II. Fehlt bei einem anderen Prozeß eine Vollmacht, vermerkt das Gericht den Betreffenden als einen „Beteiligten", Karlsr FamRZ **96**, 1335, besser: er sei „als Prozeßbevollmächtigter aufgetreten".

D. Aktenzeichen. Erforderlich ist schließlich das Aktenzeichen. 7

E. Verstoß, I Z 1. Ein Verstoß bei der Angabe der Parteien macht die Zustellung unter Umständen 8
unmöglich. Er ist ein wesentlicher Verfahrensmangel. Er führt auf Antrag evtl zur Zurückverweisung nach (jetzt) § 538, auch falls die Nämlichkeit nicht feststeht, Hbg GRUR **81**, 91. Dasselbe kann beim gesetzlichen Vertreter und beim ProzBev gelten, Hbg GRUR **81**, 91. Indessen hängt alles vom Einzelfall ab. Außerdem läßt sich ein derartiger Mangel nach einer ordnungsmäßigen Zustellung heilen, sogar noch in der Revisionsinstanz.

5) Gericht und Richter, I Z 2. Das Urteil muß wegen §§ 547 Z 1–3, 554 grundsätzlich die Bezeich- 9
nung des Gerichts enthalten, auch der Abteilung oder des Kollegiums, ferner die Namen der erkennenden Richter. Die Unterschriften der Richter ersetzen nur diese zweite Angabe und auch sie nur, soweit die Nämlichkeit feststeht, BGH FamRZ **77**, 124. Namen und Unterschriften müssen übereinstimmen, § 315. Eine Nachholung oder Berichtigung ist auch nach einer Rechtsmitteleinlegung gemäß § 319 zulässig. Bei § 313 b II 2 ist die Angabe der Richternamen entbehrlich.

6) Tag des Schlusses der letzten mündlichen Verhandlung, I Z 3. Das Gericht muß ihn muß schon 10
wegen § 313 a III erwähnen, aber auch wegen § 296 a, Düss NJW **87**, 508, sowie zB wegen §§ 323 II, 767 II. Ihm steht im schriftlichen Verfahren der in § 128 II 2 Hs 1 und im Aktenlageverfahren der in § 251 a II 3 Hs 2 genannte Zeitpunkt gleich. Wenn das Gericht die Angabe vergessen hat, läuft die Rechtsmittelfrist gleichwohl grundsätzlich seit der Zustellung des fehlerhaften Urteils, nicht erst seit einer Berichtigung, BGH VersR **80**, 744. Üblich ist der das sog Rubrum beendende Satz, das Gericht habe „für Recht erkannt", Einf 9 vor §§ 322–327.

7) Urteilsformel, I Z 4, dazu *von den Hövel* (vor Rn 1); *Ritter,* Zur Unterlassungsklage: Urteilstenor . . ., 11
1994: Die Urteilsformel, § 311 II, der sog Tenor (Betonung auf der *ersten* Silbe!), ist das Kernstück des Urteils, das Ziel des ersten Hauptabschnitts auf dem Weg des Klägers von der Anrufung des Staats bis zur Befriedigung wegen seiner Forderung. Das Gericht muß die Urteilsformel vom Tatbestand und von den Entscheidungsgründen sondern. Üblicherweise und zweckmäßig, wenn auch nicht notwendig, geht sie voraus.

A. Knappe Verständlichkeit. Sie soll kurz und scharf und aus sich heraus verständlich sein, BGH GRUR **89**, 495. Das Gericht muß die Urteilsformel entsprechend den Anforderungen an einen Klagantrag nach § 253 II Z 2 grundsätzlich stets so genau formulieren, daß man den Umfang der inneren Rechtskraft nach § 322 erkennen kann und daß eine etwa beabsichtigte Zwangsvollstreckung möglich wird, Grdz 15, 16 vor § 704, BGH NJW **92**, 1692, Köln NJW **85**, 274, LAG Köln MDR **03**, 778. Freilich darf das Gericht manchmal die letzte Genauigkeit der Zwangsvollstreckung überlassen, § 253 Rn 31, Sutschet ZZP **119**, 301. Das muß aber die Ausnahme bleiben.

Eine *Geldleistung* muß das Gericht in EUR beziffern, in einer anderen Währung, § 253 Rn 31, Maier-Reimer NJW **85**, 2053, evtl mit einer Genehmigung nach § 49 II AWG, evtl vorbehaltlich einer solchen Genehmigung, § 32 AWG, SchlAnh IV A. Bei den nach § 288 I 1 BGB beurteilbaren Zinsen mag die Wiedergabe des Gesetzestexts ausreichen, Reichenbach NJW **01**, 14.

B. Einzelfragen. In der Urteilsformel darf das Gericht nur dann auf eine Urteilsanlage *Bezug* nehmen, 12
wenn es das technisch nicht vermeiden kann, BGH NJW **00**, 2208, Hbg FamRZ **08**, 67, LAG Köln MDR **03**, 778. Das gilt zB dann, wenn sie in einem langen Verzeichnis, einer Zeichnung oder einem Computerprogramm besteht, BGH **94**, 291, und wenn die Geschäftsstelle die Anlage mit ausfertigt. Unzulässig ist eine Verurteilung auf den „Betrag aus dem Mahnbescheid", Schuster MDR **79**, 724, aM Mickel MDR **80**, 278 (aber wenigstens das Kernstück der Richtertätigkeit, der Vollstreckungstitel, muß aus sich heraus verständlich sein, LAG Köln MDR **03**, 778). Eine Abweisung kann, braucht aber nicht schon in der Urteilsformel erkennen zu lassen, ob sie wegen der Unzulässigkeit oder Unbegründetheit der Klage erfolgt, LG Freibg MDR **97**, 396, und ob die Abweisung nur als „derzeit noch" erfolgt. Besonderheiten gelten im Versäumnisverfahren, §§ 341 I 2, 343, 344, 345. Ein Rechtsmittel wird bei seiner Unzulässigkeit ebenfalls „verworfen", bei seiner Unbegründetheit „zurückgewiesen". Bei einem Verfahrensfehler kann es auf Antrag zur „Aufhe-

bung (des Urteils vom ...) und Zurückverweisung (an das ...gericht)" kommen, § 538, „auch wegen der Kosten", § 97 Rn 76.

Die Praxis ist oft *zu weitschweifig.* Statt „das Urteil wird für vorläufig vollstreckbar erklärt" genügt: „das Urteil ist vorläufig vollstreckbar". Statt „der Beklagte wird in die Kosten des Rechtsstreits verurteilt" genügt „der Beklagte trägt die Kosten" (welche denn sonst?). Bei der Formulierung der Vollstreckbarkeit muß man zB an § 850 f Rn 9, 10 (unerlaubte Handlung) denken. Vgl ferner § 713 Rn 3. Ein Urteil, „die laufende Miete zu zahlen", ist nicht vollstreckbar.

Eine *Zulassung der Berufung* nach § 511 II Z 2 sollte schon in der Urteilsformel erfolgen, Hartmann NJW **01**, 1226. Das gilt selbst dann, wenn das Gericht die nach § 511 IV 1 Z 1, 2 erforderliche Kurzbegründung in die Entscheidungsgründe oder Protokollgründe einfügen muß. Das Gericht sollte auch eine Nichtzulassung schon in der Urteilsformel klarstellend mitnennen, Hartmann NJW **01**, 1226. Freilich sind auch die Entscheidungsgründe auslegbar. Wenn weder Tenor noch Entscheidungsgründe dazu etwas enthalten, muß man wohl meist eine stillschweigende Nichtzulassung annehmen, LG Görlitz WoM **03**, 39.

Das Urteil des *höheren Gerichts* soll eine neue Fassung erhalten, wenn es die Entscheidung des Vordergerichts nicht bestätigt. Es ist unzweckmäßig, die Entscheidung so zu formulieren, daß der Leser ihren Sinn erst durch einen Vergleich mehrerer Urteilsformeln erkennen kann. Das muß das Gericht besonders bei § 323 beachten.

13 **C. Auslegung.** Notfalls muß man die Formel aus dem Inhalt des Urteils auslegen, § 322 Rn 6, aber auch 14. Wenn auch das nicht möglich ist, kann keine innere Rechtskraft eintreten, § 322 Rn 9, und keine Zwangsvollstreckung stattfinden. Dann ist vielmehr eine neue Klage notwendig, und das Revisionsgericht hebt das bisherige Urteil auf. Andererseits muß das Gericht die Urteilsformel auch weit genug abfassen, insbesondere bei einer Unterlassungsklage, damit der Gegner nicht durch eine geringfügige Abänderung seines Verhaltens das Urteil zuschanden macht, § 890 Rn 3. Bei der Verbandsklage gelten §§ 7, 9 UKlaG.

14 **8) Tatbestand, I Z 5, II,** dazu *Gaier,* Urteilstatbestand und Mündlichkeitsprinzip usw, 1999: Mancher unterschätzt die Bedeutung des Tatbestands.

A. Grundsatz: Beurkundung des Parteivortrags. Ein Tatbestand ist grundsätzlich durchaus notwendig, Schopp ZMR **93**, 359. In ihm beurkundet das Gericht das Parteivorbringen im Urteil, § 314, BGH RR **05**, 963, BAG NJW **89**, 1627. Das Protokoll nach §§ 159 ff geht im Zweifel dem Tatbestand vor. Er soll zwar den Sach- und Streitstand beim Schluß der mündlichen Verhandlung nach §§ 136 IV, 296 a erkennen lassen, Er soll jedoch nur dem wesentlichen Inhalt nach knapp sein, BGH NJW **04**, 1878. Er soll sich auf das „unabweisbar Notwendige" beschränken, BVerfG NJW **01**, 2009, LG Mü NJW **90**, 1488, AG Ffm NJW **02**, 2358. Die viel zu wenig beachtete Fassung der Z 5 bezweckt eine direkte Abkehr von dem früheren Prinzip der Vollständigkeit zugunsten einer Arbeitserleichterung aller Beteiligten. Daher ist es jetzt weder im Tatbestand noch in den Entscheidungsgründen notwendig, eine auch für jeden Dritten vollständige Darstellung zu geben, BGH NJW **04**, 1878, Franzki NJW **79**, 13. Wer das beachtet, spart enorm viel Zeit und Arbeitskraft.

15 **B. Mindestangaben.** Es reicht nämlich aus, daß die unumgänglichen Mindestangaben vorhanden sind und daß die Parteien auf Grund der Verhandlung den Tatbestand verstehen können, Stanicki DRiZ **83**, 270, krit Sirp NJW **83**, 1305. Soweit die Parteien rechtskundige Vertreter haben, genügt eine Verständlichkeit für die ProzBev. Es gehört zu deren Aufgabe, die Auftraggeber bei Bedarf zusätzlich über den Inhalt zu informieren. Das Gericht kann sich auch durch Zeichnungen oder Fotos usw ausdrücken, BGH **112**, 142.

16 **C. Verweisungen.** So weitgehend wie irgend möglich darf und „soll" das Gericht auf die Akten verweisen, und zwar auf jeden beliebigen Aktenteil, soweit er für das Urteil eine Bedeutung hat. Ein Hinweis auf „die Schriftsätze der Parteien" oder ähnlich allgemeinere Bezugnahme ist zwar einerseits nicht stets notwendig, Oldb NJW **89**, 1165, LG Mü NJW **90**, 1489. Er ist andererseits aber keineswegs grundsätzlich unstatthaft, aM Hbg NJW **88**, 267, Schwöbbermeyer NJW **90**, 1453 (vgl aber unten wegen des Berufungsurteils). Ein solcher Hinweis ist vielmehr oft ratsam. Es darf freilich nicht die unumgänglichen Mitteilungen zum Tatbestand ersetzen. Man muß auch die Beweiskraft des Tatbestands dafür beachten, daß die Parteien etwas dort nicht Erwähntes auch nicht vorgetragen haben, § 314 Rn 1, 4.

Das Gericht muß so sorgfältig verweisen, daß *keine Mißverständnisse* entstehen können, BVerwG MDR **77**, 604. Auch muß erkennbar bleiben, daß das Gericht den Tatsachenvortrag der Parteien und evtl auch ihre Rechtsausführungen zur Kenntnis genommen hat, Art 103 I GG, BVerfG RR **02**, 69 links. Keineswegs soll das Gericht die protokollierten Aussagen usw nachbeten. Es muß eine logische Reihenfolge wählen. Meist ausreichend und durchaus ratsam ist etwa die Formulierung am Schluß des Tatbestands: „Im übrigen verweist das Gericht auf die Protokolle und den zuletzt mündlich vorgetragenen Inhalt der Parteischriftsätze nebst Anlagen".

17 **D. Trennbarkeit.** Die äußere Trennung des Tatbestands von der Urteilsformel und von den Entscheidungsgründen ist ratsam. Sie ist aber nicht unbedingt notwendig, BGH NJW **99**, 642. Vielmehr gehört zB auch eine formell in die Entscheidungsgründe aufgenommene tatsächliche Feststellung rechtlich zum Tatbestand und dessen Beweiskraft, BGH RR **05**, 963, BAG NZA-RR **08**, 37, Düss RR **04**, 564. Inhaltlich muß das Gericht stets klar und scharf scheiden. Bei einem Urteil nach Aktenlage nach § 251 a und einem Urteil nach § 128 II muß der Tatbestand ergeben, welche Schriftstücke das Gericht berücksichtigt hat. Hat das Gericht Aussagen bei der Entscheidung nicht berücksichtigt, hat es damit den Beweisbeschluß insofern nachträglich aufgehoben. Daher nimmt es die Aussagen im Tatbestand nicht auf.

18 **E. Entbehrlichkeit.** Wegen des Urteils im Kleinverfahren § 313 a I 1 (kein Tatbestand notwendig). Wegen des Berufungsurteils (jetzt) § 540 und BGH NJW **90**, 2755 (bei einer Bezugnahme auf Schriftsätze sind auch diese Ausführungen der Parteien der revisionsgerichtlichen Beurteilung zugänglich), BGH NJW **99**, 1720 (ohne Tatbestand nur dann keine Aufhebung in der Revisionsinstanz, wenn sich der Sach- und Streitstand aus den Entscheidungsgründen ausreichend ergibt), BAG NZA **04**, 565 (der Tatbestand ist nur beim nicht revisionsfähigen Urteil ganz entbehrlich), BAG NJW **89**, 1627 (eine Bezugnahme auf ein vorangegangenes Revisionsurteil kann ausreichen), Schwöbbermeyer NJW **90**, 1453 (keine „Nur"-Verwei-

sung). Der Tatbestand ist auch bei §§ 313a II 1, 2, 313b entbehrlich. Unentbehrlich sind die folgenden Angaben.

F. Anträge. Der Tatbestand „soll" die zuletzt aufrechterhaltenen oder gestellten Anträge „hervorheben", § 297, und zwar auch diese nur noch ihrem wesentlichen Inhalt nach. Das soll aber natürlich so ausführlich geschehen, daß die Nämlichkeit des Streitgegenstands nach § 2 Rn 4 und der Umfang der inneren Rechtskraft erkennbar sind, § 322 Rn 9. Bei den Anträgen empfiehlt sich noch am ehesten eine wörtliche und zusätzlich durch ein Einrücken im Text hervorgehobene Wiedergabe. Das Gericht darf sie allenfalls sprachlich verbessern. Es darf sie aber nicht sachlich ändern, § 308 I. Aber auch hier ist eine Verweisung innerhalb der Hervorhebung als Antrag keineswegs ganz unzulässig. 19

G. Ansprüche. Unentbehrlich ist ferner eine knappe Darstellung der Ansprüche nach § 253 Rn 30 mit ihrem wesentlichen Inhalt, also eine Begrenzung des Begehrens des Klägers und des Widerklägers nach Gegenstand und Grund. Bei einem unbezifferten Antrag nach § 253 Rn 49 „Bezifferung" empfiehlt es sich, die gegenüber der Klageschrift etwa geänderten Wertvorstellungen oder die dafür vorgetragenen Tatsachen wenigstens zu skizzieren. Denn das kann für die Rechtsmittelinstanz erheblich sein. Verweisungen sind zulässig, Rn 16. 20

H. Angriffs- und Verteidigungsmittel. Notwendig, aber auch ausreichend ist ferner eine noch knappere Darstellung der Angriffs- und Verteidigungsmittel nach § 282 I, Einl III 70 ihrem wesentlichen Inhalt nach. Ausreichend ist zB: „Der Beklagte beruft sich auf Verjährung, der Kläger auf die Unzulässigkeit dieser Einrede". Eine Verweisung ist weitgehend angebracht, Rn 16. 21

I. Streitig – unstreitig. Erforderlich ist weiterhin die Kennzeichnung als unstreitig, etwa mit den Worten „Der Kläger erlitt einen Schaden", oder streitig, etwa mit der Formulierung „Der Kläger behauptet, einen Schaden erlitten zu haben". Unstreitig sind: Übereinstimmende Tatsachenangaben; zugestandene Behauptungen, §§ 138 II, 288 I; solche Behauptungen, zu denen sich der Gegner nicht ausreichend streitig geäußert hat, § 138 III, IV (Bestreiten mit Nichtwissen). In diesen letzteren Fällen sollte man allerdings besser klarstellen, daß Behauptungen ohne ein gegnerisches ausdrückliches Bestreiten usw vorliegen. Ein Beweisergebnis wird unstreitig, soweit es der Gegner wenigstens stillschweigend übernommen hat (Auslegungsfrage). 22

J. Wichtige prozessuale Ereignisse. Notwendig ist schließlich die Anführung der bisher im Verfahren ergangenen Urteile und vergleichbaren wichtigsten Ereignisse prozessualer Art, zB ein Hinweis auf eine teilweise Klagerücknahme nach § 269. Alles das darf und soll in äußerster Knappheit geschehen. 23

K. Reihenfolge. Es ist ratsam, nach der Kennzeichnung des Streitgegenstands nach § 2 Rn 4 etwa folgende Reihenfolge einzuhalten: Zunächst den unstreitigen Teil des Sachverhalts oder Angaben zu einem etwa erlassenen Versäumnisurteil und zu dem Zeitpunkt des Einspruchs; dann die streitigen Behauptungen des Klägers; dann die Anträge des Klägers; sodann diejenigen des Bekl; anschließend die streitigen Behauptungen des Bekl und seine übrige Einlassung in einer verständlichen Reihenfolge, zB rechtshindernde, -hemmende, -vernichtende Einreden oder Rügen; daran anschließend die etwaigen diesbezüglichen Erwiderungen des Klägers; dann entsprechende Angaben zu einer Widerklage, Streitverkündung; schließlich etwaige Angaben zur Beweisaufnahme und sonstigen Prozeßgeschichte und etwaige Bezugnahmen. 24

L. Beweis. Entbehrlich sind: Eine Wiedergabe des Inhalts der Beweisbeschlüsse; die Anführung aller Zeugen, noch gar der nicht vernommenen; meist die Angabe des Tags der Beweisaufnahme oder der Blattzahlen der Beweisprotokolle oder die Wiedergabe des Inhalts der Aussagen. 25

M. Rechtsausführungen. Die Wiedergabe der Rechtsausführungen der Parteien ist grundsätzlich entbehrlich, BPatG GRUR **78**, 40. Allenfalls ist eine knappste Andeutung ratsam, FG Hbg MDR **96**, 852, zB „Der Kläger stützt seinen Anspruch insbesondere auf unerlaubte Handlung". Notwendig ist freilich die Angabe aller wesentlichen Einreden, etwa derjenigen der Verjährung. Geht der Streit nur um die rechtliche Würdigung des unstreitigen Sachverhalts, mag eine etwas ausführlichere Anführung der Rechtsauffassungen ratsam sein. Empfehlenswert ist schon zur Vermeidung des Vorwurfs eines Verstoßes gegen Art 103 I GG der Hinweis darauf, daß und evtl in welchem Umfang das Gericht seine Rechtsauffassung mit den Parteien wegen § 139 erörtert hat, falls dieser Hinweis sich nicht im Protokoll befindet. 26

N. Tatsächliche Einzelheiten. Entbehrlich ist weiterhin die Wiedergabe von Einzelheiten des tatsächlichen Vortrags, insbesondere soweit eine Verweisung auf Schriftsätze möglich ist, aber auch dann, wenn eine solche Verweisung nicht erfolgt, Hamm RR **95**, 510. Wenn das Gericht freilich zB eine Parteierklärung im Verhandlungstermin nicht protokolliert hat, kann ihre Aufnahme in den Tatbestand notwendig sein. Ebenso kann es ratsam sein, den entscheidenden Einzelpunkt eines Tatsachenvortrags in den Tatbestand aufzunehmen. 27

O. Kosten; Vollstreckbarkeit. Die Kostenanträge und Anträge zur vorläufigen Vollstreckbarkeit sind wegen der Notwendigkeit einer Entscheidung von Amts wegen entbehrlich, §§ 308 II, 708, 711 S 1. 28

P. Beispiel eines Tatbestands: „Die Parteien streiten wegen der Folgen eines Verkehrsunfalls (Tag, Stunde, Ort). Der Kläger hält den Beklagten für haftbar. Er verlangt Schadensersatz laut Aufstellung der Klageschrift und beantragt, ... Der Beklagte beantragt, ... Er bestreitet die Darstellung des Klägers zum Hergang, hält den Kläger für allein schuldig und bestreitet hilfsweise die Schadenshöhe laut Schriftsatz Bl ..... Über den Unfallhergang ist Beweis erhoben worden. Im übrigen (es folgt die Verweisungsklausel Rn 16 aE)". 29

Q. Verstoß, I Z 5, II. Wegen einer Berichtigung § 319. Wegen einer Ergänzung §§ 321, 321a. Ein Verstoß führt nur insoweit zur Aufhebung und Zurückverweisung, als infolge des Verstoßes keine sichere Grundlage zur Nachprüfbarkeit des Urteils mehr vorhanden ist, BGH RR **97**, 1486, BAG NJW **03**, 918 (zu § 543 II), Köln FamRZ **05**, 1921. 30

31 **9) Entscheidungsgründe, I Z 6, III**, dazu *Brink,* Über die richterliche Entscheidungsbegründung usw, 1999; *Grunsky,* Überlegungen zur Konkurrenz mehrerer Klageabweisungsgründe, Festschrift für *Schumann* (2001) 159; *Kappel,* Die Klageabweisung „zur Zeit", 1999; *Prütting,* Prozessuale Aspekte richterlicher Rechtsfortbildung, Festschrift 600-Jahr-Feier der *Universität Köln* (1988) 305 (rechtspolitisch); *Seiler,* Höchstrichterliche Entscheidungsbegründungen und Methode im Zivilrecht, 1991:

32 **A. Umfang.** Das Urteil im Kleinverfahren braucht keine gesonderten Entscheidungsgründe zu enthalten, wenn ihr wesentlicher Inhalt im Protokoll steht, § 313a I 2. Im übrigen ist eine Begründung zwar als Teil geordneter Rechtspflege notwendig, Ffm FamRZ **06**, 275. Aber nur noch eine kurze Zusammenfassung seiner entscheidungserheblichen Erwägungen soll das Gericht in den Entscheidungsgründen formulieren, Einl III 17, BAG NZA **05**, 653. Eine der wichtigsten, viel zu wenig ausgenutzten Möglichkeiten des Gesetzes ist der Wegfall des früheren Zwangs einer erschöpfenden Urteilsbegründung, BVerfG NJW **94**, 2279, Reineke DRiZ **83**, 404. Schon gar nicht sollen wegen der Straffung des Tatbestands nun die Entscheidungsgründe noch länger werden als früher oft. Das Gesetz geht davon aus, daß das Gericht die Rechtslage schon wegen § 139 III in der mündlichen Verhandlung ausreichend erörtert hat. Daher brauchen die Entscheidungsgründe nicht viel mehr zu sein als eine Erinnerungsstütze für die dort Beteiligten, Balzer NJW **95**, 2448, Franzki NJW **79**, 13 (er rät sogar dazu, in die routinemäßigen dienstlichen Beurteilungen des Vorgesetzten eine Erörterung aufzunehmen, ob der Richter fähig sei, kurze Entscheidungsgründe abzufassen), Meyke DRiZ **90**, 58, aM Raabe DRiZ **79**, 138 (aber das Gericht ist nicht dazu da, jeden Gedankensplitter zu dokumentieren, Einl III 17, BGH GRUR **08**, 732 links). Es ist ratsam, schon zwecks Vermeidung des Vorwurfs, nicht alles gesehen und erörtert zu haben, hinter das Wort Entscheidungsgründe zB den Vermerk „(kurzgefaßt, § 313 III ZPO)" zu setzen.

33 **B. Überprüfbarkeit.** Immerhin müssen grundsätzlich schon wegen Art 6 I EMRK *angemessene Gründe* vorhanden sein, EGMR NJW **99**, 2429. Sie dürfen also nicht zu einem entscheidungserheblichen Kernpunkt völlig fehlen, Rn 50, BGH FamRZ **07**, 275 rechts, Schlesw FER **00**, 240. Die Entscheidungsgründe müssen so präzise und ausführlich sein, daß die Parteien die maßgebenden Erwägungen bei einer zumutbaren Bemühung und mithilfe ihrer ProzBev doch auch selbst verstehen und nachvollziehen können, Rn 47, Hamm FamRZ **01**, 1161, Köln FamRZ **05**, 1921, Saarbr FamRZ **93**, 1099. Die Entscheidungsgründe müssen so klar sein, daß das höhere Gericht das Urteil überprüfen kann, BGH RR **88**, 524, und daß erkennbar wird, ob das Gericht den Art 3 GG beachtet hat, BVerfG NJW **94**, 2279, und den Art 103 I GG, BVerfG RR **02**, 69 links, BGH FamRZ **07**, 275 rechts, Köln RR **87**, 1152. Das Gericht muß den wesentlichen Kern des Parteivortrags zu einer für das Verfahren zentral bedeutsamen Frage erörtern, soweit er nicht nach dem Rechtsstandpunkt des Gerichts unerheblich oder offenbar unsubstantiiert ist, BVerfG NJW **94**, 2279. Schneider MDR **88**, 174 (verfassungskonforme Auslegung). Die Nichtbehandlung eines wesentlichen Tatsachenvortrags läßt auf seine Nichtbeachtung schließen, BVerfG **86**, 146. Bei einem Auslandsbezug muß das Gericht erkennbar machen, welche Rechtsordnung es angewendet hat, BGH NJW **88**, 3097.

Auch bei einer *rechtlichen Streitfrage* kann es genügen, sich kurz zu fassen und lediglich zB durch eine Fundstellenangabe klarzustellen, daß das Gericht eine abweichende Auffassung zur Kenntnis genommen hat, BVerfG NJW **95**, 2911 (es bezeichnet eine unter Bezug auf nur eine in Wahrheit nicht einschlägige Fundstelle erfolgende Abweichung vom BGH sogar als Willkür !?). 13 Belege für die eigene, 7 für die abweichende Meinung, so Schlesw RR **88**, 700, sind selbst für ein OLG-Urteil des Guten reichlich viel. Sie zeigen aber, mit welcher Sorgfalt manches Gericht wissenschaftlich weiterhelfende „Fundstellenketten" anführt, selbst wenn es „nur" den Einzelfall beurteilen darf. Zur Problematik im Patentrecht Völcker GRUR **83**, 85. Beim Auslandsbezug müssen die Entscheidungsgründe ergeben, ob dem Gericht bei der Anwendung ausländischen (Vertrags-)Rechts auch die Auslegungsnormen des ausländischen Rechts bekannt waren, § 293 Rn 8, BGH RR **90**, 249.

34 **C. Bündige Kürze.** Keineswegs braucht die Formulierung aber so ausführlich zu werden, daß jeder Dritte eine solche Überprüfung vornehmen oder gar eine Belehrung für alle möglichen Parallelsituationen schöpfen kann, Meyke DRiZ **90**, 58, krit Schultz MDR **78**, 283. Das Urteil ist kein Gutachten. Das hätte LAG Köln AnwBl **88**, 419 bedenken sollen. Natürlich ist eine Selbstkontrolle des Gerichts notwendig. Diese braucht aber nicht dazu zu führen, daß das Urteil zu lang ausfällt. Zwar verlangen grundlegende Entscheidungen oberster Gerichte eine etwas ausführlichere Begründung, Putzo AnwBl **77**, 434, Raabe DRiZ **79**, 138. Auch sie sollten aber schon wegen Art 20 II 2 GG mit den sog obiter dicta zurückhalten, Schneider MDR **78**, 90, aM Köbl JZ **76**, 752. Trotz wünschenswerter Rechtssicherheit durch Grundsatzurteile höchster Gerichte sollte die schon von § 18 GeschO RG beschworene „bündige Kürze" unter strenger Beschränkung auf den Gegenstand der Entscheidung in der Regel den Vorrang haben, Birk AnwBl **84**, 171. Das sollte auch der BGH bedenken. Zulässigkeitsfragen sollte das Gericht nur insoweit behandeln, als es irgendwie streitig sein könnte, ob das Gericht sie richtig beurteilt hat. Dann muß es sie freilich durchaus in einer nachvollziehbaren Gründlichkeit darstellen.

35 **D. Absicherung.** Ist dem Gericht bekannt, daß das nächsthöhere Gericht dazu neigt, auf Grund angeblicher Verfahrensfehler des unteren Gerichts nach (jetzt) § 538 zurückzuverweisen, Horst DRiZ **87**, 115, mag es ratsam sein, den Verfahrensgang einschließlich der etwa vorgenommenen rechtlichen Erörterungen in einer solchen Ausführlichkeit darzulegen, die eigentlich nicht notwendig wäre, Reineke DRiZ **83**, 404. Dazu mag es gehören, etwa kurz auszusprechen, weshalb noch eine Übertragung auf den Einzelrichter zulässig war, § 348a Rn 9, oder bei einer Abweisung der Klage als unzulässig hilfsweise anzudeuten, weshalb sie zumindest unbegründet ist, Grdz 17 vor § 253. Durch solche theoretisch bedauerlichen, praktisch aber ratsamen Absicherungen sollten sich aber die Gewichte nicht verschieben. Das Gericht sollte die Entscheidungsgründe eines nicht mit einem zivilprozessualen Rechtsmittel angreifbaren Urteils so abfassen, daß sie einer etwaigen Verfassungsbeschwerde möglichst standhalten, also nicht insoweit Unklarheiten, Widersprüche usw enthalten.

E. Textbausteine. Das Urteil sollte auch in den Entscheidungsgründen weitgehend nur ein Abbild der maßgeblichen mündlichen Verhandlung darstellen. Die Verwendung von Textbausteinen mag grundsätzlich zulässig sein, VGH Kassel NJW **84**, 2429, aM Mü RR **08**, 1092. Sie sollte aber zurückhaltend erfolgen. Sie darf natürlich nicht in einer bloßen Verweisung auf solche Bausteine bestehen, die man außerhalb des Urteils nachlesen müßte, VGH Kassel NJW **84**, 2429, oder die nur auf einem Formblatt mit Anweisungen an die Kanzlei für andere Fälle stehen, Celle RR **90**, 124. Erst recht sind Ausdrucke von Computerprogrammen usw keine Begründung, Zweibr FamRZ **04**, 1735. Kritisch zur ungeprüften Verwendung von Textbausteinen (beim Anwalt) Bauer NJW **89**, 24. Freilich kommt es auch hier auf den Einzelfall an. So kann zB die Anweisung „es gilt nur das Angekreuzte oder Ausgefüllte" durchaus reichen und hat sich in der Praxis bewährt. Andererseits muß der Unterzeichner die inhaltliche Verantwortung übernehmen und dazu auch imstande sein, Düss Rpfleger **94**, 75, Köln MDR **90**, 346 (zu einem Beschluß durch Blanko-Formular usw). Beispiele beim Unterhaltsurteil Steffens DRiZ **85**, 297. Das Gericht muß auch Leerfloskeln möglichst vermeiden, Schneider MDR **01**, 246, gerade weil sie zB bei einer Beweis-„Würdigung" verführerisch bequem sind. 36

F. Bezugnahmen. Eine Bezugnahme auf die Gründe eines genau bezeichneten früheren Urteils ist zweckmäßig, wenn die Parteien oder zumindest der Unterliegende die frühere Entscheidung kennen, BFH BB **75**, 1421. Eine Bezugnahme auf eine solche gleichzeitig beschlossene und erst später zugestellte andere Entscheidung für dieselben Beteiligten reicht aber nicht aus, BFH DB **84**, 1970, ebensowenig die Bezugnahme auf eine solche andere Entscheidung, die nur einer der jetzigen Parteien bekannt ist, BGH BB **91**, 506. Ein lapidarer Hinweis auf die eigene Rechtsprechungstradition kann nunmehr zulässig sein. Die Beifügung einer überstimmten abweichenden Beurteilung (dissenting vote) innerhalb des Spruchkörpers ist unzulässig, anders als beim BVerfG, Üb 1, 2 vor § 192 GVG. Zum Problem rechtspolitisch Lamprecht DRiZ **92**, 325. 37

G. Anspruchsgrundlagen. Notwendig ist eine kurze Bezeichnung der die Entscheidung tragenden Rechtsnormen, § 322 Rn 20, so daß zB erkennbar ist, ob sich der zugesprochene Anspruch auf einen Vertrag (welcher Art? Parteiregeln oder gesetzliche Vertragsregeln?) oder auf eine unerlaubte Handlung gründet. Bei alternativen Sachverhalten muß das Gericht klarlegen, welchen Anspruch es beschieden hat, Hamm RR **92**, 1279. Es kann notwendig sein, wenigstens kurz anzudeuten, weshalb neben dem Fehlen einer Vertragsgrundlage auch keine andere Anspruchsgrundlage besteht, etwa nach § 812 BGB, Köln MDR **83**, 151. 38

H. Einreden, Einwendungen. Notwendig sind ferner stichwortartige Hinweise, wenn das Gericht zB die Einrede der Verjährung als nicht begründet beurteilt oder wenn eine Partei eine Verwirkung geltend machte, LG Bln RR **97**, 842. 39

I. Tatbestandsmerkmale. Erforderlich, aber auch ausreichend ist ferner eine sehr knappe Darstellung, welche Einzelmerkmale der Anspruchsnorm aus welchem Hauptgrund vorliegen, falls sie umstritten waren. 40

J. Beweiswürdigung. Das Gericht muß die Beweiswürdigung darlegen, § 286 I 2, und zwar ausführlich, § 286 Rn 20, 21, Köln RR **98**, 1143, Schneider MDR **78**, 3. 41

K. Verspätetes Vorbringen. Notwendig ist eine kurze Begründung, weshalb eine Zurückweisung nach §§ 282, 296 notwendig war, Schneider MDR **78**, 2. Dabei ist keineswegs eine Erörterung zB darüber notwendig, ob eine Verspätung auch dann vorgelegen hätte, wenn man der in § 296 Rn 42 abgelehnten Auffassung gefolgt wäre (maßgeblich sei der voraussichtliche Prozeßverlauf), LG Ffm NJW **79**, 2112. Gerade in diesem Punkt mag freilich eine eigentlich zu ausführliche Darstellung vorsorglich ratsam sein, wenn das Gericht weiß, daß das höhere Gericht zu einer allzu großzügigen Zurückverweisung neigt, Rn 35, § 296 Rn 10, Düss VersR **79**, 773. Jedenfalls sollte das Urteil diejenige Vorschrift genau nennen, auf der eine Zurückweisung beruhen soll, um einen Verstoß gegen Art 103 I GG zu verhindern, BVerfG WoM **94**, 187. 42

Bei *§ 296 a* kann es zur Vermeidung des Verdachts eines Verfahrensfehlers wegen § 156 sinnvoll sein, im Tatbestand und/oder in den Entscheidungsgründen kurz darauf hinzuweisen, daß das Gericht den nachgereichten Schriftsatz geprüft hat, evtl sogar mit welchem Ergebnis.

L. Nebenentscheidungen. Erforderlich ist schließlich ein knappster Hinweis auf die rechtlichen Grundlagen der Nebenentscheidungen, Rn 49. Das gilt auch angesichts der nur begrenzten Anfechtbarkeit der bloßen Kostenentscheidung, § 99. 43

M. Gesetzeswortlaut. Überflüssig ist durchweg eine umständliche Wiedergabe des Gesetzeswortlauts und der Unterordnung der unstreitigen Tatsachen unter ihn. 44

N. Lehre und Rechtsprechung. Oft entbehrlich ist die Darlegung irriger Ansichten, Schwarz SchlHA **76**, 87, soweit es sich nicht um wirklich zweifelhafte Rechtsfragen handelt, von denen die Entscheidung zumindest teilweise abhängt. Schon gar nicht ist ein umfangreicher „wissenschaftlicher Apparat" notwendig, OVG Münst DRiZ **82**, 232, Schneider MDR **78**, 89, und zwar nicht einmal in einem höchstrichterlichen Urteil, Rn 35, von seltenen Ausnahmen abgesehen. Wirklich abwegig sind immer neue Versuche mancher höheren Gerichte, eine nicht erschöpfende Erörterung in die Nähe von Willkür zu rücken, solange die vorinstanzliche Beurteilung immerhin verständigerweise vertretbar bleibt, § 281 Rn 39. Die deutsche Überperfektion in Verbindung mit allzu großzügig geduldeten Fleißarbeiten übereifriger Berichterstatter oder deren Assistenten ist das genaue Gegenteil dessen, was das Gesetz nicht zuletzt als Lohn für die verstärkte Sorgfalt des Richters vor und im Verhandlungstermin herbeiführen will. 45

Ganze Salven von *Entscheidungszitaten*, „Literaturfriedhöfe", May DRiZ **89**, 458, gehören in kein Urteil, aM BGH BB **04**, 1471 (mit ermüdender Aufzählung auch von über 50 Urteilen usw seit 1887!, überdies in teils veralterten Auflagen). Ob eine mehr oder minder erschöpfende Erörterung aller möglichen überhaupt nicht entscheidungserheblichen Einzelfragen in sog Grundsatzurteilen in Wahrheit hilft, weitere Prozesse zu vermeiden, das hat noch niemand bewiesen. Auch die Unsicherheit darüber, ob sich ein etwas anders gelagerter Fall ebenso entscheiden lassen kann, dürfte heilsam und prozeßhindernd wirken. Ob ein Hinweis wie „nach dem unstreitigen Sachverhalt" oder „schon nach dem Vortrag des Klägers" ratsam ist, läßt sich nur von Fall zu Fall klären. Ein kurzer hilfsweiser Hinweis dahin, daß die als unzulässig erklärte Klage zumindest unbegründet ist, ist erlaubt, Grdz 17 vor § 253, und evtl ratsam, Rn 35. 46

47 **O. Aufbau, Sprache.** Bei alledem muß das Urteil vor allem für die Parteien verständlich sein, damit es sie überzeugen kann, Rn 33, Groh MDR **84**, 196, Wassermann ZRP **81**, 260. Zwar richtet sich das Urteil nicht an außenstehende Dritte, sondern an die unter Umständen rechtskundigen oder rechtskundig vertretenen Parteien. Dennoch muß das Gericht dennoch stets eine Sprache wählen, die möglichst jeder verstehen kann, BGH RR **07**, 1412. Verklausuliertes Juristendeutsch im Urteil ist einer der Hauptgründe für Rechtsunsicherheit und mangelndes Vertrauen in die Justiz. Verschachtelte Partizipialkonstruktionen und dgl sind erschreckende Anzeichen dafür, daß der Richter einen wesentlichen Teil seiner Aufgabe verkennt oder nicht beherrscht.

48 **P. Urteilsstil.** Dringend ratsam ist ein strikter Urteils-, („Denn"-)Stil, also *kein* Gutachten-(„Also"-)Stil. Der erstere Stil zwingt zu schärferer gedanklicher Straffheit und Klarheit, aM Grunsky NJW **82**, 743 (aber die Subsumtionsmethode ist dem „Rechtsgefühl" und „außerjuristischen Wertungen" immer noch bei weitem überlegen. Denn sie beugt wolkigen Verschwommenheiten am ehesten vor). Zum Problem Gast BB **87**, 1, Lüke NJW **95**, 1067. Man kann durch eiserne Übung ganz erstaunliche Verbesserungen erzielen, wie bei jeder geistigen oder körperlichen Tätigkeit. Kurze Hauptsätze statt Schachtelsätze, Aktiv mit einer Benennung der handelnden Personen statt Passiv, Einhaltung der richtigen zeitlichen Reihenfolge (ehernes Rundfunkstilgesetz), Einzahl statt Mehrzahl, Verb nach vorn – das sind unzählig oft bewährte und keineswegs unrichtige Elemente eines gut verständlichen Stils. Der Richter soll zu überzeugen versuchen, auch wenn er keineswegs auf den Bestand seines Urteils vor einem höheren Gericht schielen muß. Im übrigen hat der Richter viel Aufbau- und Formulierungsspielraum. Er darf zB dichten, LG Ffm NJW **82**, 650, ArbG Detm NJW **08**, 782, Beaumont NJW **90**, 1969. In der Rechtschreibreform 1998 lag kein Eingriff in die richerliche Unabhängigkeit (das wäre freilich zu verwaltungstreu und angepaßt gewesen), Kissel NJW **97**, 1106. Gerade deshalb darf das Gericht aber eben auch die „alte" Rechtschreibung beibehalten, wie es zB in diesem Buch außerhalb des verbindlichen „neuen"' Gesetzestextes geschieht.

49 **Q. Beispiel für Entscheidungsgründe:** „Die auf § X stützbare Klage ist nach der Beweisaufnahme begründet. Der Beklagte hat den Entlastungsbeweis nach § Y nicht erbracht (Beweiswürdigung). Gegen die ausreichend begründete Schadenshöhe hat der Beklagte keine erheblichen Einwände erhoben. Zinsen: § 288 IV BGB. Kosten: § 91 ZPO. Vorläufige Vollstreckbarkeit: § 708 Z 11, § 711 ZPO".

50 **R. Verstoß, I Z 6, III.** Ein Widerspruch zwischen dem Tatbestand und den Entscheidungsgründen begründet die Revision. Die bloße Nichterörterung eines Gesichtspunkts ist mangels besonderer Umstände nicht stets ein Grund zur Annahme des Übergehens unter einem Verstoß gegen Art 103 I GG, Rn 32, BAG NZA **05**, 653. Das endgültige Fehlen von Gründen ist ein absoluter Revisionsgrund, § 547 Z 6, und ein Verfahrensmangel, § 538 (Ausnahmen: §§ 313 a, 313 b, 540 I), BGH VersR **86**, 34, Hamm FamRZ **01**, 1161, Schlesw FER **00**, 240. Er kann (jetzt) auf Antrag zur Zurückverweisung führen, BGH RR **88**, 524, BAG NZA **08**, 551 rechts unten, Brdb FamRZ **06**, 130. Wegen des „dissenting vote", Rn 37, Üb 1, 2 vor § 192 GVG. Dem Fehlen steht eine „Begründung" gleich, die infolge einer groben inhaltlichen Unvollständigkeit nicht ausreichend erkennen läßt, über welchen Antrag das Gericht entscheiden wollte, welche tatsächlichen Feststellungen es der Entscheidung zugrunde gelegt hat und welche tatsächlichen und rechtlichen Erwägungen das Gericht angestellt hat, Ffm MDR **84**, 322. Freilich sind eben nur Angaben nach Rn 38 erforderlich. Das Fehlen einer Rechtsmittelbelehrung ist kein Verstoß, Rn 47, BGH NJW **91**, 296. Eine unrichtige Rechtsbehelfsbelehrung kann eine Wiedereinsetzung begründen, § 233 Rn 23 „Gericht".

51 **10) Keine Rechtsmittelbelehrung, I–III.** Im Zivilprozeß ist anders als bei § 39 FamFG im Urteil eine Rechtsmittelbelehrung nicht erforderlich, ebensowenig wie grundsätzlich sonst, BVerfG **93**, 107 (es spricht davon, dergleichen sei „jedenfalls derzeit noch nicht geboten". Der Gesetzestext ist aber eindeutig: Der Gesetzgeber hat von der auch in der ZPO bewußt vereinzelt genutzten Möglichkeit von Belehrungspflichten ganz offenkundig hier keinen Gebrauch gemacht, und zwar aus vernünftigen nachvollziehbaren Erwägungen. Auf sie stellt gerade das BVerfG ja auch sonst ab, etwa bei der sog Eigenbedarfsklage). Die ZPO sieht grundsätzlich keine Belehrungspflicht vor, BGH NJW **91**, 296, Hamm FamRZ **97**, 758. Daher sollte sich das Gericht hüten, eine Belehrung zu erteilen, bevor sie evtl auch noch falsch wird. Es könnte sogar in einer vom Gesetz nicht geforderten Rechtsmittelbelehrung ein Ablehnungsgrund liegen, BVerfG JZ **87**, 719. Das sollte BVerfG NJW **95**, 3173 mitbeachtet haben.

313a *Fassung 1. 9. 2009:* ***Weglassen von Tatbestand und Entscheidungsgründen.*** **I 1 Des Tatbestandes bedarf es nicht, wenn ein Rechtsmittel gegen das Urteil unzweifelhaft nicht zulässig ist. 2 In diesem Fall bedarf es auch keiner Entscheidungsgründe, wenn die Parteien auf sie verzichten oder wenn ihr wesentlicher Inhalt in das Protokoll aufgenommen worden ist.**

II 1 Wird das Urteil in dem Termin, in dem die mündliche Verhandlung geschlossen worden ist, verkündet, so bedarf es des Tatbestands und der Entscheidungsgründe nicht, wenn beide Parteien auf Rechtsmittel gegen das Urteil verzichten. 2 Ist das Urteil nur für eine Partei anfechtbar, so genügt es, wenn diese verzichtet.

III Der Verzicht nach Absatz 1 oder 2 kann bereits vor der Verkündung des Urteils erfolgen; er muss spätestens binnen einer Woche nach dem Schluss der mündlichen Verhandlung gegenüber dem Gericht erklärt sein.

IV Die Absätze 1 bis 3 sind nicht anzuwenden im Fall der Verurteilung zu künftig fällig werdenden wiederkehrenden Leistungen oder wenn zu erwarten ist, dass das Urteil im Ausland geltend gemacht werden wird.

V Soll ein ohne Tatbestand und Entscheidungsgründe hergestelltes Urteil im Ausland geltend gemacht werden, so gelten die Vorschriften über die Vervollständigung von Versäumnis- und Anerkenntnisurteilen entsprechend.

Vorbem. IV idF Art 29 Z 11 FGG-RG, in Kraft seit 1. 9. 09, Art 112 I Hs 2 FGG-RG, ÜbergangsR Art 111 FGG-RG, Einf 4 vor § 1 FamFG.

Bisherige Fassung IV: **IV Die Absätze 1 bis 3 finden keine Anwendung:**
1. in Ehesachen, mit Ausnahme der eine Scheidung aussprechenden Entscheidungen;
2. in Lebenspartnerschaftssachen nach § 661 Abs. 1 Nr. 2 und 3;
3. in Kindschaftssachen;
4. im Falle der Verurteilung zu künftig fällig werdenden wiederkehrenden Leistungen;
5. wenn zu erwarten ist, dass das Urteil im Ausland geltend gemacht werden wird.

Schrifttum: *Gottwald,* Grenzen zivilgerichtlicher Maßnahmen mit Auslandswirkung, Festschrift für *Habscheid* (1989) 131; *Lücke,* Begründungszwang und Verfassung, 1987.

Gliederung

1 **1) Systematik, I–V.** Ein Anreiz zum Verzicht auf einen Tatbestand und auf Entscheidungsgründe ist die Ermäßigung der Gerichtsgebühren in vielen Fällen, KV 1211 Z 2, 1222 Z 2, 1311 Z 2 KVFam 1221 Z 2 usw. Diese Ermäßigung interessiert nicht nur den Unterlegenen als den Entscheidungsschuldner nach § 29 I Z 1 GKG, sondern auch jeden weiteren gesetzlichen Kostenschuldner nach §§ 22, 29 GKG, vor allem also den Antragschuldner, oft auch den Sieger. Denn er könnte nach § 31 I GKG ebenfalls haften, wenn auch wegen § 31 II GKG nur hilfsweise und bei einer Prozeßkostenhilfe zugunsten des „Unterlegenen" nur ganz ausnahmsweise. Auf alle diese Auswirkungen eines rechtzeitigen Verzichts darf und sollte der Vorsitzende beim Schluß der mündlichen Verhandlung nach §§ 136 IV, 296 a oder zu dem diesem Schluß entsprechenden Zeitpunkt nach § 128 II von Amts wegen jedenfalls kurz hinweisen, zumindest gegenüber einer nicht rechtskundigen Partei. Denn sie kann sonst den Sinn eines Verzichts kaum voll erkennen. Allerdings besteht keine derartige Hinweispflicht. § 139 I 2 meint nur die bis zur Sachentscheidung selbst, also für die Entscheidungsformel sachdienlichen Anträge. § 139 II ist unanwendbar, weil er das Wie, nicht das Ob einer Entscheidungsbegründung meint. Deshalb hat auch die Unterlassung eines rechtzeitigen Hinweises keine Kostenniederschlagung nach § 21 GKG oder § 20 FamGKG zur Folge. Denn es liegt kein offenkundiger Verstoß vor, Hartmann Teil I A § 21 GKG Rn 10. Es kommt auch keine Amtshaftung gegenüber dem Kostenschuldner in Betracht. Im Berufungsverfahren gilt vorrangig § 540.

2 **2) Regelungszweck, I–V.** Es handelt sich um eine der wichtigen Entlastungsvorschriften. Zu Unrecht hat sie nur eine geringe praktische Bedeutung, Schneider MDR **85**, 906. Sie ist verfassungsgemäß, aM Robbers JZ **88**, 143 (aber es muß ja ein wirksamer Verzicht vorliegen). Geschickt gehandhabt, ist sie keineswegs ein „Papiertiger", so Weng DRiZ **85**, 177, sondern erleichtert dem Gericht und allen anderen Beteiligten die Arbeit erheblich.

Der Hinweis auf die Möglichkeit des Verzichts sollte aber auch nicht zu einer *Nötigung* der Parteien führen. Eher muß sich das Gericht würdevoll dazu bequemen, ein vollständiges Urteil anzufertigen. Erlaubt und ratsam ist es aber, die finanziellen Auswirkungen eines Verzichts in EUR geschätzt mitzuteilen. Wegen der oft erst später auftretenden Schwierigkeit, den Umfang der inneren Rechtskraft nach § 322 festzustellen, empfiehlt es sich, entweder im Urteilskopf oder in der Urteilsformel oder anschließend wenigstens in einem Satz den Streitgegenstand nach § 2 Rn 4 stichwortartig darzustellen, Schneider MDR **78**, 3. Das gilt zumindest dann, wenn die ohnehin erforderliche Fassung der Urteilsformel dazu nicht genug hergäbe, zB bei einer Klagabweisung oder bei einem unbezifferten Klagantrag.

Fingerspitzengefühl ist angesagt. Eine gute Akzentsetzung auch durch eine Knappheit wie Ausführlichkeit der Behandlung kann die Lesbarkeit und Überzeugungskraft eines Urteils evtl stärker beeinflussen als die eigentliche Sachargumentation. Man kann aus einer Sequenz von Tönen, ja aus einem einzelnen Ton ein ganzes Musikgebäude bauen. Dasselbe gilt in jeder sog Geisteswissenschaft. Die Fülle der Argumente pro und contra läßt sich faszinierend darstellen, auch wenn das nur schlagwortartig geschieht. Ein gutes knappes Urteil kann von Gedanken strotzen. Vermittlung von Überzeugung sollte vorherrschen und bestimmen, ob und wie man strafft oder nicht. Das alles soll § 313 a keineswegs einengen.

3 **3) Geltungsbereich, I–V.** Die Vorschrift gilt in allen Verfahren nach der ZPO, auch im WEG-Verfahren. Die vorstehenden Regeln gelten entsprechend bei einem Beschluß, Ffm NJW **89**, 841, Schneider MDR **78**, 92, zB nach § 91 a, Hamm RR **94**, 1407. Sie bedeuten aber keinen Rechtsmittelverzicht, Hamm MDR **00**, 721, Schlesw MDR **97**, 1154, aM Brdb RR **95**, 1212 (aber man darf nicht uferlos auslegen). Die Regelung ist im arbeitsgerichtlichen Urteilsverfahren anwendbar, BAG NZA **08**, 551 rechts unten, nicht aber im arbeitsgerichtlichen Beschlußverfahren, Lorenz BB **77**, 1003, Philippsen pp NJW **77**, 1135, betr das Beschlußverfahren aM Grunsky JZ **78**, 87. Sie ist im patentgerichtlichen Verfahren unanwendbar, Schmieder NJW **77**, 1218. Im FamFG-Verfahren gilt § 38 IV, V FamFG.

4 **4) Entbehrlichkeit, I.** Entbehrlich sind Tatbestand und/oder Entscheidungsgründe beim streitigen Urteil gleich welcher Unterart nur unter den folgenden Voraussetzungen, von denen keine fehlen darf. Beim Tatbestand müssen die Bedingungen Rn 6–8 vorliegen und es darf auch keiner der Fälle Rn 12–16 vorliegen. Bei den Entscheidungsgründen müssen die Bedingungen Rn 6–11 vorliegen und es darf keiner der Fälle Rn 12–16 vorliegen. Notfalls muß das Gericht den Tatbestand und die Entscheidungsgründe nachholen. §§ 320, 321 sind entsprechend heranziehbar. Wegen des Anerkenntnis-, Versäumnis-, Verzichtsurteils gelten V und § 313 b.

5 Ein *Verstoß* ist ein Verfahrensmangel, § 538 II 1 Z 1. Er begründet die Revision. Beim endgültigen Fehlen von Entscheidungsgründen liegt ein absoluter Revisionsgrund vor, § 547 Z 6. Soweit ein Tatbestand und Entscheidungsgründe objektiv erforderlich sind, beginnt die Frist zur Einlegung des Rechtsmittels mit der Zustellung der vollständigen Urteilsfassung. Sie beginnt aber grundsätzlich spätestens mit dem Ablauf von 5 Monaten nach der Verkündung, §§ 517, 548. Für den Antrag auf eine nachträgliche Herstellung einer vollständigen Urteilsfassung entsteht keine Anwaltsgebühr, § 19 I 2 Z 6 RVG entsprechend.

6 **5) Zweifelsfrei kein Rechtsmittel, I.** Tatbestand und Entscheidungsgründe können fehlen, wenn unzweifelhaft kein Rechtsmittel zulässig ist, §§ 511 ff, 542 ff, sei es überhaupt nicht, sei es mangels Erreichens des Beschwerdewerts, Rn 7. Auch eine sofortige Beschwerde darf nicht in Betracht kommen, auch nicht zB nach §§ 71 II, 91 a II, 99 II, 269 V, 387 III, 402, 544. Das muß man von Amts wegen aus der Sicht des entscheidenden Gerichts beurteilen, Grdz 39 vor § 128, nicht aus derjenigen des Rechtsmittelgerichts. Denn das letztere darf sich noch gar nicht dazu äußern. Erforderlich ist ein objektiver Maßstab beim Ablauf der Wochenfrist des III Hs 2. Ein Rechtsmittelverzicht reicht aus, Rn 7.

7 Der *Beschwerdewert* nach §§ 511 II Z 1 darf bei keinem vom Urteil rechtlich Berührten vorliegen. Es darf auch keine Zulassung des Rechtsmittels vorliegen, §§ 511 II Z 2, IV. Es muß ein unangreifbares Urteil des Berufungsgerichts vorliegen. Soweit es wegen eines Verfahrensmangels zurückverweist, kann eine Begründung evtl dennoch erforderlich sein, Dodegge MDR **92**, 437. Es kommt auf die Fallumstände an, ob sich zB der gerügte Verfahrensmangel aus dem Protokoll des Berufungsgerichts erkennen läßt. Es mag auch ein bereits wirksam erfolgter Rechtsmittelverzicht vorliegen. Er ist hier abweichend von § 515 vereinbar. In allen diesen Fällen führt jeder Zweifel zu der Pflicht des Gerichts, eine vollständige Urteilsfassung herzustellen. Das gilt auch, solange einer nach Einl III 47 begrifflich ohnehin problematischen „herrschenden" Meinung noch eine abweichende Beurteilung gegenübersteht.

8 Soweit das Gericht die Statthaftigkeit eines Rechtsmittels *übersehen* hat, darf es das Fehlende oder eine Vervollständigung wegen § 318 nicht nachholen, Schneider MDR **85**, 907. Es darf allenfalls nach § 321 a V vorgehen. Das Rechtsmittelgericht hebt evtl auf, § 313 Rn 30. Es wendet evtl §§ 538, 547 Z 6 an.

9 **6) Bei den Entscheidungsgründen zusätzlich: Verzicht, I 2 Hs 1.** Entscheidungsgründe sind beim nicht rechtsmittelfähigen Urteil dann entbehrlich, wenn zusätzlich zu den Bedingungen Rn 6–8 ein Verzicht vorliegt. Es müssen mehrere Voraussetzungen zusammentreffen.

A. Allseitige Erklärung. Alle vom Urteil rechtlich berührten Parteien müssen den Verzicht erklären. Es handelt sich um eine grundsätzlich unwiderrufliche Parteiprozeßhandlung, Grdz 47, 59 vor § 128, Ffm NJW **89**, 841. Der Verzicht wird mit seinem Eingang beim zuständigen Gericht wirksam, nicht erst mit dem Eingang auf der Geschäftsstelle der zuständigen Abteilung usw. § 129 a ist anwendbar. Man darf einen Verzicht nicht bedingt erklären. Sonst ist er unwirksam. Man braucht ihn nicht in der mündlichen Verhandlung zu erklären, sondern kann das noch nach ihrem Schluß nachholen, und zwar auch schon vor der Verkündung des Urteils, III Hs 1. Man kann ihn auch schlüssig erklären, sofern er eindeutig ist. Im Zweifel liegt kein Verzicht vor. Man darf ihn nicht mit dem Verzicht des § 306 verwechseln. Trotzdem sind die Voraussetzungen des § 306 zum Teil vergleichbar.

10 **B. Rechtzeitigkeit.** Dazu Rn 16.

11 **C. Form.** Eine besondere Form ist nicht erforderlich. Freilich muß man die Anforderungen eines bestimmenden Schriftsatzes erfüllen, § 129 Rn 5, 6. Er kann dem Anwaltszwang unterliegen, § 78 Rn 4, 5, Naumb FamRZ **02**, 470. Er kann auch einen anderen zusätzlichen Inhalt haben.

12 **7) Statt Verzicht: Wesentlicher Inhalt im Protokoll, I 2 Hs 2.** Die Vorschrift ist zumindst im Bereich des § 495 a verfassungsgemäß, VerfGH Brdb MDR **97**, 591, Heinrichs NJW **91**, 2815, aM Stollmann NJW **91**, 1720 (aber man kann und muß verfassungskonform auslegen). Nur „in diesem Fall" eines unzweifelhaft nicht rechtsmittelfähigen Urteils nach Rn 6–8 dürfen Entscheidungsgründe im Urteil auch dann fehlen, wenn zwar kein wirksamer Verzicht nach Rn 9–11 vorliegt, wenn aber das Gericht ihren wesentlichen Inhalt in das Protokoll aufgenommen hat, aM irrig Hartmann NJW **01**, 2586. Ein diesbezüglicher Widerspruch der Partei ist unbeachtlich. Die Vorschrift dient der besonderen Entlastung des Gerichts. Sie soll freilich nicht den Richter von der Notwendigkeit befreien, methodisch geordnete sachgerechte Erwägungen anzustellen und in einer solchen Form mitzuteilen, daß die Nämlichkeit des Streitgegenstands, der Umfang der inneren Rechtskraft, die Möglichkeit einer Anfechtung usw erkennbar werden. Daher darf die Wahl von Protokoll-Kurzgründen keineswegs die volle Gedankenarbeit ersetzen. Die Kurzgründe im Protokoll erfordern ein erhebliches Formulierungs- und Konzentrierungsvermögen. Sie dürfen natürlich noch kürzer sein als ohnehin nach § 313 III. Sie müssen aber den Kern der Erwägungen und Resultate enthalten.

Sie müssen vor allem erkennen lassen, daß das Gericht überhaupt den *Gesamtinhalt* des Parteivortrags und der etwaigen Verhandlungen zur Kenntnis genommen und erwogen hat, insbesondere nach irgendeiner Art von Beweisaufnahme, § 286 Rn 13. Im übrigen hat der Vorsitzende natürlich die inhaltliche Alleinverantwortung auch für solche Entscheidungsgründe, die er in das Protokoll aufgenommen hat, das ja bekanntlich ein etwa besonderer Protokollführer formell insgesamt mitunterzeichnen muß. Das Gericht muß stets § 308 I beachten. Dasselbe gilt für die Nebenentscheidungen nach §§ 91 ff, 708 ff und für die Unterschrift, § 315 I, III. Soweit das höhere Gericht den Streitwert höher bewerten könnte, etwa bei §§ 558 ff BGB wegen der Streitfrage Anh § 3 Rn 79, ist es ratsam, keine bloßen Protokollgründe anzufertigen, um eine Zurückverweisung zu verhindern.

8) Rechtsmittelfähiges Stuhlurteil: Verzicht, II. Soweit das Urteil auch nur für *eine* Partei anfechtbar ist, muß das Gericht statt I die Regelung nach II beachten. Danach können der Tatbestand und auch Enscheidungsgründe entfallen, wenn die Voraussetzungen Rn 13–15 und außerdem diejenigen Rn 16 zusammentreffen. 13

A. Urteilsverkündung im Verhandlungstermin, II 1. Das Gericht muß sein Urteil noch in demjenigen Termin verkünden, in dem es die mündliche Verhandlung geschlossen hat, § 310 I 1 Hs 1, sog Stuhlurteil, § 310 Rn 6–9. Das geschieht also auch bei einer Verkündung „am Schluß der Sitzung". Nicht hierher gehört die Verkündung in einem nach § 310 I 1 Hs 2 anberaumten besonderen bloßen Verkündungstermin, selbst wenn das Gericht ihn ordnungsgemäß sofort angeraumt hat.

B. Rechtsmittelfähigkeit für wenigstens eine Partei, II 1, 2. Beim Vergleich mit II 1 ergibt sich: Das Stuhlurteil muß rechtsmittelfähig sein. Aus II 2 folgt: Es genügt die Anfechtbarkeit für eine der Parteien. Es darf also keine Situation Rn 6–8 für beide Parteien vorliegen. 14

C. Rechtsmittelverzicht jedes Anfechtungsberechtigten, II 1, 2. Im Gegensatz zu I 2 reicht beim rechtsmittelfähigen Urteil ein bloßer Verzicht auf einen Tatbestand und auf Entscheidungsgründe nicht aus. Vielmehr müssen nach dem Wortlaut von II 1 „beide Parteien" auf Rechtsmittel verzichten. Aus II 2 folgt, daß in Wahrheit nur derjenige verzichten muß, der überhaupt anfechtungsberechtigt ist. Den Rechtsmittelverzicht muß man nach § 515 beurteilen. Im Verzicht nach § 313 a I 2 liegt nicht schon ein Rechtsmittelverzicht, BAG Rpfleger **06**, 1996. 15

9) Wochenfrist, III. Sowohl der Verzicht auf einen Tatbestand und auf Entscheidungsgründe nach I 2 Hs 1 als auch der Rechtsmittelverzicht nach II müssen zur Wirksamkeit binnen einer Woche nach dem Schluß der mündlichen Verhandlung nach §§ 136 IV, 296 a beim zuständigen Gericht eingehen. § 222 ist anwendbar. Bei einem Verhandlungsschluß zB am Freitag vor Karfreitag läuft die Frist grundsätzlich erst am Dienstag nach Ostern um 24 Uhr ab, und auch das nur, wenn dieser Dienstag kein gesetzlicher Feiertag ist (1. Mai). Maßgeblicher Eingangszeitpunkt ist derjenige der letzten erforderlichen Erklärung. Die Fristverletzung führt zur Unwirksamkeit des Verzichts, aM Schneider MDR **85**, 907, ThP 2 (aber man muß eine Frist stets streng handhaben). 16

Ein *Fristverstoß* erlaubt trotzdem ein Urteil ohne einen Tatbestand und ohne Entscheidungsgründe, LAG Köln NZA **06**, 878.

10) Vollständige Fassung, IV, V. Ob unabhängig von I–III doch im Ergebnis wegen IV, V eine vollständige Fassung notwendig ist, das richtet sich einerseits nach der Verfahrens- oder Anspruchsart, andererseits nach einer etwaigen Auslandsberührung. Notwendig ist eine vollständige Fassung in den folgenden Fällen. 17

A. Wiederkehrende Leistung, IV Hs 1. Eine vollständige Fassung ist bei einem Urteil auf künftig fällige wiederkehrende Leistungen nach § 258 erforderlich, auch bei § 323, soweit das Gericht ihre Voraussetzungen bejaht, im Fall einer verneinenden Feststellungsklage nach § 256 also bei einer Klagabweisung. Grund ist die Notwendigkeit, bei einer etwaigen weiteren oder erstmaligen Abänderung des Urteils durch ein Urteil oder in einem Beschlußverfahren die Grundlagen der letzten Entscheidung eindeutig erkennbar zu machen. Auch dann ist natürlich keine Begründung bei § 313 b notwendig. Freilich ist sie dann ratsam. 18

B. Auslandsberührung, IV Hs 2, V. Eine vollständige Fassung ist schließlich dann erforderlich, wenn eine Partei das Urteil voraussichtlich im Ausland geltend machen muß, sei es zwecks Anerkennung oder zur Zwangsvollstreckung oder sonstwie. Das braucht sie nicht glaubhaft zu machen, sofern sich die Auslandsbenutzung aus der Natur der Sache ergibt, zB dann, wenn am Prozeß ein Ausländer beteiligt ist, selbst wenn er zugleich Deutscher ist. Evtl muß das Gericht sein Urteil vervollständigen, soweit die Ausführungsgesetze zu internationalen Abkommen über Versäumnis- oder Anerkenntnisurteile das fordern, Z 5 Hs 2. Vgl SchlAnh V. Man darf diese Fälle nicht mit dem Übersehen der Statthaftigkeit eines Rechtsmittels verwechseln, Rn 11. Wegen einer etwa notwendigen nachträglichen Vervollständigung verweist V der Sache nach auf § 313 b III, dort Rn 7. 19

313b

Versäumnis-, Anerkenntnis- und Verzichtsurteil. **I 1 Wird durch Versäumnisurteil, Anerkenntnisurteil oder Verzichtsurteil erkannt, so bedarf es nicht des Tatbestandes und der Entscheidungsgründe. 2 Das Urteil ist als Versäumnis-, Anerkenntnis- oder Verzichtsurteil zu bezeichnen.**

II 1 Das Urteil kann in abgekürzter Form nach Absatz 1 auf die bei den Akten befindliche Urschrift oder Abschrift der Klage oder auf ein damit zu verbindendes Blatt gesetzt werden. 2 Die Namen der Richter braucht das Urteil nicht zu enthalten. 3 Die Bezeichnung der Parteien, ihrer gesetzlichen Vertreter und der Prozessbevollmächtigten sind in das Urteil nur aufzunehmen, soweit von den Angaben der Klageschrift abgewichen wird. 4 Wird nach dem Antrag des Klägers erkannt, so kann in der Urteilsformel auf die Klageschrift Bezug genommen werden. 5 Wird das Urteil auf ein Blatt gesetzt, das mit der Klageschrift verbunden wird, so soll die Verbindungsstelle mit dem Gerichtssiegel versehen oder die Verbindung mit Schnur und Siegel bewirkt werden.

III Absatz 1 ist nicht anzuwenden, wenn zu erwarten ist, dass das Versäumnisurteil oder das Anerkenntnisurteil im Ausland geltend gemacht werden soll.

IV Absatz 2 ist nicht anzuwenden, wenn die Prozessakten elektronisch geführt werden.

Schrifttum: *Krause,* Ausländisches Recht und deutscher Zivilprozeß, 1990; *Müller/Hök,* Deutsche Vollstreckungstitel im Ausland, Anerkennung, Vollstreckbarerklärung und Verfahrensführung in den einzelnen Ländern, 1988.

Gliederung

1 **1) Systematik, I–IV.** Die Vorschrift ist eine vorrangige Sonderregel gegenüber § 313 I Z 5, 6.

2 **2) Regelungszweck, I–IV.** Die Vorschrift dient in I, II der Prozeßwirtschaftlichkeit nach Grdz 14 vor § 128 und in III der Rechtssicherheit, Einl III 43.

3 **3) Geltungsbereich, I–IV.** Die Vorschrift gilt in allen überhaupt einem Versäumnisurteil zugänglichen Verfahren nach der ZPO, auch im WEG-Verfahren. Im FamFG-Verfahren gilt § 38 IV Z 1, V FamFG. Sie gilt (jetzt) auch im Kleinverfahren des § 495 a. Soweit ein echtes Voll- oder Teilversäumnisurteil gegen den Kläger nach § 330 oder gegen den Bekl nach § 331 ergeht oder ein Anerkenntnis- oder Verzichtsurteil nach §§ 306, 307 ergeht, sind unabhängig von § 313 a I, II grundsätzlich weder ein Tatbestand noch Entscheidungsgründe notwendig, I 1. Sie sind freilich stets zulässig, BGH NJW **02**, 2709, und evtl ratsam, zB als Kurzfassung wegen § 93. Sie können auch praktisch notwendig sein, etwa bei streitigen Kostenanträgen, Brdb FamRZ **04**, 651. Zumindest ratsam sind sie ferner zB in folgenden Fällen: Um eine Überprüfung des Urteils zu ermöglichen; wenn die Abänderung eines Versäumnisurteils nach § 323 infragekommt, Maurer FamRZ **89**, 446; wenn das Gericht es nach § 345 nur infolge der Verneinung eines der Fälle der §§ 227, 337 erlassen konnte; wenn es um ein höchstrichterliches Versäumnisurteil über eine Grundsatzfrage geht, BGH NJW **84**, 310. Volle Entscheidungsgründe sind notwendig, wenn eine Anerkennung oder eine Zwangsvollstreckung im Ausland infrage kommt, III, Rn 5. Wegen der ohnehin vorrangigen EuGVVO SchlAnh V C 2. Eine abgekürzte Form ist jetzt auch bei einem echten Versäumnisurteil gegen den Kläger zulässig, nicht aber, soweit ein unechtes Versäumnisurteil ergeht, Üb 13 vor § 330, § 331 Rn 24, BGH BB **90**, 1664. Sie ist auch bei einem Teilurteil oder bei einem Urteil auf eine Widerklage nach Anh § 253 zulässig. Das gilt auch in der höheren Instanz und bei einer Klagerweiterung oder Klagänderung, §§ 263, 264.

Unanwendbar ist § 313 b auf einen Prozeßvergleich, Kblz JB **02**, 551.

4 **4) Mindestinhalt, I.** Das abgekürzte Urteil muß mindestens die folgenden Angaben enthalten.

A. Gericht. Erforderlich ist die Bezeichnung des Gerichts.

B. Urteilsart. Erforderlich ist ferner die Bezeichnung als Versäumnis-, Anerkenntnis- oder Verzichtsurteil, I 2, BGH FamRZ **88**, 945, Hamm RR **95**, 187. Sie kann fehlen, wenn ein derartiges Urteil vollständig einen Tatbestand und Entscheidungsgründe hat, BGH FamRZ **88**, 945. Trotz einer Bezeichnung „Versäumnisurteil" kann ein streitiges Urteil vorliegen, Üb 12 vor § 330.

C. Parteien usw. Erforderlich ist weiterhin die Bezeichnung der Parteien usw nur dann, wenn Abweichungen gegenüber der Klageschrift oder der Widerklageschrift vorliegen II 3.

D. Verhandlungsschluß usw. Notwendig ist außerdem die Angabe des Tages des Schlusses der mündlichen Verhandlung, § 313 I Z 3, bei § 128 II des Zeitpunkts des Einreichungsschlusses. Bei §§ 307, 331 III ist außerdem die Angabe notwendig, daß das Gericht ohne eine mündliche Verhandlung entschieden hat.

E. Bezugnahme. Zulässig ist die Bezugnahme auf die Klageschrift, soweit das Gericht nach dem Klagantrag erkennt, II 4. Entsprechendes gilt bei der Widerklage. Jedoch muß das Gericht eine solche Bezugnahme vermeiden, wenn eine Partei ihren Antrag nennenswert ergänzt oder berichtigt hat. Ein Zusatz wegen der Zinsen und der Vollstreckbarkeit schadet nicht. Ein Zusatz über die Kosten ist immer notwendig, § 308 II, falls nicht die Klageschrift schon das Nötige enthält, Stürner ZZP **91**, 359. „Rotklammer" usw bezeichnet ausreichend, Hamm MDR **99**, 316.

F. Vollständige Formel. Eine vollständige Formel nach § 311 II ist erforderlich, soweit das Gericht nicht nach dem Klag- oder Widerklagantrag erkennt.

G. Unterschriften. Erforderlich sind ferner die Unterschriften aller mitwirkenden Richter, § 315.

H. Verkündungsvermerk. Schließlich ist der Verkündungsvermerk des Urkundsbeamten der Geschäftsstelle nach § 315 III notwendig.

5 **5) Entbehrliche Angaben, I, II.** Entbehrlich sind im Verfahren ohne eine elektronische Aktenführung (sonst gilt IV) die folgenden Einzelheiten.

A. Parteibezeichnung usw. Man kann auf die Bezeichnung der Parteien usw verzichten, soweit diese mit der Klageschrift oder Widerklageschrift übereinstimmt, II 3.

B. Richternamen. Entbehrlich sind die Namen der entscheidenden Richter, II 2. Wohl aber ist die Bezeichnung des Gerichts notwendig.

C. Urteilsformel. Entbehrlich ist schließlich die Urteilsformel, soweit das Gericht nach dem Klag- oder Widerklagantrag erkannt hat. Dann genügt eine Bezugnahme auf den Antrag.

D. Tatbestand, Entscheidungsgründe. Sie können zwar auch beim Verzichtsurteil nach § 306 fehlen, BGH RR **98**, 1652, ebenso beim Versäumnis- und beim Anerkenntnisurteil nach § 307. Schon wegen § 99 II ist aber eine Kurzbegründung ratsam. Bei streitigen „Kostenanträgen" ist eine Kurzbegründung sogar notwendig, Brdb MDR **00**, 233. Überhaupt kann das Gericht stets ein an sich entbehrliches Urteilselement vollständig darstellen. Das geschieht auch höchstrichterlich mit einer bemerkenswert erfreulichen Tendenz (solange sie nicht ausartet), BGH NJW **99**, 1395, 1718, Zweibr JB **97**, 431, etwa unter einer Beschränkung auf eine einzelne Rechtsfrage. Denn das Gericht braucht ja gar nichts zur Begründung auszuführen. Wegen der inneren Rechtskraft § 313 a Rn 1.

6) Aktenbehandlung, II. Man kann die Urschrift des Urteils auf die Urschrift oder auf eine solche eine Abschrift oder Ablichtung der Klageschrift oder Widerklageschrift setzen, die sich in der Gerichtsakte befindet. Nach dem Mahnverfahren gemäß §§ 688 ff kann der Urkundsbeamte die Urschrift auf die Urschrift des Mahnbescheids setzen. Eine Beglaubigung der Klagabschrift ist entbehrlich. Setzt der Urkundsbeamte das Urteil auf ein besonderes Blatt, soll er es mit der Klageschrift durch Schnur und Siegel oder durch Aufdrücken des Gerichtssiegels auf die Verbindungsstelle verbinden. Das ganze Verfahren nach II ist nur theoretisch bequem. In der Praxis ist es den Gerichtspersonen oft unbekannt. Es kann zu Verzögerungen, Fehlern und Unmut führen, die man sich ersparen sollte. Soweit das Urteil auf den Klagantrag verweist, ist dieser ein Bestandteil des Urteils auch für § 321. Die Ausfertigung erfolgt nach § 317 IV. 6

7) Geltendmachung im Ausland, III. Soweit eine Partei das Anerkenntnis- oder Versäumnisurteil nach §§ 306, 307 im Ausland geltend machen muß oder will, bleibt die Notwendigkeit eines vollen Tatbestands und voller Entscheidungsgründe. I ist insoweit unanwendbar. Man muß auf den Zeitpunkt des Urteilserlasses abstellen, § 311 Rn 2. Es genügt eine erkennbare Absicht einer Partei, das Urteil auch nur teilweise im Ausland irgendwie rechtlich geltend zu machen (Anerkennungs- oder Vollstreckungsabsicht). Im Zweifel reicht der bloße Auslandsbezug. Dann ist auch nicht etwa eine abgekürzte Fassung zulässig. Wohl aber bleibt § 313 III anwendbar. 7

8) Elektronische Akte, IV. Bei ihr ist II unanwendbar. 8

9) Verstoß, I–IV. Ein entgegen I unstatthaft abgekürztes Urteil stellt einen Verfahrensmangel dar, § 538. Es führt evtl zur Zurückverweisung, Brdb FamRZ **04**, 651. Es begründet die Revision. Beim Zweifel über den Umfang der Abkürzung muß man den Parteivortrag heranziehen, LG Mönchengladb KTS **76**, 155. Ein Verstoß gegen I 2 ändert an der Rechtsmittelfrist nichts, Düss MDR **85**, 679. Er ermöglicht aber nach dem Meistbegünstigungsgrundsatz nach Grdz 28 vor § 511 beim Fehlen auch von Tatbestand und Entscheidungsgründen auch evtl eine Berufung, Hamm RR **95**, 186, oder eine Kostenbeschwerde nach § 99. Sie kann zur Zurückverweisung führen, Brdb MDR **00**, 233. Ein Verstoß gegen II ist prozessual belanglos, zumal das Urteil bereits vorher entstanden ist. Man muß einen Verstoß gegen III wie einen solchen nach I behandeln. 9

314 *Beweiskraft des Tatbestandes.* [1] **Der Tatbestand des Urteils liefert Beweis für das mündliche Parteivorbringen.** [2] **Der Beweis kann nur durch das Sitzungsprotokoll entkräftet werden.**

Schrifttum: *Gaul,* Die „Bindung" an die Tatbestandswirkung des Urteils, in: Festschrift für *Zeuner* (1994); *Weitzel,* Tatbestand und Entscheidungsqualität, 1990.

Gliederung

1) Systematik, S 1, 2. Die Vorschrift ergänzt den §§ 313 I Z 5. Sie stellt zugleich den Vorrang von §§ 159 ff klar, Rn 2. 1

2) Regelungszweck, S 1, 2. § 314 gibt eine gesetzliche Beweisregel, § 286 II. Die Vorschrift soll die Beweiskraft des Tatbestands als einer öffentlichen Urkunde nach §§ 415, 417, § 418 I durch eine über § 418 II hinausgehende Erschwerung des Gegenbeweises erhöhen. Darin liegt für die Parteien eine Gefahr. Sie wird durch die Möglichkeit einer Berichtigung nach § 320 erträglich, also durch die einzige Berichtigungsmöglichkeit, § 320 Rn 1, BGH NJW **93**, 1852. Diesen Zusammenhang muß man bei der Auslegung mitbeachten. 2

Viel mehr als eine bloße Beweisregel ist aber die weitere eigentliche Funktion des § 314. Sie klingt in seinem Wortlaut nur indirekt an. Der Tatbestand soll erweisen, ob das Gericht diejenigen Lebensvorgänge überhaupt im Kern vollständig aufgefaßt und verstanden hat, über die es entscheiden soll. Ein Tatbestand kann insofern peinlich entlarven. Er kann aber auch scharf akzentuieren, beleuchten, einordnen und ins rechte Verhältnis bringen. Aus einem gut gebauten Tatbestand ergibt sich seine rechtliche Würdigung oft fast von selbst. Ein schlechter Tatbestand verwirrt, ein guter lenkt überzeugend. Die Befugnis zur weitgehenden Bezugnahme nach § 313 II 2 erlaubt es, den Blick von vornherein nur auf das Wesentliche zu konzentrieren. Ein Tatbestand kann auch beim „vollständigen" Urteil sehr knapp und gerade deshalb eindringlich wirken. Seine Form ist ebenso variabel wie sein Umfang. Ganz falsch wäre es, allzu ängstlich jede Kleinigkeit zu erwähnen, nur um Fleiß zu zeigen und ja nichts zu vergessen. Die wenn auch vielleicht floskelhaft wirkende Bezugnahme „Im übrigen wird auf den mündlich vorgetragenen Inhalt der Parteischriftsätze nebst Anlagen und auf die Protokolle verwiesen" deckt ohnedies den Gesamtvortrag völlig ausreichend ab. Das alles darf man mitbeachten.

3) Geltungsbereich, S 1, 2. Die Vorschrift gilt in allen Verfahren nach der ZPO, auch im WEG-Verfahren. Die Vorschrift gilt auch im Beschlußverfahren, in dem eine mündliche Verhandlung stattfand, § 573 I, BGH **65**, 30. Im FamFG-Verfahren gilt § 38 FamFG. Im schriftlichen Vorverfahren gilt § 314 grundsätzlich nicht. Die Vorschrift ist im Rechtsbeschwerdeverfahren nach dem GWB entsprechend anwendbar, BGH **65**, 35. Sie gilt auch im arbeitsgerichtlichen Verfahren, § 46 II 1 ArbGG. 3

4 **4) Beweiskraft, S 1.** Der Tatbestand ist die Beurkundung des Parteivorbringens aus Schluß der mündlichen Verhandlung nach §§ 136 IV, 296 a, BGH NZM **98**, 412. Maßgeblich ist der Tatbestand des angefochtenen Urteils, nicht des im höheren Rechtszug ergangenen, BGH NJW **99**, 1339. Auch eine tatsächliche Feststellung in den Entscheidungsgründen kann zum Tatbestand zählen, § 313 Rn 17. Der Tatbestand liefert Beweis dafür, daß die Parteien etwas in der mündlichen Verhandlung vorgetragen haben, BGH BB **07**, 742 und NJW **07**, 2915, KG GRUR-RR **04**, 231, auch zB zu einer Klagänderung, § 263, BVerwG NJW **88**, 1228. Er beweist auch den Vortrag der im Tatbestand erwähnten und in Bezug genommenen Schriftsätze, BGH NJW **04**, 3778. Er liefert insbesondere durch sein Schweigen den Beweis auch dafür, daß sie etwas nicht vorgetragen haben, BGH VersR **90**, 974, Ffm GRUR **02**, 237, KG GRUR-RR **04**, 231. Er beweist daher auch, ob der Vortrag in der Berufungsinstanz neu ist, Schumann NJW **93**, 2787, aM Oehlers NJW **94**, 712 (aber eine solche Folgerung ist geradezu zwingend). Das alles gilt freilich nur, soweit der Tatbestand des Parteivorbringens vollständig wiedergibt, BGH NJW **04**, 1879. Das darf allerdings auch sehr wohl durch die vom Gesetz sogar gewünschte Bezugnahme auf Schriftsätze und Protokolle geschehen. Der Tatbestand bindet das Revisionsgericht grundsätzlich (Ausnahme Rn 7), BGH NJW **07**, 2915, Schumann NJW **93**, 2787. Er bindet aber das Berufungsgericht nicht, BGH RR **08**, 112, Saarbr RR **03**, 574, Schumann NJW **93**, 2787.

Der Beweis, daß eine Partei in der mündlichen Verhandlung auf einen im Tatbestand erwähnten eigenen oder fremden Schriftsatz *in Wahrheit nicht Bezug* nahm, ist nur durch das Protokoll möglich. Überhaupt kann nur das Protokoll entkräften, nicht ein Schriftsatz, BGH NJW **99**, 1339.

Wegen des *vorinstanzlichen* Vortrags § 320 Rn 2. Bei einer Entscheidung im schriftlichen Verfahren nach § 128 II gehört auch der Vortrag einer früheren mündlichen Verhandlung in den Tatbestand, wenn die entscheidenden Richter dieselben sind. Der Tatbestand hat dann auch insoweit eine Beweiskraft. § 314 gilt also im schriftlichen Verfahren nach § 128 II nur für ein solches Vorbringen in einem etwaigen Termin, das nicht aus den Akten hervorgeht, BGH FamRZ **08**, 1246 rechts unten, BFH BB **83**, 755, BayObLG MDR **89**, 650.

Der Tatbestand liefert auch Beweis für Anerkenntnisse, Geständnisse, Ffm GRUR **02**, 236, überhaupt *für alle prozessualen Erklärungen* und für deren Reihenfolge. Er liefert auch dafür Beweis, daß eine Partei etwas in der mündlichen Verhandlung anders als in den Schriftsätzen vorgetragen hatte, BGH VersR **83**, 1161, Köln MDR **76**, 848, daß eine Behauptung unwidersprochen geblieben ist, daß eine Tatsache unstreitig war, BGH NJW **03**, 433, oder daß sie streitig war, BGH RR **87**, 1091 und 1158, oder daß der Kläger keinen Abstand vom Urkundenprozeß genommen hat.

5 **5) Fehlen der Beweiskraft, S 1.** Der Tatbestand liefert keinen Beweis: Für Zeugenaussagen, überhaupt für anderes Vorbringen als dasjenige der Parteien; für die Beweisergebnisse selbst, auch nicht bei § 161 (dann gilt die Beweiskraft aus § 418); für eine rechtliche Folgerung, BGH RR **90**, 814; für sonstiges Prozeßgeschehen, etwa für die Gewährung oder Verlängerung einer Nachfrist nach § 283, BGH NJW **83**, 2032, oder für eine Streitigkeit, BGH RR **08**, 112. Die Anträge ergeben sich aus dem Protokoll in Verbindung mit den Schriftsätzen. Der Tatbestand beweist nur, daß eine Partei einen Antrag gestellt hat. Er beweits aber nicht, wann und mit welchem Inhalt das geschah, BVerwG NJW **88**, 1228. Der Tatbestand des Revisionsurteils liefert meist keinen Beweis, BGH GRUR **04**, 271 (Ausnahme: Zurückverweisung).

6 **6) Einzelfragen zur Beweiskraft, S 1.** Ob eine Berichtigung zulässig ist, bleibt solange bedeutungslos, wie niemand die Berichtigung erwirkt. Man kann eine Berichtigung nicht schon durch die Berufung erzwingen. Eine Aufhebung des Urteils berührt die Beweiskraft seines Tatbestands grundsätzlich nicht. Anders liegt es natürlich, wenn eine Zurückverweisung nach § 538 erfolgt. Wenn der Tatbestand einen solchen Schriftsatz erwähnt, den die Partei nach dem Schluß der Verhandlung nach §§ 136 IV, 296 a eingereicht hat, muß das Rechtsmittelgericht das Urteil aufheben, wenn sich das Urteil auf solche neuen Tatsachen stützt, die erst in diesem Schriftsatz auftauchen. Der Tatbestand ist auslegungsfähig, soweit er eine Auslegung gestattet, etwa bestimmte Tatsachen.

7 **7) Widersprüchlichkeit, S 2.** Soweit der Tatbestand in sich widerspruchsvoll ist, fehlt ihm die Beweiskraft, BAG NJW **04**, 1062, Ffm GRUR **02**, 236. Daher bindet er dann entgegen dem Grundsatz Rn 4 ausnahmsweise das Revisionsgericht insofern nicht, BGH NJW **00**, 3007, BAG NJW **04**, 1062. Es muß dann zurückverweisen, BGH NJW **00**, 3007. Bei einem Widerspruch zwischen dem Tatbestand und dem Protokoll geht das Protokoll unbedingt vor, soweit es den Vorgang ausdrücklich feststellt, BGH BB **07**, 742, BVerwG NJW **88**, 1228. Es nimmt dem Tatbestand insoweit jede Beweiskraft, § 418 II, § 165 Rn 10.

Das gilt aber nur für diejenigen Punkte, die gesetzlich in das dem Urteil zugrundeliegende *Protokoll* gehören, §§ 160 II, III, 162, BGH NJW **91**, 2085, aM Düss ZMR **88**, 336 (aber nur solche Punkte haben schon wegen ihrer Aufnahme ins Protokoll von vornherein eine erhöhte Beweiskraft). Der Vorrang des Protokolls besteht auch nur, soweit das Protokoll seine Beweiskraft nicht verloren hat, § 165. Das bloße Schweigen des Protokolls entkräftet den Tatbestand nicht, aM Düss NJW **91**, 1493 (aber der Protokollvorrang wäre sonst unbegrenzt). Das gilt ist insbesondere dann, wenn das Protokoll erkennbar unvollständig ist, § 165 Rn 10. Wenn kein Widerspruch besteht, sind der Tatbestand und das Protokoll gleichwertig. Jeder andere Gegenbeweis ist unstatthaft.

8 Die übereinstimmende *Anerkennung der Unrichtigkeit* kann den Tatbestand nicht beeinflussen. Denn die Parteien könnten ihn sonst beliebig umformen. „Tatbestand“ ist bei § 314 nicht nur derjenige des § 313 I Z 5, II, sondern alles, was tatsächliche Feststellungen enthält, also auch ein derartiger Teil der Entscheidungsgründe, BGH NJW **00**, 3007, Schumann NJW **93**, 2787. Man muß auch die bloße Unterstellung einer Tatsache durch das Gericht zu den Entscheidungsgründen rechnen. Wenn sich insofern der Tatbestand und die Gründe widersprechen, geht ein eindeutiger Tatbestand vor, BGH NJW **89**, 898. Bei einem mehrdeutigen Tatbestand fehlt eine beweiskräftige Feststellung, § 313 Rn 30.

315 *Unterschrift der Richter.* [1] [1] **Das Urteil ist von den Richtern, die bei der Entscheidung mitgewirkt haben, zu unterschreiben.** [2] **Ist ein Richter verhindert, seine Unterschrift beizufügen, so wird dies unter Angabe des Verhinderungsgrundes von dem Vorsitzenden und bei dessen Verhinderung von dem ältesten beisitzenden Richter unter dem Urteil vermerkt.**

II [1] Ein Urteil, das in dem Termin, in dem die mündliche Verhandlung geschlossen wird, verkündet wird, ist vor Ablauf von drei Wochen, vom Tage der Verkündung an gerechnet, vollständig abgefasst der Geschäftsstelle zu übermitteln. [2] Kann dies ausnahmsweise nicht geschehen, so ist innerhalb dieser Frist das von den Richtern unterschriebene Urteil ohne Tatbestand und Entscheidungsgründe der Geschäftsstelle zu übermitteln. [3] In diesem Fall sind Tatbestand und Entscheidungsgründe alsbald nachträglich anzufertigen, von den Richtern besonders zu unterschreiben und der Geschäftsstelle zu übermitteln.

III [1] Der Urkundsbeamte der Geschäftsstelle hat auf dem Urteil den Tag der Verkündung oder der Zustellung nach § 310 Abs. 3 zu vermerken und diesen Vermerk zu unterschreiben. [2] Werden die Prozessakten elektronisch geführt, hat der Urkundsbeamte der Geschäftsstelle den Vermerk in einem gesonderten Dokument festzuhalten. [3] Das Dokument ist mit dem Urteil untrennbar zu verbinden.

Schrifttum: *Schmidt,* Richterwegfall und Richterwechsel im Zivilprozeß, Diss Hann 1993.

Gliederung

1) Systematik, I–III. Die Vorschrift enthält eine notwendige Ergänzung zu § 313. 1

2) Regelungszweck, I–III. *I 1* bezweckt, die Verantwortung des Gerichts für sein Urteil auch durch Unterschriften zu stärken, obwohl diese streng genommen entbehrlich sein könnten. Es gelten indes naturgemäß die Anforderungen an die Unterschrift eines Partei- oder Anwaltsschriftsatzes in § 129 Rn 8 ff, § 130 Z 6 entsprechend. 2

I 2 bezweckt die Klarstellung, daß der Verhinderte die Mitverantwortung übernommen hat. Stets ist natürlich eine einwandfrei zustandegekommene Urteilsbildung die Voraussetzung. Sie entsteht in der Alltagspraxis nicht ganz selten auf eine etwas problematische Art: Haben sich 2 von 3 Richtern geeinigt, soll manchmal der dritte Kollege mitunterschreiben, ohne voll an einer „Abstimmung" teilgenommen zu haben. Diese bestand obendrein vielleicht im Kern in der Anfertigung des Textes durch den Berichterstatter nebst seiner Unterschrift und dann nur in der Folgeunterzeichnung durch einen weiteren Kollegen. Dann mag das Gericht gar eine „Verhinderung" schon deshalb angenommen haben, weil der „Verhinderte" gerade an diesem Tag krank war oder Urlaub hatte, sodaß womöglich ein zufällig anwesender oder vorbeikommender anderer Kollege des Vertretungsgremiums oder gar eines anderen Kollegiums gegenzeichnete. Man darf die so zustandegekommene Unterzeichnung weder disziplinarisch noch strafrechtlich genauer betrachten, um nicht in arge Bedrängnis zu geraten, vorsichtig ausgedrückt. Solche Folgen sollte man bei der Handhabung trotz aller Überlastung besser mitbeachten.

II bezweckt die Bekämpfung anderer Alltags-Unsitten. Schlimm genug, daß das Gesetz solche Situationen überhaupt ausdrücklich regeln muß. Die Verwaltung hat organisatorisch eine Mitverantwortung für ein rechtzeitiges „großes Schreibwerk". Wenn sie schon das „kleine" vielfach unter einem Mißbrauch faktischer Macht dem Richter überläßt, dann bitte wenigstens nicht auch wie vor 100 Jahren das Schreiben auch noch des Urteils, wenn er das nicht wirklich gern auch noch selbst erledigt, sei es auch nur zur Ersparnis eines unerfreulichen Korrekturgangs.

III dient der Klarstellung und damit der Rechtssicherheit, Einl III 43. Eine eindeutige öffentliche Beurkundung des Ob und Wann bei der Entstehung des Kernstücks des zivilprozessualen Gerichtshandelns hat eine vielfältige Bedeutung. Sie braucht daher eine sorgfältige Handhabung und strenge Auslegung.

3) Geltungsbereich, I–III. Die Vorschrift gilt in allen Verfahren nach der ZPO, auch im WEG-Verfahren. Im arbeitsgerichtlichen Verfahren gelten §§ 60 IV, 84 ArbGG, LAG Köln BB **88**, 768, Philippsen pp NJW **77**, 1135, sowie §§ 64 VI, 69, 72 a, b ArbGG, BAG NZA-RR **07**, 672. Im patentamtlichen Einspruchsverfahren ist I 1, 2 entsprechend anwendbar, BGH GRUR **94**, 725. Im FamFG-Verfahren gilt § 38 III 2, 3 FamFG. 3

4) Unterzeichnung, I. Man muß sie strikt einhalten. Denn sie ist praktisch unentbehrlich, BGH NJW **06**, 1882. 4

A. Grundsatz: Pflicht aller Mitwirkenden, I 1. Sämtliche bei der Entscheidung nach § 309 mitwirkenden Richter müssen das vollständige schriftliche Urteil handschriftlich mit ihrem vollen bürgerlichen Nachnamen unterschreiben, BGH NJW **06**, 1882, LAG Köln BB **88**, 768, und zwar unter der vollständigen Urschrift. Das gilt auch für einen überstimmten Richter. Es darf kein „dissenting vote" bekanntgeben, § 313 Rn 37. Grund ist die Übernahme der Verantwortung für den Gesamtinhalt, Celle RR **90**, 124. Eine Unterzeichnung des Protokolls genügt nur dann, wenn das Protokoll das vollständige Urteil mit dem Tatbestand und den Entscheidungsgründen enthält und wenn das Protokoll die Unterschrift sämtlicher Richter trägt, BGH BB **06**, 2717. Die Unterzeichnung eines bloßen Formulars mit einer Fülle von Textbausteinen für verschiedene Fälle läßt evtl noch keine Urschrift entstehen, Celle RR **90**, 124. Vgl aber auch § 313 Rn 36. Unterschreiben dürfen und müssen zwar alle nach § 309 erkennenden Richter, nicht aber die lediglich verkündenden, Köln NJW **88**, 2806.

Bei der *Form* der Unterschrift gelten dieselben Maßstäbe wie bei derjenigen des Anwalts, § 129 Rn 9, KG NJW **88**, 2807. Es muß also die Absicht bestehen, mit dem vollen Nachnamen zu unterschreiben und damit im Gegensatz zum bloßen Entwurf die volle Verantwortung zu tragen. Diese Absicht muß auch erkennbar sein. Man muß den Namen, seine Kenntnis unterstellt, herauslesen können, Oldb MDR **88**, 253 (StPO), LG Ffm MDR **90**, 933. Ein Handzeichen (Paraphe) ist keine Unterschrift, § 329 Rn 9, BGH **76**, 241, Fischer DRiZ **94**, 95. Zum Beschlußverfahren § 329 Rn 6, 7.

5 **B. Verhinderung, I 2.** Ein Verhinderungsvermerk ist notwendig bei einer längeren Verhinderung eines Richters nach der Beschlußfassung, §§ 192 ff GVG, BGH NJW **80**, 1849, Stgt RR **89**, 1534, also beim Vorliegen einer unterschriftsreifen Fassung, BAG NZA-RR **07**, 672, nicht schon bei dessen vorübergehender Verhinderung, BGH NJW **77**, 765, BAG NZA-RR **07**, 672, kaum schon bei einer Versetzung des Richters, § 163 Rn 6, BGH VersR **81**, 553, ThP 1, Vollkommer Rpfleger **76**, 258, aM Stgt Rpfleger **76**, 258 (aber der versetzte Richter kann die Unterschrift am neuen Dienstort nachholen). Was eine längere Verhinderung ist, richtet sich auch nach dem Beschleunigungsbedürfnis. Mehr als zwei Wochen können schon reichen, BAG NZA-RR **07**, 672. Den Verhinderungsvermerk verfertigt und unterschreibt zweckmäßigerweise der Vorsitzende, bei seiner Verhinderung der dienstälteste Beisitzer, Schmidt JR **93**, 457, nur bei gleichem Dienstalter der lebensälteste, § 21 f II GVG, und zwar mit dem Hinweis „zugleich für . . .“ und mit einer Angabe des Grundes, BGH VersR **84**, 586, Ffm VersR **79**, 453. Einzelheiten Fischer DRiZ **94**, 95.

Es genügt also die Fassung „zugleich für den (länger) erkrankten Richter . . .“, BGH VersR **84**, 287. Daher ist eine Rüge zulässig, dessen Unterschrift sei möglich gewesen. Der Vermerk braucht die Art der Erkrankung nicht anzugeben. Zumindest muß die räumliche Stellung und/oder die Fassung des Vermerks zweifelsfrei ergeben, daß er den fehlenden Richter betrifft, BGH VersR **84**, 287, Ffm Vers **79**, 453. Bei einer räumlich eindeutigen Zuordnung des Vermerks braucht der Vorsitzende ihn nicht ebenfalls zu unterschreiben, BGH VersR **84**, 287 (die gesonderte Unterschrift ist freilich auch dann ratsam). Eine ordnungsgemäße Ersetzung der Unterschrift macht deren persönliche Nachholung überflüssig, Schneider MDR **77**, 748.

6 Wird der älteste *Beisitzer* verhindert, nachdem der Vorsitzende unterschrieben hat und dann an der Vertretungsunterschrift verhindert war, unterschreibt für den ältesten Beisitzer der zweitälteste, ohne daß dieser Umstand eine Begründung braucht. Sind der Vorsitzende und der dienstälteste Beisitzer von vornherein verhindert, unterschreibt der dienstjüngere Beisitzer nebst dem Verkündungsvermerk, BGH VersR **92**, 1155. Wer aus dem Richteramt überhaupt ausgeschieden ist, darf nicht mehr unterschreiben. Denn er hat nunmehr die Beurkundungsfähigkeit verloren, BVerwG NJW **91**, 1192, Mü OLGZ **80**, 465. Natürlich ist auch eine Rückdatierung dann unzulässig.

Beim *alleinigen Richter* läßt sich die Unterschrift nicht ersetzen, Kblz VersR **81**, 688. Da das Urteil mit der Verkündung entsteht, bleibt dann nur nach seiner etwaigen Zustellung die Einlegung des zugehörigen Rechtsmittels möglich, vgl aber Rn 8. Fehlt auch die Formel, fehlt rechtlich das Urteil. Ein bei der Beschlußfassung nicht mitwirkender Richter darf das Urteil nicht anfertigen und nicht unterschreiben, Kblz VersR **81**, 688.

7 **C. Verweigerung, I 1, 2.** Verweigert ein Richter freilich die Nachholung, mag rechtlich ein bloßer Entwurf vorliegen, Üb 12 vor § 300, BGH RR **98**, 141 (kein Anlauf der Notfrist). Eine Unterschriftsverweigerung ist nur unter den Voraussetzungen Rn 4–6 berechtigt, BGH NJW **77**, 765. Sie führt andernfalls zur Zurückverweisung, Rn 8.

8 **D. Verstoß, I.** Die fehlende Unterschrift läßt sich in den Grenzen Rn 6, 7 jederzeit nach § 319 nachholen, BGH NJW **03**, 3057, Ffm NJW **83**, 2396, Köln NJW **88**, 2806. Das gilt auch nach der Einlegung eines Rechtsmittels, Ffm NJW **83**, 2396, oder einer Nichtzulassungsbeschwerde, BGH NJW **03**, 3057, und auch noch in der Revisionsinstanz, BGH NJW **06**, 1882. Ein vernünftiger Richter der höheren Instanz schickt die Akten zur Nachholung der Unterschrift zurück und hebt nicht etwa zugleich das Urteil zum Schaden der Partei auf, Schneider MDR **77**, 748. Fehlt auch nur eine erforderliche Unterschrift, ist mit der Verkündung zwar ein Urteil entstanden, § 310 Rn 1–4, BGH NJW **06**, 1882, ThP 2, ZöV 1, aM BGH VersR **84**, 586 (es liege nur ein Urteilsentwurf vor, krit Zeiss JR **80**, 508). Es ist dann aber eine wirksame Urteilszustellung nicht möglich. Eine erfolgte Zustellung ist dann wirkungslos. BGH VersR **78**, 138 (die Rechtsmittelfrist läuft nicht an), LAG Köln BB **88**, 768, aM ThP 3 (aber sie setzt grundsätzlich einen formell einwandfreien Entscheidungs-Gesamtvorgang voraus). Die Fünfmonatsfrist der §§ 517, 548 setzt aber der Nachholbarkeit eine Grenze, BGH NJW **06**, 1882.

9 Das gilt auch dann, wenn die nach Rn 4–6 erforderliche Angabe des Verhinderungsgrundes *überhaupt fehlt*, BGH NJW **80**, 1849, Ffm VersR **79**, 453, ZöV 1, aM Stgt RR **89**, 1534, ([jetzt] § 189 entsprechend. Aber diese Vorschrift heilt einen Inhaltsmangel des Zustellungsobjekts). Es erfolgt daher notgedrungen eine Zurückverweisung, auch nach einer unberechtigten Unterschriftsverweigerung, § 551 Z 7, BGH NJW **77**, 765.

10 Wenn die im Kopf Genannten überhaupt nicht oder nicht ordnungsgemäß unterschrieben haben, mag die Urteilsausfertigung ihre Unterschrift dennoch aufführen. Sie mag also den *Anschein* eines ordnungsgemäßen Urteils erwecken. Dann ist die Zustellung des Urteils grundsätzlich ohne eine Rücksicht auf den Mangel zunächst wirksam. Denn die Partei darf sich auf die Ausfertigung verlassen, BGH RR **98**, 141, Ffm NJW **83**, 2396. Wegen einer Ausnahme § 317 Rn 8. Für die Frage der Zulässigkeit eines Rechtsmittels ist die Unterschrift belanglos, soweit das Rechtsmittel bereits vor der Urteilszustellung zulässig ist, BGH MDR **98**, 336. Das Rechtsmittelgericht prüft nur, ob die als Verhinderungsgrund bezeichnete Tatsache einen solchen darstellen kann. Es prüft nicht, ob er tatsächlich vorlag. Zur Überprüfbarkeit des Verhinderungsvermerks § 317 Rn 8, BGH MDR **83**, 421 (StPO). Hat auch ein solcher Richter unterschrieben, der an der Beratung und Beschlußfassung nicht mitwirkte, ist ein Berichtigungsbeschluß notwendig und ausreichend, BGH MDR **98**, 336, Düss RR **95**, 636.

11 **5) Urteilsabfassung, II.** Theorie und Praxis klaffen nicht selten auseinander.

A. Vollständiges Urteil. Das Gericht muß sein Urteil bis zu einem besonderen Verkündungstermin vollständig zumindest handschriftlich abgefaßt haben, § 310 II. Das gilt auch bei § 128 II. Wenn das

Gericht das Urteil schon in demjenigen Termin verkündet, in dem es die mündliche Verhandlung geschlossen hat, muß es sein Ersturteil in seiner vollständigen Fassung binnen 3 Wochen seit der Verkündung der Geschäftsstelle übermitteln, BGH NJW **04**, 1666 (anders bei § 540 I 2). Es handelt sich nicht um eine Ausschlußfrist, vgl freilich Rn 4–6, sondern um eine bloße Ordnungsvorschrift, BAG MDR **84**, 435, Karlsr NJW **84**, 619. Eine allzu lange Zeitspanne bis zur Unterschrift oder qualifizierten elektronischen Signatur kann freilich einen Verstoß gegen das Rechtsstaatprinzip bedeuten, Einl III 15, BVerfG NJW **01**, 2161.

B. Urteilskopf und -formel. Ist die Einhaltung der Frist unmöglich, etwa wegen des Umfangs des Urteils oder wegen einer Erkrankung des Richters oder der Schreibkraft oder wegen einer Überlastung, muß das Gericht sein Urteil innerhalb der Frist wenigstens ohne Tatbestand und Entscheidungsgründe unterschrieben der Geschäftsstelle übermitteln. Es muß sein Urteil auch hier beschleunigt abfassen. Denn die Partei soll nicht die 3-Monats-Frist des § 320 II 3 verlieren. Zweckmäßiger als das Verfahren nach II 2, 3 ist es, wenn die Richter der letzten Verhandlung beschließen, den Verkündungstermin hinauszuschieben. Denn gerade bei der Absetzung des Urteils in einer umfangreicheren Sache können sie eine etwaige Unstimmigkeit gegenüber der verkündeten Urteilsformel sonst nicht mehr ausgleichen, § 310 Rn 8 ff. 12

C. Verstoß, II. Ein Verstoß gegen II 1 kann zur Aufhebung des Urteils und jedenfalls auf Antrag zur Zurückverweisung nach § 538 führen, wenn die Entscheidungsgründe fünf Monate nach der Verkündung noch nicht vorlagen, §§ 517, 547, BGH FamRZ **91**, 43, Schneider MDR **88**, 640. Dann muß das Gericht die Kosten durchweg nach (jetzt) § 21 GKG niederschlagen, BGH VersR **87**, 405, Mü NJW **75**, 837. Wegen des Fehlens der Unterschrift oder Signatur Rn 8–10. Die Versäumung der Pflicht nach II 2, 3 ist ein grober Verstoß. Er kann zur Aufhebung führen. Eine ordnungsmäßige Unterschrift oder Signatur unter dem später beigebrachten vollständigen Urteil heilt den Mangel einer unvollständig oder fehlerhaft unterschriebenen oder signierten Formel, denjenigen ihrer Zustellung aber nur nach § 189. 13

6) Verkündungsvermerk, III. Er hat keine übermäßige Bedeutung. 14

A. Grundsatz: Bescheinigung der Übereinstimmung. Der bei der Verkündung mitwirkende Urkundsbeamte fertigt das nach § 160 III Z 7 erforderliche Verkündungsprotokolls, § 165, BGH FamRZ **90**, 507, Brdb MDR **99**, 564, LAG Köln AnwBl **95**, 159. Anschließend vermerkt er oder ein anderer Urkundsbeamter der Geschäftsstelle auf dem Urteil den Tag der Verkündung und unterschreibt diesen Vermerk nach III 1. An seine Unterschrift muß man dieselben Anforderungen stellen wie an Unterschriften des Richters oder Anwalts, § 129 Rn 9, § 163 Rn 4, § 329 Rn 8, 9, BGH NJW **88**, 713. Bei einer elektronischen Aktenführung muß der Urkundsbeamte den Vermerk nach III 2 in einem gesonderten Dokument festhalten und es nach III 3 mit dem Urteil elektronisch untrennbar verbinden, ähnlich wie bei § 319 II 2, 3. Zweck ist die Bescheinigung der Übereinstimmung, Ffm RR **95**, 511. Der Vermerk gehört auf die Urschrift. Bei einem Anerkenntnis- oder Versäumnisurteil nach §§ 306, 330 ff muß der Urkundsbeamte bei § 310 III den Tag der letzten Zustellung vermerken. III ist auf einen Zuschlagsbeschluß nach § 87 I ZVG anwendbar, Köln Rpfleger **82**, 113. Der zugleich als Urkundsbeamter allein tätige Richter muß alle vorstehenden Aufgaben zusätzlich zu seinen rein richterlichen erfüllen.

B. Verstoß, III. Ein Verstoß gegen III ist kein Mangel des Urteils. Er ist prozessual unschädlich, auch für die Wirksamkeit der Zustellung, BGH VersR **87**, 680, Köln Rpfleger **82**, 113. 15

316 (weggefallen)

317 *Urteilszustellung und -ausfertigung.*

I 1 Die Urteile werden den Parteien, verkündete Versäumnisurteile nur der unterliegenden Partei zugestellt. 2 Eine Zustellung nach § 310 Abs. 3 genügt. 3 Auf übereinstimmenden Antrag der Parteien kann der Vorsitzende die Zustellung verkündeter Urteile bis zum Ablauf von fünf Monaten nach der Verkündung hinausschieben.

II 1 Solange das Urteil nicht verkündet und nicht unterschrieben ist, dürfen von ihm Ausfertigungen, Auszüge und Abschriften nicht erteilt werden. 2 Die von einer Partei beantragte Ausfertigung eines Urteils erfolgt ohne Tatbestand und Entscheidungsgründe; dies gilt nicht, wenn die Partei eine vollständige Ausfertigung beantragt.

III Ausfertigungen, Auszüge und Abschriften eines als elektronisches Dokument (§ 130 b) vorliegenden Urteils können von einem Urteilsausdruck gemäß § 298 erteilt werden.

IV Die Ausfertigung und Auszüge der Urteile sind von dem Urkundsbeamten der Geschäftsstelle zu unterschreiben und mit dem Gerichtssiegel zu versehen.

V 1 Ausfertigungen, Auszüge und Abschriften eines in Papierform vorliegenden Urteils können durch Telekopie oder als elektronisches Dokument (§ 130 b) erteilt werden. 2 Die Telekopie hat eine Wiedergabe der Unterschrift des Urkundsbeamten der Geschäftsstelle sowie des Gerichtssiegels zu enthalten. 3 Das elektronische Dokument ist mit einer qualifizierten elektronischen Signatur des Urkundsbeamten der Geschäftsstelle zu versehen.

VI 1 Ist das Urteil nach § 313 b Abs. 2 in abgekürzter Form hergestellt, so erfolgt die Ausfertigung in gleicher Weise unter Benutzung einer beglaubigten Abschrift der Klageschrift oder in der Weise, dass das Urteil durch Aufnahme der in § 313 Abs. 1 Nr. 1 bis 4 bezeichneten Angaben vervollständigt wird. 2 Die Abschrift der Klageschrift kann durch den Urkundsbeamten der Geschäftsstelle oder durch den Rechtsanwalt des Klägers beglaubigt werden.

Gliederung

1 **1) Systematik, I–VI.** Die Vorschrift gilt zusammen mit vielen anderen Bestimmungen, zB §§ 339 I, 700 I, II (Einspruch), 517 (Berufung), 547 (Revision), 750 I 1 (Zwangsvollstreckung). Sie schafft wie diese anderen Vorschriften eine Klarheit über eine zusätzlich zur etwaigen Verkündung stattfindende Bekanntgabe des Urteils. §§ 166 ff gelten ergänzend.

2 **2) Regelungszweck, I–VI.** Die Vorschrift dient der Rechtssicherheit, Einl III 43. Man muß sie daher streng auslegen.

I bezweckt eine einwandfreie Klärung der Rechtsmittelfrist und damit der Zulässigkeit eines Rechtsmittels. Wegen des Umfangs der Rechtsprechung zur Wiedereinsetzung wegen einer Versäumung gerade auch dieser Frist und der von ihr mitabhängenden Rechtsmittelbegründungsschrift ist die Vorschrift wie alle Zustellungsregeln streng auslegbar.

II gilt nicht zuletzt für die in der Alltagspraxis leider nicht ganz selten vorhandene Anfertigung einer Ausfertigung vor demjenigen Zeitpunkt, in dem das Original in der Gerichtsakte alle erforderlichen Unterschriften erhalten hat. Eine solche Ausfertigung auf Verdacht kann sogar zu Namensabweichungen führen, etwa bei derjenigen Verhinderung eines Richters, die dann nur aus dem Original erkennbar wird. Das ist ein für den Urkundsbeamten evtl höchst unerfreulich folgenreicher Vorgang ohne jede Entschuldigungsmöglichkeit.

III dient ähnlichen Zwecken wie § 315 III, dort Rn 2.

IV bezweckt eine gewisse Erleichterung, vor allem in IV 2. Das ändert aber nichts an der auch hier bestehenden Sorgfaltspflicht wegen der auch hier im Prinzip gleichen Bedeutung wie bei I–III.

3 **3) Geltungsbereich, I–VI.** Die Vorschrift gilt umfassend, auch im WEG-Verfahren. Sie gilt im Kleinverfahren nach § 495a insoweit, als es sich um das „eigentliche" Urteil und nicht nur um die „Protokollgründe" des § 313a I 2 Hs 2 handelt. Die Amtszustellung im Verfahren nach §§ 166 ff erfolgt bei sämtlichen Urteilen und in allen Instanzen. Im FamFG-Verfahren gilt § 41 FamFG.

4 **4) Zustellung, I.** Sie macht nicht selten ziemliche Schwierigkeiten.

A. Von Amts wegen. Die Zustellung erfolgt im Verfahren nach §§ 166 ff und beim Urteil grundsätzlich zwingend von Amts wegen, (jetzt) § 168 I 1, BGH VersR **78**, 943, Hamm RR **88**, 1151. Ausnahmen gelten nur bei § 750 I 2, § 922 II (also nur beim Beschluß, nicht bei einer einstweiligen Verfügung durch ein Urteil, § 922 Rn 7), § 936, dort Rn 7 „§ 929". Wegen des Vollstreckungsbescheids § 699 IV, Bischof NJW **80**, 2235. Eine fehlerhafte Zustellung ist nur nach § 189 evtl wirksam. Eine Zustellung ist grundsätzlich an alle Parteien notwendig, nicht an den gewöhnlichen Streithelfer nach § 67 Rn 1, BGH NJW **86**, 257, wohl aber an den streitgenössischen nach § 69, BGH **89**, 125. Das gilt auch bei § 310 III, Nürnb NJW **78**, 832 (krit Schneider) und beim sog unechten Versäumnisurteil, Üb 13 vor § 330. Einer am Versorgungsausgleich beteiligten Versicherungsgesellschaft braucht das Gericht das Urteil auch dann nur einmal zuzustellen, wenn das Konto sowohl für den Berechtigten als auch für den Verpflichteten dort besteht, Zweibr FamRZ **80**, 813.

Die *Rechtsmittel- und die Einspruchsfrist beginnen* bereits und grundsätzlich nur mit einer Zustellung nach I, Gilleßen/Jakobs DGVZ **77**, 111, nicht etwa mit einer Parteizustellung nach § 750 I 2. Vgl freilich die §§ 517, 547 (absolute Frist von fünf Monaten seit der Verkündung). Das Gericht braucht ein nicht nach § 310 III ergangenes, sondern verkündetes Versäumnisurteil nur dem Unterlegenen zuzustellen. Bei der Zustellung eines jeden echten Versäumnisurteils muß das Gericht von Amts wegen die Hinweise nach § 340 III 4 geben. Eine Zustellung an den Sieger ist unschädlich.

Die Zustellung erfolgt grundsätzlich *unverzüglich,* sobald die vollständige Urteilsfassung vorliegt, Rn 8–15, bei § 313b II die abgekürzte Fassung, Rn 16, 17. Das Gesetz schreibt keinen bestimmten Zustellungstag vor. § 193 BGB ist unanwendbar, BGH VersR **83**, 876. Die Zustellung ist in einer Nicht-Sommersache trotzdem im Zeitraum des § 227 III 1 statthaft. Denn die Vorschrift erfaßt nur Termine. Eine vollständige Fassung liegt auch dann vor, wenn das Urteil auf andere Schriftstücke usw nach § 313 II 2 verweist, selbst wenn die letzteren noch nicht zugestellt wurden und nicht beiliegen, aM ZöGu § 516 Rn 9 (aber es kommt nur auf die eigentliche Urteilsurkunde an). Eine Rechtsbehelfsbelehrung ist im Zivilprozeß anders als bei § 39 FamFG grundsätzlich nicht notwendig, § 313 Rn 47, 50, BGH NJW **91**, 296.

5 **B. Hinausschiebungsmöglichkeit.** Nur auf Grund eines Antrags beider Parteien darf der Vorsitzende die Zustellung eines verkündeten Urteils bis zum Ablauf von 5 Monaten seit der Verkündung hinausschieben. Es handelt sich um eine bloße Zuständigkeitsregel. Wenn die Parteien beide den Antrag zulässigerweise stellen, muß der Vorsitzende entsprechend handeln. Die Parteien sollen den Beginn der Rechtsmittelfrist in der Hand behalten können, etwa wegen Vergleichsverhandlungen. Die Regelung gilt nur bei einem verkündeten Urteil, nicht bei einem nach § 310 III von Amts wegen zuzustellenden und nicht bei § 50 I 2 ArbGG. Der Antrag braucht keine Begründung. Daher ist die „fehlerhafte" Begründung eines an sich

statthaften Antrags unschädlich. Den Vorsitzenden bindet derjenige Zeitraum, den die Parteien übereinstimmend wünschen. Bei unterschiedlichen Wünschen muß er wegen eines etwaigen Irrtums usw nach § 139 rückfragen. Im Zweifel gilt der kürzere Zeitraum als maßgeblich.

Der *Antrag* ist formlos zulässig. Ein Anwaltszwang besteht wie sonst, § 78 I. Es handelt sich um eine grundsätzlich unwiderrufliche Parteiprozeßhandlung, Grdz 47 vor § 128. Die Frist beginnt mit dem Tag nach der Verkündung, § 222 I in Verbindung mit § 187 I BGB. Es handelt sich um eine uneigentliche Frist, Üb 11 vor § 214, insbesondere nicht um eine Notfrist nach § 224 I 2. Eine Verlängerung ist nach § 224 bis zur Dauer nach I 3 statthaft.

C. Hinausschiebungsentscheidung. Die Entscheidung ergeht durch eine Verfügung oder einen Be- **7**
schluß mit einer Anweisung an die Geschäftsstelle, § 329. Das Gericht muß seine Entscheidung kurz begründen, § 329 Rn 4, und beiden Parteien formlos mitteilen. Eine sofortige Beschwerde ist wie sonst zulässig, §§ 567 ff. Es entstehen keine Gebühren, §§ 1 I GKG, 1 FamGKG, 19 I 2 Z 9 RVG. Franzki DRiZ **77**, 167 empfiehlt, den Parteien auf Wunsch eine Urteilsabschrift vor der Urteilszustellung formlos zu übersenden, damit sie prüfen können, ob sie Anträge nach I 2 stellen wollen.

D. Mitteilungspflicht. Der Urkundsbeamte hat Mitteilungspflichten nach §§ 12 ff EGGVG. Sie müssen **7**
sich am BDSG messen lassen.

5) Ausfertigungen usw, II–V. Ausgangspunkt ist stets der vollständige Wortlaut der evtl handschrift- **8**
lichen Urschrift, BGH NJW **01**, 1654, BayObLG **90**, 330. Daher ist beim Urteil eine Ausfertigung notwendig und eine beglaubigte Abschrift oder Ablichtung oder gar eine unbeglaubigte nicht ausreichend. Das gilt auch bei einer etwa zulässigerweise abgekürzten Fassung. § 169 II ergibt nicht, daß eine beglaubigte Abschrift oder Ablichtung des Urteils genüge, sondern nur, wie eine beglaubigte Abschrift oder Ablichtung zustandekommt. Wegen eines elektronischen Dokuments § 174 III.

A. Notwendigkeit der Verkündung oder Zustellung. Wirksam wird das Urteil mit seiner gesetz- **9**
mäßigen Verkündung, § 311, BGH BB **93**, 1174. Bei § 310 III wird es mit seiner Zustellung wirksam. Zur Herstellung einer Ausfertigung wird das Urteil erst mit der Unterschrift aller mitwirkenden Richter reif, Hamm GRUR **87**, 853. Eine bloße Namensabkürzung (Paraphe) genügt nicht, BGH NJW **80**, 1960. Eine Ausfertigung des Urteils entsteht erst mit der anschließenden Unterschrift des Urkundsbeamten der Geschäftsstelle, BGH NJW **91**, 1116, und zwar derjenigen des erkennenden Gerichts. Ausfertigungen, Auszüge und Abschriften oder Ablichtungen eines Urteils sind vor dessen Verkündung und Unterzeichnung unstatthaft. Eine dennoch verfrüht hergestellte Ausfertigung reicht nicht zur Wirksamkeit der Zustellung, BGH BB **93**, 1174. Bei einer Erteilung von Amts wegen erfolgt nur noch eine vollständige Ausfertigung.

Wenn eine Partei zB wegen der Zwangsvollstreckung nach § 750 I 2 eine *Ausfertigung* oder eine beglaubigte Abschrift oder Ablichtung des Urteils *beantragt,* erhält sie eine solche mit Urteilskopf, Entscheidungsformel und Unterschriften, aber ohne Tatbestand und Entscheidungsgründe, solange sie keine vollständige Ausfertigung oder vollständige beglaubigte Abschrift oder Ablichtung begehrt. Ein derartiger stillschweigender Antrag ist zulässig. Ob er vorliegt, ist eine Auslegungsfrage, Grdz 52 vor § 128. Die Zustellung einer Urteilsfassung ohne Tatbestand und Entscheidungsgründe steht der Zustellung eines vollständigen Urteils grundsätzlich keineswegs gleich. Eine Ausnahme gilt bei § 313 a I, II. Fehlt der Tenor ganz, § 311 II 1, 313 I Z 4, ist die Zustellung stets unwirksam, auch diejenige von Anwalt zu Anwalt, (jetzt) § 195, BGH VersR **78**, 155. Im übrigen führt nicht jede Abweichung zwischen der Urschrift und der Ausfertigung oder Kopie zur Unwirksamkeit der Zustellung. Unschädlich ist eine solche Abweichung, die man nach § 319 behandeln kann, BGH FamRZ **06**, 1115. Vielmehr ist nur eine wesentliche Abweichung schädlich, BGH FamRZ **07**, 372, KG FamRZ **03**, 621, Naumb MDR **00**, 602. Wesentlich ist eine solche Abweichung, die den Entschluß zur Einlegung eines Rechtsmittels beeinflussen kann, BGH FamRZ **07**, 372. Es kann daher unschädlich sein, wenn der Ausspruch „Im übrigen wird die Klage abgewiesen" fehlt, BGH **67**, 284, oder wenn die Kostenentscheidung nur im Tenor der Ausfertigung fehlt, BGH VersR **82**, 70, oder wenn ein Teil des unstreitigen Tatbestands mit der bloßen Wiedergabe von schriftlichem Vortrag nicht vollständig lesbar ist, LAG Bln MDR **03**, 1376. Bei einer Unstimmigkeit zwischen der Ausfertigung und einer Abschrift oder Ablichtung geht die erstere vor, BGH NJW **01**, 1654.

B. Form. Die Ausfertigung erfolgt beim schriftlichen Urteil anhand der Urschrift. Neben dieser Ferti- **10**
gungsart nach III ist beim schriftlichen „Papier"-Urteil nach V 1 die Erteilung auch entweder als eine Telekopie oder als ein elektronisches Dokument statthaft. Dann muß der Urkundsbeamte die Formalien nach V 2, 3 beachten. Bei einem nach § 130 b ergangenen elektronischen Urteil läßt sich eine Ausfertigung nach III anhand eines zunächst nach § 298 erstellten Urteilsausdrucks anfertigen. Das gilt nach III auch bei einem Auszug und bei einer beglaubigten oder einfachen Abschrift oder Ablichtung.

C. Namen. Jede Ausfertigung muß die Namen aller das Original unterzeichnenden Richter in einer **11**
Abschrift oder Ablichtung ausweisen, BGH FamRZ **90**, 1227. Fehlt die Unterschrift des Richters nach § 315 I oder dessen qualifizierte elektronische Signatur nach § 130 b oder fehlt der vom Urkundsbeamten zu unterschreibende Ausfertigungsvermerk der Geschäftsstelle nach § 315 III, liegt nur ein Ausfertigungsentwurf vor, BGH **100**, 237. Dann ist die Urteilszustellung unwirksam. Denn die Ausfertigung soll eine Übereinstimmung mit der Urschrift oder dem Urteilsausdruck verbürgen, BGH VersR **83**, 874, ohne dem Empfänger die Prüfung der Richtigkeit oder Vollständigkeit zuzumuten, BGH NJW **78**, 217.

Ausreichend ist es, wenn die Ausfertigung den Vermerk „gez. Namen" enthält, selbst wenn der Name in Klammern steht, BGH VersR **80**, 742. Ausreichend ist es auch, wenn der Name ohne Klammern und ohne den Zusatz „gez." maschinenschriftlich auftritt, sofern dadurch keine Unklarheiten entstehen, BGH VersR **94**, 1495, AG Bergisch-Gladbach Rpfleger **89**, 337. Es ist unschädlich, daß der Name zwischen Binde- oder Trennungsstrichen steht, BGH FamRZ **90**, 1227. Wenn die Richternamen in Klammern stehen, genügt ein einziger Vermerk „gez." am Anfang der Namenszeile, BGH VersR **80**, 742, und ist die Lesbarkeit des handschriftlichen Namenszugs entbehrlich, BGH VersR **83**, 874. Das alles gilt auch bei der Unterschrift für einen verhinderten Richter, BGH NJW **78**, 217. Dann muß klar sein, wer tatsächlich das Original unterschrieben hat, BGH RR **87**, 377, Hamm OLGZ **89**, 351. Es reicht aus, daß die räumliche Zuordnung des Vermerks zB nur unter dem Namen des Vorsitzenden eindeutig ergibt, daß der Vermerk vom Vorsitzenden stammt. Das gilt selbst dann, wenn dieser den Vermerk nicht zusätzlich unterschrieben hat, BGH VersR **84**, 287. Bloße Bindestriche sind unschädlich.

Es reicht nicht aus, daß die Ausfertigung wegen eines Richters lediglich den Vermerk „gez. Unterschrift" usw enthält, BGH NJW **75**, 781. Sie darf auch nicht lediglich die Namen der Richter im Urteilskopf oder die Namen der Unterzeichner oder Signierer in Klammern ohne weiteren Zusatz enthalten, BGH VersR **94**, 1495, aM Vollkommer ZZP **88**, 334 (aber es muß eine Klarheit auch über die Verantwortung und Funktion bestehen). Es reicht auch nicht aus, daß die Ausfertigung von mehreren richterlichen Unterschriften nur diejenige des Vorsitzenden wiedergibt, KG JR **82**, 251. Die Ausfertigung darf nicht eine auf der Urschrift gar nicht vorhandene Unterschrift ausweisen, Hamm MDR **89**, 465.

12 **D. Ausfertigungsvermerk.** Für den Ausfertigungsvermerk des Urkundsbeamten der Geschäftsstelle ist ein bestimmter Wortlaut nicht zwingend, BGH VersR **94**, 1496, ebensowenig ein Datum, BGH VersR **85**, 503, Bre FamRZ **06**, 965. Es reicht (nur) hier „gez. Unterschrift" aus, BGH NJW **75**, 781, ebenso der Name nebst Hinweis „L. S." (= Landessiegel), BGH MDR **93**, 384. Das gilt selbst dann, wenn der Zusatz „gez." fehlt, Hbg DGVZ **02**, 137. Es reicht jedoch nicht aus, in der Abschrift oder Ablichtung an der für die Unterschrift vorgesehenen Stelle nur den in Klammern gesetzten Namen des Urkundsbeamten der Geschäftsstelle wiederzugeben. Ebensowenig reicht die Abkürzung „F. d. R. d. A." aus. Zur Entzifferbarkeit § 129 Rn 26 „Herauslesenkönnen", BGH VersR **85**, 503.

13 **E. Weitere Einzelfragen.** Die Urteilszustellung *vor* einer nach § 311 erforderlichen Verkündung ist unwirksam. Eine Zustellung ist nicht schon deshalb unwirksam, weil auf der zugestellten Urteilsausfertigung der Vermerk über die tatsächlich erfolgte Verkündung fehlt. Es genügt, daß eine beglaubigte Abschrift oder Ablichtung ersehen läßt, daß eine „Ausfertigung" nebst Gerichtssiegel und Unterschrift des Urkundsbeamten der Geschäftsstelle („gez. Unterschrift") vorgelegen hat. Der Vermerk „als Urkundsbeamter der Geschäftsstelle" braucht nicht vorzuliegen, falls die Dienststellenbezeichnung vorliegt und falls landesrechtliche Bestimmungen ergeben, daß der Inhaber dieser Dienststelle ein Urkundsbeamter der Geschäftsstelle ist, LG Bln Rpfleger **79**, 111. Die Rechtsmittelfrist kann freilich nicht anlaufen, wenn die Ausfertigung vom Urkundsbeamten eines anderen als des erkennenden Gerichts stammt, aM BAG BB **85**, 1199 (aber wo liegen dann die Grenzen der Wirksamkeit?). Das Fehlen eines Hinweises auf das in der Vorschrift vorhandene Landeswappen ist unschädlich, BGH VersR **85**, 551. Zur Übung, nur die erste Ausfertigung förmlich zuzustellen, BGH VersR **85**, 551.

14 **F. Berichtigung.** Der Urkundsbeamte der Geschäftsstelle berichtigt eine offenbare Unrichtigkeit der Ausfertigung usw entsprechend § 319. Lehnt er die Berichtigung ab, kann man das Gericht anrufen, § 573 I. Gegen die Entscheidung des Gerichts ist die sofortige Beschwerde nach § 573 II zulässig. Eine Berichtigung der Urschrift ist nur dem Gericht gestattet, nicht dem Urkundsbeamten. Er vermerkt sie nur nach § 319 II 2.

15 **G. Unterschrift.** Sämtliche Ausfertigungen und Auszüge muß der Urkundsbeamte der Geschäftsstelle nach IV unterschreiben, § 315 Rn 14, und mit dem Gerichtssiegel versehen. Statt des Siegels genügt der die Praxis längst vollständig beherrschende Gerichtsstempel, BGH MDR **93**, 384. Das Fehlen eines Hinweises in der zugestellten beglaubigten Abschrift oder Ablichtung auf das in der Ausfertigung vorhandene Siegel oder auf den dort vorhandenen Gerichtsstempel macht die Zustellung nicht unwirksam.

16 **6) Abgekürztes Urteil, VI.** Der Urkundsbeamte der Geschäftsstelle wählt von zwei möglichen Arten der Ausfertigung eines nach § 313 b II hergestellten abgekürzten Urteils die zweckmäßigste und billigste.

A. Beglaubigung. Entweder setzt er die Ausfertigung auf eine beglaubigte Abschrift oder Ablichtung der Klageschrift oder ein damit zu verbindendes Blatt. Zur Beglaubigung sind er oder der Anwalt des Klägers befugt. Der Urkundsbeamte der Geschäftsstelle darf auch die Urschrift der Klage benutzen.

17 **B. Vervollständigung.** Oder er ergänzt das abgekürzte Urteil zu einem gewöhnlichen ohne einen Tatbestand und ohne die Entscheidungsgründe, fügt also alle anderen Erfordernisse des § 313 bei, mithin auch die Unterschriften der Richter. Die Ergänzung muß mit den Angaben der Klageschrift übereinstimmen, § 313 b. Sind diese unrichtig und hat das Gericht das Urteil nicht berichtigt, muß es das zunächst nach §§ 319 ff nachholen. Zu irgendeiner sachlichen Änderung ist der Urkundsbeamten der Geschäftsstelle nicht befugt, auch nicht zur Verbesserung von Schreibfehlern, solange solche nicht ganz zweifelsfrei vorliegen und solange das Richtige nicht ebenso zweifelsfrei ist.

318 *Bindung des Gerichts.* **Das Gericht ist an die Entscheidung, die in den von ihm erlassenen End- und Zwischenurteilen enthalten ist, gebunden.**

Schrifttum: *Bauer,* Die Gegenvorstellung im Zivilprozeß, 1990; *Diedrich,* Die Interventionswirkung. Ausprägung eines einheitlichen Konzepts zivilprozessualer Bindungswirkung, 2001; *Eichfelder,* Die Stellung der Gerichte ... und die Bindungskraft ihrer Entscheidungen, Diss Würzb 1980; *Gaul,* Die „Bindung" an die Tatbestandswirkung des Urteils, in: Festschrift für *Zeuner* (1994); *Werner,* Rechtskraft und Innenbindung zivilprozessualer Beschlüsse im Erkenntnis- und summarischen Verfahren, 1983; *Ziegler,* Selbstbindung der dritten Gewalt, 1993.

Gliederung

1 **1) Systematik.** Die Vorschrift stellt einen für jedes Urteil geltenden Grundsatz auf. Er stellt zugleich den „Auftakt" zu einer Reihe von notwendigen, in §§ 319–321 a, 578 ff sowie in § 63 GKG vorrangig geregelten Ausnahmen dar.

2 **2) Regelungszweck.** Die Vorschrift bezweckt eine möglichst abschließende Abwägung zwischen dem Gebot der Rechtssicherheit nach Einl III 43 und dem auch öffentlichen Interesse an der Korrektur einer unrichtigen Entscheidung zwecks Gerechtigkeit, Einl III 9, 36, BSG MDR **92**, 386. Sie ist deshalb nur in den engen Grenzen der §§ 319–321 a möglich. Deshalb ist auch eine Gegenvorstellung nach Üb 6 vor § 567 grundsätzlich unstatthaft, BSG MDR **92**, 386. Soweit sie ausnahmsweise infragekommt, etwa wegen eines schweren Verfahrensfehlers, besteht allerdings keine Bindung, BGH NJW **02**, 754.

Bindung besteht nach diesem Zweck nicht nur wegen der Urteilsformel, sondern wegen des Gesamturteils vom Beginn des Urteilskopfes über den Tenor, den Tatbestand und die Entscheidungsgründe bis zu den Unterschriften. Das bedeutet: Das Gericht darf seine Schilderung des Streitgegenstands und der Prozeßgeschichte ebensowenig nachbessern wie seine Entscheidungserwägungen, nicht im Hauptpunkt, nicht in den Nebenentscheidungen, nicht beim Streitwert und nicht bei den Kosten.

Selbstkorrektur bleibt allerdings *bis* zur Unterzeichnung des Urteils statthaft und evtl notwendig. Das gilt etwa dann, wenn das Gericht bei der Abfassung, der „Absetzung", der Entscheidungsgründe seinen Fehler erkennt. Dann darf und muß es diesen Fehler darstellen. Aber es darf die Entscheidung selbst eben nicht wegen einer solchen Selbsterkenntnis außerhalb von §§ 319–321 a korrigieren. Das Gericht muß es vielmehr der benachteiligten Partei überlassen, ob sie ein etwa zulässiges Rechtsmittel einlegt. Es darf ihr freilich einen entsprechenden Hinweis geben. Es sollte das auch mutig tun, damit ein nicht nach § 319 von Amts wegen behebbarer Fehler im Ergebnis dennoch verschwindet. Selbst beim Versäumnisurteil muß das Gericht allerdings formell abwarten, ob und in welchem Umfang rechtzeitig ein Einspruch eingeht. Das bedeutet den Vorrang der Rechtssicherheit vor der Gerechtigkeit, einen im Zivilprozeß wohlvertrauten Vorgang. Man darf ihn nicht unterlaufen.

3 **3) Geltungsbereich.** Die Vorschrift gilt in allen Verfahren nach der ZPO, auch im WEG-Verfahren. Sie gilt auch im arbeitsgerichtlichen Verfahren, § 46 II 1 ArbGG, freilich mit dortigen Besonderheiten wegen der Wertfestsetzung für eine Rechtsmittelfähigkeit, BAG NZA **07**, 830, LAG Düss MDR **00**, 708. Die Vorschrift gilt entsprechend im Bereich des § 113 I 2 FamFG.

4 **4) Bindungswirkung.** Dem beherrschenden Grundsatz stehen wichtige Ausnahmen gegenüber.

A. Grundsatz: Bindung an Urteil. Diejenigen Entscheidungen binden grundsätzlich das Gericht, die es in demselben Prozeß gefällt hat, Jauernig MDR **82**, 286, oder die es in einem End- oder Zwischenurteil wirksam getroffen hat, BGH VersR **87**, 940, BFH BB **96**, 997 (s aber § 310 Rn 4), BSG MDR **92**, 386. Die Bindung tritt auch zB zur Kostenentscheidung ein, KG RR **06**, 1577, oder zur Höhe einer Sicherheitsleistung nach § 108, Schneider MDR **83**, 905. Das gilt grundsätzlich auch für ein Teilurteil, § 301, Düss RR **01**, 523. Es gilt ferner für ein Vorbehaltsurteil, §§ 302, 599, BGH NJW **88**, 1468. Wegen der Ausnahmen Rn 10. Die Bindung gilt auch für ein Grundurteil nach § 304, BGH RR **97**, 188. Diese Bindung beruht weder auf der formellen Rechtskraft nach § 705 noch auf der inneren nach § 322. Zu ihr ist ja ein Zwischenurteil aus § 303 auch gar nicht fähig, BGH VersR **87**, 940, BAG DB **84**, 1628, Jauernig MDR **82**, 286.

Die Bindung *beginnt* auch schon *mit dem Erlaß* der Entscheidung, § 311 Rn 5, § 329 Rn 24. Bei einem Versäumnisurteil nach § 331 III beginnt sie also mit dem Eingang auf der zugehörigen Geschäftsstelle, LG Stgt AnwBl **81**, 198, Rau MDR **01**, 795. Sie führt aber für dieses Gericht dieselbe Wirkung wie eine innere Rechtskraft herbei, Einf 2 vor §§ 322–327, BAG DB **84**, 1628. Darum erstreckt sich die Bindung nicht auf die Gründe, OGB BGH **60**, 396, BGH FamRZ **89**, 849, Tiedtke ZZP **89**, 69. Die Gründe sind aber zur Ermittlung der Tragweite der Urteilsformel heranziehbar, § 322 Rn 10, BGH RR **97**, 188. Ein Zwischenurteil nach §§ 280, 303 muß zulässig gewesen sein, Tiedtke ZZP **89**, 73. Praktisch wichtig ist die Bindung vor allem beim Urteil nach § 304. Das Gericht kann sein Urteil auch nicht durch eine einstweilige Verfügung aufheben, LAG Hamm DB **82**, 654.

5 **B. Ausnahmen.** Ausnahmsweise kann und muß das Gericht nach einer Gegenvorstellung nach Üb 6 vor § 567 die eigene Entscheidung selbstkritisch überprüfen. Es darf und muß sie ändern, soweit es gegen einen wesentlichen Verfahrensgrundsatz verstoßen hatte, BGH NJW **00**, 590. Außerdem kann jedenfalls das letztinstanzliche ordentliche Gericht wegen eines Verfassungsverstoßes etwa gegen Art 103 I GG den Grundrechtsverstoß durch eine neue Sachentscheidung selbst beseitigen dürfen und müssen, BVerfG RR **01**, 860, BGH **130**, 99 (zustm Roth JZ **96**, 375, krit Hoeren JR **96**, 199).

6 **C. Verfügung, Beschluß.** Eine Verfügung nach § 329 Rn 11 bindet das Gericht nicht. Wegen eines Beschlusses § 329 Rn 16 „§ 318", § 577 Rn 9, BGH RR **95**, 765.

7 **D. Gerichtsbegriff.** „Gericht" ist hier derjenige Spruchkörper, der in der Instanz entschieden hat, wenn auch vielleicht in einer anderen Besetzung, BAG MDR **84**, 83. Auch eine Entscheidung des Einzelrichters bindet sein Kollegium, auch an die Gründe seiner Zurückverweisung, wenn es später erneut in der Sache tätig wird, LAG Ffm DB **00**, 1236. Wegen der Bindung des Erstgerichts an die zurückverweisende Entschei-

dung des Berufungsgerichts § 42 Rn 23 „Festhalten an einer Ansicht". Wegen der Bindung des Berufungsgerichts an die zurückverweisende Entscheidung des Revisionsgerichts § 563 IV. Diese Vorschrift ist als ein allgemeiner Rechtsgedanke auf das Erstgericht entsprechend anwendbar, LG Ffm MDR **88**, 1062.

Gebunden sein kann auch das *Revisionsgericht,* wenn die zurückverwiesene Sache erneut zum Revisionsgericht kommt. Eine solche Bindung tritt allerdings nicht ein, wenn das Revisionsgericht seine Rechtsauffassung wechselt, OGB BGH **60**, 398. Eine Bindung des höheren Gerichts an eine Entscheidung des niederen tritt natürlich ein, soweit keine Anfechtung des Ersturteils erfolgte. Die Bindungswirkung tritt im Umfang der Anfechtung aber nur nach §§ 512, 557 II ein. Voraussetzung der Bindung ist die Entstehung des Urteils, also seine Verkündung, bei § 310 III seine Zustellung.

8 **E. Unabdingbarkeit.** Die Bindung ist ebensowenig wie die Rechtskraft umgehbar, Einf 26 vor §§ 322–327. Sie läßt sich also auch nicht in einer abweichenden Parteivereinbarung entkräften. Das gilt grundsätzlich sogar bei einer rückwirkenden Gesetzesänderung, MüKoMu 5, ZöV 11, Zuck NJW **75**, 907 betr BVerfG, Schulte GRUR **75**, 573 betr PatG. Vgl aber auch Rn 4.

9 **5) Umfang der Bindung.** Auch gibt es einen Grundsatz mit Ausnahmen.

A. Grundsatz: Allenfalls Berichtigung. Das Gericht darf seine Entscheidung unter den Voraussetzungen des § 319 berichtigen. Im übrigen darf es sie grundsätzlich selbst bei einem Versehen und beim Einverständnis beider Parteien grundsätzlich nicht aufheben, ergänzen oder sonstwie ändern, BGH RR **95**, 765.

10 **B. Ausnahmen.** Ausnahmen gelten: Im Einspruchsverfahren, § 343; im Wiederaufnahmeverfahren, §§ 578 ff; eingeschränkt im Nachverfahren nach einem Vorbehaltsurteil, §§ 302, 599, 600, § 302 Rn 13, § 600 Rn 6, 8; nach einem Zwischenurteil über Prozeßvoraussetzungen bei einer veränderten Sachlage; nach einer Unterbrechung durch den Tod der Partei nach § 239 zwischen dem Urteilserlaß und der Rechtsmitteleinlegung. Dann ist ein die Rechtsnachfolge klärendes Zusatzurteil statthaft.

11 **C. Einzelfragen.** Das Gericht darf von seiner Entscheidung auch dann nicht abweichen, wenn es seine Beurteilung geändert hat oder wenn es sein Urteil als rechtswidrig erkennt. Das gilt auch, wenn das höhere Gericht zwar das Endurteil aufgehoben, das Zwischenurteil aber belassen hat. Die Bindung erstreckt sich allerdings evtl nicht auf die tatsächlichen Unterlagen der Entscheidung. So bindet bei der Stufenklage nach § 254 das Urteil auf eine Rechnungslegung oder Auskunft nicht für die Entscheidung über den Hauptanspruch und das Urteil auf eine Auskunft nicht für die Entscheidung über die Zustellung, Brschw FamRZ **79**, 929. Die spätere Entscheidung darf die frühere als unerheblich außer acht lassen, wenn das Gericht sie für die weitere Entscheidung nicht braucht. Ein Zwischenurteil nach § 304 Rn 6 bindet nur für den Umfang des Anspruchs, wie er am Schluß der letzten Tatsachenverhandlung rechtshängig war, §§ 136 IV, 296 a. Eine spätere Klagerweiterung vor der Urteilsverkündung erfordert eine neue Prüfung.

Die Bindung ergreift bei einem nach § 322 *rechtskräftigen* Urteil auch jedes andere mit derselben Sache befaßte Gericht. Dieses darf also den Grund nicht erneut prüfen. Etwas anderes gilt aber dann, wenn das Gericht bei einem Grundurteil ein Teil der Klagegründe nicht berücksichtigt hatte. Dann ist eine Entscheidung über diese im Betragsverfahren ohne eine Bindung an das Grundurteil möglich.

12 Soweit das Gericht den Anspruch schlechthin *dem Grunde nach* bejaht, § 304, BGH RR **97**, 188, ohne die Ursächlichkeit des schädigenden Ereignisses für die Einzelansprüche zu untersuchen, darf es im weiteren Verfahren die Ursächlichkeit des Ereignisses für die einzelnen Schadensposten untersuchen. Jedoch kann man einem dem Grunde nach zugesprochenen in der Höhe unbezifferten Feststellungsanspruch eine Wirkung nicht absprechen, so daß die Voraussetzungen von § 304 nicht vorlagen, BGH VersR **75**, 254 (evtl Teilurteil). Wegen der Bindung an das Grundurteil bei einer nicht geltend gemachten Aufrechnung § 304 Rn 12. Die Rechtsauffassung des Gerichts im Teilurteil nach § 301 bindet nicht, Köln WoM **92**, 263, auch nicht diejenige zu einem wegen einer Gegenforderung nicht zuerkannten Teilanspruch. Eine nachträgliche Aufteilung der Sicherheitsleistung ist grundsätzlich unzulässig.

319

Berichtigung des Urteils. **I Schreibfehler, Rechnungsfehler und ähnliche offenbare Unrichtigkeiten, die in dem Urteil vorkommen, sind jederzeit von dem Gericht auch von Amts wegen zu berichtigen.**

II 1 Der Beschluss, der eine Berichtigung ausspricht, wird auf dem Urteil und den Ausfertigungen vermerkt. 2 Erfolgt der Berichtigungsbeschluss in der Form des § 130 b, ist er in einem gesonderten elektronischen Dokument festzuhalten. 3 Das Dokument ist mit dem Urteil untrennbar zu verbinden.

III Gegen den Beschluss, durch den der Antrag auf Berichtigung zurückgewiesen wird, findet kein Rechtsmittel, gegen den Beschluss, der eine Berichtigung ausspricht, findet sofortige Beschwerde statt.

Schrifttum: *Proske,* Die Urteilsberichtigung gemäß § 319 ZPO, 2002; *Wolter,* Die Urteilsberichtigung nach § 319 ZPO, 1999.

Gliederung

1) Systematik, I–III. § 318 bindet das Gericht zwar grundsätzlich an seine Entscheidung, aber in einem gewissen Anklang an § 119 BGB nur an eine gewollte Entscheidung, nicht an das irrig Ausgesprochene, wenn der Irrtum offen liegt, BGH FamRZ **03**, 1270. Ein solcher Irrtum ermöglicht das zulässige Rechtsmittel, soweit er die Entscheidung selbst betrifft, §§ 311 II 1, 313 I Z 4, und nicht nur den Urteilskopf oder die Gründe. § 319 gibt aber als eine Ausnahme von § 318 dem Gericht ein einfacheres und billigeres Mittel zur Berichtigung. III geht dem § 99 vor, Karlsr RR **00**, 730. Das Abhilfeverfahren nach § 321 a hat andere Voraussetzungen und Ziele, dort Rn 6. Zur Abgrenzung von einer Protokollberichtigung § 160 a Rn 14, §§ 163, 164. 1

2) Regelungszweck, I–III. Die Vorschrift dient in den Grenzen des Gebots der Rechtssicherheit nach Einl III 43 dem Hauptziel des Zivilprozesses, der Gerechtigkeit, Einl III 9, 36. Sie schützt vor einer bloßen Fehlleistung und vor einem banalen Irrtum, BAG NZA **06**, 440. Andererseits ist sie ungeachtet ihres allgemeinen Rechtsgedankens nach Rn 3 eine Ausnahmevorschrift, Rn 1. Die Bindung nach § 318 soll wirklich nur ausnahmsweise entfallen können, ähnlich der Rechtskraft mit ihrer freilich noch stärkeren Wirkung. Eine allzu bequeme Möglichkeit der Selbstkorrektur würde der Sorgfalt der Erstentscheidung abträgliche Auswirkungen haben. Das soll der Richter von vornherein mitbedenken. Daran muß man auch die wenigen Möglichkeiten nach § 319 messen. Deshalb muß man auch die Grenzen zwischen dem erheblichen Nichtgewollten und dem unerheblichen Gewollten, aber nicht Durchdachten vorsichtig ziehen. Man darf also nicht zu großzügig schon wegen einer etwaigen Ungerechtigkeit eine Berichtigung erlauben. Nicht das erwünschte bessere Ergebnis darf die Prüfung vorrangig bestimmen, sondern nur eine saubere Methodik. Alle diese Gesichtspunkte sollten bei der Auslegung mit dem notwendigen Gleichrang eine Mitbeachtung finden, Rn 12. 2

3) Geltungsbereich, I–III. Die Vorschrift gilt in allen Verfahrensarten nach der ZPO, auch im WEG-Verfahren. 3

A. Allgemeiner Rechtsgedanke. § 319 enthält einen allgemeinen Rechtsgedanken, BGH **106**, 372, Brdb FGPrax **00**, 45. Die Vorschrift ist darum auf einen Beschluß anwendbar, § 329 Rn 19 „§ 319". Soweit §§ 319–321 a unanwendbar sind, kann eine Klage auf die Feststellung des richtigen Urteilsinhalts zulässig werden.

B. Beispiele zur Frage des Geltungsbereichs 4

ArbGG: Zur Anwendbarkeit in der Arbeitsgerichtsbarkeit BAG NZA **06**, 440, LAG Köln MDR **00**, 1255.

Europarecht: Für die Berichtigung einer Bescheinigung nach Art 43 I VO (EG) Nr 2201/2003 gilt nach § 49 IntFamRVG der § 319 ZPO entsprechend.

FamFG: § 319 gilt auch (jetzt) im FamFG-Verfahren nach dem formell vorrangigen sehr ähnlichen § 42 FamFG, (je zum alten Recht) BGH **106**, 372, BayObLG (2. ZS) NZM **02**, 302, Mü FGPrax **06**, 280, aM BayObLG WoM **89**, 104 (III sei entsprechend anwendbar. Aber § 319 gilt allgemein, Rn 3).

Mahnbescheid: § 319 gilt auch beim Mahnbescheid, § 692 Rn 8, 19 „§ 319".

Protokollberichtigung: Für sie gilt § 319 *nicht*. Vielmehr gelten §§ 164, 165 vorrangig, Hamm OLGZ **79**, 383.

Prozeßvergleich: § 319 gilt beim Prozeßvergleich wegen des Fehlens einer gerichtlichen Entscheidung streng genommen jedenfalls nicht direkt anwendbar. Die Vorschrift ist aber aus Gründen der Prozeßwirtschaftlichkeit nach Grdz 14 vor § 128 auch auf ihn zumindest entsprechend anwendbar. Denn auch bei seiner Formulierung hat das Gericht erfahrungsgemäß oft inhaltlich erheblich mitgewirkt und unabhängig davon zumindest wegen der Form eine Verantwortung, Anh § 307 Rn 21, Hamm (26. ZS) MDR **83**, 410, aM VerfGH Mü NJW **05**, 1347, Hamm (15. ZS) Rpfleger **79**, 30, StJL 1 (aber man sollte auch eine Ausnahmevorschrift prozeßwirtschaftlich handhaben). Freilich kommt eine Berichtigung dann nicht beim allseits unerkannt gebliebenen bloßen Rechenfehler der Parteien in Betracht, soweit das Gericht den Parteiwillen im übrigen ordnungsgemäß protokolliert hatte, VerfGH Mü NJW **05**, 1347, Ffm MDR **86**, 153.

Rechtsmittel: Das jeweils statthafte Rechtsmittel bleibt neben einem Berichtigungsantrag wie sonst möglich, BGH MDR **78**, 307.

Schiedsspruch: § 319 gilt auch bei ihm, § 1058 I–IV.

Verweisung: § 319 ist auf einen Verweisungsbeschluß anwendbar, § 281, BVerfG **29**, 50.

Vollstreckungsbescheid: § 319 gilt auch bei ihm, Ffm Rpfleger **90**, 201, LG Köln Rpfleger **87**, 508.

WEG: § 319 gilt auch im WEG-Verfahren.

Zeitpunkt: Eine Berichtigung kann und muß gegebenenfalls jederzeit von Amts wegen geschehen, BGH VersR **80**, 744, Düss WoM **04**, 604, auch noch nach der Einlegung eines Rechtsmittels, BGH NJW **93**, 1400, Düss WoM **04**, 604, Mü FGPrax **06**, 280, sogar noch nach dem Eintritt der Rechtskraft, Rn 26. Daher läuft derjenige die Gefahr der Kostenlast, der sie durch ein Rechtsmittel erreichen will, § 97 I.

ZVG: § 319 gilt auch im ZVG-Verfahren, Hamm Rpfleger **76**, 146.

4) Berichtigung der Kostenentscheidung, I–III. Eine Berichtigung der Kostenentscheidung ist zulässig, BGH RR **04**, 501, Kblz MDR **04**, 297, Köln FamRZ **93**, 456. Das gilt auch dann, wenn die Berichtigung in der Sache nun erst auch eine Berichtigung der Kostenentscheidung bedingt. Eine Berichtigung ist auch dann zulässig, wenn das Gericht über die Kosten praktisch unbrauchbar entschieden hat, Köln FamRZ **93**, 456 (falsche Bezugsgröße). Streng genommen ist dieser Weg dogmatisch falsch. Er ist aber 5 der einzige Ausweg, wenn kein Rechtsbehelf möglich ist. Das gilt auch dann, wenn die Kostenentscheidung wegen einer Streitwertänderung falsch geworden, aber nach § 99 I unanfechtbar ist, Düss MDR **01**, 1074, Köln FamRZ **07**, 164, Hartmann Teil I A § 63 GKG Rn 30, 31, aM BGH MDR **78**, 196, Zweibr FamRZ **97**, 1164, LG Ffm MDR **97**, 407 (aber auch dieser Unterfall erlaubt und fordert eine prozeßwirtschaftliche Handhabung, um weiteres Unrecht einzudämmen. Prozeßrecht hat ja keinen Selbstzweck, Einl III 10).

Zur sog *Rückfestsetzung* § 104 Rn 14.

6 **5) Voraussetzungen, I.** Man sollte sie weder streng noch lasch handhaben.

A. Grundsatz: Notwendigkeit einer offenbaren Unrichtigkeit „in dem Urteil“. Es muß sich um eine Unrichtigkeit gerade „in dem Urteil“ handeln, BGH NJW **07**, 518, BAG NZA **04**, 455. Jede auch für einen Dritten offenbare Unrichtigkeit unterliegt einer Berichtigung nach § 319, BGH NJW **07**, 518, Düss WoM **04**, 604, LAG Köln MDR **00**, 1255. Andere Unrichtigkeiten fallen unter §§ 320, 321. Das Gesetz nennt als Beispiele offenbarer Unrichtigkeiten Schreib- und Rechenfehler, BAG NZA **06**, 440, Bbg FamRZ **00**, 38, Mü FGPrax **06**, 280. Gemeint sind alle versehentlichen Abweichungen von dem Willen bei der Urteilsbildung bei seinem Ausdruck, also ähnlich wie bei § 119 BGB eine Abweichung zwischen der Willensbildung und der Willenserklärung BGH FamRZ **03**, 1270, BAG NJW **02**, 1142, Ffm FamRZ **04**, 1727. Maßgeblich ist, was der Richter in Wahrheit wirklich gewollt hatte, nicht dasjenige, was er infolge eines Irrtumes nur scheinbar wollte.

7 **B. Willensbildungsfehler.** Hierher gehört aber grundsätzlich nicht jeder Fehler nur der Willensbildung oder Rechtsanwendung, BGH FamRZ **03**, 1270, Mü RR **03**, 1440, Saarbr MDR **05**, 47.

8 Allerdings kann ausnahmsweise auch ein bloßer *Willensbildungsfehler* in Betracht kommen, Hamm MDR **86**, 594 (besonders beim Rechenfehler), LAG Mü MDR **85**, 171. An bloßen Förmlichkeiten soll das Recht nur im äußersten Notfall scheitern. In welchem Teil des Urteils sich die Unrichtigkeit befindet, ist unerheblich. § 319 ermöglicht auch eine Berichtigung des Urteilskopfes (Rubrum), Celle MDR **99**, 499, sogar bis zum Gegenteil etwa wegen einer Parteiverwechslung (es sollte B und nicht A siegen). § 319 ermöglicht auch eine Berichtigung der im Tatbestand wiedergegebenen Anträge. Die Vorschrift erlaubt sogar eine Berichtigung der Urteilsformel, §§ 311 II 1, 313 I Z 4, BGH VersR **82**, 70, Düss MDR **86**, 76, aM Mü RR **86**, 1447 (beim sog Stuhlurteil. Aber auch dann gelten richtigerweise *alle* vorgenannten Möglichkeiten zwecks Prozeßwirtschaftlichkeit, Grdz 14 vor § 128).

9 **C. Möglichkeiten und Grenzen.** Die Berichtigung darf die Urteilsformel sogar in deren Gegenteil verkehren, LAG Köln MDR **00**, 1255, etwa dann, wenn das Gericht irrig die Parteien „vertauscht“ hat, wie es nun einmal vorkommen kann, Rn 8. Das gilt selbst dann, wenn das Rechtsmittel dadurch erst statthaft oder unstatthaft wird, BGH **78**, 22. Doch sollte man den Tenor nur sehr behutsam berichtigen, um den Eindruck einer nachträglichen Sinnesänderung zu vermeiden, BFH BB **76**, 1643. In einer Arbeitsgerichtssache darf das Gericht den nach § 61 I ArbGG im Urteil festzusetzenden Streitwert nur in den Grenzen des § 319 berichtigen.

10 **D. „Offenbar“.** Stets muß der Irrtum bei einer auf den Zeitpunkt der Entscheidung rückbezogenen Betrachtung klar erkennbar, „offenbar“ sein, BGH NJW **07**, 518, Düss FamRZ **97**, 1408, und zwar grundsätzlich abgesehen von Formalien nicht nur für den Rechtskundigen, Saarbr MDR **05**, 47, Runge BB **77**, 472, ZöV 5, aM Düss BB **77**, 472 (abl Runge), MüKoMu 7 (aber es geht um die Allgemeinkundigkeit im Sinn von § 291 Rn 4, nicht um eine bloße Gerichtskundigkeit nach § 291 Rn 5. Letztere würde die Berichtigungsmöglichkeiten zu sehr ausweiten). Auch ein Dritter muß die Unrichtigkeit also ohne weiteres erkennen können, Rn 11, BGH NJW **07**, 518. Bei Rechenfehlern ist die Grenze flüssig. Sie sind meist Denkfehler, also ein sachlicher Irrtum und nicht nur eine Achtlosigkeit. Trotzdem handhabt die Praxis gerade bei ihnen den § 319 aus prozeßwirtschaftlichen Gründen mit Recht weitherzig, Grdz 14, 15 vor § 128. Die Notwendigkeit des sorgfältigen Nachrechnens kann unschädlich sein, Hbg MDR **78**, 583.

11 „Offenbar“ ist ein bei vernünftiger Überlegung *auf der Hand liegender* Irrtum, Rn 6, BGH RR **93**, 700, BFH DB **84**, 2602, Hamm MDR **02**, 602. Hierher gehört grundsätzlich nur ein solcher Irrtum, der sich für einen Außenstehenden aus dem Zusammenhang gerade dieses Urteils ergibt, Rn 10, BGH NJW **07**, 518, Düss MDR **86**, 76, LG Köln RR **87**, 955. Ferner gehört hierher ein solcher Irrtum, der sich mindestens bei Vorgängen beim Erlaß und der Verkündung ohne weiteres ergibt, § 311, BGH NJW **07**, 518, BAG NJW **02**, 1142, Düss FGPrax **97**, 73 (veraltert zitierend). Ausnahmsweise mag eine offenbare Unrichtigkeit auch erst aus anderen Umständen erkennbar sein. Das gilt etwa dann, wenn ein anderes Urteil erging als das gewollte, BGH RR **02**, 713. Trotz einer offenbaren Unrichtigkeit kann keine Berichtigung erfolgen, soweit man den wirklichen Willen des Gerichts nicht zweifelsfrei ermitteln kann, § 322 Rn 10, Zweibr FamRZ **82**, 1031, LAG Hamm BB **81**, 795.

12 **E. Weite Auslegung.** § 319 läßt sich aus Gründen der Prozeßwirtschaftlichkeit im Rahmen des Zulässigen weit auslegen, Rn 2, Grdz 14 vor § 128, BGH NJW **85**, 742, Hamm MDR **02**, 602, Zweibr ZMR **87**, 233. Ob das Gericht richtig oder falsch verkündet hat, bleibt unerheblich. Hat es falsch verkündet, muß es seine verkündete Fassung auch ins schriftliche Urteil aufnehmen und gleichzeitig berichtigen. Bei einer unzulässigen Berichtigung muß man das Rechtsmittel gegen das berichtigte Urteil richten. Freilich darf auch die großzügigste Auslegung nicht dazu führen, daß das Gericht ohne jede zeitliche Begrenzung das Urteil inhaltlich korrigieren darf, Rn 17 „Nachschieben“, BGH RR **93**, 700, Ffm MDR **84**, 323, LAG Mainz MDR **00**, 228, oder daß das Gericht gar den Prozeß wiederholen darf, wann immer es das für richtig hält, Braun NJW **81**, 427.

13 **F. Beispiele zur Frage einer offenbaren Unrichtigkeit**

Aberkennung: *Keine* offenbare Unrichtigkeit liegt grds vor, wenn das Gericht eine im Urteil aberkannte (Teil-)Forderung nun zuerkennen wollte, Ffm MDR **84**, 323. Freilich darf und muß man einen Tenor stets auch unter einer Berücksichtigung des Tatbestands und der Entscheidungsgründe auslegen.

Anschrift: Eine offenbare Unrichtigkeit *fehlt,* soweit das Gericht von einer Änderung der für seine Zuständigkeit usw erheblichen Anschrift eines Beteiligten erst nach dem Erlaß seiner Entscheidung erfahren hat, BGH RR **93**, 700.

Anspruch: Rn 14 „Auslassung", Rn 16 „Kein Erkenntnis".

Anwartschaft: Wegen der Übergehung eines Teils der für den Versorgungsausgleich in Betracht kommenden Anwartschaften Düss FamRZ **82**, 1093, aM Oldb FamRZ **82**, 1092.

Arbeitsrecht: Rn 20 „Revision".

Aufrechnung: *Keine* offenbare Unrichtigkeit liegt vor, wenn das Gericht irrig eine Aufrechnungsforderung für noch bestehend gehalten hat oder wenn es die Aufrechnungsforderung einfach übergangen hat. 14

Ausländisches Recht: Eine offenbare Unrichtigkeit kann vorliegen, wenn das Gericht bei der Anwendung eines ausländischen Rechts eine entsprechende Urteilsformel vergessen hat.

Auslassung: Eine offenbare Unrichtigkeit liegt vor, wenn das Gericht etwas versehentlich ausgelassen hat, Hamm RR **86**, 1444. In Betracht kommen zB: Die mitverkündete Kostenentscheidung fehlt im schriftlichen Tenor, Hamm RR **86**, 1444, LAG Bre MDR **96**, 1069; der Zinslauf steht nicht im Tenor, sondern nur in den Entscheidungsgründen, Rn 25 „Zinsen"; der Ausspruch über einen Anspruch oder über die vorläufige Vollstreckbarkeit fehlt versehentlich in der schriftlichen Urteilsfassung; das Gericht hat über den Anspruch in den Gründen befunden, das aber nicht in der Formel zum Ausdruck gebracht, BGH RR **91**, 1278, Stgt FamRZ **84**, 403.

Berechnung: Eine offenbare Unrichtigkeit kann vorliegen, soweit falsche Angaben oder Berechnungen vorliegen, Zweibr FamRZ **85**, 614, auch wenn deren Unrichtigkeit nicht auf einem Irrtum des Gerichts beruht, sondern auf einem solchen der Partei selbst, Zweibr ZMR **87**, 233. 15

Berufung: Eine offenbare Unrichtigkeit liegt vor, wenn das Gericht die Zulassung der Berufung zwar nicht verkündet hat, wenn sie sich aber aus dem später abgesetzten Urteil ergibt, BGH NJW **04**, 2389, LG Mainz FamRZ **06**, 1195, aM BAG NJW **87**, 1221 (aber das ist ein geradezu klassischer Fall).

Beweiswürdigung: *Keine* offenbare Unrichtigkeit liegt vor, soweit das Gericht bei der Beweiswürdigung oder bei der sonstigen Verwertung nicht feststehender Tatsachen irrte.

Computer: Eine offenbare Unrichtigkeit kann bei einem Eingabebefehl vorliegen, Bbg FamRZ **98**, 764, Karls MDR **03**, 523.

Keine offenbare Unrichtigkeit liegt bei der Verwendung eines falschen Programms vor, Saarbr MDR **05**, 47.

Dritter: Auch für ihn muß die Unrichtigkeit ohne weiteres erkennbar sein, Rn 10, 11.

Ehescheidung: Eine offenbare Unrichtigkeit nach § 42 I FamFG kann vorliegen, wenn der Richter infolge einer ihm von den Parteien irrig vorgelegten Urkunde über eine erste, inzwischen geschiedene Ehe derselben Partner und in Unkenntnis ihrer nochmaligen Eheschließung nun diese nach seiner Ansicht einzige Ehe, formell aber die frühere nochmals, geschieden hat. Denn er wollte eben in Wahrheit nur die derzeitige Ehe scheiden.

Formel: Rn 13 „Auslassung". 16

Gedankenlosigkeit: Trotz ihres Vorliegens kann eine offenbare Unrichtigkeit vorliegen, Zweibr MDR **94**, 832.

Gründe: Rn 13 „Auslassung".

Grundstück: S „Irrtum der Partei".

Irrtum der Partei: Eine offenbare Unrichtigkeit kann vorliegen, soweit eine Partei zB in der Klageschrift eine unrichtige Bezeichnung gewählt hat, Rn 18 „Partei", BGH MDR **78**, 308, LG Drsd JB **96**, 95. Das gilt zB bei der Bezeichnung eines Grundstücks, dessen Nämlichkeit feststeht, BAG BB **78**, 453, Kblz WRP **80**, 576, AG Heilbr ZMR **98**, 297. Es gilt auch dann, wenn die Parteien und daher auch das Gericht sich in der Bezeichnung des zuständigen Gerichts irrten, Stgt MDR **04**, 1377.

Kein Erkenntnis: *Keine* offenbare Unrichtigkeit liegt vor, soweit das Gericht über einen Anspruch oder über die vorläufige Vollstreckbarkeit in Wahrheit überhaupt nicht erkannt hat. Dann greift allenfalls § 321 ein, Ffm RR **89**, 640, ThP 3, aM Düss BB **77**, 472 (abl Runge).

Klarstellung: Eine bloß klarstellende Auslegung zB zur Frage, wer Partei ist, ist *keine* Beseitigung einer offenbaren Unrichtigkeit, BAG NZA **04**, 454.

Kosten: Eine offenbare Unrichtigkeit kann vorliegen, wenn das Urteil der siegenden Partei die Kosten außerhalb § 93 auferlegt. Wußte der Rpfl nicht, daß der Richter eine Wertfestsetzung geändert hatte, kann § 319 auf seine Kostenfestsetzung anwendbar sein, Mü JB **93**, 680 (aber Vorsicht!).

S auch Rn 13 „Auslassung", Rn 23 „Verweisung".

Mehr als beantragt: *Keine* offenbare Unrichtigkeit liegt vor, wenn das Gericht etwas über den Antrag hinaus zugesprochen hat, es sei denn, es liegt ein klarer Additionsfehler usw vor. 17

Nachfrist: Rn 21 „Schriftsatz".

Nachschieben: *Keine* offenbare Unrichtigkeit liegt vor, soweit das Gericht eine fehlende Begründung einfach nachschiebt, ohne sie beim Urteilserlaß schon miterwogen zu haben, Rn 12, LAG Mainz MDR **00**, 228.

Partei: Eine offenbare Unrichtigkeit kann vorliegen, soweit das Gericht eine Partei gerade „in dem Urteil" nach Grdz 4 vor § 50 unrichtig bezeichnet hat, Rn 16 „Irrtum der Partei", BGH RR **04**, 501, BAG NZA **04**, 454, Ffm MDR **04**, 49 (Anwalt persönlich statt als Insolvenzverwalter), LAG Nürnb Rpfleger **98**, 296 (Gesellschafter statt Gesellschaft), Zweibr RR **02**, 213 (Vorname), AG Hagen DB **95**, 264 (Gesellschaft statt wahrer Geschäftspartner), Zweibr ZMR **87**, 233, (solange die Nämlichkeit bestehen bleibt). Eine offenbare Unrichtigkeit kann auch dann vorliegen, wenn das Gericht die Parteien verwechselt hat, wenn zB B und nicht A siegen sollte, Rn 10, 11. Die Parteinämlichkeit muß bestehen bleiben, BGH NJW **07**, 518. 18

Keine offenbare Unrichtigkeit liegt vor, wenn es die zunächst als „50 nicht bekannte Personen" bezeichneten Bekl, § 253 Rn 24, § 750 Rn 3, teilweise nachträglich mit ihren Nachnamen gegeben hat, Düss OLGZ **83**, 351, oder wenn die klagende KG von vornherein nicht bestand und das Gericht nun ihre Gesellschafter „berichtigend" eingesetzt hat, Nürnb JB **80**, 144, oder dann, wenn von zwei Klägern einer dem Gericht unbekannt verstorben war, LG Ffm Rpfleger **91**, 426, und überhaupt beim Parteiwechsel, Mü OLGZ **81**, 89, Zweibr ZMR **87**, 233, LG Fulda Rpfleger **01**, 609, oder bei einer bloßen Scheinpartei, Grdz 14 vor § 50, Stgt RR **99**, 216, oder bei einer bloßen Klarstellung, wer die wahre Partei ist, *vor* dem Urteilserlaß, Nürnb VersR **08**, 1053, wenn auch in einer Beschluß- statt Verfügungsform, BAG NZA **04**, 454, oder wenn das Urteil zB aus einem Nachbarrecht gegen alle Eigentümer und nicht gegen die teilrechtsfähige WEG erging, BGH NJW **07**, 518.

S auch Rn 15 „Berechnung", Rn 23 „Verwechslung".

Preisindex: Eine offenbare Unrichtigkeit kann vorliegen, soweit das Gericht einen falschen Index zugrundegelegt hat, Düss FamRZ **97**, 1408.

19 **Prozeßbevollmächtigter:** Eine offenbare Unrichtigkeit kann vorliegen, soweit das Gericht einen ProzBev nach §§ 78 ff unrichtig bezeichnet. Es gelten dieselben Regeln wie bei einer unrichtigen Parteibezeichnung, Rn 18 „Partei".

Punktensache: Eine offenbare Unrichtigkeit kann vorliegen, wenn das Gericht bei einer sog Punktensache eine Forderungsgruppe in deren rechtlicher Beurteilung bei der Formulierung des Tenors mit einer anderen Forderungsgruppe verwechselt hat, BGH FamRZ **95**, 156, etwa bei der Verjährungsfrage.

20 **Rechenfehler:** Rn 6.

Rechtsbegriff: Eine offenbare Unrichtigkeit liegt vor, soweit das Gericht einen Rechtsbegriff irrtümlich verwendet hat, zB „Offenbarungseid".

Rechtsbeschwerde: Die offensichtlich für jedermann erkennbare versehentliche Unterlassung der gewollten Zulassung der Rechtsbeschwerde läßt sich nach § 319 nachholen, BGH NJW **05**, 156.

Rechtsfehler: Er stellt *keine* offenbare Unrichtigkeit dar, Mü RR **03**, 1440, Naumb FamRZ **03**, 40. Das gilt auch bei einer Änderung der Rspr etwa zur Rechtsfähigkeit, aM Rostock RR **07**, 188.

Revision: Eine offenbare Unrichtigkeit kann vorliegen, wenn die Tatsache, daß das Berufungsgericht die Zulassung der Revision beschlossen und nur versehentlich nicht im Urteil ausgesprochen hatte, sogar für andere als die erkennenden Richter ohne weiteres deutlich ist, BGH **78**, 22, großzügiger BAG NZA **06**, 440, oder wenn sich die Revisionszulassung zwar nicht aus dem „anliegend" verkündeten Urteilstenor ergibt, wohl aber aus den zur Zeit der Verkündung schon unterschriebenen Urteilsgründen.

Zum Meinungsstand zur Frage einer Unrichtigkeit, wenn man bei einem an sich nicht berufungsfähigen *arbeitsgerichtlichen* Urteil die Zulassung der Revision weder aus dem Tenor noch aus den Entscheidungsgründen noch aus den Vorgängen bei seiner Verkündung ersehen kann, BAG NJW **99**, 1420 (Üb).

Richterbezeichnung: Eine offenbare Unrichtigkeit kann bei einer ungenauen oder falschen Bezeichnung der Richter im Rubrum oder in der Unterschriftsspalte vorliegen, LAG Mü MDR **85**, 171.

21 **Schreibfehler:** Rn 6.

Schriftsatz: *Keine* offenbare Unrichtigkeit liegt vor, soweit das Gericht einen rechtzeitig nachgereichten oder eingereichten Schriftsatz nicht berücksichtigt hat, sei es auch nur versehentlich, Braun NJW **81**, 427.

Sicherheitsleistung: *Keine* offenbare Unrichtigkeit liegt vor, wenn es um eine nachträgliche Aufteilung einer Sicherheitsleistung gehen soll. Sie ist unzulässig.

Streitgegenstand: Eine offenbare Unrichtigkeit kann vorliegen, soweit das Gericht eine Beschränkung des Streitgegenstands übersehen hat, Köln RR **00**, 142.

Streitwert: Rn 5. Eine offenbare Unrichtigkeit *fehlt* bei einem wegen Rechtsirrtums falsch berechneten Wert (Saldierung von Klage und Widerklage), BGH NJW **03**, 141.

Stufenklage: Eine offenbare Unrichtigkeit kann vorliegen, soweit das Gericht nur in den Gründen über alle Stufen im ersten Termin entschieden hat, im Tenor aber ersichtlich nicht, Bbg FamRZ **00**, 900.

22 **Tatsache:** *Keine* offenbare Unrichtigkeit liegt vor, wenn das Gericht eine feststehende Tatsache nicht oder falsch berücksichtigt hat, Oldb NJW **03**, 149. Denn dann liegt eine falsche Willensbildung vor, Rn 24 „Willensbildung". Ferner fehlt eine offenbare Unrichtigkeit, soweit eine Partei ihren Tatsachenvortrag erst nachträglich berichtigt hat.

Tenor: Rn 6 ff, Rn 14 „Auslassung", Rn 25 „Zinsen".

Übereinstimmung: *Keine* offenbare Unrichtigkeit liegt meist vor, soweit der Tenor und die Begründung übereinstimmen. Denn dann muß man eine entsprechende Willensbildung annehmen.

Übersehen: Es reicht *keineswegs stets* aus, Kblz JB **07**, 649, Köln FamRZ **97**, 570, Zweibr Rpfleger **03**, 101.

23 **Verhandlungszeit:** Eine offenbare Unrichtigkeit liegt vor, soweit infolge eines Irrtums der Tag der stattgefundenen letzten mündlichen Verhandlung im Urteilsrubrum fehlt, § 313 I Z 3, BGH VersR **80**, 744.

Verjährung: Rn 19 „Punktensache".

Versorgungsausgleich: Rn 13 „Anwartschaft".

Verwechslung: Eine offenbare Unrichtigkeit kann bei einer bloßen Verwechslung vorliegen, zB bei einer solchen der Parteien, Hamm MDR **02**, 602.

Verweisung: Eine offenbare Unrichtigkeit kann vorliegen, soweit sich die Parteien und daher auch das Gericht in der Bezeichnung des zuständigen Gerichts irrten, Stgt MDR **04**, 1377.

Keine offenbare Unrichtigkeit liegt vor, soweit das Gericht § 281 III 2 vergessen hat, Hamm MDR **00**, 1150.

S auch Rn 24 „Willensbildung".

Vorläufige Vollstreckbarkeit: Rn 13 „Auslassung", Rn 16 „Kein Erkenntnis", Rn 21 „Sicherheitsleistung".

24 **Wert:** Rn 5, Rn 25 „Zugewinnausgleich".

Widerspruch: Eine offenbare Unrichtigkeit kann bei einem Widerspruch zwischen dem Beschlossenen und dem Herausgegebenen vorliegen.

Willensbildung: *Keine* offenbare Unrichtigkeit liegt vor, soweit es sich um eine falsche Willensbildung handelt, KG NJW **75**, 2107, Köln MDR **97**, 570, Mü RR **03**, 1440, aM LG Stade NJW **79**, 168, LAG Mü MDR **85**, 170 (aber das Gericht wollte in Wahrheit anders entscheiden, Rn 6, 8).

Wohnungseigentum: Zur Klärung, wer ein Mitglied der Eigentümergemeinschaft ist, sollte man § 319 großzügig anwenden, Düss NZM **08**, 252.

Zinsen: Eine offenbare Unrichtigkeit liegt vor, wenn das Gericht in der Urteilsformel Zinsen „ab jeweiliger Fälligkeit" zuspricht, sie in den Entscheidungsgründen jedoch nach den Kalendertagen bezeichnet, oder wann es den Basiszusatz nur in den Entscheidungsgründen nennt, nicht aber auch entsprechend ausgerechnet und daher im Tenor nicht beachtet hat, oder wenn der Zinslauf sonstwie unklar ist, BAG NJW **01**, 1518 (Zinsbeginn). 25

Keine offenbare Unrichtigkeit nach (jetzt) § 42 I liegt vor, wenn das Gericht weit überhöhte Zinsen lediglich unter einer Anführung von (jetzt) § 288 III, IV BGB begründet hat, Oldb MDR **00**, 1211.

Zugewinnausgleich: Eine offenbare Unrichtigkeit nach (jetzt) § 42 I FamFG liegt vor, soweit das Gericht einen erörterten und verhandelten Wert (Grundstück) versehentlich bei der Berechnung dann nicht mehr berücksichtigt hat, Bbg FamRZ **00**, 38.

Zulassung: Rn 15 „Berufung", Rn 20 „Rechtsbeschwerde", „Revision".

6) Verfahren, I, II. Es kann elegant ablaufen. 26

A. Grundsatz: Jederzeit von Amts wegen. Die Berichtigung ist jederzeit auf Antrag oder von Amts wegen statthaft, BGH NJW **07**, 518. Das gilt selbst nach der Einlegung eines Rechtsmittels, BGH MDR **78**, 308 rechts, BayObLG NZM **04**, 659, Mü FGPrax **06**, 280. Das Rechtsmittel bleibt zulässig, Köln FamRZ **98**, 1239. Eine Berichtigung ist auch nach dem Eintritt der Rechtskraft statthaft, Brdb MDR **00**, 658, Rostock RR **07**, 188, aM Lindacher ZZP **88**, 72 (aber dann würde das gar nicht Gewollte endgültig. Das wäre purer Formalismus auf Kosten der Gerechtigkeit). Verwirkung paßt schon wegen des Worts „jederzeit" in I nicht, Brdb MDR **00**, 658. Der Berichtigungsantrag kann freilich ganz ausnahmsweise als ein Rechtsmißbrauch unzulässig sein, Einl III 54, Hamm FamRZ **86**, 1138. Ein Anwaltszwang besteht wie sonst, § 78. Ein Verstoß gegen ihn läßt den Antrag als eine Anregung bestehen. Zuständig ist nur das Gericht, also die erkennende Stelle, also auch das Rechtsmittelgericht, BAG NJW **01**, 1518, BayObLG NZM **99**, 34, insbesondere für die eigene Entscheidung, BayObLG **89**, 721 (WEG), Düss MDR **91**, 789 (auch nach der Beendigung der Rechtsmittelinstanz).

B. Zuständigkeit. Das Kollegium darf kein Urteil des Einzelrichters nach §§ 348, 348 a berichtigen und umgekehrt. Die Mitwirkung derselben Richter ist unnötig, BGH RR **01**, 61, BayObLG WoM **89**, 104. Denn es handelt sich nicht um eine sachliche Entscheidung. Freilich ist die Überprüfung den nicht zuvor beteiligten Richtern oft kaum möglich, BayObLG WoM **89**, 104. Nach der Verweisung kann noch das verweisende Gericht berichtigen. Das höhere Gericht darf ein Urteil des niederen berichtigen, soweit es sich das Urteil sachlich zu eigen macht, OVG Münst NVwZ-RR **07**, 213. In einer Arbeitssache ist der Vorsitzende zuständig, §§ 46 II, 53 I 1 ArbGG. Der Urkundsbeamte ist zuständig, soweit es nur um einen Fehler der Ausfertigung geht, § 317. 27

C. Entscheidung. Die Entscheidung erfolgt durch einen Beschluß nach § 329 bei einer freigestellten mündlichen Verhandlung, § 128 IV. Eine Berichtigung nur im Urteil etwa bei einer Parteibezeichnung oder gar auf der Urfassung eines in Abwesenheit der Parteien verkündeten und noch nicht in einer Ausfertigung hinausgegangenen Urteils mag zwar praktisch sein und ereignet sich auch. Sie ist aber formell unstatthaft, Hamm MDR **86**, 417. § 249 III ist anwendbar, dort Rn 13. Die Anhörung eines Beteiligten ist nur ausnahmsweise entbehrlich, LG Köln Rpfleger **87**, 508, etwa insoweit, als die Berichtigung reiner Formalien erfolgt, etwa eines Schreib- oder Rechenfehlers ohne einen Eingriff in die Rechtsstellung des Beteiligten oder gar seine Schlechterstellung, BVerfG **34**, 7. Wenn es notwendig ist Beweis zu erheben, liegt kaum noch eine „offenbare" Unrichtigkeit vor. Nur eine sichere Feststellung der offenbaren Unrichtigkeit erlaubt eine Berichtigung, Zweibr RR **99**, 1666. Das Gericht muß seinen Beschluß wenigstens kurz begründen, § 329 Rn 4. Der Beschluß ist nicht starr nach seinem Wortlaut und seinem äußeren Anschein auslegbar, sondern nach seinem erkennbaren Sinn und Zweck, BVerfG **29**, 50. 28

Der Beschluß *wirkt* auf die Zeit der Verkündung des Urteils nach § 311 *zurück,* BGH NJW **93**, 1400, Saarbr FER **00**, 44. Die neue Fassung gilt als die ursprüngliche. Daher sind Rechtsbehelfe gegen das alte Urteil in der berichtigten Form nur insoweit zulässig, als die Berichtigung wirksam erfolgt ist, BGH NJW **93**, 1400, Saarbr FER **00**, 44. Der rechtskräftige Berichtigungsbeschluß ist grundsätzlich in anderen Verfahren nicht auf seine Richtigkeit überprüfbar, BGH **127**, 76 (auch zu Ausnahmen).

Gebühren: Des Gerichts keine, des Anwalts keine, § 19 I 2 Z 9 RVG. Hatte die Partei zunächst Rechtsmittel eingelegt und erfolgt während des Rechtsmittelverfahrens auf Antrag oder von Amts wegen eine Berichtigung, muß der Rechtsmittelführer evtl die Kosten des Rechtsmittels tragen, § 97 I.

D. Einfluß auf Rechtsmittel usw. Die Berichtigung eröffnet grundsätzlich keine neue Notfrist, BVerfG NJW **01**, 142, BGH RR **04**, 713 (keine sog Meistbegünstigung), Kblz JB **08**, 258. Sie gibt demgemäß grundsätzlich kein neues Rechtsmittel. Sie beeinflußt das alte Rechtsmittel oder eine Verfassungsbeschwerde grundsätzlich nicht, BVerfG NJW **01**, 142, BGH FamRZ **00**, 1499, Saarbr FER **00**, 44. Das gilt auch bei einer Berichtigung erst nach der Erhebung einer Revisionsrüge, BayObLG **86**, 398. 29

Etwas anderes gilt dann, wenn das alte Urteil nicht klar genug war, um die Grundlage für das weitere Handeln der Partei zu bilden, BGH FamRZ **95**, 156, BayObLG NZM **02**, 303, Kblz JB **08**, 258. Im übrigen kann eine wirksame Berichtigung ein bisher zulässiges Rechtsmittel rückwirkend unzulässig machen, Rn 28, BGH NJW **93**, 1400. 30

Eine *neue Notfrist* nach § 224 I 2 kommt also zB dann in Betracht, wenn erst die berichtigte Fassung erkennen läßt, ob und wie das Urteil die Partei beschwert, BGH NJW **04**, 2389, Düss FamRZ **05**, 386, Stgt FamRZ **84**, 403. Es ist jeweils unerheblich, ob sich der Fehler in der Urschrift oder nur in der zugestellten 31

Ausfertigung des Urteils befindet, BGH VersR **82**, 70. Bei einer Ursächlichkeit der Unrichtigkeit für die Erfolglosigkeit des Rechtsmittels kommt eine Wiedereinsetzung in Betracht.

32 **E. Bindungsgrenzen.** Eine Bindung auch durch einen nach §§ 329, 705 formell rechtskräften Berichtigungsbeschluß findet dann nicht statt, wenn er keine gesetzliche Grundlage hatte, wenn man zB eine offenbare Unrichtigkeit weder aus der berichtigten Entscheidung noch aus den Vorgängen bei ihrer Verkündung erkennen kann, BGH RR **93**, 700.

33 **F. Zwangsvollstreckung.** Die Zwangsvollstreckung erfolgt nur aus dem berichtigten Urteil. Hatte der Gläubiger sie vorher nach Grdz 51 vor § 704 eingeleitet, muß das Gericht sie evtl nach § 766 einstellen. Der Schuldner kann das Beigetriebene nur durch eine besondere Klage zurückfordern. Eine Ersatzpflicht entsprechend § 717 II kann nur dann entstehen, wenn die Partei die Unrichtigkeit des Urteils aus dessen ihr zugegangener Fassung erkennen mußte. Das mag freilich bei einer „offenbaren" Unrichtigkeit oft so sein. Der Berichtigungsbeschluß fällt als „Urteil in einer Rechtssache" unter § 839 II BGB.

34 **G. Vermerk.** Die Geschäftsstelle muß den Berichtigungsbeschluß bei einer schriftlichen Aktenführung nach II 1 auf der Urschrift des Urteils und auf den Ausfertigungen vermerken, BVerwG NJW **75**, 1796. Die Geschäftsstelle muß die Ausfertigungen zurückfordern. Sie kann deren Rückgabe aber nicht erzwingen. Bei einer elektronischen Aktenführung muß der Urkundsbeamte nach II 2 den nach § 130 b ergangenen Berichtigungsbeschluß in einem gesonderten elektronischen Dokument festhalten und ihn nach II 3 mit dem Urteil elektronisch untrennbar verbinden, ähnlich wie bei § 315 III 2, 3. Der Vermerk erfolgt an einer sichtbaren Stelle. Die Wirkung des Berichtigungsbeschlusses ist allerdings von dem Vermerk unabhängig.

35 **7) Rechtsmittel, III.** Es kommt auf den Entscheidungsinhalt an.

A. Gegen Ablehnung. Bei einer Ablehnung der beantragten Berichtigung erfolgt die Anfechtung nur zusammen mit derjenigen des Urteils, Brschw DGVZ **92**, 120, Ffm FGPrax **96**, 160, LG Karlsr RR **03**, 788.

Das gilt (jetzt) auch, soweit die Ablehnung ohne jede sachliche Prüfung oder unter einer Verkennung des Begriffs der offenbaren Unrichtigkeit erfolgte, BGH BB **04**, 1248, aM (je zum alten Recht) BayObLG WoM **89**, 105 (sofern III 1 überhaupt anwendbar ist, LG Bonn JB **91**, 125, LG Karlsr **03**, 788. Eine sofortige Beschwerde entfällt ferner (jetzt), wenn die Ablehnung nur aus prozessualen Gründen erfolgte, BGH BB **04**, 1248, aM (je zum alten Recht) Hamm FamRZ **86**, 1137, LG Ffm Rpfleger **91**, 426. Eine sofortige Beschwerde entfällt schließlich dann, wenn die Ablehnung durch ein unzuständiges oder fehlerhaft besetztes Gericht erfolgte, aM LG Ffm Rpfleger **91**, 426. Nach einer Entscheidung des OLG kommt ohnehin allenfalls eine Rechtsbeschwerde an den BGH unter den Voraussetzungen des § 574 in Betracht.

36 **B. Gegen Berichtigung.** III geht dem § 99 vor, Karlsr RR **00**, 730. Gegen den Berichtigungsbeschluß ist grundsätzlich die sofortige Beschwerde nach Hs 2 zulässig, § 567 I Z 1, BayObLG DB **96**, 370, KG RR **87**, 954. Das gilt auch zugunsten einer bloßen Scheinpartei, Grdz 14 vor § 50, Stgt RR **99**, 217 (Meistbegünstigung). Das Beschwerdegericht prüft nur die Voraussetzungen der Berichtigung, nicht aber die Entscheidung im übrigen, BayObLG DB **96**, 370. Gegen einen Berichtigungsbeschluß des Beschwerdegerichts kommt allenfalls in einer FamFG-Sache eine Rechtsbeschwerde nach §§ 70 ff FamFG in Betracht, (zum alten Recht) BayObLG MDR **03**, 592. Hebt das Beschwerdegericht den Berichtigungsbeschluß eines AG auf eine sofortige Beschwerde auf, ist gegen den Aufhebungsbeschluß allenfalls eine Rechtsbeschwerde an den BGH unter den Voraussetzungen des § 574 möglich. Das gilt selbst insoweit, als infolgedessen die Partei sofort allenfalls Berufung einlegen muß, ohne den Ausgang des Berichtigungsverfahrens abwarten zu können. Der Gesetzestext ist eben eindeutig.

37 Daher ist auch gegen den Berichtigungsbeschluß des *OLG* zu seinem eigenen Berufungsurteil oder zu einem eigenen Sachbeschluß allenfalls eine Rechtsbeschwerde denkbar. Ein Rechtsbehelf gegen das Urteil ergreift den Berichtigungsbeschluß als solchen nicht. Darum darf das höhere Gericht nur das berichtigte Urteil ändern, nicht den Berichtigungsbeschluß. Gegen eine Protokollberichtigung ist nur der Fälschungsnachweis zulässig, § 165 S 2, Hamm OLGZ **79**, 383.

320 ***Berichtigung des Tatbestandes.*** **I Enthält der Tatbestand des Urteils Unrichtigkeiten, die nicht unter die Vorschriften des vorstehenden Paragraphen fallen, Auslassungen, Dunkelheiten oder Widersprüche, so kann die Berichtigung binnen einer zweiwöchigen Frist durch Einreichung eines Schriftsatzes beantragt werden.**

II 1 Die Frist beginnt mit der Zustellung des in vollständiger Form abgefassten Urteils. 2 Der Antrag kann schon vor dem Beginn der Frist gestellt werden. 3 Die Berichtigung des Tatbestandes ist ausgeschlossen, wenn sie nicht binnen drei Monaten seit der Verkündung des Urteils beantragt wird.

III Über den Antrag ist mündlich zu verhandeln, wenn eine Partei dies beantragt.

IV 1 Das Gericht entscheidet ohne Beweisaufnahme. 2 Bei der Entscheidung wirken nur diejenigen Richter mit, die bei dem Urteil mitgewirkt haben. 3 Ist ein Richter verhindert, so gibt bei Stimmengleichheit die Stimme des Vorsitzenden und bei dessen Verhinderung die Stimme des ältesten Richters den Ausschlag. 4 Eine Anfechtung des Beschlusses findet nicht statt. 5 Der Beschluss, der eine Berichtigung ausspricht, wird auf dem Urteil und den Ausfertigungen vermerkt. 6 Erfolgt der Berichtigungsbeschluss in der Form des § 130 b, ist er in einem gesonderten elektronischen Dokument festzuhalten. 7 Das Dokument ist mit dem Urteil untrennbar zu verbinden.

V Die Berichtigung des Tatbestandes hat eine Änderung des übrigen Teils des Urteils nicht zur Folge.

Schrifttum: *Fischer,* Bezugnahmen ... in Tatbeständen usw, 1994.

Gliederung

1) Systematik, I–V. Die Vorschrift enthält eine scheinbar gegenüber § 319 vorrangige, in Wahrheit aber neben diese Bestimmung tretende Regelung, Rn 4. Sie hat den Vorrang vor § 529, Karlsr RR **03**, 779, und vor § 559, BGH NJW **08**, 2256 links oben. Sie muß auch evtl einem Antrag nach § 321 vorangehen, BAG NZA **08**, 1029. Die Tatbestandsberichtigung bereitet einen Antrag auf eine Ergänzung des Urteils oder ein Rechtsmittel vor, BGH VersR **88**, 268, LAG Bln DB **81**, 592, Stöber MDR **06**, 7. Sie ist wegen der Rechtskraftwirkung, der Wiederaufnahme usw möglich. Sie ist aber auch bei einem rechtskräftigen Urteil statthaft. 1

„Tatbestand" ist bei § 320 dasselbe wie bei § 314, § 314 Rn 8, BGH BB **07**, 742, BAG VersR **79**, 94, also grundsätzlich einschließlich von Tatbestandsteilen in den Entscheidungsgründen, § 313 Rn 17, BGH NJW **97**, 1931, Oldb NJW **03**, 149, LAG Köln MDR **85**, 171, zB bei einer Zeugenaussage. Der Urteilskopf und die Urteilsformel gehören nicht dazu, Oldb NJW **03**, 149, ebensowenig wertende Entscheidungsteile. Eine Berichtigung von Tatbestandsteilen in den Entscheidungsgründen eines Urteils ohne einen besonderen Tatbestand etwa bei §§ 313 b, 540 I ist nur vorsichtig statthaft, Schneider MDR **78**, 1, strenger Köln MDR **88**, 870.

Man kann eine Berichtigung nur insoweit verlangen, als die unrichtigen Tatbestandsteile für das Verfahren eine *urkundliche* Beweiskraft haben, § 314 Rn 1, BGH GRUR **04**, 271, BayObLG MDR **89**, 650, Köln MDR **88**, 870. Das trifft für die Wiedergabe des Sachverhalts und für die vorinstanzlichen Anträge im Revisionsurteil nicht zu, BGH GRUR **04**, 271, aM LAG Köln MDR **85**, 171 (aber das Revisionsgericht ist insoweit gebunden, § 314 Rn 4). Doch sollte § 418 genügen. § 320 gilt auch bei §§ 307, 331 II, III. Das Abhilfeverfahren nach § 321 a hat andere Voraussetzungen und Ziele, dort Rn 7, 8.

2) Regelungszweck, I–V. § 320 bietet mangels Rechtsmittelmöglichkeit den einzigen Weg einer Berichtigung des Tatbestands, BGH NJW **07**, 2915. Die Vorschrift macht die gesetzliche Beweisregel des § 314 erträglich, BGH NJW **83**, 2032, LAG Köln MDR **85**, 171, Schneider MDR **87**, 726. Damit dient die Vorschrift im Spannungsfeld von Rechtssicherheit nach Einl III 43 und Gerechtigkeit nach Einl III 9, 36 wie § 319 der letzteren. Das muß man bei der Auslegung mitbeachten. 2

Nur scheinbar nutzlos ist eine Berichtigung des bloßen Tatbestands trotz IV. Denn zum einen mag das Ergebnis ohnehin gleich günstig oder günstiger ausfallen, zum anderen gibt ein berichtigter Tatbestand immerhin bei einer Statthaftigkeit eines Rechtsmittels eine bessere Ausgangsposition, und zum dritten erfordern die Wahrhaftigkeit und Lauterkeit mit ihrer selbstverständlichen Geltung gerade auch für das Gericht wenigstens die Klarstellung solcher Unrichtigkeiten, die nicht schon nach dem methodisch einfacheren § 319 in Betracht kommen. Auch eine solche Sicht verhilft zur richtigen Anwendung. Deshalb sollte man § 320 trotz der Zunahme solcher Anträge wegen der Verschärfung des sog Novenrechts im Berufungsverfahren auch nicht abschaffen, aM Müller/Heydn NJW **05**, 1753, sondern die Vorschrift als Anwalt unbedingt ausnutzen, Wach/Kern NJW **06**, 1320.

Formale Strenge des Verfahrens steht zu alledem nicht im Widerspruch. Nur bei einer Einhaltung der Frist nach I, II ist eine über § 319 hinausgehende Korrektur vertretbar, mag man die Frist nun rechtspolitisch für zu kurz oder zu lang halten. IV 1 (keine Beweisaufnahme) dient ebenfalls der notwendigen Rechtssicherheit und ist entsprechend auslegbar.

3) Geltungsbereich, I–V. Die Vorschrift ist in allen Verfahren nach der ZPO anwendbar, BGH BB **07**, 742. § 320 ist im Rechtsbeschwerdeverfahren nach dem GWB entsprechend anwendbar, BGH **65**, 36. Die Vorschrift gilt auch im arbeitsgerichtlichen Verfahren, LAG Ffm NZA **04**, 105, ArbG Hanau BB **96**, 539, und im WEG-Verfahren, (je zum alten Recht) BayObLG NZM **02**, 708, Köln NZM **04**, 305. In Patentsachen gilt § 96 PatG, BGH RR **97**, 232, BPatG GRUR **78**, 40. Einen nach § 320 ergangenen Berichtigungsbeschluß kann man nicht nach § 320 angreifen. Denn das könnte eine endlose Kette solcher Verfahren eröffnen, BGH VersR **88**, 268. Im FamFG-Verfahren gilt § 42 FamFG. 3

4) Voraussetzungen, I. Sie sind nicht oft erfüllt. 4

A. Unrichtigkeit des Tatbestands. Eine solche Unrichtigkeit läßt eine Berichtigung auf Antrag zu. „Unrichtigkeiten" sind im Gegensatz zu den „offenbaren Unrichtigkeiten" des § 319 solche Unrichtigkeiten, bei denen sich Wille und Ausdruck decken, die also auf einer fehlerhaften Willensbildung beruhen. Als Beispiele nennt I Auslassungen, Dunkelheiten und Widersprüche. Das Urteil soll dem Revisionsgericht vor allem eine klare, richtige, vollständige Grundlage der Entscheidung geben. Im Aktenlageurteil muß das Gericht ein mündliches Vorbringen oder ein solches schriftliches übergangen haben, das in einem benutzbaren Schriftsatz enthalten ist, § 251 a Rn 12.

B. Unanwendbarkeit. Unanwendbar ist § 320: Bei einem Revisionsurteil. Denn es fußt auf dem Tatbestand des Berufungsurteils. Daher hat ein Tatbestand des Revisionsurteils eine urkundliche Beweiskraft, soweit eine Urteilsberichtigung nach dem vorrangigen § 319 eingreift. Ein Antrag auf eine Tatbestandsberichtigung ist dann durch die rechtskräftige Berichtigung aus § 319 erledigt; wegen derjenigen Punkte, in denen das Sitzungsprotokoll den Tatbestand entkräftet, § 314 Rn 6; wenn das Urteil ohne jede mündliche Verhandlung ergangen ist. Denn dann könnte es nur einen Beweis desjenigen schriftlichen Vorbringens nach § 128 II geben, das sich aus den Schriftsätzen ergibt, BFH BB **83**, 755; bei § 310 III oder § 313 a I ohnehin, weil kein Tatbestand erforderlich ist; soweit § 321 anwendbar ist; soweit ein Vorbringen nach dem Verhandlungsabschluß nach §§ 136 IV, 296 a erfolgte und nicht nach § 283 5 zulässig war, Köln MDR **91**, 988; soweit das Gericht den Sachverhalt rechtlich fehlerhaft beurteilt hat. Dann kommt das Rechtsmittel in Betracht; beim sprachlichen bloßen Synonym, AG Hattingen MDR **90**, 729.

6 **5) Antrag, I, III.** Es ist ein Antrag nötig. Ihn kann der Schuldner im Insolvenzverfahren für ein gegen ihn ergangenes Urteil stellen. Er muß den entsprechenden bestimmenden Schriftsatz nach § 129 Rn 5 beim Gericht einreichen. Im Parteiprozeß nach § 78 Rn 1 kann er sich auch zum Protokoll des Urkundsbeamten der Geschäftsstelle eines jeden AG äußern, § 129 a. Ein Anwaltszwang herrscht wie sonst, § 78. Er fehlt im Parteiprozeß, § 78 III Hs 2. Der Antragsteller muß fristgerecht erkennbar angeben, an welcher Stelle und auf welche Weise der Tatbestand unrichtig ist, LG Bln JB **07**, 44. Das Gericht muß die Parteien nur auf Antrag einer Partei zur mündlichen Verhandlung über die Berichtigung laden, § 274, beim AG in Verbindung mit § 497. Ein gemeinsamer Antrag ist nicht notwendig. Das Gericht muß den Berichtigungsantrag von Amts wegen dem Gegner des Antragstellers zugleich mit der etwaigen Ladung nach § 270 zustellen und die Ladungsfrist einhalten, § 217. Mangels eines Verhandlungsantrags nach III setzt das Gericht dem Gegner eine angemessene Äußerungsfrist. Meist reichen dazu 2–3 Wochen. Eine etwaige Rückbeziehung erfolgt nach § 167. Eine Ausdehnung der Berichtigung ist im Termin zulässig, wenn der Gegner zustimmt oder das Gericht sie für sachdienlich hält, § 263 entsprechend.

7 **6) Frist, I, II.** Für den Berichtigungsantrag läuft eine zweiwöchige Frist seit der von Amts wegen erfolgten Zustellung des vollständigen Urteils, § 317. Der Antrag ist schon vor dem Beginn der Frist zulässig. Nach dem Ablauf von 3 Monaten seit der Urteilsverkündung ist der Antrag nach dem klaren Wortlaut von II 3 grundsätzlich unstatthaft, LAG Ffm NZA **04**, 106. Eine Ausnahme kommt in Betracht, wenn das Gericht das Urteil nicht binnen 3 Monaten vollständig zugestellt hatte, KG RR **01**, 1296. Die Zweiwochenfrist ist eine gesetzliche Frist, aber keine Notfrist nach § 224 I 2. Sie ist unverzichtbar. Sie duldet eine Abkürzung nur durch eine Parteivereinbarung, § 224 I, jedoch keine Verlängerung, § 224 II Hs 2. Das Gericht muß ihre Einhaltung von Amts wegen prüfen, Grdz 39 vor § 128. Eine Wiedereinsetzung nach § 233 ist nicht möglich, auch dann nicht, wenn das Urteil erst nach dem Ablauf der Frist zu den Akten kam. Aus allen diesen Gründen muß der Anwalt das gesamte Urteil nach dessen Erhalt sogleich kontrollieren, § 85 II, Schumann NJW **93**, 2787.

8 Die *Dreimonatsfrist* ist eine uneigentliche Frist, Üb 11 vor § 214. Sie duldet weder eine Abkürzung noch eine Verlängerung noch eine Wiedereinsetzung, auch nicht dann, wenn das vollständige Urteil nach drei Monaten seit der Verkündung noch nicht vorliegt. Sie ändert sich nicht infolge der Sommerzeit, § 227 III 1. Sie beginnt mit der Urteilsverkündung. Daher kann sie vor der Zweiwochenfrist ablaufen, ein Grund mehr, das Urteil rechtzeitig zu den Akten zu bringen. Die Partei muß notfalls eine Dienstaufsichtsbeschwerde einlegen, um ihr Recht zu wahren. Hat das Gericht sein Urteil nach 3 Monaten immer noch nicht begründet, liegt eine Rechtsverletzung nach § 546 vor, also nicht ein absoluter Revisionsgrund nach § 547 Z 6. Bei einem etwaigen Tatbestand einer nach § 310 III erlassenen Entscheidung beginnt die Zweiwochenfrist mit der Zustellung des vollständigen Urteils, § 310 Rn 11, die Dreimonatsfrist mit der Zustellung der Urteilsformel. Gegen den Streithelfer läuft keine eigene Frist, § 71 Rn 6.

9 **7) Weiteres Verfahren, Entscheidung und Anfechtung, III–V.** Es ist manchmal „lästig". Man muß es aber sorgsam durchführen.

A. Etwaige Verhandlung; Beschluß. Die Entscheidung ergeht nach Rn 6 nur dann auf Grund einer notwendigen mündlichen Verhandlung nach § 128 Rn 4, wenn eine Partei es beantragt, Rn 6. Die Entscheidung ergeht auch nach einem Urteil im schriftlichen Vorverfahren nach §§ 307, 331 II, III, oder im schriftlichen Verfahren nach § 128 II. Auch über einen unzulässigen Antrag ist grundsätzlich eine mündliche Verhandlung notwendig, Düss RR **04**, 1723. Das gilt aber ausnahmsweise nicht vor dem BGH, BGH NJW **99**, 796, Naundorf MDR **04**, 1274. Das Gericht erläßt seine Entscheidung durch einen Beschluß auf eine Berichtigung oder Zurückweisung des Antrags, § 329. Es findet kein Versäumnisverfahren nach §§ 330 ff und keine Beweisaufnahme nach §§ 355 ff statt, auch nicht zur Berichtigung von aufgenommenen Zeugen- oder Sachverständigenaussagen. Die Beweiskraft aufgenommener Aussagen richtet sich nur nach § 418. Es gibt kein Geständnis nach § 288. Maßgebend ist allein die Erinnerung der Richter, unterstützt durch das Protokoll und durch private Aufzeichnungen.

10 Obwohl der Beschluß grundsätzlich unanfechtbar ist, ist eine wenigstens kurze *Begründung* eine Rechtspflicht. Denn der Beschluß kann ausnahmsweise doch anfechtbar sein, Rn 14, § 329 Rn 4, Hirte JR **85**, 140. Ein aus dem Richteramt Ausgeschiedener darf nicht mehr mitwirken, Schmidt JR **93**, 458, aM Hirte JR **85**, 140 (aber wo lägen die Grenzen?). Würdigt der Beschluß das durch ihn festgestellte Parteivorbringen, ist er ein unzulässiger Urteilsnachtrag und darf sich nur auf den Tatbestand erstrecken.

11 **B. Grenzen der Berichtigung.** Grundsätzlich unzulässig ist es, auf Grund des Beschlusses das Urteil im übrigen zu berichtigen oder zu ergänzen. Die sachliche Entscheidung bleibt ganz unberührt, mag sie auch nach dem Beschluß ersichtlich falsch sein, V. Eine Ergänzung ist nur in den Grenzen und im Rahmen des § 321 I und natürlich im Rahmen von § 319 möglich. Der BGH muß den Beschluß der Revisionsentscheidung zugrundelegen, BGH RR **95**, 572. Das Recht ist verletzt, wenn das Berufungsgericht nach dem Beschluß einen Hilfsantrag übergangen hat. Die Berichtigung reicht nicht allein für eine Wiederaufnahme nach §§ 578 ff aus, BVerfG **30**, 58. Man kann auch nicht schon mit dem Rechtsmittel gegen das bisherige Urteil eine Berichtigung seines Tatbestands erreichen.

12 **C. Verfahrenseinzelheiten.** Das Rechtsschutzbedürfnis nach Grdz 33 vor § 253 liegt auch bei einer nicht mehr mit einem Rechtsmittel anfechtbaren Entscheidung schon und nur bei der Möglichkeit einer Verfassungsbeschwerde vor, Oldb NJW **03**, 149, LG Mü WoM **08**, 238, LAG Köln MDR **85**, 171 (evtl Aussetzung bis zur Klärung, ob eine Nichtzulassungsbeschwerde erfolgt). Es wirken nach IV 2 nur diejenigen Richter mit, die beim Urteil mitgewirkt haben, § 309, Düss RR **04**, 1723, also evtl nur ein Mitglied des Kollegiums oder nur die Handelsrichter. Deshalb kann man keinen dieser Richter im

Stgt MDR **99**, 116, aM AG Hbg-Blankenese MDR **07**, 856. Das Verfahren verläuft im einzelnen wie bei § 320 Rn 6. Die Antragsfrist beträgt 2 Wochen seit der korrekten Zustellung des vollständigen Urteils an den hier in Betracht kommenden Beteiligten nach § 317, BGH RR **05**, 295, Karlsr OLGZ **78**, 487, Mü MDR **03**, 522. Nach dem Fristablauf ist eine Ergänzung nach § 321 nicht mehr zulässig, BGH FamRZ **05**, 881, Kblz MDR **02**, 1338, Naumb FamRZ **01**, 929. Der nicht beschiedene Anspruch ist dann nicht mehr rechtshängig, Rn 8, § 261 Rn 15, BGH FamRZ **05**, 881. Er ist also nicht etwa untergegangen. Der Antrag ist schon vor dem Fristbeginn zulässig. Ein Antrag auf eine einstweilige Einstellung der Zwangsvollstreckung ist zulässig, § 707 Rn 22.

Der Antrag auf eine Tatbestandsberichtigung *verlängert* ähnlich wie eine Berichtigung nach § 319 Rn 39 **7** *die Frist nicht.* Daher muß man die Frist ohne eine Rücksicht auf einen Erfolg des Tatbestandsberichtigungsverfahrens einhalten, aM BGH NJW **82**, 1822, StJL 13, ThP 4, ZöV 7 (die Frist beginne mit der Zustellung des Berichtigungsbeschlusses von neuem zu laufen. Aber eine bereits abgelaufene Frist kann schon begrifflich nicht erneut als dieselbe Frist beginnen). Hat das Gericht die Kostenentscheidung nach § 101 I übergangen, beginnt die Frist für den Streithelfer wegen der Ergänzung in diesem Punkt jedenfalls bei einem noch nicht rechtskräftigen Urteil erst mit seiner Zustellung an ihn.

Es handelt sich um eine gesetzliche Frist, aber *nicht* um eine *Notfrist,* § 224 I 2. Darum läßt sie sich nur **8** durch eine Parteivereinbarung nach § 224 I 1 abkürzen und in keinem Fall verlängern, § 224 II. Ebensowenig ist eine Wiedereinsetzung zulässig, § 233 Rn 8. Das Gericht muß den Fristablauf von Amts wegen prüfen, Grdz 39 vor § 128. Vor der Urteilszustellung beginnt die Frist nicht zu laufen. Mit dem Fristablauf erlischt die Rechtshängigkeit des übergangenen Anspruchs, Rn 6, § 261 Rn 15, BGH FamRZ **05**, 881. Daher wird insoweit ein neuer Prozeß statthaft, Hamm Rpfleger **80**, 482, KG Rpfleger **80**, 159, mit Ausnahme der Kosten. In der Rechtsmittelinstanz kann man den mit dem Fristablauf aus der Rechtshängigkeit entfallenen Anspruch nur dann durch eine Klagerweiterung wiedereinführen, wenn der Rechtsstreit wegen anderer Teile noch dort anhängig ist, BGH FamRZ **05**, 881. Über sie muß das Rechtsmittelgericht mitentscheiden, § 308 II, Rn 9. Zur Entscheidung zuständig ist dasjenige Gericht, das das Urteil erlassen hat.

B. Weiteres Verfahren. Das Gericht stellt den Ergänzungsantrag von Amts wegen mit der Ladung zum **9** Verhandlungstermin nach §§ 214, 270 zu. Die Entscheidung erfolgt auf eine notwendige mündliche Verhandlung, § 128 Rn 4. Sie erfolgt auch nach einem Urteil im schriftlichen Vorverfahren nach §§ 307, 331 II, III, freilich nicht im schriftlichen Verfahren, § 128 II. Die Entscheidung ergeht durch ein Ergänzungsurteil, LG Bielef MDR **87**, 941. Das gilt auch bei einer Zurückweisung aus prozessualen Gründen. Die Verhandlung findet nur über die beantragte Ergänzung statt. Das Gericht muß die Zulässigkeit des Antrags von Amts wegen prüfen, Grdz 39 vor § 128. Da eine neue Verhandlung über den Ergänzungsanspruch notwendig ist, dürfen anders als bei § 309 andere Richter als beim ersten Urteil mitwirken. Die frühere eigentliche Entscheidung muß unberührt bleiben. Einen Ergänzungsanspruch des Bekl kann der Kläger anerkennen, § 307. Das Versäumnisverfahren verläuft wie sonst, §§ 330 ff. Eine Entscheidung ist auch noch nach der Rechtskraft der übrigen Entscheidung statthaft, Köln MDR **92**, 301.

Kosten: Das alte Urteil trifft streng genommen eine Kostenentscheidung nur in seinem Entscheidungsbereich. Bei einer Ergänzung ohne eine eigene Kostenentscheidung kann man aber annehmen, daß das Gericht die Ergänzung in das alte Kostenurteil einschließt, Rn 6–8. Gebühren: Des Gerichts: keine; des Anwalts: Gehört zum Rechtszug, § 19 I 2 Z 9 RVG.

6) Rechtsmittel, I–IV. Das Ergänzungsurteil ist selbständig anfechtbar, §§ 511 ff, BGH NJW **00**, 3008, **10** Mü FGPrax **08**, 45. Man muß es auch für die Rechtsmittelzulassung und für die sofortige Beschwerde als selbständig behandeln, BGH NJW **00**, 3008, LG Bielef MDR **87**, 941. Ein nur über den Kostenpunkt ergangenes Ergänzungsurteil steht in demselben Verhältnis zum ersten Urteil wie ein Schlußurteil zum Teilurteil. Ein Rechtsmittel ist daher nur gegen beide gemeinsam zulässig, Zweibr FamRZ **83**, 621. Das Rechtsmittel gegen das Haupturteil erfaßt ohne weiteres den Kostenausspruch und die Entscheidung zur vorläufigen Vollstreckbarkeit des Ergänzungsurteils nach §§ 708 ff. Das läßt sich aber nicht auf andere Nebenleistungen übertragen, zB nicht auf die Zinsen. Eine Verfassungsbeschwerde setzt die Erschöpfung des Rechtsmittelzugs voraus, Einl III 17, BVerfG RR **00**, 1664.

Wenn das Urteil in Wahrheit nur eine *Berichtigung* nach § 319 vornimmt, muß man es auch wie eine **11** bloße Berichtigung behandeln. Über die Berufungsfrist und die Verbindung der Berufungen § 518 Rn 3, 4. Hat das Gericht fälschlich durch einen Beschluß nach § 329 entschieden, ist nach dem Meistbegünstigungsgrundsatz nach Grdz 28 vor § 511 zwar die sofortige Beschwerde nach § 567 I grundsätzlich statthaft, Ffm OLGZ **90**, 76. Sie ist jedoch beim Nichterreichen der Berufungssumme nach (jetzt) § 511 II Z 1 unzulässig, LG Bielef MDR **87**, 941. Eine Rechtsbeschwerde kommt unter den Voraussetzungen des § 574 in Betracht.

7) Beispiele zur Frage einer entsprechenden Anwendbarkeit, I–IV **12**

Abwendung der Zwangsvollstreckung: Rn 16 „Vorläufige Vollstreckbarkeit".

Arrest: § 321 ist entsprechend anwendbar, soweit das Gericht den Abwendungsbetrag nach § 923 übergeht.

Bekanntmachungspflicht: § 321 ist entsprechend anwendbar, soweit das Gericht einen Ausspruch zur Bekanntmachungs-, Beseitigungs- und Vernichtungspflicht übergeht, zB nach § 23 UWG oder nach dem MarkenG.

Beschlußverfahren: Wegen des Beschlußverfahrens § 329 Rn 20 „§ 321".

Beschränkte Haftung: Rn 16 „Vorbehalt beschränkter Haftung".

Beseitigungspflicht: S „Bekanntmachungspflicht".

Dürftigkeitseinwand: § 321 kann entsprechend anwendbar sein, Schlesw MDR **05**, 350.

Frist: § 321 ist entsprechend anwendbar, soweit das Gericht eine nach § 255 erforderliche Fristsetzung **13** übergeht.

Nachverfahren: Rn 16 „Vorverfahren".

Räumungsfrist: § 321 ist entsprechend anwendbar, soweit das Gericht einen Ausspruch zur Räumungsfrist nach § 721 übergeht.

Rechtsbeschwerde: § 321 ist *nicht* entsprechend anwendbar, soweit keine ausdrückliche Zulassung erfolgt ist, Kblz JB **02**, 438 (streng).

14 **Revision:** § 321 ist entsprechend anwendbar, soweit das Gericht einen Ausspruch zur Zulassung der Revision übergeht, BGH NJW **80**, 344, BAG BB **81**, 616, StJL 11, aM BGH MDR **85**, 43, Düss MDR **81**, 235, LG Mainz RR **02**, 1654 (mit einem unrichtigen BGH-Fundstellen-Zitat einer hier angeblich falsch benannten BGH-Entscheidung. Im übrigen liegt auch dann eine Urteilslücke vor, deren Gewicht der Übergehung eines einzelnen Anspruchs zumindest voll entspricht. Daher darf man dann nicht zu formstreng sein, Einl III 10, Grdz 14 vor § 128).

15 **Sicherheitsleistung:** Rn 16 „Vorläufige Vollstreckbarkeit".

Teilurteil: § 321 ist entsprechend anwendbar, soweit das Gericht im Teilurteil eine Kostenentscheidung unterläßt und soweit sich dann der Rest erledigt.

16 **Vernichtungspflicht:** Rn 12 „Bekanntmachungspflicht".

Vorbehalt beschränkter Haftung: § 321 ist entsprechend anwendbar, soweit das Gericht einen Vorbehalt beschränkter Haftung übergeht, §§ 305, 780, 786, BGH MDR **96**, 1062.

Vorläufige Vollstreckbarkeit: § 321 ist entsprechend anwendbar, soweit das Gericht den Ausspruch zur vorläufigen Vollstreckbarkeit übergeht, §§ 711, 712, 716, BGH NJW **84**, 1240.

Vorverfahren: § 321 ist entsprechend anwendbar, soweit das Gericht einen erforderlichen Vorbehalt im Vorverfahren für das Nachverfahren übergeht, §§ 302 II, 599 II, Hamm BB **92**, 236.

Zug-um-Zug: § 321 ist entsprechend anwendbar, soweit das Gericht den erforderlichen Zusatz „Zug um Zug" bei einer Verurteilung unterläßt, StJL 9, 10, ThP 7, ZöV 3, aM BGH **154**, 3 (aber es gilt dasselbe wie beim Zurückbehaltungsrecht).

Zurückbehaltungsrecht: § 321 ist entsprechend anwendbar, soweit das Gericht ein Zurückbehaltungsrecht nach § 273 BGB übersehen hat, aM BGH **154**, 3 (aber die Prozeßwirtschaftlichkeit nach Grdz 14 vor § 128 erlaubt eine nicht zu enge Auslegung der Begriffe Haupt- oder Nebenanspruch).

321a *Abhilfe bei Verletzung des Anspruchs auf rechtliches Gehör.*

I [1] Auf die Rüge der durch die Entscheidung beschwerten Partei ist das Verfahren fortzuführen, wenn

1. ein Rechtsmittel oder ein anderer Rechtsbehelf gegen die Entscheidung nicht gegeben ist und

2. das Gericht den Anspruch dieser Partei auf rechtliches Gehör in entscheidungserheblicher Weise verletzt hat.

[2] Gegen eine der Endentscheidung vorausgehende Entscheidung findet die Rüge nicht statt.

II [1] Die Rüge ist innerhalb einer Notfrist von zwei Wochen nach Kenntnis von der Verletzung des rechtlichen Gehörs zu erheben; der Zeitpunkt der Kenntniserlangung ist glaubhaft zu machen. [2] Nach Ablauf eines Jahres seit Bekanntgabe der angegriffenen Entscheidung kann die Rüge nicht mehr erhoben werden. [3] Formlos mitgeteilte Entscheidungen gelten mit dem dritten Tage nach Aufgabe zur Post als bekannt gegeben. [4] Die Rüge ist schriftlich bei dem Gericht zu erheben, dessen Entscheidung angriffen wird. [5] Die Rüge muss die angegriffene Entscheidung bezeichnen und das Vorliegen der in Absatz 1 Satz 1 Nr. 2 genannten Voraussetzungen darlegen.

III Dem Gegner ist, soweit erforderlich, Gelegenheit zur Stellungnahme zu geben.

IV [1] Das Gericht hat von Amts wegen zu prüfen, ob die Rüge an sich statthaft und ob sie in der gesetzlichen Form und Frist erhoben ist. [2] Mangelt es an einem dieser Erfordernisse, so ist die Rüge als unzulässig zu verwerfen. [3] Ist die Rüge unbegründet, weist das Gericht sie zurück. [4] Die Entscheidung ergeht durch unanfechtbaren Beschluss. [5] Der Beschluss soll kurz begründet werden.

V [1] Ist die Rüge begründet, so hilft ihr das Gericht ab, indem es das Verfahren fortführt, soweit dies auf Grund der Rüge geboten ist. [2] Das Verfahren wird in die Lage zurückversetzt, in der es sich vor dem Schluss der mündlichen Verhandlung befand. [3] § 343 gilt entsprechend. [4] In schriftlichen Verfahren tritt an die Stelle des Schlusses der mündlichen Verhandlung der Zeitpunkt, bis zu dem Schriftsätze eingereicht werden können.

Schrifttum (teils zum alten Recht): *Hinz* WoM **05**, 83 (Üb); *Kettinger,* Die Verfahrensgrundrechtsrüge usw, 2007; *Poelzig* ZZP 121, 233 („Vorlagerüge"); *Polep/Rensen,* Die Gehörsrüge (§ 321 a ZPO), 2004 (Bespr *Sangmeister* NJW **05**, 1260); *Schmidt* MDR **05**; 915 (Üb); *Schnabl,* Die Anhörungsrüge nach § 321 a ZPO, 2007; *Schneider* MDR **06**, 969 (Üb); *Schneider,* Die Gehörsrüge – eine legislative Missgeburt, Festschrift für *Madert* (2006) 187; *Treber* NJW **05**, 97 (Üb); *Vollkommer,* Erste praktische Erfahrungen mit der neuen Gehörsrüge gemäß § 321 a ZPO, Festschrift für *Musielak* (2004) 619; *Vollkommer,* Streit- und Zweifelsfragen bei der schrittweisen Einführung der Gehörsrüge in den deutschen Zivilprozess, Festschrift für *Georgiades* (2006) 589; *Zuck* AnwBl **08**, 168 (krit Üb).

Gliederung

1) Systematik, I–V. Die Vorschrift ist eine notwendige Ergänzung zu §§ 318–321, 329. Denn sie regelt eine dort nicht eindeutig oder gar nicht erfaßte Situation. § 321 a gilt deshalb neben §§ 319–321, 329 nur hilfsweise, eben nur, soweit diese letzteren Bestimmungen nicht ausreichen. Daher muß man zunächst stets prüfen, ob §§ 319–321, 329, 544 anwendbar sind. Nur bei deren Unanwendbarkeit entsteht ein Rechtsschutzbedürfnis zum Verfahren nach § 321 a, Celle MDR **03**, 593. Dann aber treten sogar §§ 322, 323 zurück, Kblz Rpfleger **06**, 136, erst recht eine unstatthaft gewordene außerordentliche Beschwerde wegen „greifbarer Gesetzwidrigkeit“, Rn 61, BayObLG FGPrax **03**, 25 (KostO), Lipp NJW **02**, 1702. Zur befristeten Gegenvorstellung Rn 61. Zur Frage einer entsprechenden Anwendbarkeit bei Art 101 I 2 GG BGH GRUR **06**, 347. 1

2) Regelungszweck, I–V. Die Vorschrift bezweckt die Heilung eines Verstoßes gegen Art 103 I GG und nur dieses Verstoßes, BVerfG RR **08**, 75. Sie dient aber auch der Entlastung des BVerfG, Oldb NJW **03**, 149. Gravenhorst MDR **03**, 888 schlägt stattdessen eine „kleine Verfassungsbeschwerde“ mit §§ 577 a–e vor (so sein Entwurf). Das BVerfG soll sich nicht mit einem solchen Verstoß gegen Art 103 I GG befassen müssen, den das Verfahrensgericht aus einer Gleichgültigkeit oder Gedankenlosigkeit oder sogar ohne jede Vorwerfbarkeit begangen hatte und bei einer nochmaligen Prüfung voraussichtlich selbst beheben kann, BVerfG NJW **07**, 2241 und 2243. Das rechtfertigt die Durchbrechung der Bindung an die eigene Entscheidung nach §§ 318, 329 und sogar der inneren Rechtskraft nach § 322. Es erübrigt auch ein ohnehin meist erst unter anderen Umständen mögliches Abänderungsverfahren nach § 323 oder eine jetzt unstatthafte weitere Beschwerde, KG MDR **02**, 1086. 2

Gerechtigkeit nach Einl III 9, 36 ist also das Hauptziel. Daneben dient § 321 a aber eben auch der Prozeßwirtschaftlichkeit, Grdz 14 vor § 128. Das gilt zwar nicht zugunsten des Verfahrensgerichts, wohl aber zugunsten des überlasteten BVerfG. Deshalb muß man die Vorschrift im Zweifel zulasten des Verfahrensgerichts auslegen. Man muß ihre Voraussetzungen also großzügig bejahen. Freilich sollte eine solche Auslegung nun auch keineswegs dazu führen, einer unterlegenen Partei einen billigen Vorwand zu geben, statt eines Rechtsmittelrisikos bequem einen Gehörsverstoß zu behaupten und damit einfach eine Wiedereröffnung der Verhandlung an § 156 vorbei zu erreichen, um dann ergänzend dasjenige vortragen und beweisen zu können, das sie längst hätte tun können und müssen. Auch diese Gefahr muß man bei der Auslegung mitbeachten. 3

Rechtssicherheit nach Einl III 43 ist ein weiteres Ziel. Denn eine rechtzeitige Rüge nach § 321 a hemmt den Eintritt der formellen Rechtskraft nach § 705 und damit auch der inneren.

3) Geltungsbereich, I–V. Die Vorschrift ist in allen Verfahren nach der ZPO uneingeschränkt anwendbar, auch im Urkunden-, Scheck- und Wechselprozeß der §§ 592 ff (Vor- wie Nachverfahren) und im Eilverfahren auf einen Arrest nach §§ 920 ff oder auf eine einstweilige Verfügung, §§ 935 ff, sowie im WEG-Verfahren. In anderen Gerichtsverfahren gelten entsprechende Vorschriften, §§ 72 a, 78 a ArbGG, BVerfG NJW **07**, 2243, BAG MDR **07**, 47, Schrader NZA-RR **04**, 57, § 83 a EuWG, § 44 FamFG, § 133 a FGO, FG Kassel NVwZ-RR **06**, 80, § 81 II GBO, § 69 a GKG, § 71 a GWB, § 55 IV JGG, § 4 a JVEG, § 157 a KostO, § 12 a RVG, § 178 a SGG, § 89 II SchiffsRegO, §§ 32 a, 356 a StPO, § 152 a VwGO, § 121 a WDisplO, § 83 III MarkenG, BPatG GRUR **07**, 156 (Vorrang), § 89 a MarkenG. 4

I gilt *eigentlich nur in der ersten Instanz.* Das folgt aus der Stellung im Buch 2 „Verfahren im ersten Rechtszug“. Daran ändert auch der weitgespannte Regelungszweck nach Rn 2, 3 nichts. Das galt schon nach dem bis Ende 2004 vorhandenen Recht, Drsd FamRZ **03**, 1846, Rostock NJW **03**, 2105, Kroppenberg ZZP **116**, 446 (je: Unanwendbarkeit auch bei § 522 II), aM (alle zum bisherigen Recht) BVerfG **107**, 395, BGH **150**, 133, VerfGH Brdb NJW **04**, 1651 und 3259 (krit Rensen JZ **05**, 196). Es gilt auch nach der Fassung seit 1. 1. 05. Zwar enthält I nicht mehr die Worte „vor dem Gericht des ersten Rechtszuges“. Aber I steht unverändert im Buch 2. Im übrigen enthält § 544 VII eine Sonderregelung für die Revisionsinstanz, Seiler AnwBl **06**, 380, wenn auch nur in der Wertgrenze des § 26 Z 8 EGZPO, BVerfG NJW **07**, 2242. Das alles bedenkt BGH NJW **06**, 3786 nicht erkennbar mit. Freilich reduziert BGH NJW **08**, 923 rechts die Anwendbarkeit auf einen neuen und eigenständigen Verstoß, Rn 29. Danach entfällt zumindest eine „sekundäre Anhörungsrüge" (Verstoß des Rechtsmittelgerichts), Lindner AnwBl **08**, 362, aM Olzen JR **06**, 351, Zuck AnwBl **08**, 168. Mag der Gesetzgeber einwandfrei einordnen, zB im Buch 1.

Praktisch dürfte vielfach die Ansicht bestehen, die Vorschrift gelte jetzt für alle Instanzen. Man wird ihre Stellung im Buch 2 als formales Scheinargument abtun, so wie der Gesetzgeber sich ja zB in § 269 III Hs 3 schlankweg über alle jahrzehntelange Dogmatik hinweggesetzt hat. Es gibt zahlreiche vergleichbare Beispiele gesetzlicher Unbekümmertheit, vorsichtig ausgedrückt.

5 **4) Ausschluß von §§ 319–321, 329, I–V.** Vor einer Prüfung der Voraussetzungen nach I muß man als Gericht wie Partei oder ProzBev klären, ob das Rechtsschutzbedürfnis für ein Verfahren nach § 321 a schon deshalb fehlt, weil einer der Wege einer Berichtigung oder Ergänzung des Urteils nach §§ 319–321 infrage kommt, Rn 1.

6 **A. Keine Berichtigung nach §§ 319, 329.** Das Gericht muß zunächst schon von Amts wegen prüfen, ob eine Berichtigung wegen einer offenbaren Unrichtigkeit im Hinblick auf die hier natürlich allein interessierende Frage einer entscheidungserheblichen Gehörsverletzung möglich und daher notwendig ist. Eine solche Lage kann zB dann vorliegen, wenn das Gericht das rechtliche Gehör zumindest nach seiner wahren Ansicht erteilt und nur vergessen hatte, das Ergebnis dieser Gewährung in der Entscheidung zum Ausdruck zu bringen. Denn dann kann schon infolge einer Berichtigung im einfacheren und schnelleren Verfahren nach §§ 319, 329 eine Rüge nach § 321 a unnötig werden und eine verständige Partei bereits deshalb von ihr absehen. Die Berichtigung mag im Tenor, im Tatbestand oder in den Entscheidungsgründen oder Protokollgründen notwendig sein.

7 **B. Keine Tatbestandsberichtigung nach § 320.** Sodann muß man bei einem Urteil prüfen, ob wenigstens eine Berichtigung des etwaigen Tatbestands nach § 320 wiederum im Hinblick auf eine entscheidungserhebliche Gehörsverletzung infrage kommt. Das kann nicht nur die Partei prüfen, die ja einen nach § 320 I, III notwendigen Antrag stellen müßte. Vielmehr darf und muß auch das Gericht eine solche Prüfung zwecks Anregung eines etwaigen Parteiantrags vornehmen. Zwar bezieht sich die Erörterungs- und Hinweispflicht des § 139 auf den Verfahrensabschnitt „mündliche Verhandlung". Diese ist ja spätestens mit der Maßnahme nach §§ 136 IV, 296 a S 1 jedenfalls zunächst beendet gewesen. Indessen zielt § 321 a V ja gerade auf die „Fortführung des Verfahrens" ab, also jedenfalls beim Verfahren mit einer möglichen oder notwendigen mündlichen Verhandlung auf den Wiedereintritt in sie. Im übrigen gilt die Fürsorgepflicht des Gerichts in allen Verfahrensabschnitten, Einl III 27.

8 Mit § 320 *erzielt man* freilich vordergründig nur eine Verbesserung des Tatbestands, nicht der Entscheidungsgründe, dort V. Sie mag aber auch und gerade in der Frage der Gewährung oder Verletzung des rechtlichen Gehörs Auswirkungen bis hin zur Anfechtbarkeit des Urteils und damit zum Entfallen des Verfahrens nach § 321 a mit sich bringen, wenn auch sicher nur selten. Im übrigen kann ja ein Verfahren nach § 320 ein solches nach § 321 zur Folge haben, das ebenfalls den Vorrang vor demjenigen nach § 321 a hätte.

9 **C. Keine Ergänzung der Entscheidung nach §§ 321, 329.** Schließlich muß man klären, ob eine Ergänzung der Entscheidung nach §§ 321, 329 infrage kommt. Auch diese Prüfung ist eine Aufgabe nicht nur der Partei, sondern trotz des Erfordernisses ihres Antrags auch des Gerichts wegen seiner in Rn 7 dargelegten hier ebenso bestehenden Fürsorgepflicht. Auch bei § 321 kommt es hier natürlich nur auf eine etwaige entscheidungserhebliche Gehörsverletzung an. Immerhin kann sie gerade auch bei §§ 321, 329 einen Anlaß zur Ergänzung der Entscheidung sein und damit ein Verfahren nach § 321 a erübrigen.

10 **5) Unbeachtlichkeit von § 156, I–V.** Dagegen ist § 156 bei § 321 a zunächst unbeachtlich. Denn die Geltungsbereiche überschneiden sich zunächst nicht. § 156 setzt zwar voraus, daß das Gericht die mündliche Verhandlung bereits nach §§ 136 IV, 296 a S 1 geschlossen hatte. Die Vorschrift gilt aber nur bis zur Verkündung oder sonstigen gesetzmäßigen Mitteilung der Endentscheidung. Demgegenüber hat § 321 a gerade eine bereits wirksam erlassene Endentscheidung zur Voraussetzung. Ob im Verfahren nach § 321 a dann nach dem Schluß der dortigen Verhandlung, aber vor der Entscheidung über die Rüge eine Wiedereröffnung dieser letzteren Verhandlung nach § 156 notwendig wird, ist eine andere Frage. Diese läßt sich an diesem Anfang der Prüfschritte des § 321 a noch nicht beantworten. Natürlich kann ein Verstoß gegen § 156 die Rüge nach § 321 a eröffnen.

11 **6) Unzulässigkeit eines Rechtsmittels oder Rechtsbehelfs, I 1 Z 1.** Ein Abhilfeverfahren nach § 321 a setzt das Zusammentreffen mehrerer Bedingungen voraus. Nach der Abklärung, ob eine der Situationen Rn 5–9 vorliegt, ist eine der verbleibenden Bedingungen die Unzulässigkeit irgendeines Rechtsmittels oder Rechtsbehelfs. Zu deren Klärung sind wiederum mehrere Prüfschritte erforderlich.

12 **A. Kein Berufungswert von mehr als 600 EUR, § 511 II Z 1.** Die Berufung ist unzulässig, wenn der „Wert des Beschwerdegegenstandes" (so der Wortlaut von § 511 II Z 1) 600 EUR nicht übersteigt. Der Wert des Beschwerdegegenstands ist aber in Wahrheit gar nicht maßgeblich. Denn er steht noch gar nicht fest, bevor ein Berufungsantrag vorliegt, Schneider AnwBl **03**, 317. Deshalb kommt es in Wahrheit auf den Wert der Beschwer an, also desjenigen Betrags, um den das Urteil hinter dem letzten Klagantrag zurückgeblieben ist, Grdz 14 vor § 511, Schneider AnwBl **03**, 318 („Unsinn" des Gesetzgebers). Die Beschwer darf also nicht 600,01 EUR oder mehr betragen, aM Schmidt MDR **02**, 916. Maßgebend wäre der Zeitpunkt der Einlegung einer Berufung, BGH RR **88**, 837, Mü RR **90**, 1022. Eine Wertberufung ist zulässig, Jauernig NJW **03**, 469. Einzelheiten zur Wertberechnung bei § 511. Die Möglichkeit einer wertunabhängigen Anschlußberufung führt nicht stets zur Unzulässigkeit einer Rüge nach § 321 a, Wolf ZZP **116**, 527.

Unanwendbar ist I Z 1 auch nur entsprechend bei einem solchen Berufungsurteil, gegen das eine Nichtzulassungsbeschwerde wegen § 26 Z 8 EGZPO nicht zulässig ist, BGH NJW **03**, 150, aM Müller NJW **02**, 2746, Schmidt MDR **02**, 918 (aber Wortlaut und Sinn sind entdeutig, Einl III 39).

13 **B. Auch keine Berufungszulassung im Urteil, § 511 II Z 2.** Das Gericht darf eine Berufung auch nicht im Urteil zugelassen haben. Das muß zweifelsfrei feststehen. Ist eine Zulassung erfolgt, kommt es nicht

mehr darauf an, ob das zu recht oder unrecht geschehen ist. Denn das Berufungsgericht wäre zumindest zunächst an die Zulassung gebunden, § 511 IV 2. Es könnte erst im Berufungsverfahren nach § 522 die Berufung verwerfen oder zurückweisen, weil die Voraussetzungen einer Zulassung nicht vorgelegen hätten.

Nichtzulassung bindet zwar das Erstgericht nach § 318. Sie ist aber nach §§ 319–321 eventuell nachholbar. Deshalb muß man zunächst diesen Weg erfolglos versuchen, bevor das Verfahren nach § 321 a sinnvoll ist. Die Zulässigkeit einer Nichtzulassungsbeschwerde hindert also ein Vorgehen nach § 321 a, Ffm RR **05**, 1591.

C. Unzulässigkeit eines anderen Rechtsmittels oder Rechtsbehelfs. Es darf gegen die Endentscheidung auch kein anderes Rechtsmittel und überhaupt kein Rechtsbehelf irgendeiner Art statthaft sein. Damit erweitert I 1 Z 1 den Kreis der zunächst durchzuprüfenden Rechtsbehelfe im weitestmöglichen Sinn und engt dadurch zugleich die Möglichkeit einer Anhörungsrüge trotz ihrer nach Rn 3 eher weiten Auslegbarkeit doch wieder ein. Daher darf man nun auch nicht gleich wieder mit dem schon nach altem Recht genügend problematisch gewesenen „außerordentlichen Rechtsmittel" wegen „greifbarer Gesetzwidrigkeit" die Einschränkung des I 1 unterlaufen oder überhöhen, je nach der Betrachtungsweise und Wunschrichtung. **14**

7) Entscheidungserheblichkeit der Verletzung des Anspruchs auf rechtliches Gehör, I 1 Z 2. Nach der Abklärung, ob eine der Situationen Rn 5–9 vorliegt, und nach der Feststellung, daß ein Rechtsmittel oder Rechtsbehelf nach Rn 11–14 unstatthaft ist, hängt die Statthaftigkeit des Abhilfeverfahrens nach § 321 a davon ab, daß außerdem auch das Gericht des bisherigen Rechtszugs den Anspruch des Rügeführers auf sein rechtliches Gehör in einer entscheidungserheblichen Weise verletzt hat. Hier muß man also zwei Unterfragen prüfen. **15**

A. Gehörsverletzung des Beschwerten. Gerade das angegangene Gericht muß gerade das rechtliche Gehör gerade derjenigen Partei versagt haben, die es durch die Endentscheidung beschwert hat und die jetzt als Rügeführer auftritt, BGH NJW **08**, 2127, BSG NZA-RR **05**, 603. Also reicht keine andere Art von Verfahrensverstoß, BGH NJW **08**, 2127. Der Verstoß mag vor dem Schluß einer etwaigen mündlichen Verhandlung nach §§ 136 IV, 296 a oder im etwaigen Wiedereintrittsverfahren nach § 156 entstanden sein, im schriftlichen Verfahren bis zum Schluß der Frist zum Vortrag nach § 128 II 2. Er mag in nur einem oder in mehreren Punkten vorliegen. Er mag sich auf eine Tatsache oder eine Rechtsfrage beziehen, zB § 139 II 1. Er mag auch nur den Kostenpunkt betreffen, Celle FamRZ **03**, 1578. Er mag nur diesen Rügeführer oder neben ihm auch andere beschweren. **16**

Tut er das nur gegenüber einem *anderen Beteiligten,* entfällt für den Rügeführer die Möglichkeit nach I Z 2. Denn diese Vorschrift spricht vom Anspruch auf Gehör gerade „dieser" Partei. I 2 soll natürlich nicht auch dem durch einen Gehörsverstoß gar nicht Betroffenen eine Rügemöglichkeit eröffnen. Deshalb ist auch bei einfachen Streitgenossen nach §§ 59–61 nur der persönlich Beschwerte rügeberechtigt. Bei notwendigen Streitgenossen nach § 62 kommt es auf die Fallumstände an. Auch dann muß aber der Rügeführer zumindest mit durch eine Gehörsverletzung beschwert sein.

Rechtliches Gehör muß man wie bei Einl III 16, Grdz 41 vor § 128 beurteilen. Es erfordert also bei aller manchmal gefährlich schillernden Unschärfe des Begriffs und seiner oft allzu zweckorientierten Auslegung doch im Kern die ausreichende Möglichkeit einer Äußerung zu einer tatsächlichen oder rechtlichen Frage innerhalb einer nach den Gesamtumständen angemessenen nicht allzu großzügig ansetzbaren Frist. Eine allzu weite Auslegung ist gefährlich, großzügiger Köln FamRZ **05**, 2075. **17**

Gesetz und Gesamtumstände sind dabei mitbeachtlich, letztere zumindest hilfsweise und evtl sogar vorrangig. Im übrigen sei auf die Erörterungen einer möglichen Gehörsverletzung bei den einzelnen Vorschriften der ZPO, des GVG usw verwiesen. Einer Bereitschaft zur Selbstkritik ist eine gebieterische Forderung an das Gericht gerade im Verfahren nach § 321 a. Das gilt besonders bei der Beurteilung, ob man das Gehör verletzt hatte. Ängstlichkeit ist freilich keineswegs ratsam. Zwar sollte das Gericht nach den Anregungen Rn 3 vorgehen. Es sollte aber eben auch nicht eine Beibehaltung der Entscheidung scheuen, wenn es sich einigermaßen bestätigt fühlt. Mag in einem solchen Fall dann eben eine Verfassungsbeschwerde folgen müssen. **18**

B. Entscheidungserheblichkeit des Gehörverstoßes. Gerade der Verstoß gegen das Gebot rechtlichen Gehörs muß für den Rügeführer in der Endentscheidung nachteilige Auswirkungen gehabt haben. Diese Ursächlichkeit muß zweifelsfrei feststehen. Sonst scheitert die Rüge, Zuck NJW **08**, 2081 (zur Nichtzulassungsbeschwerde). Eine Mitursächlichkeit genügt. Es ist nicht eine Auswirkung in der Hauptsache erforderlich. Anders als bei § 139 II 1 reicht auch eine nachteilige Auswirkung wegen einer Nebenforderung, § 4 Rn 10 ff usw. Begriff der Ursächlichkeit § 287 Rn 6–8. **19**

Umfangserheblichkeit des Verstoßes ist *nicht* erforderlich. Denn Entscheidungserheblichkeit ist etwas anderes als ein erhebliches Ausmaß. Daher reicht theoretisch ein Nachteil von sehr geringer Summe. Freilich dürfte das Rechtsschutzbedürfnis nach Grdz 33 vor § 253 bei winzigen Auswirkungen fehlen: minima non curat praetor. Vor diesem Gedanken sollte der Richter auch bei § 321 a nicht furchtsam zurückweichen. In einem allzu krass geringfügig „entscheidungserheblichen" Fall dürfte in einer Rüge nach § 321 a sogar ein Rechtsmißbrauch vorliegen, Einl III 54. Freilich sollte sich das Gericht hüten, diesen Gedanken zum faulen Abschmettern einer Abhilfebitte zu mißbrauchen.

C. Nur bei Endentscheidung, I 2. Eine Anhörungsrüge kommt nur beim Verstoß einer Endentscheidung infrage. Sie ist also nur bei derjenigen Entscheidung welcher Form auch immer statthaft, die diese Instanz ganz oder teilweise endgültig abschließen soll. Das wäre auch beim Versäumnisurteil so. Denn mangels eines Einspruchs beendet es die Instanz. Freilich hindert dann I 1 Z 1 eine Anhörungsrüge. **20**

Unstatthaft ist sie stets bei einer bloßen Zwischenentscheidung welcher Form und welchen Inhalts auch immer, etwa beim Zwischenurteil nach § 280.

Unerheblich ist für die Abgrenzung die jeweilige Bezeichnung der Entscheidung. Maßgeblich ist vielmehr der durch eine Auslegung nach Grdz 52 vor § 128 ermittelbare Inhalt der Entscheidung.

8) Notwendigkeit einer Rüge, I, II. Das Gericht muß ein Verfahren nach § 321 a zwar evtl von Amts wegen anregen, Rn 7. Das Verfahren beginnt aber nur auf Grund einer Rüge, also eines hier besonders benannten Antrags, I. Er ist eine Parteiprozeßhandlung, Grdz 47 vor § 128. Er hat die in Grdz 51 ff vor **21**

§ 128 erläuterten Folgen für die Auslegung, für einen Widerruf usw. Die unrichtige Bezeichnung ist unschädlich, soweit die Zweckrichtung einer Bitte um Abhilfe gerade wegen einer Gehörsverletzung eindeutig erkennbar ist.

22 **9) Rügefrist, II 1–3.** Man muß die Rügeschrift innerhalb von zwei Wochen einreichen, II 1. Die Rechtzeitigkeit ist eine Voraussetzung der Zulässigkeit der Rüge. Das ergibt sich aus IV 1, 2. Die Zweiwochenfrist ist ausdrücklich als Notfrist bestimmt, II 1 in Verbindung mit § 224 I 2. Sie läßt sich daher nicht abkürzen, § 224 I 1. Es kommt auch keine Verlängerung infrage, § 224 II Hs 2.

23 **A. Fristbeginn mit Kenntnis der Verletzung, II 1 Hs 1.** Die Notfrist beginnt mit der Kenntnis des Rügeführers oder seines nach §§ 51 II, 85 II ihm gleichgestellten gesetzlichen Vertreters oder ProzBev von der Verletzung des rechtlichen Gehörs. Die Rügefrist kann für jeden Betroffenen je nach dem Zeitpunkt gerade seiner Kenntnis unterschiedlich anlaufen.

Kenntnis ist mehr als ein bloßes Kennenmüssen, -sollen oder -können. Ähnlich wie zB bei § 814 BGB kommt es auf ein positives direktes Wissen an, BAG MDR **07**, 47, Rensen MDR **07**, 697, aM BGH FamRZ **06**, 1029. Nach dem klaren Wortlaut von II 1 Hs 1 ist eine Kenntnis aber nur von der Verletzung notwendig, nicht auch von deren Entscheidungserheblichkeit. In der Praxis sollte man deshalb an die Kenntnis keine überscharfen Anforderungen stellen.

Unerheblich ist jetzt der Zustellungszeitpunkt der Entscheidung.

24 **B. Glaubhaftmachung, II 1 Hs 2.** Der Rügeführer muß den Zeitpunkt seiner Kenntnis von der Gehörsverletzung nicht nur darlegen, sondern auch glaubhaft machen. Das geschieht wie stets nach § 294. Man kann die Glaubhaftmachung nur innerhalb einer vom Gericht etwa nach § 139 setzbaren angemessenen Frist nachholen.

Nicht erforderlich ist ein über eine überwiegende Wahrscheinlichkeit hinausgehender Beweisantritt oder gar Beweis. Freilich kann ein Anscheinsbeweis für oder gegen den Rügeführer nach den Regeln Anh § 286 Rn 15 ff vorliegen. Er kann zu einer Verschärfung wie Verringerung der Anforderungen an die Glaubhaftmachung führen

25 **C. Jahres-Ausschlußfrist, II 2, 3.** Nach dem Ablauf eines Jahres seit der Bekanntgabe der angegriffenen Endentscheidung ist die Rüge nach II 2 unstatthaft. Dabei gilt eine nur formlos mitgeteilte Entscheidung nach einer verfassungsrechtlich hier wie bei ähnlichen Regelungen problematischen Unterstellung mit dem dritten Tag nach der Aufgabe zur Post nach II 3 als bekanntgegeben. Es handelt sich bei der Jahresfrist um eine Ausschlußfrist nach Üb 11 vor § 214. Sie läßt ebensowenig wie bei § 234 III eine Wiedereinsetzung zu. Die Aufgabe zur Post ergibt sich aus den Gerichtsakten (Abvermerk der Postausgangsstelle). Fehlt er oder ist er widersprüchlich oder unklar, läuft die Frist allenfalls seit dem einwandfreien Datum der sonstigen Bekanntgabe.

26 **10) Zuständigkeit, Rügeform, II 4.** Zuständig ist nach II 4 Hs 1 dasjenige Gericht, dessen Entscheidung der Rügeführer angreift, nicht etwa das nächsthöhere Gericht. Die Einreichung bei einem unzuständigen Gericht wahrt die Rügefristen des II 1–3 nur unter den Voraussetzungen des § 129 a (rechtzeitige Weiterleitung an das zuständige Gericht).

Die Vorschrift schreibt in II 4 als *Rügeform* mangels elektronischer Einreichung nach dem vorrangigen § 130 a einen herkömmlichen Schriftsatz vor. Eine nur telefonische Einlegung ist also unzulässig und wirkungslos. Erst recht ist eine nur stillschweigende Rüge unzureichend, mag sie auch sonst denkbar sein, wie etwa im finanzgerichtlichen Verfahren, BGH BB **01**, 2459. Im übrigen muß man bei einer genaueren Prüfung wie folgt unterscheiden.

A. Verfahren mit Anwaltszwang: Nur Schriftform oder elektronisch. Soweit das Verfahren mit einem Anwaltszwang ablief, unterliegt auch die Rügeschrift dem Anwaltszwang, BGH NJW **05**, 2017. Er muß mangels elektronischer Übersendung schriftlich erfolgen. Die Einreichung durch Telefax ist wie sonst statthaft. Sie unterliegt den auch zur Unterschrift dort entwickelten Regeln, § 129 Rn 44 „Telefax“. Zum Anwaltszwang § 78 Rn 1, 4–16.

27 **B. Verfahren ohne Anwaltszwang: Auch zum Protokoll.** Soweit das Verfahren keinem Anwaltszwang unterlag, kommt die Einreichung durch eine Erklärung zum Protokoll der Geschäftsstelle eines jeden AG infrage, § 129 a, Hinz WoM **02**, 10, aM Schmidt MDR **02**, 916 (aber die eben genannte Vorschrift gilt allgemein). Das folgt aus den auch hier als Teile des Buchs 1 der ZPO anwendbaren Vorschriften der §§ 78 III Hs 2, 129 a. Freilich liegt dann eine rechtzeitige Einreichung nach II 1–3 wegen § 129 a II 2 erst mit dem Eingang auf der Posteinlaufstelle desjenigen Gerichts vor, das erstinstanzlich entschieden hatte.

28 **11) Rügeinhalt, II 5.** Unabhängig von der Rügeform nach Rn 26, 27 muß die Rügeschrift stets zur Wirksamkeit den folgenden Mindestinhalt haben.

A. Bezeichnung der angegriffenen Entscheidung, II 5 Hs 1. Der Rügeführer muß die angegriffene Entscheidung bezeichnen. In der Regel genügen das vollständige Aktenzeichen und das Gericht. Natürlich sollte man auch das Datum und bei mehreren an demselben Tag ergangenen Entscheidungen etwa über verschiedene Verfahrensteile diejenige Entscheidung im einzelnen bezeichnen, um deren Unrichtigkeit es geht. Unvollständige oder fehlerhafte Angaben muß das Gericht wie bei allen Parteiprozeßhandlungen nach den Regeln Grdz 51 ff vor § 128 durch eine Auslegung wenn möglich klären, auch durch eine Rückfrage, evtl nebst einer Fristsetzung. Verbleibende Unklarheiten können zur Unzulässigkeit der Rüge führen.

29 **B. Darlegung der Gehörsverletzung, II 5 Hs 2.** Der Rügeführer muß zusätzlich zu den Angaben Rn 28 auch darlegen, daß das Gericht seinen Anspruch auf ein rechtliches Gehör überhaupt jetzt neu und eigenständig verletzt habe, BVerfG NJW **08**, 2635, BGH NJW **08**, 923 rechts, VGH Kassel NVwZ-RR **08**, 70 (zu § 69 a GKG), Lindner AnwBl **08**, 362, aM Zuck AnwBl **08**, 168. Diese Darlegung ist derjenigen nach § 520 III 2 Z 2 (Berufungsbegründung) vergleichbar, ebenso derjenigen nach § 551 III Z 2 (Revisionsbegründung) und derjenigen nach § 575 III Z 3 (Rechtsbeschwerdebegründung).

Darlegen ist weniger als glaubhaft machen oder Beweis antreten, aber mehr als eine bloße Wiederholung des Gesetzestextes oder als die Beschränkung auf eine vage Rechtsansicht. Darlegen bedeutet: Bestimmte Umstände tatsächlicher und/oder rechtlicher Art benennen, aus denen man zumindest eine nicht ganz hergesuchte Möglichkeit einer Gehörsverletzung vernünftigerweise ableiten kann, wenn nicht muß. Eine ganz entfernte Möglichkeit wie „es läßt sich nicht völlig ausschließen, daß" reicht nicht aus. Eine hochgradige Gewißheit wie „es läßt sich zwingend nur folgern, daß" ist nicht notwendig. Ein Mittel nach § 294 oder ein Beweisantritt ersetzt nicht die logisch vorher notwendige Darlegung, wozu das Mittel und der Beweisantritt dienen sollen. 30

Eine *Flut von Zitaten* und Fundstellen ist erst in Verbindung mit dem konkreten Fall interessant. Man sollte weder zu hohe noch zu geringe Anforderungen an die Darlegung stellen. Was vernünftigerweise eigentlich ganz plausibel klingt, sollte ausreichen. Ohne eine gewisse Auseinandersetzung mit der Rechtsprechung und Lehre zum oft gefährlich schillernden Begriff der Verletzung des rechtlichen Gehörs dürfte eine Darlegung aber leider oft nicht ausreichen. Im Verfahren ohne einen Anwaltszwang darf das Gericht weniger harte Anforderungen stellen. Auch dort sind aber bloße Phrasen kein Weg, sich ein Abhilfeverfahren nach § 321 a zu verschaffen. Ein kluges Gericht wägt in einer Bereitschaft zur Selbstkritik ruhig ab.

C. Darlegung der Entscheidungserheblichkeit der Gehörsverletzung, II 5 Hs 2. Der Rügeführer muß zusätzlich zu den Angaben Rn 28–30 schließlich auch darlegen, daß und inwieweit die von ihm behauptete Verletzung des rechtlichen Gehörs gerade ihm gegenüber nachteilig entscheidungserheblich war, und zwar gerade in der jetzt gerügten Endentscheidung, BGH NJW **08**, 378. Das ist der oft schwierigste Teil der Rügebegründung. Mängel können zur Unzulässigkeit der Rüge führen. Deshalb ist gerade auch hier alle Sorgfalt ratsam. 31

Entscheidungserheblichkeit ist ein vom Gesetz nicht näher umschriebener Begriff. Er erfordert eine doppelte Prüfung, am besten in der folgenden Reihenfolge. 32

Ursächlichkeit ist das erste notwendige Erfordernis. Der Begriff der Ursächlichkeit ist in seiner schillernden Vieldeutigkeit in § 287 Rn 6 ff erläutert. Dort gibt es auch den Hinweis auf den Hauptunterschied zwischen einer haftungsbegründenden und einer haftungsausfüllenden Ursächlichkeit. Dieser für die Anwendbarkeit des strengeren § 286 oder des milderen § 287 wesentliche Unterschied spielt auch hier eine Rolle, wo es nicht um die Haftung des Staats geht, sondern um eine Fortführung des erstinstanzlich scheinbar schon beendeten Prozesses. Je nach der Art der Ursächlichkeit ist das Gericht also in seiner Entscheidung über eine Fortführung der Instanz freier oder gebundener. 33

Erheblichkeit ist nach Bejahung der Ursächlichkeit ein weiteres Merkmal, von dessen Vorliegen eine Abhilfe abhängt. Erheblichkeit ist ein weiterer schillernder Begriff. Die Floskel, alles nicht mehr ganz Unerhebliche sei eben erheblich, wirkt nur auf den ersten Blick als Wortklauberei. In Wahrheit hilft sie oft ganz gut, die richtige Abgrenzung zu finden. Jedenfalls deutet sie die vernünftige Auslegungsrichtung an. Man sollte wie ja überhaupt bei § 321 a nach Rn 2 eine Erheblichkeit eher bejahen als verneinen. Andererseits darf nicht jede winzige Ungenauigkeit oder Unterlassung zur Bejahung einer Entscheidungserheblichkeit führen. Auch hier gilt es also behutsam und vernünftig abzuwägen. 34

D. Voraussichtlichkeit, II 5 Hs 1, 2. Bei allen Prüfschritten Rn 28 ff ist letzthin eine nachträgliche Prognose erforderlich: Wie hätte das Gericht ohne seinen Gehörsverstoß mit einiger Sicherheit entscheiden müssen? Das ist fast dieselbe schwierige Fragestellung wie zB dann, wenn es um ein angebliches Anwaltsverschulden und seine Auswirkungen auf den Prozeß geht. Auch hier kommt es wie dort nicht darauf an, wie dieses Gericht entschieden *hätte,* sondern wie es hätte entscheiden *müssen,* Anh § 286 Rn 179, BGH **133**, 111, Düss VersR **88**, 522, Hamm RR **95**, 526. Auch hier ist eine weder zu strenge noch zu großzügige Handhabung notwendig. 35

E. Beispiele zur Frage einer Gehörsverletzung, II 5 Hs 1, 2. Bei allen Einzelvorschriften befinden sich Hinweise auf mögliche Verstöße gegen Art 103 I GG in den Kommentierungen. Deshalb hier nur einige häufigere Beispiele. Man muß stets mitbeachten, daß nach I 2 nur ein Verstoß gerade der Endentscheidung beachtlich ist. 36

von Amts wegen: Eine Gehörsverletzung kann vorliegen, soweit das Gericht einen von Amts wegen beachtbaren Umstand außer acht läßt. Das gilt, obwohl das Gericht nach den Regeln Grdz 39 (nicht 38) vor § 128 nur auf Bedenken aufmerksam macht. Denn es muß ja eine Gelegenheit zur Stellungnahme geben.

Erst recht gilt das bei einer notwendigen Amtsermittlung, Grdz 38 vor § 128.

Befangenheit: Eine Gehörsverletzung liegt vor, soweit der Richter unter einem Verstoß gegen § 47 verfrüht entscheidet. Denn vor der Erledigung des Ablehnungsgesuchs darf er in dieser Sache überhaupt nicht entscheiden, solange noch ein Aufschub zulässig ist.

Eine Gehörsverletzung *fehlt,* soweit das Ablehnungsgesuch unbeachtlich, weil rechtsmißbräuchlich ist, § 42 Rn 7, oder soweit eine Ablehnungsentscheidung unanfechtbar ist, BGH NJW **07**, 3789 (abl Fölsch).

Besetzungsfehler: Eine Gehörsverletzung liegt vor, soweit das Gericht in einer gesetzwidrigen Besetzung entscheidet. Denn darin liegt ein Entzug des gesetzlichen Richters, Art 102 I 2 GG, der allein entscheiden darf und folglich auch selbst (mit)anhören muß.

Beweisantrag: Eine Gehörsverletzung liegt vor, soweit das Gericht einen ordnungsgemäßen Beweisantrag übergeht. Denn gerade in der Beweiserhebung liegt oft die entscheidende Chance des Beweisführers, sich mit seinen Tatsachenbehauptungen Gehör zu verschaffen. Die nun notwendige Erheblichkeitsprüfung erfolgt nach Rn 31–35.

Formverstoß: Eine Gehörsverletzung liegt vor, soweit das Gericht eine zum rechtlichen Gehör erforderliche Form mißachtet, soweit es etwa eine Frist ohne die förmliche Zustellung einer ordnungsgemäß unterschriebenen Fristverfügung bewilligt, sodaß weder ihr Anlauf noch ihr Ablauf feststellbar ist. 37

Eine Gehörsverletzung *fehlt,* soweit das Gericht die Entscheidung lediglich irrig falsch bezeichnet hat, § 319, oben Rn 6.

Fristverstoß: Eine Gehörsverletzung liegt vor, soweit das Gericht vor dem Ablauf der gesetzlichen oder von ihm selbst gesetzten richterlichen Frist diejenige Entscheidung trifft, vor der es die Frist gerade abwarten mußte. Das gilt unabhängig von einem Verschulden des Gerichts. Ein Fristverstoß liegt auch dann vor, wenn die Entscheidung zwar äußerlich nach dem Fristablauf erfolgt, aber ohne eine Berücksichtigung einer noch im Gang von der Posteinlaufstelle zum Richter befindlichen Stellungnahme, die der Absender etwa unter der erlaubten Ausnutzung der Frist bis zur letzten Minute eingereicht hatte.

Zu kurze Fristen stehen an sich ausreichenden, aber nicht abgelaufenen gleich.

S auch Rn 39 „Zustellung".

Gerichtsstand: Eine Gehörsverletzung *fehlt* durchweg, soweit das Gericht lediglich örtlich unzuständig ist. Denn es entscheidet dann im übrigen in einer dort richtigen Besetzung usw.

Neuer Sachvortrag: Er ist unstatthaft, BGH FamRZ **07**, 1463.

Nachfrist: S „Fristverstoß".

Mündliche Erörterung: Nach ihr *fehlt* eine Gehörsverletzung, BGH RR **07**, 1370.

Örtliche Unzuständigkeit: Es gilt dasselbe wie bei Rn 38 „Sachliche Unzuständigkeit".

38 **Präklusion:** Sie kann eine Gehörsverletzung darstellen, Köln FamRZ **05**, 2075. Aber Vorsicht!

Prozeßkostenhilfe: Eine Gehörsverletzung kann vorliegen, soweit das Gericht gerade in seiner nach I 2 allein angreifbaren Endentscheidung eine Prozeßkostenhilfe fälschlich versagt oder verspätet über sie entscheidet. Denn von ihrer ordnungsgemäßen Gewährung kann wesentlich mitabhängen, welchen zumindest vorschußpflichtigen Beweisantrag die bedürftige Partei stellt und wozu sie es zur streitigen und damit Beweiskostenrisiken auslösenden Verhandlung kommen läßt, um nur einige der Auswirkungen zu skizzieren.

Prozeßvoraussetzung: Rn 36 „von Amts wegen".

Rechtliche Beurteilung: Eine Gehörsverletzung kann vorliegen, soweit das Gericht seiner Endentscheidung eine solche Rechtsansicht zugrundelegt, die es unter einem Verstoß gegen § 139 nicht rechtzeitig vor dem Verhandlungsschluß nach §§ 136 IV, 296 a oder dem nach § 128 II 2 gleichstehenden Zeitpunkt dem dann Benachteiligten zur etwaigen Stellungnahme als eine freilich nur vorläufige Bewertung mitgeteilt hat.

Rechtsweg: Eine Gehörsverletzung liegt vor, soweit das Gericht im Rechtsweg unzuständig ist. Denn darin liegt ein Verstoß auch gegen das Gebot des gesetzlichen Richters, Art 102 I 2 GG.

S aber auch „Sachliche Unzuständigkeit".

Sachliche Unzuständigkeit: Eine Gehörsverletzung *fehlt,* soweit das Gericht lediglich sachlich unzuständig ist. Denn auf diesen Verstoß könnte man nicht einmal eine Berufung stützen, § 513 II.

S aber auch „Rechtsweg".

Säumnis: Eine Gehörsverletzung liegt meist vor, soweit das Gericht objektiv unrichtig eine Säumnis der Partei annimmt und darauf eine Entscheidung auch nur mitstützt. Dabei kommt es nicht darauf an, ob das Gericht eine Entschuldigung hätte annehmen dürfen und müssen. Freilich darf man zB nicht jede Verspätung bis nach dem Urteilserlaß stets schon wegen eines Verkehrsstaus als eine nachträgliche Entschuldigung bewerten, § 337 Rn 37 „Verkehrsprobleme"

39 **Terminierung:** Eine Gehörsverletzung *kann vorliegen,* wenn das Gericht dem Verhandlungstermin mit einer gesetzwidrig kurzen Einlassungs- oder Ladungsfrist anberaumt, insbesondere bei einer Auslandszustellung.

Eine Gehörsverletzung *fehlt,* wenn das Gericht eine wenn auch scheinbar kurze gesetzliche Frist einhält. Bei der heutigen Übermittlungsgeschwindigkeit per Telefax usw sind manche früher reichlich knappen gesetzlichen Fristen durchaus nicht mehr zu kurz.

Terminsänderung: S „Vertagung".

Überraschungsurteil: Eine Gehörsverletzung liegt vor, soweit das Gericht in seiner Endentscheidung eine solche Bewertung vornimmt, mit der der Benachteiligte nicht zu rechnen braucht, mag diese Bewertung sich nun auf eine Tatsache oder auf eine rechtliche Beurteilung beziehen, § 139.

Unrichtigkeit: Sie kann eine Gehörsverletzung herstellen, Köln FamRZ **05**, 2075. Aber Vorsicht!

Unzuständigkeit: Rn 37 „Örtliche Unzuständigkeit", Rn 38 „Rechtsweg", „Sachliche Unzuständigkeit".

Verhandlungsleitung: Eine Gehörsverletzung kann vorliegen, soweit der Vorsitzende gegen eine wesentliche Vorschrift seiner Verhandlungsleitung verstößt, soweit er etwa einen Beteiligten nicht ausreichend zu Wort kommen läßt oder die Verhandlung verfrüht schließt. Freilich ist § 156 nach dem Urteilserlaß unbeachtlich, Rn 10. Gerade ein Verstoß gegen diese Vorschrift kann aber die Rüge einer Gehörsverletzung eröffnen.

Verspäteter Vortrag: Eine Gehörsverletzung kann vorliegen, soweit das Gericht einen Vortrag objektiv zu Unrecht als verspätet zurückweist und darauf seine Endentscheidung stützt.

Vertagung: Eine Gehörsverletzung liegt vor, soweit das Gericht eine objektiv notwendige Vertagung ablehnt oder nicht wenigstens mit dem Betroffenen erörtert. Denn er mag zu ihr einen bisher nicht notwendig zur Sprache gekommenen Grund haben.

Zurückweisung wegen Verspätung: S „Verspäteter Vortrag".

Zustellung: Eine Gehörsverletzung kann vorliegen, soweit das Gericht infolge einer objektiv unrichtigen Bewertung eine Zustellung nicht für notwendig hält oder eine versuchte als gesetzmäßig korrekt ausgeführt ansieht und folglich zu seiner Endentscheidung kommt, statt zB eine richtige Zustellung nachholen zu lassen. Freilich kann § 189 geheilt haben.

S auch Rn 37 „Fristverstoß".

40 **12) Stellungnahme des Gegners, III.** Das Gericht muß dem Gegner des Rügeführers eine Gelegenheit zur Stellungnahme geben, freilich nur, „soweit erforderlich". Es soll also ein weiterer Verstoß gegen Art 103 I GG unterbleiben.

A. Erforderlichkeit. Die Anhörung des Rügegegners darf unterbleiben, soweit das Gericht eine Verwerfung als unzulässig oder eine Zurückweisung als unbegründet nach IV plant. Denn dann erleidet der Gegner des Rügeführers durch die Entscheidung nach § 321 a keinen Rechtsnachteil, Müller NJW **02**, 2744. Die Lage ist insofern nicht anders als in zahllosen vergleichbaren prozessualen Fällen. Natürlich kann es trotzdem ratsam oder doch sinnvoll sein, dem Gegner eine Gelegenheit zur Äußerung zu geben, schon damit das

Gericht prüfen kann, ob der Gegner die geplante Beurteilung des Rügeführers teilt oder ob er sogar noch zusätzliche tatsächliche Umstände oder rechtliche Argumente für eine Verwerfung oder Zurückweisung der Rüge benennen kann, durch die man den Rügeführer noch eher überzeugen könnte. Jedenfalls ist eine Anhörung auch vor einer geplanten Verwerfung oder Zurückweisung keineswegs unstatthaft, auch nicht zwecks Prozeßwirtschaftlichkeit, Grdz 14 vor § 128. Freilich verbietet sich auch im Abhilfeverfahren etwas ersichtlich Unnötiges, etwa bei einem eindeutigen Fristverstoß.

Unzulässig ist es, einfach Ergänzungen des früheren Vortrags unter dem Vorwand nachzuschieben, der Gegner oder man selbst habe kein ausreichendes Gehör gehabt.

B. Stellungnahmefrist. Wenn das Gericht sich entschließt, dem Gegner eine Gelegenheit zur Stellungnahme zu geben, muß es ihm dazu auch eine ausreichende Frist gewähren. Ihre Länge richtet sich nach den Gesamtumständen. Die moderne Technik mag eine nur elektronische oder telefonische Rückfrage ausreichen lassen oder etwa bei einer Fristsetzung per Telefax eine kürzere Frist als bei einer schriftlichen Fristsetzung zulassen. Überfallartige Schnellfristen muß das Gericht ebenso vermeiden wie allzu großzügige Fristen in diesem ja ohnehin die jeweilige Instanz verlängernden Verfahrensabschnitt, durch den ein Rügeführer vielleicht nur Zeit bis zur Leistungsfälligkeit gewinnen will. In einem nicht zu komplizierten Fall mögen 2–3 Wochen genügen. Freilich kann man die oft schwierigen Fragen einer Gehörsverletzung auch nicht zwischen Tür und Angel sorgfältig überprüfen. Immerhin hatte ja auch der Rügeführer evtl nur zwei Wochen zur Rüge Zeit, II 1. Es heißt also auch hier behutsam abwägen. Eine Woche mehr ist besser als eine zu wenig. 41

C. Gegenäußerung des Rügeführers. III sieht sie nicht ausdrücklich vor oder ermöglicht sie auch nur anders als zB §§ 275 IV, 276 III. Das ändert nichts dran, daß eine nach III eingeholte Stellungnahme das Gericht zur Vermeidung eines weiteren Verstoßes gegen Art 103 I GG dazu zwingen kann, auch den Rügeführer unter einer Übersendung der gegnerischen Äußerung noch kurz anzuhören, insbesondere vor einer Verwerfung oder Zurückweisung der Rüge. 42

13) Verwerfung, Zurückweisung, IV. Das weitere Verfahren hängt davon ab, ob das Gericht die Rüge als erfolglos oder erfolgreich erachtet. Das gilt auch bei einer teilweisen derartigen Beurteilung. Nach einem Richterwechsel kommt es für den jetzt zuständigen Richter darauf an, wie sein Vorgänger hätte beurteilen müssen, Schneider MDR **05**, 249. 43

A. Amtsprüfung der Statthaftigkeit und Zulässigkeit, IV 1. Stets muß das Gericht zunächst und vorrangig prüfen, ob die Rüge an sich statthaft ist und ob der Rügeführer sie bejahendenfalls außerdem sowohl in der gesetzlichen Form als auch innerhalb der gesetzlichen Frist erhoben hat. Die Prüfung erfolgt am besten in der vorstehenden Reihenfolge. Sie hat jedenfalls den Vorrang vor der Begründetheitsprüfung. Zwar dürfte das Gericht die Rüge als unstatthaft oder unzulässig, hilfsweise als unbegründet erachten. Es dürfte aber die ersteren beiden Prüfschritte nicht wegen der zusätzlichen Unbegründetheit offen lassen, Grdz 17 vor § 253. IV 1 ähnelt dem § 589 I 1 weitgehend schon im Wortlaut. Zuständig ist die Besetzung des angegriffenen Gerichts. § 320 IV 2 ist unanwendbar, BGH FamRZ **05**, 1831.

Von Amts wegen muß das Gericht diese Prüfung nach dem klaren Wortlaut und Sinn des IV 1 vornehmen. Eine Amtsprüfung nach Grdz 39 vor § 128 ist etwas anderes und weniger als eine Amtsermittlung, Grdz 38 vor § 128. Das Gericht nimmt daher keine amtliche Untersuchung vor. Es macht vielmehr nur von Amts wegen auf gewisse Bedenken aufmerksam und fordert dazu auf, sie durch Nachweise zur Gewißheit zu machen oder zu entkräften. Das geschieht im einzelnen nach III, Rn 40–42. 44

B. Freigestelle mündliche Verhandlung, IV 1. Soweit es um die Prüfung der Statthaftigkeit und Zulässigkeit der Rüge geht, ist das Gericht zur Anordnung einer mündlichen Verhandlung berechtigt, aber nicht verpflichtet. Das ergibt sich daraus, daß seine Entscheidung nach IV 2, 4 durch einen Beschluß ergeht. Denn nach §128 IV kann eine Entscheidung, die kein Urteil ist, ohne eine mündliche Verhandlung ergehen, soweit das Gesetz nichts anderes bestimmt. § 321 a IV enthält keine derartige andere Bestimmung. Es gelten also die allgemeinen Regeln zur freigestellten mündlichen Verhandlung, § 128 Rn 10. 45

Auch bei einer Unbegründetheit ist eine mündliche Verhandlung freigestellt. Denn die Formulierung „Die Entscheidung" in IV 4 bezieht sich auf IV 2 und 3.

C. Bei Unstatthaftigkeit oder Unzulässigkeit: Verwerfungsbeschluß, IV 2, 4, 5. Soweit die Rüge entweder schon an sich überhaupt unstatthaft oder doch jedenfalls mangels rechter Form und Frist im Einzelfall unzulässig ist, muß das Gericht sie durch einen Beschluß verwerfen, Düss WoM **04**, 161, VGH Kassel NVwZ-RR **08**, 70 (zu § 69 a GKG). IV 2 spricht systematisch teilweise unscharf von einer Verwerfung als „unzulässig" statt als „unstatthaft oder unzulässig", meint aber dasselbe. IV 2 ähnelt dem § 589 I 2 schon in Wortlaut weitgehend. 46

Begründen soll das Gericht seinen Beschluß „kurz" nach IV 5, einer wiederum etwas systemwidrigen unklaren Anordnung. An sich braucht ein unanfechtbarer Beschluß keine Begründung, § 329 Rn 6. Indessen erfordert nicht nur eine Anstandspflicht (nobile officium) eine gewisse eben nur „kurze" Begründung. Deshalb bringt die formell bloße Sollvorschrift doch wie so oft eine praktisch weitgehende Notwendigkeit einer Begründung. Es fordert eben auch der Gesetzestext eine vollwertige Begründung. Zwar ist die Verwerfung nach IV 4 unanfechtbar. Indessen mag nunmehr erst recht eine Gehörsverletzung in Wahrheit jedenfalls vor dem etwa trotz aller Entlastungsversuche des Gesetzgebers doch noch anrufbaren BVerfG zutage treten. Schon deshalb soll das Gericht seine Gründe der Verwerfung nachprüfbar offenbaren, Sangmeister NJW **07**, 2364. Eine Unanfechtbarkeit nach IV 4 meint ja wie stets in einer vergleichbaren Lage keine Unzulässigkeit einer Verfassungsbeschwerde zum BVerfG. 47

Kurz und klar sollen und dürfen die Gründe sein. Sie sollten bei einem Fristverstoß eindeutig erkennen lassen, welche der unterschiedlichen Fristen des II 3 der Rügeführer nicht eingehalten hatte. Im Revisionsverfahren braucht das Gericht keine Begründung zu geben, soweit es nach § 564 verfahren hat, BGH NJW **05**, 1433 links oben. 48

Kostenrechtlich gelten §§ 91 ff. Es entsteht nur bei einer vollen Verwerfung oder Zurückweisung der Rüge eine Gerichtsgebühr nach KV 1700 usw als eine Verfahrensfestgebühr von 50 EUR. Bei einer auch nur 49 teilweisen Statthaftigkeit, Zulässigkeit und Begründetheit entsteht diese Gebühr weder im Umfang dieses Teilerfolgs noch wegen des erfolglosen Rügerests, § 1 I GKG. Auslagen entstehen beim Gericht schon wegen VV 9002 amtliche Anmerkung in aller Regel ebenfalls nicht. Daher besteht insoweit keineswegs stets ein Anlaß zu einer Grundentscheidung über Gerichtskosten. Anwaltsgebühren entstehen nicht für denjenigen Anwalt, der schon vor dem Abhilfeverfahren tätig war. Denn dann gehört seine Tätigkeit nach § 19 I 2 Z 5 RVG zum Rechtszug, auch wenn diese Vorschrift das Abhilfeverfahren nicht als „insbesondere zugehörig" bezeichnet. Soweit der Anwalt nur im Verfahren nach § 321 a tätig ist, entsteht unabhängig von seinem Ergebnis nach VV 3330 eine Vergütung.

50 *§ 96* ist unanwendbar. Denn die Rüge ist kein Angriffs- oder Verteidigungsmittel, dort Rn 4, sondern die Fortsetzung des Angriffs selbst. Auch § 97 ist unanwendbar. Denn es liegt kein Rechtsmittel vor, sondern aus den obigen Gründen allenfalls ein Rechtsbehelf ohne eine Anfallwirkung, § 97 Rn 15.

51 **D. Bei Unbegründetheit: Zurückweisungsbeschluß, IV 3–5.** Soweit die Rüge zwar nach Rn 43–50 statthaft und zulässig ist, sich aber als unbegründet erweist, muß das Gericht über sie ebenfalls durch einen Beschluß entscheiden. Es verwirft sie dann freilich nicht, sondern „weist sie zurück", am klarsten mit dem freilich nicht notwendigen Zusatz „als unbegründet".

52 *Kurz begründen* soll das Gericht diesen Beschluß wie bei einer Verwerfung, Rn 47, 48. Soweit das Gericht schon eine Gehörsverletzung verneint, braucht es natürlich nicht zur nachrangigen Frage einer Entscheidungsunerheblichkeit Stellung zu nehmen. Es darf und sollte das aber hilfsweise zur zusätzlichen Stützung seiner Beurteilung tun. Es muß natürlich zur Ursächlichkeitsfrage verneinend Ausführungen machen, soweit es eine Gehörsverletzung einräumt oder zulässigerweise mangels Ursächlichkeit offen lassen will.

Kostenrechtlich gilt Rn 49 auch hier, BGH WoM **05**, 475. §§ 96, 97 sind auch hier unanwendbar.

53 **14) Abhilfe: Verfahrensfortführung, V.** Soweit das Gericht die Rüge für statthaft, zulässig und begründet erachtet, muß es ihr abhelfen, indem es das Verfahren fortführt, V 1. Das gilt nach Hs 2 freilich nur, soweit die Fortführung auf Grund der Rüge nicht bloß zweckmäßig, sondern geradezu notwendig ist. Eine solche Beschränkung ist eigentlich selbstverständlich. Denn schon mit ihr läßt sich das Ziel des ganzen Abhilfeverfahrens erreichen. Nicht erreichbar ist eine Änderung der bisherigen Endentscheidung. Sie kann sich erst am Ende des nun fortzuführenden Verfahrens nochmals ergeben. Sie ist aber noch keineswegs sicher. Insoweit ähnelt V 2 der Situation nach einem ordnungsgemäßen Einspruch gegen ein Versäumnisurteil oder einen Vollstreckungsbescheid, §§ 342, 700 I. § 590 ist unanwendbar.

54 **A. Keine Notwendigkeit einer Fortführungsentscheidung, V 1.** Will das Gericht das Verfahren fortführen, faßt es weder einen Aufhebungsbeschluß noch einen besonderen Fortführungsbeschluß. Der erstere wäre verfrüht. Denn es kann sich ja erst durch das Fortführungsverfahren ergeben, was aus der bisherigen Endentscheidung wird. Der letztere wäre ebenso überflüssig wie zB bei §§ 342, 700 I. Er wäre freilich unschädlich. Er bindet das Gericht nicht, Petry MDR **07**, 498, aM OVG Kblz MDR **07**, 544.

55 **B. Zurückversetzung des Verfahrens, V 2, 4.** Die Vorschrift ähnelt dem § 342 schon im Wortlaut weitgehend. Daher sind die zu jener Vorschrift entwickelten Regeln hier mitverwendbar, dort Rn 2 ff. Das gilt insbesondere zur Behandlung von Verspätungsfragen, früheren Anerkenntnissen usw. Die Zurückversetzung erfolgt nur in den Stand „vor dem Schluß der mündlichen Verhandlung" nach § 136 IV, 296 a oder im schriftlichen Verfahren in den Zeitpunkt, bis zu dem man nach § 128 II 2 Schriftsätze einreichen darf. Beides erfolgt außerdem nur in den Grenzen Rn 53. Eine zeitlich noch weitere Zurückversetzung ist nicht zulässig.

56 **C. Neue Entscheidung, V 3.** § 343 gilt entsprechend. Soweit also die nach der neuen Verhandlung notwendige Entscheidung mit der bisherigen übereinstimmt, muß das Gericht die bisherige in seiner neuen Entscheidung ausdrücklich aufrechterhalten. Andernfalls muß das Gericht in seiner neuen Entscheidung die bisherige aufheben oder teilweise ändern und zur Sache neu erkennen, AG Magdeb ZMR **03**, 45. Eine Aufrechterhaltung wie eine Aufhebung oder Änderung gehören in den Tenor der neuen Entscheidung oder der jetzt erforderlichen andersartigen neuen Entscheidung, etwa in einen jetzt erforderlichen Kostenbeschluß nach § 91 a. Im übrigen gelten die zu § 343 entwickelten Regeln entsprechend, dort Rn 2 ff.

57 **15) Einstellung der Zwangsvollstreckung usw, § 707.** Diese Vorschrift nennt in I 1 auch § 321 a. Das heißt zunächst: Das Gericht kann auf Antrag anordnen, daß die Zwangsvollstreckung gegen eine Sicherheitsleistung einstweilen eingestellt werde oder nur gegen eine Sicherheitsleistung stattfinde und daß die Vollstreckungsmaßregeln gegen eine Sicherheitsleistung aufzuheben seien, § 707 I 1. Dagegen kommt eine Einstellung der Zwangsvollstreckung ohne jede Sicherheitsleistung selbst dann nicht in Betracht, wenn glaubhaft ist, daß der Schuldner zur Sicherheitsleistung nicht in der Lage ist und daß die Vollstreckung einen nicht ersetzbaren Nachteil bringen würde. Denn diese letztere Möglichkeit wird nur in dem hier nicht ebenfalls für anwendbar erklärten § 707 I 2 genannt.

58 *Sicherheitsleistung* muß das Gericht bei § 707 I 1 und folglich nach §§ 108 ff beurteilen. Infrage kommt also wohl in erster Linie eine schriftliche, unwiderrufliche, unbedingte und unbefristete Bürgschaft eines im Inland zum Geschäftsbetrieb befugten Kreditinstituts, § 108 I 2 Hs 1, dort Rn 10 ff.

59 Das *Verfahren* erfordert keine mündliche Verhandlung, § 707 II 1. Eine Anfechtung der Entscheidung ist unstatthaft, § 707 II 2. Das gilt unabhängig davon, ob die Entscheidung in der neuen Hauptsacheentscheidung ergeht oder durch einen gesonderten Beschluß, von dem § 707 II 2 unvollständig spricht. Wenn das Gericht sie in der neuen Hauptsacheentscheidung mittrifft, ist deren übriger Inhalt natürlich wie sonst anfechtbar.

60 **16) Verstoß, I–V.** Soweit das Gericht gegen § 321 a verstößt, mag daran ein erneuter Verstoß auch gegen Art 103 I GG liegen. Indessen würde dessen Beachtlichkeit schon in diesen Verfahrensabschnitt womöglich zu endlosen Wiederholungen des Abhilfeverfahrens führen. Das ist mit dem Grundsatz der durch § 321 a ohnehin schon strapazierten Prozeßwirtschaftlichkeit nach Grdz 14 vor § 128 nicht vereinbar. Deshalb macht ja auch IV 4 zumindest einen Verwerfungs- oder Zurückweisungsbeschluß unanfechtbar. Vielmehr ist dann, wenn sich der Verstoß vor der Entscheidung des Abhilfeverfahrens nicht mehr beheben läßt, gegen eine

Verwerfung oder Zurückweisung nur die Verfassungsbeschwerde denkbar, Rn 61. Gegen eine Abhilfe kommt nur der im fortgeführten Verfahren mögliche sonstige Rechtsbehelf infrage. Kosten: Evtl § 21 GKG.

17) Rechtsbehelfe, Verfassungsbeschwerde, I–V. Eine nach früherer Ansicht möglich gewesene außerordentliche Beschwerde wegen *greifbarer Gesetzwidrigkeit* war in Wahrheit schon nach dem alten Recht grundsätzlich wegen Verstoßes gegen das Gebot der Rechtsmittelklarheit unstatthaft, § 567 Rn 10, BVerfG NJW **03**, 1924, BGH FamRZ **06**, 696, BFH (1. Sen) NJW **04**, 2853, BVerwG NVwZ **05**, 232, Karlsr MDR **04**, 593, Rensen MDR **05**, 185, aM BFH (4. Sen) NJW **04**, 2854, Schuschke NZM **03**, 466 (WEG). Sie ist außerdem jetzt wegen § 574 unstatthaft, BGH FamRZ **06**, 696, BFH BB **03**, 514, KG FGPrax **05**, 66, Althammer/Löhnig NJW **04**, 1569, aM BFH NJW **05**, 3374, Bloching/Kettinger NJW **05**, 863 (sie sei „dem Tod noch einmal von der Schippe gesprungen"). Sie läßt sich auch wegen BVerfG NJW **03**, 1924 nicht mehr in eine fristgebundene bisher vielfach als zulässig erachtete Gegenvorstellung nach Grdz 6 vor § 567 umdeuten, wie es bisher zB BFH NJW **03**, 919, Köln NZM **03**, 247, Naumb RR **03**, 313 taten. Sie ist vielmehr jetzt unstatthaft, OVG Lüneb NJW **05**, 2171. **61**

Eine *Gegenvorstellung* ist *nicht* in auch nur entsprechender Anwendung von § 321 a statthaft, BVerfG NJW **06**, 2907, BGH NJW **07**, 3789 (abl Fölsch), VGH Kassel NVwZ-RR **08**, 70 (zu § 69 a GKG), großzügiger BFH NJW **06**, 861, Ffm FamRZ **06**, 964, OVG Weimar NJW **08**, 1609, strenger Köln RR **05**, 1228. Die Erfolglosigkeit einer Nichtzulassungsbeschwerde mag aber eine Anhörungsrüge notwendig machen, BVerfG NJW **07**, 3419.

Demgegenüber bejaht BGH FamRZ **07**, 1642 rechts Mitte eine „ergänzende" *Rechtsbeschwerde* bei einer willkürlichen Nichtzulassung (!?), strenger grundsätzlich denn auch BGH NJW **161**, 347 (zustm Rimmelspacher LMK **05**, 94). Der Beschwerdeführer kann eine Rechtsbeschwerde freilich nicht zur Ergänzung der Begründung einlegen, BGH FamRZ **06**, 408 links Mitte. Zum Problem Gaul DGVZ **05**, 113. Allenfalls ist der sog Meistbegünstigungsgrundsatz nach Grdz 28 vor § 511 anwendbar, BGH **161**, 348 (falscher Gerichtshinweis), Althammer/Löhnig NJW **04**, 1569.

Grundsätzlich nur, soweit das Gericht eine umfassende Anhörungsrüge nach IV 4 unanfechtbar verworfen oder zurückgewiesen hat, kommt vernünftigerweise nun erst jetzt nach § 90 II 1 BVerfGG eine *Verfassungsbeschwerde* in Betracht, BVerfG NJW **07**, 3419, VerfGH Mü NJW **06**, 283 und 1053, HessStGH NJW **05**, 2217 und 2219, Desens NJW **06**, 1247. § 321 a soll sie ja nur auf ein möglichst geringes Maß beschränken und nicht etwa völlig ausschließen, Rn 2, 3. Das letztere wäre einem einfachen Bundesgesetz ja auch gar nicht möglich. Ausnahmsweise darf man vor der Erschöpfung des Rechtswegs das Verfassungsgericht anrufen, Einl III 20,VerfGH Bln FamRZ **08**, 168. Ein Rechtsmittelverzicht reicht aber dazu nicht, aM Schnabl AnwBl **08**, 190 (aber genau diese Belastungsursache beim BVerfG soll ja gerade möglichst unterbleiben).

Abhilfe läßt sich mit demjenigen Rechtsbehelf bekämpfen, der gegen die Entscheidung im nun fortgeführten Verfahren infrage kommt.

Einführung vor §§ 322–327

Rechtskraft

Gliederung

1) Äußere, formelle Rechtskraft. Sie bedeutet: Das Urteil ist für dasselbe Verfahren unabänderlich. Es unterliegt keinem Rechtsmittel mehr, Düss GRUR-RR **06**, 384. § 705 regelt die formelle Rechtskraft, Düss GRUR-RR **06**, 384. Sie ist nicht eine Urteilswirkung, sondern deren Voraussetzung, Rn 2. Mängel des Urteils sind vom Eintritt der formellen Rechtskraft an nicht mehr beachtlich. Eine Ausnahme macht nur das Scheinurteil, Üb 11 vor § 300. Sein Scheindasein kann keine formelle Rechtskraft erhalten. Die Wiederaufnahmeklage nach §§ 578 ff, die Vollstreckungsabwehrklage nach § 767, die Abänderungsklage nach § 323 leiten jeweils ein neues Verfahren ein. Wenn die ZPO von Rechtskraft spricht, meint sie meist die formelle Rechtskraft. 1

2) Innere, materielle Rechtskraft. Man muß drei Aspekte beachten. 2

A. Grundsatz: Keine nochmalige Entscheidung. Die innere Rechtskraft bedeutet: Die Entscheidung bindet das Gericht in einem späteren Prozeß der Parteien über dieselbe Sache, BSG MDR **80**, 699, Düss GRUR-RR **06**, 384. Das mißt man am Streitgegenstand nach § 2 Rn 4, BGH NJW **03**, 3059 (im Ergebnis zustm Grunsky LMK **03**, 198), BAG NJW **84**, 1711, Köln ZMR **00**, 459, ferner an den Parteien des Erstprozesses nach Grdz 4 vor § 50 und evtl an deren Rechtsnachfolgern, § 325. Man mißt die innere Rechtskraft auch unter Umständen innerhalb gewisser zeitlicher Grenzen (vgl aber Rn 16). Das Gericht darf also nicht nochmals entscheiden, BGH NJW **85**, 2535, Herr FamRZ **07**, 1877. Es darf erst recht nicht abweichend entscheiden: „Ne bis in idem", Rn 12, Herr FamRZ **07**, 1877. Die innere Rechtskraft setzt die formelle voraus. Eine erheblich weitergehende Wirkung kann ein Musterentscheid nach dem KapMuG haben, § 325 a.

B. Sachliche Rechtskraft. Die innere Rechtskraft wirkt sachlich für den prozessualen Anspruch, § 2 Rn 4.

C. Persönliche Rechtskraft. Die innere Rechtskraft wirkt auch persönlich für bestimmte Personen.

3 **3) Vollstreckbarkeit.** Man muß die Vollstreckbarkeit von der Rechtskraft unterscheiden. Die Vollstreckbarkeit nach §§ 704 ff kann beim Leistungsurteil und bei der Kostenentscheidung der inneren und der formellen Rechtskraft vorangehen, im letzteren Fall als vorläufige Vollstreckbarkeit, §§ 708 ff. Das sachliche Recht knüpft nicht selten sachlichrechtliche Wirkungen an ein formell rechtskräftiges Urteil, zB § 283 BGB.

4 **4) Wesen der inneren Rechtskraft**

Schrifttum: *Arens,* Überlegungen zum Geltungsgrund der materiellen Rechtskraft, Festschrift des *Instituts für Rechtsvergleichung* der Waseda Universität (1988) 689; *Fenge,* Über die Autorität des Richterspruches, Festschrift für *Wassermann* (1985) 659; *Gaul,* Die Entwicklung der Rechtskraftlehre seit Savigny und der heutige Stand, Festschrift für *Flume* (1978) I 443; *Gaul,* Rechtskraft und Verwirkung, Festschrift für *Henckel* (1995) 235; *Gräns,* Das Risiko materiell fehlerhafter Urteile, 2002 (Bespr *Jost* ZZP **117**, 387); *Koussoulis,* Beiträge zur modernen Rechtskraftlehre, 1986; *Roth,* Der Zivilprozeß zwischen Rechtsklärung und Rechtsschöpfung, Festschrift für *Habscheid* (1989) 253; *Spellenberg,* Prozeßführung oder Urteil – Rechtsvergleichendes zu Grundlagen der Rechtskraft, Festschrift für *Henckel* (1995) 841; *Spieker gen Döhmann,* Die Anerkennung von Rechtskraftwirkungen von ausländischen Urteilen, 2002 (Bespr *Hager* ZZP **117**, 395).

Die Lehre ist *stark umstritten.* Welche Lehre „herrscht" (zur Fragwürdigkeit dieses Begriffs Einl III 47), ist zweifelhaft. Wichtige Theorien sind:

5 **A. Sachlichrechtliche Theorie** (Pagenstecher, Kohler; ihr zuneigend Pohle [österr] JurBl **57**, 117). Nach ihr gestaltet das Urteil die Rechtsbeziehungen der Parteien, und zwar nicht nur beim Gestaltungsurteil nach Grdz 10 vor § 253, LG Stgt ZZP **79**, 183. Das richtige Urteil bestätigt oder gar schafft erst ein subjektives Recht. Es schafft zumindest eine entsprechende unwiderlegbare Voraussetzung. Das unrichtige Urteil vernichtet ein subjektives Recht. Es entsteht also immer ein Entscheidungsanspruch (Judikatsanspruch), ein Anspruch aus dem Urteil. Das Urteil beeinflußt auch die Rechtslage derjenigen Personen, die die Rechtskraft nicht berührt. Eine Abwandlung dieser Theorie unter einer Ablehnung des Judikatsanspruchs und unter einer Betonung der prozessualen Bindung aller Gerichte an die Entscheidungen fand sich bei Nikisch.

6 **B. Prozeßrechtliche Theorie.** Nach ihr wirkt das Urteil rein prozeßrechtlich, indem es den Richter an den Ausspruch des Urteils bindet, BAG BB **85**, 1735, Häsemeyer AcP **188**, 162, Kohte NJW **85**, 2227. Zur Abgrenzung von der schon mit dem Urteilserlaß nach § 311 Rn 2 und daher meist noch vor dem Eintritt der formellen Rechtskraft einsetzenden Bindungswirkung des § 318 dort Rn 2.

7 **C. Gemischtrechtliche Theorie.** Nach ihr binden sachlichrechtliche Wirkungen den Gesetzgeber in seiner Ausgestaltung und den Richter in seiner Auslegung. Erst so sind die objektiven Grenzen der Rechtskraft ermittelbar, Bötticher ZZP **85**, 15, Henckel, Prozeßrecht und materielles Recht (1970) 421, ähnlich Rimmelspacher, wenn auch von einem sachlichrechtlichen Anspruchsbegriff aus (Rechtsposition nebst Rechtsbehelf), ähnlich StJL § 322 Rn 34 ff, 40.

8 **D. Rechtsschöpfungslehre.** Nach ihr schafft der Richter durch sein Urteil überhaupt erst eine für den Einzelfall gültige Rechtsvorschrift (Bülow).

9 **E. Kritik.** Den Vorzug verdient jedenfalls die prozessuale Lehre. Wenn der Richter das subjektive Recht erst durch sein Urteil schüfe, dann wären alle Rechtsgeschäfte nur Wünsche. Der Richter schafft nicht Recht, sondern wendet Recht an. Er „erkennt für Recht", wie er meist ausdrücklich im sog Rubrum erklärt, § 313 Rn 10. Nur beim Gestaltungsurteil nach Üb 6 vor § 300 gestaltet, „schafft" er Recht. Aber dort stellt der Richter kein Recht als bestehend fest, sondern gestaltet es erst anhand des Gesetzes. Auch ist dort die Rechtskraftwirkung außergewöhnlich. Sie richtet sich nämlich für und gegen alle. Bildet der Richter das Recht fort, gibt er kein Gesetz, sondern legt den Willen des Gesetzes in einem weiteren Sinne aus, er denkt das Gesetz weiter. Der Richter gibt oder versagt einen Rechtsschutz, Üb 3 vor § 300.

Die innere Rechtskraft beruht auf der staatsrechtlichen Erwägung, daß die *Rechtssicherheit* nach Einl III 43 als eine der Grundlagen des Staats das Aufhören eines Streits um das Recht in einem gewissen Zeitpunkt erfordert, BAG NJW **84**, 1711. Ein Richterspruch kann nicht Unrecht zu Recht machen. Aber er kann bewirken, daß das Recht des einzelnen hinter der Sicherung der Allgemeinheit durch den Rechtsfrieden zurücktritt, BGH RR **87**, 832, BAG NJW **84**, 1711, Mü FamRZ **01**, 1218. Ein Urteil bringt nicht Rechte zur Entstehung, sondern stellt nur fest, was rechtens ist. „Die Rechtskraft verändert nicht die materielle Rechtslage, sie ist keine causa für den Erwerb und Verlust von Rechten, sondern besteht in der bindenden Kraft der im Urteil enthaltenen Feststellung". Weil das falsche Urteil die wahre Rechtslage nicht verändert, kann der Berechtigte sein Recht trotz der Rechtskraft immer dann zur Geltung bringen, wenn die Rechtskraft versagt, vor allem also gegenüber Dritten. Die Lehre von der inneren Rechtskraft ist ein Angelpunkt des Zivilprozeßrechts.

10 **F. Prozessuale Bedeutung.** Die innere Rechtskraft liegt wie die formelle ganz auf prozessualem Gebiet. Die ZPO, vgl § 69, und das BGB, anfangs noch ganz im Bann römischrechtlicher Anschauungen, stehen auch heute noch teilweise auf einem verschiedenen Boden. Die Frage nach der Tragweite und Bedeutung

des Urteils richtet sich nach dem Prozeßrecht des erkennenden Gerichts zur Zeit des Eintritts der formellen Rechtskraft am Gerichtssitz, Einl III 74, ThP § 322 Rn 14, aM ZöV 7 vor § 322 (maßgeblich sei die Zeit des Erlasses des Ersturteils. Aber dessen Geltung mag sich bis zur Rechtskraft des endgültigen Urteils noch erheblich ändern). Dagegen richtet sich die Wirkung des Urteils auf einen späteren Prozeß nach dem für diesen geltenden Prozeßrecht. Das gilt vor allem bei einem ausländischen Urteil.

5) Wirkung der sachlichen Rechtskraft 11

Schrifttum: *Arens,* Zur Problematik von non-liquet-Entscheidungen, Festschrift für *Müller-Freienfels* (1986) 13; *Bettermann,* Über die Bindung der Verwaltung an zivilgerichtliche Urteile, Festschrift für *Baur* (1981) 273; *Bürgers,* Rechtskrafterstreckung und materielle Abhängigkeit, 1993; *Fenge,* Über die Autorität des Richterspruchs, Festschrift für *Wassermann* (1985) 659; *Fischer,* Objektive Grenzen der Rechtskraft im internationalen Zivilprozeßrecht, Festschrift für *Henckel* (1995) 199; *Gaul,* Die Entwicklung der Rechtskraftlehre seit Savigny und der heutige Stand, Festschrift für *Flume* (1978) 443; *Gaul,* Rechtskraft und Verwirkung, Festschrift für *Henckel* (1995) 235; *Gräns,* Das Risiko materiell fehlerhafter Urteile, 2002 (Bespr *Jost* ZZP **117**, 387); *Haaf,* Die Fernwirkungen gerichtlicher und behördlicher Entscheidungen, 1984; *Heil,* Die Bindung der Gerichte an Entscheidungen anderer Gerichte, Diss Bochum 1983; *Homfeldt,* Die Beachtung der Rechtskraft im Zivilprozeß von Amts wegen, 2001; *Koussoulis,* Beiträge zur modernen Rechtskraftlehre, 1986; *Leipold,* Zur zeitlichen Dimension der materiellen Rechtskraft, Keio Law Review **90**, 277; *Pawlowski,* Rechtskraft im Amtslöschungsverfahren nach § 10 II 2 WZG, in: Festschrift für *Trinkner* (1995); *Stangel,* Die Präklusion der Anfechtung durch die Rechtskraft, 1996; *Werner,* Rechtskraft und Innenbindung zivilprozessualer Beschlüsse im Erkenntnis- und summarischen Verfahren, 1983.

A. Prozeßhindernis. Zum Begriff der sachlichen Rechtskraft Rn 2. Sachlich wirkt die Rechtskraft dahin, daß keine neue Verhandlung und Entscheidung über denselben Streitgegenstand nach § 2 Rn 4 ff zulässig ist, BGH **157**, 49, BAG NJW **02**, 1288, Stgt RR **99**, 1590. Sie ist also unzulässig über den nach dem Sachverhalt rechtskräftig festgestellten Punkt, *„ne bis in idem"*, BGH **157**, 49, BAG NJW **02**, 1288, Brdb RR **00**, 1736 (auch zum Prozeßurteil, § 322 Rn 60). Das gilt auch für einen Beschluß, Beweisbeschluß oder für eine Verfügung zur Vorbereitung eines Urteils, ZöV 23 vor § 322. 12

Die Rechtskraftwirkung tritt selbst dann ein, wenn die zugrunde liegende Vorschrift *verfassungswidrig* war. BGH NJW **89**, 106, oder wenn der Kläger das Urteil unter einer Mißachtung einer anderweitigen Rechtshängigkeit der Sache erschlichen hat, § 261, BGH NJW **83**, 515, oder wenn man das Urteil wegen seiner Einstellung heute oder überhaupt als fehlerhaft mißbilligen muß, BGH RR **90**, 390. Nur der Gesetzgeber kann dann helfen. Die Rechtskraft ist daher eine verneinende Prozeßvoraussetzung, ein Prozeßhindernis, Grdz 19 vor § 253, BGH NJW **79**, 1408, Gaul Festschrift für Weber (1975) 169, StJL § 322 Rn 34 ff. Demgegenüber verbietet Grunsky 431 nicht eine neue Verhandlung, sondern nur eine widersprechende Entscheidung. Nach dieser sog Bindungslehre wäre die Klage in einem zweiten gleichen Prozeß bei einer Säumnis des Klägers nach § 331 II sachlich unbegründet. In Wahrheit ist sie im zweiten gleichen Prozeß unzulässig. Nach der sog Vermutungslehre, zB Blomeyer JR **68**, 409, schafft das rechtskräftige Urteil eine unwiderlegbare Vermutung dafür, daß die im Urteil ausgesprochene Rechtsfolge zu Recht besteht. Das ist zu blaß.

B. Unanfechtbarkeit. Die Rechtskraft macht den Anspruch grundsätzlich unanfechtbar, BGH RR **01**, 477. Das gilt unabhängig davon, ob er entstanden, klagbar, erzwingbar war. Die Rechtskraft gewährt einen Rechtsschutz ohne Rücksicht auf die wirkliche Rechtslage, Mü FamRZ **01**, 1218. Das gilt ohne Rücksicht darauf, ob der Kläger einen Anspruch wirklich erhoben hatte. Vgl freilich § 308 Rn 14, BGH RR **88**, 959, BAG DB **81**, 2183, Düss NJW **85**, 153. Alle Einreden, die dem Anspruch beim Schluß der mündlichen Verhandlung nach §§ 136 IV, 296 a objektiv entgegenstanden, sind entsprechend § 767 II unstatthaft. Das gilt unabhängig davon, ob man sie kannte, BGH **83**, 280, Zweibr DNotZ **88**, 194, Prölss VersR **76**, 428. Das gilt auch beim Vollstreckungsbescheid, § 322 Rn 71 „Vollstreckungsbescheid", § 700 Rn 1, BGH NJW **99**, 1257, Köln (7. ZS) RR **86**, 1238, LG Köln RR **86**, 1493, aM BGH RR **88**, 757, Köln (12. ZS) NJW **86**, 1351 (aber auch der Vollstreckungsbescheid beendet als ein vollwertiger Vollstreckungstitel mit seiner Rechtskraft den Prozeß wie ein Urteil, § 322 Rn 71). Zum Schweizer Recht Habscheid ZZP **117**, 235. 13

C. Fälle der Unanfechtbarkeit. Eine Unanfechtbarkeit gilt etwa in folgenden Fällen: Wenn die im Erstprozeß festgestellte Rechtsfolge für den Zweitprozeß vorgreift; wenn das Gericht im Erstprozeß das Eigentum rechtskräftig festgestellt hat. Dann muß das Gericht des Zweitprozesses auf eine Herausgabe von eben diesem Eigentum ausgehen; wenn die Herausgabeklage im Erstprozeß Erfolg hatte. Dann ist der Herausgabeanspruch im beliebigen Zweitprozeß bindend, BGH NJW **81**, 1517; wenn das Gericht im Wechselprozeß nach §§ 602 ff die Gültigkeit des Wechsels rechtskräftig festgestellt hat. Dann ist im Nachverfahren der Einwand eines unwirksamen Protestes unzulässig; wenn der im Erstprozeß nach § 885 zur Räumung Verurteilte sich die Räumungspflicht auch im Zweitprozeß auf einen Schadensersatz entgegenhalten lassen muß; wenn der nach § 254 zur Auskunft und Rechnungslegung Verurteilte diese Pflicht im Verfahren auf die Abgabe der eidesstattlichen Versicherung nach §§ 807, 900 nicht mehr leugnen kann, BGH WertpMitt **75**, 1086. 14

Dieser Ausschluß findet über § 767 II hinaus auch bei *Behauptungen des Klägers* statt, die er im Vorprozeß hätte vorbringen können, AG Nürnb VersR **79**, 1042. Jedes Urteil schließt die Parteien mit solchem Vorbringen aus, auch das Feststellungsurteil nach § 256. Dabei muß man berücksichtigen, daß auch jedes Unterlassungsurteil die Feststellung einer Verpflichtung enthält. Sie schließt bei einem späteren Schadensersatzprozeß eine nochmalige Untersuchung dieser Verpflichtung aus. 15

D. Rechtsschutzbedürfnis. Ist der Streitgegenstand in beiden Prozessen nach § 2 Rn 4 derselbe, ist eine neue Klage und Entscheidung nur dann zulässig, wenn für sie ein Rechtsschutzbedürfnis besteht, Grdz 33 vor § 253. 16

Beispiele: Die Akten des Erstprozesses sind verloren, eine Urteilsausfertigung war nicht erteilt worden, und der Vollstreckungstitel läßt sich im bisherigen Verfahren nicht wiederherstellen; das Urteil des Erstprozesses erging im Ausland, Nürnb FamRZ **80**, 925; die Entscheidung ist rechtskräftig geworden, aber es fehlt eine

Urteilsausfertigung nebst einer Rechtskraftbescheinigung, und inzwischen ist das erkennende Gericht weggefallen.

17 Dann ist *Feststellungsklage* nach § 256 möglich. Über die Einrede der Aufrechnung § 322 Rn 21. Eine spätere Tatsache berührt die Rechtskraft selbst dann nicht, wenn man sie schon früher hätte herbeiführen können, BGH NJW **84**, 127, LG Nürnb-Fürth AnwBl **86**, 38. Der Kläger kann dann auf Grund der späteren Tatsache neu klagen, der Bekl kann die Zahlung der Urteilssumme im Zweitprozeß geltendmachen.

16 **E. Wirkungsdauer.** Die Rechtskraft wirkt grundsätzlich für immer. Veränderungen der tatsächlichen Verhältnisse kann man nur im Rahmen von §§ 323, 324 berücksichtigen. Veränderungen der Rechtsprechung oder der Rechtsanschauung bleiben grundsätzlich außer Betracht, § 323 Rn 18, BAG DB **76**, 151. Sonst würde jegliche Rechtssicherheit entfallen, Einl III 43. Auch ein rückwirkendes Gesetz kann ein vorher ergangenes Urteil nicht zerstören. Denn das Urteil hat einen verfassungsrechtlichen Bestandsschutz. Gegenüber einem solchen Leistungs- und Feststellungsurteil, das noch in die Zukunft wirkt, kann wegen eines neuen Gesetzes eine Vollstreckungsabwehrklage nach § 767 oder eine verneinende Feststellungsklage zulässig sein, bei einer Gestaltungsklage eine abermalige, Habscheid ZZP **78**, 401 oder eine Klage auf die Feststellung seines Inhalts, weitergehend BAG DB **76**, 151 bei einem solchen Anspruch, der sachlich in jedem Augenblick neu entsteht (dann trete evtl keine Rechtskraft ein). Hat das Gericht den Anspruch zu Unrecht rechtskräftig abgewiesen, kann man ihn nicht mehr geltend machen, auch nicht unter dem Gesichtspunkt eines Schadensersatzes, BGH NJW **90**, 1796, Köln MDR **84**, 151. Etwas anderes gilt, wenn das Gericht den Klagantrag im Vorprozeß nicht so umfassend, wie der Kläger ihn verstanden hatte.

19 **F. Vorrang.** Im Widerstreit zwischen der Rechtskraft und dem Verbot einer nachteiligen Abänderung geht die Rechtskraft vor. Im Widerstreit zwischen Rechtskraft und Rechtskraft geht diejenige aus dem jüngeren Urteil nur dann vor, wenn der neue Prozeß zulässig war. Denn andernfalls würde das jüngere Urteil gegen die öffentliche Ordnung verstoßen, Üb 16 vor § 300, Gaul Festschrift für Weber (1975) 159. Über die Heilung von Verfahrensmängeln durch die Rechtskraft § 295 Rn 2.

20 **6) Wirkung der persönlichen Rechtskraft**

Schrifttum: *Berger,* Die subjektiven Grenzen der Rechtskraft bei der Prozeßstandschaft usw, 1992; *Beys,* Die subjektiven Grenzen der Rechtskraft und die staatsrechtliche Wirkung des Urteils, Festschrift für *Schwab* (1990) 61; *Calavros,* Urteilswirkung zu Lasten Dritter, 1978; *Herrmann,* Zur Bindung des Zivilrichters an Strafurteile usw, Diss Bonn 1985; *Homfeldt,* Die Beachtung der Rechtskraft im Zivilprozeß von Amts wegen, 2001; *Schwab,* Die prozeßrechtlichen Probleme des § 407 II BGB, Gedächtnisschrift für *Bruns* (1980) 181; vgl die Schrifttumsangaben bei § 325.

A. Zwischen den Parteien. Zum Begriff der persönlichen Rechtskraft Rn 2. Persönlich wirkt die Rechtskraft gegenüber Privatpersonen grundsätzlich nur zwischen den Parteien dieses Prozesses, Grdz 4 vor § 50, BGH DB **89**, 420. Denn Dritte können nicht unter dem Streit der Partei leiden. Über die zahlreichen Ausnahmen § 325, Marotzke ZZP **100**, 164.

21 **B. Bindung anderer Staatsbehörden.** Sie läßt sich nicht allgemein beurteilen. Das Gericht muß eine etwaige Bindung von Amts wegen beachten, Rn 25, BGH ZZP **89**, 331. Gebunden sind der Vollstreckungs- und der Insolvenzrichter. Nicht gebunden ist der Strafrichter, außer für die Zuerkennung einer Entschädigung. Den Richter der freiwilligen Gerichtsbarkeit binden eine rechtsgestaltende Entscheidung, Grdz 10 vor § 253, BayObLG Rpfleger **82**, 20, sowie ein Leistungs- und Feststellungsurteil, Grdz 8, 9 vor § 253, im Rahmen der Rechtskraft, auch ein abweisendes, BayObLG MDR **88**, 65. Es kann zB der Nachlaßrichter einen Erbschein nicht demjenigen Beteiligten erteilen, der als Erbe das Verfahren verloren hat, wohl aber einem Dritten. Verwaltungsbehörden sind an das Urteil gebunden. Arbeits-, Finanz- oder Sozialgerichte sind grundsätzlich gebunden, BGH **77**, 341, OVG Münst NJW **80**, 1068. Vgl auch § 17 GVG.

22 **C. Bindung des Zivilrichters.** Den Zivilprozeßrichter binden neben den Entscheidungen anderer Zivilgerichte folgende Entscheidungen anderer Gerichte und Behörden: Eine Entscheidung des Vollstreckungsgerichts nach § 764 oder des Insolvenzgerichts bindet, weil beide im weiteren Sinne im Zivilprozeß entscheiden. Ein Urteil des Strafrichters bindet nicht, § 14 EG ZPO, außer soweit er eine Entschädigung zugesprochen hat, § 406 III StPO. Eine Entscheidung des Richters der freiwilligen Gerichtsbarkeit bindet, soweit ihre Rechtskraft zwischen den Parteien reicht, soweit diese Entscheidung ein Recht erzeugt, wie die Eintragung einer Aktiengesellschaft oder die Bestellung eines Betreuers, und soweit die Entscheidung schließlich im Rahmen der sachlichen Zuständigkeit jenes Richters gelegen hat. Darüber hinaus entsteht regelmäßig insoweit keine Bindung, also zB nicht für die Ablehnung der Feststellung der Nichtigkeit einer Annahme als Kind oder für eine Entscheidung des Kartellgerichts, Sieg VersR **77**, 493. Eine Nachprüfung des vorangegangenen Verfahrens ist unzulässig.

23 Eine Entscheidung einer *Verwaltungsbehörde* und eines Verwaltungsgerichts bindet, soweit deren Rechtskraft reicht, § 121 VwGO (im allgemeinen bindet sie nur die Beteiligten und ihre Rechtsnachfolger. Eine weitergehende Bindung tritt bei einer Statussache nach dem FamFG ein, zB bei der Feststellung der Staatsangehörigkeit). Das gilt, soweit sie rechtsgestaltend wirkt und soweit eine sachlich zuständige Stelle sie vorgenommen hatte, BGH BGH **77**, 341. Entscheidungen eines ArbG, FG oder SG können den Zivilrichter binden, §§ 17, 17 a GVG.

24 *Ferner* binden diejenigen Entscheidungen, die das Gesetz ausdrücklich als bindend bezeichnet. Vgl Ströbele, Die Bindung der ordentlichen Gerichte an Entscheidungen der Patentbehörden, 1975. Zur Bindung an Entscheidungen des BVerfG Klein NJW **77**, 697. Zur Bindungswirkung einer ausländischen Entscheidung § 328 Rn 1. Wegen der früheren DDR Einf 1–5 vor § 328.

25 **7) Amtsprüfung**

Schrifttum: *Homfeldt,* Die Beachtung der Rechtskraft im Zivilprozeß von Amts wegen, 2001.

A. Grundsatz: Jederzeitige Beachtung von Amts wegen. Das Gericht muß die Rechtskraft als eine öffentlichrechtliche Einrichtung von größter Bedeutung in jeder Lage des Prozesses zwar nicht von Amts wegen nach Grdz 38 vor § 128 ermitteln, wohl aber von Amts wegen beachten, Grdz 39 vor § 128, Rn 22, BGH FamRZ **87**, 369. Das Gericht darf sie also nicht ungeklärt lassen, BGH WertpMitt **75**, 1181. Einer Parteivereinbarung ist die Rechtskraftwirkung nicht zugänglich, Rn 36.

B. Einzelheiten. Der Einwand, das Gericht habe die Sache unrichtig entschieden, ist unbeachtlich. Die Nichtbeachtung der Rechtskraft ist ein Mangel, der evtl die Restitutionsklage zuläßt, § 580 Z 7. Ein Urteil, das die Rechtskraft in derselben Sache aus einem unzulässigen Rechtsgrund nach Rn 27 ff beseitigt, verstößt außerdem gegen die öffentliche Ordnung. Denn das Gericht darf eine Erschütterung der Rechtssicherheit nach Einl III 43 nicht wissentlich fördern. Den Inhalt eines rechtskräftigen Urteils darf auch das Revisionsgericht frei würdigen. Die Rechtskraft führt jedenfalls beim Fehlen neuer Tatsachen zu einem etwa geänderten Streitgegenstand, BAG NJW **84**, 1711, zur Klagabweisung als unzulässig, also durch ein Prozeßurteil, Grdz 14 vor § 253, BGH NJW **81**, 2306, Hamm FamRZ **85**, 505. Eine Sachabweisung könnte lediglich hilfsweise zusätzlich zur jedenfalls notwendigen Prozeßabweisung erfolgen, Grdz 17 vor § 253. Ist ein zweites Urteil nach Rn 16 zulässig, muß es wie das erste lauten. 26

8) Beseitigung der Rechtskraft 27

Schrifttum: *Bamberg,* Die mißbräuchliche Titulierung von Ratenkreditschulden mit Hilfe des Mahnverfahrens, 1987; *Braun,* Rechtskraft und Restitution. Erster Teil: Der Rechtsbehelf gemäß § 826 BGB gegen rechtskräftige Urteile, 1979; *Braun,* Rechtskraft und Rechtskraftdurchbrechung von Titeln über sittenwidrige Ratenkreditverträge, 1986; *Gaul,* Möglichkeiten und Grenzen der Rechtskraftdurchbrechung, Thrazische juristische Abhandlungen, 1986; *Grün,* Die Zwangsvollstreckung aus Vollstreckungsbescheiden über sittenwidrige Ratenkreditforderungen: Klage aus § 826 BGB oder beschränkte Rechtskraft des Vollstreckungsbescheids?, 1990; *Hönn,* Dogmatische Kontrolle oder Verweigerung – Zur Rechtskraftdurchbrechung über § 826 BGB, Festschrift für *Lüke* (1997) 265; *Lenenbach,* Die Behandlung von Unvereinbarkeiten zwischen rechtskräftigen Zivilurteilen nach deutschem und europäischem Zivilprozeßrecht, 1997; *Prütting/Weth,* Rechtskraftdruchbrechung bei unrichtigen Titeln, 2. Aufl 1994; *Vollkommer,* Neuere Tendenzen im Streit um die „geminderte" Rechtskraft des Vollstreckungsbescheids, Festschrift für *Gaul* (1997) 759; *Walker,* Beseitigung und Durchbrechung der Rechtskraft, Festgabe *50 Jahre Bundesgerichtshof* (2000) III 367.

A. Zulässigkeit. Die Beseitigung der Rechtskraft ist in folgenden Fällen möglich: Durch eine Wiedereinsetzung wegen einer Versäumung der Einspruchs- oder Rechtsmittelfrist, §§ 233 ff; durch eine Bestimmung des zuständigen Gerichts nach § 36 I Z 5, 6; durch eine Abänderungsklage, § 323; durch eine Nachforderungsklage, § 324; durch eine Wiederaufnahmeklage, §§ 578 ff. Eine Änderung der Gesetzgebung wirkt regelmäßig nicht auf die Rechtskraft, sofern nicht das Gesetz eine Erneuerung des Streits ausdrücklich zuläßt. Vgl aber § 323 Rn 18, § 767 Rn 18 „Änderung der Gesetzgebung". Der Fortbestand der Rechtskraft muß aber seine Grenze dann finden, wenn eine Vollstreckung aus dem Urteil nach dem neuen Gesetz sittenwidrig wäre, § 767 Rn 30 „Treuwidrigkeit".

B. Sittenwidrigkeit: Meinungsstand. Die Frage, ob man die Rechtskraft mit Mitteln des sachlichen Rechts bekämpfen kann, ist *umstritten.* 28

Das *Reichsgericht* bejahte eine solche Möglichkeit in immer steigendem Maß. Bereits RG **46**, 79 gab gegenüber einem rechtskräftigen Urteil den Einwand der Arglist nach § 826 BGB, Walker (bei Rn 27) 395. Die Instanzgerichte verloren allmählich jeden Halt.

Zwar hielt auch zB *BGH* NJW **51**, 759 den § 826 BGB mit Rücksicht auf die verschiedenen Voraussetzungen von § 580 und § 826 BGB gegenüber dem rechtskräftigen Urteil für anwendbar. So auch BSG BB **87**, 973, Ffm RR **90**, 308, Köln VersR **90**, 501. Das sollte etwa bei einem solchen Urteil gelten, das man durch eine Irreführung des Gerichts arglistig erwirkt hatte, Einl III 54, insbesondere durch falsche Zeugenaussagen oder unrichtige Parteierklärungen. Es soll sogar grundsätzlich dann gelten, wenn eine Partei ein Versäumnisurteil sittenwidrig ausnutzt, Hamm NJW **91**, 1362, LG Köln NJW **91**, 2427 (krit sogar Grün NJW **91**, 2402), oder einen Vollstreckungsbescheid, BGH NJW **98**, 2818, Hamm RR **90**, 306, LG Heilbr NJW **03**, 2391, oder ein Urteil, dessen Unrichtigkeit sie kennt, BGH FamRZ **87**, 369.

Zugleich läßt sich freilich eine teilweise deutlich *strengere* Entwicklung des BGH und anderer beobachten. Man betont die *Gefahr der Aushöhlung* der Rechtskraft, BGH NJW **06**, 156. Eine solche Gefahr besteht auch bei einer Verbandsklage, aM Hasselbach GRUR **97**, 44 (aber gerade sie birgt auch eine zusätzliche Gefahr für die Rechtssicherheit, so sehr sie ihr auch oft dienen mag). BAG NJW **89**, 1054 lehnt ausdrücklich die Ungültigkeit eines Vollstreckungstitels ab, wenn ihm ein sittenwidriger Ratenkreditvertrag zugrunde liege. Man weist zur Begründung ausdrücklich auf den Rang von Rechtsklarheit und Rechtssicherheit nach Einl III 43 sowie Praktikabilität hin, BGH NJW **06**, 156. Sehr zurückhaltend und offen auch grundsätzlich BVerfG Rpfleger **91**, 324, noch mehr die Rechtssicherheit beachtend BVerfG RR **93**, 232 (je zu § 700). Schon gar nicht hilft außerhalb der Sonderlage § 767 Rn 32 § 79 II Fall 3 BVerfGG, Köln RR **01**, 139, Wesser NJW **01**, 479, aM LG Köln ZIP **99**, 920 (aber die Vorschrift läßt sich nicht entsprechend anwenden. Sie würde das Problem auch nicht lösen, ohne die Rechtskraft erneut auszuhöhlen. Außerdem setzt das ganze BVerfGG die Zulässigkeit einer Verfassungsbeschwerde voraus. Diese tritt bekanntlich erst nach einer Erschöpfung des Rechtswegs ein, Einl III 17). 29

Nur scheinbar überraschend erklärt BGH NJW **88**, 2049 rechts unten, eine Berufung auf § 826 BGB könne den Eintritt der Rechtskraft nicht hindern. Gemeint ist in Wahrheit aber nur der Eintritt der formellen Rechtskraft nach § 705, BGH NJW **88**, 2049 rechts oben. Der BGH lehnt allerdings einen Schadensersatzanspruch ab, wenn sich der jetzige Kläger auf dieselben Behauptungen, Beweismittel und Rechtsausführungen wie im Vorprozeß beruft oder den früheren Vortrag mit solchen Ausführungen oder Beweisanträgen ergänzt, die er schon im Vorprozeß hätte vorbringen können, BGH FamRZ **88**, 829, Hamm RR **94**, 1468.

C. Sittenwidrigkeit: Kritik. Die Versuche zur Beseitigung der Rechtskraft führen zu einer schikanösen Vermehrung und Verteuerung des Prozessierens und zu einer bodenlosen Rechtsunsicherheit, Einl III 43, Hamm FamRZ **84**, 1125. Danach könnte sogar die bloß objektive Unrichtigkeit ohne jedes Erschleichen 30 ausreichen. Außerdem sind die Regeln des BGH in sich unsicher. Gewiß soll das sachliche Recht siegen, Einl III 1. Das Recht dient dem Leben. Darum ist eine Lehre falsch, die zu einem praktisch unbrauchbaren Ergebnis führt. Man darf aber deshalb nicht die tragenden Pfeiler jeder Rechtsordnung sprengen. Die Rechtssicherheit ist eines der größten Güter, BVerfG **2**, 403, BAG NJW **89**, 1054. Sie dient dem einzelnen wie der Allgemeinheit.

31 Überdies ist eine Aufweichung der Rechtskraft *in sich widersprüchlich.* So nahe bei einer flüchtigen Überlegung der Gedanke liegt, in solchen Fällen einen Rechtsmißbrauch anzunehmen, so abwegig ist er bei einer genaueren Prüfung. Gibt es einen schlimmeren Rechtsmißbrauch, als wenn der Sieger trotz des Erhalts der Zahlung nochmals vollstreckt? Und trotzdem hat der Verurteilte nach dem ganz klaren Willen des Gesetzes dann nicht auch die Einrede aus § 826 BGB, aM Wesser ZZP **113**, 183, Wüstenberg AnwBl **01**, 142, sondern nur und immerhin die Möglichkeit der Vollstreckungsabwehrklage, Wesser ZZP **113**, 183. Man beachte auch, daß § 586 II die Wiederaufnahmeklage trotz schwerster Mängel mit dem Ablauf von 5 Jahren seit der formellen Rechtskraft schlechthin verbietet, BGH NJW **94**, 591, Walker (bei Rn 27) 395, während man nach BGH bei leichteren Mängeln evtl noch eine spätere Anfechtung aus § 826 BGB zulassen müßte. Ziemlich heikel VerfGH Mü MDR **97**, 882 (Willkür reiche. Zu diesem schillernden Begriff Einl III 21).

32 Die ganze unter der Führung des Reichsgerichts entwickelte Lehre klingt verlockend. Sie wirkt aber als eine *„juristische Knochenerweichung"* (Baumbach, zuletzt in der 18. Aufl) verderblich und ist abzulehnen, Geißler NJW **87**, 169, Jauernig ZZP **66**, 405 (mit Rücksicht auf die Gesetzeskonkurrenz zwischen §§ 580 ZPO, 826 BGB schließe die erstere Vorschrift als lex specialis die letztere aus, aM Celle OLGZ **79**, 66), RoSGo § 162 III, StJL § 322 Rn 284 ff (bloße Funktion als „Notventil").

33 Beachtenswert BGH (2. ZS) **LM** § 322 Nr 10: Man dürfe nicht von einem als unrichtig erkannten Urteil Gebrauch machen. Köln RR **93**, 570 will einen Anspruch auf eine Unterlassung der Zwangsvollstreckung und auf die Herausgabe eines Titels ausnahmsweise dann zubilligen, wenn zu der Ausnutzung desjenigen unrichtigen Urteils, das dem Berechtigten als solchem bekannt sei, *„besondere Umstände"* hinzutreten, die die Ausnutzung in hohem Maße unbillig und geradezu unerträglich machen. BGH NJW **05**, 2994, LG Hbg RR **86**, 407 bejahen, Düss RR **86**, 49, Kblz RR **86**, 50 verneinen dergleichen, soweit es um einen Vollstreckungsbescheid geht. Düss VersR **92**, 764 verneint die Möglichkeit, die Rechtskraft zu bekämpfen, wenn man sie selbst verursacht habe, etwa durch die Rücknahme eines Rechtsmittels.

34 Der von der Rechtslehre entwickelte *Scheinprozeß* (simulierte Prozeß) ist ein Gedankenspiel. Kommt er einmal wirklich vor, mögen die Parteien die Folgen ihres Tuns tragen. Dasselbe gilt, wenn eine Partei ein Versäumnisurteil gegen sich unter einer falschen Voraussetzung ergehen läßt, die dann nicht eintritt. Der besonders unerfreuliche Fall eines Unterhaltsbeschlusses gegen den Scheinvater bei einem entgegenstehenden Abstammungsbeschluß ist durch das NEhelG ausgeräumt, Üb 3 vor § 642.

35 **D. Sonderfall: Erschleichung.** Bei einer Erschleichung und bei einem gröbstem Mißbrauch der Rechtskraft nach Einl III 54 genügt die Restitutionsklage zur Beseitigung von Schäden, BGH **151**, 327. Denn jede Erschleichung ist ein Prozeßbetrug, als solcher eine Straftat und daher ein Restitutionsgrund, § 580 Z 4. Eine Erschleichung gibt auch einen Ersatzanspruch aus § 826 BGB, § 138 Rn 65, BGH RR **92**, 1073, Düss MDR **84**, 401, Schlesw NJW **91**, 987. Der Zustand voller Gerechtigkeit ist eine Utopie. Zahlen muß zB auch diejenige Partei, die der Richter mithilfe eines ganz falschen Gesetzes rechtskräftig verurteilt hat. Falsche Urteile sind häufiger als erschlichene.

36 **E. Unwirksamkeit einer Parteivereinbarung.** Die Parteien können die prozessualen Wirkungen der Rechtskraft nicht durch eine Vereinbarung herbeiführen oder abbedingen. Das gilt nicht etwa schon wegen der Amtsprüfung der Rechtskraft, Grdz 39 vor § 128, aM ZöV 12 vor § 322, wohl aber wegen der Wirkung der inneren Rechtskraft, Rn 11 ff. Die Parteien können vor allem keinen Staatsakt wie das rechtskräftige Urteil durch einen Vergleich beseitigen. Zwar können sie auf die Urteilsfolgen verzichten, auf das rechtskräftig geklärte sachlichrechtliche Gut, den Anspruch. Sie können auch selbst nach der Rechtskraft noch darüber einen Vergleich schließen. Wenn die Sache aber irgendwie nochmals zur gerichtlichen Entscheidung kommt, bleibt das rechtskräftige Urteil für den jetzt erkennenden Richter zumindest mitbeachtbar. Die Parteien können grundsätzlich nicht wirksam vereinbaren, die rechtskräftig entschiedene Sache einem Gericht oder Schiedsgericht erneut zu einer sachlichen Prüfung zu unterbreiten. Über eine Ausnahme Rn 16.

322 *Materielle Rechtskraft.* **I Urteile sind der Rechtskraft nur insoweit fähig, als über den durch die Klage oder durch die Widerklage erhobenen Anspruch entschieden ist.**

II Hat der Beklagte die Aufrechnung einer Gegenforderung geltend gemacht, so ist die Entscheidung, dass die Gegenforderung nicht besteht, bis zur Höhe des Betrages, für den die Aufrechnung geltend gemacht worden ist, der Rechtskraft fähig.

Schrifttum: *Bosch,* Rechtskraft und Rechtshängigkeit im Schiedsverfahren, 1991; *Bub,* Streitgegenstand und Rechtskraft bei Zahlungsklagen des Käufers wegen Sachmängeln, 2001; *Habscheid,* Zur materiellen Rechtskraft des Unzuständigkeitsentscheids (rechtsvergleichend), in: Festschrift für *Nakamura* (1996); *Habscheid,* Streitgegenstand, Rechtskraft und Vollstreckbarkeit von Urteilen des EuGH, in: Festschrift für *Beys* (Athen 2003); *Heil,* Die Bindung der Gerichte an Entscheidungen anderer Gerichte, Diss Bochum 1983; *Henssler,* Korrektur rechtskräftiger Entscheidungen über den Versorgungsausgleich, 1983; *Koshiyama,* Rechtskraftwirkungen und Urteilsanerkennung nach amerikanischem, deutschem und japanischem Recht, 1996; *Koussoulis,* Beiträge zur modernen Rechtskraftlehre, 1986; *Lipp,* Doppelzahlung und Rechtskraft, Festschrift für *Pawlowski* (1997) 359; *Musielak,* Einige Gedanken zur materiellen Rechtskraft, in: Festschrift für *Nakamura* (1996); *Oetker,* Die materielle Rechtskraft und ihre zeitlichen Grenzen bei einer Änderung der Rechtslage, ZZP **115**, 3; *Petzold,* Die Rechtskraft der Rentenurteile des § 258 ZPO und ihre Abänderung nach § 323

ZPO, Diss Saarbr 1991; *Reischl,* Die objektiven Grenzen der Rechtskraft im Zivilprozeß, 2002; *Reuschle,* Das Nacheinander von Entscheidungen usw, 1998; *Schneider,* Verbund- und Teilrechtskraft im Scheidungsverfahren, Diss Mü 1982; *Schwab,* Bemerkungen zur Rechtskraft inter omnes usw, Festschrift für *Gaul* (1997) § 729; *Seelig,* Die prozessuale Behandlung materiellrechtlicher Einreden – heute und einst –, 1980; *Stucken,* Einseitige Rechtskraftwirkung von Urteilen im deutschen Zivilprozeß, 1990; *Stürner,* Rechtskraft in Europa, Festschrift für *Schütze* (1999) 913; *Varvitsiotis,* Einführung in die Rechtsnatur der Aufrechnungseinrede im Zivilprozeß, 1987; *Vollkommer,* Schlüssigkeitsprüfung und Rechtskraft, Erlanger Festschrift für *Schwab* (1990) 229; *Zeuner,* Beobachtungen und Gedanken zur Behandlung von Fragen der Rechtskraft in der Rechtsprechung des Bundesgerichtshofes, Festgabe *50 Jahre Bundesgerichtshof* (2000) III 337. Vgl auch Einf vor §§ 322–327.

Gliederung

1) Systematik, I, II. Vgl zunächst Einf vor §§ 322–327. Die Vorschrift regelt die Rechtskraft zentral. Sie 1
wird durch §§ 323 ff ergänzt und in §§ 704 ff für die Zwangsvollstreckung weiterentwickelt. Ausnahmen sind nach §§ 578 ff herbeiführbar.

2) Regelungszweck, I, II. Die Vorschrift bezweckt die Klärung und Abgrenzung desjenigen Streitstoffs, 2
den das Gericht im Erkenntnisverfahren abschließend beurteilt und nun zur Vollstreckung eröffnet hat, mag diese nach §§ 708 ff vorläufig oder eben endgültig erfolgen. Weder eine zu enge noch eine zu großzügige Auslegung dienen der Gerechtigkeit oder sind zweckmäßig. Die Rechtssicherheit nach Einl III 43 als ein notwendiger dritter Bestandteil der übergeordneten Rechtsidee nach § 296 Rn 2 erfordert eine sorgsame Abwägung dessen, was man als ausgeurteilt ansehen kann.

Der Streitgegenstand nach § 2 Rn 4 ist ein Zentralbegriff zur Abgrenzung der Rechtskraft, BGH GRUR **06**, 422, Herr FamRZ **07**, 1877. Wer ihn weit auslegt, muß auch die Rechtskraft entsprechend weit reichen lassen. Das führt im Einzelfall oft zu schwierigen Grenzproblemen. Hinzu tritt die nicht selten ebenso heikle Frage, wie weit das Gericht nun eigentlich den ursprünglichen oder infolge einer Klagerweiterung ausgedehnten Streitgegenstand überhaupt auch durch sein Urteil beschieden hat. Beide Fragen haben direkte Auswirkungen auf weitere Klagemöglichkeiten, auf den Umfang und auf die Grenzen der Vollstreckbarkeit und auf den Umfang der Bindung der Parteien wie des Gerichts, wenn die bisher erörterten Probleme auch nur Vorfragen weiterer Auseinandersetzungen werden. Eine klare Formulierung im Urteil kann vor allem im eigentlichen Urteilsspruch wie natürlich auch in den Entscheidungsgründen helfen, solche Folgeprobleme gar nicht entstehen zu lassen. Aber auch eine vernünftige weder zu strenge noch zu großzügige und stets praktikable Auslegung der Rechtskraft kann insoweit helfen. Das sollte man bei der Handhabung des § 322 mitbedenken.

3) Geltungsbereich, I, II. Die Vorschrift gilt in allen Verfahrensarten nach der ZPO, auch im WEG- 3
Verfahren. Sie gilt auch (jetzt) im FamFG-Verfahren zumindest im Bereich des § 113 I 2 FamFG, (zum alten Recht) Karlsr WoM **01**, 460. Sie erfaßt in I die Klageforderung, in II eine Gegenforderung des Bekl. Sie gilt vor den Arbeitsgerichten, BAG NJW **02**, 1288.

A. Rechtskraftfähigkeit, I. Der inneren Rechtskraft fähig sind sämtliche Urteile ordentlicher Gerichte, die endgültig und vorbehaltslos eine Rechtslage feststellen oder über eine Rechtsfolge entscheiden.

B. Beispiele zur Frage einer Rechtskraftfähigkeit, I. Vgl auch Rn 27 ff (innere Rechtskraft). 4

Anerkenntnisurteil: Der inneren Rechtskraft fähig ist ein Anerkenntnisurteil, § 307.

Arbeitsgericht: Der inneren Rechtskraft fähig ist ein Urteil des Arbeitsgerichts, BAG NZA **05**, 649, ebenso ein Beschluß, BAG MDR **01**, 281.

Arrest, einstweilige Anordnung oder Verfügung: Rn 29 „Arrest und Einstweilige Anordnung oder Verfügung".

Ausländisches Urteil, dazu *Spiecker gen Döhmann,* Die Anerkennung von Rechtskraftwirkungen von ausländischen Urteilen, 2002: Vgl §§ 328, 722, Karlsr RR **99**, 82, Geimer DNotZ **89**, 355.

Berichtigung: Der inneren Rechtskraft fähig ist ein Berichtigungsbeschluß, § 319, BGH NJW **85**, 743.
S auch „Beschluß".

Berufung: Rn 7 „Verwerfung".

Beschluß: Der inneren Rechtskraft kann ein Beschluß fähig sein, soweit in ihm eine der formellen Rechtskraft fähige Entscheidung steckt (ohne formelle Rechtskraft keine innere), § 329 Rn 21 „§§ 322–327".
S auch „Berichtigung", Rn 5 „Kostenfestsetzung", Rn 7 „Verwerfung".

Dritter: Rn 8 „Zwischenurteil".

Einspruch: S „Beschluß", Rn 5 „Prozeßurteil". 5

Einstweilige Anordnung oder Verfügung: Rn 29 „Arrest und Einstweilige Anordnung oder Verfügung".

Erinnerung: Der inneren Rechtskraft fähig ist ein Beschluß im Erinnerungsverfahren, § 766 Rn 27.
S auch Rn 3 „Beschluß".

Gebührenfestsetzung: Der inneren Rechtskraft fähig ist ein Beschluß nach (jetzt) § 11 RVG, BGH NJW **97**, 743, Bbg JB **78**, 1524, Brschw Rpfleger **77**, 177.

Gestaltungsurteil: Der inneren Rechtskraft fähig ist ein Gestaltungsurteil, Grdz 10 vor § 253.

Insolvenz: Der inneren Rechtskraft fähig ist eine Eintragung in die Tabelle, § 178 III InsO, und zwar auch dem Verwalter gegenüber.

S auch Rn 3 „Beschluß".

Kostenfestsetzung: Der inneren Rechtskraft fähig ist ein Kostenfestsetzungsbeschluß, § 104 Rn 31, BGH NJW **84**, 126. Das gilt auch beim Vergütungsfestsetzungsbeschluß nach § 11 RVG, VGH Kassel NJW **07**, 3738.

S auch Rn 3 „Beschluß".

Prozeßvergleich: § 322 Rn 69.

Prozeßurteil: Der inneren Rechtskraft fähig ist ein sog Prozeßurteil, Grdz 14 vor § 253, soweit das Gericht eine Klage wegen Unzulässigkeit abweist oder einen Einspruch oder ein Rechtsmittel als unzulässig verwirft, Üb 5 vor § 300, BGH NJW **85**, 2535, Stgt FamRZ **80**, 1117, ZöV 8 vor § 322, aM die Vertreter der sachlichrechtlichen Rechtskraftlehre, Einf 5 vor § 322, weil sie diese Rechtskraft von ihrem Standpunkt aus nicht erklären können.

Revision: Rn 7 „Verwerfung".

6 **Sondergericht:** Der inneren Rechtskraft fähig ist das Urteil eines Sondergerichts im Rahmen seiner sachlichen Zuständigkeit.

Darüber hinaus ist ein solches Urteil *wirkungslos,* Üb 2 vor § 13 GVG.

Unvertretbare Handlung: Der inneren Rechtskraft fähig ist ein Beschluß im Verfahren nach § 888, LG Wiesb NJW **86**, 940.

S auch Rn 3 „Beschluß".

7 **Versäumnisurteil:** Der inneren Rechtskraft fähig ist ein Versäumnisurteil., BGH **153**, 242 (abl Roth LMK **03**, 116).

Vertretbare Handlung: Der inneren Rechtskraft fähig ist ein Beschluß im Verfahren nach § 887, LG Wiesb NJW **86**, 940.

S auch Rn 3 „Beschluß".

Verweisung: Der inneren Rechtskraft *unfähig* ist ein Endurteil, das eine Verweisung ausspricht, § 281.

S auch Rn 8 „Zurückverweisung".

Verwerfung: Der inneren Rechtskraft fähig ist ein Verwerfungsbeschluß zB nach (jetzt) §§ 522, 552, BGH NJW **81**, 1962.

S auch Rn 3 „Beschluß", Rn 5 „Prozeßurteil".

Verzichtsurteil: Der inneren Rechtskraft fähig ist ein Verzichtsurteil, § 306.

Vollstreckungsbescheid: Er ist der inneren Rechtskraft fähig, Rn 71.

Vorbehaltsurteil: *Keine* eigentliche Rechtskraftwirkung ist die Bindung des Vorbehaltsurteils, §§ 302, 599, oder der Vorabentscheidung nach § 304 für das Nachverfahren, Rn 45 „Grund des Anspruchs", § 318 Rn 1.

8 **Wiedereinsetzung:** Der inneren Rechtskraft fähig ist ein die Wiedereinsetzung ablehnender Beschluß, § 238 Rn 5.

S auch Rn 3 „Beschluß".

Zurückverweisung: Der inneren Rechtskraft *unfähig* ist ein Endurteil, das eine Zurückverweisung ausspricht, §§ 538, 563 I, II.

S auch Rn 7 „Verweisung".

Zwangsvollstreckung: Rn 4 „Erinnerung", Rn 6 „Unvertretbare Handlung", Rn 7 „Vertretbare Handlung".

Zwischenurteil: Der inneren Rechtskraft fähig ist ein Zwischenurteil gegen einen Dritten, zB nach §§ 71, 135, 303 Rn 1, 2, §§ 387, 402.

Der inneren Rechtskraft *unfähig* ist ein Zwischenurteil zwischen den Parteien dieses Rechtsstreits, §§ 280, 303 (der äußeren Rechtskraft ist ein Zwischenurteil bei §§ 280, 304 fähig).

9 **4) Tragweite der inneren Rechtskraft, I.** Sie ist oft nur schwer erkennbar.

A. Maßgeblichkeit des wahren Entscheidungsumfangs. Die innere Rechtskraft reicht so weit, wie das Gericht über den Klag- oder Widerklaganspruch nach Rn 15 wirklich entschieden hat, Einf 2 vor §§ 322–327, BGH NJW **99**, 287, BAG FamRZ **96**, 1300, Zweibr RR **08**, 405. Die innere Rechtskraft reicht, anders ausgedrückt, soweit der in der Urteilsformel enthaltene Gedanke reicht, BVerfG MietR **96**, 121 (mit etwas wolkiger Begründung), BGH NJW **08**, 2716, KG VersR **06**, 1378. Rechtskraftfähig ist also nicht schon eine bloße Vorfrage, BGH NJW **95**, 2993, BAG NZA **04**, 344, Zweibr RR **08**, 405, aM BGH (12. ZS) NJW **08**, 1227 (aber das weitet uferlos aus), Hbg ZMR **03**, 256 (ohne Auseinandersetzung mit dem Problem). Rechtskraftfähig ist vielmehr nur der vom Richter aus dem Sachverhalt gezogene und im Urteil ausgesprochene Schluß auf das Bestehen oder Nichtbestehen des Anspruchs, BGH RR **01**, 477, BayObLG **88**, 431, Kblz FamRZ **87**, 951. Die Savignysche Lehre, daß sich die Rechtskraft auf die „in den Gründen enthaltenen Elemente des Urteils" erstrecke, schien verlassen. Zeitlich besteht grundsätzlich keine Grenze, BAG MDR **01**, 281.

Inzwischen gilt aber wieder mit Recht eine differenzierende Betrachtung und die Teilnahme zumindest der *„tragenden" Entscheidungsgründe* an einer „relativen" Rechtskraft, Rn 10, BGH NJW **95**, 968, BayObLG Rpfleger **95**, 406, Schwab ZZP **91**, 235, aM BGH NJW **95**, 2993, BAG NZA **04**, 344 (aber nur eine solche Differenzierung vermeidet eine unhaltbare Vergröberung). Lindacher ZZP **88**, 73 sieht den Tenor, den Tatbestand und die Entscheidungsgründe als eine Einheit an und läßt die Gründe im Zweifel vorgehen.

10 **B. Auslegung.** Man darf und muß die Formel auslegen, BGH **159**, 69. Das gilt freilich nur, soweit sie Zweifel läßt, Kblz VersR **85**, 1150, aM LG Bonn JB **91**, 264 (abl Wasmuth). Eine Auslegung darf auch nur in engen Grenzen erfolgen, BGH VersR **86**, 565. Sie geschieht dann unter einer Heranziehung des Tatbestands und der Entscheidungsgründe, Rn 9, BVerfG NJW **03**, 3759, BGH NJW **08**, 2716, Düss RR **01**, 523.

C. Beispiele zur Frage einer Auslegung 11

Anerkenntnisurteil: Bei einem solchen Urteil nach § 307 dienen der Auslegung die tatsächlichen Umstände, BGH NJW **07**, 2922 (zustm Born 2923, Herr FamRZ **07**, 1877, Hoppenz FamRZ **07**, 1460). Sie ergeben sich zB aus dem Vorbringen des Klägers, BGH **124**, 167, BAG NZA **07**, 648, AG Ludwigslust FamRZ **05**, 1494. Ferner hilft bei der Auslegung die Anerkenntniserklärung des Bekl, Köln FamRZ **92**, 1446. Das beachten Bbg FamRZ **86**, 702, Ffm RR **94**, 9, Beckmann MDR **97**, 614 nicht genug.

Antragsüberschreitung: Wenn das Gericht über den Antrag hinaus und damit entgegen § 308 I entschieden *hat*, erstreckt sich die Rechtskraft auch über diesen Mehrausspruch, Einf 13 vor §§ 322–327, BGH NJW **99**, 287.

Bezugnahme: Den im Urteil in Bezug genommene Parteivortrag im Prozeß muß man ebenfalls berücksichtigen, BVerfG NJW **03**, 3759, BGH RR **99**, 1006, AG Northeim FamRZ **04**, 959.

Erfolglosigkeit der Auslegung: Bei ihr entsteht keine Rechtskraft, BGH RR **01**, 1352, Brdb MDR **00**, 228, Hamm ZMR **98**, 341.

Fehlende Tatsachenprüfung: Soweit das Gericht eine weitere Tatsache hätte prüfen müssen, entsteht keine Rechtskraft. 12

Mehrheit von Ansprüchen: Wenn der Anspruch A die Voraussetzung eines Anspruchs B bildet, hat das Gericht für A ab der formellen Rechtskraft seiner Bejahung oder Verneinung auch für B positiv oder negativ festgestellt, BGH NJW **93**, 3204.

Mehrheit von Gründen: Stützt sich eine Sachabweisugn auf mehrere Gründe, erwächst die Entscheidung für alle Gründe in Rechtskraft. Das gilt zB dann, wenn das Gericht die Klage wegen des Fehlens einer Sachbefugnis nach Grdz 23 vor § 50 und wegen Unbegründetheit des Anspruchs abweist.

Nachholung: Nicht Vorgetragenes darf man nicht im Zweitprozeß einfach nachholen, BGH NJW **04**, 295.

Parteiauslegung: Auch im Verhältnis zueinander können die Parteien dem Urteil keinen anderen Inhalt geben, als das Gericht ihn nach dem Streitstoff geben konnte. Andererseits können die Parteien dem Urteil aber auch denselben Inhalt geben, den das Gericht gegeben hat. 13

Sachlage: Sie kann zusammen mit dem Verhalten des Kläges den Umfang seiner Forderung ergeben.

Sachverhalt: Wenn sich der im neuen Prozeß vorgetragene Sachverhalt seinem Wesen nach von demjenigen am Schluß der letzten mündlichen Tatsachenverhandlung des Vorprozesses nach §§ 136 IV, 296 a oder dem ihm gleichstehenden Zeitpunkt nach § 128 II, III unterscheidet, steht der neuen Klage die innere Rechtskraft des Urteils nicht entgegen, BVerfG NJW **03**, 3759, LAG Mainz NZA-RR **04**, 431. Das gilt jedenfalls dann, wenn der Kläger sein Klageziel äußerlich unverändert verfolgt und wenn er die zur Begründung der neuen Klage vorgebrachten Tatsachen schon im Vorprozeß hätte vortragen können, BGH NJW **81**, 2306, BayObLG ZMR **01**, 990. Es gilt auch bei einer Abweisung als nur derzeit unbegründet, Rn 28.

Teilentscheidung: Ergibt die Formel nur eine Teilentscheidung, wird nur dieser Teil rechtskräftig, BGH RR **02**, 135 links oben.

Übersehen: Die Rechtskraft ergreift sogar einen vom Gericht übersehenen rechtlichen Gesichtspunkt, BGH VersR **78**, 60 (eine Ausnahme gilt evtl bei § 32), aM BGH NJW **85**, 2412 (aber es müßte eindeutig feststehen, daß das Gericht einen solchen Gesichtspunkt gar nicht mitbescheiden wollte, Rn 27 „Abweisung"). 14

Unbestimmtheit: Bei einer völligen Unbestimmtheit des Titels ergibt sich keine Vollstreckbarkeit und daher die Möglichkeit einer Vollstreckungsabwehrklage, Brdb MDR **00**, 228, Zweibr FamRZ **96**, 750.

Verfahrensmangel: Die Rechtskraft macht jeden Mangel des bisherigen Verfahrens unbeachtlich, BAG DB **90**, 893.

Versäumnisurteil: Es gilt dasselbe wie Rn 11 „Anerkenntnisurteil".

Vollstreckungsabwehrklage: Sie kommt infrage, wenn die Auslegung keine Lösung ergeben hat, Brdb MDR **00**, 228, Zweibr FamRZ **96**, 750.

Vorrang: S „Widersprüchlichkeit".

Widersprüchlichkeit: Widersprechen sich die Entscheidungsgründe und die Urteilsformel nach §§ 311 II 1, 313 I Z 4, geht die Formel vor. Denn die Gründe dienen der Auslegung der Formel, nicht der Änderung, BGH RR **02**, 136. Bei einem unauflösbaren Widerspruch im Tenor entsteht keine Rechtskraft, BGH RR **01**, 1352, Brb MDR **00**, 228, Hamm ZMR **98**, 341. Es gibt dann keinen vollstreckbaren Titel, Brdb MDR **00**, 228, Hamm BB **83**, 1304.

Zeitpunkt: Maßgeblich ist die Entscheidung der letzten Instanz, StJL 183, ThP 17, aM Jauernig zB Festschrift für Schiedermair (1976) 297 (bei einer Zurückweisung eines Rechtsmittels komme es ausschließlich auf den Ausspruch der Zurückweisung an, die dafür angeführten Gründe hätten keinerlei Einfluß auf das angefochtene Urteil. Aber es kommt stets auf das Endergebnis eines Prozesses an).

D. Anspruch. Das ist der prozessuale Anspruch, der Streitgegenstand, Einl III 73, § 2 Rn 4 ff, BGH MDR **08**, 501 und NJW **08**, 2922, BAG NZA **08**, 358, Musielak NJW **00**, 3593. Der Anspruch umfaßt also eine Feststellung und eine Gestaltung, Grdz 9, 10 vor § 253. Eine Entscheidung über den Anspruch ist auch die Entscheidung über Prozeßvoraussetzungen, Grdz 13 vor § 253. Daher handelt es sich darum, inwieweit das Urteil das Bestehen oder das Nichtbestehen einer Rechtsfolge der rechtsbegründenden Tatsachen feststellt, § 253 Rn 32. Das Gericht darf den Einwand nicht ungeprüft lassen, es habe die Sache bereits rechtskräftig entschieden. Denn es müßte dann evtl die Klage durch ein sog Prozeßurteil als unzulässig abweisen und dürfte allenfalls hilfsweise eine Sachabweisung vornehmen, Grdz 17 vor § 253. Die früher zulässig gewesene Abweisung „angebrachtermaßen", also nur so, wie der Kläger die Klage angebracht hatte, sodaß man sie mit einer besseren Darlegung wiederholen konnte, ist abgeschafft, BGH NJW **89**, 394. Hatte das Gericht das Rechtsmittel mangels einer rechtzeitigen Begründung rechtskräftig verworfen und läuft in Wahrheit die Einlegungsfrist noch, kann eine Wiederholung des Rechtsmittels zulässig sein, BGH NJW **91**, 1116. 15

5) Grenzen der Rechtskraft, I, dazu *Gaul,* Die Ausübung privater Gestaltungsrechte nach rechtskräftigem Verfahrensabschluß usw, in: Gedächtnisschrift für *Knobbe-Keuk* (1997): 16

A. Tatsachenfeststellung. Die Rechtskraft ergreift grundsätzlich nicht die tatsächlichen Feststellungen des Urteils, Rn 41 „Feststellungsurteil: b) Sachurteil: Verneinende Klage", BGH NJW **83**, 2032 (problematisch, abl Tiedtke NJW **83**, 2014, Waldner JZ **83**, 374, zustm Messer JZ **83**, 395).

17 **B. Juristischer Obersatz.** Die Rechtskraft ergreift auch nicht den juristischen Obersatz, die abstrakte Rechtsfrage. Es bindet nur der Unterordnungsschluß, nicht der Satz, der unterordnet. Das gilt namentlich beim Reihen-, Teilbetrags- und Ratenprozeß. Dann tritt also keine innere Rechtskraft für den nicht entschiedenen Teil oder Prozeß ein, Zweibr RR **08**, 405 (Vorfragen).

18 **C. Allgemeine Rechtsfolge.** Die Rechtskraft ergreift weiterhin nicht die allgemeine Rechtsfolge. Es bedarf hier derselben Einzelbeziehung wie bei der Klage. Beispiel: Rechtskräftig werden kann nicht die Verurteilung zur Zahlung von 100 EUR, sondern nur die Verurteilung zur Zahlung von 100 EUR aus einem bestimmten Kaufvertrag. Mit der Rechtskraft steht aber nicht etwa sein Abschluß fest.

19 **D. Einreden usw.** Die Rechtskraft ergreift ferner grundsätzlich nicht Einreden und sonstige Einwendungen des Bekl, wie ein Zurückbehaltungsrecht, die Einrede des nicht erfüllten Vertrags, eine Minderung, Düss AnwBl **84**, 614, ein geltend gemachtes Pfandrecht, soweit der Bekl ihretwegen keine Widerklage nach Anh § 253 erhoben hat. Eine Ausnahme bildet die Aufrechnung, Rn 21, Düss FamRZ **80**, 377. Hier kann im Ergebnis ein Vorgehen nach (jetzt) § 634 Z 2 BGB gleichstehen, Düss AnwBl **84**, 614.

20 **E. Entscheidungsgründe.** Die Rechtskraft ergreift schließlich grundsätzlich nicht sämtliche Entscheidungsgründe, sondern nur die tragenden, Rn 9 ff. Darum entsteht nicht stets eine innere Rechtskraft für ein vorgreifliches Rechtsverhältnis, § 148 Rn 4, 5, BayObLG ZMR **83**, 288, und für dessen rechtliche Bewertung (Vorsatz, Fahrlässigkeit), BayObLG ZMR **83**, 287. Vgl aber Rn 4 ff. Wegen der verneinenden Feststellungsklage Rn 38 „Feststellungsurteil".

21 **6) Aufrechnung, II**, dazu zB *Kawano* ZZP **94**, 14; *Schreiber,* Die Aufrechnung im Prozeß, Festgabe *50 Jahre Bundesgerichtshof* (2000) III 227:

A. Grundsatz; Rechtskraftfähigkeit. Rechnet der Bekl mit einer Gegenforderung auf, auch hilfsweise, wird die Feststellung ihres Nichtbestehens bis zum aufgerechneten Betrag rechtskräftig, BVerfG NJW **00**, 1938, VerfGH Bln ZMR **01**, 880, BGH FamRZ **05**, 265. Wegen der Rechtshängigkeit § 145 Rn 15. Das ist eine willkürliche, ausdrückliche, nicht auf andere Rechte ausdehnbare Ausnahme von I, BGH NJW **92**, 318, Kblz RR **97**, 1427. Daher ist II bei einer Abweisung aus anderen Gründen weder direkt noch entsprechend anwendbar.

22 **B. Beispiele zur Frage einer Aufrechnung, II**

Abrechnung: II gilt *nicht* bei einem Abrechnungsverhältnis, BGH MDR **04**, 703, rechts oben.

Arbeitssache: Das ordentliche Gericht darf über eine an sich vor ein ArbG gehörende Aufrechnung entscheiden.

Aufrechnung des Klägers: II gilt *nicht* bei einer solchen Aufrechnung, Kblz RR **97**, 1427 (Ausnahme bei einer verneinenden Feststellungsklage oder bei § 767).

Außerprozessuale Aufrechnung: II gilt *nicht* dann, wenn sich der Bekl auf eine vom Kläger außerhalb des Prozesses erklärte Aufrechnung beruft, BGH MDR **95**, 407, Tiedtke NJW **92**, 1475, aM Foerster NJW **93**, 1184, ThP 44 ff, ZöV 24 (aber man darf eine Ausnahmevorschrift fast stets nur eng auslegen).

23 **Bürgschaft:** Wegen der Hilfsaufrechnung eines Bürgen § 325 Rn 24 „Bürgschaft".

II gilt dann *nicht*, wenn der beklagte Bürge mit einer Gegenforderung des Hauptschuldners aufrechnet.

Berufungsinstanz: Hat der Gegner die im ersten Rechtszug erfolgte Aufrechnung hingenommen, kann das Rechtsmittelgericht nicht entscheiden, die der Aufrechnung zugrunde liegende Forderung bestehe nicht. Ein mit seiner Aufrechnung abgewiesener Bekl muß Berufung oder Anschlußberufung einlegen, um die Aufrechnung weiterverfolgen zu können, Rostock RR **02**, 576, LG Köln WoM **77**, 186. Hat das Gericht die Klage nur auf Grund der Hilfsaufrechnung abgewiesen und legt nur der Kläger Rechtsmittel ein, darf das Rechtsmittelgericht die Klageforderung nicht erneut überprüfen, BGH WoM **90**, 41.

Entweder-Oder-Begründung: Es ist unzulässig, die Entscheidung mit dem Argument zu begründen, die Klageforderung habe nicht bestanden oder sei durch die Aufrechnung getilgt. Denn dabei bleibt die Rechtskraftwirkung ungewiß.

24 **Feststellungsklage:** Eine Aufrechnung kann im Prozeß nach § 256 notwendig werden, um ihren Ausschluß im späteren Leistungsprozeß zu vermeiden, BGH **103**, 367.

Gegenforderung: II gilt dann, wenn das Urteil ausspricht, daß die Gegenforderung schon vor der Aufrechnung nicht bestanden habe. Maßgebend ist das Urteil, nicht die Aufrechnungserklärung, Schlesw SchlHA **83**, 198.

S auch Rn 26 „Teil-Gegenforderung".

Gegenseitigkeit: II gilt dann, wenn das Gericht die Aufrechnungsforderung wegen Fehlens einer Gegenseitigkeit für unbegründet erklärt, Celle AnwBl **84**, 311.

Hilfsaufrechnungsvorrang: Das Gericht darf nicht eine Hilfsaufrechnung berücksichtigen, bevor es die Hauptforderung für begründet erklärt, VerfGH Bln ZMR **01**, 880.

Hilfsbegründung: Das Gericht darf auch bei einer Aufrechnung neben der Hauptabweisung wegen Unzulässigkeit eine Hilfsbegründung zur Unbegründetheit vornehmen, Grdz 17 vor § 253. Diese letztere ist freilich nicht rechtskraftfähig, BGH NW **88**, 3210.

25 **LwVG:** Das LwG darf über eine vor das ordentliche Gericht gehörende Aufrechnung entscheiden.

Streitwert: Anh § 3 Rn 15 „Aufrechnung".

26 **Teil-Gegenforderung:** Die Rechtskraft ergreift nur den zur Aufrechnung verwendeten Teil der Gegenforderung, nicht den überschießenden. Das gilt selbst dann, wenn das Gericht die gesamte Gegenforderung in den Entscheidungsgründen verneint, Celle AnwBl **84**, 311. Eine Annahme der Rechtskraftwirkung auch für den die Klagesumme übersteigenden Teil der Aufrechnungsforderung ist ein Verfahrensfehler. Er kann auf Antrag zu einer Zurückverweisung nach § 538 führen. Rechnet der Kläger mit einem Teil der ihm erstinstanzlich zuerkannten Klageforderung gegen eine andererseits titulierte Gegenforderung

des Bekl auf, erstreckt sich die Rechtskraft des Berufungsurteils, das die Klage mit Rücksicht auf die Aufrechnung teilweise abweist, nicht auf die Gegenforderung, BGH NJW **92**, 983.

Unzulässigkeit der Aufrechnung: Das Gericht darf nicht offenlassen, ob die Aufrechnung unzulässig ist, BGH RR **91**, 972. II gilt dann, wenn das Gericht die Aufrechnung als unzulässig erklärt, BGH RR **91**, 972 (die abweichende Entscheidung BGH NJW **01**, 3616 betraf den inzwischen aufgehobenen § 390 S 2 BGB aF).

Verbrauch der Aufrechnungsforderung: II gilt dann, wenn das Gericht die Klage wegen des Verbrauchs durch die als begründet erachtete Aufrechnung abweist (etwas anderes gilt, wenn das Gericht die Klageforderung für evtl nicht begründet erklärt), Hager Festschrift für Kissel (1994) 345, und zwar auch bei einer verneinenden Feststellungsklage, Braun ZZP **89**, 93, wenn der Vollstreckungsabwehrkläger eine Aufrechnungsforderung geltend gemacht hat. Demgemäß ist der Bekl beschwert, wenn das Gericht die Klageforderung aus anderen Gründen hätte abweisen können.

Vorrang der Zulässigkeitsfrage: Das Gericht darf die Aufrechnung erst nach der Klärung ihrer Zulässigkeit auf ihre Begründetheit prüfen, BGH RR **91**, 972. Denn die Unzulässigkeit würde der Geltendmachung der Aufrechnung in einem anderen Rechtsstreit nicht entgegenstehen, Celle AnwBl **84**, 311. Wenn dieser Punkt unklar bleibt, muß das Gericht ihn von Amts wegen auch ohne eine Verfahrensrüge berücksichtigen, BGH RR **91**, 972.

Zurückbehaltungsrecht: II gilt *nicht* bei einem Zurückbehaltungsrecht, BGH NJW **05**, 265.

7) Beispiele zur Frage des Vorliegens einer Rechtskraft, I, II. Vgl auch Rn 4 ff. Erweiterte Rechtskraft: § 325 Rn 21. 27

Abänderungsklage: Es kommt auch hier auf die Übereinstimmung der Streitgegenstände an, Karlsr FamRZ **87**, 396. Eine Veränderung der Sachlage kann einen neuen Abänderungsantrag rechtfertigen, BGH RR **07**, 579.

Abrechnungsverhältnis: Aufrechnung im: Rn 21.

Abtretung: Dasjenige Urteil, das zur Beglaubigung einer Abtretung verpflichtet, erstreckt sich *nicht* auf den tatsächlichen Vorgang der nach § 888 notwendigen Erklärungen vor dem Notar usw, BayObLG **97**, 91. Das Urteil bindet den neuen Gläubiger nur insoweit, als es gegenüber dem bisherigen Gläubiger rechtskräftig ist. Es ist keine erneute Klage nur auf Grund einer weiteren Abtretungserklärung desselben Zedenten möglich, die man schon im Vorprozeß des neuen Gläubigers hätte machen können, und umgekehrt, BGH NJW **86**, 1046, aM LG Wiesb MDR **79**, 236 (aber das würde auf eine willkürliche Prozeßhäufung hinauslaufen, Einl III 54). Eine Abweisung der auf Abtretung gestützten Klage hindert nicht eine jetzt auf eigenes Recht gestützte, BGH NJW **08**, 2922.

Abweisung, dazu *Grunsky,* Überlegungen zur Konkurrenz mehrerer Klagabweisungsgründe, Festschrift für *Schumann* (2001) 159: Es kommt auf den gesamten wesentlichen Urteilsinhalt an, Rn 60 „Prozeßurteil", BGH GRUR **02**, 788, Düss RR **92**, 114, KG VersR **94**, 601. Eine Sachabweisung erfaßt grds jeden Rechtsgrund, BGH **153**, 242 (abl Roth LMK **03**, 116), BAG DB **98**, 1924. Zum Problem Grunsky 168. Sie ergreift alles, was bei einer natürlichen Anschauung zum Lebenssachverhalt des Vorprozesses zählt, selbst wenn der Kläger dazu nicht alle Tatsachen vorgetragen hatte, BGH **157**, 49.

Dagegen bleibt eine Geltendmachung eines ausdrücklich als *nicht mitbeschieden* bezeichneten Anspruchs im Zweitprozeß möglich, BGH MDR **02**, 1140. Eine Abweisung als derzeit unbegründet läßt eine bessere Begründung im Folgeprozeß offen, BVerfG NJW **03**, 3759, BGH BB **00**, 2490, BayObLG **03**, 265. Das gilt zB bei neuen Begründungstatsachen, Rieckers BB **08**, 515. Es gilt aber nicht für einen vom Gericht ausdrücklich ausgesparten Rechtsgrund, BGH GRUR **02**, 788.

Allgemeine Geschäftsbedingungen: § 11 UKlaG. 28

Alternative Sachverhalte: Das Gericht muß darlegen, welchen Anspruch es beschieden hat. Sonst *fehlt* eine rechtskraftfähige Entscheidung, Hamm RR **92**, 1279.

Amtshaftung: Weist das Gericht die Amtshaftungsklage mit Rücksicht auf das Bestehen eines anderweitigen Ersatzanspruchs ab, ist das nur eine Abweisung als zur Zeit unbegründet, selbst wenn das Urteil ohne eine zeitliche Begrenzung ergeht. Weist das Gericht dann den anderweitigen Ersatzanspruch mit Recht oder zu Unrecht ab, ermöglicht dieser neue Sachverhalt eine *Wiederholung* des ersten Rechtsstreits.

Etwas anderes gilt, wenn das Gericht die erste Klage wegen *Versäumnis des Klägers* nach § 330 abgewiesen hatte. Denn dann ist überhaupt eine Klagabweisung eingetreten.

Anerkenntnisurteil: Rn 1, 12.

Anfechtung: Eine nach dem Schluß der mündlichen Verhandlung des Vorprozesses nach §§ 136 IV, 296 a erfolgte Anfechtung kann einen Folgeprozeß rechtfertigen, soweit man sie objektiv nicht früher hätte vornehmen können, BGH **157**, 49.

Anspruchsaustausch: Der Kläger kann evtl auch einen solchen Anspruch geltend machen, den er zuvor auf einen anderen Rechtsgrund stützte, mag er sich auch zahlenmäßig mit dem vorher abgewiesenen Anspruch decken und mag jener auch schon bereits damals vorgelegen haben, BGH MDR **92**, 708. Insofern kann man die Ansprüche also austauschen. Freilich beschränkt sich die Rechtskraft grundsätzlich nicht auf die rechtliche Begründung, sondern erfaßt den Anspruch selbst, BAG VersR **91**, 365.

Anspruchsmehrheit: Spricht das Gericht einen aus mehreren Ansprüchen zusammengesetzten Betrag zu, muß ersichtlich sein, in welcher Höhe es die einzelnen Ansprüche berücksichtigt hat. Andernfalls kann man die Ansprüche trotz eines Teilurteils weiter geltend machen.

Arbeitsrecht: Nach einer rechtskräftigen Feststellung des Arbeitsendes im Kündigungsschutzprozeß ist eine Feststellungsklage über diesen Zeitpunkt hinaus unzulässig, LAG Ffm NZA-RR **06**, 244. Die sachliche Abweisung der verneinenden Feststellungsklage hat die Wirkung einer bejahenden Feststellung, Rn 41, BAG NZA **05**, 649. Die Feststellung der Unwirksamkeit einer außerordentlichen Kündigung hat nicht stets diejenige der Wirksamkeit zum nächsten ordentlichen Kündigungstermin zur Folge, Mü RR **95**, 740. Weist das Gericht die Klage eines Arbeitnehmers gegen den Pensions-Sicherungsverein auf eine Gewährung von Insolvenzschutz ab, kann auch ein Hinterbliebener keinen solchen Schutz verlangen,

BAG VersR **91**, 365. Der Arbeitgeber kann eine Wiederholungs- oder sog Trotzkündigung nicht auf einen Grund stützen, den er schon im vorangegangenen Kündigungsschutzprozeß vorgebracht hatte und den das Gericht dort sachlichrechtlich geprüft hatte, bevor es dem Arbeitnehmer recht gab, BAG NJW **94**, 475. Zu Reflexwirkungen gegenüber Dritten BSG KTS **92**, 676. Bei § 103 BetrVG bleiben neue Tatsachen für ein späteres Verfahren verwendbar, BAG NJW **03**, 1205. Hat das ArbG eine Arbeitgeberkündigung sowohl nach § 1 KSchG als auch wegen eines Fehlens der Beteiligung des Personalrats als unwirksam erachtet, kann das LAG auch bei einer Beschränkung der Berufung auf den Auflösungsantrag die Beteiligungsfrage erneut prüfen, BAG NJW **02**, 1288. Teil- und Vollzeitfragen, Gleichbehandlung, Eingruppierung können drei Streitgegenstände sein, BAG DB **03**, 341. Die Wirksamkeit einer Kündigung und eine Wiedereinstellung sind verschiedene Streitgegenstände, BAG NZA **08**, 358.

Architekt: Ausführungsplanung und Entwurfsplanung und Bauüberwachung können verschiedene Gegenstände sein, BGH MDR **08**, 501.

29 **Arrest und Einstweilige Anordnung oder Verfügung:** Die Abgrenzung ist schwierig.

A. Grundsatz, dazu *Werner,* Rechtskraft und Innenbindung zivilprozessualer Beschlüsse im Erkenntnis- und summarischen Verfahren, 1982: Manche verneinen jede Rechtskraftwirkung im Eilverfahren, BGH FamRZ **83**, 355, Brdb RR **02**, 939, Hamm NJW **99**, 3274. Sie lassen unter anderem dasselbe Gesuch mit derselben Glaubhaftmachung erneut zu. Das heißt zum Mißbrauch der Gerichte geradezu aufzufordern und bei der Vertretungskammer unter dem Vorwand der Dringlichkeit versuchen zu lassen, was man bei der ordentlichen Kammer nicht erreicht hat. Niemand darf eine doppelte Entscheidung derselben Sache verlangen, KG MDR **79**, 64, OVG Münst FamRZ **75**, 293.

Vielmehr erfordert ein neues Gesuch *neue Tatsachen,* die der Antragsteller im bisherigen Verfahren noch nicht vorbringen konnte, Ffm FamRZ **87**, 394, LAG Köln DB **83**, 2369, Rieckers BB **08**, 515. Problematisch ist auch die Ansicht, ein solches Urteil sei keine „endgültige Entscheidung", so Teplitzky NJW **84**, 851. Es ist eine solche. Denn es entscheidet in diesem vorläufigen Verfahren endgültig über den Anspruch so, wie er derzeit besteht. Eine abweisende Hauptsacheentscheidung läßt die einstweilige Anordnung usw auch dann außer Kraft treten, wenn das Gericht die Abweisung nicht für vorläufig vollstreckbar erklärt hat, VerfGH Bln RR **07**, 68, Karlsr FamRZ **87**, 609. Bongen/Renaud NJW **91**, 2886 (Üb) halten auch einen Sieg im Hauptverfahren oder eine Änderung der Rechtsprechung für ausreichend. Im ersteren Fall fehlt aber meist das Rechtsschutzbedürfnis, im letzteren droht eine Durchlöcherung der inneren Rechtskraft.

30 **B. Einzelfälle.** Hier muß man die folgenden Situationen unterscheiden.

– **(Arrestanspruch):** Wenn das Gericht den Rechtsschutz versagt, weil ein zu sichernder sachlichrechtlicher Anspruch nach § 916 fehle, ist die Entscheidung endgültig. Ein neues Gesuch ist wegen der Rechtskraft unzulässig, es sei denn, man könnte es auf neue, nach der ersten Entscheidung entstandene Tatsachen stützen, KG MDR **79**, 64.

– **(Arrestgrund):** Wenn das Gericht den Rechtsschutz versagt, weil ein Arrestgrund nach § 917 fehle, liegt eine *neue Sachlage* vor, sobald ein Arrestgrund entsteht. Daher kann dann ein neues Gesuch zulässig werden, Düss NJW **82**, 2453.

– **(Erledigung):** Die Entscheidung im Arrestprozeß nach § 91 a bewirkt *keine* Rechtskraft über die Rechtmäßigkeit des Arrests.

Vgl aber auch § 945 Rn 10 ff.

– **(Glaubhaftmachung):** Wenn das Gericht den Antrag zurückweist, weil die Glaubhaftmachung von Arrestgrund oder -anspruch nicht ausreiche, kann man das Gesuch mit einer *besseren Glaubhaftmachung* erneuern, Düss NJW **82**, 2453, Zweibr FamRZ **82**, 414. Denn die bisherige Entscheidung erklärt das Gesuch nur für derzeit unbegründet. Bei den beiden vorgenannten Fällen muß eine Wiederholung des Antrags bei einem besonderen Rechtsschutzbedürfnis auch während eines schwebenden Rechtsmittelverfahrens wegen der Ablehnung des ersten Gesuchs möglich sein, Zweibr FamRZ **82**, 414. Das würde bei einem rechtskräftigen Sieg auf Grund des zweiten Gesuchs eine Erledigung des ersten Verfahrens zur Folge haben, Zweibr FamRZ **82**, 414.

– **(Hauptprozeß):** Innere Rechtskraft für den Anspruch selbst, also mit Wirkung für den Hauptprozeß, kann *keine* Eilentscheidung begründen, BGH FamRZ **85**, 288, Jestaedt GRUR **81**, 154.

– **(Vollziehung unstatthaft):** Bei § 929 II ist ein neuer Antrag zulässig, § 929 Rn 18.

Auflassung: Sämtliche die Wirksamkeit des Rechtsgeschäfts betreffenden Vorgänge gehören zu dem zur Entscheidung gestellten Lebenssachverhalt, ob die Partei sie vorträgt oder nicht, BGH NJW **95**, 968. Das gilt auch dann, wenn die Parteien im Folgeprozeß die Rollen vertauschen, BGH NJW **95**, 968.

31 **Aufrechnung:** Rn 21.

Auskunftsurteil: Wenn seine Formel nicht den Auskunftszeitraum angibt, kann man das Urteil grds allenfalls dahin auslegen, daß die Auskunftspflicht die Zeit zwischen der Klagezustellung und dem Urteilserlaß umfaßt, Ffm FamRZ **84**, 271. Eine die Zukunft nach § 259 einbeziehende Ausnahme kann bei einer Patentverletzung vorliegen, BGH **159**, 70.

Auskunft, Einsicht und Leistung können *verschiedene* Gegenstände sein, Köln EWiR § 87 c HGB 1/00 (zustm Emde). Der Auskunftsanspruch und ein daraus abgeleiteter Leistungsanspruch sind nicht dieselben Streitgegenstände, BAG NJW **89**, 1236 (krit Deubner).

Auslandsurteil: § 328.

Besitz: Werden ein Ehemann und seine Ehefrau aus Besitz in Anspruch genommen, hat das Gericht damit auch über den Anspruch gegen die Ehefrau als mittelbare Besitzerin entschieden. Das Herausgabeurteil nach §§ 985 ff BGB befindet auch über ein Besitzrecht, BGH NJW **98**, 1709.

Betreuung: Die Vergütungsentscheidung ist rechtskraftfähig, BayObLG FER **98**, 66.

32 **Bürgschaft:** Die Rechtskraft im Prozeß des Hauptschuldners gegen den Gläubiger auf eine Entlassung des Bürgen und auf eine Herausgabe der Bürgschaftsurkunde wirkt im nachfolgenden Prozeß zwischen denselben Parteien auf eine Unterlassung der Inanspruchnahme des Bürgen. Das gilt auch dann, wenn das Gericht dem Hauptschuldner im Zweitprozeß nach § 926 I eine Klagefrist gesetzt hat, BGH DB **87**, 732.

S auch § 325 Rn 24 „Bürgschaft“. Das gegen den Hauptschuldner ergangene Urteil wirkt aber *nicht* stets auch gegen den Bürgen, BGH **153**, 301.

Buße oder Entschädigungsurteil im Strafverfahren: Die Entscheidung schafft eine innere Rechtskraft nur, soweit sie zuerkennt. Das Absehen von einer Entscheidung schafft *keine* Rechtskraft. Vgl §§ 406 III, 405, 406 d StPO.

Derzeitige Unbegründetheit: Rn 27 „Abweisung“.

Ehe- und Kindschaftsentscheidung, dazu (je um alten Recht) Düss NJW **80**, 2760; *Henssler,* Korrektur rechtskräftiger Entscheidungen über den Versorgungsausgleich, 1983; *Schweizer,* Der Eintritt der Rechtskraft des Scheidungsausspruches bei Teilanfechtung im Verbundverfahren usw, 1991; *Stoll,* Der Eintritt der Rechtskraft des Scheidungsanspruchs im Verbundverfahren, Diss Erl/Nürnb 1988. S auch Rn 43 „Gestaltungsurteil“: 33

Das *bisherige Bestehen* der Ehe ist für den Scheidungsbeschluß keine bloße nichtrechtskraftfähige Vorfrage, sondern eine Hauptbedingung des ganzen Beschlusses, aM Köln FamRZ **01**, 1008 (aber die Regelung der Beendigung ist nur eine Folge der zuvor nötigen Klärung). Die Feststellung im Scheidungsbeschluß zum Trennungszeitpunkt erwächst *nicht* in innere Rechtskraft, OVG Hbg FamRZ **01**, 985.

Bei einer *Abweisung* der Anfechtungsforderung des Mannes gegen das Kind wegen einer Versäumung der Anfechtungsfrist oder mangels eines Anfechtungsrechts steht nur fest, daß dieser Mann die fehlende Abstammung nicht geltendmachen kann, Düss NJW **80**, 2760. Insofern reichen aber bloß neue Einzelheiten oder Beweismittel nicht für seinen weiteren Antrag, BGH NJW **03**, 585. Entsprechendes gilt, wenn das Gericht im Verfahren auf eine Anfechtung des Vaterschaftsanerkenntnisses die Nichtvaterschaft nicht feststellen kann, Düss NJW **80**, 2760. Eine Entscheidung über den öffentlichrechtlichen Versorgungsausgleich ist der inneren Rechtskraft fähig, BGH NJW **82**, 1647, KG FamRZ **82**, 1091. Das gilt aber nicht für eine verneinende Feststellung, wenn dazu gar kein Verfahren stattfand, Hamm FamRZ **07**, 1258. Die Rechtskraft ist auch dann vorhanden, wenn das Gericht seine Entscheidung unter einer Mißachtung einer anderweitigen Rechtshängigkeit der Sache erlassen hat, BGH NJW **83**, 515. Zur Teilrechtskraft eines Scheidungsbeschlusses wegen des Scheidungsausspruchs durch einen Rechtsmittelverzicht BGH FamRZ **85**, 288.

Wenn in Wahrheit noch *keine* Entscheidung über die Nutzungsentschädigung der zugesprochenen Ehewohnung vorliegt, ist trotz rechtskräftigen Scheidungsbechlusses insofern ein neuer Antrag zulässig, Mü FamRZ **89**, 199.

Eigentumsanspruch: Wegen der Rechtskraftwirkung eines Urteils auf eine Unterlassung Rn 67 „Unterlassungsanspruch“. Dasjenige Urteil, das eine Grundbuchberichtigung wegen einer wirksamen Auflassung ablehnt, schafft *keine* Rechtskraft für einen Bereicherungsanspruch wegen unberechtigten Eigentumserwerbs. Hat das Erstgericht die Klage des Eigentümers auf die Löschung einer Auflassungsvormerkung wegen eines Fortbestands des Auflassungsanspruchs abgewiesen, ist unklar, ob die Bejahung des Auflassungsanspruchs das Zweitgericht bindet, zumindest wenn nur der Rechtsnachfolger des Vorgemerkten klagt. Verlangt der Kläger mit einem Berichtigungsanspruch eine Eintragung als Eigentümer, hat das Gericht auch wohl über das Eigentum selbst erkannt, Wieling JZ **86**, 10. Macht der Kläger im Weg der Herausgabe aus einer Geschäftsführung das Miteigentum mindestens zur Hälfte geltend, ohne eine ganz bestimmte Quote einzuklagen, ist der Anspruch auf das Miteigentum als solcher streitbefangen und hindert eine spätere Erhöhung des Anteils. 34

Hat das Gericht den wegen einer *Besitzstörung* (Wegerecht) auf eine Unterlassung klagenden Eigentümer abgewiesen, kann das Gericht im Folgeprozeß dem Eigentümer nicht die Bebauung dieses Grundstückteils gestatten.

Eine Klagabweisung erwächst gegenüber dem nicht klagenden Miteigentümer *nicht* in Rechtskraft, BGH **79**, 247.

S auch Rn 31 „Besitz“, Rn 47 „Herausgabe“.

Einrede, Einwendung: Es gelten die allgemeinen Regeln. Es kommt also darauf an, ob und wie weit die Entscheidung über die Einwendung usw zu den das Urteil tragenden Entscheidungsgründen gehört, Rn 4, 6, Zweibr RR **08**, 405, Batschari/Durst NJW **95**, 1653 (zu § 320 BGB), Doderer NJW **91**, 878. 35

Einreihung in eine Gehaltsgruppe: Da das Gericht wegen § 308 I im Vorprozeß nur prüfen durfte, ob die Merkmale der damals umstrittenen Gehaltsgruppe vorlagen, kann der Kläger einen *weiteren* Prozeß über die Frage führen, ob nunmehr die Merkmale einer höheren Gehaltsgruppe vorliegen, BAG BB **77**, 1356, aM ZöV 27 vor § 322 (aber dann könnte der Kläger diesen ganz anderen Sachverhalt überhaupt nicht klären lassen).

Einstweilige Anordnung oder Verfügung: Rn 29 „Arrest, Einstweilige Anordnung oder Verfügung“. 36

Erbrecht: Bei § 2018 BGB stellt das stattgebende Urteil auch die Erbeneigenschaft fest, Wieling JZ **86**, 11. Die Klage aller Miterben ist für denjenigen von ihnen unzulässig, dem gegenüber bereits ein rechtskräftiges Urteil zu demselben Streitgegenstand vorliegt, BGH NJW **89**, 2134. Die Entlassung eines Testamentsvollstreckers bringt evtl *keine* Rechtskraft dazu, ob der Erblasser überhaupt eine Testamentsvollstreckung verfügt hat, Düss FER **98**, 135. Die Erbschaftsklage stellt die Wirksamkeit des Testaments noch nicht fest. Eine Abweisung mangels gesetzlicher Erbfolge ist für eine nachfolgende Klage auf Grund testamentarischer Erbfolge unschädlich, BGH NJW **76**, 1095.

Ergänzungsurteil: § 321 Rn 9.

Erledigung: Bei wirksamen übereinstimmenden Erledigterklärungen § 91 a Rn 108. Bei einer einseitigen Erledigterklärung des Klägers LG Bochum MDR **82**, 675, Deppert Festschrift für Wenzel (2005) 32 (Rechtskraft nur zum Nichtbestehen des Klaganspruchs seit dem erledigenden Ereignis, keine Rechtskraft zum vorherigen Bestehen).

Factoring: Wegen einer Abrechnung BGH NJW **93**, 2684. 37

Fälligkeit: Man muß die folgenden Situationen unterscheiden.

A. Sofortige Fälligkeit. Im allgemeinen ist die Fälligkeit eine Sachurteilsvoraussetzung. Fehlt sie und steht nicht fest, ob der Anspruch im übrigen unbegründet ist, muß das Gericht die Klage als lediglich „zur

Zeit unbegründet“ ohne eine weitere Prüfung des Anspruchs abweisen, BGH NJW **99**, 1867, LG Köln WoM **90**, 38 (zur Abgrenzung), aM Düss NJW **93**, 803, ArbG Bln BB **76**, 1610 (Prozeßurteil. Aber die Sachurteilsvoraussetzung ist gerade keine bloße Prozeßvoraussetzung, Grdz 24 vor § 253). Die Rechtskraftwirkung erstreckt sich dann nur auf die Frage der Fälligkeit, *nicht* auf die weiteren Voraussetzungen des Anspruchs, StJL 248, ZöV 58 vor § 322, aM Brox ZZP **81**, 389 (aber der Tenor zeigt, daß das Gericht sie nicht mitprüfen wollte). Freilich kann das Urteil denjenigen Bekl beschweren, der die endgültige Abweisung erstrebte, BGH EWiR **00**, 939 (zustm Siegburg). Hat das Gericht aber den Anspruch im Erstprozeß endgültig als überhaupt nicht bestehend abgelehnt, tritt auch wegen der Fälligkeitsfrage im Zweitprozeß eine Bindung ein, Düss NJW **93**, 803, LG Köln WoM **90**, 38.

B. Künftige Fälligkeit. Bei §§ 257–259 ist die Fälligkeit eine Prozeßvoraussetzung. Eine Klagabweisung trifft nur die Fälligkeit. So steht bei einer Abweisung aus § 259 rechtskräftig nur fest, daß der geltend gemachte Besorgnisgrund nicht vorliegt.

FamFG: II ist zumindest im Bereich des § 113 I 2 FamFG entsprechend anwendbar, Stgt WoM **89**, 199.

38 **Feststellungsurteil:** Rn 49 „Leistungsurteil“. Wegen der Wirkung für und gegen einen Dritten § 640 h.

A. Prozeßurteil. Eine Klagabweisung wegen des Fehlens von Prozeßvoraussetzungen und insbesondere wegen des Fehlens des rechtlichen Interesses an einer alsbaldigen Feststellung ist ein Prozeßurteil *ohne* eine Rechtskraftwirkung in der Sache selbst. Dieses Urteil steht daher einer besser begründeten Feststellungs- oder Leistungsklage nicht entgegen.

39 **B. Sachurteil bei behauptender Klage,** dazu *Piepenbrock* MDR **98**, 201 (ausf): Wenn bei einer behauptenden Feststellungsklage ein Sachurteil ergeht, gilt: Hat sie Erfolg, steht die Rechtsfolge fest, BAG NJW **07**, 2508. Mü FamRZ **01**, 1218. Das gilt unabhängig davon, ob das Gericht alle Aspekte gewürdigt hat, BGH NJW **82**, 2257, BAG NJW **07**, 2508, Hbg GRUR-RR **04**, 139. Der Bekl kann dann nicht das Gegenteil derselben Rechtsfolge durch eine nachfolgende verneinende Feststellungsklage erörtern lassen, BGH FamRZ **04**, 864. Weist das Gericht die behauptende Feststellungsklage ab, dann steht das Nichtbestehen der Rechtsfolge fest, BGH NJW **94**, 659, BayObLG ZMR **01**, 990. Evtl ist § 580 anwendbar. Ein Grundurteil nach § 304 bindet nur im Umfang des erhobenen Anspruchs. Daher muß das Gericht für jede darüber hinausgehende Leistung den Grund *neu prüfen,* BGH NJW **89**, 105. Beim Feststellungsurteil erstreckt sich die Rechtskraft auf die Entstehung des Schadens auf Grund desjenigen schadenstiftenden Ereignisses, das der Gegenstand des Feststellungsrechtsstreits war, BGH VersR **05**, 1160. Deshalb darf das Gericht die Frage des Mitverschuldens nicht ungeklärt lassen, BGH NJW **89**, 105. Die Schadenshöhe bleibt aber im Folgeprozeß prüfbar, BGH VersR **05**, 1160.

Über *Beginn und Ende des Schadens* braucht das Gericht nichts zu sagen. Vielmehr erfaßt die Feststellung auch den seinerzeit gar nicht bekannten zukünftigen Schaden. Die Rechtskraft läßt eine solche Einwendung nicht zu, die das Bestehen eines festgestellten Anspruchs betrifft und sich auf eine solche vorgetragene Tatsache stützt, die schon zur Zeit der letzten Tatsachenverhandlung vorgelegen hat, BGH VersR **05**, 1160. Das gilt jedenfalls, soweit nicht das Urteil unmißverständlich die Möglichkeit offenläßt, denselben Klagegrund von solchen Umständen, die bereits beim Schluß der mündlichen Verhandlung nach §§ 136 IV, 296 a vorlagen, dennoch in einer neuen Klage geltend zu machen, BGH NJW **89**, 394.

40 Freilich kann der Bekl ein später entstandenes *Leistungsverweigerungsrecht* dann auch einwenden. Auch kann der Eigenbeitrag des Geschädigten, der „Sowieso“-Schaden, erst nachträglich abschließend berechenbar sein, BGH RR **88**, 1045. Im nachfolgenden Leistungsprozeß kann das Gericht ein früheres Feststellungsurteil durch ein Leistungsurteil ausfüllen, BGH MDR **68**, 1002. Es ist aber nicht zur Abweichung vom Feststellungsurteil befugt, Hbg GRUR-RR **04**, 140. Man kann solche Ansprüche, deren Entstehung durch das schadenstiftende Ereignis rechtskräftig feststeht, mit solchen anderen Ansprüchen verbinden, die noch nicht Gegenstand des Feststellungsprozesses waren. Das Urteil deckt nicht den etwaigen Anspruch des Klägers auf eine Befreiung von Schadensersatzansprüchen Dritter gegen ihn aus Anlaß des Unfalls, BGH ZZP **87**, 78 (zustm Rimmelspacher).

S auch Rn 62 „Schadensersatz“, Rn 74 „Zur Zeit unbegründet“.

41 **C. Sachurteil bei verneinender Klage**

Schrifttum: *Stetter-Lingemann,* Die materielle Rechtskraft eines die negative Feststellungsklage abweisenden Urteils – insbesondere bei unrichtiger Beweislastverteilung, Diss Tüb 1992.

Wenn bei einer verneinenden Feststellungsklage ein *Sachurteil* ergeht, gilt: Hat sie Erfolg, steht das Nichtbestehen fest. Weist das Gericht sie ab, kann die Wirkung einer behauptenden Feststellung eintreten, BAG NZA **05**, 649. Indessen entscheiden die Gründe über den Umfang des Bestehens, BGH NJW **86**, 2508, Ffm ZMR **92**, 381, aM BGH NJW **95**, 1757 (maßgeblich sei die Nämlichkeit des Streitgegenstands. Aber auch ein Verstoß des Gerichts läßt sein Urteil wirksam).

42 Das abweisende Urteil stellt das Bestehen nur dann fest, wenn sich die Klage gegen einen *bestimmten* Anspruch oder einen bestimmten Rechtsgrund richtet, BGH NJW **86**, 2508. Es hat die Wirkung eines feststellenden Grundurteils, BGH NJW **75**, 1320, soweit es die Höhe der Forderung des Bekl feststellt, Rn 21. Jedoch kann die Abweisung der verneinenden Feststellungswiderklage gegenüber einem der Höhe nach noch nicht abschließend bezifferten Zahlungsanspruch bedeuten, daß dieser Anspruch auch in seinem Restbetrag feststeht. Im späteren Leistungsprozeß kann man keine solchen Tatsachen mehr vorbringen, die im Feststellungsprozeß bei der mündlichen Verhandlung vorlagen, § 767, Einf 16, 17 vor §§ 322–327 sowie unten Rn 62 „Schadensersatz“. Anders liegt es aber bei einem nur vorübergehenden Leistungsverweigerungsrecht.

Gegenrecht: Rn 9.

43 **Genehmigung:** Wenn die Behörde ihre zur Leistung aus einem Urteil notwendige Genehmigung versagt, kann man die Klage *wiederholen,* angepaßt an die behördlichen Gegebenheiten. Entsprechendes gilt, wenn ein nach dem Statut erforderlicher Beschluß der Generalversammlung nicht vorlag. Es handelt sich dann um einen neuen Sachverhalt. Nur die Entscheidung über denselben Sachverhalt wäre in ihren tragenden Gründen nicht überprüfbar.

Gesamtgläubiger, -schuldner: Das Urteil für einen Gesamtgläubiger oder gegen einen Gesamtschuldner wirkt *nicht* für oder gegen einen anderen in einem gegen diesen anhängigen weiteren Prozeß, BGH DB **89**, 420, Hamm NZM **06**, 633. Es wirkt auch nicht für das Verhältnis der Gesamtschuldner untereinander, Düss VersR **92**, 582. Vgl aber Rn 46 „Haftpflicht".

Gesellschaft, dazu *Roth,* Gesellschaftsklage und Rechtskraftwirkung bei Persosnengesellschaften, in: Festschrift für *Lindacher* (2007): Ein solches Urteil, durch das das Gericht die Wirksamkeit eines mit den Gesellschaftern bürgerlichen Rechts abgeschlossenen Vertrags feststellt, schafft *keine* Rechtskraft zur Frage, ob die Gesellschafter für die Erfüllung mit ihrem Privatvermögen haften, BGH ZMR **90**, 212 (sehr vorsichtig). Ein Urteil zwischen Gesellschaftern schafft *keine* Rechtskraft gegenüber ihrer GmbH, BGH MDR **03**, 277.

Gestaltungsurteil: Es hat ebenfalls eine Rechtskraftwirkung, BAG NJW **94**, 475, KG FamRZ **82**, 1091. Diese wird auch nicht durch die Gestaltungswirkung überflüssig, BAG BB **77**, 896, Becker AcP **188**, 54. Mit der Rechtskraft steht das Bestehen des sachlichrechtlichen Anspruchs auf eine Rechtsänderung fest. Mit der Rechtskraft der Abweisung steht nur fest, daß der bisher geltend gemachte Gestaltungsgrund nicht besteht, BAG NJW **94**, 475, BayObLG NZM **98**, 974. Da das Urteil nach Grdz 2 vor § 253 Rechte begründet oder vernichtet, wirkt es für und gegen alle. Ein Schadensersatzanspruch für die Zeit nach der Rechtskraft ist nicht völlig unstatthaft. Vgl aber Einf 28 vor §§ 322 bis 327.

Gewerblicher Rechtsschutz: Das Urteil auf die Unterlassung einer Patentverletzung schafft *keine* Rechtskraft für das Bestehen und den Umfang des Patents, Rn 67 „Unterlassungsanspruch". Das Urteil erstreckt sich nur auf die beanstandete Verletzungsform. Es erfaßt aber auch unwesentliche Änderungen (sog Kerntheorie, § 253 Rn 90, § 890 Rn 3). Entsprechendes gilt bei einem Wettbewerbsverbot. **44**

Grundbuchberichtigung: Das nach § 894 ergehende Urteil wirkt *nicht* auch zum Bestehen oder Nichtbestehen des geltend gemachten dinglichen Rechts. Denn es handelt sich nur um eine Vorfrage, BGH MDR **02**, 393, aM StJL **92**, 220. **45**

Grundurteil: Eine Vorabentscheidung nach § 304, vgl dort und oben Rn 3, ist nur der formellen Rechtskraft nach § 705 fähig. Das Grundurteil stellt *nicht* den Anspruch rechtskräftig fest. Es bindet aber im weiteren Verfahren nach § 318, BGH NJW **82**, 1155, und zwar auch andere Gerichte, § 318 Rn 11. Die Bindung läßt sich ebensowenig wie die Rechtskraft beseitigen. Darum sind im Umfang der Rechtskraft des Grundurteils im weiteren Verfahren nur später entstandene Einwendungen zulässig. Das gilt auch für solche Änderungen, die sich aus der Entscheidung über solche Klagegründe ergeben, die das Gericht im Grundurteil versehentlich nicht berücksichtigt hat, Hamm RR **93**, 693. Insofern besteht dann auch *keine* Bindung an das Grundurteil. *Keine* Bindung besteht wegen des Betrags. Im Nachverfahren kann das Gericht die Klage auch mit der Begründung ganz abweisen, es sei kein Schaden entstanden, BGH NJW **86**, 2508.

S auch Rn 74 „Zugewinngemeinschaft".

Grundschuld: Die Abweisung der Klage des Grundeigentümers auf eine Rückabtretung wirkt auch dann, wenn der Bekl nun im Zweitprozeß aus § 1147 BGB klagt, aM ZöV 5 d vor § 322 (aber diese Vorschrift nennt nur die Befriedigungsmethode).

Haftpflicht: Eine Klagabweisung gegenüber dem Haftpflichtversicherer wirkt auch gegenüber dem Versicherungsnehmer, BGH RR **08**, 804 links. Der vom Erstgericht mitverurteilte Versicherer muß in der Berufungsinstanz das gegen den Versicherten rechtskräftige Urteil gegen sich gelten lassen, LG Bln VersR **76**, 580. Im nachfolgenden Rückgriffsprozeß kann das Urteil des Deckungsprozesses das Gericht auch dann binden, wenn sich inzwischen die Rechtsprechung geändert hat. Vgl aber auch § 325 Rn 39 „Versicherung". **46**

Das Versäumnisurteil gegen den Steuerberater wirkt *nicht* im Prozeß des Geschädigten gegen den Haftpflichtversicherer, LG Mü VersR **88**, 233.

Herausgabe: Das Urteil hat eine Rechtskraftwirkung auch für das Eigentum des Klägers, MüKoGo 95, Wieling JZ **86**, 10, aM RoSGo § 154 III 1, StJL 91, ZöV 36 vor § 322 (aber in aller Regel gehört die Eigentumsfrage zu den tragenden Urteilsgründen). Das Urteil hat eine Rechtskraftwirkung auch für den Anspruch auf eine Herausgabe der Nutzungen nach §§ 292, 987 BGB usw, BGH NJW **06**, 63, KG VersR **94**, 602, aM Mädrich MDR **82**, 455 (aber aus dem einen ergibt sich fast zwangsläufig der andere Anspruch). Hat das Gericht die Herausgabeklage des mittelbaren Besitzers abgewiesen, kann eine rechtskräftige Entscheidung über den Anspruch auf eine Abtretung des Herausgabeanspruchs gegen den unmittelbaren Besitzer vorliegen. **47**

Das Herausgabeurteil wirkt aber *nicht* auch für den Anspruch nach § 988 BGB, BGH NJW **83**, 165. Die Rechtskraft erfaßt nur den Zeitraum seit der Rechtshängigkeit, BGH NJW **06**, 63, aM Hackspiel NJW **86**, 1150 (aber ein Klagzeitraum beginnt mit der Rechtshängigkeit, § 308 I). Der mangels einer Übereignung abgewiesene Herausgabekläger kann mit der Begründung *neu* klagen, er sei nach dem Schluß der letzten Tatsachenverhandlung nach §§ 136 IV, 296 a Alleinerbe des Eigentümers geworden.

S auch Rn 63 „Schuldschein".

Hilfsanspruch: Hat der Kläger die Klageforderung aus zwei voneinander unabhängigen Gründen geltend gemacht, etwa aus Bürgschaft und Werklohn, und zwar den einen nur hilfsweise, kann er nach der Abweisung keine neuen Hilfstatsachen nachschieben, LG Stendal MDR **04**, 1140.

Vergißt nun aber das Gericht im abweisenden Urteil den Hilfsanspruch, erfaßt die Rechtskraft diesen Hilfsanspruch *nicht* mit, sofern § 321 unanwendbar ist.

Hypothek: Die Abweisung der Klage des Hypothekenschuldners auf eine Löschungsbewilligung hat nur für das dingliche Hypothekenrecht eine Rechtskraftwirkung. Sie steht also einer Klage aus § 767 wegen der persönlichen Haftung *nicht* entgegen.

Insolvenz: Eine Masseforderung wird nicht zur Insolvenzforderung. Daher schließt die Rechtskraft nach §§ 178 III, 183 InsO die spätere Geltendmachung als eine Masseforderung nicht aus, BGH NJW **06**, 3069.

Klagänderung: Vgl *Altmeppen* ZIP **92**, 453 (ausf).

Kündigung: Die Ersetzung der Zustimmung des Betriebsrats nach § 103 BetrVG schafft *keine* rechtskräftige Feststellung, daß die Kündigung berechtigt war. Hat das Gericht die Wirksamkeit einer Kündigung rechtskräftig verneint, kann man diese Kündigung nicht auf Grund neuer Gründe zum Gegenstand eines **48**

weiteren Rechtsstreits machen. Das gilt auch dann, wenn man die neuen Gründe im Vorprozeß nicht kannte. Möglich ist aber eine neue Kündigung aus anderen Gründen, selbst wenn die jetzt genannten Kündigungsgründe auch zur Zeit des Vorprozesses objektiv schon vorgelegen hatten und wenn die Partei sie dort nur deshalb nicht vorgebracht hatte, weil sie sie nicht kannte. Möglich ist auch eine neue Kündigung mit der Begründung, ein Arbeitsverhältnis habe nie bestanden, BAG NJW **77**, 1896. Das stattgebende Urteil auf Grund einer Kündigungsschutzklage erfaßt auch frühere Kündigungen, BAG NZA **04**, 1218. Zum Antrag auf die nachträgliche Zulassung einer Kündigungsschutzklage BAG DB **84**, 1835, LAG Hamm DB **90**, 796.

49 **Leistungsurteil:** Vgl zunächst bei „Feststellungsurteil". Das Leistungsurteil ergreift den in ihm steckenden Feststellungsausspruch. Der im Leistungsprozeß verurteilte Bekl kann nicht die Feststellung der entgegengesetzten Rechtsfolge im Zweitprozeß fordern. Weist das Gericht eine Klage auf eine Grundbuchberichtigung ab, weil die Grundbuchbelastung zu Recht bestehe, steht das Bestehen jener Belastung rechtskräftig fest.

50 **Mehrheit von Ansprüchen:** Rn 28 „Anspruchsmehrheit". S auch Rn 47 „Hilfsanspruch".

Mietsache: Hat das Gericht eine Räumungsklage abgewiesen, steht damit *nicht* fest, daß diejenige Kündigung das Mietverhältnis nicht beendet hat, auf die der Kläger die Klage gestützt hatte. Ein Miete- oder Räumungsurteil nach § 543 BGB erstreckt sich grds auf die Wirksamkeit der Kündigung, Kblz RR **05**, 1174, aM LG Bln WoM **98**, 28 (aber sie ist eine tragende Voraussetzung). Über vergeblich aufgerechnete Gegenansprüche darf das Gericht im folgenden Zahlungsprozeß nicht mehr entscheiden, LG Kiel WoM **98**, 234. Hat das Gericht eine Eigenbedarfsklage abgewiesen, ist eine neue gleichartige Klage nur auf Grund wirklich neuer Tatsachen zulässig, LG Hbg MDR **78**, 847, aM Stadie MDR **78**, 800 (aber der Streitgegenstand muß sich ändern, s unten).

Hat das Gericht die Räumungsklage wegen eines *Wohnrechts* des Bekl abgewiesen, ist eine neue Räumungsklage aus Bereicherung nicht möglich. Hat das Gericht den Räumungsanspruch rechtskräftig abgewiesen, kann der Kläger ihn nicht bei einem Streit über eine Vertragsstrafe wieder aufrollen. Wenn das Urteil einen Anspruch auf Räumung bejaht, ist das in einem solchen späteren Prozeß bindend, in dem der Kläger einen Anspruch darauf stützt, daß der Bekl nicht geräumt habe, Ffm RR **99**, 1612 (Pacht). Ein Abstand nach § 29 II des 1. BMG ist *nicht* mit demjenigen nach § 29 a I des 1. BMG gleich. Hat das Gericht den Mieter zur Entfernung von Einrichtungen verurteilt und fordert der Vermieter im Zweitprozeß wegen einer Nichtentfernung eine Nutzungsentschädigung, bindet das Urteil im Erstprozeß das Zweitgericht, BGH **104**, 290. Das den Mietzins für den Zeitraum A behandelnde Urteil des Erstprozesses hindert *nicht* ein Urteil im Zweitprozeß wegen des Zeitraums B, BGH NJW **98**, 375, Düss WoM **98**, 484, KG NZM **06**, 292. Hat das Gericht die Klage auf eine Zustimmung zu einer Parabolantenne abgewiesen, wirkt das im Prozeß auf deren Entfernung fort, BVerfG MietR **96**, 121 (etwas wolkig). Die Rechtskraft eines Urteils auf eine Rückzahlung von Abschlägen auf Nebenkosten nach Mietende hindert den Vermieter nicht daran, restliche jetzt abgerechnete Nebenkosten einzuklagen, BGH NJW **05**, 1502. Man muß durch eine Auslegung klären, ob das Urteil einen etwaigen neuen Sachverhalt miterfaßt, LG Münst WoM **07**, 69.

51 **Nachforderung,** dazu *Beinert,* Der Umfang der Rechtskraft bei Teilklagen, 2000; *Dörr,* Das unvollständig erfasste Klagebegehren – Betrachtungen zum verdeckten Teilurteil, in: Festschrift für *Erdmann* (2002); *Gottwald,* Abänderungsklage, Unterhaltsanspruch und materielle Rechtskraft, Festschrift für *Schwab* (1990) 151; *Jauernig,* Teilurteil und Teilklage, Festgabe *50 Jahre Bundesgerichtshof* (2000) III 311; *Knüllig/Dingeldey,* Nachforderungsrecht oder Schuldbefreiung, 1984; *Leipold,* Teilklagen und Rechtskraft, in: Festschrift für *Zeuner* (1994); *Marburger,* Rechtskraft und Präklusion bei der Teilklage im Zivilprozeß, Gedächtnisschrift für *Knobbe-Keuk* (1997) 187; *Musielak,* Rechtskraftprobleme bei Nachforderungsklagen, Festschrift für *Schumann* (2001) 295; *Schulte,* Zur Rechtskrafterstreckung bei Teilklagen, 1999:

Nur nach einem *wirklichen bloßen Teilurteil* darf und muß das Gericht den Anspruchsgrund neu prüfen, soweit es um den Rest geht, BGH RR **06**, 713, Düss GRUR-RR **06**, 385, AG Lindau RR **03**, 432. Ob eine Nachforderung möglich ist, nachdem das Gericht über dieselbe Sache bereits ein rechtskräftiges wenigstens teilweise stattgebendes Urteil erlassen hat, ergibt die Auslegung des Ersturteils, BGH RR **87**, 526, Düss FamRZ **98**, 916, Musielak 307. Viele bejahen die Zulässigkeit der sog verdeckten Teilklage, BGH **135**, 181 (zustm Tischner JR **98**, 154, Windel ZZP **110**, 501, krit Jauernig JZ **97**, 1127), Hamm FamRZ **99**, 1085, Mü MDR **02**, 1338. Zum Problem Musielak 307.

52 Dabei muß man *§ 308 I* beachten, BGH NJW **94**, 3165. Das mit der Nachforderungsklage befaßte Gericht muß die *Auslegung* des Ersturteils nach seinem Inhalt vornehmen, BGH FamRZ **84**, 773, Hamm FamRZ **99**, 1085, insbesondere durch einen Vergleich der Anträge mit der Entscheidungsformel. Wenn der Kläger einen Schadensersatz in der beantragten Höhe auf Grund seiner Wahl nach dem mutmaßlichen Rechnungsbetrag erhalten hat, kann er nicht später den Unterschiedsbetrag der wahren Rechnung nachfordern, AG Landstuhl MDR **81**, 234, AG Nürnb VersR **79**, 1042. Läßt das Teilurteil nicht erkennen, welchen Teil des Gesamtanspruchs, welche der Einzelforderungen oder welche Teilbeträge das Gericht beurteilt hat, ist das Urteil *nicht* der inneren Rechtskraft fähig. Das kann der Schuldner entsprechend § 767 I klären lassen, BGH NJW **124**, 166.

Wenn der Kläger die Höhe des Betrags in das *Ermessen* des Gerichts gestellt hatte, hatte er grds den vollen Betrag eingeklagt, BGH NJW **80**, 2754 (Ausnahmen sind zB bei Enteignungsfolgeschäden möglich, Kblz RR **97**, 1157). Hatte er lediglich eine Mindestforderung beziffert, ist eine Nachforderung möglich, BGH NJW **79**, 720, Oldb VersR **97**, 1541. Der Vorbehalt einer Nachforderung ist dann also wegen § 308 I 1 nicht erforderlich. Ist er erfolgt, reicht das natürlich, BGH NJW **98**, 995. Man muß aber einen Verstoß gegen diese Vorschrift durch das zulässige Rechtsmittel geltend machen, § 308 Rn 14. Andernfalls steht die Rechtskraft einer weiteren Forderung entgegen, sofern keine unvorhersehbare Verschlechterung usw eingetreten ist, Hamm MDR **85**, 241.

53 Es kommt im übrigen nicht auf die Frage an, ob das Gericht den ihm unterbreiteten Tatsachenstoff *umfassend* berücksichtigt und zutreffend *gewürdigt* hat, BGH NJW **88**, 2301, Saarbr MDR **00**, 1317 (angeblich weiterer Kunstfehler; zustm Rehborn), LG Lüneb VersR **86**, 1246. Andernfalls könnte man ein rechtskräftiges Urteil schon mit der Behauptung angreifen, die Entscheidung beruhe auf einer unvollständigen

Erfassung des Streitstoffs, BGH NJW **88**, 2301. Da jedoch die Auslegung des Urteils nicht immer sicher ist, wird es meist notwendig oder zumindest ratsam, bei einem bloßen Teilanspruch die Klage auch eindeutig als eine bloße Teilklage zu bezeichnen oder sich zumindest erkennbar eine Nachforderung vorzubehalten, BGH RR **90**, 390, Düss OLGZ **94**, 547, Naumb FamRZ **06**, 1047, großzügiger BGH NJW **97**, 3020, RoSGo § 154 V, StJL 156ff (eine Nachforderung sei auch dann zulässig, wenn der Kläger im vorangegangenen Prozeß eine „erschöpfende" Forderung eingeklagt habe, sofern nicht die dortige rechtskräftige Entscheidung eine „Repräsentationswirkung" für den Gesamtanspruch habe. Aber damit kann man die Rechtssicherheit herabsetzen. „Erschöpfend" sollte klar genug sein). Das Wort „mindestens" im Klagantrag bedeutet wohl meist, daß ein Anspruch jedenfalls in dieser Höhe angemessen sei, aM BGH NJW **79**, 720 (aber was soll das Wort denn eigentlich sonst bedeuten?). Eine unzulässige Nachforderungsklage läßt sich evtl in eine zulässige Abänderungsklage umdeuten, Grdz 54 vor § 128, BGH FamRZ **04**, 1713.

Auch die *Art der Klage* kann ergeben, ob es sich um einen Teilanspruch oder um den vollen handelt, **54** Rn 72 „Vorschuß". So fordert man einen Unterhalt meist voll ein, § 258 Rn 5, Hamm FamRZ **90**, 300, Kblz FamRZ **86**, 489, aM BGH NJW **94**, 3165, Düss FamRZ **84**, 796 (je betr eine Zugewinngemeinschaft. Aber wer einen Unterhalt braucht, begnügt sich kaum ohne eine ausdrückliche Einschränkung mit einem Teil. Das kann er sich nämlich dann meist gar nicht leisten). Eine bloße Teilforderung kann aber auf der Hand liegen, Hamm FamRZ **99**, 1085.

Der *Unterhaltsberechtigte* muß verdeutlichen, ob er zusätzlich zum jetzt voll verlangten Elementarunter- **55** halt noch einen sog Vorsorgeunterhalt geltend machen will, BGH **94**, 147, Karlsr NJW **95**, 2795. Bei einem Antrag auf die Titulierung des bisher freiwillig gezahlten Unterhalts oder auf die Zahlung eines über den freiwillig geleisteten Betrag hinausgehenden weiteren Betrags kann das Gericht in aller Regel nur auf der Basis der freiwilligen Grundzahlung über die Angemessenheit des verlangten Spitzenbetrags entscheiden. Daher erwächst nur der Spitzenbetrag in innere Rechtskraft, BGH NJW **91**, 430, aM Schlesw SchlHA **81**, 67 (aber es geht dem Antragsteller dann doch durchweg nur um die Klärung des vom Antragsgegner unfreiwillig zu zahlenden Teils). Vgl auch Rn 66 „„Unterhaltsanspruch" und § 323 Rn 12.

Einen *sonstigen* Anspruch darf das Gericht nicht stets schon deshalb als voll eingeklagt ansehen, weil der **56** Kläger ihn nicht ausdrücklich als einen bloßen Teilanspruch gekennzeichnet hat, Kblz GRUR **88**, 479. Einen Schadensersatzanspruch insbesondere nach einem Unfall klagt der Geschädigte *keineswegs stets sogleich voll* ein, vor allem dann nicht, wenn er zunächst nur Krankenhauskosten, einen zeitlich begrenzten Verdienstausfall usw geltend macht und wenn sich sonstige Schäden (Schmerzen usw) erst nacheinander feststellen lassen, BGH RR **06**, 713, Celle VersR **98**, 643, Köln VersR **97**, 1551, großzügiger Stgt RR **99**, 1590, strenger Hamm MDR **97**, 1159. Auch schließt eine Klage mit Ansprüchen nur nach dem StVG nicht eine weitere Klage mit einem Anspruch nach dem BGB aus, falls der Kläger nicht mit der Erstklage auf weitere Ansprüche verzichten wollte. Einen solchen Verzicht darf man im allgemeinen nicht annehmen. Eine Feststellungsklage auf den Ersatz auch „jeden weiteren Schadens" geht aber im Zweifel auch auf den Ersatz des immateriellen Schadens, BGH NJW **85**, 2022. Nur wirklich unvorhergesehene Folgen lassen sich im weiteren Schmerzensgeldprozeß einklagen, Schlesw MDR **02**, 1068.

Klagt ein Vertragspartner im Erstprozeß nur einen Teil der *Vertragsforderung* ein, darf und muß das **57** Gericht im Zweitprozeß über den Vertrag neu entscheiden.

Etwas anderes gilt natürlich, wenn das Gericht bei einer *Widerklage* das Nichtvorhandensein weiterer **58** Ansprüche festgestellt hat. Eine Nachforderung ist aber auch immer dann zulässig, wenn das Gericht die Erstklage *mangels Bedürftigkeit* voll abgewiesen hatte, BGH NJW **82**, 1284, aM Karlsr FamRZ **80**, 1125 (aber mit der Bedürftigkeit kann sich auch eine weitere Anspruchsgrundlage ergeben), oder wenn entgegen dem Ersturteil mit einer Feststellung der Bedürftigkeit nur für einen abgegrenzten Zeitraum die Bedürftigkeit auch für den Folgezeitraum besteht, Hamm FamRZ **82**, 920 (dann ist eine Klage nach § 323 zulässig), Kblz FamRZ **86**, 489, oder wenn erst nach der Rechtskraft weitere immaterielle Nachteile eingetreten oder erkennbar geworden sind, BGH NJW **80**, 2754, überhaupt dann, wenn spätere Ereignisse die Erfüllung beeinflussen und die Ansprüche erhöhen. Maßgebender Zeitpunkt ist der Schluß der letzten Tatsachenverhandlung, §§ 136 IV, 296a, AG Nürnb VersR **79**, 1042. Dergleichen kann zB bei einer Inflation eintreten. Möglich ist aber auch dann, daß der Schuldner die Forderung endgültig getilgt hat. Eine vorbehaltslose Annahme steht einer Nachforderung grundsätzlich nicht entgegen. Zur Auswirkung einer Teilklage auf die Verjährung des Restanspruchs BGH BB **02**, 1173.

S auch Rn 65 „Teilklage".

Nachlaßfragen: Rn 36 „Erbrecht".

Nebenintervenient: Rn 64 „Streithelfer".

Pachtsache: Rn 60 „Räumung". **59**

Parteistellung: Auch bei einer Umkehrung der Parteirollen im Folgeprozeß kommt es nur auf die Nämlichkeit des Streitgegenstands an, BGH NJW **93**, 2684 (auch zu den Grenzen).

Patentsache: Zum Patentnichtigkeitsprozeß Walter GRUR **01**, 1032.

S auch Rn 31 „Auskunftsurteil", Rn 60 „Prozeßurteil".

Prozeßkostenhilfe: Ein Beschluß nach § 127 entsteht *nicht* in innerer Rechtskraft, § 127 Rn 2.

Prozeßstandschaft, dazu *Berger,* Die subjektiven Grenzen der Rechtskraft bei der Prozeßstandschaft, 1992: Der Prozeßstandschafter erwirkt eine Rechtskraft für und gegen den Rechtsinhaber, BGH **123**, 135. Das gilt jedenfalls dann, wenn die Ermächtigung offengelegen hatte, BGH NJW **88**, 1586, aber evtl sogar ohne solche Offenlegung, BGH NJW **85**, 2825.

Prozeßurteil, Üb 5 vor § 300: Es stellt nur die einschlägige Prozeßfrage fest, etwa die Unzulässigkeit des **60** Rechtswegs. Es entscheidet *nichts* für die *anderen* Prozeßvoraussetzungen und erst recht *nicht sachlich,* BGH RR **07**, 579, Brdb RR **00**, 1736, Hamm Rpfleger **83**, 362, aM BGH NJW **08**, 1228. Der wegen Unzuständigkeit des Gerichts abgewiesene Kläger kann also vor einem zuständigen Gericht neu klagen, BGH VersR **78**, 60, Baumgärtel/Laumen JA **81**, 215. Trotzdem ist eine Rechtskraft eben wegen des behandelten verfahrensrechtlichen Punkts möglich, BGH NJW **85**, 2536. Bei einer Änderung der Verhältnisse *versagt* die Rechtskraft, etwa beim Wegfall der Schiedsvereinbarung.

Eine *Prozeß- und Sachabweisung* in demselben Urteil ist natürlich über selbständige Teile des Sachverhalts zulässig, BGH FamRZ **85**, 581. Über denselben Sachverhalt ist sie an sich prozessual unzulässig und schafft eine Rechtskraft nur als Prozeßurteil, (über die Behandlung in der höheren Instanz Üb 5 vor § 300). Das Gericht darf freilich neben der Prozeßabweisung hilfsweise auch eine Sachabweisung erklären, Grdz 17 vor § 253. Auch dann erwächst aber nur die Prozeßabweisung in Rechtskraft, aM BGH NJW **08**, 1228. Ob eine Prozeß- oder eine Sachabweisung vorliegt, ergeben notfalls die Entscheidungsgründe. Zur Unzulässigkeit der Abweisung „angebrachtermaßen" Rn 15. Wegen der umstrittenen erweiterten Rechtskraftwirkung im Patentnichtigkeitsverfahren van Venrooy GRUR **91**, 92 (ausf).

Prozeßvergleich: Rn 69 „Vergleich".

Räumung: Der rechtskräftig zur Räumung verurteilte Pächter, den der Verpächter mangels einer Räumung auf eine Nutzungsentschädigung verklagt, kann jetzt keine solchen Tatsachen mehr vorbringen, die das Räumungsurteil verhindert hätten, Ffm RR **99**, 1612. Ob auch über das Bestehen des zugrundeliegenden Rechtsverhältnisses eine Rechtskraft eintritt, läßt sich natürlich nur von Fall zu Fall sagen, aM BGH NZM **99**, 139 (beim dinglichen Wohnrecht. Aber gerade § 546 BGB zeigt beim Mietvertrag, daß die Beendigung eine Voraussetzung der Räumung ist, also ein tragender Räumungsgrund).

S auch Rn 50 „Mietsache".

Rechnungsposten: Die Rechtskraft umfaßt auch einen nicht in den Rechtsstreit eingeführten unselbständigen Rechnungsposten, KG FGPrax **01**, 138.

Rechtshängigkeit: Ihr Fehlen mag an der Rechtskraft nichts ändern, Zweibr FER **99**, 130.

61 **Rentenurteil:** Wenn es unzulässig den Endpunkt der Rente nicht bestimmt, klärt es die Rentendauer *nicht* rechtskräftig. Es ist dann eine Feststellungsklage zulässig, daß die Rente erloschen sei. Eine Änderung des Rentenurteils ist auch nach einem vorangegangenen Feststellungsurteil nur nach § 323 zulässig. Die Rechtskraft erfaßt bei einem auf die Rente beschränkten Urteil keine daneben zugesagten Überschußanteile, BGH RR **07**, 1433.

62 **Schadensersatz:** Wenn das Feststellungsurteil eine Ersatzpflicht wegen einer Körperverletzung ausspricht, hat das Gericht auch zum ursächlichen Zusammenhang rechtskräftig entschieden. Das Feststellungsurteil auf den Ersatz „jeden weiteren Schadens" umfaßt auch einen immateriellen Schaden, soweit nicht der Tenor Einschränkungen enthält oder soweit sonstige Anhaltspunkte für eine Beschränkung des Streitgegenstands vorliegen, BGH NJW **85**, 2022. Wenn der Kläger einen Ersatz in Natur verlangt und das Gericht jeden Ersatzanspruch verneint, ist kein neuer Prozeß auf einen Geldersatz zulässig, BGH NJW **91**, 2014. Hat das Gericht einen Lieferungsanspruch rechtskräftig abgewiesen, ist kein neuer Prozeß auf Ersatz wegen unterlassener Lieferung zulässig. Hat das Gericht im Vorprozeß eine unbeschränkte Schadensersatzpflicht festgestellt, kann der Bekl im Leistungsprozeß nicht geltend machen, der Kläger habe ihm die Leistungspflicht schon vor dem Urteil im Vorprozeß erlassen. Denn das stünde im Widerspruch zu der festgestellten Rechtsfolge.

Wenn das Gericht eine Schadensersatzpflicht durch ein *Feststellungsurteil* geklärt hat, kann der Bekl im Leistungsrechtsstreit grds keine Einwendungen gegen die Pflicht mehr geltend machen (Mitverschuden), mag er sie auch damals auch noch nicht gekannt haben. Stellt das Feststellungsurteil fest, daß ein Vertragsverhältnis wegen arglistiger Täuschung aufgelöst ist, steht im Schadensersatzprozeß ebenfalls die Arglist fest, aM BGH RR **88**, 200 (zu eng).

S auch Rn 38 „Feststellungsurteil", Rn 46 „Haftpflicht", Rn 67 „Unterlassungsanspruch".

63 **Scheidungsverfahren:** Rn 33 „Ehe- und Kindschaftsentscheidung".

Schiedsvereinbarung, dazu *Bosch,* Rechtskraft und Rechtshängigkeit im Schiedsverfahren, 1991: Bei einer Abweisung der Klage wegen der Rüge der Schiedsvereinbarung steht fest, daß ein Schiedsgericht entscheiden muß. Zur Rechtskraft des Schiedsspruches Loritz ZZP **105**, 3.

Schmerzensgeld: Die Rechtskraft erfaßt nicht Tempofragen, KG VersR **06**, 1378. Vgl ferner Rn 51 „Nachforderung".

Schuldschein: Das Urteil auf seine Herausgabe stellt *noch nicht* fest, daß der Bekl keine Forderung hat.

Sparbuch: Rn 72 „Vorgreifliche Rechtsverhältnisse".

Steuerrecht: Das Urteil des ordentlichen Gerichts kann das Finanzgericht binden, BGH NJW **88**, 2044.

Strafurteil: Seine Rechtskraft schafft keine formelle Bindung des Zivilgerichts, aM Foerster, Transfer der Ergebnisse von Strafverfahren in nachfolgenden Zivilverfahren, 2008 (aber § 322 läßt sich nicht so weit auslegen). Freilich gilt das Gewicht eines Strafurteils bei § 286 voll.

64 **Stufenklage,** § 254: Der Rechnungslegungsanspruch ist vom wahrscheinlichen Bestehen der Hauptanspruchs abhängig. Bejaht das Gericht den Rechnungslegungsanspruch oder den Auskunftsanspruch, hat es damit *nicht schon* dem Grunde nach auch die Leistungs- oder die Herausgabepflicht bejaht, § 254 Rn 17, BGH FamRZ **91**, 316, Karlsr MDR **92**, 804, StJSchu § 254 Rn 35, aM BGH WertpMitt **75**, 1086 (aber die notwendige Klärung einer wahrscheinlichen Existenz ist noch keine Festlegung auf eine endgültige auch nur dem Grund nach). Verneint das Gericht einen Auskunfts- oder Rechnungslegungsanspruch, besteht *keine* innere Rechtskraft wegen des Leistungsanspruchs. Eine eidesstattliche Versicherung kann Neues ergeben.

Streitgegenstand: Vgl zunächst Rn 15. Ändert sich der Streitgegenstand, steht die Rechtskraft einer *neuen* Klage selbst dann nicht entgegen, wenn das Klageziel äußerlich unverändert besteht und wenn der Kläger die der neuen Klage zugrundeliegenden Tatsachen schon im Vorprozeß hätten geltend machen können, BGH NJW **00**, 3494.

Streitgenosse: § 325 Rn 37 „Streitgenosse".

Streithelfer: Beim unselbständigen Streithelfer (Nebenintervenienten) wirkt anders als beim streitgenössischen des § 69 die Rechtskraft des Urteils im Hauptprozeß *nicht* für oder gegen den Nebenintervenienten, Hbg NJW **90**, 650.

65 **Teilklage, -urteil,** dazu *Beinert,* Der Umfang der Rechtskraft bei Teilklagen, Diss Passau 1999; *Jauernig,* Teilurteil und Teilklage, Festgabe *50 Jahre Bundesgerichtshof* (2000) III 311; *Kulaksiz,* Die Teilklage im deutschen und türkischen Zivilprozessrecht, 2004; *Oberhammer,* Wieder einmal: Rechtskraft der Teilklage, Festschrift für *Kollhosser* (2004) 501; *Schulte,* Zur Rechtskrafterstreckung bei Teilklagen, 1999: Bei der offenen Teilklage mit einem vollen Erfolg beschränkt sich die Rechtskraft auf den zuerkannten Teilbetrag,

Celle VersR **07**, 1662, Düss GRUR-RR **06**, 384. Bei ihrer teilweisen oder gänzlichen Abweisung gilt dasselbe im Abweisungsumfang. Wenn das Gericht in den Gründen eines Teilurteils mit der Abweisung eines Anspruchs über einen bestimmten Betrag hinaus den restlichen Klaganspruch ohne ein Vorbehaltsurteil nach § 302 bejaht hat, kann es im Schlußurteil über einen zurückgestellten Aufrechnungseinwand feststellen, daß der Klaganspruch überhaupt nicht bestand. Denn der Bekl hatte gegen die bejahende Stellungnahme im Teilurteil kein Rechtsmittel. Daher band diese Feststellung das Gericht auch *nicht* ausnahmsweise.

Keine innere Rechtskraft entsteht, soweit das Gericht wegen § 301 Rn 27 unzulässig ein Teilurteil nur gegen einen von mehreren notwendigen Streitgenossen nach § 62 erlassen hat, BGH NJW **96**, 1061, oder soweit man nicht feststellen kann, über welchen Teil das Urteil lautet, BGH NJW **84**, 2347, Brdb MDR **00**, 228 (dann evtl § 767 entsprechend).

S auch Rn 13, 51 „Nachforderung".

Testament, Testamentsvollstreckung: Rn 36 „Erbrecht".

Übergangener Anspruch: Ihm steht die Rechtskraft *ebensowenig* entgegen wie einer neuen Klage die Klagerücknahme. 66

Umkehrung der Parteirollen: Rn 59 „Parteistellung".

Umsatzsteuer: Rn 64 „Steuerrecht".

Unterhaltsanspruch: Für einen gesetzlichen FamFG-Anspruch gilt das Folgende nur noch entsprechend, § 113 I 2 FamFG. Der Bekl kann den auf Grund eines rechtskräftigen Urteils bezahlten Unterhalt zurückfordern, soweit der Unterhaltsanspruch später *wegfällt,* BGH NJW **82**, 1147. Die Rechtskraft des Abänderungsurteils geht dem späteren Rechtsmittelurteil des Ursprungsprozesses vor, Hamm FamRZ **85**, 505. Anders als beim Ehegattenunterhalt nach § 323 Rn 14 gilt beim Kindesunterhalt keine Unterscheidung zwischen der Zeit vor und nach der Scheidung der Eltern, Kblz FamRZ **88**, 961. Zum Problem der Abgrenzung zu § 323 Gottwald FamRZ **92**, 1376. Weist das Gericht die Klage mangels Leistungsfähigkeit ab, tritt die Rechtskraft hier wegen des Klagezeitraums ein. Daher ist bei einer späteren Leistungsfähigkeit § 323 nicht anwendbar. Vielmehr kommt dann eine Klage für den *weiteren* Zeitraum in Betracht, § 323 Rn 12. Dasselbe gilt zur Bedürftigkeit, Naumb FamRZ **08**, 1546. Man kann eine Bindung an das Urteil „in seiner Struktur als Sinneinheit" fordern, Graba NJW **88**, 2350. Das ergäbe eine erweiterte Abänderbarkeit nach Treu und Glauben. Aber Vorsicht! Eine vollstreckbare Urkunde nach § 794 I Z 5 erwächst *nicht* in Rechtskraft, Hamm FamRZ **93**, 340. Nach dem Wegfall des Leistungszeitraums ist eine neue Leistungs- und nicht bloß eine erweiternde Feststellungsklage nötig, Naumb FamRZ **07**, 1474.

S auch Rn 51 „Nachforderung".

Unterlassungsanspruch, dazu *Grosch,* Rechtswandel und Rechtskraft bei Unterlassungsurteilen, 2002 (Bespr *Braun* ZZP **117**, 381); *Rüßmann,* Die Bindungswirkung rechtskräftiger Unterlassungsurteile, Festschrift für *Lüke* (1997) 675: Hat das Gericht zur Unterlassung verurteilt, hat es damit auch nach Grdz 8 vor § 253 festgestellt, daß kein dem Unterlassungsanspruch entgegenstehendes Recht besteht. Das Urteil umfaßt auch jede Änderung, die den Kern der Verletzungsform unberührt läßt (sog Kerntheorie), § 2 Rn 4, § 890 Rn 3, BGH GRUR **06**, 422 und RR **06**, 1119, KG RR **99**, 789. Daher kann diese Feststellung in einem späteren Schadensersatzprozeß nicht mehr ein Gegenstand der Urteilsfindung sein, KG RR **99**, 789, Teplitzky GRUR **98**, 321. Das Urteil hat für spätere Rechtsstreitigkeiten eine vorgreifliche Bedeutung ohne die Notwendigkeit einer Zwischenfeststellungsklage, aM Düss GRUR **94**, 82 (evtl Wahl zwischen neuer Klage und § 890. Aber das wäre eine gefährliche Aufweichung der Rechtskraft). 67

Wenn der Kläger aber nur eine Unterlassung *seit der Klagerhebung* verlangt und das Gericht sie wegen § 308 I auch nur für diesen Zeitraum befohlen hat, steht auch bei derselben Vertragsgrundlage durch das stattgebende Urteil nur die Unterlassung seit der Klagerhebung fest. Das gilt auch für den Schadensersatzanspruch in einem späteren Rechtsstreit, Ffm GRUR-RR **03**, 275 (sogar erst ab letzter Verhandlung). Für die Zeit vor der Klagerhebung muß das Gericht die Verpflichtung *neu* untersuchen, Karlsr GRUR **79**, 473. Dann hilft nur eine Zwischenfeststellungsklage über die Unterlassungspflicht auf Grund des Vertrages überhaupt. Man darf wie stets nicht nur den früheren Urteilstenor sehen, sondern man muß auch die früheren Urteilsgründe beachten, Ffm OLGZ **85**, 208.

Wenn das Urteil den Unterlassungsanspruch *verneint,* hat es als solches eine das Gegenrecht bejahende Feststellungswirkung, BayObLG NZM **01**, 671 (WEG). Dieses Gegenrecht gilt also in einem weiteren Prozeß als festgestellt, jedoch nur in demjenigen Umfang, der für den Vorprozeß notwendig war, BGH NJW **98**, 2368. Fehlt es an einer Erstbegehungsgefahr, schafft die Klagabweisung als unbegründet *keine* Rechtskraft für den Fall eines späteren Verstoßes, BGH NJW **90**, 2469. Wenn das Urteil den Anspruch mangels Wiederholungsgefahr verneint, verneint es damit nur das Rechtsschutzbedürfnis und sagt *nichts* über den Unterlassungsanspruch an sich. 68

S auch Rn 34 „Eigentumsanspruch", Rn 38 „Feststellungsurteil", Rn 62 „Schadensersatz".

Unzulässigkeit: Rn 60 „Prozeßurteil".

Urkunde: Rn 66 „Unterhaltsanspruch".

Urkundenprozeß: Ein Anerkenntnisurteil beurteilt sich wie sonst, Rn 12, BGH NJW **07**, 2922 (zustm Born 2923, Herr FamRZ **07**, 1877, Hoppenz FamRZ **07**, 1460). Das Gericht darf sein im Urkundenprozeß erlassenes rechtskräftiges Anerkenntnisurteil ohne einen Vorbehalt nach § 599 nicht im Nachverfahren aufheben, § 599 Rn 8. 69

Vergleich: Der außergerichtliche Vergleich nach § 779 BGB wie der Prozeßvergleich nach Anh § 307 sind ihrer Natur nach *nicht* rechtskraftfähig, BGH **139**, 135, BayObLG RR **90**, 596, Köln MDR **88**, 974. Der Ablauf einer Widerrufsfrist ist etwas anderes als derjenige einer Rechtsmittelfrist. Haben die Parteien im Erstprozeß einen Vergleich geschlossen und kam es dort zu dessen Anfechtung, kann man im Zweitprozeß nicht mehr seine sachlichrechtliche Unwirksamkeit geltend machen, BGH NJW **81**, 823.

Versäumnisurteil: Es ist natürlich grds der inneren und formellen Rechtskraft fähig, Brdb MDR **00**, 228, LG Memmingen VersR **75**, 1061. Es unterscheidet sich von anderen Urteilen nur durch die Art seines Zustandekommens. Ein klagabweisendes Versäumnisurteil hat dieselbe Wirkung, BGH **153**, 242 (krit Just NJW **03**, 2289, Reischl ZZP **116**, 493, Siemons MDR **04**, 307). Es kann sogar weiter als ein kontradiktorisches Urteil wirken. Denn es weist den Anspruch grds überhaupt ab. Vgl aber auch § 330 Rn 6. Man muß freilich zumindest aus den Akten erkennen können, über welchen Teil der Klageforderung das Gericht entschieden hat, Brdb MDR **00**, 228 (sonst evtl § 767 entsprechend). Zur Abänderungsklage Maurer FamRZ **89**, 445 (ausf).

S auch Rn 46 „Haftpflicht".

Versicherungsanspruch: Rn 46 „Haftpflicht".

Versorgungsausgleich: Die innere Rechtskraft läßt sich evtl mithilfe von § 10 a VAHRG *durchbrechen,* BGH RR **89**, 130.

70 **Verzichtsurteil:** Es ist *keiner* inneren Rechtskraft fähig, soweit es keine Gründe enthält, BGH RR **98**, 1652.

Vollstreckungsabwehrklage: Hat das Gericht sie als unzulässig abgewiesen, hat es weder den dem Vollstreckungstitel zugrundeliegende Anspruch noch die Wirksamkeit der Klausel verneint, selbst wenn es diese im Urteil infrage gestellt hat. Hat das Gericht die Vollstreckungsabwehrklage als unbegründet abgewiesen, erstreckt sich die Rechtskraft zwar auf den zB mit einer Aufrechnung geltend gemachten Gegenanspruch, Düss RR **92**, 1216, Karlsr MDR **95**, 643, Schmidt Festschrift 50 Jahre BGH (2000) 494. Die Rechtskraft erstreckt sich dann aber *nicht* auch auf das Bestehen des mit dem Ausgangsprozeß verfolgten sachlichrechtlichen Anspruchs, BGH FamRZ **84**, 879. Der Schuldner kann einen Schadensersatzanspruch wegen der Zwangsvollstreckung aus demjenigen Urteil, gegen das sich die Abwehrklage gerichtet hatte, nicht geltend machen, selbst wenn Schadensfolgen erst nach dem Urteil des Vorprozesses eingetreten sind. Der Abwehrkläger kann einen Anspruch auch nicht auf solche Tatsachen stützen, die er zwar nicht selbst kannte, die aber zur Zeit der letzten mündlichen Verhandlung des Vorprozesses objektiv vorlagen.

Hat die Abwehrklage *Erfolg,* bleiben die innere Rechtskraft des früheren Urteils und dessen Kostenentscheidung unberührt. Das Urteil nach § 767 beseitigt grds ja nur die Vollstreckbarkeit des titulierten Anspruchs, BGH RR **90**, 179 (Ausnahme: § 322 II). Die Rechtskraft erstreckt sich auch *nicht* auf einen Gegeneinwand, BGH FamRZ **89**, 1074.

71 **Vollstreckungsbescheid,** dazu *Schrameck,* Umfang der materiellen Rechtskraft bei Vollstreckungsbescheiden, 1990; *Vollkommer,* Neuere Tendenzen im Streit um die „geminderte" Rechtskraft des Vollstreckungsbescheids, Festschrift für *Gaul* (1997) 759:

Es ist der formellen und inneren Rechtskraft fähig, Einf 13 vor §§ 322–327, § 700 Rn 1, BGH NJW **05**, 2994, Kblz MDR **02**, 475, Köln (7. ZS) RR **86**, 1238, aM (er sei nur der formellen Rechtskraft fähig) BGH (9. ZS) NJW **06**, 2923, Köln (12. ZS) NJW **86**, 1351, Stgt NJW **87**, 444, Grün NJW **91**, 2864 (nur „beschränkte" Rechtskraft. Aber der Vollstreckungsbescheid erlaubt als ein vollwertiger Vollstreckungstitel keine zB von einem Versäumnisurteil abweichende Behandlung). Wegen der Beseitigung der Rechtskraft Einf 28 ff vor §§ 322–327.

Vorbehaltsurteil: Es ist der formellen, aber nicht der inneren Rechtskraft fähig, § 599 Rn 9, 11.

Vorfrage: Sie nimmt grds kaum an der Rechtskraft teil, Rn 9.

72 **Vorgreifliche (präjudizielle) Rechtsverhältnisse:** Logische Schlußfolgerungen gehen mangels einer Zwischenfeststellungsentscheidung nach § 256 II *nicht* in Rechtskraft über, BGH FamRZ **04**, 864, Düss MDR **01**, 1257. Das gilt insbesondere dann, wenn sie nur Vorfragen sind oder waren, also nicht ein Streitgegenstand, Rn 9, BGH FamRZ **04**, 864. Daher stehen Willensmängel nicht fest, wenn das Gericht die auf einen Vertrag gestützte Klage ihretwegen abgewiesen hat. Eine Urteil auf eine Räumung wegen eines unsittlichen Vertrags stellt die Unsittlichkeit *nicht* rechtskräftig fest. Ein Urteil auf eine Zahlung von Zinsen schafft *keine* Rechtskraft für die Hauptforderung. Eine Entscheidung mit der Feststellung der Nichtehelichkeit eines während der Ehe geborenen Kindes stellt *nicht* auch einen Ehebruch der Mutter fest. Das Urteil auf einen Teilbetrag schafft *keine* Rechtskraft für die Mehrforderung, BGH NJW **81**, 1045, außer soweit es diese abspricht, Rn 51 „Nachforderung". Der Besitz am Sparbuch ist *nicht* für die Frage vorgreiflich, wer der Gläubiger des Guthabens ist.

Dagegen entsteht eine Rechtskraft wegen der festgestellten oder verneinten *Rechtsfolge* auch dann, wenn sie in einem späteren Prozeß als eine Vorfrage eine Bedeutung hat, BGH NJW **93**, 3204, BAG VersR **91**, 366, Kblz RR **05**, 1174. Freilich reicht nicht schon irgendein „Ausgleichszusammenhang" oder ein „(zwingender) „Sinnzusammenhang", BGH NJW **03**, 3059 (im Ergebnis zustm Grunsky LMK **03**, 198). Es entsteht ferner dann eine Rechtskraft für einen weitergehenden Anspruch, wenn der Kläger vor der Beendigung des Vorprozesses von der Möglichkeit eines weitergehenden Anspruchs Kenntnis hatte. Wenn ein Anspruch in einem rechtskräftig festgestellten Urteil wurzelt, steht seine Voraussetzung rechtskräftig fest, Rn 47 „Herausgabe", Rn 67 „Unterlassungsanspruch". Diese Wirkung über den Prozeß hinaus gilt aber nur bei einer Verschiedenheit der Prozesse, nicht in demselben Prozeß. Das Bestehen eines dinglichen Rechts ist für einen Grundbuchsberichtigungsanspruch nicht nur eine Vorfrage, Jena FGPrax **01**, 57.

Vorschuß: Wegen seiner vorläufigen Natur ist die Rechtskraftwirkung *begrenzt,* Rn 54. Ein weiterer Vorschuß läßt sich nachfordern, selbst wenn sich seine Notwendigkeit schon während des Verfahrens über einen vorangegangenen Vorschuß abzeichnete, Mü MDR **94**, 585.

73 **Wechselklage:** Der rechtskräftig abgewiesene Wechselkläger kann im Zweitprozeß den dem Wechsel zugrundeliegenden *sachlichrechtlichen* Anspruch geltend machen, und umgekehrt.

Widerklage: Die Rechtskraft besteht stets nur soweit, wie das Gericht über die Klage oder Widerklage entschieden hat, BGH MDR **81**, 216.

Widerspruchsklage, § 771. Sie schafft eine Rechtskraft nur wegen der Zulässigkeit der Zwangsvollstreckung und *nicht* wegen des Bestands des die Veräußerung hindernden Rechts.

74 **Wohnrecht:** Rn 60 „Räumung".

Wohnungseigentum: Die Auslegung einer Teilungserklärung nach dem WEG ist für eine Jahresabrechnung nur eine *Vorfrage,* Karlsr WoM **01**, 460.

Zinsanspruch: Im Rechtsstreit um den Zinsanspruch darf das Gericht den rechtskräftig bejahten Hauptanspruch nicht mehr prüfen. Solche Zinsen, die über den im Vorprozeß verlangten Betrag hinausgehen, nehmen an der Rechtskraft des ersten Urteils *nicht* teil, Ffm RR **97**, 700. Nach einer Forderung von Zinsen „mindestens" in der im Erstprozeß zugesprochenen Höhe kann der Gläubiger Mehrzinsen im

Zweitprozeß grundsätzlich als einen weiteren Teilanspruch geltend machen, BGH NJW **79**, 720 (im Einzelfall muß man evtl einen Verzicht des Gläubigers auf den Restzins ermitteln).

Zugewinngemeinschaft: Wenn ein Ehegatte über das Vermögen im ganzen oder über Haushaltsgegenstände ohne die Zustimmung des anderen Ehegatten nach §§ 1365, 1369 BGB verfügt und wenn das Gericht ihn deshalb verurteilt, wirkt die Entscheidung *nicht* auch gegen den anderen Ehegatten. Ein Beschluß auf eine Abweisung der Rückforderung eines Ehegatten nach § 1368 BGB wirkt *nicht* auch gegen den anderen Ehegatten. Denn sonst würde das Gericht dem nicht verfügenden Ehegatten das Rückforderungsrecht nehmen. Wegen der Maßnahmen dieses Ehegatten gegen eine Zwangsvollstreckung § 739 Rn 11, 12. Der Beschluß auf die Abweisung eines Antrags auf die Feststellung eines nicht abschließend bezifferten Zugewinnausgleiches aus sachlichen Gründen stellt das Bestehen der Forderung nur dem *Grunde* nach fest, BGH FamRZ **86**, 565. Ein weitergehender derartiger abweisender Beschluß kann im Zweitverfahren trotz umgekehrter Beteiligtenrollen binden, AG Northeim FamRZ **04**, 959.

S auch Rn 45 „Grund des Anspruchs“, Rn 51 „Nachforderung“.

Zug um Zug, dazu *Dieckmann,* Zur Rechtskraftwirkung eines Zug-um-Zug-Urteils, Gedächtnisschrift für *Arens* (1993) 43 (ausf): Das Urteil schafft eine Rechtskraft nur für die Leistungspflicht, *nicht* für die Gegenleistung, BGH RR **86**, 1066, Scheffler NJW **89**, 1848. Einer neuen Klage jetzt auf eine unbedingte Leistung steht die Rechtskraft des Zug-um-Zug-Urteils entgegen, soweit die Gründe der neuen Klage schon im Vorprozeß vortragbar waren, BGH **117**, 3.

Zurückbehaltungsrecht: Rn 21.

„Zur Zeit unbegründet“: Eine solche Entscheidung läßt eine erneute spätere Prüfung offen, BayObLG Rpfleger **95**, 406.

Zwangsvollstreckung: Wegen einer einstweiligen Einstellung gelten dieselben Regeln wie zB bei Rn 29 **75**
„Arrest und Einstweilige Anordnung oder Verfügung. A. Grundsatz“, Ffm FamRZ **87**, 394.

S auch Rn 70 „Vollstreckungsabwehrklage“.

Zwischenstreit: Ein Zwischenstreit der Parteien läßt sich nur durch eine Zwischenklage nach § 256 II rechtskräftig entscheiden. Vgl auch Rn 72 „Vorgreifliches Rechtsverhältnis“.

323

Fassung 1. 9. 2009: ***Abänderung von Urteilen.*** **I [1] Enthält ein Urteil eine Verpflichtung zu künftig fällig werdenden wiederkehrenden Leistungen, kann jeder Teil die Abänderung beantragen. [2] Die Klage ist nur zulässig, wenn der Kläger Tatsachen vorträgt, aus denen sich eine wesentliche Veränderung der der Entscheidung zugrunde liegenden tatsächlichen oder rechtlichen Verhältnisse ergibt.**

II Die Klage kann nur auf Gründe gestützt werden, die nach Schluss der Tatsachenverhandlung des vorausgegangenen Verfahrens entstanden sind und deren Geltendmachung durch Einspruch nicht möglich ist oder war.

III Die Abänderung ist zulässig für die Zeit ab Rechtshängigkeit der Klage.

IV Liegt eine wesentliche Veränderung der tatsächlichen oder rechtlichen Verhältnisse vor, ist die Entscheidung unter Wahrung ihrer Grundlagen anzupassen.

Vorbem. Fassg Art 29 Z 12 FGG-RG, in Kraft seit 1. 9. 09, Art 112 I Hs 1 FGG-RG, ÜbergangsR Art 111 FGG-RG, Einf 4 vor § 1 FamFG. Text und Kommentierung der für Altfälle fortgeltenden bisherigen Fassung im Ergänzungsband der 67. Aufl 2009.

Schrifttum: *Adams,* Zur Fortgeltung und Abänderung von DDR-Unterhaltstiteln nach Wiederherstellung der Rechtseinheit, Diss Bonn 1995; *Boetzkes,* Probleme der Abänderungsklage usw, Diss Marbg 1986; *Braeuer,* Die einstweilige Anordnung auf Ehegattenunterhalt und ihre Abänderung, Diss Hann 1984; *Braun,* Grundfragen der Abänderungsklage, 1994; *Gottwald,* Abänderungsklage, Unterhaltsanspruch und materielle Rechtskraft, Festschrift für *Schwab* (1990) 151; *Graba,* Die Abänderung von Unterhaltstiteln, 3. Aufl 2004 (Bespr *Bißmaier* FamRZ **05**, 92); *Habscheid,* Urteilswirkungen und Gesetzgeber, Festschrift für *Lüke* (1997) 225; *Heil,* Die Bindung der Gerichte an Entscheidungen anderer Gerichte, Diss Bochum 1983; *Hohnschild,* Die Ansprüche des Unterhaltsschuldners bei der Überzahlung von Ehegattenunterhalt und ihre prozessuale Durchsetzung, 2001; *Jakoby,* Das Verhältnis der Abänderungsklage gemäß § 323 ZPO zur Vollstreckungsgegenklage gemäß § 767 ZPO, 1991; *Kalthoener/Büttner,* Die Rechtsprechung zur Höhe des Unterhalts, 3. Aufl 1985; *Kurz,* Die Reformbedürftigkeit der Absätze 3, 4 und 5 des § 323 ZPO insbesondere für das Unterhaltsrecht, Diss Bonn 1992; *Leipold,* Das anwendbare Recht bei der Abänderungsklage gegen ausländische Urteile, in: Festschrift für *Nagel* (1987) 189; *Matsumoto,* Die Abänderung ausländischer Unterhaltsentscheidungen, Diss Regensb 1986; *Moritz,* Probleme der Abänderungsklage nach § 323 ZPO, Diss Passau 1998; *Niklas,* Das Erfordernis der wesentlichen Veränderung der Verhältnisse in § 323 I ZPO, 1988; *Oetker,* Die materielle Rechtskraft und ihre zeitlichen Grenzen bei einer Änderung der Rechtslage, ZZP **115**, 3; *Petzoldt,* Die Rechtskraft der Rentenurteile der § 758 ZPO und ihre Abänderung nach § 323 ZPO, 1992; *Soyka,* Die Abänderungsklage im Unterhaltsrecht, 2. Aufl 2005; *Thalmann,* Die Abänderungsklage nach § 323 ZPO, in: Festschrift für *Henrich,* 2000; *Wendl/Staudigl,* Das Unterhaltsrecht in der familienrechtlichen Praxis, 1986.

Gliederung

1 **1) Systematik, I–IV.** Die dem § 767 nachgebildete Abänderungsklage des § 323 ist eine der ältesten, gleichwohl umstrittensten Vorschriften der ZPO, Gottwald (vor Rn 1) 151. Sie ist ein „ständiger Unruheherd", Braun FamRZ **94**, 141. Sie gibt dem Gläubiger wie Schuldner bei einem Urteil auf eine wiederkehrende Leistung. Demgegenüber enthält § 48 I 1 FamFG eine Abänderungsmöglichkeit *außerhalb* einer Entscheidung über wiederkehrende Leistungen. § 323 gilt zur Korrektur erweiterte Möglichkeiten zur Anpassung an wirtschaftliche Veränderungen, BGH NJW **05**, 2313, Hoppenz FamRZ **87**, 1098. Es handelt sich um einen außerordentlichen rein prozessualen Rechtsbehelf und um eine prozessuale Gestaltungsklage, Grdz 10 vor § 253, BGH NJW **05**, 2313, BFH NJW **86**, 2730, ZöV 2, aM Köln FamRZ **83**, 1049, StJL 34, ThP 1 (aber schon der Ausnahmecharakter verlangt eine möglichst begrenzte Auslegung). Dieser Rechtsbehelf dient der Verhütung oder Beseitigung der prozessualen Bindungswirkung des § 318 und nach dem Eintritt der formellen Rechtskraft, Einf 1 vor §§ 322–327. Er gibt Möglichkeiten zur Beseitigung der inneren Rechtskraft nach Einf 2 vor §§ 322–327 an die Hand, BGH NJW **05**, 2313, Nürnb FamRZ **96**, 353. Er verschafft eine erweiterte Möglichkeit, das Urteil mit späteren Tatsachen zu bekämpfen, Rn 40. § 323 ist der Ausdruck eines allgemeinen Rechtsgedankens, der clausula rebus sic stantibus des § 313 BGB im Zivilprozeß, BGH FamRZ **87**, 263, Stgt RR **88**, 310, strenger Roth NJW **88**, 1236 (Zulässigkeit der Abänderung nur bei Erforderlichkeit der Rechtskraftdurchbrechung).

I, III sind mit *Art 103 I GG* vereinbar, Waldner NJW **93**, 2086, aM Braun NJW **95**, 936 (aber die ZPO kennt ohne Beanstandung durch das BVerfG so manche Entscheidung wegen der Besonderheit der Verfahrenslage auch ohne ein vorheriges Gehör, und im übrigen kann sich der Bekl auch im Verfahren nach I, III äußern. Freilich darf die Entscheidung nicht etwa erst später entstehende Einwände abschneiden. Gerade insofern helfen aber I, III. Gerade deshalb liegt auch keine „Zukunftsrechtskraft" vor: Bei jeder im Rahmen des § 323 beachtlichen Änderung, und das ist nach Rn 37 bereits eine solche ab ca 10%, hat der Benachteiligte alle rechtlichen Möglichkeiten der Anpassung).

Gesetzliche Unterhaltszahlungen sind Hauptfälle wiederkehrender Leistungen. Das FamFG hat für diese Fälle in §§ 238, 239, 241 FamFG eine vorrangige Spezialregelung geschaffen. Sie stimmt aber inhaltlich mit §§ 323–323 b ZPO so weitgehend überein, daß sich die für weitere Hauptfälle wie eine im FamFG nicht mitgeregelte vertragliche Unterhaltspflicht, ferner zB Miete, Erbbauzins oder Pacht usw fortgeltende, durch das FGG-RG ebenso wie beim FamFG ausgestaltete ZPO-Regelung als Ausgangspunkt der Kommentierung weiterhin anbietet.

2 **2) Regelungszweck, I–IV.** Grund der Regelung ist die Erkenntnis, daß man die Entwicklung der Verhältnisse für die ganze Wirkungsdauer eines solchen Urteils im allgemeinen nicht übersehen kann, BGH NJW **81**, 819, BFH DB **81**, 723, Hamm FamRZ **82**, 949. Man kann den Fortbestand der insofern von vornherein zeitlich nur begrenzt vertretbaren Entscheidung mit der sachlichen Gerechtigkeit nach Einl III 9, 36 nicht vereinbaren. Andererseits ist die Verurteilung von vornherein zu einer „dynamischen" den jeweiligen Lebenskosten angepaßten Rente unzulässig, BGH NJW **81**, 820. (Jetzt) II, III dient dem Vertrauensschutz, BGH NJW **98**, 2434.

Durchbrechung der Rechtskraft ist der Weg des § 323. Ihn sollte man als eine Ausnahme von der unbedingt notwendigen Regel des § 322 nur vorsichtig gehen. Das hat Auswirkungen auf die Auslegung einer Vorschrift, die manche eher als eine Rückkehr zum allgemeinen Grundsatz von Treu und Glauben sehen, § 242 BGB. Daher wenden sie § 323 eher großzügig an, nicht nur beim Prozeßvergleich. Die Praxis gibt schon bei etwa 10% Abweichung der Entwicklung vom zuvor Vermuteten Abänderungschancen, Rn 17. Das ist ein nicht ungefährlicher Maßstab. Man sollte ihn nicht noch durch eine auch bei den übrigen Voraussetzungen allzu generöse Handhabung noch mehr von der eigentlich notwendigen Bestandskraft des bisherigen Titels entfernen. Andererseits kann kein Richter bei einer Dauerleistung weiter blicken als in eine doch nur recht nahe Zukunft. Es heißt also im Ergebnis auch hier behutsam abwägen.

3 **3) Geltungsbereich, I–IV.** Die Vorschrift gilt grundsätzlich in allen Verfahren nach der ZPO, auch im WEG-Verfahren, auch im arbeitsgerichtlichen Verfahren, § 46 II 1 ArbGG. Wegen des Vorrangs des FamFG vgl Rn 1.

4 **4) Verhältnis zur Vollstreckungsabwehrklage, I–IV.** Es läßt sich oft nur schwer klären. Man muß auf den Zweck und die Auswirkungen abstellen, BGH NJW **05**, 2313.

A. Wahlmöglichkeit. Die Klage hat aus der Sicht des Schuldners praktisch oft fast dasselbe Ziel wie die Vollstreckungsabwehrklage nach § 767, Düss FamRZ **80**, 1046, Köln MDR **88**, 974. Diese ist darum in geeigneten Fällen wahlweise neben § 323 zulässig und umgekehrt, Mü FamRZ **92**, 213 (zum Prozeßvergleich), Böhmer IPRax **91**, 92, StJL 41 ff, aM (nur § 323 oder nur § 767), BGH NJW **05**, 2313, Bbg FER **99**, 97 (§ 323), Bre FamRZ **00**, 1165, Hamm FER **99**, 76 (§ 767. Aber Prozeßwirtschaftlichkeit ist stets beachtlich, Rn 6, Grdz 14 vor § 128).

Im einzelnen unterscheidet Hamm FamRZ **80**, 150: § 323 betreffe Änderungen, durch welche die Vorausschau des Gerichts unrichtig werde, § 767 Änderungen, die das Gericht nicht voraussehen konnte; § 323 sei eine Sonderregelung, die den § 767 ausschließe und auch den Gläubiger begünstige, BGH FamRZ **77**, 462, Bbg FamRZ **92**, 718, KG FamRZ **90**, 187 (§ 767 bringe den Anspruch endgültig zu Fall). Bbg FamRZ **88**,

641 erfaßt mit § 323 den Einfluß der wirtschaftlichen Verhältnisse, mit § 767 die rechtsvernichtenden sonstigen Tatsachen.

Die Vollstreckungsabwehrklage ist neben § 323 zulässig *auch* als eine *Hilfsklage* nach § 260 Rn 8, BGH FamRZ **79**, 573, Karlsr FamRZ **85**, 288, ZöV 16, aM Düss RR **93**, 137 (aber auch hier sollte die Prozeßwirtschaftlichkeit den Vorrang haben, Rn 6, Grdz 14 vor § 128. Das betont sogar BGH NJW **05**, 2314 mit der Prüfung, ob es ein unbilliges Ergebnis gebe).

Das alles gilt etwa dann, wenn der Bekl behauptet, seine *Leistungspflicht* sei jetzt *vermindert,* Rn 28, BGH FamRZ **89**, 159, Ffm FamRZ **91**, 1328 (je: für Rückstände nur nach § 767), oder sie sei wegen eines Verzichts des Klägers weggefallen, LG Köln MDR **58**, 522, das allerdings eine Klage aus § 767 ablehnt, aM Düss FamRZ **85**, 1148 (es komme weder § 323 noch § 767 in Betracht Das ist nun ganz praxisfern). Im Fall einer Verwirkung kommt freilich meist nur § 767 in Betracht, dort Rn 34, BGH FamRZ **87**, 261 (krit v Olshausen JR **88**, 464), Düss FamRZ **81**, 884, aM Ffm FamRZ **88**, 62 (aber diese Situation ist ganz anders als diejenige des § 323 geartet).

Die Vollstreckungsabwehrklage ist an den in § 767 I bestimmten *Gerichtsstand* gebunden. Sie wirkt aber in 5
einer Abweichung von den bei einem Urteil geltenden zeitlichen Beschränkungen des § 323 II, III 1 auch für die rückständigen Leistungen anderer Schuldtitel nach Rn 65 ff. Die Klage nach § 767 ist also häufig vorteilhafter. Andererseits ist die Klage aus § 323 auch dem Gläubiger möglich, Hoppenz FamRZ **87**, 1100.

Zur Abgrenzung von *§ 1605 BGB* AG Hersbruck FamRZ **85**, 634.

B. Praktischer Vorrang von § 323 usw. Die Praxis unterscheidet freilich im allgemeinen nicht so 6
scharf. Ist eine Abänderungsklage anhängig, liegt im allgemeinen für eine Klage aus § 767 kein Rechtsschutzbedürfnis nach Grdz 33 vor § 253 vor und umgekehrt, BGH **70**, 156, Ffm FamRZ **80**, 176, Hahne FamRZ **83**, 1191. Einwendungen aus § 767 läßt man praktischerweise auch im Rahmen von § 323 zu, BGH FamRZ **01**, 282. Eine Umdeutung von der einen zur anderen Klagart ist grundsätzlich zulässig, Brdb FamRZ **02**, 1194.

Es ist grundsätzlich eine „Zusatzklage" nicht möglich, sondern allenfalls eine Klage nach § 323, BGH 7
NJW **86**, 3142, Hamm FamRZ **80**, 480. Der ersteren fehlt grundsätzlich das Rechtsschutzbedürfnis, soweit die letztere zulässig ist, BGH **94**, 146, Ffm FamRZ **83**, 796 (Ausnahme: Rn 77). Eine unzulässige Nachforderungsklage läßt sich evtl in eine zulässige Abänderungsklage umdeuten, Grdz 54 vor § 128, BGH FamRZ **04**, 1713. Zur Anschlußberufung statt § 323 BGH NJW **89**, 3225.

5) Auslandsberührung, I–IV. Hier nur Andeutungen. Das Auslandsurteil muß im Inland anerkennbar 8
sein, §§ 328, 722, Celle FamRZ **93**, 104, Hamm FamRZ **93**, 190, Nürnb FamRZ **96**, 353. Die Abänderbarkeit, ihr *Ob,* richtet sich nach dem deutschen Prozeßrecht, Einl III 74, BGH NJW **92**, 439, Hamm FamRZ **93**, 1477, Köln FamRZ **05**, 535. Dabei kann zB ein ausländisches EU-Gericht international zuständig sein, Nürnb NJW **05**, 1055. Der Abänderungs*maßstab,* das *Wie,* richtet sich aber nach dem ausländischen Recht, Karlsr FamRZ **89**, 1310, Mü RR **90**, 649 (je: Jugoslawien), BGH FamRZ **92**, 1062, Celle FamRZ **93**, 104, Schlesw FamRZ **93**, 1483 (je: Polen), Düss RR **93**, 137 (Serbien), Hamm RR **95**, 457 (Türkei), aM Köln FamRZ **05**, 535. Wegen eines Wegzugs ins EU-Ausland Riegner FamRZ **05**, 1799.

Beachten muß man Art 18 EGBGB, Karlsr FamRZ **89**, 1311. Zur Problematik auch BGH MDR **90**, 718 (österreichischer Titel), Katzke NJW **88**, 104. Wegen der entsprechenden Anwendbarkeit des § 323 bei einem Anspruch nach dem NATO-Truppenstatut Karlsr VersR **76**, 197.

6) Voraussetzungen, I. Man muß vier Hauptfragen klären. 9

A. Verurteilung, I 1. Die Vorschrift verlangt eine Verurteilung nach §§ 300 ff, und zwar auch der früheren DDR, Vorbem, BGH RR **93**, 1475, Brdb FamRZ **97**, 1342, Hamm FamRZ **96**, 1086. Es genügt eine Verurteilung durch ein Teilurteil nach § 301, Karlsr FamRZ **92**, 199, durch ein Anerkenntnisurteil nach § 307, BGH NJW **81**, 2195, (ob der Titel in Verlust geraten ist, ist unerheblich), Bbg FamRZ **01**, 556, Hamm FamRZ **97**, 890. Es genügt auch ein Versäumnisurteil nach §§ 330 ff, gegen das ein Einspruch nicht oder nicht mehr zulässig ist, Hamm FamRZ **90**, 773, Köln FamRZ **02**, 471. Zur Problematik des letzteren Maurer FamRZ **89**, 445 (ausf). Ein solches Urteil läßt also evtl wahlweise die Berufung und die Abänderungsklage zu, BGH NJW **86**, 383, Karlsr FamRZ **87**, 1289, aM Hamm FamRZ **78**, 446.

Die Möglichkeit der *Revision* schadet für § 323 nicht, Hamm FamRZ **85**, 505, schon wegen seines II, MüKoGo 32, StJL 11, 30, ZöV 13, aM RoSGo § 158 V 1 (aber warum sollte das nicht erst recht prozeßwirtschaftlich sein, Rn 6, Grdz 14 vor § 128?).

Es ist also der Eintritt der formellen *Rechtskraft nach § 705 nicht vorausgesetzt.* Eine Rechtsmittelmöglichkeit 10
ist daher keineswegs stets schädlich, BGH NJW **86**, 383, Bbg RR **90**, 74, MüKoGo 32, aM RoSGo § 158 II 3 (vgl aber Rn 9).

Es kommt vielmehr auf das nach dem Einzelfall zu klärende *Rechtsschutzbedürfnis* nach Grdz 33 vor § 253 11
an, Hamm FamRZ **06**, 1856, Oldb FamRZ **80**, 395. Allerdings muß die Möglichkeit des Einspruchs bei der Entstehung des Grundes unstatthaft sein. Auch ein klagabweisendes Urteil kann genügen, Rn 13, BGH NJW **85**, 1345, Düss FamRZ **84**, 493, Stgt FamRZ **03**, 1121 (zustm Reischl), aM Bre FamRZ **81**, 1076, RoSGo § 158 II 3 (aber auch und gerade der abgewiesene Kläger mag erheblich veränderte Umstände zur weiteren Chance noch in demselben Prozeß nutzen wollen und dürfen).

Allerdings kommt dann, wenn das Gericht die erste Leistungsklage mangels Übersehbarkeit der Verhält- 12
nisse als zur Zeit unbegründet abgewiesen hatte, auch eine *neue Leistungsklage* in Betracht, Hamm RR **94**, 649 (auch zu den Grenzen). Dasselbe gilt, wenn das Gericht die erste Klage wegen des Fehlens einer Bedürftigkeit voll abgewiesen hatte, (je zum alten Recht) BGH NJW **05**, 142 (abl Wax LMK **05**, 27), Hamm RR **95**, 578, Zweibr FamRZ **83**, 1039 (freilich nicht, falls das Gericht die Abweisung auf § 1579 I Z 4 BGB gestützt hatte und wenn dessen Voraussetzungen jetzt fehlen), aM Karlsr FamRZ **80**, 1125, Hahne FamRZ **83**, 1190, Wax FamRZ **82**, 347 (vgl aber Rn 11). Wenn demgegenüber die im ersten Urteil nur für einen begrenzten Zeitraum bejahte Bedürftigkeit auch für den Folgezeitraum eintritt, ist die Klage nach § 323 zulässig, Hamm FamRZ **82**, 920. Dasselbe gilt, wenn das erste Urteil eine Leistung zugesprochen, ein

folgendes Abänderungsurteil sie wieder aberkannt hatte und wenn der Gläubiger nun doch wieder diese Leistung fordert, (zum alten Recht) BGH NJW **85**, 1346, oder wenn nur ein Spitzenbetrag tituliert war, Hamm FamRZ **97**, 619. Nach dem Anerkenntnis eines Teils der Forderung kann eine Klage auf den Rest eine sog Titelergänzungsklage sein, BGH **94**, 145. Auf sie ist § 323 unanwendbar, Naumb FamRZ **03**, 618.

13 Ein bejahendes *Feststellungsurteil* nach § 256 genügt grundsätzlich nicht. Vgl aber Rn 66 ff, Rn 79. Ein abweisendes Urteil auf Grund einer verneinenden Feststellungklage kann wegen seiner inneren Rechtskraftwirkung genügen, § 322 Rn 41, 42, Hamm FamRZ **00**, 544. Eine einstweilige Verfügung genügt nicht, bei ihr gelten §§ 927, 936, Zweibr FamRZ **83**, 415. Denn dann liegt ja durchweg nur eine zeitlich begrenzte Regelung vor.

14 In einem solchen Fall kommt eine *Leistungsklage* in Betracht, Hamm NJW **99**, 3274, ebenso eine verneinende Feststellungsklage. Eine privatschriftliche Vereinbarung genügt nicht, Rn 75. Gegen einen Schiedsspruch nach § 1054 muß man eine Abänderungsklage je nach der Schiedsvereinbarung beim Schiedsgericht oder beim Staatsgericht erheben. Sie ist ja kein Rechtsbehelf nach § 1059, sondern nur nach Rn 1.

15 Zur *vollstreckungsrechtlichen* Problematik Scheld Rpfleger **80**, 325.

16 **B. Wiederkehrende Leistung, I 1.** Die Verurteilung muß auf eine solche nicht nach Rn 1 vom FamFG vorrangig geregelte wiederkehrende Leistung nach § 258 gehen, die wenigstens teilweise in Zukunft fällig wird, BGH **93**, 773. Hierher zählt zB: Miete; Pacht; Erbbauzins; ein Ruhegeld, § 16 BetrAVG, BGH NJW **81**, 190.

Nicht aber gehört hierhin eine Verurteilung aus einem zweiseitigen Vertrag zu einer solchen Leistung, deren anspruchsbegründende Tatsachen schon endgültig feststehen, etwa Kaufpreisraten oder Renten nach §§ 912, 917 BGB. Ferner zählt hierher nicht eine Verurteilung zu einer solchen Leistung, die von einer gleichzeitigen oder vorgängigen Gegenleistung abhängt, ferner nicht eine Kapitalzahlung in Raten. Wegen einer Kapitalabfindung Rn 79.

17 **C. Änderung der Verhältnisse, I 2.** Es muß weiter grundsätzlich eine objektive Änderung der nach Grund und Betrag erheblichen Verhältnisse bereits eingetreten sein, BGH NJW **93**, 1795 (Ausnahme Rn 34 „Versäumnisurteil"). Die Änderung muß diejenigen Verhältnisse betreffen, die für die Verurteilung oder für deren Dauer oder für die Höhe der Leistung maßgebend waren, Karlsr FamRZ **00**, 907. Die neuen Umstände können allgemein sein oder auch nur in der Person des Berechtigten oder Verpflichteten liegen. Die Darlegung der Änderung der Verhältnisse ist nach I 2 eine Voraussetzung der Zulässigkeit der Klage, BGH FamRZ **84**, 355, Hamm FamRZ **84**, 1124, Schlesw SchlHA **89**, 175. Die Beweislast gilt wie sonst, Naumb FamRZ **03**, 1022 (zu § 1603 BGB). Maßgeblich ist dabei der Saldo zu Lasten des Klägers, Rn 37, 46.

18 Wegen einer Veränderung der *Gesetzeslage* Bbg FamRZ **92**, 185 (betr § 1610 a BGB), KG FamRZ **87**, 181, Gießler FamRZ **87**, 1276. Eine bloße Änderung der *Rechtsprechung* kann (jetzt) genügen. Denn sie gehört zu den „rechtlichen" Verhältnissen nach I 2. Damit ist die frühere Streitfrage erledigt. Nicht aber genügen ein jetzt besserer, genauerer Vortrag der objektiv in Wahrheit gleichgebliebenen Verhältnisse, Düss FamRZ **89**, 1207, oder ein bloßer Wechsel in der Beurteilung der damals entscheidungserheblichen Umstände, BGH RR **92**, 1092, Hamm FER **97**, 164, Derleder FamRZ **89**, 559. Ein solcher Wechsel genügt auch dann nicht, wenn in einem zweiten Prozeß wegen eines weiteren Teils des Schadens schon eine andere Entscheidung ergangen ist, BGH VersR **81**, 281, oder wenn es jetzt um einen solchen Zeitraum geht, der zuvor gar kein Streitgegenstand war, BGH NJW **07**, 2250 (zustm Born). Das gilt grundsätzlich unabhängig davon, ob das Gericht desjenigen Urteils, dessen Abänderung der Kläger jetzt beantragt, damals eine fehlerhafte Beurteilung vorgenommen hatte, BGH VersR **81**, 281, Hamm RR **90**, 841, aM Schlesw FamRZ **88**, 418 (aber die Rechtskraft der weiteren Entscheidung hat den Vorrang).

19 Vielmehr müssen sich die Verhältnisse und nicht nur die subjektiven Vorstellungen eines Beteiligten *dauerhaft verändert* haben, BGH RR **92**, 1092, Bbg NJW **86**, 730, Hamm RR **90**, 841. Das muß geschehen sein gegenüber dem Voraussehbaren oder Vorausgesehenen, Karlsr FamRZ **97**, 366 (Auslegung), Kblz FamRZ **02**, 472, aM Bre MDR **01**, 1315 (aber sonst würde man den durch eine Auslegung ermittelbaren Willen des Gerichts mithilfe des § 323 unterlaufen können). Ein nur kurzer Zeitraum zwischen dem Verhandlungsschluß und dem Eintritt der Änderung kann unschädlich sein, Karlsr RR **04**, 585. Es reicht auch eine Veränderung der fingierten Verhältnisse, Graba FamRZ **02**, 12.

20 Das *bloße Bekanntwerden* einer schon vorher eingetretenen Veränderung reicht nicht aus, Düss FamRZ **79**, 803, Hamm RR **90**, 841, Karlsr FamRZ **80**, 1125. Ebensowenig reichen schon der Eintritt der Volljährigkeit des Unterhaltsberechtigten, Hbg FamRZ **83**, 211, oder neue Beweismöglichkeiten. Unerheblich ist, ob die Mutter, die ihre Unterhaltspflicht noch voll durch die Pflege und Betreuung erfüllt, inzwischen wieder außerdem berufstätig ist, BGH NJW **84**, 1459.

21 **D. Beispiele zur Frage einer Änderung der Verhältnisse, I 2**

Anerkenntnisurteil: Maßgebend sind die ihm erkennbar zugrundegelegten Verhältnisse, BGH NJW **07**, 2922 (zustm Born 2923, Hoppenz FamRZ **07**, 1460), Köln FamRZ **04**, 829, AG Ludwigslust FamRZ **05**, 1494.

22 **Arbeitsfähigkeit:** Eine Änderung der Verhältnisse kann vorliegen, wenn der Kläger entgegen der Annahme im bisherigen Urteil in einem gewissen Alter noch arbeitsfähig ist, Karlsr FamRZ **93**, 1456, oder wenn man ihn nicht mehr vermitteln kann, aM Hamm FamRZ **96**, 1017 (aber eine Änderung der Arbeitsfähigkeit ist ein klassischer Fall für § 323).

Eine hochschwanger gewesene Frau kann sich nach der Geburt *nicht* darauf berufen, nicht mehr arbeiten zu können, Ffm NJW **82**, 1232.

S auch Rn 24 „Erwerbsunfähigkeit".

Arbeitslosigkeit: Eine Änderung der Verhältnisse kann vorliegen, wenn sich der Arbeitslose ernsthaft um Arbeit bemüht, BGH FamRZ **95**, 174, KG NJW **85**, 869, Karlsr FamRZ **83**, 931. Eine Änderung kann auch vorliegen, wenn der Unterhaltsberechtigte mittlerweile seine Obliegenheit verletzt, sich um einen Erwerb zu bemühen, Hamm FamRZ **87**, 1286.

Eine Änderung der Verhältnisse *fehlt* bei einer nur vorübergehenden Arbeitslosigkeit, Drsd FamRZ **98**, 767 (bis 6 Monate), oder bei einer Verschlechterung der Bezüge vom Staat, soweit sich der Arbeitslose nicht genug um eine neue Arbeit bemüht hat, AG Ludwigslust FamRZ **05**, 1117.

S auch Rn 33 „Umschulung".

Arzt: Man darf bei einer stabilen Aufwärtsentwicklung die letzten Jahre zum Vergleich heranziehen, Hamm FamRZ **97**, 310.

Ausland: Rn 33 „Umzug ins Ausland".

Bedürftigkeit: Eine Änderung der Verhältnisse kann vorliegen, wenn die Bedürftigkeit des Unterhalts- 23
berechtigten ganz oder teilweise entfallen ist, Bbg FamRZ **80**, 617, Hamm FamRZ **97**, 232 (Student).

Beurteilung: Rn 30 „Rechtliche Würdigung".

Darlehen: Eine Änderung der Verhältnisse kann vorliegen, wenn der Schuldner nachhaltig die damals mitberücksichtigte Beteiligung an der Tilgung eines Darlehens unterläßt, Kblz FamRZ **86**, 1232.

Dritter: Eine Änderung der Verhältnisse kann vorliegen, wenn die Zahlungspflicht gegenüber einem Dritten entfallen ist, BGH FamRZ **88**, 817.

Einkommenssteigerung: Eine Änderung der Verhältnisse kann vorliegen, wenn der Zahlungspflichtige 24
mittlerweile ein nicht unbedeutendes Einkommen hat, Hamm FamRZ **97**, 232, oder ein trotz des Anstiegs der allgemeinen Lebenskosten immer noch als eine Steigerung bewertbares Einkommen, BGH FamRZ **95**, 222, Kblz FamRZ **97**, 372, aM LG Kassel NJW **75**, 267 (aber die Einkommenssteigerung ist ein typischer Fall für § 323). Dabei kann ein fiktives Einkommen einsetzbar sein, soweit der Schuldner gezielt darauf hingewirkt hat, daß ihm Einkünfte erst nachprozessual zufließen, BGH NJW **05**, 3639, Hamm FamRZ **96**, 505. Denn Arglist ist auch im Prozeß unzulässig, Einl III 54. Zur Offenbarungspflicht des Schuldners Hamm FamRZ **97**, 434. Auch eine Einkommenssteigerung beim Unterhaltsberechtigten kann man beachten müssen, Ffm RR **00**, 369.

Nicht ausreichend ist das Fehlschlagen einer bloßen Vorhersage, AG Hanau FamRZ **07**, 1342 (krit Gottwald).

Einkommensverringerung: Eine Änderung der Verhältnisse kann vorliegen, wenn sich das Einkommen des Schuldners verringert, BGH NJW **03**, 1797 (zustm Hoppenz FamRZ **03**, 850).

Ersatzdienst: Die Absicht, nach ihm zu studieren, beseitigt nicht den Fortbestand eines titulierten Anspruchs des früher Minderjährigen, aM Kblz FamRZ **99**, 676 (aber jeder hat Pläne für die Zeit nach dem Ersatzdienst). Zu prüfen bleibt natürlich eine Änderung des Bedarfs wegen des Studiums.

Ersparnis: Eine Änderung der Verhältnisse kann beim Anwachsen von Ersparnissen vorliegen, Brdb FamRZ **97**, 1342. Aber Vorsicht!

Erwerbschance: Eine Änderung der Verhältnisse kann vorliegen, wenn die Erwerbschancen des Unterhaltsberechtigten inzwischen gestiegen sind, Hamm RR **88**, 1476.

Erwerbsunfähigkeit: Eine Änderung der Verhältnisse kann beim Eintritt der teilweisen oder völligen Erwerbsunfähigkeit vorliegen, Zweibr FamRZ **93**, 441. Man muß aber bedenken, daß eine leichte Tätigkeit möglich bleiben kann, Düss FamRZ **01**, 1477.

Freiwillige Leistung: Eine Änderung der Verhältnisse kann vorliegen, wenn bei demjenigen, den das Gericht 25
über freiwillige Unterhaltszahlungen hinaus verurteilt hatte, oder bei seinem Gegner die Einschränkung der freiwilligen Zahlungen nicht mehr ausreicht und das Titulierte berührt wird, BGH NJW **85**, 1343.

Geburt: Ein Kind aus 2. Ehe kann zur Änderung der Verhältnisse führen. BGH FamRZ **96**, 788.

S auch Rn 22 „Arbeitsfähigkeit".

Geschäftsgrundlage: Nach ihrem Fortfall kann eine Änderung der Verhältnisse vorliegen.

Gesetzgebung: Eine Änderung der Verhältnisse kann vorliegen, wenn sich das Gesetz ändert, sofern es eine wesentliche Abweichung von der früheren Beurteilung nach deren Höhe und Dauer verlangt, Kblz FamRZ **79**, 703, aM BGH FamRZ **77**, 462 (dann sei eher § 767 anwendbar. Vgl aber Rn 6), Müller-Webers DRiZ **84**, 372, ThP 19 (jede Gesetzesänderung könne ausreichen).

Gesundheit: Eine Änderung der Verhältnisse kann bei einer erheblichen Veränderung des Gesundheitszustandes eintreten, Hamm FamRZ **99**, 917 (Besserung beim Berechtigten), Schlesw FamRZ **03**, 685 (Verschlechterung beim Verpflichteten).

Good will: Er läßt sich kaum einzeln als ein Änderungsfaktor benutzen, Köln FamRZ **06**, 704. 26

Haft: Rn 28 „Leistungsfähigkeit".

Halbtagsarbeit: Rn 28 „Leistungsfähigkeit".

Kapitalisierung: Sie kann nach der Erfüllung einer Anpassung *entgegenstehen,* LG Hann RR **02**, 1253.

Kindergeld: Eine Änderung der Verhältnisse kann vorliegen, wenn ein Wechsel bei den Verhältnissen wegen des Kindergeldes eingetreten ist, Hamm FamRZ **90**, 542.

S auch Rn 35 „Weiteres Kind".

Lebensbedarf: Eine Änderung der Verhältnisse kann vorliegen, wenn der Lebensbedarf des Unterhalts- 27
berechtigten gestiegen ist, Hbg FamRZ **83**, 211. Das gilt insbesondere bei einer Erhöhung der allgemeinen Lebenskosten, BGH FamRZ **95**, 222, Hamm NJW **94**, 2627 (Auslandsstudium), Zweibr NJW **94**, 527.

S auch Rn 24 „Einkommenssteigerung", Rn 27 „Lebensstandard".

Lebensgemeinschaft: Eine Änderung der Verhältnisse oder eine Verwirkung kann beim nachehelichen Eingehen einer Lebensgemeinschaft mit einem Dritten eintreten, Ffm FamRZ **00**, 427 (auch zur Grenze).

Lebenskosten: S „Lebensbedarf".

Lebensstandard: Eine Änderung der Verhältnisse kann vorliegen, wenn sich der allgemeine Lebensstandard ändert, aM ZöV 33 (aber eine solche Änderung kann den Abänderungskläger härter als andere getroffen haben).

S auch „Lebensbedarf".

Leistungsfähigkeit: Eine Änderung der Verhältnisse kann vorliegen, wenn die Leistungsfähigkeit des 28
Unterhaltsverpflichteten gestiegen ist, BGH NJW **90**, 3274 (früher Arbeitslosigkeit, jetzt Halbtagsarbeit), Hbg FamRZ **83**, 211, Zweibr FamRZ **79**, 929. Man muß evtl auch die Steigerung der Leistungsfähigkeit des Unterhaltsberechtigten beachten, Ffm RR **00**, 369 (Einkommenssteigerung). Dasselbe gilt, wenn die

Leistungsfähigkeit gesunken ist, BGH FamRZ **89**, 173, Ffm FamRZ **95**, 735, Hamm RR **90**, 841. Dasselbe gilt, wenn die Leistungsfähigkeit fortfiel, Karlsr FER **00**, 98. Freilich muß auch sie sich dauerhaft verändert haben, Köln FamRZ **02**, 471. Der Kläger hat auch beim Regelunterhalt die Beweislast, Naumb FamRZ **07**, 1342.

Mehrheit von Ansprüchen: Eine Änderung der Verhältnisse kann *fehlen,* wenn der bisherige Anspruch bereits entfallen war, bevor der neue Anspruch entstand, Hamm FamRZ **93**, 1477 links (neuer Trennungsunterhalt nach einer nicht nur ganz vorübergehenden Versöhnung).

29 **Nachehelicher Unterhalt:** Rn 34 „Versorgungsausgleich".

Neue Bundesländer: Rn 27 „Lebensbedarf".

Nichteheliche Beziehung: Eine Änderung der Verhältnisse kann in folgenden Fällen vorliegen: Es ist eine Verfestigung der nichtehelichen Beziehung des unterhaltsberechtigten Geschiedenen eingetreten, Celle NJW **00**, 2282, Düss RR **91**, 1347, Hamm FamRZ **87**, 1266 (Vorsicht! Wo liegen die Grenzen?); das Gericht hat ein in der Ehe geborenes Kind als nichtehelich erklärt, § 1599 BGB, Nürnb FamRZ **96**, 1090.

Preissteigerung: Rn 27 „Lebensbedarf".

30 **Rechtliche Würdigung:** Wenn das Gericht im ersten Urteil die damaligen Verhältnisse nicht gekannt oder bzw und deshalb falsch beurteilt hatte, greift § 323 *nicht* ein, Rn 48, Karlsr FamRZ **83**, 625, Schlesw SchlHA **78**, 198.

S auch Rn 18.

Rechtsgeschäft: Eine Änderung der Verhältnisse liegt *nicht* schon deshalb vor, weil sich rechtsgeschäftliche Änderungen ergeben haben. Dann muß man vielmehr § 767 beachten.

S freilich auch Rn 25 „Geschäftsgrundlage".

Rechtsprechungsänderung: Rn 18.

Religionsgemeinschaft: Ein Eintritt in sie kann beachtbar sein, BGH NJW **07**, 1964 (!?).

Rente: Eine Änderung der Verhältnisse kann in folgenden Fällen vorliegen: Ein Beteiligter ist in das Rentenalter eingetreten, BGH NJW **05**, 2314, Hamm FamRZ **99**, 239, Kblz FamRZ **97**, 1338; die Rente, die ein Dritter dem Unterhaltsberechtigten zahlt, ist angestiegen, LG Bln FamRZ **72**, 368; eine Rente ist weggefallen; es ist eine auf dem Versorgungsausgleich beruhende Änderung einer Rente eingetreten, Karlsr FamRZ **88**, 197, Köln FER **99**, 249, aM ZöV 16 (aber auch das kann sich als eine typische Veränderung erheblich auswirken).

S auch Rn 34 „Versorgungsausgleich".

Schwangerschaft: Eine Änderung der Verhältnisse kann beim Eintritt auch einer weiteren Schwangerschaft vorliegen, AG Westerburg FamRZ **97**, 1339. Unschädlich sein kann die Kenntnis der Schwangerschaft im Frühstadium, AG Freising FamRZ **02**, 697 (großzügig).

31 **Schwankungen:** Eine Änderung kann bei längeren Schwankungen vorliegen, Hbg FamRZ **89**, 304.

Sonderbedarf: Eine Änderung der Verhältnisse kann vorliegen, wenn es um einen Sonderbedarf und dessen Erfüllung geht, Stgt FamRZ **78**, 684.

Steigerung: S bei den einzelnen Sachstichwörtern.

32 **Steuerrecht:** Eine Änderung der Verhältnisse kann vorliegen, wenn sich die Situation steuerrechtlich ändert, BGH FamRZ **88**, 817, Bre MDR **01**, 1314 (Vorhersehbarkeit sei unschädlich), Ffm FamRZ **86**, 1130, aM Hamm FamRZ **00**, 888 (aber die maßgeblichen tatsächlichen Umstände ändern sich oft gerade infolge steuerlicher Änderungen). Das gilt freilich nur beim etwa notwendigen Einverständnis des Klägers, Köln FER **98**, 265 (Splitting).

Strafhaft: Rn 28 „Leistungsfähigkeit".

Tabellenänderung: Sie kann ausreichen, Rn 38.

Tabellenstufe: Rn 21 „Altersgruppe".

Teilklage: Hamm FamRZ **99**, 677 erlaubt eine Korrektur des Fehlers, die frühere Teilforderung nicht als eine solche bezeichnet zu haben, im Abänderungsprozeß. Vgl aber § 322 Rn 51 ff „Nachforderung".

Trennungsunterhalt: Eine Änderung kann nach einem längeren Wiederzusammenleben vorliegen, Hamm FamRZ **99**, 30.

Sie kann im übrigen *nicht* schon wegen Zeitablaufs vorliegen, Düss FamRZ **96**, 1416, aM Hamm FamRZ **96**, 1219 (kommt deshalb in Schwierigkeiten bei der Beweislast). Ein nur kurzer Zeitraum ist nicht wesentlich, AG Landstuhl FER **00**, 267.

33 **Umschulung:** S zunächst Rn 22 „Arbeitslosigkeit". Die Bemühung um eine neue Arbeit ist freilich während einer vom Arbeitsamt bewilligten Umschulung nicht notwendig, Düss FamRZ **84**, 392.

Umzug ins Ausland: Eine Änderung der Verhältnisse kann vorliegen, wenn ein nichteheliches Kind ins Ausland verzogen ist oder wenn der Unterhaltsschuldner in die Türkei ausgewiesen worden ist, Hamm FamRZ **05**, 1118.

Unterhaltspflicht: Eine Änderung der Verhältnisse kann vorliegen, soweit eine höhere Einkommensgrenze nach einer Tabelle anwendbar wird, Düss NJW **08**, 2658, oder soweit die Unterhaltspflicht geringer wurde, BGH NJW **04**, 2896 (Erbe), oder weggefallen ist, Bre FER **00**, 161 (Ausbildungsunterhalt). Das gilt auch nach einer einstweiligen Anordnung. Denn auch sie ist rechtskraftfähig, § 322 Rn 29, aM Brdb RR **02**, 939 (muß auf § 256 zurückgreifen. Das ist nicht prozeßwirtschaftlich, Grdz 14 vor § 128). Zum (jetzt) Mindestunterhalt Naumb FamRZ **05**, 1756. Zur ganzen Problematik BGH NJW **07**, 1964 (ausf).

34 **Verdienst:** Eine Änderung der Verhältnisse kann vorliegen, wenn der Unterhaltsberechtigte nach der Vollendung des 16. Lebensjahres den Unterhalt jetzt ganz oder teilweise selbst verdient, Ffm RR **98**, 1699.

Versäumnisurteil: Maßgebend sind nicht die damaligen wirklichen Verhältnisse, sondern die erkennbar vom Gericht zugrundegelegten, Köln FamRZ **02**, 471, Herr FamRZ **07**, 1878, aM AG Moers FamRZ **01**, 1234 (aber das hebelt das frühere Urteil aus).

Versorgungsausgleich: Eine Änderung der Verhältnisse kann vorliegen, wenn der Unterhaltsberechtigte auf Grund eines Versorgungsausgleichs eine Rente erhält, BGH FamRZ **89**, 159 (wegen der Rückstände nur § 767). Das gilt erst recht dann, wenn er nun außerdem noch einen nachehelichen Unterhalt erhält,

Ffm FamRZ **87**, 1271. Es gilt ferner dann, wenn sich die Rentenhöhe infolge eines Versorgungsausgleichs ändert, Karlsr FamRZ **88**, 197, aM ZöV 16 (vgl aber Rn 30 „Rente").

Verwirkung: Eine Änderung der Verhältnisse kann wegen Verwirkung vorliegen, Einl III 54, Ffm FamRZ **00**, 427 (Lebensgemeinschaft, auch zur Grenze), Köln FER **01**, 276 (Vergehen des Unterhaltsberechtigten; auch zur Abgrenzung gegenüber § 767), AG Bad Iburg FamRZ **00**, 289 (Verschweigen der Aufnahme einer Erwerbstätigkeit).

Volljährigkeit: Der Eintritt kann ausreichen, Köln FER **00**, 144, AG Halberstatt FamRZ **06**, 1049, aM Saarbr RR **07**, 1308. Vgl aber auch Rn 49.

Vollzeitarbeit: Ab ihrer Zumutbarkeit kann eine Änderung der Verhältnisse vorliegen, AG Groß Gerau FamRZ **97**, 434.

Vorsorgeunterhalt: Eine Änderung der Verhältnisse kann vorliegen, wenn der Gläubiger den Vorsorgeunterhalt bestimmungswidrig verwendet hat, BGH FamRZ **87**, 685, oder wenn eine Änderung der Bemessungsgrundlage eingetreten ist, Ffm RR **06**, 1231.

Wechselkurs: Allein mit der Wechselkursentwicklung läßt sich eine Änderung der Verhältnisse *nicht* 35
begründen. Denn es kommt nur auf den Binnenwert der Währung an, Hamm RR **94**, 649.

Wegfall: S bei den einzelnen Sachstichwörtern.

Weiteres Kind: Eine Änderung der Verhältnisse kann vorliegen, wenn ein weiteres Kind geboren ist, Schlesw FamRZ **88**, 418.

S auch Rn 21 „Adoption", Rn 26 „Kindergeld".

Wiederverheiratung: Eine Änderung der Verhältnisse liegt grds dann vor, wenn eine Wiederverheiratung eingetreten ist, BGH RR **90**, 581, Mü RR **86**, 76.

Zeitablauf: Rn 3 „Trennungsunterhalt".

Zinsniveau: Eine Änderung der Verhältnisse kann vorliegen, wenn sich das Zinsniveau ändert, Karlsr NJW **90**, 1738. Zum Problem Brauer ZZP **108**, 319, Frühauf NJW **99**, 1217, Reichenbach MDR **01**, 14 (je: ausf).

Zweite Ehefrau: S „Wiederverheiratung".

E. Wesentlichkeit der Änderung, I 2, dazu *Niklas,* Das Erfordernis der wesentlichen Veränderung der 36
Verhältnisse in § 323 I ZPO, 1988: Die Änderung muß wesentlich sein, BGH **94**, 149, Düss MDR **02**, 279. Das ist sie dann, wenn sie nach dem sachlichen Recht zu einer anderen Beurteilung des Bestehens, der Höhe oder der Dauer des Anspruchs führt, und zwar in einer nicht unerheblichen Weise, BGH NJW **87**, 1552. Das muß der Kläger behaupten, Brdb FamRZ **08**, 798. Darüber entscheidet das Gericht bei der notwendigen Gesamtabwägung der in Rn 17 ff genannten Fragen, Brschw FamRZ **83**, 198, LG Nürnb-Fürth FamRZ **76**, 358.

F. Mindeständerung etwa 10%. Wesentlich ist eine Änderung grundsätzlich erst dann, wenn sich bei 37
einer notwendigen Gesamtsaldierung ergibt, daß zulasten des Klägers eine Abweichung von grundsätzlich wenigstens etwa 10% vorliegt, Rn 41, BGH NJW **92**, 1612, Kblz FamRZ **06**, 407, Rasch FPR **08**, 17, aM Düss FamRZ **93**, 1103, Hamm NJW **07**, 1217, Stgt FER **00**, 79 (je: bei wirtschaftlich beengten Verhältnissen genügen unter 10%), Nürnb VersR **92**, 623 (fordert eine gravierende Änderung der Lebenskosten). Wenn die Abänderung nur das Existensministerium von etwa 135% des Regelbedarfs erstrebt, sind 10% Abweichung ausnahmsweise nicht nötig, Hamm FamRZ **04**, 1051. Natürlich kann einer Verbesserung in der einen Hinsicht eine Verschlechterung in der anderen gegenüberstehen.

Wesentlich ist nur eine Schlechterstellung des Klägers *per Saldo.* Die Beteiligten müssen beim Schluß der letzten mündlichen Verhandlung des Vorprozesses nach §§ 136 IV, 296 a außerstande gewesen sein, die Änderung vorauszusehen, weil eine Änderung dem damals objektiv annehmbaren gewöhnlichen Verlauf dann doch widersprach, Ffm FamRZ **78**, 716, Naumb FamRZ **08**, 797 und 799, aM BGH NJW **92**, 364, RoSGo § 158 VI 2, ThP 24 (sie stellen auf die tatsächliche Berücksichtigung im Urteil ab. Aber das Gericht kann davon abgesehen haben, eine als selbstverständlich erachtete Urteilsgrundlage ausdrücklich oder doch besonders erkennbar mitzuerörtern). Eine solche Situation kann auch vorliegen, wenn das Gericht damals eine Änderung annahm, wenn die Verhältnisse aber entgegen seiner Annahme gleich geblieben sind. Eine vom Üblichen abweichende Quote bleibt auch später grundsätzlich maßgebend, KG FamRZ **05**, 621.

Eine in wenigen Monaten bevorstehende Einstufung in eine höhere Altersgruppe zB der „Düsseldorfer *Tabelle*" war vorhersehbar, KG FamRZ **83**, 292, eine erst nach Jahren bevorstehende nicht, BGH **162**, 237 (zustm Maurer LMK **05**, 90, Schürmann FamRZ **05**, 887), Hamm FamRZ **05**, 1101, Nürnb FER **97**, 187.

G. Tabellen zur Frage der Wesentlichkeit einer Änderung, dazu *Esser,* Zur Rechtmäßigkeit richterli- 38
cher Tabellen, Diss Köln 1999, sind mittlerweile überall eingeführt. Sie können zur Darlegung der Änderung der Verhältnisse ausreichen, Hamm FamRZ **04**, 1885 (Düss). Ihr neuester Stand ist zB im Schönfelder ErgBd Nr 47–47 s abgedruckt. Sie sind auch einzeln abgedruckt, zB für

Bbg NJW **08**, 231, Brdb FamRZ **08**, 215, Bln NJW **07**, Heft 29 S XXXVII, dazu Soyka FamRZ **07**, 1362, Brschw FamRZ **08**, 467, Bre FamRZ **08**, 333, Celle FamRZ **08**, 338, Drsd FamRZ **08**, 220, Düss FamRZ **08**, 749, dazu Ergänzung NJW **08**, 1049, Klinkhammer FamRZ **08**, 193, Riegner FPR **08**, 4, Ffm FamRZ **08**, 1504, Hbg FamRZ **08**, 343, Hamm FamRZ **08**, 347, Jena FamRZ **08**, 233, KG FamRZ **08**, 472, Karlsr FamRZ **08**, 231, Kblz FamRZ **08**, 355, Köln FamRZ **08**, 571, Mü FamRZ **05**, 1307 ff, Naumb **08**, 359, Nürnb FamRZ **08**, 231, Oldb FamRZ **08**, 365, Rostock FamRZ **08**, 369, Saarbr FamRZ **08**, 374, Schlesw FamRZ **08**, 478, Stgt FamRZ **08**, 231, Zweibr FamRZ **08**, 232.

Richterliche „Übereinkünfte" zur künftigen Anwendung derartiger Tabellen sind im Ergebnis problematische 39
Selbstbeschränkungen der zB nach § 286 zwingend erforderlichen Gesamtwürdigung jedes Einzelfalls, AG St Blasien MDR **86**, 757 (zu § 287; zustm Müller-Langguth), Lindenau SchlHA **85**, 81, Petersen SchlHA **85**, 81 (je auch zur verfassungsrechtlichen Problematik). Ganz problematisch ist die pauschale Übernahme von Tabellenänderungen als einen wesentlichen Umstand nach I 2, Mü FamRZ **97**, 312 (LS), aM Brdb

FamRZ **02**, 1049, Saarbr FamRZ **87**, 615 (aber damit engt man den Beurteilungsspielraum in einem wesentlichen Punkt von vornherein ein, selbst wenn das natürlich praktisch sein mag). Als eine bloße Änderung der Rechtsprechung können Tabellenänderungen (jetzt) beachtlich sein, Rn 18. Sie ergehen durchweg eben auf Grund von tatsächlichen Veränderungen, BGH FamRZ **95**, 222. Was der Kläger im Vorprozeß verlangt hatte, ist unerheblich. Der Kläger kann jetzt auch einen anderen Klagegrund heranziehen, der der Klage nicht zuwiderläuft, zB wenn sich die frühere Klage auf eine Haftpflicht, die Abänderungsklage auf eine Vertragsverletzung stützt.

§ 323 gilt auch dann, wenn nach der auf einen *Unfall* gestützten früheren Klage unvorhergesehene Folgen einer schon damals vorhandenen Erkrankung eingetreten sind.

40 **7) Klage, I–III.** Es findet kein obligatorisches Güteverfahren statt, § 15 a II 1 Z 1 EGZPO, Hartmann NJW **99**, 3747. Man muß zahlreiche schwierige Punkte beachten.

A. Verfahrensziel: Umgestaltung der Rechtsbeziehung. Die Abänderungsklage verfolgt keinen sachlichrechtlichen Anspruch. Sie bezweckt nur eine Anpassung an veränderte Verhältnisse, Karlsr FamRZ **06**, 1147. Sie setzt ihn vielmehr voraus, BGH FamRZ **84**, 353. Das zeigt sich bei einer erstrebten Herabsetzung besonders klar. Sie bezweckt die anderweitige Gestaltung der Rechtsbeziehung aus dem alten Anspruch wegen einer Veränderung der Verhältnisse, BGH NJW **92**, 440, Kblz FamRZ **90**, 427. Deshalb versagt § 323 bei allen ein für allemal feststehenden Leistungen, zB bei einer unveränderbaren Leibrente, BayObLG DNotZ **80**, 96 (die Parteien können sich freilich vertraglich der Regelung des § 323 unterwerfen, Rn 75), oder bei einer Überbau- und Notwegrente, §§ 912 II, 917 II BGB. Einredeweise kann man den Abänderungsanspruch nicht geltend machen. Eine Verjährung des Abänderungsanspruchs tritt nicht ein.

41 Die *allgemeinen Prozeßvoraussetzungen* müssen vorliegen, Grdz 12 vor § 253. Auch das Rechtsschutzbedürfnis muß wie stets vorhanden sein, Grdz 33 vor § 253. Es fehlt grundsätzlich, wenn der Saldo nach Rn 37 oder sogar schon die Veränderung überhaupt nach Rn 17 ff nur zu einer Besserstellung des Klägers führten oder wenn eine Herausgabe des bisherigen Unterhaltstitels an den Schuldner bevorsteht, Köln FamRZ **06**, 718. Es darf keine anderweitige Rechtshängigkeit vorliegen, § 261 III Z 1, BGH FER **98**, 136.

42 **B. Parteien.** Klageberechtigt ist jede Partei des Vorprozesses, Grdz 4 vor § 50, § 325 Rn 4, BGH FamRZ **86**, 153, Brdb RR **03**, 1449, Karlsr RR **05**, 1021. Den Parteien stehen diejenigen gleich, auf die sich die Rechtskraft der abzuändernden Entscheidung erstreckt, KG FamRZ **94**, 760, also zB jeder Miterbe, Zweibr FamRZ **07**, 1193, und jeder sonstige Rechtsnachfolger, § 325, Brdb RR **03**, 1449, Düss FamRZ **94**, 764, Karlsr RR **05**, 1021. Nach dem Ende der Prozeßstandschaft des Elternteils infolge der Rechtskraft der Scheidung ist in einem etwa noch nach § 323 abzuwickelnden Fall nur das Kind klageberechtigt, Brdb FamRZ **02**, 1270. Nach einem Übergang der Forderung gemäß SGB sind klageberechtigt auch: Der Versicherungsträger; bei einer Überleitung kraft Gesetzes in diesem Umfang der Sozialhilfeträger, Brdb RR **03**, 1449, wegen des Rests der Schuldner, Düss FamRZ **94**, 764, Karlsr RR **05**, 1021, Zweibr NJW **86**, 731; beim Forderungsübergang nach § 37 I BAföG der neue Gläubiger, BGH FamRZ **86**, 153; bei einem Vollstreckungstitel, dessen Rechtskraft sich nach § 325 auf einen Dritten erstreckt, auch der Dritte, BGH FamRZ **86**, 153, Karlsr RR **05**, 1021, LG Saarbr FamRZ **86**, 254, aM Hamm FamRZ **81**, 590 (aber auch er gilt kraft Gesetzes als Rechtsnachfolger). Nach einem Forderungsübergang kraft Gesetzes muß man sowohl denjenigen verklagen, der den Titel erwirkt hat, als auch denjenigen, auf den die Forderung übergegangen ist, Brdb RR **03**, 1449, Karlsr RR **05**, 1021.

Der *Dritte* kann auch in solchem Fall nur insoweit klagen, als er überhaupt wirksam berechtigt oder verpflichtet war, § 794 Rn 9. Die Identität der Parteien des Abänderungsverfahrens mit denjenigen des abzuändernden Titels ist eine Zulässigkeitsvoraussetzung der Abänderungsklage, BGH FamRZ **86**, 254.

43 **C. Zuständigkeit.** Die Klage leitet grundsätzlich ein neues Verfahren ein. Sie ist allerdings auch als eine Widerklage denkbar, Anh § 253, Bbg FamRZ **99**, 32, Saarbr FamRZ **93**, 1477. Das gilt etwa in dem noch wegen eines Rests anhängigen Erstprozeß, BGH FamRZ **85**, 692. Man muß im gewöhnlichen Gerichtsstand der §§ 12 ff klagen, Bbg FamRZ **80**, 617, nicht in demjenigen des § 767 I. Zur sachlichen Zuständigkeit §§ 9 ZPO, 23–23 d GVG. Eine neue Prozeßvollmacht ist erforderlich, § 81 Rn 6 (neuer Streitgegenstand).

44 **D. Antrag.** Es ist ein Antrag erforderlich, BGH NJW **86**, 2049. Ein Verzicht der Parteien ist evtl statthaft, (zum alten Recht) AG Geldern FamRZ **08**, 1539. Ein Antrag des Inhalts, daß keine Ansprüche mehr bestehen, stützt sich auf § 256 I. Man kann ihn aber evtl als einen Antrag nach § 323 umdeuten, BGH FamRZ **83**, 893. Das gilt vor allem dann, wenn er sonst erfolglos wäre, Bbg FamRZ **88**, 640. Eine Rückforderung oder eine Nachforderung nach § 322 Rn 51 für die Zeit vor der Erhebung der Abänderungsklage ist unzulässig, III. Eine Abänderungsklage kann allerdings in eine Nachforderungsklage mit deren prozessualen Folgen umdeutbar sein, BGH FamRZ **86**, 662. Eine Umdeutung einer Leistungsklage in eine Abänderungsklage kann zulässig sein, BGH NJW **92**, 440, Hamm FamRZ **05**, 1101, AG Ludwigslust FamRZ **05**, 1494. Freilich ist ein klarer bloßer Leistungsantrag ohne eine auf § 323 gestützte Begründung nicht undeutbar, Zweibr FamRZ **92**, 974. Eine Stufenklage ist zulässig, § 254 Rn 2, BGH FamRZ **86**, 561, Hbg (2. FamS) FamRZ **83**, 626, Mü RR **88**, 1286, aM Hbg (2 a. FamS) FamRZ **82**, 935 (aber die Prozeßwirtschaftlichkeit ist auch hier beachtlich, Grdz 14 vor § 128).

45 **E. Prüfungsumfang.** Es gilt dasselbe wie bei allen Angriffen gegen ein rechtskräftiges Urteil, Köln FamRZ **83**, 1049. Danach gliedert sich das Verfahren in mehrere Teile, Karlsr FamRZ **88**, 859: das Aufhebungsverfahren, iudicium rescindens, also die Aufhebung des früheren Urteils, und anschließend das Ersetzungsverfahren, iudicium rescissorium, also die Ersetzung des früheren Urteils durch ein neues. Zum Aufhebungsverfahren gehört die Prüfung der Zulässigkeit der Klage, überhaupt der Prozeßvoraussetzungen, Grdz 12 vor § 253. Nur bei ihrer Bejahung kommt es zum Ersetzungsverfahren. Der neuen Verhandlung muß das Gericht die tatsächlichen Feststellungen des früheren Urteils zugrundelegen, soweit die Veränderung der Verhältnisse sie nicht berührt hat, aM Mü FamRZ **84**, 492 (aber man darf das frühere Urteil wegen

§ 322 nur im Rahmen des Merkmals des § 323 antasten). Die Rechtskraftwirkung ist ja nur für die Bemessung der Leistungen ausgeschaltet.

Der Kläger muß alle diejenigen Faktoren *darlegen und beweisen*, die für die Festsetzung der titulierten vertraglichen Unterhaltsrente maßgebend waren und die eine wesentliche Änderung der Verhältnisse ergeben, Anh § 286 Rn 198, Brdb RR **03**, 1449, KG FamRZ **94**, 765, Zweibr FamRZ **89**, 304. Es reicht also nicht aus, wenn er nur zu einem einzigen oder zu einzelnen von mehreren maßgeblich gewesenen Bemessungsfaktoren oder gar zu keinem damals entscheidungserheblichen eine wesentliche Änderung darlegt, Ffm FamRZ **85**, 304, Hamm FamRZ **04**, 1656, Karlsr FamRZ **87**, 504. Freilich muß gegenüber der Klage des Vaters auf eine Herabsetzung des vertraglichen Unterhalts das volljährig gewordene Kind darlegen und beweisen, daß sein Anspruch unverändert geblieben ist, Brdb RR **03**, 1449, KG FamRZ **94**, 765. Das Gericht darf die tatsächlichen Grundlagen des abzuändernden Titels durch dessen Auslegung ermitteln und dabei auch nach § 287 verfahren, BGH FamRZ **01**, 1604, Düss FamRZ **81**, 587. 46

Das Gericht darf also grundsätzlich nur die Höhe der jetzt gegebenen Ansprüche prüfen. Es darf aber *nicht* auch die *ursprüngliche Begründung nachprüfen,* BGH RR **90**, 194, Brdb FamRZ **02**, 1049, Hamm FER **97**, 164, aM BVerfG **26**, 53, Ffm FamRZ **79**, 238, Oldb NdsRpfl **79**, 223 (keine Rücksicht auf das frühere Urteil oder den früheren Vergleich. Damit hebelt man weit über den Zweck des § 323 hinaus das frühere Urteil vor oder gar nach dessen Rechtskraft weitgehend aus. Diese letztere, gegenüber der hier vertretenen andere Ansicht setzt sich über den eindeutigen Gesetzestext hinweg, Einl III 39). § 323 gestattet lediglich eine „Abänderung". Damit sind die seit dem Erlaß des Urteils eingetretenen Veränderungen gemeint, gemessen an den für die damalige Urteilsfindung als maßgeblich verwendeten Tatsachen. Durch die hier abgelehnte Auffassung würden uferlose Neufestsetzungen oder jedenfalls Versuche dazu die Folge sein. 47

Richtigerweise darf das Gericht also *nicht nachprüfen,* ob das frühere Gericht die früheren Verhältnisse richtig beurteilt hat, etwa die Schadensursache, Rn 17 ff, aM ZöV 32. Freilich ist das Gericht nicht an die für das frühere Urteil angewendeten rechtlichen Maßstäbe gebunden, Kblz FamRZ **91**, 210. Es ist also zB nicht an die dort angewandten Unterhaltsrichtlinien gebunden, BGH FamRZ **87**, 258, auch nicht an eine im früheren Urteil festgelegte Unterhaltsquote, wenn jenes Urteil keine Feststellung über die Bestimmung der damaligen Lebensverhältnisse traf, BGH FamRZ **95**, 174. Das Gericht ist ferner evtl nicht an die Berechnungsweise des Ausgangsgerichts gebunden, BGH FamRZ **94**, 1101. Dennoch ist eine Änderung nicht schon wegen jeder anderen neuen Berechnungsmethode rückwirkend zulässig, BGH NJW **03**, 1181. Ein Berufswechsel kann zur Abänderungsklage berechtigen. Wenn die Verhältnisse bei der Entstehung des abzuändernden Vollstreckungstitels nicht mehr feststellbar sind, kann man die Abänderungsklage wie eine Erstklage behandeln, Köln FamRZ **81**, 999. 48

F. Maßgeblich: Verhandlungsschluß. Man darf die Vorschrift nur beim Vortrag des Abänderungsklägers beachten, nicht beim Vortrag des Abänderungsbekl, BGH MDR **01**, 766, Oldb FamRZ **96**, 357, Schlesw RR **07**, 502. Es genügen grundsätzlich nur solche Klagegründe, die erst nach dem Schluß der letzten Tatsachenverhandlung objektiv entstanden sind, §§ 136 IV, 296 a, also nach dem Sachantrag, Hamm FamRZ **07**, 73, Köln FamRZ **96**, 355 (nicht schon nach einer bloßen Kostenerörterung), Saarbr FamRZ **03**, 686, evtl also nach dem Schluß derjenigen in der Berufungsinstanz, BGH (12. ZS) **136**, 376, Saarbr FamRZ **03**, 686, Zweibr RR **03**, 1300, aM BGH FamRZ **90**, 1096 (ein Fortsetzungszusammenhang über den Verhandlungsschluß hinaus genüge), Hamm FamRZ **87**, 734, Köln FamRZ **97**, 507 (wahlweise Berufung. Beide Varianten verwässern den klaren zeitlichen Schnitt des II. 49

Selbst ein erst nach dem obigen Zeitpunkt eingetretener Umstand ist dann unbeachtlich, wenn beim Verhandlungsschluß sein *Eintritt in nächster Zeit* feststand und sich durch das Gegenspiel anderer Faktoren nicht ausgleichen ließ, BGH FER **00**, 25, KG FamRZ **90**, 1122 (krit Diener FamRZ **91**, 211), Karlsr RR **05**, 1021, aM Ffm FamRZ **97**, 434 (aber dann würde man den Abänderungszeitraum gefählich ausweiten).

Es genügen aber solche Gründe, die nach dem Schluß des *vorangegangenen letzten Abänderungsprozesses* entstanden sind, BGH NJW **00**, 3790, Düss FamRZ **85**, 1277, Zweibr FamRZ **92**, 974. Nach einer Rechtsmittelrücknahme vor dem Eintritt in die Sachverhandlung ist freilich wieder der Schluß der letzten erstinstanzlichen Tatsachenverhandlung maßgebend, BGH NJW **88**, 2473, Hamm FER **00**, 298, Köln FamRZ **97**, 508. Es erfolgt also kein Ausschluß mit einem solchen Vorbringen, das bereits Gegenstand eines Prozeßkostenhilfegesuchs zur Durchführung einer Anschlußberufung war, wenn die Hauptberufung zurückgenommen wurde, Karlsr FamRZ **99**, 1289, Köln FamRZ **96**, 355. Im übrigen genügen nur solche Klagegründe, die man im Verfahren auf einen Einspruch, auch auf einen solchen des Gegners, nicht vorbringen konnte, die also erst nach dem Ablauf der Einspruchsfrist entstanden sind, BGH NJW **82**, 1812, Hamm FamRZ **97**, 433, aM Köln FER **99**, 249 (großzügiger bei Rentenänderung), StJM § 767 Rn 40 (aber II schränkt den Abänderungszeitraum aus sehr wichtigem Grund stärker ein). 50

Ebenso wie bei § 767 kommt es nicht darauf an, ob die Partei von den Gründen auch eine *Kenntnis* hatte. Das ist eine dem Schutz der Rechtskraft dienende Erwägung, Düss FamRZ **79**, 803, Zweibr FamRZ **81**, 1190. Das gilt jedenfalls, soweit man sonst eine Rechtskraftwirkung nach Einf 2 vor §§ 322–327 beseitigen würde, BGH FamRZ **87**, 262. II betrifft (jetzt) nicht die Zulässigkeit, sondern die Begründetheit. Das folgt aus dem Vergleich mit I 2.

Im *schriftlichen Verfahren* nach § 128 II und im Aktenlageverfahren nach § 251 a entscheidet der dem Verhandlungsschluß gleichstehende Zeitpunkt, § 128 Rn 27, § 251 a Rn 10. 51

Nach einem *Versäumnisurteil* nach §§ 331 ff kommt es auf den Zustand an, den der damalige Kläger behauptete und der nach § 331 I 1 als zugestanden galt, Hamm (9. FamS) FamRZ **91**, 1201 und (12. FamS) FamRZ **97**, 891, Zweibr FamRZ **83**, 291, aM Hamm (5. FamS) FamRZ **90**, 773, Oldb FamRZ **90**, 188 (maßgeblich seien nicht die als zugestanden anzunehmenden, sondern die tatsächlich vorhanden gewesenen Verhältnisse. Aber ein Geständnis oder auch eine bloße Unstreitigkeit banden den Richter des ersten Prozesses, Grzd 18 vor § 128). Dasselbe gilt nach einem Anerkenntnisurteil, § 322 Rn 8, aM Bbg FamRZ **86**, 702, Hamm FamRZ **97**, 891 (aber hier gilt im Ergebnis dasselbe wie beim Geständnis). 52

53 Das Gericht muß ein nachträglich *mitwirkendes Verschulden* berücksichtigen. Hatte das Gericht die erste Abänderungsklage abgewiesen, weil die erforderliche Steigerung der Lebenskosten damals noch nicht erreicht war, darf und muß man in einem weiteren Abänderungsprozeß die während des ersten Prozesses eingetretene Steigerung mitberücksichtigen, Ffm FamRZ **79**, 139. Vgl im übrigen bei § 767 II.

54 **G. Einstellung der Zwangsvollstreckung.** § 769 ist entsprechend anwendbar. Denn die Verhältnisse liegen hier ganz ähnlich wie dort, Rn 1–6, BGH NJW **86**, 2057 (großzügige Prüfung vor allem wegen der etwaigen Rechtskraftwirkung des Urteils), Hamm FamRZ **02**, 618, Naumb FamRZ **01**, 840. Die Rechtsmittel sind dieselben wie bei § 769, Hbg FamRZ **82**, 622, Hamm FamRZ **81**, 589. Eine Rechtsbeschwerde kommt unter den Voraussetzungen des § 574 in Betracht. Wer eine entsprechende Anwendbarkeit des § 769 ablehnt, muß eine Einstellung der Zwangsvollstreckung durch eine einstweilige Verfügung nach §§ 935 ff zulassen. Bei einer Zwangsvollstreckung während des Prozesses entsteht kein Schadensersatzanspruch entsprechend § 717, wenn das Urteil rechtskräftig war. Auf die Rechtskraft muß man nämlich vertrauen dürfen.

55 **8) Urteil, II–IV.** Es muß vor allem in zwei Punkten Klarheit bringen.

A. Sachentscheidung. Das Urteil lautet nach IV auf eine Abweisung oder auf eine völlige Aufhebung der früheren Entscheidung oder auf eine bloße Änderung der früheren Entscheidung nebst einer Neufestsetzung, Karlsr FamRZ **88**, 859, Nürnb Rpfleger **05**, 613. Das Gericht kann also eine vom früheren Urteil zugebilligte abänderbare Rente auch wegfallen lassen. Es muß die Entwicklung abschätzen, Rn 36, auch nach § 287, BGH RR **90**, 962.

56 **B. Abänderungszeitraum.** Das Gericht darf das frühere Urteil im Abänderungsverfahren nach III 1 grundsätzlich nur für die Zeit seit der Rechtshängigkeit der Abänderungsklage abändern, § 261 I, BGH NJW **98**, 2434, Naumb FamRZ **01**, 929, Frühauf NJW **99**, 1219, aM Gottwald FamRZ **92**, 1375, Meister FamRZ **80**, 869 (es liege ein Verstoß gegen Artt 3, 19 IV GG vor. Aber man darf auch III nicht im Ergebnis aufweichen). Ausnahmen vom vorstehenden Grundsatz gelten nach III 2 aus denselben Gründen wie bei Rn 53. Man kann auch III 1 nicht mit Erwägungen unterlaufen, der Kläger habe auf eine außergerichtliche Einigung vertraut, BGH FamRZ **89**, 161, Ffm FamRZ **91**, 1329, aM Hoppenz FamRZ **87**, 1100 (aber Gerechtigkeit läßt sich nicht ohne Rechtssicherheit herbeizaubern). Evtl bleibt dann die Klage nach § 767 möglich. III 1 ist auch dann beachtlich, wenn der Schuldner den Unterhalt nach einer freiwilligen Erklärung wieder auf die titulierte Höhe kürzt, aM KG FamRZ **95**, 892 (aber III 1 erlaubt keine Aufweichung bald hier, bald dort). Das alles gilt auch in den neuen Bundesländern, Vogel DtZ **91**, 339, aM KG DtZ **92**, 222 (wegen einer sog Unterhaltseinigung. Aber auch das Beitrittsgebiet unterliegt insofern der ZPO).

57 Bei einer Abänderungs-*Stufenklage* entscheidet für III 1 schon die Rechtshängigkeit in ihrer ersten Stufe, § 254 Rn 5, Düss FamRZ **87**, 1281. Bei mehreren zeitlich aufeinander folgenden Abänderungsklagen ist das zuletzt ergangene Urteil als Ausgangspunkt maßgeblich, (jetzt) II, Düss FamRZ **85**, 1277. Dieser Zeitpunkt ist auch für eine weitergehende Änderung ausschlaggebend, die der Kläger erst im Lauf des Verfahrens geltend macht, § 261 II. Denn III 1 ist wegen des Zwecks nach Rn 56 der Parteiherrschaft entzogen. Man muß III 1 daher von Amts wegen beachten, Hbg FamRZ **85**, 94. III 1 beruht auf der Erwägung, daß vorher die Rechtskraftwirkung unangetastet war. § 258 Rn 1, RoSGo § 158 VI 2, ThP 31, 32, ZöV 42, aM BGH FamRZ **83**, 2318 (es handle sich um eine reine Zweckmäßigkeitsregel, krit Braun ZZP **97**, 340. Mit bloßer Zweckmäßigkeit würde man aber dem schon in seiner Stellung direkt hinter § 322 angesiedelten § 323 am wenigsten gerecht, auch wenn man stets auch bei ihm die Prozeßwirtschaftlichkeit mitbedenken darf.).

58 Die *Herabsetzung* eines monatlich zahlbaren Unterhalts kommt also grundsätzlich (wegen der Ausnahmen Rn 53, 56 und die dort genannten Vorschriften) erst vom Beginn desjenigen Monats an in Betracht, der dem Tag der Klagezustellung folgt. Denn der Monat ist durchweg die „kleinste Zahlungseinheit" auch zB beim vertraglichen Unterhalt, (je zum alten Recht) Stgt FamRZ **80**, 394, StJL 37, aM BGH NJW **90**, 710, Karlsr FamRZ **80**, 918, ZöV 42 (ab Klagezustellung. Aber die Prozeßwirtschaftlichkeit erlaubt auch sonst eine gewisse Berechnungsvereinfachung). Das gilt auch bei einer *Heraufsetzung*, Karlsr FamRZ **83**, 717.

59 Der Zugang des zunächst alleinigen *Prozeßkostenhilfeantrags* nach § 117 Rn 7–11 beim Gegner genügt bei (jetzt) III nicht, BGH NJW **90**, 496, Bbg RR **92**, 1414, Oldb VersR **04**, 654, aM Ffm FamRZ **79**, 964, Kblz FamRZ **79**, 194 (aber das ist inkonsequent. Denn wenn [jetzt] § 167 entsprechend anwendbar wäre, dann müßte ein Eingang beim Gericht ausreichen). Im übrigen ist (jetzt) § 167 unanwendbar, Hamm Rpfleger **86**, 136, Köln FamRZ **87**, 618.

60 Ein *Eingang des Gesuchs* um die Bewilligung einer Prozeßkostenhilfe *beim Gegner* ist *außerdem unnötig.* Denn der Kläger kann gleichzeitig die Klage einreichen, § 117 Rn 7, und dann tritt keine Benachteiligung des Antragstellers ein, BGH NJW **82**, 1051, Hbg FamRZ **82**, 623, aM Maurer FamRZ **88**, 445 (ausf), RoSGo § 158 V 4 a (aber III soll nicht von den sonst üblichen Zumutbarkeiten befreien). Auch die formlose Mitteilung der Klageschrift im Prozeßkostenhilfeverfahren reicht noch nicht aus, Drsd FamRZ **98**, 566, Nürnb NJW **87**, 265, aM ZöV 42 (aber auch das schafft keine Rechtshängigkeit des Hauptverfahrens). Freilich kann die förmliche Zustellung einer Klage „im Rahmen des Verfahrens auf Prozeßkostenhilfe" auch schon in Wahrheit im Einzelfall als eine echte Klagezustellung auslegbar sein, Köln FamRZ **80**, 1144 (sehr weitgehend).

61 Beim *Parteiwechsel* nach § 263 Rn 5 bleibt wegen der Nämlichkeit des Prozeßrechtsverhältnisses nach Grdz 4 vor § 128 der Zeitpunkt der ursprünglichen Rechtshängigkeit der Abänderungsklage maßgeblich. Ist im früheren Verfahren eine unselbständige Anschlußberufung infolge Rücknahme der Berufung nach § 524 IV wirkungslos geworden, kann man im Abänderungsverfahren den damaligen Anschließungszeitpunkt der Rechtshängigkeit nach III 1 gleichsetzen (sog „Vorwirkung"), BGH **103**, 396, Hamm FamRZ **87**, 830, aM Eckert MDR **86**, 542, Hoppenz FamRZ **86**, 226 (aber die Anschließung entspricht auch dann der Klagerhebung).

In der Änderung liegt *keine Urteilsänderung* nach der ZPO. Das zeigt die Vollstreckungsabwehrklage. Sie läßt auch den Titel an sich unberührt. Dieser Standpunkt entspricht allein dem praktischen Bedürfnis. Der Umweg über § 767 ist unnötig, Karlsr FamRZ **88**, 859. Die Rechtskraftwirkung des Abänderungsurteils besteht darin, daß man die von ihm erledigten Änderungen bei zukünftigen Erörterungen nicht mehr erneut prüfen darf. Laier AnwBl **82**, 419 weist auf (jetzt) § 14 Z 3 a, b GKG hin und hält den Anwalt, der diese Möglichkeit versäumt, für schadensersatzpflichtig.

III 1 steht einem *Schuldanerkenntnis* nicht entgegen, Celle FamRZ **81**, 1201. Wenn das Urteil eine Änderung ohne die Angabe enthält, ab wann sie gültig sein soll, tritt sie mit dem Urteilserlaß ein, also mit der Urteilsverkündung, § 311, Köln NJW **75**, 890 (es nennt evtl sogar erst den Zeitpunkt der Rechtskraft). Bei § 310 III tritt die Änderung mit der Urteilszustellung ein. Das Gericht muß die weitere künftige Entwicklung der Verhältnisse erneut vorausschauend prüfen. Maßgebend ist aber letztlich der Zeitpunkt des tatsächlichen Eintritts des ändernden Umstands, BGH NJW **82**, 1812, Bbg RR **90**, 74. Beim Versäumnisurteil ist das der Zeitpunkt des Ablaufs der Einspruchsfrist, Karlsr FamRZ **03**, 50. 62

C. Kosten. Es gelten in erster Instanz §§ 91 ff, nicht § 97. Wert: Anh § 3 Rn 2 „Abänderungsklage". 63

D. Vollstreckbarkeit. Vgl § 708 Z 8. 64

323a *Fassung 1. 9. 2009:* ***Abänderung von Vergleichen und Urkunden.*** **I 1 Enthält ein Vergleich nach § 794 Abs. 1 Nr. 1 oder eine vollstreckbare Urkunde eine Verpflichtung zu künftig fällig werdenden wiederkehrenden Leistungen, kann jeder Teil auf Abänderung des Titels klagen. 2 Die Klage ist nur zulässig, wenn der Kläger Tatsachen vorträgt, die die Abänderung rechtfertigen.**

II Die weiteren Voraussetzungen und der Umfang der Abänderung richten sich nach den Vorschriften des bürgerlichen Rechts.

Vorbem. Eingefügt dch Art 29 Z 12 FGG-RG, in Kraft seit 1. 9. 09, Art 112 I Hs 1 FGG-RG, ÜbergangsR Art 111 FGG-RG, Einf 4 vor § 1 FamFG. Wegen des bisherigen Rechts Rn 1.

Gliederung

1) Systematik, Regelungszweck, I, II. Die formell neue Vorschrift übernimmt wietgehend den bisherigen § 323 IV, abgedruckt und kommentiert im Ergänzungsband der 67. Aufl 2009. Sie enthält aber auch in II eine gewisse Abweichung und Präzisierung des früehren Rechts. Sie steht selbständig neben dem FamFG. Denn jenes regelt nur den gesetzlichen Unterhalt usw. 1

2) Prozeßvergleich; Vergleich vor Gütestelle; Vergleich zu Protokoll, I, II. Die Vorschrift gilt grundsätzlich für einen Prozeßvergleich, Anh § 307, BGH NJW **03**, 1181, Hamm RR **99**, 1096, Karlsr FamRZ **98**, 1597, aM Hamm FER **00**, 129 (neue Klage. Aber – jetzt – I 1 nennt mit der Verweisung auf § 794 I Z 1 Hs 1 eindeutig auch den Prozeßvergleich). Das setzt voraus, daß der Vergleich überhaupt vollstreckbar ist, § 794 Rn 7, Zweibr FER **00**, 19. Die Vorschrift gilt ausnahmsweise nicht, soweit dem Vergleich bereits ein Abänderungsurteil folgte, das das Gericht nun nochmals abändern soll, Bbg FamRZ **99**, 32. 2

I 1 gilt ferner für: Einen Vergleich vor einer Gütestelle, § 794 I Z 1; einen nach § 118 I 3 protokollierten Vergleich, § 794 I Z 1, Zweibr FamRZ **81**, 1073; einen Schiedsspruch mit vereinbartem Wortlaut, § 1053. Eine Abänderung auf eine freiwillige Zahlung des Mindestunterhalts erfolgt dann nur, wenn auch die Abänderung auf einen höheren bezifferten Betrag möglich wäre. Auch I 1 hat einen rein prozessualen Inhalt, verlangt also einen sachlichrechtlichen Anspruch auf eine Abänderung. Zum Unterhaltsvertrag und ähnlichen Verträgen gehört ja die Derzeitklausel (clausula rebus sic stantibus) nach II, Zweibr FamRZ **82**, 303, aM LG Kassel NJW **75**, 267 (nur zum unselbständigen. Das ist eine unnötige Verengung eines allgemeinen Grundsatzes).

Darum kommt es beim Vergleich wegen II auf die *Geschäftsgrundlage* an, (jetzt) § 313 BGB, BGH **148**, 374, Hamm RR **06**, 66, Naumb FamRZ **07**, 1335. Maßgeblich ist zB, ob der Vergleich nach dem Parteiwillen unabänderlich sein sollte, Köln FamRZ **02**, 675, Mü RR **00**, 1244, Stgt NJW **02**, 1355 (je: auch eine Änderrung der Rechtsprechung kann maßgeblich sein). Auch der Parteiwille ist (jetzt) dem § 313 BGB unterstellt, BSG FER **98**, 167, Hamm FamRZ **01**, 1024. Das Gericht muß ihn auch bei einer Abänderung beachten, Schlesw SchlHA **78**, 41. Das gilt zB dann, wenn das Gericht dem Kläger nur den notwendigen Unterhalt zugebilligt hatte, nicht den standesgemäßen, oder wenn es darum geht, wie alt der Vergleich sein muß, Karlsr FamRZ **89**, 92, oder wenn nach dem Ablauf einer Frist eine Neufestsetzung und nicht nur eine Anpassung erfolgen soll, Zweibr FamRZ **92**, 840 links. Maßgebend sind die Änderungen seit dem Vergleich, Rostock RR **08**, 1178. 3

Wenn die Parteien im Vergleich seine Abänderbarkeit nachweisbar bis zu einer *gewissen Grenze* ausgeschlossen haben, Kblz FamRZ **06**, 1147, dann muß man regelmäßig davon ausgehen, daß die Parteien bei einer Überschreitung jener Grenze die Verhältnisse zur Zeit des Vergleichsabschlusses nicht als gegeben ansehen wollten. Jedenfalls darf eine vertragliche Ausschließung der Abänderbarkeit wegen der erhöhten Unterhaltspflicht des Mannes infolge einer Wiederverheiratung nicht seine Unterhaltspflicht gegenüber der zweiten Ehefrau infrage stellen. Denn diese letztere Unterhaltspflicht stellt eine gesetzliche unabdingbare Verpflichtung dar. Vgl freilich § 1582 BGB. Auch kann § 1578 II BGB entsprechend anwendbar sein, Saarbr FamRZ **99**, 382. Ein Vergleich über den Unterhaltsanspruch während des Getrenntlebens in der Ehe umfaßt grundsätzlich nicht den Unterhaltsanspruch nach der Scheidung, sofern er nicht auch dazu eine Einigung enthält, Rn 14, Hamm FamRZ **81**, 1075. Ein Verzicht auf § 323 a kann unbeachtlich sein, BSG FamRZ **96**, 1405, Hamm FamRZ **01**, 1024. Das ist aber keineswegs stets so, Karlsr FER **98**, 147. Eine Pflicht zur Selbstoffenbarung einer Verbesserung der Verhältnisse besteht nur in engen Grenzen, Schlesw MDR **00**, 399. 4

5 Auch ein Vergleich nach §§ 49 ff FamFG untersteht wegen der Einigung grundsätzlich dem § 323 a, Kblz FamRZ **06**, 1147, Köln FamRZ **05**, 1755, Zweibr FamRZ **80**, 69, aM Celle FamRZ **80**, 611 (verneinende Feststellungsklage nach § 254 oder Vollstreckungsabwehrklage nach § 767), Karlsr FamRZ **80**, 609, Zweibr FamRZ **81**, 191 (verneinende Feststellungsklage. Beide Varianten verengen den Geltungsbereich ohne zwingende Gründe). Man kann freilich einen gerichtlich protokollierten Unterhaltsvergleich nicht nach §§ 49 ff FamFG ändern, sondern nur im Verfahren nach § 323 a, Hamm FamRZ **80**, 608, Zweibr FamRZ **81**, 701. Die Parteien können für den Fall einer Änderung der Verhältnisse eine gänzliche Neufestsetzung vereinbaren, Zweibr FamRZ **04**, 1834.

6 *Kinder* erwerben hier wie beim Scheidungsvergleich bei einer einstweiligen Anordnung und bei einem in solchem Verfahren geschlossenen Prozeßvergleich einen Titel ohne einen förmlichen Beitritt, Köln FamRZ **83**, 88, Schlesw SchlHA **78**, 37. Das gilt, sofern § 1629 II 2, III BGB (Prozeßstandschaft des klagenden Elternteils) anwendbar ist. Im übrigen erwirbt das Kind einen Titel grundsätzlich nur nach einem förmlichen Beitritt. Dann ist das Kind also nicht an § 323 a gebunden, § 794 Rn 8, Wächter FamRZ **76**, 253, aM Hamm FamRZ **80**, 1061, Karlsr FamRZ **80**, 1059 (aber mangels Beitritts liegt kein automatischer Übergang der Rechtsstellung vor).

7 Ein Vergleich im Verfahren nach §§ 49 ff FamFG läßt sich aber meist ebenso wie eine einstweilige Anordnung durch eine *anderweitige einstweilige Anordnung* ändern, Rn 13, Ffm FamRZ **89**, 87, AG Hbg FamRZ **78**, 806, Flieger MDR **80**, 803. Ein außergerichtlicher Vergleich hat keine Rechtskraftwirkung. Er fällt deshalb nicht unter § 323 a. Er unterliegt den allgemeinen Vorschriften. Evtl ist eine Klage auf die Feststellung eines anderen Inhalts ratsam. Bei mehreren wegen desselben Rechtsverhältnisses ergangenen Titeln ist stets nur der letzte maßgeblich, Ffm FamRZ **80**, 895. Hat freilich das Kind rechtsfehlerhaft einen eigenen Titel erhalten, unterliegt er grundsätzlich dem § 323, Ffm FamRZ **83**, 756.

8 Ein *unwirksamer* Vergleich läßt keine Abänderung zu. Er erlaubt vielmehr nur die Fortsetzung des bisherigen Prozesses nach Anh § 307 Rn 37 oder einen ersten Prozeß, Karlsr FamRZ **90**, 522, Köln FER **99**, 109, Zweibr FamRZ **83**, 930.

9 Bei einem Verfahren nach § 323 a ist *§ 323 I unanwendbar,* BGH NJW **86**, 2054, aM Celle FamRZ **91**, 853 (aber § 323 I paßt hier nicht).

10 Ebenso ist dann *§ 323 II grundsätzlich unanwendbar,* (je zum alten Recht) BGH FamRZ **95**, 223, Hamm FamRZ **94**, 1592 (erst recht für den Bekl), Karlsr FamRZ **05**, 817, aM Ffm FamRZ **84**, 63, Hamm FamRZ **84**, 1033, RoSGo § 131 V (aber auch § 323 I, II paßt hier nicht). Das gilt freilich nicht, wenn das Gericht nach einem Prozeßvergleich eine Abänderungsklage abgewiesen hatte und wenn der Kläger nun nur wegen desselben Zeitraums erneut eine Abänderungsklage erhebt, Kblz RR **99**, 1681.

11 *§ 323 III ist* bei einer Parteivereinbarung wie zB dem Prozeßvergleich ebenfalls prozessual *grundsätzlich unanwendbar,* BGH FamRZ **01**, 282, Brdb FamRZ **06**, 1857, Karlsr FamRZ **05**, 817. Sonst wäre ein Prozeßvergleich ungünstiger als ein außergerichtlicher Vergleich. Außerdem hat die Regelung des § 323 III ihren Grund in der Rechtskraftwirkung eines Urteils. Schon deshalb ist eine Gleichstellung des gerichtlichen und des außergerichtlichen Vergleichs nicht möglich. Vielmehr steht der gerichtliche Vergleich einer vollstreckbaren Urkunde gleich, also auch der notariellen Urkunde, (jetzt) I 1, BGH FamRZ **91**, 542. Für deren Inhalt wäre eine derartige zeitliche Beschränkung der Abänderbarkeit unberechtigt, s oben, aM Ffm FamRZ **83**, 756, Köln FamRZ **82**, 713.

12 *Im übrigen* muß man aber von dem Prozeßvergleich und seinen Festsetzungen ausgehen. Das gilt auch dann, wenn sie inzwischen schon geändert worden waren, BGH FamRZ **85**, 582, Kblz FER **98**, 124. Sie sind grundsätzlich nicht abänderbar. Das Gericht muß allerdings nach II das sachliche Recht und dort insbesondere den ja außerdem ohnehin auch im Prozeßrecht geltenden Grundsatz von *Treu und Glauben* beachten, § 242 BGB, BGH FamRZ **91**, 542, Brdb FamRZ **04**, 211, Hamm RR **06**, 1443. Insoweit mag das Gericht die Leistungen der Höhe nach auf Grund derjenigen Veränderungen ändern müssen, die nach dem Vergleich eingetreten sind. Eine Anbindung an einen Bruchteil des Einkommens reicht aus, Zweibr FER **00**, 193. Die Wesentlichkeitsgrenze von etwa 10% Änderung kann entfallen, wenn der begehrte Unterhalt das Existenzminimum eines Kindes unter 18 Jahren unterschreitet, Stgt FamRZ **00**, 377. Zur Unaufklärbarkeit der Vergleichsgrundlagen BGH NJW **01**, 2259 (neuer Prozeß), Hamm FER **99**, 142, Mü FamRZ **00**, 612. Zur unterschiedlichen Beweislast Zweibr FamRZ **84**, 728. Man kann eine Abänderung wegen II beim Wegfall der Bedürftigkeit für unnötig halten, soweit es um die Rückforderung nach §§ 812 ff BGB geht, Köln MDR **88**, 974. Wenn freilich das Gericht einen Vergleich bereits durch ein Urteil abgeändert hatte, muß man auf eine weitere Abänderung wieder die für Urteile geltende Regelung und daher auch § 323 II anwenden, BGH NJW **92**, 364. Dasselbe gilt, soweit der Vergleich das Urteil aufrechterhält, BGH NJW **90**, 710. Eine Abänderungsforderung kann dazu zwingen, einen im Vergleich noch einheitlichen Unterhaltsanspruch auf jetzt mehrere Rechtsgrundlagen aufzuteilen, Hbg RR **96**, 323.

13 **3) Außergerichtliche Vereinbarung, I, II.** Auf eine privatschriftliche Vereinbarung ist § 323 a grundsätzlich unanwendbar, Naumb FamRZ **07**, 1343, Zweibr FamRZ **82**, 303 (es kann aber eine unzulässige Rechtsausübung vorliegen). § 323 oder § 323 a sind aber ausnahmsweise voll anwendbar, soweit die Parteien sie als anwendbar vereinbarten, BGH BB **04**, 1543, BayObLG DNotZ **80**, 96, Fischer FamRZ **88**, 985, großzügiger Köln FamRZ **86**, 1018 (§ 323 sei auch ohne Vereinbarung anwendbar).

14 **4) Vollstreckbare Urkunde.** Die Vorschrift einschließlich der Handhabung nach Rn 3 ff ist ferner anwendbar auf eine auch vollstreckbare Urkunde, § 794 I Z 5, dort Rn 41, BGH RR **93**, 773, Düss RR **06**, 946, Hamm FamRZ **07**, 1032. Sie gilt ferner für eine solche gerichtliche oder notarielle Urkunde, die zu künftig fällig werdenden wiederkehrenden Leistungen verpflichtet, in der sich zB der Ehegatte zum Scheidungsunterhalt verpflichtet, Hamm FamRZ **95**, 1151, Zweibr FamRZ **97**, 838 (keine Anwendung von § 323 II, III), oder der Vater zum Unterhalt, BGH FamRZ **89**, 173, Celle FamRZ **93**, 838, oder zum Regelunterhalt mit einem Zuschlag oder Abschlag oder allein zum Zuschlag, BGH NJW **85**, 64. Hierunter fällt auch eine Urkunde nach dem SGB V, BGH NJW **85**, 64, Brdb FamRZ **02**, 676, Köln FamRZ **01**, 1716, aM Zweibr FamRZ **92**, 841 (aber man muß auch solche Urkunde nach § 794 I Z 5 einordnen). IV gilt ferner

für eine Urkunde nach §§ 59, 60 SGB VIII (Jugendamt), BGH FamRZ **03**, 305, Brdb FamRZ **06**, 1857, Naumb FamRZ **06**, 1223 (je: keine Anwendung von § 323 I–III), aM Brdb FamRZ **06**, 1849 (noch unklare Rechtsfrage), Hamm FamRZ **00**, 908 (Zusatzklage. Aber auch solche Urkunde unterfällt dem § 794 I Z 5).

Bei einer vollstreckbaren Urkunde wie auch beim Prozeßvergleich muß man beachten, daß sich der Schuldner nur der geforderten Leistung darin unterworfen hat. Demgemäß erfolgt eine Abänderung auch nur im Rahmen der darin *zugebilligten Höhe* der Forderung und ihrer Veränderung durch die Verhältnisse, Karlsr FamRZ **83**, 755. Es ist also nicht zulässig, den ursprünglichen Titel durch eine willkürliche Angleichung an eine Forderung beiseite zu schieben, die verhältnismäßig höher ist als die ursprünglich zugebilligte. Erst recht ist keine freie Zusatzklage schon deshalb statthaft, weil ein einseitiges Schuldbekenntnis vorlag, Düss RR **06**, 946, aM ZöV 43 (aber es ändert nichts an der Gesamtsituation). Zum Problem Graba FamRZ **05**, 678 (ausf).

5) Entsprechende Anwendbarkeit, I, II. § 323 a enthält einen allgemeinen Rechtsgedanken. Die Vorschrift ist daher auf andere Schuldtitel entsprechend anwendbar, die in einem anderen Verfahren ergangen sind, sofern sie bürgerlichrechtliche Ansprüche zum Gegenstand haben, wenn eine sonst zuständige Stelle nicht vorhanden ist, etwa bei einem Urteil auf eine Kapitalabfindung statt einer Rente zB nach § 843 III BGB. Denn dort gelten dieselben Erwägungen, Grunsky AcP **181**, 346, ZöV 28, aM BGH **79**, 192, MüKoGo 23, RoSGo § 158 II 2 (aber § 323 a ist schon streng genug). 15

Weitere Fälle entsprechender Anwendbarkeit: Bei einem Urteil auf die Feststellung einer Rente in gewisser Höhe, etwa zu 30%, oder ausnahmsweise nach Rn 13 gegenüber einer zur Rentenverpflichtung getroffenen Feststellung, wenn man neue Ansprüche geltend machen kann, und wenn bei einem Leistungsurteil die Voraussetzungen des § 323 vorlägen; gegenüber einer rechtskräftigen Festsetzung der künftig wiederkehrenden Leistungen durch das Entschuldungsamt; bei einem Unterlassungsurteil, Völp GRUR **84**, 489. So ist zB eine Klage auf die Aufhebung eines Verbots zulässig, wenn das Verbotene später erlaubt ist, wenn zB eine verbotene Behauptung später wahr wird; bei einem Vollstreckungsbescheid, § 700 I; bei einem Schiedsspruch mit vereinbartem Wortlaut, § 1053; bei einer Reallast, soweit die tatsächlichen Bemessungsgrundlagen genügend bestimmt waren, Oldb RR **91**, 1174; im finanzgerichtlichen Verfahren, zB bei der Frage, ob man Versorgungsleistungen in Geld als dauernde Lasten abziehen darf oder muß, BFH NJW **93**, 286. Zum Problem Richter DStR **92**, 812, Seithel BB **93**, 477.

323b

Fassung 1. 9. 2009: ***Verschärfte Haftung.*** **Die Rechtshängigkeit einer auf Herabsetzung gerichteten Abänderungsklage steht bei der Anwendung des § 818 Abs. 4 des Bürgerlichen Gesetzbuchs der Rechtshängigkeit einer Klage auf Rückzahlung der geleisteten Beträge gleich.**

Vorbem. Eingefügt dch Art 29 Z 12 FGG-RG, in Kraft seit 1. 9. 09, Art 112 I Hs 1 FGG-RG, ÜbergangsR Art 111 FGG-RG, Einf 4 vor § 1 FamFG.

1) Systematik, Regelungszweck. Die dem § 241 FamFG entsprechende formell neue Vorschrift klärt für die nicht nach § 238 FamFG beurteilbaren Fälle die Anwendbarkeit der verschärften Haftung nach § 819 BGB auch ab Rechtshängigkeit einer Rückzahlungsklage wie bei § 818 IV BGB. Vgl zu diesen BGB-Vorschriften bei den BGB-Kommentaren. 1

324

Nachforderungsklage zur Sicherheitsleistung. **Ist bei einer nach den §§ 843 bis 845 oder §§ 1569 bis 1586 b des Bürgerlichen Gesetzbuchs erfolgten Verurteilung zur Entrichtung einer Geldrente nicht auf Sicherheitsleistung erkannt, so kann der Berechtigte gleichwohl Sicherheitsleistung verlangen, wenn sich die Vermögensverhältnisse des Verpflichteten erheblich verschlechtert haben; unter der gleichen Voraussetzung kann er eine Erhöhung der in dem Urteil bestimmten Sicherheit verlangen.**

Vorbem. Wegen der *neuen Bundesländer* vgl § 323 Vorbem.

1) Systematik. §§ 843–845 BGB gewähren eine Geldrente bei einer Tötung, Körperverletzung, Freiheitsentziehung. §§ 1569 ff BGB gewähren eine solche bei der Scheidung. Das Gericht befindet, ob und in welcher Höhe der Ersatzpflichtige dem Berechtigten eine Sicherheit leisten muß. Soweit das Gericht keine Sicherheit verlangt hat, greift § 324 mit einer dem § 323 nur entfernt ähnlichen, ihm gegenüber vorrangigen Regelung ein. Ähnliche Regelungen enthalten §§ 618 III BGB, 62 III HGB, 13 III StVG, 38 III LuftVG, 30 II AtomG. Auf andere Renten ist § 324 nur anwendbar, soweit die sie anordnende Vorschrift auf die in § 324 genannten Bestimmungen verweist, so bei § 62 III HGB. 1

Die Nachforderungsklage ist eine von der Abänderungsklage des § 323 wesentlich verschiedene *Zusatzklage*. Mit ihr betreibt der Kläger eine Ergänzung des früheren Urteils wegen seines sachlichrechtlichen Sicherungsanspruchs. Die Grundsätze des § 323 finden darum hier keine Anwendung. Die Verurteilung auf die Geldrente muß nicht, kann aber rechtskräftig sein. Es findet kein obligatorisches Güteverfahren statt, § 15 a II 1 Z 1 EGZPO, Hartmann NJW **99**, 3747.

2) Regelungszweck. Die Vorschrift bezweckt eine Sicherung des Gläubigers wegen seines erhöhten Bedürfnisses nach dem tatsächlichen Erhalt der Geldrente. Sie ist also auch eine in den Bereich der Vollstrekkung reichende Gläubigerschutzvorschrift. Natürlich soll aber auch nicht jede kleine Verschlechterung der Schuldnersituation zur Nachforderungsklage berechtigen. Die Lage muß sich vielmehr „erheblich" verschlechtert haben. Beides muß man bei der Auslegung mitbeachten. 2

3) Verfahren. Klageberechtigt sind beide Teile. Der Berechtigte kann auf die Hingabe einer Sicherheit oder auf deren Erhöhung klagen. Der Verpflichtete kann auf die Aufhebung oder Ermäßigung einer erheblichen angeordneten Sicherheit wegen einer erheblichen Besserung seiner Verhältnisse klagen. Die Klage ist nur unter einer besonderen Prozeßvoraussetzung zulässig, Grdz 23 vor § 253, nämlich bei einer 3 erheblichen Verschlechterung der Vermögensverhältnisse des Verpflichteten, nicht aus anderen Gründen, etwa bei einer bloßen Verschwendung. Warum der Gläubiger nicht früher eine Sicherheit verlangt hat, ist unerheblich. Die Veränderung muß nach dem Schluß der letzten Tatsachenverhandlung des Erstprozesses nach §§ 136 IV, 296 a eingetreten sein. Es gilt der gewöhnliche Gerichtsstand.

4 Die Klage begründet ein *neues Verfahren.* Die Prozeßvollmacht des Vorprozesses genügt hier nicht. Einen sachlichrechtlichen Anspruch gibt § 324 nicht. Er setzt vielmehr einen solchen voraus. Dabei ist der Zeitpunkt des auf die Nachforderungsklage ergehenden Urteils maßgeblich. Soweit das Gericht vom Urteil des Vorprozesses in der Frage der Sicherheitsleistung abweicht, hebt es das frühere Urteil auf. Das Gericht spricht eine Sicherheitsleistung nur für die Zukunft zu, also ab Rechtskraft oder vorläufiger Vollstreckbarkeit. Deshalb muß das Gericht sie auf der Grundlage derjenigen Raten bemessen, die nach dem Urteil fällig werden.

325

Subjektive Rechtskraftwirkung. **[I] Das rechtskräftige Urteil wirkt für und gegen die Parteien und die Personen, die nach dem Eintritt der Rechtshängigkeit Rechtsnachfolger der Parteien geworden sind oder den Besitz der in Streit befangenen Sache in solcher Weise erlangt haben, dass eine der Parteien oder ihr Rechtsnachfolger mittelbarer Besitzer geworden ist.**

[II] Die Vorschriften des bürgerlichen Rechts zugunsten derjenigen, die Rechte von einem Nichtberechtigten herleiten, gelten entsprechend.

[III 1] Betrifft das Urteil einen Anspruch aus einer eingetragenen Reallast, Hypothek, Grundschuld oder Rentenschuld, so wirkt es im Falle einer Veräußerung des belasteten Grundstücks in Ansehung des Grundstücks gegen den Rechtsnachfolger auch dann, wenn dieser die Rechtshängigkeit nicht gekannt hat. [2] Gegen den Ersteher eines im Wege der Zwangsversteigerung veräußerten Grundstücks wirkt das Urteil nur dann, wenn die Rechtshängigkeit spätestens im Versteigerungstermin vor der Aufforderung zur Abgabe von Geboten angemeldet worden ist.

[IV] Betrifft das Urteil einen Anspruch aus einer eingetragenen Schiffshypothek, so gilt Absatz 3 Satz 1 entsprechend.

Schrifttum: *Berger,* Die subjektiven Grenzen der Rechtskraft bei der Prozeßstandschaft usw, 1992; *Bettermann,* Bindung der Verwaltung an zivilgerichtliche Urteile, Festschrift für *Baur* (1981) 273; *Beys,* Die subjektiven Grenzen der Rechtskraft und die staatsrechtliche Wirkung des Urteils, Festschrift für *Schwab* (1990) 61; *Blume,* Die subjektiven Grenzen der Rechtskraft im Rahmen des § 325 II ZPO, 1999; *Bürgers,* Rechtskrafterstreckung und materielle Abhängigkeit, 1993; *Calavros,* Urteilsleistungen zu Lasten Dritter, 1978; *Dimaras,* Anspruch „Dritter" auf Verfahrensbeteiligung, 1987; *Gaul,* Der Einwendungsausschluß in bezug auf den Schuldtitel nach § 2 AnfG als Problem der Gläubigeranfechtung und der Urteilswirkungen gegenüber Dritten, Festschrift für *Schwab* (1990) 111; *Gottwald,* Bindungswirkungen gerichtlicher Entscheidungen in der Kraftfahrzeug-Haftpflichtversicherung, in: Festschrift für *Mitsopoulos* (Athen) 1992; *Gottwald,* Prajudizialwirkung der Rechtskraft zugunsten Dritter?, Festschrift für *Musielak* (2004) 183; *Henckel,* Der Schutz des Schuldners einer abgetretenen Forderung im Prozeß, Festschrift für *Beys* (Athen 2004) 545; *Herrmann,* Die Grundstruktur der Rechtshängigkeit, entwickelt am Problem des Rechtshängigkeitseinwandes bei Rechtskrafterstreckung auf Dritte, 1988; *Jänsch,* Prozessuale Auswirkungen der Übertragung der Mitgliedschaft, 1996; *Koch,* Prozeßführung im öffentlichen Interesse, 1983; *Koussoulis,* Beiträge zur modernen Rechtskraftlehre, 1986; *Lüke,* Die Beteiligung Dritter im Zivilprozeß, 1993; *Nam,* Rechtskrafterstrekkung und gutgläubiger Erwerb im Rahmen des § 325 ZPO, Diss Köln 1998; *Peters,* Die Bundeswirkung von Haftpflichtfeststellungen im Deckungsverhältnis, 1985; *Schilken,* Veränderungen der Passivlegitimation im Zivilprozeß: Studien zur prozessualen Bedeutung der Rechtsnachfolge auf Beklagtenseite außerhalb des Parteiwechsels, 1987; *Schober,* Drittbeteiligung im Zivilprozeß usw (auch rechtsvergleichend), 1990; *Schwab,* Die prozeßrechtlichen Probleme des § 407 II BGB, Gedächtnisschrift für *Bruns* (1980) 181; *Schwab,* Zur Drittwirkung der Rechtskraft, Festschrift für *Walder* (Zürich 1994) 261; *Stucken,* Einseitige Rechtskraftwirkung von Urteilen im deutschen Zivilprozeß, 1990; *Wahl,* Die Bindung an Prozeßlagen als Hauptproblem des gewillkürten Parteiwechsels, Diss Heidelb 1990; *Waldner,* Aktuelle Probleme des rechtlichen Gehörs im Zivilprozeß, Diss Erl (1983) 222; *Zeuner,* Verfahrensrechtliche Folgen des Betriebsübergangs nach § 613 a BGB, Festschrift für *Schwab* (1990) 575. S auch Einf 19 vor §§ 322–327.

Gliederung

1 **1) Systematik, I–IV.** Grundsätzlich wirkt das rechtskräftige Urteil nur zwischen den Parteien, BGH BB **05**, 124. Das ist die notwendige Folge der Herrschaft der Parteien über den Prozeß, Grdz 18 vor § 128.

Diese Folge und der Grundsatz des rechtlichen Gehörs nach Grdz 41 vor § 128 lassen es an sich als unmöglich erscheinen, die Rechtskraft auf diejenigen zu erstrecken, die an der Gestaltung des Prozesses keinen Anteil hatten, BGH NJW **96**, 396 (zustm Brehm JZ **96**, 526). Indessen verlangen die Rechtssicherheit nach Einl III 43 und die Prozeßwirtschaftlichkeit nach Grdz 14, 15 vor § 128 in zahlreichen Fällen eine Erstreckung der Rechtskraft auf Dritte, BGH NJW **96**, 396 (zustm Brehm JZ **96**, 526), Häsemeyer ZZP **101**, 411. Das gilt auch und gerade trotz einer Verletzung des rechtlichen Gehörs, Art 103 I GG, Jauernig ZZP **101**, 384. Diese Erstreckung der Rechtskraft regeln §§ 325–327 und anderen Vorschriften. Soweit solche Vorschriften auf einem allgemeinen Rechtsgedanken beruhen, kann man sie sinngemäß anwenden. Beispiel: § 717 Rn 7. Manche versuchen bei einem Mangel der Rechtskrafterstreckung mit einer „Tatbestandswirkung" weiterzukommen, BSG MDR **88**, 82. Das ist eine gefährliche Aufweichung der ohnehin zunehmend unterlaufenen Rechtskraft.

Im Gegensatz zu einer solchen Rechtskrafterstreckung, die einen Dritten unmittelbar erfaßt, liegt nach Schwab ZZP **77**, 124 vielfach nur eine *Drittwirkung* der Rechtskraft vor, die dem Dritten den Einwand nehme. Das im Vorprozeß zwischen den Parteien Entschiedene sei ihm gegenüber nicht maßgeblich, zB wenn das Gericht die Erbeneigenschaft des A im Rechtsstreit mit B festgestellt hat, so daß ein Nachlaßgläubiger nur gegen A Ansprüche erheben kann. Die Wirkung des Urteils gegenüber dem Dritten muß es auch in einem Rechtsstreit des Dritten gegenüber den Parteien des Vorprozesses haben. Im einzelnen kann es sich auch um eine nur einseitige Rechtskrafterstreckung handeln, also um eine solche nur für oder nur gegen einen Dritten, Stucken (vor Rn 1). Zur Problematik Schack NJW **88**, 865 (ausf).

2) Regelungszweck, I–IV. Vgl zunächst Rn 1. Die Rechtskrafterstreckung bewirkt erst in Verbindung 2
mit einer Umstellung der Vollstreckungsklausel nach § 727 eine Vollstreckungsmöglichkeit für oder gegen den Dritten. II schützt den gutgläubigen Sonderrechtsnachfolger, Rn 8, Stgt FGPrax **96**, 208.

Erstreckung auf andere ist eine zunächst überraschende Rechtsfigur. Denn nur die Parteien und ihre Streithelfer haben das Urteil erstritten. Es muß also einen triftigen Grund für solche Erstreckung der Rechtskraft geben. Das erfordert an sich eine zurückhaltende Handhabung einer formellen Ausnahmevorschrift. Andererseits zwingt das offensichtlich für die ganze Bestimmung maßgebliche Gebot der Prozeßwirtschaftlichkeit nach Grdz 14 vor § 128 zu einer gewissen Großzügigkeit der Auslegung. Es sollen ja ersichtlich auch im Interesse der Rechtssicherheit nach Einl III 43 sich widersprechende Entscheidungen in mehreren sonst etwa nötigen Prozessen unterbleiben. Beide Spannungspole sind mitbeachtlich, Rn 1.

3) Geltungsbereich, I–IV. Die Vorschrift gilt in allen Verfahren nach der ZPO, auch im WEG- 3
Verfahren, vgl dazu Rn 40. In Baulandsachen ist § 325 unanwendbar. Im Bereich des § 113 I 2 FamFG gilt § 325 entsprechend.

4) Regelmäßige Rechtskraftwirkung, I. Man muß zwei Arten von Auswirkung beachten. 4

A. Auf Parteien. Das Urteil wirkt zwischen den Parteien, also für und gegen diejenigen Personen, auf die es lautet, § 750 Rn 1. Das gilt auch dann, wenn es sich um ein solches Rechtsverhältnis handelt, an dem nur eine Prozeßpartei oder keine beteiligt ist. Die Umkehrung der Parteirollen im Folgeprozeß ist bei einer Nämlichkeit des Streitgegenstands nach § 2 Rn 4 unbeachtlich, § 322 Rn 59 „Parteistellung". Die Rechtskraft tritt freilich nicht zwischen einfachen Streitgenossen untereinander ein, § 59. Die Rechtskraft erstreckt sich nicht auf den gesetzlichen oder rechtsgeschäftlichen Vertreter persönlich. Die Partei kraft Amts nach Grdz 8 vor § 50 ist ein Dritter. Ist sie aber nach der Rechtshängigkeit nach § 261 bestellt worden, steht sie dem Rechtsnachfolger gleich. Der Prozeßstandschafter nach Grdz 26 ff vor § 50 erwirkt eine Rechtskraft für und gegen den Rechtsinhaber, BGH FamRZ **88**, 835.

B. Auf Dritte. Das Urteil wirkt ferner für und gegen diejenigen Personen, die nach dem Eintritt der 5
Rechtshängigkeit Rechtsnachfolger einer Partei geworden sind. Insofern ergänzt § 325 den § 265. Unerheblich ist, ob und wann der Rechtsnachfolger in den Prozeß eingetreten ist. Jedoch wirkt das Urteil nur insoweit, als jemand Rechtsnachfolger nach Rn 6, 7 ist, nicht auch im übrigen, Rn 26 „Erbrecht", auch nicht wegen bloßer Zumutbarkeit, Gottwald Festschrift für Musielak (vor Rn 1) 186, aM MusMus 3 (aber es gab dann gar kein Prozeßrechtsverhältnis zum Dritten als eigentliche Mindestvoraussetzung). Zwischen einer Partei und ihrem eigenen Rechtsnachfolger wirkt das Urteil nicht. Eine vor der Rechtshängigkeit eingetretene Nachfolge hat keine Wirkung, BAG NJW **00**, 93. Denn der Vorgänger ist nicht sachlich befugt und nicht prozeßführungsberechtigt. Er kann darum seinen Nachfolger nicht binden. Etwas anderes gilt nur bei einer fehlenden Kenntnis von einer Abtretung nach §§ 407 II, 408, 412, 413 BGB oder bei einem Zurückbehaltungsrecht nach § 372 II HGB oder bei einer Marke nach dem MarkenG. Diese Wirkung tritt aber jeweils aber nur gegen den Nachfolger ein, nicht auch für ihn, Rn 21 „Abtretung". Beim WEG-Prozeß gilt § 48 III WEG, unten Rn 40.

C. Begriff des Rechtsnachfolgers. Rechtsnachfolger ist hier wie in § 265 jeder Nachfolger in das volle 6
oder in das geminderte Recht des Vorgängers durch ein Rechtsgeschäft, ein Gesetz oder einen Staatsakt, § 265 Rn 21, auch durch eine Pfändung, § 803, BGH MDR **88**, 1053. Ob das Gericht die Nachfolge kennt und im Urteil berücksichtigt, ist unerheblich. Rechtsnachfolger ist auch derjenige, der bei einer weiten Auslegung nach § 265 Rn 3 ein Besitzmittler an der streitbefangenen Sache geworden ist, § 868 BGB. Diesen Fall brauchte I nicht zu erwähnen. Das gilt auch bei einer Besitzklage. Es gilt beim Eigenbesitz, BGH NJW **81**, 1517, und beim Fremdbesitz. Es entscheidet der Besitzerwerb nach der Rechtshängigkeit. Ältere Besitzer muß man mitverklagen. Besitzdiener gehören nicht hierher. Für und gegen sie wirkt das Urteil ohne weiteres.

Rechtsnachfolger ist *ferner* derjenige, der die Prozeßführung des anderen nach Grdz 22 vor § 50, § 89 7
Rn 15 genehmigt hat oder der über den Streitgegenstand nach § 2 Rn 4 verfügen darf. Rechtsnachfolger ist nicht derjenige, der von einem zur Auflassung Verpflichteten erwirbt. Weitere Einzelfälle Rn 21 und Schwab ZZP **77**, 151.

5) Erwerb vom Nichtberechtigten, II. Die Vorschriften des sachlichen Rechts über den Erwerb vom 8
Nichtberechtigten gelten auch für die Rechtskraftwirkung. Damit macht II eine Ausnahme von I. Die

Vorschrift schützt den gutgläubigen Erwerber gegen die Rechtskraft, soweit sein Recht von dem des Veräußerers unabhängig ist, wie bei §§ 892 ff, 932 ff BGB, 366 ff HGB. Guter Glaube muß sich auf das Recht und auf die Verfügungsbefugnis nach § 366 HGB sowie auf die Rechtshängigkeit beziehen, Karlsr Rpfleger **00**, 107, StJL 38, ZöV 45, aM von Olshausen JZ **88**, 591 (maßgeblich sei nur der sachlichrechtliche Gutglaubenserwerb. Aber § 325 ist zumindest auch eine prozessuale Vorschrift).

9 II bezieht sich also auch auf den Erwerb vom Berechtigten nach dem Eintritt der Rechtshängigkeit. Das einzelne richtet sich nach dem *sachlichen* Recht, namentlich auch die Frage, ob nur die positive Kenntnis etwa nach § 892 BGB den bösen Glauben auslöst oder auch schon die durch grobe Fahrlässigkeit bewirkte Unkenntnis etwa nach § 932 BGB, ThP 8, aM Pawlowski JZ **75**, 681 (wegen Art 103 I GG schade nur die positive Kenntnis. Aber das würde eine Überspannung des Art 103 I GG bedeuten). Eine Bösglaubigkeit schadet, mag sie sich auf einen Mangel im Recht des Vorgängers beziehen oder nur auf die Rechtshängigkeit, BGH **114**, 309.

10 **6) Rechtshängigkeitsvermerk, II.** *Für* den *gutgläubigen* Rechtsnachfolger wirkt das Urteil ausnahmslos. Gegen ihn wirkt es nur dann, wenn ihm sein guter Glaube nichts nützt. Kommt es auf den guten Glauben wegen der Rechtshängigkeit an, kann man ihn durch die Eintragung der Rechtshängigkeit ins Grundbuch ausschließen, wenn ein Rechtsschutzbedürfnis nach Grdz 33 vor § 253 dafür vorliegt, sog Rechtshängigkeitsvermerk, BayObLG Rpfleger **04**, 691, Zweibr NJW **89**, 1098, aM Lickleder ZZP **114**, 208/9 (keine Zulässigkeit solchen Vermerks. Das meist vorhandene Rechtsschutzbedürfnis hat aber den Vorrang). Dabei darf das Gericht im allgemeinen die Klagaussichten nicht prüfen, aM Brschw MDR **92**, 75 (keine Eintragung dieses Vermerks auf Grund eines nur schuldrechtlichen Anspruchs. Aber es handelt sich um eine Sondervorschrift).

11 Die *Eintragung* des Rechtshängigkeitsvermerks erfordert nicht stets eine ausreichende Bewilligung oder eine einstweilige Verfügung nach §§ 935 ff, BayObLG Rpfleger **04**, 691. Es gibt nämlich Situationen, in denen die zum Erlaß der einstweiligen Verfügung erforderliche Glaubhaftmachung eines Berechtigungsanspruchs nach §§ 920 II, 936 nicht möglich ist oder nicht gelingt. Deshalb kann ein urkundlicher Nachweis der Rechtshängigkeit ausreichen, §§ 22, 29 GBO, BayObLG Rpfleger **04**, 691. Hat ein sachlich Unbefugter den Prozeß geführt, gilt I, mag auch der Gegner den Unbefugten für befugt gehalten haben. Denn die Prozeßführung ist keine Verfügung. Das gilt zB dann, wenn das Gericht den eingetragenen Nichtberechtigten verurteilt hat. Ausnahmen gelten bei §§ 409, 1058, 1412 BGB, Rn 5.

12 **7) Eingetragenes Recht, III, IV.** Man muß die Regelung strikt auslegen.

A. Grundsatz: Sonderregeln. Diese Vorschriften geben Sonderrechte für ein Urteil über eine eingetragene Reallast, Hypothek, Grundschuld, Rentenschuld, Schiffshypothek, ferner für ein Registerpfandrecht an einem Luftfahrzeug, auf das IV sinngemäß anwendbar ist, § 99 I LuftfzRG. III, IV beziehen sich aber nicht auf die der Hypothek zugrunde liegende Forderung.

13 **B. Veräußerung, III 1.** Die Vorschrift macht eine Ausnahme von II, indem sie die Regel I wiederherstellt. Auch der gutgläubige Erwerber ist hier nicht geschützt, wenn er das belastete Grundstück, eingetragene Schiff usw nach der Rechtshängigkeit erworben hat. Denn das Recht des Gläubigers steht höher, weil sich der Erwerber ja nach einem Prozeß erkundigen kann. Die Rechtskraftwirkung für den Erwerber richtet sich aber nach I.

14 **C. Ersteigerung, III 2, IV.** Die Vorschrift macht bei einem Grundstück, nicht auch bei einem Schiff, eine Unterausnahme von III 1 bei einem Erwerb in der Versteigerung. Dann wirkt das Urteil gegen den Ersteher nur, wenn man die Rechtshängigkeit spätestens im Versteigerungstermin vor der Aufforderung zur Abgabe von Geboten angemeldet hatte, selbst wenn der Ersteher sie kannte. Das Gesetz soll eine Täuschung des Erstehers vermeiden. Sein guter Glaube spielt übrigens keine Rolle, § 817 Rn 7. Der Grundpfandgläubiger könnte die Rechtshängigkeit ja anmelden. Dasselbe gilt dann, wenn der Grundeigentümer eine Feststellung des Nichtbestehens einer Hypothek begehrt. Es gilt aber nicht dann, wenn das Gericht den Rechtsstreit schon vor der Versteigerung rechtskräftig entschieden hat.

15 **8) Erweiterung der Rechtskraftwirkung, gegenüber mehreren Personen, I–IV.** Eine erweiterte Rechtskraftwirkung ergibt sich wie folgt.

A. Gestaltungsurteil. Das Gestaltungsurteil nach Üb 6 vor § 300 wirkt immer für und gegen alle. Denn es stellt nicht ein Recht als bestehend fest. Es schafft vielmehr eine neue Rechtslage. Manche halten das für seine Rechtskraftwirkung. Praktisch ist diese Abweichung belanglos.

16 **B. Keine Verschiedenheit der Entschädigung.** Eine erweiterte Rechtskraftwirkung hat für und gegen sachlichrechtliche Berechtigte ein Urteil dann, wenn es keine verschiedene Entschädigung gibt. Beispiele: beim Pfandgläubiger nach § 856 IV, beim Insolvenzgläubiger nach § 183 InsO. Diese Fälle sind selten. Sie ergreifen Gesamtschuldverhältnisse nicht. Die Rechtskraft des einem Bekl günstigen Urteils steht dem Ausgleichsanspruch nicht im Weg. Ferner ergreifen sie nicht Ansprüche auf eine unteilbare Leistung. Die Logik entscheidet dann nicht. Diese sonderbare Folge zeigt die Unzweckmäßigkeit der gesetzlichen Regelung der notwendigen Streitgenossenschaft. Darum kann einer von mehreren auf eine unteilbare Leistung Bekl nicht die Unbeteiligten durch ein Anerkenntnis usw schädigen.

17 **9) Erweiterung der Rechtskraftwirkung gegenüber dem Einzelnen, I–IV.** Eine erweiterte Rechtskraftwirkung haben ferner gegenüber nur einzelnen Dritten Urteile außer nach § 325 in vielen Fällen.

A. Prozeßstandschaft usw. Diese Wirkung ergibt sich bei einer Prozeßstandschaft und Prozeßgeschäftsführung, Grdz 26, 29 vor § 50, Hamm FamRZ **81**, 589, Heitzmann ZZP **92**, 66. Das gilt beim Einziehungsabtretungsnehmer, sofern er sich auf die Ermächtigung gestützt hat, beim Nacherben, § 326, beim Testamentsvollstrecker, § 327, überhaupt bei Parteien kraft Amts, Grdz 8 vor § 50. Damit wird aber nicht automatisch auch das Grundrecht des Rechtsnachfolgers verletzt, BVerfG **25**, 262.

18 **B. Streithelfer.** Eine Erweiterung der Rechtskraft ergibt sich ferner gegenüber dem Streithelfer nach § 68 und gegenüber dem Streitverkündungsgegner, § 74 III.

C. Sachliches Recht. Eine Erweiterung der Rechtskraft ergibt sich schließlich oft nach dem sachlichen Recht. So wirkt das Urteil über eine Gesellschaftsschuld der OHG gegenüber den Gesellschaftern nach § 128 HGB. Das Urteil auf eine Gestattung der Befriedigung aus einem kaufmännischen Zurückbehaltungsrecht wirkt regelmäßig gegenüber dem dritten Erwerber der zurückbehaltenen Sache, § 372 II HGB. Das klagabweisende Urteil wirkt im Prozeß des Geschädigten mit dem Schädiger auch zugunsten des Versicherers und im Prozeß mit dem Versicherer auch zugunsten des Schädigers, § 3 Z 8 PflVG. Das gilt sowohl bei einer gleichzeitigen als auch bei einer zeitlich getrennten Inanspruchnahme beider, BGH NJW **82**, 999, Karlsr VersR **88**, 1193. Diese Vorschrift ist auf einen Prozeßvergleich nach Anh § 307 unanwendbar, BGH RR **86**, 22. Es gibt aber keine allgemeine Rechtskrafterstreckung schon auf Grund einer sachlichrechtlichen Mitschuld, Ffm FamRZ **83**, 173, Höhne VersR **87**, 1169. Zur Wirkung gegen einen nicht angehörten Dritten Marotzke ZZP **100**, 164. 19

10) Zwangsvollstreckung, I–IV. Über diejenige gegen einen Rechtsnachfolger §§ 727, 731. 20

11) Beispiele zur Frage des Umfangs der persönlichen Rechtskraft, I–IV 21

Abtretung: Der neue Gläubiger ist *nicht* Rechtsnachfolger, wenn die Abtretung *vor* der Rechtshängigkeit erfolgt, BGH **86**, 339, aM Köln GRUR-RR **07**, 405. § 325 verdrängt nicht § 407 I BGB, BGH BB **05**, 1356. Bei § 407 II BGB tritt eine Rechtskrafterstreckung *nicht* zugunsten, sondern allenfalls zulasten des neuen Gläubigers ein, BGH MDR **75**, 572, Braun ZZP **117**, 30, ThP 2, aM von Olshausen JZ **76**, 85. Wenn der Kläger vor oder in dem Prozeß abgetreten hat, darf der zur Leistung an ihn verurteilte Bekl seit der Kenntnis von dieser Abtretung grds nicht mehr an den Kläger leisten. Eine sog stille Abtretung wirkt nicht zugunsten des neuen Gläubigers, Mü JZ **05**, 361 (krit Braun 363). Unter Umständen muß man §§ 767, 769 anwenden. Wenn der Abtretende mit einer Ermächtigung des neuen Gläubigers klagt, wirkt das Urteil gegen den letzteren, Kblz Rpfleger **86**, 449. Der Erwerber eines rechtshängigen Anspruchs muß mit der Abweisung des Abtretenden rechnen. Er ist daher nicht gutgläubig. § 325 ist auch bei einer Abtretung nach dem Eintritt der Rechtskraft anwendbar, BGH NJW **83**, 2032. II ist auf das selbständige Beweisverfahren entsprechend anwendbar, KG MDR **81**, 940.

Anfechtungsgesetz: Die Frage der Rechtskraftwirkung ist dafür bedeutungslos. Dazu, ob ein vollstreckbarer Titel zur Verurteilung des Anfechtungsgegners ausreicht, Gaul Festschrift für Schwab (1990) 134. 22

Arbeitsrecht: Eine Pflicht des Betriebsveräußerers gegenüber dem Betriebsrat kann den Erwerber treffen, wenn die Nämlichkeit des Betriebs erhalten bleibt, BAG MDR **91**, 648. Freilich muß der Betriebsübergang nach der Rechtshängigkeit eingetreten sein, Rn 5, BAG NJW **00**, 93.

Bedingung: Wer infolge des Eintritts einer auflösenden Bedingung zurückerwirbt, ist *nicht* Rechtsnachfolger des bis dahin Berechtigten. Wer aufschiebend bedingt erwirbt, ist es mit dem Eintritt der Bedingung. Für den Käufer unter einem Eigentumsvorbehalt gilt aber I, wenn er besitzt. 23

Bürgschaft: Wegen der dauernden Abhängigkeit der Bürgschaftsschuld nach §§ 765 I, 767 I, 768 I BGB erstreckt sich die Rechtskraft des stattgebenden wie des abweisenden Urteils auf den Hauptschuldner, RoSGo § 156 III (dort wird allerdings die frühere Lehre vor der Drittwirkung der Rechtskraft nicht mehr aufrechterhalten), aM LG Memmingen VersR **75**, 1061. Der Bürge kann sich Gehör über § 66 verschaffen, und zwar auch nach einem Versäumnisurteil gegen den Hauptschuldner, aM LG Memmingen VersR **75**, 1061. Falls der Hauptschuldner den Bürgen nicht vom Prozeß des Gläubigers gegen den Hauptschuldner informiert, kann der Bürge den Hauptschuldner evtl belangen. Nach einer Abweisung der Klage gegen den Hauptschuldner ist also kein Versäumnisurteil gegen den Bürgen zulässig. 24

Ein Urteil zwischen dem Hauptschuldner und dem Bürgen wirkt *nicht* stets im Verhältnis zwischen dem Gläubiger und dem Bürgen, BGH BB **05**, 124. Ebensowenig wirkt ein Urteil zwischen dem Gläubiger und dem Bürgen zB bei einer Hilfsaufrechnung des Bürgen mit einer Forderung des Hauptschuldners im Verhältnis zwischen dem Hauptschuldner und dem Bürgen. Ein „Prozeßbürge" anerkennt meist den Ausgang des Rechtsstreits als für sich verbindlich, BGH NJW **75**, 1121, Kblz MDR **98**, 1022. Eine sog stille Abtretung wirkt nicht zugunsten des neuen Gläubigers, Mü JZ **05**, 361 (krit Braun 363).

S auch § 322 Rn 32 „Bürgschaft".

Buße oder Entschädigung im Strafverfahren: Ein solches Urteil, das sie zuspricht, berührt *nicht* den Ersatzanspruch des Verletzten gegen einen am Strafverfahren unbeteiligten Dritten.

Drittschuldner: Die Rechtskraft des vom Drittschuldner gegen den Schuldner erstrittenen Urteils auf eine Vertragserfüllung bindet *nicht* denjenigen Vollstreckungsgläubiger, der den Anspruch des Schuldners aus ungerechtfertigter Bereicherung wegen einer Unwirksamkeit des Vertrags gepfändet hat, BGH NJW **96**, 396 (zustm Brehm JZ **96**, 526).

Ehe: Ein persönlicher Schuldtitel gegen einen Ehegatten wirkt beim Güterstand der Gütergemeinschaft mit einer gemeinschaftlichen Verwaltung des Gesamtguts *nicht* gegen den anderen Ehegatten, Ffm FamRZ **83**, 172. Ein Dritter kann nicht Rechtsnachfolger eines Anspruchs auf Grund der HausratsVO sein, Hamm FamRZ **87**, 509. Eine Entscheidung gegen den Ehegatten wirkt nicht nach § 325 im Verfahren des anderen gegen den Rentenversicherer, BSG NJW **89**, 2011. 25

Eigentum: Die Rechtskraft des Urteils auf die Abweisung der Klage eines Miteigentümers nach § 1011 BGB erstreckt sich grundsätzlich nur bei einem Prozeßführungsrecht auf die anderen, BGH **79**, 245. Freilich reicht die auch evtl nur intern erteilte Zustimmung des Miteigentümers zur Klagerhebung durch den anderen aus, BGH NJW **85**, 2825.

Erbrecht: Eine Feststellung durch ein Urteil in einem Prozeß zwischen dem Erben und einem Dritten hat eine Wirkung auch gegenüber dem Nachlaßgläubiger und Nachlaßschuldner, Rn 3. Ein Urteil zwischen Miterben wirkt wegen der Erbschaftssteuer auch für den Fiskus, aM Bettermann Festschrift für Baur (1981) 277 (aber es besteht eine Gesamtschuldnerhaft im Außenverhältnis). Die Rechtskraft gegen den Erblasser wirkt gegen den Erben. Das ändert aber nichts an der bereits vor der Rechtshängigkeit dieses Prozesses erworbenen eigenen Rechtsstellung. Wegen des Nacherben § 326. 26

Forderungsübergang: Rn 30 „Gesetzlicher Übergang".

Gesellschaft: Ein Grundsatz hat vielfältige Auswirkungen. 27

A. Maßgeblichkeit der Prozeßart. Ein Urteil gegen die GmbH im Anfechtungsprozeß eines Gesellschafters wirkt auch im Verhältnis zu den Gesellschaftern. Vgl auch Rn 32 „Juristische Person". Ein Urteil für und gegen die OHG wirkt grundsätzlich *nicht* für und gegen deren Gesellschafter.

28 **B. Einzelfälle**

– **(Verurteilung):** Eine rechtskräftige Verurteilung der Gesellschaft wirkt begrenzt gegen die Gesellschafter, § 129 I HGB, BGH WertpMitt **80**, 102. Sie beläßt nur persönliche Einreden und solche aus § 767. Auch findet keine Zwangsvollstreckung gegen den Gesellschafter aus einem solchen Urteil statt, das gegen die Gesellschaft ergangen ist, § 129 IV HGB. Der Gesellschafter kann im Prozeß des Gläubigers gegen ihn nicht den Inhalt eines gegen die Gesellschaft erstrittenen Urteils bestreiten, Schwab ZZP **77**, 151. Ein Nichtigkeitsurteil zu dem nach § 172 AktG entstandenen Jahresabschluß wirkt auf weitere Gesellschafter nach § 256 VII AktG, Ffm BB **01**, 2392 links.

S auch Rn 31 „Insolvenzverwalter".

29 – **(Sieg):** Ein rechtskräftiger Sieg der Gesellschaft befreit die Gesellschafter. Denn es steht fest, daß die Gesellschaftsschuld nicht besteht. Das gilt auch dann, wenn ein Gesellschafter im Prozeß ausgeschieden ist. Die erstinstanzliche Abweisung einer Klage gegen die KG erwächst dann nicht in innere Rechtskraft, wenn die KG nach § 161 II HGB erlischt und wenn das Berufungsgericht die jetzt gegen den Rechtsnachfolger (§ 239) gerichtete Klage als unzulässig abweist.

30 **Gesetzlicher Übergang,** dazu *Hofmann* VersR **03**, 288 (ausf): Die Abweisung der Unterhaltsklage wirkt auch gegen den Träger der Sozialhilfe zB nach dem SGB V. Das gilt selbst dann, wenn die Abweisung nur deshalb erfolgt ist, weil das Gericht fälschlich angenommen hat, daß der Anspruch wegen der Unterstützung der Kinder zB nach dem SGB V erloschen sei. Dagegen wirkt eine Verurteilung zum Ersatz allen Unfallschadens nicht für den Sozialversicherungsträger, soweit Schadensersatzansprüche des Verletzten vor der Klagerhebung nach Rn 4, 6 auf den Versicherungsträger übergegangen sind.

Grundbuchamt: Es kann an ein rechtskräftiges Urteil zwischen zwei Beteiligten gebunden sein, BayObLG **91**, 335 (Fischereirecht).

31 **Hypothek:** Wenn der Hypothekenkläger die Hypothek erworben hatte, als der Prozeß des Eigentümers gegen den früheren Hypothekengläubiger auf eine Feststellung des Nichtbestehens der Hypothekenschuld schwebte, und wenn der Hypothekenkläger die Rechtshängigkeit beim Erwerb kannte, nützt ihm sein guter Glaube nichts. Die Rechtskraft desjenigen Titels, auf Grund dessen eine Zwangshypothek eingetragen wurde, erstreckt sich *nicht* auf den späteren Erwerber des belasteten Grundstücks, BGH NJW **88**, 829.

Insolvenzverwalter: Ein Urteil gegen ihn wirkt gegen den Schuldner, BAG NJW **80**, 142, Celle RR **88**, 448. Ein von ihm erstrittenes Urteil gegen einen Gesellschafter wirkt *nicht* stets gegen einen anderen Gesellschafter, BGH BB **05**, 124.

32 **Juristische Person:** Die Organmitglieder sind als solche *nicht* Rechtsnachfolger früherer Organmitglieder.

S auch Rn 27 „Gesellschaft", Rn 33 „Konzern".

33 **Käufer:** Er hat für eine neue Klage gegen den Besitzer kein Rechtsschutzbedürfnis, auch wenn der Besitzer ein Zurückbehaltungsrecht nicht geltend macht. Dann ist insofern nur eine verneinende Feststellungsklage möglich.

Kindschaftssache: Wegen der erweiterten Rechtskrafterstreckung § 184 FamFG.

Konzern: Eine „Konzernverbundenheit" schafft *keine* Rechtskraft für oder gegen ein am Prozeß nicht beteiligtes Unternehmen, BPatG GRUR **85**, 126.

Kosten: Das Urteil wirkt auch wegen der Kosten gegenüber dem Rechtsnachfolger, aM ZöV 1 (aber sie nehmen überhaupt keine Sonderstellung ein).

34 **Mieter:** Ein Räumungsurteil gegen den Hauptmieter erstreckt sich auch auf den *nach* der Rechtshängigkeit aufgenommenen Untermieter. Daher ist nur dann eine Umschreibung möglich, § 727, LG Köln WoM **91**, 507. Eine Klage nach § 558 b II BGB gegen nur einen Mitmieter würde trotz anderer Vertragsklauseln *nicht* auch gegen den anderen wirken. Sie ist daher unzulässig, KG WoM **86**, 108.

Keine Rechtskrafterstreckung gilt gegenüber dem *vor* der Rechtshängigkeit aufgenommenem Untermieter, BGH NZM **06**, 700.

35 **Nichtigkeit des Vertrags:** Das Urteil wegen des einen Vertragspartners wirkt *nicht* wegen anderer Vertragspartner.

Nießbrauch: Ein Urteil für den die Miete pfändenden Gläubiger auf eine Mietzahlung im Prozeß gegen den Eigentümer wirkt *nicht* gegen den Nießbraucher des Grundstücks.

36 **Patent:** Ein Urteil gegen den Inhaber wirkt gegen einen einfachen Lizenznehmer, aber *nicht* gegen einen ausschließlichen. § 145 PatG steht einer Klage gegen andere als den bisherigen Bekl nicht entgegen.

S auch Rn 33 „Konzern".

Pfändungsgläubiger: Ein Urteil zwischen ihm und einem Drittschuldner über den Bestand der Forderung wirkt *nicht* gegenüber dem Schuldner. Hat ein Gläubiger eine zwischen dem Schuldner und dem Drittschuldner in einem Prozeß umstrittene Forderung zulässig gepfändet, wirkt das Urteil auch gegenüber dem Pfändungsgläubiger, BGH MDR **88**, 1053. Der Schuldner muß notfalls hinterlegen, BGH **86**, 340.

Prozeßstandschaft, dazu *Berger* (vor Rn 1): Das im Rechtsstreit des Prozeßstandschafters ergangene Urteil wirkt für und gegen den Rechtsinhaber, BGH FamRZ **88**, 835.

37 **Schuldübernahme,** befreiende: Hier findet eine Rechtskrafterstreckung statt, Rn 7.

Streitgenosse: Die Rechtskraft tritt *nicht* zwischen einfachen Streitgenossen untereinander ein, Hamm RR **97**, 90, Höhne VersR **87**, 1169.

38 **Unterlassung:** Die Rechtskraft eines entsprechenden Urteils wirkt *nicht* gegenüber dem Rechtsnachfolger des Schuldners, auch nicht dann, wenn bisher die Beeinträchtigung eines abänderbaren Zustands drohte. Denn auch dann muß man das Verhalten des Rechtsnachfolgers zunächst einmal abwarten.

S auch § 265 Rn 6 „Betrieb".

Versicherung: Beim Forderungsübergang kraft Gesetzes im Schadensaugenblick liegt keine Rechtsnachfolge vor, Kblz VerR **06**, 1382. 39

S auch Rn 19, Rn 25 „Ehe“, Höhne VersR **87**, 1167 (ausf).

Vertrag zugunsten Dritter: Ein Urteil zwischen Versprechendem und Versprechensempfänger wirkt *nicht* für oder gegen den Dritten, ThP 1, ZöV 4, aM MüKoGo 73, Schwab ZZP **77**, 149 (aber der Dritte erwirbt sein Recht zwingend durch die Vermittlung des Versprechenden).

Vollstreckungsgläubiger: Rn 25 „Drittschuldner“.

Wohnungseigentümer: I ist anwendbar, Düss FGPrax **06**, 203. Ein Urteil wirkt nach § 48 III WEG, 40
abgedruckt Anh § 72, auch für und gegen alle beigeladenen Wohnungseigentümer und ihre Rechtsnachfolger sowie für und gegen den beigeladenen Verwalter.

325a* *Feststellungswirkung des Musterentscheids.* **Für die weitergehenden Wirkungen des Musterentscheids gelten die Vorschriften des Kapitalanleger-Musterverfahrensgesetzes.**

Vorbem. Eingefügt dch Art 2 Z 3 G v 16. 8. 05, BGBl 2437, in Kraft seit 1. 11. 05, Art 9 I 2 G, außer Kraft am 1. 11. 10, Art 9 II Hs 2 G (dann wird das bis 31. 10. 05 wirksam gewesene Recht erneut gelten), ÜbergangsR Einl III 78 (§ 31 EGZPO betrifft nicht auch § 325 a).

1) Systematik. Die direkte Rechtskraft eines Musterentscheids nach § 14 KapMuG, SchlAnh VIII, 1
ergibt sich aus § 16 I 2, 3, 4, II, III KapMuG. § 325 a enthält insoweit mit der Formulierung „weitergehende Wirkungen“ nur eine unscharfe Umschreibung jener schon im KapMuG geregelten erweiterten Rechtskraft. Gemeint sind aber auch die Aussetzungs- und Aufnahmewirkungen in den mitbetroffenen Verfahren zB nach §§ 7, 11, 17 ff KapMuG.

2) Regelungszweck. Die Vorschrift verweist zwecks Vereinfachung auf das KapMuG, SchlAnh VIII. Sie 2
ist daher weit auslegbar.

3) Geltungsbereich. Es geht um die Wirkungen eines Musterbescheids nach §§ 14, 16 ff KapMuG, 3
SchlAnh VIII, insbesondere auch um die Bindungswirkung nach § 16 I 1 KapMuG, Schneider BB **05**, 2256.

326 *Rechtskraft bei Nacherbfolge.* **I Ein Urteil, das zwischen einem Vorerben und einem Dritten über einen gegen den Vorerben als Erben gerichteten Anspruch oder über einen der Nacherbfolge unterliegenden Gegenstand ergeht, wirkt, sofern es vor dem Eintritt der Nacherbfolge rechtskräftig wird, für den Nacherben.**

II Ein Urteil, das zwischen einem Vorerben und einem Dritten über einen der Nacherbfolge unterliegenden Gegenstand ergeht, wirkt auch gegen den Nacherben, sofern der Vorerbe befugt ist, ohne Zustimmung des Nacherben über den Gegenstand zu verfügen.

1) Systematik, I, II. Es handelt sich um eine gegenüber § 325 vorrangige Spezialvorschrift. Ihr Gel- 1
tungsbereich liegt neben demjenigen des gleichermaßen gegenüber § 325 vorrangigen § 327.

2) Regelungszweck, I, II. Der Nacherbe ist Rechtsnachfolger nicht des Vorerben, sondern des Erb- 2
lassers. Deshalb muß § 326 den § 325 I in einem gewissen Umfang für den Fall anwendbar machen, daß ein Urteil zwischen dem Vorerben und einem Dritten ergeht. Die in vielerlei Hinsicht sachlichrechtliche Abhängigkeit des Nacherben vom Vorerben gleich welchen Befreiungsgrads wirkt sich eben auch prozessual sinnvollerweise aus. Deshalb darf man diese Spezialvorschrift in ihrem Geltungsbereich durchaus weitgreifend beurteilen.

3) Vorerbe als Erbe, I. Wenn das Urteil über einen gegen den Vorerben als Erben gerichteten Anspruch 3
nach I über eine Nachlaßverbindlichkeit über §§ 1967, 1968 BGB und nicht über die Prozeßkosten ergeht, wirkt es bei einer Rechtskraft vor dem Eintritt der Nacherbfolge sachlich unberechtigt nur für den Nacherben. Das dem Vorerben ungünstige Urteil trifft den Nacherben nur nach §§ 2112 ff BGB. Ist das Urteil teils günstig, teils ungünstig, wirkt es, wenn eine Trennung möglich und ein Teilurteil zulässig ist, soweit es günstig lautet.

4) Gegenstand der Nacherbfolge, I. Wenn das Urteil einen der Nacherbfolge unterliegenden Gegen- 4
stand betrifft, muß man wiederum wie folgt unterscheiden: Falls ein dem Vorerben günstiges Urteil vor dem Eintritt der Nacherbfolge rechtskräftig wird, wirkt es nur für den Nacherben. Falls ein dem Vorerben ungünstiges Urteil vor dem Eintritt der Nacherbfolge rechtskräftig wird, wirkt es gegen den Nacherben nur, soweit der Vorerbe ohne eine Zustimmung des Nacherben verfügen darf. Es wirkt vor allem also dann, wenn er ein befreiter Vorerbe ist, § 2136 BGB, II.

5) Nacherbfolge während der Rechtshängigkeit, II. Wenn der Vorerbe nicht über den Gegenstand 5
verfügen darf, verliert er mit der Sachbefugnis das Prozeßführungsrecht. Das Gericht muß die Klage wegen des Fehlens einer Sachbefugnis als unbegründet abweisen, wenn der Kläger sie nicht für erledigt erklärt. Vgl aber § 2145 BGB.

6) Eintritt des Nacherben, II. Wenn der Nacherbe nach § 242 in den Prozeß eintritt, ergeht das Urteil 6
auf seinen Namen. Eine spätere Prozeßführung des Vorerben selbst berührt den Nacherben nicht. Etwas anderes gilt bei der Prozeßführung des ProzBev des Vorerben, § 246.

*** Amtl. Anm.: § 325 a gilt gemäß Artikel 2 in Verbindung mit Artikel 9 des Gesetzes vom 16. August 2005 (BGBl. I S. 2437) erst seit dem 1. November 2005.**

7 **7) Kein Eintritt des Nacherben, II.** Wenn der Nacherbe nicht eintritt, gilt § 239. Schlägt der Nacherbe aus und verbleibt die Erbschaft dem Vorerben nach § 2142 II BGB, bleibt die Unterbrechung des Rechtsstreits bestehen, bis der Vorerbe den Prozeß aufnimmt.

Die *Zwangsvollstreckung* erfolgt nach § 728 I.

327 *Rechtskraft bei Testamentsvollstreckung.* **I Ein Urteil, das zwischen einem Testamentsvollstrecker und einem Dritten über ein der Verwaltung des Testamentsvollstreckers unterliegendes Recht ergeht, wirkt für und gegen den Erben.**

II Das Gleiche gilt von einem Urteil, das zwischen einem Testamentsvollstrecker und einem Dritten über einen gegen den Nachlass gerichteten Anspruch ergeht, wenn der Testamentsvollstrecker zur Führung des Rechtsstreits berechtigt ist.

1 **1) Systematik, I, II.** § 327 bezieht sich als eine wie § 326 gegenüber § 325 vorrangige Sondervorschrift nur auf den Testamentsvollstrecker der §§ 2197 ff BGB. Die Vorschrift beruht darauf, daß dieser eine Partei kraft Amts ist, Grdz 8 vor § 50, § 325 Rn 4. Der Nachlaßpfleger ist der Vertreter der unbekannten Erben. Er fällt nicht unter § 327.

2 **2) Regelungszweck, I, II.** Die Vorschrift zieht die notwendigen prozessualen Folgerungen aus der Stellung des Testamentsvollstreckers nach dem sachlichen Recht. Dabei muß man mitbeachten, daß ein Testamentsvollstrecker selbst bei einer völlig korrekten Amtsführung natürlich meist eine Belastung für den Erben darstellt. Indessen geht der Wille des Erblassers vor. Das gilt, zumal der Erbe einen Testamentsvollstrecker ja wohl meist zum gutgemeinten Schutz des Erben eingesetzt hat. Das Gericht sollte den Testamentsvollstrecker im Ergebnis weder zu argwöhnisch noch zu vertrauensselig behandeln, auch nicht bei § 327.

3 **3) Urteil zwischen dem Testamentsvollstrecker und einem Dritten, I, II.** Wenn ein rechtskräftiges Urteil zwischen dem Testamentsvollstrecker und einem Dritten ergeht, muß man wie folgt unterscheiden.

A. Testamentsvollstreckung, I. Wenn das Urteil ein der Verwaltung des Testamentsvollstreckers unterliegendes Recht betrifft, wirkt es für und gegen den Erben. Das gilt auch bei einer Feststellungsklage nach § 256 und bei einer Erbschaftsklage. Der Testamentsvollstrecker ist allein prozeßführungsberechtigt, § 2212 BGB. Die Zwangsvollstreckung richtet sich nach § 728 II.

4 **B. Nachlaßverbindlichkeit, II.** Wenn das Urteil eine Nachlaßverbindlichkeit nach §§ 1967, 1968 BGB betrifft, wirkt es für und gegen den Erben nur insoweit, als der Testamentsvollstrecker nach § 2213 BGB prozeßführungsberechtigt ist. Die Zwangsvollstreckung erfolgt nach §§ 728 II, 748, 749, 780 II.

5 **4) Prozeß des Erben, I, II.** Ergeht das Urteil im Prozeß des Erben, muß man wie folgt unterscheiden.

A. Aktivprozeß. Ein behauptender Prozeß des Erben berührt den Testamentsvollstrecker nicht. Denn der Erbe ist nicht prozeßführungsberechtigt, § 2212 BGB.

6 **B. Passivprozeß.** Ein verneinender Prozeß wirkt nur für den Testamentsvollstrecker, nicht gegen ihn, wenn der Erbe allein oder neben dem Testamentsvollstrecker prozeßführungsberechtigt ist, § 2213 BGB. Ist der Testamentsvollstrecker allein prozeßführungsberechtigt, berührt ihn das Urteil nicht. Prozessiert der Testamentsvollstrecker aus eigenem Recht, etwa wegen des Bestehens seines Amts, wirkt das Urteil nur für und gegen ihn.

328 *Fassung 1. 9. 2009:* ***Anerkennung ausländischer Urteile.*** **I Die Anerkennung des Urteils eines ausländischen Gerichts ist ausgeschlossen:**

1. **wenn die Gerichte des Staates, dem das ausländische Gericht angehört, nach den deutschen Gesetzen nicht zuständig sind;**
2. **wenn dem Beklagten, der sich auf das Verfahren nicht eingelassen hat und sich hierauf beruft, das verfahrenseinleitende Dokument nicht ordnungsmäßig oder nicht so rechtzeitig zugestellt worden ist, dass er sich verteidigen konnte;**
3. **wenn das Urteil mit einem hier erlassenen oder einem anzuerkennenden früheren ausländischen Urteil oder wenn das ihm zugrunde liegende Verfahren mit einem früher hier rechtshängig gewordenen Verfahren unvereinbar ist;**
4. **wenn die Anerkennung des Urteils zu einem Ergebnis führt, das mit wesentlichen Grundsätzen des deutschen Rechts offensichtlich unvereinbar ist, insbesondere wenn die Anerkennung mit den Grundrechten unvereinbar ist;**
5. **wenn die Gegenseitigkeit nicht verbürgt ist.**

II Die Vorschrift der Nummer 5 steht der Anerkennung des Urteils nicht entgegen, wenn das Urteil einen nichtvermögensrechtlichen Anspruch betrifft und nach den deutschen Gesetzen ein Gerichtsstand im Inland nicht begründet war.

Vorbem. II Hs 2 gestrichen dch Art 29 Z 13 FGG-RG, in Kraft seit 1. 9. 09, Art 112 I Hs 1 FGG-RG, ÜbergangsR Art 111 FGG-RG, Einf 4 vor § 1 FamFG.

Bisherige Fassung von II: **II Die Vorschrift der Nummer 5 steht der Anerkennung des Urteils nicht entgegen, wenn das Urteil einen nichtvermögensrechtlichen Anspruch betrifft und nach den deutschen Gesetzen ein Gerichtsstand im Inland nicht begründet war oder wenn es sich um eine Kindschaftssache (§ 640) oder um eine Lebenspartnerschaftssache im Sinne des § 661 Abs. 1 Nr. 1 und 2 handelt.**

Schrifttum: *Basedow,* Die Anerkennung von Auslandsscheidungen, Rechtsgeschichte, Rechtsvergleichung, Rechtspolitik, 1980; *Baumann,* Die Anerkennung und Vollstreckung ausländischer Entscheidungen in Unterhaltssachen, 1989; *Bernstein,* Prozessuale Risiken im Handel mit den USA (ausgewählte Fragen zu § 328 ZPO), Festschrift für *Ferid* (1978) 75; *Bittighofer,* Der internationale Gerichtsstand des Vermögens, 1994; *Boll,* Die Anerkennung des Auslandskonkurses, 1990; *Börner,* Die Anerkennung ausländischer Titel in den arabischen Staaten, 1996; *Bülow/Böckstiegel/Geimer/Schütze,* Der internationale Rechtsverkehr in Zivil- und Handelssachen, 3. Aufl seit 1990; *Cebecioglu,* Stellung des Ausländers im Zivilprozeß (rechtsvergleichend), 2000; *Drobnig,* Skizze für internationalprivatrechtliche Anerkennung, Festschrift für *von Caemmerer* (1978) 687; *Eilers,* Maßnahmen des einstweiligen Rechtsschutzes im europäischen Zivilrechtsverkehr, 1991; *Fadlalla,* Die Problematik der Anerkennung ausländischer Gerichtsurteile, 2004; *von Falck,* Implementierung ausländischer Vollstreckungstitel usw, 1998; *Geimer,* Internationales Zivilprozeßrecht, 5. Aufl 2005; *Geimer,* Anerkennung ausländischer Entscheidungen in Deutschland, 1995; *Geimer,* Gegenseitige Urteilsanerkennung im System der Brüssel I-Verordnung, in: Festschrift für *Beys* (Athen 2003); *Geimer/Schütze,* Internationale Urteilsanerkennung, Bd I 1. Halbband (Das EWG-Übereinkommen über die gerichtliche Zuständigkeit usw) 1983; 2. Halbband (Allgemeine Grundsätze und autonomes deutsches Recht) 1984, Bd II (Österreich, Belgien, Großbritannien, Nordirland) 1971; *Gerichtshof der Europäischen Gemeinschaften* (Herausgeber), Internationale Zuständigkeit und Urteilsanerkennung in Europa, 1993; *Jayme/Hausmann,* Internationales Privat- und Verfahrensrecht, 12. Aufl 2004; *Koch,* Anerkennung und Vollstreckung ausländischer Urteile und ausländischer Schiedssprüche in der Bundesrepublik Deutschland, in: *Gilles,* Effiziente Rechtsverfolgung (1987) 161; *Koshiyama,* Rechtskraftwirkungen und Urteilsanerkennung nach amerikanischem, deutschem und japanischem Recht, 1996; *Krause,* Ausländisches Recht und deutscher Zivilprozeß, 1990; *Kropholler,* Europäisches Zivilprozeßrecht, 8. Aufl 2005 (Bespr *Heiss* VersR **06**, 201, *Jayme* NJW **06**, 794); *Kropholler,* Internationales Privatrecht, 4. Aufl 2006, §§ 36, 58, 60; *Lauk,* Die Rechtskraft ausländischer Zivilurteile im englischen und deutschen Recht, Diss Bayreuth 1989; *Leipold,* Lex fori, Souveränität, Discovery, Grundfragen des Internationalen Zivilprozeßrechts, 1989; *Linke,* Internationales Zivilprozeßrecht, 4. Aufl 2006 (Bespr *Gruber* FamRZ **06**, 1508); *Linke,* Die Bedeutung ausländischer Verfahrensakte im deutschen Verjährungsrecht, Festschrift für *Nagel* (1987) 209; *Martiny,* Anerkennung ausländischer Entscheidungen nach autonomem Recht, in: Handbuch des Internationalen Zivilverfahrensrechts Bd III/1 (1984) 581; *Nagel/Gottwald,* Internationales Zivilprozeßrecht, 6. Aufl 2007 (Bespr *Lipp* FamRZ **07**, 1524); *Nagel,* Die Anerkennung und Vollstreckung ausländischer Urteile . . ., Festschrift des *Instituts für Rechtsvergleichung* der Waseda Universität (1988) 757; *Nelle,* Anspruch, Titel und Vollstreckung im internationalen Rechtsverkehr, 2000; *Pfeiffer,* Materialisierung und Internationalisierung im Recht der Internationalen Zuständigkeit, Festgabe *50 Jahre Bundesgerichtshof* (2000) III 617; *Rogoz,* Ausländisches Recht im deutschen und englischen Zivilprozess, 2008; *Schack,* Internationales Zivilverfahrensrecht, 4. Aufl 2006; *Schütze,* Das Internationale Zivilprozessrecht unter Einschluss des Europäischen Zivilprozessrechts, 2. Aufl. 2005; *Spiecker gen Döhmann,* Die Anerkennung von Rechtskraftwirkungen ausländischer Urteile, 2002; *Staudinger/Spellenberg,* § 328 ZPO, Art 7 § 1 FamRÄndG, 12. Aufl 1992; *Sturm,* Gelten die Rechtshilfeverträge der DDR fort?, Festschrift für *Serick* (1992) 351 (dazu auch SchlAnh V Üb 3); *Wagner* FamRZ **06**, 744 (Üb).

Gliederung

1) Systematik, I, II. Die Vorschrift regelt, ergänzt durch §§ 722, 723 (Verfahren), dort II 2, die Voraussetzungen der Anerkennungsfähigkeit und damit inländischen Vollstreckbarkeit einer ausländischen Entscheidung. Wegen der vorrangigen EuGVVO SchlAnh V C 2, Geimer JZ **77**, 145, 213, Kropholler, Europäisches Zivilprozeßrecht, 8. Aufl 2005; zB betr Italien Kblz NJW **76**, 488, LG Ffm VersR **77**, 67. Der Schutzbereich des § 328 beschränkt sich auf den Bereich der inländischen Gerichtsbarkeit, Mü NJW **89**, 3103. 1

A. Notwendigkeit einer Prüfung. Aus der Fassung der Eingangsworte von I darf man weder den Schluß ziehen, daß die Anerkennung (zum Begriff Müller ZZP **79**, 199) die Regel sei, noch, daß sie die Ausnahme sei. Richtig ist lediglich: Das ausländische Urteil wirkt nicht ohne weiteres in Deutschland.

Vielmehr *muß* man es nach § 328 *prüfen,* BGH FamRZ **87**, 370, BayObLG RR **92**, 514, Hamm FamRZ **89**, 1332. Es findet kein obligatorisches Güteverfahren statt, § 15 a II 1 Z 1 EGZPO, Hartmann NJW **99**, 3747. Die Vorschrift enthält die Voraussetzungen für eine Anerkennung. Man muß sie nachweisen.

2 **B. Teilbarkeit der Anerkennung.** Dabei muß man zwischen der Rechtskraftwirkung und der Vollstreckbarkeit entscheiden, Gottwald FamRZ **87**, 780: Die Anerkennung ist teilbar, BGH VersR **92**, 1281. Wenn zB der ausländische Staat auf Grund eines deutschen Urteils in seinem Bereich keine Zwangsvollstrekkung gestattet, kann sein Urteil doch in Deutschland wegen seiner Rechtskraft anerkennungsfähig sein, während es wegen seiner Vollstreckbarkeit nicht automatisch anerkennungsfähig sein mag, §§ 722–723. Eine solche Differenzierung darf aber nicht zu einer Rechtlosstellung des Gläubigers führen, Rn 46.

3 **C. Innere Rechtskraft.** Wenn das ausländische Urteil ohne ein besonderes Verfahren nach Art 33 I EuGVVO anerkannt wird, wirkt es weitgehend wie ein deutsches. Es erhält also eine innere Rechtskraft, Einf 4 vor §§ 322–327, LG Münst NJW **80**, 534. Das gilt freilich nur, soweit seine Entscheidungsgründe überhaupt eine Klärung zulassen, worauf das Urteil beruht, § 322 Rn 14, Hbg FamRZ **90**, 535.

4 **D. Vollstreckbarerklärung.** Aus dem ausländischen Urteil kann der Gläubiger nach einer besonderen Vollstreckbarerklärung vollstrecken, § 722, Gottwald FamRZ **87**, 780. An das anerkannte Urteil können sich auch andere Wirkungen knüpfen, vor allem sachlichrechtliche, soweit sie dem deutschen Recht nicht völlig wesensfremd sind, Bernstein Festschrift für Ferid (1978) 89, aM Müller ZZP **79**, 203, 245 (aber erst der deutsche ordre public zieht vernünftigerweise die Grenze).

5 **E. Staatsverträge.** Dem § 328 *gehen* abgesehen von der ebenfalls vorrangigen EuGVVO nach Rn 1 Staatsverträge vor, Celle FamRZ **93**, 439, Köln FamRZ **95**, 306, Habscheid FamRZ **82**, 1142, auch solche der Länder aus der Zeit vor dem 1. 10. 1879.

In Betracht kommen namentlich nach Einl IV das HZPrÜbk, auch das HZPrAbk (nur wegen der Kostenentscheidung), das HUnthÜbk, der deutsch-schweizerische Vertrag, sämtlich SchlAnh V. Vgl auch Einl IV 3, 7 sowie wegen der von der früheren DDR geschlossenen Verträge Sturm (s Schrifttum nach § 328) 367. In Betracht kommen ferner das CIM, das CIV; die Revidierte Rheinschifffahrtsakte idF vom 11. 3. 69, BGBl II 597, zuletzt geändert durch das Zusatzprotokoll Nr 3, BGBl **80** II 876, nebst G vom 27. 9. 52, BGBl 641. Vgl ferner Anh § 328.

6 **F. Vereinbarung.** Eine Vereinbarung des Inhalts, ein ausländisches Urteil solle im Inland eine innere Rechtskraftwirkung haben, kann als ein sachlichrechtlicher Vergleich wirksam sein, § 779 BGB. Auch kann das ausländische Urteil ein Beweismittel sein. Eine Erfüllungsklage (actio iudicati) aus dem ausländischen Urteil gibt es nicht. Wenn man das ausländische Urteil nicht anerkennen kann, bleibt nur eine neue Klage übrig. Läßt sich das ausländische Urteil anerkennen, ist trotzdem eine selbständige Klage im Inland im Bereich des § 722 zulässig, Gottwald FamRZ **87**, 780. Es ergeht dann ein mit dem ausländischen Urteil inhaltlich evtl übereinstimmendes Sachurteil, § 722 Rn 5, Nürnb FamRZ **80**, 925, Geimer NJW **80**, 1234, aM LG Münst NJW **80**, 535 (aber es muß im Inland einen Rechtsschutz geben, Grdz 1 ff vor § 253). Wegen des einfacheren Klauselerteilungsverfahrens nach der EuGVVO SchlAnh V C 2.

7 **2) Regelungszweck, I, II.** Die Vorschrift bezweckt die Klärung derjenigen Voraussetzungen, unter denen eine fremde Rechtsprechung im Inland verbindlich sein kann und muß. Damit dient die Vorschrift einerseits der Rechtssicherheit nach Einl III 43 (die deutsche Rechtssouveränität bleibt gewahrt), andererseits der Zweckmäßigkeit und damit der Prozeßwirtschaftlichkeit nach Grdz 14 vor § 128 durch die Vermeidung eines inländischen Zweitverfahrens. Beides muß man bei der Auslegung mitbeachten.

Enorm steigende Bedeutung wegen immer größerer Lebensräume hat diese Vorschrift. Sie hat ja neben supra- und internationalen Normen bisher durchaus ihre erhebliche Bedeutung behalten. Den nationalen Wertungshorizont nicht als den alleinigen zu behandeln, ist bei § 328 ebenso notwendig wie die Erkenntnis, daß es nun einmal zumindest auf absehbare Zeit unverändert weite Bereiche gibt, in denen ein nationales Rechtswertsystem noch im Zentrum steht. Freilich ist zB die Handhabung des deutschen ordre public nach Rn 30 ff eine derartige Aufgabe, die größte Behutsamkeit und einen wirklichen Weitblick erfordert, um überzeugende Lösungen zu erbringen. Eine selbstbewußte, aber zugleich bescheidene, anderes Denken und Werten respektierende, aber nicht allein betrachtende Auslegung führt am weitesten.

8 **3) Geltungsbereich: Urteil, I, II.** Vgl zunächst Üb 2 vor § 253, §§ 300 ff.

A. Jede gerichtliche Entscheidung. Unter „Urteil" versteht § 328 *jede gerichtliche Entscheidung,* die den Prozeß in einem beiden Parteien nach Art 103 I GG das rechtliche Gehör gebenden Verfahren rechtskräftig entschieden hat. Die Form und Bezeichnung der Entscheidung ist unerheblich, *Koch,* Anerkennungsfähigkeit ausländischer Prozeßvergleiche, Festschrift für *Schumann* (2001) 272.

Hierher gehören auch: Ein Mahnbescheid; ein Versäumnisurteil; ein Abänderungsurteil, Zweibr FamRZ **99**, 34; ein Kostenfestsetzungsbeschluß; ein unanfechtbarer österreichischer Zahlungsauftrag; das nordamerikanische Exequaturuteil auf Grund eines ausländischen Schiedsspruchs, BGH NJW **84**, 2763 und 2765. Zur ausländischen Konkursentscheidung Trunk KTS **87**, 427.

9 *Nicht hierher gehören:* Ein Arrest oder eine einstweilige Verfügung, soweit nicht die EuGVVO, SchlAnh V C 2, (vorrangig) gilt, Gottwald FamRZ **87**, 780. Denn sie erledigen den Streit nicht, Rn 62 (etwas anderes gilt aber stets, wenn sie eine vorläufige Verurteilung aussprechen, Grdz 5, 6 vor § 916, Karlsr FamRZ **84**, 820); ein Vergleich, aM Koch (bei Rn 8) 281, es sei denn ein verdeckter in Urteilsform; ein Strafurteil, auch wenn es über einen Zivilanspruch entscheidet, trotz § 3 EGZPO; ein Vollstreckbarkeitsurteil eines ausländischen staatlichen Gerichts wegen eines ausländischen Schiedsspruchs, §§ 1059 ff, BGH NJW **01**, 373 (dann können §§ 580 Z 4, 581 anwendbar sein).

10 Etwas anderes gilt, wenn ein *Sondergericht* über eine Zivilsache im staatlichen Auftrag entscheidet, etwa ein Börsenschiedsgericht. Hierher kann evtl auch eine Entscheidung über einen Streit gehören, an dem volkseigene Betriebe beteiligt waren, Sonnenberger Studien des Institut für OstR **24**, 213. Ob man eine Entscheidung der freiwilligen Gerichtsbarkeit anerkennen darf, muß man (jetzt) nach § 107 FamFG prüfen, Gottwald FamRZ **87**, 780. Die Vorschrift gleicht dem § 328 I Z 1–4 ZPO fast wörtlich.

Um ein Urteil eines ausländischen Gerichts handelt es sich schon dann, wenn die Entscheidung von einer mit *staatlicher Autorität* bekleideten Stelle stammt, die nach den ausländischen Gesetzen auf Grund eines prozessualen Verfahrens zur Entscheidung von privatrechtlichen Streitigkeiten berufen ist, Wagner FamRZ **06**, 749, aM Kblz FamRZ **05**, 1694 (krit Gottwald). Deshalb gehören hierher auch ausländische Entscheidungen über die Anerkennung der Entscheidung eines anderen ausländischen Staats. Daher kann man auf Grund eines Vollstreckungsvertrags der Bundesrepublik mit einem anderen Staat die durch diesen anerkannten Entscheidungen eines solchen dritten Staats, mit dem die Bundesrepublik die Gegenseitigkeit nicht verbürgt hat, in der Bundesrepublik zur Vollstreckung bringen, Schütze ZZP **77**, 287.

Die ausländische Entscheidung muß nach dem Recht des ausländischen *Entscheidungsstaats* wirksam ergangen sein, um im Inland anerkennungsfähig zu sein, Habscheid FamRZ **81**, 1143. Außerdem darf der ausländische Staat die Grenzen seiner Gerichtsbarkeit nicht überschritten haben, Habscheid FamRZ **81**, 1142.

B. Beispiele zur Frage einer gerichtlichen Entscheidung 11

Abänderungsurteil: Hierher gehört ein solches, Zweibr FamRZ **99**, 34.

Arrest, einstweilige Verfügung: *Nicht* hierher gehört eine solche Maßnahme, soweit nicht die EuGVVO nach SchlAnh V C 2 vorrangig gilt, Gottwald FamRZ **87**, 780. Denn sie beendet den Streit nicht, Rn 62. Etwas anderes gilt aber stets dann, wenn sie eine vorläufige Verurteilung ausspricht, Grdz 6 vor § 916, Karlsr FamRZ **84**, 820.

Exequatur: Hierher gehört ein nordamerikanisches Exequaturürteil auf Grund eines ausländischen Schiedsspruchs, BGH NJW **84**, 2763 und 2765.

Insolvenz: S „Konkurs".

Konkurs: Zur ausländischen Konkursentscheidung Trunk KTS **87**, 427.

Kostenfestetzungsbeschluß: Hierher gehört ein solcher.

Mahnbescheid: Hierher gehört ein solcher.

Schiedsspruch: *Nicht* hierher gehört die Vollstreckbarerklärung eines ausländischen Staatsgerichts wegen eines ausländischen Schiedsspruchs nach §§ 1059 ff, BGH NJW **01**, 373 (dann können freilich §§ 580 Z 4, 581 anwendbar sein). 12

S aber auch Rn 11 „Exequatur", Rn 12 „Sondergericht".

Sondergericht: Hierher gehört die Entscheidung eines Sondergerichts über die Zivilsache in staatlichem Auftrag, etwa diejenige eines Börsenschiedsgerichts.

Strafurteil: Es gehört *nicht* hierher, auch wenn es über einen Zivilanspruch entscheidet, trotz § 3 EGZPO.

Vergleich: Er gehört *nicht* hierher, aM Koch (bei Rn 8) 281, es sei denn ein verdeckter in Urteilsform.

Versäumnisurteil: Hierher gehört ein solches.

Zahlungsauftrag: Hierher gehört ein österreichischer Zahlungsauftrag.

4) Verfahrensgrundregeln, I, II. Es gibt zwei Aspekte. 13

A. Amtsprüfung. Ob die Voraussetzungen der Anerkennung vorliegen, muß das Gericht von Amts wegen prüfen. Denn § 328 ist mit Ausnahme seiner Z 2 zwingendes öffentliches Recht, Grdz 39 vor § 128, BGH **59**, 121, BayObLG NJW **76**, 1038, aM Gottwald ZZP **103**, 292 (aber man kann solche Verfahrensgrundsätze keineswegs einer Parteiherrschaft unterwerfen). Diejenige Partei, die sich auf das Urteil beruft, muß die Voraussetzungen der Anerkennung beweisen. Z 2 läßt einen Verzicht auf einen Mangel zu. Fehlt eine Voraussetzung, ist das ausländische Urteil und damit der daraufhin ergangene Kostenfestsetzungsbeschluß als solches unwirksam. Die ausländische Entscheidung kann aber in dem neuen Verfahren vor dem deutschen Gericht als ein Beweismittel bedeutsam sein, Schütze DB **77**, 2131. Andernfalls bindet die ausländische Entscheidung das deutsche Gericht und im Rahmen des in Einf 20 ff vor §§ 322–327 Gesagten auch andere deutsche Behörden wie an ein inländisches Urteil, Düss FamRZ **84**, 195. Die deutschen Stellen dürfen also keinerlei sachliche Nachprüfung vornehmen, also keine sog révision au fond, BGH **53**, 363.

Der Inhalt der *Rechtskraft* nach § 322 Rn 9 und die persönliche Rechtskraftwirkung nach Einf 20 vor §§ 322–327 richten sich nach dem betreffenden ausländischen Recht. Denn sie sind prozeßrechtlich. Das gilt auch dann, wenn das ausländische Recht die Lehre von der Rechtskraft etwa dem sachlichen Recht zuweist. Man muß aber eine etwaige Rück- oder Weiterverweisung beachten, Müller ZZP **79**, 207. Jedoch gilt das nur im Rahmen von Z 4. Es gilt also zB nicht dann, wenn diese Wirkung dem Zweck eines deutschen Gesetzes zuwiderlaufen würde. 14

B. Vollstreckungsurteil. Ein gerichtlicher Ausspruch über die Anerkennung ergeht nur in der Form des Vollstreckungsurteils, § 722, Hamm RR **95**, 511. 15

5) Unzuständigkeit, I Z 1 16

Schrifttum: *Buchner,* Kläger- und Beklagtenschutz im Recht der internationalen Zuständigkeit usw, 1998; *Fricke,* Anerkennungszuständigkeit zwischen Spiegelbildgrundsatz und Generalklausel, 1990; *Geimer,* „Internationalpädagogik" oder wirksamer Beklagtenschutz? usw, in: Festschrift für *Nakamura* (1996); *Gottwald,* Internationale Zuständigkeit kraft „business activities" usw, Festschrift für *Geimer* (2002) 231; *Ishikawa,* Die Überprüfung der internationalen Zuständigkeit im Zivilprozeß durch die Rechtsmittelinstanz, Festschrift für *Geimer* (2002) 365; *Möllers,* Internationale Zuständigkeit bei der Durchgriffshaftung, 1987; *Pfeiffer,* Internationale Zuständigkeit und prozessuale Gerechtigkeit, 1995; *Schreiner,* Die internationale Zuständigkeit als Anerkennungsvoraussetzung nach § 328 I Nr. 1 ZPO usw, Diss Regensb 2001; *Schröder,* Die Vorschläge des Deutschen Rats zur internationalen Zuständigkeit und zur Anerkennung ausländischer Entscheidungen, in: *Beitzke,* Vorschläge und Gutachten zur Reform des deutschen internationalen Personen-, Familien- und Erbrechts (1981) 226; *Schulte-Beckhausen,* Internationale Zuständigkeit durch rügelose Einlassung im Europäischen Zivilprozeßrecht, 1994.

A. Grundsatz: Maßgeblichkeit des deutschen Rechts. Eine direkte Heranziehung der EuGVVO, SchlAnh V C 2, ist unstatthaft, Schärtl IPRax **06**, 442. Die Anerkennung muß unterbleiben, wenn die

Gerichte des betreffenden Staats nach dem deutschen Recht unzuständig sind, BayObLG RR **92**, 514. Es handelt sich hier also nicht um eine Zuständigkeit im Einzelfall, sondern um die allgemeine internationale Zuständigkeit eines Gerichts dieses Staats, Üb 6 vor § 12, KG OLGZ **76**, 39, Habscheid FamRZ **81**, 1143. Irgendein Gericht des Staats müßte in dem Urteilsstaat nach den deutschen Gesetzen zuständig sein, wenn diese dort gelten würden, Üb 7 vor § 12, BGH **141**, 289 (krit Stürner/Bormann JZ **00**, 84 abl Roth ZZP **112**, 483), BayObLG FGPrax **01**, 112, Hamm FamRZ **93**, 340. Maßgeblich ist der Zeitpunkt der Anerkennung. Das folgt schon aus dem Wort „sind" in I Z 1, Habscheid FamRZ **81**, 1143, aM BayObLG RR **92**, 514, RoSGo § 157 I 3 b (je: Zeitpunkt der Urteilsfällung im ausländischen Staat. Das wird aber nur der früheren Fassung „waren" gerecht, nicht der heutigen Fassung „sind"). Die Zuständigkeit müßte also ohne Rücksicht darauf vorliegen, ob nach den eigenen Gesetzen des Urteilsstaats eine Zuständigkeit bestand, BayObLG **80**, 55). Dabei muß man zB in den USA auf den einzelnen Bundesstaat abstellen, Sieg IPRax **96**, 80, Wazlawik IPRax **02**, 275. Die Prüfung nach I Z 1 ist auch dann erforderlich, wenn die die Zuständigkeit begründenden Tatsachen zugleich die Klageforderung inhaltlich stützen, BGH **124**, 241. Das Gericht muß die Zuständigkeitsprüfung von Amts wegen in jeder Verfahrenslage vornehmen, auch in der Revisionsinstanz, Üb 17 vor § 12, BGH NJW **99**, 1395. Zum Spiegelbildprinzip Kern ZZP **120**, 31.

Rügeloses Verhandeln vor einem ausländischen Gericht kann die internationale Zuständigkeit begründen, § 295, BGH NJW **93**, 1073. Eine Unterwerfung durch schlüssiges Verhalten setzt voraus, daß man eindeutig den Willen des Bekl erkennen kann, das Ergebnis der Verhandlung als Grundlage für die Anerkennung in weiteren Staaten hinzunehmen, BGH NJW **93**, 1073. Ein rügeloses Verhandeln begründet die internationale Zuständigkeit dann nicht selbständig, wenn der fremde Staat nach seinem eigenen Recht unabhängig davon international zuständig ist, BGH NJW **93**, 1073.

Die einmal begründete Zuständigkeit *wirkt fort,* § 261 III Z 2, KG NJW **88**, 649 (zustm Geimer). Es ist keine Mängelheilung nach § 295 möglich.

17 **B. Beispiele zur Frage einer deutschen Unzuständigkeit, I Z 1**

Aufrechnung: Wegen der ausländischen Zuständigkeit betreffend eine Aufrechnung § 145 Rn 18.

Ausschließlicher Gerichtsstand: Es darf kein ausschließlicher deutscher Gerichtsstand bestehen, BGH NJW **93**, 1271.

Beweis: Rn 18 „Nachweis".

Exorbitanter Gerichtsstand: Wegen eines sog exorbitanten Gerichtsstands zB in Arkansas Schütze JR **87**, 499, in Texas Schütze JR **87**, 405.

Feststellung: Die tatsächlichen Feststellungen des ausländischen Urteils binden das deutsche Gericht, RoSGo § 157 I 3 b, aM BGH **124**, 245, Habscheid FamRZ **81**, 1143 (aber das Anerkennungsverfahren ist gerade keine révision au fond, Rn 30).

S aber auch Rn 19 „Wahrunterstellung".

Garantieurteil: Zur Anerkennung eines französischen sog Garantieurteils Bernstein Festschrift für Ferid (1978) 88, Geimer ZZP **85**, 196.

18 **Gerichtsstandsvereinbarung:** Eine Vereinbarung des Gerichtsstands (Prorogation) genügt, soweit dieser Gerichtsstand nicht nach § 40 unzulässig ist, KG OLGZ **76**, 40. Eine Form ist für die Vereinbarung stets entbehrlich, BGH **59**, 23, auch für die Widerklage, BGH **59**, 116. Ob das deutsche Recht einen entsprechenden Gerichtsstand kennt, ist belanglos, wenn sich danach ein anderer Gerichtsstand ergeben würde.

S auch „Rechnung".

Impleader: Zur Anerkennung einer amerikanischen Entscheidung auf Grund eines „Impleader" Hamm NJW **76**, 2080, Bernstein Festschrift für Ferid (1978) 91, Habscheid FamRZ **81**, 1143.

Kapitalanleger: Vgl § 32 b, Schneider BB **05**, 2256.

Nachweis: Der Nachweis der ausländischen Zuständigkeit läßt sich auch durch neu vorgebrachte Tatumstände führen.

Ordonnance de non conciliation contradictoire: Rn 19 „Trennungsunterhalt".

Prorogation: S „Gerichtsstandsvereinbarung".

Rechnung: Eine grds zulässige Gerichtsstandsvereinbarung, s dort, liegt nicht schon in der anstandslosen Entgegennahme einer Rechnung.

Rechtsweg: Die Zulässigkeit des ordentlichen Rechtswegs nach §§ 13 ff GVG fällt *nicht* unter I Z 1. Sie ist überhaupt eine innere Angelegenheit jedes Staates. Man darf sie daher hier nicht prüfen.

19 **Tatsachen:** Rn 17 „Feststellung", Rn 19 „Wahrunterstellung".

Third party complaint: Vgl Mansel, in: Herausforderungen des Internationalen Zivilverfahrensrechts (1995) 63 (ausf).

Vermögensgerichtsstand: Dem ausländischen Gerichtsstand des Vermögens steht ein Wohnsitz im Inland nicht entgegen.

Wahrunterstellung: Eine ausländische prozessuale Wahrunterstellung bindet das deutsche Gericht nicht, etwa eine solche nach Artt 149 ff Code de Procédure Civile, Düss DB **73**, 1697.

S aber auch Rn 17 „Feststellung".

Warranty claim: Zur Anerkennung einer amerikanischen Entscheidung auf Grund eines „warranty claim" LG Bln DB **89**, 2120.

20 **6) Nichteinlassung, I Z 2**

Schrifttum: *Bajons,* Internationale Zustellung und Recht auf Verteidigung, Festschrift für *Schütze* (1999) 49; *Gottwald,* Schließt sich die „Abseitsfalle"? Rechtliches Gehör, Treu und Glauben im Prozeß und Urteilsanerkennung, Festschrift für *Schumann* (2001) 149; *Hopt/Kühns/von Hein,* Rechtshilfe und Rechtsstaat: Die Zustellung US-amerikanischer class actions in Deutschland, 2006 (Bespr *Barnert* ZZP **120**, 386); *Karaaslan,* Internationale Zustellung nach der EuZVO und der ZPO und ihre Auswirkungen auf die Anerkennung der Entscheidung, Diss Münst 2007/2008; *Merkt,* Abwehr der Zustellung von „punitive damages"-Klagen usw, 1995.

A. Grundsatz: Verteidigungsmöglichkeit. Eine solche ausländische Entscheidung (also nicht nur ein Versäumnisurteil, Gottwald FamRZ **87**, 780), die einen deutschen oder ausländischen Bekl verurteilt, der sich auf den Prozeß nicht eingelassen hat und sich darauf auch beruft, läßt sich nur dann anerkennen, wenn man dem Bekl wenigstens das verfahrenseinleitende Dokument wie zB die Klage oder den Antrag und nicht nur eine bloße Schutzschrift nach Grdz 7 vor § 128 in dem betreffenden Staat oder anderswo nach Rn 23 ordnungsgemäß und überdies so rechtzeitig zugestellt hatte, daß er sich ausreichend verteidigen konnte, Art 103 I GG, BGH **141**, 289 (krit Stürner/Bormann JZ **00**, 81, abl Roth ZZP **112**, 483), BayObLG FamRZ **04**, 274, JM Stgt FamRZ **01**, 1380. Unerheblich ist, ob der Bekl einen deutschen oder ausländischen Rechtsnachfolger hat. Die Staatsangehörigkeit entscheidet nicht mehr. Es kommt nur noch auf die Parteistellung als Bekl im Zeitpunkt der Zustellung oder Verteidigungsmöglichkeit an. Der Wohnsitz bleibt ebenfalls außer Betracht, Gottwald (bei Rn 20) 157. Bei anderen als natürlichen Personen ist der Sitz maßgeblich. Staatsverträge sind vorrangig, Rn 5, zB im Verhältnis zur Schweiz, KG FamRZ **82**, 382.

Z 2 ist bei Art 55 § 1 CIM und CIV *unanwendbar.* Eine Inhaltskontrolle der ausländischen Entscheidung ist im Rahmen von Z 2 unzulässig, Habscheid FamRZ **81**, 1143.

B. Begriff der Einlassung. Der Begriff der „Einlassung" ist weit auslegbar, Geimer IPRax **85**, 6, **21** Habscheid FamRZ **81**, 1143. Hierher gehört jede anerkennende oder abwehrende Parteiprozeßhandlung, Grdz 47 vor § 128, BGH NJW **90**, 3091, BayObLG FamRZ **00**, 1170, KG NJW **88**, 650. Zur Annahme einer Einlassung genügt selbst die Behauptung der Unzuständigkeit des Gerichts, BGH **73**, 381, Hamm NJW **88**, 653, Geimer IPRax **85**, 6. Die Einlassung muß in einer beachtlichen Form geschehen, Matscher ZZP **86**, 415. Sie darf also nicht durch eine deutsche Eingabe dort erfolgen, wo man eine solche nicht beachtet, JM Stgt FamRZ **90**, 1018. Sie kann auch durch einen gesetzlichen oder von der Partei bestellten Vertreter erfolgen, nicht aber durch einen ohne das Wissen der Partei bestellten Abwesenheitspfleger, Hamm FamRZ **96**, 179. Eine Einlassung zur Hauptsache nach § 137 Rn 7 ist unnötig. Die Teilnahme am dänischen Separationsprozeß ist aber keine Einlassung, BayObLG **78**, 134. Nur die Prozeßeinleitung muß dem Bekl zugegangen sein. Seine spätere Versäumnis ist unerheblich.

C. Berufung auf die Nichteinlassung. Die Nichteinlassung ist nur beachtlich, soweit sich der Bekl auf **22** sie spätestens im Zeitpunkt der Entscheidungsreife über die Anerkennung auch beruft, sie also geltendmacht (Einrede, Rüge), Bre FamRZ **04**, 1976. Die ausdrückliche Geltendmachung ist zwar nicht zwingend nötig. Sie ist aber dringend ratsam. Das Gesamtverhalten des Bekl ist insoweit auslegbar. Dabei darf man zugunsten eines Rügeverzichts weit auslegen, Bre FamRZ **04**, 1976 (zB bei einem Antrag nach [jetzt] § 107 FamFG. Ein völliges Schweigen ist kein auch nur stillschweigendes Sichberufen, es sei denn, die Rüge wäre nach dem Recht des Urteilsstaats sinnlos gewesen, Hamm NJW **88**, 653. Z 2 entfällt nicht schon deshalb, weil der Bekl keinen nach der Verfahrensordnung des Urteilsstaats zulässigen Rechtsbehelf eingelegt hat, BGH **120**, 313 (zustm Rauscher JR **93**, 414, Schack JZ **93**, 621, krit Schütze ZZP **106**, 396).

D. Zustellung. Die Zustellung muß „ordnungsgemäß" erfolgt sein, BVerfG NJW **07**, 3709, BGH NJW **23** **90**, 3091, BayObLG FamRZ **05**, 924. Maßgeblich ist die lex fori, Einl III 74, Düss IPRax **97**, 194 (Kroatien), AG Hbg-Altona FamRZ **92**, 83, JM Stgt FamRZ **01**, 1017. Soweit danach die ZPO gilt, sind §§ 166 ff anwendbar, BayObLG FamRZ **05**, 638. Auch eine Ersatzzustellung nach §§ 178 ff oder eine öffentliche Zustellung nach §§ 185 ff können dann ausreichen, BayObLG FamRZ **04**, 275, ebenso eine Zustellung an einen Generalbevollmächtigten, einen gesetzlichen Vertreter, einen Prokuristen, §§ 170, 171 Rn 4, 5. Eine Zustellung „in Person" ist nicht mehr erforderlich, soweit das anwendbare Recht auch eine andere Zustellungsart ausreichen läßt, BayObLG FamRZ **04**, 275. Eine deutsche Rechtshilfe muß nach der ZRHO erfolgt sein, Bernstein Festschrift für Ferid (1978) 80, oder durch ein deutsches Gericht, einen deutschen Konsul, einen deutschen Gesandten, nicht durch einen ausländischen Konsul oder in dessen Auftrag im Inland.

Die bloße Übersendung der Klageschrift an den deutschen Konsul ist kein Gesuch um eine Rechtshilfe. Wegen des Aufenthalts eines Deutschen im Drittstaat Geimer NJW **73**, 2140. § 189 ist auch bei der Klagezustellung grundsätzlich zumindest entsprechend anwendbar, (zum teils noch zum anderslautenden § 187 aF) BGH **65**, 291, Ffm MDR **78**, 943, Gottwald (bei Rn 20) 157, aM BGH **120**, 311 (überholt). Wegen der Verschaffung einer USA-jurisdiction durch Zustellung der „summons" Psolka VersR **75**, 405. Zur Zustellung beim Strafschadensersatzfall Mörsdorf, Funktion und Dogmatik US-amerikanischer punitive damages, 1999, Zekoll/Rahlf JZ **99**, 386 (antitrust-treble-damages). Zur Qualität einer Übersetzung Wilske/Krapfl IPRax **06**, 10.

E. Rechtzeitigkeit der Zustellung. Man muß die Frage einer Rechtzeitigkeit nach den gesamten **24** Umständen beurteilen, BayObLG FamRZ **05**, 924. Bei einem Widerspruch zwischen der richtigen fremdsprachlichen Ladung und der falschen deutschen Übersetzung kann man dem Bekl evtl eine Rückfrage zumuten und ihm dafür die Beweislast geben, BGH NJW **02**, 3181 (wegen §§ 184, 185 GVG, streng). Dabei kommt es auch auf die Verfahrensart an, zB darauf, ob es um einen Arrest, eine einstweilige Anordnung oder Verfügung, eine Beweissicherung ging. Die Zumutbarkeit kann gegenüber dem ausländischen Verfahren später als gegenüber einem gleichartigen deutschen eingetreten sein. 8 Tage reichen nicht aus, wenn der Bekl einen mehrseitigen fremdsprachigen Schriftsatz übersetzen lassen, einen beim ausländischen Gericht zugelassenen Anwalt ausfindig machen und ihn beauftragen und informieren mußte, Düss NJW **00**, 3290.

F. Verstoß. Ein Verstoß gegen Z 2 ist jetzt trotz des unveränderten Umstands, daß diese Vorschrift **25** zumindest vorwiegend dem Schutz des Bekl dient, grundsätzlich heilbar, § 189, ferner § 295, BGH NJW **90**, 3091 (zustm Nagel IPRax **91**, 172). Denn die Beachtung der Nichteinlassung hängt ja von ihrer Geltendmachung ab, Rn 22. Das gilt theoretisch sogar beim Verstoß gegen Art 103 I GG. Das ergibt sich daraus, daß Z 2 lt Hs ebenfalls von dem „sich hierauf beruft" abhängt. Diese Abhängigkeit ist freilich verfassungsrechtlich problematisch. Denn Art 103 I GG gehört zu den Kernbestandteilen des deutschen Rechts, Köln VersR **89**, 728 (zur „remise au parquet" in Belgien). Indessen liegt beim Verstoß gegen diese

Vorschrift unter Umständen zugleich ein Verstoß gegen Z 4 vor. Die Zustellung einer US-Sammelklage kann wegen eines Verstoßes gegen das GG unzulässig sein, BVerfG NJW **07**, 3709.

26 **7) Verstoß gegen Rechtskraft, Rechtshängigkeit usw, I Z 3**

Schrifttum: *Fritze,* Doppelte Rechtshängigkeit in USA und Deutschland usw, in: Festschrift für *Vieregge* (1995). S auch § 261 Rn 6 „Ausland".

A. Abgrenzung zu I Z 4. Die Vorschrift regelt die Unvereinbarkeit des auf eine Anerkennung zu prüfenden Urteils mit einer früheren deutschen oder ausländischen Entscheidung. Sie regelt also vor allem den Verstoß gegen eine Rechtskraft sowie den Verstoß gegen eine frühere ausländische oder inländische Rechtshängigkeit, Ffm FamRZ **97**, 93. Damit ergeben sich Überschneidungen mit Z 4 Fall 1. Denn zumindest die Rechtskraft zählt zu den Fundamenten des deutschen Rechts. Ob auch die Wirkungen der Rechtshängigkeit ein solches Gewicht haben, ist allerdings zweifelhaft. Jedenfalls erweist sich Z 3 nur teilweise als eine Sonderregelung gegenüber Z 4. Auch wenn letztere nicht eingreift, kann Z 3 anwendbar sein, und umgekehrt. Die Anforderungen sind bei Z 3 nicht so hoch wie bei Z 4.

27 **B. Unvereinbarkeit mit früherem Urteil.** Es kann sich um ein früheres deutsches Urteil („hier erlassen") oder um ein ausländisches Urteil handeln, Bbg FamRZ **97**, 96. Das ausländische Urteil mag bereits im Inland anerkannt oder erst noch anerkennbar sein. Jenes Anerkennungsverfahren mag schon anhängig sein oder noch nicht schweben. Im letzteren Fall muß man im jetzigen Anerkennungsverfahren mitprüfen, ob das frühere ausländische Urteil hier anerkennbar wäre. Es kann sich auch um einen richterlichen sonstigen Entscheid handeln, zB um einen Beschluß, JM Stgt FamRZ **90**, 1018. Die frühere Entscheidung muß im Ergebnis im Kernpunkt mit der jetzt zur Anerkennung anstehenden unvereinbar sein, Hamm FamRZ **01**, 1015. Eine „offensichtliche" Unvereinbarkeit ist nicht erforderlich, anders als bei Z 4 Fall 1. Das bedeutet aber nicht, daß man sich mit einer nur vorläufigen, oberflächlichen Prüfung begnügen dürfte. Die jetzt prüfbare Entscheidung darf nicht nur schwer vereinbar sein. Sie muß eben zur Überzeugung des Gerichts unvereinbar mit der früheren sein. Dergleichen fehlt zB bei unterschiedlichen Zeiträumen, AG Gelsenkirchen FamRZ **95**, 1160.

Die formelle und/oder die innere *Rechtskraft* nach Einf 1, 2 vor §§ 322–327 ist der Hauptanwendungsbereich der Z 3 Fall 1. Er liegt nicht vor, wenn früher nur ein nicht der Rechtskraft fähiger Vergleich nach § 794 I Z 1, § 322 Rn 69 „Vergleich" ergangen war oder wenn eine ebenfalls nicht der Rechtskraft fähige Urkunde nach § 794 I Z 5 vorliegt, Hamm FamRZ **93**, 340. Das Gesetz erfaßt aber zumindest nach seinem Wortlaut auch andere Fälle der Unvereinbarkeit der Urteile. Deshalb kann zB der Streit darüber ungeklärt bleiben, wie man das sittenwidrige oder erschlichene Urteil dogmatisch einwandfrei beseitigen kann, Einf 27 vor §§ 322–327. Auch mangels Rechtskraft kann ein solches Urteil unter Z 3 fallen.

28 **C. Unvereinbarkeit mit früheren Verfahren.** Während Rn 27 auf das Endurteil abstellt, genügt nach Z 3 Fall 2 auch schon eine Unvereinbarkeit der Verfahren. Sie kann freilich nur dann eintreten, wenn zunächst im Inland ein Verfahren rechtshängig und nicht bloß anhängig geworden war, § 261 Rn 1, Zweibr FamRZ **99**, 34, vgl freilich § 261 Rn 8, § 920 Rn 9, § 936 Rn 2 „§ 920 Gesuch". Dann mag das spätere ausländische oder deutsche Urteil eines Folgeverfahrens isoliert betrachtet einwandfrei sein. Eine Unvereinbarkeit des ihm zugrundeliegenden Verfahrens mit dem früheren deutschen kann zur Versagung der Anerkennung führen.

29 **D. Beispiele.** Die vor dem 1. 9. 86 ergangenen Entscheidungen usw sind nur nach Maßgabe der jetzigen Fassung der Z 3 verwendbar. Ein Verstoß kann etwa in folgenden Situationen vorliegen: Das ausländische Gericht hat eine inländische Rechtshängigkeit mit oder ohne deren Kenntnis übergangen, BayObLG FamRZ **83**, 501, Hamm NJW **76**, 2081. Zur ausländischen Rechtshängigkeit auch § 261 Rn 9; das Auslandsurteil ist erschlichen, etwa als ein Scheidungsurteil, Rn 48, BayObLG **77**, 185. Ein Verstoß kann etwa in folgenden Situationen fehlen: Nach dem Eintritt der formellen Rechtskraft hat der später Eingebürgerte erneut eine Scheidung verlangt; es liegt keine Rechtskrafterstreckung vor, § 325; das Gericht hat sein Urteil auf einen gemeinsamen Antrag beider Parteien gefällt.

30 **8) Verstoß gegen öffentliche Ordnung, I Z 4**

Schrifttum: *Basedow,* Die Verselbständigung des europäischen ordre public, Festschrift für *Sonnenberger* (2004) 291; *Baumert,* Europäischer ordre public und Sonderanknüpfung zur Durchsetzung von EG-Recht, 1994; *Brockmeier,* Punitive damages, multiple damages und deutscher ordre public, 1999; *Bruns* JZ **99**, 274 (Üb. auch rechtspolitisch); *Föhlisch,* Der gemeineuropäische Ordre Public, 1997; *Georganti,* die Zukunft des ordre public-Vorbehalts im europäischen Zivilprozessrecht, 2006; *Herrmann,* Die Anerkennung US-amerikanischer Urteile in Deutschland unter Berücksichtigung des ordre public usw, 2000; *Jung,* Der Grundsatz des fair trial in rechtsvergleichender Sicht, Festschrift für *Lüke* (1997) 323; *Koch,* Unvereinbare Entscheidungen im Sinn des Art 27 Nr 3 und 5 EuGVÜ und ihre Vermeidung, Diss Hbg 1993; *Kropholler,* Internationales Privatrecht, 3. Aufl 1997, § 36; *Lorenz,* Renvoi und ausländischer ordre public, Festschrift für *Geimer* (2002) 555; *Martiny,* Die Zukunft des europäischen ordre public im Internationalen Privat- und Zivilverfahrensrecht, Festschrift für *Sonnenberger* (2004) 523; *Marx,* Der verfahrensrechtliche ordre public bei der Anerkennung und Vollstreckung ausländischer Schiedssprüche in Deutschland, 1994; *Schütze,* Überlegungen zur Anerkennung und Vollstreckbarerklärung US-amerikanischer Zivilurteile in Deutschland usw, Festschrift für *Geimer* (2002) 1025; *Schwark,* Ordre public und Wandel grundlegender Wertvorstellungen usw, Festschrift für *Sandrock* (2000) 881; *Stürner,* Anerkennungsrechtlicher und europäischer Ordre Public als Schranke der Vollstreckbarerklärung – der Bundesgerichtshof und die Staatlichkeit in der Europäischen Union, Festgabe *50 Jahre Bundesgerichtshof* (2000) III 677; *Thoma,* Die Europäisierung und die Vergemeinschaftung des nationalen ordre public, 2007; *Völker,* Zur Dogmatik des ordre public usw, 1998.

A. Anwendungsbereich. Die Vorschrift erfaßt einerseits den Verstoß gegen das sachliche Recht, andererseits und insofern in einer Ergänzung zu Z 3 einen grundlegenden Verstoß gegen das Verfahrensrecht, BayObLG **99**, 213. Die Fassung entspricht im wesentlichen dem mit „Öffentliche Ordnung (ordre public)" überschriebenen Art 6 EGBGB. Sie geht über die Bereiche der Sittenwidrigkeit und des Verstoßes gegen den Gesetzeszweck hinaus, die sie mitumfaßt. Zur Unterscheidung zwischen ordre public interne und ordre public international BGH NJW **86**, 3029, von Winterfeld NJW **87**, 3059, aM Kornblum NJW **87**, 1105. Eine sachlichrechtliche Nachprüfung über die in Z 4 genannten Verstöße hinaus ist unstatthaft, § 723 Rn 3 (Verbot der sog révision au fond). Das gilt auch bei einer Versäumnisentscheidung, BGH NJW **80**, 531. Ein Verstoß gegen Z 4 läßt sich nicht durch solche neuen Angriffs- oder Verteidigungsmittel feststellen, die dem ausländischen Richter noch nicht vorgelegen hatten. Zur Internationalisierung des deutschen ordre public Scholz IPRax **08**, 213.

B. Wesentlicher deutscher Rechtsgrundsatz. Wie das Wort „insbesondere" zeigt, ist der Begriff der wesentlichen Grundsätze des deutschen Rechts sogar gegenüber dem Grundrechtsbegriff umfassender. Es muß sich um die Grundlagen des deutschen staatlichen, rechtlichen und in diesem Zusammenhang wirtschaftlichen Lebens handeln, BayObLG FGPrax **01**, 112, um die *Grundwerte der deutschen Rechtsordnung,* BGH NJW **93**, 2314, Hamm RR **06**, 293, Gottwald FamRZ **91**, 581. Anders ausgedrückt: Es muß sich um die das deutsche Recht tragenden Gedanken, seine Fundamente und Grundprinzipien handeln, BGH VersR **92**, 1284. 31

Nicht hierzu zählen solche Regeln, die sich derzeit als „Grundsätze" entwickelt haben, ohne über den Gegensatz zur „Ausnahme" hinaus zu eben fundamentalen Säulen des Rechts geworden zu sein, mögen sie auch einer noch so herrschenden Meinung nach Einl III 47 entsprechen. Nicht hierher zählen daher viele sachlich- oder verfahrensrechtliche noch so deutliche Abweichungen des ausländischen vom deutschen Recht, BGH FamRZ **86**, 667, BayObLG **99**, 214, Hamm FamRZ **93**, 438. Immerhin soll Z 4 die Anerkennung ja nicht grundsätzlich erschweren, sondern eben nur an einer wirklich untragbaren Rechtsabweichung scheitern lassen, BGH NJW **90**, 2198. Vgl freilich auch Rn 1.

C. Maßgeblicher Zeitpunkt. Wie das Wort „Ergebnis" in Z 4 zeigt, kommt es nicht auf den Zeitpunkt des Erlasses der ausländischen Entscheidung an, auch nicht auf den meist schwererkennbaren Eintritt der Wirkung der ausländischen Entscheidung, aM ZöGei 262, sondern praktischer auf denjenigen der Anerkennung, BGH NJW **80**, 531. Änderungen der beiderseitigen Rechtsentwicklung in der Zwischenzeit können die Anerkennung erleichtern oder erschweren. 32

D. Grundrechte. Gemeint sind nur die als Grundrechte überschriebenen Artt 1–19 GG, BGH MDR **94**, 40, AG Hbg-Altona FamRZ **92**, 83. Der Anspruch auf rechtliches Gehör nach Art 103 I GG, den das BVerfG dogmatisch etwas problematisch als „Prozeßgrundrecht" bezeichnet, Einl III 16, sollte nicht hierher gehören, sondern zu Rn 31, aM AG Hbg-Altona FamRZ **92**, 83 (weder-noch). Ebensowenig zählt bisher eine sonstige Verfassungsnorm, BGH MDR **94**, 40. 33

E. Unvereinbarkeit. Die Anerkennung scheitert erst dann, wenn die ausländische Entscheidung nach Rn 32 im Ergebnis bei der Anwendung des deutschen Rechts mit eben diesem deutschen Recht unvereinbar ist, Kblz RR **93**, 71. Diese Unvereinbarkeit darf also nicht nur gegenüber irgendwelchen Verfahrensabschnitten oder gar Einzelmaßnahmen oder Zwischenentscheidungen vorliegen. Sie muß sich aus der Endentscheidung ergeben, mag diese auch zB als Versäumnisurteil ergangen sein. Es muß eine solche Abweichung von den deutschen Prinzipien vorliegen, daß nach deutscher Bewertung kein geordnetes rechtsstaatliches Verfahren mehr vorliegt, BGH VersR **92**, 1284, BayObLG **99**, 214. Dabei verlangt Z 4 beim Verstoß gegen ein Grundrecht sprachlich nur eine „Unvereinbarkeit", beim übrigen Verstoß eine „offensichtliche". Erforderlich ist stets eine unbezweifelbare, auf der Hand liegende, offensichtliche, unverkennbare Unvereinbarkeit, BGH VersR **92**, 1284, Düss VersR **91**, 1162. Sie liegt natürlich beim Grundrechtsverstoß schon begrifflich vor. 34

F. Beispiele zur Frage eines Verstoßes gegen den ordre public. Die zum Recht vor dem 1. 9. 86 ergangenen Entscheidungen usw sind nur in den Grenzen der jetzigen Fassung der Z 4 verwendbar, LAG Kiel DB **89**, 1828. 35

Amtsermittlung: Ein Verstoß gegen den deutschen ordre public kann vorliegen, wenn die Entscheidung den Amtsermittlungsgrundsatz nach Grdz 38 vor § 128 nicht beachtet hat, BGH FamRZ **97**, 490, LAG Kiel DB **89**, 1828.

Anwaltszwang: Ein Verstoß gegen den deutschen ordre public kann *fehlen,* wenn es vor dem ausländischen Gericht in einer Abweichung vom deutschen Verfahrensrecht keinen Anwaltszwang gegeben hat, BayObLG NJW **74**, 418.

Antitrust-treble-damages: Rn 44 „Strafschadensersatz".

Ausforschung: Ein Verstoß gegen den deutschen ordre public kann *fehlen,* wenn die bloße Möglichkeit einer nach dem deutschen Recht unzulässigen Ausforschung besteht, Einf 27 vor § 284, BGH VersR **92**, 1285, aM LG Bln DB **89**, 2120 (aber die Anforderungen sind weit höher, Rn 31).

Beweissicherung: Rn 41 „Pre-trial-discovery". 36

Börsentermingeschäft: Ein Verstoß gegen den deutschen ordre public kann vorliegen, wenn das Urteil gegen Regeln zum Börsentermingeschäft verstoßen hat, BGH NJW **75**, 1600.

S auch „Devisenrecht".

Class action-Urteil: Es kann grds *anerkennungsfähig* sein, Heß JZ **00**, 381 (auch zu den oft komplizierten Einzelfallfragen). Ein Verstoß gegen den deutschen ordre public kann vorliegen, Mann NJW **94**, 1189.

Contempt of court: Ein Verstoß gegen den deutschen ordre public kann *fehlen,* wenn ein englisches Gericht eine Partei wegen eines contempt of court ausgeschlossen hat, BGH **48**, 327, Roth ZZP **69**, 152.

Devisenrecht: Ein Verstoß gegen den deutschen ordre public kann vorliegen, wenn das Urteil gegen tragende Grundsätze des deutschen Devisenrechts verstößt, Stürner/Münch JZ **87**, 180.

S auch „Börsentermingeschäft", Rn 39 „Grundlegende Unterschiede".

Entscheidungsgründe: Ein Verstoß gegen den deutschen ordre public kann vorliegen, wenn das Urteil keine Entscheidungsgründe für einen dem deutschen ordre public wahrscheinlich widersprechenden Tenor enthält, § 313 a II Z 4, LG Bln DB **89**, 2120. 37

Erfolgshonorar: Ein Verstoß gegen den deutschen ordre public kann seit der nationalen Neuordnung nur noch *begrenzt* dann vorliegen, wenn es um ein ausländisches Erfolgshonorar geht.

38 **Erschleichung:** Ein Verstoß gegen den deutschen ordre public kann vorliegen, wenn eine Partei das Urteil erschlichen hat, Einl III 54, BayObLG **99**, 214, Kblz FamRZ **91**, 460. Betrug zählt hierher, BGH NJW **01**, 373 (zum ausländischen Schiedsspruch, Rn 9).

Europarecht: Stürner (bei Rn 30) 696 empfiehlt vier Prüfstufen: 1. nationaler ordre public; 2. Vereinbarkeit mit EU-Recht; 3. Vereinbarkeit abweichenden Rechts des Urteilsstaats mit Gemeinschaftsrecht; 4. Übereinstimmung der anzuerkennenden Entscheidung mit dem EU-konformen Recht des Urteilsstaats (kein „Ausreißer"). Wegen der weitgehenden Begrenzung des ordre public durch die VO (EG) Nr 805/2004 zur Einführung eines europäischen Vollstreckungstitels für unbestrittene Forderungen Einf 1 vor § 1079.

Fylkesmann: Ein Verstoß gegen den deutschen ordre public *fehlt* bei einer Scheidung vor dieser norwegischen Behörde, Schlesw RR **08**, 1390.

Gerichtsstand: Ein Verstoß gegen den deutschen ordre public kann *fehlen,* wenn der deutsche Geschädigte bei der Ausübung der zulässigen Wahl des Gerichtsstands über den ausländischen mehr erhalten hat, als im deutschen möglich gewesen wäre, BGH **88**, 25.

39 **Grundlegende Unterschiede:** Ein Verstoß gegen den deutschen ordre public kann vorliegen, wenn das im Urteil angewandte ausländische Recht vom entsprechenden deutschen staatspolitisch oder sozial grundlegend verschieden ist, wenn es also gegen deutsche Grundwerte verstößt, BGH VersR **92**, 1284, Gottwald FamRZ **91**, 581, Habscheid FamRZ **81**, 1144.

S aber auch Rn 45 „Zwingendes Recht".

Grundgesetz: Rn 33.

40 **Haftungsfolge:** Ein Verstoß gegen den deutschen ordre public kann vorliegen, wenn das Urteil eine mit dem deutschen Recht ganz unvereinbare Haftungsfolge enthält, BGH **88**, 25.

S auch Rn 39 „Grundlegende Unterschiede", Rn 44 „Strafschadensersatz".

Heilungskosten: Ein Verstoß gegen den deutschen ordre public kann *fehlen,* wenn das Urteil zu einem nach dem ausländischen Recht möglichen Ersatz von Heilungskosten unabhängig davon verurteilt, ob sich der Verletzte behandeln lassen will, BGH VersR **92**, 1286.

Herstellerhaftung: Rn 41 „Produkthaftung".

Index: Rn 44 „Unterhalt".

Insolvenz: Rn 42 „Restschuldbefreiung".

Islam: Vgl Scholz IPRax **08**, 213.

Multiple damages: Rn 44 „Strafschadensersatz".

41 **Ordnungswidriger Zustand:** Ein Verstoß gegen den deutschen ordre public kann ausnahmsweise schon dann vorliegen, wenn das Urteil einen ordnungswidrigen Zustand oder eine Ordnungswidrigkeit verlangt. Freilich ist insofern eine Zurückhaltung ratsam. Denn dergleichen stellt kaum einen Verstoß gegen deutsche rechtliche Grundwerte dar.

Personalstatut: Ein Verstoß gegen den deutschen ordre public kann vorliegen, wenn es um eine Abweichung des ausländischen Urteils von Art 5 I 2 EGBGB geht, BGH VersR **92**, 1286.

Persönliches Erscheinen: Ein Verstoß gegen den deutschen ordre public liegt vor, wenn der beim Gericht grds zugelassene oder postulationsfähige erschienene Prozeßvertreter nur deshalb nicht zum Vortrag zugelassen worden war, weil die Partei nicht persönlich erschienen war, BGH **144**, 392.

Pre-trial-discovery, dazu *Eschenfelder,* Beweiserhebung im Ausland und ihre Verwertung im inländischen Zivilprozess (ua zum US-amerikanischen discovery-Verfahren), 2002; *Lorenz* ZZP **111**, 35 (Üb): Ein Verstoß gegen den deutschen ordre public kann *fehlen,* wenn es um das amerikanische „pre-trial-discovery"-Verfahren geht, BGH VersR **92**, 1285, Düss VersR **91**, 1162, aM LG Bln DB **89**, 2120 (aber es gibt doch gewisse Ähnlichkeit zu §§ 485 ff).

Produkthaftung: Ein Verstoß gegen den deutschen ordre public kann vorliegen, wenn das Urteil schon aus der bloßen Tatsache eines Schadenseintritts eine Herstellerhaftung abgeleitet hat, LG Bln DB **89**, 2120 (zum alten Recht; vgl jetzt Anh § 286 Rn 145).

Punitive damages: Rn 44 „Strafschadensersatz".

42 **Rechtliches Gehör:** Ein Verstoß gegen den deutschen ordre public kann vorliegen, wenn das Gericht gegen das Gebot des rechtlichen Gehörs nach Art 103 I GG verstoßen hat, BGH BB **00**, 1808, Ffm IPRax **96**, 38, Hamm FamRZ **96**, 179.

Rechtsanwendung: Ein Verstoß gegen den deutschen ordre public kann *fehlen,* wenn das ausländische Gericht sein Recht nicht richtig erkannt oder angewendet oder fortentwickelt hat (Ausnahme Rechtsbeugung), Stgt FamRZ **73**, 39, Habscheid FamRZ **81**, 1144.

Rechtsbeugung: Ein Verstoß gegen den deutschen ordre public dürfte stets dann vorliegen, wenn das Urteil auf einer Rechtsbeugung beruht.

S aber auch „Rechtsanwendung".

Rechtshängigkeit: Ein Verstoß gegen den deutschen ordre public kann vorliegen, wenn das deutsche Gericht eine ausländische Rechtshängigkeit nicht beachtet hat, Hamm FamRZ **98**, 303, selbst wenn das ausländische Gericht das alles nicht kannte, Hamm FamRZ **93**, 190.

Rechtskraft: Rn 26.

Rechtsmißbrauch: Er ist auch hier unstatthaft, BayObLG FamRZ **02**, 1638.

Rechtsmittel: Ein Verstoß gegen den deutschen ordre public *fehlt,* wenn ihn bereits im Urteilsstaat ein Rechtsmittel beseitigt hat, Geimer NJW **73**, 2139, oder wenn man hätte ein Rechtsmittel einlegen können, KG FamRZ **04**, 277.

Rechtsstaat: Ein Verstoß gegen den deutschen ordre public kann vorliegen, wenn das Urteil nicht in einem geordneten rechtsstaatlichen Verfahren ergangen ist, BGH VersR **92**, 1284, BayObLG FamRZ **83**, 501, Düss FamRZ **82**, 535.

Rechtswahl: Ein Verstoß gegen den deutschen ordre public *fehlt,* soweit die Parteien niederländische Schutzvorschriften zur Zuständigkeit abbedungen haben, Köln VersR **98**, 736.

Restschuldbefreiung: S (jetzt) §§ 286 ff InsO.

Schadensersatz: Zur Problematik amerikanischer Schadensersatzurteile exzessiver Höhe Stiefel/Stürner VersR **87**, 829. 43

S auch Rn 39 „Grundlegende Unterschiede".

Schmerzensgeld: Ein Verstoß gegen den deutschen ordre public kann *fehlen,* wenn das Urteil zu einem so dem deutschen Recht nicht möglichen Ersatz eines immateriellen Schadens verpflichtet, LG Heilbr IPRax **91**, 262.

Selbständiges Beweisverfahren: Rn 41 „Pre-trial-discovery".

Spielschuld: Ein Verstoß gegen den deutschen ordre public kann vorliegen, wenn das Gericht eine Verurteilung zur Zahlung einer Spielschuld ausspricht, § 762 BGB, BGH NJW **75**, 1600.

Staatsimmunität: Ein Verstoß gegen den deutschen ordre public kann bei einem Auslandsurteil gegen Deutschland auf dessen Haftung wegen Kriegsverbrechen vorliegen, BGH **155**, 282 (zustm Geimer LMK **03**, 215).

Strafschadensersatz, dazu *Brockmeier* (bei Rn 30); *Merkt,* Abwehr der Zustellung von „punitive damages"-Klagen usw, 1995; *Mörsdorf-Schulte,* Funktion und Dogmatik US-amerikanischer punitive damages usw, 1999; *Müller,* Punitive Damages und deutsches Schadensersatzrecht, 2000; *Nodoushani* VersR **05**, 1313; *Rosengarten,* Punitive damages und ihre Anerkennung und Vollstreckung in der Bundesrepublik Deutschland, 1994; *Triadafillidis* IPRax **02**, 236 (ausf): Ein Verstoß gegen den deutschen ordre public kann vorliegen, wenn es um einen amerikanischen Strafschadensersatz („punitive damages") geht, BGH VersR **92**, 1287, Mü NJW **92**, 3113, großzügiger Rosengarten NJW **96**, 1938. Das ist ein weiterer Geldbetrag zusätzlich zum rein ausgleichenden Schadensersatz, soweit ein absichtliches, bösartiges, rücksichtsloses, rohes Fehlverhalten vorliegt, BGH RR **00**, 1373. Es geht neben dessen Bestrafung auch um die Verhinderung eines Racheakts, BGH RR **00**, 1373. Evtl soll schon die Zustellung der Klage in Deutschland verfassungswidrig sein, BVerfG **91**, 339 (mit Recht krit Juenger/Reimann NJW **94**, 3275), Zekoll/Rahlf JZ **99**, 387 (antitrust-treble-damages), aM Düss RR **07**, 640, KG OLGZ **94**, 587. Im übrigen kann aber die Anerkennung nach Z 4 möglich bleiben, Zekoll/Rahlf JZ **99**, 394. 44

S auch Rn 40 „Haftungsfolge".

Treu und Glauben: Rn 38 „Erschleichung".

Unerlaubte Handlung: Ein Verstoß gegen den deutschen ordre public kann vorliegen, wenn es um eine Abweichung des ausländischen Urteils von Art 38 EGBGB geht, BGH VersR **92**, 1286.

Untersuchungsgrundsatz: Rn 35 „Amtsermittlung".

Unzulässige Rechtsausübung: Rn 42 „Rechtsmißbrauch".

Verhältnismäßigkeit: Ein Verstoß gegen den deutschen ordre public kann vorliegen, wenn das Urteil auf einem Verstoß gegen das Gebot der Verhältnismäßigkeit der Mittel zum angestrebten Zweck beruht, LG Heilbr IPRax **91**, 262. 45

Wettschuld: Vgl Rn 43 „Spielschuld".

Zwingendes Recht: Ein Verstoß gegen den deutschen ordre public kann *fehlen,* wenn der ausländische Richter von zwingenden, aber nicht die deutsche Rechtsordnung geradezu tragenden Verfahrensregeln abgewichen ist. Dann kann freilich Z 3 vorliegen, BGH RR **91**, 1213, KG NJW **77**, 1017, LG Hbg FamRZ **93**, 1072.

S aber auch Rn 39 „Grundlegende Unterschiede".

9) Fehlen der Gegenseitigkeit, I Z 5 46

Schrifttum: *Doser,* Gegenseitigkeit und Anerkennung ausländischer Entscheidungen (§ 328 Abs. 1 Nr. 5 ZPO) usw, 1999; *Schütze,* Überlegungen zur Anerkennung und Vollstreckbarerklärung US-amerikanischer Zivilurteile in Deutschland usw, Festschrift für *Geimer* (2002) 1025.

A. Grundsatz: Weite Auslegung der Gegenseitigkeit. Ein ausländisches Urteil läßt sich nicht anerkennen, soweit die Gegenseitigkeit nicht verbürgt ist (Teilbarkeit, Rn 2). Das deutsche Gericht darf die Gegenseitigkeit aber nur dann prüfen, wenn kein Staatsvertrag eingreift, Rn 5. Z 5 hat neben den anderen Versagungsgründen eine selbständige Bedeutung. Wenn die Gegenseitigkeit nicht verbürgt ist, erfolgt selbst dann keine Anerkennung, wenn nach dem deutschen Internationalen Privatrecht dasjenige Recht anwendbar ist, dem das ausländische Gericht angehört, um dessen Urteil es sich handelt. Gemeint ist die sachliche Gegenseitigkeit, § 110 Rn 13: Die Prozeßlage darf im ausländischen Staat für Deutsche nicht ausnahmslos schlechter sein als umgekehrt, BGH **53**, 334 (abl Geimer NJW **70**, 2163, Schütze NJW **73**, 2144), insbesondere im Hinblick auf die Vollstreckbarkeit, BGH **59**, 121.

Jedoch darf man keinen formalen und kleinlichen Maßstab anlegen. Vielmehr ist eine differenzierende und *großzügige Auffassung* des Begriffs der Gegenseitigkeit ratsam, BGH **52**, 256. Eine völlige Übereinstimmung des Anerkennungsrechts kann man ohnehin nicht verlangen. Man kann nur bei einer Gesamtwürdigung im wesentlichen gleichwertige Bedingungen für die Vollstreckbarkeit fordern, BGH NJW **01**, 524, Köln FamRZ **95**, 307, Saarbr IPRax **01**, 456. Dabei muß man insbesondere darauf achten, welches Gewicht die einzelne Rechtsungleichheit in der Anerkennungspraxis hat. Die Vorschrift ist verfassungsgemäß, BVerfG **30**, 409. Wer die Anerkennung im Inland erstrebt, muß die Verbürgung der Gegenseitigkeit beweisen, BGH MDR **99**, 1084.

B. Einzelheiten. Die Gegenseitigkeit läßt sich also nur dann verneinen, wenn nennenswerte Erschwerungen vorliegen. Das kann zB bei einem ausländischen Jurisdiktionsprivileg vorliegen, BGH **53**, 334. Die Gegenseitigkeit ist trotzdem vorhanden, falls sich die ausländische Partei bei einer umgekehrten Rolle nicht auf ihr Jurisdiktionsprivileg berufen könnte, zB wegen eines Verzichts oder wegen einer rügelosen Einlassung, BGH **59**, 123 (Frankreich). Man muß eine Gegenseitigkeit verneinen: Bei einer unbeschränkten sachlichen Nachprüfung, révision au fond, irgendwelcher Art (sie ist in Frankreich entfallen, BGH **59**, 123); wenn das ausländische Gericht die sachliche Zuständigkeit nachprüft, da darin eine Nachprüfung der Entscheidung liegt. Etwas anderes gilt daher, wenn es sich um eine bloße Formalität ohne eine besondere Bedeutung handelt. Grundsätzlich gibt es keinen Unterschied zwischen einer zusprechenden und einer abweisenden Entscheidung, Schütze NJW **73**, 2145. Es kommt trotz der Berücksichtigung der Einzelumstände wesentlich auf die grundsätzliche Anerkennung eines gleichartigen inländischen Urteils an. 47

Die *praktische Handhabung* entscheidet. Wenn keine Praxis besteht, kommt es auf das Anerkennungsrecht des Urteilsstaats an, LG Mü JZ **76**, 610. Die Verbürgung der Gegenseitigkeit ist trotz § 561 in der Revisionsinstanz nachprüfbar. Denn diese Frage betrifft nicht den Tatbestand des Einzelfalls, § 549 Rn 6. Die Frage, was das fremde Recht bestimmt, ist nur eine Vorfrage der Verbürgungsfrage. Für die Prüfung, ob die Gegenseitigkeit verbürgt ist, ist der Zeitpunkt der Anerkennung maßgeblich, aM Schütze DB **77**, 2129 (aber das ist der einfachste, vernünftigste Anknüpfungszeitpunkt). Vgl die Übersicht über die Gegenseitigkeit im Anh § 328. Zur Vollstreckbarkeit von Entscheidungen, die in einem Vertragsstaat anerkannt sind, Rn 11, 12.

48 **10) Nichtvermögensrechtlicher Anspruch: Maßgeblichkeit des inländischen Rechts, II**

Schrifttum: *Arnold/Haecker,* Die Befreiung von der Beibringung des Ehefähigkeitszeugnisses und die Anerkennung ausländischer Entscheidungen in Ehesachen, 1985; *Basedow,* Die Anerkennung von Auslandsscheidungen, 1980; *Haecker,* Die Anerkennung ausländischer Entscheidungen in Ehesachen, 2. Aufl 2000; *Hausmann,* Die kollisionsrechtlichen Schranken der Gestaltungskraft von Scheidungs-Urteilen, 1980; *Helms* FamRZ **01**, 257 (Üb); *Lüderitz,* „Talâq" vor deutschen Gerichten, Bestandsaufnahme, Festschrift für *Baumgärtel* (1990) 333; *Schwenn,* Anerkennung ausländischer Eheurteile, in: *Beitzke,* Vorschläge und Gutachten zur Reform des deutschen Personen-, Familien- und Erbrechts (1981) 134.

Wenn ein Urteil einen nichtvermögensrechtlichen Anspruch nach Üb 11 vor § 1 betrifft, muß man es trotz Z 5 anerkennen, wenn nach dem inländischen Recht ein inländischer Gerichtsstand fehlte, vgl auch § 40 II. Der Haupt-Streitgegenstand entscheidet, die Kostenentscheidung folgt. Wenn die Gegenseitigkeit fehlt, könnte theoretisch ein Vergeltungsrecht anwendbar sein, § 24 EG ZPO. Bisher gibt es dergleichen allerdings nicht.

(Rn 49 ff betrafen den aufgehobenen Art 7 § 1 FamRÄndG, jetzt § 107 FamFG, abgedruckt und erläutert hinter dem EGZPO).

Anhang nach § 328
Verbürgung der Gegenseitigkeit nach § 328 I Z 5

Vgl auch Einl IV Vorbem. Die nachstehende Übersicht gibt keine abschließende Darstellung, sondern nur eine erste Orientierung.

Wegen der EuGVVO Einl IV 2 und SchlAnh V C 2. Es bedeuten: *„ja"*: die Gegenseitigkeit ist verbürgt; *„nein"*: die Gegenseitigkeit ist nicht verbürgt. „Kosten" meint die dem Kläger oder seinem Streithelfer auferlegten. Vgl auch *Börner,* Die Anerkennung und Vollstreckung ausländischer Titel in den arabischen Staaten, 1996; *Bülow/Böckstiegel/Geimer/Schütze,* Der internationale Rechtsverkehr in Zivil- und Handelssachen (Loseblattsammlung), 3. Aufl seit 1990 (BBGS/Bearbeiter); *Geimer/Schütze,* Internationale Urteilsanerkennung, Band I 2. Halbband (Allgemeine Grundsätze und autonomes deutsches Recht) 1984; *Haecker,* Die Anerkennung ausländischer Entscheidungen in Ehesachen, 1989; *Martiny,* Anerkennung ausländischer Entscheidungen nach autonomem Recht, in: Handbuch des Internationalen Zivilverfahrensrechts Bd III/1 (1984) 581, zit nach Rn; *Möllring,* Anerkennung und Vollstreckung ausländischer Urteile in Südamerika, 1985; *Schütze,* Die Geltendmachung deutscher Urteile im Ausland – Verbürgerung der Gegenseitigkeit, 1977; *Sturm,* Gelten die Rechtshilfeverträge der DDR fort?, Festschrift für *Serick* (1992) 351; vgl dazu auch SchlAnh V Üb 3. Wegen Ehesachen vgl § 606 a.

1 **Ägypten** ja, Ffm WertpMitt **87**, 276, Nagel ZZP **95**, 369, Schütze AWD **69**, 437
Äthiopien nein, Arnold AWD **68**, 309, aM Martiny 1320
Afghanistan nein, Krüger IPRax **85**, 152
Albanien nein
Algerien maßgeblich ist der französisch-algerische Vollstreckungsvertrag von 1964, Nagel ZZP **95**, 369, abw Martiny 1312, aM Krüger, in: Böckstiegel (Hrsg), Vertragspraxis und Streiterledigung im Wirtschaftsverkehr mit arabischen Staaten (1981) 49 (nein); vgl BGH NJW **68**, 837
Andorra wohl jetzt ja, BBGS/Rau, Martiny 1313, Maus RIW **81**, 151
Angola nein
Antigua/Barbuda ja, BGH **42**, 194 (Südafrika), BBGS/Schütze
Arabische Emirate, Vereinigte: nein, Krüger RIW **93**, 385 und IPRax **98**, 129
Argentinien jetzt ja, BBGS/Piltz, Martiny 1317 ff, Weinberg IPRax **86**, 318
Armenien nein, Meyer WiRO **97**, 216, aM Schütze NJW **95**, 497
Asserbaidschan nein
Australien grds je Staat gesonderte Regelung, Schütze RIW **78**, 780; ja für Australian Capital Territory, New South Wales, Northern Territory, Southern Australia, Tasmania, Martiny 1321 ff; im übrigen grds nein, da möglicherweise eine sachliche Nachprüfung stattfindet, aM Martiny 1321 ff, MüKoGo 100; jedoch ja auch für Victoria und Western Australia, vgl die oder in Council, Gouvernement Gazette **73**, 85 sowie Patchett, Recognition of Commercial Judgments and Awards in the Commonwealth, 1984, 77 ff
Bahamas ja
Bahrain ja

2 **Bangla Desh** ja, aber zeitlich begrenzt, Schütze NJW **73**, 2144, aM BBGS/Otto, Martiny 1333 (ja ohne Versäumnisurteil)
Barbados ja beim Unterhalt, UN-UnterhÜbk
Belarus ja, Art 17 HZPrÜbk, Meyer WiRO **97**, 216, aM ZöGei Anh IV
Belgien ja für die Kosten, Art 18, 19 HZPrÜbk, SchlAnh V. Wegen der EuGVVO SchlAnh V C
Belize ja
Benin nein
Bhutan nein, Schütze JR **61**, 498
Birma ja, Martiny 1339 (binnen 6 Jahren; ohne Verstäumnisurteil)

Bolivien nein, abw Martiny 1340 (ja ohne dingliches Recht in Bolivien)

Bosnien-Herzegowina wegen nachehelichen Unterhalts Hamm RR **95**, 520, nein im übrigen, Köln IPRax **96**, 268, aM LG Darmst IPRax **07**, 49 (zustm Pürner 34)

Botswana ja, Martiny 1341, Schütze JR **78**, 55

Brasilien ja, Martiny 1342; im notwendigen Anerkennungsverfahren vor dem Supreme Tribunal Federal findet eine dem § 328 ähnliche Nachprüfung statt, also nicht eine sachlichrechtliche; abw BBGS/Samtleben (evtl Unterwerfung nötig)

British Columbia ja, Schütze JR **01**, 443

Bulgarien jetzt grds ja, BBGS/Jessel-Holst, Martiny 1343 (nach Art 303 bulgar ZPO genügt eine tatsächliche, förmlich festgestellte Gegenseitigkeit) 3

Burkina Faso zweifelhaft, Geimer/Schütze 1883, aM Martiny 1453

Burundi ja

Chile nein, aM MüKoGo 101, StJSchu 274, ZöGei Anh IV

China (Volksrepublik) jetzt wohl ja, KG SchiedsVZ **07**, 100, BBGS/Schütze, Ma Lin IPRax **97**, 57, aM Martiny 1345, Münzel RIW **97**, 73; Taiwan ja, Art 402 Rules of Civil procedure, BBGS/Etgen, Geimer/Schütze Bd I Halbbd 2 § 246, Martiny 1346. Hongkong s dort

Ceylon s Sri Lanka

Costa Rica ja, StJSchu 274

Cuba nein, aM Martiny 1423, MüKoGo 101, StJSchu 274, zweifelnd ZöGei Anh IV

Dänemark ja gemäß königlicher Anordnung v 13. 4. 38, deutsche Übersetzung BAnz Nr 105/53, BGH **22**, 27, Schütze ZZP **90**, 71, Kosten gemäß Art 18, 19 HZPrÜbk, SchlAnh V A. Wegen der EuGVVO SchlAnh V C 4

Frühere Deutsche Demokratische Republik Einl III 77; zur Problematik Sturm (s oben) 367

Dominica (kleine Antillen) ja, MüKoGo 102

Dominikanische Republik nein

Dubai nein

Ecuador ja, Art 451 Code de proc civ, StJSchu 276 5

Elfenbeinküste ja, Schütze AWD **74**, 458

El Salvador nein, aM Martiny 1355, MüKoGo 103 (ja ohne Versäumnisurteil), ZöGei Anh IV

Estland wegen der EuGVVO SchlAnh V C

Fidschi ja für Zahlungsurteile, Martiny 1356

Finnland ja für die Kosten, Art 18, 19 HZPrÜbk, SchlAnh V A, nein im übrigen, da eine Anerkennung nur beim Vorliegen eines Staatsvertrags erfolgt, aM MüKoGo 104 6

Frankreich vgl zunächst die EuGVVO, SchlAnh V C 2. Die Gegenseitigkeit ist im übrigen grundsätzlich zu bejahen. Auf eine révision au fond hat der CassHof seit dem Urteil v 7. 1. 64, Rev crit de dr int pr **64**, 344 (mit Note Batiffol), verzichtet, RabelsZ **65**, 405, und ist damit der Ansicht der Cour d'appel Paris, RabelsZ **57**, 533 unter Aufgabe der früheren Rechtsprechung beigetreten.

Die *Nachprüfung* erstreckt sich jetzt nur noch auf ähnliche Voraussetzungen wie bei § 328 I. Wenn das französische Gericht auch die Ordnungsmäßigkeit des ausländischen Verfahrens entsprechend dem angewandten Recht nachprüft, so dürfte das nicht wesentlich über § 328 I Z 2 hinausgehen, wie auch die Prüfung, ob das in der ausländischen Entscheidung angewandte Recht dem französischen Kollisionsrecht entspricht, als eine erweiterte ordre-public-Erwägung angesehen werden muß, Saarbr NJW **88**, 3100, Raape/Sturm IPR 139. Das hat auch BGH **50**, 109 (Anm Mormann **LM** Nr 20, Geimer NJW **68**, 2198, Mezger ZZP **82**, 306) bei der Vereinbarung eines französischen Gerichtsstandes für Vertragssachen anerkannt.

Die Verbürgung der Gegenseitigkeit wird wohl von der deutschen Seite, BGH **53**, 332 (Anm Geimer NJW **70**, 2163), *nicht* aber von der *französischen* Seite verlangt. Das von BGH **42**, 197 aufgestellte Erfordernis, die Vollstreckung eines deutschen Urteils dürfe im anderen Land auf keine größeren Schwierigkeiten stoßen als die Vollstreckung im umgekehrten Falle, dürfte also erfüllt sein.

Ein französisches Urteil ist *nicht* anzuerkennen, wenn ein deutsches Urteil entsprechenden Inhalts in Frankreich wegen des dort geltenden sogenannten Jurisdiktionsprivilegs (Art 14, 15 code civil, dazu zB Geimer NJW **76**, 442) nicht anerkannt würde, BGH **53**, 332, Schütze JR **85**, 457. Das gleiche gilt für sogenannte Garantieurteile, BGH **LM** § 723 Nr 6, Karlsr NJW **74**, 1059, vgl Milleker ZZP **84**, 91, Geimer ZZP **85**, 196. Ja für Kosten, Artt 18, 19 HZPrÜbk, SchlAnh V.

Gabun nein 7

Gambia nein

Georgien zweifelhaft, Meyer WiRO **97**, 216, großzügiger BBGS/Schütze 1041

Ghana nein

Griechenland ja, BBGS/Kerameus. Wegen der EuGVVO SchlAnh V C

Großbritannien einschließlich Schottland und Nordirland ja im Rahmen des Abk v 14. 7. 60, Einl IV 8, SchlAnh V B 5, im Ergebnis ebenso BBGS/Schütze. Wegen der EuGVVO SchlAnh V C

Guatemala nein, ZöGei Anh IV, aM Martiny 1372 (ja ohne Versäumnisurteil)

Guernsey, Jersey: Grds ja, Balthasar IPRax **07**, 478

Guyana nein

Haiti grds nein, jedoch ja beim Unterhalt, UN-UnterhÜbk, MüKoGo 105 8

Honduras nein, ZöGei Anh IV, abw MüKoGo 106 (ja ohne Versäumnisurteil)

Hongkong ja wie früher Großbritannien, Bek v 13. 8. 73, BGBl II 1306, Arnold AWD **74**, 135, Schütze RIW **82**, 722. Die frühere Regelung gilt zumindest im Ergebnis überwiegend fort, Z 2 a, 7 der Ord.No. 110 of 1997 der Hong Kong Reunification-Gesetzgebung, BJM v 29. 9. 97 I A 4 Bln – 9341 C 2 a – 54 099 3/97, Luthra RIW **97**, 625, aM Drobnig/Ferid/Kegel, Gutachten zum Internationalen und Ausländischen Privatrecht, Baden-Baden 1997; natürlich bleibt die Entwicklung abzuwarten

Indien im Ergebnis ja, BGH **42**, 195 ff, BBGS/Otto (ohne Versäumnisurteil), aM Martiny 1379 ff, Schütze NJW **73**, 2144

9 **Indonesien** ungeklärt, strenger Karlsr RIW **97**, 689 (nein)
Irak nein, Krüger IPRax **88**, 182
Iran nein, ZöGei Anh IV, da eine sachliche Nachprüfung stattfindet, aM Martiny 1387
Irland Vgl zunächst wegen Nordirland bei „Großbritannien". Im übrigen ja wegen der Kosten, Art 18, 19 HZPrAbk, Einl IV 3, SchlAnh V A; ja, auch im übrigen, MüKoGo 107. Wegen der EuGVVO SchlAnh V C
Island ungeklärt, aM ZöGei Anh IV (ja), MüKoGo 107, StJSchu 280 (je: ja), Schütze NJW **73**, 2144 (grds ja, aber nein wegen Versäumnisurteile), BBGS/Stefánsson (nein). Wegen der EuGVVO SchlAnh V C
Israel weitgehend ja, Art 1 dt-israelischer Vertrag, SchlAnh V B 9 (wegen der Ausnahmen dort Art 4), dort auch wegen des AusfG und des insoweit jetzt maßgeblichen AVAG, SchlAnh V D. Ja zusätzlich wegen der Kosten, Art 18, 19 HZPrAbk, Einl IV 3
Italien grds ja, Versäumnisurteil evtl nein, AG Garmisch-Partenkirchen NJW **71**, 2135, Schütze NJW **73**, 2144. Wegen der EuGVVO SchlAnh V C
Jamaika ja, aM ZöGei Anh IV (nein)
10 **Japan** jetzt ja, BBGS/Schütze, Menkhaus RIW **88**, 192, Nagata RIW **76**, 209, Nagel, Die Anerkennung usw, Festschrift für das Institut für Rechtsvergleichung der Waseda Universität (Tokio 1988) 797
Jemen zweifelhaft, Krüger RIW **93**, 471, Nagel ZZP **95**, 370, strenger MüKoGo 108 (nein)
Jordanien ja, Geimer/Schütze I/2 1851, Martiny 1396, Schütze RIW **77**, 766, aM Nagel IZPR VIII 48 (nein)
Jugoslawien (früheres) ja für die Kosten, Art 18, 19, HZPrÜbk, Einl IV 3, wohl auch im übrigen, Düss FamRZ **82**, 631, LG Mü NJW **75**, 1609 und JZ **76**, 610, AG Singen FamRZ **02**, 114 (zustm Jessel-Holst), Lipowschek RabelsZ **85**, 460, Rauscher IPRax **92**, 16, Varady RabelsZ **87**, 632; aM BGH NJW **76**, 800 und wegen einer Widerklage LG Bonn NJW **74**, 429. Das alles mag freilich derzeit unklar sein
11 **Kamerun** nein
Kanada scheinbar ja, Art 3155 des seit 1. 1. 94 geltenden Code Civil; in Wahrheit wohl nein, denn nach Art 3155 IV c.c. könnte der in der BRep verklagte Bürger durch eine, wenn auch unzulässige, Klage vor einem Gericht in Québec die Vollstreckbarkeit des deutschen Urteils unterlaufen; nein jedenfalls vorher, LG Hbg FamRZ **94**, 403, auch für die Provinz Québec (wegen révision au fond); sonst BGH NJW **01**, 524 (ja für British Columbia), KG FamRZ **88**, 643, Martiny 1410, in der Provinz Saskatchewan ähnlich Großbritannien; insgesamt abw BBGS/Bachmann, MüKoGo 109
Kap Verde teilweise ja, Schütze JR **89**, 325, ja beim Unterhalt, UN-UnterhÜbk, aM ZöGei Anh IV (nein)
Kasachstan nein, Meyer WiRO **97**, 216, ZöGei Anh IV, aM Schütze NJW **95**, 497
Katar: S „Quatar"
Kenia ja für ein Zahlungsurteil, soweit es sich um ein Sachurteil handelt, Martiny 1415 (ohne Versäumnisurteil), Schütze JR **85**, 54
Khmer (Rep) nein
Kirgisistan nein, Meyer WiRO **97**, 216, ZöGei Anh IV, aM Schütze NJW **95**, 216
12 **Kolumbien** nein, aM Martiny 1418
Kongo: (früher: Zaire) ja, Martiny 1573 (noch zu Zaire), aM ZöGei Anh IV (nein)
Korea, Republik (Südkorea) ja, BBGS/Stiller, Martiny 1421
Kroatien ja
Kuba ja
Kuwait im Zweifel nein, Krüger RIW **83**, 809, aM ZöGei Anh IV (ja)
Lesotho nein
Lettland wegen der EuGVVO SchlAnh V C
Libanon ja wegen der Kosten, Art 18, 19 HZPrÜbk; sonst nein (wegen sachlicher Überprüfung), Martiny 1421, aM Schütze RIW **77**, 761 (ja)
Liberia jetzt ja, Martiny 1428, Schütze RIW **87**, 599
Libyen nein, Geimer/Schütze I/2 1867, Nagel ZZP **95**, 370 (die Lage sei ungeklärt), ZöGei Anh IV, aM StJSchu 283 (ja)
Liechtenstein ja beim Unterhalt, MüKoGo 110, sonst nein (wegen sachlicher Überprüfung), BGH DB **77**, 718, Martiny 1427, StJSchu 283
Litauen ja, da die litauischen Gerichte jetzt den Art 481 litauischer ZPO dahin auslegen, daß statt des dort an sich geforderten, nicht existenten Staatsvertrags die tatsächliche Gegenseitigkeit genügt, Mitt BMJ v 25. 2. 02 – I A 4 – 9341 L 4 – 13 1350/01 –, auch abgedruckt in IPRax **02**, 252. Wegen der EuGVVO SchlAnh V C
Luxemburg ja für die Kosten, Art 18, 19 HZPrÜbk, SchlAnh V A, im übrigen nein, da eine sachliche Nachprüfung stattfindet, aM BBGS/Harles/Kohler. Wegen der EuGVVO SchlAnh V C
13 **Madagaskar** nein, Martiny 1432
Malawi ja, aM ZöGei Anh IV (nein)
Malaysia ja für ein Zahlungsvorteil, sonst nein, BBGS/Schütze, Schütze JR **84**, 274
Mali nein, BBGS/Schütze, Schütze JR **85**, 457
Malta vor dem 1. 5. 04 nein, Martiny 1437, Schütze AWD **65**, 84. Wegen der EuGVVO SchlAnh V C
Marokko grds ungeklärt, Nagel ZZP **95**, 370, aM BBGS/Rauscher, ZöGei Anh IV (grds ja); grds ja beim Unterhalt, UN-UnterhÜbk; nein bei einem Unterhaltsurteil gegen den nichtehelichen Vater, Schütze NJW **73**, 2144
Mauretanien: zweifelhaft, Krüger RIW **90**, 990
Mauritius ja, BBGS/Otto
Mazedonien ja
Mexiko ja, Martiny 1441; aber ausgenommen der Bereich der mexikanischen Bundesgerichtsbarkeit
Moldau ja, Art 17 HZPrÜbk, Meyer WiRO **97**, 216, aM ZöGei Anh IV (nein)
Monaco ja (außerhalb von Gerichtsstandsprivilegien), Martiny 1442, MüKoGo 111 (die EuGVVO gilt nicht), aM ZöGei Anh IV (nein)

Mongolei nein
Nepal nein
Neuseeland noch nein, aM BBGS, Martiny 1447 (ja für Zahlungsurteil); jedoch ist eine Regelung zwischen beiden Staaten von der neuseeländischen Regierung angeregt worden. Bis zu ihrem Erlaß ist eine „order in council" (Entscheidung des neuseeländischen Exekutivrats, der sich aus Kabinettsmitgliedern zusammensetzt) erforderlich; sie setzt eine Anerkennung neuseeländischer Entscheidungen in der BRep voraus **14**
Nicaragua ungeklärt, aM Martiny 1448 (ja)
Niederlande ja für die Kosten, Art 18, 19 HZPrÜbk. Wegen der EuGVVO SchlAnh V C
Nigeria wohl ja
Norwegen ja für die Kosten, Art 18, 19 HZPrAbk, Einl IV 3, vgl im übrigen den deutsch-norwegischen Vertrag v 17. 6. 77, BGBl **81** II 342, dazu SchlAnh V B 10
Österreich ja, wegen der EuGVVO SchlAnh V C **15**
Oman nein, Krüger IPRax **98**, 129
Pakistan nein, BBGS/Otto, aM Martiny 1456, Schütze NJW **73**, 2144 (ja, aber zeitlich begrenzt) **16**
Panama jetzt ja (ohne Versäumnisurteil), Martiny 1457
Papua-Neuguinea ja, MüKoGo 114
Paraguay grds ja, StJSchu 288, aber nein wegen Versäumnisurteil, Schütze NJW **73**, 2144
Peru ja, AG Hbg RR **86**, 374, Samtleben RabelsZ **85**, 515, StJSchu 287, aM Martiny 1460
Philippinen ja beim Unterhalt, UN-UnterhÜbk, MüKoGo 114; im übrigen nein (wegen sachlicher Überprüfung)
Polen seit 1. 7. 96 grds weitgehend ja, Art 17 HZPrÜbk, Drsd IPRspr **99**, 153, Karlsr RR **99**, 82, LG Mü – 11 O 2823/96 – v 9. 4. 97, Bytomski FamRZ **97**, 986 (ausf, auch zum deutschen Vorbehalt betr Unterhalt), Meyer WiRO **97**, 217 (ausf). Wegen der EuGVVO SchlAnh V C
Portugal, dazu Arnold AWD **70**, 550: Ja wegen der Kosten, Art 18, 19 HZPrAbk, Einl IV 3, SchlAnh V A; auch im übrigen teilweise ja, Schütze JR **89**, 325. Wegen der EuGVVO SchlAnh V C
Puerto Rico ja, LG Heilbr IPRax **91**, 262 **17**
Quatar wohl ja, Krüger RIW **91**, 1008, aM ZöGei Anh IV (nein)
Rumänien ja, Hamm IPRax **86**, 234, LG Mainz IPRspr **86**, Nr 169, Böhmer IPRax **86**, 217, StJSchu 289
Russische Föderation, dazu *Gerasimchuk,* Die Anerkennung und Vollstreckung von zivilrechtlichen Urteilen im deutsch-russischen Rechtsverkehr, 2007: ja, Art 17 HZPrÜbk, Meyer WiRO **97**, 215, aM ZöGei Anh IV (nein)
Rwanda ja, Schütze JR **86**, 99
Sambia ja, aM ZöGei Anh IV (nein)
San Domingo s Dominikanische Republik
San Marino nein, ZöGei Anh IV, aM Martiny 1469, MüKoGo 116 (die EuGVVO gilt nicht) **18**
Saudi Arabien nein, Krüger RIW **90**, 113 ff, Schütze RIW **84**, 262
Schweden ja, Schütze RIW **83**, 417, wegen der Kosten, Art 18, 19 HZPrÜbk, SchlAnh V A, sonst nein, da ein Staatsvertrag fehlt, ähnlich BBGS/Pålsson, Martiny 1472
Schweiz ja, deutsch-schweizerisches Anerkennungs- und Vollstreckungsabkommen, SchlAnh V B 1, abw Stürner Festschrift für Schwab (1990) 472 ff (nur teilweise). Wegen des LugÜbk SchlAnh V D
Senegal grds ja, Martiny 1474, Schütze RIW **85**, 778
Serbien: [bisher] ja wegen der Republik, Düss RR **93**, 137
Sierra Leone nein
Simbabwe ja
Singapur zweifelhaft, vgl Mitt der Bundesstelle für Außenhandelsinformation, Köln, Postfach, Nr 36 von März 81, aM BBGS/Schütze, Schütze RIW **82**, 722, ZöGei Anh IV (ja)
Slowakei ja. Wegen der EuGVVO SchlAnh V C
Slowenien grds. ja, Artt 94 ff G Nr 56/99, IPrax **03**, 163 (ausführliche Regelung). Wegen der EuGVVO SchlAnh V C
Somalia nein
Sowjetunion, frühere nein
Spanien ja wegen der Kosten, Art 18, 19 HZPrAbk, Einl IV 3. Wegen der EuGVVO SchlAnh V C
Sri Lanka (Ceylon) ja, BBGS/Otto, Martiny 483
Sudan teilweise ja, Schütze RIW **91**, 818
Südafrikanische Union, dazu *Döser,* Gegenseitigkeit und Anerkennung usw (Südafrika), 1999; teilweise, BGH **42**, 197, **52**, 251
Surinam nein
Syrien ja, BGH **49**, 50, Hamm RIW **87**, 467, Kaiser RIW **85**, 206, Nagel ZZP **95**, 369, aM Börner (vor Rn 1) 423 (keineswegs sicher ja) **19**
Swasiland nein
Taiwan s China
Tansania nein
Thailand nein, BGH VersR **74**, 471
Togo nein
Trinidad nebst Tobago nein
Tschad nein
Tschechische Republik ja, Bek JM der Tschechischen Republik v 21. 8. 01, IPRax **03**, 83. Wegen der EuGVVO SchlAnh V C
Türkei ja wegen der Kostenentscheidung gegen den abgewiesenen Kläger, Art 3, 4 deutsch-türkisches Abkommen, Einl IV 6, im übrigen seit 22. 11. 82 ja, Art 34–45 türkisches IPR-Gesetz Nr 2675, Nürnb IPRax **84**, 162, Oldb FamRZ **84**, 1096 (sein Art 46 hat den vorher entsprechenden Art 540 des

türkischen ZPG aufgehoben; das übersieht noch Brschw NJW **84**, 2767), AG Gummersbach RR **86**, 1392, Henrich IPRax **91**, 136

Tunesien, ja, deutsch-tunesisches Anerkennungs- und Vollstreckungsabkommen, Einl IV 8, SchlAnh V B 8, Nagel ZZP **95**, 369

Uganda ja, soweit es um ein Zahlungsurteil geht, vgl BGH **42**, 195 (Südafrika), BBGS/Knieper

Ukraine nein, Meyer WiRO **97**, 216, ZöGei Anh IV, aM Schütze NJW **95**, 497

20 **Ungarn** ja bei einem Urteil, das nach dem 26. 2. 92 rechtskräftig geworden ist, Bek v 29. 7. 92, BGBl II 598; im übrigen wohl ebenfalls ja, BBGS/Kengyel. Wegen der EuGVVO SchlAnh V C

Uruguay ja, Martiny 1508

Usbekistan nein

21 **Vatikan** ja

Venezuela nein, im Ergebnis auch Martiny 1511

Vereinigte Arabische Emirate nein, Krüger IPRax **01**, 376

Vereinigtes Königreich s Großbritannien

22 **Vereinigte Staaten,** dazu *Schütze,* Deutsch-amerikanische Urteilsanerkennung, 1992: Für jeden Staat besonders zu prüfen, Schütze JR **86**, 180; vgl auch Schütze, Die Anerkennung ... in Produkthaftungssachen usw, in: Festschrift für Nagel (1987) 392; derselbe, Die Anerkennung und Vollstreckbarerklärung US-amerikanischer Zivilurteile, die nach einer pre-trial-discovery ergangen sind, in der BRep, Festschrift für Stiefel, 1987; zB ja wegen Alabama, Schütze JR **87**, 280; ja wegen Alaska, Schütze JR **88**, 9; eingeschränkt ja wegen Arizona, Schütze JR **87**, 186; ja wegen Arkansas, Schütze JR **87**, 499; ja wegen Colorado, Schütze JR **89**, 236; ja wegen Columbia, Schütze JR **89**, 190; ja wegen Connecticut, Schütze JR **87**, 366; ja wegen Delaware, Schütze JR **88**, 104; ja wegen Florida, Hamm RR **95**, 511, Schütze JR **87**, 59, aM ZöGei Anh IV; ja wegen Georgia, Schütze JR **88**, 60; ja wegen Hawaii, Schütze JR **88**, 142; ja wegen Idaho, Schütze JR **90**, 325; ja wegen Illinois, Schütze JR **86**, 365, aM Hbg RIW **97**, 688; ja wegen Indiana, Schütze JR **88**, 323; ja wegen Iowa, Schütze JR **88**, 449; ja wegen Kalifornien, BGH VersR **92**, 1285; ja wegen Kansas, Schütze JR **89**, 57; ja wegen Kentucky, Schütze JR **88**, 276; ja wegen Louisiana, Schütze JR **88**, 230; ja wegen Maine, Schütze JR **87**, 102; ja wegen Maryland, Schütze JR **87**, 232; ja wegen Massachusetts, LG Bln DB **89**, 2120, im wesentlichen ebenso Schütze JR **90**, 365; ja wegen Michigan, Schütze JR **88**, 499; ja wegen Minnesota, Schütze JR **90**, 416; nein wegen Mississippi, Schütze JR **90**, 457; ja wegen Missouri, Schütze JR **90**, 59; Montana: ja für in rem judgments (bei Statusentscheidungen weitgehend bedeutungslos), nein für in personam judgments, Schütze JR **86**, 275; ja wegen Nebraska, Schütze JR **89**, 410; ja wegen Nevada, Schütze JR **89**, 367; ja im Ergebnis wegen New Hampshire, Schütze JR **90**, 235; ja wegen New Jersey, Schütze JR **88**, 366; ja wegen New Mexico, Schütze JR **89**, 459; ja wegen eines New Yorker Exequaturteils, BGH NJW **84**, 2765, und auch sonst bei New York, Schütze JR **86**, 324 mwN; ja wegen North Carolina, Schütze JR **86**, 404; wegen North Dakota: beim Zahlungsurteil streitig, nein beim Unterhaltstitel, im übrigen ja, Schütze JR **87**, 447; ja wegen Ohio, Schütze JR **88**, 195 (vgl auch 406); ja wegen Oklahoma, Schütze JR **89**, 7; ja wegen Zahlungsurteilen, im übrigen nein wegen Oregon, Schütze JR **87**, 319; ja wegen Pennsylvania, Schütze JR **90**, 191; ja wegen Rhode Island, Schütze JR **90**, 102; ja wegen South Carolina, Schütze JR **90**, 279; ja (zum Teil zeitlich eingeschränkt) für South Dakota, Schütze JR **88**, 406; ja wegen Tennessee, Schütze JR **89**, 278; ja wegen Texas, Schütze JR **87**, 405; ja wegen Utah, Schütze JR **87**, 143; ja wegen Vermont, Schütze JR **89**, 499; im Grundsatz ja wegen Virginia, jedoch bei einem Zahlungsurteil nur im Rahmen der zeitlichen Grenze von 10 Jahren, Schütze JR **90**, 149. Vgl auch bei „Westvirginia"; ja wegen Washington, Schütze JR **87**, 10; im Ergebnis ja für Westvirginia, Schütze JR **89**, 103. Vgl auch bei „Virginia"; ja für Wisconsin, Schütze JR **89**, 146; ja wegen Wyoming, Schütze JR **86**, 445; ja wegen der Anerkennung ausländischer Urteile in den Staaten der USA, Deutsch ZZP **71**, 321, Peterson, Anerkennung ausländischer Urteile im amerikanischen Recht, 1964 (Arbeiten zur Rechtsvergleichung Nr 18).

Weißrußland nein

Zaire nein

Zentralafrikanische Republik ja beim Unterhalt, UN-UnterhÜbk, und auch sonst, BBGS/Knieper

Zypern ja, Martiny 1575, MüKoGo 120, aM Schütze AWD **65**, 311, ZöGei Anh IV. Wegen der EuGVVO SchlAnh V C

329 ***Beschlüsse und Verfügungen.*** **I 1 Die auf Grund einer mündlichen Verhandlung ergehenden Beschlüsse des Gerichts müssen verkündet werden. 2 Die Vorschriften der §§ 309, 310 Abs. 1 und des § 311 Abs. 4 sind auf Beschlüsse des Gerichts, die Vorschriften des § 312 und des § 317 Abs. 2 Satz 1, Abs. 3 bis 5 auf Beschlüsse des Gerichts und auf Verfügungen des Vorsitzenden sowie eines beauftragten oder ersuchten Richters entsprechend anzuwenden.**

II 1 Nicht verkündete Beschlüsse des Gerichts und nicht verkündete Verfügungen des Vorsitzenden oder eines beauftragten oder ersuchten Richters sind den Parteien formlos mitzuteilen. 2 Enthält die Entscheidung eine Terminsbestimmung oder setzt sie eine Frist in Lauf, so ist sie zuzustellen.

III Entscheidungen, die einen Vollstreckungstitel bilden oder die der sofortigen Beschwerde oder der Erinnerung nach § 573 Abs. 1 unterliegen, sind zuzustellen.

Schrifttum: *Ehrlein,* Die Begründungspflicht für erstinstanzliche zivilprozessuale Beschlüsse im Erkenntnisverfahren, Diss Tüb 1987; *Fraga Novelle,* Die Wirkung der Beschlüsse im Zivilprozeßrecht, 2000; *Lücke,* Begründungszwang und Verfassung, 1987; *Peters,* Die Bestandskraft von Beschlüssen usw, Festschrift für *Geimer* (2002) 811; *Pochmarski,* Beschluss und Rekurs in der ZPO usw, 2006; *Schindler,* Rechtskraft und Innenbindung von Beschlüssen nach der ZPO-Reform, 2006; *Waldner,* Aktuelle Probleme des rechtlichen

Gehörs (1983) 111; *Werner,* Rechtskraft und Innenbindung zivilprozessualer Beschlüsse im Erkenntnis- und summarischen Verfahren, 1983.

Gliederung

1) Systematik, I–III. § 329 gibt unvollständige Vorschriften über Beschlüsse und Verfügungen, Üb 1 vor 1
§ 300, BGH NJW **83**, 123. Über die Notwendigkeit einer mündlichen Verhandlung Üb 1 vor § 128. Eine schriftliche Abfassung ist nicht ausdrücklich vorgeschrieben, aber selbstverständlich. Mündliche Äußerungen sind kein vollendeter Beschluß, § 160 III Z 6, 7. Das Gericht muß einen in der mündlichen Verhandlung zum Protokoll verkündeten Beschluß im allgemeinen begründen, Rn 4. Das muß zumindest dann nachträglich geschehen, wenn der Beschluß anfechtbar ist, Rn 5, 6. Daß es einen stillschweigenden Beschluß überhaupt nicht gebe, kann man nicht sagen. In einem besonderen Fall mag ein Verhalten des Gerichts notwendig auf einen Beschluß hindeuten und mag in diesem Verhalten dessen Bekanntmachung liegen, Rn 12.

2) Regelungszweck, I–III. Die Vorschrift bezweckt eine Klarstellung der Form und teilweise auch des 2
Inhalts, die man bei der Abfassung und Mitteilung der neben dem Urteil möglichen und in der Praxis ebenso wichtigen weiteren Entscheidungsart des Gerichts beachten muß, um die Rechtssicherheit zu wahren, Einl III 43. Es muß ja der Umfang der inneren Rechtskraft feststehen, Einf 2 vor §§ 322–327, auch derjenige der Vollstreckbarkeit, soweit sie in Betracht kommen, Grdz 28 ff vor § 704. Das Gericht muß ferner das oft in der Praxis vernachlässigte rechtliche Gehör gewährt haben. Artt 2 I, 20 III GG (Rpfl), BVerfG **101**, 404, Art 103 I GG (Richter), Einl III 16. Deshalb ist grundsätzlich eine strenge Auslegung notwendig.

Einwandfreie Bekanntgabe ist eine selbstverständliche Bedingung der Wirksamkeit auch eines solchen juristischen Staatsakts, der nicht in der Urteilsform ergeht. Das gilt auch dann, wenn die Bekanntgabe keine Anwesenheit des Adressaten erfordert. Auch für den Lauf der Rechtsmittelfrist hat ein formell einwandfreies Entstehen der Entscheidung gerade auch außerhalb der Urteilsform eine zentrale Bedeutung. Die Nachlässigkeit, mit der eine verbreitete Praxis hier verfährt, ist manchmal erstaunlich. Das geht von dem bloßen Namenskürzel statt der vollen Unterschrift über die Formlosigkeit der Urkunde (einfache Abschrift oder Ablichtung statt Ausfertigung oder Beglaubigung) bis zur Formlosigkeit der Übersendung (einfacher Brief ohne Zustellungsurkunde oder Empfangsbekenntnis, sodaß man weder einen Fristanlauf noch folglich den Fristablauf klar feststellen kann). Überdies wissen alle Beteiligten meist natürlich sehr genau, welche Nonchalance sie sich leisten. Oft wirkt sich diese dann doch nicht nachteilig aus. Das ist aber kein Entschuldigungsgrund. Juristische Formstrenge kann bei aller Lästigkeit doch unvermeidbar sein. Das sollte man bei der Handhabung auch in der Praxis und nicht nur in der unstreitigen Theorie mehr achten.

3) Geltungsbereich, I–III. Die Vorschrift gilt in allen Verfahren nach der ZPO, auch im WEG- 3
Verfahren, im arbeitsgerichtlichen Verfahren nach § 46 II 1 ArbGG mit den Besonderheiten des § 50 ArbGG. II gilt auch im Verfahren nach § 10 a VAHRG, BGH NJW **02**, 2252. Wegen des Musterentscheids beim KapMuG SchlAnh VIII § 14. Im FamFG-Verfahren gelten §§ 15, 38 ff FamFG. Hilfsweise ist § 329 im Bereich des § 113 I 2 FamFG entsprechend anwendbar.

4) Notwendigkeit einer Begründung, I–III. Das Gesetz schreibt eine Begründung manchmal aus- 4
drücklich vor, etwa in § 922 I 2 (Auslandsbezug). Sie ist auch im übrigen bei einem durch ein Rechtsmittel angreifbaren Beschluß grundsätzlich eine Rechtspflicht, BGH FamRZ **06**, 1030, Mü RR **08**, 1092, Stgt FamRZ **06**, 720. Das folgt schon aus Art 6 I EMRK, EGMR NJW **99**, 2429, und aus Art 20 III GG. Denn sonst würde die Grundlage der Nachprüfbarkeit durch die Partei wie durch das Gericht fehlen, BVerfG **71**, 135, BGH NJW **83**, 123, Nürnb MDR **01**, 893, aM BGH FamRZ **88**, 943 (aber dann käme gar keine Zurückverweisung wegen des Fehlens einer nachprüfbaren Begründung in Betracht. Gerade eine solche Zurückverweisung erfolgt auch beim BGH oft genug).

A. Erste Instanz. Die bloße Bezugnahme „auf zutreffende Gründe" eines Schriftsatzes oder einer angefochtenen oder auch unveröffentlichten Entscheidung kann ausreichen, BGH NJW **83**, 123, Hamm MDR **91**, 452, Köln VersR **83**, 252, strenger BVerfG **71**, 135. Man muß sich aber grundsätzlich davor hüten, zu solcher „Begründungs"-Floskel zu greifen, statt den Sachverhalt umfassend nachzuprüfen, § 286 Rn 13, 20, Hamm RR **00**, 211, Jena FamRZ **97**, 758. Eine widersprüchliche Begründung kann als deren Fehlen gelten, BGH MDR **78**, 928. Die Nichtbehandlung eines wesentlichen Tatsachenvortrags läßt auf seine Nichtbeachtung schließen, BVerfG FamRZ **08**, 674.

5 **B. Rechtsmittelinstanz.** Soweit eine Begründung in Wahrheit oder schon äußerlich fehlt, kommt eine *Nachholung* in Betracht. Das kann etwa in einem statthaften Nichtabhilfebeschluß auf ein Rechtsmittel geschehen, Bbg JB **92**, 632, Karlsr Just **76**, 300. Andernfalls liegt ein Verfahrensmangel vor. Er kann auf Antrag zur Zurückverweisung führen, BGH FamRZ **06**, 1030, Ffm Rpfleger **84**, 477, Hamm RR **00**, 212, Schlesw MDR **97**, 1154.

Wenn eine *sofortige Beschwerde* nach §§ 567 ff zulässig ist, hat das untere Gericht (jetzt) nach § 572 I 1 Hs 2 die Rechtspflicht zur Nachholung der Begründung, falls es der sofortigen Beschwerde nicht abhilft, Nürnb MDR **01**, 893, Schlesw SchlHA **82**, 43. Die bloße Wiedergabe des Gesetzestextes ist keine Begründung, Düss FamRZ **78**, 919. Es ehrt auch den BGH, entsprechend BVerfG GRUR **81**, 295 einen Beschluß auf eine Zurückweisung der Beschwerde gegen die Nichtzulassung einer Revision stets mit solchen Gründen zu versehen, die nicht nur durch eine gelegentlich formelmäßige Verweisung auf BVerfG NJW **81**, 39 erkennbar machen, ob er die Voraussetzungen der §§ 543, 544 geprüft und verneint hat (nobile officium), § 37 Rn 4. Beim Rpfl gilt § 11 RPflG, vgl § 104 Rn 41 ff.

6 **5) Entbehrlichkeit einer Begründung, I–III.** Eine gesetzlich nicht ausdrücklich notwendige Begründung kann aber ausnahmsweise dann fehlen, wenn der Beschluß schlechthin unanfechtbar ist, zB bei § 696 I 3, vgl freilich auch BVerfG **71**, 135 (zu § 119 II) und NJW **93**, 1909 (zu Art 3 I GG). Freilich kann eine Begründung auch bei einer grundsätzlichen Unanfechtbarkeit notwendig sein, falls im Ausnahmefall ein Rechtsmittel statthaft sein kann und das Rechtsmittelgericht dann zur Überprüfung imstande sein muß, zB bei §§ 707, 769, Düss FamRZ **89**, 89.

7 Eine Begründung kann auch fehlen, soweit der Beschluß *in keine Rechte* eines Betroffenen *eingreift,* BVerfG NJW **57**, 298. Das gilt zB dann, wenn er den übereinstimmenden Anträgen entspricht, etwa bei § 313 a II, Stgt FamRZ **06**, 720, oder wenn schon alle die Gründe kennen. Es gilt auch bei einem allseitigen Rechtsmittelverzicht, auch wenn die der Entscheidung zugrundeliegenden Fragen auf der Hand liegen (Vorsicht!) oder wenn sie sich aus dem Streitstoff selbst ergeben, Ffm Rpfleger **84**, 477, KG FamRZ **76**, 99, Schlesw SchlHA **82**, 43, etwa bei einem Beweisbeschluß oder bei einer Wertfestsetzung für einen bezifferten Antrag, Schlesw SchlHA **75**, 180.

8 **6) Unterschrift, I–III.** Das Gericht muß seinen Beschluß unterschreiben, Denn nur die Unterschrift verbürgt seine Herkunft, § 129 Rn 8 ff, BGH VersR **86**, 442, Karlsr FamRZ **99**, 452. Im Kollegialgericht genügen die bloße Unterschrift des Vorsitzenden oder diejenigen des Vorsitzenden und des Berichterstatters nicht, MüKoMu 3, Schneider MDR **89**, 488, StJSchu 14, aM Düss MDR **80**, 943, ThP 11 („gerichtliche Übung". In Wahrheit: Gerichtliche Nachlässigkeit, wie bei so mancher „Übung", die die „Vermutung hat, falsch zu sein" [Lauterbach]), ZöV 36 (er beruft sich auf eine „Übung des BGH". Dort wiegt solche etwaige Nachlässigkeit noch schwerer).

9 Ein *Handzeichen* (Paraphe) ist *keine* hier ausreichende Unterschrift, § 104 Rn 15, § 129 Rn 31 „Namensabkürzung (Paraphe)", § 216 Rn 13, § 317 Rn 8, BGH VersR **90**, 673, Brdb Rpfleger **98**, 208, Karlsr RR **04**, 1507 (je: Rpfl). Das gilt auch bei einer Verfügung des Urkundsbeamten, Düss Rpfleger **89**, 276.

10 Bei einem *Verstoß* liegt rechtlich nur ein Entwurf vor, Üb 12 vor § 300, BGH NJW **80**, 1167, Karlsr FamRZ **99**, 452. Er setzt keine Notfrist in Lauf, BGH NJW **95**, 533, auch keine andere Frist. Dann hilft auch kein Nichtabhilfebeschluß auf eine sofortige Beschwerde nach (jetzt) § 572 I 1 Hs 2, Karlsr FamRZ **99**, 452.

11 **7) Verfügung, I–III.** Man muß eine Verfügung des Vorsitzenden oder eines verordneten Richters wie einen Beschluß behandeln. Das gilt zB wegen der Notwendigkeit einer vollen Namensunterschrift, Rn 8, BVerwG NJW **94**, 746, Köln RR **97**, 1292. Nur braucht eine Verfügung keine Verkündung, wenn sie auf Grund einer mündlichen Verhandlung ergeht, sofern sie das Gericht nach II, III behandelt. Kein Richter oder Rpfl braucht außerhalb seines Dienstes zu verfügen. Er darf das aber tun. Die Schriftform kann auch dann erforderlich sein, wenn die Entscheidung keine förmliche Zustellung braucht, BGH **93**, 305.

12 **8) Verkündung, I 1.** Das Gericht muß seinen Beschluß verkünden, wenn er auf eine notwendige oder auf eine freigestellte mündliche Verhandlung ergeht, § 128 IV, so schon BGH FamRZ **00**, 814 (Abweichung [jetzt] beim FamFG-Verfahren), Bre FamRZ **81**, 1091. Das gilt im Verfahren nach § 251 a. Im schriftlichen Verfahren ist ebenfalls eine Verkündung notwendig, § 128 II 2. Wenn keine Verkündung, sondern eine Zustellung erfolgt, ist der Beschluß entstanden. Man kann den Fehler aber rügen, § 310 Rn 3, Bre FamRZ **81**, 1091, Köln Rpfleger **82**, 113. Stellt der Beschluß eine innere Maßnahme des Gerichts dar, gibt das Gericht ihn den Parteien nicht bekannt. Ein stillschweigender „Beschluß" reicht jedenfalls nach außen meist nicht, Peters NJW **90**, 1833.

13 **9) Entsprechende Anwendung, I 2.** Die Vorschrift hat eine ganz erhebliche Bedeutung.

A. Grundsatz: Keine abschließende Aufzählung. Die Vorschrift macht in lückenhafter Weise einige Vorschriften auf Beschlüsse und Verfügungen entsprechend anwendbar. Bei § 319 zeigt sich klar, daß der berüchtigte Umkehrschluß auf die Unanwendbarkeit anderer Vorschriften zu Unrichtigkeiten führt.

14 **B. Einzelvorschriften**

§ 308 ist anwendbar. Das ergibt sich aus der Parteiherrschaft, Grdz 18 vor § 128. Daher ergeht keine Entscheidung über den Antrag hinaus. Ein solcher Beschluß, der aus dem Rahmen eines in sich geschlossenen Verfahrens herausfällt, wie ein Arrestbeschluß nach § 922, enthält von Amts wegen eine Kostenentscheidung.

§§ 309, 310 I (Besetzung des Gerichts, Verkündung) sind anwendbar, I 2, §§ 192 ff GVG sind anwendbar. Denn man darf sich nicht darauf verlassen, im Termin zur Verkündung einer „Entscheidung" werde nur ein Beschluß und kein Urteil ergehen, BGH VersR **83**, 1082, aM BGH MDR **05**, 410 (aber auch ein Beschluß ist eine Entscheidung). Fristbeginn: Verkündung, § 221 Rn 3.

§ 311 (Art der Verkündung): I–III sind *grds unanwendbar,* LG Ffm Rpfleger **76**, 257. IV ist anwendbar, I 2.

§ 312 (Parteien und Verkündung) ist anwendbar, I 2.

§§ 313–313 b (Form und Inhalt) sind *begrenzt anwendbar,* Mü RR **08**, 1092 (III), strenger Schneider MDR **78**, 528. Das sog Rubrum nach § 313 Rn 1 kann abgekürzt sein, Oldb JB **97**, 377, etwa: „In pp", solange kein Vollstreckungstitel vorliegt, Brdb Rpfleger **98**, 208. Stets muß aber die Nämlichkeit der Beteiligten feststehen, BGH NJW **03**, 3136 (so nur in seiner Theorie richtig). Die Entscheidungsformel muß natürlich verständlich und gegebenenfalls vollstreckbar sein. § 313 a I ist aber anwendbar, so schon Ffm NJW **89**, 841, Hamm JB **96**, 96. Keineswegs darf man höhere Anforderungen als bei § 313 III stellen, BayObLG MDR **87**, 59. „Rotklammer" usw reicht aus, Hamm MDR **99**, 316. Über 20 Zitate mit obendrein sämtlichen Parallel-Fundstellen, so Kblz JB **03**, 319, sind nun wirklich eine Übertreibung selbst bei einer gewissen Streitfrage. Die bloße Verweisung selbst auf einen eindeutig bezeichneten Aktenteil reicht nicht beim Vollstreckungstitel, aM BGH NJW **03**, 3137 (aber wie soll das Vollstreckungsorgan ohne eine mühsame Aktenbeiziehung die Beteiligten und die Formel usw klar nach § 750 erkennen können?). **15**

§ 314 (Tatbestand) ist im Verfahren mit einer mündlichen Verhandlung anwendbar, BGH **65**, 30, aM ThP 11, ZöV 35 (aber auch ein Beschluß muß wenigstens dann aus sich heraus in einem gesonderten Teil erkennen lassen, welcher Lebensvorgang und welcher Prozeßverlauf die Grundlage der Begründung ist).

Außerhalb der mündlichen Verhandlung ist § 314 bei einer großzügigen Handhabung aus praktischen Erwägungen meist *unanwendbar,* Ffm MDR **04**, 901, Köln MDR **76**, 848. Natürlich kann auch dann ein auch äußerlich gesonderter „Tatbestand" notwendig, zumindest ratsam sein.

§ 315 (Unterschrift) vgl Rn 8, 9.

§ 317 (Zustellung): I ist *unanwendbar;* II 1 (Erteilung von Ausfertigungen usw) ist anwendbar, I 2; entgegen allgemeiner (gedankenloser) Übung ist II 2 (Ausfertigung) *unanwendbar;* III (elektronisches Dokument) ist anwendbar, I 2; (jetzt) IV (Unterschrift) ist anwendbar, I 2, BGH NJW **80**, 1960, KG MDR **81**, 853; V (elektronisches Dokument ist anwendbar, I 2; (jetzt) VI (abgekürzte Fassung) ist *unanwendbar,* LG Stade Rpfleger **87**, 253. Wegen eines elektronischen Dokuments § 174 III. Wegen des Fristbeginns bei der sofortigen Beschwerde § 569 I.

§ 318 (Bindung des Gerichts), dazu *Fraga Novelle,* Die Wirkung der Beschlüsse im Zivilprozeßrecht, Diss Passau 1999; *Werner,* Rechtskraft und Innenbindung zivilprozessualer Beschlüsse im Erkenntnis- und summarischen Verfahren, 1982: **16**

– *Grundsatz: Abänderbarkeit.* Die Vorschrift ist teilweise anwendbar. Ein bloßer Entwurf bindet sein Gericht natürlich nicht, Köln NJW **88**, 2806. Das gilt also, solange keine wirksame Unterzeichnung vorliegt, Rn 8, 9. Sein wirksam erlassener Beschluß bindet es nur, solange es ihn nicht abgeändert hat oder wenn er unabänderlich ist, BGH FamRZ **89**, 849, BPatG GRUR **86**, 54, Karlsr RR **95**, 1536 (zu § 281). Regelmäßig ist ein Beschluß frei abänderlich, solange sich das Gericht mit dem Gegenstand des Beschlusses befaßt, zB beim Beweisbeschluß nach § 360 Rn 1, 2 und daher auch beim Beschluß im selbständigen Beweisverfahren, § 490 Rn 10, aM LG Konst RR **03**, 1379 (aber das führt zu einer sinnlosen Förmelei. Denn auch § 572 I Hs 1 läßt Abänderungen zu). Auch die Ablehnung der Prozeßkostenhilfe nach § 127 I 1 kann abänderbar sein, BVerfG **56**, 154. Wegen § 522 dort Rn 8, BAG NJW **04**, 174, aM Bauer NJW **91**, 1714. Abänderbar ist wegen § 572 II 1 (jetzt) auch ein mit einer sofortigen Beschwerde angreifbarer Beschluß bis zu dessen Unanfechtbarkeit, BGH RR **06**, 1554 (InsO), Schlesw MDR **02**, 1392. Wegen der Verweisung in § 573 I 2 auch auf § 572 II 1 gilt das auch für den mit einer sofortigen Erinnerung angreifbaren Beschluß.

– *Ausnahmen: Unabänderbarkeit.* Unabänderlich sind: Ein Beschluß nach §§ 36, 37, dort II und Rn 7; ein Beschluß im Verfahren auf einen Arrest oder eine einstweilige Verfügung nach §§ 924, 926, 927, 936 sowie auf die Vollstreckbarerklärung eines Schiedsspruchs einschließlich desjenigen mit vereinbartem Wortlaut, §§ 1053, 1054. Das folgt daraus, daß das Gesetz seine Aufhebung an besondere Voraussetzungen und Verfahren knüpft. Unabänderlich ist ferner ein Beschluß auf eine Verweisung, §§ 281, 506, 696 V. Denn diese nimmt dem bisherigen Gericht dessen Zuständigkeit, Rn 16, 18, aber auch Rn 19. **17**

Unabänderlich ist ferner ein bereits *ausgeführter* Beschluß, soweit das Rechtsmittelgericht ihn bestätigt hat, soweit er prozessual überholt ist, und grundsätzlich auch, soweit er die Wiedereinsetzung gibt, § 238 III, BVerfG JZ **59**, 59 (krit Baur), BGH NJW **95**, 2497. Zur Gegenvorstellung Üb 3 vor § 567, BGH **130**, 98. Beim unanfechtbaren Beschluß kommt also freilich zumindest auf eine Gegenvorstellung eine Nachholung des etwa versagten rechtlichen Gehörs und insofern auch eine Änderung in Betracht, Schlesw SchlHA **84**, 62. **18**

§ 319 (Berichtigung) ist grds anwendbar, § 319 Rn 2, BVerfG **29**, 50, BAG NZA **04**, 454 (nicht bei bloßer Klarstellung oder Auslegung), Hamm FamRZ **08**, 1114. Bei einem unanfechtbaren Beschluß wäre es unbegreiflich, wenn das Gericht seinen Schreibfehler nicht berichtigen dürfte. Es darf zB eine versehentliche Verweisung berichtigen, BVerfG **29**, 50. Wegen des Mahnbescheids § 692 Rn 9. Auch ein Kostenfestsetzungsbeschluß nach § 104 läßt sich berichtigen, Hamm Rpfleger **77**, 218, und zwar vom Rpfl, freilich nicht nach § 319, soweit der Rpfl die Kosten irrig von der Kostengrundentscheidung abweichend festsetzte, VG Hann Rpfleger **90**, 388, ZöV § 319 Rn 20, aM Mü Rpfleger **92**, 217 (aber den Rpfl bindet die Kostengrundentscheidung, Einf 9 vor §§ 103–107). Der Rpfl kann ihn aber nicht stets insoweit berichtigen, als er einen Teil vergaß, § 319 Rn 22 „Übersehen", Kblz JB **07**, 649, aM Zweibr Rpfleger **03**, 101 und 66. Aufl. Wegen einer neuen Sachlage LG Nürnb-Fürth Rpfleger **78**, 333. Wegen des FGG-Verfahrens § 319 Rn 4. **19**

§ 320 (Berichtigung des Tatbestands) ist *unanwendbar.* Denn das Gericht darf und muß Unrichtigkeiten ohne weiteres nach § 319 von Amts wegen berichtigen, soweit keine Bindungswirkung nach § 318 vorliegt, Ffm MDR **04**, 901, Köln MDR **76**, 848, aM BGH **65**, 36 (aber die Bindungswirkung hat dann den Vorrang).

§ 321 (Ergänzung) ist anwendbar, Ffm FamRZ **90**, 297, Mü AnwBl **88**, 249. Das gilt namentlich wegen des Kostenpunkts, KG Rpfleger **81**, 318, Oldb FamRZ **07**, 745, also auch wegen der Kostenfestsetzung, KG Rpfleger **80**, 159, Mü AnwBl **88**, 249, oder bei der Entscheidung im Insolvenzverfahren über angemeldete Kosten, KG Rpfleger **80**, 158. Innere Gründe verlangen die Anwendbarkeit. Nur eine Förmelei würde ihr entgegenstehen. Daß § 321 eine mündliche Verhandlung verlangt, besagt nichts, Zweibr **20**

FamRZ **80**, 1144. Denn auch der nach I 2 anwendbare § 310 I verlangt eine mündliche Verhandlung. Eine sinngemäße Anwendung bedeutet nicht bindende Anwendung.

Die *Zweiwochenfrist* beginnt mit dem Zugang des Beschlusses. Eine Ergänzung durch eine sofortige Beschwerde ist grundsätzlich unzulässig, § 321 Rn 3 (auch zu Ausnahmen). Bei der Vollstreckbarerklärung eines Schiedsspruchs oder einer ausländischen Kostenentscheidung läßt eine Ergänzung gar nicht entbehren. Vgl auch § 794 I Z 4 a.

§ 321 a ist *unanwendbar,* insbesondere bei § 522 II, § 321 a Rn 4. Denn I 2 verweist nicht auch auf § 321 a. Das Ergebnis befriedigt freilich nicht. Denn § 321 a befreit das BVerfG von der Nachprüfung eines grundgesetzwidrigen Urteils, nicht aber von derjenigen einer ebenso schwerwiegend unrichtigen Entscheidung in einer Beschlußform. Freilich dürfte eine solche in der Praxis seltener vorkommen. Man kann evtl auch § 321 a II 2 entsprechend anwenden und daher nur eine befristete Gegenvorstellung zulassen.

21 **§§ 322–327** (Rechtskraft), dazu *Peters* (vor Rn 1) 811; *Schindler,* Rechtskraft und Innenbindung von Beschlüssen nach der ZPO-Reform, 2006; *Werner,* Rechtskraft und Innenbindung zivilprozessualer Beschlüsse im Erkenntnis- und summarischen Verfahren, 1982: Der Beschluß ist der formellen Rechtskraft fähig, Einf 1 vor §§ 322–327, auch vor den Arbeitsgerichten, BAG BB **96**, 2470. Der inneren Rechtskraft nach Einf 2 vor §§ 322–327 kann auch ein Beschluß fähig sein, BGH NJW **85**, 1336 (auch zu Grenzfällen), BAG MDR **97**, 71, BayObLG **03**, 264. Die innere Rechtskraft kann natürlich nur eintreten, soweit der Beschluß eine entsprechende Entscheidung enthält soweit er also urteilsähnlich ist, Oldb FamRZ **03**, 1302, Peters (vor Rn 1) 819, aM Koenigk NJW **75**, 529 (zu theoretisch).

Hierher zählen zB: ein Kostenfestsetzungsbeschluß nach § 104, Hbg MDR **86**, 245, soweit er zuerkennt oder aberkennt, Mü MDR **87**, 419 (auch zur Auswechselbarkeit von Einzelposten, § 104 Rn 18); ein die Prozeßkostenhilfe ablehnender Beschluß, Oldb FamRZ **03**, 1302; ein Verwerfungsbeschluß nach §§ (jetzt) 522 I 3, 552 II, 572 II 2, BGH NJW **81**,1962; ein Beschluß nach § 766, dort Rn 27; ein Beschluß aus § 888; die Ablehnung der Eröffnung eines Insolvenzverfahrens, Hamm BB **76**, 640. Bei einem Beschluß nach § 91 a tritt keine innere Rechtskraft in der Hauptsache ein (anders bei einem Urteil), dort Rn 188, mißverständlich Koenigk NJW **75**, 529 (die Rechtskraft trete auch bei einem Beschluß ein. Gemeint ist das Urteil). Vielmehr tritt die innere Rechtskraft nur wegen der Kosten ein, § 91 a Rn 167.

22 **§ 328** (ausländischer Beschluß) ist auf einen rechtskräftigen Beschluß anwendbar, § 328 Rn 8.

23 **10) Nichtverkündeter Beschluß usw, II.** Viele unterschätzen seine Voraussetzungen. Ein „Sofort!"-, besser noch ein „Noch heute!"-Zusatz am Kopf der Verfügung kann als eine verbindliche Anweisung an die Geschäftsstelle entscheidend zur Verkürzung der Bearbeitungszeit und damit zur rascheren Ladung und Terminsdurchführung beitragen. Der Richter sollte diesen Zusatz deshalb durchaus in einer Eilsituation oder auch zur generell schnelleren Verfahrensabwicklung miteinsetzen. Bei gutem Willen aller Beteiligten, der natürlich stets hinzutreten muß, lassen sich erfahrungsgemäß stets und nachhaltig erstaunliche Ergebnisse erzielen. Das Gegenargument der Überbelastung verfängt nur scheinbar: In Wahrheit nimmt der Aktenberg mit dem Bearbeitungstempo auch in der Geschäftsstelle ebenso ab wie beim Richter, beim Rpfl, beim Anwalt usw. Denn es treten keine so langen Pausen mit Erinnerungsverlusten auf. In Wahrheit haben also alle diese weiteren Beteiligten zumindest mittel- und langfristig von einer raschen Abarbeitung nur erhebliche Vorteile.

24 **A. Entstehung.** Entstanden ist ein nach II, III mitteilbarer Beschluß oder eine entsprechende Verfügung schon mit der ersten Herausgabe durch den Urkundsbeamten der Geschäftsstelle in den Geschäftsgang, Kblz AnwBl **01**, 522, LG Gött RR **93**, 1361. Im Zweifel muß man den sog Meistbegünstigungsgrundsatz anwenden, Grdz 28 vor § 511, BGH NJW **02**, 2106.

Der Beschluß entsteht derart, sobald er die *Akten endgültig verlassen* hat, um nach außen zu dringen, BGH FamRZ **04**, 1368, Köln FGPrax **05**, 181 (FGG), LG Mü RPfleger **04**, 717. Das ist zB dann so, wenn ihn der Urkundsbeamte der Geschäftsstelle dem Gerichtswachtmeister oder der Post zur Beförderung übergeben hat, BGH FamRZ **04**, 1368, KG FamRZ **07**, 2088, Düss RR **02**, 428. Das muß er ja auch in den Akten vermerken. Entstanden ist der Beschluß ferner, sobald der Urkundsbeamte ihn ins Abtragefach gelegt hat, Kblz VersR **82**, 1058, oder sobald der Beschluß ins Anwaltsabholfach kommt, Kblz RR **86**, 935, LG Ffm NJW **08**, 93.

Bis dahin liegt rechtlich nur ein *innerer Vorgang* des Gerichts vor, BGH **137**, 52, LG Ffm NJW **08**, 93. Das Gericht darf einen solchen nur inneren Vorgang jederzeit beseitigen oder *ändern,* BGH Rpfleger **82**, 306, Köln NJW **88**, 2806, LG Ffm NJW **08**, 93. Das Gericht *muß* ihn evtl ändern, Kblz JB **91**, 436, Schlesw SchlHA **82**, 43. Das kann zB wegen des Eingangs eines entscheidungserheblichen Schriftsatzes gelten, KG FamRZ **07**, 2088, Zweibr RR **02**, 1016.

25 *Das alles gilt evtl auch dann,* wenn sich die Akten zB schon in der Kanzlei befinden, die eine Zustellung durch die Post abschließend vorbereiten soll, Kblz JB **91**, 436, Köln NJW **83**, 460, oder wenn gar bereits irgendeine tatsächliche Voraus-Mitteilung an eine Partei erfolgt ist, Köln Rpfleger **76**, 102, oder an den Gerichtsvollzieher, oder wenn irgendein Vollstreckungsorgan zB von einem Einstellungsbeschluß irgendwie vorab inoffiziell Kenntnis hat, Kirberger Rpfleger **76**, 8.

Nach der Herausgabe des Beschlusses kann keine Partei mehr seine Änderung oder die Berücksichtigung eines neuen Vortrags verlangen. Denn die Hinausgabe entspricht einer Verkündung nach dem Schluß einer mündlichen Verhandlung, §§ 136 IV, 296 a. Freilich muß erkennbar eine vollständige Entscheidung vorliegen. Diese fehlt, soweit überhaupt keine Unterschrift vorliegt, aM Kblz VersR **82**, 1058 (aber erst sie verbürgt die Entstehung), oder soweit die Unterschrift nicht ausreicht, Rn 2 ff, Köln NJW **88**, 2806.

26 **B. Wirksamkeitsgrundsatz: Gesetzmäßige Mitteilung.** Wirksam wird ein Beschluß grundsätzlich mit seiner ordnungsmäßigen Verkündung, BGH NJW **81**, 1218, oder mit seiner sonstigen gesetzmäßigen Mitteilung, BGH **137**, 52, Bbg JB **93**, 89, KG RR **00**, 1240. Maßgeblich ist grundsätzlich die zeitlich erste solche Maßnahme, Schneider NJW **78**, 833. Nur für die Rechtsmittelfrist kommt es davon abweichend auf die Zustellung an die jeweilige Partei an, BAG NJW **08**, 1611, KG RR **00**, 1240, Schneider NJW **78**, 833, ZöV 20, aM Nürnb NJW **78**, 832 (je zu § 331 III. Aber das kann zu einer erheblichen Verkürzung der

Rechtsmittelfristen führen. Sie sind ja auch von der Entstehung des anfechtbaren Beschlusses abhängig). Bei einer Verweisung ist die letzte Mitteilung maßgeblich, BGH FamRZ **95**, 552.

Mit einer gesetzmäßigen Mitteilung ist der Beschluß *„erlassen"*, Schlesw SchlHA **82**, 43. Bis zu diesem Zeitpunkt berührt er die Parteien nur insofern, als eine Anfechtung bereits möglich ist, BGH FamRZ **95**, 552, BAG NJW **08**, 1611, Stgt AnwBl **80**, 114. In einer eilbedürftigen Sache, also bei einer einstweiligen Einstellung nach §§ 707, 719, 769, bei einem Arrest nach §§ 916 ff oder bei einer einstweiligen Verfügung nach §§ 935 ff entscheidet diejenige Bekanntmachung, die zuerst erfolgt, auch für die andere Partei.

C. Ausnahme bei formloser Mitteilung. Ein formlos mitteilbarer Beschluß wird mit der ersten Hin- 27
ausgabe der Entscheidung wirksam, Rn 24, BGH NJW **92**, 840 (mit dem Zugang; wohl ungenau durchdacht, trotz richtiger Erörterung der Rückwirkungsfrage im übrigen), Düss MDR **88**, 62. Der maßgebende Zeitpunkt läßt also nur aus dem Vermerk ersehen, der darüber in den Akten steht. Jedoch ist die Wirksamkeit von jenem Aktenvermerk nicht abhängig. Das gilt zB bei einer telefonischen Mitteilung ohne einen Aktenvermerk.

11) Formlose Mitteilung, II 1. Sie genügt grundsätzlich bei einem nicht verkündeten Beschluß des 28
Gerichts, BGH VersR **81**, 1056. Sie genügt auch bei einer nicht verkündeten Verfügung des Vorsitzenden oder des beauftragten Richters oder des ersuchten Richters nach §§ 361, 362 oder des Rpfl. Wegen der Ausnahmen II 2, III. Ausreichend sind dann: Die Übersendung durch die Post; die Aushändigung durch einen Gerichtsboten; der Einwurf in einen Briefkasten; ein Telefonat, BGH FamRZ **00**, 814 ([jetzt] FamFG), Hamm Rpfleger **87**, 253; eine e-mail; ein Telefax; eine Erklärung des Urkundsbeamten der Geschäftsstelle, auch eine telefonische, BGH RR **00**, 877 (FGG). Einen als unzustellbar zurückkommenden Brief hat das Gericht nicht gesetzmäßig übersenden können. Wegen eines Aktenvermerks Rn 27.

Das Gericht muß die Voraussetzungen dieser Art der Mitteilung *für jede Partei besonders* prüfen, auch im 29
Beschwerdeverfahren. Für die eine Partei mag eine formlose Mitteilung genügen, während für die andere eine Zustellung notwendig sein kann.

12) Verstoß, II 1. Eine förmliche Zustellung statt einer formlosen Mitteilung genügt immer. Bei einer 30
formlosen Mitteilung statt einer förmlichen *Zustellung* ist eine Entscheidung entstanden, aber nicht wirksam geworden, aM ThP 7 (aber eine gesetzmäßige Mitteilung ist eine Wirksamkeitsbedingung, Rn 26). Es ist zwar das jeweils bei einer Wirksamkeit vorgesehene Rechtsmittel zulässig. Jedoch kann das rechtliche Gehör fehlen, Artt 2 I, 20 III GG (Rpfl), BVerfG **101**, 404, Art 103 I GG (Richter), BVerfG NJW **91**, 2757. Ferner beginnt wegen des Mangels der Wirksamkeit die Rechtsmittelfrist noch nicht zu laufen, Köln Rpfleger **76**, 102, Stgt FamRZ **82**, 429. Es ist allerdings eine Rüge erforderlich, Rn 12. Wegen der Zwangsvollstreckung § 750 Rn 9. Wegen des Gebots des Datenschutzes ist die Mitteilung der Entscheidungsgründe im Prozeßkostenhilfeverfahren an den Prozeßgegner des Antragstellers nur zur Frage von Erfolgsaussicht und Mutwillen zulässig, nicht auch zur Frage der Bedürftigkeit, § 117 Rn 27, 28, LAG Hamm MDR **88**, 172.

13) Zustellung von Amts wegen, II 2. Eine Zustellung nach (jetzt) § 270 in Verbindung mit §§ 166 ff 31
ist schon zwecks rechtlichen Gehörs nach Art 103 I GG in den folgenden Fällen notwendig, BGH **76**, 238.

A. Terminsbestimmung. Die Amtszustellung ist erforderlich, wenn die Entscheidung eine Terminsbestimmung nach § 216 enthält. Eine Ausnahme gilt bei der Ladung des Klägers zum ersten Verhandlungstermin beim AG nach § 497 I 1, dort Rn 1, ferner bei einer mündlichen Mitteilung nach § 497 II.

B. Fristbeginn. Die Amtszustellung ist ferner dann erforderlich, wenn die Entscheidung eine eigentliche 32
Frist nach Üb 10 vor § 214 überhaupt wirksam in Lauf setzt, BGH NJW **05**, 3726. Das gilt zB: Bei einer Frist nach § 234, BGH VersR **95**, 318, aM BGH VersR **85**, 69 (wegen dessen II. Aber die Behebung des Hindernisses tritt nur als eine weitere Bedingung hinzu); bei einer Frist der in § 296 I genannten Art, BGH NJW **89**, 228, Düss MDR **85**, 852, Hamm NJW **84**, 1566; bei der Frist nach § 356, BGH NJW **89**, 228; bei der sofortigen Beschwerde, § 567 I. Nicht erforderlich ist eine Amtzustellung aber bei einer uneigentlichen Frist nach Üb 11 vor § 214.

Oft genug liegt ein *Verstoß* gegen II 2 und damit der schwere Verfahrensfehler einer Mißachtung des Art 103 I GG vor. Das Gericht darf nur nach dem Ablauf einer von ihm selbst gesetzten Frist entscheiden. Dazu muß erst einmal der Zeitpunkt des Fristablaufs feststehen, Rn 12, 37.

C. Friständerung. Eine Fristverlängerung nach § 224 braucht theoretisch keine Zustellung. Denn der 33
Beginn der alten Frist bleibt bestehen (Ausnahmen s unten), BGH (XII. ZS) NJW **94**, 2365, Müller NJW **90**, 1779, aM BGH (IVa–ZS) VersR **89**, 1063 (wollte seine Haltung aufgeben, vgl den entsprechenden Hinweis in BGH – XII. ZS – FamRZ **90**, 613). Freilich läßt sich ohne eine förmliche Zustellung evtl nicht feststellen, ob der Betroffene überhaupt von der Verlängerung erfahren hat und ob er die mit ihr bezweckte Verlängerung des rechtlichen Gehörs nach Rn 30 überhaupt ausnutzen konnte. Überdies darf kein Richter vor dem Ablauf einer richterlichen Frist entscheiden, Rn 32. Daher ist eine förmliche Zustellung zumindest ratsam. Dasselbe gilt natürlich erst recht bei einer Fristverkürzung nach § 224, unklar BVerfG RR **94**, 255.

D. Gebot; Verbot. Die Amtszustellung ist schließlich dann erforderlich, wenn die Entscheidung ein 34
Gebot oder Verbot enthält, zB nach §§ 936, 938, 940, BGH Rpfleger **82**, 306.

14) Zustellung von Amts wegen, III. Die Amtszustellung nach § 270 ist erforderlich, wenn es sich um 35
eine Entscheidung nach III handelt, also um eine Verfügung oder einen Beschluß des Gerichts oder des Vorsitzenden oder des beauftragten Richters oder ersuchten Richters, unabhängig davon, ob das Gericht sie verkünden mußte oder nicht. Es muß außerdem eine der folgenden Voraussetzungen vorliegen.

A. Vollstreckungstitel, III Hs 1. Die Entscheidung muß entweder einen Vollstreckungstitel gegen denjenigen bilden, dem das Gericht sie dann deswegen förmlich zustellen muß. Die Entscheidung muß also äußerlich nach § 794 und innerlich vollstreckungsfähig sein. Das gilt zB auch bei einem Beschluß nach § 278 VI, dort Rn 50, oder nach § 38 GKG. Zum Beginn der Zwangsvollstreckung nach Grdz 51 vor § 704 genügt grundsätzlich die Amtszustellung, aber auch die Parteizustellung, §§ 166 ff, 750 I, 794 I Z 3, 795.

36 **B. Befristetes Rechtsmittel, III Hs 2.** Oder die Entscheidung muß der sofortigen Beschwerde nach § 567 I oder der Rechtsbeschwerde nach § 574 unterliegen, Köln NJW **04**, 619, oder der befristeten Erinnerung nach § 573 I, § 11 II 1 RPflG, § 104 Rn 41 ff, Drsd JB **98**, 28.

37 **15) Verstoß, II 2, III.** Vgl Rn 12 sowie Üb 13 ff vor § 166. Man kann das Fehlen der Unterschrift auf dem Empfangsbekenntnis für unschädlich halten, sofern die Sendung unstreitig tatsächlich zuging, (jetzt) § 189, Mü WRP **75**, 457. Beispiel: Ein Beschluß nach § 17 a GVG, BAG DB **92**, 2040. Dieses Gericht, ferner BayObLG WoM **92**, 204 wenden (jetzt) § 517 entsprechend an.

Titel 3. Versäumnisurteil

Übersicht

Schrifttum: *Hartung,* Das anwaltliche Verbot des Versäumnisurteils, 1991; *Heinrich,* Säumnis im Zivil- und Arbeitsgerichtsprozeß, 2001; *Heinrich,* Säumnis im Zivil- und Arbeitsgerichtsprozeß, 2001; *Hoyer,* Das technisch zweite Versäumnisurteil, 1980; *Schubert,* Zur Rechtsgeschichte des Versäumnisverfahrens usw, Festschrift für *Schneider* (1997) 65; *Steinhauer,* Versäumnisurteile in Europa usw, 1996; *Taupitz,* Das Versäumnisurteil zwischen anwaltlicher Kollegialität und Mandantenrecht, Festschrift für *Pawlowski* (1997) 443.

Gliederung

1 **1) Systematik.** §§ 230 ff, 283, 296 regeln die Versäumung einzelner Parteiprozeßhandlungen, Grdz 47 vor § 128. Titel 3 behandelt die Versäumnis von Terminen durch nur eine Partei und der Anzeigefrist des § 276 I 1. § 251 a regelt die Säumnis beider Parteien. Grundsätzliches über die Versäumung und Versäumnis Üb 1 vor § 230. Beides kann auch zusammen eintreten, § 454. Wegen des Berufsrechts § 337 Rn 10.

2 **2) Regelungszweck.** Das Versäumnisverfahren der §§ 330 ff stammt aus dem französischen Jugement par défaut mit der Verschlechterung, daß eine vorherige streitige Verhandlung den Einspruch nicht ausschließt. Die damit vorhandene Möglichkeit der Prozeßverschleppung, die „Flucht in die Säumnis", ist durch die Zulässigkeit einer Aktenlageentscheidung gemildert. Einen erheblichen Vorteil bietet die Möglichkeit, ohne eine mündliche Verhandlung zu entscheiden, wenn die Voraussetzungen des § 331 III vorliegen. Seine Berechtigung findet das Versäumnisverfahren als solches in der Verletzung der durch das Prozeßrechtsverhältnis begründeten Mitwirkungspflicht, Grdz 11 vor § 128. Das Gericht hat mit der Anberaumung des Termins und der Ladung der Partei grundsätzlich das Seinige zur Wahrung des Art 103 I GG getan, § 337, BVerfG **36**, 301. Das persönliche Erscheinen des Bekl läßt sich bei einer Säumnis auch dann nicht erzwingen, wenn das Gericht es nach § 273 angeordnet hatte.

Herbeiführung des Sachantrags gleich zu Beginn der mündlichen Verhandlung ist nicht nur nach § 137 I ein klares Gebot an das Gericht, § 139 I 2 lt Hs. Es ist außerdem ein vorzügliches richterliches Mittel zur Begrenzung der Säumnisnachteile. Wer den Antrag gestellt hat, ist zumindest in diesem Termin nicht mehr säumig, auch wenn er sich dann an ihm nicht mehr weiter beteiligt. Verabredete Säumnis ist eine formell zulässige, aber nicht sonderlich überzeugende Methode, Zeit zu gewinnen, meist weil man den Prozeß nicht genug vorbereitet hat. Andererseits kann eine Säumnis Luft zur selbstkritischen Besinnung schaffen und ist bei einer klaren Rechtslage natürlich für alle Beteiligten ein eleganter Weg zur raschen Beendigung des Verfahrens, wenn nicht doch noch ein Einspruch folgt. Das Gericht darf den Gedanken der Prozeßwirtschaftlichkeit nach Grdz 14 vor § 128 gerade im Säumnisverfahren auch zur eigenen Arbeitserleichterung mitbeachten. Es braucht sich nicht zu scheuen, auf eine Säumnis sogleich kraftvoll zu reagieren, statt zB durch eine ängstliche Fristsetzung den Säumigen auch noch zu belohnen.

3 **3) Geltungsbereich.** Die Vorschriften gelten grundsätzlich in allen Verfahren nach der ZPO, auch in der Revisionsinstanz, BGH RR **05**, 1297, auch im WEG-Verfahren. Im Bereich des § 113 I 2 FamFG gelten §§ 330 ff grundsätzlich entsprechend, vgl aber den vorrangigen § 130 FamFG (Ehesache). Im arbeitsgerichtlichen Verfahren enthalten §§ 55, 59 ArbGG, im Patentnichtigkeitsverfahren enthält § 82 PatG Besonderheiten, BGH GRUR **96**, 757. Ähnliches gilt in einer Baulandsache nach § 227 III BauGB und in einer Entschädigungssache, § 209 III BEG. §§ 330 ff sind nach § 14 I KapMuG, SchlAnh VIII, anwendbar, Schneider BB **05**, 1255.

4 **4) Voraussetzungen der Säumnis.** Eine Säumnis liegt unter den folgenden Voraussetzungen vor. Von ihnen müssen entweder diejenigen nach Rn 4–8 und 10 oder diejenigen nach Rn 9 und 10 zusammentreffen.

A. Terminsbestimmung. Das Gericht muß einen Termin zur mündlichen Verhandlung bestimmt haben. Es muß die Bestimmung gesetzmäßig, ordnungsgemäß nach §§ 216 ff vorgenommen haben, vor allem unter einer Einhaltung der jeweiligen Ladungsfrist, soweit man sie überhaupt einhalten muß, und unter der Beachtung einer etwaigen Einlassungsfrist und der etwa notwendigen Ladungsform. Es kann sich um den ersten oder um einen weiteren Verhandlungstermin handeln, § 332. Maßgeblich ist nur der zur Verhandlung bestimmte Terminsteil, §§ 280, 347 II. Ein Verhandlungstermin nach §§ 921 I, 937 II reicht aus. Ein Gütetermin liegt gerade *vor* der mündlichen Verhandlung, § 279 Rn 4. Wenn eine Beweisaufnahme vor dem Prozeßgericht stattfindet und der Termin mit der Beweisaufnahme beginnt, beginnt die mündliche Verhandlung erst nach dem Abschluß der Beweisaufnahme, § 370 Rn 4.

Eine *freigestellte* mündliche Verhandlung nach § 128 IV genügt nur im Verfahren auf einen Arrest oder auf eine einstweilige Verfügung, §§ 922 I, 936, 937 II. Es kommt auch ein Termin im Verfahren auf die Vollstreckbarerklärung eines Schiedsspruchs einschließlich desjenigen mit vereinbartem Wortlaut in Betracht, §§ 1053 ff, 1064. Es ist für die Säumnis unerheblich, ob eine Partei eine Vertagung nach § 227 usw beantragt hatte. Es darf aber natürlich kein zwingender Vertagungsgrund vorliegen. Eine Säumnis fehlt ferner, wenn das Gericht das Verfahren nach §§ 239 ff unterbrochen oder nach §§ 148 ff ausgesetzt hatte oder wenn das Verfahren ruht, § 251 a. Ein Sühne- oder bloßer Verkündungstermin nach § 310 reicht nicht aus.

B. Vor Prozeßgericht. Der Verhandlungstermin muß gerade vor dem Prozeßgericht stattfinden. Ausreichend sind: Der nach §§ 348 oder 348 a tätige Einzelrichter; der Vorsitzende der Kammer für Handelssachen, § 349 II Z 5; der entscheidende Richter nach § 526; der vorbereitende Einzelrichter nach § 527 III Z 2. Nicht ausreichend sind: Der beauftragte Richter, § 361; der ersuchte Richter, § 362. Das Gericht muß der später säumigen Partei das tatsächliche frühere mündliche Vorbringen des Gegners und seine früheren Anträge rechtzeitig mitgeteilt haben, § 335 I Z 3. 5

C. Nichterscheinen, Nichtverhandeln. Die Partei muß den Verhandlungstermin versäumt haben. Die Partei muß also bis zu seinem Schluß nach §§ 136 IV, 296 a trotz ihrer ordnungsgemäßen Ladung nach Rn 4, 8 und trotz eines ordnungsgemäßen Aufrufs nach § 220 Rn 1, 2 nicht erschienen sein oder nicht verhandelt haben, § 137 Rn 4, 5, § 220 Rn 8, § 333 Rn 3, 4. Im Anwaltsprozeß nach § 78 Rn 1 muß das Gericht den ProzBev geladen haben, § 172. Die Partei darf bis zum Aufruf vor dem Sitzungsraum warten, auch wenn sie sich in eine gesetzlich gar nicht vorgesehene, aber mancherorts übliche und erlaubte sog Sitzungsliste eingetragen hatte, BVerfG NJW **77**, 1443. Eine Säumnis liegt auch vor, wenn sich die Partei freiwillig nach dem Terminsbeginn entfernt. Läßt das Gericht die Partei aus sitzungspolizeilichen Gründen zwangsweise entfernen, gilt das als ein freiwilliges Sichentfernen, § 158. Auch ein Wortentzug nach §§ 157 II, 158 S 2 kann zur Säumnis führen. Nach einer streitigen Verhandlung ist auch im Anschluß an eine etwa inzwischen erfolgte Beweisaufnahme trotz des insoweit irreführenden Wortlauts des § 285 in demselben Termin keine Antragswiederholung notwendig. Über die Zurückweisung von Parteien und Vertretern §§ 157, 158. 6

Das Gericht muß nach einem *pünktlichen Aufruf* gemäß § 220 Rn 1 ff nicht allzu lange auf die Partei oder ihren ProzBev warten, zu letzterem § 337 Rn 6 „Berufsrecht". Das Gericht ist ungeachtet aller begrüßenswerten modernen Bemühungen um eine serviceähnliche Dienstleistung der Justiz am rechtsuchenden Bürger nun doch auch kein Schalterbeamter, der auf Kundschaft wartet. Nach einem unpünktlichen Aufruf entsteht keine längere Wartepflicht. Es wäre die Aufgabe der Partei, sich vor einer zwischenzeitlichen Entfernung zu erkundigen, wann etwa der Aufruf erfolgen wird. Auch die Partei braucht nicht unzumutbar auf einen sich hinziehenden Sitzungs- oder Terminsbeginn zu warten. Sie sollte sich aber dann vorsorglich beim Vorsitzenden, beim Protokollführer oder notfalls auf der Geschäftsstelle unter einer Grundangabe und möglichst telefonisch erreichbar abmelden, um eine Säumnis zu vermeiden.

Als ausgeblieben gilt im *Anwaltsprozeß* nach § 78 Rn 1 diejenige Partei, die ohne einen Anwalt auftritt. Fehlt ein Verschulden, ist § 337 S 1 beachtbar, BGH NJW **76**, 196, BAG DB **77**, 919, Ffm MDR **76**, 585. Im Zwischenstreit gegen den Zeugen, der seine Aussageverweigerung nach § 386 I, II ordnungsgemäß schriftlich oder zum Protokoll der Geschäftsstelle erklärt hat, findet wegen § 386 III kein Versäumnisverfahren statt, § 388. Soweit ein Streitgehilfe nach § 67 oder ein nach § 62 notwendiger Streitgenosse der Partei verhandelt, ist auch sie selbst nicht säumig. Die bloße Nichtzahlung eines Kostenvorschusses nach § 12 GKG macht ein Versäumnisurteil gegen den erschienenen und verhandlungsfähigen und -bereiten Kostenschuldner nicht zulässig, BGH **62**, 178. 7

D. Ladung, Verkündung. Das Gericht muß die Partei ordnungsgemäß geladen haben, § 335 I Z 2, AG Neuruppin NJW **03**, 2249, oder es muß den Termin ordnungsgemäß verkündet haben, § 218. Ein Mangel der Ladung hindert den Erlaß des Versäumnisurteils nicht, soweit die Partei erscheint, aber ohne eine ausreichende Entschuldigung nicht verhandelt, § 337 Rn 2. 8

E. Schriftliches Vorverfahren. Bei § 331 III muß statt der Voraussetzungen Rn 4–8 folgendes vorliegen: Das Gericht muß eine ordnungsgemäße Aufforderung nebst einer Belehrung nach § 276 I 1, II erteilt haben, § 335 I Z 4. Bis zur Übergabe des vom Gericht unterschriebenen Versäumnisurteils an die Geschäftsstelle nach § 331 Rn 14 darf der Bekl dort keine Anzeige der Verteidigungsabsicht eingereicht haben. Es muß ein Antrag des Klägers auf den Erlaß einer Entscheidung ohne eine mündliche Verhandlung vorliegen. Ein Antrag der Partei auf den Ausspruch der Versäumnisfolgen ist allenfalls bei einer einseitigen Säumnis notwendig. Er ist ein Prozeßantrag, kein Sachantrag, § 297 Rn 4, 6. Er ist aber beim Versäumnisverfahren gegen den Bekl immer mit einem Sachantrag verbunden. Eine Parteivereinbarung, kein Versäumnisurteil zu beantragen, ist für das Gericht unbeachtlich, soweit doch ein Antrag vorliegt, es sei denn, der Antrag wäre arglistig, Einl III 54. Es muß eine Anzeige der Verteidungsabsicht auch bis zur Hinausgabe des unterschriebenen Versäumnisurteils ausbleiben. 9

F. Prozeßvoraussetzungen. Bei Rn 4–9 müssen schließlich die von Amts wegen prüfbaren Prozeßvoraussetzungen vorliegen, Grdz 12 vor § 253, LG Hbg MDR **91**, 1089. 10

5) Folgen der Versäumnis. Es gibt zwei äußerst unterschiedliche Fallgruppen. 11

A. Versäumnisurteil. Es kann ein sog echtes Versäumnisurteil zulässig und notwendig sein. Dazu zählt jedes Urteil gegen die säumige Partei auf Grund ihrer Säumnis oder aus einem anderen Grund. Ein Versäumnisurteil ergeht auch dann, wenn der Berufungskläger nicht erscheint und wenn das Gericht nun eine überhaupt unstatthafte oder nicht in der gesetzlichen Form oder Frist eingelegte und deshalb unzulässige Berufung verwirft, aM BGH NJW **95**, 1561 (zu § 345), RoSGo § 141 I, StJSchu 29 vor § 330 (es ergehe ein kontradiktorisches Urteil, da die notwendige Entscheidung keine Folge der Säumnis sei, ein Versäumnisurteil aber nur ein solches Urteil sei, das aus der Säumnis die gesetzlichen Folgen ziehe. Das bedeutet aber eine unbegründete Einschränkung). Ein Versäumnisurteil ist auch in der Revisionsinstanz möglich, BGH RR **92**, 1474.

12 Das Versäumnisurteil ist grundsätzlich ein *Endurteil* nach § 300 Rn 4, § 704 Rn 3, BayObLG Rpfleger **82**, 4661. Eine Ausnahme gilt bei § 347 II, also bei einer gegenständlich beschränkten Verhandlung, § 146. Es ist ein sog Sachurteil mit einer inneren Rechtskraft, Rn 16. Das Versäumnisurteil unterscheidet sich vom streitmäßigen Endurteil nur durch die Art seines Zustandekommens, Üb 7 vor § 300. Ob ein kontradiktorisches oder ein Versäumnisurteil vorliegt, hängt nicht von der Bezeichnung ab, sondern vom Inhalt, Üb 4 vor § 300, BGH NJW **99**, 583, Köln VersR **98**, 387, Zweibr JB **97**, 431. Das echte Versäumnisurteil braucht grundsätzlich keinen Tatbestand und keine Entscheidungsgründe, § 313 b I 1 (Ausnahme: Geltendmachung im Ausland, § 313 b II).

13 **B. Streitmäßiges „unechtes" Urteil.** Bei der Säumnis einer Partei kann trotz eines Säumnisantrags nach Rn 10 ein streitmäßiges Urteil gegen den Gegner in Betracht kommen, zB: Wenn er sich erst nach ihrem Sachantrag entfernt hat; wenn der Bekl eine nach § 269 notwendige Zustimmung zur Klagerücknahme verweigert.

Aber auch gegen die *nichtsäumige Partei* kann ein streitmäßiges Urteil zulässig und notwendig sein. Ein solches Urteil setzt jedenfalls gegenüber der nicht anwaltlich vertretenen Partei einen Hinweis des Gerichts auf die Bedenken gegen das beantragte echte Versäumnisurteil voraus, Art 103 I GG, § 139, BGH RR **86**, 1041, Köln OLGZ **89**, 84. Ein solcher Hinweis kann freilich in der Erörterung der sonstigen Rechtslage liegen. Es handelt sich um ein streitmäßiges „kontradiktorisches" sog unechtes Versäumnisurteil, BGH RR **86**, 1041, Köln OLGZ **89**, 84, LAG Hamm NJW **81**, 887, aM Celle OLGZ **80**, 11 (aber das Urteil ergeht gerade gegen den Nichtsäumigen). Für dieses Urteil gilt § 708 Z 2 nicht.

14 *Dahin gehören:* Ein Urteil nach § 331 II, III auf eine Klagabweisung; ein Urteil nach § 539 II 2 Hs 2 auf eine Zurückweisung der Berufung, KG RR **91**, 42; auf eine Prozeßabweisung gegen den erschienenen Kläger, Üb 5 vor § 300, BGH RR **86**, 1041; auf eine Abweisung gegen den erschienenen Revisionskläger, BGH RR **86**, 1041.

15 *Dagegen* ist ein Urteil auf die Verwerfung einer Klage oder eines Rechtsmittels des Säumigen als unzulässig immer ein echtes Versäumnisurteil, aM Mü MDR **89**, 973 (aber es ergeht gegen den Säumigen). Das Gericht darf ein unechtes Versäumnisurteil, also ein streitiges Endurteil nicht als ein Versäumnisurteil bezeichnen. Es muß einen Tatbestand und Entscheidungsgründe erhalten, § 313, BGH BB **90**, 1664. Man kann ein unechtes Versäumnisurteil nur mit der Berufung oder Revision anfechten. Die Rechtsmittelfrist läuft mangels einer Zustellung eines vollständigen Urteils nicht an, BGH BB **90**, 1664.

16 **C. Rechtskraft.** Das Versäumnisurteil ist als ein Endurteil der formellen und inneren Rechtskraft fähig, § 322 Rn 69 „Versäumnisurteil". Gegen das Erste Versäumnisurteil ist nur ein Einspruch nach § 338 statthaft, auch ein teilweiser Einspruch, § 340 II 2. Wenn ein Einspruch form- und fristgerecht erfolgt, versetzt er das Verfahren in den Stand vor dem Eintritt der Versäumung zurück, soweit er reicht, § 342. Die Sache fällt nicht der höheren Instanz an. Der Einspruch vernichtet grundsätzlich die Wirkungen des Versäumnisverfahrens, wenn er auch das Versäumnisurteil nicht aus der Welt schafft. Ausnahme: das sog Zweite Versäumnisurteil im Fachsinn, §§ 345, 513 II. Das Gericht muß ein echtes Versäumnisurteil ohne Antrag und ohne eine Sicherheitsleistung für vorläufig vollstreckbar erklären, § 708 Z 2. Über formfehlerhafte Urteile Üb 10 ff vor § 300, Grdz 27 vor § 511.

17 **D. Entscheidung nach Aktenlage.** Eine derartige Entscheidung nach §§ 251 a, 331 a ist immer ein Endurteil. Es steht in jeder Beziehung dem streitmäßigen gleich. Es ist keine eigentliche Versäumnisentscheidung. Es löst aber eine Versäumnisfolge aus. Die Überschrift des Titels 3 ist daher ungenau.

330 *Versäumnisurteil gegen den Kläger.* **Erscheint der Kläger im Termin zur mündlichen Verhandlung nicht, so ist auf Antrag das Versäumnisurteil dahin zu erlassen, dass der Kläger mit der Klage abzuweisen sei.**

Gliederung

1 **1) Systematik.** Vgl zunächst Üb 1 vor § 330. Der Kläger bezahlt die Versäumung nach Üb 6, 7 vor § 330 seiner durch das Prozeßrechtsverhältnis begründeten Förderungspflicht nach Grdz 12 vor § 128 mit einem Rechtsverlust. Er steht also schlechter als der Bekl da. Die Voraussetzungen Üb 3–10 vor § 330 müssen vorliegen. Man muß §§ 331 a ff ergänzend beachten. Wegen der Besonderheiten im Kleinverfahren § 495 a Rn 20, 21, 75.

2 **2) Regelungszweck.** Vgl zunächst Üb 2 vor § 330. Als Folge der Parteiherrschaft nach Grdz 18 vor § 128 muß der säumige Kläger den jedenfalls zunächst eintretenden Prozeßverlust im Interesse der Prozeßwirtschaftlichkeit hinnehmen, Grdz 14 vor § 128. Das ist ein durchaus vertretbarer Zweck der Vorschrift. Mit ihm ist auch vereinbar, daß das Gericht mit dem Bekl Fragen der Zulässigkeit und Begründetheit (Schlüssigkeit) der Klage zwar vorsorglich schon jetzt erörtern darf und vielleicht für den Fall eines zu

erwartenden Einspruchs des Klägers auch erörtern sollte, daß es sie aber keineswegs erörtern muß, schon gar nicht zum Protokoll oder zwecks einer Stellungnahme des Bekl usw. Ob eine protokollierte Erörterung den säumigen Kläger von einem Einspruch abhalten könnte, ist eine Fallfrage.

3) Geltungsbereich. Die Vorschrift gilt nur in der ordnungsgemäßen mündlichen Verhandlung, also noch nicht im ihr gerade vorangehenden Gütetermin nach § 278 II. Sie gilt in allen Verfahren nach der ZPO, soweit ein Versäumnisverfahren zulässig ist, Üb 3 vor § 330, auch im WEG-Verfahren, auch im Rahmen von § 347 für eine Widerklage, Anh § 253. Vorrangig gilt § 130 I FamFG und im übrigen im Bereich des § 113 I 2 FamFG § 330. Wegen des Berufsrechts § 337 Rn 6. § 330 gilt ferner im arbeitsgerichtlichen Verfahren, § 46 II 1 ArbGG. Denn §§ 55, 59 ArbGG enthalten hier keine Besonderheiten. 3

4) Antrag. Nötig ist stets ein Antrag des Bekl. Er kann im Sachantrag liegen, Kblz FamRZ **90**, 894 (zu § 331). Beim Fehlen jedes Antrags ist auch der Bekl säumig, § 333. Der Antrag ist auf einen nach § 301 abtrennbaren Teil beschränkbar, nach der Erledigung der Hauptsache auch auf die Kosten, § 91 a Rn 106. Der Bekl muß die Erledigung und überhaupt den Sachverhalt darlegen und seinen Antrag begründen. Ein bloßer Vertagungsantrag reicht nicht. 4

Der Antrag ist nicht ausdehnbar, § 335 I Z 3. Das Stellen und die Begründung des Antrags ist eine *Verhandlung zur Hauptsache,* § 137 Rn 7. Ein Einspruch beseitigt sie kraft gesetzlicher Unterstellung, § 342. Wenn der Bekl nur ein Prozeßurteil nach Grdz 14 vor § 253 beantragt, ergeht es als ein echtes Versäumnisurteil, wenn der Antrag begründet ist, Üb 11 vor § 330. Wenn der Bekl nach § 333 nicht verhandelt und der erschienene Kläger keinen Sachantrag nach § 297 stellt, ist § 251 a anwendbar. Auch kann der Bekl unter den Voraussetzungen der §§ 331 a, 251 a durch einen Antrag auf eine Entscheidung nach Aktenlage evtl ein die Instanz beendendes Urteil statt eines bloßen mit einem Einspruch anfechtbaren Versäumnisurteils erwirken. Das muß man bei der Auslegung mitbeachten und evtl nach § 139 klären. Doch sollte das Gericht dabei nicht durch sein Zureden in die Gefahr der Ablehnbarkeit nach § 42 kommen. Ein Recht auf eine Vertagung etwa nach § 227 hat der Bekl nicht schon wegen der Säumnis des Klägers.

5) Entscheidung. Das Gericht erläßt ein Versäumnisurteil gegen den Kläger ohne eine sachlichrechtliche Schlüssigkeitsprüfung schon auf Grund seiner Säumnis auf eine Klagabweisung, BGH FamRZ **87**, 928. Dabei empfiehlt sich die folgenden Prüfungsreihe. 5

A. Unzulässigkeit der Klage. Zunächst sollte das Gericht die allgemeinen Prozeßvoraussetzungen nach Grdz 12 vor § 253 und die besonderen Voraussetzungen des Versäumnisverfahrens prüfen, Üb 4 ff vor § 330. Vor dem AG ist eine formlose Ladung des Klägers zu dem auf die Klage bestimmten Termin mangels abweichender richterlicher Anordnung wirksam möglich, § 497 I. Wenn unheilbare Prozeßvoraussetzungen fehlen oder wenn der Bekl eine nach § 295 heilbare bemängelt, gilt folgendes.

Ist der Mangel *behebbar* oder fehlen die Voraussetzungen des Versäumnisverfahrens, weist das Gericht den Antrag durch einen Beschluß nach § 335 zurück. Es lädt anschließend die abwesende Partei zu dem sogleich zu verkündenden oder zu bestimmenden neuen Termin förmlich.

Ist der Mangel *nicht* behebbar, findet eine Prozeßabweisung statt, Grdz 14 vor § 253, Üb 5 vor § 300, Ffm NJW **92**, 1178. Das Urteil ist ein echtes Versäumnisurteil, Üb 11 vor § 330, aM BGH GRUR-RR **01**, 48, Düss MDR **08**, 229, ZöHe 7 (es handle sich um ein unechtes Versäumnisurteil. Aber der Wortlaut des § 330 besagt für *jeden* Fall der Abweisung, daß sie durch ein Versäumnisurteil erfolgen muß, und der Sinn geht auch bei einer Abweisung als unzulässig dahin, dem Säumigen die Einspruchsmöglichkeit und damit die Instanz zu erhalten).

Gegen einen nach § 51 *Prozeßunfähigen* ist kein Versäumnisurteil möglich. Denn es fehlen die gesetzlichen Voraussetzungen nach Rn 4. Wenn das AG sachlich unzuständig ist, verweist es bei einer nachträglich eingetretener Unzuständigkeit auf einen Antrag des Bekl durch einen Beschluß, § 506. Eine Verweisung nach § 281 kommt nicht infrage. Denn diese Vorschrift gibt nur dem Kläger ein Antragsrecht.

B. Sachabweisung. Wenn die förmlichen Voraussetzungen vorliegen, die Klage also zulässig ist, muß das Gericht grundsätzlich eine Sachabweisung vornehmen. Ausnahmen bestehen bei §§ 113 ZPO, 130 I FamFG, wo das Gericht die Klage als zurückgenommen erklärt, sowie bei § 881. Die Sachabweisung geschieht durch ein echtes Versäumnisurteil. Das Gericht bezeichnet es als ein Versäumnisurteil, § 313 b I. Wer diesem Urteil aus Zweckmäßigkeitserwägungen eine volle Rechtskraftwirkung nach § 322 gibt, erkennt den Klaganspruch damit schlechthin ab. Das kann zu einem unheilbaren Ergebnis führen, wenn der Einspruch zur Zeit zB wegen einer Stundung sinnlos wäre und wenn man den späteren Eintritt der Fälligkeit im Zweitprozeß unbeachtet lassen müßte. Denn das abweisende Versäumnisurteil des Vorprozesses braucht keine zur Abgrenzung seiner inneren Rechtskraftwirkung ausreichenden Entscheidungsgründe aufzuweisen. Deshalb ist eine neue Klage zulässig, wenn das abweisende Versäumnisurteil infolge einer späteren Veränderung der maßgeblichen Umstände unrichtig geworden ist. Die diesbezüglichen Tatsachen darf und muß der Kläger im Zweitprozeß beweisen. 6

C. Weitere Einzelfragen. Das Gericht kann sein Versäumnisurteil schon vor der schriftlichen Abfassung verkünden, § 331 II I. Es bleibt auch beim Fehlen der entsprechenden Bezeichnung ein solches, soweit es nach seinem Inhalt und nach den Akten ein Versäumnisurteil ist, und umgekehrt, Üb 12 vor § 330. Es muß wenigstens klar ergeben, ob eine Sach- oder eine Prozeßabweisung vorliegt, Grdz 14 vor § 253. Denn die innere Rechtskraftwirkung ist verschieden, § 322 Rn 60 „Prozeßurteil". Bei einem Prozeßurteil wählt man am besten die Formel: „. . . als unzulässig abgewiesen". Eine förmliche Zustellung des echten Versäumnisurteils erfolgt nach § 317 I nur an den unterlegenen Kläger. Der Bekl erhält eine Ausfertigung, § 317 II. Bei der Zustellung muß das Gericht von Amts wegen die Hinweise nach § 340 III 4 geben. Es muß ein unechtes Versäumnisurteil nach § 317 beiden Parteien zustellen. 7

D. Gebühren. Des Gerichts: Keine Urteilsgebühr (wohl aber Verfahrensgebühr, KV 1210); des Anwalts: VV 3100 ff. 8

6) Rechtsbehelfe. Gegen einen Zurückweisungsbeschluß ist grundsätzlich die sofortige Beschwerde nach § 336 I 1, 567 I Z 1 zulässig. Eine Rechtsbeschwerde kommt unter den Voraussetzungen des § 574 in 9

Betracht. Gegen das echte Versäumnisurteil ist nur der Einspruch zulässig, § 338, BGH NJW **94**, 665, Zweibr JB **97**, 431. Gegen das unechte Versäumnisurteil sind nur eine Berufung oder Revision zulässig, §§ 511, 542. Maßgeblich ist, welches Urteil in Wahrheit und nicht nur der Bezeichnung nach vorliegt, Üb 12 vor § 330, also nicht, welches Urteil hätte ergehen müssen.

331 *Versäumnisurteil gegen den Beklagten.* **I 1 Beantragt der Kläger gegen den im Termin zur mündlichen Verhandlung nicht erschienenen Beklagten das Versäumnisurteil, so ist das tatsächliche mündliche Vorbringen des Klägers als zugestanden anzunehmen. 2 Dies gilt nicht für Vorbringen zur Zuständigkeit des Gerichts nach § 29 Abs. 2, § 38.**

II Soweit es den Klageantrag rechtfertigt, ist nach dem Antrag zu erkennen; soweit dies nicht der Fall, ist die Klage abzuweisen.

III 1 Hat der Beklagte entgegen § 276 Abs. 1 Satz 1, Abs. 2 nicht rechtzeitig angezeigt, dass er sich gegen die Klage verteidigen wolle, so trifft auf Antrag des Klägers das Gericht die Entscheidung ohne mündliche Verhandlung; dies gilt nicht, wenn die Erklärung des Beklagten noch eingeht, bevor das von den Richtern unterschriebene Urteil der Geschäftsstelle übermittelt ist. 2 Der Antrag kann schon in der Klageschrift gestellt werden. 3 Eine Entscheidung ohne mündliche Verhandlung ist auch insoweit zulässig, als das Vorbringen des Klägers den Klageantrag in einer Nebenforderung nicht rechtfertigt, sofern der Kläger vor der Entscheidung auf diese Möglichkeit hingewiesen worden ist.

Schrifttum: *Hartung,* Das anwaltliche Verbot des Versäunisurteils, 1991; *Ritter-Schmidt,* Die Zulässigkeit eines Versäumnisurteils im schriftlichen Vorverfahren nach vorangegangenen Mahnverfahren usw, Diss Marbg 1989 (teilweise überholt); *Taupitz,* Das Versäumnisurteil zwischen anwaltlicher Kollegialität und Mandantenrecht, Festschrift für *Pawlowski* (1997) 443.

Gliederung

1 **1) Systematik, I–III.** Während § 330 die Säumnis des Klägers regelt, behandelt § 331 diejenige des Bekl. §§ 331 a ff wirken ergänzend. Wegen der Besonderheiten im Kleinverfahren § 495 a Rn 20, 21, 75. Die amtliche Überschrift paßt nicht zu II Hs 2, Lappe Rpfleger **03**, 410.

2 **2) Regelungszweck, I–III.** Die Vorschrift dient einerseits der Prozeßwirtschaftlichkeit nach Grdz 14 vor § 128, andererseits dem Gebot der sachlichrechtlichen Gerechtigkeit nach Einl III 9, 36 durch die Verhinderung einer trotz der Parteiherrschaft nach Grdz 18 vor § 128 doch ersichtlich „falschen“ Sachentscheidung.

Berufsrecht hat keinen Vorrang vor § 331 und auch keinen Vorrang vor den Pflichten aus dem Anwaltsvertrag. Das Gericht hat daher keine Veranlassung, von sich aus auf berufsrechtliche Bedenken aufmerksam zu machen oder sie zum möglichen Nachteil der Partei etwa noch zu unterstützen. Ob man vor einem Versäumnisurteil noch etwa 10–15 Minuten abwartet, ob der zunächst Säumige doch noch erscheint, und ob sein Gegner ebenfalls solange abwarten will, ist eine andere Frage. Bei einer zeitlich letzten Sache an diesem Sitzungstag darf das Gericht strenger sein, § 337 Rn 6 „Berufsrecht“.

Die *Zuständigkeitsprüfung nach I 2* unterliegt der Sonderregelung nicht im Gesamtbereich des Gerichtsstands, wie gelegentlich angenommen, sondern als Ausnahme von I 1 nur im eng auslegbaren Bereich der §§ 29 II, 38. Das ist mit dem Regelungszweck durchaus vereinbar.

Im schriftlichen Vorverfahren nach III weicht die scharfe zeitliche Regelung von III 1 Hs 2 gerade wegen des zugehörigen Zwecks von der allgemeinen Auffassung dahin ab. Eine Entscheidung kann danach schon dann wirksam werden, wenn sie das Richterzimmer verläßt. Daher sollte die Geschäftsstelle den Übergabezeitpunkt sogleich minutengenau in der Akte vermerken.

3 **3) Geltungsbereich, I–III.** Vgl zunächst Üb 3 vor § 330. Die Vorschrift gilt nur in einer ordnungsgemäßen mündlichen Verhandlung, also noch nicht im ihr gerade vorangehenden Gütetermin nach § 278 II. Hs 2 gilt auch im schriftlichen Vorverfahren, Rn 24, auch im WEG-Verfahren. § 130 II FamFG verbietet eine Versäumnisentscheidung gegen den Antragsgegner. II ist im arbeitsgerichtlichen Verfahren anwendbar,

BAG NJW **02**, 2972. III ist in der Berufungsinstanz unanwendbar, Kramer NJW **77**, 1657. Dieser Teil der Vorschrift ist auch im arbeitsgerichtlichen Verfahren unanwendbar, Grunsky JZ **78**, 81 (§ 55 II in Verbindung mit I Z 5 ArbGG meint einen anderen Fall).

4) Antrag, I. Wie jedes Versäumnisurteil setzt auch dasjenige gegen den Bekl einen Antrag auf den Erlaß zumindest „einer Versäumnisentscheidung" voraus. Es handelt sich um einen Prozeßantrag, nicht um einen Sachantrag, § 297 Rn 4, 6, Kblz FamRZ **90**, 894. Der Klagantrag ersetzt den Antrag auf den Erlaß eines Versäumnisurteils zwar grundsätzlich nicht, aM Köln FamRZ **95**, 889 (aber I 1 setzt eindeutig einen zusätzlichen Antrag auf ein Versäumnisurteil voraus). Jedoch kann im Sachantrag ein stillschweigender Prozeßantrag stecken, Kblz FamRZ **90**, 894, LG Köln MDR **01**, 1018. Für eine Beschränkung und Erweiterung des Antrags gilt § 330 Rn 1, 2. Der Kläger kann statt eines Versäumnisurteils eine Entscheidung nach Lage der Akten beantragen, § 331 a (Ausnahme: § 130 II FamFG). Er kann auch eine Verweisung nach §§ 281, 506 beantragen. Eine Vertagung kann er regelmäßig nicht beanspruchen, Kramer NJW **77**, 1662. Der Kläger kann wegen eines nach § 301 I abtrennbaren Teils den Versäumnisantrag entsprechend beschränken. 4

Ein *Teilversäumnisurteil* steht grundsätzlich im pflichtgemäßen Ermessen des Gerichts, § 301 II. Freilich kann das Gericht eine die Instanz beendende Entscheidung zum Teil als Versäumnisurteil erlassen und nach § 313 b I 2 auch als „Teilversäumnisurteil und streitiges Schlußurteil" bezeichnen, Rn 13, 24. Die Antragstellung und die Begründung des Antrags ist eine Verhandlung zur Hauptsache, § 137 Rn 7. Nach einem Einspruch fällt diese Wirkung kraft gesetzlicher Unterstellung rückwirkend weg, § 342. Wegen des Berufsrechts Rn 2, § 337 Rn 6. Wenn der Kläger überhaupt keinen Antrag stellt, ist auch er säumig, § 333. Daher liegt dann ein Fall des § 251 a vor, Kramer NJW **77**, 1662.

5) Unterstellung, I. Ein Grundsatz kennt erhebliche Ausnahmen. 5

A. Grundsatz: Geständnis des Beklagten. Wenn der Kläger das Versäumnisurteil beantragt, gilt sein tatsächliches Vorbringen als vom Bekl zugestanden. Das Gesetz unterstellt also ähnlich § 138 III ein Geständnis.

B. Umfang des Klagevortrags. Das Geständnis kann sich nur auf das mündliche vorgetragene und rechtzeitig schriftlich mitgeteilte tatsächliche Vorbringen beziehen, § 335 I Z 3. Ein schriftliches oder in einem früheren Termin mündlich erfolgtes Vorbringen des Bekl bleibt unbeachtet. Eine Klagänderung nach §§ 263, 264 ist zulässig, wenn der Kläger sie rechtzeitig mitgeteilt hatte, §§ 335 I Z 3, 132. Ihre Zulassung erfolgt wie sonst, § 263. Bei einer Klage auf den Widerruf einer ehrverletzenden Behauptung gilt ihre Unwahrheit als zugestanden. Daher muß der Widerruf uneingeschränkt erfolgen, Hamm MDR **83**, 850. 6

C. Parteiherrschaft, I 1. Das Geständnis kann nur im Rahmen der Parteiherrschaft stattfinden, Grdz 18 vor § 128. Daher ist das Versäumnisurteil gegen den Bekl anders als gegen den Kläger, § 330 Rn 1, im FamFG-Verfahren unzulässig, Rn 3. In einem Scheidungsfolgeverfahren muß man grundsätzlich die formelle Rechtskraft des streitigen Scheidungsbeschlusses abwarten, §§ 45, 142 I 2 FamFG. Die Unterstellung versagt also dann, wenn ein Geständnis nach § 288 unwirksam wäre. Das gilt etwa in folgenden Fällen: Bei einer Rechtsfrage, Küppers NJW **76**, 489; bei einer unmöglichen, offenkundigen Tatsache, BGH NJW **79**, 2089; bei einer sittenwidrigen, ordnungswidrigen Tatsache; bei einem von Amts wegen beachtbaren Punkt, wie der Zulassung des Rechtswegs, der Prozeßfähigkeit, der Rechtskrafterstreckung § 325 Rn 24 „Bürgschaft". Das Verschweigen eines Urteils gegen den Hauptschuldner verstößt ja gegen die Wahrhaftigkeitspflicht nach § 138 Rn 15. 7

D. Zuständigkeit, I 2. Die Zuständigkeit unterliegt nur noch einer stark eingeschränkten Parteiherrschaft, Grdz 18 vor § 128. Zwar gilt I 2 nur bei den dort genannten §§ 29 II, 38, nicht also bei § 29 I. Insofern genügt aber eben die bloße Behauptung der Vereinbarung der Zuständigkeit ohne dazu ausreichende Tatsachen nicht. Das gilt selbst dann, wenn der Kläger dazu ausreichende Tatsachen vorgetragen hat. I 2 verbietet die diesbezügliche Unterstellung. Daher ist zur Zuständigkeit eine Amtsprüfung notwendig, Grdz 39 vor § 128. Das gilt bis zur vollen Überzeugung des Gerichts. Daher ist unter Umständen ein voller Beweis notwendig, Ffm MDR **75**, 232. Das gilt auch im Urkundenprozeß, Ffm MDR **75**, 232. Freilich sind die Beweismittel beliebig. Daher braucht das Gericht keineswegs auch mangels eines nachvollziehbaren Zweifels doch stets starr einen Registerauszug oder eine Urkunde zu fordern, selbst nicht im Urkundenprozeß, § 597 Rn 4. Ein Hinweis im gegnerischen Briefpapier auf dessen Registereintragung kann vielmehr genügen, Karlsr MDR **02**, 1269. 8

Ein *praktisch brauchbarer* Grad von Gewißheit genügt, Einl III 10, § 286 Rn 16. Das Gericht darf der erschienenen Partei ohne jede Beweisaufnahme glauben, § 286 Rn 4. Es hat zu Bedenken meist keinen Anlaß. Es muß evtl seine Frage- und Hinweispflicht beachten, § 139. Es sollte zumindest in einem Vermerk oder in einem kurzen Satz von Entscheidungsgründen erkennbar machen, daß es die Problematik erkannt hat („... nur zur Zuständigkeitsfrage, § 331 I 2 ZPO"). Wegen des Verfahrens § 335 Rn 4, 8.

6) Entscheidung, II. Es gibt vier Möglichkeiten. 9

A. Zurückweisung des Antrags durch Beschluß. Fehlen die Voraussetzungen eines Versäumnisurteils nach Üb 3–10 vor § 330, muß das Gericht den Antrag durch einen Beschluß zurückweisen, § 335. Ist der Bekl nach § 51 prozeßunfähig, weist das Gericht die Klage als unzulässig ab. Zum Ausbleiben des Revisionsbekl § 555 Rn 3.

B. Zulässigkeit eines Versäumnisurteils. Ein echtes Versäumnisurteil gegen den Bekl ergeht, wenn die folgenden Voraussetzungen zusammentreffen. 10

Für die Zulässigkeit müssen die *Prozeßvoraussetzungen* nach Grdz 12 vor § 253 und die allgemeinen Voraussetzungen des Versäumnisurteils nach Üb 3 vor § 330 vorliegen, BGH NJW **91**, 44. Ein Verzicht auf die Einhaltung der Prozeßvoraussetzungen ist nicht zulässig, BGH RR **86**, 1041. Das Gericht darf nicht prüfen, ob ein Anwalt auch wirklich eine ausreichende Prozeßvollmacht hat, § 88 II. Im FamFG-Verfahren ist kein Versäumnisurteil gegen den Antragsteller statthaft, Rn 3, Bbg RR **94**, 460 (keine Nichtigkeit).

11 **C. Begründetheit eines Versäumnisurteils.** Ferner muß das tatsächliche mündliche Vorbringen des Klägers den Klagantrag rechtfertigen. Dabei muß das Gericht die vom Kläger selbst vorgetragenen rechtshindernden und rechtsvernichtenden Tatsachen beachten, Düss NJW **91**, 2089, Nierwetberg ZZP **98**, 442. Sodann muß das Gericht die vom Kläger vorgetragenen Tatsachen als vom Bekl nach § 288 I zugestanden bewerten (gesetzliche Fiktion). Das gilt auch dann, wenn die Parteien in einem früheren Termin streitig verhandelt hatten.

12 **D. Beispiele zur Frage der Begründetheit**

Belehrung: Bei der Zustellung des Versäumnisurteils muß das Gericht von Amts wegen die Belehrung nach § 340 III 4 erteilen.

Einrede: *Unbeachtlich* ist eine Einrede bürgerlichen Rechts, zB eine solche der Verjährung oder ein Zurückbehaltungsrecht, aM Düss NJW **91**, 2089 (aber es kommt hier eben nur auf den Vortrag des Klägers an).

Erledigung der Hauptsache: Bei einer nur vom Kläger behaupteten solchen Erledigung lautet das Versäumnisurteil: „Die Hauptsache ist erledigt", § 91 a Rn 175.

Fragepflicht: Diejenige des Gerichts besteht wie sonst nach § 139.

Gebühren: Des Gerichts: keine Urteilsgebühr, wohl aber eine Verfahrensgebühr KV 1210; des Anwalts: VV 3100 ff.

Grund-Versäumnisurteil: Unzulässig ist ein Versäumnisurteil mit dem Ausspruch, der Anspruch sei dem Grunde nach gerechtfertigt, § 304 Rn 21, Kblz MDR **79**, 587.

Hilfsantrag: § 260 Rn 8 ff.

Nichtigkeit: Das Gericht muß eine vom Kläger selbst der Sache nach vorgetragene Nichtigkeit seines Anspruchs usw beachten, Rn 11.

Räumung: S „Schonfrist".

Sachbefugnis: Das Gericht muß das vom Kläger selbst der Sache nach vorgetragene Fehlen einer Sachbefugnis nach Grdz 23 vor § 50 beachten, Rn 11, KG RR **91**, 42.

Schonfrist: *Unbeachtlich* ist es, daß die Schonfrist des § 569 III Z 2 BGB noch nicht abgelaufen ist. Denn das Gericht muß nach dem Stand am Schluß der mündlichen Verhandlung nach §§ 136 IV, 296 a entscheiden, und es ist dann eben noch unklar, ob der bisher bestehende Räumungsanspruch noch etwa rückwirkend durch eine spätere Handlung des jetzt säumigen Bekl erlöschen könnte. Der Kläger handelt keineswegs arglistig, wenn er bis zur Erfüllung der überfälligen Mieterschuld auf der Erteilung eines Vollstreckungstitels besteht, aM Hbg ZMR **88**, 225 (aber es besteht sehr wohl in einer solchen ungewissen Lage ein Rechtschutzbedürfnis, Grdz 33 vor § 253).

Schmerzensgeld: Es kommt darauf an, ob der Kläger diejenigen Tatsachen vorgetragen hat, die dem Gericht eine Bemessung nach § 287 ermöglichen, Kblz MDR **79**, 587. Es kann zB beim Zurückbleiben hinter der vom Kläger genannten Mindestsumme oder Größenordnung nach § 253 Rn 57 ein unechtes Teilversäumnisurteil auf eine diesbezügliche Klagabweisung mit einem den Rest betreffenden weiteren Teilversäumnisurteil zusammentreffen. Dann muß das Gericht die zuerkannte Summe beziffern.

Schriftsatzvortrag: *Unbeachtlich* ist grds ein nur schriftätzlicher Vortrag einer Partei, solange er nicht auch nach § 137 Rn 25 ff mündlich erfolgt. Nur dann, wenn der Kläger auch selbst auf die schriftsätzliche Einrede zB der Verjährung wirklich durch seinen eigenen mündlichen Vortrag eingeht, ist sie ausnahmsweise beachtlich, BGH NJW **99**, 2121 (Gesamtumstände prüfen).

Sittenwidrigkeit: Das Gericht muß eine vom Kläger selbst der Sache nach vorgetragene eigene Sittenwidrigkeit beachten, Rn 11.

Stufenklage: § 254 Rn 22.

Urkundenprozeß: Im Urkundenprozeß hängt die Möglichkeit eines Versäumnisurteils gegen den Bekl wegen § 597 II grundsätzlich davon ab, daß der Kläger alle anspruchsbegründenden Tatsachen urkundlich belegt, BGH **62**, 290. Das Gericht müßte einen Antrag auf ein Versäumnisvorbehaltsurteil abweisen. Denn es kommt kein Vorbehalt ins Versäumnisurteil, § 599 Rn 5, und § 308 I verbietet ein Zusprechen *ohne* einen Vorbehalt, wenn der Kläger eine Verurteilung nur *mit* ihm beantragt hatte. Darauf muß das Gericht aber nach § 139 hinweisen.

Verjährung: S „Einrede", „Schriftsätzlicher Vortrag."

Zurückbehaltungsrecht: S „Einrede".

13 **E. Abweisung der Klage durch Urteil.** Soweit die Voraussetzungen Rn 6–9 nicht vollständig vorliegen, muß das Gericht die Klage durch ein „unechtes" streitmäßiges Urteil nach Üb 13 vor § 330 abweisen, BGH NJW **02**, 377, BAG NJW **02**, 2972, LAG Hamm NJW **81**, 887, aM Maurer FamRZ **89**, 447 (es liege auch dann ein Versäumnisurteil vor. Aber dann gibt es auch keinen Anlaß, wie nach einer „bloßen" Säumnis einen Einspruch und dann die Fortdauer dieser Instanz zu ermöglichen). Darauf sollte sich derjenige Bekl verlassen dürfen, der zB befürchten muß, eigene Anwaltskosten nicht erstattet zu bekommen, und deshalb noch keinen ProzBev beauftragt hat. Auf ein solches Motiv sollte er das Gericht auch im Verfahren mit einem Anwaltszwang hinweisen dürfen. Es erfolgt eine Prozeßabweisung, wenn eine Prozeßvoraussetzung endgültig fehlt und wenn eine Verweisung nicht möglich ist, Grdz 14 vor § 253. Wenn sie nicht endgültig entfällt, gilt § 335 I Z 1. Es erfolgt eine Sachabweisung, soweit die Voraussetzungen Rn 8, 9 fehlen. Dieses Urteil läßt nur ein Rechtsmittel zu, nicht den Einspruch nach § 338, BGH NJW **87**, 1204. Wie das Wort „soweit" in II zeigt, ist ein Teilversäumnisurteil nebst Schlußurteil zulässig, § 301. Bei einer solchen Teilabweisung sind teils Rechtsmittel, teils Einspruch zulässig, etwa bei einer Abweisung des Hauptantrags und bei einer Stattgabe zum Hilfsantrag.

14 **7) Zulässigkeit einer Entscheidung ohne mündliche Verhandlung, III.** „Eine Entscheidung", also nicht nur ein Versäumnisurteil, sondern auch evtl ein unechtes Versäumnisurteil nach Rn 13 kann und muß bei II Hs 2 als eine Ausnahme von § 335 I Z 2 ergehen, KG MDR **85**, 416, Lappe Rpfleger **03**, 410. Erforderlich sind entweder die Voraussetzungen Rn 14–17 bei einer engen Auslegung, BVerfG NJW **93**, 2864, Mü MDR **83**, 324, oder die Voraussetzungen Rn 18.

A. Korrekte Aufforderung und Belehrung nach §§ 215 I, 276, III 1, 2. Das Gericht muß eine ordnungsgemäße Aufforderung und Belehrung an den Bekl nach §§ 215 I, 276 I 1 Hs 1, II gerichtet haben. Soweit beim AG nach § 78 Rn 1 kein Anwaltszwang besteht, brauchte das Gericht natürlich darauf nicht besonders hinzuweisen. Eine derartige Aufforderung und Belehrung ist jetzt auch nach einem Widerspruch des Antragsgegners gegen den Mahnbescheid notwendig, § 697 Rn 13. Mangels einer ordnungsgemäßen Aufforderung und/oder Belehrung gilt § 335 I Z 4.

B. Fristablauf, III 1, 2. Es muß die Notfrist des § 276 I von meist 2 Wochen, bei einer Auslandszu- 15
stellung länger, abgelaufen sein. Außerdem müssen folgende Voraussetzungen vorliegen: Es darf keine ordnungsgemäße Verteidigungsanzeige vorliegen, Drsd MDR **08**, 165. Entweder hat der Bekl also überhaupt nicht oder nicht rechtzeitig geantwortet. Das reicht zB auch vor dem Ablauf der Schonfrist des § 569 III 2 BGB, LG Hbg WoM **03**, 276. Oder der Bekl hat mitgeteilt, er wolle sich gegen die Klage überhaupt nicht verteidigen. Eine Aufrechnung oder Hilfsaufrechnung wäre eine Verteidigung. Oder der Bekl hat eine Verteidigungsabsicht mitgeteilt, jedoch ist diese Mitteilung trotz Anwaltszwangs ohne einen Anwalt erfolgt. Das Gericht darf dessen Vollmacht nicht mehr prüfen, § 88 II. Gegen den Fristablauf ist wegen des Notfristcharakers eine Wiedereinsetzung nach §§ 233 ff statthaft.

Oder es müssen die Voraussetzungen Rn 18 vorliegen.

C. Antrag, III 1, 2. Der Kläger muß einen Antrag auf den Erlaß des Versäumnisurteils gestellt haben, 16
Düss MDR **84**, 950. Er kann diesen Antrag schon in der Klageschrift stellen, III 2. Ein Antrag auf eine Entscheidung „ohne mündliche Verhandlung" ist unnötig, aber natürlich zulässig. Das Gericht muß seine Fragepflicht ausüben, § 139, Kramer NJW **77**, 1658. Wenn der Kläger keinen Antrag auf ein Versäumnisurteil stellt, ist § 251 a anwendbar, Rn 1. Das Gericht bestimmt dann also keinen Termin, Kramer NJW **77**, 1662, aM Bergerfurth JZ **78**, 299, Brühl FamRZ **78**, 552, ThP 2 (aber beim Ruhen des Verfahrens erfolgt gerade das Gegenteil eines Termins). Auch insofern besteht eine Hinweispflicht, § 139. Der Anwalt ist nach dem Eingang einer Verteidigungsanzeige des Gegners nicht zur Antragsrücknahme verpflichtet, Stgt AnwBl **85**, 265. Ein dennoch ergangenes Urteil bleibt eine Entscheidung nach III, Mü JB **07**, 589.

D. Keine nachträgliche Verteidigungsanzeige, III 1, 2. Bis zum Eingang des nach § 315 vollständi- 17
gen, unterschriebenen Versäumnisurteils oder des unechten Versäumnisurteils in der Geschäftsstelle der zuständigen Abteilung darf dort eine Verteidigungsanzeige des Bekl nicht wirksam eingegangen sein. Unerheblich ist ihr etwaiger Eingang auf der Verwaltungsgeschäftsstelle, Gerichtskasse, Posteinlaufstelle usw, KG MDR **89**, 1003, Bergerfurth JZ **78**, 299, ZöHe 12, aM Düss JR **97**, 161, Ffm MDR **00**, 902. Das folgt aus dem Sinn von III trotz dessen nur scheinbarer Abweichung vom Grundsatz, daß der Posteingang zählt. Dieser Grundsatz gilt ohnehin nur zwecks einer Fristwahrung. Hier ist aber ein Fristverstoß Voraussetzung. Der Wortlaut von III steht gerade nicht entgegen, aM Ffm MDR **00**, 902 (aber III spricht nicht vom „Gericht", sondern von dessen „Geschäftsstelle", und zwar aus gutem Grund: Sie kennt den genauen Eingangszeitpunkt des Urteils am besten). Auch führt ein Fristablauf nach I 1 ja nicht zur Unzulässigkeit der Verteidigungsanzeige.

Der Bekl darf seine Verteidigungsanzeige auch direkt oder stillschweigend *zurückgenommen* haben, Grdz 58 vor § 128, Stoffel/Strauch NJW **97**, 2372. Es ist ratsam, die Eingänge sowohl des Urteils als auch der Verteidigungsanzeige auf der Abteilungsgeschäftsstelle mit der jeweiligen Uhrzeit zu versehen. Man kann aber nicht verlangen, daß der Richter oder Aktenbote mit der Übermittlung des Urteils an den Urkundsbeamten der Geschäftsstelle zuwartet, bis dieser den Posteingang oder den elektronischen Eingang durchgesehen hat, KG MDR **89**, 1003, aM Ffm MDR **00**, 902, ThP § 276 Rn 7 (aber das läßt sich zumindest bei einem größeren Gericht schon technisch gar nicht durchführen).

Das Gericht darf noch *keinen frühen ersten Termin* anberaumt haben, KG MDR **85**, 417, oder gar einen Haupttermin, Mü MDR **83**, 324. II Hs 2 ist anwendbar, aM StJL § 276 Rn 35 (abl Gerhardt ZZP **99**, 494).

E. Oder: Bloße Nebenforderung unberechtigt, III 3. Statt der Voraussetzungen Rn 14–17 reicht es 18
auch, daß II Hs 2 bei einer bloßen Nebenforderung nach § 4 vorliegt. Dann muß das Gericht den Kläger aber auf eine solche Möglichkeit hingewiesen haben. Eine Änderungsfrist von etwa zwei Wochen dürfte meist reichen.

8) Unzulässigkeit einer Entscheidung ohne mündliche Verhandlung, III. Es ergeht keine Entschei- 19
dung ohne eine mündliche Verhandlung, wenn eine der folgenden Situationen vorliegt.

A. Aufforderung nur nach § 275. Es muß eine Aufforderung nicht nach § 276 erfolgt sein, sondern nach § 275, vgl § 335 I Z 4.

B. Verteidigungsanzeige. Die Anzeige der Verteidigungsabsicht muß jedenfalls noch vor dem Urteil auf 20
der Geschäftsstelle eingegangen sein, Rn 17, Bergerfurth JZ **78**, 299, Franzki NJW **79**, 10, ThP § 276 Rn 5, aM Jauernig ZPR § 66 III 3 (hier sei erst das Wiedereinsetzungsverfahren notwendig), Unnützer NJW **78**, 986 (vgl aber Rn 17). Die Meldung eines Anwalts zur Akte kann nach § 172 genügen, Bergerfurth JZ **78**, 299. Etwas anderes gilt, wenn der Anwalt zB nur eine Akteneinsicht begehrt.

C. Klagerwiderung. Der Bekl mag bis zum Eingang des Versäumnisurteils auf der Geschäftsstelle nach 21
Rn 17 eine solche Klagerwiderung nach § 276 I 2 eingereicht haben, die zumindest eine Mitteilung der Verteidigungsabsicht umfaßt. Dann ist auch dann keine nochmalige Frist nach § 276 I 2 notwendig, wenn die erste Erwiderungsfrist fast oder schon abgelaufen ist, aM Kramer NJW **77**, 1661 (aber eine wirksame Parteiprozeßhandlung braucht keine Wiederholung).

D. Fehlerhafte Aufforderung nach § 276. Die Aufforderung nach § 276 muß irgendwie fehlerhaft 22
gewesen sein. Sie muß zB einen Hinweis auf einen angeblichen und in Wahrheit nicht vorhandenen Anwaltszwang enthalten haben, § 335 I Z 4, dort Rn 9, Bergerfurth JZ **78**, 298.

E. Unklarer Antrag. Der Antrag auf ein Versäumnisurteil muß unklar gewesen sein, § 308 Rn 1. Freilich 23
muß das Gericht dann seine Fragepflicht erfüllen, § 139, Bergerfurth JZ **78**, 299. Das Gericht braucht zu

einem nachgereichten Antrag des Klägers nach III nicht mehr anzuhören, KG RR **94**, 1344, ThP 2, ZöHe 12, aM Mü MDR **80**, 235, MüKoPr 48 (aber der Säumige muß stets mit einem solchen Antrag rechnen).

24 **9) Verfahren ohne mündliche Verhandlung, III.** Es hat enorme praktische Bedeutung.

A. Allgemeines. Die Entscheidung ergeht wie sonst. Das Gericht darf und muß also das tatsächliche Vorbringen des Klägers in der Klageschrift als zugestanden ansehen, I 1. Es muß seine Zuständigkeit von Amts wegen prüfen, I 2. Soweit danach der Klagantrag gerechtfertigt ist, ergeht ein Versäumnisurteil. Andernfalls ergeht eine Klagabweisung durch ein unechtes Versäumnisurteil, II, Üb 13 vor § 330. Denn „die Entscheidung" in III meint jede der nach I, II möglichen und notwendigen Entscheidungen, BayVerfGH NJW **91**, 2079, Brdb MDR **97**, 1158, LG Bln RR **98**, 1285, aM Brdb MDR **98**, 1052, Köln MDR **01**, 954 – abl Heistermann – (statt einer Abweisung erfolge eine Terminsbestimmung), ZöHe 13 (spricht unklar von einem „schriftlichen Versäumnisurteil gegen den Kläger". Aber III erfordert gerade keine mündliche Verhandlung).

Es kann also auch ein solches Urteil ergehen, das *teilweise* ein Versäumnisurteil ist, teilweise aber ein unechtes Versäumnisurteil darstellt. Wegen der Hinweispflicht des Gerichts auf Bedenken gegen das beantragte echte Versäumnisurteil vor dem Erlaß des unechten Üb 13 vor § 330. Ein Vorbringen des Klägers in einem weiteren Schriftsatz ist nur dann beachtlich, wenn sich der Bekl auch dazu äußern konnte. Dazu muß das Gericht ihm evtl eine weitere Frist setzen. Anders liegt es nur beim nachgereichten Antrag nach III, Rn 20.

25 **B. Urteil.** Im Urteil heißt es nicht, die Entscheidung ergehe auf die mündliche Verhandlung vom ..., sondern sie ergehe „auf Antrag ohne mündliche Verhandlung am ...". Soweit ein unechtes Versäumnisurteil ergeht, ist § 313 b unanwendbar, Ffm MDR **84**, 322. Die Kostenentscheidung nach §§ 91 ff und die Entscheidung zur vorläufigen Vollstreckbarkeit nach §§ 708 ff lauten stets wie sonst. Das Urteil wird nicht verkündet, sondern von Amts wegen zugestellt, §§ 310 III, 317 I 1, 2. Es findet keine Hinausschiebung dieser Maßnahme statt. Denn § 317 I 3 gilt nur für verkündete Urteile. Bei der Zustellung muß das Gericht nach § 340 III 4 von Amts wegen auf die Folgen eines verspäteten Einspruchs aufmerksam machen.

26 Das fertiggestellte, aber *nicht mehr zulässige* Versäumnisurteil nach Rn 19–23 bleibt auch in allen Ausfertigungen bei den Akten. Denn man muß nachprüfen können, warum es nicht wirksam geworden ist. Auf seine Existenz und seine Begründung darf keine Partei eine Ablehnung des Gerichts stützen. Denn das Gericht mußte ja eine Entscheidung treffen, nur ist diese eben nicht mehr wirksam geworden. Andere Entscheidungen wie etwa ein Beweisbeschluß ergehen nicht nach III, sondern nur nach § 128 II oder nach einer nunmehr im Rahmen von § 128 I notwendigen mündlichen Verhandlung. §§ 319–321 sind anwendbar.

27 Das Versäumnisurteil nach III kann auch in einer *Nichtsommersachen* nach § 227 III 1 während der Zeit vom 1. 7. bis 31. 8. ergehen, erst recht in einem bloßen Verkündungstermin, § 227 III 1 Hs 1. Es kann und muß auch vor dem Ablauf der 2-Monats-Frist des § 569 III Z 2 BGB ergehen, LG Kiel WoM **02**, 149, LG Köln NZM **04**, 65 und 66, aM Hbg ZMR **88**, 226 (aber Sozialpolitik findet ihre Grenze am klaren Wortlaut und Sinn des Gesetzes, das gegen einen Säumigen steht, Einl III 39).

28 **C. Rechtsmittel.** Die Rechtsmittel sind wie sonst statthaft. Wegen des unvollständigen unechten Versäumnisurteils Üb 13 vor § 330.

331a *Entscheidung nach Aktenlage.*

[1] **Beim Ausbleiben einer Partei im Termin zur mündlichen Verhandlung kann der Gegner statt eines Versäumnisurteils eine Entscheidung nach Lage der Akten beantragen; dem Antrag ist zu entsprechen, wenn der Sachverhalt für eine derartige Entscheidung hinreichend geklärt erscheint.** [2] **§ 251 a Abs. 2 gilt entsprechend.**

Gliederung

1 **1) Systematik, S 1, 2.** Die Vorschrift gibt eine Wahlmöglichkeit neben §§ 330, 331. Sie setzt die Säumnis nur *einer* Partei voraus, Üb 6 vor § 330. Sind beide säumig, gilt § 251 a. Dessen II gilt auch bei § 331 a, dort S 2.

2 **2) Regelungszweck, S 1, 2.** Vgl zunächst § 251 a Rn 2. Die Vorschrift soll der „Flucht in die Säumnis" entgegenwirken. Eine Entscheidung nach Lage der Akten hat je nach den Gesamtumständen Vor- und Nachteile. Diese muß derjenige abwägen, der sie beantragt. So entfällt zB hier die Unterstellung nach § 331 I 1. Denn die „Aktenlage" umfaßt die gesamten Akten, also auch den schriftsätzlichen wie mündlichen Vortrag des jetzt Ausgebliebenen. Der Chance des die Instanz beendenden zusprechenden Urteils steht das Risiko des in dieser Instanz endgültigen Prozeßverlusts gegenüber.

Erörterung der Sach- und Rechtslage kann in dieser Situation die Entscheidung erheblich erleichtern helfen. Das Gericht ist nach § 139 auch von sich aus in ziemlich offener Weise berechtigt und verpflichtet, seine „vorläufige" Beurteilung darzulegen. Erst recht kann die Partei mit oder ohne einen ProzBev durch gezielte Fragen, Mutmaßungen oder geäußerte Zweifel am gegnerischen Vortrag den Richter zur genaueren Erörterung bewegen, ja geradezu zwingen. Ein solches Gespräch mag ja auch ihm durchaus mehr Klarheit und zB auch die Beseitigung tatsächlicher Mißverständnisse bringen. Gerade vor einem Antrag nach § 331 a darf man ein derartiges Vorgehen keineswegs als eine Belästigung des Gerichts verstehen, solange es in einem ruhigen Ton geschieht. Auch das muß man bei der Auslegung mitbedenken.

3) Geltungsbereich, S 1, 2. Vgl zunächst Üb 3 vor § 330. § 331 a gilt auch im WEG-Verfahren, in der Berufungsinstanz nach § 539 III und im Revisionsverfahren, § 557. Im arbeitsgerichtlichen Verfahren sind §§ 53, 60 I 3, 64 VII ArbGG beachtlich. Es genügt die Anwesenheit in einer früheren Güteverhandlung, ArbG Bln BB **75**, 746, ArbG Ffm BB **76**, 1611. Im FamFG-Verfahren ist § 331 a, auch im Bereich des § 113 I 2 FamFG, unanwendbar, § 130 II FamFG. 3

4) Antrag, S 1. Das Gericht regt ihn zu selten an. 4

A. Notwendigkeit. § 331 a mildert in jeder Instanz die Schädlichkeit der unbeschränkten Einspruchsfreiheit, indem er einen Antrag auf eine Entscheidung nach Aktenlage zuläßt, wenn der Kläger gegen den Bekl nach § 331 oder der Bekl gegen den Kläger nach § 330 ein Versäumnisurteil beantragen dürfte, BGH RR **90**, 342. Der Antrag ist für ein Verfahren nach § 331 a notwendig. Er ist ein Prozeßantrag, § 297 Rn 5. Er muß gerade auf eine Entscheidung nach Aktenlage gehen. Er ist auch wegen eines Teils des Anspruchs zulässig. Die Partei kann allerdings auch hilfsweise ein Versäumnisurteil für den Fall beantragen, daß das Gericht eine Entscheidung nach Lage der Akten ablehnt. Ein Hilfsantrag auf ein Versäumnisurteil ist aber nicht für den Fall zulässig, daß eine Aktenlageentscheidung ungünstig ausfallen würde. Unzulässig ist ein Aktenlageantrag nur für eine beschränkte nicht abschließende Entscheidung, etwa hier auf den Erlaß eines Beweisbeschlusses. „Statt eines Versäumnisurteils“: meint: auch eines unechten, zB bei § 331 II. Wenn die Partei überhaupt keinen Antrag stellt, liegt eine zweiseitige Säumnis vor, §§ 251 a, 333. Der Termin zur mündlichen Verhandlung kann auch ein solcher sein, auf den hin das Gericht vertagt hatte, § 332 Rn 1.

B. Auslegung. Oft ist zweifelhaft, was ein Antrag bezweckt. Die Auslegung nach Grdz 52 vor § 128 muß zeigen, ob die Partei einen förmlichen Antrag aus § 331 a stellt oder ob sie anheimstellt, aus § 251 a von Amts wegen nach der Aktenlage zu entscheiden, oder ob sie eine schriftliche Entscheidung nach § 128 II beantragt und annimmt, der Gegner werde später erscheinen und sich anschließen. Wegen der verschiedenen Tragweite aller dieser Maßnahmen für die Hauptsache und die Kosten muß das Gericht eine ganz eindeutige Erklärung herbeiführen, § 139. Soweit das Gericht dabei nicht auf die erschienene Partei einredet, besteht auch keine begründete Ablehnungsgefahr, § 42 Rn 39. Eine bloße Anregung dürfte zwecks notwendiger Klärung zulässig sein. 5

5) Entscheidung, S 1, 2. Das Gericht geht oft zu zögerlich vor. 6

A. Ermessen, S 1. Dem Antrag „ist zu entsprechen, wenn der Sachverhalt für eine derartige Entscheidung hinreichend geklärt erscheint“. Trotz der Mußfassung steht die Entscheidung im pflichtgemäßem, vor dem Instanzende nicht nachprüfbaren Ermessen des Gerichts, ZöHe 2, aM MüKoPr 10 (aber die Prüfung, ob eine hinreichende Klärung des Sachverhalts vorliegt, läuft praktisch auf eine Abwägungsnotwendigkeit im gesamten Vorgang nach § 331 a hinaus). Aber das Gericht muß hier anders als bei § 251 a prüfen, ob nicht eine Aktenlageentscheidung möglich ist. Die Erfordernisse der Entscheidung sind dieselben wie bei § 251 a. § 331 a unterstellt nicht wie § 331 ein Geständnis, sondern gibt nur die Möglichkeit für einen Antrag auf eine Aktenlageentscheidung. Daher kann ein früheres gegnerisches Bestreiten zur Beweislast führen. Eine Sachverhandlung ist nicht nötig, anders als bei §§ 330, 331. Die Entscheidung braucht kein Urteil zu sein. Sie kann gegen den Antragsteller ergehen. Denn ihr liegt das beiderseitige Vorbringen zugrunde. Eine hinreichende Klärung ist hier dasselbe wie in § 251 a.

Fehlt eine Voraussetzung des Antrags, muß das Gericht ihn *zurückzuweisen,* § 335. Zugleich kann und muß der Vorsitzende einen neuen Termin bestimmen, §§ 227 I 1, 337. Der zurückweisende Beschluß ist unanfechtbar, § 336 II. Die Folge einer solchen Entscheidung, die kein Urteil ist, lautet: Die Schriftsätze gelten als vorgetragen, Zulässigkeitsrügen gehen aber bei einer schriftlichen Einlassung verloren, § 296 III. Das Urteil ist kein Versäumnisurteil, sondern ein gewöhnliches Endurteil. Seine Voraussetzungen sind die eines streitmäßigen Urteils. Gegen ein Urteil ist nicht der Einspruch nach § 338 statthaft, sondern die Berufung, §§ 511 ff.

Gebühren: Des Gerichts: Keine Urteilsgebühr (wohl aber Verfahrensgebühr KV 1210); des Anwalts VV 3100 ff.

B. Entsprechende Anwendung des § 251 a II, S 2. Sie bezieht sich nur auf ein Urteil, S 2. Ein solches verlangt eine frühere mündliche Verhandlung und die Anberaumung eines Verkündungstermins mit einer besonderen Benachrichtigung des Säumigen. In dieser Instanz müssen die Parteien im früheren Termin streitig verhandelt haben, § 137 Rn 7, LAG Bre MDR **04**, 112. § 251 a III ist nicht anwendbar. Das Gericht darf nicht das Ruhen anordnen. Denn damit würde auch der Nichtsäumige betroffen, Ffm RR **98**, 1288. Eine Vertagung ist zulässig, §§ 227, 337. Das ergibt sich schon daraus, daß in jedem Antrag auf eine Aktenlageentscheidung ein Hilfsantrag auf eine Verlegung liegt. In den Fällen des unechten Versäumnisurteils nach Üb 13 vor § 330 ist eine Aktenlageentscheidung ohne die Beschränkung des § 251 a II 1, 2 zulässig. Das gilt vor allem dann, wenn Prozeßvoraussetzungen fehlen, Grdz 12 vor § 253, aM ThP 5. Denn dann hat niemand ein schutzwürdiges Interesse daran, daß erst später ein Urteil ergeht als bei einem Antrag auf ein Versäumnisurteil. § 251 a II 4 bleibt auch dann anwendbar. 7

332 *Begriff des Verhandlungstermins.* **Als Verhandlungstermine im Sinne der vorstehenden Paragraphen sind auch diejenigen Termine anzusehen, auf welche die mündliche Verhandlung vertagt ist oder die zu ihrer Fortsetzung vor oder nach dem Erlass eines Beweisbeschlusses bestimmt sind.**

1) Systematik. Die Vorschrift macht eine Ausnahme vom Grundsatz der Einheitlichkeit der Verhandlung, Üb 3 vor § 253, § 296 a, indem das bisher vom Bekl Vorgetragene entfällt. § 332 bezieht sich auf Versäumnis- und Aktenlageentscheidungen, §§ 251 a, 330–331 a, nicht aber auf unechte Versäumnisurteile, Üb 13 vor § 330. Man kann den Antrag nach § 331 a in einem Termin stellen, falls die andere Partei in diesem ausgeblieben ist. 1

2 **2) Regelungszweck.** Die Vorschrift dient einer Ausweitung der Möglichkeiten nach §§ 330 ff. Damit strebt sie eine Prozeßwirtschaftlichkeit nach Grdz 14 vor § 128 an, selbst evtl auf Kosten der Gerechtigkeit, dem eigentlichen Hauptziel des Prozesses, Einl III 9, 36. Diese Abweichung von der eigentlichen Rangfolge beherrscht ja das ganze Versäumnisverfahren weitgehend. Sie führt zu einer nicht zu engen Auslegung trotz des formellen Ausnahmecharakters. Indessen bleibt die Notwendigkeit eines Termins gerade zur „mündlichen Verhandlung" nach § 279 I 1 im Gegensatz zur bloßen Güteverhandlung nach § 278 II 1 auch bei § 332 bestehen. Auch das sollte man mitbeachten.

3 **3) Geltungsbereich.** Vgl Üb 3 vor § 330.

4 **4) Grundsatz: Jeder Verhandlungstermin zur Hauptsache.** Verhandlungstermin ist auch derjenige Termin, auf den das Gericht vertagt hat oder der der Fortsetzung der Verhandlung nach der Beweisaufnahme dienen soll. Sie ist aber grundsätzlich zunächst notwendig, §§ 367, 370, es sei denn, der Termin fände auf Grund eines Einspruchs des Säumigen statt: Dann ergeht ein Zweites Versäumnisurteil nach § 345. § 332 erfaßt also jeden Verhandlungstermin, den das Gericht nicht nur für einen Zwischenstreit bestimmt hat. Sobald die Partei einen Sachantrag nach § 137 Rn 7, § 297 gestellt hat, ist sie in diesem Termin grundsätzlich nicht mehr säumig. Das gilt selbst dann, wenn in ihm eine Beweisaufnahme folgt und wenn die Partei anschließend den Sachantrag nicht wiederholt, § 285 Rn 1, BGH RR **86**, 1253. Trotz der Einheit der Verhandlung nach § 285 Rn 1, BGH **63**, 95, ist es doch zumindest ratsam, die Sachanträge der Erschienenen in jedem Folgetermin klarstellend zu Protokoll wiederholen zu lassen. Das ist ja auch weitverbreitet und geschieht ohne eine besondere Mühe, sei es auch „nur" etwa mit der Formulierung: „X wiederholte den Antrag aus dem Termin vom ...".

In einem *späteren* Termin muß das Gericht bei § 331 das Vorbringen des Klägers als zugestanden unterstellen, als hätte er es im ersten Termin vorgetragen. Prozeßhandlungen der Parteien in früheren Terminen, Geständnisse nach § 288, Anerkenntnisse, Verzichte, die noch zu keinem Urteil nach §§ 306, 307 führten, sowie grundsätzlich auch Beweisaufnahmen verlieren wegen § 342 durch einen Einspruch auflösend bedingt jede Bedeutung.

5 **5) Ausnahmen.** Das Gericht darf auch bei § 332 keine prozessuale Arglist dulden, Einl III 54. Deshalb kann es dann einen Vortrag stets unbeachtet lassen, um ein ersichtlich hochgradig unrichtiges Ergebnis zu vermeiden, Brdb MDR **95**, 1262. Bei einem zur Beweisaufnahme und Fortsetzung der Verhandlung anberaumten Termin darf wegen § 367 ein Erstes Versäumnisurteil erst nach dem Schluß der Beweisaufnahme ergehen, also im Verhandlungsteil des Termins, § 285. Allerdings darf ein Zweites Versäumnisurteil auf eine Einspruchsverwerfung nach § 345 wegen §§ 340 a, 341 sogleich nach einem vergeblichen Aufruf und nach der Feststellung der erneuten Säumnis ergehen. Seine End- und Zwischenurteile binden das Gericht, § 318. Eine Vorabentscheidung nach § 304 bindet nur bei einer Säumnis des Bekl. Bei einer Säumnis des Klägers verliert dieses Zwischenurteil durch § 330 jede Bedeutung. Die frühere Verhandlung behält auch ihre Bedeutung für die Zuständigkeit nach § 39 und für die Heilung von Mängeln der Klage, § 253 Rn 16.

333 *Nichtverhandeln der erschienenen Partei.* **Als nicht erschienen ist auch die Partei anzusehen, die in dem Termin zwar erscheint, aber nicht verhandelt.**

Gliederung

1 **1) Systematik.** Die Vorschrift ergänzt §§ 136, 251 a, 330–332. Dabei setzt § 333 ein völliges Nichtverhandeln bis zum Verhandlungsschluß nach §§ 136 IV, 296 a voraus, BGH NJW **93**, 862. Das ergibt sich deutlich aus § 334. Dann stört § 220 II nicht, BGH NJW **93**, 862. §§ 333, 334 gelten auch bei einer sitzungspolizeilichen Entfernung, § 158. Sie sind auf die Entscheidung nach Aktenlage nach §§ 251 a, 331 a anwendbar.

2 **2) Regelungszweck.** Die Vorschrift dient der Klärung eines im Wortlaut mehrdeutigen Grundbegriffs des Versäumnisrechts und damit der Rechtssicherheit nach Einl III 43 und der Prozeßwirtschaftlichkeit, Grdz 14 vor § 128. Nun ist allerdings nicht nur der Begriff des Erscheinens mehrdeutig, sondern auch derjenige des Verhandelns. Ihn klärt § 333 nicht mit. Man muß ihn daher auslegen, Rn 3. Dabei hilft übrigens das RVG nur bedingt. Denn das Gebührenrecht kennt keine Verhandlungsgebühr mehr, sondern eine Terminsgebühr. Am einfachsten ist das Abstellen auf einen Antrag, und zwar nicht nur auf einen sog Prozeßantrag, sondern auf den eigentlichen Sachantrag, § 297 Rn 4. Damit gewinnt man auch eine einfache Abgrenzung zur bloßen Ankündigung oder Erörterung, zur bloßen Erwägung oder gar zum Versuch, den eigenen Antrag von einer Empfehlung des Gerichts abhängen zu lassen. Selbst wenn das Gericht nach § 139 I 2 einen angesprochenen möglichen Antrag als sachdienlich bezeichnet, muß es doch abwarten, ob die Partei ihn dann auch wirksam stellt.

3 **3) Geltungsbereich.** Vgl Üb 3 vor § 330.

4 **4) Nichtverhandeln.** Ein einfacher Grundsatz hat viele Auswirkungen.

A. Grundsatz: Teilnahme am Prozeßbetrieb. Wer zwar körperlich erscheint, aber nicht verhandelt oder nicht wirksam verhandeln darf, zB wegen eines Rechtsmißbrauchs nach Einl III 54 etwa bei einer verbotenen Mehrfachvertretung trotz einer Interessenkollision, ist säumig. Verhandeln ist jede handelnde Teilnahme am Prozeßbetrieb in der mündlichen Verhandlung, Bbg RR **96**, 318.

B. Beispiele zur Frage eines Verhandelns 5

Ablehnung: *Kein* Verhandeln ist ein bloßer Ablehnungsantrag nach §§ 42, 406 usw, BGH RR **86**, 1252, auch nicht in Verbindung mit einem eindeutig nur hilfsweise gestellten Sachantrag, Ffm WertpMitt **92**, 1088.

Antragstellung: Im bloßen Stellen der Anträge liegt ein Verhandeln nur, aber auch bereits dann, wenn die Antragstellung ein sachliches Eingehen auf das bisherige Vorbringen des Gegners vor oder im Termin einschließt, § 137 Rn 5, Kblz JB **95**, 197, Köln MDR **91**, 896, Schlesw SchlHA **86**, 91. Das gilt bis zum Verhandlungsschluß, §§ 136 IV, 296 a, BGH NJW **93**, 862. Dann stört § 220 II nicht, BGH NJW **93**, 862.

„Auftrag" auf Zettel: Wer zwar den Saal betritt, dann aber einfach die Handakten hinlegt und auf ihnen einen Zettel mit einem „Auftrag" an irgendeinen beim Aufruf evtl anwesenden Kollegen zur Vertretung hinterläßt, ist säumig, LG Duisb RR **91**, 1022. Noch weniger reicht die Aufforderung an das Gericht, dieses möge einen Kollegen derart „beauftragen" usw. Das Gericht darf solchen Auftrag „offiziell" gar nicht annehmen.

Daran ändert auch eine noch so großzügige *„Service"*Haltung der modernen Justiz ungeachtet ihrer erheblichen Vorteile nichts. Die Parteiherrschaft und der Beibringungsgrundsatz nach Grdz 18, 20 vor § 128 erlauben nicht eine derartige Verlagerung der prozeßwesentlichen Aktivität von der Partei und ihrem nach § 85 Rn 13 ff zur höchsten Sorgfalt verpflichteten ProzBev über einen ahnungslosen zufällig und evtl im Sitzungsraum anwesenden Kollegen gar auf den zur Unparteilichkeit verpflichteten Richter. Der letztere kann außerdem gar nicht den internen Kenntnisstand des ProzBev haben.

Aussetzung: *Kein* Verhandeln ist ein bloßer Aussetzungsantrag nach §§ 148 ff, BGH RR **86**, 1253.

Beweisantrag: Seine Stellung ist ein Verhandeln.

Beweisaufnahme und Verhandlung: Wenn zunächst auf Grund eines Antrags verhandelt und sodann Beweis erhoben wurde, dann schadet das Nichtverhandeln bei der abschließenden Erörterung wegen der Einheit der mündlichen Verhandlung zwar nicht, § 285 Rn 1, BGH **63**, 95. Etwas anderes gilt aber, wenn der Termin mit der Beweisaufnahme begonnen hat, § 332 Rn 3, Üb 4 vor § 330.

Bezugnahme: Ausreichend ist eine bloße Bezugnahme auf einen früher gestellten Antrag oder auf einen schriftlichen Vortrag nach § 137 III.

Erörterung: Sie kann ein Verhandeln bedeuten, aM Kblz MDR **82**, 858.

Hilfsantrag: Sobald die Partei während des Termins im vorstehenden Sinn einen nicht nur hilfsweisen Sachantrag nach § 137 I, § 297 Rn 1 stellt, ist sie nicht mehr säumig. Sie kann eine Säumniswirkung dann auch nicht durch die anschließende Erklärung herbeiführen, sie nehme den Sachantrag zurück, Ffm RR **92**, 1406, oder sie verweigere jede weitere Erklärung oder „trete nicht auf". Sie *ist* ja bereits verhandelnd aufgetreten. Deshalb kann sie auch nicht etwa wegen der im Termin zutagegetretenen Schwäche der Position durch solche Äußerungen in die Säumnis flüchten. Zum Problem Schneider MDR **92**, 827.

S auch „Ablehnung".

Niederlegung des Mandats: Eine solche Maßnahme nach der Verhandlung ändert an ihr nichts, BAG MDR **07**, 1026.

Prozeßvoraussetzungen: Das Verhandeln darf sich auf die Prozeßvoraussetzungen nach Grdz 12 vor § 253 beschränken.

S auch bei den einzelnen Prozeßvoraussetzungen.

Stillschweigender Antrag: Ausreichen kann ein stillschweigendes sachliches Eingehen nach Rn 4, § 137 Rn 12, Ffm RR **98**, 280, Kblz FamRZ **01**, 1009, ArbG Düss RR **92**, 366. 6

Streithilfe: Das erlaubte Verhandeln des Streithelfers bedeutet auch ein solches der Hauptpartei, LG Köln RR **07**, 1100.

Teilanspruch: Das von der Situation des § 334 zu unterscheidende Unterlassen der Verhandlung über einen des Teilurteils fähigen Teilanspruch oder bloß über die Klage oder Widerklage ist ein Nichtverhandeln nach § 333 nur dann, wenn das Gericht die Partei ausdrücklich zum Verhandeln aufgefordert hat. Auf den Grund des Nichtverhandelns kommt es nicht an, § 337 Rn 4.

Trennung: *Kein* Verhandeln ist ein bloßer Trennungsantrag nach § 145.

Verbindung: *Kein* Verhandeln ist ein bloßer Verbindungsantrag nach § 147.

Verhandlungsverbot: *Kein* Verhandeln ist auch das Nichtverhandeln auf Grund eines Verhandlungsverbots.

Vertagungsantrag: *Kein* Verhandeln ist ein bloßer Vertagungsantrag nach §§ 227, 337.

Verweigerung: Eine Verweigerung der Fortsetzung der Verhandlung durch einen gesetzlichen Vertreter, einen ProzBev oder durch die Partei ändert an der vorangegangenen Verhandlung nichts, BAG MDR **07**, 1026.

Widerklagantrag: Ein solcher nach Anh § 253 kann ausreichen, auch als ein stillschweigendes Eingehen auf den Klagvortrag, s „Stillschweigender Antrag".

Zuständigkeit: Das Verhandeln darf sich auf sie beschränken, strenger BAG NJW **03**, 1548, Ffm RR **98**, 280 (Sachantrag nötig).

5) Entscheidung. Man muß drei Situationen unterscheiden. 7

A. Antrag, aber keine Säumnis. Wenn die Partei ein Versäumnisurteil beantragt, das Gericht aber die Säumnis verneint, weil es eine nach § 334 unvollständige Verhandlung annimmt, erfolgt eine Zurückweisung durch einen Beschluß oder durch ein streitmäßiges Endurteil in der Sache. Zu ihm gibt der Antrag auf ein Versäumnisurteil eine ausreichende Unterlage.

B. Antrag und Säumnis. Wenn die Partei ein streitmäßiges Urteil beantragt und das Gericht eine volle Säumnis annimmt, erfolgt eine Zurückweisung durch einen Beschluß, weil eine Versäumnisentscheidung einen besonderen Antrag verlangt. Gegen den Beschluß ist kein Rechtsbehelf statthaft, § 567. § 336 ist dann unanwendbar. Nach § 251 a muß das Gericht dann verfahren, wenn die Partei keinen zulässigen Antrag gestellt hatte, Bbg OLGZ **76**, 353. Das Gericht hat eine Frage- oder Aufklärungspflicht, § 139. 8

C. Kein Antrag, aber Säumnis. Wenn das Gericht ein Versäumnisurteil ohne einen Antrag erläßt, kann der Verurteilte Einspruch einlegen. Der Gegner hat keinen Rechtsbehelf. 9

334 *Unvollständiges Verhandeln.* **Wenn eine Partei in dem Termin verhandelt, sich jedoch über Tatsachen, Urkunden oder Anträge auf Parteivernehmung nicht erklärt, so sind die Vorschriften dieses Titels nicht anzuwenden.**

1 **1) Systematik.** Es handelt sich um eine Einschränkung des Geltungsbereichs der §§ 330 ff und insofern um eine Ausnahmevorschrift. Würde man das ganze Versäumnisverfahren freilich als eine Ausnahme vom Grundsatz des rechtlichen Gehörs nach Art 103 I GG betrachten, wäre § 334 eine „Ausnahme von der Ausnahme". In der Praxis spielen solche Spitzfindigkeiten keine Rolle. Immerhin zeigt sich, daß die Vorschrift dogmatisch auf einem etwas schwankenden Boden steht.

2 **2) Regelungszweck.** Die bloße Unterlassung einer Erklärung zu den in § 334 abschließend aufgezählten Umständen soll nicht die weitreichenden Rechtsfolgen einer Säumnis haben. Denn man darf den zum Verhandeln erforderliche Sachantrag nach § 333, den § 334 voraussetzt, nicht allzu entwerten, nur weil die Partei nicht ganz umfassend Stellung nimmt. Das dient dem Hauptziel der Gerechtigkeit nach Einl III 9, 36 und führt dazu, die Vorschrift unabhängig von den in dieselbe Richtung gehenden Erwägungen Rn 1 nicht zu eng auszulegen.

3 **3) Geltungsbereich.** Vgl zunächst § 330 Rn 4, § 333 Rn 1. § 334 gilt also nur insoweit nicht, als ein Verhandeln über einen nach §§ 145, 301 abtrennbaren Teilanspruch usw der Klage oder Widerklage zulässig ist und stattfindet, BGH NJW **02**, 145, Kblz FamRZ **01**, 1009. Die Partei ist also wegen des abtrennbaren Rests mangels eines diesbezüglichen Mitverhandelns säumig. Demgegenüber greift § 334 zB dann ein, wenn eine Partei nach ihrer anfänglichen Verhandlung durch die Stellung des Sachantrags nach § 297 Rn 4 nun aus irgendeinem Grund eine weitere Erklärung zu denselben Punkten verweigert, BGH NJW **02**, 145. Wenn sich die Partei bei der Verhandlung im übrigen nicht zu Tatsachen, Urkunden, Anträgen auf Parteivernehmung erklärt, gelten §§ 85 I, 138 III, IV, 427, 439 I, III, 446, 453, 454, 510. Im übrigen muß das Gericht ihr Verhalten frei würdigen, § 286. Eine Versäumnisentscheidung oder eine Entscheidung nach Aktenlage sind immer unzulässig. Wohl aber sind §§ 282, 296, 528 anwendbar.

335 *Unzulässigkeit einer Versäumnisentscheidung.* **I Der Antrag auf Erlass eines Versäumnisurteils oder einer Entscheidung nach Lage der Akten ist zurückzuweisen:**

1. wenn die erschienene Partei die vom Gericht wegen eines von Amts wegen zu berücksichtigenden Umstandes erforderte Nachweisung nicht zu beschaffen vermag;
2. wenn die nicht erschienene Partei nicht ordnungsmäßig, insbesondere nicht rechtzeitig geladen war;
3. wenn der nicht erschienenen Partei ein tatsächliches mündliches Vorbringen oder ein Antrag nicht rechtzeitig mittels Schriftsatzes mitgeteilt war;
4. wenn im Falle des § 331 Abs. 3 dem Beklagten die Frist des § 276 Abs. 1 Satz 1 nicht mitgeteilt oder er nicht gemäß § 276 Abs. 2 belehrt worden ist;
5. wenn in den Fällen des § 79 Abs. 3 die Zurückweisung des Bevollmächtigten oder die Untersagung der weiteren Vertretung erst in dem Termin erfolgt oder der nicht erschienenen Partei nicht rechtzeitig mitgeteilt worden ist.

II Wird die Verhandlung vertagt, so ist die nicht erschienene Partei zu dem neuen Termin zu laden.

Vorbem. I Z 5 angefügt dch Art 8 Z 8 G v 12. 12. 07, BGBl 2840, in Kraft seit 1. 7. 08, Art 20 S 3 G, ÜbergangsR Einl III 78.

Gliederung

1 **1) Systematik, I, II.** Die Vorschrift schafft im Gegensatz zu § 337 eine endgültige Regelung. Sie faßt Fälle zusammen, in denen eine Versäumnisentscheidung unzulässig ist und das Gericht daher den Antrag auf eine Versäumnisentscheidung nach einer Gewährung des rechtlichen Gehörs nach Art 103 I GG durch einen nach § 336 zu verkündenden Beschluß zurückweisen muß. Die ursprünglich nur für ein Versäumnisurteil geltende Vorschrift ist jetzt auf die Entscheidung nach Aktenlage anwendbar, ohne die Verschiedenheit beider Urteilsarten zu berücksichtigen. Daher rühren Unstimmigkeiten. Man sollte aber mit einer entsprechenden Anwendung zurückhalten. Eine Zurückweisung liegt meist auch in der Vertagung trotz eines Antrags auf eine Versäumnisentscheidung, § 336 Rn 5. Sie berührt die Rechtshängigkeit nach § 261 nicht. Das Gericht kann sofort einen neuen Termin bestimmen und dazu laden. Es trifft die unterlassenen Maßnahmen nach § 276 jetzt. Wenn ein eindeutiges Versäumnisurteil zu Unrecht ergeht, kann man es nur mit einem Einspruch angreifen, nicht auch mit der Berufung. Der sog Meistbegünstigungsgrundsatz nach Grdz 28 vor § 511 gilt dann also nicht, BGH NJW **94**, 666. Hat der Säumige einen Einspruch versäumt, wird das Versäumnisurteil rechtskräftig. Wegen § 554 II Z 2 BGB § 331 Rn 12.

2) Regelungszweck, I, II. Die Vorschrift dient wie § 337 dem rechtlichen Gehör nach Art 103 I GG als einem wesentlichen Erfordernis der Rechtsstaatlichkeit, Einl III 15 ff. Man muß sie daher im Zweifel zugunsten des Gegners auslegen. Eine entsprechende Anwendung kommt daher wegen des Gebots eines fairen Verfahrens in Betracht, Einl III 23, Hamm RR **91**, 703. 2

Auch die *Gerechtigkeit* als Hauptziel des Prozeßrechts nach Einl III 9, 36 erfordert das Unterbleiben einer Versäumnisentscheidung, gar eines Zweiten Versäumnisurteils nach § 345, soweit eine Überspannung der Anforderungen an die Partei stattfinden würde. Sieht man §§ 330 ff ohnehin als eine Ausnahme vom Grundsatz des rechtlichen Gehörs, ergibt sich erst recht bei § 335 die Notwendigkeit einer Handhabung zugunsten des scheinbar Säumigen.

Einengung der Position des Erschienenen und den Sachantrag Stellenden darf aber ebensowenig stattfinden. Gerade eine recht verstandene Parteiherrschaft nach Grdz 18 vor § 128 bringt es mit sich, dem nun einmal nicht Erschienenen oder nicht Verhandelnden die von ihm ja oft sogar direkt erwünschten vorläufigen oder auch endgültigen Folgen seiner frei eingenommenen Haltung zuzurechnen. Eine allzu großzügige Behandlung des Säumigen ist daher ebenfalls nicht ratsam.

Abwägung heißt daher im Ergebnis das schwierig erfüllbare Gebot auch bei § 335.

3) Geltungsbereich, I, II. Vgl Üb 3 vor § 330. 3

4) Fehlen einer Nachweisung, I Z 1. Man muß die Vorschrift sorgfältig beachten. 4

A. Grundsatz: Von Amts wegen zu berücksichtigender Umstand. Überflüssigerweise bestimmt Z 1: Das Gericht muß den Antrag zurückweisen, wenn der Erschienene einen nach Grdz 39 vor § 128 von Amts wegen beachtbaren Punkt nicht nachweisen kann. Hierher gehören alle sachlichen und förmlichen Voraussetzungen der Versäumnisentscheidung, die das Gericht von Amts wegen prüfen muß, Üb 3 vor § 330, zB: Die Klagerhebung; eine Unklarheit über einen Parteiwechsel oder eine bloße Berichtigung, AG Ludwigslust RR **02**, 1293; die Zuständigkeit, § 331 Rn 5; die anderweitige oder fehlende Rechtshängigkeit, § 261, BGH FamRZ **87**, 928; die Kostensicherheitsleistung, § 110; die Anerkennung eines ausländischen Urteils, § 328; eine völlige Säumnis, § 333; nach § 88 II nur beim AG die Vollmacht des Vertreters (Ausnahme: es tritt ein Anwalt auf); die Notwendigkeit, einen Dolmetscher zuzuziehen, LG Bln ZMR **87**, 23. Wegen § 88 I dort Rn 13.

B. Verfahren. Bei einem für den Erschienenen behebbaren Mangel ergeht ein Beschluß auf eine Zurückweisung. Bei einem für den Erschienenen unbehebbaren Mangel weist das Gericht die Klage durch ein unechtes Versäumnisurteil nach Üb 13 vor § 330 oder durch ein Urteil nach Aktenlage ab, § 251 a. Das gilt zB: Bei einem dauernden Mangel der Partei- oder Prozeßfähigkeit; beim Fehlen des nur dem Gegner zustehenden Verweisungsantrags, zB nach § 281, 506; dann, wenn die Partei seine Behebung ablehnt; bei einer Unzuständigkeit, § 331 Rn 24, LG Bln RR **98**, 1285; bei einer Unzulässigkeit des Rechtsmittels. Fehlt die Zuständigkeit, verweist das Gericht auch auf einen Antrag nach §§ 281, 506. Es besteht eine Frage- und Aufklärungspflicht, § 139. Die Behauptung einer Zuständigkeit aus §§ 29 II, 38 ist unbeachtlich, § 331 I 2, vgl auch § 40 II. Wer ein Urteil begehrt, muß die Nachweise für die von Amts wegen beachtbaren Umstände liefern. Das gilt ohne eine Rücksicht auf die Parteistellung. Bei einem Antrag auf eine Entscheidung nach Aktenlage ist bei Rn 4 eine Zurückweisung ganz unangebracht. Das Gericht muß einen Beweis beschließen oder dem Kläger evtl eine Auflage nach § 283 machen. Da das Verfahren dem streitigen entspricht, ist hier immer der Kläger beweispflichtig. 5

5) Mangel der Ladung, I Z 2. Das Gericht muß den Antrag zurückweisen, wenn es den Säumigen nicht ordnungsmäßig oder nicht rechtzeitig geladen hatte, Üb 8 vor § 330, AG Neuruppin NJW **03**, 2249. Das gilt natürlich nur, soweit eine Ladung notwendig war. Es gilt daher nicht bei § 331 III und nicht bei einem nach § 218 verkündeten Termin, wenn das Gericht den Säumigen zu demjenigen Termin geladen hatte, in dem eine Verkündung erfolgte. Vgl aber II. Eine Bekanntmachung des Termins durch eine zulässige Mitteilung beim AG nach § 497 II steht der Ladung gleich. Das Gericht muß die Ladungs- und Einlassungsfrist nach §§ 217, 239 III, 274 III, § 604 II eingehalten haben, Hamm RR **93**, 896. Wegen des Mahnverfahrens § 697 Rn 12. Ein ausgesetztes oder unterbrochenes Verfahren muß aufgenommen worden sein, § 250, BGH RR **89**, 256. Wegen eines bloßen Zwischenurteils § 347 II. Es ist eine ordnungsmäßige Zustellung notwendig, §§ 166 ff, 270, 329 II 2. 6

Unerheblich ist, ob das Gericht denjenigen rechtzeitig oder überhaupt vom Termin benachrichtigt hatte, der im Termin auch erschienen ist, § 337 Rn 4. Wer abwesend ist oder zwar erscheint, aber nicht nach § 333 Rn 4 verhandelt, kann nicht nach § 295 verzichten. Wenn das Gericht die Klage erst nach einer Vertagung zugestellt hatte, gilt § 253 Rn 10. Z 2 gilt sowohl für das Versäumnisurteil als auch für die Aktenlageentscheidung. Eine Ankündigung des Prozeßantrags ist nicht erforderlich, Köln MDR **91**, 896. Eine Belehrung über die Säumnisfolgen ist (jetzt) nach § 215 I 2 erforderlich.

6) Fehlen einer Mitteilung, I Z 3. Auch diese Vorschrift fordert eine genaue Beachtung. 7

A. Grundsatz: Tatsachenvortrag; Sachantrag. Das Gericht muß dem Säumigen jedes tatsächliche mündliche Vorbringen rechtzeitig und bei einem Schriftsatzzwang schriftsätzlich mitgeteilt haben, also alles, was zur sachlichen Begründung des Versäumnisantrags nötig ist, und ferner jeden Sachantrag, § 297 Rn 4, §§ 129 a, 132, 226, 262, 274 III, 496, und zwar beim Anwaltszwang nach § 78 Rn 1 durch einen Anwalt, Rostock OLGR **97**, 75. Prozeßanträge nach § 297 Rn 5 gehören nicht hierher, zB nicht der Antrag auf den Erlaß eines Versäumnisurteils nach § 331 Rn 20 auch nicht der Antrag, einen Vollstreckungsbescheid aufrechtzuerhalten, auch nicht der Antrag auf eine Zurückweisung des gegnerischen Rechtsmittels, Celle MDR **93**, 686. Eine weitere Form der Mitteilung ist nicht notwendig. Darum ist es unerheblich, wie der Nachweis der Mitteilung erfolgt.

Es *genügt zB,* daß eine Erwiderung bei den Akten oder im Besitz des Erschienenen ist. Ein Schriftsatz ist selbst bei einem grundsätzlichen Schriftsatzzwang ausnahmsweise dann nicht erforderlich, wenn sich sämtliche Richter eines früheren mündlichen Vortrags aus einer Streitverhandlung erinnern oder wenn sich der Vortrag aus den Akten ergibt, insbesondere aus dem Protokoll. Eine Protokollierung vor dem Einzelrichter genügt. Beides folgt aus dem Grundsatz der Einheit der Verhandlung, § 296 a. Eine Abstandnahme von Tatsachen oder Anträgen braucht als ein Weniger keine Mitteilung. Das gilt auch zB bei einer Klagänderung nach §§ 263, 264. Wegen § 331 III Rn 9.

8 **B. Verfahren.** Soweit ein Antrag auf ein Versäumnisurteil vorliegt, ist Z 3 nur bei einer Säumnis des Bekl oder Widerbekl oder Rechtsmittelbekl anwendbar. Bei einer Säumnis des Klägers tritt der Rechtsverlust nach § 330 ohne weiteres ein. Soweit ein Antrag auf eine Aktenlageentscheidung nach § 251 a Rn 9, 10 vorliegt, muß man eine „rechtzeitige Mitteilung" hier ganz wie bei § 251 a Rn 21 verstehen.

9 **7) Mitteilung oder Belehrung, I Z 4.** Vgl zunächst § 276 Rn 4, 14, § 697 Rn 14, 15. Es ist unerheblich, ob der Antrag des Klägers nach § 331 III schon in der Klageschrift stand. Freilich muß das Gericht in der Regel zunächst die unterlassenen Maßnahmen von Amts wegen nachholen, Rn 1. Das Gericht teilt den Antrag nach § 331 III nicht fristgebunden mit, auch nicht, falls er schon in der Klageschrift stand, AG BergGladb NJW **77**, 2080. Z 4 ist im arbeitsgerichtlichen Verfahren unanwendbar, Philippsen pp NJW **77**, 1135.

10 **8) Zurückweisung, Untersagung, I Z 5.** Vgl zunächst § 79 III. Hatte der so Behandelte *vor* der Maßnahme nach einer solchen Maßnahme seine Sachanträge gestellt, würde seine Zurückweisung usw ohnehin keine Säumnis in diesem Termin mehr auslösen, sondern eine streitige Sachentscheidung ermöglichen, falls er keine weiteren Sachanträge plante. Eine rechtzeitige Mitteilung der Maßnahme vor dem Termin liegt nur dann vor, wenn der Betroffene sich noch irgendwie auf diesen Maßnahme einstellen konnte, also keinwegs immer dann, wenn sie erst am Vorabend erfolgte.

11 **9) Vertagung, II.** Ein unbedingter Anspruch auf eine Vertagung besteht nicht. Sie ist nur aus erheblichen Gründen zulässig, § 227 I, Ffm FamRZ **93**, 1468, aM ZöHe 6 (aber der Wortlaut und Sinn des § 227 I sind eindeutig). Vertagt das Gericht, weil es dem Antrag auf eine Versäumnisentscheidung aus den Gründen Z 1–4 nicht stattgeben will, muß es den Säumigen trotz § 218 zu dem neuen verkündeten Termin laden, § 274, Köln RR **95**, 446 (auch zu einer ausländischen Entscheidung). Für andere Fälle gilt das nicht. Die Neuladung ist zB dann entbehrlich, wenn das Gericht auf einen Antrag des Erschienenen einen neuen Termin ordnungsgemäß verkündet hat. Wenn das Gericht aber die Ladungsfrist nach § 217 zum früheren Termin nicht gewahrt hatte, ist immer eine neue Ladung notwendig. Denn § 218 setzt eine ordnungsmäßige Ladung voraus.

12 **10) Rechtsbehelfe, I, II.** Vgl Rn 1 und § 336. In einem Vertagungsantrag liegt der Verzicht auf eine sofortige Beschwerde.

336 *Rechtsmittel bei Zurückweisung.* **I 1 Gegen den Beschluss, durch den der Antrag auf Erlass des Versäumnisurteils zurückgewiesen wird, findet sofortige Beschwerde statt. 2 Wird der Beschluss aufgehoben, so ist die nicht erschienene Partei zu dem neuen Termin nicht zu laden.**

II Die Ablehnung eines Antrages auf Entscheidung nach Lage der Akten ist unanfechtbar.

1 **1) Systematik, I, II.** Die Vorschrift geht dem § 252 vor. Sie findet in § 567 ff ihre nähere Ausgestaltung. II geht dem § 567 I Z 2 vor.

2 **2) Regelungszweck, I, II.** Wegen § 567 I Z 2 ist I 1 auf den ersten Blick überflüssig. Die Vorschrift wirkt aber im Zusammenhang mit II zumindest klarstellend. Sie verdeutlicht den Zweck, eine Überprüfung der ja immerhin zunächst erheblich nachteiligen Zurückweisung klar zu ermöglichen. I 2 dient der Zügigkeit der Fortsetzung nach der Erfolglosigkeit einer sofortigen Beschwerde. Denn jetzt hat sich ja endgültig erwiesen, daß eine Säumnis vorgelegen hatte. Der Kläger verdient jetzt eine zügige Weiterbehandlung zwecks Prozeßwirtschaftlichkeit, Grdz 14 vor § 128. II dient der Klarstellung, daß keine weitere Verzögerung durch ein Beschwerdeverfahren eintreten soll, und dient daher ebenfalls der Prozeßwirtschaftlichkeit.

3 **3) Geltungsbereich, I, II.** Vgl Üb 3 vor § 330.

4 **4) Sofortige Beschwerde, I 1.** Weist das Gericht den Antrag auf den Erlaß eines Versäumnisurteils aus § 335 oder aus einem anderen Grund zurück, kann derjenige Erschienene, der keine Vertagung nach § 335 Rn 10 beantragt hat, die sofortige Beschwerde einlegen, (jetzt) § 567 I Z 1, Hamm RR **91**, 703, KG MDR **83**, 412, Zweibr FamRZ **97**, 506. Das gilt auch dann, wenn das Gericht ein Versäumnisurteil nur gegen einen Streitgenossen nach §§ 59 ff verweigert hat oder wenn das Gericht den Beschluß in ein anderes Versäumnisurteil aufgenommen hat. Es gilt nicht, wenn das Gericht ein Teilversäumnisurteil abgelehnt hat, weil ein solches Urteil im gerichtlichen Ermessen steht, oder wenn es ein klagabweisendes sog unechtes Versäumnisurteil erlassen hat, Üb 13 vor § 330, BGH NJW **87**, 1204. Dann kommt vielmehr nur eine Berufung in Betracht, §§ 511 ff.

5 Hat das Gericht nach einem Antrag auf Versäumnisentscheidung eine *Vertagung* oder eine *Auflage* angeordnet, hat es damit den Antrag meist zurückgewiesen, Hamm RR **91**, 703, KG MDR **83**, 412. Freilich kommt es auf die Gesamtumstände an. Andernfalls könnte man eine Vertagung glatt unterlaufen. Die sofortige Beschwerde geht verloren, wenn der Berechtigte im neuen Termin trotz des Erscheinens des Gegners eine Vertagung beantragt. Denn damit würde er eine neue Kette von Terminen eröffnen können.

7 **5) Beschwerdeverfahren, I 1.** Die Beschwerdefrist von 2 Wochen beginnt mit der Verkündung des Beschlusses, § 567 I 2 Hs 1, Brdb MDR **95**, 1262. Sie beginnt bei einer Verkündung in einem besonderen Verkündungstermin erst mit der Zustellung nach §§ 329 III, 567 I 2 Hs 2, LG Köln MDR **85**, 593, aM Brschw MDR **92**, 292 (aber § 329 III gilt nach seinem eindeutigen Wortlaut und Sinn allgemein, und § 336 enthält keine auch insofern vorrangige eindeutig erkennbare Sonderregel). Im Beschwerdeverfahren braucht das Gericht den Säumigen nicht zu hören, KG MDR **83**, 412. Bei der Aufhebung des Beschlusses muß das Beschwerdegericht das weitere Verfahren dem Erstgericht überlassen, I 2. Es muß also auf einen Antrag

zurückverweisen, BGH MDR **96**, 523, Hamm RR **91**, 703, KG MDR **83**, 412. Eine Rechtsbeschwerde kommt unter den Voraussetzungen des § 574 in Betracht. Nimmt der Beschwerdeführer seine sofortige Beschwerde zurück. Es kann § 516 III anwendbar sein, Zweibr FamRZ **97**, 506.

6) Neuer Termin, I 2. Zur neuen Verhandlung vor dem Erstgericht nach der Aufhebung seines zurückweisenden Beschlusses muß es dann zwar den zuvor Erschienenen nicht säumig Gewesenen laden, nicht jedoch den Gegner. Wenn er erscheint, dann erfordert die Prozeßwirtschaftlichkeit, ihn zur Verhandlung zuzulassen, Grdz 14, 15 vor § 128, Hamm RR **91**, 703. Es gibt kein späteres Versäumnisurteil von Amts wegen. Vielmehr ist § 251 a beim Ausbleiben des Beschwerdeführers oder dann anwendbar, wenn er jetzt kein Versäumnisurteil mehr beantragt. 7

7) Entscheidung nach Aktenlage, II. Sie steht bei § 331 a wegen der Spruchreife im richterlichen Ermessen. Deshalb läßt II keine Anfechtung der Ablehnung zu. Nach einer Ablehnung kann die Partei ein Versäumnisurteil beantragen, auch hilfsweise. Stellt sie keinen weiteren Antrag, kann das Gericht vertagen, nicht das Ruhen anordnen, § 331 a Rn 7. 8

337 *Vertagung von Amts wegen.* [1] **Das Gericht vertagt die Verhandlung über den Antrag auf Erlass des Versäumnisurteils oder einer Entscheidung nach Lage der Akten, wenn es dafür hält, dass die von dem Vorsitzenden bestimmte Einlassungs- oder Ladungsfrist zu kurz bemessen oder dass die Partei ohne ihr Verschulden am Erscheinen verhindert ist.** [2] **Die nicht erschienene Partei ist zu dem neuen Termin zu laden.**

Schrifttum: *Hanna,* Anwaltliches Standesrecht im Konflikt mit zivilrechtlichen Ansprüchen des Mandanten, 1988; *Hartung,* Das anwaltliche Verbot des Versäumnisurteils, 1991; *Taupitz,* Das Versäumnisurteil zwischen anwaltlicher Kollegialität und Mandantenrecht, Festschrift für *Pawlowski* (1997) 443.

Gliederung

1) Systematik, S 1, 2. Die Vorschrift schafft im Gegensatz zu § 335 eine nur vorläufige Regelung. § 337 nennt ähnlich dem § 227 einige Fälle, in denen eine Entscheidung noch nicht ergehen darf. § 227 bleibt auf den Erschienenen anwendbar, wenn er etwa wegen einer zu kurzen Frist einen dort geregelten Vertagungsanspruch hat, Köln MDR **00**, 657. 1

2) Regelungszweck, S 1, 2. Die Vorschrift dient wie § 335 dem rechtlichen Gehör nach Art 103 I GG als einem wesentlichen Erfordernis der Rechtsstaatlichkeit, Einl III 15 ff. Es muß indessen wie bei § 227 auch im Interesse der Prozeßwirtschaftlichkeit nach Grdz 14 vor § 128 eine zu großzügige Vertagungspraxis unterbleiben. Beides muß man bei der Auslegung mitbeachten. 2

Unbestimmte Rechtsbegriffe kennzeichnen die Voraussetzungen einer Vertagung auch bei § 337. Ihre Handhabung stellt das Gericht wie stets in einer solchen Lage vor Abwägungsaufgaben. Sie legen je nach Mentalität, Arbeitsbelastung, Abhängigkeitsgrad etwa eines Proberichters als Vorsitzenden oder derzeitiger Strömungen im Gesamtbereich zumindest dieses Gerichts sehr unterschiedliche Lösungen nahe oder erzwingen sie gar fast. Man wird immer die eine oder die andere Partei verärgern müssen, wie auch die Abwägung ausfallen mag. Selbst eine Linie innerhalb der Abteilung, der Kammer oder des Senats mag kaum auf Dauer erzielbar sein. Man sollte zumindest eine emotionale Unterströmung vermeiden, die hier droht.

3) Geltungsbereich, S 1, 2. Vgl Üb 3 vor § 330. 3

4) Vertagung, S 1, 2. Das Gericht muß behutsam abwägen. 4

A. Grundsatz: Nur bei zu kurzer Frist oder schuldloser Verhinderung. Die Vorschrift ist wegen § 333 nur auf den Nichterschienenen anwendbar, Hamm NJW **91**, 1067. Ihm steht im schriftlichen Vorverfahren derjenigen Bekl gleich, der keine Verteidigungsanzeige macht, § 276 I 1. Vor einem Antrag auf den Erlaß einer Versäumnisentscheidung darf das Gericht nur aus einem wichtigen Grund vertagen, Rn 1. Nach einem solchen Antrag muß es vertagen, wenn die vom Vorsitzenden bestimmte Einlassungsfrist oder Ladungsfrist nach §§ 226, 239 III, 274 III 3, 339 III, 523 II, 553 II (also nicht die gesetzlichen nach § 217, 274 III 1, 2) nach dem Ermessen des Kollegiums für den nicht Erschienenen zu kurz war. Das kann zB bei einem Auswärtigen oder einem Abwesenden zutreffen.

Das Gericht darf nur, muß aber auch dann vertagen, wenn die Partei oder ihr Vertreter nach §§ 51 II, 85 II nach der Vermutung des Gerichts *schuldlos* am Erscheinen verhindert ist, § 233 Rn 11, BGH MDR **91**, 328, Ffm MDR **76**, 585, KG OLGZ **93**, 360. Es ist keine Unabwendbarkeit mehr nötig. Ein normales Verschulden reicht, BGH MDR **99**, 157. Hier genügt es, daß der Grund nach § 291 offenkundig oder nach § 294 glaubhaft ist. An die Glaubhaftmachung darf man vor einem Zweiten Versäumnisurteil nach § 345 evtl geringere Anforderungen stellen, LG Düss MDR **88**, 326 (es schlägt einen Verkündungstermin vor), aM LAG Ffm BB **95**, 468 unten (es hat freilich schon direkt vorher eine Säumnis gegeben). Der Verhinderte muß wenigstens in einer ihm zumutbaren Weise sein Ausbleiben rechtzeitig mitteilen, Brdb RR **98**, 1679.

Die bloße *Behauptung* einer Verhinderung reicht keineswegs aus, abgesehen von der von Amts wegen beachtbaren Prozeßunfähigkeit nach § 51, Grdz 39 vor § 128, Mü RR **89**, 255. Denn mit ihr könnte die Partei den Prozeßfortgang beliebig verzögern. Die bloße Mitteilung, man werde „abwesend“ oder „verhindert" oder „geschäftlich verhindert" sein, ist nicht einmal eine schlüssige Begründung, erst recht keine Glaubhaftmachung. Sie gibt daher auch keinen Anlaß zu Nachfragen oder einer Nachfrist. Bei einer schuldlosen Verhinderung muß ein unechtes Versäumnisurteil nach Üb 13 vor § 330 unzulässig sein. § 337 ist wegen § 333 Rn 3 auf die erschienene, aber nicht verhandelnde Partei unanwendbar, Hamm NJW **91**, 1067. Das gilt selbst dann, wenn das Gericht sie fehlerhaft geladen hatte. Das Gericht muß ausreichende Gründe bis zur Verkündung auch von Amts wegen beachten, Grdz 39 vor § 128, LG Bln MDR **95**, 1067. Sie müssen sich nicht aus der Verhandlung oder aus den Akten ergeben. Der Verhinderte muß sie auch nicht stets mitgeteilt haben, LG Bln MDR **95**, 1067.

5 **B. Beim Zweifel oft: Verhandlung und Verkündungstermin.** Soweit noch unklar ist, ob eine Schuldlosigkeit vorliegt, sollte das Gericht den Erschienenen den Sachantrag und einen Antrag auf ein Versäumnisurteil stellen lassen. Es sollte dann evtl nach einer Erörterung der Schlüssigkeitsfragen usw einen Verkündungstermin anberaumen und dem Abwesenden eine Frist zur Nachholung einer ausreichenden Entschuldigung setzen. Es sollte nach einem fruchtlosen Fristablauf durch ein Versäumnisurteil entscheiden, auch durch ein sog Zweites Versäumnisurteil oder durch ein Aktenlageurteil. Es sollte bei einer nachträglich ausreichenden Entschuldigung aber einen neuen Verhandlungstermin ansetzen.

6 **C. Beispiele zur Frage des Vorliegens einer Entschuldigung**

Anderer Termin: Rn 11 „Terminsverzögerung".

Anwaltsbereitschaft: Eine Entschuldigung dürfte vorliegen, wenn der Säumige trotz aller Bemühung noch keinen zu seiner Vertretung bereiten Anwalt gefunden hat.

Anwaltsvereinbarung: Rn 12 „Vereinbarung".

Arbeitsunfähigkeit: Rn 6 „Erkrankung".

Aufruf: Eine Entschuldigung liegt natürlich dann vor, wenn das Gericht vor der festgesetzten und ordnungsgemäß mitgeteilten Terminsstunde aufruft und die Partei oder der ProzBev deshalb noch nicht eingetroffen ist, Peters NJW **76**, 675.

S auch Rn 11 „Terminsverzögerung".

Belehrung: Eine Entschuldigung *fehlt,* soweit das Gericht eine mißverständliche, der ProzBev aber eine richtige Belehrung über die Säumnisfolgen gegeben haben, Düss MDR **87**, 769.

Berufsrecht: Das frühere Standesrecht mit seinen Bedenken dagegen, daß ein Anwalt insbesondere ohne eine vorherige Androhung gegenüber dem gegnerischen Kollegen ein Versäumnisurteil beantrage, ohne zumindest eine Wartefrist von etwa 15 Minuten einzuhalten, ist *nicht* mehr beachtlich. Die Interessen des Mandanten „erfordern" durchweg einen Antrag auf ein Versäumnisurteil, soweit er einen Erfolg verspricht, schon wegen der vorrangigen Vertragspflicht nach § 670 BGB zur umfassenden Interessenwahrnehmung, § 85 Rn 15, 23. Denn eine solche Kollegialität ist insoweit nicht mehr zur allein maßgeblichen Aufrechterhaltung einer Funktionsfähigkeit der Rechtspflege unerläßlich, BVerfG NJW **93**, 122, BGH NJW **99**, 2122, Köln VersR **94**, 242, aM Foerste NJW **93**, 1310, MüKoPr 7 ff (zwar keine Fortgeltung der früheren Standesrechts, schon gar nicht als ein etwaiges vorkonstitutionelles Gewohnheitsrecht, indessen unabhängig davon eine Wartepflicht. Aber das Gericht terminiert und wartet nicht auf Kundschaft).

Die Pflicht zur Wahrnehmung der Interessen des Auftraggebers hat also den *Vorrang vor Berufsrücksichten,* BVerfG NJW **00**, 347, BGH NJW **91**, 42, Stgt NJW **94**, 1884. Deshalb kann weder die BRAO noch die BORA die Erwirkung eines Versäumnisurteils von der vorherigen Ankündigung gegenüber dem ProzBev des Gegners abhängig machen, LAG Hamm NZA-RR **04**, 158. Vielmehr ist § 13 BORA verfassungswidrig, BVerfG **101**, 325 (zustm Zuck MDR **00**, 177), Römermann BB **00**, 12. Darauf darf und sollte das Gericht hinweisen. Das alles gilt erst recht seit dem Inkrafttreten des Gesetzes zur Neuordnung des Berufsrechts usw, solange kein neues näheres Berufsrecht besteht. Das alles sieht LG Mönchengladb RR **98**, 1287 nicht deutlich genug.

S auch „Erkundigungspflicht", Rn 12 „Vereinbarung".

Bestellungsanzeige: Rn 9 „Späte Bestellung".

Einspruch: Rn 11 „Urlaub".

Erkrankung: Eine Entschuldigung liegt grds nur dann vor, wenn die Partei oder der ProzBev ihre ernsthafte Erkrankung unverzüglich meldet, KG MDR **99**, 185, LAG Köln BB **94**, 867, und wenn sie glaubhaft ein Attest ankündigt, LG Düss MDR **88**, 326 (es schlägt einen Verkündungstermin vor. Man muß ein Attest evtl näher erläutern, selbst wenn es eine „Verhandlungsunfähigkeit" bescheinigt, Nürnb MDR **99**, 315. Das Attest läßt sich evtl entkräften). Eine Entschuldigung liegt auch dann vor, wenn die Partei krankheitsbedingt derzeit prozeßunfähig ist, Köln RR **90**, 1341, Mü RR **89**, 255, oder wenn der ProzBev plötzlich erkrankt ist.

Keine Entschuldigung liegt vor, soweit eine wenn auch krankheitsbedingte Arbeitsunfähigkeit immerhin derzeit nicht auch die Reise- oder Verhandlungsfähigkeit beeinträchtigt, Zweibr JB **76**, 1256 oder wenn der erkrankte ProzBev nicht dafür sorgt, daß sein Vertreter bei dessen Verhinderung einen Untervertreter schafft, KG MDR **08**, 998.

Erkundigungspflicht: Als Entschuldigung kann es aus den Gründen Rn 6 „Berufsrecht" *nicht* mehr ausreichen, daß der gegnerische Anwalt ein Versäumnisurteil beantragt, ohne sich zuvor wenigstens telefonisch nach dem Grund des Ausbleibens des Kollegen zu erkundigen, aM Nürnb AnwBl **83**, 28 (aber die Wahrnehmung der Rechte des Auftraggebers hat grundsätzlich den Vorrang vor Berufsrücksichten ohne den Rang eines Behindertengesetzes, Rn 6 „Berufsrecht"). Es kommt auf die Gesamtumstände an.

Eine Entschuldigung *fehlt,* soweit die Partei oder ihr ProzBev oder gesetzlicher Vertreter einfach in der Hoffnung oder in der irrigen Annahme ausbleiben, das Gericht werde auch ohne besondere Umstände wie etwa eine Naturkatastrophe das Ausbleiben entschuldigen, BGH NJW **82**, 888.

S auch Rn 6 „Berufsrecht", Rn 12 „Vereinbarung".

7 **Fragepflicht:** Der Vorsitzende darf und muß im Rahmen des Zumutbaren versuchen, den Grund für das Ausbleiben des Anwalts zu erfahren, zB durch eine telefonische Rückfrage in seiner Kanzlei, falls man ihn kurz zuvor in anderer Sache gesichtet hatte. Dann liegt aber *kein* Anscheinsbeweis für seine Schuldlosigkeit vor. Denn nach der Lebenserfahrung kann beim Anwalt wie in jedem Beruf auch ein schlichtes Vergessen

oder eine mangelhafte Organisation die Ursache sein. Die reicht aber gerade nicht zu einer Entschuldigung. Der erschienene Prozeßgegner mag einen Anspruch auf ein Versäumnisurteil oder ein Urteil nach Aktenlage oder nach § 495 a haben.

Kartellanwalt: Vgl BGH NJW **78**, 428.

Kollegialität: Rn 6 „Berufsrecht", Rn 12 „Vereinbarung".

Krankheit: Rn 6 „Erkrankung".

Mittellosigkeit: Eine Entschuldigung kann vorliegen, wenn die Partei die Mittel einer Reise vom auswärtigen Wohnort nicht hat, auch keine Prozeßkostenhilfe beantragt, zwar eine Reisekostenerstattung nach den bei Hartmann Teil V § 25 JVEG Anh I, II abgedruckten Ländererlassen beantragen könnte, aber dazu noch keine ausreichende Gelegenheit erhalten hat, LAG Ffm BB **95**, 468.

Naturkatastrophe: Sie kann entschuldigen. Es kommt auf die Gesamtumstände an. Dabei ist weder eine Engstirnigkeit noch eine pauschale grenzenlose Großzügigkeit statthaft.

Neuer Termin: Rn 8 „Rechtliches Gehör".

Prozeßkostenhilfe: Als Entschuldigung reicht es aus, wenn das Gericht über einen ordnungsgemäß und rechtzeitig gestellten Antrag auf eine Prozeßkostenhilfe vorwerfbar noch nicht entschieden hat, Düss OLGR **95**, 267, Zweibr RR **03**, 1079, LG Münst MDR **91**, 160. Es kann als eine Entschuldigung ausreichen, wenn das Gericht einen solchen Antrag unvorhersehbar erst unmittelbar vor dem Termin oder im schriftlichen Vorverfahren zurückgewiesen hat, Drsd OLGR **96** , 71, Kblz MDR **90**, 255 (dort lag freilich keine solche Unvorhersehbarkeit vor), Schneider MDR **85**, 377, strenger Rostock MDR **02**, 780. Vgl freilich auch § 118 Rn 2. 8

Rechtliches Gehör: Es kann eine Frist zur Stellungnahme auf einen Gerichtshinweis nebst einem neuen Termin statt eines Versäumnisurteils erfordern, Köln MDR **00**, 658, Zweibr RR **03**, 1079.

Reisefähigkeit: Rn 6 „Erkrankung".

Reisekosten: Ihre Nichterstattung ist *keine* stets ausreichende Entschuldigung, aM LAG Ffm NZA **95**, 239.

Rückfrage: Rn 13 „Vertagungsantrag".

Ruhen des Verfahrens: Eine Entschuldigung *fehlt,* soweit die Partei irrig ein Ruhen des Verfahrens annahm, BGH VersR **81**, 1056.

Sozietät: Rn 11 „Terminsänderung". 9

Späte Bestellung: Wenn das Gericht eine bisher nach den Akten noch nicht anwaltlich vertretene Partei pflichtgemäß persönlich laden ließ und wenn dann erst nach der Absendung dieser Ladung die Bestellungsanzeige eines ProzBev nach § 172 eingeht, braucht das Gericht entgegen BAG DB **77**, 919 den Anwalt nicht schon auf Grund seiner vorsorglichen Bitte zusätzlich zu laden. Bleibt er aus, liegt daher insofern *nicht stets* eine Entschuldigung vor. Es war nämlich eine eigentlich selbstverständliche Obliegenheit seines Mandanten, ihn unverzüglich vom Termin zu verständigen. Bei einer zeitlichen Kreuzung der Ladung und der Bestellungsanzeige mögen Ausnahmen vorliegen.

Standesrecht: Rn 6 „Berufsrecht". 10

Streik: Eine Entschuldigung kann auf Grund eines Streiks beim Gerichtspersonal eintreten, Hamm AnwBl **07**, 468.

Terminsänderung: Als Entschuldigung kann es ausreichen, daß man auf diejenige Änderung der Terminsstunde vertraut, die vor dem Sitzungssaal als solche angeschlagen steht, Celle MDR **99**, 1345. Ein vorsichtiger Anwalt fragt aber evtl doch besser *im* Sitzungssaal nach. 11

Terminsverzögerung: Eine Entschuldigung des ProzBev kann vorliegen, wenn sich für ihn ein anderer vorangehender Termin unvorhersehbar verzögert. Es hängt von den Gesamtumständen ab, ob dergleichen unvorhersehbar war, Peters NJW **76**, 675. Bei der hohen Zumutbarkeitsanforderung muß der Anwalt fast stets mit gewissen auch vom Gericht oft unvorhersehbaren Verzögerungen in vorangehenden Verfahren rechnen, BGH MDR **78**, 132. Er sollte zumindest unverzüglich das Gericht des späteren Termins unterrichten, wann etwa er später eintreffen kann. In einer Sozietät muß auch ein nicht sachbearbeitender Sozius einspringen können, wenn irgend zumutbar.

Urlaub: Jeder hat grds das Recht auf einen ungestörten Urlaub, BVerfG **25**, 166. Daher muß das Gericht tunlichst vertagen, falls die Zustellung oder die Ladung durch eine Niederlegung vermutlich während des Urlaubs des Empfängers erfolgen müßten, und natürlich erst recht dann, wenn der Termin während des Urlaubs stattfinden würde. Wegen einer Sommersache § 227 III.

Keine Entschuldigung liegt vor, soweit die Partei in den Urlaub fährt, ohne den ProzBev vorsorglich zu informieren, obwohl sie auf Grund ihres eigenen Einspruchs mit einem Termin rechnen mußte, BGH VersR **83**, 1082 (zu § 233), zu großzügig LG Tüb RR **87**, 1213.

Vereinbarung: Als Entschuldigung kann es *kaum* noch ausreichen, daß ein Anwalt eine kollegiale Vereinbarung bricht, kein Versäumnisurteil zu beantragen, oder einen dritten Anwalt um ein Einspringen mit einem nicht wirklich ohne jede nähere Einarbeitung zumutbaren Sachantrag zu bitten. 12

S auch Rn 6 „Berufsrecht", „Erkundigungspflicht", Rn 14 „Vertreter".

Verhandlungsfähigkeit: Rn 5 „Erkrankung".

Verkehrsprobleme: Schwierigkeiten bei der Anfahrt zum Termin sind trotz allen notwendigen abwägenden Verständnisses leider *nicht stets* eine ausreichende Entschuldigung. Das gilt auch dann, wenn infolge eines Unfalls usw die Zufahrt schwierig war. Denn man muß heutzutage leider in aller Regel mit derartigen Schwierigkeiten rechnen, Köln MDR **98**, 617 (krit Schneider 581, 673), LAG Bln BB **76**, 420, aM BGH NJW **99**, 724 (zustm Schneider), Celle NJW **04**, 2534, Rostock MDR **99**, 626 (aber Verkehrsprobleme sind so häufig vorhanden, daß man sie leider erheblich einkalkulieren kann und muß, von Extremfällen abgesehen). Eine Straßensperrung infolge eines Sport-Großereignisses reicht nicht stets, großzügiger LG Zwickau RR **03**, 576 (aber die Massenmedien geben gerade dazu meist Warnhinweise). 13

Alles das gilt bei *jeder Art* von Verkehrsmittel und zu allen Tages- und Jahreszeiten. Dementsprechend kann und muß man vorsorglich ausreichend früher losfahren. An alledem kann daher leider auch eine Ankündigung nichts ändern, möglichst pünktlich zu erscheinen, aM Drsd RR **96**, 246 (2 Stunden), Köln RR **95**, 1150 (aber wo läge die Grenze?). Auch die Mitteilung eines Verkehrsproblems direkt vor dem

Termin reicht nicht stets aus, großzügiger LG Zwickau RR **03**, 576 (aber das ändert nichts an der Vorfrage, ob man mit dem Verkehrsproblem hätte rechnen müssen). Zumindest muß man vom etwa mitgeführten Handy aus das Gericht und nicht nur den Gegner sofort verständigen, LAG Hamm NZA-RR **04**, 157. Mangels Handy muß man eine Tank- oder Raststätte oder sonst das nächste Telefon benutzen, Celle NJW **04**, 2534.

Hat der Verspätete rechtzeitig um eine *kurze Wartezeit* gebeten, ist eine solche von 5 Minuten zumutbar, OVG Münst AnwBl **01**, 187, evtl sogar eine solche von 20 Minuten, BGH MDR **99**, 179 (zustm Schneider). Das gilt freilich kaum am Sitzungsende.

Vertagungsantrag: Rn 1. Eine Entschuldigung *fehlt,* soweit man einen Vertagungsantrag erst vermeidbar spät ganz kurz vor dem Termin gestellt hatte, Brdb OLGR **98**, 324, Düss OLGR **95**, 267, Köln VersR **92**, 1023, noch dazu ohne eine entsprechende Rückfrage beim Gericht dazu, ob es ihm noch stattgeben werde, BGH NJW **82**, 889. Wegen einer Sommersache § 227 III.

14 **Vertreter:** Der Anwalt muß alles Zumutbare für die Vertretung der Partei im Termin getan haben, BGH MDR **78**, 132. Deshalb kann *kein* Anwalt grds erwarten, bei seinem Ausbleiben werde das Gericht einen zufällig in einer anderen Sache im Saal oder gar irgendwo im Gerichtsgebäude anwesenden anderen Anwalt bitten, für den Abwesenden einen Sachantrag zu stellen. Selbst wenn das Gericht diesem „Vertreter" die Akten zur raschen Einarbeitung überlassen und ihn auch noch in den Sach- und Streitstand einführen würde, wäre eine solche Aktivität keineswegs mehr ein Teil der prozessualen Fürsorgepflicht des Gerichts, Einl III 27. Das gilt selbst dann, wenn der anwesende Prozeßgegner mit einer solchen Anwaltssuche einverstanden ist oder sie sogar erbittet, ohne das dem gegnerischen Anwalt zugesagt zu haben.

15 Ob das Gericht zu einer solchen unter dem vorrangigen Gebot der Unparteilichkeit problematischen Aktivität *bereit* ist, das ist eine andere Frage. Soweit es die Suche nach einem verhandlungsbereiten Prozeßgegner der anwesenden Partei erlaubt, ist das Gericht allerdings nach § 139 I, II zur fördernden Überprüfung der Anträge des dann Auftretenden verpflichtet. Daher reicht auch *keineswegs* die bloße Abrede der Anwälte beider Parteien aus, zum Termin 15 Minuten zu spät zu erscheinen, sei es auch wegen anderer Termine. Mögen die Anwälte eine Entscheidung nach § 227 einholen und respektieren. Auch die etwa erscheinende und ein Zweites Versäumnisurteil beantragende Partei ändert daran nichts. Ihr Prozeßgegner muß sich ein etwaiges Verschulden seines Anwalts bei der obigen Vereinbarung nach § 85 II anrechnen lassen. Das übersieht LAG Köln AnwBl **84**, 159. Erst recht *nicht* entschuldigt das bloße Hinlegen der Akten im Sitzungsraum, LG Duisb RR **91**, 1022.

16 **Zustellung:** Eine Entschuldigung *fehlt* grds, wenn die Partei eine ihr ordnungsgemäß durch eine Niederlegung nach § 181 zugestellte Sendung (Ladung usw) nicht abgeholt hat, § 181 Rn 20.

Zweites Versäumnisurteil: Wegen seiner verschärften Wirkung ist eine Entschuldigung in allen vorgenannten Einzelfällen eher großzügiger annehmbar, BGH MDR **99**, 178, Rstk MDR **99**, 626.

17 **D. Erste Instanz.** Die Vertagung erfolgt durch einen Beschluß. Das Gericht muß die abwesende Partei von Amts wegen zum neuen Termin laden. Es setzt evtl eine neue Einlassungsfrist fest. Die Ladungsfrist läuft neu. Die Anberaumung eines Verkündungstermins für eine Entscheidung nach Lage der Akten stellt keine Vertagung dar.

18 **E. Rechtsmittel.** Ein Verstoß macht das Versäumnisurteil gesetzwidrig, Art 103 I GG, LAG Mü AnwBl **90**, 176. Das gilt auch dann, wenn die Tatsachen nicht erkennbar waren. Der Verstoß ermöglicht den Einspruch nach § 338 oder nach § 514 II die Berufung. Gegen eine Vertagung ist wegen der darin liegenden Ablehnung des Erlasses des beantragten Versäumnisurteils grundsätzlich die sofortige Beschwerde zulässig, § 336 Rn 1, 2, § 567 I Z 2. Die zweiwöchige Beschwerdefrist nach § 569 I 1 beginnt hier schon mit der Verkündung, nicht erst mit der Zustellung, so schon Brschw MDR **92**, 292, aM LG Köln MDR **85**, 593 (zum alten Recht). Das Rechtsmittelgericht muß bei einem gesetzwidrigen Unterbleiben der Vertagung eine Versäumung verneinen und auf einen Antrag evtl an das Vordergericht zurückverweisen, (jetzt) § 538, Nürnb AnwBl **83**, 29. Eine Rechtsbeschwerde kommt unter den Voraussetzungen des § 574 in Betracht.

19 **5) Neuer Termin, S 1, 2.** Das Gericht muß ihn verkünden. Trotzdem muß die säumige Partei abweichend von § 218 laden, Köln RR **95**, 446 (auch zu einer ausländischen Entscheidung). Der neue Termin ist ein regelrechter Verhandlungstermin. Der Säumige darf in ihm zur Sache verhandeln, § 137 Rn 7. Er kann dadurch die Säumnisfolgen abwenden und selbst eine Versäumnisentscheidung erwirken. Wenn der Säumige wieder ausbleibt, ergeht gegen ihn auf Grund der neuen Verhandlung eine Versäumnisentscheidung.

338 *Einspruch.* [1]**Der Partei, gegen die ein Versäumnisurteil erlassen ist, steht gegen das Urteil der Einspruch zu.** [2]**Hierauf ist die Partei zugleich mit der Zustellung des Urteils schriftlich hinzuweisen; dabei sind das Gericht, bei dem der Einspruch einzulegen ist, und die einzuhaltende Frist und Form mitzuteilen.**

Gliederung

Vorbem. S 2 angefügt dch Art 1 Z 4 G v 18. 8. 05, BGBl 2477, in Kraft seit 21. 10. 05, Art 3 S 1 G, ÜbergangsR Einl III 78.

Schrifttum: *Fasching,* Die Rechtsbehelfe gegen Versäumnisurteile im deutschen und im österreichischen Zivilprozeß, Festschrift für *Baur* (1981) 387; *Stürner,* Die Anfechtung von Zivilurteilen, 2002.

1) Systematik, S 1, 2. Das Versäumnisurteil unterscheidet sich von dem streitmäßigen Urteil unter anderem durch die Zulässigkeit des Einspruchs. Der Einspruch ist kein Rechtsmittel. Denn die Entscheidung fällt noch nicht durch ihn der höheren Instanz an, Grdz 3 vor § 511, Mü RR **95**, 59. Außerdem findet ja keine Nachprüfung des Versäumnisurteils statt, Köln RR **93**, 1408 (daher ist auch keine Beschwer erforderlich). 1

2) Regelungszweck, S 1, 2. Es erscheint als sinnvoll, daß eine unverschuldetete bloße Säumnis beim ersten Auftreten noch nicht zum Verlust der Instanz führt. Deshalb ist der ohne den Anfalleffekt einer Berufung nach Rn 1 mögliche Einspruch der einzige zulässige Rechtsbehelf gegen ein echtes Erstes Versäumnisurteil, BGH FamRZ **94**, 1521, abgesehen von der Wiederaufnahmeklage nach §§ 578 ff von §§ 345, 514 II. Eine Parteivereinbarung kann ein Versäumnisurteil nicht beseitigen. 2

Bei einer *frei herbeigeführten* Säumnis ist eine Einspruchsmöglichkeit ein eigentlich keineswegs selbstverständlicher Luxus. Warum soll schon das Erstgericht eigentlich zweimal nachdenken und urteilen, nur weil man es frei heraus nicht für nötig hält, vor diesem Volksvertreter zu erscheinen?

§ 321 a schafft in seinem nicht geringen, aber doch begrenzten Geltungsbereich der Unzulässigkeit einer Berufung nach Rn 11 eine vergleichbare Lösung: Auch dort muß noch einmal der bisherige Richter tätig werden, der judex a quo. Das bringt wohl mehr Vor- als Nachteile. Es gehört zum Richteralltag zu lernen, daß man zumindest in Rechtsfragen fast stets auch anderer Meinung sein kann, ebenso wie etwa in der Beurteilung eines solchen tatsächlichen historischen Vorgangs, den man ja immer nur indirekt nachvollziehen kann, weil man nicht dabei war, Einf 1 vor § 284. Dann aber ist es erst recht nicht problematisch, sich lieber selbst noch einmal mit der Sache befassen zu dürfen, bevor das nächsthöhere Gericht das tun müßte. Auch das gehört zum Regelungszweck.

Die *Hinweispflicht* nach S 2 bezweckt als ein Teil der richterlichen Fürsorgepflicht nach Einl III 27 ff die Vermeidung ungerechter, aber unabänderbarer Ergebnisse. Sie dient damit der Gerechtigkeit, Einl III 9, 36. Bei der Auslegung von S 2 muß man aber auch die Grenzen Einl III 29 mitbeachten.

3) Geltungsbereich S 1, 2. Vgl Üb 3 vor § 330. In einer Scheidungssache gilt vorrangig § 143 FamFG. Der verspätete Widerspruch gilt also evtl als ein rechtzeitiger Einspruch, § 694 II 2, Ffm OLGR **97**, 60. 3

4) Einspruch, S 1. Man muß die folgenden Situationen unterscheiden. 4

A. Statthaftigkeit. Ein Einspruch ist gegen ein echtes Versäumnisurteil möglich, Üb 11 vor § 330, nicht gegen ein unechtes Versäumnisurteil nach Üb 13 vor § 330 und nicht gegen ein echtes sog Zweites Versäumnisurteil nach Rn 5 oder gegen eine Entscheidung nach Aktenlage, Rn 7. Maßgeblich ist nicht die Bezeichnung, sondern die Art des Zustandekommens und der Inhalt der Entscheidung, Üb 12 vor § 330, BGH NJW **99**, 583. Die etwaige Unzulässigkeit eines inhaltlich eindeutigen Versäumnisurteils ist für die Zulässigkeit des Einspruchs grundsätzlich unerheblich, BGH NJW **94**, 665, Düss MDR **85**, 1034, Zweibr RR **97**, 1087. Freilich fehlt dem eindeutig irrig Verurteilten für einen Einspruch das Rechtsschutzbedürfnis nach Grdz 33 vor § 253. Denn er kann nach § 319 vorgehen, LG Ffm RR **02**, 214. Soweit das Gericht ein Versäumnisurteil im schriftlichen Vorverfahren zwar noch nicht nach §§ 310 III, 317, 331 III ordnungsgemäß zugestellt hat, es aber schon in einer vollstreckbaren Ausfertigung hinausgegeben hat, ist ein Einspruch ausnahmsweise bereits statthaft, Brdb RR **96**, 766.

Der Einspruch ist auch gegen einen teilurteilsfähigen *Teil* des Streitgegenstands nach § 2 Rn 4 möglich, § 340 II 1 Z 2, BGH FamRZ **88**, 945. Das gilt evtl noch im Einspruchstermin, §§ 346, 515, 516, oder nur wegen der Kosten, § 340 II 2, Brdb RR **00**, 1668. Im nicht angefochtenen Teil tritt dann eine formelle und innere Rechtskraft nach §§ 322, 705 ein. § 99 I ist also unanwendbar. Ein Einspruch steht nur dem Säumigen zu, nicht dem Gegner, Naumb RR **03**, 212. Wegen des Rechtsbehelfs bei einem formfehlerhaften Urteil Grdz 26 vor § 511, Düss MDR **85**, 1034 (irrig als Zweites Versäumnisurteil ergangenes).

B. Berufung. Gegen ein Versäumnisurteil ist die Berufung dann statthaft, wenn ein Einspruch unzulässig ist und keine Versäumung vorlag, § 514 II, oder wenn nur ein scheinbares Versäumnisurteil vorliegt, in Wahrheit ein streitmäßiges Urteil, BGH NJW **99**, 583, zB ein unechtes Versäumnisurteil, Üb 13 vor § 330, oder wenn inhaltlich ein Erstes, dem Wortlaut nach aber ein „Zweites" Versäumnisurteil nach § 345 vorliegt, Ffm RR **92**, 1468, Schlesw SchlHA **87**, 171. Dann ist nach dem allgemein geltenden sog Meistbegünstigungsgrundsatz nach Grdz 28 vor § 511 auch der Einspruch statthaft, wie stets bei einer Unklarheit darüber, ob ein streitmäßiges Urteil oder ein echtes Versäumnisurteil vorliegt, Hamm RR **95**, 186, Köln OLGR **96**, 7. Soweit teils ein echtes, teils ein unechtes Versäumnisurteil vorliegt, ist gegen jeden Teil der dafür vorgesehene Rechtsbehelf möglich, Beckmann MDR **97**, 614. 5

C. Mischfälle. Gegen ein Urteil, das teilweise auf Grund einer Säumnis ergeht, teilweise trotz einer solchen Säumnis und insoweit als ein sog unechtes Versäumnisurteil nach Üb 13 vor § 330 oder teilweise auf Grund einer streitigen Verhandlung, ist teils der Einspruch und teils die Berufung statthaft, BGH FamRZ **88**, 945 (Verbundverfahren). 6

D. Aktenlageurteil. Ein Urteil nach Aktenlage nach §§ 251 a, 331 a unterliegt ausnahmslos den gewöhnlichen Rechtsmitteln. 7

5) Hinweispflicht, S 2. Das Gericht muß diejenige Partei, gegen die es ein Versäumnisurteil nach Rn 4 erläßt, zugleich mit dessen Zustellung schriftlich auf die Einspruchsmöglichkeit nach S 1 hinweisen und dabei das nach § 340 I zuständige Prozeßgericht und die nach § 339 erforderliche Frist sowie die nach § 340 notwendige Form mitteilen. Wegen § 700 I ist ein entsprechender Hinweis auch zugleich mit der Zustellung des Vollstreckungsbescheids erforderlich. Dabei bleibt das nach §§ 700 I, 340 I zuständige Mahngericht das für den Empfang des Einspruchs maßgebliche Gericht, trotz der in § 700 III ja erst nach dem Einspruchseingang vorgesehenen Abgabe an ein Gericht des streitigen Verfahrens. Es ist dringend ratsam, den Wortlaut des erfolgten Hinweises aktenkundig zu machen. 8

339 *Einspruchsfrist.* [I] **Die Einspruchsfrist beträgt zwei Wochen; sie ist eine Notfrist und beginnt mit der Zustellung des Versäumnisurteils.**

[II] **Muss die Zustellung im Ausland oder durch öffentliche Bekanntmachung erfolgen, so hat das Gericht die Einspruchsfrist im Versäumnisurteil oder nachträglich durch besonderen Beschluss zu bestimmen.**

Gliederung

1 **1) Systematik, I, II.** Die Vorschrift ist den §§ 517, 547 vergleichbar. § 700 I ergänzt sie beim Vollstreckungsbescheid. Man findet in § 224 I 2 ihre begriffliche Präzisierung der Notfrist und in § 341 ihre Durchführung. Beim schuldlosen Fristverstoß können §§ 233 ff helfen. Die Parteien können das Versäumnisurteil zwar einverständlich unbeachtet lassen. Sie können es aber nicht einverständlich wirksam aufheben.

2 **2) Regelungszweck, I, II.** Die Rechtssicherheit nach Einl III 43 erfordert eine klar begrenzte Zeitspanne, nach deren Ablauf die Rechtskraft eintritt, §§ 322, 705. Die Einspruchsfrist muß sich den unterschiedlichen Situationen von I, II anpassen. I ist streng anwendbar, wie bei jeder Frist und gar bei einer Notfrist. II bringt zwar ebenfalls eine Notfrist. Die Vorschrift soll aber den sehr unterschiedlichen Verhältnissen anderer Länder angepaßte Lösungen ermöglichen. Sie dient also der Zweckmäßigkeit und einem fairen Verfahren nach Einl III 23. Sie ist entsprechend großzügiger auslegbar. Letzthin soll ja das rechtliche Gehör möglich bleiben, Art 103 I GG. Auch soll ein ungerechtes Zweites Versäumnisurteil nach § 345 in Grenzen bleiben. Alles das ist bei der Anwendung mitbeachtlich.

3 **3) Geltungsbereich, I, II.** Vgl zunächst Üb 3 vor § 330. Im Arbeitsgerichtsprozeß gilt § 64 VII ArbGG, Leser DB **77**, 2449. In jenem Verfahren beträgt die Frist eine Woche seit der Zustellung, § 59 S 1 ArbGG, LAG Hamm DB **78**, 896. Ohne die dortige Belehrung nach § 59 S 3 ArbGG beginnt die Frist trotz einer Zustellung nicht, BVerfG **36**, 303.

4 **4) Regelfall, I.** Die Einspruchsfrist ist mit dem Grundgesetz vereinbar, BVerfG **36**, 302. Sie beträgt im Anwaltsprozeß wie im Parteiprozeß nach § 78 Rn 1 zwei Wochen seit der Zustellung des Versäumnisurteils oder des Vollstreckungsbescheids, § 700, BGH NJW **05**, 3726. § 338 S 2 schreibt eine Belehrung vor. Ausnahmen von der Frist nach I gelten nach II bei einer Zustellung im Ausland nach §§ 183 ff oder bei einer öffentlichen Zustellung, (jetzt) §§ 185 ff, BVerfG **36**, 305. Wegen einer Kurzausfertigung im arbeitsgerichtlichen Beschlußverfahren BAG NJW **74**, 1156, im arbeitsgerichtlichen Urteilsverfahren LAG Hbg NJW **75**, 951.

Die Frist ist eine *Notfrist,* § 224 I 2. Sie berechnet sich nach § 222. Das Gericht muß sie von Amts wegen prüfen, § 341 I. Zur Fristwahrung § 233 Rn 18 ff, dort insbesondere Rn 19 „Gericht", Rn 49 „Rechtsanwalt". Wegen der Notfrist ist eine Wiedereinsetzung zulässig, §§ 233 ff, jedoch keine Abkürzung oder Verlängerung nach § 224 I 1 und keine abweichende Parteivereinbarung. Die Notfrist beginnt mit der Zustellung des Versäumnisurteils im Prozeß, nicht etwa mit einer Zustellung außerhalb des Prozesses zur Streitverkündung. Maßgeblich ist die zeitlich letzte derjenigen Zustellungen, die von Amts wegen nach § 317 I erfolgen müssen, § 310 Rn 11. Bei § 310 III ist also unter Umständen die spätere Zustellung an den Gläubiger maßgeblich. Nicht maßgeblich ist die meist später beginnende Zustellung durch den Gläubiger nach § 750 I 2, Bischof NJW **80**, 2236. Die Zustellung muß natürlich wirksam erfolgt sein, BGH NJW **84**, 57. Sie muß also zB an den ProzBev des Säumigen gegangen sein, § 172. Eine bloße Glaubhaftmachung reicht nicht, Ffm RR **97**, 956.

Ein *Verstoß* gegen § 340 III 4 berührt den Fristlauf nicht, Rn 17. Ein Zustellungsmangel heilt nach § 189. Ebenso reicht evtl eine Wiederholung der Zustellung.

5 Ein Einspruch ist bedingt und deshalb grundsätzlich unstatthaft (Ausnahme: § 338 Rn 4), wenn er bei § 310 I *vor der Verkündung* eingeht, RoSGo § 107 V 2, ThP 1, ZöHe 2, aM StJSchu 7 (zulässig, wenn der Einsprechende nach Säumnis annahm, es sei ein Versäumnisurteil ergangen. Aber bedingte Rechtsbehelfe sind ebenso unstatthaft wie bedingte Rechtsmittel. Außerdem ist dergleichen unnötig. Der Säumige kann nochmals nach der Verkündung oder der Zustellung seinen Einspruch einlegen. Das ist durchaus zumutbar). Der Einspruch ist auch dann bedingt und deshalb unstatthaft, wenn er bei § 310 III vor der Zustellung eingeht, Unnützer NJW **78**, 986, Zugehör NJW **92**, 2262, aM ThP 1 (bei § 310 III sei der Einspruch ab der ersten Hinausgabe durch die Geschäftsstelle zulässig). Bei § 310 I ist derjenige Einspruch zulässig, der nach der Verkündung, aber vor der Zustellung eingeht. Die 5-Monatsfristen der §§ 516, 552 sind unanwendbar. Ebensowenig ist die 5-Jahres-Frist des § 586 anwendbar. Möglicherweise ist der Einspruch aber verwirkt. Für den Fristbeginn ist unerheblich, ob das Gericht sein Versäumnisurteil zu Recht oder zu Unrecht erlassen hat, Franzki NJW **79**, 10.

6 **5) Zustellung im Ausland usw, II.** Eine Zustellung nach (jetzt) §§ 183 ff kommt nur dann infrage, wenn kein Zustellungsbevollmächtigter besteht und wenn eine Aufgabe zur Post unstatthaft ist, BVerfG NJW **97**, 1772, BGH **98**, 266 (zum Vollstreckungsbescheid), BGH NJW **99**, 1187, Mü Rpfleger **83**, 75 (je: zum Versäumnisurteil). Bei einer Auslandszustellung und bei einer öffentlichen Zustellung nach §§ 183 ff muß das Gericht, nicht der Vorsitzende, die Einspruchsfrist von Amts wegen im Versäumnisurteil bestimmen. Das geschieht durch einen Beschluß. Wohl meist üblich sind ähnlich wie bei § 274 Rn 9 etwa 4 Wochen. Wenn das Gericht eine solche Bestimmung versäumt hat, muß es die Frist durch einen besonderen Beschluß auf eine freigestellte mündliche Verhandlung bestimmen, §§ 128 IV, 329. Wegen der Zuständigkeit des Rpfl nach einem Vollstreckungsbescheid § 20 Z 1 RPflG.

Der *Beschluß* bestimmt die Frist. Sie ist ebenfalls eine Notfrist, § 224 I 2, Rn 4. Das Gericht muß seinen Beschluß grundsätzlich begründen, § 329 Rn 4. Es muß ihn dem Antragsteller formlos mitteilen, § 329 II 1, und dem Säumigen von Amts wegen zustellen, § 329 II 2. Die Bewilligung der öffentlichen Zustellung des Versäumnisurteils umfaßt eine Zustellung des Beschlusses. Die Einspruchsfrist läuft seit der Zustellung des Versäumnisurteils oder bei einem besonderen Beschluß seit dessen Zustellung. Sie läuft jedoch nicht vor der Zustellung des Versäumnisurteils. Die Bestimmung ist eine prozeßleitende Maßnahme. Sie ist daher stets unanfechtbar. Sie wirkt auch dann, wenn ihre Voraussetzungen fehlten und wenn eine Zustellung nachher im Inland erfolgt. Bei widersprüchlichen Bestimmungen zweier Fristen gilt die längere, BGH NJW **92**, 1701. Eine Zustellung durch Aufgabe zur Post nach § 184 II 1 ist keine Zustellung im Ausland. 7

340 *Einspruchsschrift.* ^I **Der Einspruch wird durch Einreichung der Einspruchsschrift bei dem Prozessgericht eingelegt.**

^II ^1 **Die Einspruchsschrift muss enthalten:**

1. **die Bezeichnung des Urteils, gegen das der Einspruch gerichtet wird;**
2. **die Erklärung, dass gegen dieses Urteil Einspruch eingelegt werde.**

^2 **Soll das Urteil nur zum Teil angefochten werden, so ist der Umfang der Anfechtung zu bezeichnen.**

^III ^1 **In der Einspruchsschrift hat die Partei ihre Angriffs- und Verteidigungsmittel, soweit es nach der Prozesslage einer sorgfältigen und auf Förderung des Verfahrens bedachten Prozessführung entspricht, sowie Rügen, die die Zulässigkeit der Klage betreffen, vorzubringen.** ^2 **Auf Antrag kann der Vorsitzende für die Begründung die Frist verlängern, wenn nach seiner freien Überzeugung der Rechtsstreit durch die Verlängerung nicht verzögert wird oder wenn die Partei erhebliche Gründe darlegt.** ^3 **§ 296 Abs. 1, 3, 4 ist entsprechend anzuwenden.** ^4 **Auf die Folgen einer Fristversäumung ist bei der Zustellung des Versäumnisurteils hinzuweisen.**

Gliederung

1) Systematik, I–III. Während § 339 die Einspruchs*frist* regelt, bestimmt § 340 den Inhalt der Einspruchs*schrift* und damit den Umfang desjenigen Streitstoffs, über den das bisherige Gericht nochmals befinden soll. Die Vorschrift ist mit §§ 519, 548 und indirekt auch mit §§ 520, 551 vergleichbar. Nach einem Vollstreckungsbescheid ist wegen § 700 I eine evtl erstmals nähere Begründung nötig, Rn 12. 1

2) Regelungszweck, I–III. Die Vorschrift dient sowohl der Rechtssicherheit nach Einl III 43 als auch in erheblichem Maße der Prozeßwirtschaftlichkeit nach Grdz 14 vor § 128 unter einer Beibehaltung der Parteiherrschaft über den Streitstoff (nicht über das Verfahren), Grdz 18 vor § 128. Das muß man bei der Auslegung mitbeachten. 2

Zumutbarkeit ist der hier nicht direkt wiederholte Maßstab der Anforderungen an den Einsprechenden wie bei den echten Rechtsmitteln und überhaupt in jeder Instanz und jeder Verfahrenslage. Das erfordert eine weder zu großzügige noch zu strenge Handhabung jedes der vielen Einzelmerkmale der Vorschrift. Sie stellt auf den Redlichen ab. Das gilt sowohl beim Einspruchsführer als auch beim Gegner und mindestens ebenso beim Gericht, vor allem bei III 4. Ob das alles zur bloßen Illusion verkommt, hängt vor allem vom Richter ab. Er darf nicht überfordern, aber auch nicht allzu ängstlich vor jeder energischeren Handhabung etwa der Mindestanforderungen an III 1 zurückschrecken. Eine Fristverlängerung nach III 2 hat sich noch nicht so fast mechanisch als notwendig entwickelt wie etwa bei einer ersten Verlängerung einer Berufungsbegründung mit ihren unerfreulichen Auswirkungen bei der Wiedereinsetzung, § 233 Rn 209. Man sollte solche Tendenzen trotz aller Überlastung sämtlicher Beteiligter möglichst nicht ausweiten. Auch in diesem Sinn sollte man § 340 auslegen.

3) Geltungsbereich, I–III. Vgl zunächst Üb 3 vor § 330. Im arbeitsgerichtlichen Verfahren muß man §§ 59 S 2, 64 VII ArbGG beachten. III ist dort anwendbar, Lorenz BB **77**, 1003. III 2 ist großzügig anwendbar, Philippsen pp NJW **77**, 1135. Dort besteht in der Berufungsinstanz kein Anwaltszwang. 3

4) Einlegung, I. Man legt den Einspruch dadurch ein, daß man bei dem Gericht des Versäumnisurteils eine Einspruchsschrift einreicht. Beim AG kann das auch zum Protokoll jeder Geschäftsstelle geschehen, §§ 496, 129 a, BVerfG **88**, 126, auch zum Protokoll des Richters, Einf 1, 3 vor §§ 159–165, BGH **105**, 199 (sogar in Verbindung mit einer Bezugnahme auf eine schon bei den Akten befindliche Schrift). Der Einspruch kann auch sofort nach dem Erlaß des Versäumnisurteils noch in demselben Sitzungsraum erfolgen, wenn alle Beteiligten einverstanden sind (sonst nicht, da die Sitzung schon beendet war). Man kann ihn nicht wirksam zum Protokoll auch beim LG einlegen. Denn dort fehlt gerade eine dem § 496 entsprechende Vorschrift. Das übersieht Zweibr MDR **92**, 998. 4

Zum Begriff der *Einreichung* § 496 Rn 3. Über die Einlegung durch Telefax usw § 129 Rn 44, BVerfG **36**, 304 (evtl erfolgt eine telefonische Aufgabe oder Durchsage), LG Köln NJW **05**, 79 (evtl reicht ein maschinenschriftlicher Name). § 130a erlaubt die Einlegung durch ein elektronisches Dokument. Wenn das Revisionsgericht ein streitmäßiges Urteil des OLG in ein Versäumnisurteil umändert, muß man den Einspruch beim OLG einreichen. Beim Vollstreckungsbescheid genügt die Einreichung bei der Vollstreckungsabteilung desselben AG, das auch das Prozeßgericht ist, LG Köln MDR **88**, 63. Der Einspruch ist unentbehrlich, um das Versäumnisurteil zu beseitigen. Die Parteien können ihn weder durch einen gemeinsamen Beschluß erübrigen, ihn nicht geltend zu machen, noch durch ihre gemeinsame Verhandlungsbereitschaft. Wegen des einseitigen Verzichts § 346.

5 **5) Inhalt der Einspruchsschrift, II.** Die Einspruchsschrift ist ein bestimmender Schriftsatz, § 129 Rn 5. Sie muß daher dessen Anforderungen erfüllen. Sie muß zB eine zur förmlichen Ladung ausreichende Anschrift des Einsprechenden angeben, § 130 Z 1, Düss RR **93**, 1150 (Postfach genügt nicht), aM Mü RR **95**, 59 (aber die Nämlichkeit muß bei jedem bestimmenden Schriftsatz ganz eindeutig sein). Notwendig ist der folgende Inhalt.

A. Bezeichnung des Versäumnisurteils, II 1 Z 1. Man muß das Versäumnisurteil oder bei § 700 den Vollstreckungsbescheid bezeichnen. Benennen muß man das Gericht, Datum und Aktenzeichen. Fehler usw schaden nicht, soweit sich aus den Akten das Richtige mühelos ergibt. Ein Fehler kann aber zur Versäumung der Einspruchsfrist nach § 339 führen, BGH VersR **83**, 750.

6 **B. Einspruchserklärung, II 1 Z 2.** Notwendig ist ferner mangels einer elektronischen Einreichung mithilfe des vorrangigen § 130a die schriftliche Erklärung, man lege Einspruch ein. Mündliche Erklärungen außerhalb eines zum Protokoll erklärten Einspruchs bleiben unbeachtlich, BGH RR **95**, 1214. Das Gericht sollte bei der Prüfung jede bloße Förmlichkeit vermeiden, BGH **105**, 200, AG Dortm MDR **92**, 413. Wenn sich also aus der Eingabe bei ihrer verständigen Auslegung nach Grdz 52 vor § 128 ergibt, daß der Säumige das Versäumnisurteil oder bei § 700 III den Vollstreckungsbescheid nicht hinnehmen will, sind damit die Anforderungen II Z 2 erfüllt, BGH **105**, 200. Das gilt insbesondere bei einer Verbindung mit einem Wiedereinsetzungsgesuch, BVerfG **88**, 126. Es gilt wohl auch, wenn ein Anwalt die „Einspruchs"-Erklärung vergessen hat, BGH RR **94**, 1214, AG Dortm MDR **92**, 413, oder wenn eine Verwechslung der Parteien erfolgte, BGH RR **99**, 938.

Eine *Entschuldigung* wegen einer Terminsversäumung reicht nur dann aus, wenn das Gericht erkennen kann, daß der Absender auch etwaigen nachteiligen Folgen entgehen will. Es ist aber eine großzügige Auslegung ratsam, BGH RR **99**, 938, LG Lpz MDR **96**, 418. Deshalb darf und muß das Gericht einen verspäteten Widerspruch gegen einen Mahnbescheid in einen Einspruch gegen den Vollstreckungsbescheid umdeuten. Das gilt sogar dann, wenn die Zustellung des Vollstreckungsbescheids vor der Absendung des „Widerspruchs" usw erfolgt war. Denn gerade dann wendet sich der Antragsgegner im Ergebnis gegen einen Vollstreckungstitel. Das Gericht darf und muß evtl nach § 139 fragen.

Wenn aber nur eine Klagerwiderung mit einem *Abweisungsantrag* vorliegt, ist eine Umdeutung in einen Einspruch keineswegs stets zulässig. Denn der Bekl wendet sich dann zwar gegen die Forderung des Klägers, nicht aber auch stets erkennbar gegen deren Beurteilung durch das Gericht, Köln RR **02**, 1231, AG Dortm MDR **92**, 413. Daher reicht auch kein solcher Schriftsatz, den der Betroffene oder sein ProzBev schon vor der Kenntnis des Versäumnisurteils abgesandt hat, Köln RR **02**, 1231, LG Lpz MDR **96**, 418, Zugehör NJW **92**, 2261, aM Brschw FamRZ **95**, 237 (aber man darf bei aller notwendigen Großzügigkeit einer Partei nicht unterstellen, sie wende sich gegen eine Entscheidung, wenn sie diese überhaupt noch nicht kennt. Man müßte ihr dann ja auch unterstellen, „auf Verdacht" jede ihr ungünstige Entscheidung bekämpfen zu wollen. Das kann durchaus zu weit gehen, schon aus Kostengründen, aber auch und vor allem aus Achtung vor dem freien Willen der Partei. Mag sie *nach* der Kenntnis Einspruch einlegen, soweit zulässig). Alles das gilt auch und gerade bei einer anwaltlich vertretenen Partei. Eine Umdeutung entfällt auch dann, wenn sich der Rechtsbehelf an ein für den Einspruch überhaupt nicht zuständiges anderes Gericht richtet, BGH FamRZ **94**, 1521.

7 **C. Teileinspruch, II 2.** Soweit man das Versäumnisurteil nur teilweise anfechten will, ist die Bezeichnung desjenigen Teils des Versäumnisurteils notwendig, auf den sich der Einspruch beschränkt. Man kann einen beliebigen Teil anfechten, Bbg RR **95**, 581, oder die Anfechtung nur gegen einen einzelnen Gegner durchführen. Dabei kann die Auslegung ergeben, daß ein nicht Mitverurteilter für einen Verurteilten Einspruch einlegen wollte, strenger BAG BB **75**, 842 (aber Grdz 52 vor § 128 gelten auch dann). Für „den Beklagten" kann mehrere Bekl meinen, BGH FamRZ **06**, 982 links unten.

8 **D. Einspruchsbegründung.** Sie ist grundsätzlich gleichzeitig notwendig, III, Rn 12ff.

9 **E. Unterschrift.** Eine Unterschrift ist wie bei jedem bestimmenden Schriftsatz erforderlich, § 129 Rn 6, 8, 44 (Telefax), § 700 Rn 10, BGH **101**, 137, Karlsr FamRZ **88**, 82, ZöHe 2, aM LG Heidelb RR **87**, 1214 (sie könne fehlen, soweit die Nämlichkeit und der Einreichungswille erkennbar sei. Aber erst mit einer vollen Unterzeichnung übernimmt der Absender die nötige volle Verantwortung, § 129 Rn 10).

10 **F. Sonstiges.** Wenn ein Anwalt eine „Berufung" einlegt, muß das Gericht prüfen, ob er wirklich nur eine Berufung oder nicht vielmehr zumindest auch oder sogar in Wahrheit nur einen Einspruch meint. Es muß klar sein, wer von mehreren Betroffenen den Einspruch einlegt oder einlegen läßt, BGH VersR **87**, 989, aM BAG BB **75**, 842 (will den Einspruch einer von zwei Gesellschaften dann, wenn das Gericht in Wahrheit die andere verurteilt hatte, der letzteren Gesellschaft zugute halten. Aber das sprengt wohl die Grenzen der Auslegbarkeit).

11 **G. Verstoß, II Z 1, 2.** Ein Verstoß gegen II führt evtl nach einem vergeblichen Hinweis des Gerichts auf die Nachholbarkeit des noch Fehlenden usw nach Rn 11, § 139 nach dem Ablauf der Einspruchsfrist des § 339 zur Verwerfung des Einspruchs als unzulässig, § 341, Düss RR **93**, 1150. Dagegen kommt eine Wiedereinsetzung nach §§ 233 ff in Betracht.

6) Einspruchsbegründung im einzelnen, III, dazu *Kabath* DAVorm **93**, 21: Zwar ist eine Einspruchsbegründung nicht schon zur Zulässigkeit des Einspruchs erforderlich, BVerfG **88**, 126. Denn der Einspruch ist kein Rechtsmittel, sondern ein bloßer Rechtsbehelf, § 97 Rn 15, BGH RR **93**, 1408. Zur Vermeidung erheblicher Rechtsnachteile ist grundsätzlich eine „Begründung" (diesen Ausdruck nennt III 2) des Einspruchs aber jedenfalls ratsam. Es ist zumindest notwendig, die in III 1 genannten und in Rn 11 erläuterten Angaben zu machen, Köln **93**, 1408. Das ist nur nach einem Vollstreckungsbescheid wegen des Fehlens einer notwendigen Klagebegründung entbehrlich, § 700 III 2 Hs 2, Hartmann NJW **88**, 2661. Eine Begründung ist freilich auch dort zulässig und ratsam. 12

A. Nachholbarkeit binnen Einspruchsfrist, III 1. Die Einspruchsbegründung muß nach dem Wortlaut von III zwar grundsätzlich bereits in der Einspruchsschrift erfolgen. Wenn die Einspruchsschrift noch vor dem Ablauf der Einspruchsfrist des § 339 eingeht, kann der Säumige die Einspruchsbegründung trotz des mißverständlichen Gesetzeswortlauts aber noch während der Einspruchsfrist ohne weiteres nachholen oder verbessern, Mü NJW **77**, 1972, Schlesw SchlHA **82**, 73, Hartmann NJW **88**, 2660, aM Nürnb NJW **81**, 2266 (die Mindestfrist zur Klagerwiderung nach § 276 I 1, 2 sei stets mitbeachtlich. Aber es ist eine möglichst großzügige Behandlung eines solchen Rechtsbehelfs vorziehbar, den ja auch der nicht Rechtskundige im Verfahren ohne einen Anwaltszwang wirksam einlegen kann).

Die Begründungsfrist entspricht zwar der Einspruchsfrist. Sie ist aber keine Notfrist, § 224 I 2, BVerfG NJW **93**, 1636, BGH **75**, 140, Ffm RR **93**, 1151, ZöHe 11. Sie endet erst zusammen mit der Einspruchsfrist, BGH **75**, 138, Mü NJW **75**, 1972. Sie endet auch nur dann, wenn das Gericht den Säumigen auf die Folgen einer Fristversäumnis spätestens bei der Zustellung des Versäumnisurteils hingewiesen hatte, III 4. Das Gericht braucht einen derartigen Hinweis allerdings noch nicht im Versäumnisurteil selbst zu geben. Zur sog „Flucht in die Säumnis" § 342 Rn 4.

B. Begründungsinhalt, III 1. Es gelten zumindest dieselben Anforderungen wie bei §§ 277 I, 282 I 1, III, Schlesw SchlHA **82**, 73. Die Anforderungen sind jedoch eher schärfer. Denn es ist schon zu einem Versäumnisurteil gekommen. Falls das Versäumnisurteil gegen den Kläger erging, muß er jetzt alle auch nur evtl möglichen Ergänzungen der Klageschrift vornehmen und zugleich auf eine etwaige bereits vorliegende Klagerwiderung antworten, Kramer NJW **77**, 1660. Eine Bezugnahme auf frühere Schriftsätze kann allerdings genügen, BGH **105**, 197. In welchem Umfang man seinen Einspruch begründen muß, hängt vom Verfahrensstadium mit ab, Kramer NJW **77**, 1659. Bei einem Teileinspruch ist es ratsam, die Abgrenzung im Antrag und auch in der Begründung so zu verdeutlichen, daß der Umfang der inneren Rechtskraft des Versäumnisurteils nach § 322 eindeutig wird. Das Gericht hat auch insofern eine Fragepflicht, § 139. 13

C. Fristverlängerung, III 2. Ausnahmsweise darf das Gericht die Begründungsfrist verlängern. Man darf evtl den Einspruch auch noch nach dem Ablauf der Einspruchsfrist begründen, wenn man einen entsprechenden Antrag vor dem Ablauf der Einspruchsfrist des § 339 gestellt hatte. Ein Anwaltszwang besteht wie sonst, § 78 Rn 1. Außerdem darf entweder durch eine Verlängerung der Begründungsfrist keine Verzögerung eintreten, § 296 Rn 39, oder der Antragsteller muß für die Notwendigkeit einer längeren Begründungsfrist erhebliche Gründe darlegen können. III schreibt eine Glaubhaftmachung nach § 294 hierzu nicht ausdrücklich vor. Sie ist aber ratsam. Dann ist eine Verzögerung unschädlich. Man muß freilich abwägen, wie lange die vorgebrachten Gründe eine Verzögerung rechtfertigen können. „Erheblich" bedeutet: weniger als „zwingend", aber mehr als „beachtlich". Vgl §§ 227 I, 520 II 2. 14

Eine Verlängerung *nach* dem Ablauf der ursprünglichen Begründungsfrist ist zwar begrifflich problematisch, aber praktisch durchweg möglich. Sie ist wirksam, falls wenigstens der Verlängerungsantrag beim Gericht vor dem Ablauf der ursprünglichen Begründungsfrist eingegangen ist, § 519 Rn 19 entsprechend. Die Verlängerung erfolgt durch den Vorsitzenden oder den Einzelrichter nach seinem pflichtgemäßen Ermessen durch einen Beschluß. Das Gericht muß ihn grundsätzlich begründen, § 329 Rn 4. Die verlängerte Frist ist ebenfalls keine Notfrist, Rn 12, Wedel MDR **89**, 512. Das Gericht kann die Verlängerung formlos mitteilen, § 329 Rn 28. Denn der Beginn der alten Frist ist unverändert geblieben.

D. Verspäteter Eingang, III 3. Wenn die Einspruchsbegründung nach dem Ablauf der gesetzlichen oder der richterlichen Frist eingeht, muß das Gericht das Vorbringen als verspätet zurückweisen, sofern die Voraussetzungen des § 296 I vorliegen, BVerfG **88**, 126, BGH **75**, 141, oder diejenigen des § 296 III, IV, Hartmann NJW **88**, 2661. Das Gericht darf also den verspäteten Vortrag nur dann zulassen, wenn dadurch keine Verzögerung eintritt, Drsd RR **99**, 214, oder wenn der Einsprechende die Verzögerung glaubhaft entschuldigt. Es reicht aus, daß das Gericht den Vortrag im Einspruchstermin erledigen kann, BGH **76**, 173. Das Gericht muß ihn sachgerecht vorbereiten, § 341 a I. Es kann sachlichrechtliche Auswirkungen geben, zB den Ausschluß einer Anfechtbarkeit selbst vor dem Ablauf der Frist nach § 124 BGB, BAG DB **84**, 408 (sehr streng). Die Vorschrift ist zB dann unanwendbar, wenn der Vorsitzende die Terminsverfügung zum versäumten Termin nur mit einem Handzeichen versehen und daher nicht ordnungsgemäß unterschrieben hatte, § 129 Rn 31 ff, § 216 Rn 12, LAG Hamm MDR **82**, 1053. Da die Begründungsfrist nach Rn 12, 14 keine Notfrist ist, kommt gegen ihre Versäumung keine Wiedereinsetzung in Betracht, Rn 12, ZöHe 11. 15

E. Hinweispflicht, III 4. Zu ihrem Zeitpunkt vgl Rn 12. Inhaltlich muß das Gericht den Hinweis so halten, daß im Parteiprozeß auch der nicht Rechtskundige ohne eine Nachfrage verstehen kann, was er beachten muß. Daher ist eine bloße Bezugnahme auf § 296 nur im Anwaltsprozeß ausreichend. Andererseits ist kein Roman notwendig. Grundsätzlich erfolgt nur eine Belehrung über die Folgen einer nicht fristgerechten Begründung. Wegen der Belehrung über die Einspruchsfrist gilt § 338 S 2. Bei einer Verwendung von Belehrungsformularen sollte das Gericht ein Exemplar zu den Akten nehmen, damit man den Wortlaut der Belehrung ohne weiteres nachprüfen kann. 16

F. Verstoß, III 1–4. Ein Verstoß gegen die Form oder die Frist des III und daher auch das Fehlen einer jeglichen Begründung führt nicht zur Unzulässigkeit des Einspruchs, Mü RR **89**, 255. Ein solcher Verstoß berührt den Lauf der Einspruchsfrist nicht, Köln VersR **98**, 1303. Das Gericht muß einen solchen Verstoß vielmehr wie bei Rn 15 behandeln, BGH NJW **80**, 1103, Ffm RR **93**, 1151, LAG Köln NZA-RR **08**, 93. 17

Eine Zurückweisung wegen Verspätung kommt also sowohl bei einem Verstoß gegen die gesetzliche Frist zur Einspruchsbegründung in Betracht, BGH NJW **81**, 928 (insofern zustm Deubner), als auch dann, wenn die Partei eine vom Vorsitzenden nach III 2 verlängerte Frist nicht eingehalten hat. Enthält die vorhandene und rechtzeitig eingegangene Einspruchsbegründung inhaltlich Mängel, darf das Gericht diese natürlich erst im Rahmen von § 343 berücksichtigen. Auch eine gesetzwidrige Zulassung des verspäteten Vortrags ist unanfechtbar und für das Rechtsmittelgericht bindend, § 296 Rn 38. Ein Verstoß gegen III 2 macht eine Zurückweisung wegen Verspätung nach § 296 unzulässig.

340a *Zustellung der Einspruchsschrift.* [1] **Die Einspruchsschrift ist der Gegenpartei zuzustellen.** [2] **Dabei ist mitzuteilen, wann das Versäumnisurteil zugestellt und Einspruch eingelegt worden ist.** [3] **Die erforderliche Zahl von Abschriften soll die Partei mit der Einspruchsschrift einreichen.** [4] **Dies gilt nicht, wenn die Einspruchsschrift als elektronisches Dokument übermittelt wird.**

1 **1) Systematik, S 1–4.** Die Vorschrift ist mit §§ 521, 550 vergleichbar. Sie regelt den ersten Schritt des Gerichts im Verfahren über den Einspruch und zur Sache. Wenn freilich der Einspruch unzulässig ist, verliert § 340 a neben § 341 seine praktische Bedeutung.

2 **2) Regelungszweck, S 1–4.** Der Sinn der Vorschrift besteht zunächst in der Erteilung des rechtlichen Gehörs, Art 103 I GG, Einl III 16. Denn da das Gericht sein Versäumnisurteil nach § 317 I nur dem Verlierer von Amts wegen zustellt, mag der Sieger zunächst von dem Sieg gar nichts erfahren haben, obwohl der Gegner schon seinen Einspruch eingelegt hatte. Der Zweck der Vorschrift besteht ferner in einer Erleichterung des Verfahrens nach § 341, aber auch desjenigen nach § 341 a. Das Gericht darf den Einspruch erst dann nach § 341 II als unzulässig verwerfen, wenn eine dem Gegner zu setzende angemessene Äußerungsfrist abgelaufen ist, (jetzt) § 139 V, BGH VersR **75**, 899. Denn der Gegner kann an einer mündlichen Verhandlung interessiert sein.

3 **3) Geltungsbereich, S 1–4.** Vgl Üb 3 vor § 330.

4 **4) Zustellung, Mitteilung, S 1, 2.** Das Gericht stellt die Einspruchsschrift jedem Gegner des Einsprechenden von Amts wegen zu, §§ 166 ff, 270. Die Zustellung erfolgt unverzüglich nach dem Eingang des Einspruchs ohne eine Prüfung der Zulässigkeit des Einspruchs. Zuständig ist der Urkundsbeamte der Geschäftsstelle, § 168 I 1. Er fertigt in der Regel die in S 2 vorgeschriebene Mitteilung grundsätzlich ohne eine Vorlage beim Vorsitzenden an. Eine Ausnahme gilt nur dann, wenn der Vorsitzende angeordnet hat, ihm den Einspruch zuvor vorzulegen, oder wenn der Urkundsbeamte Zweifel über das Datum der Zustellung und/oder über den Zeitpunkt des Eingangs des Einspruchs hat. Einzelheiten wie bei §§ 521, 550. Eine Ladung zum etwaigen Einspruchstermin nach § 341 gehört zur Mitteilung nach § 340 a.

5 **5) Abschrift, S 3, 4.** Abschriften oder Ablichtungen sind bei einer elektronischen Übermittlung nicht erforderlich. Eine beglaubigte Abschrift oder Ablichtung ist auch sonst nicht mehr erforderlich. Wenn der Einsprechende sie außerhalb eines elektronischen Einspruchs nicht mit eingereicht hatte, fertigt der Urkundsbeamte der Geschäftsstelle sie auf Kosten der Partei an, § 133, KV 9000 Z 1 b.

341 *Einspruchsprüfung.* I [1] **Das Gericht hat von Amts wegen zu prüfen, ob der Einspruch an sich statthaft und ob er in der gesetzlichen Form und Frist eingelegt ist.** [2] **Fehlt es an einem dieser Erfordernisse, so ist der Einspruch als unzulässig zu verwerfen.**

II **Das Urteil kann ohne mündliche Verhandlung ergehen.**

Gliederung

1 **1) Systematik, I, II.** Die Vorschrift schließt sich nur scheinbar zeitlich an § 340 a an. Gerade bei Verneinung der Zulässigkeit hat sie aber zumindest praktisch den Vorrang. Sie ist mit §§ 522, 552, 572, 589 vergleichbar.

2 **2) Regelungszweck, I, II.** Die Vorschrift bezweckt eine ebenso gründliche wie rasche Klärung der Frage, ob es überhaupt noch einmal zu einer neuen Sachverhandlung und -entscheidung kommen kann. Sie dient damit sowohl der Rechtssicherheit nach Einl III 43 als auch vor allem in II der Prozeßwirtschaftlichkeit, Grdz 14 vor § 128.

Gewisse Systemwidrigkeit läßt sich bei *II* nicht übersehen. Denn die Instanz war mit dem Verwerfungsurteil jedenfalls zunächst beendet. Nur unter den Voraussetzungen des § 321 a bekäme das Erstgericht mangels § 341 nochmals mit der Sache zu tun, von einer Zurückverweisung nach § 538 abgesehen. Damit wird II zu einer scharfen zwingenden Maßnahme gegenüber einer bloßen Form- und Fristwidrigkeit. Nur bei einer Zulässigkeit des Einspruchs kann es zur Zurückversetzung in den Stand vor dem Eintritt der Säumnis nach § 342 kommen. Damit tritt der Gerechtigkeitsgedanke scheinbar ganz hinter den anderen Bestandteilen der Rechtsidee zurück. Andererseits geht das Gesetz ja auch bei der form- oder fristwidrigen Berufung oder Revision vergleichbar vor, Rn 1. Das ist bei der Auslegung durchaus mitbeachtlich und verbietet eine nachlässige Großzügigkeit.

3) Geltungsbereich, I, II. Vgl zunächst Üb 3 vor § 330. Im arbeitsgerichtlichen Urteilsverfahren ist § 341 anwendbar, BAG NJW **78**, 2215, LAG Köln NZA-RR **04**, 381, Oetker DRiZ **89**, 418. 3

4) Amtsprüfung, nicht Amtsermittlung, I. Das Gericht muß von Amts wegen nach Grdz 39 vor § 128 prüfen, ob die folgenden unverzichtbaren Zulässigkeitsvoraussetzungen vorliegen, Grdz 13 vor § 253: Ob der Einspruch statthaft ist, § 338, ob also ein echtes Versäumnisurteil vorliegt, Üb 11 vor § 330; ob ein Einspruch eines Säumigen vorliegt; ob der Einspruch nach § 238 II oder nach § 345 unzulässig ist; ob der Einspruch in der gesetzlichen Form und Frist eingegangen ist, §§ 339, 340, BGH MDR **98**, 57, Brschw MDR **98**, 621. Bei einem Verstoß gegen § 340 III gilt allerdings § 340 Rn 17. Denn § 340 III erwähnt in einer Abweichung von §§ 522 I 1, 552 I 1, 572 II 1 eine rechtzeitige Begründung nicht. Wenn der Säumige alles für eine Frist- und Formwahrung beigebracht und im Rahmen des ihm Zumutbaren bewiesen oder unter Beweis gestellt hat, BGH VersR **80**, 91, muß der Gegner ihn widerlegen. Der Gegner muß etwa eine frühere Zustellung darlegen. 4

Das Gericht muß schließlich von Amts wegen prüfen, ob kein wirksamer *Verzicht* auf den Einspruch und keine wirksame Einspruchsrücknahme vorliegen, § 346, aber auch § 340 Rn 4. Alle diese Voraussetzungen prüft das Gericht zur Vermeidung eines auch nicht nach § 295 heilbaren Verfahrenshindernisses auch in der Berufungs- und Revisionsinstanz von Amts wegen, BGH NJW **76**, 1940. Diese Prüfung erfolgt vor der erneuten Prüfung der Begründetheit des Klaganspruchs, Grdz 14 vor § 253. Daher muß dasjenige Gericht sie nach § 160 III Z 6 zum Protokoll feststellen, noch vor einer Verweisung nach §§ 281, 504, 506. Nach einem diesbezüglichen Verstoß muß dasjenige Gericht, an das die Verweisung erfolgte, die Prüfung wegen der Bindungswirkung des Verweisungsbeschlusses vornehmen, BGH NJW **76**, 676, Zweibr RR **98**, 1606.

Es findet aber *keine Ermittlung von Amts wegen* nach Grdz 38 vor § 128 statt, aM Brschw MDR **98**, 621 (aber eine Amtsermitteilung findet nur im Ehe- und Kindschaftsverfahren nach dem FamFG statt). § 295 ist unanwendbar. Fehlt ein eindeutiger Zustellungsnachweis, muß das Gericht die Zustellung als nicht erfolgt behandeln, Köln Rpfleger **76**, 102. Eine etwaige Gesetzwidrigkeit des Versäumnisurteils bleibt bis zur Feststellung der Ordnungsmäßigkeit des Einspruchs unbeachtlich. Erst dann tritt eine Rückwirkung nach § 342 ein, falls nicht § 345 eingreift, dort Rn 6. Ein „Einspruch" gegen ein gesetzwidriges unechtes Versäumnisurteil kann zB als eine sofortige Beschwerde nach § 17 a IV 2 GVG umdeutbar sein, Naumb RR **02**, 792.

5) Grundsatz: Freigestellte Verhandlung, I, II. Eine mündliche Verhandlung zum Einspruch steht im pflichtgemäßen, aber weiten und nicht nachprüfbaren Ermessen des Gerichts, Kblz JB **03**, 420. Ein Antrag ist unnötig. Das Gericht muß wegen II hier stets durch ein Urteil entscheiden, Naumb FamRZ **08**, 287. Es muß stets das rechtliche Gehör geben, soweit das nicht schon früher erfolgte, Art 103 I GG, BGH VersR **75**, 899. Es entscheidet in seiner vollen Besetzung, LAG Köln NZA-RR **04**, 381 soweit nicht sein Einzelrichter tätig ist. 5

6) Urteil, I, II. Unabhängig davon, ob eine nach Rn 5 ja freigestellte mündliche Verhandlung stattgefunden hat, gibt es vier Möglichkeiten. Jedes Urteil braucht eine Verkündung nach § 310 I 1. 6

A. Einspruch zulässig; Gegner des Einsprechenden verhandelt. Ist der Einspruch zulässig, ergeht ein Zwischenurteil nach § 303 oder das Gericht nimmt die Zulässigkeit in den Gründen des Endurteils, auch eines Versäumnisurteils, an und legt sie zweckmäßigerweise kurz dar, § 313 Rn 33.

B. Einspruch zulässig; Gegner des Einsprechenden säumig. Dann muß das Gericht das Versäumnisurteil aufheben und eine neue Entscheidung treffen, § 343. Es muß also auf einen Antrag des Einsprechenden ein Erstes Versäumnisurteil gegen seinen Gegner erlassen. In ihm muß das Gericht wegen I 1, II die Zulässigkeit des Einspruchs abweichend von § 313 b in Entscheidungsgründen feststellen. 7

C. Einspruch zulässig; Einsprechender säumig. Soweit die Voraussetzungen I vorliegen, was der Erschienene nachweisen muß, verwirft das Gericht den Einspruch durch ein sog Zweites Versäumnisurteil, § 345, van den Hövel NJW **97**, 2864. 8

D. Einspruch unzulässig. Ist der Einspruch unzulässig, verwirft ihn das Gericht durch ein Endurteil, BGH FamRZ **07**, 904 rechts oben. Dieses ist bei einer Säumnis des Einsprechenden ein echtes Versäumnisurteil, Üb 11 vor § 330, van den Hövel NJW **97**, 2865, StJSchu 21, aM BGH NJW **95**, 1561, RoSGo § 107 V 4 a, VI (es erfolge bei einer Säumnis des Einsprechenden stets ohne eine Zulässigkeitsprüfung eine Verwerfung nach § 345. Aber diese Vorschrift setzt die Zulässigkeit voraus), ZöHe 9 (unechtes Versäumnisurteil. Aber es geht um die Säumnis des Einsprechenden, nicht des Gegners). 9

Es findet *keine Sachprüfung* statt, BGH FamRZ **07**, 904 rechts oben. Mit dem Versäumnisurteil erledigt sich ohne weiteres eine etwa vor der Verwerfung zugelassene Verhandlung zur Hauptsache mit allen ihren Prozeßhandlungen. Einen neuen Einspruch gegen das Versäumnisurteil hindert das Verwerfungsurteil nicht, sofern der neue Einspruch die gesetzlichen Erfordernisse erfüllt, vor allem die Frist wahrt und eine rechtzeitige Begründung enthält, oder wenn das Gericht eine Wiedereinsetzung vorgenommen hat. Eine ausdrückliche Aufrechterhaltung des mit dem Einspruch angefochtenen Versäumnisurteils ist zwar nicht notwendig. Sie ist aber auch unschädlich, aM LAG Ffm BB **82**, 1925 (aber was soll daran verboten sein?). Für die Kosten gilt § 97 I entsprechend. Das Gericht erklärt seine Entscheidung als ohne eine Sicherheitsleistung vorläufig vollstreckbar, § 708 Z 3. Es braucht sie auch nach einer mündlichen Verhandlung nicht zu verkünden, § 310 III 2, sondern muß sie nur zustellen.

10 **7) Erneute Einlegung, I, II.** Man kann den bisher unzulässigen Einspruch erneut und evtl jetzt zulässig einlegen, solange seine Frist noch läuft und eine Verwerfungsentscheidung noch nicht rechtskräftig ist.

11 **8) Verstoß, I, II.** Soweit das Gericht dem Einspruch durch einen Beschluß statt durch ein Urteil verworfen hat, ist nach dem sog Meistbegünstigungsgrundsatz nach Grdz 28 vor § 511 die sofortige Beschwerde statthaft, LAG Köln MDR **03**, 953. Über sie muß das Rechtsmittelgericht durch ein Urteil entscheiden, LAG Köln MDR **03**, 953.

12 **9) Rechtsmittel, I, II.** Gegen ein solches Endurteil, das den Einspruch als unzulässig verwirft, ist eine Berufung wie sonst zulässig, §§ 511 ff. Gegen ein solches Versäumnisurteil, das den Einspruch verwirft, ist die Berufung nur im Rahmen von § 514 II zulässig. Bei Rn 9 ist auch ein neuer Einspruch gegen das alte Versäumnisurteil zulässig. Ist ein Mangel behebbar, gilt § 335 Rn 4. Das die Zulässigkeit feststellende Zwischenurteil ist nur zusammen mit dem folgenden Endurteil anfechtbar. Hat der Erstrichter fälschlich durch einen Beschluß entschieden, muß das Rechtsmittelgericht auf einen Antrag zurückverweisen, Celle RR **03**, 648, Naumb FamRZ **08**, 287.

341a

***Einspruchstermin.* Wird der Einspruch nicht als unzulässig verworfen, so ist der Termin zur mündlichen Verhandlung über den Einspruch und die Hauptsache zu bestimmen und den Parteien bekannt zu machen.**

1 **1) Systematik.** Die Vorschrift stellt in Anknüpfung an die vorrangige positive Prüfung nach § 341 eine im Grunde überflüssige Klarstellung desjenigen dar, was sich aus § 342 in Verbindung mit §§ 216, 217, 272 ff ergibt.

2 **2) Regelungszweck.** Zweck ist eine Überleitung in das Verfahren zur Hauptsache. Die Worte „zur mündlichen Verhandlung" stellen klar, daß nun keineswegs etwa nochmals eine bloße Güteverhandlung nach § 278 II 1 in Betracht kommt. Sie unterscheidet sich ja gerade von einer mündlichen Verhandlung nach § 279 I. § 341 a gestattet dem Vorsitzenden auch kein Ermessen. Die Vorschrift zwingt ihn vielmehr zur Terminsanberaumung „zum Einspruch und zur Hauptsache" mit der Folge, daß dessen Versäumung ein Zweites Versäumnisurteil nach § 345 und damit einen endgültigen Instanzverlust bedeuten kann. Deshalb muß man die Vorschrift strikt handhaben, auch und wegen Art 103 I GG besonders bei der Bekanntgabe des neuen Termins an die Parteien oder deren ProzBev, § 172.

3 **3) Geltungsbereich.** Vgl Üb 3 vor § 330. In einer Familiensache muß man die Sonderregel des § 629 II 2 beachten. Im arbeitsgerichtlichen Verfahren gilt § 46 a VI ArbGG, LAG Bre MDR **88**, 1083.

4 **4) Terminsbestimmung.** Mangels einer Verwerfung ohne eine mündliche Verhandlung nach § 341 II und daher erst unverzüglich nach dem Eingang einer dem Gegner des Einsprechenden nach § 340 a Rn 3 anheimgegebenen Äußerung bestimmt das Gericht einen Termin nach § 216. Es macht ihn den Parteien bekannt, selbst wenn der Einspruch evtl unzulässig ist, Schlesw SchlHA **77**, 128. Die Terminsbestimmung erfolgt von Amts wegen durch den Vorsitzenden oder den Einzelrichter der §§ 348, 348 a oder durch den Vorsitzenden der Kammer für Handelssachen, § 349. Er bestimmt evtl den Termin zur mündlichen Verhandlung nur „über den Einspruch", § 146. Das bedeutet eine Entscheidung nur dazu und daher nur durch ein Zwischenurteil nach §§ 303, 347 II. Der Vorsitzende usw kann aber auch den Termin sogleich zur Verhandlung „über den Einspruch und zur Hauptsache" ansetzen. Das letztere erfolgt in der Praxis fast stets und erfolgt schon deshalb auch im Zweifel, BGH NJW **82**, 888. Zugleich erfolgen evtl vorbereitende Maßnahmen nach § 273. Das Gericht muß die Ladungsfrist nach § 217 gegenüber beiden Parteien wahren. Denn die Bekanntmachung ist zwar nicht förmlich, aber der Sache nach eine Ladung.

Im übrigen muß der Vorsitzende den Termin aber nach § 216 II unverzüglich und nach § 272 III *so früh wie möglich* ansetzen, also auf den nächsten freien Terminstag, BGH NJW **81**, 286, Celle NJW **89**, 3025, Köln MDR **05**, 1189, aM BGH NJW **80**, 1105, Hamm NJW **80**, 294, ZöHe 2 (im Rahmen von § 273 dürfe und müsse das Gericht selbst bei einem verspäteten Vortrag noch den Termin so weit hinausschieben, daß man eine Verzögerung abwenden könne. Aber das Gericht führt durch eine solche Handhabung gerade erst die Verzögerung herbei!). Eine willkürlich allzu kurze Gnadenfrist ist unstatthaft, Düss MDR **05**, 1189. Freilich kann man meist auch kurzfristig allseits sachgerecht vorbereiten.

5 **5) Bekanntmachung.** Der Urkundsbeamte der Geschäftsstelle führt die Bekanntgabe durch, § 274 I. Er stellt sie beiden Parteien nach § 168 I 1 zu, soweit ein Teileinspruch sie überhaupt mitbetrifft. Spätestens gleichzeitig stellt der Urkundsbeamte dem Einspruchsgegner die Einspruchsschrift zu, § 340 a. Beim AG kann § 497 I 1 anwendbar sein, falls ein Vollstreckungsbescheid vorliegt. Dort genügt auch sonst bei der einlegenden Partei eine mündliche Mitteilung, falls diese nach § 497 II möglich war. Die Bekanntmachung erfolgt gegenüber sämtlichen mitbetroffenen Streitgenossen, §§ 59 ff. Der Urkundsbeamte muß sie dem Streithelfer dann zustellen, wenn dieser als solcher aufgetreten war, § 70. Wenn er einen Einspruch einlegt, lädt das Gericht auch die Hauptpartei. Bei einem Mangel der Ladung gilt § 335 I Z 2. Es ist dann also keine neue Versäumnisentscheidung zulässig.

342

***Wirkung des zulässigen Einspruchs.* Ist der Einspruch zulässig, so wird der Prozess, soweit der Einspruch reicht, in die Lage zurückversetzt, in der er sich vor Eintritt der Versäumnis befand.**

Schrifttum: *Münzberg,* Die Wirkungen des Einspruchs im Versäumnisverfahren, 1959.

1 **1) Systematik.** Der zulässige Einspruch bewirkt in seinem Umfang nach § 340 II 2 außer beim vorrangigen § 345, dort Rn 6: Das Versäumnisurteil bleibt zwar bis zu seiner Aufhebung nach § 343 S 2

bestehen. Die Rechtskraft des Versäumnisurteils ist aber gehemmt, § 705 S 2. Die Zwangsvollstreckung bleibt unbeeinflußt. Das Versäumnisurteil ist also nach § 708 Z 2 ohne eine Sicherheitsleistung vorläufig vollstreckbar. Das Gericht kann die Zwangsvollstreckung aber einstellen, §§ 707, 719 I. Der Prozeß geht im übrigen in den Stand vor dem Eintritt der Säumnis zurück. Beides erfolgt kraft Gesetzes.

2) Regelungszweck. Im Umfang des Einspruchs nach § 340 Rn 7 bezweckt die Wiederherstellung des früheren Zustands: Das Gericht muß alles dasjenige als nicht geschehen unterstellen, was nach dem Eintritt der Säumnis geschehen ist. Alles früher Erfolgte wird demgemäß wieder wirksam, mag es sich um Handlungen des Gerichts oder der Parteien handeln, Hamm RR **86**, 1509, LG Mü NZM **99**, 308 (also auch wegen der Versagung einer Räumungsfrist, daher insofern keine gesonderte sofortige Beschwerde). Das gilt auch in der Berufungsinstanz, Düss MDR **88**, 681. Es entfällt also auch eine Bindungswirkung des Versäumnisurteils nach § 318, Köln VersR **92**, 901. 2

Es tritt *keine neue Instanz* ein, Mü MDR **84**, 948. Da alles vor dem Eintritt der Säumnis Geschehene nach Rn 5 beachtlich bleibt und da die Säumnis nach §§ 330, 331, 333 erst *im* vorherigen Termin eintreten konnte, kommt zum Einspruch und zur Hauptsache nicht etwa ein zweiter früher erster Termin nach § 275 in Betracht, auch kein gar weiterer Gütetermin nach § 278 II 1, § 341 a Rn 2. Vielmehr muß das Gericht nunmehr stets der Sache nach einen Haupttermin nach § 279 mit allen *seinen* Folgen anberaumen. So muß man die Terminsverfügung deshalb auch im Zweifel verstehen. Eine Verweisung bleibt möglich, Zweibr RR **98**, 1606.

Weite Auslegung des Begriffs Zurückversetzung ist nötig. Denn der Sinn der Vorschrift geht dahin, dem bisherigen Gericht, dem judex a quo, nochmals oder genauer: erstmals eine umfassende Klärung nicht nur auf Grund des Klägervortrags zu ermöglichen. Er soll doch noch ein sachgerechtes und nicht nur prozeßwirtschaftlich brauchbares Ergebnis erzielen, Einl III 36. Was freilich schon vor dem Säumniseintritt schädlich oder hindernd war, kann nicht infolge einer gegnerischen Säumnis plötzlich von sich aus unschädlich und förderlich werden. Auch das gilt es bei der Auslegung mitzubedenken. Die Vorschrift dient nicht einer unbrauchbaren Klage, sondern nur der Beseitigung von Säumnisfolgen.

3) Geltungsbereich. Vgl Üb 3 vor § 330. 3

4) Vorherige Verspätung. Daher gilt bei § 331 III anders als bei einer Terminssäumnis (zu ihr BGH NJW **81**, 1379) ein solches Vorbringen als rechtzeitig, das das Gericht an sich hätte als verspätet behandeln müssen, wenn die Partei es jetzt nur innerhalb der Frist des § 340 III nachholt, BGH NJW **80**, 1105, KG RR **87**, 1203, Zweibr MDR **80**, 585, aM Mü MDR **94**, 1244, Zweibr MDR **79**, 321 (aber der Sinn der Vorschrift geht in Richtung Heilung). 4

Damit kann eine Partei freilich das gesetzliche *Ziel* des Versäumnisverfahrens auch evtl in einer höchst unerfreulichen Weise *unterlaufen,* Leipold ZZP **93**, 251, Schneider NJW **80**, 947 („Flucht in das Versäumnisurteil"). Daran ändern entgegen BGH **76**, 178 auch weder das Kostenrisiko nach § 344 etwas noch das Risiko der vorläufigen Vollstreckbarkeit des Versäumnisurteils nach § 708 Z 2 noch der nur begrenzte Umfang solcher Maßnahmen, die das Gericht nach §§ 341 a, 273 treffen darf und muß. Oft kann der zunächst Säumige nämlich alle diese Risiken durchaus hinnehmen, um überhaupt noch mit dem verspäteten Vortrag Gehör zu finden, notfalls mithilfe von ihm selbst herbeigeschaffter (sistierter) Zeugen. Denn er kann keine Terminsverzögerung verlangen, BGH NJW **81**, 286. Aber der Wortlaut des Gesetzes ist eindeutig, Einl III 39. Deshalb ist auch (jetzt) § 38 GKG unanwendbar, Hamm RR **95**, 1406, LAG Hamm DB **01**, 1424. § 342 erlaubt die Anwendung von § 296 erst bei § 340 III 3. Zum Problem Gounalakis DRiZ **97**, 294. Man muß § 342 selbst bei offenbaren gesetzgeberischen Unsauberkeiten wie hier respektieren. Zur Annahme eines bloßen Redaktionsversehens besteht keine ausreichende Möglichkeit. Mag das Gesetz in diesem wesentlichen Punkt besser werden. Jesse DRiZ **88**, 379 fordert eine Beschränkung des Einspruchs auf den Fall eines Wiedereinsetzungsgrundes.

5) Weitere Einzelfragen. Ferner ergeben sich die folgenden Konsequenzen. Es treten wieder in Kraft: Ein früherer Verzicht, § 305; frühere Anerkenntnisse, § 307; Geständnisse, § 288; sonstige Parteierklärungen, Beweisbeschlüsse und Beweiserhebungen und -ergebnisse. Die nach § 332 vorgenommene Unterstellung des Wegfalls fällt also ihrerseits weg. Ebenso entfällt die Wirkung der Einlassung nach § 296 III durch den Antrag auf ein Versäumnisurteil. Wenn der Kläger die Klage vorher noch ohne eine Einwilligung des Bekl nach § 269 Rn 14 zurücknehmen konnte, kann er das auch jetzt noch tun. In Kraft bleiben nach Rn 1 das Versäumnisurteil selbst sowie alles, was die Unterstellung des § 342 unberührt ließ, also auch der Sachantrag, § 297 Rn 4. 5

So bleiben zB die *Ausschlußwirkungen* etwa nach §§ 39, 43, 76 I, 93, 267, 269 I bestehen. Auch kann zB der Bekl einen nach § 295 einmal geheilten Mangel der Klage nicht erneut rügen, also zB nicht eine Unzuständigkeit, das Fehlen einer sonstigen heilbaren Prozeßvoraussetzung, eine Ablehnbarkeit oder die Unzulässigkeit einer Klagänderung. Freilich liegt in dem Einspruch noch kein Verhandeln des Bekl zur Hauptsache nach § 269 I. Im übrigen bindet ihn aber ein nach § 295 eingetretener Verzicht nicht mehr. Der säumig gewesene Bekl kann zB jetzt erstmalig die Rüge des Fehlens einer Kostensicherheitsleistung erheben, § 110. Wegen eines sofortigen Anerkenntnisses nach dem Einspruch § 93 Rn 102 „Versäumnisverfahren". Ein Zwischenurteil wird wieder bindend, § 318.

343 *Entscheidung nach Einspruch.* [1] **Insoweit die Entscheidung, die auf Grund der neuen Verhandlung zu erlassen ist, mit der in dem Versäumnisurteil enthaltenen Entscheidung übereinstimmt, ist auszusprechen, dass diese Entscheidung aufrechtzuerhalten sei.** [2] **Insoweit diese Voraussetzung nicht zutrifft, wird das Versäumnisurteil in dem neuen Urteil aufgehoben.**

1) Systematik, S 1, 2. Das Versäumnisurteil kann als ein Staatsakt nicht mit dem Einspruch ohne weiteres verschwinden, Üb 10 vor § 300. Es bleibt bestehen, solange das Gericht es nicht aufhebt, Hamm 1

RR **86**, 1509. Auf Grund der neuen mündlichen Verhandlung muß das Gericht ein neues Urteil erlassen. § 343 gilt, soweit der Einspruch zulässig ist und soweit der Einsprechende nicht säumig ist. Andernfalls gilt § 341. Bei einer Säumnis des Einsprechenden gilt § 345. Wegen der Zwangsvollstreckung Rn 7.

2 **2) Regelungszweck, S 1, 2.** Die Vorschrift bezweckt eine Klarstellung der in Rn 1 genannten Rechtslage und eine zwecks Rechtssicherheit nach Einl III 43 notwendige Klärung der Frage, ob der ja bisher nun einmal als ein staatlicher Hoheitsakt existierende Vollstreckungstitel des Versäumnisurteils nach Üb 10 vor § 300 oder des Vollstreckungsbescheids nach § 700 I formell bestehenbleibt oder nicht.

Berichtigung nach § 319 durch die Ergänzung eines vergessenen Ausspruchs nach § 343 ist zwecks Erreichung des Ziels der Vorschrift eine mögliche Verbesserung des unvollständigen Urteils. Man wird meist unterstellen dürfen, daß das Gericht lediglich das nach § 343 so klar Notwendige vergessen hat. Dabei ist die in der Praxis beliebte „Änderung“ statt einer teilweisen oder gänzlichen „Aufhebung“ nach Ansicht mancher noch nicht einmal ein nach § 319 verbesserungsbedürftiger Spruch, soweit der Sinn des Tenors eindeutig bleibt. Zumindest ist auch insofern eine gewisse Großzügigkeit zwar eine Belohnung von Laxheit. Sie ist aber doch um der Sache willen oft ratsam, zumindest hinnehmbar.

3 **3) Geltungsbereich, S 1, 2.** Vgl Üb 3 vor § 330. Wegen des SGG-Verfahrens § 182 a II 2 SGG.

4 **4) Sachentscheidung, S 1, 2.** Das neue Urteil entscheidet über den Klaganspruch.

A. Aufrechterhaltung, S 1. Das neue Urteil lautet bei einer inhaltlich im Ergebnis gleichen und nur vielleicht anders begründeten Entscheidung auf eine Aufrechterhaltung des Versäumnisurteils, Zweibr FamRZ **02**, 470. Das gilt, mag das Gericht der Klage stattgegeben oder sie abgewiesen haben und mag aus einem bloßen Prozeßurteil nach Grdz 14 vor § 253 ein Sachurteil werden oder umgekehrt, mag ein echtes oder ein unechtes Versäumnisurteil nach Üb 13 vor § 330 ergehen oder eine Entscheidung nach Aktenlage, §§ 331 a, 251 a. Das gilt auch bei einem Vollstreckungsbescheid, § 700.

5 **B. Aufhebung usw, S 2.** Das neue Urteil lautet bei einer inhaltlich abweichenden Entscheidung auf eine Aufhebung des Versäumnisurteils (Aufhebungsverfahren) und auf eine inhaltliche anderweitige Entscheidung (Ersetzungsverfahren). Eine Aufhebung statt einer bloßen Änderung erfolgt aber nur, soweit sich sachlichrechtlich auch im Ergebnis etwas ändert, nicht bei einer bloßen Klarstellung oder Ergänzung der Urteilsformel. Denn sonst bestünde zB die Gefahr eines endgültigen Rangverlusts, § 776 Rn 4, Köln NJW **76**, 113. Das Gericht muß stets auf die Klarheit und Einfachheit der Urteilsformel achten. Es sollte deshalb eine bloße „Aufrechterhaltung mit der Maßgabe“ möglichst vermeiden.

6 **C. Weitere Einzelfragen, S 1, 2.** Stets muß das Gericht im neuen Urteil auch über die Kosten entscheiden, § 344. Eine Vorabentscheidung über den Grund nach § 304 darf das Versäumnisurteil nicht aufheben. Diese Aufhebung darf erst bei der Entscheidung über den Betrag erfolgen. Ein Zwischenurteil nach §§ 71, 135 III, 303, 387 III oder eine Verweisung nach § 281 berühren das Versäumnisurteil nicht. Dagegen ist eine Aufhebung zumindest zulässig und auch meist zweckmäßig, soweit das Gericht das Verfahren in eine solche andere Verfahrensart abgibt, die kein Urteil kennt, etwa nach der HausrVO, § 281 Anh I. Wenn die Aufhebung versehentlich unterbleibt, darf und muß das Gericht das neue Urteil nach § 319 berichtigen, Rn 2. Soweit das Gericht einen Kostenanspruch nach § 344 unterlassen hat, ist § 321 anwendbar.

Wenn eine *Berichtigung* und Rechtsmittel *versagen,* bleibt die Möglichkeit einer Vollstreckungsabwehrklage nach § 767. Bei einer Klagerücknahme nach § 269 muß das Gericht im etwaigen Kostenausspruch das Versäumnisurteil aufheben, Celle OLGR **95**, 216. Eine außergerichtliche Erledigung des Prozesses läßt ein Versäumnisurteil formell bestehen. Sie ermöglicht aber eine Einigung über den Verzicht auf die Rechte aus dem Versäumnisurteil. Seine Aufhebung ist nur im Rahmen eines sonst nötigen Verfahrens möglich, etwa bei einem Streit über die Wirksamkeit der Erledigterklärung, § 91 a Rn 98.

7 **5) Zwangsvollstreckung, S 1, 2.** Soweit ein Sachausspruch des Versäumnisurteils aufrechterhalten bleibt, braucht der Einspruchsgegner für die bereits vorgenommene Zwangsvollstreckung keine Sicherheit nachzuleisten. Er darf aber die Zwangsvollstreckung auch wegen der Kosten nur gegen eine Sicherheitsleistung fortsetzen, § 709 S 3, LG Itzehoe DGVZ **94**, 172. Das muß das Gericht im Urteil aussprechen, LG Memmingen DGVZ **03**, 26, AG Neu-Ulm DGVZ **03**, 26. Das gilt auch beim Zweiten Versäumnisurteil nach § 345. Denn auch dieses ist ein „Urteil“ nach § 709 S 2, aM ZöHe 4 (aber „Urteil“ ist der Oberbegriff). Das muß das Gericht in der Urteilsformel aussprechen. Wegen der im Versäumnisurteil noch nicht getroffenen Entscheidungen sowie wegen der weiteren Kosten ist eine vorläufige Vollstreckbarkeit wie sonst möglich, §§ 708 Z 11 Hs 2, 709 S 1, Mertins DRiZ **83**, 228, aM ThP § 709 Rn 6 (aber auch insofern gelten die vorstehenden Vorschriften voll). Eine etwaige Einstellung der Zwangsvollstreckung erfolgt nach § 719.

8 Soweit eine *Aufhebung* nach Rn 5 erfolgt, fällt die Vollstreckbarkeit weg, § 717 I. Dann kann der Schuldner notfalls nach §§ 766, 775 Z 1 vorgehen.

344 ***Versäumniskosten.*** **Ist das Versäumnisurteil in gesetzlicher Weise ergangen, so sind die durch die Versäumnis veranlassten Kosten, soweit sie nicht durch einen unbegründeten Widerspruch des Gegners entstanden sind, der säumigen Partei auch dann aufzuerlegen, wenn infolge des Einspruchs eine abändernde Entscheidung erlassen wird.**

1 **1) Systematik.** § 344 macht ähnlich wie § 281 III 2, 494 a II 1, dort Rn 15, eine Ausnahme von § 91, indem er die Versäumniskosten von den übrigen Prozeßkosten trennt. § 98 hat den Vorrang, unten Rn 6.

2 **2) Regelungszweck.** Die Vorschrift bezweckt den Schutz des Gegners des Säumigen vor Mehrkosten der Säumnis, LG Bonn Rpfleger **96**, 174. Das übersieht die Praxis leider nicht ganz selten. Ob eine Berichtigung nach § 319 helfen kann, ist eine manchmal schwierige Fallfrage. Läßt sie sich nicht bejahen, mag wegen der Gerichtskosten und nicht auch wegen der außergerichtlichen eine Nichterhebung (Nieder-

schlagung) nach § 21 GKG notwendig sein. Man sollte aber vor allen solchen Notwegen zunächst sorgfältig klären, ob sich mit einer Auslegung eine Entscheidung auch nach § 344 feststellen läßt, etwa mithilfe der Entscheidungsgründe oder des Protokolls,

3) Geltungsbereich. Vgl Üb 3 vor § 330. Bei einer Verweisung muß das Gericht § 281 III 2 beachten. 3

4) In gesetzlicher Weise ergangen. Die Vorschrift greift nur ein, soweit das Versäumnisurteil nach 4
§§ 330 ff „in gesetzlicher Weise ergangen" ist, Köln OLGR **97**, 88. Daher muß das Gericht die Gesetzlichkeit zunächst von Amts wegen prüfen, Grdz 39 vor § 128. Ungesetzlich ist das Versäumnisurteil nur dann, wenn eine seiner Voraussetzungen fehlte. Das gilt unabhängig davon, ob das Gericht das wußte. Das Gericht muß prüfen, ob eine Säumnis fehlte, Üb 4 ff vor § 330, insbesondere zB: Ob der Mangel der Ladung wegen einer falschen Beurkundung nicht erkennbar war; ob das Versäumnisurteil gegen einen Prozeßunfähigen erging, § 51; ob das Gericht § 335 verletzt hat; ob ein Verstoß gegen § 334 oder gegen § 337 vorliegt; ob das Vorbringen des Klägers nicht dem § 331 II genügte; ob der Gegner die Säumnis verschuldet hat, etwa nach einer Parteiabsprache des beiderseitigen Nichterscheinens zwecks der Erwirkung einer Entscheidung nach Aktenlage, § 251 a. Ob das Versäumnisurteil inhaltlich richtig ist oder einen Mangel hat, ist unerheblich. Wenn der Säumige aber einen Wiedereinsetzungsgrund nach § 233 hatte, kann § 344 nicht eingreifen. Die diesbezüglichen Kosten trägt der Unterliegende. Soweit das Gericht den Einspruch verwirft, ist § 344 unanwendbar und § 341 anwendbar.

5) Neue Entscheidung. Es kommt auf den Entscheidungsinhalt an. 5

A. Aufrechterhaltung. Soweit das neue Urteil das Versäumnisurteil aufrecht erhält, spielt die Gesetzlichkeit keine Rolle. Der verurteilte Säumige trägt dann die weiteren Kosten, § 91. Das Gericht muß diese Kostenfolge in der Formel mitaussprechen. Fehlt der Ausspruch, muß das Gericht sein Urteil berichtigen oder ergänzen, §§ 319, 321, aM StJSchu 2 (will die alte Kostenentscheidung ohne weiteres auf die neuen Kosten beziehen. Aber damit verändert sich ihr Inhalt).

B. Aufhebung, dazu *Habel* NJW **97**, 2357 (ausf): Bei einer gänzlichen oder teilweisen Aufhebung oder 6
Änderung des Versäumnisurteils muß das Gericht über die gesamten Kosten neu entscheiden. Die Formel lautet etwa: „Der Beklagte trägt die Kosten seiner Säumnis. Die übrigen Kosten trägt der Kläger." Bei einer teilweisen Aufhebung ist es etwa so: „Der Beklagte trägt die Kosten seiner Säumnis. Die übrigen Kosten werden gegeneinander aufgehoben." Bei einer Klagerücknahme trägt der Bekl nach dem als Spezialvorschrift gegenüber § 269 vorrangigen § 344 die Kosten seiner Säumnis, § 269 Rn 34 (dort zu dieser Streitfrage). Bei einem Vergleich geht sein Kostenteil dem § 344 vor. Das Gericht muß dann über die Kosten nach § 98 frei bestimmen, soweit die Parteien im Vergleich keine Kostenregelung getroffen haben, Mü Rpfleger **79**, 345. Im Zweifel hat der Gegner des Säumigen freilich nicht auch Säumniskosten mitübernommen, § 98 Rn 49 „Säumnis". Bei einer Erledigung der Hauptsache nach §§ 91 a Rn 183, 184 lautet die Entscheidung wie bei einer Aufhebung des Versäumnisurteils. Ein Verschulden des Säumigen bleibt außer Betracht.

C. Säumniskosten. Ob infolge der Säumnis *Mehrkosten* entstanden sind und wie hoch sie sind, läßt sich 7
erst im Kostenfestsetzungsverfahren klären, § 104. Die Kostengrundentscheidung des § 344 ist grundsätzlich auch und gerade vor dieser Klärung nötig. Freilich kann beim offensichtlichen Fehlen solcher Mehrkosten ein Ausspruch nach § 344 eine sinnlose Förmelei sein, Einl III 37. Er kann deshalb unterbleiben. „Durch die Versäumnis veranlaßt" sind nicht die dem Gegner der säumigen Partei durch die Wahrnehmung des versäumten Termins entstandenen Kosten, sondern die Kosten für die Wahrnehmung eines solchen späteren Termines, der wegen der Säumnis erforderlich wird, Stgt MDR **89**, 269.

Zu den Kosten gehören die Gebühr des ProzBev des nicht Säumigen nach VV 3104, aM KG JB **06**, 135, 8
sowie die Kosten des Einspruchsverfahrens. Nicht hierher gehören aber die Kosten der Zustellung des Versäumnisurteils oder der Zwangsvollstreckung oder ihrer vorläufigen Einstellung, Ffm Rpfleger **75**, 260, auch nicht zB (jetzt) die Verfahrensgebühr des Anwalts der nicht säumigen Partei, Mü Rpfleger **81**, 495. „Durch einen unbegründeten Widerspruch" umfaßt zB die Kosten einer Beweisaufnahme anläßlich eines Streits über die Rechtzeitigkeit des Einspruchs. Hat das Gericht auch diese Kosten zu Recht oder fälschlich dem Säumigen auferlegt, findet insoweit keine Korrektur im Kostenfestsetzungsverfahren statt.

345 *Zweites Versäumnisurteil.* **Einer Partei, die den Einspruch eingelegt hat, aber in der zur mündlichen Verhandlung bestimmten Sitzung oder in derjenigen Sitzung, auf welche die Verhandlung vertagt ist, nicht erscheint oder nicht zur Hauptsache verhandelt, steht gegen das Versäumnisurteil, durch das der Einspruch verworfen wird, ein weiterer Einspruch nicht zu.**

Schrifttum: *Hoyer,* Das technisch zweite Versäumnisurteil, 1980; *Lehmann,* Die Berufung gegen das technisch zweite Versäumnisurteil, Diss Köln 1989; *Stahlhacke,* Problem des zweiten Versäumnisurteils, Festschrift für *Schneider* (1997) 109.

Gliederung

1) Systematik. Die Vorschrift regelt vorrangig den Fall des sogleich nach einen zulässigen Einspruch 1
erneut Säumigen. Sie geht durch die Bestimmung, wie das Urteil lauten muß, auch dem § 343 vor. Soweit der Einspruch nicht zulässig war, gilt § 341.

2 **2) Regelungszweck.** Die Vorschrift dient der Prozeßwirtschaftlichkeit, Grdz 14 vor § 128. Eine nun noch gar alsbald erneute Säumnis verdient keinen weiteren Schutz, BGH **141**, 353 (zustm Greger ZZP **112**, 495, krit Braun JZ **99**, 1157). Daran ändert dann auch das Hauptziel des Prozeßrechts nichts, die Gerechtigkeit, Einl III 9, 36. Das ist hier ebenso wie in vielen anderen prozessualen Situationen. Deshalb verdient der sogleich erneut Säumige auch nach einem in Wahrheit gesetzwidrig ergangenen Ersten Versäumnisurteil nach Rn 6 keinen Schutz, obwohl immerhin noch keine Rechtskraft vorliegt.

Gewissenhaftigkeit der Prüfung, ob § 345 anwendbar ist, bleibt natürlich stets notwendig. Die Rechtsfolgen des Zweiten Versäumnisurteils lassen sich zwar evtl nach § 321 a beseitigen. Sie sind aber im übrigen hart genug. Das sollte man mitbedenken.

3 **3) Geltungsbereich.** Vgl zunächst Üb 3 vor § 330. Im Arbeitsgerichtsverfahren bleibt erstinstanzlich § 345 unberührt, § 59 S 4 ArbGG, und muß das Gericht statt § 513 II nur den allein anwendbarem § 64 II ArbGG prüfen, BAG NJW **89**, 2644, LAG Hamm DB **88**, 1124.

4 **4) Voraussetzungen.** Das Gesetz meint hier nur ein Zweites Versäumnisurteil im Fachsinn, Boemke ZZP **106**, 373. Das steht im Gegensatz zu einem „weiteren" Versäumnisurteil *nach* einer streitigen Verhandlung vor einer dann erst erneuten Säumnis derselben Partei, BGH VersR **84**, 288, Schlesw SchlHA **87**, 172.

A. Sogleich erneute Säumnis. Das Zweite Versäumnisurteil verlangt nach einer solchen früheren Säumnis, die zum echten Ersten Versäumnisurteil oder zum Vollstreckungsbescheid nach § 700 I führte, nun eine sogleich erfolgende erneute Säumnis in dem auf Grund eines nach § 342 zulässigen Einspruchs bestimmten Termin, BGH NJW **95**, 1561, Düss MDR **01**, 833. Das Gericht muß diesen Termin nach § 341 a bestimmt haben, also auch zur Hauptsache. Es reicht auch eine erneute Säumnis derselben Partei in dem nach §§ 227, 335 II, 337 anberaumten Vertagungstermin, Brdb RR **98**, 1679. Es reicht also nicht, daß die Partei erst in einem solchen Termin säumig wird, der dem eben genannten erst folgt. Dann kann bei *seiner* Wiederholung sogar ein drittes echtes („Erstes") Versäumnisurteil ergehen, BGH VersR **86**, 288. Es kann wie sonst lauten und mit einem Einspruch anfechtbar sein.

Ein längeres Zuwarten als die auch sonst meist üblichen *ca 15 Minuten* ist *nicht* erforderlich, aM Rostock MDR **99**, 26 (aber endgültige Rechtsfragen können auch sonst entstehen, und das Gericht ist kein Schalterbeamter, der auf solche Kundschaft wartet, die ihr unpünktliches Erscheinen obendrein vertreten muß, wie im dortigen Fall, § 85 II).

5 **B. Beispiele zur Frage der Anwendbarkeit**

Ablehnung: Anwendbar ist § 345, soweit nur die Rüge erfolgt, das Gericht habe über ein Ablehnungsgesuch noch nicht rechtskräftig entschieden, selbst wenn man ihr einen „hilfsweisen" Sachantrag hinzufügt, Ffm OLGZ **92**, 480.

Anhörung: Anwendbar ist § 345, soweit eine bloße Anhörung nach § 278 I und damit noch keine Verhandlung des Säumigen zur Hauptsache erfolgt.

Antragsverlesung: Rn 7 „Verhandlung des Säumigen".

Anwaltsvertrag: S „Gegner hat Anwalt".

Erledigung der Hauptsache: *Unanwendbar* ist § 345, soweit nach dem Ersten Versäumnisurteil eine einseitige Erledigtenerklärung erfolgt ist, § 91 a Rn 168, § 333 Rn 3–5, BGH NJW **91**, 44, Köln RR **88**, 701 links (das OLG hat diesen Satz ungenau gelesen).

Erörterung: Anwendbar ist § 345, soweit eine bloße Erörterung und damit noch keine Verhandlung des Säumigen zur Hauptsache erfolgt.

Gegner hat Anwalt: Anwendbar ist § 345 grds auch gegen einen anwaltlich vertretenen Gegner zur Vermeidung einer Schadensersatzpflicht, Stgt NJW **94**, 1884 (kein Verfassungsverstoß), LG Essen AnwBl **78**, 420. Das gilt im Ergebnis auch nach der Berufsordnung für Anwälte. Sie verweist mit Recht auf den Vorrang des Anwaltsvertrags.

6 **Gesetzwidrigkeit:** Anwendbar ist § 345 auch dann, wenn das Erste Versäumnisurteil *gesetzwidrig* ergangen ist, BGH **141**, 353 (zustm Greger ZZP **112**, 495, krit Braun JZ **99**, 1157), KG MDR **00**, 293, Rostock MDR **99**, 1085, aM BAG JZ **95**, 524, Braun JZ **99**, 1157, ZöHe 4 (§ 342 zwinge zu einer neuen Schlüssigkeitsprüfung). Denn § 345 geht als eine Spezialvorschrift vor und soll neue Verzögerungen verhindern. Gerade wegen des allgemein anerkannten Gebots der Prozeßwirtschaftlichkeit nach Grdz 14 vor § 128 liegt auch kein nach Einl III 10 mißbilligter Selbstzweck vor. Die Rechtsidee umfaßt unter dem Hauptgedanken der Gerechtigkeit im weiteren Sinn auch die Komponenten der Rechtssicherheit und der Zweckmäßigkeit, § 296 Rn 2. Außerdem setzt das Gericht ja nicht einfach seinen anfänglichen Verfahrensfehler fort, sondern es hat dem Säumigen das rechtliche Gehör zumindest durch seine ordnungsgemäße Ladung zum Termin über den Einspruch und zur Hauptsache gegeben. Erst dessen zumindest jetzige Säumnis ermöglicht ja überhaupt ein Zweites Versäumnisurteil. Das alles muß man bei der Abwägung mitbeachten. Wegen der anders lautenden Regelung beim Vollstreckungsbescheid § 700 Rn 30.

Klagänderung: *Unanwendbar* ist § 345, soweit nach dem Ersten Versäumnisurteil schon eine Klagänderung erfolgt ist, § 263.

Klagerweiterung: *Unanwendbar* ist § 345 hier wie bei einer Klagänderung überhaupt, s dort.

7 **Sachantrag:** Anwendbar ist § 345, soweit keine Sachanträge erfolgen, § 39 Rn 6, § 137 I.

Säumnis des Gegners: *Unanwendbar* ist § 345 dann, wenn im Einspruchstermin der Gegner des Einspruchsführers säumig ist.

Streitige Verhandlung: *Unanwendbar* ist § 345 dann, wenn nach dem Ersten Versäumnisurteil schon eine streitige Verhandlung stattgefunden hat, Rn 4.

Teilforderung: Anwendbar ist § 345 natürlich auch, soweit es um den schon vor der ersten Säumnis eingeklagten Forderungsteil geht, Köln RR **88**, 701 links.

Verhandlung zum Einspruch: *Unanwendbar* ist § 345 nach einer bloßen Verhandlung zum Einspruch, Münzberg ZZP **80**, 484.

Verhandlung des Säumigen: *Unanwendbar* ist § 345, soweit der zuvor Säumige nun im jetzigen Termin zur Hauptsache verhandelt, Boemke ZZP **106**, 375. Das bloße Verlesen der Anträge ist aber meist noch kein Verhandeln zur Hauptsache, § 333 Rn 3, 4 (auch zu Ausnahmen), Ffm OLGZ **92**, 480, unklar BGH **63**, 95.

Versäumnisantrag: Anwendbar ist § 345 auch nach einem bloßen Antrag auf ein Zweites Versäumnisurteil.

Verweisungsantrag: Anwendbar ist § 345 auch nach einem bloßen Verweisungsantrag nach § 281. Denn er erfordert keine Verhandlung.

Vollstreckungsbescheid: Nach ihm gilt § 345 nach § 700 VI nur eingeschränkt, Rn 4.

Zuständigkeit: Anwendbar ist § 345 auch nach einer Verhandlung nur zur örtlichen oder sachlichen Unzuständigkeit, Dresd RR **01**, 792.

5) Entscheidung. Das Gericht muß die Prozeßvoraussetzungen nach Grdz 12 ff vor § 253 wie sonst von 8
Amts wegen prüfen, Grdz 39 vor § 128, LAG Hamm NZA-RR **04**, 157. Man muß im übrigen drei Situationen unterscheiden.

A. Versäumnis sogleich nach Einspruch. Bei § 345 muß das Gericht den Einspruch durch ein echtes Zweites Versäumnisurteil verwerfen. Ein weiterer Einspruch ist dann unzulässig, Hamm AnwBl **83**, 515, Orlich NJW **80**, 1783. Legt die Partei ihn ein, muß das Gericht ihn nach § 341 als unzulässig verwerfen. Er hemmt die Berufungsfrist nicht. War der Einspruch verspätet, gilt § 341 Rn 8, 9. Über die weiteren Kosten entscheidet das Gericht entsprechend § 97. Das Gericht erklärt das Versäumnisurteil nach § 708 Z 2 ohne eine Sicherheitsleistung für vorläufig vollstreckbar. Eine Berufung ist grundsätzlich nur dann zulässig, wenn ein Fall der Versäumung beim Erlaß des Zweiten Versäumnisurteils fehlte, (jetzt) § 514 II, BGH NJW **99**, 2122, KG MDR **00**, 294, Naumb MDR **99**, 186. Das muß der Berufungskläger in der Berufungsfrist darlegen. Eine Versäumung beim Erlaß des Ersten Versäumnisurteils reicht nicht aus, BAG DB **75**, 1372. Es gilt aber auch der Grundsatz der Meistbegünstigung, Grdz 28 vor § 511. Zur entsprechenden Anwendung (jetzt) des § 514 II BVerfG **61**, 80, Celle FamRZ **93**, 1220, Schlesw NJW **88**, 68. Bei einem Verstoß zB gegen Art 103 I GG kann eine Verfassungsbeschwerde in Betracht kommen, BVerfG NJW **88**, 2361.

B. Spätere Säumnis. Bei einer sonstigen späteren Versäumnis ergeht nochmals ein Erstes Versäumnis- 9
urteil wie sonst, §§ 330, 331, Boemke ZZP **106**, 375. Gegen dieses Versäumnisurteil ist neben der Berufung nach dem sog Meistbegünstigungsgrundsatz in Grdz 28 vor § 511 auch der Einspruch zulässig ist, BGH VersR **84**, 288. Das gilt auch dann, wenn das Gericht irrig ein Zweites Versäumnisurteil nach § 345 gefällt hat, BGH VersR **84**, 288, Ffm RR **92**, 1469 (dann ist auch die Berufung statthaft. Sie führt zur Korrektur des Tenors sowie zur Zurückverweisung nach § 538). Gegen eine Verschleppung durch eine planmäßige Säumnis und damit gegen eine Arglist nach Einl III 54 schützt § 251 a.

C. Säumnis des Gegners. Wenn der Gegner des vorher Säumigen nicht erscheint, muß das Gericht das 10
Erste Versäumnisurteil auf einen Antrag durch ein weiteres technisch ebenfalls Erstes Versäumnisurteil aufheben und anderweit erkennen, §§ 343, 344.

6) Verstoß. Soweit das Gericht ein (weiteres) in Wahrheit Erstes Versäumnisurteil irrig als „zweites" 11
bezeichnet hat, ist nach dem Meistbegünstigungsgrundsatz in Grdz 28 vor § 511 der Einspruch und/oder die Berufung statthaft, BGH MDR **97**, 495, Brdb ZMR **99**, 103, Düss MDR **01**, 833. Dasselbe gilt im umgekehrten Fall im Ergebnis, BGH NJW **97**, 1448, ZöHe 6, aM Brdb RR **98**, 1286 (aber der Grundgedanke der Meistbegünstigung gilt dann ebenso). Gegen ein eindeutig Zweites Versäumnisurteil ist eine Berufung nur begrenzt möglich, § 514 II, ebenso eine Revision, BAG NZA **07**, 944.

346 *Verzicht und Zurücknahme des Einspruchs.* **Für den Verzicht auf den Einspruch und seine Zurücknahme gelten die Vorschriften über den Verzicht auf die Berufung und über ihre Zurücknahme entsprechend.**

1) Systematik. Die Vorschrift enthält mit ihrer Verweisung auf §§ 515, 516 eine vorrangige Sonderregel. 1
Wegen des Anwaltszwangs § 78 Rn 1, 22, § 269 Rn 25. Wegen der Protokollierung § 160 Rn 17.

2) Regelungszweck. Die an sich ungewöhnliche Verweisungstechnik von der ersten in die zweite 2
Instanz statt umgekehrt dient der Vereinfachung und damit der Prozeßwirtschaftlichkeit, Grdz 14 vor § 128. Das muß man bei kleineren Unstimmigkeiten zwischen der Rechtslage beim Einspruch einerseits und der Berufung andererseits zugunsten des Einspruchsführers wie des Gegners bedenken, je nach der Art solcher etwaiger Unstimmigkeiten. Das führt zB zur weiten Hinausschiebung der Möglichkeit einer wirksamen Rücknahmeerklärung auch beim Einspruch, ähnlich wie bei der Berufung, Hartmann NJW **01**, 2591.

3) Geltungsbereich. Vgl Üb 3 vor § 330. 3

4) Verzicht. Einen vor dem Erlaß des Versäumnisurteils einseitig erklärten Verzicht nach § 306 kann man 4
ebenso wie einen vor dem Erlaß des Urteil erklärten Verzicht auf eine Berufung als prozessual wirksam ansehen, wenn auch mit den bei § 514 Rn 4 genannten Folgen, StJGr 7, aM MüKoPr 4, Rimmelspacher JuS **88**, 955, ZöHe (aber der Verzichtende fördert hier nur die Prozeßwirtschaftlichkeit nach Grdz 14 vor § 128, und der Prozeß ist kein Selbstzweck, Einl III 10). Wegen einer Vereinbarung über einen Verzicht oder eine Rücknahme § 340 Rn 4. Der Verzicht ist formlos dem Gericht oder dem Gegner gegenüber möglich. Er ist eine Parteiprozeßhandlung, Grdz 47 vor § 128. Er unterliegt dem Anwaltszwang wie sonst, Kblz RR **02**, 1510. Das Gericht muß den nach dem Eingang des Einspruchs erklärten Verzicht von Amts wegen dem Gegner zustellen, § 168 I 1.

5) Rücknahme. Die Rücknahme muß dem Gericht gegenüber erfolgen. Man kann den Einspruch 5
ähnlich wie eine Berufung (§ 515 I) bis zur Verkündung der Entscheidung über den Einspruch nach §§ 343, 345 auch ohne eine Zustimmung des Gegners wirksam zurücknehmen, § 516 I.

6 **6) Kosten.** Die Kostenentscheidung nach § 516 III erfolgt durch einen wegen § 329 Rn 4 kurz zu begründenden, zu verkündenden oder wegen § 329 III Hs 1 zuzustellenden unanfechtbaren Beschluß.

347 *Verfahren bei Widerklage und Zwischenstreit.* **[I] [1] Die Vorschriften dieses Titels gelten für das Verfahren, das eine Widerklage oder die Bestimmung des Betrages eines dem Grunde nach bereits festgestellten Anspruchs zum Gegenstand hat, entsprechend.**

[II] [1] War ein Termin lediglich zur Verhandlung über einen Zwischenstreit bestimmt, so beschränkt sich das Versäumnisverfahren und das Versäumnisurteil auf die Erledigung dieses Zwischenstreits. [2] Die Vorschriften dieses Titels gelten entsprechend.

1 **1) Systematik, I, II.** Die Vorschrift gilt einerseits für die Widerklage nach Anh § 253. Sie gilt andererseits für ein bloßes Betragsverfahren im Anschluß an ein Grundurteil nach § 304 Rn 28.

2 **2) Regelungszweck, I, II.** Es gelten dieselben Erwägungen wie bei der Klage, Üb 1, 2 vor § 330. „Entsprechende" Geltung kann natürlich bei einer wirklichen Vergleichbarkeit zur Sachlage auf Grund einer Klage eintreten. Immerhin bezweckt § 347 eine Prozeßwirtschaftlichkeit nach Grdz 14 vor § 128 auch in seinem Geltungsbereich, Rn 3. Daher ist eine großzügige Anwendbarkeit durchweg vertretbar oder gar notwendig.

3 **3) Geltungsbereich, I, II.** Vgl Üb 3 vor § 330.

4 **4) Widerklage usw, I.** Die Widerklage nach Anh § 253 steht bei einer ordnungsgemäßen Erhebung vor dem Termin zur Klage dieser auch für das Versäumnisverfahren gleich. Solange das Gericht die Verhandlung über die Widerklage nicht von der Verhandlung über die Klage nach § 145 II getrennt hat, schadet eine Säumnis zur Klage auch der Widerklage. Der Bekl kann also wegen beider Säumnisse eine Versäumnisentscheidung beantragen. Entsprechend kann der Kläger bei einer Säumnis des Bekl vorgehen. Wenn eine Partei nur zur Klage oder nur zur Widerklage verhandelt, findet das Versäumnisverfahren statt. Die Erhebung der Widerklage im Termin nach § 261 II läßt wegen § 335 I Z 3 eine Versäumnisentscheidung *für* die Widerklage nur dann zu, wenn sich der Widerbekl rechtzeitig vorher auf sie einstellen konnte (Fallfrage). Die Vorabentscheidung über den Grund nach § 304 kann nicht durch ein Versäumnisurteil erfolgen, § 304 Rn 21. Die Verhandlung über den Betrag betrifft trotz ihrer Beschränkung in Wahrheit den ganzen Anspruch. Deshalb muß das Gericht die Klage bei einer Säumnis des Klägers auch im Nachverfahren nach § 330 abweisen. Bei einer Säumnis des Bekl bindet die Vorabentscheidung das Gericht, § 318. Daher darf es dann ein Versäumnisurteil nur über den Betrag erlassen, § 331.

5 **5) Zwischenstreit, II.** Die Vorschrift betrifft nur den Zwischenstreit zwischen den Parteien, etwa nach §§ 146, 280. Sie setzt voraus, daß die Verhandlung ausschließlich diesem Zwischenstreit dient, daß also das Gericht die Parteien eindeutig erkennbar nur für den Zwischenstreit geladen hat, BGH NJW **82**, 888. Wenn gleichzeitig nach § 137 Rn 7 eine Verhandlung zur Hauptsache erfolgt, ergeht ein Versäumnisurteil in der Hauptsache. In dem kaum je praktisch vorkommenden Fall II ergeht ein Versäumniszwischenurteil. Beim Zwischenstreit mit einem Dritten ist kein Einspruch zulässig, sondern allenfalls eine sofortige Beschwerde, § 567.

Titel 4. Verfahren vor dem Einzelrichter

Übersicht

Schrifttum: *Haubach,* Kammer oder Einzelrichter: Ist die Kammer ein Qualitätselement des Zivilprozesses?, 2003; *Rottleuthner,* Rechtstatsächliche Untersuchung zum Einsatz des Einzelrichters usw, 1992; *Schneider* MDR **04**, 1269 (ausf, krit); *Stackmann,* Der Einzelrichter im Verfahren vor den Land- und Oberlandesgerichten, 2006.

Gliederung

1 **1) Systematik.** Der Einzelrichter war ursprünglich eine bloße Ausnahme vom Grundsatz der Notwendigkeit einer Tätigkeit und Entscheidung des Kollegiums. Seine Stellung hat im Lauf der Zeit eine wechselnde insgesamt wachsende Bedeutung gewonnen. Der bloß vorbereitende Einzelrichter findet sich wieder in § 375, in der Kammer für Handelssachen, § 349, und beim Berufungsgericht, § 527. Bei der Zivilkammer ist der alleinentscheidende Einzelrichter möglich. Er kann ohne eine Zustimmung der Parteien tätig werden. Sie können einen natürlich oft abgewogeneren Spruch des Kollegiums zwar beantragen, aber nicht erzwingen. Andererseits hat das Gesetz die Stellung und das Ansehen der einzelnen Richterpersönlichkeit erheblich gestärkt, Schneider MDR **76**, 619. Das gilt vor allem für den in neudeutschem Küchenlatein amtlich als Originären Einzelrichter Bezeichneten, § 348, aber auch abgeschwächt für den Obligatorischen Einzelrichter des § 348 a. Beide Eigenschaftswörter sind ein Ohrenschmaus für manchen jungen Juristen, der nicht einmal mehr stets das Große Latinum aufweisen muß. Inhaltlich sind beide gleich verwirrend und ungenau. Sie verdecken das wahre Sparziel des Fiskus. Besoldungsunterschiede zwischen dem Kammervorsitzenden und dem Einzelrichter geben keinen ausreichenden Anlaß zur Vorlage beim BVerfG wegen eines Verstoßes gegen Art 101 I 2 GG, BVerfG NJW **03**, 3264 gegen LG Ffm RR **03**, 215.

2) Regelungszweck. Der Sinn der §§ 348–350, 526, 527, 568 ist eine Entlastung des Kollegiums als eine Vorstufe seiner Abschaffung in erster und zweiter Instanz. Das geschieht vor allem aus fiskalischen Gründen, daneben auch mit Rücksicht auf das Gebot der Prozeßwirtschaftlichkeit nach Grdz 14, 15 vor § 128 und mit Rücksicht auf das Gebot der Verfahrensförderung, Grdz 12, 13 vor § 128. 2

Stärkung der Richterpersönlichkeit ist eine der Folgen. Auch in demjenigen Verfahren, das der Gesetzgeber früher eigentlich nur einem Kollegium anvertrauen mochte, kann jetzt ein einzelner Richter „die Zivilkammer" darstellen. Das gilt uneingeschränkt wie beim Amtsrichter vom Klageingang bis zum Urteil. Der Einzelrichter braucht die anderen Mitglieder des Kollegiums überhaupt nicht über diesen Fall zu informieren und erst recht nicht um Rat zu fragen. Er darf das eigentlich sogar schon wegen seiner Schweigepflicht auch überhaupt nicht tun, § 348 Rn 5. Das war bisher beim jetzigen obligatorischen Einzelrichter des § 348 a schon ab Übertragung der Sache auf ihn so und ist jetzt beim originären Einzelrichter des § 348 I 1 uneingeschränkt der Regelfall. Von dieser Regel schafft § 348 I 2 nur begrenzte Ausnahmen. Sie lassen sich wiederum nach § 348 a evtl aushebeln.

Schwächung der Ausgewogenheit der Prozeßführung und Urteilsbildung kann eine andere Folge dieser Entwicklung sein, Schneider MDR **04**, 1269. Sechs Augen sehen oft eben doch mehr als zwei. Zwar kann auch im Kollegium ein Zweiertriumphirat herrschen. Das sollte aber nur die unerfreuliche Abwandlung eines Prinzips sein, das auf einer echten gegenseitigen Achtung aller Mitglieder des Kollegiums beruht. Sie können sich gerade wegen ständig komplizierter ausfallender Vorschriften und Lebenssachverhalte gegenseitig ergänzen, steigern und vor Fehlern bewahren helfen.

Persönliches Format ist vermeintlich der einzige Garant dafür, daß das Präsidium den Fallkatalog der originären Kollegialsachen passend zuschneidet und daß die Kammer die Geschäftsverteilung mit demjenigen Fingerspitzengefühl vornimmt, ohne das weder eine Kollegialzuständigkeit noch eine Zuständigkeit des Einzelrichters auf Dauer brauchbar funktionieren kann. Insofern hat eine gesetzliche Gradeinteilung nur bedingt Bedeutung. Letzthin appelliert daher auch das Gesetz weitgehend an ein solches Format des richterlichen Selbsteinschätzens. Alle übrigen Aspekte von der angeblich begrenzten Verwendbarkeit vor einer einjährigen zivilrichterlichen Erfahrung bis zur Scheu vor der Grundsatzentscheidung auch des erfahrensten Einzelrichters haben demgegenüber im Grund nur eine zweitrangige Bedeutung. Das alles mitzusehen hilft bei der Lösung der vielfältig bleibenden, aber in der Praxis nun auch wieder nicht zu überschätzenden Probleme.

3) Geltungsbereich. Die Vorschriften gelten auch im WEG-Verfahren. Sie sind auch beim frühen ersten Termin anwendbar, Köln RR **00**, 1593. §§ 348–350 gelten in der ersten Instanz, §§ 524, 527 in der Berufungsinstanz. Beim Beschwerdegericht gilt vorrangig § 568, Fölsch MDR **03**, 308 (ausf zum originären Einzelrichter). In der Revisionsinstanz sind §§ 348–350 unanwendbar, § 555 II. Unanwendbar sind §§ 348–350 bei der Kammer für Baulandsachen, § 220 I 3 BauGB, und (jetzt) im FamFG-Verfahren, BayObLG DB **95**, 1169, Ffm DB **92**, 672, sowie nach § 9 I 2 KapMuG, SchlAnh VIII. Im arbeitsgerichtlichen Verfahren gilt § 55 ArbGG. 3

4) Begriffe. Begrifflich herrscht großes Durcheinander. Die ZPO kennt als einzelnen Richter: Den Richter am Amtsgericht; bei der erstinstanzlichen Zivilkammer den originären oder den obligatorischen Einzelrichter, §§ 348, 348 a. Er wird an Stelle des Kollegiums tätig, nicht in seinem Auftrag, Karlsr JB **76**, 372. Er wird umfassend tätig und entscheidet, sofern er die Sache nicht an das Kollegium zurückgibt. Soweit er nicht kraft Gesetzes nach § 348 I 1 von Anfang an allein tätig wird, bestellt ihn nicht der Vorsitzende, sondern das Kollegium nach den generell für das Geschäftsjahr nach § 21 g GVG usw vom Vorsitzenden getroffenen Anordnungen, Stanicki DRiZ **79**, 343; bei der Kammer für Handelssachen den Vorsitzenden, § 349. Er entscheidet zum Teil ohne die Notwendigkeit eines Einverständnisses der Parteien, zum Teil nur in ihrem Einverständnis, zum Teil bereitet er auch nur vor. Er heißt, anders als sein Gegenstück beim Berufungsgericht, nicht Einzelrichter. Er ist bei der Zivilkammer nicht mehr zulässig; beim Berufungsgericht den entscheidenden Richter, § 526, und den vorbereitenden Einzelrichter, § 527. Die Aufgaben des letzteren entsprechen im wesentlichen denjenigen des Vorsitzenden der Kammer für Handelssachen, § 349. Er wird, anders als der Einzelrichter des § 348 a, nur ausnahmsweise und nur im Einverständnis der Parteien bis zum streitigen Endurteil tätig; den vorbereitenden Richter als Mitglied des Prozeßgerichts oder als verordneten Richter, § 375; den beauftragten Richter; den ersuchten Richter, §§ 361, 362. Zu beiden (auch verordnete Richter oder Richterkommissare genannt) Einl III 72; in der Beschwerdeinstanz den originären Einzelrichter, § 568. 4

348 *Originärer Einzelrichter.* **I [1] Die Zivilkammer entscheidet durch eines ihrer Mitglieder als Einzelrichter. [2] Dies gilt nicht, wenn**

1. das Mitglied Richter auf Probe ist und noch nicht über einen Zeitraum von einem Jahr geschäftsverteilungsplanmäßig Rechtsprechungsaufgaben in bürgerlichen Rechtsstreitigkeiten wahrzunehmen hatte oder

2. die Zuständigkeit der Kammer nach dem Geschäftsverteilungsplan des Gerichts wegen der Zuordnung des Rechtsstreits zu den nachfolgenden Sachgebieten begründet ist:

a) Streitigkeiten über Ansprüche aus Veröffentlichungen durch Druckerzeugnisse, Bild- und Tonträger jeder Art, insbesondere in Presse, Rundfunk, Film und Fernsehen;

b) Streitigkeiten aus Bank- und Finanzgeschäften;

c) Streitigkeiten aus Bau- und Architektenverträgen sowie aus Ingenieurverträgen, soweit sie im Zusammenhang mit Bauleistungen stehen;

d) Streitigkeiten aus der Berufstätigkeit der Rechtsanwälte, Patentanwälte, Notare, Steuerberater, Steuerbevollmächtigten, Wirtschaftsprüfer und vereidigten Buchprüfer;

e) Streitigkeiten über Ansprüche aus Heilbehandlungen;

f) Streitigkeiten aus Handelssachen im Sinne des § 95 des Gerichtsverfassungsgesetzes;
g) Streitigkeiten über Ansprüche aus Fracht-, Speditions- und Lagergeschäften;
h) Streitigkeiten aus Versicherungsvertragsverhältnissen;
i) Streitigkeiten aus den Bereichen des Urheber- und Verlagsrechts;
j) Streitigkeiten aus den Bereichen der Kommunikations- und Informationstechnologie;
k) Streitigkeiten, die dem Landgericht ohne Rücksicht auf den Streitwert zugewiesen sind.

II **Bei Zweifeln über das Vorliegen der Voraussetzungen des Absatzes 1 entscheidet die Kammer durch unanfechtbaren Beschluss.**

III 1 **Der Einzelrichter legt den Rechtsstreit der Zivilkammer zur Entscheidung über eine Übernahme vor, wenn**
1. die Sache besondere Schwierigkeiten tatsächlicher oder rechtlicher Art aufweist,
2. die Rechtssache grundsätzliche Bedeutung hat oder
3. die Parteien dies übereinstimmend beantragen.

2 **Die Kammer übernimmt den Rechtsstreit, wenn die Voraussetzungen nach Satz 1 Nr. 1 oder 2 vorliegen.** 3 **Sie entscheidet hierüber durch Beschluss.** 4 **Eine Zurückübertragung auf den Einzelrichter ist ausgeschlossen.**

IV **Auf eine erfolgte oder unterlassene Vorlage oder Übernahme kann ein Rechtsmittel nicht gestützt werden.**

Gliederung

1 **1) Systematik, I–IV.** In der Gruppe der erst- und zweitinstanzlichen Vorschriften über einen unterschiedlich bezeichneten Einzelrichter des jeweiligen Kollegiums stellt § 348 den systematisch zunächst beachtbaren Ausgangsfall dar. Das zeigt sich an § 348 a I mit seiner ausdrücklichen bloßen Hilfsfunktion. Ob die Praxis die letztere Vorschrift als den Regelfall behandelt, ist eine andere Frage.

2 **2) Regelungszweck, I–IV.** I 1 beseitigt grundsätzlich das Kollegialprinzip gleich wieder. Das soll ersichtlich auch der Verbilligung der Justiz dienen und damit nicht so sehr der Prozeßwirtschaftlichkeit und erst recht nicht sonderlich der Rechtsstaatlichkeit, Deutsch NJW **04**, 1151, sondern der Fiskalwirtschaftlichkeit, Schneider NJW **03**, 1434. Daran ändern auch die mit der Aufwertung des Einzelrichters zur Norm verbundenen und natürlich auch richtigen Beteuerungen wenig, man stärke die Richterpersönlichkeit. Freilich ist auch nicht recht einsehbar, daß ein Amtsrichter 700 oder 800 Sachen pro Jahr als Pensum erhält, ein Dreierkollegium des LG dagegen bisher insgesamt theoretisch deutlich weniger. Das gilt selbst dann, wenn vor dem LG oft schwierige, umfangreichere Probleme anfallen. Das tun sie nämlich auch nicht ganz selten beim AG. Beim LG mag die Verstärkung des Einzelrichters in der Tat finanziell entspannend wirken, ohne die Qualität ernsthaft zu gefährden.

3 I 2 und II zeigen denn auch gleich wieder eine reuige Rückkehr zum Kollegialprinzip in einer derartigen Fülle von Situationen, daß man schon quantitativ nur bedingt von einer wirklichen Umkehr zum Einzelrichter sprechen kann. I 2 Z 1 soll eine ausreichende „Einübung" gewährleisten, BGH NJW **03**, 1876. Sie kann freilich keineswegs stets schon nach einem Jahr so „gewährleistet" sein, wie das BGH NJW **03**, 1876 feststellen müßte. Ob der lange Fallkatalog in I 2 Z 2 der Rechtssicherheit nach Einl III 43 dient, bleibt zweifelhaft. Der Stichentscheid liegt jedenfalls nach II nicht beim Vorsitzenden, sondern bei der Kammer in ihrer vollen Besetzung. Dabei ist bemerkenswert, daß der Gesetzgeber im Gegensatz zur möglichen und unter einem Überlastungsdruck weitgehend praktizierten Zweierbesetzung in Strafsachen im Zivilprozeß an

der Dreierbesetzung festhält. Umso problematischer sind Tendenzen, einen zeitweise ausfallenden Kollegialrichter einfach nicht anders zu ersetzen als durch den geschäftsplanmäßigen Vertreter aus einer anderen Zivilkammer, auch über viele Monate hinweg.

3) Geltungsbereich, I–IV. Die Vorschrift gilt in allen Verfahren nach der ZPO, auch im WEG-Verfahren, und nach denjenigen Gesetzen, die auf die ZPO verweisen und für die Gerichtsbesetzung keine Sondervorschriften enthalten. In den höheren Instanzen sind §§ 526, 527 (Berufung), 555 II (Revision) und 568 (Beschwerde) vorrangig und ist I 2 Z 1 nicht entsprechend anwendbar, BGH NJW **03**, 1876. II ist beim Zuständigkeitskonflikt zwischen dem Einzelrichter und seinem Senat entsprechend anwendbar, BGH **156**, 149. 4

4) Einzelrichter kraft Gesetzes, I 1. Der originäre Einzelrichter ist der gesetzliche Richter. Er nennt sich nur „Kammer“. 5

A. Keine Übertragung. Der originäre Einzelrichter arbeitet nicht kraft einer kollegialen Übertragung, sondern unmittelbar kraft Gesetzes. Er wartet bei einer genauen Handhabung des § 348 in diesem klaren Fall weder eine Beratung des Kollegiums noch eine Empfehlung des Vorsitzenden ab, sondern ist von Anfang an der funktionell allein zuständige Richter. Ihm allein legt die Geschäftsstelle die Akten vor. Er darf eigentlich gar nicht mit den Kammerkollegen über den Fall sprechen, solange es nicht Zweifel nach II gibt. Ob es solche Zweifel geben könnte, entscheidet er allein. Er arbeitet eben wie ein Amtsrichter. Er darf auch nicht bei seinem Kollegium anfragen, wie es denkt, BGH MDR **04**, 104 (zu § 568: Verstoß gegen Art 101 I 2 GG).

B. Begrenzte Vorlage beim Kammervorsitzenden. Praktisch ist die Geschäftsstelle mit der Aufgabe nach Rn 5 oft überfordert. Denn sie müßte ja zumindest vorläufig klären, ob überhaupt der originäre Einzelrichter zuständig ist. Damit müßte sie anhand der Klageschrift und manchmal fast nur anhand einer etwaigen Angabe des Streitgegenstands im Rubrum („wegen ...“) eine vorläufige rechtliche Einordnung vornehmen. Deshalb hat sich in der Praxis vielfach der Brauch erhalten, die Sache stets zunächst doch dem Kammervorsitzenden vorzulegen und ihn prüfen zu lassen, ob er die Akte dem originären Einzelrichter zuleitet oder nach § 348 a eine Kollegiumsentscheidung herbeiführt oder eine solche nach § 348 II für sinnvoll hält. Ob das streng dogmatisch der richtige Weg ist, wird vielfach wenig interessieren. Zumindest darf man bei solchem Vorgehen schon wegen § 216 nicht trödeln. 6

C. Alleinbefugnis des Einzelrichters. Das gesamte Verfahren untersteht in den vorgenannten Grenzen allein der Zuständigkeit dieses Einzelrichters. Das gilt für alle prozeßleitenden Maßnahmen, alle Zwischenentscheidungen, alle Beauftragungen des ersuchten Richters nach § 362. Die gesamte Terminierung, eine Vertagung usw erfolgt allein durch ihn. Kammerterminierungen in anderen Sachen haben den Nachrang gegenüber einer in dieser Einzelrichtersache bereits erfolgten Terminierung. Der Einzelrichter darf sie keineswegs nach § 227 I 1 bloß wegen eines späteren Terminierungsentscheids seines Kammervorsitzenden ändern. Denn dieser muß den Einzelrichter fragen, ob der Kollege etwa schon auf dieselbe Stunde eine Sache nach § 348 terminiert hat (natürlich auch umgekehrt). Terminsabsprachen sind also zur Vermeidung von Unerquicklichkeiten unerläßlich. 7

D. Keine Weisung des Kammervorsitzenden. Das Fehlen einer Weisungsbefugnis des Kammervorsitzenden ist ein wesentliches weiteres Merkmal der Tätigkeit des Einzelrichters. Das gilt auch zum Stichwort „Einheitlichkeit der Kammerrechtsprechung“. Ob es hilfreich wäre, sich insofern wenigstens innerhalb der drei Mitglieder einer Zivilkammer formlos und ohne eine „Anfrage“ nach Rn 5 unverbindlich abzusprechen, ist eine andere Frage. Gebunden ist der Einzelrichter daran formell nicht. Das Beratungsgeheimnis verbietet ihm ja nach Rn 5 sogar streng genommen im konkreten Fall jede Erörterung mit den Kammerkollegen. 8

Alleinige Weisungsbefugnis des Einzelrichters kennzeichnet die Tätigkeit nach I 1 auch gegenüber der Geschäftsstelle, Kanzlei, Wachtmeisterei, dem ersuchten Richter und etwa bei sitzungspolizeilichen Maßnahmen gegenüber der Gerichtsverwaltung. Er allein bildet den etwa gerade nur ihm zugeteilten Referendar aus, erteilt ihm ein Zeugnis, ist für Rückfragen an das Gericht zuständig, regelt zusammen mit dem Pressedezernenten den Umgang mit den Medien in einer kraft I 1 ihm zugewiesenen Sache. Kein Geschäftsverteilungsplan darf das alles einschränken. Das Präsidium usw darf nur im Rahmen von I 2 entscheiden, das Kammerkollegium nur im Rahmen von II, III.

5) Unzulässigkeit des Einzelrichters, I 2. In einer formellen Ausnahme vom Grundsatz I 1 darf kein Einzelrichter nach § 348 entscheiden und folglich nach Rn 6–8 auch nicht umfassend tätig sein, wenn einer der Fälle I 2 Z 1 oder Z 2 a–k vorliegt. Die Aufzählung in Z 2 läßt erkennen, wie praktisch nahezu vorherrschend diejenigen Streitigkeiten bleiben, die nach § 348 die gesamte Kammer bearbeiten muß, soweit sie nicht dann von der Übertragungsmöglichkeit nach § 348 a Gebrauch macht. Soweit der originäre Einzelrichter wegen I 2 nicht tätig werden darf und die Kammer auch nicht nach § 348 a vorgeht, bleibt es bei denjenigen Prinzipien, die für alle Kollegialgerichte fortgelten, vor allem bei den herkömmlichen Bräuchen der Ernennung eines Kammermitglieds zum Berichterstatter (BE) usw. 9

6) Proberichter usw, I 2 Z 1. Ein Kammermitglied darf noch nicht als ein originärer Einzelrichter nach § 348 (anders bei § 348 a als ein obligatorischer) tätig werden, solange zwei Hemmnisse zusammentreffen. 10

A. Noch Proberichter, Hs 1. Der Richter muß noch Proberichter nach §§ 12, 13 DRiG sein. Ein Richter kraft Auftrags nach § 14 DRiG ist gerade kein Proberichter. In der Länderjustiz ist das LRiG in Verbindung mit den vorgenannten Bestimmungen und dem BRRG usw maßgeblich.

B. Noch nicht 1 Jahr Zivilrichter, Hs 2. Der Proberichter darf noch nicht über einen Zeitraum von mindestens einem Jahr hindurch geschäftsplanmäßig Rechtsprechungsaufgaben in bürgerlichen Rechtsstreitigkeiten wahrzunehmen gehabt haben, §§ 23, 71 I, 72 GVG. Geschäftsverteilungsplanmäßig arbeitet auch derjenige, der als erster oder zweiter Vertreter des erkrankten, beurlaubten oder sonstwie ausgefallenen eigentlichen Kammermitglieds tätig wird. Auch derjenige gehört hierher, der erst auf Grund einer im Lauf des Kalenderjahres eingetretenen Änderung des Geschäftsverteilungsplanes funktionell zuständig wird. 11

12 *Der Jahreszeitraum* kommt bei einer vernünftigen Auslegung von Hs 2 auch dann zustande, wenn die einzelnen Perioden zivilrichterlicher Tätigkeit bei ihrer Addition 365 Tage ergeben (das Schaltjahr sollte hier keine Rolle spielen). Denn der Sinn der Vorschrift geht dahin, eine Gesamterfahrung von einem Jahr vorauszusetzen. Theoretisch könnten 12 Einzeltätigkeiten von je 1 Monat reichen. Das könnte problematisch sein. In der Praxis wäre dergleichen ohnehin die seltene Ausnahme.

Der Jahreszeitraum ist daher *auch dann erfüllt,* wenn beim Beginn der Bearbeitung des konkreten Einzelfalls in einer beliebig langen Gesamtzeit mindestens 365 Tage eine Zivilrichtertätigkeit vorliegen. Dabei zählen zB eine Teilzeitbeschäftigung, eine Teilverwendung, eine Erkrankung oder ein Urlaub oder die Abordnung zu einer Fortbildungsveranstaltung grundsätzlich voll mit, solange dabei nicht herauskommt, daß dann effektiv nicht wenigstens annähernd ein Jahr tatsächlicher Arbeit im bürgerlichen Recht erzielt wurde, Schneider MDR **03**, 555, freilich auch Schneider MDR **06**, 971. Eine vernünftige Abwägung muß im Grenzfall entscheiden. Dabei muß man das Gebot des gesetzlichen Richters nach Art 101 I 2 GG stets mitbeachten, Schneider MDR **03**, 556. Es zwingt zu einer gewissen Zurückhaltung bei der Auslegung des Jahresbegriffs. Im Zweifel gilt II.

13 **7) Oder: Spezialzuständigkeit, I 2 Z 2.** Auch wenn kein Zuständigkeitshindernis nach Z 1 besteht, darf kein Einzelrichter statt des Kollegiums tätig werden, soweit die funktionelle Zuständigkeit seiner Kammer oder derjenigen, in der er als erster oder zweiter Vertreter tätig werden soll, nach dem Geschäftsverteilungsplan die Bearbeitung eines der im abschließenden, wegen des formellen Ausnahmecharakters von I Z 2 jedenfalls nicht allzu weit auslegbaren Katalog Rn 14–24 genannten Gebiete umfaßt und wenn die konkrete Sache zu diesem Katalog zählt. Dabei kann es zahlreiche Abgrenzungsprobleme geben. Das gilt insbesondere dann, wenn ein Geschäftsverteilungsplan die jeweilige Kammerzuständigkeit nicht durch eine wörtliche Wiedergabe des Katalogs beschreibt. Das gilt sowohl für den Ausgangsplan für das Kalenderjahr als auch für etwa notwendige Planänderungen während des Kalenderjahres. Auch hier hilft nur eine vernünftige Auslegung.

Dabei entscheidet *im Zweifel* keineswegs das Präsidium über die Auslegung des Plans, sondern nach II die Kammer unanfechtbar. Es erfolgt daher keine Vorlage an das Präsidium, eigentlich auch gar keine Stellungnahme des Präsidiums (Beratungsgeheimnis!), sondern in einer Ausübung der richterlichen Unabhängigkeit die Kammerentscheidung nebst einer etwaigen Abgabe an eine andere Kammer. Sie verfährt genauso.

14 **A. Veröffentlichungsstreit, Z 2 a.** Abgrenzungsprobleme können insbesondere zu Z 2 d, i, j entstehen. Das speziellere Gebiet hat den Vorrang, nicht allein der Schwerpunkt im Einzelfall, meist aber doch wohl im Ergebnis dieser letztere.

Hierher gehören auch: Ein Streit um das Persönlichkeitsrecht, die Ehre, den Ruf, um den eingerichteten und ausgeübten Gewerbebetrieb, soweit es eben um eine Veröffentlichung geht. „Jede Art" von Bild- und Tonträger umfaßt auch das Internet. Auch eine Gegendarstellung nach einem Landespressegesetz zählt hierher. Dabei mag es sich jeweils um einen gesetzlichen und/oder vertraglichen Anspruch handeln. Beim Konflikt mit j ist meist a die speziellere Zuweisung und daher meist vorrangig.

15 **B. Bank- und Finanzgeschäft, Z 2 b.** Abgrenzungsprobleme können insbesondere zu Z 2 f, h entstehen. Auch hier hat das speziellere Gebiet den Vorrang. Beteiligt sein kann zB: Eine Sparkasse; ein Finanzierungsinstitut. Es mag um Darlehens-, Diskont-, Effekten-, Depot-, Investment-, Leasing- und Werpapiergeschäfte gehen, auch um eine Option oder um einen Terminkontrakt, um Festgeld, Spareinlagen, Tagesgeld usw.

16 **C. Bau-, Architekten-, evtl Ingenieurvertrag, Z 2 c.** Abgrenzungsprobleme können insbesondere zu Z 2 j entstehen. Auch hier hat das speziellere Gebiet den Vorrang. Es kann gehen um: Einen Dienstvertrag, Werk- oder Werklieferungsvertrag; eine Geschäftsbesorgung. Auch die jeweiligen Mitarbeiter des Architekten, Bauunternehmers oder Bauingenieurs gehören zum hier behandelten Personenkreis. Auch ein Vorvertrag zählt hierher, ferner etwa ein Baubetreuungsvertrag, eine Anwartschaft, ein Träger-Bewerber-Vertrag mit der Pflicht zur Überwachung oder Durchführung des Baues. Der Handwerker am Bau gehört hierher.

Nicht jeder Klempner, der ein WC reparierte, muß unter c fallen. Immerhin ist der Begriff des Bauvertrags recht weit und vage. Ein Wohnwagen ist kein Bau.

17 **D. Anwaltsvertrag usw, Z 2 d.** Abgrenzungsprobleme können insbesondere zu Z 2 b, j entstehen. Auch hier hat das speziellere Gebiet den Vorrang. Nur die Berufstätigkeit ist einschlägig, nicht eine Tätigkeit etwa des Anwalts als Komponist, wohl aber eine solche als juristischer Kommentator über Anwaltsfragen, solange diese nicht völlig untergeordnet sind. Im letzteren Fall ist eher Z 2 i anwendbar. Es mag um das Honorar gehen, auch um eine Haftung, einen Regress, um eine gerichtliche oder außergerichtliche Tätigkeit auf einem beliebigen Sachgebiet, um die gesetzliche oder um die vereinbarte Vergütung. Die Mitarbeiter der genannten Berufsgruppen gehören als Erfüllungsgehilfen hierher, soweit ihr Chef haftet usw.

18 **E. Heilbehandlung, Z 2 e.** Abgrenzungsprobleme können insbesondere zu Z 2 h entstehen. Auch hier hat das speziellere Gebiet den Vorrang. Auch der Schwerpunkt des Streits ist mitbeachtlich. Es geht um vertragliche wie gesetzliche Ansprüche für oder gegen alle beruflich mit der Heilbehandlung befaßten Personen, wie den Arzt, so schon Brdb VersR **01**, 1242, ferner Schneider MDR **03**, 556 (Haftung), außerdem den Zahnarzt, auch den Tierarzt, ferner den Krankengymnasten, Psychologen, Psychotherapeuten, Physiotherapeuten, nicht aber um jemanden, der eine nicht als Heilbehandlung anerkannte Berufstätigkeit ausübt.

Außerberufliche Ansprüche für oder gegen die genannten Berufsgruppen gehören nicht hierher.

19 **F. Handelssache, Z 2 f.** Abgrenzungsprobleme können insbesondere zu Z 2 a, b, c, g, h, i, j entstehen. Auch hier hat das speziellere Gebiet unter Mitbeachtung des Einzelfall-Schwerpunkts den Vorrang. § 95 GVG nennt den sachlichen Geltungsbereich. Die Vorschrift dient demjenigen LG, bei dem nicht ohnehin eine Kammer für Handelssachen besteht. Sie hätte natürlich Vorrang vor Z 2 f.

20 **G. Fracht, Spedition, Lagergeschäft, Z 2 g.** Abgrenzungsprobleme zu Z 2 f können deshalb kaum entstehen, weil g eindeutig spezieller ist und deshalb den Vorrang hat, solange nicht seine Kriterien im

Einzelfall eine völlig untergeordnete Rolle spielen. Erst recht gilt g natürlich, soweit kein beiderseitiges Handelsgeschäft vorliegt. Die Haftung für Erfüllungsgehilfen gehört zu dieser Fallgruppe.

H. Versicherungsvertrag, Z 2h. Abgrenzungsprobleme können insbesondere zu Z 2b, d, e, f, g entstehen. Auch hier hat das speziellere Gebiet unter Mitbeachtung des Schwerpunkts des Einzelfalls den Vorrang. Die Vorschrift erfaßt gesetzliche wie vertragliche Versicherungsverhältnisse jeder Art zwischen dem Versicherer, dem Versicherungsnehmer, dem Versicherten oder einem Bezugsberechtigten, aber auch einem sonstigen Dritten, soweit das Versicherungsverhältnis ihn mitschützt. Hierher gehört auch ein Auslandsbezug. 21

I. Urheber- und Verlagsrecht, Z 2i. Abgrenzungsprobleme können insbesondere zu Z 2a, f, j entstehen. Auch hier hat das speziellere Gebiet unter Mitbeachtung des Schwerpunkts des Einzelfalls den Vorrang. Es geht um das Gesamtgebiet des Urheber- und Verlagsrechts unabhängig davon, ob nur ein Inlandsbezug besteht. Die Vorschrift erfaßt vertragliche wie gesetzliche Ansprüche, auch gegenüber Lizenz- oder Unterlizenznehmern usw. 22

Nicht hierher gehören diejenigen Gebiete des Gewerblichen Rechtsschutzes, die nicht gerade zum Urheber- und Verlagsrecht zählen, Schneider MDR **03**, 555.

J. Kommunikations- und Informationstechnologie, Z 2j. Abgrenzungsprobleme entstehen evtl insbesondere zu Z 2a, f, i. Auch hier hat das speziellere Gebiet unter Mitbeachtung des Schwerpunkts des Einzelfalls den Vorrang. Es geht um den wachsenden Bereich der Telekommunikation mittels beliebiger Wege mit Ausnahme der in a geregelten Veröffentlichungen. Die Vorschrift erfaßt vertragliche wie gesetzliche Ansprüche in allen Verbreitungsformen und -stufen. Auch die Produkthaftung kann hierher zählen. 23

K. Zuständigkeit unabhängig vom Streitwert, Z 2k. Abgrenzungsprobleme können insbesondere dann entstehen, wenn ein Spezialgesetz Unklarheiten, Auslassungen, Widersprüchlichkeiten usw aufweist. Neben den Amtshaftungsstreitigkeiten nach § 71 II GVG kommen spezialgesetzliche bundes- oder landesrechtliche Zuweisungen infrage. 24

8) Bei Zweifeln: Kollegialbeschluß, II. Sobald die Zuständigkeit des Einzelrichters nach I zweifelhaft wird, darf und muß die vollbesetzte Kammer als Kollegium über diese Frage entscheiden. Das ist eine nach dem Wortlaut von II im Vergleich zu III abweichende Regelung. In Wahrheit stimmt sie mit III zumindest dann überein, wenn der Zweifel beim Einzelrichter nach I selbst entsteht. Denn dann legt er die Sache dem Kollegium ebenfalls zu dessen Entscheidung über seine weitere Zuständigkeit vor. Nur wenn die Akten gar nicht erst dem Einzelrichter vorlagen, führt der Vorsitzende sogleich im Fall II eine Kollegialentscheidung zur Zuständigkeitsfrage herbei. 25

A. Vorliegen eines Zweifels. Es muß ein Zweifel über das Vorliegen der Voraussetzungen des I entstanden sein. Der Zweifel mag sich auf die ausreichende Zivilrichterzeit des Proberichters nach I 2 Z 1 beziehen oder auf das Vorliegen oder Fehlen einer Spezialzuständigkeit I 2 Z 2 oder aber auch auf beide Voraussetzungen. 26

Zweifel ist das Gegenteil von Gewißheit. Nach dem Wortlaut von II ist kein „ernsthafter" oder „erheblicher" Zweifel notwendig, die das Gesetz ja auch sonst durchaus als Begriffe kennt. Daher reicht jeder einfache Zweifel. Natürlich muß er nachvollziehbar begründbar sein. Es genügt also nicht, daß der Einzelrichter oder der Vorsitzende irgendein ungutes Gefühl haben, das nicht auf einer systematischen Prüfung der oben bei I entwickelten Tatsachen beruht. Andererseits kann jede vertretbare Ansicht einen Zweifel begründen. Es handelt sich ja in diesem Stadium noch nicht um die abschließende unanfechtbare Entscheidung der Zuständigkeitsfrage, sondern nur um die Schlüssigkeit der Umstände für das Verfahren nach II. Daher sollte man den Zweifelsbegriff weder zu großzügig noch zu streng auslegen, sondern eine vernünftige Abwägung fordern und ausreichen lassen. 27

B. Verfahren. Sobald nach Rn 26, 27 ein Zweifel vorliegt, darf und muß das Verfahren nach II vor dem Kollegium beginnen. Es kommt also zu einer Dreier-Beratung unter dem Vorsitz des diensttuenden Kammervorsitzenden und unter der etwaigen Mitwirkung weiterer Urlaubsvertreter usw der ordentlichen Beisitzer. Der vorlegende Einzelrichter nimmt an der Beratung auch dann mit seinem Stimmrecht teil, wenn es um die in I 2 Z 1 erheblichen Fragen geht. Ist er im Zeitpunkt der Beratung verhindert, entscheidet die Kammer unter einer Mitwirkung seines geschäftsplanmäßigen Vertreters. Die Ablehnungsregeln der §§ 42 ff gelten natürlich wie sonst. 28

Es gibt *keine Entscheidung des Präsidiums* nach II. Das Präsidium war nur für den Geschäftsverteilungsplan zuständig. Es darf nicht *seine* Auslegung dieses Plans an die Stelle der gerade der Kammer und nur ihr übertragenen Beurteilung setzen. § 21 e GVG besagt nichts anderes. In seiner richterlichen Unabhängigkeit darf und muß der Spruchkörper selbst nach II abschließend beraten und abstimmen. Er darf daher streng genommen schon wegen seines Beratungsgeheimnisses das Präsidium gar nicht auch nur zu einer konkreten Einzelfall-Stellungnahme einschalten. Ob eine allgemeine Auskunft über die derzeitige Auslegung des Geschäftsverteilungsplan zulässig und ratsam ist, ist eine andere Frage. 29

Es gibt auch *keine Anhörung* der Parteien. Das ergibt sich beim Vergleich von II mit § 348 a II 3. Denn nur dort entscheidet die Kammer „nach Anhörung der Parteien". Beide Vorschriften entstanden in der jetzigen Fassung gleichzeitig. Sie weichen also kaum nur irrig voneinander ab. 30

C. Entscheidung. Beschluß ist die vorgeschriebene Entscheidungsform. Ein bloße Verfügung reicht nicht. Der Beschluß lautet nicht etwa auf eine „Übertragung auf den Einzelrichter X". Denn die sieht das Gesetz nur bei III und bei § 348 a II 3 vor. Vielmehr stellt der Beschluß lapidar fest: „In pp ist der Einzelrichter nach § 348 I 1 ... zuständig". Eine Feststellung sollte tunlich bei I 2 Z 1 den Namen des Proberichters enthalten. Denn bei seinem Wechsel kann eine ganz andere Beurteilung des Jahreszeitraums notwendig werden. Bei I 2 Z 2 a–k kommt es nicht darauf an, wie der Einzelrichter derzeit heißt. Daher sollte man ihn dann auch gar nicht im Beschluß mit seinem Namen nennen. Denn auch er kann wechseln und einen weiteren Beschluß wegen Namensänderung erforderlich machen. 31

Eine *Begründung* des Beschlusses ist wegen seiner ausdrücklichen Unanfechtbarkeit formell entbehrlich, § 329 Rn 6. Dennoch sollte sie in einer nachvollziehbaren Kurzform zumindest bei I 2 Z 1 erfolgen. Denn 32 das BVerfG müßte einen etwaigen Verstoß gegen Art 101 I 2 GG überprüfen können. Eine Kurzbegründung ist daher eine Anstandspflicht (sog nobile officium). Es entstehen in diesem Zwischenverfahren keine Gerichtskosten und keine Anwaltskosten, § 19 I 2 Z 3 RVG.

33 **D. Unanfechtbarkeit.** Der Beschluß der Kammer nach II ist kraft dessen ausdrücklichen Wortlauts unanfechtbar, Schneider MDR **03**, 556 (krit). Das gilt unabhängig vom Inhalt und seiner Begründung. Wegen etwaiger Verfassungswidrigkeit Rn 32.

34 **9) Vorlagepflicht in Sonderfällen, III. 1.** In einer Abweichung vom Grundsatz I 1 (Einzelrichter kraft Gesetzes) eröffnet III in drei Sonderfällen ein solches Verfahren, das mit dem Fortbestand der originären Zuständigkeit des Einzelrichters nach I enden kann, aber auch mit der durch eine „Übernahme" gekennzeichneten Zuständigkeit der vollbesetzten Kammer nach III, schließlich aber auch mit einer als einer „Übertragung" bezeichneten Zuständigkeit des Einzelrichters nach § 348 a (sog obligatorischer Einzelrichter). Dieses Ineinander ist alles andere als übersichtlich. Es eröffnet evtl manche fragwürdige Behandlung der Zuständigkeitsfrage.

35 *Jede Situation* III 1 Z 1–3 reicht zur Vorlagepflicht des Einzelrichters. Darin unterscheidet sich diese Bestimmung vom im übrigen vergleichbaren § 348 a I, wo alle Voraussetzungen seiner Z 1–3 zusammentreffen müssen. Die bloße Vorlage erfolgt nur „zur Entscheidung über eine Übernahme" durch die Kammer. Die Voraussetzungen einer Vorlagepflicht sind bei III 1 strenger geregelt als bei II.

36 **A. Vorlagepflicht.** Der originäre Einzelrichter darf und muß vorlegen, sobald eine der Voraussetzungen Rn 39 ff eintritt. Er „legt vor" (nicht: Er „kann vorlegen"). *Ob* eine der Voraussetzungen III 1 Z 1–3 vorliegt, muß der Einzelrichter im Rahmen seiner Prüfung einer etwaigen Vorlagepflicht anhand der unbestimmten Rechtsbegriffe klären. Sie lassen ihm theoretisch keinen Ermessensspielraum, BGH NJW **04**, 449 (zu § 568 S 2 Z 2). Wie weit praktisch eben doch zumindest bei III 1 Z 1, 2 ein sogar ziemlich weites Ermessen den Einzelrichter davon abhält, eine dieser Voraussetzungen zu bejahen, ohne daß die Parteien das beanstanden, ist eine ganz andere Frage. Sie hängt bei den Parteien auch davon ab, ob sie sich bei diesem Einzelrichter besser aufgehoben fühlen als bei der Kammer.

37 **B. Gesamtvorlage.** Der Einzelrichter darf den Rechtsstreit nur insgesamt oder gar nicht nach III 1 der Kammer vorlegen. Denn der Einzelrichter muß „den Rechtsstreit" vorlegen, „wenn" (nicht: „soweit") eine der Bedingungen Z 1–3 eingetreten ist. Man muß aber auch das Fehlen einer Zeitschranke in III mitbeachten, Rn 38.

38 **C. Keine Zeitschranke.** Für eine Vorlagepflicht nach III gibt es keine zeitliche Grenze. Das zeigt der Vergleich mit § 348 a I Z 3 Hs 1. Daraus folgt: Eine Gesamtvorlage nach Rn 37 kann und muß evtl auch noch im Verlauf des vor dem originären Einzelrichter vielleicht schon beträchtlich vorangeschrittenen Prozesses erfolgen, sogar bis zum Schluß der mündlichen Verhandlung, §§ 136 IV, 296 a. Insofern erfolgt die Vorlage eben im Ergebnis doch nicht für die gesamte Dauer des Rechtsstreits. Wie weit Vorgänge und Entscheidungen vor der Vorlage bei einer anschließenden Übertragung auf die vollbesetzte Kammer wirksam bleiben, richtet sich auch bei III nach den allgemeinen Regeln.

39 **D. Besondere Schwierigkeit usw, III 1 Z 1.** Es genügt unabhängig von Rn 40, 41 zur Vorlagepflicht des originären Einzelrichters, daß er nach Rn 36 erkennt, daß der Prozeß eine besondere Schwierigkeit tatsächlicher oder rechtlicher Art aufweist. Das mag sich allerdings auch erst jetzt herausgestellt haben, Rn 38, etwa auf Grund einer Beweisaufnahme oder wegen einer von nun an zu beachtenden Gesetzesänderung, Einl III 78. „Besonders" ist eine solche Schwierigkeit, die erheblich über den Durchschnitt hinauszuwachsen droht oder schon derart entstanden ist. Ob das so ist, muß man unter einer Abwägung aller sachlichen und persönlichen Aspekte ohne den grundsätzlichen Vorrang des einen oder des anderen Gesichtspunkts prüfen. Das Kollegium soll entlastet werden. Das darf aber nicht zum voraussichtlich erheblichen Nachteil der Parteien geschehen. Unerheblich ist, ob die besondere Schwierigkeit tatsächlicher oder rechtlicher Art ist.

III 1 Z 1 liegt *zB in folgenden Fällen* durchweg vor: Die Sache hat einen ganz außergewöhnlichen Umfang. Freilich gehört eine normale und auch einmal eine größere Stoffmenge zur einfachen Schwierigkeit des Richteralltags; die Parteien stehen sich höchst unversöhnlich gegenüber; es wird wahrscheinlich eine sehr schwierige Beweisaufnahme mit widersprüchlichen Aussagen oder Gutachten und daher auch eine komplexe Glaubwürdigkeitsprüfung notwendig werden, zB bei einer Arzthaftung, BGH NJW **94**, 801; der Prozeß berührt ein entlegenes Sachgebiet, das der Einzelrichter nicht speziell beherrscht, LG Heilbr Rpfleger **04**, 56; der Einzelrichter fühlt sich auch nach einer Zivilrichtertätigkeit von über einem Jahr doch für diesen Fall noch zu unerfahren; die wirtschaftlichen, politischen, technischen Hintergründe lassen sich nicht leicht erfassen, Meyer-Ladewig NJW **78**, 858; der Einzelrichter müßte ausländisches Recht in großem Umfang anwenden; es geht um bisher wenig erörterte oder komplizierte Rechtsfragen.

Dagegen braucht der Umstand, daß es sich um eine lästige Punktensache handelt, keineswegs eine besondere Schwierigkeit zu bieten, Holtgrave DB **75**, 40. Auch liegt nicht schon wegen eines hohen Streitwerts stets eine besondere Schwierigkeit vor, Schneider MDR **03**, 555.

40 **E. Grundsätzliche Bedeutung usw, III 1 Z 2.** Unabhängig von Rn 39, 41 genügt es zur Vorlagepflicht des originären Einzelrichters, daß er nach Rn 36 erkannt hat, daß die Rechtssache eine grundsätzliche Bedeutung hat. Auch das mag sich freilich wie bei Rn 39 erst jetzt herausgestellt haben, Rn 38. Nicht jede Bedeutung hat den Rang des Grundsätzlichen. Das gilt selbst bei der Annahme eines Abweichens innerhalb der Rechtsprechung oder einer Notwendigkeit der Rechtsfortbildung, BGH NJW **03**, 3712 (beides erwähnen Z 1–3 nicht). Eine grundsätzliche Bedeutung liegt evtl auch dann vor, wenn keine besondere Schwierigkeit nach III 1 Z 1 erkennbar ist. Ob eine grundsätzliche Bedeutung vorliegt, muß man wie bei § 543 II Z 1 beurteilen, § 72 II Z 1 ArbGG, BAG BB **83**, 1797, §§ 115 II Z 1 FGO, 162 I Z 1 SGG, 132 II Z 1 VwGO.

41 *Maßgeblich* ist, ob die Entscheidung eine allgemeine Bedeutung hat, die über die Regelung der Rechtsbeziehung der Parteien hinausgeht, Holtgrave DB **75**, 40, sei es rechtlich oder wirtschaftlich, zB wenn

typische Klauseln in AGB auslegungsbedürftig sind. Es kann auch ausreichen, daß eine einheitliche Rechtsprechung und Rechtsfortbildung erfolgen soll, BGH MDR **03**, 588 (zu § 568 S 2 Z 2; zustm Abramenko Rpfleger **03**, 376). Eine höchstrichterlich entschiedene Rechtsfrage hat keine grundsätzliche Bedeutung mehr, BayObLG WoM **85**, 55. Eine Ausnahme kann vorliegen, soweit das Gericht über eine solche Rechtsfrage jetzt anders entscheiden will, BGH MDR **75**, 927, BVerwG NJW **75**, 2037. Eine solche Abweichung wird erstinstanzlich selten infrage kommen, LG Ffm RR **03**, 215.

F. Übereinstimmende Parteianträge, III 1 Z 3. Unabhängig von Rn 39, 40 genügt es zur Vorlagepflicht des originären Einzelrichters schließlich, daß die Parteien eine Vorlage des Rechtsstreits gerade nach III und nicht etwa nur nach § 348 a II Z 2 übereinstimmend beantragen. Sie mögen diese Anträge allerdings erst jetzt gestellt haben, Rn 38. Die Anträge sind jeweils Parteiprozeßhandlungen, Grdz 47 ff vor § 128. Dort auch zu ihrer Anfechtbarkeit und Rücknehmbarkeit usw. Die Parteien müssen sie nicht gleichzeitig gestellt haben. Es genügt vielmehr, daß nun der letzte für Z 3 notwendige Antrag vorliegt. Dann darf und muß der Einzelrichter allerdings unverzüglich der Kammer vorlegen, § 121 I 1 BGB. 42

10) Übernahme durch die Kammer, III 2. Die Vorschrift regelt die Frage, wann die Kammer den Rechtsstreit übernehmen muß. Dabei ist der Wortlaut von III 2 auf den ersten Blick klar. Danach liegt diese Pflicht nach dem Gesetzestext scheinbar nur dann vor, wenn die Voraussetzungen III 1 Z 1 oder 2 erfüllt sind, nicht aber auch dann, wenn Z 3 erfüllt ist. Dann hat die Kammer nach Z 3 ein Ermessen wegen einer Übernahme, weil III 2 den Fall Z 3 nicht miterwähnt. Das ist aber problematisch. Denn gerade bei übereinstimmenden Anträgen besteht eine Veranlassung zur entsprechenden Übernahme, wenn denn die Bedingungen III 1 Z 1–3 vorliegen, Hansens AnwBl **02**, 127. 43

III 2 setzt das daher bei einer richtigen *Auslegung* eher als selbstverständlich voraus und erwähnt Z 3 nur deshalb nicht ausdrücklich mit, Einl III 35 ff, obwohl natürlich seine Mitnennung zulässig gewesen wäre. Es kommt hinzu: Durch die Nichterwähnung von Z 3 soll wohl eine Klärung erfolgen, daß die Kammer in dieser Lage im Gegensatz zur derjenigen der Z 1 oder 2 ungeachtet der formellen Entscheidungsfreiheit nach Rn 46 im Grunde gar nichts mehr als die Wirksamkeit übereinstimmender Parteianträge prüfen muss, während bei Z 1 oder 2 auch die Kammer jetzt endgültig,über diese Voraussetzungen nach den in Rn 39–42 genannten Kriterien zusätzlich zum vorlegenden Einzelrichter befinden muß. Würde man bei Z 3 ein Ermessen eröffnen, wäre der mühsam errungene Fall übereinstimmender Anträge auf eine bloße Anregung reduziert. Das ist zwar vertretbar. Aber es entspricht wohl doch nicht dem Sinn der Vorschrift. Mag die Praxis entscheiden, aber bitte nicht nach Bequemlichkeitsüberlegungen. 44

11) Keine Parteianhörung, III 2. Wie im Verfahren nach II nimmt die Kammer auch im Verfahren nach III keine Anhörung der Parteien vor, anders als im Verfahren nach § 348 a II 3. Das ergibt der Vergleich des Wortlauts der beiden in ihrer jetzigen Form gleichzeitig in Kraft getretenen Vorschriften. Vgl zum Parallelfall II Rn 30. 45

12) Entscheidung durch Beschluß, III 3. Sobald die Sache dem Vorsitzenden der Kammer vorliegt oder sobald er es gar nicht zum Einsatz des originären Einzelrichters hatte kommen lassen, muß er eine Beratung der vollbesetzten Kammer zur Beschlußfassung ansetzen. Dabei gelten für die Mitwirkung des Einzelrichters dieselben Grundsätze wie im Kammerverfahren nach II, Rn 28–33. Das Kollegium entscheidet sodann durch einen Beschluß wie bei II. Diesen muß das Kollegium aus denselben Erwägungen wie bei II trotz der Unanfechtbarkeit nach IV kurz nachvollziehbar genug begründen. Dabei ist das Kollegium weder bei III 1 Z 1, 2 noch formell bei III 1 Z 3 (übereinstimmende Anträge der Parteien) an die Beurteilung des Einzelrichters oder an diejenige der Parteien gebunden. Die übereinstimmenden Anträge zwingen nur zur Vorlage und zur Beratung. Sie zwingen nicht zur Übernahme durch das Kollegium. 46

13) Bei Übernahme: Kollegialzuständigkeit, III 2, 3. Wenn das Kollegium den Prozeß übernimmt, tritt ab jetzt die funktionelle Bearbeitung wie sonst in solchen Sachen ein, die das Kollegium bearbeiten muß. Der Vorsitzende verteilt also nach dem Plan seiner Kammer die Arbeit. Er mag den bisher als originär allein zuständig gewesenen Einzelrichter jetzt als den Berichterstatter einsetzen. Er mag aber auch einen anderen einschließlich sich selbst zum Berichterstatter bestellen müssen. Die während der Zuständigkeit des originären Einzelrichters erfolgten Maßnahmen und Parteiprozeßhandlungen usw bleiben wirksam. 47

14) Bei Ablehnung der Übernahme: Weiter Einzelrichter, III 2, 3. Wenn das Kollegium die Übernahme ablehnt, bleibt es bei der Zuständigkeit des bisherigen originären Einzelrichters mit allen ihren Wirkungen. Das Kollegium kann hier nicht etwa ein anderes Mitglied zum Einzelrichter bestellen. Denn der bisherige Kollege war ja kraft Gesetzes Einzelrichter, eben anders als bei § 348 a. 48

15) Keine Zurückübertragung, III 4. Aus den Gründen Rn 48 kommt auch keine Zurückübertragung auf den bisherigen Einzelrichter in Betracht. Er kann auch nicht etwa von sich aus erklären, er übernehme die Sache erneut. Hat das Kollegium übernommen, bleibt es zuständig, solange es die Sache nicht nach § 348 a auf den bisherigen Kollegen oder auf ein anderes Kammermitglied überträgt. Das wäre ein zulässiger, aber nach den Voraussetzungen und der Durchführung ganz anderer Weg zu einem Mitglied der Kammer in einer ganz anderen, wenn auch teilweise dem originären Einzelrichter ähnlichen Funktion. 49

16) Unanfechtbarkeit, IV. Die Entscheidung des Kollegiums nach III ist unabhängig davon, ob sie auf eine Übernahme oder auf deren Ablehnung lautet oder dergleichen überlassen hat, nach § 318 weder seitens der Kammer abänderbar noch seitens der Parteien anfechtbar. Das stellt IV klar. Dasselbe gilt schon für die Entscheidung des Einzelrichters nach II, III, mag er vorgelegt haben oder dazu keine Möglichkeit gesehen haben, aus welchen Gründen auch immer. 50

Greifbare Gesetzwidrigkeit, ein ohnehin schillernder Begriff, § 127 Rn 25, ist nur noch unter den Voraussetzungen einer Rechtsbeschwerde nach § 574 beachtbar, § 567 Rn 10. Art 101 I 2 GG (Gebot des gesetzlichen Richters) ist mitbetroffen und führt zur Unheilbarkeit des Verstoßes, § 295 Rn 30, Celle MDR **03**, 524, und auf Antrag zur Zurückverweisung, BGH MDR **03**, 588 (zu § 568 S 2 Z 2; zustm Abramenko Rpfleger **03**, 376). Das mag auch die Verfassungsbeschwerde eröffnen können. 51

348a *Obligatorischer Einzelrichter.* **I Ist eine originäre Einzelrichterzuständigkeit nach § 348 Abs. 1 nicht begründet, überträgt die Zivilkammer die Sache durch Beschluss einem ihrer Mitglieder als Einzelrichter zur Entscheidung, wenn**

1. die Sache keine besonderen Schwierigkeiten tatsächlicher oder rechtlicher Art aufweist,
2. die Rechtssache keine grundsätzliche Bedeutung hat und
3. nicht bereits im Haupttermin vor der Zivilkammer zur Hauptsache verhandelt worden ist, es sei denn, dass inzwischen ein Vorbehalts-, Teil- oder Zwischenurteil ergangen ist.

II 1 Der Einzelrichter legt den Rechtsstreit der Zivilkammer zur Entscheidung über eine Übernahme vor, wenn

1. sich aus einer wesentlichen Änderung der Prozesslage besondere tatsächliche oder rechtliche Schwierigkeiten der Sache oder die grundsätzliche Bedeutung der Rechtssache ergeben oder
2. die Parteien dies übereinstimmend beantragen.

2 Die Kammer übernimmt den Rechtsstreit, wenn die Voraussetzungen nach Satz 1 Nr. 1 vorliegen. 3 Sie entscheidet hierüber nach Anhörung der Parteien durch Beschluss. 4 Eine erneute Übertragung auf den Einzelrichter ist ausgeschlossen.

III Auf eine erfolgte oder unterlassene Übertragung, Vorlage oder Übernahme kann ein Rechtsmittel nicht gestützt werden.

Schrifttum (je zum alten Recht): *Ketelaer,* Der alleinentscheidende Einzelrichter des § 348 ZPO, Diss Bonn 1985; *Rottleuthner* DRiZ **89**, 164 (Rechtstatsachen); *Rottleuthner/Böhm/Gasterstädt,* Rechtstatsächliche Untersuchung zum Einsatz des Einzelrichters usw, 1992; *Stackmann,* Der Einzelrichter im Verfahren vor den Land- und Oberlandesgerichten, 2006.

Gliederung

1 **1) Systematik, I–III.** Die „umgetaufte" Vorschrift entspricht teilweise dem früheren § 348. § 348 a gilt nach den klaren Eingangsworten in I nur hilfsweise dann, wenn nicht § 348 I eine Zuständigkeit begründet. Die Vorschrift ähnelt aber dem § 348 in den Voraussetzungen und im Verfahren erheblich. Sie gilt wie § 348 nur in der ersten Instanz. Im Berufungsverfahren enthalten §§ 526, 527 vorrangige Sonderregeln. In der Revisionsinstanz macht § 555 II die §§ 348, 348 a unanwendbar. § 375 bleibt unverändert bestehen.

2 **2) Regelungszweck, I–III.** Die Vorschrift dient vordergründig der Arbeitsentlastung des Kollegiums. Sie dient in Wahrheit mindestens ebenso fiskalischen Interessen, die der Rechtssicherheit nach Einl III 43 nicht sonderlich guttun. Sie stärkt andererseits im Ergebnis die einzelne Richterpersönlichkeit. Der obligatorische Einzelrichter arbeitet wie der originäre praktisch fast wie ein Amtsrichter und ganz so, solange er sich für zuständig hält und keine Übernahmeanträge der Parteien nach II Z 2 vorliegen. Das dient der Prozeßwirtschaftlichkeit, Grdz 14 vor § 128. Ob die Gerechtigkeit nach Einl III 9, 36 gesicherter ist, weil statt eines Amtsrichters wegen eines über dessen sachliche Zuständigkeit hinausgehenden Streitwerts zwar formell das LG, dieses aber „nur" in Gestalt seines Einzelrichters fungiert, läßt sich wohl doch in so manchem Fall bezweifeln. Freilich sind die Möglichkeiten des obligatorischen Einzelrichters zur Vorlage an das Kollegium zwecks dessen Übernahme nach II Z 1 erheblich geringer als bei dem originären Einzelrichter nach § 348. Das alles sollte man bei der Auslegung vorsichtig mitabwägen.

3 **3) Geltungsbereich, I–III.** Er ist derselbe wie bei § 348 Rn 3.

4 **4) Keine Zuständigkeit nach § 348, I.** Voraussetzung des Einsatzes des obligatorischen Einzelrichters nach § 348 a ist, daß ein Einzelrichter nach § 348 nicht tätig werden darf. Vgl dazu die dortigen Rn 9–24. Gerade derjenige Proberichter, der noch nicht ein Jahr hindurch planmäßig als Zivilrichter tätig war, kann sehr wohl als Einzelrichter nach § 348 a tätig werden.

5 **5) Grundsatz: Übertragungszwang, I Hs 1.** Der bei § 348 I im Grundsatz unmittelbar kraft Gesetzes eintretenden Zuständigkeit des originären Einzelrichters entspricht beim obligatorischen Kollegen nach § 348 a I Hs 1 der Grundsatz, daß das Kollegium zwar tätig werden und stets zunächst einen Beschluß fassen muß, daß es aber das Weitere auf den obligatorischen Einzelrichter übertragen muß. Das Wort „soll" aus § 348 I aF heißt jetzt einfach „überträgt" und bringt damit ein „muß übertragen" zum Ausdruck. Damit entfallen jedenfalls alle bloßen Zweckmäßigkeitserwägungen oder persönlichen Neigungen etwa des Kammervorsitzenden in Richtung Übertragung oder Nichtübertragung jetzt wenigstens offiziell. Wie weit sie

versteckt hinter Erwägungen vor allem zu I Z 1 oder 2 weiterhin eine Rolle spielen können, ist eine dem Erkenntnisvermögen der Kollegen überlassene andere Frage.

6) Gesamtübertragung, I. Nur zur Entscheidung darf die erstinstanzliche Zivilkammer den Rechtsstreit dem Einzelrichter übertragen. Der vorbereitende Einzelrichter ist nach § 375 bei der Zivilkammer möglich, außerdem bei der Kammer für Handelssachen nach § 349 und beim Berufungsgericht, § 526, Köln NJW **76**, 2219. Die Übertragung auf den Einzelrichter ist auch keineswegs eine bloß interne arbeitsorganisatorische Maßnahme mehr. Deshalb ist auch keine Übertragung unter dem Vorbehalt eines Rückrufs usw zulässig, Karlsr VersR **86**, 663. Der Einzelrichter darf Rückübertragung vielmehr nur unter den Voraussetzungen II 1 vornehmen, Köln NJW **76**, 1102. Die Begriffe „Sache" in I umfassen nach dem Entlastungszweck, Üb 1 vor § 348, auch zB das Prozeßkostenhilfeverfahren, §§ 114 ff, das Arrest-, einstweilige Verfügungsverfahren, §§ 916 ff, 935 ff, das selbständige Beweisverfahren, §§ 485 ff, Geffert NJW **95**, 506, und andere Nebenverfahren mit oder ohne eine mündliche Verhandlung. 6

Mit der Übertragung auf ihn geht die *gesamte Tätigkeit* des Gerichts in dieser Sache unbegrenzt auf den Einzelrichter über, Karlsr VersR **86**, 663, Köln NJW **77**, 1159, Schultze NJW **77**, 2295. Das gilt auch zB bei einer Verweisung nach § 281. Sie macht also den Einzelrichter des anderen Gerichts zuständig, Kblz MDR **86**, 153. Das gilt ferner im Nachverfahren nach §§ 302, 600, für die Streitwertfestsetzung nach §§ 3 ff, für die Einstellung der Zwangsvollstreckung nach §§ 707, 719 oder nach §§ 887 ff, Kblz MDR **78**, 851, Mü MDR **83**, 499, für eine Entscheidung nach §§ 319–321 a, für die Entscheidung über eine Ablehnung nach §§ 42 ff, Mü MDR **83**, 498, oder im Kostenfestsetzungsverfahren nach §§ 103 ff, Hamm MDR **93**, 384, VGH Kassel AnwBl **86**, 412.

Der Einzelrichter ist nunmehr das *erkennende Gericht,* Karlsr VersR **86**, 663, Schlesw SchlHA **78**, 69. Auch vor ihm besteht ein Anwaltzwang wie sonst vor dem Prozeßgericht, § 78 Rn 1. Er kann erst auf Grund einer eigenen mündlichen Verhandlung entscheiden, § 309, Köln NJW **77**, 1159. Seine Zwischenentscheidung bindet das Kollegium nach einer Rückübertragung, § 318. § 140 ist im Verhältnis zwischen dem Einzelrichter und dem Kollegium unanwendbar. Sie sind auch nicht verschiedene Instanzen.

Allenfalls durch eine *Zurückverweisung* nach § 538 *oder durch eine Rückübertragung* nach II 1 bekommt die Zivilkammer oder deren Vorsitzender wieder irgendetwas mit der Sache zu tun, Karlsr VersR **86**, 663, Putzo NJW **75**, 187. Schon seine Hilfe vor der Rückübertragung wäre verfassungsrechtlich bedenklich. In der Regel erfolgt die Zurückverweisung freilich an den Einzelrichter, Schlesw SchlHA **78**, 69. Die Bestellung eines beauftragten oder ersuchten Richters nach §§ 361, 362 durch die Zivilkammer ist demgegenüber im Rahmen des § 375 zulässig. Wegen der Übertragung nur der Beweisaufnahme § 375 Rn 2, 3, 16.

7) Zulässigkeit einer Übertragung, I. Die Übertragung ist nur beim Zusammentreffen der drei folgenden zusätzlichen Voraussetzungen notwendig. Über das Vorliegen dieser Voraussetzungen entscheidet keineswegs der infrage kommende Einzelrichter, sondern das Kollegium. 7

A. Keine besonderen Schwierigkeit, I Z 1. Der Einzelfall, die „Sache", darf keine besonderen Schwierigkeiten aufweisen. Nicht jede Schwierigkeit verbietet eine Übertragung auf den Einzelrichter, sondern nur eine besondere Schwierigkeit. Wegen der Einzelheiten gilt dasselbe wie bei § 348 Rn 39. Das gilt unabhängig davon, daß dort eine besondere Schwierigkeit *vorliegen,* hier aber *fehlen* muß. Das ist bei Arzthaftung kaum so, Karlsr RR **06**, 205.

B. Keine grundsätzliche Bedeutung, I Z 2. Eine im Einzelfall entstehende Rechtsfrage, die die Sache zur „Rechtssache" macht, darf außerdem auch keine grundsätzliche Bedeutung haben. Wegen dieses Begriffs und der Einzelheiten gilt auch hier dasselbe wie bei § 348 Rn 40, 41, unabhängig davon, daß dort eine besondere Bedeutung *vorliegen,* hier aber *fehlen* muß. 8

C. Zeitschranke, I Z 3. Anders als bei § 348 Rn 38 muß man nach I Z 3 außerdem noch die Zeitschranke beachten. Die Übertragung ist nur bis zum Beginn der umfassend vorbereiteten Verhandlung zur Hauptsache zulässig, § 137 Rn 7, §§ 272 I, 279. Brdb RR **00**, 1339, Hamm MDR **93**, 576, Jena MDR **99**, 501. 9

D. Beispiele zur Frage der Zeitschranke, I Z 3

Angriffs- und Verteidigungsmittel: Zulässig bleibt eine Übertragung nach einer Verhandlung vor dem Kollegium nur über einzelne Angriffs- oder Verteidigungsmitel nach Einl III 70.

Anspruchsgrund: Zulässig bleibt eine Übertragung nach einer Verhandlung vor dem Kollegium nur zum Anspruchsgrund, s „Zwischenurteil".

Beweisbeschluß: Zulässig bleibt eine Übertragung bei oder nach einem vor der mündlichen Verhandlung nach § 358 a erlassenen Beweisbeschluß, Schlesw SchlHA **78**, 69.

Unzulässig wird sie nach einem Beweisbeschluß des Kollegiums nach § 358, Köln RR **95**, 512.

Einführung in Sach- und Streitstand: Zulässig bleibt eine Übertragung, soweit die Einführung zwar im Haupttermin erfolgt, aber vor der Sachantragstellung, §§ 137 I, 297 I, dort Rn 4.

Entscheidungsgründe: Es kann ratsam sein, daß der Einzelrichter am Beginn seiner Entscheidungsgründe knapp, aber nachvollziehbar darstellt, daß und weshalb eine Übertragung noch zulässig war. Denn damit kann er dem etwaigen Vorwurf eines schweren Verfahrensfehlers durch eine angebliche Nichtachtung des Art 101 I 2 GG (Gebot des gesetzlichen Richters) vorbeugen, Rn 10.

Entscheidungsreife: *Unzulässig* ist eine Übertragung ab der Entscheidungsreife nach § 300 Rn 6 in ihrem jeweiligen Umfang.

Erörterung: Zulässig bleibt eine Übertragung, soweit eine Erörterng zwar im Haupttermin erfolgt, aber vor der Sachantragstellung, §§ 137 I, 297 I, dort Rn 4.

Früher erster Termin: I Z 3 gilt auch bei ihm, Jena MDR **99**, 501, Mü RR **86**, 1512 (mit nicht überzeugender und unnötiger Begründung mittels § 128 II 2), aM Düss MDR **80**, 943, Hamm MDR **93**, 1236, ThP 9 (aber auch ein früher erster Termin kann ein vollgültiger Haupttermin sein, § 272 Rn 4). Es kommt mangels seiner eindeutigen Bezeichnung auf die Vorbereitung und den Ablauf an, Düss RR **96**, 638, Mü MDR **85**, 679, sofern man überhaupt differenzieren will.

Güteverhandlung: Zulässig bleibt die Übertragung auch nach einer Güteverhandlung. Denn sie ist gerade noch keine mündliche Verhandlung und erst recht noch kein Haupttermin, § 279 I 1.

Hinweis: Zulässig bleibt die Übertragung auch nach einem Hinweis des Gerichts nach § 139, bevor es den ersten Sachantrag entgegengenommen hat, § 137 I.

Mehrheit von Terminen: Zulässig sein kann eine Übertragung auch nach mehreren Haupt- oder sonstigen Terminen, soweit die Parteien dort jeweils noch nicht zur Hauptsache verhandelt hatten. Das übersieht Kblz MDR **85**, 66.

Rechtsmißbrauch: Er ist wie stets unstatthaft, Einl III 54. Daher kann eine Manipulation des Gerichts durch eine mißbräuchliche Veranlassung zur (Noch-)Nichtstellung eines Sachantrags zur *Unzulässigkeit* einer Übertragung führen, Oldb MDR **82**, 856.

Sachantrag: Zulässig bleibt eine Übertragung bis zur Entgegennahme des ersten Sachantrags zur Hauptsache nach § 137 I gemäß § 39 Rn 6.

Vgl aber auch „Rechtsmißbrauch".

Schriftliches Verfahren: Nach einem solchen nach § 128 II gelten keine besonderen Zulassungsvoraussetzungen, LG Ffm RR **95**, 1211 (Versäumnisurteil).

Schriftliches Vorverfahren: Nach einem solchen nach § 276 gelten keine besonderen Zulassungsvoraussetzungen.

Teilurteil: Zulässig bleibt eine Übertragung auch nach einem Teilurteil zB nach § 301. Das folgt aus dem Wortlaut von I Z 3 Hs 2. Das gilt freilich nur bis zum Sachantrag im folgenden Haupttermin.

Versäumnisurteil: S „Schriftliches Verfahren".

Verweisung: Zulässig bleibt eine Übertragung nach einem Haupttermin vor dem AG.

Vorbehaltsurteil: Zulässig bleibt eine Übertragung auch nach einem Vorbehaltsurteil zB nach §§ 302, 599. Das folgt aus dem Wortlaut von I Z 3 Hs 2. Es gilt freilich nur bis zum Sachantrag im folgenden Haupttermin.

Zwischenurteil: Zulässig bleibt eine Übertragung auch nach einem Zwischenurteil zB nach §§ 280 II, 303, 304. Das folgt aus dem Wortlaut von I Z 3 Hs 2. Das gilt freilich nur bis zum Sachantrag im folgenden Haupttermin.

10 **8) Übertragungsbeschluß, I.** Die Übertragung ergeht durch einen Beschluß ohne eine notwendige mündliche Verhandlung, I, § 128 IV. Diesen Beschluß faßt das Kollegium und nicht etwa der Einzelrichter oder der Berichterstatter, Ffm NJW **77**, 301. Der Beschluß ordnet nicht nur die Übertragung schlechthin an, sondern auch die Übertragung auf einen bestimmten Einzelrichter, Müller DRiZ **76**, 43. Es liegt ja ein vom Vorsitzenden nach § 21 g II, III GVG aufgestellter Plan vor, den der Vorsitzende nur nach § 21 g II letzter Hs GVG ändern darf, Schuster NJW **75**, 1495. Der Vorsitzende ist am Beschluß auch dann beteiligt, wenn er selbst zum Einzelrichter wird. Es ist also ein Beschluß der gesamten Kammer notwendig. Bloße Formfehler sind heilbar, Köln NJW **76**, 680, etwa dann, wenn das Kollegium den Beschluß gefaßt hat, aber nur der Einzelrichter ihn unterschrieben hat.

Eine echte bloße *Selbstbestellung* des Einzelrichters ist wegen greifbarer Gesetzwidrigkeit (zu diesem fragwürdigen Begriff § 127 Rn 25, § 567 Rn 10), Seidel ZZP **99**, 82, ein unheilbarer Mangel, § 295 Rn 25 „Einzelrichter". Dieser führt auf einen Antrag evtl zur Zurückverweisung an die gesamte Kammer, (jetzt) § 538, KG MDR **79**, 764, Köln NJW **76**, 1102, Schlesw JB **96**, 42. Dasselbe gilt nach einer mißbräuchlichen Übertragung, Einl III 54, Nürnb OLGZ **93**, 197, Oldb MDR **82**, 856.

Eine formell ordnungsgemäße Übertragung ist *grundsätzlich unanfechtbar,* III. Trotzdem ist eine ganz kurze Begründung ratsam, § 329 Rn 4. Das gilt zumal bei einer völligen Verkennung der Voraussetzungen einer Übertragung eine sofortige Beschwerde denkbar ist, Schlesw NJW **88**, 69, wenn auch nicht schon wegen der Versagung des rechtlichen Gehörs, Celle MDR **94**, 1146. Das gilt jedenfalls bei einer Entscheidung entgegen den Anträgen einer Partei, § 707 Rn 17. Das Kollegium muß seine Entscheidung verkünden oder beiden Parteien formlos mitteilen, § 329 I, II 1, auch den Streithelfern usw. Ein Verstoß ist unheilbar. Denn er richtet sich gegen Art 101 I 2 GG, § 295 Rn 25 „Einzelrichter" (dort zur Streitfrage).

Von ihrer Wirksamkeit nach § 329 Rn 26 an ist die Entscheidung *unabänderlich.* Denn der Rechtsstreit schwebt nunmehr nur noch beim Einzelrichter, § 318. Den nächsten Termin bestimmt erst dieser Einzelrichter. Die schon laufenden Beweiserhebungen zB durch Sachverständige nehmen ihren Fortgang. Alle diesbezüglichen Entscheidungen liegen nunmehr nur beim Einzelrichter. Er bezeichnet sich zB „als obligatorischer Einzelrichter" oder „als der zur Entscheidung (oder: der gemäß § 348 a ZPO) berufene Einzelrichter der Zivilkammer X". Gegen seine Entscheidung ist der gegen die Entscheidung des Prozeßgerichts zulässige Rechtsbehelf statthaft, Kblz Rpfleger **78**, 329.

11 **9) Vorlagepflicht in Sonderfällen, II 1.** In einer Abweichung von dem Grundsatz I 1 (Einzelrichter wegen Übertragungszwangs) eröffnet II in zwei Sonderfällen ein dem § 348 III 1 gleichendes Verfahren, dort Rn 34, 35.

12 **A. Vorlage.** Es gelten dieselben Erwägungen wie § 348 Rn 36.

13 **B. Gesamtvorlage.** Es gelten dieselben Erwägungen wie § 348 Rn 37.

14 **C. Wesentliche Änderung der Prozeßlage, II 1 Z 1.** Eine Vorlagepflicht des obligatorischen Einzelrichters entsteht, sobald die folgende Situation eintritt. Es muß eine Änderung der Prozeßlage vorliegen. Es muß außerdem diese Änderung wesentlich sein, nicht bloß geringfügig. Es reicht ferner aus, daß die Änderung zwar erheblich ist, daß sie aber nicht schon zur Zeit der Übertragung auf den Einzelrichter vorhersehbar gewesen war, Karlsr VersR **86**, 663. Beispiele: Ein völlig neuer Parteivortrag; ein völlig neues Beweisergebnis nach der Übertragung; eine Rechtsänderung; eine jetzt erst erklärte Haupt- oder Hilfsaufrechnung, § 145 Rn 2 ff; eine Klagänderung, §§ 263, 264; eine Widerklage, Anh § 253.

15 **D. Besondere Schwierigkeit usw, II 1 Z 1 Hs 1.** Es muß sich gerade aus der wesentlichen Änderung der Prozeßlage nach Rn 14 eine besondere Schwierigkeit der Sache in tatsächlicher und/oder rechtlicher Art ergeben *oder* der Fall Rn 16 eingetreten sein. Zur besonderen Schwierigkeit gilt dasselbe wie bei § 348 Rn 39.

E. Grundsätzliche Bedeutung usw, II 1 Z 1 Hs 2. Soweit die Bedingung Rn 15 nicht vorliegt, muß sich gerade aus der wesentlichen Änderung der Prozeßlage nach Rn 14 die grundsätzliche Bedeutung der Rechtssache ergeben haben. Zu diesen Begriffen gilt dasselbe wie bei § 348 Rn 40, 41. Eine Vorlage ist also keineswegs schon deshalb zulässig, weil sich der Einzelrichter der Sache in ihrem Umfang nicht mehr gewachsen fühlt. Denn das ist systemwidrig, Baur ZZP **91**, 330. Er muß sich dann durchbeißen. Ebensowenig ist eine Vorlage schon wegen eines bloßen Irrtums der Zivilkammer darüber zulässig, es liege kein Fall von I Z 1 vor. Der Einzelrichter hat also keineswegs ein freies Ermessen, Kramer JZ **77**, 16 (mit anderer Begründung), aM Köln NJW **76**, 680 (aber das Gesetz engt die Möglichkeiten einer Vorlage bewußt ein). **16**

F. Übereinstimmende Parteianträge, II 1 Z 2. Unabhängig davon, ob die Bedingungen Rn 15, 16 vorliegen, muß der obligatorische Einzelrichter den Rechtsstreit dem Kollegium vorlegen, wenn die Parteien es übereinstimmend beantragen. Wegen der Einzelheiten gilt dasselbe wie bei § 348 Rn 43, 44. **17**

10) Übernahmepflicht der Kammer, II 2. Es gelten dieselben Erwägungen wie bei § 348, Rn 43, 44. Das gilt insbesondere zur Auslegung dahin, daß das Kollegium auch bei II 1 Z 2 sehr wohl entscheidet, und zwar endgültig. **18**

11) Parteianhörung, II 3. Im Gegensatz zu § 348 III 2, dort Rn 45, darf und muß das Kollegium zumindest diejenige Partei anhören, die von einer ihr nachteiligen Entscheidung betroffen würde. Eine Anhörung nach Art 103 I GG erfordert eine nach der Gesamtlage ausreichende Frist zur Stellungnahme. Eine gerade auch „mündliche" Anhörung ist nicht erforderlich. Denn die anschließende Entscheidung ergeht in der Beschlußform, §§ 128 IV, 329. Das Kollegium muß die Fristsetzung aktenkundig machen. Ein Zustellungsfehler kann nach § 189 heilen. **19**

12) Entscheidung durch Beschluß, II 3. Es gelten dieselben Erwägungen wie bei § 348 Rn 46–48. **20**

13) Keine erneute Übertragung, II 4. Es kommt keine erneute Übertragung auf den Einzelrichter in Betracht, ebensowenig wie bei § 348 II 4 eine Zurückübertragung, dort Rn 49. **21**

14) Unanfechtbarkeit, III. Es ist grundsätzlich kein Rechtsmittel zulässig, weder gegen eine erfolgte noch gegen eine unterlassene Übertragung, Vorlage oder Übernahme, ebensowenig wie bei § 348 IV, dort Rn 50. Eine greifbare Gesetzeswidrigkeit mag ganz ausnahmsweise eine Anfechtbarkeit nach § 574 zulassen, wie bei § 348 Rn 51. **22**

349 *Vorsitzender der Kammer für Handelssachen.*

[I] [1] **In der Kammer für Handelssachen hat der Vorsitzende die Sache so weit zu fördern, dass sie in einer mündlichen Verhandlung vor der Kammer erledigt werden kann.** [2] **Beweise darf er nur insoweit erheben, als anzunehmen ist, dass es für die Beweiserhebung auf die besondere Sachkunde der ehrenamtlichen Richter nicht ankommt und die Kammer das Beweisergebnis auch ohne unmittelbaren Eindruck von dem Verlauf der Beweisaufnahme sachgemäß zu würdigen vermag.**

[II] **Der Vorsitzende entscheidet**

1. **über die Verweisung des Rechtsstreits;**
2. **über Rügen, die die Zulässigkeit der Klage betreffen, soweit über sie abgesondert verhandelt wird;**
3. **über die Aussetzung des Verfahrens;**
4. **bei Zurücknahme der Klage, Verzicht auf den geltend gemachten Anspruch oder Anerkenntnis des Anspruchs;**
5. **bei Säumnis einer Partei oder beider Parteien;**
6. **über die Kosten des Rechtsstreits nach § 91 a;**
7. **im Verfahren über die Bewilligung der Prozesskostenhilfe;**
8. **in Wechsel- und Scheckprozessen;**
9. **über die Art einer angeordneten Sicherheitsleistung;**
10. **über die einstweilige Einstellung der Zwangsvollstreckung;**
11. **über den Wert des Streitgegenstandes;**
12. **über Kosten, Gebühren und Auslagen.**

[III] **Im Einverständnis der Parteien kann der Vorsitzende auch im Übrigen an Stelle der Kammer entscheiden.**

[IV] **Die §§ 348 und 348 a sind nicht anzuwenden.**

Schrifttum: *Weil,* Der Handelsrichter und sein Amt, 3. Aufl 1981.

Gliederung

1 **1) Systematik, I–IV.** Während in der erstinstanzlichen Zivilkammer ein Einzelrichter nur noch dann zulässig ist, falls er diesen Rechtsstreit kraft Gesetzes nach § 348 oder durch einen Kollegialbeschluß nach § 348 a insgesamt zur Entscheidung übertragen erhalten hat, ist gerade diese Übertragung in der erstinstanzlichen Kammer für Handelssachen unzulässig, IV, auch wegen der Stellung der Handelsrichter (wegen der Beschwerdeinstanz Üb 3 vor § 348). Der Vorsitzende ist nicht mit dem Einzelrichter der Zivilkammer verwechselbar, Karlsr NJW **02**, 1963, aM ZöGu § 568 Rn 2 (aber es bestehen nun wirklich unverkennbar erhebliche Unterschiede, Rn 2). Das Gesetz nennt ihn deshalb auch nicht einen Einzelrichter. Er darf grundsätzlich nur vorbereitend tätig werden. Er darf und muß jedoch in zahlreichen Situationen allein entscheiden, II. Beim Einverständnis der Parteien darf er auch umfassend allein entscheiden, III. Er bestimmt nach seinem pflichtgemäßen Ermessen, ob er den ersten Termin vor sich allein durchführt. Er wird jedenfalls bis zur mündlichen Verhandlung ohne eine förmliche Übertragung auf ihn tätig.

Seine Stellung entspricht also *keineswegs* derjenigen des *Einzelrichters* der §§ 348, 348 a, die unanwendbar sind, IV, Zweibr NJW **02**, 2722 (zu § 568). Sie entspricht aber derjenigen des Einzelrichters der §§ 526, 527. Sie ist gegenüber der letzteren bei einer Beweiserhebung zum Teil enger, bei einer Entscheidung zum Teil weiter gefaßt. Im Rahmen des § 349 ist der Vorsitzende weder ein beauftragter Richter noch ein nach §§ 361, 362 ersuchter Richter, sondern das Prozeßgericht, Bergerfurth NJW **75**, 335. Der Vorsitzende kann beauftragte oder ersuchte Richter wie die Kammer für Handelssachen bestellen. Eine Versäumung von Vorbringen vor ihm kann eine Zurückweisung durch das Kollegium rechtfertigen, Bergerfurth NJW **75**, 335.

2 **2) Regelungszweck, I–IV.** Die Stellung des Vorsitzenden der Kammer für Handelssachen unterscheidet sich von derjenigen eines Zivilkammer-Vorsitzenden schon deshalb erheblich, weil man den Aufgabenkreis der ehrenamtlichen Handelsrichter naturgemäß nur bedingt mit demjenigen der vollamtlichen Beisitzer der Zivilkammer vergleichen kann. Daher macht IV auch §§ 348, 348 a gänzlich unanwendbar, und daher gibt zwar III den Parteien die Möglichkeit, den Vorsitzenden insgesamt allein tätig werden zu lassen. Andererseits schafft I 1 den Grundsatz, daß ohne solchen Parteiwillen der Vorsitzende ähnlich wie im Schöffengericht zwar umfassend vorbereitet, daß das Kollegium aber verhandeln läßt und entscheidet.

Behutsamkeit ist vor allem bei der Klärung nötig, ob man ein Einverständnis nach IV anregen, annehmen, herbeireden oder „abwimmeln" kann. Die Sachkunde erfahrener Handelsrichter ist oft ebensowenig entbehrlich wie die Fachkunde des Vorsitzenden. Eine Überlastung kann für wie gegen die Mitwirkung der Handelsrichter sprechen.

3 **3) Geltungsbereich, I–IV.** Vgl zunächst Üb 4 vor § 348. Unstatthaft ist eine vorbereitende Tätigkeit des Vorsitzenden bei einem Arrest oder bei einer einstweiligen Verfügung. Denn eine solche Tätigkeit ist mit deren Natur unvereinbar (Ausnahmen: Einverständnis, III, Rn 15). In der Berufungsinstanz gehen (jetzt) §§ 526, 527 vor, Putzo NJW **75**, 188, Schuster BB **75**, 541. In der Beschwerdeinstanz hat § 568 den Vorrang. Im (jetzt) FamFG-Verfahren gilt § 349 nicht, Naumb FGPrax **00**, 72.

4 **4) Förderungsgrundsatz, I 1.** Der Vorsitzende muß die Sache so weit fördern, daß vor der gesamten Kammer für Handelssachen möglichst nur ein einziger Verhandlungstermin erforderlich ist, § 279. Was zulässig, ratsam, unzweckmäßig ist, muß der Vorsitzende nach seinem pflichtgemäßen Ermessen prüfen. Die Anhörung der Parteien ist anders als bei § 348 a II nicht grundsätzlich notwendig. Sie ist aber evtl im Einzelfall zumindest ratsam.

Die Förderung umfaßt *alle denkbaren Maßnahmen,* insbesondere alle prozeßleitenden nach § 273, Fristsetzungen zB nach §§ 275 I, III, IV, 276 und den Versuch einer gütlichen Einigung nach § 278. Ausnahmen können nur nach I 2 entstehen. So kann zB ein Termin vor dem Kollegium zunächst etwa wegen der Schwierigkeit und wegen der Bedeutung der Sache ratsam sein, Bergerfurth NJW **75**, 332. Dann aber mag er wegen eines inzwischen eingegangenen Schriftsatzes nicht mehr ratsam bleiben. Vielmehr mag statt dessen eine weitere Vorbereitung oder eine Entscheidung durch den Vorsitzenden nötig werden. Während der Vorbereitung darf der Vorsitzende die ehrenamtlichen Richter nicht zuziehen. Sie sind dann auch noch nicht mitverantwortlich. Es ist natürlich zulässig, daß der Vorsitzende mit ihnen eine informatorische Rücksprache nimmt. Eine Verhandlungsreife vor dem Kollegium liegt vor, wenn nur noch solche Maßnahmen in Betracht kommen, die es vornehmen muß, weil ihm sonst eine Überzeugungsbildung unmöglich würde.

5 **5) Beweis, I 2.** Man sollte großzügig vorgehen.

A. Grundsatz: Keine zu enge Begrenzung der Befugnisse. Eine Beweiserhebung durch den Vorsitzenden ist eine Ausnahme vom Grundsatz der Unmittelbarkeit der Beweisaufnahme, § 355 I 1. Daher darf man die Vorschrift an sich nicht weit auslegen. I 2 geht als eine engere Spezialvorschrift § 358 a grundsätzlich vor. Freilich findet sich dort ein ähnlicher Grundgedanke. Daher ist § 358 a zur Abgrenzung des nach I 2 Erlaubten mit heranziehbar. Beide Vorschriften nennen ja auch eine Förderungspflicht durch den Vorsitzenden. Daher darf man die Befugnisse des Vorsitzenden nicht allzu eng begrenzen, Bergerfurth NJW **75**, 332. Er darf zB nach §§ 360, 366, 380, 387, 391 vorgehen.

B. Befugnis. Der Vorsitzende darf zB derart tätig werden, wenn zur Zeit des Beweisbeschlusses voraussichtlich sowohl eine besondere Sachkunde der Beisitzer unerheblich ist als auch deren sachgemäße Beweiswürdigung auch ohne einen unmittelbaren eigenen Eindruck vom Verlauf der Beweisaufnahme möglich sein wird. Beide Voraussetzungen sind praktisch kaum trennbar. Wenn schon die Auswahl der Beweismittel, die Formulierung des Beweisbeschlusses, die Sichtung der Urkunden usw nur unter der Mitwirkung der ehrenamtlichen Richter sinnvoll sind, ist meist auch nur mit ihrer Hilfe eine sachgemäße Beweiswürdigung möglich. 6

C. Fehlen einer Befugnis. Umgekehrt setzen evtl nötige sachkundige Zusatzfragen an einen Zeugen oft schon einen sachkundigen Beweisbeschluß voraus. Daher wird eine Beratung der gesamten Kammer bereits zu der Frage notwendig, welche der angetretenen Beweise das Gericht zunächst erheben soll. Man muß die Notwendigkeit mehrerer Termine zwecks einer sachkundigen Beweisaufnahme hinnehmen. Zwar darf der Vorsitzende seinen persönlichen Eindruck protokollieren, § 285 Rn 6. Trotzdem müßte das Gericht die Beweisaufnahme evtl nach § 398 wiederholen. Darüber entscheidet das Kollegium nach seinem pflichtgemäßen Ermessen. § 285 II ist anwendbar. Einen Eid oder eine eidesgleiche Bekräftigung kann grundsätzlich nur die gesamte Kammer für Handelssachen abnehmen. 7

D. Verstoß. Ein Verstoß gegen I 2 ist zwar ein Verfahrensfehler, §§ 286, 355, 545. Er läßt aber die Beweisaufnahme zunächst wirksam bleiben, § 355 II. § 295 ist anwendbar. Die Anfechtung ist nur zusammen mit derjenigen des Urteils möglich. Nach ihr erfolgt evtl eine Zurückverweisung, § 538. Bei einer extrem unzweckmäßigen Entscheidung des Vorsitzenden ist evtl eine Kostenniederschlagung nach § 21 GKG notwendig. Das gilt zB bei einer solchen, die hohe Gutachterkosten entstehen läßt, obwohl gegen die Notwendigkeit des Gutachtens gewichtige Gründe sprechen. 8

6) Befugnisse des Vorsitzenden nach II Z 1–2. Z 1–12 ermächtigt nach seinem Wortlaut den Vorsitzenden zwecks einer rascheren Prozeßbeendigung nach Grdz 14, 15 vor § 128 auch ohne das Einverständnis der Parteien zu sämtlichen Entscheidungen nach § 160 III Z 6 (Urteil, Beschluß, Verfügung) in den folgenden Fällen, Bergerfurth NJW **75**, 333. 9

A. Verweisung, II Z 1. In Betracht kommt jede Verweisung gleich welcher Art zB wegen der Unzulässigkeit des ordentlichen Rechtswegs oder wegen einer sachlichen oder örtlichen Unzuständigkeit nach § 281 ZPO, §§ 17, 17 a, 97, 99 GVG.

B. Zulässigkeitsrüge, II Z 2. Hierher gehören alle Entscheidungen über eine Rüge der Unzulässigkeit, soweit dazu eine abgesonderte Verhandlung stattfindet, §§ 146, 280, BGH RR **01**, 930, § 282 III, Z 1. Der Vorsitzende kann zB ein Zwischen- oder Endurteil mit einer Klagabweisung als unzulässig fällen oder einen Verweisungsbeschluß erlassen. Vgl auch Rn 13 (I, J). 10

C. Aussetzung. II Z 3. Hierher gehört grundsätzlich jede Aussetzung nach §§ 148 ff, auch ein Ruhenlassen nach § 251 (es gehört zum Titel „Unterbrechung und Aussetzung" nach §§ 239–252), auch die Entscheidung über die Ordnungsmäßigkeit der Aufnahme eines unterbrochenen oder ausgesetzten Verfahrens, §§ 155, 250. § 251 a fällt aber unter Z 5. Die Aussetzung nach Art 100 I GG fällt wegen der gleichzeitigen Verweisung unter Z 1, MüKoDe 11, StJSchu 19, aM ThP 5 (diese Entscheidung müsse das Kollegium treffen), ZöGre 7 (es sei dann III anwendbar. Aber beide Varianten beachten nicht genug den Vorrang von Z 1). 11

D. Klagerücknahme usw, II Z 4. Hierher gehören alle Entscheidungen nach einer Klagerücknahme, § 269 III IV, entsprechend nach einer Einspruchsrücknahme oder nach dem Verzicht auf sie, §§ 346, 516 III 2, ferner nach einem Anspruchsverzicht, § 306, nach einem Anerkenntnis, § 307, nach einer Berufungsrücknahme, §§ 516 III 2, 527 III Z 1, auch eine Entbindung, § 76, eine Entlassung, § 75, eine Übernahme, § 266.

E. Säumnis, II Z 5. Hierher gehören alle Entscheidungen auf Grund einer Säumnis, mag sie einseitig oder zweiseitig sein. Hierher fällt auch eine Entscheidung nach § 331 II. Denn auch das unechte Versäumnisurteil nach Üb 13 vor § 330 ergeht „bei Säumnis". Hierher gehören ferner Entscheidungen nach §§ 251 a, 303, 331 a, 335, 341, 345, ferner über ein Wiedereinsetzungsgesuch gegen die Versäumung der Einspruchsfrist, §§ 233, 238 II.

F. Erledigung, II Z 6. Hierher gehört die Entscheidung nach beiderseitigen wirksamen Erledigterklärungen wegen der Kosten, § 91 a, aber nicht eine solche bei einer einseitigen Erledigterklärung. Denn dann muß das Gericht die Entscheidung auch darüber treffen, ob die Hauptsache überhaupt erledigt ist, § 91 a Rn 170.

G. Prozeßkostenhilfe, II Z 7. Hierher gehören alle Entscheidungen im Prozeßkostenhilfeverfahren nach §§ 114 ff. Das gilt unabhängig davon, ob der Kläger oder der Bekl eine Prozeßkostenhilfe beantragt und ob die Entscheidung von den wirtschaftlichen Verhältnissen abhängt, von der Erfolgsaussicht oder vom Fehlen von Mutwillen. Das gilt auch bei einer Entscheidung nach §§ 118 II, 124. 12

H. Wechsel- und Scheckprozeß, II Z 8. Hierher gehören alle Entscheidungen im Wechsel- und Scheckprozeß, §§ 602, 605 a, nicht im sonstigen Urkundenprozeß, §§ 592–595, 597–599, Bergerfurth NJW **75**, 333. Denn eine Auslegung der Urkunde hängt oft von der Sachkunde der ehrenamtlichen Richter ab, und Rechtsfragen sind nur bei einem Wechsel oder Scheck meist allein erheblich. Der Vorsitzende darf jede Entscheidung fällen. Z 8 gilt nicht für das Nachverfahren, § 600, Bergerfurth NJW **75**, 334, oder nach einem Abstand, § 596.

I. Sicherheitsleistung, II Z 9. Hierher gehört die Entscheidung über die Art einer Sicherheitsleistung, § 108, auch für deren Höhe, § 112, oder für deren Frist, § 113, oder ihre Rückgabe, §§ 109, 715, aber nicht dazu, ob eine Sicherheitsleistung überhaupt notwendig ist. Denn Z 9 setzt eine erfolgte Anordnung ausdrücklich voraus. Die Zuständigkeit des Rpfl bleibt unberührt. 13

J. Einstellung der Zwangsvollstreckung, II Z 10. Hierher gehören alle Entscheidungen über eine einstweilige Einstellung der Zwangsvollstreckung, §§ 707, 719. Denn diese ist meist eilbedürftig. Unerheblich ist, ob die Einstellung mit einer Sicherheitsleistung oder ohne sie erfolgt. Der Vorsitzende kann aber nur bestimmen, soweit die Anordnung durch das Prozeßgericht erfolgen darf, zB nach §§ 707, 719, 769, nicht dann, wenn das Vollstreckungsgericht zuständig wäre, zB nach § 813 a I.

K. Streitwert, II Z 11. Hierher gehört jede Entscheidung über den Streitwert, §§ 3 ff, § 63 GKG, wegen der Zuständigkeit oder der Kosten oder wegen der Rechtsmittel, BayObLG DB **95**, 1169 (nicht im FGG-Verfahren, Üb 4 vor § 348).

L. Kosten, II Z 12. Hierher gehört jede erstinstanzliche Entscheidung wegen der Kosten, Gebühren und Auslagen, §§ 91 ff, auch zB bei der öffentlichen Zustellung des Kostenfestsetzungsbeschlusses nach §§ 104, 185 ff, Ffm MDR **87**, 414, oder bei einer Erinnerung gegen den Kostenfestsetzungsbeschluß, § 104 Rn 71, auch zB eine Abgabe an das Rechtsmittelgericht, § 104 Rn 74. Die Zuständigkeit des Rpfl bleibt unberührt.

14 **7) Weitere Befugnisse des Vorsitzenden, II.** Die Aufzählung des II ist lückenhaft, Bergerfurth NJW **75**, 333. Wenn der Vorsitzende die Sache bis zur Schlußverhandlung nach I 1 fördern soll, müssen ihm die dazu notwendigen Entscheidungen zustehen, soweit sie nicht den Streitstoff sachlich würdigen. Auch III ergibt nicht, daß die Entscheidung des Vorsitzenden außerhalb II nur im Einverständnis der Parteien zulässig wäre. III ergibt eher, daß diese Entscheidung auch im Einverständnis der Parteien erfolgen kann. Zwar hat der Gesetzgeber den Katalog der Zuständigkeiten des Vorsitzenden erweitert. Dennoch fehlen regelungsbedürftige Fälle. Man muß daher II ergänzen. Das ist freilich nur unter einer Beachtung der Grenzen des I zulässig. Der Vorsitzende darf daher auch zB die folgenden Entscheidungen treffen.

15 **A. Arrest, einstweilige Verfügung.** Hierher gehören Entscheidungen bei einem Arrest nach §§ 916 ff und bei einer einstweiligen Verfügung nach §§ 935 ff, soweit die Entscheidung dringlich ist, § 944, Bergerfurth NJW **75**, 334. Gerade hier wäre eine Verdrängung durch II sinnwidrig. Allerdings darf der Vorsitzende bei diesen Verfahren nicht außerhalb solcher Dringlichkeit entscheiden.

B. Selbständiges Beweisverfahren. Hierher gehören Entscheidungen beim selbständigen Beweisverfahren, §§ 486 I, 490. § 486 III scheidet hier ohnehin aus. Freilich muß man I 2 beachten.

C. Prozeßabweisung. Der Vorsitzende entscheidet ferner bei einer Prozeßabweisung nach Grdz 14 vor § 253, soweit nicht II Z 2 anwendbar ist.

D. Streithelfer. Der Vorsitzende entscheidet auch über die Zulassung von Streithelfern, § 71.

16 **E. Verbindung, Trennung.** Der Vorsitzende entscheidet über eine Verbindung oder Trennung der bisher vom Vorsitzenden allein bearbeiteten Prozesse nach §§ 145, 147, nicht der schon vor der gesamten Kammer für Handelssachen schwebenden Verfahren.

F. Wiedereinsetzung. Der Vorsitzende entscheidet über den Antrag auf eine Wiedereinsetzung gegen eine beim Vorsitzenden versäumte Frist, §§ 350, 233 ff.

G. Zeugnisverweigerung. Der Vorsitzende entscheidet auch über die Folgen der Verweigerung des Zeugnisses nach § 387, soweit die Beweisaufnahme nach I 2 durch den Vorsitzenden oder einen von ihm ersuchten Richter stattgefunden hat.

H. Sommersache. Der Vorsitzende entscheidet vorbehaltlich der Entscheidung des Kollegiums über die Fragen im Zusammenhang mit § 227 III 2 (Terminierung vom 1. 7. bis 31. 8.), dort Rn 54, aM (zum alten Recht) Ffm OLGZ **91**, 220 (aber das Gesetz gibt dem Kollegium nur den „Vorbehalt", den es freilich jederzeit ausüben darf).

I. Zwischenstreit mit Dritten. Der Vorsitzende entscheidet auch dann, § 303 Rn 1.

J. Beanspruchenstreit; Urheberbenennung, §§ 75, 76. Der Vorsitzende entscheidet auch in einem solchen Fall.

17 **8) Kammertermin, II.** II gibt keine ausschließliche Zuständigkeit. Im Kammertermin entscheidet das Kollegium, Bergerfurth NJW **75**, 334. Ausnahmen gelten nach III.

18 **9) Verstoß, II.** Bei einem Verstoß gegen II gilt § 350.

19 **10) Einverständnis der Parteien, III.** Im Einverständnis der Parteien kann, nicht muß, der Vorsitzende auch außerhalb II und Rn 14 entscheiden. Das gilt in einer vermögens- wie in einer nicht vermögensrechtlichen Sache, Grdz 9 ff vor § 1. Das Einverständnis muß unbedingt sein. Es ist auch für ein Verfahren ohne eine notwendige mündliche Verhandlung zulässig, § 128 IV. Es ist vor allem nicht auf eine bestimmte Richterperson und anders als bei § 128 II auch nicht auf die nächste Zwischenentscheidung beschränkbar. Das Einverständnis erstreckt sich freilich auch nicht automatisch auf eine spätere Widerklage nach Anh § 253, Nürnb MDR **78**, 323, oder auf eine sonstige spätere Erweiterung des Streitgegenstands nach § 2 Rn 4, Nürnb MDR **78**, 323. Eine unzweideutige schlüssige Handlung reicht, Nürnb MDR **78**, 323. Das Einverständnis wirkt nur für den Erklärenden. Bei Streitgenossen nach §§ 59 ff ist unter Umständen eine Verfahrenstrennung nach § 145 notwendig. Der Streitgehilfe kann das Einverständnis wirksam erklären, soweit er sich dadurch nicht zur Partei in einen Widerspruch setzt, § 67.

20 Das Einverständnis ist eine unwiderrufliche *Parteiprozeßhandlung*, Grdz 47 vor § 128. Der Vorsitzende erhält durch die Erklärung des Einverständnisses die unbeschränkte Stellung der Kammer für Handelssachen, auch im Rahmen der Zwangsvollstreckung, soweit dort das Prozeßgericht entscheidet, Bergerfurth NJW **75**, 335. Die Kostenfestsetzung erfolgt nach § 104 Rn 56.

21 **11) Unanwendbarkeit der §§ 348, 348 a.** Diese Vorschriften sind unanwendbar. Die Stellung des Vorsitzenden der Kammer für Handelssachen ist eben mit derjenigen des Einzelrichters einer Zivilkammer

nur begrenzt vergleichbar, Rn 1, 2, § 114 GVG. Daher kann die Kammer für Handelssachen den Prozeß weder auf den Vorsitzenden noch gar auf einen der Handelsrichter übertragen. Ein Handelsrichter kann freilich ein verordneter Richter sein, §§ 361, 375, Rn 1.

12) Rechtsmittel, I–IV. Vgl § 350. 22

350 *Rechtsmittel.* **Für die Anfechtung der Entscheidungen des Einzelrichters (§§ 348, 348 a) und des Vorsitzenden der Kammer für Handelssachen (§ 349) gelten dieselben Vorschriften wie für die Anfechtung entsprechender Entscheidungen der Kammer.**

1) Systematik, Regelungszweck. Die Vorschrift stellt durch ihre Verweisung klar, daß man die Entscheidungen der nach §§ 348, 348 a, 349 zuständigen Richter wegen ihrer Gesamtverantwortung im Gegensatz zu §§ 361, 362, 375 wegen der Rechtsbehelfe als solche des gesamten Kollegiums werten darf und muß, BGH **156**, 322. Das ist nicht nur nach Grdz 14 vor § 128 prozeßwirtschaftlich. Es ist auch ein Gebot der Rechtssicherheit nach Einl III 43, wenn man schon dem Einzelrichter den Rang der Zivilkammer gibt. Deshalb muß man die Vorschrift ohne jede Einschränkung strikt auslegen. 1

2) Geltungsbereich. Üb 4 vor § 348. 2

3) Einhaltung der Zuständigkeit. Trifft der Einzelrichter oder der Vorsitzende der Kammer für Handelssachen innerhalb seiner Zuständigkeit eine Entscheidung (Urteil, Beschluß, Verfügung, § 160 III Z 6), steht sie einer solchen seines Kollegiums völlig gleich. Sie ist eine Entscheidung „des Landgerichts“. In keinem Fall kann man etwa wie bei § 140 gegen sie das Kollegium anrufen. Das Kollegium kann eine Entscheidung des Einzelrichters nur nach einer Rückübertragung ändern, §§ 348 III 1, 348 a II 1. Das Kollegium kann die Entscheidung des Einzelrichters dann nur wie eine eigene behandeln, § 318. Das gilt auch dann, wenn es eine Entscheidung des Vorsitzenden der Kammer für Handelssachen ändern muß. Eine Zurückverweisung erfolgt an denjenigen Einzelrichter, der vorher tätig war, Köln NJW **76**, 1102. Ein Einverständnis nach § 349 III bleibt freilich wirksam, Bergerfurth NJW **75**, 335. 3

4) Überschreitung der Zuständigkeit. Bei einer Überschreitung der Zuständigkeit des Einzelrichters oder des Vorsitzenden der Kammer für Handelssachen erfolgt eine Zurückverweisung an das Kollegium, (jetzt) §§ 538 II Z 1, 547 Z 1, KG Rpfleger **79**, 230, Karlsr Just **79**, 15, StJSchu 2. Es kommt auch eine Nichtigkeitsklage in Betracht, § 579 I Z 1. § 295 ist ohnehin anwendbar, soweit nur ein Verstoß gegen die Geschäftsverteilung vorliegt, § 551 Rn 3 ff, aM Düss NJW **76**, 114 (aber ein solcher Verstoß ist kein Kapitalfehler). Bei § 349 gilt das jetzt auch im übrigen ohne eine Beschränkung auf vermögensrechtliche Sachen, wie aus § 349 III ableitbar ist. Es gilt wegen des Fehlens einer entsprechenden Vorschrift in § 348 aber nicht beim Einzelrichter der Zivilkammer, solange er nicht zurückübertragen hat. Bei § 524 muß man wegen dessen IV wie bei § 349 verfahren. Hat fälschlich das Kollegium entschieden, ist seine Entscheidung unangreifbar, (jetzt) § 513 II, Schneider DRiZ **78**, 336. 4

351–354 (weggefallen)

Titel 5. Allgemeine Vorschriften über die Beweisaufnahme

Übersicht

Schrifttum: *Balzer,* Beweisaufnahme und Beweiswürdigung im Zivilprozeß, 2. Aufl 2005; *Berger,* Beweisaufnahme vor dem Europäischen Gerichtshof, Festschrift für *Schumann* (2001) 27; *Ciyiltepe-Pilarsky,* Der Grundsatz der Verhältnismäßigkeit und seine Auswirkungen auf Beweisanwendungen, 1995; *Englisch,* Elektronisch gestützte Beweisführung im Zivilprozeß, Diss Regensb 1999; *Kofmel,* Das Recht auf Beweis im Zivilverfahren, Bern 1992; *Kollhosser,* Das Beweisantragsrecht usw, Festschrift für *Stree* und *Wessels,* 1993; *Maass,* Anwaltstätigkeit im Beweisverfahren der Zivilprozessordnung, 2002.

1) Systematik. Während §§ 285 ff die Beweiswürdigung regeln, enthält Titel 5 als Ausführungsvorschriften zu § 284 allgemeine Vorschriften über das im Hauptprozeß wie in vorläufigen Verfahren auf einen Arrest oder auf eine einstweilige Verfügung nach §§ 916 ff, 935 ff ergehende Beweisverfahren. Seine Protokollierung erfolgt nach §§ 159 ff, seine Darstellung im Urteil nach § 313. Demgegenüber regeln §§ 485 ff das sog selbständige Beweisverfahren, insbesondere zwecks Beweissicherung, auch soweit es parallel zum Hauptprozeß vor demselben Gericht abläuft. 1

2) Regelungszweck. §§ 355 dienen unterschiedlich scheinenden Zwecken, in Wahrheit demselben Ziel der Herbeiführung einer sachlichrechtlichen Gerechtigkeit nach Einl III 9, 36 in den Bahnen und Grenzen der Verfahrensgrundsätze nach Grdz 18 ff vor § 128 einschließlich des Verhältnismäßigkeitsgebots, Einl III 23, Ciyiltepe-Pilarsky (vor Rn 1). Das muß man bei der Auslegung mitbeachten. 2

3) Geltungsbereich. Die Vorschriften gelten in allen Verfahren nach der ZPO, auch im WEG-Verfahren, auch bei §§ 485 ff, Celle NZM **98**, 160, auch im arbeitsgerichtlichen Verfahren. § 46 II 1 ArbGG, mit den wenigen Besonderheiten des § 58 ArbGG, und auch vor dem Beschwerdegericht nach § 73 Z 2 GWB. Im FamFG-Verfahren gelten §§ 29, 30 FamG und können im Bereich des § 113 I 2 FamFG §§ 355 ff anwendbar sein. 3

4) Beweisantritt. Die Entscheidung, ob und zu welcher Behauptung das Gericht einen Beweis erheben darf und evtl muß, unterliegt grundsätzlich der Parteiherrschaft nach Grdz 18 vor § 128 und dem Beibringungsgrundsatz, Grdz 20 vor § 128. Wichtige Ausnahmen, nämlich eine Beweiserhebung von Amts 4 wegen nach Grdz 38 vor § 128 liegen vor zB bei §§ 144, 273 II 2, 293. Eine vertragliche Beschränkung der Beweismittel ist grundsätzlich zulässig, Einl III 11.

5 **5) Durchführung der Beweisaufnahme.** Diese Durchführung liegt als ein besonders gearteter Prozeßabschnitt weitgehend in der Entscheidung des Gerichts. Für dieses Verfahren gilt grundsätzlich der Amtsbetrieb. Die Parteien dürfen mitwirken. Sie dürfen aber nicht entscheidend eingreifen. Darum ist es kein „Nichtbetreiben" im Sinn des § 204 II 2 BGB, wenn sie nicht mitwirken.

6 **6) Beweisarten.** Titel 5 gilt für fast sämtliche Beweismittel der ZPO. Das sind: Augenschein, §§ 371–372 a; Zeugenbeweis, §§ 373–401, 414; Sachverständigenbeweis, §§ 402–413; Urkundenbeweis, §§ 415–444; Parteivernehmung, §§ 445–455. Formell erlaubt § 284 S 3–5 jede andere Beweisart unter der Voraussetzung des nur bedingt widerruflichen Einverständnisses der Parteien. Angesichts des unveränderten § 286 mit seiner Freiheit der Überzeugungsbildung hat § 284 S 3–5 praktisch nur eine geringe Bedeutung, § 284 Rn 1 § 286 Rn 4. Das Geständnis nach § 288 ist kein Beweismittel. Es fällt also nicht unter den Titel 5. Wegen der amtlichen Auskunft Üb 32 vor § 373. Das Beweisverfahren gliedert sich in die Beweisanordnung, die Beweisaufnahme und in einem weiteren Sinn auch in die Beweiswürdigung, § 286.

355 *Unmittelbarkeit der Beweisaufnahme.*

I [1] Die Beweisaufnahme erfolgt vor dem Prozessgericht. [2] Sie ist nur in den durch dieses Gesetz bestimmten Fällen einem Mitglied des Prozessgerichts oder einem anderen Gericht zu übertragen.

II Eine Anfechtung des Beschlusses, durch den die eine oder die andere Art der Beweisaufnahme angeordnet wird, findet nicht statt.

Schrifttum: *Koukouselis,* Die Unmittelbarkeit der Beweisaufnahme im Zivilprozeß usw, 1990; *Pantle,* Die Beweisunmittelbarkeit im Zivilprozeß, 1991; *Schneider,* Beweis und Beweiswürdigung, 5. Aufl 1994.

Gliederung

1 **1) Systematik, I, II.** Die Vorschrift enthält zwar kein Grundrecht, BVerfG NJW **08**, 2243. Sie enthält aber einen der tragenden Grundsätze der Beweis*aufnahme,* Kblz MDR **06**, 771, während § 286 den wichtigsten Grundsatz der Beweis*würdigung* nennt. § 357 steht neben § 355, §§ 358 ff enthalten Ausführungsvorschriften. §§ 373 ff enthalten die einzelnen Beweismittel. II hat den Vorrang vor §§ 567 ff. Ergänzend gelten §§ 156 ff GVG (Durchführung einer Rechtshilfe).

2 **2) Regelungszweck, I, II.** Das Gesetz steht mit Recht auf dem Standpunkt, daß nur eine möglichst frisch unter dem persönlichen Eindruck des erkennenden Gerichts vorgenommene Beweisaufnahme eine einigermaßen gerechte Würdigung verbürgt. Daher darf der Sachverständige nur begrenzt Ermittlungen vornehmen, § 407 a Rn 11.

In der Praxis findet so manche Beweisaufnahme nicht vor dem Prozeßgericht statt, sondern vor dem ersuchten Richter eines auswärtigen Gerichts, etwa am Wohnort des Zeugen. Das dient dann der Kostendämpfung, wenn die Parteien und ihre ProzBev den auswärtigen Termin nicht wahrnehmen. Tun sie es aber, wird die Kostenlast für den Verlierer umso höher. Im übrigen kann auch ein gutes Protokoll des ersuchten Richters mit der Aufnahme seines persönlichen Eindrucks nur bedingt diejenigen Wahrnehmungen ersetzen, die man zur erschöpfenden Würdigung der Aussage oder gar zu einer Augenscheinseinnahme braucht.

Vorladung vor dem Prozeßgericht ist deshalb öfter ratsam als weithin praktiziert. Die staatsbürgerliche Ehrenpflicht einer Beweisperson ist eine Folge des Vorrangs der Gerichts-, genauer: der Parteiinteressen. Diese dürfen freilich auch nicht beim vielbeschäftigten und von Sorgen oder anderen Terminen geplagten ruhe- oder urlaubsbedürftigen Zeugen oder Sachverständigen alles durcheinanderbringen. Fingerspitzengefühl und eine telefonische Abklärung können helfen, die Notwendigkeit einer Reise zum Gerichtsort besser beurteilen zu können. In solchem Geist sollte man I handhaben, zumal II sogleich endgültige Lösungen zu schaffen scheint. Eine Änderung des Beweisbeschlusses kann auch über die begrenzten Pflichten nach § 360 hinaus weitere Abhilfe in einer verfahrenen Situation schaffen.

3 **3) Geltungsbereich, I, II.** Vgl zunächst Üb 3 vor § 355. Die Vorschrift ist (jetzt) im FamFG-Verfahren zumindest im Bereich des § 113 I 2 FamFG mit denjenigen Abweichungen anwendbar, die sich aus der Natur dieses Verfahrens ergeben, Karlsr FGPrax **98**, 78, Zweibr MDR **89**, 649. In einer Arbeitssache gelten §§ 13, 58, 64 ArbGG.

4 **4) Unmittelbarkeit, I.** Man muß einen Grundsatz, Ausnahmen und einen Sonderfall unterscheiden.

A. Grundsatz: Beweisaufnahme vor dem Prozeßgericht, I 1. Die Beweisaufnahme erfolgt grundsätzlich vor dem Prozeßgericht, §§ 279 III, 370 I, 375, 411 III. Sie erfolgt also mangels Zuständigkeit des Einzelrichters nach §§ 348, 348 a, 526, 527, 568 vor dem vollständigen Kollegium, BGH NJW **97**, 1586, Kblz NVersZ **98**, 123. Das ist der Grundsatz der Unmittelbarkeit der Beweisaufnahme, BGH NJW **91**, 1302, Hamm MDR **07**, 1153. Zur Erleichterung der Durchführung dient § 160 a.

B. Beispiele zur Beweisaufnahme vor dem Prozeßgericht, I 1 5

Anhörung durch Sachverständigen: *Unzulässig* ist grds der Ersatz einer Vernehmung des Zeugen durch dessen Anhörung durch einen Sachverständigen, Üb 6 vor § 402, demgemäß auch die Würdigung einer solchen Anhörung durch das Gericht.

Ausnahmsweise zulässig ist das Einverständnis der Parteien bei einer Materialsammlung durch den Sachverständigen, falls die Parteien an der Anhörung teilnahmen und teilnehmen konnten, Art 103 I GG, und falls sie keine Einwendungen erhoben, selbst wenn das Verfahren des Sachverständigen bedenklich war. Richtigerweise sollte freilich das Gericht den Zeugen in der Gegenwart des Sachverständigen vernehmen. Wegen seiner wiederholten Vernehmung Rn 7, § 398 Rn 2 ff.

Audivisionelle Beweiserhebung: Zulässig ist unter den Voraussetzungen des § 130 a eine solche Verfahrensweise.

Eidesstattliche Versicherung: *Unzulässig* ist grds der Ersatz einer Vernehmung des Zeugen durch seine eidesstattliche Versicherung nach § 294.

Erneute Vernehmung: Wegen eines solchen Antrags § 286 Rn 66, § 398.

Unzulässig ist eine bloße Verwertung des nach § 118 im Prozeßkostenhilfeverfahren Gehörten statt seiner im Berufungsverfahren nach § 398 beantragten zwecks Unmittelbarkeit notwendigen erneuten Vernehmung.

Mehrheit von Sachverständigen: *Unzulässig* ist die Würdigung der Ergebnisse nur eines von mehreren beauftragten Sachverständigen, weil nur dieser auftritt.

Meinungsumfrage: Zulässig ist eine solche nach Üb 7 vor § 402 etwa durch eine Industrie- und Handelskammer. Das gilt insbesondere dann, wenn das Gericht Vorschläge zu denjenigen Fragen macht, die die Befragten beantworten sollen.

Prozeßkostenhilfeverfahren: Zulässig ist die Verwertung einer Zeugenaussage im vorangegangenen Prozeßkostenhilfeverfahren nach § 118 II 3.

S auch „Erneute Vernehmung".

Schriftliche Aussage: Zulässig ist unter den Voraussetzungen des § 377 III die Einholung einer jedenfalls zunächst nur schriftlichen Beantwortung einer Beweisfrage durch einen Zeugen.

Teilurteil: Zulässig ist seine Verwertung im Berufungsverfahren zum Rest.

Verwertung anderer Sache: Zulässig ist eine Verwertung der Beweisaufnahme aus einer anderen Sache, § 286 Rn 64, auch eines Gutachtens, § 411 a, oder aus einer Strafsache, Kblz MDR **06**, 771. Stets muß freilich das Protokoll der anderen Sache das Bild des anderen Gerichts von besonderen Umständen und zur Glaubwürdigkeit enthalten.

S auch „Teilurteil".

C. Ausnahmen, I 2. Eine Abweichung ist nur insoweit statthaft, als das Gesetz sie besonders vorsieht. 6
Eine Übertragung der Beweisaufnahme ist unter den Voraussetzungen der §§ 372 II, 375, 402, 434, 451, auf ein Mitglied des Prozeßgerichts statthaft, Köln NJW **76**, 2218, auch auf den nach § 361 beauftragten Richter, Düss NWJ **92**, 188, nicht aber auf zwei Mitglieder des Gerichts. Die Übertragung ist ferner auf ein anderes AG statthaft, §§ 156 ff GVG. § 362 II spricht von einem ersuchten Richter. Man faßt diese beiden Fälle unter der Bezeichnung Richterkommissar oder „verordneter Richter" zusammen. Der Einzelrichter der §§ 348, 348 a, 526 und der Vorsitzende der Kammer für Handelssachen des § 349 sind während ihrer Tätigkeit das Prozeßgericht, Hamm MDR **93**, 1235. Es ist auch eine Übertragung entsprechend I 2 auf eine ausländische Stelle denkbar, §§ 363 ff, Leipold ZZP **105**, 507.

Der Richter des *§ 527* soll dann nur beschränkt Beweise erheben, wenn er nicht im Einverständnis der Parteien entscheidet. Das Kollegium kann die vom Einzelrichter der §§ 526, 527 vorgenommene Beweisaufnahme jederzeit wiederholen. Eine Übertragung nach I 2 ist ohne eine mündliche Verhandlung zulässig. Denn sie bereitet insoweit die Beweisaufnahme evtl nur vor. Die Übertragung ist jederzeit ebenso widerruflich. Der Beweisbeschluß begrenzt die Befugnisse des verordneten Richters.

D. Richterwechsel, I 1, 2. Ein Richterwechsel nach dem Abschluß der Beweisaufnahme hindert die 7
Beweiswürdigung grundsätzlich nicht, § 309 Rn 2. Bei der Entscheidung dürfen die Richter aber nur dasjenige berücksichtigen, was auf der eigenen Wahrnehmung aller erkennenden Richter beruht, aktenkundig ist und Verhandlungsgegenstand war, § 309. Wenn der persönliche Eindruck von einer Beweisperson erheblich ist, ist daher doch eine Wiederholung der Beweisaufnahme nötig, soweit der persönliche Eindruck nicht nach § 160 III Z 4 in einem früheren Protokoll steht und zum Verhandlungsgegenstand wurde, § 398, BGH NJW **97**, 1586, Hamm MDR **07**, 1153, Kblz NVersZ **98**, 123. Eine solche Situation stellt ja auf die Glaubwürdigkeit statt auf die sachliche Beweiskraft ab.

E. Verstoß, I 1, 2. Eine Verletzung des Grundsatzes der Unmittelbarkeit ist zwar nicht stets ein 8
Verfassungsverstoß, BVerfG **1**, 429. Sie ist aber ein Verfahrensfehler, BGH NJW **91**, 1302, BayObLG FamRZ **88**, 423, Pantle NJW **88**, 2028. Ein solcher Verfahrensfehler liegt nicht schon dann vor, wenn das Gericht nicht sämtliche beantragten Beweismittel verwertet hatte, LAG Düss BB **78**, 1310, oder wenn es ein anderes Beweismittel hätte benutzen müssen.

Eine Verletzung ist nach § 295 *heilbar,* soweit nicht auch § 286 verletzt ist, § 295 Rn 53 „Unmittelbarkeit der Beweisaufnahme". Sie ist daher evtl nur auf eine Rüge nachprüfbar. Diese entfällt, wenn die Partei zustimmt oder das Rügerecht verloren hat, § 375 Rn 16. Freilich liegt zugleich auch ein Verstoß gegen § 286 vor.

5) Anfechtung des Beweisbeschlusses, II. Auch hier stehen einem Grundsatz Ausnahmen gegenüber. 9

A. Grundsatz: Unanfechtbarkeit. Mag das Prozeßgericht den Beweis selbst erheben oder ihn vom verordneten Richter erheben lassen, §§ 361, 362, 375, eine Anfechtung des Beweisbeschlusses als solchen ist doch grundsätzlich unstatthaft, BGH MDR **08**, 30 links, LAG Köln NZA-RR **06**, 435, Neuhaus/Krause MDR **06**, 606. Das gilt auch dann, wenn das Verfahren unrichtig oder unsachgemäß verlief. Das gilt selbst dann, wenn das Gericht mit dem Beweisbeschluß eine weitere der sofortigen Beschwerde unterliegende Entscheidung verbunden hat, Brdb FamRZ **01**, 294, Köln Rpfleger **90**, 354, ZöGre 7, aM Müller DRiZ **77**,

307 (aber II gilt uneingeschränkt, um die Prozeßförderung zu ermöglichen. Sie ist gerade in diesem Verfahrensabschnitt meist dringend notwendig).

Das gilt auch dann, wenn das Gericht einen Antrag auf eine Übertragung der Beweisaufnahme *zurückgewiesen* hat, oder dann, wenn das Gericht die Beweisaufnahme einem ausländischen Gericht überträgt. Vgl aber auch Einf Rn 38 vor §§ 148–155 und § 252 Rn 2, § 364 Rn 4, § 372 a Rn 24. Wegen Berufung und Revision § 375 Rn 16.

10 **B. Ausnahmen.** Ein Beschluß führt praktisch zum Verfahrensstillstand zB evtl nach § 364. Er ist nach § 252 mit der sofortigen Beschwerde anfechtbar, dort Rn 3. Zur Anfechtbarkeit eines Beschlusses nach § 372 a dort Rn 26. Wegen einer Berufung und Revision § 375 Rn 16. Wegen einer greifbaren Gesetzwidrigkeit § 567 Rn 10 ff, großzügiger LAG Köln NZA-RR **06**, 435. Ein Grundrechtsverstoß kann zur Anfechtbarkeit führen, Jena RR **07**, 1307.

11 **C. Gegenvorstellung.** Eine Gegenvorstellung nach Grdz 6 vor § 567 bleibt schon wegen des Fehlens einer Bindung des Gerichts an seine bisherige Anordnung zulässig, Brdb FamRZ **01**, 295 (zu § 360), LAG Köln NZA-RR **06**, 435.

356 *Beibringungsfrist.* **Steht der Aufnahme des Beweises ein Hindernis von ungewisser Dauer entgegen, so ist durch Beschluss eine Frist zu bestimmen, nach deren fruchtlosem Ablauf das Beweismittel nur benutzt werden kann, wenn nach der freien Überzeugung des Gerichts dadurch das Verfahren nicht verzögert wird.**

Gliederung

1 **1) Systematik.** Verspätete Beweismittel kann das Gericht nach § 296 zurückweisen. § 356 handelt von dem rechtzeitig vorgebrachten Beweismittel, bei dem die Beweisaufnahme auf ein beliebiges Hindernis stößt, zB auf einen Umzug des Zeugen, dessen neue Anschrift der Beweisführer nicht rechtzeitig kennen konnte, BVerfG **65**, 307, aM LG Ffm RR **86**, 143 (aber die Vorschrift erfaßt jede Art von Hindernis).

2 **2) Regelungszweck: Schädlichkeit von Verschulden.** Die Vorschrift bezweckt eine Verstärkung der Förderungspflicht aller Prozeßbeteiligten, Grdz 12, 13 vor § 128, § 282. Sie bezweckt auch die Verhinderung einer vermeidbarer Verzögerung, Hamm FamRZ **03**, 617. Beides muß man bei der Auslegung mitbeachten. Das schließt eine allzu großzügige Annahme eines fristauslösenden bloßen Hindernisses aus. Das Gesetz umschreibt den Begriff Hindernis nicht näher. Immer noch sehen manche wie vor 1977 auch ein vom Beweisführer verschuldetes Hindernis als ausreichend an, um das Gericht zu einer Fristsetzung zu zwingen, BAG NJW **77**, 728 Brschw RR **92**, 124, ThP 3, unklar BVerfG **69**, 255.

Seit der Nov 1977 ist diese großzügige Auslegung *nicht mehr möglich,* BGH NJW **89**, 228, auch nicht mithilfe von Artt 2 I, 20 III GG (Rpfl), BVerfG **101**, 404, Art 103 I GG (Richter). Mit ihrer Hilfe könnte der bewußt *verzögernde* Beweisführer fast alle Beschleunigungsbestrebungen des Gesetzes auch an dieser Stelle *glatt unterlaufen.* Das kann nicht der Sinn des Gesetzes sein. Es soll auch hier jede Prozeßverschleppung verhindern, Nürnb MDR **83**, 942, LG Hbg RR **94**, 205, aM BGH NJW **81**, 1319 (sogar ein vom Beweisführer bewußt, willkürlich und grundlos erklärter Widerruf seines Einverständnisses mit der Verwertung einer Röntgenaufnahme sei ein „Hindernis". Aber dann bleibt von § 356 praktisch nichts mehr übrig). Demgegenüber gelten dann die Regeln zur arglistigen Vereitelung der Beweisführung, Anh § 286 Rn 26, § 444 Rn 5.

Vernünftigerweise kann daher nur ein solcher Vorgang ein Hindernis sein, der zwar vielleicht im Einfluß- und Risikobereich des Beweisführers liegt, den der Beweisführer aber *nicht* verschuldet hat, Hamm AnwBl **07**, 468. Wegen der überall scharfen Anforderungen an die Prozeßförderungspflicht muß das Gericht entsprechend strenge Anforderungen auch hier stellen. Eine leichte Fahrlässigkeit ist deshalb bereits schädlich.

Auch der *Servicegedanke* nach Grdz 28 vor § 128 mit seinem an sich richtigen Ansatz darf nicht dazu führen, praktisch die bloße Behauptung irgendeiner Verhinderung zur fast eilfertigen Bestimmung einer Nachfrist zu benutzen, mag das Gericht noch so überlastet sein. Zwar mag ein stets elastisches Terminieren die gegenseitige Verständigungsbereitschaft auch durchaus fördern können. Ein allzu geflissentliches zeitliches Entgegenkommen kann aber ebenso erfahrungsgemäß nicht nur zu Begehrlichkeiten führen, sondern auch das Gesamtverhältnis zum Gericht spürbar verlagern, und zwar nicht in einem prozeßwirtschaftlich wünschenswerten Sinn.

Freilich ist § 356 im Verfahren mit einem *Amtsbetrieb* nach Grdz 38 vor § 128 praktisch kaum anwendbar. Nach einer Ladung ist dann meist eine Nachfrist nötig (Ausnahme: § 295), Köln RR **98**, 1143.

3 **3) Geltungsbereich.** Vgl Üb 3 vor § 355. Die Vorschrift gilt also auch im Amtsermittlungsverfahren, Grdz 38 vor § 128, Hamm FamRZ **03**, 617.

4 **4) Kein Hindernis beim Zeugnis N. N.** Das unter Rn 1, 2 Ausgeführte gilt insbesondere bei dem beliebten „Zeugnis NN" (nihil nomen = kein Name) oder „Zeugnis XYZ", BGH NJW **87**, 3080. Ihm stehen oft gleich: „Zeuge X, dessen Anschrift nachgereicht wird", BGH NJW **93**, 1927, aM Schneider

MDR **87**, 726 (aber *wann* soll eine Nachreichung erfolgen, Rn 6?); oder „Zeuge (folgt Name), zu laden über den Arbeitgeber", LG Hagen MDR **84**, 1034; oder gar „an der vom Gegner mitzuteilenden Anschrift", „Hausbank der Partei (deren Name und Anschrift fehlt)". Das alles ist grundsätzlich kein dem § 373 genügender Beweisantritt, BGH RR **89**, 1324, Düss VersR **93**, 1168, Reinecke MDR **90**, 769.

A. Parteiaufgaben. Der Kläger mag als Beweisführer grundsätzlich schon mit der Klage warten, bis er alles beisammen hat, oder eine Stufenklage erheben, § 254. Freilich mag es ausnahmsweise dann ein zunächst ausreichender Beweisantritt sein, wenn zB der Bekl als Beweisführer trotz aller Sorgfalt bisher außerstande war, einen solchen Zeugen exakt namhaft zu machen, dessen Existenz ihm zwar zuverlässig oder hochgradig gewiß bekannt ist, den er aber im einzelnen noch nicht präzise genug ermitteln konnte, BGH NJW **98**, 2368, oder wenn der Beweisführer den Zeugen nur hilfsweise neben anderen oder neben einer Urkunde benennt, Zimmermann JuS **91**, 587 (Bankbescheinigung).

B. Verstoßfolgen. Wenn die fehlenden Angaben auf einer bloßen Nachlässigkeit der Partei beruhen oder auf einer solchen ihres gesetzlichen Vertreters oder ihres ProzBev, liegt in Wahrheit gar kein Hindernis vor, sondern eine bloße prozessuale Nachlässigkeit oder gar eine Verschleppungstaktik, LG Ffm RR **86**, 143 (Wechsel des Aufenthaltsorts des Zeugen), ZöGre 4 („prozessuale Unsitte"). Der Beweisführer ist dann ja gar nicht gehindert, sondern er hat die Klärung nur nicht rechtzeitig genug für nötig gehalten. Das kann zB auch dann gelten, wenn er versäumt hat, sich eher nach der neuen Anschrift eines „Verzogenen" zu erkundigen. Man muß hierher unter Umständen sogar die bloße Angabe einer solchen Anschrift des namentlich benannten Zeugen rechnen, an der eine Ersatzzustellung nach §§ 178 ff unzulässig wäre, also zB die Geschäftsanschrift, falls der Zeuge nicht zu den (jetzt) in § 178 Genannten zählt und falls der Beweisführer die Privatanschrift hätte ermitteln können, LG Hagen MDR **84**, 1034. 5

Ob ein Hindernis vorliegt, ist also eine *Fallfrage,* LG Fulda VersR **80**, 1031, Rixecker NJW **84**, 2136, ZöGre 4. Der Beweisführer muß seine Schuldlosigkeit wegen des Fehlenden darlegen. Wenn eine Nachlässigkeit vorliegt, darf das Gericht auch nicht etwa nach § 139 das Fehlende herbeischaffen, § 139 Rn 18, Mayer NJW **83**, 858, Schneider MDR **98**, 1115. Andernfalls würde es § 356 aushöhlen. Das erörtern BVerfG NJW **00**, 946, KG MDR **03**, 472, Gottschalk NJW **04**, 2941, leider nicht mit. Vgl auch § 377 Rn 4. Zur Beweiserleichterung im Wettbewerbsprozeß wegen unzumutbarer Nachteile bei der Benennung von Zeugen BGH NJW **83**, 171.

5) Ungewisse Dauer. Nur ein Hindernis von ungewisser Dauer ist beachtlich. Steht seine begrenzte Dauer bereits zeitlich fest, darf und muß das Gericht nur nach § 216 entsprechend später terminieren. Dann kann § 148 anwendbar sein, aM Karlsr OLGZ **90**, 242 (dann könnten §§ 296, 356, 528 entsprechend anwendbar sein. Aber dafür gibt es dann gar keine Veranlassung, Grdz 12 vor § 128). Steht fest, daß seine Beseitigung unmöglich sein wird, ist § 356 unanwendbar. Dann ist dieses Beweismittel überhaupt ganz unerreichbar, § 286 Rn 31. Das gilt zB dann, wenn sich die Partei endgültig weigert, sich einer erforderlichen Untersuchung zu unterziehen, Üb 7 vor § 371, LG Hbg RR **94**, 205, oder wenn die Partei einen nach § 379 rechtmäßig angeforderten Vorschuß ohne eine ausreichende Entschuldigung verweigert, BGH NJW **98**, 762, oder wenn es auf das Verhalten eines Dritten ankommt und wenn dessen Zeitpunkt völlig ungewiß ist, BVerfG RR **07**, 1057. 6

Im übrigen muß man darauf abstellen, ob und welche *Erklärungen* die Partei dazu abgibt, wann sie das Hindernis beseitigen will, LG Fulda VersR **80**, 1031. Zwar besteht auch insofern im Prinzip eine gewisse Fragepflicht, §§ 139, 273. Indessen darf die Partei nicht unter einer Berufung auf diese Vorschriften in Wahrheit § 356 unterlaufen. Daher sollte das Gericht nur dann nachfragen, wenn der Beweisführer von sich aus wenigstens angedeutet hat, daß und warum er zumindest bisher am Fehlen der erforderlichen Angaben schuldlos sei und daß und bis wann er in absehbarer Zeit das Fehlende nachreichen werde und könne, BVerfG RR **07**, 1057. Natürlich darf man die Zumutbarkeitsanforderungen an den Beweisführer nicht überspannen. Stets ist eine Feststellung im Urteil in den Grenzen der §§ 313 III, 313a I, II dazu nötig, ob und weshalb ein Hindernis von ungewisser Dauer vorliegt, BVerfG RR **07**, 1057. Ein endloses Zuwarten (Zeuge „auf See") ist aber nicht zumutbar.

6) Weitere Einzelfragen zum Hindernis. § 356 gilt grundsätzlich für jede Art von Beweismittel, auch für die Parteivernehmung nach §§ 445 ff. Die Vorschrift ist aber auf solche Sachverständigen unanwendbar, die das Gericht auswechseln kann, wie meist, § 402 Rn 1, oder auf eine Urkunde. Für sie gilt § 431. Unschädlich ist es, im Anschluß an eine gesetzmäßige Angabe des Beweisantritts bei seiner Wiederholung zB „a. a. O." oder „wie vor" zu schreiben, Celle RR **92**, 703. 7

7) Fristsetzung. Das Gericht darf überhaupt grundsätzlich nur bei der Bejahung eines unverschuldeten Hindernisses nach Rn 2 eine Nachfrist setzen. Auch das wird leider oft übersehen. 8

A. Grundsatz: Bei Hindernis Fristzwang. Es kann nach Rn 6 ein Hindernis von ungewisser Dauer vorliegen, oder es kann das Gericht trotz des Fehlens dieser Voraussetzung zB die Vernehmung eines Zeugen „NN" angeordnet haben, BGH NJW **89**, 228. Dann muß das Gericht auf einen Antrag oder von Amts wegen dem Beweisführer eine angemessene Frist für die Beibringung setzen, BVerfG NJW **85**, 3006. Sie ist auch notwendig, solange ein solcher Beschluß nicht rechtskräftig ist, durch den das Gericht ein Ablehnungsgesuch zurückgewiesen hat, das einen Sachverständigen betraf, der den Beweisführer untersuchen sollte, Hamm MDR **03**, 1374. Es handelt sich um eine richterliche Frist, § 224 Rn 7, BVerfG **69**, 255. Sie erfordert also die volle richterliche Unterschrift usw, § 329 Rn 8, 11, BVerfG **69**, 255, und eine förmliche Zustellung, § 329 II 2, BGH NJW **89**, 228.

B. Fristberechnung. Ihre *Berechnung* erfolgt nach § 222. Ihre Abkürzung und Verlängerung richten sich nach §§ 224, 225. Es reicht zur Verlängerung nicht schon aus, daß die Zeugenanschrift jetzt nicht mehr stimmt. Es kommt darauf an, ob sich der Beweisführer früher erfolgreich die neue Anschrift hätte besorgen können und müssen, Rn 4. Im Zweifel darf das Gericht erst gar keine Fristverlängerung bewilligen. Er darf daher auch keinen entsprechenden Antrag anregen. Das Gericht muß aber zB dem 9

Beweisführer mithilfe einer Aussetzung nach § 148 die Möglichkeit geben, gegen den Dritten in einem schon anhängigen dortigen Prozeß ein rechtskräftiges Urteil auf eine Mitwirkung zu erzielen, wenn er sie überraschend verweigert hatte, Nürnb MDR **83**, 942. Es handelt sich nicht um eine Notfrist nach § 224 I 2. Deshalb ist eine Wiedereinsetzung nach § 233 an sich nicht möglich. Die Frist ist aber notfristähnlich, BGH NJW **89**, 228 (zu § 187 S 2 aF).

10 **C. Weiteres Verfahren.** Das *Prozeßgericht,* also das Kollegium und auch der Einzelrichter nach §§ 348, 348 a, 526, 527, 568 setzt die Frist bei einer nach § 128 IV freigestellten mündlichen Verhandlung durch einen nach § 329 I, II Hs 2 zu verkündenden oder förmlich zuzustellenden Beschluß, BGH VersR **98**, 913. Eine bloße Verfügung des Vorsitzenden reicht also nicht, BVerfG NJW **85**, 3006. Das Gericht sollte den Beschluß allenfalls ganz kurz begründen, § 329 Rn 4. Es kann die Frist auch im Beweisbeschluß setzen, zB bei einer unvollständigen Zeugenanschrift.

Solange das Gericht einen Antrag nicht eindeutig abgelehnt hat, liegt keine *Entscheidung* über ihn vor. Das Gericht mag sich die Entscheidung bis zur Erledigung der übrigen Beweisaufnahme oder anderer Verfahrensereignisse vorbehalten wollen. Das steht ihm ebenso frei wie grundsätzlich die Frage, ob es sämtliche in Betracht kommenden Beweise sogleich erheben will. Es muß zwar §§ 273, 275, 279 II beachten. Man darf es aber schon wegen der auch von ihm zu beachtenden Prozeßwirtschaftlichkeit nach Grdz 14, 15 vor § 128 nicht dazu zwingen, seine Entscheidungen über den Umfang der etwaigen Beweisaufnahme in einem solchen Zeitpunkt zu treffen, in dem die Notwendigkeit einer Beweisaufnahme noch nicht für alle in Betracht kommenden Beweismittel feststeht.

11 **D. Fristverstoß.** Nach dem erfolglosen endgültigen Fristablauf ist das Beweismittel in dieser Instanz für den Beweisführer nur noch benutzbar, soweit die Benutzung das Verfahren nach der freien Überzeugung des Gerichts nicht verzögert, BVerfG RR **94**, 700, Karlsr RR **94**, 512, Köln RR **97**, 1292. Das gilt unabhängig von einem etwaigen Verschulden, BGH NJW **89**, 228, Reinecke MDR **90**, 769, ZöGre 7, aM Sass MDR **85**, 99 (aber mit der Fristsetzung hatte das Gericht das auch dem Prozeßgegner äußerst Zumutbar getan). Das Verzögerungsverbot geht noch weiter als zB bei § 296 I, BGH NJW **89**, 228. Die Rechtsfolge eines Fristverstoßes tritt kraft Gesetzes ein, §§ 230, 231. Keine Verzögerung tritt dann ein, wenn die Partei den Zeugen wenigstens noch im Termin gestellt, ihn „sistiert", und wenn seine Vernehmung auch nach dem Terminsfahrplan dieses Sitzungstags möglich ist, § 273 Rn 27. Mitgebrachte Zeugen dürfen den Fahrplan aber nicht völlig durcheinanderbringen. § 273 ist in den Grenzen Rn 6 auch hier beachtlich. Nach einem Einspruch muß das Gericht die Frage der Verzögerung neu prüfen. Wegen einer etwaigen Umkehrung der Beweislast Anh § 286 Rn 27.

12 **8) Rechtsbehelfe.** Die Fristsetzung ist grundsätzlich nur zusammen mit dem Endurteil anfechtbar, § 355 II, Celle RR **00**, 1166, dann freilich evtl als die Rüge eines Verfahrensfehlers, BGH NJW **89**, 228. In der Berufungsinstanz läßt sich das Versäumte im Rahmen von (jetzt) §§ 530, 531 nachholen, Karlsr RR **94**, 512. Nach der Ablehnung einer Fristsetzung oder der bloßen Nichtentscheidung oder bei einer Überlänge der Frist ist eine sofortige Beschwerde nach § 567 I Z 2 zulässig, falls in dieser Verfahrensweise eine Aussetzung liegen sollte, § 252. Das trifft allerdings nur selten zu. Eine Rechtsbeschwerde kommt unter den Voraussetzungen des § 574 in Betracht. Eine Verfassungsbeschwerde kommt beim Verstoß gegen Artt 2 I, 20 III GG (Rpfl), BVerfG **101**, 404, oder gegen Art 103 I GG (Richter) in Betracht, BVerfG RR **07**, 1057.

357 *Parteiöffentlichkeit.* [I] **Den Parteien ist gestattet, der Beweisaufnahme beizuwohnen.**

[II 1] **Wird die Beweisaufnahme einem Mitglied des Prozessgerichts oder einem anderen Gericht übertragen, so ist die Terminsbestimmung den Parteien ohne besondere Form mitzuteilen, sofern nicht das Gericht die Zustellung anordnet.** [2] **Bei Übersendung durch die Post gilt die Mitteilung, wenn die Wohnung der Partei im Bereich des Ortsbestellverkehrs liegt, an dem folgenden, im Übrigen an dem zweiten Werktage nach der Aufgabe zur Post als bewirkt, sofern nicht die Partei glaubhaft macht, dass ihr die Mitteilung nicht oder erst in einem späteren Zeitpunkt zugegangen ist.**

Schrifttum: *Baumgärtel,* „Geheimverfahren" im Zivilprozeß zur Wahrung von Geschäftsgeheimnissen nach Schweizer Vorbild? in: Festschrift für *Habscheid* (1989); *Höffmann,* Die Grenzen der Parteiöffentlichkeit, insbesondere beim Sachverständigenbeweis, Diss Bonn 1988; *Schnapp,* Parteiöffentlichkeit bei Tatsachenfeststellungen durch den Sachverständigen?, Festschrift für *Menger* (1985) 557; *Walker,* Zur Problematik beweisrechtlicher Geheimverfahren usw, Festschrift für *Schneider* (1997) 147.

Gliederung

1 **1) Systematik, I, II.** Die Vorschrift gibt eine Ergänzung zu §§ 355, 370 I, 397. Sie gilt auch und gerade dann, wenn die Allgemeinöffentlichkeit nach §§ 169 ff GVG entfällt.

2 **2) Regelungszweck, I, II.** Die Vorschrift behandelt die sog Parteiöffentlichkeit, Jankowski NJW **97**, 3347. Diese ist eines der wichtigsten Parteirechte und ein Eckpfeiler des Beweisaufnahmerechts, BSG MDR **77**, 346. Sie ergibt sich mit aus Artt 2 I, 26 III GG (Rpfl), BVerfG **101**, 404, VerfGH Bln WoM **04**, 459,

und aus Art 103 I GG (Richter). Nur die Anwesenheit und Vorhaltungen der Partei nach § 397 bringen regelmäßig bei einer Zeugenvernehmung brauchbare Ergebnisse. Oft versäumen das Gericht oder ein evtl nur lückenhaft informierter ProzBev ohne sie eine Frage, und oft kann sich ein Zeuge ohne diejenigen Anhaltspunkte nicht erinnern, die die Partei seinem Gedächtnis geben kann. Darum darf man von diesem Grundsatz anders als bei der Allgemeinöffentlichkeit nach §§ 170 ff GVG Ausnahmen nur nach § 157 II sowie kraft der Sitzungsgewalt nach §§ 177 ff GVG machen, aM Ffm FamRZ **94**, 1401, StJSchu 22, ZöGre 5 (sie wenden § 247 StPO entsprechend an. Aber dort herrschen eine Amtsermittlung nach Grdz 38 vor § 128 und ein besonderes Gewaltverhältnis zur „Partei").

Erzwingen läßt sich eine aus der Gerichtssicht noch so erwünschte Parteianwesenheit bei einer Beweisaufnahme praktisch weder nach §§ 141 ff noch nach § 273 oder sonstwie. Auch mag so mancher Zeuge in einer Abwesenheit des Beweisführers oder erst recht von dessen Prozeßgegner freimütiger aussagen können. Vielleicht verzichtet der Zeuge sogar nur bei einer Abwesenheit des Gegners auf ein Schweigerecht nach §§ 383 ff. Andererseits kann die Parteianwesenheit bei der Beweisaufnahme den entscheidenden Durchbruch zur Vergleichsbereitschaft, zum Anerkenntnis, gar zur Klagerücknahme oder doch zur Hinnahme des Urteils bedeuten. Das alles darf man bei der Handhabung der Vorschrift durchaus miterwägen. **3**

3) Geltungsbereich, I, II. Üb 3 vor § 355. I gilt nur für die Beweisaufnahme und bedeutet kein Terminsblockierrecht. **4**

4) Parteiöffentlichkeit, I. Man muß sie in zwei Richtungen beachten. **5**

A. Teilnahmerecht. Die Parteien sowie die ProzBev nach § 81 Rn 15 und die Streithelfer nach §§ 66 ff dürfen an jeder Beweisaufnahme teilnehmen, §§ 137 IV, 397 II, auch an einer auswärtigen, Mü Rpfleger **83**, 319. Das gilt auch im Anwaltsprozeß, § 78 Rn 1. Eine Partei darf sich im Termin von ihrem Privatgutachter beraten lassen, Üb 21 vor § 402, Mü RR **88**, 1535.

Es ist auch keineswegs stets statthaft, eine Partei schon deshalb von der Beweisaufnahme auszuschließen, weil sie dabei *Betriebsgeheimnisse* des Gegners oder eines Dritten erfahren könnte. Ebensowenig darf das Gericht einen Anwalt generell von einer Arztuntersuchung der Partei ausschließen, wenn sie seine Anwesenheit wünscht, LSG Mainz NJW **06**, 1547. Die oben dargelegte Bedeutung der Parteiöffentlichkeit hat den Vorrang, aM Kürschner NJW **92**, 1804, ZöGre 2 (aber gerade das rechtliche Gehör hat meist den Vorrang). Es kommt auf eine Gesamtabwägung an. Deshalb kann man sich auch grundsätzlich nicht auf den Parteiausschluß als ein letztes Mittel oder auf den Zutritt nur des ProzBev berufen, BGH **116**, 47, Köln RR **96**, 1277, Prütting/Weth NJW **93**, 577. Auch hier hilft eine Fallabwägung, BVerfG NJW **94**, 2347, BAG NJW **93**, 612, Wagner ZZP **108**, 210. Beim Vorliegen eines erheblichen Grundes ist eine Terminsänderung notwendig, § 227. **6**

Für Anträge und Fragen besteht ein *Anwaltszwang* wie sonst, § 78 Rn 2. Keine Beweisaufnahme ist diejenige vorbereitende Besichtigung, die ein Sachverständiger in der Abwesenheit des Gerichts vornimmt, § 407 a Rn 11 ff, Mü NJW **84**, 807. Freilich haben die Parteien auch dann ein Anwesenheitsrecht, § 407 a Rn 15. Ein technischer Berater usw darf teilnehmen, Düss MDR **79**, 409, Schneider MDR **91**, 828. Die Gestellung, „Sistierung", eines Zeugen oder Sachverständigen kann mangels einer rechtzeitigen Nachricht an den Gegner einer Vernehmung entgegenstehen.

B. Zutrittsverweigerung. Wenn ein Dritter bei einer Beweisaufnahme in seinen Räumen einer Partei oder deren ProzBev den Zutritt verweigert, kann das Gericht den Zutritt nicht erzwingen, Jankowski NJW **97**, 3349. Es kann dann keine ordnungsgemäße Beweisaufnahme stattfinden, § 286 Rn 31. Verhält sich der Gegner des Beweisführers so, dann gilt zunächst dasselbe, Jankowski NJW **97**, 3347. Das Gericht muß aber seine Weigerung in der Regel zu seinem Nachteil würdigen, § 444 Rn 5, Köln RR **96**, 1277. Ein Zeuge muß im Rahmen einer Aussagepflicht die Parteien zulassen, § 219 Rn 6. Stets muß das Gericht Art 13 GG mitbeachten, Jankowski NJW **97**, 3347. **7**

5) Parteinachricht, II. Eine rechtzeitige Benachrichtigung der Partei von dem Termin zur Beweisaufnahme ist für sie die Voraussetzung der Möglichkeit, ihn gesetzmäßig wahrnehmen zu können, Artt 2 I, 20 II GG (Rpfl), BVerfG **101**, 404, Art 103 I GG (Richter), BPatG GRUR **81**, 651, VerfGH Bln WoM **04**, 459. Die Terminsnachricht geht zwar formell nur an den ProzBev, § 172. Sie geht nicht notwendig an den Unterbevollmächtigten, Nürnb OLGZ **76**, 481. Zulässig und oft zweckmäßig ist aber eine zusätzliche Benachrichtigung der Parteien. Ein verkündeter Beweistermin erfordert nach § 128 keine Ladung der Parteien oder ihrer ProzBev, wohl aber diejenige der Beweispersonen und diejenige nach § 141. Die Ladungsfrist nach § 217 gilt für alle Terminsarten nach Üb vor § 214. Das Gericht muß sie strikt einhalten, soweit nicht alle Beteiligten darauf verzichten (bitte zum Protokoll, § 160 II), § 361 Rn 4. Der ProzBev muß aber schon Vorbereitungen zur Teilnahme am Beweistermin treffen, sobald er von dem Beweisbeschluß erfährt, § 85 Rn 5. **8**

Beim *verordneten* Richter nach §§ 229, 361, 362 erleichtert II die Mitteilung der Form nach, Kblz OLGZ **89**, 368. Es besteht aber auch hier kein Anscheinsbeweis für den Zugang einer formlosen Terminsnachricht, Anh § 286 Rn 154 „Rechtsgeschäft", Kblz OLGZ **89**, 368. Ein Verzicht auf die Terminsnachricht bedeutet in der Regel einen Verzicht auf das Recht der Anwesenheit. Dieser ist wegen § 367 I zulässig.

6) Verstoß, I, II. Ein Verstoß gegen § 357 macht die Beweisaufnahme unwirksam, BPatG GRUR **81**, 651. Er zwingt daher grundsätzlich zu ihrer Wiederholung nach § 398. Es kann ausnahmsweise einwandfrei feststehen, daß die Anwesenheit der Partei am Ergebnis nichts geändert hätte, weil sie nur bestimmte belanglose Vorbehaltungen gemacht hätte. Dann kann das Gericht die Wiederholung der Beweisaufnahme ablehnen. Die ausgebliebene Partei braucht nicht zu beweisen, daß der Zeuge auf die Fragen anders ausgesagt hätte. Der Verstoß kann nach § 295 heilen, BGH NJW **96**, 2735, BayObLG FamRZ **88**, 423 (auch mit Abweichungen [jetzt] zum FamFG-Verfahren), KG VersR **80**, 654, aM Düss BB **77**, 1377, Köln OLGR **98**, 56 (aber der Rechtsmißbrauch im Einzelfall, den das Gericht nach Einl III 54 nicht dulden darf, ändert nichts am Grundsatz der Heilbarkeit). **9**

10 **7) Rechtsbehelfe, I, II.** Eine Anfechtung der Entscheidung erfolgt grundsätzlich nur zusammen mit derjenigen des Endurteils, §§ 355 II, 539, 550, 564, BGH VersR **84**, 946. Eine ausnahmsweise Anfechtbarkeit mag bei einem erheblichen Rechtseingriff bestehen, Düss FGPrax **05**, 252 (FGG).

357a (weggefallen)

358 *Notwendigkeit eines Beweisbeschlusses.* **Erfordert die Beweisaufnahme ein besonderes Verfahren, so ist es durch Beweisbeschluss anzuordnen.**

Schrifttum: *Engel,* Beweisinterlokut und Beweisbeschluß im Zivilprozeß, 1992; *Zuleger,* Der Beweisbeschluß im Zivilprozeß, Diss Regensb 1989.

1 **1) Systematik.** Die Vorschrift eröffnet die Reihe der zur Durchführung von §§ 355–357 erforderlichen Einzelregelungen. Sie steht neben § 273 mit seinen prozeßleitenden vorbereitenden Maßnahmen. §§ 358 a, 359 ergänzen sie. Im FamFG-Verfahren gilt § 30 FamFG.

2 **2) Regelungszweck.** Die Vorschrift dient der Klarstellung desjenigen Tatsachenstoffs, den das Gericht derzeit für beweisbedürftig und entscheidungserheblich hält. Wegen § 286 hat § 358 aber auch nur diese begrenzte Bedeutung. Das Gericht mag die Beweisbedürftigkeit im Verlauf anders beurteilen, § 360.

Zulässig ist ein ausdrücklicher Beweisbeschluß auch ohne die derzeitige Notwendigkeit eines besonderen Beweisverfahrens stets. Er kann auch für alle Beteiligten stets nützlich sein. Das gilt schon deshalb, weil er klärt, was genau nach der derzeitigen Beurteilung des Gerichts beweisbedürftig ist und was zumindest noch nicht. Beim Richterwechsel, bei der späteren Kostenfestsetzung, bei der Heranziehung der Akte in späteren Parallel- oder Strafverfahren usw läßt sich mithilfe eines vorhandenen Beweisbeschlusses so manches besser abschätzen. Die meist nur kleine Mühe eines scheinbar überflüssigen sofortigen Diktats zahlt sich später oft aus.

Angabe der Beweistatsache und derjenigen Partei, die sie jeweils behauptet, also des Beweisführers, ist weitaus hilfreicher als die bloße Angabe, es solle Beweis „in der Frage . . ." erhoben werden.

3 **3) Geltungsbereich.** Vgl Üb 3 vor § 355.

4 **4) Besonderes Verfahren.** Eine prozeßleitende Beweisanordnung ist immer notwendig. Sie liegt nicht schon stets in einer Anordnung nach § 273. Ein ausdrücklicher Beweisbeschluß ist nach Rn 2 stets zulässig und evtl ratsam, zB vorbeugend zur Klärung von Kostenfragen. Er ist auch in einer Kurzform statthaft. Ein dem § 359 entsprechenden Beschluß ist aber nur dann erforderlich, wenn die Beweisaufnahme ein besonderes Verfahren einleitet und daher eine Vertagung notwendig macht, Brdb FamRZ **01**, 294. Denn dann muß für das weitere Verfahren klarstehen, was es zum Gegenstand haben soll. Wegen der nachträglichen Änderung oder Aufhebung § 360.

Ein Beweisbeschluß ist *zB notwendig:* Bei § 358 a; bei einer Parteivernehmung, § 450 I 1; wenn ein verordneter Richter tätig werden soll, §§ 361, 362, § 158 GVG (Rechtshilfe); wenn das Gericht ein schriftliches Gutachten anfordert; wenn das Gericht bei einer freigestellten mündlichen Verhandlung nach § 128 Rn 10 eine solche anordnet; bei §§ 251 a, 331 a, weil er nach der Aktenlage die Grundlage für die weitere Verhandlung schafft.

Ein besonderer Beweisbeschluß ist *zB unnötig:* Wenn das Gericht Beweiserhebungen nach § 118 II vornehmen will; bei einer bloßen Glaubhaftmachung, §§ 294 II, 920 II, 936; wenn das Gericht den Beweis sofort erheben will und kann, Ffm AnwBl **78**, 69, Engel (vor Rn 1) 168.

Gebühren: des Gerichts keine; des Anwalts: Terminsgebühr nach VV amtliche Vorbemerkung 3 III Hs 1, VV 3104.

5 **5) Verstoß.** Das Unterlassen einer alsbaldigen Überprüfung des Beweisbeschlusses durch den ProzBev einer jeden Partei auf einen Anlaß zu einem Antrag auf eine etwa notwendige Berichtigung oder Ergänzung oder auf die Einholung weiterer Informationen kann eine grobe Nachlässigkeit nach § 296 II sein, Köln VersR **84**, 1176. Das Fehlen eines an sich erforderlichen besonderen Beweisbeschlusses zwingt zwar zur Klärung, ob das Gericht überhaupt einen Beweis erheben wollte. Es hat aber bei einer solchen Absicht oder dann, wenn eben eine solche Klärung erfolgte, keine prozeßrechtlichen Nachteilsfolgen. § 295 ist anwendbar.

6 **6) Rechtsbehelfe.** Die Entscheidung ist grundsätzlich als eine nur verfahrensleitende Anordnung ohne eine Vorgreiflichkeit für die Erheblichkeit der Beweistatsache oder für die Beweislast und ohne eine Bindungswirkung für das Gericht nur zusammen mit derjenigen des Endurteils anfechtbar, § 355 II, Brdb FamRZ **01**, 294. Eine sofortige Beschwerde kommt bei zu einer weiten Hinausschiebung der Beweisaufnahme in Betracht, § 252 Rn 1. Eine Gegenvorstellung nach Grdz 6 vor § 567 bleibt schon wegen des Fehlens einer Bindung des Gerichts an seine bisherige Anordnung zulässig, Brdb FamRZ **01**, 295.

358a *Beweisbeschluss und Beweisaufnahme vor mündlicher Verhandlung.* [1] **Das Gericht kann schon vor der mündlichen Verhandlung einen Beweisbeschluss erlassen.** [2] **Der Beschluss kann vor der mündlichen Verhandlung ausgeführt werden, soweit er anordnet**

1. **eine Beweisaufnahme vor dem beauftragten oder ersuchten Richter,**
2. **die Einholung amtlicher Auskünfte,**
3. **eine schriftliche Beantwortung der Beweisfrage nach § 377 Abs. 3,**
4. **die Begutachtung durch Sachverständige,**
5. **die Einnahme eines Augenscheins.**

Gliederung

1) Systematik, S 1, 2. § 273 I ermöglicht dem Gericht, § 273 II dem Vorsitzenden oder dem von ihm bestimmten Richter zur Vorbereitung jedes Termins solche Befugnisse, die eine Beweisaufnahme überflüssig machen oder im Termin erleichtern sollen. Demgegenüber ermöglicht § 358 a im Rahmen jener Vorschriften eine so rechtzeitige Anordnung und teilweise Durchführung einer für notwendig gehaltenen Beweisaufnahme, daß deren Ergebnisse im Termin bereits verwertbar sind. Die Vorschrift ermöglicht das alles dem „Gericht", also nicht dem Vorsitzenden, BVerfG **63**, 151, auch nicht dem Einzelrichter nach § 348 a, wohl aber dem Einzelrichter nach §§ 348 und dem Vorsitzenden der Kammer für Handelssachen, § 349. Freilich überschneiden sich die Anwendungsbereiche beider Vorschriften. Daher ergibt evtl erst die Form der Anordnung, ob eine Maßnahme nach § 273 oder ein Beweisbeschluß nach § 358 a vorliegt. Ergänzend gilt § 359. 1

2) Regelungszweck, S 1, 2. Die Vorschrift dient der Prozeßförderung nach Grdz 12 vor § 128 und damit der Prozeßwirtschaftlichkeit, Grdz 14 vor § 128. 2

Das Gericht sollte durchaus *von § 358 a Gebrauch machen,* wenn eine komplizierte Beweisaufnahme oder eine längere Zeitspanne bis zur Beweisaufnahme bevorstehen. Vor einer voraussichtlich baldigen einfachen Vernehmung etwa eines oder nur weniger Zeugen zu einem kurzen übersichtlichen Sachverhalt ist demgegenüber eine prozeßleitende Verfügung in der Praxis vielfach üblich und sinnvoller, § 273 II Z 4, etwa dahin, den Zeugen mit dem bloßen Zusatz zu laden, es gehe „um den Unfall vom ... um etwa ... Uhr", § 359 Rn 8. Das erfordert wesentlich weniger Schreibarbeit und hat sich oft genug als ausreichend bewährt.

3) Geltungsbereich, S 1, 2. Vgl zunächst Üb 3 vor § 355. Wegen der Unanwendbarkeit in der Berufungsinstanz BGH NJW **86**, 2320. Im arbeitsgerichtlichen Verfahren gilt § 55 IV ArbGG (der Vorsitzende kann allein entscheiden), Lakies BB **00**, 669, auch wegen eines Gutachtens, § 55 IV 1 Z 5 ArbGG, Lakies BB **00**, 669. 3

4) Beweisanordnung, S 1. Schon vor der mündlichen Verhandlung kann das Gericht eine Beweisaufnahme beschließen. Der Beschluß ist ab dem Klageingang zulässig, also schon vor dem Eintritt der Rechtshängigkeit nach § 261. Das gilt unabhängig davon, ob das Gericht einen frühen ersten Termin nach § 275 oder ein schriftliches Vorverfahren nach § 276 gewählt hat. Maßgeblich ist das pflichtgemäße Ermessen, Kblz NJW **79**, 374. Zweckmäßig ist eine Anordnung aber erst nach der Klärung, ob und wie etwa sich der Bekl verteidigen will, zumal bereits der Erlaß des Beschlusses unabhängig von seiner Durchführung Kosten verursachen kann, Hbg JB **79**, 374. Bei einer allzu verfrühten Anordnung müßte das Gericht die Kosten später evtl nach § 21 GKG niederschlagen. 4

Für den *Inhalt* und die Bekanntgabe des Beweisbeschlusses gilt § 359. Für seine Änderung gilt grundsätzlich § 360. Die Bekanntgabe ist jedoch evtl schon vor der mündlichen Verhandlung und daher gerade ohne eine solche zulässig, Wenzel MDR **78**, 176. Denn sonst würde man den Hauptzweck des § 358 a gefährden, Rn 1. Der Beschluß darf an sich jede nach der ZPO zulässige Beweiserhebung enthalten. Zulässig sind aber vor der mündlichen Verhandlung nur die in Z 1–5 abschließend genannten Maßnahmen. Sie weichen von denjenigen nach § 273 zum Teil ab. Der Einzelrichter des § 527 oder der Vorsitzende der Kammer für Handelssachen nach § 349 können Beweis nur im Rahmen jener Vorschriften erheben.

Gebühren: Des Gerichts keine (wegen der Auslagen Rn 4); des Anwalts: Wie § 358 Rn 4.

5) Ausführung der Beweisaufnahme, S 2. Es ist eine strikte Begrenzung ratsam. 5

A. Grundsatz, S 2 Z 1, 2. Die Ausführung der Beweisaufnahme ist vor der mündlichen Verhandlung nur in den folgenden Fällen zulässig. Es ist jeweils eine stufenweise Ausführung zulässig. Das Gericht benachrichtigt die Parteien usw wie bei einem Beweisbeschluß auf Grund einer mündlichen Verhandlung grundsätzlich von der Entscheidung nach § 358 a, Ausnahme: § 218.

B. Beauftragter Richter usw, S 2 Z 1. Ausreichend ist folgende Lage: Die Beweisaufnahme findet unter den Voraussetzungen der §§ 375, 434 vor einem beauftragten oder ersuchten Richter statt, §§ 361, 362, also nicht vor dem Prozeßgericht, es sei denn im Fall Rn 10. Nach dem Zweck der Vorschrift muß der vorbereitende Richter (Mitglied des Prozeßgerichts) nach § 375 dem verordneten eines anderen Gerichts gleichstehen (Redaktionsversehen des Gesetzgebers?). Die Parteien haben ein Anwesenheitsrecht, § 357. 6

C. Auskunft, S 2 Z 2. Ausreichend ist die folgende Lage: Das Gericht holt eine amtliche Auskunft ein, § 273 II Z 2, Üb 32 vor § 373. 7

D. Schriftliche Beantwortung, S 2 Z 3. Ausreichend ist die folgende Lage: Das Gericht holt eine schriftliche Zeugenantwort nach § 377 III ein. § 379 (Vorschußpflicht) ist entsprechend anwendbar. Denn die Staatskasse soll keinen Schaden erleiden. Die Formulierung eines Beweisbeschlusses vor der Einholung der schriftlichen Antwort ist zwar aus prozeßwirtschaftlichen Erwägungen nicht zwingend, § 377 Rn 11. Sie ist dennoch aber schon zur Vermeidung etwaiger Mißverständnisse über die Beweisfrage ratsam. 8

E. Gutachten, S 2 Z 4. Ausreichend ist die folgende Lage: Das Gericht holt ein schriftliches Sachverständigengutachten ein, § 411 I. Ein Beweisantritt ist entbehrlich, § 144. Die Vorschrift sieht anders als § 273 II Z 4 keine Ladung des Sachverständigen vor. Sie soll ja die Vorbereitung der mündlichen Ver- 9 handlung erleichtern. Deshalb bezieht sie sich nicht auf die Ladung eines Sachverständigen zur mündlichen Aussage. §§ 379, 402 (Vorschußpflicht) sind entsprechend anwendbar. Das Gericht fordert kein Gutachten an, wenn es nicht mit einem Vorschuß rechnen kann.

10 **F. Augenschein, S 2 Z 5.** Ausreichend ist die folgende Lage: Das Gericht nimmt einen Augenschein ein, §§ 371 ff. Ein Beweisantritt ist entbehrlich, § 144. Die Parteien haben ein Anwesenheitsrecht, § 357. § 55 IV ArbGG nennt die Fälle Rn 7, 8 nicht. § 58 I 1 ArbGG steht der Augenscheinseinnahme entgegen, Eich DB **77**, 910.

11 **6) Verstoß, S 1, 2.** Ein Verstoß verletzt den Grundsatz der Unmittelbarkeit der Beweisaufnahme. Dieser Verstoß ist grundsätzlich heilbar, § 295. Ein Beschluß nur durch den Vorsitzenden statt durch das vollständige Kollegium oder den Einzelrichter der §§ 348, 348 a ist ausnahmsweise nach § 295 unheilbar. Denn dann liegt keine ordnungsgemäße Besetzung des Gerichts vor, aM Köln NJW **76**, 2218, MüKoMus 7, ZöGre 5 (aber ein Besetzungsfehler unterliegt nicht der Parteiherrschaft, § 295 Rn 29 „Gerichtsbesetzung").

12 **7) Rechtsbehelfe, S 1, 2.** Wegen der Rechtsbehelfe gegen eine prozeßleitende Anordnung des Vorsitzenden usw oder gegen deren Ablehnung s bei § 273. Gegen einen Beschluß nach § 358 a ist ein Rechtsmittel ebensowenig zulässig wie gegen einen sonstigen Beweisbeschluß. Auch sind im übrigen §§ 355 ff direkt anwendbar.

359 *Inhalt des Beweisbeschlusses.* Der Beweisbeschluss enthält:

1. die Bezeichnung der streitigen Tatsachen, über die der Beweis zu erheben ist;
2. die Bezeichnung der Beweismittel unter Benennung der zu vernehmenden Zeugen und Sachverständigen oder der zu vernehmenden Partei;
3. die Bezeichnung der Partei, die sich auf das Beweismittel berufen hat.

Gliederung

1 **1) Systematik, Z 1–3.** Die Vorschrift enthält die notwendige Durchführungsregel zu §§ 358, 358 a. Ergänzend gelten § 329 (Form, Mitteilung) und zB § 377 III (schriftliche Zeugenaussage).

2 **2) Regelungszweck, Z 1–3.** Es soll klar sein, über was und in welcher Weise das Gericht einen Beweis erheben will. Der Beweisbeschluß wendet sich ja auch an die bisher meist ahnungslosen Beweispersonen. Sie kommen als Staatsbürger jetzt in ein Prozeßverhältnis nach Grdz 4 vor § 128 hinein. Sie müssen zB übersehen können, ob und wie sie sich vorbereiten sollen. Insofern ist § 377 III mitbeachtlich.

3 *Sorgfalt* bei der Art und dem Umfang der Formulierung vor allem des Beweisthemas ist ein Gebot der Rechtssicherheit nach Einl III 43 wie der Prozeßwirtschaftlichkeit nach Grdz 14 vor § 128. Sie ist auch die ziemlich unentbehrliche Voraussetzung einer vollständigen Durchführung der Beweisaufnahme. Das gilt vor allem dann, wenn die Besetzung des Gerichts bis zu ihr wechselt oder wenn bis zur Beweisaufnahme eine längere Zeit verstreicht, aus welchen Gründen auch immer. Das Gericht muß aber auch die Einzelheiten nach § 358 a I 2 Z 1–5 möglichst sorgfältig formulieren, vor allem für den etwa ersuchten Richter, aber natürlich ebenso für alle übrigen Prozeßbeteiligten. Das erspart Mißverständnisse bei der Vorbereitung der Aussage, des Gutachtens oder der Auskünfte. Es hilft dabei, eine zusätzliche Suche nach Unterlagen, eine zweite Vernehmung und dergleichen zu ersparen.

4 **3) Geltungsbereich, Z 1–3.** Vgl Üb 3 vor § 355.

5 **4) Beweisreife Z 1–3.** Zwecklose Beweiserhebungen wirken verschleppend und beweisen eine Hilflosigkeit des Gerichts. Als Voraussetzung einer sinnvollen Beweiserhebung muß aber das Parteivorbringen ein lückenloses Bild des Streitstoffs geben, ein günstiges Beweisergebnis unterstellt. Trifft das nicht zu, ist die Sache für eine Beweiserhebung unter Umständen noch nicht reif. Das kann sich auch aus dem Verfahrensstand ergeben, etwa bei einer Stufenklage nach § 254. Auch ein bloßer Ausforschungsbeweisantrag nach Einf 10 vor § 284 kann dem Beweisbeschluß entgegenstehen. Das Gericht muß die Beweisaufnahme evtl durch eingehende Erörterungen mit den Parteien vorbereiten, § 139. Wegen der Ablehnung eines Beweisbeschlusses § 286 Rn 27 ff. Wegen seiner Änderung § 360. Auch eine Ergänzung des bisherigen Beschlusses oder der Erlaß eines oder mehrerer weiterer Beschlüsse können notwendig werden. Der Beweisbeschluß braucht keine Begründung, § 329 Rn 7. Das Gericht muß ihn verkünden oder bei § 358 a sowie im schriftlichen Verfahren nach § 128 II nach § 329 II mitteilen.

6 **5) Beweisbeschluß, Z 1–3.** Er ist eine prozeßleitende Anordnung in besonderer Form, ein nur für das Prozeßgericht unabhängig von § 360 jederzeit abänderlicher Ausspruch über die Notwendigkeit einer bestimmten Beweiserhebung. Er bindet nur den verordneten Richter nach §§ 361, 362, § 158 GVG. Der Beweisbeschluß sollte vernünftigerweise möglichst umfassend sein. Wenn sich nach der Erledigung eines Teils des Beweisbeschlusses herausstellt, daß die restlich beschlossenen Maßnahmen überflüssig sind, kann das Gericht diesen Teil des Beweisbeschlusses unerledigt lassen. Eine hilfsweise Beweisanordnung ist bedenklich. Sie ist außerdem wegen § 360 entbehrlich. Beim Erlaß des Beschlusses muß sich das Gericht über die

Erheblichkeit des Beweispunktes und über die Beweislast klar sein. Freilich fehlt dem Beweisbeschluß eine das Gericht bindende Wirkung, § 358 Rn 6.

6) Inhalt des Beweisbeschlusses, Z 1–3. Seine Fassung ist leider oft zu ungenau. 7

A. Grundsatz: Wesentlichkeit jedes Erfordernisses, Z 1–3. Die Erfordernisse des § 359 sind wesentlich. Soweit das Prozeßgericht sie nicht beachtet hat, darf der ersuchte Richter die Erledigung des Beweisersuchens ablehnen, § 158 GVG.

B. Beweisthema, Z 1. Der Beweisbeschluß muß eine Bezeichnung der Beweispunkte (des Beweisthemas) in einer so bestimmten Fassung enthalten, daß für die Parteien und auch zB für den Zeugen deutlich wird, welche Aufklärung das Gericht braucht und wie sich die Beteiligten demgemäß vorbereiten müssen, zB nach § 378, BAG NJW **91**, 1252, Ffm RR **95**, 637, Oldb JB **92**, 1541. Der verordnete Richter nach §§ 361, 362 soll sich nicht alles erst aus der Akte zusammensuchen müssen, BAG NJW **91**, 1252, Ffm RR **95**, 637. Die Fassung kann in diesem Rahmen knapp sein. „Über den Unfallhergang vom ..." kann genügen, § 358 a Rn 2, Ffm RR **95**, 637, aM ZöGre 3 (aber eine so knappe Form kann je nach den Gesamtumständen vernünftigerweise durchaus genügen). Reinecke MDR **90**, 1063 meint, eine zu präzise Formulierung berge eine Suggestionsgefahr. Aber das sollte ein Gericht durchaus trotz aller Präzision vermeiden können. Eine Verweisung auf Schriftsätze und Protokolle genügt nur ausnahmsweise und nur dann, wenn das Gericht dort bestimmte Stellen bezeichnet. Zur Formulierung in EDV-Sachen Bergmann/Streitz NJW **92**, 1726. 8

C. Beweismittel, Z 2. Der Beweisbeschluß muß ferner die Bezeichnung der Beweismittel enthalten. Er muß Zeugen, Sachverständige, zu vernehmende Parteien nach dem Namen, Stand und der vollständigen ladungsfähigen Anschrift bezeichnen, § 373 Rn 4–6. Es muß erkennbar sein, ob die Beweisperson als ein sachverständiger Zeuge oder als ein Sachverständiger auftreten soll. Für den Sachverständigen gelten Ausnahmen, §§ 372 II, 405. Wegen der Anschriften usw mag zunächst bei § 356 eine Frist ausreichen. 9

D. Beweisführer, Z 3. Der Beweisbeschluß muß schließlich die Bezeichnung des Beweisführers enthalten. Wer behauptet hat oder wer beweispflichtig ist, das ist hier nur wegen eines etwaigen Vorschusses erheblich, § 379, § 17 I 1 GKG, anders als bei der Prüfung der Notwendigkeit einer Beweiserhebung, Rn 1. Z 3 ist wichtig für den Fall, daß eine Partei auf ein Beweismittel nach § 399 wirksam verzichtet. 10

E. Weitere Einzelheiten, Z 1–3. Der Beweisbeschluß muß ferner die Art der Beweiserhebung sowie die Höhe des etwaigen Auslagenvorschusses und eine klare Angabe enthalten, ob und inwieweit zB eine Ladung von seiner Einzahlung oder von der Nachreichung einer fehlenden Anschrift abhängig ist, §§ 356, 379, 402. Wenn der verordnete Richter den Beschluß durchführen soll, empfiehlt es sich weiter, den Grund der Übertragung auf ihn anzugeben, § 375 Rn 5. Eine Begründung des Beweisbeschlusses ist zulässig, selten ratsam und kaum üblich, jedenfalls nicht notwendig. Der sonstige Inhalt, zB die Terminsbestimmung oder eine Auflage, zählt nicht zum Beweisbeschluß. 11

7) Rechtsbehelfe, Z 1–3. Der Beweisbeschluß und seine Unterlassung sind grundsätzlich nur zusammen mit dem Endurteil anfechtbar, § 355 II. Ausnahmen können nur gelten, soweit das Gericht das Verfahren praktisch aussetzt, § 252 Rn 3, § 372 a Rn 25, Brdb FamRZ **01**, 294. Soweit das ersuchte Richter die Durchführung ablehnt, kann das ersuchende Gericht Beschwerde und evtl eine weitere Beschwerde einlegen, § 159 GVG Rn 3, 4, BAG NJW **91**, 1252. 12

360 *Änderung des Beweisbeschlusses.* [1] **Vor der Erledigung des Beweisbeschlusses kann keine Partei dessen Änderung auf Grund der früheren Verhandlungen verlangen.** [2] **Das Gericht kann jedoch auf Antrag einer Partei oder von Amts wegen den Beweisbeschluss auch ohne erneute mündliche Verhandlung insoweit ändern, als der Gegner zustimmt oder es sich nur um die Berichtigung oder Ergänzung der im Beschluss angegebenen Beweistatsachen oder um die Vernehmung anderer als der im Beschluss angegebenen Zeugen oder Sachverständigen handelt.** [3] **Die gleiche Befugnis hat der beauftragte oder ersuchte Richter.** [4] **Die Parteien sind tunlichst vorher zu hören und in jedem Fall von der Änderung unverzüglich zu benachrichtigen.**

Gliederung

1) Systematik, S 1–4. Die Vorschrift ergänzt §§ 358, 359. Sie gilt nicht bei § 358 a. Sie wird ihrerseits durch § 286 ergänzt. Ein Abänderungsbeschluß ist eine weitere verfahrensleitende Anordnung, Brdb FamRZ **01**, 294. Das Gericht kann und muß von einer weiteren Durchführung seines Beweisbeschlusses auch ohne dessen förmliche Änderung absehen, soweit es keine Beweisbedürftigkeit oder Entscheidungserheblichkeit mehr sieht. Das kann unabhängig von § 360 geschehen. Das übersehen manche. Diese Vorschrift betrifft nur die Änderung oder Ergänzung des an sich fortbestehenden Beschlusses. Die Grenzen fließen freilich. Wer ganz aufheben kann, darf auch frei ändern. Auch bei § 399 (Verzicht der Partei auf Zeugen) erübrigt sich das 1

Verfahren nach § 360. Mitbeachtlich ist das Gebot rechtlichen Gehörs, Rn 12. Rechtspolitisch krit Mertens MDR **01**, 666.

2 **2) Regelungszweck, S 1–4.** Die Vorschrift dient der Rechtssicherheit nach Einl III 43 und der Wahrung des rechtlichen Gehörs, Art 103 I GG.

Nur geringe Bedeutung hat die Vorschrift wegen § 286 mit seiner Konsequenz aus einer freien Würdigung eines Beweises, daß auch schon die Art und der Umfang der Anordnung und eine Vornahme von Beweis und Gegenbeweis einem ziemlich weiten Ermessen des Gerichts unterliegen. Natürlich darf es kein erhebliches Beweisangebot übergehen, § 286 Rn 24 ff. Aber gerade auch deshalb darf und muß das Gericht evtl seinen bisherigen Beweisbeschluß ändern, so oft und so viel es das für nunmehr ratsam oder notwendig hält. An diesem Grundsatz ändert der im Wortlaut insofern eher mißverständliche § 360 nach seinem Regelungszweck nichts. Die Vorschrift dient vielmehr dazu, das Gericht vor einem zu starken Einfluß der Parteien auf die Gesamtabwicklung des Beweisabschnitts des Prozesses zu bewahren. Hier kommen Grenzen der Parteiherrschaft nach Grdz 18 vor § 128 zum Vorschein. Man muß diese Grenzen um der Prozeßwirtschaftlichkeit willen in Kauf nehmen, Grdz 14 vor § 128.

Elegante, rücksichtsvolle Handhabung hilft sowohl dem Gericht als auch den Parteien und ihren ProzBev erfahrungsgemäß viel bei der Vermeidung von Zuspitzungen wegen § 360. Man sollte eine solche Handhabung gerade wegen seiner eben ohnehin nur begrenzten Bedeutung betont pflegen.

3 **3) Geltungsbereich, S 1–4.** Vgl Üb 3 vor § 355.

4 **4) Aufhebung, S 1–4.** Das Gericht kann seinen Beweisbeschluß als eine prozeßleitende Verfügung jederzeit von Amts wegen aufheben, etwa weil sich dessen Unerheblichkeit herausgestellt hat oder weil das Gericht auf Grund einer neuen Überlegung zB jetzt nach § 287 schätzen will. Letzteres ist allerdings nur dann zulässig, wenn die Schätzung ohne Kosten stattfinden kann. Denn sonst läge eine Änderung vor, weil doch wieder eine Beweisaufnahme notwendig würde. Die Aufhebung kann auch stillschweigend geschehen, etwa durch eine Vertagung zum Zweck der Verkündung eines Urteils, § 311 IV. Daran ändert § 360 nichts. Das alles gilt auch im selbständigen Beweisverfahren, § 490 Rn 6. Wegen § 139 und aus den Gründen Rn 12 müssen die Parteien aber evtl eine Gelegenheit zur Stellungnahme und zu weiteren Anträgen erhalten. Sonst droht eine Zurückverweisung, § 538. Allerdings kann die Partei das Gericht nicht schon durch einen Antrag auf eine kommissarische Vernehmung nach §§ 361, 362 zu einer Entscheidung nach § 360 zwingen, unklar BVerfG **69**, 256.

5 **5) Änderung von Amts wegen nach neuer Verhandlung, S 1–4.** Von Amts wegen darf das Gericht seinen Beweisbeschluß nach einer neuen mündlichen Verhandlung unbeschränkt ändern, etwa wegen der inzwischen eingetretenen Entscheidungsunerheblichkeit des Beweisthemas.

6 **6) Änderung von Amts wegen vor neuer Verhandlung, S 1–4.** In dieser Situation darf das Gericht den Beweisbeschluß nur in einem der folgenden Fälle ändern.

A. Zustimmung des Gegners. Die Änderung ist zulässig, soweit der Gegner des Beweisführers zustimmt. Das gilt auch, soweit es um eine Einbeziehung neuer Tatsachen und um die Vernehmung weiterer Zeugen usw geht. Das Gericht muß bei einer beabsichtigten Änderung nach Rn 6 von Amts wegen die Zustimmungen beider Parteien einholen. Die Zustimmung muß schriftlich erfolgen. Sie ist eine unwiderrufliche Parteiprozeßhandlung, Grdz 47 vor § 128. Sie muß den Inhalt der Änderung decken. Bei § 399 (Verzicht des Beweisführers auf seinen Zeugen) kommt es darauf an, ob der Prozeßgegner verlangt, den erschienenen Zeugen zu vernehmen usw.

7 **B. Berichtigung, Ergänzung.** Die Änderung ist ferner zulässig, und zwar auch ohne eine Zustimmung, soweit das Gericht den bisherigen Beweisbeschluß lediglich berichtigen oder die Beweistatsachen ergänzen will. Berichtigen bedeutet in Einklang bringen entweder mit dem mangelhaft ausgedrückten wahren Willen des Gerichts oder mit dem mangelhaft gewürdigten Parteivortrag, § 256 Rn 24. Die Grenze zwischen einer bloßen Berichtigung und einer Neuentscheidung läßt sich so ziehen, daß die Änderung nicht das Beweisthema gänzlich ändern darf. Denn eine bloße Berichtigung von Schreibfehlern und dergleichen wäre schon nach § 319 zulässig, § 329 Rn 19 „§ 319". Bei einer Änderung des Beweisthemas gilt Rn 6. Die Berichtigung kann auch die Art der Ausführung betreffen. Die Ergänzung darf neue Beweispunkte enthalten, soweit sie mit den alten im Zusammenhang stehen. Das Gericht darf aber mittels einer bloßen Änderung usw nicht die Beweiserhebung auf einen anderen Klagegrund ausdehnen.

8 **C. Ersetzung von Zeugen usw.** Die Änderung ist auch zulässig, soweit das Gericht die im Beweisbeschluß angegebenen Zeugen und Sachverständigen durch andere oder durch Gegenzeugen ersetzen oder nur noch einige der bisher angegebenen Zeugen hören will. Der Beweispunkt muß derselbe bleiben. Dagegen ist die Vernehmung eines oder mehrerer erst nachträglich benannter zusätzlicher Zeugen usw vor der Erledigung des Beweisbeschlusses nur mit einer Zustimmung des Gegners zulässig. Das übersehen viele. Es ergibt sich aber schon aus dem eindeutigen Wortlaut von S 2 Hs 2. Er läßt nur „andere" und nicht „weitere" Zeugen zu. Freilich darf und sollte das Gericht bei der Benennung weiterer Zeugen den Gegner fragen, ob er zustimmt, vor allem vor der Aktenversendung an ein auswärtiges Gericht, damit es die zusätzlichen auswärtigen Zeugen evtl sogleich mitladen kann. Wegen § 399 vgl Rn 3.

9 **7) Änderung nach § 358 a, S 1–4.** Die Änderung ist außerdem bei § 358 a zulässig, dort Rn 4.

10 **8) Änderung auf Antrag, S 1–4.** Ohne einen Antrag braucht das Gericht nichts zu ändern, auch nicht im Einverständnis des Gegners. Vor der Erledigung des bisherigen Beweisbeschlusses ist ein Antrag auf eine Änderung nur auf Grund eines neuen Vorbringens statthaft. Freilich darf die Partei eine Verletzung von Verfahrensvorschriften rügen, zB über die Zulässigkeit des Beweisbeschlusses.

11 **9) Verfahren, S 1–4.** Es verläuft oft fast zu großzügig.

A. Zuständigkeit. Zur Änderung ist das Prozeßgericht zuständig. Die Befugnis steht auch dem Einzelrichter nach §§ 348, 348 a, 526, 527, 568 und dem verordneten Richter zu, §§ 361, 362. Aber diese müssen zurückhaltend verfahren. Denn sie dürfen das Prozeßgericht nicht binden. § 360 soll eine solche Weiterung vermeiden, die durch die starre Bindung des verordneten Richters an den Beschluß entstehen kann. Deshalb darf der ersuchte Richter statt des angegebenen Zeugen einen anderen nur dann vernehmen, wenn sich herausstellt, daß dieser und nicht der zunächst angegebene Zeuge Bescheid weiß.

B. Anhörung. Das Gericht muß die Parteien vor der Entscheidung wegen Artt 2 I, 20 III GG (Rpfl), BVerfG **101**, 404, Art 103 I GG (Richter) stets wenn möglich mündlich oder schriftlich hören, BGH NJW **85**, 1400, Köln NJW **92**, 719. Untunlich ist ihre Anhörung zB dann, wenn die Zeit es nicht erlaubt, wenn etwa ein Zeuge schleunigst verreisen muß. Immer muß das Gericht die Parteien von der Änderung unverzüglich unterrichten, § 121 I 1 BGB, also sobald das nach dem ordnungsgemäßen Geschäftsgang möglich ist. Außerdem müssen die Parteien zum Ergebnis Stellung nehmen können, § 285, BGH NJW **85**, 1400. Die Anhörung erfolgt formlos. Ein Mangel der Anhörung oder der Benachrichtigung ist heilbar, § 295. 12

C. Beschluß. Die Entscheidung erfolgt grundsätzlich durch einen Beschluß. Das Gericht muß ihn verkünden oder formlos mitteilen, § 329 II 1. Er braucht keine Begründung, § 359 Rn 9. Sie ist aber zulässig. Soweit der Änderungswille eindeutig erkennbar ist, mag ein ausdrücklicher Beschluß entfallen, BGH NJW **85**, 1399. 13

D. Rechtsmittel. Der Beschluß ist grundsätzlich nicht selbständig anfechtbar, sondern nur zusammen mit dem Endurteil, § 355 II. Denn er bildet mit dem Beweisbeschluß eine Einheit, § 359 Rn 4, Brdb FamRZ **01**, 294. Das gilt auch dann, wenn das Gericht einen Änderungsantrag ablehnt. Eine unzulässige Änderung ist daher ebenfalls grundsätzlich nur zusammen mit dem Endurteil anfechtbar. Wegen ausnahmsweiser Rechtsmittel § 359 Rn 10. Eine Gegenvorstellung nach Grdz 6 vor § 567 bleibt schon wegen des Fehlens einer Bindung des Gerichts an seine bisherige Anordnung zulässig, Brdb FamRZ **01**, 295. Die Verhandlung über das Beweisergebnis erfolgt nach §§ 279 III, 285 vor dem Prozeßgericht. 14

361 *Beweisaufnahme durch beauftragten Richter.* [I] **Soll die Beweisaufnahme durch ein Mitglied des Prozessgerichts erfolgen, so wird bei der Verkündung des Beweisbeschlusses durch den Vorsitzenden der beauftragte Richter bezeichnet und der Termin zur Beweisaufnahme bestimmt.**

[II] **Ist die Terminsbestimmung unterblieben, so erfolgt sie durch den beauftragten Richter; wird er verhindert, den Auftrag zu vollziehen, so ernennt der Vorsitzende ein anderes Mitglied.**

1) Systematik, I, II. Die Vorschrift regelt die Durchführung einer Beweisaufnahme vor einem Mitglied des als Kollegium zuständigen Prozeßgerichts. Demgegenüber regelt § 362 diejenige vor dem Mitglied eines anderen Gerichts. § 434 gilt ergänzend. 1

2) Regelungszweck, I, II. Auch und gerade dann, wenn die Beweisaufnahme auch nur teilweise nicht vor dem vollbesetzten Prozeßgericht erfolgen soll, zu dem auch der Einzelrichter der §§ 348, 349, 526, 527, 568 zählt, erfordert die Rechtssicherheit nach Einl III 43 eine Klarstellung, wer nun für diesen Abschnitt vorübergehend der gesetzliche Richter nach Art 101 I 2 GG neben dem vollen Prozeßgericht sein soll. Die Bedeutung der Vorschrift schwindet mit der Verlagerung des Kollegialprinzips auf den obligatorischen oder gar den originären Einzelrichter. Das sollte nichts an der Sorgfalt ändern, mit der der Vorsitzende nach § 361 verfahren muß, um Unklarheiten und daraus etwa sogar folgende rechtsmittelerhebliche Vorwürfe einer fehlerhaften Gerichtsbesetzung in diesem wichtigen Verfahrensabschnitt zu vermeiden. 2

3) Geltungsbereich, I, II. Üb 3 vor § 355. 3

4) Maßnahmen des Vorsitzenden, I. Der beauftragte Richter nach Einl III 72 darf nur ausnahmsweise tätig sein, § 355 Rn 6, also zB nicht zwecks Sühneversuchs nach § 279, dort Rn 4. Soll er die Beweisaufnahme vornehmen, wählt ihn der Vorsitzende nach seinem pflichtgemäßen Ermessen aus. Er bezeichnet ihn bei der Verkündung des Beweisbeschlusses namentlich. Etwas anderes würde eine gegen Art 101 I 2 GG verstoßende Auswechslung ermöglichen. Über einen Auslagenvorschuß beschließt das Prozeßgericht, §§ 379, 402. Beschließt das Gericht nachträglich eine Erledigung durch den beauftragten Richter, muß es ihn im Änderungsbeschluß bezeichnen, § 360. Fällt der beauftragte Richter weg, tritt sein Vertreter oder sein Nachfolger im Amt ohne weiteres an seine Stelle, soweit der Vorsitzende nichts anderes bestimmt. 4

5) Maßnahmen des beauftragten Richters, I, II. Den Termin bestimmt der beauftragte Richter, ThP, aM Schneider DRiZ **77**, 14 (dieser bestimme ihn nur hilfsweise. Man muß aber I mit einer Zäsur *hinter* und nicht vor den Worten „durch den Vorsitzenden" lesen). Der beauftragte Richter bestimmt seinen Termin evtl in der Sitzung des Kollegiums. Dann verkündet ihn der Vorsitzende. Der beauftragte Richter kann seinen Termin auch später bestimmen. Dann muß ihn das Gericht den Parteien von Amts wegen bekanntgeben, und zwar immer ihren ProzBev, § 172, ferner § 357 II. Das Gericht muß die Ladungsfrist nach § 217 einhalten, ZöGre 1, aM ThP 1 (aber die Ladungsfrist gilt für alle Terminsarten im Sinn von Üb 1 vor § 214). Es besteht kein Anwaltszwang, § 78 III Hs 1. 5

Die Beweisaufnahme ist mindestens *parteiöffentlich,* § 357 I. Sie ist nicht allgemein öffentlich. Denn sie findet nicht vor dem vollen erkennenden Gericht statt, § 169 S 1 GVG. Der beauftragte Richter hat im Rahmen des Auftrags die Befugnisse und Pflichten des Gerichts und des Vorsitzenden, § 229. Er hat daher auch die Sitzungsgewalt, §§ 176 ff GVG. Daher darf auch er §§ 379, 402 anwenden, aM ZöGre 2 (aber ein ordnungsgemäßer Verlauf kann solche Maßnahmen notwendig machen). Er darf ferner zB: Ein Geständnis aufnehmen, § 288; ein Ordnungsmittel anordnen, §§ 380, 400, 402; nach § 365 den Auftrag weiterleiten. Zum Güteversuch § 278. Wenn der beauftragte Richter im Beweistermin vertagt, verkündet er den neuen Termin. Es besteht ein Protokollzwang, § 159 II.

6) Rechtsbehelf, I, II. Man muß zunächst das Prozeßgericht anrufen, § 573. Zum weiteren Verfahren dort Rn 5. 6

362 *Beweisaufnahme durch ersuchten Richter.* **I Soll die Beweisaufnahme durch ein anderes Gericht erfolgen, so ist das Ersuchungsschreiben von dem Vorsitzenden zu erlassen.**

II Die auf die Beweisaufnahme sich beziehenden Verhandlungen übermittelt der ersuchte Richter der Geschäftsstelle des Prozessgerichts in Urschrift; die Geschäftsstelle benachrichtigt die Parteien von dem Eingang.

1 **1) Systematik, I, II.** Es gelten die Regeln § 361 Rn 1, 2 entsprechend. Die Vorschrift stellt eine vorrangige Abweichung vom Grundsatz der Unmittelbarkeit der Beweisaufnahme nach § 355 dar.

2 **2) Regelungszweck, I, II.** Die Vorschrift dient der Prozeßförderung nach Grdz 12 vor § 128 und der Prozeßwirtschaftlichkeit, Grdz 14 vor § 128. Diese Aspekte muß man bei der Auslegung mitbeachten. In der Praxis ist meist eine Übermittlung einer noch nicht allzu umfangreichen Akte als Ganzes üblich. Das kann dem ersuchten Richter erfahrungsgemäß auch sehr helfen, mehr als ein noch so gründlich formulierter Beweisbeschluß nebst Anschreiben. Denn oft ergeben sich zB zur Örtlichkeit eines Unfallhergangs für den nicht ortskundigen ersuchten Richter solche Fragen, die sich beim Blick in die Unfallsskizze oder die Fotos sofort beantworten lassen, dem auswärtigen Zeugen aber ebensowenig geläufig sind wie dem Richter, weil der Zeuge zB nur im Urlaub am Unfallort war usw. Deshalb empfiehlt sich bei II jede Großzügigkeit.

3 **3) Geltungsbereich, I, II.** Vgl zunächst Üb 3 vor § 355. § 362 ist nur bei §§ 372 II, 375 I, 402, 434, 451, 613 I anwendbar.

4 **4) Ersuchen, I.** Soll ein anderes Gericht die Beweisaufnahme als ersuchter Richter nach § 355 Rn 6 vornehmen, ist zunächst ein entsprechender Beschluß des Prozeßgerichts notwendig. § 362 regelt nur die Durchführung dieses Beschlusses. Zu ihrem Zweck erläßt der Vorsitzende oder der Einzelrichter nach §§ 348, 348 a, 526, 527, 568 ein Ersuchen. Das andere Gericht kann hier nur ein inländisches AG sein, §§ 156 ff GVG (Rechtshilfe). Andernfalls ist § 363 nebst Anhang beachtlich. Das Ersuchen erfolgt durch eine prozeßleitende Verfügung. Ihre Bezeichnung als Beschluß ist unschädlich. Das Prozeßgericht muß sie klar und ausführlich genug fassen, so daß man keine Weiterungen durch eine mangelhafte Erledigung befürchten muß. Das Prozeßgericht darf den ersuchten Richter keineswegs dazu nötigen, sich die Beweisfragen aus langatmigen Parteischriftsätzen usw mühsam herauszuschälen, § 359 Rn 6. Der Vorsitzende entscheidet unter einer Beachtung dieser Grundsätze nach seinem pflichtgemäßen Ermessen darüber, ob seine Geschäftsstelle dem ersuchten Richter die Gerichtsakten oder nur einen Auszug übermittelt, Rn 2.

5 **5) Verfahren des ersuchten Richters.** Der ersuchte Richter bestimmt den *Termin* nach § 216. Er benachrichtigt die Parteien von Amts wegen nach § 357 II, dort Rn 6. Über die Ablehnung des Ersuchens §§ 158, 159 GVG. Der ersuchte Richter darf also die Durchführung des Ersuchens allenfalls als schlechthin unzulässig und nicht als nur unzweckmäßig ablehnen, Ffm Rpfleger **79**, 426 (Nähe des Prozeßgerichts). Es besteht nach § 78 III Hs 1 kein Anwaltszwang. Es gibt keine allgemeine Öffentlichkeit. Denn der ersuchte Richter ist nicht das erkennende Gericht, § 169 S 1 GVG. Wohl aber besteht eine Parteiöffentlichkeit, § 357 I. Den ersuchten Richter bindet das Beweisthema, solange kein Rechtsmißbrauch nach Einl III 54 vorliegt, etwa ein klarer Ausforschungsbeweisantrag, Kblz NJW **75**, 1036, oder eine bloße Faulheit des nur wenige Minuten entfernten Prozeßgerichts. Er kann den Beweisbeschluß aber im übrigen nach § 360 ändern, §§ 229, 365, 400 ZPO, 180 GVG. Er muß ein Protokoll erstellen, § 159 II.

6 **6) Übermittlung der Beweisverhandlungen, II.** Der ersuchte Richter muß das Beweisaufnahmeprotokoll in der Urschrift der Geschäftsstelle des Prozeßgerichts übersenden oder es elektronisch übermitteln. Erst diese benachrichtigt unverzüglich die Parteien formlos vom Eingang. § 299 sieht keine Pflicht der Geschäftsstelle vor, den Parteien das Beweisaufnahmeprotokoll auch von Amts wegen zu übermitteln. Schon wegen Art 103 I GG ist diese Maßnahme aber unentbehrlich. Sie ist im übrigen auch allein praktisch und im Rahmen von KV 9000 Z 2 d auslagenfrei. Wegen des Verhandlungstermins § 370 II.

7 **7) Rechtsbehelfe, I, II.** Gegen den Übertragungsbeschluß: § 355 Rn 8. Gegen das Ersuchen des Vorsitzenden: keiner. Gegen eine Entscheidung des verordneten Richters: Sofortige oder einfache Beschwerde gegen die Gebührenfestsetzung unter den Voraussetzungen der §§ 401 ZPO, 4 III JVEG, ferner sofortige Beschwerde gegen ein Ordnungsmittel nach § 181 GVG, § 573 Rn 3, im übrigen sofortige Erinnerung an das Prozeßgericht, § 573 Rn 3. Gegen dessen Entscheidung ist die sofortige Beschwerde statthaft, §§ 567 I Z 1, 573 II. Eine Rechtsbeschwerde kommt unter den Voraussetzungen des § 574 in Betracht.

363 *Beweisaufnahme im Ausland.* **I Soll die Beweisaufnahme im Ausland erfolgen, so hat der Vorsitzende die zuständige Behörde um Aufnahme des Beweises zu ersuchen.**

II Kann die Beweisaufnahme durch einen Bundeskonsul erfolgen, so ist das Ersuchen an diesen zu richten.

III 1 Die Vorschriften der Verordnung (EG) Nr. 1206/2001 des Rates vom 28. Mai 2001 über die Zusammenarbeit zwischen den Gerichten der Mitgliedstaaten auf dem Gebiet der Beweisaufnahme in Zivil- oder Handelssachen (ABl. EG Nr. L 174 S. 1) bleiben unberührt. 2 Für die Durchführung gelten die §§ 1072 und 1073.

Schrifttum: *Coester-Waltjen,* Internationales Beweisrecht, 1983; *Daoudi,* Extraterritoriale Beweisbeschaffung im deutschen Zivilprozeß usw, 2000; *Eschenfelder,* Beweiserhebung im Ausland und ihre Verwertung im inländischen Zivilprozeß, 2002; *Geimer,* Internationale Beweisaufnahme, 1998; *Gottwald,* Grenzen zivilgerichtlicher Maßnahmen mit Auslandswirkung, Festschrift für *Habscheid* (1989) 131; *Jayme,* Exterritoriale

Beweisverschaffung für inländische Verfahren usw, Festschrift für *Geimer* (2002) 375; *Linke,* Internationales Zivilprozeßrecht, 3. Aufl 2001, § 8; *Mössle,* Exterritoriale Beweisbeschaffung im internationalen Wirtschaftsrecht, 1990; *Musielak,* Beweiserhebung bei auslandsbelegenen Beweismitteln, Festschrift für *Geimer* (2002) 761; *Pfeil-Kammerer,* Deutsch-amerikanischer Rechtshilfeverkehr, 1987; *Schlosser,* Exterritoriale Rechtsdurchsetzung im Zivilprozeß, in: Festschrift für *Lorenz,* 1991; *Stadler,* Grenzüberschreitende Beweisaufnahmen in der Europäischen Union usw, Festschrift für *Geimer* (2002) 1281; *Teske,* Der Urkundenbeweis im französischen und deutschen Zivil- und Zivilprozeßrecht, 1990.

Gliederung

1) Systematik, I–III. Die Vorschrift leitet eine solche Durchführung des Beweisbeschlusses ein, die weder durch den beauftragten noch durch den ersuchten deutschen Richter nach §§ 361, 362 geschieht, sondern die durch eine deutsche oder ausländische Stelle im Ausland erfolgen soll. Wegen des nach III vorrangigen EU-Rechts gelten die in §§ 1072–1075 abgedruckten und kommentierten Regeln, Rn 9. 1

2) Regelungszweck, I–III. Die deutsche Gerichtsbarkeit macht an den Grenzen Deutschlands halt, Mü RR **96**, 60. Ein deutsches Gericht kann zwar Zeugen, Sachverständige und Parteien aus dem Ausland ins Inland vorladen. Das ist aber meist zwecklos. Denn das deutsche Gericht kann das Erscheinen aus dem Ausland nicht erzwingen, Hamm RR **88**, 703, Mü RR **96**, 60, Jessnitzer Rpfleger **75**, 345. Im Ausland darf ein deutsches Gericht grundsätzlich nur mit einer Genehmigung der deutschen und der fremden Regierung tätig werden, Art 32 I GG, BGH NJW **84**, 2039, Celle RR **94**, 830, Stürner JZ **87**, 45. Wegen des EU-Raums Rn 9. 2

Eine *bloß schriftliche Anhörung* ausländischer Zeugen und Sachverständiger nach § 377 III, § 411, LG Aachen RR **93**, 1407, ist als ein solches Beweismittel nur dann statthaft, wenn das Ausland eine durch Strafe gesicherte eidesstattliche Versicherung kennt. Sie hat schon wegen der ausländischen Staatshoheit ihre Grenzen, § 39 I ZRHO, BGH NJW **84**, 2039, Hamm RR **88**, 703 (damals nicht wegen Polen). Regelmäßig ist ein Ersuchen notwendig. BGH NJW **80**, 1849 läßt die Zulässigkeit einer Beweisaufnahme im Ausland vor der mündlichen Verhandlung offen. Natürlich ist die Vorlegung einer derartigen schriftlichen Stellungnahme als eine Urkunde nach §§ 415 ff, 286 statthaft. Soweit die Partei auf einer Vernehmung usw besteht, muß das Gericht dann prüfen, ob es diese nun zusätzliche Beweisaufnahme entbehren kann, § 286 Rn 27. 3

Urkundenbeweislich läßt sich natürlich jede irgendwie und irgendwo zustandegekommene Aussage eines Zeugen oder die Beurteilung eines Sachverständigen ohnehin stets verwerten. Ob eine im Ausland erfolgte förmliche Vernehmung wirklich so viel mehr erbringt, wird man nicht ganz selten bezweifeln dürfen. Das gilt umso mehr, als ja auch der Eid vor dem Richter mit oder ohne eine religiöse Bekräftigung vermeintlich an Gewicht und Druckkraft abgenommen hat, im Ausland unterschiedlich ähnlich wie in Deutschland, ungeachtet aller strafrechtlichen Ahndungsmöglichkeiten. Umso eher ist es zumindest erwägenswert, zunächst zu versuchen, um eine Beweisaufnahme im Ausland trotz aller ihrer formellen Erleichterungen herumzukommen und eine schriftliche Darstellung anzuregen. Man kann immer noch zur förmlichen Vernehmung mit einem Vorhalt unklarer Passagen der schriftlichen Darstellung übergehen. 4

3) Geltungsbereich, I–III. Rn 9 (EU-Raum), Üb 3 vor § 355. 5

4) Parteiantrag, I, II. Der Antrag der Partei auf die Ladung der Beweisperson im Ausland erfordert keine genauere inhaltliche Bestimmung der notwendigen Fragen als bei einer Inlandsvernehmung. Es genügt die Angabe der allgemeinen Richtung der beabsichtigten Fragen, BGH MDR **81**, 1014. Die Beweismittel und die Beweiswürdigung lassen sich nach der ZPO beurteilen, Düss RR **93**, 1348. Eine Befragung des Zeugen im Ausland kann unmöglich oder sinnlos geworden sein, zB wegen des Zeitablaufs seit dem Ersuchen, LG Aachen RR **93**, 1407. Dann kann das Gericht eine etwaige schriftliche Äußerung des Zeugen oder des Sachverständigen urkundenbeweislich verwerten, BGH NJW **84**, 2039. Hat die Partei auf eine Benachrichtigung vom Auslandstermin nicht verzichtet und hat das Gericht sie nicht benachrichtigt, darf es das Ergebnis der Beweisaufnahme nur dann verwerten, wenn es die Belange der nicht benachrichtigten Partei im Hinblick auf ihr Recht nicht beeinträchtigt, den Beweispersonen Fragen und Vorhaltungen zu machen. Die Gestellung von Zeugen und Sachverständigen aus dem Ausland darf das Gericht keiner Partei auferlegen. Freiwillig darf die Partei natürlich derart verfahren. Wegen des Haager Übereinkommens betr Beweisaufnahmen im Ausland Anh § 363. 6

Soweit keine der aufgezählten Möglichkeiten in Betracht kommt, muß das Gericht die Partei als *beweisfällig* beurteilen, Hamm RR **88**, 703. 7

5) Ersuchen des Vorsitzenden, I, II. Der Vorsitzende oder der Einzelrichter erläßt ein Ersuchen um eine Beweisaufnahme an die zuständige Behörde, und zwar wenn irgend möglich an den deutschen Konsul. Denn er wendet deutsches Recht an. Er kann auch selbst Vernehmungen (meist: nur) deutscher Personen durchführen und Eide abnehmen, § 15 KonsG v 11. 9. 1974, BGBl 2317, Geimer Festschrift für Matscher (1993) 133. Der deutsche Konsul darf freilich keinen Zwang anwenden. Wegen der ZRHO Anh I § 168 GVG Grdz 2. Soweit das letztere nicht geschieht, darf das Gericht die Anwendung der deutschen Vorschriften über die Beweisaufnahme nicht verlangen. Es muß dann den ausländischen Staat nach § 363 I um seine Rechtshilfe ersuchen. Für die Benachrichtigung vom Eingang der Beweisverhandlungen und für die Terminsbestimmung gilt § 362 Rn 4 entsprechend. 8

6) Beweisaufnahme in EU-Staat, III. Die Vorschrift stellt lediglich hinweisend den Vorrang der bei §§ 1072–1075 abgedruckten und kommentierten Regelung zur Beweisaufnahme in den Mitgliedstaaten der 9

EU klar, um diese in das Buch 11 der ZPO aufgenommene Regelung zur Durchführung des EU-Rechts leichter auffindbar zu machen.

Anhang nach § 363

Wegen des EU-Rechts § 363 Rn 9 und §§ 1072 ff.

Gliederung

I. BewÜbk

vom 18. 3. 1970, BGBl 77 II 1472

Kapitel I. Rechtshilfeersuchen

Schrifttum: *Berger* IPRax **01**, 522 (Üb); *Blaschzok;* Das Haager Übereinkommen usw, Diss Hbg 1986; *Geimer,* Internationale Beweisaufnahme, 1998; *Heidenberger,* US-Supreme-Court wird über die Anwendung des Haager Beweisübereinkommens entscheiden, RIW **86**, 498; *Junker,* Der deutsch-amerikanische Rechtshilfeverkehr in Zivilsachen – Zustellungen und Beweisaufnahme, JZ **89**, 121; *Müller,* Grenzüberschreitende Beweisaufnahme im Europäischen Justizraum, 2004; *Pfeil/Kammerer,* Deutsch-amerikanischer Rechtshilfeverkehr in Zivilsachen. Die Anwendung des Haager Übereinkommens über ... Beweisaufnahmen im Ausland, 1987; *Schlosser,* EuGVÜ usw, 1996; *Schulze;* IPRax **01**, 527 (Üb); *Trittmann,* Anwendungsprobleme des Haager Beweisübereinkommens im Rechtshilfeverkehr zwischen der Bundesrepublik und den Vereinigten Staaten von Amerika, 1989.

Übk Art 1. **I In Zivil- oder Handelssachen kann die gerichtliche Behörde eines Vertragsstaats nach seinen innerstaatlichen Rechtsvorschriften die zuständige Behörde eines anderen Vertragsstaats ersuchen, eine Beweisaufnahme oder eine andere gerichtliche Handlung vorzunehmen.**

II Um die Aufnahme von Beweisen, die nicht zur Verwendung in einem bereits anhängigen oder künftigen gerichtlichen Verfahren bestimmt sind, darf nicht ersucht werden.

III Der Ausdruck „andere gerichtliche Handlung" umfaßt weder die Zustellung gerichtlicher Schriftstücke noch Maßnahmen der Sicherung oder der Vollstreckung.

1 **Bem.** Zur grundsätzlichen Bedeutung des Übk vgl Supreme Court of the United States JZ **87**, 984 (Anm Stürner), dazu Veltins DB **87**, 2396; wegen der Schweiz Bek v 6. 6. 95, BGBl II 532.

Übk Art 2. **I 1 Jeder Vertragsstaat bestimmt eine Zentrale Behörde, die von einer gerichtlichen Behörde eines anderen Vertragsstaats ausgehende Rechtshilfeersuchen entgegennimmt und sie der zuständigen Behörde zur Erledigung zuleitet. 2 Jeder Staat richtet die Zentrale Behörde nach Maßgabe seines Rechts ein.**

II Rechtshilfeersuchen werden der Zentralen Behörde des ersuchten Staates ohne Beteiligung einer weiteren Behörde dieses Staates übermittelt.

1 **Bem.** In Deutschland sind folgende Stellen als Zentrale Behörden bestimmt worden, Bek v 23. 12. 94, BGBl **95** II 77, und v 25. 2. 08, BGBl II 216:
Baden Württemberg: Präsident des AG Freiburg, Holzmarkt 2, 79098 Freiburg
Bayern: Präsident des Oberlandesgerichts München, Prielmayerstraße 5, 80097 München
Berlin: Senatsverwaltung für Justiz von Berlin, Salzburger Str 21–25, 10825 Berlin
Brandenburg: Ministerium der Justiz des Landes Brandenburg, Heinrich-Mann-Allee 107, 14460 Potsdam
Bremen: Der Präsident des Landgerichts, Domsheide 16, 28195 Bremen
Hamburg: Präsident des Amtsgerichts Hamburg, Sievekingplatz 1, 20355 Hamburg
Hessen: Hessisches Ministerium der Justiz, Luisenstraße 13, 65185 Wiesbaden
Mecklenburg-Vorpommern: Justizministerium Mecklenburg-Vorpommern, Puschkinstr 19–21, 19055 Schwerin
Niedersachsen: Niedersächsisches Justizministerium, Am Waterlooplatz 1, 30169 Hannover
Nordrhein-Westfalen: Präsident des Oberlandesgerichts Düsseldorf, Cecilienallee 3, 40474 Düsseldorf
Rheinland-Pfalz: Ministerium der Justiz, Ernst-Ludwig-Straße 3, 55116 Mainz
Saarland: Ministerium der Justiz, Zähringerstraße 12, 66119 Saarbrücken
Sachsen: Präsident des OLG Dresden, Postfach 120732, Dresden
Sachsen-Anhalt: Ministerium der Justiz des Landes Sachsen-Anhalt, Wilhelm-Höpfner-Ring 6, 39116 Magdeburg
Schleswig-Holstein: Der Justizminister des Landes Schleswig-Holstein, Lorentzendamm 35, 24103 Kiel
Thüringen: Thüringer Justizministerium, Alfred-Hess-Str. 8, 99094 Erfurt.

2 Im übrigen vgl wegen Israel Bek v 5. 6. 81, BGBl II 374; wegen Singapur Bek v 21. 10. 81, BGBl II 962; wegen Finnland Bek v 5. 7. 82, BGBl II 682; wegen Barbados, Italien Bek v 9. 11. 82, BGBl II 998; wegen Zypern Bek v 12. 6. 84, BGBl II 567, und v 13. 9. 84, BGBl II 919; wegen Aruba, Monaco Bek v 3. 12. 86, BGBl II 1135; wegen Spanien Bek v 23. 9. 87, BGBl II 615; wegen Mexiko Bek v 26. 3. 90, BGBl II

298; wegen Nordrhein-Westfalen Bek v 25. 11. 91, BGBl II 1396; wegen Deutschland Bek v 11. 3. 93, BGBl II 739; wegen Australien Bek v 23. 9. 93, BGBl II 2398; wegen Spanien Bek v. 23. 12. 94, BGBl **95** II 77; wegen der Schweiz Bek v 6. 6. 95, BGBl II 532; wegen Lettland, Venezuela Bek v 27. 11. 95, BGBl **96** II 16; wegen Slowakei Bek v 28. 8. 96, BGBl II 2494; wegen Polen Bek v 9. 12. 96, BGBl **97** II 161; wegen China Bek v 1. 7. 98, BGBl II 1729; wegen Spanien Bek v 11. 8. 99, BGBl II 788; wegen Bulgarien, Schweden, Schweiz, Vereinigtem Königreich (für Schottland) Bek v 21. 8. 01, BGBl II 1004; wegen Litauen, Slowenien, Sri Lanka Bek v 14. 12. 01, BGBl **02** II 153, wegen der Ukraine Bek v 12. 4. 04, BGBl II 1161; wegen China (Macao) Bek v 7. 11. 02, BGBl II 2923; wegen Griechenland Bek v 11. 5. 05, BGBl II 603; wegen Frankreich, Monaco Bek v 27. 3. 06, BGBl II 434; wegen Australien, Mexiko, Schweiz, Spanien, Türkei, Weißrussland Bek v 7. 5. 07, BGBl II 787; wegen Indien, Seychellen Bek v 15. 2. 08, BGBl II 216.

Übk Art. 3. I **Ein Rechtshilfeersuchen enthält folgende Angaben:**

a) die ersuchende und, soweit bekannt, die ersuchte Behörde;
b) den Namen und die Anschrift der Parteien und gegebenenfalls ihrer Vertreter;
c) die Art und den Gegenstand der Rechtssache sowie eine gedrängte Darstellung des Sachverhalts;
d) die Beweisaufnahme oder die andere gerichtliche Handlung, die vorgenommen werden soll.

Das Rechtshilfeersuchen enthält außerdem je nach Sachlage

e) den Namen und die Anschrift der zu vernehmenden Personen;
f) die Fragen, welche an die zu vernehmenden Personen gerichtet werden sollen, oder die Tatsachen, über die sie vernommen werden sollen;
g) die Urkunden oder die anderen Gegenstände, die geprüft werden sollen;
h) den Antrag, die Vernehmung unter Eid oder Bekräftigung durchzuführen, und gegebenenfalls die dabei zu verwendende Formel;
i) den Antrag, eine besondere Form nach Artikel 9 einzuhalten.

II **In das Rechtshilfeersuchen werden gegebenenfalls auch die für die Anwendung des Artikels 11 erforderlichen Erläuterungen aufgenommen.**

III **Eine Legalisation oder eine ähnliche Förmlichkeit darf nicht verlangt werden.**

Übk Art 4. I **Das Rechtshilfeersuchen muß in der Sprache der ersuchten Behörde abgefaßt oder von einer Übersetzung in diese Sprache begleitet sein.**

II **Jeder Vertragsstaat muß jedoch, sofern er nicht den Vorbehalt nach Artikel 33 gemacht hat, ein Rechtshilfeersuchen entgegennehmen, das in französischer oder englischer Sprache abgefaßt oder von einer Übersetzung in eine dieser Sprachen begleitet ist.**

III 1 **Ein Vertragsstaat mit mehreren Amtssprachen, der aus Gründen seines innerstaatlichen Rechts Rechtshilfeersuchen nicht für sein gesamtes Hoheitsgebiet in einer dieser Sprachen entgegennehmen kann, muß durch eine Erklärung die Sprache bekanntgeben, in der ein Rechtshilfeersuchen abgefaßt oder in die es übersetzt sein muß, je nachdem, in welchem Teil seines Hoheitsgebiets es erledigt werden soll.** 2 **Wird dieser Erklärung ohne hinreichenden Grund nicht entsprochen, so hat der ersuchende Staat die Kosten einer Übersetzung in die geforderte Sprache zu tragen.**

IV **Neben den in den Absätzen 1 bis 3 vorgesehenen Sprachen kann jeder Vertragsstaat durch eine Erklärung eine oder mehrere weitere Sprachen bekanntgeben, in denen ein Rechtshilfeersuchen seiner Zentralen Behörde übermittelt werden kann.**

V **Die einem Rechtshilfeersuchen beigefügte Übersetzung muß von einem diplomatischen oder konsularischen Vertreter, von einem beeidigten Übersetzer oder von einer anderen hierzu befugten Person in einem der beiden Staaten beglaubigt sein.**

Bem. Vgl wegen Dänemark, Finnland, Frankreich, Luxemburg, Norwegen, Portugal, Schweden, des Vereinigten Königreichs, der Vereinigten Staaten Bek v 5. 9. 80, BGBl II 1290; wegen Finnland ferner Bek v 19. 2. 81, BGBl II 123; wegen Singapur Bek v 21. 10. 81, BGBl II 962; wegen Anguilla, Monaco Bek v 3. 12. 86, BGBl II 1135; wegen Spanien Bek v 23. 9. 87, BGBl II 615; wegen Australien Bek v 23. 9. 93, BGBl II 2398; wegen Venezuela Bek v 29. 9. 94, BGBl II 3647; wegen der Schweiz Bek v 6. 6. 95, BGBl II 532; wegen Bulgarien, China, Portugal Bek v 21. 8. 01, BGBl II 1004; wegen Litauen, Sri Lanka Bek v 14. 12. 01, BGBl **02** II 153; wegen der Ukraine und Weißrußland Bek v 12. 4. 02, BGBl 1161; wegen Griechenland Bek v 11. 5. 05, BGBl II 603. 1

Übk Art 5. **Ist die Zentrale Behörde der Ansicht, daß das Ersuchen nicht dem Übereinkommen entspricht, so unterrichtet sie unverzüglich die Behörde des ersuchenden Staates, die ihr das Rechtshilfeersuchen übermittelt hat, und führt dabei die Einwände gegen das Ersuchen einzeln an.**

Übk Art 6. **Ist die ersuchte Behörde nicht zuständig, so wird das Rechtshilfeersuchen von Amts wegen unverzüglich an die nach den Rechtsvorschriften ihres Staates zuständige Behörde weitergeleitet.**

Übk Art 7. 1 **Die ersuchende Behörde wird auf ihr Verlangen von dem Zeitpunkt und dem Ort der vorzunehmenden Handlung benachrichtigt, damit die beteiligten Parteien und gegebenenfalls ihre Vertreter anwesend sein können.** 2 **Diese Mitteilung wird auf Verlangen der ersuchenden Behörde den Parteien oder ihren Vertretern unmittelbar übersandt.**

Übk Art 8. [1] **Jeder Vertragsstaat kann erklären, daß Mitglieder der ersuchenden gerichtlichen Behörde eines anderen Vertragsstaats bei der Erledigung eines Rechtshilfeersuchens anwesend sein können.** [2] **Hierfür kann die vorherige Genehmigung durch die vom erklärenden Staat bestimmte zuständige Behörde verlangt werden.**

1 **Bem.** Vgl wegen Dänemark, Finnland, Schweden, des Vereinigten Königreichs, der Vereinigten Staaten Bek v 5. 9. 80, BGBl II 1290, ferner wegen des Vereinigten Königreichs Bek v 12. 11. 80, BGBl II 1440, wegen Israel Bek v 5. 6. 81, BGBl II 374, wegen Italien Bek v 9. 11. 82, BGBl II 998, wegen Zypern Bek v 13. 9. 84, BGBl II 919, wegen Guernsey Bek v 20. 3. 86, BGBl II 578; wegen Anguilla Bek v 3. 12. 86, BGBl II 1135; wegen Spanien Bek v 23. 9. 87, BGBl II 615; wegen Australien Bek v 23. 9. 93, BGBl II 2398; wegen der Schweiz Bek v 6. 6. 95, BGBl II 532; wegen Bulgarien Bek v 21. 8. 01, BGBl II 1004; wegen Litauen, Sri Lanka Bek v 14. 12. 01, BGBl **02** II 153; wegen Weißrußland Bek v 12. 4. 02, BGBl II 1162; wegen Griechenland Bek v 11. 5. 05, BGBl II 603.

Übk Art 9. I **Die gerichtliche Behörde verfährt bei der Erledigung eines Rechtshilfeersuchens nach den Formen, die ihr Recht vorsieht.**

II **Jedoch wird dem Antrag der ersuchenden Behörde, nach einer besonderen Form zu verfahren, entsprochen, es sei denn, daß diese Form mit dem Recht des ersuchten Staates unvereinbar oder ihre Einhaltung nach der gerichtlichen Übung im ersuchten Staat oder wegen tatsächlicher Schwierigkeiten unmöglich ist.**

III **Das Rechtshilfeersuchen muß rasch erledigt werden.**

Übk Art 10. **Bei der Erledigung des Rechtshilfeersuchens wendet die ersuchte Behörde geeignete Zwangsmaßnahmen in den Fällen und in dem Umfang an, wie sie das Recht des ersuchten Staates für die Erledigung eines Ersuchens inländischer Behörden oder eines zum gleichen Zweck gestellten Antrags einer beteiligten Partei vorsieht.**

Übk Art 11. I **Ein Rechtshilfeersuchen wird nicht erledigt, soweit die Person, die es betrifft, sich auf ein Recht zur Aussageverweigerung oder auf ein Aussageverbot beruft,**

a) das nach dem Recht des ersuchten Staates vorgesehen ist oder

b) das nach dem Recht des ersuchenden Staates vorgesehen und im Rechtshilfeersuchen bezeichnet oder erforderlichenfalls auf Verlangen der ersuchten Behörde von der ersuchenden Behörde bestätigt worden ist.

II **Jeder Vertragsstaat kann erklären, daß er außerdem Aussageverweigerungsrechte und Aussageverbote, die nach dem Recht anderer Staaten als des ersuchenden oder des ersuchten Staates bestehen, insoweit anerkennt, als dies in der Erklärung angegeben ist.**

1 **Bem.** Zu I a LG Mü ZZP **95**, 363 (zustm Schlosser); wegen Bulgarien Bek v 21. 8. 01, BGBl II 1004.

Übk Art 12. I **Die Erledigung eines Rechtshilfeersuchens kann nur insoweit abgelehnt werden, als**

a) die Erledigung des Ersuchens im ersuchten Staat nicht in den Bereich der Gerichtsgewalt fällt oder

b) der ersuchte Staat die Erledigung für geeignet hält, seine Hoheitsrechte oder seine Sicherheit zu gefährden.

II **Die Erledigung darf nicht allein aus dem Grund abgelehnt werden, daß der ersuchte Staat nach seinem Recht die ausschließliche Zuständigkeit seiner Gerichte für die Sache in Anspruch nimmt oder ein Verfahren nicht kennt, das dem entspricht, für welches das Ersuchen gestellt wird.**

Übk Art 13. I **Die ersuchte Behörde leitet die Schriftstücke, aus denen sich die Erledigung eines Rechtshilfeersuchens ergibt, der ersuchenden Behörde auf demselben Weg zu, den diese für die Übermittlung des Ersuchens benutzt hat.**

II **Wird das Rechtshilfeersuchen ganz oder teilweise nicht erledigt, so wird dies der ersuchenden Behörde unverzüglich auf demselben Weg unter Angabe der Gründe für die Nichterledigung mitgeteilt.**

Übk Art 14. I **Für die Erledigung eines Rechtshilfeersuchens darf die Erstattung von Gebühren und Auslagen irgendwelcher Art nicht verlangt werden.**

II **Der ersuchte Staat ist jedoch berechtigt, vom ersuchenden Staat die Erstattung der an Sachverständigen und Dolmetscher gezahlten Entschädigungen sowie der Auslagen zu verlangen, die dadurch entstanden sind, daß auf Antrag des ersuchenden Staates nach Artikel 9 Absatz 2 eine besondere Form eingehalten worden ist.**

III [1] **Eine ersuchte Behörde, nach deren Recht die Parteien für die Aufnahme der Beweise zu sorgen haben und die das Rechtshilfeersuchen nicht selbst erledigen kann, darf eine hierzu geeignete Person mit der Erledigung beauftragen, nachdem sie das Einverständnis der ersuchenden Behörde eingeholt hat. Bei der Einholung dieses Einverständnisses gibt die ersuchte Behörde den ungefähren Betrag der Kosten an, die durch diese Art der Erledigung entstehen würden.** [2] **Durch ihr Einverständnis verpflichtet sich die ersuchende Behörde, die entstehenden Kosten zu erstatten.** [3] **Fehlt das Einverständnis, so ist die ersuchende Behörde zur Erstattung der Kosten nicht verpflichtet.**

Kapitel II. Beweisaufnahme durch diplomatische oder konsularische Vertreter und durch Beauftragte

Vorbem. Vgl wegen Singapur Bek v 21. 10. 81, BGBl II 962; wegen Venezuela Bek v 29. 9. 94, BGBl II 3647; wegen Portugal Bek v 21. 8. 01, BGBl II 1004.

Übk Art 15. **I In Zivil- oder Handelssachen kann ein diplomatischer oder konsularischer Vertreter eines Vertragsstaats im Hoheitsgebiet eines anderen Vertragsstaats und in dem Bezirk, in dem er sein Amt ausübt, ohne Anwendung von Zwang Beweis für ein Verfahren aufnehmen, das vor einem Gericht eines von ihm vertretenen Staates anhängig ist, wenn nur Angehörige desselben Staates betroffen sind.**

II Jeder Vertragsstaat kann erklären, daß in dieser Art Beweis erst nach Vorliegen einer Genehmigung aufgenommen werden darf, welche die durch den erklärenden Staat bestimmte zuständige Behörde auf einen von dem Vertreter oder in seinem Namen gestellten Antrag erteilt.

Bem. Vgl wegen Dänemark, Norwegen, Portugal, Schweden Bek v 5. 9. 80, BGBl II 1290; wegen 1
Australien Bek v 23. 9. 93, BGBl II 2398; wegen der Schweiz Bek v 6. 6. 95, BGBl II 532; wegen Portugal Bek v 21. 8. 01, BGBl II 1004.

Übk Art 16. **I Ein diplomatischer oder konsularischer Vertreter eines Vertragsstaats kann außerdem im Hoheitsgebiet eines anderen Vertragsstaats und in dem Bezirk, in dem er sein Amt ausübt, ohne Anwendung von Zwang Beweis für ein Verfahren aufnehmen, das vor einem Gericht eines von ihm vertretenen Staates anhängig ist, sofern Angehörige des Empfangsstaats oder eines dritten Staates betroffen sind,**

a) wenn eine durch den Empfangsstaat bestimmte zuständige Behörde ihre Genehmigung allgemein oder für den Einzelfall erteilt hat und
b) wenn der Vertreter die Auflagen erfüllt, welche die zuständige Behörde in der Genehmigung festgesetzt hat.

II Jeder Vertragsstaat kann erklären, daß Beweis nach dieser Bestimmung ohne seine vorherige Genehmigung aufgenommen werden darf.

Bem. Vgl wegen Dänemark, Finnland, Frankreich, Luxemburg, Norwegen, Tschechoslowakei, des 1
Vereinigten Königreichs, der Vereinigten Staaten Bek v 5. 9. 80, BGBl II 1290, ferner wegen des Vereinigten Königreichs Bek v 12. 11. 80, BGBl II 1440; wegen Zypern Bek v 13. 9. 84, BGBl II 919; wegen Anguilla, Monaco Bek v 3. 12. 86, BGBl II 1135; wegen Spanien Bek v 23. 9. 87, BGBl II 615; wegen Australien Bek v 23. 9. 93, BGBl II 2398; wegen der Schweiz Bek v 6. 6. 95, BGBl II 532; wegen Bulgarien Bek v 21. 8. 01, BGBl II 1004; wegen Litauen Bek v 14. 12. 01, BGBl **02** II 153; wegen Weißrußland Bek v 12. 4. 02, BGBl II 1161; wegen Frankreich, Monaco Bek v 27. 3. 06, BGBl II 434; wegen Australien Bek v 7. 5. 07, BGBl II 787; wegen Indien Bek v 15. 2. 08, BGBl II 216.

Übk Art 17. **I In Zivil- oder Handelssachen kann jede Person, die zu diesem Zweck ordnungsgemäß zum Beauftragten bestellt worden ist, im Hoheitsgebiet eines Vertragsstaats ohne Anwendung von Zwang Beweis für ein Verfahren aufnehmen, das vor einem Gericht eines anderen Vertragsstaats anhängig ist,**

a) wenn eine von dem Staat, in dem Beweis aufgenommen werden soll, bestimmte zuständige Behörde ihre Genehmigung allgemein oder für den Einzelfall erteilt hat und
b) wenn die Person die Auflagen erfüllt, welche die zuständige Behörde in der Genehmigung festgesetzt hat.

II Jeder Vertragsstaat kann erklären, daß Beweis nach dieser Bestimmung ohne seine vorherige Genehmigung aufgenommen werden darf.

Bem. Vgl wegen Dänemark, Finnland, Frankreich, Luxemburg, Norwegen, des Vereinigten Königreichs, 1
der Vereinigten Staaten Bek v 5. 9. 80, BGBl II 1290, ferner wegen des Vereinigten Königreichs Bek v 12. 11. 80, BGBl II 1440, wegen Zypern Bek v 13. 9. 84, BGBl II 919; wegen Anguilla, Monaco Bek v 3. 12. 86, BGBl II 1135; wegen Spanien Bek v 23. 9. 87, BGBl II 615; wegen Mexiko Bek v 26. 3. 90, BGBl II 298; wegen der Schweiz Bek v 6. 6. 95, BGBl II 532; wegen Bulgarien Bek v 21. 8. 01, BGBl II 1004; wegen Litauen Bek v 14. 12. 01, BGBl **02** II 153; wegen Weißrußland Bek v 12. 4. 02, BGBl 1161; wegen Frankreich, Monaco Bek v 27. 3. 06, BGBl II 434; wegen Indien Bek v 15. 2. 08, BGBl II 216.

Übk Art 18. **I 1 Jeder Vertragsstaat kann erklären, daß ein diplomatischer oder konsularischer Vertreter oder ein Beauftragter, der befugt ist, nach Artikel 15, 16 oder 17 Beweis aufzunehmen, sich an eine von diesem Staat bestimmte zuständige Behörde wenden kann, um die für diese Beweisaufnahme erforderliche Unterstützung durch Zwangsmaßnahmen zu erhalten. 2 In seiner Erklärung kann der Staat die Auflagen festlegen, die er für zweckmäßig hält.**

II Gibt die zuständige Behörde dem Antrag statt, so wendet sie die in ihrem Recht vorgesehenen geeigneten Zwangsmaßnahmen an.

Bem. Vgl wegen der Tschechoslowakei, des Vereinigten Königreichs, der Vereinigten Staaten Bek v 5. 9. 1
80, BGBl II 1290, ferner wegen des Vereinigten Königreichs Bek v 12. 11. 80, BGBl II 1440, wegen Italien Bek v 9. 11. 82, BGBl II 998, wegen Zypern Bek v 13. 9. 84, BGBl II 919; wegen Anguilla Bek v 3. 12. 86, BGBl II 1135; wegen Mexiko Bek v 26. 3. 90, BGBl II 298; wegen Bulgarien Bek v 21. 8. 01, BGBl II 1004; wegen Weißrußland Bek v 12. 4. 02, BGBl II 1161; wegen Griechenland Bek v 11. 5. 05, BGBl II 603; wegen Indien Bek v 15. 2. 08, BGBl II 216.

Übk Art 19. [1] **Die zuständige Behörde kann, wenn sie die Genehmigung nach Artikel 15, 16 oder 17 erteilt oder dem Antrag nach Artikel 18 stattgibt, von ihr für zweckmäßig erachtete Auflagen festsetzen, insbesondere hinsichtlich Zeit und Ort der Beweisaufnahme.** [2] **Sie kann auch verlangen, daß sie rechtzeitig von Zeitpunkt und Ort benachrichtigt wird; in diesem Fall ist ein Vertreter der Behörde zur Teilnahme an der Beweisaufnahme befugt.**

1 **Bem.** Vgl wegen Bulgarien Bek v 21. 8. 01, BGBl II 1004.

Übk Art 20. **Personen, die eine in diesem Kapitel vorgesehene Beweisaufnahme betrifft, können einen Rechtsberater beiziehen.**

Übk Art 21. **Ist ein diplomatischer oder konsularischer Vertreter oder ein Beauftragter nach Artikel 15, 16 oder 17 befugt, Beweis aufzunehmen,**

a) so kann er alle Beweise aufnehmen, soweit dies nicht mit dem Recht des Staates, in dem Beweis aufgenommen werden soll, unvereinbar ist oder der nach den angeführten Artikeln erteilten Genehmigung widerspricht, und unter denselben Bedingungen auch einen Eid abnehmen oder eine Bekräftigung entgegennehmen;

b) so ist jede Ladung zum Erscheinen oder zur Mitwirkung an einer Beweisaufnahme in der Sprache des Ortes der Beweisaufnahme abzufassen oder eine Übersetzung in diese Sprache beizufügen, es sei denn, daß die durch die Beweisaufnahme betroffene Person dem Staat angehört, in dem das Verfahren anhängig ist;

c) so ist in der Ladung anzugeben, daß die Person einen Rechtsberater beiziehen kann, sowie in einem Staat, der nicht die Erklärung nach Artikel 18 abgegeben hat, daß sie nicht verpflichtet ist, zu erscheinen oder sonst an der Beweisaufnahme mitzuwirken;

d) so können die Beweise in einer der Formen aufgenommen werden, die das Recht des Gerichts vorsieht, vor dem das Verfahren anhängig ist, es sei denn, daß das Recht des Staates, in dem Beweis aufgenommen wird, diese Form verbietet;

e) so kann sich die von der Beweisaufnahme betroffene Person auf die in Artikel 11 vorgesehenen Rechte zur Aussageverweigerung oder Aussageverbote berufen.

Übk Art 22. **Daß ein Beweis wegen der Weigerung einer Person mitzuwirken nicht nach diesem Kapitel aufgenommen werden konnte, schließt ein späteres Rechtshilfeersuchen nach Kapitel I mit demselben Gegenstand nicht aus.**

Kapitel III. Allgemeine Bestimmungen

Übk Art 23. **Jeder Vertragsstaat kann bei der Unterzeichnung, bei der Ratifikation oder beim Beitritt erklären, daß er Rechtshilfeersuchen nicht erledigt, die ein Verfahren zum Gegenstand haben, das in den Ländern des „Common Law" unter der Bezeichnung „pre-trial discovery of documents" bekannt ist.**

1 **Bem.** Vgl wegen Dänemark, Finnland, Frankreich, Luxemburg, Norwegen, Schweden, des Vereinigten Königreichs, Bek v 5. 9. 80, BGBl II 1290, ferner wegen Norwegen, Schweden und des Vereinigten Königreichs Bek v 12. 11. 80, BGBl II 1440, wegen Singapur Bek v 21. 10. 81, BGBl II 962, wegen Italien Bek v 9. 11. 82, BGBl II 998, wegen Zypern Bek v 13. 9. 84, BGBl II 919, wegen Guernsey Bek v 20. 3. 86, BGBl II 578, wegen Anguilla, Monaco Bek v 3. 12. 86, BGBl II 1135; wegen Spanien Bek v 23. 9. 87, BGBl II 615; wegen Argentinien Bek v 30. 8. 88, BGBl II 823; wegen Mexiko Bek v 26. 3. 90, BGBl II 298; wegen Australien Bek v 23. 9. 93, BGBl II 2398; wegen Venezuela Bek v 29. 9. 94, BGBl II 3647; wegen der Schweiz Bek v 6. 6. 95, BGBl II 532; wegen China Bek v 1. 7. 98, BGBl II 1729; wegen Bulgarien, China, Portugal Bek v 21. 8. 01, BGBl II 1004; wegen Litauen, Sri Lanka Bek v 14. 12. 01, BGBl **02** II 153; wegen der Ukraine Bek v 12. 4. 02, BGBl II 1161; wegen Griechenland Bek v 11. 5. 05, BGBl II 603; wegen Indien, Seychellen, Bek v 15. 2. 08, BGBl II 216.

Übk Art 24. [1] **Jeder Vertragsstaat kann außer der Zentralen Behörde weitere Behörden bestimmen, deren Zuständigkeit er festlegt.** [2] **Rechtshilfeersuchen können jedoch stets der Zentralen Behörde übermittelt werden.**

Bundesstaaten steht es frei, mehrere Zentrale Behörden zu bestimmen.

1 **Bem.** In Deutschland sind die in Art 2 Rn 1 genannten Stellen als Zentrale Behörden bestimmt worden. Im übrigen vgl wegen des Vereinigten Königreichs Bek v 5. 9. 80, BGBl II 1290, und v 12. 11. 80, BGBl II 1440; wegen Australien Bek v 23. 9. 93, BGBl II 2398; wegen der Schweiz Bek v 6. 6. 95, BGBl II 532; wegen China Bek v 21. 8. 01, BGBl II 1004; wegen Macao Bek v 7. 11. 02, BGBl II 2923.

Übk Art 25. **Jeder Vertragsstaat, in dem mehrere Rechtssysteme bestehen, kann bestimmen, daß die Behörden eines dieser Systeme für die Erledigung von Rechtshilfeersuchen nach diesem Übereinkommen ausschließlich zuständig sind.**

1 **Bem.** Vgl wegen Guernsey Bek v 20. 3. 86, BGBl II 578.

Übk Art 26. [I] **Jeder Vertragsstaat kann, wenn sein Verfassungsrecht dies gebietet, vom ersuchenden Staat die Erstattung der Kosten verlangen, die bei der Erledigung eines Rechtshilfeersuchens durch die Zustellung der Ladung, die Entschädigung der vernommenen Person und die Anfertigung eines Protokolls über die Beweisaufnahme entstehen.**

[II] **Hat ein Staat von den Bestimmungen des Absatzes 1 Gebrauch gemacht, so kann jeder andere Vertragsstaat von diesem Staat die Erstattung der entsprechenden Kosten verlangen.**

Übk Art 27. **Dieses Übereinkommen hindert einen Vertragsstaat nicht,**

a) zu erklären, daß Rechtshilfeersuchen seinen gerichtlichen Behörden auch auf anderen als den in Artikel 2 vorgesehenen Wegen übermittelt werden können;
b) nach seinem innerstaatlichen Recht oder seiner innerstaatlichen Übung zuzulassen, daß Handlungen, auf die dieses Übereinkommen anwendbar ist, unter weniger einschränkenden Bedingungen vorgenommen werden;
c) nach seinem innerstaatlichen Recht oder seiner innerstaatlichen Übung andere als die in diesem Übereinkommen vorgesehenen Verfahren der Beweisaufnahme zuzulassen.

Bem. Vgl wegen Dänemark, des Vereinigten Königreichs Bek v 5. 9. 80, BGBl II 1290, ferner wegen des Vereinigten Königreichs Bek v 12. 11. 80, BGBl II 1440; wegen Anguilla Bek v 3. 12. 86, BGBl II 1135; wegen Mexiko Bek Bek v 26. 3. 90, BGBl II 298. 1

Übk Art 28. **Dieses Übereinkommen schließt nicht aus, daß Vertragsstaaten vereinbaren, von folgenden Bestimmungen abzuweichen:**

a) Artikel 2 in bezug auf den Übermittlungsweg für Rechtshilfeersuchen;
b) Artikel 4 in bezug auf die Verwendung von Sprachen;
c) Artikel 8 in bezug auf die Anwesenheit von Mitgliedern der gerichtlichen Behörde bei der Erledigung von Rechtshilfeersuchen;
d) Artikel 11 in bezug auf die Aussageverweigerungsrechte und Aussageverbote;
e) Artikel 13 in bezug auf die Übermittlung von Erledigungsstücken;
f) Artikel 14 in bezug auf die Regelung der Kosten;
g) den Bestimmungen des Kapitels II.

Übk Art 29. **Dieses Übereinkommen tritt zwischen den Staaten, die es ratifiziert haben, an die Stelle der Artikel 8 bis 16 des am 17. Juli 1905 in Den Haag unterzeichneten Abkommens über den Zivilprozeß und des am 1. März 1954 in Den Haag unterzeichneten Übereinkommens über den Zivilprozeß, soweit diese Staaten Vertragsparteien jenes Abkommens oder jenes Übereinkommens sind.**

Übk Art 30. **Dieses Übereinkommen berührt weder die Anwendung des Artikels 23 des Abkommens von 1905 noch die Anwendung des Artikels 24 des Übereinkommens von 1954.**

Übk Art 31. **Zusatzvereinbarungen zu dem Abkommen von 1905 und dem Übereinkommen von 1954, die Vertragsstaaten geschlossen haben, sind auch auf das vorliegende Übereinkommen anzuwenden, es sei denn, daß die beteiligten Staaten etwas anderes vereinbaren.**

Übk Art 32. **Unbeschadet der Artikel 29 und 31 berührt dieses Übereinkommen nicht die Übereinkommen, denen die Vertragsstaaten angehören oder angehören werden und die Bestimmungen über Rechtsgebiete enthalten, die durch dieses Übereinkommen geregelt sind.**

Bem.: Wegen Mexiko Bek v 26. 3. 90, BGBl. II 298. 1

Übk Art 33. **I 1 Jeder Staat kann bei der Unterzeichnung, bei der Ratifikation oder beim Beitritt die Anwendung des Artikels 4 Absatz 2 sowie des Kapitels II ganz oder teilweise ausschließen. 2 Ein anderer Vorbehalt ist nicht zulässig.**

II Jeder Vertragsstaat kann einen Vorbehalt, den er gemacht hat, jederzeit zurücknehmen; der Vorbehalt wird am sechzigsten Tag nach der Notifikation der Rücknahme unwirksam.

III Hat ein Staat einen Vorbehalt gemacht, so kann jeder andere Staat, der davon berührt wird, die gleiche Regelung gegenüber dem Staat anwenden, der den Vorbehalt gemacht hat.

Bem. Vgl wegen Dänemark, Finnland, Frankreich, Norwegen, Portugal, des Vereinigten Königreichs Bek v 5. 9. 80, BGBl II 1290, ferner wegen des Vereinigten Königreichs Bek v 12. 11. 80, BGBl II 1440, wegen Zypern Bek v 13. 9. 84, BGBl II 919; wegen Anguilla Bek v 3. 12. 86, BGBl II 1135; wegen Spanien Bek v 23. 9. 87, BGBl II 615; wegen Argentinien Bek v 30. 8. 88, BGBl II 823, wegen China Bek v 1. 7. 98, BGBl 1729 und v 21. 8. 01, BGBl II 1004; wegen Sri Lanka Bek v 14. 12. 01, BGBl **02** II 153; wegen der Ukraine Bek v 12. 4. 02, BGBl II 1161; wegen der Russischen Förderation Bek v 1. 2. 05, BGBl II 329; wegen Griechenland Bek v 11. 5. 05, BGBl II 603. 1

Übk Art 34. **Jeder Staat kann eine Erklärung jederzeit zurücknehmen oder ändern.**

Übk Art 35. **I Jeder Vertragsstaat notifiziert dem Ministerium für Auswärtige Angelegenheiten der Niederlande bei der Hinterlegung seiner Ratifikations- oder Beitrittsurkunde oder zu einem späteren Zeitpunkt die nach den Artikeln 2, 8, 24 und 25 bestimmten Behörden.**

II Er notifiziert gegebenenfalls auf gleiche Weise

a) die Bezeichnung der Behörden, an die sich diplomatische oder konsularische Vertreter nach Artikel 16 wenden müssen, und derjenigen, die nach den Artikeln 15, 16 und 18 Genehmigungen erteilen oder Unterstützung gewähren können;
b) die Bezeichnung der Behörden, die den Beauftragten die in Artikel 17 vorgesehene Genehmigung erteilen oder die in Artikel 18 vorgesehene Unterstützung gewähren können;
c) die Erklärungen nach den Artikeln 4, 8, 11, 15, 16, 17, 18, 23 und 27;
d) jede Rücknahme oder Änderung der vorstehend erwähnten Behördenbezeichnungen und Erklärungen;
e) jede Rücknahme eines Vorbehalts.

1 **Bem.** Vgl wegen des Vereinigten Königreichs Bek v 12. 11. 80, BGBl II 1440; wegen Italien Bek v 9. 11. 82, BGBl II 998; wegen der Russischen Förderation Bek v 1. 2. 05, BGBl II 329; wegen Griechenland Bek v 11. 5. 05, BGBl II 603; wegen Indien Bek v 15. 2. 08, BGBl II 216.

Übk Art 36. **Schwierigkeiten, die zwischen Vertragsstaaten bei der Anwendung dieses Übereinkommens entstehen, werden auf diplomatischem Weg beigelegt.**

Übk Art 37. **I Dieses Übereinkommen liegt für die auf der Elften Tagung der Haager Konferenz für Internationales Privatrecht vertretenen Staaten zur Unterzeichnung auf.**

II Es bedarf der Ratifikation; die Ratifikationsurkunden werden beim Ministerium für Auswärtige Angelegenheiten der Niederlande hinterlegt.

Übk Art 38. **I Dieses Übereinkommen tritt am sechzigsten Tag nach der gemäß Artikel 37 Absatz 2 vorgenommenen Hinterlegung der dritten Ratifikationsurkunde in Kraft.**

II Das Übereinkommen tritt für jeden Unterzeichnerstaat, der es später ratifiziert, am sechzigsten Tag nach Hinterlegung seiner Ratifikationsurkunde in Kraft.

Übk Art 39. **I Jeder auf der Elften Tagung der Haager Konferenz für Internationales Privatrecht nicht vertretene Staat, der Mitglied der Konferenz oder der Vereinten Nationen oder einer ihrer Sonderorganisationen oder Vertragspartei des Statuts des Internationalen Gerichtshofs ist, kann diesem Übereinkommen beitreten, nachdem es gemäß Artikel 38 Absatz 1 in Kraft getreten ist.**

II Die Beitrittsurkunde wird beim Ministerium für Auswärtige Angelegenheiten der Niederlande hinterlegt.

III Das Übereinkommen tritt für den beitretenden Staat am sechzigsten Tag nach Hinterlegung seiner Beitrittsurkunde in Kraft.

IV 1 Der Beitritt wirkt nur für die Beziehungen zwischen dem beitretenden Staat und den Vertragsstaaten, die erklären, daß sie diesen Beitritt annehmen. 2 Diese Erklärung wird beim Ministerium für Auswärtige Angelegenheiten der Niederlande hinterlegt; dieses Ministerium übersendet jedem der Vertragsstaaten auf diplomatischem Weg eine beglaubigte Abschrift dieser Erklärung.

V Das Übereinkommen tritt zwischen dem beitretenden Staat und einem Staat, der erklärt hat, daß er den Beitritt annimmt, am sechzigsten Tag nach Hinterlegung der Annahmeerklärung in Kraft.

1 **Bem.** Vgl wegen Polen Bek v 28. 8. 96, BGBl II 2494.

Übk Art 40. **I 1 Jeder Staat kann bei der Unterzeichnung, bei der Ratifikation oder beim Beitritt erklären, daß sich dieses Übereinkommen auf alle oder auf einzelne der Hoheitsgebiete erstreckt, deren internationale Beziehungen er wahrnimmt. 2 Eine solche Erklärung wird wirksam, sobald das Übereinkommen für den Staat in Kraft tritt, der sie abgegeben hat.**

II Jede spätere Erstreckung dieser Art wird dem Ministerium für Auswärtige Angelegenheiten der Niederlande notifiziert.

III Das Übereinkommen tritt für die Hoheitsgebiete, auf die es erstreckt wird, am sechzigsten Tag nach der in Absatz 2 erwähnten Notifikation in Kraft.

1 **Bem.** Vgl wegen des Vereinigten Königreichs und dort Guernsey Bek v 20. 3. 86, BGBl II 578; wegen Anguilla Bek v 3. 12. 86, BGBl II 1135; wegen Jersey Bek v 20. 5. 87, BGBl II 306; wegen Australien Bek v 23. 9. 93, BGBl II 2398.

Übk Art 41. **I Dieses Übereinkommen gilt für die Dauer von fünf Jahren, vom Tag seines Inkrafttretens nach Artikel 38 Absatz 1 an gerechnet, und zwar auch für die Staaten, die es später ratifizieren oder ihm später beitreten.**

II Die Geltungsdauer des Übereinkommens verlängert sich, außer im Fall der Kündigung, stillschweigend um jeweils fünf Jahre.

III Die Kündigung wird spätestens sechs Monate vor Ablauf der fünf Jahre dem Ministerium für Auswärtige Angelegenheiten der Niederlande notifiziert.

IV Sie kann sich auf bestimmte Hoheitsgebiete beschränken, für die das Übereinkommen gilt.

V 1 Die Kündigung wirkt nur für den Staat, der sie notifiziert hat. 2 Für die anderen Vertragsstaaten bleibt das Übereinkommen in Kraft.

Übk Art 42. **Das Ministerium für Auswärtige Angelegenheiten der Niederlande notifiziert den in Artikel 37 bezeichneten Staaten sowie den Staaten, die nach Artikel 39 beigetreten sind,**

a) jede Unterzeichnung und Ratifikation nach Artikel 37;
b) den Tag, an dem dieses Übereinkommen nach Artikel 38 Absatz 1 in Kraft tritt;
c) jeden Beitritt nach Artikel 39 und den Tag, an dem er wirksam wird;
d) jede Erstreckung nach Artikel 40 und den Tag, an dem sie wirksam wird;
e) jede Behördenbezeichnung, jeden Vorbehalt und jede Erklärung nach den Artikeln 33 und 35;
f) jede Kündigung nach Artikel 41 Absatz 3.

II. Aus dem AusfG

vom 22. 12. 77, BGBl 3105

AusfG § 7. [1] **Die Aufgaben der Zentralen Behörde (Artikel 2, 24 Abs. 2 des Übereinkommens) nehmen die von den Landesregierungen bestimmten Stellen wahr.** [2] **Jedes Land kann nur eine Zentrale Behörde einrichten.**

AusfG § 8. **Für die Erledigung von Rechtshilfeersuchen ist das Amtsgericht zuständig, in dessen Bezirk die Amtshandlung vorzunehmen ist.**

AusfG § 9. **Rechtshilfeersuchen, die durch das Amtsgericht zu erledigen sind (Kapitel I des Übereinkommens), müssen in deutscher Sprache abgefaßt oder von einer Übersetzung in diese Sprache begleitet sein (Artikel 4 Abs. 1, 5 des Übereinkommens).**

AusfG § 10. **Mitglieder des ersuchenden ausländischen Gerichts können bei der Erledigung eines Rechtshilfeersuchens durch das Amtsgericht anwesend sein, wenn die Zentrale Behörde dies genehmigt hat.**

AusfG § 11. [1] **Eine Beweisaufnahme durch diplomatische oder konsularische Vertreter ist unzulässig, wenn sie deutsche Staatsangehörige betrifft.** [2] **Betrifft sie Angehörige eines dritten Staates oder Staatenlose, so ist sie nur zulässig, wenn die Zentrale Behörde sie genehmigt hat (Artikel 16 Abs. 1 des Übereinkommens).** [3] **Eine Genehmigung ist nicht erforderlich, wenn der Angehörige eines dritten Staates zugleich die Staatsangehörigkeit des Staates des ersuchenden Gerichts besitzt.**

AusfG § 12. [I 1] **Ein Beauftragter des ersuchenden Gerichts (Artikel 17 des Übereinkommens) darf eine Beweisaufnahme nur durchführen, wenn die Zentrale Behörde sie genehmigt hat.** [2] **Die Genehmigung kann mit Auflagen verbunden werden.**

[II 1] **Das Gericht, das für die Erledigung eines Rechtshilfeersuchens in derselben Angelegenheit nach § 8 zuständig wäre, ist befugt, die Vorbereitung und die Durchführung der Beweisaufnahme zu überwachen.** [2] **Ein Mitglied dieses Gerichts kann an der Beweisaufnahme teilnehmen (Artikel 19 Satz 2 des Übereinkommens).**

AusfG § 13. **Für die Erteilung der Genehmigung nach den §§ 10, 11 und 12 (Artikel 19 des Übereinkommens) ist die Zentrale Behörde des Landes zuständig, in dem die Beweisaufnahme durchgeführt werden soll.**

AusfG § 14. [I] **Rechtshilfeersuchen, die ein Verfahren nach Artikel 23 des Übereinkommens zum Gegenstand haben, werden nicht erledigt.**

[II] **Jedoch können, soweit die tragenden Grundsätze des deutschen Verfahrensrechts nicht entgegenstehen, solche Ersuchen unter Berücksichtigung der schutzwürdigen Interessen der Betroffenen erledigt werden, nachdem die Voraussetzungen der Erledigung und das anzuwendende Verfahren durch Rechtsverordnung näher geregelt sind, die der Bundesminister der Justiz mit Zustimmung des Bundesrates erlassen kann.**

AusfG § 15. **Der Bundesminister der Justiz wird ermächtigt, durch Rechtsverordnung, die der Zustimmung des Bundesrates bedarf, die nach den §§ 1 und 7 dieses Gesetzes errichteten Zentralen Behörden als die Stellen zu bestimmen, die gemäß den §§ 1 und 3 Abs. 2 des Gesetzes vom 5. April 1909 zur Ausführung des Haager Abkommens über den Zivilprozeß vom 17. Juli 1905 (RGBl. 1909 S. 430) und gemäß den §§ 1 und 9 des Gesetzes zur Ausführung des Haager Übereinkommens vom 1. März 1954 über den Zivilprozeß zur Entgegennahme von Anträgen und Ersuchen des Konsuls eines ausländischen Staates zuständig sind.**

Bem. Vgl die Bek v 21. 6. 79, BGBl II 779, ergänzt durch Bek v 25. 11. 91, BGBl II 1396. Die dort genannten Zentralen deutschen Behördens sind dieselben wie beim Haager Zustellungsübereinkommen; vgl daher Anh § 202 Rn 4. **1**

AusfG §§ 16, 17. Nicht abgedruckt.

III. Bek

vom 21. 6. 79, BGBl II 780

Bek. **Nach Artikel 3 Abs. 2 des Gesetzes vom 22. Dezember 1977 zu dem Haager Übereinkommen vom 15. November 1965 über die Zustellung gerichtlicher und außergerichtlicher Schriftstücke im Ausland in Zivil- oder Handelssachen und zu dem Haager Übereinkommen vom 18. März 1970 über die Beweisaufnahme im Ausland in Zivil- oder Handelssachen (BGBl. 1977 II S. 1452) wird bekanntgemacht, daß das Haager Übereinkommen vom 18. März 1970 über die Beweisaufnahme im Ausland in Zivil- oder Handelssachen nach seinem Artikel 38 Abs. 2 für die Bundesrepublik Deutschland am 26. Juni 1979 in Kraft treten wird. Die Ratifikationsurkunde der Bundesrepublik Deutschland ist am 27. April 1979 bei dem Ministerium für Auswärtige Angelegenheiten der Niederlande hinterlegt worden.**

Die Bundesrepublik Deutschland hat bei Hinterlegung der Ratifikationsurkunde folgende Erklärungen abgegeben:

„A. Die Regierung der Bundesrepublik Deutschland gibt folgende Erklärungen nach Artikel 33 Abs. 1 des Übereinkommens vom 18. März 1970 ab:

Die Bundesrepublik Deutschland erklärt den in Artikel 33 Abs. 1 Satz 1 des Übereinkommens gegen die Anwendung des Artikels 4 Abs. 2 des Übereinkommens vorgesehenen Vorbehalt. Rechtshilfeersuchen, die nach Kapitel I des Übereinkommens zu erledigen sind, müssen gemäß Artikel 4 Abs. 1, 5 des Übereinkommens in deutscher Sprache abgefaßt oder von einer Übersetzung in diese Sprache begleitet sein.

Die Bundesrepublik Deutschland erklärt gemäß der in Artikel 33 Abs. 1 Satz 1 des Übereinkommens vorgesehenen Möglichkeit, einen Vorbehalt gegen die Anwendung der Bestimmungen des Kapitels II des Übereinkommens einzulegen, daß in ihrem Hoheitsgebiet eine Beweisaufnahme durch diplomatische oder konsularische Vertreter unzulässig ist, wenn sie deutsche Staatsangehörige betrifft.

B. Die Regierung der Bundesrepublik Deutschland gibt folgende Erklärungen nach Artikel 35 des Übereinkommens vom 18. März 1970 ab:

1. Für die Erledigung von Rechtshilfeersuchen ist das Amtsgericht zuständig, in dessen Bezirk die Amtshandlung vorzunehmen ist.

Rechtshilfeersuchen sind an die Zentrale Behörde des Landes zu richten, in dem das jeweilige Ersuchen erledigt werden soll. Zentrale Behörde nach Artikel 2, 24 Abs. 2 des Übereinkommens ist für

***Baden-Württemberg* das Justizministerium Baden-Württemberg, D-7000 Stuttgart;**
***Bayern:* das Bayerische Staatsministerium der Justiz, D-8000 München;**
***Berlin:* der Senator für Justiz, D-1000 Berlin;**
Brandenburg:
***Bremen:* der Präsident des Landgerichts Bremen, D-2800 Bremen;**
***Hamburg:* der Präsident des Amtsgerichts Hamburg, D-2000 Hamburg;**
***Hessen:* der Hessische Minister der Justiz, D-6200 Wiesbaden;**
Mecklenburg-Vorpommern:
***Niedersachsen:* der Niedersächsische Minister der Justiz, D-3000 Hannover;**
***Nordrhein-Westfalen:* der Justizminister des Landes Nordrhein-Westfalen, D-4000 Düsseldorf;**
***Rheinland-Pfalz:* das Ministerium der Justiz, D-6500 Mainz;**
***Saarland:* der Minister für Rechtspflege, D-6600 Saarbrücken;**
Sachsen:
Sachsen-Anhalt:
***Schleswig-Holstein:* der Justizminister des Landes Schleswig-Holstein, D-2300 Kiel.**
Thüringen:

2. Gemäß Artikel 8 des Übereinkommens wird erklärt, daß Mitglieder des ersuchenden Gerichts eines anderen Vertragsstaats bei der Erledigung eines Rechtshilfeersuchens durch das Amtsgericht anwesend sein können, wenn die Zentrale Behörde des Landes, in dem das Ersuchen erledigt werden soll, hierfür die vorherige Genehmigung erteilt hat.

3. Betrifft eine Beweisaufnahme durch diplomatische oder konsularische Vertreter gemäß Artikel 16 Abs. 1 des Übereinkommens Angehörige eines dritten Staates oder Staatenlose, so ist sie nur zulässig, wenn die Zentrale Behörde des Landes, in dem die Beweisaufnahme durchgeführt werden soll, sie genehmigt hat. Eine Genehmigung ist gemäß Artikel 16 Abs. 2 des Übereinkommens nicht erforderlich, wenn der Angehörige eines dritten Staates zugleich die Staatsangehörigkeit des Staates des ersuchenden Gerichts besitzt.

4. Ein Beauftragter des ersuchenden Gerichts darf eine Beweisaufnahme nach Artikel 17 des Übereinkommens nur durchführen, wenn die Zentrale Behörde des Landes, in dem die Beweisaufnahme durchgeführt werden soll, sie genehmigt hat. Die Genehmigung kann mit Auflagen verbunden werden. Das Amtsgericht, in dessen Bezirk Amtshandlungen auf Grund eines Rechtshilfeersuchens in derselben Angelegenheit vorzunehmen wären, ist befugt, die Vorbereitung und die Durchführung der Beweisaufnahme zu überwachen. Ein Mitglied dieses Gerichts kann gemäß Artikel 19 Satz 2 des Übereinkommens an der Beweisaufnahme teilnehmen.

5. Die Bundesrepublik Deutschland erklärt gemäß Artikel 23 des Übereinkommens, daß in ihrem Hoheitsgebiet Rechtshilfeersuchen nicht erledigt werden, die ein Verfahren zum Gegenstand haben, das in den Ländern des ‚Common Law' unter der Bezeichnung ‚pretrial discovery of documents' bekannt ist."

1 **1) Geltungsbereich, Inkrafttreten.** Vgl Einl IV 3, Hamm MDR **78**, 941. Zu den Vorbehalten verschiedener Staaten BGBl **80** II 1290, 1440, sowie bei den einzelnen Vorschriften. Zum Inhalt Celle RR **08**, 79, vgl Böckstiegel NJW **78**, 1076. Es sind folgende AusführungsVOen ergangen:
Baden-Württemberg:
Bayern: VO v 10. 5. 78, GVBl 177;
Berlin:
Brandenburg: VO v 4. 6. 91, GVBl 288;
Bremen:
Hamburg:
Hessen: VO v 18. 4. 78, GVBl 251;
Mecklenburg-Vorpommern:

Niedersachsen:
Nordrhein-Westfalen: VO v 4. 4. 78, GVBl 166;
Rheinland-Pfalz:
Saarland: VO v 14. 6. 78, GVBl 617;
Sachsen:
Sachsen-Anhalt:
Schleswig-Holstein: VO v 17. 3. 78, GVBl 112;
Thüringen:

364 *Parteimitwirkung bei Beweisaufnahme im Ausland.* **I Wird eine ausländische Behörde ersucht, den Beweis aufzunehmen, so kann das Gericht anordnen, dass der Beweisführer das Ersuchungsschreiben zu besorgen und die Erledigung des Ersuchens zu betreiben habe.**

II Das Gericht kann sich auf die Anordnung beschränken, dass der Beweisführer eine den Gesetzen des fremden Staates entsprechende öffentliche Urkunde über die Beweisaufnahme beizubringen habe.

III 1 In beiden Fällen ist in dem Beweisbeschluss eine Frist zu bestimmen, binnen der von dem Beweisführer die Urkunde auf der Geschäftsstelle niederzulegen ist. 2 Nach fruchtlosem Ablauf dieser Frist kann die Urkunde nur benutzt werden, wenn dadurch das Verfahren nicht verzögert wird.

IV 1 Der Beweisführer hat den Gegner, wenn möglich, von dem Ort und der Zeit der Beweisaufnahme so zeitig in Kenntnis zu setzen, dass dieser seine Rechte in geeigneter Weise wahrzunehmen vermag. 2 Ist die Benachrichtigung unterblieben, so hat das Gericht zu ermessen, ob und inwieweit der Beweisführer zur Benutzung der Beweisverhandlung berechtigt ist.

1) Systematik, I–IV. Vgl auch § 363 Rn 1. § 364 erlaubt es dem Gericht, die Besorgung der Beweisaufnahme im Ausland den Parteien zu überlassen. Das bedeutet aber nur die formelle Art der Erledigung des Beweisbeschlusses. Nicht etwa darf die Partei die inhaltliche Beweiserhebung nach § 364 selbst vornehmen. Freilich kann eine schriftliche Aussage, die die Partei beim Zeugen erwirkt, als eine Urkunde unter II in Verbindung mit § 416 fallen und deshalb ausreichen. Die Gerichte nutzen die Möglichkeit nach § 364 zu wenig, Hamm RR **88**, 703. 1

2) Regelungszweck, I–IV. Die Vorschrift stellt aber nicht etwa diese Art der Erledigung und diejenige aus § 363 zur freien Wahl. Vielmehr besteht zumindest eine Anstandspflicht, wenn nicht eine Amtspflicht des Gerichts, immer dann nach § 363 zu verfahren, wenn das einfacher und sicherer zum Ziel führt, BGH RR **89**, 161, Köln NJW **75**, 2350, und wenn es sich nicht um einen solchen Beweisantritt handelt, dem gegenüber ein Mißtrauen ratsam ist. Freilich brauchte das Gericht nicht Jahr und Tag auf ein Ergebnis zu warten, BGH NJW **84**, 2039. Die Beweiswürdigung erfolgt grundsätzlich nach dem deutschen Prozeßrecht, Einl III 74. Das Prozeßgericht braucht nicht an der ausländischen Vernehmung teilzunehmen, Saarbr RR **98**, 1685. 2

3) Geltungsbereich, I–IV. Üb 3 vor § 355. 3

4) Anordnungen, I–IV. Das Gericht darf anordnen, daß der Beweisführer entweder das Ersuchen der ausländischen Behörde selbst stellen muß oder daß er die Erledigung eines amtlichen Ersuchens selbst vornehmen muß oder daß er eine öffentliche Urkunde über die ausländische Beweisaufnahme beibringen muß. Das gilt unabhängig von der Beweislast des Beweisführers, Einf 5 vor § 284, BGH NJW **84**, 2039. Über eine Frist und die Folgen ihrer Versäumung § 356 Rn 8–11, BGH NJW **84**, 2039. IV ist auch bei § 383 anwendbar. Die Benachrichtigung erfolgt formlos nach § 329 II 1, soweit nicht das Gericht eine Frist setzt, § 329 II 2. Man muß ihre Möglichkeit und die Rechtzeitigkeit nach dem Einzelfall beurteilen. Inwieweit ein Mangel die Beweisaufnahme unbenutzbar macht, steht zwar nach IV 2 im pflichtgemäßen Ermessen des Gerichts. Es muß aber zumindest den Art 103 I GG beachten. Über das Beweisergebnis müssen die Parteien verhandeln, §§ 279 III, 285, 370. Einzelheiten BGH NJW **84**, 2039. Ein Mangel ist jedenfalls heilbar, § 295. 4

5) Rechtsmittel, I–IV. Bei einem Ermessensmißbrauch ist die sofortige Beschwerde nach § 567 I Z 2 zulässig, § 252 Rn 2, 5, Köln NJW **75**, 2349, aM LG Neubrdb MDR **96**, 1186 (aber ein Mißbrauch läuft auf die Ablehnung einer ordnungsgemäßen Anordnung hinaus). Eine Rechtsbeschwerde kommt unter den Voraussetzungen des § 574 in Betracht. 5

365 *Abgabe durch beauftragten oder ersuchten Richter.* **1 Der beauftragte oder ersuchte Richter ist ermächtigt, falls sich später Gründe ergeben, welche die Beweisaufnahme durch ein anderes Gericht sachgemäß erscheinen lassen, dieses Gericht um die Aufnahme des Beweises zu ersuchen. 2 Die Parteien sind von dieser Verfügung in Kenntnis zu setzen.**

1) Systematik, S 1, 2. Die Vorschrift ist eine Ergänzung zu §§ 361, 362. Die Praxis nutzt sie kaum. Denn sie schafft zwar eine Ermächtigung, nicht aber eine Verpflichtung des zunächst verordneten Richters. In der Regel reicht er zB bei einer Unzuständigkeit den Rechtshilfeauftrag an das ersuchende Gericht zurück. Denn er ist dann nicht mehr zu einer auch nur indirekten Rechtshilfe nach §§ 156 ff GVG verpflichtet. 1

2 **2) Regelungszweck, S 1, 2.** Die Vorschrift dient in S 1 der Prozeßförderung nach Grdz 12 vor § 128 durch eine Vermeidung eines Aktenhin- und herlaufs in S 2 der Aufrechterhaltung der Parteiöffentlichkeit in jedem Stadium der Beweisaufnahme, § 357 I.

3 *Abschiebepraxis* von dem einen auf den anderen ersuchten Richter ist natürlich *nicht* der Zweck. Die Auffassungen dazu schwanken, ob die Grenze des nach § 158 GVG Hinzunehmenden mit einer Entfernung von 5 km vom Gericht erreicht sei oder doch an der Grenze seines inneren Ortskerns, zumindest stets an der Grenze seines Amtsbezirks, oder ob man sogar den am übernächsten Gerichtsort wohnenden, dort vorübergehend aufhältlichen oder tagsüber dort seinen Geschäften nachgehenden Zeugen vernehmen muß, statt den dortigen Kollegen im Weg der Weiterleitung zu beanspruchen. Man sollte alle diese Fragen nicht aus der Sicht des zuerst ersuchten Richters entscheiden, sondern aus der vermeintlichen Sicht des Zeugen und auch der Parteien oder ihrer ProzBev. Stellt sich heraus, daß der Augenscheinsort im Bezirk eines anderen AG liegt, dürfte es kaum Zweifel an der Zulässigkeit einer Weiterleitung geben. Eine Überlastung darf aber jedenfalls nicht offiziell ein Weiterleitungsgrund sein.

4 **3) Geltungsbereich, S 1, 2.** Vgl Üb 3 vor § 355.

5 **4) Weiterleitung, S 1, 2.** Der verordnete Richter darf ein anderes Gericht um die Durchführung der Beweisaufnahme ersuchen. Er darf ein ihm zugegangenes Ersuchen also dorthin abgeben, falls ihm nach dem Empfang des Auftrags oder des Ersuchens Gründe bekannt werden, die eine Abgabe als sachgemäß erscheinen lassen, Rn 3. Das gilt etwa dann, wenn der Zeuge jetzt in einem anderen Gerichtsbezirk wohnt. Ein früheres Entstehen der Gründe hindert nicht. Bei einer Verhinderung des ersuchten Gerichts gilt nicht § 365, sondern § 36, es sei denn, das Prozeßgericht stimmt der Abgabe zu. Eine Abgabe darf nur an ein deutsches AG erfolgen. Das Ersuchen an ein ausländisches Gericht steht nur dem Vorsitzenden oder dem Einzelrichter zu, § 363 I. Wenn ein verordneter Richter statt des Prozeßgerichts den Beweisbeschluß erledigen soll, muß das Prozeßgericht entsprechend beschließen. Ob ausländische Behörden abgeben dürfen, richtet sich nach ihrem Recht, Artt 9, 12 Haager Übk, Anh I nach § 363. Der verordnete Richter muß die Parteien und natürlich auch das Prozeßgericht von der Abgabe formlos benachrichtigen.

6 **5) Rechtsmittel, S 1, 2.** Die Abgabe unterliegt keinem Rechtsbehelf, sondern allenfalls einer Dienstaufsichtsbeschwerde, sofern nicht in der Abgabe eine Rechtshilfeverweigerung liegt. Trifft das letztere zu, gilt § 159 GVG.

366

Zwischenstreit. [I] **Erhebt sich bei der Beweisaufnahme vor einem beauftragten oder ersuchten Richter ein Streit, von dessen Erledigung die Fortsetzung der Beweisaufnahme abhängig und zu dessen Entscheidung der Richter nicht berechtigt ist, so erfolgt die Erledigung durch das Prozessgericht.**

[II] **Der Termin zur mündlichen Verhandlung über den Zwischenstreit ist von Amts wegen zu bestimmen und den Parteien bekannt zu machen.**

1 **1) Systematik, I, II.** Die Vorschrift ist zB mit §§ 280, 387 ff vergleichbar. Sie ist § 389 gegenüber nachrangig. Sie regelt ein evtl notwendiges Zwischenverfahren. Sie stellt insbesondere abweichend von § 365 die Zuständigkeit des Prozeßgerichts klar. Sie steht neben §§ 158 ff GVG.

2 **2) Regelungszweck, I, II.** Das Prozeßgericht und nicht der verordnete Richter können am besten beurteilen, ob und inwieweit der Zwischenstreit überhaupt entscheidungsbedürftig ist oder ob es zB auf den auswärtigen Zeugen verzichten kann, §§ 286, 399. Deshalb sollte der verordnete Richter im Zweifel zur Klärung der Notwendigkeit oder Entbehrlichkeit eines wirklichen Zwischenstreits die Akten an das Prozeßgericht zurücksenden, sobald ein ernstlicher Zweifel entsteht. Natürlich muß ein echter Zwischenstreit drohen, Rn 4, also nicht nur irgendeine solche Unstimmigkeit etwa zum Alter oder zur Glaubwürdigkeit, die ohnehin erst das Prozeßgericht prüfen darf. Wohl aber kann natürlich ein mögliches Aussageverweigerungsrecht reichen, Rn 4, soweit der Zeuge oder Sachverständige von ihm überhaupt Gebrauch machen will. Die letztere Klärung sollte noch der ersuchte Richter vornehmen.

3 **3) Geltungsbereich, I, II.** Vgl Üb 3 vor § 355.

4 **4) Zwischenstreit, I, II.** § 366 bezieht sich auf einen solchen Streit, der bei der Beweisaufnahme vor dem verordneten Richter entsteht. Es kann sich handeln: Um einen Zwischenstreit zwischen den Parteien, § 303; um einen Zwischenstreit zwischen einer Partei und einem Zeugen oder Sachverständigen, §§ 387, 389, 400, 402; um eine Meinungsverschiedenheit zwischen den Parteien und dem Richter. Die Fortsetzung der Beweisaufnahme muß von der Erledigung des Streits abhängen. Der Richter darf zur Erledigung des Streits nicht zuständig sein. Hierher gehören alle diejenigen Entscheidungen, die die Befugnis des verordneten Richters übersteigen, sich also nicht nur auf die Art der Erledigung des Auftrags oder Ersuchens beziehen. Der verordnete Richter übt die Sitzungspolizei und die Ordnungsgewalt aus, § 180 GVG.

Er ist zur *Abänderung* des Beweisbeschlusses im Rahmen der §§ 360, 365 befugt. Er nimmt die Aufgaben der §§ 229, 400, 402, 405, 406 IV wahr. Er entscheidet zB über die Art eines Augenscheins. Er setzt eine Entschädigung nach §§ 401, 402, 413 fest, soweit zB nach § 4 I JVEG für ihn erforderlich. Das Prozeßgericht erledigt demgegenüber nach I, II zB einen Streit über: Die Zulässigkeit von Fragen, § 397 III; die Verweigerung eines Zeugnisses oder Gutachtens, §§ 387, 389, 408; die Beeidigung, §§ 392, 393, 478 ff; eine Urkundenvorlegung, § 434.

5 **5) Verfahren, I, II.** Der verordnete Richter erledigt den Beweisbeschluß bis auf die streitigen Fragen. Sie behält er dem Prozeßgericht vor. Er sendet sodann die Akten zunächst unverzüglich an das Prozeßgericht zurück und teilt diesem den Zwischenstreit verständlich mit. Das Prozeßgericht bestimmt von Amts wegen einen Verhandlungstermin, § 216. Es lädt dazu die Parteien und die etwa sonst am Zwischenstreit Beteiligten

von Amts wegen, § 329 II 2. Seine Entscheidung ergeht durch ein Zwischenurteil, § 303, auch durch ein Versäumnisurteil, § 347 II.

6) Rechtsbehelfe, I, II. Gegen die Entscheidung des verordneten Richters: § 362 Rn 5. Gegen die Entscheidung des Prozeßgerichts: die sich aus ihrer Art ergebenden. 6

367 *Ausbleiben der Partei.* **[I] Erscheint eine Partei oder erscheinen beide Parteien in dem Termin zur Beweisaufnahme nicht, so ist die Beweisaufnahme gleichwohl insoweit zu bewirken, als dies nach Lage der Sache geschehen kann.**

[II] Eine nachträgliche Beweisaufnahme oder eine Vervollständigung der Beweisaufnahme ist bis zum Schluss derjenigen mündlichen Verhandlung, auf die das Urteil ergeht, auf Antrag anzuordnen, wenn das Verfahren dadurch nicht verzögert wird oder wenn die Partei glaubhaft macht, dass sie ohne ihr Verschulden außerstande gewesen sei, in dem früheren Termin zu erscheinen, und im Falle des Antrags auf Vervollständigung, dass durch ihr Nichterscheinen eine wesentliche Unvollständigkeit der Beweisaufnahme veranlasst sei.

1) Systematik, I, II. Die Vorschrift stellt in einer Ergänzung zu § 279 III klar, daß im Gegensatz zu 1
§§ 330ff die Säumnis oder auch nur das schuldlose freiwillige Ausbleiben einer Partei oder ihres ProzBev nichts am Recht und an der Pflicht des Gerichts ändert, die Beweisaufnahme möglichst durchzuführen. Das gilt vor dem Prozeßgericht (Kollegium, Einzelrichter) wie vor dem verordneten Richter. Erst bei der nach § 285 notwendigen Verhandlung über das Ergebnis der Beweisaufnahme treten die gesetzlichen Folgen einer Säumnis ein. § 368 gilt ergänzend.

2) Regelungszweck, I, II. Die Vorschrift dient in I der Prozeßförderung nach Grdz 12 vor § 128, in II 2
der sachlichrechtlichen Gerechtigkeit nach Einl III 9, 36 und insgesamt der Prozeßwirtschaftlichkeit nach Grdz 14 vor § 128 durch eine Verhinderung zusätzlicher Termine. Das Ausbleiben nach I ist insofern gefährlich, als der Termin in eine abschließende Verhandlung über das Ergebnis der Beweisaufnahme und zur übrigen Hauptsache nach § 370 unmittelbar und buchstäblich in Sekundenschnelle übergehen kann und ja auch nach § 279 III soll. Erfahrungsgemäß hat das Gericht dann wenig Neigung, nochmals nur auf den bloßen Verdacht einer schuldlosen Verhinderung hin zu vertagen. Das ist auch durchaus verständlich. Eine etwa jetzt eintretende Säumnis kann zB dann, wenn das Gericht auf Grund eines Einspruchs sogleich einen Beweis- und Verhandlungstermin anberaumt hatte, zum Zweiten Versäumnisurteil nach § 345 führen, evtl auch zum Urteil nach Aktenlage, § 251 a, BGH AnwBl **01**, 2501. Deshalb ist bei I wie II seitens der Parteien eine große Sorgfalt in der Zeitplanung ratsam, zumindest eine rechtzeitige Rückfrage, ob man mit einer Vertagung nach dem Ende der Beweisaufnahme rechnen kann.

3) Geltungsbereich, I, II. Vgl Üb 3 vor § 355. § 355 erfaßt nur das freiwillige Ausbleiben, nicht den 3
Fall, daß eine Partei zB zu einem Ortstermin vom Gegner keinen Zutritt erhält, so daß eine Beweisvereitelung vorliegen kann, § 444 Rn 5.

4) Ausbleiben, I. Bleibt eine Partei oder bleiben beide Parteien oder ProzBev im Beweistermin freiwillig 4
aus, kann man nicht von einer Säumnis sprechen. Denn die Anwesenheit der Parteien ist nach § 357 Rn 3 nur deren Recht, nicht aber eine Voraussetzung zur Durchführung der Beweisaufnahme, Jankowski NJW **97**, 3347. Diese ist vielmehr notwendig, soweit das in der Abwesenheit der Partei geschehen kann. Das gilt vor dem Prozeßgericht und vor dem verordneten Richter. Die Voraussetzung der Beweisaufnahme in einer Abwesenheit der Partei ist die Bestimmung dieses Termins zur Beweisaufnahme sowie eine ordnungsmäßige Terminsbenachrichtigung der Partei, § 357 Rn 6. Fehlt sie, kann die Partei eine Wiederholung der Beweisaufnahme nicht mehr fordern, falls sie ihr Rügerecht verloren hatte. Bei § 273 II muß man dessen IV 1 beachten. Dann darf beim Ausbleiben der Partei keine Beweisaufnahme außer einem Augenschein stattfinden. Etwas anderes gilt nur bei einem dann sofort zulässigen Beweisbeschluß nach Aktenlage, §§ 251, 331 a, sofern das Gericht den erschienenen Zeugen oder Sachverständigen sogleich vernehmen kann und sofern das Gericht auch die Parteien von der Ladung benachrichtigt hatte. Denn nur dann schließt ihre Säumnis einen Verzicht auf die Parteiöffentlichkeit ein.

Die *Folgen des Ausbleibens* sind: Der Ausgebliebene verliert seine aus der Parteiöffentlichkeit folgenden Rechte für diese Instanz. Das gilt zB für die Fragen, die er einem Zeugen vorgelegt hätte. Wenn das Ausbleiben die Beweisaufnahme verhindert, wie den Augenschein an der Person der Partei, ist die Partei für diese Instanz mit dem Beweismittel ausgeschlossen, § 528, soweit sie beweispflichtig ist. Andernfalls würdigt das Gericht das Ausbleiben frei, § 286. Beim Ausbleiben der zu vernehmenden Partei gilt § 454. Vor der Erledigung des Beweisbeschlusses darf das Gericht kein Versäumnisurteil erlassen, wohl aber nach ihr, falls das Gericht den Termin auch zur Fortsetzung der Verhandlung bestimmt hatte (wichtig, nicht zu vergessen, Rn 2). Freilich bestimmt § 370 I den Beweistermin vor dem Prozeßgericht zugleich auch zur Fortsetzung der mündlichen Verhandlung, § 370 Rn 4.

5) Nachholung, Vervollständigung, II. Das Gericht muß eine Beweisaufnahme in den folgenden 5
Fällen nachholen oder vervollständigen, notfalls in der 2. Instanz: Immer, wenn die Nachholung das Verfahren nicht verzögert, also dann, wenn keine Vertagung notwendig wird, § 296 Rn 40; bei einer Verzögerung aber nur dann, wenn der Gegner des Ausgebliebenen einwilligt oder wenn der Ausgebliebene an seinem Verhalten schuldlos ist, § 296 Rn 52; wenn er eine durch sein Ausbleiben verursachte wesentliche Unvollständigkeit glaubhaft macht, § 294. Eine Verhinderung des ProzBev entschuldigt hier nur ausnahmsweise, wenn die Partei selbst nicht verhindert war. Auch eine zur Beweisaufnahme nicht geladene Partei kann dann, wenn sie diesen Mangel im nächsten Termin nicht nach § 295 gerügt hatte, eine nachträgliche Beweisaufnahme nur noch wegen der Unvollständigkeit der bisherigen beantragen.

Die Partei muß eingehend darlegen, daß die Unvollständigkeit erhebliche Punkte betrifft. Insbesondere muß sie diejenigen Fragen angeben, die sie dem Zeugen vorgelegt hätte. Wenn eine Beweisaufnahme vor dem Einzelrichter des § 527 stattfand, kann das Prozeßgericht sie vervollständigen. Die Vervollständigung ist nur auf einen Antrag des Ausgebliebenen und außer bei § 400 nur beim Prozeßgericht zulässig. Ihre Anordnung erfolgt auf eine mündliche Verhandlung durch einen Beweisbeschluß des Prozeßgerichts, § 358, Nürnb OLGZ **76**, 482. Das Gericht weist den Antrag durch ein Zwischenurteil nach § 303 oder im Endurteil zurück. Unabhängig von II kann eine Wiederholung nach §§ 398, 402 notwendig sein.

6 **6) Rechtsmittel, I, II.** Die Anfechtung der Entscheidung des Gerichts ist immer nur zusammen mit der Anfechtung des Endurteils möglich, § 355 II. Ein Verstoß ist ein Revisionsgrund, wenn das Urteil auf ihm beruht.

368 *Neuer Beweistermin.* **Wird ein neuer Termin zur Beweisaufnahme oder zu ihrer Fortsetzung erforderlich, so ist dieser Termin, auch wenn der Beweisführer oder beide Parteien in dem früheren Termin nicht erschienen waren, von Amts wegen zu bestimmen.**

1 **1) Systematik.** Es handelt sich um eine Ergänzung zu § 367. Der neue Termin „zur Beweisaufnahme" kann vor oder nach einer Verhandlung über das Ergebnis der bisherigen Beweisaufnahme nach § 285 erforderlich werden. Im letzteren Fall ist eine solche Verhandlung im Anschluß an den weiteren Beweistermin erneut erforderlich.

2 **2) Regelungszweck.** Die Vorschrift sichert das Recht der Parteien auf eine Teilnahme an jedem Stadium der Beweisaufnahme nach § 357. Sie dient insofern dem ja in jedem Verfahrensstadium notwendigen rechtlichen Gehör, Art 103 I GG. Deshalb muß man sie strikt beachten und streng auslegen. Das Gericht muß die Ladungsfrist ohnehin einhalten. Eine weitere Einlassungsfrist nach § 274 III 1 kommt natürlich nicht in Betracht. Eine solche im weiteren Sinn einer Gelegenheit zur Stellungnahme zum Beweisergebnis kann wie sonst nötig sein. Das Gericht muß sie dann natürlich auch ausreichend bemessen.

3 **3) Geltungsbereich.** Üb 3 vor § 355.

4 **4) Von Amts wegen.** Die Durchführung der Beweisaufnahme erfolgt weitgehend im Amtsbetrieb, Üb 1 vor § 355. Daher sind §§ 251 a, 330 ff nur in der nach §§ 279 III, 285, 370 I bestimmten anschließenden Verhandlung anwendbar. Das Gericht muß jeden neuen Termin zur Beweisaufnahme bis zu deren Abschluß von Amts wegen bestimmen, § 216. Das gilt auch dann, wenn eine oder beide Parteien oder der Zeuge oder Sachverständige im früheren Beweistermin ausgeblieben sind oder wenn es um einen Zwischenstreit nach §§ 387 ff geht. Das Gericht verkündet den neuen Termin nach § 218 oder stellt die Mitteilung von Amts wegen zu, § 329 II 2. Beim verordneten Richter genügt die formlose Mitteilung nach § 357 II. Eine Verkündung wirkt auch gegenüber der vom früheren Termin ordnungsgemäß benachrichtigten Partei, § 312. Das Gericht muß die Beweispersonen erneut laden, §§ 377, 402.

369 *Ausländische Beweisaufnahme.* **Entspricht die von einer ausländischen Behörde vorgenommene Beweisaufnahme den für das Prozessgericht geltenden Gesetzen, so kann daraus, dass sie nach den ausländischen Gesetzen mangelhaft ist, kein Einwand entnommen werden.**

1 **1) Systematik, Regelungszweck.** §§ 363, 364 regeln die Form einer ausländischen Beweisaufnahme, § 369 regelt deren formelle Auswertbarkeit. § 286 regelt die inhaltliche Beweiswürdigung, Rn 5.

2 **2) Geltungsbereich.** Üb 3 vor § 355.

3 **3) Voraussetzungen.** Es genügt, wenn eine der folgenden Voraussetzungen vorliegt.

A. Ausländisches Recht. Entweder muß die Beweisaufnahme den Bestimmungen des betreffenden ausländischen Rechts entsprechen. Die Form einer Rechtshandlung richter sich nach dem Ort der Vornahme, Art 14 HZPrÜbk, Anh I § 168 GVG, Grunsky ZZP **89**, 243.

4 **B. Deutsches Recht.** Oder sie muß den deutschen Prozeßvorschriften genügen.

5 **4) Beweiswürdigung.** Wenn die Form der Beweisaufnahme beiden Rechten nicht genügt, muß das Gericht sie insoweit frei würdigen, § 286. Mängel heilen nach § 295. Das Gericht muß die Ergebnisse der Beweisaufnahme ausschließlich nach dem deutschen Recht würdigen.

370 *Fortsetzung der mündlichen Verhandlung.* I **Erfolgt die Beweisaufnahme vor dem Prozessgericht, so ist der Termin, in dem die Beweisaufnahme stattfindet, zugleich zur Fortsetzung der mündlichen Verhandlung bestimmt.**

II 1 **In dem Beweisbeschluss, der anordnet, dass die Beweisaufnahme vor einem beauftragten oder ersuchten Richter erfolgen solle, kann zugleich der Termin zur Fortsetzung der mündlichen Verhandlung vor dem Prozessgericht bestimmt werden.** 2 **Ist dies nicht geschehen, so wird nach Beendigung der Beweisaufnahme dieser Termin von Amts wegen bestimmt und den Parteien bekannt gemacht.**

1 **1) Systematik, I, II.** Die Vorschrift stellt in I als eine Folge von § 279 III klar, daß das Gericht den Termin zur Beweisaufnahme vor dem Prozeßgericht nicht isoliert nur für diesen Zweck bestimmen darf. In II erfolgen ergänzende Klarstellungen für die dort genannten Fälle. § 216 gilt mit seinem Gebot einer unverzüglichen Terminierung ergänzend.

2 **2) Regelungszweck, I, II.** Die Vorschrift bezweckt eine Prozeßförderung, Grdz 12 vor § 128. Sie dient der Prozeßwirtschaftlichkeit, Grdz 14 vor § 128. Wie in § 369 Rn 2 dargstellt, ist die Verbindung des Beweis-

und des Verhandlungstermins für den im letzteren Abschnitt etwa obendrein erneut Säumigen gefährlich. Deshalb sollten die Parteien I sorgfältig beachten. Aber auch das Gericht muß I ebenso strikt einhalten. Je frischer der Eindruck der Beweisaufnahme, desto fruchtbarer die Aussprache über ihr Ergebnis und die daraus folgenden Erwägungen über das weitere Gesamtverhalten aller Beteiligter. Ob man im Lauf einer solchen Aussprache dann doch noch eine Vertagung für förderlich oder notwendig hält, ist eine ganz andere Frage.

3) Geltungsbereich, I, II. Vgl Üb 3 vor § 355. 3

4) Beweisaufnahme vor dem Prozeßgericht, I. Soll die Beweisaufnahme vor dem vollbesetzten 4
Prozeßgericht stattfinden, ist der für sie bestimmte Termin kraft Gesetzes auch zur Fortsetzung der mündlichen Verhandlung bestimmt, auch über das Ergebnis der Beweisaufnahme, §§ 279 III, 285 I. Das gilt selbst bei einem nach § 219 außerhalb der Gerichtsstelle stattfindenden Lokaltermin, sofern dort die Öffentlichkeit gewahrt ist. Das ist zB nicht irgendwo an der Unfallstelle so, selbst wenn dort jedermann zuschauen kann. Denn das ist nicht die Gerichtsöffentlichkeit. Dasselbe gilt gar für eine dortige Urteilsverkündung, einen nach § 295 unheilbarer Fehler. Eine andere ausdrückliche Anordnung ist statthaft. Sie sollte aber nur ganz ausnahmsweise stattfinden. Denn die Frische des Eindrucks der Beweisaufnahme ist sehr wichtig, und auch die Besetzung des Gerichts kann wechseln, § 309.

5) Anschließende Verhandlung, I, II. Eine *mündliche Verhandlung* nach *§ 367 I* findet erst nach der 5
Beendigung der Beweisaufnahme statt. Daher wird ein Antrag auf eine Versäumnisentscheidung erst dann zulässig. Ein die Säumnis ausschließendes Verhandeln ist bis zum Schluß der mündlichen Verhandlung möglich, §§ 136 IV, 296 a. Ein Verzicht auf die Beweisaufnahme oder auf ein Beweismittel erledigt insoweit. Er beschwört aber die Gefahr der Zurückweisung bei einer Erneuerung herauf, § 296. Erledigt ist die Beweisaufnahme dann, wenn das Gericht sie in dem nach § 367 Rn 4 jetzt noch erforderlichen Umfang voll vorgenommen hat oder wenn feststeht, daß sie unausführbar ist, oder wenn diejenige Partei ausbleibt, ohne die eine Beweiserhebung unmöglich ist, § 367 Rn 4.

Kann die Beweisaufnahme nur in diesem Termin *nicht vollständig* stattfinden, etwa weil der Sachverständige 6
oder ein Zeuge ausgeblieben sind, muß das Gericht vor dem Eintritt in eine mündliche Verhandlung grundsätzlich nach § 227 Rn 5 vertagen. Dasselbe gilt, wenn das Gericht sonst das rechtliche Gehör verletzen würde, Artt 2 I, 20 III GG (Rpfl), BVerfG **101**, 404, Art 103 I GG (Richter). Die sofortige anschließende Verhandlung ist aber dann zulässig und notwendig, wenn das Gericht den verspätet benannten Zeugen zur „Rettung" des Beweistermins nach § 273 II Z 4, IV geladen hatte. Dann kommt es auch nicht auf eine Entschuldigung des Zeugen an. Bei einem Versäumnisurteil darf das Gericht das Ergebnis einer Beweisaufnahme grundsätzlich nicht berücksichtigen, §§ 330, 331 Rn 5 (wegen der Ausnahme bei der Zuständigkeitsprüfung § 331 Rn 7. Wegen eines als unwahr erkannten Geständnisses Einf 8, 9 vor § 288 und § 290 Rn 6). Etwas anderes gilt bei einer Entscheidung nach Aktenlage, §§ 251 a, 331 a.

5) Beweisaufnahme vor dem verordneten Richter, II. Sieht der Beweisbeschluß sie vor, kann der 7
Vorsitzende nach II 1 sogleich einen Termin zur weiteren Verhandlung nach dem Schluß der Beweisaufnahme bestimmen. Das ist dann zweckmäßig, wenn er mit einer Erledigung vor dem Termin rechnen kann. Andernfalls bestimmt der Vorsitzende nach II 2 den Verhandlungstermin nach der Erledigung der Beweisaufnahme. Dann muß das Gericht den Termin von Amts wegen durch eine Zustellung bekanntgeben, § 329 II 2. Es muß die Ladungsfrist nach § 217 einhalten und § 285 II beachten.

Titel 6. Beweis durch Augenschein

Übersicht

Gliederung

Schrifttum: *Steeger,* Die zivilprozessuale Mitwirkungspflicht der Parteien beim Urkunden- und Augenscheinsbeweis, Diss Bln 1981.

1) Systematik. §§ 371–372 a enthalten die erste der im Gesetz näher geregelten zulässigen Beweisarten. 1
§§ 355 ff gelten als Allgemeiner Teil des Beweisrechts ebenso wie im Bereich der Beweiswürdigung §§ 284 ff.

2) Regelungszweck. Diese Beweisart dient einer eigentlich fast stets erstrangigen Möglichkeit einer 2
unmittelbaren Sinneswahrnehmung, soweit das Gericht überhaupt mit bloßem Sinn noch etwas wahrnehmen kann und nicht auf eine Auswertung durch den nichtjuristischen Fachmann angewiesen ist, wie zunehmend in der hochtechnisierten Welt des Riesigen, Winzigen, nur mit tausend Hilfsmitteln Hörbaren, Sichtbaren, Tastbaren. Den Richter auch noch durch das Mikroskop blicken oder im Schutzanzug in die Druckkammer steigen zu lassen, sollte weniger der Sinn des Augenscheins sein. Wenn ein Foto keinerlei zuverlässige Aussage mehr darüber macht, ob es manipuliert wurde, schmilzt seine Brauchbarkeit. Man kann dann ernsthaft bezweifeln, ob es für den Richter mit seinen bloßen Augen noch sinnvoll ist, das Foto in

Augenschein zu nehmen, statt es sogleich dem Fachmann für die Überprüfung solcher Objekte anzuvertrauen. Ob man sich eine Narbe wenigstens zusammen mit dem medizinischen Sachverständigen anschaut, ist eine andere Frage. Der Weinkenner mag auch als Richter mit dem Augenschein zumindest bei der Farb- und Geschmackskontrolle sehr wohl auskommen können und dürfen, § 256 Rn 50. Das alles darf und muß man bei der Anwendung des Augenscheins als einer Beweisart mitabwägen.

3 **3) Geltungsbereich.** Die Vorschriften gelten in allen Verfahren nach der ZPO, auch im WEG-Verfahren. Sie gelten auch im arbeitsgerichtlichen Verfahren, § 46 II 1 ArbGG. Denn §§ 55, 58 ArbGG enthalten hier keine Besonderheiten. Im Bereich des § 113 I 2 FamFG gelten die Vorschriften entsprechend.

4 **4) Begriff des Augenscheines.** „On ne voit bien qu'avec le cœur" (de Saint-Exupéry, Le Petit Prince, XXI). Das Gesetz verbietet es gottlob zumindest nicht, auch mit dem Herzen wahrzunehmen. Der Augenschein ist eine unmittelbare Sinneswahrnehmung des Gerichts zur Beweisaufnahme, eine Kenntnisnahme von der äußeren Beschaffenheit einer Sache, § 90 BGB, eines Menschen oder eines Tieres oder eines Vorgangs. Eine Kenntnisnahme vom Inhalt eines Schriftstücks ist ein Urkundenbeweis, §§ 415 ff. Eine Kenntnisnahme von der Bekundung eines Menschen ist ein Zeugenbeweis nach §§ 373 ff oder ein Sachverständigenbeweis, §§ 402 ff. Der Unterschied liegt darin, daß der Augenschein im Schwerpunkt nicht einen gedanklichen Inhalt übermittelt, Redeker NJW **84**, 2394. Der Augenschein kann alle Sinne beanspruchen, das Gesicht, den Geruch, das Gefühl, den Geschmack, das Gehör (wegen einer Tonaufzeichnung usw Rn 11), auch eines blinden Richters, Ffm FGPrax **95**, 101, Schulze MDR **95**, 670.

Richtiger wäre es, von einem *Wahrnehmungsbeweis* zu sprechen. Sein Ergebnis ist die Beurteilung der vorgefundenen Tatsachen durch den Richter. Diese Beurteilung unterliegt ihrerseits der freien Würdigung des Prozeßgerichts, § 286. Wenn das Gericht erst durch einen Ortstermin klären will, was überhaupt streitig ist, dann kann eine Beweisaufnahme fehlen. Eine Wiederholung des Augenscheins richtet sich nach § 398 in dessen entsprechender Anwendung, BGH NJW **99**, 358.

Ein *Foto* oder eine *Fotokopie* sind bei der Wiedergabe eines Gedankeninhalts eine Urkunde, sonst ein Augenscheinsobjekt, Üb 6 vor § 415, BGH MDR **88**, 42, Hbg MDR **88**, 685, LG Nürnb-Fürth VersR **97**, 382, aM BGH MDR **76**, 304 (aber die erstere Unterscheidung ist wegen haarfeiner Grenzlinien die brauchbarste). Die digitale Urkunde kann ein Objekt des Augenscheins sein, § 371 I 2, Geis NJW **97**, 3001. Das Gericht darf und muß sie nach § 286 würdigen. Es muß einen zusätzlichen Ausdruck nach §§ 415 ff beurteilen.

5 **5) Zulässigkeit des Augenscheins.** Eine Augenscheinseinnahme ist stets von Amts wegen zulässig, § 144. Sie kann auch im selbständigen Beweisverfahren erfolgen, § 485 I, II. Sie steht im pflichtgemäßen Ermessen des Gerichts. § 244 StPO ist entsprechend anwendbar, § 286 Rn 27. Sie ist auch zur Vorbereitung der mündlichen Verhandlung zulässig, § 273 II, § 358 a Z 5, aber auch Rn 6. Häufig verbindet sich der Augenschein mit einem anderen Beweis, etwa bei der Benutzung von Landkarten, Lichtbildern und anderen Hilfsmitteln des Augenscheinsbeweises. Das Gericht darf einen zusätzlichen Augenschein dann ablehnen, wenn das vom Beweisführer vorgelegte Foto ausreicht, BGH MDR **88**, 42. Ein gemischter Augenscheinsbeweis liegt vor, wenn der Augenschein außer dem Gericht gleichzeitig eine Hilfsperson unterrichtet, meist einen Sachverständigen. Das Gericht kann den Augenschein selbst oder durch einen verordneten Richter einnehmen, §§ 361, 362, ja selbst durch einen zuverlässigen Dritten, der über seine Wahrnehmungen (mit)berichten soll, zB durch einen gerufenen Zeugen oder durch den Sachverständigen, § 407 a Rn 11. Die Protokollierung erfolgt nach § 160 III Z 5. Einen Sachverständigen kann das Gericht nach § 372 zuziehen. Wenn der Augenscheinseinnahme ein Hindernis entgegensteht, gilt § 356.

6 **6) Pflicht zur Duldung des Augenscheins**

Schrifttum: *Steeger,* Die zivilprozessuale Mitwirkungspflicht der Parteien beim Urkunden- und Augenscheinsbeweis, Diss Bln 1980.

A. Grundsatz: Keine allgemeine Pflicht. Prozeßrechtlich besteht eine Duldungspflicht an sich nicht allgemein, sondern nur bei § 372 a, (teils zum alten Recht) Naumb FamRZ **93**, 1099, Nürnb WoM **90**, 143. Grundsätzlich braucht wegen Art 2 II GG keine Partei ihren Körper zur Augenscheinseinnahme bereitzustellen, Midderhoff DGVZ **82**, 83. Sie braucht also keine Untersuchung auf den Geisteszustand und keine körperliche Untersuchung zu dulden, Schlesw SchlHA **84**, 184. Weigert sie sich berechtigt, kann ein Sachverständiger sein Gutachten nur auf Grund der sonst erwiesenen Tatsachen erstatten. Ein Dritter kann zwar auf Grund eines Rechtsverhältnisses zu einer Prozeßpartei verpflichtet sein, seine Wohnung zu einer Besichtigung zu öffnen. Jedoch gilt das nicht stets schon wegen einer bloßen Nachbarschaft, auch nicht in demselben Haus, Nürnb WoM **90**, 143.

7 **B. Prozessuale Parteipflicht.** Für die Partei begründet jedoch das Prozeßrechtsverhältnis nach Grdz 4 vor § 128 die Pflicht, an der Erledigung des Prozesses mitzuwirken, Grdz 11 vor § 128. Daraus folgt: Keine Partei darf die Duldung des Augenscheins verweigern, wenn man sie ihr nach Treu und Glauben zumuten kann, Gerhardt AcP **169**, 309. Die Pflicht besteht daher insbesondere bei einem Widerspruch zum bisherigen prozessualen Verhalten. Erzwingbar ist die Bereitstellung aber prozeßrechtlich nicht. Die Partei kann also zB eine Grundstücksbesichtigung im Ergebnis verweigern. Sie kann auch das Gericht am Betreten ihres Grundstücks hindern, Schulte NJW **88**, 1009. Das gilt auch im selbständigen Beweisverfahren.

8 **C. Weigerung der Partei.** Wenn der Beweisführer sich weigert, die Untersuchung zu dulden, muß ihn das Gericht mit dem Beweismittel für diese Instanz ausschließen, §§ 230, 367. Das gilt unabhängig davon, ob er mit oder ohne einen Grund verweigert, LG Hbg RR **94**, 205. Wenn der Gegner die Weigerung erklärt, obwohl er sich bereitstellen müßte und könnte, Peters ZZP **82**, 200, vereitelt er die Beweisführung, Anh § 286 Rn 26. Dann gilt der Beweis als erbracht, § 444 Rn 6, Schulte NJW **88**, 1009. Weigert der Gegner die Bereitstellung in anderen Fällen, etwa wegen Unzumutbarkeit einer körperlichen Untersuchung, Düss VersR **85**, 457, darf und muß das Gericht seine Weigerung frei würdigen, § 286. Das Gericht kann dann auch zB ein Gutachten einholen. Wenn das Gericht einen Augenschein angeordnet hatte, gilt Entsprechendes, soweit sich der Beweispflichtige weigert.

D. Abstammungsuntersuchung. Einen Sonderfall bildet das Abstammungsverfahren nach §§ 169 ff FamFG. In ihm müssen sich Parteien und Dritte notfalls einer Blutentnahme oder auch einer erbkundlichen Untersuchung unterwerfen, also einem Augenschein, § 172 FamFG. Über den Beweiswert von Blutgruppenuntersuchungen usw § 372 a Rn 4 ff. **9**

E. Weigerung eines Dritten. Wenn sonst ein Dritter die Bereitstellung verweigert, steht das der Weigerung der Partei gleich, soweit sie für den Dritten einstehen muß. Das gilt zB dann, wenn ein Dritter im Einverständnis der Partei eine einzusehende Urkunde verbrennt. Im übrigen darf das Gericht eine Weigerung der Partei nicht zur Last legen. Aus der Zeugnispflicht folgt grundsätzlich keine Pflicht zur Duldung der Augenscheinseinnahme, Schulte NJW **88**, 1009 (keien entsprechende Anwendung von § 380). Kein Dritter braucht mit Ausnahme der Lage nach § 372 a seinen Körper bereitzustellen. Ein Zivilprozeß anderer Personen darf nur im Rahmen des gesetzlich Bestimmten in den Rechtskreis Dritter eingreifen (Ausnahmen Rn 9, 11). **10**

F. Sachlichrechtliche Pflicht. Häufig ergibt sich eine Pflicht zur Duldung aus dem sachlichen Recht. Sie kann sich zB aus einem Gesellschaftsverhältnis ergeben oder aus §§ 495 II, 809, 811 BGB, 418 HGB. Dann muß der Beweisführer klagen und die Zwangsvollstreckung nach §§ 883, 888, 890 betreiben. Evtl muß ihm das Gericht entsprechend § 431 eine Frist setzen, aM Stürner/Stadler JZ **85**, 1104 (es könne eine allgemeine prozessuale Aufklärungspflicht bestehen), ThP Üb 2 vor § 371, ZöGre 6 (sie wenden § 356 an. Aber dessen Rechtsfolge ist zu steng und paßt nicht zur Lage). **11**

7) Schutz der Intimsphäre usw **12**

Schrifttum: *Ahrens,* Elektronische Dokumente und technische Aufzeichnungen als Beweismittel usw, Festschrift für *Geimer* (2002); 1; *Baumgärtel,* Die Verwertbarkeit rechtswidrig erlangter Beweismittel im Zivilprozeß, Festschrift für *Klug* (1984) 477; *Fink,* Die Verwertung rechtswidrig erlangter Beweismittel im Zivilprozeß, Diss Köln 1994; *Kaissis,* Die Verwertbarkeit materiellrechtswidrig erlangter Beweismittel im Zivilprozeß, 1978; *Kodek,* Rechtswidrig erlangte Beweismittel im Zivilprozeß, Wien 1988 (rechtsvergleichend); *Konzen,* Rechtsverhältnisse zwischen Prozeßparteien (1976) 179 ff, 242 ff; *Reichenbach,* § 1004 BGB als Grundlage von Beweisverboten usw, 2004; *Schwab,* Unzulässigkeit von Beweismitteln bei Verletzung des Persönlichkeitsrechts, Festschrift für *Hubmann* (1985) 421.

Die *Verwertbarkeit rechtswidrig* erlangter Beweismittel ist umstritten, BGH **110**, 35 Kiethe MDR **05**, 965 (ausf). Art 2 GG steht nicht stets entgegen, BVerfG NJW **00**, 3557 (StPO).

A. Tonaufzeichnung usw, dazu *Englisch,* Elektronisch gestützte Beweisführung im Zivilprozeß, Diss Regensb 1999: Tonbandaufnahmen und andere technische Aufzeichnungen, zB Schallplatten, Lochstreifen, Bildbänder, CDs, Videocassetten, DVDs, Computerspeicher, Computerbescheide, sind meist Gegenstand des Augenscheins, BGH NJW **82**, 277, LAG Bln DB **88**, 1024. Das gilt nicht nur wegen ihrer äußeren Beschaffenheit, Rn 2, Baltzer Gedächtnisschrift für Bruns (1980) 73, Redeker NJW **84**, 2394. Denn Urkunden sind nur schriftliche Verkörperungen eines Gedankens. Vgl allerdings auch Üb 4 vor § 415.

B. Grundsatz: Unverwertbarkeit. Zwar ist die Verwertung eines rechtsfehlerhaft erhobenen Beweises nicht stets unzulässig, BVerfG FamRZ **07**, 441 (heimliches Abstammungsgutachten), Balthasar Jahrbuch Junger Zivilrechtswissenschaftler **05**, 248. Dennoch gilt: Die unbefugte Verwertung des nicht öffentlich gesprochenen oder geschriebenen fremden Worts ist grundsätzlich unzulässig, BVerfG **34**, 245, BGH (6. ZS) NJW **88**, 1016 (betr eine Geschäftsangelegenheit), Düss OLGR **01**, 302, aM BGH (8. ZS) NJW **82**, 1398, LG Köln WoM **95**, 122 (Aufzeichnung lautstarker Worte jenseits der Wand. Aber der Belauschte ist dann erst recht schutzbedürftig). Denn sie selbst und auch ihre Verwertung stellt eine Verletzung des durch Artt 1 und 2 GG geschützten *Persönlichkeitsrechts* dar, BGH (12. ZS) FamRZ **03**, 924, Brdb RR **02**, 1128, Karlsr VersR **02**, 590 (je: Fallabwägung nötig), aM BGH MDR **94**, 767 (stets Güterabwägung; zustm Olzen JR **95**, 351, krit Baumgärtel JR **95**, 767. Die Grenzen müssen stets so klar und scharf wie irgend möglich sein). **13**

Das Gericht darf sich nicht zum Werkzeug einer nach § 201 I Z 2 StGB begangenen *Straftat des Beweisführers* machen lassen, BGH NJW **82**, 277, BAG NJW **83**, 1692, Zeiss ZZP **89**, 389. Daran ändert auch der Umstand nichts, daß heute vielfach Abhör- und Mithöreinrichtungen üblich sind, Köln NJW **87**, 263, aM BGH NJW **82**, 1398 (aber eine Gewohnheit wird nicht dadurch rechtmäßig, daß sie eben stattfindet, solange kein Gewohnheitsrecht vorliegt. Davon kann hier noch nicht die Rede sein, solange der Gesetzgeber und die Gerichte die Grenzen nicht weiter aufweichen. Man hüte sich vor der verdeckten Duldung des privaten Lauschangriffs).

Man darf auch eine *Verweigerung* des Betroffenen zur Verwertung einer unbefugten Aufzeichnung einer Zeugenaussage grundsätzlich weder herbeiführen noch verwerten. Nach alledem ist es auch unbefriedigend, die Verwertung formell zuzulassen und sie erst bei einem Bestreiten im Rahmen von §§ 138, 282, 286 kritisch zu würdigen, Gleß NJW **01**, 3607, aM BGH **80**, 25, LG Heilbr WoM **92**, 10, Heinemann MDR **01**, 142 (aber das ist im Ergebnis oft geradezu eine Verkehrung des noch strafrechtlich wie verfassungsrechtlich vorhandenen Schutzes). Zur Unverwertbarkeit einer sog „Raumgesprächs-Aufzeichnung" BGH MDR **83**, 683 (StPO). Bei einer Unverwertbarkeit der Aufzeichnung ist auch kein Zeugenbeweis über dessen Betrachtung der Aufzeichnung statthaft, Karlsr VersR **02**, 590.

C. Ausnahme: Verwertbarkeit. Die Verwendung der mit einer Zustimmung des Betroffenen gemachten und daher befugten Aufzeichnung ist zulässig. Das gilt auch bei einer stillschweigenden nachweisbaren Duldung. Sie kann nach einem Hinweis auf das Einschalten eines Lautsprechers im Schweigen liegen, BVerfG NJW **03**, 2375. Das gilt, außer wenn die Aufzeichnung etwa die Zeugenaussage selbst ersetzen soll. Denn das würde den Unmittelbarkeitsgrundsatz verletzen, § 355 Rn 4. Die Verwendung einer heimlich entstandenen Aufzeichnung ist allenfalls bei Notstand, Notwehr oder Nothilfe oder bei der Wahrnehmung höherer berechtigter Interessen zulässig, BVerfG **34**, 245, BGH NJW **94**, 2289, LAG Bln DB **88**, 1024. Diese kann zB dann vorliegen, wenn der Beleidiger seine Äußerungen schwerwiegender Art unter einer Vermeidung dritter Zuhörer wiederholt und dabei seine Absicht kundtut, weitere Beleidigungen auszusprechen. **14**

Man kann darauf abstellen, ob der Privatsphäre *überwiegende berechtigte Interessen* gegenüberstehen, BVerfG MDR **73**, 477 (Strafverfahren). Mann kann auch die Verwertung solcher Aufnahmen erlauben, wenn die Schwere des Eingriffs in einem angemessenen Verhältnis zum erstrebten Zweck steht, BGH NJW **82**, 278, Zeiss ZZP **89**, 399. Zulässig ist es schließlich, nur die eigenen Worte oder nur diejenigen der im Raum anwesenden Einverstandenen aufzuzeichnen und zu verwerten, BVerfG NZA **02**, 284, nicht aber auch die Worte des Telefonpartners.

15 **D. Mitabhören.** Das offene Mithören eines von einem Apparat im Geschäftsraum eines *Kaufmanns* zu Geschäftszwecken geführten Gesprächs ist evtl ausnahmsweise zulässig, BGH NJW **82**, 1398, Jena MDR **06**, 533, Düss NJW **00**, 1578, aM LG Dortm MDR **94**, 407, ThP § 286 Rn 4 (sie übertragen die vom BGH vertretene Erlaubnis auf den gesamten Geschäftsverkehr mit Ausnahme derjenigen, die zur Verschwiegenheit verpflichtet sind. Vgl aber Rn 13), Zeiss ZZP **89**, 398 (er wendet insofern § 446 entsprechend an). Auch dann ist aber die Verwertung des heimlichen Mithörens des vertraulichen Telefonats der Parteien an einer zweiten Ohrmuschel oder über den offen hingelegten Hörer usw verboten. Denn sie wäre mit dem Recht auf informationelle Selbstbestimmung usw unvereinbar, Art 2 GG, Einl III 21. Sie wäre auch mit dem Arglistverbot unvereinbar, Einl III 54, Brdb RR **02**, 1128, LG Kassel RR **90**, 62, LAG Bln ZZP **96**, 113.

16 **E. Sonstiges Mitlauschen.** Vgl zunächst Rn 15. Meist unstatthaft ist ein Belauschen durch technische Anlagen aller Art wie zB Minisender, Richtmikrofone usw. Zumindest begründet dergleichen ein Verwertungsverbot. Grundsätzlich unzulässig ist auch die Vernehmung eines heimlich in einen Raum geführten oder gelangten Spitzels, der von dort aus mit bloßen Ohren mitlauscht, Art 6 I MRK, Artt 1, 2 GG, BVerfG NJW **02**, 3619, BGH NJW **91**, 1180, BAG NJW **98**, 1331 (je: Arbeitgeber – Arbeitnehmer), Karlsr NJW **00**, 1577 (krit Schneider MDR **00**, 1029), Lenz/Meurer MDR **00**, 75, aM Düss NJW **00**, 1578 (erschreckenderweise allgemein zulässig), Köln MDR **94**, 408 (Verwertungserlaubnis nach Belehrung über Aussageverweigerungsrecht und Inhaltsbestätigung. Aber eine Straftat läßt sich nicht derart beseitigen), LAG Düss DB **98**, 1522. Dasselbe gilt grundsätzlich natürlich auch für die Verwertung einer solchen Aussage.

In allen solchen Fällen ist eine *Abwägung* zwischen dem Persönlichkeitsrecht des Belauschten und dem Beweisführungsinteresse erforderlich, BGH NJW **94**, 2289, Lenz/Meurer MDR **00**, 75 (keine besondere Vertrauenslage beim nur geschäftlichen Kontakt). Nach dem Erhalt eines Hinweises auf die Anwesenheit eines Dritten und auf das Einschalten eines Lautsprechers kann aber ein Schweigen als eine Zustimmung zum Mithören gelten, BVerfG NJW **03**, 2375. Eine Art Notwehrlage kann rechtfertigen, BAG NJW **03**, 3436, AG Zerbst NZM **03**, 897, Foerste NJW **04**, 263.

17 **F. Foto, Videoüberwachung.** Fotos oder eine heimliche Videoüberwachung sind als Gegenstand des Augenscheins unzulässig, falls sie nicht das einzige Mittel sind, ArbG Hbg NZA-RR **05**, 520, und weil sie schon deshalb unter einer Verletzung des allgemeinen Persönlichkeitsrechts entstanden sind oder verwertet werden sollen, Karlsr NJW **02**, 2799, AG Düss NZM **98**, 912, LAG Stgt BB **99**, 1439, aM BGH NJW **95**, 1955, Düss MDR **97**, 1062, Köln NJW **05**, 2999 (je: außerhalb der Intimsphäre: Interessenabwägung. Aber Artt 1, 2 GG haben den Vorrang). Die Lichtbildaufnahme eines im Freien spielenden Kindes ist kein Eingriff in sein Persönlichkeitsrecht, KG NJW **80**, 894. Im übrigen gilt Rn 12 entsprechend. Beim geringsten Anzeichen einer möglichen elektronischen Bildverarbeitung (EBV) ist wegen ihrer Manipulationsgefahren größte Zurückhaltung bei der Auswertbarkeitsfrage notwendig. Zur Beurteilung eines digitalisierten Fotos Bleutge/Uschold NJW **02**, 2765. § 201a StGB enthält ein Verbot einer unbefugter Bildaufnahme und -benutzung.

18 **G. Sonstige Fälle.** Zur Problematik der Verwertung eines Steuergeheimnisses Bullmer BB **91**, 365. Die Regeln Rn 12–17 können entsprechend anwendbar sein, wenn eine Partei einen Anspruch mit unzulässig vorgetragenen Tatsachen begründet, etwa mit einem anvertrauten Anwaltswissen, BGH NJW **94**, 462. Zur Problematik eines heimlichen Stimmenvergleiches BGH(St) MDR **94**, 497. Der sog Lügendetektor ist zumindest im Bereich des Strengbeweises kein zulässiges Beweismittel, LAG Mainz BB **98**, 1216. Wegen des privaten Abstammungsgutachtens § 372a Rn 6. Ein mitbestimmungswidrig erlangtes Beweismittel ist nicht schon deshalb stets unverwertbar, Altenburg/Leister NJW **06**, 472.

371 *Beweis durch Augenschein.*

I 1 Der Beweis durch Augenschein wird durch Bezeichnung des Gegenstandes des Augenscheins und durch die Angabe der zu beweisenden Tatsachen angetreten. 2 Ist ein elektronisches Dokument Gegenstand des Beweises, wird der Beweis durch Vorlegung oder Übermittlung der Datei angetreten.

II 1 Befindet sich der Gegenstand nach der Behauptung des Beweisführers nicht in seinem Besitz, so wird der Beweis außerdem durch den Antrag angetreten, zur Herbeischaffung des Gegenstandes eine Frist zu setzen oder eine Anordnung nach § 144 zu erlassen. 2 Die §§ 422 bis 432 gelten entsprechend.

III Vereitelt eine Partei die ihr zumutbare Einnahme des Augenscheins, so können die Behauptungen des Gegners über die Beschaffenheit des Gegenstandes als bewiesen angesehen werden.

1 **1) Systematik, I–III.** Bei allen Beweisarten muß man zwischen dem Beweisantritt, der Beweisanordnung, der Beweisaufnahme, der Beweisführung und der Beweiswürdigung unterscheiden. I, II regelt den Beweisantritt, ohne dessen korrekte Vornahme die folgenden Schritte verfahrensfehlerhaft wären. III regelt einen allgemeinen Rechtsgedanken, einen Fall prozessualer Arglist nach Einl III 54 für einen Teilbereich.

2 **2) Regelungszweck, I–III.** Der Beweisführer soll sein Beweisangebot von vornherein so bestimmt fassen, daß das Gericht wie der Gegner die Erheblichkeit und die prozessuale Brauchbarkeit übersehen können. Damit dient die Vorschrift der Vermeidung unnötiger Kosten nach § 91 Rn 28 und auch im übrigen der Prozeßwirtschaftlichkeit, Grdz 14 vor § 128. Wegen des ersteren Gesichtspunkts ist die Vorschrift nicht zu großzügig auslegbar. Das übersieht die Praxis bei einer oft zu laxen Handhabung der Anforderungen an den Beweisantritt zu leicht. Der Gegner des Beweisführers hat einen vom unparteiischen

Richter zu achtenden Anspruch auf eine Nichtbeachtung vermeidbar fehlerhafter Beweisantritte, § 139 Rn 13 ff.

3 *Arglist ist schädlich* wie stets, Einl III 54. Das kommt in III zum Ausdruck, ebenso wie zB in § 444. Gerade beim Augenschein ist das Gericht ebenso wie der Beweisführer in einem besonderen Maß auf eine Zulassung, Öffnung, einen Zutritt, eine Gestattung durch den Besitzer angewiesen. Ist er obendrein ein Prozeßgegner, könnte er den Beweis oft verhältnismäßig einfach unterlaufen, wenn er seine technisch notwendige Mitwirkung unterlassen dürfte. Natürlich darf man auch bei diesem Beweismittel die Anforderungen an keinen Beteiligten überspannen. Zumutbarkeit ist in III ein brauchbarer, prozessual ja auch sonst vielfach üblicher Abgrenzungsbegriff. Man sollte ihn weder zu streng noch zu weich handhaben.

4 **3) Geltungsbereich, I–III.** Vgl Üb 2 vor § 371.

5 **4) Beweisantritt bei Parteibesitz, I.** Man muß zwei Formen des Beweisantritts unterscheiden.

A. Bezeichnung usw, I 1. Beim nichtelektronischen Beweisgegenstand verlangt der Beweisantritt die Angabe des Beweisthemas nach § 359 Z 1, des Gegenstands des Augenscheins und der Beweispunkte. Der Beweisführer muß den Gegenstand möglichst genau bezeichnen, BGH **66**, 68. Sonst und auch ohne jeden Antrag sind evtl §§ 144, 358 a Z 5 anwendbar. Wenn zB ein Schriftwerk stark verstümmelt sein soll, muß die Partei die betreffenden Stellen bezeichnen und darf das Gericht nicht darauf verweisen, sie sich selbst herauszusuchen. Bei einem Streit über die Nämlichkeit einer Person oder Sache entscheidet das Prozeßgericht nach §§ 286, 366. Der Beweisführer muß die Nämlichkeit beweisen, solange das Gericht von Amts wegen einen Augenschein erhebt.

Das Gericht darf einen *förmlichen Beweisantritt* nur unter den Voraussetzungen § 286 Rn 27–49 ablehnen. Mangels gerichtlicher Sachkunde ist § 372 anwendbar. Denn im Ermessen des Gerichts steht nur eine von Amts wegen erfolgende Augenscheinseinnahme. Auslagenvorschuß: § 17 GKG. Wer einen Augenschein nur zur Unterrichtung des Gerichts über eine nicht beweisbedürftige Tatsache beantragt, stellt keinen Beweisantrag.

6 **B. Elektronisches Dokument, I 2.** Beim elektronischen Dokument nach § 130 a erfolgt der Beweisantritt durch eine Vorlegung oder Übermittlung der Datei. Das Gericht muß einen zusätzlichen Ausdruck des elektronischen Dokuments nach §§ 415 ff beurteilen, aM Roßnagel/Wilke NJW **06**, 2149 (nur Augenschein).

7 **5) Beweisantritt bei Besitz eines anderen, II.** Die Vorschrift schafft in den Fällen Rn 4, 5 eine Möglichkeit, einen anderen, sei es den Gegner, sei es einen Dritten, in Grenzen zur Herbeischaffung oder zur Vorlegung des Gegenstands der Augenscheinseinnahme zu zwingen. Vgl die Erläuterungen zu §§ 144, 422–432. Beim elektronischen Dokument kommt es statt auf den „Besitz" auf die Verfügungsgewalt an, Berger NJW **05**, 1018. Die Inanspruchnahme hängt insbesondere bei mehreren Verfügungsberechtigten von der Zumutbarkeit ab, Berger NJW **05**, 1019.

8 **6) Beweisvereitelung, III.** Aus dem Verbot prozessualer Arglist nach Einl III 54 folgt das Verbot einer Beweisvereitelung. § 444 regelt es für den Urkundenbeweis. Vgl die dortigen Erläuterungen. III schafft eine entsprechende Regelung für den Augenscheinsbeweis.

9 **7) Sonstiger Verstoß, I–III.** Er ist ein nach § 295 heilbarer Verfahrensmangel. Dieser kann auf einen Antrag zur Zurückverweisung führen, § 538. Vgl auch Rn 2.

371a

Beweiskraft elektronischer Dokumente. **I [1] Auf private elektronische Dokumente, die mit einer qualifizierten elektronischen Signatur versehen sind, finden die Vorschriften über die Beweiskraft privater Urkunden entsprechende Anwendung. [2] Der Anschein der Echtheit einer in elektronischer Form vorliegenden Erklärung, der sich auf Grund der Prüfung nach dem Signaturgesetz ergibt, kann nur durch Tatsachen erschüttert werden, die ernstliche Zweifel daran begründen, dass die Erklärung vom Signaturschlüssel-Inhaber abgegeben worden ist.**

II [1] Auf elektronische Dokumente, die von einer öffentlichen Behörde innerhalb der Grenzen ihrer Amtsbefugnisse oder von einer mit öffentlichem Glauben versehenen Person innerhalb des ihr zugewiesenen Geschäftskreises in der vorgeschriebenen Form erstellt worden sind (öffentliche elektronische Dokumente), finden die Vorschriften über die Beweiskraft öffentlicher Urkunden entsprechende Anwendung. [2] Ist das Dokument mit einer qualifizierten elektronischen Signatur versehen, gilt § 437 entsprechend.

Schrifttum: (teils zu § 292 a aF): *Bohrer* DNotZ **08**, 39; *Dästner* NJW **01**, 3469; *Kodek* ZZP **111**, 445; *Krüger/Bütter* MDR **03**, 181; Mankowski NJW **02**, 2826; *Roßnagel/Fischer-Dieskau* NJW **06**, 806; *Stadler* ZZP **111**, 413 (je: Üb).

1 **1) Systematik, I, II.** Man muß wie bei einer schriftlichen Urkunde nach §§ 415 ff zwischen einem privaten und einem öffentlichen Dokument unterscheiden. I regelt die Beweiskraft des ersteren, II diejenigen des letzteren. Dabei stellt I 2 eine Ergänzung zu § 292 dar. Diese Ergänzung war wegen der abweichenden Rechtsfolgen erforderlich. Man hätte sie freilich auch als § 292 II einordnen können. Eine gesetzliche ausdrückliche Regelung des Anscheinsbeweises ist selten. Vgl im übrigen Anh § 286 Rn 15. Das Gericht ist an diese gesetzliche Beweisregel gebunden, § 286 II.

Ein *Ausdruck* eines öffentlichen elektronischen Dokuments nach § 298 hat die in § 416 a geregelte Beweiskraft.

2 **2) Regelungszweck, I, II.** Die Vorschrift dient der Prozeßwirtschaftlichkeit, Grdz 14 vor § 128. Sie läßt aber auch das Erfordernis der Gerechtigkeit nach Einl III 9, 36 durch das Genügen „ernstlicher Zweifel" keineswegs unbeachtet. Die elektronische Form bringt ungeachtet ihres Beweiserleichterungs-, Vereinfachungs- und Beschleunigungszwecks doch zwecks Rechtssicherheit nach Einl III 43 erhebliche technische Anforderungen an die Wirksamkeit mit sich. Diese darf man auch bei I 2 weder unter- noch überbewerten. Alles das sollte man bei der Auslegung durch eine vorsichtige Abwägung mitbeachten.

3 **3) Beweiskraft, I 1.** Sofern eine qualifizierte elektronische Signatur nach § 130 a Rn 4 vorliegt, sind §§ 416, 419 ff entsprechend anwendbar.

4 **4) Echtheitsanschein, I 2.** Der gesetzliche Anscheinsbeweis erfaßt bei einem privaten elektronischen Dokument nur die Echtheit der Erklärung, also ihre elektronische Dokumentation. Zum Echtheitsbegriff Einf 1 vor §§ 437–443. Andere als die Echtheitsfragen unterliegen den sonstigen Beweisregeln, Anh § 286.

§ 126 a BGB nennt die Voraussetzungen: Erklärung; Name des Ausstellers; qualifizierte elektronische Signatur nach dem Signaturgesetz, Roßnagel/Pfitzmann NJW **03**, 1213. Damit erfolgt eine Verweisung auf Art 1 Signaturgesetz 2001 (SigG); dasjenige von 1997 ist aufgehoben worden, Art 5 SigG. Zur qualifizierten elektronischen Signatur § 130 a Rn. 4. Das elektronische Dokument läßt den Augenscheinsbeweis nach § 371 I 2 zu.

5 **5) Ernstliche Zweifel, I 2.** Der Anscheinsbeweis nach Rn 4 läßt sich nur durch eine solche Tatsache erschüttern, die ernstliche Zweifel daran begründet, daß die Erklärung mit dem Willen des Signaturschlüssel-Inhabers erfolgte. Dabei scheiden §§ 416, 440 II mangels Urkundenqualität aus, Rn 4. Ernstlich ist nicht jeder leichte Zweifel, sondern erst ein erheblicher, bei dem eine überwiegende Wahrscheinlichkeit für eine Unechtheit besteht, Mankowski NJW **02**, 2827. Andererseits braucht kein Vollbeweis der Unechtheit vorzuliegen, also noch kein Gewißheitsgrad wie bei § 286 Rn 16 ff. Ob „ernstliche Zweifel" mehr, gleich viel oder weniger erfordern als eine Glaubhaftmachung nach § 294, darüber läßt sich trefflich streiten. Immerhin nimmt I 2 nicht gleich auf § 294 Bezug. Daraus kann man einen höheren Grad von Wahrscheinlichkeit der Unechtheit eher ableiten als einen geringeren. Es sind also keine allzu strengen Anforderungen notwendig, Roßnagel NJW **01**, 1826. Eine behutsame Abwägung ist der ratsame Weg, Rn 2.

6 **6) Begriffe, I 2.** Signaturschlüssel-Inhaber ist nach § 2 Z 9 SigG 2001 eine natürliche Person, die einen Signaturschlüssel besitzt und der ein zugehöriger Signaturprüfschlüssel durch ein qualifiziertes Zertifikat zugeordnet ist. Signaturschlüssel sind nach § 2 Z 4 SigG einmalige elektronische Daten wie private kryptographische Schlüssel, die zur Erstellung einer elektronischen Signatur verwendet werden. Signaturprüfschlüssel sind nach § 2 Z 5 SigG elektronische Daten wie öffentliche kryptographische Schlüssel, die zur Überprüfung einer elektronischen Signatur verwendet werden. Qualifiziertes Zertifikat ist nach § 2 Z 6 SigG eine elektronische Bescheinigung (bitte dort die umfangreichen weiteren Verweisungen lesen). Mit deutscher Überperfektion wieder einmal ein Wust von Begriffen, durch die es sich zu quälen gilt, bevor man zum Anscheinsbeweis kommen könnte, den ernstliche Zweifel doch sogleich wieder entkräften können!

7 **7) Beweiskraft eines öffentlichen elektronischen Dokuments, II.** Nach II 1 müssen dieselben Voraussetzungen wie bei einer schriftlichen öffentlichen Urkunde nach § 415 Rn 4–7 vorliegen. Bei einer qualifizierten elektronischen Signatur im Sinn von § 130 a Rn 4 gilt nach II 2 § 437 entsprechend (Echtheitsvermutung).

372 *Beweisaufnahme.* I **Das Prozessgericht kann anordnen, dass bei der Einnahme des Augenscheins ein oder mehrere Sachverständige zuzuziehen seien.**

II **Es kann einem Mitglied des Prozessgerichts oder einem anderen Gericht die Einnahme des Augenscheins übertragen, auch die Ernennung der zuzuziehenden Sachverständigen überlassen.**

1 **1) Systematik, I, II.** Das Prozeßgericht kann und soll wegen des Grundsatzes der Unmittelbarkeit der Beweisaufnahme nach § 355 Rn 4 den Augenschein in der Regel selbst vornehmen, evtl außerhalb der Gerichtsstelle, § 219, § 166 GVG, aber auch durch den ersuchten Richter, § 362, § 158 GVG, Naumb FamRZ **93**, 1099. Die Parteien haben grundsätzlich ein Anwesenheitsrecht, § 357 I. Das gilt auch für die ProzBev. Ausnahmsweise mag bei einer körperlichen Untersuchung davon jeweils eine enge Ausnahme notwendig werden, Saarbr OLGZ **80**, 37. Das Gericht muß das Ergebnis der Wahrnehmungen grundsätzlich protokollieren, § 160 III Z 5. Das Protokoll muß auch anderen ein Bild des vorgefundenen Sachverhalts vermitteln. Eine weitergehende Würdigung im Protokoll ist unnötig und schon wegen § 42 nicht ratsam. Wenn das Prozeßgericht in derselben Besetzung wie bei der Augenscheinseinnahme entscheidet und wenn das Endurteil weder der Berufung noch der Revision unterliegt, ist ein Protokoll entsprechend § 161 I Z 1 entbehrlich. Dann muß aber der Urteilstatbestand ausreichende Feststellungen enthalten. Wegen eines Richterwechsels § 309 Rn 1–4.

2 **2) Regelungszweck, I, II.** Das sachkundige Auge ist gerade bei dieser Beweisart eine oft ganz wesentliche Bedingung der Brauchbarkeit. Daher regelt die Vorschrift eigentlich eine Selbstverständlichkeit. Sie scheint fast entbehrlich. Denn das Gericht könnte auch nach §§ 373, 402 ff ähnlich vorgehen. Indessen kann man die in I enthaltene Befugnis als eine Ermutigung und auch als eine Verpflichtung verstehen. Ihre Nichtbeachtung könnte ein Verfahrensfehler sein. Das muß man durchaus bei der Entscheidung über ihre Anwendung mitbeachten. Das Gericht muß ja ohnehin wegen der heutigen Hochtechnologie auch im Bereich der Sinneswahrnehmung sehr vorsichtig sein, wenn es sich eine genügende Sehschärfe im weitesten Sinn zutrauen will, § 286 Rn 60.

Nicht unproblematisch ist deshalb II mit seiner gewissen Abweichung vom Grundsatz der Unmittelbarkeit der Beweisaufnahme, wie ihn § 355 vorschreibt. Freilich sind die Ausnahmemöglichkeiten ja für eine andere Beweisart bereits in § 375 enthalten. II dient wie § 375 der Prozeßwirtschaftlichkeit, Grdz 14 vor § 128. Das erlaubt trotz seines formellen Annahmecharakters eine gewisse Großzügigkeit bei seiner Anwendung.

3 **3) Geltungsbereich, I, II.** Vgl Üb 3 vor § 371.

4 **4) Sachverständiger, I.** Das Prozeßgericht darf und muß evtl einen Sachverständigen zuziehen, § 286 Rn 50. Das gilt zB dann, wenn dem Gericht die nötige Sachkunde zur Wahrnehmung des Wesentlichen fehlt, wenn der Sachverständige das Gericht also unterstützen soll, oder wenn der Sachverständige Unterlagen für ein Gutachten gewinnen können soll. Wenn eine Augenscheinseinnahme durch den Richter unzweckmäßig ist, darf er sich einer Mittelsperson bedienen. Das gilt unabhängig von II zB dann, wenn ein Richter blind oder sonstwie behindert ist: Die Kollegen des Spruchkörpers können Mittelspersonen sein, Ffm OLGR **94**, 167.

Der *männliche* Richter kann und muß sich zB vom körperlichen Zustand einer Frau durch eine Frau überzeugen lassen, deren Befund dann sein Augenschein ist, und umgekehrt (Richterin, Zustand eines Mannes, Art 3 GG). Das muß man aber auf unumgängliche Ausnahmefälle beschränken. Zu ihnen gehört auch die Untersuchung nach § 372 a Rn 3 oder eine Meinungserforschung, Üb 7 vor § 402. Diese Grundsätze sind auch zwecks Auswertung technischer Aufzeichnungen zulässig, zB solcher eines Computers. Das Gericht muß die Mittelsperson als einen Sachverständigen behandeln, wenn sie sachkundig sein muß oder wenn das Gericht die nötigen Versuche nicht selbst sachgemäß vornehmen kann. Sonst behandelt das Gericht die Mittelsperson *wie* einen Zeugen, aber nicht *als* einen solchen, LG Trier NJW **87**, 722 (StPO).

5) Verordneter Richter, II. Das Gericht darf den Augenschein und die Ernennung eines Sachverständigen nach seinem pflichtgemäßen Ermessen einem verordneten Richter überlassen, §§ 361, 362, BGH NJW **90**, 2937. Das gilt unabhängig von I auch beim blinden Richter usw wie bei Rn 4. Das Gericht muß bei der Ausübung seines Ermessens den Grundsatz der Unmittelbarkeit der Beweisaufnahme beachten, § 355 Rn 4. Das Prozeßgericht darf dem verordneten Richter die Zuziehung eines Sachverständigen nach § 405 S 1, § 407 a Rn 11 überlassen. § 375 ist ungeachtet Rn 2 auch nicht entsprechend anwendbar. § 160 III Z 5 ist anwendbar, (zum alten Recht) BayObLG WoM **89**, 346. Der verordnete Richter darf mangels einer anderen Weisung des Prozeßgerichts auch die Augenscheinseinnahme einem Sachverständigen allein überlassen. Das hat zur Folge, daß der Sachverständige zwar bei seiner Beurteilung in dieser Eigenschaft amtiert, wegen seiner zugrundeliegenden Wahrnehmungen aber als ein sachverständiger Zeuge nach § 414 aussagt und insoweit auch nicht nach § 406 ablehnbar ist. 5

6) Rechtsbehelfe, I, II. § 355 Rn 8–10. 6

372a *Fassung 1. 1. 2009:* ***Untersuchungen zur Feststellung der Abstammung.*** **[I] Soweit es zur Feststellung der Abstammung erforderlich ist, hat jede Person Untersuchungen, insbesondere die Entnahme von Blutproben, zu dulden, es sei denn, dass die Untersuchung dem zu Untersuchenden nicht zugemutet werden kann.**

[II] [1] Die §§ 386 bis 390 gelten entsprechend. [2] Bei wiederholter unberechtigter Verweigerung der Untersuchung kann auch unmittelbarer Zwang angewendet, insbesondere die zwangsweise Vorführung zur Untersuchung angeordnet werden.

Vorbem. Fassg Art 29 Z 14 FGG-RG, in Kraft seit 1. 9. 09, Art 112 I Hs 1 FGG-RG, ÜbergangsR Art 111 FGG-RG, Einf 4 vor § 1 FamFG.

Bisherige Fassung: **[I] Soweit es in den Fällen der §§ 1600 c und 1600 d des Bürgerlichen Gesetzbuchs oder in anderen Fällen zur Feststellung der Abstammung erforderlich ist, hat jede Person Untersuchungen, insbesondere die Entnahme von Blutproben zum Zwecke der Glutgruppenuntersuchung, zu dulden, soweit die Untersuchung nach den anerkannten Grundsätzen der Wissenschaft eine Aufklärung des Sachverhalts verspricht und dem zu Untersuchenden nach der Art der Untersuchung, nach den Folgen ihres Ergebnisses für ihn oder einen der im § 383 Abs. 1 Nr. 1 bis 3 bezeichneten Angehörigen und ohne Nachteil für seine Gesundheit zugemutet werden kann.**

[II] [1] Die Vorschriften der §§ 386 bis 390 sind entsprechend anzuwenden. [2] Bei wiederholter unbereichtigter Verweigerung der Untersuchung kann auch unmittelbarer Zwang angewendet, insbesondere die zwangsweise Vorführung zum Zwecke der Untersuchung angeordet werden.

Schrifttum: *Eichberger,* Aktuelle Probleme der Feststellung der Abstammung (§ 372 a ZPO), Diss Regensb 1988; *Jayme,* Exterritoriale Beweisverschaffung für inländische Verrfahren usw, Festschrift für *Geimer* (2002) 375; *Orel,* Heimliche Vaterschaftstests usw, Diss Mü 2007; *Peters,* Auf dem Wege zu einer allgemeinen Prozeßförderungspflicht der Parteien?, Festschrift für *Schwab* (1990) 399; *Schöpflin,* Die Beweiserhebung von Amts wegen im Zivilprozeß, 1992; *Spickhoff,* Streit um die Abstammung, 2007. S auch Rn 3.

Gliederung

1) Systematik, I, II. Die Vorschrift ist in etwa mit §§ 81 a–d StPO vergleichbar. Sie stimmt mit § 178 FamFG praktisch wörtlich überein. Diese letztere Vorschrift hat im Verfahren einer Abstammungssache nach §§ 169 ff FamFG den Vorrang als Spezialregelung. Danach bleibt für § 372 a ein nur noch kleinerer restlicher Anwendungsbereich, Rn 3, 4. Diese Kommentierung erfolgt nur wegen der Vertrautheit des Lesers weiter hier und nicht bei § 178 FamFG. Soweit ein Eingriff erfolgt, also bei der Entnahme einer Blutprobe, enthält 1 die Vorschrift eine gesetzliche Einschränkung des Rechts auf eine körperliche Unversehrtheit. Diese Einschränkung ist nach Art 2 II 2 GG möglich, BVerfG **5**, 15, Ffm NJW **88**, 832, Hamm RR **05**, 231. Gleichzeitig liegt ein Fall einer Pflicht zur Duldung des Augenscheins vor, Üb 5 vor § 371. Ferner liegt eine Ausnahme von der Regel vor, daß kein Dritter seinen Körper im Prozeß anderer bereitstellen muß, KG OLGZ **82**, 64. Das Gericht kann die Duldung erzwingen, Üb 8 vor § 371, aM Franke FamRZ **95**, 975 (ausf. Aber es steht der Schutz des ganzen rechtlichen Stands eines anderen Menschen hinter einer solchen Anordnung). Als Ausnahme ist § 372 a nicht einfach auf andere Fälle übertragbar, etwa auf einen Unfallschaden-Haftungsprozeß. Freilich kann in einer Verweigerung dann ganz ausnahmsweise eine Beweisvereitelung liegen, Anh § 286 Rn 26 ff, § 444 Rn 5 ff, Ffm FER **01**, 165. Aber wegen Art 2 II 2 GG Vorsicht!

2 **2) Regelungszweck, I, II.** Gegenüber den früheren Regelungen enthält § 372 a als eine Folge einer allgemeinen Prozeßförderungspflicht der Parteien nach Grdz 12 vor § 128, Peters (vor Rn 1) 401, ganz wesentliche Milderungen durch eine Erweiterung der Weigerungsgründe. Das muß man bei der Auslegung mitbeachten.

Grundrechtsschutz hat an sich stets einen höheren Rang als einfache prozessuale Grundsätze, selbst höher als das Bestreben nach Gerechtigkeit, dem Hauptziel eines korrekten Zivilprozesses, Einl III 9, 36. Indessen sind auch die Intimsphäre und der Persönlichkeitsbereich keine übersozialen Werte. Sie unterliegen vielfachen Belastungen im Zusammenleben. Das darf man bei der Lösung der sehr unterschiedlich gelagerten Abgrenzungsfragen zur Zumutbarkeit mitbeachten. Auf sie stellt I mit Recht ab. Muß das Gericht die Erforderlichkeit einer Untersuchung mit einem insofern gewiß strengen Maßstab feststellen, Hamm RR **05**, 231, ist damit die Zumutbarkeit zwar keineswegs ebenfalls geklärt. Man muß sie aber oft nicht mehr gar so streng beurteilen. Alle Beteiligten sollten die Behutsamkeit der Art und Weise der Untersuchung um so sorgfältiger sichern, auch durch präzise Anordnungen zB nach § 404 a IV Hs 1.

3 **3) Geltungsbereich, I, II.** Vgl zunächst Rn 1. Die Vorschrift ist in allen nicht nach dem FamFG, sondern noch (seltener) nach der ZPO ablaufenden Verfahren anwendbar, Rn 4.

4 **4) Voraussetzungen, I, II.** § 372 a setzt einen Rechtsstreit über die Notwendigkeit einer Untersuchung zur Feststellung der Abstammung voraus. Die Vorschrift erstreckt sich zB auch auf einen Streit um das Erbrecht, um den Namen. Es ist auch nicht erforderlich, daß die Parteien gerade über eine Abstammung streiten. § 372 a ist nur hilfsweise anwendbar. Ein Zwang ist nicht erlaubt, solange sich die Abstammung ebenso sicher anderweitig ermitteln läßt, Düss FamRZ **08**, 631, etwa durch einen Zeugenbeweis, BGH MDR **90**, 919. Wegen einer genetischen Untersuchung vgl die Vorbem.

Zunächst ist die Ermittlung notwendig, *wann und mit wem* ein Geschlechtsverkehr stattfand. Ein Zwang ist nicht erlaubt, wenn gar die Partei eine Untersuchung ins Blaue hinein verlangt, also einen Ausforschungsbeweis betreibt, Einf 27 vor § 284, Bbg FamRZ **75**, 51. Das ist aber nur selten der Fall, Einf 30 vor § 284, § 286 Rn 3, etwa dann, wenn das Gericht ohne nähere Gründe alle Mitglieder einer Wohngemeinschaft untersuchen lassen soll, aM KG NJW **87**, 2311 (aber dann läge ein Rechtsmißbrauch nahe, Einl III 54). Auch hier muß das Gericht angetretene Beweise grundsätzlich erschöpfen, § 286 Rn 41. Dazu gehört ein Abstammungsgutachten, BGH FamRZ **97**, 492, BayObLG FamRZ **99**, 1365, Hbg FamRZ **75**, 107, aM Stgt DA Vorm **91**, 215, AG Hann FamRZ **01**, 212. Eine Wiederholung der Untersuchung kann in einem seltenen Ausnahmefall in Betracht kommen, etwa bei neuen Tatsachen, moderneren Methoden und Auswertungswegen.

Es ist also zumindest ein *Blutgruppengutachten* erforderlich. Das gilt auch dann, wenn kein Anhalt für einen Mehrverkehr besteht. Eine Untersuchung ist dann nicht erforderlich, wenn sie entscheidungsunerheblich ist, § 286 Rn 29, Karlsr FER **98**, 89, etwa deshalb, weil die Anfechtungsfrist abgelaufen ist. Nach dem Eintritt der Rechtskraft kommt § 372 a ab der Zulässigkeit eines Wiederaufnahmeverfahrens in Betracht, Celle RR **00**, 1100.

5 **5) Prüfungsreihenfolge, I**

Schrifttum: *Eichberger,* Aktuelle Probleme der Feststellung der Abstammung (§ 372 a ZPO), Diss Regensb 1988; *Hummel/Gerchow* (Herausgeber): Festschrift für *Essen/Möller* (1982); *Reichelt,* Verfahren, Zulässigkeit und Auswirkungen der DNA-Technologie (genetischer Fingerabdruck) auf den Anwendungsbereich der Vateschaftsvermutung usw, 1992. Zur biostatistischen Auswertung von Blutgruppengutachten zwecks positiven Vaterschaftsnachweises *Hummel* FamRZ **97**, 326.

Im Abstammungsprozeß ist das Gericht faktisch vom *Sachverständigen* vollständig abhängig, Pieper ZZP **84**, 32. Er richtet sich meist nach Richtlinien des Bundesgesundheitsamts, Rn 6, und den Richtlinien derselben Behörde für die Erstattung von DNA-Abstammungsgutachten vom 1. 7. 92 sowie nach den inhaltlich teilweise neuen Richtlinien der Bundesärztekammer usw vom 8. 3. 02, FamRZ **02**, 1159, dazu Orgis FamRZ **02**, 1157. Deshalb sollte das Gericht trotz des Fehlens seiner formellen Bindung an solche Richtlinien und trotz seines theoretischen Ermessens über die Art der Untersuchung die von den Sachverständigen meist empfohlene Prüfungsreihenfolge einhalten, BGH **61**, 170. Im Kern geht es um die folgenden hier nur knapp darstellbaren Möglichkeiten. Wegen einer genetischen Untersuchung vgl die Vorbem.

6 **A. Blutgruppengutachten; genetisches Gutachten.** Zunächst empfiehlt sich eine Blutgruppenuntersuchung, KG FamRZ **87**, 294. Sie kann nicht nur zum sicheren Ausschluß der Vaterschaft ohne die Möglichkeit eines Gegenbeweises führen, sondern auch die Vaterschaft als abstufbar wahrscheinlich bis hin zum Beweise darlegen, BGH FamRZ **94**, 507, KG FamRZ **92**, 599. Zum Beweiswert der zahlreichen Blutgruppenfaktoren vgl die Richtlinien der Bundesärztekammer und des Robert-Koch-Instituts für die Erstattung von Abstammungsgutachten FamRZ **02**, 1159, krit Martin/Muche/Zang FamRZ **03**, 76, ferner die Leitlinien der Arbeitsgemeinschaft der Sachverständigen für die Erstattung von Abstammungsgutachten FamRZ **03**, 81. Auch ein solches privates Gutachten ist nicht von vornherein wegen eines Verstoßes gegen das GG unverwertbar, Wellenhofer FamRZ **05**, 668.

7 Ein Blutgruppengutachten läßt sich lt Arbeitsgemeinschaft der gerichtlichen Blutgruppensachverständigen in der BRep (Fassung FamRZ **94**, 872) in ca $^{2}/_{3}$ aller Fälle *kostensparend* in der Form eines sog Grundgut-

achtens erstellen. Es umfaßt zB HLA und DNA nicht mit. Ein Blutgruppengutachten kann bei einer offenkundig anderen Hautfarbe usw entbehrlich sein, Schlesw SchlHA **89**, 78. Aber insofern Vorsicht!

Zum *HLA-System* BGH NJW **78**, 1684, KG FamRZ **92**, 599, Hummel NJW **81**, 609; zum HLA- und *Es-D-System* Bre NJW **78**, 1202; zum *DNA-System* BGH NJW **92**, 2976 (das DNA-System enthält nur eine statistische Aussage, die eine Würdigung aller Beweisumstände nicht erübrigt), Brdb FamRZ **00**, 1582, Sprenger/Fischer NJW **99**, 1830. Inzwischen ist beim DNA-System die sog *PCR*-Analyse möglich. Sie ist nicht allzu teuer. Daher hat die DNA-Anlayse jetzt einen hohen Wert, BGH NJW **91**, 751. Zu ihrem Zweck kommt auch eine Exhumierung in Betracht, Köln FER **01**, 131, Mü RR **00**, 1604, Helms Deutsches und Europäisches Familienrecht **00**, 170. Der sog genetische Fingerabdruck ist inzwischen ebenfalls gesetzlich zugelassen. Er hat einen sehr hohen Beweiswert. Seine Erhebung ohne eine Kenntnis und Zustimmung des Betroffenen ist aber unstatthaft, Rn 18. Zu beiden Methoden Fluck NJW **01**, 2292, Rath/Brinkmann NJW **99**, 2697, Wollweber NJW **01**, 2304. 8

Wenn *neue Blutgruppensysteme* entwickelt wurden, muß das Gericht einem neuen Beweisantrag stattgeben, falls man davon eine weitere Aufklärung erwarten kann. Dabei bleiben rein theoretische Möglichkeiten unbeachtlich. Es ist auch eine Wiederaufnahme möglich, § 641 i. Zum weiterführenden serologischen Gutachten Goedde/Hirth/Benkmann NJW **76**, 2296.

B. Biostatistische Zusatzbegutachtung, dazu *Hummel* FamRZ **97**, 326 (ausf): Es kann eine biostatistische serostatistische Zusatzberechnung (begründet von Essen/Möller) notwendig oder doch ratsam sein. Auch sie erlaubt unter Umständen eine klare Vaterschaftsfeststellung und hat schon deshalb eine erhebliche Bedeutung, BGH FamRZ **88**, 1038 betr einen Iraner, BGH NJW **06**, 3419 betr einen Nigerianer, Hbg MDR **77**, 316, KG FamRZ **75**, 285 betr einen Türken, BGH NJW **80**, 637 betr ausländische Bevölkerungsgruppen. 9

Durch die biostatistische Zusatzberechnung kann das Ergebnis eines *erbbiologischen* Gutachtens fragwürdig werden. Die Zusatzberechnung ist stets nötig, falls sich beim Blutgruppengutachten kein Ausschluß ermöglichen läßt. Sie hat den Vorrang vor der Einholung eines erbbiologischen Gutachtens. Es muß ein Verdacht auf einen Mehrverkehr bestehen, BGH FamRZ **90**, 615. 10

Eine *Wahrscheinlichkeit* von 99,85% kann die Möglichkeit eines Gegenbeweises ausschließen und Maßnahmen nach Rn 10, 11–13 erübrigen, Mü NJW **84**, 1826. Das gilt zumindest dann, wenn kein Verdacht auf einen Mehrverkehr besteht, BGH FamRZ **94**, 507 (Essen-Möller 99%), Kblz **75**, 51 (Essen/Möller: 99,6%, Hummel: 70%), Oldb FamRZ **79**, 969. Eine so hohe Wahrscheinlichkeit kann sogar bei der Möglichkeit eines Mehrverkehrs die ausreichende Annahme einer überwiegenden Wahrscheinlichkeit der Vaterschaft des Bekl rechtfertigen. Zu Prostituiertenfällen BGH NJW **82**, 2124. Freilich darf das Gericht eine Aufklärung von Umständen, die gegen die Vaterschaft sprechen, auch bei einer hohen biostatistischen Wahrscheinlichkeit nicht unterlassen, BGH NJW **87**, 2296. 11

C. Tragezeitgutachten. Als Ergänzung von Rn 6–11 empfiehlt sich evtl die Einholung eines solchen Gutachtens, BGH NJW **04**, 3798, Braun FamRZ **89**, 1135. 12

D. Erbbiologisches Gutachten. Das Gericht muß unter Umständen ein anthropologisch-erbbiologisches Gutachten einholen, § 286 Rn 41. Ein solcher Zwang besteht freilich nur insoweit, als auch nach Rn 7–10 Zweifel bleiben, § 286 Rn 16, 50, BGH NJW **87**, 2296, Hbg DAVorm **92**, 521, aM Naumb FamRZ **01**, 931, zB weil doch noch ein Mehrverkehr möglich ist. Das gilt insbesondere dann, wenn nach der Methode Essen/Möller eine Wahrscheinlichkeit von nur 85% entsteht, Karlsr FamRZ **77**, 342, oder jedenfalls eine solche von weniger als 99%, Hbg FamRZ **75**, 103. Auch dieses Gutachten kann bereits für sich allein die Vaterschaft ausschließen oder die Vaterschaftsfeststellung ermöglichen. Freilich ist das erbbiologische Gutachten wegen der hohen Zuverlässigkeit heutiger Blutgruppengutachten kaum noch notwendig. 13

Zu seinem *Beweiswert* allgemein Oepen/Ritter NJW **77**, 2109, bei dem Kind einer Prostituierten Stgt NJW **76**, 1158, zur Erschütterung der Glaubwürdigkeit des Zeugen oder zur Stichhaltigkeit von Blutgruppengutachten und erbbiologischen Gutachten trotz eines Mehrverkehrs. Neuere statistische Untersuchungen zeigen übrigens, daß die Aussage der Mutter über den wahren Vater jedenfalls in Zweimannfällen recht oft zutrifft. Das gilt übrigens auch in dem medizinisch und gerichtlich erwiesenen Fall, daß Zwillinge von verschiedenen Vätern abstammen können. Schon deshalb darf das Gericht der Mutter keineswegs grundsätzlich mißtrauen. 14

Eine bloße *Wahrscheinlichkeit* im erbbiologischen Gutachten kann die Aussagekraft einer biostatistischen Zusatzberechnung kaum verstärken. Eine „größte Wahrscheinlichkeit" reicht zumindest in Verbindung mit 97% nach der Methode Essen/Möller aus. Bei Rn 4–10 sollte das Gericht nur die vom BGesundhAmt anerkannten Sachverständigen zuziehen. 15

E. Zeugungsfähigkeitsprüfung. Trotz einer nach Rn 4–13 sehr hohen Wahrscheinlichkeit kann die Prüfung der Zeugungsfähigkeit nötig werden, vgl aber § 286 Rn 50. 16

F. Identitätsprüfung. Schließlich ist stets eine Identitätsprüfung notwendig, AG Hohenstein FamRZ **06**, 1769 (Lichtbilder, Fingerabdrücke). Die bloße Verweigerung der Unterschrift des zur Blutentnahme Bereiten kann ein Ordnungsmittel auslösen, Köln FamRZ **76**, 548. 17

6) Verfahren, I. Die Untersuchung nach § 372 a ist immer eine Beweisaufnahme, ein Augenschein, BGH NJW **90**, 2937. Die Anordnung der Untersuchung ist ein Beweisbeschluß, § 358. Sie erfolgt durch das Prozeßgericht, BGH NJW **90**, 2937. Sie erfolgt auf einen Antrag einer Partei nach § 371, aber auch von Amts wegen, Grdz 38 vor § 128, § 144. Eine Anordnung nach § 273 II ist unzulässig. Im übrigen kann das Gericht die Untersuchung bei jeder Beweiserhebung anordnen, auch durch einen Beschluß nach § 358 a Z 4. Wenn das Gericht die Untersuchung bei einem Dritten anordnet, beschließt es damit dessen Vernehmung als Zeugen. Wegen der Blutentnahme bei einem Toten Drsd MDR **02**, 1070, Düss FamRZ **78**, 206. Eine Belehrung über ein etwaiges Weigerungsrecht nach Rn 26–29 ist nicht erforderlich und im Zivilprozeß deshalb allgemein auch nicht ratsam, § 139 Rn 52. Das Gericht kann die Durchführung der Beweisaufnahme wie sonst einem anderen Gericht übertragen, § 372, BGH NJW **90**, 2937, auch evtl einem ausländischen, Ffm RR **88**, 714 (lex fori). Die Ladung erfolgt nach § 377 II Z 1–3 „eigentlich" durch das Prozeßgericht, nicht durch den Sachverständigen (in der Praxis oft im letzteren Weg!), Brdb FER **01**, 130. 18

Unverwertbar als ein förmliches Beweismittel ist wegen eines Verstoßes gegen Artt 1, 2 GG ein privates heimliches DNA-Gutachten, BVerfG NJW **01**, 2320 (StPO), BGH NJW **06**, 1658 (krit Wellenhofer FamRZ **06**, 687), Kblz FamRZ **06**, 808. Es kann natürlich auch keine Kostenpflicht eines Betroffenen auslösen, der es nicht in Auftrag gegeben hat. Ausnahmen kommen allenfalls auf Grund nachträglicher wirksamer Genehmigungen aller Beteiligten infrage. Als ein Parteivortrag bleibt das derartige Gutachten verwertbar, BGH NJW **06**, 1658, Drsd FamRZ **05**, 1492, Wellenhofer FamRZ **05**, 668, aM BGH NJW **05**, 497 (zustm Ohly JZ **05**, 626, Rittner/Rittner NJW **05**, 945). Der Betroffene kann die Unverwertbarkeit als Beweismittel durch ein Zwischenurteil klären lassen, BGH NJW **06**, 1659.

19 **7) Duldungspflicht, I.** Sie besteht nur auf Grund einer richterlichen gesetzmäßigen Anordnung. Es müssen mehrere Bedingungen zusammentreffen.

A. Strenge Voraussetzungen. Die Duldungspflicht besteht an sich nur in einem sehr beschränkten Rahmen, Üb 5 vor § 371. § 372 a erweitert sie aber unter den in Rn 2 genannten, wegen Rn 1 von Amts wegen streng prüfbaren Voraussetzungen. Sie kann internationalrechtlich fehlen, Köln FamRZ **83**, 826 wegen Italien (zustm Grunsky). Es handelt sich um eine Augenscheinseinnahme und bei einer Einhaltung der Voraussetzungen Rn 19–23 auch nicht um einen unzulässigen Ausforschungsbeweis, Einf 27 vor § 284. Daher sind §§ 383–385 unanwendbar, wenn auch ähnliche Erwägungen bei der Beurteilung der Zumutbarkeit eine Rollen spielen können, Sautter AcP **161**, 236. Ein Einverständnis ist nur nach § 290 widerrufbar, Oldb RR **05**, 1023. Beim Minderjährigen entscheidet die Mutter unter einer Zurückstellung ihrer Intimsphäre, Jena RR **07**, 1307.

20 **B. Pflicht eines jeden.** Der Duldungspflicht ist jede Person unterworfen. Das gilt nicht nur für die am Rechtsstreit beteiligten Personen, also auch für Streithelfer nach § 66 und für Streitverkündungsgegner nach § 74, sondern für alle, die sachlich berührt sind, die also irgendwie für die Abstammung in Betracht kommen. Es gilt zB für den angeblichen Mehrverkehrer, wenn entsprechende tatsächliche Anhaltspunkte vorhanden sind, oder für einen vermutlichen Erzeuger, den keiner als Zeugen benannt hat, oder für leibliche Eltern des möglichen Vaters, Drsd RR **99**, 85 (auch zu einem Altfall), oder für den möglichen Großvater, auch für das Mitglied einer Wohngemeinschaft mit der Mutter, KG FamRZ **87**, 294. Der Zeuge hat lediglich die Einwendungen Rn 19.

Wo der zur Duldung der Untersuchung Verpflichtete im Inland wohnt, ist unerheblich. Ein Deutscher im Ausland unterliegt der Pflicht ebenfalls. Denn sie ist eine öffentlichrechtliche Staatsbürgerpflicht. Dasselbe gilt für einen in Deutschland lebenden und daher der deutschen Gerichtsbarkeit unterworfenen Ausländer (Ausnahmen: §§ 18–20 GVG). Freilich ist die Untersuchung dann oft kaum durchführbar, erst recht nicht bei einem jetzt im Ausland lebenden Ausländer, Karlsr FamRZ **77**, 342. Dabei ist freilich evtl eine internationale Rechtshilfe möglich, Hausmann FamRZ **77**, 302.

Der Verpflichtete muß *tätig mitwirken,* soweit das nötig ist. Er muß also etwaige Fragen beantworten, der Vorladung des Sachverständigen zur Blutentnahme usw folgen, sich einer längeren Beobachtung unterziehen, evtl auch eine Klinik zu diesem Zweck aufsuchen. Die Duldungspflicht besteht nur unter den Voraussetzungen Rn 21 ff. Der gesetzliche Vertreter usw ist zur Erklärung der Duldungsbereitschaft des Vertretenen zuständig, soweit der letztere vom etwaigen Weigerungsrecht keine ausreichende Vorstellung hat, Naumb FamRZ **00**, 1290. Auch eine Blutprobe beim Verstorbenen ist entnehmbar, Drsd MDR **02**, 1070.

21 **C. Erforderlichkeit.** Die Untersuchung muß notwendig sein, Rn 4.

22 **D. Aufklärbarkeit.** Die Untersuchung muß nach den anerkannten wissenschaftlichen Grundsätzen eine Aufklärung des Sachverhalts versprechen. Die Aufklärbarkeit muß feststehen. Es reicht also nicht aus, daß der Sachverständige eine neue noch unsichere Methode erproben soll. Aber auch die Anwendung erprobter Methoden reicht nicht aus, wenn sie nicht zum Ziel führen können. Wenn sich das während der Untersuchung herausstellt, muß man sie abbrechen.

23 **E. Zumutbarkeit.** Das Gericht muß die Belange des zu Untersuchenden und diejenigen der Parteien abwägen, Karlsr FamRZ **92**, 335, Nürnb FamRZ **05**, 728. Denn nur eine solche Abwägung beachtet das Verhältnismäßigkeitsgebot, Einl III 22. Entscheidend ist die Zumutbarkeit der Untersuchung, Ffm NJW **79**, 1257, rechtsvergleichend Bosch Zeitschrift für Rechtsvergleichung (Wien) **93**, 227, aM Nürnb RR **96**, 645 (aber wegen des Eingriffs in das in Rn 1 genannte Grundrecht ist eine Abwägung zwecks Klärung der Zumutbarkeit eine Selbstverständlichkeit, eben auch nach dem Übermaßverbot, Einl III 22). Die Untersuchung mag im einzelnen nach folgenden Merkmalen zumutbar sein: Die Untersuchung muß ihrer Art nach zumutbar sein. Ein rein vermögensrechtlicher Streit erfordert evtl keine Duldung einer solchen Untersuchung. Eine Ablehnung nur der sofortigen Blutentnahme bei einer grundsätzlichen Bereitschaft dazu ist meist keine Verweigerung, Hamm FamRZ **03**, 616.

Zur Verweigerung genügt eine schriftliche Erklärung nebst einer Glaubhaftmachung der Gründe, §§ 386, 294. Der Weigernde muß seine Gründe auf seine Kosten darlegen. Denn er will sich einer allgemeinen staatsbürgerlichen Pflicht entziehen. Er erhält seine Unkosten bei einer erfolgreichen Verweigerung evtl entsprechend § 7 JVEG erstattet. Das Gericht muß sie dann dem Antragsteller auferlegen, soweit er die Weigerung für rechtswidrig hielt, Celle OLGR **97**, 82.

24 **F. Beispiele zur Frage einer Zumutbarkeit**

Adoption: Zumutbar ist eine Untersuchung auch dann, wenn der Ehemann der Mutter des nichtehelichen Kindes, die die Blutentnahme dulden soll, das Kind adoptieren will, Nürnb RR **96**, 645.

Andere Beweismöglichkeit: *Unzumutbar* ist eine Untersuchung dann, wenn man den Beweis auf andere Weise erbringen kann, Nürnb FamRZ **05**, 728 (sogar durch eine Exhumierung).

Erträglichkeit: Die Untersuchung muß nach den Ergebnisfolgen für den Untersuchten oder eine der in § 383 I Z 1–4 genannten Personen erträglich sein.

S auch Rn 25 „Strafverfolgungsgefahr“.

Exhumierung: S „andere Beweismöglichkeit“.

Mehrverkehr: Zumutbar ist eine Untersuchung auch dann, wenn die Mutter oder Zeugen einen Mehrverkehr eidlich verneint hatten.

Minderjähriger: Er handelt zwar grds durch seinen gesetzlichen Vertreter, evtl durch einen Prozeßpfleger, Karlsr FamRZ **98**, 563, Mü FamRZ **97**, 1170. Er darf aber ab seiner Verstandesreife mit ca 14 Jahren selbst entscheiden, Karlsr FamRZ **98**, 563.

Nichtehelichkeit: Zumutbar ist eine Untersuchung auch dann, wenn evtl die Nichtehelichkeit des Kindes herauskommt, aM Mü NJW **77**, 341.

Operation: *Unzumutbar* ist eine obendrein riskante Operation, § 286 Rn 32. Sie ist mehr als eine bloße „Untersuchung". 25

Psychischer Schaden: *Unzumutbar* ist eine Untersuchung bei der Gefahr einer solchen Folge, Kblz NJW **76**, 379 (Spritzenphobie).

Strafverfolgungsgefahr: Die Zumutbarkeit kann je nach den Gesamtumständen vorhanden sein oder *fehlen*, wenn sich der zu Untersuchende der Gefahr einer Strafverfolgung aussetzen würde, Hamm NJW **93**, 475, Karlsr FamRZ **92**, 335 (Inzestverdacht). Man sollte § 81 c III StPO bei der Auslegung des § 372 a berücksichtigen, damit man nicht § 81 c III StPO unterlaufen kann, Sieg MDR **80**, 24, aM Ffm NJW **79**, 1257, ThP 14, ZöGre 11 a (aber § 81 c III StPO gilt allgemein).

Unterhalt: Zumutbar ist eine Untersuchung auch dann, wenn ein Unterhaltsanspruch dadurch verlorengehen könnte, aM Mü NJW **77**, 341. Man darf die Untersuchung auch nicht mit der Begründung verweigern, man habe schon im Unterhaltsverfahren des Kindes gegen ihn gesiegt.

Vermögensnachteil: Zumutbar ist grds eine Untersuchung auch dann, wenn sie einen Vermögensnachteil bringen würde oder könnte.

Zeuge Jehovas: Zumutbar ist eine Untersuchung auch dann, wenn der zu Untersuchende ein Zeuge Jehovas ist, Düss FamRZ **76**, 52.

8) Prüfung der Weigerung, II. Man muß zwei grundverschiedene Lagen trennen. 26

A. Grundsatz: Zwischenverfahren. Im Prüfungsverfahren finden §§ 386–390 sinngemäß Anwendung, BGH NJW **90**, 2937, Brdb FER **01**, 131, Karlsr FamRZ **07**, 739. Diese setzen eine Ladung nach § 377 II Z 1–3 voraus. Das zeigt auch § 386 III. Daher muß das Gericht ein Ordnungsmittel angedroht haben, Köln FamRZ **76**, 548. Für den sich weigernden Dritten (Zeugen) besteht kein Anwaltszwang, §§ 387 II, 569 II 2, wohl aber wie sonst für die Parteien des Hauptverfahrens und auch für die sich weigernde Partei wie sonst. Wegen der Weigerung des Minderjährigen § 383 Rn 4. Im einzelnen muß man die folgenden Situationen unterscheiden.

B. Verweigerung mit Grundangabe. Bei einer Verweigerung mit einer Begründung nach §§ 386, 387 tritt ein Zwischenstreit vor dem Prozeßgericht ein, § 387, BGH NJW **90**, 2937, Ffm RR **88**, 714, ZöGre 13, aM Stgt FamRZ **92**, 972 (aber der Zwischenstreit ist eine typische Folge auch einer solchen Verweigerungsart). Auch ein Dritter kann ihn auslösen. Das Gericht muß die Parteien anhören, Art 103 I GG, Brdb FER **01**, 131. Im Zwischenstreit entscheidet das Gericht nicht über den ja nach § 355 II unanfechtbaren Beweisbeschluß, sondern nur darüber, ob das Beweismittel sachlich geeignet ist, ob ein solcher Beweis also überhaupt zulässig ist, Mü NJW **77**, 341, ZöGre 13, aM MüKoDa 22 (aber man darf die Artt 1, 2 I GG nicht durch § 355 II unterlaufen). Das Prozeßgericht ist auch dann zuständig, wenn der Betroffene sich unter einer Angabe von Gründen vor dem nach §§ 361, 362 beauftragten oder ersuchten Richter geweigert hat, BGH NJW **90**, 2937. Das gilt freilich nur für die Endentscheidung über die Rechtmäßigkeit der Weigerung. Die dazu erforderlichen Grundlagen darf und muß auch der beauftragte oder ersuchte Richter schaffen, § 389 I, BGH NJW **90**, 2937. Bei der Endentscheidung im Zwischenstreit muß das Gericht von der Rechtsansicht des Prozeßgerichts im Hauptprozeß ausgehen, Ffm NJW **88**, 832. 27

C. Rechtsmittel. Gegen das Zwischenurteil ist eine sofortige Beschwerde zulässig, §§ 387 III, 567 I Z 1. Sie steht bei einer Anordnung der Untersuchung dem zu Untersuchenden zu, bei einer Ablehnung der Untersuchung jeder Partei des Hauptprozesses. Sie hat keine aufschiebende Wirkung, § 570 I. Denn es geht noch nicht direkt um ein Ordnungs- oder Zwangsmittel. Es ist aber eine einstweilige Anordnung denkbar, § 570 III. Erst nach dem Eintritt der formellen Rechtskraft des Zwischenurteils nach § 705 darf das Gericht nämlich denjenigen, der sich weiter weigert, in die dadurch verursachten Kosten und in ein Ordnungsgeld verurteilen, ersatzweise in eine Ordnungshaft, §§ 386–390 I, Brdb FER **01**, 131, Zweibr FamRZ **79**, 1072. Eine Festsetzung der Ordnungsmittel ist hier ohne ein vorheriges Zwischenurteil unzulässig. 28

D. Vorführung. Bei einer wiederholten Verweigerung nach § 390 II, also erst im Anschluß an erfolglose Maßnahmen nach § 390 I, Ffm RR **88**, 714, darf das Gericht nach II 2 die zwangsweise Vorführung des zu Untersuchenden anordnen. Es darf aber auch jeden anderen geeigneten Zwang anwenden. Das Gericht darf also zB notfalls Gewalt anordnen. Sie verlangt aber eine besondere Vorsicht. Die Vorführung erfolgt in der Regel durch den für den Aufenthaltsort des Vorzuführenden zuständigen Gerichtsvollzieher. Sie erfolgt auch dann durch diesen, wenn er dazu eine größere Entfernung zurücklegen muß, LG Regensb DGVZ **80**, 172. Zur Beweiswürdigung bei einer endgültigen unberechtigten Weigerung § 444 Rn 6, 7. 29

E. Verweigerung ohne Grundangabe; bloßes Nichterscheinen. Bei einer Verweigerung ohne eine Angabe von Gründen findet kein Zwischenverfahren statt. Das Gericht ordnet dann vielmehr nach II 1 sofort Maßnahmen entsprechend § 390 an, BGH NJW **90**, 2937, Düss FamRZ **86**, 192. Das geschieht evtl gegen den Sorgeberechtigten unabhängig von einem Verfahren nach § 1666 BGB, Mü FamRZ **97**, 1170. Zu einer solchen Maßnahme ist auch der nach §§ 361, 362 beauftragte oder ersuchte Richter zuständig, BGH NJW **90**, 2937. Das Gericht darf eine bloße Terminsversäumung nicht durch ein Ordnungsmittel ahnden. Denn es handelt sich um einen Augenscheinsbeweis. Daher ist § 380 nicht anwendbar, Zweibr FamRZ **86**, 493, StJBe 26, aM MüKoDa, ZöGre 15 (aber man darf die Vorschrift nicht einfach ausdehnend anwenden, § 380 Rn 2). Man darf aber wegen des Amtsermittlungsgrundsatzes nach Grdz 38 vor § 128 nicht stets einfach aus einer Verweigerung auf die Vaterschaft schließen, aM AG Hbg FamRZ **03**, 46. Freilich kann eine Beweisvereitelung ein Gutachten erübrigen, Anh § 286 Rn 26, 27, AG Bln-Wedding FamRZ **05**, 1193. 30

Titel 7. Zeugenbeweis

Übersicht

Schrifttum: *Arntzen,* Psychologie der Zeugenaussage, 3. Aufl 1993; *Arntzen,* Vernehmungspsychologie, 2. Aufl 1989; *Bender,* Merkmalskombinationen in Aussagen usw, 1987; *Bender/Nack/Treuer,* Tatsachenfeststellung vor Gericht, Glaubwürdigkeits- und Beweislehre, Vernehmungslehre, 3. Aufl 2007; *Berk,* Der psychologische Sachverständige in rechtlichen Familiensachen, 1985; *Brunkow,* Der Minderjährige als Beweisperson im Straf- und Zivilverfahren, Diss Freib/Br 2000; *Dreymüller,* Der Zeugenbeweis im Zivilprozeß im common law und im deutschen Recht usw, Diss Münst 2000; *Findeisen,* Der minderjährige Zeuge im Zivilprozeß, 1992; *Heilmann,* Kindliches Zeitempfinden und Verfahrensrecht, 1998; *Koukouselis,* Die Unmittelbarkeit der Beweisaufnahme im Zivilprozeß, insbesondere bei der Zeugenvernehmung, 1990; *Kube/Leineweber,* Polizeibeamte als Zeugen und Sachverständige, 1976; *Müller,* Parteien als Zeugen usw, 1992; *Oestreich,* Der Jurist im Spannungsfeld der Psychologie, in: Festschrift für die *Deutsche Richterakademie,* 1983; *Rüßmann,* Physiologische und psychologische Streiflichter zum Zeugenbeweis, Festschrift für *Wassermann* (1985) 789; *Rüßmann,* Zur Mathematik des Zeugenbeweises, Festschrift für *Nagel* (1987) 329; *Schneider,* Nonverbale Zeugnisse gegen sich selbst usw, 1991.

Gliederung

1 **1) Systematik.** §§ 373–401 enthalten die mit Abstand wichtigste Beweisart. §§ 355 ff gelten als Allgemeiner Teil des Beweisrechts ebenso wie im Bereich der Beweiswürdigung §§ 284 ff.

2 **2) Regelungszweck.** Die Vorschriften dienen natürlich vor allem der Wahrheitsfindung und damit der Gerechtigkeit nach Einl III 9, 36. Sie dienen aber auch in vielfacher Hinsicht den in Grdz 18 ff vor § 128 erläuterten unterschiedlichen Zielen. Man muß die in Rn 6 dargestellten Probleme zwar bei der Handhabung der §§ 373 ff stets mitbeachten. Sie ändern aber nichts an der Unentbehrlichkeit dieses Beweismittels und an der Aufgabe, durch einen unverkrampften Umgang auch und gerade mit einem schwierigen, störrischen Bürger als Zeugen der Wahrheit trotz aller ihrer vielfachen Unerforschlichkeit wenigstens etwas näherzukommen.

Dabei gebietet schon die *Menschenwürde* nach Artt 1, 2 GG dem Gericht den Grundsatz einer zumindest anfänglichen Glaubwürdigkeit eines Menschen, der sich als Zeuge vor dem Staat in Gestalt seiner Dritten Gewalt äußern muß oder soll. Das ist das genaue Gegenteil einer „geheimen contra legem Regel", die Geipel AnwBl **06**, 784 zu sehen fürchtet. Aus einem solchen Grundsatz darf keine oberflächliche Vertraulichkeit werden. Ebensowenig ist aber irgendeine mißtrauische geheime Vorbehaltshaltung bis hin zu einer verborgenen Diskriminierung statthaft. Alles das läßt sich manchmal nicht ganz leicht erfüllen. Es ist gleichwohl eine ernste Richterpflicht bei gerade dieser Beweisart.

3 **3) Sachlicher Geltungsbereich.** §§ 373–401 gelten grundsätzlich in allen Verfahren nach der ZPO, auch im WEG-Verfahren. Soweit der Amtsermittlungsgrundsatz nach Grdz 38 vor § 128 und nach § 26 FamFG besteht, treten einzelne Regeln des Verfahrens mit einer Parteiherrschaft zurück. Im übrigen gelten §§ 373 ff im Bereich des § 113 I 2 FamFG entsprechend.

4 **4) Persönlicher Geltungsbereich.** Es können schwierige Abgrenzungsfragen entstehen.

A. Zeugenbegriff. Zeuge ist, wer nicht als Partei oder deren gesetzlicher Vertreter Auskunft geben soll. Ein ProzBev kann Zeuge sein. Zeuge kann nur eine natürliche Person sein, Düss MDR **88**, 593, freilich auch zB ein 7jähriges Kind, AG BergGladb WoM **94**, 193, ebenso ein Greis. Der Zeuge soll sein Wissen über bestimmte Tatsachen bekunden (Begriff Einf 17 vor § 284, § 288 Rn 3). Zum Ausforschungsbeweis Einf 27 vor § 284, BAG VersR **00**, 1144. Das gilt auch beim Zeugen vom Hörensagen und beim sachverständigen Zeugen, § 414 Rn 4. Der Sachverständige liefert im Gegensatz zum behördlichen Gutachten nach Üb 10 vor § 402 und evtl abweichend von der amtlichen Auskunft nach Rn 32 lediglich dem Richter auf Grund seiner Sachkunde Erfahrungssätze oder Schlußfolgerungen. Mit deren Hilfe muß dann der Richter und kann theoretisch nur er nach § 286 die richtigen Schlüsse ziehen, BPatG GRUR **78**, 359. Der Zeuge ist unvertretbar, der Sachverständige ist vertretbar, Üb 6 vor § 402. Der zum Augenschein hinzugerufene Dritte nach Üb 4 vor § 371 ist Zeuge.

5 **B. Behördliches Zeugnis.** Das Gesetz erwähnt mehrfach behördliche Zeugnisse, zB in § 183 II 2. Sie sind demgegenüber schriftliche Bescheinigungen einer Behörde oder Amtsperson. Sie werden als Urkunden

verwertet. Mit dem Zeugenbeweis haben sie nichts gemeinsam. Über die Ersetzung des Zeugenbeweises durch den Urkundenbeweis § 286 Rn 63.

C. Glaubwürdigkeit. Der Zeugenbeweis ist das häufigste Beweismittel. Die Achtung vor dem Zeugen und Artt 1, 2 GG gebieten, seine Glaubwürdigkeit möglichst zu bejahen, Rn 2. Das geschieht in der Praxis nicht selten sogar ziemlich ungeprüft. Gerade deshalb gilt aber auch die Erfahrung: Der Zeugenbeweis ist leider nicht ganz selten ein ungewisser, schlechter Beweis, LG Köln NZV **88**, 28, Kirchhoff MDR **01**, 666, Stimpfig MDR **95**, 451 (je: Prüfkriterien). Die Zeugenvernehmung ist eine nur begrenzt erlernbare Kunst, Geipel/Nill DRiZ **07**, 250, Rüßmann DRiZ **85**, 41 (ausf). Es gibt kaum je eine objektive Wahrheit, allenfalls eine subjektive Wahrhaftigkeit, § 138 Rn 15. Der Vernehmende muß sich im Rahmen der nur dem Spruchrichter erlaubten Würdigung nach § 286 bis zur Überzeugung über die Fehlerquellen klar sein, dort Rn 16. 6

D. Allgemeine Fehlerquellen. Es gibt zunächst *allgemeine* Fehlerquellen. Sie beruhen auf der Schwäche der menschlichen Natur. Hierher gehören: Eine Unzuverlässigkeit des Gedächtnisses. Die Erinnerungsstärke nimmt außerordentlich schnell ab, Kirchhof MDR **01**, 666; eine Mangelhaftigkeit der Wahrnehmung. Man sollte sie freilich nicht zu streng bewerten, § 286 Rn 8. Bei einer Wahrnehmung aus einem gewissen Abstand kann der verschiedene Standpunkt der Zeugen für jeden ein ganz anderes Bild ergeben. Aber auch bei einer guten Wahrnehmungsfähigkeit ist noch nicht sicher, daß der Zeuge dasjenige gut und richtig wiedergeben kann, was er wahrgenommen hat. Auch der Eid hilft dann oft nicht. Weiter gehören hierher: Eine Beeinflußbarkeit durch eigene und fremde Gedanken über den Vorgang; eine Neigung zur Eigenbewertung; Zuneigung und Abneigung, besonders stark bei Schätzungen, die als solche schon wegen der geringen Möglichkeiten der Nachprüfung eine große Fehlerquelle sind; die politische und religiöse Einstellung usw. 7

E. Persönliche Fehlerquellen. Fehlerquellen können ferner in der *Person* des Zeugen liegen: In seinem Alter, Deekers NJW **99**, 1365 (Kind, ausf), seiner Bildung, Erziehung, Begabung, Urteilskraft, in seinen persönlichen Beziehungen zu den Parteien; in seinem Gesundheitszustand. So mancher hat zB „eine natürliche Gabe, als Zeuge aufzutreten. Fest wie ein Fels" (Galsworthy). Vielfach ist die Erinnerung an die frühere Vernehmung und insbesondere an bestimmte Formulierungen stärker als die Erinnerung an den eigentlichen Vorgang. Für den Richter ist es schwierig, den Zeugen aus seiner Gedankenbahn und oft auch aus seiner Bequemlichkeit herauszubringen. Eine große Lügenquelle bei Männern wie Frauen ist die Hysterie. Sie ist sehr oft kaum erkennbar. Hat der Richter von all dem keine Vorstellung, fehlt ihm jeder Maßstab zur Würdigung der Aussage. Die Vernehmung erfordert Geduld und Einfühlungsvermögen. Der Richter muß den Zeugen zum Sprechen bringen und die Sprache des Zeugen verstehen. Zur Behandlung der Prozeßbeteiligten allgemein Correll DRiZ **87**, 178. Über Beeinflussungsfragen § 396 Rn 3. 8

F. Grenzen des Beweiswerts. Jeder Richter sollte sich darüber klar sein, daß die Aussage auch des begabtesten und *gewissenhaftesten* Zeugen vielen solcher Fehlerquellen unterliegt, AG Marbach MDR **87**, 241, Bruns ZZP **91**, 67, Meyke NJW **89**, 2033. Wer hätte nicht schon die feste Überzeugung von der Richtigkeit einer Tatsache gehabt, die sich nachher doch als falsch herausstellte? Welcher Richter dürfte sich auf die Erinnerung eines Zeugen an weit zurückliegende Vorgänge verlassen, wenn er doch leicht wahrnehmen kann, daß er selbst sich im Tatbestandsberichtigungsverfahren nach wenigen Wochen nicht mehr gut erinnert? Die Überschätzung des Zeugenbeweises oder gar der beschworenen Aussage ist verhängnisvoll. Es ist ein Denkmal der Menschenkunde, wenn Artt 1341 ff Code Civil den Zeugenbeweis bei einem Streitwert über einen bestimmten Betrag hinaus (ursprünglich 150 frs) ausschließen. 9

G. Spitzel. Unzulässig ist die Vernehmung, unverwertbar die Aussage des Spitzels, sofern sein Verhalten einen Verstoß gegen das allgemeine Persönlichkeitsrecht darstellt. Eine Ausnahme gilt nicht schon dann, wenn ein Beweis nicht anders möglich ist. Sonst würde man nämlich einen Anreiz zur Arglist geben, aM Zeiss ZZP **89**, 396. Ein Verstoß dieser Art kann allerdings durch einen Rügeverzicht heilen, § 295 I. Zulässig ist die Verwertung der Aussage eines Polizisten über die Erklärung eines Beschuldigten, wenn man den letzteren nicht nach § 136 I 2 StPO belehrt hatte. Unzulässig ist die Verwertung dann, wenn der Beschuldigte auch nur eventuell sein Aussageverweigerungsrecht nicht kannte oder bei dessen Kenntnis nicht ausgesagt hätte, Celle VersR **77**, 361. 10

5) Zeugnisfähigkeit, dazu *Bogisch,* „Nemo testis in re sua" (= „Niemand kann in eigener Sache Zeuge sein"). Das Problem der Zeugnisfähigkeit usw, 1998: Ein einfacher Grundsatz hat Tücken. Maßgeblich ist stets der Zeitpunkt der Vernehmung. 11

A. Grundsatz: Jeder außer Partei oder Vertreter. Eine allgemeine Zeugnisunfähigkeit kennt das Gesetz nicht. Derjenige ist zeugnisfähig, den das Gericht nicht als Partei und nicht als gesetzlichen Vertreter vernehmen darf, BFH BB **97**, 2205, Meyke NJW **89**, 2032. Das ergibt sich aus §§ 445 ff. Das Gesetz soll jede Person für das Beweisverfahren nutzbar machen. Entscheidend ist der Zeitpunkt der Vernehmung, BGH NJW **99**, 2446. Eine frühere oder spätere Parteistellung stört also nicht, BGH NJW **99**, 2446, Karlsr BB **92**, 97. Die rechtskräftig ausgeschiedene Partei sowie der frühere gesetzliche Vertreter sind mithin jetzt zeugnisfähig BGH NJW **99**, 2446, aber nicht wegen einer noch offenen Kostenfrage, aM KG MDR **81**, 765 (indessen gilt auch hier der Verhältnismäßigkeitsgrundsatz, Einl III 22). Eine frühere Partei darf die Zeugenstellung aber nicht erschleichen, Karlsr BB **92**, 97. Eine jetzige Partei darf die erschlichene Aussage der früheren Partei nicht ausnutzen. Das Gericht darf sie nicht verwerten, Einl III 54. Die Bekundung eines später in den Prozeß eingetretenen Zeugen bleibt eine Zeugenaussage, Rn 24, Karlsr VersR **79**, 1033. Das Gericht würdigt sie nach § 286.

B. Beispiele zur Frage der Zeugnisfähigkeit. Es bedeuten: *„Ja":* die Person ist zeugnisfähig; *„Nein":* die Person ist zeugnisunfähig. 12

Aussageverweigerungsrecht: *Ja* unabhängig davon, ob der Zeuge das Recht richtig einschätzen kann. Die etwaige Zustimmungsbedürftigkeit des gesetzlichen Vertreters bleibt unberührt.

Beistand: *Ja,* wenn er nicht auch Partei ist. Er kann ein Beistand des ProzBev sein, Werner AnwBl **95**, 113.

Beteiligter: Im (jetzt) FamG-Verfahren ist ein Beteiligter *nicht* zeugnisfähig, BayObLG FamRZ **97**, 773.

Betreuter: *Ja* auch beim Fehlen der Geschäfts- und Prozeßfähigkeit im Prozeß des Betreuers, BGH **143**, 125.

Dritter: *Ja,* soweit er am Prozeß formell nicht beteiligt ist, auch wenn ihn sein Ausgang wirtschaftlich oder immateriell berührt. S jeweils auch bei den weiteren Stichworten.

13 **Ehegatte:** Der *Mann ja,* wenn nicht die Frau in seiner Vertretung klagt. Die *Frau ja,* wenn der Mann nicht in ihrer Vertretung klagt.

Einziehungsabtretung: Für den *Abtretenden* grds *ja,* BGH **108**, 58, Wunderlich DB **93**, 2271. *Nein,* wenn er die Absicht hat, sich die Stellung eines Zeugen zu verschaffen, um als Zeuge zu lügen, Rn 8, 11, § 138 BGB. Meist handelt es sich um eine Frage der Glaubwürdigkeit, BGH WertpMitt **76**, 424, strenger Buß JZ **97**, 694, Meyke NJW **89**, 2032 (Rechtsmißbrauch sei es schon, sich die Zeugenstellung zu verschaffen).

Für den *Abtretungsnehmer ja.*

Erbe: *Ja* im Prozeß des Testamentsvollstreckers. Ja für den am Nachlaßprozeß derzeit formell nicht beteiligten Miterben.

Erschleichung: Rn 8.

Europäische Gesellschaft: *Nein* grds bei jedem geschäftsführenden Direktor als ihrem gesetzlichen Vertreter, § 51 Rn 16.

14 **Gemeinde:** *Ja* beim bloßen Mitglied des Gemeinderates. *Nein* für den Bürgermeister, Rn 23 „Vertreter, gesetzlicher".

Genossenschaft: *Nein* für die Vorstandsmitglieder.

Gerichtspersonen: *Ja,* vgl aber für Richter und Urkundsbeamte der Geschäftsstelle §§ 41 Z 5, 49.

Geschäftsfähigkeit: Rn 19 „Minderjähriger".

Gesellschaft: Generell gilt folgendes: *nein* für den gesetzmäßigen Vertreter; *nein* für den satzungsmäßigen Vertreter, § 30 BGB, aM Barfuß NJW **77**, 1273, ThP 7 vor § 373, ZöGre § 373 Rn 6 (aber auch er handelt als Partei); *ja,* soweit auch der gegnerische gesetzliche Vertreter Zeuge sein darf, Art 6 MRK (Waffengleichheit), Einl III 15, 21, 25, EGMR NJW **95**, 1413, Schlosser NJW **95**, 1404; *ja* für den Leiter einer Zweigniederlassung, Barfuß NJW **77**, 1274.

15 – **(AG):** *Ja* für den Aktionär im Prozeß der Gesellschaft, Barfuß NJW **77**, 1274, *ja* für ein Aufsichtsratsmitglied, außer wenn es ausnahmsweise zugleich ein gesetzlicher Vertreter der Gesellschaft ist, Kblz DB **87**, 1037, Barfuß NJW **77**, 1274; *ja,* soweit ein besonderer Vertreter nach § 147 III AktG vorhanden ist.

Nein grundsätzlich für ein Vorstandsmitglied, Kblz DB **87**, 1037, Barfuß NJW **77**, 1274.

– **(BGB-Gesellschaft):** Die Außengesellschaft mit ihrer eigenen Rechts-, Partei- und Prozeßfähigkeit nach BGH **146**, 341 wird im Zweifel nach § 714 BGB von allen Gesellschaftern gemeinsam vertreten, Schmidt NJW **01**, 999. Nur wer nach dem Gesellschaftsvertrag nicht an ihrer gesetzlichen Vertretung teilhat, ist zeugnisfähig.

– **(GmbH):** *Ja* für den Gesellschafter, Barfuß NJW **77**, 1274; *ja* für den Aufsichtsrat, soweit ein besonderer Vertreter entsprechend § 147 III AktG vorhanden ist, sonst *nein,* Kblz DB **87**, 1037; *ja* für den nur faktischen Geschäftsführer, Mü DB **99**, 522.

Nein für den echten, Kblz DB **87**, 1037, Barfuß NJW **77**, 1274.

16 – **(KG):** *Ja* für den Kommanditisten, weil er nicht selbst vertretungsberechtigt ist, Barfuß NJW **77**, 1274, und zwar auch dann, wenn er eine Prokura hat, BAG BB **80**, 580, *ja* für denjenigen persönlich haftenden Gesellschafter einer in Liquidation befindlichen KG, der nicht Liquidator ist.

Nein für den Geschäftsführer im Prozeß der KG, LG Oldb BB **75**, 983, Barfuß NJW **77**, 1274; *nein* grds für den Komplementär, ArbG Wiesb DB **78**, 2036.

17 – **(OHG):** *Ja* für den Gesellschafter nur dann, wenn er nicht selbst vertretungsberechtigt ist, § 125 HGB; *ja* für den früheren Gesellschafter; *ja* für den früheren Gesellschafter, Rn 8.

Nein für alle Gesellschafter, weil sie in ihrer Gesamtheit Partei sind.

Gesetzlicher Vertreter: Rn 23 „Vertreter, gesetzlicher".

18 **Insolvenz:** *Ja* für den Schuldner im Prozeß der Insolvenzmasse, BFH BB **97**, 2205, freilich auch Rn 22 „Streithelfer".

Nein für den Insolvenzgläubiger.

19 **„Lebensgefährte":** Stets *ja:*

Lebenspartner: Es gilt dasselbe wie beim Ehegatten, Rn 13.

Minderjähriger: *Ja,* Hamm VersR **03**, 473. Das gilt unabhängig vom Alter oder einer geistigen oder seelischen Krankheit und der dadurch bedingten Begrenzung der Geschäftsfähigkeit, AG BergGladb WoM **94**, 193 (Siebenjähriger). Freilich muß der Minderjährige, hilfreich unterstützt und von Angst wenigstens etwas befreit, schon imstande sein, eine eigene Wahrnehmung verstehbar darzustellen.

20 **Öffentlichrechtliche Körperschaft:** *Ja* für ein Gemeinderatsmitglied im Prozeß der Gemeinde.

Nein für das Vertretungsorgan, Barfuß NJW **77**, 1274.

21 **Partei:** *Ja* für die nicht prozeßfähige Partei in demjenigen Prozeß, den der gesetzliche Vertreter betreibt, BGH NJW **00**, 291; *ja* für die an sich prozeßfähige und nur gemäß § 53 unterstellt prozeßunfähige Partei, wenn das Gericht sie nicht nach § 455 II vernehmen kann, dort Rn 2. *Ja* für die frühere Partei selbst dann, wenn sie kostenmäßig noch eine Beteiligte ist, Kblz RR **03**, 283.

Nein in sonstigen Fällen, auch bei der Partei kraft Amts, Grdz 8 vor § 50. Vgl auch Rn 8.

Prokurist: *Ja,* weil er als solcher kein gesetzlicher Vertreter ist, BAG BB **80**, 580.

Prozeßbevollmächtigter: *Ja,* Hamm MDR **77**, 143, Werner AnwBl **95**, 113.

Prozeßstandschaft: Rn 11 „Einziehungsabtretung".

22 **Streitgenosse:** *Ja* für den einfachen, wenn er rechtskräftig oder durch einen Vergleich ausgeschieden ist; *ja,* wenn er solche Tatsachen bekunden soll, die ausschließlich für andere Streitgenossen in Betracht kommen können, BGH MDR **99**, 48, BayObLG MDR **98**, 180, Celle RR **91**, 62, aM Lindacher JuS **86**, 381 (aber man kann nicht sein eigener Zeuge sein). Der Herausgabe- und der Ersatzanspruch auf Grund derselben Täuschung bildet aber denselben Sachverhalt, auch in der Rechtsmittelinstanz nach einem Teilurteil,

BGH NJW **83**, 2508. *Ja,* wenn nur noch ein Beschluß nach § 269 III, IV oder § 516 III fehlt, so schon KG MDR **81**, 765.

Nein, wenn nur noch eine Vorabentscheidung nach § 304 erfolgt oder wenn er nur noch wegen der streitigen Kosten wenigstens formell beteiligt ist, KG MDR **81**, 765, Schneider MDR **82**, 372, aM Celle RR **91**, 62, ZöGre § 373 Rn 5 a (aber die formelle Beteiligung zieht die notwendige klare Grenze. Sonst wäre diese schon bei jedem restlichen bloßen Nebenpunkt fließend). *Nein* für den notwendigen Streitgenossen, § 62, oder bei einer Nämlichkeit des Streitgegenstands bei § 260, BGH MDR **84**, 47.

Streithelfer: *Ja* für den gewöhnlichen, BayObLG **87**, 253; *nein* für den streitgenössischen, § 69.

Streitverkündungsgegner: *Ja.*

Vaterschaftsprozeß: *Ja* für die Mutter, wenn das Kind einen Pfleger hat, KG DAVorm **77**, 174, sonst *nein.*

Verein: *Ja* für das Mitglied des Vereins; *nein* für ein Vorstandsmitglied, Barfuß NJW **77**, 1273. 23

S auch Rn 13 „Gesellschaft – generell".

Vertreter, gesetzlicher: Maßgeblich ist gerade *dieses* Verfahren mit gerade *diesem* Streitgegenstand und stets der Zeitpunkt der Vernehmung, Rn 8. *Ja,* soweit eine Amtspflegschaft vorliegt, § 1630 BGB. Ja, soweit die Partei nach § 455 II 1 vernehmungsfähig ist. *Ja,* soweit er ein Sondervertreter nach § 30 BGB ist, Barfuß NJW **77**, 1273, oder soweit er im Einzelfall nicht der Vertreter sein kann, etwa wegen der Bestellung eines Pflegers nach § 1909 BGB oder beim Vorstandsmitglied nach § 112 AktG, oder soweit der Vertretene prozeßfähig bleibt, § 53. *Ja,* soweit er nicht mehr ein gesetzlicher Vertreter ist, Rn 8. *Ja* für einen Betreuer außerhalb seines Aufgabengebiets nach § 1902 BGB.

Nein, soweit er im Prozeß nicht als ein gesetzlicher Vertreter auftritt, weil § 455 seine Parteivernehmung auch dann zuläßt, Barfuß NJW **77**, 1274. *Nein* für die Mutter des nichtehelichen Kindes, soweit sie das volle elterliche Sorgerecht ausübt. Das FamG hört sie als Beteiligte persönlich an, § 34 FamFG; *nein* für den Vormund, den Gegenvormund, einen Pfleger, einen Betreuer in seinem Aufgabengebiet, § 1902 BGB; *nein* für einen stellvertretenen Vorstand; *nein* bei einer Gesamtvertretung, auch wenn nicht alle auftreten; *nein* für das Mitglied einer den Fiskus vertretenden Kollegialbehörde. Zulässig ist die Verwertung einer Aussage, wenn offen geblieben ist, ob der Aussagende noch ein gesetzlicher Vertreter war, wenn er also entweder Partei oder Zeuge ist, wenn aber beide Parteien seine Zeugenvernehmung beantragt haben. Wegen des satzungsmäßigen Vertreters Rn 13 „Gesellschaft – generell".

Wechsel der Eigenschaft: Maßgeblich ist diejenige im Zeitpunkt der Vernehmung, Rn 8, 23. Eine spätere Änderung ist unerheblich. 24

Widerklage: Die „Ausschaltung" des gegnerischen Zeugen durch eine Widerklage (auch) gegen ihn ist arglistig, Einl III 54, und nimmt ihm die derzeitige Zeugnisfähigkeit nicht, Rn 8, Karlsr BB **92**, 97.

C. Verstoß. Die Vernehmung einer Partei als Zeugen und umgekehrt kann regelmäßig kein unheilbarer Mangel des Verfahrens mehr sein, BGH WertpMitt **77**, 1007. Denn das Gericht kann den Zeugen und die Partei eidlich oder uneidlich vernehmen. Das Gericht darf und muß die Aussagen beider nach § 286 frei würdigen, auch beim Zweifel, ob der Vernommene Zeuge oder Partei war. Deshalb hat ein Verstoß eine wesentliche prozessuale Bedeutung nur dann, wenn ein Zeugnisverweigerungsrecht bestand. Denn dann kann man aus der Weigerung regelmäßig nichts folgern, während man aus der Weigerung Schlüsse ziehen kann, sich als Partei vernehmen zu lassen, § 446. 25

6) Zeugnispflicht. Es kommt auf die Staatsangehörigkeit an. 26

A. Inländer. Das Erscheinen und grundsätzlich die Aussage und die Eidesleistung sind öffentlichrechtliche Pflichten jedes ordnungsmäßig als Zeuge Geladenen, §§ 380 ff, §§ 383 ff, §§ 391 ff, Celle FamRZ **98**, 2534. Das gilt auch bei demjenigen Ausländer, der der inländischen Gerichtsgewalt untersteht, §§ 18 ff GVG. Das Gericht kann sie indirekt erzwingen, §§ 380, 390, Nürnb Rpfleger **79**, 234. In gewissen Fällen gewährt das Gesetz allerdings ein Zeugnisverweigerungsrecht. Es findet seine Begründung teils allein in der Person des Zeugen, teils in seinen Beziehungen zum Staat oder in seinen Beziehungen zu den Parteien. Wegen der Pflicht zur Duldung einer körperlichen Untersuchung § 372 a Rn 17.

Eine *schriftliche* Darstellung nach § 377 III 1 läßt sich nicht direkt erzwingen. Das Gericht geht notfalls zur Ladung und Vernehmung nach § 377 III 2, 3 über. Der Datenschutz ist zwar beachtbar, aber erst im Rahmen von §§ 383 ff, Prütting ZZP **106**, 459. Wegen einer Aussage im Rahmen einer Videokonferenzschaltung § 128 a.

Eine *Haftung* des Zeugen kann bei seinem Vorsatz nach § 823 II BGB in Verbindung mit §§ 153 ff, 263 StGB und bei einer Fahrlässigkeit nach § 163 StGB entstehen.

B. Ausländer, dazu *Hecker,* Handbuch der konsularischen Praxis, 1982: Vgl zunächst § 363 Rn 1. Wegen ausländischer *Konsulatsangehöriger* Art 43–45 *Wiener Übereinkommen* v 24. 4. 63, BGBl **69** II 1587, dazu G v 26. 8. 69, BGBl II 1585, für BRep in Kraft seit 7. 10. 71, Bek v 30. 11. 71, BGBl II 1285. 27

Das Übereinkommen ist *in Geltung im Verhältnis* zu Algerien, Argentinien, Belgien, Bolivien, Brasilien, Chile, Costa Rica, Dominikanische Rep, Ecuador, Frankreich, Gabun, Ghana, Hlg Stuhl, Honduras, Bek v 30. 11. 71, BGBl II 1285, Fidschi, Kolumbien, Lesotho, Luxemburg, Portugal, Rumänien, Vereinigtem Königreich, Bek v 15. 2. 73, BGBl II 166 und v 11. 5. 82, BGBl II 542, Australien, Dänemark, Bek v 24. 5. 73, BGBl II 550, Guyana, Vietnam, Bek v 4. 12. 73, BGBl II 1755, Laos, Bek v 12. 6. 74, BGBl II 945, Oman, Ruanda, Schweden, Bek v 26. 8. 74, BGBl II 1225, Kanada, Tonga, Bek v 10. 10. 74, BGBl II 1322, Neuseeland, Bek v 16. 12. 74, BGBl **75** II 42, Libanon, Iran, Bek v 15. 7. 75, BGBl II 1121, Griechenland, Kuwait, Nicaragua, Bek v 15. 12. 75, BGBl **76** II 35, Jamaika, Türkei, Bek v 22. 3. 76, BGBl II 450, Pakistan, Bek v 17. 5. 76, BGBl II 642 (betr FakultativProt; wg Bangladesch Bek v 3. 4. 78, BGBl II 484), Zypern, Bek v 23. 6. 76, BGBl II 1082, Zaire, Bek v 17. 9. 76, BGBl II 1697, Äquatorial-Guinea, Bek v 19. 11. 76, BGBl II 1936, Vereinigte Arabische Emirate, Bek v 2. 5. 77, BGBl II 449, Korea (Rep), Marokko, Tansania, Bek v 13. 10. 77, BGBl II 1183, Indien, Bek v 26. 1. 78, BGBl II 171, Haiti, Bek v 3. 4. 78, BGBl II 484, Peru, Bek v 8. 5. 78, BGBl II 791, Island, Bek v 20. 10. 78, BGBl II 1315, Dschibuti, Syrien, Bek v 5. 1. 79, BGBl II 50, Benin, Bek v 29. 5. 79, BGBl II 682, Seschellen, Volksrepublik China, Bek v 9. 8. 79, BGBl II 950, Kap Verde, Bek v 10. 10. 79, BGBl II 1141, Norwegen, Bek 28 v 17. 4. 80, BGBl II 619, Malawi, Bek v 10. 8. 80, BGBl II 1167, und v 22. 5. 81, BGBl II 323 (betr das Fakultativprotokoll), Finnland, Suriname, Bek v 18. 11. 80, BGBl II 1477, Malawi, Bek v 22. 5. 81, BGBl II 323, Bhutan, Bek v 3. 11. 81, BGBl II 1020, Polen, Bek v 4. 12. 81, BGBl II 1079, St. Christoph-Nevis, Anguilla, Bermuda, Britisches Antarktis-Territorium, Britisches Territorium im Indischen Ozean, Britische Jungferninseln, Kaimaninseln, Falklandinseln und Nebengebiete, Gibraltar, Guernsey, Hongkong, Insel Man, Jersey, Montserrat, Pitcairn, Henderson, Ducieinsel und Oenoinsel, St. Helena und Nebengebiete, die britischer Staatshoheit unterstehenden Stützpunktgebiete Akrotiri und Dhekelia auf der Insel Zypern, Turks- und Caicosinseln, Bek v 11. 5. 82, BGBl II 542, Kiribati, Bek v 30. 6. 82, BGBl II 674, Indonesien, Bek v 24. 9. 82, BGBl II 945, Tuvalu, Bek v 6. 12. 82, BGBl II 1060, Mosambik, São Tomé und Principe, Bek v 5. 7. 83, BGBl II 477, Japan, Togo, Bek v 7. 11. 83, BGBl II 731, Korea, Demokratische Volksrepublik, Bek v 3. 10. 84, BGBl II 938, Liberia, Bek v 30. 10. 84, BGBl II 953, Niederlande, Bek v 3. 7. 86, BGBl II 780, St Lucia, Bek v 1. 12. 86, BGBl II 1099, Jemen, Ungarn, Bek v 29. 10. 87, BGBl II 783, Vanuatu, Bek v 8. 12. 87, BGBl **88** II 3, Vereinigte Staaten, Bek v 18. 1. 88, BGBl II 149 (wegen Jemen), DDR, Dominica, Samoa, Bek v 17. 5. 88, BGBl II 652, Guinea, Bek v 26. 9. 88, BGBl II 953, Saudi-Arabien, Bek v 30. 1. 89, BGBl II 177, Antigua und Barbuda, Bek v 2. 3. 89, BGBl II 334, Mongolei, Sowjetunion einschließlich Ukraine, Weißrußland, Bek v 5. 7. 89, BGBl II 640, Bulgarien, Südafrika, Bek v 25. 10. 89, BGBl II 859, Angola, Bek v 4. 4. 91, BGBl II 673, Albanien, Malaysia, Malediven, Marshallinseln, Föderierte Staaten von Mikronesien, Simbabwe, Bek v 24. 2. 92, BGBl II 233, Estland, Litauen, Bek v 2. 4. 92, BGBl 353, Lettland, Usbekistan, Bek v 12. 6. 92, BGBl II 458, Schweiz, Bek v 11. 11. 92, BGBl II 1177, Aserbaidschan, Bahrain, Grenada, Namibia, Bek v 28. 12. 92, BGBl **93** II 134, Kroatien, Bek v 26. 3. 93, BGBl II 767, Armenien, Barbados, Georgien, Moldau, Republik Vietnam, Tschechische Republik (als Rechtsnachfolgerin der Tschechoslowakei), Bek v 8. 12. 93, BGBl **94** II 308, Kasachstan, Bosnien-Herzegowina, Mazedonien, ehemalige Jugoslawische Republik Slowakei, Bek v 18. 5. 94, BGBl II 1189, Kirgistan, Bek v 22. 3. 95, BGBl II 326, Sudan, Bek v 12. 6. 95, BGBl II 564, Tadschikistan, Bek v 22. 7. 96, BGBl II 1454, Andorra, Bek v 26. 9. 96, BGBl II 2523, Turkmenistan, Bek v 3. 12. 96, BGBl **97** II 149, Eritrea, Myannear, Bek v 21. 4. 97, BGBl II 1081, Malta, Niederlande (Gegenerklärung), Bek v 16. 6. 98, BGBl II 1635, Libysch-Arabische Dschamahirija, Bek v 7. 12. 98, BGBl **99** II 11, Katar, Bek v 13. 4. 99, BGBl II 394, Portugal, Thailand, Slowakei, Bek v 25. 8. 99, BGBl II 821, Belize, Mauretanien, Jugoslawien, Finnland, Niederlande, Schweden, Bek v 17. 4. 01, BGBl II 505, Mexiko, Bek v 10. 4. 02, BGBl II 1169, Timor-Leste, Bek v 11. 2. 04, BGBl II 364, Singapur, Vereinigte Staaten (letztere wegen des Fakultativprotokolls), Bek v 29. 4. 05, BGBl II 589, Monaco, Bek v 3. 2. 06, BGBl II 190, Kambodscha, Bek v 13. 4. 06, BGBl II 444, Sri Lanka, Bek v 26. 6. 06, BGBl II 684, Montenegro, Bek v 4. 12. 06, BGBl II 1349, *Rep* Montenegro, Bek v 4. und 6. 12. 06, BGBl **07** II 47, 119.

29 **C. Verfahren.** Regelmäßig legt man sein Zeugnis während einer gerichtlichen Vernehmung ab, in bestimmten Fällen auch schriftlich, § 377. Die Zeugnispflicht umfaßt die Pflicht, das Gedächtnis durch eine nicht ungewöhnlich zeitraubende und mühevolle Vorbereitung aufzufrischen, § 378, Peters ZZP **87**, 487. Wer das unterläßt, sagt leichtfertig aus. Wer nichts weiß und nie etwas gewußt hat, braucht sich natürlich die Kenntnis nicht zu verschaffen. Zu eigenen Feststellungen ist kein Zeuge verpflichtet. Ein Zeuge muß sich evtl Blutproben entnehmen lassen und sich sonstigen erbkundlichen Untersuchungen unterwerfen, § 372 a, ferner § 178 FamFG. Es ist unzulässig, den Zeugen durch irgendwelche Klagen gegen ihn zu beeinflußen. Der Zeuge darf einen Anwalt als einen Beistand hinzuziehen, solange nicht dadurch eine wirksame Rechtspflege gefährdet ist, BVerfG **38**, 112. Eine solche Gefährdung liegt nicht schon dann vor, wenn das Gericht nichtöffentlich verhandelt. Der Zeuge muß seinen Beistand außerhalb des JVEG selbst bezahlen. Der Beistand nach § 90 hat kein eigenes Fragerecht.

30 **7) Zeugnisform.** Es besteht eine dem Strafprozeß entgegengesetzte Regelung.

A. Grundsatz: Uneidliche Aussage. Das Gericht muß den Zeugen anders als im Strafprozeß grundsätzlich uneidlich vernehmen. Es beeidigt ihn nur wegen der etwaigen Bedeutung seiner Aussage oder zur Herbeiführung einer wahrheitsgemäßen Aussage nach § 391. Ein auch nur versuchter Prozeßbetrug durch eine falsche Zeugenaussage ist eine Straftat, § 263 StGB. Auch abgesehen davon kann die falsche Aussage nach §§ 153 ff StGB strafbar sein. Der Zeuge darf die Eidesleistung wegen gewisser Beziehungen zu den Parteien oder wegen einer gewissen Beteiligung an der Sache verweigern, § 391 Rn 4.

31 **B. Verstoß.** Alle Verstöße gegen die Form der Vernehmung sind heilbar, § 295. Das gilt vor allem für die Beeidigung, auch soweit sie auf einem Gerichtsbeschluß beruht, § 391. Unheilbar ist ein Verstoß dann, wenn der Beibringungsgrundsatz nach Grdz 20 vor § 128 versagt.

32 **8) Amtliche Auskunft**

Schrifttum: *Hohlfeld,* Die Einholung amtlicher Auskünfte im Zivilprozeß, 1995.

A. Selbständiges Beweismittel. Das Geetz erwähnt zwar die amtliche Auskunft. Es regelt sie aber nicht näher, §§ 273 II Z 2, 358 a Z 2, 437 II, BVerwG NJW **88**, 2492. Sie kann ein selbständiges Beweismittel sein, BVerwG InfAuslR **85**, 147, also nicht nur eine Urkunde, BGH BB **76**, 480, Ffm FamRZ **80**, 706. Das setzt freilich voraus, daß sie überhaupt der Klärung einer Streitfrage dienen soll, nicht etwa nur der rechtlichen Bewertung einer unstreitigen Tatsache oder der bloßen Vertiefung von bereits vorhandenen Anschauungen zu einem unstreitigen Geschehen. Sie ist als ein Beweismittel immer zulässig, BGH NJW **79**, 268, aM Koch/Steinmetz MDR **80**, 902 (aber das Gericht kann ihren Wert immer noch nach § 286 frei würdigen). Sie ersetzt besonders bei einer Behörde die Zeugen- oder Sachverständigenvernehmung, BGH **89**, 119. Das Gericht erfordert sie auf einen Antrag oder von Amts wegen. Das braucht aber nicht nach § 377 III zu geschehen (Freibeweis, Einf 9 vor § 284). Das Gericht erfordert die amtliche Auskunft unmittelbar ohne eine Vermittlung der obersten Landesbehörde, und zwar auch im Verkehr mit obersten Bundesbehörden. Das gilt, soweit es sich nicht um einen Rechtshilfeverkehr mit dem Ausland nach (jetzt) § 183 Rn 4 handelt, BGH WertpMitt **77**, 478.

Entgegenstehende Erlasse binden den Richter und sein Hilfspersonal nicht. Die Auskunft darf sich nur auf Tatsachen beziehen. Zu deren Wahrnehmung kann freilich eine besondere Sachkunde gehören. Das hätte Tipke NJW **76**, 2200 (Steuern) miterwähnen sollen. Eine solche amtliche Auskunft, die eine Bewertung einschließt, ist evtl ein echtes Sachverständigengutachten, Üb 10 vor § 402, BGH BB **76**, 480, LG Köln AnwBl **85**, 329, VGH Kassel MDR **96**, 418.

B. Anwendbarkeit. Das alles gilt für eine Äußerung einer Behörde im weitesten Sinn. Es gilt für die Auskunft, zB: Einer Rundfunkanstalt, BVerfG NJW **71**, 1739; eines Rentenversicherungsträgers; einer öffentlichen Sparkasse; einer Kirchengemeinde; eines Wasserwerks; einer Industrie- und Handelskammer; einer Handwerkskammer; des Gutachterausschusses nach §§ 192 ff BauGB, BGH **62**, 93, BayObLG **02**, 384, LG Köln AnwBl **85**, 329. Es gilt auch für einen Mietspiegel, krit LG Mü WoM **93**, 451 (weder Benutzerfreundlichkeit noch Einfachheit reichen aus, wenn der Mietspiegel nicht immer zu einem zutreffenden Ergebnis führt, aM LG Lübeck WoM **01**, 82. Vgl freilich jetzt die Vermutung der Ortsüblichkeit beim sog qualifizierten Mietspiegel, § 558 d III BGB), Müther WoM **99**, 312 (ausf), Reinecke WoM **93**, 102 (hält dann sogar ein Gutachten für meist unzulässig). 33

Es gilt ferner für die Äußerung der *Anwaltskammer* nach §§ 4, 14 RVG (trotz §§ 73 II Z 8, 75 BRAO), aM Mü MDR **89**, 923 (aber auch die Anwaltskammer tritt zumindest behördenähnlich auf). Gerade das letztere Gutachten beschränkt sich freilich durchweg auf die Erörterung von Rechtsfragen. Es dient also nicht der Klärung streitiger Tatsachen, Ffm MDR **83**, LG Kempten MDR **80**, 412. Für die Eigenschaft solcher Auskunft als Gutachten ist unerheblich, ob §§ 402 ff vollständig oder nur teilweise anwendbar sind, aM Mü NJW **75**, 884 (aber es ist eine zweckgemäße Handhabung erlaubt und notwendig).

C. Grenzen der Anwendbarkeit. Unanwendbar sind insofern freilich alle auf die Einzelperson eines Sachverständigen zugeschnittenen Vorschriften, § 406 Rn 1, § 411 Rn 10, BGH **62**, 95, BVerwG InfAuslR **85**, 147, Ffm MDR **83**, 327. Ein solches Gutachten ist kostenlos, §§ 4 IV 3, 14 II RVG. Keine Partei kann der Verwertung eines solchen Gutachtens widersprechen. Liegt aber zur Person des Verfassers ein Ablehnungsgrund wegen Befangenheit vor, muß das Gericht ihn bei der Würdigung eines solchen Gutachtens berücksichtigen, § 406 Rn 1, BGH **62**, 94, BVerwG NJW **88**, 2491. Die Versagung einer Aussagegenehmigung nach § 376 verbietet nicht stets auch eine schriftliche Auskunft der Behörde, BGH NJW **79**, 268. 34

373 *Beweisantritt.* **Der Zeugenbeweis wird durch die Benennung der Zeugen und die Bezeichnung der Tatsachen, über welche die Vernehmung der Zeugen stattfinden soll, angetreten.**

Schrifttum: *Kollhosser,* Das Beweisantragsrecht usw, in: Festschrift für *Stree* und *Wessels,* 1993.

Gliederung

1) Systematik. Vgl zunächst § 371 Rn 1. Gerade beim Zeugenbeweis übersieht man leider oft, was unter Rn 4 zum Beweisantritt erforderlich ist. Ein korrekter Beweisantritt kann erhebliche prozessuale Nachteile verhindern. 1

2) Regelungszweck. Vgl zunächst § 371 Rn 2 und Üb 2 vor § 373. Auch § 373 dient der Prozeßförderung nach Grdz 12 vor § 128 und der Prozeßwirtschaftlichkeit, Grdz 14 vor § 128. Deshalb sollte man seine Anforderungen nicht unterschätzen. Der Versuch eines Ausforschungsbeweises nach Einf 27 vor § 284 wird bei einer genauen Prüfung meist schon im Stadium des Beweisantritts erkennbar. Es gilt, ihn schon dann zu unterbinden. Andererseits setzt die Zumutbarkeit auch dem gewissenhaftesten Beweisführer schon bei den nach § 373 geforderten Angaben eine Grenze. Auch das muß das Gericht mitbedenken. Die Partei mag durchaus beachtliche ehrenwerte Gründe dafür haben, den Zeugen schon vor seiner Benennung auszufragen, ob und was er wirklich weiß und noch in seiner Erinnerung hat usw. Sie mag freilich auch fürchten, daß das Gericht und der Gegner eine solche Vorbefragung mißbilligen. Allerdings verdient eine offensichtliche Laxheit etwa bei der Ermittlung einer neuen jetzigen Zeugenanschrift schon im Rahmen von § 373 nicht diejenige Hinnahme, die mancher allzu „fürsorgliche" Richter gar einem anwaltlich vertretenen Beweisführer etwa über eine rasch gewährte Nachfrist nach § 356 entgegenbringt. Auch bei § 373 kann und muß der Beweisführer sich redlich bemühen, Grdz 12, 13 vor § 128. Alles das muß man bei der Auslegung mitbeachten. 2

3) Geltungsbereich. Vgl Üb 3 ff vor § 373. Die Vorschrift gilt auch (jetzt) im FamFG-Verfahren, vgl auch § 113 I 2 FamFG, BayObLG FamRZ **97**, 773. Wegen des Zeugen im Ausland § 363 Rn 1. 3

4) Zeugenbenennung. Zum Zeugenbegriff Üb 4 vor § 373. Es ist stets ein Beweisantrag erforderlich. Es gibt also keine Zeugenvernehmung von Amts wegen, anders als bei der Parteivernehmung nach § 448. Wer einen Zeugenbeweis antritt, muß den Zeugen benennen. Er muß ladungsfähige Personalien und eine ladungsfähige Anschrift angeben, BGH **145**, 364. Dazu gehören grundsätzlich auch der Vorname und der „Wohnort", § 395 II 1, also die Privatanschrift, dort Rn 5. Denn das Gericht muß imstande sein, den Zeugen ordnungsgemäß zu laden, auch nach §§ 178 ff. Danach ist aber grundsätzlich ein Zustellungsversuch in der Wohnung und nicht am Arbeitsplatz erforderlich. Der Prozeßgegner muß imstande sein, die Nämlichkeit des Zeugen sowie seine etwa jetzt schon zweifelhafte Kenntnis und Glaubwürdigkeit schon vor der 4

Vernehmung zu überprüfen, soweit möglich und zulässig. Der Beweisführer braucht nicht anzugeben, ob der Zeuge deutsch sprechen und verstehen kann. Das Gericht darf seine Vernehmung nicht wegen des Fehlens eines Hinweises dazu ablehnen, Artt 2 I, 20 III GG (faires Verfahren), Einl III 23, Hamm MDR **00**, 657.

5 **5) Privatanschrift.** In der Praxis gibt es oft die Angabe des Beweisführers, der Zeuge sei „zu laden bei der Partei" oder „auf dem Polizeirevier" oder „beim Arbeitgeber" mit jeweils nur der *dazu* gehörigen Anschrift. Das funktioniert auch meist. Auch sollten sich die Prozeßbeteiligten keine praktisch unnötige Mühe machen müssen.

A. Notwendigkeit. Dessen ungeachtet ist ein solcher Beweisantrag aber im Spannungsfall bei einer genauen Betrachtung doch leider selbst dann unzureichend, wenn der Zeuge dort arbeitet, aber nicht wohnt und man ihn daher mit einer dem Gericht stets erlaubten und oft dringend ratsamen förmlichen Zustellung zumindest nicht nach § 178 laden könnte, LG Hagen MDR **84**, 1034, aM LG Bln MDR **01**, 532 (sich im übrigen selbst teilweise am Schluß widersprechend. Denn was das LG dort als vertretbar unterstellt, das kann folglich nicht jeder gesetzlichen Grundlage entbehren).

Zwar enthält *§ 10 ZSHG* ähnlich wie § 68 StPO Möglichkeiten einer sog Abschottung der privaten Zeugenanschrift usw. Es kann auch im Zivilprozeß ein Interesse des Polizisten wie übrigens auch anderer Prozeßbeteiligter an der Geheimhaltung der Privatanschrift bestehen. Gerade seine Berufsstellung bringt aber auch ein solches Risiko mit sich. Notfalls sollte man den Streit verkünden, § 72 I. An alledem ändert auch BGH **145**, 364 nichts: Die Angabe des Arbeitsplatzes *kann*, muß aber nicht stets ausreichen. Deshalb versagt auch eine Berufung auf Artt 1, 2 I GG („informationelle Selbstbestimmung"), solange kein zusätzliches Schutzbedürfnis vorrangig ist, BGH NJW **90**, 180 (StPO).

6 **B. Verstoß.** Amtshaftung könnte eine der Folgen einer Verweigerung ausreichender Anschriftangaben sein, zumal die anderweitige Ermittlung der Privatanschrift zu schwierig sein kann, etwa beim auswärtigen Wohnsitz (wo überall soll man nachforschen?), AG Offenbach NJW **90**, 2321 (zur vergleichbaren Privatanschrift des Krankenhausarztes). Ein soziales Schutzbedürfnis etwa gegen Racheakte findet jedenfalls bei einem ohnehin in voller Öffentlichkeit stattfindenden Beruf grundsätzlich seine Grenzen, wenn man es nur auf Kosten grundlegender Verfahrensregeln wie der Öffentlichkeit der Sitzung wirklich befriedigen könnte und auch dann nicht gegenüber der Partei, die ja stets ein Anwesenheitsrecht hat.

7 **6) Zeuge N. N.** Wegen der Berufung auf ein „Zeugnis NN" BGH RR **89**, 1324 (kein genügender Beweisantritt) und § 356 Rn 4. Die Angabe des Worts Zeuge ist unnötig. Es muß aber klar sein, daß ein bestimmte Person zeugenmäßig aussagen soll. Über eine urkundenbeweisliche Verwertung von Zeugenaussagen § 286 Rn 63. Bei einer Zeugnisunfähigkeit nach Üb 11 ff, vor § 373 kann eine Umdeutung des Antrags notwendig sein, etwa in eine Anregung nach § 448, BGH RR **94**, 1144.

8 **7) Tatsachenbezeichnung.** Der Beweisführer muß genau diejenigen Tatsachen angeben, die der Zeuge bekunden soll, § 377 II 2. Begriff der Tatsache Einf 17 vor § 284, § 288 Rn 3. Es genügt eine innere Tatsache oder eine Vermutungstatsache (hypothetische Tatsache), ferner eine Tatsache, deren Wahrnehmung eine besondere Sachkunde erfordert, § 414. Der Beweisführer muß die Tatsache ausreichend bestimmt bezeichnen, BGH VersR **99**, 1374, BAG VersR **00**, 1144, AG Hbg-Altona NZM **03**, 60. Der Vortrag muß schlüssig und auch widerspruchsfrei sein, § 138, BGH MDR **88**, 133. Der Beweisführer muß also bestimmte Einzelheiten angeben. Über den Ausforschungsbeweis Einf 27 vor § 284, BGH NJW **83**, 2034 (Angabe der Erkenntnisquelle), BAG VersR **00**, 1144. Wie und warum der Zeuge die Wahrnehmung machen konnte und mußte, braucht man aber im übrigen grundsätzlich nicht anzugeben, BGH FamRZ **87**, 1020. Dasselbe gilt dazu, wie der Zeuge die Tatsache erfahren hat, es sei denn eine innere, BGH RR **88**, 1087. Es genügt die Wiedergabe der Darstellung eines Dritten. Deren Beweiskraft darf und muß das Gericht nach § 286 frei würdigen, BGH NJW **84**, 2040.

9 **8) Weitere Angaben.** Schlüsse aus nicht nachprüfbaren Tatsachen sind keine Zeugenaussagen. Ebensowenig kann das Gericht einen Zeugen zur Abgabe einer rechtsgeschäftlichen Willenserklärung zwingen. Nicht ausreichend ist auch der Antrag, der Zeuge solle eine „Notwehr" beweisen, Köln MDR **76**, 407. Gemeint ist freilich bei der nach Grdz 52 vor § 128 notwendigen Auslegung wohl, der Zeuge solle solche Tatsachen angeben können, deren rechtliche Beurteilung eine Notwehrlage ergeben werde. Grundsätzlich ist die Bezugnahme auf einen ordnungsgemäßen früheren oder anderweitigen Beweisantritt zulässig, Celle RR **92**, 703. Unzulässig ist aber die Verweisung auf einen in sich widersprüchlichen gegnerischen Vortrag ohne eine Klarstellung, auf welchen Teil dieses Vortrags sie sich genau bezieht, § 138 I, BGH RR **87**, 1469. Das Gericht muß dann nach § 139 fragen, BVerfG NJW **85**, 3006, BGH VersR **99**, 1374, ThP 1, aM Köln MDR **76**, 408 (aber § 139 gilt allgemein). Notfalls muß das Gericht den Rechtsstreit auf einen Antrag zurückverweisen, (jetzt) § 538, BGH VersR **99**, 1374. Zur Fristsetzung § 356 Rn 2. § 296 II ist unanwendbar, BGH NJW **93**, 1927.

374 (weggefallen)

375 *Beweisaufnahme durch beauftragten oder ersuchten Richter.*

[I] Die Aufnahme des Zeugenbeweises darf einem Mitglied des Prozessgerichts oder einem anderen Gericht nur übertragen werden, wenn von vornherein anzunehmen ist, dass das Prozessgericht das Beweisergebnis auch ohne unmittelbaren Eindruck von dem Verlauf der Beweisaufnahme sachgemäß zu würdigen vermag, und

1. wenn zur Ausmittlung der Wahrheit die Vernehmung des Zeugen an Ort und Stelle dienlich erscheint oder nach gesetzlicher Vorschrift der Zeuge nicht an der Gerichtsstelle, sondern an einem anderen Ort zu vernehmen ist;

2. wenn der Zeuge verhindert ist, vor dem Prozessgericht zu erscheinen und eine Zeugenvernehmung nach § 128 a Abs. 2 nicht stattfindet;
3. wenn dem Zeugen das Erscheinen vor dem Prozessgericht wegen großer Entfernung unter Berücksichtigung der Bedeutung seiner Aussage nicht zugemutet werden kann und eine Zeugenvernehmung nach § 128 a Abs. 2 nicht stattfindet.

Ia Einem Mitglied des Prozessgerichts darf die Aufnahme des Zeugenbeweises auch dann übertragen werden, wenn dies zur Vereinfachung der Verhandlung vor dem Prozessgericht zweckmäßig erscheint und wenn von vornherein anzunehmen ist, dass das Prozessgericht das Beweisergebnis auch ohne unmittelbaren Eindruck von dem Verlauf der Beweisaufnahme sachgemäß zu würdigen vermag.

II Der Bundespräsident ist in seiner Wohnung zu vernehmen.

Gliederung

1) Systematik, I, II. Die nach § 355 I 2 zulässige Vorschrift schafft Einschränkungen wie Erweiterungen der Befugnisse zur Übertragung von Aufgaben des Prozeßgerichts. Sie ergänzt § 361. Sie geht ihm im Zweifel aber vor. Man muß von dem in § 375 genannten Mitglied des Prozeßgerichts den ersuchten Richter eines anderen Gerichts unterscheiden, § 362. Ergänzend muß man § 398 beachten. I a erweitert die Möglichkeit des I. I Z 2, 3 gelten natürlich nicht bei einer nach § 128 a geregelten Videokonferenz. 1

2) Regelungszweck, I, II. Die Unmittelbarkeit der Beweisaufnahme nach § 355 Rn 1 ist beim Zeugenbeweis besonders wichtig. Denn bei ihm kommt es sehr auf den persönlichen Eindruck an. Das Gesetz legt an sich den größten Wert darauf, die Ausnahmen I Z 1–3 nur zurückhaltend anzuwenden, auf das Notwendige beschränkt. Daher muß das Prozeßgericht auch als Einzelrichter nach §§ 348, 348 a, 526, 527, 568, den man nicht mit dem „Mitglied des Gerichts" in I verwechseln darf, die Beweisaufnahme grundsätzlich selbst vornehmen, mag sie auch noch so zeitraubend und schwierig sein, (teils zum alten Recht) Düss NJW **92**, 188, Stgt MDR **80**, 1030. Der nach §§ 361, 362 verordnete Richter darf nicht am Sitz des Prozeßgerichts nach § 375 amtieren. 2

Eher anwendbar ist § 375 wegen der Tendenz, ohnehin immer mehr Kammertätigkeit auf den Einzelrichter Rn 2 zu übertragen. Das gilt nicht nur wegen des § 348 I 1, der ja den originären Einzelrichter schlicht als „die Zivilkammer" bezeichnet, sondern auch wegen der Möglichkeiten, die auch dem obligatorischen Einzelrichter des § 348 a usw zufallen. Auch kann eine sorgfältige Protokollierung des persönlichen Eindrucks des nach § 375 tätigen Richters die Verwendbarkeit seiner Beweisaufnahme erheblich steigern. Andererseit ist es nun einmal ein wenigstens theoretisch wesentliches Merkmal des Kollegialprinzips, daß sechs Augen und Ohren mehr wahrnehmen und drei Köpfe mehr hinterfragen, erahnen und als Zusatzerwägung unmittelbar in die Vernehmung einbringen mögen. Auf solche Arbeitsweise haben die Parteien insbesondere auf denjenigen Gebieten einen Anspruch, die das Gesetz in § 348 I 2 dem originären Einzelrichter grundsätzlich gerade noch nicht eröffnet hat. Auch das sollte man vor einer Übertragung nach § 375 durchaus mitbedenken. Ein Verstoß könnte ein Verfahrensfehler nach § 538 sein. 3

Das Kollegialgericht darf die Beweisaufnahme zwar unter den gesetzlichen Voraussetzungen an sich sehr wohl einem seiner Mitglieder übertragen. Eine solche Übertragung darf aber *keineswegs systematisch* erfolgen, BGH NJW **79**, 2518, Köln (15. ZS) OLGZ **77**, 493, Köln (17. ZS) RR **98**, 1143, aM Köln (4. ZS) **77**, 250, Dinslage NJW **76**, 1509, Nagel DRiZ **77**, 322 (aber man muß eine Ausnahmevorschrift eng auslegen, Einl III 36).

3) Geltungsbereich, I, II. Die Vorschrift ist in allen Verfahren nach der ZPO anwendbar, auch im WEG-Verfahren. Sie ist (jetzt) im FamFG-Verfahren anwendbar, vgl auch § 113 I 2 FamFG, BayObLG FamRZ **88**, 873, Köln MDR **83**, 327. In Arbeitssachen gelten die teilweise abweichenden §§ 13, 58, 64 VII ArbGG. 4

4) Voraussetzungen, I. Man muß die unterschiedlichen, wenn auch teilweise übereinstimmenden Voraussetzungen der in I geregelten Übertragung wahlweise auf ein Mitglied des Prozeßgerichts oder auf einen verordneten Richter einerseits, der in I a geregelten Übertragung nur auf ein Mitglied des Prozeßgerichts, also den „vorbereitenden" Richter andererseits unterscheiden. Die Übertragung der Beweisaufnahme nach I ist nur dann zulässig, wenn nach einer sorgfältigen Prüfung sowohl stets die nachfolgende Voraussetzung Rn 6 als auch eine der folgenden Voraussetzungen Rn 8–10 vorliegen, Düss NJW **77**, 2320, Werner/Pastor NJW **75**, 329. Dabei ist (jetzt) § 279 II 1 zwar beachtlich, aber entgegen Schneider JB **77**, 145 kein absolutes Hindernis. 5

A. Entbehrlichkeit unmittelbaren Eindrucks, I Hs 1. Stets muß von „vornherein anzunehmen sein", daß das Prozeßgericht (Kollegium, Einzelrichter) das Beweisergebnis „auch ohne unmittelbaren Eindruck von dem Verlauf der Beweisaufnahme sachgemäß zu würdigen vermag". Das muß nicht nur denkbar möglich 6 sein. Es muß aber auch nicht absolut sicher sein. Ein hoher Grad von Wahrscheinlichkeit genügt. Er muß aber eben von vornherein vorliegen. Er darf sich nicht erst nach der Übertragung herausstellen. Die Entbehrlichkeit des unmittelbaren Eindrucks liegt vor, je weniger es auf die Glaubwürdigkeit ankommen wird, genauer: je weniger man mit Zweifeln an ihr zu rechnen braucht. Dabei kommt es wie stets auf die Sicht des Gerichts und nicht auf diejenige der übrigen Prozeßbeteiligten allein an. Freilich muß man ihre Ansichten mitabwägen.

7 **B. Ermessen.** Das Prozeßgericht entscheidet nach seinem pflichtgemäßen Ermessen. Es berücksichtigt das Beweisthema, die Person des Zeugen, die bisher vorliegenden Beweisergebnisse und die sonstigen etwa unstreitigen Hilfsmittel, etwa Fotos oder Skizzen usw. Es kann den verordneten Richter ersuchen, seinen Eindruck von der Glaubwürdigkeit so zu protokollieren oder in Form eines Aktenvermerks so mitzuteilen, daß dem Prozeßgericht wenigstens anschließend die Entscheidung leichter fällt, ob es den Zeugen doch noch selbst hören muß. Das Prozeßgericht darf dergleichen aber nicht zum systematischen Vorwand der Arbeitsteilung und Arbeitsvorgabe machen, Rn 3. Eine Glaubwürdigkeitsprüfung muß vor dem Kollegium erfolgen, Köln RR **98**, 1143. Notfalls muß das Gericht die Beweisaufnahme nach § 398 wiederholen.

8 **C. Zweckdienlichkeit der Übertragung. I Hs 2 Z 1.** Eine Vernehmung an Ort und Stelle, wenn auch im Gerichtsbezirk, muß die Wahrheitsermittlung fördern können. Beim Haustermin muß das Gericht die Regeln § 219 Rn 6 beachten.

Beispiele: Das Gericht muß den Zeugen einem anderen, behinderten Zeugen nach § 394 II gegenüberstellen; er macht seine Aussage zweckmäßig im Anblick des Tatorts; nur dort kann man mit einer brauchbaren oder ehrlichen Aussage rechnen.

Natürlich darf und muß grundsätzlich auch das Prozeßgericht einen *Ortstermin* wahrnehmen, § 219. Es sollte das aber nur dann tun, wenn Aufwand und Nutzen in einem richtigen Verhältnis stehen. Das ist freilich recht häufig so. Die örtliche Zuständigkeit liegt am Tatort usw, evtl auch dann im Ausland, wenn der Zeuge grenznah im Inland wohnt.

9 **D. Pflicht zur auswärtigen Vernehmung, I Hs 2 Z 1.** Der Zeuge muß nach gesetzlichen Vorschriften an einem anderen Ort vernehmbar sein, § 382. Hier gilt Rn 6 entsprechend. Für den Bundespräsidenten gilt II, für ein Parlaments- oder Regierungsmitglied gilt § 382.

10 **E. Verhinderung, I Hs 2 Z 2.** Die Vorschrift gilt nur dann, wenn das Gericht den Zeugen nicht per Videokonferenz hören kann, § 128 a. Der Zeuge muß am Erscheinen verhindert sein, und zwar für eine längere Zeit, etwa durch eine Krankheit, durch sein hohes Alter oder durch seine Gehunfähigkeit. Der in der Wohnung vernehmbare Zeuge darf den Zutritt grundsätzlich trotz seines Hausrechts wegen der Zeugnispflicht nach Üb 26 vor § 373 dem Gericht, den Parteien, den ProzBev und den zB für eine Gegenüberstellung erforderlichen Personen wie auch dem Sachverständigen nicht verweigern. Andernfalls verweigert er das Zeugnis. Reisekosten sind kein Verhinderungsgrund, § 401. Das Gericht muß sie dem Zeugen evtl vorschießen, § 3 JVEG, Hartmann Teil V § 25 JVEG Anh I, II.

11 **F. Weite Entfernung, I Hs 2 Z 3.** Die Vorschrift gilt nur, wenn das Gericht den Zeugen nicht per Videokonferenz vernimmt, § 128 a. Der Zeuge muß sich so weit vom Gerichtsort entfernt aufhalten, daß man ihm seine Vernehmung vor dem Prozeßgericht auch unter einer Berücksichtigung der Bedeutung seiner Aussage nicht zumuten kann. Ob das zutrifft, richtet sich nach der Lage des Falls, auch nach der Geschäftslage des Prozeßgerichts, Rn 6. Der ersuchte Richter darf die Vernehmung nur unter den Voraussetzungen § 158 GVG Rn 2–5 ablehnen. Würdigen muß das Gericht: Die Bedeutung des Prozesses; die Bedeutung der Aussage; die Schwierigkeit der Beweisfragen; den Wert eines persönlichen Eindrucks vom Zeugen; andere Pflichten des Zeugen; seinen Gesundheitszustand; die entstehenden Kosten; die bestehenden Verkehrsverbindungen. Ein Aufenthalt in demselben Landgerichtsbezirk bedeutet meist keine weite Entfernung, erst recht keine Entfernung von nur 4 km, Fischer MDR **93**, 838. Ein Aufenthalt nur in demselben OLG-Bezirk kann in einem Flächenland mit schlechteren Verkehrsverbindungen eine weite Entfernung bedeuten. Wegen der Reisekosten Rn 10. Wegen einer Vernehmung im Ausland §§ 363, 364.

12 **5) Voraussetzungen, I a.** Vgl zunächst Rn 5. Während I die Übertragung sowohl auf den sog vorbereitenden Richter (Mitglied des Prozeßgerichts) als auch auf einen verordneten Richter regelt, erfaßt I a nur den ersteren Richter. Er darf wie bei I dann auch im Bezirk eines auswärtigen Gerichts amtieren, § 166 GVG. In einer Abweichung von I brauchen bei I a nur die Bedingungen Rn 13, 14 zusammenzutreffen.

13 **A. Zweckdienlichkeit der Übertragung, I a Hs 1.** Die Vorschrift dient der Prozeßwirtschaftlichkeit, Grdz 14, 15 vor § 128. Die Übertragung muß „zur Vereinfachung der Verhandlung vor dem Prozeßgericht zweckmäßig erscheinen". Sie braucht also nicht gerade notwendig zu sein. Sie darf aber auch nicht nur vielleicht zweckmäßig sein. Es darf zwar durchaus auch um eine Arbeitsteilung und damit um eine Arbeitserleichterung für das Kollegium gehen. Dieser Zweck reicht aber nicht aus. Es muß vielmehr um der Sache willen eine Zweckmäßigkeit hinzukommen. Die Verhandlung vor dem Kollegium muß gerade infolge der Übertragung anschließend einfacher sein. Sie muß dort eben nicht in Wahrheit trotz einer Übertragung anschließend als genau so zeitraubend, mühsam oder streitig bevorstehen. Auch hierbei entscheidet das Prozeßgericht nach seinem pflichtgemäßen Ermessen. Es kommt auch hier auf seine Sicht an und nicht allein auf die natürlich mitbeachtliche Sicht der übrigen Prozeßbeteiligen. So betrachtet kann man die Vorschrift durchaus sinnvoll nutzen, krit Baumgärtel DNotZ **92**, 270.

14 **B. Entbehrlichkeit unmittelbaren Eindrucks, I a Hs 2.** Zusätzlich zu der Voraussetzung Rn 13 („und") muß dieselbe Bedingung wie bei I Hs 1 vorliegen. Vgl dazu Rn 6, 7.

15 **6) Verfahren, I, II.** Vgl § 219 Rn 7 (Haustermin), § 357 Rn 6. Ein genaues Protokoll nach §§ 160 III Z 4, 162 ist stets erforderlich.

16 **7) Verstoß, I, II.** Ein Verstoß ist ein erheblicher Verfahrensmangel. Er ermöglicht evtl eine Ablehnung, Schneider JB **77**, 1341. Er ermöglicht außerdem eine Berufung oder Revision zum Zweck einer Zurückverweisung, Düss NJW **76**, 1103, aM Rasehorn NJW **77**, 792 (aber ein Verfahrensmangel birgt stets das

Risiko einer Zurückverweisung). Das gilt zwar nach einer unbeschränkten Übertragung auf den Einzelrichter an ihn, Köln NJW **76**, 1101, andernfalls an das Kollegium, Dinslage NJW **76**, 1509. Dieses kann dann an den Einzelrichter verweisen. § 355 II steht nicht entgegen, Düss NJW **76**, 1104, Schneider DRiZ **77**, 15, aM Köln (8. ZS) NJW **77**, 250 (aber eine Verweisung ist etwas anderes als eine Anfechtbarkeit).

Zulässig ist aber eine *freibeweisliche* Verwertung, soweit es nicht auf den persönlichen Eindruck ankommt, **17**
Ffm FGPrax **98**, 62. Zulässig ist es ferner, auf das Rügerecht zu verzichten, § 295 I, BGH NJW **96**, 2735, BayObLG FamRZ **88**, 423, KG VersR **80**, 654, aM Düss BB **77**, 1377, Köln OLGR **98**, 56 (aber der Rechtsmißbrauch im Einzelfall, den das Gericht nicht dulden darf, Einl III 54, ändert nichts am Grundsatz der Heilbarkeit).

Rechtsmißbrauch und daher unbeachtlich wäre ein systematisch erwirkter Rügeverzicht, Einl III 54, Rn 3. **18**
Bei einer Rüge darf man im Rahmen von I Z 1–3 nur prüfen, ob das Gericht über deren Voraussetzungen hinaus das Vorliegen von § 375 bejaht hat. Man kann die Entscheidung des Gerichts nur zusammen mit seinem Endurteil anfechten. Der ersuchte Richter darf nicht schon deshalb die Rechtshilfe verweigern, weil das Prozeßgericht sie unter einem Verstoß zB gegen I Z 3 beantragt habe, BAG NJW **01**, 2196.

8) Vernehmung des Bundespräsidenten, II. Sie erfolgt in seiner Wohnung, und zwar nach den **19**
allgemeinen Vorschriften, da I Z 1 vorliegt. Präsidenten der deutschen Länder, die die frühere Fassung erwähnte, gibt es nicht, § 219 Rn 12.

376 *Vernehmung bei Amtsverschwiegenheit.* **I Für die Vernehmung von Richtern, Beamten und anderen Personen des öffentlichen Dienstes als Zeugen über Umstände, auf die sich ihre Pflicht zur Amtsverschwiegenheit bezieht, und für die Genehmigung zur Aussage gelten die besonderen beamtenrechtlichen Vorschriften.**

II Für die Mitglieder des Bundestages, eines Landtages, der Bundes- oder einer Landesregierung sowie für die Angestellten einer Fraktion des Bundestages oder eines Landtages gelten die für sie maßgebenden besonderen Vorschriften.

III Eine Genehmigung in den Fällen der Absätze 1, 2 ist durch das Prozessgericht einzuholen und dem Zeugen bekannt zu machen.

IV Der Bundespräsident kann das Zeugnis verweigern, wenn die Ablegung des Zeugnisses dem Wohl des Bundes oder eines deutschen Landes Nachteile bereiten würde.

V Diese Vorschriften gelten auch, wenn die vorgenannten Personen nicht mehr im öffentlichen Dienst oder Angestellte einer Fraktion sind oder ihre Mandate beendet sind, soweit es sich um Tatsachen handelt, die sich während ihrer Dienst-, Beschäftigungs- oder Mandatszeit ereignet haben oder ihnen während ihrer Dienst-, Beschäftigungs- oder Mandatszeit zur Kenntnis gelangt sind.

Vorbem. Man muß zwischen Bundes- und Landesbeamten unterscheiden. **A**

A. Bundesbeamte. Für sie gelten, im wesentlich mit demselben Wortlaut wie § 39 I–IV BRRG, §§ 61, 62 BBG (sie sind nach § 46 DRiG auf Richter im Bundesdienst entsprechend anwendbar). Abdruck des BBG bei Sartorius Nr 160 ff.

B. Landesbeamte. Für sie gilt als Rahmenvorschrift § 39 BRRG (mit §§ 61, 62 BBG fast wörtlich **B**
gleich). Die entsprechenden Bestimmungen der Beamtengesetze der Länder stimmen damit im wesentlichen überein. Sie sind nach den Landesrichtergesetzen auf Richter im Landesdienst entsprechend anwendbar. Die nachfolgend verzeichneten Änderungen beziehen sich nur auf die einschlägigen Einzelvorschriften.
Baden-Württemberg: §§ 79, 80 LBG idF v 19. 3. 96, GBl 285, sowie § 8 LRiG idF v 22. 5. 00, GVBl 503;
Bayern: Art 69, 70 BayBG idF v 17. 11. 78, GVBl 832, sowie Art 2 BayRiG v 11. 1. 77, GVBl 27, geändert durch G v 11. 5. 87, GVBl 149;
Berlin: §§ 26, 27 LBG idF v 19. 5. 03, GVBl 203, zuletzt geändert am 23. 6. 05, GVBl 335, sowie BlnRiG v 27. 4. 70, GVBl 642, geändert durch G v 20. 2. 79, GVBl 368;
Brandenburg: G v 24. 12. 92, GVBl 506;
Bremen: §§ 61, 62 BreBG v 8. 5. 73, GBl 132, zuletzt geändert durch G v 28. 6. 05, GBl 308, sowie § 4 BreRiG v 15. 12. 64, GVBl 187;
Hamburg: §§ 65, 66 HbgBG idF v 29. 11. 77, GVBl 367, sowie § 4 HbgRiG v 15. 6. 64, GVBl 109;
Hessen: §§ 75, 76 HessBG v 16. 2. 70, GVBl 110, geändert durch G v 11. 1. 89, GVBl 26, sowie § 2 HessRiG v 19. 10. 62, GVBl 455;
Mecklenburg-Vorpommern: G v 12. 7. 98, GVBl 708;
Niedersachsen: §§ 68–70 NdsBG v 19. 2. 01, GVBl 33, sowie NdsRiG v 14. 12. 62, GVBl 265;
Nordrhein-Westfalen: §§ 64, 65 NRWBG v 1. 5. 82, GVBl 234, sowie § 4 NRWRiG v 29. 3. 66, GVBl 217;
Rheinland-Pfalz: § 70 RhPfBG v 14. 7. 70, GVBl 242, sowie RhPfRiG v 16. 3. 75, GVBl 117, zuletzt geändert am 17. 6. 08, GVBl 98;
Saarland: §§ 74, 75 SaarlBG v 1. 9. 71, ABl 613, zuletzt geändert durch G v 26. 1. 94, ABl 94, sowie SaarlRiG v 1. 4. 75, ABl 566;
Sachsen: ErnennungsAnO v 24. 10. 91, GVBl 381;
Sachsen-Anhalt: G v 14. 5. 91, GVBl 61, zuletzt geändert am 28. 6. 05, GVBl 316;
Schleswig-Holstein: §§ 77, 78 LBG idF v 3. 3. 00, GVBl 218, sowie § 6 LRiG v 21. 5. 71, GVBl 300;
Thüringen: G v 17. 7. 91, GVBl 217.

Schrifttum: *Brenner,* Der Einfluß von Behörden auf die Einleitung und den Ablauf von Zivilprozessen, 1989; *Jansen,* Geheimhaltungsvorschriften in Prozeßrecht, Diss Bochum 1989; *Kube/Leineweber,* Polizeibeamte als Zeugen und Sachverständige, 1980; *Ziegler,* Die Aussagegenehmigung im Beamtenrecht, 1989.

Gliederung

1 **1) Systematik, I–V.** Die in Vorbem A, B genannten Bestimmungen ergänzen § 376. Zu ihr bildet beim Sachverständigenbeweis § 408 II das Gegenstück. § 376 paßt das Verfahrensrecht im Interesse des Schutzes der dem Staat dienenden Geheimnisse dem Beamtenrecht an, nicht umgekehrt. Die Vorschrift enthält Einschränkungen der Befugnis des Prozeßgerichts bei der Beweiserhebung nur über eine bei der Amtsausübung bekanntgewordene Tatsache. Sie enthält damit scheinbar auch eine Einschränkung des wichtigen Grundsatzes der Freiheit der Beweiswürdigung, §§ 286, 287. In Wahrheit bleibt er jedoch eingeschränkt bestehen, sofern der Richter die Verweigerung einer Aussagegenehmigung zurückhaltend kritisch würdigt. Wegen des Vernehmungsorts gilt § 382.

Man muß eine Genehmigung zur Vernehmung von dem *Zeugnisverweigerungsrecht* unterscheiden. Über das letztere §§ 383 ff. Die ausnahmsweise Zeugnispflicht aus § 385 macht eine etwa notwendige Genehmigung nicht entbehrlich.

2 **2) Regelungszweck, I–V.** Der Schutz der Ersten oder Zweiten vor der Dritten Gewalt ist problematisch, vor allem wegen der Übertragung der Aussagegenehmigung auf jene anderen Gewalten. Er läßt sich aber praktisch nicht immer vermeiden. Er findet sich daher in allen Prozeßordnungen, §§ 46 ArtGG, 54 StPO, 98 VwGO. Man muß ihn durch eine weder zu strenge noch zu großzügige Auslegung angemessen respektieren. Die Freiheit der Beweiswürdigung und damit auch der kritischen Mitbeachtung der Haltung der Genehmigungsstelle bleibt ungeachtet der Grenzen Rn 6 nach § 286 bestehen.

3 Die *Fürsorgepflicht des Gerichts* nach Einl III 27 erstreckt sich auch auf die Einhaltung der Bedingungen und Grenzen der Herbeiführung und Auswertung der Aussage eines solchen Zeugen, der unter Rn 4, 5 fällt oder auch nur fallen könnte. Der Umstand, daß die Zweite Gewalt entscheidet, ob und wozu der Zeuge aussagen darf, entbindet den Richter nicht von der Mitverantwortung bei der Klärung, ob überhaupt und durch wen eine solche Entscheidung erforderlich ist. Dazu kann es gehören, das Beweisthema genau und umfassend in dem ja dann schon wegen § 376 praktisch nach § 358 stets notwendigen Beweisbeschluß zu formulieren, um der Behörde Rückfragen zu ersparen und eine von den Beteiligten hinnehmbare Entscheidung zur Aussagegenehmigung zu erreichen. Solches Vorgehen dient auch der Prozeßwirtschaftlichkeit nach Grdz 14 vor § 128 und damit trotz anfänglich etwas mehr Mühe dann doch auch der Arbeitsverringerung des Gerichts. Auch das ist bei der Handhabung mitbeachtlich.

4 **3) Sachlicher Geltungsbereich, I–V.** Vgl Üb 3 ff vor § 373.

5 **4) Persönlicher Geltungsbereich: Notwendigkeit der Genehmigung, I, II, V.** Maßgebend ist das deutsche Recht. Zur früheren DDR Rein/Hilger DtZ **93**, 261 (Üb). Wegen der EU vgl die VO v 29. 2. 68, ABl EG Nr L 56 S 1 (wie § 61 BBG). Im FamFG-Verfahren gilt § 376 entsprechend, § 29 III FamFG.

A. Betroffene. Eine Genehmigung zur Aussage als Zeuge brauchen Richter, ehrenamtliche Richter, Beamte aller Arten auch auf Widerruf, Probe, Zeit usw und andere Personen des öffentlichen Dienstes, also auch solche, die nicht Beamte im staatsrechtlichen Sinn sind, LG Gött RR **03**, 117 (Sparkassenangestellter), aM BayObLG NJW **90**, 1857, StJBe 37 (aber nur durch eine weite Auslegung lassen sich Regelungslücken vermeiden. Sie wären unverständlich). Unter I fallen die Beamten usw des Bundes, die Beamten usw der Länder, der Kommunen, der Gemeindestände, der einer staatlichen Aufsicht unterstellten Körperschaften, Anstalten und Stiftungen des öffentlichen Rechts, § 2 I BBG, also auch Kirchenbeamte, ferner Schiedsrichter, Mitglieder eines Ehrengerichts. Für die Vernehmung gehören hierher auch die im Vorbereitungsdienst beschäftigten Beamten.

Notare, Notarvertreter und Notarverweser brauchen eine Befreiung durch die Beteiligten. Wenn diese verstorben sind oder wenn man die Befreiung nur mit unverhältnismäßigen Schwierigkeiten erlangen kann, erteilt der Präsident des LG die Aussagegenehmigung, §§ 18, 92 Z 1 BNotO, und zwar auch auf Grund des Antrags einer Prozeßpartei, Köln DNotZ **81**, 717. Eine sonstige Genehmigung brauchen sie nicht. Denn sie sind keine Beamten.

6 **B. Nichtbetroffene.** Nicht hierher gehören Ehrenbeamte wie Schöffen, ehrenamtliche Richter der Arbeitsgerichte, vgl aber auch § 383 Rn 8, 9, ferner nicht ausländische Beamte. Für die Angestellten und Arbeiter im öffentlichen Dienst regeln die Tarifverträge die Schweigepflicht. Das gilt zB für die Angestellten des Bundes und der Länder, für Arbeiter des Bundes und der Länder und für Soldaten.

7 **C. Erste, Zweite Gewalt.** Bei den Mitgliedern des Bundestages, eines Landtages, den Mitgliedern der Bundes- oder der Länderregierungen, also dem Bundeskanzler und den Bundesministern nach Art 62 GG sowie den Angestellten einer Fraktion des Bundestages oder eines Landtages gelten nach *II* die für sie maßgebenden besonderen Vorschriften, zB Art 47 GG, ferner § 382, § 383 Rn 8. Im übrigen gelten §§ 6, 7 BMinG (die Bundesregierung erteilt die Aussagegenehmigung). Nach dem Ausscheiden aus dem Amt gelten I–IV unter den Voraussetzungen V ebenfalls, also dann, wenn sich die fraglichen Tatsachen während der aktiven Dienstzeit usw ereignet haben oder wenn der Betroffene sie während dieser Zeit erfahren hat. Wegen der Vorgänge bei einer Beratung und Abstimmung Üb vor § 192 GVG.

5) Genehmigung, III. Ihre Erteilung erfolgt oft erstaunlich „großzügig". 8

A. Allgemeines. Über die Versagungsgründe § 61 BBG. Die Entscheidung über die Genehmigung ist ein Verwaltungsakt. Das Gericht darf ihn nach vielfacher Ansicht grundsätzlich in keiner Weise nachprüfen, Rn 8, 9, Hamm MDR **77**, 849. Ausnahmen: Rn 8, 9. Diese Regelung ist allerdings wegen Artt 97, 101 I GG problematisch. Die betroffene Partei kann aber vor dem VG klagen, Hamm MDR **77**, 849. Dem Gericht steht eine solche Möglichkeit nicht offen. Das Gericht muß evtl der Partei eine Frist nach § 356 setzen, Hamm MDR **77**, 849. Es muß den Rechtsstreit evtl auch nach § 148 aussetzen, Zweibr MDR **95**, 202, § 111 BNotO. § 286 bleibt anwendbar, Rn 1.

Eine Genehmigung dann *entbehrlich,* wenn der *Fiskus Beweisführer* ist und die vorgesetzte Dienststelle des Beamten den Fiskus im Prozeß vertritt. Wer die vorgesetzte Stelle ist, das richtet sich nach dem in Betracht kommenden Staatsrecht, vgl auch die Vorbem. Dasselbe gilt für die Frage, wer bei einem Wechsel der Dienststellung die Genehmigung erteilen muß. Beim Ausgeschiedenen ist der letzte Dienstherr zuständig, hilfsweise beim Bundesbeamten usw der Bundesinnenminister, Art 13 G v 28. 11. 52, BGBl 749. Eine Versagung der Genehmigung ist eine Aufgabe der obersten Aufsichtsbehörde, § 62 IV BBG. Das Verbot einer mündlichen Aussage erstreckt sich nicht stets auf die Erteilung einer schriftlichen Auskunft, Üb 25 vor § 402, BGH NJW **79**, 268. Bis zur Vorlage einer das Beweisthema deckenden Genehmigung besteht ein Vernehmungsverbot. Vor etwaigen Zusatzfragen muß das Gericht evtl eine Zusatzgenehmigung einholen. Freilich darf und muß das Gericht den Umfang der bisherigen Genehmigung vernünftig auslegen, Rn 1, wie bei Einl III 35 ff. Ein Verwertungsverbot der unter Verstoß gegen § 376 gemachten Aussage besteht nicht.

B. Prozeßgericht. Das Prozeßgericht muß die Genehmigung einholen und dem Zeugen bekanntgeben, III. Der nach §§ 361, 362 verordnete Richter ist dazu nicht zuständig. Die Einholung erfolgt schon vor der Zeugenladung. Denn nur diese Reihenfolge ist prozeßwirtschaftlich, Grdz 14, 15 vor § 128. Bei einem Rechtshilfeersuchen eines ausländischen Gerichts holt das ersuchte Gericht die Genehmigung ein. Das Gericht gibt die Genehmigung dem Zeugen zusammen mit der Ladung bekannt. Andernfalls braucht der Zeuge nicht zu erscheinen, wenn er das Zeugnis schriftlich verweigert, § 386 III. Das Gericht muß die Genehmigung einholen, sobald die Aussage auch nur möglicherweise unter die Amtsverschwiegenheit fällt. Das muß man grundsätzlich bei jeder Aussage über dienstliche Vorgänge erwarten. 9

C. Beamter. Der *Beamte muß* sein Weigerungsrecht aber auch *selbst prüfen* und im Zweifel selbst eine Entscheidung seiner vorgesetzten Dienstbehörde einholen. Er hat insofern zumindest eine Obliegenheit. Ein Verstoß kann Rechtsfolgen nach § 380 auslösen. Die Genehmigung kann nicht von der Beachtung des Beratungsgeheimnisses nach §§ 43, 45 I 2 DRiG usw befreien. 10

D. Polizist. Das alles gilt auch bei der Vernehmung eines *Polizeibeamten,* zB zu einem Verkehrsunfall. Die etwaige „Entbindung" durch die Partei(en) befreit ihn noch nicht von der Schweigepflicht, die er über alle Dienstvorgänge als einen Teil seiner ihm vom Dienstherrn auferlegten und daher nur von diesem wirksam lösbaren Dienstpflicht hat. Man kann auch keineswegs stets von einer allgemeinen Genehmigung sprechen, gar von einer etwa vor dem Eintritt des historischen Vorgangs des Sachverhalts erteilten stillschweigenden. Sie wäre bei einer Erteilung „im voraus" auch überhaupt nicht mit der Fürsorgepflicht des Dienstherrn vereinbar. Diese Fürsorgepflicht zwingt nämlich zu einer Einzelfallprüfung. Die Anwendbarkeit der besonderen beamtenrechtlichen Vorschriften nach I bedeutet auch natürlich nicht, daß das Gericht auch an diejenige Auslegung gebunden wäre, die der Dienstherr des Beamten diesen Vorschriften gibt. Auch das wäre mit Art 97 I GG unvereinbar. 11

E. Dienstherr. Deshalb ist eine selbst zB vom obersten Dienstherrn durch einen Erlaß von vornherein für künftige Fälle *allgemein mitgeteilte Rechtsansicht* unhaltbar, eine Aussagegenehmigung sei „nicht erforderlich" oder nur unter besonderen etwa noch dazu dem untergeordneten Beamten zur Prüfung überlassenen Umständen notwendig oder auch nur zulässig. Das wäre mit dem vorrangigen Gesetz unvereinbar. Es wäre daher für das Gericht keine bereits im Einzelfall bindende wirksame Genehmigung. Darauf darf und muß das Gericht hinweisen. Es muß dann evtl nach Rn 6, 7, 9 verfahren. 12

F. Instanzfragen. Die Erteilung der *Genehmigung* gilt mangels eines abweichenden Inhalts für alle Rechtszüge. Sie gilt aber nur in diesem Prozeß, freilich auch für abgetrennte Teile usw. Sie gilt also nicht in einem Parallelverfahren, auch nicht im Prozeß auf Grund einer weiteren Teilklage. Die Verweigerung der Genehmigung ohne eine ausdrückliche Beschränkung auf diese Instanz ist auch für das nächsthöhere Gericht verbindlich. Daher ist ein neuer Vernehmungsantrag unbeachtlich, sofern es nun nicht doch noch mit einer Genehmigung rechnen kann. Im Zweifel muß sich das Gericht insoweit erkundigen, § 273. 13

6) Bundespräsident, IV. Er darf das Zeugnis verweigern, soweit IV nach seinem nicht nachprüfbaren Ermessen zutrifft, etwa bei § 68 GG. 14

7) Angehöriger der Streitkräfte, I–V. Wegen der Soldaten der Bundeswehr § 14 SoldatenG. Wegen der Einholung der Genehmigung in besonderen Fällen bei den Angehörigen der ausländischen Streitkräfte Art 38 ZAbkNTrSt, SchlAnh III. 15

377 *Zeugenladung.* **I 1 Die Ladung der Zeugen ist von der Geschäftsstelle unter Bezugnahme auf den Beweisbeschluss auszufertigen und von Amts wegen mitzuteilen. 2 Sie wird, sofern nicht das Gericht die Zustellung anordnet, formlos übermittelt.**

II Die Ladung muss enthalten:

1. **die Bezeichnung der Parteien;**
2. **den Gegenstand der Vernehmung;**
3. **die Anweisung, zur Ablegung des Zeugnisses bei Vermeidung der durch das Gesetz angedrohten Ordnungsmittel in dem nach Zeit und Ort zu bezeichnenden Termin zu erscheinen.**

III [1] **Das Gericht kann eine schriftliche Beantwortung der Beweisfrage anordnen, wenn es dies im Hinblick auf den Inhalt der Beweisfrage und die Person des Zeugen für ausreichend erachtet.** [2] **Der Zeuge ist darauf hinzuweisen, dass er zur Vernehmung geladen werden kann.** [3] **Das Gericht ordnet die Ladung des Zeugen an, wenn es dies zur weiteren Klärung der Beweisfrage für notwendig erachtet.**

Schrifttum: *Koch,* Die schriftliche Zeugenaussage gemäß § 377 Abs. III ZPO usw, Diss Köln 1996.

Gliederung

1 **1) Systematik, I–III.** Die Vorschrift enthält in I mehr formelle, in II, III inhaltliche Regelungen für das Stadium zwischen der Beschlußfassung und der Beweisaufnahme. Sie geht allgemeinen Ladungsvorschriften im Zweifel vor. §§ 130 a, 378 ergänzen III. Eine Ladung ist nicht stets eine Bedingung der Vernehmung und Verwertung. Der gestellte, zitierte oder sonstwie zufällig anwesende oder herbeirufbare Zeuge bleibt zulässig, Rn 4.

2 **2) Regelungszweck, I–III.** Das Gericht soll alle Prozeßbeteiligten eindeutig über Art, Ort und Zeit sowie über den voraussichtlichen Inhalt der Beweisaufnahme informieren, damit diese möglichst zur Entscheidungsreife führt, §§ 272, 300 Rn 6. Notfalls sollen die Ordnungsmittel nach § 380 einsetzbar sein. Damit dient die Vorschrift auch der Prozeßförderung nach Grdz 12 vor § 128 und der Prozeßwirtschaftlichkeit, Grdz 14 vor § 128. Auch III soll die Arbeit erleichtern. Man muß die Vorschrift daher aus prozeßwirtschaftlichen Erwägungen weit auslegen, Grdz 14, 15 vor § 128.

Prozeßleitend nach § 273 II Z 4, III darf und soll sich der Richter knapper fassen. Es ist ja sogar eine Ladung durch einen Anruf beim Zeugen oder einem seiner Mitarbeiter oder über einen ProzBev statthaft. Sie ist ja sogar im Anwaltsprozeß über eine Partei persönlich in geeigneter Lage sinnvoll oder sogar notwendig, wenn zB der Zeuge in kürzester Zeit endgültig ins Ausland verziehen will usw. Auch bei einer „normalen" Ladung nebst Beweisbeschluß mag etwa eine Kurzfassung des Beweisthemas durchaus ausreichen, etwa „zum Unfall vom ... um ... Uhr", wenn keine Verwechslung infrage kommt. Ein Einfühlungsvermögen in die Person und in die Lage des Zeugen hilft, die Ladung gesetzmäßig zu halten. Der Zeuge muß sich vorbereiten können. Er muß auch abwägen können, ob sein vom BVerfG bestätigtes Bürgerrecht auf eine freie Wahl der Urlaubszeit und des Urlaubsziels nach eigenem Gutdünken ihn zum Antrag auf eine Verschiebung des Vernehmungstermins usw berechtigt. Diese Erwägungen sind schon bei der Abfassung der Ladung und ihrer Übermittlungsart miterheblich.

3 **3) Geltungsbereich, I–III.** Vgl Üb 3 ff vor § 373. Im arbeitsgerichtlichen Verfahren gilt statt I der leicht abweichende § 58 II ArbGG. III ist evtl (jetzt) im FamFG-Verfahren entsprechend anwendbar, § 113 I 2 FamFG, Köln FGPrax **04**, 79.

4 **4) Form und Zeitpunkt der Ladung, I.** Sie kann formlos und ohne jede Frist geschehen. Sie sollte aber oft besser auf Grund einer besonderen Anordnung des Vorsitzenden förmlich erfolgen, Rn 6. Sie muß auch bei § 372 a „eigentlich" durch das Prozeßgericht geschehen. Sie darf auch dann nicht durch den Sachverständigen erfolgen (letzteres geschieht oft in der Praxis), Brdb FER **01**, 130. Zwar gibt es beim Zeugen keine Ladungsfrist. Denn § 217 meint nur die Parteien. Indessen darf das Gericht den Zeugen trotz seiner Staatsbürgerpflicht zum Erscheinen nicht unzumutbar überfallen. Das Gericht muß ein Fingerspitzengefühl entwickeln, wenn es um eine sehr knappe Zeitspanne zwischen der Ladung und dem Termin geht. Das Gericht muß Artt 1, 2, 12 GG beachten. Zumindest kann bei einer zu knappen Ladungszeit § 381 anwendbar sein, Rn 16.

A. Wohnsitz im Inland. Das Gericht muß die als notwendig erkannte Ladung eines Zeugen von Amts wegen veranlassen, §§ 166 ff. Die Parteien können einen Zeugen gestellen, also ihn veranlassen, freiwillig zu erscheinen, ihn sistieren, ihn aber nicht laden (anders § 220 StPO). Eine öffentliche Zustellung nach §§ 185 ff ist unzulässig. Wegen der Ladung von Angehörigen der ausländischen Streitkräfte usw Art 37 ZAbkNTrSt, SchlAnh III. Einige fremde Konsuln haben nach Staatsverträgen oder nach der Meistbegünstigungsklausel das Recht auf eine Vernehmung in ihrer Wohnung oder schriftlich, nämlich die Konsuln von Argentinien, Belgien, Bolivien, Bulgarien, Finnland, Frankreich, Großbritannien, Griechenland, Honduras, Italien, Japan, Luxemburg, Nicaragua, Paraguay, Salvador, Schweden, Siam, Sowjetunion, Spanien, Südafrika, Türkei, Ungarn, Vereinigten Staaten von Amerika.

5 **B. Wohnsitz im Ausland.** Das Gericht sollte einen im Ausland wohnenden Zeugen im allgemeinen nicht durch eine formell zulässige Rechtshilfe-Zustellung nach §§ 183, 184 laden. Denn das verspricht meist keinen Erfolg. Ein Ordnungsmittel nach § 380 ist hier ohnehin unzulässig. Es bleibt oft nur die Vernehmung im Ausland nach § 363, Anh § 363 möglich, Hamm RR **88**, 703, soweit sie ihrerseits überhaupt durchführbar ist, Hamm RR **88**, 703 (damals noch nicht wieder in Polen). Wegen einer schriftlichen Aussage im Ausland III sowie § 363 Rn 1. Wegen des EU-Auslands §§ 1066 ff.

C. Einzelfragen. Wegen eines Vorschusses gelten § 379 sowie § 17 GKG. Eine besondere Ladungsform ist an sich nicht erforderlich, Rn 4, § 329 Rn 28. Daher genügt auch das Telefon. Eine förmliche Zustellung erfolgt aber, wenn das Prozeßgericht oder der verordnete Richter sie besonders anordnen, etwa in einem Eilfall oder beim Anlaß zu der Annahme, der Zeuge werde sich der Vernehmung entziehen wollen. Freilich gibt in einer solchen Situation regelmäßig auch ein Einschreibebrief mit Rückschein eine genügende Gewähr, soweit es nicht auf den genauen Zugangszeitpunkt ankommt. 6

Im übrigen steht es dem Gericht frei, Zeugen auch ohne besondere Umstände förmlich laden zu lassen, zB um sie vor einem Beschluß nach § 380 zu schützen oder zu klären, ob die Anschrift stimmt. Das Gericht handelt nach seinem pflichtgemäßen *Ermessen,* das es nicht in der Ladungsanordnung zu begründen braucht.

Insgesamt ist eine *förmliche Zustellung* nach § 168 I 1 recht häufig ratsam. Bei ihr kann das Gericht ja sofort aus der Akte ersehen, ob, wann und ob unter einer den §§ 178 ff entsprechenden Weise der Zeuge die Ladung erhalten hat. Diese Ladungsform ist auch als ein praktischer Regelfall durchaus zulässig. Das gilt vor allem in Urlaubszeiten oder bei einer Überlastung des Gerichts. Dieser Weg ermöglicht beim Ausbleiben eher, wenigstens zunächst nach § 380 vorzugehen und auch dadurch zur Prozeßbeschleunigung beizutragen. Das Gericht darf sehr wohl aus diesen Erwägungen darauf bestehen, eine auch den §§ 178 ff entsprechende volle Zeugenanschrift zu erhalten, § 356 Rn 4.

Das Gericht braucht sich *nicht* damit abspeisen zu lassen, es dürfe ja auch nach I 1 und damit zB unter der Anschrift des *privaten Arbeitgebers* laden, LG Hagen MDR **84**, 1034. Hat das Gericht objektiv überflüssigerweise eine Zustellung angeordnet, sind die diesbezüglichen Auslagen deshalb auch keine unrichtige Sachbehandlung nach § 21 GKG, § 20 FamGKG, solange die Maßnahme jedenfalls nicht schlechthin unnötig war. Den Minderjährigen oder eine juristische Person usw lädt das Gericht zu Händen des oder der gesetzlichen Vertreter (einer genügt), § 170 I, III.

5) Inhalt der Ladung, II. Die Ladung muß auf den Beweisbeschluß oder zumindest bei § 273 II Z 4 auf das Beweisthema Bezug nehmen, Ffm AnwBl **85**, 207. Sie muß ferner die Parteien nach § 253 Rn 22 und den Gegenstand der Vernehmung angeben und zum Erscheinen im Saal des Prozeßgerichts oder des verordneten Richters auffordern, § 375 Rn 5. Bei einem Ortstermin muß sie zum dortigen Erscheinen auffordern, § 219 Rn 5, beim Haustermin zum Sich-Bereithalten dort, § 219 Rn 7, § 375 Rn 19. Sie muß einen Hinweis auf die etwaige Notwendigkeit von Ordnungsmitteln enthalten, § 380. Z 1–3 sind wesentlich. Wenn das Gericht sie nicht beachtet, darf es keine Ordnungsmittel verhängen, Ffm MDR **79**, 236. Beim Gegenstand der Vernehmung genügt allerdings meist eine ungefähre stichwortartige Angabe. Der Zweck der Mitteilung liegt darin, dem Zeugen eine ausreichende Vorbereitung zu ermöglichen, Reinecke MDR **90**, 1062. Die Übermittlung des auch auszugsweisen Beweisbeschlusses kann notwendig, aber auch unzweckmäßig sein, etwa dann, wenn der Zeuge dadurch befangen werden könnte, Reinecke MDR **90**, 1061. 7

6) Schriftliche Anhörung, III. Das Gericht sollte sie zB beim Arzt öfter zulassen. 8

A. Grundsatz: Ermessen. Das Gericht darf eine schriftliche Zeugenaussage nach seinem pflichtgemäßen Ermessen anordnen, Köln FGPrax **04**, 79. Es sollte das aber nur zurückhaltend tun. Diese Art der Beweisaufnahme stellt bereits zwecks Prozeßwirtschaftlichkeit nach Grdz 14 vor § 128 eine Ausnahme vom Grundsatz der Unmittelbarkeit der Beweisaufnahme nach § 355 dar, LG Gießen MDR **96**, 200. Bei ihr fehlen der persönliche Eindruck und der heilsame Einfluß der Parteiöffentlichkeit, § 357, BPatG GRUR **78**, 359. Die Erfahrung lehrt überdies immer wieder, wie sehr sich die Darstellung wie die Glaubwürdigkeit eines Zeugen in Rede und Gegenrede im Termin in beiden Richtungen ändern können, ohne daß man damit vorher rechnen mußte. Deshalb kommt es auch nur ausnahmsweise auf die Belastung des Gerichts oder gar des Zeugen an, selbst wenn er glaubhaft zeitlich überlastet ist. Das Gericht muß prüfen, ob es mit einer einigermaßen selbständigen Abfassung der Erklärung durch den Zeugen rechnen kann. Zur Dogmatik krit Stadler ZZP **110**, 137. Wegen der Grenzen der Möglichkeiten nach III bei einem Auslandsbezug BGH NJW **84**, 2039.

Die schriftliche Zeugenaussage besteht in der schriftlichen *Beantwortung der Beweisfrage.* Eine eidesstattliche Versicherung ist nicht mehr notwendig. Der Zeuge darf sie aber natürlich erklären, Rn 15. Das Gericht sollte sie freilich keineswegs auch nur anregen oder anheimgeben. Denn es darf nicht den Anschein eines unzulässigen Drucks geben, obwohl es den Zeugen natürlich vorladen und dann grundsätzlich sogar beeidigen kann. Wenn eine eidesstattliche Versicherung fehlt oder nicht die ganze Bekundung deckt, fehlt nicht etwa eine Zeugenaussage.

B. Rechtsnatur: Zeugenaussage. Eine ordnungsgemäße schriftliche Aussage nach III ist eine Zeugenaussage, nicht ein Urkundenbeweis, Schultze NJW **77**, 412. Eine nicht ordnungsgemäße schriftliche Aussage ist kein Ersatz für eine Aussage im Verfahren nach III, ZöGre 11, aM Kblz MDR **94**, 410 (aber III setzt nun einmal eine einwandfreie Form voraus). Das Gericht darf und muß sie aber nach § 286 frei würdigen. Es kann sie nach §§ 415 ff urkundenbeweislich verwerten, falls die Partei zustimmt. Das gilt aber nicht dann, wenn die Partei die Vernehmung des Zeugen beantragt, § 286 Rn 69, Hbg VersR **90**, 610, KG BB **75**, 849. Eine spätere mündliche Vernehmung im Anschluß an eine ordnungsmäßige schriftliche Aussage ist eine wiederholte Vernehmung nach § 398. Das Gericht darf eine solche mündliche Vernehmung immer anordnen, wenn es das zur weiteren Klärung der Beweisfrage für notwendig hält, III 3. Es hat dabei ebenfalls ein pflichtgemäßes weites Ermessen. Es muß aber dabei das Fragerecht der Parteien nach § 397 mitbeachten. Freilich zwingt diese Vorschrift nicht unbedingt zur Zulassung mündlicher, sondern nur zu derjenigen schriftlicher Fragen, § 397 Rn 6. 9

Eine etwa abgegebene *eidesstattliche Versicherung* der Richtigkeit der schriftlichen Aussage nach § 294 Rn 6 ersetzt dann nicht eine Beeidigung. Wenn das Gericht den Zeugen unbedingt zur Vernehmung lädt, kann es nicht auch eine schriftliche Aussage verlangen. Wohl aber kann das Gericht den Zeugen zB für den Fall laden, daß nicht innerhalb einer zu bestimmenden Frist eine schriftliche Aussage eingeht. Es muß eine schriftliche Aussage kritischer würdigen als die mündliche. Die Anordnung wie die Ausführung der schriftlichen Aussage sind vor der mündlichen Verhandlung zulässig, § 358a Z 3. Sie setzt immer eine bereits eingetretene Beweisbedürftigkeit voraus, Einf 4 vor § 284.

10 **C. Ausreichen einer schriftlichen Erklärung, III 1.** Das Gericht muß im Hinblick auf die Beweisfrage und die Person des Zeugen eine schriftliche Beantwortung der Beweisfrage für ausreichend halten können. Dabei muß es alle Umstände würdigen, zB den Bildungsgrad des Zeugen, seine persönliche Zuverlässigkeit, die Schwierigkeit der Beweisfrage, die etwaige Notwendigkeit eines Vorhalts, § 396 II, III, etwaige Parteifragen, § 397, eine Gegenüberstellung nach § 394 II oder eine Beeidigung nach §§ 478 ff. Eine Gerichtserfahrung ist nicht notwendig, ebensowenig von vornherein die Volljährigkeit. Das Gericht muß einen vollwertigen Ersatz einer mündlichen Aussage erwarten können, LG Gießen MDR **96**, 200. Im FamFG-Verfahren darf das Gericht eine schriftliche Aussage evtl wegen des Amtsermittlungsprinzips nach Grdz 38 vor § 128 auch ohne eine solche Erwartung anordnen. Bei einem Arzt, der ja oft durch seine Sprechstunde usw belastet ist, empfiehlt sich III. Freilich hält sich der Arzt leider manchmal nicht an dieses „Angebot". Das Gericht muß ihn dann doch noch laden, Rn 15.

Eine *Zustimmung* der Parteien ist nicht mehr erforderlich. Sie ist aber natürlich meist hilfreich. Sie kann die pflichtgemäße Abwägung des Gerichts allerdings nicht ersetzen. Wenn eine Partei später die mündliche Vernehmung des Zeugen beantragt, ist das ein Antrag auf eine wiederholte Vernehmung, Rn 6.

11 **D. Unzulässigkeit, III 1.** Unzulässig ist eine schriftliche Anhörung, solange noch keine streitige Einlassung des Gegners vorliegt oder wenn der Zeuge zeugnisunfähig ist, Üb 11 vor § 373. Wenn der Zeuge vielleicht einen Zeugnis- oder Eidesverweigerungsgrund nach §§ 383 ff hat, muß das Gericht ihn darüber schriftlich belehren, soweit das ausreicht. Andernfalls muß es ihn vorladen. Im FamFG-Verfahren besteht kein Verbot. Denn ein Verzicht auf eine Beeidigung liegt nicht vor. Aber in diesem Verfahren sollte das Gericht eine schriftliche Anhörung noch zurückhaltender vornehmen als sonst. In der Regel empfiehlt sie sich nicht. Eine Ausdehnung der Einschränkung auf alle Amtsverfahren nach Grdz 38 vor § 128 oder auf alle nach Grdz 39 vor § 128 von Amts wegen zu beachtenden Punkte ist nicht notwendig.

12 **E. Verfahren, III 2, 3.** Die Anordnung der schriftlichen Anhörung erfolgt durch das Prozeßgericht, nicht durch den nach §§ 361, 362 verordneten Richter. Dieser muß seinen Auftrag so erledigen, wie das Prozeßgericht es ihm vorschreibt, § 158 GVG. Das Gericht darf auch mithilfe einer Umfrage arbeiten, BGH NJW **97**, 2817. Sie darf nicht die bessere Aussage durch die schlechtere ersetzen. Die Anordnung erfolgt nur auf einen Beweisantrag oder zumindest auf Grund eines Beweisbeschlusses auch nach § 273, sofern nicht der Amtsermittlungsgrundsatz besteht, Grdz 38 vor § 128. Ein förmlicher Beweisbeschluß ist zwar an sich nur bei §§ 358, 358 a notwendig. Indessen kommt eine „Beantwortung der Beweisfrage" an sich erst dann in Betracht, wenn das Gericht die Beweisfrage in einem Beweisbeschluß für den Zeugen ausreichend formuliert hat. Eine vorher eingeholte oder eingereichte schriftliche Darstellung wäre folglich keine schriftliche Zeugenaussage, sondern eine Urkunde. Vgl aber Rn 1. Daher kann auch eine Anordnung nach § 273 vor einem Beweisbeschluß ausreichen. Wegen der Rechtsnatur als Zeugen- und nicht als Urkundenbeweis nach Rn 6 erfolgt die schriftliche Befragung nicht durch den Beweisführer.

13 **F. Belehrung.** Der Zeuge darf unter den Voraussetzungen des vorrangigen § 130 a auch elektronisch aussagen. Das Gericht muß ihn nach III 2 ausdrücklich darauf *hinweisen,* daß es ihn zur Vernehmung laden kann, auch wenn sich noch gar nicht abschätzen läßt, ob eine Vernehmung noch erforderlich wird. Da die schriftliche Darstellung eine Zeugenaussage ist, muß das Gericht auch die Belehrungen entsprechend § 395 I über die Wahrhaftigkeitspflicht, über ein Aussageverweigerungsrecht usw nach §§ 383 ff wie vor einer mündlichen Aussage erteilen. Das macht diesen Weg in der Praxis gefährlich, zumal wenigstens im Kern aktenkundig sein muß, daß Hinweise und Belehrungen erfolgt sind, andererseits aber die Geschäftsstelle die Ausfertigung besorgt. Im Zweifel liegt eine Urkunde und keine Zeugenaussage vor.

14 **G. Weitere Anordnungen.** Das Gericht kann seine Anordnung mit einer *Terminsbestimmung* zwecks einer bloßen Verhandlung oder anderen Beweisaufnahme verbinden. Der Zeuge braucht nicht im Termin zu erscheinen, wenn er vorher eine genügende formgerechte schriftliche Äußerung einreicht und wenn das Gericht ihn nicht ausdrücklich auch für einen solchen Fall vorgeladen hatte. Wenn er die schriftliche Äußerung später einreicht, kann das Gericht sie trotzdem gelten lassen, Kblz MDR **93**, 410. Eine Pflicht zur schriftlichen Aussage besteht nach einer vorherigen Ladung diese Zeugen grundsätzlich nicht. Das Gericht kann eine solche Aussage auch nicht durch Zwangs- oder Ordnungsmittel nach § 380 erzwingen. Eine Pflicht zur schriftlichen Aussage besteht aber ausnahmsweise nach einer vorausgegangenen Ladung, soweit das Gericht erkennbar zum Verfahren nach § 377 übergegangen ist, Kblz MDR **93**, 410. Bei einer Vielzahl von Zeugen können wegen § 287 II Stichproben genügen, BGH NJW **85**, 860. § 376 ist anwendbar. Indessen darf das Gericht evtl auch eine ohne Genehmigung eingereichte Aussage nach III verwerten, Köln FGPrax **04**, 79.

15 **H. Verzögerung usw.** Wenn der Zeuge eine schriftliche Aussage grundlos verzögert oder *verweigert* oder wenn es aus anderem Grund nach dem Ermessen des Gerichts nach §§ 391 ff ratsam oder etwa wegen abweichender Aussagen anderer Zeugen notwendig ist, bleibt nur eine unverzügliche Bestimmung eines möglichst baldigen Termins nach § 216 Rn 16 sowie die Ladung des Zeugen übrig, § 398, LAG Köln BB **07**, 612, Stadler ZZP **110**, 161. Vom Eingang der Äußerung und auch von ihrem Ausbleiben muß das Gericht die Parteien benachrichtigen, § 362 II entsprechend. Zugleich setzt es meist einen Termin zur Verhandlung über das Beweisergebnis nach § 285 an, § 216 II. Evtl muß das Gericht § 283 beachten. Wenn das Gericht den Zeugen nach Rn 6 nur bedingt geladen hatte, muß es bei seinem Ausbleiben und seiner Äußerung nach § 380 verfahren. Eine nachträgliche Ladung kommt in Betracht. Sie wird zwingend, soweit das Gericht sie zur weiteren Klärung der Beweisfrage für notwendig erachtet, III 3. Einzelheiten Rn 6. Wegen § 397 dort Rn 6. Eine eidesstattliche Versicherung des Zeugen bleibt zulässig, Rn 8. Sie kann eine Vorladung ersetzen, aM ZöGre 11 (aber § 294 gilt im gesamten Prozeß). Eine Beeidigung nach Rn 9 muß indes im Termin erfolgen, §§ 478 ff.

16 **7) Verstoß, I–III.** Ein Verstoß des Gerichts ist ein Verfahrensfehler, LAG Köln BB **07**, 612. Er kann auf einen Antrag zur Zurückverweisung führen, § 538, LAG Köln BB **07**, 612. Er kann nach § 295 heilen. Er kann dazu führen, daß ein Ordnungsmittel nach § 380 unzulässig wird und daß sich der Zeuge jedenfalls

nach § 381 entschuldigen kann, Rn 4, Düss OLGR **94**, 170. Ein Ladungsmangel beeinträchtigt aber nicht die Zulässigkeit der Vernehmung des erschienenen Zeugen und deren Verwertbarkeit. Das Gericht beurteilt einen Verstoß des Zeugen wie die Verweigerung einer mündlichen Aussage. Denn die verlangte schriftliche Beantwortung hätte zumindest nach einer verfahrensfehlerfreien Anforderung einer mündlichen Aussage gleichgestanden. Sie wäre nur dann urkundenbeweislich prüfbar gewesen, wenn sich das Gericht nicht korrekt verhalten hätte, Rn 8. Es gelten also §§ 386 ff.

8) Rechtsbehelfe, I–III. Vgl § 355 Rn 8. 17

378 *Aussageerleichternde Unterlagen.* **I 1 Soweit es die Aussage über seine Wahrnehmungen erleichtert, hat der Zeuge Aufzeichnungen und andere Unterlagen einzusehen und zu dem Termin mitzubringen, wenn ihm dies gestattet und zumutbar ist. 2 Die §§ 142 und 429 bleiben unberührt.**

II Kommt der Zeuge auf eine bestimmte Anordnung des Gerichts der Verpflichtung nach Absatz 1 nicht nach, so kann das Gericht die in § 390 bezeichneten Maßnahmen treffen; hierauf ist der Zeuge vorher hinzuweisen.

Gliederung

1) Systematik, I, II. Die Vorschrift macht aus einer schon bisher eigentlich selbstverständlich gewesenen Ehren-Obliegenheit des Zeugen eine echte Rechtspflicht mit Sanktionen bei einem Verstoß in II. I stellt eine Erweiterung der Pflichten der Zeugen dar, wie sie § 396 I schafft. 1

2) Regelungszweck, I, II. Die Vorschrift dient der sachlichrechtlichen Gerechtigkeit, Einl III 9, 36, aber auch der Prozeßwirtschaftlichkeit nach Grdz 14 vor § 128 durch die Vermeidung weiterer Vernehmungstermine letzlich auf Kosten des Verlierers. Man sollte sie nicht zu großzügig auslegen. 2

Zumutbarkeit nach Rn 5 ist das wohl meist entscheidende Merkmal. Je genauer der Zeuge weiß, was das Gericht von ihm wissen möchte, und je eher er dergleichen übersehen kann, notfalls durch eine Rückfrage, desto mehr Sorgfalt der Vorbereitung kann man von ihm erwarten. Die notwendigen Kosten einer Rückfrage sind nach dem JVEG erstattbar. Je stärker ein derzeit auf dem Zeugen lastender seelischer, gesundheitlicher, beruflicher Druck, desto geringere Erwartungen darf man auf den Zeugen setzen. Die Bürgerpflicht zur gesetzmäßigen Zeugenhaltung lastet ohnehin auf vielen schwer. Andere nehmen sie erschreckend leicht, auch als Angehörige anspruchsvoller Berufe. Eine Überlastung ist manchmal ein Grund zur Verringerung der Vorbereitung, aber keineswegs stets ein ausreichender. Das alles gilt es bei der Handhabung der Vorschrift mitabzuwägen. 3

3) Geltungsbereich, I, II. Vgl Üb 3 ff vor § 373. 4

4) Einsichts- und Mitbringpflicht, I. Mancher Zeuge vernachlässigt sie mangels eines Hinweises unangenehm. Keineswegs besteht aber eine Pflicht des Zeugen, Tatsachen überhaupt erst zu erforschen. Vielmehr kann es nur darum gehen, das bereits im Kern vorhandene Wissen zumutbar aufzufinden oder aufzubereiten. Das muß das Gericht stets mitbeachten. 5

A. Voraussetzung: Aussageerleichterung, I 1. Die Einsichts- und Mitbringpflicht nach Rn 6 besteht nur, „soweit es die Aussage über seine Wahrnehmungen erleichtert“. Sie besteht also nicht stets, sondern nur nach den Gesamtumständen. Sie setzt aber auch nicht voraus, daß die Einsicht usw zur Aussage „notwendig“ oder „ratsam“ wäre. Daher besteht sie auch dann, wenn der Zeuge zwar ohne die Einsicht usw leidlich aussagen könnte, es aber mithilfe seiner Unterlagen vor Gericht doch eindeutig leichter hätte, rasch und präzise(r) auszusagen. Er kann sich daher nicht im Termin damit entschuldigen, er habe nicht an eine in Wahrheit durchaus zu erwartende Zusatzfrage gedacht, sein Gedächtnis habe ihn verlassen, er habe befürchtet, durch eine Einsicht und eine Mitnahme seiner Unterlagen eher zu verwirren usw. Er muß sich im Rahmen des Zumutbaren nach Rn 7 eben Mühe geben und Zeit aufwenden, um im Termin förderlicher aussagen zu können. Das gilt für den Zeugen jeder Berufsgruppe und -belastung.

B. Maßstab: Objektive Beurteilung der Erleichterungsfrage, I 1. Es kommt bei der Frage, ob eine Einsicht usw die Aussage erleichtern würde, weder auf die subjektive Ansicht des Zeugen bei der Vorbereitung auf den Termin an noch auf die Ansicht des Beweisführers oder seines Prozeßgegners, sondern auf eine bei rückschauender Betrachtung objektiv eindeutig erkennbare nicht völlig unerhebliche Erleichterungsmöglichkeit. Das Gericht hat durch eine ausreichende Formulierung der Beweisfrage im Beweisbeschluß oder in der prozeßleitenden Anordnung eine Mitverantwortung dafür, daß der Zeuge objektiv zutreffend beurteilen kann, ob und wie eingehend er eine Einsicht nehmen und Unterlagen zum Termin mitnehmen muß. Der Zeuge mag unverzüglich nach dem Erhalt der Ladung notfalls telefonisch beim Vorsitzenden anfragen müssen, zu welchen Einzelheiten das Gericht voraussichtlich präzise Einzelheiten brauchen wird. Ein Betriebsgeheimnis usw darf und muß der Zeuge zwar schon nach § 384 Z 4 und ebenso das Gericht achten. Es ist aber im Rahmen des § 378 schon deshalb kein Entschuldigungsgrund. Denn der Zeuge muß seine Unterlagen nur 6 persönlich einsehen und evtl mitbringen. Er muß sie aber nicht dem Gericht oder den Parteien im Termin oder außerhalb von diesem vorlegen. Ein solches Ansinnen würde gegen I verstoßen, Rn 8.

7 **C. Gestattung, Zumutbarkeit, I 1.** Weitere Voraussetzung der Einsichts- oder Mitbringpflicht ist, daß dem Zeugen die Einsicht usw überhaupt „gestattet" ist. Das kann zB von betrieblichen Anweisungen abhängen, von einer Behördenorganisation, von der vorherigen Erlaubnis eines Kollegen als des Miteigentümers oder strafrechtlich Gefährdeten. Der Zeuge braucht nicht solche Hindernisse von sich aus zu beseitigen oder gar irgendwelche rechtlichen oder auch nur moralischen Risiken einzugehen. Er braucht die Hindernisse im Verfahren nach §§ 386 ff nur so zu umreißen, daß das Gericht bei der nötigen Rücksichtnahme ihre Erheblichkeit abschätzen kann. Auch soweit der Zeuge die Einsicht usw nehmen darf, muß sie ihm aber außerdem auch „zumutbar" sein. Die Zumutbarkeit entsteht nicht automatisch aus der Gestattung. Die Zumutbarkeit hängt von den Gesamtumständen ab. Auch dabei entscheidet eine objektive Beurteilung bei einer rückschauenden Betrachtung, Rn 6.

8 **D. Einsicht, Mitbringen, I 1.** Unter den Voraussetzungen Rn 5–7 besteht eine Pflicht des Zeugen nur dahin, die Aufzeichnungen usw „einzusehen und zu dem Termin mitzubringen". Er muß sich also optisch, akustisch und anderswie über die Form und den Inhalt orientiert zeigen. Er muß im Termin ohne einen übermäßigen Zeitverlust auch Einzelheiten aus den Unterlagen vortragen können. Er ist aber nicht auch zur Vorlage verpflichtet oder auch nur zur Einsicht durch das Gericht, den Beweisführer, dessen Prozeßgegner oder andere Prozeßbeteiligte oder gar zur Niederlegung auf der Geschäftsstelle, zur Aushändigung zwecks eines auch nur vorübergehenden Verbleibs in den Akten, zur Anfertigung von Kopien usw, Rn 6, Schack JZ **93**, 512. Das gilt selbst dann, wenn die Aufzeichnungen keine Betriebsgeheimnisse nach Rn 4 enthalten und wenn auch sonst kein Hindernis erkennbar ist. Der Zeuge ist ja kein Urkundenlieferant. Er ist zur Aussage und zu nichts weiter verpflichtet, Schlosser NJW **92**, 3277, von §§ 420 ff, 429 abgesehen, Rn 10.

Daher kann er *frei entscheiden,* ob er einer Bitte um die Vorlage usw nachkommen will. Das Gericht kann ihn keineswegs wegen eines Verstoßes gegen I nach II behandeln, soweit er eine solche Bitte zurückweist. Er braucht die Zurückweisung nicht einmal zu begründen. Ob er wegen einer solchen Haltung mit einer Beeidigung oder doch mit lästigen Vorhalten rechnen und *diese* beantworten muß, ist eine andere Frage. §§ 131 ff sind jedenfalls auf ihn unanwendbar. Notfalls muß der Beweisführer den Zeugen auf eine Vorlage verklagen, soweit überhaupt ein sachlichrechlicher Vorlageanspruch besteht, Schlosser NJW **92**, 3277.

9 *Beispiele der Zumutbarkeit:* Ein gewisser Aufwand an Zeit zum Heraussuchen oder zum Hin- und Hertransport. Denn diesen erhält der Zeuge nach dem JVEG ersetzt; ein Verdienstausfall. Denn auch diesen muß das Gericht nach dem JVEG ersetzen; die Notwendigkeit, Rückfragen beim Steuerberater oder im Firmenarchiv oder eine Nachschau in der eigenen Ablage zu halten. Denn auch das sind erstattungsfähige Aufwendungen.

Beispiele der Unzumutbarkeit: Ein solcher Aufwand, der überhaupt nicht mehr im Verhältnis zur Beweisfrage steht, soweit der Zeuge das bei einer selbstkritischen Prüfung und notfalls durch eine Rückfrage beim Gericht erkennen kann; Mitbringen von Unterlagen, über die der Zeuge ohnehin von vornherein schweigen darf und will; solche Einsichtskosten, die das Gericht voraussichtlich nicht wenigstens zu einem erheblichen Teil nach dem JVEG erstatten darf.

10 **E. Vorlegungspflicht eines Dritten, I 2.** Die Vorschrift stellt durch ihre Verweisungen auf §§ 142, 429 klar, daß ein Dritter aus denselben Gründen wie der Gegner des Beweisführers zur Vorlegung einer Urkunde verpflichtet sein kann, also zu weit mehr als zur bloßen Einsicht und Mitnahme zum Termin, wie sie § 378 allein fordert.

11 **5) Verstoß des Zeugen, II.** Soweit der Zeuge einer Verpflichtung nach I nicht nachkommt, gelten die folgenden Regeln.

A. Verstoß gegen bestimmte Anordnung, II Hs 1. Das Gericht muß dem Zeugen eine „bestimmte Anordnung" gegeben haben. Sie fehlt, soweit sich das Gericht auf einen bloßen Hinweis auf I und auf die Wiedergabe des Gesetzeswortlauts beschränkt hatte. Es muß vielmehr von vornherein oder doch noch vor dem Termin eine so genaue Anordnung getroffen haben, daß der Zeuge das im Termin ihm Fehlende verständigerweise hätte einsehen oder mitbringen dürfen und können, Rn 6. Man muß auch diese Frage nach den gesamten Umständen beurteilen. Soweit das Gericht bis zum ersten Termin eine genügend bestimmte Anordnung unterlassen hatte oder noch nicht hatte formulieren können, mag es im oder nach dem Termin dergleichen so nachgeholt haben, daß jedenfalls im nächsten Termin ein Verstoß des Zeugen vorliegt.

12 **B. Hinweis des Gerichts auf Verstoßfolgen, II Hs 2.** Das Gericht muß den Zeugen nach § 390 rechtzeitig vor dem Termin auf die Folgen eines Verstoßes hingewiesen haben. Das ist eine gleiche Pflicht des Gerichts wie zB bei §§ 141 III 3, 340 III 4.

13 **C. Folgen: Kostenauferlegung; Ordnungsmittel, II Hs 1, 2.** Unter den Voraussetzungen Rn 8, 9 ist das Gericht zu den in § 390 genannten Maßnahmen berechtigt und verpflichtet. Im Umfang eines Rechts zur Aussageverweigerung nach §§ 383 ff oder gar einer Schweigepflicht nach § 376 besteht natürlich keine der vorgenannten Möglichkeiten. Das Gericht darf und muß zwecks Vermeidung eines Verfahrensfehlers darauf achten, das vom Zeugen vorwerfbar Versäumte nachholen zu lassen, das Beweismittel also voll auszuschöpfen, § 286 Rn 24, BGH ZIP **93**, 1308.

14 **6) Rechtsbehelfe, I, II.** Gegen eine Anordnung nach I ist weder dem Zeugen noch einer Partei ein Rechtsbehelf möglich, § 355 II. Gegen eine Maßnahme nach II sind die Rechtsbehelfe § 390 Rn 10 statthaft. Gegen die Bemessung der Entschädigung wegen der Aufwendungen des Zeugen sind die im JVEG genannten Rechtsbehelfe statthaft, Hartmann Teil V.

379 *Auslagenvorschuss.* [1] **Das Gericht kann die Ladung des Zeugen davon abhängig machen, dass der Beweisführer einen hinreichenden Vorschuss zur Deckung der Auslagen zahlt, die der Staatskasse durch die Vernehmung des Zeugen erwachsen.** [2] **Wird der Vorschuss nicht innerhalb der bestimmten Frist gezahlt, so unterbleibt die Ladung, wenn die Zahlung nicht so**

zeitig nachgeholt wird, dass die Vernehmung durchgeführt werden kann, ohne dass dadurch nach der freien Überzeugung des Gerichts das Verfahren verzögert wird.

Gliederung

1) Systematik, S 1, 2. § 379 hat als eine zivilprozessuale Sonderregel gegenüber dem nur allgemein geltenden (jetzt) § 17 I 2 GKG den Vorrang, Bbg FamRZ **01**, 1387, LG Hbg JB **00**, 89, Hartmann Teil I A § 17 GKG Rn 2 (dort zur Streitfrage). Wegen des Vorschusses für einen Soldaten SchlAnh II B Z 22. 1

2) Regelungszweck, S 1, 2. Der Staat übt die Gerichtsbarkeit im Zivilprozeß nicht kostenfrei aus. Er ist auch nicht über ein unvermeidbares Maß hinaus zur auch nur vorläufigen Finanzierung eines solchen Verfahrens da, das der Kläger zwar benötigt, das er aber dessen ungeachtet doch weitgehend in seiner Parteiherrschaft führen lassen kann, Grdz 18 vor § 128. Die Justiz darf nicht zur zinsfreien Bank des Klägers werden. Das klarzustellen ist einer der Zwecke des § 379. Aber darin erschöpft sich die Bedeutung der Vorschrift nicht. 2

Sie dient vielmehr auch der *Beschleunigung,* aber nicht der Bestrafung des Säumigen, BGH NJW **82**, 2560. Das Gericht ist auch nicht dazu da, fiskalische Interessen höher zu bewerten als den ohnehin kaum noch durchführbaren Grundsatz der Zügigkeit des Verfahrens, Heistermann MDR **01**, 1087, Röbke NJW **86**, 238, Schmid MDR **82**, 94. Ihm gegenüber muß auch ein Kosteninteresse einer Partei zurücktreten. Das Gericht sollte besonders bei Anordnungen nach §§ 273, 358 a mit einer Vorschußanforderung zurückhalten. Es darf aber natürlich auch nicht die Ladung als zu kostspielig ablehnen, BVerfG NJW **79**, 413. Das Gericht „kann" nach seinem pflichtgemäßen Ermessen die Ladung des Zeugen davon abhängig machen, daß der Beweisführer einen solchen Vorschuß zahlt, der die voraussichtlichen Auslagen für den Zeugen deckt. Die frühere Sollvorschrift ist bewußt abgeschwächt worden. Die jetzige Kannvorschrift bedeutet also nicht etwa nur eine Zuständigkeitsregelung, sondern die Einräumung eines echten Ermessens für das Gericht, Bbg FamRZ **01**, 1387, ThP 1, ZöGre 2, aM Schmid MDR **82**, 96 (aber hier ist die Auslegung wirklich einmal nach dem rechtshistorischen Ablauf zulässig, Einl III 42).

3) Sachlicher Geltungsbereich, S 1, 2. Die Vorschrift gilt auch im selbständigen Beweisverfahren nach §§ 485 ff, Ffm MDR **04**, 1255. Bei einer Anordnung aus § 273 II Z 4 ist § 379 entsprechend anwendbar, § 273 II 2. Die Vorschrift ist unanwendbar, soweit eine Partei oder auch nur der Gegner eine Auslagenfreiheit oder gar eine völlige Kostenfreiheit hat, Hamm MDR **99**, 502, oder soweit sie eine Prozeßkostenhilfe erhalten hat, § 122 I Z 1 a, II, Hamm MDR **99**, 502, oder nach § 9 I 2 KapMuG, SchlAnh VIII, Schneider BB **05**, 2257. Zeugengebühren sind als Auslagen ein Teil der Gerichtskosten, § 1 I GKG, KV 9005. Das kann dann nach § 122 II auch zugunsten des Prozeßgegners gelten. Freilich muß der nicht mittellose Widerkläger nach Anh § 253 evtl den Vorschuß zahlen, soweit man die Kosten der Klage und der Widerklage trennen kann. § 379 ist ferner dann unanwendbar, wenn das Prozeßgericht einen Zeugen von Amts wegen vernimmt, sowie nach § 9 I 2 KapMuG, SchlAnh VIII. Wegen des verordneten Richters § 405. Denn das Abhängigmachen der Ausführung würde der Amtspflicht des Gerichts widersprechen, Hartmann Teil I A § 17 GKG Rn 27, Schmid MDR **82**, 96. 3

Bei der *Zwangsvollstreckung* prüft das Gericht von Amts wegen nur die allgemeinen Voraussetzungen der Vollstreckbarkeit nach Grdz 14 vor § 704 und die besonderen Erfordernisse der einzelnen Vollstreckungsmaßnahmen. Es prüft also nicht darüber hinausgehende Erfordernisse. Insofern hat die Partei eine Beweislast und daher auch evtl die Pflicht zur Zahlung eines Auslagenvorschusses.

4) Persönlicher Geltungsbereich, S 1, 2. Die Vorschrift betrifft nur den Beweisführer, Einf 23 vor § 284, Karlsr OLGZ **84**, 103. Sie gilt nicht für diejenige Partei, die zwar die Beweislast hat, aber keinen diesbezüglichen Beweis antritt, § 359 Z 3. Wenn beide Parteien Beweisführer sind, entscheidet die Beweislast, Anh § 286, BGH NJW **99**, 2823, Stgt RR **02**, 143, aM Zweibr Rpfleger **89**, 81, Bachmann DRiZ **84**, 401(Gesamtschuldner), RoSGo § 122 VII 2 a (aber es geht ja zunächst um den Zeugen des Beweisbelasteten, auch wenn das Gericht zunächst einen Gegenzeugen vernehmen darf). Einzelheiten Schneider ZZP **76**, 194. Freilich besteht trotzdem eine Gesamtschuld, aM Schmid MDR **82**, 96, ZöGre 4 (aber die spätere Reihenfolge der Durchführung des Beweisbeschlusses ändert nichts an der Wirksamkeit der anfänglichen Anordnung gegenüber allen dort Vorschußpflichtigen). Tritt ein Streithelfer nach § 66 den Beweis an, ist seine Partei die Beweisführerin. Der verordnete Richter nach §§ 361, 362 darf der Anordnung des Prozeßgerichts keine Bedingungen beifügen. Er darf also nicht eigenmächtig nach § 379 verfahren. 4

5) Verfahren, S 1. Die Auflage des Vorschusses erfolgt in einer prozeßleitenden Anordnung des Prozeßgerichts, Bbg FamRZ **01**, 1387, Drsd JB **07**, 212, Karlsr OLGZ **84**, 103, also nicht etwa des ersuchten Gerichts. Dieses darf die Durchführung eines Ersuchens schon gar nicht davon abhängig machen, daß der Vorschuß *seiner* Kasse zugeht. Die Auflage erfolgt nach § 273, im Beweisbeschluß nach § 358 oder später, notfalls mehrfach, Mü MDR **78**, 412, aM Mü MDR **78**, 412 (aber eine Nachschußpflicht kann sich sehr leicht aus dem Verlauf der Beweisaufnahme ergeben). Eine Begründung ist grundsätzlich entbehrlich, § 329 Rn 6, Karlsr OLGZ **84**, 103. Vgl freilich die in Rn 6 genannten Fälle der Anfechtbarkeit. Das Gericht kann nur die Ladung von der Zahlung abhängig machen, nicht die Vernehmung. Das Gericht muß seine Auflage verkünden oder dem Zahlungspflichtigen förmlich zustellen, soweit sie eine Frist setzt, BVerfG RR **04**, 1151. Diese ist regelmäßig unentbehrlich, § 329 II 2. 5

Der Zeuge kann auf die Erstattung seiner *Auslagen verzichten*. Das ist ganz ihm überlassen. Das Gericht hat keine Pflicht zu einem Hinweis auf die Möglichkeit des Verzichts oder eine entsprechende Anheimgabe. Nach solchem Verzicht bestehen wegen § 2 I 1 JVEG keine diesbezüglichen Ladungshindernisse mehr. Das gilt selbst dann, wenn das Gericht vorher einen Vorschuß angeordnet hatte, BVerfG NJW **86**, 833. Eine Verzichtserklärung ist nur wegen Täuschung, Drohung, Irrtums, Fortfalls der Geschäftsgrundlage widerruflich, Düss JB **97**, 374. Der Zeuge muß seinen Widerruf unverzüglich erklären, (jetzt) § 5 V JVEG entsprechend, Mü OLGR **95**, 94.

6 Soweit ein *Anwalt* sich vor allem als ProzBev für eine Kostenhaftung bereiterklärt, muß das Gericht prüfen, ob das für eine den Vorschuß evtl erübrigende Kostenübernahme spricht. Das richtet sich nach den Gesamtumständen, Hartmann Teil I A § 29 GKG Rn 13.

7 Das Gericht muß den Vorschuß *beziffern*. Seine Höhe hängt von der voraussichtlich nach dem JVEG anfallenden Summe ab. Das Gericht darf und muß sie im Rahmen eines pflichtgemäßen weiten, aber nicht zugunsten der Staatskasse allzu großzügigen Ermessens schätzen, Heistermann MDR **01**, 1085. Eine nachträgliche Erhöhung ist zulässig, Rn 5. Das Gericht muß der Partei zur Zahlung eine Frist setzen, II. Diese muß es von vornherein so bemessen, daß der Beweisführer sie einhalten kann. In Anwaltsprozeß können 3 Wochen reichen, Heistermann MDR **01**, 1086. 12 Tage sind grundsätzlich zu kurz, Ffm NJW **86**, 731. Zwischen dem Fristablauf und dem Beweistermin sollte so viel Zeit liegen, daß das Gericht den Zeugen trotz einer geringen Fristüberschreitung noch laden kann, Ffm NJW **86**, 732.

Es handelt sich um eine *richterliche* Frist. Ihre Abkürzung oder Verlängerung richtet sich nach § 224 III. Eine Androhung der Versäumnisfolgen nach Rn 9, 10 ist unnötig., BVerfG RR **04**, 1151. Ein Verstoß ist keine unrichtige Sachbehandlung nach (jetzt) § 21 I GKG, § 20 FamGKG, Düss VersR **85**, 504. BVerfG RR **96**, 1533 fordert evtl eine Rückfrage beim Kostenschuldner oder den Eingang der Zahlungsanzeige. Im übrigen kann beim Unterlassen der Vernehmung ein Verstoß gegen Art 103 I GG vorliegen, BVerfG NJW **00**, 1327.

8 **6) Rechtsbehelfe, S 1.** Gegen die Anordnung des Vorschusses ist grundsätzlich mangels einer ausdrücklichen gesetzlichen Zulassung keine sofortige Beschwerde statthaft, § 567 I Z 1, Drsd JB **07**, 212, Ffm MDR **04**, 1255, Rostock MDR **07**, 1449. Gegen die Ablehnung einer Anordnung kommt die sofortige Beschwerde nach § 567 I Z 2 in Betracht, Ffm MDR **04**, 1255. Bei einer Prozeßkostenhilfe ist unter den Voraussetzungen des § 127 II 2 die sofortige Beschwerde zulässig, § 567 I Z 1. Eine Rechtsbeschwerde kommt unter den Voraussetzungen des § 574 in Betracht. Eine Aufhebung oder eine nachträgliche Bewilligung der Prozeßkostenhilfe machen den Beschluß unwirksam. Ein Unterbleiben der Ladung trotz des Fehlens der Vorschußpflicht kann auf einen Antrag zur Zurückverweisung führen, Hamm MDR **99**, 502. Auch kann das rechtliche Gehör dadurch verletzt sein, BVerfG RR **04**, 1151. § 67 GKG ist unanwendbar, Drsd JB **07**, 212, Hartmann Teil I A § 67 GKG Rn 2. Wegen der Höhe des Vorschusses dort Rn 4.

9 **7) Versäumnisfolgen, S 2.** Es gibt zwei Arten von Folgen.

A. Keine Ladung. Hat die Partei einen ordnungsgemäß angeforderten Vorschuß nicht fristgerecht gezahlt, unterbleibt die Ladung zu dem bestehenbleibenden Beweistermin, Düss RR **97**, 1085. Das gilt unabhängig von einer Androhung, § 231 I, BVerfG **69**, 149, BGH NJW **98**, 762, Köln RR **97**, 1292. Es gilt auch unabhängig von einem Verschulden, BGH NJW **82**, 2559, aM Hamm AnwBl **07**, 468. Es gilt aber nur, wenn der Vorschuß nicht so zeitig eingeht oder wenn der Beweisführer seinen Zeugen nicht so bestellt, daß das Gericht die Vernehmung ohne jede Verzögerung durchführen kann, § 296 Rn 40, 41, BVerfG NJW **00**, 1327, BGH NJW **98**, 762. Das Gericht hat auch insofern ein pflichtgemäßes weites Ermessen, S 2, §§ 279 II, 356 S 1. Zu alledem ändert auch § 342 nichts, Hamm RR **95**, 1039. Sonst verliert der Beweisführer dieses Beweismittel grundsätzlich nicht endgültig, § 230, BVerfG NJW **86**, 833, BGH NJW **97**, 3311, Hamm RR **95**, 1151, aM Weber MDR **79**, 799 (aber § 379 hat keinen Sanktionscharakter, Rn 2). Eine zu strenge Beurteilung kann gegen Art 103 I GG verstoßen, BayVerfGH RR **01**, 353. Eine Frist nach § 356 ist nicht erforderlich, BGH NJW **98**, 762.

10 **B. Ausschluß.** Ein Ausschluß dieses Beweismittels kommt freilich bei §§ 282 I, 296 II in Betracht, BVerfG NJW **00**, 1327, BGH NJW **98**, 762, Köln RR **97**, 1292 (je auch zu den Grenzen), aM BVerfG **69**, 149 (wohl durch die vorgenannte spätere Entscheidung überholt). Wenn das Gericht einen Zeugen trotz des Fehlenes eines Vorschusses lädt oder wenn es von einem Vorschuß abgesehen hat, ist er zum Erscheinen verpflichtet. Wenn er ohne eine Vorschußanordnung oder -anforderung erscheint, muß das Gericht ihn vernehmen, soweit seine Vernehmung noch erforderlich ist, BGH NJW **82**, 2560. Dann hat der Zeuge auch beim Unterbleiben der Vernehmung evtl einen Entschädigungsanspruch. Der Beweisbeschluß bleibt dann formell bestehen. Wenn der nach §§ 361, 362 verordnete Richter vernehmen sollte, kann der Beweisführer nicht etwa die Vernehmung vor dem Kollegium verlangen. Der Verhandlungstermin bleibt notwendig, Düss RR **97**, 1085.

380

Folgen des Ausbleibens des Zeugen. [I] [1] **Einem ordnungsgemäß geladenen Zeugen, der nicht erscheint, werden, ohne dass es eines Antrages bedarf, die durch das Ausbleiben verursachten Kosten auferlegt.** [2] **Zugleich wird gegen ihn ein Ordnungsgeld und für den Fall, dass dieses nicht beigetrieben werden kann, Ordnungshaft festgesetzt.**

[II] **Im Falle wiederholten Ausbleibens wird das Ordnungsmittel noch einmal festgesetzt; auch kann die zwangsweise Vorführung des Zeugen angeordnet werden.**

[III] **Gegen diese Beschlüsse findet die sofortige Beschwerde statt.**

Schrifttum: *Winter,* Vollzug der Zivilhaft, 1987.

Gliederung

1) Systematik, I–III. Die Vorschrift nennt diejenigen Rechtsfolgen, ohne die alle vorgehenden Bestimmungen „leges imperfectae" wären. Sie erfaßt aber eben auch nur die Folgen des unentschuldigten Ausbleibens, nicht auch die ebenso notwendigen Folgen einer unerlaubten Aussageverweigerung (dazu gelten §§ 387 ff) oder gar einer falschen Aussage (dazu gelten §§ 153 ff StGB) oder einer Ungebühr des Anwesenden (dann gilt § 178 GVG), Hbg NJW **97**, 3452. § 381 ergänzt § 380. 1

2) Regelungszweck, I–III. Die Vorschrift bezweckt eine Achtung und Durchsetzbarkeit derjenigen staatsbürgerlichen Ehrenpflichten, die den Zeugen treffen können, damit das sachliche Recht siegen kann, Einl III 9, 36. Ihre Anwendung steht daher auch nicht im Belieben und nicht einmal im Ermessen des Gerichts, sondern ist dessen Pflicht, Rn 9. Sie dient freilich nicht einer Bestrafung. Beides muß man bei der Auslegung mitbeachten, Saarbr RR **05**, 1661. Diese darf nicht einfach ausdehnend erfolgen. 2

Sogleich Ordnungsmittel, das ist freilich ein scheinbar fast zu harter Weg. Art 103 I GG scheint ihm vorrangig entgegenzustehen. Die bloße Möglichkeit einer nur nachträglichen Abschwächung oder Aufhebung nach § 381 scheint systematisch bedenklich. Immerhin liegt aber zunächst bei einer korrekten Handhabung eine „ordnungsgemäße Ladung" vor. Wegen der vom BVerfG bestätigten Berechtigung auch des Zeugen als eines Bürgers, seine Urlaubszeit und seinen Urlaubsort nach eigenem Gutdünken zu wählen, und wegen des Zurücktretens des Bewußtseins von Bürgerpflichten gegenüber Bürgerrechten bleibt die Gesetzesmethode des grundsätzlich ja sogar geforderten Zwangs einer sofortigen Ahndung des bloßen Nichterscheinens zwiespältig.

Vor einer *Gesetzesänderung* darf der Richter freilich nicht einfach eine Anhörung oder Entschuldigungsfrist durch eine solche Auslegung herbeizaubern, deren Verfassungsmäßigkeit ebenso zweifelhaft sein mag. Das gilt wegen der Gleichgültigkeit manchen Bürgers gegenüber einer Ladung leider auch bei demjenigen Zeugen, der wahrscheinlich entschuldigt ausgeblieben ist. Das Gesetz und daher auch das Gericht bitten ihn stillschweigend, seinen Entschuldigungsgrund auch nach § 381 vorzutragen. Das muß man bei § 380 mitbedenken.

3) Geltungsbereich, I–III. Vgl zunächst Üb 3 ff vor § 373. Die Vorschrift gilt auch im WEG-Verfahren. Bei § 51 II ArbGG ist III nicht entsprechend anwendbar, LAG Düss MDR **85**, 435. 3

4) Ausbleiben, I. Die Praxis verfährt oft reichlich nachsichtig. 4

A. Ordnungsmäßigkeit der Ladung. Nachteilige Folgen hat das Ausbleiben nur des vermutlich nach Form und Inhalt ordnungsmäßig geladenen Zeugen, § 377 Rn 3–7, Ffm MDR **79**, 236. Hierher gehört auch das Ausbleiben eines nur prozeßleitend nach § 273 II Z 4 geladenen Zeugen, Celle OLGZ **77**, 366, Ffm OLGZ **83**, 459. Nicht hierher zählt das Ausbleiben des zu einer schriftlichen Äußerung nach § 377 III aufgeforderten Zeugen. Äußert dieser sich nicht, muß das Gericht ihn laden. Nur das Ausbleiben des zum Erscheinen verpflichteten Zeugen kann nachteilige Folgen haben. Wegen der Ausnahmen von dieser Pflicht §§ 375 II, 377 III, 382, 386 III. Er erscheint rechtlich dann nicht, wenn er sich zwischen dem Aufruf nach § 220 I und seiner Entlassung entfernt. Als ein Ausbleiben gilt es auch, wenn er in einem vorwerfbar vernehmungsunfähigen Zustand etwa betrunken auftritt und wenn das Gericht ihn daher oder nach § 158 oder nach § 177 GVG sitzungspolizeilich entfernen lassen muß. Dann gelten nur §§ 177, 178 GVG.

§ 380 ist unanwendbar, soweit die Ladung des Zeugen nach Üb 11 vor § 373 unstatthaft war, zB gegenüber der Mutter des nichtehelichen Kindes, soweit sie nicht Amtspflegerin ist, oder wenn das Gericht den Zeugen nicht rechtzeitig geladen hatte (§ 217 ist unanwendbar), oder wenn es den Zeugen im Ausland geladen hatte, oder wenn der Zeuge zwar verspätet erscheint, aber vor der Einleitung einer Maßnahme nach I, oder wenn er auf eine Ladung nach einer Kenntnis vom Termin verzichtet hatte (das darf man aber nicht mit einer mündlichen oder telefonischen Ladung verwechseln), oder wenn das Gericht ihm das Beweisthema nicht ausreichend mitgeteilt hatte, Celle OLGR **94**, 286, Ffm MDR **79**, 236, Reinecke MDR **90**, 1063. Wenn der Zeuge nach dem Erlaß einer Maßnahme nach § 380 erscheint, gilt § 381 I 2. Die bloße Tatsache des Ausbleibens reicht zunächst aus. Eine Verzögerung des Prozeßablaufs ist unerheblich. Ihr Eintritt zwingt erst recht zur Maßnahme, BFH DB **88**, 1836. Das Gericht prüft eine Entschuldigung grundsätzlich nur nach § 381. Es muß aber natürlich seine etwaige eigene Unpünktlichkeit usw mitbeachten, Schneider MDR **98**, 1205 (ausf). 5

Auch kann das Gericht bei einer inzwischen eingetretenen *Entbehrlichkeit* des Zeugen und dann von einer Maßnahme nach I absehen, wenn sein Ausbleiben auf einer nur geringen persönlichen Mitschuld beruht, Köln VersR **93**, 718, Grüneberg MDR **92**, 330. Das kann zB dann so sein, wenn ein auswärtiger Zeuge um seine Vernehmung vor dem ersuchten Richter bat, ohne eine dem Gericht noch zeitlich zumutbare ablehnende Antwort zu erhalten, Köln **93**, 718 (aber Vorsicht! Zunächst bleibt die Ladung nebst ihren Anweisungen maßgeblich). Es kann auch dann gelten, wenn ein ProzBev den Zeugen zwar unbefugt, aber wohlmeinend abbestellt hatte. Allerdings muß das Gericht abwägen. Es darf sich nicht die Entscheidung über die Entbehrlichkeit von einem übereifrigen anderen Prozeßbeteiligten abnehmen lassen, der oft die wahre Prozeßlage ohnehin nicht voll erkannt hat. Vgl auch § 381 Rn 6. 6

7 **B. Ordnungsmittel.** Es genügt der Nachweis, daß das Gericht die Ladung hinausgegeben hat. Nicht erforderlich ist der Nachweis, daß der Zeuge sie auch erhalten hat, § 381. Immerhin muß der Zugang wahrscheinlich sein und darf nicht auch nur möglicherweise fehlen. Für die Zeit des Zugangs darf man § 357 II entsprechend heranziehen. Das Gericht braucht keine Ladungsfrist einzuhalten. Allerdings muß dem Zeugen genügend Zeit zum Erscheinen bleiben, freilich nicht unbedingt auch zur Vorbereitung. Die erforderliche Belehrung des Zeugen bei der Ladung muß die Art des möglichen Ordnungsmittels angeben. Sie braucht aber nicht dessen Höhe zu nennen, sondern allenfalls dessen Rahmen anzugeben. Das Gericht muß zwar nicht Ermittlungen vornehmen. Es sollte aber im Zweifel aufzuklären versuchen, ob die Ladung zuging, auch zB durch eine telefonische Rückfrage.

8 **C. Pflicht zu Maßnahmen.** Das Gericht entscheidet in voller Besetzung, LAG Bre MDR **93**, 1007. Auch der verordnete Richter ist zuständig, § 400. Das Gericht hat beim Vorliegen der Voraussetzungen Rn 4–7 ein Wahlrecht weder zum Ob des Ordnungsmittels nach Rn 7 noch zum Nebeneinander von Ordnungsmittel und Kosten, Rn 10. Das gilt unabhängig davon, ob die Vernehmung noch erforderlich ist, ob der Beweisführer auf die Vernehmung verzichtet und ob der Gegner zustimmt, Ffm OLGZ **83**, 459. Es kommt auch nicht darauf an, ob das Gericht mit einer nachträglichen Entschuldigung rechnen könnte, solange dafür nicht bereits triftige Inhaltspunkte vorliegen, so daß man mit dem Beschluß getrost noch etwas zuwarten kann.

9 Das Gericht verhängt stets Kosten und Ordnungsmittel nebeneinander, „zugleich", I 2. Bei einem in Deutschland geladenen Zeugen ergeht von Amts wegen ein Beschluß, § 329. Er kann auch nach dem Abschluß des Verfahrens ergehen, BFH DB **88**, 1836. Das Gericht hat insofern *kein Ermessen*. Denn der Zwang zum Erscheinen ist öffentlichrechtlich. §§ 153 I StPO, 47 OWiG (kein Ordnungsmittel bei einer Geringfügigkeit des Verschuldens) sind nach Grüneberg MDR **92**, 328, ZöGre 3 bis auf die Kostenfolgen entsprechend anwendbar, falls das Ausbleiben keine Nachteile zur Folge hat, mit Recht eher strenger Schmid MDR **80**, 116 (betr OWiG, StPO), großzügiger Kblz MDR **79**, 424 (nicht einmal Kostenfolgen). Die Kostenlast nach Rn 6 darf aber nicht dadurch auf die Parteien übergehen. Das Gericht muß seinen Beschluß begründen, § 329 Rn 4. Es muß ihn verkünden oder den Parteien wegen der Kosten formlos mitteilen, § 329 II 1. Es muß ihn dem Zeugen als einen Vollstreckungstitel zustellen, § 329 III.

10 **D. Kostenauferlegung.** Der Zeuge muß die durch sein Ausbleiben entstandenen nach §§ 91 ff notwendigen Kosten tragen, BGH BB **05**, 800. Dazu zählen zB Anwaltskosten wegen der Teilnahme an einer Vernehmung vor dem ersuchten Richter, BGH BB **05**, 800, oder Fahrtkosten, auch die Kosten der Parteien. Sie sind insoweit antrags- und bei einer Ablehnung beschwerdeberechtigt. Nicht hierher zählt der Umfang des Zeitaufwands des Anwalts. Denn er erhält nur eine Pauschgebühr, aM Hahn AnwBl **76**, 122. Der Beschluß enthält insofern nur die Kostengrundentscheidung, Üb 95 vor § 91, ZöGre 4, aM Celle OLGR **94**, 287 (aber das Gericht kann noch gar nicht den Umfang der Mehrkosten abschätzen). Der Beschluß ist ein zur Kostenfestsetzung durch den Rpfl nach §§ 103 ff geeigneter Titel, § 794 I Z 3. Kosten sind hier nicht festsetzbar, soweit sie auch bei einer rechtzeitigen Entschuldigung entstanden wären, Nürnb RR **99**, 788. Der Prozeßverlierer muß diese Kosten erstatten, soweit die andere Partei die Erfolgslosigkeit der Beitreibung nachweist, § 104.

11 **E. Ordnungsmittel.** Das Gericht muß dem Zeugen Ordnungsmittel auferlegen. Auch diese sind Rechtsnachteile ohne einen Strafcharakter. Das stellt Art 5 EGStGB klar, Köln NJW **78**, 2516 (krit Schneider NJW **79**, 987). Das Gericht verhängt ein Ordnungsgeld. Es beträgt 5–1000 EUR, Art 6 I EGStGB, Vorbem B. 400 EUR können auch bei ungünstigen wirtschaftlichen Verhältnissen eines erscheinensunwilligen Zeugen zulässig sein, Köln MDR **04**, 901. Soweit das Gericht den oberen Rahmen wählt, muß es das begründen, BFH DB **88**, 1837. Zugleich muß das Gericht ohne eine Wahlrecht zwingend ersatzweise eine Ordnungshaft von einem Tag bis zu 6 Wochen verhängen, Art 6 II 1 EGStGB. Art 7 des 1. StrRG v 25. 6. 69, BGBl 645, hindert nicht. Die Festsetzung erfolgt jedoch nicht nach Wochen, sondern stets nach Tagen. Manche empfehlen schon beim ersten Mal (jetzt ca) 50 EUR, LG Kiel JB **76**, 114, andere (jetzt ca) 75 EUR, Schalhorn JB **76**, 114 wieder andere (jetzt ca) 100 EUR, Mü OLGR **94**, 202.

12 Gegenüber einem *minderjährigen* Zeugen ist abweichend von § 381 eine Prüfung der Schuldfähigkeit nötig, LAG Nürnb MDR **99**, 1342 (JGG entsprechend anwendbar). Der gesetzliche Vertreter unterliegt nicht als solcher dem § 380, sondern nur insoweit, als er selbst ein Zeuge ist. Das Gericht kann ihn im übrigen allenfalls nach § 1666 BGB behandeln. Die etwaige Stundung, Gewährung von Raten und deren Änderungen oder Wegfall richten sich nach Art 7 EGStGB. Wenn das Gericht eine ersatzweise Ordnungshaft nicht festgesetzt hatte, muß es Art 8 EGStGB beachten. Eine etwaige Niederschlagung richtet sich nach Art 8 II EGStGB, die Verjährung nach Art 9 EGStGB, Hamm BB **78**, 574. Zur Anordnung eines Ordnungsmittels, auch eines nachträglichen, ist nur der Richter zuständig. Dasselbe gilt von der Gewährung nachträglicher Raten, Art 7 II EGStGB.

Für die *Vollstreckung* ist grundsätzlich der Rpfl zuständig, soweit sich nicht der Richter die Vollstreckung ganz oder teilweise vorbehält, § 31 III RPflG, Mümmler JB **75**, 582. Jedoch darf nur der Richter eine Ordnungshaft auch im Rahmen der Vollstreckung androhen oder anordnen, § 4 II Z 2a RPflG. Zuständig ist das Prozeßgericht, nicht die Staatsanwaltschaft, Mü MDR **88**, 784 (zu § 890). Eine Beitreibung von Kosten und Ordnungsgeld erfolgt nach § 1 I Z 3, 4 JBeitrO in Verbindung mit §§ 3, 4 EBAO, Hartmann Teil IX A, B, Mümmler JB **75**, 582.

13 **5) Wiederholtes Ausbleiben, II.** Auch hier herrscht zu viel Nachsicht.

A. Begriff. Ein wiederholtes Ausbleiben liegt vor, wenn das Gericht schon einmal aus demselben Anlaß auf eine Maßnahme nach I gegen den Zeugen erkannt hat, mag es sie damals auch nicht vollstreckt haben. Das gilt jedoch nicht, wenn das Gericht die erste Maßnahme nach § 381 I 2 aufgehoben hatte, BayObLG **90**, 40.

14 **B. Ordnungsmittel.** Das Gericht muß noch einmal ein Ordnungsgeld und ersatzweise eine Ordnungshaft festsetzen. Nur das Gericht kann auch die Vorführung des Zeugen anordnen, OVG Greifsw LKV **04**, 231. Sie geschieht nicht durch die Polizei, sondern nach § 191 GVGA durch den Gerichtswachtmeister oder

den Gerichtsvollzieher, KVGv 270. Das gilt auch bei einem Soldaten, SchlAnh II. Der für den Wohnsitz des Zeugen zuständige Gerichtsvollzieher muß auch dann tätig werden, wenn er zur Vorführung eine größere Strecke zurücklegen muß, LG Regensb DGVZ **80**, 172. Der Vorführungsbefehl wird am besten bei der Ausführung der Vorführung zugestellt. In Bayern ist die Zuziehung polizeilicher Vollzugsorgane statthaft, GVBl **53**, 189. Die Kosten der Vorführung nach KVGv 270, 700 ff sind Kosten des Ausbleibens. Der Beweisführer muß sie nach § 379 mit vorschießen. Vgl §§ 13, 14 GvKostG, 21, 27 VII KostVfg, Hartmann Teil VII A, XI.

C. Kosten. Das Gericht kann dem Zeugen auch die durch sein erneutes Ausbleiben verursachten weiteren Kosten auferlegen. Zwar nennt II jetzt nur noch „das Ordnungsmittel"; wie § 381 I 1 zeigt, unterscheidet das Gesetz zwischen diesem Ordnungsmittel und der Auferlegung von Kosten. Die Nichterwähnung der Kosten in II beruht aber darauf, daß auch bei einem wiederholten Ausbleiben I 1 gilt. Sonst würden die weiteren Kosten in der Luft hängen und der hartnäckig ausbleibende Zeuge besser als vorher dastehen. **15**

D. Drittes Ausbleiben. Auch eine dritte und weitere Auferlegung von Kosten nebst einer Feststellung von Ordnungsmitteln ist zulässig. Der Wortlaut steht nicht entgegen. Denn der Ton liegt auf „noch", nicht auf „einmal". Es wäre sonderbar, wenn ein Zeuge durch seinen dauernden Ungehorsam seiner Zeungispflicht entgehen könnte, ThP 7, ZöGre 8, aM Celle OLGZ **75**, 327, StJBe 30 (aber gerade ein nur scheinbar zweideutiger Wortlaut darf nicht eine Ermittlung des maßgeblichen Sinns hindern, Einl III 40, 41). Das gilt auch vor der Vollstreckung des früheren Ordnungsmittels. **16**

6) Sofortige Beschwerde, III. Beim Rpfl gilt § 11 RPflG in Verbindung mit §§ 567 ff. Zum Verfahren § 104 Rn 41 ff. **17**

A. Zulässigkeit. Der Zeuge kann sich nachträglich nach § 381 entschuldigen, LG Bochum NJW **86**, 2890 (zum Sachverständigen). Er kann sich statt dessen oder daneben zwar nicht gegen den Beweisbeschluß beschweren, § 355 Rn 8, Köln FamRZ **86**, 708, wohl aber gegen einen Beschluß nach I oder II, auch als ein Minderjähriger, LAG Nürnb MDR **99**, 1392. Das Gericht muß seine Eingabe schon wegen der Kosten einer erfolglosen Beschwerde sorgfältig nach ihrem Sinn auslegen. Im Zweifel muß das Gericht zunächst nach § 381 prüfen. Dabei gilt der Verhältnismäßigkeitsgrundsatz, Einl III 22. Gegen die Entscheidung des verordneten Richters nach § 400 ist zunächst die befristete Erinnerung nach § 573 I 1 statthaft. Es besteht kein Anwaltszwang, §§ 78 III Hs 2, 569 III Z 3. Die sofortige Beschwerde hat eine aufschiebende Wirkung, § 570 I. § 567 II ist unanwendbar. Es gibt also keine Notwendigkeit einer Beschwerdesumme. Denn es handelt sich nicht um eine Kostenentscheidung, § 181 GVG. Soweit das OLG als Berufungs- oder Beschwerdegericht entschieden hat, kommt eine Rechtsbeschwerde an den BGH unter den Voraussetzungen des § 574 I–III in Betracht. Die Parteien haben das Beschwerderecht nur bei Rn 10. Insofern ist auch eine Verfassungsbeschwerde denkbar, BVerfG **33**, 257.

B. Einzelfragen. Bei einer erfolgreichen sofortigen Beschwerde ist wegen der Kosten (jetzt) § 7 JVEG anwendbar, Brdb JB **99**, 156, Düss MDR **85**, 60, aM BGH RR **07**, 1365, BFH BStBl **86** II 270, Hamm Rpfleger **80**, 72 (je: § 467 I StPO oder § 46 OWiG entsprechend), Zweibr MDR **96**, 533 (§ 467 StPO sei unanwendbar, daher Kosten zulasten der unterliegenden Partei. Aber § 7 JVEG hat als eine Spezialvorschrift den Vorrang, wie bei § 381 Rn 4). **18**

381 *Genügende Entschuldigung des Ausbleibens.*

I [1] **Die Auferlegung der Kosten und die Festsetzung eines Ordnungsmittels unterbleiben, wenn das Ausbleiben des Zeugen rechtzeitig genügend entschuldigt wird.** [2] **Erfolgt die Entschuldigung nach Satz 1 nicht rechtzeitig, so unterbleiben die Auferlegung der Kosten und die Festsetzung eines Ordnungsmittels nur dann, wenn glaubhaft gemacht wird, dass den Zeugen an der Verspätung der Entschuldigung kein Verschulden trifft.** [3] **Erfolgt die genügende Entschuldigung oder die Glaubhaftmachung nachträglich, so werden die getroffenen Anordnungen unter den Voraussetzungen des Satzes 2 aufgehoben.**

II Die Anzeigen und Gesuche des Zeugen können schriftlich oder zum Protokoll der Geschäftsstelle oder mündlich in dem zur Vernehmung bestimmten neuen Termin angebracht werden.

Gliederung

1) Systematik, I, II. Die Vorschrift stellt eine notwendige Ergänzung zu § 380 dar, dort Rn 1. **1**

2) Regelungszweck, I, II. Vgl zunächst § 380 Rn 2. Wenn es das Gesetz schon dem Zeugen überläßt, sich rechtzeitig zu entschuldigen oder das nachzuholen, nachdem er ahnungslos ausgeblieben und ein Ordnungsmittel ergangen war, darf man die Entschuldigungschance nicht auch noch durch eine zu strenge Anforderung verringern. Andererseits würde die notwendige Wirkung einer gerichtlichen Ladung verpuffen, wenn das Gericht jede Art von Ausrede als Entschuldigung anerkennen müßte. Es gilt daher behutsam weder zu hart noch zu nachgiebig abzuwägen. Dabei hat kaum eine Berufsgruppe von vornherein Vorteile, auch nicht der Arzt, überhaupt nicht jeder arbeitende Mensch in der Arbeitszeit. Denn Arbeitszeit ist nun **2**

einmal auch diejenige des Gerichts und der ProzBev. Fingerspitzengefühl und Einfühlungsvermögen helfen bei der Abwägung, insbesondere auch zum Maß eines etwa dem Grunde nach notwendigen Ordnungsmittels. Eine Ordnungshaft bleibt im Zivilprozeß eine praktisch nur ganz selten zu vollstreckende, aber als ein Druckmittel wirksame Ausnahme.

3 **3) Geltungsbereich, I, II.** Üb 3 ff vor § 373.

4 **4) Ahndungsfreiheit des Zeugen, I.** Die Praxis verfährt oft recht großzügig.

A. Rechtzeitige Entschuldigung, I 1. Ein Rechtsnachteil unterbleibt, wenn der Zeuge sein Ausbleiben rechtzeitig genügend entschuldigt, Saarbr RR **05**, 1661. Hier ist nach dem Gesetzestext nicht stets eine Glaubhaftmachung nötig. Denn erst I 2 fordert eine Glaubhaftmachung. Im Rahmen des pflichtgemäßen Ermessens kann das Gericht aber schon bei I 1 verlangen, daß der Zeuge den Entschuldigungsgrund glaubhaft macht, § 294. Es müssen solche Umstände vorliegen, die das Ausbleiben nicht als pflichtwidrig erscheinen lassen. Evtl ist ein ärztliches Attest notwendig. Das Gericht muß seinen Wert oder seine Wertlosigkeit nachvollziehbar erläutern, Köln OLGR **99**, 415.

Der Zeuge erhält die *Attestkosten* nach § 7 JVEG ersetzt, wenn seine Entschuldigung durchgreift, wie bei § 380 Rn 18. Was als Entschuldigung genügt, ist eine Frage des Einzelfalls, Düss OLGR **94**, 170. § 233 ist entsprechend, wenn auch nicht so scharf, anwendbar, aM ThP 2 (aber warum denn nicht? I 1 spricht klar von einer „Entschuldigung", Üb 26 vor § 373). Das Gericht muß von Amts wegen prüfen. Es muß nicht, darf aber Ermittlungen anstellen, Nürnb MDR **99**, 315.

Rechtzeitigkeit der Entschuldigung liegt nur vor, wenn die Entschuldigung noch so früh telefonisch auf der Geschäftsstelle oder auf der Posteinlaufstelle des Gerichts eingeht, daß das Gericht den Termin noch zur Kenntnis aller übrigen Prozeßbeteiligten aufheben oder verlegen kann. Dabei ist eine unverzügliche und objektiv rasche Weiterleitung an den Vorsitzenden eine Voraussetzung. Eine trödelnde Weiterleitung darf nicht dem Zeugen zur Last fallen. Freilich kann er nicht erwarten, daß man im Gericht schon wegen seiner Entschuldigung alles stehen und liegen läßt.

5 **B. Schuldlosigkeit verspäteter Entschuldigung, I 2, 3.** Ist eine Entschuldigung zwar vorhanden, aber nicht nach Rn 4 rechtzeitig, sondern verspätet eingegangen, reicht auch eine nach § 294 glaubhafte Schuldlosigkeit dieser Verspätung, Saarbr RR **05**, 1661. Nur bei einer solchen Schuldlosigkeit kommt nach I 3 eine Aufhebung der vom Gericht inzwischen angeordneten Maßnahmen infrage.

6 **5) Beispiele zur Frage einer Entschuldigung, I**

Abbestellung: Grds *nicht* entschuldigen kann die bloße Abbestellung durch einen ProzBev. Denn allein das Gericht darf die Ladung wirksam aufheben. Das muß sich der Zeuge auch trotz einer etwa abweichenden Mitteilung des ProzBev sagen, § 85 II. Denn es ergibt sich aus der Ladung. Der Zeuge muß zumindest beim Gericht rückfragen. Er darf das Ausbleiben einer Antwort keineswegs stets als eine stillschweigende Zustimmung zu seinem Ausbleiben ansehen. Die Erwägungen zur Geringfügigkeit der (Mit-)Schuld des vom ProzBev abbestellten Zeugen in § 380 Rn 6 gelten hier entsprechend.

S auch „Auskunft".

Anderer Termin: Rn 6 „Terminsüberschneidung".

Arbeitsunfähigkeit: Rn 5 „Erkrankung".

Auskunft: *Nicht* entschuldigen kann eine Falschauskunft des ProzBev, § 85 II, Köln OLGR **99**, 14.

S auch „Abbestellung".

Berufsbedingte Abwesenheit: Entschuldigen kann eine berufsbedingte Abwesenheit, soweit sie bei einer strengen Prüfung wirklich unvermeidbar ist. Der Anwaltspflicht geht aber eine Zeugenpflicht vor, BFH NJW **75**, 1248. Vorsicht mit einer Gefälligkeitsbescheinigung, Köln MDR **04**, 901. Auch muß der Zeuge evtl einen Postnachsendeauftrag erteilen, Nürnb MDR **98**, 1369, oder klären, ob eine Ersatzzustellung ausreichen würde, Düss RR **95**, 1341.

S auch Rn 6 „Terminsüberschneidung", Rn 7 „Unaufschiebbares Geschäft".

Ehefrau: Bei einer Ersatzzustellung an sie ist ihre Unachtsamkeit für den Zeugen *nicht stets* auch sein Verschulden, Düss MDR **95**, 1166. Man muß aber alle Fallumstände abwägen.

Elektronische Terminplanung: *Nicht* entschuldigt ihr Überhören, Saarbr RR **05**, 1661.

Erkrankung: Entschuldigen kann natürlich eine solche Erkrankung, die das Erscheinen unzumutbar oder unmöglich macht, nicht freilich schon jede krankheitsbedingte Arbeitsunfähigkeit. Ob eine Medikamenteneinnahme zumutbar gewesen wäre, ist eine oft sehr schwierige Fallfrage. Das Gericht darf ein Attest nicht schon deshalb als nicht vorhanden zurückweisen, weil der Zeuge die dort genannten nicht entscheidungserheblichen Einzelheiten nicht den Parteien offenbart, Mü MDR **00**, 413.

Nicht entschuldigen kann aber eine solche krankheitsbedingte Arbeitsunfähigkeit, die weder zur Reise- noch zur Verhandlungs- oder Aussageunfähigkeit führt, Zweibr JB **76**, 1256.

Irrtum: *Meist nicht* entschuldigen kann ein bloßer Irrtum über den Terminstag.

Krankheit: Rn 5 „Erkrankung".

7 **Ladung:** Entschuldigen kann ein zu später oder unkorrekter Zugang der Ladung, soweit der Zeuge im Rahmen des ihm Zumutbaren trotzdem zu reagieren versucht.

Ladung: Entschuldigen kann das Fehlen oder ein sonstiger Fehler der Ladung. War sie nach § 377 I 2 formlos erfolgt, kann eine eidesstattliche Versicherung voll ausreichen, sie nicht oder nicht rechtzeitig erhalten zu haben. Eine solche Versicherung kann evtl sogar überflüssig sein. Es entscheiden eben die Gesamtumstände, Rn 4.

Parknot: Der Zeuge muß eine Parknot in der Gerichtsnähe heute grds einkalkulieren. Sie kann daher *nicht* entschuldigen.

Sorgen: Ob sie entschuldigen können, hängt von den Gesamtumständen ab, streng BFH DB **77**, 2312.

Rufbereitschaft: Der Zeuge braucht keineswegs stets von vornherein „auf Verdacht abrufbereit" zu sein, Schmid NJW **81**, 858.

Terminsüberschneidung: Entschuldigen kann ein berechtigter Wunsch, an einem gleichzeitig anberaumten und trotz eines Verlegungsantrags nicht verlegten Gerichtstermin in einer anderen Sache teilzunehmen. Das gilt selbst dann, wenn dort keine Anwesenheitspflicht besteht, sondern „nur" Nachteile beim Ausbleiben drohen, BFH DB **81**, 924. Beim Anwalt geht ein anderer gleichzeitiger Termin *nicht stets* vor, BFH NJW **75**, 1248.

S auch Rn 5 „Berufsbedingte Abwesenheit".

Todesfall: Entschuldigen kann natürlich ein Todesfall im engen Familien- oder Berufskreis. **8**

Überflüssigkeit: Ob der Zeuge sein Erscheinen für überflüssig oder nicht mehr notwendig hält, ist grds *unerheblich,* aM ThP § 380 Rn 9 (dann solle eine Maßnahme nach § 380 unterbleiben. Aber auch ein Zeuge muß nachdenken. Er kann das Ladungsformular lesen oder beim Gericht rückfragen).

Umzug: Entschuldigen kann ein Umzug, selbst wenn der Zeuge einen Nachsendeauftrag vergessen hat, solange der Zeuge nicht mit einer Ladung rechnen mußte.

Unaufschiebbares Geschäft: Entschuldigen kann ein unaufschiebbares Geschäft.

S auch Rn 5 „Berufsbedingte Abwesenheit".

Urlaub: Es gibt ein Recht auf einen ungestörten Urlaub zum selbstgewählten Zeitpunkt, BVerfG **34**, 156. Daher kommt es darauf an, ob der Zeuge mit einer Ladung rechnen mußte und seine Abwesenheit dem Gericht hätte mitteilen können und müssen (im Zweifel nein).

Unverzügliche Mitteilung: Der Zeuge muß die ausreichende Verhinderung unverzüglich mitteilen, also ohne schuldhaftes Zögern, § 121 I BGB. Nur auf diese Weise hilft er unnütze Termine zu vermeiden. Das ist eine selbstverständliche Nebenpflicht. Das Gericht muß aber seinen Kostenbeschluß usw nach I 2 wieder aufheben, wenn der Zeuge die Nachricht von der Verhinderung nur vermeidbar spät abgesandt hat, Celle MDR **99**, 824, Ffm MDR **99**, 824, aM Nürnb MDR **98**, 1432 (aber I 3 ist eindeutig: Es reicht auch eine „nachträgliche" genügende Entschuldigung).

Vergessen: *Meist nicht* entschuldigen kann ein bloßes Vergessen.

Verkehrsstörung: Entschuldigen kann eine unvorhersehbare erhebliche Verkehrsstörung, Nürnb MDR **98**, 1432, *nicht* aber eine übliche einkalkulierbare, Schlesw MDR **78**, 323.

Verspätung: Entschuldigen kann nur eine schuldlose Verpätung der Verhinderungsmitteilung. Es kommt auch darauf an, ob bei einer früheren Mitteilung noch eine Terminsverlegung möglich gewesen wäre, Nürnb MDR **98**, 1432, aM Celle MDR **99**, 437, Ffm MDR **99**, 824 (aber § 381 stellt auf eine Entschuldigung ab).

6) Entscheidung, I. Ein Beschluß ist nur dann erforderlich, wenn die Partei wegen der Kosten eine Maßnahme beantragt, § 380 Rn 10. Das Gericht muß seinen Kostenbeschluß und seine Ordnungsmittel aufheben, wenn die Entschuldigung oder deren Glaubhaftmachung nach § 294 nachträglich eingehen, I 3 in Verbindung mit I 2. Statt einer Entschuldigung ist auch die sofortige Beschwerde nach § 380 III zulässig, dort Rn 17. Es hebt auf, wer erlassen hat, das Prozeßgericht aber auch für den verordneten Richter, § 576 I, § 400 Rn 3. Zulässig ist auch eine Ermäßigung. Wegen einer Stundung und Raten Art 7 EGStGB. Das Gericht muß seinen Beschluß begründen, § 329 Rn 4. Es muß ihn dem Zeugen und, soweit Kosten infrage kommen, den Parteien verkünden oder von Amts wegen zustellen, § 329 II 2. Es muß ein Ordnungsgeld nach der Auferhebung an den Zeugen zurückzahlen, und zwar ohne Zinsen, § 5 IV GKG (Beendigung einer Streitfrage, auch in § 17 IV KostO usw). **9**

7) Anbringung, II. Der Zeuge kann seine Gesuche elektronisch entsprechend § 130 a oder schriftlich oder zum Protokoll der Geschäftsstelle oder im Vernehmungstermin mündlich anbringen. Es besteht kein Anwaltszwang, § 78 III Hs 2. Auf eine Terminsverlegung ist § 227 unanwendbar. **10**

8) Rechtsmittel, I, II. Bei einer Zurückweisung des Gesuchs ist grundsätzlich die sofortige Beschwerde zulässig, § 567 I Z 2. Soweit das OLG entschieden hat, kommt eine Rechtsbeschwerde an den BGH unter den Voraussetzungen des § 574 in Betracht. Gegen die Aufhebung des Ordnungsmittels ist grundsätzlich kein Rechtsmittel statthaft, Hamm RR **87**, 815. Eine sofortige Beschwerde gegen die Aufhebung des Kostenbeschlusses hat aber die Partei, soweit sie beschwert ist, § 380 Rn 10, 17. Beim Rpfl gilt § 11 RPflG, § 104 Rn 41 ff. **11**

382 *Vernehmung an bestimmten Orten.* [I] **Die Mitglieder der Bundesregierung oder einer Landesregierung sind an ihrem Amtssitz oder, wenn sie sich außerhalb ihres Amtssitzes aufhalten, an ihrem Aufenthaltsort zu vernehmen.**

[II] **Die Mitglieder des Bundestages, des Bundesrates, eines Landtages oder einer zweiten Kammer sind während ihres Aufenthaltes am Sitz der Versammlung dort zu vernehmen.**

[III] **Zu einer Abweichung von den vorstehenden Vorschriften bedarf es:**
für die Mitglieder der Bundesregierung der Genehmigung der Bundesregierung,
für die Mitglieder einer Landesregierung der Genehmigung der Landesregierung,
für die Mitglieder einer der im Absatz 2 genannten Versammlungen der Genehmigung dieser Versammlung.

1) Systematik, I–III. Die Vorschrift stellt für den von § 376 erfaßten Personenkreis eine Ergänzung dar. Sie hat den Vorrang gegenüber dem Grundsatz, daß der Zeuge dort vernommen wird, wo das Prozeßgericht nach § 355 oder der verordnete Richter tagen, §§ 361, 362. Ein Aussageverweigerungsrecht nach §§ 383 ff oder eine Schweigepflicht nach § 376 usw bleiben unberührt. **1**

2) Regelungszweck, I–III. Der Sinn der Regelung ist eine Rücksicht auf das Amt und den Rang des betroffenen Zeugen. Das ist keineswegs selbstverständlich. Es gibt in der übrigen Bevölkerung genug andere Menschen mit einem vergleichbaren Rang und Amt. Auch hier läßt sich erheblich bezweifeln, ob die **2**

Bevorzugung der Ersten und Zweiten Gewalt in unserer Demokratie eigentlich noch dem Ansehen seiner gleichwertigen Dritten Gewalt dient.

3 **3) Geltungsbereich, I–III.** Wegen der Mitglieder der Bundesregierung und der Landesregierungen § 376 Rn 1, 2. Als Mitglieder einer 2. Kammer kommen diejenigen des Senats in Bayern in Frage, Bay Verfassung Artt 34 ff. Die Vernehmung erfolgt nach § 219 am Sitz des Gerichts des Dienstorts. Sie erfolgt also nicht am Dienstsitz oder in der Wohnung. Dort vernimmt das Gericht nur den Bundespräsidenten, § 375 II. Das Prozeßgericht bestimmt im Beweisbeschluß nach § 358 oder später, ob es selbst oder ob der verordnete Richter die Vernehmung durchführt, §§ 361, 362. Die Genehmigung zu einer Abweichung muß das Gericht oder der Beweisführer durch den Justizminister einholen, auch wenn der Zeuge mit dem Erscheinen vor dem Prozeßgericht oder sonst mit der Abweichung einverstanden ist. Denn der Vorrang ist für den Zeugen unverzichtbar, ZöGre 2, aM StJBe 5 (es bestehe ein Ermessen des Gerichts. Aber die Vorschrift ist zwingendes öffentliches Recht).

Das Gericht muß die Vorschrift *von Amts wegen* beachten, Grdz 39 vor § 128. Ein Verstoß des Gerichts beseitigt die Pflicht zum Erscheinen. Er macht § 380 unanwendbar. Er läßt aber die Vernehmung wirksam. Keine Genehmigung ist bei einem Abgeordneten notwendig, wenn der Vernehmungstermin außerhalb einer parlamentarischen Sitzungswoche oder einer Ausschlußperiode (-sitzung, -termin) liegt, ständige Praxis des zuständigen Bundestagsausschusses. Wann die Sitzungswochen liegen, kann das Gericht bei der Verwaltung des Parlaments erfahren.

Einführung vor §§ 383–389
Zeugnisverweigerung

Schrifttum: *Groß,* Zum Zeugnisverweigerungsrecht der Mitarbeiter von Presse und Rundfunk, Festschrift für *Schiedermair* (1976) 223; *Walker,* Zur Problematik beweisrechtlicher Geheimverfahren usw, Festschrift für *Schneider* (1997) 147.

Gliederung

1 **1) Systematik.** §§ 383–389 regeln das Zeugnisverweigerungsrecht im wesentlichen abschließend. § 383 regelt, wer überhaupt schweigen darf. § 384 regelt das Schweigerecht zu einzelnen Fragen, § 385 enthält Ausnahmen von §§ 383–384. §§ 386 ff regeln das Verfahren. Ganz ausnahmsweise kann das Zeugnisverweigerungsrecht unmittelbar aus dem GG folgen, Art 2 GG, Hamm OLGZ **89**, 469, Art 47 GG, BVerfG **38**, 114 (jetzt § 383 I Z 5). Immerhin können äußere Umstände auf eine Bereitschaft zur Aussage viel Einfluß haben. Deshalb sind §§ 169 ff GVG mitbeachtlich. Eine Verweigerung bedeutet anders als § 252 StPO kein absolutes Verwertungsverbot früherer Aussagen oder der Vernehmung einer früheren Vernehmungsperson. Ein Aussageverweigerungsrecht hat nur der Zeuge oder Sachverständige, dieser nach § 402 Rn 6. Kein Aussageverweigerungsrecht hat die Partei nach §§ 445 ff.

2 **2) Regelungszweck.** Eine ausdehnende Auslegung ist wegen der auf dem Rechtsstaatsprinzip und dem Gerechtigkeitsgebot fußenden öffentlichrechtlichen Zeugnispflicht unstatthaft, BVerfG NJW **73**, 2196, Ffm RR **01**, 1364, AG Duisb KTS **92**, 135. Man darf auch nicht eine etwa weitergehende Verweigerungsmöglichkeit nach anderen Verfahrensordnungen, etwa nach der StPO, gegen die Regelung der ZPO ausspielen, Hamm OLGZ **89**, 469, AG Duisb KTS **92**, 135. Unstatthaft ist auch die Ausdehnung durch eine Vereinbarung etwa einer Schweigepflicht, Ffm RR **01**, 1364 (auch ein Unterlassungstitel gegen den Zeugen gibt ihm kein Schweigerecht). Freilich muß das Gericht eine Schweigepflicht nach § 376 usw beachten. Sie enthält nicht nur ein Schweigerecht. Unzulässig ist eine Aussageverweigerung nur wegen eines Glaubenssymbols im Saal. § 481 II bleibt unberührt.

Schutzwürdig sind die in §§ 383 ff genannten Personengruppen indessen aus sehr unterschiedlichen gewichtigen Gründen derart, daß man weder auf den Entschluß zum Reden oder Schweigen noch vor allem auf die etwaige Art seiner Begründung einen Druck ausüben dürfte. Natürlich darf und muß das Gericht schon beim Vorliegen eines möglichen Aussageverweigerungsrechts auch von Amts wegen auf einen entsprechenden Hinweis achten. Es wäre bei dessen vorsichtiger Formulierung keineswegs schon deshalb ablehnbar. Natürlich darf und muß der Richter demjenigen Zeugen helfen, der sich über ein Schweigerecht oder gar eine Schweigepflicht unsicher ist. Auch eine solche Hilfe darf aber nicht gar zur näheren Erörterung genau derjenigen Umstände verführen, die gerade evtl unter die Schweigepflicht fallen. Dergleichen darf das Gericht auch keiner Partei und keinem ProzBev gestatten. Ein Mißbrauch des Schweigerechts wäre wie jeder Rechtsmißbrauch auch im Zivilprozeß unstatthaft, Einl III 54. Es gilt also ruhig auf Grund der erkennbaren Umstände abzuwägen. Das gilt für jeden Prozeßbeteiligten.

3 **3) Geltungsbereich.** Vgl zunächst Üb 3 ff vor § 373. §§ 383 ff gelten im Gesamtbereich der ZPO direkt, auch im WEG-Verfahren. Im FamFG-Verfahren gelten §§ 383 ff entsprechend, § 29 III FamFG, (zum alten Recht) Hamm FamRZ **92**, 201.

4 **4) Verweigerungsmitteilung.** Den Rechtsgrund der Weigerung muß der Zeuge angeben. Nach dem Beweggrund darf ihn kein Prozeßbeteiligter fragen. Einem erneuten Antrag auf seine Vernehmung nach seiner Weigerung darf das Gericht schon wegen der Achtung der bisherigen Weigerung und zwecks Vermeidung einer unangemessenen Verzögerung nur dann stattgeben, wenn es annehmen darf, daß der Zeuge jetzt zur Aussage bereit ist, BGH RR **87**, 445, Köln FamRZ **91**, 581, LAG Köln MDR **00**, 1337. Der Weigerungsberechtigte kann seine Bereitschaft zur Aussage jederzeit zurücknehmen. Eine abgegebene Aussage bleibt bestehen. Sie ist verwertbar, soweit das Gericht sie nicht durch einen Verfahrensfehler

herbeigeführt hat. Die bloße Vernehmung zu einem der Schweigepflicht unterliegenden Umstand ist kein solcher Fehler, BGH NJW **90**, 1735 (zustm Bork ZZP **103**, 468). Das Gericht darf und muß einen Widerruf der Aussagebereitschaft frei würdigen, § 286. Eine urkundenbeweisliche Würdigung einer früheren Aussage bleibt zulässig, § 286 Rn 64. Eine teilweise Zeugnisverweigerung ist zulässig, soweit eine weitergehende zulässig ist. Über das Eidesverweigerungsrecht § 391 Rn 5. Partei ist bei §§ 383–385 auch der streitgenössische Streithelfer, Üb 22 vor § 373 „Streithelfer".

5) Minderjähriger. Ein Minderjähriger entscheidet grundsätzlich selbst, ob er verweigern will. Vgl auch 5
den Grundgedanken des § 1626 II BGB. Nur beim Fehlen des Verständnisses für das Verweigerungsrecht ist die Zustimmung des gesetzlichen Vertreters zur Aussage erforderlich, BayObLG **85**, 53, nicht jedoch stets zur Verweigerung, Ffm MDR **87**, 151. Ist nur *ein* Elternteil Partei, muß der andere zustimmen. Für den Vertreter muß das Gericht unter Umständen einen Ergänzungspfleger bestellen, etwa bei einem Interessenwiderstreit, Stgt MDR **86**, 58. Auch bei einer Zustimmung des gesetzlichen Vertreters oder Ergänzungspflegers kann der Minderjährige die Aussage unter den gesetzlichen Voraussetzungen verweigern. Das Gericht muß ihn entsprechend belehren.

383 *Zeugnisweigerung aus persönlichen Gründen.* **I Zur Verweigerung des Zeugnisses sind berechtigt:**

1. der Verlobte einer Partei oder derjenige, mit dem die Partei ein Versprechen eingegangen ist, eine Lebenspartnerschaft zu begründen;
2. der Ehegatte einer Partei, auch wenn die Ehe nicht mehr besteht;
2 a. der Lebenspartner einer Partei, auch wenn die Lebenspartnerschaft nicht mehr besteht;
3. diejenigen, die mit einer Partei in gerader Linie verwandt oder verschwägert, in der Seitenlinie bis zum dritten Grad verwandt oder bis zum zweiten Grad verschwägert sind oder waren;
4. Geistliche in Ansehung desjenigen, was ihnen bei der Ausübung der Seelsorge anvertraut ist;
5. Personen, die bei der Vorbereitung, Herstellung oder Verbreitung von periodischen Druckwerken oder Rundfunksendungen berufsmäßig mitwirken oder mitgewirkt haben, über die Person des Verfassers, Einsenders oder Gewährsmanns von Beiträgen und Unterlagen sowie über die ihnen im Hinblick auf ihre Tätigkeit gemachten Mitteilungen, soweit es sich um Beiträge, Unterlagen und Mitteilungen für den redaktionellen Teil handelt;
6. Personen, denen kraft ihres Amtes, Standes oder Gewerbes Tatsachen anvertraut sind, deren Geheimhaltung durch ihre Natur oder durch gesetzliche Vorschrift geboten ist, in Betreff der Tatsachen, auf welche die Verpflichtung zur Verschwiegenheit sich bezieht.

II Die unter Nummern 1 bis 3 bezeichneten Personen sind vor der Vernehmung über ihr Recht zur Verweigerung des Zeugnisses zu belehren.

III Die Vernehmung der unter Nummern 4 bis 6 bezeichneten Personen ist, auch wenn das Zeugnis nicht verweigert wird, auf Tatsachen nicht zu richten, in Ansehung welcher erhellt, dass ohne Verletzung der Verpflichtung zur Verschwiegenheit ein Zeugnis nicht abgelegt werden kann.

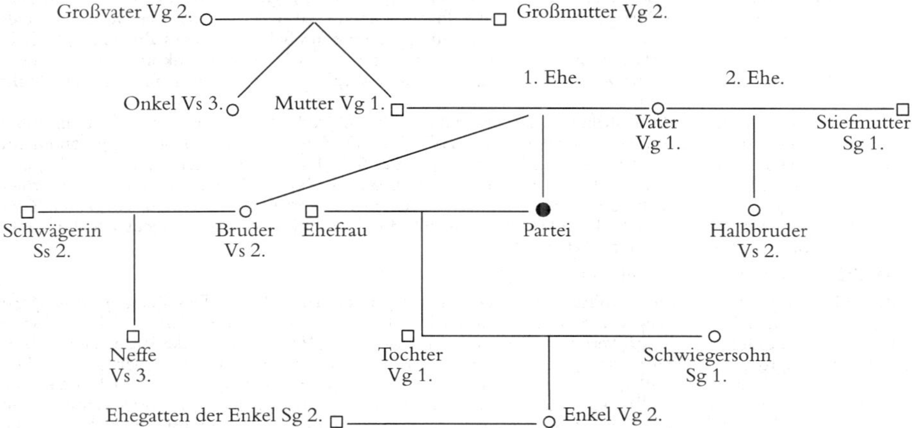

Erläuterung: V = Verwandtschaft, S = Schwägerschaft, g = in gerader Linie, s = in der Seitenlinie, 1, 2, 3 = Bezeichnung des Grades. – Anmerkung: In der geraden Linie fordert das Gesetz keine Gradnähe

Schrifttum: *Baumann,* Die Auseinanderentwicklung der Prozeßrechte usw (betr § 383 III ZPO), Festschrift für *Baur* (1981) 187; *Haas/Beckmann,* Justizgewährungsanspruch und Zeugenschutzprogramm, Festschrift für *Schumann* (2001), 171; *Himmelsbach,* Der Schutz der Medieninformanten im Zivilprozeß usw,

1998; *Jansen,* Geheimhaltungsvorschriften im Prozeßrecht, Diss Bochum 1989; *Kuchinke,* Ärztliche Schweigepflicht, Zeugniszwang und Verpflichtung zur Auskunft nach dem Tod des Patienten, Gedächtnisschrift für *Küchenhoff* (1987) 371; *Schumann,* Der Name als Geheimnis. Umfaßt die anwaltliche und ärztliche Schweigepflicht auch den Namen des Mandanten und Patienten?, Festschrift für *Henckel* (1995) 773.

Gliederung

1 **1) Systematik, I–III.** Das Zeugnisverweigerungsrecht nach § 383 fußt auf den persönlichen Beziehungen des Zeugen zu einer Partei. Es führt im Gegensatz zu § 384 Z 1–3 zu einer generellen Befugnis, zur Sache zu schweigen, BGH NJW **94**, 197. I Z 1–3 werden durch § 385 I, Z 4 und 6 durch § 385 II eingeschränkt. I Z 5 ergänzt den Art 5 GG. I Z 6 ergänzt den Art 47 GG.

2 **2) Regelungszweck, I–III.** Vgl zunächst Einf 2 vor §§ 383–389. *I Z 1–3* gründen sich auf einen Interessenwiderstreit infolge von Familienbanden oder einer Lebenspartnerschaft. Dann ist eine Weigerung unabhängig von der Beweisfrage schlechthin zulässig. Eine Ausnahme gilt nur nach § 385. Es genügt die Beziehung zu einem von mehreren Streitgenossen nach §§ 59 ff oder zu einem Streitgehilfen nach § 66 besteht, auch zum unselbständigen, oder zum Streitverkündeten nach §§ 72 ff. Das gilt nach und nicht vor dessen Beitritt, es sei denn, daß die Beweisfrage diesen gar nicht berührt. Daher ist eine Weigerung bei einer notwendigen Streitgenossenschaft nach § 60 immer allgemein berechtigt. Die Beziehungen zu einer Partei kraft Amts nach Grdz 8 vor § 50 geben kein Verweigerungsrecht. Denn sie hat in dieser Eigenschaft keine der in § 383 geschützten persönlichen Beziehungen zur Partei. Bei Beziehungen zu dem eigentlich Betroffenen, für den eine Partei kraft Amts auftritt, sind §§ 383 Z 1–3, 384 Z 1 und 2 entsprechend anwendbar. Dem Tarnschutz des gefährdeten Zeugen dient der vorrangige § 10 ZSHG.

I Z 4–6 fußen auf einem Interessenwiderstreit infolge einer Treuepflicht. Hier kommt es auf die Beweisfrage an. Z 4–6 greifen dann ein, wenn der Anvertrauende auf die Geheimhaltung des Anvertrauten bauen darf oder bis zum Tod vertrauen durfte, Rn 11 (E), auch ohne daß er dem anderen eine Schweigepflicht auferlegt hätte, KG FamRZ **75**, 165. Es genügen: Eine berechtigte Erwartung; die Sitte; eine gesetzliche Pflicht. Der Zeuge braucht die Tatsache nicht gerade von der Partei erfahren zu haben.

Härten können sich insbesondere bei I Z 4–6 nicht nur aus den in so manchem Film sattsam dargestellten Situationen ergeben. Im Zivilprozeß mag das weniger spektakuläre Folgen haben als in entsprechenden Strafverfahren. Dessen ungeachtet bleibt formell ein Schweigerecht eine Ausnahme von der staatsbürgerlichen Zeugen-Aussagepflicht. Das gilt es bei der Handhabung ebenso zu bedenken wie das Gebot, auch als Richter menschlich zu bleiben. Wenn sich eine Zuspitzung wegen eines Schweigens des Zeugen irgendwie umgehen läßt, sollte der Richter zumindest zunächst auf einem solchen Weg weiterzukommen versuchen, etwa durch das Vorziehen der übrigen Beweisaufnahme, durch Vergleichsanregungen zum streitigen Punkt usw.

Sagt der Zeuge aus, muß er die Wahrheit sagen. Das gilt auch bei Z 4 oder 5. Das Gericht darf und muß die Aussage in den Grenzen der Rn 21 verwerten, Köln VersR **93**, 335. Z 5 festigt auch unabhängig von einem Anvertrauen das Berufsgeheimnis der Presse, BVerfG NJW **02**, 592. Die Pressefreiheit nach Art 5 I 2 GG findet aber ihre Grenze nach Art 5 II GG auch in der ZPO, BVerfG NJW **02**, 592. Keinen Schutz erhält deshalb derjenige Zeuge, der sich als Autor bezeichnet und seinen Gewährsmann mit einem wörtlichen Zitat bekanntgegeben hat, BVerfG NJW **02**, 592, Drsd RR **02**, 342. III schützt das Grundrecht auf die informationelle Selbstbestimmung, BVerfG RR **05**, 658.

3 **3) Geltungsbereich, I–III.** Vgl Einf 3 vor §§ 383–389.

4 **4) Weigerung wegen Familienbande oder Lebenspartnerschaft, I Z 1–3.** Das Zeugnis verweigern dürfen zwecks einer Vermeidung von Konflikten in der Familie, Nürnb FamRZ **92**, 1317, auch ohne eine derartige Begründung im Einzelfall Verlobte, Ehegatten, Verwandte und Verschwägerte der Partei nach Z 1–3, ferner der versprochene Lebenspartner, der eingetragene Lebenspartner oder frühere Lebenspartner. Die Verwandten eines Lebenspartners gelten als mit dem anderen Lebenspartner verschwägert, § 11 II 1 LPartG. Die Linie und der Grad der Schwägerschaft bestimmen sich nach der Linie und dem Grad der sie vermittelnden Verwandtschaft, § 11 II 2 LPartG. Die Schwägerschaft dauert fort, auch wenn die Lebenspartnerschaft, die sie begründet hat, aufgelöst wurde, § 11 II 3 LPartG.

Alle diese Voraussetzungen richten sich nach dem *bürgerlichen Recht.* Vgl dazu das Schaubild vor Rn 1. Sie begünstigen also auch die als Kind Angenommenen, §§ 1754, 1764 BGB. Bei Verlobten oder versprochenen Lebenspartnern ist ein ernstliches, schon und noch bestehendes Ehe- oder eben Lebenspartnerversprechen notwendig, § 1297 BGB, § 1 III LPartG. Nicht ausreichend ist ein nichtiges Lebenspartnerschafts- oder Eheversprechen, BVerfG NJW **87**, 2807. Die Verlobung eines Minderjährigen ohne eine Genehmigung derjenigen, die die Personensorge über ihn haben, ist schwebend unwirksam. § 1303 BGB ist mitbeachtlich,

§§ 1304, 1308 BGB sind es nicht. Ein Ehegatte ist auch nach der Scheidung zur Aussageverweigerung berechtigt. Das gilt auch bei einer nichtigen Ehe oder als Witwe(r), Nürnb MDR **75**, 937.

Auch nach der *Auflösung* der Annahme als Kind oder nach einer Anfechtung der Vaterschaft nach § 1600 BGB besteht das Verweigerungsrecht für die zeitlich vor einem solchen Vorgang liegenden Tatsachen fort. Der Grund muß bei der Vernehmung vorliegen. Wegen des Minderjährigen Einf 3 vor §§ 383–389. Der rein wirtschaftliche „Lebensgefährte" hat im Gegensatz zum eingetragenen Lebenspartner oder früheren Lebenspartner nach dem LPartG kein Schweigerecht, BVerfG FamRZ **99**, 1053 (StPO). Es genügt die persönliche Beziehung zu nur einem Streitgenossen oder Streithelfer.

5) Weigerung der Geistlichen, I Z 4. Sie können die Aussage über dasjenige verweigern, was man ihnen 5
als Seelsorgern anvertraut hat. Das ist die Kenntnisnahme einer objektiv vertraulichen Tatsache anläßlich der Amtsausübung, BGH NJW **84**, 2894. Die Art und Weise dieser Kenntnisnahme ist dann unerheblich. Eine lediglich erzieherische, verwaltende, fürsorgende Tätigkeit ist keine seelsorgerische. Freilich liegt oft ein Anscheinsbeweis für beides vor, Anh § 286 Rn 15. Hierher gehört jeder Religionsdiener einer Glaubensgemeinschaft, der als Seelsorger tätig ist, nicht nur bei einer staatlich anerkannten Gemeinschaft. Denn die Vorschrift schützt das Vertrauensverhältnis, aM ZöGre 11 (er wendet Z 6 an). Es ist unerheblich, ob man ihn zur Geheimhaltung aufgefordert hat, BGH NJW **84**, 2894. Nach Art 9 Reichskonkordat vom 20. 7. 33, RGBl II 679, das einem innerstaatlichen Gesetz gleichsteht und weitergilt, sind katholische Geistliche auch bei einer Entbindung von der Verschwiegenheitspflicht zur Zeugnisverweigerung weiterhin berechtigt. In Bayern erstreckt sich dieses Verweigerungsrecht mit Rücksicht auf die Parität der Glaubensbekenntnisse nach Art 144 III BayVerf auch auf die sonstigen Geistlichen. Das einem Dritten Mitgeteilte müssen diese Personen aber bekunden. Ein Vermögenserwerb für die Kirche fällt nicht unter Z 4.

6) Weigerung der Mitwirkenden bei Druckwerken oder Sendungen, I Z 5. Solche Personen, die 6
bei periodischen Druckwerken oder Rundfunksendungen mitwirken oder mitgewirkt haben, haben ein Zeugnisverweigerungsrecht als Folge der Pressefreiheit, Art 5 I 2 GG, BVerfG **20**, 162, Gross Festschrift für Schiedermair (1976) 223. Vgl auch § 53 I Z 5 StPO, BVerfG **64**, 114 (die inhaltlich gleiche Regelung der StPO ist nicht abschließend).

A. Persönlicher Schutz. Es handelt sich um ein uneingeschränktes Zeugnisverweigerungsrecht für Journalisten, Lektoren, Redakteure, Verleger, Sendeleiter, Reporter, Schriftleiter, Autoren, Bearbeiter und sämtliche anderen irgendwie innerhalb des redaktionellen Teils bei der Vorbereitung, Herstellung oder Verbreitung Beteiligten. Sie haben das Recht unabhängig davon, ob sie insoweit im künstlerischen, wissenschaftlichen, technischen oder finanziellen Bereich tätig waren bzw sind, BVerfG NJW **84**, 1742, Mü NJW **89**, 1226.

B. Sachlicher Schutz. I Z 5 schützt nur den *redaktionellen* Teil, nicht zB den Werbeteil, den Inseratenteil. 7
Die Art des redaktionellen Teils ist unerheblich. Beim Inseratenteil kann ausnahmsweise wegen Art 5 I GG ein Schweigerecht bestehen, BVerfG NJW **90**, 701.

Die *Verbreitung* umfaßt eine Veröffentlichung, auch eine Äußerung in einer Pressekonferenz, Mü NJW **89**, 1226, wie eine nichtöffentliche Abgabe, zB an Mitglieder. Rundfunk umfaßt natürlich auch den Fernsehrundfunk. Die Ausstrahlungsweise, zB Kabelfernsehen, Bildschirmzeitung, Internet ist unerheblich. Bei Druckwerken sind nur die periodischen geschützt, zB die Illustrierten, Vereinsblätter, wissenschaftlichen Zeitschriften. Nicht schützt I Z 5 die einmalig erscheinenden Werke, selbst wenn weitere Auflagen in Zukunft denkbar sind. Anders verhält es sich bei solchen Büchern, die in einem einigermaßen regelmäßigen Zeitabstand eine Neuauflage erlebt haben und höchstwahrscheinlich weiter haben werden, Skibbe DRiZ **76**, 159. Tonbänder, Kassetten, CDs, Videokassetten usw erhalten den Schutz nur, soweit sie im Rahmen vom Rundfunk usw herauskommen.

C. Berufstätigkeit. Der Schutz setzt eine gegenwärtige oder frühere *berufsmäßige Tätigkeit* voraus. Es 8
genügt jede haupt- oder nebenberufliche Tätigkeit in der Absicht, durch eine wiederholte Ausübung zu einer dauernden oder wiederkehrenden Beschäftigung zu kommen. Insoweit erhält auch der freie Mitarbeiter einen Schutz, Löffler NJW **78**, 913. Unerheblich ist, ob die Tätigkeit entgeltlich erfolgt. Das Zeugnisverweigerungsrecht umfaßt die Person des Verfassers, des Einsenders oder des sonstigen Informanten oder Gewährsmannes, Mü NJW **89**, 1226. Das gilt auch dann, wenn er auf eine Verschwiegenheit des Zeugen keinen Wert mehr legt, § 385 Rn 9. Das Verweigerungsrecht umfaßt den gesamten Inhalt der Information gleich welcher Art, zB den Wortlaut des Manuskripts, Notizen über Quellen, Hintermänner, BGH NJW **90**, 525, den sonstigen auch kriminellen Hintergrund, Mü NJW **89**, 1226, aber auch etwaige Honorare, Spesen und dergleichen, soweit sie für das Druckwerk oder die Sendung gelten.

Einen Schutz erhalten auch die noch nicht veröffentlichten und nicht mehr zur Veröffentlichung geplanten *Informationen*. Die Art der Mitwirkung des Informanten wie des Zeugen ist unerheblich. Schutz erhält also zB auch derjenige, der seinen Beitrag selbst im Rundfunk spricht. Entscheidend ist, für welchen Teil der Beitrag entsteht, nicht, in welchem Teil der Beitrag tatsächlich erscheint. Zu den Einzelfragen Kunert MDR **75**, 885 (ausf), Löffler NJW **78**, 913.

7) Schweigepflicht kraft Amts usw, I Z 6. Solche Personen, denen kraft ihres Amts, Standes oder 9
Gewerbes geheimzuhaltende Tatsachen anvertraut sind, müssen über das Anvertraute schweigen. Das gilt zB beim Notar, BGH NJW **05**, 1949.

A. Persönlicher Schutz. Die Vorschrift dient ausschließlich dem „Herrn des Geheimnisses", meist also dem Auftraggeber, und nicht auch dem eigenen Geheimhaltungsinteresse des Geheimnisträgers, BGH DB **90**, 93 (das letztere kann nach Art 12 GG einen Schutz erhalten). Sie gilt nicht im Honorarprozeß des Geheimnisträgers, Brdb MDR **02**, 906, LG Weiden MDR **07**, 484. Sie erfaßt auch Mitarbeiter und Rechtsnachfolger. Zum Geheimnisbegriff § 384 Rn 7.

Wegen des Zeugnisverweigerungsrechts der *Abgeordneten* des Bundestags Vorbem sowie § 376 II, V und Nolte MDR **89**, 514 (teilweise überholt). Entsprechendes gilt für die Landtagsabgeordneten auf Grund der Länderverfassungen oder auf Grund von Z 6.

10 **B. Sachlicher Schutz.** Über den Umfang der Geheimhaltungspflicht Rn 1. Das Zeugnisverweigerungsrecht bezieht sich nicht nur auf eine unmittelbar mitgeteilte Tatsache. Es genügt, daß der Zeuge die Kenntnis in der seine Schweigepflicht begründenden Eigenschaft irgendwie erlangt hat, BGH NJW **05**, 1949, aM Düss MDR **85**, 507 (aber das Gericht darf gerade nicht auch nur versuchen, auf dem Umweg über die Erforschung der Art und Weise des Kenntniserhalts des Zeugen seine Schweigepflicht auszuhöhlen). Die Geheimhaltungspflicht kann sich auch auf die Begründung erstrecken, daß nichts geschehen ist, auch auf eigene Handlungen, wenn sie mit dem Anvertrauten in engstem Zusammenhang stehen, BGH NJW **05**, 1949, StJSchu 7, aM Mü MDR **81**, 854 (aber man darf eben auch nicht auf einem solchen Weg in Wahrheit die Geheimhaltungspflicht entwerten). Die Schweigepflicht braucht nicht nur einer Partei gegenüber zu bestehen. Sie kann auch dann bestehen, wenn zB der Steuerberater beide beriet, BGH DB **83**, 1921.

11 **8) Wegfall der Schweigepflicht, I Z 4–6.** Die Schweigepflicht fällt bei Z 4, 6 in den folgenden Fällen weg.

A. Öffentlichkeit. Die Schweigepflicht entfällt, soweit sich die Tatsache in der Öffentlichkeit abpielte.

B. Ermächtigung. Die Schweigepflicht entfällt, soweit die Mitteilung der Tatsache gerade zur Weitergabe an Dritte erfolgte, Düss MDR **75**, 1025, oder soweit derjenige den Zeugen von der Schweigepflicht befreit, dem gegenüber die Schweigepflicht besteht, E, § 385 Rn 9, 10.

C. Pflichtenabwägung. Die Schweigepflicht entfällt, soweit eine höhere sittliche Pflicht oder ein höherwertiger öffentlicher Belang zum Reden verpflichtet. Freilich Vorsicht!

D. Sondervorschriften. Die Schweigepflicht entfällt schließlich kraft einer etwaigen gesetzlichen Sondervorschrift.

E. Tod des Begünstigten. Die Schweigepflicht erlischt grundsätzlich nicht mit dem Tod des Begünstigten, BGH **91**, 398, Stgt MDR **83**, 237, aM AG Duisb KTS **92**, 136 (aber der Schutz könnte sich dann zB auch nicht auf solche Umstände erstrecken, die nach dem Willen des Erblassers auch noch nach seinem Tod eine Bedeutung haben können, Rn 13 „Arzt"). Es kommt eben auch auf den mutmaßlichen Willen des Verstorbenen an, BGH **91**, 398, Köln FER **99**, 191, Naumb VersR **05**, 817. Etwas anderes gilt nur dann, wenn kein weiterer objektiver Grund zur Geheimhaltung mehr besteht, Köln OLGZ **82**, 4 (Notar) und Rpfleger **85**, 494 (Anwalt), AG Duisb KTS **92**, 136. Der Arzt darf trotz seiner Schweigepflicht über den Geisteszustand des Verstorbenen zur Beurteilung von dessen Testierfähigkeit aussagen, § 385 I Z 1, BayObLG RR **91**, 1287. Er darf auch sein Vergütungsinteresse einmal vorgehen lassen, BGH **122**, 120, Stgt OLRG **98**, 427. Ein Erbe kann nur insoweit wirksam von der Schweigepflicht entbinden, als das Recht voll auf ihn übergegangen ist, Nürnb MDR **75**, 931 (großzügig zur Ehre), Stgt MDR **83**, 236.

F. Weitere Einzelfragen. Rn 12ff, 19 sowie § 385 Rn 9, 10. Bei Z 5 erfolgt keine Einschränkung des Zeugnisverweigerungsrechts, auch nicht durch den Wegfall einer etwaigen Schweigepflicht, § 385 Rn 11. Das Gericht würdigt die Verweigerung einer Entbindung von der Schweigepflicht beim nicht Beweispflichtigen nach § 286 frei, BGH DB **83**, 1921.

12 **9) Beispiele zur Frage einer Schweigepflicht, I Z 4–6**

Abschlußprüfer: Er ist über berufliche Dinge schweigepflichtig, § 168 AktG.

Anwalt und Notar: Der Anwalt und sein Sozius sind im Prozeß und außerhalb des Prozesses wegen aller solchen Umstände schweigepflichtig, die man ihm anläßlich der Beauftragung anvertraut hat, §§ 43a II, 76 BRAO, BGH NJW **05**, 1949, Köln VersR **93**, 244 (StPO), Eich MDR **91**, 385. Das gilt auch, soweit ein Anwalt in einem obligatorischen Güteverfahren nach § 15a EGZPO als ein Parteivertreter oder als eine Gütestelle tätig war, etwa nach § 3 I Z 1, 3 LSchliG Schleswig-Holstein vom 11. 12. 01, GVBl 361. Das bestimmt zusätzlich zB § 8 I des vorgenannten Landesgesetzes. Die Schweigepflicht erstreckt sich auch auf eine solche Tatsache, die der Anwalt bei einer Syndikustätigkeit für den Arbeitgeber erfahren hat, LG Mü AnwBl **82**, 197. Das gilt zumindest insoweit, als er in einem solchen Rahmen eine selbständige anwaltliche Tätigkeit ausübt, Roxin NJW **92**, 1129.

Die Schweigepflicht erstreckt sich auch auf die dem Anwalt bekannten *Auswirkungen.* Wegen des Namens Schumann (vor Rn 1). Sie erstreckt sich ferner auf die vom Anwalt selbst wahrgenommenen Tatsachen, § 18 BNotO, Düss OLGZ **79**, 466, wenn es sich um solche im beruflichen Verkehr handelt. Das Schweigerecht erstreckt sich keineswegs nur auf solche Tatsachen, die dem Anwalt oder Notar gerade sein Auftraggeber anvertraut hat oder die gerade diesen betreffen, BGH NJW **05**, 1949, aM Düss MDR **85**, 507. Das Schweigerecht umfaßt auch Umstände bei der Vorbereitung der Amtshandlung des schon beauftragten Notars, BGH NJW **05**, 1949.

Nicht schweigepflichtig ist er wegen der ihm vor der Beauftragung bekanntgewordenen Umstände. Freilich sollte er darauf sofort hinweisen. BayObLG FamRZ **91**, 963, Köln Rpfleger **85**, 494 meinen, der beratende Anwalt dürfe über die Errichtungsumstände eines Testaments oder über den Inhalt eines unauffindbaren Testaments berichten. Das ist problematisch (wer weiß zB, ob dies das letzte Testament war?). Ein angestellter Anwalt hat im Honorarprozeß des Chefs grds *kein* Schweigerecht, Stgt MDR **99**, 192.

Für den *Notar* gilt dasselbe, auch wenn er beide Parteien beraten hat, Kanzleiter DNotZ **81**, 662, aM Mü MDR **81**, 854 (die Amtshandlung selbst unterliege im Gegensatz zu den Tatsachen keiner Schweigepflicht. Aber beides läßt sich oft praktisch gar nicht trennen).

Apotheker: Er ist über berufliche Dinge schweigepflichtig.

13 **Arzt:** Er ist grds schweigepflichtig, BGH **91**, 398. Sein Verweigerungsrecht umfaßt alles, was er als Arzt mit oder ohne eine Kenntnis des Patienten erfahren hat, evtl auch aus dem Anbahnungsstadium, etwa bei der Aufnahme im Krankenhaus, BGH MDR **85**, 597 (StPO). Wegen des Namens Schumann (vor Rn 1). Wenn er als ein gerichtlicher Sachverständiger im Strafverfahren tätig war, ist durch die Verwertung seiner Aussage im Urteil die Sache noch nicht offenkundig geworden. Auch erledigt sich seine Schweigepflicht nicht durch einen entsprechenden Auftrag auch für den Zivilprozeß. Über die Vorlage des Krankenblatts BGH NJW **78**, 2338, Franzki DRiZ **77**, 37. Eine nur vermutbare Aussageerlaubnis des Patienten reicht kaum aus, aM LG Hanau NJW **79**, 2357 (aber eine bloße Vermutung ist keine eindeutige Erklärung).

Der Arzt hat *nicht* das Recht zu einer Güterabwägung zwischen dem Geheimhaltungsbedürfnis und einer gerechten und richtigen Entscheidung, aM LG Hanau NJW **79**, 2357 (aber eine solche Abwägung ist allenfalls eine Aufgabe des Gerichts). Der Arzt ist zwar verpflichtet, dem Ehegatten von der syphilitischen Erkrankung des anderen Ehegatten eine Mitteilung zu machen, nicht aber im Ehescheidungsverfahren, in dem der andere Ehegatte durch eine Bezugnahme auf das Zeugnis des Arztes zusätzliche Argumente schaffen will.

Über eine Geisteskrankheit oder eine sonstige Testierunfähigkeit des inzwischen *verstorbenen* Patienten bei der Errichtung seines Testaments darf der Arzt aussagen, BayObLG FamRZ **91**, 1461. Nur der Patient und natürlich auch dessen gesetzlicher Vertreter kann entbinden, nicht schon derjenige Dritte, der den Arzt hinzuzog oder beauftragte. Nach dem Tod des Patienten besteht die Schweigepflicht grds fort, BayObLG NJW **87**, 1492, Naumb VersR **05**, 817, LG Düss NJW **90**, 2327. Dann entbindet eine Erlaubnis des Erben oder der Hinterbliebenen den Arzt im übrigen nicht automatisch, Naumb VersR **05**, 817, LG Düss NJW **90**, 2327, LG Hanau NJW **79**, 2357. Rechtsvergleichend Nagel DRiZ **77**, 33. Vgl auch § 385 Rn 8, 9. Derjenige, demgegenüber der Arzt nicht schweigepflichtig ist, etwa der gesetzliche Vertreter des Patienten, darf die *ihm* erteilte Auskunft evtl auch in den Prozeß einführen.

Aufsichtsratsmitglied: Es ist über berufliche Dinge schweigepflichtig wie ein Vorstandsmitglied, §§ 93 I 2, 116 AktG, Kblz DB **87**, 1036, Säcker NWJ **86**, 803.

Auskunftei: Derjenige Geschäftsinhaber, der in der üblichen Weise eine Auskunft eingeholt hat, ist zum Schweigen verpflichtet. Der Angestellte einer Auskunftei darf das Zeugnis wie der Inhaber verweigern. Der Inhaber einer Auskunftei darf die Aussage verweigern, soweit er über eine Auskunft aussagen soll, die er nicht gerade dem Beweisführer mitgeteilt hat.

Er darf die Auskunft *nicht* über eine Frage verweigern, ob er ein ganz bestimmtes Gerücht gehört habe, wohl aber darüber, von wem er diese Kenntnis habe.

Bankangestellter: Er ist über seine Geschäftsbeziehung zum Kunden schweigepflichtig, LG Gött RR **03**, 118. Er muß über das Konto des Erblassers gegenüber jedem Miterben aussagen. **14**

Beamter: Er ist über dienstliche Dinge schweigepflichtig, § 376.

Beistand: Er ist über dienstliche Dinge schweigepflichtig, Werner AnwBl **95**, 113.

Betreuer: Er ist über dienstliche Dinge schweigepflichtig, Köln FER **99**, 191 (grds auch nach dem Tod des Betreuten, vgl aber Rn 11).

Büropersonal: Es ist über berufliche Dinge schweigepflichtig.

Diplompsychologe: Er hat ein Schweigerecht und eine Schweigepflicht. Sie erstreckt sich auch auf seine Mitarbeiter. Falls er im öffentlichen Dienst steht, gilt § 376. **15**

Dolmetscher: Er ist über berufliche Dinge schweigepflichtig.

Drogenberater: Er ist über berufliche Dinge schweigepflichtig, obwohl das G v 23. 7. 92, BGBl 1366, ihn nur im Strafprozeß ausdrücklich schützt.

Eheberater: Er ist über berufliche Dinge schweigepflichtig, BVerfG JZ **73**, 780 (StPO).

Ehrenrichter: Er ist über dienstliche Dinge schweigepflichtig.

Erbe und Testamentsvollstrecker eines Schweigepflichtigen, etwa eines Arztes: Er darf und muß wegen der aus dem Nachlaß ersichtlichen Punkte ebenso schweigen wie der Verstorbene. Vgl auch § 385 Rn 9, 10. **16**

Geistlicher: Rn 5.

Geschäftsführer: Er ist über berufliche Dinge schweigepflichtig.

Gewerkschaftssekretär: Er ist zB über Mitgliedschaftsfragen schweigepflichtig, LAG Hamm BB **95**, 51.

Hebamme: Sie ist über berufliche Dinge schweigepflichtig.

Heilgehilfe, -praktiker: Er ist über berufliche Dinge schweigepflichtig.

Journalist: Rn 6.

Kaufmann: Er ist *nicht* nach Z 4–6 schweigepflichtig.

Kommissionär: Er ist *nicht* nach Z 4–6 schweigepflichtig.

Krankenkasse: Ihre Mitarbeiter sind über dienstliche Dinge schweigepflichtig.

Krankenpfleger, -schwester: Sie sind über berufliche Dinge schweigepflichtig, unabhängig von der Ausbildung. Maßgeblich ist die tatsächliche Tätigkeit.

Lebensversicherung: Nach dem Tod des Versicherungsnehmers kann ein Verweigerungsrecht des Versicherers *entfallen,* AG Duisb KTS **92**, 136 (Vorsicht! Fallfrage, Rn 11). **17**

Mediation: Günstiger ist ein Prozeßvertrag, Grdz 49 vor § 128, Wagner NJW **01**, 1398, aM Groth/v Bubnoff NJW **01**, 341 (aber Z 6 ist zu eng). Die Schweigepflicht ist problematisch, Eckhardt/Dendorfer MDR **01**, 786 (ausf).

Notar: Rn 12.

Pastor: Rn 5.

Patentanwalt: Er ist über berufliche Dinge schweigepflichtig.

Post, Telekom: Der Mitarbeiter ist über berufliche Dinge schweigepflichtig, zumindest im Umfang von § 4 II PTSG (Art 9 PTNeuOG).

Psychologe: Es gelten dieselben Regeln wie beim Arzt, Rn 13.

Psychotherapeut: Es gilt Z 5. Das gilt aber *nicht* für einen Gruppenpatienten. Er fällt nicht unter § 384.

Rechtsanwalt: Rn 12.

Redakteur: Rn 5.

Richter: Er ist über dienstliche Dinge schweigepflichtig, §§ 43, 45 DRiG und die LRiGe.

Schiedsmann: Er ist über berufliche Dinge schweigepflichtig.

Schlichter: Er ist über berufliche Dinge vertraulicher Art schweigepflichtig, zB Art 8 II 1 BaySchlichtungsG.

Schriftleiter: Er ist über berufliche Dinge schweigepflichtig, auch nach Z 5.

Sozialarbeiter: Wegen seiner Situation Hamm FamRZ **92**, 202.

Steuerberater, -bevollmächtigter: Er ist über berufliche Dinge schweigepflichtig, §§ 83 StBG, BGH DB **83**, 1921, Kblz VersR **91**, 1192, Schroer DStR **94**, 1173. Nach der Löschung der auftraggebenden Firma

im Handelsregister kann eine Schweigepflicht wegen § 57 I StBG fortbestehen, aM LG Bielef NJW **03**, 1545 (aber die Beschränkung auf unmittelbare persönliche Belange wirkt als eine gewollte Konstruktion. Wo läge die Grenze bei diesen und ähnlichen Berufen?).
Testamentsvollstrecker: Rn 16 „Erbe und Testamentsvollstrecker".
Tierarzt: Er ist *nicht* nach Z 4–6 schweigepflichtig, BVerfG NJW **75**, 588.
Tod: Rn 11 (E).
Übersetzer: Er ist über berufliche Dinge schweigepflichtig.
Vermessungsingenieur: Er ist über berufliche Dinge schweigepflichtig.
Verteidiger: Rn 12. Schweigepflichtig ist auch ein Nichtanwalt.
Vorstandsmitglied: Er ist über berufliche Dinge schweigepflichtig wie ein Aufsichtsratsmitglied, Rn 13.
18 **Wirtschaftsprüfer:** Er ist schweigepflichtig sowohl für die beratende als auch für die prüfende Tätigkeit, § 64 WPO.
Zahnarzt: Für ihn gelten dieselben Regeln wie beim Arzt, Rn 13.

19 **10) Belehrung, II.** Das Gericht muß Verlobte, Gatten, Verwandte und Verschwägerte der Z 1–3 über ihr Verweigerungsrecht belehren, BayObLG RR **91**, 7, Hamm NVersZ **02**, 478. Wenn dem Zeugen das erforderliche Verständnis fehlt, gilt Rn 2. Altersgrenzen sind nicht vorhanden, Ffm MDR **87**, 152. Eine Belehrung ist wegen der Schweigepflicht nach § 376 usw und wegen der allgemeinen Kenntnis des sonstigen Schweigerechts bei Z 4–6 unnötig, BayObLG RR **91**, 7. Das gilt auch bei einer erneuten Vernehmung anders als bei § 52 II StPO. Eine vorsorgliche nochmalige Belehrung sollte freilich auch dann erfolgen, § 384 Rn 1, Gottwald BB **79**, 1781. Die Belehrung darf schon bei der Ladung erfolgen. Das Gericht muß sie bei § 377 III der Aufforderung beifügen. Es muß sie so klar fassen, daß der Zeuge den Grund und Umfang des Schweigerechts erkennen und abwägen kann. Im Termin muß das Gericht eine Belehrung protokollieren.

20 **11) Beschränkte Vernehmung, III.** Die in Z 4–6 Genannten muß der Richter von Amts wegen mit solchen Fragen verschonen, die sie nur unter einer Verletzung einer gesetzlichen oder vertraglichen Schweigepflicht beantworten könnten, Lachmann NJW **87**, 2207, ThP 11, aM BGH NJW **77**, 1198 (aber genau dann würde eine nötigende Situation beginnen können). Das gilt auch dann, wenn die Schweigepflicht gegenüber der Allgemeinheit und nicht nur gegenüber einem Einzelnen besteht. Freilich muß einiger Anlaß bestehen, ein Schweigerecht anzunehmen, BayObLG RR **91**, 7. Eine Vernehmung von Richtern, Schöffen, anderen ehrenamtlichen Richtern über Vorgänge bei der Beratung und Abstimmung ist stets unzulässig.

21 **12) Verstoß, I–III.** Vgl Üb 31 vor § 373. Wenn das Gericht einen Zeugnisverweigerungsgrund unrichtigerweise verneint hat, darf es die anschließend vorgenommene Aussage nicht verwerten, § 286 Rn 31 ff, BGH NJW **90**, 1735. Wenn die Belehrung nach II unterbleibt, ist die Aussage unbenutzbar, ähnlich wie bei Üb 11 ff vor § 371, BGH NJW **85**, 1159, Hamm NVersZ **02**, 478, aM Gottwald BB **79**, 1781 (aber dann könnte eine Belehrung im Ergebnis auch ganz unterbleiben). Wenn das Gericht die unbenutzbare Aussage trotzdem benutzt hat, liegt ein Revisionsgrund vor, Peters ZZP **76**, 160. Ein Verstoß fehlt, soweit der Zeuge sich nach einer Belehrung zur Sache geäußert hat, Hamm NVersZ **02**, 478. Ein Verstoß heilt nach § 295, BGH NJW **85**, 1159, auch in einer Ehesache, §§ 121 ff FamFG. Ein Verstoß gegen III führt nicht zur Unverwertbarkeit dieses Teils der Aussage, BGH NJW **90**, 1735 (zustm Bork ZZP **103**, 468). Jedenfalls ist auch dieser Verstoß heilbar, § 295.

384 *Zeugnisverweigerung aus sachlichen Gründen.* **Das Zeugnis kann verweigert werden:**

1. über Fragen, deren Beantwortung dem Zeugen oder einer Person, zu der er in einem der im § 383 Nr. 1 bis 3 bezeichneten Verhältnisse steht, einen unmittelbaren vermögensrechtlichen Schaden verursachen würde;
2. über Fragen, deren Beantwortung dem Zeugen oder einem seiner im § 383 Nr. 1 bis 3 bezeichneten Angehörigen zur Unehre gereichen oder die Gefahr zuziehen würde, wegen einer Straftat oder einer Ordnungswidrigkeit verfolgt zu werden;
3. über Fragen, die der Zeuge nicht würde beantworten können, ohne ein Kunst- oder Gewerbegeheimnis zu offenbaren.

Schrifttum: *Baumgärtel,* „Geheimverfahren" im Zivilprozeß zur Wahrung von Geschäftsgeheimnissen nach Schweizer Vorbild?, Festschrift für *Habscheid* (1989) 1; *Jansen,* Geheimhaltungsvorschriften im Prozeßrecht, Diss Bochum 1989; *Kersting,* Der Schutz des Wirtschaftsgeheimnisses im Zivilprozeß, 1995; *Ploch-Kumpf,* Der Schutz von Unternehmensgeheimnissen in der Zivilprozeßordnung, 1996; *Stadler,* Der Schutz des Unternehmensgeheimnisses im deutschen und amerikanischen Zivilprozeß und im Rechtshilfeverfahren, 1989.

Gliederung

1 **1) Systematik, Z 1–3.** Vgl zunächst Einf 1 vor §§ 383–389. § 384 gibt ein Zeugnisverweigerungsrecht aus sachlichen Gründen. Dieses Recht besteht freilich im Gegensatz zu § 383 grundsätzlich nur für bestimmte Punkte, also nicht allgemein, BGH NJW **94**, 197. § 385 schränkt Z 1 ein. Eine Belehrung ist

hier nicht notwendig, § 383 Rn 18, Köln Rpfleger **85**, 494, Gottwald BB **79**, 1781. Sie ist aber empfehlenswert, Klemp BB **76**, 914. Der Richter kann die Frage und muß sie zumindest auf ein Verlangen stellen, BGH NJW **94**, 197. Der Zeuge braucht sie aber nicht zu beantworten, BGH NJW **94**, 197. Das gilt auch dann, wenn die Bejahung ihm eine Unehre bringen würde, wenn eine Verneinung aber möglich ist. Eine besondere Glaubhaftmachung derjenigen Tatsache nach § 294, die die Weigerung begründen soll, ist nicht notwendig, falls sich das Weigerungsrecht aus dem Inhalt der Frage ergibt. Sonst gilt § 386 I. Der Zeuge muß nicht etwa alle Weigerungsgründe gleichzeitig vorbringen. § 386 I beweist nichts Gegenteiliges. Ein Verweigerungsrecht nach Z 1–3 kann je nach der Sachlage ausnahmsweise im Ergebnis darauf hinauslaufen, daß der Zeuge überhaupt nichts zur Sache zu sagen braucht, BGH NJW **94**, 197.

2) Regelungszweck, Z 1–3. Vgl zunächst Einf 2 vor §§ 383–389. Die Vorschrift bezweckt den Schutz 2
des Zeugen vor denjenigen Folgen seiner staatsbürgerlichen Ehrenpflicht, die den Grundsatz der Verhältnismäßigkeit verletzen würden, Einl III 22 (Übermaßverbot). Damit dient die Vorschrift auch der Rechtsstaatlichkeit, Art 20 III GG, Einl III 22. Das muß man bei der Auslegung mitbeachten.

Existenznot kann die Folge einer allzu streng herbeigeredeten Aussage sein. Das muß der Richter unbedingt mitbedenken. Daher darf man zB die Abgrenzung zwischen dem unmittelbaren und einem unbeachtlichen bloß mittelbaren Schaden bei Z 1 nicht allzu streng vornehmen. Andererseits ist nun auch beileibe nicht jeder Kunstgriff ein Kunst- oder Gewerbegeheimnis nach Z 3. Eine auch sonst nicht durch Spezialvorschriften geschützte Methode mag man eher preisgeben müssen. Freilich schützt nicht nur § 384 das Patent bei einer Zahlung der Gebühren jedenfalls theoretisch ausreichend. Es bleibt allenfalls in den aus einer Furcht vor Nachahmung nicht mit zum Patent angemeldeten Bestandteilen etwa der Fertigung ein Gewerbegeheimnis. Es ist eine reizvolle, schwierige, verantwortungsvolle richterliche Aufgabe, durch eine einfühlsame Abwägung zu einem praktisch brauchbarem Ergebnis zu kommen.

3) Geltungsbereich, Z 1–3. Vgl Einf 3 vor §§ 383–389. 3

4) Drohen eines Vermögensschadens, Z 1. Der Zeuge darf das Zeugnis über solche Fragen verweigern, deren Beantwortung ihm oder einem Angehörigen nach § 383 I Z 1–3 einen unmittelbaren Vermögensschaden verursachen würde. Vorsicht ist bei einer derartigen Pauschalbehauptung ratsam, OVG Lüneb NJW **78**, 1494. Der Schaden muß eine unmittelbare Folge der Aussage und nicht erst eine Folge der Entscheidung im Prozeß sein. Ein sog Regreßschaden kann genügen, Oldb JB **91**, 1255. Wegen eines Disziplinarverfahrens als Folge Rn 5. Die Antwort müßte solche Tatsachen preisgeben, die ohne weiteres die Grundlage eines Anspruchs bilden. Es genügt aber auch, wenn die Antwort die Durchführung eines Anspruchs erleichtern würde, BGH NJW **07**, 156, Karlsr NJW **90**, 2758. Es reicht aus, daß der Zeuge einen nach dem AnfG anfechtbaren Erwerb preisgeben müßte, BGH **74**, 382. 4

Ein *mittelbarer* Schaden etwa für das Geschäft eines Kaufmanns oder für einen Angestellten genügt nicht. Daher reicht auch nicht ein bloß denkbarer, noch nicht objektiv zu befürchtender, vielmehr bisher nur subjektiv befürchteter Nachteil etwa bei der Beförderung. Auch ein schon bestehender Nachteil reicht als solcher nicht aus.

Z 1 ist auch dann anwendbar, wenn der Schaden eine solche *Körperschaft* betrifft, deren Vertreter der Zeuge ist, BGH NJW **07**, 156, MusHu 3, aM StJBe 4, ZöGre 4 (der Zeuge sei als solcher kein Vertreter. Aber der Vertreter ist ein Zeuge, und der Grund, einen Meineid zu verhüten, trifft auch bei ihm zu. § 385 I begrenzt das Schweigerecht).

5) Unehre, Bestrafung usw, Z 2. Man muß sehr behutsam abwägen. 5

A. Grundsatz: Schutz vor Herabsetzung. Ein Weigerungsrecht besteht bei solchen Fragen, deren Beantwortung dem Zeugen oder einem Angehörigen nach § 383 I Z 1–3 eine Unehre bringen oder die Gefahr einer Verfolgung wegen einer Straftat oder einer Ordnungswidrigkeit zuziehen oder erhöhen würde. Eine Unehre bringt alles, was unter einer Würdigung aller Umstände das Ansehen des Zeugen in sittlicher Beziehung herabsetzen könnte, Stgt FamRZ **81**, 67, Dillenburg/Pauly MDR **95**, 341, aM Celle RR **91**, 62 (aber man muß den Begriff Unehre verhältnismäßig weit verstehen, damit die Vorschrift sinnvoll bleibt). Hierher gehört also auch eine auf Grund der wahren Aussage zu erwartende Entscheidung. Dabei muß das Gericht an die Wertordnung des GG anknüpfen, nicht an frühere Wertvorstellungen, Stgt FamRZ **81**, 67, OVG Lüneb NJW **78**, 1494. Eine Schmälerung der Ehre des Zeugen braucht nicht vorzuliegen. Es genügt evtl sogar eine Mobbing-Gefahr usw, etwa bei einem minderjährigen geradezu psychiatrisch schockierten Klassenkameraden als Zeugen. Z 2 schützt auch einen verstorbenen Ehegatten und daher seine Hinterbliebenen, Nürnb MDR **75**, 937.

Ob der Zeuge eine Auskunft über einen nichtehelichen *Geschlechtsverkehr* geben muß, läßt sich nur von Fall zu Fall beantworten, Dillenburger/Pauly MDR **95**, 341, aM Karlsr NJW **94**, 528 (meist Verweigerungsrecht. Aber die Anschauungen sind lockerer geworden). Nach einem Ehebruch hat auch der nicht verheiratete Partner durchweg ein Aussageverweigerungsrecht, Stgt FamRZ **81**, 67. Wenn ein Widerspruch zu einer früheren Aussage vor dem Gericht vorliegt, ist § 153 StGB beachtlich. Es entscheidet nicht die Ansicht des Richters, sondern die Ansicht der betreffenden Gegend und der betreffenden Kreise, soweit diese Ansicht außerdem mit der allgemeinen Rechtsauffassung übereinstimmt, OVG Lüneb NJW **78**, 1494. Jede entfernte Möglichkeit einer Verfolgung genügt für das Aussageverweigerungsrecht. Beispiel: Es würde zulässig werden, ein Strafverfahren wieder aufzunehmen, aM Celle RR **91**, 62 (aber schon ein solches Risiko kann sich enorm auswirken). Es genügt, daß die Gefahr aus der Aussage nur in Verbindung mit anderen Umständen folgt, etwa wegen einer vorinstanzlichen Aussage, BGH NJW **08**, 2039. Ein Verjährungseintritt mag Z 2 beseitigen, Stgt RR **07**, 251. Aber Vorsicht! Wer klärt genau, ob eine Verjährung vorliegt?!

Eine *ehrengerichtliche* oder dienststrafrechtliche Verfolgung genügt unter dem Gesichtspunkt der Verfolgung wegen einer Straftat oder Ordnungswidrigkeit grundsätzlich nicht, Hbg AnwBl **84**, 104 (StPO), aM MusHu 4, StJBe 8, ZöGre 6 (aber schon die zugehörigen Verfahren verlaufen anders als ein Strafprozeß, und im übrigen sind §§ 383 ff gerade nicht ausdehnend auslegbar, Einf 2 vor §§ 383–389). Eine entsprechende Tatsache kann aber eine Unehre bringen und auch unter Z 1 fallen, Baumann Festschrift für Kleinknecht (1985) 21.

Ein Schriftleiter gehört *nicht* hierher. Denn Z 2 betrifft den Inhalt der Aussage. Anwendbar mögen aber §§ 383 I Z 5, 384 Z 3 sein. Die bloße Befürchtung einer erheblichen Gefährdung reicht grundsätzlich nicht aus, Hamm OLGZ **89**, 469. Ebensowenig reichen ein bloßer Verstoß gegen eine Schweigeabrede, Hamm FamRZ **99**, 939, oder die allgemeine Gefahr für jeden Zeugen, bei irgendeiner Verletzung der Wahrheitspflicht nach §§ 153 ff StGB verfolgt zu werden. Die Gefahr eines Widerspruchs zur früheren Ausage genügt wegen § 158 StGB nicht.

6 **B. Geltendmachung.** Der Zeuge braucht sich über eine allgemein unter Z 2 fallende Handlung nicht zu äußern, auch wenn er sie verneinen könnte. Denn Z 2 schützt schon gegen diejenige Bloßstellung, die durch die Frage eintreten könnte. Der Zeuge braucht den Weigerungsgrund nicht im einzelnen zu begründen oder gar nach § 294 glaubhaft zu machen. Andernfalls müßte er ja offenbaren. Eine Weigerung kann ein Beweisgrund nur im Zusammenhang mit der Lage des Falls sein, nicht für sich allein. Zu weitgehend und nicht mit § 286 vereinbar ist es, die Verwertung der Zeugnisverweigerung als prozessual unzulässig anzusehen. Ein Beweisanzeichen kann die Weigerung durchaus sein, Klemp BB **76**, 914. Wegen einer Aussetzung § 149 Rn 6. Eine Vorlage nach § 142 II 1 mag nötig bleiben, Stgt RR **07**, 251.

7 **6) Kunst- oder Gewerbegeheimnis, Z 3.** Das Weigerungsrecht greift für solche Fragen durch, bei deren Beantwortung der Zeuge ein Kunst- oder Gewerbegeheimnis offenbaren müßte.

A. Begriff des Geheimnisses. Geheimnis ist diejenige Tatsache, die nur bestimmte Personen kennen und kennen sollen. Z 3 schützt das eigene oder ein solches fremdes Gewerbe, das der Zeuge geheimhalten muß, Karlsr MDR **06**, 591, Schlosser ZZP **95**, 365, Stadtler NJW **89**, 1202, aM Düss MDR **78**, 147, Stgt WRP **77**, 127, LG Mü ZZP **95**, 364 (diese Gerichte schützen nur das eigene Geschäftsgeheimnis. Das fremde Geschäftsgeheimnis fällt aber ohnehin meist unter § 383 I Z 6, Gottwald BB **79**, 1781). Die Vorschrift ist eng auslegbar, Einf 2 vor §§ 383–389, Hbg MDR **77**, 761. Trotzdem meint „Gewerbe" auch zB einen freien Beruf etwa eines Wissenschaftlers. Das gilt schon wegen Art 12 GG. Zum verfassungsrechtlichen Schutz Wolff NJW **97**, 98. Eine Entbindung durch einen anderen läßt ein Schweigerecht hier unberührt. Nicht ausreichend ist eine bloße Absprache, Karlsr MDR **06**, 591.

8 **B. Beispiele zur Frage einer Anwendbarkeit von Z 3**

Auskunftei: Sie kann schweigepflichtig sein, vgl auch § 383 I Z 6.

Bankkredit: Unter Z 3 fällt die Auskunft über einen Bankkredit.

Darlehen: S „Bankkredit".

Gewerbegeheimnis: Eine Schweigepflicht kann sich vertraglich über ein Gewerbegeheimnis ergeben, vgl auch § 383 I Z 6. Dazu können zählen: Arbeitsmethoden; Arbeitsmittel; die Bankverbindung; ein Geldgeber; Informationsmöglichkeiten; eine Kreditlinie; die Kundenkartei; Patentfragen; die Preiskalkulation; ein Teilhaber; Vertragseinzelheiten.

S auch „Auskunftei".

Kartell: Unter Z 3 fällt die Auskunft über jede auch nur kartellähnliche Absprache, zB über Preise oder Lieferbedingungen.

Kunstgeheimnis: Eine Schweigepflicht kann sich vertraglich über ein Kunstgeheimnis ergeben.

9 **Mitarbeiter:** Er kann zur Zeugnisverweigerung berechtigt sein, Hbg MDR **77**, 761, Gottwald BB **79**, 1781. Es muß aber ein beachtliches Geheimhaltungsinteresse bestehen, Mü RR **98**, 1496.

Politische Partei: Z 3 schützt *nicht* ein Geheimnis einer politischen Partei, OVG Lüneb NJW **78**, 1494.

Preisabrede: Rn 8 „Kartell".

Steuerfrage: Unter Z 3 fällt die Auskunft über steuerliche Fragen und Verhältnisse, Düss MDR **78**, 147.

Tatsache: Unter Z 3 fällt die Auskunft über diejenige Tatsache, aus der sich auch nur ein solcher Vorgang ergeben kann, dessentwegen ein Weigerungsrecht besteht.

Unternehmer: S „Mitarbeiter".

Urheber: Unter Z 3 fällt die Auskunft über den oder die Urheber etwa eines Zeitungsaufsatzes.

10 **7) Verstoß, Z 1–3.** Vgl Üb 12 vor § 371, § 383 Rn 20. Ein Verstoß kann ein Rechtsmittel begründen.

385 *Ausnahmen vom Zeugnisverweigerungsrecht.* **I In den Fällen des § 383 Nr. 1 bis 3 und des § 384 Nr. 1 darf der Zeuge das Zeugnis nicht verweigern:**

1. über die Errichtung und den Inhalt eines Rechtsgeschäfts, bei dessen Errichtung er als Zeuge zugezogen war;

2. über Geburten, Verheiratungen oder Sterbefälle von Familienmitgliedern;

3. über Tatsachen, welche die durch das Familienverhältnis bedingten Vermögensangelegenheiten betreffen;

4. über die auf das streitige Rechtsverhältnis sich beziehenden Handlungen, die von ihm selbst als Rechtsvorgänger oder Vertreter einer Partei vorgenommen sein sollen.

II Die im § 383 Nr. 4, 6 bezeichneten Personen dürfen das Zeugnis nicht verweigern, wenn sie von der Verpflichtung zur Verschwiegenheit entbunden sind.

Gliederung

1) Systematik, I, II. Vgl zunächst Einf 1 vor §§ 383–389. Die Vorschrift bringt Ausnahmen von Ausnahmen, also systematisch betrachtet eine Rückkehr zur grundsätzlichen Aussagepflicht. Wer nach § 383 Z 1–3 oder wer nach § 384 I Z 1 allgemein das Zeugnis verweigern dürfte, nicht aber nach § 384 I Z 2, muß unabhängig von einem unmittelbaren Schaden aussagen, soweit seine Aussage einen der Fälle I betrifft. Wer nach § 383 I Z 4, 6 das Zeugnis verweigern dürfte, muß trotzdem aussagen, wenn er von der Schweigepflicht befreit ist. Das gilt aber nur, soweit die Befreiung sachlichrechtlich wirksam ist, II. 1

2) Regelungszweck, I, II. Die Vorschrift dient dem Interesse der Rechtspflege an der Wahrheitsfindung, Nürnb FamRZ **92**, 1317. Wegen des Charakters als einer Rückkehr zum Grundsatz der Aussagepflicht nach Rn 1 muß man § 385 eher weit auslegen. Das gilt auch für die Frage, welche Anforderungen man an eine Entbindung von der Schweigepflicht nach II stellen soll. Die einzelnen Fälle des I sind ja ihrer Natur nach schon halbe Entbindungen solcher Art. Natürlich soll der Gegner nun auch nicht über I Z 3 eine Ausforschung über Vermögensangelegenheiten betreiben dürfen, Einf 27 vor § 284. Es gilt also auch bei § 385 über die ausdrücklich genannten Umstände hinaus auf manches weitere Merkmal des Gesamtvorgangs mitzuachten und es in die Beurteilung durchaus mit der notwendigen Gewichtung einzubeziehen. 2

3) Geltungsbereich, I, II. Vgl Einf 3 vor §§ 383–389. 3

4) Aussagepflicht nach I. Man sollte nicht zu ängstlich werten. 4

A. Rechtsgeschäft, I Z 1. Es muß um die Zuziehung als ein Zeuge bei einem Rechtsgeschäft gehen, also bei jeder Rechtshandlung. Denn man kann sich nicht zuerst gerade als ein Zeuge zur Verfügung stellen und dann darüber schweigen dürfen. Der Zeuge muß nach den Umständen zumindest mit der Möglichkeit haben rechnen müssen, gerade zur etwa späteren Notwendigkeit zugezogen zu werden, den Vorgang zu beschreiben, BayObLG MDR **84**, 1025. Er mag als ein sog Förmlichkeitszeuge aufgetreten sein, etwa bei einer Testamentserrichtung, Köln Rpfleger **85**, 494. Z 1 umfaßt nicht seine Zuziehung zu anderen Zwecken oder seine zufällige Anwesenheit vor der Zuziehung oder nach der etwaigen Entlassung oder die Zuziehung nur zu einer Vor- oder Nachbereitungsmaßnahme des eigentlichen Rechtsgeschäfts. Wer sich auf die Zeugnispflicht beruft, muß die Art der Zuziehung beweisen.

B. Geburt usw, I Z 2. Es muß um Geburten, Heiraten, Sterbefälle von Familienmitgliedern des Zeugen gehen. Eine Verwandtschaft ist unnötig, eine häusliche Gemeinschaft reicht nicht aus. Die Ursache, etwa die Erzeugung, fällt nicht unter Z 2, LSG Darmst NJW **89**, 2711, Müller FamRZ **86**, 634 (auch zur modernen Insemination), ebensowenig der Name des Erzeugers, LSG Darmst NJW **89**, 2711. 5

C. Vermögensangelegenheit, I Z 3. Es muß um solche Vermögensangelegenheiten gehen, die unmittelbar durch das Familienverhältnis bedingt sind. Ob der Prozeß darauf beruht, ist unerheblich. Bestimmte Tatsachen müssen ihre Grundlage im Familienverhältnis haben, nicht nur aus einem solchen entstehen können. Beispiele: Ein Mitgiftversprechen; ein Unterhaltsanspruch, Düss FamRZ **80**, 617 (nicht aber nach seinem Übergang kraft Gesetzes, etwa nach § 37 BAföG, da der Anspruch durch eine solche Überleitung seinen Charakter ändert, aM Karlsr FamRZ **89**, 765); ein Abfindungsvertrag; ein güterrechtlicher Vertrag; eine Altenteilsregelung; das Erbrecht; eine Erbausschlagung. Z 3 gilt auch für solche Personen, die jetzt außerhalb des Familienverbands stehen, Nürnb FamRZ **92**, 1316, aM StJBe 4, ZöGre 4 (aber Z 3 stellt gerade nicht auf zusätzliche Zumutbarkeitserwägungen ab). 6

Nicht hierher gehören diejenigen Fragen, die nicht gerade durch das Familienverhältnis „bedingt" sind, zB: Die Höhe des Pflichtteils; ein außerehelicher Geschlechtsverkehr ohne eine Zeugung; Angaben zur Zeugung oder zum Namen des Erzeugers, LSG Darmst NJW **89**, 2711; die Höhe des in die Ehe Eingebrachten; ein Alltageschäft mit einem Angehörigen.

D. Eigene Handlung, I Z 4. Es kann sich um die Begründung eines Rechtsverhältnisses oder um Vorgänge während seines Bestehens bis zur Beendigung handeln. Es muß um eine eigene beliebige Handlung des Zeugen gehen, die sich auf den Prozeß bezieht, soweit er Rechtsvorgänger oder Vertreter einer Partei ist. Zum Begriff des Rechtsvorgängers § 265 Rn 21. Vertreter ist der gesetzliche Vertreter oder ein sonstiger Vertreter im weitesten Sinn, aber nur ein rechtlicher, nicht ein tatsächlicher, etwa als Wortführer, Ratgeber, Mü OLGR **96**, 242, ZöGre 6, aM MüKoDa 5 (aber das weitet unzumutbar aus). Z 4 meint auch den Vertreter des Rechtsvorgängers. „Handlungen" meint: Eine wirkliche Tätigkeit, aber auch bloße Wahrnehmungen, aM MüKoDa 5, ZöGre 6 (aber auch eine Wahrnehmung ist eine Betätigung, nämlich eines Sinnes. Zumindest ist die vorgenommene oder unterlassene Reaktion auf die Wahrnehmung eine Handlung). Es genügt nicht, daß die Partei für Handlungen oder Unterlassungen des Zeugen als eines bloßen Verrichtungsgehilfen einstehen müßte. Z 4 ist auch auf eine bloße Behauptung anwendbar, man habe entsprechend gehandelt („sein sollen"). 7

5) Aussagepflicht nach II. Auch hier ist Kleinmut unangebracht. 8

A. Rechtsträger. Befreien müssen alle, zu deren Gunsten die Bindung besteht, zB der Patient, nicht derjenige, der die Untersuchung veranlaßt hat oder bezahlt hat. Unzulässig ist nach dem katholischen Kirchenrecht eine Entbindung von dem Beichtgeheimnis durch die kirchlichen Vorgesetzten, § 383 Rn 4. Bei öffentlichen Beamten tritt zu II noch § 376 hinzu.

B. Befreiungsbefugnis. Befreien dürfen zB: Der Generalbevollmächtigte; grundsätzlich der Insolvenzverwalter, Düss DB **93**, 2481, Nürnb MDR **77**, 145 (auch wegen der Ausnahmen); der gesetzliche Vertreter, aber nicht gegen den Willen des Patienten. Dieser kann bei einer eigenen Einsichtsfähigkeit auch gegen den gesetzlichen Vertreter befreien, BayObLG **85**, 53; wer an Stelle des Verstorbenen in persönlichen Dingen nach § 383 Rn 11 (E) entbinden kann. Maßgeblich ist der mutmaßliche Wille, Nürnb MDR **75**, 937. Es kann zB der Arzt (vgl aber § 383 Rn 13 „Arzt") oder der Anwalt sein, nicht ohne weiteres ein Erbe oder die Erben, Stgt MDR **83**, 236, sondern vielleicht ein persönlich Näherstehender, unter Umständen auch der Steuerberater, Stgt MDR **83**, 236. Hat der Erblasser im Testament darüber etwas gesagt, braucht er dazu die Testamentsform nicht eingehalten zu haben. Daher kann auch eine mündliche Erklärung genügen. Zwar kann der Rechtsinhaber die Befreiungsbefugnis übertragen, auch über den Todesfall hinaus, sogar formlos, Mü AnwBl **75**, 159. 9

Der ProzBev darf aber trotz § 81 nicht ohne weiteres befreien. Denn die Befreiung ist die Ausübung eines höchstpersönlichen Rechts, Braeuer FamRZ **86**, 427. Das Gericht muß also zunächst anheimgeben, eine Befreiung des Auftraggebers oder sonstigen Berechtigten nachzureichen. Vgl aber auch § 356 Rn 2.

10 **C. Befreiungserklärung.** Die Befreiung erfolgt durch eine Erklärung gegenüber dem Zeugen, dem Gericht oder dem Gegner. Sie liegt schon in der Benennung des Zeugen durch den Rechtsträger selbst, nicht schon durch seinen ProzBev, Rn 8. Sie muß eindeutig in einer Kenntnis des Weigerungsrechts erfolgt sein. Eine mutmaßliche Befreiung ist unbeachtlich. Im Prozeß ist die Befreiung als eine Parteiprozeßhandlung nach Grdz 47 vor § 128 nur dann widerruflich, wenn man sie nicht gegenüber dem Gegner erklärt hatte, sondern nur gegenüber dem Zeugen vor dessen Vernehmung, Grdz 58 vor § 128. Eine Versagung ist regelmäßig keine arglistige Vereitelung der Beweisführung. Denn hier übt der Versagende ein Recht aus, BGH RR **96**, 1534. Das Gericht darf und muß eine Versagung aber frei würdigen, § 286, BGH MDR **84**, 48, BayObLG FamRZ **90**, 207. Eine wirksame Befreiung zwingt zur Aussage. Das Gericht muß prüfen, ob die Befreiung wirksam ist.

11 **D. Nicht betroffener Personenkreis.** II nennt die in § 383 I Z 5 Genannten nicht. Sie behalten also ihr Zeugnisverweigerungsrecht auch dann, wenn der Informant sie von ihrer etwaigen Schweigepflicht entbunden hat, Groß NJW **75**, 1764. Das gilt sogar dann, wenn ihr Informant ausdrücklich wünscht, daß sie aussagen. Das Berufsgeheimnis ist also vorrangig selbst vor dem berechtigten Interesse des Informanten an einer Preisgabe. Eine daraus folgende etwaige Haftung bleibt unberührt. Jedoch gibt es keine strafrechtlichen Garantenhaftung des leitenden Redakteurs usw mehr.

12 **6) Verstoß, I, II.** Vgl Üb 12 vor § 371, § 383 Rn 20. Ein Verstoß kann ein Rechtsmittel begründen.

386 *Erklärung der Zeugnisweigerung.* **I Der Zeuge, der das Zeugnis verweigert, hat vor dem zu seiner Vernehmung bestimmten Termin schriftlich oder zum Protokoll der Geschäftsstelle oder in diesem Termin die Tatsachen, auf die er die Weigerung gründet, anzugeben und glaubhaft zu machen.**

II Zur Glaubhaftmachung genügt in den Fällen des § 383 Nr. 4, 6 die mit Berufung auf einen geleisteten Diensteid abgegebene Versicherung.

III Hat der Zeuge seine Weigerung schriftlich oder zum Protokoll der Geschäftsstelle erklärt, so ist er nicht verpflichtet, in dem zu seiner Vernehmung bestimmten Termin zu erscheinen.

IV Von dem Eingang einer Erklärung des Zeugen oder von der Aufnahme einer solchen zum Protokoll hat die Geschäftsstelle die Parteien zu benachrichtigen.

1 **1) Systematik, I–IV.** Die Vorschrift nennt die Pflichten desjenigen Zeugen, der vom Zeugnisverweigerungsrecht Gebrauch macht. §§ 387 ff regeln den weiteren Zwischenstreit.

2 **2) Regelungszweck, I–IV.** Vgl zunächst Einf 2 vor §§ 383–389. Die Vorschrift bezweckt einen Kompromiß im Interessenkonflikt einerseits wegen des Schutzes des Zeugen, andererseits wegen der Notwendigkeit, die Möglichkeiten der Wahrheitsfindung nun auch nicht ungebührlich einzuschränken. Das Gericht muß bei den Anforderungen an die immerhin notwendigen Andeutungen des Zeugen behutsam, aber auch nicht zu vorsichtig vorgehen. Zu strenge Anforderungen würden es dem Zeugen evtl unmöglich machen, über den Schweigepunkt wirklich ausreichend zu schweigen. Eine zu großzügige Hinnahme irgendwelcher Floskeln als eine ausreichende Begründung würden dem Mißbrauch durch den Zeugen Vorschub leisten. Es ist eine manchmal kaum zu bewältigende Aufgabe für das Gericht, sich an einen Erkenntnisstand heranzutasten, von dem aus es das beabsichtigte Schweigen in seiner Berechtigung abschätzen kann. Auch an dieser Stelle sollte man versuchen, eine harte Entscheidung durch zB andere, vorgezogene Beweismittel zu erübrigen. Wenn das nicht möglich ist, hilft eine gelassene, sehr erkennbar um eine Interessenabwägung bemühte Entscheidungsbegründung allen Beteiligten eher, sich der Beurteilung durch das Gericht zu beugen.

3 **3) Geltungsbereich, I, II.** Vgl Einf 3 vor §§ 383–389.

4 **4) Erklärung, I, II.** Der zeugnisverweigernde Zeuge muß seine Weigerung grundsätzlich entweder vor dem Termin schriftlich oder zum Protokoll der Geschäftsstelle oder mündlich im Termin und daher stets ohne einen Anwaltszwang erklären, § 387 II. Den Weigerungsgrund muß er so angeben, daß der Richter die Berechtigung der Weigerung nachprüfen kann. Dabei braucht der Zeuge aber nicht genau dasjenige preiszugeben, was er gerade verschweigen darf und will. Falsche Angaben sind nach §§ 153 ff StGB strafbar. Darüber muß das Gericht den Zeugen belehren. Eine Glaubhaftmachung erfolgt nach § 294 auch durch eine eidesstattliche Versicherung. Das Gericht kann sie fordern, etwa bei der Zweifelhaftigkeit eines Verlöbnisses. Eine Glaubhaftmachung ist dann nicht erforderlich, wenn die Beweisfrage den Weigerungsgrund glaubhaft macht, wie meist bei § 384 Z 2. Beamte, § 155 Z 3 StGB, nicht auch Geistliche privater Religionsgemeinschaften oder Anwälte, dürfen durch eine Versicherung auf den Diensteid glaubhaft machen. Die Zeugenentschädigung nach dem JVEG erfolgt unabhängig von einer Zeugnisverweigerung.

5 **5) Recht zum Ausbleiben, III.** Nur derjenige Zeuge darf ausbleiben, der seine Weigerung vor dem Termin schriftlich oder zum Protokoll der Geschäftsstelle erklärt und glaubhaft gemacht hat und dessen Zeugnisverweigerungsrecht die gesamten Beweisfragen deckt. Wenn die Erklärung unzureichend, offenbar grundlos oder unglaubhaft ist, muß das Gericht gegen den Zeugen beim Ausbleiben nach § 380 ein Ordnungsmittel anordnen. Bei seinem Erscheinen muß es ihn dann nach § 390 behandeln. Beim ausländischen Berufsdiplomaten mag eine andere Form der Weigerung ausreichen, VGH Kassel NJW **89**, 3110. Wenn sich die Weigerung als unbegründet herausstellt, ist ein Ordnungsmittel nur bei einem schlechten Glauben des Zeugen möglich. Bei einer Verweigerung einer schriftlichen Aussage nach § 377 III, IV erfolgt kein Ordnungsmittel. Denn dann ist noch kein Zwang zulässig. Dann bleibt nur übrig, den Zeugen

vorzuladen. Eine erneute Ladung erfolgt allenfalls, wenn eindeutig feststeht, daß der Zeuge nun doch aussagen will, Köln NJW **75**, 2074.

6) Benachrichtigung, IV. Von der vor dem Termin erklärten Weigerung muß die Geschäftsstelle mit Rücksicht auf § 387 beide Parteien formlos benachrichtigen. Das Gericht sollte nach § 139 darauf hinweisen, daß dieses Beweismittel bis zur etwaigen Entbindung von der Schweigepflicht nach § 385 II ungeeignet ist, § 286 Rn 31. Ein Verstoß ist prozessual belanglos. 6

387 *Zwischenstreit über Zeugnisverweigerung.* **I Über die Rechtmäßigkeit der Weigerung wird von dem Prozessgericht nach Anhörung der Parteien entschieden.**

II Der Zeuge ist nicht verpflichtet, sich durch einen Anwalt vertreten zu lassen.

III Gegen das Zwischenurteil findet sofortige Beschwerde statt.

Gliederung

1) Systematik, §§ 387–389. Die Zeugnisverweigerung kann einen zur Klärung dieser Frage erforderlichen und ja auch dienlichen Zwischenstreit zwischen dem Zeugen und dem Beweisführer begründen, soweit der Zeuge sie nach § 386 ausreichend erklärt hat. Andernfalls sind §§ 380, 390 anwendbar. Wenn der Beweisführer die Weigerung anerkennt, verzichtet er auf das Zeugnis, § 399. Wenn er ohne eine Rüge zur Hauptsache verhandelt, verliert er sein Recht, eine Entscheidung über die Berechtigung zur Weigerung zu verlangen, § 295, BGH RR **87**, 445, Ffm OLGR **95**, 276. Wenn der Gegner die Vernehmung nach § 399 verlangt, führt er den Zwischenstreit durch. Die Prozeßparteien sind nur dann notwendige Streitgenossen dieses Zwischenstreits nach § 60, wenn beide Parteien die Weigerung bekämpfen. Zwischen dem Zeugen und derjenigen Partei, die den Zeugen in seiner Weigerung unterstützt, besteht ebenfalls eine notwendige Streitgenossenschaft. „Anhörung der Parteien" bedeutet: Das Gericht muß zunächst beide Parteien zur Weigerung hören. Erst ihre Antwort ergibt die Parteirollen. §§ 387, 388 betreffen die Weigerung vor dem Prozeßgericht. § 389 betrifft die Weigerung vor dem verordneten Richter. Der Einzelrichter nach §§ 348, 348 a, 526, 527, 568 ist beim Verfahren vor ihm das Prozeßgericht. 1

2) Regelungszweck, §§ 387–389. Vgl zunächst Einf 2 vor §§ 383–389, § 386 Rn 2. Der Zwischenstreit bringt zunächst einen gewissen Aufwand an zusätzlicher Zeit und Arbeit für alle Beteiligten. Das wiegt aber nicht so schwer wie die Chance, die ganze weitere Verfahrensweise in der Hauptsache wenigstens an diesem Punkt so weit zu klären, daß später zB eine Zurückverweisung nach § 538 nicht schon wegen eines Mangels bei der Beurteilung einer Vorfrage zu dem entscheidungserheblichen Beweisverfahren notwendig wird. Daher dient der Zwischenstreit wohlverstanden der Prozeßwirtschaftlichkeit, Grdz 14 vor § 128. Das ist bei der Handhabung des ganzen Zwischenverfahrens wichtig. 2

3) Geltungsbereich, §§ 387–389. Vgl zunächst Einf 3 vor §§ 383–389. § 387 gilt auch im WEG-Verfahren. Er gilt auch bei § 372 a entsprechend, dort Rn 26 ff. Die Vorschrift gilt ferner im Insolvenzverfahren, AG Duisb KTS **92**, 135. Zur Anwendbarkeit im finanzgerichtlichen Verfahren BFH BB **78**, 1052. 3

4) Verfahren, I, II. Es ist ein Amtsverfahren. Denn es ist ein Teil der Beweisaufnahme, StJBe 2, aM ZöGre 2 (nur im Verfahren mit Amtsermittlung kein Antragszwang. Aber innerhalb eines Beweisverfahrens ist das Gericht auch bei einer Parteiherrschaft weitgehend von Amts wegen bis zur Beendigung der Beweiserhebung tätig, und das Verfahren nach §§ 387 dient bereits der Durchführung des Beweisbeschlusses). Man muß das Unterlassen eines natürlich statthaften Antrags evtl als einen Verzicht auf den Zeugen bewerten. Andererseits kann das Gericht die Rüge der Unzulässigkeit einer Verweigerung als eine Anregung nach § 387 auslegen. Das Zwischenverfahren findet also möglichst sofort statt, § 279 II. Zur Zuständigkeit Rn 5. Parteien des Zwischenstreits sind einerseits der Beweisführer oder bei § 399 Hs 2 der Prozeßgegner, andererseits der Zeuge, auch der nach § 372 a Verpflichtete, BayObLG FamRZ **92**, 574, auch der minderjährige. Der Prozeßgegner des Beweisführers ist ein Streitgenosse desjenigen, den er im Zwischenstreit unterstützt. Das Gericht muß den Zeugen anders als bei § 371 unter einer Einhaltung der Ladungsfrist des § 217 laden, soweit das Gericht nicht in Gegenwart des Zeugen sogleich entscheidet. Es muß die Parteien mündlich hören, soweit sie erschienen sind. Sind sie ausgeblieben, entscheidet das Gericht auf Grund des ihm vorliegenden Stoffs. 4

Die *Versäumnisfolgen* nach §§ 330 ff treten weder gegenüber einer Partei des Hauptprozesses noch gegenüber dem Zeugen ein. Vielmehr gilt dann § 388, dort Rn 1. In einer mündlichen Verhandlung im Zwischenstreit besteht für die Parteien des Hauptprozesses ein Anwaltszwang wie sonst, § 78 Rn 2, für den Zeugen nicht. Zu einem schriftlichen Zwischenstreit muß im Fall des § 128 II auch der Zeuge sein Einverständnis geben. Denn der Zeuge ist nur im Zwischenstreit Partei, BayObLG **92**, 13. Wenn der Zeuge seine Weigerung nicht begründet, kommt es gar nicht zu einem Zwischenstreit. Das Gericht muß ihn dann vielmehr als einen grundlos Verweigenden behandeln, § 386 Rn 5 und § 390 Rn 4. Verfahren beim Ausbleiben des Zeugen: § 388. Der Hauptprozeß geht erst nach der Beendigung des Zwischenverfahrens weiter, § 370.

5) Entscheidung, I. Die Endentscheidung über die Rechtmäßigkeit der Weigerung erfolgt durch das Prozeßgericht, BGH NJW **90**, 2937, auch durch den Einzelrichter, Rn 1, auch durch den Vorsitzenden der Kammer für Handelssachen, § 349, nicht durch den verordneten Richter, §§ 366, 389. Sie ergeht durch ein 5

Zwischenurteil nach § 303, BGH NJW **90**, 2937, Brdb FamRZ **07**, 1756, aM Brdb FER **01**, 131 (bei § 372 a auch durch einen Beschluß. Aber das ist hier systemfremd). Das Zwischenurteil lautet auf die Feststellung der Berechtigung oder Nichtberechtigung zur genau anzugebenden Aussageverweigerung. Es schafft eine innere Rechtskraft nur für den vorgebrachten Grund, § 322 Rn 75, Hamm FamRZ **99**, 939. Es muß auch dann ergehen, wenn das Gericht die Weigerung billigt. Das Gericht muß ein im mündlichen oder schriftlichen Zwischenstreit ergehendes Zwischenurteil auch dem Zeugen zustellen, § 329 II 2. Eine Entscheidung erst in den Gründen des Endurteils ist wegen § 285 unstatthaft, Brdb FamRZ **07**, 1756. Die durch den Zwischenstreit zusätzlich zum Hauptprozeß entstandenen Kosten trägt entsprechend § 91 der Unterliegende, also evtl der Zeuge. Etwas anderes gilt, wenn der an sich zeugnisbereite Zeuge nur deshalb nicht aussagt, weil die Partei ihn nicht von der Schweigepflicht befreit.

Gebühren: Des Gerichts keine, des ProzBev keine, § 19 I 2 Z 3 RVG, Hbg MDR **87**, 947 (anders bei einer Beauftragung des Anwalts nur für das Zwischenverfahren), des Zeugen keine nach dem JVEG (er ist ja jetzt Partei), beim Sieg aber Auslagenersatz nach § 91. Wert: Anh § 3 Rn 147.

6 **6) Sofortige Beschwerde, III.** Gegen das Zwischenurteil haben die sofortige Beschwerde nach § 567 I Z 1 nur der Zeuge und der Prozeßgegner im Zwischenstreit, aM Ffm MDR **83**, 236 (nur der Zeuge. Aber auch der Prozeßgegner kann eine beschwerte Partei des Zwischenstreits sein, Rn 4). Die andere Partei hat die sofortige Beschwerde nur bei § 399. Eine Rechtsbeschwerde kommt unter den Voraussetzungen des § 574 in Betracht. Das stets erforderliche Rechtsschutzbedürfnis nach Grdz 33 vor § 253 kann trotz einer Erledigung des Hauptverfahrens noch wegen des Kostenpunkts fortbestehen, Köln FamRZ **86**, 709.

Wenn das Gericht *fälschlich* im *Endurteil* entschieden hat, ist trotzdem eine sofortige Beschwerde statthaft, außer wenn es sich um ein Urteil des OLG handelt, Rn 4, Brdt FamRZ **07**, 1756 (läßt dann freilich auch die Berufung zu). Die Form richtet sich nach § 569 II, III. Die Frist des § 569 I läuft seit der Zustellung des Zwischenurteils, die nach § 317 von Amts wegen erfolgt. Eine aufschiebende Wirkung besteht nur für den Zeugen (§ 390 spricht von „rechtskräftig"), mittelbar damit freilich für das weitere Verfahren. Gegenstand des Beschwerdeverfahrens ist nur derjenige Verweigerungsgrund, den das Zwischenurteil behandelt hat, Hamm FamRZ **99**, 939. Der Zeuge darf einen Anwalt beauftragen, BVerfG MDR **75**, 290. Er muß das aber nicht tun. Die Fortsetzung des Verfahrens findet stets im Amtsbetrieb statt, § 370 II. Eine Aussetzung des Hauptprozesses oder eines Parallelprozesses kommt jedenfalls dann nicht in Betracht, wenn offen ist, ob und wann der Zeuge aussagen wird, Oldb JB **91**, 1255. Im Verfahren nach § 8 ZDG ist kein Rechtsmittel zulässig.

Hat das Gericht die Verweigerung durch ein nach § 322 *rechtskräftiges* Zwischenurteil für unberechtigt erklärt, kann man eine Revision nicht darauf stützen, das Zwischenurteil sei falsch, BGH NJW **93**, 1391.

388 ***Zwischenstreit über schriftliche Zeugnisverweigerung.*** **Hat der Zeuge seine Weigerung schriftlich oder zum Protokoll der Geschäftsstelle erklärt und ist er in dem Termin nicht erschienen, so hat auf Grund seiner Erklärungen ein Mitglied des Prozessgerichts Bericht zu erstatten.**

1 **1) Systematik, Geltungsbereich.** Vgl § 387 Rn 1, 2.

2 **2) Geltungsbereich.** § 388 bezieht sich nur auf einen Zwischenstreit nach § 387. Die Vorschrift setzt voraus, daß der Zeuge seine Weigerung nach § 386 ordnungsmäßig erklärt hat. Sonst gilt § 386 Rn 5. Ein Versäumnisverfahren nach §§ 330 ff gegen den Zeugen findet nicht statt. Denn er ist ja dann zum Erscheinen nicht verpflichtet, § 386 III. Vielmehr verfährt das Gericht nach § 388 und fällt ein Zwischenurteil nach § 387.

389 ***Zeugnisverweigerung vor beauftragtem oder ersuchtem Richter.*** **I Erfolgt die Weigerung vor einem beauftragten oder ersuchten Richter, so sind die Erklärungen des Zeugen, wenn sie nicht schriftlich oder zum Protokoll der Geschäftsstelle abgegeben sind, nebst den Erklärungen der Parteien in das Protokoll aufzunehmen.**

II Zur mündlichen Verhandlung vor dem Prozessgericht werden der Zeuge und die Parteien von Amts wegen geladen.

III 1 Auf Grund der von dem Zeugen und den Parteien abgegebenen Erklärungen hat ein Mitglied des Prozessgerichts Bericht zu erstatten. 2 Nach dem Vortrag des Berichterstatters können der Zeuge und die Parteien zur Begründung ihrer Anträge das Wort nehmen; neue Tatsachen oder Beweismittel dürfen nicht geltend gemacht werden.

1 **1) Systematik, Regelungszweck, I–III.** Vgl zunächst § 387 Rn 1, 2. Die Vorschrift ist eine Ergänzung zu §§ 386–388. Sie bezweckt eine Klärung der Zuständigkeitsabgrenzung im Interesse der Prozeßwirtschaftlichkeit nach Grdz 14 vor § 128. Man sollte sie entsprechend weit auslegen.

2 **2) Geltungsbereich, I–III.** Vgl Einf 3 vor §§ 383–389, § 387 Rn 3.

3 **3) Weigerung, I.** Weigert ein Zeuge das Zeugnis vor dem nach §§ 361, 362 verordneten Richter, muß dieser die nicht schriftlich oder zum Protokoll der Geschäftsstelle nach § 386 I abgegebenen Erklärungen des Zeugen und die Erklärungen der Parteien zum Protokoll nehmen. Dieses Protokoll gibt die abschließende Unterlage für die Entscheidung des Prozeßgerichts auch als Einzelrichter, BGH NJW **90**, 2937. Die etwa vor dem verordneten Richter erschienenen Parteien des Hauptprozesses können zum Protokoll auf den Zeugen verzichten, § 399. Andernfalls verfährt das Prozeßgericht nach § 387 und nach II, III. Soweit der Zeuge vor dem Einzelrichter des § 348 a von vornherein die Aussage verweigert hat, ist allein § 387 anwendbar. Die Vorschrift ist im Verfahren nach § 372 a entsprechend anwendbar.

4) Verfahren, II, III. Das Prozeßgericht lädt den Zeugen nicht als solchen, sondern als eine Partei des Zwischenstreits, § 387 Rn 4, und die Parteien des Hauptprozesses von Amts wegen zur mündlichen Verhandlung. Zuständig ist auch das Gericht der internationalen Rechtshilfe, Ffm RR **88**, 714, LG Mü ZZP **95**, 363 (zustm Schlosser). Die Ladung des Zeugen als einer der Parteien des Zwischenstreits ist wesentlich. Der Zeuge kann die Weigerung im Termin zwar nicht auf den bisherigen Rechtsgrund stützen, wohl aber auf einen neuen. Er kann seine schon vor dem verordneten Richter vorgebrachten Tatsachen erläutern. Weder er noch die Parteien des Hauptprozesses können im Termin neue Tatsachen zur bisherigen Aussageverweigerung vortragen, ZöGre 3, aM ThP 2 (aber das Zwischenverfahren gab schon genug Gelegenheit. Es darf den Hauptprozeß nicht infolge immer neuer Angaben lähmen). Ein Zwischenurteil ergeht wie bei § 387. 4

5) Verstoß, I–III. Wenn das Gericht kein Verfahren nach § 389 eingeleitet hat, liegt in einer rügelosen Verhandlung ein Verzicht auf die Rügemöglichkeit, § 295. Das Rechtsmittelgericht muß ein ohne eine Ladung des Zeugen als einer Partei des Zwischenstreits nach Rn 4 ergangenes Zwischenurteil auf Grund des zulässigen Rechtsmittels aufheben. Das kann auf einen Antrag zur Zurückverweisung nach § 538 führen. 5

390 *Folgen der Zeugnisverweigerung.* [I 1] **Wird das Zeugnis oder die Eidesleistung ohne Angabe eines Grundes oder aus einem rechtskräftig für unerheblich erklärten Grund verweigert, so werden dem Zeugen, ohne dass es eines Antrages bedarf, die durch die Weigerung verursachten Kosten auferlegt. [2] Zugleich wird gegen ihn ein Ordnungsgeld und für den Fall, dass dieses nicht beigetrieben werden kann, Ordnungshaft festgesetzt.**

[II 1] **Im Falle wiederholter Weigerung ist auf Antrag zur Erzwingung des Zeugnisses die Haft anzuordnen, jedoch nicht über den Zeitpunkt der Beendigung des Prozesses in dem Rechtszug hinaus. [2] Die Vorschriften über die Haft im Zwangsvollstreckungsverfahren gelten entsprechend.**

[III] **Gegen die Beschlüsse findet die sofortige Beschwerde statt.**

Gliederung

1) Systematik, I–III. § 380 regelt die Folgen des bloßen Ausbleibens eines Zeugen. § 390 regelt die Folgen einer unberechtigten Zeugnis- oder Eidesverweigerung vor oder in dem Vernehmungstermin. Ob in der Entfernung nach dem Beginn der Vernehmung eine Zeugnisverweigerung liegt, das hängt vom Einzelfall ab, § 157 Rn 21, § 158 Rn 4, § 177 GVG Rn 2–4. Über eine freiwillige oder gewaltsame Entfernung § 380 Rn 4. Eine Pflicht, sich eine Blutprobe entnehmen zu lassen, hat der Zeuge im Rahmen des § 372 a. Die Beweisaufnahme ist ein Augenschein. Sie gehört also an sich nicht hierher. Vgl aber § 372 a II, BGH NJW **90**, 2936. Die Zeugnisverweigerung kann einen sachlichrechtlichen Ersatzanspruch begründen. § 390 ist auf eine Weigerung vor dem Prozeßgericht und auf eine solche vor dem verordneten Richter anwendbar, § 400. Er ist auch dann anwendbar, wenn der Zeuge trotz eines Hinweises auf die Folgen eine Aufforderung nicht genug beachtet hat, seine Aufzeichnungen und Unterlagen einzusehen und zum Termin mitzubringen, §§ 273 II Z 4 Hs 2, 378. 1

2) Regelungszweck, I–III. Die Vorschrift dient der Nachhaltigkeit der Zeugniserzwingung im Interesse der sachlichrechtlichen Gerechtigkeit nach Einl III 9, 36 und der Prozeßwirtschaftlichkeit, Grdz 14 vor § 128. Wenn schon nach dem ohnehin ja unvermeidbaren, aber oft mühsamen Zwischenstreit nach §§ 387–389 die Aussage- oder Eidespflicht feststeht und wenn der Zeuge sie immer noch nicht erfüllt, darf und muß das Gericht hart durchgreifen. Das gilt zumindest wegen der Art der Folgen und der Unverzüglichkeit ihres Ausspruchs, § 121 I 1 BGB. Es gilt natürlich erst recht bei II. Die jeweilige Höhe des Ordnungsmittels mag je nach der Ehrenhaftigkeit oder Scheinheiligkeit des zunächst genannten Verweigerungsgrundes sehr unterschiedlich ausfallen. Das Gericht muß beide Aspekte beachten, das Ob oder Wann und das Wie, um ein rechtsmittelfestes Ergebnis zu erzielen. 2

3) Geltungsbereich, I–III. Vgl Üb 3 ff vor § 373. 3

4) Voraussetzungen, I. § 390 setzt abgesehen von §§ 273 II Z 4 Hs 2, 378 voraus, daß eine der beiden unter Rn 4, 5 genannten Situationen vorliegt und daß außerdem stets die unter Rn 5 genannte Lage eingetreten ist. 4

A. Keine Grundangabe. Der Zeuge darf für die Verweigerung der Aussage und nicht nur der Beeidigung keinen nach §§ 383, 384 zulässigen ernstgemeinten Grund angegeben haben. Andernfalls gilt § 387. Unbeachtlich ist die allgemeine Angabe, der Zeuge stehe unter einer Zeitnot. Nicht unsinnig ist die Weigerung, angesichts eines Kreuzes im Sitzungsraum auszusagen, BVerfG NJW **73**, 2197. Bei jedem noch so unsinnigen Grund eine Entscheidung des Prozeßgerichts zu verlangen, wäre eine sture Wortauslegung. Das Gericht muß den Zeugen nach dem Grund befragen. Eidesverweigerung: § 391 Rn 5.

B. Verwerfung. Das Gericht muß den etwa angegebenen Grund durch ein rechtskräftiges Zwischenurteil nach §§ 387, 388 verworfen haben. Die vorläufige Vollstreckbarkeit reicht also nicht aus. Ungenügend ist ein derartiges Zwischenurteil als die Angabe eines neuen, beachtlichen Weigerungsgrunds. 5

6 **C. Ladung.** Es muß eine ordnungsgemäße Ladung erfolgt sein, § 377 Rn 3, 7.

7 **5) Kosten, Ordnungsmittel, I.** Das Gericht muß dem Zeugen von Amts wegen durch einen Beschluß des Prozeßgerichts oder des nach § 400 verordneten Richters die Kosten der Weigerung auferlegen, BGH NJW **90**, 2936, falls der Beweisführer noch nicht auf den Zeugen verzichtet hat, § 399. Zugleich muß der Richter ein Ordnungsgeld *und* ebenfalls zugleich hilfsweise eine Ordnungshaft festsetzen. Einzelheiten § 380 Rn 8, 9, 14. Ein Antrag der Partei ist auch hier zulässig. Denn der Beschluß betrifft die Partei mit. Ein nachträglicher Verzicht auf den Zeugen ändert an dem Verfahren nichts. Ordnungsmittel nach I sind neben Maßnahmen nach § 380 zulässig. Gleichzeitig ordnet das Gericht einen neuen Beweistermin an, § 368. Es lädt den Zeugen neu, auch wenn er bei der Verkündung anwesend ist. Zustellungen erfolgen nach § 329 II 2, III.

8 **6) Zwangshaft, II.** Wenn der Zeuge das Zeugnis wiederholt verweigert, ordnet das Gericht nur auf einen Antrag des Beweisführers eine Zwangshaft an, nach seinem Verzicht (§ 399) auch auf einen Antrag seines Prozeßgegners.

A. Wiederholung. Eine Wiederholung liegt vor, wenn der Zeuge nach der Verhängung (nicht notwendig der Vollstreckung) einer der Maßnahmen nach I wiederum grundlos oder aus dem bereits für unerheblich erklärten Grund oder aus einem neuen nicht ausreichenden Grund schweigt, Ffm RR **88**, 714, aM ThP 3 (aber nun verdient der Zeuge wirklich keinen weiteren Schutz). Ein weiteres Ordnungsmittel nach I ist dann neben oder statt der in II genannten Zwangshaft und abweichend von § 380 Rn 14 unzulässig. Das Unterlassen des Antrags ist ein Verzicht auf den Zeugen, auch seitens des Gegners des Beweisführers, der eine Vernehmung nach § 399 verlangt. Eine zweite Haftanordnung in derselben Instanz ist unzulässig.

9 **B. Entscheidung.** Das Gericht muß seinen Beschluß begründen, § 329 Rn 4. Es muß ihn verkünden oder dem Zeugen von Amts wegen zustellen, § 329 III. In ihm erfolgt keine zeitliche Begrenzung der Haft. Denn Art 6 II EGStGB meint nur die Ordnungshaft, nicht die Zwangshaft. Das verdeutlicht ein Vergleich mit seinem I zusätzlich. Dort gibt es einen Unterschied zwischen einem Ordnungsgeld und einem Zwangsgeld. Zum Charakter der Zwangshaft BVerfG **43**, 105/6. Kosten: wie bei § 380.

Auf die *Zwangshaft* sind §§ 904 ff anwendbar. Die erzwingende Partei erteilt dem Gerichtsvollzieher den Auftrag zur Verhaftung. Die frühere Vorschußpflicht ist entfallen. Die Haft endet: Mit der Ablegung des Zeugnisses; mit dem Verzicht beider Parteien auf das Zeugnis; mit dem Verzicht der erzwingenden Partei auf die Haftfortdauer; mit dem Ablauf von 6 Monaten, § 913; mit der Beendigung des Prozesses, mit der Beendigung des Abschnittes derjenigen Instanz, die den Zeugen betrifft. In der 2. Instanz ist bei einer neuen Weigerung eine nochmalige Haftanordnung mit insgesamt höchstens 6 Monaten zulässig, § 913. Wegen neuer Tatsachen und auf Grund eines weiteren Beweisbeschlusses bestehen keine zeitlichen Haftgrenzen der bisherigen Dauer.

Gebühren: Des Gerichts keine; des Anwalts keine, § 19 I 2 Z 3 RVG.

10 **7) Rechtsbehelfe, III.** Gegen den Beschluß ist nach § 567 I Z 1 grundsätzlich die sofortige Beschwerde des Zeugen zulässig, Düss FamRZ **86**, 192. Sie hat eine aufschiebende Wirkung, § 570 I. Neue Tatsachen und auch eine ausreichende Begründung der Weigerung sind nachschiebbar. Die Partei hat bei einer Ablehnung oder Unterlassung des Kostenbeschlusses ein Beschwerderecht. Bei einer Ablehnung oder Aufhebung der Zwangshaft hat die beeinträchtigte Partei die sofortige Beschwerde aus § 793. Denn die Entscheidung betrifft das Zwangsvollstreckungsverfahren. Eine Rechtsbeschwerde kommt unter den Voraussetzungen des § 574 in Betracht. Sie ist bei der Anordnung eines DNA-Gutachtens unstatthaft, BGH FamRZ **07**, 549 rechts. Eine Haftentschädigung ist unstatthaft, BGH NJW **90**, 397.

391 ***Zeugenbeeidigung.*** **Ein Zeuge ist, vorbehaltlich der sich aus § 393 ergebenden Ausnahmen, zu beeidigen, wenn das Gericht dies mit Rücksicht auf die Bedeutung der Aussage oder zur Herbeiführung einer wahrheitsgemäßen Aussage für geboten erachtet und die Parteien auf die Beeidigung nicht verzichten.**

Gliederung

1 **1) Systematik.** In einer Abweichung vom System der StPO sieht die ZPO eine Beeidigung des Zeugen nicht als die Regel vor, sondern nur als eine solche Ausnahme. Das gilt trotz des insofern etwas mißverständlichen Worts „Ausnahmen“ im Text. Der Ausnahmecharakter der Beeidigung folgt vielmehr aus den beiden mit dem Wort „wenn“ beginnenden Bedingungen. Eben nur dann ist eine Beeidigung überhaupt statthaft. Dafür sprechen auch die Wörter „unter Umständen“ in § 395 I. Insofern bestehen Grenzen des pflichtgemäßen Ermessens, Rn 6. Das Gericht muß den Zeugen auf die Strafbarkeit auch einer falschen uneidlichen Aussage hinweisen, § 395. Zum Verfahren der Eidesleistung gelten ergänzend §§ 478–484. § 393 geht mit seinem Eidesverbot vor.

2 **2) Regelungszweck.** Früher mußte das Gericht einen Zeugen grundsätzlich beeidigen. Eine Eidesinflation drohte aber dem Eid jeden Wert zu nehmen. Man darf § 391 aber nun auch nicht dahin verstehen, daß das Gericht jedem Zeugen blindlings aufs Wort glauben soll, wie in der Praxis so häufig, krit Bull SchlHA

76, 38. Das wäre um so unerträglicher, als die Fehlerquellen bei Zeugenaussagen sehr groß sind, die Vernehmung oft mangelhaft ist, Üb 6, 7 vor § 373, und der Zeuge beim uneidlichen Lügen eine geringere Gefahr läuft. Seitdem § 153 StGB die vorsätzliche falsche uneidliche Aussage unter Strafe stellt, ist die Gefahr geringer, aber nicht ausgeräumt.

Problematisch bleibt eine Beeidigung scheinbar stets. Zwar ist der religiöse Druck begrenzt. Denn der Zeuge kann ja ohne irgendwelchen Nachteil erklären, keine religiöse Beteuerung beifügen zu wollen, § 481 II. Auch kann der Druck des Eides im engeren Sinn dadurch entfallen, daß der Zeuge erklärt, überhaupt nicht schwören zu wollen, § 484. Dann aber bleibt vom Sinn einer feierlichen Bekräftigung in Wahrheit nur noch ein solcher Gewissensdruck übrig, den gerade ein in der Glaubwürdigkeit fragwürdiger Zeuge evtl kaum als einen Druck empfindet. Andererseits mag gerade auch ein gewissenhafter Zeuge in einer schwierigen Lage die Beeidigung als eine solche Anordnung empfinden, die ihm eine geradezu erlösende Möglichkeit verschafft, seine etwa von einem Teil der Beteiligten noch bezweifelte Brauchbarkeit unter einen wirklichen Beweis zu stellen, ob mit oder ohne religiöse Beteuerung usw. Der Appell an das Gewissen ist unabhängig von möglichen Strafen beim Meineid eines der dem Gericht möglichen Mittel, der Wahrheit wenigstens etwas näher zu kommen.

3) Geltungsbereich. Die Vorschrift gilt grundsätzlich in allen Verfahren nach der ZPO, auch im WEG-Verfahren. In einer Arbeitssache gelten §§ 58 II 1, 64 VII ArbGG. Im Verfahren nach § 20 ZDG steht die Beeidigung im Ermessen des Gerichts. 3

4) Voraussetzungen. Das Gericht muß einen Zeugen zunächst uneidlich vernehmen. 4

A. Eidesunfähigkeit. Dauernd unvereidigt bleiben die unter § 393 fallenden Personen.

B. Verzicht. Eine Beeidigung ist unstatthaft, soweit beide Parteien wirksam auf sie verzichten, Schultze NJW **77**, 412. Der Verzicht kann stillschweigend erfolgen. Er liegt meist im Nichtstellen eines Beeidigungsantrags. Eine Befragung ist ratsam, auch die Protokollierung ihres Ergebnisses. Die Befragung ist aber nicht notwendig. Der Verzicht ist eine ihrer Natur nach unwiderrufliche Parteiprozeßhandlung, Grdz 47 vor § 128. Ein Verzicht nach der Vernehmung bezieht sich im Zweifel nur auf die gemachte Aussage, nicht auf spätere Aussagen, § 398. Das Gericht darf und muß die Aussage frei würdigen. Denn die Parteien können das Gericht in der Beweiswürdigung nicht binden, § 286 Rn 2. Wenn das Gericht der unbeeidigten Aussage nicht glauben will, muß es darauf hinweisen, § 139. Der Verzicht wirkt nur in dieser Instanz. Daher kann das höhere Gericht eine entscheidungserhebliche Aussage ohne eine Wiederholung der Vernehmung beeiden lassen, Rn 9. 5

C. Eidesverweigerungsrecht. Im § 63 StPO äußert sich ein allgemeiner Rechtsgedanke: Wer kein Zeugnis abzulegen braucht, den kann man unmöglich zum Eid oder zur eidesgleichen Bekräftigung zwingen, auch wenn er schon ausgesagt hat. Die nach §§ 376, 383–385 Zeugnisverweigerungsberechtigten dürfen daher den Eid wie eine eidesgleiche Bekräftigung ohne eine Angabe weiterer Gründe verweigern, selbst wenn keine Gründe nach §§ 481 II, III, 481 I vorliegen. Das gilt auch trotz eines etwaigen entgegenstehenden Beschlusses. Das Gericht muß sie sogar entsprechend belehren, § 139. Es würdigt die bloße Eidesverweigerung nach § 286. Ein Verfahren nach § 387 findet also dann nicht statt. 6

D. Pflichtgemäßes Ermessen. Bei anderen Zeugen kann das Prozeßgericht eine Beeidigung anordnen, wenn nicht beide Parteien auf sie verzichten, Rn 9, und wenn das Gericht eine Beeidigung nach § 391 für notwendig halten darf, also nach seinem pflichtgemäßen Ermessen, BVerwG NJW **98**, 3369. Das höhere Gewicht kann des Ermessen dann, wenn keine Beeidigung erfolgt, auf eine Überschreitung oder auf einen Mißbrauch nachprüfen. Ein Urteil, wie sich der Zeuge verhalten wird, läßt sich im allgemeinen erst nach der Anordnung der Beeidigung gewinnen. Etwas anderes gilt dann, wenn ganz konkrete Umstände schwerwiegende Zweifel an der Glaubwürdigkeit wegen einer erheblich gebliebenen Tatsache aufkommen lassen oder wenn solche Tatsachen vorliegen, die den Beweiswert der Aussage erheblich mindern oder die ihr den Beweiswert nehmen, etwa beeidigte Aussagen anderer Zeugen oder der Partei. Das gilt selbst dann, wenn man einen Meineid befürchten muß. Freilich sollte man keine Beeidigung anordnen, soweit die Aussage nicht entscheidungserheblich ist oder klar dem Gewissen des Zeugen entspricht. Auch mag zunächst eine Gegenüberstellung nach § 394 II ratsam sein. Aber auch die beeidigte Aussage enthebt den Richter nicht der Notwendigkeit, die Wahrhaftigkeit zu würdigen. Andernfalls würde es sich um eine verbotene Beweisregel handeln, § 286 II. 7

E. Notwendigkeit der Beeidigung. Wenn die Entscheidung von der Aussage abhängt, ist die Beeidigung im allgemeinen notwendig. Das Gesetz will ja nur überflüssige Eide vermeiden. Ein Zweifel an der Glaubwürdigkeit liegt in der Anordnung nicht. Die Beeidigung ist auch erforderlich, soweit das Gericht die Änderung einer abgegebenen Aussage erwartet oder soweit das Gericht seine Zweifel an der Wahrheit der Aussage beseitigen oder mindern will, Rn 5. Der Richter sollte sich nie zu sehr auf seinen zudem kurzen persönlichen Eindruck verlassen. Er darf auch trotz Artt 1, 2 GG nicht jedem Zeugen vertrauen. Man vergesse freilich auch nicht, daß die hinter dem falschen Eid stehende schwere Strafandrohung eine starke Wirkung äußert, Bull SchlHA **76**, 38, insbesondere bei einem religiösen Menschen. Wenn auch nur entfernt eigene Belange des Zeugen im Spiel sein können, sollte das Gericht den Zeugen getrost beeidigen. Niemand ist ganz sachlich, wenn er selbst betroffen ist. Wenn sich widersprechende Aussagen nur durch Erinnerungsfehler erklären lassen, ist ein Eid nicht notwendig. Das Gericht kann die Beeidigung eines Teils der Aussage anordnen. Zweckmäßig ist das allerdings nur bei einem teilweisen Weigerungsrecht. 8

5) Anordnung der Beeidigung. Sie erfolgt durch das Prozeßgericht, auch durch den Einzelrichter oder im Rahmen von § 349 durch den Vorsitzenden der Kammer für Handelssachen, durch einen verordneten Richter nur, soweit das Prozeßgericht ihn dazu ermächtigt hat. Das ist im Rahmen des § 375 zulässig und sollte im Beweisbeschluß stehen. Die Anordnung erfolgt auch ohne eine Ermächtigung, wenn der Richter auf Grund seines persönlichen Eindrucks der Aussage mißtraut, § 360 Rn 7, StJBe 21, aM RoSGo § 122 VI, ThP 2, ZöGre 6 (aber § 400 bezweckt eine Verfahrensförderung). Hat das Prozeßgericht oder der verordnete Richter grundlos beeidigt, schadet das prozessual nicht, soweit nicht die Beeidigung unstatthaft war. Das Gesetz soll Eide ersparen, nicht eine eidliche Aussage entwerten. 9

War eine Beeidigung überhaupt oder nach der vorgenommenen Art zB als ein Zeugeneid statt als eine Sachverständigenbehandlung *unzulässig*, darf und muß das Gericht die eidliche Aussage als eine uneidliche würdigen. Andernfalls liegt ein Verfahrensfehler vor. Er kann auf einen Antrag zur Zurückverweisung führen, § 538. Unterbleibt die Beeidigung, weil das Gericht irrig ein Eidesverweigerungsrecht oder einen Verzicht annimmt, ist auch das ein Verfahrensmangel. Diese Mängel sind nach § 295 heilbar, BVerwG NJW **98,** 3369, außer beim Dolmetscher, § 189 GVG Rn 1, BGH NJW **87**, 261. Das Gericht muß die Nichtbeeidigung begründen, um die Nachprüfung seines Ermessens zu ermöglichen.

Das *Berufungsgericht* kann die Beeidigung einer in der 1. Instanz gemachten Aussage anordnen, Rn 5. Im selbständigen Beweisverfahren ist das anordnende Gericht zuständig. Die Anordnung erfolgt durch einen Beschluß, Peters NJW **90**, 1833. Das Gericht muß ihn verkünden oder mangels einer Verhandlung den Parteien und den Zeugen formlos mitteilen. Ein stillschweigender „Beschluß" reicht nicht, Peters NJW **90**, 1833.

10 **6) Rechtsmittel.** Die Entscheidung ist praktisch eine Ergänzung des Beweisbeschlusses. Sie ist deshalb nur zusammen mit dem Endurteil anfechtbar, §§ 355 II, 360.

392 *Nacheid; Eidesnorm.* [1] **Die Beeidigung erfolgt nach der Vernehmung.** [2] **Mehrere Zeugen können gleichzeitig beeidigt werden.** [3] **Die Eidesnorm geht dahin, dass der Zeuge nach bestem Wissen die reine Wahrheit gesagt und nichts verschwiegen habe.**

1 **1) Systematik, S 1–3.** Die Vorschrift regelt nur das Wann einer Beeidigung. Das Ob ergibt sich einerseits aus § 393, andererseits aus § 391, das Wie aus §§ 478 ff und auch aus § 188 GVG. Bei einer Ergänzung der Aussage nach der Beeidigung gilt § 398 III. Das Gericht muß die Aussage dem Zeugen grundsätzlich vor der Beeidigung (Nacheid) vorlesen, §§ 160 III Z 4, 162.

2 **2) Regelungszweck, S 1–3.** Man kann trefflich darüber streiten, ob der Vor- oder der Nacheid sinnvoller sind. Beide Lösungen sind vertretbar. Die letztere ist im Zivilprozeß bindend. Das hat jedenfalls den Vorteil, daß die richterliche Entscheidung über eine Anordnung der Beeidigung erst dann erforderlich wird, wenn man die Tragweite der Aussage und die Persönlichkeit des Zeugen ein wenig besser übersehen kann. Die Vorschrift dient also auch der Prozeßwirtschaftlichkeit, Grdz 14 vor § 128. Das gilt bei S 1 wie erst recht bei S 2.

3 **3) Geltungsbereich, S 1–3.** Üb 3 ff vor § 373.

4 **4) Eideszeit usw, S 1–3.** Das Gericht muß eine etwaige Beeidigung des Zeugen nach seiner Vernehmung anordnen (Nacheid), üblicherweise und zweckmäßig nach der Verlesung seiner Aussage. Ein Voreid ist unzulässig, aber wirksam. Es ist bei einer Eidesverletzung ebenfalls eine Straftat. Im übrigen kann man einem Voreid eine Versicherung nach § 398 III folgen lassen. Über die Bedeutung der „reinen Wahrheit" § 138 Rn 15. Über die Bedeutung des „nichts verschwiegen" ist manchmal eine Belehrung notwendig. Daß der Zeuge nichts hinzusetzen darf, versteht sich von selbst. Trotzdem sollte das Gericht ihn auch darüber belehren.

393 *Uneidliche Vernehmung.* **Personen, die zur Zeit der Vernehmung das 16. Lebensjahr noch nicht vollendet oder wegen mangelnder Verstandesreife oder wegen Verstandesschwäche von dem Wesen und der Bedeutung des Eides keine genügende Vorstellung haben, sind unbeeidigt zu vernehmen.**

1 **1) Systematik.** Es handelt sich um eine Ausnahme von der Ausnahme, nähmlich von § 391 mit Rücksicht auf eine einheitliche Lösung der Eidesreife, § 60 Z 1 StPO. § 393 betrifft nur die Beeidigung. Er ändert nichts an der grundsätzlichen Notwendigkeit einer Vernehmung, § 286 Rn 24. Das Gericht muß die Regelung von Amts wegen beachten, Grdz 39 vor § 128. Bei der Parteivernehmung gilt § 455 II.

2 **2) Regelungszweck.** Ein Zeugenschutz ist der eine Zweck, eine Verhinderung späterer unerquicklicher Streitigkeiten über die Brauchbarkeit oder Strafbarkeit eines Eides beim geistig problematisch wirkenden Zeugen der andere Sinn der Vorschrift. Freilich erfordert ihre Anwendung eine Beurteilung der Verstandeskraft eines Menschen, den der Richter evtl nur in einer sehr kurzen Phase und oft nur in einer spanungsgeladenen Situation erlebt. Eine Zurückhaltung ist daher ratsam. Besser ist es, eine Beeidigung schon nach § 391 für entbehrlich zu erachten.

3 **3) Geltungsbereich.** Üb 3 ff vor § 373.

4 **4) Kein Eid.** Uneidlich muß das Gericht ausnahmslos vernehmen: Eidesunmündige, Unreife, Verstandesschwache, die zwar evtl aussagefähig sind, aber den Sinn und die Tragweite des Eides nicht überblicken. Das Gericht muß die Reife prüfen. Bei einer nur vorübergehenden Eidesunfähigkeit etwa eines Betrunkenen oder Übermüdeten muß das Gericht die Beeidigung vertagen. Das Gericht darf und muß die Aussage der unter § 393 fallenden Person nach § 286 frei würdigen. Der Richter kann ihr glauben, er kann ihr auch mißtrauen.

5 **5) Verstoß.** Wenn eine Beeidigung zu Unrecht erfolgte oder unterblieb, gilt § 391 Rn 8.

394 *Einzelvernehmung.* [I] **Jeder Zeuge ist einzeln und in Abwesenheit der später abzuhörenden Zeugen zu vernehmen.**

[II] **Zeugen, deren Aussagen sich widersprechen, können einander gegenübergestellt werden.**

1) Systematik, I, II. Die Vorschrift leitet die Regelung der Vernehmung zur Person und Sache ein. Sie enthält in I eine vielfach mißverstandene und falsch gehandhabte Anweisung, in II eine Selbstverständlichkeit. Wegen der Ausschließung der Öffentlichkeit § 172 GVG. Wegen der Ordnungs- und Zwangsmittel §§ 177 ff GVG. 1

2) Regelungszweck, I, II. Die Vorschrift dient der Vermeidung von Nachplappereien oder üblen Absprachen. Richtig gehandhabt dient auch I der Prozeßwirtschaftlichkeit nach Grdz 14 vor § 128 aus den Gründen Rn 5. Von einer solchen Vorbereitung der Einzelvernehmung sollte das Gericht gerade dann getrost Gebrauch machen, wenn es eine ganze Reihe von Zeugen zu demselben Vorgang hören muß, etwa zu einem Unfall oder zu einer Störung des Hausfriedens usw. Der Richter kann die Zeugen dann auch gemeinsam auf dasjenige aufmerksam machen, was er für wichtig hält und was nicht. Dadurch kann man Uferlosigkeiten und Nebensächlichkeiten erfahrungsgemäß ganz wirksam begrenzen. Deshalb läßt es sich dann auch durchaus verantworten, 5 oder 8 Zeugen zu derselben Zeit zu laden. Die Erledigung läßt sich dann beim einzelnen Zeugen oft binnen ganz weniger Minuten erreichen. Zeugen haben für eine solche Art gemeinsamer Einführung in ihre dann eigene Aufgabe sehr wohl Verständnis. Das alles verbietet I keineswegs, sondern setzt es eher als nützlich voraus. Natürlich gibt es Fälle, die sich für solches Vorgehen überhaupt nicht eignen. 2

3) Sachlicher Geltungsbereich, I, II. Die Vorschrift gilt in allen Verfahren nach der ZPO, auch im WEG-Verfahren. 3

4) Persönlicher Geltungsbereich, I, II. Die Vorschrift gilt für den Zeugen. Auf den Sachverständigen ist § 394 nicht anwendbar, wohl aber auf den sachverständigen Zeugen, § 414. Entfernen darf sich ein Zeuge erst nach seiner Entlassung. Sie kann im Schluß des Termins liegen. Das Gericht darf und sollte sie evtl schon vorher erklären. Es sollte das aber nur mit einer Zustimmung der Parteien tun, Rn 3. 4

5) Einzelvernehmung, I. Das Gericht muß mehrere Zeugen einzeln vernehmen. I verbietet keineswegs die Anwesenheit der Zeugen vor dem Beginn der Vernehmung des ersten von ihnen, Rn 2. Diese anfängliche Anwesenheit kann in einer öffentlichen Sitzung wegen des Vorrangs der Öffentlichkeit vor bloßen Befangenheitserwägungen auch nicht unstatthaft sein, aM BAG BB **88**, 1330 (vgl aber Rn 2). Die Anwesenheit des Zeugen vor dem Beginn der Beweisaufnahme mag durchaus sinnvoll sein, zB zur rascheren Einführung der Zeugen in den derzeitigen Sach- und Streitstand, der ja vom etwa schon vorhandenen Beweisbeschluß abweichen kann. Ein ehrlicher Zeuge wird durch sein Zuhören beim Parteivortrag nicht behindert oder weniger glaubwürdig. Auch vernommene und entlassene Zeugen dürfen vor dem Prozeßgericht als Zuhörer anwesend bleiben, § 169 GVG, noch nicht entlassene müssen bleiben. Andernfalls gilt § 380. Es kann ratsam sein, den vernommenen Zeugen erst am Schluß der Beweisaufnahme zu entlassen, schon wegen Rn 6 oder wegen der Notwendigkeit einer Beeidigung erst auf Grund der Aussagen anderer Zeugen oder wegen des Fragerechts der Parteien nach § 397. Üblich ist es zu fragen, ob gegen die Entlassung Bedenken bestehen. 5

6) Gestellter Zeuge, I, II. Die bloße Anheimgabe oder eine wirklich bloße Bitte des Vorsitzenden, ein gestellter Zeuge möge bis zur Entscheidung darüber, ob das Gericht ihn vernehmen werde, trotz seiner derzeitigen noch bloßen Zuhörereigenschaft besser den Saal freiwillig verlassen, ist kein Verstoß gegen das Öffentlichkeitsgebot, solange nicht der Vorsitzende durch sein Verhalten zu erkennen gibt, daß er in Wahrheit einen entsprechenden Druck ausübt. Ein verständiger Beweisführer schließt sich erfahrungsgemäß einer solchen Bitte des Vorsitzenden sogleich an. 6

7) Gegenüberstellung, II. Nur bei widersprechenden Aussagen kann das Gericht nach seinem pflichtgemäßen und erst zusammen mit dem Endurteil nachprüfbaren Ermessen Zeugen einander gegenüberstellen. Das darf auch der verordnete Richter tun, §§ 361, 362. Ein Recht auf eine Gegenüberstellung hat die Partei nicht. Eine Gegenüberstellung ist stets eine Vernehmung. Sie ist evtl eine wiederholte Vernehmung, § 398. Natürlich bleibt es auch bei übereinstimmenden Aussagen zulässig, die eine oder andere Einzelheit nochmals mit dem zuvor Vernommenen zu erörtern. Das ist keine Gegenüberstellung. 7

8) Verstoß, I, II. Bei einem Verstoß gegen § 394 entscheidet eine freie Würdigung über den Wert der Aussagen unter einer Berücksichtigung einer möglichen Beeinflussung, § 286, Düss MDR **79**, 409. Ein Verstoß begründet keine Revision. Denn § 394 ist eine bloße Ordnungsvorschrift Köln FamRZ **96**, 311. 8

395 *Wahrheitsermahnung; Vernehmung zur Person.* [I] **Vor der Vernehmung wird der Zeuge zur Wahrheit ermahnt und darauf hingewiesen, dass er in den vom Gesetz vorgesehenen Fällen unter Umständen seine Aussage zu beeidigen habe.**

[II 1] **Die Vernehmung beginnt damit, dass der Zeuge über Vornamen und Zunamen, Alter, Stand oder Gewerbe und Wohnort befragt wird.** [2] **Erforderlichenfalls sind ihm Fragen über solche Umstände, die seine Glaubwürdigkeit in der vorliegenden Sache betreffen, insbesondere über seine Beziehungen zu den Parteien vorzulegen.**

1) Systematik, I, II. §§ 395 ff nennen in zeitlicher Reihenfolge den Hergang des Gespräches mit dem Zeugen. §§ 383 ff enthalten die Vorschriften über ein Zeugnisverweigerungsrecht und den etwa dazu notwendigen Zwischenstreit. §§ 391–393 geben den Schlußteil des Zeugenbeweises wieder, ergänzt durch §§ 478 ff. 1

2) Regelungszweck, I, II. Die Vorschrift dient in I der äußeren Ordnung, Rn 4, in II 1 der Klärung notwendiger Formalien, in II 2 der Erzielung wahrheitsgemäßer Aussagen und damit der Gerechtigkeit, Einl III 9, 36. 2

Die *Ermahnung* nach I erfolgt natürlich formell zwecks Erzielung einer größeren Chance, die Wahrheit zu erfahren. Die Vorschrift dient also dem Hauptziel des Zivilprozesses, der Gerechtigkeit. Der redlich wirkende

Zeuge zeigt sich auch durchweg von der Aufforderung zur Ehrlichkeit erkennbar beeindruckt. Ob der Richter den zunächst unredlichen Zeugen durch solche oft ja floskelhaften Worte zur inneren Umkehr veranlassen kann, ist mehr als zweifelhaft. Manch andere hochstehende Rechtsordnung scheint eine solche Ermahnung nicht als generell notwendig zu empfinden. Es mutet auch im Bagatellfall eher als peinlich an, daß der Vorsitzende einen ehrbaren Bürger, auch zB einen Juristen auf seine Wahrhaftigkeitspflicht ausdrücklich von vornherein hinweisen muß, etwa den als Zeugen mitbenannten ProBev des Beweisführers. „Zur Wahrheit" kann ja dem Sinn nach ohnehin nur heißen: Zur subjektiven Wahrhaftigkeit, wie bei § 138 Rn 15. Gleichwohl ist I zwingend und daher nur in der Art und Weise seiner Durchführung variierbar. Hier bleiben innerhalb des pflichtgemäßen Ermessens freilich durchaus Schattierungen zulässig und sinnvoll.

3 **3) Geltungsbereich, I, II.** Vgl Üb 3 ff vor § 373.

4 **4) Ermahnung, I.** Vgl zunächst Rn 2. Das Gericht muß den Zeugen vor seiner Vernehmung zur Wahrheit ermahnen und auf die Möglichkeit einer Beeidigung und die Strafbarkeit einer eidlichen oder uneidlichen falschen Aussage hinweisen, §§ 153, 154 StGB. Auch kann ein Hinweis auf eine mögliche Schadensersatzpflicht wegen einer vorwerfbaren unrichtigen Aussage zweckmäßig sein. Er ist stets zulässig, aber nicht zwingend. Es handelt sich um eine der Vernehmung vorgeschaltete und schon nach dem Wortlaut von I, II noch nicht zur Vernehmung zählende Ordnungsmaßnahme, Hamm Rpfleger **90**, 226, Nürnb MR **01**, 114. Die „vom Gesetz vorgesehenen Fälle" braucht der Richter dem Zeugen nicht aufzuzählen. Das gilt auch bei einem Zeugnisverweigerungsberechtigten. Das Gericht muss ihn nach § 383 II belehren. Über das Eidesverweigerungsrecht belehrt der Richter den Zeugen erst vor der Beeidigung, § 391 Rn 6.

Auch den *ProzBev* behandelt der Vorsitzende wie einen Zeugen, sobald und solange er ihn in dieser Funktion heranzieht. Er veranlaßt ihn daher zB auch ratsamerweise, vorübergehend im Zeugenstand Platz zu nehmen und seine Robe abzulegen.

5 **5) Allgemeine Fragen (Generalfragen), II.** Die Beweisaufnahme beginnt prozessual erst mit den in II 1 genannten Fragen, Nürnb MDR **01**, 114. Der Vorsitzende befragt den Zeugen zunächst nach seinem Vor- und Zunamen, dem Alter, dem Stand, dem Gewerbe, dem Wohnort. Dazu gehört auch die Privatanschrift. Denn sie wird zu einer förmlichen etwaigen weiteren Ladung und zur Klärung der Nämlichkeit notwendig, ja evtl sogar wegen der Auslagenhöhe, zB beim Wohnort Großstadt, § 373 Rn 3 (auch zu Artt 1, 2 GG). Nach Art 136 II Weimarer Verfassung in Verbindung mit Art 140 GG ist niemand verpflichtet, seine religiöse Überzeugung zu offenbaren. Demgemäß darf das Gericht nur insoweit danach fragen, als davon Rechte und Pflichten abhängen, also nicht anläßlich der Generalfragen. Denn diese Fragen dienen der Feststellung der Nämlichkeit.

Nach dem gerichtlichen Ermessen („erforderlichenfalls") darf und muß das Gericht nach II 2 auch *Glaubwürdigkeitsfragen* stellen. Sie können die Glaubwürdigkeit im allgemeinen oder im Einzelfall betreffen. Allgemeine Fragen sollten schonend erfolgen. Nach einer Vorstrafe wegen Meineids fragt man nicht ohne einen Anhaltspunkt. Der Zeuge braucht über Vorstrafen evtl erst nach einer Belehrung eine Auskunft zu geben, § 51 II BZRG. Es besteht keine Pflicht des Zeugen, den Verlust seiner Eidesfähigkeit anzugeben, § 384 Z 2. Das Gericht muß die Glaubwürdigkeit sorgfältig ermitteln. Persönliche Beziehungen und Beeinflussungen, oft ganz unbewußte, spielen beim Zeugen erfahrungsgemäß eine gewaltige Rolle, BPatG GRUR **78**, 359. Eine Beeidigung nur wegen der aus II zu stellenden Fragen ist unstatthaft.

6 **6) Verstoß, I, II.** Die Unterlassung der Befragung zur Person hindert nicht eine Beweiswürdigung nach § 286, soweit die Nämlichkeit des Zeugen feststeht.

7 **7)** *VwGO: Entsprechend anwendbar, § 98 VwGO.*

396 *Vernehmung zur Sache.*

I Der Zeuge ist zu veranlassen, dasjenige, was ihm von dem Gegenstand seiner Vernehmung bekannt ist, im Zusammenhang anzugeben.

II Zur Aufklärung und zur Vervollständigung der Aussage sowie zur Erforschung des Grundes, auf dem die Wissenschaft des Zeugen beruht, sind nötigenfalls weitere Fragen zu stellen.

III Der Vorsitzende hat jedem Mitglied des Gerichts auf Verlangen zu gestatten, Fragen zu stellen.

Schrifttum: *Arntzen,* Vernehmungspsychologie, 3. Aufl 1993; *Bender/Nack/Treuer,* Tatsachenfeststellung vor Gericht, 3. Aufl 2007; *Prange,* Materiell-rechtliche Sanktionen bei Verletzung der prozessualen Wahrheitspflicht durch Zeugen und Parteien, 1995. Vgl auch vor Üb 1 v § 373.

Gliederung

1 **1) Systematik, I–III.** Die Vorschrift enthält die Regelung des Kernstücks einer Zeugenaussage. Die Praxis handhabt sie keineswegs immer unter einer strikten Beachtung von I. § 397 wirkt ergänzend. Wegen der Vernehmung eines Stummen § 186 GVG.

2 **2) Regelungszweck, I–III.** Die Vorschrift dient in I dem Ziel, eine wenigstens in diesem Augenblick möglichst wenig beeinflußte Aussage mit den ganz eigenen Worten des Zeugen zu erhalten. Sie dient in II,

III der Schließung erkennbarer Widersprüche, Lücken der Darstellung und damit insgesamt der Wahrheitsfindung nach Einl III 9, 36. Die Darlegungslast läßt sich nicht mit § 396 aushebeln, aM BGH MDR **98**, 1178 (aber das liegt dicht beim Rechtsmißbrauch, Einl III 54).

Der sog *Telefonzeuge,* dazu Helle JR **00**, 353 (ausf), ist noch problematischer als der vor dem verordneten Richter immerhin noch Auge in Auge vernommene Zeuge, sobald es um den persönlichen Eindruck geht. Mit Recht sieht das Gesetz ihn daher nicht vor. Hat das Gericht ihn trotzdem am Telefon gehört, etwa zu einer reinen Sachfrage zB als einen sachverständigen ärztlichen Zeugen, darf und muß es seine „Aussage" nach § 286 frei würdigen. Dagegen ist der durch eine „Videokonferenz" zugeschaltete Zeuge nach § 130 a formell durchaus vollwertig.

In der Praxis findet man außerordentlich unterschiedliche Arten der Vernehmung zur Sache, vom stillen Zuhören des Gerichts bis zur Reihe halber Suggestivfragen, die der Zeuge am liebsten nur mit Ja oder Nein oder Weißnicht beantworten soll. Das Zuhören fällt auch manchem ProzBev ziemlich schwer. Den weitschweifigen Zeugen zu stoppen oder den wortkargen zu ermuntern sind Aufgaben, die der Vorsitzende manchmal fast von vornherein psychologisch wirksamer dem Beweisführer oder seinem ProzBev überläßt, um nur einen von unzähligen weiteren hierher gehörenden Aspekten der brauchbaren Handhabung des § 396 zu skizzieren. Eine Großzügigkeit ist notwendig, solange sie nicht zur Hilflosigkeit entartet. Eine Großzügigkeit kann bei jedem Zeugen, bei jedem Beweisthema, bei jedem Punkt einer umfangreichen Aussage zu einer unterschiedlichen Handhabung von § 396 veranlassen. 3

Kurze Pausen, entspannende humornähere Zwischenbemerkungen eines jeden Beteiligten können Wunder bewirken, auch wenn sie den Regeln der Vorschrift zu widersprechen scheinen. Eine Rückkehr zu einer ganz straffen Einhaltung von I–III mag in einer zugespitzten Lage ebenso dringend ratsam sein. Die ganze Skala der Menschenkenntnis und -behandlung ist auch und gerade bei der Zeugenvernehmung zur Sache bei allen Beteiligten erforderlich, natürlich vor allem beim Vorsitzenden. Sich selbst mit einem Wohlwollen wie Mißfallen zurückzuhalten kann bald unbedingt notwendig, bald eher etwas fragwürdig sein.

3) Geltungsbereich, I–III. Üb 3 ff vor § 373. 4

4) Vernehmung durch den Vorsitzenden, I. Über die Kunst der Zeugenvernehmung Üb 6 vor § 373 und oben Rn 3. 5

A. Äußerung im Zusammenhang. Wenn möglich, soll sich der Zeuge zunächst selbst im Zusammenhang so äußern, wie *er* es für richtig hält. Dabei sollte das Gericht ihm geduldig zuhören. Ein sehr verbreiteter und abträglicher Unfug können Beeinflussungs-(Suggestiv-)Fragen sein. Sie können vom Richter, von den Parteien, vom ProzBev ausgehen. Sie legen dem Zeugen meist ganz ohne eine Absicht eine bestimmte Anwort in den Mund. Sie können damit zu einer einseitigen Bekundung auch eines gewissenhaften Zeugen führen. Sie sind grundsätzlich untunlich. Vgl freilich auch Rn 3.

B. Keine Beeinflussung. Das Gesetz schreibt gerade die Aussage im Zusammenhang vor, damit der Zeuge unbeeinflußt aussagt. Darum ist es nur begrenzt zulässig und oft gefährlich, ihm von vornherein ganz spezielle Frage vorzulegen, die das Beweisthema nur teilweise behandeln, BAG NJW **83**, 1693. Er soll sich zunächst nur über den Beweissatz im allgemeinen äußern. Häufig empfiehlt sich eine genaue Protokollierung der Frage und der Antwort, um die Beeinflussung ersichtlich zu machen. Der Zeuge muß sich in dem ihm zumutbaren Umfang auf das ihm mitgeteilte Beweisthema sorgfältig vorbereiten. Er darf seine Aussage schriftlich übergeben oder Notizen benutzen. Das Gericht darf und sollte ihm aber klarmachen, daß seine durch solche Unterlagen zunächst nicht gestützte Erzählung evtl wertvoller ist. Es muß schriftliche Unterlagen Punkt für Punkt erörtern. Den Parteien muß der Vorsitzende erlauben, den Zeugen zu jedem Punkt zu befragen, § 397. Der Vorsitzende verliest ein Schriftstück und nimmt es als eine Anlage zum Protokoll. 6

C. Schriftstückhilfe usw. Ersetzen kann das Schriftstück die Vernehmung nur im Rahmen der §§ 130 a, 377 III. Entsprechend ist ein nachträglich eingereichtes Schriftstück benutzbar. Notfalls gibt das Gericht das Schriftstück zur Beifügung einer eidesstattlichen Versicherung nach § 294 zurück. Das Protokoll muß ergeben, daß der Zeuge frei ausgesagt hat. Einwendungen gegen die Protokollierung: § 160 IV, § 164 II. Über die Verpflichtung des Zeugen zur Nachforschung Üb 26 vor § 373, § 378. 7

Der Zeuge darf sitzen, statt stehen zu müssen. Der Vorsitzende sollte ihn zur Vermeidung eines Irrtums entsprechend einladen, ohne ihn dazu zu zwingen, solange er nicht stört. Er darf auch evtl auf eigene Kosten einen *Rechtsbeistand* haben, Art 2 I GG, BVerfG NJW **75**, 103. Er darf diesem freilich nicht die ganze Aussage oder die Formulierung entscheidungserheblicher Antworten überlassen. Das letztere könnte einer Aussageverweigerung gleichkommen. Das Gericht muß nach den Gesamtumständen wegen seiner Fürsorgepflicht nach Einl III 27 auch insofern hilfreich steuern. Bei einer vorwerfbaren Verletzung der Wahrhaftigkeitspflicht kommen ähnliche Rechtsfolgen wie bei § 138 Rn 65, 66 in Betracht. Prange (vor Rn 1) unterscheidet zwischen einfacher und grober Fahrlässigkeit und empfiehlt rechtspolitisch die Abgrenzung zwischen einem Vorsatz oder einer groben Fahrlässigkeit und einer einfachen.

5) Fragerecht und Fragepflicht, II, III. II ist eine gegenüber § 139 vorrangige Sonderregel, Kblz RR **91**, 1471. 8

A. Vorsitzender. Nachdem der Zeuge im Zusammenhang ausgesagt hat, stellt der Vorsitzende notfalls weitere Fragen. Dabei soll er feststellen, worauf die Kenntnis des Zeugen beruht, vor allem ob auf einer eigenen zuverlässigen Wahrnehmung, auf einer fremden Mitteilung oder gar auf einer bloßen Phantasie, BPatG GRUR **78**, 359. Es kann sinnvoll sein zu erfragen, ob der Zeuge seine heutige Erinnerung vielleicht in Wahrheit wesentlich auf eine geistige Lektüre damaliger Notizen usw stützt. Dabei kann Erstaunliches geschehen, wenn der Zeuge zB auf die Frage, was er etwa als Polizist vor oder nach dem damaligen Alltagsereignis getan habe, mit einem völligen Nichtwissen reagiert. Natürlich mag er sich hier den jetzt wichtigen Vorgang eingeprägt haben.

B. Beisitzer. Der Vorsitzende muß jedem Mitglied des Gerichts auf sein Verlangen Fragen erlauben. Beanstandet ein Richter oder eine Partei eine Frage als unzulässig, entscheidet das Prozeßgericht, § 140, oder der verordnete Richter, § 400. Unsachliche Fragen schneidet der Vorsitzende ab. Daß sich die Fragen 9 im engsten Raum des Beweisbeschlusses halten müßten, ist ein verbreiteter und schädlicher juristischer Aberglaube. Prozeßwirtschaftlichkeit nach Grdz 14, 15 vor § 128 und die Wahrheitsermittlung nach Einl III 9, 36 verlangen eine weitherzige Fragestellung.

10 **C. Parteien.** Die Parteibefragung nach § 397 und daher auch die Befragung durch einen ProzBev darf trotz § 397 I, II formell überhaupt erst dann einsetzen, wenn der Zeuge bereits im Zusammenhang ausgesagt *hat,* BAG NJW **83**, 1693, und nachdem das Gericht seine ergänzenden Fragen gestellt und Vorhalte gemacht hat. Vgl aber auch § 397 Rn 2.

11 **6) Verstoß, I–III.** Ein Verstoß ist ein Verfahrensfehler. Er kann auf einen Antrag zur Zurückverweisung führen, § 538, Kblz RR **91**, 1471. Er kann nach § 295 heilen. Andernfalls kann die Aussage unverwertbar sein.

397 *Fragerecht der Parteien.* [I] **Die Parteien sind berechtigt, dem Zeugen diejenigen Fragen vorlegen zu lassen, die sie zur Aufklärung der Sache oder der Verhältnisse des Zeugen für dienlich erachten.**

[II] **Der Vorsitzende kann den Parteien gestatten und hat ihren Anwälten auf Verlangen zu gestatten, an den Zeugen unmittelbar Fragen zu richten.**

[III] **Zweifel über die Zulässigkeit einer Frage entscheidet das Gericht.**

Schrifttum: vor Üb 1 vor § 373.

Gliederung

1 **1) Systematik, I–III.** Die Vorschrift enthält eine wichtige Ergänzung zu § 396, Rn 4. Die bloße Parteiöffentlichkeit nach § 357 genügt oft genug nicht. Erst die Parteibefragung wahrt manchmal das rechtliche Gehör, Art 103 I GG. Ergänzend gelten §§ 136, 140.

2 **2) Regelungszweck, I–III.** Ein vernünftiges Miteinander des Gerichts und der Partei bei der Befragung auch einmal getrost in „verkehrter" Reihenfolge kann erstaunliche Ergebnisse bei der Klärung der Wahrheit bringen, § 396 Rn 2, 3. Das sollte man bei der Auslegung mitbeachten. Freilich darf sich der Vorsitzende nicht die Verhandlungsleitung nehmen lassen, § 136. Formell ist I nur nach der Vernehmung seitens des Gerichts anwendbar, § 396 Rn 8. §§ 136, 140 bleiben unberührt. Praktisch ist ein Hin und Her zwischen der Vernehmung, einer Zwischenfrage als ProzBev, einem Einwurf der Partei, einer Erwiderung des Gegners, Ergänzungsfragen an einen schon vernommenen, noch anwesenden anderen Zeugen und einem Wiedereinstieg in die weitere eigentliche Vernehmung des im Zeugenstuhl Sitzenden ein ganz normales, vielfach bewährtes und erfreuliches Verfahren der Beweiserhebung. Der Vorsitzende kann die Zügel ruhig einmal derart schleifen lassen, solange seine Verhandlungsleitung allseits als selbstverständlich gilt. Die feine Unterscheidung zwischen einer Pflicht zur Gestattung gegenüber einem anderen Organ der Rechtspflege, dem ProzBev, und der bloßen Befugnis zu dergleichen gegenüber der Partei in II sollte nicht anders als im Notfall einer drohenden Ungebühr deutlich werden. Schließlich dient eine Frage der sachkundigen Partei der Sache manchmal mehr als diejenige ihres nur begrenzt informierten Anwalts.

3 **3) Geltungsbereich, I–III.** Üb 3 ff vor § 373. Die Vorschrift gilt auch im WEG-Verfahren. Sie gilt entsprechend, soweit § 113 I 2 FamFG anwendbar ist, (zum alten Recht) Hamm FamRZ **91**, 466, Zweibr FamRZ **01**, 639.

4 **4) Fragerecht, I, II.** Man sollte die Vorschrift großzügig handhaben. Man sollte sie aber vor jedem auch nur ansatzweisen Mißbrauch energisch schützen.

A. Nach mündlicher Aussage. Parteien nach Grdz 4 vor § 50, Streithelfer nach § 66, ProzBev nach § 80, nach Schneider MDR **91**, 828 auch deren Vertreter, ferner Streitgenossen nach §§ 59 ff, soweit sie der Beweissatz berührt, dürfen dem Zeugen durch den Vorsitzenden alle Fragen vorlegen lassen, die sie für aufklärungsfördernd halten. Das folgt auch aus § 357. Dieses Vorlagerecht hat die Partei auch im Anwaltsprozeß. Ihr muß das Gericht ja auch außerhalb der Beweisaufnahme das Wort nach § 137 IV gestatten, also erst recht innerhalb der Beweisaufnahme. Das Recht der unmittelbaren Befragung hat in erster Linie das Gericht. Das Ziel ist aber nicht die Vernehmung durch das Gericht, sondern die Vorlegung und unmittelbare Stellung von Fragen der Partei, BGH MDR **81**, 1014. Ein Anwalt kann als ProzBev verlangen, daß der Vorsitzende ihm die unmittelbare Stellung einer zulässigen Frage erlaubt, auch wenn der Vorsitzende seine Frage nicht für sachdienlich hält. Dem Anwalt steht ein Kammerrechtsbeistand nach §§ 1 II 1, 3 I Z 1 RDGEG, § 209 BRAO gleich, § 25 EGZPO. Die Partei selbst darf eine unmittelbare Befragung erbitten. Sie hat jedoch im Anwaltsprozeß nach § 78 Rn 1 grundsätzlich persönlich keinen Anspruch darauf. Eine Versagung empfiehlt sich freilich nur dann, wenn eine Unsachlichkeit, Erregung usw der Partei kein sachliches Ergebnis erwarten lassen.

5 **B. Gerichtliche Kontrolle.** Es besteht ein Befragungsrecht immer nur wegen *bestimmter* Fragen. Das Gericht darf den Parteien und ihren Anwälten also die Vernehmung nicht ganz überlassen. Es darf und muß sich notfalls einschalten, KG MDR **93**, 797, auch nach §§ 136 II, 157 II sowie nach §§ 177, 178 GVG. Im Einverständnis mit der schriftlichen Befragung nach § 377 III liegt ein Verzicht auf ein Fragerecht nach

§ 397. Notfalls ist § 398 anwendbar. Ein Kreuzverhör ist der ZPO unbekannt, aM Nagel JR **89**, 41 (aber es paßt nicht ins System der ZPO). Es ist auch nicht erforderlich, soweit das Gericht einen der Psychologie der Zeugenaussage angepaßten Vernehmungsstil entwickelt, Baumgärtel Gedenkrede auf Bruns (1980) 15. Das Fragerecht besteht nur im Vernehmungstermin und auch dann erst nach der Vernehmung und ergänzenden Fragen oder Vorhalten des Gerichts. Es ist aber statthaft, daß die Partei vorher abgefaßte Fragen überreicht und darum bittet, sie im Termin stellen zu dürfen. Über die Zulassung einer späteren Frage entscheidet das Gericht nach § 398.

C. Nach schriftlicher Aussage. Bei § 377 III gibt § 397 den Parteien zwar stets einen Anspruch auf 6
Fragen, nicht aber stets einen solchen auf diejenigen mündlichen Fragen, deren Notwendigkeit nicht erst jetzt eindeutig erkennbar wird. Andernfalls könnte jede Partei die vom Gesetz in das pflichtgemäße Ermessen des Gerichts gestellte Erleichterung glatt unterlaufen, den Zeugen nur schriftlich aussagen zu lassen, aM LG Bln RR **97**, 1290 (aber die Entstehungsgeschichte ist nachrangig, Einl III 42). Es kommt vielmehr darauf an, ob schriftliche Fragen ausreichen. Das läßt sich nur nach den Gesamtumständen klären. Dabei mag freilich die Partei als Beweisführer oder Gegner den Zeugen besser vorweg beurteilen können. Auch kann es notwendig sein, den Zeugen wegen solcher Punkte doch noch zu laden, die erst auf Grund seiner schriftlichen Äußerung erklärungsbedürftig werden.

Keineswegs muß das Gericht aber den Zeugen nur deshalb doch noch laden, weil der Beweisführer einfach irgendwelche ersichtlich nicht rechtzeitig vorher angeschnittenen Fragen nachschieben will, selbst wenn diese zulässig scheinen. Andernfalls könnte die Partei die Verspätungsregeln glatt unterlaufen, aM ZöGre § 377 Rn 10 a (aber Rechtsmißbrauch bleibt auch hier unstatthaft, Einl III 54). Deshalb ist es auch ratsam, ergänzende mündliche Fragen dem Gericht derart vorzulegen, daß es die Notwendigkeit einer Ladung wenigstens im Kern beurteilen kann, so wie es ja auch sonst ein Kontrollrecht hat.

5) Zulässigkeit, III. Das Gericht muß das Beweismittel erschöpfen helfen, § 286 Rn 24, KG MDR **93**, 7
797. Bei einem Zweifel über die rechtliche Zulässigkeit einer Frage entscheidet das Gericht. Unzulässig sind gegen §§ 376, 383 III verstoßende Fragen. Unzulässig sind ferner solche Fragen, die offenbar nicht zum Beweissatz gehören (s dazu aber § 396 Rn 5), KG MDR **93**, 797, Suggestivfragen, § 396 Rn 1, Ausforschungsversuche, Einf 27 vor § 284, bereits beantwortete Fragen und unerhebliche Punkte, Oldb RR **99**, 178 (zu § 402). Auf unsachliche Fragen bezieht sich III nicht. Der Vorsitzende verhindert sie, § 136 Rn 15 ff. Es ist schon zur Vermeidung einer Zurückverweisung nach Rn 8 ratsam, eine nicht zugelassene Frage möglichst wortgetreu zu protokollieren, § 160 II. Auf einen Antrag *muß* das Gericht evtl so protokollieren, § 160 IV 1.

6) Entscheidung, I–III. Die Entscheidung über die Zulässigkeit einer Frage ergeht durch das Prozeßge- 8
richt oder den Einzelrichter auch bei einer Vernehmung durch den verordneten Richter. Er darf aber vorläufig entscheiden, §§ 398 II, 400. Die Entscheidung ergeht auf eine mündliche Verhandlung durch einen zu verkündenden Beschluß. Das Gericht muß ihn grundsätzlich kurz begründen, § 329 Rn 4. Dem Zeugen steht eine Entscheidung über die Zulässigkeit einer Frage nicht zu.

7) Rechtsmittel, I–III. Die Entscheidung ist stets nur zusammen mit dem Endurteil anfechtbar, § 355 II, 9
KG MDR **93**, 797 (auch grundsätzlich kein Ablehnungsrecht nach §§ 42 ff). Bei einem Verstoß kommt auf einen Antrag eine Zurückverweisung nach § 538 in Betracht, Hamm FamRZ **91**, 466 ([jetzt] FamFG).

398 *Wiederholte und nachträgliche Vernehmung.* **I Das Prozessgericht kann nach seinem Ermessen die wiederholte Vernehmung eines Zeugen anordnen.**

II Hat ein beauftragter oder ersuchter Richter bei der Vernehmung die Stellung der von einer Partei angeregten Frage verweigert, so kann das Prozessgericht die nachträgliche Vernehmung des Zeugen über diese Frage anordnen.

III Bei der wiederholten oder der nachträglichen Vernehmung kann der Richter statt der nochmaligen Beeidigung den Zeugen die Richtigkeit seiner Aussage unter Berufung auf den früher geleisteten Eid versichern lassen.

Schrifttum: *Bender/Nack/Treuer,* Tatsachenfeststellung vor Gericht, 3. Aufl 2007; *Geipel* AnwBl **05**, 346 (Anwaltstaktik).

Gliederung

1) Systematik, I–III. Die Vorschrift ergänzt §§ 395–397. Sie dient der Unmittelbarkeit der Beweisauf- 1
nahme, § 355. Sie gilt nach einer nur informatorischen Anhörung nicht einmal entsprechend, BVerwG NZA **06**, 551 (aber evtl § 295). Wenn das Gericht den Zeugen prozeßordnungsgemäß vernommen hat, wäre es freilich ein Mißbrauch des Zeugniszwangs, ihn ohne einen genügenden Grund in derselben Sache erneut

zu vernehmen, Hamm JB **96**, 186, Nürnb OLGZ **76**, 481. Dieselbe Sache ist auch die zurückverwiesene, Brdb MDR **02**, 171, nicht auch die Berufungsverhandlung auf dasjenige Schlußurteil, nach dem ein Teilurteil ergangen war. Einen solchen Zeugen, der das Zeugnis ordnungsmäßig verweigert hat, darf das Gericht nicht neu vernehmen, soweit nicht Tatsachen dafür vorliegen, daß er jetzt zur Aussage bereit ist. BGH NJW **99,** 363 bezieht (systematisch betrachtet problematisch) auch die nach § 448 vernommene Partei ein.

2 **2) Regelungszweck, I–III.** Das Prozeßgericht ordnet wegen Rn 1 eine Wiederholung der vor ihm oder vor dem verordneten Richter stattgefundenen Vernehmung desselben Zeugen über denjenigen Gegenstand an, zu dem er schon ausgesagt hat, Schlesw OLGZ **80**, 58, und zwar in demselben Prozeß, auch nach einem selbständigen Beweisverfahren, §§ 485 ff. Das geschieht grundsätzlich nach dem pflichtgemäßen richterlichen Ermessen, BGH NJW **00**, 3720, BAG NZA **04**, 260. Eine Wiederholung erfolgt nur dann, wenn dem Gericht die erste Aussage aus irgendwelchen Gründen nicht genügt, etwa weil es den Zeugen einem anderen Zeugen gegenüberstellen will, § 394 II, BGH RR **93**, 214, BAG NZA **04**, 260, BSG MDR **89**, 1131. Die wiederholte Vernehmung findet von Amts wegen nach Grdz 39 vor § 128 statt, Pantle NJW **87**, 3160, oder auf einen Antrag. Unanwendbar ist §§ 374, 411 a, soweit das Gericht eine frühere Aussage aus einem anderen Verfahren jetzt als Urkunde verwertet hatte, zB nach §§ 374, 411 a und soweit der Zeuge dazu jetzt doch noch aussagen soll oder soweit inzwischen ein anderes Beweisthema vorliegt.

Großzügigkeit bei der Entscheidung *für* eine erneute Vernehmung verdient meist den Vorzug vor der Haltung, die nochmalige Anhörung sei eher entbehrlich. Eine solche Großzügigkeit widerspricht nur scheinbar der notwendigen Prozeßwirtschaftlichkeit nach Grdz 14 vor § 128. Denn die Unterlassung einer nochmaligen Anhörung kann als ein Verfahrensfehler auf einen Antrag zur Zurückverweisung nach § 538 führen. Das wäre prozeßunwirtschaftlich. Im übrigen ist § 398 als ein Gegenstück zu § 286 mit seiner weiten Freiheit der Beweiswürdigung nur ein Ausdruck des Gebots der Vollständigkeit der Erfassung des Prozeßstoffs, § 286 Rn 13. Man sollte die Vorschrift daher lieber zu viel als zu wenig nutzen. Es ehrt den Richter, die Lückenhaftigkeit der bisherigen Vernehmung oder die Unvollkommenheit der bisherigen Einschätzung durch den Entschluß einer nochmaligen Vernehmung einzuräumen. Denn damit beweist er die Ernsthaftigkeit seiner Bemühung um die Wahrheitsfindung. Auch kann ja die zwischenzeitliche Entwicklung des Parteivortrags oder der weiteren Beweisaufnahme eine damals noch unvorhersehbare ergänzende Vernehmung jetzt unabweisbar machen. Manchmal mag auch eine ergänzende Auskunft nach § 377 III einen brauchbaren Mittelweg darstellen.

3 **3) Geltungsbereich, I–III.** Üb 3 ff vor § 373. Die Vorschrift gilt auch im WEG-Verfahren. Sie gilt auch im arbeitsgerichtlichen Verfahren, BAG NJW **02**, 2197. I gilt auch (jetzt) im FamFG-Verfahren nach einer förmlichen Beweisaufnahme nach §§ 30, 113 I 2 FamFG, (zum alten Recht) Zweibr MDR **89**, 649.

4 **4) Ermessen, Wiederholungspflicht, I.** Nur soweit eine der folgenden Voraussetzungen vorliegt, darf und muß das Gericht trotz seines grundsätzlichen Ermessens die Wiederholung der Vernehmung anordnen, BGH RR **06**, 268, BAG MDR **00**, 587, Nasall ZZP **98**, 324.

A. Mangelhaftigkeit der früheren Vernehmung. Die Wiederholung ist grundsätzlich notwendig, soweit die frühere Vernehmung verfahrensmäßig nicht ordnungsgemäß war, BGH NJW **94**, 942, BSG MDR **89**, 1131. Das gilt etwa wegen einer damaligen Nichterörterung eines jedenfalls jetzt entscheidungserheblichen Punkts, BGH NJW **94**, 2962, oder wegen einer Unzulänglichkeit des Protokolls des Erstgerichts, BGH NJW **00**, 3720, BAG NZA **04**, 260, aM ThP § 161 Rn 5, zB wegen seiner Mehrdeutigkeit, BGH MDR **02**, 1268. Es gilt auch bei einer Widersprüchlichkeit, BGH MDR **02**, 1268, Nasall ZZP **98**, 324. Es gilt ferner zB bei einer Nichtvereidigung des Dolmetschers, BGH NJW **94**, 942. Das alles gilt aber nur, soweit der Mangel nicht nach § 295 heilbar und auch geheilt ist, Düss NJW **92**, 188. Soweit das Berufungsgericht nach einer mangelhaften erstinstanzlichen Beweisaufnahme nicht zurückverweist, sondern selbst entscheiden will, muß es die Beweisaufnahme auch selbst wiederholen, BGH NJW **00**, 2024.

5 **B. Parteiabwesenheit.** Die Wiederholung bei § 367 II erforderlich.

6 **C. Andere Glaubwürdigkeitsbeurteilung.** Man spricht von der Glaubwürdigkeit einer Person und von der Glaubhaftigkeit einer Aussage, BGH NJW **91**, 3284. Die Wiederholung ist wegen des Grundsatzes der Unmittelbarkeit der Beweisaufnahme nach § 355 grundsätzlich notwendig, soweit das höhere Gericht die Glaubwürdigkeit des Zeugen erstmals überhaupt prüfen will, BGH RR **86**, 285, oder soweit es sie jedenfalls anders als der Erstrichter beurteilen will. Denn dazu ist ein neuer unmittelbarer Eindruck notwendig, BVerfG NJW **05**, 1487, BGH RR **06**, 268, BAG NZA **04**, 260. Das gilt sowohl im Verhältnis zwischen dem Einzelrichter und der Kammer oder dem Senat als auch im Verhältnis zwischen dem Erstgericht und dem Berufungsgericht, BGH NZM **00**, 144. Dabei muß das Berufungsgericht berücksichtigen, daß sich nicht stets alle Grundlagen der Würdigung des Erstgerichts aus dem Protokoll ergeben, BGH NJW **82**, 109 und 1052. Auch kann die Notwendigkeit einer Gegenüberstellung nach § 394 II genügen. Ausreichen kann wegen § 309 ein Wechsel der Besetzung des Gerichts, § 355 Rn 7. Eine zweitinstanzliche Aussageverweigerung oder die Unmöglichkeit einer nochmaligen Vernehmung können die Bindung an die erstinstanzliche Darstellung erschüttern, Hamm VersR **07**, 1512.

Die Parteien müssen sich zur Glaubwürdigkeit *äußern* können, § 285, BGH NJW **91**, 1180 (abl Helle JZ **91**, 929), Kblz NVersZ **98**, 123. Ein erstmals in der Berufungsinstanz ausgeübtes Schweigerecht macht eine andere als die erstinstanzliche Glaubwürdigkeitsbeurteilung unzulässig, Hamm OLGR **96**, 224.

7 **D. Anderes Verständnis des Berufungsgerichts.** Die Wiederholung ist schließlich trotz § 529 I Z 1 erforderlich, soweit das Berufungsgericht die beeidete oder unbeeidete Aussage eines oder mehrerer erstinstanzlich vernommenen Zeugen anders als das Erstgericht verstehen will, BGH NJW **07**, 2921, BAG NZA **04**, 260, BayObLG FER **98**, 109. Das gilt jedenfalls, soweit das letztere nicht ohne einen unmittelbaren Eindruck geschehen kann, BGH RR **02**, 1450. Das gilt auch nach einer Verwertung nach § 374 oder nach einer schriftlichen Beantwortung gemäß § 377 III, oder dann, wenn mehrere sich widersprechende Aussagen erstinstanzlich nur vom beauftragten Richter vernommener Zeugen vorliegen, BGH GRUR **95**, 47,

oder bei einer Parteivernehmung, § 445, BGH MDR **82**, 297. Ein substantiierter Parteiantrag auf eine nochmalige Vernehmung kann zu ihr zwingen, Nasall ZZP **98**, 324.

5) Entbehrlichkeit einer Wiederholung, I. Ein Grundsatz zeigt viele Auswirkungen. 8

A. Grundsatz: Keine Entscheidungserheblichkeit. Eine erneute Vernehmung durch das Berufungsgericht ist schon wegen der Bindungswirkung des § 529 I Z 1 nur eingeschränkt statthaft, BGH **162**, 315. Sie ist entbehrlich, wenn das Erstgericht die Aussage des Zeugen abgesehen von den Fällen Rn 4–7 als unergiebig angesehen hat, § 286 Rn 31, BSG MDR **89**, 1131, Schlesw OLGZ **80**, 58, oder wenn es sie als unerheblich beurteilt hatte, § 286 Rn 29, BGH NJW **85**, 3078, oder wenn es sie überhaupt nicht gewürdigt hatte, aM BGH RR **91**, 1102 (aber dann war jene Aussage gar nicht eine Entscheidungsgrundlage).

B. Beispiele zur Frage einer Entbehrlichkeit, I 9

Andere Beweismittel: *Entbehrlich* ist eine erneute Vernehmung dann, wenn das Erstgericht die Aussage nur zusammen mit anderen Beweismitteln gewürdigt hat.

Auslegung: *Entbehrlich* ist eine erneute Vernehmung dann, wenn das Berufungsgericht jetzt nur eine andere Auslegung vornehmen will, BGH RR **02**, 1650 (eingehende Erörterung notwendig), Kblz WoM **02**, 250.

Beauftragter Richter: S „Sinneseindruck".

Beweisbedürftigkeit: *Entbehrlich* ist eine erneute Vernehmung dann, wenn das Berufungsgericht die Beweisbedürftigkeit nach § 286 Rn 29 verneint.

Einzelrichter: S „Zurückverweisung".

Erklärungswert: *Entbehrlich* ist eine erneute Vernehmung dann, wenn das Berufungsgericht einen Erklärungswert anders als das Erstgericht beurteilt, Düss MDR **05**, 532. Das gilt selbst dann, wenn das Erstgericht über seinen persönlichen Eindruck nichts mitgeteilt hatte, Brdb MDR **98**, 1185, aM Pantle NJW **87**, 3163 (aber dann liegen übereinstimmende Ergebnisse vor).

S auch Rn 8.

Glaubwürdigkeitsübereinstimmung: *Entbehrlich* ist eine erneute Vernehmung dann, wenn das Berufungsgericht die Glaubwürdigkeit ebenso wie das Erstgericht beurteilt, Kblz WoM **02**, 150.

Persönlicher Eindruck: S „Erklärungswert".

Rügelosigkeit: *Entbehrlich* ist eine erneute Vernehmung dann, wenn eine Partei einen heilbaren Verfahrensfehler nach der früheren Vernehmung nicht nach § 295 gerügt hat, Rn 4.

Sinneseindruck: *Entbehrlich* ist eine erneute Vernehmung dann, wenn auch das Erstgericht keinen eigenen unmittelbaren Sinneseindruck haben konnte, etwa nach einer Vernehmung vor dem beauftragten Richter gar im Ausland, Karlsr RR **90**, 192. Freilich mag das Protokoll des verordneten Richters oft nichts zur entscheidenden Glaubwüdrigkeit hergeben, BGH NJW **91**, 1180 (abl Helle JZ **91**, 929).

Urkundenverwertung: *Entbehrlich* ist eine erneute Vernehmung dann, wenn das Erstgericht einen sachverständigen Zeugen gehört hatte und wenn das Berufungsgericht nun dessen Gutachten aus einem anderen Verfahren erstmals als eine Urkunde verwerten will, § 411 a, oder wenn das Erstgericht eine Aussage aus einem anderen Verfahren als eine Urkunde gewürdigt hat, § 286 Rn 64.

Verordneter Richter: S „Sinneseindruck".

Verzicht: *Entbehrlich* ist eine erneute Vernehmung dann, wenn der Beweisführer für diese Instanz auf diesen Zeugen verzichtet hat, BGH NJW **00**, 1200.

Widersprüchlichkeit: *Entbehrlich* ist eine erneute Vernehmung dann, wenn sich der Beweisführer in Widersprüche zum Beweisthema verwickelt hat, Kblz VersR **00**, 750.

Wegen der Widersprüchlichkeit beim *Zeugen* Rn 4.

Würdigung: *Entbehrlich* ist eine erneute Vernehmung dann, wenn das Berufungsgericht einen objektiven von der früheren Aussage nicht miterfaßten Umstand anders als das Erstgericht würdigen will, KG VersR **04**, 799, Oldb NdsRpfl **75**, 88.

Zurückverweisung: *Entbehrlich* ist eine erneute Vernehmung dann, wenn das Kollegium eine frühere Vernehmung vor seinem Einzelrichter trotz deren Verfahrenswidrigkeit nach einer Zurückverweisung an die Kammer in der Sache doch für ausreichend halten darf, Brdb MDR **02**, 171.

Mangels einer Zurückverweisung vgl Rn 4.

6) Verfahren, I. Die Anordnung der erneuten Vernehmung erfolgt durch einen unanfechtbaren Beschluß des Prozeßgerichts ohne einen Begründungszwang, § 329 Rn 6, auch ohne eine mündliche Verhandlung, § 360 S 2. Ein Antrag auf eine erneute Vernehmung ist dann erfolglos, wenn das Gericht nicht erkennen kann, warum die neue Aussage anders ausfallen soll als die frühere, Schlesw OLGZ **80**, 59, oder wenn sie bei einem anderen Ausfall unglaubhaft wäre. Das gilt auch in der 2. Instanz. Maßgebend ist nicht der Inhalt des Beweisbeschlusses, sondern der Inhalt der Aussage, Schlesw OLGZ **80**, 58. Das Gericht muß § 139 beachten, BVerfG VersR **91**, 1268, BGH NJW **85**, 3079. Hält das Berufungsgericht eine Wiederholung der Beweisaufnahme nur wegen eines Teils der erstinstanzlichen Zeugen für erforderlich, darf es das übrige Beweisergebnis nur dann unberücksichtigt lassen, wenn die Partei auf das Beweismittel verzichtet hat, BGH BB **91**, 1005. Eine „informatorische Anhörung" (ein schillernder Begriff) ersetzt keine erneute Vernehmung, BGH RR **98**, 1601. Die frühere Aussage wird bei einer jetzt berechtigten Aussageverweigerung unverwertbar, BGH NJW **07**, 373. 10

7) Neue Tatsache, I. Eine Vernehmung über neue Tatsachen fällt nicht unter § 398. Das Gericht darf sie nur nach § 286 Rn 27 ff oder nach § 296 II ablehnen, § 367 II. Hierher zählt auch die Vernehmung über neue Erkenntnisse desselben Zeugen, BGH MDR **85**, 390. Dann muß das Gericht den Zeugen auch nach seiner früheren Beeidigung jetzt uneidlich vernehmen, sofern nicht das Gericht aus den Gründen des § 391 seine Beeidigung beschließt. Das letzere kann hier schon vor der Vernehmung geschehen. 11

8) Nachträgliche Vernehmung, II. Wenn sich ein nach §§ 361, 362 verordneter Richter geweigert hat, eine von einer Partei angeregte Frage zu stellen, kann und muß evtl das Prozeßgericht auf einen Antrag oder von Amts wegen nach Grdz 39 vor § 128 die nachträgliche Vernehmung über diese Frage anordnen. Es ergeht ein unanfechtbarer Beschluß, § 329, wie bei Rn 4–7, 10. Evtl ist dann aber eine Rüge aus § 286 12 dahin möglich, die Beweisangebote seien nicht erschöpft. Der Beschluß bindet den verordneten Richter, § 158 GVG. Das Prozeßgericht kann den Zeugen über die Frage natürlich auch selbst vernehmen. Beantragt eine Partei, den Zeugen im Hinblick auf seinen persönlichen Eindruck nochmals vor dem Kollegium zu vernehmen, gilt I. Ein weiterer Vorschuß unterbleibt dann meist wegen einer unrichtigen bisherigen Sachbehandlung nach § 21 GKG.

13 **9) Berufung auf den Eid, III.** Die nachträgliche oder wiederholte Vernehmung geschieht nach §§ 391, 394–397. Das Gericht befindet also erneut über die Beeidigung. In beiden Fällen läßt III die Berufung auf den früher geleisteten Eid nach dem pflichtgemäßen Ermessen des Gerichts zu. Diese Versicherung deckt den Voreid und den Nacheid, § 392, weil sie dessen Inhalt auf die neue Aussage bezieht, also erneut versichert. Ein gerichtlicher Hinweis auf den Eid genügt nicht. Die Berufung auf den Eid ist nur dann zulässig, wenn eine Beeidigung noch zulässig ist. Auch bei einer Wiederholung der Vernehmung 1. Instanz in der 2. Instanz ist die Berufung auf den Eid möglich. Eine schriftliche Versicherung ist unstatthaft. Bei einer nachträglichen schriftlichen Vernehmung muß das Gericht nach § 377 III verfahren. Es muß also eine eidesstattliche Versicherung vorliegen, § 294.

Ein *Verstoß* heilt nach § 295, wie ein Verstoß gegen die Beeidigungsvorschriften grundsätzlich überhaupt, § 391 Rn 8, es sei denn, er würde der Partei erst im Urteil bekannt, Pantle NJW **88**, 2028.

14 **10) Rechtsmittel, I–III.** Gegen die Anordnung der Wiederholung kann man nur zusammen mit dem Endurteil angehen, § 355 II. Gegen die Ablehnung durch einen besonderen Beschluß kommt eine Anfechtung ebenfalls erst derart in Betracht.

399 *Verzicht auf Zeugen.* **Die Partei kann auf einen Zeugen, den sie vorgeschlagen hat, verzichten; der Gegner kann aber verlangen, dass der erschienene Zeuge vernommen und, wenn die Vernehmung bereits begonnen hat, dass sie fortgesetzt werde.**

1 **1) Systematik.** Die Vorschrift enthält eine grundsätzlich gegenüber §§ 374 ff vorrangige, nur in Hs 2 eingeschränkte Möglichkeit, den Umfang einer Zeugen-Beweisaufnahme wegen einer oder anderer Beweispersonen in jeder Lage der Beweisaufnahme ganz oder teilweise zu begrenzen. Damit schafft sie eine der vielen im Gesetz ausdrücklich geregelten Möglichkeiten des ausnahmsweisen Widerrufs einer Parteiprozeßhandlung, Grdz 58 vor § 128.

2 **2) Regelungszweck.** Sinn der Vorschrift ist eine möglichst weitgehende Wahrung der Parteiherrschaft, Grdz 18 vor § 128. Das Gericht darf aber nicht schon deshalb trotz der Voraussetzungen des Hs 2 eine weitere Befragung nur wegen drohender prozessualer oder sachlichrechtlicher Nachteile unterlassen oder gar willkürlich abbrechen. Vom Verzicht muß man ein Einverständnis mit dem sog Telefonzeugen nach § 396 Rn 2 unterscheiden.

3 *Entscheidungserheblichkeit* ist natürlich ohnehin die Voraussetzung einer Beschäftigung mit § 399. Soweit dasjenige, was der Zeuge angeblich bekunden könnte, derzeit noch nicht, nicht mehr oder überhaupt nicht entscheidungserheblich zu sein scheint, kann auch der Gegner des Beweisführers keine Vernehmung des erschienenen Zeugen oder deren Fortsetzung verlangen. Von dieser Regel kann eine Ausnahme gelten, wenn das Gericht zB zum Hauptbeweis einen auswärtigen Zeugen erst nach der Vernehmung des zunächst allein geladenen ortsansässigen Zeugen zum Gegenbeweis vernehmen lassen will usw. Eine vorsorgliche gewisse Großzügigkeit der Bejahung einer Vernehmung kann auch bei § 399 ähnlich wie bei § 398 nützlich sein, dort Rn 2.

4 **3) Geltungsbereich.** Vgl Üb 3 ff vor § 373.

5 **4) Verzicht des Beweisführers.** Der Beweisführer nach § 379 Rn 2 kann aus den Gründen Rn 2, 3 bis zur Beendigung der Vernehmung ohne eine Zustimmung des Gegners auf einen jeden oder auf einzelne seiner Zeugen verzichten. Der Verzicht unterliegt dem Anwaltszwang wie sonst, § 78 Rn 2. Man kann ihn in der mündlichen Verhandlung erklären, aber auch zum Protokoll des verordneten Richters. Man kann ihn aber auch schriftlich erklären, Tiedemann MDR **08**, 237. Er erfolgt ausdrücklich oder durch eine schlüssige Handlung, BGH RR **97**, 344. Das gilt zB dann, wenn der Beweisführer einen unberücksichtigten Beweisantrag nicht aufgreift, obwohl der Zeuge anwesend ist, insbesondere wenn das nach einer solchen Beweisaufnahme geschieht, die das Gericht erkennbar als erschöpfend ansieht, BGH VersR **97**, 592, oder wenn der Beweisführer dem Weggang des Zeugen nicht widerspricht.

Es gilt aber *nicht* auch beim Einverständnis mit der beweismäßigen Auswertung einer *Beiakte* zu demselben Beweisthema, § 411 a, aM Karlsr RR **86**, 864 (aber das ist in dieser Allgemeinheit zu weitgehend). Die bloße Nichtverlesung eines Beweisantrags ist grundsätzlich kein Verzicht, BGH FamRZ **87**, 1020, ebensowenig die bloße Nichtzahlung eines erforderlichen Vorschusses, Celle RR **95**, 1407. Evtl muß das Gericht aber fragen, § 139.

Ein *Stillschweigen* bei einer noch bevorstehenden Beweisaufnahme ist kein Verzicht. Während der Vernehmung ist ein Verzicht nur noch auf weitere Fragen zulässig. Soweit der Zeuge schon ausgesagt hat, ist ein Verzicht nicht mehr wirksam. Das Gericht muß dann die Vernehmung nach § 286 würdigen.

6 **5) Vernehmungsantrag des Prozeßgegners.** Der Gegner kann stets die Vernehmung des erschienenen Zeugen oder die Fortsetzung der Vernehmung verlangen. Wenn er das unterläßt und sich später auf den Zeugen beruft, kann das Gericht diesen Antrag nach § 296 zurückweisen. Im Zwischenstreit nach § 387 ist der Beweisführer Partei. Solange der Zeuge nicht erschienen ist, sei es auch unentschuldigt, hat der Gegner keinen Anspruch auf eine nochmalige Zeugenladung usw, es sei denn, er hätte sich selbst gegenbeweislich auf den Zeugen berufen. Soweit das Gericht nach dem Stand des Verfahrens eine Vernehmung nicht mehr für notwendig hält, hat keine Partei einen Anspruch auf eine Vernehmung oder Ladung. Freilich kann das Urteil dann anfechtbar sein.

6) Wirkung des Verzichts. Das Gericht darf einen Zeugen nach einem Verzicht des Beweisführers und beim Fehlen eines Vernehmungsantrags des Prozeßgegners nicht mehr vernehmen. Es muß eine begonnene Vernehmung abbrechen und den Zeugen entlassen. Nur im Amtsverfahren nach Grdz 38 vor § 128 und bei § 144 darf das Gericht ihn trotzdem vernehmen. Der Verzicht wirkt nur für die jeweilige Instanz, Tiedemann MDR **08**, 240, auch wenn der Beweisführer oder beide Parteien weitergehende Erklärungen abgeben. Diese letzteren muß das höhere Gericht nach § 286 frei würdigen. Evtl muß das Berufungsgericht dazu nach § 139 rückfragen, BGH MDR **02**, 1268. Eine erneute Benennung des Zeugen ist in der 1. Instanz oder in der Berufungsinstanz in den Grenzen der §§ 296, 530 sowie § 67 ArbGG zulässig, Tiedemann MDR **08**, 240. 7

7) Verstoß. Soweit das Gericht die Vernehmung entgegen § 399 vorgenommen oder fortgesetzt hat, ist die Aussage wegen eines Verstoßes gegen die Parteiherrschaft unverwertbar, Grdz 18 vor § 128. Freilich kann der Verstoß nach § 295 heilen. Die Würdigungsfreiheit nach Grdz 35 vor § 128 setzt ja einen wirksam gebliebenen Beweisantrittt voraus. Soweit das Gericht fälschlich einen Verzicht angenommen hat, kann ein Verfahrensfehler vorliegen und auf einen Antrag eine Zurückverweisung nach § 538 in Betracht kommen, Celle RR **95**, 1407. 8

400

Befugnisse des mit der Beweisaufnahme betrauten Richters. **Der mit der Beweisaufnahme betraute Richter ist ermächtigt, im Falle des Nichterscheinens oder der Zeugnisverweigerung die gesetzlichen Verfügungen zu treffen, auch sie, soweit dies überhaupt zulässig ist, selbst nach Erledigung des Auftrages wieder aufzuheben, über die Zulässigkeit einer dem Zeugen vorgelegten Frage vorläufig zu entscheiden und die nochmalige Vernehmung eines Zeugen vorzunehmen.**

1) Systematik, Regelungszweck. Die Aufzählung des § 400 ist unvollständig. Die Vorschrift dient durch Klärungen der Prozeßförderung nach Grdz 12 vor § 128 und der Prozeßwirtschaftlichkeit, Grdz 14 vor § 128. 1

2) Geltungsbereich. Vgl Üb 3 ff vor § 373. 2

3) Ermächtigung. Der nach § 361 beauftragte oder nach § 362 ersuchte, also der verordnete Richter darf folgende Anordnungen treffen: Er darf beim Ausbleiben des Zeugen nach § 380 verfahren. Er darf bei einer Zeugnisverweigerung in den Grenzen der Rn 5 nach § 390 vorgehen. Er darf die Anordnungen wieder aufheben, § 381, und zwar auch nach der Erledigung seines Auftrags. Da eine solche Wiederaufhebung zugleich eine Änderung nach § 573 II darstellt, ist auch das Prozeßgericht zur Wiederaufhebung usw befugt und verpflichtet, soweit die Voraussetzungen vorliegen, § 381 Rn 8. Er darf über die Zulässigkeit einer Frage nach § 397 vorläufig entscheiden. 3

Er muß die *Ablehnung einer Frage* protokollieren, § 160 IV. Eine wörtliche Aufnahme der Frage ist unnötig. Endgültig entscheidet das Prozeßgericht, § 398 II. Es kann dann den verordneten Richer anweisen, § 158 GVG. Er darf die nochmalige Vernehmung nach § 398 I, II vornehmen. Er darf und muß alle prozeßleitenden Verfügungen im Rahmen seines Auftrags treffen, zB laden, vertagen, §§ 216, 227. Er darf und muß die Sitzungspolizei ausüben, § 180 GVG. Er darf und muß die erforderlichen Anweisungen zur Entschädigung des Zeugen nach dem JVEG treffen, § 401. Er darf, nie muß, schließlich den Beweisbeschluß im Rahmen des § 360 ändern. 4

4) Fehlen einer Ermächtigung. Der verordnete Richter darf nicht zB: Eine schriftliche Aussage nach § 377 anordnen, dort Rn 6 ff; einen Zwischenstreit entscheiden, namentlich über eine Zeugnisverweigerung oder über eine Eidesverweigerung oder eine Beeidigung, §§ 383 ff, es sei denn, die Verweigerung wäre ohne jede Begründung oder nur mit einer abwegigen erfolgt oder nach § 387 rechtskräfitg zurückgewiesen worden, BGH NJW **90**, 2936. 5

5) Weitere Einzelfragen. Ein Widerspruch gegen eine Anordnung nach Rn 3, 4 begründet keinen Zwischenstreit. Der verordnete Richter bindet das Prozeßgericht nur mit sitzungspolizeilichen Maßnahmen und mit der Gebührenfestsetzung. 6

6) Verstoß. Wenn der verordnete Richter eine Frage zu Unrecht zuläßt, entscheidet das Prozeßgericht im Urteil über die Würdigung der Antwort. Bei einem sonstigen Verstoß muß man das Prozeßgericht anrufen, § 573 I 1. Im Zwischenstreit gilt § 366. Erst gegen die Entscheidung des Prozeßgerichts ist grundsätzlich nach § 573 II eine sofortige Beschwerde zulässig, § 567 I Z 1. Gegen eine sitzungspolizeiliche Maßnahme ist direkt eine Beschwerde an das übergeordnete Gericht nach § 181 GVG zulässig. Eine Rechtsbeschwerde kommt unter den Voraussetzungen des § 574 in Betracht. 7

401

Zeugenentschädigung. **Der Zeuge wird nach dem Justizvergütungs- und -entschädigungsgesetz entschädigt.**

Schrifttum: Vgl bei § 413.

1) Systematik, Regelungszweck. Die Vorschrift enthält zwecks einer Vereinfachung eine Gesamtverweisung: Die Entschädigung des geladenen wie des gestellten, sistierten, und dann auch vernommenen Zeugen für Auslagen und Zeitverlust richtet sich nach dem JVEG, Hartmann Teil V. Der Vorschuß aus der Staatskasse richtet sich nach § 3 JVEG. Einen Soldaten muß das Gericht wie einen sonstigen Zeugen behandeln, Erlaß § 18 ff, SchlAnh II. 1

2) Geltungsbereich. Vgl Üb 3 ff vor § 373. 2

Titel 8. Beweis durch Sachverständige

Übersicht

Schrifttum: *Arens,* Der technische Sachverständige, in: *Nicklisch* (Herausgeber), Technologie und Recht **3** (1984) 29; *Bayerlein* (Herausgeber), Praxishandbuch Sachverständigenrecht, 4. Aufl 2008, Nachtrag 2004; (Bespr *Doukoff* NJW **08**, 2834; *Berk,* Der psychologische Sachverständige in rechtlichen Familiensachen, 1985; *Danner,* Justizielle Risikoverteilung durch Richter und Sachverständige im Zivilprozeß, 2001; *Druschke,* Das Anwesenheitsrecht der Verfahrensbeteiligten bei den tatsächlichen Ermittlungen des Sachverständigen im gerichtlichen Verfahren, Diss Münst 1989; *Ehlers,* Medizinische Gutachten im Prozeß, 3. Aufl 2005; *Eickmeier,* Die Haftung des gerichtlichen Sachverständigen für Vermögensschäden, 1993; *Goerdeler,* Die Zuziehung von Sachverständigen bei der Einsicht in Bücher, Festschrift für *Stimpel* (1985); *Gramm,* Der gerichtliche Sachverständige als Helfer des Richters im Nichtigkeitsberufungsverfahren und im Patentverletzungsprozeß, Festschrift für *Preu* (1988) 141; *Hartwig/Riemann,* Anforderungen an den öffentlich bestellten und vereidigten Sachverständigen usw, 1991; *Höffmann,* Die Grenzen der Parteiöffentlichkeit, insbesondere beim Sachverständigenbeweis, Diss Bonn 1988; *Klein,* Die Rechtsstellung und die Haftung des im Zivilprozeß bestellten Sachverständigen, Diss Mainz 1994; *Klocke,* Der Sachverständige und sein Auftraggeber, 2. Aufl 1987; *Leupert/Hettler,* Der Bausachverständige vor Gericht, 2007; *Marburger,* Wissenschaftlich-technischer Sachverstand und richterliche Entscheidung im Zivilprozeß, 1986; *Mehring,* Der Sachverständige im Verwaltungsprozeß, Diss Mü 1982; *Müller,* Der Sachverständige im gerichtlichen Verfahren, 3. Aufl 1988; *Nicklisch,* Der technische Sachverständige im Prozeß, 1984; *Pieper,* Rechtsstellung des Sachverständigen und Haftung für fehlerhafte Gutachten, Gedächtnisschrift für *Bruns* (1980) 167; *Pieper/Breunung/Stahlmann,* Der Sachverständige im Zivilprozeß usw, 1981; *Rüffer,* Der Sachverständige im Zivilprozeß, Wien 1995; *Sachverständigenverzeichnis* (Deutscher Anwaltverlag), 4. Aufl 2002; *Salzgeber,* Familienpsychologische Gutachten, 4. Aufl 2005; *Schnapp,* Parteiöffentlichkeit bei Tatsachenfeststellungen durch den Sachverständigen?, Festschrift für *Menger* (1985) 557; *Scholz,* Der Sachverständigenbeweis im Zivilprozeß (Arthaftpflichtprozeß), 2003; *Steinlehner-Stelzner,* Zivilrechtliche Probleme in „Sachverständigenprozessen", in: Festschrift für *Graßhoff* (1998); *Stober,* Der öffentlich bestellte Sachverständige zwischen beruflicher Bindung und Deregulierung, 1991; *Stürner,* Der Sachverständigenbeweis im Zivilprozeß der Europäischen Union, Festschrift für *Sandrock* (2000) 959; *Thole,* Die Haftung des gerichtlichen Sachverständigen nach § 839 a BGB, 2004; *Trilsch,* Die Stellung des Sachverständigen gegenüber dem Gericht im deutschen und englischen Zivilprozeßrecht, Diss Hbg 1994; *Ulrich,* Der gerichtliche Sachverständige, 12. Aufl 2007; *Volze,* Sachverständigenfragen usw, 2. Aufl 1996; *Wellmann/Schneider/Hüttemann/Weidhaas,* Der Sachverständige in der Praxis, 6. Aufl 1997; *Werner/Pastor,* Der Bauprozeß, 11. Aufl 2005; *Wessel,* Der Sachverständige im Konkurseröffnungsverfahren, 1994; *Zuschlag,* Das Gutachten des Sachverständigen, 2. Aufl 2002. Vgl auch die Nachweise in Üb vor § 485.

Gliederung

1 **1) Systematik.** §§ 402–413 regeln das neben dem Zeugenbeweis wegen der technischen Entwicklung immer wichtigere Beweismittel „Sachverständiger". Der sachverständige Zeuge nach § 414 gehört infolge der dort klarstellenden Verweisung systematisch zum Zeugenabschnitt der §§ 373 ff. § 144 ergänzt im System der Parteiherrschaft nach Grdz 18 vor § 128 problematischerweise §§ 402 ff.

2 **2) Regelungszweck.** §§ 402 ff sollen dem Gericht helfen, sich für die ihm theoretisch allein vorbehaltene Beweiswürdigung nach §§ 286, 287 insbesondere technisch, aber zB auch psychologisch genügend kundig zu machen. In der Praxis ist der Sachverständige vielfach längst vom Richtergehilfen zum faktisch allein entscheidenden Richter aufgestiegen, dessen vom Gericht kaum noch wirklich kritisch überprüfbare Meinung es dann nur noch rechtstechnisch umsetzt. Das ist eine kaum noch vermeidbare und gerade deshalb umso problematischere Entwicklung. Ihr gilt es durch eine zurückhaltende Auslegung der Rechte des Sachverständigen usw wenigstens einigermaßen entgegenzusteuern.

Ständige Sorgfalt bei der Beauftragung, Begleitung und pflichtgemäß kritischen wie helfenden Überwachung des Sachverständigen und seiner Arbeit ist die mühsame, oft von Irrtum oder Mißgriff und nicht ganz selten von herber Enttäuschung bis hin zu halber Verzweiflung mitgeprägte Aufgabe des Gerichts. Schon die Formulierung des Beweisthemas kann ihm die Kritik des Sachverständigen einbringen. Seine Auffassung von der Zulässigkeit der Übertragung auf Hilfskräfte, Oberärzte, „Subunternehmer" mag gänzlich anders sein als diejenige des Gerichts oder der Parteien. Dasselbe gilt von den beiderseitigen Vorstellungen über den erforderlichen Zeitaufwand. Über die Art und den Umfang erforderlicher Untersuchungen mögen sehr unterschiedliche Beurteilungen bestehen. Der Stil, die Verständlichkeit und Präzision des Gutachtens erhalten oft völlig unterschiedliche Noten. Die Fachkunde, Sorgfalt, Herkunft und Überprüfbarkeit des Vergleichsmaterials sind nicht selten alsbald hochstreitig. Das ist nur ein Teil des Spektrums an Gefahren beim Sachverständigenbeweis.

Geduldige Bemühung, aber auch eine deutliche Führung, auch die erkennbare Andeutung eventuell notwendiger Schritte nach § 411 II (Ordnungsgeld) und nach dem JVEG müssen gleichermaßen zum Einsatz kommen. Ein rücksichtsvoller Richter kann einen trotz seiner Überlastung verständnisvoll und zügig arbeitenden Gutachter erhoffen und erwarten.

3) Geltungsbereich. §§ 402–414 gelten grundsätzlich in allen Verfahren nach der ZPO, Düss RR **98**, 933, auch im WEG-Verfahren, auch im Verfahren nach § 46 II 1 ArbGG. Sie gelten auch im ZVG-Verfahren, BGH VersR **03**, 1049. Sie gelten über § 113 I 2 FamFG auch im dortigen Verfahren, (zum alten Recht) BayObLG **04**, 62. Wegen der Abweichungen vgl bei den einzelnen Vorschriften. 3

4) Begriff des Sachverständigen. Er ist nicht gesetzlich bestimmt. Die Abgrenzung ist oft haarfein. Zum Schiedsgutachten Grdz 15, 16 vor § 1025. 4

A. Abgrenzung vom Zeugen. Der Zeuge macht eine Aussage. Er bekundet sein Wissen über bestimmte Tatsachen, Begriff Einf 17 vor § 284, Üb 4 vor § 373. Wegen des sachverständigen Zeugen § 414. Der Sachverständige ist ein (hoffentlich) überdurchschnittlich Fachkundiger. Er erstattet ein Gutachten. Er gibt dem Richter allgemeine Erfahrungssätze aus seinem Fachgebiet und wendet sie auf den Einzelfall an, BGH RR **89**, 1028, Hamm DAVorm **81**, 475. Mit ihrer Hilfe zieht der Richter die ihm mangels einer eigenen Fachkunde nicht möglichen, aber nötigen Schlüsse auf Grund des grundsätzlich von ihm selbst besser auf andere Weise zu klärenden Sachverhalts, BPatG GRUR **78**, 359, Düss VersR **93**, 1168, VGH Kassel MDR **97**, 98. Manchmal zieht der Sachverständige die Schlüsse auch evtl unerlaubt selbst, BGH NJW **93**, 1797, Düss Rpfleger **87**, 40, und überläßt dem Richter nur die rechtliche Beurteilung. Stets muß der Sachverständige die seiner Überzeugung zugrunde liegenden Tatsachen und die von ihm benutzten Erfahrungssätze derart angeben, daß das Gericht wie die Parteien ihre Richtigkeit und Vollständigkeit sowie die Ermittlungsumstände nachprüfen können, BVerfG WoM **97**, 318, BayObLG FamRZ **86**, 727. Notwendig sind zB die Personalien der vom Sachverständigen befragten Personen, aM Ffm FamRZ **80**, 932 (vgl aber Rn 20). Außerdem muß das Gericht das Gutachten auf seinen Überzeugungswert nachprüfen können.

B. Helfer und Berater des Gerichts. Der Sachverständige leistet also eine praktisch oft streitentscheidende Tätigkeit, zumindest eine oft erhebliche Teilnahme am Entscheidungsvorgang, Pieper Gedächtnisschrift für Bruns (1980) 169. Trotzdem ist er kein Angehöriger der staatlichen Rechtspflege, Kblz Rpfleger **81**, 37, LAG Hamm MDR **86**, 787. Er ist vielmehr ein Helfer und Berater des Richters, BGH NJW **94**, 802, Meyer DRiZ **92**, 125, aM BVerfG **75**, 327, Düss MDR **79**, 409, Lamprecht DRiZ **89**, 4 (der Richter sei ein bloßer Erfüllungsgehilfe des Sachverständigen!), Sendler NJW **86**, 2908 (die hier vertretene Auffassung sei ein „frommer Selbstbetrug" des Richters. Aber das wertet trotz aller offenkundigen Problematik nach Rn 2 der tatsächlichen Stellung des Sachverständigen doch zu sehr und außerdem wenig förderlich ab). Der Sachverständige ist ein Beweismittel. Zwar ist insbesondere nach §§ 404 a, 407 a eine Zusammenarbeit erforderlich oder doch wünschenswert, Sternbeck/Däther FamRZ **86**, 21. Trotzdem darf das Gericht dem Sachverständigen nicht die Entscheidung überlassen, BVerfG WoM **97**, 318, Marburger ZZP **100**, 364. 5

Das Gericht darf und muß das Gutachten vielmehr eingehend darauf prüfen, ob es *überzeugt,* § 286 Rn 58, BVerfG WoM **97**, 318, BGH GRUR **08**, 779, BayObLG FamRZ **86**, 727. Das Gericht darf aber trotz der Notwendigkeit einer freien Beweiswürdigung nicht ohne eine genügende eigene Sachkenntnis über das Gutachten hinweggehen. Es muß notfalls ein Gegen- oder Obergutachten einholen, § 286 Rn 61, BGH NJW **78**, 752 (das sei bei einem Schriftgutachten sogar in der Regel notwendig). Schon der Beweisbeschluß darf dem Sachverständigen nach alledem nicht die Prüfung von Rechtsfragen übertragen, auch nicht derjenigen, ob eine Fahrlässigkeit oder ein Kunstfehler vorliege. Der Sachverständige darf nur die zugehörigen Tatsachen liefern.

C. Weitere Aufgaben. Freilich kennt das Recht den Sachverständigen auch als einen Empfangs- und Besichtigungsberechtigten nach § 810 BGB, Mü MDR **87**, 147, oder als einen Richter. Dahin gehören die Handelsrichter. Als Vertreter des Richters kann der Sachverständige bei einer Augenscheinseinnahme tätig werden, § 372 Rn 4 AG Hann WoM **91**, 355. Das gilt zB bei einer Blutgruppenuntersuchung oder bei einer erbbiologischen Untersuchung, § 372 a Rn 3. Der Zeuge ist grundsätzlich unvertretbar. Der Sachverständige ist grundsätzlich vertretbar, BGH NJW **85**, 1399, Düss Rpfleger **87**, 40. 6

5) Meinungsforschungsinstitut. Besonders im Wettbewerbs- und Markenrecht machen viele von der Meinungsbefragung durch anerkannte Spezialinstitute Gebrauch, zB um den Grad der Bekanntheit einer Marke, die Kennzeichnungskraft einer Ausstattung, die Verwechslungsgefahr oder die Verkehrsauffassung bei einer angeblich irreführenden oder unzulässig vergleichenden Werbung beim Verbraucher festzustellen, BGH NJW **98**, 2818. An ihn kommen ja die sonst um eine Auskunft ersuchten Industrie- und Handelskammern nicht immer heran, BGH NJW **97**, 2817. 7

A. Befragung. Die Befragung findet durch hierfür geschulte Leute auf Grund bestimmter Fragen statt. In ihnen darf man vor allem nicht schon eine bestimmte Beantwortung vorwegnehmen. Je nach der Lage werden auch den Befragten Bildzeichen vorgelegt. Die Auswahl der Befragten erfolgt nach bestimmten Gesichtspunkten, damit sie einen für die Frage maßgebenden Bevölkerungsdurchschnitt darstellt. Auch hier handelt es sich bei der Auskunftserteilung um ein Sachverständigengutachten, BGH NJW **91**, 494, KG Rpfleger **87**, 262, Eichmann GRUR **99**, 953, aM ThP § 404 Rn 5 (aber es treffen durchaus alle typischen Merkmale der §§ 402 ff zu).

B. Gutachten. Das Gutachten gibt schon wegen § 407 a I, II der Leiter des Unternehmens anhand der erarbeiteten Feststellungen ab. Das Gericht muß ihn ausreichend anleiten, § 404 a, Eichmann GRUR **99**, 953. In der Befragung durch das Personal des Instituts liegt nicht schon eine Vernehmung. Sie wäre allerdings unzulässig. Denn sie ist allein eine Aufgabe des Gerichts. Es handelt sich vielmehr um die Befragung eines 8 ausgewählten Bevölkerungsteils nach für alle gleichen Fragen und um die Registrierung ihrer Antworten, AG Hann WoM **91**, 355. In ähnlicher Weise beschaffen sich auch die Industrie- und Handelskammern die Unterlagen für ihre Auskünfte, § 355 Rn 5. Diese ebenso wie die Institute bleiben also Hilfspersonen des Richters.

Auf ein Erfordern muß der Gutachter seine *Unterlagen offenlegen,* soweit sich das nicht schon aus der Begründung des Gutachtens ergibt. Das folgt bereits aus § 407 a II 2, dort Rn 18, BVerfG **91**, 180, BGH MDR **80**, 308, BayObLG DB **83**, 2029. Ferner muß der Gutacher die Art des Zustandekommens des Gutachtens darlegen, aM LG Ffm RR **91**, 14 (aber nur dann kann das Gericht die Ordnungsmäßigkeit seiner Vorgehensweise pflichtgemäß nachprüfen). Bei begründeten Bedenken gegen die Ordnungsmäßigkeit des Gutachtens müssen die Mitarbeiter des Instituts einschließlich der Befrager als Zeugen zur Verfügung stehen, § 410 Rn 4.

9 **C. Kosten.** Zweckmäßig und nach § 404 a I, II oft notwendig ist eine genaue Ausarbeitung der Fragen unter einer Heranziehung der Parteien und des Sachverständigen. Sie empfiehlt sich auch wegen der durch die Auslagen sehr hohen Kosten derartiger Gutachten. Denn der Beweisführer muß das Gutachten durch einen Vorschuß bezahlen, Mü RR **94**, 1201. Bei einer sogenannten Mehr-Themen-Befragung, einem „Omnibus", können schnell mehr als (jetzt ca) 100 000 EUR Kosten entstehen, Heldrich AcP **186**, 89, bei einer Sonderbefragung leicht über 300 000 EUR. Ob die Institute auch schwierigere Feststellungen treffen können, etwa diejenige, ob sich eine Marke schon in der Vergangenheit oder von einem bestimmten Zeitpunkt ab durchgesetzt hat, ist allerdings zweifelhaft. Dann kann ein derartiges Gutachten oft nur die Auskünfte anderer Stellen unterstützen, die man ohnehin wegen ihrer geringeren Kosten vorziehen sollte.

Bedenklich bleibt die Anordnung eines derartigen Gutachtens oder die Verwertung eines solchen Privatgutachtens dann, wenn die davon benachteiligte Partei aus geldlichen Gründen nicht in der Lage ist, ein Gegengutachten zu liefern. Dann siegt der Kapitalkräftigere, da die Voraussetzungen für eine Teil-Prozeßkostenhilfe schwerlich vorliegen werden, der Gegner sie auch nicht wird dartun wollen.

10 **6) Fachbehörde**

Schrifttum: *Enders,* Zur Bedeutung der Gutachten von Gutachterkommissionen und Schlichtungsstellen für den Arzthaftpflichtprozeß. Festschrift für *Schneider* (1997) 421.

Titel 8 hat es nur mit dem Sachverständigen als einem Beweismittel zu tun. Er kennt grundsätzlich nur die *Einzelperson* des Sachverständigen, § 407 a I, II, Hamm RR **90**, 1471 (zum alten Recht), nicht wie zB § 83 StPO auch Fachbehörden, aM BGH NJW **98,** 3356 (aber schon die Verantwortlichkeit und die Entschädigung stellen grundsätzlich noch auf eine natürliche Person und deren Erfüllungsgehilfen in einer vielleicht großen Zahl ab). Daraus folgt aber nur, daß die Parteien keinen Anspruch auf die Einholung des Gutachtens einer Fachbehörde haben. Nicht kann man aus der gesetzlichen Regelung folgen, daß ein Gutachten einer Fachbehörde unbenutzbar wäre, BGH NJW **97**, 2817. Vgl aber auch § 406 Rn 1, 4. Im Gegenteil sehen einige Gesetze solche Gutachten besonders vor, zB §§ 29 PatG, 21 I GebrMG, 58 I MarkenG, 192 ff BauGB, 14 II RVG, §§ 24, 24 c, 36 GewO, § 91 HandwO. Obwohl dann eine mündliche Vernehmung nur eingeschränkt möglich ist, zB durch die Anhörung eines vom Gutachterausschuß benannten Mitglieds, BGH **62**, 95, liegt ein wirklicher Sachverständigenbeweis und nicht ein Urkundenbeweis vor, Üb 32 vor § 373, BGH NJW **98,** 3356. Bei einer privaten Organisation, dazu Enders (s oben), muß das Gutachten den verantwortlichen Verfasser nennen, Karlsr MDR **75**, 670. Wegen der amtlichen Auskunft Üb 32 vor § 373.

11 **7) Dolmetscher.** Vgl § 185 GVG Rn 5, Stgt Rpfleger **83**, 416.

12 **8) Hinzuziehungsgrundsätze.** Man sollte sie sorgfältig beachten.

A. Hinzuziehungsfreiheit. Der Richter darf sein Wissen auch anderswoher holen, soweit es Fachkenntnisse erfordert. Er darf das Fachschrifttum benutzen. Er darf sich überhaupt beliebig amtlich oder privat unterrichten. Das kann zB auch durch eine häufige Bearbeitung ähnlich liegender Sachen geschehen. Er darf auch ein früheres Gutachten grundsätzlich urkundenbeweislich verwerten, zB aus einem anderen Prozeß, § 286 Rn 64, § 411 a. Die Partei hat insofern weder ein Widerspruchsrecht noch ein Ablehnungsrecht. Freilich kann sie die Sachkunde rügen und dadurch die Hinzuziehung einer besseren Sachverständigen evtl nahezu erzwingen, § 286 Rn 50, BGH NJW **87**, 2301.

13 **B. Hinzuziehungspflicht.** Den Sachverständigen zieht das Gericht grundsätzlich nach seinem pflichtgemäßen Ermessen hinzu, § 286 Rn 50. Es sollte das großzügig tun, Broß ZZP **102**, 438. Die Hinzuziehung ist seine Pflicht evtl vor der Herabsetzung einer Anwaltsvergütung, § 4 IV 2 Hs 1 RVG, ferner beim Streit um eine Rahmengebühr, § 14 II RVG, und ferner insoweit, als sich das Gericht keine genügende Sachkunde zutraut und daher auch nicht durch Zeugen ausreichend vorankommen kann, BGH NJW **93**, 1797. Ein Gutachten aus einem anderen Prozeß ist verwertbar, § 286 Rn 56, § 411 a. Die Hinzuziehung kann auf einen Antrag geschehen, aber auch von Amts wegen, §§ 144 I, 273 II Z 4, 372 II. Das Gericht sollte sich eine eigene Sachkunde nur dann zutrauen, wenn es die Frage wirklich beherrscht, § 286 Rn 50. Wenn das Berufungsgericht der Sachkunde der ehrenamtlichen Richter der Kammer für Handelssachen traut, braucht es keinen Sachverständigen zuzuziehen. Das Gericht kann den Sachverständigen bei der Beweisaufnahme zuziehen. Es kann ihm aber auch das Ergebnis der Beweisaufnahme oder bestimmte Fragen vorlegen, § 404 a. Es kann ihm weiter die Beschaffung der Unterlagen des Gutachtens überlassen, § 404 a II–IV. Es kann ihn um ein Gutachten auf Grund der Gerichtsakten ersuchen.

14 **C. Verfahren.** Die Auswahl des Sachverständigen liegt grundsätzlich allein beim Gericht. Ausnahmen § 487 Rn 7. Die Zuziehung und Auswahl und Vernehmung des Sachverständigen und bei einem schriftlichen Gutachten dessen Nachprüfung sind keineswegs leichte Aufgaben. Die Auswahl geeigneter Kräfte ist schwierig, Nicklisch BB **81**, 1653. Die Fehlerquellen sind zahlreich. Eine Befragung der Handelskammer, Handwerkskammer usw kann zweckmäßig sein. Sie ist vielfach notwendig und üblich. Oft kann man wirklich tüchtige Kräfte nur schwer finden. Untüchtige sind schlimmer als Laien. Zur Parapsychologie Wimmer NJW **76**, 1131. Ungeschicklichkeiten des Gerichts im Umgang mit dem Sachverständigen oder

auch eine Voreingenommenheit des Sachverständigen nach § 406 und seine persönlichen Beziehungen wie zB eine Abneigung gegen Mitbewerber, eine Hoffnung auf Aufträge der Partei, eine Angst vor der Verstimmung eines Einflußreichen spielen eine große und leider meist nicht erkennbare Rolle. Das alles sollen §§ 404 a, 407 a eindämmen. Das Gericht muß dem Sachverständigen im Rahmen der zumutbaren Anleitung nach § 404 a die etwa schon feststehenden oder eben noch gerade vom Sachverständigen nach § 407 a Rn 11 ermittelbaren Tatsachen möglichst genau angeben oder umschreiben, § 404 a III.

D. Nachprüfungspflicht. Der Richter muß das Gutachten auf seine wissenschaftliche Begründung nach Kräften nachprüfen, BVerfG WoM **97**, 318, BGH BB **76**, 481, Köln VersR **95**, 1082. Er darf nicht einfach nachplappern, § 286 Rn 50. Er darf und muß die vom Sachverständigen verwendeten Tatsachen nachprüfbar vorgetragen verlangen, BVerfG WoM **97**, 318, Düss MDR **95**, 1267. Derjenige Sachverständige, der sich auf seine Schweigepflicht beruft, ist unbrauchbar, mag sie noch so bestehen, § 286 Rn 58. Die Begründung des Urteils muß ergeben, warum der Richter weiteren Anregungen der Parteien nicht nachzugehen brauchte, § 313 Rn 41. Über den Beweiswert erbbiologischer Gutachten § 372 a Rn 11. Rechtsgutachten sollte ein Gericht grundsätzlich nur bei einem ausländischen Recht anfordern, § 293 Rn 7. 15

9) Rechtsstellung des Sachverständigen. Sie ist praktisch gefährlich stark. 16

A. Tätigkeitspflicht. Die Sachverständigenpflicht ist öffentlichrechtlich, BGH NJW **76**, 1154, Deutsch Festschrift für Ferid (1978), 131, StJL 38 vor § 402. Sie verpflichtet den inländischen Sachverständigen (nicht den ausländischen, Deutsch Festschrift für Ferid 1978, 132) zur Vorbereitung und Erstattung des Gutachtens, soweit das Gericht ihn ordnungsgemäß ernannt hat, LSG Essen NJW **83**, 360. Sie greift aber anders als die Zeugenpflicht nur gegenüber bestimmten Personen durch, eben weil der Sachverständige grundsätzlich vertretbar ist, Rn 1. Der Sachverständige übt keine öffentliche Gewalt aus. Er ist kein Vertragspartner der Parteien, Hamm BB **86**, 1397.

B. Haftung, dazu *Eickmeier,* Die Haftung des gerichtlichen Sachverständigen für Vermögensschäden, 1995: Für den gerichtlich beauftragten nicht beamteten Sachverständigen besteht wegen eines Mangels des Gutachtens grundsätzlich keine Amtshaftung, Düss NJW **86**, 2891, Deutsch VersR **87**, 113. Er kann bei einer einfachen Fahrlässigkeit nur haften, falls das Gericht ihn beeidigt hat, § 410, Hamm BB **86**, 1397, Mü VersR **84**, 590, aM Müller (Schrifttum vor Rn 1) Rn 971. 17

Eine Haftung erfolgt jedenfalls auch bei einem bedingten *Vorsatz,* § 839 a BGB, (je zum alten Recht) BGH **62**, 56, Mü MDR **83**, 404. Zum IPR der Arzthaftung Deutsch Festschrift für Ferid (1978) 131. Allerdings weiß jeder unabhängige Richter, daß ein Auftrag zur Begutachtung durch eine Privatperson das Denken rasch zu anderen als richterlichen Tendenzen der Bewertung verführen könnte. Auch der Privatgutachter mag sich weniger unabhängig fühlen als der gerichtlich bestellte. 18

Haftung bei einer groben Fahrlässigkeit ergibt sich ebenfalls aus § 839 a BGB, § 413 Rn 3. 19

Keine Haftung des Sachverständigen entsteht bei einem auftragsbedingten unvermeidbaren Schaden etwa wegen einer Materialentnahme. Denn dann fehlt es an dem für seine gar außervertragliche Haftung erforderlichen Verschulden, aM Celle OLGR **98**, 71, Düss OLGR **97**, 298 (aber der Geschädigte hat als Partei einen Erstattungsanspruch nach §§ 91 ff, als Dritter bei einer Duldungspflicht einen Amthaftungsanspruch gegen den Staat als Dienstherrn des Gerichts).

Für einen für das Ergebnis des Gutachtens nicht ursächlichen Fehler bei der *Vorbereitung* oder anläßlich der Tätigkeit als Gutachter kann der Sachverständige evtl auch nach § 823 BGB haften, etwa wegen einer Sachbeschädigung, Beleidigung, Körperverletzung, wegen eines Hausfriedensbruchs, wegen einer Nötigung usw. Freilich ist insoweit beim bloßen Vermögensschaden ein Vorsatz erforderlich (bedingter reicht), etwa eine Gewissenlosigkeit. Wegen des Privatgutachtens Rn 21.

10) Ermittlungen des Sachverständigen. Vgl dazu § 407 a Rn 11 ff. 20

11) Privatgutachten, dazu *Graf von Hardenberg* Diss Erlangen 1975: Das ist ein Gutachten, das sich eine Partei bei einem von ihr ausgewählten Sachverständigen beschafft, Mü RR **88**, 1534, etwa vorprozessual nach (jetzt) §§ 588 ff BGB, Deggau ZMR **84**, 74. Es ist ein substantiiertes, urkundlich belegtes Parteivorbringen, BGH VersR **01**, 1458. 21

A. Parteivortrag. Das Gericht darf und muß ein Privatgutachten wie jeden Parteivortrag natürlich von vorherein mit aller Sorgfalt nach § 286 würdigen, BGH VersR **01**, 1458, Saarbr VersR **92**, 757, Broß ZZP **102**, 433. Dabei sollte das Gericht mitbeachten, daß oft ein auch gerichtlich sogar vielbeschäftigter Fachmann nicht schon deshalb an seiner Überzeugungskraft verlieren muß, weil ihn diesmal eine Partei beauftragt hatte. Keineswegs hat ein Privatgutachten erst im Anschluß an eine Beweisaufnahme ein Gewicht, aM Gehrlein VersR **03**, 575 (aber das Gericht dürfte sogar ohne jede Beweisaufnahme urteilen, § 286 Rn 5, solange gegen einen durch Privatgutachten überzeugend gewordenen Parteivortrag kein Gegenbeweisantritt vorliegt). Das gilt jedenfalls dann, wenn die Partei das Privatgutachten einreicht und zum Gegenstand der Verhandlung macht oder machen muß.

B. Urkunde. Es ist dann auch ohne ein Einverständnis des Gegners lediglich urkundenbeweislich benutzbar, BGH NJW **87**, 2300, Köln VersR **90**, 311 (ärztliche Gutachter- oder Schlichtungsstelle), LG Aurich VersR **91**, 214, aM BPatG GRUR **76**, 609 (aber eine solche Auswertung wäre sogar bei einer urkundlichen Äußerung unterhalb des Rangs eines Gutachtens erlaubt und nötig). Daher kommt auch keine Ladung außerhalb § 273 II Z 4 in Betracht, Karlsr VersR **03**, 977. Allerdings sind §§ 592 ff unanwendbar, Ffm WertpMitt **75**, 87. 22

C. Weitere Würdigung. Freilich muß das Gericht dem Prozeßgegner eine Gelegenheit zur Stellungnahme geben, BGH MDR **01**, 568, Karlsr NJW **90**, 192. Das Gericht darf das Privatgutachten zu seiner Unterrichtung und als ein Hilfsmittel zur freien Würdigung nach § 286 benutzen, BPatG GRUR **76**, 609. Das gilt anstelle eines gerichtlich erforderten Gutachtens aber wenn als Sachverständigenbeweis, also über den Urkundenbeweis hinaus, dann nur beim Einverständnis der Parteien, BGH RR **94**, 256, Rex VersR **84**, 619, aM ZöGre § 402 Rn 2 (aber §§ 415 ff fordern nur eine Urkunde im dortigen Sinn. Daher kommt es 23 nicht auf den Umfang der ohnehin weiten Parteiherrschaft nach Grdz 18 vor § 128 an). Die freie Würdigung ist auch ohne ein Einverständnis der Parteien dann statthaft, wenn das Gericht das Privatgutachten für ausreichend hält und halten darf, § 286, Karlsr VersR **84**, 1194, LG Brschw WoM **77**, 11, aM BGH VersR **86**, 468 (zu streng).

24 Das ist bei einem *Ablehnungsrecht* nach § 406 Rn 5 bedenklich. Freilich kann ein Privatgutachten eine Veranlassung zu einem Vorgehen entsprechend § 411 III geben, BGH MDR **02**, 570. Es mag auch dem Prozeßgegner einen Antrag auf ein Gegengutachten ermöglichen. Es mag ferner einen Anlaß zur weiteren Aufklärung auch nach einem Gutachten des gerichtlich bestellten Sachverständigen geben, BGH NJW **98**, 2735, Köln NJW **94**, 394, Mü RR **88**, 1535. Allerdings wird das Gericht ihn kaum jemals zur Anhörung des gerichtlichen Sachverständigen laden, Karlsr VersR **90**, 55 (der letztere hat den ersteren genügend mitgewürdigt). Wenn das Gericht einen Privatgutachter nur zu seinen Feststellungen vernimmt, ist er ein sachverständiger Zeuge. Auch das Privatgutachten muß nachprüfbar sein, um prozessual uneingeschränkt verwertbar zu sein, Deggau ZMR **84**, 74. Der Privatgutachter haftet nach dem Vertragsrecht, §§ 276 ff, 634 BGB. Dabei kann ein Dritter in den Schutzbereich gehören, BGH NJW **98**, 1060. Der Privatgutachter haftet evtl auch nach §§ 823 ff BGB.

25 **12) Amtliche Auskunft**, dazu *Hohlfeld,* Die Einholung amtlicher Auskünfte im Zivilprozeß, 1995; *Sonnemann,* Amtliche Auskunft und Behördengutachten im Zivilprozeß, 1995: Über sie Üb 32 vor § 373 (dort auch zB zum Mietspiegel). Man muß die Auskunft einer nichtamtlichen Stelle entsprechend dem Privatgutachten behandeln. Sie kann nach § 130 a elektronisch erfolgen.

402 ***Anwendbarkeit der Vorschriften für Zeugen.*** **Für den Beweis durch Sachverständige gelten die Vorschriften über den Beweis durch Zeugen entsprechend, insoweit nicht in den nachfolgenden Paragraphen abweichende Vorschriften enthalten sind.**

1 **1) Anwendbare Vorschriften.** Die Bestimmungen über den Zeugenbeweis sind wie folgt entsprechend anwendbar.

§§ 283, 296 (Zurückverweisung) sind dann *unanwendbar,* wenn eine Amtspflicht zur Zuziehung besteht, weil das Gericht eine eigene Sachkunde verneint. Über Privatgutachen Üb 21 vor § 402.

§ 356 (Beibringungsfrist) ist *unanwendbar,* soweit der Sachverständige auswechselbar ist, § 356 Rn 7.

§ 373 (Beweisantritt) ist durch *§ 403* ersetzt.

§ 374 (Verwertung richterlicher Vernehmungsniederschrift) ist auf die Niederschrift über eine mündliche richterliche Vernehmung des Sachverständigen anwendbar. Beim schriftlichen Gutachten gilt § 411 a.

§ 375 (Beweisaufnahme durch den verordneten Richter), sowie

§ 376 (Genehmigung zur Vernehmung von Beamten) mit den einschlägigen Vorschriften, vgl bei § 376, sind anwendbar. Nach § 39 III 2 BRRG und ähnlichen Vorschriften in den Landesbeamtengesetzen, Vorbem B vor § 376, kann die Behörde die Genehmigung zur Erstattung eines Gutachtens versagen, wenn die Erstattung den dienstlichen Interessen Nachteile bereiten würde. Die Unmittelbarkeit der Beweisaufnahme spielt aber hier sehr oft keine Rolle. Dann ist eine Übertragung auf den verordneten Richter unbedenklich.

§ 377 I, II (Ladung), *III* (schriftliches Gutachten) ist anwendbar, § 411 Rn 3. III paßt im übrigen nur für den Zeugen und ist daher *unanwendbar.* Statt dessen gilt § 411, aM Jessnitzer DS **91**, 38.

§ 378 (Unterlagen des Sachverständigen) paßt nur *bedingt* neben dem vorrangigen § 404 a, ist aber grds anwendbar.

2 **§ 379** (Vorschuß, Ermessen) ist grundsätzlich anwendbar, BGH NJW **06**, 3419, Drsd JB **07**, 212, Rostock MDR **07**, 1449. Das gilt auch dann, wenn das Gericht nach § 144 I diesen Sachverständigen von Amts wegen einschalten *könnte,* Mü RR **94**, 1201 (Umfrage), aM BGH MDR **76**, 396, Bergerfurth FamRZ **90**, 243, ZöGre 8 (aber es kommt nur darauf an, ob das Gericht von Amts wegen bestellt *hat*). Sobald es das freilich auch tut, ist § 379 aber *unanwendbar,* BGH FamRZ **79**, 477, Neuhaus/Krause MDR **06**, 606. Dann muß man aber evtl (jetzt) § 17 III GKG beachten, BGH JB **76**, 469, Hbg FamRZ **86**, 196.

3 Wenn das Gericht den Sachverhalt *von Amts wegen* nach Grdz 38 vor § 128 klären muss, darf es zwar einen Vorschuß anfordern, § 17 III 1 GKG. Es darf dann die Einholung des Gutachtens aber nicht von der Vorschußzahlung *abhängig* machen, Düss AnwBl **89**, 237. Die Vorschrift ist im übrigen nur dann anwendbar, wenn sich der Beweisführer auf den Sachverständigen beruft, Karlsr OLGZ **84**, 103, Mü MDR **78**, 412, bei einer Gutachtenerläuterung also derjenige, der die Vorladung und Erläuterung beantragt. Soweit beide Parteien Beweisführer sind, entscheidet die Beweislast, § 379 Rn 2, aM Bachmann DRiZ **84**, 401 (aber dann *muß* das Gericht nur den Sachverständigen des Beweisbelasteten laden). Die Vorschrift gilt auch beim schriftlichen Gutachten, § 411 I, III. Eine nachträgliche Erhöhung des Vorschusses ist zulässig, falls die zunächst angeforderte Summe nicht zur Sicherstellung der Kostenzahlung ausreicht, § 407 a III 2, Mü MDR **78**, 412, Schmid MDR **82**, 96. Natürlich ist bei einer Nachforderung eine Zurückhaltung ratsam, KG MDR **83**, 678, Kblz DB **85**, 110. Nur die Beauftragung des Sachverständigen kann vom Vorschuß abhängig sein, nicht die Weiterleitung des schon ohne einen ausreichenden Vorschuß eingeholten oder eingereichten Gutachtens, Ffm MDR **04**, 1255.

4 § 379 ist *bei der amtlichen Auskunft unanwendbar,* zB bei derjenigen der Rechtsanwaltskammer, Üb 32 vor § 373, Mü NJW **75**, 884. § 379 ist ebenfalls unanwendbar, falls das Gericht Akten zwecks einer Begutachtung dem Sachverständigen bereits übersandt hat, aM Mü MDR **78**, 412 (aber dann *hat* das Gericht schon gehandelt). Der Gutachtenauftrag ergeht trotz eines verspäteten Eingangs des Vorschusses, wenn das Gericht noch keinen Verhandlungstermin bestimmt hatte oder wenn es ihn noch mühelos zunächst wieder aufheben kann. Andernfalls unterbleibt der Gutachterauftrag in dieser Instanz. Das Gericht weist den Beweisantrag evtl als verspätet zurück, Rostock WoM **03**, 597. Das gilt auch dann, wenn die vom Einzelrichter nach §§ 348, 348 a gesetzte Frist zur Zahlung des Vorschusses erfolglos verstrichen ist und wenn die Zahlung erst im

Kammer- oder Senatstermin erfolgt. Ein Verschulden ist auch hier unerheblich, aM ZöGre 2 (aber §§ 379, 402 sehen eine Bedingung gerade nicht vor). Mangels einer Verspätung kommt auch nach der Terminsbestimmung noch ein Gutachterauftrag infrage, Köln RR **97**, 1291. Das hängt freilich meist davon ab, wieviel Zeit der Gutachter braucht und wann der Termin ansteht. Eine Nichtzahlung bedeutet nicht stets eine Klage- oder Antragsrücknahme, Düss MDR **02**, 603.

Soweit der *Dolmetscher* als Sachverständiger nach § 185 GVG Rn 5 tätig wird, kommt eine Vorschuß- **5**
pflicht zwar grundsätzlich in Betracht. Sie entfällt aber meist deshalb, weil ihn das Gericht von Amts wegen zuziehen muß, Schmid MDR **82**, 97.

§ 380 (Folgen des Ausbleibens) ist durch *§ 409* ersetzt.

§§ 381–384 (Unterbleiben und Änderung von Ordnungsmitteln, Vernehmung am bestimmten Ort, **6**
Weigerung des Gutachtens) sind anwendbar. Eine nachträgliche Entschuldigung kann ausreichen, LG Bochum NJW **86**, 2890. § 383 I Z 6 gibt dem Sachverständigen zwar ein Schweigerecht über konkrete Vergleichswohnungen, LG Kref BB **79**, 191. Dann ist sein Gutachten jedoch evtl unverwertbar, § 236 Rn 58, zu großzügig LG Kref BB **79**, 191.

§ 385 (ausnahmsweise Zeugnispflicht) ist *unanwendbar.*

§§ 386–389 (Weigerung des Gutachtens) sind anwendbar.

§ 390 (Zeugniszwang) ist durch **§ 409** ersetzt.

§ 391 (Beeidigung) ist neben dem vorrangigen § 410 mitbeachtlich, BayObLG FamRZ **91**, 620. Ein stillschweigender Vereidigungs-„Beschluß" reicht nicht, auch nicht beim allgemein vereidigten Sachverständigen, Peters NJW **90**, 1834. Die Beeidigung steht im pflichtmäßigen und nicht im freien Ermessen, BayObLG FamRZ **91**, 620, vgl aber § 391 Rn 5. Bei Bedenken gegen die Sachkunde des Sachverständigen muß das Gericht besser einen anderen Sachverständigen zuziehen.

§§ 392, 393 (Beeidigung) sind durch *§ 410* ersetzt, BGH NJW **98**, 3356.

§§ 394–396 (Vernehmung) sind anwendbar, BGH **93**, 209 (zu § 395), BGH NZM **06**, 798, Oldb RR **99**, 178 (je zu § 397).

Eine *Einzelvernehmung* nach § 394 Rn 1 ist aber nicht notwendig. **7**

Die Ermahnung nach *§ 395 I* ist beim allgemein beeidigten Sachverständigen nur anfangs notwendig. Die Parteien haben ein Fragerecht nach § 397, § 411 Rn 10, freilich nicht stets nach einer amtlichen Auskunft, Üb 32 vor § 373, BVerwG InfAuslR **85**, 148. Sie verlieren es, wenn sie es nicht in der nächsten mündlichen Verhandlung ausüben, Düss FamRZ **84**, 700. Der Antrag zur Ladung des Sachverständigen ist an sich nicht von einer inhaltlich genauen Bestimmung der zu stellenden Fragen abhängig. Es genügt die Darlegung der Notwendigkeit der Fragerichtung, Plagemann NJW **92**, 402, großzügiger BGH MDR **81**, 1014, strenger Gehle DRiZ **84**, 102. Freilich darf und muß das Gericht jetzt evtl nach § 404 a den Sachverständigen einweisen und muß der Sachverständige nach § 407 a beim Gericht rückfragen.

§ 397 ist nur in den Grenzen des vorrangigen spezielleren § 411 IV anwendbar, dort Rn 11.

§ 398 ist anwendbar, BGH **159**, 258. Das Gericht darf eine nochmalige Vernehmung eines solchen Sach- **8**
verständigen nach § 412 Rn 4, der zuvor ein Blutgruppengutachten erstattet hat, bei einem Ergänzungsantrag nicht ablehnen, daß man inzwischen durch weitere Blutgruppensysteme die Vaterschaft ausschließen könne. Das Berufungsgericht muß einen Sachverständigen anhören, soweit es sein Gutachten anders als der Erstrichter würdigen will, BGH NJW **93**, 2386, oder wenn das Berufungsgericht vom Verständnis des Erstgerichts bei dessen mündlicher Anhörung des Gutachters abweichen will, BGH VersR **01**, 1458, oder soweit das Erstgericht einen entscheidungserheblichen Gesichtspunkt fehlerhaft übersehen hat, BGH **159**, 258, oder wenn es einem Anhörungsantrag nicht gefolgt war, BGH VersR **06**, 950. Wegen des Beweiswerts von Blutgruppen- und erbbiologischen Gutachten § 372 a Rn 3 ff. Ob das Gericht den ersten Sachverständigen nach der Anhörung eines anderen wiederum vernehmen will, ist eine Ermessensfrage.

§ 399 ist anwendbar. Das Gericht kann nach § 144 vorgehen.

§ 400 (verordneter Richter) ist anwendbar, jedoch nur unter einer Beachtung von §§ 408, 409.

§ 401 ist durch *§ 413* ersetzt.

403 ***Beweisantritt.*** **Der Beweis wird durch die Bezeichnung der zu begutachtenden Punkte angetreten.**

1) Systematik. Die mit §§ 371, 373, 420, 445 I, 447 jedenfalls teilweise vergleichbare Vorschrift leitet **1**
die Beweismöglichkeit „Sachverständiger" ein. Sie folgt dem Umstand, daß das Gericht außerhalb eines Verfahrens mit dem Amtsermittlungsgrundsatz nach Grdz 38 vor § 128 nur ausnahmsweise von Amts wegen einen Sachverständigenbeweis beschließen darf, §§ 3, 144, 287, 372, 442. Daran ändert auch der Umstand nichts, daß der Beweisführer das Gericht in der Wahl der Person des Sachverständigen nur ausnahmsweise binden kann, § 487 Rn 6 ff.

2) Regelungszweck. Die Vorschrift fordert nicht erst den Richter, sondern zunächst ganz wesentlich **2**
den Beweisführer. Denn § 403 bezweckt eine Erleichterung des Gerichts bei der Auswahl und Anleitung, Üb 2 vor § 402. Sie führt ja in der Praxis ohnehin oft zu einer erheblichen Arbeitsbelastung. Der Beweisführer kann es sich ja schon wegen § 404 I 1 mit dessen Auswahlpflicht des Gerichts mit den Worten „Beweis: Sachverständigengutachten" scheinbar recht bequem machen. Umso mehr Sorgfalt können der Gegner und das Gericht, nicht zuletzt aber gerade der Sachverständige von derjenigen Präzision verlangen, mit der der Beweisführer wenigstens das Beweisthema „bezeichnen" und nicht etwa nur umscheiben oder andeuten oder skizzieren muß. Übrigens kann eine solche Präzision den Prozeß auch erheblich beschleunigen und verbilligen helfen. Das sollte der Beweisführer mitbedenken. Oft kann er viel besser als das Gericht die Beweisfrage so auf den Punkt zuspitzen, daß die gesamte anschließende Arbeit weitaus erfolgreicher verlaufen kann. Skizzen, Fotos, technische Angaben können zu einer geradezu notwendigen Bezeichnung des Beweisthemas gehören. Das Gericht sollte gerade am Anfang nach §§ 273 II Z 1 von seinen vielfältigen

Möglichkeiten energisch Gebrauch machen, bevor es den Gutachter überhaupt beauftragt, natürlich auch im weiteren Verlauf.

3 **3) Geltungsbereich.** Vgl Üb 3 vor § 402. Die Vorschrift gilt auch im WEG-Verfahren. Im selbständigen Beweisverfahren geht § 487 vor, dort Rn 6 ff. Im (jetzt) FamFG-Verfahren ist die Vorschrift im Bereich seines Amtsermittlungsgrundsatzes nur bedingt anwendbar, AG Mönchengladb FamRZ **99**, 730.

4 **4) Beweisantritt.** Zu den Begriffen Beweisantritt usw § 371 Rn 1.

A. Sachthema. Man tritt den Sachverständigenbeweis durch die Bezeichnung der zu begutachtende Punkte nebst dem stets zweckmäßigen, wenn auch nicht unbedingt nötigen Antrag auf „ein" Sachverständigengutachten an. Vgl aber Rn 2. Man braucht das vom Sachverständigen zu behandelnde Beweisthema zwar nicht mit einer letztmöglichen Präzision zu formulieren. Man muß aber doch so genau umschreiben, wozu er ein Gutachten liefern soll, daß das Gericht die Beweiserheblichkeit und Eignung erkennen kann, Rn 2, § 286 Rn 31 ff. Die Benennung eines bestimmten Sachverständigen ist grundsätzlich unnötig. Ihn wählt das Gericht grundsätzlich von Amts wegen aus, § 404 (Ausnahme § 487 Rn 5). Eine ganz allgemeine Angabe genügt. Denn wenn das Gericht ein Gutachten für nötig hält, muß es ein solches von Amts wegen einholen, Rn 1, und zwar evtl schon vor der Verhandlung, § 358 a.

5 **B. Personenvorschlag.** Es kann aber dringend ratsam sein, einen oder zur Vermeidung von Befangenheitsverdacht mehrere geeignete Sachverständige vorzuschlagen, um dem Gericht die Ermittlung eines brauchbaren Sachverständigen zu erleichtern oder gar erst zu ermöglichen, § 404 Rn 7, 8. Da das Gericht die Beweiserhebung immer ablehnen kann, soweit es sich für genügend sachkundig hält und halten darf, ist der ganze Beweisantritt ohnehin ja nur eine Anregung. Im übrigen gilt § 286 Rn 50, Düss RR **99**, 794. Vgl auch Üb 11 vor § 402.

6 **C. Privatgutachten.** Nicht ausreichend sein kann die Vorlage eines Privatgutachtens. Es ist ja nur ein Parteivortrag, Üb 21 vor § 402, Oldb RR **00**, 949. Es kommt auf die Gesamtumstände an.

404 *Sachverständigenauswahl.* I [1] **Die Auswahl der zuzuziehenden Sachverständigen und die Bestimmung ihrer Anzahl erfolgt durch das Prozessgericht.** [2] **Es kann sich auf die Ernennung eines einzigen Sachverständigen beschränken.** [3] **An Stelle der zuerst ernannten Sachverständigen kann es andere ernennen.**

II **Sind für gewisse Arten von Gutachten Sachverständige öffentlich bestellt, so sollen andere Personen nur dann gewählt werden, wenn besondere Umstände es erfordern.**

III **Das Gericht kann die Parteien auffordern, Personen zu bezeichnen, die geeignet sind, als Sachverständige vernommen zu werden.**

IV **Einigen sich die Parteien über bestimmte Personen als Sachverständige, so hat das Gericht dieser Einigung Folge zu geben; das Gericht kann jedoch die Wahl der Parteien auf eine bestimmte Anzahl beschränken.**

Gliederung

1 **1) Systematik, I–IV.** Die Vorschrift gilt zwar bei allen Arten von Sachverständigen, nicht aber bei allen Arten von Beweisaufnahmen, nämlich im selbständigen Beweisverfahren nur hilfsweise, § 487 Rn 6. Sie gilt beim Sachverständigenbeweis von Amts wegen nach § 144 indes wegen seines II wieder voll.

2 **2) Regelungszweck, I–IV.** Die Vorschrift dient in IV der Parteiherrschaft nach Grdz 18 vor § 128, in I–III dagegen der Prozeßförderung nach Grdz 12 vor § 128 und damit auch der Prozeßwirtschaftlichkeit nach Grdz 14 vor § 128 durch die möglichste Vermeidung von Kosten doch nicht genug geeigneter Sachverständiger. In der Praxis sollte das Gericht auch bei I–III möglichst dem Vorschlag des Beweisführers folgen, § 403 Rn 1. Es darf aber nicht einen weniger Geeigneten bestimmen, wenn ein besser Geeigneter vorhanden ist.

3 *Besondere Sorgfalt* ist an dieser Stelle des Beweisverfahrens dringend erforderlich. Leider erfolgt sie nicht selten gar nicht oder zu spät. Inzwischen haben sich dann evtl sogar mehrere Sachverständige für nicht genug fachkundig oder für befangen oder für überlastet erklärt und das Gericht zu immer neuen Umformulierungen des Beweisbeschlusses gezwungen, ganz abgesehen von immer neuen Aktenversendungen und Rücksendungen und von zweifelhaften Honorarforderungen der im Ergebnis doch nur durch eine Aktendurchsicht und eine Gutachtenverweigerung tätig gewordenen Fachleute. Die Vorschußanforderungen steigen, es geht Zeit ins Land, der Berichterstatter muß sich immer neu einarbeiten, seine Besetzung wechselt, Mahnschreiben frustrierter ProzBev erfordern beschwichtigende Antworten – ein Scenario, das sich durch mehr Telefonerkundung unter Umständen am Anfang binnen weniger Tage vermeiden ließ. Enge allseitige Zusammenarbeit unter einem Einsatz der heutigen Telekommunikation hilft erfahrungsgemäß ganz wesentlich, viel solchen Ärger zu vermeiden.

4 **3) Geltungsbereich, I–IV.** Vgl Üb 3 vor § 402, BGH VersR **03**, 1049, BayObLG NJW **03**, 219 ([jetzt] FamFG).

4) Auswahl, I–III, dazu *Neuhaus/Krause* MDR **06**, 605 (ausf): Vgl zunächst § 403 Rn 1. 5

A. Ermessen, I. Das Gericht wählt nach seinem pflichtgemäßen Ermessen, BayObLG NJW **03**, 219, Hamm VersR **01**, 249, Neuhaus/Krause MDR **06**, 606, soweit nicht eine Einigung nach IV vorliegt. Es beachtet die persönliche und die fachliche Eignung, Neuhaus/Krause MDR **06**, 609. Es wählt Sachverständige in einer beliebigen Zahl aus, stets aber einen bestimmten Sachverständigen, nicht zB eine Alternativauswahl, Ffm VersR **03**, 927, und nicht eine Universitätsklinik als solche, Düss FamRZ **89**, 1101, Laufs NJW **76**, 1124, StJL 13, aM Kblz VHR **98**, 89 (aber §§ 402 ff gehen von einer natürlichen Person aus. Das Gericht darf und muß sich insoweit kundig machen). Es kann sich die Notwendigkeit eines weiteren Gutachters ergeben, § 286 Rn 53 ff. Eine nicht zum Ablehnungsantrag nach § 406 führende Tatsache bringt nicht stets einen Ermessensmißbrauch mit sich. Eine Anhörung ist zwar nicht zwingend, BGH **131**, 80. Sie ist aber wenn irgend möglich ratsam und auch meist zumindest im Termin üblich. Die Partei kann das Ermessen nicht durch die Benennung eines sachverständigen Zeugen nach § 414 unterlaufen, Hamm VersR **01**, 249, LG Ffm VersR **93**, 1138. § 295 ist beachtlich, Ffm VersR **03**, 927.

Ermessenfehler sind wegen der Kompliziertheit der Sachverhalte oft nahezu unvermeidbar. Sie können trotzdem zur Unverwertbarkeit des Gutachtens führen, BayObLG BayVBl **04**, 80.

B. Vorrang des öffentlichen Sachverständigen, II. Für gewisse Arten von Gutachten gibt es öffentlich 6
von Bundes- oder Landesstellen bestellte Sachverständige, Üb 10 vor § 402. Sie haben dann bei der Auswahl den Vorzug, schon wegen § 407. Die Namen der öffentlich bestellten Sachverständigen stehen in einer Liste. II ist nur eine Sollvorschrift. Von ihr darf das Gericht nach seinem pflichtmäßigen Ermessen abweichen, BayObLG FamRZ **91**, 619, Neuhaus/Krause MDR **06**, 609, wenn zB ein besonders hohes Maß von Sachkunde nötig ist oder wenn gegen die Person des Bestellten Bedenken bestehen. Trotz eines Antrags auf die Ernennung eines öffentlich bestellten Sachverständigen ist ein Auftrag an den Gutachterausschuß nach §§ 192 ff BauGB zulässig, Üb 32 vor § 373, BGH **62**, 94. Ein Verstoß ist prozessual belanglos, BayObLG **87**, 15. Im selbständigen Beweisverfahren gilt § 487 Rn 5.

C. Bezeichnung durch die Partei, III. Das Gericht kann die Parteien zur Benennung geeigneter 7
Sachverständiger auffordern, § 403 Rn 1. Wegen IV empfiehlt sich das oft. Mangels einer Benennung muß das Gericht freilich im Rahmen des ihm Zumutbaren den Sachverständigen von Amts wegen ermitteln. Dann ist es dringend ratsam, die Person des Vorgesehenen schon vor seiner Beauftragung den Parteien mit der Bitte um die Mitteilung etwaiger Ablehnungsgründe oder sonstiger Bedenken binnen einer angemessenen Frist zu benennen.

5) Einigung, IV. Einigen sich die Parteien über bestimmte Personen, bindet diese Einigung das Gericht, 8
Neuhaus/Krause MDR **06**, 609. Das Gericht kann nur vorher oder nachher die Zahl der Sachverständigen beschränken. Wenn die Parteien die Zahl aber nicht einhalten, darf das Gericht wieder ganz frei wählen, § 142. Es darf neben den Gewählten andere Sachverständige bestimmen. Es darf für sie aber wegen der Beauftragung von Amts wegen keinen Vorschuß fordern. IV hat nur die Bedeutung, daß das Gericht den vereinbarten Sachverständige unbedingt hören muß. Es handelt sich um eine einseitig unwiderrufliche Parteiprozeßhandlung, Grdz 47 vor § 128. Ein Anwaltszwang besteht wie sonst, § 78 Rn 2. Die Einigung ist nur beim Eingang der Einigungsmitteilung beider Parteien bis zur Ernennung eines Sachverständigen oder bis zur Ermächtigung des verordneten Richters nach § 405 zulässig. Das Gericht kann eine Einigung anregen, aber nicht erzwingen. Eine Einigung nach IV ist kein Schiedsgutachtervertrag nach Grdz 18 vor § 1025.

6) Entscheidung, I–IV. Die Ernennung erfolgt durch einen Beschluß, sei es einen Beweisbeschluß nach 9
§§ 358 ff, sei es später, Neuhaus/Krause MDR **06**, 609. Das Prozeßgericht muß seinen Beschluß wegen § 355 II zwar nicht begründen, § 329 Rn 6. Es sollte ihn aber besser schon wegen einer etwaigen Ablehnbarkeit nach § 406 II den Parteien förmlich zustellen, § 329 II 2. Ein Verstoß ist zunächst unbeachtlich. Er ist vielmehr erst zusammen mit dem Endurteil anfechtbar, Rn 10.

7) Rechtsbehelfe, I–IV. Gegen die Auswahl gibt es außer dem Rechtsmittel gegen die Sachentscheidung 10
der Instanz, BayObLG FamRZ **87**, 967, wegen § 355 II keinen Rechtsbehelf. Das gilt auch nicht bei einem Verstoß gegen II, BayObLG FamRZ **91**, 619, Mü MDR **71**, 494, § 406 Rn 38 (Ablehnung in der Revisionsinstanz). Das übersieht LG Bochum NJW **86**, 2890, das auf dem Umweg über § 381 das Ermessen überprüft. Freilich besteht das Ablehnungsrecht nach § 406 II.

404a

Leitung der Tätigkeit des Sachverständigen. **I Das Gericht hat die Tätigkeit des Sachverständigen zu leiten und kann ihm für Art und Umfang seiner Tätigkeit Weisungen erteilen.**

II Soweit es die Besonderheit des Falles erfordert, soll das Gericht den Sachverständigen vor Abfassung der Beweisfrage hören, ihn in seine Aufgabe einweisen und ihm auf Verlangen den Auftrag erläutern.

III Bei streitigem Sachverhalt bestimmt das Gericht, welche Tatsachen der Sachverständige der Begutachtung zugrunde legen soll.

IV Soweit es erforderlich ist, bestimmt das Gericht, in welchem Umfang der Sachverständige zur Aufklärung der Beweisfrage befugt ist, inwieweit er mit den Parteien in Verbindung treten darf und wann er ihnen die Teilnahme an seinen Ermittlungen zu gestatten hat.

V [1] Weisungen an den Sachverständigen sind den Parteien mitzuteilen. [2] Findet ein besonderer Termin zur Einweisung des Sachverständigen statt, so ist den Parteien die Teilnahme zu gestatten.

Schrifttum: *Daub,* Die Tatsachenerhebung durch den Sachverständigen, 1997; *Höffmann,* Die Grenzen der Parteiöffentlichkeit, insbesondere beim Sachverständigenbeweis, Diss Bonn 1988; *Schnapp,* Parteiöffentlichkeit bei Tatsachenfeststellungen durch den Sachverständigen?, Festschrift für *Menger* (1985) 557; *Soergel,* Die Grenzen gerichtlicher Weisungsbefugnis dem Sachverständigen gegenüber, in: Festschrift für *Geiß* (2000).

Gliederung

1 **1) Systematik, I–V.** Die Vorschrift stellt zusammen mit § 407 a eine Reihe von Grundsätzen auf, nach denen das Gericht und der Sachverständige zusammenarbeiten sollen. Diese Grundsätze gehen sonstigen allgemeineren Regeln nach Rn 8 vor, etwa denjenigen zur Parteiöffentlichkeit nach § 357. Sie dürfen aber nicht dazu führen, tragende Prinzipien des Zivilprozesses zu unterlaufen, etwa durch ein Abschneiden der Beweisfrage im Weg einer Aufklärungsbeschränkung nach IV.

2 **2) Regelungszweck, I–V.** Vgl zunächst Üb 2 vor § 402. Die Bestimmung soll wie § 407 a die Zusammenarbeit zwischen dem Gericht und dem Sachverständigen und damit natürlich auch zwischen allen übrigen Prozeßbeteiligten erleichtern, beschleunigen und verbilligen. Das muß man bei der Auslegung berücksichtigen. Andererseits darf nicht durch eine zu weite Auslegung der Rechte und Pflichten des Gerichts aus einem Prozeß mit einer Parteiherrschaft nach Grdz 18 vor § 128 ein Verfahren mit einem Ermittlungsgrundsatz werden, soweit dieses nicht ohnehin vorliegt, Grdz 38 vor § 128. Man darf tragende Prinzipien nicht schon wegen des Regelungszwecks mißachten.

3 *Einfühlungsvermögen und Kontaktfreudigkeit* sind in einem hohen Maß bei allen Beteiligten notwendig, vor allem aber beim Gericht. Der Sachverständige soll sich weder geschmeichelt noch bevormundet fühlen. Er soll vielmehr spüren, daß das Gericht ihm seine Aufgabe erleichtern und hier nun wirklich im Geist eines „Runden Tischs Gleichberechtigter" eine möglichst baldige, möglichst überzeugende und auch nicht allzu teure Begutachtung erzielen möchte. Dazu sollte auch der Sachverständige von Anfang an beitragen. Es nützt wenig, wenn der Gegner des Beweisführers erst nach dem Gutachten auf eine noch so ehrenvolle Mitarbeit des Gutachters gerade in dem Interessenverband hinweist, dem der Beweisführer nahesteht usw. Es ist verdrießlich, wenn das Gericht erst nach dem Gutachten erfährt, daß dieser Fachmann geringere Prüfmöglichkeiten hat, als es der Stand der Technik oder Wissenschaft fordert. Das offene direkte Gespräch in einem Termin oder am Telefon mit einer sofortigen anschließenden Unterrichtung der restlichen Beteiligten macht oft verhältnismäßig wenig Mühe. Es bringt aber erheblich voran. Das alles gefährdet auch nicht die Unparteilichkeit des Gerichts.

Mißbrauch ist auch dem Gericht verboten, Einl III 54. Daher darf das Gericht zB nicht seine Befugnisse dahin ausweiten, einen „Entwurf" zu fordern und ihn dann nach seinen eigenen Vorstellungen so zu ändern, daß ein anderes Ergebnis als das vom Gutachter nach *dessen* Gewissen erzielte in eine „Endfassung" einfließt, wie es in der außergerichtlichen Praxis bereits vorgekommen ist.

4 **3) Geltungsbereich, I–V.** Vgl Üb 3 vor § 402.

5 **4) Anleitung, Anweisung, I.** Der Sachverständige wird zwar oft genug wegen seiner alleinigen Sachkunde praktisch zum entscheidenden Prozeßbeteiligten. Dennoch gilt: Er ist nicht ein Richter, sondern ein Helfer des Richters, Üb 4 vor § 402. Das Gericht darf und muß ihn daher anleiten, Franzki DRiZ **91**, 320, soweit erkennbar notwendig, etwa bei einem juristischen Fachbegriff, BGH VersR **96**, 959, Köln VersR **98**, 1249, oder soweit er die Hilfe des Gerichts erbittet. Das gilt im Prinzip für seine gesamte Tätigkeit, Rostock JB **07**, 215. Freilich darf das Gericht auf dem Fachgebiet des Sachverständigen nicht mithilfe von Anleitungen schlauer zu sein versuchen als derjenige Fachmann, den es ja gerade braucht. Es darf auch nicht seine Berufsehre ohne einen triftigen Grund in Zweifel ziehen. Er hat freilich weitreichende Befugnisse, § 193 StGB. Doch muß er schädliche Folgen vermeiden, Ffm NJW **98**, 2834. Unvermeidbare Schäden sind nur nach § 91 erstattbar, dort Rn 193, 277, aM Düss MDR **97**, 886 (aber §§ 91 ff gelten für alle Arten von Prozeßkosten). Vgl allerdings auch § 839 a BGB.

6 **5) Anhörung, Einweisung, Erläuterung, II.** Solche Maßnahmen kommen nur in Betracht, „soweit es die Besonderheit des Falles erfordert". Das kann zB dann vorliegen, wenn es um das Ausreichen der Sachkunde dieses Sachverständigen oder um die mutmaßliche Höhe der Auslagen nach §§ 379, 402 geht oder um die Zusammenarbeit mehrerer Fachleute, oder wenn das Gericht weiß, daß der Sachverständige zu gewissen Eigenmächtigkeiten oder auch zu einer übergroßen Sorgfalt neigt, wenn er evtl eine Bausubstanz beschädigen, etwa einen Fußboden öffnen müßte usw. Die Anhörung des Sachverständigen kann formlos ohne eine Anhörung auch der Parteien vor oder auch nach Abfassung der Beweisfrage ratsam sein.

7 **6) Bestimmung der zugrunde zu legenden Tatsachen, III.** Das Gericht muß grundsätzlich die für den Sachverständigen maßgebenden Tatsachen vorher selbst klären, Rostock JB **07**, 215. Es kann den Sachverständigen aber auch mit dieser Klärung beauftragen. Das ist zulässig, insbesondere bei § 287, BGH RR **95**, 716, freilich nicht unbegrenzt. Der Sachverständige muß die Akten lesen. Die Vorschrift erfaßt nur den Fall, daß die *streitigen* Tatsachen schon der Gegenstand anderer Ermittlungen waren und daß der Sachverständige nun nicht wissen kann, ob das Gericht die Version des Zeugen A oder diejenige des B zugrunde legen will. Davon muß man den Fall Rn 8 unterscheiden. Natürlich kann es gerade bei III

notwendig werden, das Gutachten ergänzen zu lassen, wenn es sich zeigt, daß das Gericht nun doch die andere Version für die überzeugende hält, BGH NJW **97**, 1446 (notfalls neuer Sachverständiger). Schon deshalb darf das Gericht dem Sachverständigen auch die Anweisung geben, das Gutachten alternativ zunächst auf die eine und dann auf die andere Tatsache zu stützen. Das kann im Beweisbeschluß oder in der Übersendungsverfügung geschehen. Es muß auch im letzteren Fall den Parteien zur Kenntnis kommen. Nach Einwendungen einer Partei gegen das bisherige schriftliche Gutachten darf sich das Gericht evtl nicht damit begnügen, dem Sachverständigen die Einwendungen einfach mit der Bitte um ein Ergänzungsgutachten zu übersenden, Bre RR **01**, 213. Freilich kommt es auch hier auf die Gesamtumstände an.

7) Bestimmung des Aufklärungsumfangs usw, IV. Derartige Maßnahmen kommen nur in Betracht, 8
„soweit es erforderlich ist". Gerade in diesem Punkt sollte das Gericht eine Zurückhaltung üben, aM Rostock JB **07**, 215 (vollständige Einweisung. Das ist praktisch oft kaum möglich). So wünschenswert helfende Anleitungen sein mögen, so sehr können sie sich erfahrungsgemäß insbesondere bei einem zwar fachtüchtigen, aber in Wort oder Schrift und im Umgang mit dem Verfahrensrecht ungeübten Sachverständigen nachteilig und verzögernd sowie verteuernd auswirken. Sie können sogar zu Ablehnungsanträgen usw führen. Andererseits ergeben sich Befugnisse des Sachverständigen oft schon aus der Beweisfrage, etwa zum Öffnen einer Fläche, Ffm NJW **98**, 2834. IV schränkt grundsätzlich die Parteiöffentlichkeit nach § 357 nicht ein, Kürschner NJW **92**, 1805. Ein solcher Verstoß führt zur Unverwertbarkeit, BVerwG NVwZ **06**, 1194. Man kann allerdings im Arzthaftungsprozeß für das Anwesenheitsrecht selbst des beklagten Arztes bei Untersuchungen des Sachverständigen Grenzen ziehen, soweit der untersuchte Kläger nicht einverstanden ist (Intimsphäre als höherrangiges Rechtsgut), § 406 Rn 10, 11, Köln NJW **92**, 1568. Der Persönlichkeitsschutz der Parteien muß zwar bestehen bleiben. Denn der Sachverständige ist eben gerade nicht das Gericht.

Dennoch muß sich der Sachverständige durchweg im Bereich der ihm vorliegenden Fragen *umfassend informieren* können, Prütting ZZP **106**, 460. § 407a erlaubt nicht eine etwa aus der Sicht des Sachverständigen erforderliche Zeugenvernehmung. Sie steht nur dem Gericht zu. Es darf sie ja mangels eines *derartigen* Beweisantritts zunächst auch nur bei dem Beweisführer anregen, § 373. Von einer solchen Vernehmung mag man kurze Auskünfte des „Zeugen" über eine ersichtlich unstreitige fachliche Vorfrage unterscheiden dürfen, etwa über den Verlauf oder über den Standort einer Leitung oder Messung usw.

8) Fristsetzung, IV. Für das Gutachten darf das Gericht den Zeitpunkt zwar dem Sachverständigen 9
überlassen. Es darf ihm aber auch eine Frist setzen und in den Gutachterauftrag aufnehmen, soweit das nicht schon im Beweisbeschluß geschehen ist. Ein Haupttermin zur Verhandlung über das Gutachtenergebnis nach § 285 enthält eine Fristsetzung. Das Gericht sollte von der Fristsetzung grundsätzlich durchaus Gebrauch machen. Andernfalls müßte es gegenüber dem säumigen Sachverständigen vor einem Ordnungsgeld nach § 409 eine Nachfrist setzen. Das würde nicht der Förderungspflicht entsprechen, Grdz 12 vor § 128. Mag der Sachverständige mitteilen, daß und weshalb er eine Frist nicht einhalten kann.

9) Mitteilungen; Terminsteilnahme der Parteien, V. Die Mitteilungen erfolgen zwecks rechtlichen 10
Gehörs nach Art 103 I GG unverzüglich von Amts wegen an beide Parteien formlos am besten abschriftlich rechtzeitig vor der Tätigkeit des Sachverständigen. Das Gericht braucht aber nicht von vornherein Stellungnahmen auch der Parteien einzuholen oder gar abzuwarten. Freilich kann dergleichen ratsam sein. Die Parteiöffentlichkeit entspricht § 357.

10) Rechtsbehelfe, I–V. Es gelten die Regeln § 273 Rn 17, § 355 Rn 8–10 entsprechend. 11

405 ***Auswahl durch den mit der Beweisaufnahme betrauten Richter.*** [1] **Das Prozessgericht kann den mit der Beweisaufnahme betrauten Richter zur Ernennung der Sachverständigen ermächtigen.** [2] **Er hat in diesem Falle die Befugnisse und Pflichten des Prozessgerichts nach den §§ 404, 404 a.**

1) Systematik, Regelungszweck, S 1, 2. Die Vorschrift ergänzt für den Arbeitsbereich des nach 1
§§ 361, 362 verordneten Richters § 404 zwecks Prozeßwirtschaftlichkeit, Grdz 14 vor § 128. Sie ist daher weit auslegbar. Freilich sollte der beauftragte Richter im Zweifel das Kollegiums entscheiden lassen. Der originäre Einzelrichter nach §§ 348, 568 ist kein beauftragter Richter, ebensowenig wie der obligatorische Einzelrichter nach § 348 a oder der entscheidende Richter nach § 525, selbst nicht der vorbereitende Einzelrichter nach § 527.

2) Geltungsbereich, S 1, 2. Vgl Üb 3 vor § 402. 2

3) Ermächtigung, S 1, 2. Den verordneten Richter bindet die Anordnung einer Beweisaufnahme durch 3
das Prozeßgericht nach § 359 Z 2 und auch grundsätzlich die Auswahl des Prozeßgerichts, § 144 I. Das Prozeßgericht kann ihn aber auch ohne eine Anhörung der Parteien zur Ernennung des Sachverständigen ermächtigen. Denn er mag die Verhältnisse oft besser kennen oder noch Ermittlungen nach einer geeigneten Person anstellen müssen. Das kann nur im Rahmen des § 375 geschehen, auch nachträglich, § 402 Rn 1 „§ 375". Das Gericht darf die Auswahl eines ausländischen Sachverständigen auch dem deutschen Konsul überlassen. Denn die Auswahl steht ja auch sonst nicht nur dem Gericht zu, § 404 IV, und das Ablehnungsrecht nach § 406 bleibt. Das Gericht muß seinen Beschluß begründen, § 329 Rn 4. Es kann ihn verkünden oder formlos mitteilen, § 329 II 1.

Zulässig ist auch die Ermächtigung eines *ausländischen* Richters, §§ 1072 ff. Der verordnete Richter bestimmt auch die Zahl der Sachverständigen, § 404 I. Er kann nach § 360 aber auch andere wählen und entscheidet über ein Ablehnungsgesuch, § 406 IV. Eine Einigung der Parteien nach § 404 IV bindet auch ihn. Sie kann auch vor ihm geschehen. Die Parteien müssen sie ihm aber vor der Ernennung mitteilen. Er hat auch die in § 404 a genannten Rechte und Pflichten der Anleitung und Überwachung des Sachverständigen.

4 **4) Rechtsbehelfe, S 1, 2.** Gegen die Ermächtigung und gegen die Ernennung keiner, § 355 II. Gegen eine Entscheidung des verordneten Richters Anrufung des Prozeßgerichts, § 573 I. Gegen dessen Entscheidung sofortige Beschwerde, § 573 II.

406 *Ablehnung eines Sachverständigen.* **I [1] Ein Sachverständiger kann aus denselben Gründen, die zur Ablehnung eines Richters berechtigen, abgelehnt werden. [2] Ein Ablehnungsgrund kann jedoch nicht daraus entnommen werden, dass der Sachverständige als Zeuge vernommen worden ist.**

II [1] Der Ablehnungsantrag ist bei dem Gericht oder Richter, von dem der Sachverständige ernannt ist, vor seiner Vernehmung zu stellen, spätestens jedoch binnen zwei Wochen nach Verkündung oder Zustellung des Beschlusses über die Ernennung. [2] Zu einem späteren Zeitpunkt ist die Ablehnung nur zulässig, wenn der Antragsteller glaubhaft macht, dass er ohne sein Verschulden verhindert war, den Ablehnungsgrund früher geltend zu machen. [3] Der Antrag kann vor der Geschäftsstelle zu Protokoll erklärt werden.

III Der Ablehnungsgrund ist glaubhaft zu machen; zur Versicherung an Eides statt darf die Partei nicht zugelassen werden.

IV Die Entscheidung ergeht von dem im zweiten Absatz bezeichneten Gericht oder Richter durch Beschluss.

V Gegen den Beschluss, durch den die Ablehnung für begründet erklärt wird, findet kein Rechtsmittel, gegen den Beschluss, durch den sie für unbegründet erklärt wird, findet sofortige Beschwerde statt.

Gliederung

1 **1) Systematik, I–V.** § 406 behandelt in einer Anlehnung an §§ 42 ff, aber formell vorrangig und teilweise auch abweichend die Ablehnung eines Sachverständigen. Sie ist auch bei der Zuziehung von Amts wegen möglich. Ein als solches beauftragtes Institut kann man nicht ablehnen, Düss FamRZ **89**, 1102. Anders kann es natürlich bei der Beauftragung seines Leiters oder Mitarbeiters liegen, § 404 Rn 1. Einen sachverständigen Zeugen nach § 414 kann man nicht ablehnen. Er kann aber zum ablehnbaren Sachverständigen geworden sein, § 414 Rn 4, Jena MDR **08**, 587. Als solcher kommt auch der erfolgreich abgelehnte Sachverständige in Betracht. Der Gutachterausschuß der §§ 192 ff BauGB ist eine Fachbehörde zur Ermittlung des Verkehrswerts von Grundstücken, Üb 32 vor § 373. Man kann ihn nicht ablehnen, BGH **62**, 94, BFH BB **81**, 1825, Oldb FamRZ **92**, 451. Entsprechendes gilt bei der amtlichen Auskunft zB der Anwaltskammer, Üb 32 vor § 373, BVerwG NJW **88**, 2491. Für den Dolmetscher gilt § 406 entsprechend, § 191 GVG, BVerwG NJW **85**, 757. Bei einem Gutachten einer Privatorganisation braucht die Partei die Ablehnbarkeit erst vom Zeitpunkt der Kenntnis des verantwortlichen Verfassers an zu prüfen, Karlsr MDR **75**, 670. Einen Umgangspfleger kann man nicht ablehnen, Karlsr FamRZ **05**, 1572.

2 **2) Regelungszweck, I–V.** Die Vorschrift dient wie §§ 42 ff beim Richter dem Schutz vor einer zu großen Macht des Sachverständigen, auch wenn er offiziell nur ein Gehilfe des Richters ist, LG Wuppert Rpfleger **05**, 692. Wegen seiner oft faktisch richtergleichen Stellung nach Üb 2 vor § 402 und wegen der zumindest theoretischen Auswechselbarkeit des Sachverständigen nach Üb 4 vor § 402 ist eine an sich strenge Anwendung des § 406 notwendig. Man darf aber auch nicht mit deutscher Überperfektion jeden kleinen unbeabsichtigten Formfehler beanstanden, zB nicht denjenigen eines tüchtigen Handwerksmeisters, der nicht zur vollen juristischen Zufriedenheit vorgegangen ist.

3 *Verbandszugehörigkeit* und dergleichen ist nur zu naheliegend, wenn sich ein Fachmann profilieren will. Aus ihr folgt nicht so automatisch eine Befangenheit, wie das gerade zB im Gewerblichen Rechtsschutz und Urheberrecht mancher Prozeßbeteiligte meint. Zumindest mangels weiterer konkreter Verdachtspunkte sollte man erst einmal das Gutachten abwarten. Freilich kann eine etwas längere Suche vor der Bestellung von unerfreulichen, verteuernden und noch mehr verzögernden späteren Auseinandersetzungen über Person und Leistung bewahren helfen. Die Einholung einer Vorab-Selbstäußerung des noch nicht Beauftragten mag ein brauchbarer Mittelweg sein. Ins Herz blicken kann man dem Sachverständigen ohnehin ebensowenig wie dem Richter. Beide mögen ihre verborgenen Anti- oder Sympathien bekämpfen müssen und das auch sehr wohl tun können. Der Kreis geeigneter Fachleute ist manchmal wirklich eng. Die Freiheit der Beweiswürdigung nach § 286 bleibt ja stets als eine wichtige Prüfmöglichkeit bestehen.

4 **3) Geltungsbereich, I–V.** Vgl zunächst Üb 3 vor § 402. Im Verfahren auf einen Arrest oder eine einstweilige Verfügung nach §§ 916 ff, 935 ff ist § 406 anwendbar, Nürnb NJW **78**, 954, ebenso im WEG-

Verfahren, im Prozeßkostenhilfeverfahren nach §§ 114 ff sowie (jetzt) im FamFG-Verfahren, BayObLG NZM **00**, 1012, Zweibr RR **02**, 1507, Völker FPR **08**, 287, und im SGG-Verfahren, Kühl NZS **03**, 579. Im selbständigen Beweisverfahren ist keine Ablehnung möglich, § 487 Rn 8 (dort zur Streitfrage). Infolgedessen ist sie auch nicht ohne weiteres im zugehörigen Hauptsacheprozeß wegen der Verwertbarkeit jenes Gutachtens zulässig, aM BGH RR **06**, 1313, KG RR **98**, 144 (aber dann könnte man die im selbständigen Beweisverfahren geltenden Regeln unterlaufen, obwohl das Gutachten doch im Hauptverfahren auswertbar sein soll). Zumindest kann ein Ablehnungsgesuch bei der Gefahr der Beweisvereitelung nach Rn 7 unzulässig und im übrigen im Hauptprozeß verspätet sein, Köln VersR **93**, 1502. Der Sachverständige hat kein dem § 48 entsprechendes Selbstablehnungsrecht, vgl aber § 408 I.

Eine *bedingte* Ablehnung ist unzulässig. Den vom Sachverständigen zugezogenen, wenn auch vielleicht hochrangigen Mitarbeiter kann man nicht ablehnen, Rn 12 „Mitarbeiter". Ein Sonderinsolvenzverwalter ist nicht ablehnbar, LG Wuppert Rpfleger **05**, 692.

4) Ablehnungsgründe, I. Es gibt ähnliche Probleme wie beim Richter. 5

A. Grundsatz: Ablehnbarkeit bei Befangenheit. Da der Sachverständige ein Gehilfe des Richters ist, können ihn beide Parteien aus denselben Gründen ablehnen wie einen Richter, VGH Mü NJW **04**, 90. Eine Befangenheit liegt also nach dem sog parteiobjektiven Maßstab vor, wenn ein Grund besteht, der bei einer verständigen Würdigung ein Mißtrauen der Partei gegenüber dem Sachverständigen von ihrem Standpunkt aus rechtfertigen kann, wie bei § 42 Rn 8, Köln MDR **02**, 53, VGH Mü NJW **04**, 90. Eine offenkundige Pflichtwidrigkeit ist nicht erforderlich. War der Sachverständige parteiisch, liegt eine Besorgnis der Befangenheit vor. Der Streithelfer des § 66 kann den von der Hauptpartei gewünschten Sachverständigen nicht ablehnen. Eine Ausschließung des Sachverständigen kennt die ZPO nicht. Die Ausschließungsgründe des § 41 berechtigen aber zur Ablehnung außer bei § 41 Z 5, VG Köln NJW **86**, 2207. I 2 nennt zwar nur die frühere Vernehmung als einen Zeugen. Indessen kann eine frühere Vernehmung als einen Sachverständigen genausowenig oder noch weniger schaden. Eine Mitwirkung bei der Entscheidung nach § 41 Z 6 liegt in dem früheren Gutachten nicht, ThP 1, aM Kahlke ZZP **94**, 68 (aber der Sachverständige hat an der früheren Gerichtsentscheidung zumindest formell nicht „mitgewirkt", sondern hat er sie allenfalls mitermöglicht).

B. Beispiele zur Frage der Begründetheit einer Ablehnung 6

Anfrage: Eine Ablehnung ist *unbegründet,* soweit man sie nur darauf stützen kann, der Sachverständige habe eine bloß technische Anfrage bei nur einer der Parteien ohne eine Erörterung der Sache oder des Gutachtens gehalten, Ffm FamRZ **89**, 410.

S auch Rn 17, 18 „Vorbereitung".

Angestellter: Eine Ablehnung kann begründet sein, wenn der Sachverständige ein Angestellter einer Partei ist oder war, Rn 8 „Beamter".

S auch Rn 9 „DEKRA".

Angriff: Eine Ablehnung ist *unbegründet,* soweit man sie nur darauf stützen kann, man habe das Gutachten nebst der Gebührenrechnung angegriffen, Mü Rpfleger **80**, 303, und der Sachverständige habe sich sachlich verteidigt, wenn auch vielleicht nach einem unberechtigten Ablehnungsantrag in einer scharfen Weise, Düss BB **75**, 627, sogar durch einen Strafantrag.

S auch Rn 8 „Beleidigung".

Anwaltsauftrag: Rn 13 „Prozeßbevollmächtigter".

Arzt: Eine Ablehnung kann begründet sein, wenn der Arzt einen Beteiligten als dessen Haus- oder sonstiger 7
Arzt behandelt (hat), Köln NJW **92**, 762, oder wenn sich der Sachverständige zu einer anderen Frage als der Beweisfrage äußert, Oldb MDR **08**, 101.

Eine Ablehnung kann *unbegründet* sein, soweit man sie nur darauf stützen kann, der Sachverständige habe als Klinikdirektor vom beklagten Arzt Patienten überwiesen erhalten oder nach der Begutachtung dessen Ehefrau in seine Klinik aufgenommen, Karlsr OLGZ **84**, 105 (großzügig), oder der Sohn des ärztlichen Sachverständigen arbeite in der beklagten Klinik als Arzt in einer Fort- oder Weiterbildung, solange nicht das Gutachten selbst einen Grund zur Beanstandung gibt, aM Köln VersR **89**, 210 (zu ängstlich), oder soweit der Arzt Behandlungsunterlagen nicht erhalten und nur deshalb nicht mitbegutachtet hat, Köln VersR **97**, 596, oder soweit der Sachverständige im Arzthaftungsprozeß eine auch für den Laien verständliche und nur deshalb deutliche Kritiksprache gewählt hat, Saarbr MDR **05**, 648, evtl sogar dann, wenn der Arzt zur Befunderhebung nicht beide Parteien zugezogen hat, Stgt MDR **06**, 889.

S auch Rn 8 „Beleidigung", Rn 11 „Haftpflichtversicherung", Rn 15 „Tierarzt", Rn 17, 18 „Vorbereitung", Rn 20 „Zusammenarbeit".

Auftragsanweisung: Eine Ablehnung kann begründet sein, wenn der Gutachter von einer Anweisung des Gerichts abgewichen ist, Nürnb MDR **07**, 295.

Auftragsgrenzen: Ihre Überschreitung kann eine Ablehnung begründen (Fallfrage), Celle RR **03**, 135, Jena MDR **08**, 164, Mü VersR **08**, 944.

Ausdrucksweise: Eine Ablehnung ist begründet, soweit der Gutachter eine Kritik am Hauptgutachten im Ergänzungsgutachten als „rüpelhaft" oder „flegelhaft" bezeichnet, Köln MDR **02**, 53, oder soweit er ein abweichendes Gutachten als „ergebnisorientiert" bezeichnet, Saarbr MDR **07**, 1393, oder ein Beweisthema als „verfehlt", Saarbr MDR **07**, 1393, oder eine Parteivertreterkritik als „unverschämt, völig absurd, inkompetent", KG MDR **08**, 528.

Ausschußwahl: Eine Ablehnung ist *unbegründet,* soweit man sie nur darauf stützen kann, der Sachverständige sei nach der Begutachtung in diesen Ausschuß gewählt worden, Düss BB **75**, 627.

S auch Rn 11 „Gutachterausschuß".

Beamter: Eine Ablehnung kann begründet sein, wenn der Sachverständige bei einer Partei als Beamter tätig 8
ist, soweit der Dienstzweig in Betracht kommt, BVerwG NJW **99**, 965 (Zugehörigkeit zur bescheiderteilenden Behörde. Eine bloße Nämlichkeit des Rechtsträgers reicht nicht), Hbg MDR **83**, 412, Mü MDR **02**, 292, Nürnb MDR **06**, 469.

S auch Rn 5 „Angestellter", Rn 8 „Behörde".

Behörde: Eine Ablehnung der Behörde als solcher ist *unbegründet,* Ffm OLGR **98**, 381, Hamm RR **90**, 1471, Stgt RR **87**, 190.

S auch „Beamter".

Beleidigung: Eine Ablehnung kann begründet sein, wenn der Sachverständige einen Beteiligten grob beleidigt, BGH NJW **81**, 2010 (Arzt gegenüber Patient), Köln MDR **02**, 53, Oldb RR **00**, 1167 (gegenüber Privatgutachter).

S auch Rn 6 „Angriff".

Berater: Eine Ablehnung kann begründet sein, wenn der Sachverständige die Besichtigung wegen der Anwesenheit des technischen Beraters einer Partei ablehnt, solange er nicht stört, Düss MDR **79**, 409.

S auch Rn 17, 18 „Vorbereitung".

Beratung: § 42 Rn 19 „Beratung".

Berufsbekanntschaft: Selbst eine enge begründet eine Ablehnung *nicht stets,* Saarbr MDR **08**, 227.

Besichtigung: Rn 17, 18 „Vorbereitung".

Beweisfrage: Rn 7 „Arzt".

Beweisvereitelung: Eine Ablehnung kann begründet sein, soweit sich der Sachverständige auch gegenüber einer Beweisvereitelung einer Partei gleichgültig verhält, AG Kassel WoM **93**, 415.

Beweiswürdigung: Eine Ablehnung kann begründet sein, soweit der Sachverständige eine streitige Behauptung einfach als bewiesen würdigt, statt sie bloß als mit seiner Tatsachenklärung übereinstimmend festzustellen und die rechtliche Beweiswürdigung nach § 286 dem Gericht zu überlassen, Mü NJW **92**, 1569, Saarbr RR **08**, 1088.

Chefarzt: Rn 6 „Arzt", Rn 11 „Haftpflichtversicherung".

9 **DEKRA:** Eine Ablehnung ist *unbegründet,* soweit man sie nur auf die Mitarbeit des Sachverständigen beim DEKRA stützen kann, Schlesw VersR **91**, 1196.

Dritter: Eine Ablehnung kann begründet sein, wenn der Sachverständige eine gleichartige Tätigkeit für einen Dritten ausgeübt hat, der dasselbe Interesse wie der Prozeßgegner hatte, Ffm NJW **83**, 581, oder wenn er Äußerungen eines Dritten in sein Gutachten aufnimmt, aM Nürnb MDR **07**, 237.

Eine Ablehnung kann *unbegründet* sein, wenn nur ein Verstoß gegen § 407 a II vorliegt, Jena MDR **06**, 1011. Aber Vorsicht!

S auch Rn 14 „Schiedsrichter".

Einigung: Eine Einigung nach § 404 IV macht eine Ablehnung *unbegründet,* soweit man sie nur auf die bisher möglichen oder bekannten Gründe stützen könnte.

Einseitigkeit: Eine Ablehnung kann begründet sein, wenn der Sachverständige offensichtlich einseitig vorgeht oder Stellung nimmt, Köln VersR **92**, 255, auch nach der Erstattung des Gutachtens, Hamm FamRZ **94**, 974. Indessen Vorsicht: Jeder neigt dazu, eine ungünstige Beurteilung als einseitig zu werten.

S freilich auch Rn 10 „Früheres Gutachten", Rn 11 „Gutachterausschuß".

Einwendung: Eine Ablehnung kann begründet sein, soweit der Sachverständige eine Einwendung gegen sein Gutachten pauschal abwertet, Zweibr VersR **98**, 1438.

Erfüllungsgehilfe: Seine Ablehnung ist *unbegründet,* solange er nicht selbst Sachverständiger wird, aM Düss MDR **08**, 105.

Erörterung: Eine Ablehnung ist begründet, wenn der Sachverständige außerhalb des Verfahrens mit nur einer Partei inhaltliche Fragen erörtert, Drsd VersR **07**, 86.

Fachkunde: Eine Ablehnung kann beim völligen Fehlen der Fachkunde zur Beweisfrage begründet sein, Düss MDR **08**, 105, Mü Rpfleger **80**, 303. Denn darauf muß der Sachverständige von sich aus schon nach § 407 a I 1 hinweisen. Bei einem bloßen Zweifel gelten §§ 404, 411, 412.

Falsche Angaben: Eine Ablehnung kann begründet sein, wenn der Sachverständige falsche Angaben über die tatsächlichen Grundlagen seines Gutachtens macht, Ffm FamRZ **80**, 932.

Fehler: Eine Ablehnung ist *unbegründet,* soweit man sie nur auf eine Unzulänglichkeit oder Fehlerhaftigkeit des Gutachtens stützen kann, selbst wenn sie natürlich das Gutachten entwerten, Celle RR **03**, 135, Mü Rpfleger **80**, 303.

S auch Rn 14 „Sachkunde".

10 **Feindschaft, Freundschaft:** Eine Ablehnung kann begründet sein, wenn der Sachverständige mit einer Partei befreundet oder verfeindet ist, aM LSG Essen BB **98**, 376 (aber solche Gefühle sind gerade auch beim Richter ein Ablehnungsgrund, § 42 Rn 22 „Feindschaft, Freundschaft"). So können auch zB heftige Angriffe einer Partei gegenüber dem Sachverständigen diesem die Unbefangenheit nehmen.

Eine bewußte Reizung zu einem solchen Zweck ist aber selbst bei einer verständlich scharfen Reaktion des Sachverständigen *kein* Ablehnungsmittel, Düss BB **75**, 628, sondern als ein Rechtsmißbrauch unbeachtlich, Einl III 54.

Früheres Gutachten: Eine Ablehnung ist *unbegründet,* soweit man sie nur darauf stützen kann, daß schon ein Gegengutachten vorliege oder daß der Sachverständige die Lage in einem anderen gleichliegenden Prozeß oder in der Vorinstanz ungünstig beurteilt habe, Köln MDR **90**, 1121, Mü VersR **94**, 704 (betr ein früheres Strafverfahren), Nürnb NJW **78**, 954 (betr eine frühere einstweilige Verfügung).

S freilich auch Rn 9 „Einseitigkeit".

Frühere Tätigkeit: Eine Ablehnung kann begründet sein, wenn der Gutachter an der Festlegung eines entscheidungserheblichen Vorgangs (Tarifs) beteiligt war, LG Karlsr VersR **07**, 226.

Geldannahme: Eine Ablehnung ist begründet, soweit der Sachverständige vor oder nach dem Gutachten von einer Partei Geld usw annimmt, Hamm FamRZ **94**, 974.

11 **Gelegenheitstätigkeit:** Eine Ablehnung ist *unbegründet,* soweit man sie nur auf eine bloß gelegentliche oder nur in einem weiten Zeitabstand vorgenommene Tätigkeit des Sachverständigen für den Prozeßgegner stützen kann, BayObLG DB **87**, 2402.

Gesamteindruck: Er ist auch bei einer Unbeachtlichkeit einzelner Merkmale wesentlich, Mü VersR **06**, 1709.

Geschäftsbeziehung: Sie kann eine Ablehnung begründen, Celle OLGR **96**, 46, Mü MDR **98**, 858. Das muß aber keineswegs stets so sein, BGH GRUR **08**, 191, Mü RR **07**, 576.

Gläubiger: Eine Ablehnung kann gegenüber dem Gläubiger einer Partei begründet sein (Fallfrage), Köln OLGR **00**, 16.

Gutachterausschuß: Eine Ablehnung ist *unbegründet,* soweit man sie nur darauf stützen kann, der Sachverständige habe den bei einer Partei (Gemeinde) gebildeten Gutachterausschuß ohne eine Zuziehung der anderen Partei bei der Vorbereitung befragt.

S aber auch Rn 7 „Ausschußwahl", Rn 9 „Einseitigkeit", Rn 17, 18 „Vorbereitung".

Haftpflichtversicherung: Eine Ablehnung kann begründet sein, wenn der Sachverständige für die Haftpflichtversicherung einer Partei tätig war oder ist. Ausnahmen sind denkbar, zB: Bei einem Einverständnis mit einer solchen Tätigkeit. Es ist als ein Verzicht auf das Ablehnungsrecht wertbar; bei einer ständigen Tätigkeit für fast sämtliche Versicherungsträger; bei einem vom Versicherer unabhängigen Chefarzt, Ffm RR **92**, 1470, Köln VersR **92**, 850.

Hausarzt: Rn 7 „Arzt".

Honorar: Eine Ablehnung kann begründet sein, soweit der Sachverständige eine sehr überhöhte Honoraranforderung stellt. Freilich mag das auf einer bloßen Unkenntnis des nach dem JVEG Gesetzmäßigen oder Üblichen beruhen. Eine Ablehnung kann ferner begründet sein, wenn der Sachverständige einen Zusatzauftrag nur der einen Partei gegen ein Zusatzhonorar annimmt, Düss MDR **05**, 474.

Kanzleigemeinschaft mit Prozeßbevollmächtigtem: Sie kann die Ablehnung begründen, Düss MDR **01**, 1262.

Kollegialität: Eine Ablehnung ist *nicht stets* schon deshalb begründet, weil eine Partei und der Sach- 12
verständige an derselben großen Universität lehren, Oldb MDR **08**, 335.

Konkurrent: S „Mitbewerber".

Kontaktaufnahme: Eine Ablehnung kann begründet sein, soweit der Sachverständige mit nur einer der Parteien einen nicht offengelegten Kontakt aufgenommen hat, Saarbr MDR **05**, 233. Ein längeres solches Gespräch nach einem Ortstermin reicht aber nicht stets, Kblz JB **06**, 213.

Lehrer, Schüler: Eine Ablehnung ist *unbegründet,* soweit man sie nur darauf stützen kann, ein früherer Schüler des Sachverständigen habe schon ein Gutachten erstattet, Schlesw SchlHA **79**, 23, oder soweit eine Partei vor 30 Jahren ein Lehrer des Sachverständigen war, Celle MDR **07**, 106.

Mitarbeiter: Eine Ablehnung kann wegen des Mitarbeiters des Sachverständigen begründet sein, wenn sie auf die Unbefangenheit des Chefs durchschlägt, sonst aber *nicht,* Zweibr MDR **86**, 417.

Mitbewerber: Eine Ablehnung kann begründet sein, wenn der Sachverständige ein Mitbewerber einer Partei ist. Es kommt auf die Gesamtumstände an, ThP 3, ZöGre 8, großzügiger Mü MDR **89**, 828.

Obermeister: Rn 14 „Schiedsgutachter, Schiedsrichter".

Ortstermin: Rn 17, 18 „Vorbereitung".

Patentrecht: Eine Ablehnung ist *nicht stets* schon deshalb begründet, weil der Sachverständige im Nichtig- 13
keitsverfahren für Schutzrechte eines Konkurrenten des Patentinhabers auf dem einschlägigen Gebiet als Erfinder bekannt ist, BGH GRUR **02**, 369, oder weil er früher mit Miterfindern tätig war, BGH GRUR **08**, 191.

Privatgutachten: Eine Ablehnung ist grds begründet, wenn der Sachverständige in derselben Sache bereits ein Privatgutachten angeboten oder erstattet hatte, Düss RR **97**, 1428, Hamm MDR **00**, 49, Köln VersR **92**, 517, aM Kblz MDR **84**, 675, Mü MDR **89**, 828 (aber dergleichen kann auch einen Vertrauensvollen schrecken), oder wenn der Sachverständige nur einen Privatgutachter befragt hat, LG Wuppert VersR **07**, 1675 links. Freilich kann man auf ein Ablehnungsrecht verzichtet haben, Köln VersR **93**, 1502. Die Bezeichnung eines nachträglich angekündigten Privatgutachtens, das der gerichtliche Gutachter nicht gesehen hat, als ein Gefälligkeitsgutachten kann zur Ablehnung führen, Zweibr NJW **98**, 913 (Vorsicht!). Eine Ablehnung kommt auch bei einer für den Gutachter wirtschaftlich erheblichen Vortätigkeit für verschiedene Auftraggeber des gegnerischen Anwalts infrage, Mü MDR **06**, 1309 (nicht bei bloß gelegentlichen solchen Gutachten).

Eine Ablehnung ist *unbegründet,* soweit man sie nur darauf stützen kann, es liege eine frühere gewerbliche oder wissenschaftliche Zusammenarbeit mit dem Privatgutachter des Prozeßgegners des Beweisführers vor, Celle RR **03**, 135, Ffm VersR **81**, 557, aM Köln VersR **93**, 72, ZöGre 8 (aber ein Vorgang vor 17 Jahren ist längst Vergangenheit).

Prozeßbevollmächtigter: Eine Ablehnung kann begründet sein, wenn es sich um die Beauftragung des ProzBev des Prozeßgegners des Beweisführers mit einer in die Prozeßmaterie fallenden Angelegenheit handelt, BGH DB **87**, 1089.

Prozeßgegner: Eine Ablehnung ist begründet, wenn der Sachverständige regelmäßig für den Prozeßgegner des Ablehnenden tätig war oder ist, BayObLG DB **87**, 2402, oder wenn eine Äußerung des Sachverständigen den Schluß nahelegt, er glaube den Angaben des Gegners von vornherein mehr, Nürnb VersR **01**, 392.

Rechtliche Würdigung: Eine Ablehnung kann begründet sein, wenn der Sachverständige statt der Beant- 14
wortung der Beweisfrage eine Prüfung der Schlüssigkeit oder Erheblichkeit des Parteivortrags vornimmt, Köln RR **87**, 1199.

Freilich reichen bloße Rechtsausführungen meist *nicht* aus, Nürnb MDR **02**, 291.

Sachkunde: Eine Ablehnung ist *unbegründet,* soweit man sie nur auf einen Mangel an Sachkunde des Sachverständigen stützen kann, Ffm FamRZ **80**, 932, Mü Rpfleger **80**, 303.

S auch Rn 9 „Fehler".

Sachverhalt: Eine Ablehnung kann bei einer Eindeutigkeit seiner bewußt einseitigen Behandlung begründet sein.

Eine Ablehnung ist *unbegründet,* soweit nur ein Fehler vorliegt, Rn 9 „Fehler", Celle RR **03**, 135.

Schiedsrichter: Eine Ablehnung kann nach §§ 1036, 1049 III begründet sein, wenn der Sachverständige eine Tätigkeit als Schiedsrichter in einer anderen Sache gegenüber einem Dritten ausgeübt hat, aM

Brschw MDR **90**, 730 (Schlichtungsstelle. Aber auch sie kann oft entscheiden), oder wenn ein Obermeister ein Innungsmitglied begutachten soll, LG Mönchengladb NJW **76**, 1642.

Schüler: Rn 12 „Lehrer, Schüler".

Selbständiges Beweisverfahren: § 487 Rn 8.

Stellungnahme: Eine Ablehnung kann auf Grund der Stellungnahme des Sachverständigen zum Ablehnungsgesuch begründet sein, KG FamRZ **06**, 1214.

Strafantrag: Rn 6 „Angriff".

15 **Tatsachen:** Eine Ablehnung ist begründet, wenn der Sachverständige nicht die vorgegebenen Tatsachen zugrundelegt, Saarbr RR **08**, 1088.

Technischer Berater: Rn 8 „Berater".

Terminsverlegung: Eine Ablehnung ist *unbegründet,* soweit der Sachverständige es ablehnt, einen Termin erstmals zu verlegen, LG Dessau DS **04**, 25, oder ihn nochmals zu verlegen, sei es auch wegen des Urlaubs einer Partei, LG Tüb MDR **95**, 960.

Tierarzt: Eine Ablehnung kann begründet sein, wenn der Sachverständige ein Tier, um das es geht, bereits als Tierarzt behandelt (hat), soweit die Zweckmäßigkeit seiner Maßnahme infrage steht, also nicht schon auf Grund irgendeiner Behandlung, Köln VersR **92**, 518.

S auch Rn 7 „Arzt".

Untersuchung: Rn 17, 18 „Vorbereitung".

16 **Verband, Verein:** Vgl Rn 2. Die Mitgliedschaft in ihm macht selbst dann *nicht stets* befangen, wenn gewisse Annäherungen der Sachaufgaben des Gerichts und des Vereins vorhanden sind, Mü WettbR **00**, 268, AG Schwalbach FamRZ **02**, 470. Aber Vorsicht, Düss GRUR **07**, 84.

Verdacht: *Unzulässig* ist eine Ablehnung auf Grund eines bloßen Verdachts.

Veröffentlichung: Eine Ablehnung kann begründet sein, wenn der Sachverständige eine einseitige einschlägige Veröffentlichung vorgenommen hat, LG Hbg WoM **89**, 439. Freilich ist dann Vorsicht ratsam. Der Sachverständige kann seine Meinung geändert haben oder ändern wollen. Es kommt darauf an, wie starr er an seiner Ansicht festhält, § 42 Rn 23.

Nicht begründet ist eine Ablehnung wegen einer allgemeinen Veröffentlichung wissenschaftlicher Ergebnisse, Mü RR **07**, 576, AG Bad Schwalbach FamRZ **02**, 470.

Versicherung: Rn 11 „Haftpflichtversicherung".

Verwandtschaft: Eine Ablehnung ist *unbegründet,* soweit man sie nur auf eine Verwandtschaft zwischen dem Sachverständigen und seinem Gehilfen stützen kann, solange dieser letztere keinen Einfluß auf den Inhalt des Gutachtens nimmt, Köln VersR **81**, 756.

Verwechslung: Eine Ablehnung kann begründet sein, wenn der Sachverständige eine folgenschwere Verwechslung beging, VGH Mü NJW **04**, 90.

Verzögerung: Sie begründet erst im Stadium der faktischen Verweigerung eine Ablehnbarkeit, Brdb FamRZ **01**, 1011. Die Grenzen fließen aber.

17 **Vorbereitung:** Eine Ablehnung kann begründet sein, wenn der Sachverständige zu seiner Vorbereitung, etwa zu einer Besichtigung, entweder nur die eine der Parteien oder gar keine von ihnen ordnungsgemäß nach § 407 a Rn 15 zugezogen hat, BGH NJW **75**, 1363, Oldb DS **04**, 263, Saarbr MDR **07**, 1279, aM Köln NJW **92**, 1568 (Intimsphäre). Aber gerade dann muß man eine verständliche Empfindlichkeit des Ablehnenden zu seinen Gunsten mitberücksichtigen), Nürnb MDR **07**, 237.

18 Es sind freilich manche *Ausnahmen* denkbar, zB in folgenden Fällen: Das Gericht hat eine Anweisung nach § 404 a IV gegeben, dort Rn 8, etwa die Untersuchung des Klägers in einer Abwesenheit des beklagten Arztes, Köln NJW **92**, 1568, Stgt VersR **91**, 1305; es geht um eine Untersuchung im Intimbereich, Köln NJW **92**, 1568, Saarbr OLGZ **80**, 40 (Mundhöhle; wohl zu großzügig); bei einer Auskunft an einen Buchprüfer, Düss DB **86**, 1118; soweit sich der Sachverständige den zu begutachtenden Gegenstand von einer Partei in einer Abwesenheit der anderen hat übergeben lassen, Hbg MDR **86**, 153, Zweibr RR **01**, 1149, aM Ffm OLGR **97**, 306 (aber man kann eine praktische Hilfsanforderung auch allzu rasch beargwöhnen); soweit eine Beweisaufnahme sofort erfolgen muß, § 294 II, Nürnb MDR **77**, 849; soweit eine Partei bereits anderweitig eine Kenntnis vom Besichtigungstermin hatte, Oldb MDR **78**, 1028, LG Aurich MDR **85**, 853, oder soweit sie eine solche Kenntnis vom Augenscheinsobjekt hatte, LG Bre MDR **97**, 502; soweit der Sachverständige nur das Gericht fragt, ob er zur Lärmschutzmessung eine Partei nicht hinzuziehen müsse, Saarbr MDR **98**, 492; soweit der Sachverständige im vermutbaren Einverständnis des Gerichts handelte, Stgt MDR **03**, 172.

S auch Rn 6 „Anfrage", Rn 8 „Berater", Rn 9 „Falsche Angaben", Rn 11 „Gutachterausschuß".

Werbeschreiben: Eine Ablehnung ist *unbegründet,* soweit sie sich nur auf ein allgemeines Werbeschreiben des Sachverständigen stützt, LG Mönchengladb WoM **93**, 415.

19 **Wirtschaftliche Beziehungen:** Eine Ablehnung ist *unbegründet,* soweit man sie nur auf allgemeine wirtschaftliche Beziehungen des Sachverständigen zu einer Partei stützen kann, Mü MDR **98**, 858.

Wissenschaftliche Zusammenarbeit: Rn 13 „Privatgutachten".

20 **Zeugenaussage:** Eine Ablehnung ist *unbegründet,* soweit man sie nur darauf stützen kann, der Sachverständige habe früher in derselben Sache noch dazu als ein evtl sachverständiger Zeuge ausgesagt, ZöGre 9, aM Kahlke ZZP **94**, 60 (aber eine Tatsachenbekundung ist etwas anderes als eine spätere Tatsachenbewertung).

Zusammenarbeit: Sie kann eine Ablehnung rechtfertigen, Oldb MDR **08**, 44 (Bekl hat ständig Patienten an den Sachverständigen überwiesen).

Vgl auch Rn 13 „Privatgutachten".

Zusatzvergütung: Eine Ablehnung kann begründet sein, wenn der Sachverständige eine private Zusatzvergütung annimmt. Zu ihr grds Hartmann Teil V Grdz 7 vor § 1 JVEG.

21 **5) Ablehnungsantrag, II, III.** Viele befolgen die Vorschriften nur ungenau.

A. Vor Gutachten oder Vernehmung: Zweiwochenfrist, II 1. Die Partei muß einen Ablehnungsantrag bei demjenigen Richter anbringen, der den Sachverständigen ernannt hat, ThP 6, ZöGre 10, aM

Köln MDR **77**, 57 (aber bei wem denn vernünftigerweise sonst?). Der Ablehnungsantrag ist also evtl beim Einzelrichter notwendig, §§ 348, 348 a, 526, 527, 568, oder beim Vorsitzenden der Kammer für Handelssachen nach § 349 oder beim verordneten Richter nach § 405. Es besteht kein Anwaltszwang, II 3, § 78 III Hs 2, VerfGH Mü RR **02**, 1501. Der Antrag ist eine Parteiprozeßhandlung, Grdz 47 vor § 128. Er ist erst nach der Ernennung des Sachverständigen zulässig, Schneider MDR **75**, 353. Man kann ihn grundsätzlich nicht unter einer Bedingung stellen, Grdz 54 vor § 128.

Er ist grundsätzlich nur bis zum *Beginn der Vernehmung* des Sachverständigen zur Sache zulässig, II 1, §§ 396, 402. Solange diese noch nicht begonnen hat, läuft eine zweiwöchige *Frist,* VGH Mü NJW **04**, 90. Sie beginnt mit der gesetzmäßigen Verkündung oder Zustellung des Ernennungsbeschlusses, § 329 I, II 2, aber wegen § 189 auch bei formlosem Zugang, ZöGre 11, aM Köln VersR **94**, 1086 (zum alten Recht). Sie ist keine Notfrist, § 224 I 2. Daher kommt keine Wiedereinsetzung nach §§ 233 ff in Betracht. Auch § 296 ist unanwendbar. Eine Abkürzung oder Verlängerung ist nicht möglich. § 224 II Hs 2, da § 406 das nicht bestimmt.

Vielmehr kommt eine Ablehnung *nach* dem *Ablauf der Zweiwochenfrist* nur bei einer Schuldlosigkeit am Fristverstoß unter den Voraussetzungen nach II 2 in Betracht, Rn 23. Das gilt selbst dann, wenn die Vernehmung noch nicht begonnen hat. Bei einer schriftlichen Begutachtung nach § 411 ist die Ablehnung ebenfalls nur innerhalb der vorgenannten Zweiwochenfrist zulässig. Soweit allerdings das Gutachten vor dem Ablauf dieser Frist beim Gericht eingeht, ist die Ablehnung dennoch bis zum Fristablauf zulässig, ohne daß man die besonderen Gründe nach II 2 darlegen muß. Das ergibt sich aus dem klaren Wortlaut von II 1. Daher ist seine einengende Auslegung nicht möglich, auch nicht etwa dahin, die Ablehnung sei nur vor der Einreichung des Gutachtens statthaft. Eine Belehrung und eine Beeidigung des Sachverständigen hindern die Zulässigkeit eines Ablehnungsgesuchs nicht. Ebensowenig hindert die Einreichung eines nur vorbereitenden Gutachtens auf eine Anordnung des ersuchten Richters, §§ 361, 362. 22

B. Nach Gutachten oder Vernehmung: nach dem Fristablauf, II 2. Nach dem Beginn der Vernehmung nach §§ 396, 402 oder nach dem Ablauf der Zweiwochenfrist ist die Ablehnung nur dann zulässig, wenn die Partei nach § 294 glaubhaft macht, daß sie den Sachverständigen unverschuldet nicht früher ablehnen konnte, LG Karlsr VersR **07**, 226. Die Partei muß ihren Ablehnungsantrag aber nunmehr nach § 121 I 1 BGB unverzüglich ab ihrer Kenntnis des Ablehnungsgrundes einreichen, Brdb FamRZ **01**, 1011, Mü MDR **04**, 229 (je: ca 2 Wochen), Nürnb MDR **02**, 1269 (kein Abwarten eines Ergänzungsgutachtens), aM Schneider MDR **75**, 355 (erst nach einer ruhigen Klärung. Aber ein schuldloses Zögern fehlt, wenn gar keine gewisse Zügigkeit vorliegt). 23

C. Beispiele zur Frage eines Fristablaufs, II 2 24

Auswertung mit Anwalt: Zulässig bleibt eine gewisse Frist zur Auswertung und Abstimmung mit dem ProzBev, Nürnb VersR **01**, 392.

Berufungsurteil: Unter den Voraussetzungen II 2 ist eine Ablehnung auch noch nach dem Erlaß des Berufungsurteils bis zu seiner formellen Rechtskraft nach § 705 zulässig, MüKoDa 7, ThP 7, aM ZöGre 10 (aber es kommt nach II 2 nur auf das Ende einer Verhinderung an).

Einigung auf Person: Bei einer Einigung auf eine bestimmte Person des Sachverständigen entscheidet der Zeitpunkt der Einigung.

Erkundigung: *Verspätet* ist eine Ablehnung nach II 2, wenn sich der Ablehnende nicht zeitig sorgfältig nach der Person und nach dem Verfahren des Sachverständigen erkundigt hat, Oldb MDR **78**, 1028, aM Schneider MDR **75**, 354 (schädlich sei nur eine positive Kenntnis des Ablehnungsgrunds. Aber der Fall liegt hier anders als beim Richter: Schon die Förderungspflicht der Partei nach Grdz 12 vor § 128 verlangt eine Erkundigung. Eine Grenze mag beim Verschweigen durch den Sachverständigen liegen, Düss GRUR **07**, 84).

Erläuterung: Unverändert bleibt die Frist nach II 2 dann, wenn der Sachverständige nur sein Gutachten nach § 411 III erläutern soll. Sonst könnte eine Partei ein ihr ungünstiges Gutachten leicht verhindern.

Ersturteil: Es gilt dasselbe wie beim „Berufungsurteil".

Gerichtliche Frist: Rn 26 „Stellungnahme zum Gutachten". 25

Gutachten als Ablehnungsgrund: Zulässig bleibt ein Ablehnungsgesuch, wenn erst das Gutachten den Ablehnungsgrund ergibt, BGH NJW **05**, 1869, Köln VersR **89**, 210, evtl erst im höheren Rechtszug, strenger Düss MDR **00**, 1335.

Mieterhöhung: Wenn der Ablehnende die Ablehnungsgründe schon im vorprozessualen Erhöhungsverfahren nach § 538 BGB kannte, gilt dasselbe wie nach einem selbständigen Beweisverfahren, Rn 26, AG Freibg WoM **87**, 266.

Nachfrist: Rn 26 „Stellungnahme zum Gutachten".

Nochmalige Ablehnung: Auch nach dem Verlust des Ablehnungsrechts kann die Partei alle Ablehnungsgründe in der mündlichen Verhandlung vorbringen. Das Gericht muß sie bei der Beweiswürdigung dann allerdings „nur" nach § 286 berücksichtigen, dort freilich sehr wohl, BGH NJW **81**, 2010. Das Gericht muß notfalls einen neuen Sachverständigen hören, soweit es nicht schon über die Ablehnung sachlich entschieden hat. Eine Sachverhandlung führt zum Verlust der bis dahin bekannten Ablehnungsgründe wie beim Richter nach § 43.

Postlaufzeit: Man darf dem Ablehnenden Postlaufzeiten zugutehalten, zB § 233 Rn 39 „Postlaufzeiten", 26
Nürnb VersR **01**, 392.

Rügeloses Verhandeln: Zum *Verlust* des Ablehnungsrechts führt ein rügeloses Verhandeln zum Beweisergebnis nach §§ 279 III, 285, Düss MDR **94**, 620, ZöGre 12, aM MüKoDa 7 (aber schon II 2 zeigt die Verlustmöglichkeit).

Selbständiges Beweisverfahren: Die Ablehnung des Sachverständigen ist im nachfolgenden Hauptsacheprozeß auch dann zulässig, wenn der Ablehnende die Ablehnungsgründe schon vor der Einbringung des Gutachtens im selbständigen Beweisverfahren kannte, § 487 Rn 8, aM Ffm MDR **85**, 853 (aber dann könnte man die Wirkung des selbständigen Beweisverfahrens entscheidend schwächen).

Stellungnahme zum Gutachten: Die Partei darf ihren Ablehnungsantrag nach der gesetzlichen Zweiwochenfrist zwar bis zum Ablauf einer etwa zusätzlich vom Gericht gewährten Frist zur Stellungnahme zum

Gutachten stellen, BGH NJW **05**, 1869 (krit Christopoulos/Weimann MDR **05**, 1202), nun aber auch nicht mehr später, Brdb FamRZ **07**, 2094, Kblz RR **99**, 72, Saarbr RR **08**, 1088, aM BayObLG **94**, 187 (aber Fristablauf bleibt Fristablauf. Fristen muß man stets streng einhalten. Wie lange soll das Ablehnungsverfahren noch den Prozeß verzögern?). Man darf den Ablehnungsantrag erst recht nicht noch Wochen nach einer solchen Stellungnahme stellen, Celle MDR **04**, 709 (7 Wochen), Ffm MDR **89**, 745. Ein Verlust des Ablehnungsrechts gilt bei einem solchen Fristablauf wegen der bisherigen Gründe für alle Instanzen, § 230, BayObLG FamRZ **86**, 830, ZöGre 12, aM StJL 21 (aber schon II 2 zeigt die Verlustmöglichkeit). Denn nicht erst der Schluß der mündlichen Verhandlung nach §§ 136 IV, 296 a hat den Verlust herbeigeführt. Wenn es zweckmäßig ist, zum Gutachten eine Stellungnahme einzuholen, darf man diese abwarten.

Zweites Gutachten: Wenn das Gericht ein zweites Gutachten desselben Sachverständigen nach § 286 Rn 53 einfordert, muß es den Verlust des Ablehnungsrechts erneut prüfen.

S aber auch Rn 24 „Erläuterung".

27 **D. Glaubhaftmachung, III.** Die Partei muß ihr Ablehnungsgesuch nach § 294 glaubhaft machen. Sie darf das aber nicht durch eine eidesstattliche Versicherung tun. Ein Antrag auf eine Befragung des Sachverständigen kann genügen, § 44 II 2 entsprechend, Bbg FamRZ **93**, 1097, ZöGre 11, aM MüKoDa 10, 18 (aber der Sachverständige steht dann unter einer erhöhten Wahrheitspflicht). Ein Verstoß führt zur Unzulässigkeit des Antrags, LG Gött RR **88**, 695.

28 **6) Weiteres Verfahren, IV.** Das Gericht sollte exakt vorgehen.

A. Anhörung. Sie ist wie stets nur insoweit nötig, als einem Beteiligten sonst ein Nachteil drohen könnte, Art 103 I GG. Das Verfahren erfolgt bei einer freigestellten mündlichen Verhandlung, § 128 IV. Sie geschieht durch das Prozeßgericht, BayObLG **97**, 144, oder den Einzelrichter, §§ 348, 348 a, 526, 527, 568, außer in denjenigen Fällen, in denen der verordnete Richter den Sachverständigen ernannt hat, § 405 S 2, aM Schneider DRiZ **77**, 14 (die Entscheidung erfolge stets durch das Prozeßgericht. Aber § 400 gilt ziemlich umfassend). Wenn der Rechtsstreit in der höheren Instanz anhängig ist, erfolgt die Entscheidung durch jenes Gericht, BayObLG FamRZ **98**, 1241. Der Prozeßgegner des Ablehnenden ist nicht beteiligt. Das Gericht braucht ihn daher nicht anzuhören, Mü AnwBl **87**, 288.

Eine *Anhörung des Sachverständigen* ist grundsätzlich unnötig, Düss MDR **94**, 1050, Mü Rpfleger **81**, 73, Schlesw SchlHA **79**, 23, aM Kblz NJW **77**, 395, ThP 8 (aber eine dem § 44 III entsprechende Vorschrift fehlt). Freilich können Artt 2 I, 20 III GG (Rpfl), BVerfG **101**, 404, Art 103 I GG (Richter) eine Anhörung erforderlich machen. Das gilt allerdings erst vor der Entscheidung über den Entschädigungsanspruch und nur vor der hierüber entscheidenden Stelle, aM Karlsr OLGZ **84**, 105), ZöV § 44 Rn 4 (aber der Sachverständige ist keine Partei). Das Gericht muß eine etwaige Stellungnahme des Sachverständigen prüfen. Sie kann einen neuen Ablehnungsgrund ergeben, KG FamRZ **06**, 1214. Zu seiner etwaigen Stellungnahme muß das Gericht die ablehnende Partei hören, Kblz VersR **77**, 231. Bis zur Entscheidung über den Ablehnungsantrag dürfen die Parteien die Einlassung zur Sache nicht verweigern, § 137 Rn 13, und darf das Gericht das Gutachten nicht verwerten, Düss JZ **77**, 565. Der Sachverständige ist nicht zur Stellungnahme verpflichtet, Stgt MDR **07**, 1456 (auch keine zugehörige Vergütung).

29 **B. Beschluß.** Die Entscheidung darf nur einheitlich auf eine Feststellung der Befangenheit oder auf eine Zurückweisung des Antrags lauten, BGH RR **07**, 1293. Die Entscheidung erfordert einen gesonderten Beschluß, IV, § 329, BFH BB **87**, 1593, Brdb FamRZ **02**, 976, Ffm OLGR **99**, 381 (nicht im sog Bestellungsbeschluß). Das Gericht sollte ihn baldmöglichst nach dem Eingang des Gesuchs treffen, BSG MDR **96**, 94, BayObLG **94**, 267, Schlesw SchlHA **82**, 30. Es muß seinen Beschluß grundsätzlich begründen, § 329 Rn 4. Es teilt einen stattgebenden Beschluß den Parteien formlos mit, § 329 II 1. Einen zurückweisenden Beschluß muß es dem Antragsteller förmlich zustellen, § 329 III. Die Entscheidung liegt nicht schon in der Vernehmung des Sachverständigen. Ein Stillschweigen ist kein Beschluß.

30 **C. Verhältnis zur Sachentscheidung.** Eine Entscheidung erst in den Gründen der Sachentscheidung ist unzulässig, Brdb FamRZ **02**, 976, Schlesw MDR **01**, 711, BSG MDR **96**, 94. Das gilt auch dann, wenn das Gericht das Gesuch zwar für unzulässig hält, nicht aber für rechtsmißbräuchlich, BayObLG FamRZ **88**, 213. Sie kann einen Verstoß gegen Art 103 I GG bedeuten, BayObLG FamRZ **88**, 213. Sie läßt sich auch nicht in einen versteckten Beschluß umdeuten, aM ThP 10 (aber eine solche Entscheidung erfordert eine klare Form). Sie führt grundsätzlich bei einer Entscheidungserheblichkeit zur Aufhebung und auf einen Antrag evtl zur Zurückverweisung nach § 538, BFH DB **87**, 1404, BSG MDR **96**, 94, Schlesw MDR **01**, 711. Dieselbe Rechtsfolge gilt, wenn der Beschluß unterbleibt oder wenn er dem Urteil erst nachfolgt, BGG MDR **76**, 83. Vgl freilich Rn 31.

Nach einer *Zurückweisung* des Ablehnungsantrags ist die bisherige Ablehnungsbegründung unbeachtlich. Eine neue Ablehnung auf Grund neuer Erwägungen ist natürlich denkbar. Im übrigen kann das Gericht nach §§ 286, 412 von sich aus oder auf einen Antrag einen weiteren Sachverständigen hinzuziehen. Das Gericht sollte das zumindest bei verbliebenen Zweifeln auch tun, BSG NJW **93**, 3022. Derjenige Richter, der einen nur ihm bekannten Ablehnungsgrund nicht mitbeachtet, kann selbst nunmehr ablehnbar sein, zumindest wegen eines Verstoßes gegen Art 103 I GG, BSG MDR **99**, 955.

Nach einer *Stattgabe* darf das Gericht das Gutachten des Abgelehnten grundsätzlich nicht mehr verwerten. Es muß dann evtl einen anderen Sachverständigen beauftragen. Davon kann beim stets nach Einl III 54 verbotenen Rechtsmißbrauch eine Ausnahme gelten, BGH RR **07**, 1294. Wegen der Vergütung des Abgelehnten § 413 Rn 3. Er mag als ein sachverständiger Zeuge infragekommen, § 414 Rn 4.

31 **D. Einzelfragen.** Eine Zurückverweisung erfolgt freilich nur durch das Berufungsgericht, § 538, Düss JZ **77**, 565. Sie erfolgt nur dann, falls die Partei ihren Ablehnungsantrag form- und fristgemäß gestellt hatte, BayObLG Rpfleger **82**, 434. Ein Verfahrensmangel kann im Rechtsmittelzug heilen und eine Zurückverweisung erübrigen, Karlsr OLGZ **84**, 105. In der Revisionsinstanz erfolgt keine diesbezügliche Aufhebung, BGH NJW **79**, 720, aM BSG MDR **96**, 94.

Gebühren: Keine, (jetzt) § 19 I 2 Z 3 RVG, Brdb MDR **02**, 1092 (daher keine Kostenentscheidung).

7) Rechtsbehelfe, V. Es kommt auf die Entscheidungsrichtung an. 32

A. Gegen stattgebende Entscheidung. Der Beschluß, der dem Ablehnungsantrag stattgibt, ist unanfechtbar, Düss JB **07**, 270, Mü AnwBl **87**, 288. Das gilt auch dann, wenn ihn der verordnete Richter im Rahmen seiner Zuständigkeit erlassen hat, §§ 361, 362, 405. Das gilt unabhängig davon, ob die Ablehnung unzulässig oder unbegründet war, LG Gött RR **88**, 494. Es gilt auch im selbständigen Beweisverfahren, § 487 Rn 12. Ausnahmen von der Unanfechtbarkeit können bei einem Verstoß gegen Artt 2 I, 20 III GG (Rpfl), BVerfG **101**, 404, Art 103 I GG (Richter) oder bei Willkür vorliegen, Einl III 54, LG Gött RR **88**, 494. Wegen der Urteilsgründe Rn 35. Der Sachverständige verliert den Entschädigungsanspruch nur aus den in § 413 Rn 1, 2 genannten Gründen, Kblz BB **88**, 1490.

B. Gegen Zurückweisung des Ablehnungsantrags. Gegen den Beschluß, der den Ablehnungsantrag als unzulässig oder unbegründet zurückweist, hat der Ablehnende die sofortige Beschwerde nach § 567 I Z 2 ohne eine aufschiebende Wirkung, (jetzt) § 570 I, BayObLG **97**, 144, Düss JZ **77**, 565, Ffm MDR **84**, 323. Es sind dann auch neue Ablehnungsgründe zulässig, Saarbr MDR **05**, 233. Das gilt auch im Arbeitsgerichtsverfahren, LAG Hamm MDR **86**, 787. Für sie besteht ein Anwaltszwang, § 78 Rn 2. Eine weitere Verhandlung oder gar ein Urteil sind wegen (jetzt) § 570 I zwar nicht rechtsfehlerhaft, BFH BB **79**, 412. Sie sollten aber nur bei einer offenbar aussichtslosen Beschwerde ergehen. Die Anfechtung nur zusammen mit derjenigen des Endurteils erfolgt aber dann, wenn das Gericht nach Rn 29, 30 fälschlich nicht besonders entschieden hat, Brdb FamRZ **02**, 976. Wenn der verordnete Richter nach §§ 361, 362 entschieden hat, kann die Partei das Kollegium nach § 573 I 1 nur bei einer Zurückweisung des Gesuchs anrufen. 33

Gegen den erstinstanzlichen Beschluß, in dem das Gericht zugleich mit der Zurückweisung des Ablehnungsantrags eine *Wertfestsetzung* nach § 74 a V 1 ZVG vorgenommen hat, ist nach § 74 a V 3 Hs 1 ZVG eine sofortige Beschwerde statthaft. Eine weitere Beschwerde ist grundsätzlich unstatthaft, § 74 a V 3 Hs 2 ZVG, Kblz Rpfleger **92**, 170, Zweibr RR **02**, 1507. Eine Rechtsbeschwerde kommt unter den Voraussetzungen des § 574 in Betracht, Köln FGPrax **05**, 206, Zweibr RR **02**, 1507. In einer FamFG-Sache entscheidet das OLG, (jetzt) § 119 I Z 1 a, b GVG, Ffm FamRZ **86**, 1021 (zustm Bosch). 34

407 *Pflicht zur Erstattung des Gutachtens.*

I Der zum Sachverständigen Ernannte hat der Ernennung Folge zu leisten, wenn er zur Erstattung von Gutachten der erforderten Art öffentlich bestellt ist oder wenn er die Wissenschaft, die Kunst oder das Gewerbe, deren Kenntnis Voraussetzung der Begutachtung ist, öffentlich zum Erwerb ausübt oder wenn er zur Ausübung derselben öffentlich bestellt oder ermächtigt ist.

II Zur Erstattung des Gutachtens ist auch derjenige verpflichtet, der sich hierzu vor Gericht bereit erklärt hat.

1) Systematik, I, II. Der Sachverständige ist vertretbar. Das gilt im Gegensatz zum Zeugen, auch zum sachverständigen Zeugen des § 414, Üb 6 vor § 402. Darum besteht grundsätzlich keine Pflicht zur Begutachtung. Der Ernannte kann grundsätzlich die Tätigkeit unbedingt und ohne eine Angabe von Gründen ablehnen. Die Vorschrift schränkt diese Freiheit in ihrem persönlichen Geltungsbereich ein. Freilich bleiben die Weigerungsbefugnisse nach § 408 unberührt. 1

2) Regelungszweck, I, II. Die Vorschrift dient der Sicherstellung fachkundiger Hilfe für das Gericht. Damit dient sie der Gerechtigkeit, Einl III 9, 36. Wegen dieses Hauptziels des Zivilprozesses ist sie selbst bei der Annahme eines formellen Ausnahmecharakters weit auslegbar. Bei der Annahme eines zweiten Grundsatzes darf man sie erst recht so behandeln. 2

Überlastung ist das Schicksal des Tüchtigen. Man muß sie respektieren. Aber sie darf nicht zur Versagung der Hilfe führen. Das gilt auch bei einer nur mäßigen Honorierungsmöglichkeit nach dem JVEG. Alle Prozeßbeteiligten brauchen ein jahrelanges Warten auf ein Gutachten nur im äußersten Notfall hinzunehmen. Das darf und muß auch das Gericht verdeutlichen. Freilich darf dann auch seine eigene Verfahrensführung nicht wegen einer Überlastung ebensolange dauern. Der Richter kann erfahrungsgemäß durch einen Appell an den Sachverständigen etwa am Telefon oder in einem ganz bewußt nichtamtlichen Schreibstil manchmal eine überraschende Bereitschaft zur Einsicht in die Übernahmepflicht trotz einer hohen Belastung erreichen. Auch mag ein Hinweis darauf erlaubt sein, daß ständige Versuche der Verweigerung eines Gutachtens Folgen für die weitere Bestallung als Sachverständiger haben können.

3) Geltungsbereich: Begutachtungspflicht, I, II. Die Vorschrift gilt nur gegenüber einem im Inland ansässigen Sachverständigen, Hau DS **04**, 128. Man ist in jedem der folgenden Fällen verpflichtet. 3

A. Öffentliche Bestellung als Sachverständiger, I. Zur Tätigkeit für das Gericht ist zunächst derjenige verpflichtet, der für Gutachten der betreffenden Art öffentlich bestellt ist. Das gilt natürlich nur für solche Gutachten, § 404 Rn 6, Saarbr Rpfleger **88**, 166. Zur öffentlichen Bestellung sind Bundes- wie Landesbehörden berechtigt, zB eine Industrie- und Handels- oder Handwerkskammer. Sie führen Listen der Bestellten und erteilen darüber Auskunft, evtl nur gegen Gebühren (sogar Vorauszahlungspflicht). Diese Gebühren können als sog Vorbereitungskosten Teil der Prozeßkosten werden, § 91 Rn 270 ff. Wegen der Pflicht des Gutachterausschusses § 193 I BauGB. Es sind angesichts so mancher Erscheinung auch des öffentlichen Lebens hohe Anforderungen an die Fairneß, Korrektheit und persönliche Untadeligkeit wünschenswert, OVG Münst NJW **87**, 513.

B. Öffentliche Ausübung der Wissenschaft usw zum Erwerb, I. Zur Tätigkeit für das Gericht ist ferner derjenige verpflichtet, der die zum Gutachten nötige Wissenschaft, Kunst oder Gewerbetätigkeit öffentlich zum Erwerb ausübt, also der Allgemeinheit gegenüber. Das gilt unabhängig davon, ob es für eigene oder fremde Rechnung mit oder ohne eine Bestellung oder Ermächtigung geschieht. Gewerbe ist hier jede dauernde Erwerbstätigkeit in Handel, Industrie, Landwirtschaft, in einem freien Beruf, zB als Arzt, Arbeitnehmer, Schriftsteller. 4

5 **C. Öffentliche Bestellung als Wissenschaftler usw, I.** Zur Tätigkeit für das Gericht ist ferner derjenige verpflichtet, der zur Ausübung einer in Rn 4 genannten Tätigkeit öffentlich bestellt oder ermächtigt ist, solange er sie noch grundsätzlich ausübt, also nicht mehr nach der Pensionierung. Eine Bestellung liegt in einer Zulassung zB des Anwalts oder Arztes. Natürlich muß zur Bestellung die etwa gesetzlich erforderliche Erlaubnis hinzutreten, sei es eine generelle, sei es eine für den Einzelfall erteilte, etwa gegenüber einem beamteten Wissenschaftler usw.

6 **D. Bereiterklärung, II.** Zur Tätigkeit für das Gericht ist schließlich derjenige verpflichtet, der sich vor dem Gericht dazu bereit erklärt hat, II, sei es allgemein für Gutachten bestimmter Art oder im Einzelfall. Die Erklärung kann auch stillschweigend durch die Entgegennahme des Auftrags oder durch ein Erscheinen und das Unterlassen einer im Sinn von § 121 I 1 BGB unverzüglichen Ablehnung der Tätigkeit erfolgt sein. Der Sachverständige kann sie auch vor dem verordneten Richter abgeben. In Betracht kommt zB ein Mitarbeiter des Leiters, Köln MDR **82**, 677.

Abhängigkeit von höherer Bezahlung nach § 13 JVEG kann einer Erklärung den Charakter nach II nehmen. Andernfalls bleibt es aber bei einer Gutachtenspflicht auch zum Entschädigungssatz nur nach (jezt) §§ 8, 9 JVEG, Mü FamRZ **02**, 412.

7 **4) Verstoß, I, II.** Zunächst muß man prüfen, ob nicht ein Weigerungsgrund nach § 408 vorliegt. Ferner kommt eine Selbstablehnung in Betracht. Liegt dennoch ein Verstoß vor, gelten §§ 409, 411 II, 413, dort Rn 3.

407a

Weitere Pflichten des Sachverständigen. **I 1 Der Sachverständige hat unverzüglich zu prüfen, ob der Auftrag in sein Fachgebiet fällt und ohne die Hinzuziehung weiterer Sachverständiger erledigt werden kann. 2 Ist das nicht der Fall, so hat der Sachverständige das Gericht unverzüglich zu verständigen.**

II 1 Der Sachverständige ist nicht befugt, den Auftrag auf einen anderen zu übertragen. 2 Soweit er sich der Mitarbeit einer anderen Person bedient, hat er diese namhaft zu machen und den Umfang ihrer Tätigkeit anzugeben, falls es sich nicht um Hilfsdienste von untergeordneter Bedeutung handelt.

III 1 Hat der Sachverständige Zweifel an Inhalt und Umfang des Auftrages, so hat er unverzüglich eine Klärung durch das Gericht herbeizuführen. 2 Erwachsen voraussichtlich Kosten, die erkennbar außer Verhältnis zum Wert des Streitgegenstandes stehen oder einen angeforderten Kostenvorschuss erheblich übersteigen, so hat der Sachverständige rechtzeitig hierauf hinzuweisen.

IV 1 Der Sachverständige hat auf Verlangen des Gerichts die Akten und sonstige für die Begutachtung beigezogene Unterlagen sowie Untersuchungsergebnisse unverzüglich herauszugeben oder mitzuteilen. 2 Kommt er dieser Pflicht nicht nach, so ordnet das Gericht die Herausgabe an.

V Das Gericht soll den Sachverständigen auf seine Pflichten hinweisen.

Schrifttum: *Tratz,* Die zivilprozessuale Bedeutung der Regeln der Technik, 2001.

Gliederung

1 **1) Systematik, Regelungszweck, I–V.** Vgl Üb 2 vor § 402, § 404 a Rn 1, 2.

2 **2) Geltungsbereich, I–V.** Vgl Üb 3 vor § 402.

3 **3) Prüfung der Fachkundigkeit usw, I.** Die Vorschrift besagt etwas an sich Selbstverständliches. Indessen hat die Praxis insoweit vielfache Probleme gebracht. Diese soll I und auch II eingrenzen. Hauptproblem ist die Pflicht des Sachverständigen, das Gutachten persönlich zu erarbeiten oder doch zu erstellen, BVerwG NJW **84**, 2645, Ffm MDR **83**, 849, und jedenfalls persönlich in jeder Beziehung allein zu verantworten, wie es sich aus II ergibt, Rn 4 ff. Aber auch die Fachkunde kann so geartet und begrenzt sein, daß der Sachverständige nur unter einer Hinzuziehung solcher anderen Fachleute auftragsgemäß arbeiten könnte, die er nicht ohnehin nach II wegen untergeordneter Hilfsdienste einsetzen darf.

Im Zweifel ist der Sachverständige zu einer nach § 121 I 1 BGB *unverzüglichen Verständigung* des Gerichts verpflichtet, Nürnb JB **06**, 654. Er muß daher eine Überlastung und die voraussichtliche Wartezeit unverzüglich mitteilen und abwarten, ob er trotzdem tätig werden soll. Er darf das Gericht über solche Punkte keineswegs erst nach seiner Einarbeitung in die Akten verständigen, wenn er die Grenzen seiner Möglichkeiten schon alsbald nach dem Beginn des Aktenstudiums erkennt. Noch weniger darf er seine Bedenken usw erst nach der Erstattung des Gutachtens mitteilen. Denn er muß mit dazu beitragen, daß aus dem Vertrauen des

Beweisführers oder des Gerichts auf seine Fachkunde nicht eine böse Verteuerung und Verzögerung der Beweisaufnahme wegen der Notwendigkeit entsteht, doch noch einen anderen Sachverständigen hinzuziehen.

4) Keine Übertragungsbefugnis; Angabe der Hilfspersonen, II. Die Vorschrift zieht dem Sachverständigen harte Grenzen. Sie lassen sich in der Praxis oft schwer nachziehen. Die moderne Wissenschaft ist so arbeitsteilig, daß gerade die besten Fachleute oft überhaupt nicht ohne einen ganzen Stab von Mitarbeitern auskommen. Diese sind ihrerseits hochkarätige Fachleute. Sie haben evtl schon urheberrechtlich Ansprüche, die sie zu mehr als zu bloßen „Hilfsdiensten von untergeordneter Bedeutung" machen. 4

A. Begriffe. II unterscheidet daher allzu fein zwischen der nach S 1 schlechthin unbefugten „Übertragung" und dem nach S 2 Hs 1 erlaubten „Sich-der-Mitarbeit-Bedienen" sowie dem nach S 2 Hs 2 erst recht erlaubten Einsatz der „Hilfsdienste untergeordneter Bedeutung". Die Abgrenzung ist schwierig, Schikora MDR **02**, 1034. Sie erfordert eine behutsame Abwägung.

B. Klinikleiter usw, dazu *Ehlers,* Medizinisches Gutachten im Prozess, 3. Aufl 2005: Derjenige Universitätsprofessor, der die erforderlichen Röntgenaufnahmen von einer hochqualifizierten Schwester, deren Vor-Begutachtung vom jungen Stationsarzt und den Text des Gutachtens von seinem habilitierten langjährigen Oberarzt anfertigen läßt, um das Gutachten dann nach einer kurzen abschließenden Erörterung im Kollegenkreis zu unterzeichnen und vom ja scheinbaren Oberarzt gegenzeichnen zu lassen, würde ohne die Auslegung nach Rn 6 wegen II 1 am Rande des Erlaubten handeln. Er überschreitet auf solche Weise ja scheinbar seine Befugnisse, wenn schon die Entscheidung über die zu durchleuchtende Ebene, die zugehörige Vor- oder Nachuntersuchung, gar die Durchsicht der Literatur doch sehr auch davon mitabhingen, wieviel Zeit er selbst für diese Arbeiten zur Verfügung stellen sollte. 5

C. Hilfspersonen. Entsprechend liegt es überall dort, wo *Teams* am Werk sind, von Meinungsumfrageinstituten über den Technischen Überwachungsverein bis hin zur Arbeitsgemeinschaft eines Industrie- oder Bürgerverbandes. Man kann II nur im Zusammenhang mit III und mit § 404a richtig auslegen. Das Gericht muß seinerseits zwar hilfreich bereitstehen. Es darf aber nicht allzu ängstlich oder kleinlich sein. Nur eine vertrauensvolle Überlassung der Aufgabe und eine vertrauensvolle Bereitschaft zu Rückfragen beiderseits können das Klima und die Offenheit schaffen, wie sie gerade beim Sachverständigenbeweis für alle Prozeßbeteiligten unentbehrlich sind. 6

Schreibt das Gericht einen *Klinikleiter* an, wünscht es im allgemeinen dessen persönliche Stellungnahme und Verantwortung. Es muß ihm aber im Zweifel trotz Rn 5 doch wohl überlassen bleiben, inwieweit er Hilfspersonen zuzieht. Denn das ist oft praktisch unvermeidbar, BVerwG NVwZ **93**, 771, Ffm VersR **94**, 610, KG VersR **05**, 1412. Eine solche Hinzuziehung ist daher bei einer vernünftigen Auslegung trotz II 1 grundsätzlich zulässig, soweit die Hilfspersonen geeignet und zuverlässig sind und soweit der Sachverständige die volle zivil- und strafrechtliche Verantwortung behält, BGH NJW **85**, 1399, BSG VersR **90**, 992 (unzureichend wäre der bloße Vermerk „einverstanden"), BVerwG NVerwZ **93**, 771, BayObLG NJW **03**, 219, Kblz NVersZ **02**, 315 („einverstanden aufgrund eigener Untersuchung und Beurteilung" reicht aus), Ffm VersR **04**, 1122, KG VersR **05**, 1412 (unzureichend wäre die bloße Unterzeichnung).

D. Hauptverantwortung. Allerdings muß das Gericht im Beweisbeschluß wenigstens *klarstellen, wem* es den (Haupt-)Auftrag in erster Linie erteilt, LSG Essen NJW **83**, 360. Im übrigen kann die Zuziehung solcher Hilfspersonen im Einzelfall bedenklich sein, etwa bei einem psychiatrischen Gutachten wegen der persönlichen Begegnung und Exploration, BSG NZS **04**, 560. Ein Verstoß kann dann zur Ablehnbarkeit zwar nicht des Mitarbeiters, wohl aber des Sachverständigen persönlich nach § 406 sowie zur Gefahr eines Verstoßes gegen § 410 und im übrigen zur Unverwertbarkeit des Gutachtens führen, BGH BB **90**, 2435, Ffm MDR **83**, 849, Zweibr MDR **86**, 417. Jedenfalls reicht die etwa nach § 411 III erfolgende Erläuterung nur durch einen Mitarbeiter als Gutachter im Zweifel nicht aus. Der Gutachter muß sich nach dem Erhalt der Ladung dazu kundig machen. Freilich ist ein Mangel heilbar, § 295, Zweibr RR **99**, 1368. 7

E. Auswahl und Anleitung der Hilfskräfte. Der Sachverständige muß zumindest seine Hilfskräfte sorgfältig auswählen, anleiten, überwachen und fortbilden, Bleutge NJW **85**, 1191. Er muß auch den Umfang der Tätigkeit der Hilfspersonen im Gutachten darlegen und ihrer Ansicht ausdrücklich zustimmen, Zweibr VersR **00**, 606, Ffm Rpfleger **77**, 382, strenger BSG NJW **85**, 1422. Der Sachverständige muß außerdem mindestens auf ein Befragen eines Prozeßbeteiligten dem Gericht die Ausbildung seine Hilfskräfte angeben, Ffm FamRZ **81**, 485. Das Gericht kann eine Teamarbeit anordnen oder vorschlagen. Es muß aber völlig klarstellen, wer neben oder vor dem anderen verantwortlich sein soll. Der Sachverständige darf keineswegs von sich aus die Erstellung oder Unterzeichnung ganz einem Mitarbeiter usw überlassen, BGH NJW **85**, 1400. 8

F. Parteianhörung. Eine Anhörung der Partei vor der Ernennung des Sachverständigen ist nicht zwingend. Sie ist aber wegen des etwaigen Ablehnungsrechts nach § 406 ratsam. Das höhere Gericht kann die Sachverständigen der 1. Instanz oder andere wählen. Die Auswahl ist ein Teil des Beweisbeschlusses. Sie steht im pflichtgemäßen Ermessen des Gerichts, BayObLG FamRZ **87**, 967. Es kann und muß evtl seine Auswahl ändern, zB wegen einer Ungeeignetheit oder Überlastung des bisherigen Sachverständigen. Es liegt ein Ermessensmißbrauch vor, wenn das Gericht trotz eines weitergehenden Beweisanerbietens nur einen Sachverständigen mit Kenntnissen für sein Teilgebiet bestellt oder wenn sein Gebiet keine nachprüfbaren Ergebnisse aufweist, Wimmer NJW **76**, 1131 (Parapsychologie). Ein Verstoß gegen § 286, dort Rn 27 ff, ist auf eine Revision nachprüfbar. Beim Wechsel eines Sachverständigen nach I 3 ist eine mündliche Verhandlung entbehrlich, § 360 S 2, zumindest eine Anhörung der Parteien, BGH NJW **85**, 1400. Die Partei hat einen Anspruch auf die Anhörung eines Gegen- oder Obergutachters bei widersprechenden Gutachten nur ausnahmsweise, zB bei groben Mängeln, bei besonders schwierigen oder umstrittenen Fragen, § 286 Rn 54. 9

5) Zweifel des Sachverständigen, III. Die Vorschrift enthält Selbstverständlichkeiten. Die Praxis beachtet sie aber nicht immer. Das gilt vor allem für den Umfang der Ermittlungstätigkeit des Sachverständigen. Dabei muß man zunächst § 404a und dort insbesondere II–IV beachten. 10

11 **A. Ermittlungen des Sachverständigen,** dazu *Druschke,* Das Anwesenheitsrecht der Verfahrensbeteiligten bei den tatsächlichen Ermittlungen des Sachverständigen im gerichtlichen Verfahren, Diss Münst 1988; *Tropf* DRiZ **85**, 87: Der Sachverständige darf die Parteien und Zeugen über wesentliche Streitpunkte grundsätzlich nicht selbständig vernehmen. Soweit das Gericht dennoch eine derartige Vernehmung auswertet, verstößt es gegen den Grundsatz der Unmittelbarkeit, §§ 355, 357 I. Natürlich darf aber zB ein Arzt Fragen wegen derjenigen Erscheinungen stellen, die ein Geschädigter dem fraglichen Ereignis zuschreibt.

12 **B. Persönliche Pflicht.** Dabei muß der Sachverständige grundsätzlich die Anamnese persönlich aufnehmen. Der Sachverständige kann auch dann eigene Ermittlungen verwenden, wenn die ermittelten Tatsachen unstreitig sind, Düss RR **94**, 283, oder wenn die Beweiserhebung sie bestätigt hat oder wenn die Parteien zustimmen oder der Sachverständige eine Behördenauskunft einholt und mitverwertet. Der Sachverständige darf und muß auch seine Sachkunde auf den ihm zumutbaren neuesten Stand bringen. Er muß die diesbezüglichen Grenzen dem Gericht unverzüglich mitteilen, damit es prüfen kann, ob es zusätzlich oder jetzt nur einen anderen Sachverständigen zuziehen muß. Der Gutachterausschuß hat weitergehende Befugnisse, § 197 BauGB. Ein Arzt darf evtl die ihm bei der Besichtigung usw übergebenen Unterlagen oder Schriftsätze oder zB fremde Röntgenaufnahmen auswerten, Hamm VersR **97**, 1533, KG DS **04**, 267. Der Sachverständige darf eine Untersuchung von der Bestätigung über eine Risikoaufklärung abhängig machen, Hamm MDR **03**, 1374. Er darf und muß das Gericht sogleich bitten, ihm eine Unklarheit etwa zur Formulierung der Beweisfrage zu erläutern.

13 **C. Gerichtsaufgaben.** Keineswegs darf sich aber das Gericht die Aufklärung eines wichtigen Sachverhalts aus der Hand nehmen lassen, wenn es hierbei auf das Fachwissen des Sachverständigen nicht ankommen kann. Denn es ist allein eine Aufgabe des Gerichts, denjenigen Sachverhalt festzustellen, den es rechtlich beurteilen soll. Demgemäß darf sich das Gericht auch nicht mit den Feststellungen des Sachverständigen über die Vorgeschichte einer Krankheit begnügen, wenn eine Partei die Richtigkeit dieser Feststellungen angreift. Es muß meist den Arzt als Zeugen hören, möglichst bei einer Anwesenheit des Patienten. Ein Verstoß ist heilbar, § 295.

14 **D. Weisungsbitte.** Der Sachverständige muß das Gericht evtl unverzüglich und daher entsprechend § 121 I 1 BGB ohne sein schuldhaftes Zögern um eine *Weisung* bitten, von welchem Sachverhalt er ausgehen soll. Seine Schweigepflicht kann zur Unverwertbarkeit des Gutachtens führen, § 286 Rn 58. In diesen Grenzen muß er insbesondere die tatsächlichen Grundlagen seines Gutachtens darlegen, BVerfG **91**, 180, BGH BB **94**, 1173, BayObLG FamRZ **86**, 727, höchst eigenartig als Fallfrage eingeschränkt von BVerfG NJW **97**, 311. Der Sachverständige muß also alle in Betracht kommenden Varianten nennen, damit das Gericht das Gutachten nachprüfen kann, Üb 6 vor § 402, BGH BB **94**, 1173, notfalls mithilfe eines weiteren Sachverständigen. Das Gericht darf sich keineswegs bequem darauf beschränken, im Urteil floskelhaft mitzuteilen, es halte den Sachverständigen für so zuverlässig, daß es auf seine Aufzählung der von ihm zugrunde gelegten Tatsachen verzichte. Damit verzichtet das Gericht nämlich in Wahrheit auf jede Einzelfallkontrolle seines Gehilfen. Das ist ein schwerer Verfahrensfehler. Daran ändert auch die praktische Notwendigkeit nichts, auf einen als zuverlässig erkannten Sachverständigen weitgehend zu vertrauen. Notfalls muß das Gericht über eine streitige Anknüpfungstatsache vorweg anderswie Beweis erheben, BGH NJW **97**, 3097.

Die vom Sachverständigen *in Abwesenheit des Gerichts* ermittelten Tatsachen enthalten streng genommen ein sachverständiges Zeugnis. Der Sachverständigeneid deckt sie aber im allgemeinen, §§ 410, 414 Rn 4, Leppin GRUR **84**, 558, aM BVerfG **75**, 327 (bei der Ermittlung sei er Augenscheinsgehilfe. Aber das Gesetz meint unter Augenschein durchweg nur die unmittelbare Sinneswahrnehmung des erkennenden Gerichts).

15 **E. Hinzuziehung der Parteien**, dazu *Höffmann,* Die Grenzen der Parteiöffentlichkeit, insbesondere beim Schverständigenbeweis, Diss Bonn 1988: Der Sachverständige muß die Parteien grundsätzlich bei seiner Arbeit vielfach hinzuziehen, und zwar wegen der Grundsätze der Waffengleichheit und eines fairen Verfahrens, Einl III 21, 23 und wegen der daraus folgenden §§ 357, 402. Das gilt zB: Bei einer Besichtigung, insbesondere aus dem Eigentum oder Besitz einer Partei, BVerwG NJW **06**, 2058, Kblz DS **04**, 188, Oldb DS **04**, 263, oder beim Körper eines Menschen, Köln NJW **92**, 1568 (Ausnahmen: ärztliche Untersuchungen, soweit Art 1 GG anwendbar ist, Mü RR **91**, 896); bei der Beschaffung des Untersuchungsguts, Kblz MDR **78**, 148; bei einer Befragung, Mü Rpfleger **83**, 319 (Ausnahmen: Meinungsforscher, Üb 7 vor § 402, und § 294 II, Nürnb MDR **77**, 849). Diese Hinzuziehung erfolgt zumindest insoweit, als die Parteien sie auch nur erkennbar (wie meist) wünschen, Düss FamRZ **89**, 889, Mü (24. ZS) NJW **84**, 807, aM Drsd RR **97**, 1356, Mü (25. ZS) Rpfleger **83**, 320 (es handle sich um eine Fallfrage), Schnapp Festschrift für Menger (1985) 571 (nicht bei Unmöglichkeit, Unzumutbarkeit, Untunlichkeit und Überflüssigkeit. Aber die Parteien haben grundsätzlich ein Anwesenheitsrecht nach § 357. Man sollte es nur in wirklich engen Grenzen verwehren). Daher muß der Beweisführer binnen einer angemessenen Frist die Genehmigung desjenigen Wohnungsinhabers herbeiführen, dessen Wohnung der Sachverständige mitbegutachten soll, zB bei § 558 BGB. Ein Verstoß kann zur Unverwertbarkeit des Gutachtens führen, BVerwG NJW **06**, 2058.

16 **F. Zutritt Dritter.** Der Sachverständige muß auch den sachkundigen Vertretern die Anwesenheit gestatten, § 357, Mü NJW **84**, 807, oder technischen Beratern der Parteien. Sonst setzt er sich der Gefahr der Ablehnung nach § 406 aus, BGH NJW **75**, 1363, Düss MDR **79**, 409.

17 **G. Keine Verhandlung usw.** Freilich darf der Sachverständige nicht anläßlich seiner Ermittlungen mit einer Partei oder mit beiden Parteien verhandeln. Ein vor ihm geschlossener Vergleich ist kein Prozeßvergleich, Anh § 307. Er ist allenfalls ein sog Anwaltsvergleich, § 796 b. Hat der Sachverständige gegen diese Grundsätze verstoßen, muß das Gericht sein Verhalten nach § 286 frei würdigen. Das gilt insbesondere dann, wenn kein Antrag nach § 411 III vorliegt. Vgl aber auch § 406 Rn 4 ff.

18 **H. Offenlegung der Tatsachen.** Der Sachverständige muß wegen der Grundsätze Rn 14, 15, 21 diejenigen Tatsachen offenlegen, die er zur Begutachtung herangezogen hat, § 286 Rn 58, zB bei (jetzt) § 558 BGB die Räumlichkeit der Vergleichswohnungen, BVerfG **91**, 180, LG Gött WoM **90**, 520, höchst eigenartig als Fallfrage eingeschränkt von BVerfG NJW **97**, 311, aM ferner LG Bonn WoM **93**, 133, LG

Halle ZMR **02**, 427 (aber nur bei einer Möglichkeit der Kenntnis aller tatsächlicher Grundlagen des Gutachtens kann das Gericht überhaupt seine Prüfungspflicht erfüllen). Der Datenschutz usw hat weder stets den Vorrang noch stets einen Nachrang. Man muß eine behutsame Abwägung vornehmen, Rn 21, und dabei wesentlich auf § 286 abstellen, BGH **116**, 47. Notfalls ist das Gutachten insofern unverwertbar, weil ungeeignet, § 286 Rn 31.

I. Weitere Folgen. Verhindert eine Partei die Tätigkeit des Sachverständigen, nimmt sie damit rechtlich ihr Beweisanerbieten zurück, Mü NJW **84**, 808. Bei einer Beweisaufnahme von Amts wegen zB nach § 144 muß das Gericht ihr Verhalten frei würdigen, Anh § 286 Rn 27. Wenn eine Partei den Beweis arglistig vereitelt, gilt der Beweis als erbracht, § 444 Rn 5, 6, Mü NJW **84**, 808. Ob eine Partei dem Sachverständigen den Zutritt zu ihren Räumen und eine Untersuchung ihres Körpers gestatten muß, das hängt davon ab, ob man ihr diesen Eingriff nach Treu und Glauben zumuten kann, Mü NJW **84**, 808. Zum Problem Schmidt-Futterer MDR **75**, 4 (betr Mieterhöhung). Bei §§ 558 ff BGB bleibt der Beweisführer mangels der Zutrittserlaubnis eines Dritten nach Rn 15 beweisfällig. Vgl Üb 8 vor § 371 und § 372 a. **19**

6) Unverhältnismäßigkeit der Kosten, III. Der Sachverständige muß solche voraussichtlichen Kosten rechtzeitig dem Gericht ankündigen, die entweder erkennbar außer einem Verhältnis zum Streitwert stehen oder die einen angeforderten und nicht notwendig schon bezahlten Vorschuß erheblich übersteigen, BayObLG **04**, 62, KG FamRZ **02**, 411, Nürnb JB **07**, 42. Das gilt um so mehr, als das Gericht die Verhältnismäßigkeit der Kosten zwar stets auch von Amts wegen nach Einl III 23 mitbedenken darf und muß, sie aber nicht überbetonen muß, BVerfG NJW **79**, 413. Der Sachverständige muß insoweit die Akte auf den Streitwert und auf Kostenvorschüsse durchsehen. Er braucht aber nur eine grobe Schätzung vorzunehmen. Er kann notfalls anregen, den Streitwert festzusetzen. Er kann und muß einen weiteren Vorschuß anregen, BayObLG RR **98**, 1294, Nürnb JB **07**, 42, AG Kempten FamRZ **98**, 41. Auch ohne eine solche direkte Anregung darf und muß das Gericht evtl einen weiteren Vorschuß anfordern, § 379 Rn 5. Eine solche Anordnung kann auch die Vergleichsbereitschaft fördern. **20**

Bei einem *Verstoß* des Sachverständigen muß das Gericht evtl das Honorar kürzen, BayObLG **04**, 62, Nürnb JB **07**, 42, Stgt MDR **08**, 652 (Grenze: 20–25% Überschreitung), aM LG Köln DWW **92**, 319 (aber die Regeln § 413 Rn 3 gelten uneingeschränkt). Das gilt aber nicht, wenn das Gericht auch bei einer erfolgten Anzeige die Tätigkeit des Sachverständigen nicht eingeschränkt oder beendet hätte, BayObLG **04**, 62, KG FamRZ **02**, 411, Nürnb RR **03**, 791, aM Kblz DB **85**, 110 (es komme darauf an, ob der Beweisführer am Beweisantritt festhalte. Aber nicht er, sondern das Gericht bestimmt die Person des Sachverständigen, von §§ 485 ff abgesehen).

7) Herausgabe der Akten usw, IV. Auch diese Vorschrift ordnet eigentlich Selbstverständliches. Denn das Gericht darf und muß die Brauchbarkeit des Gutachtens seines Gehilfen trotz dessen faktisch oft prozeßentscheidender Stellung doch nach § 286 selbst abschließend nachprüfbar beurteilen. Auch die Parteien haben ein solches Überprüfungsrecht, §§ 279 III, 285, 411 IV 1. **21**

A. Herausgabepflicht, IV 1. Sie besteht aus der Natur der Sache auch ohne eine zunächst ratsame bloße Aufforderung des Vorsitzenden oder gar eine Anordnung des Gerichts wegen seiner Akten, Karlsr RR **06**, 1655. Die in IV 1 erwähnten weiteren Unterlagen und Untersuchungsergebnisse müssen „für die Begutachtung beigezogen" sein. Darunter können freilich auch solche Unterlagen fallen, die nicht erst auf Grund des Auftrags entstanden, sondern längst vorher, etwa bei früheren Behandlungen in einem anderen Krankenhaus, oder die genauen Adressen der zum Vergleich nach § 558 a II Z 4 BGB mitverwerteten Wohnungen, Rn 18. Insoweit muß der Sachverständige den Datenschutz beachten, Prütting ZZP **106**, 460 (ausf).

Er muß ferner die gesetzliche oder standesrechtliche *Schweigepflicht* usw beachten. Von ihr kann ihn IV keineswegs befreien. Selbst der vom Gericht bestellte Gutachter mag durchaus gehindert sein und bleiben, zB ihm aus anderen Gutachten bekannte Daten preiszugeben. Wenn und soweit er sich auf solche Hinderungsgründe bezieht und sie etwa so wie ein solcher Zeuge darlegt, der sich auf ein Aussageverweigerungsrecht nach §§ 383 ff beruft, darf das Gericht nicht einfach wegen IV gegen ihn etwa nach § 409 vorgehen.

B. Herausgabeanordnung, IV 2. Sie setzt eine Pflichtverstoß voraus, evtl also eine eingehende Klärung, ob und inwieweit überhaupt eine Herausgabe technisch und rechtlich zulässig ist, soweit es sich nicht um die Gerichtsakten mit ihren Anlagen aus der Zeit vor der Übersendung an den Sachverständigen handelt. Das Gericht sollte notfalls energisch vorgehen. Die Herausgabeanordnung erfolgt durch einen Beschluß des Gerichts, nicht nur des Vorsitzenden des Kollegiums. **22**

8) Hinweispflicht des Gerichts, V. Das Gericht „soll" die auch schon wegen § 404 a notwendigen Hinweise von Amts wegen umfassend geben, Grdz 39 vor § 128. Das soll auch rechtzeitig und unverzüglich geschehen, soweit erkennbar erforderlich. Es besteht in Wahrheit eine Amtspflicht des Gerichts. Ihr Umfang folgt aus den Fallumständen. Er sollte eher zu groß als zu klein geraten, solange es sich nicht um einen erfahrenen Gerichtsgutachter handelt. Ein in der Praxis leider nicht ganz seltener Verstoß des Gerichts kann § 409 unanwendbar sowie eine Anordnung nach IV 2 unmöglich machen und eine Amtshaftung auslösen. Es ist ratsam, den Hinweis aktenkundig zu machen. **23**

9) Rechtsbehelfe, I–V. Es gelten die Regeln § 273 Rn 16, § 355 Rn 8, 9 entsprechend. Vgl § 409 Rn 8. Gegen die Herausgabeanordnung ist keine sofortige Beschwerde nach § 567 I Z 2 statthaft, dort Rn 6. **24**

408 *Gutachtenverweigerungsrecht.* I 1 **Dieselben Gründe, die einen Zeugen berechtigen, das Zeugnis zu verweigern, berechtigen einen Sachverständigen zur Verweigerung des Gutachtens.** 2 **Das Gericht kann auch aus anderen Gründen einen Sachverständigen von der Verpflichtung zur Erstattung des Gutachtens entbinden.**

II 1 **Für die Vernehmung eines Richters, Beamten oder einer anderen Person des öffentlichen Dienstes als Sachverständigen gelten die besonderen beamtenrechtlichen Vorschriften.** 2 **Für die**

Mitglieder der Bundes- oder einer Landesregierung gelten die für sie maßgebenden besonderen Vorschriften.

III Wer bei einer richterlichen Entscheidung mitgewirkt hat, soll über Fragen, die den Gegenstand der Entscheidung gebildet haben, nicht als Sachverständiger vernommen werden.

1 **1) Systematik, I–III.** § 408 betrifft nur denjenigen Sachverständigen, den § 407 zur Begutachtung verpflichtet. Andere Sachverständige können frei ablehnen, § 407 Rn 1. Zum Aussageverweigerungsrecht Müller in Der medizinische Sachverständige **75**, 52.

2 **2) Regelungszweck, I–III.** Es sind Unterschiede und Gemeinsamkeiten erkennbar. Gemeinsam ist der Zweck, ein konfliktfrei entstehendes Gutachten zu ermöglichen und damit auch unerfreulichen Erörterungen über die Befangenheit des Sachverständigen vorzubeugen, erst recht solchen über mögliche Verstöße gegen seine dienstliche Schweigepflicht. Auch Behörden verkennen sie erstaunlicherweise nicht ganz selten. Das gilt etwa dann, wenn die Behörde von einem Richter wegen seiner Fachkenntnis ein Gutachten unter dem Stichwort „Amtshilfe" anfordert und es sogar über den Dienstherrn anmahnt, wie geschehen. Die in I–III aufgeführten unterschiedlichen Situationen erfordern eine entsprechend sehr differenzierte Anwendung von § 408. Am schwierigsten läßt sich I 1 handhaben. Insofern gelten § 383 Rn 1, 2.

Das Gericht sollte eine nach I 2 zulässige Entbindung trotz seines weiten Ermessens doch möglichst *zurückhaltend* vornehmen. Natürlich ehrt es den Gutachter zu bekennen, wenn er an Grenzen des Könnens stößt oder wenn er sich aus achtbaren persönlichen sonstigen Motiven der weiteren Erfüllung der Aufgabe nicht mehr gewachsen fühlt. Oft hätte er das aber auch schon früher feststellen können und mitteilen müssen. Seine Entpflichtung sollte nicht ohne einen triftigen Grund auf dem Rücken der Parteien erfolgen.

3 **3) Geltungsbereich, I–III.** Vgl zunächst Üb 3 vor § 402. Die Vorschrift gilt auch im selbständigen Beweisverfahren, §§ 485 ff.

4 **4) Verweigerungsrecht, I 1.** Jeder Sachverständige darf die Erstattung eines Gutachtens aus den Gründen der §§ 383–384 verweigern.

5 **5) Entbindung, I 2.** Das Gericht kann einen Sachverständigen aus Zweckmäßigkeitsgründen von seiner Verpflichtung befreien, auch wenn er an sich kein Verweigerungsrecht hat, Bbg DS **04**, 101. Zuständig ist das Prozeßgericht, auch der Einzelrichter oder der verordnete Richter, § 360 S 3. Gründe zur Freistellung sind etwa: Das Fehlen einer Sachkunde; eine Überlastung des Sachverständigen; eine Verschleppung des Gutachtens, Bbg DS **04**, 101. Die Entscheidung ergeht nach dem pflichtgemäßen Ermessen durch einen Beschluß. Er ist nach § 355 II unanfechtbar, Bbg DS **04**, 102. §§ 386 ff sind hier unanwendbar. Das Gericht muß seinen Beschluß grundsätzlich begründen, § 329 Rn 4.

6 **6) Vernehmungsverbot, II.** Bei Richtern nach §§ 43, 45 I 2 DRiG oder bei Beamten und anderen Personen des öffentlichen Dienstes nach § 376 Rn 4 verweist das Gesetz wie bei der Zeugenvernehmung auf die besonderen beamtenrechtlichen Vorschriften. Entsprechendes gilt bei den Mitgliedern der Bundes- und der Landesregierungen, § 376 Rn 4. Die bei einem Beamten etwa zur gutachtlichen Nebentätigkeit erforderliche Genehmigung muß der Beamte selbst einholen, §§ 64 ff BBG. Wegen der Entscheidungsform Rn 5.

7 **7) Befreiung, III.** Befreit werden soll, wer bei einer richterlichen Entscheidung über eine mitentschiedene Frage mitgewirkt hat. Das muß man weit verstehen. Eine Mitwirkung bei einem Schiedsspruch oder bei einer Entscheidung eines Ehrengerichts, Dienststrafgerichts, Seeamts genügt. Da es sich um eine bloße Sollvorschrift handelt, ist ein Verstoß prozessual belanglos.

8 **8) Verfahren, Entscheidung, I–III.** Das Verfahren verläuft auch hier nach §§ 386–389. Es entscheidet das Prozeßgericht. Der verordnete Richter entscheidet nur dann, wenn er einen Sachverständigen durch einen anderen nach §§ 360, 404 ff ersetzt oder wenn er einen Sachverständigen nach I 2 entläßt. Die Entscheidung erfolgt auf Grund einer freigestellten mündlichen Verhandlung, § 128 IV. Sie geschieht auch von Amts wegen. Wenn das Gericht das Verweigerungsrecht oder die entsprechende Pflicht anerkennt, muß es den Sachverständigen entbinden, bei § 404 IV nach einer Anhörung der Parteien. Es muß dann und darf ja auch unabhängig davon stets einen anderen Sachverständigen bestellen, § 360. Das alles darf auch der verordnete Richter im Rahmen von Rn 4 tun.

Bei einer *unberechtigten* Verweigerung verfährt das Gericht nach §§ 409, 411 II und wegen der Kosten des Sachverständigen nach § 414 Rn 4 ff.

9 **9) Rechtsbehelfe, I–III.** Eine Entscheidung ist nur zusammen mit dem Endurteil anfechtbar, § 355 II.

409 ***Folgen des Ausbleibens oder der Gutachtenverweigerung.*** **I 1 Wenn ein Sachverständiger nicht erscheint oder sich weigert, ein Gutachten zu erstatten, obgleich er dazu verpflichtet ist, oder wenn er Akten oder sonstige Unterlagen zurückbehält, werden ihm die dadurch verursachten Kosten auferlegt. 2 Zugleich wird gegen ihn ein Ordnungsgeld festgesetzt. 3 Im Falle wiederholten Ungehorsams kann das Ordnungsgeld noch einmal festgesetzt werden.**

II Gegen den Beschluss findet sofortige Beschwerde statt.

1 **1) Systematik, I, II.** Die Vorschrift entspricht in etwa § 380. Sie ist auch § 95 und § 38 GKG ein wenig ähnlich.

2 **2) Regelungszweck, I, II.** Wie beim Zeugen nach § 380 muß auch beim Sachverständigen eine Möglichkeit bestehen, die grundsätzlich oder im Einzelfall freiwillig übernommene Tätigkeit wenigstens einigermaßen zu erzwingen, auch wenn das Gericht ihm nicht die Feder führen kann. Andernfalls könnte die Prozeßförderung nach Grdz 12 vor § 128 scheitern.

3) Geltungsbereich, I, II. Vgl Üb 3 vor § 402. Die Vorschrift gilt nur gegenüber einem im Inland ansässigen Sachverständigen, Hau DS **04**, 128. 3

4) Kosten, Ordnungsmittel, I. Das Gericht ist oft viel zu zurückhaltend. 4

A. Amtspflicht bei endgültiger Verweigerung. § 409 zwingt das Gericht („werden auferlegt", „wird festgesetzt"). Es hat also keine bloße Möglichkeit, aM Brdb MDR **05**, 1131. Es muß Maßnahmen treffen gegen den zum Tätigwerden verpflichteten, nach §§ 402, 377, 380 I ordnungsgemäß geladenen, auch nicht nach §§ 402, 381 entschuldigten, auch nicht unter §§ 375 II, 382 fallenden, nicht erschienenen, das Gutachten verweigernden oder Akten oder sonstige Unterlagen zurückbehaltenden Sachverständigen. Wer das Gutachten verweigern darf, braucht nicht zu erscheinen, wenn er nach § 386 III verfährt. Ausbleiben darf also auch derjenige, der nach § 407 zur Erstattung nicht verpflichtet ist. Erscheinen oder erstatten muß aber der zur Erstattung Bereite, § 407 Rn 6, Köln MDR **82**, 677. Die Akten usw muß natürlich auch derjenige unverzüglich zurückgeben, der das Gutachten verweigern darf. Seine Versandkosten mag er anschließend nach dem JVEG erstattet fordern. Wegen einer Verweigerung erfolgen erst dann Maßnahmen, wenn die Verweigerung ohne jede Grundangabe erfolgt oder wenn das Gericht sie rechtskräftig für unbegründet erklärt hat, §§ 386 ff.

B. Verzögerung. Bei einer bloßen Verschleppung eines schriftlichen Gutachtens ist § 411 II anwendbar. 5
Freilich kann ein allzu langes Hinauszögern eine Verweigerung darstellen, § 411 Rn 8. Dem Nichterscheinen steht das Sichentfernen vor dem Aufruf gleich, § 220 I, oder eine Entfernung nach § 158. Einem bloßen Privatgutachter nach Üb 21 vor § 402 gegenüber hat die beauftragende Partei natürlich keine Rechte nach § 409, Kblz VersR **88**, 702. Denjenigen Gutachter, der die zugrundegelegten Tatsachen, etwa bei § 558 b II Z 4 BGB bei Vergleichswohnungen, nicht angeben darf das Gericht nicht mit einem Ordnungsgeld belangen, LG Mönchengladb WoM **98**, 298. Vielmehr ist das Gutachten dann eben unverwertbar, § 286 Rn 58, § 407 a Rn 18 (wegen der Vergütung § 413 Rn 3).

C. Maßnahmen. Zulässige Maßnahmen sind die Auferlegung der gerade nur durch die Weigerung 6
entstandenen und entstehenden Kosten, I 1, sowie ein bloßes Ordnungsgeld, I 2, Brdb VersR **06**, 1238, evtl auch ein weiteres, I 3, Rn 7 nur insofern ebenso wie beim Zeugen, § 380 Rn 7 ff. Dagegen darf das Gericht gegen den Sachverständigen anders als gegen einen sachverständigen oder sonstigen Zeugen keine Ordnungshaft verhängen, auch keine hilfsweise, erst recht keine wiederholte. Das ergibt sich im Vergleich mit § 380 I, II aus dem klaren Wortlaut von I 2, 3. Auch eine zwangsweise Vorführung ist unzulässig.

Außerdem kann das Gericht den Auftrag dem bisherigen Gutachter vergütungslos entziehen, Hbg MDR **06**, 1258, und es kann einen *anderen* Gutachter beauftragen, Brdb VersR **06**, 1238 (ebenfalls: Verlust der Vergütung des früheren).

D. Verfahren, Entscheidung. Die Anordnung erfolgt durch einen Beschluß. Das Gericht muß seinen 7
Beschluß grundsätzlich begründen, § 329 Rn 4. Es muß ihn verkünden oder den Parteien wegen der Kosten formlos mitteilen, § 329 II 1, dem Sachverständigen jedoch als einen Vollstreckungstitel zustellen, § 329 III, ThP § 380 Rn 8, aM ZöGre 2 (aber es handelt sich sogar um einen typischen Anwendungsfall). Der Beschluß verurteilt immer in die Kosten und zugleich ohne ein Wahlrecht des Gerichts zu einem Ordnungsgeld von 5–1000 EUR, Art 6 I EGStGB. Eine Ordnungs- oder Zwangshaft und eine Vorführung sind dagegen beim Sachverständigen unstatthaft, Rn 6. Bei einem wiederholten Ungehorsam gilt dasselbe wie bei § 380, es ist also auch ein zweites, drittes oder weiteres Ordnungsgeld erlaubt und evtl notwendig, aM Drsd MDR **02**, 1088 (liest die Betonung in § 380 II Hs 1 unrichtig, dort Rn 12). Das Ordnungsgeld ist auch in einer stets steigenden Höhe statthaft. Jedoch ist auch jetzt keine Haft zulässig. Einzelheiten wie § 380 Rn 8, 9, 14.

5) Rechtsbehelf, II. Gegen den Beschluß ist nach § 567 I Z 1 grundsätzlich die sofortige Beschwerde 8
mit einer aufschiebenden Wirkung zulässig, § 570 I. Soweit das OLG entschieden hat, kommt eine Rechtsbeschwerde unter den Voraussetzungen des § 574 I–III in Betracht. Näheres § 380 Rn 17.

410 *Sachverständigenbeeidigung.* [I 1] **Der Sachverständige wird vor oder nach Erstattung des Gutachtens beeidigt.** [2] **Die Eidesnorm geht dahin, dass der Sachverständige das von ihm erforderte Gutachten unparteiisch und nach bestem Wissen und Gewissen erstatten werde oder erstattet habe.**

[II] **Ist der Sachverständige für die Erstattung von Gutachten der betreffenden Art im Allgemeinen beeidigt, so genügt die Berufung auf den geleisteten Eid; sie kann auch in einem schriftlichen Gutachten erklärt werden.**

1) Systematik, I, II. Die Vorschrift entspricht formell in etwa §§ 391–393, 398 III, 478 ff. Sie weicht 1
aber inhaltlich wegen der gegenüber dem Zeugen anderen Stellung des Sachverständigen deutlich ab, und zwar zum Ob, aM BGH NJW **98**, 3356 (aber es muß mindestens ein früherer Allgemeineid nach II vorliegen). Eine Abweichung besteht aber auch zum Wie. §§ 153 ff StGB sind mitbeachtlich.

2) Regelungszweck, I, II. Wie beim Zeugen kann auch beim Sachverständigen ein Anlaß bestehen, 2
dem Gutachten ein erhöhtes Gewicht oder dem Gutachter eine Mahnung zur Selbstkritik zu geben, weil hinter einem Falscheid die erhöhte Strafbarkeit steht. Umso sorgfältiger muß das Gericht mit allen Beeidigungsvorschriften umgehen, auch bei der Auslegung.

3) Geltungsbereich, I, II. Vgl Üb 3 vor § 402. 3

4) Einzelbeeidigung, I. Sie spielt praktisch keine Rolle. 4

A. Grundsatz: Uneidliche Vernehmung. Das Gericht muß den Sachverständigen grundsätzlich uneidlich vernehmen, §§ 391, 402, Mü VersR **84**, 590, aM BGH NJW **98**, 3356 (aber sogar den Zeugen darf das Gericht nur unter den Voraussetzungen des § 391 überhaupt beeidigen. Beim Sachverständigen besteht dazu im allgemeinen noch weniger Anlaß). Beeidigen muß ihn das Gericht nach seinem pflichtgemäßen Ermessen, BayObLG FamRZ **91**, 620. Vernünftigerweise sollte eine Beeidigung aber nicht schon wegen einer bloßen Bewertungsfrage erfolgen, sondern nur wegen der Bedeutung des Gutachtens oder zur Herbeiführung eines wahrheitsgemäßen Gutachtens, genauer: einer der wirklichen Überzeugung und Wahrhaftigkeit entsprechenden Bewertung, mithin zur Eingrenzung einer einseitigen Begutachtung. Dazu wird selten ein Anlaß sein. Das Gericht hat in einer Abweichung von § 392 die freie Wahl, ob es einen Voreid oder einen Nacheid abnimmt. Das ergibt sich aus der Fassung „erstatten werde oder erstattet habe" in I 2. Der erstere ist ratsam. Denn er umfaßt die gesamte Tätigkeit im Rahmen dieses Auftrags einschließlich einer Erläuterung nach § 411 III. Es würde sonst bei einem Nachtrag ein neuer Eid oder eine Versicherung nach § 398 III nötig. Das Gericht kann auch statt einer Beeidigung einen anderen Sachverständigen bestellen, § 412. Zur Zuständigkeit der Eidesanordnung § 391 Rn 7.

5 **B. Ausnahme: Beeidigung.** Die Beeidigunsganordnung erfolgt durch einen Beschluß des Prozeßgerichts, Peters NJW **90**, 1832. Eine wirksame Anordnung der Beeidigung hat die Pflicht nach §§ 478 ff zur Folge, evtl also nur zur eidesgleichen Bekräftigung. Die Eidesnorm nach I 2 enthält nicht auch eine Versicherung der objektiven Richtigkeit, LG Ffm MDR **89**, 75. Der Eid deckt insbsondere auch ein späteres schriftliches Gutachten, ferner Aussagen über den Befund und über die Quellen der Wahrnehmung. Bei weiteren tatsächlichen Bekundungen ist § 391 anwendbar, also evtl ein Zeugeneid (Nacheid). Ein Parteiverzicht nach §§ 397, 402 führt zur Unzulässigkeit der Beeidigung, § 391 Rn 9. Der Eid des sachverständigen Zeugen nach § 414 oder gar des einfachen Zeugen nach § 392 deckt kein Gutachten. Das Verfahren richtet sich im übrigen nach §§ 478 ff. Wegen des Dolmetschereids § 189 GVG sowie in Bayern G vom 1. 8. 81, GVBl 324. Der Sachverständige ist nicht außerhalb einer Verhandlung zum Eid usw verpflichtet, LG Ffm MDR **89**, 75.

6 **C. Verstoß.** Bei einer unberechtigten Eidesverweigerung gilt § 409. Freilich ist eine Verweigerung der Beeidigung usw außerhalb eines Verhandlungstermins noch nicht unberechtigt, LG Ffm MDR **89**, 75 (dann also nur Ladung). Ein Verstoß gegen § 410 ist nach § 295 heilbar. § 410 ist kein Schutzgesetz nach § 823 II BGB, Hamm BB **93**, 2408, Mü (20. ZS) VersR **84**, 590, Oldb VersR **89**, 109, aM Mü (5. ZS), zitiert in VersR **84**, 590, Pieper Gedächtnisschrift für Bruns (1980) 171 (aber die Vorschrift schützt ganz wesentlich nur die Funktion eines Gehilfen des Gerichts und damit die Allgemeinheit). Daher haftet der Sachverständige jedenfalls nicht nach dieser Vorschrift, Klein (vor § 413) 116. Eine Haftung nach §§ 823 I, 826, 839 a BGB bleibt denkbar.

7 **5) Allgemeinbeeidigung, II.** Ob Sachverständige nach II allgemein vereidigt werden sollen, ist Landessache, § 404 Rn 6. Eine solche Vereidigung erfolgt besonders bei häufig zuzuziehenden Sachverständigen. Es genügt dann auf Grund einer entsprechenden Anordnung des Gerichts die Berufung des Sachverständigen auf den ein für allemal geleisteten Eid, sofern er sich auch auf Gutachten solcher Art erstreckte, BGH MDR **85**, 27. Bei der Erstattung eines schriftlichen Gutachtens genügt auch eine schriftliche derartige Berufung. Der Sachverständige ist dazu berechtigt, aber außerhalb eines Verhandlungstermins nicht verpflichtet, LG Ffm MDR **89**, 75. Einen solchen Sachverständigen braucht das Gericht nicht nach § 395 I zu ermahnen.

Die bloße Verwendung des *Stempels* „öffentlich bestellter und vereidigter Sachverständiger" oder ein gleichlautender maschinenschriftlicher Zusatz unter der Unterschrift stellen jedenfalls dann keine Berufung nach II dar, wenn das Gericht keine Einzelbeeidigung angeordnet hatte, Mü VersR **84**, 590, Oldb VersR **89**, 108, Peters NJW **90**, 1832. Das gilt auch dann, wenn neben dem Stempel nur die Versicherung „nach bestem Wissen und Gewissen" steht, Oldb VersR **89**, 109. Ein stillschweigender Vereidigungs-„Beschluß" im Einzelfall reicht nicht, Peters NJW **90**, 1834.

Wegen der *Gebühren* für die allgemeinen Beeidigten § 2 I (Anl 6) JVKostO, Hartmann Teil VIII A.

411 *Schriftliches Gutachten.* **[1] Wird schriftliche Begutachtung angeordnet, soll das Gericht dem Sachverständigen eine Frist setzen, innerhalb derer er das von ihm unterschriebene Gutachten zu übermitteln hat.**

II [1] Versäumt ein zur Erstattung des Gutachtens verpflichteter Sachverständiger die Frist, so kann gegen ihn ein Ordnungsgeld festgesetzt werden. [2] Das Ordnungsgeld muss vorher unter Setzung einer Nachfrist angedroht werden. [3] Im Falle wiederholter Fristversäumnis kann das Ordnungsgeld in der gleichen Weise noch einmal festgesetzt werden. [4] § 409 Abs. 2 gilt entsprechend.

III Das Gericht kann das Erscheinen des Sachverständigen anordnen, damit er das schriftliche Gutachten erläutere.

IV [1] Die Parteien haben dem Gericht innerhalb eines angemessenen Zeitraums ihre Einwendungen gegen das Gutachten, die Begutachtung betreffende Anträge und Ergänzungsfragen zu dem schriftlichen Gutachten mitzuteilen. [2] Das Gericht kann ihnen hierfür eine Frist setzen; § 296 Abs. 1, 4 gilt entsprechend.

Vorbem. Neufassg von I dch Art 10 Z 4 des 2. JuMoG v 22. 12. 06, BGBl 3416, in Kraft seit 31. 12. 06, Art 28 I des 2. JuMoG, ÜbergangsR Einl III 78.

Gliederung

1) Systematik, I–IV. Der gesetzliche Regelfall ist abweichend von der ganz überwiegenden Praxis die Vernehmung des Sachverständigen, LG Ffm MDR **89**, 828. Das sieht Karlsr VersR **89**, 810 nicht klar genug. Die Parteien können sie freilich nach § 284 S 2–4 evtl mit einer Zustimmung des Gerichts durch die gemeinsame Einreichung eines schriftlichen Gutachtens ersetzen. Die Auswertung eines nicht nach I angeordneten Gutachtens wäre dann aber eher ein Urkundenbeweis, §§ 415 ff. Dagegen kann das Gericht nach seinem pflichtgemäßen Ermessen eine schriftliche Begutachtung anordnen, LG Hagen WoM **89**, 439. Das Gericht tut das zweckmäßigerweise auch meist zunächst. Denn der Sachverständige kann sich dann ruhiger und gründlicher vorbereiten, seine Formulierungen sorgfältiger wählen, genauer belegen und eine etwa erforderliche Zusatzbefragung erleichtern. Sie ist ja nach III, IV möglich und evtl notwendig, LG Hagen WoM **89**, 439. Statt einer schriftlichen Erstellung ist auch die elektronische Abgabe nach dem vorrangigen § 130 a statthaft. Auch nach einem mündlichen Gutachten muß das Gericht im übrigen das rechtliche Gehör geben, Artt 2 I, 20 III GG (Rpfl), BVerfG **101**, 404, Art 103 I GG (Richter), §§ 279 III, 285, BGH NJW **82**, 1335. 1

Eine nur *mündliche* Begutachtung kann allerdings ebenfalls durchaus ratsam sein, etwa bei einem Zeitdruck oder dann, wenn es nur um eine für den Sachverständigen rasch und leicht beantwortbare Frage geht, für die sich der Aufwand eines schriftlichen Gutachtens nicht lohnt.

III hat als eine Spezialvorschrift den Vorrang vor §§ 397, 402. Das übersieht BGH MDR **07**, 1211.

2) Regelungszweck, I–IV. I 2, II dient der Prozeßförderung. Dabei sind Behutsamkeit und Respekt vor dem oft gerade wegen seines Könnens überlasteten Fachmann einerseits, Entschlossenheit in der Prozeßführung andererseits erforderlich. Im (Telefon-)Gespräch lassen sich Maßnahmen nach § 409 erfahrungsgemäß eher vermeiden als durch schriftliche Mahnungen. Andererseit weckt oft erst eine unmißverständliche schriftliche Fristsetzung mit der dann ja nach § 329 II 2 notwendigen, vom Gericht leider oft übersehenen förmlichen Zustellung die Bereitschaft des Gutachters, endlich tätig zu werden. Man kann durch eine allzu große Geduld natürlich auch die künftige Zusammenarbeit harmonischer gestalten. Auf sie ist das Gericht angewiesen. Aber eine Fristsetzung in Verbindung mit einer möglichst unjuristisch formulierten Bitte um Verständnis für die Pflicht zur Prozeßförderung ist auch ein erfahrungsgemäß oft zum zeitlichen Durchbruch führender Weg. Beim ständig trödelnden, aber leider unersetzbaren Sachverständigen mag auch eine lapidar kurze Fassung der Frist richtig sein. Das Gebot der Rechtsstaatlichkeit nach Einl III 15 ergibt die Notwendigkeit, ein allzu langes Zuwarten zu unterlassen, KG FamRZ **05**, 730. 2

3) Geltungsbereich, I–IV. Die Vorschrift gilt nur gegenüber einem im Inland ansässigen Sachverständigen, Hau DS **04**, 128. Sie gilt in allen Verfahren nach der ZPO, auch im WEG-Verfahren. Sie gilt auch im selbständigen Beweisverfahren, § 492 Rn 4, und (jetzt) im FamFG-Verfahren, BVerfG FamRZ **92**, 1043, Hbg ZMR **04**, 141, Zweibr FamRZ **01**, 639 (nennt irrig nur §§ 397, 402). Auf Privatgutachten ist § 411 schon wegen § 404 unanwendbar, aM Zweibr VersR **98**, 1114 (aber es handelt sich dann rechtlich nur um einen Parteivortrag, Üb 21 vor § 402). Vielmehr sind dann §§ 415 ff anwendbar. Auch auf ein Gutachten der Anwaltskammer im Gebührenstreit ist § 411 schon wegen (jetzt) § 14 II 2 RVG unanwendbar, Karlsr MDR **99**, 766. 3

4) Schriftliches Gutachten, I. Das Gericht befindet über die Notwendigkeit einer Vernehmung nach seinem pflichtgemäßen Ermessen, Rn 1. In einem schwierigen Fall kann die schriftliche Erstattung notwendig sein, Karlsr VersR **89**, 810 (Arzthaftung). Die Parteien brauchen wie bei § 377 nicht zuzustimmen. Ihre Zustimmung schließt einen Antrag nach III oder IV nicht aus, Rn 11. Eine Vorschußpflicht richtet sich nach §§ 402, 379. Zu den Einzelheiten § 379 Rn 2–6. Die Parteien dürfen die Ladung des Sachverständigen verlangen, um Fragen zu stellen, IV, Rn 6. Eine eidesstattliche Versicherung hat schon wegen § 156 StGB stets eine gewisse zusätzliche Beachtlichkeit, aM Peters NJW **90**, 1832 (aber welcher Sachverständige brauchte diese Strafvorschrift nicht zu fürchten?). 4

Der Sachverständige darf zwar andere Sachverständige *befragen* oder sich auf das Schrifttum berufen und andere bloße Hilfspersonen hinzuziehen. Er muß sein Gutachten aber vollinhaltlich selbst verantworten, § 407 a I 1, II. Er muß es schon deshalb mangels einer elektronischen Abgabe nach dem vorrangigen § 130 a auch eigenhändig unterschreiben, § 407 a Rn 5, oder bei einer (erlaubten) elektronischen Übermittlung der schriftlichen Fassung nach § 130 a I 2 qualifiziert signieren. Eine Beeidigung erfolgt nach § 410. Eine eidesstattliche Versicherung nach § 294 ist nur dann notwendig, wenn das Gericht sie als einen Eidesersatz verlangt, §§ 391, 402. Der Sachverständige muß sie dann entsprechend § 410 fassen. Beim allgemein vereidigten Sachverständigen gilt § 410 II.

Die *Parteien tragen* das Gutachten nach § 285 II *vor* oder nehmen nach § 137 III darauf Bezug. Bei einem Zweifel an der Echtheit der Unterschrift ist eine Vernehmung notwendig. Häufig empfehlen sich vor der Erstattung des schriftlichen Gutachtens ein Unterrichtungstermin oder andere Maßnahmen nach § 404 a. Auch der nach §§ 361, 362 verordnete Richter darf eine schriftliche Begutachtung anordnen, wenn sein Auftrag ihn darin nicht beschränkt. Das Gericht muß dem Sachverständigen alle beim Gericht befindlichen seinem Gutachten möglicherweise nützlichen Gegenstände, Akten und Hilfsakten aushändigen, einem zuverlässigen Sachverständigen sogar die Gerichtsakten, falls notwendig oder doch praktisch. Wegen deren Rückgabe § 407 a IV. Schwierige Rechtsbegriffe muß das Gericht dem Sachverständigen umschreiben, § 404 a II. Notfalls muß das Gericht ein ergänzendes Gutachten einholen oder die Vernehmung des Sachverständigen anordnen. S auch Üb 12 vor § 402 und über ein Privatgutachten Üb 21 vor § 402.

5) Frist, I. Das Gericht soll, nicht muß dem Sachverständigen zur Erstattung des Gutachtens eine Frist setzen. Sie muß natürlich angemessen sein. Das Gericht darf sie aber auch nicht zu großzügig 5 bemessen. Es handelt sich um eine richterliche Frist, § 224 Rn 4, und um keine Notfrist, § 224 I 2. Ihre Verkürzung mit einer Zustimmung des Sachverständigen und ihre Verlängerung richten sich nach §§ 224, 225. Die Fristsetzung erfordert eine förmliche Zustellung, § 329 II 2 (gilt auch bei einer Verfügung, § 329 II 1).

6 **6) Ordnungsgeld, II.** Das Gericht verhängt es oft zu zögernd. Das nützt niemandem.

A. Nachfrist. Ein Ordnungsgeld gegen den Sachverständigen wegen einer Fristversäumung setzt mangels einer schon mit dem Gutachtenauftrag verbundenen Fristsetzung eine solche Nachfrist voraus, die das Gericht mit der Androhung eines nicht notwendig schon dann bestimmten Ordnungsgelds verbunden hat, Bbg DS **04**, 102. Das Gericht muß die Frist so bemessen, daß sie in Verbindung mit der ersten Frist zur Anfertigung des Gutachtens genügt. Das Gericht muß seine Androhung kurz begründen, § 329 Rn 4. Es muß sie förmlich zustellen, § 329 II 2. Eine Verlängerung dieser Frist erfolgt nur nach § 225 II, also nach einer Anhörung des Gegners. Denn schon die Nachfrist ist eine Verlängerung. Das Gericht muß jede überlange Wartezeit unterbinden, schon wegen des Gebots der Rechtsstaatlichkeit nach Einl III 15, KG FamRZ **05**, 730. Bei der Versäumung einer zweiten Nachfrist liegt eine wiederholte Fristversäumung vor. Dann kommt keine weitere Verlängerung in Betracht, Köln VersR **03**, 1282. Dann ist ein nochmaliges Ordnungsgeld „in der gleichen Weise" zulässig. Es ist aber nicht in der gleichen Höhe notwendig. Es muß also eine Festsetzung vorangegangen sein, wenn auch nicht eine Vollstreckung. Schon für die Fristsetzung ist ein Beschluß des Kollegiums erforderlich, Köln OLGR **96**, 182, Mü VersR **80**, 1070, aM ZöGre 7 (Zuständigkeit des Vorsitzenden. Aber es handelt sich nicht nur um eine prozeßleitende Maßnahme). Auch eine Schlechterfüllung innerhalb der Frist muß das Gericht evtl nach § 411 beurteilen, Oldb NJW **91**, 1241 (verneint dort freilich Schlechterfüllung).

7 **B. Verschulden.** Voraussetzung für die Verhängung eines Ordnungsgelds ist weiterhin stets, daß der Sachverständige schuldhaft handelte, Bbg DS **04**, 102. So muß man den Begriff „Versäumung" in II 1 verstehen. Ein Verschulden liegt schon dann vor, wenn der Sachverständige seinen etwaigen Hinderungsgrund nicht rechtzeitig anzeigt, wenn er also zB weder unverzüglich einen Mitarbeiter nach § 407 a I 2 vorschlägt noch bei einer Verzögerung wenigstens einen festen Termin nennt und ihn dann auch einhält, selbst bei einer Überlastung, aM ZöGre 7 (aber auch ein Sachverständiger hat als einen Teil seiner Stellung im Prozeß eine Förderungspflicht und muß sich in einer ihm zumutbaren Weise um eine zügige Erledigung bemühen). Ein „privater Grund" ohne eine nähere Begründung ist keine Entschuldigung, Bbg DS **04**, 102.

8 **C. Weitere Einzelfragen.** Im einzelnen zum Ordnungsgeld § 380 Rn 8, 9, 14. 1000 EUR können durchaus vertretbar sein, Bbg DS **04**, 102. Eine Ordnungshaft ist hier unzulässig. Eine hartnäckige Versäumung kann das Gericht als eine Weigerung des Gutachters auffassen. Folglich darf das Gericht dann den Sachverständigen nach § 409 behandeln oder gebührenlos entlassen, Hbg MDR **06**, 1258. Überhaupt ist bei Schwierigkeiten mit dem ersten Sachverständigen ein Auftrag an einen anderen Sachverständigen ratsam. Eine Ahndung aus § 411 hindert Maßnahmen nach § 409 nicht und umgekehrt. Vgl im übrigen §§ 404 a, 407 a.

9 **D. Rechtsbehelfe.** Wegen der Rechtsmittel auch gegen die Androhung gilt § 409 II, Köln VersR **03**, 1282, ThP 4, aM ZöGre 8 (aber auch die Androhung setzt bereits einen Nachteil und ein Rechtsschutzbedürfnis zur Klärung). Ein Verstoß ist heilbar, § 295.

10 **7) Anordnung des Erscheinens zwecks Erläuterung, III.** Das Prozeßgericht oder der nach §§ 361, 362 verordnete Richter können und müssen das rechtliche Gehör geben, Artt 2 I, 20 III GG (Rpfl), BVerfG **101**, 404, Art 103 I GG (Richter), BGH DS **04**, 188, Celle VersR **93**, 629, Mü MDR **08**, 102. Schon deshalb, aber auch unabhängig davon können und müssen sie evtl auch ohne einen Antrag einer Partei im Rahmen eines pflichtgemäßen Ermessens das Erscheinen des in Deutschland ansässigen Sachverständigen zur Erläuterung seines Gutachtens anordnen, BGH NJW **01**, 3270, Hamm MDR **85**, 593, Schrader NJW **84**, 2808, aM Köln VersR **97**, 511 (kein Ermessen; Grenze beim Mißbrauch. Aber erst ein Parteiantrag mag die Abwägungsbefugnis beschränken). Das gilt auch bei einem verspäteten Antrag, BGH VersR **07**, 1697, oder im selbständigen Beweisverfahren, oder nach ihm, BGH RR **07**, 1296. Das Ermessen unterliegt einer Überprüfung auch durch das Revisionsgericht, BGH DS **04**, 188. Die Anordnung ist zB dann notwendig, wenn man Zweifel oder Unklarheiten beseitigen muß, BGH NJW **01**, 3270, Köln NJW **94**, 394. Ein ProzBev ist zum Antrag verpflichtet, sobald er merkt, daß das Gericht ein ihn überzeugendes Gutachten nicht überzeugend findet, Hamm VersR **02**, 367. Gegenüber einem im Ausland ansässigen Sachverständigen ist III unanwendbar, Hau DS **04**, 128.

Ein *Parteiantrag* reicht meist aus (Ausnahme: Rn 14), BGH VersR **07**, 1697, Mü MDR **08**, 102, Zweibr FamRZ **99**, 941. Das gilt auch nach einem früheren Einverständnis mit einem nur schriftlichen Gutachten. Denn solches Einverständnis bedeutet keinen Verzicht auf eine sich ja erst später ergebende Notwendigkeit zur Klärung von Unvollständigkeiten oder Ungenauigkeiten oder Mißverständlichkeiten. Nach einer Ernennung eines Sachverständigen im Ausland nach § 405 Rn 3 erfolgt eine Anhörung bei III nach § 363, BGH MDR **80**, 931. Einzelheiten Pantle MDR **89**, 312 (ausf). Das Gericht muß die Erläuterung protokollieren, § 160 III Z 4, BGH NJW **01**, 3270. Der bloße Vermerk: „Der Sachverständige erläuterte ausführlich sein Gutachten" kann ungenügend sein, BGH NJW **01**, 3270. Zumindest muß das Urteil den Inhalt solcher Erläuterungen hinreichend deutlich werden lassen, BGH NJW **01**, 3270. III kann auch bei einem Privatgutachten anwendbar sein, Üb 21 vor § 402, BGH RR **98**, 1528.

11 **8) Einwendungen, Anträge, Fragen, IV.** Man muß zahlreiche Aspekte beachten.

A. Grundsatz: Notwendigkeit eines Antrags. Die Parteien wollen evtl Einwendungen gegen das Gutachten erheben. Sie wollen solche Anträge zum Gutachten oder Ergänzungsfragen stellen, die das Gericht nicht schon im Rahmen der bisherigen Beweiswürdigung von sich aus beachten müßte, § 286 Rn 53, BGH VersR **94**, 163. Dann müssen sie diese Maßnahmen beantragen oder mitteilen, Plagemann

NJW **92**, 402. Insofern ist IV vorrangig und strenger als § 402 in Verbindung mit § 397, aM wohl BGH RR **06**, 1503 und WoM **06**, 634 (je ohne Erörterung von IV). Sie brauchen allerdings grundsätzlich jedenfalls zunächst nur die Notwendigkeit der Fragestellung und die Fragerichtung darzulegen, nicht die Fragen usw im einzelnen, BGH RR **97**, 1487, BVerwG NJW **96**, 2318, Plagemann NJW **92**, 402, großzügiger BGH RR **88**, 1430, strenger Gehle DRiZ **84**, 101. Das Gericht muß einen dann notwendigen weiteren Vorschuß vom Antragsteller ohne Rücksicht auf die Beweislast anfordern, §§ 379, 402, § 17 I 1 GKG, soweit es nicht das bisherige Gutachten von Amts wegen bestellt hatte.

B. Rechtzeitigkeit des Antrags. Die Partei muß ihren Antrag im Rahmen des Zumutbaren „innerhalb eines angemessenen Zeitraumes" stellen, Ffm VersR **03**, 927. Das muß also spätestens so rechtzeitig vor demjenigen Termin geschehen, in dem sie das Gutachten vortragen und damit in den Rechtsstreit einführen will, § 285 II, daß die Ladung des Sachverständigen noch möglich ist, BGH MDR **98**, 58, BAG BB **81**, 54, Düss BauR **78**, 412, aM BGH RR **97**, 1487 (ohne Auseinandersetzung wenigstens mit dem vollen Wortlaut von IV 1), Kblz RR **93**, 1215 (kurz vor oder gar im Termin noch rechtzeitig. Aber es kommt auf die Einzelumstände und die Zumutbarkeit eines früheren Antrags an, Celle RR **01**, 142). 12

C. Frist. Das Gericht kann und muß daher im Rahmen seines pflichtgemäßen Ermessens eine *angemessene Frist* setzen, S 2 Hs 1. Die Frist muß wegen ihrer einschneidenden Wirkung eindeutig sein. „Gelegenheit zur Stellungnahme" kann unzureichend sein, BGH MDR **01**, 1130. Diese Formulierung kann aber auch durchaus erkennbar machen, was das Gericht meint (was denn sonst außer IV 2?). Bei der Bemessung der Frist muß das Gericht seine Förderungspflicht nach Grdz 12 vor § 128, § 282 und die Interessenlage beider Parteien abwägen, ferner die Schwierigkeit der Beweisfrage und den Überzeugungsgrad des bisherigen Gutachtens, Düss RR **96**, 1527. Eine Frist von mehr als etwa 8–12 Wochen dürfte nur ausnahmsweise notwendig sein, großzügiger Düss MDR **04**, 1200 (fast vier Monate im selbständigen Beweisverfahren). Das Gericht muß seine Fristsetzung kurz begründen, § 329 Rn 4. Es muß einen Hinweis auf die Folgen eines Fristverstoßes wenigstens im Kern geben, BGH RR **06**, 428 (großzügig), KG RR **08**, 223. Es muß die Fristverfügung förmlich zustellen, § 329 II 2. Nach einer ordnungsgemäßen Frist gilt § 296 I, IV entsprechend, S 2 Hs 2. Ebenso ist § 528 anwendbar, Ffm VersR **03**, 927. Ferner ist § 398 anwendbar. Die Frist läuft ab dem Erhalt des Ausgangsgutachtens, Ffm RR **07**, 18. 13

Einem *rechtzeitigen* ausreichend *begründeten* Antrag muß das Gericht grundsätzlich stattgeben. Denn es handelt sich dann um die der Partei zustehende Befragung, §§ 402, 397, BVerfG RR **96**, 186 (großzügig), BGH VersR **07**, 1697 (auch nach Ergänzungsgutachten), Celle VersR **93**, 629, KG VersR **08**, 137. Ein Antrag nach weniger als 3 Monaten ist evtl rechtzeitig, falls die Partei zunächst noch ein Privatgutachten einholte, Düss NJW **00**, 3364 (zu § 492). Auch ein Antrag erst nach 3 Monaten kann in einem schwierigen Fall noch selbst im Verfahren nach §§ 485 ff rechtzeitig sein, Celle MDR **01**, 108. Ein Antrag erst nach 10 Monaten ist meist verspätet, Celle RR **01**, 142 (zu § 492).

Demgemäß reicht es jedenfalls *nicht* aus, daß die Partei nach einem schriftlichen Sachverständigengutachten den Antrag auf seine Vernehmung, erst *nach dem nächsten Verhandlungstermin* über die Beweisaufnahme nach § 285 II oder gar erst in der Berufungsinstanz stellt, soweit sie ihr Fragerecht früher ausüben konnte. Hatte das Erstgericht den Antrag übergangen, muß das Berufungsgericht dem wiederholten Antrag stattgeben, BGH NJW **96**, 788. Das gilt selbst dann, wenn in erster Instanz kein rechtzeitiger Antrag vorgelegen hatte, BGH RR **97**, 1487.

D. Antragsmißbrauch. Allerdings muß das Gericht einen Antrag bei einem offensichtlichen Rechtsmißbrauch nach Einl III 54 ablehnen, BGH VersR **07**, 1697, Hbg ZMR **04**, 411 (WEG). Das gilt zB bei einer Verschleppungsabsicht, BGH VersR **07**, 1697, Düss NJW **00**, 3364, Hbg ZMR **02**, 963. Es gilt auch dann, wenn gar keine Zweifel mehr bestehen, Hamm MDR **85**, 593, Oldb VHR **98**, 20 (auch wenn die Fragen unerheblich sind), sondern wenn der Antragsteller nur auf das Gericht einwirken will, Oldb MDR **75**, 408 (die Grenzen sind freilich fließend), Ankermann NJW **85**, 1205, Gehle DRiZ **84**, 102. Es gilt auch bei einer grob fahrlässigen Verspätung des Sachverständigen. Wenn die Partei das Fragerecht nicht rechtzeitig ausübt, steht die Befragung im pflichtgemäßen Ermessen des Gerichts, BGH NJW **92**, 1459, Düss FamRZ **84**, 700. 14

E. Auslandsbezug usw. Wohnt der Sachverständige im Ausland, ist das allein kein Grund, den Antrag einer Partei abzulehnen, er möge sein Gutachten mündlich erläutern. Allerdings ist dann § 363 entsprechend anwendbar, BGH DB **80**, 1794. Daher braucht das Gericht den Sachverständigen nicht dazu zu bewegen versuchen, zur Befragung vor dem Prozeßgericht zu erscheinen, BGH MDR **80**, 931. Wenn der Sachverständige verstorben ist, muß das Gericht einen neuen beauftragen, BGH NJW **78**, 1633. 15

F. Gelegenheit zur Stellungnahme. Im Anschluß an eine mündliche Erläuterung mit gegenüber dem schriftlichen Gutachten neuen ausführlichen Erörterungen müssen die Parteien eine Gelegenheit zu einer weiteren sachverständigen Stellungnahme erhalten, Artt 2 I, 20 III GG (Rpfl), BVerfG **101**, 404, Art 103 I GG (Richter), § 285, BGH NJW **84**, 1823, Zweibr MDR **89**, 269. Es kann zB wegen neuer Einwendungen nach der ersten Erläuterung eine weitere notwendig werden, BGH NJW **86**, 2886. Nach einem erstinstanzlichen Verstoß gegen § 160 III Z 4 kann in der zweiten Instanz eine neue Vernehmung nötig sein, BGH MDR **87**, 751. Eine Fristsetzung durch den Berichterstatter reicht nicht, Karlsr VersR **03**, 225 (notfalls § 538). 16

G. Amtliche Auskunft usw. Nach dem Eingang eines Gutachtens als einer amtlichen Auskunft nach Üb 32 vor § 373 ordnet das Gericht grundsätzlich kein persönliches Erscheinen nach III, IV an. Das gilt zB beim Gutachten einer Rechtsanwaltkammer nach (jetzt) §§ 4, 14 RVG, Ffm MDR **83**, 327, Mü NJW **75**, 884. Wohl aber darf und muß das Gericht evtl zB ergänzende Auskünfte der Behörde anfordern oder bestimmte Mitglieder etwa eines Gutachterausschusses nach §§ 192 ff BauGB laden, BGH **62**, 95, BayOLG **02**, 384. Sie sind damit Gutacher. Das Gericht muß sie daher entsprechend behandeln, BGH NJW **98**, 3355, auch nach § 414. Im übrigen können Maßnahmen nach I, III, IV von Amts wegen nötig sein, BGH BB **76**, 17

481. Dabei ist das Ermessen des Berufungsgerichts in der Revisionsinstanz nur auf einen etwaigen rechtsfehlerhaften Gebrauch nachprüfbar, BGH RR **89**, 954.

18 **H. Weitere Einzelfragen.** III, IV sind unanwendbar, soweit das Gutachten entscheidungsunerheblich geworden ist, BGH RR **89**, 954, Hamm MDR **85**, 593.

411a

Verwertung von Sachverständigengutachten aus anderen Verfahren. **Die schriftliche Begutachtung kann durch die Verwertung eines gerichtlich oder staatsanwaltschaftlich eingeholten Sachverständigengutachtens aus einem anderen Verfahren ersetzt werden.**

Vorbem. Überschrift geändert, Text ergänzt durch Art 10 Z 5 des 2. JuMoG v 22. 12. 06, BGBl 3416, in Kraft seit 31. 12. 06, Art 28 I des 2. JuMoG, ÜbergangsR Einl III 78.

1 **1) Systematik.** Die Vorschrift erweitert die Verwertungsmöglichkeiten eines Gutachtens über das Verfahren hinaus, für das es erging. Eine solche Verwertung war schon bisher als ein Urkundenbeweis möglich. Ob die Regelung des § 411 a eher Vorteile oder eher Nachteile bringt, bleibt abzuwarten, Greger NJW Sonderheft „BayObLG" **05**, 40, Huber ZRP **03**, 270, Musielak Festgabe für Vollkommer (2006) 253 (optimistisch), Schneider AnwBl **03**, 549 (krit). Jedenfalls bleibt der Grundsatz einer freien Beweiswürdigung unverändert bestehen, § 286 Rn 4 ff.

2 **2) Regelungszweck.** § 411 a bezweckt eine Verbesserung der Prozeßwirtschaftlichkeit, Grdz 14 vor § 128. Das Verfahren kann billiger werden und schneller vorankommen. Andererseits muß man eher eine Schwächung des Grundsatzes der Unmittelbarkeit der Beweisaufname nach §§ 355, 402 in Kauf nehmen. Denn es ist verführerisch, sich einfach auf ein aus anderem Anlaß erstattetes Gutachten zu beziehen. Man muß diese Aspekte behutsam abwägen, statt den bequemen Weg zu wählen.

3 **3) Geltungsbereich.** Die Vorschrift gilt in allen Beweisverfahren nach der ZPO, auch im WEG-Verfahren. Sie ist auch im selbständigen Beweisverfahren nach §§ 485 ff anwendbar, aM Rath/Küppersbusch VersR **05**, 890 (aber seine spätere Auswertung ändert nichts am Charakter des Einholungsverfahrens). Gerade dort muß man freilich darauf achten, nicht statt einer auf den jetzigen Zustand abgestellten Begutachtung irgendeine frühere solange als ausreichend zu erachten, bis sich der jetzige Zustand nicht mehr feststellen läßt. Die Beweisfrage muß im jetzigen Prozeß keineswegs mit derjenigen des früheren „anderen Verfahrens" ganz übereinstimmen, aM Rath/Küppersbusch VersR **05**, 890 (aber die freie Beweiswürdigung nach § 286 bleibt ohnehin bestehen). Die Parteiherrschaft nach Grdz 18 vor § 128 kann nicht zur Beseitigung des Ermessens nach § 411 a und nach § 286 führen, aM Rath/Küppersbusch VersR **05**, 890 (aber keine Parteiherrschaft kann die freie Beweiserhebung und -würdigung völlig verbieten).

4 **4) Ermessen.** Das Gericht hat ein weites pflichtgemäßes Ermessen, ob und in welchem Umfang es trotz eines etwaigen Antrags auf die Einführung eines Gutachtens ein früheres gerichtliches Gutachten benutzt, KG VersR **06**, 1378, oder ob es ein entsprechendes oder staatsanwaltschaftlich (und daher auch in deren Auftrag polizeilich) eingeholtes Gutachten aus einem beliebigen anderen Verfahren gleich welcher Art und Instanz als einen vollwertigen Sachverständigenbeweis verwendet. Weder das Alter des Gutachtens noch eine Nämlichkeit der Parteien oder der Streitgegenstände sind eine Bedingung oder ein Hindernis. Natürlich bleiben §§ 279 III, 285 I, 402 ff, 412 anwendbar.

Unanwendbar ist die Vorschrift auf ein Gutachten aus einem bloßen Verwaltungsverfahren. Denn dieses ist nicht „gerichtlich eingeholt". Ein Privatgutachten ist solange nicht gerichtlich eingeholt, wie das Gericht des anderen Verfahrens es nicht als ein auch gerichtlich eingeholtes behandelt hat.

5 **5) Verfahren.** Das Gericht beschließt wie sonst, hier eben evtl auf eine Verwertung. Die Entscheidung ist ebensowenig anfechtbar wie ein sonstiger Beweisbeschluß auf einen Sachverständigen. §§ 402 ff bleiben anwendbar. Es entstehen nicht schon infolge der Verwertung zusätzliche Vergütungsansprüche des damaligen Sachverständigen. Etwas anderes kann gelten, soweit er sein damaliges Gutachten zB jetzt mündlich erläutern soll. Er muß eine solche Zusatzarbeit unter denselben Voraussetzungen leisten wie bei der Erstattung des damaligen Gutachtens. Die Schweigepflicht kann ihm wie dem Gericht Grenzen der Verwertbarkeit setzen.

6 **6) Verstoß.** Es gelten dieselben Regeln wie dann, wenn das Gericht erstmals ein Gutachten einholt. Ein Verstoß gegen die Schweigepflicht nach Rn 5 kann die Unverwertbarkeit des Gutachtens und eine Amtshaftung usw auslösen.

412

Neues Gutachten. [I] **Das Gericht kann eine neue Begutachtung durch dieselben oder durch andere Sachverständige anordnen, wenn es das Gutachten für ungenügend erachtet.**

[II] **Das Gericht kann die Begutachtung durch einen anderen Sachverständigen anordnen, wenn ein Sachverständiger nach Erstattung des Gutachtens mit Erfolg abgelehnt ist.**

Gliederung

1) Systematik, I, II. Es handelt sich um eine etwa dem § 398 entsprechende, § 411 ergänzende Vorschrift. Sie wäre letzlich wegen des Grundsatzes der freien Beweiswürdigung nach § 286 entbehrlich. Denn das Gericht müßte nach ihm ohnehin evtl weitere Beweise erheben, § 144. **1**

2) Regelungszweck, I, II. Die Vorschrift stellt klar, daß das Ziel der sachlichrechtlichen Gerechtigkeit nach Einl III 9, 36 höher steht als Erwägungen der Prozeßwirtschaftlichkeit nach Grdz 14 vor § 128, solange diese Rangfolge nicht zu allzu großen Verzerrungen führt. Auch erhebliche Mehrkosten sind im allgemeinen hinnehmbar, wenn eine Aussicht auf bessere Beweisergebnisse besteht. Eine Grenze bildet das Verbot der Unverhältnismäßigkeit der Mittel, Einl III 21. Das Gericht muß es auch im Bereich der Parteiherrschaft nach Grdz 18 vor § 128 zum Schutz des Unterliegenden vor extremen Kosten mitbeachten. **2**

3) Geltungsbereich, I, II. Vgl Üb 3 vor § 402. Im Regreßprozeß ist das Gericht gegenüber dem Haftungsprozeß frei, BGH NJW **05**, 3072. **3**

4) Neue Begutachtung: Freie Beweiswürdigung, I. Das Gericht würdigt das zunächst erstattete Gutachten grundsätzlich im Rahmen seines pflichtgemäßen Ermessens frei, § 286 Rn 50, Üb 1 vor § 402 und § 402 Rn 6 „§§ 394–398", BGH VersR **88**, 801, BVerwG NVwZ **05**, 1327, BayObLG FamRZ **98**, 921. Vielfach ist das Gericht aber faktisch vom Sachverständigen abhängig, § 286 Rn 50, Pieper ZZP **84**, 29. Nur dann, wenn das Gutachten dem Gericht nicht zur Gewinnung einer Überzeugung reicht, muß es mangels eines Vorgehens nach § 411 III auch ohne einen Antrag einer Partei ein neues Gutachten desselben oder eines anderen Sachverständigen anfordern, § 286 Rn 54, BGH NJW **97**, 803, BayObLG FamRZ **98**, 921, Mü VersR **92**, 1125. Das bezeichnet BGH NJW **78**, 752 bei einem Schriftgutachten sogar als meist notwendig. Eine Entscheidung, ob ein weiterer Gutachter oder gar ein dritter (Obergutachter) nach Rn 5 tätig werden soll, ist wegen der freien Beweiswürdigung nur in einer besonderen Lage notwendig, § 286 Rn 61, BGH NJW **96**, 731, BayObLG **98**, 921, Ffm RR **07**, 19 links oben (je: Unvollständigkeit des bisherigen Gutachtens usw). Bessere Kenntnisse eines anderen Sachkundigen reichen nicht, Ffm RR **07**, 19 links oben. Das alles gilt auch im Berufungsverfahren, Ffm RR **07**, 19 rechts. **4**

Dabei ist *§ 244 IV StPO* rechtsähnlich anwendbar, § 286 Rn 27. Soweit nur die Partei ein weiteres Gutachten für erforderlich hält, ist § 398 anwendbar. Vgl freilich § 286 Rn 61. I ist bei der Prüfung entsprechend anwendbar, ob die Partei eine Unbrauchbarkeit eines Schiedsgutachtens nach Grdz 12 vor § 1025 schlüssig vorgetragen hat, BGH MDR **84**, 224.

5) Obergutachten, I. Das Gericht sollte es nur äußerst zurückhaltend angeordnen. **5**

A. Begriff. Obergutachter ist ein solcher Sachverständiger, der auf Grund seiner überragenden Sachkunde oder besonderen Autorität die durch gegensätzliche Auffassung mehrerer anderer Sachverständiger entstehenden Zweifel klären soll.

B. Notwendigkeit. Es besteht nur ausnahmsweise eine Pflicht zur Einholung eines sog Obergutachtens, § 286 Rn 61, BGH BB **80**, 863. Das gilt zB: Bei besonders schwierigen Fragen, BayObLG FamRZ **98**, 921; bei Zweifeln an der Sachkunde des Sachverständigen; bei überlegenen Forschungsmitteln des weiteren Gutachters, BGH BB **80**, 863, BayObLG FamRZ **98**, 921, Mü VersR **92**, 1125; bei groben Mängeln des erstatteten Gutachtens, § 286 Rn 61, BGH NJW **86**, 1930, BayObLG FamRZ **98**, 921. Die Kostenfrage ist nicht allein maßgeblich. Sie ist aber mitbeachtlich, Grundsatz der Verhältnismäßigkeit, Einl III 23. **6**

C. Ermessen. Die Einholung eines Obergutachtens erfolgt nach dem pflichtgemäßen *Ermessen,* BGH BB **80**, 863, BayObLG FamRZ **98**, 921. Dasselbe gilt für eine nochmalige Anhörung des Sachverständigen, nachdem das Gericht einen anderen Gutachter gehört hatte, BGH BB **80**, 863, BayObLG **87**, 15. Freilich muß man die Grenzen des Ermessens in der Revisionsinstanz beachten, BGH VersR **89**, 759. Es ist dann kein Obergutachten notwendig, wenn das erste Gutachten ohne erkennbare Fehler und im übrigen überzeugend war, BGH BB **80**, 863, und wenn das Gericht das auch im Urteil nachvollziehbar dargelegt hat, BGH VersR **86**, 467. Ein Obergutachten ist auch nicht schon deshalb notwendig, weil zwei Gutachter einander trotz einer Zugrundelegung derselben Tatsachen widersprechen, BGH NJW **87**, 442, BayObLG WoM **90**, 178, oder schon deshalb, weil ein weiterer Gutachter eine andere Meinung haben könnte, KG VersR **02**, 439. Vielmehr muß das Gericht dann von Amts wegen eine Aufklärung der Gründe versuchen, Grdz 39 vor § 128. Es muß mit den Parteien zumindest die Lage erörtern, BGH MDR **93**, 797. Es muß eine ergänzende Stellungnahme des gerichtlichen Sachverständigen zu einem ihm widersprechenden Privatgutachten einholen, BGH RR **00**, 45. **7**

6) Weitere Begutachtung, II. Nach einer erfolgreichen Ablehnung eines Sachverständigen im Anschluß an sein Gutachten nach § 406 Rn 23 ist ein weiterer Auftrag an einen anderen Sachverständigen eine Pflicht des Gerichts. Denn „kann" in II stellt nur in die Zuständigkeit. Andernfalls würde das Gericht den schuldlosen Beweisführer benachteiligen. Der Abgelehnte kann jetzt nur noch ein sachverständiger Zeuge sein, § 414. **8**

7) Verfahren, I, II. Die Anordnung erfolgt auch ohne eine mündliche Verhandlung nach § 360 S 2 durch das Prozeßgericht, BGH NJW **85**, 1399, und auch durch den verordneten Richter, § 360 S 3. Die Anordnung erfolgt durch einen Beschluß. Er gehört immer zum Beweisbeschluß. Das Gericht muß eine Abweichung vom Gutachten sorgfältig begründen, § 329 Rn 4. Es kann bei einem nicht von Amts wegen erhebbaren Beweis ein weiterer erheblicher Vorschuß notwendig werden, §§ 379, 402. Ihn muß der Beweisführer zahlen. Denn § 412 setzt im Gegensatz zu § 398 voraus, daß das Gericht und nicht nur die Partei eine weitere Begutachtung wünscht. **9**

8) Rechtsbehelf, I, II. Eine sofortige Beschwerde gegen den Beschluß ist weder bei der Anordnung noch bei der Ablehnung zulässig, § 355 II, Düss RR **98**, 933, Köln MDR **08**, 819. Das gilt auch im selbständigen Beweisverfahren, Hamm NVersZ **01**, 384, Kblz JB **07**, 269, Rostock MDR **08**, 999, aM Ffm MDR **08**, 585. Ein Verstoß gegen § 412 kann ein Revisionsgrund sein, BGH **164**, 84 (dort verneint). Er kann auf einen Antrag zur Zurückverweisung nach § 538 führen. **10**

413 ***Sachverständigenvergütung.*** **Der Sachverständige erhält eine Vergütung nach dem Justizvergütungs- und -entschädigungsgesetz.**

Schrifttum (teilweise zum alten Recht): *Bayerlein* (Herausgeber), Praxisbuch Sachverständigenrecht, 2. Aufl 1996; *Bleutge,* ZSEG, 3. Aufl 1995; *Eickmeier,* Die Haftung des gerichtlichen Sachverständigen für Vermögensschäden usw, 1993; *Hartmann,* Kostengesetze, 38. Aufl 2008, Teil V; *Heck,* Die Entschädigung nach dem ... ZSEG für den Sachverständigen des Handwerks, 1995; *Klein,* Die Rechtsstellung und die Haftung des im Zivilprozeß bestellten Sachverständigen, Diss Mainz 1994; *Meyer/Höver/Bach,* Die Vergütung und Entschädigung von Sachverständigen, Zeugen, Dritten und ehrenamtlichen Richtern nach dem JVEG, 24. Aufl 2007; *Müller,* Der Sachverständige im gerichtlichen Verfahren, 3. Aufl 1988; *Thole,* Die Haftung des gerichtlichen Sachverständigen nach § 839 a BGB, 2004; *Ulrich,* Der gerichtliche Sachverständige, 12. Aufl 2007; *Wellmann/Schneider/Hüttemann/Weidhaas,* Der Sachverständige in der Praxis, 6. Aufl 1997.

1 **1) Systematik, Regelungszweck: Verweisung.** Als eine abschließende Regelung ist (jetzt) das JVEG mit seiner eingehenden Regelung in §§ 1 ff JVEG maßgebend, BGH NJW **84**, 871, Hartmann Teil V. Diese Regelung ist verfassungsgemäß, BVerfG RR **02**, 67 (zum ZSEG). Soweit der Sachverständige auftragsgemäß über die Beweisfrage hinaus tätig war, erhält er eine Vergütung unabhängig davon, ob eine Partei auch insofern Kostenschuldner wird, Düss DS **04**, 264 (sog Interventionsgutachten zwecks Mediation).

2 **2) Geltungsbereich.** Vgl Üb 3 vor § 402.

3 **3) Vorsatz, grobe Fahrlässigkeit: Kein Anspruch, sondern Schadensersatzpflicht.** Wenn der gerichtlich bestellte oder beauftragte Sachverständige die Unverwertbarkeit seines Gutachtens grob fahrlässig oder gar auch nur bedingt vorsätzlich verschuldet, kann man ihn nicht wegen eines Vertragsverstoßes oder einer vertragsähnlichen Haftung belangen, Celle DS **04**, 344. Er kann sich vielmehr allenfalls nach § 839 a BGB wegen eines nach dem 31. 7. 02 eingetretenen Schadens infolge einer auf dem Gutachten beruhenden Gerichtsentscheidung ersatzpflichtig machen, es sei denn, der Geschädigte hatte vorwerfbar kein Rechtsmittel eingelegt, Art 2 Z 5, Artt 12, 13 G v 19. 7. 02, BGBl 2647. Maßgebend für den vorstehenden Stichtag ist aber nicht die Gerichtsentscheidung, sondern die Abgabe des Gutachtens, Art 229 § 8 EGBGB, LG Köln DS **04**, 350. Zur Haftung Brückner/Neumann MDR **03**, 906, Kilian VersR **03**, 683 (je: Üb). Schon vorher konnte er zumindest nach § 826 BGB haften, BGH VersR **03**, 1048. Er konnte dann in einer entsprechenden Anwendung von § 628 I 2 BGB auch seinen Anspruch auf eine Vergütung verlieren, so schon (je zum alten Recht), Mü FamRZ **95**, 1598.

Bedingter Vorsatz ist also bereits schädlich, ebenso eine *grobe Fahrlässigkeit,* Celle MDR **08**, 164, Kblz JB **06**, 213, LG Wuppert VersR **07**, 1675 rechts, aM Müller JR **81**, 55. Es kommt dann auch eine Kürzung in Betracht, LG Kblz FamRZ **00**, 178, AG Hann FamRZ **00**, 176. Das setzt allerdings auch voraus, daß sein Hinweis den Prozeßgang geändert hätte, LG Kblz FamRZ **00**, 178.

4 **4) Leichte Fahrlässigkeit, Schuldlosigkeit: Anspruch.** Der Vergütungsanspruch bleibt bei § 839 a BGB indessen dann bestehen, wenn der Sachverständige nur leicht fahrlässig handelte, so schon (teils zum alten Recht) BGH NJW **84**, 871, Hbg MDR **97**, 103, Rostock JB **07**, 215, aM KG FamRZ **99**, 1516, Kblz MDR **02**, 1152 (nach erfolgreicher Ablehnung. Aber das war schon nach altem Recht zu streng. Der Sachverständige würde wesentlich mehr haften als sein Auftraggeber, der Staat). Ein Vergütungsanspruch bleibt erst recht bestehen, soweit der Sachverständige überhaupt keine Schuld hatte, Hamm MDR **84**, 964, mag das Gutachten auch objektiv lückenhaft oder sonstwie fehlerhaft sein, Düss JB **01**, 537.

5 **5) Beispiele zur Frage einer Verwertbarkeit**

Ablehnung: *Unverwertbar* ist die Tätigkeit dann, wenn eine Partei den Sachverständigen erfolgreich abgelehnt hat, BGH NJW **76**, 1154 (späterer Ablehnungsgrund), Hbg JB **99**, 426, Kblz FamRZ **01**, 114 (Ausnahmen: Beide Parteien haben sich das Ergebnis trotzdem zu eigen gemacht; neuer Sachverständiger spart Kosten durch Mitverwertung des früheren Gutachtens, Mü RR **98**, 1637, dazu aM Düss MDR **01**, 527, Mü RR **98**, 1688).

Beweisfrage: *Unverwertbar* ist die Tätigkeit dann, wenn der Sachverständige die Beweisfrage nicht beantwortet hat, Ffm MDR **77**, 762.

Beziehung zur Partei: S „Mitarbeiter".

Bürogemeinschaft: S „Kanzleigemeinschaft".

Fachsprache: Verwertbar bleiben kann die Tätigkeit, wenn der Sachverständige eine notwendige Fachsprache wählte, Oldb NJW **91**, 1241 (zu § 411).

Fristeinhaltung: S „Ungeeignetheit".

Kanzleigemeinschaft: *Unverwertbar* kann die Tätigkeit dann sein, wenn der Sacherständige nicht seine Kanzleigemeinschaft mit einem der ProzBev mitgeteilt hat, Düss MDR **01**, 1262.

Mangel: *Unverwertbar* ist die Tätigkeit dann, wenn sie schwere inhaltliche Mängel gezeigt hat, Kblz BB **93**, 1975, AG Dortm JB **95**, 151.

Mitarbeiter: *Unverwertbar* ist die Tätigkeit dann, wenn der Sachverständige einen nicht ganz untergeordneten Mitarbeiter nicht nach dessen Beziehungen zu einer Partei befragt hat, Celle MDR **08**, 164 (streng).

Mitverwertung: S „Ablehnung".

Ortstermin: *Unverwertbar* ist die Tätigkeit grds dann, wenn der Sachverständige einen Ortstermin ohne eine Benachrichtigung der beiden Parteien durchgeführt hat, Mü MDR **98**, 1123 (Ausnahme: Kein gerichtlicher Hinweis an einen unerfahrenen Sachverständigen, Kblz JB **08**, 379).

Reaktion: *Unverwertbar* kann die Tätigkeit dann sein, wenn der Sachverständige sich nur darauf beschränkt hat, auf unberechtigte Angriffe zu reagieren, Düss RR **97**, 1353.

Sachkunde: S „Ungeeignetheit".

Schweigepflicht: *Unverwertbar* ist die Tätigkeit dann, wenn sich der Sachverständige zu Recht oder zu Unrecht auf seine Schweigepflicht berufen hat, § 286 Rn 58, LG Mönchengladb WoM **98**, 297.

Soldat: Es gelten keine besondere Regeln, SchlAnh II Z 18 ff.

Ungeeignetheit: *Unverwertbar* ist die Tätigkeit dann, wenn bei ihr die völlige Ungeeignetheit des Sachverständigen zutage getreten ist, Mü AnwBl **02**, 67 (auch zur Fristeinhaltung). Dasselbe gilt dann, wenn der Sachverständige dem Gericht nicht das Fehlen seiner Sachkunde mitgeteilt hat, § 407 a I 1, Düss MDR **88**, 874, Nürnb JB **06**, 654, AG Hann FamRZ **00**, 176.

Untätigkeit: *Unverwertbar* ist die „Leistung" des Sachverständigen nach dessen übermäßig langer Untätigkeit zB über Jahre statt (wie beim Nachfolger) Monate, Ffm DS **04**, 349, Hbg MDR **06**, 1258.

Untersuchungsergebnis: *Unverwertbar* kann die Tätigkeit dann sein, wenn der Sachverständige lediglich das Ergebnis der Untersuchung mitgeteilt hat, Ffm MDR **77**, 762.

Vorschuß: *Unverwertbar* kann die Tätigkeit sein, wenn der Sachverständige pflichtwidrig nicht dem Gericht mitgeteilt hatte, daß der Vorschuß nicht ausreiche, § 407 a III.

414 *Sachverständige Zeugen.* **Insoweit zum Beweis vergangener Tatsachen oder Zustände, zu deren Wahrnehmung eine besondere Sachkunde erforderlich war, sachkundige Personen zu vernehmen sind, kommen die Vorschriften über den Zeugenbeweis zur Anwendung.**

1) Systematik. Man muß die folgenden Beweismittel auseinanderhalten: Den Sachverständigen, §§ 402 ff. Er bleibt das, auch wenn er sich die Kenntnis der für sein Gutachten notwendigen Tatsachen erst verschaffen muß, § 407 a Rn 11; den Zeugen und Sachverständigen. Das ist derjenige, der seine ohne einen Zusammenhang mit einem gerichtlichen Sachverständigenauftrag und ohne eine besondere Sachkunde gemachten Wahrnehmungen bekunden und aus ihr fachkundige Schlüsse ziehen soll. Er muß evtl den Zeugen- und den Sachverständigeneid leisten. Soweit das Gericht ihn als einen Sachverständigen beansprucht, darf und muß es ihn wie einen Sachverständigen beurteilen. Er kann dann auch die Gebühren eines Sachverständigen fordern, selbst wenn das Gericht ihn nur als einen sachverständigen oder „gewöhnlichen" Zeugen geladen und zunächst auch nur so belehrt hatte, Celle VersR **00**, 58. Ferner gibt es den endgültigen sachverständigen Zeugen, Rn 4. 1

2) Regelungszweck. Die Verweisung auf §§ 373 ff dient der Vereinfachung. Sie ist ja auch durchaus sinnvoll. Denn der sachverständige Zeuge ist jedenfalls zunächst ein Zeuge, Rn 1. Wie dort angedeutet, wird aber in der Praxis meist dann doch rasch während der Vernehmung aus dem sachkundigen Darsteller eines vergangenen Geschehens ein sachkundiger Beurteiler jenes Vorgangs und damit ein echter Sachverständiger. Von diesem Augenblick an muß das Gericht ihn als einen Sachverständigen behandeln, beaufsichtigen und nicht zuletzt auch vergüten. Von diesem Augenblick an endet also verständigerweise die Anwendbarkeit des § 414 mit den dort genannten Zeugenbestimmungen. Es ist die Aufgabe des Gerichts, schon wegen §§ 8, 9 JVEG, aber natürlich auch im übrigen sogleich auch im Protokoll die beabsichtigte oder eingetretene Funktionsänderung klarzustellen. Ein Rechtsmißbrauch ist auch hier unstatthaft, Einl III 54. Es wäre nicht zulässig, weitere Zeugenbekundungen etwa über ein Schadensbild durch eine Sachverständigenfrage zu unterbrechen, nur um nach der Antwort einen Ablehnungsantrag anbringen zu können, Rn 4. 2

3) Geltungsbereich. Vgl Üb 3 vor § 402. 3

4) Sachverständiger Zeuge. Er ist ein solcher Zeuge, der die zu bekundenden Tatsachen nur kraft seiner Sachkunde ohne einen Zusammenhang mit einem gerichtlichen Sachverständigenauftrag wahrgenommen hat, OVG Kassel MDR **97**, 98. 4

A. Unersetzbarkeit. Maßgebend ist, ob er unersetzbar ist (dann ist er ein sachverständiger Zeuge) oder ob er auswechselbar ist (dann ist er Sachverständiger), Üb 6 vor § 402, Üb 14 vor § 402, § 407 a Rn 6, Hamm MDR **88**, 418. Seine Eigenschaft ergibt sich zunächst aus dem Beweisbeschluß oder Auftrag, Brdb VersR **06**, 237. Sie kann sich gegenüber der Ladung durch die Art der tatsächlichen Heranziehung ändern, Rn 3, Brdb VersR **06**, 237, Düss VersR **83**, 544, Jena MDR **08**, 587. Das gilt zB nach einem Privatgutachten, Hamm JB **91**, 1259. Es gilt ferner dann, wenn das Gericht ihn nun wie einen Sachverständigen um eine Bewertung über die Tatsachenbekundung hinaus bittet. Hier entstehen freilich schwierige und für den Verlierer kostspielige Abgrenzungsfragen.

B. Grenzfall. Im Zweifel darf und muß man eine Beurteilung oder Bewertung meist als eine Sachverständigentätigkeit beurteilen, BGH NJW **07**, 2124 links oben. Er ist im ersteren Fall ein Zeuge und untersteht ausnahmslos den Vorschriften über den Zeugenbeweis, §§ 373 ff. Der Arzt ist zB ein sachverständiger Zeuge, wenn er über eine bestimmte Krankheit aussagt, aber ein Sachverständiger und Zeuge, wenn er die Ursache und die Wirkung dieser Krankheit bekundet. Er kann zum Sachverständigen werden, Rn 1. Der erfolgreich abgelehnte Sachverständige kann anschließend ein sachverständiger Zeuge sein, Jessnitzer DS **91**, 268. Der sachverständige Zeuge ist zB nicht ablehnbar, Rn 2. Insofern erfolgt eine freie Beweiswürdigung, § 286. 5

C. Keine Auswahl. Es findet beim sachverständigen Zeugen keine gerichtliche Auswahl statt. Von seiner Anhörung darf das Gericht nicht schon wegen seiner fehlenden Sachkunde absehen. Er leistet einen Zeugeneid, §§ 478 ff. Er erhält für seine Tätigkeit in dieser Eigenschaft eine Zeugenentschädigung nach dem JVEG und wegen einer etwa vorausgegangenen oder nachfolgenden Tätigkeit als ein Sachverständiger eine Vergütung nach den in § 413 Rn 1–5 dargestellten Regeln, Düss VersR **83**, 544, Mü JB **81**, 1699. Es ist ratsam, die nun tatsächlich geforderte und geleistete Tätigkeitsart im Protokoll festzuhalten, Rn 2. Die von ihm bekundeten Tatsachen sind notfalls unter der Hinzuziehung eines Sachverständigen nachprüfbar. Das Gericht würdigt ein Arztattest nicht nach § 414, sondern als eine Privaturkunde nach § 416 Rn 1 nach § 286, BGH NJW **90**, 1735. 6

Titel 9. Beweis durch Urkunden

Übersicht

Schrifttum: *Ahrens,* Elektronische Dokumente und technische Aufzeichnungen als Beweismittel. Zum Urkunden- und Augenscheinsbeweis der ZPO, Festschrift für *Geimer* (2002) 1; *Baltzer,* Elektronische Datenverarbeitung in der kaufmännischen Buchführung und Prozeßrecht, Gedächtnisschrift für *Bruns* (1980) 73; *Becker,* Elektronische Dokumente als Beweismittel im Zivilprozess, 2004; *Britz,* Urkundenbeweisrecht und Elektroniktechnologie, 1996; *Fischer-Dieskau,* Das elektronisch signierte Dokument als Mittel der Beweissicherung, 2006; *Hertel,* Der Urkundenprozeß unter besonderer Berücksichtigung von (rechtlichem Gehör) und Vollstreckungsschutz, 1992; *Reithmann,* Vorsorgende Rechtspflege durch Notare und Gerichte, 1989; *Reithmann/Röll/Geßele,* Handbuch der notariellen Vertragsgestaltung, 7. Aufl 1995; *Schippel,* Die elektronische Form usw, in: Festschrift für *Odersky* (1996); *Schreiber,* Die Urkunde im Zivilprozeß, 1982; *Steeger,* die zivilprozessuale Mitwirkungspflicht der Parteien beim Urkunden- und Augenscheinbeweis, Diss Bln 1981; *Teske,* Der Urkundenbeweis im französischen und deutschen Zivil- und Zivilprozeßrecht, 1990.

Gliederung

1 **1) Systematik.** §§ 415 ff regeln diejenige Beweisart, die lange als die zuverlässigste galt, bis auch sie im Zuge des technischen Fortschritts mit seinen enorm zunehmenden Manipulationsmöglichkeiten problematisch wurde. Das ändert BayObLG RR **97**, 1029 nicht. Vom Urkundenbeweis muß man einen Augenscheinsbeweis nach §§ 371 ff unterscheiden. Das gelingt wegen dieser technischen Entwicklung nicht immer leicht, Üb 1 vor § 371.

2 **2) Regelungszweck.** Wegen der Manipulationsmöglichkeiten nach Rn 1 ist der lange Zeit hindurch so einfach erkennbare Zweck gerade des Urkundenbeweises, der Wahrheitsermittlung am ehesten mithilfe desjenigen, was der Beweisführer „schwarz auf weiß besitzt", so fragwürdig geworden, daß nur eine zurückhaltende Auslegung sowohl des Urkundenbegriffs als auch der jeweiligen Beweiskraft der verschiedenen Urkundenarten zu vertretbaren Ergebnissen führen kann.

3 *Nahezu wertlos* mutet ein solches Beweismittel an, das man mit den heutigen technischen Möglichkeiten beliebig so bearbeiten kann, daß aus Ja ein Nein und aus Schwarz ein Weiß werden kann. Das gilt nur theoretisch lediglich bei einer wie immer gearteten Kopie. Auch so manches Original steht aber in einer solchen Gefahr.

Praktisch unentbehrlich bleibt die Urkunde gleichwohl als ein Beweismittel. Nicht bei jedem Dokument gibt es gleich auch einen halbwegs begründbaren Anfangsverdacht einer nachträglichen Verfälschung der vorgenannten Arten. Will man nicht jedermann als einen Urkundenfälscher bis zum Beweis des Gegenteils befürchten, muß man von dem Fehlen solcher strafbaren Begleitumstände ebenso ausgehen, wie man es bei anderen Beweismitteln auch tut und tun muß. Es wäre ja auch verhängnisvoll und mit Artt 1, 2 GG unvereinbar, von vornherein jeden Zeugen oder Sachverständigen als einen Lügner zu betrachten.

Ruhige Abwägung tut not und hilft, weder übertrieben vertrauensseelig noch allzu argwöhnisch an einen Urkundenbeweis heranzugehen. Eine erhöhte Wachsamkeit ist freilich leider ebenfalls ziemlich unumgänglich geworden.

4 **3) Geltungsbereich.** §§ 415 ff gelten in allen Verfahrensarten nach der ZPO, auch im WEG-Verfahren, auch im arbeitsgerichtlichen Verfahren, § 46 II 1 ArbGG. Sie gelten auch für eine ausländische Urkunde, Lorenz ZZP **111**, 59. Zum Verfahren der ausländischen Beweisaufnahme §§ 363 ff. §§ 415 ff gelten auch (jetzt) im FamFG-Verfahren, Mü FGPrax **08**, 163. § 415 bindet daher auch das Grundbuchamt, Celle DNotZ **06**, 299.

5 **4) Begriff und Rechtsnatur.** Es gilt ein klares Abgrenzungsmerkmal.

A. Gedankenverkörperung. Urkunde nach der ZPO ist die schriftliche Verkörperung eines Gedankens, BGH **65,** 301, FG Bln NJW **77**, 2232. Demgegenüber zielt der Augenschein nach § 371 nur auf die Sinneswahrnehmung der Person oder Sache ab. Anders als im StGB gehören Grenzzeichen und dergleichen zum Augenscheinsbeweis. Denn sie dienen keiner Aussage, sondern einer Kennzeichnung. Das gilt zB für Siegel, Fahrzeug- oder Motorziffern. Dasselbe gilt für Tonbandaufnahmen, Schallplatten, CDs usw sowie Fotos, Üb 12 ff vor § 371. Zur Anwendbarkeit bei § 29 GBO BayObLG IPRax **94**, 122. Unerheblich ist: Aus welchen üblichen oder vereinbarten Schrift- oder Druckzeichen die Urkunde besteht; welches Material sie trägt; ob sie eine Unterschrift zeigt; welche Bedeutung sie hat und welchem Zweck sie dient. Gegenstand des Beweises ist ihr gedanklicher Inhalt.

6 **B. Fotokopie.** Eine Fotokopie kann auch unbeglaubigt eine Urkunde sein, BGH MDR **76**, 304, Köln NJW **92**, 1774, Laghzaoui MDR **96**, 230 (Telefax), aM BGH NJW **92**, 829, ZöGei 2 vor § 415 (aber wenn auch nur das Original den erhöhten bindenden Beweiswert beanspruchen kann, verbleibt doch stets die

Möglichkeit einer weitgehend freien Würdigung nach § 286). Zusammengesetzte Fotokopien von Teilen mehrerer Schriftstücke sind keine Urkunde, Düss NJW **01**, 167 (StGB). Zur Problematik Zoller NJW **93**, 429.

C. Computerbescheid. Er und ähnliche technische Aufzeichnungen sind Urkunden, soweit sie wenn auch programmierte Gedanken verkörpern, aM Baltzer Festschrift für Bruns (1980) 80 (§§ 415 ff gelten entsprechend. Aber dieser Umweg ist unnötig). Das gilt auch für den zusätzlichen Ausdruck eines elektronischen Dokuments nach § 130 a. Man muß dagegen die zugehörige Originaldatei nach § 371 I 2 behandeln. Ein Computerspeicher ist keine Urkunde, Redeker NJW **84**, 2394. Wegen der Verwertbarkeit personenbezogener Daten muß man das BDSG beachten. Schuppenhauer DB **94**, 2041 (ausf) wendet §§ 415 ff auf andere elektronische Dokumente bei einer ausreichenden Fehler- und Fälschungssicherheit entsprechend an, aM Malzer DNotZ **98**, 107. 7

5) Arten. Die ZPO unterscheidet die öffentliche Urkunde (Begriff § 415 Rn 4, Beweiskraft §§ 417, 418) und die Privaturkunde (Begriff § 416 Rn 3, Beweiskraft § 416 Rn 6–8). Maßgeblich ist nicht der Inhalt, sondern die Form, BayObLG Rpfleger **75**, 316. Beide Urkundenarten können räumlich verbunden sein, zB bei einer öffentlich beglaubigten Urkunde. Ferner sollte man zwischen der Urschrift und der Abschrift oder Ablichtung unterscheiden. Ferner unterscheidet man zwischen einer Ausfertigung, einer beglaubigten und einer einfachen Abschrift oder Ablichtung (Begriff beider § 317 Rn 8). 8

6) Beweiskraft. Nur eine echte und körperlich intakte Urkunde hat eine Beweiskraft. Man muß ihre Echtheit nach §§ 437–443 beurteilen, die Unversehrtheit nach § 419. Ist die Urkunde echt, muß man weiter im Weg gesetzlicher Beweisregeln und insofern unter einer vorrangigen Einschränkung des Grundsatzes freier Beweiswürdigung nach § 415 Rn 2 wie folgt unterscheiden. 9

A. Äußere (formelle) Beweiskraft. Die äußere Beweiskraft nach §§ 415 ff bezeugt, daß der Aussteller die in der Urkunde niedergelegte Erklärung wirklich abgegeben hat, BGH FamRZ **07**, 636 rechts unten (auch in fremder Sprache). Dabei regelt § 417 die äußere Beweiskraft einer öffentlichen Urkunde, § 416 diejenige einer privaten. Ob diese Erklärung richtig oder falsch ist, gehört zur inneren Beweiskraft. Die äußere Beweiskraft erfordert den Nachweis der Echtheit der Urkunde. Für ihn stellt die ZPO bindende Beweisregeln auf und schließt insofern § 286 aus.

B. Innere (materielle) Beweiskraft. Sie regelt die inhaltliche Richtigkeit der Erklärung. Sie hat die sachliche Bedeutung der Erklärung für den Beweissatz zum Gegenstand. Das Gericht darf und muß die innere Beweiskraft nach einer freien richterlichen Überzeugung würdigen, § 286, VG Sigmaringen NVwZ-RR **05**, 634. Nach ihr entscheidet sich zB, ob die Urkunde ein Schuldanerkenntnis enthält oder ob sie eine Mängelrüge ist. Wenn die in der Urkunde enthaltene Erklärung nicht als ein Beweispunkt infrage kommt, sondern als ein Indiz nach Einf 16 vor § 284, würdigt das Gericht frei, was die Abgabe der Erklärung für den Beweissatz besagt. Beispiele: Ob in der Mängelrüge ein außergerichtliches Geständnis des Vertragsschlusses liegt; ob die vom Arzt aufgezeichnete Krankengeschichte die Krankheit beweist. Hierbei kommt es auf die Glaubwürdigkeit des Ausstellers an. Nur bei öffentlichen Zeugnissen einer Behörde oder Urkundsperson stellt das Gesetz diese Glaubwürdigkeit durch gesetzliche Beweisregeln fest, zB in §§ 415, 165. 10

C. Zeugenaussage, Auskunft, Zeugnis. Über eine urkundenbeweisliche Verwertung von Zeugenaussagen § 286 Rn 69. Über amtliche Auskünfte und behördliche Zeugnisse Üb 32 vor § 373. 11

D. Parteibeweis. Der Urkundenbeweis ist regelmäßig ein Parteibeweis, Grdz 20 vor § 128. Eine Erhebung von Amts wegen ist nur zulässig: Im Amtsverfahren nach dem FamFG; nach §§ 142, 143, 273, also wenn sich eine Partei auf die Urkunde bezogen hat; bei Akten und zur Vorbereitung der mündlichen Verhandlung; bei § 358 a nur indirekt, nämlich im Rahmen von Z 2, 3; bei Vollkaufleuten und gewissen Streitpunkten zur Vorlegung von Handelsbüchern und Tagebüchern der Handelsmakler, §§ 45, 47, 102 HGB. In den letzteren beiden Fällen können die Parteien die Verwertung durch deren vereinbarten Ausschluß verhindern. 12

E. Zuverlässigkeit. Die Urkunde war lange Zeit hindurch das einzige zuverlässige Beweismittel. Man darf es auch heute noch anderen Beweismitteln trotz der Grenzen Üb 2, 3 vor § 415 oft vorziehen. Einen gegenüber einer Urkunde versuchten Zeugenbeweis muß man oft mit einem gewissen Mißtrauen betrachten. Meist soll er dem Beweisführer das rechtswidrige Lossagen von der niedergelegten Vereinbarung ermöglichen. Die Rechtssicherheit nach Einl III 43 verlangt, daß das Gericht eine Urkunde nicht ohne Not in ihrem Wert antastet. Über mündliche Abreden neben Urkunden Anh § 286 Rn 93 „Form". 13

7) Ersetzung einer Urkunde. Die Ersetzung einer zerstörten oder abhanden gekommenen gerichtlichen oder notariellen Urkunde nach §§ 46, 68 BeurkG erfolgt durch eine beglaubigte Abschrift oder Ablichtung einer noch vorhandenen Ausfertigung oder beglaubigten Kopie. Andernfalls muß das Gericht oder der Notar den Inhalt der Urkunde klären. Stets ist der Beweis nach dem Verlust einer privaten Urkunde mit allen anderen Beweismitteln zulässig. 14

415 *Beweiskraft öffentlicher Urkunden über Erklärungen.*

I Urkunden, die von einer öffentlichen Behörde innerhalb der Grenzen ihrer Amtsbefugnisse oder von einer mit öffentlichem Glauben versehenen Person innerhalb des ihr zugewiesenen Geschäftskreises in der vorgeschriebenen Form aufgenommen sind (öffentliche Urkunden), begründen, wenn sie über eine vor der Behörde oder der Urkundsperson abgegebene Erklärung errichtet sind, vollen Beweis des durch die Behörde oder die Urkundsperson beurkundeten Vorganges.

II Der Beweis, dass der Vorgang unrichtig beurkundet sei, ist zulässig.

Gliederung

1 **1) Systematik, I, II.** Die Vorschrift regelt die Beweiskraft einer öffentlichen Urkunde im Gegensatz zur privaten nach § 416. Das gilt auch bei ihr nur, soweit es sich um eine private Erklärung handelt, nicht um eine behördliche Erklärung nach § 417 oder um einen sonstigen öffentlich beurkundeten Vorgang. Ergänzend gilt § 419.

2 **2) Regelungszweck, I, II.** Es handelt sich um eine gesetzliche Beweisregel, Rn 8. Das ist eine Einschränkung des Grundsatzes der freien Beweiswürdigung, § 286 Rn 4. Sie ist schon deshalb nicht unproblematisch, wenn auch sicher meist nach Grdz 14 vor § 128 prozeßwirtschaftlich und darum verlockend und ja eben auch bindend. Da die Gefahr von zumindest nachträglichen Manipulationen nach Üb 2 vor § 415 auch bei öffentlichen Urkunden besteht, ist leider auch bei § 415 eine zurückhaltende Auslegung ratsam.

Gegenbeweis, II, sollte umso eher möglich sein. Natürlich reicht zu einem Gegenbeweis nicht schon jede bloße Möglichkeit oder Wahrscheinlichkeit, Rn 11. Eine Rückkehr zur freien Beweiswürdigung ist aber beim Gegenbeweis immerhin eher zulässig als nach I beim Hauptbeweis. Natürlich darf man nicht auf einem solchen Weg das gesetzliche Gewicht der öffentlichen Urkunde verringern. Die Lebenserfahrung vor Gericht zeigt aber oft genug, daß auch die Behörden problematische Bescheinigungen usw ausstellen. Das Verhältnis zwischen dem Staat und dem Bürger hat sich auch im Urkundenbereich gewandelt. Eine Obrigkeitsgläubigkeit kann den Blick auf die wahre Problematik verstellen. Das darf man wohl auch bei § 415 ein wenig miterwägen.

3 **3) Geltungsbereich, I, II.** Vgl Üb 3 vor §§ 415 ff. Die Vorschrift gilt auch im WEG-Verfahren. Sie gilt auch (jetzt) im FamFG-Verfahren, BayObLG RR **00**, 457, Celle DNotZ **06**, 299. Urkunden, die seinen Erfordernissen genügen, haben einen „öffentlichen Glauben". Fehlt ein Erfordernis, tritt eine freie Beweiswürdigung nach § 286 ein. Öffentlich nur verwahrte oder beglaubigte Urkunden sind über den Beglaubigungsvermerk hinaus keine öffentlichen Urkunden, BGH MDR **80**, 299, BayObLG DNotZ **85**, 220. Sie sind vielmehr Privaturkunden mit einer öffentlichen Beglaubigung der Unterschrift oder des Handzeichens. Deutsche Konsuln sind zur Unterschriftsbeglaubigung befugt, § 17 KonsG. Über Lichtbilder von Urkunden (Fotokopien) LAG Kiel Rpfleger **89**, 163. Die unbeglaubigte Fotokopie kann zwar eine Urkunde sein, Üb 6 vor § 415. Sie ist aber keine öffentliche oder öffentlich beglaubigte Urkunde, BGH NJW **92**, 830. Ihre strafrechtliche Beurteilung ist strenger.

4 **4) Begriff der öffentlichen Urkunde, I.** Es bestehen strenge Voraussetzungen.

A. Behörde. Notwendig ist die Ausstellung durch eine öffentliche Behörde oder eine mit öffentlichem Glauben versehene Person. Öffentliche Behörde ist eine solche Behörde, die durch den erkennbar gewordenen Staatswillen als ein dauernder Träger staatlicher Hoheitsrechte so anerkannt und eingerichtet ist, daß sie nicht vom Dasein eines einzelnen Beamten abhängt. Ob das zutrifft, richtet sich nach dem am Ausstellungsort der Urkunde geltenden Verwaltungsrecht. Eine ausländische öffentliche Urkunde hat natürlich keine höhere Beweiskraft als eine inländische, Hamm RR **00**, 407.

5 **B. Mit öffentlichem Glauben versehene Person.** Das ist eine durch eine staatliche Ermächtigung allgemein oder beschränkt zur Beurkundung bestellte oder ermächtigte Person.

6 **C. Beispiele zur Frage einer Behörde usw**

Anwalt: Er ist *keine* Person mit öffentlichem Glauben, auch an sich nicht beim Empfangsbekenntnis nach (jetzt) §§ 174, 195, BbgJB **78**, 243. Vgl aber auch § 418 Rn 5 „Empfangsbekenntnis".

Ausländische Behörde: Eine solche zB nach § 438 ist eine Behörde nach I, BVerwG NJW **87**, 1159, Zweibr FamRZ **04**, 729.

Beamter: Er ist eine Person mit öffentlichem Glauben nach I. Das kann auch beim ausländischen Beamten gelten. Vgl aber § 438.

Beleihung: § 418 Rn 5 „Post".

Berufsvertretung: Eine amtliche ist eine Behörde nach I.

Bundesbehörde: Sie ist natürlich eine Behörde nach I.

Deutsche Bahn AG: Sie ist *keine* Behörde nach I (mehr).

Deutsche Post AG: Sie ist an sich *keine* Behörde nach I (mehr). Vgl aber § 168 I 2, BVerfG RR **02**, 1008, ferner § 418 Rn 5 „Post" (Beleihung). Dieselben Erwägungen gelten beim Postmitarbeiter.

Enteignungsbehörde: S „Landesbehörde".

Gemeindebehörde: Sie ist eine Behörde nach I.

Gericht: Jedes Gericht ist eine Behörde nach I, BayObLG **97**, 90, Jena MDR **08**, 43, KG MDR **82**, 330. Das gilt auch für ein ausländisches Gericht, BGH MDR **07**, 791.

Gerichtsvollzieher: Er ist eine Person mit öffentlichem Glauben nach I, Köln MDR **91**, 260, VG Bln DGVZ **89**, 124.

Gerichtsvorstand: Der Präsident oder Direktor ist eine Behörde nach I, Stgt RR **86**, 7 (Berufung eines Testamentsvollstreckers).

Gerichtswachtmeister: Er ist eine Person mit öffentlichem Glauben nach I, soweit er nicht ohnehin als Behörde nach I fungiert.
Handelsmakler: Er ist *keine* Person mit öffentlichem Glauben, §§ 93 ff HGB.
Handwerkskammer: S „Berufsvertretung".
Hochschule: Eine öffentliche ist eine Behörde nach I, eine private *nicht*.
Industrie- und Handelskammer: S „Berufsvertretung".
Innung: S „Berufsvertretung".
Jugendamt: Es ist eine Behörde nach I, LG Düss FamRZ **84**, 923, LG Duisb Rpfleger **84**, 98.
Kirchenbehörde: Sie ist fast stets eine Behörde nach I.
Konsul: Der Berufs- wie der Honorarkonsul ist eine Person mit öffentlichem Glauben nach I, soweit er im Rahmen von §§ 10 ff KonsG arbeitet, Geimer DNotZ **88**, 3.
Kreisbehörde: Sie ist eine Behörde nach I.
Notar: Er ist eine Person mit öffentlichem Glauben nach I, BGH JZ **87**, 522, Celle DNotZ **06**, 299, LG Ffm NJW **08**, 93.
Landesbehörde: Sie ist eine Behörde nach I, etwa eine Enteignungsbehörde, BGH **88**, 170.
Ortsbehörde: S „Gemeindebehörde".
Postbank AG: Sie ist *keine* Behörde nach I (mehr), aM BayObLG NJW **93**, 2947 (vor der Privatisierung).
Postbediensteter: S „Deutsche Post AG".
Sachverständiger: Er ist als solcher *keine* Person mit öffentlichem Glauben, auch nicht der amtlich anerkannte und beeidigte, etwa zum Straßenverkehrsrecht, aM LG Bonn DGVZ **89**, 13.
Sozialamt: Es ist eine Behörde nach I, LG Düss FamRZ **84**, 923, LG Duisb Rpfleger **84**, 98.
Standesamt, -beamter: Es ist eine Behörde nach I, er ist eine Person mit öffentlichem Glauben nach I.
Stasi-Bundesbeauftragter: Er ist *keine* Person mit öffentlichem Glauben, VG Greifsw DtZ **95**, 455.
Universität: Sie ist eine Behörde nach I.
Urkundsbeamter: Er ist eine Person mit öffentlichem Glauben nach I, Mü OLGZ **80**, 468, soweit er nicht ohnehin als eine Behörde nach I fungiert.
Versicherungsanstalt: Eine öffentliche ist eine Behörde nach I.

D. Sachliche Zuständigkeit. Notwendig ist die Einhaltung der Grenzen der Amtsbefugnisse oder des zugewiesenen Geschäftskreises. Es genügt nicht, daß die Amtsstelle diejenige Urkunde ausstellen darf, die bei ihr gebräuchlich ist. Ihre Vollmacht läßt sich aber vermuten. Maßgebend ist die sachliche Zuständigkeit. Diese dürfte zB dann fehlen, wenn ein Ermittlungsrichter bei einer Zeugenvernehmung solche Erklärungen des Zeugen protokollieren läßt, die den letzten Willen des Zeugen enthalten, BayObLG **79**, 237. Die örtliche Zuständigkeit berührt zwar die innere Beweiskraft insofern, als bei ihrem Fehlen die Urkunde unwirksam sein kann, nicht aber die äußere, Üb 9, 10 vor § 415. Auch die privatrechtliche Urkunde einer öffentlichen Behörde über ein in ihren Amtsbereich fallendes Privatrechtsgeschäft ist eine öffentliche Urkunde, LG Kiel DNotZ **87**, 48. Damit geschieht aber deren Ausstellung noch nicht immer in einer Ausübung öffentlicher Gewalt, LG Kiel DNotZ **87**, 49. Auch eine solche sog Eigenurkunde des Notars ist eine öffentliche Urkunde, die er errichtet, um eine zuvor beurkundete oder beglaubigte Erklärung eines Beteiligten zu berichtigen oder zu ergänzen oder sie inhaltlich zB an grundbuchrechtliche Erfordernisse anzupassen. Das gilt, wenn der Notar sie unterzeichnet und gesiegelt hat, BGH **78**, 39. 7

E. Form. Notwendig ist schließlich die Beobachtung aller wesentlichen Formvorschriften, §§ 159 ff, 190 ff ZPO, Artt 80 ff WG, §§ 8 ff BeurkG, BayObLG FGPrax **01**, 59, dazu DVO v 1. 8. 70, BayJMBl 67, zB die persönliche Entgegennahme der Erklärung, die Verlesung des gesamten in der Niederschrift des Notars enthaltenen Erklärungsinhalts, zumindest soweit er beurkundungsbedürftig ist, sowie die Unterschrift, auch bei handschriftlichen Zusätzen, BGH NJW **94**, 2768, und eine etwa notwendige Siegelung. Eine beglaubigte Kopie kann reichen, BGH MDR **07**, 791. Man kann die Einhaltung der Form nur der Urkunde selbst oder denjenigen Vorgängen entnehmen, die mit ihrer Errichtung in einem unmittelbaren Zusammenhang stehen, nicht aus außerhalb liegenden Umständen. Die Einhaltung einer Sollvorschrift ist nicht notwendig. Aus dem Erklärungsinhalt kann man nichts gegen die Eigenschaft als öffentliche Urkunde herleiten. Hierfür sind lediglich die formalen Voraussetzungen des § 415 maßgeblich. Wegen eines Formmangels Rn 3 und § 416 Rn 3. 8

5) Beweiskraft, I. Sie wird oft unter- wie überschätzt. 9

A. Grundsatz: Nicht für inhaltliche Richtigkeit der Erklärung. § 415 gibt eine gesetzliche Beweisregel, BGH NJW **01**, 449. Sie gilt unter der Voraussetzung der Echtheit nach Einf 1 vor § 437, BGH NJW **01**, 449. Sie erfordert eine äußerliche Mangelfreiheit der Urkunde, § 419. Sie hat den Vorrang vor § 286. Die Beweisregel gilt freilich nur für die Abgabe der Erklärung, BGH NJW **01**, 449. Sie gilt also nicht auch für deren inhaltliche Richtigkeit, BGH JZ **87**, 522, BayObLG **04**, 121, Ffm MDR **90**, 641.

Erklärung ist dabei jede Willensäußerung, zB eine Grundstücksauflassung. Die Beurkundung von Tatsachen fällt unter § 418. Zur Beweiskraft der notariellen Urkunde BayObLG Rpfleger **95**, 410. Aber nicht jede öffentliche Urkunde hat diese Beweiskraft, sondern nur diejenige über eine vor der Behörde oder vor der Urkundsperson abgegebene Erklärung. Das ist nur eine solche „bezeugende" Urkunde, in der sich die beurkundende Behörde am zu beurkundenden Vorgang nicht beteiligt ist, LG Drsd Rpfleger **95**, 67.

Nicht aber gehört hierher eine solche öffentliche Urkunde, die eine von der Behörde selbst abgegebene Erklärung enthält, sog „bewirkende" Urkunde, LG Drsd Rpfleger **95**, 67. Sie kann je nach ihrem Inhalt hoheitsrechtlich (Gerichtsentscheidung, Polizeiverfügung, Steuerbescheid) oder zB gewerberechtlich sein (Mietvertrag, Kaufvertrag, Personen- und Güterbeförderungsvertrag, Vollmacht einer Bundesanstalt usw). Insofern gelten §§ 417, 418, BayObLG Rpfleger **75**, 316.

B. Beurkundeter Vorgang. Der beurkundete Vorgang ist voll bewiesen, Jena MDR **08**, 43, LG Stralsund NJW **97**, 3178. Jede andere Beweiswürdigung schließt § 415 in einer Abweichung von § 286 aus, 10

BGH MDR **78**, 739, BayObLG RR **97**, 1029. Daher besteht kein Anlaß dazu, den Aufnehmenden als Zeugen zu vernehmen.

„Vorgang" begreift in sich: Den Ort, Hamm VersR **00**, 1220; die Zeit, Hamm VersR **00**, 1220; die Anwesenheit der Urkundsperson; die Tatsache der Abgabe der Erklärung, BGH NJW **01**, 449, Hamm VersR **00**, 1220, einschließlich der Vollständigkeit der Wiedergabe des geäußerten rechtsgeschäftlichen Willens, BGH JZ **87**, 523, Karlsr MDR **99**, 387, Schlesw MDR **00**, 632; deren Herkunft von einer bestimmten Person, Celle DNotZ **06**, 299, Hamm VersR **00**, 1220, aM ThP 5 (aber gerade auch diese Nämlichkeits-Teilfrage gehört hierher). Wenn die Erklärung ein Anerkenntnis der Echtheit eines übergebenen Schriftstücks enthält, erstreckt sich die Beweisregel auch auf dieses Schriftstück. Einen weiteren Beweis für den Vorgang darf das Gericht nicht verlangen. Die Richtigkeit und die Wirksamkeit der abgegebenen Erklärung gehören nicht hierher. Vgl Üb 9 vor § 415.

Nicht zählt dazu: daß sie „persönlich bekannt ist"; auch nicht ein sonstiger Hinweise, sonstige Informationen usw, BGH DNotZ **86**, 79.

11 **6) Gegenbeweis, II.** Man nimmt ihn zu oft an. Für den Gegenbeweis der Unechtheit gilt nicht II, sondern § 286.

A. Unrichtigkeit der Beurkundung. Ein Gegenbeweis ist dahin zulässig und notwendig, daß die Urkunde schadhaft sei, § 419, daß man den Vorgang unrichtig beurkundet habe, § 348 I StGB, BayObLG RR **00**, 457, Hamm VersR **00**, 1220, daß also die Möglichkeit der Richtigkeit entfällt, § 418 Rn 8. Der Gegenbeweis muß die Beurkundung der abgegebenen Erklärung betreffen. Eine Partievernehmung ist zum Gegenbeweis unzulässig, § 445 II, BayObLG **78**, 286, Zweibr FGPrax **05**, 171, aM BGH NJW **78**, 1481 (aber man muß II zusammen mit I lesen).

12 **B. Beispiele zur Frage einer Unrichtigkeit**

Falschverständnis: Es gilt dasselbe wie beim „Überhören".

Inhalt: Unrichtig kann die inhaltliche Angabe sein, Hamm VersR **00**, 1220. Eine unrichtige Inhaltsangabe unterliegt aber der freien Beweiswürdigung nach § 286, BGH WertpMitt **79**, 1157.

Nämlichkeit: Unrichtig können Angaben zur Nämlichkeit des Beurkundenden sein.

Ort: Unrichtig kann die Ortsangabe sein.

Protokoll: Zu seiner Unrichtigkeit §§ 164, 165.

13 **Teil der Beurkundung:** Welche Bedeutung eine nachgewiesene Unrichtigkeit eines Teils der Beurkundung für die Wirksamkeit der ganzen Erklärung hat, ist eine Frage des Einzelfalls. Evtl fehlt eine wesentliche Form. Es kann die ganze Beweiskraft entfallen, Hamm RR **00**, 407.

Überhören: *Nicht* unrichtig wird eine Beurkundung durch ein Überhören beim Vorlesen, BGH **71**, 262, MüKoSchr 25, ZöGei 6, aM RoSGo § 121 III 2 a (aber ein Genehmigen ohne eine Kenntnis ist ein Willensmangel, sodaß allenfalls eine Anfechtung möglich ist, BGH JZ **78**, 565).

Unvollständigkeit: Unrichtig kann eine unvollständige Angabe sein, Hamm VersR **00**, 1220.

Urteilstatbestand: Zum Nachweis seiner Unrichtigkeit § 314 S 2. Er gilt jedenfalls nicht außerhalb jenes Verfahrens.

Widerspruchsnachweis: Zulässig, aber mit Vorsicht zu behandeln ist der Nachweis, der Erklärende habe widersprochen. Ein Zweifel genügt nicht, Einf 12 vor § 284 (Streitfrage).

Wille der Nichtbeurkundung: Unrichtig kann die Beurkundung in diesem Punkt sein, Schlesw MDR **00**, 632.

Willensmangel: Er unterliegt der freien Beweiswürdigung nach § 286, BGH WertpMitt **79**, 1157.

Zeit: Unrichtig kann die Zeitangabe sei, Hamm VersR **00**, 1220.

416 *Beweiskraft von Privaturkunden.* **Privaturkunden begründen, sofern sie von den Ausstellern unterschrieben oder mittels notariell beglaubigten Handzeichens unterzeichnet sind, vollen Beweis dafür, dass die in ihnen enthaltenen Erklärungen von den Ausstellern abgegeben sind.**

Gliederung

1 **1) Systematik, Regelungszweck.** Vgl zunächst § 415 Rn 1, 2. Bei der Privaturkunde regelt das Gesetz die Beweiskraft wegen der Erklärung und sonstige Umstände in derselben Vorschrift. Wegen des Regelungszwecks Rn 1 vor § 415. Die Bedenken wegen der Manipulationsmöglichkeiten gelten bei der Privaturkunde erst recht.

2 **2) Geltungsbereich.** Vgl Rn 2 vor § 415.

3 **3) Privaturkunde.** § 416 betrifft nur die unterschriebene Privaturkunde, Köln RR **00**, 153, also jede unterschriebene nichtöffentliche Urkunde einschließlich der öffentlich beglaubigten, § 415 Rn 3, Hbg MDR **99**, 375, Hamm OLGZ **91**, 25. Vgl freilich § 440 II. Ihr steht eine solche öffentliche Urkunde gleich, der ein wesentliches Erfordernis fehlt, BGH NJW **94**, 2768. Andere Privaturkunden darf und muß das Gericht nach § 286 frei würdigen, BGH VersR **07**, 682. Beispiele: Quittungen, BGH RR **05**, 1558; Handelsbücher, bei denen Eintragungen zu Lasten des Kaufmanns regelmäßig ein außergerichtliches Geständnis sind; das vom Erblasser nicht unterschriebene Nottestament, BayObLG **79**, 238; eine Rech-

nung ohne eine Unterschrift; ein Kontoblatt eines Prämiensparbuchs, Hamm NJW **87**, 964; die privatschriftliche Niederschrift über eine Versammlung der Wohnungseigentümer, BayObLG NZM **02**, 748; eine Abholbescheinigung und ein Frachtbrief, Düss RR **96**, 361; eine Übernahmequittung des Frachtführers, BGH MDR **03**, 649 rechts; Zeitnotizen eines Anwalts bei der Vereinbarung eines Zeithonorars, Hbg MDR **00**, 116; der Einschreiben-Rückschein, Reichert NJW **01**, 2524 (Ausnahme: Post, § 418 Rn 5); eine Telekopie, BGH RR **07**, 167; eine Zeugenaussage in einer anderen Sache, BGH VersR **07**, 682. Grundsätzlich darf man nur das Original als eine Urkunde ansehen, § 420 Rn 4, (dort auch zu Ausnahmen), Düss RR **95**, 737.

4) Unterschrift, dazu *Köhler* Festschrift für *Schippel* (1996) 209: Ein einfacher Grundsatz zeigt viele Erscheinungsformen. 4

A. Notwendigkeit der Texterfassung. Der Aussteller muß die Urkunde unterschrieben haben. Aussteller ist nicht schon derjenige, der die Niederschrift vornimmt, sondern derjenige, der die Erklärung in der Urkunde abgibt, also zB der Vertreter, nicht der Vertretene. Die Unterschrift muß den ganzen Text decken, BGH **113**, 48.

B. Beispiele zur Frage einer ausreichenden Unterschrift 5

Amtsbezeichnung: Sie kann je nach der Art der Urkunde reichen.

Berufsbezeichnung: Sie kann je nach der Art der Urkunde reichen.

Blankounterschrift: Sie kann reichen, soweit eine abredegemäße Textausfüllung nachgefolgt ist, BGH **104**, 177, BayObLG FamRZ **91**, 613.

Bleistift: Er genügt zur Unterschrift.

Datum: Es ist für die Unterschrift entbehrlich.

Deckname: Er kann je nach der Art der Urkunde reichen.

Digitale Unterschrift: S „Elektronische Unterschrift".

Eigenhändigkeit: Die Unterschrift muß grds eigenhändig und handschriftlich erfolgen, § 129 Rn 9. Vgl aber auch „Elektronische Unterschrift".

Elektronische Unterschrift: Eine eingescannte Unterschrift kann genügen, § 129 Rn 44 „Telefax", § 130 a. Das Gericht darf und muß ihren etwaigen Fehler nach § 286 frei würdigen, Köln DB **83**, 105 Geis NJW **97**, 3001, Ultsch NJW **97**, 3007 (digitale Unterschrift).

Faksimile: Es reicht grds *nicht.*

Familienname: Er reicht meist je nach der Art der Urkunde, etwa bei einem Familienbrief.

Funktion: Diejenige des Unterzeichnes kann je nach der Art der Urkunde reichen, etwa bei einem Familienbrief „Deine Mutter" usw.

Handelsverkehr: Es genügt die kaufmännische Firma nach § 17 HGB.

Handschriftlichkeit: S „Eigenhändigkeit".

Handstützung: Sie kann unschädlich sein.

Handzeichen: S „Paraphe".

Kennzeichnung: Erforderlich ist eine solche Unterschrift, die den Unterzeichner hinreichend kennzeichnet, § 129 Rn 9, Düss RR **95**, 737.

Künstlername: Es gilt dasselbe wie beim „Decknamen".

Maschinelle Quittung: Sie kann als sog Textform genügen, §§ 126 a, b, 127 BGB, BGH RR **88**, 881.

Neben-Unterschrift: Die Unterschrift darf grds *nicht* nur neben dem Text stehen, § 440 Rn 5, es sei denn, es blieb *unter* dem Text *kein* Platz und die Unterschrift neben dem Text deckt ihn eindeutig, Köln Rpfleger **00**, 163 (Textament).

Ober-Unterschrift: Die Unterschrift darf grds *nicht* über (vor) dem Text stehen (Oberschrift), § 440 Rn 5. Denn sie muß den ganzen Text decken, BGH **113**, 48. Ausnahme: Es blieb *unter* dem Text *kein* Platz und die Unterschrift vor (über) dem Text deckt ihn eindeutig, Köln RPfleger **00**, 163 (Testament, Neben-Unterschrift).

Ortsangabe: Sie ist für die Unterschrift entbehrlich.

Paraphe: §§ 126, 129 BGB, § 129 Rn 31 ff, BGH RR **07**, 351.

Sachliches Recht: Das Gericht muß die sachlichrechtliche Gültigkeit der Unterschrift unabhängig von § 416 prüfen, zB nach § 126 BGB.

Scanner: S „Elektronische Unterschrift".

Spitzname: Er kann je nach der Art der Urkunde reichen, etwa beim Freundes- oder Familienbrief.

Stempel: Er genügt grds *nicht.*

Telefax: Es kann genügen, § 129 Rn 4 „Telefax".

Vertreter: Er kann mit dem Namen des Vertretenen unterschreiben, soweit er dazu eine Vollmacht hat. Dabei mag ein mutmaßliches Einverständnis des Vertretenen reichen.

Vorname: Er kann je nach der Art der Urkunde reichen, etwa bei einem Familienbrief.

5) Beweiskraft. Sie ist viel geringer als oft erhofft. 6

A. Grundsatz: Nur für Abgabe der Erklärung. § 416 gibt eine gesetzliche Beweisregel. Das gilt unter der Voraussetzung der Echtheit nach Einf 1 vor § 437, BGH **104**, 175, und bei einer äußerlichen Mängelfreiheit der Urkunde nach § 419. Nur diese Beweisregel schließt eine freie Beweiswürdigung nach § 286 aus, BGH RR **05**, 1558, LAG Hamm NZA-RR **05**, 548, Britz ZZP **110**, 81, insoweit mißverständlich BGH RR **87**, 1522. Die Vorschrift bezieht sich nur auf die äußere Beweiskraft, Üb 5 vor § 415, BGH RR **88**, 881, BAG NJW **04**, 2853. Über den Unterschied zwischen § 416 und § 440 vgl § 440 Rn 1.

B. Beweisregel. Die in der Urkunde enthaltene Erklärung gilt als vom Aussteller abgegeben, BGH VersR **03**, 229, KG ZMR **04**, 111, LAG Hamm NZA-RR **05**, 548, aM ZöGei 9 (aber der äußerlich wahrnehmbare Vorgang der Abgabe einer Äußerung gehört eindeutig zur äußeren Beweiskraft). Zur Beweiskraft des anwaltlichen Empfangsbekenntnisses §§ 174, 195. Die Erklärung gilt also als geäußert und abgesandt. Sie gilt nicht auch stets als zugegangen. Ein Gegenbeweis gegen die äußere Beweiskraft ist begrifflich undenkbar. 7

Das gilt auch bei einem Mißbrauch einer Blankounterschrift. Doch läßt sich dort die Vermutung des § 440 II durch einen Gegenbeweis entkräften, BGH **104**, 177.

8 **C. Innere Beweiskraft.** Die Beweisregel ergreift aber nicht auch den Inhalt der Erklärung, BGH NJW **05**, 3493, BAG NJW **04**, 2853, Hbg MDR **99**, 375. Die Beweisregel ergreift also anders als § 415 nicht die Umstände ihrer Abgabe.

9 Ein *Gegenbeweis* mündlicher Abreden ist deshalb nur dann zulässig, wenn die Partei bestimmte Tatsachen für eine unrichtige oder unvollständige Beurkundung anführt, BGH RR **89**, 1323, Köln VersR **97**, 597. Diese Tatsachen können sich auch außerhalb der Urkunde ergeben, BGH NJW **02**, 3164 (Begleitumstände usw).

10 **B. Beispiele zur Frage einer inneren Beweiskraft**

Allgemeine Geschäftsbedingungen: Trotz § 416 ist ihre Inhaltskontrolle statthaft, Liebs AcP **174**, 31.

Anfechtung: Sie bleibt statthaft, zB wegen Irrtums, Drohung oder Täuschung.

Auslegung: Eine Auslegung der Parteien bindet das Gericht grds nicht. Man darf aber der Erklärung keinen solchen Sinn beilegen, den ihr die Parteien bei ihren Unterschriften nicht geben wollten. Wenn die mündliche Abrede nicht dem Inhalt der Urkunde widerspricht, genügt der Nachweis, daß die Parteien die Abrede bei und nach der Beurkundung als einen Vertragsbestandteil betrachtet haben, BGH NJW **80**, 1680, KG OLGZ **77**, 487, Schlesw NZM **02**, 176.

Datum: S „Zeit".

Erschleichung: § 416 erfaßt *nicht* eine Erschleichung der Unterschrift oder einer abredewidrigen Niederschrift. Im übrigen vgl wie bei „Zeit".

Frachtbrief: Der abgestempelte Frachtbrief hat eine volle Beweiskraft nach Art 8 § 3 CIM.

Mißverständnis: Unzulässig ist der Einwand, der Aussteller habe die Urkunde nicht gelesen oder falsch verstanden, aM Mü VersR **88**, 1136 (aber das erstere mag unerheblich sein, das letztere betrifft nur eine innere Tatsache, Einf 20 vor § 284).

Ort: § 416 erfaßt *nicht* den Ort der Entstehung der Urkunde. Im übrigen vgl wie bei „Zeit".

Parteivereinbarung: Die Parteien können einer Privaturkunde *nicht* durch ihre Vereinbarung die innere Beweiskraft einer öffentlichen Urkunde nach § 418 geben, BayObLG WoM **88**, 98.

Parteivernehmung: Sie ist unstatthaft, § 415 Rn 12.

Vertagsurkunde: Sie begründet nur zwischen den Vertragspartnern eine Vermutung, BGH **109**, 245 (also nicht gegenüber einem Dritten). Diese Vermutung geht dahin, daß die Urkunde den endgültigen wohlüberlegten Willen der Partner enthalte, BGH NJW **02**, 3164. Sie hat die Annahme der Vollständigkeit und Richtigkeit für sich, KG OLGZ **77**, 487, Schlesw NZM **02**, 176.

Verlust: § 416 erfaßt *nicht* einen Verlust zB des Entwurfs, BGH FamRZ **06**, 859. Im übrigen vgl wie bei „Zeit".

Wirksamkeit: § 416 erfaßt *nicht* die Wirksamkeit des Zustandekommens der Urkunde. Im übrigen vgl wie bei „Zeit".

Zeit: § 416 erfaßt *nicht* den Zeitpunkt der Entstehung der Urkunde. Ein in der Urkunde enthaltenes Datum beweist nur, daß es dort steht, nicht auch seine Richtigkeit, BGH **109**, 244, KG MDR **77**, 674. Nach § 286 ist jeder Beweis und Gegenbeweis statthaft, BGH FamRZ **06**, 859 (krit Ahrens JZ **07**, 257), BayObLG NZM **02**, 748, KG VersR **06**, 795.

Zugang: § 416 erfaßt *nicht* den Zugang der Urkunde, LAG Hamm NZA-RR **05**, 548. Im übrigen vgl wie bei „Zeit".

416a

Beweiskraft des Ausdrucks eines öffentlichen elektronischen Dokuments. **Der mit einem Beglaubigungsvermerk versehene Ausdruck eines öffentlichen elektronischen Dokuments gemäß § 371 a Abs. 2, den eine öffentliche Behörde innerhalb der Grenzen ihrer Amtsbefugnisse oder eine mit öffentlichem Glauben versehene Person innerhalb des ihr zugewiesenen Geschäftskreises in der vorgeschriebenen Form erstellt hat, sowie der Ausdruck eines gerichtlichen elektronischen Dokuments, der einen Vermerk des zuständigen Gerichts gemäß § 298 Abs. 2 enthält, stehen einer öffentlichen Urkunde in beglaubigter Abschrift gleich.**

1 **1) Systematik.** Während § 371 a die Beweiskraft eines elektronischen privaten oder öffentlichen Dokuments regelt, nennt § 416 a die Voraussetzungen der Beweiskraft eines papiernen bloßen Ausdrucks eines elektronischen öffentlichen Dokuments. Die Vorschrift ergänzt insoweit §§ 415 ff.

2 **2) Regelungszweck.** Er ähnelt demjenigen des § 415. Freilich bringt § 416 a nur die Beweiskraft einer beglaubigten Abschrift. Das ergibt sich aus seinem Text am Ende.

3 **3) Ausdruck nebst Beglaubigungsvermerk.** Es muß zunächst ein Ausdruck nach § 298 I, II vorliegen. Es muß sich bei der Vorlage auch gerade um eine öffentliche elektronische Urkunde nach § 371 a II handeln. Schließlich muß ein Beglaubigungsvermerk vorliegen, den gerade eine der zB auch in § 371 a II, 415 genannten öffentlichen Urdkundspersonen erstellt hat. Stattdessen kann auch ein gerichtliches elektronisches Dokument nebst einem Vermerk nach § 298 II zugrundeliegen.

Andere Arten von Vorlagen reichen aber nicht, ebensowenig solche Vorlagen, die nach ihrer Art genügen, aber keine Vermerke der in § 416 a genannten Art aufweisen. Ein unzureichender Vermerk reicht ebenfalls nicht.

4 **4) Beweiskraft öffentlicher Urkunde in beglaubigter Abschrift.** Unter den Vorausetzungen Rn 3 steht der Ausdruck einer öffentlichen Urkunde einer beglaubigten Abschrift oder Ablichtung gleich. Das bedeutet nicht die volle Beweiskraft nach § 415 Rn 8 ff, wohl aber mehr als die Beweiskraft nach § 416 Rn 6 ff. Im übrigen bleibt über die formellen Grenzen der Beweiskraft hinaus der Freibeweis nach § 286 Rn 4 ff möglich. Das bedeutet in der Praxis eine zwar nicht ganz, aber doch fast so freie Möglichkeit der Beweiswürdigung wie dort.

417 ***Beweiskraft öffentlicher Urkunden über amtliche Anordnung, Verfügung oder Entscheidung.*** **Die von einer Behörde ausgestellten, eine amtliche Anordnung, Verfügung oder Entscheidung enthaltenden öffentlichen Urkunden begründen vollen Beweis ihres Inhalts.**

1) Systematik, Regelungszweck. Vgl zunächst Üb 1, 2 vor § 415. § 417 betrifft diejenige öffentliche Urkunde nach § 415 Rn 4, die nach Einf 1 vor § 437 echt und äußerlich nach § 419 mangelfrei ist und die nicht etwas bezeugt, sondern etwas anordnet oder entscheidet, die also die Willenserklärung einer Behörde enthält, wie ein Urteil, einen Beschluß, eine Verfügung, einen Strafbefehl, einen Verwaltungsakt, einen Erbschein, eine Erbausschlagung durch den Amtsvormund und deren Anfechtung, LG Bln Rpfleger **94**, 167, LG Kiel Rpfleger **90**, 420, die Festsetzung einer Vergütung, Kblz Rpfleger **85**, 443. Vgl § 415 Rn 8. 1

2) Geltungsbereich. Vgl Üb 3 vor § 415. 2

3) Beweiskraft. Als eine gesetzliche Beweisregel gilt: Der Inhalt der Urkunde ist voll bewiesen, also auch das Ergehen der Anordnung usw einschließlich ihrer Begleitumstände, zB der teilnehmenden Personen, des Orts und des Zeitpunkts, Kblz Rpfleger **85**, 443. Nicht bewiesen sind die Motive der Behörde und die sachliche Richtigkeit dieses Inhalts, VG Bln DGVZ **89**, 124, VG Sigmaringen NVwZ-RR **05**, 634. Zum Beweis ist das Dienstsiegel entbehrlich, LG Bln Rpfleger **94**, 167. Ein Gegenbeweis gegen die Echtheit ist statthaft. Er läßt sich nach § 286 würdigen. Er ist auch gegen die Richtigkeit der Angaben über den Ort und den Zeitpunkt statthaft. Das Fehlen einer dem § 415 II entsprechenden Vorschrift rechtfertigt bei der sachlichen Gleichartigkeit keine förmelnde Auslegung. Der Gegenbeweis kann sich auch auf eine Abweichung einer Ausfertigung oder beglaubigten oder gar einfachen Abschrift oder Ablichtung vom Original beziehen. Eine Abweichung der Urkunde vom mündlich Verhandelten betrifft ihren Inhalt. Eine Anfechtung der in der Urkunde enthaltenen Anordnung usw ist nach den allgemeinen Vorschriften zulässig, zB mit Rechtsmitteln. 3

418 ***Beweiskraft öffentlicher Urkunden mit anderem Inhalt.*** **[I] Öffentliche Urkunden, die einen anderen als den in den §§ 415, 417 bezeichneten Inhalt haben, begründen vollen Beweis der darin bezeugten Tatsachen.**

[II] Der Beweis der Unrichtigkeit der bezeugten Tatsachen ist zulässig, sofern nicht die Landesgesetze diesen Beweis ausschließen oder beschränken.

[III] Beruht das Zeugnis nicht auf eigener Wahrnehmung der Behörde oder der Urkundsperson, so ist die Vorschrift des ersten Absatzes nur dann anzuwenden, wenn sich aus den Landesgesetzen ergibt, dass die Beweiskraft des Zeugnisses von der eigenen Wahrnehmung unabhängig ist.

Schrifttum: *Graßhof,* Sein und Schein – wie weit reicht die Beweiskraft der Zustellungsurkunde über die Niederlegung hinsichtlich der Wohnung des Zustellungsadressaten?, in: Festschrift für *Merz* (1992); *Klüver,* Zur Beleihung des Sicherheitsgewerbes mit Aufgaben der öffentlichen Sicherheit und Ordnung, 2006.

Gliederung

1) Systematik, I–III. Vgl zunächst § 415 Rn 1. Die Vorschrift differenziert innerhalb ihres Geltungsbereichs nochmals: In den Fällen III gilt I nur eingeschränkt. 1

2) Regelungszweck, I–III. Vgl zunächst § 415 Rn 2. Unabhängig von der Problematik der Manipulation entsteht bei § 418 zusätzlich das Problem der Beweiskraft solcher „öffentlicher" Urkunden, die nur auf Grund einer Gleichstellung von Privatpersonen mit angeblich noch öffentlichen Aufgaben entstehen, die doch in Wahrheit nach dem Willen desselben Gesetzgebers *keine* öffentlichen, sondern im privaten Wirtschaftskampf stehende privatrechtlich organisierte Aufgaben geworden sind und überdies eine etwa noch vorhandene Monopolstellung nach und nach verlieren, wie bei der Briefzustellung durch andere Unternehmen als die nach § 168 I 2 beurteilbare Deutsche Post AG. Es ist wenig realistisch, jeder Zustellungsurkunde eines solchen Studenten öffentliche Beweiskraft zu geben, den ein solches anderes Unternehmen als eine Ferienaushilfskraft zum Postboten einstellt. 2

Die zunehmende Zahl unbeholfener *Zustellungsfehlleistungen* auch außerhalb der Ferienzeit gibt zu einer vorsichtigen Auslegung des § 418 auf diesem Teilgebiet allen Anlaß. Sollte ein solches anderes Unternehmen das Zustellwesen gänzlich auf irgendwelche von ihm „unterbeauftragte" Dritte übertragen, wäre die Grenze des Hinnehmbaren überschritten: Wohin käme man, wenn solche Ketten Privater sich als Obrigkeitsträger mit derart weitreichenden Rechtsfolgen wie zB einer „öffentlichen" Zustellungsurkunde verhalten dürften? Daran ändert sich im Grund auch nur formell etwas durch Vorschriften wie § 33 I PostG mit seiner Verpflichtung jedes Lizenznehmers zur Zustellung nach den Vorschriften der Prozeßordnungen, und zwar „mit Hoheitsbefugnissen ausgestattet (beliehener Unternehmer)", oder § 35 PostG mit seiner öffentlich-rechtlichen Haftung des Lizenznehmers.

3 **3) Geltungsbereich, I–III.** Vgl Üb 3 vor § 415. § 418 gilt entsprechend bei der Zustellungsurkunde der Deutschen Post AG, § 168 I 2, Rn 5 „Post". BGH NJW **98**, 1716 (damalige Form einer Beleihung) ist überholt. Zum Problem Rn 2.

4 **4) Öffentliche Urkunde, I–III.** Sie hat eine enorme praktische Bedeutung.

A. Begriff. Eine öffentliche Urkunde nach § 415 Rn 2 mit einem anderen Inhalt als demjenigen nach §§ 415, 417 ist eine solche über eigene Wahrnehmungen oder Handlungen der Behörde oder Urkundsperson oder über fremde Wahrnehmungen (sog Zeugnisurkunde), wenn nach dem Gesetz die Beweiskraft von eigenen Wahrnehmungen unabhängig ist. Nach § 418 gehört also nicht die Beurkundung einer eigenen bloßen Willenserklärung. Eine Urkunde kann eine Beweiskraft teils nach § 418 und teils nur nach §§ 415, 417 haben. Das gilt zB bei der Feststellung der Nämlichkeit einer Person und ihrer Testierfähigkeit. Der strafrechtliche Begriff ist meist enger.

5 **B. Beispiele zur Frage einer öffentlichen Urkunde, I–III**

Aktenvermerk: § 418 ist anwendbar auf einen Aktenvermerk des Richters, des Rpfl oder des Urkundsbeamten, BayObLG RR **00**, 672, Düss NVersZ **00**, 469, oder auf einen Aktenausdruck nach § 696 II, BGH NJW **06**, 151.

Auskunft: § 418 ist anwendbar auf eine amtliche Auskunft, § 273 II 2, Üb 25 vor § 402, BVerwG NJW **87**, 1159, Hamm FamRZ **81**, 916, LG Bln DGVZ **90**, 25.

Ausländische Urkunde: Man sie kann sie nach § 418 beurteilen, BGH NJW **02**, 522 (zu [jetzt] § 183 II 2), Düss FamRZ **94**, 630.

Auslieferungsbeleg: § 418 ist auf ihn selbst bei der Deutschen Post AG unanwendbar, AG Erfurt WoM **07**, 581.

Beglaubigung: § 418 ist anwendbar auf eine Beglaubigung einer Abschrift, Ffm RR **93**, 984, Hbg RR **07**, 986, oder einer Fotokopie, KG Rpfleger **07**, 264, Zweibr JB **97**, 326, oder einer Unterschrift, § 129 BGB, §§ 40–42 BeurkG, Hamm OLGZ **91**, 25.

§ 418 ist *unanwendbar* auf eine Erklärung oberhalb der lediglich beglaubigten Unterschrift, Hamm OLGZ **91**, 25.

Behörde: Ist sie Partei, gilt § 418 nur eingeschränkt für sie, KG NJW **07**, 707.

Beleihung: Sie kann zur Öffentlichkeit der Urkunde führen.

Vgl auch Klüver (vor Rn 1).

Eingangsbescheinigung: § 418 kann anwendbar sein auf eine Eingangsbescheinigung.

Eingangsstempel: § 418 kann anwendbar sein auf einen Eingangsstempel, BVerfG NJW **93**, 255, BGH NJW **07**, 603, VGH Mannh NVwZ-RR **05**, 364 (je: entkräftbar).

Einschreiben-Rückschein: S. „Post".

Empfangsbekenntnis: § 418 ist anwendbar auf ein gesetzlich zulässiges Empfangsbekenntnis, BVerfG NJW **01**, 1563, BGH NJW **06**, 1207, Ffm RR **06**, 67, aM BGH FamRZ **95**, 799 (aber auch der Anwalt handelt als ein öffentlichrechtliches Organ der Rechtspflege, § 1 BRAO).

Grundbuchamt: § 418 ist anwendbar auf ein Zeugnis des Grundbuchamts.

Identität: § 418 ist auf ihre Feststellung anwendbar, zB durch den Notar, §§ 10, 28 BeurkG.

Konsulat: § 418 ist *unanwendbar* auf eine Konsulatsbescheinigung über die Staatsangehörigkeit.

S aber auch „Post".

Mahnverfahren: S „Aktenvermerk", „Post".

Medizinischer Dienst: § 418 ist auf ein sozialmedizinisches Gutachten anwendbar, LAG Köln MDR **03**, 462.

Nämlichkeit: S „Identität".

Niederlegungsvermerk: § 418 ist anwendbar auf einen postalischen Niederlegungsvermerk, BVerfG NJW **92**, 225, BGH NJW **96**, 2515, Ffm RR **97**, 957, aM BFH DB **85**, 1676.

Notar: § 418 ist anwendbar auf seine Urkunde, BGH RR **98**, 1470, Zweibr NJW **04**, 2913.

§ 418 ist *unanwendbar* auf eine Feststellung des Notars zur Testierfähigkeit (dafür gilt § 417), §§ 11, 28 BeurkG, BayObLG DNotZ **75**, 555.

S auch „Testament".

Personenstand: § 418 ist auf seine Feststellung anwendbar, zB nach §§ 60, 66 PStG.

S auch „Standesamt".

Polizei-Einsatzbericht: § 418 ist auf ihn anwendbar, OVG Lüneb NJW **05**, 171.

Post: § 418 ist nach § 168 I 2 entsprechend anwendbar auf die eigentliche Zustellungsurkunde der Deutschen Post AG, BGH **123**, 268, OVG Lüneb NVwZ-RR **05**, 760, AG Erfurt WoM **07**, 581 (nicht auf einen sonstigen Auslieferungsbeleg), aM VG Ffm NJW **97**, 3329 (aber der Wortlaut bindet, Einl III 39). § 418 ist auch nach Rn 2 problematisch genug anwendbar auf die Zustellungsurkunde jedes anderen Lizenznehmers mit dem Recht der Zustellung. Noch problematischer wird es bei der Übertragung von einem solchen Lizenznehmer auf „Unterbeliehene". Das Zustellwesen ist schwierig genug. Beim Einschreiben liegt keine Sonderlage mehr vor, § 175 Rn 4, Reichert NJW **01**, 2524. Auch der Rückschein ist ebenso bewertbar wie eine sonstige Posturkunde, aM LG Flensb JB **04**, 47 (abl Reinbach, ausf), Schmidt IPRax **04**, 19. Beim maschinellen Mahnverfahren hat der Aktenausdruck die Beweiskraft einer öffentlichen Urkunde, § 696 Rn 9. Auch ein konsularisches Zustellungszeugnis kann unter § 418 fallen, BVerwG NJW **00**, 682.

S auch „Zustellungsurkunde".

Protokoll: Wegen seiner Förmlichkeiten gilt die erhöhte Beweiskraft des § 165. § 418 ist anwendbar: Auf ein Verhandlungsprotokoll, §§ 159 ff, BGH RR **07**, 1451 (nicht beim Formverstoß), BVerwG NJW **89**, 1233, Ffm AnwBl **88**, 119; auf ein Beweisprotokoll, BGH FamRZ **94**, 301; auf ein Verkündungsprotokoll, Jena MDR **08**, 43 (nennt nur § 415 I); auf ein Vollstreckungsprotokoll, § 762, Köln MDR **91**, 260; auf das Protokoll über eine Testamentseröffnung, BayObLG JB **77**, 262.

§ 418 ist *unanwendbar* auf das Protokoll einer Versammlung nach dem WEG, BayObLG WoM **88**, 98.

Rechtskraftzeugnis: § 418 ist auf das Zeugnis nach § 706 anwendbar, Hamm FamRZ **82**, 509.
Rückschein: S „Post".
Sozialhilfe: § 418 ist *unanwendbar* auf die Bescheinigung ihres Trägers, daß jemand eine Sozialhilfe erhalten habe, Hbg FamRZ **97**, 1489.
Standesamt: § 418 ist anwendbar auf eine Urkunde des Standesamts.
S auch „Personenstand", „Sterbeurkunde".
Sterbeurkunde: § 418 ist nach §§ 60, 66 PStG für den Tod anwendbar.
§ 418 ist *unanwendbar* auf die Frage der Todesursache.
Tatbestand: S „Urteil".
Testament: § 418 I ist anwendbar auf die Feststellung der Eigenhändigkeit der Unterschrift. III ist anwendbar auf die Feststellung der Identität des Testators, s „Identität". § 415 ist anwendbar auf die Abgabe der tesamentarischen Erklärung. Eine beglaubigte Kopie reicht zum Inhaltsbeweis, KG Rpfleger **07**, 265.
§ 418 ist *unanwendbar* auf die Feststellung der Testierfähigkeit (dafür gilt § 417), Rn 5 „Notar".
Testierfähigkeit: „Notar".
Unterschrift: „Beglaubigung", „Postbeamter".
Urteil: § 418 ist anwendbar zB auf den Tatbestand, § 314.
Wechselprotest: § 418 ist anwendbar auf einen Wechselprotest, Art 80 WG.
Zustellungsurkunde: § 418 ist auf sie anwendbar, auch auf die Postzustellungsurkunde, Rn 2, 5 „Post". Das ergibt sich direkt aus § 182 I 2.
S auch Rn 5 „Auslieferungsbeleg", „Niederlegungsvermerk", „Post", „Zustellvermerk".
Zustellvermerk: § 418 ist anwendbar auf den Zustellvermerk auf einem Vollstreckungstitel, Düss OLGZ **91**, 230, Köln Rpfleger **97**, 31 (vgl aber Rn 8).
S auch „Zustellungsurkunde".

5) Beweisregel für inhaltliche Richtigkeit, I, III. Man darf sie nicht ungenau bejahen. 6

A. Eigene Wahrnehmung der Behörde, I. Unter der Voraussetzung der Echtheit nach Einf 1 vor § 437 und einer äußerlichen Mangelfreiheit nach § 419 sind alle Regelungen zwecks ihrer Rechtswirkung bewiesen, BGH RR **98,** 1470. Insbesondere ist die in der Urkunde bezeugte Tatsache wie bei § 415 bewiesen, BVerfG NJW **92**, 225. Man darf sie nicht etwa nur vermuten, BVerfG NJW **92**, 225, aM BVerfG FamRZ **91**, 286 (aber die jüngere Entscheidung dürfte vorgehen). Über die Reichweite der Beweisregel § 165 Rn 4.

B. Beispiele zur Frage der Anwendbarkeit von I 7
Beglaubigung: S „Echtheit der Unterschrift".
Echtheit der Unterschrift: I gilt zur Echtheit der Unterschrift bei der öffentlichen Beglaubigung, AG Bergisch-Gladb Rpfleger **89**, 337.
Eigenwahrnehmung: I gilt *nicht* zu unbestimmten „eigenen Wahrnehmungen", Hbg FamRZ **97**, 1490.
Eingangsbescheinigung: Sie bescheinigt zwar den Eingang zu einer bestimmten Zeit, nicht aber auch den Tag der Erteilung oder die Prüfung durch einen Beamten.
Familienstand: I gilt zum Familienstand des in einem Beglaubigungsvermerk Genannten.
Niederlegung: I gilt bei einer Zustellung durch Niederlegung nach § 181 zum Nichtantreffen des Empfangsberechtigten und zur Zurücklassung der Niederlegungsnachschrift, BVerfG NJW **92**, 225, Ffm RR **97**, 957.
Postzustellungsurkunde: Sie erbringt zumindest beim Fehlen eines eindeutigen Absende- und Inhaltsvermerks *keinen* Beweis für den Inhalt der zugestellten Sendung, Rn 1, FG Kassel BB **87**, 2364. Sie erbringt bei einer Niederlegung evtl *keinen* Beweis dafür, daß der Empfänger den Benachrichtigungsschein nicht nur „rechtlich", sondern auch tatsächlich erhalten hat, Hamm MDR **82**, 501, aM BGH VersR **86**, 787. Sie beweist *nicht*, daß der Empfänger überhaupt dort tatsächlich wohnte, § 181 I 2, BVerfG Rpfleger **92**, 358, BGH NJW **04**, 2387, KG MDR **05**, 107, aM BGH NJW **92**, 1240, Köln MDR **96**, 850 (aber man darf die Beweiskraft keineswegs überbeanspruchen. Der Briefträger kann gar nicht immer genau wissen, ob der Adressat dort tatsächlich wohnt, Rn 7, § 182 Rn 12. Zum Problem neben Rn 2 Graßhoff DGVZ **93**, 183 (ausf: Es könne ein Indiz vorliegen, Ffm RR **97**, 957).
Übergabe: I gilt zum Ort und zum Zeitpunkt der Übergabe des Schriftstücks, BGH Rpfleger **04**, 510.
Zeit: S „Eingangsbescheinigung".

C. Fremde Wahrnehmung, III. Einschränkungen gelten bei einer solchen Urkunde, die nicht auf einer eigenen Wahrnehmung beruht, Düss FamRZ **94**, 630, LAG Hamm NZA-RR **05**, 526, zB bei einer Bescheinigung auf Grund des Akteninhalts, III. Hierher gehören zB die Bescheinigung des Sozialamts, daß die Stadtkasse an den Gläubiger eines Unterhaltstitels eine Sozialhilfe gezahlt habe, Hbg FamRZ **81**, 980, oder die Bescheinigung einer Umweltbehörde, VGH Kassel NVwZ-RR **03**, 806, oder die Frage, ob der Zustellungsempfänger an der genannten Anschrift tatsächlich wohnt, Rn 6, § 182 Rn 12, soweit sich der Zusteller nicht erkennbar überzeugt hat, BVerfG NJW **92**, 225, BGH NJW **92**, 1963. Es liegt freilich auch dann ein Indiz vor, Einf 4 vor § 178. Man kann es aber durch eine in sich schlüssige Darstellung entkräften, BGH NJW **92**, 1240. Das alles gilt ohnehin nur, solange man die Deutsche Post AG im Verhältnis zum Empfänger wegen § 168 I 2 noch halbwegs als öffentlichrechtlich tätig ansehen kann, Rn 5 „Post". Das kann wegen ihrer Teilprivatisierung und des zunehmenden Verlusts ihres Briefzustellungsmonopols bereits jetzt zweifelhaft sein. 8

6) Gegenbeweis, II. Viele verkennen seine Bedingungen. 9

A. Zulässigkeit. Ein solcher ist nur dann zulässig, wenn ihm nicht ein gesetzliches Verbot oder eine gesetzliche Beschränkung entgegensteht, Rn 12. In diesen Grenzen gilt: Der Gegenbeweis ist bei sämtlichen derartigen Urkunden bei I und III zulässig, § 182 Rn 3. Er liegt grundsätzlich erst dann vor, wenn er das Gericht voll überzeugt, BVerfG NJW **93**, 255, BGH NJW **05**, 3501, BSG RR **02**, 1652. Er muß also jede

Möglichkeit der Richtigkeit der bisher beurkundeten Zustellung ausschließen, Einf 12 vor § 284, BGH NJW **06**, 151, Köln RR **03**, 803.

10 Ein Gegenbeweis *fehlt* aber dann, wenn jemand etwas nur *behauptet,* BGH NJW **06**, 151, Köln VersR **97**, 469, oder *glaubhaft* macht, § 294, BGH NJW **05**, 3501, Zweibr FGPrax **05**, 171, es sei denn, eine Glaubhaftmachung hätte schon zum Haupt„beweis" genügt, Einf 11 vor § 284, § 294, oder es gebe schon einen Anscheins-Gegenbeweis. Freilich gelten auch keine besonders erschwerenden Beweisregeln, BGH VersR **77**, 721. Man sollte überhaupt an den Gegenbeweis keine allzu scharfen Anforderungen stellen, BGH NJW **07**, 603. Er ist ja ebenfalls ein Freibeweis, BGH NJW **05**, 3501, Naumb MDR **99**, 501. Man darf für den Fall der Erfolglosigkeit des Gegenbeweisantritts hilfsweise eine Wiedereinsetzung beantragen, BGH NJW **00**, 2280. Ein Zeugen-Gegenbeweis kann reichen, BGH RR **05**, 75. Natürlich müßten dann dessen Voraussetzungen auch im übrigen vorliegen. Zweifel genügen allerdings nicht, BVerfG NJW **01**, 1563. Auch am Sonntag mag zB ein Anwalt arbeiten, BGH NJW **06**, 1207. Ein Bundesgesetz kann den Gegenbeweis beschränken oder ausschließen, zB §§ 165 S 2 (Förmlichkeiten im Protokoll), 314 S 2 (Urteilstatbestand), 445 II (Parteivernehmung). Ein Landesgesetz kann die Möglichkeit des Gegenbeweises ausschließen, soweit nicht ein Bundesgesetz entgegensteht oder eine Urkunde auf Grund einer bundesgesetzlichen Vorschrift besteht.

11 **B. Beispiele zur Frage der Anwendbarkeit von II**

Eingangsstempel: II gilt bei einem Anhaltspunkt für die Unrichtigkeit des Eingangsstempels, BGH NJW **05**, 3501, Düss JB **95**, 41, Ffm RR **06**, 67, aM BGH NJW **96**, 2038, BVerwG JW **85**, 1180 (aber dann kann ein Anscheinsbeweis vorliegen).

Einwohnermeldeamt: II gilt *nicht* schon bei seiner Bescheinigung. Denn sie gibt nur einen gewissen Anhalt für die meist allein entscheidende Frage, ob der Empfänger tatsächlich dort schon und vor allem noch wohnt.

Empfangsbekenntnis: II gilt bei einem Empfangsbekenntnis, BVerfG NJW **01**, 1563, BGH FamRZ **97**, 736.

Gesetzliche Beschränkung: II gilt *nicht* bei einer gesetzlichen Beschränkung oder gar Ausschließung eines Urkundenbeweises.

Inhalt: II gilt beim Inhalt der Urkunde, BPatG GRUR **86**, 807.

12 **Mangel:** Die teilweise haarsträubende Nachlässigkeit gerade auch öffentlicher Stellen bei der Durchführung von Beurkundungen, Protokollierungen oder Zustellungen usw erfordert eine Zurückhaltung bei der Anwendung solcher Vorschriften, die noch von einem leider oft nur noch theoretisch erfüllbaren Maß an Sorgfalt der öffentlichen Hand ausgehen, Schlee AnwBl **92**, 323, solange die Hand überhaupt noch „öffentlich" ist, Rn 7. Daher kann bei einer Häufung solcher Mängel ein Zeugnis naher Angehöriger über das Fehlen einer Niederlegungsnachricht nach § 181 genügen, Köln FamRZ **92**, 1082. Auch kann eine eidesstattliche Versicherung zB zum Gegenbeweis der Zugangszeit bei einem ungenügend organisierten Finanzamt genügen, Wilde BB **84**, 1042. Im übrigen ist gegenüber einer öffentlichen Urkunde einer gleichsam in einer Parteistellung auftretenden Behörde trotz I ohnehin eine gewisse Zurückhaltung und auch daher keineswegs eine enge Auslegung von II ratsam, BVerwG NJW **84**, 2962. Andererseits kann nicht schon die noch so hartnäckig wiederholte Behauptung, der Zustellbeamte habe „schlicht und einfach falsch" beurkundet oder der Empfänger sei doch „dort noch gemeldet", als ein Gegenbeweisantritt ausreichen. Eine solche bloße Behauptung könnte sonst eine Zustellungsurkunde völlig entwerten oder gar das Verfahren einer öffentlichen Zustellung nach §§ 185 ff erzwingen.

13 **Nachtbriefkasten:** II gilt *nicht* bei der bloßen gewissen Möglichkeit einer Fehlfunktion des Nachtbriefkasten, BGH RR **05**, 75.

Parteivernehmung: Sie ist unstatthaft, § 415 Rn 12.

Posteingangsbuch: Für II reicht *nicht* ein nachlässig geführtes Posteingangsbuch eines Anwalts, BGH RR **02**, 1642.

Wohnung: Für II reicht *nicht* ein bloßes Bestreiten der Wohnung, Rn 10, § 181 Rn 4, Köln MDR **96**, 851, aM BGH VersR **85**, 143 (aber das ist eine andere Lage als bei Rn 6).

Zustellungsart: II gilt bei der Zustellungsart, BFH BB **81**, 230, Hbg RR **07**, 986, Zweibr FGPrax **05**, 171.

Zustellungsort: II gilt bei dem Zustellungsort, BVerfG FamRZ **91**, 286, BGH NJW **92**, 1963, BVerwG NJW **85**, 1180.

Zustellungszeit: II gilt bei der Zustellungszeit, BVerfG RR **02**, 1008, BGH NJW **06**, 1207, Naumb MDR **99**, 501.

Zweifel: II gilt *nicht* bei einem bloßen Zweifel, BVerfG NJW **01**, 1563. Auch am Sonntag mag zB ein Anwalt arbeiten, BGH NJW **06**, 1207.

419 *Beweiskraft mangelbehafteter Urkunden.* Inwiefern Durchstreichungen, Radierungen, Einschaltungen oder sonstige äußere Mängel die Beweiskraft einer Urkunde ganz oder teilweise aufheben oder mindern, entscheidet das Gericht nach freier Überzeugung.

1 **1) Systematik.** Die Vorschrift gibt eine Ergänzung zu §§ 415–418. Sie wiederholt in ihrem Bereich den Grundsatz der freien Beweiswürdigung nach § 286 Rn 4, unten Rn 2, 4.

2 **2) Regelungszweck.** § 419 bringt zwar formell eine Ausnahme, inhaltlich aber eine Rückkehr zu einem tragenden Prozeßgrundsatz der freien Beweiswürdigung, BAG NZA **04**, 673. Das muß man bei der Auslegung mitbeachten. Anders könnte man die Fülle praktischer Fälle nach Rn 3 gar nicht halbwegs elegant bewältigen. Natürlich nimmt nicht jede winzige stilistische oder auch wirklich inhaltliche Korrektur einer Urkunde ihr sonstiges Gewicht. Andererseits ist die Einhaltung einer Formstrenge nun einmal gerade beim Urkundenbeweis eine typische Voraussetzung auch der Beweiskraft. Das Gericht wird sich davor hüten, ein unbewußt gewünschtes Ergebnis mithilfe einer solchen Beurteilung zu erzielen, die den § 419 strapaziert. Es

muß sich daher aus dem äußerem Bild ein Bedenken aufdrängen, BAG NZA **04**, 673. Das weite Ermessen bleibt pflichtgebunden.

3) Geltungsbereich. Vgl zunächst Üb 4 vor § 415. 3

A. Äußerer Mangel. § 419 gilt für eine solche öffentliche Urkunde und für eine solche Privaturkunde nach § 416 Rn 3, die äußere Mängel aufweist, BGH NJW **92**, 512, BAG NZA **04**, 673. Ob ein äußerer Mangel vorliegt, ist eine Tatfrage, § 286, BGH NJW **80**, 893. Eine mangelhafte Urkunde verliert nicht automatisch jede Beweiskraft. Das Gericht kann aus dem Aussehen und der Anordnung der Urkunde vielmehr selbständig seine Schlüsse ziehen, § 286 Rn 63, VGH Kassel NJW **90**, 467.

B. Beispiele zur Frage eines äußeren Mangels 4

Änderung: Sie kann ein äußerer Mangel sein, zB beim Datum eines Empfangsbekenntnisses, BGH VersR **87**, 821.

Anschrift: Eine widersprüchliche Ausfüllung zB mit verschiedenen Anschriften bei mehreren Zustellungsversuchen kann ein äußerer Mangel sein, VGH Kassel NJW **90**, 467.

Ausschneidung: Sie kann ein äußerer Mangel sein, Hamm RR **08**, 21.

Datum: Ein offenbar unrichtiges kann ein äußerer Mangel sein, BAG NZA **04**, 673, VGH Mannh NVwZ-RR **05**, 364.

Kein solcher Mangel ist die Nachholung einer richtigen Datierung, BGH VersR **86**, 372.

S auch „Änderung".

Durchstreichung: Sie kann ein äußerer Mangel sein.

Einschaltung: Sie kann ein äußerer Mangel sein, zB bei einer äußerlich erkennbaren Einfügung, BGH NJW **94**, 2768, BayObLG FamRZ **90**, 99, VGH Kassel NJW **96**, 1075 (Adressfeld), etwa in einer freien Zeile oder am Rand, Kblz DNotZ **77**, 48.

Einschwärzung: Sie kann ein äußerer Mangel sein, BPatG GRUR **91**, 309.

Fehlen von Teilen: Es kann ein äußerer Mangel sein, BGH VersR **86**, 488.

Fleck: Er kann ein äußerer Mangel sein.

Formmangel: *Kein* äußerer Mangel ist ein Formmangel zB nach § 126 BGB oder nach §§ 8 ff BeurkG.

Genehmigung: Ein äußerer Mangel kann das Fehlen des Genehmigungsvermerks sein, Ffm AnwBl **88**, 118.

Protokollberichtigung: *Kein* äußerer Mangel ist eine solche nach § 164. Sie stellt ja selbst eine öffentliche Beurkundung dar.

Radierung: Sie kann ein äußerer Mangel sein.

Rand: S „Einschaltung".

Randvermerk: *Kein* äußerer Mangel ist ein Randvermerk auf einer standesamtlichen Urkunde.

Riß: Er kann ein äußerer Mangel sein.

Schriftfarbe: Ein äußerer Mangel können unterschiedliche Schriftfarben sein.

Überklebung: Sie kann ein äußerer Mangel sein, VGH Kassel NJW **90**, 467.

Überstempelung: Sie kann ein äußerer Mangel sein, BGH NJW **92**, 512.

Unvollständigkeit: Sie kann ein äußerer Mangel sein, etwa beim Namen oder bei der Unterschrift.

Urkundenverbindung: Ein äußerer Mangel kann vorliegen beim Fehlen einer nach § 125 BGB in Wahrheit erforderlichen und nur oft übersehenen festen Verbindung aller Teile derselben Urkunde.

Zerknitterung: Sie kann ein äußerer Mangel sein.

Zusammenkleben: Es kann ein äußerer Mangel sein.

Zusatz: *Kein* äußerer Mangel ist ein Zusatz auf einer Urkunde nach dem FamFG.

4) Beweiskraft. Für sie entfallen bei einer äußerlich fehlerhaften Urkunde die gesetzlichen Beweisregeln 5 der §§ 415–418, auch wenn sämtliche Beteiligten den Mangel genehmigen. Das Gericht würdigt die Urkunde dann insgesamt frei nach § 286 Rn 63, BGH NJW **94**, 2768, BAG NZA **04**, 673, Hamm RR **08**, 21. Das gilt auch gegenüber § 440 II und auch bei einer notariellen Urkunde, aM ZöGei 2 (§ 419 nur wegen der betroffenen Teile. Aber es muß davon abhängen, ob die Unklarheit den Gesamtinhalt erfassen kann). Es gilt auch beim anwaltlichen Empfangsbekenntnis, OVG Lüneb NJW **05**, 3802. Freilich darf man die Anforderungen nicht überspannen. Bei einem Handelsbuch muß das Gericht § 239 HGB beachten. Danach kann es der Urkunde trotz der Mängel eine volle Beweiskraft beimessen, BGH NJW **80**, 893. Es kann ein bis auf die Unterschrift durchstrichenes Indossament als ein Blankoindossament ansehen oder ihm die Beweiskraft versagen. Wenn die Urkunde zerrissen ist, muß das Gericht prüfen, ob das nicht die Aufhebung der beurkundeten Vereinbarung beweist.

Der *Notar* muß handschriftliche Änderungen durch eine besondere Unterzeichnung beurkunden. Dann besteht eine volle Beweiskraft trotz der Einschaltungen und Durchstreichungen. Sonst ist § 419 anwendbar, Kblz DNotZ **77**, 48. Einfügungen am Schluß der Urkunde beeinträchtigen ihre Beweiskraft nicht. Besonders bei einem Vollstreckungstitel zB nach § 794 sind allerdings strenge Anforderungen erforderlich. Ein handschriftlicher Zusatz darf nicht geeignet sein, den Vollstreckungsschuldner zu irritieren, LG Bre DGVZ **82**, 8.

420 *Vorlegung durch Beweisführer; Beweisantritt.* Der Beweis wird durch die Vorlegung der Urkunde angetreten.

Schrifttum: *Niehr,* Die zivilprozessuale Dokumentenvorlegung im deutsch-englischen Rechtshilfeverkehr usw, 2004; *Stadler,* Der Schutz des Unternehmensgeheimnisses im deutschen und amerikanischen Zivilprozeß und im Rechtshilfeverfahren, 1989; *Steeger,* Die zivilprozessuale Mitwirkungspflicht der Parteien beim Urkunden- und Augenscheinsbeweis, Diss Bln 1980; *Trilsch,* Die Pflicht zur Vorlage von Urkunden im deutschen und englischen Zivilprozeßrecht, Diss Hbg 1994.

1) Systematik, §§ 420–427. Auch beim Urkundenbeweis muß man zwischen dem Beweisantritt, der 1 Beweisanordnung, der Beweisaufnahme, der Beweisführung und der Beweiswürdigung unterscheiden.

§§ 420 ff regeln den Beweisantritt und teilweise auch die Art der Beweisanordnung, die letztere in Ergänzung zu §§ 358 ff. Man muß den Urkundenbeweis bereits dadurch „antreten" und nicht erst „erbringen", daß man die Urkunde nach Rn 4 vorlegt. Das übersieht die Praxis sehr oft. Eine solche Nachlässigkeit kann erhebliche Folgen haben, §§ 85 II, 296. Man kann den Urkundenbeweis auch wie folgt antreten: Durch den Antrag, dem Gegner die Vorlegung aufzugeben, §§ 421 ff; durch den Antrag, eine Frist zur Herbeischaffung der Urkunde zu setzen, wenn ein Dritter die Urkunde besitzt, §§ 428 ff; durch den Antrag auf eine Einforderung der Urkunde bei einer öffentlichen Behörde, §§ 432 ff. Die eigentliche Beweisführung oder -erbringung verlangt den Vortrag oder die Inbezugnahme der Urkunde, § 137 III. Eine Einreichung in der mündlichen Verhandlung ist eine Inbezugnahme. Das Vorlesen der Urkunde ist regelmäßig entbehrlich, § 137 III. Wegen des spätesten Vorlegungszeitpunkts Rn 6. Die etwaige Zurückweisung des Beweismittels erfolgt nach § 296. Bei einer öffentlichen Urkunde enthält § 435 eine vorrangige Sonderregelung.

2 **2) Regelungszweck, §§ 420–427.** Die Notwendigkeit, schon zwecks eines bloßen Beweisantritts die Urkunde vorzulegen, entspricht der Notwendigkeit für das Gericht und den Gegner, zum baldmöglichsten Zeitpunkt die Beweiserheblichkeit abzuschätzen, § 286 Rn 29. Diese folgt aus dem Gebot der Prozeßwirtschaftlichkeit, Grdz 14 vor § 128. Deshalb muß das Gericht an jeden Urkunden-Beweisantritt einen strengen Maßstab anlegen. Man sollte die abweichende lasche Praxis nicht übernehmen.

Kopie statt Original ist eine verbreitete, vielfach als selbstverständlich angesehene, entrüstet verteidigte, bequeme Methode des Beweisantritts. Sie kann bei einer Unstreitigkeit der Existenz eines gleichlautenden Originals ja auch durchaus reichen, Rn 4. Ob eine solche Übereinstimmung aber auch unstreitig ist, das kann man meistens erst im Stadium der Beweis*erhebung* und eben nicht schon in demjenigen des bloßen Beweis*antritts* übersehen. Mangels eines korrekten Beweisantritts darf gar keine Beweiserhebung folgen. Das gilt es mitzubedenken.

3 **3) Geltungsbereich.** Üb 4 vor § 415. Die Vorschrift gilt nicht in finanzgerichtlichen Verfahren, AG Hbg WoM **02**, 499.

4 **4) Vorlegung.** Die Praxis verstößt ständig gegen die Vorschrift, Rn 2.

A. Vorzulegendes Exemplar. Wer eine Urkunde in Händen hat oder sie sich ohne eine gerichtliche Hilfe beschaffen kann, tritt den Beweis grundsätzlich nur dadurch an, daß er bereits das Original vorlegt, §§ 131, 134, BGH VersR **93**, 1911, AG Hbg WoM **02**, 500, Roßnagel/Wilke NJW **06**, 2148. Es genügt also grundsätzlich nicht bloß eine beglaubigte Abschrift oder Fotokopie usw, § 435, BGH DB **86**, 798, oder gar eine unbeglaubigte, BGH NJW **92**, 830, Köln RR **00**, 153, Braeuer FamRZ **86**, 427. Freilich mag ausnahmsweise die letztere bei einer Übereinstimmung mit dem Original ausreichen, Rn 2, etwa infolge einer rügelosen Einlassung des Prozeßgegners zum Inhalt, § 295, Köln DB **83**, 105. Im übrigen würdigt das Gericht die Kopie frei, § 286, BGH DB **86**, 798, aber zurückhaltend, Düss RR **95**, 737 (Gefahr der Manipulation). Zur Problematik Zoller NJW **93**, 429 (ausf). Wegen einer fremdsprachlichen Urkunde § 142 Rn 17 ff, § 184 GVG Rn 4.

5 Die Vorlegung einer *Sammlung* von Urkunden, etwa einer Behörden- oder Privatakte oder eines Briefwechsels, ist nur dann ein Beweisantritt, wenn der Vorlegende die einzelnen beweisenden Urkunden ausreichend bezeichnet, etwa nach Blättern oder Stellen. Das Gericht braucht sie nicht herauszusuchen, Mü ZMR **97**, 461. Gegen diese Notwendigkeit verstößt die Praxis mit einer Duldung durch das Gericht ständig, vor allem bei Unfallprozessen usw. In Wahrheit handelt es sich bei derart pauschalen „Beiziehungs-"Anträgen oft um einen glatten Ausforschungsbeweis, Einf 27 vor § 284. Die präzise Angabe der genauen Einzelfundstelle ist auch und gerade bei umfangreichen Urkunden notwendig, etwa bei Büchern. Das Erbieten zur Vorlegung ist nur bei § 434 ein Beweisantritt, BGH RR **93**, 691. Ein Vertagungsanspruch zwecks einer Herbeischaffung besteht nicht.

Die Vorlegung der Urkunde vor dem nach §§ 361, 362 *verordneten Richter* ohne eine Aufforderung des Prozeßgerichts ist kein Beweisantritt. Eine Vorlegung setzt die Existenz der Urkunde voraus. Deshalb ist ein Beweisantritt durch die „Vorlegung" einer erst noch anzufertigenden Urkunde unzulässig, Düss MDR **88**, 593.

6 **B. Verfahren.** Vorlegen muß der Beweisführer die Urkunde spätestens bis zum Schluß der mündlichen Verhandlung nach §§ 136 IV, 296 a, BGH NJW **86**, 429. Evtl muß er das aber nach §§ 134, 356, 273 II 1 auch schon wesentlich früher tun, Rn 1. Das Gericht fordert zur Vorlegung nach § 139 auf. Der Gegner kann nach § 423 den Beweisführer also auffordern, die Urkunde endlich vorzulegen, BGH NJW **86**, 429. Das Gericht geht dann evtl nach § 356 vor. Bei einer verspäteten Vorlegung sind §§ 273 II 1, 296 I anwendbar, BVerfG NJW **85**, 3006. Wenn der Beweisführer die Urkunde nicht genau bezeichnet oder nur einen Teil der Urkunde vorlegt, muß das Gericht ihn auf das Fehlen des restlichen Teils hinweisen und ihm eine Gelegenheit zur Vervollständigung geben.

Es muß den Urkundenteil notfalls *frei würdigen,* § 286. Nur bei § 142 I muß es die vollständige Vorlegung anordnen. Die Beweisaufnahme findet durch eine Einsicht in die Urkunde statt, Schlesw SchlHA **79**, 183. Auch der Gegner darf sie einsehen. Wegen des Verbleibens bei den Gerichtsakten und über das Rechtsverhältnis zwischen dem Staat und dem Einreicher § 134 Rn 8, 12, § 142 Rn 14, 16. Für Handelsbücher geben §§ 258–261 HGB Sondervorschriften. Man braucht bei ihnen regelmäßig keine Kenntnis vom vollen Inhalt zu nehmen.

421 *Vorlegung durch den Gegner; Beweisantritt.* **Befindet sich die Urkunde nach der Behauptung des Beweisführers in den Händen des Gegners, so wird der Beweis durch den Antrag angetreten, dem Gegner die Vorlegung der Urkunde aufzugeben.**

1 **1) Systematik, Regelungszweck.** Vgl zunächst § 420 Rn 1, 2. § 421 behandelt den Fall, daß sich die Urkunde nach der Behauptung des Beweisführers nachvollziehbar im Zeitpunkt der Antragstellung „in den Händen" des Gegners befindet, KG NJW **93**, 2879. Im allgemeinen läßt sich das dahin verstehen, daß der

Gegner die Urkunde im unmittelbaren Besitz hat. Man kann aber darunter auch den Fall verstehen, daß der Gegner nur ein mittelbarer Besitzer ist und daß der Besitzmittler ihm die Urkunde überlassen muß. Dann tritt man den Beweis durch den Antrag an, dem Gegner die Vorlegung der Urkunde aufzugeben. Man braucht also allenfalls die in den eigenen Händen befindliche Kopie vorzulegen, Düss DB **89**, 620. Das Ausforschungsverbot nach Einf 27 vor § 284 darf nicht dazu führen, § 810 BGB zu unterlaufen, Schlesw RR **91**, 1338.

Nicht ausreichend ist eine bloße Besitzverschaffungsmöglichkeit *ohne* ein bereits bestehendes Besitzmitteilungsverhältnis, aM MüKoSchr § 420 Rn 2, ZöGei 1 (aber das ist eine Überspannung des ja ziemlich klar begrenzten Wortlauts und Sinns der Vorschrift, Einl III 39. Man darf sie wegen des Grundsatzes § 420 ohnehin nicht zu großzügig auslegen. Auch kann man eine bloße Möglichkeit des Erhalts nicht mit einer schon tatsächlichen Verfügungsgewalt gleichsetzen).

2) Geltungsbereich. Vgl Üb 4 vor § 415. Im Urkundenprozeß nach §§ 592 ff ist § 421 jedoch unanwendbar, § 595 III, im Eheverfahren nach (jetzt) dem FamFG nur beschränkt wirksam, ZöGei 4, aM MüKoSchr 2 (aber der Amtsbetrieb folgt *seinen* Regeln). 2

3) Verfahren. Der Antrag richtet sich nach § 424, BGH NJW **89**, 717. Antragsberechtigt ist jeder Streitgenosse nach § 59, soweit er einen Vorlegungsanspruch hat, § 422. Der Streithelfer ist aus solchen Gründen antragsberechtigt, die in seiner Person oder in derjenigen der Partei liegen, soweit die Partei nicht widerspricht, § 67. Der streitgenössische Streithelfer nach § 69 ist wie ein Streitgenosse antragsberechtigt. Antragsgegner ist derjenige, der beim Beweisantritt die Gegenpartei ist, also evtl auch jeder gegnerische Streitgenosse und streitgenössische Streithelfer. Andere Streithelfer sind immer Dritte. Der gesetzliche Vertreter muß die Urkunde dann vorlegen, wenn die Partei es tun muß, mag die Urkunde in seinem Besitz oder in demjenigen der Partei sein. Der Beweisantritt erfolgt spätestens in der mündlichen Verhandlung. Vgl aber § 420 Rn 1 und 6, § 424 Rn 4. 3

Eine Aufforderung nach *§ 143* ist kein Antrag. Für das schriftliche Verfahren nach § 128 II und für das Verfahren nach Lage der Akten nach § 251 a genügt ein schriftlicher Antrag. Für den Inhalt des Antrags muß man § 424 beachten. Einer Herausgabeklage fehlt meist das Rechtsheitsbedürfnis, Grdz 33 vor § 253. Sie kann in einen Antrag nach § 421 umdeutbar sein, Grdz 52 vor § 128, Ffm MDR **80**, 228. Die Entscheidung erfolgt nach § 425.

422 *Vorlegungspflicht des Gegners nach bürgerlichem Recht.* **Der Gegner ist zur Vorlegung der Urkunde verpflichtet, wenn der Beweisführer nach den Vorschriften des bürgerlichen Rechts die Herausgabe oder die Vorlegung der Urkunde verlangen kann.**

Gliederung

1) Systematik. Vgl zunächst § 420 Rn 1. Eine prozessuale Pflicht zur Vorlegung einer Urkunde nach § 422 besteht nur: Bei einer bürgerlichrechtlichen Vorlegungspflicht, AG Mü WoM **92**, 136, nicht auch bei einer öffentlichrechtlichen, zB nach §§ 299, 915 oder nach § 45 HGB; nach § 422; bei einer Bezugnahme im Prozeß, § 423; schließlich zur Schriftvergleichung, § 441 III. Eine allgemeine Pflicht zur Vorlegung, vgl bei der Zeugnispflicht, gibt es nicht, OVG Münst NVwZ-RR **03**, 800. 1

2) Regelungszweck. Vgl zunächst § 420 Rn 2. In den Grenzen der Wahrhaftigkeits- und Lauterkeitspflicht nach § 138, Grdz 16 vor § 128 braucht sich auch beim Urkundenbeweis niemand ans Messer zu liefern, § 282 Rn 8. Andererseits ist eine Beweisvereitelung als eine prozessuale Arglist unstatthaft, Einl III 54. Das gilt auch und gerade beim Urkundenbeweis, § 444. Auf diesem Hintergrund zieht § 422 Grenzen zwischen Erlaubt und Verboten und verweist um der Vereinfachung und Rechtseinheit willen auf das bürgerliche Recht und damit auf die dortige Interessenabwägung. Das ist überzeugend und braucht eine entsprechend abwägende Handhabung. Die Vorschrift bezweckt freilich auch nicht, den Eigentümer vor einer Verwertung der Urkunde zu bewahren, Schlesw NZA **04**, 1073. 2

3) Geltungsbereich. Vgl Üb 4 vor § 415. 3

4) Prozessuale Voraussetzungen. Notwendig sind: Ein Beweisinteresse, nicht unbedingt ein rechtliches Interesse im strengen Sinn; ein unmittelbarer oder mittelbarer Besitz des Gegners an der Urkunde, § 421 Rn 1 (andernfalls ist § 426 anwendbar); ein prozessualer oder sachlichrechtlicher Vorlegungsanspruch; ein Vorlegungsantrag, §§ 421, 424; schließlich eine Vorlegungsanordnung nach § 425. Die Verpflichtung geht nicht auf eine Vorlegung an den Beweisführer an einen bestimmten Ort, wie bei § 811 BGB. Ihr Inhalt ist vielmehr die Anordnung einer Vorlegung grundsätzlich vor dem Prozeßgericht und ausnahmsweise vor dem nach §§ 361, 362 verordneten Richter nach § 434. Sie ist nur gegenüber einem Dritten durch eine selbständige Klage nach § 429 S 2 erzwingbar, Ffm MDR **80**, 228. Wenn sich der Gegner zur Vorlegung bereiterklärt, schließt er einen Vorlegungsvertrag. 4

5) Sachlichrechtliche Voraussetzungen. Das bürgerliche Recht sieht eine Vorlegungs- oder Herausgabepflicht vor zB in §§ 259 I, 371, 402, 667, 676, 681, 716, 810, 896, 952, 985, 1144, 1799 BGB, 118, 157, 166, 258–261 HGB, 131, 170, 175 II, 340 d AktG, Art 50 WG, § 836 III ZPO, in § 809 BGB nur, wenn der Anspruch „in Ansehung der Sache" besteht, also in einer Ansehung der Urkunde als solcher. Die wesentlichste Bestimmung gibt § 810 BGB. Ihre drei Fälle schließen einander nicht aus, bisweilen treffen mehrere gleichzeitig zu. Sie sind einer sinngemäßen Anwendung fähig. 5

6 **6) Beispiele zur Frage einer Vorlegungspflicht**

Abtretung: Eine Vorlegungspflicht besteht beim bisherigen Gläubiger gegenüber dem neuen nach § 402 BGB.

Arztunterlagen: Der Patient kann die Unterlagen des Arztes grds einsehen, Daniels NJW **76**, 347 (Ausnahme zB bei der Psychiatrie). Zum Problem BGH NJW **78**, 2337, Uhlenbruck NJW **80**, 1339, Wasserburg NJW **80**, 620.

Aufklärungspflicht: Es besteht *weder* eine allgemeine prozessuale Aufklärungspflicht *noch* gar eine schon aus einer solchen ableitbare Vorlegungspflicht, MüKoSchr 1, ZöGei 3, aM Schlosser JZ **91**, 608 (aber das paßt nicht zur Parteiherrschaft und zum Beibringungsgrundsatz, Grdz 18 vor § 128). Vgl freilich § 423.

Auftrag: Eine Vorlegungspflicht besteht beim Beauftragten gegenüber dem Auftraggeber nach § 667 BGB.

Ausforschung: Eine Vorlegungspflicht *fehlt,* soweit die Partei aus einer Urkunde überhaupt erst eine Unterlage für einen Anspruch zu erhalten hofft, etwa für einen Ersatzanspruch aus den Handlungen eines Anwalts oder aus der Schadensmeldung des Schädigers an seinen Haftpflichtversicherer, Düss VersR **80**, 270.

Auskunft: Rn 9 „Vertrauliche Auskunft".

Brief, Briefwechsel: Eine Vorlegungspflicht über einen Briefwechsel kann wegen eines solchen Rechtsgeschäfts bestehen, an dem der Beweisführer beteiligt ist.

Eine Vorlegungspflicht *fehlt* bei einem solchen Brief des Erblassers, den er nicht zu Beweiszwecken verfaßt hat.

S auch Rn 8 „Privatgebrauch".

Entscheidung: Eine Vorlegungspflicht kann wegen einer solchen Gerichtsentscheidung bestehen, die den anderen betrifft.

Geschäftsbesorgung: Eine Vorlegungspflicht besteht beim Beauftragten gegenüber dem Auftraggeber nach §§ 675. 667 BGB.

Geschäftsführung ohne Auftrag: Eine Vorlegungspflicht besteht beim Geschäftsführer gegenüber dem Geshäftsherrn nach §§ 681 S 2, 667 BGB.

Gesellschaft: Eine Vorlegungspflicht besteht bei einem Gesellschafter oder beim Geschäftsführer gegenüber einem anderen Gesellschafter nach § 716 BGB.

7 **Handelsbuch:** § 258 I HGB läßt die Anordnung der Vorlegung von Handelsbüchern eines Vollkaufmanns auf einen Antrag oder von Amts wegen zu. §§ 259–261 HGB regeln den Umfang und die Art der Einsichtnahme und Vorlegung. Im übrigen bleibt es nach § 258 II HGB auch insofern bei den allgemeinen Regeln. Gemeinschaftliche Urkunden sind nur insoweit Handelsbücher, als der bestimmte Eintrag eine Rechtsbeziehung zum Gegner betrifft. Um eine Handelssache braucht es sich nicht zu handeln.

Handlungsagent: Er kann die Bücher des Geschäftsherrn zur Ermittlung seiner Provision einsehen.

Krankenpapiere: Rn 6 „Arztunterlagen".

Mieterhöhung: Eine Vorlegungspflicht *fehlt* beim Bekl im Prozeß nach § 558 b II BGB wegen des gegnerischen Zustimmungsverlangens, AG Mü WoM **92**, 136.

Miterbe: Ein Miterbe hat ein Einsichtsrecht in solche Bücher, in die ein anderer Miterbe Eintragungen über die Verwaltung der Erbschaft vorgenommen hat, §§ 2032 ff BGB.

Notiz: Man muß nach den Gesamtumständen und unabhängig vom StGB prüfen, ob eine Notiz usw als eine Urkunde gilt und ob man sie vorlegen muß, aM ZöGei 3 (aber auch eine Notiz kann alle zivilprozessualen Voraussetzungen erfüllen).

8 **Patient:** Rn 6 „Arztunterlagen".

Privatgebrauch: Eine Vorlegungspflicht *fehlt* bei einer solchen Aufzeichnung, die sich jemand nur zum privaten Gebrauch gemacht hat, BGH **60**, 292.

S auch Rn 6 „Brief, Briefwechsel".

Quittung: Eine Vorlegungspflicht kann wegen einer Quittung bestehen, § 368 BGB.

Rechnung: Eine Vorlegungspflicht kann wegen einer Rechnung bestehen.

Rechtliches Interesse: Eine Vorlegungspflicht besteht bei einem rechtlichen Interesse nach § 810 BGB.

Rechtsanwalt: Rn 6 „Ausforschung".

9 **Schadensersatz:** Rn 6 „Ausforschung".

Verbindung, Vermischung, Verarbeitung: Eine Vorlegungspflicht kann nach § 952 BGB bestehen.

Versicherung: Eine Vorlegungspflicht kann wegen eines Versicherungsscheins zugunsten eines Dritten bestehen.

Eine Vorlegungspflicht *fehlt,* soweit es um eine bloße Ausforschung geht, Rn 6.

Vertrauliche Auskunft: Eine Vorlegungspflicht *fehlt* bei einer streng vertraulichen Auskunft.

Vormundschaft: Eine Vorlegungspflicht besteht beim Vormund gegenüber dem Gegenvormund nach § 1799 II BGB.

10 **7) Verstoß.** Die Folgen der Unterlassung bestimmen sich im bisherigen Prozeß nach §§ 426 ff, 444.

423 ***Vorlegungspflicht des Gegners bei Bezugnahme.*** **Der Gegner ist auch zur Vorlegung der in seinen Händen befindlichen Urkunden verpflichtet, auf die er im Prozess zur Beweisführung Bezug genommen hat, selbst wenn es nur in einem vorbereitenden Schriftsatz geschehen ist.**

Schrifttum: *Peters,* Auf dem Wege zu einer allgemeinen Prozeßförderungspflicht der Parteien?, Festschrift für *Schwab* (1990) 399.

1) Systematik. Vgl zunächst § 420 Rn 1, § 422 Rn 1, 2. § 423 gibt neben dem sachlichrechtlichen Vorlegungsanspruch des § 422 einen rein prozessualen Verpflichtungsgrund aus einem vorangegangenen eigenen Tun. Er gilt auch für den Streithelfer, § 66. Wer auf eine Urkunde zur Beweisführung und nicht nur auf den Inhalt Bezug nimmt, wenn auch nur in einem vorbereitenden Schriftsatz, muß sie dem Gegner vorlegen, soweit er sie in Händen hat, Anh § 286 Rn 26. Eine Bezugnahme durch einen Zeugen genügt insoweit nicht. Ein späterer Verzicht des Gegners auf das Beweismittel beseitigt die Pflicht nicht. Über die Pflicht zur Niederlegung der Urkunde auf der Geschäftsstelle §§ 134, 142. 1

2) Regelungszweck. Vgl zunächst § 420 Rn 2. Die Vorschrift zeigt eine Folge der Prozeßförderungspflicht der Parteien nach Grdz 12 vor § 128, Peters (vor Rn 1) 405. Außerdem wirkt sie der Gefahr einer prozessualen Arglist entgegen. Diese ist nach Einl III 54 nirgends erlaubt, auch und erst recht nicht beim Urkundenbeweis, § 444. Es wäre unverständlich, wenn der Gegner nicht auch eine solche Urkunde vorlegen müßte, die er besitzt und die er zumindest auch selbst benannt hat. Das wäre eine Beweisvereitelung jedenfalls im weiteren Sinn. Deshalb sollte man die Vorschrift weit zugunsten des Beweisführers auslegen. 2

3) Geltungsbereich. Vgl Üb 4 vor § 415. 3

4) Verstoß. Das Gericht kann bei einer Nichtvorlage das Gegenteil des bestrittenen Urkundeninhalts als bewiesen erachten, Anh § 286 Rn 27, §§ 427, 444. 4

424 *Antrag bei Vorlegung durch Gegner.* [1] **Der Antrag soll enthalten:**

1. die Bezeichnung der Urkunde;
2. die Bezeichnung der Tatsachen, die durch die Urkunde bewiesen werden sollen;
3. die möglichst vollständige Bezeichnung des Inhalts der Urkunde;
4. die Angabe der Umstände, auf welche die Behauptung sich stützt, dass die Urkunde sich in dem Besitz des Gegners befindet;
5. die Bezeichnung des Grundes, der die Verpflichtung zur Vorlegung der Urkunde ergibt. [2] **Der Grund ist glaubhaft zu machen.**

1) Systematik, Z 1–5. Vgl zunächst § 420 Rn 1. In einer Ergänzung zu §§ 421–423, die die Voraussetzungen einer Vorlegungspflicht regeln, nennt die Vorschrift die Art und Weise, in der der Beweisführer anstelle einer Urkundenvorlegung nach § 420 den Antrag auf eine Vorlegung durch einen anderen stellen muß, BGH NJW **89**, 717. 1

2) Regelungszweck, Z 1–5. Vgl zunächst § 420 Rn 2. Die Vorlegung einer Urkunde durch einen anderen als den Beweisführer stellt trotz mancher Fälle einer Vorlegungspflicht immerhin einen Eingriff in ein fremdes Eigentum dar. Denn § 903 BGB gibt dem Eigentümer das Recht, mit der Urkunde „nach Belieben zu verfahren". Dazu gehört an sich auch das Recht, sie anderen vorzuenthalten. Daher muß man strenge Anforderungen stellen. Man darf sie allerdings wegen der Prozeßförderungspflicht und wegen der Prozeßwirtschaftlichkeit nach Grdz 12, 14 vor § 128 auch nicht überspannen. Freilich darf der Beweisführer auch nicht durch einen Antrag nach § 425 eine Ausforschung betreiben, Einf 27 vor § 284, BGH WertpMitt **89**, 278. Immerhin soll das Gericht die Beweiseignung und die Entscheidungserheblichkeit prüfen können, KG NJW **93**, 2879. Alles das muß man bei der Auslegung mitbeachten. 2

3) Geltungsbereich, Z 1–5. Üb 4 vor § 415. 3

4) Vorlegungsantrag, Z 1–5. Zu Rn 4 müssen die Voraussetzungen der Rn 5–9 hinzutreten. 4

A. Mußvorschrift, Z 1–5. § 424 ist trotz seiner „Soll"-Fassung eine Mußvorschrift. Die Sollfassung besagt nur, daß die Erfordernisse spätestens in der mündlichen Verhandlung vorliegen müssen.

B. Urkundenbezeichnung, Z 1. Man muß die Urkunde so genau bezeichnen, daß ihre Nämlichkeit nach ihrem Aussteller und dem Datum feststeht, KG NJW **93**, 2879, LG Bln WoM **86**, 184. Die Bezeichnung als „Korrespondenz" usw genügt nicht. Denn ein Ausforschungsbeweis ist auch hier unzulässig, Einf 6 vor § 284, LG Bln WoM **86**, 184. Freilich kann der Beweisführer zB bei § 254 nicht sofort alles angeben. Wegen Z 5 muß man zB angeben, ob eine Niederschrift (Vorlegungspflicht) oder ein einseitiger Aktenvermerk besteht, BGH **60**, 292. 5

C. Tatsachen, Z 2. Zum Tatsachenbegriff Einf 17 vor § 284. Zum Ausforschungsbeweis Einf 27 vor § 284. 6

D. Urkundeninhalt, Z 3. Diese Angabe hat eine Bedeutung für den Fall des § 427. 7

E. Besitzumstände, Z 4. Wenn der Gegner den Besitz der Urkunde leugnet, findet eine Vorlegungsvernehmung statt, § 426. Dasselbe gilt dann, wenn er ihr Dasein leugnet. Ist das Gericht aber vom Nichtbestehen der Urkunde überzeugt, ist eine Vorlegungsvernehmung unstatthaft, § 445 II. Dasselbe gilt im Ergebnis dann, wenn der Gegner die Originalurkunde gar nicht in seinen Händen haben kann, KG NJW **93**, 2879. Bei Z 4 ist eine Glaubhaftmachung nach § 294 unnötig. 8

F. Vorlagepflicht, Z 5. Hier ist eine Glaubhaftmachung notwendig, § 294. Wegen des Antrags auf eine Vorlegung der Handelsbücher § 422 Rn 7. 9

5) Verfahren, Z 1–5. Der Antrag ist ein Prozeßantrag, § 297 Rn 5. Er ist also kein Sachantrag, § 297 Rn 4. Deshalb ist eine Verlesung in der mündlichen Verhandlung nicht erforderlich. 10

6) Verstoß, Z 1–5. Fehlen die Voraussetzungen Z 1–5 am Schluß der mündlichen Verhandlung nach §§ 136 IV, 296 a, muß das Gericht den Antrag zurückweisen. Man muß aber auch hier die allgemeine Prozeßförderungspflicht nach Grdz 12 vor § 128 und die Regeln zur Zurückweisung nach § 296 beachten. Eine Zurückweisung kann durch ein wegen des vorrangigen § 355 II unanfechtbares Zwischenurteil nach § 303 oder in den Entscheidungsgründen des Endurteils erfolgen. 11

425 *Anordnung der Vorlegung durch Gegner.* **Erachtet das Gericht die Tatsache, die durch die Urkunde bewiesen werden soll, für erheblich und den Antrag für begründet, so ordnet es, wenn der Gegner zugesteht, dass die Urkunde sich in seinen Händen befinde, oder wenn der Gegner sich über den Antrag nicht erklärt, die Vorlegung der Urkunde an.**

1 **1) Systematik.** Vgl zunächst § 420 Rn 1. Die Vorschrift gilt wie §§ 426, 427 im Fall der Vorlegungspflicht des Prozeßgegners nach § 423. Demgegenüber erfassen §§ 428 ff die Vorlegungspflicht eines Dritten. Für die Entscheidungsform gelten die Regeln Rn 4, 5.

2 **2) Regelungszweck.** Vgl zunächst § 420 Rn 2. Es müßte ein „Vollstreckungstitel" geschaffen werden. Freilich nennt § 427 eine elegante Form der Rechtsfolgen des Ungehorsames. Daher bleibt in Wahrheit der Zweck darauf beschränkt, eine für alle Beteiligten klare Festlegung der Art und des Umfangs der Vorlegung vorzunehmen.

3 **3) Geltungsbereich.** Vgl Üb 4 vor § 415.

4 **4) Begründetheit des Antrags.** Wenn die Beweistatsache nach § 286 Rn 13 erheblich ist, wenn das Beweismittel nach § 286 Rn 31 geeignet ist und wenn der Vorlegungsantrag nach §§ 422 ff begründet ist, kann eintreten: Der Gegner leugnet den Besitz. Dann verläuft das Verfahren nach § 426; oder: Der Gegner leugnet die Pflicht zur Vorlegung. Dann entsteht ein Zwischenstreit. Die Entscheidung ergeht durch ein Zwischenurteil nach § 303 oder bei einer Säumnis nach § 347 oder im Endurteil; oder: Der Gegner gibt den Besitz der Urkunde und seine Vorlegungspflicht zu, § 288, oder: Er erklärt sich nicht, § 138 II, III. Dann ordnet das Gericht die Vorlegung durch einen Beweisbeschluß an, § 425.

5 **5) Unbegründetheit des Antrags.** Wenn der Vorlegungsantrag unbegründet ist oder wenn die Urkunde nach § 424 Rn 5 gar nicht besteht, weist das Gericht den Antrag durch einen Beschluß und bei einem Zwischenstreit durch ein Zwischenurteil nach § 303 oder im Endurteil zurück.

6 **6) Rechtsmittel.** Die Entscheidung ist nur beim Teilurteil des § 301 anfechtbar, BGH ZZP **92**, 363 (auch zur Abgrenzung). Im übrigen entfällt eine Anfechtbarkeit des zurückweisenden oder des anordnenden Beschlusses oder eines Zwischenurteils wegen § 355 II.

426 *Vernehmung des Gegners über den Verbleib.* [1] **Bestreitet der Gegner, dass die Urkunde sich in seinem Besitz befinde, so ist er über ihren Verbleib zu vernehmen.** [2] **In der Ladung zum Vernehmungstermin ist ihm aufzugeben, nach dem Verbleib der Urkunde sorgfältig zu forschen.** [3] **Im Übrigen gelten die Vorschriften der §§ 449 bis 454 entsprechend.** [4] **Gelangt das Gericht zu der Überzeugung, dass sich die Urkunde im Besitz des Gegners befindet, so ordnet es die Vorlegung an.**

1 **1) Systematik, Regelungszweck, S 1–4.** Vgl zunächst § 420 Rn 1, 2, § 425 Rn 1, 2. Die Vorschrift regelt den etwa notwendigen Zwischenstreit in einer Anlehnung an §§ 387 ff.

2 **2) Geltungsbereich, S 1–4.** Vgl Üb 4 vor § 415.

3 **3) Voraussetzungen, S 1–4.** Das Gericht muß den Gegner des Beweisführers dann über den Verbleib der Urkunde vernehmen, wenn die Urkunde erheblich ist, wenn es ihn nach §§ 422, 423, 425 zur Vorlegung für verpflichtet erklärt hat, wenn er den Besitz oder das Vorhandensein der Urkunde bestreitet, wenn ein Beweisantritt nach § 421 und ein Vorlegungsantrag nach § 424 vorliegen und wenn das Gericht die Urkunde für existent hält. Eine Glaubhaftmachung des Besitzes oder auch nur des Daseins der Urkunde nach § 294 ist nicht erforderlich. Eine Vorlegungsvernehmung kann unstatthaft sein, etwa weil feststeht, daß die Urkunde nicht besteht. Dann lehnt das Gericht sie durch einen Beschluß und nach einem etwaigen Zwischenstreit durch ein Zwischenurteil nach § 303 oder in den Gründen des Endurteils ab.

4 **4) Vernehmung, S 1–3.** Sie hat praktisch zu geringe Bedeutung.

A. Anordnung. Das Gericht ordnet die Vernehmung durch einen Beweisbeschluß an, § 450 I 1. Ein besonderer Antrag ist nicht erforderlich. Der Antrag liegt schon im Beweisantritt. Das Gericht lädt den Gegner persönlich mit einer Zustellungsurkunde, § 450 I 2. In der Ladung gibt es ihm auf, nach dem Verbleib der Urkunde sorgfältig zu forschen. Von Streitgenossen nach §§ 59 ff vernimmt das Gericht nur den Vorlegungspflichtigen. Wenn sich der Antrag gegen alle richtet, gilt § 449. Für einen nach § 51 Prozeßunfähigen muß das Gericht den gesetzlichen Vertreter vernehmen. Sind mehrere gesetzliche Vertreter vorhanden, vernimmt das Gericht nach seinem Ermessen einen von ihnen oder alle, § 455 I singgemäß. § 455 II ist nicht anwendbar. Bei einer Behörde vernimmt das Gericht denjenigen Beamten, der den Fiskus usw im Prozeß vertritt.

5 **B. Durchführung.** Sie erfolgt durch das Prozeßgericht oder durch einen verordneten Richter, §§ 451, 375. Sie erstreckt sich auf folgende Fragen: Welche Nachforschungen der Gegner angestellt hat, ZöGei 2, aM MüKoSchr 3 (aber es gilt ja gerade einer Beweisvereitelung vorzubeugen); wohin er etwa die Urkunde verbracht hat; welche Ansprüche er auf ihren Besitz oder ihre Rückgabe oder ihre Vorlegung hat. Der Anspruch ist pfändbar, Grdz 113 vor § 704 „Vorlegung". Die Vernehmung erfolgt grundsätzlich uneidlich. Eine Beeidigung nach §§ 478 ff steht gemäß § 452 im pflichtgemäßen Ermessen des Gerichts. Eine völlige oder teilweise Auskunftsverweigerung würdigt das Gericht frei, § 453 II. Bei einer Säumnis des Gegners verläuft das Verfahren nach § 454.

6 **5) Entscheidung nach Vernehmung, S 4.** Es entscheidet die Besitzlage.

A. Besitz. Kommt das Gericht zu der Überzeugung, daß der Gegner die Urkunde nach § 421 Rn 1 im unmittelbaren oder mittelbaren Besitz hat, ordnet es durch einen Beschluß die Vorlegung nach § 425 an, ebenso bei einer Würdigung der Säumnis als einer Auskunftsverweigerung, § 453 II. Legt der Gegner dann nicht vor, ist § 427 anwendbar.

B. Kein Besitz. Wenn das Gericht nicht zu einer solchen Überzeugung kommt, gilt folgendes: Wenn das Gericht die Nachforschungspflicht für erfüllt hält, weist es den Vorlegungsantrag durch einen Beschluß, durch ein Zwischenurteil nach § 303 oder durch ein Endurteil zurück. Wenn der Gegner die Nachforschung unterlassen oder nicht sorgfältig vorgenommen hat, ist § 427 anwendbar. Wenn der Gegner eine Urkunde nach Einl III 54, Anh § 286 Rn 27 arglistig beseitigt, ist § 444 anwendbar. 7

6) Rechtsmittel, S 1–4. Eine Anfechtung ist in allen Fällen nur zusammen mit derjenigen des Endurteils möglich, § 355 II. 8

427 *Folgen der Nichtvorlegung durch Gegner.*

[1]**Kommt der Gegner der Anordnung, die Urkunde vorzulegen, nicht nach oder gelangt das Gericht im Falle des § 426 zu der Überzeugung, dass er nach dem Verbleib der Urkunde nicht sorgfältig geforscht habe, so kann eine vom Beweisführer beigebrachte Abschrift der Urkunde als richtig angesehen werden.** [2]**Ist eine Abschrift der Urkunde nicht beigebracht, so können die Behauptungen des Beweisführers über die Beschaffenheit und den Inhalt der Urkunde als bewiesen angenommen werden.**

1) Systematik, S 1, 2. Vgl zunächst § 420 Rn 1. Die Vorschrift regelt für die Fälle der §§ 425, 426 die prozessualen Folgen des Ungehorsams des Prozeßgegners. In einer Anlehnung zB an §§ 444 (Urkunden-Beweisvereitelung), §§ 446, 454 (Parteivernehmung) arbeitet das Gesetz mit einer das Gericht ermächtigenden, nicht zwingenden Unterstellung zulasten des Säumigen, also der elegantesten Form einer „Vollstrekkung", BGH NJW **83**, 2936. 1

2) Regelungszweck, S 1, 2. Vgl zunächst § 420 Rn 2. Die Vorschrift bezweckt eine Prozeßwirtschaftlichkeit, Grdz 14 vor § 128. Der Grundsatz der freien Beweiswürdigung nach § 286 Rn 3 soll aber bestehen bleiben. Deshalb „kann", aber nicht muß das Gericht die Unterstellungen vornehmen. Wie bei §§ 446, 454 sollte auch hier eine sorgfältige Gesamtabwägung aller Umstände das pflichtgemäße weite Ermessen prägen. 2

3) Geltungsbereich, S 1, 2. Üb 4 vor § 415. Die Vorschrift gilt entsprechend bei §§ 134, 142, 273 II Z 1. 3

4) Voraussetzungen, S 1, 2. Es muß eine der folgenden Voraussetzungen vorliegen. 4

A. Keine Vorlegung. Entweder muß der vorlegungspflichtige Gegner des Beweisführers diejenige Urkunde nicht vorgelegt haben, deren Vorlegung das Gericht nach §§ 425, 426 angeordnet hat.

B. Keine Nachforschung. Oder der vorlegungspflichtige Gegner muß bei seiner Vernehmung erklärt haben, er habe die Urkunde nicht im unmittelbaren oder mittelbaren Besitz nach § 421 Rn 1, und das Gericht muß nach seiner freien nicht nachprüfbaren Überzeugung annehmen, er habe nicht sorgfältig genug nach dem Verbleib der Urkunde geforscht, § 426 Rn 4, 5. 5

5) Folgen, S 1, 2. Es kommt auf die Vorlegung an. 6

A. Abschrift vorgelegt. Wenn der Beweisführer nur eine Abschrift oder Ablichtung der Urkunde vorlegt, liegt eine Beweisvereitelung vor, Anh § 286 Rn 27, BGH DB **85**, 1020. Daher kann das Gericht diese Kopie als richtig ansehen. Es darf aber auch der Kopie mißtrauen und die Behauptungen des Beweisführers über die Beschaffenheit und den Inhalt der Urkunde frei würdigen. Das ist meist dann ratsam, wenn der Beweisführer eine Kopie nachträglich einreicht.

B. Keine Abschrift vorgelegt. Wenn der Beweisführer keine Abschrift oder Ablichtung beibringt, kann das Gericht das wie bei Rn 4 frei würdigen. Hält das Gericht die Behauptungen des Beweisführers über die Beschaffenheit und den Inhalt der Urkunde für bewiesen, würdigt es die Bedeutung dieses Umstands frei. Eine Parteivernehmung des Gegners des Beweisführers entfällt, § 445 II. 7

6) Verfahren, S 1, 2. Das Gericht hat kein Zwangsmittel. Es muß einen Gegenbeweis, aber auch § 445 II beachten. Es entscheidet nach seinem pflichtgemäßen Ermessen nach Rn 1 im Endurteil. Der Gegner kann die Vorlegung in der 2. Instanz unter den Voraussetzungen des § 536 nachholen. Die Würdigung des Erstgerichts bindet das Berufungsgericht nicht. Wenn das Gericht die Vorlegung nach §§ 142 ZPO, 45, 102 HGB usw angeordnet hat, würdigt es eine Nichtvorlegung ohne weiteres frei nach § 286, allenfalls entsprechend § 427, BAG DB **76**, 1020. 8

428 *Vorlegung durch Dritte; Beweisantritt.*

Befindet sich die Urkunde nach der Behauptung des Beweisführers im Besitz eines Dritten, so wird der Beweis durch den Antrag angetreten, zur Herbeischaffung der Urkunde eine Frist zu bestimmen oder eine Anordnung nach § 142 zu erlassen.

1) Systematik, §§ 428–432. Während §§ 420–427 die Vorlegung durch den Beweisführer oder den Prozeßgegner regeln, ordnen §§ 428 ff die Vorlegung durch einem Dritten. Unabhängig davon muß man § 142 beachten. 1

2) Regelungszweck, §§ 428–432. Natürlich kann man nicht einen am Zivilprozeß bisher Unbeteiligten ohne jeden Grund zur Vorlage irgendeiner Urkunde nötigen. Denn er darf nach § 903 S 1 BGB grundsätzlich mit seinem Eigentum nach *seinem* Belieben verfahren und andere von jeder Einwirkung ausschließen. § 428 stellt zusammen mit § 429 zwecks Gerechtigkeit nach Einl III 9, 36 eine der in § 903 S 1 BGB zugelassenen Ausnahmen vom eben erwähnten Grundsatz dar. Ausnahmevorschriften sind durchweg eng auslegbar. Man muß daher die Voraussetzungen streng prüfen. Dabei darf man aber auch eine etwaige Beweisnot des Beweisführers nicht außer acht lassen. Eventuell darf man ihm sogar ohne eine Zuhilfenahme der §§ 428, 429 glauben, § 286 Rn 5. Auch das sollte das Gericht miterwägen. Deshalb stellt § 429 klar, daß nur unter den dort in Bezug genommenen Voraussetzungen der §§ 142, 421 ff nun gar ein Dritter vorlegen muß. 2

Deshalb muß man die Vorschriften auch *zurückhaltend* auslegen. Immerhin sind die beim Zeugenbeweis geltenden Obliegenheiten nach § 378 dem Grundgedanken nach auch auf eine Vorlegungspflicht von Urkunden anwendbar. Ein Prozeßrechtsverhältnis nach Grdz 4 vor § 128 kann auch hier einen Bürger in Aufgaben hineinziehen, die lästig sein mögen und die er dennoch erfüllen muß. Grenzen ziehen auch hier Artt 1 ff GG.

3 **3) Geltungsbereich.** Vgl zunächst Üb 4 vor § 415. Im Urkundenprozeß ist § 428 grundsätzlich unanwendbar, § 595 III, dort Rn 5 (auch zu Ausnahmen). Im FamFG-Verfahren ist § 428 in Verbindung mit § 113 I 2 FamFG anwendbar.

4 **4) Besitz eines Dritten.** Die Vorschrift gilt, soweit der Dritte nach der ausreichenden Behauptung des Beweisführers die Urkunde im unmittelbaren Besitz hat und der Beweisführer sie nicht von dort herbeischaffen kann oder will. Wegen eines mittelbaren Besitzes § 421 Rn 1. Dritter ist jeder, der weder Beweisführer noch Gegner ist, § 421 Rn 1. Dritter kann auch ein Streitgenosse des Beweisführers nach §§ 59 ff oder sein Streithelfer nach §§ 66 ff sein. Das gilt mit Ausnahme des notwendigen Streitgenossen nach § 69. Es kann sich auch um einen einfachen Streitgenossen des Beweisgegners handeln.

5 **5) Beweisantritt.** Man tritt den Beweis durch den Antrag an, zur Herbeischaffung der Urkunde eine Frist zu setzen oder eine Anordnung nach § 142 zu erlassen. Den Antragsinhalt regeln §§ 430, 431. Ein bloßer Antrag auf eine Herbeischaffung ohne eine Anordnung nach § 142 genügt nicht. Er ist aber in einen Antrag auf eine Fristsetzung umdeutbar. Das Gericht setzt eine Frist mit oder ohne eine mündliche Verhandlung und auch auf ein schriftliches Gesuch, § 431 I. Es genügt nicht, den Dritten als Zeugen zu benennen und das Gericht zu bitten, dem Zeugen aufzugeben, die Urkunde mitzubringen.

429 *Vorlegungspflicht Dritter.* [1] **Der Dritte ist aus denselben Gründen wie der Gegner des Beweisführers zur Vorlegung einer Urkunde verpflichtet; er kann zur Vorlegung nur im Wege der Klage genötigt werden.** [2] **§ 142 bleibt unberührt.**

1 **1) Systematik, Regelungszweck, S 1, 2.** Vgl zunächst § 428 Rn 1, 2. Die Möglichkeiten nach § 142 bleiben unberührt. Das stellt S 2 klar. § 429 gilt beim Beweis durch Augenschein entsprechend, § 371 II 2.

2 **2) Geltungsbereich, S 1, 2.** § 428 Rn 3.

3 **3) Vorlegungspflicht, S 1, 2.** Für denjenigen Dritten, der die Urkunde im unmittelbaren Besitz hat, besteht die Vorlegungspflicht in demselben Umfang wie für den Gegner des Beweisführers. Es fällt nur die Vorlegung zur Schriftvergleichung weg, § 422 Rn 1. Wegen des mittelbaren Besitzes § 421 Rn 1. Ist der Dritte ein Streithelfer und nimmt er auf die Urkunde Bezug, ist § 423 anwendbar. Der Dritte muß stets dem Prozeßgericht oder bei § 434 dem verordneten Richter vorlegen und auch dem Gegner die Einsicht in die Urkunde gestatten. Denn seine Pflicht stützt sich zwar auf das bürgerliche Recht. Sie ist aber prozessual beeinflußt, § 422 Rn 4. Das Gericht hat kein Zwangsmittel.

4 **4) Erzwingung, S 1 2.** Der Beweisführer muß auf die Vorlegung der Urkunde an das Gericht klagen. Der Gerichtsstand ist derjenige des Dritten. Kläger ist die Partei, nicht der Streithelfer. Er kann aber auch dann diesem Prozeß beitreten oder selbst klagen, wenn er einen eigenen Vorlegungsanspruch hat. Zur Begründung gehört der Nachweis der Fristsetzung nach § 430. Mit dem Wegfall der Notwendigkeit einer Vorlage erledigt sich die Hauptsache. Es sind alle Beweismittel statthaft. Es findet keine Vorlegungsvernehmung statt. Die Zwangsvollstreckung richtet sich bei einer im Inland befindlichen Urkunde nach §§ 883, 899, bei einer aus dem Ausland herbeizuschaffenden Urkunde nach §§ 888, 913.

430 *Antrag bei Vorlegung durch Dritte.* **Zur Begründung des nach § 428 zu stellenden Antrages hat der Beweisführer den Erfordernissen des § 424 Nr. 1 bis 3, 5 zu genügen und außerdem glaubhaft zu machen, dass die Urkunde sich in den Händen des Dritten befinde.**

1 **1) Systematik, Regelungszweck.** Vgl zunächst § 428 Rn 1, 2. § 430 gilt beim Beweis durch Augenschein entsprechend, § 371 II 2.

2 **2) Geltungsbereich.** § 428 Rn 3.

3 **3) Antragserfordernisse.** Die Form und der Inhalt des Antrags richten sich nach § 424 Z 1–3, 5. Außerdem muß der Beweisführer nach § 294 glaubhaft machen, daß sich die Urkunde im unmittelbaren Besitz des Dritten befindet. Vgl aber auch § 421 Rn 1.

Beispiel: Er muß glaubhaft machen, daß sich ein herbeizuschaffender Scheck in den Händen einer Bank befindet, daß ihm die Bank zur Vorlegung verpflichtet ist und daß die Urkunde beweiserheblich ist. Ein unstreitiger Besitz braucht keine Glaubhaftmachung. Nicht ausreichend ist die Behauptung oder Glaubhaftmachung einer Bemühung nach der Urkunde.

4 **4) Entscheidung.** Vgl § 425. An Stelle des Beweisbeschlusses tritt eine Frist nach § 431.

431 *Vorlegungsfrist bei Vorlegung durch Dritte.* [1] **Ist die Tatsache, die durch die Urkunde bewiesen werden soll, erheblich und entspricht der Antrag den Vorschriften des vorstehenden Paragraphen, so hat das Gericht durch Beschluss eine Frist zur Vorlegung der Urkunde zu bestimmen.**

II Der Gegner kann die Fortsetzung des Verfahrens vor dem Ablauf der Frist beantragen, wenn die Klage gegen den Dritten erledigt ist oder wenn der Beweisführer die Erhebung der Klage oder die Betreibung des Prozesses oder der Zwangsvollstreckung verzögert.

1) Systematik, Regelungszweck, I, II. Vgl zunächst § 428 Rn 1, 2. § 431 gilt beim Beweis durch Augenschein entsprechend, § 371 II 2. § 431 hat als eine Spezialvorschrift den Vorrang vor § 356. 1

2) Geltungsbereich, I, II. § 428 Rn 3. 2

3) Fristsetzung, I. Man muß zwei Phasen unterscheiden. 3

A. Verfahren. Voraussetzung ist wie bei § 425, daß die Beweistatsache erheblich und daß der Antrag begründet ist. Dann setzt das Gericht zur Vorlegung der Urkunde durch einen Beschluß eine Frist, I 1, § 329. Er ist kein Beweisbeschluß. Denn hier bereitet anders als beim nachrangigen § 425 die Fristsetzung den Beweis erst vor. Eine mündliche Verhandlung ist entbehrlich, § 128 IV. Anders als beim nachrangigen § 356 kann das Gericht die Erheblichkeit auch ohne eine mündliche Verhandlung prüfen. Die Frist ist eine richterliche, Üb 10 vor § 214. Ihre Verkürzung und Verlängerung richten sich nach §§ 224 ff. Das Gericht muß sie so bemessen, daß sie voraussichtlich zur Durchführung des Prozesses gegen den Dritten genügt. Man wahrt sie durch die Einreichung der Urkunde.

B. Rechtsbehelfe. Bei einer Fristsetzung ist grundsätzlich kein Rechtsbehelf statthaft, § 355 II. Bei einer zu langen Frist oder bei einer Versagung des Fortsetzungsantrags nach II ist die sofortige Beschwerde statthaft, § 252 entsprechend, MüKoSchr 3, StJL 4, ZöGei 1, aM ThP 2 (aber es geht praktisch um eine Aussetzung). Bei einer Zurückweisung des Antrags nach I ist ebenfalls eine sofortige Beschwerde statthaft, § 567 I Z 2. Das Beschwerdegricht prüft nicht auch die Beweiseignung und die Entscheidungserheblichkeit. Soweit das OLG entschieden hat, kommt allenfalls eine Rechtsbeschwerde an den BGH unter den Voraussetzungen des § 574 in Betracht. Bei einer Friständerung gilt § 225 Rn 7–9. 4

4) Weiteres Verfahren, II. Das Gericht setzt das Verfahren nur auf Grund des Terminsantrags einer Partei fort, ThP 3, aM StJL 7, ZöGei 2 (aber der Gegner kann ebenfalls durch einen Terminsantrag vorgehen). Der Beweisführer kann ihn jederzeit stellen. Er muß die Urkunde einreichen. Das mag er auch erst im Termin tun. Etwas anderes gilt nur dann, wenn er auf eine Erledigung seines Antrags verzichtet oder im Prozeß gegen den Dritten nichts erreicht hat. Der Gegner darf die Ladung beantragen, wenn dieser die Erhebung der Klage, die Fortführung des Prozesses oder die Fortführung der Zwangsvollstreckung verzögert. Dann kann der Beweisführer die Urkunde nur durch ihre Vorlegung als ein Beweismittel benutzen. 5

432 *Vorlegung durch Behörden oder Beamte; Beweisantritt.* **I Befindet sich die Urkunde nach der Behauptung des Beweisführers in den Händen einer öffentlichen Behörde oder eines öffentlichen Beamten, so wird der Beweis durch den Antrag angetreten, die Behörde oder den Beamten um die Mitteilung der Urkunde zu ersuchen.**

II Diese Vorschrift ist auf Urkunden, welche die Parteien nach den gesetzlichen Vorschriften ohne Mitwirkung des Gerichts zu beschaffen imstande sind, nicht anzuwenden.

III Verweigert die Behörde oder der Beamte die Mitteilung der Urkunde in Fällen, in denen eine Verpflichtung zur Vorlegung auf § 422 gestützt wird, so gelten die Vorschriften der §§ 428 bis 431.

Schrifttum: *Brenner,* Der Einfluß von Behörden auf die Einleitung und den Ablauf von Zivilprozessen, 1989.

1) Systematik, Regelungszweck, I–III. Vgl zunächst § 428 Rn 1, 2. § 432 gilt beim Beweis durch Augenschein entsprechend, § 371 II 2. 1

2) Geltungsbereich, I–III. Vgl zunächst Üb 3 vor § 415. § 432 regelt den Fall, daß sich die vom Beweisführer als ein Beweismittel benannte öffentliche oder private Urkunde nach §§ 415, 417, 418 im unmittelbaren Besitz einer öffentlichen Behörde nach § 415 Rn 4 oder einer Person des öffentlichen Dienstes nach § 376 Rn 5 gerade in dessen dienstlicher Eigenschaft befindet, also nicht im Privatbesitz. Das gilt aber nur dann, wenn die durch die Behörde vertretene Stelle keine Partei ist (sonst gelten §§ 421–427), wenn kein Fall nach II vorliegt und wenn kein Vorlegungsanspruch nach §§ 429, 422 besteht, III. Die Vorschrift ist im Urkundenprozeß unanwendbar, § 595 III. 2

3) Beweisantritt, I. Er erfolgt nur selten. Möglich ist zunächst auch die formlose Anregung, das Gericht solle nach § 273 II Z 2 die Vorlegung aufgeben, oder der Weg nach § 435. 3

A. Verfahren. Man tritt den Beweis durch den Antrag an, die Behörde oder den Beamten um eine Mitteilung der Urkunde zu ersuchen. Der Antrag braucht nicht den §§ 424, 428, 430 zu genügen. Er muß aber ausreichende Anhaltspunkte für die Beweiserheblichkeit der Tatsache nach § 286 Rn 29 und für den unmittelbaren Besitz der Behörde usw ergeben. Bei einem mittelbaren Besitz gilt § 421 Rn 1. Der Antragsteller muß ferner die Urkunde so genau bezeichnen, daß die Behörde usw das Ersuchen im ordnungsmäßigen Geschäftsgang erledigen kann. Unerlaubt ist auch hier ein bloßer Ausforschungsantrag, Einf 27 vor § 284. Das Gericht ist auch nicht verpflichtet, sich das Wesentliche selbst herauszusuchen, BGH **126,** 217.

B. Entscheidung. Das Gericht fordert die Urkunde durch einen Beweisbeschluß ein, § 358. Die Zurückweisung des Antrags erfordert keinen besonderen Beschluß. Wenn die Akten den Parteien unzugänglich sind, zB evtl Ermittlungsakten oder wegen eines Datenschutzes nach § 299 Rn 4, muß das Gericht ihre Einforderung ablehnen, aM StJL 5 (aber was die Parteien nicht einsehen dürfen, können sie nicht vortragen und darf das Gericht nicht verwerten). Es ist den Parteien überlassen, vorher die Genehmigung zur Einsicht zu erwirken. Das Ersuchen erfolgt von Amts wegen durch den Vorsitzenden, auch den Einzelrichter. Über eine amtliche Auskunft Üb 32 vor § 373. 4

5 **C. Rechtsmittel, I.** Die Entscheidung ist allenfalls zusammen mit dem Endurteil anfechtbar, § 355 II.

6 **4) Parteibeschaffung, II.** Wenn sich der Beweisführer die Urkunde nach einer gesetzlichen Vorschrift selbst beschaffen kann, muß er den Beweis nach § 420 antreten. Wenn das nur dem Gegner des Beweisführers möglich ist, ist I anwendbar. II gilt auch dann, wenn der Beweisführer eine Ausfertigung oder eine beglaubigte Abschrift oder Ablichtung beibringen kann, wie bei Registerauszügen, Testamenten, notariellen Urkunden, soweit sie kaum im Original herausgegeben werden dürfen, ferner bei Grundbuchabschriften, Urteilen, § 435. Etwas anderes gilt bei Patenterteilungsakten. Denn bei ihnen besteht kein Anspruch auf eine Erteilung von Abschriften oder Ablichtungen. Die Möglichkeit einer Einsicht steht I nicht entgegen.

7 **5) Verhalten der Behörde, III.** Man muß zwei Phasen unterscheiden.

A. Verfahren. Die Behörde oder der Beamte prüft nach dem für diese geltenden Verwaltungsrecht, ob man die Urkunde übersenden darf oder muß, Art 35 I GG, § 168 GVG. Sie hat meist ein pflichtgemäßes Ermessen. II erweitert nicht die Berechtigung nach § 51 BeurkG. Wegen der Herausgabe von Akten betr das Gemeinwohl, § 96 StPO, das Steuergeheimnis, die Intimsphäre, zB Scheidungsakten, vgl § 299 Rn 23ff und BVerfG **34**, 209. Wegen des Datenschutzes § 299 Rn 4. Nicht den Parteien zugängliche Akten sind unverwertbar. Von der Ablehnung und dem Eingang der Urkunde muß die Geschäftsstelle die Parteien benachrichtigen, § 362 II. Wenn die Urkunde eingeht, ist sie in der mündlichen Verhandlung verwertbar. Im schriftlichen Verfahren und im Verfahren nach Lage der Akten ist die Urkunde nach der Benachrichtigung ohne weiteres verwertbar.

8 **B. Rechtsbehelfe, III.** Bei einer unbegründeten Weigerung sind die im Verwaltungsrecht möglichen Rechtsbehelfe und eine Klage vor dem Verwaltungsgericht zulässig. Eine Beschwerde nach § 159 GVG entfällt immer dann, wenn keine Rechtshilfe infrage kommt. Wenn eine Vorlegungspflicht nach § 422 besteht, kann eine Klage gegen die vom Beamten vertretene Stelle zulässig sein.

433 (weggefallen)

434

Vorlegung vor beauftragtem oder ersuchtem Richter. **Wenn eine Urkunde bei der mündlichen Verhandlung wegen erheblicher Hindernisse nicht vorgelegt werden kann oder wenn es bedenklich erscheint, sie wegen ihrer Wichtigkeit und der Besorgnis ihres Verlustes oder ihrer Beschädigung vorzulegen, so kann das Prozessgericht anordnen, dass sie vor einem seiner Mitglieder oder vor einem anderen Gericht vorgelegt werde.**

1 **1) Systematik, Regelungszweck.** § 434 macht bei §§ 420–433 zum Schutz besonders wertvoller oder wichtiger Urkunden insbesondere bei Transportgefahren eine an sich nicht unproblematische, aber im Zivilprozeß ja aus manchen Gründen vorkommende und vertretbare Ausnahme von dem wichtigen Grundsatz der Unmittelbarkeit der Beweisaufnahme, § 355 I. Die Parteiöffentlichkeit des § 357 bleibt natürlich insofern bestehen, als die Parteien den Zutritt zur Beweisaufnahme vor dem in § 434 bestimmten Gericht haben. Dieses kann auch ein „anderes" als das Prozeßgericht sein, §§ 361, 362. Die Möglichkeit einer Einsicht durch das Prozeßgericht an Ort und Stelle nach § 219 I besteht wahlweise neben § 434.

2 **2) Geltungsbereich.** Üb 4 vor § 415.

3 **3) Voraussetzungen.** Erforderlich und ausreichend ist eine der folgenden Voraussetzungen.

A. Hindernis. Entweder ist die Vorlegung in der mündlichen Verhandlung wegen erheblicher Hindernisse nicht möglich. Das Gericht darf und muß das diesbezügliche Vorbringen frei würdigen, § 286.

4 **B. Bedenklichkeit einer Vorlegung.** Oder die Vorlegung ist wegen der Wichtigkeit der Urkunde oder der Besorgnis ihres Verlustes oder ihrer Beschädigung bedenklich. Das gilt namentlich bei Grund-, Register- oder Nachlaßakten. Solche Akten sollte das ersuchte Gericht überhaupt nicht versenden. Regelmäßig genügt außerdem die Einreichung einer beglaubigten Abschrift oder Ablichtung, § 432 Rn 6.

5 **4) Verfahren.** Die Anordnung nach § 434 erfolgt nach dem pflichtgemäßen Ermessen durch einen Beweisbeschluß auf Grund einer mündlichen Verhandlung nach § 358 oder ohne eine solche nach § 358a. Sie erfolgt jeweils mit einer Änderungsmöglichkeit, § 360. Der nach §§ 361, 362 verordnete Richter muß eine beglaubigte Abschrift oder Ablichtung der Urkunde zu den Akten nehmen und Bedenken der Parteien gegen die Echtheit oder deren Zugeständnis protokollieren. Vor ihm besteht kein Anwaltszwang, § 78 III Hs 1, dort Rn 37. Weiteres Verfahren §§ 362 II, 367, 370. Wegen einer Beweisaufnahme im Ausland §§ 363ff, §§ 1072ff.

6 **5) Rechtsmittel.** Die Entscheidung ist nur zusammen mit dem Endurteil anfechtbar, § 355 II.

435

Vorlegung öffentlicher Urkunden in Urschrift oder beglaubigter Abschrift. [1] **Eine öffentliche Urkunde kann in Urschrift oder in einer beglaubigten Abschrift, die hinsichtlich der Beglaubigung die Erfordernisse einer öffentlichen Urkunde an sich trägt, vorgelegt werden; das Gericht kann jedoch anordnen, dass der Beweisführer die Urschrift vorlege oder die Tatsachen angebe und glaubhaft mache, die ihn an der Vorlegung der Urschrift verhindern.** [2] **Bleibt die Anordnung erfolglos, so entscheidet das Gericht nach freier Überzeugung, welche Beweiskraft der beglaubigten Abschrift beizulegen sei.**

1 **1) Systematik, Regelungszweck, S 1, 2.** Der Beweisführer muß eine Privaturkunde nach § 416 Rn 3 grundsätzlich in ihrer Urschrift vorlegen, § 420 Rn 4. Denn nur so ist die Feststellung ihrer Echtheit nach

§ 439 und ihrer Fehlerfreiheit nach § 419 möglich, BGH NJW **80**, 1048. Freilich kann ausnahmsweise schon dann eine beglaubigte Abschrift oder Ablichtung genügen, § 420 Rn 4. Bei einer öffentlichen Urkunde nach § 415 Rn 4 läßt § 435 die Vorlegung einer beglaubigten Abschrift oder Ablichtung zu. Denn die Urschrift befindet sich meist in einer amtlichen Verwahrung, BGH NJW **80**, 1048. Bei der notariellen Urkunde kommt nach den vorrangigen §§ 45 I, 47 BeurkG nur die Vorlage einer Ausfertigung in Betracht. Sie gilt als die Urschrift nach §§ 420, 435.

2) Geltungsbereich, S 1, 2. Üb 4 vor § 415. 2

3) Öffentliche Urkunde, S 1. Zu ihrem Begriff § 415 Rn 4. Dahin zählt zB auch eine beglaubigte 3
Fotokopie oder Abschrift, BGH FamRZ **07**, 636 rechts unten (auch in fremder Sprache), aber nicht die Fotokopie einer beglaubigten Abschrift. Dieser Weg ist aber nur dann zulässig, wenn die Beglaubigung den Erfordernissen einer öffentlichen Urkunde genügt. Damit gibt § 435 die folgende Beweisregel: Eine ordnungsmäßig beglaubigte Ablichtung oder Abschrift einer öffentlichen Urkunde hat dieselbe Beweiskraft wie die Urkunde selbst. Das gilt sowohl dann, wenn nun die Beglaubigung von derjenigen Behörde stammt, die die Urschrift erstellt hat, LG Duisb Rpfleger **84**, 98, als auch dann, wenn die Beglaubigung von einer anderen Behörde herrührt. Mit einer solchen Urkunde nicht verwechseln darf man eine öffentlich beglaubigte Urkunde, § 415 Rn 3. Die Erfordernisse der Urschrift und die Zuständigkeit zur Beglaubigung richten sich nach dem maßgeblichen Bundes- oder Landesrecht. Die Ausfertigung einer öffentlichen Urkunde ist immer nur eine Abschrift oder Ablichtung. Sie läßt den Gegenbeweis zu. Ein Auszug aus einer öffentlichen Urkunde fällt nicht unter § 435. Er mag selbst eine öffentliche Urkunde sein.

4) Anordnung, S 1, 2. Wenn das Gericht gegen die Richtigkeit der beglaubigten Abschrift einer 4
öffentlichen Urkunde Bedenken hat, kann es dem Beweisführer die wahlweise Vorlegung der Urschrift oder eine Glaubhaftmachung der Hinderungsgründe aufgeben. Die Anordnung erfolgt durch einen Beweisbeschluß auf Grund einer mündlichen Verhandlung oder ohne solche in einer Ergänzung eines Beweisbeschlusses, § 360. Der Gegner darf das vorgelegte Exemplar auf der Geschäftsstelle einsehen, §§ 134, 142 II. Er darf die Aushändigung einer Kopie fordern, §§ 131, 299. Wenn der Beweisführer beiden Anordnungen nicht nachkommt, würdigt das Gericht die beglaubigte Abschrift frei, § 286, BGH NJW **80**, 1048, BVerwG NJW **87** , 1159.

5) Rechtsmittel, S 1, 2. Die Entscheidung ist nur zusammen mit dem Endurteil anfechtbar, § 355 II. 5

436 *Verzicht nach Vorlegung.* Der Beweisführer kann nach der Vorlegung einer Urkunde nur mit Zustimmung des Gegners auf dieses Beweismittel verzichten.

1) Systematik, Regelungszweck. Die Vorschrift entspricht formell dem beim Zeugenbeweis geltenden 1
§ 399. Sie hat aber keinen so weitgehenden Inhalt. Zwar erfordert die Parteiherrschaft nach Grdz 18 vor § 128 auch beim Urkundenbeweis einen gewissen Handlungsspielraum der Parteien. Indessen ist schon wegen des ja meist klaren Inhalts usw im Interesse der Gerechtigkeit nach Einl III 9, 36 eine Möglichkeit eingeschränkt, auf ein nun nicht mehr so günstiges Beweismittel zu verzichten. Dieser letztere Gedanke hat bei der Auslegung den Vorrang.

2) Geltungsbereich. Üb 4 vor § 415. 2

3) Zustimmungsbedürftigkeit. Bis zur Vorlegung einer Urkunde kann der Beweisführer einseitig auf 3
sie verzichten. Der Gegner kann aber die Vorlegung der einmal in Bezug genommenen Urkunde verlangen, § 423. *Hat* eine der Parteien oder ein Dritter die Urkunde erst einmal vorgelegt, kann der Beweisführer nur mit einer Zustimmung des Gegners auf sie verzichten. Ein Verzicht und eine Zustimmung sind unwiderrufliche Parteiprozeßhandlungen, Grdz 47, 58 vor § 128. Die Zustimmung kann auch durch eine schlüssige Handlung erfolgen. Dann scheidet die Urkunde für die Beweiswürdigung aus. Ob das Gericht trotzdem die Vorlegung aus §§ 142 ff von Amts wegen nach §§ 358, 358 a anordnen darf, das hängt davon ab, ob nicht eine zulässige Verfügung über die Beweisfrage vorliegt, ThP 1, ZöGei 1, aM StJL 2 (die Anordnung der Vorlegung sei unbedingt zulässig. Aber das widerspricht dem Beibringungsgrundsatz). Das muß das Gericht nach § 139 klären.

Einführung vor §§ 437–443

Echtheit von Urkunden

1) Systematik. Nur die echte Urkunde ist beweiskräftig, Üb 9 vor § 415. Das Gericht muß die Echtheit 1
also stets prüfen, BGH NJW **01**, 449. Die Urkunde ist im Sinn der ZPO dann echt, wenn sie von derjenigen Person herrührt, von der sie herrühren soll, und zwar nach der Behauptung des Beweisführers oder im Verfahren mit einer Amtsermittlung nach Grdz 38 vor § 128 nach der Behauptung der durch den Urkundeninhalt begünstigten Partei BGH (1. ZS) NJW **01**, 449, aM BGH MDR **88**, 770 (vgl aber § 440 Rn 3). Anders ist es im Strafrecht, § 267 StGB. Soweit die Urkunde dem Willen dieser Person entspricht, ist es unerheblich, ob sie selbst unterschrieben hat, BGH MDR **88**, 770. Der Klärung der Echtheit dienen bei der öffentlichen Urkunde §§ 437, 438, bei der privaten §§ 439, 440, bei beiden §§ 441 ff. Beim Vorliegen eines Feststellungsinteresses kann man die Echtheit auch mit einer Feststellungsklage nach § 256 geltend machen. Das kommt allerdings praktisch nicht vor. Eine Zwischenklage nach § 280 ist unzulässig. Denn es handelt sich nicht um ein Rechtsverhältnis.

Von der Echtheit muß man die *Unverfälschtheit* unterscheiden, also das Fehlen nachträglicher Veränderungen. Es läßt sich mit allen Beweismitteln beweisen. Auch der Inhalt der Urkunde fällt nicht unter §§ 437 ff, sondern unter §§ 286, 415, 417, 418.

2 **2) Regelungszweck.** Das Gericht muß die Echtheit ungeachtet § 437 besonders sorgfältig prüfen. Denn die echte Urkunde schränkt ja vielfach die Freiheit des Gerichts in der Beweiswürdigung ausnahmsweise als eine gesetzliche Beweisregel ein, zB § 415 Rn 7.

3 **3) Geltungsbereich.** Vgl Üb 4 vor § 415.

437 *Echtheit inländischer öffentlicher Urkunden.* **I Urkunden, die nach Form und Inhalt als von einer öffentlichen Behörde oder von einer mit öffentlichem Glauben versehenen Person errichtet sich darstellen, haben die Vermutung der Echtheit für sich.**

II Das Gericht kann, wenn es die Echtheit für zweifelhaft hält, auch von Amts wegen die Behörde oder die Person, von der die Urkunde errichtet sein soll, zu einer Erklärung über die Echtheit veranlassen.

1 **1) Systematik, Regelungszweck, I, II.** Vgl Einf 1, 2 vor §§ 437–443. § 437 stellt eine einfache Rechtsvermutung der Echtheit einer inländischen öffentlichen Urkunde auf, Rn 4, § 292 Rn 1, LG Kiel Rpfleger **90**, 420. Demgegenüber regelt § 438 die Echtheit einer ausländischen öffentlichen Urkunde. Zur ersteren und evtl auch zur letzteren Art gehört auch die sog Eigenurkunde. In ihr legt ein Notar nicht seine Wahrnehmung nieder, sondern eine Willenserklärung, eigene Verfahrenserklärungen, BGH DNotZ **81**, 118, Reithmann DNotZ **83**, 439.

2 **2) Geltungsbereich, I, II.** Üb 4 vor § 415.

3 **3) Vermutung der Echtheit, I.** Die Vermutung gilt nur insoweit, als die Urkunde nicht nach § 419 fehlerhaft ist. Inländische öffentliche Urkunden brauchen nach § 1 G vom 1. 5. 1878, RGBl 89, idF des BeurkG keine Amtsbekräftigung (Legalisation). Die Vermutung bezieht sich nur auf die Herkunft der Urkunde, nicht auf ihren Inhalt (dafür gelten §§ 415 ff) oder die Zuständigkeit der ausstellenden Behörde.

4 **4) Zweifel an der Echtheit, II.** Man kann die Vermutung des § 437 durch einen Gegenbeweis entkräften, § 292. Wenn das Gericht die Echtheit nach seinem pflichtgemäßen Ermessen für zweifelhaft hält, muß es von Amts wegen auch ohne eine mündliche Verhandlung die ausstellende Behörde usw um eine Auskunft über die Echtheit ersuchen. „Kann" stellt nur die Zuständigkeit klar und eröffnet kein weiteres Ermessen. Der Ersuchte muß sich durch eine dienstliche Erklärung äußern, Art 35 I GG. Eine Vernehmung als Zeuge ist dazu nicht erforderlich. Die Vermutung gilt bis zur Feststellung der Unechtheit.

438 *Echtheit ausländischer öffentlicher Urkunden.* **I Ob eine Urkunde, die als von einer ausländischen Behörde oder von einer mit öffentlichem Glauben versehenen Person des Auslandes errichtet sich darstellt, ohne näheren Nachweis als echt anzusehen sei, hat das Gericht nach den Umständen des Falles zu ermessen.**

II Zum Beweis der Echtheit einer solchen Urkunde genügt die Legalisation durch einen Konsul oder Gesandten des Bundes.

Schrifttum: *Bindseil* DNotZ **92**, 275 (Üb) und DNotZ **93**, 5 (zur konsularischen Beurkundung); *Brenner,* Der Einfluß von Behörden auf die Einleitung und den Ablauf von Zivilprozessen, 1989; *Bülow/Böckstiegel/Geimer/Schütze,* Der Internationale Rechtsverkehr in Zivil- und Handelssachen, 3. Aufl 1990; Teil D; *Hecker/Müller-Chorus,* Handbuch der konsularischen Praxis, 2. Aufl seit 2003 (Loseblattausgabe); *Kierdorf,* Die Legalisation von Urkunden, 1975; *Langhein,* Kollisionsrecht der Registerurkunden usw, 1995.

Auskunft erteilt das Bundesverwaltungsamt, Referat III/3, Barbarastr. 1, 50728 Köln, Bindseil DNotZ **92**, 278.

Gliederung

1 **1) Systematik, Regelungszweck, I, II.** Vgl Einf 1, 2 vor §§ 437–443. Während § 437 die inländische Urkunde behandelt, regelt § 438 die ausländische. Zur Prüfung ihrer Echtheit besteht natürlich ein besonderes Bedürfnis. Daher muß man die Vorschrift grundsätzlich eng auslegen. Das darf freilich nicht zu allzu großen Konflikten mit den zB in § 328 genannten Maßstäben führen. Sie erfordern ja oft aus deutscher Sicht eine erhebliche Großzügigkeit. Das muß man bei der Auslegung mitbeachten.

2 **2) Geltungsbereich, I, II.** Vgl Üb 4 vor § 415. Zum Grundbuchverfahren nach § 29 GBO BayObLG IPRax **94**, 122, Roth IPRax **94**, 86.

3 **3) Echtheit, I.** Eine öffentliche Urkunde nach § 415 Rn 4, die eine ausländische Amtsperson im Inland oder im Ausland ausgestellt hat, besitzt zunächst bis zum Vorliegen einer etwaigen Legalisation nach Rn 4 keine Vermutung der Echtheit für sich, strenger Langhein Rpfleger **96**, 53 (nicht einmal dann stets). Das Gericht entscheidet über die Echtheit von Amts wegen nach seinem pflichtgemäßen Ermessen unabhängig von Parteierklärungen, etwa von Erklärungen über die Echtheit, § 286. Dabei kann es zB eine Auslandsvertretung einschalten, BVerwG NJW **87**, 1159, LAG Hamm BB **89**, 1191. Man kann § 439 I und II entsprechend anwenden, Bindseil DNotZ **92**, 285. Wegen der Übersetzung einer fremdsprachigen Urkunde

RGBl **42** I 609. Soweit das Gericht von der Echtheit ausgehen darf und muß, hat die ausländische öffentliche Urkunde dieselbe Beweiskraft wie eine deutsche, §§ 415, 417, 418. Sie hat aber keine höhere Beweiskraft, BVerwG NJW **87**, 1159, Hamm VersR **00**, 1220.

4) Amtsbekräftigung (Legalisation), II. Es hat sich eine umfangreiche Regelung entwickelt. 4

A. Grundsatz: Herkunftsbescheinigung. Amtsbekräftigung (Legalisation) ist die Bescheinigung der Echtheit, also der Herkunft einer Urkunde durch die dazu berufene deutsche Amtsstelle, Bindseil DNotZ **92**, 277 (ausf), Hecker/Müller-Chorus/Bindseil (vor Rn 1) § 4 C Rn 16 ff, 21, 28, Luther MDR **86**, 10 (je: Üb), Wagner DNotZ **75**, 581. Vgl die folgenden Ländervorschriften:
Baden-Württemberg: VO vom 12. 11. 80, GBl 586;
Bayern: VO vom 7. 3. 66, GVBl 106, geändert durch VO vom 18. 4. 78, GVBl 141; Bek v 18. 1. 89, JMBl 13;
Brandenburg:
Bremen:
Hamburg:
Hessen: AnO vom 19. 1. 81, GVBl 25;
Mecklenburg-Vorpommern:
Niedersachsen:
Nordrhein-Westfalen:
Rheinland-Pfalz: Rdschr JM vom 18. 12. 02, JBl **03**, 34;
Saarland: VO vom 21. 1. 81, ABl 101;
Sachsen:
Sachsen-Anhalt:
Schleswig-Holstein: AV vom 29. 6. 66, SchlHA 161, und vom 7. 12. 77, SchlHA **78**, 8, geändert durch AV vom 4. 12. 80, SchlHA **81**, 6;
Thüringen:
Die Amtsbekräftigung durch einen *Konsul* nach §§ 13, 14 KonsG vom 11. 9. 74, BGBl 2317, oder durch einen deutschen *Gesandten* genügt fast immer zum Nachweis der Echtheit einer ausländischen öffentlichen Urkunde, § 415 Rn 3, Bindseil DNotZ **92**, 284 (ausf). Das Gericht darf und muß die Zuständigkeit der ausländischen Behörde und die Formgültigkeit des Akts nach § 286 frei prüfen, AG Bln-Tempelhof FamRZ **04**, 1489, Bindseil DNotZ **92**, 285. Meist wird freilich kein Anlaß zu Zweifeln bestehen. Nach § 2 G vom 1. 5. 1878, RGBl 89, idF des BeurkG begründet die Amtsbekräftigung nur die Annahme der Echtheit. Praktisch ist diese Abweichung unerheblich. Die Legalisation „genügt“. Sie ist aber dann entbehrlich, wenn das Gericht die Echtheit auch ohne sie nach § 286 frei würdigend feststellen kann, Rn 3. Die Partei darf die Unechtheit der Urkunde oder der Amtsbekräftigung nachweisen, § 292, §§ 18, 61 ZRHO.

B. Zweiseitige Staatsverträge. Zahlreiche Staatsverträge machen eine Amtsbekräftigung entbehrlich, 5
Bindseil DNotZ **92**, 281 (ausf); Urkunden, die in diesen Staaten öffentlich ausgestellt oder beglaubigt sind, stehen inländischen Urkunden gleich. Vgl auch Einl IV 1.

Das gilt für Belgien, Abk v 13. 5. 75, BGBl **80** II 815, nebst G v 25. 6. 80, BGBl II 813, dazu VO v 15. 10. 80, BGBl 2002 und Bek v 9. 3. 81, BGBl II 142, ferner für gewisse Behörden in Dänemark, Abk v 17. 6. 1936, RGBl II 214, auf Grund Bek v 30. 6. 1953, BGBl II 186, Frankreich gemäß Abk v 13. 9. 71 nebst G v 30. 7. 74, BGBl II 1074, berichtigt durch BGBl II 1100 (betr öffentliche und gewisse private Urkunden; in Kraft seit 1. 4. 75, Bek v 6. 3. 75, BGBl II 353. Einzelheiten Arnold DNotZ **75**, 581), Griechenland infolge des deutsch-griechischen Rechtshilfeabk v 11. 5. 1938 Art 24 (bezüglich der von Gerichten aufgenommenen oder aufgestellten Urkunden, sowie notarieller Urkunden, die vom Präsidenten des Gerichtshofs 1. Instanz beglaubigt worden sind), RGBl **39** II 849, wieder in Kraft aGrd Bek v 26. 6. 1952, BGBl II 634, Großbritannien und Nordirland gemäß Art VI Abs 3 des deutsch-britischen Abk v 14. 7. 60, SchlAnh V B 5, Italien gemäß Vertrag v 7. 6. 69 nebst G v 30. 7. 74, BGBl II 1069 (betr öffentliche, einschließlich diplomatischer und konsularischer Urkunden; in Kraft seit 5. 5. 75, Bek v 22. 4. 75, BGBl II 660; dazu Bek v 30. 6. 75, BGBl II 931, betr die Zuständigkeit, ferner auch VO v 24. 9. 74, BGBl 2353, ferner zB DVO SchlH v 23. 12. 74, GVBl **75**, 4. Einzelheiten Arnold DNotZ **75**, 581), Luxemburg gemäß Abk v 7. 12. 62, BGBl **64** II 194 (in Kraft seit 7. 9. 66, BGBl II 592) und v 3. 6. 82, BGBl **83** II 698 (betr Personenstandsurkunden und Ehefähigkeitszeugnisse), Österreich (bezügl gerichtlicher und notarieller Urkunden sowie Personenstandsurkunden), Vertrag v 21. 6. 1923, RGBl **24** II 61, aGrd Bek v 13. 3. 1952, BGBl II 436, der Schweiz, Vertrag v 14. 2. 07, RGBl **07**, 411, dazu Bek v 11. 12. 97, BGBl **98** II 71 (keine Beglaubigung nötig), sowie wegen Personenstands- bzw Zivilstandsurkunden Abk v 4. 11. 85, BGBl **88** II 127, dazu G v 28. 1. 88, BGBl II 126, Portugal, Bek v 18. 5. 82, BGBl II 550 (betr Personenstandsurkunden), Marokko, Art 27 des Vertrags v 29. 10. 85, BGBl **88** II 1055, Ungarn, Art 31 II Abk v 2. 5. 98, BGBl **99** II 962 (Sozialversicherung usw).

C. Konsularverträge. Außerdem bestimmt eine Reihe von Konsularverträgen, daß ausländische Konsuln 6
Rechtsgeschäfte und Verträge aufnehmen, bestätigen, beglaubigen und mit einem Siegel versehen dürfen und daß solche Urkunden sowie Auszüge aus ihnen und Übersetzungen den inländischen öffentlichen Urkunden gleichstehen: Spanien v 12. 1. 72, RGBl 211; Türkei v 28. 5. 29, RGBl **30** II 748, auf Grund Bek v 29. 5. 52, BGBl II 608, USA Abk v 3. 6. 53, Bek v 20. 11. 54, BGBl II 721, 1051.

D. Europäisches Übereinkommen. Das Europäische Übereinkommen zur Befreiung der von diploma- 7
tischen oder konsularischen Vertretern errichteten Urkunden von der Legalisation v 7. 6. 68, BGBl 71 II 86 und 1023, dazu G v 19. 2. 71, BGBl II 85, befreit solche Urkunden von der Legalisation (ohne die Notwendigkeit einer sog Apostille nach Rn 8), die von diplomatischen oder konsularischen Vertretern in einem Mitgliedsstaat errichtet sind und entweder in einem anderen Mitgliedsstaat oder vor dem diplomatischen oder konsularischen Vertreter eines anderen Mitgliedsstaats in einem Nichtmitgliedsstaat vorgelegt werden sollen. Das Übereinkommen ist für die BRep *in Kraft seit* 19. 9. 71, Bek v 27. 7. 71, BGBl II 1023. Es gilt

im Verhältnis zu Frankreich, den Niederlanden nebst Surinam und den niederländischen Antillen, Schweiz, Vereinigtem Königreich nebst Man, Zypern, Bek v 27. 7. 71, BGBl II 1023, Italien, Bek v 30. 11 71, BGBl II 1313, Guernsey, Jersey, Bek v 10. 1. 72, BGBl II 48, Österreich, Bek v 15. 6. 73, BGBl II 746, Liechtenstein, Bek v 7. 8. 73, BGBl II 1248, Schweden, Bek v 23. 11. 73, BGBl II 1676, Griechenland, Bek v 26. 3. 79, BGBl II 338, Luxemburg, Bek v 3. 8. 79, BGBl II 938, Norwegen, Bek v 13. 7. 81, BGBl II 561, Spanien, Bek v 28. 6. 82, BGBl II 639, Portugal, Bek v 26. 1. 83, BGBl II 116, Türkei, Bek v 22. 7. 87, BGBl II 427, Polen, Bek v 28. 2. 95, BGBl II 251, Tschechische Republik, Bek 21. 7. 98, BGBl II 2373, Irland, Bek v 3. 8. 99, BGBl II 762, Republik Moldau, Bek v 22. 7. 02, BGBl II 1872.

8 **E. Haager Übereinkommen.** Durch das Haager Übereinkommen v 5. 10. 61 zur Befreiung ausländischer öffentlicher Urkunden von der Legalisation, BGBl **65** II 876, dazu G vom 21. 6. 65, BGBl II 875, Bindseil DNotZ **92**, 280 (ausf), tritt an die Stelle der Legalisation die *Apostille,* also die Echtheitsbestätigung in der äußeren Form des Art 4 des vorgenannten Übk (Muster: BGBl **65** II 883, 884), die die zuständige Behörde des Errichtungsstaates auf der Urkunde oder einem damit verbundenen Blatt anbringt. Zur Apostille Hecker/Müller-Chorus/Bindseil (vor Rn 1) § 4 C Rn 10.

9 Das *Übereinkommen gilt für* Urkunden eines staatlichen Gerichts oder einer Amtsperson als Organ der Rechtspflege einschließlich derjenigen Urkunden, die von der Staatsanwaltschaft oder einem Vertreter des öffentlichen Interesses, dem Urkundsbeamten der Geschäftsstelle oder einem Gerichtsvollzieher ausgestellt sind; für Urkunden der Verwaltungsbehörden, soweit sie sich nicht unmittelbar auf den Handelsverkehr oder das Zollverfahren beziehen; für notarielle Urkunden; für amtliche Bescheinigungen auf Privaturkunden, so auch bei der Beglaubigung von Unterschriften; nicht jedoch für Urkunden von diplomatischen oder konsularischen Vertretern. Zur Ausstellung der Apostille VO v 9. 12. 97, BGBl 2872, in § 2 I geändert durch Art 7 XVI G v 27. 6. 00, BGBl 897, sowie Mitt in DNotZ **89**, 721 (betr Vereinigtes Königreich und Nordirland, BayObLG Rpfleger **93**, 192 (betr die USA).

10 Das Übereinkommen ist für die BRep *in Kraft seit* 13. 2. 66, Bek v 12. 2. 66, BGBl II 106. *Das Übk gilt* im Verhältnis zu Frankreich, Jugoslawien, Niederlanden, Vereinigtem Königreich und zahlreichen Besitzungen, Bek v 12. 2. 66, BGBl II 106, niederländische Antillen und Surinam, Bek v 17. 5. u 17. 7. 67, BGBl II 1811, 2082, Österreich, Malawi, Bek v 18. 1. 68, BGBl II 76, Malta, Bek v 19. 2. 68, BGBl II 131, Portugal, Bek v 21. 1. 69, BGBl II 120 und Bek v 25. 2. 70, BGBl II 121, Japan, Bek v 4. 7. 70, BGBl II 752, Fidschi, Bek v 12. 7. 71, BGBl II 1016, Tonga, Bek v 16. 3. 72, BGBl II 254, Liechtenstein, Lesotho, Bek v 20. 9. 72, BGBl II 1466, Ungarn, Bek v 10. 1. 73, BGBl II 65, Schweiz, Bek v 8. 3. 73, BGBl II 176, Zypern, Bek v 13. 4. 73, BGBl II 391, Belgien, Bek v 7. 1. 76, BGBl II 199, Bahamas, Bek v 5. 1. 77, BGBl II 20, Surinam auch seit seiner Unabhängigkeit, Bek v 1. 6. 77, BGBl II 593, Italien, Bek v 23. 1. 78, BGBl II 153, Israel, Bek v 23. 8. 78, BGBl II 1198, Spanien, Bek v 30. 10. 78, BGBl II 1330, Seschellen, Swasiland, Bek v 30. 4. 79, BGBl II 417, Luxemburg, Bek v 30. 5. 79, BGBl II 684, Vereinigte Staaten, Bek v 16. 9. 81, BGBl II 903, Norwegen, Bek v 8. 7. 83, BGBl II 478, Finnland, Bek v 1. 8. 85, BGBl II 1006, Griechenland, Türkei, Bek v 22. 8. 85, BGBl II 1108, Antigùa, Barbuda, Bek v 10. 3. 86, BGBl II 542, Brunei Darussalam, Bek v 25. 1. 88, BGBl II 154, Argentinien, Bek v 19. 2. 88, BGBl II 235, Panama, Bek v 7. 8. 91, BGBl II 998, Marshallinseln, Rußland, Bek v 24. 8. 92, BGBl II 948, Belize, Bek v 21. 6. 93, BGBl II 1005, Bosnien-Herzegowina, Kroatien (als Rechtsnachfolger), Bek v 16. 12. 93, BGBl **94** II 82, Mazedonien, Bek v 6. 6. 94, BGBl II 1191, Armenien, Bek v 31. 8. 94, BGBl II 2532, St. Kitts und Nevis, Bek v 14. 11. 94, BGBl II 3765, Australien, San Marino, Bek v 8. 2. 95, BGBl II 222, Südafrika, Bek v 22. 3. 95, BGBl II 326, Mexiko, Bek v 25. 7. 95, BGBl II 694, Lettland, Bek v 8. 1. 96, BGBl II 223, El Salvador, Bek v 29. 4. 96, BGBl II 934, Andorra, Bek v 29. 11. 96, BGBl II 2802, Litauen, Bek v 10. 6. 97, BGBl II 1400, Nue, Tschechische Republik, Venezuela, Irland, Bek v. 4. 2. 99, BGBl II 142, Schweden, Bek v 27. 4. 99, BGBl II 420, Samoa, Bek v 12. 8. 99, BGBl II 794, Trinidad, Tobago, Bek v 6. 10. 00, BGBl II 1362, Kasachstan, Kolumbien, Namibia, Bek v 21. 2. 01, BGBl II 298, Bulgarien, Rumänien, Bek v 19. 7. 01, BGBl II 801, Estland, Neuseeland (ohne Tokelau), Slowakei, Bundesrepublik Jugoslawien (Rechtsnachfolge), Bek v 11. 2. 02, BGBl II 626, Grenada, Bek v 10. 6. 02, BGBl II 1685, St Lucia, Bek v 29. 8. 02, BGBl II 2503, Monaco, Bek v 13. 12. 02, BGBl **03** II 63, St Vincent, Grenadinen, Bek v 21. 5. 03, BGBl II 698, Dominica, Bek v 10. 7. 03, BGBl II 734, Honduras, Island, Bek v 17. 12. 04, BGBl **05** II 64, Cookinseln, Ecuador, Kolumbien, Bek v 20. 6. 05, BGBl II 752, Polen, Bek v 20. 1. 06, BGBl II 132, Dänemark außer Grönland und Färöer, Republik Korea, Serbien, Bek v 18. 12. 08, BGBl II 224.

11 *Unanwendbar* ist das Übk gegenüber Albanien, Aserbaidschan, Georgien, Indien, Liberia, Moldau, Ukraine, Bek v 18. 2. 08, BGBl II 224.

12 **F. Übereinkommen der Europäischen Gemeinschaft.** Wegen der EuGVVO SchlAnh V C 2.

439 *Erklärung über die Echtheit von Privaturkunden.* **[I] Über die Echtheit einer Privaturkunde hat sich der Gegner des Beweisführers nach der Vorschrift des § 138 zu erklären.**

[II] Befindet sich unter der Urkunde eine Namensunterschrift, so ist die Erklärung auf die Echtheit der Unterschrift zu richten.

[III] Wird die Erklärung nicht abgegeben, so ist die Urkunde als anerkannt anzusehen, wenn nicht die Absicht, die Echtheit bestreiten zu wollen, aus den übrigen Erklärungen der Partei hervorgeht.

1 **1) Systematik, Regelungszweck, I–III.** Eine Privaturkunde nach § 416 Rn 3 hat im Gegensatz zur öffentlichen Urkunde nach § 437 keine gesetzliche Echtheitsvermutung, BGH NJW **01**, 449. Der Beweisführer muß die Urkunde grundsätzlich urschriftlich vorlegen, § 420 Rn 1, 4. In der Vorlegung liegt die Behauptung der Echtheit, Begriff Einf 1 vor §§ 437–443. Der Gegner darf die Echtheit bestreiten, Grdz 22 vor § 128, BGH NJW **01**, 449. Das kann auch in der Berufungsinstanz geschehen, § 528 II.

Daraus ergibt sich die Erklärungspflicht. Wenn der Gegner die Richtigkeit einer beigebrachten Abschrift oder Ablichtung nicht bestreitet, genügt deren Vorlegung, § 420 Rn 4. Das Gericht muß insofern seine Fragepflicht ausüben, § 139.

2) Geltungsbereich, I–III. Vgl zunächst Üb 4 vor § 415. Sondervorschriften bestehen im Verfahren vor 2
dem AG, § 510. Im Eheverfahren ist § 439 unanwendbar, § 113 IV Z 7 FamFG.

3) Erklärung, I, II. Viele versäumen sie. 3

A. Grundsatz: Mangels Unverzüglichkeit Geständniswirkung, I. Der Gegner muß sich unverzüglich zur Echtheit äußern, §§ 282, 296, spätestens aber am Schluß der letzten Tatsachenverhandlung, §§ 136 IV, 296 a. Tut er das nicht, greift das unterstellte Geständnis des III ein, Rn 5. Eine Erklärung mit Nichtwissen ist bei einer eigenen oder bei einer in der Gegenwart des Erklärenden von anderen unterschriebenen Urkunde unzulässig, § 138 IV. Die sog Anerkennung der Urkunde ist kein Anerkenntnis nach § 307, sondern ein gerichtliches Geständnis nach § 288. Sie ist darum nur nach § 290 widerruflich. Eine Anerkennung vor dem Prozeß ist ein außergerichtliches Geständnis. Soweit der Gegner die Echtheit bestreitet, gilt § 440. Man kann die Echtheit auch erstmals in Nachverfahren des Urkundenprozesses bestreiten, § 600, BGH **82**, 115.

B. Unterschriebene Urkunde, II. Wenn die Urkunde nach § 416 Rn 2 einen Namen als Unterschrift 4
trägt, nicht unbedingt den eigenen, auch ein beglaubigtes Handzeichen, muß man eine Erklärung über die Echtheit der Unterschrift abgeben. Wenn eine Unterschrift fehlt oder wenn ein Handzeichen unbeglaubigt ist, muß man die Erklärung über die Echtheit des Textes abgeben.

4) Unterlassung einer Erklärung, III. Die Vorschrift ist wegen der Verweisung in I auch auf § 138 III 5
überflüssig. Sie hat aber als eine nun einmal vorhandene Sonderregel formell den Vorrang. Wenn der Gegner des Beweisführers die Echtheit nicht ausdrücklich oder schlüssig bestreitet, gilt die Urkunde als anerkannt. Das ist ein unterstelltes Geständnis, § 138 Rn 64, BGH NJW **06**, 157 links oben. Das gilt nicht, soweit die Geständniswirkung versagt, also vor allem bei einem von Amts wegen beachtbaren Punkt, § 288 Rn 9.

440 *Beweis der Echtheit von Privaturkunden.* [I] **Die Echtheit einer nicht anerkannten Privaturkunde ist zu beweisen.**

[II] **Steht die Echtheit der Namensunterschrift fest oder ist das unter einer Urkunde befindliche Handzeichen notariell beglaubigt, so hat die über der Unterschrift oder dem Handzeichen stehende Schrift die Vermutung der Echtheit für sich.**

1) Systematik, Regelungszweck, I, II. Der Unterschied zwischen § 440 und § 416 ist in Wahrheit nur 1
gering, BGH RR **89**, 1324. Beide betreffen nur die äußere Beweiskraft. § 416 besagt: Mit einer Unterschrift liegt rechtlich die Erklärung vor. § 440 betrifft nur die Echtheit. Er besagt: Wenn die Unterschrift echt ist, ist die Erklärung echt. Wenn die Erklärung echt ist, ist sie auch erfolgt, es sei denn, daß das bürgerliche Recht zur Wirksamkeit eine Hinausgabe der Urkunde verlangt. Diese Hinausgabe beweist weder § 440 noch § 416. Wohl aber kann man eine Hinausgabe dann vermuten, wenn der Erklärungsempfänger im Besitz der Urkunde ist, vgl den Grundgedanken des § 1006 BGB. Dabei ist zB trotz § 416 der Nachweis zulässig, daß jemand die Urkunde vor der Hinausgabe gestohlen hat. Willensmängel betreffen dagegen nur die innere Beweiskraft, § 416 Rn 7.

2) Geltungsbereich, I, II. Vgl Üb 4 vor § 415, § 439 Rn 2. Die Vorschrift gilt auch im WEG- 2
Verfahren. Im (jetzt) FamFG-Verfahren gilt statt II der Grundsatz der freien Beweiswürdigung uneingeschränkt, BayObLG NZM **02**, 449.

3) Beweis, I. Bei einer Privaturkunde nach § 416 Rn 3 muß man zwischen der Echtheit der Unterschrift 3
und der Echtheit der Schrift unterscheiden, also des durch die Unterschrift Gedeckten. Wenn die Echtheit der Urkunde weder anerkannt noch nach § 439 III unterstellbar ist, muß sie der Beweisführer beweisen, BGH NJW **06**, 157 links oben, Köln DB **83**, 105. Nicht also muß der Gegner die Unechtheit beweisen, BGH NJW **01**, 449. Freilich kann ein Anscheinsbeweis für oder gegen die Echtheit vorliegen, BGH NJW **06**, 157 links oben. Er kann den jeweiligen Gegner zum Gegenbeweis nötigen, Anh § 286 Rn 20. Es sind alle Beweismittel zulässig, zB die Benennung des Ausstellers als Zeugen, auch eine Schriftvergleichung nach §§ 441, 442 und eine Parteivernehmung, §§ 445 ff. Das Gericht kann auch die Echtheit nach seiner freien Beweiswürdigung bejahen, § 286 Rn 4, BGH NJW **06**, 157 links oben. Köln DB **83**, 105. Das gilt, wenn so erhebliche Gründe für sie sprechen, daß ein substantiiertes Bestreiten notwendig ist. Das gilt etwa dann, wenn bei einem nach der Form und dem Inhalt einwandfreien Handelsbuch jede Begründung für eine Bemängelung fehlt. Das gilt für alle Prozeßarten. Vgl auch § 439 Rn 1.

4) Vermutung, II. Die Praxis beachtet die Vorschrift zu wenig. 4

A. Echtheit der Schrift. Wenn der Aussteller die Echtheit der Namensunterschrift anerkannt hat, liegt ein Geständnis nach § 288 vor, Saarbr MDR **02**, 109. Wenn die Echtheit überhaupt feststeht oder wenn der Notar ein Handzeichen beglaubigt hat, besteht eine widerlegbare Rechtsvermutung, § 292 Rn 1, BGH RR **89**, 1324, Köln WoM **96**, 266, LAG Hamm NZA-RR **05**, 548. Diese Vermutung geht dahin, daß die Schrift echt ist. Das gilt sogar bei einer Blankounterschrift oder beim Blankettmißbrauch, BGH NJW **00**, 1181. Man muß also nur die Echtheit der Unterschrift beweisen. Echt ist die Urkunde auch dann, wenn andere sie mit dem Willen des Ausstellers für ihn unterschrieben haben, BGH **104**, 176, wenn er die Unterschrift genehmigt oder wenn er bei einer mechanischen Unterschrift den Auftrag zum Stempeln und beim Telefax oder e-mail usw den Auftrag zur Absendung gegeben hat. Eine bewußte Namensabkürzung reicht nicht, § 129 Rn 31 ff, BGH RR **07**, 351.

Das Gericht beurteilt eine Beglaubigung der Unterschrift nach *§ 418*. Der Aussteller kann und muß den Gegenbeweis führen, § 292, BGH RR **89**, 1324, LAG Hamm NZA-RR **05**, 548, etwa eine Ausfüllung oder Einfügung ohne oder gegen eine Vereinbarung (Blankettmißbrauch), BGH NJW **86**, 3086, Düss VersR **79**, 627. Der Gegner muß dagegen beweisen, daß die nachträgliche Ausfüllung oder Einfügung mit dem Einverständnis des Ausstellers erfolgte. Eine Indossamentsunterschrift deckt den Inhalt der Hauptwechselerklärung. Vgl auch § 437 Rn 3.

5 **B. Willen des Ausstellers.** Die Vermutung der Echtheit der Schrift enthält die Vermutung, daß die Schrift mit dem Willen des Ausstellers *über* der Unterschrift stehe, BGH BB **96**, 1082, Mü VersR **88**, 1136. Daher genügt zB grundsätzlich nicht, daß die Schrift nachträglich hinzukam oder daß die Schrift *unter* der „Unterschrift" steht, also bei einer sog Oberschrift, § 416 Rn 4, BGH NJW **92**, 830, Hamm NJW **89**, 2138, aM BayObLG NJW **91**, 928 (aber man schreibt grundsätzlich in Deutschland von oben nach unten und „unter"schreibt deshalb, wenn man einen davor stehenden Text verantworten will). Dasselbe gilt grundsätzlich bei einer sog Nebenschrift, § 416 Rn 4, BGH NJW **92**, 830, es sei denn, es blieb *unter* dem Text kein Platz und die Unterschrift neben dem Text deckt ihn eindeutig, Köln Rpfleger **00**, 163. Wer Mängel behauptet, muß beweisen, daß die Schrift nicht mit seinem Willen dort steht.

6 **C. Einschränkungen.** § 419 schränkt den § 440 ein. Bei einer fehlerhaften Urkunde darf und muß das Gericht nach § 286 frei würdigen, ob infolge des Mangels die Vermutung des § 440 entfällt. Das gilt vor allem bei Ausbesserungen oder nachträglichen Zusätzen, BayObLG DNotZ **85**, 221. Es gilt auch dann, wenn die Unterschrift nicht das ganze Schriftstück deckt. Wenn die Vermutung versagt, würdigt das Gericht den gesamten Inhalt der Urkunde frei nach § 286, BayObLG DNotZ **85**, 221.

441 *Schriftvergleichung.* [I] **Der Beweis der Echtheit oder Unechtheit einer Urkunde kann auch durch Schriftvergleichung geführt werden.**

[II] **In diesem Fall hat der Beweisführer zur Vergleichung geeignete Schriften vorzulegen oder ihre Mitteilung nach der Vorschrift des § 432 zu beantragen und erforderlichenfalls den Beweis ihrer Echtheit anzutreten.**

[III] [1] **Befinden sich zur Vergleichung geeignete Schriften in den Händen des Gegners, so ist dieser auf Antrag des Beweisführers zur Vorlegung verpflichtet.** [2] **Die Vorschriften der §§ 421 bis 426 gelten entsprechend.** [3] **Kommt der Gegner der Anordnung, die zur Vergleichung geeigneten Schriften vorzulegen, nicht nach oder gelangt das Gericht im Falle des § 426 zu der Überzeugung, dass der Gegner nach dem Verbleib der Schriften nicht sorgfältig geforscht habe, so kann die Urkunde als echt angesehen werden.**

[IV] **Macht der Beweisführer glaubhaft, dass in den Händen eines Dritten geeignete Vergleichungsschriften sich befinden, deren Vorlegung er im Wege der Klage zu erwirken imstande sei, so gelten die Vorschriften des § 431 entsprechend.**

Schrifttum: *Köller,* Probalistische Schlußfolgerungen im Schriftgutachten usw, 2004; *Michel,* Gerichtliche Schriftvergleichung usw, 1982; *Seibt,* Forensische Schriftgutachten, 1999.

1 **1) Systematik, Regelungszweck, I–IV.** Die Vorschrift ergänzt §§ 437–440 und auch §§ 420 ff. Gerade wegen der Beweisregeln im Urkundenbeweis soll nun um der sachlichen Gerechtigkeit willen der Beweis der Echtheit nicht zu schwer werden, Einl III 9, 36. Vielmehr gibt das Gesetz mit der Schriftvergleichung die an sich natürlich ohnehin mitbeachtlichen Möglichkeiten der Klärung (nur) der Echtheit oder Unechtheit durch den in § 441 besonders ermöglichten richterlichen Augenschein nach §§ 371 ff oder durch den Sachverständigenbeweis nach §§ 402 ff. Das Gesetz krönt diese Möglichkeiten in § 442 durch den diesbezüglichen Freibeweis. Aus II folgt, daß die Schriftvergleichung einen Parteiantrag voraussetzt. Aus § 286 folgt aber die Notwendigkeit, innerhalb der Beweiswürdigung alle Erkenntnismöglichkeiten zu nutzen, dort Rn 24 ff. Das Gericht darf und muß nach seinem pflichtgemäßen Ermessen auch nach § 142 evtl von Amts wegen eine Schriftvergleichung entweder selbst vornehmen oder meist unvermeidbar durch einen Schriftsachverständigen durchführen lassen, § 286 Rn 50, § 442 Rn 3.

2 **2) Geltungsbereich, I–IV.** Vgl Üb 4 vor § 415, § 439 Rn 2.

3 **3) Schriftvergleichung, I–IV.** Das ist die Untersuchung eines handschriftlichen Erzeugnisses zur Ermittlung seiner Echtheit oder Unechtheit sowie zur Identifizierung des Schrifturhebers, BAG BB **82**, 117, Michel ZSW **81**, 262 (ausf). Sie ist bei sämtlichen Urkunden zulässig. Sie erstreckt sich auf die Schrift und auf die Unterschrift, auf eine Unechtheit und auf eine Verfälschung, Einf 2 vor §§ 437–443. Die Schriftvergleichung liefert einen Indizienbeweis. Sie geschieht durch einen Augenschein nach § 371, BAG BB **82**, 117. Er erfolgt durch den Vergleich der streitigen mit unbestrittenen echten oder nach § 437 als echt vermutbaren oder erweisbaren Schriftstücken. Die Schriftvergleichung untersteht insofern den Vorschriften des Urkundenbeweises. §§ 144, 372 sind auch im Fall der Hinzuziehung eines Sachverständigen unanwendbar.

Eine Schriftvergleichung sollte nur *zurückhaltend* erfolgen. Denn diese Methode ist recht teuer. Sie kostet meist mehrere tausend EUR. Sie ist auch zeitraubend. Sie dauert evtl mehrere Jahre bis zum Gutachten eines der überlasteten Graphologen. Sie bringt leider auch Unsicherheiten, Michel ZSW **81**, 266.

4 **4) Graphologie, I–IV.** Man muß von der Schriftvergleichung die Graphologie unterscheiden. Diese untersucht, ob die Handschrift eines Menschen auch einen Rückschluß auf seinen Charakter zuläßt, BAG BB **82**, 117, Michel ZSW **82**, 262.

5 **5) Verfahren, I–IV.** Zur Anfertigung von Urkunden darf das Gericht den Gegner des Beweisführers anhalten, Üb 7 vor § 371. Wenn die Partei aber die Anfertigung verweigert, vereitelt sie regelmäßig den Beweis, Anh § 286 Rn 26, BGH DB **85**, 1020. Dann gilt § 444 entsprechend, aM ZöGei 3 (§ 446. Aber es handelt sich um einen Fall prozessualer Arglist, Einl III 54). Die Vergleichsstücke müssen der Gegenstand der mündlichen Verhandlung sein. Das Gericht darf nicht von Amts wegen Schriftstücke aus Akten oder Beiakten heranziehen, Grdz 39 vor § 128. Es kann das aber anregen. Notfalls ist eine Vorlegungsvernehmung

statthaft, III. Das Gericht kann den Gegner nicht zur Anfertigung weiterer Schriftproben zwingen. Es kann ihn aber sehr wohl dazu auffordern und auf die Mindestfolge der freien Würdigung einer Weigerung nach §§ 286, 442 hinweisen, BGH NJW **06**, 157 links oben, auch auf §§ 444, 446. Das Gericht sollte aber auch darauf achten, nicht infolge eines zu deutlichen Drucks ablehnbar zu werden, § 42.

442 *Würdigung der Schriftvergleichung.* **Über das Ergebnis der Schriftvergleichung hat das Gericht nach freier Überzeugung, geeignetenfalls nach Anhörung von Sachverständigen, zu entscheiden.**

1) Systematik, Regelungszweck. Vgl § 441 Rn 1. Die Vornahme einer Schriftvergleichung nach § 441 Rn 3 ist eine Beweisaufnahme. Daher muß das Gericht die Parteiöffentlichkeit wahren, § 357. Das gilt auch dann, wenn nach § 434 ein verordneter Richter tätig wird, §§ 361, 362. § 442 stimmt mit § 286 inhaltlich überein, BGH NJW **82**, 2874. 1

2) Geltungsbereich. Üb 3 vor § 415. 2

3) Beweiswürdigung. Über das Ergebnis entscheidet das Gericht in einer Rückkehr zum Grundsatz der freien Beweiswürdigung nach § 286 Rn 4 ganz frei, BGH NJW **82**, 2874. Die Hinzuziehung eines Schriftsachverständigen steht im pflichtgemäßen Ermessen, § 286 Rn 50, § 441 Rn 1. § 411 ist anwendbar. Zur Ermittlung eines Schrifturhebers reicht ein linguistisches Gutachten ohne eine graphologische oder maschinenschriftliche Prüfung nicht aus, LAG Köln VersR **95**, 1074. 3

443 *Verwahrung verdächtiger Urkunden.* **Urkunden, deren Echtheit bestritten ist oder deren Inhalt verändert sein soll, werden bis zur Erledigung des Rechtsstreits auf der Geschäftsstelle verwahrt, sofern nicht ihre Auslieferung an eine andere Behörde im Interesse der öffentlichen Ordnung erforderlich ist.**

1) Systematik, Regelungszweck. Die Vorschrift enthält eine vorrangige Sonderregelung zur Vermeidung des Verlusts oder der Beschädigung usw einer Urkunde, um die bereits ein erheblicher Streit besteht. 1

2) Geltungsbereich. Üb 4 vor § 415. 2

3) Verfahren. Die Urkunde wird nicht ein Bestandteil der Gerichtsakten, § 299 Rn 1. Als eine Ausnahme vom jederzeitigen Rückforderungsrecht nach § 134 Rn 12 muß das Gericht aber eine ihm vorliegende etwa unechte oder verfälschte Urkunde jeder Art bis zur Beendigung des Prozesses auf der Geschäftsstelle zurückhalten. Das gilt freilich nur, sofern nicht die öffentliche Ordnung und damit irgendein Grund des öffentlichen Wohls die Auslieferung an eine Behörde verlangt, etwa an die Staatsanwaltschaft wegen des Verdachts irgendeiner mit der Urkunde zusammenhängenden Straftat, etwa nach § 263 oder §§ 267 ff StGB, oder an das Standesamt zur Berichtigung eines dortigen Registers. Soweit zB eine Urkundenstraftat für den Zivilprozeß eine vorgreifliche Vorfrage sein kann, kommt eine Aussetzung nach § 149 in Betracht. Andernfalls erfolgt die Übersendung an die Behörde erst nach dem Prozeßende. Obwohl § 183 GVG das Gericht zur Übersendung verpflichten kann, sollte das Gericht auch § 42 mitbeachten. 3

Der *Urkundsbeamte* klärt vor einer Rückgabe vor dem Prozeßende die Entbehrlichkeit beim Vorsitzenden. Die Art der Verwahrung richtet sich grundsätzlich nach der AktO. Das Gericht darf und muß aber evtl eine spezielle Anordnung treffen. Sie kann bis zur Verwahrung in einem besonders geeigneten geschützten Raum gehen. Die Verwaltung muß sie durchführen, soweit technisch durchführbar.

444 *Folgen der Beseitigung einer Urkunde.* **Ist eine Urkunde von einer Partei in der Absicht, ihre Benutzung dem Gegner zu entziehen, beseitigt oder zur Benutzung untauglich gemacht, so können die Behauptungen des Gegners über die Beschaffenheit und den Inhalt der Urkunde als bewiesen angesehen werden.**

Schrifttum: *Adloff,* Vorlegepflichten und Beweisvereitelung im deutschen und französischem Zivilprozess, 2007; *Baumgärtel,* Die Beweisvereitelung im Zivilprozeß, Festschrift für *Kralik* (Wien 1986) 63; *Krapoth,* Die Rechtsfolgen der Beweisvereitelung im Zivilprozeß, 1996; *Schatz,* Die Beweisvereitelung in der Zivilprozeßordnung, Diss Köln 1992.

1) Systematik. Die mit § 427 vergleichbare Vorschrift steht zwar nur im Abschnitt über den Urkundenbeweis. Sie gilt aber praktisch weit darüber hinausgehend als der Ausdruck eines allgemeinen Rechtsgedankens, Rn 5–7. Insofern gehört ihr Grundgedanke eigentlich in die Allgemeinen Vorschriften über die Beweisaufnahme nach §§ 355 ff als deren Ergänzung. Der Tarnschutz eines gefährdeten Zeugen hat den Vorrang, § 10 II ZSHG. 1

2) Regelungszweck. Die Vorschrift ist ein Ausdruck des Bestrebens, jede *Arglist* im Prozeß überall und stets *zu unterbinden,* Einl III 54. Sie ist darüber hinaus eine Folge der Förderungspflicht der Parteien, Gtdz 12 vor § 128. Sie ergibt sich aus dem Prozeßrechtsverhältnis, Grdz 4 vor § 128. Darum gelten die Folgen einer Arglist schon bei einer bloßen Fahrlässigkeit, Grdz 12 vor § 128. 2

3) Geltungsbereich. Vgl zunächst Üb 4 vor § 415 und sodann Rn 4–7. Die Vorschrift kann im FamFG-Verfahren mitbeachtlich sein, (zum alten Recht) Düss Rpfleger **89**, 202. 3

4) Direkte Anwendbarkeit. Wenn eine Partei schuldhaft eine Urkunde beseitigt oder verdirbt, um ihre Benutzung dem Gegner unmöglich zu machen, kann das Gericht nach seinem pflichtgemäßen Ermessen evtl die Behauptungen des Gegners über die Beschaffenheit und den Inhalt der Urkunde als bewiesen ansehen, 4

Rn 5, Anh § 286 Rn 27, BGH RR **96**, 1534. Eine Erschwerung der Benutzung genügt nicht, wohl aber ein teilweises Unmöglichmachen. Dann tritt je nach der Lage des Falls eine Teilwirkung ein. Es kommt nur darauf an, ob der Prozeßgegner dem Beweisführer gegenüber arglistig und rechtswidrig gehandelt hat. Ob der Gegner die Urkunde in seiner Eigenschaft als Eigentümer vernichten oder beschädigen durfte, ist unerheblich. Das Gericht kann auch eine vom Beweisführer beigebrachte Abschrift oder Ablichtung für richtig ansehen.

Unanwendbar ist § 444 auf eine Beseitigung oder Vernichtung ohne eine Entziehungsabsicht, etwa im Zug einer allgemeinen Vernichtung älterer Unterlagen, aM BGH VersR **00**, 1133 (Versicherung, ohne direkte Erörterung von § 444. Natürlich kann dann eine erhebliche Beweiserleichterung bis zum Anscheinsbeweis eintreten. Aber eine „Absicht" liegt ohne eine Arglist kaum vor).

5 **5) Erweiterte Anwendbarkeit.** Sie hat eine ganz erhebliche Bedeutung.

A. Grundsatz: Allgemeiner Rechtsgedanke. § 444 enthält einen allgemeinen Rechtsgedanken, Einl III 54, Anh § 286 Rn 26, 27, BGH NJW **06**, 436, Karlsr VersR **89**, 375, LG Köln DB **89**, 1780. Die Vorschrift hat also eine über ihren Wortlaut hinausgehende Bedeutung, Rn 1. Harte Rechtsfolgen hat eine arglistige oder fahrlässige Vereitelung der Beweisführung durch ein Tun oder pflichtwidriges Unterlassen, zB durch eine Vernichtung, Vorenthaltung oder Erschwerung der Benutzung, BGH NJW **08**, 984, BSG NJW **94**, 1303. Das Gericht darf und muß wohl meist eine solche Beweisvereitelung im Rahmen einer freien Beweiswürdigung für die Richtigkeit des gegnerischen Vorbringens auswerten, BGH-NJW **08**, 984, Celle RR **97**, 568, LG Köln RR **94**, 1487, ThP 1, aM StJL 7, 8 (aber eine Arglist ist stets unstatthaft. Das Gericht muß sie hart ahnden). Das gilt auch, wenn der Gegner des Beweisführers den Beweis vereitelt oder durch einen Dritten so handelt. Zumindest kann das Gericht dann ein gegnerisches Privatgutachten voll verwerten, AG Stade WoM **00**, 418.

Diese Wertung darf allerdings *nicht* zu einer *Beweisregel* erstarren. Es muß zu einer unverschuldeten Beweisnot des Beweisführers kommen, BSG NJW **94**, 1303. Nach einem langen Zeitablauf und beim Hinzutreten des sog Umstandsmoments kann die Vernichtung eines Beweismittels durch den Schuldner unschädlich sein, BGH MDR **93**, 26 (Verwirkung des Gläubigeranspruchs).

6 **B. Beispiele zur Frage einer erweiterten Anwendbarkeit**

Anschrift: Rn 8 „Zeuge".

Aufklärungspflicht: S „Beweisnot".

Augenschein: Anwendbar ist § 444 bei einem schuldhaft vereitelten Augenschein, BGH NJW **06**, 436. Vgl auch bei den einzelnen Augenscheinsobjekten.

Baumschaden: Anwendbar ist § 444 bei einer schuldhaft vereitelten Baumschau oder Baumvernichtung, Brdb NVwZ-RR **04**, 76.

Besichtigung: Anwendbar ist § 444 bei einer schuldhaft vereitelten Besichtigung durch einen Sachverständigen, Mü NJW **84**, 808, LG Ffm RR **91**, 13, AG Stade WoM **00**, 418.

Beweisnot: Anwendbar ist § 444 dann, wenn eine Partei ihre Aufklärungspflicht nach Grdz 28 vor § 128 verletzt und den Gegner dadurch in eine Beweisnot bringt, Köln RR **89**, 440, LG Köln DB **89**, 1780.

Blutentnahme: Anwendbar ist § 444 bei einer unberechtigten Verweigerung der eigenen Blutentnahme wegen des ungewissen Ausgangs nur nach einer Belehrung und Fristsetzung und bei einem dann für den Verweigernden ungünstigen Ergebnis, BGH FamRZ **86**, 664 (zustm Stürner JZ **87**, 44).

7 **Gesetzlicher Vertreter:** § 51 II gilt auch bei § 444.

Handelsrecht: Anwendbar ist § 444 auf eine nach dem HGB aufzubewahrende Urkunde.

Kontrolluntersuchung: Anwendbar ist § 444 dann, wenn jemand nach einer ungünstig verlaufenen ersten Kontrolluntersuchung eine zweite verweigert.

Original: Anwendbar ist § 444 bei einer schuldhaften Nichtvorlage eines erforderlichen Originaldokuments, LG Köln RR **94**, 1487.

Probe: Anwendbar ist § 444 dann, wenn man eine Probe schuldhaft nicht aufbewahrt hat.

Prozeßbevollmächtigter: § 85 II gilt auch bei § 444.

8 **Reparatur:** Anwendbar ist § 444 bei einem schuldhaft vereitelten Augenschein vor der Reparatur, BGH NJW **06**, 436.

Röntgen: Anwendbar ist § 444 dann, wenn eine Partei ihr zuvor wirksam erteiltes Einverständnis mit der Verwertung einer Röntgenaufnahme ohne eine Grundangabe widerruft, aM BGH VersR **81**, 533 (vgl aber § 536 Rn 1, 2).

Schweigepflicht: Nur ausnahmsweise anwendbar ist § 444 dann, wenn es um eine bloße Verweigerung der Befreiung eines Sachverständigen oder Zeugen vor seiner Schweigepflicht geht, §§ 385 II, 402, BGH RR **96**, 1534, Düss MDR **76**, 762, aM BGH FamRZ **88**, 485, Ffm NJW **80**, 2758 (aber niemand braucht dem Gegner ein an sich verschlossenes Beweismittel zugänglich zu machen). Man verteidigt ja im Zivilprozeß eigene Interessen, Düss MDR **76**, 762.

Software: Anwendbar ist § 444 bei einer schuldhaft nicht vorgelegten Software, LG Köln RR **94**, 1487.

Tierkadaver: *Unanwendbar* ist § 444 bei einer Beseitigung eines solchen Gegenstands, Celle VersR **89**, 640.

Tierobduktion: Anwendbar ist § 444 bei einer schuldhaft vereitelten Tierobduktion, Kblz RR **91**, 25.

Unterschrift: Anwendbar ist § 444 dann, wenn jemand seine Unterschrift bewußt so breit variiert, daß er sich nur zu leicht auf deren Unechtheit berufen kann, BGH NJW **04**, 222 (Vorsicht! Jeder „variiert" in der Eile usw, und keineswegs stets in so böser Absicht).

Versicherer: Derjenige Versicherer, der infolge einer Vernichtung des Antragsoriginals Beweisprobleme vertreten muß, muß den Versicherungsnehmer so stellen, als sei diesem der Beweis einer Fälschung gelungen, BGH VersR **08**, 659.

Zeuge: Anwendbar ist § 444 dann, wenn eine Partei einen Zeugenbeweis schuldhaft vereitelt, wenn sie zB seine nur ihr bekannte Anschrift verschweigt, BGH NJW **08**, 984.

Titel 10. Beweis durch Parteivernehmung

Übersicht

Schrifttum: *Kollhosser,* Parteianhörung und Parteivernehmung im deutschen Zivilprozeß, Festschrift für *Beys* (Athen 2004) 755; *Kwaschik,* Die Parteivernehmung und der Grundsatz der Waffengleichheit im Zivilprozess, 2004; *Müller,* Parteien als Zeugen usw, 1992; *Münks,* Vom Parteieid zur Parteivernehmung in der Geschichte des Zivilprozesses, 1992; *Nagel,* Kann die Subsidiarität der Parteivernehmung in der deutschen ZPO noch vertreten werden?, Festschrift für *Habscheid* (1989) 195; *Peters,* Auf dem Wege zu einer allgemeinen Prozeßförderungspflicht der Parteien?, Festschrift für *Schwab* (1990) 399; *Polyzogopoulos,* Parteianhörung und Parteivernehmung usw, 1976; *Tsai,* Eine rechtsvergleichende Studie der europäischen Parteivernehmung, Festschrift für *Rammos* (1979) 907; *Wittschier,* Die Parteivernehmung in der zivilprozessualen Praxis, 1989.

Gliederung

1) Systematik. Zum Parteibegriff Grdz 4 vor § 50, zur Abgrenzung vom Zeugen Üb 12 ff vor § 373. **1**
Die Parteivernehmung ist eines der gesetzlich zulässigen Beweismittel, §§ 355 ff. Sie ist in §§ 287, 426, 445–455, 595 II geregelt. Sie war neuerdings verständlicherweise wiederum ein Gegenstand kritischer dogmatischer und rechtspolitischer Überprüfungen, Coester-Waltjen ZZP **113**, 269, Oberhammer ZZP **113**, 295, Oepen ZZP **113**, 347 (Bericht), Sutter-Somm ZZP **113**, 327 (aus schweizerischer Sicht), zurückhaltender Lange NJW **02**, 483 (aus richterlicher langer Erfahrung). Sie ist eine Folge der Prozeßförderungspflicht der Parteien, Grdz 12 vor § 128, Peters (vor Rn 1) 407. Sie ist immer eine Beweisaufnahme, §§ 355 ff. Das gilt auch dann, wenn das Gericht fälschlich keinen Beweisbeschluß nach § 358 erlassen hat. Es genügt, daß das Gericht die Parteivernehmung nur im übrigen nach §§ 445 ff durchführt, BGH RR **88**, 395 (sonst vgl Rn 2). Jede Parteivernehmung beschränkt sich auf Tatsachen. Man muß eine Parteivernehmung scharf von der Anhörung der persönlich erschienenen Partei zur Aufklärung des Sachverhalts nach § 141 unterscheiden, BGH RR **88**, 395.

Die *letztere* dient nicht der Beweiserhebung über streitige Tatsachen, sondern der *Vervollständigung* des Prozeßstoffs nach § 141 Rn 2 in den Grenzen des § 139, BGH KTS **75**, 113, Stgt JZ **78**, 690. Das ändert freilich nichts an der Auswertbarkeit der Anhörung im Rahmen der §§ 286, 287. Die Parteivernehmung ist ein Beweismittel für streitige Parteibehauptungen. Das Gericht ordnet das persönliche Erscheinen einer Partei von Amts wegen durch einen Beschluß nach § 329 an und erzwingt es notfalls. Eine Parteivernehmung erfolgt grundsätzlich nur auf einen Beweisbeschluß, § 450, BGH RR **88**, 395. Sie erfolgt auch bei einer richtigen Handhabung stets nur hilfsweise. Das Gericht kann die Aussage der Partei nicht erzwingen. Im Termin zur persönlichen Vernehmung kann sich die Partei vertreten lassen, § 141 Rn 45. Im Beweistermin zur Parteivernehmung kann sie das nicht tun. Die Ladung zum Beweistermin erfolgt durch eine förmliche Zustellung, § 329 II 2. Die Ladung zum Aufklärungstermin kann formlos erfolgen § 141 II 2.

2) Regelungszweck. Die Parteivernehmung dient der Verwirklichung des sachlichen Rechts nach Einl **2**
III 9, 36 durch eine Erweiterung der Beweismittel zwecks einer möglichst umfassenden Würdigung des Prozeßstoffs, § 286 Rn 3. Ihre Gefahren sind teils durch gesetzliche Zulässigkeits- oder Würdigungsregeln begrenzt, zB §§ 447, 454, teils durch den ohnehin geltenden Grundsatz der freien Beweiswürdigung, § 286 Rn 3. Sie erfordert Fingerspitzengefühl schon bei der Zulassungsfrage bis hin zur Entscheidung, ob das Gericht den Eid nach §§ 478 ff abnehmen und wie es das gesamte Beweisergebnis einordnen soll.

Beweisnot kann zum Antrag nach § 447 führen, sich selbst als Partei vernehmen zu lassen oder nach § 448 eine Vernehmung des Beweispflichtigen auch von Amts wegen anzuordnen. Solange das Gericht einer Partei sogar ohne jeden Beweisantritt nach § 286 Rn 5 glauben darf, sollte man sich nicht allzu sehr scheuen, die vorerwähnten anderen Möglichkeiten zuzulassen. Immerhin muß sich der Antragsteller des § 447 wie der nach § 448 Zugelassene einer Beeidigung nach § 452 mit ihren strafrechtlichen Folgen stellen, soweit das Gericht eine solche Bekräftigung wünscht. Andererseits darf man die Parteivernehmung nicht zum Hauptbeweismittel umfunktionieren. Sie ist nach § 445 ein bloßer Hilfsbeweis und muß es bleiben, Rn 7. Diese Erkenntnis sollte sich auch auf die Auslegung der §§ 445 ff auswirken.

3) Geltungsbereich. §§ 45 ff gelten in allen Verfahrensarten nach der ZPO, auch im WEG-Verfahren, **3**
wegen § 113 I 2 FamFG auch im dort genannten Verfahren entsprechend, auch im arbeitsgerichtlichen Verfahren, § 46 II 1 ArbGG. Im Wiederaufnahmeverfahren gilt einschränkend § 581 II.

4) Zulässigkeit. Sie folgt zu Recht strengen Bedingungen. Es gelten zunächst die allgemeinen Grund- **4**
sätze eines Beweisverfahrens, §§ 284 ff, 355 ff.

A. Unterschiedliche Voraussetzungen. Die Parteivernehmung ist zunächst auf einen Antrag zulässig, und zwar die Vernehmung des Gegners des Beweisführers nach Einf 12 vor § 284, soweit der Beweisführer keine anderen Beweismittel vorbringt oder den Beweis mit solchen nur unvollkommen oder gar nicht geführt hat, § 445, und die Vernehmung des Antragstellers im Einverständnis des Gegners, § 447. Die Parteivernehmung ist ferner von Amts wegen unabhängig von der Beweislast nach Anh § 286 stets dann zulässig, wenn das Gericht einigen Beweis für erbracht hält, § 448. Das Gericht kann dann eine oder beide Parteien vernehmen, § 448. Unzulässig ist eine Parteivernehmung im Verfahren auf die Bewilligung einer Prozeßkostenhilfe nach § 118 oder zur Entkräftung einer gesetzlichen Beweisregel, § 445 I. Nur begrenzt zulässig ist eine Parteivernehmung über Tatsachen zur Begründung einer Restitutionsklage nach § 581 II sowie im Urkundenprozeß, § 595 II.

Keine Parteivernehmung, sondern ein Urkundenbeweis nach §§ 415 ff ist die Verwertung einer in einem früheren Verfahren gemachten Darstellung der jetzigen Partei, sei es als damaliger Zeuge, Sachverständiger usw, § 286 Rn 64 ff.

5 **B. Vernehmung nur einer Partei.** Abweichend vom österreichischen Recht darf das Gericht nicht grundsätzlich beide Parteien vernehmen. Das Gesetz will das Recht, die eigene Behauptung beweismäßig zu bestärken, grundsätzlich nicht dem Beweispflichtigen geben, § 445 Rn 5. Diesem gibt die Parteiöffentlichkeit nach § 357 ein ausreichendes Mittel an die Hand, die Aussage zu überwachen.

6 **C. Eid.** Die Vernehmung erfolgt zunächst uneidlich. Nur dann, wenn eine uneidliche Bekundung das Gericht nicht voll überzeugt, kann das Gericht die Partei oder dann, wenn es beide Parteien über verschiedene Tatsachen vernommen hatte, beide beeidigen, §§ 452, 478 ff. Das Gericht würdigt auch eine eidliche Parteiaussage frei, §§ 286, 453. Das ist ein großer Fortschritt gegenüber den früheren Vorschriften, die gerade dem Eid eine volle Beweiskraft beilegten, § 453 Rn 3.

7 **D. Hilfsbeweis.** Der Beweis durch eine Parteivernehmung ist nach dem geltenden Recht ein bloßer Hilfsbeweis, sog Subsidiarität, Rn 2, §§ 445, 450 II. Ihre Durchführung kommt also erst nach einer vergeblichen Prüfung aller anderen zulässigen Beweismittel und auch der sonstigen Erkenntnismöglichkeiten des Gerichts etwa nach § 291 (Offenkundigkeit) in Betracht. Die Parteivernehmung sollte eigentlich oft eher den Vorrang haben, Bender/Röder/Nack 168, Nagel in Festschrift für Habscheid (1989). Man sollte dieses Beweismittel unabhängig von diesem Problem mit großer Vorsicht betrachten. Vollkommen redliche Parteien sind trotz des Wahrhaftigkeitszwangs schwerlich in der Mehrheit. Es ist auch nicht einmal immer möglich, in der eigenen Sache einen Sachverhalt einwandfrei wiederzugeben. Der ProzBev braucht keinen Antrag auf die Vernehmung des Prozeßgegners zu stellen, wenn er nicht hoffen kann, daß der Gegner daraufhin vom bisherigen Sachvortrag abrücken werde, Köln NJW **86**, 726.

Aus dem Charakter des bloßen *Hilfsbeweises* folgt aber nicht auch schon, daß das Gericht den bloßen Beweisbeschluß erst nach einer Erschöpfung der anderen Beweismittel fassen dürfte, aM Oldb RR **90**, 125, ZöGre 5 (aber zumindest meint die in der Praxis übliche Aufnahme auch der Parteivernehmung in den Beweisbeschluß verständigerweise, daß dieser Teil des Beweisbeschlusses erst nach einer Erledigung des restlichen Teils stattfinden soll. Das ist zulässig). Schon deshalb muß die geladene Partei zwecks einer Vermeidung der Folgen des § 454 zunächst erscheinen.

8 **5) Sonderfälle.** Das Gericht kann eine Partei außerdem vernehmen: In einer FamFG-Sache, Rn 3. Auch diese Vernehmung kann Beweiszwecken dienen; über einen Schaden, § 287; über einen Urkundenbesitz, § 426. Das Gericht kann die Parteien ferner nach §§ 118 a, 141, 273 II Z 3 zur Aufklärung hören. Eine Eidesleistung der Partei kennt die ZPO abgesehen von § 452 nicht.

445 *Vernehmung des Gegners; Beweisantritt.* **[I] Eine Partei, die den ihr obliegenden Beweis mit anderen Beweismitteln nicht vollständig geführt oder andere Beweismittel nicht vorgebracht hat, kann den Beweis dadurch antreten, dass sie beantragt, den Gegner über die zu beweisenden Tatsachen zu vernehmen.**

[II] Der Antrag ist nicht zu berücksichtigen, wenn er Tatsachen betrifft, deren Gegenteil das Gericht für erwiesen erachtet.

Gliederung

1 **1) Systematik, Regelungszweck, I, II.** § 445 macht die Parteivernehmung zu einem hilfsweisen Beweis, Üb 7 vor § 445. Er kommt erst dann zur Durchführung, wenn die anderen vorgebrachten Beweismittel erschöpft sind. Daher muß derjenige, der in der ersten Instanz eine Parteivernehmung hinter anderen Beweismitteln beantragt hatte, den Antrag in der zweiten Instanz bei einer Erledigung dieser Beweismittel wiederholen. Das Gericht hat aber insofern eine Fragepflicht, § 139. Das gilt erst recht in der ersten Instanz, Oldb RR **90**, 125. Es besteht kein Zwang zum Vorbringen anderer Beweismittel. § 445 unterscheidet sich also von § 448. Es braucht nicht schon eine Wahrscheinlichkeit wie bei § 448 Rn 1, 2 zu bestehen. Der Antrag ist ein Beweisantrag wie jeder anderer. Das Verfahren regeln §§ 450 ff. Wegen des Regelungszwecks Üb 2 vor § 445.

2 **2) Geltungsbereich, I, II.** Üb 3 vor § 445.

3 **3) Antrag auf Vernehmung des Gegners, I.** Er ist erforderlich, Hamm NJW **07**, 611. Ein rügeloses Verhandeln kann einen Antragsverzicht bedeuten, Kblz VersR **08**, 123. Die Vorschrift unterscheidet im übrigen zwei Fälle.

A. Unvollständigkeit anderen Beweises. Die Vernehmung des Prozeßgegners kommt in Betracht, soweit der Beweispflichtige nur einigen Beweis erbracht hat. Er muß also die zu seiner Beweislast nach Anh § 286 zählenden Behauptungen zwar einigermaßen wahrscheinlich gemacht haben. Er braucht aber nicht eine an Sicherheit grenzende Wahrscheinlichkeit dargetan zu haben. Wenn das Gericht dieser Meinung ist, muß es den Beweispflichtigen nach § 139 befragen, ob er nicht eine Parteivernehmung beantragen will.

B. Fehlen anderen Beweises. Die Vernehmung des Prozeßgegners kommt ferner in Betracht, soweit der Beweispflichtige freiwillig oder notgedrungen überhaupt keinen anderen Beweis antritt. Er kann sich von vornherein auf den Antrag auf eine Parteivernehmung beschränken. Es hindert auch nicht grundsätzlich, daß die Partei später andere Beweismittel vorbringt. Freilich wird dann kein vernünftiger Richter diese anderen Beweismittel unerledigt lassen, falls sie nur irgendeinen Erfolg versprechen. Er wird dann die Parteivernehmung aussetzen, § 450 II. Denn sie ist immerhin oft ein Beweismittel geringeren Grades. Das Gericht darf eine Parteivernehmung aber nicht mit der Begründung ablehnen, es verspreche sich von ihr wegen des Bestreitens der Partei keinen Erfolg. 4

4) Zusätzliche Beweiserhebung, I. Andererseits ist es zulässig, andere Beweise selbst nach einer eidlichen Parteivernehmung zum Beweissatz zu erheben. Die Verletzung der Hilfsstellung gibt kein Rechtsmittel. 5

5) Beweislast, I. Der Richter muß hier die Beweislast sorgfältig prüfen, Anh § 286. Es darf nicht der beweispflichtigen Partei die Beweislast abnehmen, solange noch nicht einiger Beweis für sie spricht. Vorher darf man sie ihre eigenen Behauptungen also noch nicht bekunden und beschwören lassen, wie bei § 448. Auch wegen der Folgen des Widerstands nach §§ 446, 453 II ist die Beweislast wichtig. Diejenige Partei, die prozessual zu Unrecht aussagen soll, kann sich ohne jeden Schaden dagegen sträuben. Wenn sie aussagt, darf das Gericht ihre Aussage im Prozeß nicht verwerten, ebensowenig wie ein anderes unzulässiges Beweismittel, aM StJL 10 (aber eine prozessuale Einwandfreiheit der Beweisaufnahme ist ein eigentlich selbstverständlicher Grundsatz der Beweiswürdigung). Das gilt auch dann, wenn die Partei ihre Aussage beschworen hat. Ein Verstoß gegen die Regel begründet die Revision. Er ist freilich nach § 295 heilbar. Daß die Beweislast vielfach als sachlichrechtlich gilt, ist unerheblich. Denn § 447 erlaubt auch ohne eine Rücksicht auf die Beweislast eine Parteivernehmung. Eine Partei, die vorsichtshalber die Vernehmung des Gegners beantragt, übernimmt damit nicht die Beweislast. Vgl auch § 447 Rn 1. 6

6) Vernehmungsgegenstand, I. Das Gericht darf eine Partei nur über Tatsachen vernehmen, aber ohne eine Begrenzung auf eigene Handlungen und Wahrnehmungen. Zum Begriff der Tatsache Einf 17 vor § 284. Die Vernehmung erstreckt sich also nicht auf Rechtsfragen, allgemeine Erfahrungssätze, rein juristische oder technische Urteile. Unerheblich ist: Ob die Tatsache eine äußere oder innere ist; ob es sich um eine Vermutungstatsache (hypothetische) oder um eine negative Tatsache handelt; ob die zu bekundende Handlung unsittlich oder strafbar ist. Eine Einschränkung wie beim Zeugnis gibt es nicht. Es gibt aber auch keinen Aussagezwang. Es kann sich um eine eigene oder um eine fremde Tatsache handeln. Der Beweisführer muß die Tatsache bestimmt bezeichnen. Das Gericht muß sie im Beweisbeschluß angeben, § 359. Unerheblich ist, ob der Beweisführer die behauptete Tatsache als wahrscheinlich darstellen kann, BGH RR **91**, 890. Unzulässig ist erst die Anforderung, Rn 11. 7

7) Gegner, I. Es genügt immer ein Antrag auf die Vernehmung des Gegners. Der bloße Antrag „Parteivernehmung" meint bald denjenigen nach § 445, bald denjenigen auf eine Vernehmung der eigenen Partei nach § 447, seltener die Anregung, von Amts wegen nach § 448 zu verfahren. Das Gericht sollte einen solchen Antrag nach der Gesamtlage und unter der Beachtung seiner Fragepflicht nach § 139 vernünftig auslegen, bevor es ihn als nach § 286 Rn 31 ungeeignet erachtet. Wenn die Partei aus Streitgenossen nach § 59 besteht, greift § 449 ein. Ist der Gegner gesetzlich vertreten, gilt § 455. Antragsberechtigt sind die Partei, ihr gesetzlicher Vertreter, ihr ProzBev, jeder Streitgenosse für sich, der Streithelfer, soweit die Partei nicht widerspricht, § 67. Der Antrag ist rücknehmbar und in den Grenzen des § 296 wiederholbar. Sein bloßes Nichtstellen in der Verhandlung ist keine Rücknahme, BGH RR **96**, 1459. 8

8) Unzulässigkeit, II. Der Antrag ist unzulässig, wenn das Gericht das Gegenteil der zu bekundenden Tatsachen für erwiesen erachtet, etwa wegen einer Offenkundigkeit, § 291. Diese Vorschrift soll unnütze Parteivernehmungen ersparen, ein wünschenswertes Ziel. Denn die Vernehmung bringt diejenige Partei in Gewissensnot, die ihre eigene Prozeßlage womöglich eidlich gefährden soll, Düss MDR **95**, 959. Darum gilt II unabhängig davon, ob eine Beweisaufnahme geschehen ist oder nicht. II gilt also auch dann, wenn die Beweistatsache unmöglich ist, oder dann, wenn eine gesetzliche Beweisregel oder eine durchgreifende Lebensregel der Behauptung unwiderleglich entgegensteht. Eine Vernehmung zur Widerlegung einer Rechtsvermutung läßt § 292 ausdrücklich zu. Im Bereich des § 292 S 2 ist II aber unanwendbar, BGH **104**, 177. 9

Einen *Indizienbeweis* nach Einf 16 vor § 284 oder einen Anscheinsbeweis nach Anh § 286 Rn 15 kann man durch den Antrag auf eine Parteivernehmung wegen seiner Unsicherheit angreifen. Man kann aber wegen II nicht auch die einzelnen bewiesenen Tatsachen angreifen (Indizien, Einf 16 vor § 284). Man kann auch die innere Beweiskraft einer Urkunde beim Feststehen der äußeren angreifen, Begriffe Üb 9, 10 vor § 415. Es genügt nicht, daß das Gericht das Gegenteil für wahrscheinlich hält. Diejenige Tatsache, die das Gericht mit der Vernehmungstatsache nicht vereinbaren kann, gehört in die Entscheidungsgründe. Andernfalls liegt ein Verfahrensfehler vor. Er kann auf einen Antrag nach § 538 zur Zurückverweisung führen.

Unzumutbarkeit kann ein weiterer Grund der Unzulässigkeit einer Parteivernehmung nach § 445 sein, BGH **71**, 241. Dergleichen wird freilich nur in engen Grenzen vorliegen, § 286 Rn 31 ff. 10

Ausforschung ist ebenfalls unzulässig, Einf 27 vor § 284. Sie liegt im Antrag auf eine Parteivernehmung des Gegners, soweit der Beweisführer die ins Wissen des Gegners gestellte Tatsache ehrlicherweise noch gar nicht derart behaupten kann, § 138 I, II. Das darf man nur zurückhaltend bejahen, also beim Behaupten ins Blaue ohne jeden halbwegs greifbaren Anhaltspunkt, BGH RR **91**, 890. 11

446 ***Weigerung des Gegners.* Lehnt der Gegner ab, sich vernehmen zu lassen, oder gibt er auf Verlangen des Gerichts keine Erklärung ab, so hat das Gericht unter Berücksichtigung der gesamten Sachlage, insbesondere der für die Weigerung vorgebrachten Gründe, nach freier Überzeugung zu entscheiden, ob es die behauptete Tatsache als erwiesen ansehen will.**

1 **1) Systematik.** Das System der Rechtsfolgen beim Widerstand oder bei sonstigen Zwischenfällen im Verlauf einer Parteivernehmung ist nicht gerade übersichtlich. Man muß eine Säumnis einerseits und einen Widerstand des zu Vernehmenden andererseits unterscheiden. Im ersteren Fall gilt § 454, im letzteren muß man wiederum unterscheiden: Lehnt der zu Vernehmende die ordnungsgemäß beschlossene Vernehmung von vornherein gänzlich ab oder schweigt er auf Fragen des Gerichts von vornherein ohne jede Grundangabe oder unter einer bloß fadenscheinigen Begründung etwa des Nichtwissens, gilt der dem § 444 vergleichbare § 446. Verweigert er lediglich die Aussage zur Sache oder einen Eid oder eine eidesgleiche Bekräftigung, gilt über § 453 II der § 446 entsprechend, anders als beim Zeugen, §§ 387 ff. Gibt der Verweigerer vernünftige Gründe an, gilt § 286, evtl auch § 384 entsprechend. §§ 380, 381 treten gegenüber diesen Spezialregeln zurück. Das Ausforschungsverbot bleibt unberührt, § 445 Rn 11.

2 **2) Regelungszweck.** Die Parteivernehmung ist ohnehin nur hilfsweise zulässig, § 445 I. Daher soll mit der Bewältigung der Probleme infolge einer Säumnis oder Weigerung nicht allzu viel Zeit und Aufwand vergehen. Das liegt im Interesse der Prozeßwirtschaftlichkeit, Grdz 14 vor § 128. Deshalb versucht die Vorschrift mithilfe des Grundsatzes der freien Beweiswürdigung nach § 286 Rn 4 und der Unterstellung (Fiktion) prozessual zulässige „rasche" Bewertungsmöglichkeiten zu schaffen. Sie bezwecken auch einen Druck auf den zu Vernehmenden. Sie sollen das Gericht aber nicht von einer gewissenhaften Gesamtabwägung aller Umstände entbinden. Die Vorschriften schaffen keine Prozeßstrafen. Das Gericht sollte sie nicht zu leicht zulasten des zu Vernehmenden auslegen. Es sollte sie aber auch nicht zu ängstlich handhaben, Rn 5. Eine Beweisnot nach Üb 2 vor § 445 sollte man auch bei § 446 stets als einen Gesichtspunkt in die Abwägung einbeziehen, ebenso etwa eine prozessuale Arglist des Gegners. Sie ist ja nirgends erlaubt, Einl III 54. Er könnte durch eine Beweisvereitelung eine ihm an sich auch bei §§ 445 ff erlaubte Prozeßtaktik überbeanspruchen. Freilich müßten dazu besondere Umstände vorliegen. Das Gericht darf solche Umstände nicht allzu leicht bejahen.

3 **3) Geltungsbereich.** Vgl Üb 3 vor § 445.

4 **4) Widerstand des Gegners.** Vgl zunächst Rn 1. Das Gericht kann eine förmliche Parteiaussage nicht direkt erzwingen. Das Prozeßrechtsverhältnis nach Grdz 4, 5 vor § 128 zwingt aber jede Partei grundsätzlich zur Mitarbeit an der Wahrheitsfindung, § 138 Rn 13. Hier setzt § 446 ähnlich wie § 444 an. Die Vorschrift setzt einen Widerstand des Vernehmungsgegners voraus, also der nicht beweispflichtigen Partei, § 445 Rn 6. Er kann ausdrücklich vorliegen. Das gilt etwa dann, wenn der Gegner es ablehnt, sich vernehmen zu lassen. Er kann auch stillschweigend vorliegen. Das gilt etwa dann, wenn der Gegner keine Erklärung abgibt. Das Gericht braucht ihn auf ein Verweigerungsrecht nicht hinzuweisen, Celle VersR **77**, 361, vgl aber § 451 Rn 3 „§ 395". Die Erklärung ist bis zum Schluß der mündlichen Verhandlung möglich, § 136 Rn 28. Im schriftlichen Verfahren nach § 128 II erfolgt sie schriftlich. Sie erfolgt auch nach § 130 a elektronisch. Ob sie stillschweigend erfolgt, ist eine Auslegungsfrage.

Das *Schweigen* läßt sich nur dann als ein Unterlassen ansehen, wenn das Gericht den Gegner zur Erklärung aufgefordert hatte. Die Erklärung muß unbedingt sein. Sie ist in der ersten Instanz bis zum Verhandlungsschluß nach §§ 136 IV, 296 a und in der zweiten Instanz nach § 533 widerruflich, in der 1. Instanz entsprechend (also nicht im übrigen). Sie wird beim AG nach § 510 a protokolliert, sonst nach § 160 III Z 3. Wenn die Partei erscheint und aussagt, jedoch nicht zu einem wesentlichen Punkt, muß das Gericht sie insofern nunmehr als verweigernd ansehen. Das gilt aber nur dann, wenn der Richter sie ausdrücklich nach dem wesentlichen Punkt befragt hat. Das letztere soll das Protokoll ergeben.

5 **5) Folgen.** Das Gericht würdigt die Weigerung nach § 286 frei, BGH NJW **05**, 3774. Keineswegs darf es unbedingt nachteilige Schlüsse aus ihr ziehen, Rn 2. Es kann einen vernünftigen Weigerungsgrund geben, BGH NJW **91**, 2501 (Fehlen sicheren Geleits nach § 295 StPO), Düss WertpMitt **81**, 369. Das Gericht muß die gesamte Sachlage berücksichtigen, vor allem die Weigerungsgründe der Partei, BGH MDR **91**, 689. Zur Weigerung berechtigen können: Unsittlichkeit; Unehrenhaftigkeit; Strafbarkeit der zu bekundenden Handlung; ein Geschäfts- und Betriebsgeheimnis, aM Gottwald BB **79**, 1783 (aber der Parteienschutz sollte nicht hinter dem Zeugenschutz zurückstehen); Schamgefühl; die Befürchtung von Nachteilen außerhalb des Prozesses; eine organisationsbedingte generelle Unkenntnis.

Eine Verweigerung nur zu *einzelnen* Punkten kann durchaus berechtigt und sachlich unschädlich sein. Die Weigerung ist nicht für sich allein ein Beweisgrund. Immer müssen andere Umstände hinzutreten. Das Berufungsgericht muß eine erst in zweiter Instanz erklärte Bereitschaft evtl als verspätet zurückweisen, Karlsr RR **91**, 201. Eine bloße Widerspenstigkeit ist kein Entschuldigungsgrund. Das Gericht muß sie daher nachteilig würdigen. Das Gericht kann die behauptete Tatsache für erwiesen ansehen. Es kann auch ihre bloße Wahrscheinlichkeit annehmen und daraufhin den Beweispflichtigen nach § 448 vernehmen.

447 *Vernehmung der beweispflichtigen Partei auf Antrag.* **Das Gericht kann über eine streitige Tatsache auch die beweispflichtige Partei vernehmen, wenn eine Partei es beantragt und die andere damit einverstanden ist.**

1 **1) Systematik.** §§ 445, 447, 448 sind aufeinander abgestimmt: Während § 448 die Beweisanordnung ohne einen Antrag unter den erschwerten dortigen Voraussetzungen zuläßt und evtl notwendig macht, hängen Beweisanordnungen nach §§ 445, 447 von Anträgen ab. Außerdem muß bei § 447 noch das Einverständnis des Prozeßgegners hinzutreten.

2 **2) Regelungszweck.** Das meist erhebliche Risiko einer dem Beweisführer ungünstigen Aussage des Gegners erfordert bei § 445 keine weiteren Absicherungen vor den Gefahren einer Beweisverlagerung in den Mund einer Partei. Der Beweisführer mag sich einen Antrag auf die Vernehmung des Gegners gut überlegen, Grdz 18 vor § 128. Man muß aber das noch größere Risiko einer uferlosen Prozessiererei mithilfe

von zum Beweismittel „aufgewerteten" eigenen Parteidarstellungen begrenzen. Daher ist das Erfordernis der Zustimmung des Gegners ein Gebot der Gerechtigkeit, Einl III 9, 36. Das Gericht darf die Verweigerung oder das Ausbleiben des Einverständnisses des Gegners grundsätzlich auch dann nicht zu seinem Nachteil würdigen, wenn er für seine Haltung keinerlei Begründung angegeben hat. Freilich mag der Gegner mit der Verweigerung seiner Zustimmung die Beweisnot des Beweisführers ausnutzen. Das kann im Ausnahmefall auch einmal bis zur verbotenen Arglist führen, Einl III 54. Das muß man bei der Auslegung mitbeachten, vgl auch den Grundgedanken etwa von § 162 BGB. Letztlich muß man daher den § 447 dabei als eine Folge der Parteiherrschaft werten, Grdz 18 vor § 128.

3) Geltungsbereich. Üb 3 vor § 445. 3

4) Antrag; Einverständnis des Gegners. § 447 sieht von der Beweislast nach Anh § 286 ganz ab. Nur 4 wenn beide Parteien einverstanden sind, kann das Gericht nach seinem pflichtgemäßen Ermessen eine beliebige von ihnen nach § 286 Rn 24, 27 vernehmen, LG Siegen RR **05**, 1340. Das setzt voraus, daß eine beliebige Partei die Vernehmung beantragt. Also kann sich der Beweispflichtige zur Parteiaussage erbieten und das Gericht kann, nicht muß, ihn vernehmen, falls der Gegner zustimmt. Es kann aber auch der Gegner den Beweispflichtigen zwecks eines Gegenbeweises benennen. Das Einverständnis ist eine Parteiprozeßhandlung, Grdz 47 vor § 128. Sie muß eindeutig sein. Sie kann dann aber auch stillschweigend erfolgen, aM ZöGre 2 (aber jede Parteiprozeßhandlung ist auslegbar, Grdz 52 vor § 128). Ein Anwaltszwang besteht wie sonst, § 78 Rn 2. Im Schweigen des Gegners liegt keineswegs stets eine Zustimmung, VerfGH Bln JR **94**, 500. Keine Zustimmung ist der bloße Gegenbeweisantritt nach § 445, Born JZ **81**, 775. Das Gericht braucht den Gegner des Antragstellers nicht zum Einverständnis aufzufordern, VerfGH JR **94**, 500. Außerdem liegt im Erbieten eine Anregung zur Amtsvernehmung nach § 448. Der Antrag ist nach der Vernehmung nicht rücknehmbar, Grdz 58 vor § 128.

5) Praktische Brauchbarkeit. Vgl zunächst Rn 2, 4. Eine gewisse Vorsicht beim Erbieten ist ratsam. 5 Denn wenn sich die Partei erst einmal auf ihre Aussage bezieht, kann das Gericht die Aussage unter den Voraussetzungen des § 454 als verweigert ansehen. Auch könnte bei einer Rücknahme dieses Beweisantritts § 446 entsprechend anwendbar sein. Ferner birgt eine formelmäßige Bezugnahme auf die Aussage des beweispflichtigen Gegners die Gefahr, daß dieser die Bezugnahme aufgreift und sich zur Aussage bereit erklärt. Dann ist das Einverständnis unwiderruflich, Grdz 58 vor § 128. Das gilt erst recht nach der Vernehmung. Die nicht beweispflichtige Partei kann dem ihr etwa drohenden Nachteil nur dann entgehen, wenn sie andere Beweise antritt. Denn das Gericht muß diese vorher erledigen, §§ 450, 445 Rn 1. Nach der Erledigung ist eine neue Lage eingetreten. Das vorher erklärte Einverständnis dauert nicht an.

6) Weiteres Verfahren. Das Gericht muß wegen dieser Gefahr die Rechtslage mit den Parteien nach 6 § 139 erörtern, damit Fehler möglichst unterbleiben und bedenkliche Erklärungen in der mündlichen Verhandlung nicht erfolgen. Zulässig ist die Erklärung: „Beweis: Vernehmung des Gegners, falls ich beweispflichtig bin" oder „mit der Vernehmung des Gegners bin ich einverstanden, falls ich beweispflichtig bin". Eine Einverständniserklärung in der Verhandlung kommt nach § 160 III Z 3 ins Protokoll.

7) Beweiswürdigung. Die Würdigung der Aussage und der Verweigerung erfolgt wie sonst, §§ 453, 7 446. Vor allem die uneidliche Aussage der beweispflichtigen Partei hat eine nur geringe Bedeutung.

8) Verstoß. Soweit das Gericht den Beweispflichtigen ohne eine wirksame Zustimmung des Gegners und 8 auch ohne die Voraussetzungen des § 448 vernommen hat, muß es den Gegner unter einer Belehrung über die Folgen einer etwa nachträglichen Zustimmung nach § 139 fragen, ob er zustimmt. Mangels einer eindeutigen nachträglichen Zustimmung ist § 453 I unanwendbar. Andernfalls wäre § 447 wirkungslos. Das ist nicht mit dem Sinne dieser Vorschrift vereinbar. Allerdings ist der Verstoß nach § 295 heilbar, BGH VersR **81**, 1176 (zum vergleichbaren § 448), ZöGre 4, aM Münks (vor Üb vor § 445) 186 (aber § 447 ist keine zwingende Grundvorschrift des Prozeßrechts, § 295 Rn 16).

448 ***Vernehmung von Amts wegen.*** **Auch ohne Antrag einer Partei und ohne Rücksicht auf die Beweislast kann das Gericht, wenn das Ergebnis der Verhandlungen und einer etwaigen Beweisaufnahme nicht ausreicht, um seine Überzeugung von der Wahrheit oder Unwahrheit einer zu erweisenden Tatsache zu begründen, die Vernehmung einer Partei oder beider Parteien über die Tatsache anordnen.**

Schrifttum: *Kwaschnik,* Die Parteivernehmung und der Grundsatz der Waffengleichheit im Zivilprozess, 2004; *Musielak,* Hilfen bei Beweisschwierigkeiten im Zivilprozeß, Festgabe *50 Jahre Bundesgerichtshof* (2000) 193; *Peters,* Richterliche Hinweispflichten und Beweisinitiativen im Zivilprozeß, 1983; *Schöpflin,* Die Beweiserhebung von Amts wegen im Zivilprozeß, 1992.

Gliederung

1 **1) Systematik.** Die Vorschrift ist wegen ihrer ziemlich strengen Voraussetzungen Rn 3, 4 bei einer vernünftigen Auslegung mit dem GG vereinbar, BVerfG NJW **98**, 1939, ZöGre 2, aM Gehrlein ZZP **110**, 474. Vgl zunächst § 447 Rn 1. § 448 ist eine eher eng auslegbare Ausnahme vom freilich vielfach durchlöcherten Beibringungsgrundsatz nach Grdz 20, 25 vor § 128 zur Milderung und Begrenzung von §§ 445, 447. Die Vorschrift gibt dem Gericht ein wichtiges, aber auch ein gefährliches verführerisches Machtmittel nur zur Ergänzung der Beweise in die Hand, AG Nürnb NJW **87**, 660. Ein zurückhaltender Gebrauch ist ratsam, Mü RR **96**, 959, Hbg MDR **82**, 340. Jede Partei muß zunächst die üblichen Beweismittel angeben, soweit ihr das zumutbar ist. Das Gericht muß ebenfalls zunächst die üblichen Beweismittel benutzen, BGH MDR **97**, 638. Das gilt sowohl für die auf einen Antrag möglichen Beweisarten als auch für die von Amts wegen in Betracht kommenden.

Der Grundsatz der *Waffengleichheit* nach Einl III 21 steht nicht entgegen, BGH (5. ZS) NJW **99**, 352, Düss VersR **99**, 205, LAG Köln MDR **99**, 1085, aM BGH (1. ZS) NJW **99**, 363, Karlsr FamRZ **07**, 226, Kocher NZA **03**, 1317 (fordert „Neuinterpretation"), Schöpflin NJW **96**, 2134 (aber man kann einen solchen Grundsatz auch ins Uferlose ausdehnen). Dieser Grundsatz fordert nicht stets zusätzlich die Vernehmung auch des Gegners, LG Mönchengladb RR **98**, 501. Der Wegfall der förmlichen Eidesnorm und der Beweisbindung gibt § 448 eine erhöhte Bedeutung. Ein Ausweichen auf § 141 ist nicht notwendig, soweit § 137 IV hilft, BVerfG NJW **08**, 2170. Es ist auch im übrigen fragwürdig, aM BGH NJW **03**, 3636 (aber § 141 ist kein Beweisersatz).

2 **2) Regelungszweck.** Eine Beweisnot nach Üb 2 vor § 445 ist natürlich stets beachtlich, Karlsr MDR **02**, 882, Kblz RR **02**, 630. Sie darf aber nicht die wohlbedachten vorstehenden Regeln aushöhlen, BVerfG NJW **01**, 2531 (großzügig), BGH NJW **02**, 2249, LAG Köln NZA-RR **04**, 580. Das Gericht darf nicht mithilfe von § 448 in Wahrheit zu einer Art Amtsermittlung nach Grdz 38 vor § 128 übergehen. Unberührt bleiben freilich Rechte und Pflichten des Gerichts nach §§ 139, 141, 144, ebenso das Recht und die Pflicht des Gerichts zu einer vernünftigen Würdigung der Darstellung der Partei in ihrer Beweisnot nach § 286 Rn 5 (evtl Glaubwürdigkeit ohne Beweisaufnahme). Zur Klärung einer Schadenshöhe darf das Gericht den Beweisführer von Amts wegen nach § 287 I 3 Hs 1 ohne die weiteren Voraussetzungen des § 448 vernehmen. Auch darf es eine Vorenthaltung eines möglichen Beweismittels wegen einer etwaigen Arglist nach Einl III 54 nicht bei der Beweiswürdigung mitbeachten, BGH MDR **97**, 638. Das alles muß man bei der Auslegung vor allem im Rahmen der Rn 4, 5 mitbedenken. § 448 braucht bei einer richtigen Auslegung keine Änderung, Lange NJW **02**, 483.

3 **3) Geltungsbereich.** Vgl Üb 3 vor § 445. Die Vorschrift gilt auch im WEG-Verfahren, und vor den Arbeitsgerichten, BAG NJW **07**, 2428. Sie ist (jetzt) im FamFG-Verfahren unanwendbar, Zweibr MDR **98**, 1245.

4 **4) Zulässigkeit.** Viele bejahen sie zu leicht.

A. Schon einiger Beweis. Voraussetzung der Parteivernehmung von Amts wegen ist, daß das Ergebnis der Verhandlung und einer im übrigen völlig durchgeführten Beweisaufnahme *noch nicht ganz ausreicht,* LAG Köln MDR **02**, 591. Es müssen alle anderen nach § 286 möglichen Beweismittel erschöpft sein, Hamm NJW **07**, 611. Es muß also ungeachtet einer etwaigen Beweisnot doch jedenfalls schon einiger Beweis erbracht sein.

Wenn *gar nichts* erbracht ist, wenn also zB nur ein widersprüchlicher Vortrag des Beweisführers vorliegt oder wenn sich nur widersprechende Behauptungen gegenüberstehen, ist eine Amtsvernehmung grundsätzlich unzulässig, BGH NJW **89**, 3223, Mü RR **96**, 959, 1104, LG Siegen RR **05**, 1340. Sie wäre dann nämlich eine Willkür. Mit ihr würde das Gericht die notwendigen Folgen der Beweisfälligkeit beseitigen und gegen den Beibringungsgrundsatz verstoßen, Grdz 20 vor § 128. Freilich darf das Gericht vor einer Ablehnung der Vernehmung nach § 448 nicht die übrigen Beweisantritte des Beweisbelasteten übergehen, BGH VersR **84**, 666. Es muß auch § 137 IV beachten, BVerfG NJW **08**, 2170. Die Zulässigkeit der Parteivernehmung von Amts wegen muß im Zeitpunkt des Beginns der Ausführung vorliegen, BGH NJW **89**, 3223.

5 **B. Bestimmte Tatsache.** Es muß sich um eine bestimmte beweisbedürftige Tatsache handeln. Einf 17 vor § 284. Es erfolgt keine Vernehmung nur zur Klärung, BGH VersR **77**, 1125. Der Gegner muß die Tatsache bestreiten. § 448 beseitigt den Beibringungsgrundsatz nach Grdz 20 vor § 128 nur für den Beweis.

6 **C. Beispiele zur Frage einer Zulässigkeit**

Anfangswahrscheinlichkeit: Diesen Grad fordern BGH NJW **05**, 2453, Zweibr RR **07**, 1233.

Anscheinsbeweis: Diesen Grad fordern BGH RR **91**, 934, Köln VersR **94**, 574.

Beweisaufnahme: Eine vorherige Beweisaufnahme anderer Art ist keine Bedingung, aM Kblz MDR **98**, 712, AG Nürnb NJW **87**, 660 (je: zu eng).

Beweisnot: Sie ist mitbeachtlich, aber sie zwingt keineswegs stets zur Herabsetzung des Prüfungsmaßstabs, BGH **110**, 366, Karlsr FamRZ **07**, 226 (4-Augen-Gespräch), aM BAG NJW **07**, 2428, Schmidt MDR **92**, 638, ZöGre 4 a (aber eine Beweisnot ist gerade die Voraussetzung und ein wichtiger Fall einer Vernehmung nach § 448).

Einige Wahrscheinlichkeit: Diesen Grad fordert Karlsr FamRZ **07**, 226.

Ermittlung von Amts wegen: Ausnahmen von den sonst üblichen Wahrscheinlichkeitsgraden befürworten Hamm VersR **92**, 49, KG OLGZ **77**, 245 bei einer Ermittlung von Amts wegen nach Grdz 38 vor § 128.

Frühere Parteiaussage: S „Urkundenauswertung".

Gewichtige Umstände: Diesen Grad fordert BGH RR **94**, 636.

Gewisse Wahrscheinlichkeit: Diesen Grad fordern BGH **160**, 147, Hamm NJW **07**, 611, Zweibr FGPrax **05**, 150.

Glaubwürdigkeit: Hat das Gericht zB zwei Zeugen des beweispflichtigen Klägers vernommen und haben im Ergebnis A zugunsten, B zulasten des Klägers ausgesagt, darf das Gericht den Beschluß nach § 448 nur fassen, falls es dem A bisher mehr als dem B glaubt, Saarbr OLGZ **84**, 123. Der Richter muß sich jedenfalls von der Parteivernehmung einen Überzeugungswert versprechen, Kblz VersR **08**, 690 (Arzt), LAG Köln MDR **02**, 591. Er muß daher abschätzen, ob die Partei glaubwürdig sein wird, Köln NVersZ **02**, 83 (nicht nach erheblichen Vorstrafen), LG Mü VersR **00**, 98, ob ihre zu erwartende Aussage widerspruchsfrei zum bisherigen Vortrag sein wird, vor allem aber, wie das bisherige Beweisergebnis lautet, Hamm VersR **91**, 330.

Hinreichende Wahrscheinlichkeit: Diesen Grad fordert BGH RR **89**, 1222.

Lebenserfahrung: Sie kann zur Vernehmung nach § 448 ausreichen.

Parteianhörung: Eine formlose solche Maßnahme mag einen ausreichenden Anlaß zur Vernehmung nach § 448 bieten. Das gilt erst recht bei einer Anhörung nach § 141, Lange NJW **02**, 483.

Persönlichkeit: Sie mag einen ausreichenden Anlaß zur Vernehmung nach § 448 bieten, Celle VersR **82**, 500, Oldb VHR **98**, 118 (Arzt).

Strafverfahren: *Nicht* schon „einigen Beweis" müssen Feststellungen in einem Strafverfahren ergeben, aM Hbg MDR **82**, 340 (aber eine solche Automatik könnte Fehler des Strafrichters auch zivilrechtlich wegen der Tragweite der Parteivernehmung als des letzten Beweismittels nochmals verhängnisvoll wirken lassen). Der Zivilrichter ist freilich praktisch manchmal ziemlich an den Strafrichter gebunden.

Überwiegende Wahrscheinlichkeit: Diesen Grad fordern BAG KTS **88**, 356, LG Köln WoM **97**, 504, großzügiger BGH FamRZ **05**, 2063 rechts unten.

Urkundenauswertung: Einen ausreichenden Anlaß zur Vernehmung nach § 448 mag die Auswertung einer früheren Parteiaussage als Urkunde bieten.

Vermutung: Eine gesetzliche Vermutung kann zu einer Vernehmung nach § 418 einen ausreichenden Anlaß bieten, etwa bei §§ 416, 440 II, Mü VersR **88**, 1136.

Versicherungsnehmer: *Unzulässig* sein kann seine Vernehmung nach § 448 dann, wenn es um einen Kfz-Diebstahl geht, Oldb VersR **95**, 1304.

Vieraugengespräch: S „Beweisnot", ferner Rn 7.

Waffengleichheit: Rn 7.

Zeuge: *Unzulässig* ist eine Vernehmung nach § 448 dann, wenn überhaupt ein Zeuge vorhanden ist, BGH NJW **02**, 2249. Unzulässig sein kann eine solche Vernehmung auch dann, wenn es keinen Zeugen gibt, AG Herborn VersR **99**, 47.

5) Anordnung. Sie ist nicht selten prozeßentscheidend. 7

A. Ermessen des Erstgerichts. Die Formulierung „kann anordnen" stellt hier wie oft nicht nur in die Zuständigkeit, sondern ins pflichtgemäße nicht völlig freie Ermessen, BGH VersR **99**, 995, BAG KTS **88**, 356, Zweibr FGPrax **05**, 150, aM ZöGre 4 a (aber das Gericht muß die möglichen Erkenntnisquellen stets ausschöpfen, § 286 Rn 24). Das Gericht muß von Amts wegen in jeder Lage des Verfahrens prüfen, ob nicht die Voraussetzung einer Amtsvernehmung vorliegt, bevor es eine Partei für beweisfällig erklärt, BGH NZM **98**, 449.

B. Waffengleichheit. Dabei muß das Gericht vor allem bei einem Vorgang „unter vier Augen" das Prinzip der *Waffengleichheit* mitbeachten, Art 6 MRK, Einl III 15, BGH VersR **99**, 995, Noethen NJW **08**, 337 (Ausnahme!), großzügiger Gehrlein NJW **07**, 2834, anders bei mindestens einem Zeugen, BGH RR **08**, 1087 (Ehefrau), Düss VersR **99**, 206. § 448 kommt nicht zugunsten des Beweisgegners in Betracht, wenn ein Zeuge nicht die alleinige Entscheidungsgrundlage wäre, BGH MDR **03**, 647. Dieses Prinzip zwingt aber nicht zu einer „Uminterpretation" des § 448, Rn 1, Mü RR **96**, 958, LAG Köln MDR **02**, 591, großzügiger BVerfG NJW **01**, 2531, Schlosser NJW **95**, 1405, Schöpflin NJW **96**, 2134 (aber das Ermessen hilft auch hier). Das Gericht muß sogar eine solche Prüfung vornehmen, bevor es eine Vernehmung nach § 445 anordnet. Das Gericht kann von einer Vernehmung etwa wegen der Persönlichkeit der Partei oder der Länge der verflossenen Zeit absehen. Das kann überhaupt immer dann geschehen, wenn ihm die Vernehmung doch keine Überzeugung verschaffen würde, LG Mü VersR **00**, 98. § 295 ist anwendbar, BGH VersR **81**, 1176. Ein „Antrag" ist als eine Anregung umdeutbar. Ein Zeugenbeweisantrag kann bei einer Zeugnisunfähigkeit nach Einf 8 vor § 373 als eine solche Anregung umdeutbar sein, BGH RR **94**, 1144. Das Gericht muß in seinem Urteil klar darlegen, nach welcher Vorschrift es vorgegangen ist und aus welchen Erwägungen, BGH NJW **90**, 1721. 8

C. Berufungsgericht. Es prüft die Ausübung des Ermessens nach, BGH VersR **99**, 995, Saarbr OLGZ **84**, 123. Es kann und muß evtl zurückverweisen, soweit das erstinstanzliche Verfahren mangelhaft war, Rn 14, Oldb NJW **98**, 1157, also wohl meist erst ab dem Erlaß des Beschlusses über die Vernehmung der Partei, Saarbr OLGZ **84**, 123, evtl sogar erst ab dem Beginn der Vernehmung oder gar erst ab dem Beginn der Würdigung dieser Vernehmung. Von der nun einmal erfolgten erstinstanzlichen Beweiswürdigung darf das Berufungsgericht nicht ohne eine erneute Vernehmung abweichen, BGH VersR **99**, 995. 9

D. Revisionsgericht. Es prüft nur die rechtlichen Voraussetzungen und die Grenzen der Ermessensausübung nach Einl III 33, BGH RR **94**, 1144, BAG KTS **88**, 356, Zweibr FGPrax **05**, 150. Es liegt ein Revisionsgrund vor, wenn sich das Berufungsgericht seiner Pflicht nicht bewußt war, BGH VersR **76**, 587. Deshalb muß der Tatrichter zumindest dann in einer nachprüfbaren Weise darlegen, weshalb er von der Parteivernehmung abgesehen hat, wenn sich eine Vernehmung aufdrängt, BGH NZM **98**, 449 (reichlich großzügig bejaht). Auch wenn das Gericht in seinen Entscheidungsgründen nichts dazu gesagt hat, muß man aber grundsätzlich annehmen, daß das Gericht sein Ermessen ausgeübt hat. Daher muß man einen angeblichen Verstoß gegen § 448 besonders begründen, BGH FamRZ **88**, 485. 10

E. Vernehmung einer oder beider Parteien. Das Gericht kann ohne Rücksicht auf die Beweislast die Vernehmung einer oder beider Parteien anordnen, ohne die letztere stets ebenfalls hören zu müssen, Rn 1. Es muß sich darüber klar bleiben, daß es sich hier nicht um eine Anhörung zur Klärung handelt, wie bei dem stets mitbeachtlichen § 141, Kblz RR **02**, 630. Es handelt sich vielmehr um ein Beweismittel. Deshalb kommt die Vernehmung in Betracht, soweit die Partei voraussichtlich glaubhaft etwas entscheidungserheblich sagen kann, BGH NJW **99**, 964. Eine Vernehmung beider Parteien kommt eigentlich nur dann infrage, wenn das Gericht von beiden eine inhaltlich annähernd gleiche Bekundung erwartet. Dann ist sie aber durchaus denkbar, MüKoSchr 5, ZöGre 5, aM StJL 8, RoSGo § 124 II 6, ThP 4 (aber auch hier darf und muß das Gericht wieder jede Erkenntnismöglichkeit ausschöpfen, § 286 Rn 24). 11

Der *Beweisgegner* kann zB bei einer Gegenüberstellung seine Behauptung fallenlassen, vgl auch § 452 Rn 5. Eine Vernehmung des Beweispflichtigen ist unzulässig, wenn er für seine Behauptung noch nichts erbracht hat. Wenn man dann etwa den Gegner dazu vernehmen wollte, würde das darauf hinauslaufen, daß die beweispflichtige Partei den Gegenbeweis für eine völlig unbewiesene Behauptung führen sollte. Das Gericht muß schon in diesem Verfahrensabschnitt die spätere Beeidigung mitbedenken und deshalb denjenigen ausscheiden, den es für unglaubwürdig hält.

12 **F. Abwägungspflicht.** Das Gericht muß bei der Auswahl der Partei alle Umstände abwägen, zB die Vertrauenswürdigkeit. Dabei spricht die Art der Prozeßführung mit. Wer etwa entgegen § 138 I BGB prozessiert, der verdient nicht die Vertrauensmaßnahme der Amtsvernehmung. Sie soll ja einen Beweis liefern. Ferner muß das Gericht die Wahrscheinlichkeit der Behauptungen prüfen. Darum muß das Gericht eine behauptete Unglaubwürdigkeit schon hier prüfen, nicht erst vor einer Beeidigung. Das Gericht muß ferner eine Hilfstatsache schon jetzt klären, also eine solche, die die Glaubwürdigkeit betrifft. Hat das Gericht alle Umstände geprüft, darf es auch den Bekl zu seiner Entlastung vernehmen oder den Verletzten über den Unfallhergang.

13 **G. Form.** Die Anordnung der Vernehmung erfolgt nach § 450 I 1. Das Gericht muß das Beweisthema möglichst genau nennen und verdeutlichen, daß es mehr als eine Anhörung nach § 141 plant. Zwar darf das Gericht die Parteivernehmung nach dem auch für § 448 mitgeltenden § 445 I erst nach der Durchführung der übrigen Beweisaufnahme vornehmen. Anordnen darf es sie aber schon von vornherein. Das geschieht auch praktisch sehr oft zwecks Prozeßwirtschaftlichkeit, Grdz 14 vor § 128. Das Berufungsgericht muß eine nach § 448 vom Erstgericht vorgenommene Vernehmung auch dann in seine eigene Beweiswürdigung einbeziehen, wenn es keinen Anlaß zu dieser Parteivernehmung gesehen hätte, BAG NJW **02**, 2196.

14 **H. Verstoß.** Soweit das Gericht eine nach § 448 erforderliche Vernehmung abgelehnt hat, liegt ein Verfahrensfehler vor. Das Gericht darf eine nach § 448 unstatthafte, aber herbeigeführte Parteiaussage der Sachentscheidung nicht zugrunde legen, BGH RR **94**, 1144, Celle OLGR **94**, 254. Ein anschließendes erstinstanzliches Verhandeln beseitigt nicht die Rügenmöglichkeiten in der Berufungsinstanz, BGH VersR **99**, 995. Das Berufungsgericht muß das insoweit fehlerhafte Ersturteil aufheben und die Sache auf einen Antrag nach (jetzt) § 538 zurückverweisen, BGH RR **94**, 1144.

449 ***Vernehmung von Streitgenossen.*** **Besteht die zu vernehmende Partei aus mehreren Streitgenossen, so bestimmt das Gericht nach Lage des Falles, ob alle oder nur einzelne Streitgenossen zu vernehmen sind.**

1 **1) Systematik.** Die Vorschrift gilt für alle Fälle einer beantragten oder von Amts wegen geplanten Parteivernehmung. Sie gilt also auch und gerade dann, wenn der Antragsteller entschieden auf der Vernehmung aller zur Partei zählenden Personen, gesetzlichen Vertreter usw besteht. Sie gilt ebenso dann, wenn der Antragsteller nur einige der zur Gegenpartei zählenden Personen vernehmen lassen möchte. Denn § 445 begrenzt die Parteiherrschaft auf die Benennung des „Gegners", und § 447 begrenzt sie auf „die (eigene) Partei", aM ZöGre 1 (aber § 448 ermächtigt nur das Gericht zur Begrenzung der Zahl der zu Vernehmenden). Es handelt sich um eine Eingrenzung des Grundsatzes, daß das Gericht die Beweismittel erschöpfen muß, § 286 Rn 24.

2 **2) Regelungszweck.** Diese Eingrenzung dient der Prozeßwirtschaftlichkeit, Grdz 14 vor § 128. Behutsam gehandhabt verstößt sie nicht gegen die Parteiherrschaft nach Grdz 18 vor § 128 und schneidet keinen Beweis ab. Es gibt meist eine ganze Reihe von gleichgewichtigen Argumenten für und gegen die Einbeziehung mehrerer Streitgenossen in eine Parteivernehmung. Bedenkt man, daß gerade Varianten in der Darstellung zur Glaubwürdigkeit sehr wohl beitragen können, sollte die Entscheidung trotz eines gewissen Mehraufwands bis hin zur Notwendigkeit einer Gegenüberstellung doch eher zugunsten mehrerer Vernehmungen ausfallen können.

3 **3) Geltungsbereich.** Üb 3 vor § 445.

4 **4) Streitgenossen.** Wenn das Gericht diejenige Partei vernehmen will, die aus mehreren Streitgenossen nach § 59 besteht, muß es nach Rn 1 von Amts wegen prüfen, ob es alle oder nur einige von ihnen vernehmen will. Das gilt unabhängig davon, ob und welche namentlichen Begrenzungen eine Partei beantragt. Das gilt auch bei notwendigen Streitgenossen nach § 62 oder streitgenössischen Streithelfern, § 69. Eine Zeugenvernehmung findet aber statt, soweit die Beweistatsache nur die anderen Streitgenossen betrifft, Üb 22 vor § 373 „Streitgenosse". Wegen des Beweisantritts § 445 Rn 8. Das Gericht bemüht nicht diejenigen Streitgenossen umsonst, denen von vornherein jede Kenntnis fehlen muß. Es bemüht ebensowenig diejenigen, auf deren Bekundung es von vornherein nichts geben könnte. Das gilt auch bei § 445. Es handelt sich also um eine Abweichung vom Grundsatz des § 286 Rn 24. Das Gericht sollte aber zumindest den vom Beweisführer namentlich benannten Streitgenossen vernehmen.

5 Das Gericht prüft nach seinem pflichtgemäßen *Ermessen* unter einer Würdigung aller Umstände. Bei der Ausschaltung einzelner Streitgenossen ist Vorsicht ratsam. Das Gericht kann seine Anordnung ändern, § 360 S 2 entsprechend. Es kann also nachträglich noch andere Streitgenossen hören. Auch hier muß das Gericht die spätere Beeidigung miterwägen.

450 ***Beweisbeschluss.*** I [1] **Die Vernehmung einer Partei wird durch Beweisbeschluss angeordnet.** [2] **Die Partei ist, wenn sie bei der Verkündung des Beschlusses nicht persönlich anwesend ist, zu der Vernehmung unter Mitteilung des Beweisbeschlusses von Amts wegen zu laden.** [3] **Die Ladung ist der Partei selbst mitzuteilen, auch wenn sie einen Prozessbevollmächtigten bestellt hat; der Zustellung bedarf die Ladung nicht.**

II [1] **Die Ausführung des Beschlusses kann ausgesetzt werden, wenn nach seinem Erlass über die zu beweisende Tatsache neue Beweismittel vorgebracht werden. [2] Nach Erhebung der neuen Beweise ist von der Parteivernehmung abzusehen, wenn das Gericht die Beweisfrage für geklärt erachtet.**

1) Systematik, I, II. Die Vorschrift ist eine Ergänzung zu §§ 358, 359, auf die sie in I 1 indirekt Bezug nimmt, die sie also keineswegs verdrängt. Daher sind §§ 358, 359 ergänzend beachtlich. I 2, II 1 geben lediglich wegen der Hilfsbeweisnatur der Parteivernehmung nach § 445 I folgende Besonderheiten. II 2 stellt klar, was ohnehin bei jeder Beweisart selbstverständlich ist, § 286 Rn 28 ff. Die Ablehnung einer Parteivernehmung erfolgt in den Gründen des Endurteils. 1

2) Regelungszweck, I, II. I dient vornehmlich der Rechtssicherheit, Einl III 43. II dient vor allem der Prozeßwirtschaftlichkeit, Grdz 14 vor § 128. Dementsprechend erfordert I eher eine zurückhaltende Auslegung, II eher eine weite, großzügigere. 2

3) Geltungsbereich, I, II. Üb 3 vor § 445. 3

4) Beweisbeschluß, I. Er folgt den sonstigen Beweismitteln. 4

A. Notwendigkeit eines Beschlusses, I 1. Das Gericht muß jede Parteivernehmung durch einen Beweisbeschluß anordnen, § 358, BGH RR **88**, 395. Das gilt auch für § 448. Der Beweisbeschluß muß dem § 359 genügen. Es soll klar sein, daß das Gericht mehr als eine Anhörung nach § 141 plant. Er muß ferner angeben, ob eine Vernehmung von Amts wegen oder auf einen Antrag stattfinden wird. Das Gericht muß das Beweisthema eindeutig formulieren, auch um dem Betroffenen einen Gegenantrag zu ermöglichen. Ein Verstoß ist nach § 295 heilbar. Der Beschluß ist ebenso frei abänderlich wie jeder andere Beweisbeschluß, § 360 S 2 entsprechend. Das Gericht muß ihn verkünden. Es muß eine anwesende Partei sofort vernehmen, Stgt JZ **78**, 690.

B. Ladung, I 2, 3. Wenn die zu vernehmende Partei bei der Verkündung nicht anwesend war, lädt das Gericht sie von Amts wegen zum Vernehmungstermin. Das geschieht unter einer Mitteilung des Beweisbeschlusses wenigstens seinem Inhalt nach, ferner unter der Angabe, ob die Aussage auf einen Parteiantrag oder von Amts wegen erfolgen soll. Andernfalls wären §§ 446, 453 II unanwendbar. Die Ladung erfolgt nach I 2 an die Partei persönlich. Sie erfolgt unter der eigenen Anschrift der Partei und nicht unter derjenigen des ProzBev unabhängig von § 172. Es ist grundsätzlich keine förmliche Zustellung notwendig, I 3. Eine formlose Mitteilung des Termins genügt also. Die Mitteilung gilt nach § 270 S 2 als zugegangen. Der Gegner erhält eine formlose Mitteilung, § 329 II 2. Eine Androhung der Folgen eines Ausbleibens nach §§ 446, 453 II ist nicht erforderlich. 5

Zulässig bleibt eine förmliche Zustellung. Denn II 2 besagt, daß es ihrer nicht „bedürfe", nicht, daß sie „nicht stattfinde". Der Vorsitzende darf und muß daher in seinem pflichtgemäßen Ermessen prüfen, ob er eine förmliche Zustellung anordnen soll. Sie kommt in Betracht etwa wegen einer Unklarheit über die gegenwärtige Anschrift der Partei, falls sie etwa nicht einmal ihrem ProzBev derzeit bekannt ist, oder wegen eines möglichen längeren Auslandsaufenthalts der Partei usw. Sie erfolgt evtl durch eine Ersatzzustellung nach §§ 178 ff. Die Anordnung einer förmlichen Zustellung kann durch eine Verfügung erfolgen. Sie braucht keine Begründung. Sie bindet alle Prozeßbeteiligten und die Zustellungsorgane. Das Gericht muß etwa vermeidbar gewesene Zusatzkosten nur unter den Voraussetzungen des § 21 GKG niederschlagen.

5) Aussetzung usw, II. Sie erfolgt nur selten. 6

A. Amtspflicht bei neuem Beweismittel, II 1. Das Gericht kann bei §§ 445, 447, 448 die Ausführung durch einen Beschluß oder stillschweigend aussetzen, wenn eine Partei nach dem Erlaß des Beschlusses neue Beweismittel zum Beweis vorbringt. Das ist immer dann eine Amtspflicht, wenn die neuen Beweismittel einen Erfolg versprechen, § 445 Rn 1, aM ThP 2, ZöGre 3 (auch dann nur Sollvorschrift. Aber § 286 verpflichtet zur Erschöpfung der Beweismittel). Denn die Parteivernehmung ist ein Hilfsmittel, § 445 I. Das folgt schon daraus, daß sie das unsicherste Beweismittel ist. Darum muß das Prozeßgericht den Parteien einen anderen Beweisantritt gestatten, wenn es die Beweisaufnahme durchführt. Wenn der verordnete Richter die Partei nach §§ 375, 451 vernehmen soll, muß er entsprechende Anträge aufnehmen und sie dem Prozeßgericht vorlegen. Wenn die Parteien schriftlich neue Beweise beantragen, muß das Prozeßgericht auch ohne eine mündliche Verhandlung nach § 360 zunächst darüber entscheiden. § 296 gilt auch hier.

B. Klärung der Beweisfrage, II 2. Wenn das Gericht die Beweisfrage für geklärt hält, muß es den Beweisbeschluß unerledigt lassen, besser ihn aufheben. Eine Parteivernehmung ist also nun unzulässig. Das folgt schon aus § 445 II. Auch ohne eine neue Beweiserhebung kann das Gericht abweichend von seiner früheren Meinung zu dieser Überzeugung kommen. Auch dann muß es den Beweisbeschluß aufheben, § 360 Rn 4. 7

6) Rechtsmittel, I, II. Die Entscheidung oder ihr Unterbleiben ist stets nur zusammen mit dem Endurteil anfechtbar, § 355 II. 8

451

Ausführung der Vernehmung. **Für die Vernehmung einer Partei gelten die Vorschriften der §§ 375, 376, 395 Abs. 1, Abs. 2 Satz 1 und der §§ 396, 397, 398 entsprechend.**

Schrifttum: *Prange,* Materiell-rechtliche Sanktionen bei Verletzung der prozessualen Wahrheitspflicht durch Zeugen und Parteien, 1995.

1) Systematik, Regelungszweck. Die Vorschrift ergänzt § 450. Sie schafft zur Vereinfachung und Vereinheitlichung des Beweisrechts eine grundsätzlich abschließende Verweisung. 1

2) Geltungsbereich. Üb 3 vor § 445. 2

3 **3) Entsprechende Anwendbarkeit.** Sie bringt nur wenige Probleme.

§ 375: Wichtig ist die Unmittelbarkeit der Beweisaufnahme. Das Prozeßgericht muß die Vernehmung grundsätzlich selbst durchführen. Ein verordneter Richter darf nur in den Fällen des § 375 I Z 1–3 amtieren. Ein Verstoß ist heilbar, § 295. Bei der Parteivernehmung muß das noch viel mehr gelten als bei der Zeugenvernehmung. Denn bei diesem unsicheren Beweismittel kommt auf den persönlichen Eindruck so gut wie alles an. Er gibt ja eine wesentliche Grundlage für die Beeidigung.

§ 376: Eine Genehmigung zur Aussage ist wie bei einem Zeugen notwendig.

§ 395: *I* ist wie folgt anwendbar: Es ist eine Ermahnung zur Wahrheit und ein Hinweis auf eine mögliche Beeidigung erforderlich, BGH RR **88**, 395. Es besteht keine Belehrungspflicht über ein Aussageverweigerungsrecht, Celle VersR **77**, 361. Freilich ist ein Hinweis auf §§ 446, 453 II ratsam. *II 1* (Vernehmung zur Person) ist anwendbar, BGH RR **88**, 395. *II 2:* Glaubwürdigkeitsfragen sind nicht stets zwingend. Trotzdem ist klar, daß das Gericht sie evtl stellen muß. Es sind durchaus Umstände denkbar, die eine Partei in einem Prozeß besonders unglaubwürdig oder auch vermehrt glaubwürdig machen. Man denke nur an einen solchen Unfallprozeß, bei dem die Partei evtl wenig Interesse am Ausgang hat, weil sie versichert ist, oder umgekehrt an einen solchen Prozeß, bei dem eine große Haftung der Partei im Hintergrund steht.

§ 396: Die Partei muß ihre Aussage im Zusammenhang machen. Erst anschließend stellen das Gericht und die Parteien Fragen. Vgl dazu und über die Kunst der Vernehmung Üb 5–10 vor § 373. Die Parteivernehmung ist noch schwieriger als diejenige eines Zeugen. Denn niemand kann in eigener Sache objektiv sein. Es ist für den Richter sehr schwer, das wahre Bild des Sachverhalts in diesem Hohlspiegel zu erkennen. Wegen der Verstoßfolgen Prange (vor Rn 1) und § 396 Rn 7 (entsprechend).

§ 397: Die Befragung durch die Gegenpartei und die ProzBev, auch denjenigen der vernommenen Partei, erfolgt wie bei einem Zeugen.

§ 398: Eine wiederholte oder nachträgliche Vernehmung erfolgt wie bei einem Zeugen, BAG NJW **02**, 2196. Eine andere Würdigung der in der Vorinstanz beeidigten Aussage ist nur nach einer erneuten Vernehmung der Partei zulässig.

Wegen der *Protokollierung* §§ 160 III Z 4, 162. Das richtig formulierte Protokoll ergibt, ob eine bloße Aufklärung nach §§ 141, 613 oder eine förmliche Parteivernehmung stattgefunden hat. Bei § 161 I Z 1 ist eine Wiedergabe des wesentlichen Inhalts der Aussage im Urteil unentbehrlich.

4 **4) Unanwendbarkeit.** Alle nicht in § 451 genannten Vorschriften sind grundsätzlich unanwendbar, zB:

§ 377 III: Es erfolgt keine Anordnung einer schriftlichen Beantwortung der Beweisfrage, BGH NJW **01**, 1502. Daher entfällt auch eine elektronische Aussage, § 130 a.

§ 394: Eine Einzelvernehmung ist unzulässig, wenn das Gericht beide Parteien vernehmen will oder muß. Die Einzelvernehmung müßte das ganz wesentliche Fragerecht der Partei ausschalten. Gerade hier ist die Parteiöffentlichkeit nach § 357 unentbehrlich.

§ 399 (Verzicht auf die Vernehmung): Es ist zulässig, daß eine Partei bei § 445 ihren Antrag zurücknimmt. Das kommt einem Verzicht gleich. Die Wirkung ist, daß die Partei unvernommen bleibt. Das gilt aber nicht, soweit eine Partei auf einen schriftsätzlichen Beweisantrag im Termin durch ihren Sachantrag Bezug nimmt, § 137 Rn 25, 33, BGH RR **96**, 1460. Eine Neubenennung in der ersten Instanz oder in der Berufungsinstanz ist wie bei § 399 Rn 7 möglich (Widerruf des Verzichts).

§ 401 (Entschädigung für Zeitversäumnis usw): Der mittellosen Partei muß das Gericht anläßlich ihrer Parteivernehmung die Reisekosten zum Termin aus der Staatskasse ersetzen und vorschießen, KV 9005. Vgl dazu die bundeseinheitlichen AV über die Bewilligung von Reiseentschädigung an mittellose Personen usw, auch in Arbeitssachen, Hartmann Teil V § 25 JVEG Anh I, II. Wegen eines Reisekostenvorschusses oder -ersatzes beim Soldaten SchlAnh II B Z 23, 24. Diese Kosten sind als ein Teil der Prozeßkosten erstattungsfähig, §§ 91 ff, 104, 308 II.

452 *Beeidigung der Partei.*

I [1] **Reicht das Ergebnis der unbeeidigten Aussage einer Partei nicht aus, um das Gericht von der Wahrheit oder Unwahrheit der zu erweisenden Tatsache zu überzeugen, so kann es anordnen, dass die Partei ihre Aussage zu beeidigen habe.** [2] **Waren beide Parteien vernommen, so kann die Beeidigung der Aussage über dieselben Tatsachen nur von einer Partei gefordert werden.**

II Die Eidesnorm geht dahin, dass die Partei nach bestem Wissen die reine Wahrheit gesagt und nichts verschwiegen habe.

III Der Gegner kann auf die Beeidigung verzichten.

IV Die Beeidigung einer Partei, die wegen wissentlicher Verletzung der Eidespflicht rechtskräftig verurteilt ist, ist unzulässig.

Gliederung

1 **1) Systematik, I–IV.** In einer teilweisen Abweichung gegenüber den vergleichbaren §§ 391 ff, die aber in der Praxis kaum eintritt, regeln §§ 452, 478 ff die Beeidigung in § 452 einschließlich der mit § 392 S 2 übereinstimmenden Eidesnorm des II für die Parteivernehmung. Beim Minderjährigen geht § 455 II vor. Es

besteht auf Grund einer Anordnung nach I 1 scheinbar eine Pflicht der Partei zur Beeidigung. Das Gericht kann den Eid aber nicht erzwingen. Eine Eidesverweigerung hat vielmehr die Rechtsfolgen des § 453 II. Man kann deshalb von einer bloßen Obliegenheit sprechen.

2) Regelungszweck, I–IV. Die Vorschrift dient in I der Eindämmung der gerade bei einer Partei großen Gefahr, daß sie nämlich schon zur Verhinderung eines bisherigen versuchten Prozeßbetrugs in Gestalt falscher Angaben in ihren Schriftsätzen nun durch ihren Eid dem Betrug den Meineid hinzufügt. Deshalb sollte das Gericht insbesondere bei I 2 sehr zurückhaltend verfahren. 2

3) Geltungsbereich, I–IV. Vgl Üb 3 vor § 445. Zur Anwendbarkeit im Insolvenzverfahren Schmitz-Herscheidt KTS **96**, 519. 3

4) Grundsatz: Uneidlichkeit, I. Jede Parteivernehmung geschieht zunächst uneidlich. Die vorsätzlich falsche uneidliche Aussage kann ein zumindest versuchter Prozeßbetrug sein. Sie kann darüber hinaus ersatzpflichtig machen, § 138 Rn 65, 66. Jedoch steht die uneidliche falsche Aussage der Partei sonst nicht unter Strafe. Denn § 153 StGB betrifft sie nicht. Ein fahrlässiger Falscheid ist eine Straftat, § 163 StGB. Wenn eine uneidliche Bekundung ausreicht, um dem Gericht die Grundlagen einer Entscheidung zu geben, unterbleibt die Beeidigung. Sie unterbleibt auch dann, wenn das Gericht die Aussage für unglaubwürdig hält und sich auch keine Abänderung durch eine Beeidigung verspricht. Das Gericht sollte einen unnützen Eid vermeiden. Freilich muß das Gericht diese Erwägungen im Urteil begründen. 4

5) Ausnahme: Eidesanordnung, I. Das Prozeßgericht muß aber im Rahmen der bisherigen Beweiswürdigung nach § 286 nach seinem pflichtgemäßen Ermessen zur Erschöpfung aller Erkenntnismöglichkeiten nach § 286 Rn 24 eine Beeidigung des Gegners in Erwägung ziehen. Das gilt, wenn das Gericht von der Unwahrheit des Bestreitens durch den nicht beweispflichtigen Gegner nicht überzeugt ist, der auf Grund einer eigenen Handlung oder Wahrnehmung nur eine eindeutige Auskunft geben könnte, oder wenn das Gericht sonst Zweifel über die Richtigkeit des Bestreitens hat. Das Gericht kann auch dem Eid einer sonst vertrauensunwürdigen Person eine ausreichende Überzeugungskraft beimessen, § 453 Rn 3. Im einzelnen gilt hier verstärkt § 448 Rn 12. „Kann" bedeutet auch hier mehr als nur die gesetzliche Ermächtigung. Das Gericht muß beeidigen, wenn es sich davon einen Erfolg verspricht, § 286 Rn 24, § 453 Rn 3. Es darf beide Parteien nur insoweit beeidigen, als es sie über verschiedene Tatsachen vernommen hat und nicht die eine Tatsache in einer Abhängigkeit von einer anderen steht. 5

6) Eid nur einer Partei I 2. Dieselbe Tatsache darf nur eine Partei beschwören. Wenn das Gericht beide Parteien über dieselbe Tatsache vernommen hat, muß es ohne Rücksicht auf die Beweislast beschließen. Es kommt auch auf die Glaubwürdigkeit an. Das Gericht darf jedenfalls nicht derjenigen Partei die Eidesmöglichkeit geben, gegen die schon einiger Gegenbeweis vorliegt, § 448 Rn 10, 12. Wenn das Gericht eine von beiden Parteien gesetzwidrig vernommen hatte, etwa den Beweispflichtigen nach § 445, muß es von der Beeidigung dieser Partei absehen. Ihr Eid wäre bedeutungslos. § 379 der österreichischen ZPO läßt eine Vertagung zu, wenn es als angemessen erscheint, der Partei vor dem Eid eine Überlegungsfrist zu bewilligen. Das ist auch im deutschen Zivilprozeß oft zweckmäßig. Ein übereilter Eid ist ein Unglück. 6

7) Eidesbeschluß, I. Für den Beschluß ist nur das Prozeßgericht zuständig, nicht der verordnete Richter. Dieser holt vielmehr eine Entscheidung des Prozeßgerichts ein. Der Vorsitzende der Kammer für Handelssachen oder der Einzelrichter sind zwar im Rahmen ihrer Aufgabe zuständig, §§ 348, 348 a, 349 III, 526, 527, 568. Sie sollten aber diesen Beschluß dem Kollegium überlassen, soweit sie nicht in der Sache entscheiden müssen. Der Beschluß erfolgt nur auf eine mündliche Verhandlung. Wegen III sollte das Gericht stets den Prozeßgegner des zu Beeidigenden hören. Das Gericht muß seinen Beschluß verkünden. Wenn die Beeidigung unterbleiben soll, ist ein entsprechender Beschluß unnötig. Die Eidesabnahme erfolgt nach §§ 478 ff. 7

8) Eidesnorm, Verzicht, II, III. Es ist nur ein Nacheid zulässig. Ein Voreid wäre aber nicht bedeutungslos. Vgl im einzelnen bei § 391. Form der Eidesleistung: II in Verbindung mit §§ 480, 481. Ein nach III wirksamer Vericht des Gegners führt zur Unzulässigkeit einer noch nicht erfolgten Beeidigung, aber nicht zur Unverwertbarkeit der schon ordnungsgemäß erfolgten. III ist im Eheverfahren unanwendbar, § 113 IV Z 8 FamFG. Wegen der Eideswürdigung § 453. 8

9) Eidesunfähigkeit, IV. Die Vorschrift ist anwendbar, ZöGre 3, aM StJL 13 (wegen der Aufhebung von § 131 StGB. Aber IV geht viel weiter). Eine wissentliche Verletzung der Eidespflicht nach §§ 154 ff StGB ist nicht bloß der Meineid, sondern jede vorsätzliche, nicht auch eine fahrlässige, Eidesstraftat. Die Unfähigkeit tritt erst mit einer rechtskräftigen Bestrafung ein. Deshalb ermittelt das Zivilgericht dazu nicht etwa von Amts wegen, auch nicht bei Anhaltspunkten, solange nicht das ganze Zivilverfahren der Amtsermittlung nach Grdz 38 vor § 128 folgt, § 26 FamFG, strenger ZöGre 3. Eine Aussetzung nach § 149 ist zulässig und evtl ratsam. Doch wird das Gericht dann die Beeidigung ohnedies nicht anordnen, wenn es wesentliche Bedenken hat. Wegen eines Minderjährigen und Prozeßunfähigen § 455. 9

10) Eidesverweigerung, I–IV. Vgl §§ 446, 453 II. 10

11) Rechtsmittel, I–IV. Die Entscheidung wie auch ihr Unterbleiben ist nur zusammen mit dem Endurteil anfechtbar, § 391 Rn 10. Eine verfahrensfehlerhafte Nichtbeeidigung kann die Revision begründen und auf einen Antrag nach § 538 zur Zurückverweisung führen. 11

453 *Beweiswürdigung bei Parteivernehmung.* **I Das Gericht hat die Aussage der Partei nach § 286 frei zu würdigen.**

II Verweigert die Partei die Aussage oder den Eid, so gilt § 446 entsprechend.

1) Systematik, Regelungszweck, I, II. Die Verweisung in I auf § 286 ist eigentlich überflüssig. Sie stellt aber klar, daß der Grundsatz der freien Beweiswürdigung nach § 286 Rn 2 mit allen seinen Aus- 1 prägungen auch bei der Parteivernehmung gilt. Die Verweisung in II ist ein Teil des in § 446 Rn 1 dargestellten Systems der Rechtsfolgen.

Wegen des *Regelungszwecks* von I § 286 Rn 2, von II § 446 Rn 2.

2 **2) Geltungsbereich, I, II.** Üb 3 vor § 445.

3 **3) Aussagewürdigung, I.** Sie erfordert eine besondere Behutsamkeit.

A. Freie Beweiswürdigung. Das Gesetz gibt keine Beweisregel. Das Gericht würdigt die uneidliche und die eidliche Parteiaussage nach den Umständen ihrer Abgabe und nach ihrem Inhalt frei nach § 286. Bei einer Unklarheit kann sich eine Beeidigung empfehlen, Kblz RR **02**, 630. Freilich kann gerade dann auch eine Beeidigung nicht ratsam sein, wenn man von ihr nur noch weitere rechtliche Schwierigkeiten erwarten kann. Das Gericht kann also der unbeeidigten Aussage glauben, der eidlichen mißtrauen und das Gegenteil der Behauptung des Beweisführers als bewiesen erachten. Bei der Parteiaussage entscheidet mehr als bei anderen Beweismitteln der persönliche Eindruck, § 285 Rn 6, § 349 Rn 5. Deshalb läßt sich ohne ihn die Unglaubwürdigkeit nicht feststellen. Bei einem Richterwechsel muß das Gericht die Vernehmung evtl wiederholen. Zur Geständniswirkung § 288 Rn 2, 3. Soweit der nach §§ 361, 362 verordnete Richter tätig war, darf das Prozeßgericht nur dasjenige berücksichtigen, was sich aus dem Vernehmungsprotokoll zur Sache wie zu den Begleitumständen ergibt, §§ 160 III Z 4, 162. Notfalls muß das Prozeßgericht die Vernehmung wiederholen, wie bei § 398 beim Zeugen. Wegen eines Verstoßes gegen § 447 dort Rn 8.

4 **B. Verhältnis zur Zeugenaussage.** Einer Zeugenaussage kann man die Parteibekundung nicht stets gleichstellen. Das gilt vor allem dann, wenn die Partei nach § 451 Rn 3 „§ 394" zulässigerweise an den Zeugenvernehmungen teilgenommen und die Einstellung des Gerichts kennengelernt hat. Dennoch ist der Ermessensspielraum nicht stets größer als bei der Würdigung anderer Beweismittel. Im übrigen kann (nicht: muß) eine Bestätigung der gegnerischen Behauptung durch die Partei bei ihrer Vernehmung einen erheblichen Beweiswert haben. Man sollte auch eine Parteiaussage nicht von vornherein geringer bewerten, ebensowenig wie die Darstellung eines Angehörigen als Zeugen, § 286 Rn 4.

5 **4) Weigerungswürdigung, II.** Eine Aussageverweigerung oder eine Eidesverweigerung ist eine Beweisvereitelung, Anh § 286 Rn 26, BGH DB **85**, 1020. Das Gericht behandelt sie nach § 446. Es kann also die behauptete Tatsache als erwiesen ansehen. Es kann sie aber auch anders würdigen. Das Urteil muß seine Erwägungen erkennen lassen. Eine Belehrung ist nicht notwendig. Sie ist auch nicht generell ratsam, ebensowenig wie zB bei § 139 Rn 52 „Belehrung". Ein Hinweis auf die Folgen nach II ist aber zulässig. Er ist evtl hilfreich, gar bei einer erkennbaren Rechtsunkenntnis der Partei. Ein Zwang ist unstatthaft.

454 *Ausbleiben der Partei.* [I] **Bleibt die Partei in dem zu ihrer Vernehmung oder Beeidigung bestimmten Termin aus, so entscheidet das Gericht unter Berücksichtigung aller Umstände, insbesondere auch etwaiger von der Partei für ihr Ausbleiben angegebener Gründe, nach freiem Ermessen, ob die Aussage als verweigert anzusehen ist.**

[II] **War der Termin zur Vernehmung oder Beeidigung der Partei vor dem Prozessgericht bestimmt, so ist im Falle ihres Ausbleibens, wenn nicht das Gericht die Anberaumung eines neuen Vernehmungstermins für geboten erachtet, zur Hauptsache zu verhandeln.**

1 **1) Systematik, Regelungszweck, I, II.** Vgl § 446 Rn 1, 2.

2 **2) Geltungsbereich, I, II.** Üb 3 vor § 445.

3 **3) Grundsatz: Kein Vertagungsanspruch, I.** Die Vorschrift regelt eine Beweisvereitelung, Anh § 286 Rn 26, BGH DB **85**, 1020. I findet nur dann Anwendung, wenn das Gericht den Termin zur förmlichen Vernehmung oder Beeidigung der Partei vorgesehen hat, wenn es also nicht nur nach §§ 141, 273 II Z 3, 279 II Anordnungen erlassen hat. Die Partei hat grundsätzlich kein Recht auf eine Vertagung. Die Partei kann freilich entschuldigt sein. Das darf man weder zu streng noch großzügig beurteilen. Wegen eines „sicheren Geleits" BGH MDR **91**, 882. Wenn das Gericht einen Termin zur Parteivernehmung in der Anwesenheit der Partei verkündet, ist keine zusätzliche Ladung nötig, § 450 I. Sonst muß das Gericht die Partei persönlich laden, § 450 I 2. Es muß die Ladungsfrist beachten, § 217. Ausgeblieben ist die Partei, wenn sie bis zum Terminsende unentschuldigt nicht erschienen ist, § 220 II.

4 **4) Freie Würdigung, I.** Das Gericht würdigt das Ausbleiben der Partei oder ihrer ladungsfähigen Anschrift frei im Rahmen seines Ermessens, BGH NJW **05**, 3774. Es darf und muß dabei alle Umstände berücksichtigen, vor allem die mitgeteilten Entschuldigungsgründe. Solche kann die Partei ohne einen Anwaltszwang vorbringen. Das Gericht kann die Aussage oder die Beeidigung als verweigert ansehen. Eine endgültige Entscheidung dazu bringt aber erst das Urteil. Denn die ausgebliebene Partei kann sich jederzeit zur Aussage und Beeidigung bereit erklären, auch ohne daß sie sich für ihr vorheriges Verhalten genügend entschuldigt.

§ 454 sieht *keine Ordnungs- oder Zwangsmittel* vor. Es gibt auch keine Verurteilung in die durch das Ausbleiben entstandenen Kosten, § 446 Rn 4. Freilich kann das Gericht § 95 anwenden. Es kann auch eine Verzögerungsgebühr festsetzen, § 38 GKG, Anh § 95, StJL 7, aM MüKoSchr 1, ZöGre 8 (aber diese Rechtsfolgen sind von der Möglichkeit des Schweigens oder der Eidesverweigerung gerade nicht abhängig, sondern sie entstehen durch die Nichtbefolgung der Anordnung des Erscheinens). Das Gericht kann auch das Verhalten der Partei bei einer erneuten Säumnis anders würdigen. Das ist keine gesetzliche Folge der Versäumung, sondern es steht im Ermessen des Gerichts. Daher muß das Gericht darüber einen besonderen Beschluß fassen und verkünden. Er ist unanfechtbar. Der verordnete Richter stellt nur das Ausbleiben zum Protokoll fest und prüft, ob er vertagen muß. Er muß die Würdigung dieses Verhaltens der Partei dem

Prozeßgericht überlassen, aM ThP 8 (er könne nach seinem Ermessen einen neuen Termin bestimmen. Aber das paßt nicht zur grundsätzlichen Abhängigkeit vom Prozeßgericht).

5) Verfahren, II. Es empfiehlt sich eine Behutsamkeit ohne Ängstlichkeit. 5

A. Maßgeblichkeit einer Entschuldigung. Das Gericht muß von Amts wegen vertagen, wenn es die Partei für entschuldigt hält, Rn 3. Dann darf es auch nicht die Aussage als verweigert ansehen. Es beraumt unter einer Mitbeachtung des § 356 einen neuen Vernehmungstermin an, § 450. Es kann aber auch zweckmäßig einen bloßen Verkündungstermin ansetzen, wenn es damit rechnet, daß die Partei schuldlos säumig ist. Es ist aber auch eine Versäumnisentscheidung nach §§ 330 ff, 367 I, 370 I statthaft.

B. Verhandlung zur Hauptsache. Wenn das Gericht die Aussage für verweigert erklärt, müssen die 6
Parteien zur Hauptsache verhandeln, evtl auch nach § 370 I sofort, und das Gericht muß zur Hauptsache entscheiden. Evtl setzt das Gericht einen Verkündungstermin an, wenn es noch mit einer nachträglichen Entschuldigung rechnen kann. Wenn ein Urteil ergeht, ist dagegen nur die Berufung zulässig. Wenn die Partei anwaltlich nicht vertreten ist, kann der Gegner ein Versäumnisurteil beantragen, soweit ein Anwaltszwang besteht. Nach einem Einspruch kann sich die Partei wieder zur Aussage oder Beeidigung erbieten. Wenn der verordnete Richter das Ausbleiben feststellt und nicht nach Rn 2 vertagen muß, muß das Prozeßgericht von Amts wegen einen Verhandlungstermin anberaumen. In diesem Termin kann das Prozeßgericht die Aussage für verweigert erklären. Wenn aber die zu vernehmende Partei erscheint, muß das Gericht sie vernehmen und beeidigen.

455

Prozessunfähige. I [1] **Ist eine Partei nicht prozessfähig, so ist vorbehaltlich der Vorschrift im Absatz 2 ihr gesetzlicher Vertreter zu vernehmen.** [2] **Sind mehrere gesetzliche Vertreter vorhanden, so gilt § 449 entsprechend.**

II [1] **Minderjährige, die das 16. Lebensjahr vollendet haben, können über Tatsachen, die in ihren eigenen Handlungen bestehen oder Gegenstand ihrer Wahrnehmung gewesen sind, vernommen und auch nach § 452 beeidigt werden, wenn das Gericht dies nach den Umständen des Falles für angemessen erachtet.** [2] **Das Gleiche gilt von einer prozessfähigen Person, die in dem Rechtsstreit durch einen Betreuer oder Pfleger vertreten wird.**

1) Systematik, I, II. Die Vorschrift gilt für alle Fälle einer Parteivernehmung. Sie knüpft an die in 1
§§ 51 ff geregelte Prozeßfähigkeit an. Sie bedient sich für den Fall des § 449 der Verweisungstechnik. In II liegt eine gegenüber § 452 vorrangige Sonderregelung vor.

2) Regelungszweck, I, II. Die Vorschrift dient in I einer an sich selbstverständlichen Klarstellung im 2
Interesse der Rechtssicherheit, Einl III 43. II dient der Verhinderung eines Falscheids beim noch nicht voll dessen Tragweite übersehenden, wenn auch formell eidesmündigen Minderjährigen. Die Vorschrift dient aber auch der Erzielung wahrer Aussagen. Das Gericht sollte die Vorschrift behutsam auslegen.

3) Geltungsbereich, I, II. Üb 3 vor § 445. 3

4) Regelfall, I. Für eine nach § 52 prozeßunfähige Person muß das Gericht regelmäßig ihren gesetzlichen 4
Vertreter als Partei vernehmen, Grdz 7 vor § 50, Köln MDR **76**, 937, Barfuß NJW **77**, 1274. Der Vertretene kann dann Zeuge sein (Umkehrung: Fall II, Rn 4). Es entscheidet die gesetzliche Vertretung im Zeitpunkt der Eidesleistung. Bei einem Wechsel der Vertretung nach dem Zeitpunkt der Anordnung muß das Gericht deshalb den neuen gesetzlichen Vertreter in den Beschluß aufnehmen. Der frühere kann Zeuge sein. Bei mehreren gesetzlichen Vertretern gilt § 449 entsprechend. Die BGB-Außengesellschaft ist prozeßfähig, BGH **146**, 341, Schmidt NJW **01**, 293. Bei der Offenen Handelsgesellschaft sind die nicht von der Geschäftsführung ausgeschlossenen Gesellschafter gesetzliche Vertreter, § 125 HGB. Vgl im übrigen wegen der Vernehmungsfähigkeit als Partei Üb 23 vor § 373 „Partei", „Vertreter, gesetzlicher".

5) Minderjährige usw, II. Sie erfordert wie stets eine große Vorsicht. 5

A. Geltungsbereich. Das Gericht darf sich mit der Vernehmung des gesetzlichen Vertreters begnügen. Es kann aber stattdessen nach seinem pflichtgemäßen Ermessen den Prozeßunfähigen selbst vernehmen, wenn er ein Minderjähriger über 16 Jahre alt ist oder wenn es sich um einen durch einen Betreuer oder Pfleger nach §§ 1896 ff BGB in diesem Prozeß vertretenen Prozeßfähigen handelt, also um einen nach § 53 unterstellt Prozeßunfähigen. Notwendig ist aber, daß die Beweistatsachen in Handlungen dieser Personen bestehen oder ein Gegenstand ihrer Wahrnehmung gewesen sind. Handlungen des Gegners, des Rechtsvorgängers oder des Vertreters der Partei scheiden aus. Soweit das Gericht die Partei nach II vernimmt, kann ihr gesetzlicher Vertreter ausnahmsweise Zeuge sein (Umkehrung des Falls Rn 4). Auf andere Personen, zB Insolvenzschuldner, ist II unanwendbar.

B. Beeidigung. Die Beeidigung der genannten Personen setzt weiter voraus, daß das Gericht sie ange- 6
messen findet. Dabei muß das Gericht alle Umstände würdigen, vor allem auch persönliche Eigenschaften, etwa die Einsichtsfähigkeit oder Zuverlässigkeit.

C. Anordnung. Der Beweisbeschluß oder Beeidigungsbeschluß muß den Vertretenen besonders bezeich- 7
nen. Das Gericht muß die Gründe der Vernehmung gerade des Vertretenen und nicht seines Vertreters im Urteil nennen. Das Gericht kann zunächst den Vertreter oder zunächst den Vertretenen vernehmen. Der eine mag ja nichts wissen, der andere wohl. Es ist mangels widersprüchlicher Aussagen zulässig, beide zu beeidigen.

456–477 (weggefallen)

Titel 11. Abnahme von Eiden und Bekräftigungen

Übersicht

Schrifttum: *Brunkow,* Der Minderjährige als Beweisperson im Straf- und Zivilverfahren, Diss Freib/Br 2000; *Findeisen,* Der minderjährige Zeuge im Zivilprozeß, 1992.

1 **1) Systematik.** „Eure Rede aber sei: Ja, ja; nein, nein. Was darüber ist, das ist vom Übel" (Matth 5, 37). Das Ob einer Eidespflicht unterliegt der Gewissens- und Religionsfreiheit, Art 9 I MRK, Einl III 23. Es gibt Regelungen für den Zeugen in §§ 383 ff, 393–395, für den Sachverständigen in § 410, für die als Beweisperson vernommene Partei in §§ 446, 452, 453 II, 455 II, für den Dolmetscher in § 189 GVG. §§ 478–484 regeln das Wie. Die Rechtsfolgen der Eidesverweigerung befinden sich für den Zeugen in § 390, für den Sachverständigen in § 410, für die Partei in § 453 II, für den Schuldner in §§ 888, 889 II. Die ZPO kennt die folgenden formell-feierlichen Beteuerungsarten.

A. Eid. Er besteht mindestens aus den Worten „Ich schwöre es". Man darf ihn nur aus Glaubens- oder Gewissensgründen und nach § 391 Rn 6 verweigern. Nach der Wahl des Schwörenden erfolgt der Eid entweder mit einem Zusatz „so wahr mir Gott helfe" als Eid mit religiöser Beteuerung, oder der Eid erfolgt ohne jeden Zusatz. Das ist ein Eid ohne religiöse Beteuerung. Der Eid kann auch mit einem Zusatz der Beteuerungsformel einer anderen Religions- oder Bekenntnisgemeinschaft erfolgen.

2 **B. Eidesgleiche Bekräftigung.** Sie erfordert mindestens das Wort „Ja". Ihre Ableistung ist eine Pflicht, sofern keine Eidespflicht besteht. Man darf sie nicht wegen Glaubens-, Gewissens- oder anderer Bedenken irgendwelcher zB weltanschaulicher Art verweigern, sondern nur nach § 391 Rn 5. Man leistet sie nach der eigenen Wahl entweder mit einem Zusatz der Beteuerungsformel einer Religions- oder Bekenntnisgemeinschaft oder ohne jeden Zusatz.

3 **C. Eidesstattliche Versicherung.** Vgl § 294.

4 **D. Berufung auf einen Diensteid.** Diese erfolgt nach § 386 II auf einen früheren sonstigen Eid oder auf eine frühere eidesgleiche Bekräftigung.

5 **2) Regelungszweck.** Der Meineid ist strafbar, § 154 StGB. Dem Eid steht strafrechtlich die Bekräftigung sowie die Berufung auf den früheren Eid oder auf eine frühere Bekräftigung gleich, § 155 StGB. Strafbar sind ferner der fahrlässige Falscheid nach § 163 StGB und eine falsche eidesstattliche Versicherung, § 156 StGB. Weitere Einzelheiten §§ 157–163 StGB. Die vorgenannten Vorschriften sind bürgerlichrechtlich Schutzgesetze nach § 823 II BGB. Alle diese Druckmittel bilden den Hintergrund der Eidesanordnung und -ableistung zwecks erhöhter Wahrheitsfindung im Interesse der sachlichen Gerechtigkeit, Einl III 9, 36. Mag auch ein außerdem natürlich geplanter und sicher vielfach vorhandener religiöser Druck heute geringer geworden sein, so dient natürlich auch er demselben Ziel. Deshalb ist die sorgfältigste, würdige, aber auch wieder nicht verkrampfte Handhabung notwendig, etwa bei der Erläuterung der sechs verschiedenen Formen von Eid und eidesgleicher Bekräftigung (je: mit oder ohne religiöse Beteuerung oder Anrufung einer anderen Instanz als „Gott").

6 **3) Sachlicher Geltungsbereich.** §§ 478 ff gelten in allen Verfahrensarten nach der ZPO, auch im WEG-Verfahren, nach § 807 III entsprechend auch für die Offenbarungsversicherung, soweit vergleichbare Vorschriften vorliegen. §§ 478 ff gelten im arbeitsgerichtlichen Verfahren nur nach Maßgabe des § 58 II 1 ArbGG. Titel 11 gilt ferner entsprechend beim Affidavit, Bambring DNotZ **76**, 728, 737.

7 **4) Persönlicher Geltungsbereich.** Titel 11 gilt bei: Zeugen; Sachverständigen; Dolmetschern; vernommenen Parteien.

478 *Eidesleistung in Person.* **Der Eid muss von dem Schwurpflichtigen in Person geleistet werden.**

1 **1) Höchstpersönlich.** Jede Vertretung bei der Eidesleistung ist unzulässig. Der gesetzliche Vertreter muß selbst schwören, § 455 I.

479 *Eidesleistung vor beauftragtem oder ersuchtem Richter.* **I Das Prozessgericht kann anordnen, dass der Eid vor einem seiner Mitglieder oder vor einem anderen Gericht geleistet werde, wenn der Schwurpflichtige am Erscheinen vor dem Prozessgericht verhindert ist oder sich in großer Entfernung von dessen Sitz aufhält und die Leistung des Eides nach § 128 a Abs. 2 nicht stattfindet.**

II Der Bundespräsident leistet den Eid in seiner Wohnung vor einem Mitglied des Prozessgerichts oder vor einem anderen Gericht.

1 **1) Systematik, Regelungszweck, I, II.** Üb 1–5 vor § 478. Man muß die Vorschrift als eine Ausnahme vom Grundsatz der Unmittelbarkeit der Beweisaufnahme nach § 355 I eng auslegen.

2 **2) Geltungsbereich, I, II.** Üb 6, 7 vor § 478.

3 **3) Verhinderung usw, I.** Regelmäßig ist der Eid vor dem Prozeßgericht erforderlich. Das gilt auch per Videokonferenz, § 128 a. Das stellt I lt Hs klar. Das Prozeßgericht kann aber bei einer Behinderung oder bei einer weiten Entfernung des Schwurpflichtigen nach §§ 375, 402, 451 die Leistung vor einem verordneten Richter anordnen, §§ 361, 362. Die Anordnung ergeht auch ohne eine mündliche Verhandlung. Sie erfolgt durch einen unanfechtbaren Beschluß, auch wenn der Eid im Ausland nötig wird. Das Gericht kann seinen Beschluß den Parteien von Amts wegen formlos mitteilen, § 329 II 1. Erst die Ladung vor den verordneten

Richter muß förmlich erfolgen. § 329 II 2. Eine Änderung des Beschlusses erfolgt nach § 360. Beim Auslandseid ergeht ein Rechtshilfeersuchen nach § 157 GVG. Über einen vor dem verordneten Richter entstehenden Zwischenstreit über die Abnahme des Eides entscheidet das Prozeßgericht, § 366. Die Parteien dürfen bei jeder Beeidigung anwesend sein, § 357.

4) Exterritorialer usw, I. Exterritoriale und ausländische Konsuln, die das Gericht nach § 377 Rn 3 in ihrer Wohnung als Zeugen vernehmen muß, werden dort beeidigt. 4

5) Bundespräsident, II. Der Bundespräsident wird stets in seiner Wohnung beeidigt. Dazu zählen jeder Amtssitz wie jede Privatwohnung nach seiner Wahl. Es reicht aus, daß ein Mitglied des Prozeßgerichts oder ein anderes vollständig besetztes Gericht den Eid abnehmen. Das Erscheinen des vollständig besetzten Prozeßgerichts zur Beeidigung kann bei einer geringen Entfernung als nobile officium notwendig sein. Es beeinträchtigt die Wirksamkeit der dann vom Vorsitzenden vorzunehmenden Beeidigung natürlich nicht. 5

480 *Eidesbelehrung.* **Vor der Leistung des Eides hat der Richter den Schwurpflichtigen in angemessener Weise über die Bedeutung des Eides sowie darüber zu belehren, dass er den Eid mit religiöser oder ohne religiöse Beteuerung leisten kann.**

1) Systematik, Regelungszweck. Vgl zunächst Üb 1–7 vor § 478. Die Belehrung setzt eine Klärung der Nämlichkeit des Eidespflichtigen als selbstverständlich voraus. Vor allem soll der Schwurpflichtige den Ernst des Augenblicks und die Tragweite des Eids erkennen, um selbstkritisch prüfen zu können, ob er bei seiner Aussage bleiben will. Daneben soll das Gericht allen Beteiligten auch so zur Wahrheitsermittlung verhelfen. Unerläßlich ist ein Hinweis auf die Strafbarkeit eines falschen Eides. Das Gericht soll auch die Strafbarkeit des fahrlässigen Falscheides ansprechen. Wenn es seine Belehrung schon vor dem Beginn der Aussage vorgenommen hatte, dann wiederholt es sie, falls es sie für ratsam oder gar notwendig hält. Belehren muß das Gericht, nicht die Partei. Wegen eines etwaigen späteren Strafverfahrens muß das Gericht den gesamten Vorgang der Beeidigung sorgfältig protokollieren, zumal ein Eid immer ein wesentlicher Vorgang nach § 160 II ist. Das Gericht muß etwaige Vorhaltungen oder Bedenken einer Partei gegen eine Beeidigung protokollieren, auch wenn sie das nicht beantragt hat. 1

2) Geltungsbereich. Üb 6, 7 vor § 478. 2

3) Art und Umfang der Belehrung. Die Belehrung erfolgt in angemessener Weise. Der Vorsitzende muß sie der Sprachkenntnis anpassen, der Intelligenz, der Verständigkeit, aber auch der bisherigen Glaubwürdigkeit des Schwurpflichtigen und der Situation. Bei einem ausländischen Zeugen ist unter Umständen eine ausführliche Darlegung der Möglichkeiten des § 481 notwendig. Dabei muß das Gricht den Dolmetscher zu einer besonderen Sorgfalt anhalten. Andererseits braucht der Vorsitzende die verschiedenen Möglichkeiten des § 481 nicht schematisch herunterzuleiern. Stets muß er auf die Wahlfreiheit des Schwurpflichtigen hinweisen, mit oder ohne eine religiöse Beteuerung zu schwören. Ein Hinweis auf die Möglichkeit einer bloßen eidesgleichen Bekräftigung nach § 484 erfolgt grundsätzlich nur dann, wenn der Schwurpflichtige sich gegen eine Eidesleistung unter einer Berufung auf Glaubens- oder Gewissensgründe wehrt, BVerfG NJW **72,** 1183. Es ist also nicht stets ein Hinweis „auf Verdacht" nötig. Das Gericht beurteilt die Parteiabwesenheit bei der Belehrung wie beim Eid nach § 367. 3

4) Verstoß. Ein Verstoß macht den Eid weder zivil- noch strafrechtlich unwirksam. Er kann aber ein Verfahrensmangel sein und auf einen Antrag zur Zurückverweisung führen, § 538. 4

481 *Eidesleistung; Eidesformel.* **I Der Eid mit religiöser Beteuerung wird in der Weise geleistet, dass der Richter die Eidesnorm mit der Eingangsformel:**
„Sie schwören bei Gott dem Allmächtigen und Allwissenden"
vorspricht und der Schwurpflichtige darauf die Worte spricht (Eidesformel):
„Ich schwöre es, so wahr mir Gott helfe."

II Der Eid ohne religiöse Beteuerung wird in der Weise geleistet, dass der Richter die Eidesnorm mit der Eingangsformel:
„Sie schwören"
vorspricht und der Schwurpflichtige darauf die Worte spricht (Eidesformel):
„Ich schwöre es."

III Gibt der Schwurpflichtige an, dass er als Mitglied einer Religions- oder Bekenntnisgemeinschaft eine Beteuerungsformel dieser Gemeinschaft verwenden wolle, so kann er diese dem Eid anfügen.

IV Der Schwörende soll bei der Eidesleistung die rechte Hand erheben.

V Sollen mehrere Personen gleichzeitig einen Eid leisten, so wird die Eidesformel von jedem Schwurpflichtigen einzeln gesprochen.

1) Eidesteile, I, II. Der Eid besteht stets aus den folgenden drei Teilen. Die beiden ersteren sind der Vorspruch des Gerichts. 1

A. Eingangsformel. Zunächst spricht der Richter die Eingangsformel: „Sie schwören" mit oder ohne den Zusatz „bei Gott dem Allmächtigen und Allwissenden", je nach der Wahl der Eidesformel durch den Schwurpflichtigen, die er vorweg abklären muß, Rn 4.

B. Eidesnorm. Sodann spricht der Richter die Eidesnorm: „daß Sie nach bestem Wissen und Gewissen die reine Wahrheit gesagt und nichts verschwiegen haben".

C. Eidesformel. Schließlich antwortet der Schwurpflichtige mit der von ihm gewählten Eidesformel.

2 **D. Gemeinsame Regeln.** Jeder Teil kann je nach der Art des Schwurpflichtigen wie des Eides unterschiedlich lauten. Ein falscher Wortlaut gefährdet hier, wo das Gesetz die Form zur höchsten Wichtigkeit erhebt, die Gültigkeit des Eides und beeinträchtigt damit oft die Verwertbarkeit des Beschworenen in einer nicht mehr heilbaren Weise. Deshalb ist eine äußerste Sorgfalt notwendig. Ein Protokoll „X leistete den Eid" oder gar mit dem Zusatz „. . . vorschriftsmäßig" reicht zwar sogar nach § 165 aus. Jedoch sollte das Gericht im Zweifel näher protokollieren, ob es nach I, II, III oder nach § 484 verfahren ist.

Dem Eid vorangehen muß die *Belehrung,* § 480. Natürlich ist einem Ausländer gegenüber eine wörtliche Übersetzung sämtlicher Teile des Eides unentbehrlich. Daß dies geschehen ist, sollte (nicht: muß) das Gericht besonders protokollieren.

3 **2) Eidesarten, I–III.** Sie erfordert Ausführlichkeit, Verständlichkeit und große Ruhe.

A. Grundsatz: Wahlrecht des Schwurpflichtigen. Wenn das Gericht die Beeidigung beschließt, besteht grundsätzlich ein Eideszwang. Von ihm gibt es Ausnahmen nur aus Glaubens- oder Gewissensgründen, § 484. Dagegen hat der Schwurpflichtige wegen Art 4 GG die freie Wahl, ob er nach I, II oder III schwören will. Eine Belehrung erfolgt allerdings nach § 480 nur über das Wahlrecht zwischen I und II. Sie erfolgt also nicht über die Möglichkeit des III. Über diese muß das Gericht den Schwurpflichtigen nur dann belehren, wenn er „angibt", er wolle zusätzlich eine Formel nach III verwenden. Mit diesen Wahlmöglichkeiten ist die Freiheit des Schwurpflichtigen erschöpft. Wenn er zB die Eidesart I wählt, kann er nicht dessen Teile ändern oder ablehnen. Die Eidesnorm ist ohnehin zwingend.

4 **B. Einzelheiten.** Man muß folgende Vorschriften beachten: Beim Zeugen § 392; beim Sachverständigen § 410 I; bei der vernommenen Partei § 452 II; beim Dolmetscher § 189 GVG; bei der Offenbarungsversicherung §§ 807 II, 883 II, III oder die Urteilsformel. Da es wegen Art 4 GG nach III genügt, daß der Schwurpflichtige „angibt", die fragliche Formel verwenden zu wollen, darf das Gericht die Wahrheit seiner Behauptung über die Mitgliedschaft in der Religions- oder Bekenntnisgemeinschaft sowie die Existenz und die Üblichkeit der angeblich besonderen Beteuerungsformel jedenfalls solange nicht prüfen, wie keine begründeten Zweifel vorliegen. Erst bei einem solchen Zweifel kann eine Maßnahme nach § 178 GVG in Betracht kommen. Überhaupt ist eine diesbezügliche Nachprüfung durchweg untunlich, da man die Formel des III nur derjenigen des I oder des II anfügen darf und da sie deshalb die Wirkung des Eides jedenfalls zivil-prozessual durch die Formel nicht beeinträchtigt, ebensowenig übrigens die Strafbarkeit.

Wegen *Juden und Mohammedanern* Jünemann MDR **70**, 727. Zulässig ist zB „beim Worte Allahs", Leisten MDR **80**, 636. Zu den Bekenntnisgemeinschaften nach III zählen auch weltliche. Es ist also eine weite Auslegung erforderlich. Heimann-Trosien JZ **73**, 612 hält „bei Lenin" für zulässig, will unter Umständen sogar auf „ich schwöre es" verzichten. Das letztere geht jedenfalls zu weit. Wegen der Eidesverweigerung § 391 Rn 4. Die Verweigerung, unter einem Kreuz auszusagen, BVerfG NJW **73**, 2197, führt auch zu einem entsprechenden Eidesverweigerungsrecht „bei Gott usw", aber kaum zu einem solchen ohne eine religiöse Formel oder gar zum Recht, sogar eine bloß eidesgleiche Bekräftigung unter dem Kreuz nach § 484 zu verweigern.

Sich zu erheben ist zwar nicht gesetzlich vorgeschrieben. Es ist aber wohl ausnahmslos üblich. Das gilt für alle Anwesenden einschließlich des Gerichts. Es gilt während des Vorspruchs und der Eidesformel. Ebenso üblich ist ein kurzer Dank des Vorsitzenden an den Eidesleistenden. Ein diesbezüglicher Verstoß bleibt folgenlos, soweit nicht der Vorsitzende das Aufstehen direkt angeordnet hatte. Solche Anordnung kann auch in einer „Bitte" oder „Aufforderung" liegen. Wer gegen sie verstößt, gegen den darf und muß der Vorsitzende evtl nach §§ 178, 179 GVG auch dann vorgehen, wenn es keinen weiteren Ungehorsam usw gibt. Fingerspitzengefühl weist wieder einmal den richtigen Weg.

5 **3) Handerheben, IV.** Es handelt sich um eine bloße Sollvorschrift. Ein Linkshänder darf entgegen dem Wortlaut von IV und soll durchaus mit der linken Hand schwören. Das ist für seine psychische Verfassung, die der Richter bei jeder Eidesabnahme wegen der Bedeutung des Eides ohnehin mitbeachten sollte, nicht unwesentlich, wie Fachleute bestätigen. Der Verstoß gegen IV ist jedenfalls prozessual belanglos. Ein „Abschwören" durch ein Weghalten der linken Hand usw kann beachtlich sein, wenn der Schwurpflichtige dadurch zu erkennen gibt, daß er in Wahrheit nicht schwören will. Das Gericht muß dergleichen notfalls als eine Verweigerung beurteilen. Darüber besteht eine Belehrungspflicht, § 139.

6 **4) Beeidigung mehrerer, V.** Sie ist bei Zeugen und Sachverständigen zulässig, §§ 392, 400. Mehrere Offenbarungsversicherungen nach §§ 807 II, 883 II, III sind getrennt erforderlich, zumal sie meist verschiedene Prozesse betreffen.

482 (weggefallen)

483 *Eidesleistung sprach- oder hörbehinderter Personen.* **I 1 Eine hör- oder sprachbehinderte Person leistet den Eid nach ihrer Wahl mittels Nachsprechens der Eidesformel, mittels Abschreibens und Unterschreibens der Eidesformel oder mit Hilfe einer die Verständigung ermöglichenden Person, die vom Gericht hinzuziehen ist. 2 Das Gericht hat die geeigneten technischen Hilfsmittel bereitzustellen. 3 Die hör- oder sprachbehinderte Person ist auf ihr Wahlrecht hinzuweisen.**

II Das Gericht kann eine schriftliche Eidesleistung verlangen oder die Hinzuziehung einer die Verständigung ermöglichenden Person anordnen, wenn die hör- oder sprachbehinderte Person von ihrem Wahlrecht nach Absatz 1 keinen Gebrauch gemacht hat oder eine Eidesleistung in der nach Absatz 1 gewählten Form nicht oder nur mit unverhältnismäßigem Aufwand möglich ist.

1) Geltungsbereich, I, II. Die Vorschrift gilt nicht nur für einen gänzlich Stummen und Taubstummen, sondern für jeden Hör- oder Sprachbehinderten. Wenn bei ihnen die Möglichkeit einer Verständigung selbst bei einer Anwendung von § 483 ganz fehlt, sind sie eidesunfähig und ist das Beweismittel ungeeignet geworden, § 286 Rn 31. 1

Hör- oder Sprachbehinderung ist vorhanden, soweit und solange eine nicht nur ganz vorübergehende nicht ganz unerhebliche Beeinträchtigung desjenigen Grads vorliegt, bei dem man sich selbst oder gegenüber einem solchen Menschen nicht ohne einen besonderen technischen oder sonstigen Aufwand im objektiv vor Gericht erforderlichen Umfang einigermaßen brauchbar verständigen kann. Eine menschenfreundliche Auslegung hilft und ist notwendig. Das Gericht darf den Behinderten weder schikanieren lassen noch selbst schikanieren. Alle Prozeßbeteiligten müssen den Zeit-Mehraufwand in erträglichen Grenzen großzügig hinnehmen. Mehrkosten sind unter solcher Voraussetzung Prozeßkosten, §§ 91 ff.

484 *Eidesgleiche Bekräftigung.*

I [1] **Gibt der Schwurpflichtige an, dass er aus Glaubens- oder Gewissensgründen keinen Eid leisten wolle, so hat er eine Bekräftigung abzugeben.** [2] **Diese Bekräftigung steht dem Eid gleich; hierauf ist der Verpflichtete hinzuweisen.**

II Die Bekräftigung wird in der Weise abgegeben, dass der Richter die Eidesnorm als Bekräftigungsnorm mit der Eingangsformel:
„Sie bekräftigen im Bewusstsein Ihrer Verantwortung vor Gericht"
vorspricht und der Verpflichtete darauf spricht:
„Ja".

III § 481 Abs. 3, 5, § 483 gelten entsprechend.

1) Systematik, I–III. Die Vorschrift gibt dem eigentlich Schwurpflichtigen nach *seiner* Wahl neben den drei in § 481 Rn 3 genannten Möglichkeiten der Ableistung des eigentlichen Eids drei weitere Möglichkeiten der Ableistung einer sog eidesgleichen Bekräftigung und damit insgesamt nicht weniger als sechs Möglichkeiten. Über sie muß ihn das Gericht mit einer gleichbleibenden Vollständigkeit belehren, und zwar so einfach, daß er sie auch wirklich versteht. 1

2) Regelungszweck, I–III. Die Vorschrift zieht die prozessual notwendigen Folgen aus der in Art 4 I GG verankerten Glaubens- Gewissens- und Bekenntnisfreiheit. Dem Rang dieses Grundrechts muß das Gericht bei der Auslegung des § 484 Rechnung tragen, BVerfG NJW **72**, 1183. Das gilt also auch beim Christen. 2

3) Geltungsbereich, I–III. Üb 6, 7 vor § 478. 3

4) Glaubens- oder Gewissensgründe, I. „Ich aber sage euch, daß ihr überhaupt nicht schwören sollt" (Matth. 5, 34 a). Nur aus einem dieser Gründe darf der an sich Schwurpflichtige jeden Eid ablehnen. Andere Gründe können zwar dazu führen, daß das Gericht nur den Eid ohne eine religiöse Beteuerung verlangen kann, § 481 II, oder nur den Eid mit einer besonderen Beteuerungsformel, § 481 III. Solche anderen Gründe ändern aber nichts an der Eidespflicht und an den Folgen der Eidesverweigerung. Wegen der Hinweispflicht § 480 Rn 3, vgl aber auch I 2. „Gewissensgründe" erfassen auch nichtreligiöse Motive, also auch weltanschauliche. Durch die Fassung „gibt an" verwehrt das Gesetz dem Gericht grundsätzlich die Überprüfung der Wahrheit der Gründe, also der wirklichen Überzeugung des den Eid Verweigernden, zumindest solange keine begründeten Zweifel bestehen. Auch im übrigen ist eine Überprüfung durchweg untunlich. Denn wer den Eid verweigert, muß eine eidesgleiche Bekräftigung abgeben, die dem Eid zivil- wie strafrechtlich gleichsteht, I 2. 4

Natürlich muß das Gericht den Verweigernden aber *belehren,* daß statt § 484 die Möglichkeiten des § 481 II, III bestehen. Das Protokoll lautet wie bei § 481 Rn 2. Eine Verweigerung sowohl des Eids als auch der eidesgleichen Bekräftigung ist nur nach § 391 Rn 6 zulässig. Das Gericht muß sie andernfalls als eine Eidesverweigerung ahnden, selbst wenn der Verweigernde sie auf Glaubens- oder Gewissensgründe stützt. Das Gericht muß angemessen besonders darauf hinweisen, daß die eidesgleiche Bekräftigung dem Eid gleichsteht, § 480 Rn 3. Wegen eines Kreuzes im Sitzungsraum § 481 Rn 4.

5) Bekräftigungsarten, II, III. Die Bekräftigung besteht wie der Eid aus drei Teilen: Zunächst der vom Richter gesprochenen Eingangsformel, II; sodann der ebenso vom Richter vorgesprochenen Bekräftigungsnorm, die der sonst jeweils anwendbaren Eidesnorm wörtlich entspricht, § 481 Rn 3, 4; schließlich der vom Verpflichteten gesprochenen Bekräftigungsformel „Ja". „Ich bekräftige es!" dürfte gleichwertig sein. Der Verpflichtete darf wie bei § 481 III, dort Rn 3, 4, eine zusätzliche Beteuerungsformel anfügen, III. Er ist nicht verpflichtet, die Hand zu heben. Denn III verweist nicht auf § 481 IV. Wegen einer eidesgleichen Bekräftigung mehrerer vgl § 481 V. Wegen der Bekräftigung Stummer usw vgl § 483. Strafbarkeit: Üb 5 vor § 478. 5

Titel 12. Selbständiges Beweisverfahren

Übersicht

Schrifttum: *Adloff,* Vorlagepflichten und Beweisvereitelung im deutschen und französischen Zivilprozess (2007) 339; *Ahrens,* Grenzüberschreitende selbständige Beweisverfahren – eine Skizze, Festschrift für *Schütze* (1999) 1; *Dörschner,* Beweissicherung im Ausland usw (Deutschland, Frankreich, Schweiz), 2000; *Enaux,* Rechtliche Probleme bei der Streitverkündung im selbständigen Beweisverfahren in Bausachen, in: Festschrift für *Jagenburg* (2002); *Fink,* Das selbständige Beweisverfahren in Bausachen, 2004; *Greim,* Probleme des neuen selbständigen Beweisverfahrens usw, Diss Potsdam 1995; *Koeble,* Gewährleistung und Beweissicherung in Bausachen, 2. Aufl 1993; *Leupert/Hettler,* Der Bausachverständige vor Gericht, 2007; *Linke,* Internationales Zivilprozeßrecht, 4. Aufl 2006, § 8; *Luxemburger,* Selbständiges Beweisverfahren im Arzthaftungsrecht, 2001; *Maass,* Anwaltstätigkeit im Beweisverfahren der Zivilprozessordnung, 2002; *Mankowski* JZ **05**, 1144 (Üb);

Müller, Das selbständige Beweisverfahren, Festschrift für *Schneider* (1997) 405; *Pauly* MDR **97**, 1087 (Bauschäden); *Röthner,* Beweissicherung bei der Bauschadensfeststellung usw, 2. Aufl 1992; *Schuschke,* Selbständiges Beweisverfahren in Kindschaftssachen, Festschrift für *Schneider* (1997) 179; *Sturmberg,* Die Beweissicherung usw, 2003 (Bespr *Knacke* NJW **04**, 1854); *Tilmann/Schreibauer,* Beweissicherung vor und im Patentverletzungsprozeß, in: Festschrift für *Erdmann* (2002); *Ulrich,* Selbständiges Beweisverfahren mit Sachverständigen, 2. Aufl 2008; *Ulrich* AnwBl **03**, 26, 78 und 144 (je: Üb); *Weise,* Praxis des selbständigen Beweisverfahrens, 1994; *Weise,* Selbständiges Beweisverfahren im Baurecht, 2. Aufl 2002; *Weller,* Selbständiges Beweisverfahren und Drittbeteiligung usw, Diss Bonn 1994; *Werner/Pastor,* Der Bauprozeß, 12. Aufl 2008. Vgl auch die Nachweise in Üb vor § 402.

Gliederung

1 **1) Systematik.** Die Sicherung des Beweises, der Beweis zum ewigen Gedächtnis, entstammt dem kanonischen Recht. Das Gericht kann auch unabhängig von einem speziellen Sicherungsbedürfnis ein selbständiges Beweisverfahren anordnen, LG Mü RR **94**, 355. Das erfolgt unter den Voraussetzungen des § 485 in einem stets eigenständigen, eben „selbständigen" Verfahren, Nürnb NJW **89**, 235, nach einem pflichtgemäßen Ermessen. Das geschieht, wenn noch kein Prozeß anhängig ist oder wenn in einem anhängigen das Prozeßgericht noch keine Beweisaufnahme beschlossen hat, Düss MDR **81**, 324, oder wenn es noch keine solche durchführen kann, zB wegen einer Aussetzung des Hauptverfahrens. Soweit ein Verfahren nach §§ 485 ff in Betracht kommt, ist ein solches nach §§ 935 ff unzulässig, Köln VersR **96**, 734. Eine Schiedsgutachtervereinbarung kann bei ihrer Auslegung den Fortbestand der Zulässigkeit eines selbständigen Beweisverfahrens ergeben, Brdb RR **02**, 1537.

2 **2) Regelungszweck.** Das selbständige Beweisverfahren bezweckt die rechtzeitige Klärung einer Tatsache, Einf 17 vor § 284, KG MDR **02**, 1453, Saarbr RR **89**, 1216, LG Bln MDR **88**, 322. Es dient der beweismäßigen Vereinfachung, BGH NJW **03**, 3057. Es schützt vor dem drohenden Verlust oder vor der drohenden Erschwerung der Benutzbarkeit des Beweismittels mit den Mitteln der ZPO, KG MDR **02**, 1453, LG Ffm MDR **85**, 149. Das Verfahren bezweckt aber nicht schon eine Beweiswürdigung nach § 286, Müller (vor Rn 1) 411. Es gehört zum Prozeßrecht, Karlsr MDR **82**, 1027, Schilken ZZP **92**, 238. Das gilt auch dann, wenn es außerhalb eines Prozesses erfolgt, Schilken ZZP **92**, 239, StJL 1 vor § 485. Denn in der Regel ist das Prozeßgericht nach § 486 I, II zuständig, auch das nach § 486 III zuständige AG als solches.

Prozeßvermeidung ist ein weiterer Zweck, Ausdruck der Gebote der Prozeßwirtschaftlichkeit nach Grdz 14 vor § 128 und der Unmittelbarkeit der Beweisaufnahme, § 355 I 1, Hamm MDR **99**, 184. Auch die Förderung einer Vergleichsbereitschaft gehört zu den Zielen. Denn je eher und eindeutiger die Tatsachen feststehen, desto eher kann man einen oft ganz wesentlichen Teil des Streits beenden. Die Aufgabe des Richters, in einer Güteverhandlung nach §§ 278 II ff und auch in jeder weiteren Lage des Prozesses nach § 278 I auf eine gütliche Einigung hinzuwirken, mag nach einem Verfahren nach §§ 485 ff deutlich besser gelingen. Selbst Erwägungen zu einem Strafverfahren mögen sich nach einer Beweissicherung besser in der einen wie anderen Richtung vorantreiben lassen. Im übrigen kann es dringend erforderlich sein, etwa einen Baufortschritt nach einer Beweissicherung schneller zu ermöglichen. Das selbständige Beweisverfahren hat also vielerlei nützliche Auswirkungen. Auch das ist bei der Auslegung mitbeachtlich.

3 **3) Geltungsbereich.** §§ 485 ff gelten für alle Verfahren nach der ZPO.

A. Notwendigkeit eines bestimmten Gegners. Das selbständige Beweisverfahren muß einen bestimmten Antragsgegner haben, § 487 Rn 4. Als Antragsgegner kommen auch mehrere in Betracht, Nürnb MDR **99**, 1522. Dabei muß man etwa unterschiedliche Inanspruchnahmen genau angeben. Andernfalls gelten alle Gegner als voll beteiligt, Nürnb MDR **99**, 1522.

4 **B. Beispiele zur Frage des Geltungsbereichs**

Arbeitsgerichtsverfahren: §§ 485 ff gelten auch im Verfahren nach dem ArbGG, ArbG Limbg NZA-RR **05**, 605, Zwanziger ZZP **109**, 78.

Arrest, einstweilige Verfügung: *Unanwendbar* sind §§ 485 ff im Eilverfahren nach §§ 916 ff, 935 ff. Denn dieses Eilverfahren bezweckt weit mehr als eine bloße Tatsachenklärung, nämlich die Sicherung eines Anspruchs oder eines einstweiligen Zustands oder einer Zwangsvollstreckung, Grdz 3, 4 vor § 916.

Arzthaftung: §§ 485 ff gelten auch in einer Arzthaftungssache, Kblz MDR **02**, 353, Bockey MDR **03**, 3453 (ausf), aM Köln MDR **98**, 224, Nürnb MDR **97**, 501, Rehborn MDR **98**, 16 (aber jedes selbständige Beweisverfahren trägt die Gefahr einer nur bedingten Brauchbarkeit in sich).

Bausache: §§ 485 ff gelten auch in einer Bausache, Cuypers MDR **04**, 244 und 314, Pauly JR **96**, 269.

Europarecht: Zur Richtlinie 2004/48 EG v 29. 4. 04, ABl (EU) L 157 bei Patverletzungen seit 30. 4. 06 Ahrens GRUR **05**, 837 (ausf). Vgl ferner die Beweissicherung nach Art 7 der Richtlinie 2004/48/EG zur Durchsetzung der Rechte des geistigen Eigentums, dazu Hallstein/Loschelder GRUR **05**, 747, Tilmann GRUR **05**, 737.

Finanzgerichtsverfahren: §§ 485 ff gelten auch im Verfahren vor den Finanzgerichten.

FamFG: §§ 485 ff gelten auch im dortigen streitigen Verfahren, (je zum alten Recht) BayObLG ZMR **01**, 641, Ffm FamRZ **97**, 1022.

Kindschaftssache: §§ 485 ff gelten auch in einer (jetzt) FamFG-Sache, Celle RR **00**, 1100, Schuschke (vor Rn 1) 191.

Verwaltungsgerichtsverfahren: *Unanwendbar* sind §§ 485 ff im Verfahren nach der VwGO, VGH Mannh NVwZ-RR **07**, 574.

Wohnungseigentum: §§ 485 ff gelten auch im WEG-Verfahren.

4) Verfahrensgrundsätze. §§ 485 ff sind mit Art 13 GG grundsätzlich vereinbar, Schulz BauR **87**, 277. 5
Art und Zweck des selbständigen Beweisverfahrens bedingen die Unanwendbarkeit des § 227 III 2, sofern das selbständige Beweisverfahren nicht zu den dort genannten Verfahren gehört. Unanwendbar sind deshalb auch die Vorschriften über eine Unterbrechung, §§ 239 ff, BGH NJW **04**, 1388, Hamm RR **97**, 724, Grundlach/Frenzel/Schmidt NJW **04**, 3225, aM Mü MDR **04**, 170, LG Karlsr MDR **01**, 958, LG Stgt NZI **03**, 232 (aber fast jedes Verfahren nach §§ 485 ff ist ziemlich eilbedürftig). Unanwendbar ist eine Aussetzung nach §§ 148 ff (erst recht nicht beim Hauptprozeß, § 148 Rn 25 „Selbständiges Beweisverfahren", Düss MDR **04**, 292, aM BGH BB **07**, 294), und eine Zurückstellung. Unzulässig ist die Ablehnung des Sachverständigen, § 487 Rn 8. Das Ruhen des Verfahrens kommt nur in Betracht, soweit es den Sicherungszweck nicht gefährdet, KG RR **96**, 1085. Wegen einer Streitverkündung Einf 3 vor §§ 72–74. Wegen (jetzt) des Neubeginns der Verjährung BGH NJW **01**, 220 (nicht bei Miete) und RR **01**, 385 (bei einem Gegenantrag), Michalski WoM **93**, 439, Schleicher DWW **94**, 6.

Das *rechtliche Gehör* ist grundsätzlich notwendig. Artt 2 I, 20 III GG (Rpfl), BVerfG **101**, 404, Art 103 I GG (Richter). Freilich reicht eine Anhörung *nach* der Anordnung des selbständigen Beweisverfahrens meist aus, Karlsr MDR **82**, 1027. Ein Rechtsschutzbedürfnis nach Grdz 33 vor § 253 muß wie bei jedem Gerichtsverfahren vorhanden sein. Es kann fehlen, wenn der beanstandete Zustand seit längerer Zeit besteht, AG Leutkirch ZMR **88**, 68.

Unanwendbar ist § 15 a EGZPO zumindest im isolierten selbständigen Beweisverfahren, § 15 a EGZPO Rn 4.

5) Kosten. Im selbständigen Beweisverfahren ist eine Prozeßkostenhilfe statthaft, § 114 Rn 38 „Selbständiges Beweisverfahren". Wegen der Kostengrundentscheidung § 91 Rn 193 „Selbständiges Beweisverfahren: A. Kostengrundentscheidung" und § 494 a Rn 11 ff. Wegen der Erstattungsfähigkeit § 91 Rn 195 „Selbständiges Beweisverfahren: B. Kostenerstattung". Wegen des sachlichrechtlichen Ersatzanspruchs Üb 66 vor § 91 „Selbständiges Beweisverfahren". Bei mehreren Rechtsstreiten erfolgt eine Aufteilung im Verhältnis der Streitwerte, Düss NJW **76**, 115, Hbg JB **83**, 1257, LG Bln ZMR **88**, 341. Eine Vorschußpflicht besteht nach § 17 GKG. 6

Gebühren: Des Gerichts: KV 1610; des Anwalts: VV 3100 ff. Wert: Anh § 3 Rn 102 „Selbständiges Beweisverfahren". Eine Nichtzahlung kann als eine Antragsrücknahme gelten, Ffm MDR **95**, 751.

485 *Zulässigkeit.*

I Während oder außerhalb eines Streitverfahrens kann auf Antrag einer Partei die Einnahme des Augenscheins, die Vernehmung von Zeugen oder die Begutachtung durch einen Sachverständigen angeordnet werden, wenn der Gegner zustimmt oder zu besorgen ist, dass das Beweismittel verlorengeht oder seine Benutzung erschwert wird.

II 1 Ist ein Rechtsstreit noch nicht anhängig, kann eine Partei die schriftliche Begutachtung durch einen Sachverständigen beantragen, wenn sie ein rechtliches Interesse daran hat, dass

1. der Zustand einer Person oder der Zustand oder Wert einer Sache,
2. die Ursache eines Personenschadens, Sachschadens oder Sachmangels,
3. der Aufwand für die Beseitigung eines Personenschadens, Sachschadens oder Sachmangels

festgestellt wird. 2 Ein rechtliches Interesse ist anzunehmen, wenn die Feststellung der Vermeidung eines Rechtsstreits dienen kann.

III Soweit eine Begutachtung bereits gerichtlich angeordnet worden ist, findet eine neue Begutachtung nur statt, wenn die Voraussetzungen des § 412 erfüllt sind.

Gliederung

1) Systematik, I–III. Vgl Üb 1 vor § 485. Die Vorschrift durchbricht den Grundsatz der Unmittelbarkeit der Beweisaufnahme nach § 355, Mü RR **01**, 1652. Eine Anwendbarkeit von §§ 485 ff scheidet keineswegs von vornherein schon deshalb aus, weil seine Fragen im mittlerweile anhängigen Hauptprozeß ebenfalls anstehen, aM LG Hanau RR **00**, 688, ZöHe 73 (aber zB bei einer Gefährdung nach Rn 5 kommt I auch „während" des Streitverfahrens durchaus sinnvoll in Betracht). 1

2) Regelungszweck, I–III. Vgl zunächst Üb 2 vor § 485. Eine Ausforschung scheint beim selbständigen Beweisverfahren weitaus eher als im normalen Beweisverfahren in Betracht zu kommen. Sie ist vielfach praktisch fast unvermeidbar, § 494 Rn 1. Denn ein vom Verlust bedrohter Zustand muß einer Untersuchung nicht nur zeitlich eher zugänglich sein dürfen. Indessen ist der Ausforschungsbeweis ein grundsätzlich im 2

Zivilprozeß unzulässiges Verfahren, Einf 27 vor § 284. Das darf man auch dann nicht übersehen, wenn man das selbständige Beweisverfahren überhaupt als eine Ausnahme von der Regel beurteilen wollte. Daher darf man die Anforderungen an § 485 nicht zu gering halten, Düss JB **92**, 426. Freilich kann eine Ursachenfeststellung zulässig bleiben, Rn 12. Alles das muß man mitbedenken.

3 **3) Geltungsbereich, I–III.** Vgl zunächst Üb 3, 4 vor § 485. § 485 ist anwendbar nur bei einem Beweis durch Zeugen, § 373, auch durch sachverständige Zeugen, § 414 Rn 4, durch Sachverständige, § 402, auch mittels eines schriftlichen Gutachtens, § 411, und durch einen Augenschein, § 371, auch nach § 441. Vor einer Anhängigkeit des Hauptverfahrens kommt der Beweis nach II 1 nur mittels eines schriftlichen Gutachtens in Betracht, also nicht wie bei I durch Zeugen oder einen Augenschein, Mü RR **01**, 1652. Der Sachverständige mag sein Gutachten freilich nach § 492 III mündlich erläutern müssen, § 411 III. Bei Urkunden nach §§ 415 ff und bei der Parteivernehmung nach § 445 gibt es kein selbständiges Beweisverfahren, Hamm MDR **94**, 307. Doch ist bei Urkunden ein Augenschein möglich, auch eine Zeugen- und Sachverständigenvernehmung, zB um die Echtheit festzustellen.

„Außerhalb eines Streitverfahrens", I, oder „noch nicht anhängig", II, kann sich auch auf ein bevorstehendes Verfahren nach §§ 578 ff beziehen, aM Köln FamRZ **95**, 369 (bei § 641 I). In einer Entschädigungssache bringt § 209 IV BEG eine Sondervorschrift.

4 **4) Antrag, I–III.** Die Anordnung erfolgt nur auf Grund eines Antrags einer Partei, auch eines Wohnungseigentümers oder Wohnungseigentumsverwalters wegen eines Mangels am Gemeinschaftseigentum, BGH DB **80**, 204, BayObLG ZMR **79**, 21. Der Antrag ist ein bloßer Verfahrensantrag, kein Sachantrag, § 297 Rn 6 „Beweisantrag". Das Gericht muß dem Antrag stattgeben, wenn nach seiner Erkenntnis dessen Voraussetzungen vorliegen. Es darf ihn also dann nicht etwa willkürlich oder als unzweckmäßig zurückweisen, Schilken ZZP **92**, 267. Das Gericht muß das Rechtsschutzbedürfnis wie stets klären, Grdz 33 vor § 253, Hamm RR **98**, 933. Es muß aber nicht schon deshalb stets die Erheblichkeit der Beweistatsachen prüfen (Kosten: evtl § 96), BGH MDR **00**, 224, Schlesw OLGR **00**, 61, LG Chemnitz ZMR **03**, 116, aM Hamm RR **98**, 933 (aber diese Erheblichkeit soll sich gerade erst erweisen).

Es überläßt die *Beweiswürdigung* dem Hauptprozeß, § 493. Das Gericht darf daher zB nicht einen Zeugen als ein ungeeignetes Beweissicherungsmittel behandeln, nur weil evtl geistige Gebrechen vorliegen, Hamm RR **89**, 1464. Das Gericht darf aber einen offenbar nutzlosen, zB im Urteilsverfahren endgültig als unerheblich beurteilten Antrag zurückweisen. Auch ist ein bloßer Ausforschungs-„Antrag" unstatthaft, Einf 27 vor § 284, Oldb MDR **08**, 1059. Denn es ist nicht für eine Leerlaufarbeit da, Mü OLGZ **75**, 52, OVG Kblz NVwZ-RR **06**, 853, Schilken ZZP **92**, 265. Der Antragsgegner kann allerdings keinen Gegenantrag auf eine Beweissicherung usw stellen, § 487 Rn 8. Zur sofortigen Beschwerde in einem solchen Fall § 490 Rn 8, 9. Zum Antragsinhalt § 487.

5 **5) Zulässigkeit, I, II.** Es muß eine der folgenden Voraussetzungen vorliegen. Das Gericht prüft, nicht ermittelt, diese Voraussetzungen in jeder Lage des Verfahrens von Amts wegen, Grdz 39 vor § 128. Der Antragsteller muß einen oder mehrere bestimmte Antragsgegner angeben, § 487 Rn 4. Sie müssen bei einer Mehrheit von Antragsgegnern nach Üb 3 vor § 485 jedem gegenüber vorhanden sein, Nürnb MDR **99**, 1522. Sie mögen sich innerhalb oder außerhalb eines notwendigerweise stets bereits anhängigen Hauptsacheprozesses ergeben, Hamm FamRZ **04**, 956. Das gilt freilich im ersteren Fall in den Grenzen III. Zur Zuständigkeit § 486.

A. Zustimmung des Gegners, I Hs 1. Eine Zustimmung des Gegners oder der etwaigen mehreren Gegner genügt, OVG Lüneb NVwZ-RR **06**, 368. Die Erklärung muß gegenüber dem Gericht erfolgen, mündlich, schriftlich, elektronisch, § 130 a, oder zum Protokoll der Geschäftsstelle, § 78 III Hs 2. Sie muß mindestens glaubhaft sein, § 294, StJL 6, ThP § 487 Rn 4, ZöHe 2, aM Schilken ZZP **92**, 266 (es sei ein Vollbeweis nötig. Aber nicht einmal ein Klagantrag oder Gegenantrag braucht zur Schlüssigkeit einen Vollbeweis). Ein Widerruf ist nur wegen einer Arglist zulässig, Einl III 54, Grdz 58 vor § 128. Die Rücknahme des Antrags ist nicht von der Zustimmung des Antraggegners abhängig. Sie liegt bei einer einseitigen Erledigterklärung vor, BGH BB **04**, 2602 rechts unten.

6 **B. Verlustgefahr, Erschwerungsgefahr, I Hs 2.** Statt einer Zustimmung des Gegners genügt auch eine Besorgnis, daß das Beweismittel verlorengeht oder seine Benutzung erschwert wird, OVG Lüneb NVwZ-RR **06**, 368. Ob eine solche Besorgnis vorliegt, muß das Gericht nach den Umständen im Zeitpunkt der Anordnung beurteilen. Wenn die Beweisaufnahme *erschwert* ist, ist auch ihre Benutzung erschwert. Das Gericht muß das Beweissicherungsinteresse und die Lage des etwaigen Antragsgegners abwägen. Eine engherzige Auslegung schädigt die Partei, Köln MDR **94**, 94.

7 **C. Beispiele zur Frage einer Besorgnis, I Hs 2**

Alter: Eine Besorgnis kann sich aus einem hohen Alter ergeben, KG JB **77**, 1627, Nürnb MDR **97**, 594.

Arzthaftung: Eine Besorgnis kann sich aus einer Arzthaftung ergeben, Nürnb MDR **08**, 997, Oldb MDR **08**, 1059 (auch zu den Grenzen), Rehborn MDR **98**, 18.

Ausforschung: Eine Besorgnis *fehlt* bei einer bloßen Ausforschungsabsicht im Anschluß an ein schon vorliegendes Gutachten, Stgt RR **86**, 1448.

Auskunft: Eine Besorgnis *fehlt*, soweit es in Wahrheit nur um einen Auskunftsanspruch geht, Ffm NJW **92**, 2837.

Auslandsbezug: Eine Besorgnis kann sich aus der Notwendigkeit einer Beweisaufnahme im Ausland ergeben. Das gilt freilich *nicht* bei einer mißbräuchlichen Herbeiführung einer solchen Lage, Schilken ZZP **92**, 261.

Erhaltungskosten: Eine Besorgnis kann sich aus übermäßigen Erhaltungskosten ergeben.

Erhaltungsmöglichkeit: Eine Besorgnis *fehlt*, soweit der Antragsteller die Sache zumutbar erhalten kann, Köln MDR **94**, 94 (erst beim Rechtsmißbrauch).

Erkrankung: Eine Besorgnis kann sich aus einer gefährlichen Erkrankung des Zeugen ergeben.

Instanzverlust: Eine Besorgnis kann sich aus einer Gefahr des Prozeßverlusts bis zur höheren Instanz ergeben. Da die Partei nämlich gegen den Beweisbeschluß nach § 360 keinen Rechtsbehelf hat, kann der Schaden endgültig werden.

Mikrofilm: Eine Besorgnis *fehlt*, soweit man Unterlagen noch längere Zeit zB auf Mikrofilm aufbewahren kann, Ffm NJW **92**, 2837.

Nachbesserungskosten: Eine Besorgnis *fehlt*, soweit es nur um Nachbesserungskosten geht, Schlesw SchlHA **89**, 142. II 1 Z 3 regelt sie.

Rechtsfrage: Eine Besorgnis *fehlt*, soweit es nur um eine Rechtsfrage geht, Schlesw SchlHA **89**, 142.

Rechtsmißbrauch: Eine Besorgnis *fehlt* bei der mißbräuchlichen Herbeiführung einer dann an sich bedrohlichen Lage, Schilken ZZP **92**, 261.

Schimmel: Eine Besorgnis kann sich aus einer Schimmelbildung in einer Wohnung ergeben, BayObLG NZM **02**, 448.

Veränderung: Eine Besorgnis kann sich aus einer geplanten oder schon direkt bevorstehenden Veränderung ergeben, Köln MDR **94**, 94.

Verderb: Eine Besorgnis kann sich aus der Gefahr des Verderbs einer Sache oder Ware ergeben.

Vergleichsmiete: Eine Besorgnis *fehlt*, soweit das Gericht nur die ortsübliche Vergleichsmiete feststellen soll, Rn 17 „Mieterhöhung".

Verjährung: Eine Besorgnis kann sich aus einer drohenden Verjährung ergeben, aM MüKoSchr 11 (aber das drohende Leistungsverweigerungsrecht steht meist wirtschaftlich der Verlustgefahr gleich).

Verkaufsabsicht: Eine Besorgnis kann sich aus einer verständlichen alsbaldigen Veräußerungsabsicht ergeben.

Verteuerung: Eine Besorgnis kann sich aus einer Verteuerung der Beweisaufnahme ergeben.

D. Rechtliches Interesse usw, II, dazu *Herget* Festgabe für *Vollkommer* (2006) 103: Diese Voraussetzung 8
ist nicht für ein solches selbständiges Beweisverfahren erforderlich, das während eines Streitverfahrens läuft, also ab seiner Anhängigkeit nach § 261 Rn 1 bis zur formellen Rechtskraft, Einf 1 vor §§ 322–327. Ein rechtliches Interesse ist dann auch nicht ausreichend, Düss RR **96**, 510. Das Gericht muß ein Beweisverfahren daher mangels eines Antrags auch nach I an das Hauptsachegericht abgeben, Köln OLGR **95**, 215. Das ergibt der Vergleich von I und II. Mag also die Zustandsfeststellung durch eine Begutachtung im Hauptprozeß erfolgen, Düss RR **96**, 510. Daher reicht auch ein rechtliches Interesse nach II 2 für ein selbständiges Beweisverfahren nicht aus, soweit ein Hauptprozeß läuft.

Vielmehr zeigt der klare Wortlaut von II 1: Ein Rechtsstreit darf noch *bei keinem Gericht* auch nur *anhängig* sein, geschweige denn rechtshängig. Ferner ergibt der Wortlaut von II 1 eindeutig: Es kommt zwecks einer bloßen Zustands-, Ursachen- oder Aufwandsfeststellung nach II nur eine schriftliche Begutachtung in Betracht, kein Zeugenbeweis, LG Köln WoM **98**, 110 (krit Scholl 77), Cuypers NJW **94**, 1987. Natürlich darf und muß der Sachverständige einen Augenschein nehmen. Schließlich ist bei II stets ein rechtliches und nicht nur wirtschaftliches Interesse gerade dieses Antragstellers notwendig.

E. Weite Auslegung II. Das rechtliche Interesse ist weit gemeint, BGH NJW **04**, 3488, Kblz NVwZ-RR 9
07, 114, Stgt MDR **05**, 348, aM MükoSchr 13, Schreiber NJW **91**, 2601 (aber II ist wegen seines Schlichtungszwecks weit auslegbar, Rn 1, Kblz MDR **05**, 888). Das Gericht muß das rechtliche Interesse unabhängig von einer Gefahr nach I prüfen. Es darf auch nicht im Beweisverfahren eine Schlüssigkeits- oder Erheblichkeitsprüfung zum Hauptanspruch vornehmen, BGH NJW **04**, 3488. Das rechtliche Interesse muß freilich um einen der Punkte Z 1–3 gehen, LG Köln WoM **96**, 484. Es liegt vor, wenn der Zustand der Sache oder ihr Wert die Grundlagen eines beliebigen sachlichrechtlichen Anspruchs des Antragstellers oder eines anderen gegen ihn bilden kann, Düss RR **97**, 1312, Kblz NVwZ-RR **07**, 114, Stgt MDR **05**, 348. Es ist insbesondere dann vorhanden, wenn die Feststellung der Vermeidung eines Rechtsstreits dienen *kann,* II 2, BGH NJW **04**, 3488, Hamm RR **02**, 1674, LG Dortm RR **00**, 516, aM LG Hann JB **92**, 496, 180 (aber schon diese bloße Möglichkeit ist schützenswert).

Es ist also *nicht* notwendig, daß die Feststellung solchen Zielen auch wahrscheinlich dienen *wird,* BGH NJW **00**, 961, Düss MDR **01**, 50, Karlsr MDR **99**, 496. Das selbständige Beweisverfahren dient bei einer weiten Betrachtung auch dazu, ein Klageverfahren zu ermöglichen, auch eine Wiederaufnahmeklage, aM Köln FamRZ **95**, 369 (aber §§ 485 ff haben gerade ihren Hauptzweck in der Erleichterung der Stellung auch eines künftigen Klägers). Ein angeblicher Vergleich kann dem rechtlichen Interesse entgegenstehen, LG Deggendorf RR **00**, 515. Andererseits beseitigt das endgültige Fehlen einer Einigungsbereitschaft beim Antragsgegner das rechtliche Interesse keineswegs, Üb 2 vor § 485, Hamm MDR **99**, 184, Oldb MDR **95**, 746, LG Köln WoM **95**, 490, aM Celle JB **92**, 496 (aber gerade dann mag die Klärung von Beweistatsachen doch noch der Einigung helfen können). Eine offensichtliche völlig eindeutige Nutzlosigkeit kann freilich das Rechtsschutzbedürfnis hindern, BGH NJW **04**, 3488, oder beseitigen, Stgt MDR **05**, 348, LG Chemnitz ZMR **03**, 116.

Der Antragsteller muß sein rechtliches Interesse *glaubhaft* machen. Denn es ist eine Zulässigkeitsvoraussetzung, § 487 Z 4. Die Glaubhaftmachung erfolgt nach § 294. Das rechtliche Interesse muß ferner gerade darin bestehen, daß das Gericht eine der Feststellungen *Rn 10–13* trifft, Düss JB **92**, 426. Während eines Sachverständigenverfahrens nach § 14 AKB kann das Rechtsschutzinteresse nach § 485 fehlen, Hamm NJW **98**, 689. Vgl ferner Rn 18 „Sachverständigenhaftung".

F. Zustandsfeststellung, II 1 Z 1. Es reicht aus und ist mangels Rn 12, 13 notwendig, daß ein schrift- 10
liches Gutachten den gegenwärtigen Zustand einer Person oder den gegenwärtigen Zustand oder Wert einer Sache feststellen soll, LG Hbg WoM **01**, 345. Es darf also nicht nur um den früheren Zustand gehen, Ffm VersR **92**, 1152, aM Oldb MDR **95**, 746 (aber dann besteht überhaupt kein Anlaß zu einem solchen Eilverfahren). Es darf aber auch nicht einen allenfalls erst künftigen Zustand betreffen, Mü OLGZ **92**, 471, aM Müller (vor Üb 1 vor § 485) 414, ZöHe 9 (aber das sprengt die Grenzen auch eines sehr weiten Schutzzwecks). Als Person kommen in Betracht: Die Parteien, Grdz 4 vor § 50, Köln NJW **99**, 875; Streithelfer, § 66; Streitverkündete, § 72; Zeugen, § 373; Dritte. Unerheblich sind: Geschlecht; Nationalität; Alter; Vernehmungsfähigkeit; Geschäftsfähigkeit; Bereitschaft.

Indessen müssen das Gericht und der Gutachter natürlich die *Grundrechte* der Person wie ihren Datenschutz usw wahrnehmen und achten. Als Sache kommen alle Sachen nach §§ 90 ff BGB in Betracht. Tiere zählen im Rahmen des § 103 a BGB ebenfalls hierher. Unerheblich sind: Eigentums- und Besitzverhältnisse; Aggregatzustand; Alter; Empfindlichkeit usw. Indessen müssen das Gericht und der Gutachter natürlich die vorgenannten und sonstige Rechte von am Prozeß nicht Beteiligten wahren und achten. Der Antragsteller braucht die Ursachen des Zustands anders als bei Rn 12 ebenfalls nicht darzulegen, BGH DB **92**, 1408.

11 Der *Wert* mag sich auf den Handels- oder einen Liebhaberpreis, auf die Verkäuflichkeit oder auf einen Schätzpreis beziehen, Scholl WoM **97**, 308, auch auf den Mietwert, Scholl NZM **99**, 398. Das ist gar nicht wenig an Anhaltspunkten, aM Cuypers NJW **94**, 1987 (aber was soll man denn noch dazu fordern?). Ein Wertermittlungsverfahren kann helfen, aM Cuypers NJW **94**, 1987 (aber gerade er beruft sich mit Recht auf die Freiheit der Meinungsbildung nach § 286). Wegen einer Vergleichsmiete Rn 17 „Mieterhöhung".

12 **G. Ursachenfeststellung, II 1 Z 2.** Es reicht aus und ist mangels Rn 10, 13 notwendig, daß das schriftliche Gutachten die Ursache eines Personenschadens, Sachschadens oder Sachmangels feststellen helfen soll, LG Hbg WoM **01**, 345, Hesse BauR **84**, 23. Das ist kein Ausforschungsbeweis nach Einf 27 vor § 284, Ffm MDR **03**, 772. Ursache kann auch eine nur teilweise, mittelbare, bloß mitwirkende sein, Düss RR **97**, 1312, Mü MDR **98**, 495. Das Ziel muß ihre Feststellung sein. Unerheblich ist, ob der Gutachter später nur ihre Möglichkeit feststellen kann. Ein Schaden ist ein solcher nach §§ 249 ff BGB, aM Cuypers NJW **94**, 1986 (aber warum sollen diese Vorschriften eigentlich nicht anwendbar sein?). Ein Mangel kann zB ein solcher nach (jetzt) §§ 434 ff, 536 ff, 633 ff BGB sein, aM Cuypers NJW **94**, 1986 (aber warum sollen auch diese Vorschriften nicht heranziehbar sein?). Hierher kann man auch die Klärung der Verantwortlichkeit für einen Mangel rechnen, Bbg JB **92**, 629, Düss RR **97**, 1312. Man darf die Anforderungen an die Darstellung des angeblichen Fehlers usw nicht überspannen, Köln MDR **00**, 227 (EDV-Mangel).

13 **I. Aufwandsfeststellung, II 1 Z 3.** Es reicht aus und ist mangels Rn 10, 12 notwendig, daß ein schriftliches Gutachten den Aufwand für die Beseitigung eines Personenschadens, Sachschadens oder Sachmangels nach Rn 12 feststellen soll, Nürnb (5. ZS) MDR **08**, 997, LG Hbg WoM **01**, 345. Damit steht natürlich noch nicht fest, ob der Aufwand auch nach der Ansicht des Spruchrichters notwendig war, Schreiber NJW **91**, 2602. Damit schafft Z 3 in dieser früheren Streitfrage eine Klarheit. Die bloße Aufwandsfeststellung kann für sich allein ein Verfahren nach §§ 485 ff rechtfertigen. Ein Aufwand ist jede tatsächlich notwendige oder ratsame Leistung, auch Dritter.

14 **I. Beispiele zur Frage einer Anwendbarkeit von II 1 Z 1–3**

Arzthaftung, dazu *Luxenburger,* Selbständiges Beweisverfahren im Arzthaftungsrecht, 2001: §§ 485 ff sind anwendbar, BGH **153**, 305 (freilich Fallfrage), Kblz NVwZ-RR **07**, 114, Nürnb (5. ZS) MDR **08**, 997, aM Köln NJW **99**, 875, Nürnb MDR **97**, 501, Rehborn MDR **98**, 18 (aber ob eine Einseitigkeit eintreten kann, ist im Folgeprozeß nach § 286 nachprüfbar).

II ist *unanwendbar,* soweit es um eine Eignung und Notwendigkeit geht, LG Hann VersR **01**, 1100.

Aufgraben usw: Der gegenwärtige Zustand nach II 1 Z 1 umfaßt auch eine solche Tatsache, die man erst durch ein Aufgraben usw ermitteln kann.

Ausforschung: Für II *nicht* ausreichend ist der Wunsch, die Erfolgsaussichten einer Klage zu überprüfen, also eine bloße Ausforschung zu betreiben, KG MDR **99**, 565, LG Frankenth MDR **84**, 854.

Bauwerk: Es gelten dieselben Regeln wie Rn 16 „Kaufsache".

Besichtigung: Wegen der Möglichkeiten des Programmentwicklers nach § 809 BGB in Verbindung mit § 935 Bork NJW **97**, 1671.

Bürge: II kann auch gegenüber einem Bürgen anwendbar sein, Ffm MDR **91**, 989.

15 **Dritter:** Rn 18 „Rückhaftung".

Erbrecht: Rn 19 „Testierfähigkeit".

Fenstererneuerung: II ist anwendbar, soweit der Vermieter Fenster erneuern und die Miete anschließend deshalb erhöhen will, wenn der Mieter die Fenster gerade repariert hatte, LG Ffm WoM **82**, 218.

Gütliche Einigung: Die Anwendbarkeit von II hängt nicht davon ab, ob der Gegner eine gütliche Einigung nach (jetzt) § 278 ablehnt oder anstrebt, LG Passau RR **92**, 767.

Immission: II ist bei einer akustischen, optischen oder sonstigen Einwirkung anwendbar, soweit sie sich auf den Zustand der gestörten Sache auswirkt, aM Düss MDR **92**, 807, LG Hbg MDR **99**, 1344 (aber II ist weit gemeint Rn 12).

16 **Kaufsache:** II 1 Z 1 ist anwendbar, soweit es um die Feststellung des Zustands einer Kaufsache geht. Man muß ihn nicht in allen Einzelheiten behaupten. Man muß aber doch zB angebliche tatsächliche Mängel so bezeichnen, daß der Sachverständige weiß, was er untersuchen soll.

Klagerücknahme: Eine Klagerücknahme kann das rechtliche Interesse nach II *beseitigen.*

Kommission: II ist anwendbar, zB wegen einer Beschädigung oder eines Mangels, § 388 HGB.

17 **Lagergeschäft:** II ist anwendbar, zB wegen Veränderungen am Lagergut, § 417 II HGB.

Lärm: Schallwellen sind beim Gestörten ein Teil des Sachzustands, II 1 Z 1, aM Düss OLGZ **92**, 336, LG Hbg MDR **99**, 1344 (aber das ist formal, eng).

Mieterhöhung: Für II *nicht* ausreichend ist der Wunsch, die ortsübliche Vergleichsmiete festzustellen, soweit der Wohnungszustand unstreitig ist, LG Bln RR **97**, 585, LG Brschw WoM **96**, 291, LG Freibg/Br WoM **97**, 337, aM Köln WoM **95**, 490, Scholl WoM **97**, 308 (aber § 558 BGB fordert mehr als einen Schätzpreis).

Mietminderung: Für II *nicht* ausreichend ist der Wunsch festzustellen, in welchem Umfang eine Mietminderung zulässig ist, LG Bln WoM **91**, 163, Scholl NZM **99**, 108, aM KG RR **00**, 513 (aber das ist eine Frage der dem Hauptverfahren vorbehaltenen Beweiswürdigung, Rn 4).

Mietsache: II 1 Z 1 ist anwendbar, soweit es um die Feststellung des Zustands einer Mietsache geht, dazu Kamphausen WoM **83**, 303 (ausf), aber *nicht* bei § 5 WiStG, LG Freibg WoM **97**, 337. Vgl auch wegen der Einzelheiten Rn 16 „Kaufsache".

Minderwert: II 1 Z 1, 2 sind auf seine Feststellung anwendbar, zB dann, wenn eine Mängelbeseitigung unmöglich oder zu teuer wäre, Hamm RR **02**, 1674.

18 **Rechtsfrage:** Für II reicht *nicht* der Wunsch, eine Rechtsfrage zu klären, Schlesw SchlHA **89**, 142.

Rechtskraft: Für II *nicht* ausreichend ist der Wunsch, nur solche Tatsachen aufzuklären, die der Begründung eines schon rechtskräftig abgewiesenen Anspruchs gedient hätten, LG Bln MDR **93**, 1015.
Rechtsverhältnis: Für II *nicht* ausreichend ist der Wunsch, etwas zu klären, solange ein Rechtsverhältnis oder ein möglicher Prozeßgegner fehlen, Bbg RR **95**, 894.
Rückhaftung: Auch ein mittelbares Interesse genügt für II, etwa aus einer Haftung gegenüber einem Dritten.
Sachmangel: II ist anwendbar, soweit es um einen Sachmangel nach §§ 434 ff BGB geht. 19
S auch Rn 20 „Verjährung".
Sachverständigenhaftung: II ist *unanwendbar,* solange man sie im Vorprozeß noch klären kann, BGH FamRZ **06**, 1523.
Schenkung: II ist bei der Schenkung anwendbar, zB wegen einer Sachmängelhaftung nach § 524 BGB.
Spedition: II ist auf den Speditionsvertrag anwendbar, zB wegen einer Beschädigung oder eines Mangels, §§ 388, 407 II HGB.
Tausch: II ist beim Tausch nach § 480 BGB anwendbar.
Testierfähigkeit: II ist *unanwendbar,* soweit es um die Testierfähigkeit eines künftigen Erblassers geht, Ffm MDR **97**, 481, LG Ffm Rpfleger **97**, 165.
Veränderungsgefahr: Eine Veränderungsgefahr ist nicht für II erforderlich, aM LG Frankenth MDR **84**, 854 (aber schon der jetzige Zustand und seine Ursachen usw genügen). 20
Vergleichsmiete: Rn 17 „Mieterhöhung".
Vorkauf: II ist beim Vorkauf anwendbar, zB bei § 469 BGB.
Werkvertrag: II ist beim Werkvertrag anwendbar, zB wegen einer Nachbesserung usw, §§ 633 ff BGB.
Zahnarzthaftung: II ist bei ihr anwendbar, Karlsr VersR **03**, 375, Köln VersR **03**, 375.

6) Neue Begutachtung, III. „Soweit" das Gericht eine Begutachtung nach I oder II bereits angeordnet hatte, ist eine neue zu demselben Thema nur unter den Voraussetzungen des § 412 statthaft, Ffm RR **07**, 18. Andernfalls wären die Möglichkeiten nach §§ 485 ff weitergehend als diejenigen nach §§ 402 ff. Das würde zum Umweg über §§ 485 ff verleiten, Düss RR **97**, 1086, Ffm RR **07**, 18, Köln OLGR **97**, 52. 21

486 *Zuständiges Gericht.* [I] **Ist ein Rechtsstreit anhängig, so ist der Antrag bei dem Prozessgericht zu stellen.**

[II] [1] Ist ein Rechtsstreit noch nicht anhängig, so ist der Antrag bei dem Gericht zu stellen, das nach dem Vortrag des Antragstellers zur Entscheidung in der Hauptsache berufen wäre. [2] In dem nachfolgenden Streitverfahren kann sich der Antragsteller auf die Unzuständigkeit des Gerichts nicht berufen.

[III] In Fällen dringender Gefahr kann der Antrag auch bei dem Amtsgericht gestellt werden, in dessen Bezirk die zu vernehmende oder zu begutachtende Person sich aufhält oder die in Augenschein zu nehmende oder zu begutachtende Sache sich befindet.

[IV] Der Antrag kann vor der Geschäftsstelle zu Protokoll erklärt werden.

Gliederung

1) Systematik, I–IV. Vgl Üb 1 vor § 485. 1

2) Regelungszweck, I–IV. Sinn der Vorschrift ist eine Vereinheitlichung und Vereinfachung. Sie dient in allen Teilen der Prozeßwirtschaftlichkeit, Grdz 14 vor § 128. Das gilt insbesondere bei II 1, 2. Allerdings darf der Antragsteller nicht dasjenige Gericht anrufen, das nur bei einer großen Anspannung des Tatsachenvortrags nach II 1 infrage käme. Denn das wäre wahrscheinlich eine Erschleichung des Gerichtsstands und damit als eine prozessuale Arglist verboten, Einl III 54, 56 usw. Das gilt trotz der harten Folgewirkung des II 2. 2

Bequemlichkeit darf ebenfalls nicht die Zuständigkeit übermäßig beeinflussen. Bei II 1 mag sie insbesondere im „fliegenden Gerichtsstand" etwa des § 32 durchaus statthaft sein. Bei III gelten aber die Regeln Rn 9, 10, obwohl viele sie mißachten. Der Amtsrichter darf sich dann wehren und sollte das auch getrost tun. Das gilt selbst nach der Überführung des Kollegialverfahrens in eine weitgehende Einzelrichtertätigkeit, §§ 348, 348 a. Immerhin läuft der Instanzenzug dort ja anders als beim AG. Auch mag der Einzelrichter selbst bei § 485 dem Kollegium vorlegen wollen oder müssen.

3) Geltungsbereich, I–IV. Vgl Üb 3 vor § 485. 3

4) Antrag, I, IV. Er ist in der mündlichen Verhandlung zulässig, ferner elektronisch mithilfe des vorrangigen § 130 a, schriftlich oder zum Protokoll jeder Geschäftsstelle, § 129 a, Naumb JB **98**, 268, LG Ffm MDR **85**, 153. Es besteht außerhalb der Verhandlung kein Anwaltszwang, IV, § 78 III Hs 2, in ihr wie sonst, § 78 Rn 2, Cuypers NJW **94**, 1988. Der Antrag läuft selbst neben dem Rechtsstreit her, BGH **59**, 326. Er begründet als solcher keine Rechtshängigkeit, § 261 Rn 11 „Selbständiges Beweisverfahren", ThP 3, ZöHe 1, aM Schilken ZZP **92**, 251, 256 (aber die abschließende Verhandlung und Klärung nebst einer Beweiswürdigung kann erst im Hauptprozeß erfolgen). Er läßt die Verjährung neu beginnen, soweit das Gesetz das bestimmt, BGH BB **98**, 816 (Ausnahme: Zurückweisung wegen Unzulässigkeit), wie bei (jetzt) 204 I Z 7 BGB, BGH ZMR **95**, 115, aM Haase ZMR **96**, 62, oder bei (jetzt) § 634 a BGB, Karlsr 4

MDR **82**, 1027. Das setzt freilich auch voraus, daß gerade der Gläubiger der Antragsteller ist und daß der Antrag überhaupt statthaft ist, BGH NJW **83**, 1901, und daß der Antrag nicht nur nach § 494 erfolgt, BGH NJW **80**, 1458. Eine Streitverkündung ist unzulässig, Einf 3 vor § 72 (Streitfrage).

Die *Rücknahme* des Antrags ist möglich, § 269 Rn 3. Sie liegt in einer einseitigen Erledigterklärung, BGH BB **04**, 1602 rechts unten. Sie hebt den Neubeginn der Verjährung auf. Eine durch ein Gerichtsverschulden veranlaßte Antragsrücknahme oder Erledigterklärung kann zur Kostenniederschlagung führen, (jetzt) § 21 GKG, LG Ffm MDR **85**, 153. Der Antrag erhält den Anspruch oder die Einrede nach § 414 HGB. Wenn das Gericht einem formungültigen Antrag stattgibt, gilt dasselbe.

Man darf eine *Klagerücknahme* nach § 269 nicht mit einer Antragsrücknahme nach § 486 verwechseln. Die letztere kann aber meist die erstere umfassen. Andernfalls bleibt das selbstständige Beweisverfahren bestehen. Freilich mag das rechtliche Interesse nun fehlen, solange keine neue Klage droht.

5 **5) Zuständigkeit, I–III,** dazu *Fischer* MDR **01**, 608 (Üb): Die Zuständigkeit besteht teilweise nach der Wahl des Antragstellers, teilweise ist sie aber zwingend (ausschließlich). Das letztere gilt auch nach der Ausübung einer Wahl, § 12 Rn 9 „Selbständiges Beweisverfahren". Das Gericht prüft von Amts wegen seine Zuständigkeit in jeder Verfahrenslage als eine Prozeßvoraussetzung, Grdz 39 vor § 128. Es findet aber grundsätzlich keine Amtsermittlung nach Grdz 38 vor § 128 statt.

A. Rechtsweg, I–III. Der ordentliche Rechtsweg muß statthaft sein, § 13 GVG. Vgl bei II, III, aber auch § 46 II ArbGG. §§ 17, 17a GVG sind anwendbar, ArbG Limbg NZA-RR **05**, 605. Mangels einer Abgabemöglichkeit muß das Gericht den Antrag nach § 490 als derzeit unzulässig zurückweisen. Das Gericht darf und muß eine trotz seiner Unzuständigkeit vorgenommene Beweissicherung frei würdigen, § 286.

6 **B. Anhängigkeit des Hauptprozesses, I.** Ab der Anhängigkeit, nicht notwendig Rechtshängigkeit des Hauptprozesses nach § 261 Rn 1 und bis zu dessen Beendigung ist stets und grundsätzlich auch nur das Prozeßgericht der Instanz zuständig, evtl also das WEG-AG (zum alten Recht), BayObLG MDR **96**, 144. Evtl ist also auch das Berufungsgericht zuständig. Das gilt sogar für das Revisionsgericht. Es ist zu derartigen Prozeßhandlungen nicht berufen, soweit es sich nicht um eine solche Tatsache handelt, die das Revisionsgericht selbst feststellen muß, Schilken JR **84**, 449 StJL 7, ZöHe 3, aM Cuypers NJW **94**, 1988 (aber haben BGH und BVerwG kein Gewicht?). Hauptprozeß kann auch ein Klageverfahren des Antragsgegners sein, zB auf eine Zahlung desjenigen Werklohns, dessen Verweigerung der Antragsteller mit dem Verfahren nach §§ 485 ff bezweckte, AG Stgt RR **99**, 1370. Aber Vorsicht! Die Grenzen dürfen nicht verschwimmen.

Die *Folge* ist allerdings, daß das Berufungsgericht wegen der Möglichkeit der Aufhebung seines Urteils eine Beweiserhebung nicht schon deshalb ablehnen darf, weil es diese für unnötig gehalten hat. Das Gericht kann die Beweisaufnahme unter einer Beachtung des § 355 I auch einem nach §§ 361, 362 verordneten Richter übertragen. § 375 beschränkt das Gericht hier nicht. Denn sein Grund versagt. Außerdem darf ja der Antragsteller nach II das AG anrufen. Das Gericht eines nur vorläufigen Verfahrens zB auf einen Arrest oder eine einstweilige Anordnung oder Verfügung nach §§ 916 ff, 935 ff ZPO, 49 ff FamFG ist nicht allein nach I zuständig, Ffm NJW **85**, 811.

7 **C. Vor Anhängigkeit, II 1.** Vor der Anhängigkeit des Hauptprozesses nach § 261 Rn 1 ist stets und grundsätzlich auch nur dasjenige Gericht örtlich und sachlich zuständig, das nach dem Tatsachenvortrag des Antragstellers zur Entscheidung in der Hauptsache berufen wäre, Geffert NJW **95**, 506, also das künftige etwaige Prozeßgericht, Cuypers NJW **94**, 1988. Der Antragsteller sollte § 253 II beachten. Unerheblich ist eine bloße Rechtsansicht des Antragstellers zur Zuständigkeit. Für die sachliche Zuständigkeit ergibt sich der Wert nach Anh § 3 Rn 102. Maßgebend ist der Antragseingang, Ffm RR **98**, 1610. Spätere gesetzliche Änderungen sind also unbeachtlich, Mü OLGZ **94**, 230. § 348 ist anwendbar, Geffert NJW **95**, 506. Eine Schiedsvereinbarung nach § 1025 hindert vor dem Zusammentritt des Schiedsgerichts wegen des Eilcharakters des selbständigen Beweisverfahrens dessen Zulässigkeit noch nicht, § 1033, Ffm BauR **93**, 504, Kblz MDR **99**, 503.

8 **D. Keine Rüge der Unzuständigkeit, II 2.** Soweit einem vor der Anhängigkeit des Hauptprozesses angelaufenen selbständigen Beweisverfahren ein Hauptprozeß vor demselben Gericht folgt, kann sich der frühere Antragsteller weder als Kläger noch als Bekl auf eine in Wahrheit bestehende örtliche oder sachliche Unzuständigkeit dieses Gerichts berufen, Celle RR **00**, 1738. Folglich darf dieses Gericht insofern nicht verweisen oder abgeben. Eine Zuständigkeitsrüge bleibt dem früheren Antragsgegner im Hauptprozeß wie sonst möglich, Ffm RR **98**, 1610. § 39 gilt im selbständigen Beweisverfahren nicht. § 36 ist anwendbar, BayObLG RR **99**, 1010, KG BauR **00**, 1092.

Als *Kläger* darf der Antragsteller des Beweisverfahrens aber ein anderes Gericht anrufen, Celle RR **00**, 1738.

9 **E. Dringende Gefahr, III.** Bei einer dringenden Gefahr sind vor wie nach einer Anhängigkeit nach Rn 4–6 ausnahmsweise nach der Wahl des Antragstellers das jetzige oder voraussichtliche Prozeßgericht oder das AG des Aufenthalts des zu vernehmenden oder auf seinen Zustand zu begutachten Menschen (Partei, Zeuge, Dritter) zuständig. Das gilt auch für das AG der zu besichtigenden oder zu begutachtenden Sache. Dabei ist es unerheblich, ob der Antragseller einen richterlichen Augenschein begehrt oder ob das Gericht einen Zeugen oder Sachverständigen hören soll, Mü ZMR **86**, 242, LG Ffm MDR **89**, 828, aM Hamm ZMR **79**, 277 (zuständig sei dann nur das AG der zu besichtigenden Sache. Aber es muß eine Zuständigkeit für jeden der Gründe des § 485 geben). Ob eine dringende Gefahr vorliegt, entscheidet das AG nach seinem pflichtgemäßen Ermessen. Der Antragsteller muß eine solche Gefahr glaubhaft machen, § 294.

Grundsätzlich muß ein Kollegialgericht eine eilige Sache ebenso rasch bearbeiten wie ein AG. Deshalb liegt eine *dringende Gefahr* zumindest dann nicht vor, wenn sich das nach I, II zuständige LG an demselben Ort wie das AG befindet, Celle RR **00**, 1738. Wegen der heutigen Verkehrs- und Kommunikationsmöglichkeiten zB durch Telefax ist aber auch ein am anderen Ort als das AG liegendes übergeordnetes und nicht allzu weit entferntes LG grundsätzlich ebenso rasch einsatzbereit. Daher darf und muß das nach III angegangene AG den Begriff der dringenden Gefahr eng auslegen. Natürlich muß es zB eine Naturkatastrophe, einen Bahnstreik usw berücksichtigen. Es braucht aber nicht schon wegen eines vorübergehenden Verkehrsstaus oder dergleichen tätig zu werden. Anders, wenn der in seinem Bezirk aufhältliche Zeuge schwerkrank ist oder wenn ein Zeuge abreisen, das Schiff abfahren will, eine Ware sehr rasch zu verderben droht usw. Eine dringende Gefahr kann dann vorliegen, wenn eine sofortige Beweiserhebung weder vor dem nach II zuständigen Gericht noch vor einem anderen sogleich bereiten Gericht möglich wäre, BayObLG **91**, 347.

Der *Wohnsitz,* Geschäftssitz oder Aufenthaltsort des Sachverständigen ist nicht mehr ausreichend. Denn III spricht nur von der „zu begutachtenden" Person, nicht von der „begutachtenden". Zwar spricht III auch von der „zu vernehmenden" Person. Damit scheint die Vorschrift auch denjenigen Sachverständigen zu erfassen, der nach der praxisfernen Konstruktion des Regelfalls der §§ 402 ff ja grundsätzlich mündliche Gutachten erstattet, § 411 Rn 1, und den das Gericht ohnehin stets nach § 411 III laden kann. Indessen unterscheidet der vorrangige § 485 I klar zwischen der „Vernehmung von Zeugen" und der „Begutachtung durch einen Sachverständigen". Diese Begriffsbildung muß man bei III mitbeachten. Sie zeigt, daß III überhaupt nicht auf den Sachverständigen abstellt. Das ist auch sinnvoll. Mag sich der Sachverständige zum zu begutachtenden Subjekt oder Objekt begeben, Schreiber NJW **91**, 2602. Außerhalb einer dringenden Gefahr ist das AG nur unter den Voraussetzungen I oder II zuständig, also zB vor einer Anhängigkeit des Hauptprozesses nur noch nach II. 10

G. Mehrheit von Amtsgerichten, I–III. Wenn die Voraussetzungen von I oder II auf mehrere Gerichte zutreffen, weil mehrere Gerichtsstände zur Verfügung stehen usw, hat der Antragsteller unter ihnen die Wahl, § 35. Er verbraucht das Wahlrecht mit dessen erster Ausübung. Daher darf das von ihm zutreffend gewählte Gericht nicht weiterleiten oder abgeben, selbst wenn er das beantragt. Wenn aber zB die Vernehmungen von mehreren Zeugen in verschiedenen Bezirken notwendig werden, fehlt ein einheitlicher Gerichtsstand. Es ist dann § 36 I Z 3 entsprechend anwendbar, dort Rn 6 „Selbständiges Beweisverfahren". 11

H. Zuständigkeitsübergang, II, III. Bei Rn 6, 8–10 geht die Zuständigkeit auf das Prozeßgericht über, sobald es die Beweissicherung einleitet, BGH MDR **05**, 45, Mü OLGZ **82**, 200, ZöHe 7, aM Brschw NdsRpfl **83**, 141, StJL 5 (schon ab der Anhängigkeit der Hauptsache. Aber dann ist oft noch völlig offen, ob es im Hauptprozeß überhaupt zu einem Beweisabschnitt kommen wird). Schon wegen der Unbeachtlichkeit eines Ablehnungsantrags nach § 487 Rn 8 bleibt das nach II, III zuständig gewesene AG nach dem Ende des selbständigen Beweisverfahrens nach § 492 Rn 4 für einen Ablehnungsantrag unzuständig, Nürnb NJW **89**, 236. 12

487 *Inhalt des Antrages.* Der Antrag muss enthalten:

1. die Bezeichnung des Gegners;
2. die Bezeichnung der Tatsachen, über die Beweis erhoben werden soll;
3. die Benennung der Zeugen oder die Bezeichnung der übrigen nach § 485 zulässigen Beweismittel;
4. die Glaubhaftmachung der Tatsachen, die die Zulässigkeit des selbständigen Beweisverfahrens und die Zuständigkeit des Gerichts begründen sollen.

Gliederung

1) Systematik, Z 1–4. Die Erfordernisse des § 487 sind ebenso wie bei jedem „normalen" Beweisantrag zwecks einer Klarstellung dessen, was Gericht und Gegner zur Beurteilung von Zulässigkeit und Begründetheit des Gesuchs wissen müssen, im Prinzip sämtlich wesentlich. Fehlt auch nur ein Erfordernis, muß das Gericht den Antrag zurückweisen. § 487 ist aber unvollständig, Rn 10, 11 sowie § 494. Eine Ausforschung ist auch hier unzulässig, Einf 27 vor §§ 284, 485 Rn 2, Düss JB **92**, 426. 1

2) Regelungszweck, Z 1–4. Insbesondere Z 4 dient der Begrenzung einer Verfahrensart, die trotz Art 103 I GG doch ähnlich §§ 916 ff, 935 ff die Gefahr der Übereilung mit sich bringt. Außerdem sollte man der Gefahr einer wirklichen bloßen Ausforschung von Anfang an entgegenwirken, § 485 Rn 2. Selbst unter einem verständlichen Zeitdruck sollte der Antragsteller grundsätzlich die bei einer Klageschrift nach § 253 II Z 2 erforderliche Sorgfalt wenigstens im Kern auch bei § 487 aufbringen. Ausnahmen bestätigen auch hier eine sinnvolle Regel. Gerade beim ja meist beantragten Sachverständigenbeweis kann eine präzise Antragstellung und -begründung den unter einem zusätzlichen Zeitdruck besonders schwierigen Vorgang der Vorbereitung des Sachverständigen auch durch das Gericht wesentlich erleichtern. Das darf die Anforderungen an den Antrag mitprägen. 2

3) Geltungsbereich, Z 1–4. Vgl Üb 3 vor § 485. 3

4) Mindestangaben, Z 1–4. Der nach § 486 notwendige Antrag ist ein bestimmender Schriftsatz, § 129 Rn 5. Der Antragsteller muß ihn als solchen unterschreiben, § 129 Rn 8 ff. Der Schriftsatz muß sämtliche folgenden Angaben enthalten. Von Z 2–4 hängt die Zulässigkeit ab. Es handelt sich um Prozeßvoraussetzungen wie bei Grdz 12 vor § 253. 4

A. Bezeichnung des Gegners, Z 1. Der Antragsteller muß grundsätzlich den Antragsgegner so genau wie in einer Klageschrift den Bekl bezeichnen, § 253 Rn 22, BayObLG NZM **02**, 1001. Er muß alle in Betracht kommenden Gegner benennen, Ffm MDR **94**, 1244. Er darf evtl einen weiteren Gegner einbeziehen, Düss RR **95**, 1216. Soweit dem Antragsteller eine Benennung nicht zumutbar ist, gilt § 494. Das hätte Ffm MDR **94**, 1244 mitverdeutlichen sollen. Wegen der Unzulässigkeit einer Streitverkündung Einf 3 vor §§ 72–74.

5 **B. Bezeichnung der Beweistatsachen, Z 2.** Der Antragsteller muß die Beweistatsachen grundsätzlich wie bei §§ 359 Z 1, 371, 373, 377 II Z 2, 403 angeben. Ihre Angabe in großen Zügen genügt allerdings, Düss MDR **81**, 324, Hbg MDR **78**, 845, KG MDR **92**, 410, aM StJL § 485 Rn 15, ThP 2 (aber in einem solchen meist eiligen Verfahren mit seinem erheblichen Zeitdruck schon für den Antragsteller und evtl für dessen ProzBev darf man nun auch nicht allzu scharfe Anforderungen stellen). Da die Beweiserhebung auf Kosten des Antragstellers stattfindet, sind erst recht keine allzu hohen Anforderungen statthaft, KG MDR **92**, 410. Das Gericht darf die Erheblichkeit nicht prüfen, § 485 Rn 3. Freilich darf das Verfahren nicht zu einem Ausforschungsbeweis ausarten, Einf 27 vor § 284, Düss JB **92**, 426, KG RR **00**, 468, Köln MDR **00**, 226. Deshalb muß der Antragsteller zumindest über den beweisbedürftigen Zustand einer Person oder Sache in einem ihm zumutbaren Umfang bestimmte Behauptungen aufstellen, Düss MDR **81**, 324, KG MDR **92**, 410. Auch kann die Angabe des Anspruchs zweckmäßig sein, Cuypers NJW **94**, 1989. Man darf das selbständige Beweisverfahren aber nicht zur Klärung von Rechtsfragen mißbrauchen, Mü OLGR **93**, 252.

6 **C. Benennung der Zeugen; Bezeichnung der übrigen zulässigen Beweismittel, Z 3.** Das Gericht muß prüfen können, ob das selbständige Beweisverfahren auf einem zulässigen Weg möglich sein kann, also mit einem dort zulässigen Beweismittel. Der Antragsteller muß daher die von ihm gewünschten Zeugen nach § 373 benennen oder die sonstigen nach § 485 zulässigen Beweismittel bezeichnen. Er darf einen bestimmten Sachverständigen benennen, mag dieser nach § 404 II bestellt worden sein oder nicht. Das Gericht muß den benannten Sachverständigen bestellen, § 404 I ist unanwendbar. Denn eine Würdigung des Gutachtens erfolgt erst bei seiner Verwertung in der Beweisaufnahme des Hauptprozesses. Auch die „Bezeichnung der ... Beweismittel" umfaßt beim Sachverständigen dessen grundsätzlich verbindliche Bezeichnung, sofern der Beweisführer überhaupt zulässigerweise die Person des Sachverständigen und nicht nur diese Art von Beweismittel bezeichnet. Insofern ist der Unterschied zwischen einer Benennung und einer Bezeichnung nur sprachlich beachtlich, LG Gött RR **88**, 694, aM Brdb OLGR **95**, 34, Düss OLGZ **94**, 85, ZöHe 5 (vgl aber Rn 8).

7 **D. Gerichtliche Auswahl, Z 3.** Der Antragsteller kann die Auswahl des Sachverständigen aber schon zur Vermeidung von dessen späterer Befangenheit im Prozeß auch dem Gericht überlassen, § 406 Rn 1, LG Köln NJW **78**, 1866, ThP 3, ZöHe 5, aM Mü MDR **76**, 851 (aber aus einem Recht folgt nicht stets auch eine systemfremde Pflicht). Der Antragsteller kann die Auswahl des Sachverständigen auch an einen bestimmten Kreis binden, etwa an „einen von der Handelskammer zu benennenden Sachverständigen". Es muß sich nicht stets um einen öffentlich bestellten vereidigten Sachverständigen handeln, AG Neuss ZMR **95**, 212. Das Gericht darf dem Sachverständigen keine über den Antrag hinausgehende Aufgabe übertragen, auch nicht nach § 404 a III, Mü RR **01**, 1652. Der Sachverständige darf entsprechend nicht den Auftrag oder Antrag überschreiten, Mü RR **01**, 1652.

8 **E. Kein Recht auf Ablehnung oder Gegenantrag, Z 3.** Der Antragsgegner hat kein Ablehnungsrecht und auch kein Recht auf einen sog Gegenantrag, zumal er das Gericht an dessen etwaige Benennung binden kann. Es findet lediglich eine Beurteilung der Situation im Prozeß statt, auch mithilfe von § 412, Köln VersR **94**, 1328, LG Gött RR **98**, 694, LG Münst MDR **98**, 1501, aM Hbg MDR **01**, 1012, LG Kblz RR **03**, 1379, Herget NJW Sonderheft „BayObLG" **05**, 45 (aber der Antragsgegner kann seinerseits einen Antrag auf ein selbständiges Beweisverfahren stellen, Ffm RR **90**, 1023. Dieser begründet bis zur etwaigen Verbindung ein selbständiges Verfahren, Hbg MDR **01**, 1012). Der Antragsgegner kann auf diese Weise seinen Sachverständigen einführen, Oldb MDR **77**, 500, LG Gött RR **88**, 695. Bereits die Zustellung des Antrags hemmt die jeweilige Verjährung, (jetzt) § 204 I Z 7 BGB.

9 **F. Unerheblichkeit von § 492 I.** § 492 I hilft der Gegenmeinung entgegen Hamm VersR **96**, 911 ebenfalls nicht. Die Vorschrift scheint zwar auch auf § 404 I zu verweisen. Sie bezieht sich nur auf die „überhaupt" geltenden Vorschriften. Demgegenüber enthält § 487 Z 3 mit dem Wort „Benennung" eine vorrangige, den Besonderheiten dieses Verfahrens angepaßte Regelung: Im „Normalprozeß" ist § 373 nicht etwa nach § 402 anwendbar, sondern durch § 403 ersetzt, § 402 Rn 1 „§ 373", und dort braucht man nur die „zu begutachtenden Punkte" zu bezeichnen, gerade nicht auch die Person des verlangten Sachverständigen, wie es Z 3 der Sache nach fordert oder doch wenigstens derart zuläßt, daß die Bezeichnung das Gericht bindet. Im übrigen kann der Antragsgegner auf ein Ablehnungsrecht verzichtet haben, Köln VersR **93**, 1502. Jedenfalls ist eine denkbare Verringerung einer Ablehnungsgefahr kein gegenüber dem Bezeichnungsrecht des Beweisführers gleichwertiges oder gar vorrangiges Argument zur Begrenzung *seiner* Bezeichnungsfreiheit. Von Amts wegen bestellt das Gericht keinen zusätzlichen Sachverständigen.

10 **G. Glaubhaftmachung der Zulässigkeit und Zuständigkeit, Z 4.** Der Antragsteller muß die Tatsachen, die die Zulässigkeit des selbständigen Beweisverfahrens und die Zuständigkeit des Gerichts begründen sollen, nach §§ 485, 486 darlegen und nach Z 4 außerdem gemäß § 294 glaubhaft machen. Dazu gehört auch die Glaubhaftmachung einer dringenden Gefahr und der ja nur noch dann eintretenden Zuständigkeit des AG des Aufenthalts oder der Belegenheit, soweit es nicht ohnehin das Prozeßgericht ist, § 486 III.

Entbehrlich ist eine Glaubhaftmachung entgegen dem scheinbar umfassenden Zwang nach Z 4 doch ausnahmsweise, soweit der Antragsgegner zustimmt, Cuypers NJW **94**, 1989, oder soweit der Antragsgegner den Tatsachenvortrag des Antragstellers zugesteht, wie bei § 288, Oldb OLGR **95**, 135.

11 **5) Weitere Einzelfragen, Z 1–4.** Wegen des Fehlens eines Anwaltszwangs § 486 Rn 1. Eine Drittbeteiligung und insbesondere eine Streitverkündung ist unstatthaft, Einf 3 vor §§ 72–74, Bohnen BB **95**, 2338. Wegen des Auslagenvorschusses § 17 I 1, 2 GKG, Hartmann Teil I A. Wert: Anh § 3 Rn 102 „Selbständiges Beweisverfahren".

6) Verstoß, Z 1–4. Das Gericht muß einen formellen oder inhaltlichen Mangel nach § 490 Rn 6 beurteilen. Beim Verstoß gegen Z 1 tritt gegenüber dem Gegner keine sachlichrechtliche Wirkung ein, BGH NJW **80**, 1458. Eine Zurückweisung mangels einer ausreichenden Glaubhaftmachung bei Z 4 erfordert zuvor einen Hinweis nebst einer Fristsetzung. Soweit das Gericht einem Befangenheitsantrag nach Rn 8 unzulässigerweise stattgegeben hat, ist die Entscheidung trotzdem wegen § 406 V unanfechtbar, es sei denn, es lägen auch ein Verstoß gegen Art 103 I GG oder eine Willkür vor, LG Gött RR **88**, 694. Die Entscheidung bindet für das Hauptverfahren, § 493 Rn 2. 12

488, 489 (weggefallen)

490 *Entscheidung über den Antrag.* **[I] Über den Antrag entscheidet das Gericht durch Beschluss.**

[II 1] In dem Beschluss, durch welchen dem Antrag stattgegeben wird, sind die Tatsachen, über die der Beweis zu erheben ist, und die Beweismittel unter Benennung der zu vernehmenden Zeugen und Sachverständigen zu bezeichnen. [2] Der Beschluss ist nicht anfechtbar.

Gliederung

1) Systematik I, II. Die Vorschrift regelt das an den Antrag anschließende Verfahren in I, die Entscheidung in II. Beide Bereiche finden in §§ 491 ff ergänzende Regelungen. Außerdem gilt natürlich das Buch 1 ergänzend. Ferner gelten ergänzend §§ 128 IV, 492. 1

2) Regelungszweck, I, II. Der Wegfall des Verhandlungszwangs dient der Prozeßförderung, Grdz 12 vor § 128. Das gilt, zumal manches selbständige Beweisverfahren wegen des drohenden Verlusts des Beweismittels unter einem ähnlichen Zeitdruck steht wie ein Verfahren auf einen Arrest oder auf eine einstweilige Verfügung. I geht sogar noch weiter als § 937 II. Denn dort ist eine Verhandlung nur ausnahmsweise entbehrlich. 2

Beweiserheblichkeit im Hauptverfahren ist eine bei § 490 noch nicht klärungsbedürftige Frage. Das gilt formell sogar dann, wenn der Hauptprozeß bereits anhängig ist. In der Praxis wird man freilich im Ergebnis über § 485 I einen bereits wahrscheinlich entscheidungsunerheblichen Antrag nach § 487 sehr kritisch zu behandeln versuchen. Dazu mag eine nur mit der Ladungsfrist des § 217 und daher rasch ansetzbare Verhandlung oder gar eine telefonische allzeitige Erörterung sinnvoll sein. 3

Rechtssicherheit bezweckt II 1. Viele beachten die Vorschrift reichlich knapp. Das mag den Sachverständigen unnötig verunsichern. Deshalb ist alle Sorgfalt notwendig.

3) Geltungsbereich, I, II. Vgl Üb 3 vor § 485. 4

4) Verfahren, I. Über den Antrag entscheidet das Gericht bei einer freigestellten mündlichen Verhandlung, § 128 IV. Es muß einen Termin unverzüglich bestimmen, § 216, und zwar auch für die Zeit vom 1. 7. bis 31. 8., § 227 Rn 31. Das selbständige Beweisverfahren ist nicht schon als solches eine Sommersache. Es kommt für § 227 III 2 Hs 1 Z 1–6 auf den dortigen Charakter des beabsichtigten Hauptprozesses an. Das Gericht muß dem Antragsgegner das rechtliche Gehör geben, Art 103 I GG, LG Mü ZMR **85**, 417. Das ist auch schon wegen der späteren weiteren Verwertbarkeit des Ergebnisses nach § 493 I erforderlich. Das kann allerdings durchaus auch einmal erst *nach* der Anordnung der Beweisaufnahme geschehen, Karlsr MDR **82**, 1027. In einem besonderen Eilfall muß das Gericht daher auch vor einem rechtlichen Gehör die Beweisaufnahme anordnen, LG Ffm MDR **85**, 153. Freilich ist eine Ablehnung ohne ein gerade vor der Entscheidung nötiges rechtliches Gehör des Gegners statthaft. Denn nur eine Beweisanordnung würde den Gegner beschweren. Eine Verweisung nach § 281 ist statthaft. Sie erfordert einen Hilfsantrag, Ffm RR **98**, 1610. 5

5) Entscheidung, I, II. Die Entscheidung über den Antrag ergeht durch einen Beschluß, I, § 329. 6

A. Beschlußinhalt. Wenn das Gericht dem Antrag stattgibt, ist das inhaltlich ein Beweisbeschluß, § 359. Er geht dann freilich in seiner Bedeutung meist weiter. Er darf wegen § 308 I und wegen der vielfach abschließenden Wirkung der Beweisaufnahme im Verfahren nach § 485 keineswegs über die Anträge hinausgehen, BGH NJW **00**, 961, Ffm RR **90**, 1024. Das Gericht muß den Antrag nach einem gemäß § 139 notwendigen Hinweis nebst einer angemessenen Behebungsfrist in folgenden Fällen zurückweisen: Wenn es bei seiner von Amts wegen notwendigen Prüfung nach Grdz 39 vor § 128 seine Unzuständigkeit erkennt; wenn die Voraussetzungen der §§ 485, 487 fehlen, BGH NJW **00**, 961; wenn eine Beweisaufnahme unzulässig ist, BGH NJW **00**, 961. Nicht prüfen darf das Gericht die Beweisbedürftigkeit und die Entscheidungserheblichkeit der behaupteten Tatsache, § 485 Rn 8, BGH NJW **00**, 961, Düss JB **92**, 426. Denn diese Prüfung ist ja gerade erst im etwaigen Hauptprozeß abschließend möglich, § 286. Wegen eines Vorschusses Üb 5 vor § 485.

B. Begründung, Mitteilung. Begründen muß das Gericht seine Entscheidung grundsätzlich in aller Regel, § 329 Rn 4, aM MüKoSchr 2, ZöHe 2 (nur bei einer Abweichung vom Antrag. Aber zumindest wegen der Angreifbarkeit des Urteils nach Rn 9 muß das Gericht die Nachprüfbarkeit vollständig ermöglichen. Insofern geht ja eben die Bedeutung der Entscheidung über einen „einfachen" Beweisbeschluß hinaus). Das Gericht muß seine Entscheidung verkünden oder bei einer Ablehnung dem Antragsteller, nach 7 der Anhörung des Antragsgegners auch ihm, beim Stattgeben beiden Parteien formlos mitteilen, § 329 II 1. Das Gericht stellt die Entscheidung nur dann förmlich zu, wenn es gleichzeitig einen Termin bestimmt, § 329 II 2. Die Entscheidung ist jederzeit abänderlich, Jena MDR **97**, 1161 (vgl aber § 487 Rn 8, 9), Schilken ZZP **92**, 257. Es ist statthaft und oft angebracht, die Entscheidung zugleich auf einen etwaigen vom Gegner angetretenen Gegenbeweis zu erstrecken. Kosten: Üb 5 vor § 485.

8 **6) Rechtsbehelfe, I, II.** Ein stattgebender oder ein die Aufhebung einer Beweisanordnung ablehnender Beschluß ist grundsätzlich erst zusammen mit dem Urteil anfechtbar, § 355 II, BayObLG NZM **02**, 570 (WEG), KG MDR **99**, 564, LG Mainz WoM **97**, 632, aM Ffm RR **93**, 1342 (aber § 355 II gilt für das gesamte Beweisverfahren).

9 Bei einer *greifbaren Gesetzwidrigkeit* ist keine sofortige Beschwerde nach § 567 I zulässig, § 567 Rn 10. Bei einer Zurückweisung ist grundsätzlich die sofortige Beschwerde nach § 567 I Z 2 möglich, (je zum alten Recht) Ffm NJW **92**, 2837, Karlsr MDR **82**, 1027, Saarbr VersR **00**, 891. Eine Zurückweisung kann auch in der Ablehnung eines vor einer Erledigung des bisherigen Antrags gestellten Antrags auf eine weitere Beweiserhebung liegen, Hbg WoM **93**, 94. Sie kann ferner in einer Änderung des früheren Beschlusses liegen. Eine sofortige Beschwerde kommt auch bei einer allzu langen Verzögerung der Entscheidung in Betracht, § 252, aM Kblz MDR **08**, 817. Zur Untätigkeitsbeschwerde vgl auch § 567 Rn 9.

Die sofortige Beschwerde ist auch dann zulässig, wenn fälschlich eine *Verfügung* des Vorsitzenden ergangen ist, die aber erkennen läßt, daß das Kollegium entschieden hat, Karlsr OLGZ **80**, 63, aM ZöHe 4 (zu formstreng). Auch gegen die Zurückweisung eines sog Gegenantrags nach § 487 Rn 6 ist die sofortige Beschwerde zulässig, § 567 I Z 2, aM Schilken ZZP **92**, 256 (aber auch dann hat das Gericht ein Verfahrensgesuch abgelehnt). Keine Beschwerde ist statthaft, soweit das Gericht eine Entscheidung nach §§ 398, 402, 412 ablehnt, Ffm OLGR **96**, 82, Hamm OLGR **96**, 203, Köln RR **00**, 729. Zur Anschlußbeschwerde § 567 III. Eine Rechtsbeschwerde kommt unter den Voraussetzungen des § 574 in Betracht

10 Eine Anregung zu einer *Änderung* oder Aufhebung von Amts wegen ist stets zulässig, § 329 Rn 16, § 360 Rn 4, 5, KG MDR **99**, 564, LG Mü ZMR **85**, 417, Mickel BB **84**, 441. Eine sofortige Beschwerde gegen einen anordnenden Beschluß läßt sich grundsätzlich in eine solche Anregung umdeuten, Karlsr MDR **82**, 1027, LG Mü ZMR **85**, 417. Wegen Einwendungen gegen die Ordnungsmäßigkeit der Durchführung vgl § 492 Rn 5.

491 *Ladung des Gegners.*

I Der Gegner ist, sofern es nach den Umständen des Falles geschehen kann, unter Zustellung des Beschlusses und einer Abschrift des Antrags zu dem für die Beweisaufnahme bestimmten Termin so zeitig zu laden, dass er in diesem Termin seine Rechte wahrzunehmen vermag.

II Die Nichtbefolgung dieser Vorschrift steht der Beweisaufnahme nicht entgegen.

1 **1) Systematik, I, II.** Es handelt sich um eine durch die Besonderheiten des selbständigen Beweisverfahrens bedingte Abwandlung der im Hauptprozeß geltenden Ladungsvorschriften mit einem Vorrang zB gegenüber § 274 III (Einlassungsfrist) oder § 217 (Ladungsfrist). Die Bestimmungen zum Wie einer Ladung eines schon bekannten Gegners nach § 487 Z 1, zB §§ 166 ff, 178 ff (Ersatzzustellung), bleiben beachtlich. Soweit der Gegner noch unbekannt ist, gilt § 494. Soweit überhaupt kein Termin in Betracht kommt, etwa beim zunächst nur schriftlichen Gutachten, ist § 491 natürlich noch unanwendbar und teilt das Gericht den Beweisbeschluß formlos dem Gegner mit. Eine förmliche Zustellung ist freilich ratsam.

2 **2) Regelungszweck, I, II.** Die Vorschrift dient zwar in I schon nach dem Wortlaut der möglichsten Wahrung des rechtlichen Gehörs nach Art 103 I GG als eines prozessualen Grundrechts, Einl III 16, Düss RR **97**, 1284. Sie stellt aber zugleich in II klar, daß in einer Abweichung vom sonstigen Verstoß gegen das Gehör eine Nichtladung usw den Fortgang des Beweisverfahrens nicht beeinträchtigt. Das hat seinen Grund in der meist erheblichen Eilbedürftigkeit wie beim Arrest oder bei der einstweiligen Verfügung, wo evtl nicht nur eine Verhandlung unterbleiben muß, sondern sogar die bloße Anhörung des Antragsgegners, § 937 Rn 4. Freilich können die Rechtswirkungen des § 493 wegen ihrer Endgültigkeit weitergehen als diejenigen der §§ 916, 935 ff. Deshalb ist eine Zurückhaltung beim Absehen von einer Ladung oder gar von einer Anhörung ratsam.

3 **3) Geltungsbereich, I, II.** Vgl Üb 3 vor § 485.

4 **4) Ladungspflicht, I.** Das Gericht muß den Beweisführer und seinen Gegner zum etwaigen Beweistermin von Amts wegen laden, § 214. Soweit der Sachverständige Ermittlungen vornimmt, gilt § 407 a Rn 11. Das Gericht braucht keine Ladungsfrist nach § 217 einzuhalten. Doch muß die Ladung so zeitig geschehen, daß der Gegner seine Rechte im Termin wahren kann, Art 103 I GG, §§ 357, 397, 402. Gleichzeitig mit dem Beschluß muß das Gericht einen etwaigen Termin bestimmen, § 216. Ein Termin entfällt, soweit nur ein schriftliches Gutachten ohne eine mündliche Erläuterung erfolgt. Die Einbeziehung eines weiteren Gegners ist jedenfalls nicht mehr zulässig, soweit das Verfahren beendet ist, § 492 Rn 6, LG Köln MDR **94**, 202. Das Gericht lädt einen Zeugen oder Sachverständigen wie sonst, §§ 377, 402.

5 **5) Verstoß, II.** Bei einem Verstoß findet die Beweisaufnahme trotzdem statt, II, auch beim bloßen Ausbleiben einer Partei, § 367. Die Unterlassung einer Ladung kann sich nach § 493 II auswirken.

492 *Beweisaufnahme.*

I Die Beweisaufnahme erfolgt nach den für die Aufnahme des betreffenden Beweismittels überhaupt geltenden Vorschriften.

II Das Protokoll über die Beweisaufnahme ist bei dem Gericht, das sie angeordnet hat, aufzubewahren.

III Das Gericht kann die Parteien zur mündlichen Erörterung laden, wenn eine Einigung zu erwarten ist; ein Vergleich ist zu gerichtlichem Protokoll zu nehmen.

1 **1) Systematik, I–III.** Die Vorschrift enthält Ergänzungen zu § 490 I. Die Möglichkeit III, die § 118 I 3 entspricht, enthält eine Abwandlung von § 285.

2) Regelungszweck, I–III. Auch wenn das selbständige Beweisverfahren wegen eines drohenden Verlusts des Beweismittels oft eilbedürftig ist, soll doch gerade auch wegen der gewissen Endgültigkeit der Beweisaufnahme nach § 493 ihre Vornahme ebenso sorgfältig sein wie im Hauptprozeß. I dient also der Ermittlung der Wahrheit und damit der sachlichen Gerechtigkeit, Einl III 9, 36. II hat eine rein technische Bedeutung. III dient wie §§ 118 I 3 der Prozeßwirtschaftlichkeit nach Grdz 14 vor § 128 auch wegen der im selbständigen Beweisverfahren geltenden Parteiherrschaft, Grdz 18 vor § 128. 2

3) Geltungsbereich, I–III. Vgl Üb 3 vor § 485. 3

4) Verfahren, I. Die Beweisaufnahme geschieht nach §§ 355 ff, §§ 371 ff, auch § 375, aM ThP 1 (wegen § 486 II, III. Aber das ist ein Sonderfall der Zuständigkeit). § 404 I ist nur insoweit anwendbar, als der Antragsteller nicht die Person des Sachverständigen bindend benennt, § 487 Rn 7, 8, dort auch zur Ablehnungsfrage. Eine Beeidigung findet also nur unter den Voraussetzungen des § 391 statt. Sie erfolgt wegen der dem Hauptverfahren nach § 286 vorbehaltenen Beweisaufnahme im selbständigen Beweisverfahren nur ausnahmsweise und bei einer Anhängigkeit des Hauptprozesses nur infolge einer Anordnung des Prozeßgerichts. Der Sachverständige muß das BDSG beachten, soweit das mit seinem Auftrag vereinbar ist, Scholz BauR **87**, 275. Über Einwendungen gegen die Zuständigkeit, den Antrag oder die sonstige Zulässigkeit entscheidet das Gericht im Termin durch einen Beschluß. Bei einer Beweisaufnahme vor dem nach §§ 361, 362 verordneten Richter entscheidet als Prozeßgericht dasjenige Gericht, das die Beweisaufnahme angeordnet hat. Die Einholung einer schriftlichen Zeugen- oder Sachverständigenaussage ist wegen der Verweisung von I auch auf §§ 402 ff und damit auf § 411 I, II zulässig, Schilken ZZP **92**, 257. Dabei läuft eine Frist ab dem Erhalt des Ausgangsgutachtens, Ffm RR **07**, 18. 4

5) Ermittlungen, I. Wegen der Ermittlungen durch den Sachverständigen § 407 a Rn 11. Wenn die Partei Ermittlungen durch das Gericht wünscht, ist ein Antrag auf einen richterlichen Augenschein in der Gegenwart auch des etwaigen Sachverständigen ratsam, § 371. § 411 III ist anwendbar, Düss NJW **00**, 3364, Köln VersR **97**, 511, Saarbr RR **94**, 788. Der Antragsgegner muß dem Sachverständigen den Zutritt gewähren, Karlsr RR **02**, 951. Die Erläuterung oder Anhörung kann im selbständigen Beweisverfahren erfolgen, BGH **164**, 96, Köln OLGR **97**, 69, Saarbr RR **94**, 787, aM LG Köln WoM **98**, 110, ZöHe § 485 Rn 8 (aber schon der Wortlaut von I ist eindeutig). Man kann sie aber auch im Hauptprozeß unverzüglich beantragen, LG Ffm MDR **85**, 150. Auch § 411 IV ist anwendbar, Celle RR **01**, 142, Ffm NJW **07**, 852, aM Kblz JB **06**, 438. Die dortige Frist muß angemessen sein, Düss MDR **04**, 1200, Köln RR **98**, 210, aM Brschw BauR **93**, 351, Ffm BauR **94**, 139, Köln BauR **98**, 591 (aber eine Frist muß stets den Gesamtumständen angemessen sein). Dabei reicht eine Frist meist von 1–6 Monaten, Ffm NJW **07**, 852, und eine Frist von 4 Monaten fast stets, Düss MDR **04**, 1200, Mü MDR **01**, 531. Ein Anhörungsantrag ist nach weniger als 3 Monaten nicht verspätet, zumal wenn der Antragsteller zunächst ein Privatgutachten eingeholt hatte, Düss NJW **00**, 3364. Ein Antrag erst nach 6 Monaten ist meist verspätet, Nürnb MDR **02**, 538, erst recht ein solcher erst nach 10 Monaten, Celle RR **01**, 142. Nur bei einem Rechtsmißbrauch darf das Gericht einen Anhörungsantrag ablehnen, Einl III 54, Düss NJW **00**, 3364. 5

Gegen die *Zurückweisung* einer Einwendung ist kein Rechtsbehelf zulässig, § 490 II, soweit er nicht aus §§ 371–414 folgt. Zurückgewiesene Einwendungen kann die Partei noch im Prozeß vorbringen, zB den Sachverständigen ablehnen, § 487 Rn 8. Die Unterlassung einer zumutbaren Einwendung im Beweisverfahren kann entsprechend § 444 deren Unbeachtlichkeit im Hauptprozeß bewirken.

6) Ende, I. Das Verfahren endet: Mit der Zurücknahme des Antrags, BGH **60**, 212; mit der Rechtskraft des ablehnenden Beschlusses, § 322, Hbg MDR **78**, 845, aM Hamm RR **07**, 600; mit der Durchführung der Beweisaufnahme, LG Köln MDR **94**, 202, genauer: mit der Mitteilung ihres Ergebnisses, Hamm RR **07**, 600, also zB: Bei einer Zeugenaussage mit ihrer Verlesung im Termin des Hauptprozesses, § 162; bei einem lediglich schriftlich eingeholten Gutachten grundsätzlich (s aber unten) mit der Mitteilung des Gutachtens an die Parteien, BGH **150**, 58, Düss MDR **04**, 1200, Kblz MDR **05**, 826; bei einer mündlichen Begutachtung oder bei einer mündlichen Erläuterung des zuvor schriftlichen Gutachtens, BGH NJW **02**, 1641, die auch der Antragsgegner beantragen darf, BGH **150**, 58, Saarbr RR **94**, 788, Schilken ZZP **92**, 256; mit der Verlesung des Protokolls oder mit der Vorlage des Protokolls, freilich nicht erst mit seiner Übermittlung oder mit der Festsetzung des Streitwerts, BGH **60**, 212; mit dem Abschluß eines Vergleichs, III, Hamm RR **07**, 600; mit der Kostenentscheidung nach § 494 a II 1. 6

7) Protokollaufbewahrung, II. Das Protokoll bleibt beim Gericht. Vgl auch § 362 II. Natürlich kann und muß das Hauptsachegericht das Protokoll beiziehen. Es sendet das Protokoll im Original nach dem Abschluß des Hauptprozesses an das nach II zuständige Gericht zurück und nimmt zweckmäßig vorher eine Protokollablichtung zu den Akten des Hauptprozesses. 7

8) Erörterung; Vergleich, III. Die Vorschrift stimmt mit § 118 I 3 wörtlich überein. Vgl daher § 118 Rn 13 ff, ferner § 279 Rn 2, Lüke NJW **94**, 234. Ein Anwaltszwang besteht wie sonst, § 78. Eine Erstattung von Kosten der Teilnahme an einem Termin nach III braucht einer Übernahme einen Vergleich, LG Stade MDR **95**, 1270. Ein Protokoll ist wie sonst erforderlich, § 160 III Z 1, 4, 5. 8

493 *Benutzung im Prozess.* [I] **Beruft sich eine Partei im Prozess auf Tatsachen, über die selbständig Beweis erhoben worden ist, so steht die selbständige Beweiserhebung einer Beweisaufnahme vor dem Prozessgericht gleich.**

[II] **War der Gegner in einem Termin im selbständigen Beweisverfahren nicht erschienen, so kann das Ergebnis nur benutzt werden, wenn der Gegner rechtzeitig geladen war.**

Schrifttum: *Weller,* Selbständiges Beweisverfahren und Drittbeteiligung usw, Diss Bonn 1994.

1 **1) Systematik, I, II.** Die Vorschrift enthält im Anschluß an die Regeln zur Beweisaufnahme diejenigen zur Beweiswürdigung. Sie ergänzt damit §§ 286, 287, 367, ohne deren Grundsatz einer freien Beweiswürdigung einzuschränken. § 494 a enthält ja nur Kostenfolgen.

2 **2) Regelungszweck: Benutzungsrecht, I, II.** Im Benutzungsrecht liegt ein Hauptsinn des selbständigen Beweisverfahrens. Jede Partei darf sich bei einer Nämlichkeit der Beteiligten nach Rn 4 (nur) auf die inländische selbständige Beweisaufnahme im Hauptprozeß berufen, Köln NJW **83**, 2779 (abl Meilicke NJW **84**, 2017), LG Bln RR **07**, 675. Das gilt: Immer, wenn der Gegner erschienen war; ferner immer, wenn das Gericht ihn ordnungsgemäß und insbesondere rechtzeitig geladen hatte, § 491; allerdings nicht mehr auch schon dann, wenn der Beweisführer eine schuldlose Unterlassung oder Verspätung der Ladung nach § 294 glaubhaft macht. Wenn die Ladung ohne eine Schuld des Antragstellers trotz einer objektiv bestehenden Ladungsmöglichkeit unterblieben war, darf der Antragsteller eine Wiederholung der Beweisaufnahme verlangen, Rn 5, Celle NZM **98**, 160. Die Rüge des Mangels muß sofort bei der Berufung auf das selbständige Beweisverfahren im Hauptprozeß erfolgen. Andernfalls muß man einen Verzicht annehmen, § 295.

Wer als *Gegner* eine mögliche und zumutbare Einwendung unterläßt, ist beweispflichtig dafür, daß das Ergebnis des selbständigen Beweisverfahrens nicht zutrifft, Düss BB **88**, 721. Mangels eines Termins ist II unanwendbar. Das gilt zB dann, wenn der Sachverständige sein Gutachten nur schriftlich erstatten mußte. Wegen Ermittlungen durch den Sachverständigen § 407 a Rn 11. Sie sind kein Termin nach II. Hat der Sachverständige sein Gutachten auf Grund von solchen jetzt unstreitigen Tatsachen erstattet, die er in einem früheren selbständigen Beweisverfahren ohne eine Beteiligung des jetzigen Bekl ermittelt hatte, ist II unanwendbar, Düss RR **94**, 283.

3 **3) Geltungsbereich, I, II.** Üb 3 vor § 485.

4 **4) Verstoß, I, II.** Ein Verstoß kann zB bei einer fehlenden „Ladung" zur Ortsbesichtigung vorliegen, ferner bei Mängeln der Identität der Parteien des selbständigen Beweis- und des Hauptverfahrens, Ffm MDR **85**, 853, KG MDR **76**, 847, die auch eine Abtretung umfaßt, Düss MDR **85**, 1032, KG MDR **81**, 940. Auch die Nichtbeteiligung eines von mehreren Bekl des Hauptprozesses am selbständigen Beweisverfahren macht dessen Ergebnis zumindest diesem Bekl gegenüber nach § 493 unverwertbar, BGH NJW **03**, 3057. Dann darf und muß das Gericht die Verwertbarkeit des schriftlichen Gutachtens frei würdigen, § 406 Rn 30, Cuypers NJW **94**, 1991, aM ThP 2 (das Gutachten sei dann unverwertbar. Aber § 286 kann derartige Bedenken miterfassen). Wegen der Ablehnbarkeit des Sachverständigen nach der Erstattung des Gutachtens des selbständigen Beweisverfahrens im nachfolgenden Hauptprozeß § 406 Rn 31. Ein Verstoß des Gerichts eröffnet dem Gegner den Beweisantritt im Hauptprozeß.

5 **5) Bewertung, I.** Die selbständige Beweiserhebung steht einer vor dem Prozeßgericht geschehenen gleich, Düss RR **97**, 1284, Kblz MDR **90**, 159. Deshalb ist auch weder ein besonderer Verwertungsantrag noch ein besonderer Verwertungsbeschluß notwendig. Vielmehr genügt und ist erforderlich eine ordnungsgemäße Protokollierung nach § 160 III, Düss JB **04**, 534. Die Auswertung erfolgt nach § 286 von Amts wegen. Eine Verhandlung über ihr Ergebnis ist notwendig, § 285 I (nicht II), Hamm MDR **92**, 713. Ein Verstoß ist heilbar, § 295. Eine Ergänzung oder Wiederholung vor dem Prozeßgericht ist zulässig, Mickel BB **84**, 439. Sie erfolgt nach §§ 360, 398, 411 IV, 412, Rn 2, BGH RR **08**, 303, Kblz MDR **90**, 159. Das gilt etwa auch bei einer unterbliebenen Beeidigung, bei der Ablehnung eines Sachverständigen oder beim Wechsel der Parteien des selbständigen Beweisverfahrens zum Hauptprozeß, BGH MDR **91**, 236. Darum findet auch dann keine urkundenbeweisliche Benutzung statt, wenn eine solche Benutzung im Hauptprozeß unzulässig wäre, etwa weil sie eine Zeugenvernehmung ersetzen soll. Das gilt auch im Urkundenprozeß, § 492. Eine urkundenbeweisliche Auswertung des Ergebnisses des selbständigen Beweisverfahrens bleibt aber gegenüber einem nach Rn 4 zulässigen gegnerischen Beweisantritt im Hauptprozeß statthaft, Ffm MDR **85**, 853. Eine Entscheidung im selbständigen Beweisverfahren über einen Ablehnungsantrag bindet im Hauptprozeß, Ffm RR **90**, 768.

494

Unbekannter Gegner. [I] **Wird von dem Beweisführer ein Gegner nicht bezeichnet, so ist der Antrag nur dann zulässig, wenn der Beweisführer glaubhaft macht, dass er ohne sein Verschulden außerstande sei, den Gegner zu bezeichnen.**

[II] **Wird dem Antrag stattgegeben, so kann das Gericht dem unbekannten Gegner zur Wahrnehmung seiner Rechte bei der Beweisaufnahme einen Vertreter bestellen.**

1 **1) Systematik, I, II.** § 494 macht eine Ausnahme von § 487 Z 1 und damit eine Ausnahme vom grundsätzlichen Verbot eines Ausforschungsbeweises, Einf 27 vor § 284, Ffm MDR **94**, 1244. Denn die Bezeichnung des Gegners ist auf dieser Entwicklungsstufe bisweilen unmöglich. Der Schädiger kann zB unbekannt sein, etwa als ein flüchtender Unfallverursacher, BGH NJW **80**, 1458. Die Vorschrift enthält nur scheinbar sogar eine Ausnahme vom Prozeßgrundrecht des rechtlichen Gehörs, Einl III 16: Wen man nicht kennt, den kann man nicht anhören – *wenn* man ihn wirklich nicht kennen kann.

2 **2) Regelungszweck, I, II.** Die Problematik Rn 1 erfordert eine gewisse Großzügigkeit, aber ebenso auch eine gewisse Zurückhaltung. So unvermeidbar die öffentliche Zustellung nach §§ 185 ff trotz ihrer weitreichenden Nachteilsfolgen für den Zustellungsgegner werden kann, so unentbehrlich kann das selbständige Beweisverfahren gegen noch Unbekannt sein. Um so vorsichtiger muß man damit umgehen. Denn seine Folgen können ebenfalls weit reichen, und zwar endgültig. Das muß man mitbedenken. Zumindest sollte man von II durchaus Gebrauch machen.

3 **3) Geltungsbereich, I, II.** Üb 3 vor § 485.

4 **4) Schuldlose Unmöglichkeit der Bezeichnung des Gegners, I.** Aus den Gründen Rn 1 ist ein selbständiges Beweisverfahren auch ohne eine Bezeichnung des Gegners dann zulässig, wenn der Beweis-

führer nach § 294 glaubhaft macht, daß er den Gegner ohne ein eigenes Verschulden nicht benennen kann, sei es während oder außerhalb eines Streitverfahrens, § 485 I (seltener), sei es vor der Anhängigkeit eines Rechtsstreits, § 485 II (eher). Da die Gefahr des Mißbrauchs nicht unbeträchtlich ist und die Stellung des Gegners im kommenden Prozeß erschweren kann, muß man an die Zumutbarkeit der Nachforschungen strenge Anforderungen stellen.

5) Vertreter, II. Das Gericht kann nach seinem pflichtgemäßen Ermessen dem unbekannten Gegner 5
einen Vertreter bestellen. Er ist ein gesetzlicher Vertreter nach § 51. Der Bestellte ist zur Übernahme des Amts nicht verpflichtet. Der Antragsteller trägt zunächst seine Vergütung. Sie ist im nachfolgenden Hauptprozeß im Rahmen von § 91 Rn 195 ff erstattungsfähig. Der Vertreter hat keinen Anspruch gegen die Staatskasse. Darum ist § 17 GKG unanwendbar. II ist entsprechend anwendbar, wenn die Partei gestorben oder ihr gesetzlicher Vertreter weggefallen ist.

494a *Frist zur Klageerhebung.*

[I] [1] Ist ein Rechtsstreit nicht anhängig, hat das Gericht nach Beendigung der Beweiserhebung auf Antrag ohne mündliche Verhandlung anzuordnen, dass der Antragsteller binnen einer zu bestimmenden Frist Klage zu erheben hat.

[II] [1] Kommt der Antragsteller dieser Anordnung nicht nach, hat das Gericht auf Antrag durch Beschluss auszusprechen, dass er die dem Gegner entstandenen Kosten zu tragen hat. [2] Die Entscheidung unterliegt der sofortigen Beschwerde.

Gliederung

1) Systematik, I, II. Die Vorschrift entspricht in I weitgehend § 926 I. Sie zieht aber in II andere, 1
wesentlich engere, nämlich auf die bloßen Kostenfragen beschränkte Folgerungen aus einem Verstoß als der wesentlich weitergehende § 926 II. Sie erfaßt nur ein solches selbständiges Beweisverfahren, das vor der Anhängigkeit der Hauptsache stattfindet, sei es mit oder ohne eine dringende Gefahr. II hat Ähnlichkeiten mit dem zumindest entsprechend anwendbaren § 269, dort Rn 3, und mit § 344. II ist eine eng auslegbare Ausnahmevorschrift, Rn 11.

2) Regelungszweck, I, II. Er besteht unmittelbar nur darin, dem im isolierten Verfahren unabhängig 2
von seinem Ausgang ohne eine Kostengrundentscheidung dastehenden Antragsgegner die Möglichkeit zu geben, sich den Kostentitel nach II zu verschaffen, ohne endlos auf einen etwaigen Hauptprozeß mit seiner Kostenentscheidung warten zu müssen, BGH FamRZ **04**, 868, Ffm RR **01**, 863, Hamm MDR **99**, 1406. Mittelbar kann der Antragsgegner durch den eigenen Antrag nach I aber auch in der Sache selbst Druck auf den Antragsteller ausüben, Ende MDR **97**, 123. Er hat damit evtl schon vor einer Entscheidung nach § 490 I eine solche Hinweismöglichkeit, die den Gegner vielleicht vom ganzen weiteren Beweisverfahren abhält, das er mit einer Art Zwangsklägerrolle in einem Hauptprozeß bezahlen müßte. Immerhin muß man die Vorschrift als eine formelle Ausnahme eng auslegen, Rn 13.

3) Geltungsbereich, I, II. Vgl Üb 3 vor § 485. 3

4) Noch keine Anhängigkeit, I. Es darf (gemeint natürlich: noch) nicht ein Rechtsstreit anhängig sein. 4
Das muß man ebenso wie in §§ 485 II 1, 486 II 1 verstehen, § 486 Rn 6. Die selbständige Beweiserhebung muß vor der Anhängigkeit des Hauptprozesses bereits beendet sein, § 492 Rn 6, Düss JB **93**, 622. Die Anhängigkeit eines Prozesses mit umgekehrten Parteirollen kann den Antrag unzulässig machen, BGH RR **05**, 1688, LG Köln ZMR **03**, 191. Nach einer Beseitigung der im selbständigen Beweisverfahren festgestellten Mängel entfällt für das Verfahren nach § 494 a das Rechtsschutzbedürfnis, BGH RR **03**, 454, Düss MDR **06**, 1253. Das gilt sogar nach einem ernsthaften Nachbesserungsversuch, Düss MDR **06**, 1253.

5) Antrag, I. Das Anordnungsverfahren nach I erfolgt auf einen Antrag des Antragsgegners des Beweis- 5
verfahrens. Auch den Antrag nach I kann man vor jeder Geschäftsstelle zum Protokoll erklären. Zwar verweist I nicht auf § 486 IV. Es wäre aber widersinnig, alle übrigen Anträge derart zuzulassen, nur denjenigen nach I nicht. Daher besteht für den bloßen Antrag nach I kein Anwaltszwang, (jetzt) § 78 III Hs 2, Brschw OLGR **97**, 71, Düss RR **99**, 509, Jena MDR **00**, 783, aM Zweibr MDR **95**, 744, MüKoSchr 2, ZöHe 6 (aber es gibt mehrere vergleichbare Lagen, zB bei § 104 Rn 56, § 920 Rn 11). Wegen II vgl Rn 12. Ein Rechtsschutzbedürfnis muß wie stets vorliegen, Grdz 33 vor § 253, Karlsr JB **96**, 375.

Unzulässig ist ein Antrag auf eine Klagerhebung gegen den bloßen Streithelfer des Antragsgegners, Kblz RR **03**, 880.

6) Anordnungszwang, I. Unter den Voraussetzungen Rn 4, 5 muß das Gericht unverzüglich anordnen, 6
daß der Antragsteller des Beweisverfahrens eine Klage gegen den Antragsgegner erheben muß. Natürlich

meint I nur diesen Antragsteller und nicht denjenigen, der den Antrag nach I stellt. I meint auch nicht einen nach Rn 5 unzulässigen Antrag gegen den bloßen Streithelfer des Antragsgegners, Rn 5. Es besteht also kein Ermessen. Erforderlich ist eine solche Klage, die zumindest auch den Gegenstand des selbständigen Beweisverfahrens betrifft, Zweibr MDR **02**, 476, aM Köln RR **97**, 1295 (nur den letzteren. Aber es genügt durchaus dieser eine Bezug). Eine bloße Feststellungsklage reicht nicht. Denn der Zweck von I, II ist auch die Herbeiführung eines Vollstreckungstitels, aM AG Aachen RR **99**, 1442 (aber § 256 ermöglicht gerade keine Zwangsvollstreckung).

7 **7) Verfahren, I.** Das Gericht muß dem Antragsteller des Beweisverfahrens das rechtliche Gehör binnen einer angemessenen Frist geben, Art 103 I GG. Es darf aber keine mündliche Verhandlung anberaumen. Das ergibt sich aus dem klaren Wortlaut von I. Es entscheidet durch einen Beschluß, § 329. Die Formel lautet etwa: „Der Antragsteller muß bis zum ... bei dem Gericht der Hauptsache Klage erheben". Eine Belehrung über die Folgen einer Fristversäumung ist nicht notwendig. Sie sollte auch nicht generell stattfinden, aM Köln OLGR **97**, 116, ZöHe 3 (aber die Erwägungen § 139 Rn 52 „Belehrung" gelten auch hier). Im Beschluß braucht das Gericht nicht mitzuteilen, welches Gericht dasjenige der Hauptsache sei. Es sollte auch dazu keine Erläuterung geben.

8 Das Gericht muß seinen *Beschluß begründen,* § 329 Rn 4. Die vom Gericht zu bestimmende Klagefrist muß angemessen sein. Das Gericht muß alle Umstände und Interessen abwägen. Da es „nur" um Kostenfolgen nach II geht, sollte das Gericht die Frist nicht allzu knapp bemessen, solange nicht höhere Kosten des Antragstellers nach I ersichtlich sind. Das Gericht teilt einen ablehnenden Beschluß nur dem Antragsteller nach I formlos mit. Den anordnenden Beschluß stellt das Gericht diesem Betroffenen förmlich zu, § 329 III Hs 2, und dem Antragsteller des Beweisverfahrens ebenfalls von Amts wegen, § 329 II 2. Mit dieser Zustellung beginnt der Fristlauf. Die Frist errechnet sich nach § 222. Das Gericht kann sie nach § 224 II verlängern, Düss JB **93**, 622. Eine Klagerhebung vor einem unzuständigen Gericht wahrt die Frist. Denn das unzuständige Gericht darf die Sache an das zuständige Gericht verweisen. § 167 ist anwendbar, Hamm OLGR **94**, 622.

Gebühren: Des Gerichts: keine; des Anwalts: VV 3100 ff.

9 **8) Rechtsbehelfe, I.** Man muß zwei Situationen unterscheiden.

A. Antragsteller des Beweisverfahrens. Er hat gegen den stattgebenden Beschluß nach I (nicht zu verwechseln mit demjenigen nach II) noch keine sofortige Beschwerde. Denn die Voraussetzungen des § 567 I Z 2 liegen deshalb nicht vollständig vor, weil das Gericht nicht ein Gesuch des Gegners zurückgewiesen hat. Das gilt auch bei einer Fristverlängerung, Düss JB **93**, 622.

10 **B. Antragssteller nach I.** Er hat gegen den zurückweisenden Beschluß nach I (nicht zu verwechseln mit demjenigen nach II) die sofortige Beschwerde, § 567 I Z 2. Ein Beschwerdewert ist hier noch nicht nötig. Denn es liegt noch keine Entscheidung nach § 567 II 1, 2 vor. Diese mag erst nach II folgen.

Rechtsbeschwerde kommt unter den Voraussetzungen des § 574 in Betracht.

11 **9) Kostenausspruch, II 1,** dazu *Notthoff* JB **96**, 5 (ausf): Die Regelung ist lückenhaft. Denn sie ist eine bloße eng auslegbare Ausnahme, Düss MDR **06**, 1253, Kblz RR **03**, 880, aM Karlsr MDR **91**, 993, Köln VersR **96**, 1522 (aber der Wortlaut und Sinn sind eindeutig, Einl III 39).

A. Keine Klagerhebung. Nur dann, wenn der Antragsteller des selbständigen Beweisverfahrens einer ordnungsgemäßen Anordnung nach I nicht fristgerecht nach Rn 7 folgt, besteht für seinen Verfahrensgegner die Möglichkeit, eine Kostengrundentscheidung (nur) wegen des selbständigen Beweisverfahrens zu erwirken, Ffm MDR **98**, 128, Hbg MDR **00**, 53, Nürnb JB **06**, 437. Das gilt aber nicht nach einem nach Rn 5 unzulässigen Antrag gegen den bloßen Streithelfer des Antragsgegners, Kblz RR **03**, 880. Das gilt, wenn der Antragsteller des Beweisverfahrens überhaupt keine Klage erhebt, §§ 253, 261, Düss OLGZ **93**, 342. Ein Vermögensverfall ändert grundsätzlich nichts am Fristablauf, Drsd ZIP **99**, 1814, LG Gött BauR **98**, 590, aM Rostock BauR **97**, 169 (aber ein Vermögensverfall ist durchweg zumindest im Kern verschuldet). Das Gericht muß die Klagefrist ausreichend bemessen haben, etwa auch zur Erwirkung einer Prozeßkostenhilfe für die Hauptklage.

12 *„Klagerhebung"* bedeutet nach II wie bei §§ 253 I, 261 I: Die Zustellung der Klageschrift, also nicht eine bloße Klageinreichung (Anhängigkeit), sondern eine Rechtshängigkeit, anders als bei I, aM Ffm RR **01**, 861 (aber der Zeitpunkt der Klagezustellung begründet erst das in II 1 vorausgesetzte Prozeßrechtsverhältnis nach Grdz 4 vor § 128 mit den gerade notwendigen Kostenfolgen auch für das vorangegangene selbständige Beweisverfahren).

Man kann dann *§ 91 a I entsprechend* anwenden, Ende MDR **97**, 125, aM BGH FamRZ **04**, 868 (entsprechende Anwendung von § 494. Aber § 91 a paßt besser). Allerdings wäre es sinnlos, dem Antragsgegner auch dann noch einen Kostentitel zu geben, wenn er schon erfüllt hat oder erfüllen will, Ffm AnwBl **99**, 235, Hbg MDR **98**, 242, Mü MDR **99**, 639, oder wenn der zugrunde liegende Streit beendet ist, Drsd RR **99**, 1516, LG Mainz JB **00**, 589. Das gilt auch dann, wenn einer von mehreren Antragsgegnern voll erfüllt hat, Hamm MDR **99**, 1406. Es muß ein solches deutsches selbständiges Beweisverfahren vorliegen, dessen Ergebnis sich in einem deutschen Hauptprozeß auswerten läßt, Hbg MDR **00**, 53 (auch EuGVVO, SchlAnh V C 2).

13 **B. Beispiele zur Frage einer Klagerhebung**

Abweisung: *Keine* Klagerhebung ist natürlich bei einer Abweisung des Antrags nach I notwendig.

Antragsrücknahme: *Keine* Klagerhebung ist natürlich nötig bei einer Antragsrücknahme, § 91 Rn 193 „Selbständiges Beweisverfahren: A. Kostengrundentscheidung".

Aufrechnung: *Keine* Klagerhebung ist eine Aufrechnung, Düss MDR **94**, 201 rechts, Köln BauR **97**, 917, aM Hamm OLGR **97**, 1295, Köln RR **00**, 508 (aber auch eine Aufrechnung ist weniger als eine Hauptsacheklage).

Außergerichtlicher Vergleich: *Keine* Klagerhebung ist natürlich nach einem umfassenden außergerichtlichen Vergleich nötig, Kblz RR **04**, 1728 (dann ist evtl § 98 anwendbar).

Erledigung der Hauptsache: *Keine* Klagerhebung ist nach einer wirksamen beiderseitigen vollen Erledigung der Hauptsache notwendig, aM Düss MDR **03**, 535, (bei einer einseitigen Erklärung) Köln RR **01**, 1651.

Klageverzicht: *Keine* Klagerhebung kündigt sich mit der Einreichung eines „Klageverzichts" an, aM Köln VersR **96**, 1522 (aber den gibt es rechtlich gar nicht. Man meint dann eher einen Anspruchsverzicht, Mü JB **00**, 589).

Kostenerstattungsklage: *Keine* Klagerhebung (zur Hauptsache) liegt in der Geltendmachung der bloßen Kostenerstattungsforderung, Nürnb OLGZ **94**, 241, ZöHe 2, aM LG Aachen RR **99**, 1442 (aber das ist durchaus weniger als eine Hauptsacheklage).

Mehrheit von Antragstellern: Es müssen sämtliche Antragsteller die Klagefrist versäumt haben, bevor der Antragsgegner nach II 1 vorgehen kann, Stgt MDR **00**, 1094.

Streithelfer: *Keine* Klagerhebung liegt bei einem nach Rn 5 unzulässigen bloßen Antrag gegen den Streithelfer des Antragsgegners des Beweisverfahrens vor, Kblz RR **03**, 880.

Teilbetrag: *Keine* Klagerhebung liegt in der Geltendmachung nur eines winzigen Teilbetrags, Einl III 54 (Mißbrauch), BGH NJW **04**, 3121, Düss MDR **06**, 1253, Schlesw MDR **01**, 836, aM Düss MDR **03**, 1132, Köln RR **01**, 1651 (aber Mißbrauch bleibt eben Mißbrauch, und außerdem ist eine enge Auslegung nötig).

Vergleich: S „Außergerichtlicher Vergleich".

Widerklage: Eine Klagerhebung liegt auch in einer Widerklage, BGH JB **03**, 488.

Zurückbehaltungsrecht: *Keine* Klagerhebung liegt in der Ausübung eines Zurückbehaltungsrechts, Köln RR **97**, 1295, Nürnb BauR **00**, 442.

Zwangsverwalter: Er kann trotz vorheriger Aufhebung der Zwangsverwaltung haften, Düss MDR **08**, 1060 rechts.

C. Antrag. Auch das Verfahren nach II findet nur auf einen Antrag statt. Diesen kann man mit demjenigen **14**
nach I verbinden. Er kann aber auch gesondert nachfolgen. Es gibt keine Antragsfrist. Treu und Glauben setzen auch hier zeitliche Grenzen, Einl III 54. Der Antrag ist ebenso formfrei und ohne einen Anwaltszwang zulässig wie derjenige nach I, Rn 5, Ffm MDR **99**, 1223. Zum Antrag ist natürlich nur derjenige berechtigt, *gegen* den das selbständige Beweisverfahren lief, nicht dessen Betreiber, KG RR **96**, 847.

D. Kostenausspruchszwang. Unter den Voraussetzungen Rn 4–8 ist das Gericht ebenso wie bei I zu **15**
einem unverzüglichen Ausspruch grundsätzlich verpflichtet, Karlsr MDR **08**, 526. Ausnahme: Rn 14. Das Gericht muß „aussprechen", also nicht nur nach Rn 5 feststellen, sondern rechtsbegründend tätig werden, Kblz RR **98**, 69. Die Entscheidung muß dahin ergehen, daß der Antragsteller des Beweisverfahrens die seinem Gegner in diesem selbständigen Verfahren entstandenen Kosten tragen muß. Es besteht also kein Ermessen des Gerichts. Das gilt unabhängig davon, welche Ergebnisse das Beweisverfahren hatte und welche Partei gesiegt zu haben meint, Hamm MDR **07**, 621. Es soll eben der Kostendruck entstehen. Es handelt sich um eine echte Kostengrundentscheidung, Begriff § 91 Rn 5, Ffm MDR **99**, 1223. Der Umfang der Erstattungspflicht richtet sich wie sonst nach §§ 91 ff. Es ist auch eine Teil-Kostenentscheidung denkbar, Düss MDR **97**, 979, Kblz RR **98**, 68, aM AG Gött RR **00**, 1094 (aber §§ 91 ff gelten für jede Art Kostengrundentscheidung). Das Kostenfestsetzungsverfahren verläuft nach §§ 103 ff. Es ist unerheblich, ob das Ergebnis des Beweisverfahrens den Hauptprozeß beeinflußt, aM BGH JB **03**, 489 links (aber der Kostendruck soll vorher entstehen).

E. Verfahren. Das Gericht muß dem Antragsteller des Beweisverfahrens das rechtliche Gehör auch zu **16**
dem gegnerischen Antrag nach II geben, Art 103 I GG. Soweit der Antragsgegner seine Anträge nach I und II von vornherein verbunden hatte, reicht eine einmalige Anhörung. Eine mündliche Verhandlung ist im Verfahren nach II anders als nach I freigestellt, § 128 IV. Soweit sie stattfindet, besteht in ihr ein Anwaltszwang wie sonst, § 78 Rn 2. Denn der nach Rn 10 hier mitbeachtliche § 486 IV gilt nur für die Anträge Rn 5, nicht für das gesamte Verfahren, § 128 Rn 11, 12. Das Gericht entscheidet auch nach II durch einen Beschluß, § 329. Die Formel lautet grundsätzlich nicht etwa auf eine bloße Feststellung, Rn 15 (anders als zB bei § 269 III 2 oder bei einer Störungsbeseitigung, BGH MDR **04**, 1325), sondern etwa: „Der Antragsteller des Beweisverfahrens trägt die Kosten des Verfahrensgegners". Über die eigenen Kosten des Antragstellers des Beweisverfahrens ergeht keine Kostengrundentscheidung nach II, selbst wenn er oder beide Parteien das beantragen. Mag er sie im Hauptprozeß erstreiten, Nürnb OLGZ **94**, 242. Das Gericht muß seinen Beschluß begründen, § 329 Rn 4. Es läßt den Beschluß stets beiden Beteiligten förmlich zustellen. Denn die Voraussetzungen des § 329 III Hs 1 liegen stets vor. Der Kostenausspruch ist ja ein Vollstrekkungstitel, II 3 in Verbindung mit § 794 I Z 3 Hs 1, und er ist für beide Beteiligten nach Rn 14 anfechtbar.
Gebühren: Des Gerichts: Keine; des Anwalts: VV 3100 ff.

F. Kein Kostenausspruch nach Anhängigkeit des Hauptverfahrens. Das Gericht darf den Beschluß **17**
nach II 1 dann nicht mehr fassen, nicht mehr verkünden und nicht mehr statt einer Verkündung mitteilen, wenn bis zu diesem Zeitpunkt der Antragsteller des selbständigen Beweisverfahrens doch noch verspätet eine Klage zur Hauptsache erhoben hat, §§ 253, 261, BGH NJW **07**, 3357 links, Düss RR **02**, 427, Mü MDR **01**, 833, oder wenn er zwar einen Kostenvorschuß verspätet gezahlt hat, wenn das Hauptsachegericht die Klage aber alsbald nach dem Vorschußeingang zugestellt hat, bevor es zur Kostenentscheidung nach II kommen konnte, Celle OLGR **96**, 23, Düss RR **98**, 359. Denn das gesamte Verfahren nach II setzt ja gerade voraus, daß die Klagefrist nach I erfolglos verstrichen ist, Mü MDR **01**, 833. Freilich darf das Gericht im Verfahren nach II nicht etwa nach Grdz 38 vor § 128 von Amts wegen ermitteln, ob und bei welchem Gericht der Antragsteller des Beweisverfahrens eine Klage doch noch erhoben hat, Mü MDR **01**, 833. Daher kann es durchaus zu einem objektiv nicht mehr zulässigen Beschluß nach II kommen, Mü MDR **01**, 833. Er ist als ein Staatshoheitsakt trotz seiner Mangelhaftigkeit wirksam, Üb 10, 19 vor § 300, und mangels einer Anfechtung nach den Regeln Rn 14 bestandskräftig, Rn 19.

10) Sofortige Beschwerde, II 2. Gegen den Kostenausspruch hat der davon Beschwerte die sofortige **18**
Beschwerde, Köln VersR **96**, 1522, Mü MDR **01**, 833. Gegen die Ablehnung des Kostenausspruchs hat der Antragsteller des Verfahrens nach II die sofortige Beschwerde, II 3, § 567 I Z 1, 2. Dabei muß man zum

Beschwerdewert § 567 II beachten. Das gilt auch im WEG-Verfahren, Üb 3 vor § 485, (zum alten Recht) BayObLG MDR **96**, 144. Gegen eine Entscheidung des OLG kommt eine Rechtsbeschwerde nach § 574 I–III in Betracht. Wegen einer Anschlußbeschwerde § 567 III. Nach einem ablehnenden Beschluß bleibt auch eine Klage auf einen sachlichrechtlichen Kostenersatz möglich, Düss RR **06**, 572.

19 **11) Bestandskraft des Kostenausspruchs, II.** Man unterschätzt sie meist.

A. Grundsatz: Endgültiger Vollstreckungstitel. Der rechtskräftige Kostenaussspruch nach II bildet schon wegen seiner Eigenschaft eines Vollstreckungstitels nach Rn 16 eine vom weiteren Verlauf des folgenden Hauptprozesses losgelöste endgültige Entscheidung. Sie ist nicht etwa stillschweigend auflösend bedingt durch eine abweichende Kostengrundentscheidung im Hauptprozeß. Das entspricht allein dem eindeutigen Sinn der Regelung, Einl III 39, aM LG Kleve RR **97**, 1356. Sie ist etwa derjenigen des § 344 vergleichbar. Leider enthält II keine dem § 344 Hs 2 entsprechende klarstellende Formulierung. Der Sache nach soll aber der nach II Unterliegende diese Haftung auch dann behalten, wenn er später in der Hauptsache siegt. Das muß das Gericht der Hauptsache bei seiner späteren Kostengrundentscheidung auch bei einer Einbeziehung der Kosten des selbständigen Beweisverfahrens mitbeachten, § 91 Rn 195 „Selbständiges Beweisverfahren: B. Kostenerstattung". Das Gericht sollte es am besten etwa so klarstellen: „Die Kosten des Rechtsstreits tragen …. Jedoch bleibt es wegen der Kosten des Antragsgegners des selbständigen Beweisverfahrens (Aktenzeichen) bei dem Beschluß des … vom … (nach § 494 a Abs. 2 ZPO)".

20 **B. Verstoß.** Soweit das Gericht bei der späteren Kostengrundentscheidung im Hauptprozeß die Regeln Rn 19 verletzt hat, ist nur seine spätere Entscheidung wie sonst anfechtbar, etwa nach §§ 319 ff, 329. § 99 ist dann unanwendbar, § 99 denkbar, § 99 Rn 19 „Unzulässige Kostenentscheidung".

Abschnitt 2. Verfahren vor den Amtsgerichten

Grundzüge

Schrifttum: *Hauff,* Arbeitsplatz Gericht. Die Arbeitsweise des Zivilrichters am Amtsgericht, 1996; *Steinbach/Kniffka,* Strukturen des amtsgerichtlichen Zivilprozesses: Methoden und Ergebnisse einer rechtstatsächlichen Aktenuntersuchung, 1982.

1 **1) Systematik.** Grundsätzlich verfehlt regelt die ZPO das quantitativ wichtigste Verfahren vor dem Amtsgericht hilfsweise hinter dem landgerichtlichen. Grundlegende Abweichungen des amtsgerichtlichen Verfahrens sind: Das grundsätzliche Fehlen des Anwaltszwangs; die grundsätzliche Entbehrlichkeit einer Vorbereitung durch Schriftsätze, § 129 I (Ausnahme: § 129 II sowie vor allem §§ 275–277); die Verbindung der Funktionen des Vorsitzenden und des Kollegiums in demselben Richter. Vielfach muß das obligatorische Güteverfahren nach § 15 a EGZPO als eine Prozeßvoraussetzung zwingend vorangehen, Grdz 49 vor § 253.

2 **2) Regelungszweck.** Das Verfahren vor dem Amtsgericht ist teilweise das Verfahren recht großer, teilweise das Verfahren der kleineren Streitwerte; klein vergleichsweise, für die Parteien oft groß, ja lebenswichtig. Darum braucht gerade der Prozeß vor dem Amtsgericht die schärfste Zusammenfassung und eine möglichste Beschleunigung, BGH **93**, 245. Der Richter hat gerade hier oft eine erhebliche Fürsorgepflicht nach § 139. Das alles muß man bei der Auslegung mitbeachten. Zur Erschleichung der sachlichen Zuständigkeit durch Teilklagen Einl III 56.

3 *Zügigkeit* sollte ein Hauptziel sein. Das gilt nicht nur für das Kleinverfahren nach § 495 a. Eine größere Ortsnähe, die konsequente Ausnutzung aller Förderungsmöglichkeiten schon bei der Verfahrenswahl, eine Sorgfalt bei der Erstellung eines ersten „Kopfgutachtens" direkt nach dem Klageingang, eine nicht allzu dichte Terminsfolge an demselben Sitzungstag, eine Bereitschaft zum offenen Gespräch über Tatsachen wie Rechtsfragen, das sind nur einige der zahlreichen Mittel des Amtsrichters.

Sorgfalt bleibt natürlich das Hauptziel, auch im Kleinverfahren. Sein weiter Ermessensraum darf weder zu einer Nachlässigkeit im Durchdenken noch zu einer Oberflächlichkeit bei der Abfassung der Protokollgründe statt eines Urteils führen, um nur zwei leider typische Gefahren anzusprechen. Auch im Kleinverfahren ist die Rechtslage oft genauso kompliziert wie in einem Verfahren mit einem sehr hohen Streitwert. Es hilft weder der Gerechtigkeit noch der Rechtssicherheit noch wenigstens der Prozeßwirtschaftlichkeit auf die Dauer wirklich, wenn sich der Amtsrichter unter dem „Schutz" der Unanfechtbarkeit seines Spruchs durch Rechtsmittel die Arbeit zu leicht macht. Verdrossenheit der vor ihm auftretenden Anwälte wird eine unangenehme Folge solcher Arbeitsweise sein.

4 **3) Geltungsbereich.** §§ 495 ff gelten in jedem erstinstanzlich dem Amtsrichter unterstehenden Verfahren nach der ZPO, auch im WEG-Verfahren. Sie gelten grundsätzlich als erstinstanzliche Regel auch im arbeitsgerichtlichen Verfahren, § 46 II 1 ArbGG, freilich ohne § 495 a. Das ergibt sich aus § 46 II 2 ArbGG. Obwohl das FamFG-Verfahren vor dem AG als FamG abläuft, nimmt § 113 I 2 FamFG das Verfahren vor dem AG nach der ZPO gerade nicht mit in Bezug.

495 *Anzuwendende Vorschriften.* **Für das Verfahren vor den Amtsgerichten gelten die Vorschriften über das Verfahren vor den Landgerichten, soweit nicht aus den allgemeinen Vorschriften des Buches 1, aus den nachfolgenden besonderen Bestimmungen und aus der Verfassung der Amtsgerichte sich Abweichungen ergeben.**

1 **1) Systematik, Regelungszweck: Verweisung.** Im allgemeinen gleichen sich das Verfahren vor dem LG und dasjeniger vor dem AG. Abweichungen ergeben sich aus den Sondervorschriften des Abschnitts 2. Sie gehen auch den allgemeinen Bestimmungen des Buchs 1 vor.

2) Geltungsbereich. Die Vorschrift gilt auch im WEG-Verfahren. Sie gilt an sich auch im arbeitsgerichtlichen Verfahren. Denn § 46 II 1 ArbGG nimmt § 495 nicht von vornherein aus. Freilich enthalten §§ 47 ff ArbGG vielfach im Ergebnis vorrangige Abweichungen. 2

495a *Verfahren nach billigem Ermessen.* **[1]Das Gericht kann sein Verfahren nach billigem Ermessen bestimmen, wenn der Streitwert 600 Euro nicht übersteigt. [2]Auf Antrag muss mündlich verhandelt werden.**

Schrifttum: *Arning,* Das Bagatellverfahren im deutschen Zivilprozeß der Neuzeit usw, Diss Bochum 1994; *Fricker,* Umfang und Grenzen des amtsgerichtlichen Verfahrens nach § 495 a ZPO, 1999; *Kunze,* Das amtsgerichtliche Bagatellverfahren nach § 495 a ZPO, 1995; *Leipold,* Wege zur Konzentration von Zivilprozessen, 1999; *Olzen,* Bagatelljustiz – eine unendliche Geschichte?, in: Festschrift für *Zeuner* (1994); *Rottleuthner,* Rechtstatsächliche Untersuchung zur Praxis von § 495 a ZPO, 1996 (mit Recht krit *anonymus* DRiZ **96**, 424); *Rottleuthner,* Entlastung und Entformalisierung, Festschrift für *Schneider* (1997) 25 (34), *Rottleuthner* Entlastung durch Entformalisierung? (Rechtstatsachen), 1997; *Städing* NJW **96**, 691 (ausf); *Struck,* Salomonisches Urteil und dogmatische Rechtswissenschaft, Festschrift für *Schneider* (1997) 1 (22).

Gliederung

1) Systematik, S 1, 2. Die Vorschrift nimmt eine Sonderstellung im gesamten System des Verfahrens erster Instanz ein. Sie enthält in ihrem Geltungsbereich nach Rn 5, 6 vorrangige Sonderregeln, hinter die zahlreiche Normalvorschriften zurücktreten, ohne daß das Gesetz das ausdrücklich bestimmen kann, BVerfG NJW **07**, 3487. Denn es hängt von dem Umfang ab, in dem das Gericht von den zusätzlichen Möglichkeiten des § 495 a Gebrauch macht, ob und wieweit die sonstigen Verfahrensvorschriften im Einzelfall anwendbar bleiben. Freilich hat das Ermessen des Gerichts Grenzen. Sie kommen in § 495 a nur indirekt und nur teilweise zum Ausdruck. Sie finden sich aber im GG und in allgemeinen Verfahrensgrundsätzen wie Treu und Glauben, Einl III 54. Sie verbieten jede Willkür, jede Faulheit und jede Parteilichkeit wie sonst. Insoweit ergibt die nötige verfassungskonforme Auslegung die Zulässigkeit des § 495 a, Fischer MDR **94**, 978, Stollmann NJW **91**, 1720. Wegen des obligatorischen Güteverfahrens § 15 a EGZPO. Seine Obergrenze nach § 15 a I 1 Z 1 EGZPO liegt in einer Abweichung von § 495 a I 1 bei 750 EUR, und zwar nach § 26 Z 2 S 1, Z 11 EGZPO auch in Übergangsrechtsfällen. Jedenfalls ist nicht etwa von vornherein die halbe ZPO im Kleinverfahren unanwendbar. 1

Das hat seine ganz konkreten *Auswirkungen* auf die Möglichkeiten nach § 495 a. Das Gericht hat eine noch höhere Verantwortung als sonst. Es läßt sich selbst während eines Prozesses nur von Lage zu Lage sagen, ob und in welchem Umfang das Gericht die scheinbar fast unbegrenzten Möglichkeiten des § 495 a schon und noch ausschöpfen darf. Die Grenzen stehen nur im Groben abstrakt fest. Man muß sie im Einzelnen vorsichtig ausloten. Andererseits binden das Gericht innerhalb der so skizzierten Grenzen nicht einmal so grundsätzliche gesetzliche Vorgaben wie die Entscheidung zwischen einem schriftlichen Vorverfahren oder einem frühen ersten Termin oder der Kreis gesetzlicher Beweismittel. Die Freiheit des Richters ist viel größer, als man traditionell vermuten möchte. Sie ist hier die größte, die die ZPO dem Richter überhaupt irgendwo gibt. Er befindet sich im Ermessensraum des § 495 a, ob er will oder nicht. 2

2) Regelungszweck, S 1, 2. Der Zweck der Vorschrift ist eindeutig. Sie dient zusammen mit dem auch für sie geltenden § 313 a I der Vereinfachung und Beschleunigung des Verfahrens, Pasker ZRP **91**, 417, und insoweit auch seiner Verbilligung. Sie stärkt die Autorität des Gerichts, wenn alle Beteiligten sich ihr beugen. Das gilt auch für das LG und die Dienstaufsicht. Sie ebnet den Weg zum eleganten, lebensnahen, moderne Verständigungstechniken nutzenden Verfahren. Sie ermöglicht eine Sozialautonomie, Arbeitsgemeinschaft und Absprache im besten Sinn. Das bestätigten wohl viele Praktiker. Diese Erkenntnis ist entgegen Lüke NJW **96**, 3265 sehr wohl sinnvoll, Rn 4. Unverkennbar nimmt das Gesetz die unvermeidbaren Gefahren weitgehend hin. Natürlich ist die Vorschrift verführerisch auch im schlechten Sinn, Rottleuthner NJW **96**, 2473. Das richterliche Ermessen ist so weit, daß man einen Mißbrauch nur schwer nachweisen kann. Überdies steht zwischen dem Richter des § 495 a und dem blauen Himmel grundsätzlich nur noch das BVerfG (Ausnahmen Rn 29). Trotzdem gibt das Gesetz mit der Wiederein- 3 führung des Kleinverfahrens seinen erhofften Vorzügen den eindeutigen Vorrang vor den natürlich mitbedachten Bedenken.

4 Diese Zwecke gilt es bei der *Auslegung* zu beachten. Eine ängstliche, den Rechtsstaatsgedanken vorschiebende Einengung des Ermessens würde verhängnisvoll sein, aM Rottleuthner NJW **96**, 2473 (aber wenigstens im Kleinverfahren sollte man auch in Deutschland einmal Mut zur Richterperson aufbringen). Daran ändert auch die leider ebenfalls vorhandene Gefahr des Mißbrauchs durch faule Richter wenig. Im internationalen Rechtsverkehr erlebt man auch in Staaten mit ebenso hochstehender Rechtskultur wie bei uns sehr wohl solche Abweichungen im Gesetz und seiner Anwendung, die aus unserer Sicht zunächst kaum vertretbar scheinen. Trotzdem kann man sie hinnehmen, solange nicht die wirklich unverzichtbar tragenden heimischen Grundlagen in Gefahr geraten, zB § 328 Rn 31. Dann darf und sollte man auch zum heimischen Richter Vertrauen haben, wenn er ungewohnte Wege geht, solange sich das sachlich noch irgendwie rechtfertigen läßt.

Auf solcher Basis *funktioniert* das Verfahren nach § 495 a in der Praxis *ausgezeichnet,* aM MüKoDeu 2, Zeuner NJW **93**, 845 (aber Millionen Fälle zeigen ein gutes Ergebnis). Es stellt hohe Anforderungen an alle Beteiligten und belohnt diese. Es kann auch den deutschen Überperfektionismus eindämmen helfen. Die großzügige vertrauensvolle Gesinnung sollte dem Richter zunächst einmal zugute kommen und bei allen Beteiligten ebenfalls dasjenige Element bilden, in dem allein diese wiederentdeckte Verfahrensart leben kann. Ob es allerdings sinnvoll wäre, daß nun jeder beliebige Amtsrichter sich eine mehr oder minder ausführliche Verfahrensordnung zu § 495 a erstellt und austeilt, wie man gelegentlich hier und da hört, ist ebenso zweifelhaft wie der Versuch, im Schrifttum durch Formularvorschläge vorzugehen. Natürlich ist jeder Erfahrungsbericht wertvoll, Fischer MDR **94**, 983, Kuschel/Kunze DRiZ **96**, 193. Im übrigen eröffnet § 495 a dem Richter keineswegs einen Vorwand zu Faulheit oder Schlamperei.

5 **3) Sachlicher Geltungsbereich, S 1, 2.** Vgl zunächst Grdz 4 vor § 495.

Grenzüberschreitend gilt nach der *freien Wahl* des Antragstellers statt § 495 a auch das Verfahren nach der in Einf 3 vor § 1097 abgedruckten VO (EG) Nr 861/2007 mit den deutschen Durchführungsbestimmungen §§ 1097–1109. Seine Streitwertobergrenze liegt erst bei 2000 EUR. Die Wahlfreiheit ergibt sich aus Art 1 S 2 VO. Man braucht seine Wahl nicht zu begründen. Man muß sie aber eindeutig treffen. Das Gericht muß sie herbeizuführen versuchen, § 139. Es muß nach einer vergeblichen Fristsetzung den Vortrag auslegen, Grdz 52 vor § 128. Dabei kann ein evtl festsetzungsbedürftiger Wert zwischen 600,01 und 2000 EUR auf eine Wahl nach der VO hindeuten. Notfalls ist eine Klagabweisung nach § 495 a als unzulässig wegen mangelnder Antragsbestimmtheit nach § 253 II Z 2 unvermeidbar.

A. Nationalrechtliche Streitwertgrenze 600 EUR. Der Streitwert, genauer: der Zuständigkeitswert nach Einf 4 vor §§ 3–9 darf im innerdeutschen Fall 600 EUR nicht übersteigen. Zur Grenzüberschreitung s vor A. Den Wert muß man wie sonst ermitteln. Es kommt zwar zunächst auf den Wert bei der Klageinreichung an, § 4 I Hs 1, darüber hinaus aber auf den auch sonst maßgebenden Zeitpunkt. Eine spätere Wertsteigerung bleibt unerheblich, solange sich der Streitgegenstand nach § 2 Rn 4 nicht ändert. Wenn sich aber der Streitwert zB infolge einer Klagänderung oder Klagerweiterung erhöht, fällt die Sache kraft Gesetzes aus dem Kleinverfahren heraus. Das Gericht muß sie dann im ordentlichen Verfahren unter einer Beibehaltung der Wirksamkeit der bisherigen Verfahrensergebnisse weiterbehandeln, ZöHe 3, aM MüKoDe (aber das würde gegen den Grundsatz der Prozeßwirtschaftlichkeit nach Grdz 14 vor § 128 verstoßen). Dagegen ändert eine Widerklage nichts am Kleinverfahren, sofern ihr Streitwert 600 EUR nicht überschreitet. Denn man darf für die Zuständigkeit nicht zusammenrechnen, § 5 Hs 2. Dasselbe gilt bei Hilfsaufrechnung(en), KG MDR **99**, 439 (maßgeblich ist stets nur die Klageforderung).

Mindert sich der Streitwert bei gleichem Streitgegenstand nach dem für den Zuständigkeitswert maßgebenden Zeitpunkt auf 600 EUR oder weniger, geht die Sache nicht in das Kleinverfahren über, ebensowenig wie zB, leider immer wieder übersehen, das LG nicht ein Verfahren an das AG verweisen darf, nur weil irgendwann der Wert dort unter denjenigen des § 23 Z 1 GVG gesunken ist. Dagegen entspricht es dem Gesetzeszweck, beim Absinken des Streitgegenstands auf 600 EUR etwa nach einer teilweisen wirksamen Klagerücknahme den § 495 a ab jetzt anzuwenden, Bergerfurth NJW **91**, 962.

6 **B. Sonstige Zuständigkeit des AG.** Das AG muß auch im übrigen örtlich und sachlich zuständig sein. Es darf zB nicht eine gar ausschließliche Zuständigkeit des LG bestehen, Bergerfurth NJW **91**, 961. Paske ZRP **91**, 417 fordert de lege ferenda die Anwendbarkeit auch auf das Verfahren vor dem LG (gemeint wohl: seinen Einzelrichter). In einer vorbehaltlosen Einlassung liegt ein Rügeverzicht. Man muß ihn wegen seiner Wirksamkeit wie bei Zuständigkeitsfragen beurteilen, § 295. Der Rechtsweg muß zulässig sein, § 13 GVG.

7 **C. Verfahrensziel: Endgültige Klärung.** Das Verfahren muß die endgültige Klärung des Streitfalls erstreben, Schopp ZMR **92**, 161. Es darf sich also eigentlich weder um ein nur vorläufiges Verfahren wie den Arrest oder eine einstweilige Verfügung nach §§ 916 ff, 935 ff handeln noch um einen bloßen Urkunden- oder Wechselprozeß nach §§ 592 ff (anders beim Nachverfahren, Bergerfurth NJW **91**, 962) noch um ein bloßes Vollstreckbarkeitsverfahren usw. Ein Mahnverfahren muß bereits in das streitige Verfahren übergegangen sein, § 696 Rn 9. Denn § 495 a steht nicht im Buch 1 mit seinen allgemeinen Vorschriften für jede Verfahrensart, sondern in demjenigen Abschnitt des Buchs 2, der das eigentliche Streitverfahren erster Instanz behandelt, noch dazu „nur“ vor dem AG. Zwar scheint § 495 a auch und gerade zB für das Arrestverfahren zu passen. Jenes enthält aber doch vom Aufbau her grundsätzliche Abwandlungen vom Normalprozeß, Grdz 5, 12 vor § 916, aM MüKoDe, ZöHe 4 (aber § 495 a orientiert sich trotz großer Richterfreiheit eindeutig am Klageverfahren. Das Kleinverfahren hat ja auch das Ziel einer endgültigen Klärung). Freilich haben §§ 916 ff ohnehin manche dem § 495 a ähnliche Möglichkeiten. Schon deshalb steht der Amtsrichter im Eilverfahren praktisch meist nicht weniger frei da als im Kleinverfahren. Vgl im übrigen Rn 36.

8 **D. Anspruch jeder Art.** Dagegen ist das Verfahren keineswegs auf Streitigkeiten über vermögensrechtliche Ansprüche begrenzt, Ecker AnwBl **92**, 440. Es ist also für jeden nichtvermögensrechtlichen Anspruch nach Grdz 11 vor § 1 ebenso offen, solange eben nicht dessen Streitwert mehr als 600 EUR beträgt, Rn 5,

Bergerfurth NJW **91**, 961. Daher ist auch die Verbindung beider Anspruchsarten nach § 147 innerhalb des Gesamtwerts von 600 EUR zulässig. Andererseits wird das Verfahren nach § 495 a nicht schon deshalb statthaft, weil das AG ohne Rücksicht auf den Streitwert zuständig ist, etwa in einer Mietsache. Daher kann das Kleinverfahren zB bei einer Klage nach § 558 b BGB zulässig oder unzulässig sein, je nach der Differenz zwischen der gezahlten und verlangten höheren Miete und je nachdem, welcher der Streitmeinungen zur Maßgeblichkeit des Zeitraums sich der Richter anschließt, Anh § 3 Rn 79.

4) Persönlicher Geltungsbereich, S 1, 2. Soweit das Verfahren nach § 495 a überhaupt nach Rn 5 zulässig ist, sind ihm alle Prozeßbeteiligten wie sonst dem Normalprozeß uneingeschränkt unterworfen. Das gilt also zB für: Die Parteien, Grdz 4 vor § 50; ihre ProzBev, § 80; den Verkehrsanwalt, § 91 Rn 220; den Terminsanwalt, VV 3401; den Streitverkündeten, § 72; den Streithelfer, § 66; den Beistand, § 90; den gesetzlichen Vertreter, § 51; den Zeugen, § 373; den Sachverständigen, § 402; eine irgendwie beteiligte Behörde; den Dienstvorgesetzten; natürlich ohnehin den Urkundsbeamten und Protokollführer, Wachtmeister usw. Das kann ganz erhebliche ungewohnte Auswirkungen haben. Eine normalerweise der Art, dem Ort oder dem Zeitpunkt nach so nicht einwandfreie Verfahrens- oder Verhaltensweise des Richters kann wegen seiner besonderen Ermessensfreiheit nach Rn 10 hier sehr wohl völlig korrekt und wirksam sein. Man muß sie infolgedessen durchaus und allseitig unverzüglich respektieren oder befolgen. Nur das ist mit dem Zweck der Regelung vereinbar, Rn 3. 9

5) Billiges Ermessen, S 1. Das Gericht und nicht eine Partei, Bergerfurth NJW **91**, 962, „kann sein Verfahren nach billigem Ermessen bestimmen". Das ist ein weites, freilich stets pflichtgemäßes Ermessen. Seine Mißbrauchsgrenzen liegen erst dort, wo man bei der notwendigen weiten Auslegung nach Rn 4 eindeutig überhaupt keinen Bezug zur pflichtgemäßen Bemühung um eine Streitbeilegung oder -entscheidung mehr erkennen kann, wo die Willkür beginnt, Einl III 21, 54. 10

A. Weite Freiheit der Verfahrensgestaltung. Das gesamte „Verfahren" unterliegt dem billigen Ermessen des Gerichts. Daher beginnt dessen Freiheit mit dem Klageingang und endet mit der letzten Amtshandlung der Instanz. Dazwischen ist fast keine Maßnahme einer Einschränkung des Ermessens unterworfen. 11

Daher lassen sich *kaum Regeln* für das Verfahren aufstellen. Das Gericht darf nahezu jede gesetzliche oder gewohnheitsrechtliche Regel des Normalprozesses nach § 495 a abwandeln, aufschieben, vorwegnehmen oder aufheben. Das gilt gegenüber den Prozeßbeteiligten wie gegenüber den Akten. Zwar darf der Richter von jeder Erleichterung oder Vereinfachung nach § 495 a absehen. Je konsequenter aber der Richter seine Erleichterungs- und Beschleunigungsmöglichkeiten nutzt, desto gesetzestreuer arbeitet er. 12

Beispiele: Abkürzung oder Verlängerung von Fristen, solange nicht das rechtliche Gehör leidet; intensiver Gebrauch des Telefons, auch wenn der Prozeßgegner nicht zugeschaltet ist; formlose, nicht protokollierte Gespräche statt Verhandlungen, solange nicht nach S 2 eine mündliche Verhandlung notwendig ist. Selbst im letzteren Fall Verzicht auf ein vollständiges Protokoll, soweit nicht zB ein Prozeßvergleich zustandekommt.

B. Bindung an das sachliche Recht. S 1 betrifft nur das „Verfahren", nicht die Anwendung des sachlichen Rechts. Das ist selbstverständlich. Der Richter des Kleinverfahrens muß das sachliche Recht in jeder Verfahrenslage genau so sorgfältig erforschen und anwenden wie im Normalprozeß, Einl III 9, LG BadBad RR **94**, 1088. Nur bei der Abfassung des Urteils usw steht er im Rahmen von § 313 a I wieder freier da. Natürlich muß er auch die Regeln etwa zur Beweislast, zur Verwirkung oder zur Verjährung beachten, soweit man sie zum sachlichen Recht oder doch zumindest auch zu ihm zählen muß. Freilich entscheidet über diese letztere oft ja umstrittene Frage wiederum zunächst nur der Richter des § 495 a. 13

C. Bindung an Verfahrensgrundregeln. Trotz der weiten Ermessenfreiheit nach Rn 11, 12 und der nötigen weiten Auslegung nach Rn 4 bleiben unverzichtbare Bindungen an tragende Verfahrensgrundsätze des Normalprozesses bestehen. Das gilt auch für alle diejenigen Regeln, deren Mängel nach § 295 II nicht heilbar sind, § 295 Rn 23 ff. Zwar steht die Anordnung einer mündlichen Verhandlung dem Gericht zunächst frei, S 1, zum Begriff § 128 Rn 10. Der Richter darf sie anordnen. Er ist dazu aber zunächst nicht verpflichtet. Sie wird indessen notwendig, sobald auch nur eine der Parteien sie beantragt, S 2. Auch im übrigen bleiben Normalregeln beachtlich, vor allem das Gebot des rechtlichen Gehörs, Art 103 I GG, BVerfG NJW **06**, 2249 links, LG Essen RR **93**, 576. Beachtlich bleiben die weiteren in Einl III 14 ff erläuterten Leitgedanken des Prozeßrechts, etwa die Fürsorgepflicht, das Gebot der Fairneß, der Waffengleichheit, das Verhältnismäßigkeitsgebot, das Willkürverbot, das Gebot der Unparteilichkeit, § 139 Rn 13, usw. 14

D. Bindung an Parteigrundregeln. Auch die Prinzipien der Parteiherrschaft und des Beibringungsgrundsatzes gehören zu den Leitgedanken, Grdz 18, 20 vor § 128. Daher ist der Richter auch im Rahmen des § 495 a keineswegs zur Amtsermittlung nach Grdz 38 vor § 128 verpflichtet oder auch nur berechtigt, aM Bergerfurth NJW **91**, 963 (aber das wäre geradezu einer Umkehrung eines natürlich besonders im Kleinverfahren geltenden Grundprinzips). Natürlich müssen auch die Parteien und sämtliche übrigen Prozeßbeteiligten trotz aller ihnen etwa vom Gericht eingeräumten Freiheiten die sie betreffenden Grundregeln einhalten, etwa die Wahrhaftigkeitspflicht nach § 138 Rn 13, die Erklärungspflicht nach § 138 Rn 27–62 oder die Pflicht zu einem rechtzeitigen redlichen Vorbringen nach § 282. 15

Das Kleinverfahren darf nicht, noch dazu etwa unter einer Ausnutzung der Arglosigkeit eines großzügigen Richters, zu einem *betrügerischen* oder auch nur fahrlässigen Mißbrauch der Justiz oder des Gegners oder auch nur zur Spiegelfechterei führen. Keiner der Beteiligten darf etwas gesetzlich schlechthin Verbotenes oder Sittenwidriges oder auch nur Widersinniges tun. Verboten sind zB: Die bösartige Benachteiligung einer Partei gegenüber der anderen; die Preisgabe tragender öffentlicher Belange; eine bewußte Einengung des Rechtsschutzes durch eine im Grunde überhaupt nicht tragbare Aussetzung des Verfahrens; eine faule Untätigkeit; die Mißachtung eines Aussageverweigerungsrechts.

6) Mündliche Verhandlung, S 1, 2 16

Schrifttum: *Westerwelle,* Der Mündlichkeitsgrundsatz in der deutschen Zivilprozeßordnung, Diss Bochum 1998.

A. Grundsatz: Freigestellte Verhandlung, S 1. Schon aus dem Antragserfordernis des S 2 ist erkennbar, daß bis zu einem Antrag eine mündliche Verhandlung jedenfalls nicht notwendig ist, LG Wiesb MDR **02**, 1212. Da aber das Gericht im Rahmen seines billigen Ermessens nach S 1 natürlich auch zum klassischen Mittel moderner Justiz greifen darf, nämlich zur mündlichen Verhandlung, gilt insoweit der Grundsatz der freigestellten Verhandlung, § 128 Rn 10. Vor einem Antrag kann der Richter allerdings seine Entscheidung ändern und innerhalb seines Ermessens nach Rn 10 zB vom schriftlichen Verfahren zu einem mündlichen wechseln und umgekehrt.

17 **B. Auf Antrag: Notwendige Verhandlung, S 2.** „Auf Antrag muß mündlich verhandelt werden". Wenigstens das Kernstück der Errungenschaften des modernen Prozesses soll auch im Kleinverfahren zumindest auf den Wunsch einer Partei erhalten bleiben. Es ist anders als bei § 128 II ein Antrag erforderlich, LG Stgt MDR **93**, 86. Zu ihm ist jede der Parteien nebst ihrem gesetzlichen Vertreter oder ProzBev oder Beistand berechtigt. Der Antrag nur einer der Parteien genügt. Das Gesetz spricht nicht vom Antrag „der Parteien". Ein Antrag eines sonstigen Prozeßbeteiligten genügt, soweit er kraft Gesetzes die Rechte einer Partei ausüben kann, zB nach § 67 Hs 1. Ein Antrag eines Zeugen oder Sachverständigen ist unbeachtlich.

18 **C. Parteistellung, S 2.** Der Antrag ist eine Parteiprozeßhandlung, Grdz 47 vor § 128. Er ist stillschweigend möglich. Ein Anwaltszwang besteht wie sonst. Der Antrag ist weder hilfsweise wirksam noch wirksam verzichtbar, wohl aber jederzeit einseitig rücknehmbar. Eine antragsgemäß anberaumte Verhandlung bleibt bis zur wirksamen allseitigen Rücknahme notwendig. Das Gericht darf sie anschließend oder mangels einer solchen Rücknahme als freigestellte vom Gericht bestehen lassen. Es deutet einen unwirksamen Antrag als eine Anregung zur freigestellten Verhandlung um. Man kann eine beantragte und nur deshalb begonnene Verhandlung nicht durch einen formell wirksamen Verzicht zum Abbruch bringen. Andererseits hindern auch streitige Sachanträge nach § 137 Rn 7, § 297 Rn 1 weder das Gericht noch die Parteien, die weitere Verhandlung abzubrechen und in einem Verfahren ohne sie fortzufahren.

19 **D. Gerichtsstellung, S 2.** Das Gericht braucht nicht anzufragen, ob die Parteien einen Antrag auf einen Verhandlungstermin stellen, aM LG Erfurt WoM **03**, 38 (aber das Verfahren verläuft bereits kraft Gesetzes und nicht erst wegen einer Absicht des Gerichts nach § 495 a). Das müssen die Parteien mitbedenken, § 282. Das Gericht darf sie zwar nicht vor „vollendete Tatsachen" stellen und den Prozeß derart fördern, daß ein Terminsantrag zu spät käme. Es kann sich aber zB (ratsam!) darauf beschränken, den Parteien sogleich beim Eintritt in das Kleinverfahren kurz mitzuteilen, es werde ab jetzt zB „im Verfahren nach § 495 a" vorgehen, LG Erfurt WoM **03**, 38, Bergerfurth NJW **91**, 963. Es muß aber sicherstellen, daß der ein Verfahren ohne eine Verhandlung anordnende Beschluß den Beteiligten zugeht, BVerfG NJW **06**, 2249 links. Das gilt und reicht grundsätzlich auch bei einer nicht anwaltlich vertretenen Partei, solange diese nicht erkennbar mit einem Termin rechnet. Ab der Wirksamkeit eines Antrags gelten die Regeln zur notwendigen Verhandlung nach § 128 Rn 4 jedoch wiederum nur in ihren Grundzügen. Das Gericht hat auch im Termin einen weiten Ermessensspielraum. Auch die Verhandlung ändert ja nach dem Wortlaut und Sinn nichts am Kleinverfahren. Das Gericht soll eben nur das rechtliche Gehör in einem Termin in Rede und Gegenrede statt schriftlich oder fernmündlich erteilen, LG Erfurt WoM **03**, 38.

20 **E. Säumnisfragen, S 2.** Innerhalb der Beachtung des rechtlichen Gehörs nach S 2 steht das Gericht wegen des Fortbestands des Kleinverfahrens nach Rn 17 auch bei der Säumnis einer oder beider Parteien freier da als sonst. Bleiben beide Parteien aus, kann das Gericht die Sache ruhen lassen, vertagen oder auch ohne eine frühere streitige Verhandlung nach Lage der Akten entscheiden, sofern es das Gehör gegeben hatte. Es genügt, daß beide Parteien das Vorbringen des Gegners kennen oder schuldhaft nicht kennen und daß das Gericht sie nachweislich zum Erscheinen im Termin aufgefordert hatte. § 497 bleibt anwendbar. Bleibt nur eine Partei aus, kann das Gericht mit oder ohne einen Antrag der erschienenen vertagen, wenn ihm das trotz des Beschleunigungszwecks des § 495 a sinnvoll scheint. Es darf nach § 141 auf ein Erscheinen des Säumigen durch ein Ordnungsmittel dringen. Denn ihm steht ja das gesamte Rüstzeug der ZPO zur Verfügung.

21 Das Gericht *darf* ein die Instanz beendendes Urteil erlassen, Rn 69 „Rechtliches Gehör", Rn 75 „Säumnis". Es darf auch ein Versäumnisurteil erlassen oder nach Aktenlage entscheiden. Das gilt auch und gerade nach dem ersten Verhandlungstermin, sofern der Säumige damit rechnen mußte, Bergerfurth NJW **91**, 963. Dabei muß das Gericht den gesamten beiden Parteien zugänglich gewordenen Akteninhalt und das Ergebnis aller bisherigen mündlichen Verhandlungen berücksichtigen. Das Gericht darf auch einen nicht aktenkundigen ihm erinnerlichen Vorgang mitverwerten. Gegen ein Versäumnisurteil ist ein Einspruch innerhalb der vom Gericht frei setzbaren Frist zulässig, im Zweifel innerhalb derjenigen des Gesetzes. Eine richterliche Frist darf natürlich nicht uneinhaltbar kurz sein. Sie braucht eine förmliche Mitteilung, § 329 II 2.

22 **7) Urteil, S 1, 2, §§ 313 I, 313 a I.** Der frühere II ist in § 313 a I aufgegangen. Vgl daher zunächst dort. Auch nach § 495 a ergeht ein Urteil, soweit es im Normalprozeß notwendig würde. Eine Bezeichnung als „Schiedsurteil" ist statthaft.

23 **A. Rubrum, Formel, § 313 I.** Die Bezeichnung der Parteien usw und die Urteilsformel sollten so wie sonst erfolgen, § 313 I. Das ist schon wegen der Abgrenzung der Nämlichkeit, zwecks Vollstreckbarkeit und wegen des Umfangs der Rechtskraft unentbehrlich. Das Gericht kann, muß aber nicht den Rechtsstreit als „Verfahren nach § 495 a ZPO" oder „Kleinverfahren" bezeichnen. Dieser Hinweis ist ohnehin nur feststellend, nicht rechtsbegründend. Die Bezeichnung „Schiedsverfahren" könnte mißverständlich sein. Denn sie könnte den Eindruck erwecken, es handle sich um ein schiedsrichterliches Verfahren nach §§ 1025 ff. Man sollte sie daher eher vermeiden.

24 **B. Tatbestand, § 313 a I 1.** Das Urteil beliebiger Art im Verfahren nach § 495 a „bedarf keines Tatbestandes", § 313 a I 1. Er ist auch dann nicht notwendig, wenn das Gericht von § 495 a bis zum Urteil keinen Gebrauch gemacht hat. Er ist also weder verboten noch notwendig, sondern freigestellt. Das gilt auch dann, wenn das Protokoll tatbestandsartige Elemente enthält. Die Partei kann einen Tatbestand auch nicht durch einen Widerspruch gegen seine Weglassung erzwingen, auch nicht nachträglich. Soweit der Richter

einen Tatbestand fertigt, braucht dieser natürlich keineswegs ausführlicher zu sein als nach § 313 II im Normalprozeß. Bei § 313 a IV sollte das Gericht einen Tatbestand stets normal anfertigen. Zum Verhältnis beider Vorschriften Städing MDR **95**, 1102 (zum alten Recht). Bei § 313 b I empfiehlt sich ein stichwortartig geraffter Tatbestand, soweit er zum Verständnis der Entscheidung für Dritte ratsam ist. Keineswegs ist § 320 mit der Begründung anwendbar, es fehle ein ratsamer Tatbestand oder der vorhandene sei zu kurz usw. Etwas anderes mag bei eindeutig sinnentstellenden Fehlern und dergleichen gelten. §§ 319, 321 a bleiben anwendbar. Soweit das höhere Gericht den Streitwert höher bewerten könnte, etwa bei §§ 558 ff BGB wegen der Streitfrage Anh § 3 Rn 79, ist es ratsam, einen kurzen Tatbestand zu fertigen, um eine Zurückverweisung zu verhindern.

C. Entscheidungsgründe, § 313 a I 2. Das Urteil braucht grundsätzlich Entscheidungsgründe wie sonst, § 313 III, VerfGH Mü NJW **05**, 3772. Sie brauchen natürlich nicht ausführlicher zu sein als im Normalprozeß. Daher genügt eine kurze Zusammenfassung derjenigen Erwägungen, auf denen die Entscheidung in tatsächlicher und rechtlicher Hinsicht beruht, wenn es sich um ein streitiges Endurteil handelt. Wenn es sich um ein Anerkenntnis- oder Versäumnisurteil nach §§ 307, 330 ff handelt, sind Entscheidungsgründe schon grundsätzlich ebensowenig überhaupt erforderlich wie sonst, § 313 b I 1. Sie sind allenfalls zur Kostenfrage ratsam, § 99 II. Die Parteien können wie sonst auf Entscheidungsgründe verzichten, § 313 a I 2 Hs 1. Der Verzicht ist allerdings nur unter den Voraussetzungen dieser Vorschrift wirksam. Denn sonst könnte man durch einen weitergehenden Verzicht die Bedingung des § 313 a I 2 Hs 2 unterlaufen. Das ist nicht der Sinn des Gesetzes. 25

Das Gericht kann aber nach § 313 a I 2 Hs 2 den „wesentlichen Inhalt“ der Entscheidungsgründe „in das *Protokoll* aufnehmen“. Es braucht dann keine gesondert formulierten Entscheidungsgründe in das Urteil aufzunehmen, § 313 a Rn 12. Von dieser arbeitssparenden Möglichkeit sollte das Gericht getrost und mutig Gebrauch machen. Natürlich dürfen dabei keine mangelhaft durchdachten und mangelhaft formulierten drei Stichwortsätze herauskommen, wenn man wahrhaftig wenigstens etwas mehr schreiben müßte, um sich verständlich auszudrücken. 26

D. Mitteilung, Ausfertigungen usw. Das Gericht muß sein Urteil nach einer mündlichen Verhandlung zwar formell nicht zwingend, aber doch tunlichst nach den sonst üblichen Regeln verkünden, § 311, und andernfalls wie sonst zustellen, § 317. Es steht einem im Normalprozeß ergangenen Urteil gleich. Seine formelle und innere Rechtskraft tritt nach §§ 322, 705 ein. §§ 319 ff sind anwendbar (Ausnahme wegen § 320: Rn 24). 27

8) Kosten, S 1, 2. Es entstehen dieselben Gebühren und Auslagen wie sonst. Wegen der Notwendigkeit der Einholung eines Gutachtens der Anwaltskammer § 14 II 1 Hs 2 RVG, Rn 49 „Gebührenrechtsstreit“. 28

9) Rechtsbehelfe, S 1, 2. Man muß das Urteil unabhängig davon, ob es einen Tatbestand enthält und ob Entscheidungsgründe im Protokoll, im Urteil oder gar nicht vorhanden sind, wie ein im Normalprozeß ergangenes Urteil wegen seiner etwaigen Anfechtbarkeit beurteilen, §§ 511 ff. Ein Einspruch ist wie sonst statthaft, Rn 20. Die Berufung ist wie sonst grundsätzlich vom Übersteigen der Wertgrenze des § 511 II 1 Z 1 (600 EUR) oder von einer Zulassung durch den Amtsrichter mitabhängig, § 511 II Z 2, 4. 29

Trotz Nichterreichens der Beschwerdesumme kommt nach einer Erschöpfung des Ergänzungsverfahrens nach § 321 a ausnahmsweise die wegen der Subsidiarität einer Verfassungsbeschwerde nach Einl III 17 zunächst notwendige Berufung in Betracht, soweit die Entscheidung *gänzlich unhaltbar* ist, ähnlich wie zB bei § 127 Rn 24, § 707 Rn 17, § 769 Rn 12, BVerfG NJW **97**, 1301, LG Bochum RR **95**, 1342 (zu § 296). Das gilt etwa dann, wenn das Urteil widersinnig oder kein zur Zwangsvollstreckung geeigneter Titel ist, wenn die Voraussetzungen des § 495 a überhaupt fehlten, wenn das Gericht gegen elementare Regeln verstoßen und etwa das rechtliche Gehör versagt hatte, BVerfG NJW **97**, 1301, LG Düss RR **97**, 1490, LG Heilbr MDR **99**, 701, aM LG Duisb RR **97**, 317, LG Memmingen RR **98**, 1075 (aber ein Verstoß gegen Art 103 I GG ist stets ein schwerer Verfahrensfehler. Das gilt besonders im Kleinverfahren mit seiner so besonders freien Stellung des Richters). *Ob* allerdings das rechtliche Gehör fehlte, das läßt sich nicht schon aus dem Umstand allein bejahen, daß der Gegner nicht in einem Termin erschienen war. Eine Säumnis würde ihm schädlich sein, Rn 69 „Rechtliches Gehör“, LG Mü RR **95**, 1022. Dagegen ist ein Verfahren ohne eine notwendig gewordene Verhandlung, also unter einem Verstoß gegen S 2, nicht schon deshalb so unhaltbar, daß es trotz Nichterreichens der Beschwerdesumme berufungsfähig wäre, § 128 Rn 9. Erst recht macht nicht schon ein sonstiger Verfahrensfehler das Urteil rechtsmittelfähig, LG Paderb MDR **00**, 171. 30

Ob die Voraussetzungen eines Rechtsmittels vorliegen, entscheidet wie stets das *Rechtsmittelgericht*, freilich in den Grenzen des § 511 IV 2 (Bindung an eine Zulassung der Berufung durch das AG). § 717 ist anwendbar. Die vollstreckende Partei durfte sich nicht schon formell auf die Unanfechtbarkeit mehr als im Normalprozeß verlassen. Eine Wiederaufnahme ist wie sonst statthaft, §§ 578 ff. Sie ist im Kleinverfahren notwendig. Denn dieses muß von Amts wegen stattfinden. 31

10) Dienstaufsichtsbeschwerde, S 1, 2. Sie kommt an sich nur dann in Betracht, wenn der Richter bei der Sachbearbeitung Formen wählt oder Töne anschlägt, die man nicht irgendwie wenigstens mittelbar durch die Bemühung um eine Verfahrensförderung erklären kann, BGH MDR **91**, 150. Indessen steht zu befürchten, daß mancher Vorgesetzte irgendwelche Beschwerden von Prozeßbeteiligten, die dergleichen behaupten, wegen des etwaigen Fehlens eines Protokolls, einer Verhandlung, eines in den Akten befindlichen förmlichen Beschlusses usw zum Anlaß nimmt, zur Befriedung des Beschwerdeführers auf dem Rücken des Richters offen oder versteckt eine Schelte zu üben, die ihm keineswegs zusteht. Man darf § 26 DRiG auch hier auf keiner Seite überstrapazieren. Jedenfalls ist eine unberechtigte Dienstaufsichtsbeschwerde meist eine falsche Anschuldigung nach § 164 StGB und eine zu lasche, zu späte, zu wenig entschiedene Antwort unter Umständen eine Begünstigung zu jenem Delikt und überdies ein Verstoß gegen die Fürsorgepflicht des Vorgesetzten. Das sollten alle Beteiligten gerade dort beachten, wo das Gesetz dem Richter eine besonders große Verfahrensfreiheit gegeben hat. 32

33 **11) Verfassungsbeschwerde, S 1, 2.** Sie kommt wie sonst in Betracht, meist freilich erst nach der Durchführung eines Ergänzungsverfahrens nach § 321 a oder eines Nichtigkeitsverfahrens nach §§ 579 ff, BVerfG **34**, 204.

34 **12) Beispiele zum Verfahren nach § 495 a**

Ablehnung: Trotz des weiten Ermessens des Gerichts gelten doch die Regeln zur Ablehnbarkeit sowohl des Richters als auch des Rpfl, des Urkundsbeamten oder des Sachverständigen wie sonst. Es wäre eine fatale Ermessensüberschreitung, diese Regeln weniger zu beachten als im „Normalprozeß". Freilich darf die Partei nicht jede Abweichung von jener „Norm" zum Anlaß nehmen, den Richter für befangen zu erklären. § 495 a eröffnet dem Richter durchaus verfahrensgestaltende Wege, die „normalerweise" nicht zulässig wären, LG BadBad RR **94**, 1088. Das sollte unbedingt auch der nach § 45 II 1 zuständige Richter mitbeachten, erst recht die Dienstaufsicht. Die Regeln zum Querulantentum gelten wie sonst, Einl III 66. Gerade im Kleinverfahren mag der Richter nach früherer sachlicher Bescheidung befugt sein, neue, querulatorische Eingaben unbeachtet zu den Akten zu nehmen, § 42 Rn 7. § 495 a soll ihm die Arbeit erleichtern.

Absinken des Streitwerts: Rn 5, Rn 59 „Mahnverfahren", Rn 82 „Streitwert".

Akteneinsicht: § 299 gilt auch bei § 495 a grds voll. Gerade insoweit, als keine Verhandlung stattfindet, haben die Parteien ein verständliches Einsichtsbedürfnis. Sie dürfen es aber keineswegs zur Verzögerung mißbrauchen. Ab Entscheidungsreife nach §§ 128 II 2, 296 a, 300 Rn 6, ist ein solcher Mißbrauch eher möglich. Man muß ihn entschieden bekämpfen, auch durch alle diejenigen übrigen Gerichtspersonen, die faktisch die Akten aushändigen können.

35 **Aktenlage:** § 251 a ist anwendbar, auch in Verbindung mit § 331 a, Rn 20. Indessen ist das Gericht gerade bei einer einseitigen oder beiderseitigen Säumnis nicht an sämtliche Voraussetzungen der §§ 251 a, 331 a gebunden. Es kann insbesondere auch nach der ersten Verhandlung bereits auf Grund der Aktenlage entscheiden. Darüber hinaus darf das Gericht gerade bei einer Säumnis auch eine Entscheidung, einfach „im Verfahren nach § 495 a" erlassen, insbesondere das Urteil, ohne überhaupt einen besonderen Verkündungstermin nebst Nachricht darüber ansetzen zu müssen. Das stets erforderliche rechtliche Gehör bestand ja bis zum Ablauf der gesetzten Äußerungsfrist, BVerfG NJW **07**, 3487. Dann liegt keine Entscheidung nach Aktenlage nach §§ 251 a, 331 a vor. So läßt sich der Sinn des § 495 a am folgerichtigsten erfüllen, ein rasches und einfaches Verfahren zu ermöglichen.

S auch Rn 72 „Ruhen des Verfahrens".

Amtsprüfung: Vgl zunächst Rn 62 „Parteiherrschaft". Soweit es sich nach dem Gesetz freilich ohnehin um ein Verfahren mit einem Ermittlungsgrundsatz nach Grdz 38 vor § 128 handelt, bleiben die daraus entstehenden Rechte und Pflichten des Richters grds voll bestehen. Allerdings liegt der Streitwert dann in der Regel ohnehin weit über der Grenze von S 1.

Anerkenntnis: § 307 gilt auch bei § 495 a grds voll. Wegen des Zwecks der Vorschrift, dem Gericht die Arbeit zu erleichtern, und den entsprechend höheren Anforderungen an den Parteivortrag kann man ein Anerkenntnis im Kleinverfahren eher annehmen als sonst.

S auch Rn 95 „Verzicht auf den Klageanspruch".

36 **Arrest, einstweilige Verfügung:** Vgl zunächst Rn 7. Da das Gebot des rechtlichen Gehörs bei §§ 916 ff zunächst wegen der ja nur vorläufigen Entscheidungsmöglichkeiten des Gerichts nur sehr eingeschränkt gilt, ist auch beim kleinen Streitwert eine Anhörung des Antragsgegners vor dem Erlaß oder des Antragstellers vor der Zurückweisung des Antrags nicht unbedingt notwendig. Der Richter darf und soll gerade im kleinwertigen Eilverfahren rasch, unkompliziert und prozeßwirtschaftlich arbeiten. Er mag auch zB die Glaubhaftmachung anders als sonst beurteilen, Rn 52.

S auch Rn 75 „Sachliches Recht".

Aufklärung: Rn 46 „Entscheidungsreife".

Ausfertigung: Rn 87 „Umfang der Entscheidungsgründe", Rn 92 „Urteilskopf".

Auslagenvorschuß: Rn 57 „Kostenvorschuß".

Auslandsbezug: Eine Abkürzung nur des Tatbestands und/oder der Entscheidungsgründe scheitert an §§ 313 a II Z 4, 313 b III.

37 **Aussetzung:** Sie kommt wie sonst in Betracht. Sie darf aber natürlich gerade in dem der Straffung und Beschleunigung dienenden Verfahren nach § 495 a keineswegs einem faulen Richter den Vorwand geben, Entscheidungen vor sich herzuschieben. Sein formell auch hier weiter Spielraum schrumpft wegen des Gesetzeszwecks in Wahrheit eher zusammen. Das gibt der Dienstaufsicht usw aber keineswegs ein erweitertes Kontrollrecht. Mag der Betroffene die Aussetzung oder deren Ablehnung anfechten, soweit zulässig. Der vernünftige Richter versucht in einer die Aussetzung erwägbar machenden Situation eine Lösung, die die Partei auch im Kleinverfahren nicht um ihr sachliches Recht bringt, aber auch nicht gerade ihm diejenige Mehrarbeit schafft, die ihm ein anderes Gericht oder eine Behörde mit deren ohnehin größerer Pflicht zur Aufklärung usw abnehmen kann.

38 **Beibringungsgrundsatz:** Rn 62 „Parteiherrschaft".

Belehrung: Soweit das Gericht eine Belehrung erteilt hat, etwa dahin, daß nach einem Fristablauf nur (anders: auch!) ein Versäumnisurteil ergehen könne, würde eine wesentliche Abweichung vom angekündigten Vorgehen eine Überraschungsentscheidung darstellen können, auch wegen § 139 II 1, 2 einen Verstoß gegen Art 103 I GG. Daher kann das Gericht nicht zB nach dem derartigen Fristablauf statt eines ja mit Einspruch anfechtbaren Versäumnisurteils einfach durch ein unanfechtbares „streitiges" Urteil entscheiden. Es ist ratsam, zumindest auch auf § 495 a hinzuweisen, um sich nicht dessen Möglichkeiten zu verbauen. Belehrungen sollten auch im Verfahren nach § 495 a nicht über das gesetzlich notwendige Maß hinausgehen.

Beratungshilfe: Im Gegensatz zur Prozeßkostenhilfe regelt ein eigenes Gesetz die Voraussetzungen einer Beratungshilfe, Anh § 127. Andererseits ist das Verfahren weitgehend dem Rpfl und im übrigen dem Richter übertragen und hat inhaltlich im hier interessierenden Bereich Bezug auf das zivilprozessuale

Erkenntnisverfahren. Daher sind die verfahrensmäßigen Vorgänge zumindest indirekt von § 495 a mitbeeinflußbar. Indessen sollte das Gericht nur zurückhaltend von dem BerHG abweichen.

S auch Rn 70 „Rechtsbehelf".

Berichtigung: § 319 ist auch bei § 495 a grds voll anwendbar. Da das Gesetz dem Richter gestattet, die Entscheidungsgründe über das in § 313 III ohnehin knapp bemessene Maß hinaus kurzzufassen, soweit er sie nach § 313 a I 2 Hs 2 nur in das Protokoll aufnimmt, muß er die letzteren formell nur nach § 165 berichtigen, der Sache nach zwar auch unter einer Mitbeachtung von § 319, jedoch großzügiger zugunsten des Gerichts (bloßer Irrtum) als sonst. Freilich darf man diese Erwägungen nicht dazu benutzen, ein unanfechtbares Fehlurteil auf verfassungsgerichtlich ebenfalls unangreifbar zu trimmen. 39

S auch Rn 93 „Tatbestandsberichtigung".

Berufung: Sie bleibt grds nur dann statthaft, wenn der Wert des Beschwerdegegenstands die in § 511 II Z 1 genannte Summe übersteigt oder wenn die Voraussetzungen des § 511 II Z 2 vorliegen. Ob das erstere der Fall ist, entscheidet nicht der Amtsrichter, sondern das Berufungsgericht, evtl auch nach sofortiger Beschwerde gegen die Festsetzung des Zuständigkeitswerts. Über die Voraussetzungen des § 511 II Z 2 (Zulassung) entscheidet der Amtsrichter, und zwar zunächst für das Berufungsgericht bindend, § 511 IV 2. Soweit eine Berufung auch nur ernsthaft in Betracht kommt, sollte der Amtsrichter den nach § 313 a I 1, 2 ja keineswegs verbotenen Tatbestand und die Entscheidungsgründe auch nach einer mündlichen Verhandlung nicht nur im Protokoll fertigen, § 313 a I 2 Hs 2, sondern wie im Normalprozeß im gesonderten Urteilsexemplar, um eine Zurückverweisung wegen eines Verfahrensverstoßes zu vermeiden. Eine Berufung ist nach der Erschöpfung des Ergänzungsverfahrens nach § 321 a ausnahmsweise unabhängig vom Fehlen der Berufungssumme oder einer Zulassung der Berufung auch wegen eines Verstoßes gegen das rechtliche Gehör statthaft, Rn 30, BVerfG NJW **97**, 1301. Das Berufungsgericht ist aber grds gerade auch wegen § 321 a nicht dazu da, einen etwaigen Verfassungsverstoß anstelle des BVerfG zu korrigieren, LG Duisb RR **00**, 447, LG Mü RR **95**, 1022, aM LG Duisb RR **97**, 1490 (je zum alten Recht). 40

Beschlußverfahren: Auch nach § 495 a muß das Gericht durch ein Urteil entscheiden, soweit das im Normalverfahren notwendig wäre. Es darf nicht etwa statt eines Urteils einen Beschluß oder statt eines Versäumnisurteils einen Versäumnisbeschluß erlassen. Soweit die Bezeichnung zwar falsch ist, die Gründe aber wenigstens der Sache nach denjenigen eines Urteils nach § 313 a I 1, 2 entsprechen, mag eine Berichtigung nach § 319 oder eine Ergänzung nach § 321 a zulässig und notwendig sein. Andernfalls leidet die Entscheidung an einem gegen die Grundlagen des Verfahrens verstoßenden Mangel. Soweit auch im Normalprozeß ein Beschluß statthaft wäre, ist er es natürlich auch im Verfahren nach § 495 a. 41

Beschwerde: Rn 70 „Rechtsbehelf".

Beweis: Die Fragen, ob er notwendig ist, welchen Umfang er haben muß und in welchem Zeitpunkt des Verfahrens er erforderlich wird, sind grds dieselben wie sonst, §§ 286, 287. Der Richter darf sich auch bei § 495 a nicht etwa um der noch so erwünschten Arbeitserleichterung willen um eine solche Beweisaufnahme drücken, die sonst notwendig wäre. Das sachliche Recht bleibt unangetastet. Freilich mag man die reinen Verfahrensfragen abweichend von den sonst geltenden Regeln beurteilen müssen, LG BadBad RR **94**, 1088. Das gilt zB für die Frage, ob eine Zeugenbefragung in einem Termin oder am Telefon mit einer nachfolgenden Gelegenheit der Parteien zur Stellungnahme erfolgt, Fischer MDR **94**, 981, aM ZöHe 10 (zulässig, aber unpraktisch. Aber gerade das letztere ist durchaus eine Fallfrage. Das gilt etwa dann, wenn es um einen seriösen, vielbeschäftigten Arzt oder sonstigen Zeugen geht, den alle Beteiligten kennen). Die Art der Beweisaufnahme oder des Beweismittels hängt von den Beweisanträgen ab, wie sonst. 42

S auch Rn 42 „Beweisbeschluß", Rn 43 „Beweislast", Rn 44 „Beweiswürdigung".

Beweisbeschluß: Ein besonderer Beweisbeschluß ist stets zulässig. Seine Notwendigkeit ergibt sich in einer Abweichung von § 358 nicht schon aus dem etwaigen Erfordernis eines „besonderen Verfahrens". Denn gerade in der Verfahrensgestaltung stellt ja S 1 den Richter im Prinzip freier als sonst. Die Notwendigkeit eines Beweisbeschlusses kann sich aber aus dem auch bei S 1 beachtlich bleibenden Art 103 I GG ergeben. Freilich mag das rechtliche Gehör auch dann genug Beachtung finden, wenn der Richter die Parteien auf eine andere Weise über Art, Ort und Zeit der geplanten Beweisaufnahme so informiert, daß sie sich auf diese einrichten können. Solange keine mündliche Beweisaufnahme stattfindet oder nach S 2 stattfinden muß, entfällt ja auch das Anwesenheitsrecht des § 357.

Jedenfalls hat zB der Zeuge *keinen Anspruch auf* die *Mitteilung* des Beweisthemas gerade in einer Beschlußform, auch nicht nach § 377 II Z 2 und erst recht nicht bei einer schriftlichen Aussage nach § 377 III. Ob der Richter ein Ordnungsmittel nach § 380 verhängen muß, das hängt nicht von der Existenz eines Beweisbeschlusses und dessen Mitteilung ab, ebensowenig wie ein Aussageverweigerungsrecht.

Beweislast: Unabhängig davon, wie man die umstrittene Rechtsnatur der Beweislast nach Anh § 286 Rn 2, 237 beurteilt, kann der Richter sie nicht schon wegen § 495 a anders verteilen als sonst. Soweit sie dem Verfahrensrecht angehört, stößt das richterliche Ermessen schon wegen der stets engen Nähe der Beweislast zum sachlichen Recht auch im Kleinverfahren an die Grenzen. Da die Verkennung der Beweislast ein Verfahrensfehler sein kann, wenn man der Auffassung Anh § 286 Rn 237 nicht folgt, empfiehlt sich eine ganz knappe Begründung der Beurteilung, wer beweispflichtig sei, soweit andernfalls auch Art 103 I GG verletzt sein könnte. 43

Beweissicherung: Rn 90 „Selbständiges Beweisverfahren".

Beweiswürdigung: § 286 gilt auch bei § 495 a grds voll. Das Gericht darf sich zB nicht dort mit einer bloß überwiegenden Wahrscheinlichkeit wie bei § 294 begnügen, wo es auf den Beweis ankommt. Der Umfang der Beweisaufnahme bleibt im Prinzip unverändert. Nur die Art und Weise ihrer Durchführung ist dem Richter erheblich erleichtert. Freilich muß er den Parteien stets eine Gelegenheit zur Äußerung geben, soweit sie durch die Beweisaufnahme Nachteile erleiden könnten, § 285. Im übrigen darf der Richter Nachlässigkeiten zwar nicht eines Zeugen, wohl aber des Beweisführers etwa bei Ergänzungs- 44 fragen im Kleinverfahren innerhalb seines Zwecks der Arbeitserleichterung und Beschleunigung eher zulasten des Beweisbelasteten würdigen.

S auch Rn 102 „Wiederholte Beweisaufnahme".

45 **Bindung an Parteianträge:** § 308 I, II gelten auch bei § 495 a grds voll. Gerade wegen des Zwecks der Arbeitserleichterung des Gerichts und der Verfahrensbeschleunigung und der entsprechend höheren Anforderung an den Parteivortrag entscheidet das Gericht nur im Rahmen der Parteianträge, von den Kostenfolgen abgesehen.

S auch Rn 53 „Hilfsvortrag".

Dienstaufsichtsbeschwerde: Rn 32.

46 **Einlassungsfrist:** Die Fristen des § 274 III gelten als gesetzliche Mindestfristen mit Ausnahme der in § 224 II genannten Lagen auch bei § 495 a zwingend. Sie setzen das Gebot des rechtlichen Gehörs in seiner Mindestform zeitlich um. Sie binden daher den Richter auch im Kleinverfahren. Er kann aber auch von Amts wegen ihre Verlängerung anordnen oder sie von vornherein angemessen länger bemessen, ohne dazu verpflichtet zu sein.

S auch Rn 58 „Ladungsfrist".

Einspruch: Rn 70 „Rechtsbehelf", Rn 73 „Säumnis", Rn 101 „Wiedereinsetzung".

Entscheidung nach Aktenlage: Rn 35 „Aktenlage".

Entscheidungsgründe: Rn 87 „Umfang der Entscheidungsgründe".

Entscheidungsreife: Sie muß natürlich wie stets vorliegen, bevor das Urteil ergehen darf. Der Richter muß sie wie sonst auf Grund von § 286 prüfen, Schopp ZMR **92**, 161. Es darf nichts Entscheidungserhebliches ungeklärt bleiben, Schopp ZMR **92**, 161.

Erinnerung: Rn 70 „Rechtsbehelf".

Erledigung der Hauptsache: § 91 a ist anwendbar.

47 **Feststellungsklage:** § 256 ist auch bei § 495 a anwendbar. Man darf die Voraussetzungen des rechtlichen Interesses, insbesondere das Feststellungsinteresse, grds keineswegs eher bejahen als sonst. Aus der auch hier wie sonst maßgebenden Streitwerthöhe mag sich ergeben, daß das Gericht die bloße Feststellung eines solchen Anspruchs im Kleinverfahren treffen kann, der bei einer Leistungsklage nicht mehr in das Verfahren nach § 495 a fallen würde.

Fremdes Recht: § 293 gilt auch bei § 495 a grds voll. Das gilt sowohl für fremdes sachliches Recht als auch für prozessuales. Der Richter darf keineswegs vor der notwendigen Ermittlung zurückschrecken. Ob der Grundsatz der Unverhältnismäßigkeit eine Grenze setzt, ist eine andere Frage. Jedenfalls müssen die Parteien mindestens wie sonst bei § 293 mitarbeiten. Staudinger/Sturm Einl 176 IPR stellen auf die lex fori ab.

48 **Frist:** Soweit das Gesetz eine Frist und ihre Dauer für das „Normalverfahren" zwingend festsetzt, muß man sie grds auch bei § 495 a beachten. Das gilt auch bei § 222 II. Der Richter muß dessen etwaige Unanwendbarkeit unmißverständlich machen. Das geschieht nicht etwa schon dadurch, daß er ein Enddatum setzt, ohne „Sonnabend" usw hinzuzufügen. Der Richter kann auch eine Notfrist nach § 224 I 2 wegen ihrer grundlegenden Verfahrensbedeutung nicht in eine einfache Frist umwandeln. Im übrigen kann er in einer Abweichung von den „Normalregeln" Fristen kürzer oder länger bemessen, abkürzen oder verlängern. Er darf nur nicht derart kurze Fristen entstehen lassen, daß der Betroffene das rechtliche Gehör verliert, Art 103 I GG. Der Richter darf die Einlassungsfrist auch außerhalb des schriftlichen Vorverfahrens bereits im Inland in einer Anlehnung an § 276 I 1 keineswegs kürzer als mit 2 Wochen bemessen. Sie braucht aber nur ausnahmsweise länger zu sein. Abkürzungs- oder Verlängerungsmöglichkeiten bestehen wie sonst nach §§ 224 ff, jedoch mit erweiterten Gestaltungsrechten des Richters, soweit er nicht das rechtliche Gehör abschneidet. Eine formlose Fristsetzung erfordert eine Überprüfung nach Art 103 I GG, VerfGH Mü RR **ß8**, 1312.

49 **Früher erster Termin:** Zu der weiten Ermessensfreiheit nach § 495 a gehört natürlich auch die Befugnis, einen frühen ersten Termin anzusetzen oder auch anschließend an die Anberaumung vor der Durchführung in das schriftliche Vorverfahren oder schriftliche Verfahren überzuwechseln. Soweit der Richter das rechtliche Gehör gibt, ist er noch weniger als im „Normalprozeß" zu Fristsetzungen nach § 275 verpflichtet.

S auch Rn 84 „Terminsanberaumung", Rn 85 „Terminsantrag", Rn 97 „Vorbereitende Maßnahme".

Gebührenrechtsstreit: Ein Gutachten der Anwaltskammer nach § 14 II RVG ist auch bei § 495 a notwendig. Das stellt § 14 II 1 Hs 2 RVG klar.

Gehör: Rn 69 „Rechtliches Gehör".

50 **Gerichtsstand:** Obwohl S 1 dem Richter ein weites Ermessen bei der Verfahrensgestaltung einräumt, kann er doch nichts an den Regeln zur örtlichen Zuständigkeit ändern. Sie zählen zu den Grundlagen eines geordneten Verfahrens. Die Parteien haben Gestaltungsmöglichkeiten nach §§ 38 ff usw wie sonst. Ein Rügeverzicht ist wie sonst möglich, § 295. Man darf ihn grds weder eher als sonst bejahen noch eher verneinen. Nach einer Verweisung zB nach § 281 muß man die Bindungswirkung auch wegen der örtlichen Zuständigkeit wie sonst beurteilen. Eine Gerichtsstandserschleichung ist wie sonst unwirksam, Einl III 56.

51 **Geständnis:** § 288 gilt auch bei § 495 a grds wie sonst. Man muß allerdings die dort genannten Alternativen „bei einer mündlichen Verhandlung" oder „zum Protokoll ..." erweitern, soweit der Richter keine Verhandlung durchführen muß und auch nicht einen beauftragten oder ersuchten Richter einschaltet. Andernfalls könnte die Partei zB im schriftlich durchgeführten Kleinverfahren überhaupt kein wirksames prozessuales Geständnis abgeben. Das würde dem Zweck des § 495 a direkt widersprechen. Ob ein Geständnis vorliegt, muß der Richter wie sonst durch eine Auslegung ermitteln, Grdz 52 vor § 128.

52 **Glaubhaftmachung:** § 294 gilt wie im Eilverfahren nach §§ 920 II, 936 grds auch im Kleinverfahren nach § 495 a. Indessen mag der Richter die Glaubhaftmachung zumindest wegen einer verfahrensmäßigen Frage etwa wegen des Arrestgrundes anders als sonst beurteilen, sei es strenger, sei es großzügiger. Es ist eher als sonst eine Aufgabe der Partei, in dem gestrafften und der Arbeitserleichterung des Gerichts

dienenden Verfahren nach § 495 a rechtzeitig und ausreichend glaubhaft zu machen oder die gegnerische Glaubhaftmachung zu erschüttern.

S auch Rn 62 „Parteiherrschaft“.

Grundurteil: § 304 ist auch bei § 495 a grds voll anwendbar. Freilich wird das Gericht ähnlich wie beim Teilurteil nach Rn 83 sein ohnehin geltendes und nach § 495 a erheblich erweitertes Ermessen oft dahin ausüben, von einem solchen Grundurteil abzusehen, das den Prozeß nicht beschleunigt und die Arbeit nicht erleichtert.

Hilfsaufrechnung: Rn 5.

Hilfsvortrag: Er ist auch bei § 495 a grds wie sonst zulässig. Das Gericht muß ihn voll beachten. Es darf keineswegs den rechtzeitig, nachvollziehbar und schlüssig erfolgten Hilfsvortrag als im Kleinverfahren unbeachtlich zurückweisen. Ob ein Hilfsvortrag vorliegt, muß man wie sonst durch eine Auslegung ermitteln. Wegen der dem Zweck der Arbeitserleichterung des Gerichts entsprechenden erhöhten Anforderungen an den Parteivortrag muß man die Frage eher verneinen. Das Gericht braucht jedenfalls eher weniger als sonst nachzufragen, ob und welcher Vortrag ein bloßes Hilfsvorbringen darstellen soll. 53

Klagänderung: Der Richter muß sie wie sonst beurteilen, auch streitwertmäßig. Ein Verfahren kann infolge der Klagänderung in das Verfahren nach § 495 a oder aus ihm heraus geraten. Im übrigen mag der Richter die Sachdienlichkeit nach § 263 im Kleinverfahren durchaus auch unter dem Gesichtspunkt der Arbeitserleichterung des Gerichts und der Beschleunigung des bisherigen Prozesses beurteilen und daher eher verneinen müssen als sonst, aber auch umgekehrt. 54

Klagerücknahme, dazu *Warfsmann* JB **00**, 343 (Üb): Ebenso wie die Klageinreichung ist auch die Klagerücknahme eine Aufgabe der Partei und nicht ein Teil der Verfahrensgestaltung des Gerichts. Sie ist daher auch im Kleinverfahren wie sonst zulässig und wirksam. Auch die etwa notwendige Zustimmung des Bekl hängt bei § 495 a ebensowenig von dem Gericht ab wie sonst. Die Auslegung der Parteiprozeßhandlungen erfolgt wie sonst. Der Kostenfolgebeschluß nach § 269 IV erfolgt wie sonst. Soweit überhaupt keine Verhandlung stattfindet, gelten die Regeln § 269 Rn 5–16, AG Norden JB **00**, 370 (einseitige Rücknahme bis zum Ablauf der Einlassungsfrist).

Klageschrift: Für sie gelten dieselben Anforderungen wie sonst. Denn nur das Gericht bestimmt sein Verfahren frei, nicht aber hat auch der Kläger schon von sich aus Erleichterungen. Es steht ihm lediglich frei, einen Antrag auf eine mündliche Verhandlung nach S 2 schon in der Klageschrift oder erst später oder gar nicht zu stellen. Im Zweifel liegt kein solcher Antrag vor, sondern allenfalls eine für den Richter unverbindliche Anregung. Er ist auch nicht stets zu einer diesbezüglichen Rückfrage oder gar zu einer Belehrung verpflichtet. Der Richter braucht eine Aufforderung des Klägers nicht zu befolgen, das Gericht möge sich äußern, wenn es nicht von Amts wegen eine Verhandlung wünsche. Mag der Kläger einen bindenden Antrag nach S 2 stellen. 55

S auch Rn 67 „Prozeßvoraussetzungen“, Rn 84 „Terminsanberaumung“, Rn 90 „Unterschrift“.

Kostenentscheidung: Der Richter entscheidet nur über sein Verfahren nach billigem Ermessen frei, nicht über die Sachentscheidung und daher auch nicht über die aus ihr folgende Kostengrundentscheidung. Insoweit sind §§ 91 ff usw wie sonst anwendbar. Freilich kann der Richter die Begründung der Kostenentscheidung bei § 313 a I 1 auf eine stichwortartige Erwähnung der angewandten Vorschriften beschränken und bei § 313 a I 2 auch ganz entfallen lassen, solange nicht besondere Umstände eine etwas nähere Darlegung zwecks Nachvollziehbarkeit erfordern, § 286 Rn 20, 21. 56

S auch „Umfang der Entscheidungsgründe“.

Kostenfestsetzung: § 495 a gilt auch zugunsten des Rpfl. Denn auch er ist „Gericht“ nach S 1. Daher kann auch er sein Verfahren nach billigem Ermessen freier als sonst gestalten. Dabei kommt es auf den Streitwert und infolgedessen nur dann auf den Kostenwert an, wenn dieser zum Streitwert geworden ist. Auch der Rpfl muß die seinem Verfahren zugrundeliegenden Hauptregeln beachten. Auch er muß zB das rechtliche Gehör wie sonst geben. Auch er muß seine Entscheidung wie sonst wenigstens nachvollziehbar begründen usw. Er darf etwa bei einer Nichtabhilfe nicht jegliche Begründung verweigern. Er darf nicht in einem weiteren Umfang als sonst sachlichrechtliche Einwendungen beachten oder zurückweisen. Mit einer großzügigeren Bejahung der Glaubhaftmachung nach § 104 II 1 sollte er zurückhaltend verfahren. Insgesamt kann aber auch er sich sein Vorgehen erleichtern. Auch das ist der Sinn des § 495 a. 57

Kostenvorschuß: § 12 GKG ist voll und zwingend anwendbar wie sonst. Denn der Richter bestimmt bei § 495 a nur „sein“ Verfahren frei. Unter „Gericht“ darf man hier nicht auch den Kostenbeamten verstehen, Hartmann Teil I A § 12 GKG Rn 10 (anders der Rpfl, s „Kostenfestsetzung“). Freilich ist die richterliche Anordnung eines Auslagenvorschusses nach § 17 GKG im Interesse einer zügigen und einfachen Verfahrensdurchführung noch eher ratsam als sonst, § 379 Rn 1.

Ladungsart: § 497 Rn 1, dort auch näher zur keineswegs überzeugenden aM des VerfGH Mü RR **01**, 1647.

Ladungsfrist: Die Fristen von 3 Tagen oder 24 Stunden nach § 217 gelten als gesetzliche Mindestfristen mit Ausnahme der in § 224 II genannten Lagen auch bei § 495 a zwingend. Sie setzen das Gebot des rechtlichen Gehörs in seiner Mindestform zeitlich um und binden daher den Richter auch im Kleinverfahren. Er kann aber auch von Amts wegen ihre Verlängerung anordnen oder sie von vornherein angemessen länger bemessen, ohne dazu verpflichtet zu sein. 58

S auch Rn 46 „Einlassungsfrist“.

Mahnverfahren: § 495a berührt seine Regeln nicht. Denn es steht nicht im Abschnitt 2 des Buchs 2, sondern im Buch 7. Vom Übergang in das streitige Verfahren nach § 696 Rn 1 an ist § 495 a dagegen voll anwendbar. Natürlich behalten die Vorgänge des vorangegangenen Mahnverfahrens ihre Wirksamkeit. Das gilt insbesondere für einen Vollstreckungsbescheid. Bei einer Nichteinreichung der Anspruchsbegründung trotz einer Aufforderung nach § 697 I oder nach § 700 III 2 ist mangels einer Terminsnotwendigkeit ein Endurteil statthaft. Ein Absinken des Streitwerts des Mahnverfahrens auf einen Betrag von höchstens 600 EUR ab dem Beginn des streitigen Verfahrens läßt nur ein streitiges Kleinverfahren entstehen. 59

Mündliche Verhandlung: Rn 16.

Nachfrist: § 283 S 2 Hs 2 ist anwendbar, BVerfG NJW **93**, 2794.

Obligatorisches Güteverfahren: Das Gericht muß seine Versäumung nach § 15a EGZPO grds nach Grdz 49 vor § 253 beurteilen. Dabei kann sich eine Anhörung erübrigen, AG Nürnb RR **02**, 430.

60 **Öffentliche Zustellung:** Rn 103 „Zustellung".

Ordnungsmittel: Rn 42 „Beweisbeschluß".

Örtliche Zuständigkeit: Rn 50 „Gerichtsstand".

61 **Partei:** Der Richter kann den Parteibegriff nach Grdz 4 vor § 50 und die sich aus ihm ergebenden Regelungen zB zur Prozeßstandschaft, zur Vertretung des Minderjährigen, der juristischen Person, der Partei kraft Amts usw auch bei § 495a nicht anders als sonst beurteilen. Er verfügt ja nur über das Verfahren frei, nicht über die an ihm Beteiligten. Daher gelten auch zur Prozeßfähigkeit, zur vorläufigen Zulassung nach § 56 usw dieselben Regeln wie sonst.

62 **Parteiherrschaft:** Sie zählt zu den Grundlagen des Zivilprozesses. In sie wie in den Beibringungsgrundsatz und in die Verhandlungsmaxime nach Grdz 18 vor § 128 kann der Richter auch nicht nach § 495a eingreifen. Es ist nicht seine Aufgabe, der Partei die aus ihrer Parteiherrschaft entstehenden Pflichten und Obliegenheiten abzunehmen. Das gilt selbst dann, wenn er sich dadurch eine Beschleunigung und Arbeitserleichterung verspricht. Freilich sind die Ermessensgrenzen fließend. Das gilt sowohl in Richtung auf eine Stärkung als auch auf eine Schwächung der Parteiherrschaft. Der Richter kann der Partei grds durchaus mehr überlassen oder auferlegen als sonst. Er kann andererseits auch sehr wohl die eine oder andere Maßnahme selbst treffen, zB eine Anfrage bei einer Behörde oder bei einem Zeugen, statt das der Partei aufzubürden. Im Zweifel bleibt er innerhalb seiner weiten Gestaltungsfreiheit.

Parteiöffentlichkeit: § 357 gilt auch bei § 495a grds voll. Freilich hat der Richter wegen des zur Beschleunigung und Arbeitserleichterung geltenden weiten Ermessens der Art der Durchführung auch einer Beweisaufnahme sehr wohl die Möglichkeit, zB einen Zeugen oder Sachverständigen auch außerhalb einer Verhandlung etwa telefonisch zu befragen oder doch in einer Verhandlung einen erst jetzt benannten oder doch nicht erschienenen Zeugen oder Sachverständigen am Telefon zu hören. Er muß dann jeweils das Ergebnis aktenkundig machen und den Parteien eine Gelegenheit zur Stellungnahme geben. Es kann bei begründeten Bedenken der Partei notwendig werden, von der telefonischen Befragung oder der bloßen schriftlichen Äußerung des Zeugen zur Vernehmung in Anwesenheit der Parteien überzugehen. Solche Abwägungen erfordern Fingerspitzengefühl und gegenseitiges Verständnis.

63 **Persönliches Erscheinen:** Das Gericht kann bei § 495a das persönliche Erscheinen der Partei auch außerhalb der sonst geltenden Voraussetzungen anordnen. Das gilt zB auch dann, wenn es die Partei außerhalb einer mündlichen Verhandlung anhören möchte, um sich von einer unstreitigen Tatsache ein besseres Bild zu machen. Die Folgen eines unentschuldigten Ausbleibens können auch in einer freien Beweiswürdigung bestehen, ähnlich wie bei § 454 I. Das ist eine typische Auswirkung der Ermessensfreiheit des Gerichts nach § 495a und kein Ermessensmißbrauch.

64 **Protokoll:** Es ist nach § 159 I, II keineswegs bei jeder Amtshandlung in der Gegenwart eines Prozeßbeteiligten erforderlich, also erst recht nicht bei § 495a. Soweit freilich zB die fernmündliche Befragung eines Zeugen nach S 1 stattfindet, ist sie eine Beweisaufnahme und scheint nach § 159 I 1 ein Protokoll zu erfordern. Gemeint ist dort aber die Beweisaufnahme in einer Verhandlung, nicht außerhalb einer solchen. Das ergibt sich schon daraus, daß ein dem Gericht theoretisch noch auf seinen Wunsch zustehender besonderer Protokollführer ja schon technisch bestenfalls am Zweithörer verfolgen könnte, was er in eigener Verantwortung protokollieren soll. Soweit ein Protokoll entsteht, darf es bis auf die nach § 160 III unverzichtbaren Bestandteile „lückenhafter" als sonst sein. Freilich ist es ratsam, die nach § 160 I, II genannten Angaben ebenfalls wenigstens im Kern zu machen, insbesondere auch einen Hinweis nach § 139 I–III wegen § 139 IV auch im Kleinverfahren wenigstens knapp zu protokollieren.

Das Gericht sollte die *Möglichkeit nach § 313a I 2 Hs 2* durchaus nutzen, statt eines Urteils mit Entscheidungsgründen nur deren wesentlichen Inhalt zu formulieren und das im Protokoll zu tun. Denn das Protokoll entsteht oft schneller, und das Gericht kann dann eben noch knapper formulieren. Natürlich übernimmt für diesen Teil des Protokolls nur der Vorsitzende in solcher Eigenschaft die inhaltliche Verantwortung. Er muß Kurzgründe im Protokoll natürlich nicht mitvorlesen. Wegen der Unanfechtbarkeit des Urteils einerseits, der Möglichkeit einer Verfassungsbeschwerde andererseits und des Fehlens eines Tatbestands und evtl nach § 313a I 2 Hs 2 auch gesonderter Entscheidungsgründe sollte das Protokoll nicht allzu dürftig sein. Seine Berichtigung erfolgt wegen der Entscheidungsgründe nach § 319.

65 **Prozeßbevollmächtigter:** Man muß seine Stellung mit ihren Rechten und Pflichten auch bei § 495a grds ebenso wie sonst beurteilen. Der Richter verfügt zwar über das Verfahren, nicht aber über die an diesem Beteiligten und deren Bevollmächtigte. Insbesondere bleibt es grds beim Fehlen eines Anwaltszwangs, zumal der Streitwert eines dem Anwaltszwang nach § 78 unterliegenden Verfahrens ohnehin in aller Regel die 600-EUR-Grenze des § 495a S 1 übersteigt. Die Formerfordernisse etwa des § 80 I bleiben auch bei § 495a bestehen. Sie unterliegen grds nicht der Verfügungsbefugnis des Richters. Eine einstweilige Zulassung nach § 89 I sollte keineswegs grds eher als sonst erfolgen und behält die in § 89 I 2, 3, II genannten Folgen.

S auch Rn 55 „Klageschrift", Rn 84 „Terminsanberaumung".

Prozeßhandlung: Man muß ihre Notwendigkeit, Form und Wirksamkeit grds wie sonst beurteilen. Soweit nicht andere gesetzliche Vorschriften zwingend entgegenstehen, kann aber der Richter zB in der Formfrage großzügiger als sonst vorgehen. Die Auslegung einer Parteiprozeßhandlung kann ebenfalls großzügiger als sonst erfolgen. Sachlichrechtliche Wirkungen unterfallen nicht der Gestaltungsfreiheit des Gerichts. Der Richter muß die Anfechtbarkeit wie sonst beurteilen.

S auch Rn 80 „Schriftsatz", Rn 90 „Unterschrift".

66 **Prozeßkostenhilfe:** Zwar ist sie eine Form der Sozialhilfe, Üb 2 vor § 114. Sie erfolgt aber im gerichtlichen Verfahren und untersteht der Zuständigkeit des Richters. Sie ist also ein Bestandteil des Verfahrens vor ihm. Daher gilt § 495a in dem erstinstanzlichen Erkenntnisverfahren auch für das Prozeßkostenhilfeverfahren in allen seinen Verästelungen, Lüke NJW **96**, 3265. Freilich muß der Richter auch hier die

Verfahrensgrundlagen einhalten. Er kann zB nicht auf das Erfordernis der hinreichenden Erfolgsaussicht verzichten und, soweit diese von sachlichrechtlichen Fragen abhängt, nicht diese letzteren eher bejahen oder verneinen als sonst. Soweit aber zB eine verfahrensrechtliche Vorausschätzung notwendig ist, kann er sich die Arbeit sehr wohl auch im Prozeßkostenhilfeverfahren grds erleichtern. Er ist ohnehin auf diesem wenn auch wirtschaftlich gewichtigen Nebenschauplatz nicht der Hüter der Staatskasse. Das bedeutet freilich keineswegs eine Pflicht zur großzügigeren Gewährung als sonst.

Prozeßrechtsverhältnis: Es gehört zu den Grundlagen des Verfahrens, Grdz 4 vor § 128. Man muß es daher auch bei § 495 a wie sonst beachten und beurteilen. Freilich kann in einem solchen Verfahren, in dem der Richter zwecks Beschleunigung und Arbeitserleichterung eleganter und unkonventioneller als sonst arbeiten darf und soll, sowohl im Verhältnis der Parteien untereinander als auch im Verhältnis jeder Partei zum Gericht ein erhöhtes Maß von Pflichten und Obliegenheiten durchaus notwendig sein. § 495 a dient zunächst dem Gericht und gerade nicht den Parteien. Die redliche Partei hat dessen ungeachtet eher Vorteile als die nachlässige, unredliche. **67**

Prozeßvergleich: Rn 92 „Vergleich".

Prozeßvoraussetzungen: Man muß sie grds auch bei § 495 a wie sonst beachten und beurteilen. Sie sind ja durchweg auch nicht nach § 295 wiederherstellbar. Insbesondere muß der Richter zunächst die Zulässigkeit und dann erst die Begründetheit der Klage prüfen. Bei einer Unzulässigkeit ist eine hilfsweise Erörterung dahin, daß die Klage jedenfalls auch unbegründet sei, wie sonst statthaft, Grdz 17 vor § 253. Das Gericht sollte durchaus mindestens dieselben Anforderungen wie sonst stellen. Das Kleinverfahren dient nicht der Nachlässigkeit der Parteien, sondern der Arbeitserleichterung, wenn auch nicht einer Laxheit des Richters.

S auch Rn 71 „Rechtsschutzbedürfnis".

Prozeßwirtschaftlichkeit: Alle Prozeßbeteiligten sollten diesen ohnehin zu wenig beachteten Verfahrensgrundsatz nach Grdz 14 vor § 128 auch bei § 495 a voll beachten und ausnutzen. Das Gericht muß das Rechtsschutzbedürfnis nach Grdz 33 vor § 253 daher strenger als sonst prüfen. Die Lauterkeitspflicht ist verstärkt. Das Gericht darf und soll das Verfahren erst recht möglichst billig und zweckmäßig gestalten und möglichst rasch beenden. Alles das darf ein Maßstab für die Zulässigkeit so mancher sonst zweifelhaften Richtermethode sein. **68**

S auch Rn 71 „Rechtsschutzbedürfnis".

Rechtliches Gehör: Die Notwendigkeit, dem Betroffenen als Partei oder sonstigem Prozeßbeteiligten vor einer ihm nachteiligen Entscheidung das rechtliche Gehör zu geben, also eine bloße Gelegenheit zur Äußerung besteht schon bei einer Einhaltung der Einlassungs- oder Ladungsfrist und bei einer Säumnis. Sie bleibt als eine der wichtigsten Pflichten des Gerichts schon wegen Art 103 I GG auch bei § 495 a voll bestehen, BVerfG NJW **97**, 1301, VerfGH Mü RR **01**, 1647, Friedrich NJW **03**, 3535. Das gilt auch und gerade dann, wenn es nicht zu einer solchen mündlichen Verhandlung kommt, auf die auch insoweit kein Anspruch besteht, BVerfG NJW **93**, 2864 (zu § 128 III), VerfGH Mü RR **94**, 255, LG Wiesb MDR **02**, 1212. Wegen der regelmäßigen Unanfechtbarkeit der Entscheidung kommt dem Gehör eine besondere Bedeutung zu. **69**

Ein *einfaches Versehen* des Richters eröffnet *keine* Verfassungsbeschwerde, BVerfG NJW **99**, 1177. Das ist eine harte, problematische Notmaßnahme dieses überlasteten Gerichts.

Das bedeutet, daß man grds zunächst entweder das Ergänzungsverfahren nach § 321 a betreiben oder auch sogleich *Berufung* nach § 514 II einlegen muß, BVerfG NJW **99,** 1177, LG Duisb RR **97**, 1490. Es bedeutet aber nicht, daß der Richter übermäßig lange Äußerungsfristen setzen dürfte, daß er bei einer Säumnis nur ein Versäumnisurteil statt eines solchen nach Lage der Akten oder eines „streitigen" Urteils fällen dürfte, daß er einen Zeugen erst nach einer vorherigen Rücksprache mit der Partei telefonisch anhören dürfte usw, daß er gar erst nach zwei Zustellungen ein die Instanz beendendes Urteil fällen dürfte, aM Fischer MDR **94**, 981 (aber die Ordnungsmäßigkeit einer Ladung ist ohnehin erforderlich, und dann reicht auch diese *eine* Gewährung des Gehörs).

Gerade bei § 495 a darf man die Notwendigkeit des Gehörs eben auch *nicht überspannen* und zum Vorwand nehmen, das BVerfG wegen jeder Abweichung des Richters vom „Normalprozeß" in Anspruch zu nehmen, LG Paderb MDR **00**, 472 (krit Laws), aM LG Mannh RR **00**, 515 (aber das BVerfG wehrt sich selbst mehr und mehr dagegen, vgl oben). BVerfG NJW **99**, 1177 hätte nun aber auch nicht unter Berufung auf das von ihm sonst nicht so strapazierte Subsidiaritätsprinzips nach Einl III 17, das man auch überspannen kann, bei praktisch einer bloßen Behauptung eines Verstoßes gegen Art 103 I GG eine notwendigerweise doch dann prompt erfolglose Berufung schon zur Zulässigkeitsbedingung einer Verfassungsbeschwerde machen sollen, statt ohne eine Verhandlung durch eine seiner Kammern notfalls zurückzuverweisen und so die Gefahren einer landgerichtlichen Rechtszersplitterung zu verhindern, Kunze NJW **97**, 2154 („Ersatzgesetzgeber").

Ein *einmaliges* rechtliches Gehör liegt auch dann vor, wenn der Säumige es nicht wahrnimmt. Ein *zweimaliges* ist nicht schon nach dem GG stets notwendig, BVerfG NJW **93**, 2864 aE (zum vergleichbaren § 128 III).

Rechtsbehelf: Vgl zunächst Rn 29. Das gesamte System der Rechtsbehelfe und Rechtsmittel bleibt wie sonst bestehen, LG BadBad RR **94**, 1088 (evtl keine Bindung an – jetzt – § 511 II bei reinen Verfahrensfragen). Es zählt zu den Grundlagen des Verfahrens und im übrigen jedenfalls insoweit, als eine Anfallwirkung entsteht, nicht mehr zu derjenigen Instanz, für die § 495 a schon nach seiner Stellung im Buch 2 allein gilt. Das gilt auch für die Anfechtbarkeit von Nebenentscheidungen. Natürlich hängt die Anfechtbarkeit wie sonst generell zunächst von der Art der Entscheidung des Gericht ab. Wenn der Richter zB bei der Säumnis des Bekl statt eines Versäumnisurteils ein Vollurteil gewählt hat, ist nicht etwa schon deshalb gleichwohl ein Einspruch zulässig. **70**

Rechtshängigkeit: Sie läßt sich wie sonst beurteilen. Das gilt auch dann, wenn der Richter die Klage nicht förmlich zustellen, sondern auf andere Weise dem Bekl zukommen läßt, etwa durch eine Aushändigung oder durch einen Boten. Die Besonderheiten im Eilverfahren nach § 920 Rn 5, 6 gelten auch in demjenigen nach § 495 a.

Rechtskraft: §§ 322, 705 sind wie sonst anwendbar.

Rechtspfleger: Rn 34 „Ablehnung", Rn 57 „Kostenfestsetzung".

71 **Rechtsschutzbedürfnis:** Es zählt als eine der wichtigsten prozessualen Voraussetzungen eines Erkenntnisverfahrens nach Grdz 33 vor § 253 zu den grds auch bei § 495 a voll beachtbaren Regeln. Wegen des gesteigerten Gebots der Prozeßwirtschaftlichkeit nach Grdz 14 vor § 128 muß der Richter auch das Rechtsschutzbedürfnis strenger als sonst prüfen. Es bleibt eine Zulässigkeitsvoraussetzung. Deshalb kann seine Verneinung nur zur Abweisung oder Verwerfung als unzulässig führen. Hilfsweise bleibt auch bei § 495 a eine Abweisung als unbegründet möglich, Grdz 17 vor § 253.

S auch Rn 67 „Prozeßvoraussetzungen".

72 **Rechtzeitigkeit des Vorbringens:** § 282 gilt auch bei § 495 a. Das gilt auch dann, wenn der Richter überhaupt keine mündliche Verhandlung ansetzt, für die Pflichten nach § 282 II. Da § 495 a der Arbeitserleichterung des Gerichts dient, hat die Partei auch erhöhte Pflichten und Obliegenheiten nach § 282. Die in § 283 genannten Regeln sind ebenfalls voll anwendbar. Auch sie bedeuten im Verfahren nach § 495 a für die Partei erhöhte Pflichten und Obliegenheiten.

Rubrum: Rn 64 „Protokoll", Rn 92 „Urteilskopf".

Ruhen des Verfahrens: Man muß die Voraussetzungen, die Herbeiführung und die Beendigung des Verfahrens nach § 251 auch bei § 495 a grds wie sonst beurteilen. Das gilt bei S 1 wie bei S 2, auch nach einem Mahnverfahren. Darüber hinaus ist der Richter zwar wegen seines weiten Ermessens theoretisch zur Anordnung des Ruhens eher berechtigt als sonst. Indessen führt dergleichen evtl zur Versagung oder Verlangsamung des Rechtsschutzes und damit zur Verletzung einer der Grundlagen des Verfahrensrechts. Eine solche Verletzung läßt auch § 495 a nicht zu. Allerdings kann man die in § 251 I genannte Zweckmäßigkeit weit öfter nutzen. Das sollte der Richter kurz aktenkundig machen. Eine solche Arbeitsweise unterliegt der Dienstaufsicht eindeutig nicht. Mag der Betroffene nach § 567 I eine sofortige Beschwerde einlegen.

S auch Rn 35 „Aktenlage".

Sachaufklärung: Rn 46 „Entscheidungsreife".

73 **Sachliche Zuständigkeit:** Trotz des weiten Ermessens in der Verfahrensgestaltung binden den Richter wegen der sachlichen Zuständigkeit ähnlich wie bei der örtlichen nach Rn 50 „Gerichtsstand" die gesetzlichen Regeln und ein etwaiger Rügeverzicht wie sonst. Man muß einen Rügeverzicht wie sonst beurteilen, § 295. Der Richter darf ihn grds weder eher als sonst bejahen noch eher verneinen. Nach einer Verweisung zB gemäß § 281 muß man die Bindungswirkung auch an die sachliche Zuständigkeit wie sonst beurteilen. Eine Erschleichung der sachlichen Zuständigkeit ist wie sonst unzulässig und unwirksam. Vgl auch zB Einl III 56 zur Gerichtsstandserschleichung.

74 **Sachliches Recht:** § 495 a räumt dem Gericht nur wegen seines Verfahrens erweiterte Möglichkeiten ein, nicht auch im übrigen. Daher bleibt das sachliche Recht in seinen Voraussetzungen, Formen und Wirkungen grds völlig unberührt. Der Richter muß die sachlichrechtlichen Fragen der Zulässigkeit und Begründetheit genau wie sonst prüfen und bescheiden. Er darf keineswegs zB bei § 823 BGB vom Schulderfordernis nur deshalb absehen, weil der Streitwert 600 EUR nicht überschreitet und er keine Berufung zulassen will. Freilich haben die prozessualen Erleichterungen naturgemäß Auswirkungen auf die sachlichrechtlichen Fragen. Der Richter darf und soll durchaus nicht aus Gerechtigkeitsbemühungen ein nach § 495 a schon einer Entscheidung zugängliches Verfahren nun doch wieder notgedrungen in die Länge ziehen, verteuern und komplizieren. Die Vorschrift dient der Zweckmäßigkeit betonter als der Gerechtigkeit. Im übrigen ist es auch gerecht, denjenigen im Prozeß nicht nur mit einem kleinen Streitwert eher unterliegen zu lassen, der zB seine prozessualen Obliegenheiten nicht genug erfüllt.

75 **Säumnis:** Rn 20, 21; Rn 35 „Aktenlage". Wenn der Erschienene nur ein Versäumnisurteil beantragt, keine Entscheidung nach Aktenlage, ist das Gericht nicht etwa wegen § 308 I gehindert, eine Entscheidung nach Aktenlage oder gar eine solche „im Verfahren nach § 495 a", zu fällen, § 331 Rn 24, also ohne einen besonderen Verkündungstermin nach §§ 251 a, 331 a. Nur durch ein Versäumnisurteil eröffnet das Gericht die Möglichkeit eines Einspruchs, §§ 338 ff. Notfalls verfährt der Richter nach § 319. Er ist nach einer Erteilung des rechtlichen Gehörs keineswegs zu einer solchen Großzügigkeit verpflichtet. Er darf und sollte durchaus folgerichtig ein die Instanz beendendes Urteil fällen, auch etwa ein unechtes Versäumnisurteil, § 331 Rn 24, gegen das also kein Einspruch zulässig ist, BVerfG NJW **07**, 3487, LG Essen RR **93**, 576, AG Ahrensbg NJW **96**, 2516, aM Peglau NJW **97**, 2224 (vgl aber Rn 3, 4).

S auch Rn 40 „Berufung", Rn 69 „Rechtliches Gehör".

Schadensermittlung usw: Schadensschätzungen können nach § 495 a in einem noch weiteren Umfang als sonst nach den nicht selten verkannten Möglichkeiten des § 287 erfolgen.

Scheckprozeß: Rn 91 „Urkundenverfahren".

76 **Schlußfrist:** Zwar muß das Gericht auch § 495 a keineswegs stets einen solchen Schlußzeitpunkt bestimmen, bis zu dem ein Vortrag zulässig ist, solange es nicht das (voll)schriftliche Verfahren nach § 128 II gewählt hat. Indessen ist es nach einem Schriftsatzwechsel schon wegen Art 103 I GG praktisch kaum vermeidbar, zumindest derjenigen Partei eine abschließende Frist zu setzen, die den möglicherweise überraschenden gegnerischen Vortrag bisher nicht beantwortet hat, zumindest bei § 139 V. Jedenfalls sollte der dem Verhandlungsschluß nach § 296 a entsprechende Zeitpunkt den Parteien bekannt sein.

77 **Schriftliches Verfahren:** Man muß ein Verfahren nach § 128 II sorgfältig von demjenigen nach § 495 a unterscheiden. Das Gericht kann im Bereich bis 600 EUR Streitwert natürlich auch nach § 128 II verfahren und jene Verfahrensart auch wieder verlassen oder erst im Lauf des Prozesses erstmals oder erneut zu ihr übergehen. Es ist dringend ratsam, die jeweilige Wahl zumindest aktenkundig zu machen. Auch die Parteien haben aber zwar keinen Anspruch auf eine Belehrung, wohl aber ein Informationsrecht über die jeweils vom Gericht eingeschlagene Verfahrensart, § 139 II 2. Das Verfahren nach § 495 a ist gegenüber demjenigen nach § 128 II wesentlich elastischer und einfacher.

78 **Schriftliches Vorverfahren:** S 1 läßt dem Richter die Möglichkeit, ein schriftliches Vorverfahren wie sonst einzuleiten, durchzuführen oder in eine andere Verfahrensart überzuleiten. Innerhalb des Vorverfahrens

gelten dessen Regeln, soweit der Richter sie nicht zulässigerweise abändert. Besonders dann, wenn er nicht von Amts wegen einen Haupttermin ansetzen will, sollte er unmißverständlich verdeutlichen, daß er auch ohne eine Verhandlung entscheiden könnte. Andernfalls könnte seine schriftliche Entscheidung wegen eines Überraschungseffekts gegen Art 103 I GG und § 139 II verstoßen, LG Wiesb MDR **02**, 1212.

S auch Rn 77 „Schriftliches Verfahren".

Schriftliche Zeugendarstellung: Das Gericht kann nach § 495 a zum einen den § 377 III anwenden und zum anderen auch darüber hinaus statt einer Vernehmung eine schriftliche Stellungnahme des Zeugen entweder von sich aus oder über die beweispflichtige Partei herbeiführen, auch über den Bereich des § 364 (Auslandsbezug) hinaus. Freilich hängt die Brauchbarkeit einer solchen von der Partei beschafften Darstellung unter anderem davon ab, ob das Gericht präzise Fragen hat stellen lassen können. Ob der Gegner eine Vernehmung erzwingen kann, ist eine Fallfrage. Ein bloßer Terminsantrag ist kaum ausreichend. Der Gegner sollte darlegen, welche Tatsachen die Vernehmung erforderlich machen, § 285. **79**

Schriftsatz: Zwar besteht im Parteiprozeß kein grundsätzlicher Schriftsatzzwang. Indessen ist die schriftsätzliche Prozeßführung dringend ratsam. Das gilt nicht nur dann, wenn der Richter sie zulässigerweise anordnet, sondern auch in den restlichen Fällen beim Streitwert bis 600 EUR. Es gilt das zumindest, solange noch keine Partei einen zulässigen Terminsantrag nach S 2 gestellt hat. An den Inhalt und die Form darf das Gericht keineswegs geringere Anforderungen als sonst stellen, eher höhere. Denn die Partei muß damit rechnen, daß das Gericht auf Grund ihres evtl einzigen bisherigen Schriftsatzes bereits endgültig und unanfechtbar entscheidet. Sie hat ja das Gehör gehabt, indem sie den Schriftsatz einreichte. **80**

S auch Rn 59 „Nachfrist", Rn 65 „Prozeßhandlung", Rn 90 „Unterschrift".

Selbständiges Beweisverfahren: §§ 485 ff gelten auch bei § 495 a. Freilich hat das Gericht wegen § 495 a S 1 bei der Art der Durchführung des Beweisverfahrens einen erweiterten Ermessensraum. Es ist aber keineswegs schon deshalb berechtigt, zB seine Zuständigkeit auch über die Grenzen des § 486 III hinaus zu bejahen.

Sicherheitsleistung: Das ohnehin schon nach § 108 I 1 „freie Ermessen" bei der Art und Höhe der prozessualen Sicherheitsleistung ist nach § 495 a noch weiter. Das Ob der Notwendigkeit einer Sicherheitsleistung unterliegt der Verfügungsbefugnis des Richters so wenig wie sonst. Entscheidungen nach §§ 708 ff zählen nicht zum erstinstanzlichen Erkenntnisverfahren und schon deshalb nicht zu § 495 a. Eine innerstaatliche Vorschrift kann ohnehin nicht internationale Regeln nach Anh § 110 verändern.

Sofortige Beschwerde: Rn 70 „Rechtsbehelf".

Sofortige Erinnerung: Rn 70 „Rechtsbehelf".

Sommersache: § 227 III gilt auch bei § 495 a. Der Richter muß die Frage, ob ein besonderes Beschleunigungsbedürfnis nach § 227 III 3 vorliegt, grds ebenso wie bei § 227 Rn 50–53 prüfen. Freilich gilt auch hier ein weiteres Ermessen als sonst.

Streitgenossenschaft: Es gelten dieselben Erwägungen wie zur Partei, Rn 61 „Partei".

Streithilfe: Wegen des zur Streithilfe Berechtigten gelten dieselben Erwägungen wie zur Partei, Rn 61 „Partei". Auch die sachlichen Voraussetzungen und Wirkungen einer Streithilfe unterliegen der Verfügungsbefugnis des Richters auch bei § 495 a nicht. Es handelt sich vielmehr um grundlegende gesetzliche Regelungen. Auf deren Einhaltung kann allenfalls die Partei nach § 295 verzichten, nicht aber der Richter von sich aus. **81**

Streitverkündung: Es gelten dieselben Erwägungen wie bei der Streithilfe, Rn 81 „Streithilfe".

Streitwert: Man muß den Wert wie sonst ermitteln. Es kann ratsam sein, ihn festzusetzen, um zu verdeutlichen, daß das Gericht diese Basis eines Verfahrens nach § 495 a erkannt hat. Manchmal kann der Wert umstritten sein, etwa bei §§ 558 ff BGB, Anh § 3 Rn 79. Um zu verhindern, daß das Berufungsgericht auf Grund einer eigenen höheren Wertfestsetzung zu einer Zurückverweisung wegen verfahrensfehlerhafter Anwendung des § 495 a kommt, kann es ratsam sein, zumindest ein Urteil nebst einem Tatbestand usw zu formulieren. Beim Absinken des Streitwerts gelten die Regeln Rn 5. **82**

S auch Rn 100 „Widerklage".

Stufenklage: Sie ist wie sonst statthaft. Das Gericht muß ihren Wert wie sonst bestimmen. Beim Übersteigen von 600 EUR ist § 495 a unanwendbar. Die Streitfrage, ob es zulässig ist, gleichzeitig über sämtliche Ansprüche nach § 254 Rn 12 abschließend zu entscheiden, mag man im Kleinverfahren mit seinem Ziel einer raschen Beendigung und Arbeitserleichterung für das Gericht eher bejahen als sonst.

S auch Rn 82 „Streitwert".

Tatbestandsberichtigung: § 320 ist auch im Verfahren nach § 495 a grds anwendbar, soweit das Urteil überhaupt einen ja stets freigestellten Tatbestand enthält. Wegen des Zwecks des § 495 a, dem Richter die Arbeit zu erleichtern, darf und muß dieser die Voraussetzungen einer Berichtigung strenger fassen. **83**

S auch Rn 39 „Berichtigung".

Teilurteil: § 301 ist auch bei § 495 a grds voll anwendbar. Freilich wird das Gericht sein ohnehin nach § 301 II und im Kleinverfahren deutlich erweitertes Ermessen oft dahin nutzen, die mit dem Teilurteil ja meist verbundene Mehrarbeit usw zu unterlassen.

Terminsanberaumung: Soweit nicht ein zulässiger und auch rechtzeitiger Antrag nach S 2 vorliegt, ist der Richter nach S 1 stets berechtigt, aber nicht verpflichtet, überhaupt einen Termin anzuberaumen. Er sollte von den Möglichkeiten der Entlastung des Terminsplans voll Gebrauch machen, sofern er nicht eine entsprechende Mehrbelastung am Schreibtisch befürchten muß. Auch das Risiko einer ungenügenden Aufklärung ändert an dieser vom Gesetz bewußt ermöglichten Abwägung nichts. § 139 II 1, 2 enthalten zwar Grundgedanken. Diese lassen sich aber auch außerhalb einer Verhandlung beachten. Mag die Partei eine solche beantragen. Insbesondere bei ihrer Säumnis besteht nur wenig Veranlassung, schon wegen kleiner Unklarheiten gerade das zu tun, was § 495 a beschränken soll. Die Terminanberaumung sollte zweckmäßigerweise für die Parteien den Zusatz „im Verfahren nach § 495 a ZPO" enthalten, um sie auf ihr erhöhtes Risiko aufmerksam zu machen, etwa bei einer Säumnis, Rn 75 „Säumnis". Indessen ist ein solcher Zusatz nicht notwendig. Denn bei einem Streitwert im Rahmen des § 495 a findet das Verfahren **84**

ohnehin zwingend nach dieser Vorschrift statt. Unkenntnis schützt nicht vor dem Gesetz, krit Rottleuthner (vor Rn 1) 36 (aber sind uralte Rechtssprichwörter zynisch oder weise?).

S auch Rn 55 „Klageschrift".

85 **Terminsantrag:** „... muß mündlich verhandelt werden" in S 2 meint nur, daß überhaupt eine Verhandlung irgendeiner Art stattfinden muß. Daher kann die Partei den Richter durch einen Antrag nach S 2 weder zu einem frühen ersten Termin noch zu einem Haupttermin zwingen. Er ist in seiner Wahl der Verfahrensart unverändert frei, soweit er nur eben auch verhandeln läßt. Ein Antrag auf eine mündliche Verhandlung läßt sich im übrigen nach Rn 17–21 beurteilen.

S auch Rn 84 „Terminsanberaumung", Rn 97 „Vorbereitende Maßnahme".

86 **Terminsart:** Das Gericht sollte die Terminsart auch bei § 495 a in der Terminsladung kennzeichnen lassen. Es sollte also zB „frühen ersten Termin" oder „Haupttermin" oder dann, wenn es weder die eine noch die andere Verfahrensart wählt, einfach „Verhandlungstermin nach § 495 a ZPO" schreiben lassen. Beim Wechsel von der einen in die andere Verfahrensart ist eine Klarstellung besonders ratsam. Ein Verstoß kann, muß aber nicht stets zur Verletzung des Art 103 I GG führen.

S auch Rn 86 „Terminsmehrheit".

Terminsmehrheit: Soweit eine Partei zulässigerweise nach S 2 einen Verhandlungstermin beantragt hatte, gilt dieser Antrag im Zweifel auch für jeden weiteren im Normalprozeß notwendigen Termin. Daher ist es ratsam, im ersten Termin zu klären, ob die Partei im weiteren Prozeßverlauf den Terminsantrag etwa fallen läßt. Der Gegner ohne einen eigenen Terminsantrag hat zwar theoretisch keinen Anspruch auf einen weiteren Termin. Er könnte sich aber dann, wenn das Gericht nun ohne einen solchen entscheidet, auf einen Verstoß gegen Art 103 I GG berufen, falls der Richter ihm nicht eine abschließende Äußerungsfrist gesetzt hatte. Es ist daher ratsam, beiden Parteien die Absicht mitzuteilen, ohne einen weiteren Termin zu entscheiden. Das sollte unter der Anberaumung einer etwaigen Schlußfrist geschehen. S auch Rn 86 „Terminsart".

Terminsvorbereitung: Rn 97 „Vorbereitende Maßnahme".

Trennung, Verbindung: §§ 145 ff gelten auch im Verfahren nach § 495 a. Das ohnehin vorhandene Ermessen ist im Kleinverfahren noch freier Man sollte es auch unter dem Gesichtspunkt der Arbeitserleichterung des Gerichts und der Beschleunigung des bisherigen Verfahrens beurteilen.

87 **Umfang der Entscheidungsgründe:** Soweit das Gericht die Begründung seiner Entscheidung in das Urteils-Originalexemplar aufnimmt, gelten die Regeln des § 313 III, dort Rn 31. Es ist also erforderlich, aber auch ausreichend, daß das Urteil „eine kurze Zusammenfassung der Erwägungen (enthält), auf denen die Entscheidung in tatsächlicher und rechtlicher Hinsicht beruht". Sie kann mit Rücksicht auf das erklärte Ziel des § 495 a, die Arbeit des Gerichts zu erleichtern, nun wirklich kurz und knapp sein. Freilich muß das Gericht grds die in § 286 Rn 20 genannten Anforderungen der Nachvollziehbarkeit einhalten, VerfGH Mü NJW **05**, 3772 (zu streng), LG Mü RR **04**, 354.

Soweit der Richter die Begründung seiner Entscheidung in das *Protokoll* aufnimmt, § 313 a I 2 Hs 2, braucht das Urteils-Originalexemplar nach dem klaren Wortlaut dieser Vorschrift überhaupt keine Entscheidungsgründe zu enthalten. Es endet also mit Rücksicht darauf, daß nach § 313 a I 1 auch kein Tatbestand erforderlich ist, nach der Wahl des Richters mit dem Tenor wie beim Versäumnisurteil. Freilich sind Entscheidungsgründe auch im Urteilsexemplar statthaft, soweit sie nicht von dem in das Protokoll aufgenommenen Begründungstext abweichen. Liegt dennoch eine solche Abweichung vor und scheiden eine Berichtigung nach §§ 164, 319 oder eine Ergänzung nach § 321 a aus, hat das Protokoll nicht schon wegen § 165 den Vorrang. Denn die Begründung zählt nicht zu den für die mündliche Verhandlung zwingenden Förmlichkeiten.

Die Worte „ihr wesentlicher Inhalt" in *§ 313 a I 2 Hs 2* zeigen, daß der Richter die Protokollgründe noch wesentlich *knapper als* diejenigen nach *§ 313 III* fassen darf. Das ist eines der Hauptentlastungsmerkmale und schon deshalb sinnvoll, aM ZöHe 13 (aber der Praktiker weiß sehr wohl um die hier eröffneten, wenn auch verführerischen Möglichkeiten der Straffung). Von dieser Möglichkeit sollte er konsequent Gebrauch machen, zumal das BVerfG zwar auf eine gewisse Überprüfbarkeit angewiesen ist, aber auch den übrigen Akteninhalt mitberücksichtigen darf. Es sollte nicht durch seine Anforderungen den Grundgedanken des § 313 a I 2 Hs 2 verwässern, obwohl man auch diese Vorschrift natürlich am GG messen muß. Das wird in BVerfG NJW **92**, 2217 (zu einem Altfall) noch nicht deutlich. Natürlich darf es nicht bei Leerfloskeln oder Sprachblasen bleiben. Das Berufungsgericht sollte aber jedenfalls nicht aus der zulässig knappen Fassung von Gründen im Urteil oder Protokoll des AG allzu bequem auf Verfahrensfehler schließen, um die Sache zurückzuverweisen oder gar den Amtsrichter wegen angeblicher Willkür als befangen bezeichnen zu können. Ein solches Vorgehen des Berufungsgerichts wäre seinerseits evtl Willkür usw.

Unechtes Versäumnisurteil: Rn 75 „Säumnis".

88 **Unmittelbarkeit der Beweisaufnahme:** § 355 gilt auch bei § 495 a grds voll. Eine Übertragung auf den auswärtigen Richter kann freilich wegen des betonten Ziels eher als sonst erfolgen, die Arbeit des entscheidenden Richters zu erleichtern.

S auch Rn 62 „Parteiöffentlichkeit".

89 **Unschlüssigkeit:** Bei § 495 a scheint das Gericht berechtigt zu sein, mangels eines Klägerantrags auf einen Verhandlungstermin eine unschlüssige Klage ohne eine Anhörung des Bekl mit einer inneren Rechtskraftwirkung sogleich nach dem Eingang durch ein Urteil abzuweisen. Der Bekl wäre ja vom Verstoß gegen Art 103 I GG scheinbar nicht benachteiligt. Indessen mag er Gründe haben, zB ein Anerkenntnis abzugeben oder einen Vergleich unter einer Einbeziehung weiterer Punkte herbeizuführen. Der Normalprozeß verlangt vor dem Endurteil ein Prozeßrechtsverhältnis. Es kann in dieser Verfahrensart anders als evtl im vorläufigen Eilverfahren grds erst infolge einer Klagezustellung entstehen. Das gehört zu den wichtigsten Prinzipien und ist eine Folge der auch im Kleinverfahren bestehenden Parteiherrschaft, Grdz 18 vor § 128. Das Gericht darf daher auch ohne eine Verhandlung über eine unschlüssige Klage erst nach einer Anhörung des Bekl entscheiden.

Unterbrechung: §§ 239 ff sind auch bei § 495 a grds anwendbar. Der Richter sollte in dieses System nicht ohne einen schwerwiegenden Anlaß eingreifen, auch wenn er dazu formell berechtigt sein mag. Denn es handelt sich nicht um unverzichtbare Grundbestandteile des Prozesses. Die Unterbrechung bewirkt ja gerade das Gegenteil dessen, was § 495 a bewirken soll. Jedenfalls muß der Richter bei einer abweichenden Anordnung klarstellen, inwiefern andere Folgen als nach §§ 239 ff gelten sollen.

Unterschrift: Die Regeln § 129 Rn 9 ff gelten auch bei § 495 a. An die Unterschrift muß man gerade mit **90** Rücksicht auf den klaren Zweck der Vorschrift, dem Richter die Arbeit zu erleichtern, eher noch höhere Anforderungen stellen. Es ist dem Richter keineswegs zumutbar, hinter einer noch fehlenden, ungenügenden, gar zunächst verweigerten Unterschrift herzulaufen, statt den Prozeß dann eben auf der jetzigen Basis zu beenden. Eine fernmündliche Ermahnung mit der Anheimgabe, das Fehlende binnen einer telefonisch gesetzten „Frist" nachzuholen, kann durchaus genügen. Die unzulängliche oder fehlende Unterschrift unter dem verfahrenseinleitenden Schriftsatz zwingt auch nach S 1 und natürlich erst recht nach S 2 keineswegs auch nur zur Zustellung an den Gegner. Ihn würde das Gericht vielmehr auch im Kleinverfahren zu Unrecht in ein Prozeßrechtsverhältnis hineinzwingen. Das sollte auch die Dienstaufsicht bedenken, bevor sie auch nur Erwägungen zulasten des angeblich pflichtwidrig untätigen Richters gegenüber dem Beschwerdeführer andeutet.

S auch Rn 65 „Prozeßhandlung", Rn 80 „Schriftsatz".

Unzulässigkeit: Die Erwägungen zur Unschlüssigkeit nach Rn 89 gelten auch bei der unzulässigen Klage. Insbesondere bei einer bloßen Unzuständigkeit kommt im übrigen evtl nur eine Verweisung in Betracht. Der Richter darf dem Kläger nicht die Chance nehmen, daß das zuständige Gericht der dort zulässigen Klage auch in der Sache rechtgeben wird.

Unzuständigkeit: S „Unzulässigkeit".

Urkundenverfahren: Auch im Urkunden- und Wechselprozeß gibt § 495 a dem Richter erheblich mehr **91** Freiheit. Freilich darf er keines der gesetzlichen Grundprinzipien dieser besonderen Verfahrensarten antasten. Insbesondere darf er dem widersprechenden Bekl nicht die nach § 599 I vorzubehaltende Ausführung seiner Rechte in einem Nachverfahren nehmen. Freilich mag das letztere sich an das erstere nach einer gerichtlichen Ankündigung direkt anschließen lassen. Das gilt auch im Scheckprozeß.

Urteilskopf: Sowohl dann, wenn das Gericht die Entscheidungsgründe nach § 313 a I 2 Hs 2 nur in das **92** Protokoll aufnimmt, als auch beim Urteil nebst eigenen Entscheidungsgründen nach I gehört in die Urschrift und natürlich in die Ausfertigungen usw ein vollständiger Urteilskopf nach § 313 I Z 1, 2 und evtl Z 3, um für Außenstehende, spätere Folgeverfahren, die Zwangsvollstreckung usw die Nämlichkeit der Beteiligten klarstellen zu können. Es ist ratsam, die Worte „im Verfahren nach § 495 a" aufzunehmen. Hat eine Verhandlung stattgefunden, erwähnt das Gericht sie, falls das Verfahren nach § 296 a endete.

S auch Rn 64 „Protokoll".

Verbindung: Rn 86 „Trennung, Verbindung".

Verfahrensbeendigung: S bei ihren einzelnen Arten, zB Rn 95 „Verweisung".

Verfahrensordnung: Eine eigene Verfahrensordnung eines Amtsrichters kann im Grundsatz zulässig sein, Bartels DRiZ **92**, 106, selbst wenn es dann von Abteilung zu Abteilung schon desselben Gerichts je eine etwa noch unterschiedlich gestaltete derartige Lokal-ZPO geben würde. Indessen muß der Richter ungeachtet ihrer Bekanntgabe an die Verfahrensbeteiligten den Verdacht vermeiden, daß nicht mehr die bundesgesetzliche ZPO, sondern seine eigene den alleinigen Maßstab gebe. Andernfalls setzt er sich trotz seiner besonderen Gestaltungsfreiheit des Kleinverfahrens allzu leicht dem Vorwurf aus, wegen Starrheit befangen zu sein, § 42 Rn 23 „Festhalten an einer Ansicht".

Verfahrensrüge: Rn 96 „Verzicht auf Verfahrensrüge".

Vergleich: Die Regeln zum außergerichtlichen Vergleich wie zum Prozeßvergleich nach Anh § 307 gelten auch bei § 495 a grds voll. Wegen des Zwecks der Vorschrift, dem Gericht die Arbeit zu erleichtern, und wegen der entsprechend höheren Anforderungen an den Parteivortrag wird man das Zustandekommen eines Vergleichs im Kleinverfahren eher bejahen können als sonst. An die Form des Vergleichs darf man aber auch bei § 495 a keine geringeren Anforderungen stellen als sonst. Die Anfechtbarkeit läßt sich wie sonst beurteilen.

Verhandlungsmaxime: Rn 62 „Parteiherrschaft".

Verkündung: Bei § 495 a braucht das Gericht seine Entscheidung, auch ein Urteil, grds nicht zu verkün- **93** den, Fischer MDR **94**, 982. Es kann sie durch eine Zustellung mitteilen, evtl sogar formlos. Das gilt sowohl dann, wenn überhaupt kein Verhandlungstermin stattfand, als auch nach einem solchen. Auch im „Normalprozeß" ist ja die Verkündung keineswegs die einzig zulässige Form der Mitteilung. Ausnahmsweise muß der Richter verkünden, wenn er eine Verkündung angekündigt hatte. Zumindest darf dann eine abschließende Entscheidung nicht vor dem angekündigten Verkündungszeitpunkt auch nur schriftlich hinausgehen, solange das Gericht nicht den Verkündungstermin aufgehoben hat.

Versäumnisurteil: Rn 75 „Säumnis".

Verspätetes Vorbringen: § 296 ist auch bei § 495 a grds voll anwendbar, BVerfG NJW **93**, 1319. Dem **94** Zweck des § 495 a, den Richter zu entlasten und den Prozeß zu beschleunigen, entspricht eine erhöhte Anforderung an den Parteivortrag auch zur Rechtzeitigkeit. Das darf und sollte der Richter sehr wohl bei der Entscheidung über die Zurückweisung wegen einer Verspätung mitberücksichtigen. Zwar setzt eine solche Maßnahme unter anderem voraus, daß er auch seinerseits die Förderungspflicht und seine übrigen Aufgaben erfüllt hat. Wegen seines Ermessensspielraums darf man eine Verletzung solcher Pflichten aber bei § 495 a durchaus evtl seltener annehmen als sonst. Das bedenkt BVerfG NJW **93**, 1319 nicht ausreichend mit.

Vertagung: Eine Maßnahme nach § 227 kommt auch bei § 495 a in Betracht. Darüber hinaus ist eine **95** Vertagung wegen des weiten Ermessens sehr wohl zulässig und ratsam, wenn man zB sonst einen Verstoß gegen Art 103 I GG befürchten müßte. Der Richter ist aber keineswegs verpflichtet, statt anderer Maßnahmen eine Vertagung anzuordnen, solange eben nicht eine Gehörsverletzung droht. Auch ein zulässiger Antrag nach S 2 gibt keinen Vertagungsanspruch etwa schon deshalb, weil der

ProzBev (anders die nicht vertretene Partei!) in einen Urlaub fahren will oder andere Termine hat, noch weniger als bei § 227 Rn 13, 14. Zweck des § 495 a ist auch, das Verfahren zu beschleunigen, den Aktenumlauf und die sonstige Arbeitsbelastung des Gerichts zu verringern. Deshalb darf der Richter einen „erheblichen Grund" nach § 227 hier durchaus noch zurückhaltender bejahen als sonst.

S auch Rn 80 „Sommersache".

Verweisung: Es gelten die „normalen" Regeln, auch zur Form und zur Kostenfolge.

S auch Rn 50 „Gerichtsstand", Rn 74 „Sachliche Zuständigkeit".

Verzicht auf Klaganspruch: § 306 gilt auch bei § 495 a grds voll. Wegen des Zwecks der Vorschrift, dem Gericht die Arbeit zu erleichtern, und den entsprechend höheren Anforderungen an den Parteivortrag darf man einen solchen Verzicht im Kleinverfahren eher annehmen als sonst.

S auch Rn 35 „Anerkenntnis".

96 **Verzicht auf Verfahrensrüge:** Man muß § 295 und seine Grenzen auch bei § 495 a grds wie sonst beachten. Freilich darf man die Verzichtbarkeit wegen des Zwecks, den Richter im Kleinverfahren zu entlasten, großzügiger bejahen als sonst. Das darf aber nicht dazu führen, zwecks einer Arbeitserleichterung des Gerichts einen stillschweigenden Rügeverzicht eher als sonst einfach zu unterstellen, solange nicht doch insgesamt deutliche Anzeichen für einen solchen Verzicht sprechen.

Vollmacht: Es gelten dieselben Regeln wie im Normalprozeß. Fehlt die erforderliche Vollmacht, kann eine Säumnis vorliegen. Da diese nicht nur zum Versäumnisurteil führen kann, sondern auch nach einem rechtlichem Gehör zum „streitigen" Endurteil, kann das Fehlen der Vollmacht einen endgültigen Rechtsnachteil bedeuten, soweit das Gericht nicht eine vorläufige Zulassung nach § 89 I 1 vorgenommen hat. Dann müßte es auch bei § 495 a zunächst die Nachfrist nach § 89 I 2 setzen und abwarten. Freilich ist das Gericht zumindest im Kleinverfahren wegen seiner Zielsetzung der Beschleunigung und Arbeitserleichterung zur vorläufigen Zulassung nach § 89 I 1 keineswegs verpflichtet; „kann" stellt zumindest hier in sein pflichtgemäßes Ermessen.

Vorbehaltsurteil: §§ 302, 599, 605 a gelten auch bei § 495 a grds voll. Freilich wird das Gericht ähnlich wie beim Teilurteil nach Rn 83 sein ohnehin bei § 302 geltendes Ermessen oft dahin ausüben, von einem Vorbehaltsurteil abzusehen, das den Prozeß nicht beschleunigen und die Arbeit nicht erleichtern würden.

97 **Vorbereitende Maßnahmen:** § 273 ist auch bei § 495 a anwendbar. Das Gericht hat ein erweitertes Ermessen. Es darf und sollte alles veranlassen, was den Prozeß beschleunigt, die eigene Arbeit erleichtert und gleichzeitig einer Aufklärung und sachgerechten Beurteilung dienen kann. Die in § 273 II genannten Möglichkeiten heißen dort ohnehin nur „insbesondere". Anordnungen können im Kleinverfahren abweichend von § 273 III auch schon dann ergehen, wenn der Bekl dem Anspruch zwar noch nicht prozessual widersprochen hat, wenn man seine vermutliche Einlassung aber aus den vom Kläger glaubwürdig vorgetragenen vorprozessualen Vorgängen abschätzen kann. Freilich ist das Gericht keineswegs zur umfassenden Vorbereitung nach Art eines Amtsverfahrens verpflichtet.

S auch Rn 62 „Parteiherrschaft".

98 **Vorläufige Vollstreckbarkeit:** §§ 708 ff gelten auch bei § 495 a. Der Richter muß auch das streitige Endurteil für vorläufig vollstreckbar erklären, selbst wenn nach der Ansicht des Amtsrichters weder die Berufung noch ein anderes Rechtsmittel oder ein Einspruch statthaft sind. Denn das Rechtsmittelgericht könnte zB die Frage, ob der Streitwert 600 EUR überstieg, sogar dahin beantworten, daß er die jeweils geltende Berufungsgrenze in Wahrheit überstieg und daß auch eine entsprechende Beschwer vorliegt. Soweit § 708 die vorläufige Vollstreckbarkeit vom Wert unabhängig vorsieht, gelten die für den Normalprozeß genannten Regeln erst recht auch im Kleinverfahren.

Vorverfahren: Rn 78 „Schriftliches Vorverfahren".

99 **Wahl des Verfahrensgangs:** § 272 ist auch bei § 495 a anwendbar. Nach einem Mahnverfahren in Verbindung mit § 697 II 1 gilt dasselbe. Statt der dortigen Möglichkeiten kann der Richter aber auch nach § 128 II oder überhaupt in einem schriftlichen Verfahren auch ohne die Voraussetzungen des § 128 II vorgehen, solange kein wirksamer Terminsantrag nach S 2 vorliegt. Im Urkundenprozeß usw bleiben dessen Besonderheiten grds bestehen. Ein Wechsel von der einen in die andere Verfahrensart ist wie sonst und wegen der Ermessensfreiheit nach S 1 auch darüber hinaus möglich. Der Richter muß ihn aber den Beteiligten gegenüber klarstellen. Der Wechsel darf nicht zu einer Überraschungsentscheidung und nicht zur Versagung des rechtlichen Gehörs führen, § 139 II. Es ist ratsam, die getroffene Wahl aktenkundig zu machen.

Wechselprozeß: Rn 91 „Urkundenverfahren".

Wesentlicher Inhalt: Rn 87 „Umfang der Entscheidungsgründe".

100 **Widerklage:** Sie ist grds wie sonst zulässig. Für sie gelten dieselben Anforderungen wie sonst. Nach § 5 Hs 2 darf man für die Zuständigkeit anders als für die Kosten die Gegenstände von Klage und Widerklage nicht zusammenrechnen. Andererseits ist die Widerklage ihrerseits eine richtige Klage, Anh § 253 Rn 5. Folglich bewirkt sie bei einem eigenen Wert von mehr als 600 EUR, daß man den Rechtsstreit schon deshalb nicht mehr als ein Verfahren nach § 495 a behandeln darf. Im übrigen bleibt § 506 beachtlich. Die Parteien können zwar auf die Rüge der sachlichen Unzuständigkeit wirksam verzichten. Nicht aber kann der Richter von sich aus oder mit einer Ermächtigung der Parteien vollständig beim Wert von mehr als 600 EUR das Verfahren einfach dennoch nach § 495 a betreiben. Freilich bleibt seine etwa dennoch auf einem solchen Weg erfolgte Entscheidung wirksam und unanfechtbar, soweit nicht das Gesetz an einer besonderen Stelle ihre Anfechtbarkeit vorsieht.

S auch Rn 82 „Streitwert".

Widerspruchsbegründung: Da schon im Normalprozeß nach dem Eingang eines Widerspruchs gegen den Mahnbescheid und der Abgabe an das Gericht des streitigen Verfahrens ab dem Eingang einer Anspruchsbegründung „wie nach Eingang einer Klage weiter zu verfahren ist", § 697 II 1, kommt es im folgenden schriftlichen Vorverfahren zunächst nur auf eine in Wahrheit ja nochmalige Verteidigungsanzeige und erst danach auf eine etwaige Klagerwiderung an. Geht keine Verteidigungsanzeige ein, darf und muß das Gericht schon im Normalprozeß ohne eine Beachtung der etwa schon im Widerspruch erfolgten Begründung vorgehen. Es muß den Bekl dann auf einen Klägerantrag durch ein Versäumnisurteil nach

§ 331 III verurteilen. Alles das gilt erst recht bei § 495 a. Hier kann die Säumnis ja sogar zum streitigen Urteil ohne eine Verhandlung führen.

Wiedereinsetzung: Ihre Statthaftigkeit hängt unter anderem von der Versäumung einer Notfrist ab, § 233. Es hängt auch bei § 495 a davon ab, ob das Gesetz eine Frist als Notfrist bezeichnet, § 224 I 2. Die Frist zur Erwiderung auf eine Klageschrift ist weder im Verfahren mit einem frühen ersten Termin noch im schriftlichen Vorverfahren eine Notfrist, §§ 275 I 1, 276 I 2. Soweit der Richter nach § 495 a überhaupt keinen Termin ansetzt, ist die von ihm bestimmte Erwiderungsfrist eine richterliche und keine gesetzliche und daher ebenfalls keine Notfrist. Auch die Einlassungsfrist nach § 274 III ist keine Notfrist. Dasselbe gilt für die nach § 128 II gesetzte Frist und für die Erwiderungsfrist nach einem Mahnverfahren, § 697 II. Es bleibt daher praktisch nur die Versäumung der Einspruchsfrist nach § 339 I, evtl in Verbindung mit § 700, als Ausgangspunkt eines Wiedereinsetzungsantrags bestehen. Freilich muß der Richter auf eine Säumnis keineswegs stets nur mit einem Versäumnisurteil reagieren, Rn 20. **101**

Wiederholte Beweisaufnahme: § 398 ist auch bei § 495 a grds voll anwendbar. Es geht ja meist um Fragen des sachlichen Rechts, wenn auch vordergründig „nur" eine prozessuale Frage vorliegt, etwa die Glaubwürdigkeit eines Zeugen. Der Richter darf auch bei § 495 a nicht um der Arbeitserleichterung willen eine sonst notwendige zusätzliche Beweisaufnahme unterlassen. Das sachliche Recht bleibt unangetastet. Freilich mag die Form der nochmaligen Anhörung bei § 495 a anders als sonst verlaufen, zB durch eine telefonische erneute Befragung nebst einer anschließenden Gelegenheit zur Stellungnahme nach § 285. Nach einem wirksamen Terminsantrag muß allerdings auch die wiederholte Beweisaufnahme in einem Termin stattfinden. Andernfalls könnte das Gericht den vielleicht gerade wegen der Beweisfragen gestellten Terminsantrag unterlaufen. **102**

Zustellung: Man muß ihre Notwendigkeit grds auch bei § 495 a wie sonst beurteilen. Das gilt insbesondere, soweit von ihr der Beginn einer Frist abhängt, die erst das rechtliche Gehör nachweist, § 329 Rn 32, 33, unklar BVerfG RR **94**, 255. Das Verhalten des Zustellers unterfällt dem § 495 a schon insoweit nicht, als er nicht „Gericht" ist. Das Gericht darf insbesondere die öffentliche Zustellung auch im Kleinverfahren wegen ihrer für den Betroffenen endgültigen Wirkungen keineswegs lascher als sonst handhaben. Freilich kann der Richter oft einen anderen Weg als denjenigen der Zustellung wählen, etwa eine mündlich oder fernmündlich gesetzte und durch einen Vermerk aktenkundig gemachte Frist oder eine nach § 180 ohnehin wirksame Übermittlung an einem normalerweise nicht vorgesehenen Ort, etwa mittels Boten. Eine Ersatzzustellung nach §§ 178 ff kann das Gericht wie sonst durchführen und beurteilen. **103**

496 *Einreichung von Schriftsätzen; Erklärungen zu Protokoll.* **Die Klage, die Klageerwiderung sowie sonstige Anträge und Erklärungen einer Partei, die zugestellt werden sollen, sind bei dem Gericht schriftlich einzureichen oder mündlich zum Protokoll der Geschäftsstelle anzubringen.**

1) Systematik. Die Vorschrift enthält eine Abwandlung von § 253 V. Statt der beim LG unter einem Anwaltszwang nach § 78 Rn 1 notwendigen schriftlichen Einreichung nebst Abschriften oder Ablichtungen nach § 131 genügt die mündliche Erklärung ohne einen Anwaltszwang nach § 78 III Hs 2, solange nicht das Gericht nach § 129 II zulässigerweise einen Schriftsatz fordert. Das setzt allerdings ein pflichtgemäß ausgeübtes Ermessen voraus und darf daher nur insoweit erfolgen, als es derzeit nach den Gesamtumständen erforderlich oder doch förderlich erscheint, etwa bei einer verbliebenen Unklarheit des vom Urkundsbeamten aufgenommenen Vortrags. § 129 a gilt für dieses Verfahren ergänzend. Im Mahnverfahren gilt § 702. Wegen eines elektronischen Dokuments gilt § 130 a. 1

2) Regelungszweck. Die Vorschrift dient der Vereinfachung für den rechtsunkundigen Bürger, sei es als Kläger, Bekl oder sonstigen Prozeßbeteiligten. Für einen brauchbaren Text der Klage usw ist der Urkundsbeamte der Geschäftsstelle oder meist ein Rpfl in der sog Rechtsantragsstelle jedes AG nämlich mitverantwortlich. Damit dient § 496 auch der Rechtssicherheit nach Einl III 43 wie der Kostendämpfung. 2

Nach einem obligatorischen Güteverfahren gemäß § 15 a EGZPO sollten die Beteiligten keine geringeren Anforderungen an die Gründlichkeit ihrer Eingaben stellen als dann, wenn ein solches Verfahren nicht vorangegangen war. Natürlich kommt die Bezugnahme auf einen Schriftsatz des Güteverfahrens oder auf ein dortiges Protokoll in Betracht und mag bei gründlicher Abfassung solcher früherer Urkunden auch weitgehend reichen. Formell kann der Richter aber stets eine aus sich heraus verständliche und dem § 253 voll entsprechende Klageschrift fordern und ähnliche Anforderungen auch an alle übrigen Schriftsätze stellen. Das gilt auch im Kleinverfahren.

3) Geltungsbereich. Vgl zunächst Grdz 4 vor § 495. § 496 erfaßt zB: Die Klage; die Klagerwiderung, unerheblich ob sie auf eine Aufforderung nach §§ 275, 276 oder ohne eine solche erfolgt; die Klagerücknahme, § 269; Sachanträge, §§ 137 Rn 7, 297 Rn 4; solche Parteierklärungen, für die die Zustellung besonders angeordnet ist. Man kann alle diese Anträge usw nach der eigenen Wahl entweder nach § 133 Rn 5 schriftlich einreichen oder zum Protokoll der Geschäftsstelle jedes AG erklären, § 129 a, § 153 GVG, sofern das Gericht keinen Schriftsatz nach § 129 II anordnet, Rn 1. Das gilt auch für alle anderen Eingaben an das Gericht. 3

4) Verfahren. Bei der schriftlichen Einreichung soll die Partei die für die Zustellung nötige Zahl von Abschriften oder Ablichtungen beifügen, § 133 I. Wenn sie das unterläßt, fertigt die Geschäftsstelle von Amts wegen auch ohne eine Anweisung des Richters die Kopien auf Kosten der Partei an, KV 9000 II b. Die Urschrift des Protokolls bleibt bei den Akten oder wird nach § 129 a II unverzüglich weitergesandt. Der Urkundsbeamte der Geschäftsstelle oder bei der Klage, Klagerwiderung oder in schwierigen Fällen der Rpfl nach § 24 II Z 2, 3 RPflG, muß bei einer Erklärungsaufnahme zum Protokoll die Partei sachgemäß belehren. Er muß insbesondere darauf achten, daß die Klage dem § 253 genügt und daß bei sonstigen Erklärungen §§ 130 ff Beachtung finden. Er darf auch wegen §§ 129 a, 167 die Aufnahme eines an das AG gerichteten 4

Antrags usw keineswegs ablehnen. Eine Ausnahme gilt nur bei offenbar sinnlosen Erklärungen, Schimpfereien usw, Einl III 66. Vgl freilich auch Einl III 67. Der Urkundsbeamte kann, muß aber nicht eine telefonische Erklärung eines bestimmten Schriftsatzes entgegennehmen. Vernünftige derartige Mitteilungen notiert er formlos zu den Akten und legt sie unverzüglich dem Gericht vor. Wegen eines elektronischen Dokuments § 130 a.

5 **5) Einzelfragen.** Die Einreichung ist bewirkt mit der Empfangnahme durch einen zuständigen und zur Vornahme des Eingangsvermerks befugten Beamten. Das ist regelmäßig der Urkundsbeamte der Geschäftsstelle oder der Rpfl, Rn 2, und zwar bei jedem AG, § 129 a, auch der Urkundsbeamte der Briefannahmestelle. Es kann aber auch der zuständige Amtsrichter oder der Vorsitzende oder ein Mitglied eines Zivilkollegiums oder der Präsident des zuständigen Gerichts sein. Nicht zuständig ist ein Unterbeamter. Auch ein Einwurf in den Briefkasten genügt für eine etwaige Wiedereinsetzung, § 233 Rn 19, 20 „Gericht". Wenn das Gericht die Posteingänge nach einer Vereinbarung mit der Post abholt, genügt der Eingang beim Postamt. Wegen der gleichzeitigen Einreichung des Antrags auf die Bewilligung einer Prozeßkostenhilfe und der Klageschrift § 117 Rn 8, § 253 Rn 11. Eine Einlegung per Telefax usw kann genügen, § 129 Rn 44. Der Nachweis der Einreichung erfolgt durch den dienstlichen Eingangsvermerk. Er ist eine öffentliche Urkunde mit der Beweiskraft des § 418. Er läßt einen Gegenbeweis zu, Rn 418 Rn 7. Die Abgabe bei der Gerichtskasse genügt zur Einreichung zwecks der Wahrung einer Klagefrist selbst bei einer entsprechenden Übung nicht, AG Köln WoM **81**, 113.

497 *Ladungen.* **I [1]Die Ladung des Klägers zu dem auf die Klage bestimmten Termin ist, sofern nicht das Gericht die Zustellung anordnet, ohne besondere Form mitzuteilen. [2]§ 270 Satz 2 gilt entsprechend.**

II [1]Die Ladung einer Partei ist nicht erforderlich, wenn der Termin der Partei bei Einreichung oder Anbringung der Klage oder des Antrages, auf Grund dessen die Terminsbestimmung stattfindet, mitgeteilt worden ist. [2]Die Mitteilung ist zu den Akten zu vermerken.

Gliederung

1 **1) Systematik, I, II.** Die Ladung zum Termin erfolgt auch im landgerichtlichen Verfahren von Amts wegen, §§ 214, 274. Gegenüber der Regel des § 329 II 2 (Zustellung der Terminsladung) enthält § 497 I eine Besonderheit: Den Kläger darf und muß der Urkundsbeamte der Geschäftsstelle zum ersten Verhandlungstermin und nur zu diesem mangels einer nach Rn 6 abweichenden Anweisung des Richters formlos laden, Zweibr FamRZ **82**, 1097. Ein Verstoß kann eine Kostenniederschlagung nach § 21 GKG nötig machen. Es gilt dann die Zugangsvermutung des § 270 S 2. Sie ist nur nach seinem Hs 2 widerlegbar. Sie kann zur Säumnis des Klägers mit der Folge eines Versäumnisurteils gegen ihn nach § 330 führen.

2 **2) Regelungszweck, I, II.** Die in der Praxis viel zu wenig bekannte Regelung kann gerade im Massenbetrieb vor dem AG und dort insbesondere im Kleinverfahren nach § 495 a zu einer erheblichen Verbilligung, Vereinfachung und Beschleunigung führen, Grdz 14 vor § 128. Zur Verfassungsmäßigkeit § 270 Rn 6. Alles das übersieht VerfGH Mü RR **01**, 1647 mit seiner uneingeschränkten Forderung, das Gericht müsse sich über den tatsächlichen Zugang der formlosen Ladung vergewissern. Genau das ist wegen der gesetzlichen Zugangsvermutung *nicht* generell nötig. Insofern „beweist" zwar ein Abgangsvermerk in der Akte nicht dem tatsächlichen Zugang. Er setzt aber die gesetzliche Zugangsvermutung in Kraft. Der Ladungsempfänger müßte sie erst nach I 2 in Verbindung mit § 270 S 2 durch eine Glaubhaftmachung nach § 294 entkräften. Warum auch das anders sein soll, macht VerfGH Mü RR **01**, 1647 nicht einmal im Ansatz klar.

3 *Prozeßwirtschaftlichkeit* ist das Ziel der ganzen Vorschrift. Sie hat im Massenbetrieb eine zentrale Bedeutung. Sie sollte sich entsprechend klar auf die Auslegung auswirken.

4 **3) Geltungsbereich, I, II.** Vgl zunächst Üb 4 vor § 495. § 47 I ArbGG enthält eine Sonderregel nur für die Frist.

5 **4) Ladung des Klägers zum ersten Termin, I.** „Auf die Klage bestimmt" ist der frühe erste Termin, §§ 272 II, 275 I. Das gilt auch dann, wenn der Bekl eine Frist zur Klagerwiderung erhalten hat, selbst wenn der Kläger eine Frist zur Stellungnahme auf die Klagerwiderung nach § 275 IV bekommen hat. Denn alles dient nach § 275 I 1 zur Vorbereitung des bereits auf Grund des Klageingangs anberaumten Termins. Auch ein im Kleinverfahren nach § 495 a alsbald nach dem Klageingang anberaumter Verhandlungstermin mit oder ohne Fristsetzungen ist „auf die Klage bestimmt", ebenso der erste Termin nach einem Mahnverfahren.

6 *Der Wortlaut und Sinn* von I spricht aber auch dafür, überhaupt jeden der Reihenfolge nach ersten Verhandlungstermin hierher zu zählen, also auch den ersten Haupttermin nach einem vorangegangenem schriftlichen Vorverfahren, § 276. Sogar der zB auf Grund einer sich ergebenden Unbekanntheit des wahren Aufenthaltsorts des Bekl notwendig gewordene neue Termin nach einer Aufhebung des früheren kann noch hierher zählen, ebenso ein neuer Termin nach einer Verlegung nach § 227, dort Rn 4, ZöGre 2, aM MüKoDe 3 (aber die Vorschrift dient der Vereinfachung und Beschleunigung, Rn 1. Sie ist schon deshalb weit auslegbar, zumal sie im Verfahren vor dem AG ja nicht etwa eine Ausnahme regelt). Freilich ist die formlose Ladung nur des Klägers nicht zwingend. Das Gericht darf auch ihn förmlich laden lassen, ohne daß schon deshalb eine Nichterhebung der Zustellungsauslagen nach § 21 GKG infrage käme.

Die *Ladungsfrist* umfaßt außerhalb eines Kleinverfahrens nach § 495 a stets den in § 217 genannten Zeitraum. Die Einlassungsfrist richtet sich in derselben Weise nach § 274 III. Friständerungen erfolgen nach § 226.

5) Andere Ladungen, II. Alle anderen Ladungen, auch diejenige des *Bekl* zum ersten Termin, geschehen durch eine förmliche Zustellung nach § 329 II 2, soweit nicht § 497 II eingreift. Bei einer nach § 128 IV freigestellten mündlichen Verhandlung und bei §§ 238, 251 a, 341 a, 366 II, 370 II tritt an die Stelle der Ladung die Bekanntmachung des Termins. 7

6) Mitteilung statt Ladung, II. Sie kann sehr prozeßfördernd wirken. 8

A. Voraussetzungen. Es ist keine Ladung nötig, wenn das Gericht den Termin bei der Einreichung oder Anbringung einer Erklärung auch zB des Einspruchs der beantragenden Partei oder ihrem Streithelfer nach § 66 mündlich oder zweckmäßigerweise schriftlich mitteilt. Die Anwendung auf fast gleichliegende Fälle ist an sich zulässig. Das gilt zB dann, wenn das Gericht die Mitteilung der Partei bei einem späteren Erscheinen macht. Besser vermeidet man dergleichen. Das Gericht muß den Gegner immer förmlich laden, § 329 II 2. Einen weiteren Fall der Entbehrlichkeit der Ladung enthält § 218.

B. Vermerk. Der Urkundsbeamte der Geschäftsstelle vermerkt die Mitteilung mit seiner Unterschrift zu den Gerichtsakten, ähnlich wie bei § 173. Der Empfänger der Mitteilung braucht die Kenntnisnahme nicht zu quittieren. Der ordnungsmäßige Vermerk ist eine öffentliche Urkunde, § 418. Er weist die Mitteilung nach, auch für ein Versäumnisurteil oder ein die Instanz beendendes Urteil nach einer Säumnis, § 495 a Rn 21. Briefe gehen äußerst selten verloren. Vgl freilich Anh § 286 Rn 154. Dem Verurteilten entsteht insoweit kein wirklicher Schaden, als er einen Einspruch einlegen kann. Das Gericht muß die Gerichtskosten dann, wenn er die Ladung nach § 294 glaubhaft nicht erhalten hat, nach (jetzt) § 21 GKG niederschlagen, BVerfG NJW **74**, 133. Das Gericht darf und muß die Zwangsvollstreckung ohne eine Sicherheitsleistung einstellen. § 344 ist unanwendbar. Denn das Versäumnisurteil ist dann nicht „in gesetzlicher Weise ergangen". Eine Entscheidung nach Aktenlage nach § 251 a ist ohne einen erforderlichen Ladungsnachweis nicht möglich. Der Beweis der Unrichtigkeit des Vermerks ist statthaft. 9

C. Weitere Einzelfragen. Eine Mitteilung an den ProzBev oder den gesetzlichen Vertreter genügt. Eine Mitteilung an Verwandte, Boten usw reicht nicht aus. Bei einer Anordnung des persönlichen Erscheinens nach § 141 ist eine Mitteilung nur an den ProzBev unzulässig. II gilt auch für Streithelfer nach § 66, nicht aber für einen sonstigen Dritten. Die Bereitschaft zur Entgegennahme der Mitteilung oder deren Quittierung sind unnötig. Der Urkundsbeamte der Geschäftsstelle muß sich aber vergewissern, daß die Partei die Bedeutung einer mündlichen Mitteilung verstanden hat. Bei ihr sind eine Belehrung über die Folgen des Ausbleibens sowie die Übergabe einer Terminnotiz und ein entsprechender Vermerk ratsam. Der Urkundsbeamte vermerkt die Mitteilung einer Abkürzung der Einlassungs- oder Ladungsfrist besonders in den Akten. 10

498 *Zustellung des Protokolls über die Klage.* **Ist die Klage zum Protokoll der Geschäftsstelle angebracht worden, so wird an Stelle der Klageschrift das Protokoll zugestellt.**

1) Systematik. Die Vorschrift zieht die prozessuale Folge aus § 496. Sie ändert für das Verfahren vor dem AG den § 253 I (Zustellung der Klageschrift) für den Fall ab, daß der Kläger von der Möglichkeit Gebrauch macht, die Klage zum Protokoll zu erklären. 1

2) Regelungszweck. Es muß zwecks einer Klarstellung, wann das Prozeßrechtsverhältnis nach Grdz 4 § 128 mit seinen weitreichenden Folgen beginnt, und zur entsprechenden Klärung der Rechtshängigkeit nach § 261 Rn 1 ff dem Bekl erkennbar sein, daß und was der Kläger von ihm begehrt. Davon hängt auch die Einlassungsfrist nach § 274 III ab. Die Vorschrift dient also der Rechtssicherheit, Einl III 43. Man muß sie entsprechend streng auslegen. Freilich ist ein Verstoß wie bei einer Klage heilbar, Rn 5. 2

3) Geltungsbereich. Üb 4 vor § 495. 3

4) Protokollzustellung. Bei einer Klage zum Protokoll der Geschäftsstelle stellt das Gericht das Protokoll dem Bekl von Amts wegen zu, § 168 I 1. Das löst die Wirkung der Klagerhebung aus, §§ 253 I, 261 I, sofern das Protokoll den Anforderungen des § 253 II–IV entspricht. Von ihnen entbindet § 498 natürlich nicht. § 270 ist anwendbar. Eine Einreichung nach § 167 liegt erst mit dem Eingang beim zuständigen AG vor, § 129 a II 2. Erst dieses geht nach § 498 vor. 4

5) Verstoß. Ein Mangel des Protokollinhalts oder der Zustellung ist heilbar, § 295 Rn 61 „Zustellung". 5

499 *Belehrungen.* [I] **Mit der Zustellung der Klageschrift oder des Protokolls über die Klage ist der Beklagte darüber zu belehren, dass eine Vertretung durch einen Rechtsanwalt nicht vorgeschrieben ist.**

[II] **Mit der Aufforderung nach § 276 ist der Beklagte auch über die Folgen eines schriftlich abgegebenen Anerkenntnisses zu belehren.**

Vorbem. Überschrift geändert, I eingefügt, daher bisheriger einziger Satz zu II dch Art 1 Z 5 G v 18. 8. 05, BGBl 2477, in Kraft seit 21. 10. 05, Art 3 S 1 G, ÜbergangsR Einl III 78.

1) Systematik, Regelungszweck, I, II. Die Belehrung nach I ist das Gegenstück zu § 215 II. Sie ist der Ausdruck einer Überfürsorge, Einl III 29. II erweitert § 276. Das dient der Vermeidung ungewollter Folgen eines ja nicht dem Anwaltszwang unterliegenden schriftlichen Anerkenntnisses und damit zumindest der Rechtssicherheit, Einl III 43. Deshalb muß man II durchaus strikt beachten. 1

2) Geltungsbereich, I, II. Vgl Üb 4 vor § 495. 2

3 **3) Belehrung nach I.** Sie ist sowohl im Verfahren mit einem frühen ersten Termin als auch beim schriftlichen Vorverfahren als auch in jedem anderen Fall einer Klagerhebung notwendig. Sie muß zusammen mit den in I genannten Vorgängen erfolgen. Sie ergeht nach dem Wortlaut von I stets dahin, daß eine Vertretung durch einen Rechtsanwalt nicht zwingend ist.

4 **4) Belehrung nach II.** Ein schriftliches Vorverfahren ist auch beim AG zulässig. In ihm ergeht wie sonst nach § 276 I 1, II eine Aufforderung zu einer etwaigen Verteidigungsanzeige. Ein Hinweis auf einen Anwaltszwang ergeht nur, sofern dieser nach §§ 495, 78 besteht. Zugleich entsteht eine Belehrungspflicht dahin, daß ein etwaiges schriftliches teilweises oder unbeschränktes Anerkenntnis nach § 307 auch ohne einen Antrag und ohne eine mündliche Verhandlung zu einem entsprechenden Anerkenntnisurteil führt. Eine Belehrung erfolgt wegen § 87 auch dann, wenn der Bekl durch einen Anwalt vertreten ist. Eine Belehrung über die Kostenfolgen des sofortigen Anerkenntnisses ist nicht notwendig. Sie ist wegen der nicht ganz einfachen Voraussetzungen des § 93 nur insofern ratsam, als das Gericht seinen Wortlaut mitteilen sollte. Eine Belehrung über den Inhalt der Anerkenntniserklärung ist weder notwendig noch ratsam. Keine Belehrung erfolgt über eine Anerkennungsfrist. Ein Hinweis auf ein mögliches Versäumnisurteil ohne eine Verhandlung erfolgt nach §§ 215 I, 276 II.

5 **5) Verstoß, I, II.** Ein Verstoß gegen die Belehrungspflicht kann auch bei einer falschen, unvollständigen, verspäteten Belehrung vorliegen. Er hindert ein Anerkenntnisurteil nach § 307 nicht, sofern wenigstens eine ordnungsgemäße Belehrung nach § 276 I 1, II erfolgt ist, Bischof NJW **77**, 1899, aM ZöHe 2 (aber die vorgenannte Vorschrift sieht eine noch weitergehende Belehrung vor). Natürlich bleibt ein Anerkenntnisurteil nach § 307 zulässig.

499a–503 (weggefallen)

504 *Hinweis bei Unzuständigkeit des Amtsgerichts.* **Ist das Amtsgericht sachlich oder örtlich unzuständig, so hat es den Beklagten vor der Verhandlung zur Hauptsache darauf und auf die Folgen einer rügelosen Einlassung zur Hauptsache hinzuweisen.**

Schrifttum: *Laumen,* Das Rechtsgespräch im Zivilprozeß, 1984.

1 **1) Systematik.** Die Vorschrift stellt in einer Erweiterung des § 139 eine gegenüber §§ 39 S 1, 282 III vorrangige Sonderregel für den Amtsrichter dar. Das stellt § 39 S 1 klar. § 504 steht neben § 506.

2 **2) Regelungszweck.** Die Vorschrift soll eine auch nur objektive Erschleichung der sachlichen oder örtlichen Zuständigkeit des AG oder gar des ordentlichen Rechtswegs verhindern, Einl III 56, § 2 Rn 7, Üb 22 vor § 12, Ffm VersR **78**, 878, KG FamRZ **89**, 1105, Schneider MDR **89**, 606. Sie dient dem Schutz des Bekl. Im Verfahren vor dem AG ist sie keine Ausnahmevorschrift und deshalb auch nicht eng auslegbar.

3 **3) Geltungsbereich.** Üb 4 vor § 495. Im arbeitsgerichtlichen Verfahren gilt § 504 jetzt nicht mehr entsprechend, § 39 Rn 5, ArbG Passau BB **92**, 359.

4 **4) Hinweispflicht.** Das AG muß den Bekl schriftlich oder im Verhandlungstermin mündlich vor dessen Verhandlung zur Hauptsache nach § 39 Rn 6, 7 auf eine ursprüngliche sachliche oder funktionelle und/oder örtliche Unzuständigkeit und auf die Folgen seiner rügelosen Einlassung hinweisen, §§ 39, 282 III, 296 III. Das geschieht von Amts wegen, LG Hbg MDR **78**, 940, Zeiss § 15 VI 1, aM Müller MDR **81**, 11, ThP 1, ZöHe 2, ZöV § 39 Rn 8 (es erübrige sich nur die Rechtsfolgenbelehrung. Aber der Gesetzeswortlaut fordert auch diese uneingeschränkt, Einl III 39). Ein bloßer Hinweis gegenüber dem Kläger reicht selbst dann evtl nicht, wenn das Gericht den Bekl nur zum Verweisungsantrag anhört, BayObLG NJW **03**, 366. Freilich ist auch das Verhalten des Gerichts auslegbar.

Auch das *Familiengericht* hat diese Pflicht, (jetzt) § 113 I 2 FamFG, (zum alten Recht) Stgt FamRZ **80**, 385. Es handelt sich um eine Erweiterung der Pflichten des § 139. Sie besteht auch, soweit der Bekl anwaltlich vertreten ist oder sein muß, Stgt FamRZ **80**, 385. Keine Hinweispflicht besteht bei einer internationalen Unzuständigkeit, Ffm NJW **79**, 1787 (abl Prütting MDR **80**, 368, Schröder NJW **80**, 479). Nach einem Mahnverfahren muß man § 696 beachten, § 39 ist erst im Streitverfahren anwendbar.

5 **5) Hinweisentbehrlichkeit.** Soweit man freilich eine Erschleichung als einen Verstoß gegen Treu und Glauben ansehen muß, also als eine prozessuale Arglist, würde auch eine rügelose Einlassung des Bekl zur Hauptsache nichts nützen. Denn man muß einen derart schwerwiegenden Verstoß des Klägers in jeder Verfahrenslage von Amts wegen beachten, Einl III 54. Deshalb ist auch ein ja sogar irreführender Hinweis auf die in Wahrheit dann gar nicht möglichen „Folgen" nach § 504 unnütz. Ferner ist ein Hinweis nach I entbehrlich, wenn das Gericht die Frage der etwaigen Unzuständigkeit mindestens bis zum Verhandlungsabschluß nach §§ 136 IV, 296a für alle Prozeßbeteiligten erkennbar schriftlich oder mündlich angesprochen hatte.

6 **6) Verstoß.** Solange eine danach notwendige Belehrung unterbleibt, für die meist mehr als ein bloßer Hinweis auf den Gesetzestext notwendig ist, Bischof NJW **77**, 1900, oder soweit das Gericht sogar mit oder ohne rechtliche Erörterung ausdrücklich von seiner in Wahrheit nicht vorhandenen Zuständigkeit ausgeht, entsteht die bisher fehlende Zuständigkeit trotz einer rügelosen Verhandlung des Bekl zur Hauptsache nicht, § 39 S 2, BGH RR **92**, 1091. Deshalb ist ein Protokoll über die Belehrung dringend ratsam, § 160 II, obwohl es sich nicht um eine Förmlichkeit im Sinn von § 159 handelt. Die Belehrung läßt sich bis zum Schluß der mündlichen Verhandlung nach §§ 136 IV, 296a nachholen, LG Hann MDR **85**, 772. Auch dann

gilt freilich: Die Rüge des Bekl ist nach Rn 1 in einer vorrangigen Abweichung von § 282 III bis zu derjenigen Verhandlung zur Hauptsache zulässig, die auf eine ordnungsgemäße Belehrung folgt. Die übrigen Prozeßhandlungen beider Parteien bleiben freilich wirksam. Man muß die Mehrkosten infolge einer verspäteten Belehrung evtl niederschlagen, § 21 GKG. § 281 I, II ist nur nach einer korrekten Belehrung anwendbar, BayObLG NJW **03**, 366. Dasselbe gilt für § 281 III 2.

505 (weggefallen)

506 *Nachträgliche sachliche Unzuständigkeit.* **I Wird durch Widerklage oder durch Erweiterung des Klageantrages (§ 264 Nr. 2, 3) ein Anspruch erhoben, der zur Zuständigkeit der Landgerichte gehört, oder wird nach § 256 Abs. 2 die Feststellung eines Rechtsverhältnisses beantragt, für das die Landgerichte zuständig sind, so hat das Amtsgericht, sofern eine Partei vor weiterer Verhandlung zur Hauptsache darauf anträgt, durch Beschluss sich für unzuständig zu erklären und den Rechtsstreit an das Landgericht zu verweisen.**

II Die Vorschriften des § 281 Abs. 2, Abs. 3 Satz 1 gelten entsprechend.

1) Systematik, I, II. Die Vorschrift ist eine Ausnahme von § 261 III 2. Man muß sie deshalb an sich eng auslegen. Praktische Gründe rechtfertigen nicht sogleich eine Ausnahme von der Ausnahme, Rn 4 (Verbindung). § 506 bezieht sich auf das Streitverfahren und nur auf die nachträglich eintretende sachliche Unzuständigkeit, BGH RR **96**, 891, nicht auf die ursprüngliche. Bei der letzteren gelten §§ 281, 504. § 506 ist zusammen mit § 281 anwendbar, wenn das AG für die Klage weder örtlich noch sachlich zuständig ist. Dann kann das AG die Sache an das übergeordnete oder an ein anderes LG verweisen, sobald beide Anträge vorliegen. 1

2) Regelungszweck, I, II. § 506 soll eine Zuständigkeitserschleichung verhindern, § 504 Rn 3. Damit dient die Vorschrift der Eindämmung einer in mancher Form auftretenden Art prozessualer Arglist, AG Bln-Neukölln MDR **05**, 773. Eine solche Arglist ist ja stets unstatthaft, Einl III 54. Andererseits ist ein echter Fall des § 506 nicht so häufig wie der „unechte" einer Widerklage usw mit einem ebenfalls „nur" zur Zuständigkeit des AG zählenden Wert. Deshalb sollte man Abgrenzungsprobleme nicht allzu streng im Sinn einer Verweisungspflicht behandeln. Das gilt erst recht nach der Einführung des obligatorischen und gar des originären Einzelrichters beim LG, §§ 348, 348 a. 2

3) Geltungsbereich, I, II. Vgl Üb 4 vor § 495. 3

4) Zuständigkeitsverlust, I, II. Die ursprüngliche sachliche Zuständigkeit kann verloren gehen: Durch eine Widerklage, § 33, Anh § 253; durch eine Klagerweiterung, § 264 Z 2, 3; durch eine streitwerterhöhende Klagänderung, § 263; durch eine Zwischenklage, § 256 II. Sie geht dagegen nicht verloren: Durch einen Anspruch nach § 510 b; durch einen Ersatz- oder Bereicherungsanspruch, zB aus §§ 302 IV 4, 600 II 2, 717 II 2; bei einer Prozeßverbindung, § 147, aM AG Bln-Neukölln MDR **05**, 773 (aber das ist keine Arglist nach Rn 2, KG MDR **07**, 174). Eine Widerklage auf eine verneinende Feststellung gegenüber einer Teilleistungsklage wegen des überschießenden Teils ist voll statthaft, Anh § 253 Rn 5, 6. Wenn die Widerklage die Zuständigkeit des AG übersteigt, muß es auf einen Antrag verweisen. Eine Prozeßverbindung nach § 147 macht das LG nicht zuständig. Ausnahmen gelten dann, wenn der Kläger einen einheitlichen Anspruch nach § 2 Rn 7 zur Erschleichung der Zuständigkeit zerlegt hatte, oder bei § 112 II GenG (dann ist eine sofortige Beschwerde zulässig). 4

5) Verweisung, I, II. Viele handhaben sie unrichtig. 5

A. Antrag. Die Verweisung erfolgt nicht von Amts wegen, sondern immer nur auf einen Antrag. Antragsberechtigt ist abweichend von § 281 jede Partei, aber nur bevor sie selbst zur Hauptsache weiter verhandelt. Der Gegner muß die Verweisung vor seiner Einlassung auf den neuen Anspruch beantragen, vgl freilich §§ 39 S 2, 40 II, LG Hbg MDR **78**, 940. Die Verweisung ist auch bei einer Säumnis des Gegners zulässig. Dann muß dasjenige LG, an das die Verweisung erfolgt, die Zulässigkeit des Einspruchs prüfen. Mangels eines Antrags ist § 39 anwendbar. Zum Fehlen einer Belehrungspflicht dann § 504 Rn 1. Auf Grund einer Zulässigkeitsrüge erfolgt mangels eines Verweisungsantrags nach einer evtl auch hier schon wegen § 139 notwendigen vergeblichen Belehrung eine Prozeßabweisung nach Grdz 14 vor § 253 durch ein Urteil des AG.

B. Stattgabe. Die Verweisung erfolgt nur an das zuständige LG, und zwar durch einen zu verkündenden Beschluß, in der höheren Instanz im Urteil. Sondergerichte kommen hier nicht in Frage. Der Beschluß ist nach § 281 II unanfechtbar. Er bindet das LG unbedingt, soweit es um dessen sachliche Zuständigkeit ging. Vgl auch im übrigen die Anm zu § 281. Wegen der Verweisung an die Kammer für Handelssachen § 96 GVG Rn 4. Das LG darf die sachliche Zuständigkeit oder die Zulässigkeit des ordentlichen Rechtswegs weder gegenüber einem verweisenden AG noch gegenüber einem verweisenden ArbG nachprüfen, § 48 I ArbGG. Das LG kann aber evtl an das letztere weiterverweisen, § 281 Rn 33, 34. Die Prüfung der sachlichen Zuständigkeit schließt grundsätzlich diejenige der örtlichen ein, § 281 Rn 33. Daher kann das LG nicht örtlich weiterverweisen, aM Zweibr RR **00**, 590. Wenn die Sache von einem anderen AG wegen örtlicher Unzuständigkeit an dasjenige AG gekommen ist, das dann aus Gründen der sachlichen Unzuständigkeit an das LG verwiesen hat, kann das LG nicht aus Gründen der örtlichen Unzuständigkeit eine Verweisung an das dem ersten AG vorgeordnete LG vornehmen. Eine Verweisung wegen örtlicher Unzuständigkeit durch das AG bindet auch das LG, § 281 II 2. § 281 III 1 ist anwendbar. § 281 III 2 ist bei einer Verweisung eindeutig nur wegen der nachträglichen sachlichen Unzuständigkeit unanwendbar, Kblz MDR **87**, 681, bei einer solchen wegen örtlicher Unzuständigkeit aber anwendbar. 6

7 **C. Unzulässigkeit.** Eine Verweisung vom Berufungsgericht an die erstinstanzliche Zivilkammer ist *unzulässig*. Denn § 506 gilt nur im Verfahren vor dem AG und betrifft nicht die funktionelle Zuständigkeit, Düss MDR **94**, 620, KG MDR **99**, 563, Schneider MDR **97**, 221, aM BAG BB **75**, 1209, LG Aachen RR **99**, 143, LG Hbg RR **01**, 932 (aber Wortlaut und Sinn sind eindeutig, Einl III 39). Erst recht unzulässig ist eine Verweisung vom LG als Berufungsgericht an das OLG als Berufungsgericht, BGH BB **96**, 1408.

Das Gericht muß *jedesmal prüfen,* ob es die dem Anspruchsinhaber durch die Verweisung entstandenen Mehrkosten ihm oder dem Gegner auferlegen muß. Den ersteren treffen sie, wenn er sie hätte vermeiden können, zB bei einer Beauftragung mehrerer Anwälte. Vgl aber auch Üb 22 vor § 12 (Erschleichung des Gerichtsstands).

8 **D. Fragepflicht.** Wenn das Gericht seine Unzuständigkeit von Amts wegen beachten muß oder wenn der Gegner sie rechtzeitig rügt und wenn trotz einer Ausübung der unabhängig von dem Verhältnis zwischen § 504 und § 506 vorhandenen richterlichen *Fragepflicht* nach § 139 keine Partei einen Verweisungsantrag stellt, muß das Gericht die Klage als unzulässig abweisen, Üb 5 vor § 300. Der erforderliche Hinweis kann nach dem Schluß der mündlichen Verhandlung nach §§ 136 IV, 296 a nur durch eine Wiedereröffnung nach § 156 oder durch ein etwa eingeleitetes Rügeverfahren nach § 321 a erfolgen. Andernfalls liegt ein Verfahrensfehler vor. Er kann auf einen Antrag zur Zurückverweisung nach (jetzt) § 538 führen, LG Hann MDR **85**, 772.

9 **E. Zurückweisung.** Die Zurückweisung des Verweisungsantrags geschieht dann durch ein Zwischenurteil nach § 280 II, wenn es sich um einen Antrag des Gegners derjenigen Partei handelt, die den neuen Anspruch erhoben hat. Andernfalls erfolgt sie durch ein Zwischenurteil nach § 303 oder im Endurteil.

507–509 (weggefallen)

510 *Erklärung über Urkunden.* **Wegen unterbliebener Erklärung ist eine Urkunde nur dann als anerkannt anzusehen, wenn die Partei durch das Gericht zur Erklärung über die Echtheit der Urkunde aufgefordert ist.**

1 **1) Systematik, Regelungszweck.** § 510 erweitert zum Schutz des Prozeßgegners des Beweisführers die Aufklärungspflicht des § 139 bei einer Privaturkunde in einer Abweichung von § 439 III zwecks Vermeidung einer unbedachten Anerkenntniswirkung oder der nach § 138 III eintretenden Folgen einer Erklärung mit einem bloßen Nichtwissen. Das Protokoll braucht die Aufforderung zur Erklärung nicht zu enthalten. Der Tatbestand des Urteils muß sie aber ergeben. Andernfalls kann das Berufungsgericht den Vorgang evtl nicht ausreichend nachprüfen und kann evtl auf einen Antrag wegen eines Verfahrensfehlers nach § 538 zurückverweisen. Eine Nachholung des Bestreitens im Berufungsverfahren ist mangels einer erstinstanzlichen Aufforderung nach § 510 evtl nicht verspätet.

2 **2) Geltungsbereich.** Üb 4 vor § 495.

510a *Inhalt des Protokolls.* **Andere Erklärungen einer Partei als Geständnisse und Erklärungen über einen Antrag auf Parteivernehmung sind im Protokoll festzustellen, soweit das Gericht es für erforderlich hält.**

1 **1) Systematik, Regelungszweck.** Ins Protokoll gehören alle Einzelheiten nach § 160, den § 510 a nicht etwa verdrängt, sondern überflüssigerweise ergänzt. „Andere Erklärungen", deren Feststellungen vorgeschrieben sind, fallen ohnehin unter § 160 III Z 3, auch wenn das Gericht sie nicht für erforderlich halten sollte. Was „erforderlich" ist, fällt ohnehin unter § 160 II, was nicht, kann nach derselben Vorschrift ohnehin wegbleiben. § 160 IV gilt auch beim AG. § 510 a geht als eine Spezialvorschrift in seinem Geltungsbereich § 139 IV 1 vor. Auch das dient der Prozeßwirtschaftlichkeit nach Grdz 14 vor § 128. Es erlaubt daher eine nicht zu enge Auslegung der Vorschrift. Sie ist ja nicht einmal formell eine bloße Ausnahme, sondern eine vor dem AG eigenständige weitere Hauptregel.

2 **2) Geltungsbereich.** Üb 4 vor § 495.

510b *Urteil auf Vornahme einer Handlung.* **Erfolgt die Verurteilung zur Vornahme einer Handlung, so kann der Beklagte zugleich auf Antrag des Klägers für den Fall, dass die Handlung nicht binnen einer zu bestimmenden Frist vorgenommen ist, zur Zahlung einer Entschädigung verurteilt werden; das Gericht hat die Entschädigung nach freiem Ermessen festzusetzen.**

1 **1) Systematik.** Die Vorschrift schafft keinen eigenen Anspruch. Sie setzt vielmehr das Bestehen einer im sachlichen Recht vorgesehenen Entschädigung für den Fall der Nichterfüllung einer Handlungspflicht voraus, Rn 3, (jetzt) § 281 BGB (das „Interesse" des § 893), Birmanns DGVZ **81**, 148, Wieser NJW **03**, 2432. Daher ist mit ihrer rechtskräftigen Zubilligung jeder Ersatzanspruch verbraucht. Eine „Verurteilung zur Vornahme einer Handlung" wäre nach §§ 887–889 vollstreckbar, wenn auch die Zwangsvollstreckung in Einzelfall unzulässig sein mag, § 888 II. Die Vorschrift ist auf eine Duldung oder auf die Herausgabe von

Sachen nicht anwendbar, Köln OLGZ **76**, 478. Zum Problem Rüter VersR **89**, 1241. Sie gilt auch im Berufungsverfahren gegen ein Urteil des AG.

2) Regelungszweck. § 510 b soll eine Vereinfachung und Beschleunigung dadurch erreichen, daß er nicht unproblematisch über § 259 hinausgehend dem Kläger ermöglicht, von vornherein dreierlei zu beantragen: Die Verurteilung zur Vornahme einer Handlung; eine Fristsetzung für diese Vornahme; eine Verurteilung zur Entschädigung bei einem ergebnislosen Fristablauf. Die Vorschrift dient also der Prozeßwirtschaftlichkeit, Grdz 14 vor § 128. Man darf sie entsprechend großzügig auslegen. 2

3) Geltungsbereich. Vgl zunächst Üb 4 vor § 495. Im arbeitsgerichtlichen Verfahren gilt § 61 II ArbGG. 3

4) Voraussetzungen. Man muß drei Aspekte beachten. 4

A. Antrag. Erforderlich ist ein Antrag des Klägers. Das Gericht entscheidet also nicht von Amts wegen. Der Antrag ist mündlich oder schriftlich für diese Instanz zulässig, evtl auch erst im Berufungsverfahren, bis zum Schluß der letzten mündlichen Verhandlung, §§ 136 IV, 296 a, 525. Eine Begründung ist ratsam, schon zwecks Klärung einer Beschwer. Sie ist aber nicht erforderlich. Der Antrag macht den Anspruch auf den Ersatzbetrag rechtshängig, § 261, Rn 1. Da ihn aber § 510 b als einen Zwischenantrag behandelt, bewirkt er keine Anspruchshäufung nach § 260, aM ZöHe 1. Er begründet deshalb keine Zusammenrechnung der Streitwerte nach § 5, Schneider MDR **84**, 853. Wenn er die sachliche Zuständigkeit des AG übersteigt, ist das unerheblich. Insofern kommt eine Verweisung an das LG nicht in Betracht. Sie bindet jedenfalls nicht. Eine Belehrung über die Beschränkungen der Zwangsvollstreckung durch § 888 a ist nötig, § 139. Nach einer Verweisung aus § 506 ist der Antrag nicht mehr zulässig.

B. Prüfungspflicht. Das Gericht darf keineswegs davon absehen, sich mit dem Antrag näher zu befassen, und zwar auch dann nicht, wenn die Beschaffung der Unterlagen schwierig ist. Das Wort „kann" in Hs 2 stellt wie so oft nicht ins Ermessen (das tut erst Hs 2), sondern nur in die Zuständigkeit, aM MüKoDe 10, ThP 6, ZöHe 4 (aber der Kläger hat ein Rechtsschutzinteresse am Verfahren nach § 510 b, vgl auch Rn 8). Das Gericht muß mitbedenken, daß der Bekl durch eine Entscheidung nach § 510 b später gezwungen sein kann, eine Vollstreckungsabwehrklage nach § 767 zu erheben, Rn 9. 5

C. Entschädigungsanspruch. Das Gericht muß prüfen, ob dem Kläger ein Entschädigungsanspruch nach dem sachlichen Recht zusteht und in welcher Höhe er in Betracht kommt, § 287. Auch eine Vertragsstrafe kann hierher zählen. Die Höhe des Entschädigungsanspruchs kann die sachliche Zuständigkeit des AG übersteigen, ist also insofern unerheblich. § 510 b gibt nicht selbst einen sachlichrechtlichen Anspruch, sondern erleichtert nur die Durchführung eines solchen, Rn 1. Der Bekl muß alle sachlichrechtlichen Einwendungen gegen den Anspruch vorbringen. Eine Aufrechnung ist unzulässig. Denn der Anspruch ist noch nicht aufrechnungsfähig, § 387 BGB. 6

5) Entscheidung. Es sind die folgenden Entscheidungen möglich. 7

A. Keinerlei Anspruch. Bei einer Verneinung des Anspruchs auf die Vornahme der Handlung weist das Gericht zugleich stets wegen § 888 a auch den Entschädigungsanspruch als unzulässig oder unbegründet ab.

B. Vornahmeanspruch, aber kein Entschädigungsanspruch. Wenn das Gericht einen Anspruch auf die Vornahme der Handlung bejaht, einen Entschädigungsanspruch aber verneint, muß es den Bekl zur Vornahme der Handlung verurteilen und die Klage im übrigen abweisen. 8

C. Vornahmeanspruch und Entschädigungsanspruch. Wenn das Gericht beide Ansprüche bejaht, verurteilt es den Bekl zur Vornahme der Handlung Es setzt ihm zugleich eine Frist oder Höchstfrist und verurteilt ihn zugleich für den Fall des ergebnislosen Ablaufs zur Entschädigung nach dem sogleich oder später zu beziffernden Ermessen des Gerichts. Das Gericht schätzt die Höhe der Entschädigung nach § 287 frei. Das besagt auch Hs 2. Evtl weist das Gericht eine Zuvielforderung ab. Ein Urteil auf eine Fristsetzung und eine Zahlung allein ist nur bei § 255 statthaft. Das Gericht erklärt sein ganzes Urteil für vorläufig vollstreckbar, obwohl § 888 a die Zwangsvollstreckung begrenzt. Das Gericht erteilt eine Vollstreckungsklausel nach § 724 sogleich, also ohne den Nachweis der Nichtvornahme der Handlung § 751 Rn 1, Birmanns DGVZ **81**, 148. Die Vornahme der Handlung oder der Fall, daß der Bekl nach dem Urteilserlaß nicht mehr imstande ist, sie vorzunehmen, eröffnen den Weg der Vollstreckungsabwehrklage, § 767. 9

D. Keine Kostenentscheidung. Da § 5 nach Rn 4 unanwendbar ist, löst der bloße Entschädigungsanspruch keine Kosten aus. Infolgedessen erübrigt sich eine Kostenentscheidung neben derjenigen zur Hauptsache. Erfolgt sie dennoch, geht sie insofern ins Leere. 10

510c (weggefallen)

Buch 3
Rechtsmittel

Schrifttum: *Braunschneider,* Strategien für die Berufung im Zivilprozess, 2007; *Braunschneider,* Strategien für die Berufung im Zivilprozess, 2007; *Braunschneider* MDR **06**, 1332 (Üb); *Eichele/Hirtz/Oberheim,* Handbuch Berufung im Zivilprozess, 2. Aufl 2008; *Fellner* MDR **06**, 552 (BGH-Üb); *Roth,* Zivilprozessordnung und Rechtsmittelverfahren der freiwilligen Gerichtsbarkeit, Festschrift für *Georgiades* (2006) 527; *Schneider,* Zivilrechtliche Berufung – Der sicherste Weg, 2008; *Schumann/Kramer,* Die Berufung in Zivilsachen, 7. Aufl. 2007; *Stackmann* NJW **07**, 9 (Üb).

Grundzüge

Gliederung

1 **1) Begriff und Wesen des Rechtsmittels**

Schrifttum: *Gift/Baur,* Das Verfahren vor den Gerichten für Arbeitssachen, 1993; *Gilles,* Ziviljustiz und Rechtsmittelproblematik, 1992; *Grunsky,* Der Anwalt in Berufungssachen, 1987; *Prütting,* Grundsatzfragen des deutschen Rechtsmittelrechts, in: Festschrift für *Nakamura* (1996); *Schumann/Kramer,* Die Berufung in Zivilsachen, 6. Aufl 2002.

A. Rechtsbehelf. Das ist jedes prozessuale Mittel zur Verwirklichung eines Rechts. Es kann das erste Mittel sein, wie die Klage, oder ein späteres, wie ein Einspruch, Widerspruch, eine Erinnerung und Wiederaufnahmeklage. Rechtsmittel sind nach der ZPO (anders nach § 839 III BGB) nur die Berufung, Revision, sofortige Beschwerde und Rechtsbeschwerde, also diejenigen Rechtsbehelfe, die eine Entscheidung vor ihrer Rechtskraft der Nachprüfung einer höheren Instanz unterbreiten, um mehr als bisher zu erreichen. Das Rechtsstaatprinzip nach Einl III 15 und die Gerechtigkeit nach Einl III 9, 36 fordern es, den Zugang auch zum Rechtsmittel nicht unzumutbar zu erschweren, BVerfG NJW **93**, 1380. In diesem Sinn darf und muß man jeden Antrag und jede sonstige Eingabe auslegen und handhaben. Zur Anhörungsrüge vgl § 321 a.

2 **B. Hemmungswirkung.** Zum Wesen der Rechtsmittel gehört die Hemmungswirkung (Suspensiveffekt). Das Rechtsmittel hemmt den Eintritt der formellen Rechtskraft, § 705 Rn 9. Diese Wirkung kommt einem allgemein nicht statthaften Rechtsmittel nicht zu. Dagegen hemmt das generell statthafte, aber im Einzelfall unzulässige Rechtsmittel bis zu seiner Verwerfung die Rechtskraft, § 705 Rn 9, BGH NJW **84**, 1027, LSG Essen FamRZ **82**, 1037 (zustm Rüffer 1039).

Die *Hemmung erfaßt* bei einer Berufung auch den nicht angefochtenen Teil der Entscheidung, solange eine Partei auch diesen Rest durch eine Erweiterung des Rechtsmittels oder durch eine Anschließung der Nachprüfung des höheren Gerichts unterwerfen kann, BGH NJW **92**, 2296. Der mit der Berufung nicht angefochtene Teil wird daher erst mit dem Schluß der mündlichen Verhandlung der Berufungsinstanz nach §§ 296 a, 525 rechtskräftig. Das gilt in der Revisionsinstanz, sobald der Revisionsbekl die Anschließungsmöglichkeit verloren hat, § 554, BGH WoM **94**, 551. Dagegen kann man auch nicht mit einem Teilurteil des Berufungsgerichts über den nicht angefochtenen Rest angehen. Er wird weiter rechtskräftig beim Verzicht auf ein Rechtsmittel, soweit für den Gegner jede Beschwer fehlt. Kündigt der Berufungskläger bei der Berufungseinlegung lediglich beschränkte Anträge an, ist das meist noch keine Berufungsbegrenzung. Infolgedessen kann er auch nach einer Zurückverweisung durch das Revisionsgericht die Berufung um den zunächst nicht in die Berufungsinstanz gezogenen Rest erweitern. Ein Rechtsmittel hemmt die Vollstreckbarkeit nur dann, wenn das Gesetz das besonders bestimmt.

3 **C. Anfallwirkung.** Zum Wesen der Rechtsmittel gehört weiter die Anfallwirkung (Devolutiveffekt, Abwälzungswirkung). Die Zuständigkeit zur weiteren Behandlung fällt der höheren Instanz an. Der Streitgegenstand wird dort ähnlich wie in erster Instanz nach § 261 Rn 1 anhängig. Das gilt auch bei der sofortigen Beschwerde, §§ 567, 574, §§ 72, 119 I Z 1 GVG. Das Erstgericht kann freilich der Beschwerde durch seine Abhilfe den Boden entziehen, § 572 I 1 Hs 1. Aus dieser Wirkung folgt der Grundsatz, daß kein unteres Gericht eine Entscheidung des höheren nachprüfen darf (Ausnahme § 924 Rn 11).

D. Bedingtes Rechtsmittel, dazu krit *Kornblum* NJW **06**, 2888: Das Rechtsmittel als Ganzes darf 4
grundsätzlich nicht von einer außerprozessualen Bedingung abhängig werden, § 253 Rn 1. Davon unterscheiden muß man hilfsweise gestellte Rechtsmittelanträge und auch diejenigen in einem anhängigen Rechtsmittelverfahren eingelegten Rechtsmittel, die von einem künftigen innerprozessualen Ereignis abhängig werden, zB von einer Prozeßkostenhilfe, BGH FamRZ **04**, 1553, oder die Wiederholung eines Rechtsmittels für den Fall, daß sich die Unwirksamkeit der ersten Einlegung ergibt, oder ein Anschlußrechtsmittel für den Fall, daß das eigene Hauptrechtsmittel unzulässig ist, BGH WertpMitt **86**, 60, oder daß dasjenige des Gegners erfolgreich sein sollte, BGH NJW **84**, 1240, Kornblum NJW **97**, 922, aM BAG NJW **96**, 2533. Insofern gilt entsprechendes wie bei einer Hilfswiderklage, BGH NJW **96**, 2166.

2) Statthaftigkeit, Zulässigkeit und Begründetheit. Bei jedem Rechtsbehelf, also auch jedem 5
Rechtsmittel, muß man unterscheiden zwischen seiner Statthaftigkeit, seiner Zulässigkeit und seiner sachlichen Berechtigung (Begründetheit), BGH MDR **08**, 994 links unten.

A. Statthaftigkeit. Das ist die allgemeine Zulässigkeit nach der Art der tatsächlich stattgefundenen Entscheidung, BGH MDR **08**, 994 links unten, BAG NJW **08**, 1612 links oben, oder nach der Person. Sie richtet sich nach den jeweiligen gesetzlichen Bestimmungen, §§ 511, 514 II, 542–544, 566, 567, 574, außerhalb derer auch ein Verstoß gegen Grundrechte oder eine sog greifbare Gesetzwidrigkeit kein Rechtsmittel eröffnen. Beim Fehlen abweichender Bestimmungen führt eine nachträgliche gesetzliche Beschränkung von Rechtsmitteln nicht zum Wegfall der Statthaftigkeit bereits eingelegter Rechtsmittel, BVerfG NJW **93**, 1124. Legt ein Unberechtigter ein Rechtsmittel ein, ist keine Anfechtung wegen Irrtums statthaft, Grdz 56 vor § 128. Vielmehr muß das Gericht das Rechtsmittel grundsätzlich auf Kosten des Unberechtigten verwerfen. Davon gilt eine Annahme beim irrtümlich als Partei bezeichneten Dritten, BGH MDR **78**, 307. Sog greifbare Gesetzwidrigkeit, zum Begriff § 567 Rn 10, macht nicht statthaft, so schon BGH NJW **89**, 2578.

B. Zulässigkeit. Das ist der Vorgang im Einzelfall, BGH MDR **08**, 994 links unten. So ist eine statthafte 6
Berufung dann unzulässig, wenn die Beschwer nach Rn 14 ff fehlt oder wenn der Beschwerte nicht Form und Frist gewahrt hat.

C. Gemeinsames. Statthaftigkeit und Zulässigkeit sind von Amts wegen zu prüfende besondere Prozeß- 7
voraussetzungen für das zur Entscheidung berufene Gericht, Grdz 13 ff vor § 253. Der Rechtsmittelführer muß grundsätzlich ihr Vorliegen beweisen, BGH VersR **86**, 60. Das Rechtsmittelgericht muß ihm evtl helfende Hinweise nach § 139 geben, BGH VersR **80**, 90. Ein nicht klärbarer gerichtsinterner Umstand ist kein Zulässigkeitshindernis, BGH NJW **01**, 1581. Fehlt die Statthaftigkeit oder die Zulässigkeit, muß man das Rechtsmittel evtl nach einem vergeblichen Hinweis nach §§ 139, 525 ohne eine Sachprüfung durch ein Prozeßurteil nach Üb 5 vor § 300 oder durch einen Beschluß nach §§ 522 I 2, 552 I 2, 572 II 2, 577 I 2 verwerfen. Die Rechtskraftwirkung der Verwerfung ergreift die Sache selbst nicht. Fehlt die sachliche Berechtigung, muß man das Rechtsmittel als unbegründet zurückweisen. Dieses Sachurteil hat eine innere Rechtskraftwirkung nach Einf 4 vor §§ 322–327. Die Statthaftigkeit und Zulässigkeit darf bei einer Berufung und einer Revision auch dann nicht offen bleiben, wenn das Rechtsmittel unbegründet ist, wie bei einer Klage, Grdz 14 ff vor § 253, ThP 11, aM KG NJW **76**, 2353. Das folgt auch daraus, daß vom Inhalt des Urteils die Wiederholbarkeit des Rechtsmittels und das Schicksal der Anschließung abhängen, ebenso die Zuständigkeit nach § 584, § 584 Rn 2 (wegen der Beschwerde Üb 11 vor § 567).

3) Voraussetzungen: Es gibt eine ganze Reihe von Bedingungen. 8

A. Urteilserlaß. Er ist die Verkündung oder Zustellung, ausnahmsweise die Bekanntmachung nach § 569 Rn 3 einer mit diesem Rechtsmittel angreifbaren Entscheidung oder der Eintritt von Scheinwirkungen, Rn 26. Dabei bleibt unerheblich, ob die Entscheidung richtig und mängelfrei ist. Einen Rechtssatz, daß erhebliche Verfahrensmängel die Anrufung des höheren Gerichts gegen eine sonst unanfechtbare Entscheidung ermöglichen, gibt es nicht.

B. Anfechtungsrecht. Die Einlegung des Rechtsmittels muß durch eine anfechtungsberechtigte Person 9
erfolgen, § 511 Rn 4 ff. Anfechtungsberechtigt ist auch eine BGB-Gesellschaft, § 50 Rn 6, Rostock OLGR **02**, 423, und eine solche an sich nicht parteifähige Partei, gegen die ein Urteil vorliegt, BGH NJW **93**, 2944, ebenso ein Prozeßunfähiger im Streit über die Frage, ob er prozeßfähig ist, Hager ZZP **97**, 174. Das gilt also insoweit, als er geltend macht, zu Unrecht habe das Gericht seine Prozeßfähigkeit verneint, BGH NJW **00**, 289. Das gilt ferner dann, wenn er geltend macht, es habe kein Sachurteil gegen ihn ergehen dürfen, BGH NJW **00**, 291, VGH Kassel NJW **90**, 403, aM OVG Münst NVwZ-RR **96**, 620. Es gilt auch dann, wenn die in erster Instanz als prozeßfähig angesehene Partei eine Sachänderung der Entscheidung erstrebt, Düss RR **97**, 1350, Hamm MDR **92**, 412. Es gilt schließlich dann, wenn sich das Rechtsmittel gegen Maßnahmen wegen seines Geisteszustands richtet und tief in seine persönliche Rechtssphäre eingreift, BVerfG NJW **84**, 1025, BayObLG FamRZ **89**, 316, Stgt RR **91**, 832. Anfechtungsberechtigt ist auch der als gesetzlicher Vertreter Auftretende, um dessen Berechtigung der Streit geht (anders bei gewillkürter Vertretung), BGH NJW **90**, 3152. Ein ProzBev muß als Anwalt zugelassen sein.

C. Form, Frist. Die gesetzliche Form nach §§ 519, 549, 569 II, III, 575 I und die gesetzliche Frist 10
nach §§ 517, 548, 569 I, 575 I 1 müssen vorliegen, letztere zumindest dann, wenn das Rechtsmittel befristet ist.

D. Beschwer. Es muß eine Beschwer des Rechtsmittelklägers vorliegen, Rn 14 ff. Zu ihr muß nur 11
ausnahmsweise noch ein Rechtsschutzbedürfnis nach Grdz 33 vor § 253 hinzutreten, Rn 25.

E. Beschwerdesumme. Zusätzlich muß vielfach ein Mindestbetrag vorliegen (Beschwerdesumme), 12
§ 511 II Z 1.

F. Begründung. Bei der Berufung und bei der Revision sowie bei der Rechtsbeschwerde ist nach §§ 520, 13
551, 575 II–V eine formelle Begründung notwendig. Eine sofortige Beschwerde „soll" man begründen, § 571 I.

14 **4) Beschwer.** Ein Rechtsmittel ist nur zulässig, soweit und solange die angefochtene Entscheidung als eine allgemeine Statthaftigkeitsvoraussetzung nach Rn 11 und auch in diesem Einzelfall eine Beschwer des Rechtsmittelführers enthält, BGH RR **04**, 1365 links. Sie gibt grundsätzlich erst das auch im Rechtsmittelverfahren nötige Rechtsschutzbedürfnis nach Grdz 33 vor § 253, Mü GRUR-RR **06**, 388. Der Rechtsmittelkläger muß mit dem Rechtsmittel gerade die Beseitigung dieser Beschwer oder eines Teils von ihr erstreben, BGH MDR **06**, 43, BAG NZA **93**, 381, Köln ZIP **92**, 513. Dann erhält der Rechtsmittelführer die Möglichkeit, das Rechtsmittel auch zur Erweiterung der Anträge zu benutzen, § 525 Rn 2, BGH FamRZ **82**, 1198. Das Rechtsmittel wird aber nicht nur zur Auswechslung des Begehrens statthaft, BGH ZIP **99**, 1069, Köln RR **90**, 1086.

Im Zeitpunkt der *Berufungseinlegung* muß eine Beschwer vorliegen. Sie muß auch noch im Entscheidungszeitpunkt bestehen, BGH RR **04**, 1365. Ob das so ist, muß man grundsätzlich nach dem *Urteilstenor* beurteilen, BGH NJW **93**, 2052. Jedoch muß man bei Zweifeln über seinen Inhalt den Tatbestand, die Gründe und das zugrunde liegende Parteivorbringen heranziehen, BGH MDR **86**, 574. Das Rechtsmittel muß sich beim Schluß der mündlichen Verhandlung nach §§ 296 a, 525 auch gegen die im angefochtenen Urteil liegende Beschwer richten, BGH RR **04**, 1365 (Unzulässigkeit) und BB **06**, 350 (Klagerweiterung). Die Beschwer kann für beide Parteien verschieden hoch sein, BGH RR **96**, 460. Streit besteht aber darüber, wie die Beschwer beschaffen sein muß. RoSGo § 136 II 3 bejaht eine solche nur bei einer Abweichung der Entscheidung vom gestellten Antrag (formelle Beschwer), Brox ZZP **81**, 379 fordert eine sachlichrechtliche Beschwer, also die Nachprüfung, ob die ergangene Entscheidung dem Rechtsmittelkläger einen rechtlichen Nachteil bringt, ob also die Urteilswirkungen oder eine von ihnen ihn belasten, Grunsky ZZP **76**, 165, ob die Entscheidungsgründe in weiterem Maße als durch die Rspr anerkannt wirken. Bettermann ZZP **82**, 44 hält eine formelle oder eine sachlichrechtliche Beschwer für erforderlich und genügend.

Das Rechtsmittel kann nicht erst eine *Beschwer schaffen*, Rn 14. Ohne die Weiterverfolgung jedenfalls eines Teils des in erster Instanz erfolglos gebliebenen Klaganspruchs ist die Berufung unzulässig, BGH RR **04**, 143 (krit Bub MDR **95**, 1191). Ob diese Voraussetzung vorliegt, muß man unter einer Auslegung des erstinstanzlichen Klagantrags durch einen Vergleich der Sachanträge ermitteln, BGH RR **89**, 254. Dabei bindet das erstinstanzliche Begehren die Partei, BGH RR **95**, 839. Der Streitgegenstand ändert sich nicht dadurch, daß der Berufungskläger eine neue Schlußrechnung vorlegt, BGH RR **04**, 526.

15 **A. Beschwer des Klägers.** Für ihn ist eine formelle Beschwer erforderlich, BGH RR **05**, 118, Bbg RR **94**, 459, Saarbr MDR **06**, 169. Sie liegt vor, wenn die Entscheidung der Vorinstanz dem Rechtsmittelkläger etwas versagt, was er beantragt hat und eigentlich noch immer begehrt, BGH NJW **02**, 212. Der Rechtsmittelkläger darf also nicht nur einen neuen Anspruch oder eine Klagänderung verfolgen, BGH NJW **03**, 2172, Schlesw OLGR **02**, 181, Gehrlein NJW **07**, 2834. Maßgeblich ist der letzte Klagantrag der Vorinstanz, BGH RR **02**, 1435. Anders ausgedrückt: Beschwer ist dasjenige, was man erhalten wollte, aber nicht erhalten hat und was man gerechterweise eigentlich auch noch bekommen müßte. Noch kürzer: Beschwer ist das Zurückbleiben des Erreichten hinter dem bisher Erstrebten, § 511 Rn 14. Bei einer unklaren Urteilsformel muß man das durch eine Heranziehung der Gründe ermitteln, strenger Bbg FamRZ **06**, 965 (maßgeblich nur der Tenor). Eine Beschwer liegt auch dann vor, wenn das Gericht über einen Punkt entschieden hat, der nicht mehr Gegenstand des Rechtsstreits war, BGH RR **04**, 1715. Der Anschein einer Beschwer zB durch eine ins Leere gehende Teilabweisung genügt, BGH NJW **93**, 2052, BVerwG NVwZ-RR **93**, 368. Eine Beschwer kann sich auch aus einer Veränderung der Verhältnisse nach dem Urteil, aber vor dem Ablauf der Berufungsfrist ergeben, Rostock FamRZ **02**, 674 (Unterhalt).

16 **B. Beschwer des Beklagten.** Ihn beschwert auch beim Fehlen oder Fortfall eines vollstreckungsfähigen Inhalts eine Verurteilung, wenn er eine Abweisung mangels Rechtsschutzbedürfnisses des Klägers erreichen kann. Überhaupt liegt für den Bekl immer dann eine Beschwer vor, wenn er eine zu seinen Gunsten abweichende Entscheidung erlangen kann (sachlichrechtliche Beschwer), Karlsr RR **86**, 582, Kblz RR **93**, 462, Zweibr FamRZ **92**, 972, aM MüKoRi vor § 511 Rn 14–16, RoSGo § 136 II 3 c. Maßgeblich dafür ist der rechtskraftfähige Inhalt der angefochtenen Entscheidung, BGH RR **96**, 829.

17 **C. Beispiele zur Frage einer Beschwer des Klägers oder Beklagten**

Abänderungsklage: Zum Einwand nach § 323 Karlsr RR **89**, 1468.

Andere Begründung: Eine Beschwer des *Klägers* wie des *Bekl fehlt,* soweit sich das Rechtsmittel nur gegen die Urteilsbegründung richtet und dieselbe Entscheidung mit einer anderen Begrürndung erstrebt, BGH NJW **82**, 579 (anders also, wenn die Begründung eine nachteilige Bedeutung des Tenors ergibt), aM BGH RR **94**, 61.

S auch Rn 18 „Erfüllung", Rn 22 „Unzulässigkeit".

Anerkenntnisurteil: Eine Beschwer des *Klägers* liegt vor, soweit der Tenor unklar ist und sich nicht nach § 319 berichtigen läßt. Sie *fehlt* beim richtigen oder fehlerhaften Anerkenntnisurteil nach § 307, BGH NJW **94**, 2697.

Eine Beschwer des *Bekl* liegt beim Anerkenntnisurteil vor, Karlsr MDR **82**, 417, Kblz RR **93**, 462. Denn der Bekl muß die Unwirksamkeit des Anerkenntnisses einwenden können.

S auch Rn 24 „Zurückbehaltungsrecht".

Angemessenheit: Rn 22 „Unbestimmter Klagantrag".

Antragsüberschreitung: Eine Beschwer des Bekl kann sich aus einem Verstoß des Erstgerichts gegen § 308 I ergeben, BGH NJW **91**, 704.

Aufopferung: Eine Beschwer des *Bekl* liegt vor, soweit ihn das Gericht zum Ersatz jeden Schadens statt zu einer angemessenen Entschädigung verurteilt hat.

Aufrechnung: Eine Beschwer des *Bekl* liegt vor bei einer Abweisung nur wegen seiner Hauptaufrechnung, BGH FamRZ **04**, 1714, oder bei einer Verurteilung trotz seiner Aufrechnung, BGH FamRZ **04**, 1716 (Restbetrag), oder bei einer Abweisung nur wegen einer Hilfsaufrechnung statt wegen Fehlens der Hauptforderung, BGH NJW **02**, 900.

Eine Beschwer des *Bekl fehlt* bei einer Abweisung der klägerischen Forderung.
S auch Rn 23 „Vorbehaltsurteil".

Baulandsache: Die Behörde braucht grds nur eine andere Entscheidungsformel zu erstreben und die **18** Begründung der angegriffenen Entscheidung nicht zu beanstanden, BVerwG MDR **77**, 867. Anders kann es bei einem Aufhebungs- und Bescheidungsurteil liegen, zB nach § 226 BauGB, Maetzel Festschrift für den VGH Mü (1979) 29 ff.

Begründungsart: Der Kläger darf einen Berechnungsfaktor austauchschen, BGH RR **91**, 1279. Eine Beschwer des *Klägers fehlt,* soweit er nur eine andere Art der Begründung des ihm günstigen Urteils erstrebt, BGH NJW **94**, 2697, Düss MDR **79**, 956.

Dasselbe gilt beim *Bekl,* Köln Rpfleger **86**, 184.

Derzeit unbegründet: Eine Beschwer des *Bekl* liegt vor, soweit sich die ihm nachteilige Bedeutung des Tenors aus den Entscheidungsgründen ergibt, etwa bei einer Abweisung nur als derzeit noch unbegründet.

Dritter: Rn 20 „Hilfsantrag".

Entscheidungsgründe: Rn 17 „Andere Begründung".

Erfüllung: Eine Beschwer des *Bekl* kann vorliegen, soweit ein mitverurteilter Gesamtschuldner erfüllt hat, BGH NJW **00**, 1120. Sie kann ferner vorliegen, soweit der Bekl die Klageforderung nach der Berufungseinlegung erfüllt hat, BGH NJW **94**, 943, Köln OLGR **02**, 94, Schlesw MDR **91**, 669, oder sogar vorher zwecks Abwehr der Zwangsvollstreckung, Rn 23.

Eine Beschwer des *Bekl fehlt,* soweit ihm das Gericht wegen zulässiger und begründeter Erfüllung statt wegen schon anfänglicher Unbegründetheit rechtgibt. Sie fehlt ihm ferner bei einer vorbehaltlosen frei erfolgenden Erfüllung vor der Berufungseinlegung, BGH NJW **94**, 942, Stgt RR **95**, 892, LG Oldb RR **95**, 717, auch durch den mitverurteilten Versicherer, BGH MDR **76**, 473, aM Ffm MDR **85**, 60.

Erledigung der Hauptsache: Eine Beschwer des *Klägers* liegt vor, soweit das Gericht statt der beantragten Feststellung der Erledigung die Klage abgewiesen hat. Das gilt selbst dann, wenn es dem Kläger nur oder doch überwiegend um eine bloße Änderung der Kostenentscheidung geht, BGH WertpMitt **81**, 386. Eine Erledigung zwischen den Instanzen beseitigt die Beschwer durch eine Klagabweisung nicht, BGH RR **92**, 1032, auch nicht im Eilverfahren, Ffm RR **92**, 493.

Eine Beschwer des *Bekl* liegt vor, soweit das Gericht die Erledigung feststellt, statt die Klage abzuweisen, oder soweit der Bekl nach dem Wegfall seines Rechtsschutzinteresses die Hauptsache für erledigt erklärt hat. Sie *fehlt* bei einer Erledigung zwischen den Instanzen, § 91 a Rn 101, Düss RR **98**, 776, Hamm NJW **75**, 1843, aM BGH NJW **75**, 330, KG OLG **89**, 330.

Fälligkeit: Eine Beschwer des *Klägers* liegt vor, wenn das Gericht die Klage abweist, weil der Anspruch noch **19** nicht fällig und außerdem verjährt sei, BGH NJW **00**, 591, oder wenn das Gericht zu einer späteren Zallung statt zu einer sofortigen verurteilt hat, BGH WertpMitt **95**, 2060.

Eine Beschwer des *Bekl* liegt vor, wenn er die Klageforderung erst zwischen den Instanzen getilgt hat, falls sie nach seiner Meinung erst nach der Verurteilung fällig geworden war, BGH NJW **75**, 539.

Geringere Forderung: Eine Beschwer des *Klägers fehlt,* soweit der Kläger jetzt weniger als vorher begehrt, zB bloße Minderung statt Rückabwicklung, Saarbr MDR **06**, 269.

Gesamtschuldner: Eine Beschwer eines Gesamtschuldners als *Bekl* bleibt auch nach der Leistung durch den anderen bestehen, BGH NJW **00**, 1120.

Gesetzesänderung: Eine Beschwer des *Bekl* liegt vor, wenn die Klage nach ihrer Abweisung infolge einer Gesetzesänderung begründet scheint und der Kläger trotz einer Bereitschaft des Bekl zu ihrer außergerichtlichen Anerkennung ein schutzwürdiges Interesse an einem Vollstreckungstitel hat.

Greifbare Gesetzwidrigkeit: Rn 22 „Sachlichrechtlicher Urteilsfehler".

Größenordnung: Eine Beschwer des *Klägers* liegt vor, wenn das Gericht bei einem in sein Ermessen gestellten Betrag hinter der vom Kläger im Klagantrag zum Ausdruck gebrachten Größenordnung zurückgeblieben ist, BGH VersR **83**, 1160, Dunz NJW **84**, 1736. Das gilt auch dann, wenn sich die vorgestellte Größenordnung nur aus dem sonstigen Klägervortag ergab, BayObLG AnwBl **89**, 164. Es gilt bei einer wesentlichen Unterschreitung auch dann, wenn das Gericht keine Teilabweisung ausgesprochen hat, BGH VersR **79**, 472. Der Kläger muß also verbindlich zu erkennen geben, welche Vorstellungen er hat, BGH NJW **82**, 340.

Grundurteil: Eine Beschwer des *Klägers* liegt vor, wenn das Gericht in einem Grundurteil aus einer solchen Anspruchsgrundlage verurteilt hat, die mit einer gewissen Wahrscheinlichkeit anders als die vorgebrachte den Anspruch nicht in voller Höhe rechtfertigt, BGH MDR **05**, 470, Ffm RR **87**, 191, zB nur nach dem StVG, wenn der Kläger den Anspruch gleichzeitig auch mit einer unerlaubten Handlung begründet. Das gilt selbst bei einer summenmäßig vollen Verurteilung im Nachverfahren. Etwas anders gilt, wenn die Tragweite beider Gründe gleich ist. Eine Beschwer liegt auch vor bei einer Einschränkung der Verurteilung in der Formel eines Grundurteils und nicht nur in den Entscheidungsgründen.

Haftungsbeschränkung: Eine Beschwer des *Bekl fehlt,* soweit das Gericht eine Haftungsbeschränkung zwar **20** nicht im Urteilstenor ausgesprochen hat, wohl aber zweifelsfrei in den Entscheidungsgründen angenommen hat, BGH NJW **82**, 447 (§ 12 StVG), BGH NJW **86**, 2704 (§ 3 Z 1 PflVG).

Hilfsantrag: Eine Beschwer des *Klägers* liegt vor, wenn das Gericht nur nach dem Hilfsantrag statt nach dem Hauptantrag verurteilt hat, der weiter ging. Das gilt auch bei einer gleichen Höhe beider Anträge, wenn es sich um verschiedene Ansprüche handelt und das Gericht den Hauptanspruch verneint hat, BGH NJW **01**, 226, Gaier NJW **01**, 3289. Alles das gilt zB bei einer Verurteilung zu einer Schmerzensgeldrente statt zu einem Schmerzensgeldkapital, selbst bei gleichem Wert, BGH MDR **85**, 40 (zustm Lindacher JR **84**, 503).

Eine Beschwer des *Klägers fehlt,* soweit ihn das Gericht statt einer Abweisung als unzulässig auf seinen Hilfsantrag an das zuständige Gericht verweist, Hamm WertpMitt **88**, 391, oder soweit das Gericht auf einen Hilfsanspruch zur Leistung an einen Dritten statt auf den Hauptanspruch zur Leistung an den Kläger verurteilt hat, oder soweit der Kläger neben dem neuen Antrag den bisherigen zumindest teilweise als einen Hilfsantrag weiterverfolgt, BGH NJW **01**, 226.

Hilfsaufrechnung: Rn 17 „Aufrechnung".

Hilfsbegründung: Eine Beschwer des *Bekl fehlt,* soweit das Gericht das Urteil hilfsweise auf den Sachvortrag des Bekl gestützt hat.

Klagänderung: § 264 Z 2 gilt auch hier, BGH WertpMitt **98**, 1591, ebenso § 264 Z 3, BGH RR **05**, 322.

Der Berufungskläger darf eine neue, der Sache nach in die erste Instanz gehörige Angelegenheit in der Berufungsinstanz verfolgen, BGH RR **91**, 1279, Köln OLGR **02**, 46, aM Altmeppen ZIP **92**, 449. Eine Klagänderung setzt aber die Zulässigkeit der Berufung voraus, Rn 15, BGH FamRZ **06**, 402. Es muß daher ein Bezug zum erstinstanzlichen Streitgegenstand vorliegen, BGH NJW **96**, 527, Hamm RR **01**, 142, Saarbr MDR **06**, 169.

Eine Beschwer des *Klägers* liegt vor, wenn er nach der Abweisung einer Auskunftsklage nun einen Zahlungsanspruch erhebt oder von ihm zur Abänderung nach § 323 übergeht, BGH NJW **01**, 2259, oder zur Stufenklage nach § 254, Stgt OLGR **99**, 293, oder wenn er nach der Abweisung einer Feststellungsklage nun einen Leistungsantrag stellt, BGH NJW **94**, 2099, aM Köln RR **90**, 1086. Das gilt aber nicht nach einem stattgebenden Feststellungsurteil, BGH NJW **88**, 827.

Das Rechtsmittel darf auch nicht nur einen noch in der ersten Instanz anhängigen, dort nicht beschiedenen Anspruch betreffen, BGH FamRZ **83**, 459. Ebensowenig darf ein nicht in die zweite Instanz gelangter Anspruch Gegenstand einer Revision werden, BGH FamRZ **83**, 684.

Eine Beschwer des *Klägers fehlt,* soweit seine Berufung nur eine Klagänderung bezweckt, BGH NJW **01**, 226, oder nur eine Klagerweiterung, BGH BB **06**, 350, Spickhoff JZ **98**, 227.

Kostenentscheidung: Eine Beschwer des *Klägers* liegt vor, soweit das Gericht eine notwendige Kostenentscheidung unterlassen hat. Das gilt auch dann, wenn es die Kosten einem Dritten auferlegt hat. Denn dann ist zwischen den Parteien überhaupt noch keine Kostenentscheidung ergangen.

Eine Beschwer kann *fehlen,* soweit es nur um den in der Entscheidung mitgeregelten Kostenpunkt geht, § 99 I, Düss FamRZ **91**, 350. Vgl aber auch § 319, BGH WertpMitt **81**, 48.

S auch Rn 18 „Erledigung der Hauptsache".

Mängelbeseitigung: Eine Beschwer des *Bekl* liegt vor, wenn das Gericht ihm eine Nachbesserung zugesprochen hat und er eine andere und bessere Art der Nachbesserung fordert, BGH WertpMitt **85**, 1457.

21 **Mindestbetrag:** Eine Beschwer des *Klägers* liegt vor, wenn das Gericht bei einem in sein Ermessen gestellten Betrag hinter dem vom Kläger geforderten Mindestbetrag zurückgeblieben ist, BGH MDR **04**, 349, Köln OLGR **02**, 186, Fenn ZZP **89**, 128. Das gilt auch dann, wenn sich die Mindestforderung nicht direkt aus dem Klagantrag ergab, BGH NJW **92**, 312. Der Kläger muß also verbindlich angeben, welche Vorstellungen er hat, BGH NJW **82**, 340.

Eine Beschwer des *Klägers fehlt,* soweit das Gericht den angeforderten Mindestbetrag zugesprochen hat, BGH RR **04**, 863. Das gilt selbst dann, wenn das Gericht ein Mitverschulden des Klägers bejaht hat, BGH NJW **02**, 212.

Mittelwert: Eine Beschwer des *Klägers* liegt vor, soweit das Erstgericht den vorgeschlagenen Mittelwert deutlich überschritten hat, BGH NJW **99**, 1339.

Parteiwechsel: Eine Beschwer des *Klägers* wie des *Bekl* liegt vor, wenn ein Zwichenurteil den vom Kläger beantragten Beklagtenwechsel gegen den Willen des alten wie des neuen Bekl für zulässig errklärt hat, BGH NJW **81**, 989.

Prozeßabweisung: Eine Beschwer des *Klägers* liegt vor, soweit das Erstgericht einen solchen prozessualen Anspruch abgewiesen hat, den der Kläger nicht mehr begehrt hatte, BGH NJW **91**, 1683. Eine Beschwer des *Klägers fehlt,* soweit eine Prozeß- statt einer Sachabweisung erfolgt ist, BAG MDR **86**, 961.

Eine Beschwer des *Bekl* liegt vor bei einer Prozeß- statt einer Sachabweisung, BAG NZA **98**, 189, Zweibr FamRZ **00**, 238.

Prozeßführungsbefugnis: Eine Beschwer des *Klägers fehlt,* soweit seine Prozeßführungsbefugnis nach dem Erlaß des Ersturteils entfallen ist, Zweibr FamRZ **89**, 194 (zu § 1629 III BGB).

Rechtsänderung: Sie kann eine Beschwer schaffen, Rostock FamRZ **03**, 673.

Rechtskraftwirkung: Maßgeblich ist, worüber das Gericht entscheiden sollte und worüber es tatsächlich entschieden hat.

Rechtsmittelrücknahme: Eine Beschwer des *Bekl fehlt* bei einer Verwerfung als unzulässig trotz einer Rechtsmittelrücknahme.

Rechtsnachfolger: Er hat eine Beschwer, soweit er den Prozeß anstelle des Vorgängers übernimmt, BGH MDR **88**, 956.

Rechtsschutzbedürfnis: Rn 22 „Unzulässigkeit".

Rechtsweg: Eine Beschwer des *Klägers* liegt vor, soweit das Gericht statt einer Sachentscheidung in einen anderen Rechtsweg verwiesen hat, §§ 17, 17 a GVG.

S auch Rn 22 „Unzulässigkeit".

Regelbetrag: Maßgeblich sein kann die Differenz der fraglichen Regelbeträge, Naumb FamRZ **06**, 1285.

Sachantrag: Eine Beschwer des *Klägers* liegt vor, soweit das Gericht über einen gar nicht mehr gestellten Sachantrag entschieden hat, BGH NJW **04**, 2019.

22 **Sachlichrechtliches Begehren:** Eine Beschwer des *Klägers* liegt vor, soweit das Gericht im Urteil dem Antrag nur dem Wortlaut nach entspricht, nicht aber dem sachlichrechtlichen Begehren nach, Karlsr RR **86**, 582.

Sachlichrechtlicher Urteilsfehler: Er ändert nichts an der Notwendigkeit einer Beschwer, Kahlke ZRP **81**, 268, Lüke NJW **79**, 2041, Waldner NJW **80**, 218, auch nicht bei einer greifbaren Gesetzwidrigkeit, BGH NJW **02**, 1577, Hamm MDR **03**, 296.

Schmerzensgeld: Rn 19 „Größenordnung", Rn 20 „Hilfsantrag", Rn 21 „Mindestbetrag".

Streitgenosse: Eine Beschwer *fehlt,* soweit nur ein Streitgenosse des Berufungsklägers Nachteile hat, BGH MDR **91**, 427, Schlesw SchlHA **78**, 198.

Streithelfer: Eine Beschwer der unterstützten Partei ist notwendig und reicht aus, BGH Rpfleger **80**, 220, Hamm FamRZ **84**, 810. Das gilt freilich nicht bei einem nur für den Streithelfer nachteiligen Inhalt der Entscheidungsgründe, BGH NJW **97**, 2385, Köln NJW **75**, 2108. Der siegende Streithelfer darf nicht nach einem Seitenwechsel des Bekl Berufung einlegen.

Streitwert: Eine Beschwer des *Kläger* kann vorliegen, wenn er sich eine gerichtliche Streitwertfestsetzung zu eigen gemacht hat, BGH MDR **85**, 40, oder wenn er einen Wert als bestimmenden Faktor höher als den zugesprochenen angegeben hatte.

Stufenklage: Rn 20 „Klagänderung".

Teilabweisung: Eine Beschwer des *Klägers* liegt vor, soweit das Gericht bei einer Teilabweisung den einheitlichen Streitgegenstand übersehen hat, BGH WertpMitt **04**, 466. Der Kläger darf auch nach einer Teilabweisung mit der Berufung auch den nicht abgewiesenen Teil erweitern, (zum alten Recht) BGH NJW **83**, 172.

Eine Bechwer des *Bekl* liegt vor, soweit das Erstgericht die Klage nicht voll abgewiesen hat, sondern nur als zur Zeit unbegründet, BGH MDR **00**, 966, Walchshöfer Festschrift für Schwab (1990) 521.

Teilklage: Eine Beschwer des *Klägers* liegt vor, wenn das Gericht bei einer Teilklage einzelne Positionen für unbegründet erklärt hat, selbst bei einem vollen Erfolg, BGH NJW **99**, 3564.

Unbegründetheit: Eine Beschwer der *Klägers* liegt vor, soweit das Gericht die Klage als unbegründet statt als unzulässig abgewiesen hat, Zweibr RR **99**, 1666. **23**

Eine Beschwer des *Bekl* liegt vor bei einer Abweisung nur als derzeit unbegründet statt als endgültig unbegründet, BGH NJW **00**, 2988. Sie *fehlt* dem Bekl bei einer Klagabweisung als unbegründet statt als unzulässig, da die sachlichrechtliche Abweisung weitergehende Folgen hat, BVerwG MDR **77**, 867.

Unbestimmter Klagantrag: Eine Beschwer des *Klägers* liegt vor, wenn das Gericht ihn vollständig abweist. Bei einer wesentlichen Teilabweisung liegt die Beschwer in diesem Umfang vor, BGH NJW **92**, 311. Zur Problematik Butzer MDR **92**, 539, Husmann NJW **89**, 3129.

Eine Beschwer des *Klägers fehlt,* soweit das Gericht das betragsmäßig umschriebene „Angemessene" zugesprochen hat, BGH NJW **04**, 2224. Das gilt auch dann, wenn das Gericht dabei ein Mitverschulden des Kläges bejaht hat, BGH NJW **02**, 212.

S auch Rn 19 „Größenordnung", Rn 21 „Mindestbetrag", „Mittelwert".

Unfall: Eine Beschwer des *Klägers fehlt,* soweit der Unfallgeschädigte nach der Abweisung seiner Direktklage gegen den Haftpflichtversicherer die Berufung allein auf dessen Einstandspflicht für einen anderen Beteiligten stützt, BGH NJW **88**, 2540.

Unzulässigkeit: Eine Beschwer des *Klägers* liegt nach einer Abweisung als unbegründet statt als nur unzulässig vor (dann geringere schädliche Rechtskraft, § 322 Rn 60), BGH RR **01**, 930, Zweibr FamRZ **00**, 238. Eine Beschwer des *Bekl* liegt vor, soweit das Gericht die Klage nur als unzulässig und deshalb ja wiederholbar statt als unbegründet und deshalb mit der Möglichkeit innerer Rechtskraft nach § 322 abgewiesen hat, BGH NJW **00**, 2988, oder soweit der Berufungsführer gar keine Beseitigung seiner Beschwer erstrebt, Karlsr FamRZ **80**, 682.

Eine Beschwer des *Bekl fehlt,* soweit das Gericht die Klage wegen des Fehlens eines Rechtsschutzinteresses statt wegen eines Fehlens des Rechtswegs als unzulässig behandelt hat, oder bei einer Verwerfung als unzulässig trotz einer Rechtsmittelrücknahme, oder bei der Erklärung als zurückgenommen statt als unzulässig, Stgt ZZP **76**, 418.

Urteilsbegründung: Rn 17 „Andere Begründung". Rn 18 „Derzeit unbegründet".

Verjährung: Rn 19 „Fälligkeit".

Versäumnisurteil: Eine Beschwer des *Klägers fehlt,* soweit das Erstgericht nur durch ein Versäumnisurteil statt durch ein streitiges Urteil entschieden hat, Bbg RR **94**, 459.

Verschweigen: Eine Beschwer des *Klägers fehlt,* soweit er seine Vorstellungen nicht verbindlich zu erkennen gegeben hat, BGH NJW **82**, 340, Oldb VersR **79**, 657.

S aber auch Rn 22 „Streitwert".

Verweisung: Eine Beschwer des *Bekl* liegt vor bei einer Verweisung statt einer Klagabweisung.

S auch Rn 20 „Hilfsantrag", Rn 23 „Unzulässigkeit".

Verzichtsurteil: Eine Beschwer des *Klägers fehlt* beim Verzichtsurteil nach § 306, BGH NJW **94**, 2697.

Vorbehaltsurteil: Eine Beschwer des *Klägers* liegt vor, wenn das Gericht in einem Vorbehaltsurteil nach § 302 über die Zulässigkeit einer Aufrechnung entschieden hat, BGH NJW **79**, 1046, sonst *nicht,* Karlsr RR **87**, 297.

Eine Bechwer des *Bekl* liegt vor, soweit das Erstgericht den Vorbehalt nicht erklärt hat, Schlesw MDR **05**, 350 (dann aber auch § 321).

Vorgreiflichkeit: Eine Beschwer *fehlt* grundsätzlich bei einer Entscheidung nur über eine solche Vorfrage. Denn es kommt nur auf das Ergebnis an, BGH NJW **90**, 2683.

Widerklage: Der *Widerkläger* darf sie gegenüber der Vorinstanz ändern oder durch eine neue ersetzen, BGH NJW **98**, 2058. Er darf aber nicht erstmals eine Widerklage in der zweiten Instanz erheben, Ffm MDR **01**, 53. **24**

Eine Beschwer des *Bekl fehlt,* soweit seine Berufung nur eine Widerklage bezweckt.

Zinsen: Eine Beschwer des Klägers liegt vor, soweit das Erstgericht seine Zinsforderung abgewiesen hat, Köln RR **93**, 1215 (auch zur Berechnung).

Zug um Zug: Eine Beschwer des *Klägers* liegt vor, wenn das Gericht nur zur Zug-um-Zug-Leistung statt ohne diese Einschränkung verurteilt hat, BGH NJW **82**, 1048. Das gilt auch dann, wenn die Gegenleistung unstreitig erfolgt ist, BGH NJW **82**, 1048.

Zurückbehaltungsrecht: Eine Beschwer des *Bekl fehlt* meist bei der erfolglosen Geltendmachung eines Zurückbehaltungsrechts, BGH RR **96**, 829.

Zurückverweisung: Eine Beschwer des *Klägers* kann vorliegen, wenn er eine stattgebende Sachentscheidung beantragt hatte, oder dann, wenn der Kläger die Zurückweisung der Berufung beantragt, das Berufungsgericht aber zurückverwiesen hatte, BGH NJW **97**, 1710. Das gilt auch dann, wenn der in erster Instanz abgewiesene Kläger tatsächlich sein Sachbegehren weiterverfolgt. Denn der Antrag ist nur ein Prozeßantrag, und die Sache selbst ist dem Berufungsgericht angefallen.

Eine Beschwer des *Bekl* liegt vor bei einer Zurückverweisung statt einer Sachabweisung, BGH NJW **97**, 1710.

Zwangsvollstreckung: Eine Beschwer des *Bekl* liegt vor, wenn er nur zur Abwendung der Zwangsvollstreckung nach dem Urteilserlaß geleistet hat, BGH NJW **94**, 942, Karlsr OLGZ **79**, 351, LAG Köln NZA-RR **06**, 660.

Sie *fehlt,* wenn das Ersturteil keinen vollstreckungsfähigen Inhalt hat.

25 **D. Rechtsschutzbedürfnis.** Trotz einer Beschwer kann für das Rechtsmittel ausnahmsweise das Rechtsschutzbedürfnis fehlen, Köln RR **86**, 1509. Das ist zB dann der Fall, wenn der Urteilsausspruch und der mit der Berufung verfolgte Antrag gleichwertig sind, BGH NJW **79**, 428, oder wenn das Erstgericht dem Antrag mit einer anderen rechtlichen Begründung stattgegeben hat, oder wenn der Rechtsmittelkläger keine Beseitigung seiner Beschwer erstrebt, Karlsr FamRZ **80**, 682. In aller Regel ist mit der Beschwer aber auch das Rechtsschutzbedürfnis vorhanden, BGH NJW **97**, 1445. Es entfällt für die Berufung gegen eine einstweilige Verfügung nicht im Hinblick auf das Aufhebungsverfahren nach §§ 927, 936, Düss RR **88**, 188.

26 **5) Rechtsmittel bei mangelhafter Entscheidung,** dazu Üb § 300 Rn 11 ff.

A. Scheinurteil, dazu *Braun* JuS **86**, 365: Eine Scheinentscheidung nach Üb 11 vor § 300 ist rechtlich kein Urteil. Sie unterliegt daher keinem Rechtsmittel. Ein solches ist aber statthaft, wenn Scheinwirkungen eingetreten sind, zB eine Mitteilung des Urteils oder die Erteilung einer vollstreckbaren Ausfertigung, BGH NJW **96**, 1970, BVerwG NJW **87**, 2247, Ffm MDR **91**, 63. Solche Scheinurteile sind selten, Üb 11, 12 vor § 300. Hierhin gehören die Entscheidung durch ein Nichtgericht und Entscheidungen mit schwersten und offenkundigen Mängeln, Düss NStZ **89**, 44 (zustm Feiber), ferner ein überhaupt nicht verkündetes Urteil, BGH NJW **99**, 1192, Brdb RR **02**, 357, Ffm MDR **91**, 63, und unter Umständen auch ein nur nicht wirksam verkündetes Urteil, BGH VersR **84**, 1193, Brdb MDR **99**, 564. In allen diesen Fällen ist ein Rechtsmittel stets statthaft und stets zulässig. Es führt zur Aufhebung und meist zur Zurückverweisung, BGH NJW **96**, 1970 (zustm Braun JZ **96**, 979), Saarbr OLGR **01**, 301. Es ermöglicht aber keine Sachentscheidung, bei Verkündungsmängeln aM Ffm RR **88**, 128.

Nicht hierhin gehört ein solches Urteil, das gegen § 249 verstößt, BGH NJW **95**, 2563, Köln RR **95**, 891, oder das das Erstgericht in einem fehlerhaft bestimmten Verkündungstermin verkündet hat oder statt einer Verkündung zugestellt hat, Ffm MDR **80**, 320, aM Ffm FamRZ **78**, 430, und ebensowenig ein unter Verstoß gegen § 310 II verkündetes Urteil, BGH MDR **88**, 567, sowie ein bloßer Fehler bei der Unterzeichnung des Urteils. Gegen ein Scheinurteil ist sonst evtl eine Klage auf die Feststellung zulässig, daß der Gegner aus ihm keine Rechte herleiten kann. Alle anderen Entscheidungen sind als Staatshoheitsakt nun einmal da, Üb 10 vor § 300. Sie wirken bis zu ihrer Beseitigung durch ein Rechtsmittel, auch wenn es sich um einen wegen besonders schwerer, offenkundiger Fehler nichtigen Beschluß handelt, BGH ZZP **107**, 98 (zustm Walker).

27 **B. Formfehlerhafte Entscheidung: Meistbegünstigungsgrundsatz.** Bei ihr handelt es sich um eine der Art nach falsche oder zweifelhafte Entscheidung, Üb § 300 Rn 19 ff. Bei ihr ist das statthafte Rechtsmittel oft ungewiß. Darin liegt eine große Gefahr für die Parteien.

28 Dazu gibt es *unterschiedliche Lehrmeinungen.* Die subjektive: Maßgebend ist, wie das Gericht tatsächlich entschieden hat, also die prozessuale Form der Entscheidung; der Wille des Gerichts ist zur Auslegung heranziehbar; die objektive: Maßgebend ist, welche Entscheidung das Gericht bei richtiger Behandlung hätte erlassen müssen; die vermittelnde: Wahlweise ist das Rechtsmittel zulässig, das der getroffenen Entscheidung, oder dasjenige, das der richtigen Entscheidung entspricht, sog *Grundsatz der Meistbegünstigung,* BGH Rpfleger **04**, 177, Brdb FamRZ **08**, 426, Düss FamRZ **07**, 841. An sich gewährleistet nur die subjektive Theorie die erforderliche Sicherheit. Denn bei ihr weiß jede Partei, woran sie ist. Außerdem läßt sich folgerichtig nur auf dem weiterbauen, was geschehen ist, und nicht auf dem, was hätte geschehen sollen. Gleichwohl hat sich der Grundsatz der Meistbegünstigung durchgesetzt. Danach ist sowohl das richtige als auch das der Entscheidungsform entsprechende Rechtsmittel statthaft, BGH Rpfleger **04**, 177, es sei denn, daß einer Partei durch den Fehler des Gerichts ein Vorteil entstehen würde, den sie sonst nicht gehabt hätte, daß also nur durch diesen Fehler eine sonst unanfechtbare Entscheidung anfechtbar würde, BGH RR **93**, 957, Brdb FER **00**, 241, Köln RR **99**, 1084. Fehler des Gerichts dürfen nicht zulasten der Partei gehen, BGH ZZP **92**, 362 (zustm Gottwald). Daher gilt der Meistbegünstigungsgrundsatz bei einer ihrer Art nach zweifelhaften Entscheidung, BGH DtZ **94**, 72, Ffm RR **93**, 958. Bei der Unsicherheit der Rspr ist es ratsam, im Zweifel das nach der prozessualen Form der Entscheidung in Betracht kommende Rechtsmittel einzulegen und hilfsweise eine Verweisung an das „richtige" Rechtsmittelgericht zu beantragen, Rimmelspacher JR **87**, 194. Evtl muß dann das zu Unrecht angegangene Gericht die Sache entsprechend §§ 281, 525 verweisen, BGH NJW **80**, 1282, Schenkel MDR **03**, 136, aM Celle RR **03**, 647. Freilich entstehen der Partei evtl dadurch besondere Kosten.

29 **C. Verfahren.** Das Rechtsmittelgericht muß das Verfahren in derjenigen Verfahrensart weiterbetreiben, die der wahren Natur seines Prozeßgegenstands entspricht. Es muß in derjenigen Form entscheiden, die bei einer korrekten Entscheidung des Erstgerichts und nach dem danach statthaft gewesenen Rechtsmittel allein zulässig wäre, BVerwG NJW **82**, 2460, Köln RR **99**, 1084, Zweibr RR **98**, 508, aM Köln RR **97**, 956.

30 **D. Beispiele zur Frage der Anfechtbarkeit einer formfehlerhaften Entscheidung**

Auslandsbeklagter: Es gibt keine Besonderheit mehr. Denn § 119 I Z 1 b GVG hat seit dem FamFG einen andersartigen Inhalt.

Beschluß und Urteil: Ein Beschluß statt eines Urteils erlaubt wahlweise Berufung (oder Revision, BGH RR **93**, 956) oder sofortige Beschwerde, Hamm FamRZ **89**, 877, Köln RR **97**, 956, Zweibr RR **98**, 508. Jedoch gilt auch für die Beschwerde die Berufungssumme, Rn 28, LG Bielef MDR **87**, 941. Ein Urteil statt eines Beschlusses erlaubt die Berufung, wenn gegen den Beschluß ein Rechtsmittel statthaft wäre, Rn 28, Brdb FER **00**, 241, Schlesw RR **88**, 1413. Das gilt zB im Arrest- und einstweiligen Verfügungsverfahren, ebenso bei einem unzulässigen Kostenurteil statt einer Entscheidung durch Beschluß über die Kosten. Es gilt ferner bei einem Urteil statt einer Verweisung durch einen Beschluß nach § 17 a II GVG, Naumb RR **02**, 792. Evtl muß man die Berufung im weiteren Verfahren als eine sofortige Beschwerde behandeln, LG Itzehoe RR **94**, 1216. Anders ist es bei einer bloßen Erörterung in den Gründen zB über die Ablehnung eines Sachverständigen oder eines Aussetzungsantrages.

Familien- oder Streitgericht: Beim Zweifel darüber ist wahlweise eine Berufung an das LG oder eine befristete Beschwerde nach (jetzt) §§ 58 ff FamFG an das OLG statthaft, BGH RR **95**, 379 und 380.

Streitmäßiges oder Versäumnisurteil: Es kommt auf die Form und den Inhalt der Entscheidung an, BGH JR **00**, 245, Schmidt JuS **94**, 437. Bei einem Zweifel fragt es sich, ob das Gericht eine Folge der Versäumnis aussprechen wollte. Wenn ja, liegt ein Versäumnisurteil vor, auch wenn es zu Unrecht eine Säumnis angenommen hat, BGH JR **00**, 245. Wenn nein, liegt ein streitmäßiges Urteil vor, selbst wenn ein Versäumnisurteil richtig war, und umgekehrt, BGH JR **00**, 245, Mü FamRZ **89**, 1205. Bei einem Zweifel gilt der Grundsatz der Meistbegünstigung, Rn 28, Köln RR **96**, 581, Zweibr RR **97**, 1087. Nimmt das Berufungsgericht ein Versäumnisurteil an, hebt es auf und verweist zurück, Köln FamRZ **95**, 888. 31

Versäumnisurteil: Fehlt die Bezeichnung als Versäumnisurteil und enthält das Urteil weder einen Tatbestand noch Gründe, ist dagegen sowohl der Einspruch als auch die Berufung statthaft, Hamm RR **95**, 186. Dasselbe gilt für die fehlerhafte Bezeichnung als Zweites Versäumnisurteil, BGH NJW **97**, 1448, Düss MDR **01**, 833, und auch dann, wenn ein weiteres Erstes Versäumnisurteil statt eines Zweiten Versäumnisurteils ergeht, Ffm RR **92**, 1468. 32

Verweisung: Hat dasjenige Gericht, an das eine Verweisung erfolgte, in erster Instanz erkannt statt in zweiter, ist die Berufung zulässig.

Zwischenurteil: Nennt sich ein unzulässiges Zwischenurteil Teilurteil, ist die Berufung zulässig, BGH ZZP **92**, 362 (zustm Gottwald). Nennt sich ein Zwischenurteil über den Grund nach § 304 Zwischenurteil aus § 303 oder ist ein solches Urteil bei sachlicher Prüfung ein Grundurteil: Berufung. Gegen ein Zwischenurteil aus § 280 ist die Berufung statthaft, auch wenn es unzulässig war. Bei einem solchen unzulässigen Urteil aus § 256 II, das in Wahrheit ein Zwischenurteil aus § 303 ist, ist die Berufung zulässig. Ein unzulässig erlassenes Zwischenurteil bindet nicht. 33

6) Verfassungsbeschwerde. Sie ist kein zusätzliches Rechtsmittel, BVerfG NJW **87**, 1191, Hamm RR **99**, 651, Stürner JZ **86**, 526. Vielmehr gibt sie nach §§ 90 ff BVerfGG einen Rechtsschutz zur prozessualen Durchsetzung der Grund- und diesen gleichgestellten Rechte grundsätzlich erst nach der Erschöpfung aller anderen möglichen Rechtsbehelfe. Sie gilt also nur subsidiär, Einl III 17. Im Ergebnis führt die Verfassungsbeschwerde aber zunehmend zur Überprüfung und Korrektur unanfechtbarer Entscheidungen, vor allem wegen Verstößen gegen Art 103 I GG, Schumann NJW **85**, 1134, Wimmer DVBl **85**, 773, Zuck JZ **85**, 921. Zu den Möglichkeiten der Abhilfe durch das Gericht selbst vgl § 321 a und § 511 Rn 20, 21. 34

7) Rechtsmittelbelehrung. Das Gesetz verlangt von den Gerichten des Zivilprozesses anders als bei § 39 FamFG vom FamG grundsätzlich keine Rechtsmittelbelehrung. Das gilt abgesehen von § 119 IV GVG und Einzelvorschriften etwa nach dem LwVG oder BauGB, BGH NJW **99**, 1113, Hamm NVwZ **00**, 114, Mann JR **00**, 25. Das GG fordert sie grundsätzlich noch nicht, BVerfG NJW **95**, 3173, auch nicht das EU-Recht, EuGH EuZW **99**, 446. Die Übernahme von § 9 V ArbGG würde auch nicht direkt in Verfahren ohne einen Anwaltszwang dem Verständnis des Rechtsstaates entsprechen, Greger JZ **00**, 131, aM Demharter FGPrax **95**, 217, Geisler StAZ **96**, 79, Kühling NJW **95**, 3176. Nur in Einzelfällen kann sich das Erfordernis der Rechtsmittelbelehrung schon heute unmittelbar aus dem GG ergeben. Im übrigen kann eine falsche Rechtsmittelbelehrung durch das Gericht eine Wiedereinsetzung rechtfertigen, BGH MDR **04**, 348. 35

Abschnitt 1. Berufung

Übersicht

Schrifttum: *Doukoff*, Die zivilrechtliche Berufung nach neuem Recht, 3. Aufl 2005; *Schumann/Kramer*, Die Berufung in Zivilsachen, 6. Aufl 2002; *Stackmann*, Rechtsbehelfe im Zivilprozess, 2005.

1) Systematik. Die Berufung findet statt gegen ein Endurteil erster Instanz des AG und des LG. Sie eröffnet eine neue Instanz. Der Prüfungsumfang ergibt sich aus §§ 529 ff. Wegen der Frage, ob sich das Berufungsverfahren erledigen kann, § 91 a Rn 195 ff, BGH WoM **98**, 1747. 1

2) Zuständigkeit. Über die Berufung gegen ein Urteil des AG entscheidet das LG, teils die Zivilkammer, teils die Kammer für Handelssachen, §§ 72, 100 GVG, das OLG anstelle des LG, wenn das Landesrecht das vorsieht, § 119 GVG. Wegen der Berufung gegen Urteile der Schiffahrtsgerichte § 14 GVG Rn 3. Über die Berufung gegen ein Urteil des LG entscheidet das OLG, § 119 GVG. Die Berufung gegen ein Urteil des ArbG geht ans LAG. Das arbeitsgerichtliche Berufungsverfahren ist das landgerichtliche mit erheblichen Abweichungen, §§ 64 ff ArbGG. 2

511 *Statthaftigkeit der Berufung.* **I Die Berufung findet gegen die im ersten Rechtszug erlassenen Endurteile statt.**

II Die Berufung ist nur zulässig, wenn

1. der Wert des Beschwerdegegenstandes 600 Euro übersteigt oder
2. das Gericht des ersten Rechtszuges die Berufung im Urteil zugelassen hat.

III Der Berufungskläger hat den Wert nach Absatz 2 Nr. 1 glaubhaft zu machen; zur Versicherung an Eides statt darf er nicht zugelassen werden.

IV 1 Das Gericht des ersten Rechtszuges lässt die Berufung zu, wenn

1. die Rechtssache grundsätzliche Bedeutung hat oder die Fortbildung des Rechts oder die Sicherung einer einheitlichen Rechtsprechung eine Entscheidung des Berufungsgerichts erfordert und
2. die Partei durch das Urteil mit nicht mehr als 600 Euro beschwert ist.

2 Das Berufungsgericht ist an die Zulassung gebunden.

Gliederung

1 **1) Systematik, I–IV.** Die Vorschrift enthält mehrere von Amts wegen in jeder Verfahrenslage beachtbare Prozeßvoraussetzungen. Dabei stehen die beiden gleichermaßen ausreichenden Zulässigkeitsvoraussetzungen II Z 1, 2 im Mittelpunkt. Auch der kleine Wert macht berufungsfähig, wenn das Erstgericht aus den beiden zusammentreffenden Gründen IV 1 Z 1 und 2 eine Zulassung ausspricht. Das ist ein erhebliches Zugeständnis gegenüber früher, Huber ZRP **03**, 268.

2 **2) Regelungszweck, I–IV.** Die Neufassung soll klarstellen, dass das Erstgericht die Zulassung einer Berufung nur dann prüfen muß, wenn das Urteil eine Partei mit nicht mehr als 600 EUR beschwert. Diese Lösung hat die insoweit bestehende Problematik vorläufig beseitigt, Knauer/Wolf NJW **04**, 2836. Insbesondere die Zulassungsberufung dient der Gerechtigkeit nach Einl III 9, 36 in einer im einzelnen freilich dann doch wieder sehr eingeschränkten Weise. Man muß die komplizierten Begriffe IV 1 Z 1 ohne eine Überspannung der Anforderungen handhaben, aber natürlich auch ihre eindeutige Funktion sehen, die „kleine Münze" nicht zum Tummelplatz von Einzelfall-Rechthaberei werden zu lassen.

3 **3) Geltungsbereich, I–IV.** Die Vorschrift gilt in jedem Berufungsverfahren nach der ZPO und den auf sie verweisenden Gesetzen. Sie gilt auch im WEG-Verfahren, Sauren NZM **07**, 860. In arbeitsgerichtlichen Streitigkeiten gilt § 64 ArbGG, Schwab NZA **04**, 1002, Stock NZA **00**, 481. Kein Endurteil ist hier das Grundurteil nach § 304, § 61 III ArbGG.

4 **4) Statthaftigkeit, I.** Ein einfacher Grundsatz hat klare Folgen.

A. Grundsatz. Die Berufung ist statthaft gegen ein erstinstanzliches Endurteil nach § 300 Rn 4, BGH NJW **08**, 219, auch gegen ein Scheinurteil, Grdz 26 vor § 511. Sie ist zulässig, wenn und soweit die allgemeinen Voraussetzungen ihrer Zulässigkeit vorliegen, Grdz 6 ff vor § 511. Ob die Statthaftigkeit eines andern Rechtsbehelfs die Berufung ausschließt, läßt sich nur nach den Gesamtumständen beantworten. Wegen formfehlerhaften Entscheidungen Grdz 27 ff vor § 511.

Nicht berufungsfähig sind regelmäßig das Versäumnisurteil, § 514 (Ausnahme: § 514 II), das Ausschlußurteil beim Aufgebot, § 957, eine Kostenentscheidung, wenn nicht gleichzeitig eine Berufung in der Sache erfolgt, § 99 I, II (unschädlich, wenn es dem Kläger vorwiegend oder nur auf eine Änderung der Kostenentscheidung ankommt, solange er den Sachantrag weiter verfolgt). Zur Anfechtung der Kostenentscheidung des Schlußurteils nach einem Teilurteil § 99 Rn 46 ff, zur Anfechtung der im Endurteil enthaltenen Kostenentscheidung über einen erledigten Teil § 91 a Rn 153, Hamm RR **87**, 426, KG MDR **86**, 241. Die Entscheidung über die vorläufige Vollstreckbarkeit kann der alleinige Gegenstand der Berufung sein, Einf 6 vor §§ 708–720, Mü FamRZ **90**, 84, Nürnb NJW **89**, 842. Ein Anerkenntnisurteil ist berufungsfähig, BGH FamRZ **03**, 1922.

Nur ein *im ersten Rechtszug erlassenes Endurteil* ist berufungsfähig. Deshalb kommt eine Berufung gegen ein Berufungsurteil des LG nie in Betracht. Das gilt auch dann, wenn das LG dabei über einen erstmals bei ihm anhängig gemachten Streitgegenstand entschieden hat, BGH RR **94**, 61, oder gegen einen erst jetzt hinzugekommenen weiteren Bekl, BGH NJW **99**, 62. Natürlich erst recht nicht berufungsfähig ist ein Revisionsurteil, §§ 561 ff.

5 **B. Endurteil.** Ein Endurteil entscheidet den Prozeß für die Instanz endgültig, § 300 Rn 4. Unerheblich ist, ob das Kollegium oder der Einzelrichter erkannt hat. Ein Urteil ist es erst, wenn das Gericht es verkündet oder nach § 310 III zugestellt hat. Endurteil ist auch ein Teilurteil nach § 301 und ein Ergänzungsurteil nach § 321, weiter das Prozeßurteil nach Üb 5 vor § 300, ein Versäumnisurteil, BAG MDR **03**, 520, und die Ablehnung der Aufnahme des Verfahrens wegen des Fehlens der Sachlegitimation des Nachfolgers nach einer Unterbrechung. Den Endurteilen stehen für selbständige Rechtsmittel gleich das Vorbehaltsurteil nach §§ 302, 599, die Vorabentscheidung über den Grund nach § 304 II, BGH NJW **05**, 291, das die Zulässigkeit der Klage feststellende Zwischenurteil nach § 280 II 1, BGH NJW **05**, 291, Hbg VersR **79**, 847, sowie ein solches Zwischenurteil, das eine Wiedereinsetzung versagt, BGH NJW **82**, 184, oder den vom Kläger beantragten Beklagtenwechsel gegen den Willen des alten und des neuen Bekl für zulässig erklärt, BGH NJW **81**, 989, nicht aber andere Zwischenurteile, BGH NJW **05**, 291, zB ein solches über die Anordnung der Ausländersicherheit nach § 110, BGH NJW **88**, 1733.

6 **C. Berufungsberechtigung.** Zur Berufung berechtigt ist derjenige, gegen den sich das Ersturteil richtet, aber auch derjenige, den eine unrichtige Bezeichnung im Ersturteil betrifft, BGH MDR **78**, 307, Ffm RR **96**, 1169. Zur Berechtigung eines Partei- oder Prozeßunfähigen und eines als gesetzlicher Vertreter Auftretenden Grdz 9 vor § 511. Eine Berichtigungsmöglichkeit nach § 319 beeinträchtigt nicht das Rechtsschutzbedürfnis, BGH WertpMitt **78**, 69, solange keine Berichtigung erfolgt ist.

5) Berufungskläger, I. Als solche kommen mehrere in Betracht. Maßgeblich ist zunächst die Stellung im Ersturteil, BGH RR **05**, 118. Man kann die Stellung aber im Berufungsverfahren klären, BGH NJW **93**, 2943. 7

A. Partei erster Instanz. Berufungskläger sein kann jede Partei der Erstinstanz, nach der Beendigung einer Prozeßstandschaft der selbst sachlich Berechtigte, Zweibr FamRZ **89**, 194, als Rechtsnachfolger der Partei, der Insolvenzverwalter, BGH MDR **97**, 494, nicht dagegen ein Rechtsnachfolger als solcher, wenn die Voraussetzungen des § 265 II 2 nicht vorliegen, BGH NJW **96**, 2799. Jeder Streitgenosse nach §§ 59 ff kann die Berufung einlegen, soweit keine unzulässige zweitinstanzliche Klagänderung nach § 263 Rn 9 eintritt, Saarbr VersR **02**, 1091. Nach einem Ersturteil gegen einen gesetzlichen Vertreter kann seine Partei Berufung zwecks Genehmigung oder Klagabweisung einlegen, ebenso natürlich der Vertreter selbst, BGH NJW **90**, 3152.

B. Abgelehnter. Berufungskläger sein kann auch derjenige, dessen Eintritt als Partei das Erstgericht 8
abgelehnt hat, §§ 239, 265, 266, wenn er seinen Eintritt weiter betreiben will, BGH NJW **03**, 2172 (Parteiwechsel auf Klägerseite), ebenso wie derjenige, den das Erstgericht gegen seinen Willen vom Gericht in das Verfahren gezogen hat, BGH RR **95**, 764, Ffm RR **96**, 1169 (Scheinpartei), BGH NJW **81**, 989 (Parteiwechsel auf der Beklagtenseite).

C. Streitgenosse, Streithelfer. Berufungskläger sein kann auch ein Streitgenosse nach § 856 II sowie 9
ein streitgenössischer Streithelfer nach § 69, BGH RR **97**, 865, ferner ein sonstiger Streithelfer, auch in Verbindung mit seinem Beitritt, § 67 Rn 11 ff, BGH MDR **82**, 650. Für ihn kommt nur die Beschwer der Partei in Betracht, BGH NJW **97**, 2386, Gorski NJW **76**, 811, aM Köln NJW **75**, 2108.

Legen die *Hauptpartei und* der einfache *Streithelfer* Berufung ein, handelt es sich um ein einheitliches 10
Rechtsmittel. Der Streithelfer kann es nicht fortführen, wenn die Hauptpartei mit der Rücknahme ihres Rechtsmittels zweifelsfrei der Fortführung des Prozesses widerspricht, BGH NJW **89**, 1357. Die Rücknahme genügt für sich allein nicht, BGH NJW **93**, 2944, ebensowenig das Nichtbetreiben des Rechtsmittels, BGH NJW **85**, 2480, oder der Verzicht nach § 515, Hbg NJW **89**, 1362, Pantle MDR **88**, 924. Der Streithelfer kann einen höheren Berufungsantrag als die Partei stellen, wenn diese damit einverstanden ist, Hamm RR **97**, 1156. Das alles gilt freilich nur bis zur Rechtskraft einer Zurückweisung des Beitritts, BGH NJW **82**, 2070.

D. Gläubiger. Berufungskläger sein kann schließlich jeder Gläubiger bei der Hinterlegungsklage aus 11
§ 856 II.

6) Berufungsbeklagter, I. Auch hier ist zunächst die Stellung im Ersturteil maßgeblich und kann zudem 12
die Stellung im Berufungsverfahren klären, wei bei Rn 7, 8. Berufungsgegner kann nur eine gegnerische Partei erster Instanz sein, Karlsr OLGZ **86**, 197, nie ein Dritter wie der Streithelfer, vgl freilich BGH MDR **82**, 650 (zu § 71 II), oder der eigene Streitgenosse. Streitgenossen stehen behauptend und verneinend selbständig da. Bei einer notwendigen Streitgenossenschaft nach § 62 wirkt die Berufung eines Streitgenossen für den untätigen anderen mit. Über Streithelfer §§ 67 Rn 11 ff, 69 Rn 8.

7) Zulässigkeit: Entweder Berufungssumme mindestens 600,01 EUR, II Z 1, III. Nicht jedes 13
Ersturteil läßt sich mit der Berufung anfechten. Eine Beschränkung ergibt sich aus II Z 1. Diese Vorschrift knüpft die Zulässigkeit der Berufung an eine Berufungssumme Sie ergibt sich aus dem Wert des Beschwerdegegenstands, Roth JZ **06**, 9. Dieser Wert muß 600 Euro übersteigen. Das gilt nicht für bestimmte Streitigkeiten, Rn 27. Erweist sich die Berufung als in geringerer Höhe begründet, ist der Mehranspruch unbegründet. Ab Erreichen der Berufungssumme ist keine grundsätzliche Bedeutung der Sache notwendig, Roth JZ **06**, 11.

Die Berufungssumme gilt auch für *nichtvermögensrechtliche Streitigkeiten.* Das Gesetz geht davon aus, daß diese Beschränkung insoweit nur Streitigkeiten über kleine Störungen erfaßt, weil nichtvermögensrechtliche Streitigkeiten von einiger Bedeutung einen die Berufungssumme übersteigenden Wert haben, krit Lappe NJW **94**, 1190.

Bei einer Berufung gegen *mehrere Urteile* muß für jedes die Berufungssumme vorliegen. Ist ein Verfahren ohne einen sachlichen Grund in mehrere Verfahren aufgespalten, ist der Wert des ursprünglichen Streitgegenstands maßgeblich, BVerfG NJW **97**, 649, BGH NJW **95**, 3120.

A. Wert des Beschwerdegegenstands, II Z 1. Maßgeblich für die Zulässigkeit der Berufung ist sowohl 14
beim vermögensrechtlichen als auch beim nichtvermögensrechtlichen Streit der Wert des Beschwerdegegenstands, Anh § 511, BGH VersR **07**, 707 rechts, und zwar im Zeitpunkt § 511 Rn 5. Man darf ihn nicht mit der Beschwer durch das angefochtene Urteil nach Grdz 14 vor § 511 verwechseln, BGH MDR **05**, 409 links unten, Schneider MDR **03**, 903. Das gilt, obwohl der Beschwerdegegenstand und die Beschwer natürlich übereinstimmen können, BGH NJW **08**, 219. Beschwer ist danach das Zurückbleiben des erstinstanzlich Erreichten hinter dem erstinstanzlich Erstrebten. Beschwerdegegenstand ist demgegenüber dasjenige, was man jetzt noch vor diesem Unterschied weiterverfolgt, sei es alles, sei es nur noch einen Teil. Diese Bestimmung ist verbindlich. Demgemäß bestimmt sich die Zulässigkeit der Berufung nach dem Wert der Anträge des Berufungsführers. Sie sind für die Nachprüfung des angefochtenen Urteils maßgeblich, BVerwG NVwZ **87**, 219, OVG Kblz NVwZ **91**, 277, Knauer/Wolf NJW **04**, 2863. Dabei ist eine wirtschaftliche Betrachtung notwendig, BGH NJW **92**, 1513.

Die *Entscheidungsgründe* können die Beschwer ergeben, Zweibr FamRZ **92**, 972. Daher kann man den Wert des Beschwerdegegenstands erst in der mündlichen Verhandlung bestimmen, BGH MDR **05**, 409 links unten. Der Wert des Beschwerdegegenstands kann nie höher sein als der Wert der Beschwer, die sich durch den Streitgegenstand bemißt, BGH MDR **05**, 345 rechts oben. Ist das Gericht dem Antrag auf eine Erledigterklärung nicht gefolgt, hat es die Klage abgewiesen. Verfolgt der Kläger jenen Antrag aber weiter, bemißt sich der Beschwerdewert nach dem Wert der Hauptsache, ebenso meist bei einem Rechtsmittel des Bekl gegen ein die Erledigung aussprechendes Urteil, Anh § 3 Rn 45 ff. Berücksichtigen darf man nur zulässig nachvollziehbar dargelegte Anträge, BGH BB **76**, 815. Ein zunächst beschränkter Antrag unterhalb der

Berufungssumme läßt sich in der mündlichen Verhandlung erweitern, soweit die fristgerecht eingereichte Berufungsbegründung das deckt, BGH MDR **05**, 409 links unten, ein freilich schillernder Vorgang. Bei Zweifeln, ob der Beschwerdewert reicht, empfiehlt sich eine Berufungseinlegung ohne Rücksicht auf den Ausgang einer Streitwertbeschwerde, Mü NJW **78**, 1489, Schlee AnwBl **85**, 582.

15 Der Beschwerdewert läßt sich *nicht nachträglich oder künstlich* herstellen. So nicht durch Erstrecken der Klage auf einen solchen Anspruch, der im Widerspruch mit der Sach- und Rechtslage nur zwecks Erreichung der Beschwerdesumme aufrechterhalten bleibt, LG Bonn RR **95**, 959; grundsätzlich nicht durch eine wirkliche Klagerweiterung, BGH VersR **83**, 1160, eben mit Ausnahme einer durch die fristgerechte Berufungsbegründung schon mit gedeckten Erweiterung, Rn 14; nicht durch eine unzulässige Feststellungs- oder Zwischenfeststellungsklage, eine unzulässige Widerklage oder durch die Nichtbeachtung eines Verzichts, durch eine nachträgliche Verrechnung von Gegenleistungen statt wie bisher auf Haupt- nun auf Nebenansprüche (Zinsen, Kosten). Den Beschwerdewert begrenzt der Streitwert nach oben, nicht nach unten. Das gilt jedoch nicht, wenn man den Wert nach § 3 bemessen muß, BGH NJW **94**, 735, wohl aber bei §§ 4ff, zB § 8, BGH RR **94**, 286, und § 9, Zweibr FamRZ **93**, 1336. Der Berufungsbekl kann die Berufung nicht durch den Verzicht auf einen Teil seines Anspruchs unzulässig machen.

Das Erstgericht mag eine sachwidrige, den Gleichheitssatz verletzende *Trennung* von Verfahren vorgenommen haben, BVerfG NJW **97**, 649. Deshalb mag sich der Beschwerdewert nicht mehr erreichen lassen, § 145 Rn 6. Dann muß man ausnahmsweise die Berufung als zulässig behandeln, BGH NJW **95**, 3120, um den Umweg über die Verfassungsbeschwerde zu vermeiden. Wegen der Anwendung von (jetzt) § 21 GKG in einem solchen Fall BGH RR **97**, 832, OVG Münst NJW **78**, 720.

16 Bei einem *Teilurteil* ist allein die mit ihm verbundene Beschwer maßgeblich, BGH NJW **98**, 686. Entsprechendes gilt auch für das über den restlichen Streitstoff ergehende Schlußurteil, BGH NJW **89**, 2757. Bei einer Vorabentscheidung nach § 304 entscheidet allein der bisher verlangte Betrag. Bei einer gleichzeitigen Berufung gegen eine Vorabentscheidung und das Schlußurteil ist ein Beschwerdewert für beide nötig. Bei einem Urteil über Rügen der Zulässigkeit der Klage ist der Streitwert auch der Beschwerdewert, etwa bei einer Einrede mangelnder Kostensicherheit. Beim Ergänzungsurteil muß man die Beschwerdewerte dieses Urteils und des Haupturteils zusammenrechnen. Ein im Prozeß erhobener Entschädigungsanspruch aus §§ 302 IV, 717 II, III bleibt außer Betracht, sofern er nicht über die vollstreckte Klageforderung hinausgeht. Sonst muß man ihn wie bei einer Widerklage hinzurechnen. Beim Streit um die Zug-um-Zug zu erbringende Gegenleistung ist diese maßgeblich, BGH RR **95**, 706 (Obergrenze: Klaganspruch). Ihren Wert muß man evtl mit dem Wert einer Teilabweisung zusammenrechnen, BGH RR **86**, 1062. Kommt es zur unbdingten Verurteilung, fällt die Gegenleistung als Beschwer weg, BGH WertpMitt **92**, 376.

Stellt der Berufungskläger einen *Haupt- und einen Hilfsantrag,* genügt es, wenn einer von ihnen die Berufungssumme übersteigt, KG OLGZ **79**, 348, Schumann NJW **82**, 2802. Hat das Erstgericht den Haupt- und Hilfsantrag abgewiesen, muß man die Werte aller wirtschaftlich selbständigen Anträge zusammenrechnen, BGH RR **94**, 701 und 827. Verfolgen mehrere dieser Anträge wirtschaftlich dasselbe Ziel, ist der höhere Wert maßgeblich, Schumann NJW **82**, 2802. Hat das Erstgericht den Hauptantrag abgewiesen, aber den Hilfsantrag zugesprochen, entscheidet für die Höhe der Beschwer der Hauptantrag, nicht der Unterschied zum Hilfsantrag. Hat der Kläger eine Leistung beantragt, das Erstgericht aber nur dem hilfsweise geltend genannten Feststellungsanspruch entsprochen, ist unter einer Anwendung der wirtschaftlichen Betrachtungsweise nicht die Höhe des Anspruchs, sondern das Interesse des Klägers am Erfolg der Leistungsklage seine Beschwer.

17 Bei *Streitgenossen* muß man die Beschwerdegegenstände aller zusammenrechnen, soweit es sich nicht um wirtschaftlich identische Streitgegenstände handelt. Legt nur einer von ihnen das Rechtsmittel ein, ist sein Teil maßgebend. Das gilt auch bei einer notwendigen Streitgenossenschaft. Sinkt durch eine Zurücknahme der Berufung durch einen Streitgenossen der Wert unter die erforderliche Summe, wird die Berufung der übrigen unzulässig. Bei einer unteilbaren Leistung oder Gesamthaftung kommt der ganze Streitwert infrage.

Erklärt das Urteil die Hauptsache für *erledigt,* gilt Anh § 3 Rn 45ff, BGH RR **93**, 765, Deppert Festschrift für Wenzel (2005) 37 (Kosteninteresse), Lappe NJW **88**, 3130. Bei einer bloßen Teilerledigung erfolgt keine Hinzurechnung dieser Kosten. Vielmehr muß der Rest der Hauptsache die Berufungssumme erreichen.

Zur *Berechnung des Beschwerdewerts* vgl Anh § 511.

18 **B. Glaubhaftmachung, III.** Den Beschwerdewert muß der Berufungskläger grundsätzlich bis zum Ablauf der Berufungsfrist nach § 294 glaubhaft machen, BGH FamRZ **05**, 1986 (Geheimhaltungsinteresse). Dabei ist seine eigene eidesstattliche Versicherung unstatthaft. Es kann genügen, bei einer Auskunftspflicht den nach Anh § 3 Rn 24 „Auskunft" maßgebenden Aufwand darzulegen, Karlsr OLGR **02**, 419. Mangels Glaubhaftmachung, die der Berufungskläger ausnahmsweise bis zur Verwerfung der Berufung nachholen darf, muß das Berufungsgericht den Wert evtl nach § 3 schätzen, BGH RR **99**, 573 (keine Einholung eines Sachverständigengutachtens).

19 **C. Festsetzung des Beschwerdewerts, II Z 1.** Den für das Erreichen der Berufungssumme maßgeblichen Wert des Beschwerdegegenstand nach Rn 14 setzt das Berufungsgericht ohne eine Bindung an die Streitwertfestsetzung erster Instanz fest, BGH NJW **08**, 219. Dabei muß es dem Berufungskläger vor einer Herabsetzung gegenüber der ersten Instanz Gehör geben. Es entscheidet nach seinem pflichtgemäßen Ermessen, BGH VersR **07**, 707. Das erfolgt durch einen besonderen Beschluß oder in den Gründen der Entscheidung über das Rechtsmittel. Die Festsetzung durch das OLG läßt sich nur zusammen mit dem Urteil anfechten. Daher ist ein vorab ergehender Beschluß unanfechtbar, KG MDR **87**, 852. Beruht die Festsetzung auf § 3, darf der BGH sie nur auf Ermessensfehler prüfen, BGH VersR **07**, 707. Das Berufungsgericht muß seine Festsetzung deshalb meist begründen, BGH RR **91**, 326. Das Fehlen einer Begründung ist ein Verfahrensmangel, wenn nicht die maßgebenden Umstände nach Art und Umfang außer Zweifel stehen, BGH FamRZ **91**, 317. Führt die Nachprüfung zu einer die Berufungssumme erreichenden Festsetzung, ist eine Zurückverweisung notwendig.

D. Fehlen der Berufungssumme, II Z 1. Wird die Berufungssumme nicht erreicht, kann das Erstgericht die Berufung unter den Voraussetzungen II Z 2, IV zulassen, Rn 23 ff. Geschieht das nicht, ist das Ersturteil insoweit unanfechtbar. Das Gericht muß es aber gleichwohl nach allgemeinen Grundsätzen für vollstreckbar erklären. Wegen derjenigen Fälle, in denen die Beschränkung durch die Berufungssumme nicht gilt, Rn 27. 20

Dieser Grundsatz gilt auch bei *schwersten Fehlern des Erstgerichts.* § 321 a hat die Problematik einer Versagung rechtlichen Gehörs entschärft. Sie bleibt aber bei einer Verletzung anderer Grundrechte bestehen, zB des Rechts auf den gesetzlichen Richter nach Art 101 I 2 GG. Bei einem solchen Fehler eine Berufung oder eine Gegenvorstellung zuzulassen, ist ohne eine Gesetzesänderung nicht möglich, BGH NJW **99**, 290, aM BGH NJW **08**, 219 rechts Mitte. Eine entsprechende Anwendung von § 321 a oder von § 514 II würde II Z 1 ohne konkrete Anhaltspunkte aus den Angeln heben. Zum Problem § 321 a Rn 61, § 567 Rn 6 ff. 21

Ebenso unstatthaft ist eine Ausnahmeberufung wegen *„greifbarer Gesetzwidrigkeit“,* § 567 Rn 10, BGH NJW **99**, 290, aM BGH NJW **08**, 219 rechts Mitte, LG Stgt RR **98**, 934, Schneider MDR **96**, 866.

Selbst bei schweren Fehlern versagt auch die *Verfassungsbeschwerde,* BVerfG EuGRZ **80**, 93, sofern nicht der Anspruch auf rechtliches Gehör verletzt ist, Schumann NJW **85**, 1134, Wimmer DVBl **85**, 773, oder Willkür vorliegt, BVerfG NJW **82**, 983, Zuck JZ **85**, 921. Auch dann wird das BVerfG eine Verfassungsbeschwerde häufig nicht zur Entscheidung annehmen, § 93 c S 2 BVerfGG, wenn es sich um einen Betrag unterhalb der Berufungssumme handelt, Berkemann EuGRZ **84**, 451, Kahlke NJW **85**, 2231. 22

Die Problematik wird sich nur dadurch erledigen, daß der *Gesetzgeber* den Rechtsschutz gegen die Verletzung von Verfahrensgrundrechten regelt, BVerfG NJW **03**, 1924, Gravenhorst MDR **03**, 887, Kirchberg BRAK-Mitt **03**, 177, Voßkuhle NJW **03**, 2193.

8) Zulässigkeit: Oder Zulassung, II Z 2, IV. Soweit das Ersturteil eine Partei mit nicht mehr als 600 Euro beschwert, IV 1 Z 2, muß das Erstgericht eine Berufung gerade (nur) dieser Partei insoweit zulassen, als ein Zulassungsgrund nach IV 1 Z 1 vorliegt. Die Zulassung bindet das Berufungsgericht, IV 2. Das Erstgericht braucht eine Nichtzulassung nicht ausdrücklich auszusprechen. Bei einer Beschwer von über 600 EUR kommt einer Nichterwähnung der Zulassungsfrage im Ersturteil keineswegs stets die Bedeutung einer Nichtzulassung zu, selbst mangels eines Zulassungsantrags. Denn die Berufung ist dann ja ohne jede Zulassung statthaft, II Z 1, Nürnb NJW **04**, 2838. 23

Unstatthaft ist eine Beschränkung der Zulassung auf einzelne Rechtsfragen oder Anspruchsgrundlagen.

A. Zulassungsgründe, IV 1. Die Zulassung ist notwendig, soweit die Rechtssache eine grundsätzliche Bedeutung hat, IV 1 Z 1 Hs 1, zumindest in einem nach §§ 280, 301, 304 selbständig beurteilbaren Teil, BGH NJW **93**, 1799, oder wenn die Fortbildung des Rechts oder die Sicherung einer einheitlichen Rechtsprechung eine Entscheidung des Berufungsgerichts erfordert, IV 1 Z 1 Hs 2, BVerfG NJW **04**, 2585. Diese Gründe entsprechen den Gründen einer Zulassung der Revision, § 543 II. Vgl die dortigen ausführlichen Erläuterungen. Es muß sich in beiden Fällen um solche Rechtsfragen handeln, die für die Entscheidung des Rechtsstreits erheblich und nicht der Nachprüfung im Berufungsrechtszug entzogen sind, zB nach § 513 II. 24

B. Verfahren, IV 1, 2. Die Zulassung braucht keinen Antrag. Daher sind entsprechende Ausführungen der Parteien zwar zweckmäßig, aber nur Anregungen. Das Erstgericht entscheidet über die Zulassung im Urteil. Es muß die Beschränkung einer Zulassung zumindest in den Entscheidungsgründen klar erklären, BGH RR **98**, 505. Da das Erstgericht beim Vorliegen der Voraussetzungen nach IV zulassen muß und eine gesetzwidrige Nichtzulassung das Grundrecht aus Art 101 I 2 GG verletzen kann, ist eine Entscheidung über die Zulassung der Berufung stets dann nötig, Fischer NJW **02**, 1553, wenn schon der Wert der Gesamtbeschwer oder eines von mehreren selbständigen Ansprüchen die Berufungssumme auch nur möglicherweise nicht erreicht. Wegen einer Beschränkung der Zulassung § 543 Rn 9–12. 25

Die Entscheidung über die Zulassung gehört grundsätzlich in den *Tenor.* Jedoch genügt die eindeutige Zulassung in den Entscheidungsgründen, § 543 Rn 13. Schweigen kann Nichtzulassung bedeuten, ThP 22, ZöGuHeß 39, aM Haecker SchlHA **05**, 247. Vgl aber Rn 23. Entsprechend anwendbar sind § 319, BGH NJW **04**, 2389 (Notwendigkeit eindeutigen Irrtums des Gerichts) und § 321, § 543 Rn 14, 15.

Die Zulassung wie eine Nichtzulassung ist *unanfechtbar,* BGH NJW **84**, 927 und unabänderlich. § 321 a ist aber anwendbar, vgl freilich dort Rn 61. 26

9) Zulässigkeit: Sonderfälle. Keine Berufungssumme oder Berufungszulassung braucht die Berufung gegen eine sog Zweite Versäumnisentscheidung, § 514 II 2. Eine entsprechende Anwendung dieser Vorschrift auf Fälle der Verletzung des Rechts auf rechtliches Gehör kommt wegen der Möglichkeit einer Abhilfe nach § 321 a nicht in Betracht, Voßkuhle NJW **03**, 2193. Keine Berufungssumme oder -zulassung brauchen ferner: Die Anschlußberufung, § 524; die Anfechtung der Kostenentscheidung des Schlußurteils, wenn das ohne eine Kostenentscheidung ergangene Teilurteil angefochten ist, § 99 Rn 48, Schlee AnwBl **85**, 582; eine Berufung im Verfahren vor den Schiffahrtsgerichten, § 14 GVG; die Anfechtung eines bloßen Scheinurteils nach Grdz 26 vor § 511, BGH NJW **95**, 404. 27

Anhang nach § 511

Beschwerdewert

1) Geltung der §§ 3 ff. Der Beschwerdewert ist nach §§ 3–9 bestimmbar, BGH NJW **08**, 219. Sondervorschriften wie zB 12 IV UWG sind hier nicht beachtbar, (zum alten Recht) KG WRP **87**, 469. 1

A. § 3. Über den Streitwert der Berufungsinstanz entscheidet das Berufungsgericht nach eigenem Ermessen ohne eine Bindung an die Festsetzung des Erstgerichts, BGH RR **05**, 219. Eine Nachprüfung erfolgt in der Revisionsinstanz nur auf Ermessensfehler, soweit es um die Berufungssumme geht, BGH NJW **08**, 219. Dabei handelt es sich in der Sache um eine Beurteilungsermächtigung, wie sie das öffentliche Recht kennt, Lappe NJW **93**, 2786. Die Beurteilung durch das Erstgericht ist daher nur beschränkt nachprüfbar, 2 nämlich im wesentlichen darauf, ob es einen richtigen und vollständigen Sachverhalt zugrundelegte und allgemeine Wertmaßstäbe eingehalten hat, BGH RR **98**, 573. Bei Verfahrensfehlern sind in diesem Rahmen auch neue Tatsachen beachtbar.

Der *Wert im Einzelfall* richtet sich ganz nach dem Interesse des Rechtsmittelklägers an der Abänderung des Ersturteils ohne eine Rücksicht auf die Belastung der Gegenpartei, BGH NJW **92**, 1514 (Ausnahme: § 247 I AktG, BGH WoM **81**, 1344). Ihn begrenzt aber nach oben der Streitwert, sofern er sich nach §§ 4 ff richtet. Die Wertfestsetzung gehört zur Prüfung der Zulässigkeit der Berufung. Parteierklärungen über die Höhe binden nicht. Die Duldung einer Besichtigung beschwert nicht um nur 600 EUR, BGH MDR **07**, 1384.

3 *Gegenleistungen* bleiben unberücksichtigt, auch wenn man sie von vornherein angeboten hatte, Anh § 3 Rn 58. Hat das Erstgericht die Klageforderung zuerkannt, erhöht sich die Beschwer nicht dadurch, daß ein hilfsweise geltend gemachtes Zurückbehaltungsrecht erfolglos geblieben ist, BGH RR **96**, 829. Ist eine Zug-um-Zug zu erbringende Gegenleistung oder ein Zurückbehaltungsrecht allein Gegenstand der Berufung, ist deren Wert maßgeblich, nach oben begrenzt durch den Wert des Klaganspruchs, BGH NJW **99**, 723, Düss MDR **99**, 627. Bei einer Unterlassungsklage wegen einer Eigentumsstörung kommt es auf das Abwehrinteresse an der behaupteten Störung an, BGH NJW **98**, 2368.

Für die *Auskunftsklage* gilt Anh § 3 Rn 24.

Ergeht eine den Bekl nur formal belastende Entscheidung, die eine ihn belastende Kostenentscheidung nach sich zieht, ist für den Beschwerdegegenstand mindestens das *Kosteninteresse* maßgeblich, BGH NJW **92**, 1514. Übersteigt bei einer Erledigung der Hauptsache das Kosteninteresse den Wert der Hauptsache, ist dieses für die Beschwer maßgebend, Hamm VersR **92**, 514.

4 Wegen weiterer *Einzelheiten s Anh § 3.*

5 **B. § 4.** Maßgebender Zeitpunkt für die Berechnung ist die Einlegung des Rechtsmittels, BGH RR **88**, 837, Mü RR **90**, 1022. Eine bis dahin eingetretene Erhöhung oder Minderung nach dem Umfang oder Wert ist beachtbar. Spätere Veränderungen kommen nur in Betracht, soweit sie auf einer willkürlichen Beschränkung des Berufungsklägers beruhen, Ffm FamRZ **88**, 520, Kblz FamRZ **96**, 557. Das kann man erst nach dem in der mündlichen Verhandlung gestellten Berufungsantrag beurteilen, BGH NJW **83**, 1063. Ermäßigt der Berufungskläger die Anträge ohne einen sich aus dem Verlauf des Rechtsstreits ergebenden Grund zB wegen einer Prozeßkostenhilfe-Entscheidung unter die Rechtsmittelgrenze, wird seine Berufung unzulässig, Hbg RR **98**, 356. So liegt es, wenn die Zahlung zur endgültigen Erfüllung und nicht nur zur Abwendung der Zwangsvollstreckung erfolgt, BGH NJW **94**, 943, anders aber dann, wenn der Abweisungsantrag aufrecht erhalten bleibt und die Erledigterklärung nur hilfsweise erfolgt.

6 *Zinsen* darf man nicht einrechnen, soweit die zugrunde liegende Hauptforderung in derselben Instanz anhängig ist. Zum Begriff „Zinsen" BGH NJW **98**, 2060. Sind sie allein Gegenstand des Berufungsantrags, ist ihr Wert entscheidend, BGH NJW **91**, 639. Dabei sind auch die bis zur Erfüllung der Hauptschuld voraussichtlich auflaufenden Zinsen beachtbar, Köln RR **93**, 1215. Dasselbe gilt, wenn die Zinsen durch eine rechtskräftige Entscheidung über die Hauptsache zur Hauptsache geworden sind. Dabei bemißt sich das Interesse an ihrer Beseitigung nach wirtschaftlichen Gesichtspunkten, Ffm FamRZ **82**, 806. Das gilt auch, wenn noch ein anderer Teil des Hauptanspruchs in derselben Instanz anhängig ist, BGH NJW **94**, 1869, oder wenn sich der Hauptanspruch durch ein Teilurteil erledigt und das Schlußurteil nur wegen der Zinsen ergeht, auch wenn man gegen beide Berufung einlegt. Zinsen muß man auch dann einrechnen, wenn Gegenstand des Verfahrens ein Sparkonto ist, BGH ZIP **94**, 1977. Dagegen bleiben Zinsen eine bloße Nebenforderung, wenn Gegenstand der Berufung der einen Partei die Hauptforderung und Gegenstand der Berufung der anderen Partei die dazu gehörige Zinsforderung ist, BGH MDR **85**, 52. Das gilt, obwohl die Nichtberücksichtigung der Zinsen dann unbillig ist, BFH BStBl **77** II 36 (zu § 140 FGO).

Die *Kosten* des jeweiligen Rechtsstreits bleiben außer Betracht, BGH RR **95**, 707, solange noch ein geringer Teil der Hauptsache im Streit ist, BGH NJW **95**, 664, Roth JZ **95**, 681.

7 **C. § 5,** dazu *Frank,* Anspruchsmehrheiten im Streitwertrecht, 1986: Zusammenrechnen muß man bei einem Streitgenossen, auch bei einem gewöhnlichen, soweit es sich nicht um wirtschaftlich identische Streitgegenstände handelt, § 5 Rn 3 ff, BGH FamRZ **07**, 1645, LG Köln VersR **89**, 1160 (zustm Haarmann). Bei einer Berufung gegen Streitgenossen erfolgt eine Zusammenrechnung, soweit die Beschwer sich nicht deckt. Klage und Widerklage sind mehrere Ansprüche auch für die Berufung derselben Partei. Man muß beide also abweichend vom Wortlaut des § 5 für die Beschwer zusammenrechnen, wenn sie nicht wirtschaftlich identisch sind, BGH NJW **94**, 3292, Oldb RR **93**, 827, LG Gießen NJW **92**, 2709, aM Düss NJW **92**, 3246, Glaremin NJW **92**, 1146. Dasselbe gilt bei einer Klage und Hilfswiderklage, wenn der Eventualfall eintritt. Etwas anderes gilt für die Berufungen verschiedener Beteiligter. Zusammenrechnen muß man eine Teilabweisung und eine Zug-um-Zug-Leistung, BGH MDR **85**, 1022, und ebenso unbeschränkt berufungsfähige Ansprüche mit anderen. Zusammenrechnen muß man die einzelnen Ansprüche bei einer Stufenklage, krit Lappe NJW **86**, 2550, und auch die Streitwerte mehrerer zu einer gemeinsamen Entscheidung verbundener Sachen, BFH BStBl **86** II 569. Bei einer Klage gegen Gesamtschuldner erfolgt keine Zusammenrechnung. Daher ist bei einer Teilabweisung für jeden Bekl der jeweilige Betrag maßgeblich, BGH RR **91**, 186.

8 **D. Aufrechnung.** Zum Beschwerdewert bei einer Aufrechnung nach § 322 II (wegen des Streitwerts Anh § 3 Rn 15 ff) Pfennig NJW **76**, 1075, Schneider MDR **85**, 266. Man muß eine zuerkannte Klageforderung und aus sachlichrechtlichen Gründen zB wegen der Unschlüssigkeit eine aberkannte Gegenforderung zusammenrechnen, BGH NJW **94**, 1538, und zwar letztere bis zur Höhe des Aufrechnungsbetrags, Düss RR **94**, 1279 (auch zu einer Mehrheit von Gegenforderungen). Es erfolgt aber keine Zusammenrechnung bei einer bloßen Verrechnung der Gegenforderung, BGH RR **00**, 285. Dagegen erfolgt die Zusammenrechnung bei einer für unbegründet gehaltenen Hauptaufrechnung gegen eine unbestrittene Klageforderung, nicht aber bei einer Verurteilung desjenigen Bürgen, der erfolglos mit einer Forderung des Hauptschuldners aufgerechnet hat. Dagegen erfolgt eine Zusammenrechnung, wenn das Erstgericht eine vorsorglich auch auf

eine Aufrechnung gestützte Vollstreckungsabwehrklage abgewiesen hat, nicht aber, wenn die Zulässigkeit der Aufrechnung offen geblieben ist, BGH NJW **88**, 3210. Keine Zusammenrechnung erfolgt bei einer Verurteilung des Bekl wegen einer unzulässigen oder nicht zugelassenen Aufrechnung, BGH NJW **01**, 3616, ebensowenig bei einer Klagabweisung auf Grund einer Haupt- oder Hilfsaufrechnung. Hier ergibt sich der Beschwerdewert für jede Partei aus der Höhe der verrechneten Forderung.

512 *Vorentscheidungen im ersten Rechtszug.* **Der Beurteilung des Berufungsgerichts unterliegen auch diejenigen Entscheidungen, die dem Endurteil vorausgegangen sind, sofern sie nicht nach den Vorschriften dieses Gesetzes unanfechtbar oder mit der sofortigen Beschwerde anfechtbar sind.**

1) Systematik, Regelungszweck. Die Vorschrift ergänzt § 511 klarstellend zwecks Rechtssicherheit 1
nach Einl III 43 und zur Ermöglichung der Fehlerbeseitigung über das erstinstanzliche Endurteil hinaus.

2) Geltungsbereich. Die Vorschrift gilt in jedem Berufungsverfahren nach der ZPO und den auf sie 2
verweisenden Gesetzen. Sie gilt auch im WEG-Verfahren. Entsprechend anwendbar ist § 512 im Verfahren der Arbeitsgerichte, Grunsky ArbGG § 64 Rn 30. Zu den erst mit dem Endurteil anfechtbaren Entscheidungen gehört hier auch das Grundurteil nach § 304, § 61 III ArbGG.

3) Grundsatz: Nachprüfbarkeit. Der Nachprüfung des Berufungsgerichts unterliegen auch die dem 3
Endurteil vorausgegangenen Entscheidungen, zB alle Einsprüche, Zwischenurteile nach § 303, Beweisbeschlüsse, Beschlüsse über eine Trennung und Verbindung, Mü NJW **84**, 2227, ein Versäumnisurteil außer bei § 538 II Z 2, 6 und andere nach § 136 prozeßleitende Anordnungen des Gerichts, nicht des Vorsitzenden (dann gilt § 140). Eine Rüge ist nicht notwendig.

4) Ausnahmen. Nicht nachprüfen darf das Berufungsgericht die vorausgegangenen Entscheidungen des 4
Erstgerichts, die selbständig anfechtbar sind, und zwar entweder mit der sofortigen Beschwerde nach § 567 (zB die Zurückweisung der Ablehnung eines Richters nach § 46 II, KG FamRZ **86**, 1023, oder eines Sachverständigen nach § 406 I, Zwischenurteile im Streit zwischen der Partei und einem Dritten), oder über den Wortlaut hinaus mit der Berufung (Zwischenurteil nach § 280, Grundurteil nach § 304), oder die schlechthin unanfechtbar sind, weil das Gesetz ein Rechtsmittel ausdrücklich ausschließt, zB §§ 268, 281 II, 348 III, IV, 348 a I, III, Saarbr VersR **92**, 765. Das gilt auch für die verfahrenswidrige Zulassung neuen Vorbringens entgegen § 296, Köln NJW **80**, 2361.

Die vorstehenden Entscheidungen des Erstgerichts *binden* das *Berufungsgericht.* Das gilt selbst dann, wenn 5
sich eine solche Entscheidung nur aus den Entscheidungsgründen des Urteils ergibt oder wenn sie noch nicht rechtskräftig ist. Jedoch darf das Berufungsgerich unanfechtbare Beschlüsse auf ihre Verfassungsmäßigkeit überprüfen und evtl ohne eine Bindung an den Beschluß entscheiden, Köln FamRZ **95**, 943 (krit Gottwald), Schlesw NJW **88**, 69. Unerheblich ist, ob eine solche Entscheidung in das Endurteil gekommen ist. Es kommt auch nicht darauf an, ob ein Beteiligter die selbständige Entscheidung angefochten hat und ob darüber schon eine Entscheidung vorliegt. Die Bindung erstreckt sich aber nur auf die Entscheidung selbst, nicht auch auf ihre Begründung oder die Folgerungen aus ihr, BGH MDR **75**, 569.

513 *Berufungsgründe.* **I Die Berufung kann nur darauf gestützt werden, dass die Entscheidung auf einer Rechtsverletzung (§ 546) beruht oder nach § 529 zugrunde zu legende Tatsachen eine andere Entscheidung rechtfertigen.**

II Die Berufung kann nicht darauf gestützt werden, dass das Gericht des ersten Rechtszuges seine Zuständigkeit zu Unrecht angenommen hat.

1) Systematik, I, II. Die den §§ 545 II, 571 II 2, 576 II vergleichbare Vorschrift bringt in I eine ganz 1
wesentliche Begrenzung der Rügemöglichkeiten in der Berufungsinstanz. Es gibt keine volle zweite Tatsacheninstanz, Hamm MDR **03**, 1249, Mü MDR **03**, 952, Roth JZ **05**, 174. Vielmehr muß eine entscheidungserheblich gewordene Rechtsverletzung nach § 546 vorliegen. Auch diese ist nur begrenzt rügbar. Das bedeutet eine erhebliche Verringerung der nochmaligen Beanspruchung der Justiz. Eine einzige volle Überprüfung eben in erster Instanz ist durchaus verfassungsgemäß. Die Berufungsinstanz ist aber auch keine bloße „Unterrevisionsinstanz", Brdb VersR **05**, 954. Die Berufungsgründe sind eben darauf beschränkt, daß die Entscheidung auf einer Rechtsverletzung nach § 546 beruht, Celle VersR **07**, 205, oder daß nach § 529 zugrunde zu legende Tatsachen eine andere Entscheidung rechtfertigen, Brdb VersR **05**, 954, Celle VersR **07**, 205, Hamm VersR **06**, 134, oder daß das Berufungsgericht den Vortrag nach § 531 II zulassen muß. Näheres s bei §§ 529, 531, 546. Hiernach darf das Berufungsgericht überprüfen, ob die Auslegung einer Individualvereinbarung überzeugt, BGH NJW **04**, 2751, KG MDR **04**, 533, Mü MDR **03**, 952, strenger Celle OLGR **02**, 238, KG MDR **04**, 647, Mü MDR **04**, 112. Die Überprüfung einer Ermessensentscheidung ist nur auf eine Ermessensüberschreitung statthaft, Hamm MDR **03**, 1249. Auch neue Tatsachen nach § 531 II Z 3 können verwertbar sein, ZöGuHeß 4. Andere Gründe sind unstatthaft, Hamm MDR **03**, 1249, Mü NJW **04**, 959.

Beruhen bedeutet: Eine richtige Rechtsanwendung hätte zu einem dem Berufungskläger günstigeren Ergebnis geführt, Schellhammer MDR **01**, 1141.

2) Regelungszweck, I, II. Die geltende Neuregelung ist zu einem „Nest von Streitfragen" geworden, 2
Roth JZ **05**, 174. Das ist eine Folge geradezu verzweifelter Versuche der Gerichte, überbordende Eindämmungsbemühungen des Gesetzgebers praktisch erträglich zu machen. Entlastung soll kein Selbstzweck werden, Roth JZ **05**, 175.

3) Geltungsbereich, I, II. Die Vorschrift gilt in dem Berufungsverfahren nach der ZPO und den auf sie 3
verweisenden Gesetzen. Sie gilt auch im WEG-Verfahren. Im Verfahren der Arbeitsgerichte gelten §§ 65, 67, 68 ArbGG. Die Vorschrift gilt auch beim Rheinschiffahrtsgericht, Karlsr VersR **04**, 133.

4 **4) Ausschluß von Zuständigkeitsrügen, II.** Die Vorschrift schließt ähnlich wie § 545 II die Rüge aus, daß das Erstgericht seine Zuständigkeit zu Unrecht angenommen und nicht etwa nur verneint habe. „Zuständigkeit" umfaßt sowohl die sachliche wie die funktionelle als auch die örtliche Zuständigkeit und sogar eine ausschließliche Zuständigkeit, BGH NJW **05**, 1661, ferner eine vereinbarte Zuständigkeit, BGH NJW **00**, 2822. Zur funktionellen Zuständigkeit gehört auch die Prüfung, ob eine Familiensache vorliegt. Das Berufungsgericht darf nicht nach § 281 verweisen, BGH MDR **05**, 266.

A. Anwendbarkeit. Hat das Erstgericht seine Zuständigkeit ausdrücklich oder stillschweigend bejaht, läßt sich keine Anfechtung auf eine Unzuständigkeit stützen, auch nicht für den Berufungsbekl. Das gilt auch bei einer ausschließlichen Zuständigkeit und im Verfahren nach §§ 899 ff. Die Vorschrift greift auch ein, wenn das Erstgericht über die Zuständigkeit abgesondert verhandelt und entschieden hat, § 280, Schlesw FamRZ **78**, 429. Die Gründe der Bejahung der Zuständigkeit sind unerheblich, mag der Grund eine unrichtige Rechtsauffassung sein, etwa darüber, welche Behörde vertritt, § 18, oder ein Irrtum über Tatsachen. Auch eine Erschleichung der Zuständigkeit eröffnet keine Prüfung, Düss FamRZ **87**, 281. Hat aber das im Gerichtsstand der unerlaubten Handlung angerufene Erstgericht die allein auf Delikt gestützte Klage unter einer Prüfung und Verneinung anderer Ansprüche abgewiesen und stützt der Kläger nunmehr seine Klage auch auf diese Ansprüche, darf der Bekl im Berufungsrechtszug die örtliche Unzuständigkeit des Erstgerichts rügen, BGH NJW **86**, 2436, Köln RR **87**, 942. § 513 hindert auch nicht die Prüfung des Rechtsschutzinteresses in Verbindung mit der Wahl des Gerichtsstands, Hamm OLGZ **87**, 336.

Die *entgegen* § 513 eingelegte Berufung ist unbegründet, weil der geltend gemachte Angriff und nicht das Rechtsmittel versagt, StJGr 5, ThP 5, Waldner ZZP **93**, 333, aM BGH NJW **98**, 1230, MüKoRi 15, ZöGu 1, 11. Etwas anderes gilt dann, wenn das Urteil ausschließlich über die Zuständigkeit ergeht und sie bejaht. Dann ist die Berufung unzulässig, BGH NJW **98**, 1230, Waldner ZZP **93**, 333, § 280 Rn 8. Einen Verstoß gegen das Gebot des rechtlichen Gehörs darf und muß man nach § 321 a rügen.

5 **B. Unanwendbarkeit.** Nicht zu II gehört die Frage, warum das Erstgericht seine Zuständigkeit *verneint* hat oder ob das Gericht aus anderen Gründen nicht zur Entscheidung berufen war, BGH MDR **05**, 266, KG GRUR-RR **06**, 252, etwa wegen eines Sachzusammenhangs bei § 937 I, Hbg MDR **81**, 1027, oder wegen Willkür, Einl III 54, KG RR **87**, 1203, Oldb RR **99**, 865. Prüfen darf und muß das Berufungsgericht den Rechtsweg nach § 13 GVG im Rahmen des § 17 a V GVG, dort Rn 15, 16, BGH RR **03**, 501, oder die das anwendbare Recht mitsteuernde internationale Zuständigkeit, oder eine Exterritorialität, §§ 18–20 GVG. Auch die Bejahung der internationalen Zuständigkeit nach Üb § 12 Rn 6 ff fällt nicht unter § 513, BGH NJW **04**, 1456, Düss OLGR **03**, 298, Leible NJW **03**, 408. Denn es handelt sich um etwas begrifflich anderes, nämlich um die Frage, ob überhaupt ein deutsches oder ein ausländisches Gericht in der Sache zuständig sei, BGH NJW **04**, 1456, Celle IPRax **03**, 252, aM Stgt MDR **03**, 351, Schellhammer MDR **01**, 1141. Das Berufungsgericht muß diese Frage in jeder Lage des Verfahrens von Amts wegen prüfen, EuGH IPRax **95**, 92, BGH NJW **87**, 593, Piekenbrock/Schulze IPRax **03**, 328, es sei denn, daß die internationale Zuständigkeit durch eine rügelose Einlassung entstanden ist, Geimer IPRax **91**, 35. Wegen der Prüfung des Rechtswegs Rn 2. Der Rechtsgedanke des § 513 II gilt auch, wenn ein nach § 15 a EGZPO erforderliches Schlichtungsverfahren unterblieben ist, LG Marb NJW **05**, 2866.

6 **C. Entsprechende Anwendung.** II ist entsprechend anwendbar auf die Revision, § 545 II, BGH NJW **05**, 1660, und auf die sofortige Beschwerde, § 571 II 2, BGH ZIP **92**, 66, Köln RIW **93**, 499, sowie auf die Rechtsbeschwerde, § 576 II, und zwar auf jede, da der Grundgedanke Rn 4 auch hier zutrifft (§ 88 ArbGG verweist für das Beschwerdeverfahren ausdrücklich auf die entsprechende Regelung für das Berufungsverfahren in § 65 ArbGG).

7 **5) Verstoß, I, II.** Das Berufungsgericht muß eine gegen II verstoßende Berufung als unzulässig nach § 522 I durch einen Beschluß verwerfen, Celle OLGR **95**, 29.

514 *Versäumnisurteile.* [I] **Ein Versäumnisurteil kann von der Partei, gegen die es erlassen ist, mit der Berufung oder Anschlussberufung nicht angefochten werden.**

[II 1] **Ein Versäumnisurteil, gegen das der Einspruch an sich nicht statthaft ist, unterliegt der Berufung oder Anschlussberufung insoweit, als sie darauf gestützt wird, dass der Fall der schuldhaften Versäumung nicht vorgelegen habe.** [2] **§ 511 Abs. 2 ist nicht anzuwenden.**

Schrifttum: *Hoyer,* Das technisch zweite Versäumnisurteil, 1980.

Gliederung

1 **1) Systematik, I, II.** Es handelt sich um eine Ergänzung zu §§ 338 ff, 511. Ein Einspruch ist eben grundsätzlich der einzige Rechtsbehelf gegen ein Versäumnisurteil. II 1 bringt von diesem Grundsatz eine notwendige Ausnahme, konsequent unterstützt von II 2.

2 **2) Regelungszweck, I, II.** Es gibt zwei sehr unterschiedliche Zwecke. I dient der Prozeßwirtschaftlichkeit, Grdz 14 vor § 128. Der Einspruch nach § 338 soll eben nur zum bisherigen Richter führen. II erlaubt überraschenderweise sogar nach einem Zweiten Versäumnisurteil eine dritte richterliche Überprüfung sogar in der höheren Instanz, ohne verfassungsrechtliche Notwendigkeit ein erhebliches Zugeständnis an das Hauptziel der Gerechtigkeit nach Einl III 9, 36 und daher sogar ohne die strengen Grenzen des

§ 511 II. Das läßt sich nur bei harten Anforderungen an die Schuldlosigkeit der zweiten Versäumung rechtfertigen. So muß man daher II 1 auslegen.

3) Geltungsbereich, I, II. Die Vorschrift gilt fast im gesamten Berufungsrecht nach der ZPO und der auf sie verweisenden Gesetze. Sie gilt auch im WEG-Verfahren. Im Revisionsverfahren verweist § 565 auf § 514 mit. Im Verfahren der Arbeitsgerichte gilt § 64 II d ArbGG, BAG NJW **89**, 2844. 3

4) Unanfechtbarkeit, I. Ein gegen die säumige Partei ergangenes Erstes sog echtes Versäumnisurteil, Üb 11 vor § 330, kann der Gegner weder mit der Berufung noch mit einer Anschlußberufung nach § 524 anfechten. Es unterliegt nur dem Einspruch nach § 338, BGH NJW **94**, 665. Unechte Versäumnisurteile und Aktenlageentscheidungen nach §§ 331 a, 251 a sind berufungsfähig, Mü MDR **88**, 973. Darum bleibt immer zu prüfen, ob nicht eine Aktenlageentscheidung vorliegt. Für die Entscheidung, ob ein echtes Versäumnisurteil vorliegt, ist nicht die Bezeichnung maßgeblich, sondern der Inhalt des Urteils, BGH JR **00**, 245, Mü MDR **88**, 973, Zweibr RR **97**, 1087. Nicht maßgeblich ist dasjenige, was hätte geschehen müssen, BGH NJW **97**, 1448, Düss MDR **85**, 1034. Zu formfehlerhaften Entscheidungen Grdz 27 vor § 511, BGH JR **00**, 245, Ffm RR **92**, 1468, Nürnb OLGZ **84**, 447 (je: Grundsatz der Meistbegünstigung). Ob eine Säumnis vorlag, hat nur beim Zweiten Veräumnisurteil nach § 345 eine Bedeutung, § 335 Rn 1, § 345 Rn 3, 5. Erläßt das Gericht ein solches Urteil nach § 345 auf eine Verwerfung statt eines gewöhnlichen Versäumnisurteils, ist ein Einspruch statthaft. Beschwert ein unechtes Versäumnisurteil den Kläger, steht ihm die Berufung zu. Da der Bekl Einspruch einlegen darf, muß das Berufungsgericht bei beiderseitigen Anfechtungen zweckmäßigerweise zunächst über den Einspruch entscheiden. Den Rest berührt diese Entscheidung nicht. 4

Unanwendbar sind die Beschränkungen des § 514 auf ein Urteil eines Baulandgerichts nach § 227 III 2 BauGB.

5) Berufung, II 1, dazu *Braun* ZZP **93**, 443; *Schneider* MDR **98**, 577; *Vollkommer* ZZP **94**, 91 (je: Üb): 5

A. Unstatthaftigkeit von Einspruch. Die Berufung kommt nur in Betracht, soweit der Einspruch an sich nicht statthaft ist, also nur bei einem Zweiten Versäumnisurteil nach § 345 und soweit ein Versäumnisurteil eine Wiedereinsetzung ablehnt, § 238 II 2. Auch gegen ein fälschlich als Zweites Versäumnisurteil bezeichnetes Urteil ist die Berufung statthaft, Grdz 32 vor § 511, BGH NJW **97**, 1448. Eine Berufungssumme nach § 511 II Z 1 ist nicht erforderlich, II 2, damit das rechtliche Gehör nach Art 103 I GG sicher bleibt, Kramer NJW **78**, 1416. Zur gleichen Problematik bei § 341 dort Rn 12.

B. Keine schuldhafte Versäumung. Eine schuldhafte Versäumung nach § 345 darf nicht vorgelegen haben. Das Gericht muß also zu Unrecht angenommen haben, daß der Einspruchsführer in der mündlichen Verhandlung nicht erschienen ist oder nicht zur Hauptsache verhandelt hat, Ffm RR **92**, 1468, § 345 Rn 3. Eine Versäumung liegt natürlich nicht vor beim Fehlen einer Säumnis. Man kann die Lage nach § 337 Rn 4 ff vergleichsweise heranziehen. 6

Beispiele: Vgl das umfangreiche ABC in § 337 Rn 6 ff. Ferner zB: Fehlende oder verspätete Ladung; BGH WertpMitt **82**, 601; unwirksame Zustellung; verzögerter oder fehlender Aufruf, LG Hbg NJW **77**, 1459; mangelnder Antrag auf Versäumnisurteil, BGH NJW **91**, 43; Unterbrechung des Verfahrens. Eine Versäumung fehlt ferner bei einer unverschuldeten Säumnis im Einspruchstermin, also bei einer nicht verschuldeten Verhinderung am Erscheinen nach § 337 S 1, § 337 Rn 4, BGH NJW **99**, 2121, Brdb RR **98**, 1679, so daß das Gericht bei einer Kenntnis des Grundes hätte vertagen müssen. Auf eine Säumnis in der Verhandlung vor dem Erlaß des Ersten Versäumnisurteils kommt es nicht an. Man muß die Verschuldensfrage nach denselben Grundsätzen beurteilen wie die Wiedereinsetzung, § 233 Rn 11 ff. 7

Da § 13 BORA nichtig ist, BVerfG NJW **00**, 347, BGBl **00**, 54, fehlt eine rechtliche Regelung der Frage, wie sich der Anwalt verhalten soll, wenn ein Versäumnisurteil gegen eine anwaltlich vertretene Partei infrage kommt. Bei einem Verstoß gegen die örtliche Übung kollegialer Rücksichtnahme kommt es auf die Umstände des Einzelfalls an, BGH NJW **91**, 43 (zum Vorrang der Interessen des Mandanten), Köln JMBlNRW **94**, 22, Stgt NJW **94**, 1884. Vgl auch § 337 Rn 4 ff. 8

Eine unverschuldete Verhinderung am Erscheinen ist nur dann beachtlich, wenn die säumige Partei oder ihr Vertreter im Rahmen des Möglichen und *Zumutbaren* alles versucht hat, dem Gericht die Verhinderung rechtzeitig *mitzuteilen,* Celle NJW **04**, 2534, KG MDR, oder mitteilen zu lassen, KG MDR **08**, 998 (Vertreter). Im übrigen sollte das Gericht beim Nichterscheinen, meist etwa 15 Minuten warten, BGH NJW **99**, 724 (zustm Schneider MDR **99**, 1034), Rostock MDR **99**, 626. Einzelheiten § 337 Rn 4 ff. 9

Nicht hierher gehören: Die Nichtabholung einer nach § 182 zugestellten Ladung, aM LAG Mannh JZ **83**, 620 (krit Braun); eine im Rahmen des Gesetzes liegende, aber zu kurze Ladungsfrist; die unbegründete Ablehnung der vorher beantragten Terminsverlegung, BGH VersR **82**, 268; der unzulässige Erlaß eines Ersten Versäumnisurteils, § 345 Rn 5, BGH NJW **91**, 43, Düss MDR **85**, 1034, Ffm WertpMitt **92**, 1089, etwa beim Fehlen einer Säumnis, BGH NJW **86**, 2113, BAG NZA **94**, 1103 (zustm Peters JZ **86**, 860, Schreiber JR **86**, 512), aM KG MDR **07**, 49 rechts, LAG Nürnb NZA **93**, 816, Vollkommer ZZP **94**, 93. 10

Ein *aus anderen Gründen gesetzwidriges Ergehen* des Zweiten Versäumnisurteils eröffnet *keine* Berufung, § 345 Rn 3, BGH NJW **99**, 2599 (krit Braun JZ **99**, 1157), BAG NZA **94**, 1103, KG MDR **00**, 293, aM BGH NJW **91**, 43, Schlesw MDR **07**, 906, Vollkommer ZZP **94**, 91. Dasselbe gilt bei einer Unzulässigkeit der Klage oder bei ihrer Unschlüssigkeit, Braun JZ **99**, 1157, Peters JZ **86**, 860, Schumann ZZP **96**, 210, aM Düss MDR **87**, 769, Hamm NJW **91**, 1067, Vollkommer JZ **91**, 828 (ausf). Vgl die Erläuterungen zu § 321 a, Schneider MDR **04**, 549. 11

Verwirft das Zweite Versäumnisurteil den zulässigen Einspruch gegen einen *Vollstreckungsbescheid,* kann man wegen § 700 III die Berufung auf die verfahrensrechtliche Unzulässigkeit des Vollstreckungsbescheids stützen, BGH NJW **82**, 888, Vollkommer ZZP **94**, 91, ebenso auf die Unzulässigkeit des Begehrens oder auf seine Unschlüssigkeit im Zeitpunkt der Entscheidung über den Einspruch, BGH NJW **91**, 45, BAG NZA **94**, 1103, Schreiber ZZP **105**, 79, aM Hamm NJW **91**, 1067, Deubner JuS **91**, 763. 12

13 **C. Verfahren, II 2.** Der Berufungskläger muß das Fehlen oder die Unabwendbarkeit der Säumnis vollständig nach allen Richtungen schlüssig vortragen und beweisen, BGH NJW **99**, 2121, Brdb RR **98**, 1679, Naumb MDR **99**, 186. Das muß zumindest in der Berufungsbegründungsfrist geschehen, Saarbr RR **95**, 1279, LG Karlsr MDR **88**, 870, LG Münst MDR **88**, 681. Die Bezugnahme auf eine Urkunde genügt nicht. Andernfalls und daher auch bei einer Rücknahme einer an sich ausreichenden Darlegung muß das Berufungsgericht die Berufung als unzulässig verwerfen, BGH NJW **91**, 43, Düss JMBlNRW **87**, 162. In der Revisionsinstanz ist eine Ergänzung des Vortrags unstatthaft, BGH NJW **99**, 2121. Bleibt die Behauptung beweislos oder ist sie widerlegt, muß das Berufungsgericht die Berufung als unbegründet zurückweisen. Eine Anschlußberufung ist nicht zulässig. Denn das Berufungsgericht entscheidet nur darüber, ob eine Säumnis vorgelegen hat oder nicht. Eine dahingehende Rüge ist auch bei Rn 7 nötig, LG Duisb RR **91**, 1022.

Unter den Voraussetzungen Rn 6 ff, muß das Berufungsgericht das Versäumnisurteil *aufheben* und bei einer Entscheidungsreife nach § 300 Rn 6 durchentscheiden, BGH NJW **91**, 43. Andernfalls muß es nach § 538 II Z 6 zurückverweisen. Handelt es sich der Sache nach nicht um ein Zweites Versäumnisurteil, ist es entsprechend zu ändern und zurückzuverweisen, Ffm RR **92**, 1468, Nürnb OLGZ **82**, 448, aM Boemke ZZP **106**, 371.

515 *Verzicht auf Berufung.* Die Wirksamkeit eines Verzichts auf das Recht der Berufung ist nicht davon abhängig, dass der Gegner die Verzichtsleistung angenommen hat.

Schrifttum: *Wagner,* Prozeßverträge (1998) 504–554.

Gliederung

1 **1) Systematik.** § 313 a II 1 nennt den Verzicht beider Parteien auf Entscheidungsgründe, keineswegs auf ein Rechtsmittel, BAG NJW **06**, 1996. § 515 schließt die letztere Möglichkeit keineswegs aus, macht aber auch einen einseitigen Verzicht statthaft, aus welchen Motiven auch immer. Er ist vor und nach dem Urteilserlaß wirksam, ohne daß der Gegner zustimmen müßte. Er ist auch nach einer Unterbrechung statthaft.

2 Eine *Parteivereinbarung* bleibt also daneben jederzeit möglich. Sie folgt aus der Möglichkeit, den Rechtsweg vertraglich auszuschließen, BGH WertpMitt **89**, 868. Für diesen Verzicht besteht kein Anwaltszwang, BGH WertpMitt **89**, 869. Die Erklärung ist aber unwirksam, wenn der Vertreter einer juristischen Person den Verzicht unter einem offensichtlichen Mißbrauch seiner Vertretungsmacht erklärt. Die Parteien können ihre Vereinbarung auch vor dem Gericht erklären, Rimmelspacher JuS **88**, 956.

Dieser Verzicht ist ein *sachlichrechtliches Rechtsgeschäft,* Teubner/Künzel MDR **88**, 720, aM Orfanides, Die Berücksichtigung von Willensmängeln im Zivilprozeß (1982) 193 (rein prozessual), StJGr 3. Er untersteht ganz dem bürgerlichen Recht. Es kann infolgedessen auch zugunsten eines Dritten wirken. Die Vereinbarung ist formlos möglich, Nürnb VersR **81**, 887. Auch ein stillschweigender Verzicht ist möglich, Drsd FamRZ **03**, 1196. Ein solcher Wille muß dann aber aus den Umständen eindeutig hervorgehen, Hamm RR **94**, 1407 (zum Verzicht auf eine Begründung der Entscheidung nach § 91 a), Schlesw RR **98**, 1371. Nach bürgerlichem Recht richtet sich beim Verzicht auch die Bedeutung und Behandlung eines Willensmangels sowie einer etwa notwendigen Genehmigung des Vormundschaftsgerichts.

Ein Verzicht durch eine *Parteivereinbarung* beendet den Rechtsstreit nicht. Er macht aber die Berufung unzulässig, BGH NJW **86**, 198. Zu beachten ist er nur auf eine Einrede. Da ein außergerichtlicher Verzicht nicht bewirkt, daß das Urteil mit seiner Verkündung rechtskräftig wird, Rn 12, kommt es auf die Rechtskraft nicht an. Außerdem können die Parteien einen solchen außergerichtlichen Vertrag auch wieder aufheben, falls nicht schon die formelle Rechtskraft nach § 705 eingetreten ist. Ferner ist die Gegeneinrede der Arglist möglich, BGH WertpMitt **89**, 869. Dasselbe gilt für die Ausschließung der Berufung durch einen außergerichtlichen Vergleich.

3 **2) Regelungszweck.** Die Vorschrift ist eine Folge der Parteiherrschaft, Grdz 18 vor § 128. Sie dient der Prozeßwirtschaftlichkeit, Grdz 14 vor § 128. Sie dient auch der Rechtssicherheit, Einl III 43. Denn sie beschleunigt die praktische Beendigung des Rechtsstreits und die Wiederherstellung des Rechtsfriedens unabhängig vom Eintritt der formellen Rechtskraft. In diesem Sinn sollte man sie auslegen.

4 **3) Geltungsbereich.** Die Vorschrift gilt in jedem Verfahren nach der ZPO und der auf die ZPO verweisenden Gesetze. Sie gilt auch im WEG-Verfahren. Im Verfahren der Arbeitsgerichte ist § 515 anwendbar, Grunsky ArbGG § 64 Rn 20. Entsprechend § 515 läßt sich der Verzicht auf andere Rechtsmittel und Rechtsbehelfe und auf den Einspruch behandeln. Wegen des Verzichts auf die Anschließung § 524 Rn 11.

5 **4) Verzicht durch einseitige Erklärung.** Der in § 515 allein geregelte einseitige Verzicht auf die Berufung oder auf andere Rechtsmittel sowie den Einspruch ist eine Parteiprozeßhandlung nach Grdz 47 vor § 128. Das gilt auch dann, wenn er gegenüber dem Gegner erfolgt, Rn 8, BGH NJW **85**, 2335. Er braucht also keine Annahme oder Einwilligung. Er untersteht auch nicht bürgerlichrechtlichen Vorschriften, Grdz 56 vor § 128. Nur der außergerichtliche Verzicht nach Rn 8 läßt sich mit einer Zustimmung des Gegners bis zum Eintritt der formellen Rechtskraft der Entscheidung widerrufen, BGH NJW **90**, 1118, aM Orfanides ZZP **100**, 72. Sonst ist jeder Verzicht unwiderruflich und unantastbar, Grdz 56 ff vor § 128. BGH

FamRZ **86**, 1089 und 1327, außer soweit für den Widerrufenden ein Restitutionsgrund nach §§ 580, 581 vorliegt, BGH RR **94**, 387, Düss FamRZ **06**, 966. Für einen Widerruf besteht ein Anwaltszwang wie sonst, BGH RR **94**, 386. Er ist auch nicht nichtig oder anfechtbar nach den Grundsätzen des bürgerlichen Rechts, BGH NJW **90**, 1118, Orfanides ZZP **100**, 63, Zeiss JR **94**, 22. Deshalb gibt ein Verstoß gegen § 138 II BGB kein Recht zum Widerruf. Dem Verzicht kann man aber den Einwand der Arglist entgegensetzen, BGH NJW **85**, 2335.

5) Erklärung. Man kann einen Verzicht vor oder nach dem Erlaß des Urteils und sowohl dem Gericht wie dem Gegner gegenüber erklären, BGH NJW **02**, 2108. 6

A. Gegenüber dem Gericht. Der Verzicht kann gegenüber dem Erstgericht oder dem Berufungsgericht in der mündlichen Verhandlung erfolgen. Zur Wirksamkeit ist die ordnungsgemäße Protokollierung zB nach §§ 160 III Z 9, 162 I nicht erforderlich. Daher kann man einen Verzicht auch auf andere Weise beweisen, BGH NJW **84**, 1465. Der Verzicht kann auch schriftlich, auch vor dem verordneten Richter oder vor dem Einzelrichter erfolgen. Dafür besteht ein Anwaltszwang wie sonst, BGH RR **94**, 386, also nicht vor dem verordneten Richter, § 78 III Hs 1. Beim Anwaltszwang muß der ProzBev den Verzicht erklären, nicht die Partei selbst, BGH RR **94**, 386, auch nicht ein Referendar, da das keine ordnungsmäßige Vertretung ist. Die Erklärung durch einen nur für diesen Zweck bevollmächtigten, aber evtl nicht weiter informierten Anwalt genügt. Denn die Wirksamkeit der vom Anwalt vorgenommenen Prozeßhandlung kann nicht von der ordnungsgemäßen Wahrnehmung seiner Pflichten abhängen. Ein auftragswidriger Verzicht kann wirksam sein, BGH FamRZ **94**, 300 (Ausnahme: Vollmachtsmißbrauch). Eine Prozeßunfähigkeit des Verzichtenden macht im Anwaltsprozeß bei einer gültigen Vollmacht den Verzicht nicht unwirksam, sondern berechtigt nur zur Nichtigkeitsklage, § 579 Z 4. Einen solchen Verzicht muß das Berufungsgericht von Amts wegen berücksichtigen. Es gibt dem Gegner aber auch eine Einrede, BGH NJW **02**, 2108, Hamm FamRZ **98**, 381. Dagegen ist der Arglisteinwand denkbar, BGH NJW **85**, 2335, Hamm OLGR **99**, 60. 7

B. Gegenüber dem Gegner. Der Verzicht kann auch dem Gegner gegenüber durch eine einseitige Erklärung erfolgen, und zwar schriftlich oder mündlich, BGH RR **91**, 1213, Hamm FamRZ **98**, 381. Er kann in einer Zustimmung zur Sprungrevision nach § 566 I 1 Z 2 liegen. Der Verzicht gegenüber dem Gegner unterliegt dann nicht dem Anwaltszwang, BGH RR **97**, 1288, Hamm WRP **92**, 337, aM RoSGo § 136 II 5 a. Das gilt selbst dann, wenn er in der Anwesenheit des Gerichts nur gegenüber dem Gegner erfolgt. Ob es so liegt, muß die Auslegung ergeben, Grdz 52 vor § 128. Ein Wideruf mit einer Zustimmung des Gegners ist möglich, BGH MDR **85**, 830. Wegen eines stillschweigenden Verzichts Rn 9. 8

C. Inhalt. Das Wort „Verzicht" ist nicht erforderlich. Es muß aber immer der klare eindeutige Wille der Partei zum Ausdruck kommen, sie wolle ernsthaft und endgültig sich mit dem Urteil zufrieden geben und es nicht anfechten, BGH NJW **02**, 2108. Dazu ist eine vorsichtige möglichst objektive Betrachtung notwendig, BGH FamRZ **86**, 1089. 9

Beispiele des Ausreichens: Mündlicher außergerichtlicher Verzicht gegenüber dem Gegner; beiderseitiger Verzicht auf eine Begründung des Ersturteils, Hamm RR **96**, 509, Köln MDR **00**, 472; Beschränkung der Berufung auf einen von mehreren Klaganträgen oder auf einen Teilbetrag, wenn die Verzichtsabsicht eindeutig ist, BGH NJW **90**, 1118 (dann Unerheblickeit eines nachträglich behaupteten „Schreibfehlers"), sonst aber nicht, BGH NJW **01**, 146; Erklärung, der Kläger lege keine Berufung ein oder werde sie nicht einlegen, BGH RR **91**, 1213, oder er werde sie nur wegen der Widerklage durchführen, BGH RR **89**, 1344; Erklärung, die Berufung habe sich erledigt. Ein Verzicht ist auch stillschweigend möglich, Drsd FamRZ **03**, 1196 (Einverständnis mit einer vom Erklärenden entworfenen Entscheidung), etwa durch einen Vergleich.

Keinen Verzicht enthält zB die Mitteilung, man habe die bereits eingelegte Berufung zurückgenommen, BGH MDR **94**, 1035 (anders beim Ablauf der Berufungsfrist, BGH NJW **02**, 2105), oder die Erklärung, man beabsichtige nicht, ein Rechtsmittel einzulegen, mit einer gleichzeitigen Bitte, die Kostenrechnung zu übersenden, oder der Verzicht auf eine Begründung der Entscheidung, § 919 Rn 148, BGH NJW **06**, 3498, aM Brdb RR **95**, 1212, Hamm RR **96**, 509, oder der Antrag auf eine Kostenerstattung. Kein (Teil-)Verzicht liegt darin, daß der in der Begründung gestellte Antrag hinter der Beschwer zurückbleibt, BGH RR **98**, 572, und demgemäß auch nicht in der Stellung eines eingeschränkten Antrags nach der Berufungseinlegung ohne einen Antrag, BGH NJW **83**, 1562; erst recht nicht in der Erklärung, daß der Berufungskläger die Beschränkung als vorläufig ansehe, oder in einer bloßen Zahlung auf Grund eines vorläufig vollstreckbaren Urteils, BGH MDR **94**, 1185, LAG Köln NZA-RR **06**, 660 (Ausnahme: eindeutiger entgültiger Erfüllungswille, BGH MDR **76**, 473, Hamm MDR **75**, 496), oder gar in der bloßen Ankündigung einer Zahlung nebst einer Bitte, nicht zu vollstrecken, oder in der bloßen Bitte um eine Prozeßkostenhilfe, Hamm OLGR **92**, 191. Ein Verzicht nach § 313 a I 2 ist kein Rechtsmittelverzicht, BAG NZA **06**, 877. 10

Im Einzelfall ist die Bedeutung eine Frage der *Auslegung* unter einer Würdigung aller Umstände, BGH MDR **02**, 901, BAG BB **82**, 151, Hamm FamRZ **79**, 944. Dabei ist Vorsicht ratsam, Grunsky NJW **75**, 935. Inhalt und Tragweite eines gegenüber dem Gericht erklärten Verzichts lassen sich danach beurteilen, wie man die Erklärung bei einer objektiven Betrachtung verstehen kann, BGH FamRZ **86**, 1089. Daher kommt es auf die Auffassungen der Verfahrensbeteiligten und des protokollierenden Richters auch dann nicht an, wenn sie übereinstimmen, BGH NJW **81**, 2816. Auch der gegenüber dem Gegner erklärte Verzicht ist eine Parteiprozeßhandlung. Daher unterliegt die Verzichtserklärung stets der eigenen Auslegung durch das Revisionsgericht, BGH NJW **02**, 2108.

6) Teilverzicht. Ein Verzicht auf einen von mehreren Ansprüchen oder auf den abtrennbaren Teil eines Anspruchs ist statthaft, BGH VersR **89**, 602, Schlesw SchlHA **85**, 104. Bei einfachen Streitgenossen verzichtet jeder für sich. Bei einer notwendigen Streitgenossenschaft nach § 62 wirkt der Verzicht eines Streitgenossen außerhalb der Verhandlung nur gegen ihn (wenn aber ein anderer Streitgenosse ein Rechtsmittel einlegt, ist der Verzichtende trotzdem Partei, § 62 Rn 20), in der mündlichen Verhandlung gegen alle unter den Voraussetzungen des § 62 oder bei der Unterlassung eines Widerspruchs. 11

12 **7) Verzichtswirkung,** dazu *Rimmelspacher* JuS **88**, 953 (Üb): Der allseitig dem Gericht gegenüber erklärte Verzicht führt grundsätzlich dazu, daß die Entscheidung mit dem Wirksamwerden der letzten Verzichtserklärung formell nach § 705 rechtskräftig wird, BGH NJW **89**, 170, BAG NJW **08**, 1611. Das gilt für den einseitig erklärten Verzicht selbst dann nicht, wenn der Gegner nicht beschwert oder seine Rechtsmittelfrist abgelaufen ist, § 705 Rn 4, Rimmelspacher JuS **88**, 954. Der außergerichtlich erklärte beiderseitige Verzicht hat auf die Rechtskraft keine Einfluß, Düss FamRZ **80**, 709, Rimmelspacher JuS **88**, 955. Auch ein solcher Verzicht hat aber eine Bedeutung für eine trotzdem eingelegte Berufung.

13 Das Berufungsgericht muß die Berufung nach einem wirksamen Verzicht von Amts wegen *als unzulässig verwerfen,* und zwar, falls der Verzicht der anderen Partei gegenüber erfolgte, auf deren Einrede, BGH RR **97**, 1288, Schlesw SchlHA **85**, 104. Auch eine Nichtzulassungsbeschwerde wird dann unzulässig, BAG NJW **06**, 1996. Auf die Einrede kann man nachträglich verzichten. Ebenso ist die vertragliche Rückgängigmachung des Verzichts vor der Rechtskraft zulässig, BGH MDR **85**, 831, nach dem Eintritt der formellen Rechtskraft aber unzulässig. Ist der Verzicht dem Gericht gegenüber wirksam folgt, erfolgt die Prüfung von Amts wegen. Der Verzicht ist nur beim Vorliegen eines Restitutionsgrundes widerruflich, Rn 5, BGH MDR **85**, 831.

Der wirksame Verzicht auf die Berufung führt dazu, daß eine *Anschlußberufung* der Gegenseite nach § 524 Rn 20 ihre Wirkung verliert, BGH NJW **94**, 738. Eine Anschlußberufung bleibt für den Verzichtenden statthaft, § 524 Rn 11. Wegen der Wirkung des Verzichts auf ein Rechtsmittel des Streithelfers § 67 Rn 9.

516 *Zurücknahme der Berufung.* [I] **Der Berufungskläger kann die Berufung bis zur Verkündung des Berufungsurteils zurücknehmen.**

[II 1] **Die Zurücknahme ist dem Gericht gegenüber zu erklären.** [2] **Sie erfolgt, wenn sie nicht bei der mündlichen Verhandlung erklärt wird, durch Einreichung eines Schriftsatzes.**

[III 1] **Die Zurücknahme hat den Verlust des eingelegten Rechtsmittels und die Verpflichtung zur Folge, die durch das Rechtsmittel entstandenen Kosten zu tragen.** [2] **Diese Wirkungen sind durch Beschluss auszusprechen.**

Gliederung

1 **1) Systematik, I–III.** Die Vorschrift ähnelt teilweise § 269 mit seiner Regelung der erstinstanzlichen Klagerücknahme. In der Berufungsinstanz muß man unterscheiden, BGH NJW **98**, 2453: Die Berufungsrücknahme nach § 516 erledigt nur die eingelegte Berufung, Rn 17; der Verzicht auf Berufung nach § 515 gibt jeden Anspruch auf eine Nachprüfung und Abänderung der Entscheidung auf; die Klagerücknahme nach § 269 erledigt die Klage; der Verzicht auf den Anspruch wirkt nach § 306; eine Erledigterklärung kann nach § 91 a wirken; eine erneute Berufung ist evtl statthaft. Was die Partei erklären will, muß das Berufungsgericht notfalls durch eine Auslegung und durch die Ausübung seines Fragerechts nach § 139 ermitteln, Rn 10.

2 **2) Regelungszweck, I–III.** Es entspricht der Parteiherrschaft nach Grdz 18 vor § 128, dem Angreifer eine Rücknahme des Angriffs möglichst weitgehend zu ermöglichen. Die gegenüber der Klagerücknahme nach § 269 zeitlich erheblich länger anhaltende Möglichkeit der Berufungsrücknahme dient natürlich auch der Entlastung der Justiz und schon damit der Prozeßwirtschaftlichkeit, Grdz 14 vor § 128. Sie fördert aber auch die Rechtssicherheit nach Einl III 43 durch eine raschere Herbeiführung der Rechtskraft. Alles das darf und muß man bei der Handhabung mitbedenken.

3 **3) Geltungsbereich, I–III.** Die Vorschrift gilt in jedem Verfahren nach der ZPO und den auf sie verweisenden Gesetzen. Sie gilt auch im WEG-Verfahren. Im Verfahren der Arbeitsgerichte ist § 516 entsprechend anwendbar, § 64 VI ArbGG.

Unanwendbar ist III bei einer Notarmaßnahme nach § 156 KostO, Schlesw FGPrax **08**, 132.

4 **4) Zulässigkeit der Rücknahme, I.** Sie entsteht erst nach der Einlegung der Berufung nach § 519. Ein einfacher Grundsatz hat vielfache Auswirkungen.

A. Grundsatz: Keine Zustimmungsbedürftigkeit. Anders als nach § 269 braucht die Rücknahme keine Zustimmung des Berufungsbekl. Der Berufungskläger kann eine einseitige Rücknahme ab Berufungseinlegung nach §§ 129, 132, 167 bis zur Verkündung des Berufungsurteils nach § 310 erklären. Die Rücknahme ist auch noch nach einem zulässigen Einspruch gegen ein Versäumnisurteil statthaft, BGH NJW **06**, 2124. Im schriftlichen Verfahren tritt an die Stelle der Verkündung die Hinausgabe des Urteils. Maßgeblich ist das Ende der Verkündung des Tenors, Rn 10, Doms NJW **02**, 780, Hartmann NJW **01**, 2591, aM von Cube NJW **02**, 40, ZöGuHeß 2. Diese Regelung soll der endgültigen Befriedung der Parteien und zugleich der Entlastung des Berufungsgerichts dienen. Eine Rücknahme ist auch noch nach einer Zurückverweisung durch das Berufungsgericht statthaft, ZöGuHeß 2; BAG NJW **08**, 198 c hält eine Rücknahme mit der Zustimmung des Gegners auch noch für die Rechtskraft für statthaft.

B. Einzelheiten. Eine Zulässigkeit der Berufung ist nicht Voraussetzung ihrer wirksamen Rücknahme, BGH FamRZ **88**, 496. Eine Rücknahme ist im ganzen möglich oder für einen abtrennbaren Teil wie bei § 301 Rn 5. Eine bloße Teilrücknahme liegt vor, wenn der Berufungskläger nach einer zunächst vollen Anfechtung, die in einer Berufung ohne einen Antrag nicht liegt, jetzt nur noch einen beschränkten Antrag stellt. Vgl aber zur Stufenklage BGH NJW **85**, 862. Eine Erweiterung auf diesen Teil ist dann nicht mehr statthaft, aM Düss MDR **93**, 802, auch nicht bei einer späteren Bewilligung der Prozeßkostenhilfe. 5

Die *vertragliche Verpflichtung* zur Berufungsrücknahme ist statthaft. Man muß sie entsprechend der außergerichtlichen Verpflichtung zur Klagerücknahme etwa durch einen Vergleich behandeln, § 269 Rn 10, Teubner/Künzel MDR **88**, 720. Sie ist auch bei einem formlos zustande gekommenen Vertrag wirksam, BGH VersR **93**, 714. Sie braucht nicht die Mitwirkung eines Anwalts, BGH RR **89**, 802. Hält sich der Berufungskläger nicht an die wirksam eingegangene Verpflichtung und betreibt die Berufung weiter, darf und muß der Berufungsbekl die Verpflichtung durch eine Einrede geltendmachen, BGH RR **89**, 802. Sie führt evtl zur Verwerfung der Berufung als unzulässig, BGH RR **92**, 568. Einer Klage auf die Rücknahme würde das Rechtsschutzbedürfnis fehlen. Hing die Verpflichtung von einer Bedingung ab und vereitelt eine Partei treuwidrig deren Eintritt, darf die andere Partei die Verpflichtung im Prozeß geltendmachen, BGH WertpMitt **89**, 869. Eine auftragswidrige Rücknahme ist wirksam möglich, BGH FamRZ **88**, 496. Vgl aber Einl III 54 (Rechtsmißbrauch). Eine Auftragskündigung ist bis zur Bestellung eines neuen ProzBev wegen § 87 I unbeachtlich, BGH VersR **90**, 328, Mü OLGR **98**, 192.

Die Mitteilung, man habe einen *Auftrag zur Rücknahme* gegeben, ist weder eine Rücknahme noch auch nur ein Vertragsantrag. Ein späterer Streit über den sachlichen Inhalt des Vertrags macht die erklärte Rücknahme nicht hinfällig.

Eine *Verfügungsbefugnis* des Rechtsmittelklägers ist nötig. Sie fehlt ihm, wenn nach der Einlegung des Rechtsmittels das Insolvenzverfahren eröffnet worden ist, BGH WertpMitt **78**, 523. Jedoch kann der Prozeß- oder Postulationsunfähige eine von ihm selbst eingelegte Berufung stets wirksam zurücknehmen, Grdz 9 vor § 511. 6

5) Rücknahmeerklärung, II. Es gibt vier Hauptaspekte. 7

A. Parteiprozeßhandlung. Die Vorschrift regelt eine Erklärung der Berufungsrücknahme entsprechend der Erklärung der Klagerücknahme, § 269 Rn 22 ff. Sie ist eine Parteiprozeßhandlung, Grdz 47 vor § 128. Sie ist als solche bedingungsfeindlich, BGH BB **07**, 2540. Der Berufungskläger darf sie auch nicht von einem innerprozessualen Vorgang abhängig machen, BGH BB **07**, 2540. Denn die Beendigung eines Verfahrens verträgt keinen Schwebezustand, BGH VersR **90**, 327.

B. Grundsatz: Unwiderruflichkeit. Eine wirksame Rücknahmeerklärung ist grundsätzlich unwiderruflich, BGH BB **07**, 2540, KG NJW **98**, 3357 (auch keine Beseitigung durch Parteivereinbarung). Sie unterliegt nicht den Grundsätzen des bürgerlichen Rechts, Grdz 56 vor § 128. Deshalb ist grundsätzlich jede Anfechtung und jeder Widerruf wegen Irrtums unstatthaft, BGH BB **07**, 2540, KG NJW **98**, 3357, aM ZöGuHeß 9 (aber erst Rechtsmißbrauch setzt Grenzen, Einl III 54). Das gilt auch dann, wenn die Gegenpartei diesen verursacht hat, aM Kblz RR **97**, 514, LG Oldb VersR **79**, 752, Orfanides, Die Berücksichtigung von Willensmängeln im Zivilprozeß, 1982. Jedoch ist die Rücknahme nach Treu und Glauben dann unwirksam, wenn der Irrtum für das Gericht und den Gegner ganz offensichtlich war, BGH RR **98**, 1446, oder wenn der Rechtsmittelgegner den Irrtum verursacht hat, Kblz RR **97**, 515. Eine Erneuerung der Berufung scheitert meist an § 517, BGH RR **98**, 1446. 8

C. Ausnahme: Widerruflichkeit. Ausnahmsweise ist ein Widerruf ferner statthaft, soweit das Berufungsurteil der Restitutionsklage aus § 580 unterläge. Denn dann wäre ein vorheriges Urteil ein sinnloser Umweg, BGH NJW **91**, 2839. Abweichend von dieser Entscheidung ist bei einer Eides- oder Wahrheitspflichtverletzung entsprechend § 581 ein Widerruf nur dann möglich, wenn das Strafverfahren beendet ist, sofern das letztere nicht etwa unmöglich ist. Ist es undurchführbar, ist ein Widerruf später als 5 Jahre unstatthaft. Auch wenn die Voraussetzungen des § 581 noch nicht vorliegen, ist ein Widerruf aber nur innerhalb eines Monats nach der Kenntnis der dazu berechtigenden Tatsachen statthaft, aM Gaul ZZP **75**, 267 (es sei zur Geltendmachung des Widerrufs stets die Wiederaufnahmeklage notwendig. Er will also der Wiedereröffnung die Prüfung der Zulässigkeit und des Grundes der Wiederaufnahme vorschalten). 9

Als eine Parteiprozeßhandlung nach Grdz 47 vor § 128 ist der Widerruf auch in der Revisionsinstanz *nachprüfbar.*. Eine unwirksame Rücknahme kann, wenn der Gegner ihr zustimmt, vertraglich zur Rücknahme verpflichten, Rn 5.

D. Erklärung. Sie erfolgt gegenüber dem jetzt zuständigen Berufungsgericht, BGH MDR **91**, 668. Man kann sie in der mündlichen Verhandlung zu Protokoll abgeben, § 160 III Z 8. Eine Protokollgenehmigung nach § 162 I ist keine Voraussetzung der Wirksamkeit, Stgt FamRZ **84**, 404, aM Hamm Rpfleger **82**, 111. Die Erklärung kann noch durch einen „Zwischenruf" vor der vollständigen Verkündung des Tenors der Endentscheidung erfolgen, Rn 4, sonst durch die Einreichung eines Schriftsatzes auf der Geschäftsstelle des Berufungsgerichts, mag man auch die Berufung bei einem anderen Gericht wirksam eingelegt haben, zB nach § 13 BinnSchVerfG, BGH VersR **77**, 574. Die erforderliche Zahl von Ablichtungen oder Abschriften muß beiliegen, § 253 V. Die Geschäftsstelle stellt zu, § 270. Immer besteht für die Abgabe der Erklärung ein Anwaltszwang, § 78. Man kann auch die von einem anderen Anwalt eingelegte Berufung in gleicher Weise zurücknehmen, BGH NJW **07**, 3641, LG Bre NJW **79**, 987. Entsprechendes gilt für die von der Partei selbst eingelegte Berufung, weitergehend BFH BStBl **81** II 395: Stets sei Rücknahme auch durch die Partei selbst zulässig (für Klagerücknahme § 269 Rn 25, 26). 10

Die Erklärung muß nicht notwendig ausdrücklich, aber *eindeutig und bedingungslos* sein, Rn 7. Das Gericht muß ihren Inhalt evtl nach § 139 klären. Ein Stillschweigen auf eine gerichtliche Anfrage genügt auch dann nicht, wenn das Gericht erklärt hat, es werde die Nichtbeantwortung als eine Rücknahme werten. Auch die Erledigterklärung des Berufungsklägers kann ausnahmsweise eine Rechtsmittelrücknahme sein, so wenn er ohne ein weiteres Interesse an der Klagedurchführung die Hauptsache für erledigt erklärt. Das ist aber dann nicht so, wenn er entgegen III die Kosten dem Gegner auferlegen lassen will. Eine Antragsbeschränkung kann eine teilweise Berufungs- oder Klagerücknahme bedeuten, muß das aber nicht tun (Auslegungsfrage, Grdz 52 vor § 128), BGH RR **98**, 572.

11 Jede Rücknahme muß einwandfrei ergeben, auf *welche Berufung* sie sich bezieht, BGH RR **06**, 863. Wegen der Einlegung mehrerer Berufungen gegen dasselbe Urteil § 519 Rn 18, unten Rn 17. Eine Rücknahme unter einem offensichtlichen Mißbrauch der Vertretungsmacht durch den Vertreter einer juristischen Person ist unwirksam, ebenso eine Rücknahme auf Grund eines offensichtlichen Irrtums des Anwalts, BGH FamRZ **88**, 496, aM BGH VersR **99**, 338. Dagegen ist die Erklärung auch dann wirksam, wenn der Auftraggeber dem Anwalt das Mandat nach § 87 entzogen hatte, BGH VersR **90**, 328, oder wenn er weisungswidrig gehandelt hat, § 83, BGH RR **98**, 1446.

12 **E. Streitgenossen, Streithelfer.** Von ihnen handelt jeder grundsätzlich selbständig. Bei einer notwendigen Streitgenossenschaft nach § 62 verliert jeder Streitgenosse durch seine Rücknahme das eigene Rechtsmittel, bleibt aber trotzdem wegen der Berufung der anderen Streitgenossen Berufungskläger, BGH RR **91**, 187. Hat nur ein Streitgenosse Berufung eingelegt, nachdem die Frist für die anderen abgelaufen ist, verlieren diese mit der Rücknahme ihre Stellung als Partei, BGH RR **99**, 286. Hatte der Zurücknehmende allein Berufung eingelegt, können die anderen die Berufung aufrechterhalten. Der Streithelfer darf die Berufung der eigentlichen Partei nicht zurücknehmen, § 67 Rn 8. Umgekehrt kann auch die Partei die Berufung des gewöhnlichen Streithelfers nicht wirksam zurücknehmen, Hamm FamRZ **84**, 810, Pantle MDR **88**, 925, aM ZöGuHeß 3. Wohl aber kann die Partei sie durch einen Widerspruch unzulässig oder gegenstandslos machen, BGH NJW **93**, 2944.

13 **F. Beschränkung des Berufungsantrags.** Sie kann sein

14 – Verzicht auf den Restanspruch,
– teilweise Klagerücknahme,

15 – teilweise Berufungsrücknahme nur dann, wenn der Berufungskläger einen weitergehenden Antrag gestellt hatte, BGH RR **89**, 962,

16 – Erklärung, das Verfahren insoweit einstweilen nicht zu betreiben, BGH RR **89**, 962.

Die letztere Erklärung steht einer späteren Erweiterung der Berufung nicht entgegen, während durch die ersteren Erklärungen ein endgültiger Zustand entsteht, vgl aber auch Rn 17. Für eine Berufungsrücknahme spricht keine Vermutung. Vielmehr ist eben eine Auslegung nach Rn 10 nötig.

17 **6) Wirkungen, III.** Es gibt mehrere Hauptwirkungen.

A. Verlust des eingelegten Rechtsmittels, III 1. Der Berufungskläger verliert für die Zukunft das eingelegte Rechtsmittel, also nur diese Berufung und bis zum Ablauf der Berufungsfrist nicht das Recht zur Berufung überhaupt. Das stellt III 1 klar. Es entspricht dem Bedürfnis und der Regelung der Klagerücknahme. Hat der Berufungskläger mehrmals Berufung wegen desselben Anspruchs eingelegt, erledigt eine Rücknahme regelmäßig sämtliche Berufungen, BSG NJW **98**, 2078, Mü MDR **79**, 409. Anders liegt es, wenn er etwa nur eine der Berufungen als überflüssig zurücknehmen will, BSG NJW **98**, 2078. Was er will, muß das Berufungsgericht durch eine Auslegung nach Rn 10 ermitteln. Handelte es sich um Berufungsschriften sowohl der Hauptpartei als auch ihres Streithelfers, wird die Rücknahme durch die Hauptpartei meist nur ihre Berufung betreffen, BGH NJW **89**, 1358, Pantle MDR **88**, 925. Dasselbe gilt, wenn nach zwei Berufungen mehrerer selbständiger ProzBev nur der eine „die Berufung" zurücknimmt, Bre FamRZ **06**, 964 rechts unten. Da die Rücknahme nur die eingelegte Berufung betrifft, kann der Berufungskläger sie in der Notfrist erneuern, BGH NJW **94**, 738. Rechtskräftig wird das angefochtene Urteil mit dem Verlust der eingelegten Berufung nicht. Die formelle Rechtskraft nach § 705 tritt nach dem Ablauf der Berufungsfrist mit dem Eingang der Rücknahmeerklärung beim Berufungsgericht ein, BGH NJW **08**, 373, Düss GRUR-RR **06**, 384, ohne daß eine Rückdatierung entsprechend § 269 eintritt, aM RoSGo § 137 III 4.

18 **B. Wirkungslosigkeit vorangegangener Entscheidungen, III 1.** Der Verlust des Rechtsmittels führt dazu, daß eine in dieser Instanz ergangene noch nicht rechtskräftige Entscheidung wirkungslos wird. Das gilt zB für ein Versäumnisurteil, auch für ein solches gegen den Berufungsbekl, Düss MDR **88**, 681.

19 **C. Kosten der Berufung, III 1.** Das Gericht muß über die Kosten von Amts wegen entscheiden, §§ 308 II, 525, Hbg MDR **03**, 1261. Zuständig ist das Berufungsgericht auch nach einer irrig beim Erstgericht eingereichten und dann zurückgenommenen Berufung, Köln JB **08**, 438. Mangels einer Entscheidung über das Rechtsmittel ist § 97 unanwendbar, Karlsr FamRZ **02**, 1052. Der Berufungskläger muß die Kosten der Berufung tragen, soweit nicht die Parteien einen gerichtlichen oder außergerichtlichen Vergleich geschlossen haben oder das Berufungsgericht, durch ein rechtskräftiges Urteil bereits über die Berufung entschieden hat. Nehmen von mehreren Berufungsklägern nur einige das Rechtsmittel zurück, kann wegen des Grundsatzes der einheitlichen Kostenentscheidung gegen sie keine gesonderte Entscheidung ergehen, § 100 Rn 54, BGH RR **91**, 187. Nehmen beide Parteien zurück, ist § 92 anwendbar. III greift auch dann ein, wenn man die Berufung lediglich zur Wahrung der Frist eingelegt hatte, BGH NJW **03**, 756, aM ZöGuHeß 21.

Zur *Kostenerstattung* in diesem Fall § 91 Rn 159 ff, Schlesw MDR **03**, 717. Nach einem Hinweis nach § 522 II 2 sind die Kosten eines nachfolgenden Zurückweisungsantrags nicht erstattbar, Kblz JB **06**, 486. Dagegen hat eine lediglich zur Fristsicherung eingelegte zweite und dann „zurückgenommene" Berufung nicht die Kostenfolge des § 516. Denn sie hat keine selbständige Bedeutung. Neben § 516 III sind §§ 95–97 unanwendbar. Das Berufungsgericht muß den Berufungskläger ohne jede Prüfung in diese Kosten verurteilen. Jedoch muß es denjenigen Anwalt, der ohne eine Prozeßvollmacht die Berufung eingelegt hat, in die Kosten verurteilen, Schneider Rpfleger **76**, 229. Die Kosten seiner Säumnis muß entsprechend § 344 der Rechtsmittelgegner tragen, § 269 Rn 34, Köln MDR **90**, 256. Auch § 98 ist unanwendbar, wenn der Berufungskläger die Berufung zur Erfüllung eines außergerichtlichen Vergleichs ohne eine Kostenregelung zurücknimmt, BGH NJW **89**, 39 (für den Fall, daß der Vergleich im wesentlichen die Anerkennung des angefochtenen Urteils enthält), aM Ffm MDR **04**, 844, LAG Mü VersR **88**, 280. Eine erst nach der Berufungsrücknahme eingereichte Nebenintervention hat keine Kostenfolge, Köln JB **08**, 438.

D. Kosten einer Anschlußberufung, III 1, dazu *Finger* MDR **86**, 881; *Maurer* NJW **91**, 72: Bei einer Zurücknahme der Hauptberufung vor dem Beginn der mündlichen Verhandlung oder bei ihrer Verwerfung als unzulässig wegen einer mangelnden oder verspäteten Begründung trägt der Berufungskläger die Kosten auch der Anschlußberufung, sofern diese zulässig war, BGH FamRZ **07**, 631, Hbg MDR **03**, 1251, Stackmann NJW **07**, 12, aM Brschw NJW **75**, 2302, Ffm FamRZ **98**, 302 (je: § 91 a entsprechend), Stgt FamRZ **07**, 748 (§ 92). Das gilt einschließlich der durch eine etwaige Säumnis des Anschlußberufungsklägers entstandenen Mehrkosten, Düss MDR **83**, 64, aM Köln MDR **90**, 256. Der Berufungskläger trägt auch die Kosten der mit der Anschlußberufung erhobenen Widerklage. Er trägt aber nicht die Mehrkosten wegen einer Erweiterung der Widerklage auf neue Streitgegenstände, KG FamRZ **88**, 1301, aM Celle MDR **02**, 58. Bei einer Berufungsrücknahme nach dem Verhandlungsbeginn kann es zur Kostenteilung im Verhältnis der Werte kommen, Zweibr RR **05**, 507. 20

Hingegen trägt die Kosten der Anschlußberufung der *Anschlußberufungskläger,* wenn die Anschlußberufung unzulässig war, BGH MDR **05**, 705 links, Bbg MDR **89**, 648, Köln NJW **03**, 1879, aM Oldb NJW **02**, 3555, Ludwig MDR **03**, 671, oder wenn sie nur die Durchführung einer als selbständiges Rechtsmittel unzulässigen Berufung ermöglichen sollte, Düss FamRZ **99**, 1675, Ffm RR **87**, 1087, Katzenstein NJW **07**, 740, aM Ffm NJW **01**, 935, Mü RR **96**, 1280, ThP 10. Dasselbe gilt, wenn die zurückgenommene Berufung im Zeitpunkt der Anschließung unzulässig geworden war, Nürnb MDR **89**, 648, und wenn das Berufungsgericht die Berufung schon nach § 522 II zurückgewiesen hatte, Celle NJW **03**, 2755, oder wenn sie vor der Einlegung der Anschlußberufung zurückgenommen wurde, Zweibr RR **05**, 507, mag dem Anschlußberufungskläger das auch unbekannt sein, BGH **67**, 307. Wird nur die Anschlußberufung zurückgenommen, treffen die Kosten den Anschlußberufungskläger. Dasselbe gilt bei einer Verwerfung der nach § 524 IV wirkungslos gewordenen, aber trotzdem weiterverfolgten Anschlußberufung, BGH NJW **95**, 2363. 21

E. Entscheidung, III 2. Alle diese Wirkungen und auch die Wirkungslosigkeit einer vorher ergangenen Entscheidung sind endgültig. Sie lassen sich durch keine Vereinbarung beseitigen. Wegen einer gegen Treu und Glauben verstoßenden und deshalb unbeachtlichen Berufungsrücknahme Einl III 53 ff. Das Berufungsgericht muß sie von Amts wegen ohne eine notwendige mündliche Verhandlung durch einen Beschluß aussprechen, wenn es sich nicht um eine Teilrücknahme handelt, Düss MDR **93**, 802. 22

Die Formel lautet etwa: „Der Berufungskläger ist der am … eingelegten Berufung verlustig. Er trägt die Kosten dieser Berufung." Dieser Beschluß entzieht die Rücknahme jedem Zweifel. Jedoch entfällt der Kostenausspruch, wenn darüber ein Vergleich zustande kommt und wenn der Gegner die übernommenen Kosten unstreitig bezahlt hat oder wenn eindeutig keine erstattungsfähigen Kosten entstanden sind, BGH JB **81**, 1169, Drsd MDR **98**, 1309, Köln FamRZ **98**, 1382, aM BayObLG MDR **94**, 1153, Düss RR **99**, 142, Mü MDR **99**, 568. 23

Der *Beschluß* ergeht gebührenfrei. Zuständig für den Beschluß ist auch der Einzelrichter nach §§ 526 I oder § 527 III Z 1. Die Entscheidung ist unanfechtbar, BGH NJW **90**, 841. Das gilt auch dann, wenn das OLG irrig durch ein Urteil entschieden hat. Im Kostenfestsetzungsverfahren darf man die Zulässigkeit des Beschlusses nicht in Zweifel ziehen, KG JB **76**, 628, Schlesw SchlHA **89**, 130. Streitwert: die gerichtlichen und außergerichtlichen Kosten bis zum Antrag auf Verlusterklärung und auf eine Kostenentscheidung. Zur Erstattungsfähigkeit von Kosten, wenn die Berufung nur zur Fristwahrung erfolgt war, § 91 Rn 158. 24

7) Streit über die Wirksamkeit, I–III. Entsteht Streit darüber, ob die Rücknahme wirksam ist oder ob der Rücknehmende sie mit Erfolg angefochten oder widerrufen hat, muß das Berufungsgericht den Verlust des Rechtsmittels durch einen unanfechtbaren Beschluß feststellen, BGH NJW **95**, 2229, aM Gaul ZZP **81**, 273. Verneint das Gericht die Wirksamkeit der Rücknahme, entscheidet es durch ein Zwischenurteil nach § 303 oder in den Gründen des Endurteils, das auf die fortgesetzte Verhandlung ergeht. 25

8) Rechtsmittel, I–III. Stellt das Berufungsgericht den Verlust des Rechtsmittels durch ein Urteil fest, ist dagegen keine Revision zulässig, aM BSG NJW **90**, 600. Eine Rechtsbeschwerde ist unter den Voraussetzungen des § 574 II, III statthaft. 26

517 *Berufungsfrist.* **Die Berufungsfrist beträgt einen Monat; sie ist eine Notfrist und beginnt mit der Zustellung des in vollständiger Form abgefassten Urteils, spätestens aber mit dem Ablauf von fünf Monaten nach der Verkündung.**

Gliederung

1) Systematik. Die Vorschrift wird ergänzt durch § 518. Sie ist vergleichbar beim erstinstanzlichen Einspruch mit § 339, bei der Revision mit § 548, bei der sofortigen Beschwerde mit § 569 und bei der Rechtsbeschwerde mit § 575 I, II. Zur Fristberechnung gelten ferner §§ 221 ff mit. In einer Entschädigungssache gilt § 218 II BEG (3 bzw 6 Monate). 1

2 **2) Regelungszweck.** Jede Frist dient der Rechtssicherheit nach Einl III 43. Es muß nach ihrem ergebnislosen Ablauf wieder der Rechtsfrieden einkehren. Der Gegner muß zwar während der Frist mit deren Ausnutzung rechnen, hinterher aber eben nicht mehr. Die bei jeder Notfrist selbst dann noch denkbare Wiedereinsetzung nach §§ 233 ff ist schon Zugeständnis an sonst schwer erträgliche Folgen von Schuldlosigkeit genug.

Fristregeln muß man aus allen diesen Gründen stets mit großer *Strenge* handhaben. Sonst werden sie unberechenbar und damit sinnlos. Das gilt natürlich auch bei der Berufungsfrist und ein wenig abgeschwächt auch bei der verlängerbaren Begründungsfrist. Eine starre Überspannung ist auch hier unzulässig. Denn das Prozeßrecht ist niemals Selbstzweck, Einl III 10.

3 **3) Geltungsbereich.** Die Vorschrift gilt in jedem Berufungsverfahren nach der ZPO und den auf sie verweisenden Gesetzen. Sie gilt auch im WEG-Verfahren. Sie gilt bei einem zustellbaren Beschluß entsprechend, ZöGuHeß 1. Im Verfahren der Arbeitsgerichte gilt nach §§ 9, 66 I ArbGG, LAG Köln BB **07**, 612. Fehlt die Zustellung eines vollständig abgefaßten Urteils, beginnt die Berufungs- und Begründungsfrist spätestens mit dem Ablauf von 5 Monaten nach der Verkündung. Dann endet die Berufungsfrist 6 Monate und die Begründungsfrist 7 Monate nach der Verkündung, BAG NJW **05**, 700.

4 **4) Berufungsfrist.** Man darf eine Berufung schon ab der Urteilsverkündung einlegen, BGH NJW **99**, 3269. Man muß das aber spätestens bis zum Ablauf der Berufungsfrist tun. Sie ist eine selbständige Frist gegenüber der Begründungsfrist, Brdb FamRZ **04**, 648. Sie ist eine Zulässigkeitsvoraussetzung. Das Gericht muß sie in jeder Verfahrenslage von Amts wegen beachten. Sie beträgt einen Monat. Sie ist eine nach § 222 I, III zu berechnende Notfrist, § 224 I 2. § 222 II ist aber unanwendbar, BGH BB **06**, 182, Schneider MDR **05**, 61. Das Berufungsgericht darf die Frist nach § 224 nicht verlängern, Schneider MDR **05**, 61, und auch nicht verkürzen. Gegen ihre Versäumung ist eine Wiedereinsetzung zulässig, § 233. Die Frist beginnt mit den in Rn 5 ff näher erläuterten Zeitpunkten. In eine Baulandsache hängt der Lauf der Frist von einer richtigen Rechtsmittelbelehrung nach § 211 BauGB ab, Mü NVwZ **88**, 1070.

Das *Ende der Frist* errechnet sich nach § 222 I, III in Verbindung mit §§ 187 I, 188 II, III BGB. Erfolgt die Urteilszustellung am 31. 1., läuft die Berufungsfrist mit dem 28. 2. (in Schaltjahren 29. 2.) ab, bei einer Zustellung am 28. 2. mit dem 28. 3., BGH MDR **85**, 471. Das Ende der Frist verschiebt sich wegen eines Feiertages nur dann nach § 222 I, wenn der betreffende Tag an demjenigen Ort, wo man das Rechtsmittel einlegen muß, ein gesetzlicher Feiertag ist, BAG NJW **89**, 1181. Wegen der Wirkung einer Unterbrechung des Verfahrens auf den Fristenlauf § 249 Rn 2, BGH NJW **90**, 1855. Eine während der Unterbrechung eingelegte Berufung ist wirksam, BGH VersR **82**, 1054.

Eine *Berichtigung* nach §§ 319, 320 hat grundsätzlich keinen Einfluß auf den Beginn und Lauf der Berufungsfrist, § 319 Rn 29, wohl aber dann, wenn erst die Berichtigung eine Beschwer schafft oder klar erkennen läßt oder wenn erst die Berichtigung zweifelsfrei ergibt, gegen wen man eine Berufung richten muß, § 319 Rn 30, 31. Diese Wirkung hat aber nur eine wirksame Berichtigung. Daher setzt eine auf diesem Weg vorgenommene Parteiauswechslung für die neue Partei keine Berufungsfrist in Lauf, Düss MDR **90**, 930, Vollkommer MDR **92**, 642. Über ein Ergänzungsurteil nach § 321 vgl § 518.

Die Fristwahrung erfolgt durch eine rechtzeitige Einreichung der Berufungsschrift, § 519 Rn 3 ff. Der Berufungskläger hat einen Anspruch auf eine volle Ausnutzung der Frist bis zur letzten Sekunde, § 233 Rn 164. Deshalb ist es eine Amtspflicht der Justizverwaltung, die Einreichung nach dem Dienstschluß zu ermöglichen, zB durch die Einrichtung eines Nachtbriefkastens und durch das Festhalten des Eingangs per Telefax usw, BVerfG NJW **76**, 747, Vollkommer Rpfleger **76**, 240. Die Verweigerung der Annahme einer rechtzeitig eingegangenen Berufungsschrift wegen nicht ausreichender Frankierung ändert nichts an der etwaigen Einhaltung der Frist, VGH Mannh BWVPr **89**, 39.

Zum Umfang der *Nachprüfung* bei Zweifeln über den rechtzeitigen Eingang BGH VersR **84**, 442. Nötig ist ein voller Beweis. Dabei gilt der sog Freibeweis, Einf 9 vor § 284, BGH NJW **96**, 2038, Peters ZZP **101**, 297. Die Beweislast für die Wahrung der Frist liegt beim Berufungskläger. Zum Nachweis des rechtzeitigen Eingangs BGH NJW **05**, 75, Schlee AnwBl **86**, 339, Wolf NJW **89**, 2594 (für Telex und Telefax).

Ergeht vor dem Ablauf der Berufungsfrist ausnahmsweise bereits ein *Berufungsurteil,* steht einer erneuten Berufungseinlegung entweder die Rechtskraft oder ein der Rechtshängigkeit entsprechendes Prozeßhindernis entgegen. Das Gericht muß es von Amts wegen beachten. Dagegen hindert die Verwerfung durch einen Beschluß meist nicht die erneute Einlegung innerhalb der Frist, § 522 Rn 10.

5 **5) Fristbeginn mit Urteilszustellung.** Die Berufungsfrist beginnt grundsätzlich am Tag der förmlichen wirksamen Amtszustellung der in vollständiger Form abgefaßten Urteilsausfertigung durch das Gericht nach § 317 I, BGH NJW **84**, 1358, Schlee AnwBl **93**, 237. Das gilt auch beim sog unechten Versäumnisurteil nach Üb 13 vor § 330, BGH VersR **91**, 85. Eine etwaige Zustellung durch eine Partei reicht nicht aus, Bischof NJW **80**, 2235. Ein Verstoß ist aber heilbar, § 189 Rn 6 „Amtszustellung". Die Wiederholung einer wirksamen Zustellung läßt keine neue Frist beginnen, BGH VersR **00**, 1038, BVerwG **58**, 106. Wegen des Fristbeginns bei einer Berichtigung nach § 319 vgl Rn 4. Die Zustellung muß an alle Beteiligten erfolgt sein, Düss FamRZ **05**, 386.

6 **A. Wirksamkeit der Zustellung.** Notwendig für den Fristbeginn ist eine wirksame Zustellung nach §§ 166 ff, 317 I, dort Rn 10 ff, BGH BB **07**, 182, BAG NJW **08**, 1611, BayObLG **00**, 16 (zur öffentlichen Zustellung). Die Zustellung an einen Prozeßunfähigen setzt die Frist in Gang, BGH NJW **88**, 2049 (zustm Orfanides ZZP **102**, 371), nicht aber diejenige an den bloßen Terminvertreter, BGH BB **07**, 182. Die Frist beginnt dann nicht, wenn das Erstgericht sein Urteil nicht ordnungsgemäß verkündet hatte, Rn 11, BGH VersR **85**, 45, oder formell fehlerhaft, BGH VersR **84**, 586, wenn zB ein nicht vollständig unterschriebenes Urteil zuging, BGH NJW **98**, 611, oder wenn das Verfahren unterbrochen war, § 249, BGH **111**, 104. Die Zustellung eines nach § 313 a oder § 313 b abgefaßten Urteils setzt die Frist dann nicht in Lauf, wenn die Voraussetzungen nicht vorlagen, BGH RR **91**, 255. Dasselbe gilt, wenn die zugestellte Ausfertigung oder beglaubigte Abschrift oder Ablichtung den Anforderungen an eine wortgetreue und richtige Wiedergabe der Urschrift nicht genügt, BGH RR **87**, 377, Ffm NJW **83**, 2396, OVG Münst NJW **92**, 1187.

So liegt zB bei einer Unleserlichkeit einzelner Wörter oder Zeilen, BGH VersR **80**, 772, Naumb MDR **00**, 602, LAG Bln MDR **03**, 1376, oder bei einer Ausfertigung durch einen unzuständigen Urkundsbeamten, BAG NJW **86**, 1008. Für eine ordnungsgemäße Zustellung reicht auch nicht das Fehlen mindestens einer Seite, BGH NJW **98**, 1960, oder die nicht ordnungsgemäße Wiedergabe der Unterschriften der beteiligten Richter, BGH FamRZ **90**, 1227, oder das Fehlen der Unterschrift unter dem Ausfertigungsvermerk, BGH NJW **91**, 1116 (ist die Ausfertigung unterzeichnet, reicht es, daß man die Identität der unterzeichnenden Person ohne weiteres feststellen kann, BGH DtZ **93**, 55), oder ein Ausfertigungsvermerk vor der Verkündung, BGH RR **93**, 956. Wegen eines Scheinurteils Üb 13 vor § 300.

Abweichungen von der Urschrift schaden nur dann, wenn sie wesentlich sind, BGH VersR **85**, 551. Daher ist unschädlich das Auslassen der Kostenentscheidung, BGH VersR **82**, 70, oder des Ausspruchs der Abweisung im übrigen, BGH **67**, 284. Auch offenbare Unrichtigkeiten machen grundsätzlich die Zustellung nicht unwirksam, BGH **67**, 284, Stgt FamRZ **84**, 402, etwa die Unterzeichnung durch einen an der Entscheidung nicht beteiligten Richter, BGH MDR **98**, 336, aM BFH FamRZ **89**, 735, oder die ersichtlich falsche Bezeichnung eines Urteils als einen Beschluß, Brdb MDR **97**, 1064, oder eine unrichtige Rechtsmittelbelehrung, BGH VersR **92**, 515. Wegen des Fristbeginns bei einer Berichtigung Rn 2. Die Beifügung einer falschen, dem Recht der früheren DDR entsprechenden Rechtsmittelbelehrung beeinträchtigte die Ordnungsmäßigkeit der Zustellung nicht, BGH DtZ **91**, 409.

Immer kommt es darauf an, ob die zugestellte Ausfertigung formell und *inhaltlich geeignet* war, der Partei 7
die Entscheidung über die Notwendigkeit Rechtsmittels zu ermöglichen, BGH VersR **82**, 70. Nimmt das Urteil auf ein gleichzeitig oder früher verkündetes Urteil zwischen denselben Parteien Bezug, beginnt die Frist entsprechend § 518 mit dem Zeitpunkt der Zustellung des letzten der beiden Urteile, aM BFH BStBl **84** II 666. Bei einer Bezugnahme auf ein solches Urteil, an dem eine Partei nicht beteiligt ist, beginnt demgemäß die Frist für diese Partei überhaupt nicht, BGH RR **91**, 831. Fordert die Geschäftsstelle die zugestellte Ausfertigung, beglaubigte Abschrift oder Ablichtung als „falsch" zurück, beginnt die Berufungsfrist nicht, Köln FamRZ **93**, 718. Beim Versäumnisteil- und streitigen Schlußurteil beeinflußt ein Einspruch nicht die Berufungsfrist, BGH RR **86**, 1326.

Vor der Zustellung eines Urteils ist die Berufung statthaft, Vogg MDR **93**, 293. Keine Berufung ist dagegen vor der Verkündung oder sonstigen Bekanntgabe statthaft, Rn 14.

B. Berechnung je Partei. Die Berufungsfrist beginnt für jede Partei getrennt mit der Zustellung an sie, 8
BGH FamRZ **88**, 1159. Das gilt auch bei einer notwendigen Streitgenossenschaft, § 62 Rn 19. Ein Rechtsmittel muß fristgerecht gegen alle notwendigen Streitgenossen erfolgen. Für den gewöhnlichen Streithelfer gibt es keine gesonderte Rechtsmittelfrist. Es darf ein Rechtsmittel nur so lange einlegen, wie die Frist für die Hauptpartei läuft, § 67 Rn 12, BGH MDR **05**, 409 rechts Mitte, Ffm OLGR **05**, 641. Denn es handelt sich um ein einheitliches Rechtsmittel der Hauptpartei und des Streithelfers, BGH BB **06**, 577. Beim streitgenössischen Streithelfer nach § 69 Rn 4 kommt es auf die Zustellung an ihn an, BGH RR **97**, 865 (Ausnahme: nicht Beigetretener bei einer aktienrechtlichen Klage, BGH WertpMitt **05**, 77). Hat ein Beteiligter mehrere ProzBev, genügt die Zustellung an einen von ihnen und ist evtl die zeitlich erste Zustellung maßgeblich, BVerwG NJW **84**, 2114.

C. Zustellungsnachweis. Er ergibt sich anhand der Gerichtsakten. Ebenso wie eine Zustellungsurkunde 9
erbringt er einen vollen Beweis, § 418 Rn 5 „Empfangsbekenntnis". Über die Anforderungen an seine Entkräftung § 418 Rn 8 ff. Eine etwaige Unklärbarkeit geht grundsätzlich zulasten des Berufungsklägers, BGH NJW **81**, 1674, BVerwG Rpfleger **82**, 385. Das gilt aber ausnahmsweise nicht, wenn die ungeklärten Umstände in den Verantwortungsbereich des Gerichts fallen, BGH NJW **81**, 1674, und auch nicht bei einer Unleserlichkeit des Datums des anwaltlichen Empfangsbekenntnisses, wenn der Anwalt das spätere Datum als richtig bestätigt, BGH VersR **81**, 354. Das muß evtl zur Aufklärung nach §§ 139, 525 von Amts wegen beitragen, BGH VersR **80**, 90. Mängel der Zustellung sind nicht durch eine Parteivereinbarung heilbar, auch nicht nach § 189. Eine Vereinbarung kann auch nicht eine erfolgte Zustellung beseitigen, weil sich die Berufungsfrist nicht verlängern läßt. Die Parteien haben aber die Möglichkeit, die Zustellung hinausschieben zu lassen, § 317 I 3.

6) Fünfmonatsfrist. Spätestens beginnt die Berufungsfrist mit dem Ablauf von 5 Monaten nach der 10
Verkündung des Urteils. Die Vorschrift geht davon aus, daß es den Beteiligten nach einer streitigen Verhandlung zumutbar ist, sich nach einer Entscheidung zu erkundigen, Mü FamRZ **07**, 491 (also keine Geltung für einen Unbeteiligten). Sie soll verhindern, daß die Rechtskraft eines Urteils allzu lang in der Schwebe bleibt, nämlich dann, wenn die Zustellung an einen Beteiligten unterblieben oder unwirksam ist. Auf die Kenntnis von dem Urteil kommt es nicht an. Daher läuft die Frist auch gegenüber einem Prozeßunfähigen. Notfalls muß eine Wiedereinsetzung helfen, §§ 233 ff. Die Vorschrift gilt für alle Berufungsverfahren und auch für die sofortige Beschwerde, § 569. Zu ihrer entsprechenden Anwendung im Rahmen von §§ 320, 339 Rimmelspacher Festschrift für Schwab (1990) 422.

A. Fristbeginn mit Verkündung. Die Fünfmonatsfrist beginnt mit der wirksamen Verkündung des 11
Urteils nach § 310 I. Sie ist auch im schriftlichen Verfahren nach § 128 II, III und bei einer Entscheidung nach Aktenlage notwendig. Die Frist beginnt auch mit der Zustellung bei § 310 III, BGH NJW **99**, 144, Jauernig NJW **86**, 117. Ein Hinausschieben nach § 317 I 3 ändert daran nichts. Darauf, ob das Urteil bei seiner Verkündung nach § 310 II vollständig schriftlich vorlag, kommt es nur dann an, wenn das Erstgericht seine Urteilsformel bei der Verkündung durch eine Bezugnahme noch nicht schriftlich fixiert hatte, BGH NJW **99**, 794, nicht aber sonst, BGH NJW **88**, 2046, Jauernig NJW **86**, 117. Überhaupt setzt § 517 nicht eine mängelfreie, sondern eine wirksame Verkündung voraus, BGH VersR **06**, 94. Sie fehlt nur bei einem Verstoß gegen Elementaranforderungen, BGH NJW **89**, 1157, zB beim unerlaubten Fehlen von Tatbestand oder Entscheidungsgründen, BGH VersR **91**, 85, oder ganzer Seiten, BGH NJW **98**, 1960, und natürlich beim gänzlichen Fehlen einer Verkündung, BGH VersR **84**, 1192. Das ist nicht schon beim Verstoß gegen §§ 310 I, 313 I, Z 3, BGH VersR **80**, 744, oder § 315 I so, auch nicht bei einer unerheblichen Abweichung der zugestellten Ausfertigung vom Original, BGH VersR **06**, 94, aM KG FamRZ **03**, 620, oder beim Fehlen nur der ersten oder letzten Buchstaben auf einer Seite, BGH RR **00**, 1665.

Die Verkündung muß *ordnungsgemäß protokolliert* sein, BGH RR **91**, 1084. Dabei kommt es auf geringfügige Mängel oder auf eine verspätete Absetzung des Protokolls nicht an, Rostock OLG-NL **94**, 68. Man kann die Verkündung nur aus dem Protokoll beweisen, § 165, BGH NJW **85**, 1783. Zu den Anforderungen an den Nachweis des Verkündungsdatums bei einer unvorschriftsmäßigen späteren Ergänzung des Protokolls BGH VersR **86**, 488. Wenn die Partei den Sitzungssaal in der irrigen Annahme vorzeitig verläßt, die Verhandlung sei beendet, ändert das nichts am Beginn der Frist, BGH RR **97**, 770.

Die Frist beginnt mit der Verkündung *nicht*, wenn das Erstgericht den Betroffenen am Verfahren bislang nicht beteiligt hatte oder wenn er im Verhandlungstermin nicht vertreten war und das Erstgericht ihn nicht ordnungsgemäß geladen hatte, BGH MDR **04**, 407, Celle FamRZ **97**, 761, Mü FamRZ **96**, 740. Dabei genügte eine wirksame Ladung nach §§ 174, 175, BGH NJW **89**, 1433, aM Rimmelspacher Festschrift für Schwab (1990) 426, der für den Bekl auf die Zustellung der Klage abstellt. Berichtigt das Erstgericht nach der Verkündung das Urteil und beschwert dadurch eine Partei erstmals, beginnt die Fünfmonatsfrist für diese Partei erst mit der Berichtigung, Rn 4, Düss MDR **90**, 930.

12 Es handelt sich um eine *uneigentliche* Frist, Üb 11 vor § 214. Daher kommt eine Abkürzung oder Verlängerung nicht in Betracht. Auf die Frist ist § 187 S 1 nicht anwendbar. Eine Insolvenzeröffnung usw unterbricht sie nicht, wohl aber hindert eine Unterbrechung den Beginn der anschließenden einmonatigen Berufungsfrist, BGH NJW **90**, 1855. Die Frist endet mit dem Ablauf von 6 Monaten seit der Verlautbarung des Urteils. Die Zustellung des ordnungsgemäß verkündeten Ersturteils erst nach dem Ablauf von 5 Monaten läßt die Frist unberührt, Jena MDR **08**, 43, Köln RR **98**, 1447. Nur der 6. Monat ist eine Notfrist, und nur für diese Monatsfrist gilt § 222 II, aM BAG NJW **00**, 2835 (II ganz unanwendbar). Eine Wiedereinsetzung ist nur gegen den Ablauf dieser Notfrist zulässig, aM evtl BGH NJW **89**, 1432.

13 **B. Fristende.** Die Fünfmonatsfrist endet nach Maßgabe des § 222 I, II. Daß innerhalb der 5 Monate das vollständige Ersturteil nicht zu den Akten kommt, sollte wegen § 310 II nicht vorkommen. Notfalls muß die Partei durch eine Dienstaufsichtsbeschwerde darauf hinwirken, daß die Justizverwaltung Maßnahmen nach § 26 II DRiG trifft. Geht das Ersturteil dennoch der Partei zu spät zu, kann das ein Wiedereinsetzungsgrund sein, Schlesw MDR **04**, 1256. Sie muß aber den Mangel rügen, KG VersR **06**, 799. Es liegt dann außerdem ein wesentlicher Verfahrensmangel nach § 538 II Z 1, Stgt VersR **89**, 863, und der absolute Revisionsgrund des § 547 Z 6 vor, dort Rn 16. Nach dem Ablauf der Fünfmonatsfrist genügt zur Begründung der Berufung nach § 520 III 2 Z 2 der Vortrag, das Erstgericht habe sein Urteil immer noch nicht fertiggestellt, BGH FamRZ **04**, 179, BAG NJW **96**, 1431.

14 **C. Verstoß.** Fehlt die Verkündung oder Zustellung bei § 310 III, läuft keine Frist, BGH NJW **85**, 1783. Bevor das Ersturteil auf diese Weise rechtlich existent geworden ist, § 310 Rn 1, ist auch keine Berufung statthaft. Denn sie wäre ein bedingtes und darum unmögliches Rechtsmittel. Daran ändert auch eine fernmündliche Durchsage des Tenors durch das Erst- oder gar das Berufungsgericht nichts, VGH Mannh DVBl **75**, 381 (anders bei Beschlüssen, § 567 Rn 12). Tritt jedoch das Ersturteil den Parteien gegenüber als bestehend in Erscheinung, etwa durch die Erteilung einer Ausfertigung oder einer beglaubigten Ablichtung oder Abschrift durch die Geschäftsstelle, ist die Berufung statthaft, Ffm FamRZ **78**, 430.

15 **7) Fristversäumnis.** Sie führt zur Verwerfung der Berufung, § 522 I, Jena MDR **08**, 43. Eine Umdeutung in eine zulässige Ausschlußberufung bleibt denkbar, BGH FamRZ **87**, 800. Der Berufungsführer muß die Frist auch dann einhalten, wenn er die Nichtigkeit des Ersturteils geltend macht, § 579 II, VGH Mü BayVBl **83**, 502. Zum Nachweis des rechtzeitigen Eingangs ist ein voller Beweis nötig, Rn 9 Schlee AnwBl **86**, 339. Für die Beweiserhebung gilt der sog Freibeweis, Rn 4.

518 *Berufungsfrist bei Urteilsergänzung.* [1] **Wird innerhalb der Berufungsfrist ein Urteil durch eine nachträgliche Entscheidung ergänzt (§ 321), so beginnt mit der Zustellung der nachträglichen Entscheidung der Lauf der Berufungsfrist auch für die Berufung gegen das zuerst ergangene Urteil von neuem.** [2] **Wird gegen beide Urteile von derselben Partei Berufung eingelegt, so sind beide Berufungen miteinander zu verbinden.**

1 **1) Systematik, Regelungszweck, S 1, 2.** Es handelt sich um eine Ergänzung des § 517 für eine Urteilsergänzung nach § 321. Eine solche Spezialvorschrift erhält stets eine strenge Auslegung. Allerdings ist § 518 im Revisionsverfahren entsprechend anwendbar, BGH VersR **80**, 263.

2 **2) Geltungsbereich, S 1, 2.** Die Vorschrift gilt bei jedem Fall nach der ZPO oder den auf sie verweisenden Gesetzen. Sie gilt auch im WEG-Verfahren. Im Verfahren der Arbeitsgerichte ist § 518 entsprechend anwendbar, § 64 VI ArbGG.

3 **3) Grundsatz, S 1, 2.** § 518 regelt die Fälle des § 321 und seiner sinngemäßen Anwendbarkeit, § 321 Rn 12 ff, nämlich die Urteilsergänzung, nicht deren Ablehnung. Das ergänzte und das ergänzende Urteil sind selbständige Teilurteile. Gegen sie laufen getrennte Berufungsfristen. Beim Ergänzungsurteil muß eine Beschwer nach Grdz 14 vor § 511 wie sonst vorliegen, BGH VersR **80**, 263 (Unerheblichkeit einer Fehlerhaftigkeit des Ergänzungsurteils). Das Ergänzungsurteil kann mangels einer wirksamen Zustellung des ergänzten Urteils vor diesem rechtskräftig werden.

4 **4) Sonderregelung, S 1, 2.** Besonderes gilt nach § 518, falls das ergänzte Urteil dann noch nicht rechtskräftig ist, wenn die Ergänzungsentscheidung ergeht.

A. Fristbeginn beim Ergänzungsurteil, S 1. Die Zustellung des Ergänzungsurteils setzt die Berufungsfrist für das ursprüngliche wie für das ergänzte Urteil neu in Lauf, BGH VersR **81**, 57. § 517 gilt auch beim Erlaß des Ergänzungsurteil vor demjenigen des Hauptspurteils, ZöGuHeß 1. Das gilt auch dann, wenn das Ergänzungsurteil für sich nicht anfechtbar ist oder nicht angefochten wird. Voraussetzung für den Neubeginn der Berufungsfrist gegen das ursprüngliche Urteil ist, daß sie beim Erlaß des Ergänzungsurteils noch nicht abgelaufen war. Äußerster Termin ist dann der Ablauf von 6 Monaten seit der Verkündung des

Ergänzungsurteils. Die Rücknahme oder Verwerfung der Berufung gegen das ergänzte Urteil als unzulässig ändert nichts an dem Neubeginn der Berufungsfrist auch für dieses Urteil. Wegen der Möglichkeit einer Urteilsergänzung nach dem Fristablauf ist stets eine rechtzeitige Berufung gegen ein unvollständiges Urteil ratsam. Über ergänzende Kostenurteile § 321 Rn 10. Eine Berufungsbegründung nebst einem Wiedereinsetzungsantrag wegen einer Fristversäumung läßt sich evtl nach § 518 als eine erneute Rechtsmitteleinlegung umdeuten, LAG Bre MDR **03**, 173.

Eine *Berichtigung* des Urteils nach §§ 319, 320 ändern nichts an der Berufungsfrist, § 319 Rn 29, BGH NJW **03**, 2991, es sei denn, das später berichtigte Urteil war nicht klar genug, um die Grundlage für das weitere Handeln der Partei zu bilden, § 319 Rn 30. Ebensowenig berührt ein Zusatzurteil nach § 239 IV gegen den Rechtsnachfolger eines Verstorbenen die Frist.

Unanwendbar ist S 1 nach der Ablehnung eines Ergänzungsurteils.

B. Berufung gegen beide Urteile, S 2. Legt dieselbe Partei gegen beide Urteile Berufung ein, muß das 5
Gericht in einer Abweichung von § 147 die Berufungen verbinden. Dasselbe gilt bei einem Teilurteil zur Hauptsache und einem Schlußurteil zu den Kosten. ZöGuHeß 6.

519 *Berufungsschrift.* **I Die Berufung wird durch Einreichung der Berufungsschrift bei dem Berufungsgericht eingelegt.**

II Die Berufungsschrift muss enthalten:

1. die Bezeichnung des Urteils, gegen das die Berufung gerichtet wird;
2. die Erklärung, dass gegen dieses Urteil Berufung eingelegt werde.

III Mit der Berufungsschrift soll eine Ausfertigung oder beglaubigte Abschrift des angefochtenen Urteils vorgelegt werden.

IV Die allgemeinen Vorschriften über die vorbereitenden Schriftsätze sind auch auf die Berufungsschrift anzuwenden.

Gliederung

1) Systematik, I–IV. Die Vorschrift ähnelt § 253 I, IV. Ihr entspricht im Revisionsverfahren § 549, im 1
Beschwerdeverfahren § 569 II und im Rechtsbeschwerdeverfahren § 575 I, IV. Daher lassen sich alle diese Vorschriften zur Auslegung mit heranziehen.

2) Regelungszweck, I–IV. Die Notwendigkeit einer Berufungschrift anstelle einer Möglichkeit, die 2
Berufung zum Protokoll einzulegen, zeigt das Bestreben, von vornherein im Interesse aller Komponenten der Rechtsidee nach § 296 Rn 2 Klarheit über die Stoßrichtung und den Umfang des Angriffs des Berufungsklägers zu schaffen. Letzteres gelingt freilich im einzelnen erst mithilfe des § 520. Immerhin haben Rspr und Lehre schon zu den wenigen Grundanforderungen des § 519 eine solche Fülle von Regeln, Ausnahmen, Abweichungen und Ergänzungen erarbeitet, daß man nur mühsam alle diese teilweise ziemlichen Fallstricke erkennen kann. Sie dienen natürlich auch der Bewältigung von Umgehungsversuchen und anderen solchen Vermeidbarkeiten, denen sich auch der sorgfältige ProzBev bei seiner ständigen Überlastung ausgesetzt sieht, vom Mandanten zu schweigen. Man sollte bei aller Formstrenge doch auch die Anforderungen nicht überspannen, Einl III 37, 38.

3) Geltungsbereich, I–IV. Die Vorschrift gilt in jedem Berufungsverfahren nach der ZPO und den auf 3
sie verweisenden Gesetzen. Sie gilt auch im WEG-Verfahren. Im Verfahren der Arbeitsgerichte ist § 519 entsprechend anwendbar, § 64 VI 1 ArbGG, LAG Mü NZA **07**, 814. Zur Wahrung der Schriftform Düwell NZA **99**, 291. Zur Einstellung der Zwangsvollstreckung §§ 707 I, 719 I, Groeger NZA **94**, 253.

4) Notwendigkeit einer Berufungsschrift, I. Die Einlegung der Berufung geschieht durch die Ein- 4
reichung der Berufungsschrift bei dem zur Zeit der Einreichung zuständigen Berufungsgericht. Die Berufungsschrift ist ein bestimmender Schriftsatz nach § 129 Rn 5. Mit der Einreichung wird das Berufungsverfahren anhängig, BGH DtZ **95**, 444. Die Zustellung nach § 521 ist für die Wirksamkeit der Berufung unerheblich, BGH NJW **88**, 2046. Nötig ist danach stets eine schriftliche Erklärung, Rn 2, 9 ff. Daher reicht eine mündliche oder fernmündliche Einlegung nicht aus, Friedrichs NJW **81**, 1422. Auch die Angabe einer nur mündlichen Quelle zum Inhalt reicht nicht, BGH RR **94**, 1213. Für die Einlegung besteht grundsätzlich Anwaltszwang, § 78, BGH WoM **05**, 262 rechts Mitte. Das gilt auch in einer Baulandsache, Hamm NJW **96**, 601. In einer Schiffahrtssache ist das Schiffahrtsobergericht zuständig, BGH MDR **79**, 475.

5 **5) Einreichung, I.** „Eingereicht" hat man die Berufungsschrift auch dann schon, wenn sie erst nach dem Ende der Dienststunden in die Verfügungsgewalt des Berufungsgerichts gelangt, BGH VersR **93**, 459, nicht erst dann, wenn der zu ihrer Entgegennahme zuständige Urkundsbeamte sie amtlich in Empfang nimmt, BVerfG NJW **91**, 2076, oder zu den Akten legt, BGH NJW **87**, 2876. Diese letzteren Einschränkungen wären mit dem GG nicht vereinbar, BVerfG NJW **91**, 2076. „Eingereicht" hat man die Berufungsschrift auch dann, wenn man das Schriftstück dem Gericht übergibt, das es unmittelbar an den Gegner weiterleitet oder als Belegexemplar dem Einreicher zurückgibt, BGH VersR **93**, 459.

6 **6) Fristwahrung, I.** Die Anforderungen sind auch nach dem neuesten Stand zu genau denselben Fragen im umfangreichen ABC § 233 Rn 19 „Gericht" und Rn 50 ff „Rechtsanwalt" aufgegliedert dargestellt. Man darf die Frist, bis zur letzten Sekunde ausnutzen, dort Rn 164 „Telefax". Ergänzend gilt:

Ausreichend ist die Abgabe auf der Annahmestelle oder der Einwurf in den Briefkasten des Gerichts (auch den Nachtbriefkasten), BGH NJW **07**, 3069, oder die Einlegung in sein Postfach, BGH NJW **86**, 2646, BAG NJW **86**, 1373, oder in ein Fach des zuständigen Gerichts bei einem anderen Gericht, BGH RR **89**, 1215, BAG NJW **86**, 2728, oder auf der Annahmestelle, BVerfG NJW **81**, 1951, BGH VersR **81**, 1182, oder in das im Anwaltszimmer eingerichtete und regelmäßig geleerte Fach des Gerichts, Köln NJW **86**, 859. Das gilt auch dann, wenn man nicht mit der Leerung an demselben Tag rechnen kann, BGH NJW **86**, 2646. Dasselbe gilt für den Eingang der Telefax-Kopie. Maßgeblich ist in beiden Fällen der vollständige Ausdruck im Empfängerapparat, BGH NJW **06**, 2264, Wolf NJW **89**, 2594. Bei einer Angabe der Nummer einer anderen Stelle auf gerichtlichen Schreiben genügt der Eingang bei jener Stelle, Rn 8. Wegen Fehlern im Empfangsgerät oder in der Übermittlungsleitung Rn 9, 10 und § 233 Rn 164. Zum unvollständigen Ausdruck dort und BGH NJW **94**, 1881.

Grundsätzlich muß die Berufungsschrift rechtzeitig in den *Gewahrsam des zuständigen Berufungsgerichts* gelangen, §§ 72, 119 GVG, Zweibr VersR **05**, 1000, mag dies auch erst nach einer Weiterleitung geschehen, BGH RR **97**, 92. Das gilt auch bei einer Telekopie, Rn 9 (C). Zu den Anforderungen an den Nachweis BGH VersR **84**, 442. Das gilt auch dann, wenn die Zuständigkeit auf einer Spezialvorschrift beruht, BGH NJW **00**, 1574 (BauGB), LG Hechingen RR **03**, 769 (UrhG). Der Einwurf einer an das LG adressierten Sendung in den Briefkasten des zuständigen OLG wahrt die Frist nicht, BGH NJW **94**, 1354. Eine fälschlich an das LG gerichtete Berufungsschrift geht erst dann wirksam ein, wenn sie fristgerecht beim OLG eingeht, BGH FamRZ **95**, 1134. Ebensowenig reicht der Einwurf einer unrichtig adressierten Berufungsschrift etwa an das unzuständige von mehreren LGen am Ort, BGH RR **87**, 319, selbst in den gemeinsamen Briefkasten, BGH RR **96**, 443, oder ihr Eingang bei der gemeinsamen Annahmestelle, Rn 6.

Beim Einlegen in ein *Behältnis* muß es sich um ein solches handeln, das unter Ausschluß eines fortbestehenden Zugriffs des Absenders oder eines Beförderers nur eine vom Gericht beauftragte Person leeren kann, BGH NJW **86**, 2646, BAG NJW **86**, 2728, aM BVerfG NJW **81**, 1951. Deshalb reicht das Einlegen der Berufungsschrift in ein beim LG eingerichtetes besonderes Fach für das OLG nicht aus, BGH JB **84**, 52 (zur Wiedereinsetzung bei rechtzeitiger Abgabe der Schrift), LAG Bre MDR **96**, 417. Erst recht nicht reicht das Ablegen der Berufungsschrift in einem offenstehenden unbesetzten Raum eines anderen Gerichts, BGH VersR **85**, 87.

Dagegen genügt das Einlegen in ein als *Empfangseinrichtung* auch für das LG geschaffenes und nur von Gerichtsbediensteten leerbares Fach beim AG, BVerfG NJW **91**, 2076, BGH RR **89**, 1215, LAG Düss AnwBl **00**, 263, oder in ein sog Behördenaustauschfach, das ein Bediensteter des Gerichts leert, Friese AnwBl **86**, 403, aM LG Stgt AnwBl **86**, 250, ebenso wie der Einwurf in einen von der Justizverwaltung eingerichteten und auch für dieses Gericht bestimmten Briefkasten oder die Abgabe bei einer gemeinsamen Annahmestelle, BGH NJW **05**, 75, Ffm VersR **82**, 449 (auch zur Organisation und Funktion der gemeinsamen Annahmestellen), Hbg MDR **99**, 627, wenn sich die Schrift erkennbar an das richtige Gericht richtet, BAG NJW **02**, 846. Dabei muß man aber auf den Gesamtinhalt abstellen. Daher kann ein Vergreifen im Ausdruck unschädlich sein, BGH NJW **89**, 591. Richtet sich die Berufung zB ausdrücklich gegen ein Urteil des LG, ohne einen Empfänger der Schrift zu bezeichnen, genügt der Eingang bei der gemeinsamen Annahmestelle auch dann, wenn die Schrift erst nach dem Ablauf der Frist an das OLG gelangt, BGH NJW **92**, 1047. Daß sie den Eingangsstempel eines der anderen Gerichte erhält, schadet nicht, Stgt NJW **92**, 53 (Abgabe bei der Annahmestelle, die die Post aus dem gemeinsamen Briefkasten bearbeiten muß).

Die Frist wird *nicht gewahrt,* wenn die unrichtig adressierte Berufungsschrift zwar rechtzeitig in den gemeinsamen Briefkasten oder die gemeinsame Annahmestelle gelangt, jedoch erst verspätet das richtige Berufungsgericht erreicht, BGH RR **97**, 892, BAG NJW **02**, 846, Mü NJW **89**, 1166. Unzureichend ist natürlich auch die Adressierung nur an den gegnerischen Anwalt, BGH NJW **90**, 2822. Die Angabe des richtigen Aktenzeichens ändert daran nichts, BAG NJW **02**, 846, aM BGH NJW **89**, 591. Ein unzuständiges Gericht reicht als solches nicht, Zweibr VersR **05**, 1000. Das unzuständige Gericht muß einen bei ihm eingegangenen Schriftsatz lediglich im Rahmen des normalen Geschäftsganges nach § 129 a weiterleiten, BVerfG NJW **01**, 1343, BGH RR **04**, 1655, BVerwG NJW **98**, 697.

Ist ein *auswärtiger Spruchkörper* eines Gerichts zuständig, genügt auch die fristgerechte Einreichung beim Stammgericht oder bei einem anderen auswärtigen Spruchkörper dieses Gerichts, BAG NJW **82**, 1119, BFH BB **81**, 1759, Karlsr OLGZ **84**, 223. Ebenso wahrt der Eingang der an das Stammgericht gerichteten Schrift bei einem auswärtigen Spruchkörper die Frist, § 116 II GVG, Karlsr NJW **84**, 744.

7 In einer *Kartellsache* kann man die Berufung gegen das Urteil des LG stets wirksam bei dem diesem LG allgemein vorgeordneten OLG einlegen, mag das LG auch ausdrücklich als Kartellgericht entschieden haben. Das OLG muß die Berufung dann evtl auf einen Antrag entsprechend § 281 an das für Kartellsachen bestimmte OLG verweisen, BGH **71**, 367 (zustm Schmidt BB **78**, 1538). In einer *Patentsache* nach Anh I § 78 b GVG muß man die Berufung gegen das Urteil eines nach § 143 II PatG zuständigen LG bei dem ihm übergeordneten OLG auch dann einlegen, wenn es sich sachlich nicht um eine Patentsache handelt, BGH **72**, 1.

8 Hat das *Gericht selbst* den rechtzeitigen Zugang *verzögert,* zB durch eine falsche Auskunft, BGH NJW **89**, 589, oder durch die Angabe eines unrichtigen Anschlusses auf seinen Briefbögen, BVerfG NJW **86**, 244,

BGH NJW **87**, 2587, oder ihn durch organisatorische Maßnahmen verhindert, zB durch eine zu frühe Abholung beim Postamt oder durch eine Absprache mit der Post über die Zustellung, geht das nicht zulasten des Bürgers, BVerfG NJW **89**, 244, BAG NJW **86**, 1373, VGH Kassel NJW **87**, 2765. Die Frist gilt dann als gewahrt. Es genügt bei einer Angabe der Telex- oder Telefax-Nr einer anderen Stelle auf gerichtlichen Schreiben der Eingang bei jener Stelle, BVerfG NJW **86**, 244, BGH FamRZ **92**, 684, Wolf NJW **89**, 2594, nicht aber sonst, Rn 19, BGH RR **88**, 893, BAG NJW **95**, 2742. Jedenfalls muß das Gericht dann eine Wiedereinsetzung gewähren, BVerfG NJW **83**, 560, BGH NJW **89**, 589. Wegen des Nachweises des Eingangs § 517 Rn 9.

7) Form der Berufungsschrift, I, dazu BGH NJW **00**, 2340 (Üb): Man darf die Berufung auf den folgenden Wegen einlegen. Sie bilden einen Gerichtsgebrauch. Er ist zum Gewohnheitsrecht geworden. Er muß natürlich auf den jeweiligen Stand der Nachrichtentechnik Rücksicht nehmen, BVerfG NJW **96**, 2857, aM VerfGH Mü BayVBl **87**, 314. Eine Erklärung im Protokoll reicht keinesfalls, ZöGuHeß 8. 9

A. Telegramm (auch bei fernmündlicher Aufgabe), BVerfG NJW **96**, 2857, BGH NJW **86**, 2646, Köln RR **90**, 895. Dabei genügt es zur Fristwahrung, daß der zuständige Beamte des Gerichts die dem Zugang des Ankunftstelegramms vorausgehende fernmündliche Durchsage des Textes in Form einer Aktennotiz aufnimmt.

B. Telekopie, entweder unmittelbar an das Rechtsmittelgericht (Telefax-Dienst) oder bei fehlendem Anschluß des Gerichts an die nächstgelegene Postanstalt und von dieser an das Gericht (Telebrief), BVerfG NJW **96**, 2857, BGH NJW **94**, 1879, BAG NJW **89**, 1822. Dabei darf kein privater Empfänger als Bote auftreten, BGH NJW **98**, 763, BAG NJW **90**, 3165, Hbg NJW **89**, 3167, aM Buckenberger NJW **83**, 1475, Ebnet NJW **92**, 2986, Wolf NJW **89**, 2593. Es ist aber unschädlich, daß der Absender das Gerät eines Dritten zur Übermittlung benutzt, BAG NJW **89**, 1822, BFH NJW **91**, 2927, Borgmann AnwBl **89**, 666, aM LAG Hamm NJW **88**, 3286. Dafür, daß das Sendegerät den Schriftsatz vollständig eingelesen hat, trägt der Absender die alleinige Verantwortung, Naumb DB **93**, 2588, OVG Kblz NJW **94**, 1815. Eingereicht hat man die Berufungsschrift mit einem vollständigen Eingang der Telekopie bei dem richtigen Gericht, BGH NJW **90**, 990, BAG NZA **03**, 573, LAG Bre NZA **02**, 580, es sei denn, sie trägt das richtige Aktenzeichen, BGH NJW **89**, 590 (großzügig zur Berufungsbegründung). Beim gemeinsamen Telefaxanschluß mehrerer Gerichte genügt natürlich der dortige Eingang, BVerfG RR **08**, 446. Zum Nachweis des Zugangs reicht der Sendebericht des Sendegeräts nicht aus, BGH NJW **95**, 667, BayObLG FamRZ **98**, 634, Köln NJW **95**, 1228. Er dürfte aber eine tatsächliche Vermutung begründen, BGH NJW **95**, 665, Ffm FF **97**, 118, Mü MDR **99**, 286.

C. Btx-Mitteilung, elektronische Übertragung einer Textdatei mit eingescannter Unterschrift auf ein Faxgerät des Gerichts, BGH MDR **04**, 349, BVerwG NJW **95**, 2121, Brschw MDR **04**, 1018. Vgl zum elektronischen Dokument § 130 a.

D. Gemeinsames. Erforderlich ist, daß der Mitteilungsträger den Anforderungen an eine Berufungsschrift genügt, also insbesondere den Namen des verantwortlichen Anwalts erkennen läßt. BAG DB **84**, 1688 läßt die pauschale Kennzeichnung der Sozietät nicht genügen. Erforderlich ist ferner, daß die Telekopie überdies die eigenhändige Unterschrift des Anwalts wiedergibt, Rn 11 ff, BGH NJW **98**, 762, BAG NJW **96**, 3164, BayObLG NJW **95**, 668, aM BFH NJW **96**, 1432, LAG Rostock MDR **98**, 367. Erforderlich ist ferner, daß das Schriftstück den Berufungskläger bezeichnet, BGH NJW **94**, 1879, Rn 25. 10

Fehler im Empfangsgerät des Gerichts oder in der Übermittlungsleitung, die eine Übermittlung unmöglich machen, verzögern oder zur Verstümmelung des Textes führen, gehen nicht zulasten des Rechtsmittelführers, wenn der Fehler für den Absender nicht erkennbar war, BGH RR **97**, 250, BVerwG NJW **91**, 1193. Die Frist gilt als gewahrt, wenn man den Inhalt des Schriftstücks anderweit einwandfrei ermitteln kann, BGH NJW **94**, 1882. Jedenfalls ist dann eine Wiedereinsetzung möglich, Rn 8, BVerfG NJW **96**, 2857, BGH RR **97**, 250, OVG Bautzen NJW **96**, 2251. Bei einem erkennbaren Defekt gilt das freilich nur dann, wenn andere mögliche und zumutbare Maßnahmen nicht zum Ziel führen konnten. Dabei darf man von einem Anwalt nicht verlangen, daß er innerhalb kürzester Zeit eine andere Zugangsart sicherstellt, BVerfG NJW **00**, 1636, BGH RR **97**, 250.

Fehler im Sendegerät gehen an sich zulasten des Berufungsführers. Bei einem Wiedereinsetzungsantrag gilt das zuvor Gesagte, wenn der Fehler „in letzter Minute" auftritt, aM BGH RR **96**, 1275.

E. Unterschrift. Dazu vgl zunächst die umfassende Darstellung für jeden Schriftsatz nach *neuestem Stand* in § 129 Rn 8 ff. Der Nachweis der Zulassung als Anwalt erfolgt durch die Unterschrift, (zum alten Recht) BGH FamRZ **99**, 1497. Ergänzend und teilweise wiederholend gilt speziell für die Berufungschrift folgendes. 11

In anderen als den in Rn 9, 10 genannten Fällen muß ein Anwalt die Berufungsschrift als einen bestimmenden Schriftsatz nach § 129 Rn 5 handschriftlich *eigenhändig unterschreiben*, BGH AnwBl **06**, 76, BVerwG NJW **91**, 120. Es ist eine gewisse Großzügigkeit notwendig, BGH NJW **05**, 3775. Es soll keine Überspannung erfolgen, BVerfG NJW **02**, 3534, BGH MDR **04**, 1252, Naumb MDR **05**, 1432. Beim Doppelnamen genügt die Unterzeichnung mit *einem* Namen dann, wenn man die Unterschrift dem Unterzeichnenden zuordnen kann, BGH NJW **96**, 997, jedenfalls aber die Abkürzung des zweiten Namensteils mit den beiden Anfangsbuchstaben, BAG NZA **89**, 227. Fehlt die Unterschrift, ist die Berufung unzulässig, BGH VersR **83**, 555, BAG NZA **06**, 260. Eine nachträgliche Unterzeichnung nach dem Fristablauf hat keine rückwirkende Kraft, BGH VersR **80**, 331, aM List DB **83**, 1672. Das Gericht hat insofern keine Hinweispflicht, BGH NJW **82**, 1467. Aber es ist ein nobile officium, die fristgemäße Nachholung zu ermöglichen. Mündliche oder telefonische Ergänzungen sind unwirksam, BGH NJW **97**, 3383. Zur Wiedereinsetzung beim Fehlen einer Unterschrift § 233 Rn 167 ff, BGH RR **03**, 277.

Auch nach der bisherigen Rspr *genügt* eine Blankounterschrift (Fertigung der eigentlichen Schrift durch einen Beauftragten). Dabei ist eine auf den Einzelfall bezogene Überwachung durch den Anwalt notwendig, BAG NJW **83**, 1447, Mü NJW **89**, 1166. Ferner genügt die Unterzeichnung eines Begleitschreibens jedenfalls dann, wenn es mit der Begründungsschrift fest verbunden ist, BGH RR **99**, 855, ebenso wie die 12

Unterzeichnung eines sonstigen fristgerecht eingehenden Schriftsatzes, in dem eindeutig steht, der Absender habe die Berufung mit dem nicht ordnungsmäßig unterzeichneten Schriftsatz eingelegt, zB die Unterzeichnung eines Beglaubigungsvermerks auf der Ablichtung oder Abschrift eines vom Unterzeichner stammenden Schriftstücks, BGH AnwBl **08**, 546, BAG NZA **06**, 260, Naumb MDR **05**, 1432. Es genügt ferner eine sog zweite Urschrift, mag ein solches Schriftstück nach der Einreichung auch an den Anwalt zurückgegangen sein, Schlesw VersR **83**, 65. Ein per Computerfax eingereichtes Schriftstück genügt, weil es technisch bedingt eine eigenhändige Unterschrift nicht enthalten kann, BGH FamRZ **08**, 1348 links Mitte.

13 Danach *genügt nicht* ein (Faksimile-)Stempel, BGH NJW **76**, 966, ebensowenig ein bloßes Handzeichen (Paraphe), BGH NJW **75**, 1704, krit BFH NJW **96**, 1432 (zum Unterschied zwischen Paraphe und Unterschrift BGH NJW **82**, 1467) oder eine Unterzeichnung mit dem Vornamen, Karlsr RR **00**, 948, auch nicht eine Unterschrift in Schreibmaschinenschrift, Kblz VersR **82**, 275, oder eine vervielfältigte Unterschrift, oder die Einreichung einer Fotokopie oder Lichtpause von einer handschriftlich unterzeichneten Berufungsschrift. Ob man an dieser strengen Rspr wegen der abweichenden Behandlung von Telefax festhalten kann, ist zweifelhaft, BFH NJW **96**, 1432. Dagegen ist sicher, daß sich das Fehlen einer Unterschrift nicht dadurch ersetzen läßt, daß der Anwalt den Schriftsatz persönlich dem Gericht übergibt, BGH VersR **83**, 271, Mü NJW **79**, 2570 (es sei denn, der Anwalt läßt sich die Einlegung vom Gericht bescheinigen, Ffm NJW **77**, 1246), oder dadurch, daß der Anwalt die Berufungsschrift als Einschreiben mit Rückschein versendet, BVerwG NJW **91**, 120. Überhaupt läßt sich im Anwaltsprozeß das Fehlen einer Unterschrift nicht durch andere Umstände ersetzen.

14 Der unterzeichnende Anwalt muß die *volle Verantwortung* für den Inhalt der Berufungsschrift übernehmen, die auch von einem anderen stammen darf. Von solcher Verantwortungsbereitschaft darf das Gericht nach der Unterzeichnung durch einen Anwalt grundsätzlich ausgehen, (je zum alten Recht) BGH MDR **05**, 527, links, BAG NJW **90**, 2706, es sei denn, das Gegenteil ergibt sich aus einer Erklärung des Anwalts (die Unterzeichnung „i. A." ist nur ausnahmsweise unschädlich, BGH NJW **93**, 2056, die Unterzeichnung „i. V." kann genügen, BAG NJW **87**, 3279, ebenso die Unterzeichnung „für" einen anderen Anwalt, BAG NJW **90**, 2706). Außerdem muß der Anwalt wirksam bevollmächtigt sein. Dabei genügt eine Untervollmacht des ProzBev, BAG NJW **90**, 2706. Daß die Bevollmächtigung schon in erster Instanz Gegenstand des Streits war, begründet nicht die Befugnis des Anwalts, Berufung einzulegen, BGH NJW **90**, 3152 (anders beim Streit um die gesetzliche Vertretung). Der Mangel der Vollmacht ist heilbar, § 89 Rn 11, und zwar rückwirkend. Daher wird die Berufung dann zulässig, wenn die Partei nach dem Ablauf der Berufungsfrist eine Prozeßvollmacht erteilt, Ffm MDR **84**, 499. Dagegen scheidet eine Heilung in der Revisionsinstanz aus, wenn das Berufungsgericht die vollmachtlos eingelegte Berufung nach einer ergebnislose Fristsetzung durch ein Prozeßurteil verworfen hat, BGH NJW **84**, 2149.

15 Die Unterschrift eines *Vertreters* genügt, wenn sowohl der Hauptbevollmächtigte als auch sein Vertreter Anwälte sind, (je zum alten Recht) BGH MDR **06**, 110, BAG NJW **90**, 2706, Karlsr VersR **88**, 587, oder wenn der Vertreter amtlich bestellt ist, § 53 BRAO, BGH AnwBl **82**, 246. Es genügt, daß die Berufungsschrift seine Vertreterstellung hinreichend deutlich erkennbar macht, BGH FamRZ **95**, 134, KG MDR **00**, 1231. Der Abwickler der Praxis eines Simultananwalts kann auch nach 6 Monaten seiner Tätigkeit, § 55 BRAO, dann wirksam Berufung einlegen, wenn der Simultananwalt unbeschränkt einen Auftrag zur Prozeßvertretung hatte. Eine etwa noch notwendige Genehmigung innerhalb der Frist ist dann nachholbar, (zum alten Recht) BGH NJW **90**, 3086, wenn erkennbar ist, daß der Anwalt den Mangel erkannt hat und ihn beseitigen will, (zum alten Recht) BGH FamRZ **99**, 1498. Erhält ein durch ein Urteil aus der Anwaltschaft ausgeschlossener Anwalt wegen der Berufung gegen dieses Urteil eine Wiedereinsetzung, sind seine zwischenzeitlich vorgenommenen Prozeßhandlungen wirksam, BGH WertpMitt **87**, 154.

16 Für die *Zulassung* als Anwalt ist maßgeblich die Aushändigung der Zulassungsurkunde, nach (jetzt) § 12 I BRAO, (zum alten Recht) BGH NJW **92**, 2706. Die Zulassung muß in demjenigen Zeitpunkt bestehen, in dem der Anwalt sich der Berufungsschrift entäußert hat, nicht notwendig bei ihrem Eingang, BGH NJW **90**, 1305, Ffm NJW **84**, 2896 (zustm Münzberg NJW **84**, 2871). Dasselbe gilt für das Bestehen der Prozeßvollmacht, aM BGH NJW **90**, 3152. Über den Beitritt eines Streitgehilfen bei der Einlegung § 66 Rn 17, über die Verbindung mit einer Aufnahme des Prozesses § 250 Rn 2. Zum Nachweis der Vollmacht § 80 Rn 11. Wegen der Vertretung durch einen ausländischen Anwalt SchlAnh VII.

17 **F. Beglaubigte Ablichtung oder Abschrift.** Das Berufungsgericht muß sie dem Gegner ohne eine Terminsbestimmung von Amts wegen zustellen, § 521 I.

18 **8) Mehrere Berufungsschriften, I.** Ihre Einreichung durch dieselbe Partei oder ihren Streithelfer ist zulässig, BGH NJW **93**, 3141, Pantle NJW **88**, 2773. Sie kann sich bei der Befürchtung eines Formfehlers empfehlen. Daher kann sich auch die Nachreichung empfehlen, BGH NJW **93**, 3141. Eine neue Berufung kann auch in einer Aufnahme nach § 250 liegen. Sie ist vor dem Ablauf der Einlegungsfrist statthaft, BGH NJW **93**, 269, BAG NJW **99**, 2989. Sie ist bei einer Versäumung der Begründungsfrist und Verwerfung der Berufung das einzige Mittel, den Eintritt der Rechtskraft zu verhindern, solange die Berufungsfrist läuft, Pantle NJW **88**, 2773. In einer solchen Wiederholung des Rechtsmittels liegen keine selbständigen Berufungen, BGH MDR **05**, 824 rechts oben, Brdb RR **06**, 1193 (je: auch nicht bei einer Einreichung bei verschiedenen Gerichten, BGH BB **06**, 577). Daher gilt eine Verlängerung der Begründungsfrist für alle, BGH NJW **93**, 269. Folglich darf das Berufungsgericht nicht etwa eine dieser Berufungen als unzulässig verwerfen, BGH NJW **96**, 2659, und folglich tritt bei der Rücknahme eines Einlegungsakts die Kostenfolge des § 516 III nicht ein. Vielmehr hängt die Bedeutung des zweiten und jeder weiteren Einlegungsakts von der Wirksamkeit und dem Wirksambleiben des vorangegangenen Einlegungsakts ab, BGH NJW **93**, 3141, BAG NZA **99**, 895.

Bei einer Berufung sowohl der Partei als auch ihres *Streithelfers* hat die erstere den Vorrang, BGH BB **93**, 1837. Gegen ein Urteil gibt es nur ein Rechtsmittel, über das das Berufungsgericht einheitlich entscheiden muß, BGH MDR **05**, 824 rechts oben, BFH BStBl **84** II 833, Brdb RR **06**, 1193. Erfüllt eine der Berufungsschriften die Zulässigkeitsvoraussetzungen, muß das Berufungsgericht nach dem Meistbegünstigungsgrundsatz nach Grdz 28 vor § 511 in der Sache entscheiden, BGH NJW **93**, 3141, BayObLG BayVBl **81**, 153, Brdb RR **06**, 1193. Sind alle Berufungsschriften unzulässig, muß das Berufungsgericht sie einheitlich verwerfen. Erweist sich infolge einer Entscheidung des Revisionsgerichts dann ein Rechtsmittel als zulässig, ist das in anderer Form eingelegte weitere Rechtsmittel gegenstandslos, BGH NJW **89**, 1357, Düss OLGZ **79**, 454. Das gilt auch denn, wenn dieselbe Partei sowohl eine Berufung als auch eine Anschlußberufung eingelegt hat, Karlsr Just **84**, 394, und für die Berufungseinlegung durch die Partei und einen Streithelfer, BGH NJW **85**, 2480.

Ob er eine oder mehrere Berufungen einlegen will, kann der *Rechtsmittelführer* bestimmen. Fehlt es an einer ausdrücklichen Bestimmung, entscheidet sein gesamtes prozessuales Verhalten, BGH NJW **93**, 1341, BAG NJW **96**, 1366. Mehrkosten sind nicht erstattungsfähig.

9) Inhalt der Berufungsschrift, II, dazu *Stackmann* NJW **03**, 169 (Üb): Sämtliche in II aufgeführten 19
Erfordernisse sind wesentlich. Für die Richtigkeit und Vollständigkeit sind der Berufungskläger und sein ProzBev verantwortlich, nicht das Berufungsgericht, BGH VersR **85**, 767. Es darf und muß aber schon nach § 139 Hinweise geben, BGH MDR **91**, 1198. Ein Mangel macht die Berufung unzulässig, § 522 I. Eine Heilung ist nur bis zum Ablauf der Berufungsfrist möglich, BGH DB **77**, 1684. Das gilt auch beim Fehlen der Unterschrift, BGH VersR **80**, 331, BFH BStBl **84** II 670. Es genügt, wenn innerhalb der Frist mehrere solche Schriftsätze vorliegen, die insgesamt eine formgerechte Berufung ergeben, BAG MDR **82**, 965. Man muß die Erklärungen der Parteien evtl nach dem Grundsatz auslegen. Sie bezwecken im Zweifel dasjenige, was vernünftig ist und der wahren Interessenlage entspricht, BGH RR **02**, 646 (keine Auslegung gegen den Wortlaut).

A. Bezeichnung des angefochtenen Urteils, II Z 1. Sie ist unbedingt notwendig, Schlee AnwBl **85**, 20
252. Wie sie geschieht, ist unerheblich. Nur darf kein Zweifel an der Nämlichkeit bestehen, BGH VersR **04**, 623. Es muß beim Gericht und Gegner innerhalb der Berufungsfrist Gewißheit darüber bestehen, welches Urteil der Berufungsführer anficht, BGH MDR **01**, 529. Grundsätzlich nötig und ausreichend ist die genaue Bezeichnung der Parteien und des Gerichts, des Verkündungstermins und des Aktenzeichens, BGH FamRZ **06**, 1117 links, BAG NZA **97**, 456 (je: falsches oder fehlendes Aktenzeichen), BGH NJW **89**, 2395 (falsche Bezeichnung des Gerichts), BGH RR **87**, 319 (irrtümliche Nennung des LG Mü I anstelle des LG Mü II, Borgmann AnwBl **87**, 39). Das Zustelldatum gehört nicht zur Nämlichkeit des Ersturteils, aM BGH NJW **91**, 2081 (aber es gehört zur Berufungs*frist*).

Es genügt, daß für beide diese Gewißheit *innerhalb der Frist* des § 517 besteht, BGH MDR **78**, 308. Dabei reicht für das Gericht die Kenntnis der Geschäftsstelle aus, BAG NJW **79**, 2000.

Die *Gewißheit* kann sich aus der Auslegung der Berufungsschrift und anderer Unterlagen ergeben, aus sonstigen Angaben oder aus den Begleitumständen, BGH FamRZ **06**, 1116, zB aus dem nach III beigefügten Urteil, BGH NJW **93**, 1720, VerfGH Mü NJW **91**, 3140. Dann schadet das Fehlen oder die Unrichtigkeit von Angaben in der Berufungsschrift nicht, zB eine unrichtige Angabe des Aktenzeichens, BVerfG NJW **93**, 1720, BGH RR **89**, 959, BAG NZA **97**, 456, oder die Verwechslung eines Urkunden-Vorbehaltsurteils mit dem Urteil des Nachverfahrens, BGH VersR **75**, 928, und/oder des Verkündungsdatums, oder die unterlassene oder falsche Angabe des Erstgerichts, BGH MDR **89**, 730, wenn auch für das Berufungsgericht Klarheit besteht, BGH VersR **04**, 623, Schlesw SchlHAnz **90**, 88. Sie läßt sich auch durch Ermittlungen der Geschäftsstelle herbeiführen, BGH VersR **93**, 1549, BAG NZA **97**, 456.

Demgemäß ist bei einer versehentlich falschen Bezeichnung die *Richtigstellung* oder Ergänzung innerhalb der Frist jederzeit möglich, BGH VersR **76**, 1157. Das kann auch durch die Einreichung des richtigen Urteils geschehen, wenn das Gericht und der Gegner über das Ersturteil nicht im Zweifel sein können. Eine Berichtigung nach dem Ablauf der Berufungsfrist ist unstatthaft, BGH MDR **78**, 308. Die ausdrückliche Verweisung auf das beigefügte Ersturteil genügt, BGH RR **89**, 959. Fehlt es, muß das Gericht den Berufungskläger darauf hinweisen, BGH NJW **91**, 2081. Hat der Berufungskläger das Ersturteil eindeutig bezeichnet, kann er die Berufung nicht nachträglich auf ein anderes Urteil beziehen. Liegt der Berufungsschrift ein anderes Urteil bei als das in ihr genannte, kommt es auf die Umstände an, BGH NJW **91**, 2081.

Besteht am Ende der Frist des § 517 beim Gericht und beim Gegner *nicht* die erforderliche *Gewißheit,* ist die 21
Berufung unzulässig, BGH RR **00**, 1371. Das gilt unabhängig davon, ob sich die Bearbeitung des Rechtsstreits durch das Fehlen der nötigen Angaben verzögert, BGH VersR **83**, 250. Das Gericht und seine Geschäftsstelle haben keine Prüfungs- und Nachforschungspflichten, BAG NJW **79**, 2000, wohl aber eine Hinweispflicht nach § 139, BGH NJW **91**, 2081. Sie brauchen dazu aber nicht alles stehen und liegen zu lassen.

B. Erklärung der Berufungseinlegung, II Z 2. Auch sie ist grundsätzlich unbedingt notwendig, BGH 22
VersR **07**, 662, Schlee AnwBl **85**, 252. Der Gebrauch des Wortes „Berufung" ist unnötig, wenn der Wille, das Ersturteil einer Nachprüfung durch das Berufungsgericht in einer mündlichen Verhandlung zu unterstellen, klar ist, BGH RR **98**, 507, BVerwG BayVBl **96**, 31. Es reicht daher nicht aus, wenn das Berufungsgericht erst den Inhalt der Schrift auslegen muß. Unter Umständen ist eine Umdeutung möglich, BGH NJW **87**, 1204 („sofortige Beschwerde" statt Berufung), BGH RR **98**, 507 (nach Bewilligung von Prozeßkostenhilfe „Antrag auf Fortsetzung"), BGH MDR **06**, 110 (Ankündigung einer „Berufungsbegründung"). Das gilt aber mit Rücksicht auf die Belange der Gegenseite mit aller Zurückhaltung und jedenfalls dann nicht, wenn der Einreicher eindeutig ein anderes Ziel verfolgt, BVerwG NVwZ **98**, 1297. Zur Umdeutung einer unzulässigen Berufung in eine zulässige Anschlußberufung BGH NJW **87**, 3263, Rimmelspacher JR **88**, 93.

Eine als Ganzes *bedingt oder hilfsweise* eingelegte Berufung ist unzulässig, Grdz 4 vor § 511, BVerfG **40**, 23
272, BGH FamRZ **07**, 895, BAG NJW **96**, 2533, aM Kornblum NJW **06**, 2891 (übersieht zur Prozeßkostenhilfe die vorgenannte Verweisung). Ob eine Berufung in diesem Sinn bedingt ist, muß man durch eine Auslegung ermitteln, BVerfG **40**, 272, BGH NJW **02**, 1352, BFH NVwZ **83**, 439. Beispiel: Berufungseinlegung in Verbindung mit einem Prozeßkostenhilfe-Gesuch, BGH FamRZ **07**, 1727, BVerwG **59**, 305. Hat der Einreicher dem Gesuch eine dem § 519 genügende Schrift beigefügt, ist das dann eine unbedingte Berufung, wenn sich nicht das Gegenteil eindeutig aus den Umständen ergibt, BGH VersR **07**, 662, aM Ffm FamRZ **99**, 1150. Keine wirksame Berufung liegt zB dann vor, wenn der Einreicher in dem Antrag selbst diese Schrift als einen Entwurf bezeichnet, Stgt FamRZ **00**, 240.

Das gilt evtl selbst dann, wenn er erklärt, die Einlegung des Rechtsmittels erfolge erst nach einer Bewilligung der *Prozeßkostenhilfe,* BGH FamRZ **07**, 895, oder er beabsichtige sie nur, BGH RR **00**, 879, oder mache die „Durchführung" des Rechtsmittels von der Prozeßkostenhilfe abhängig, großzügig BGH FamRZ **07**, 1727. Zulässig ist eine Berufung mit der Bitte, den Schriftsatz zunächst zu den Akten zu nehmen und dann zunächst über ein gleichzeitig gestelltes Prozeßkostenhilfegesuch zu entscheiden, BGH NJW **88**, 2047, oder die Berufungsschrift erst nach einer Bewilligung der Prozeßkostenhilfe in den Geschäftsgang zu nehmen oder „durchzuführen", BGH FamRZ **04**, 1554. Die Rücknahme einer solchen Bedingung kann eine Berufungsrücknahme bedeuten, BGH FamRZ **01**, 1703. Sie kann auch eine erneute Berufung bedeuten, BGH VersR **93**, 713.

Die Angabe, *in welchem Umfang* die Berufung erfolgt, ist in der Berufungsschrift entbehrlich. Erfolgt sie dennoch, steht das einem weitergehenden Antrag innerhalb der Begründungsfrist dann nicht entgegen, wenn kein ausdrücklicher gänzlicher oder teilweiser Berufungsverzicht vorliegt, BGH NJW **83**, 1562, BAG NZA **94**, 272, vgl auch Grdz 4 vor § 511.

24 **C. Einlegungsberechtigter, II Z 1, 2.** Es muß ein Anwalt handeln, nach § 11 II ArbGG jeder Anwalt und im dort bezeichneten Rahmen evtl auch ein Verbandsvertreter. Der Anwalt mag auch noch nicht vereidigt sein, BVerfG **34**, 325. Der Name des verantwortlich Zeichnenden muß sich aus der Berufungsschrift zweifelsfrei ergeben.

25 **D. Angabe der Berufungsparteien, II Z 1, 2.** Notwendig ist die klare Angabe, für wen und gegen wen der Anwalt die Berufung einlegt, BGH FamRZ **07**, 903, Hamm MDR **07**, 1095. Das gilt vor allem dann, wenn die Berufung nicht für oder gegen alle auf einer Seite Stehenden erfolgt. Das Berufungsgericht muß das innerhalb der Rechtsmittelfrist im Weg der Auslegung nach Grdz 52 vor § 128 aus der Berufungsschrift oder doch aus den Umständen mit ausreichender Deutlichkeit erkennen können, BGH AnwBl **07**, 88. Es darf beim Berufungsgericht und bei dem Gegner kein Zweifel aufkommen können, BGH RR **04**, 862, Brdb MDR **04**, 1438 (das gilt auch dann, wenn das Urteil nur eine Partei beschwert). Es kann auch eine Auslegung der gegnerischen Berufungsschrift nebst dort beigefügter Urteilsabschrift ergeben, wer Berufungskläger und wer -bekl ist, BGH WoM **08**, 362. Wegen der nötigen Schriftform genügt dafür eine von der Geschäftsstelle in einem Aktenvermerk festgehaltene mündliche oder fernmündliche Erklärung nicht, BGH NJW **99**, 291, BAG NJW **75**, 2039, krit Westerhoff JR **86**, 269. Grundsätzlich muß der Berufungskläger sich selbst und den Berufungsbekl unter Angabe der Parteirolle mit ihren Namen und zweckmäßigerweise auch mit ihrer Anschrift bezeichnen, BGH RR **06**, 284, wenn auch nicht notwendigerweise, BAG NJW **87**, 1356.

Daher liegt *keine* ordnungsmäßige Berufung vor, wenn der Berufungskläger statt des richtigen Berufungsbekl ein solches mit ihm nicht identisches Unternehmen nennt, in dessen Firma dessen Name erscheint, BGH NJW **85**, 2651. Der Widerbekl steckt nicht stets auch hinter der Angabe „Berufungskläger", BGH RR **06**, 284. Jedoch macht das Fehlen der Anschrift des Berufungsbekl und seines ProzBev die Berufung nicht unzulässig, BGH NJW **02**, 831. Trotz der Besonderheiten des Verfahrens der Arbeitsgerichte gilt hier dasselbe, BAG NJW **87**, 1356, Karlsr FamRZ **03**, 1672. Dasselbe gilt für das Fehlen der ladungsfähigen Anschrift des Berufungsklägers, BGH NJW **88**, 2114. Ist ein Streitgenosse zugleich ein Streithelfer des anderen, muß die Berufungsschrift zweifelsfrei ergeben, wer der Berufungskläger ist, Oldb RR **04**, 1029.

26 Richtet sich die Berufung gegen mehrere *Streitgenossen,* genügt meist die Nennung des an erster Stelle stehenden, BGH NJW **02**, 832, oder von zweien nur einer, BGH NJW **03**, 3204. Anders liegt es aber, wenn der Berufungskläger von 3 Streitgenossen nur 2 nennt. Aber auch hier kann eine sinnvolle Auslegung ergeben, daß sich das Rechtsmittel gegen alle richtet, Hamm MDR **00**, 539, weil die uneingeschränkt eingelegte Berufung sich im Zweifel gegen alle erfolgreichen Streitgenossen richtet, BGH NJW **84**, 58, Bre RR **95**, 1023. Deshalb kann bei einer ausnahmslosen Aufführung der Rechtsmittelgegner deren unterschiedliche Bezeichnung als „Beklagte" und als „Beklagte und Berufungsbeklagte" unschädlich sein, BGH **03**, 3204. Bei einer Vielzahl von Rechtsmittelgegnern genügt eine Sammelbezeichnung jedenfalls dann, wenn sich die Einzelheiten aus der beigefügten oder innerhalb der Berufungsfrist nachgereichten Urteilsablichtung oder -abschrift ergeben, BGH RR **00**, 1661. Sind mehrere einfache Streitgenossen dagegen Berufungskläger, müssen alle als solche auftreten, BGH NJW **93**, 2944, Brdb OLG-NL **98**, 261, es sei denn, die Reihenfolge der in der Berufungsschrift aufgeführten Namen läßt hinreichend sichere Schlüsse zu, BGH NJW **99**, 3124. Das Fehlen der Bezeichnung eines Streithelfers ist evtl unschädlich, BAG NJW **78**, 392, strenger BGH NJW **03**, 3204.

27 Eine *fehlende oder falsche Bezeichnung der Parteien* kann die Berufung unzulässig machen, BGH RR **04**, 572. Aber sie schadet nur, wenn das Berufungsgericht und der unbefangene Leser die richtige nicht deutlich erkennen kann, auch nicht bei einer notwendigen vernünftigen Auslegung, BGH NJW **02**, 831, oder bei einer bis zum Ablauf der Berufungsfrist nachgereichten Unterlage usw, BGH FamRZ **06**, 1116, Brschw MDR **04**, 1438. Dabei darf das Berufungsgericht auch das der Rechtsmittelschrift beigefügte Urteil heranziehen. Wo es üblich ist, den Kläger stets dann an erster Stelle zu nennen, wenn er auch Berufungskläger ist, bezeichnet schon die Reihenfolge die Parteien meist hinreichend deutlich, BVerfG NJW **86**, 2101, BGH RR **01**, 572. Enthält die Berufungsschrift bereits Anträge, kann sich mangels anderer Hinweise aus ihnen ergeben, gegen welchen von mehreren Prozeßgegnern sich die Berufung richtet, BGH NJW **91**, 2775. Eine Parteiverwechslung ist nur ausnahmsweise unschädlich, Mü MDR **06**, 540. Ist der Name des Berufungsklägers überhaupt nicht in der Berufungsschrift vorhanden, schadet das dann nicht, wenn er aus sonstigen innerhalb der Notfrist eingereichten Unterlagen hervorgeht, Celle NdsRpfl **90**, 152. Deshalb reicht es nicht aus, wenn das Berufungsgericht den Namen nur aus den Gerichtsakten ermitteln kann und wenn diese ihm nicht innerhalb der Notfrist vorliegen. Wenn nicht alle in der Berufungsschrift genannten Personen das Berufungsverfahren durchführen, genügt eine Klarstellung bis zum Ablauf der Begründungsfrist, Celle NdsRpfl **90**, 153 (keine teilweise Verwerfung der Berufung).

28 **10) Anlagen der Berufungsschrift, III.** Der Berufungskläger soll ihr eine Ausfertigung oder beglaubigte Ablichtung oder Abschrift des Ersturteils beifügen. Es handelt sich um eine bloße Ordnungsvorschrift. Deren Beachtung ist aber wichtig. Denn es können sich aus dem Ersturteil solche Umstände ergeben, die für

die Auslegung der Berufungsschrift wesentlich sind, Rn 20, 27, BGH RR **89**, 959, Schlee AnwBl **90**, 35. Eine versehentlich falsche Angabe des Aktenzeichens ist unschädlich, soweit das Berufungsgericht trotzdem seine Prozeßvorbereitungen beginnen kann, BGH NJW **06**, 1003.

11) Allgemeine Bestimmungen, IV. Ihre Beachtung nach §§ 130 ff, 525 verlangt das Gesetz durch eine **29**
bloße Ordnungsvorschrift. Der Berufungskläger darf, nicht muß, die Berufungsbegründung in die Berufungsschrift aufnehmen, § 520 III 1. Eine ladungsfähige Anschrift des Berufungsklägers ist nicht notwendig, BGH NJW **05**, 3773.

520 *Berufungsbegründung.* **I Der Berufungskläger muss die Berufung begründen.**

II 1 Die Frist für die Berufungsbegründung beträgt zwei Monate und beginnt mit der Zustellung des in vollständiger Form abgefassten Urteils, spätestens aber mit Ablauf von fünf Monaten nach der Verkündung. 2 Die Frist kann auf Antrag von dem Vorsitzenden verlängert werden, wenn der Gegner einwilligt. 3 Ohne Einwilligung kann die Frist um bis zu einem Monat verlängert werden, wenn nach freier Überzeugung des Vorsitzenden der Rechtsstreit durch die Verlängerung nicht verzögert wird oder wenn der Berufungskläger erhebliche Gründe darlegt.

III 1 Die Berufungsbegründung ist, sofern sie nicht bereits in der Berufungsschrift enthalten ist, in einem Schriftsatz bei dem Berufungsgericht einzureichen. 2 Die Berufungsbegründung muss enthalten:

1. die Erklärung, inwieweit das Urteil angefochten wird und welche Abänderungen des Urteils beantragt werden (Berufungsanträge);
2. die Bezeichnung der Umstände, aus denen sich die Rechtsverletzung und deren Erheblichkeit für die angefochtene Entscheidung ergibt;
3. die Bezeichnung konkreter Anhaltspunkte, die Zweifel an der Richtigkeit oder Vollständigkeit der Tatsachenfeststellungen im angefochtenen Urteil begründen und deshalb eine erneute Feststellung gebieten;
4. die Bezeichnung der neuen Angriffs- und Verteidigungsmittel sowie der Tatsachen, auf Grund derer die neuen Angriffs- und Verteidigungsmittel nach § 531 Abs. 2 zuzulassen sind.

IV Die Berufungsbegründung soll ferner enthalten:

1. die Angabe des Wertes des nicht in einer bestimmten Geldsumme bestehenden Beschwerdegegenstandes, wenn von ihm die Zulässigkeit der Berufung abhängt;
2. eine Äußerung dazu, ob einer Entscheidung der Sache durch den Einzelrichter Gründe entgegenstehen.

V Die allgemeinen Vorschriften über die vorbereitenden Schriftsätze sind auch auf die Berufungsbegründung anzuwenden.

Schrifttum: *Oehlers* MDR **96**, 447; *Rimmelspacher* NJW **02**, 1897; *Stackmann* NJW **03**, 169 (je: Üb).

Gliederung

1) Systematik, I–V. Die Vorschrift tritt nach § 525 an die Stelle des erstinstanzlichen § 253 II Z 2. An **1**
ihre Stelle treten in der Revisionsinstanz § 551, in der Beschwerdeinstanz § 571 I und bei der Rechtsbeschwerde § 575 II–IV.

2) Regelungszweck, I–V. Der Begründungszwang dient natürlich der Prozeßwirtschaftlichkeit, Grdz 14 **2**
vor § 128. Das Berufungsgericht soll sich nicht aus den erstinstanzlichen Akten mühsam heraussuchen müssen, welche Berufungsgründe nach § 513 bestehen sollen oder können. Der Berufungsführer soll mithilfe seines ja notwendigen ProzBev einigermaßen bald und stets klar prüfen und erst anschließend erklären, was ihm am Ersturteil in einer nach der ZPO überprüfbaren Art und Weise mißfällt und ihn beschwert. Damit soll eine für alle Beteiligten wirksame Vorsiebung erfolgen, auf der das Gericht dann zügig und konzentriert aufbauen kann und bei der auch der Gegner von vornherein erkennen kann, inwiefern der Kampf weitergehen soll. Das alles dient auch der Rechtssicherheit nach Einl III 43 zur Begrenzung des

verbleibenden Streitstoffs und zur Klärung, inwieweit das Ersturteil entweder bereits nach § 705 formell rechtskräftig ist oder doch nicht mehr gesondert weiter umstritten bleibt. Man darf und muß daher die Anforderungen ziemlich hoch ansetzen. Man darf sie aber auch nicht überspannen. Diese Abwägung erfordert Entschlossenheit wie Behutsamkeit. Sie dienen dann auch einem möglichst gerechten Ergebnis des ja keineswegs mehr einfach als nochmalige Tatsacheninstanz ausgestalteten Berufungsverfahrens.

3 **3) Geltungsbereich, I–V.** Die Vorschrift gilt in jedem Berufungsverfahren nach der ZPO und der auf sie verweisenden Gesetze, auch im Eilverfahren, § 922 I, auch im WEG-Verfahren. Im Verfahren der Arbeitsgerichte (Urteilsverfahren) gilt § 66 I 1, 4, 5 ArbGG, LAG Mü NZA **07**, 814. Daher darf das Berufungsgericht die zweimonatige Begründungsfrist in § 66 I 1 ArbGG, LAG Hamm MDR **91**, 991, ausnahmslos nur einmal verlängern, BAG NJW **96**, 1430. Die Verlängerung auf Grund eines rechtzeitig gestellten Antrags muß innerhalb zweier Monate nach dem Ablauf der ursprünglichen Frist erfolgen, BAG NJW **80**, 309. Das Vorbringen neuer Angriffs- und Verteidigungsmittel durch den Berufungskläger und den Berufungsbekl regelt § 67 II 1 ArbGG. Bei einer Berufungsbegründung durch Telefax muss auch die letzte Seite mit der Unterschrift bis 24 Uhr des letzten Tages der Begründungsfrist beim Gericht eingehen, BAG NZA **03**, 573. Für den Inhalt der Begründung gilt III, BAG NZA **04**, 1350, LAG Düss MDR **04**, 160.

4 **4) Begründungszwang, I.** Der Berufungskläger muß seine Berufung zwecks Zulässigkeit formgerecht begründen. Das gilt auch in einem einfachen Fall ohne einen zweitinstanzlich neuen Vortrag, Celle NdsRpfl **82**, 64. Den Umfang bestimmt III abschließend. Dieser Begründungszwang ist mit dem GG vereinbar, BVerfG NJW **74**, 133, VerfGH Mü BayVBl **87**, 314. Er soll eine ausreichende Vorbereitung für die Berufungsinstanz gewährleisten, BGH RR **05**, 1716 rechts. Er gilt auch in einer Arrest- und Verfügungssache. Deren Eiligkeit ändert nichts an der Notwendigkeit einer ordnungsmäßigen Begründung. Die Partei darf die Berufung des Streitgehilfen begründen und umgekehrt der beigetretene Streithelfer die Berufung der Partei nach § 67 Hs 2, BGH NJW **99**, 2046. Bei einer notwendigen Streitgenossenschaft gelten § 62 Rn 18 ff, 26.

Die Berufungsbegründung kann bereits in der Berufungsschrift nach § 519 enthalten sein, III 1. Sie darf auch wie meist üblich in einem besonderen *Schriftsatz* erfolgen, auch in mehreren rechtzeitig eingereichten Schriftsätzen (Einreichung: § 519 Rn 5 ff). Ein inhaltlich den Anforderungen des § 520 genügender fristgerechter Schriftsatz reicht meist als Begründung aus, zB ein Prozeßkostenhilfe-Gesuch, BGH FamRZ **04**, 1553, oder ein Antrag auf die Einstellung der Zwangsvollstreckung, BGH FamRZ **89**, 850. Das gilt, sofern nicht ein anderer Wille des Berufungsklägers im Zeitpunkt der Einreichung erkennbar ist, BGH RR **99**, 212. Eine vollständige und abschließende Berufungsbegründung schon vor der Urteilszustellung ist grundsätzlich zulässig, BGH NJW **99**, 3270, BAG NJW **03**, 2774.

Die Begründung muß in einem solchen bestimmenden Schriftsatz nach § 129 Rn 5 enthalten sein, der zumindest auch der Begründung dient, BGH MDR **05**, 944. Mündliche oder zum Protokoll abgegebene Erklärungen genügen nicht. Für die *Formerfordernisse* gilt § 519 Rn 9 ff. Eine unterzeichnete beglaubigte Ablichtung oder Abschrift reicht, BGH VersR **86**, 868. Ebenso wie die Berufung darf man auch die Begründung telegrafisch, fernschriftlich oder im Telefaxverfahren einreichen, BVerfG **74**, 228, BGH NJW **90**, 188, BAG NJW **87**, 341. Dabei würde eine Abweichung von dieser Rspr gegen den Grundsatz des gleichen Zugangs zum Gericht verstoßen, BVerfG NJW **87**, 2067, aM VerfGH Mü BayVBl **87**, 314. Grundsätzlich muß ein Anwalt selbstverantwortlich unterschreiben, (zum alten Recht) BGH NJW **06**, 1288. Seine Blankounterschrift reicht nicht, BGH NJW **05**, 2709. Unter dieser Bedingung kann ein anderer der Verfasser sein, BGH NJW **89**, 3022. Es reicht auch die Unterschrift eines anwaltlichen Unterbevollmächtigten. Wegen der Verweisung auf ein anderes Schriftstück Rn 28, 29. Eine nicht unterschriebene Begründung reicht zusammen mit einem unterschriebenen Stück aus der Handakte des ProzBev, BGH VersR **93**, 459, Schlesw VersR **83**, 65. Die persönliche Abgabe beim Berufungsgericht kann eine Unterschrift nicht ersetzen, BGH NJW **80**, 291, aM Ffm NJW **77**, 1246. Zu den Anforderungen an die Begründung, wenn das angefochtene Urteil nach dem Ablauf von 5 Monaten zugestellt wurde, BGH RR **05**, 1986.

5 **5) Begründungsfrist, II 1.** Sie ist eine selbständige Frist gegenüber der Einlegungsfrist, BGH MDR **01**, 1072, Brdb FamRZ **04**, 648. Maßgebend ist die gesetzliche Zeitbestimmung, BGH MDR **04**, 46. Die Frist beträgt 2 Monate ab wirksamer Amtszustellung des in vollständiger Form abgefaßten Urteils in einer Ausfertigung oder beglaubigten Abschrift oder Ablichtung. Das gilt unabhängig davon, ob der Berufungsführer seine Berufung vor oder nach der Zustellung des Ersturteils eingelegt hat, BGH MDR **03**, 1308. Fehlt noch eine Zustellung des Ersturteils, beginnt die Frist mit dem Ablauf von 5 Monaten nach der Verkündung, II 2, § 517 Rn 10–14, BGH NJW **05**, 2860. Man darf die Begründung ab der Urteilsverkündung einreichen, BGH NJW **99**, 3269.

Ein Antrag auf eine *Prozeßkostenhilfe* hemmt die Frist nicht, BGH NJW **06**, 2858, Zweibr FamRZ **03**, 622 (je: auch zur Wiedereinsetzung, § 234 Rn 10 ff), ebensowenig ein Antrag auf eine Wiedereinsetzung und eine gleichzeitige Erneuerung der Berufung, BGH NJW **98**, 1155, BAG NZA **89**, 150. Eine Hemmung erfolgt auch nicht durch eine Verwerfung der Berufung, BGH FamRZ **05**, 194, und durch ein nachfolgendes Rechtsbeschwerdeverfahren, BVerfG NJW **87**, 1191, BGH FamRZ **04**, 1783. Daher muß man die Berufung trotzdem innerhalb der Frist vorsorglich begründen, Wagner NJW **89**, 1156, krit Clausnitzer AnwBl **88**, 136. Solange die bedürftige Partei die Begründungsfrist noch nicht versäumt hat, darf das Berufungsgericht ihr auch nicht aufgeben, einen Verlängerungsantrag zu stellen, gar binnen 2 Tagen seit der Bewilligung einer Prozeßkostenhilfe, BGH NJW **04**, 2902. Hebt aber das BVerfG einen innerhalb der Begründungsfrist ergangenen Verwerfungsbeschluß des LG auf, muß der Berufungskläger die Möglichkeit erhalten, die Berufung binnen einer sachangemessenen Frist zu begründen, BVerfG NJW **87**, 1191. Die volle Begründungsfrist beginnt mit der Zustellung der Entscheidung des BVerfG entsprechend § 249 I erneut zu laufen, ThP 5, Wagner NJW **89**, 1156, ZöGuHeß 14, aM Clausnitzer AmwBl **88**, 136 (evtl Wiedereinsetzung).

Reicht der Berufungskläger vorsorglich eine *zweite Berufungsschrift* ein, weil die erste Berufung vielleicht unwirksam ist, und ist die erste doch formrichtig, ist die zweite Berufung so lange wirkungslos, bis etwa die erste unwirksam wird, zB durch ihre Rücknahme. Erst dann richtet sich die Begründungsfrist nach der Einlegung der zweiten Berufung, BGH NJW **85**, 2480, Pantle NJW **88**, 2774.

Für die *Berechnung* gilt § 222, § 517 Rn 2. Wegen der Berechnung der verlängerten Frist § 224 Rn 7, Rostock NJW **03**, 3141 (abl Grams BRAK-Mitt **03**, 1439). Beim Telefax gelten die Regeln § 233 Rn 164. Maßgeblich ist also der vollständige Empfang, BGH NJW **07**, 2045, großzügiger Gehrlein NJW **07**, 2834 (Eingang der „Empfangssignale" – ? –). Eine Urteilsberichtigung nach § 319 ändert den Fristlauf nicht, dort Rn 29 ff, Brdb FamRZ **05**, 123, ebensowenig ein Ruhen des Verfahrens, § 251 I 2. 6

Man wahrt die Frist durch die *Einreichung der Begründungsschrift* beim Berufungsgericht, § 519 Rn 3 ff. Der Berufungskläger muß die Fristeinhaltung beweisen, BGH VersR **78**, 960. Dafür reicht eine bloße Glaubhaftmachung nach § 294 meist nicht aus, BGH NJW **00**, 814. Ist die Begründungsschrift mit einer falschen Adresse in den gemeinsamen Briefkasten mehrerer Gerichte gelangt, genügt die Angabe des richtigen Aktenzeichens des Berufungsgerichts, BGH NJW **89**, 591. Umgekehrt ist bei einer zutreffenden Adressierung die Angabe eines falschen Aktenzeichens unschädlich. Auf die Einordnung in die Akte kommt es nicht an, BGH VersR **82**, 673.

Die Begründungsfrist ist keine Notfrist nach § 224 I 2. Trotzdem ist eine *Wiedereinsetzung* nach § 233 I statthaft, BGH RR **06**, 143. Das gilt selbst nach einer Verwerfung des Rechtsmittels. Denn sie wird mit einer Wiedereinsetzung wirkungslos, BGH ZZP **71**, 400. Die Frist für den Wiedereinsetzungsantrag beginnt nicht erst mit der gerichtlichen Mitteilung, daß man die Begründungsfrist versäumt habe, sondern schon mit der sicheren Kenntnis davon, daß man mit der Einhaltung dieser Frist nicht rechnen kann, BGH RR **90**, 380. Bei einem Wiedereinsetzungsantrag muß man die Berufungsbegründung nicht (mehr) innerhalb der Wiedereinsetzungsfrist nach § 236 II nachholen, BGH NJW **03**, 3275. Über die Wiedereinsetzung entscheidet das Berufungsgericht, das Revisionsgericht nur dann, wenn das Berufungsgericht den Antrag übergangen hatte, BGH NJW **82**, 887, aM BGH FamRZ **80**, 347. Zur bloßen Ergänzung einer fristgerechten, aber inhaltlich teilweise unzureichenden Begründung kann eine Wiedereinsetzung nicht erfolgen, § 233 Rn 3, BGH NJW **97**, 1310. Eine Fristabkürzung ist (nur) den Parteien möglich, § 224 I, Schlesw SchlHA **76**, 28, ZöGuHeß 24, und nicht bei einer gerade verlängerten Frist. 7

Nicht fristgebunden ist eine Klagerweiterung, BGH FamRZ **88**, 603. Sie darf aber nicht der alleinige Berufungsinhalt sein, BGH RR **02**, 1435.

6) Fristverlängerung, II 2, 3, dazu *Rimmelspacher* in: Festschrift für *Gaul* (1997): Zuständig ist der Vorsitzende, nicht das Gericht, BGH NJW **88**, 211, Demharter MDR **86**, 797, Schneider MDR **05**, 61. Eine Verkürzung der Frist durch den Vorsitzenden ist unzulässig, weil § 520 die §§ 224 II, 226 I ausschließt, Schlesw SchlHA **76**, 28. Die Frist läßt sich aber durch eine Parteivereinbarung abkürzen, Rn 7. 8

A. Antrag, II 2. Erforderlich ist ein wirksamer Antrag, BGH RR **01**, 572, Müller NJW **93**, 686, Schneider MDR **05**, 61. Er muß bis zum Ablauf der Begründungsfrist beim Berufungsgericht eingehen, BGH NJW **92**, 842. Er braucht kein Aktenzeichen anzugeben, BGH NJW **03**, 3418. Er braucht auch keinen datumsmäßig oder sonst näher bestimmten Zeitraum zu nennen, Schneider MDR **05**, 61. Er sollte das aber tun, strenger Ffm MDR **03**, 471. Er unterliegt dem Anwaltszwang nach § 78 I, BGH NJW **98**, 1155, Schneider MDR **05**, 61. Er braucht die Schriftform, BGH NJW **98**, 1155, BVerwG NJW **02**, 1138, oder eine anerkannte Ersatzform, § 519 Rn 9, zB durch Telefax, BGH FamRZ **91**, 548. In ihm muß man den Grund angeben, LAG Mainz NZA **96**, 1118. Ihn nach § 294 glaubhaft zu machen, ist nicht erforderlich, aber ratsam. Man braucht keinen bestimmten Endtermin zu nennen, BGH MDR **01**, 951. Wegen des Antrags bei mehrfacher Berufungseinlegung, § 519 Rn 18, BGH NJW **93**, 269. Ob ein Schriftsatz einen Verlängerungsantrag enthält, darf und muß das Gericht nach Grdz 52 vor § 128 durch eine Auslegung ermitteln, BGH AnwBl **04**, 59. Dabei muß das Gericht dajenige annehmen, was vernünftig ist und dem erkennbaren Interesse der Partei entspricht, BGH AnwBl **04**, 59. Eine „Bitte" ist daher ein Antrag, Schneider MDR **05**, 61. Ein bloßer Antrag auf das Ruhen des Verfahrens reicht nicht, BGH RR **01**, 572. Mängel des Antrags haben jedoch keinen Einfluß auf die Wirksamkeit der Verlängerung, BGH RR **90**, 67. 9

Der Vorsitzende darf die Frist *auch nach dem Fristablauf* verlängern, sofern der Berufungskläger das bis zum Ablauf des letzten Tages der Frist beantragt hatte, BGH NJW **82**, 1651, BAG NJW **80**, 309. Auch bei einem noch laufenden Prozeßkostenhilfeverfahren muß der ProzBev im Rahmen seiner Vollmacht rechtzeitig eine Verlängerung beantragen, Zweibr FamRZ **04**, 1300 (auch zur Ausnahme mangels einer Vollmacht).

Erfolgt der *Antrag verspätet*, muß das Berufungsgericht die Berufung schon wegen der zwischenzeitlich eingetretenen formellen Rechtskraft nach § 705 als unzulässig verwerfen, BGH NJW **92**, 842. Daran ändert auch die dann unwirksame Verlängerung der Frist durch den Vorsitzenden nichts, Rn 13. Eine Wiedereinsetzung in die Antragsfrist ist nicht möglich, BGH VersR **87**, 308, KG OLGR **99**, 325. Hat jedoch der ProzBev rechtzeitig und ordnungsgemäß diejenige Verlängerung beantragt, deren Bewilligung er mit großer Wahrscheinlichkeit erwarten durfte, zB nach vielfach geübter Praxis beim ersten, ausreichend begründeten Antrag, und geht nun der Antrag wegen einer Verzögerung des Postlaufs erst nach dem Ablauf der Frist beim Gericht ein, darf es eine Wiedereinsetzung in die versäumte Begründungsfrist gewähren, BVerfG NJW **07**, 3342, BGH VersR **84**, 894, BAG NJW **86**, 603. Dazu muß der Berufungskläger freilich auch gerade diesen Antrag mitstellen, Brdb NJW **03**, 2995.

Die *Frist* beträgt dafür nach § 234 I 2 einen Monat. Sie läuft auch nach einer Verwerfung der Berufung, BGH FamRZ **05**, 791. Das bloße Vertrauen des Berufungsklägers darauf, daß das Berufungsgericht dem Antrag auch auf eine weitere Verlängerung stattgeben werde, reicht aber nicht, BGH NJW **04**, 1742. Zur Frage, ob beim Vorliegen eines solchen Wiedereinsetzungsgrunds die fristgerechte Nachholung des Verlängerungsantrags genügt, §§ 234 I, 236 II 2, BGH NJW **95**, 60, Drsd FamRZ **03**, 1849, Ganter NJW **94**, 164. Es stellt kein stets die Wiedereinsetzung ausschließendes Verschulden dar, daß der ProzBev sich nicht vor dem Ablauf der Frist wegen der Verlängerung erkundigt hat, BGH NJW **83**, 1741.

B. Einwilligung des Gegners, II 2, dazu *Schneider* MDR **05**, 61: Verlängern darf der Vorsitzende die Frist ohne eine zeitliche Begrenzung, wenn und soweit der Gegner einwilligt, Zweibr NJW **03**, 11. Die Einwilligung (vorherige Zustimmung, § 183 BGB) braucht keine besondere Form, BGH NJW **05**, 72 (krit Rimmelspacher JZ **05**, 522). Sie kann auch durch eine anwaltliche Versicherung des ProzBev des Berufungs*klägers* erfolgen, BGH NJW **05**, 73 (krit Rimmelspacher JZ **05**, 522). Das muß der ProzBev des Berufungs- 10 klägers dem Gericht aber natürlich auch unverzüglich mitteilen, BGH MDR **05**, 1129. Die Einwilligung kann formlos erfolgen, BGH NJW **05**, 72. Sie ist bedingungsfeindlich und grundsätzlich unwiderruflich. Sie muß grundsätzlich entweder dem Gericht gegenüber oder ausdrücklich dem Berufungsführer gegenüber erfolgen. Sie darf nur ausnahmsweise nach zweifelsfreien Äußerungen stillschweigend geschehen, BGH NJW **06**, 2192. Der Gegner kann sie auf eine zeitlich begrenzte Verlängerung beschränken. Den Vorsitzenden bindet die Einwilligung, Zweibr NJW **03**, 3211. Eine Verlängerung auf Grund eines Mißverständnisses über eine angebliche Einwilligung oder ohne sie bleibt wirksam, BGH NJW **08**, 813 links. Der Berufungskläger darf darauf vertrauen, daß das Gericht eine erforderliche Einwilligung eingeholt hat, BGH NJW **04**, 1460, Rimmelspacher JZ **05**, 522. Natürlich muß er dazu auch eine ihm etwa vom Gegner übermittelte Einwilligung an das Gericht weitergeleitet haben, BGH MDR **05**, 1129.

11 **C. Keine Verzögerung usw, II 3.** Ohne eine Einwilligung des Gegners darf der Vorsitzende die Begründungsfrist nur bis zu insgesamt einem Monat verlängern, Zweibr NJW **03**, 3211. Er darf sie außerdem nur dann verlängern, wenn sich nach seiner freien nicht nachprüfbaren Überzeugung der Rechtsstreit durch die Verlängerung nicht verzögert, zB wenn das Gericht über die Berufung ohnehin erst nach geraumer Zeit entscheiden kann, oder wenn der Berufungskläger erhebliche Gründe darlegt. Fehlt diese Darlegung, muß der Antragsteller damit rechnen, daß der Vorsitzende in einer grundlosen Verlängerung eine ungerechtfertigte Verzögerung des Rechtsstreits sehen werde, BGH NJW **92**, 2426. Eine Glaubhaftmachung nach § 294 ist nicht von vornherein erforderlich, BGH NJW **91**, 1359, BAG NJW **95**, 150, wohl aber auf Verlangen des Vorsitzenden, BGH NJW **99**, 430, soweit ihre Gründe nicht gerichtsbekannt sind.

Erhebliche Gründe sind ansich dieselben wie bei § 227 I 1, zB Vergleichsgespräche, BGH NJW **99**, 430, oder das Abwarten einer bevorstehenden Grundsatzentscheidung, aber auch eine Arbeitsüberlastung, BVerfG NJW **00**, 1634, BGH NJW **91**, 2081, BAG NJW **95**, 1446 (konkrete Angaben über die Gründe und ihre Auswirkung sind nicht erforderlich, aM LG Mü NJW **04**, 79 [nur bei vorübergehender Überlastung beim Fristende]), oder ein Urlaub des Anwalts oder der Partei, BGH RR **00**, 799, ferner Personalschwierigkeiten in seiner Kanzlei, BGH RR **89**, 1280, Schneider MDR **77**, 89, oder eine Unmöglichkeit der Einarbeitung des neu bestellten Anwalts, BGH RR **00**, 800, oder die Notwendigkeit eines Informationsgesprächs mit dem Mandanten, BGH NJW **01**, 3552, oder das Ausbleiben einer vollständigen Urteilsausfertigung, ThP 12, aM Vogg MDR **93**, 293. Beim Vorliegen der Voraussetzungen muß der Vorsitzende einem ersten Antrag meist folgen, BVerfG NJW **07**, 3342, BGH MDR **01**, 1432, KG MDR **99**, 1523. Eine gegenüber dem Gesetz strengere Praxis verstößt gegen das Gebot rechtsstaatlicher Verfahrensgestaltung, BVerfG FamRZ **02**, 533, BAG NJW **95**, 1446, VerfGH Mü MDR **96**, 1074. Jedoch kann der Anwalt auch bei einem ersten Antrag nicht stets erwarten, daß er damit Erfolg hat, wenn er den Antrag nur ungenügend begründet, BGH RR **98**, 573, oder wenn er überhaupt keinen der Gründe des II 3 nennt, BGH NJW **93**, 135.

Der Berufungsführer kann grundsätzlich *nicht* darauf vertrauen, daß der Vorsitzende ohne eine Einwilligung des Gegners eine *zweite Verlängerung* bewilligt, BGH NJW **04**, 742. Ebensowenig wie eine schematische Verlängerung ist eine engherzige Ablehnung statthaft, zumal die Verlängerung oft eine sorgfältigere Begründung bewirkt. Zulässig ist die Verlängerung unter einer Rechtsbedingung, BGH NJW **88**, 3266. Die Verlängerung erfordert nicht die Feststellung und daher auch nicht die Darlegung, daß man die Berufung rechtzeitig eingelegt hat, BGH MDR **05**, 944. Hierfür darf das Berufungsgericht unabhängig von der Verlängerung erst bei der Prüfung der Zulässigkeit der Berufung entscheiden, BGH MDR **05**, 944.

Auch die *Ablehnung* des Antrags auf eine Verlängerung steht dem Vorsitzenden zu, BGH NJW **88**, 211, Demharter MDR **86**, 797. Er braucht sie nicht zu begründen, BGH RR **89**, 1279. Wegen der Mitteilung Rn 12. Die Gewährung einer kürzeren Frist ist meist zugleich eine Ablehnung des weitergehenden Antrags, BGH RR **89**, 1279. Die Ablehnung ist unanfechtbar, § 225 III, BGH VersR **80**, 772. Sie kann aber eine Wiedereinsetzung nach §§ 233 ff begründen, BGH NJW **99**, 430.

12 **D. Entscheidung, II 2, 3.** Über das Gesuch entscheidet der Vorsitzende, Demharter MDR **86**, 797. Er entscheidet nach einer Anhörung des Gegners, BVerfG NJW **00**, 945, unverzüglich und spätestens nach 5 Monaten, BGH **102**, 37. Die Entscheidung erfolgt auch auf Grund einer Rechtsbeschwerde, BGH RR **88**, 581. Sie erfolgt durch eine möglichst schriftliche Verfügung nach §§ 225 III, 567 mit einer vollen Unterschrift, BGH **76**, 236. Sie ist nachholbar. Die Verfügung ist unanfechtbar, BGH VersR **80**, 772. Eine Verlängerung ist jedoch wirkungslos, wenn der Antrag verspätet war, BGH RR **96**, 514. Diese Frage darf und muß der BGH auf Revision nachprüfen, BGH NJW **92**, 842. Für die Verlängerung besteht eine zeitliche Schranke von höchstens 1 Monat, wenn der Gegner nicht einwilligt, II 3. Eine zeitlich unbestimmte Verlängerung ist unstatthaft, BGH VersR **86**, 91 (nicht bis zur „Prozeßkostenhilfeentscheidung"). „2 Wochen" usw schließt an die vorangegangene Frist an, KG VersR **81**, 1075, also evtl an den einem Sonntag usw folgenden Werktagsablauf, BGH NJW **06**, 700, aM Rostock NJW **03**, 3141. Die Fristverlängerung sollte stets schriftlich erfolgen. Jedoch ist auch eine vom Vorsitzenden telefonisch ausgesprochene Verlängerung wirksam, BGH NJW **98**, 1156, krit ZöGuHeß 18. „Stillschweigend" kann der Vorsitzende die Frist nicht verlängern, BGH RR **90**, 67.

Auch die schriftliche Verfügung braucht *keine Zustellung.* Denn sie setzt keine neue Frist in Lauf, BGH NJW **94**, 2365, Müller NJW **90**, 1778. Es genügt die formlose Übermittlung an den Anwalt des Berufungsklägers unabhängig davon, ob das auf Veranlassung des Gerichts oder des Anwalts geschieht. Ein entsprechender Aktenvermerk ist zwar zweckmäßig, für die Rechtswirksamkeit aber nicht erforderlich, BGH RR **89**, 1279. Die Ausfertigung ist auch dann maßgebend, wenn sie über die Urschrift hinausgeht, BGH NJW **99**, 1036, oder wenn sie das neue Fristende nicht nennt, BGH MDR **87**, 651 (?). Eine „antragsgemäße" Verlängerung macht auch einen vom Antragsteller falsch berechneten Zeitraum wirksam, BGH MDR **08**, 813 links. Der Vorsitzende braucht die Ablehnung auch schon einer ersten Fristverlängerung grundsätzlich dem Rechtsmittelführer nicht vor dem Fristablauf auch nur telefonisch oder per Telefax mitzuteilen. Vielmehr muß der Anwalt sich rechtzeitig erkundigen, wenn er mit einer Ablehnung rechnen mußte, BGH FamRZ **07**, 1808. Eine Verlängerung erfordert nicht eine Feststellung der Rechtzeitigkeit der Einlegung der Berufung, BGH MDR **05**, 944 links Mitte. Die Mitteilung an den Berufungsbekl geschieht ebenfalls formlos. Sie ist für die Wirksamkeit der Verlängerung auch belanglos. Vor einer Entscheidung über einen

Verlängerungsantrag ist eine Verwerfung der Berufung wegen einer Versäumung der Begründungsfrist unstatthaft, BGH VersR **82**, 1191.

Mängel des Antrags wie das Fehlen des gegnerischen Einverständnisses machen die Verlängerung nicht unwirksam, BGH MDR **08**, 813 links, BVerwG NJW **02**, 1139. Das soll sogar beim Fehlen schon des Antrags oder bei seiner Unwirksamkeit gelten, BGH RR **99**, 286 (aber dann ist die Rechtskraft eingetreten, Rn 9). Ein unrichtiges Aktenzeichen stört bei einem sonst klaren Antrag nicht, BGH NJW **03**, 3418. Eine irrtümliche Verlängerung durch einen nach der Geschäftsverteilung nicht zuständigen Vorsitzenden oder irrig durch den Berichterstatter ist unschädlich. Dasselbe gilt bei einer Verlängerung über den Antrag hinaus. Eine solche Verfügung wird auch dann wirksam, wenn die Mitteilung darüber dem Antragsteller erst nach dem neuen Fristende zugeht, BFH BStBl **91** II 640. Die Verlängerung wirkt nur zugunsten der antragstellenden Partei, wenn sich aus der Verfügung nichts anderes ergibt, BGH NJW **87**, 3263. Die Verlängerung auf Antrag des Streithelfers wirkt aber auch zugunsten der Hauptpartei, BGH NJW **82**, 2069, BAG ZIP **91**, 335. Im Streit über die Frage, ob der Vorsitzende die Frist verlängert hat, trifft den Berufungskläger die Beweislast, BGH RR **89**, 1279. 13

Eine *nochmalige* Verlängerung ist nach § 225 II zulässig, (zum alten Recht) BVerfG NJW **00**, 944, aM BGH MDR **04**, 756, Schneider MDR **05**, 61 (aber § 225 II gilt allgemein). Sie ist aber im Verfahren der Arbeitsgerichte nach § 66 I 4 ArbGG nicht zulässig. Sie ist nur nach einer Anhörung des Berufungsbekl und ohne dessen schriftliche und dem Berufungsgericht gegenüber nachweisbar erfolgte Einwilligung nur bis zu insgesamt einem Monat statthaft. Eine Verweigerung der Einwilligung kann als Rechtsmißbrauch nach Einl III 54 unbeachtlich sein, Schneider MDR **05**, 62.

E. Wirkung, II 2, 3. Sie besteht nur für den Antragsteller, aber auch für dessen Partei, BGH NJW **82**, 2069, und umgekehrt für deren Streithelfer, BAG ZIP **91**, 234. Wegen der Wirkung der Verlängerung einer Begründungsfrist bei mehrfacher Berufungseinlegung durch dieselbe Partei § 519 Rn 18, BGH NJW **93**, 269. Eine Frist über den Antrag hinaus läßt sich voll ausnutzen. Dasselbe gilt dann, wenn nur die Mitteilung an die Partei eine über die Verfügung des Vorsitzenden hinausgehende Verlängerung enthält, § 170 Rn 14, BGH NJW **99**, 1036, BAG BB **79**, 1772. Der Empfänger kann und darf seine Entscheidung nur nach der Mitteilung richten. Fehlt in der Ausfertigung der Verlängerungverfügung ein Enddatum, läuft keine Frist, BGH RR **87**, 1277. Teilt die Geschäftsstelle das vom Vorsitzenden festgesetzte neue Fristende versehentlich nicht mit, ist die Bindung an das bisherige Fristende aufgehoben, eine Bindung an das neue Fristende aber nicht begründet, BGH RR **87**, 1277. Zur Berechnung der Frist § 224 Rn 10 und bei einer Verlängerung vor einer Unterbrechung nach § 239 BGH **64**, 1. 14

F. Versäumung der Frist, II 2, 3. Sie führt dazu, daß die spätere Begründung unbeachtlich ist und daß das Berufungsgericht die Berufung verwerfen muß, § 522 I. Eine Verwerfung kommt aber dann nicht in Betracht, wenn man die verspätete Begründung als eine zulässige Wiederholung der Berufung mit einer gleichzeitigen Begründung ansehen kann, BAG NJW **96**, 1431, oder wenn eine andere selbständige Berufung derselben Partei nach § 519 Rn 18 eine ordnungsgemäße Begründung hat oder wenn die Partei eine zulässige Anschlußberufung eingelegt hat oder wenn sie die Berufung als Anschließung aufrechterhält, BGH NJW **96**, 2659, Rimmelspacher JR **88**, 93. Dasselbe gilt dann, wenn der Streithelfer die Berufung der Partei rechtzeitig begründet. Hier muß das Berufungsgericht einheitlich entscheiden, BGH MDR **85**, 751, Karlsr Just **84**, 394. Eine Versäumung fehlt auch dann, wenn ein rechtzeitiger Prozeßkostenhilfeantrag keine Begründung erhielt und wenn auch kein erstmaliger Verlängerungsantrag beilag, BGH BB **07**, 1414 (reichlich großzügig). 15

7) Begründungsschrift, III 1. Die zwingenden Anforderungen an die Berufungsbegründung dienen einer Zusammenfassung und Beschränkung des Rechtsstoffs, BAG NJW **05**, 2173. Sie sind ein wirksames Mittel, den Berufungskläger im Interesse der sorgfältigen Vorbereitung und zwecks Beschleunigung des Berufungsverfahrens dazu zu zwingen, sein Vorbringen aus dem ersten Rechtszug straff zusammenzufassen, Rn 22. Er soll es darauf prüfen, inwieweit er es angesichts der abweichenden Auffassung des Erstgerichts noch aufrechterhalten oder ergänzen und dem Berufungsgericht unterbreiten will, BGH WertpMitt **77**, 941. Schon aus der Begründung sollen das Berufungsgericht und der Gegner erkennen können, zu welchem Verfahren die Berufungsbegründung gehört, Karlsr VersR **93**, 1170, und welche Gesichtspunkte der Berufungskläger seinem Vorgehen zugrundelegen will, BGH NJW **08**, 1312. Jedoch ist die Berufung dann insgesamt zulässig, wenn nur die Gründe zu dem behaupteten Verfahrensfehler nach § 520 genügen, BGH NJW **87**, 3265, oder zu einem den Klaganspruch betreffenden Einzelpunkt BGH NJW **84**, 177, Lepp NJW **84**, 1944, krit Schneider MDR **85**, 22 (für nachgeschobene Angriffs- und Verteidigungsmittel gelten §§ 529–531). Ein während der Begründungsfrist eingehender Schriftsatz muß auch zur Begründung dienen. Hierfür reicht es nicht aus, wenn der Berufungskläger zwar einzelne Rügen erhebt, wenn er sich aber ausdrücklich die Prüfung vorbehält, ob er das Rechtsmittel überhaupt durchführen will, BGH MDR **05**, 944. Ein Prozeßkostenhilfegesuch für die Berufung braucht keine dem III 2 ganz entsprechende Begründung, Celle MDR **03**, 470. Einer an sich möglichen Auslegung kann ein klarer Wortlaut Grenzen setzen, Einl III 39, BGH RR **02**, 646. 16

8) Berufungsanträge, III 2 Z 1. Die Begründung muß die Anfechtungserklärung und die Berufungsanträge enthalten. Sie müssen bedingungsfrei sein, BGH MDR **05**, 844. Sie bestimmen den Streitgegenstand des Berufungsverfahrens, § 511 Rn 14, BGH RR **05**, 1659, auch einen etwaigen teilweisen Verzicht, BGH NJW **83**, 1561, BAG DB **94**, 1576. Der Berufungskläger muß sich zu jedem von ihm angegriffenen prozessualen Anspruch äußern, BGH MDR **08**, 994 links unten. Eine bloße Wiederholung des erstinstanzlichen Vortrags nebst Beweisantritt reicht keineswegs stets, BVerfG RR **02**, 135. Aus der Begründung muß klar ersichtlich sein, inwieweit der Berufungskläger das Ersturteil anficht und welche Abänderungen er beantragt, BGH NJW **06**, 3500. Er kann sich von vornherein auf eine Teilanfechtung beschränken, muß dann aber deren Umfang natürlich klar abgenzen, BGH RR **02**, 269. Vgl auch Rn 20. Das alles gilt schon wegen § 513 I, BGH VersR **04**, 1065. Das Berufungsgericht und der Gegner müssen sich erschöpfend vorbereiten können, BAG NJW **05**, 2173. Dazu sind nicht unbedingt bestimmt gefaßte Anträge nötig, wenn nur die innerhalb der Frist eingegangenen oder zulässigerweise in Bezug genommenen Schriftsätze ein bestimmtes Begehren eindeutig aufzeigen, BGH NJW **06**, 2705, BAG NZA **06**, 164. Der bloße Antrag auf eine Aufhebung und Zurückverweisung reicht 17 meist nicht, wenn deutlich ist, daß der Berufungsführer das Ersturteil sachlich für richtig hält, BGH RR **03**, 1580, Hbg NJW **87**, 783, Mü OLGR **95**, 30, aM LG Wuppert NJW **85**, 2653. Sonst darf man einen Antrag wie jede Parteiprozeßhandlung auslegen, Grdz 52 vor § 128, BGH RR **05**, 1659, und zwar dahin, daß der Berufungskläger damit das bisherige Sachbegehren weiterverfolgt, Grdz 52 vor § 128, BGH RR **95**, 1154, BAG NZA **06**, 164, Saarbr OLGR **00**, 46. Beim Antrag auf eine Aufhebung und Zurückverweisung mag ein Sachantrag nur hilfsweise erfolgen, auch stillschweigend, BGH VersR **85**, 1164.

Es *genügt* die Angabe, man fechte das Urteil voll an. Dann schadet auch die zunächst noch bloße Ankündigung einer Klagerweiterung wegen Rn 19 nicht, BGH NJW **99**, 211, Ffm OLGR **98**, 333. Es reicht eben auch aus, wenn sich dieses Ziel zwangsläufig aus dem Inhalt der Berufungsbegründung oder aus sonstigen in der Begründungsfrist eingegangenen Schriftsätzen ergibt. Ist das Ziel der Berufung die Herabsetzung der Urteilssumme auf einen vom Berufungsgericht als angemessen erachteten Betrag, muß die Begründung klar erkennen lassen, in welchem Umfang man eine Klagabweisung erstrebt, BGH NJW **87**, 1335. Es genügt nicht, daß sich der Umfang der Anfechtung aus einem anderen nicht bei den Akten befindlichen oder nicht von einem Anwalt oder einem diesem Gleichstehenden unterzeichneten Schriftstück ergibt, § 78 Rn 27 ff, § 519 Rn 15, 16. Eine Berufungsschrift, die nichts enthält als die Berufungseinlegung, kann genügen, wenn der ganze Sachverhalt eindeutig ergibt, welchen Antrag man stellt: Sie reicht aber keineswegs, soweit man sich einen Antrag nur vorbehält. Ergeben sich Anhaltspunkte dafür, daß der Berufungskläger seinen Antrag versehentlich zu eng gefaßt hat, muß das Berufungsgericht ihn darauf hinweisen, §§ 139, 278 III, Nürnb MDR **91**, 1081, Schneider MDR **91**, 1082. Die Kombination von Prozeßkostenhilfeantrag und Ankündigung des Sachantrags „nach Bewilligung der Prozeßkostenhilfe" ist ausreichend, BGH NJW **06**, 694. Dasselbe gilt bei einer Umstellung zB auf eine Stufenklage nach § 254, Karlsr FamRZ **87**, 607.

18 Darauf, ob der *Antrag inhaltlich zulässig* ist, kommt es nicht an. Deshalb ist die Berufung nicht schon wegen eines Verstoßes gegen § 520 dann unzulässig, wenn nähere Angaben über die Aufteilung eines bestimmten Teilbetrags auf einzelne selbständige Ansprüche fehlen, BGH VersR **87**, 101, oder wenn der Antrag ein unbestimmtes Zahlungsbegehren zum Gegenstand hat, Karlsr FamRZ **87**, 607, oder wenn er eine Bedingung enthält, Karlsr OLGZ **86**, 197, oder wenn er ein Alternativantrag ist, BGH WertpMitt **89**, 1873. Selbstverständlich kann die Berufung dann aus anderen Gründen zB mangels einer Beschwer oder wegen der Unzulässigkeit des Antrags unzulässig sein. Das gilt etwa dann, wenn der Bekl nur ein Zurückbehaltungsrecht geltend macht, Ffm MDR **01**, 53 (aber Vorsicht! Auch dann kann eine Beschwer vorliegen).

19 *Spätere Erweiterungen und Beschränkungen* einer zulässigen Berufung sind wegen § 705 S 1 (Gesamthemmung der Rechtskraft) bis zum Schluß der mündlichen Verhandlung nach § 296 a zulässig, §§ 263, 264, 533, BGH RR **05**, 714. Das gilt auch ohne einen entsprechenden Vorbehalt, BGH RR **98**, 572. Das gilt auch im Patentnichtigkeitsstreit. Änderungen und Erweiterungen der Klage sowie eine Widerklage sind statthaft, BGH NJW **85**, 3079. Sie setzen freilich die Zulässigkeit der Berufung dann, voraus. Sie sind also keine Anfechtung des Ersturteils, BGH NJW **92**, 3244. Zulässig ist eine Berufung, wenn der Kläger mit ihr auf Grund desselben Sachverhalts nach § 264 Z 2 von der Feststellungs- zur Leistungsklage übergeht, BGH NJW **94**, 2897. Dasselbe gilt dann, wenn der Kläger mit der Berufung einen neuen Antrag stellt, aber den bisherigen als einen jetzt nur noch bloßen Hilfsantrag zumindest teilweise weiterverfolgt, BGH RR **95**, 1154. Dagegen sind Erweiterungen einer Teilanfechtung des Ersturteils auch auf andere Teile des Anspruchs nur im Rahmen der fristgerecht vorgebrachten Anfechtungsgründe statthaft, BGH MDR **06**, 45, Düss FamRZ **87**, 285, Kblz FamRZ **90**, 770. Erweiterungen der Anträge und neue Anfechtungsgründe sind im übrigen nach dem Ablauf der Frist nicht mehr zulässig, BGH NJW **83**, 1063, Kblz WRP **81**, 115, Köln FamRZ **98**, 762, es sei denn, sie stützen sich auf später eingetretene Tatsachen, BGH NJW **87**, 1024 (Erstrekkung auf eine Sorgerechtsregelung), Hbg FamRZ **84**, 706 (Erweiterung auf eine Unterhaltsänderung), BGH NJW **85**, 2029 (Sonderfall).

Beschränkt der Rechtsmittelkläger die Berufung, liegt darin meist keine teilweise Klagerücknahme, BGH RR **89**, 1277. Eine solche Beschränkung hindert den Berufungsführer bis zum Ende der mündlichen Verhandlung dann nicht an einer Erstreckung auf andere Teile des Ersturteils, wenn seine Berufungsbegründung das deckt und wenn kein wirksamer eindeutig erklärter Rechtsmittelverzicht vorliegt, BGH RR **88**, 66. Das gilt auch für eine Erweiterung nach einer teilweisen Berufungsrücknahme, wenn der Berufungsführer sie wirksam widerrufen hat, § 516 Rn 9, Kblz RR **97**, 514. Geht die Erweiterung nicht über die Begründung hinaus, kann man sie auch durch eine Erweiterung einer Anschlußberufung vornehmen, BGH **163**, 326. Zur Nichtberücksichtigung eines eingeschränkten Berufungsantrags bei der Festsetzung des Kostenwerts BGH NJW **78**, 1263, aM Baumgärtel/Klingmüller VersR **80**, 420.

20 Durch eine *willkürliche Beschränkung* auf einen die Berufungssumme nicht erreichenden Betrag wird die Berufung unzulässig, BGH NJW **83**, 1063, aM BGH NJW **89**, 170 (Teilverzicht), KG FamRZ **88**, 520 (Teilvergleich. Vgl aber Grdz 23 vor § 511). Eine Erweiterung nach dem Ablauf der Begründungsfrist kann nicht eine anfänglich unzulässige Berufung zulässig machen, Grdz 23 vor § 511. Dabei muß man aber berücksichtigen, daß eine unbeschränkt eingelegte Berufung trotz eines niedrigeren Antrags auch den Rest mangels eines ausdrücklichen Verzichts auf diesen nicht rechtskräftig werden läßt. Daher kann eine Erweiterung der Berufungsanträge im Rahmen der fristgerecht eingereichten Begründung bis zum Schluß der letzten mündlichen Verhandlung nach §§ 296 a, 525 erfolgen, BGH RR **98**, 572, zB auf die Widerklage, wenn sie das Gegenstück zu der vom ersten Antrag erfaßten Klage ist, BGH WertpMitt **85**, 144. Auch nach einer Zurückverweisung gemäß § 538 II ist eine Erweiterung statthaft.

21 *Darüber hinausgehende neue Anträge* werden durch Art 6 Z 2 UÄndG nicht statthaft, BGH MDR **87**, 479.

22 **9) Berufungsgründe und neues Vorbringen, III 2 Z 2–4,** dazu *Heßler* Festgabe für *Vollkommer* (2006) 318: Die Berufungsbegründung soll den Streitstoff zusammenfassen und beschränken, BVerfG RR **02**, 135, BGH NJW **99**, 3126. Sie muß die Berufungsgründe und etwaiges neues Vorbringen enthalten, BGH VersR **04**, 1065. Formelhafte nichtssagende Redewendungen sind keine zulässige Berufungsbegründung, BGH FamRZ **05**, 882, Celle VersR **03**, 268, auch keine äußere Schriftsatzlänge, Karlsr AnwBl **92**, 88. Angaben

wie „das frühere Vorbringen wird wiederholt, neues wird vorbehalten" oder „es erging ein Überraschungsurteil" reichen nicht, KG MDR **07**, 677. Sie führen zur Verwerfung wegen Unzulässigkeit, auch wenn derselbe Anwalt wie in der ersten Instanz vertritt. Eine Schlüssigkeit ist nicht erforderlich, BGH NJW **05**, 983. Man braucht die angeblich verletzte Norm nicht zu benennen, soweit man erkennen läßt, worin man den Rechtsfehler sieht, BGH NJW **06**, 143, Rixecker NJW **04**, 705. Es reichen auch keine kurzen Einzelrügen nebst einem Vorbehalt dazu, ob der Absender sein Rechtsmittel überhaupt durchführen will, BGH FamRZ **05**, 822. Andererseits können auch schon kurze auf die wesentlichen Gesichtspunkte beschränkte Ausführungen in der Berufungsschrift genügen, BGH NJW **06**, 143. Die Berufung braucht neben dem Antrag keine weitere Begründung, wenn der Berufungskläger nur den Vorbehalt seiner Rechte im Nachverfahren nach § 599 erreichen will, Hamm MDR **82**, 415. Auf eine Erweiterung der Klage und auf eine Widerklage ist Z 2 unanwendbar, BGH RR **88**, 1465. Eine Klagänderung (Parteiwechsel) darf nicht das alleinige Ziel sein, Brdb MDR **02**, 1087.

A. Darlegung, III 2 Z 2. Der Berufungskläger muß mindestens einen der gesetzlichen Berufungsgründe aus sich heraus verständlich und einigermaßen schlüssig darlegen, BGH NJW **06**, 143, Köln MDR **07**, 1095, LG Stendal NJW **02**, 2887, großzügiger BGH (6. ZS) NJW **06**, 3501 (ohne Hinweis auf die eben genannte aM desselben BGH), Rixecker NJW **04**, 705. Er muß die Begründungsfrist dazu verwenden, eine auf diesen Fall zugeschnittene aus sich heraus verständliche Begründung zu liefern, BGH MDR **08**, 994 links unten. Sie muß klar erkennen lassen, in welchen Punkten tatsächlicher oder rechtlicher Art und warum das Ersturteil unrichtig ist, BGH MDR **08**, 994 links unten, KG MDR **07**, 677, Köln MDR **07**, 1095. Das gilt auch gegenüber einer Aufrechnung, BGH RR **02**, 1499. Eine Bezugnahme auf das beigefügte Prozeßkostenhilfegesuch kann ausreichen, BGH NJW **08**, 1740. Freilich darf es sich nicht um einen eindeutigen bloßen Begründungsentwurf handeln, BGH VersR **91**, 936, oder um eine bloße Verlängerungsbitte, BGH VersR **95**, 1462. 23

Die *bloße Wiederholung* des erstinstanzlichen Vortrags *reicht nicht,* BVerfG RR **02**, 135, BGH NJW **00**, 1576, Köln MDR **07**, 1095, erst recht grundsätzlich nicht die bloße Bezugnahme auf den Vortrag erster Instanz, BGH NJW **02**, 682, Hamm RR **92**, 631 (Ausnahme: erstinstanzliche fälschliche Nichtbeurteilung, BGH NJW **07**, 3070). Auch auf einen erstinstanzlichen Beweisantrag darf man grundsätzlich nicht einfach nur Bezug nehmen, BGH RR **90**, 831, Mü WRP **77**, 432 (Ausnahme auch hier: erstinstanzliche Nichtbeurteilung, BVerfG **60**, 311, BGH MDR **82**, 29, Köln OLGR **05**, 5). Es genügt auch nicht die bloße Zitierung einer angeblich außerachtgelassenen Norm, BGH NJW **95**, 1559. Auch in einer einfach liegenden Sache muß erkennbar sein, weshalb die Beurteilung durch das Erstgericht unrichtig ist, BGH MDR **81**, 656. Man muß also die Zielrichtung erkennen lassen, BGH RR **92**, 1341. Die Berufungsbegründung kann sich auf neue Angriffs- oder Verteidigungsmittel in den Grenzen von § 531 mitstützen.

Man kann einen *bloßen Teil* des Gesamtstreitstoffs anfechten, soweit er tatsächlich und rechtlich selbständig und abtrennbar ist, BGH NJW **06**, 3069 (das gilt auch für Verteidigungsmittel, zB für eine Aufrechnung). Bei einem aus teilurteilsfähigen Posten bestehenden Anspruch muß sich die Begründung mit allen für fehlerhaft gehaltenen Punkten befassen, BGH RR **00**, 1015, ebenso bei mehreren selbständigen Ansprüchen, BGH WoM **06**, 696, BAG NJW **05**, 2173, Mü RR **02**, 1216, aM Zweibr FamRZ **07**, 2074. Dasselbe gilt bei Hilfsansprüchen. Den noch angegriffenen Teil muß man für sich als berufungsfähig darstellen, BGH MDR **08**, 225. Hängt aber ein Anspruch unmittelbar von dem Bestehen eines anderen Anspruchs ab, genügen Ausführungen zu diesem Anspruch, BGH RR **01**, 789, BAG NJW **90**, 599. Nicht anders ist es, wenn das Erstgericht mehrere Ansprüche aus einem einzigen allen gemeinsamen Grund abgewiesen hat. Dann genügt die Auseinandersetzung mit diesem Grund, BGH NJW **07**, 1534, Köln WertpMitt **92**, 485. 24

Wenn das Erstgericht mehrere *selbständige Klagegründe* für denselben Anspruch verneint hat, muß eine Auseinandersetzung mit allen Ausführungen des Ersturteils erfolgen, soweit der Berufungskläger die Anspruchsgrundlagen aufrechterhält, BGH FamRZ **06**, 37, BAG NZA **98**, 959, Mü RR **02**, 1216, aM BGH NJW **84**, 178, Schwab ZZP **84**, 445. Stützt der Berufungskläger dagegen einen einzigen Klaganspruch auf einen einheitlichen Rechtsgrund und hat das Erstgericht ihn nur aus einem Gesichtspunkt zurückgewiesen, genügt die ausreichende Begründung zu diesem, zB der Fälligkeit, BGH FamRZ **85**, 1023, oder der Verjährung, BGH NJW **01**, 288, Müller-Rabe NJW **90**, 287, Schneider MDR **85**, 22. Die Versagung eines hilfsweise geltend gemachten Zurückbehaltungsrechts braucht der Berufungskläger bei einer uneingeschränkten Berufung nicht zu rügen, BGH RR **86**, 991, aM Müller-Rabe NJW **90**, 286. Wenn das Erstgericht eine Aufrechnungsforderung aberkannt hat und wenn der Berufungskläger nun mit weiteren Ansprüchen aufrechnet, ist eine Auseinandersetzung mit dem Ersturteil nur dann entbehrlich, wenn die neuen Ansprüche weder mit der Klageforderung noch mit der aberkannten Gegenforderung in einem rechtlichen oder tatsächlichen Zusammenhang stehen, BGH NJW **97**, 3449, strenger Brdb OLGR **01**, 299, Karlsr OLGR **98**, 13.

Eine *allgemeine Bezugnahme* genügt grundsätzlich *nicht*, auch nicht eine Begründung zB nur zur Prozeßkostenhilfe, BGH RR **99**, 212, Naumb OLGR **97**, 208, Rn 23, großzügiger BGH NJW **08**, 1740. Das gilt auch wegen eines Gutachtens, BGH RR **94**, 569. Ausnahmsweise darf man aber auf eine ordnungsmäßige Begründung eines Streitgenossen Bezug nehmen, BGH NJW **93**, 3333, oder auf ein Parallelverfahren. Auch kann die Nichtberücksichtigung von allgemein in Bezug genommenem Vorbringen Art 103 I GG verletzen, BVerfG NJW RR **95**, 828. Das Berufungsgericht darf auch nicht ein pauschal in Bezug genommenes Vorbringen nur teilweise unberücksichtigt lassen, BGH RR **90**, 831. Begründen muß der Berufungskläger auch seinen Zinsantrag, BGH FamRZ **95**, 1138, Müller-Rabe NJW **90**, 284, wenn er nicht die Entscheidung über die Hauptforderung substantiiert angreift, BGH NJW **94**, 1657. Zu den darzulegenden Gründen der Anfechtung gehören auch diejenigen besonderen Gründe, die die Berufung regelwidrig zulässig machen, wie etwa, daß bei § 514 keine Versäumnis vorgelegen habe, LG Münst MDR **88**, 681. Der maßgebliche rechtliche Gesichtspunkt läßt sich evtl in einem einzigen Satz darlegen. Beim angeblichen Ermessensfehler muß man darlegen, daß es ohne ihn eine dem Berufungsführer günstigere Entscheidung gegeben hätte, Hamm VersR **04**, 757. Bei der Rüge eines Verstoßes gegen § 139 muß man darlegen, was man auf einen Hinweis hin vorgetragen hätte, BGH RR **04**, 495. 25

26 *Einzelfragen:* Der Berufungskläger muß auf die einzelnen Vorgänge eingehen, die er anders gewürdigt sehen will, BGH RR **07**, 415, Köln MDR **07**, 1095. Es ist aber keine ausreichende Begründung, wenn sie sich bei einem solchen Punkt erschöpft, der den Berufungskläger nicht beschwert. Der Berufungskläger braucht den Vorwurf, das Gericht habe seinen erstinstanzlichen Vortrag übergangen, nicht durch die Fundstellen der eigenen Schriftsätze zu belegen, BGH NJW **04**, 1877 (warum eigentlich nicht?). Formularmäßige Sätze oder Redewendungen genügen nicht, Köln MDR **07**, 1095, auch nicht bloße Richtpunkte, BGH VersR **76**, 588, so nicht die Behauptung, das Gericht habe einige von mehreren Posten unrichtig oder unzureichend gewürdigt, BGH NJW **02**, 1578 links oben, oder es habe trotz eines Antrags bestimmte Akten nicht herangezogen, aus denen sich ein vollständiges Bild ergebe. Entbehrlich ist eine Begründung zu vom Erstgericht nicht erörterten Hilfsanträgen.

Man kann bei einem *absoluten Revisionsgrund* weitgehend Bezug nehmen, BGH VersR **85**, 1164. Man braucht nicht zu nur indirekt evtl mitvorhandenen, aber unerkennbaren Erwägungen des Erstgerichts etwas zu sagen, BGH RR **06**, 500 links oben. Hat das Erstgericht aus formalen Gründen abgewiesen, genügt auch im Hinblick auf § 538 die Erörterung hierzu. Anders liegt es, wenn das Erstgericht hilfsweise auch solche sachlichrechtlichen Gründe genannt hat, die für andere Teile des Ersturteils bedeutsam sind, Ffm RR **97**, 1427. Liegt die Zustellung 5 Monate nach der Verkündung noch nicht vor, darf sich der Berufungskläger auf diese Mängelrüge beschränken, BGH FamRZ **04**, 179 rechts Mitte, KG MDR **07**, 795. Der Berufungskläger muß angeben, warum das Berufungsgericht ein von Feststellungen des Erstgerichts abweichendes Vorbringen berücksichtigen soll, LG Mü RR **03**, 285. Eine Begründung der Berufung ist nicht nötig, soweit sie sich nur gegen die nach § 308 II von Amts wegen nötig gewesene Kostenentscheidung nach §§ 91 ff oder auch gegen die in einem Mischurteil enthaltene Kostenentscheidung richtet, aM Stgt WRP **97**, 357 (abl Schneider MDR **97**, 704). Wegen einer Prozeßkostenhilfe § 234 Rn 10 ff.

Bloße neue Tatsachen und Beweise als Begründung machen natürlich eine Auseinandersetzung mit dem Ersturteil meist entbehrlich, BGH NJW **99**, 3784, soweit § 531 II anwendbar ist.

27 **B. Unterschrift, III 2 Z 2.** Der unterzeichnende Anwalt muß eine selbständige Arbeit leisten und die Verantwortung für seine Begründung durch seine Unterschrift übernehmen, BGH NJW **05**, 2709. Es reicht auch eine qualifizierte elektronsiche Signatur nach § 130 a I. Deshalb ist die Einreichung einer fremden Begründung mit einem Vorbehalt unzureichend, BFH NJW **82**, 2896 (zustm Offerhaus), ebenso die rein formale Unterschrift unter der erkennbar von einem Dritten verfaßten Schrift, BGH NJW **05**, 2709 (Blankounterschrift). Eine Unterschrift in Vertretung des Verfassers genügt, wenn der Verfasser ebenfalls ProzBev ist und der Unterzeichner nicht zu erkennen gibt, daß er die Verantwortung nicht übernehmen will oder den Inhalt nicht gekannt haben kann, BAG NJW **90**, 2706. Grundsätzlich muß man davon ausgehen, daß der Berufungsanwalt die mit der Begründung zusammenhängenden Pflichten kennt, daß er also wirklich das Ersturteil geprüft hat und das Ergebnis auch dann vorträgt, wenn er den Schriftsatz des Verkehrsanwalts übernimmt.

Unzureichend ist eine nur mit einem Handzeichen (Paraphe) nach § 129 Rn 31 beglaubigte Abschrift oder Ablichtung, BGH VersR **01**, 915. Eine Unterschrift nur „i. A." reicht ebenfalls nicht, BGH NJW **88**, 210.

28 **C. Bezugnahme, III 2 Z 2–4.** Sie reicht auf ein anderes Schriftstück meist nicht aus, Rixecker NJW **04**, 708, außer wenn sich dieses Schriftstück bei den Akten befindet, als Berufungsbegründung inhaltlich ausreicht, wenn der Gegner es kennt und wenn ein Anwalt es unterzeichnet hat, (je zum alten Recht) BGH NJW **98**, 1647, Lange NJW **89**, 438. Deshalb genügt die Bezugnahme auf eine Begründung in einer anderen Sache, wenn der Anwalt jenes Verfahrens die jetzige Begründung unterzeichnet hat und wenn der Berufungskläger im jetzigen Verfahren eine beglaubigte Ablichtung oder Abschrift einreicht, BGH VersR **85**, 67. Ebenso reicht die Begründung für zwei Sachen in einem einzigen Schriftsatz, falls das genügend erkennbar ist (unzweckmäßig und gefährlich!). Es reicht auch die eigenverantwortliche Bezugnahme auf ein eigenes oder von einem anderen Anwalt unterzeichnetes Prozeßkostenhilfegesuch oder Einstellungsgesuch, BGH NJW **95**, 2113. Die Bezugnahme braucht nicht ausdrücklich zu geschehen. Vielmehr dient meist ein inhaltlich dem § 520 III genügendes Gesuch auch als Begründung, sofern nicht ein entgegenstehender Wille erkennbar ist. Das letztere ist eine Auslegungsfrage, BGH RR **01**, 789, Bbg FamRZ **96**, 300. Es genügt ferner die Verweisung auf eine den Anforderungen genügende Anlage dann, wenn der Anwalt sich ihren Inhalt klar zu eigen macht, BGH bei Lang AnwBl **82**, 242, zB auf einen solchen begründeten Beschluß, durch den das Gericht eine Prozeßkostenhilfe bewilligt hat, BGH NJW **93**, 3334, oder auf eine Berufungsbegründung im Parallelprozeß vor demselben Spruchkörper, BGH NJW **93**, 3334, oder die Verweisung auf übersichtlich geordnete und die Forderung schlüssig belegende Urkunden, BGH NJW **93**, 1866.

29 *Unzureichend* ist dagegen die Bezugnahme auf das Gesuch der Partei selbst, ferner die bloße Verweisung zB auf ein erstinstanzliches Vorbringen, BGH NJW **99**, 3126 und 3269, Schlesw RR **07**, 293. Das gilt auch dann, wenn es sich nur um eine einzige Rechtsfrage handelt und wenn das Ersturteil die Rechtsauffassung des Berufungsklägers wiedergibt, BGH NJW **81**, 1620 (zu eng). Unzureichend ist ferner die Verweisung auf eine Stellungnahme des Anwalts zum Prozeßkostenhilfeantrag der Gegenpartei oder auf ein der Begründung beigefügtes ausführliches Rechtsgutachten, auch wenn es alles Nötige enthält, BFH BStBl **85** II 470, oder die Verweisung auf ein anliegendes Sachverständigengutachten oder auf eine sonstige Stellungnahme, BGH NJW **94**, 1481, oder auf eine Anlage zum Gesuch um Prozeßkostenhilfe, die der Anwalt aber nicht unterzeichnet hat. Es reicht auch nicht aus, daß in einem innerhalb der Frist eingegangenen unterzeichneten Schriftsatz steht, man habe die Berufung in einem anderen, nicht unterzeichneten Schriftsatz begründet. Ebensowenig genügt es, daß es in einem unterzeichneten Streitverkündungsschriftsatz heißt, man habe die Berufung begründet, daß aber nur ein ununterschriebener Schriftsatz beiliegt. Unzureichend ist eine offensichtlich ohne jede Inhaltsprüfung erfolgende Unterschrift in letzter Minute, BGH RR **06**, 342.

30 **D. Beschränkung der Berufungsgründe, III 2 Z 2–4.** Eine Beschränkung der Berufungsgründe auf ein einzelnes Urteilselement, zB Verschulden, mit einer Bindungswirkung für das Rechtsmittelgericht, Grunsky ZZP **84**, 148, soll unzulässig sein, weil die Rechtsanwendung grundsätzlich nicht zur Disposition der Parteien steht, § 557 III 1, BAG NZA **97**, 282. Eine solche Beschränkung dient aber der Konzentration des Streitstoffs und der beschleunigten Herstellung des Rechtsfriedens. Sie wird deshalb zumindest dann

zulässig, wenn der Verzicht auf eine volle Nachprüfung nicht notwendig zu einer auf unrichtigen Annahmen beruhenden Entscheidung führt. Das gilt zumindest dann, wenn ihr weder öffentliche Interessen noch Interessen des Rechtsmittelbekl entgegenstehen. Sie tun das nicht, wenn der Berufungskläger bereit ist, sich mit einem ihm ungünstigen Teil der Gründe abzufinden, oder wenn auch der Berufungsbekl ein für ihn ungünstiges Urteilselement nicht mehr in Zweifel zieht, Bbg NJW **79**, 2316. Jedoch muß die Begründung des Ersturteils in diesem Punkt jedenfalls vertretbar sein, KG NJW **83**, 291 (wertende Ausfüllung des unbestimmten Rechtsbegriffs der Sittenwidrigkeit).

31 **E. Ergänzung der Begründung, III 2 Z 2–4.** Genügt die Begründung den formalen Anforderungen, darf der Berufungskläger auch nach dem Ablauf der Frist sein Vorbringen im Rahmen seiner Anträge ergänzen, BGH NJW **84**, 178, krit Lepp NJW **84**, 1944, Schneider MDR **85**, 22. Er darf zB innerhalb eines einheitlichen Anspruchs die Begründung in anderen Punkten nachschieben, BGH MDR **04**, 587 links oben. Er darf die ausgesparte Begründung zu einem abtrennbaren Anspruch nachholen und diesen Teil durch eine Berufungserweiterung einführen, BGH NJW **84**, 438. Eine Wiedereinsetzung nach § 233 zur Ergänzung einer wirksam eingereichten, jedoch inhaltlich teilweise unzureichenden Begründung ist aber unstatthaft, § 233 Rn 3, BGH NJW **97**, 1310.

32 **F. Verstoß, III 2 Z 2–4.** Fehlt jede Begründung oder bezeichnet die eingereichte die Berufungsgründe nicht ausreichend oder hat der Berufungskläger seine Anträge nicht fristgerecht gestellt, muß das Berufungsgericht die Berufung insoweit nach § 522 I als unzulässig verwerfen. Dasselbe gilt bei einer Begründung nur für einen unterhalb der notwendigen Beschwer liegenden Teil, BGH BB **76**, 815, Schlesw SchlHA **78**, 198. Eine neue Berufung innerhalb der Frist ist zulässig. Ist nur einer von mehreren Posten zureichend begründet, ist die Berufung nur insoweit zulässig, BGH NJW **91**, 1684. Erfolgt die Berufung nur wegen eines Teilbetrages einer Gesamtforderung, macht die unterlassene Aufteilung auf die einzelnen selbständigen Ansprüche nach § 253 Rn 43 die Berufung noch nicht unzulässig. Denn man kann den Mangel noch beheben. Ob die Begründung schlüssig, hinreichend substantiiert oder rechtlich haltbar ist, hat für die Zulässigkeit keine Bedeutung, BGH NJW **02**, 682. Die Zulässigkeit der Berufung entfällt nicht dadurch, daß der Berufungskläger die Begründung später nicht aufrechterhält, BGH NJW **85**, 2828, Kuchinke JZ **86**, 90.

33 **10) Rechtsverletzung, III 2 Z 2.** Z 2 fordert nicht mehr die bestimmte Bezeichnung der angeblich verletzten Rechtsnorm, § 513 I, sondern läßt die Bezeichnung derjenigen Umstände genügen, aus denen sich die Rechtsverletzung ergibt, BGH NJW **06**, 143. Wie ein Vergleich mit § 551 III Z 2a (Revisionsbegründung) ergibt, braucht die Bezeichnung nicht „bestimmt" zu sein. Danach muß der Berufungskläger diejenigen tatsächlichen oder rechtlichen Gründe angeben, aus denen er herleitet, daß das Berufungsgericht eine von ihm bezeichnete Vorschrift des sachlichen Rechts oder des Verfahrensrechts unrichtig angewandt habe. Auf die Schlüssigkeit oder Vertretbarkeit der Rügen kommt es nicht an, BGH NJW **06**, 143.

34 **11) Tatsachenwürdigung, III 2 Z 3.** Die Vorschrift verlangt die Bezeichnung solcher bestimmten Anhaltspunkte, die Zweifel an der Richtigkeit oder Vollständigkeit der Tatsachenfeststellungen im Ersturteil begründen und deshalb eine erneute Feststellung erfordern. Das hängt mit dem insoweit beschränkten Prüfungsumfang des Berufungsgerichts zusammen, § 529 I Z 1. Formale Anforderungen an die Darlegung entstehen damit nicht. Nötig ist aber eine vertiefte und aus sich heraus verständliche und Zweifel gegenüber dem Ersturteil begründende inhaltliche Auseinandersetzung mit den angefochtenen Tatsachenfeststellungen.

Beispiele: Übersehen einer solchen Urkunde, die im Widerspruch zu einer erheblichen Zeugenaussage steht, oder eines solchen persönlichen Umstands, der die Glaubwürdigkeit eines Zeugen erschüttert; Verwechslung von Personen; Übersehen eines erheblichen Beweisangebots usw.

35 **12) Neue Angriffs- und Verteidigungsmittel, III 2 Z 4.** Wegen § 529 I Z 2 muß der Berufungskläger sein etwaiges neues Vorbringen als solches bezeichnen, BGH NJW **03**, 2532. Er muß außerdem darlegen, woraus sich die Zulässigkeit dieses Vorbringens nach § 531 II ergibt, dort Rn 10ff.

36 **13) Sollvorschriften, IV.** Die Berufungsbegründung soll ferner die Angabe des Werts des nicht in einer bestimmten Geldsumme bestehenden Beschwerdegegenstands enthalten, wenn von ihm die Zulässigkeit der Berufung abhängt, *IV Z 1,* vgl § 511 Rn 10ff. Der Berufungskläger muß außerdem angeben, ob einer Entscheidung der Sache durch den Einzelrichter Gründe entgegenstehen, *IV Z 2,* § 526 Rn 2. Das Fehlen dieser Ausführungen berührt aber die Zulässigkeit der Berufung nicht.

37 Nicht notwendig, aber *ratsam* sind wegen § 522 II Z 2, 3 Ausführungen dazu, ob die dort genannten Voraussetzungen vorliegen.

38 **14) Vorschriften über vorbereitende Schriftsätze, V.** Sie sind auch auf die Berufungsschrift anwendbar, § 525. Zur Unterschrift § 129 Rn 9ff, KG MDR **08**, 535. Zur Begründung mittels Computerfax ohne eingescannte Unterschrift BGH NJW **05**, 2086. Zu den Voraussetzungen für die Wirksamkeit einer Blanko-Unterschrift BGH FamRZ **05**, 1553.

521 *Zustellung der Berufungsschrift und -begründung.* **[I] Die Berufungsschrift und die Berufungsbegründung sind der Gegenpartei zuzustellen.**

[II 1] Der Vorsitzende oder das Berufungsgericht kann der Gegenpartei eine Frist zur schriftlichen Berufungserwiderung und dem Berufungskläger eine Frist zur schriftlichen Stellungnahme auf die Berufungserwiderung setzen. [2] § 277 gilt entsprechend.

1 **1) Systematik, Regelungszweck, I, II.** I entspricht § 271 I. II 1 ähnelt § 276 I 2. II 2 verweist auf § 277. Vgl daher bei den jeweils letztgenannten Vorschriften deren jeweilige Rn 1, 2.

2 **2) Geltungsbereich, I, II.** Die Vorschrift gilt in jedem Fall nach der ZPO oder den auf sie verweisenden Gesetzen. Sie gilt auch im WEG-Verfahren. Im Verfahren der Arbeitsgerichte ist § 521 entsprechend anwendbar, § 64 VI ArbGG. Mit der Zustellung muß das Berufungsgericht den Berufungsbekl auf die Berufungsbeantwortungsfrist hinweisen, § 66 I 2–4 ArbGG.

3 **3) Zustellung, I.** Berufungsschrift und Berufungsbegründung bleiben mit ihren Urschriften bei den Gerichtsakten. Jedem Gegner des Berufungsklägers oder nach § 172 I seinem ProzBev muß das Berufungsgericht eine beglaubigte Ablichtung oder Abschrift nach §§ 166 II, 169 II von Amts wegen zustellen, § 172 II. Das gilt unabhängig von § 522 II, Schellenberg MDR **05**, 612. Mangels eines zweitinstanzlichen ProzBev erfolgt die Zustellung an den erstinstanzlichen. Wenn ein Streitgenosse Berufungskläger ist, erfolgt die Zustellung an alle diejenigen übrigen Streitgenossen, die das Urteil betrifft, § 63. Wenn ein Streitgenosse Berufungsbekl ist, erfolgt die Zustellung an diejenigen Streitgenossen, gegen die sich die Berufung ausdrücklich richtet, beim Fehlen einer Beschränkung an alle diejenigen, zu deren Gunsten das Ersturteil lautet. Aufgetretenen Streithelfern muß das Berufungsgericht immer zustellen, § 67. Nachträge zur Berufungsbegründung muß es zustellen, soweit sie in der Begründungsfrist eingehen. Die Geschäftsstelle muß die Zustellung möglichst beschleunigen. Sie muß aber keine Frist beachten.

Die *Zulässigkeit* der Berufung hängt nicht von der Zustellung ab, BGH RR **91**, 511. Ihre Unterlassung ist nach § 295 heilbar, BGH **65**, 116. Vor der Zustellung ist keine Terminsbestimmung zulässig. Ist die Berufung von Anfang an offensichtlich und unheilbar unzulässig, darf die Zustellung an den Gegner unterbleiben und sogleich ein Verwerfungsbeschluß ergehen.

4 **4) Fristsetzung, II.** Der Vorsitzende oder das Berufungsgericht oder der Einzelrichter nach §§ 526, 527 kann nach seinem pflichtgemäßen Ermessen Fristen setzen, Schellenberg MDR **05**, 612. Das gilt gegenüber der Gegenpartei zur schriftlichen Berufungserwiderung und/oder gegenüber dem Berufungskläger zur schriftlichen Stellungnahme auf die Berufungserwiderung, *II 1*. Es handelt sich um richterliche Fristen. Für sie gelten §§ 221, 222, 224, 225 und wegen der Verweisung in II 2 auch § 277 III (mindestens 2 Wochen zur Erwiderung). Eine Verlängerung nach § 224 II setzt einen innerhalb der Frist gestellten Antrag voraus, Kblz NJW **89**, 987 (Abhilfe im Rahmen der Verspätungsregelung), ferner einen erheblichen Grund und dessen Glaubhaftmachung nach §§ 224 II, 294. Die vorwerfbar verspätete Beauftragung eines Anwalt ist kein erheblicher Grund für die Verlängerung der Erwiderungsfrist, (zum alten Recht) Schlesw SchlHA **78**, 117. In der Berufungserwiderung muß der Berufungsbekl durch einen Anwalt zu der Berufungsbegründung Stellung nehmen und ein etwa neues Vorbringen in den Rechtsstreit einführen, (zum alten Recht) BGH NJW **81**, 1378. Ein erstinstanzliches Vorbringen braucht er nicht zu wiederholen oder in Bezug zu nehmen, BVerfG NJW **00**, 131, BGH FamRZ **86**, 1086, Oldb MDR **03**, 48. Eine Bezugnahme kann genügen, BGH NJW **02**, 3240. Unabhängig von einer Fristverlängerung kann eine Anschlußberufung ratsam sein, Liesching NJW **03**, 1225.

Wegen der *entsprechenden Anwendung von § 277 S 2* vgl dort. Ein Verstoß gegen die Belehrungspflicht nach § 277 II oder gegen §§ 139, 273 ist ein Verfahrensmangel. Er schließt eine Versäumnisentscheidung aus. Spätestens nach dem Eingang der Replik sollte der Vorsitzende stets terminieren.

5 **5) Verstoß, I, II.** Ein solcher des Fristbelasteten macht §§ 296 I, IV, 530 anwendbar.

522 *Zulässigkeitsprüfung; Zurückweisungsbeschluss.*

I [1] Das Berufungsgericht hat von Amts wegen zu prüfen, ob die Berufung an sich statthaft und ob sie in der gesetzlichen Form und Frist eingelegt und begründet ist. [2] Mangelt es an einem dieser Erfordernisse, so ist die Berufung als unzulässig zu verwerfen. [3] Die Entscheidung kann durch Beschluss ergehen. [4] Gegen den Beschluss findet die Rechtsbeschwerde statt.

II [1] Das Berufungsgericht weist die Berufung durch einstimmigen Beschluss unverzüglich zurück, wenn es davon überzeugt ist, dass

1. die Berufung keine Aussicht auf Erfolg hat,
2. die Rechtssache keine grundsätzliche Bedeutung hat und
3. die Fortbildung des Rechts oder die Sicherung einer einheitlichen Rechtsprechung eine Entscheidung des Berufungsgerichts nicht erfordert.

[2] Das Berufungsgericht oder der Vorsitzende hat zuvor die Parteien auf die beabsichtigte Zurückweisung der Berufung und die Gründe hierfür hinzuweisen und dem Berufungsführer binnen einer zu bestimmenden Frist Gelegenheit zur Stellungnahme zu geben. [3] Der Beschluss nach Satz 1 ist zu begründen, soweit die Gründe für die Zurückweisung nicht bereits in dem Hinweis nach Satz 2 enthalten sind.

III Der Beschluss nach Absatz 2 Satz 1 ist nicht anfechtbar.

Schrifttum: *Fölsch* NJW **06**, 3521; *Piekenbrock* JZ **02**, 540; *Schellenberg* MDR **05**, 610; *Zuck* NJW **06**, 1703 (je: Üb).

Gliederung

1) Systematik, I–III. Die Vorschrift ist Teil einer Kette fast gleichlautender Regelungen zur Zulässigkeitsprüfung beim Einspruch gegen ein Versäumnisurteil erster Instanz nach § 341, eben bei der Berufung nach § 522, ferner bei einer Revision nach § 552 und bei der sofortigen Beschwerde nach § 572 II mit der Variante der Rechtsbeschwerde nach § 577 I. Daher darf und muß man diese weiteren absolut vergleichbaren Vorschriften zur Auslegung durchaus stets mitbeachten. II, III behandelt eine vereinfachte Entscheidungsform größter praktischer Bedeutung. 1

Die Vorschrift ist *verfassungsgemäß,* BVerfG NJW **05**, 659, BGH RR **06**, 1575 rechts oben (zu II, III), Zuck NJW **06**, 1703, aM Deubner JuS **05**, 227.

2) Regelungszweck, I–III. Die Zulässigkeitsprüfung als erste Stufe der Aufgaben jedes Rechtsmittelgerichts dient vor allem der Rechtssicherheit nach Einl III 43. Ein Rechtsmittel ist verfassungsrechtlich keine Selbstverständlichkeit. Umso strenger darf und muß man zunächst klären, ob es überhaupt statthaft und auch im Einzelfall zulässig ist. Nur so läßt sich uferlose Rechthaberei eindämmen. Andererseits soll ein Rechtsmittel auch die nötige weitere Förderung erhalten, sobald seine Statthaftigkeit und Zulässigkeit feststehen. Insofern dient § 522 auch eminent dem Hauptziel des Prozesses, der Gerechtigkeit nach Einl 9, 36 schon in diesem Stadium des Rechtsmittelverfahrens. Sowohl I als auch vor allem II, III bezwecken eine hochgradige Prozeßwirtschaftlichkeit nach Grdz 14 vor § 128 auch von Anfang an in der zweiten Instanz. Diese Befugnisse bilden eine notwendige, aber auch verführerische gefährliche Waffe in der Hand des überlasteten Berufungsgerichts. Es muß ebenso entschlossen wie behutsam abwägen, bevor es „abwürgen" könnte. Es darf die Anforderungen nicht überspannen, BVerfG NJW **97**, 2941. Die ProzBev haben es ziemlich weitgehend in der Hand, solche Risiken durch Sorgfalt der Arbeit bei der Einlegung und Begründung des Rechtsmittels zu begrenzen. 2

Die Vorschrift soll das Verfahren *vereinfachen und beschleunigen.* Dabei nimmt sie den Verlust der mündlichen Verhandlung als eines Herzstücks des Zivilprozesses nach Üb 3 vor § 128 ähnlich wie zB erstinstanzlich bei § 341 II hin. Deshalb darf man nach II auch nach einer Terminsanberaumung vorgehen, Rn 7, Düss NJW **05**, 834. Die praktische Brauchbarkeit scheint noch teilweise unklar, Schellenberg MDR **05**, 610, Zuck NJW **06**, 1703 (je: ausf). Freilich sollte man dem Berufungsgericht auch nicht allzu leicht unterstellen, es neige aus Bequemlichkeit zur Verwerfung nach II, Hirtz MDR **01**, 1265, Schellenberg MDR **05**, 611.

3) Geltungsbereich, I–III. Die Vorschrift gilt in jedem Berufungsverfahren nach der ZPO und der auf sie verweisenden Gesetze, auch im WEG-Verfahren, auch im BEG-Verfahren, BGH RR **06**, 1575 links. Im Verfahren der Arbeitsgerichte ist I anwendbar, nicht dagegen II, III, § 66 II 2, 3 ArbGG. Die Verwerfung der Berufung ohne eine mündliche Verhandlung ergeht durch einen Beschluß der Kammer der LAG. Gegen ihn findet die Rechtsbeschwerde statt, wenn das LAG sie in dem Beschluß zugelassen hat, §§ 77, 72 II ArbGG. 3

4) Statthaftigkeits- und Zulässigkeitsprüfung, I 1–3. Man unterscheidet mehrere Prüfungsabschnitte. 4

A. Prüfung von Amts wegen, I 1. Sie erfolgt wegen der Berufung jeder Partei gesondert, Karlsr MDR **03**, 711, Schellenberg MDR **05**, 613. Sie erfolgt bei einer Klage und Widerklage für jedes Rechtsmittel gesondert. Sie erfolgt bei einer Wiederholung der Berufung grundsätzlich nur einheitlich für beide, BGH RR **99**, 287, Ffm NJW **83**, 2395, vgl aber auch BGH FamRZ **05**, 791. Eine einheitliche Prüfung erfolgt auch bei Berufungen der Hauptpartei und ihres Streithelfers, BGH MDR **82**, 744. Das Berufungsgericht (auch durch den Einzelrichter) muß von Amts wegen zunächst prüfen, ob die Berufung an sich statthaft ist, BGH NJW **07**, 2046 (unabhängig von einer etwaigen Unstreitigkeit). Es muß sodann prüfen ob der Berufungskläger sie in der gesetzlichen Form und Frist eingelegt hat. Dabei erfolgt eine freie Beweiswürdigung, BGH FamRZ **07**, 553 links. Das gilt auch nach einer Wiedereinsetzung, § 238, BGH VersR **85**, 1143. Das Berufungsgericht muß schließlich prüfen, ob der Berufungskläger die Berufung begründet hat. Diese Prüfung muß jeder Sachentscheidung vorausgehen, Grdz 14 vor § 253. Sie beschränkt sich auf den dem Berufungsgericht vorliegenden und auf einen nach §§ 291, 525 offenkundigen Prozeßstoff, BGH VersR **82**, 492. Das Berufungsgericht darf mit der Prüfung auch nicht stets bis zum Eingang der Berufungsbegründung warten, BVerfG NJW **06**, 1580. Das Revisionsgericht muß die Zulässigkeit ebenfalls von Amts wegen prüfen, BGH NJW **82**, 1873, und zwar ohne eine Bindung an die Feststellungen des Berufungsgerichts, BGH RR **92**, 1339. § 530 ist unanwendbar, dort Rn 2. Das Berufungsgericht muß prüfen, ob der noch angegriffene Teil für sich berufungsfähig ist, BGH MDR **08**, 225.

Das Berufungsgericht muß auch die *Zustellung* des Ersturteils von Amts wegen prüfen. Ob sich das Kollegium mit einer Prüfung durch den Einzelrichter begnügen will, steht im pflichtgemäßen Ermessen.

Der Berufungskläger muß diejenigen Tatsachen *beweisen,* aus denen sich die Zulässigkeit ergibt, BGH NJW **00**, 814. Von der Erhebung zulässiger und rechtzeitig angetretener Beweise darf das Berufungsgericht nur dann absehen, wenn das Beweismittel völlig ungeeignet ist oder die Richtigkeit der unter Beweis gestellten Tatsache bereits erwiesen ist oder sich unterstellen läßt, BVerfG NJW **93**, 254. Lediglich für die Gewinnung der Beweismittel und im Beweisverfahren gelten die Regeln des sog Freibeweises, die das Gericht im Rahmen seines pflichtgemäßen Ermessens freier stellen, BGH NJW **97**, 3319. Reichen die in diesem Rahmen beachtbaren Beweismittel nicht aus, muß man auf andere Beweismittel zurückgreifen. Deshalb muß die Partei die Gelegenheit zu Beweisangeboten erhalten, BGH NJW **00**, 814. Der Berufungskläger muß überhaupt vor einer Verwerfung das rechtliche Gehör erhalten, BGH RR **06**, 143, Kblz VersR **06**, 136. Der Berufungsbekl braucht sich vor einer Verwerfung nicht zu äußern. Das Gericht braucht ihm daher die Berufungschrift und deren etwaige Begründung vor einer Verwerfung auch nicht zuzustellen, BGH ZIP **91**, 42.

B. Verwerfung, I 2, 3. Fehlt eines der Rn 4 genannten Erfordernisse, muß das Berufungsgericht die Berufung als unzulässig verwerfen. Das gilt auch wegen nur einer Berufung, wenn jemand zweimal Berufung eingelegt hat. 5

Die Verwerfung erfolgt nach I 2 *durch ein Urteil,* wenn sie auf Grund einer mündlichen Verhandlung ergeht, und zwar durch ein Endurteil. Ob eine mündliche Verhandlung stattfinden soll, steht im freien Ermessen des Gerichts, § 128 IV. Notwendig ist sie stets, wenn man eine Klärung durch eine Aussprache erwarten kann. Beim Ausbleiben des Berufungsklägers darf ein Urteil nach Aktenlage auch ohne eine frühere mündliche Verhandlung ergehen und ergeht sonst grundsätzlich ein streitiges Urteil (unechtes Versäumnisurteil). Das Berufungsgericht verstößt gegen Art 103 I GG, wenn es am Schluß der mündlichen Verhandlung einen „neuen Termin von Amts wegen" ankündigt, die Berufung dann aber ohne eine weitere Verhandlung durch einen Beschluß verwirft, BGH FamRZ **06**, 1750.

Die Verwerfung erfolgt nach I 3 *durch einen Beschluß,* wenn die Entscheidung nicht auf Grund einer mündlichen Verhandlung ergeht, § 128 IV. Es ist also unerheblich, ob man früher einmal zur Sache, aber nicht zur Zulässigkeit verhandelt hatte, BGH NJW **79**, 1891. Darum hindert auch eine Verhandlung vor dem Einzelrichter den Beschluß des Kollegiums nicht. Eine Verwerfung nebst gleichzeitiger Zurückweisung eines Prozeßkostenhilfegesuchs kann gegen das Gebot wirkungsvollen Rechtsschutzes verstoßen, BGH RR **04**, 1218. Das Gericht muß seinen Beschluß begründen, BGH NJW **83**, 123. Dabei muß es den maßgebenden Sachverhalt nennen und den Streitgegenstand nach § 2 Rn 4 sowie die Anträge beider Parteien in beiden Instanzen erkennen lassen, BGH MDR **08**, 939. Das Berufungsgericht muß ihn wegen Rn 12 dem Berufungskläger förmlich zustellen, § 329 II 2, III.

Verwerfen darf das Gericht nur die *eingelegte* Berufung. Ein Verlust des Rechtsmittels tritt regelmäßig nicht ein. Daher ist eine Neueinlegung innerhalb der Berufungsfrist statthaft, BGH BB **07**, 630 rechts oben. Legt die Partei eine zweite Berufung ein, bevor das Berufungsgericht über die erste entschieden hat, muß es einheitlich entscheiden. Ist eine Berufung ordnungsmäßig, ergeht eine Entscheidung in der Sache. Die andere Berufung hat dann keine selbständige Bedeutung.

Urteil und Beschluß beseitigen die *Hemmungswirkung* nicht rückwirkend. Daher wird das Ersturteil mit der Rechtskraft der Verwerfungsentscheidung rechtskräftig, wenn das Berufungsgericht die an sich statthafte und rechtzeitig eingelegte Berufung nach dem Ablauf der Rechtsmittelfrist verwirft, BGH NJW **84**, 1027. Sowohl das Berufungsurteil als auch der Beschluß stellen mit ihrer Rechtskraftwirkung klar, daß die Berufung wegen eines bestimmten Mangels unzulässig ist, BGH NJW **81**, 1962. Wegen der Erneuerung der Berufung vgl auch Rn 10. Die rechtskräftige Verwerfung macht deshalb das Ersturteil nur nach den Umständen des Falls rechtskräftig, nämlich dann nicht, wenn das Berufungsgericht die Verwerfung vor dem Ablauf der Berufungsfrist ausgesprochen hat.

Der Beschluß ist wegen der Kosten ein *Vollstreckungstitel,* § 794 Rn 15. Er macht aber das Ersturteil nicht entsprechend § 708 Z 10 vorläufig vollstreckbar.

6 **C. Zulässigkeit, I 3.** Die Entscheidung kann auch lauten auf die Zulässigkeit der Berufung. Sie ergeht auf Grund einer mündlichen Verhandlung durch ein Zwischenurteil nach § 303, BGH BB **07**, 522, oder in den Entscheidungsgründen des Endurteils, sonst durch einen Beschluß. Ein solcher Beschluß ist aber nicht üblich. Regelmäßig beraumt der Vorsitzende nur dann einen Termin an, wenn er keine Bedenken hat. Wenn das Kollegium die Berufung ausdrücklich durch einen Beschluß für zulässig befunden hat, bindet das. Das Gericht darf eine Wiedereinsetzung auch auf Grund einer Gegenvorstellung nicht ändern, BGH FamRZ **93**, 1191.

7 **D. Entscheidungszeitpunkt, I 3.** Die Entscheidung soll durch das Kollegium vor einer etwaigen Übertragung auf den entscheidenden oder vorbereitenden Einzelrichter nach §§ 526, 527 ergehen. Das zeigt § 523 I 1. Sobald die Unzulässigkeit feststeht, muß die Entscheidung „unverzüglich" erfolgen, Schellenberg MDR **05**, 610, also ohne ein vorwerfbares Zögern, § 121 I 1 BGB. Natürlich muß das Berufungsgericht dem evtl Benachteiligten vorher das rechtliche Gehör nach Art 103 I GG geben, BGH FamRZ **07**, 1725 links und 1726 links (Rechtsmittelführer), BGH VerR **82**, 246 (Gegner). Dabei ist für die Beurteilung der Zeitpunkt der Entscheidung maßgebend. Dabei muß man für die Wertberechnung § 4 heranziehen. Vor allem dann, wenn das Ersturteil nicht berufungsfähig ist, kann das Gericht die Berufung sofort wegen Unzulässigkeit verwerfen. Förmliche Mängel der Berufungsschrift lassen sich jedoch in der Berufungsfrist heilen, eine unzulängliche Berufungsbegründung läßt sich in der Begründungsfrist ergänzen. Daher sollte das Gericht die Berufung in diesen Fällen zweckmäßigerweise nicht vor dem Ablauf der Berufungs- oder Begründungsfrist verwerfen, Pantle NJW **88**, 2773.

Wegen einer *Fristversäumung* darf das Gericht die Berufung nicht als unzulässig verwerfen, bevor es über einen wirksam gestellten Verlängerungsantrag nach § 520 entschieden hat, BGH FamRZ **04**, 1189. Darauf darf der Berufungskläger vertrauen, BGH VersR **86**, 166, es sei denn, es handelt sich um einen rechtsmißbräuchlich wiederholten Verlängerungsantrag, BGH VersR **86**, 166. Das Gericht mag auch eine Frist zur Berufungserwiderung abwarten, Kblz NJW **03**, 2100, Schellenberg MDR **05**, 610, aM Celle OLGR **03**, 359 (aber gerade *dieses* Zuwarten kann prozeßwirtschaftlich sein). Dabei ist § 138 III anwendbar, Schellenberg MDR **05**, 121, Schenkel MDR **04**, 121. Das Gericht sollte den Fristablauf auch dann abwarten, wenn schon eine erste Stellungnahme ohne den Vorbehalt einer weiteren vorliegt, BVerfG, zit bei Schellenberg MDR **05**, 612.

Eine Verwerfung ist auch dann *fehlerhaft,* wenn das Berufungsgericht nicht zuvor über einen Antrag auf eine *Wiedereinsetzung* entschieden hat, BGH VersR **85**, 1143. Ebenso ist eine Verwerfung beim Fristablauf unstatthaft, wenn eine bedürftige Partei vorher ein Gesuch um eine Prozeßkostenhilfe eingereicht hat, BGH RR **04**, 1219, Brschw NdsRpfl **89**, 76. Eine Verwerfung kommt ferner nicht in Betracht, solange es möglich ist, die unzulässige Berufung durch eine Umdeutung als eine Anschließung zu behandeln, § 514 Rn 8, oder eine solche noch zu erklären, BGH NJW **96**, 2659, Rimmelspacher JR **88**, 93. Andererseits soll ein Austausch von Schriftsätzen, Stellungnahmen und gerichtlichen Hinweisen vor der Entscheidung nach II unterbleiben, Oldb MDR **04**, 1256, Schellenberg MDR **05**, 610. Schon gar nicht sind wiederholte gerichtliche Hinweise nötig, Oldb MDR **04**, 1256, wenn auch zulässig, Schellenberg MDR **05**, 613.

Eine *Terminsanberaumung* hindert nicht, ebensowenig § 523 I oder gar Art 6 EMKR, Rn 2, Düss NJW **05**, 834.

8 **E. Bindungswirkung, I 3.** Jedes Urteil bindet, § 318. Doch entscheidet das zulassende Zwischenurteil nur über die derzeitige Sach- und Rechtslage. Es hindert also eine andere Entscheidung bei einer Veränderung nicht. Der zulassende Beschluß ist frei abänderlich, § 329 Rn 16, es sei denn, er gewährt zugleich eine Wiedereinsetzung, BVerfG **8**, 253, aM auch für diesen Fall bei einem Verfassungsverstoß BGH NJW **95**, 2497, StJGr 35 (wollte man das Berufungsgericht auch an einen solchen im Grunde deklaratorischen Beschluß binden, müßte es trotz einer nachträglichen Überzeugung von der Unzulässigkeit der Berufung

trotzdem in der Sache tätig werden. Das Revisionsgericht könnte des Berufungsurteil dann wegen Unzulässigkeit der Berufung aufheben).

Der *verwerfende Beschluß* ist nur auf Grund der Rechtsbeschwerde nach I 4 abänderlich, aM ZöGuHeß 9, nicht aber sonst. Denn er ergeht anstelle eines Urteils. Daher ist auf ihn § 318 entsprechend anwendbar, BGH RR **95**, 765, Jauernig MDR **82**, 286. Deshalb ist auch bei Mißgriffen des Gerichts eine Abänderung grundsätzlich unzulässig. Etwas anderes muß jedoch gelten, wenn der Beschluß auf einer Verletzung von Grundrechten beruht, zB auf einem Verstoß gegen Art 103 I GG (rechtliches Gehör) oder gegen Art 101 I 2 GG (gesetzlicher Richter), BVerfG NJW **87**, 1319. Dann darf und muß das Berufungsgericht seinen Beschluß entsprechend § 321 a auf eine Gegenvorstellung ändern, BGH NJW **02**, 1577 (zustm Lipp 1700, Piekenbrock JZ **02**, 540), BVerwG NJW **02**, 2657, Celle NJW **03**, 906, aM Drsd FamRZ **03**, 1846, Rostock NJW **03**, 2109, ZöGuHeß 10. Auch § 319 bleibt anwendbar, Hamm FamRZ **86**, 1136, ebenso eine bloße sprachliche Klarstellung, Schellenberg MDR **05**, 613.

Neben der Rechtsbeschwerde nach I 4 muß der Berufungskläger evtl auch eine *Wiedereinsetzung* beantragen, auch wenn er die Frist in Wahrheit nicht versäumt war, LG Bochum MDR **85**, 239. Einzelheiten § 233 Rn 18 ff. Zum Beginn der Wiedereinsetzungsfrist nach § 234 und zur Nachholung der Berufungsbegründung §§ 236, 520 Rn 4–7. Die Wiedereinsetzung ist nach § 238 III unanfechtbar, BGH NJW **82**, 887. Sie macht den Verwerfungsbeschluß gegenstandslos, BGH FamRZ **05**, 791. Seine ausdrückliche Aufhebung ist nicht nötig, aber zweckmäßig. 9

Eine *Erneuerung der Berufung* in der Berufungsfrist ist zulässig, ohne daß es darauf ankommt, ob die verworfene erste Berufung von Anfang an unzulässig war oder durch eine Versäumung der Begründungsfrist unzulässig geworden ist, BGH RR **99**, 287. Jedoch steht die verwerfende Entscheidung einer Erneuerung entgegen, wenn wegen ihrer Bindungswirkung entsprechend § 318 eine sachlich widersprechende neue Entscheidung unzulässig ist, Jauernig MDR **82**, 286. Das ist dann so, wenn die neue Berufung dem Berufungsgericht denselben prozessualen Sachverhalt unterbreitet, BGH NJW **81**, 1962. Daher darf man nach einer Verwerfung wegen einer Versäumung der *Berufungs*frist mit der erneuten Berufung nicht geltend machen, dieselbe Frist habe nicht zu laufen begonnen, BAG NJW **04**, 174, Ffm NJW **83**, 2395. Dagegen ist nach der Verwerfung wegen einer Versäumung der *Begründungs*frist eine erneute Berufung mit der Begründung zulässig, die Berufungsfrist habe nicht zu laufen begonnen, BGH DtZ **93**, 54, Borgmann AnwBl **91**, 153. 10

5) Rechtsmittel gegen Verwerfung, I 4. Die Anfechtbarkeit ist ungeachtet der Unanfechtbarkeit einer Entscheidung nach III verfassungsgemäß, BVerfG NJW **05**, 659. Stets kann man ja innerhalb der Berufungsfrist erneut Berufung einlegen, Rn 10. Man kann auch zusätzlich zu einem Rechtsmittel gegen einen Beschluß nach I eine Wiedereinsetzung beantragen. Deren Zurückweisung muß man dann natürlich auch gesondert anfechten, BGH NJW **02**, 2397. 11

A. Revision. Gegen die Entscheidung durch ein Endurteil findet die Revision nach allgemeinen Grundsätzen statt, § 545, BGH BB **07**, 853 links, es sei denn, daß die Revision unstatthaft ist, zB nach § 542 II.

Die Entscheidung durch ein *Zwischenurteil* nach § 303 ist nur zusammen mit dem Endurteil anfechtbar, BGH NJW **87**, 3265.

B. Rechtsbeschwerde. Gegen den Verwerfungsbeschluß findet grundsätzlich die Rechtsbeschwerde nach § 574 I Z 1 statt, BGH NJW **02**, 3178, allerdings nur unter den Voraussetzungen des § 574 II, BGH RR **06**, 1435. Über sie entscheidet der BGH, § 133 GVG, BVerfG NJW **04**, 3696 rechts, BGH RR **06**, 1435. Deshalb muß ein BGH-Anwalt tätig sein, § 575 I, BGH MDR **02**, 1448. Eine Wertgrenze gilt derzeit nicht, § 26 Z 8 S 1 EGZPO, BGH RR **03**, 132. Eine Rechtsbeschwerde kommt auch nach einem die Wiedereinsetzung versagenden Beschluß infrage, § 238 Rn 13. Für sie gelten §§ 574–577. Zum Ausschluß der Rechtsbeschwerde im Arrestverfahren und im Verfahren der einstweiligen Verfügung BGH NJW **03**, 69, 1531. Grundsätzlich erst nach einer Durchführung der Rechtsbeschwerde kommt eine Verfassungsbeschwerde in Betracht, Einl III 17, BVerfG NJW **04**, 3696 rechts. Man darf die Rechtsbeschwerde nicht auf eine solche Tatsache stützen, die man vor dem Berufungsggericht hätte vortragen können, aber nicht vorgetragen hat, BGH NJW **04**, 71. Für die Rechtsbeschwerde ist stets eine Beschwer nötig. Sie fehlt zB dann, wenn man die Berufung zurückgenommen hatte. Eine Beschwer im Kostenpunkt genügt nicht. Man kann eine Berufungsbegründung nachholen, muß das aber in der ursprünglichen Begründungsfrist tun, BGH FamRZ **04**, 1783 (im Ergebnis zustm Vollkommer FamRZ **05**, 194). 12

C. Gegenvorstellung. Soweit die Rechtsbeschwerde unstatthaft oder nicht zugelassen ist, BGH NJW **04**, 1598, darf und muß das Berufungsgericht seinen Verwerfungsbeschluß auf eine Gegenvorstellung ändern, soweit er Art 101 I 2 oder Art 103 I GG verletzt. § 321 a ist wegen der Anfechtbarkeit des Beschlusses unanwendbar, Rn 14. 13

D. Restliche Fälle. Im übrigen gibt es grundsätzlich keinen Rechtsbehelf, auch nicht nach § 321 a, dort Rn 61, Rostock NJW **03**, 2105, abgesehen von der Wiederaufnahme, BGH NJW **83**, 883. 14

6) Zurückweisungsbeschluß, II, III, dazu *Baumert* MDR **08**, 954; *Fölsch* NJW **06**, 3521; *Heßler* Festgabe für *Vollkommer* (2006) 319; *Knops* ZZP **120**, 403; *Schellenberg* MDR **05**, 62, *Vossler* MDR **08**, 722 (je: Üb): 15

A. Grundsatz. Die Vorschrift gilt auch nach einer einseitigen Erledigterklärung des Klägers, Rostock MDR **06**, 947. Es kommt nur darauf an, ob die zulässige Berufung im Ergebnis unbegründet ist, BGH NJW **06**, 2910, KG MDR **08**, 1063, Rostock MDR **03**, 828. II erlaubt dem Berufungsgericht und kann es auch dazu veranlassen, das Rechtsmittel ohne eine mündliche Verhandlung durch einen unanfechtbaren Beschluß zurückzuweisen, um das Verfahren so schnell wie möglich rechtskräftig abzuschließen, Rn 2, BVerfG NJW **08**, 505, KG MDR **08**, 42. Das gilt auch im BEG-Verfahren, Rn 3. Daher fordert II 1 ein „unverzügliches" Verhalten des Gerichts, Zuck NJW **06**, 1703, also ein solches wie bei § 121 I 1 BGB ohne ein schuldhaftes Zögern. Eine Verhandlung bleibt aber mangels einer ausdrücklichen anderen Bestimmung schon wegen § 128 IV zulässig, Kblz NJW **03**, 2100, Schellenberg MDR **05**, 611, aM Celle NJW **02**, 2800, Köln MDR **03**, 1435. Eine Ablehnung der Beschlußzurückweisung der Berufung kann stillschweigend erfolgen und geschieht auch dann unanfechtbar. Für eine Beschlußzurückweisung müssen die folgenden Voraussetzungen zusammentreffen.

16 **B. Keine Erfolgsaussicht, II 1 Z 1.** Die Vorschrift ist verfassungsgemäß, BVerfG RR **07**, 1195, Ffm NJW **04**, 165, Zuck NJW **06**, 1703. Das Berufungsgericht hat kein Ermessen, sondern „weist zurück", Köln MDR 03, 1435. Freilich muß es zuvor davon überzeugt sein, daß die Berufung zwar zulässig ist (sonst müßte es nach I verfahren), daß sie aber im Ergebnis keine Aussicht auf Erfolg hat, Naumb VersR **05**, 1601, Zweibr RR **07**, 1039. Zum Begriff Erfolgsaussicht vgl auch § 114 Rn 80 ff. Das ist so, wenn das Vorbringen des Berufungsklägers einschließlich etwaiger zulässiger neuer Angriffs- und Verteidigungsmittel dem Rechtsmittel zweifelsfrei zumindest im Ergebnis nicht zum Erfolg verhelfen kann, KG VersR **08**, 658, Rostock NJW **03**, 1676. Dabei muß das Berufungsgericht ein etwaiges Gegenvorbringen des Berufungsbekl berücksichtigen, Celle NJW **02**, 2800. Keine Aussicht auf Erfolg hat die Berufung zB auch dann, wenn sich das Urteil im Ergebnis mit einer anderen Begründung aufrechterhalten läßt, Hbg NJW **06**, 71, KG VersR **08**, 658, Rostock MDR **03**, 1073.

Eine *Klagenweiterung* bleibt unbeachtet, Rostock NJW **03**, 3211. Sie wird bei einer Zurückweisung nach II wirkungslos, Rostock NJW **03**, 3211, aM Kblz OLGR **04**, 17. Eine nach § 533 unzulässige Klagänderung oder Widerklage schließt die Zurückweisung nicht aus, Ffm NJW **04**, 165. Nürnb MDR **03**, 770, ebensowenig eine vom Berufungsführer erhobene Hilfswiderklage, Ffm NJW **03**, 165, Rostock NJW **03**, 3211, oder die bloße wirtschaftliche Bedeutung, Mü OLGR **04**, 455. Eine „Offensichtlichkeit" der Unbegründetheit ist nicht erforderlich, BVerfG NJW **03**, 281, VerfGH Bln RR **04**, 1720, KG VersR **08**, 658. Die hinreichende Erfolgsaussicht im Prozeßkostenhilfeverfahren schließt in aller Regel die Zurückweisung der Berufung durch einen Beschluß aus, ebenso die Notwendigkeit einer Beweisaufnahme, Piekenbrock JZ **02**, 540, oder einer mündlichen Erörterung.

17 **C. Keine grundsätzliche Bedeutung, II 1 Z 2.** Die Prognose des Mißerfolgs der Berufung genügt nicht. Hinzu kommen muß vielmehr die Überzeugung des Gerichts, daß die Rechtssache keine grundsätzliche Bedeutung nach §§ 511 IV 1 Z 1 Hs 1, 543 II 1 Z 1, 574 II Z 1 hat, Zweibr RR **07**, 1039. Eine grundsätzliche Bedeutung liegt zB dann vor, wenn der BGH ersichtlich gerade in einem Senat abweichend von anderen Senaten entscheidungserheblich entschieden zu haben scheint, selbst wenn die neue Entscheidung noch nicht nachlesbar ist, BVerfG NJW **05**, 1932, Stackmann NJW **07**, 11. Eine krasse Fehleinschätzung wegen Unverständlichkeit unter jeden denkbaren Gesichtspunkt verstößt gegen Art 101 I 2 GG, BVerfG NJW **08**, 1938.

18 **D. Keine Rechtsfortbildung usw, II 1 Z 3.** Statt Z 1 reicht es auch und ist zusätzlich zu Z 2 nötig, daß die Fortbildung des Rechts oder die Sicherung einer einheitlichen Rspr eine Entscheidung des Berufungsgerichts nicht erfordert, Zweibr RR **07**, 1039. Damit knüpft das Gesetz an diejenigen Maßstäbe an, die für die Zulassung der Berufung nach § 511 IV 1 Z 1 Hs 2 und die Zulassung der Revision nach § 543 II Z 2 gelten, Schellenberg MDR **05**, 610, sowie bei der Rechtsbeschwerde nach § 574 II 1 Z 2. Dadurch wird sicher, daß die Beschlußzurückweisung nicht den Weg zum BGH versperrt, BVerfG NJW **07**, 3118, Streyl WoM **08**, 7. Daß das Erstgericht die Berufung nach § 511 IV zugelassen hat, schließt eine Beschlußzurückweisung nicht aus, wenn das Berufungsgericht die Zulassungsvoraussetzungen anders beurteilt. Eine Verweisung von dem infolge einer Zuständigkeitskonzentration funktionell unzuständigen Gericht an das funktionell zuständige ist nicht statthaft, LG Hechingen RR **03**, 768. Das Gericht darf sich die Begründung zur Frage des Fehlens einer grundsätzlichen Bedeutung nicht zu leicht machen, Zuck NJW **06**, 1703, schon gar nicht durch einen bloß formularmäßig knappen Hinweis auf das Fehlen einer Erfolgsaussicht. Andernfalls könnte eine Verfassungsbeschwerde Erfolgsaussicht haben, Zuck NJW **06**, 1703.

19 **E. Weitere Voraussetzung** für eine Beschlußzurückweisung ist nach Art 6 I EMRK, daß in erster Instanz eine mündliche Verhandlung stattgefunden hat oder dem Berufungskläger jedenfalls eröffnet war, BVerwG NVwZ **02**, 994 (zu § 130 a VwGO), Celle NJW **02**, 2800. Eine Terminsaufhebung kann dann unschädlich sein, Drsd 3 W 401/08 v 16. 5. 08.

20 **F. Verfahren, II 2,** dazu *Siegel* MDR **03**, 481 (Üb): Nur das Kollegium darf eine Berufung durch einen Beschluß zurückweisen. Daher müssen die ehrenamtlichen Arbeitsrichter mitwirken, LAG Düss MDR **04**, 160 (auch bei einer Säumnis des Berufungsklägers). Das Kollegium muß diese Frage vor der Übertragung der Sache auf den Einzelrichter prüfen, § 523 I 1. Will das Kollegium von dieser Möglichkeit Gebrauch machen, muß es oder der Vorsitzende die Parteien wenigstens kurz, aber nachvollziehbar auf diese Absicht und deren Gründe hinweisen, Stackmann NJW **07**, 11. Es muß dem Berufungskläger durch eine Verfügung oder einen prozeßleitenden Beschluß eine Gelegenheit zu einer Stellungnahme innerhalb einer zu bestimmenden angemessenen Frist geben, Hbg RR **05**, 138, Kblz VersR **07**, 402, Schneider NJW **03**, 1435. Ratsam sind ähnlich wie bei § 277 III mindestens 2 Wochen. Eine Fristverlängerung ist möglich, Rostock MDR **04**, 127 (strenge Anforderungen). Der Hinweis ist unanfechtbar, KG MDR **08**, 42, Zuck NJW **06**, 1704. Der ProzBev des Berufungsklägers darf und muß den Hinweis auf Schwächen usw prüfen, Kblz JB **07**, 89. Der Berufungsbekl ist zu einer Stellungnahme aber meist nicht verpflichtet, Mü FamRZ **06**, 1695. Der Beschluß ist nicht von einer gesetzlichen Frist abhängig, Ffm OLGR **06**, 86, Zweibr OLGR **04**, 523. Das Berufungsgericht muß den Gegner von einer etwaigen Stellungnahme unterrichten. Beides erfordert noch nicht die Einstimmigkeit nach Rn 21, Schellenberg MDR **05**, 611.

Der Hinweis braucht *nicht alle Aspekte* zu erfassen, Oldb NJW **04**, 3194, Schellenberg MDR **05**, 612. Er darf sich aber natürlich auch nicht auf eine bloße Leerfloskel beschränken, Zuck NJW **06**, 1704. Eine Fristverlängerung erfolgt nach § 224 II. Sie erfordert eine behutsame Interessenabwägung, Schellenberg MDR **05**, 612. Ein Richterwechsel zwischen dem Hinweis nach II 2 und der Zurückweisung der Berufung ist kein Verstoß gegen Art 101 I 2 GG, BVerfG NJW **04**, 3696 links. Nach dem Hinweis an den Berufungskläger ist grundsätzlich kein weiterer Hinweis an ihn nötig, selbst wenn er um ihn bittet, Oldb MDR **04**, 1256, aM Stackmann NJW **07**, 11 (aber das führt ins Endlose. Ein Mißverständnis mag eine Ausnahme erlauben). Ob das Berufungsgericht eine Gegenäußerung des Berufungsklägers ausnahmsweise ebenfalls einholen sollte, ist eine Fallfrage, Stackmann NJW **07**, 10 (komplizierter Einzelfall). Der Beschluß nach II kann auch nach einer Terminsbestimmung erfolgen, Düss NJW **05**, 833. Es darf freilich keine Überraschungsentscheidung sein. Bei einer Ablehnung gar des ganzen Kollegiums darf evtl auch eine Selbstentscheidung der Abgelehnten erfolgen, § 45 Rn 2, 6, aM BVerfG NJW **07**, 3772 und FamRZ **07**, 1954 (aber das engt denn doch zu generell ein).

21 **G. Entscheidung, II 1, 3.** Sie hat eine Urteilsfunktion, Mü MDR **03**, 522. § 321 ist anwendbar, Mü MDR **03**, 522. Ob das Berufungsgericht von II Gebrauch macht, entscheidet es nach seinem pflichtgemäßen Ermessen, Kblz NJW **03**, 2100, aM KG MDR **08**, 42, Köln MDR **03**, 1435. Es muß bei einer Zurückweisung durch einen Beschluß entscheiden. Das ist verfassungsgemäß, VerfGH Bln RR **04**, 1720. Die Terminierung der Sache schließt die Zurückweisung der Berufung durch einen Beschluß nicht aus, Düss NJW **05**, 833. Das Gericht muß aber vorher nochmals dem Berufungskläger eine Gelegenheit zur Stellungnahme geben, BVerfG RR **06**, 1654. Der Beschluß muß anders als bei § 196 I GVG einstimmig sein, *II 1.* Die Einstimmigkeit erhärtet die Verfassungsmäßigkeit der Regelung, BVerfG RR **07**, 1195. Sie muß erst bei der Beschlußfassung vorliegen, Schellenberg MDR **05**, 611 (vorheriger Richterwechsel unschädlich, Rn 20). Sie kann per Umlauf erfolgen, ZöGuHeß 32. Die Zurückweisung einer von mehreren Berufungen ist zulässig, Karlsr MDR **03**, 711, nicht jedoch die Zurückweisung eines Teils des Rechtsmittels, Karlsr MDR **03**, 711, Köln MDR **05**, 1070, Stackmann NJW **07**, 11, aM Rostock NJW **03**, 2755. Das Gericht darf eine als unzulässig abgewiesene Klage nun als unbegründet behandeln, § 528 Rn 13, Rostock MDR **03**, 828.

Das Berufungsgericht darf nicht über enge Ausnahmefälle hinaus schon wegen einer etwa bevorstehenden höchstrichterlichen Parallelentscheidung auf sich warten lassen, BVerfG NJW **08**, 505. Das Berufungsgericht muß seinen Beschluß wenigstens kurz, aber nachvollziehbar *begründen,* soweit die Gründe nicht bereits in dem Hinweis nach *II 2* enthalten waren, *II 3,* Schellenberg MDR **05**, 613. Eine Bezugnahme auf die Gründe des Ersturteils ist zulässig. Der Beschluß muß die Einstimmigkeit darlegen. Er muß eine Auseinandersetzung mit den etwaigen Argumenten der Parteien enthalten. Eine Kostenentscheidung ist notwendig, Mü MDR **03**, 522. Sie erfolgt nach § 97 I, Schellenberg MDR **05**, 614 (dort auch zur Anschlußberufung). Die Vollstreckbarkeit folgt aus § 794 I Z 3. § 321 ist anwendbar, Mü MDR **03**, 522. Eine förmliche Zustellung ist wegen Rn 23 ratsam. Ein Teilbeschluß ist denkbar, BGH MDR **07**, 601.

Eine *Klagerweiterung* oder sonstige Klagänderung oder eine Widerklage wird mit einem Beschluß nach II wirkungslos, Ffm NJW **04**, 167, Nürnb MDR **07**, 171, Schellenberg MDR **05**, 613. Dasselbe gilt von einem erst in zweiter Instanz gestellten Hilfsantrag, KG NJW **06**, 3505.

22 **7) Rechtsmittel, III.** Die Vorschrift ist verfassungsgemäß, BVerfG MDR **08**, 991, BGH MDR **07**, 600 rechts unten, krit Krüger NJW **08**, 947. Der Beschluß ist grundsätzlich unanfechtbar. Das gilt auch bei einem Teilbeschluß, BGH MDR **07**, 600 rechts unten. Man kann auch nicht eine falsche Form rügen, BGH BB **06**, 2717. Das alles ist auch trotz der Anfechtbarkeit einer Entscheidung nach I 4 verfassungsgemäß, BVerfG NJW **05**, 659, BGH FamRZ **05**, 1555 rechts oben, VerfGH Bln RR **04**, 1719, aM Schneider MDR **03**, 903, Zuck NJW **06**, 1704 (§ 321 a). Der Beschluß hat also grundsätzlich die Rechtskraft des Ersturteils zur Folge. Er bindet das Berufungsgericht, BGH MDR **07**, 601.

23 Eine *Anfechtbarkeit* kann ausnahmsweise nach einem Verstoß gegen Art 103 I GG bestehen, BGH RR **06**, 863, ebenso bei § 574 II, BGH NJW **06**, 2910. Wegen der Zulässigkeit der Gegenvorstellung bei einer Verletzung von Verfahrensgrundrechten nach Rn 8 Ffm NJW **04**, 165, aM Köln MDR **05**, 1070, Lindner ZIP **03**, 192, Schellenberg MDR **05**, 613. Die Weigerung des Berufungsgerichts, nach II zu verfahren, ist nicht mit der Rechtsbeschwerde anfechtbar, BGH FamRZ **04**, 437. § 321 a ist unanwendbar, dort Rn 4, aM BGH MDR **07**, 601, ZöGuHeß 43, Zuck NJW **06**, 1705. § 26 Z 8 EGZPO stört nicht, BGH NJW **02**, 3783. Zur Verfassungsbeschwerde Zuck NJW **06**, 1705. In einer hochproblematischen Ausweitung des Willkürbegriffs, dazu Einl III 21, gibt BVerfG NZM **07**, 678 schon bei einer Abweichung vom BGH eine Verfassungsbeschwerde. Zum Problem Einl III 47, § 281 Rn 39.

523 *Terminsbestimmung.* [I 1] **Wird die Berufung nicht nach § 522 durch Beschluss verworfen oder zurückgewiesen, so entscheidet das Berufungsgericht über die Übertragung des Rechtsstreits auf den Einzelrichter.** [2] **Sodann ist unverzüglich Termin zur mündlichen Verhandlung zu bestimmen.**

[II] **Auf die Frist, die zwischen dem Zeitpunkt der Bekanntmachung des Termins und der mündlichen Verhandlung liegen muss, ist § 274 Abs. 3 entsprechend anzuwenden.**

1 **1) Systematik, Regelungszweck, I, II.** Die Bestimmung regelt den Gang des Verfahrens bei einer nicht schon nach § 522 durch einen Beschluß zu verwerfenden oder zurückzuweisenden Berufung. I 1 ähnelt § 348 a. I 2 übernimmt den Grundsatz des § 216 II. II verweist auf § 274 III. Alles dient der Prozeßförderung, Grdz 12 vor § 128.

2 **2) Geltungsbereich, I, II.** Die Vorschrift ist in jedem Verfahren nach der ZPO oder nach einem auf sie verweisenden Gesetz anwendbar. Sie gilt auch im WEG-Verfahren. Im Verfahren der Arbeitsgerichte gilt für die Terminierung § 66 II 1 (Terminierung unverzüglich nach dem Eingang der Berufungsbegründung).

3 **3) Terminsbestimmung, I.** Macht das Berufungsgericht nicht von den Möglichkeiten des § 522 Gebrauch, muß das Kollegium zunächst nach seinem pflichtgemäßen Ermessen über die Übertragung der Sache auf den entscheidenden Einzelrichter nach § 526 I oder über die Zuweisung an den vorbereitenden Einzelrichter nach § 527 I entscheiden, *I 1.* Sodann muß der Vorsitzende oder Einzelrichter unverzüglich nach § 121 I BGB, § 216 II einen Termin zur mündlichen Verhandlung bestimmen, *I 2.* Eine Fristbestimmung für die Berufungserwiderung und für die Replik des Berufungsklägers regelt § 521 II, dort Rn 3.

4 **4) Einlassungsfrist, II.** Sie ist nur dem Berufungsbekl gegenüber notwendig. Sie bestimmt sich nach §§ 274 III, 525 mit mindestens 2 Wochen. Gegenüber dem Berufungskläger genügt die Einhaltung der mindestens einwöchigen Ladungsfrist nach §§ 217, 525, im Wechsel- und Scheckprozeß nach § 604. Wegen der Möglichkeit der Abkürzung § 226. Es kann ein Hinweis usw nach §§ 139, 273, 358 a notwendig sein.

524 *Anschlussberufung.* I [1] **Der Berufungsbeklagte kann sich der Berufung anschließen.** [2] **Die Anschließung erfolgt durch Einreichung der Berufungsanschlussschrift bei dem Berufungsgericht.**

II [1] **Die Anschließung ist auch statthaft, wenn der Berufungsbeklagte auf die Berufung verzichtet hat oder die Berufungsfrist verstrichen ist.** [2] **Sie ist zulässig bis zum Ablauf der dem Berufungsbeklagten gesetzten Frist zur Berufungserwiderung.** [3] **Diese Frist gilt nicht, wenn die Anschließung eine Verurteilung zu künftig fällig werdenden wiederkehrenden Leistungen (§ 323) zum Gegenstand hat.**

III [1] **Die Anschlussberufung muss in der Anschlussschrift begründet werden.** [2] **Die Vorschriften des § 519 Abs. 2, 4 und des § 520 Abs. 3 sowie des § 521 gelten entsprechend.**

IV **Die Anschließung verliert ihre Wirkung, wenn die Berufung zurückgenommen, verworfen oder durch Beschluss zurückgewiesen wird.**

Schrifttum: *Born* NJW **05**, 3038; *Doms* NJW **04**, 189; *Jacoby* ZZP **115**, 185; *Liesching* NJW **03**, 1224; *Pape* NJW **03**, 1150; *Piepenbrock* MDR **02**, 675 (je: Üb).

Gliederung

1 **1) Systematik, I–IV.** Die erstinstanzliche Figur einer Widerklage nach Anh § 253 findet sich zweitinstanzlich in § 524 stark abgewandelt wieder: Der Angegriffene geht über seine bloße Verteidigung hinaus zum Gegenangriff über. Das ist ein Instrument der Prozeßwirtschaftlichkeit nach Grdz 14 vor § 128. Es handelt sich nicht um ein eigenes Rechtsmittel. Man vermeidet mit der Zulassung einer Anschlußberufung ein gesondertes weiteres Verfahren.

2 **2) Regelungszweck, I–IV.** Die in Rn 1 genannte Prozeßwirtschaftlichkeit ist nur eines der Ziele des § 524. Er dient auch der Rechtssicherheit nach Einl III 43 und der Gerechtigkeit nach Einl III 9, 36. Denn er hilft unterschiedliche Ergebnisse unterschiedlicher Richter zu vermeiden, wenn es darum geht, eine umfassende Überprüfung des Ersturteils im Interesse *beider* mit ihm unzufriedenen Parteien in einem und demselben Verfahren möglichst einheitlich und rasch zu erreichen. Deshalb darf man die Vorschrift großzügig zugunsten des Anschließungsklägers handhaben. Vor einer Verfassungsbeschwerde kann auch deshalb eine Anschlußberufung notwendig sein, BVerfG NVwZ **06**, 1049.

3 **3) Geltungsbereich, I–IV.** Die Vorschrift gilt grundsätzlich in jedem Berufungsverfahren nach der ZPO und nach den auf die ZPO verweisenden Gesetzen. Sie gilt auch im WEG-Verfahren. Ähnliche Regelungen gelten im Revisionsverfahren nach § 554 und im Beschwerdeverfahren nach § 567 III. § 524 gilt vor den Arbeitsgerichten entsprechend, § 64 VI ArbGG, BAG NZA **06**, 1173, LAG Hamm NZA-RR **07**, 35.

4 **4) Anschließung, I, II.** Aus ihrer Rechtsnatur ergeben sich Voraussetzungen und Grenzen.

A. Anschließungsrecht, Rechtsnatur. Jede durch ein Urteil beschwerte Partei darf Berufung einlegen, soweit sie nicht darauf nach § 515 verzichtet hat. Evtl dürfen es also beide Parteien tun. Auch der Streithelfer ist nach § 67 berechtigt, ein sonstiger erstinstanzlich Beteiligter nur, soweit die (Haupt-)Berufung auch gegen ihn läuft, BGH NJW **91**, 2569.

Richten sich die Berufungen gegen dasselbe Ersturteil, muß das Berufungsgericht über sie *einheitlich* verhandeln und entscheiden. Eine Prozeßverbindung kommt nicht infrage, weil keine getrennten Prozesse vorliegen, Schopp ZMR **88**, 324. Es darf freilich ein Teilurteil nach § 301 ergehen. Anders liegt es bei Berufungen gegen verschiedene Ersturteile, wenn auch in derselben Streitsache. Aus der Hemmungswirkung der Berufung nach Grdz 2 vor § 511 ergibt sich das Wahlrecht des Berufungsbekl, statt der selbständigen Berufung eine in Wahrheit stets unselbständige bloße Anschließung an die Berufung des Berufungsklägers zu wählen, BGH NJW **03**, 2388. Wendet er sich gegen einen ihm ungünstigen Teil des Ersturteils, hat er die Wahl zwischen beiden Möglichkeiten, BGH VersR **04**, 802. Dagegen muß er sich anschließen, wenn er nach einem vollen Erfolg der erstes Instanz jetzt mehr erreichen will als die Verwerfung oder Zurückweisung der gegnerischen Berufung, BGH RR **08**, 222. Das gilt vor allem dann, wenn er in zweiter Instanz die Klage erweitern will, BGH RR **08**, 222, Düss GRUR-RR **06**, 120, oder wenn er eine Widerklage erheben will, oder wenn er mehr als eine nur teilweise oder nur derzeitige Klagabweisung erreichen möchte, oder die Vorbehaltserklärung eines Vorbehaltsurteils, Karlsr RR **87**, 254, oder eine Entscheidung nach § 718, Düss FamRZ **85**, 307.

Jedoch ist eine Anschlußberufung dann *nicht nötig,* wenn er nur die Zurückweisung der Berufung dahin begehrt, daß er nunmehr an einen Zessionar zahlen solle, BGH MDR **78**, 398, aM Grunsky ZZP **91**, 316. Eine Anschließung ist auch nicht nur wegen der Kosten nötig, weil das Gericht über sie nach § 308 II von Amts wegen entscheidet und seine Kostenentscheidung auch nachteilig abändern darf, und wegen der Zwischenanträge aus §§ 302 IV, 600 II, 717 II, III usw. Zulässig ist eine Berufung oder Anschließung auch da. Wegen des Verhältnisses zwischen der Abänderungsklage nach § 323 und der Anschließung BGH NJW **88**, 1735, Eckert MDR **86**, 542.

Die Anschließung ist *unselbständig*. Sie ist also von der Berufung abhängig, IV, BGH VersR **04**, 802, Heiderhoff NJW **02**, 1402, Knauer/Wolf NJW **04**, 2863. Sie ist kein Rechtsmittel, sondern eine bloße Auswirkung des Rechts des Berufungsbekl, im Rahmen der fremden Berufung auch einen angriffsweise wirkenden Antrag zu stellen und die Grenzen der neuen Verhandlung mitzubestimmen, BGH RR **05**, 727, aM kostenrechtlich LAG Drsd MDR **05**, 719 (aber die amtliche Überschrift besagt prozessual nichts Entscheidendes). Dieses Recht ist die notwendige Folge der Ausgestaltung der Berufungsinstanz als eine freilich nur noch beschränkte zweite Tatsacheninstanz. Die Anschließung beugt überflüssigen oder nur vorsorglich eingelegten Rechtsmitteln vor und stellt für den Gegner des Hauptrechtsmittels eine Waffengleichheit her, BGH NJW **84**, 1240. Die Zulässigkeit der Anschließung läßt sich nicht nach diesen Merkmalen beurteilen, sondern nach den unten genannten Kriterien, aM KG MDR **90**, 160, von Olshausen NJW **02**, 804. Das Recht zur Anschließung kann aber grundsätzlich nicht so weit gehen, daß man noch beim Erstgericht anhängige Teilansprüche durch eine Anschließung in die Berufungsinstanz ziehen dürfte, § 301 Rn 1, BGH FamRZ **83**, 459. Das verbietet sich schon deshalb, weil die Partei die Sache nicht willkürlich demjenigen Gericht, bei dem sie anhängig ist, entziehen kann. Wer vom Berufungskläger unabhängig bleiben will, muß selbst Berufung einlegen. 5

Für die *Prozeßkostenhilfe* ist jede Anschließung als eine selbständige Berufung behandelbar, § 119 Rn 32 „Ausschließung". Vgl wegen der Kosten § 516 Rn 19, 20. Eine bloße *Hilfsanschließung* (Eventualanschließung) ist nicht nur für den Fall des Erfolgs der Berufung statthaft, BGH RR **91**, 510, Saarbr OLGZ **88**, 234, sondern auch dann erlaubt, wenn sie von einem anderen innerprozessualen Vorgang abhängig sein soll, etwa von einer Prozeßkostenhilfe, BGH NJW **01**, 1131, Ffm FamRZ **06**, 240. Die bestimmte Beurteilung einer Rechtsfrage ist jedenfalls dann eine zulässige Bedingung, wenn auf ihr eine Sachentscheidung unmittelbar beruht. Eine Hilfsanschließung des Klägers für den Fall, daß das Berufungsgericht den Klaganspruch eines nicht notwendigen Streitgenossen abweist, ist unzulässig, BGH RR **89**, 1099. Unstatthaft ist jede Hilfsanschließung als selbständige Berufung, weil insofern eine bedingte Berufung oder Klage vorliegen würde. 6

Eine *Anschließung des Berufungsklägers* an die Anschlußberufung des Gegners (Gegenanschließung) ist meist nur als eine Erweiterung oder Änderung der Berufung zulässig. Sie unterliegt den für sie geltenden Beschränkungen, BGH NJW **86**, 1494, Celle NdsRpfl **82**, 64, Ffm FamRZ **85**, 822. Jedoch ist die Anschließung des Berufungsklägers an eine Anschlußberufung des Berufungsbekl dann zulässig, wenn diese sich gegen einen anderen, auch als selbständiges Urteil denkbaren Teil des Ersturteils wendet und wenn der Berufungskläger nunmehr eine Änderung dieses Teils zu seinen Gunsten erreichen möchte, weil auch hier die eine Anschließung rechtfertigenden Gründe eingreifen. 7

Die *Umdeutung* (§ 140 BGB) einer mangels einer Beschwer oder aus sonstigen Gründen unzulässigen Berufung in eine Anschließung ist dann statthaft, wenn sie als eine abhängige Berufung bestehen bleibt, BGH RR **04**, 1502, Düss FamRZ **05**, 387 links, Stgt FamRZ **84**, 404. Sie ist aber dann unstatthaft, wenn die Hauptberufung endgültig unzulässig (geworden) ist, LAG Hamm NZA-RR **07**, 36. Die Aufrechterhaltung entspricht meist dem mutmaßlichen Parteiwillen, BGH NJW **95**, 2363. Evtl läßt sich eine Anschlußberufung auch in eine Berufungserweiterung umdeuten, Mü FamRZ **84**, 492, oder in eine Neufassung des Klagantrags, BGH NJW **91**, 3028. 8

Das Berufungsgericht darf und muß die zur Begründung einer zulässigen Anschließung *erstmals vorgebrachten Tatsachen* als verspätet zurückweisen, BGH NJW **82**, 1708, MüKoRi § 530 Rn 11, aM Schneider NJW **03**, 1435 (aber § 530 gilt unabhängig von § 524 III). 9

B. Zulässigkeit der Anschlußberufung. Die (Haupt-)Berufung muß schon und noch anhängig sein. Hat der Berufungskläger die Berufung nach § 516 vor der Einlegung der Anschlußberufung zurückgenommen, ist die Anschlußberufung selbst dann unzulässig, wenn die Zurücknahme nicht bekannt war. Entsprechendes gilt für die Verwerfung oder Zurückweisung der Berufung nach § 522. 10

Die Anschließung muß sich gerade *gegen das* mit dieser Berufung angefochtene *Ersturteil* richten, BGH RR **08**, 222, oder gegen eine nach § 512 zugehörigen Vorentscheidung. Sie muß sich nicht notwendig gegen denselben Anspruch richten. Greift der Bekl ein Teilurteil und später die Kostenentscheidung des Schlußurteils an, eröffnet diese Berufung dem Kläger die Anschließung wegen des ihm ungünstigen Teils des Schlußurteils, aM KG MDR **90**, 160. Der Kläger kann aber nicht den noch erstinstanzlich anhängigen Rest mit einer Anschließung in die Berufungsinstanz ziehen, BGH FamRZ **83**, 459. Das Berufungsgericht darf aber nach einem unzulässigen Teilurteil von sich aus so vorgehen, Schneider MDR **75**, 95. Hat das Erstgericht einen Teilanspruch abgewiesen, kann der Kläger durch eine Anschließung in dem wegen des Restanspruchs anhängigen Nachverfahren nach § 302 vorgehen.

Die Anschließung muß sich immer *gegen den Rechtsmittelführer* richten, BGH NJW **91**, 2569, oder gegen dessen notwendigen Streitgenossen, BGH NJW **91**, 2569, BAG NZA **97**, 902. Sie ist also grundsätzlich nicht gegen einen nur einfachen Streitgenossen nach Rn 11 statthaft. Sie ist erst recht nicht gegen einen solchen bisher am Verfahren unbeteiligten Dritten statthaft, der neben eine der Parteien treten soll, BGH MDR **00**, 843. Das gilt auch nach einer Parteiänderung in der Berufungsinstanz, BGH NJW **91**, 510, oder nach einer Parteierweiterung, BGH RR **00**, 1114. Eine Anschlußberufung ist auch nicht gegen einen schon in der ersten Instanz voll Unterlegenen statthaft, Hamm OLGR **95**, 38. Etwas anderes gilt bei einer Auswechslung einer Partei zB beim Übergang des Klägers vom Gesellschafts- zum Gesellschafterprozeß, BGH RR **89**, 441, oder bei einer Erstreckung der Klage auf Dritte, die zustimmen oder ihre Zustimmung rechtsmißbräuchlich verweigern, BGH NJW **84**, 2104, oder bei einer Klagerweiterung des erstinstanzlich siegreich gewesenen Klägers, BGH RR **08**, 222.

Bei gewöhnlichen *Streitgenossen* muß man unterscheiden. Legt einer von ihnen Berufung ein, kann sich die Anschließung der Gegenpartei nur gegen ihn richten, BAG NZA **97**, 902, Hamm FamRZ **00**, 433. Legt die gegnerische Hauptpartei Berufung ein, ist zur Anschließung nur derjenige Streitgenosse berechtigt, gegen den die Berufung läuft, BGH NJW **91**, 2569, Mü FamRZ **87**, 169 (krit Philippi). Immer muß der 11

Anschlußberufungskläger ein dem Berufungskläger entgegengesetztes Ziel verfolgen. Deshalb ist die Anschließung eines Streitgenossen mit demselben Antrag wie demjenigen des Berufungsklägers unzulässig, KG VersR **75**, 452. Unerheblich ist, ob die Partei oder ein Streitgehilfe Berufungskläger ist.

Unstatthaft ist meist eine *Anschließung an eine Anschließung,* Rn 7.

12 **C. Anschließungsumfang.** Er muß klar erkennbar sein, BGH NJW **00**, 3116, Grunsky NJW **02**, 800, Heiderhoff NJW **02**, 1402, spätestens in der mündlichen Verhandlung, Saarbr OLGZ **88**, 235. Gegenstand der Anschließung können auch andere Ansprüche als die mit der Berufung verfolgten sein, wenn das Erstgericht über sie in demselben Urteil entschieden hat und wenn der Berufungskläger sie nicht durch eine Klagerücknahme oder durch einen Verzicht auf den Anspruch fallen gelassen hat, Mü FamRZ **87**, 1032, OVG Hbg HbgJVBl **85**, 183. Die Anschließung darf nicht noch in der ersten Instanz anhängige Teilansprüche betreffen, BGH FamRZ **83**, 459. Eine Erweiterung ist nach dem Schluß der mündlichen Verhandlung nach §§ 296 a, 525 unstatthaft, BGH NJW **84**, 2951.

13 Die Anschlußberufung verlangt *keine Beschwer* nach Grdz 13 ff vor § 511, BGH NJW **80**, 702, BAG NJW **76**, 2143, Saarbr OLGZ **88**, 235, aM Gilles ZZP **92**, 159 ff (dieselben Grenzen wie bei selbständiger Berufung), StJGr 6. Sie verlangt auch keine Berufungssumme, auch keine Zulassung. Sie ist aber bei einer beschränkt zugelassenen (Haupt-)Berufung wegen eines nicht mitzugelassenen Teils unzulässig, weil unselbständig, Rn 5, BGH NJW **95**, 2036. Sie ist zulässig selbst nach einem völligen Sieg, um etwas über das Zugesprochene hinaus zu erreichen, zB durch einen neuen Anspruch, Saarbr OLGZ **88**, 235, aM Stackmann NJW **07**, 11, oder auch nur wegen der Kosten, BGH VersR **81**, 1033, BSG MDR **88**, 260, Köln NJW **89**, 721, aM Gilles ZZP **92**, 159, Musielak Festschrift für Schwab (1990) 356, oder wegen der Vollstreckbarkeit, Düss FamRZ **85**, 305, Ffm MDR **87**, 1033, nicht bloß für die Begründung, Düss MDR **87**, 1032. Sie kann also zulässig sein, um durch eine Klagerweiterung mehr zu erreichen, BAG NZA **94**, 761 (aber nicht wegen eines bisher nicht beteiligten Dritten, BGH NVersZ **00**, 392, und auch nicht wegen eines bereits rechtskräftig abgewiesenen Teilanspruchs), oder um mehr durch eine Umwandlung oder Widerklage zu erreichen, §§ 264 Z 2, 3, 533, BGH NJW **82**, 1708, oder um statt Prozeßabweisung eine Sachabweisung zu erreichen, aM Düss MDR **87**, 1032, oder um den günstigeren Hilfsanspruch statt des zugesprochenen Hauptanspruchs durchzusetzen, Köln FamRZ **81**, 486, oder um statt einer Zahlung an dem Gegner eine solche an dessen neuen Gläubiger zu erreichen, BGH MDR **78**, 398, oder um für den Fall der verfahrensrechtlich begründeten Aufhebung des eine einstweilige Verfügung enthaltenden Ersturteils ein inhaltlich gleiches Urteil zu erreichen. Zulässig ist eine Anschließung auch, um einen abgewiesenen Teil des Anspruchs im Nachverfahren wegen des Restanspruchs geltend zu machen. Eine Anschlußberufung ist ferner dann zulässig, wenn das Erstgericht die Klage in den Entscheidungsgründen nur als zur Zeit unbegründet abgewiesen hat und wenn man eine völlige Abweisung verlangt. Zulässig ist auch eine solche Anschlußberufung, die sich allein gegen eine Räumungsfrist richtet, LG Nürnb-Fürth RR **92**, 1231, oder gegen eine spätere Stufe einer Stufenklage nach § 254, Hamm MDR **04**, 411, Saarbr OLGR **88**, 233.

14 Die Anschließung ist aber nur dann zulässig, wenn man mit ihr *mehr* erreichen will *als die Zurückweisung der Berufung.* Sie ist deshalb unzulässig, wenn man mit ihr ein bereits in erster Instanz zuerkanntes Begehren verfolgt, BGH RR **88**, 185, oder wenn man mit ihr noch in der ersten Instanz anhängige und nicht beschiedene Ansprüche erhebt, BGH NJW **83**, 1313. Sie ist ferner nicht statthaft, um eine Verurteilung auch aus einem anderen in der ersten Instanz verneinten Klagegrund zu erreichen, wenn das Erstgericht den Anspruch im Ergebnis schon in seinem vollen Umfang zugesprochen hat. Vgl aber Grdz 13 vor § 511. Sie ist auch dann unstatthaft, wenn man einen einheitlichen prozessualen Anspruch auf verschiedene sich ausschließende Klagegründe stützt, von denen jeder den Anspruch in voller Höhe rechtfertigt. Denn das wäre eine unzulässige Anschlußberufung nur zur Abänderung der Gründe, BGH NJW **86**, 2707.

15 **D. Verzicht auf die Berufung, II 1,** vgl auch Rn 24: Der Verzicht hindert die Anschließung nicht. Dasselbe gilt für die Anschließung nach einer Rücknahme der eigenen Berufung. Anders liegt es beim Verzicht auf die Anschließung. Er ist entsprechend § 515 vor der Einlegung eines solchen Rechtsmittels zulässig, an das die Anschließung erfolgen könnte, BGH NJW **84**, 2829, Hamm FamRZ **83**, 823, Stgt FamRZ **83**, 1152, aM Köln FamRZ **83**, 824, Rüffer, Die formelle Rechtskraft des Scheidungsausspruchs (1982) 139, Walter FamRZ **83**, 1153. Ein Verzicht liegt noch nicht in der vorbehaltlosen Zahlung der Urteilssumme. Er kann aber ausnahmsweise im Verzicht auf die Berufung liegen, Hamm FamRZ **79**, 944. Der Verzicht auf den Anspruch und das Anerkenntnis des Berufungsklägers nach §§ 306, 307 stehen der Anschließung entgegen. Denn damit hat die jeweilige Partei endgültig über den prozessualen Anspruch verfügt.

16 **E. Ablauf der Berufungsfrist, II 1.** Sie steht der Anschließung nicht entgegen, BGH VersR **04**, 802. Man darf die Anschließung also auch nach dem Ablauf der Berufungsfrist erklären. Die Wirkung und ihr Verlust nach IV ist jeweils dieselbe, Heiderhoff NJW **02**, 1402.

17 **F. Befristung, II 2, 3,** dazu *Born* FamRZ **03**, 1245 (ausf): Die Anschließung ist zulässig bis zum Ablauf der dem Berufungsbekl etwa gesetzten Frist zur Berufungserwiderung, § 521 II, III 2, BGH RR **08**, 222 (auch zur Abweichung im Altfall), BAG NJW **07**, 2940, Stackmann NJW **07**, 11. Das gilt auch bei einer bloßen Rüge einer fehlerhaften Rechtsanwendung des Erstgerichts, Kblz NJW **07**, 3362. Die Frist ändert sich auch nicht durch eine bloße den Streitgegenstand ändernde Anschlußberufung, BGH NJW **08**, 1954. Das Berufungsgericht kann die Frist nach § 224 II verlängern, aM Celle MDR **02**, 1142. Eine solche Verlängerung gilt dann auch für die Einlegungsfrist der Anschlußberufung, ZöGuHeß 10. Wenn man sie versäumt, tritt zumindest gegen den Säumigen die formelle Rechtskraft nach § 705 ein, BGH MDR **05**, 1099. Jedoch ist eine Wiedereinsetzung möglich, § 233 Rn 7 „Anschlußberufung".

Die Befristung *gilt aber nicht,* wenn die Anschließung die Verurteilung zu künftig regelmäßig wiederkehrenden Leistungen nach § 323 zum Gegenstand hat, *II 3,* Zweibr FamRZ **04**, 1048, also zB dann nicht, wenn es in dem Rechtsstreit um eine (jetzt nur:) vertragliche Unterhaltszahlung geht und wenn sich die Verhältnisse erst nach dem Ablauf der Berufungserwiderungsfrist änderten, Celle FamRZ **07**, 1831, Kblz NJW **07**, 3362 (zustm Born). Dann kann die Anschließung also bis zum Schluß der mündlichen Verhandlung nach §§ 296 a, 525 erfolgen. Dasselbe gilt mangels einer wirksamen Berufungsbegründungsfrist.

Die Befristung kann darüber hinaus *nicht* gelten, wenn eine Prozeßhandlung des Berufungsklägers die Anschließung auslöst, zB eine bloße Erweiterung oder Änderung des Klagebegehrens, BGH NJW **05**, 3067. Der Grundsatz der Waffengleichheit, den die Anschließungsmöglichkeit wahren soll, läßt eine zeitliche Begrenzung dann nicht zu, Zweibr FamRZ **04**, 554, Gerken NJW **02**, 1095, aM Piekenbrock MDR **02**, 676. Dasselbe gilt für die Anschließung an eine Anschlußberufung. Ferner darf man die Anschlußberufung nach dem Ablauf der Frist des II 2 insoweit erweitern, als man die Erweiterung schon im Kern in die fristgerecht eingereichte Anschlußberufungsbegründung aufgenommen hatte, § 520 Rn 19.

G. Keine Berufungssumme usw. Die Anschlußberufung ist weder von einer Berufungssumme noch von einer Zulassung abhängig, Rn 13. 18

5) Verfahren, I 2, III. Es unterliegt strengen Formvorschriften. 19

A. Einlegung, I 2. Die Anschließung geschieht allein durch die Einreichung der Anschlußschrift nach § 519 Rn 3 ff, nie durch einen bloßen Vortrag in der mündlichen Verhandlung, mag er auch ins Protokoll kommen, und nicht auf andere Weise, BGH NJW **93**, 270, BAG NJW **82**, 1175, aM MüKoRi 5. Eine Parteizustellung der Anschließungsschrift ist keine Einreichung, sondern eine bloße Ankündigung des Vortrags. Der sich Anschließende muß erkennen lassen, daß er diesen Weg wählt und nicht denjenigen der selbständigen Berufung, Rn 1 ff (auch zur Umdeutung), BGH NJW **03**, 2388, BAG NZA **99**, 612.

Der Gebrauch des Wortes *„Anschließung"* oder einer ähnlichen Wendung ist unnötig, BGH NJW **90**, 449, Hbg RR **06**, 479. Es genügt jede solche Erklärung, die ihrem Sinn nach eine dem Erklärenden vorteilhafte und über die Abwehr der Berufung hinausgehende Entscheidung des Berufungsgerichts erstrebt und die er nicht als eine selbständige Berufung bezeichnet, BGH RR **91**, 510, BVerwG NVwZ-RR **95**, 58, Düss GRUR-RR **06**, 120. Dagegen reicht eine solche Erklärung nicht aus, die nur die Abwehr des gegnerischen Begehrens zum Ziel hat, BGH FamRZ **84**, 659. Die Auslegung der Erklärung ist statthaft, Grdz 52 vor § 128, § 139, BGH NJW **03**, 2388, Piekenbrock MDR **02**, 675. Die Erklärung unterliegt der freien Prüfung durch das Revisionsgericht, BGH NJW **03**, 2388. Eine „Berufungsbegründung" erst nach dem Ablauf der Begründungsfrist läßt sich innerhalb der Anschließungsfrist in eine Anschließung umdeuten, Düss FamRZ **05**, 386. „Selbständige Anschließung" kann eine eigene Berufung meinen, BGH NJW **03**, 2388. Eine Anschließung unter einem Vorbehalt ist ähnlich einer nicht nur von einer Prozeßkostenhilfe abhängig gemachten Klage unzulässig. 20

B. Anschlußschrift, III 1. Für ihre Form gilt dasselbe wie für die Berufungsschrift, § 519 Rn 9 ff. Die Anschlußschrift zwecks Zulässigkeit der Anschließung muß enthalten: Die Bezeichnung des Urteils, gegen das sich die Anschließung richtet, sowie die Erklärung, daß gegen dieses Urteil eine Anschlußberufung eingelegt werde, *III 2 in Verbindung mit § 519 II,* ferner die Begründung der Anschlußberufung, *III 1,* für die *§ 520 III* entsprechend gilt, also die Anschließungsanträge und die Anschließungsgründe, § 520 Rn 17 ff, Hamm FamRZ **89**, 414, ZöGuHeß 12, aM Schneider MDR **03**, 903. Man braucht einzelne Anfechtungsgründe und Neues nur im Umfang der Anfechtung anzugeben, BGH FamRZ **95**, 1138, nicht bei einem schon erörterten Punkt, BGH NJW **95**, 1560, Brdb FamRZ **07**, 1986. Die allgemeinen Vorschriften über die vorbereitenden Schriftsätze nach §§ 130 ff, 525 sind auch auf die Anschlußschrift anwendbar, *III 2 in Verbindung mit § 519 IV.* Eine Nachreichung der Begründung innerhalb der Anschließungsfrist der II 2 genügt. Eine entgegen III nicht formgerecht begründete Anschließung ist auch dann unwirksam, wenn sie vor dem Eingang der Berufungsbegründung eingeht, Köln NJW **03**, 1879, aM Hackmann NJW **07**, 12. Eine Verlängerung der Begründungsfrist ist unzulässig, Celle FamRZ **03**, 1303. Das Berufungsgericht muß eine nicht fristgerecht begründete Anschlußberufung verwerfen, Ffm FamRZ **87**, 496. Gegen eine Fristversäunung ist die Wiedereinsetzung statthaft, § 233 Rn 7 „Anschlußberufung". 21

Eine nachträgliche *Erweiterung oder Änderung der Anträge* ist in demselben Umfang statthaft wie bei der Berufung. Sie muß sich also im Rahmen der Anschließungsgründe halten. Dann kann man sie aber auch zum Protokoll erklären, BGH NJW **93**, 270, Schnauder JuS **93**, 365. Die Erweiterung der Anschließung ist zulässig, solange auch eine erstmalige Anschließung möglich ist, BGH NJW **84**, 2951, Düss FamRZ **82**, 923, Hbg RR **06**, 479. Enthält die Anschließung neue Ansprüche, werden diese nach § 261 rechtshängig. Fußt die Anschließung nur auf neuen Anträgen, macht sie zB eine Klagerweiterung geltend, entfallen die Anschließungsgründe. 22

C. Zustellung, III 2. Das Berufungsgericht muß die Anschließungs- und Begründungsschrift dem Berufungskläger entsprechend § 521 zustellen. Das ist freilich nur eine Ordnungsvorschrift, Düss FamRZ **82**, 922. Ein neuer Anspruch wird dadurch nach § 261 II rechtshängig. 23

6) Verlust der Wirkung, IV. Zwei unterschiedliche Voraussetzungen führen zu derselben erheblichen Wirkung, Bre FamRZ **89**, 649, Hamm FamRZ **89**, 414, Saarbr FamRZ **88**, 413. 24

A. Bei Berufungsrücknahme oder -verzicht usw. Jede Anschließung auch innerhalb der Berufungsfrist wird mit einer wirksamer Rücknahme der Hauptberufung nach § 516 unwirksam, Ffm MDR **03**, 594, bei einer Gegenanschließung mit einer wirksamen Rücknahme der Anschließung. Das gilt unabhängig von einer derartigen Kenntnis des sich „Anschließenden", Rn 10. Hat das Berufungsgericht über einen Teil der Berufung durch ein Teilurteil entschieden, bleibt die Anschließung bei einer Rücknahme der restlichen Berufung wirksam, Celle RR **86**, 357. Die Rücknahme der eigenen Berufung steht einer späteren Anschließung nicht im Weg. Das gilt natürlich nur, wenn die Wiederholung rechtzeitig erfolgt. Unwirksam wird die Anschlußberufung auch durch den wirksamen *Verzicht* auf die Berufung, § 515 Rn 19 aE, BGH NJW **94**, 738. Vgl aber Rn 15. Erklären beide Parteien den Klaganspruch in der *Hauptsache übereinstimmend wirksam voll für erledigt* oder tut das nur *eine* Partei, wird die Anschließung dadurch nicht wirkungslos, BGH NJW **86**, 852, aM Mü MDR **84**, 320, es sei denn, daß die Erklärung eine Berufungsrücknahme enthält. Ein Vergleich über den mit der Hauptberufung verfolgten Anspruch macht die Anschließung unwirksam, BGH NJW **84**, 852, BAG NJW **76**, 2143. Dasselbe gilt bei einer Klagerücknahme nach § 269 und bei einem Anspruchsverzicht nach § 306.

25 **B. Bei Verwerfung oder Beschlußzurückweisung.** Die Anschließung wird ferner unwirksam mit einer Verwerfung der Berufung als unzulässig nach § 522 I oder mit ihrer Zurückweisung durch einen Beschluß nach § 522 II, BGH NJW **98**, 2679, Brdb MDR **03**, 1261, Celle NJW **03**, 2755. Die Zurückweisung als unbegründet durch ein streitiges Urteil oder durch ein Versäumnisurteil stört nicht, Düss FamRZ **82**, 922. Die Anschließung bleibt dann wirksam, auch wenn das Berufungsgericht über die Hauptberufung entschieden hat, bevor der Anschließungsantrag in einer mündlichen Verhandlung erfolgt war.

26 **C. Folgerungen.** Solange die Möglichkeiten Rn 24, 25 bestehen, kann das Berufungsgericht über eine Anschlußberufung nicht vorweg durch ein Teilurteil entscheiden, BGH NJW **94**, 2236, BAG NJW **75**, 1248. Das gilt auch dann, wenn die Anschlußberufung unheilbar unzulässig ist, BGH NJW **94**, 2236, aM MüKoRi § 521 Rn 40. Ein Teilurteil über die Anschließung ist unter den Voraussetzungen des § 301 auch in der Sache möglich, wenn das Berufungsgericht über einen Teil der Berufung vorab durch ein Teilurteil entschieden hat. Das bleibt auch bei einer Anschließung zulässig, Celle RR **86**, 357. Das gilt jedoch nicht, wenn es sich bei der Entscheidung über den anderen Teil um ein Versäumnisurteil handelt, Kblz RR **89**, 960.

Die *Wirkungslosigkeit* kann und muß beim Streit dazu das Berufufungsgericht in seinem Urteil oder Beschluß nach § 522 aussprechen. Der deklaratorische Ausspruch ist mangels eines zugehörigen Streits nicht anfechtbar, BGH NJW **98**, 2224. Wenn die Anschlußberufung trotzdem weiterläuft, muß das Berufungsgericht sie verwerfen, BGH NJW **87**, 3264. Die Anfechtung richtet sich auch dann nach § 522, BGH JR **99**, 160.

27 *Kosten* der Anschließung, dazu *Doms* NJW **04**, 190; *Klose* MDR **06**, 724; *Pape* NJW **03**, 1150 (je: Üb): Wenn das Berufungsgericht über die Anschließung entscheidet, gelten die allgemeinen Vorschriften nach §§ 91 ff, 525, BGH NJW **83**, 578, Köln NJW **03**, 1879 (Unzulässigkeit), BGH NJW **81**, 1790 (Unbegründetheit), BGH NJW **87**, 3263 (Weiterbetreiben trotz nach IV eingetretener Wirkungslosigkeit), BGH RR **05**, 727 (Verlust der Anschlußberufung infolge eines eigenen Verhaltens, zB wegen eigener Einwilligung). Dasselbe gilt beim Unwirksamwerden der Anschließung wegen einer anfänglichen Unzulässigkeit des Hauptrechtsmittels, Nürnb MDR **89**, 648. Wegen der Kosten bei dessen Rücknahme § 516 Rn 20, 21. Das Berufungsgericht muß dem Rechtsmittelkläger grundsätzlich auch die Kosten des Anschlussrechtsmittels auferlegen, BGH MDR **05**, 704, Ffm FamRZ **98**, 302, Mü RR **89**, 575, aM Ffm FamRZ **95**, 945. Bei einer Zurückweisung der Berufung nach § 522 II fallen die Kosten den Parteien aber im Verhältnis der Werte ihrer Rechtsmittel zur Last, BGH FamRZ **06**, 619, Ffm RR **05**, 80, KG WoM **08**, 506, aM Celle MDR **04**, 592, Drsd MDR **04**, 1386, Klose MDR **06**, 726 (aber der Fortbestand der Anschlußberufung hängt dann nicht vom Anschließenden ab. Mag er besser selbst eine Hauptberufung einlegen, um sein eigener Rechtsmittelherr zu bleiben, Grdz 18 vor § 128). Das gilt grundsätzlich auch bei einer Widerklage, KG FamRZ **88**, 1301, aM ZöGuHeß 45. Freilich muß der Anschließungskläger die Mehrkosten einer Widerklage gegen einen Dritten selbst tragen, Köln VersR **77**, 62.

Zur *„Vorwirkung"* einer Änderungsklage nach § 323 III auf den Zeitpunkt einer später wirkungslos gewordenen Anschließung im Vorprozeß BGH NJW **88**, 1735.

525 *Allgemeine Verfahrensgrundsätze.* [1] **Auf das weitere Verfahren sind die im ersten Rechtszuge für das Verfahren vor den Landgerichten geltenden Vorschriften entsprechend anzuwenden, soweit sich nicht Abweichungen aus den Vorschriften dieses Abschnitts ergeben.** [2] **Einer Güteverhandlung bedarf es nicht.**

1 **1) Systematik, S 1, 2.** Die Vorschrift leitet im Anschluß an §§ 551–524 das gesamte „weitere" Berufungsverfahren mit einer Doppelfunktion ein: Der Klarstellung des Vorrangs der §§ 526–541 und hilfsweise der Globalverweisung auf §§ 253–494 a. Das Buch 1 gilt ohnehin stets mit, Rn 6.

2 **2) Regelungszweck, S 1, 2.** Beide in Rn 1 genannten Funktionen dienen sowohl der Prozeßwirtschaftlichkeit nach Grdz 14 vor § 128 als auch der Rechtssicherheit nach Einl III 43 durch ihre Klarstellungen, insbesondere auch in S 2. Das erfordert eine in beiden Richtungen aufmerksame Abwägung bei der Frage, wie weit der Vorrang nach S 1 Hs 2 geht.

3 **3) Geltungsbereich, S 1, 2.** Die Vorschrift gilt im Gesamtbereich der ZPO und der auf diese verweisenden Gesetze. Sie gilt auch im WEG-Verfahren. Im Verfahren der Arbeitsgerichte ist § 525 entsprechend anwendbar, § 64 VI ArbGG. Daher gelten im Berufungsverfahren vor dem LAG §§ 46 ff ArbGG nur insoweit, als § 64 VII ArbGG sie ausdrücklich nennt.

4 **4) Anwendbarkeit der LG-Verfahrensregeln, S 1.** Grundsätzlich richtet sich das Berufungsverfahren nach den für das landgerichtliche Verfahren geltenden Vorschriften in §§ 253–494 a, mögen diese im Buch 2, in anderen Büchern oder in anderen Gesetzen stehen. Das Berufungsgericht muß alle Prozeßvoraussetzungen wie das Erstgericht von Amts wegen prüfen, BGH NJW **04**, 2523. Zur Wiederholung der Beweisaufnahme § 398. Wegen einer Widerklage und Aufrechnung oder Hilfsaufrechnung § 533, wegen des Versäumnisverfahrens s § 539.

5 *Anwendbar* sind danach zB: Die Pflichten nach *§ 139,* BGH RR **07**, 17; die Bestimmungen über die Zwischenfeststellungsklage, *§ 256 II,* Schlesw RR **91**, 190; über die Rechtshängigkeit, *§ 261,* Ffm FamRZ **80**, 710; über die Klagänderung, *§§ 263, 264,* § 533 Rn 2 ff, BGH MDR **06**, 587 links, Düss GRUR **07**, 224; über die Erweiterung der Klage, BGH FamRZ **88**, 603 (nicht für einen auf neues Vorbringen gestützten Angriff auf den insoweit nicht angefochtenen klagabweisenden Teil des Ersturteils); über die Rücknahme der Klage, *§ 269*; über die Fristsetzung, *§§ 273 II Z 1, 275 I 1, III, IV, 276 I 2, III, 277,* BGH MDR **90**, 1102; in den Grenzen von S 2 auch über die gütliche Streitbeilegung, *§ 278 I, VI* sowie *§ 279 II, III*; über eine abgesonderte Verhandlung nach § 280 I, Düss GRUR **07**, 224; über die Verweisung, *§ 281* (auch im Verhältnis verschiedener Berufungsgerichte bei wahlweise zulässiger Einlegung, BGH **71**, 367), Köln OLGR **97**, 166, aM BGH RR **97**, 55; über die Konzentration des Verfahrens, also insbesondere nach *§§ 282 II, 296*

II, BGH NJW **99**, 2446, Celle RR **98**, 69, Schneider MDR **02**, 686, über einen Schriftsatznachlaß, *§ 283*, Landsberg MDR **76**, 726; über die Beweiswürdigung, *§ 286*, BGH NJW **82**, 2874; über den Rügeverlust, *§ 295*, BGH MDR **76**, 379; über die Zurückweisung neuen Vorbringens, *§ 296*, BGH MDR **90**, 1102, Hamm RR **93**, 1150, Kinne DRiZ **85**, 15; über das Teilurteil, *§ 301* (unzulässig bei Berufungen beider Seiten, die denselben Sachverhalt betreffen, Kblz RR **89**, 960); über ein Zwischenurteil nach *§ 303*, BGH NJW **04**, 2983, Düss GRUR **07**, 224; über die Formalien des Urteils nach *§ 313 I* (vgl § 540); über die Berichtigung, *§ 319*, Düss MDR **91**, 789, und Ergänzung des Urteils, *§ 321*; über die Gehörrüge, *§ 321 a*, BGH FamRZ **04**, 1278, Celle NJW **03**, 906, Jena NJW **03**, 3495, aM Karlsr MDR **04**, 593, Oldenb NJW **03**, 150, Rostock NJW **03**, 2105; über die Wiederholung der Beweisaufnahme, *§§ 398, 402*.

Buch 1 ist unmittelbar anwendbar, Rn 1. Das gilt zB für die richterliche Hinweispflicht nach § 139, BGH RR **07**, 17, und für die Wiedereröffnung der mündlichen Verhandlung nach § 156. 6

Von den *Vorschriften des amtsgerichtlichen Verfahrens* kommen im Berufungsverfahren vor dem LG in entsprechender Anwendung in Betracht: *§ 506*, Verweisung wegen nachträglicher sachlicher Unzuständigkeit, und *§ 510 b*, Verurteilung zu einer Handlung und Entschädigung. Einzelnes §§ 506 Rn 2 ff, 510 b Rn 2 ff. Eine Verweisung vom LG als Berufungsgericht an die erstinstanzliche Zivilkammer ist grundsätzlich unzulässig, § 506 Rn 7. Erst recht unzulässig ist eine Verweisung an das OLG als Berufungsgericht entsprechend § 506, BGH RR **96**, 891, aM Rimmelspacher JZ **97**, 976. 7

526 *Entscheidender Richter.* [I] **Das Berufungsgericht kann durch Beschluss den Rechtsstreit einem seiner Mitglieder als Einzelrichter zur Entscheidung übertragen, wenn**

1. **die angefochtene Entscheidung von einem Einzelrichter erlassen wurde,**
2. **die Sache keine besonderen Schwierigkeiten tatsächlicher oder rechtlicher Art aufweist,**
3. **die Rechtssache keine grundsätzliche Bedeutung hat und**
4. **nicht bereits im Haupttermin zur Hauptsache verhandelt worden ist, es sei denn, dass inzwischen ein Vorbehalts-, Teil- oder Zwischenurteil ergangen ist.**

[II] [1] **Der Einzelrichter legt den Rechtsstreit dem Berufungsgericht zur Entscheidung über eine Übernahme vor, wenn**

1. **sich aus einer wesentlichen Änderung der Prozesslage besondere tatsächliche oder rechtliche Schwierigkeiten der Sache oder die grundsätzliche Bedeutung der Rechtssache ergeben oder**
2. **die Parteien dies übereinstimmend beantragen.**

[2] **Das Berufungsgericht übernimmt den Rechtsstreit, wenn die Voraussetzungen nach Satz 1 Nr. 1 vorliegen.** [3] **Es entscheidet hierüber nach Anhörung der Parteien durch Beschluss.** [4] **Eine erneute Übertragung auf den Einzelrichter ist ausgeschlossen.**

[III] **Auf eine erfolgte oder unterlassene Übertragung, Vorlage oder Übernahme kann ein Rechtsmittel nicht gestützt werden.**

[IV] **In Sachen der Kammer für Handelssachen kann Einzelrichter nur der Vorsitzende sein.**

Schrifttum: *Deutsch* NJW **04**, 1150 (krit); *Schneider* MDR **04**, 1269 (Üb); *Stackmann*, Der Einzelrichter im Verfahren vor den Land- und Oberlandesgerichten, 2006.

1) Systematik, I–IV. In einer gewissen Anlehnung an §§ 348 a bringt die Vorschrift zusammen mit dem ergänzenden § 527 Möglichkeiten einer Entlastung des Kollegiums. Sie gehen zwar nicht so weit wie der erstinstanzliche § 348 mit seinem originären Einzelrichter und auch nicht ganz so weit wie § 348 a mit seinem immerhin grundsätzlich „obligatorischen", also verpflichtenden Einzelrichter. Sie bringen aber in § 526 immerhin eine Möglichkeit der Übertragung bis zur Endentscheidung des Berufungsgerichts. 1

2) Regelungszweck I–IV. Die Vorschrift dient mit der Entlastung der Prozeßwirtschaftlichkeit nach Grdz 14 vor § 128. Das kann im Einzelfall zu einer weniger abgewogenen Verfahrensführung verleiten und insoweit der Gerechtigkeit nach Einl III 9, 36 etwas weniger nahekommen. Das Gesetz nimmt solches Risiko wie in der ersten Instanz als vertretbar hin. Das muß man bei der Auslegung unbedingt mitbeachten. 2

3) Geltungsbereich, I–IV. Die Vorschrift gilt im Gesamtbereich der ZPO und der auf sie verweisenden Gesetze. Sie gilt auch im WEG-Verfahren. Im Verfahren der Arbeitsgerichte ist § 526 unanwendbar, § 64 VI 2 ArbGG. Jedoch darf der Vorsitzende in bestimmten Fällen allein entscheiden. 3

§ 526 *gilt nicht* im Baulandverfahren, § 220 I 3 in Verbindung mit § 229 I 2 BauGB.

4) Übertragung des Rechtsstreits auf den Einzelrichter, I. Das Berufungsgericht, also das Kollegium und nicht nur sein Vorsitzender, muß von Amts wegen im Anschluß an eine Prüfung des § 522 nun über die Übertragung der Sache auf den Einzelrichter entscheiden, § 523 I 1. Es entscheidet darüber nach seinem pflichtgemäßen Ermessen („kann"-Vorschrift, anders § 348 a I). Der Einzelrichter amtiert nicht originär, sondern kraft Übertragung, BGH MDR **04**, 49. Es ist eine Anhörung der Parteien notwendig. Das folgt indirekt auch aus § 520 IV 2. Auf eine Zustimmung der Parteien kommt es aber nicht an, Roth JZ **06**, 9. Ein Antrag ist nicht erforderlich und allenfalls eine Anregung. Eine Tätigkeit des Einzelrichters vor einem Beschluß des Kollegiums ist ein nach § 295 unheilbarer Verstoß gegen Art 102 I 2 GG, § 295 Rn 25 „Einzelrichter". Das Kollegium darf die Sache dem Einzelrichter nur dann übertragen, wenn nach 4

I Z 1 der Einzelrichter die angefochtene Entscheidung gefällt hatte, also ein Alleinrichter (AG) oder ein Einzelrichter nach § 348 oder § 348 a, oder der Vorsitzende der Kammer für Handelssachen nach § 349 III,

I Z 2 die Sache außerdem keine besonderen Schwierigkeiten tatsächlicher oder rechtlicher Art aufweist, § 348 a I Z 1. Vgl § 348 Rn 39,

I Z 3 ferner die Rechtssache keine grundsätzliche Bedeutung hat, § 348 a I Z 2. Vgl § 348 Rn 40,

I Z 4 das Berufungsgericht nicht bereits im Haupttermin zur Hauptsache (gemeint: streitig) verhandelt hat, § 39 Rn 6, es sei denn, daß inzwischen ein Vorbehalts-, Teil- oder Zwischenurteil ergangen ist, § 348 a I Z 3.

5 *Alle* diese Voraussetzungen müssen vorliegen. Darüber entscheidet das Kollegium in eigener Verantwortung. Eine Übertragung entfällt ferner bei II 4, Rn 8. Mangels einer Übertragung nach § 526 bleibt eine Zuweisung zur Vorbereitung nach § 527 möglich.

6 **5) Verfahren, I.** Über die Übertragung entscheidet das Kollegium in derjenigen Besetzung, die sich aus dem Mitwirkungsplan nach § 21 g GVG ergibt. Bei der Bestimmung des Einzelrichters bindet der Mitwirkungsplan, § 21 g III GVG, dort Rn 6. Auch der Vorsitzende kann Einzelrichter sein, bei der Kammer für Handelssachen ohnehin nur er. Der Name des zum Einzelrichter bestimmten Berichterstatters braucht nicht zu erscheinen, BGH NJW **03**, 601, BayObLG FamRZ **04**, 1136. Eine Beauftragung des Berichterstatters mit der Beweisaufnahme „als Einzelrichter" meint nicht § 526, sondern § 527, BGH NJW **00**, 2024.

Die Entscheidung ergeht durch einen *Beschluß.* Er kann ohne eine mündliche Verhandlung ergehen, § 128 IV. Er braucht eine Begründung, soweit ein Beteiligter gegen ihn Bedenken geäußert und nachvollziehbar begründet hatte, Seidel ZZP **99**, 64. Das Berufungsgericht teilt ihn den Parteien formlos mit. Er ist grundsätzlich unanfechtbar, III. Entscheidet der Einzelrichter ohne einen Übertragungsbeschluß, ist die Entscheidung wegen einer nicht ordnungsmäßigen Besetzung des Gerichts aufhebbar, Rn 4.

Der Einzelrichter tritt *an die Stelle des Kollegiums.* Er übernimmt den Prozeß im Stand der Übertragung. Fristen laufen weiter, ZöGuHeß 9. Er allein hat dessen Rechte und Pflichten. Er ist bis zu einer etwaigen Übertragung nach II das Prozeßgericht. Er ist der gesetzliche Richter nach Art 101 I 2 GG. Er ist mithin wesentlich mehr als der vorbereitende Einzelrichter des § 527. Entscheidet er über die Berufung, kann er die Revision zulassen, BGH NJW **03**, 2900, Gehrlein MDR **04**, 912. Er darf und muß auch alle Nebenentscheidungen treffen, zB zu den Kosten, zum Streitwert, nach §§ 114 ff, 319, 320, 707, 719, 732, Hamm MDR **93**, 384, Kblz MDR **78**, 851, oder nach §§ 916 ff, 935 ff.

7 **6) Rückübernahme der Sache durch das Kollegium, II.** Man muß zwei Verfahrensabschnitte unterscheiden.

A. Vorlage, II 1. Der Einzelrichter legt dem Kollegium den Rechtsstreit zur Entscheidung über die Übernahme vor, wenn entweder nach *II 1 Z 1* sich aus einer wesentlichen Änderung der Prozeßlage besondere tatsächliche oder rechtliche Schwierigkeiten der Sache oder die grundsätzliche Bedeutung der Rechtssache ergeben oder nach *II 1 Z 2* die Parteien die Übernahme übereinstimmend beantragen, § 348 a II 1. „Wesentliche Änderung der Prozeßlage" meint dasselbe wie § 348 a II 1 Z 1, dort Rn 14. „Grundsätzliche Bedeutung" erfaßt auch die in §§ 511 IV 1 Z 2, 522 II 1 3, 543 II 1 Z 1 besonders hervorgehobenen Fälle. Außerdem liegt eine „grundsätzliche Bedeutung" auch dann vor, wenn der Einzelrichter von einer gefestigten Rspr desjenigen Spruchkörpers abweichen will, dem er angehört.

8 **B. Entscheidung, II 2–4.** Das Kollegium übernimmt den Rechtsstreit bei II 1 Z 2 (Antrag der Parteien) ohne jede weitere Prüfung oder bei II 1 Z 1 dann, wenn deren Voraussetzungen vorliegen, *II 2.* Es entscheidet hierüber nach einer Anhörung der Parteien, *II 3.* Die Entscheidung ergeht durch einen Beschluß. Er setzt keine mündliche Verhandlung voraus, § 128 IV. Die Übernahme schließt eine erneute Übertragung nach I aus, *II 4,* nicht dagegen eine Zuweisung nach § 527. Entscheidungen des Einzelrichters binden das Kollegium.

9 **7) Rechtsmittel, III.** Auf eine erfolgte oder bewußt nicht erfolgte Übertragung, I, Vorlage nach II 1 oder Rückübernahme nach II 2 kann man ein Rechtsmittel nicht stützen, III, auch nicht nach einem Verstoß zB gegen I, BGH BB **07**, 522, Düss NJW **81**, 352, selbst nicht bei einer greifbaren Gesetzwidrigkeit, § 567 Rn 10. Vgl § 348 IV, § 348 a IV. Jedoch führt eine Einzelrichterentscheidung ohne eine vorherige Übertragung durch das Kollegium zur Zurückverweisung, BGH MDR **04**, 49, BayObLG FamRZ **04**, 1137, Celle RR **06**, 1077. Umgekehrt begründet eine Entscheidung des Kollegiums nach der Übertragung auf den Einzelrichter und von einer Rückübernahme nach II ein Rechtsmittel. Das gilt selbst dann, wenn dieser Einzelrichter an der Kollegialentscheidung mitgewirkt hat, Mü MDR **83**, 498. Nach einer Zurückverweisung bleibt derselbe Einzelrichter zuständig, selbst wenn die Sache nun ein anderes Aktenzeichen hat, Zweibr FamRZ **05**, 221.

10 **8) Handelssache, IV.** In einer Berufungssache der Kammer für Handelssachen kann Einzelrichter nur der Vorsitzende sein.

527 *Vorbereitender Einzelrichter.* I 1 **Wird der Rechtsstreit nicht nach § 526 dem Einzelrichter übertragen, kann das Berufungsgericht die Sache einem seiner Mitglieder als Einzelrichter zur Vorbereitung der Entscheidung zuweisen.** 2 **In der Kammer für Handelssachen ist Einzelrichter der Vorsitzende; außerhalb der mündlichen Verhandlung bedarf es einer Zuweisung nicht.**

II 1 **Der Einzelrichter hat die Sache so weit zu fördern, dass sie in einer mündlichen Verhandlung vor dem Berufungsgericht erledigt werden kann.** 2 **Er kann zu diesem Zweck einzelne Beweise erheben, soweit dies zur Vereinfachung der Verhandlung vor dem Berufungsgericht wünschenswert und von vornherein anzunehmen ist, dass das Berufungsgericht das Beweisergebnis auch ohne unmittelbaren Eindruck von dem Verlauf der Beweisaufnahme sachgemäß zu würdigen vermag.**

III **Der Einzelrichter entscheidet**

1. **über die Verweisung nach § 100 in Verbindung mit den §§ 97 bis 99 des Gerichtsverfassungsgesetzes;**
2. **bei Zurücknahme der Klage oder der Berufung, Verzicht auf den geltend gemachten Anspruch oder Anerkenntnis des Anspruchs;**

3. bei Säumnis einer Partei oder beider Parteien;
4. über die Verpflichtung, die Prozesskosten zu tragen, sofern nicht das Berufungsgericht gleichzeitig mit der Hauptsache hierüber entscheidet;
5. über den Wert des Streitgegenstandes;
6. über Kosten, Gebühren und Auslagen.

IV Im Einverständnis der Parteien kann der Einzelrichter auch im Übrigen entscheiden.

Schrifttum: Vgl bei § 526.

Gliederung

1) Systematik, I–IV. Die Vorschrift ähnelt § 349. Sie schließt an § 526 an. Sie zeigt auch gewisse Parallelen zu § 348 a. Sie läßt sich ähnlich wie § 349 handhaben. Freilich gehen die Befugnisse nach § 527 nicht ganz so weit. Der Einzelrichter nach dieser Vorschrift kann dann infragekommen, wenn derjenige nach § 526 nicht stattfindet. 1

2) Regelungszweck, I–IV. Er ist praktisch fast derselbe wie bei § 526, dort Rn 2. Freilich ist die Zweckrichtung nicht so stark wie bei § 526 als Entlastung ausgeprägt. Immerhin kann auch der „nur" vorbereitende Richter ganz erheblich zur Beschleunigung und Arbeitserleichterung und vor allem zur Konzentration des Kollegiums auf die verbleibenden Kernfragen beitragen. Deshalb darf man die Vorschrift zwecks Prozeßwirtschaftlichkeit nach Grdz 14 vor § 128 großzügig auslegen. 2

3) Geltungsbereich, I–IV. Die Vorschrift gilt grundsätzlich in jedem Berufungsverfahren der ZPO und der auf sie verweisenden Gesetze. Sie gilt auch im WEG-Verfahren. Sie gilt allerdings nicht im Revisionsverfahren, § 555 II, und nicht im Beschwerdeverfahren, § 568, oder in einer Baulandsache, Rn 4. Im Verfahren der Arbeitsgerichte ist § 527 unanwendbar, § 64 VI 2 ArbGG. Jedoch darf der Vorsitzende in bestimmten Fällen allein entscheiden. 3

4) Zuweisung an den Einzelrichter, I 1, 2. Er gibt vier Gesichtspunkte. 4

A. Ermessen. Die Zuweisung ist statthaft in jedem Berufungsverfahren, auch in einer Arrest- und einstweiligen Verfügungssache, nicht aber in einer Baulandsache, §§ 220 I 3, 229 I 2 BauGB, BGH **86**, 112 (beim Verstoß gilt § 295 I). Die Entscheidung über die Zuweisung erfolgt nach einem pflichtgemäßen Ermessen. Dabei gibt die Zweckmäßigkeit den Ausschlag. Deshalb ist bei einer bloßen Rechtsfrage eine Zuweisung meist nur dann sinnvoll, wenn ein Vergleich als möglich erscheint. Dagegen ist die Zuweisung regelmäßig dann nötig, wenn der Einzelrichter den Streitstoff aufbereiten muß, etwa in einer tatsächlich schwierigen oder umfangreichen Sache (Bauprozesse).

B. Form. Die Zuweisung erfolgt nach einer freigestellten Anhörung ohne eine notwendige mündliche Verhandlung nach § 128 IV durch einen Beschluß des Berufungsgerichts. Wegen der Bekanntgabe an die Parteien § 329 I, III. Eine Anfechtung der Zuweisung oder ihres Unterbleibens ist unstatthaft. Fehlt die Zuweisung, liegt der absolute Revisionsgrund des § 547 Z 1 vor, BGH NJW **01**, 1357. 5

C. Bestimmung des Einzelrichters. Bei der Kammer für Handelssachen ist der Vorsitzende kraft Amts Einzelrichter, ohne daß eine Zuweisung erfolgt, I 2. Im übrigen bestellt das Kollegium zum Einzelrichter ein Mitglied des Gerichts nach dem Mitwirkungsplan, § 21 g II GVG, meist den Berichterstatter, BGH NJW **00**, 2024. § 21 g III GVG gilt nur für den zur Entscheidung berufenen Einzelrichter nach § 526. Eine Bekanntgabe an die Parteien ist zumindest dann ratsam, wenn die Parteien sonst keine Klarheit über die Funktion des Einzelrichters erhielten. Die Bestimmung ist unanfechtbar. 6

D. Aufhebung der Zuweisung. Sie ist zulässig, wenn das zur sachgemäßen Erledigung erforderlich ist. Die Entscheidung trifft das Kollegium. 7

5) Förderung durch den Einzelrichter, II. Drei Aspekte kommen infrage. 8

A. Herbeiführung der Entscheidungsreife, II 1. Der vorbereitende Einzelrichter muß die Sache so weit fördern, daß nach Möglichkeit eine einzige Verhandlung vor dem Kollegium zur Erledigung genügt, § 349 Rn 4. Auch im Berufungsverfahren muß der Einzelrichter mangels eines Vergleichs den ganzen Streitstoff erschöpfend mit den Parteien erörtern und festlegen.

B. Beweiserhebung, II 2, dazu *Pantle* NJW **91**, 1279 (Üb): Zu dem genannten Zweck kann der Einzelrichter einzelne Beweise erheben. Das kann zB bei einem Gutachten sinnvoll sein. In einer Punktensache usw wird er häufig mit Nutzen alle Beweise erheben. Der Wortlaut „einzelne" steht nicht entgegen. Denn er enthält den Grundsatz, daß dem Kollegium eine Beweisaufnahme ganz erspart bleibt, bei der es auf einen persönlichen Eindruck nicht ankommt. Entscheidend ist stets, ob die Beweisaufnahme durch den Einzelrichter zur Vereinfachung der Verhandlung vor dem Kollegium wünschenswert ist und ob man ähnlich wie bei § 375 I a von vornherein annehmen darf, daß das Kollegium das Beweisergebnis auch ohne seinen 9 eigenen unmittelbaren Eindruck von dem Verlauf der Beweisaufnahme sachgemäß würdigen kann. Das wäre in einem Arzthaftungsprozeß meist schwierig, BGH NJW **94**, 802. Diese zwingende von § 349 I 2 abweichende Regelung schränkt den dem Einzelrichter nach der Gesetzesfassung eingeräumten Beurteilungsspielraum im Interesse der Unmittelbarkeit der Beweisaufnahme ein. Sie hat im zweiten Rechtszug eine besondere Bedeutung, § 355, BGH FamRZ **06**, 1020 (daher bei § 141 nur bei einer Berücksichtigung im Rahmen der Beweiswürdigung). Bei der Nachprüfung im Revisionsverfahren kommt es demgemäß darauf an, ob die Beweiserhebung durch den Einzelrichter vertretbar war oder nicht. Nur im letzteren Fall kann ein Verfahrensfehler vorliegen, zB dann, wenn nur ein Zeuge infrage kam (keine Vereinfachung der Verhandlung vor dem Kollegium) oder wenn von Anfang an klar war, daß das Kollegium den persönlichen Eindruck brauchte. Der Einzelrichter muß seinen persönlichen Eindruck ausreichend protokollieren, BGH NJW **92**, 1966.

10 Ein *Verstoß* ist aber nach § 295 heilbar, BGH NJW **94**, 802, aM Werner/Pastor NJW **75**, 331 (zu §§ 348, 349). Stellt sich heraus, daß ein persönlicher Eindruck nötig ist, muß man einen Antrag auf eine nochmalige Vernehmung durch das Kollegium stellen, § 398 I. Von ihr darf das Kollegium nur dann ausnahmsweise absehen, wenn der Einzelrichter seinen Eindruck ausreichend zum Protokoll genommen hat, BGH NJW **92**, 1966, Pantle NJW **91**, 1279. Eidlich sollte der Einzelrichter weder Zeugen noch Parteien vernehmen, Parteien möglichst überhaupt nicht. Denn eine solche Vernehmung sollte wegen ihrer Bedeutung meist dem Kollegium vorbehalten bleiben, BGH WertpMitt **87**, 1562. Immer darf der Einzelrichter einen umfassenden Beweisbeschluß erlassen und dessen Erledigung oder Aufhebung dem Kollegium anheimstellen. Bei extremer Unzweckmäßigkeit, zB hohen Kosten eines solchen Gutachtens, gegen dessen Erforderlichkeit gewichtige Gründe sprechen, kann eine Niederschlagung der Kosten nach § 21 GKG nötig werden. Das ändert nichts an der Wirksamkeit des Beweisbeschlusses.

11 **C. Vorlage an das Kollegium, II 1, 2.** Hält der Einzelrichter die Sache für reif zur Schlußverhandlung, legt er sie dem Vorsitzenden zur Terminsbestimmung vor. Er darf trotzdem noch Nebenentscheidungen zu seinem Tätigkeitsabschnitt fällen, Rn 13. Zur Endentscheidung ist er nur nach III oder IV befugt. Eine Endentscheidung ist auch die Ahndung einer Zuwiderhandlung gegen einen Duldungs- oder Unterlassungstitel. Die Parteien haben auf den Abschluß des Verfahrens vor dem Einzelrichter keinen Einfluß. Bei Meinungsverschiedenheiten zwischen dem Einzelrichter und dem Kollegium über die weitere Behandlung der Sache entscheidet dieses. Es kann die Zuweisung an den Einzelrichter aus diesem Grunde widerrufen.

12 **6) Entscheidung durch den Einzelrichter, III.** Hier ist eine Zustimmung der Parteien anders als bei IV nicht nötig.

A. Ausdrücklich geregelte Fälle, III Z 1–6. Die Aufzählung derjenigen Fälle, in denen der Einzelrichter im Berufungsverfahren ohne ein Einverständnis der Parteien entscheiden darf, ist nicht ganz abschließend, Rn 13, aM Schneider MDR **03**, 375 (auch Sachzusammenhang). Sie entspricht mit einigen Abweichungen dem Katalog in § 349 II. Der Einzelrichter entscheidet danach stets über *Z 1:* Verweisung nach § 100 GVG; *Z 2:* Zwingend über Folgen der Klagerücknahme, § 269, der Berufungsrücknahme, § 516, auch dort III 2, und bei einem Verzicht oder Anerkenntnis, § 349 Rn 11; *Z 3:* bei der Säumnis einer oder beider Parteien, § 349 Rn 11, auch durch ein unechtes Versäumnisurteil; *Z 4:* Kosten des Verfahrens, soweit nicht das Kollegium gleichzeitig mit der Hauptsache hierüber entscheidet, § 349 Rn 11; *Z 5:* Wert des Streitgegenstands für das Berufungsverfahren, wenn er es beendet hat, § 349 Rn 13; *Z 6:* Kosten, Gebühren und Auslagen, soweit sie in dem durch den Einzelrichter beendeten Berufungsverfahren entstanden sind, § 349 Rn 13.

13 **B. Weitere Fälle.** Ferner steht dem Einzelrichter die Entscheidung evtl auch kraft der Zuweisung wegen des Sachzusammenhangs zu, Schneider MDR **63**, 375. Das gilt dann, wenn sie unlösbar zu seiner Tätigkeit gehört, nämlich in folgenden Fällen: Hinweis oder Auflage nach § 139; Verbindung und Trennung bei ihm schwebender Verfahren; Wiedereinsetzung in eine bei ihm versäumte Frist; Zulassung oder Zurückweisung eines Streithelfers; Folgen einer Zeugnisverweigerung oder Zwangsmaßnahmen in der Beweisaufnahme, solange er die Sache nicht an das Kollegium zurückgegeben hat; Entscheidung nach § 406 oder nach § 537; Entscheidung nach § 718, aM Ffm MDR **90**, 931; Vorlage an das BVerfG oder den EuGH, wenn der Einzelrichter die Sachentscheidung treffen muß, § 1 GVG Rn 8 ff.

14 **C. Ausschlüsse.** Nicht dagegen darf der Einzelrichter im Berufungsverfahren ohne das Einverständnis der Parteien entscheiden über die Aussetzung des Verfahrens, im Verfahren der Prozeßkostenhilfe, in Wechsel- und Scheckprozessen, über die Art einer angeordneten Sicherheit und über die einstweilige Einstellung der Zwangsvollstreckung. Denn diese Entscheidungen fehlen in III abweichend von § 349 II. Ein einleuchtender Grund für diese Unterscheidung ist freilich kaum vorhanden. Außerdem entfällt die Entscheidungsbefugnis des Einzelrichters schlechthin in einer Beschwerdesache auch dann, wenn sie in einer ihm zugewiesenen Sache entsteht.

15 **7) Entscheidung im Einverständnis der Parteien, IV.** Die Regelung ähnelt § 349 III. Der Einzelrichter darf auch im Berufungsverfahren ähnlich § 349 III anstelle des Kollegiums abschließend zur Hauptsache entscheiden, soweit sich die Parteien wegen Art 101 I 2 GG ausdrücklich schriftlich oder zum Protokoll damit einverstanden erklären. Das gilt dann für das gesamte weitere Berufungsverfahren und auch in einem nichtvermögensrechtlichen Streit. Der Einzelrichter braucht von der Befugnis keinen Gebrauch zu machen, BGH NJW **89**, 229. Daß in erster Instanz eine Kammer des LG entschieden hat, ist kein Hinderungsgrund, § 349 Rn 19, 20, aM ThP 9. Das Einverständnis muß in dem dafür maßgeblichen Zeitpunkt, meist bei der Schlußverhandlung, wirksam vorliegen. Es ist entsprechend § 128 II 1 bei einer wesentlichen Änderung der Prozeßlage widerruflich, BGH **105**, 270. Dabei muß man die Prozeßlage bei der Abgabe der Zustimmungserklärung mit derjenigen im Zeitpunkt des Widerrufs nach einem objektiven Maßstab vergleichen, BGH NJW **89**, 229. Nach dem Widerruf des Einverständnisses einer Partei ist die Zustimmung der anderen Partei unbeachtlich, BGH NJW **01**, 2479.

6) Verstoß, I–IV. Vgl zunächst Rn 10. Entscheidet der Einzelrichter unbefugt allein, liegt der absolute Revisionsgrund des § 547 Z 1 vor, BGH NJW **93**, 600, Deubner JuS **93**, 496, Schneider MDR **03**, 375 (keine Heilung durch Rügeverzicht, § 295 II). Eine insofern allein mit dem Hauptrechtsmittel erhobene Verfahrensrüge kommt einem Anschlußrechtsmittel nur ausnahmsweise zugute, BGH NJW **94**, 803. Ein Verstoß gegen IV läßt sich mit dem gegen die Entscheidung statthaften Rechtsmittel rügen, Rn 13, evtl mit der Nichtigkeitsklage nach § 579 I Z 1, VerfGH Mü NJW **86**, 372. 16

528 ***Bindung an die Berufungsanträge.*** **[1] Der Prüfung und Entscheidung des Berufungsgerichts unterliegen nur die Berufungsanträge. [2] Das Urteil des ersten Rechtszuges darf nur insoweit abgeändert werden, als eine Abänderung beantragt ist.**

Gliederung

1) Systematik, S 1, 2. Die Vorschrift übernimmt den Grundgedanken des § 308 I in die Berufungsinstanz und wandelt ihn in S 2 dafür ab. § 528 bestimmt damit die sog Anfallwirkung nach Grdz 3 vor § 511 und ihre Grenzen. 1

2) Regelungszweck, S 1, 2. Die Rechtssicherheit nach Einl III 43 verlangt nach einer klaren Umgrenzung der Überprüfungsrechte und -pflichten des Berufungsgerichts. Man muß die Vorschrift daher strikt auslegen. 2

3) Geltungsbereich, S 1, 2. Die Vorschrift gilt grundsätzlich in jedem Berufungsverfahren nach der ZPO und den auf sie verweisenden Gesetzen. Sie gilt auch im WEG-Verfahren. Im Verfahren der Arbeitsgerichte ist § 528 entsprechend anwendbar, § 64 VI ArbGG. 3

4) Umfang der Anfallwirkung, S 1, 2. Ein einfacher Grundsatz zeigt eine Fülle von Anwendungsproblemen im Rechtsalltag. 4

A. Grundsatz. In der Berufungsinstanz sind im Rahmen der nach §§ 297, 520 III 2 Z 1 in der mündlichen Verhandlung gestellten Anträge alle zuerkannten oder aberkannten Streitpunkte Gegenstand der Prüfung und Entscheidung, selbst wenn die Parteien über sie in erster Instanz nicht verhandelt haben, BGH MDR **91**, 1047. Dabei darf und muß man die Berufungsbegründung zur Auslegung mitbeachten, Grdz 52 vor § 128, BGH RR **05**, 1659.

Der Begriff des *Streitpunkts* umfaßt den gesamten Streitstoff nach §§ 512, 520 III 2 Z 2, 3, 529 I 1, II, 530, 531 II, also Behauptungen, Beweisantritte, Hilfsanträge (im Gegensatz zu Hilfsansprüchen), Klagegründe, auch hilfsweise Klagegründe bei einem einheitlichen Antrag, überhaupt alles, was zu einem einheitlichen prozessualen Anspruch gehört, zB die Einrede der Verjährung, BGH NJW **90**, 327. Eine besondere Anfechtung oder Rüge ist nicht nötig. Das Berufungsgericht muß freilich zB § 139 beachten, Schneider MDR **89**, 1069. Die Nachprüfung darf sich nicht auf die in der Berufungsbegründung angeführten oder auf die in der mündlichen Verhandlung vorgebrachten Gründe beschränken, BGH RR **86**, 991. Daher ist es ohne Bedeutung, wenn ein solcher Grund wegfällt, BGH NJW **85**, 2828. Soweit eine Berufung mangels einer notwendigen Begründung einzelner Posten unzulässig ist, § 519 Rn 23 ff, darf das Berufungsgericht nicht nachprüfen, Müller-Rabe NJW **90**, 288.

Hat das Erstgericht nur einen von *mehreren* Klagegründen desselben Anspruchs geprüft, muß das Berufungsgericht sämtliche Klagegründe erledigen, Hamm MDR **05**, 412. Bei mehrfacher Begründung des Klaganspruchs darf eine Abweisung erst nach ihrer gesamten Würdigung erfolgen, Hamm MDR **05**, 412. Hat das Erstgericht unter einer Zurückweisung der Einwendungen des Bekl nur wegen seiner Aufrechnung abgewiesen, darf das Berufungsgericht auf eine Berufung nur des Klägers grundsätzlich auch nur die Aufrechnung prüfen, BGH WertpMitt **95**, 115, und bei einer Berufung nur des Bekl nur die Grundforderung. Es kann aber ausnahmsweise der Bekl bei einer Berufung des Klägers ohne die Einlegung eines eigenen Rechtsmittels wiederum auf die anderen Einwendungen zurückgreifen, Hamm MDR **92**, 998, aM ZöGu-Heß 22 (Notwendigkeit einer Anschlußberufung). Der nach einer Hilfsaufrechnung verurteilte Bekl kann mit seiner Berufung nur die Hilfsaufrechnung überprüfen lassen, BGH NJW **96**, 527. Hat der verurteilte Bekl in erster Instanz hilfsweise ein Zurückbehaltungsrecht geltend gemacht, muß das Berufungsgericht darüber auch ohne eine Rüge entscheiden, BGH RR **86**, 991. Hat das Erstgericht bei einem gegenseitigen Abrechnungsverhältnis die Klage abgewiesen und der Widerklage stattgegeben, weil hierfür die Forderungen ein Guthaben ergaben, kann der Kläger, der die Widerklage mit seiner Berufung abgewiesen haben will, auch ohne einen Angriff gegen die Abweisung seiner Klage den Forderungen des Widerklägers die Forderungen der ersten Instanz entgegenstellen. Denn die Rechtskraft erstreckt sich nur darauf, daß der Kläger aus dem Abrechnungsverhältnis nichts fordern kann. Hat das Erstgericht wegen Rechtskraft abgewiesen und verneint das Berufungsgericht diesen Grund, gilt § 538 II, BGH NJW **84**, 128. Wegen der Entscheidung über die Aufrechnung bei einem fälschlicherweise ergangenen Vorbehaltsurteil § 302 Rn 10. 5

B. Einzelheiten. Ein solcher Anspruch, über den das Erstgericht nach seinem Urteilstenor überhaupt nicht entschieden hat, fällt der Berufungsinstanz grundsätzlich nicht an, BGH NJW **91**, 1684, so zB ein 6 vorbehaltener Anspruch bei einem Vorbehaltsurteil oder die Sache selbst bei einer Entscheidung über prozessuale Einreden, zB derjenigen einer Schiedsvereinbarung, BGH WertpMitt **86**, 402, oder über andere Einreden auf Grund abgesonderter Verhandlung, § 280, BGH RR **86**, 61. Ausnahmen gelten für neue Ansprüche, für Hilfsansprüche nach Rn 7 und aus demselben Grund bei einer objektiven Klagenhäufung nach § 260 für solche Ansprüche, über die das Erstgericht nicht entschieden hat, weil es das nicht zu tun brauchte, BGH NJW **92**, 117, Schneider MDR **82**, 626, ferner dann, wenn eine Abänderung des Urteils in eine Klagabweisung den Restanspruch bedeutungslos macht, BGH VersR **77**, 430, Köln RR **96**, 699. Dann muß das Berufungsgericht evtl die Klage ganz abweisen. Dafür ist kein besonderer Antrag erforderlich. Für den Streitwert bleibt dabei das Mitabgewiesene außer Betracht. Bei einer dann uneingeschränkten Revision gilt für diese aber der volle Streitwert. Das Berufungsgericht kann zB bei einer Stufenklage den Hauptanspruch bei einer Verneinung des in die zweite Instanz gelangten Rechnungslegungs- oder Auskunftsanspruchs abweisen, BGH RR **95**, 1021 (auch dann, wenn der Kläger beim Erstgericht eine Verhandlung über den Hauptanspruch beantragt), Celle NdsRpfl **95**, 15. Es kann den Auskunfts- und Schadensersatzanspruch bei einer Abweisung des Unterlassungsanspruchs abweisen.

7 Möglich ist auch die *Heranziehung* des noch in erster Instanz anhängigen *Teils* dann, wenn beide Parteien einverstanden sind, BGH NJW **86**, 2112, Düss VersR **89**, 507. Das gilt zB dann, wenn sich der Berufungsbekl insoweit rügelos auf den das Ganze betreffenden Abweisungsantrag einläßt, BGH NJW **86**, 2112. Das muß aber die Ausnahme bleiben. Daher darf das Berufungsgericht grundsätzlich nicht über den noch in der erster Instanz anhängigen Teil mitentscheiden, mögen auch die abweisenden Gründe des Berufungsgerichts ebenso für den Rest zutreffen, BGH VersR **77**, 430, noch weniger über die dort noch anhängige Widerklage. Das gilt auch wegen der Widerklage in einer Ehesache.

Hat das LG unzulässigerweise ein *Teilurteil* nach § 301 Rn 4ff erlassen, kann das Berufungsgericht auch über den danach noch in erster Instanz verbliebenen Teil mitentscheiden, falls es das für zweckmäßig hält, da es dann nur einheitlich entscheiden kann, BGH NJW **83**, 1311, Düss RR **97**, 660, Köln FamRZ **92**, 833. Ist ein Teilurteil rechtskräftig geworden, kann die unterlegene Partei im Rahmen des Berufungsverfahrens eine Abänderungswiderklage erheben, wenn sich solche Umstände ergeben, die eine Änderung des Teilurteils rechtfertigen würden, BGH NJW **93**, 1795. Hat das Erstgericht im Grundurteil einen Punkt ausgeklammert und dem Betragsverfahren überlassen, darf das Berufungsgericht diesen Punkt dann an sich ziehen und darüber entscheiden, wenn die Parteien ihn zum Gegenstand des Rechtsmittelverfahrens gemacht haben und wenn die Entscheidung darüber sachdienlich ist, BGH NJW **93**, 1793, Kblz MDR **92**, 805. Dasselbe gilt nach einem unzulässigen Vorbehaltsurteil, Karlsr RR **87**, 254.

8 Hat das Erstgericht die Klage durch ein *Prozeßurteil* als unzulässig abgewiesen, darf das Berufungsgericht trotzdem zur Begründetheit entscheiden. Einen übergangenen Anspruch darf das Berufungsgericht nicht erledigen. Seinetwegen findet eine Ergänzung nach § 321 statt. Beantragt der Berufungskläger die Aufhebung des seinen Anspruch abweisenden Ersturteils und eine Zurückverweisung, muß das Berufungsgericht in der Sache selbst entscheiden, wenn die Sache nach § 300 Rn 6 entscheidungsreif ist. Denn der Kläger verfolgt sie mit der Berufung weiter. Sie ist also dem Rechtsmittelgericht angefallen, Grdz 17 vor § 511.

9 Beruhen ein Haupt- und ein Hilfsanspruch *auf demselben Klagegrund*, erledigt die Entscheidung über den einen auch den andern. Bei einer wirklich hilfsweisen Anspruchshäufung nach § 260 Rn 8ff muß man unterscheiden: Hat das Erstgericht dem *Hauptanspruch* zugesprochen, fällt durch die Berufung des Bekl der Hilfsanspruch ohne weiteres der Berufungsinstanz an, also ohne daß ein Antrag oder eine Anschlußberufung erforderlich ist, BGH MDR **05**, 162 links, ZöGuHeß 20, aM MusRi 44, StJGr § 537 Rn 10 (vgl aber § 525). Weist das Berufungsgericht den Hauptanspruch ab, muß es über den Hilfsanspruch ohne einen besonderen Antrag entscheiden. Hat das Erstgericht den Hilfsanspruch zugesprochen und legt der Bekl die dann notwendige Berufung ein, ist nur diese im Streit. Das Berufungsgericht kann also über den abgewiesenen Hauptantrag nicht entscheiden, falls nicht der Kläger eine Anschlußberufung einlegt. Gibt das Berufungsgericht ihm statt, ist auch eine rechtskräftige Entscheidung über den Hilfsanspruch aufgehoben, BVerwG DVBl **80**, 597. Hat das Erstgericht den Hauptanspruch aberkannt, über den Hilfsantrag nicht entschieden, gilt § 321. Nach dem Fristablauf ist diejenige Berufung des Klägers zulässig, mit der er auch den Hilfsantrag geltend machen kann.

Legt der Kläger gegen ein *klagabweisendes* Ersturteil Berufung ein, fällt dem Rechtsmittelgericht auch die Entscheidung über einen in erster Instanz unbeschieden gebliebenen Hilfswiderklagantrag des Bekl an, BGH NJW **99**, 3780.

10 **5) Prüfung und Entscheidung, S 1, 2.** Das Berufungsgericht muß den gesamten Streitstoff, im Umfang des Anfalls nach, Grdz 3 vor § 511 zur Kenntnis nehmen, neu erörtern und würdigen. Das bedeutet indessen nicht, daß man verhandeln und würdigen muß, als habe keine erste Instanz stattgefunden. Vielmehr darf und muß man auf der Grundlage des Ersturteils und der früheren Verhandlung verfahren, Schneider AnwBl **88**, 259. Neues Vorbringen ist bis zum Schluß der mündlichen Verhandlung nach §§ 296a, 525 statthaft, soweit es §§ 530ff erlauben, darüber hinaus nicht. Die Nichtbeachtung eines tatsächlichen Vorbringens kann den Anspruch auf rechtliches Gehör verletzen, BVerfG NJW **80**, 278. Unabänderliche Prozeßhandlungen behalten ihre Wirkung für die Berufungsinstanz. Abänderliche sind beim Vorliegen der Voraussetzungen ihrer Änderung in der Berufungsinstanz abänderlich. Ihre Berufungsanträge müssen die Parteien nach §§ 297, 525 stellen. Das Gericht muß auf sachdienliche Anträge hinwirken, § 139. Es muß § 528 auch bei einer Zurückverweisung beachten.

11 **6) Begrenzung durch Anträge, S 1, 2.** Man muß zwei Antragsarten sorgfältig trennen.

A. Grundsatz, S 1. Die Anträge ziehen entsprechend § 308 I dem Berufungsgericht die Grenzen. Es gilt also außer auf Grund einer Anschlußberufung nach § 524 ein Verschlechterungsverbot, BGH MDR **04**, 1202. Eine Beschränkung der Anträge ist dann keine teilweise Berufungsrücknahme, wenn die Berufungsschrift keinen Antrag enthielt, wohl aber sonst. Ihre Erweiterung ist kein neuer Anspruch. Denn es ist entscheidend, welche Anträge die Parteien in der mündlichen Verhandlung stellen (anders liegt es für die Frage der Zulässigkeit der Berufung), BGH RR **89**, 962. Hat der abgewiesene Kläger nur wegen eines Teils

Berufung eingelegt, ist das Berufungsurteil kein Teilurteil, sondern ein abschließendes Endurteil. Denn eine Erweiterung der Anträge ist nur bis zum Schluß der letzten mündlichen Verhandlung nach §§ 296 a, 525 zulässig. Die äußerste Grenze des zulässigen Berufungsantrags ist der Klagantrag, soweit nicht eine Klagerweiterung stattfinden darf.

B. Änderung des Urteils, S 2. Das Berufungsgericht darf das Urteil wegen §§ 308 I, 525 nur bei einer zulässigen und zumindest teilweise begründeten Berufung und nur im Rahmen der in der Berufungsinstanz gestellten Anträge zur Berufung wie Anschlußberufung abändern. Darin stecken zwei Verbote, dasjenige der Änderung zum Vorteil des Berufungsklägers, also über seine Anträge hinaus (reformatio in melius), sowie dasjenige der Änderung zu seinem Nachteil (reformatio in peius), BGH MDR **05**, 1435. Das ändert freilich nichts an der Befugnis zum Austausch einzelner Teilbeträge usw, BGH MDR **05**, 1435. Es entscheiden die Anträge beim Schluß der mündlichen Verhandlung nach §§ 296 a, 525, BGH NJW **83**, 1063. Was die Anträge nicht angreifen, ist für das Gericht unantastbar, mag es noch so falsch sein. In der Berufungsbegründung können die Parteien Anträge nicht mehr wirksam stellen, wenn die Berufung schon vorher zB wegen des Ablaufs der Begründungsfrist unzulässig geworden ist, BGH MDR **77**, 649. Die Bindung an die Anträge gilt auch bei einer Zurückverweisung nach § 538, Jessen NJW **78**, 1616. 12

Das Verbot der weitergehenden Änderung entspricht der *Bindung des Erstgerichts* an die Anträge, § 308 I. Eine andere Begründung für das Zugesprochene oder die Verurteilung zu einem Weniger sind statthaft. Das gilt aber nicht bei einer Abweisung von derzeit auf endgültig, Rn 13.

C. Einzelfragen, S 2. Der Berufungskläger braucht außer bei einer Anschließung des Berufungsbekl eine Abänderung zu seinem Nachteil nicht zu befürchten. Das Gericht darf die Verurteilung unter keinen Umständen erweitern. Den Maßstab dazu, ob ein Nachteil entsteht, gibt die innere Rechtskraftwirkung, Einf 5 vor § 322. Macht der Berufungskläger mehrere Ansprüche geltend, gilt das Verbot für jeden von ihnen auch dann, wenn sie auf einem einheitlichen Klagegrund beruhen. 13

Beispiele für eine unzulässige nachteilige Änderung: Nach einer Teilabweisung darf auf Grund einer Berufung nur des Klägers keine Vollabweisung erfolgen und der Kläger auf eine Berufung nur des Bekl keine höhere Leistung erhalten; nach der Abweisung der Klage wegen einer bloßen Hilfsaufrechnung darf das Berufungsgericht auf die Berufung des Klägers nicht das ursprüngliche Bestehen der Hauptforderung prüfen und die Klage aus diesem Grunde abweisen (entsprechendes gilt für die Entscheidung über die auf den Aufrechnungseinwand beschränkte Berufung des Bekl), BGH RR **01**, 1572. Es darf umgekehrt auf die Berufung des Bekl diesem die Gegenforderung nicht absprechen; bei einer Verurteilung Zug um Zug darf das Berufungsgericht auf die Berufung des Klägers die Klage nicht abweisen, auf die Berufung des Bekl das Recht auf die Gegenleistung nicht verneinen; hatte das Erstgericht die Klage als zur Zeit unbegründet abgewiesen, darf das Berufungsgericht sie auf die Berufung des Klägers nicht als schlechthin unbegründet abweisen, aM BGH WertpMitt **96**, 1862, Nürnb RR **98**, 1713, ThP 8 (aber die Rechtskraftwirkung geht dann über die des Ersturteils hinaus, und dem Kläger kann man schwerlich ein schutzwürdiges Interesse an der Aufrechterhaltung dieser Position absprechen); nach einer unrichtigen Zusammenrechnung von Klage und Widerklage darf das Berufungsgericht auf eine Berufung nur des Bekl die Forderungen nicht wieder trennen, BGH NJW **03**, 140.

Dagegen liegt *keine* nachteilige Änderung vor, wenn das Berufungsgericht nur den Tenor des Ersturteils klarer faßt oder wenn das Berufungsgericht zB einen Vorsatz anstelle der vom Erstgericht angenommenen Fahrlässigkeit oder anderen Mitverschuldungsart annimmt. Denn die Gründe erwachsen nicht in Rechtskraft. Eine nachteilige Änderung fehlt ferner dann, wenn das Berufungsgericht nur Rechnungsposten ändert, ohne daß der Berufungskläger im Ergebnis weniger erhält, BGH MDR **04**, 47. Erlaubt und evtl notwendig ist auch eine Aufhebung, soweit das Erstgericht eine Teilabweisung inhaltlich nicht ausreichend beschrieben hat, BGH WertpMitt **96**, 1240.

7) Ausnahmen von der Antragsbegrenzung, S 1, 2. § 528 hängt eng mit der Parteiherrschaft und dem Beibringungsgrundsatz nach Grdz 18 vor § 128 zusammen. Darum muß das Verbot der Schlechterstellung versagen, soweit diese Prinzipien nicht gelten. Das ergibt mehrere Ausnahmen. 14

A. Notwendigkeit einheitlicher Sachentscheidung. Dieser Grundsatz hat den Vorrang, etwa bei notwendigen Streitgenossen nach § 62.

B. Kosten. Bei der Entscheidung über die Prozeßkosten kommt es auf die Anträge nicht an, § 308 II, Jena RR **02**, 970. Daher ist insoweit eine Schlechterstellung möglich, § 308 Rn 15, BGH WertpMitt **81**, 46. Das gilt auch dann, wenn die Entscheidung demjenigen Streitgenossen betrifft, der rechtskräftig aus dem Prozeß ausgeschieden ist, BGH NJW **81**, 2360. 15

C. Klagabweisung als unzulässig. Sie darf das Rechtsmittelgericht trotz unterschiedlicher Rechtskraftwirkungen auf die Berufung des Klägers in eine Abweisung als unbegründet ändern, wenn kein anderes Ergebnis möglich ist, BGH RR **03**, 933, Karlsr NJW **00**, 1577, Köln OLGR **95**, 62. Voraussetzung für eine derartige aus Gründen der Prozeßwirtschaftlichkeit zulässigen Änderung muß aber in der Revisionsinstanz sein, daß ein Schlüssigmachen des Anspruchs nicht mehr wahrscheinlich ist, § 563 Rn 4, und in der Berufungsinstanz, daß das Berufungsgericht sein Fragerecht dahingehend ausgeübt hat. Dasselbe gilt umgekehrt dann, wenn der Bekl gegen ein Prozeßurteil Berufung einlegt und eine Sachabweisung beantragt, BGH NJW **99**, 1113. Die Zurückverweisung kann nach § 538 nunmehr dazu führen, daß die Klage auf Grund der vom Bekl begehrten sachlichen Prüfung begründet ist. 16

D. Fehlen von Prozeßvoraussetzungen. Wenn das Erstgericht eine zwingende von Amts wegen beachtbare Verfahrensvorschrift verletzt hat, darf das Berufungsgericht auf die Berufung des Klägers auch den zu seinen Gunsten lautenden und von ihm nicht angefochtenen Teil des Urteils frei ändern. Das gilt zB: Wenn das Erstgericht einen Einspruch gegen ein Versäumnisurteil fehlerhaft als zulässig angesehen hat, Brdb MDR **07**, 1448, oder beim Fehlen von Prozeßvoraussetzungen, bei einem unbestimmten oder widersprüchlichen Urteilstenor des Erstgerichts, BGH RR **01**, 1351, oder beim Übersehen der Rechtskraft oder bei einem unzulässigen Teilurteil, Düss RR **97**, 659, ThP 8, aM Oldb NdsRpfl **84**, 144, VGH Kassel NJW **80**, 17

358, StJGr 7, vermittelnd BGH NJW **86**, 1494: Danach gilt das Verschlechterungsverbot stets bei behebbaren Verfahrensmängeln, während bei unheilbaren Verfahrensmängeln das Verschlechterungsverbot zurücktreten muß, wenn die verletzte Verfahrensnorm größeres Gewicht als dieses Verbot hat. Das kommt insbesondere bei Wiederaufnahmegründen in Betracht. Wenn zB die Prozeßfähigkeit in der Berufungsinstanz zweifelhaft bleibt oder wird, darf und muß das Berufungsgericht auf eine Berufung des Klägers die Klage als jetzt unzulässig abweisen, Hamm MDR **92**, 441.

529 ***Prüfungsumfang des Berufungsgerichts.*** **I Das Berufungsgericht hat seiner Verhandlung und Entscheidung zugrunde zu legen:**

1. die vom Gericht des ersten Rechtszuges festgestellten Tatsachen, soweit nicht konkrete Anhaltspunkte Zweifel an der Richtigkeit oder Vollständigkeit der entscheidungserheblichen Feststellungen begründen und deshalb eine erneute Feststellung gebieten;

2. neue Tatsachen, soweit deren Berücksichtigung zulässig ist.

II 1 Auf einen Mangel des Verfahrens, der nicht von Amts wegen zu berücksichtigen ist, wird das angefochtene Urteil nur geprüft, wenn dieser nach § 520 Abs. 3 geltend gemacht worden ist. 2 Im Übrigen ist das Berufungsgericht an die geltend gemachten Berufungsgründe nicht gebunden.

Gliederung

1 **1) Systematik, I, II.** Die Vorschrift läßt sich nicht einfach handhaben. Das zeigt sich schon anhand der umfangreichen Rechtsprechung. § 529 eröffnet eine zwingende Reihe von Regelungen zur Prüfungspflicht einer nicht nach § 522 durch einen Beschluß zurückgewiesenen Berufung. Eine Unklarheit des Tatbestands unterfällt nicht § 529, sondern nur § 320, Karlsr RR **04**, 1583. §§ 398, 525 bleiben mitbeachtbar, BGH NJW **04**, 1876, aM ZöGuHeß 4 (aber § 529 verdrängt § 398 nicht ganz). Freilich reicht der bloße Wunsch nach einer nochmaligen Zeugenvernehmung usw nicht, Stackmann NJW **02**, 781.

2 **2) Regelungszweck, I, II.** Die Vorschrift regelt entsprechend der Konzeption der Berufungsinstanz vornehmlich als bloßes Fehlerkontroll- und Fehlerbeseitigungsinstrument den Prüfungsumfang in der Berufungsinstanz. Sie hat die Möglichkeit einer rein beschwerdeorientierten „Luxusberufung" beseitigt, Roth JZ **06**, 12. Manche sehen in Teilen der höchstrichterlichen Rspr das Bestreben, das Gesetz nach Kräften „auszuhebeln", Lechner NJW **04**, 3599. Unberührt bleibt die Begrenzung der Prüfung durch die Berufungsanträge, § 528. Freilich bleibt das Berufungsgericht dem Gebot einer sachlichrechtlich richtigen Entscheidung nach Einl III 9, 36 verpflichtet, BGH NJW **07**, 2921, Roth JZ **06**, 10. § 529 soll nicht vor der Wahrheit schützen, BGH NJW **05**, 1585, Roth JZ **06**, 12. Daher darf man die Anforderungen an die Voraussetzungen einer neuen Tatsachenüberprüfung nicht überspannen, BGH NJW **05**, 1584. Vielmehr muß man genau abwägen, Heßler Festgabe für Vollkommen (2006) 322.

Überlastung des Berufungsgerichts ist freilich ein Preis der Vorschrift, Roth JZ **06**, 12. Das sollte man bei der Auslegung durchaus mitbedenken dürfen.

3 **3) Geltungsbereich, I, II.** Die Vorschrift gilt in jedem Berufungsverfahren nach der ZPO und den auf sie verweisenden Gesetzen. Sie gilt auch im WEG-Verfahren. Im Arbeitsgerichtsverfahren gilt § 529 entsprechend, § 64 VI ArbGG. I ist im Patentnichtigkeitsverfahren unanwendbar, BGH GRUR **08**, 91.

4 **4) Grundlagen der Verhandlung und Entscheidung, I.** Es gibt zwei Anwendungsbereiche.

5 **A. In erster Instanz festgestellte Tatsachen, I Z 1.** Es gibt keine volle zweite Tatsacheninstanz mehr, Roth JZ **06**, 9. Die Vorschrift enthält keine abschließende Regelung, Gaier NJW **04**, 110. Das Berufungsgericht ist an die Feststellungen des Erstgericht grundsätzlich zwar weder in Rechts- noch in Tatsachenfragen so wie das Revisionsgericht gebunden, BGH NJW **05**, 1584, Roth JZ **06**, 12. Es ist aber doch im Prinzip an die Tatsachenfeststellungen des Erstgerichts gebunden, BGH NJW **05**, 1584, Drsd RR **03**, 211, Unberath ZZP 120, 345, aM Manteuffel NJW **05**, 2963, Schneider NJW **01**, 3757. Das betrifft diejenigen Tatsachen, die das Erstgericht seinem Urteil zugrundegelegt hat, sei es als wahr oder unwahr, sei es als offenkundig, gerichtsbekannt, zugestanden oder unstreitig usw, BGH NJW **05**, 983.

Die Bindung *entfällt* freilich ausnahmsweise, BGH NJW **05**, 1584, Kblz RR **04**, 392, soweit konkrete Anhaltspunkte Zweifel an der Richtigkeit oder Vollständigkeit der entscheidungserheblichen Feststellungen begründen, BGH NJW **08**, 577, Saarbr RR **08**, 275, Stgt RR **07**, 567, und soweit deshalb eine erneute Feststellung nötig wird, BGH NJW **05**, 1584, Hamm VersR **07**, 513, Stackmann NJW **07**, 9. Das gilt auch bei einer von Amts wegen notwendigen Prüfung, BGH NJW **05**, 983. Diesen Umstand muß der Berufungskläger rügen. Dazu muß er das Nötige schon in der Berufungsbegründung vortragen, § 520 III 2 Z 3, Drsd RR **03**, 211, Fellner MDR **03**, 721, also zB zur Verjährung, BGH MDR **06**, 766, aM Meyer-Hannich NJW **06**, 3388, oder zu einem Verfahrensfehler, BGH MDR **04**, 955, Düss RR **07**, 902. Das Berufungsgericht muß die Richtigkeit und Vollständigkeit einer Tatsachenfeststellung aber auch ohne eine Rüge prüfen, BGH NJW **08**, 577. Es braucht aber nicht von Amts wegen die ganze Akte auf Fehler der Tatsachenfeststellung durchzuarbeiten, Fellner MDR **04**, 958, Stackmann NJW **07**, 10, aM Löhnig FamRZ **04**, 247 (aber das widerspricht der Parteiherrschaft nach Grdz 18 vor § 128).

Voraussetzung für eine Durchbrechung der Bindungswirkung ist zunächst, daß das Ersturteil „nicht überzeugt“, BGH NJW **06**, 153, Drsd RR **03**, 211, Roth JZ **06**, 12. Es genügt jeder objektivierbare rechtliche oder tatsächliche Einwand, BGH NJW **06**, 152. Ein bloß subjektiver Zweifel, eine nur abstrakte Erwägung oder Vermutung oder Gefühlsregung ohne einen greifbaren Anhaltspunkt reicht nicht, BGH NJW **06**, 153. Ein objektivierbarer Zweifel an der Bestandsfähigkeit einer erstinstanzlichen Feststellung reicht aber aus, BGH NJW **06**, 153, Mü NZM **07**, 182, krit Rimmelspacher JZ **05**, 1063. Der Fehler kann sachlichrechtlich oder verfahrensrechtlich sein. Alles das bezieht sich auf den Einzelfall, BGH NJW **05**, 1583.

Beispiele, dazu Fellner MDR **03**, 721: Übergehen eines entscheidungserheblichen Vorbringens, BVerfG NJW **05**, 1487, Barth NJW **02**, 1702, aM Grunsky NJW **02**, 800; Verstoß gegen § 286, Stgt RR **07**, 567, insbesondere Verkennen der Beweislast oder des Beweismaßes, etwa bei §§ 286, 287, BGH NJW **04**, 2828, Düss RR **07**, 902; Verstoß gegen § 411 III, BGH MDR **05**, 1309 links; Lückenhaftigkeit des Protokolls, Hamm MDR **03**, 830; unauflösbare Widersprüche zwischen dem Protokoll der Vernehmung und den daraus gezogenen Schlüssen, BGH NJW **91**, 1183, Saarbr VersR **04**, 624 links oben; Verstoß bei der Beweiswürdigung, § 398 Rn 44ff, BVerfG NJW **03**, 2524, BGH VersR **06**, 243, Saarbr RR **06**, 251; Verstoß gegen Denkgesetze oder allgemein anerkannte Erfahrungssätze, BGH MDR **04**, 955; Widersprüchlichkeit, BGH NJW **98**, 2223, Karlsr VersR **06**, 229, aM Rostock OLGR **04**, 60. Die notwendigen Anhaltspunkte können sich auch daraus ergeben, daß die Feststellungen gerichtsbekannten Tatsachen zuwiderlaufen, oder daß das Erstgericht etwas fälschlich als unstreitig behandelt hat, aM Karlsr RR **03**, 891, Rostock OLGR **04**, 61, Stöber MDR **06**, 5 (aber eine förmliche Tatbestandsberichtigung ist ein vermeidbarer Umweg, auch wenn er im Zweifel ratsam sein mag, Walch/Kern NJW **06**, 1315), oder daß der Vortrag der Parteien Anlaß zu einem objektiv begründeten Zweifel gibt, zB dann, wenn der Berufungskläger die erstmalige Vernehmung eines unmittelbaren Tatzeugen beantragt.

Die *konkreten Anhaltspunkte* können sich aus gerichtsbekannten Tatsachen, aus dem Parteivortrag, aus dem Protokoll oder aus dem Ersturteil ergeben, BGH NJW **04**, 2829, Stackmann NJW **07**, 9, auch aus der Unvollständigkeit eines Gutachtens, BGH NJW **04**, 2829, und in den Grenzen des § 531 II auch aus einem neuen Vortrag, ferner aus einer Klagänderung, BGH NJW **07**, 2415. Sie müssen geeignet sein, „vernünftige“ oder ernstliche Zweifel an der Richtigkeit oder Vollständigkeit entscheidungserheblicher Feststellungen zu wecken. Das ist bei einem Verfahrensfehler so, BGH NJW **04**, 1877, Stgt RR **07**, 567, ebenso bei einer fehlerhaften Beweiswürdigung, etwa bei Zweifeln am Gutachter oder Gutachten, BGH FamRZ **04**, 23. Daher muß eine bestimmte, nicht notwendigerweise überwiegende Wahrscheinlichkeit dafür bestehen, daß bei einer neuen Beweisaufnahme die erstinstanzliche Feststellung keinen Bestand haben wird, BVerfG NVwZ **00**, 1163 (zur VwGO), BGH NJW **04**, 2826, Stöber NJW **05**, 3601, großzügiger BVerfG NJW **03**, 2524 (Ausreichen der Möglichkeit unterschiedlicher Wertungen, krit BGH NJ **04**, 2828, Greger NJW **04**, 2583). Immer muß es sich um einen objektiv gerechtfertigten Zweifel handeln, Rn 1. Die Bindung des Berufungsgerichts tritt nicht schon dann ein, wenn das Erstgericht seine Feststellungen ohne einen Verfahrensfehler getroffen hat, BGH NJW **05**, 1583. 6

Es muß auch eine *erneute Feststellung* notwendig sein. Eine (neue) Beweisaufnahme muß mit einer gewissen Wahrscheinlichkeit nach Rn 5 zu einer abweichenden Tatsachenfeststellung führen, BGH NJW **03**, 3480 (Gutachten). Das gilt dann auch ohne eine entsprechende Rüge, BGH NJW **05**, 1584. Es gilt, soweit keine Zurückverweisung nach § 538 in Betracht kommt, Gaier NJW **04**, 110. Ob man dort und in besonders liegenden Fällen davon absehen darf, zB bei einer nur geringen Bedeutung der Beweisfrage und bei einem hohen Aufwand für die Beweisaufnahme, liegt im Ermessen des Berufungsgerichts. Es darf auch eine Ermessensentscheidung des Erstgerichts in seinem eigenen Ermessen überprüfen, Brdb VersR **05**, 954. 7

Das Berufungsgericht darf und muß die erstinstanzliche *Auslegung einer Individualvereinbarung* nach §§ 513 I, 546 auf der Grundlage der nach § 529 maßgeblichen Tatsachen in vollem Umfang darauf überprüfen, ob die Auslegung überzeugt, BGH NJW **04**, 2751, Düss MDR **05**, 532, Roth JZ **06**, 12. Hält das Berufungsgericht die erstinstanzliche Auslegung lediglich für eine zwar vertretbare, letztlich aber bei einer Abwägung aller Gesichtspunkte nicht für eine sachlich überzeugende Auslegung, muß es selbst diejenige Auslegung vornehmen, die es als Grundlage einer sachgerechten Entscheidung für richtig hält, BGH NJW **04**, 2751. Das alles gilt auch bei der Bemessung eines Schmerzensgelds, BGH NJW **06**, 1589, Brdb VersR **05**, 953, aM Brschw VersR **04**, 924, Hamm VersR **06**, 134, Karlsr OLGR **04**, 398. Auch bei der Beweiswürdigung nach § 286 ist das Berufungsgericht erneut frei, Roth JZ **06**, 12. Es muß aber zB § 398 Rn 6 beachten (Wiederholung der Vernehmung bei einer abweichenden Glaubwürdigkeitsbeurteilung), BVerfG NJW **05**, 1487. Bei einer erneuten Vernehmung wird die frühere Aussage des jetzt berechtigt die Aussage Verweigernden unverwertbar, BGH VersR **07**, 102. Das Berufungsgericht darf die Beweislast entscheiden lassen, BGH NJW **05**, 423. 8

Unanwendbar ist I Z 1 bei einer unwesentlichen Tatsache oder Frage. Dann liegt in einer Nichterörterung im Urteil auch kein Verstoß gegen Art 103 I GG, Kblz RR **04**, 392. Das gilt auch für ein sog obiter dictum, BGH NJW **04**, 2152, Gaier NJW **04**, 110, Rixecker NJW 54, 705. Nicht statthaft ist eine Aufteilung in eine Wiederholung der Beweisaufnahme beim Streitgenossen A und ein Teilurteil gegen B, BGH MDR **92**, 411. Ein Verstoß gegen I Z 1 läßt sich nicht mit der Revision rügen, BGH RR **06**, 761. 9

B. Neue Tatsachen, I Z 2. Grundlage für die Verhandlung und Entscheidung des Berufungsgerichts sind neue Tatsachen oder zB eine neue Urkunde, soweit ihre Berücksichtigung zulässig ist, §§ 530, 531 II, BGH NJW **04**, 2152, KG RR **07**, 368 (zweitinstanzliche Abtretung). Dazu zählt nicht die Einrede der Verjährung, wenn man sie schon erstinstanzlich hätte erheben können, Oldb MDR **04**, 292. 10

5) Verfahrensmängel und andere Berufungsgründe, II. Es gibt zwei Prüfgruppen. 11

A. Verfahrensmängel, II 1. Auf einen nicht von Amts wegen beachtbaren Verfahrensfehler prüft das Berufungsgericht das Ersturteil nur dann, wenn die Partei ihn nach § 520 III 2 Z 2 oder nach § 524 III gerügt hat, Saarbr RR **03**, 139, aM Gehrlein NJW **07**, 2834 (stets Amtsprüfung).

B. Andere Berufungsgründe, II 2. Im übrigen, also bei einem von Amts wegen beachtbaren Verfahrensmangel und bei der Prüfung der Anwendung des sachlichen Rechts, prüft das Berufungsgericht frei. 12

Beispiele: Zulässigkeit des Einspruchs gegen ein Versäumnisurteil, BGH NJW **76**, 1940; Unklarheit des Klagantrags nach § 253 II Z 2 Hs 2, BGH **135**, 6; Parteifähigkeit, BGH NJW **04**, 2523; Urteil während einer Verfahrensunterbrechung; Verstoß gegen § 304, BGH NJW **00**, 664; Verstoß gegen § 308 I, BGH RR **89**, 1087; Fehlen des Tatbestands.

530 ***Verspätet vorgebrachte Angriffs- und Verteidigungsmittel.*** **Werden Angriffs- oder Verteidigungsmittel entgegen den §§ 520 und 521 Abs. 2 nicht rechtzeitig vorgebracht, so gilt § 296 Abs. 1 und 4 entsprechend.**

Schrifttum: *Fellner* MDR **04**, 241; *Schneider* NJW **03**, 1434 (je: Üb).

Gliederung

1 **1) Systematik.** Während § 531 die Behandlung erstinstanzlicher und neuer zweitinstanzlicher Angriffs- und Verteidigungsmittel regelt, tut § 530 das mit den gegen die Berufungsbegründung oder -erwiderung verstoßenden derartigen Mitteln.

2 **2) Regelungszweck.** Die Vorschrift dient wie § 531 der Beschleunigung und Konzentration des Berufungsverfahrens, indem sie bestimmt, daß das Berufungsgericht ein verspätetes Vorbringen ohne dessen besondere Zulassung nicht berücksichtigen darf. In dieser Beschränkung liegt kein Verstoß gegen das GG, BGH MDR **05**, 706 rechts. Jedoch gilt der strenge Ausnahmecharakter aller Präklusionsvorschriften, BVerfG NJW **84**, 2203, BGH MDR **05**, 706 rechts. Das Berufungsgericht darf ein Vorbringen zu einer von Amts wegen prüfbaren Prozeßvoraussetzung nicht als verspätet zurückweisen, BGH NJW **04**, 2533.

3 **3) Geltungsbereich.** Die Vorschrift gilt nur eingeschränkt. Sie gilt auch im WEG-Verfahren. Im Verfahren der Arbeitsgerichte ist § 530 nicht entsprechend anwendbar. An seiner Stelle gilt § 67 II ArbGG mit im wesentlichen gleichem Inhalt, LAG Bln NZA **98**, 168. Unberührt bleibt § 523 in Verbindung mit §§ 282, 296 II.

Unanwendbar ist § 530 bei § 522 II, Schneider NJW **03**, 1434.

4 **4) Verspätetes Vorbringen.** Man sollte drei Hauptfragen unterscheiden.

A. Begriff. Beide Parteien dürfen Angriffs- und Verteidigungsmittel nach Einl III 70 nicht zeitlich unbeschränkt in das Berufungsverfahren einführen, §§ 282, 296, 525, BGH NJW **99**, 2446. Das gilt sowohl für die Wiederholung von Vorbringen der ersten Instanz, auch wenn das Erstgericht es zurückgewiesen hatte (vgl § 531 I), als auch für neues Vorbringen. Dieses unterliegt außerdem den Beschränkungen des § 531 II. Darauf, ob es sich um solche Tatsachen handelt, die man schon in ersten Instanz hätte vorbringen können, oder um andere, kommt es nicht schon bei § 530 an, sondern erst beim Verschulden nach § 531 II 1 Z 3, BGH WertpMitt **89**, 278, Wolf ZZP **94**, 314. Keine Partei muß aber eine unbekannte Tatsache ermitteln, BGH NJW **03**, 200.

Neue Anträge gehören als eigene Angriffe und nicht nur Angriffsmittel *nicht* hierher, Einl III 71, ebensowenig Anregungen zu einem solchen Punkt, den das Berufungsgericht von Amts wegen beachten muß, Rn 2, zB zur internationalen Zuständigkeit, oder Ausführungen zum sachlichen Recht. Für die Erweiterung und Änderung der Klage gelten §§ 263, 264, 525. Das sie begründende Vorbringen unterliegt § 530, BAG NJW **07**, 794, Schneider MDR **82**, 627.

Die Angriffs- und Verteidigungsmittel (zB neue Beweisangebote, in erster Instanz entschuldbar unterbliebenes Bestreiten der Zinsforderung, BGH WertpMitt **77**, 172) *müssen vorbringen:* Der Berufungskläger in der Berufungsbegründung, § 520 III Z 4, dort Rn 35, Müller-Rabe NJW **90**, 290, Schneider NJW **03**, 1434, Stöber NJW **05**, 3605; und zwar innerhalb der Begründungsfrist, auch der etwa verlängerten, § 520 II; wenn nach § 521 II eine Frist läuft, der Berufungsbekl und evtl der Berufungskläger, falls ihn erst die Berufungserwiderung zu weiterem Vorbringen veranlaßt, innerhalb dieser Fristen, Stgt NJW **81**, 2581, Schneider NJW **03**, 1434. Der Berufungsbekl darf sich nicht auf Floskeln und allgemeine Bezugnahmen beschränken, BGH WertpMitt **86**, 1509 (auch zu einer Ausnahme). Er muß dabei seine Verteidigungsmittel insoweit vorbringen, als es nach der Prozeßlage einer sorgfältigen und auf Förderung des Verfahrens bedachten Prozeßführung entspricht, §§ 277 I, 521 II, 525, BGH RR **92**, 1214, Karlsr FamRZ **91**, 191.

Das gilt auch für eine *Nebenforderung* zB von Zinsen, BGH WertpMitt **77**, 173. In erster Instanz unberücksichtigt gebliebene Angriffsmittel müssen nur dann ausdrücklich erneut erfolgen, wenn konkrete Anhaltspunkte für eine abweichende Beurteilung durch das Berufungsgericht vorliegen. Ohne einen solchen Anhalt genügt zunächst eine pauschale Verweisung. Das Berufungsgericht muß nach § 139 auf seine abweichende Ansicht hinweisen, BVerfG NJW **78**, 413 (zustm Jekewitz), BGH NJW **82**, 582. Nach dem maßgeblichen Zeitpunkt entstandene oder als wesentlich erkennbar gewordene Angriffs- und Verteidigungsmittel dürfen zeitlich unbegrenzt erfolgen, soweit man dadurch nicht die Prozeßförderungspflicht verletzt, Rn 8, BVerfG NJW **91**, 2276.

Für den *Streithelfer* gelten diese Beschränkungen nicht unmittelbar. Sein Vortrag ist aber dann unbeachtlich, wenn das Berufungsgericht einen solchen Vortrag der Hauptpartei zurückweisen müßte. Daei muß es ein Verschulden nach Rn 5 aus der Person der Hauptpartei beurteilen, Fuhrmann NJW **82**, 978.

5 **B. Zulassung.** Ist danach ein Vorbringen nach §§ 520, 521 II verspätet, gilt § 296 I und IV nach § 525 entsprechend, BGH RR **05**, 669. Das Berufungsgericht darf ein Vorbringen also nur dann zulassen, wenn

nach der freien Überzeugung des Gerichts die Zulassung die Erledigung des Rechtsstreits nicht verzögern würde, BGH MDR **05**, 706, oder wenn die Partei oder ihr ProzBev nach § 85 II die Verspätung genügend entschuldigt, BVerfG **62**, 255, BGH NJW **82**, 581. Für beide Alternativen hat die vom Ausschluß bedrohte Partei die Darlegungs- und Beweislast, Schneider MDR **87**, 900. Man darf die Anforderungen an ihre Bemühungen aber nicht überspannen, BGH MDR **87**, 915. Das Gericht muß vor einer Zurückweisung dem Betroffenen das rechtliche Gehör geben, BVerfG **75**, 183, BGH NJW **84**, 2039, Franke NJW **86**, 3049.

Ob eine *Verzögerung* vorliegt, bestimmt sich allein nach der Prozeßlage zur Zeit des Vorbringens, § 296 Rn 39 ff, BGH **76**, 133. Das Berufungsgericht muß bei einer Nichtzulassung die Verzögerung in den Gründen nachprüfbar feststellen und die Möglichkeit ihrer Vermeidung erörtern, BGH NJW **99**, 585, falls die Verzögerung nicht offensichtlich ist, Rn 6. Die Notwendigkeit einer Vertagung oder gar einer Beweisaufnahme kann reichen, sog absoluter Verzögerungsbegriff, § 296 Rn 40. Eine Aufrechnung verzögert bei ihrer Eignung zur vollständigen Streitbeendigung nicht, BGH RR **04**, 1076. Zum Verfahren bei unvollständigen Beweisangeboten vgl § 356, BVerfG NJW **00**, 946.

Daß eine *genügende Entschuldigung* vorliegt, muß die Partei auf Verlangen des Gerichts glaubhaft machen, § 296 IV, BGH NJW **84**, 2039. Hat das Berufungsgericht Zweifel, darf es nicht zulassen, muß das aber im Urteil darlegen, BGH NJW **99**, 585. Eine hinreichende Entschuldigung liegt zB dann vor, wenn die Tatsachen erst später bekannt wurden oder wenn die Partei nicht erkennen konnte, daß es auf ein bestimmtes Vorbringen ankam, BVerfG **67**, 39, oder wenn sie aus berechtigter Furcht vor unzumutbaren Unannehmlichkeiten zurückhielt, § 296 Rn 52 ff, oder wenn das Erstgericht § 273 nicht beachtet hatte, BGH NJW **99**, 585, Köln VersR **90**, 674. Das Berufungsgericht braucht aber nur im Rahmen des Zumutbaren derart tätig zu werden, BVerfG RR **99**, 1079, BGH NJW **99**, 3272. Dafür ist ein normaler Geschäftsgang maßgeblich, BGH NJW **99**, 3272. Ein zusätzlicher Termin ist nicht einfach zumutbar, BGH NJW **86**, 2257, Celle NJW **89**, 3023, Hamm MDR **86**, 766. Ein umfangreiches Gegenbeweisangebot kann eine Zuordnung nach § 273 unzumutbar machen, BVerrfG MDR **86**, 896, Köln MDR **85**, 772. Ein Einverständnis des Gegners genügt zur Berücksichtigung, Schneider NJW **03**, 1434. Denn § 530 hebelt die Parteiherrschaft nach Grdz 18 vor § 128 nicht aus.

C. Entscheidung über Zulassung. Sie erfolgt im Berufungsurteil, BVerfG NJW **90**, 566, BGH RR **91**, 6
768, Schneider MDR **87**, 900. Dabei muß das Gericht bei der Feststellung einer Verzögerung und des Verschuldens zumindest diejenigen Erkenntnismittel ausschöpfen, die es ohnehin heranziehen müßte und die zu keiner Verzögerung führen, BVerfG NJW **89**, 705. Hierzu gehört stets die Anhörung der Parteien zur Frage der Zurückweisung wegen Verspätung nach §§ 139, 273, Hermisson NJW **85**, 2558. Eine Belehrung über die Folgen der Versäumung ist jedenfalls wegen der ja ohnehin stets vorhandenen anwaltlichen Vertretung nicht erforderlich, BVerfG NJW **87**, 2733. Liegen die Voraussetzungen für eine Zulassung nicht vor, muß das Berufungsgericht ohne ein Ermessen das verspätete Vorbringen zurückweisen, Düss RR **92**, 1239, Stgt NJW **81**, 2581. Es muß die Nichtzulassung unter der Angabe von Tatsachen so begründen, daß das Revisionsgericht ihre gesetzlichen Voraussetzungen nachprüfen kann, BGH NJW **06**, 153. Auch das BVerfG muß nachprüfen können, BVerfG NJW **90**, 2373. Anders liegt es nur, wenn der Prozeßverlauf das Nötige klar ergibt, Rn 5. Eine Zurückweisung verspäteten Vorbringens durch Teilurteil ist unstatthaft, BGH ZIP **93**, 623, aM Deubner NJW **80**, 2355, Mertins DRiZ **85**, 345.

Hat das Berufungsgericht bei der Zurückweisung die Begriffe der Verzögerung oder des Verschuldens 7
verkannt oder jede Prüfung versäumt, liegt ein Verfahrensmangel vor. Eine offenkundig unrichtige Zurückweisung, BVerfG NJW **91**, 2276, oder die Zurückweisung eines solchen Vorbringens, dessen Verspätung klar erkennbar nicht ursächlich für eine Verzögerung ist, verletzt den Anspruch der Partei auf rechtliches Gehör, BVerfG NJW **87**, 2735 (zustm Deubner). Das gilt jedoch dann nicht, wenn die Partei in erster Instanz von der Möglichkeit der Äußerung vorwerfbar keinen Gebrauch gemacht hat, VerfGH Mü NJW **80**, 278. Das Revisionsgericht darf eine Zurückweisung nicht mit einer anderen Begründung aufrechterhalten, BGH NJW **82**, 1708.

Hat das Berufungsgericht ein Vorbringen *zu Unrecht zugelassen,* ist das anders als bei § 532 mit der Revision nicht angreifbar, BVerfG NJW **95**, 2980, BGH NJW **85**, 743, BAG MDR **83**, 1053. Denn das Geschehene zu beseitigen dient weder der Beschleunigung noch der Wahrheitsfindung, Deubner NJW **82**, 1710. Wegen der Kosten bei einer Zurückverweisung § 538 Rn 23.

5) Verletzung der Prozeßförderungspflicht. Auch in der Berufungsinstanz haben die Parteien die vor 8
allem durch §§ 282, 525 bestimmte Prozeßförderungspflicht. Soweit nicht § 530 oder § 531 eingreift, kann das Berufungsgericht bei einer Verletzung dieser Pflicht Angriffs- und Verteidigungsmittel nach seinem pflichtgemäßen Ermessens zurückweisen, BGH NJW **87**, 501, Oldb NJW **87**, 1339, Stgt NJW **81**, 2581. Das gilt, wenn ihre Zulassung nach der freien Überzeugung des Berufungsgerichts die Erledigung des Rechtsstreits verzögern würde oder wenn die Verspätung auf grober Nachlässigkeit beruht (insoweit enger als nach § 521), §§ 296 II, 525, BVerfG NJW **91**, 2276, BGH RR **86**, 1317, Putzo NJW **77**, 7. Für neues Vorbringen gilt insoweit § 531 II, dort Rn 12 ff auch zu den Grenzen der Prozeßförderungspflicht des Siegers erster Instanz. Wegen der Folgen einer verfahrensfehlerhaften Zurückweisung Rn 7.

6) Rechtsmittel. Die Zulassung ist unanfechtbar. Die Nichtzulassung mag auf Revision mangels aus- 9
reichender Begründung nach Rn 6, 7 zur Aufhebung und Zurückverweisung nach § 563 führen.

531 ***Zurückgewiesene und neue Angriffs- und Verteidigungsmittel.*** **[I] Angriffs- und Verteidigungsmittel, die im ersten Rechtszuge zu Recht zurückgewiesen worden sind, bleiben ausgeschlossen.**

[II 1] Neue Angriffs- und Verteidigungsmittel sind nur zuzulassen, wenn sie

1. einen Gesichtspunkt betreffen, der vom Gericht des ersten Rechtszuges erkennbar übersehen oder für unerheblich gehalten worden ist,

2. infolge eines Verfahrensmangels im ersten Rechtszug nicht geltend gemacht wurden oder
3. im ersten Rechtszug nicht geltend gemacht worden sind, ohne dass dies auf einer Nachlässigkeit der Partei beruht.

²Das Berufungsgericht kann die Glaubhaftmachung der Tatsachen verlangen, aus denen sich die Zulässigkeit der neuen Angriffs- und Verteidigungsmittel ergibt.

Schrifttum: *Crückeberg* MDR **03**, 10; *Geisler* AnwBl **06**, 609; *Rimmelspacher* NJW **02**, 1903; *Schenkel* MDR **05**, 726; *Würfel* MDR **03**, 1212; (je: Üb).

Gliederung

1 **1) Systematik, I, II.** Es handelt sich um eine der wichtigsten Spezialvorschriften des Berufungsrechts. Sie hat nach § 525 den Vorrang vor § 296. Sie verdrängt die letztere Vorschrift aber nicht völlig. Die Vorschrift ist verfassungsmäßig, auch II, BVerfG NJW **05**, 1768, Köln OLGR **05**, 250, aM Schneider NJW **03**, 187.

2 **2) Regelungszweck, I, II.** Die Berufungsinstanz ist keine volle zweite Tatsacheninstanz. Das kommt vor allem in II klar zum Ausdruck. Insofern darf und muß man harte Anforderungen an die Zulässigkeit neuen Vorbringens stellen. Andererseits steht das Berufungsgericht unter einer zwar begrenzten, aber doch auch scharfen Kontrolle seines Verfahrens durch das Revisionsgericht. Daher darf man die Anforderungen an die Zulassung neuen Vortrags auch nicht überspannen. Es mag sogar nur ein ganz neuer Vortrag zulässig sein, BGH WoM **07**, 284. Beide Aspekte brauchen eine behutsame Abwägung. Auch das ergibt sich aus der Rechtsprechung zu dieser nicht einfach konstruierten Regelung zwecks Beachtung aller Elemente der Rechtsidee nach § 296 Rn 2.

3 **3) Geltungsbereich, I, II.** Die Vorschrift gilt grundsätzlich in allen Berufungsverfahren nach der ZPO und den auf sie verweisenden Gesetzen. Im Eilverfahren sollte man § 531 nur zurückhaltend anwenden, Hamm VersR **08**, 1118. Sie gilt auch im WEG-Verfahren, auch im Eilverfahren, Stürner IPRax **04**, 513, und in einer Baulandsache, BGH **161**, 33. Im Verfahren der Arbeitsgerichte gilt § 67 ArbGG, BAG NJW **05**, 1454. Wegen II vgl Rn 10.

4 **4) Erstinstanzlich zu Recht zurückgewiesene Angriffs- und Verteidigungsmittel, I.** Sie bleiben in der zweiten Instanz unstatthaft, BGH NJW **81**, 1218. Das gilt auch nach einer Aufhebung und Zurückverweisung, Grunsky JZ **77**, 206. Auf eine Verzögerung im Berufungsrechtszug kommt es nicht an, BGH NJW **06**, 1741, Roth JZ **06**, 9. Ein Wechsel der Begründung der Zurückweisung ist unzulässig, BGH VersR **06**, 813. Das gilt unabhängig davon, ob das Erstgericht ein Ermessen hatte oder nicht, BGH NJW **06**, 1741. Darin liegt kein Verstoß gegen Art 3 oder Art 103 I GG. Denn diese Abweichung bezieht auf dem sachgerechten Streben des Gesetzes, die Maßnahmen zur Konzentration und Beschleunigung des Verfahrens in der ersten Instanz wirksam zu machen, und es ist ja auch eine verfassungsgemäße Handhabung möglich, BVerfG **69**, 145, BGH NJW **80**, 945 und 1102. Allerdings erreicht I seinen Zweck nicht immer. Seine scharfe Sanktion verführt dazu, ein in der ersten Instanz von der Zurückweisung bedrohtes Vorbringen dadurch zu retten, daß die Partei Auswege sucht, zB durch ihre Flucht in die Säumnis, die Berufung oder die Widerklage, Hermisson NJW **83**, 2233, Mertins DRiZ **85**, 344, Prütting ZZP **98**, 131. Man muß diese Auswirkung jedoch bis zu der wünschenswerten Berichtigung durch den Gesetzgeber hinnehmen, zumal das Aufsparen des Vorbringens für die Berufung wegen I und II ein beträchtliches Risiko bedeuten kann, Deubner JuS **82**, 174, Hermisson NJW **83**, 2234.

5 **A. Angriffs- und Verteidigungsmittel erster Instanz.** Es geht um die Vorgänge Einl III 70, 71. Dazu gehört auch die Beanstandung eines Gutachtens, KG MDR **07**, 49 links oben. Der Ausschluß nach I gilt auch (jetzt) bei der EuGVVO, aM Köln NJW **88**, 2182. Er gilt aber überall nur für ein solches Vorbringen, das das Erstgericht zumindest im Ergebnis zu Recht nach § 296 II zurückgewiesen oder nach § 296 I oder III nicht zugelassen hatte, Rn 4, BGH MDR **06**, 1306, BAG NJW **05**, 1452, Hamm NJW **03**, 2323.

Er gilt *nicht für andere Fälle* der Nichtberücksichtigung eines Vortrags, also zB nicht beim Verstoß des Erstgerichts gegen § 139, Stöber NJW **05**, 3605, und nicht für die Nichtzulassung nach § 296a, BGH NJW **79**, 2109, Köln OLGR **04**, 60, für das Unterbleiben einer Zeugenvernehmung wegen der Nichtzahlung des Auslagenvorschusses, BVerfG NJW **85**, 1150, BGH NJW **82**, 2559, für die Nichtberücksichtigung wegen einer Unschlüssigkeit, BGH NJW **85**, 1543, oder für die Versäumung der Frist des § 128, Kramer NJW **78**, 1411. Hat das Erstgericht einzelne Beweisangebote zurückgewiesen, gilt I nur für diese, während das Berufungsgericht die in der Berufungsinstanz angebotenen weiteren Beweise nach II beurteilen muß, BGH NJW **89**, 716 (zustm Deubner). Unanwendbar ist I, wenn das Erstgericht ein verspätetes Vorbringen zugelassen hatte, mag das auch zu Unrecht geschehen sein, BVerfG NJW **95**, 2980, BGH NJW **90**, 1304, oder mag es mangels Substantiierung erfolglos geblieben sein, Köln NJW **80**, 2361. Eine entsprechende Anwendung auf solches neues Vorbringen, das das Erstgericht wegen Verspätung hätte zurückweisen müssen, ist selbst dann unstatthaft, wenn die Partei dieses Vorbringen bewußt zurückgehalten hat, BGH NJW **81**, 1218, LG Freibg NJW **80**, 295, aM Ffm MDR **80**, 943, Wolf ZZP **94**, 318 ff. Unanwendbar ist I auch, soweit in der ersten Instanz nach dem Verhandlungsschluß nach § 296 a ein Schriftsatz einging, den das Gericht nicht erlaubt hatte und den es als unbeachtlich angesehen und nicht förmlich zurückgewiesen hat, Köln GRUR-RR **06**, 206.

Nicht jedes zu Recht zurückgewiesene oder nicht zugelassene Angriffs- und Verteidigungsmittel bleibt in der zweiten Instanz ausgeschlossen. Überhaupt nicht unter I fällt ein Ausschluß mit einem Beweismittel nach § 356, Karlsr RR **94**, 512, oder das Vorbringen zu solchen weiteren Umständen, die das Berufungsgericht von Amts wegen prüfen darf oder muß, § 559 Rn 7, etwa zu einem Gutachten in den Grenzen von § 259 oder bei einer Auskunft, ZöGuHeß 13. Darüber hinaus muß man I einschränkend auslegen, Wolf ZZP **94**, 325.

Der Ausschluß gilt nicht für ein solches Vorbringen, das in der zweiten Instanz offenkundig oder neu oder *unstreitig* wird und auch nicht trotzdem verzögernd wirkt und daher auch keine Beweisaufnahme zur Folge hat, BVerfG **55**, 84, BGH NJW **06**, 141, Saarbr MDR **06**, 228, aM BGH MDR **05**, 527, Ffm OLGR **05**, 588, Oldb NJW **02**, 3557, oder das die Partei durch präsente Urkunden beweisen kann, § 559 Rn 11, Dengler NJW **80**, 163. Der Ausschluß gilt ferner dann nicht für Vorbringen, wenn Wiederaufnahmegründe vorliegen, und auch nicht für ein solches Vorbringen, dessen Wiederholung ein neuer Sach- und Streitstand bedingt, Wolf ZZP **94**, 326. Daher darf man ein zurückgewiesenes Vorbringen gegenüber einem erstmals verfolgten Hilfsanspruch wiederholen, Ffm MDR **83**, 235. Statthaft ist ein zugelassener, aber als nicht ausreichend substantiiert beurteilter Vortrag, Köln JMBlNRW **80**, 232. Die Auffassung, daß der Gegner die Einlassung auf ein wiederholtes Vorbringen nicht verweigern dürfe und daß das Gericht bei wahrheitswidrigem Bestreiten Beweis erheben müsse, ist dagegen mit I schwerlich vereinbar. Dasselbe dürfte für den Vorschlag gelten, seine Auswirkungen dadurch zu mildern, daß in erster Instanz Vorbringen auf Probe oder unter einem Vorbehalt der Zulassung durch das Gericht möglich sei, Deubner NJW **78**, 355, aM Lüke JuS **81**, 506. Kein Anschluß gilt ferner zB in der 2. oder 3. Stufe einer Stufenklage nach § 254, soweit das Erstgericht nur zur 1. Stufe entschieden hatte, Karlsr MDR **85**, 239.

Zwar sind die Grundsätze der Konzentration und der Beschleunigung *kein Selbstzweck,* sondern sie dienen den Interessen der Parteien. Dennoch fordert die Rechtssicherheit nach Einl III 43, ein an sich zu Recht zurückgewiesenes Vorbringen selbst auf übereinstimmende Bitten beider Parteien in der zweiten Instanz nicht zuzulassen, Kühnemund KTS **99**, 47, Lange DRiZ **80**, 413, aM Bettermann ZZP **91**, 383, Schneider MDR **89**, 676, ZöGu 35.

B. Berechtigung früherer Zurückweisung, dazu *Fellner* MDR **04**, 241 (Üb): Sie liegt dann vor, wenn 6
das Erstgericht § 296 aus der späteren Sicht des Berufungsgerichts zutreffend angewendet hat, Mü RR **97**, 944. Dabei ist § 85 II wie sonst anwendbar, BGH NJW **75**, 1656. Das Berufungsgericht muß die Entscheidung darüber vollen Umfangs von seinem Standpunkt und Blickwinkel aus nachprüfen, zB ob das Erstgericht die Frist des § 276 wirksam gesetzt hatte, BGH VersR **83**, 33 LAG Hamm MDR **82**, 612, oder ob es mit Recht eine Verzögerung angenommen hatte, BGH NJW **85**, 1543, BAG NJW **89**, 2214, LG Münst MDR **90**, 1021 (zu § 283). Das Berufungsgericht muß prüfen, ob das Erstgericht keinen auch nur mitursächlichen Verfahrensfehler begangen hat, BVerfG NJW **89**, 706, zB, Oldb NJW **80**, 295, ob es die Verzögerung durch vorbereitende Maßnahmen hätte abwenden dürfen und müssen, BGH NJW **87**, 499 (zu § 273), ob es das Vorbringen im frühen ersten Termin zurückweisen durfte, BGH NJW **87**, 500, Düss NJW **95**, 2173, Hamm RR **95**, 958 (zu § 275), ob für den Haupttermin zu wenig Zeit zur Verfügung stand, BVerfG NJW **92**, 299. Das Berufungsgericht muß ferner prüfen, ob das Erstgericht eine selbstgesetzte Frist nicht eingehalten hatte, LG Münst MDR **90**, 1021, oder ob es den Vorwurf der groben Nachlässigkeit nach § 296 II mit Recht bejaht hatte, BGH NJW **97**, 2245, etwa weil er sich nach dem jetzigen Sachverhalt als gerechtfertigt erweist, BGH NJW **86**, 134, ob das Erstggericht bei § 356 richtig vorgegangen ist, BGH NJW **89**, 227, oder ob ein Vortrag streitig blieb, BGH **76**, 133. Unterläßt das Berufungsgericht die Prüfung, weil es die Frage für unerheblich hält, prüft das Revisionsgericht die Rechtmäßigkeit der Zurückweisung, BGH NJW **85**, 1558.

Unbeachtlich ist die Zurückweisung durch das Erstgericht wegen Art 103 I GG, wenn man nicht ausschließen kann, daß die Verspätung nach § 296 I auf einem gerichtlichen Fehlverhalten beruhte, BGH NJW **91**, 2773, etwa auf einer Vernachlässigung der richterlichen Fürsorgepflicht, BVerfG NJW **87**, 2003, Deubner NJW **87**, 1585. Das gilt auch nach dem fehlerhaften erstinstanzlichen Hinweis, weiterer Vortrag sei nicht erforderlich, BGH MDR **05**, 161. Es gilt ferner dann, wenn in zweiter Instanz feststeht, daß es bei einer Vermeidung des Fehlers zur Zurückweisung nach § 296 I kommen mußte, LG Münst MDR **90**, 1021, Hensen NJW **84**, 1672, aM KG NJW **83**, 580. Hatte das Erstgericht seine Zurückweisung zu Unrecht auf eine Vorschrift gestützt, darf das Berufungsgericht sie nicht auf eine andere stützen, BGH NJW **92**, 1965. Es darf und muß evtl nach § 538 II Z 1 zurückverweisen.

Maßgeblich für die Nachprüfung ist die *objektive Lage* zur Zeit des Ersturteils, Hensen NJW **84**, 1672. 7
Daher ist ein danach rechtmäßig zurückgewiesenes Vorbringen auch jetzt unstatthaft, Grunsky JZ **77**, 206 (wegen der Einschränkungen Rn 26). Auf die Kenntnis des Erstgerichts kommt es demgemäß nicht an, BGH RR **92**, 123, Schneider MDR **78**, 969, Weil JR **78**, 493, aM LG Paderb NJW **78**, 381. Ebensowenig kommt es darauf an, ob die Partei in der zweiten Instanz die ausreichende Entschuldigung nachholt, Ffm NJW **79**, 375, oder ob ein maßgeblicher Umstand gegen die Zurückweisung erst nach dem Erlaß des Ersturteils zutage trat, BGH NJW **87**, 499. Jedoch muß man I wegen Art 103 I GG verfassungskonform dahin auslegen, daß eine in erster Instanz schuldlos unterlassene Entschuldigung in der Berufungsinstanz beachtbar wird, wenn sie dort erfolgt, BVerfG NJW **87**, 2003, krit Schmidt-Aßmann DÖV **87**, 1037.

Die rechtmäßige Zurückweisung eines Vorbringens der Hauptpartei schließt auch den *Streithelfer* mit diesem Vorbringen in zweiter Instanz aus, Fuhrmann NJW **82**, 979. Zur Insolvenzanfechtung der Präklusion nach § 129 InsO Kühnemund KTS **99**, 45.

C. Ergebnis. Je nach dem Ergebnis dieser Nachprüfung gilt wegen des zurückgewiesenen oder nicht 8
zugelassenen Vorbringens: Auch das Berufungsgericht muß § 139 beachten, selbst bei § 522 II, BVerfG **92**, 1268, BGH NJW **81**, 1378, Oldb NJW **02**, 271. Hatte das Erstgericht es zu Recht zurückgewiesen und liegt

keiner der Ausnahmefälle nach Rn 5 vor, bleibt es für die zweite Instanz unstatthaft. Dann darf das Berufungsgericht hierzu einen Zeugen auch dann nicht vernehmen, wenn es ihn zu einem neuem Vorbringen hören muß, BGH NJW **80**, 1102, Schneider MDR **80**, 488, aM Hamm MDR **79**, 148. Der Ausschluß gilt ferner mit einer Wirkung für das Revisionsverfahren, wenn das Berufungsgericht die Rechtmäßigkeit der Zurückweisung nicht geprüft hat, weil es die Frage für unerheblich hielt, BGH NJW **85**, 1558. Hat das Erstgericht das Vorbringen zu Unrecht nicht berücksichtigt, muß das Berufungsgericht es zulassen, selbst wenn das zu einer Verzögerung führt. Hat das Erstgericht das Vorbringen nach § 296 I zu Unrecht zurückgewiesen, darf das Berufungsgericht die Zurückweisung nicht auf § 296 II gestützt nachholen, BGH NJW **81**, 2255 (insoweit zustm Deubner). Läßt sich nicht klären, ob das Erstgericht ein Vorbringen zu Recht zurückgewiesen hatte, muß das Berufungsgericht es zulassen (keine Beweislast der Partei, Schneider MDR **87**, 901). Hat das Erstgericht ein Vorbringen zu Unrecht zugelassen, bleibt es zulässig, weil die Zulassung unanfechtbar ist, BGH NJW **81**, 928 (zustm Deubner), LG Freibg NJW **80**, 295, Putzo NJW **77**, 8. Ein vom Erstgericht rechtmäßig zurückgewiesenes Vorbringen wird beachtbar, soweit es zweitinstanzlich unstreitig geworden ist, BGH **76**, 141, Scheider NJW **03**, 1434.

9 Die Entscheidung über die Zulassung gehört in das *Berufungsurteil.* Sie unterliegt der Nachprüfung des Revisionsgerichts. Ein darauf beschränktes Teilurteil ist unzulässig, BGH NJW **81**, 1217, krit Deubner NJW **80**, 2355, Mertins DRiZ **85**, 345.

10 **5) Neue Angriffs- und Verteidigungsmittel, II,** dazu *Geisler* AnwBl **06**, 609, *Schenkel* MDR **04**, 790, Schmidt NJW **07**, 1172 (je: Üb): Ausgangspunkt sind die Begriffe in Einl III 70, § 282 Rn 4, § 296 Rn 28, Hamm MDR **06**, 695. § 531 verfolgt ebenso wie § 529 das Ziel, das Berufungsgericht an die fehlerfrei gewonnenen Erkenntnisse des Erstgerichts zu binden und neue Angriffs- und Verteidigungsmittel nur zuzulassen, soweit besondere Gründe es rechtfertigen. Die Vorschrift gilt für jeden Streitgegenstand nach § 2 Rn 4 gesondert, BGH WertpMitt **97**, 2353. Sie gilt auch grundsätzlich bei jedem angegriffenen selbständigen Teil des Streitgegenstands, BGH RR **00**, 1015. Eine Ausnahme kann bei einem einheitlichen Rechtsgrund vorliegen, BGH NJW **01**, 2466. Die Vorschrift gilt ferner für einen Nebenanspruch oder Hilfsanspruch, BGH FamRZ **95**, 138. Sie gilt auch nach einer Zurückverweisung gemäß § 538, BGH NJW **04**, 2383 (streng), und in Verfahren nach §§ 217 ff BauGB, § 221 II BauGB, BGH NJW **05**, 900.

Die Regelung *gilt* wegen des dort geltenden Untersuchungsgrundsatzes *nicht* in Verfahren nach dem BEG, Weiß RzW **78**, 41, ferner nicht im Patentnichtigkeitsverfahren, BGH GRUR **08**, 91.

11 **A. Angriffs- und Verteidigungsmittel.** Vgl zunächst wiederum Einl III 70, 71. Hierher gehören entscheidungserhebliche Angaben, BGH NJW **04**, 2153, zB Behauptungen, Bestreiten, Kblz RR **07**, 1623, Köln ZIP **85**, 436, und ergänzende Angaben ohne eine Klagänderung, Schneider MDR **82**, 627, Einwendungen wie die Aufrechnung, BGH **91**, 303 (zur Zulassung einer neuen Aufrechnung des Bekl vgl aber § 533 II), ein Zurückbehaltungsrecht, Düss VersR **05**, 1737, Einreden, Beweisanträge und Beweiseinreden, § 282 I, die Verjährungseinrede, BGH MDR **06**, 767, Celle RR **06**, 1531, Karlsr NJW **08**, 928, aM BGH GRUR **06**, 401, auch der Vorbehalt beschränkter Erbenhaftung nach § 780, Düss FamRZ **04**, 1222, Hamm MDR **06**, 695, oder die Erfüllung von Mitwirkungsobliegenheiten, zB die Gestattung des Zutritts bei einer Ortsbesichtigung, Mü NJW **84**, 807, oder die Entbindung von der Schweigepflicht, BayVerfGH AS **37**, 176.

Nicht hierher gehört aber der Angriff selbst, nämlich die Klage, die Berufungsanträge auch dann, wenn sie die notwendige Aufgliederung des Klagantrags nachholen, BGH NJW **97**, 870, die Anschlußberufungsanträge, eine Klagerweiterung, BGH NJW **86**, 2257, oder -beschränkung, eine Klagänderung, Ffm RR **88**, 1536, und daher auch ein Parteiwechsel, § 263 Rn 9 ff, die Widerklage, BGH RR **91**, 1279, mit der Folge, daß das Berufungsgericht die zu ihrer Rechtfertigung vorgetragenen Angriffs- und Verteidigungsmittel nicht zurückweisen darf. Zum Fall einer „Flucht in die Widerklage" krit Gounalakis MDR **97**, 216. Rechtsausführungen sind keine Angriffs- oder Verteidigungsmittel. Dasselbe gilt von einer in erster Instanz nicht ausdrücklich erwähnten von Amts wegen prüfbaren Anspruchsgrundlage, BGH RR **03**, 1322. Nicht hierher gehört ferner die sachlichrechtliche Anspruchsfälligkeit, BGH VersR **07**, 500.

12 **B. Neuheit.** Ein Angriffs- und Verteidigungsmittel ist nur dann neu, wenn die Partei es nach dem Tatbestand des Ersturteils oder nach dem Schlußprotokoll in der ersten Instanz bis zum Schluß der mündlichen Verhandlung nach §§ 136 IV, 296 a oder dem ihr nach § 128 II 2 gleichstehenden Zeitpunkt nach §§ 128, 283 nicht vorbringen konnte, BGH NJW **08**, 294, Karlsr WoM **06**, 460, oder jedenfalls nicht vorgebracht hat, BGH RR **08**, 1188, LG Mü WoM **06**, 91. Hierher zählt zB erstmalig eine Hilfsaufrechnung oder die Verjährungseinrede, BGH WRP **06**, 483, Karlsr MDR **05**, 412, Noethen MDR **06**, 1027, aM Meller-Hannich NJW **06**, 3388 (aber sie kann keine Sonderrolle spielen), oder eine Anfechtung wegen einer Täuschung, BAG MDR **84**, 347, oder das jetzige Bestreiten eines in erster Instanz noch nicht bestrittenen Vorbringens, Köln ZIP **85**, 436, Oldb VersR **08**, 125. Das gilt dann, wenn die Partei es vorgebracht, aber später fallengelassen hat, BGH NJW **98**, 2977, Michalski NJW **91**, 2070. Es gilt ferner dann, wenn die Partei es im ersten Rechtszug verspätet vorgebracht hat, BGH NJW **82**, 2559, aM ZöGuHeß 4. Neu ist auch die bisher fehlende Substantiierung, BGH NJW **06**, 153, KG MDR **07**, 211, Rixecker NJW **84**, 2136, etwa nach der erstinstanzlich bloßen Angabe „Zeuge N. N.", § 356 Rn 4, oder bei einer vorher erklärten Aufrechnung, BGH **91**, 303, Hamm NJW **03**, 2323, oder die Benennung eines erstinstanzlichen gegnerischen Zeugen erst jetzt als des eigenes, Hamm MDR **03**, 892.

Dagegen ist die *nähere Darlegung* eines schon in erster Instanz eingeführten Vorbringens *nicht* „neu" nach II, BGH NJW **07**, 1532 links. Damals reichte zB eine Rechnung für den Leistungsumfang, BGH RR **07**, 1170.

13 **C. Zulassung.** Neues Vorbringen braucht eine Zulassung nach II. Diese Beschränkung setzt einen Verstoß gegen die Prozeßförderungspflicht voraus, BVerfG NJW **84**, 2203. Daher gilt sie nicht für eine solche Tatsache, die erst nach dem Schluß der letzten mündlichen Verhandlung erster Instanz nach §§ 136 IV, 296 a entstanden ist, BGH MDR **06**, 210, Celle RR **04**, 1041, Saarbr OLGR **03**, 249, aM Brdb OLGR **05**, 21. Es gilt auch nicht für ein solches Vorbringen, das erst das Ersturteil veranlaßt hat, BGH NJW **83**, 999 (zustm Deubner), oder durch einen neuen Vortrag der Gegenpartei oder durch einen zulässigen eigenen neuen Angriff nach Rn 11, BGH NJW **86**, 2257, Wolf ZZP **94**, 317, Würfel MDR **03**, 1214.

Freilich darf man auch nicht einen Gegenbeweis vermeidbar zurückhalten, Kblz AnwBl **90**, 216, Saarbr OLGR **02**, 109. Eine Zurückverweisung unterbleibt, wenn die Partei nach den Grundsätzen einer sorgfältigen und auf eine Förderung des Verfahrens bedachten Prozeßführung keine Veranlassung hatte, schon früher von der prozessualen Bedeutung des späteren Vorbringens auszugehen, BVerfG NJW **84**, 2203, BGH NJW **04**, 2152.

Neues Vorbringen ist ferner erlaubt, soweit es *unstreitig* ist und daher keine Beweisaufnahme erfordert, Rn 5. Das gilt auch bei Verjährungsfragen, BGH NJW **08**, 1313, Noethen MDR **06**, 1027, strenger Schenkel MDR **05**, 728 (nur, wenn erstinstanzlich rechtzeitig. Aber man darf nicht allzu streng sein). Ein neues Vorbringen ist auch dann zulässig, wenn man dadurch einen Folgeprozeß vermeiden kann und wenn das Erstgericht zu den tatsächlichen Voraussetzungen bereits Beweis erhoben hat, Saarbr MDR **04**, 412, oder wenn keine Verzögerung eintritt, Hbg RR **06**, 479.

6) Voraussetzungen im einzelnen, II 1. Das Berufungsgericht darf das Vorbringen unabhängig von einer daraus folgenden Verzögerung zulassen, aber aus der Sicht des Berufungsgerichts nur unter der einen oder der anderen der folgenden Voraussetzungen, BGH WoM **07**, 284. Sie müssen im Entscheidungszeitpunkt feststehen, Schneider JB **75**, 293. **14**

A. Erkennbar übersehen oder für unerheblich gehalten, II 1 Z 1. Der Vortrag muß einen solchen Gesichtspunkt betreffen, den das Erstgericht erkennbar übersehen oder für unerheblich gehalten hat, BGH FamRZ **05**, 195 rechts oben, Hamm RR **06**, 1191, KG MDR **08**, 588. Das muß für das Ersturteil zumindest mitursächlich gewesen sein, BGH MDR **05**, 206. Dann muß das Berufungsgericht den Parteien die Gelegenheit geben, sich auf eine gegenüber dem Ersturteil abweichende rechtliche Beurteilung durch das Berufungsgericht einzustellen und deshalb neue Angriffs- und Verteidigungsmittel vorbringen zu können, BGH FamRZ **07**, 810 links oben.

B. Verfahrensmangel, II 1 Z 2. Das Berufungsgericht muß ein neues Vorbringen ferner dann zulassen, wenn die Partei es infolge eines Verfahrensmangels des Erstgerichts dort nicht geltendmachen konnte. Hat das Erstgericht die Partei durch eine fehlerhafte Prozeßleitung veranlaßt, von einem bestimmten Vorbringen abzusehen, oder sind nach § 139 erforderliche Hinweise unterblieben, ist es notwendig, der Partei zu einem neuen Vorbringen eine Gelegenheit zu geben, BGH RR **08**, 624 links, Saarbr RR **07**, 683, Stöber NJW **05**, 3601. Das gilt auch nach einem irreführenden Hinweis des Erstgerichts, BGH RR **05**, 213. **15**

C. Keine Nachlässigkeit, II 1 Z 3. Die Vorschrift ist verfassungsgemäß, BVerfG NJW **05**, 1769. Das Berufungsgericht muß ein neues Vorbringen ferner dann zulassen, wenn es ohne eine Nachlässigkeit der Partei erstinstanzlich unterblieb, BGH NJW **07**, 1360 links oben, Celle RR **04**, 1040. Das mag zB dann gelten, wenn die Partei nach der Rechtsansicht des Erstgerichts keine Veranlassung zu einem weiteren Vortrag hatte, BGH RR **07**, 1034 links und 1613 (zum alten Recht). II 1 Z 3 gilt auch beim einstweiligen Rechtsschutz und in einem internationalen Streit, Hbg IPRax **04**, 527, Staudinger IPRax **04**, 510, Stürner IPRax **04**, 513 (evtl geringere Anforderungen). Die Zulassung ist immer dann nötig, wenn das Angriffs- oder Verteidigungsmittel erst nach dem Schluß der mündlichen Verhandlung erster Instanz entstanden ist, Rn 13. Im übrigen muß man darauf abstellen, ob der Partei das neue Angriffs- oder Verteidigungsmittel bis zum Schluß der erstinstanzlichen mündlichen Verhandlung oder bis zum Ende des schriftlichen Verfahrens hätte bekannt sein müssen, BGH NJW **07**, 1360 links oben, oder gar gewesen ist, KG VersR **08**, 1233, LG Hbg RR **05**, 544. Die Unterlassung eines Hinweises nach § 139 ist unschädlich, wenn er gar nicht notwendig war, Hamm RR **03**, 526. **16**

Maßstab ist ebenso wie nach §§ 282, 295 die *einfache Fahrlässigkeit,* Mü NZM **07**, 183. Dabei darf das Berufungsgericht die Anforderungen insbesondere bei einer erstinstanzlich anwaltlich nicht vertreten gewesenen Partei nicht überspannt, BGH NJW **06**, 153. Eine Verzögerung des Privatgutachtens mag ohne ein Verschulden der Partei eingetreten sein, BGH VersR **90**, 732, etwa nach einer erstinstanzlichen Unstreitigkeit, BGH RR **07**, 1253. War ein Vorbringen erfolgt, ist Z 3 unanwendbar, KG VersR **06**, 661. Andererseits muß man aber bedenken, daß die Partei den entscheidungserheblichen Sach- und Streitstoff grundsätzlich schon in erster Instanz vollständig dem Gericht unterbreiten soll. Eine bloße erst jetzt einsetzende „nochmalige Erinnerung" reicht nicht, Kblz NJW **04**, 864, erst recht nicht die Nichtbeachtung von § 138 oder eines Hinweises nach § 139, KG NJW **77**, 395, oder ein Verstoß bei einem Augenscheins des Gerichts, Mü NJW **84**, 807. Ebensowenig reicht eine mehrmonatige Strafhaft, KG NZM **06**, 377, oder eine vorwerfbar erst jetzt erfolgende Benennung eines Zeugen, BGH VersR **07**, 373, Hamm MDR **03**, 892, LG Schwerin RR **03**, 1292, oder eine erst jetzt erfolgende Rüge gegenüber einem längst vorhandenen Gutachten, Saarbr RR **03**, 139. Der Berufungsführer muß einen zugehörigen Sachvortrag liefern, BGH NJW **07**, 2626. Er muß darlegen, daß und weshalb er eine Tatsache nicht früher erkennen konnte, KG MDR **03**, 471, Zweibr RR **07**, 1233. Er muß nach dem Fortfall des Hindernisses unverzüglich vorgetragen haben, LG Kblz NJW **82**, 289. Er darf nicht zu sehr taktiert haben, §§ 282 Rn 8, Karlsr MDR **05**, 92, Schlesw OLGR **05**, 8, Schneider MDR **77**, 794. Eine „Flucht in die Säumnis" kann unschädlich sein, § 342 Rn 4. Sie ist aber jedenfalls nicht notwendig, Köln RR **90**, 1341. Ein Einigungsversuch kann unschädlich sein, BGH MDR **91**, 523.

7) Glaubhaftmachung, II 2. Das Berufungsgericht kann von der in Betracht kommenden Partei nach § 294 die Glaubhaftmachung derjenigen Tatsachen verlangen, aus denen sich die Zulassung des neuen Vorbringens ergibt. Auf diese Weise kann es schon frühzeitig prüfen, ob die Partei das neue Vorbringen zulässigerweise in das Verfahren einführen kann. Erfolgen gegen das Urteil lediglich neue Angriffs- und Verteidigungsmittel und mißlingt die Glaubhaftmachung, muß das Berufungsgericht die Berufung unter den weiteren Voraussetzungen des § 522 II im Beschlußweg zurückweisen. **17**

8) Entscheidung, I, II. Vgl § 530. Dort auch Näheres zu der Hinweispflicht des Gerichts und zu den Folgen einer verfahrensfehlerhaften Zurückweisung. Die Nichtzulassung ist bei II 1 Z 3 unstatthaft, wenn das Verschulden auch auf einer Verletzung der richterlichen Fürsorgepflicht beruht, BVerfG NJW **87**, 2003. Das Berufungsgericht muß ein Verschulden in den Gründen nachprüfbar festgestellen, BVerfG NJW **92**, 2556, BGH RR **91**, 701 und 768, VerfGH Mü FamRZ **92**, 460. Ein Verstoß gegen II ist auch dann ein **18**

solcher gegen Art 103 I GG, wenn das Gericht nicht vor der Entscheidung das Gehör gab, BGH NJW **05**, 2624.

19 **9) Rechtsmittel, I, II.** Hat das Berufungsgericht ein Vorbringen entgegen II zugelassen, kann man die Revision hierauf nicht stützen, BGH (11. ZS) NJW **07**, 3128, aM BGH NJW **97**, 397, Schneider MDR **85**, 289. Wohl aber darf das Revisionsgericht die Verweigerung der Zulassung überprüfen, BGH NJW **04**, 2830. Bei einer unbeachtigten Zurückweisung eines neuen Vortrags durch ein nicht rechtsmittelfähiges Urteil kommt evtl eine Verfassungsbeschwerde infrage, Art 103 I GG, BVerfG NJW **87**, 2733, auch evtl wegen Art 3 I GG, BVerfG NJW **80**, 1737. Das gilt aber nicht bei einem Verstoß gegen einfaches Recht, VerfGH Mü NJW **80**, 278.

532 *Rügen der Unzulässigkeit der Klage.*

[1] Verzichtbare Rügen, die die Zulässigkeit der Klage betreffen und die entgegen den §§ 520 und 521 Abs. 2 nicht rechtzeitig vorgebracht werden, sind nur zuzulassen, wenn die Partei die Verspätung genügend entschuldigt. [2] Dasselbe gilt für verzichtbare neue Rügen, die die Zulässigkeit der Klage betreffen, wenn die Partei sie im ersten Rechtszug hätte vorbringen können. [3] Der Entschuldigungsgrund ist auf Verlangen des Gerichts glaubhaft zu machen.

1 **1) Systematik, Regelungszweck, S 1–3.** Es handelt sich um eine gegenüber § 296 Rn 71 vorrangige, der Sache nach aber gleichartige Regelung aus denselben Erwägungen wie bei § 296 Rn 2, dort auch zu den ratsamen Auslegungswegen. Der Bekl soll sich nicht eine verzichtbare Rüge ganz für die zweite Instanz aufsparen, Ffm MDR **82**, 329.

2 **2) Geltungsbereich, S 1–3.** Die Vorschrift gilt in jedem Verfahren nach der ZPO oder einem der auf sie verweisenden Gesetze. Sie gilt auch im WEG-Verfahren. Die früher in § 529 III aF enthaltene Sonderbestimmung ist als eine Folgeänderung zu § 513 II entfallen. Danach hat der Gesetzgeber die Frage, ob es sich um eine Familiensache handelt, als eine Frage der Zuständigkeit angesehen, für die § 513 II gilt, § 545 II für das Revisionsverfahren. Vgl auch § 64 VI ArbGG.

3 **3) Verzichtbare Rüge der Unzulässigkeit der Klage, S 1–3.** Bei dieser Art Rüge nach § 296 III handelt es sich um Tatsachenbehauptungen und Beweismittel des Bekl gegen die Zulässigkeit der Klage, § 282 Rn 17 ff. Die Einrede der nicht eingehaltenen Schlichtungsabrede fällt nicht darunter, § 282 Rn 21, ZöGuHeß 2, aM Oldb MDR **87**, 414. Vorbringen des Klägers zur Rechtfertigung der Zulässigkeit fällt unter § 531 II, aM Schröder ZZP **91**, 310 (aber die scharfe Sanktion in S 1 zielt darauf ab, eine Prüfung der Zulässigkeit abzuschneiden, wenn das Gericht bereits sachlich entschieden hat). Soweit es sich um nach § 295 Rn 16 unverzichtbare von Amts wegen beachtbare Zulässigkeitsvoraussetzungen handelt, ist keine Zurückweisung wegen Verspätung statthaft.

4 Die Rügen muß der Bekl als Berufungskläger in der *Berufungsbegründung nach § 520* im übrigen *innerhalb der ihm gesetzten Fristen* nach *§ 521 II* schriftsätzlich geltendmachen. Der Berufungsbekl muß entsprechend bis zum Ablauf der ihm nach § 521 II gesetzten Erwiderungsfrist vorgehen. Mangels einer solchen Frist gelten §§ 282 III 1, 296 III, 525. Hält die Partei ihre Frist nicht ein, darf das Gericht die Rüge nur dann zulassen, wenn die Partei ihre Verspätung genügend entschuldigt, § 530 Rn 5.

5 Dasselbe gilt für eine solche verzichtbare *neue Rüge, S 2,* die erstmals in der Berufungsinstanz erfolgt, obwohl sie schon in erster Instanz möglich war, § 282 III, auch bei § 112 III, BGH RR **93**, 1021, und für eine solche Rüge, die die Partei zwar vorgebracht, aber wieder fallengelassen hat. Dann darf das Gericht sie nur bei einer genügenden Entschuldigung zulassen, BGH RR **90**, 378, Ffm MDR **92**, 189, Mü OLGZ **92**, 217. Das gilt unabhängig davon, ob der Berufungskläger §§ 519 II, 521 beachtet hat. Das Verschulden entfällt nicht schon deshalb, weil der Bekl sich in erster Instanz mit beachtlichen Gründen in der Sache selbst verteidigt hat. § 282 III zwingt ihn, Zulässigkeitsrügen sogleich zu erheben, Ffm MDR **82**, 329. Dagegen fällt eine erst nach dem Schluß der mündlichen Verhandlung erster Instanz nach §§ 136 IV, 296 a entstandene oder der Partei bekanntgewordene Rüge nicht unter S 2.

Bei *S 1, 2* schadet jeder Sorgfaltsverstoß, BGH NJW **85**, 744. Den Entschuldigungsgrund muß man auf Verlangen nach § 528 I 2 *glaubhaft machen, S 3.* Auf eine Verzögerung der Erledigung durch die Rüge kommt es nicht an, BGH NJW **85**, 744. Schneider NJW **03**, 1435.

6 **4) Rechtsmittel, S 1–3.** Die durch eine rechtmäßige Zurückweisung eintretende Ausschließung dauert im Revisionsverfahren fort, BGH RR **93**, 1021. Die unter einem *Verstoß* gegen S 1 oder 2 erfolgte Zulassung einer Rüge kann Gegenstand der Revision sein, BGH NJW **85**, 743 (anders als bei § 531, dort Rn 9).

533 *Klageänderung; Aufrechnungserklärung; Widerklage.*

Klageänderung, Aufrechnungserklärung und Widerklage sind nur zulässig, wenn

1. der Gegner einwilligt oder das Gericht dies für sachdienlich hält und

2. diese auf Tatsachen gestützt werden können, die das Berufungsgericht seiner Verhandlung und Entscheidung über die Berufung ohnehin nach § 529 zugrunde zu legen hat.

Schrifttum: *Münch* MDR **04**, 781 (Üb).

Gliederung

1) Systematik, Z 1, 2. Die Vorschrift enthält Sonderbestimmungen für die Klagänderung, Aufrechnungserklärung und Widerklage. Sie bestimmt in Z 1 praktisch dasselbe wie erstinstanzlich § 263. Vgl daher zur Auslegung dort Rn 2. 1

2) Regelungszweck, Z 1, 2. Die Vorschrift soll die Prozeßverschleppung durch eine unbegründete Aufrechnung verhüten. Sie läßt für die Zulässigkeit zwecks Eindämmung der Prozeßausweitung und damit zwecks Prozeßwirtschaftlichkeit zugunsten der Justiz, Grdz 14 vor § 128 einmal anders herum, die Einwilligung des Gegners oder die Sachdienlichkeit nicht genügen, sondern fordert zusätzlich eine Stützung auf bestimmte Tatsachen. 2

3) Geltungsbereich, Z 1, 2. Die Vorschrift gilt in jedem Berufungsverfahren nach der ZPO oder einem der auf sie verweisenden Gesetze. Sie gilt auch bei einer Abstandnahme von Verkündungserlaß nach § 596, Celle MDR **06**, 111. Sie gilt auch im WEG-Verfahren. Vor den Arbeitsgerichten ist § 64 VI ArbGG anwendbar. 3

4) Klagänderung, Z 1, 2, dazu *Altmeppen* ZIP **93**, 65, *Spickhoff* JZ **98**, 227 (je: Üb): Für sie gilt mindestens dasselbe wie in der ersten Instanz, §§ 263, 264, 525, BGH RR **06**, 390, Ffm RR **06**, 436. Vgl daher die Erläuterungen zu §§ 263, 264. Eine Änderungen des Klagantrags nach § 264 Z 2, 3 ist auch in der Berufungsinstanz keine Klagänderung, BGH MDR **06**, 565, Mü GRUR-RR **06**, 388, Stgt VersR **07**, 548, aM Greger JZ **04**, 805. Wegen der Abstandnahme vom Urkundenprozeß gilt § 596 Rn 4. Die Klagänderung setzt aber ein zulässiges Rechtsmittel voraus, BGH MDR **03**, 1054, Hamm MDR **04**, 411, Köln MDR **05**, 160. 4

Es muß also auch eine *ausreichende Beschwer* vorliegen, Köln MDR **05**, 160. Es muß mindestens ein Teil der durch das Ersturteil gesetzten Beschwer nach Grdz 13 vor § 511 Gegenstand der Berufung sein. Soweit das Erstgericht eine Feststellungsklage als unbegründet abgewiesen hat, kann der Kläger nur dann zur Leistungsklage übergehen, wenn er diesen Teil der Entscheidung durch eine zulässige Berufung oder Anschließung anficht, BGH RR **87**, 249. Hat er mit einem Feststellungsantrag gesiegt, kann er auf Grund einer Berufung gegen andere Teile insoweit zur Leistungsklage übergehen, BGH NJW **92**, 2296. Grundsätzlich ist eine Klagänderung im Rahmen des § 533 bei einer Anschlußberufung statthaft, BGH RR **08**, 222, Kblz RR **06**, 1523. Ein nur bloßer Wertersatzanspruch fällt nicht unter Z 1, BAG NZA **06**, 750, wohl aber unter Z 2, Saarbr MDR **06**, 228.

Klagänderung sind auch ein ganz neuer Sachverhalt, BAG NJW **06**, 2717, oder der Wechsel der Kläger, BGH MDR **03**, 1054, eine hilfsweise Begründung mit einem neuen Streitgegenstand, Celle RR **06**, 539, und der Beitritt weiterer Kläger in zweiter Instanz, BGH ZZP **102**, 471, Roth NJW **88**, 2977, aM Baumgärtel JZ **75**, 668 (ein Beitritt sei hier unzulässig). Allerdings ist ein Wechsel auf der Beklagtenseite ebenso wie die Erstrekkung der Klage auf weitere Bekl in der zweiter Instanz nur dann zulässig, wenn der ausscheidende alte Bekl, BGH NJW **81**, 989, und der neue Bekl zustimmen oder wenn dessen Weigerung rechtsmißbräuchlich wäre, BGH NJW **87**, 1946, Roth NJW **88**, 2977 (Zustimmung des Eintretenden entbehrlich, wenn Auswechslung sachdienlich). Das gilt zB dann, wenn der Kläger anstelle einer GmbH eine solche Kommanditgesellschaft in Anspruch nimmt, deren einziger Komplementär die GmbH ist, LG Kblz MDR **80**, 407. Rechtsmißbräuchlich ist die Weigerung immer dann, wenn man ein schutzwürdiges Interesse des neuen Bekl nicht anerkennen und ihm nach der gesamten Sachlage den Eintritt in den Rechtsstreit zumuten kann, BGH NJW **87**, 1946. Ändert der Berufungskläger zulässigerweise die Klage, gelten für die Verspätung des sie stützenden Vorbringens §§ 296, 525, 530.

5) Aufrechnung, Z 1, 2. Es gibt zwei Aspekte. 5

A. Grundsatz, Z 1. Die Vorschrift ist auch anwendbar auf die Abrechnung (Verrechnung von Gegenforderungen, aM Schlesw MDR **76**, 50), und auf das Zurückbehaltungsrecht bei beiderseits fälligen Geldforderungen, Kblz RR **92**, 761, Schneider MDR **75**, 980. Unanwendbar ist sie dagegen auf die Minderung usw. § 533 trifft nur die prozessuale Erklärung der Aufrechnung durch den Bekl, nicht diejenige für oder durch einen Dritten (für sie gilt § 530), BGH NJW **92**, 2576. Dabei genügt die hilfsweise Aufrechnung, Ffm MDR **80**, 235, aM Schneider MDR **75**, 982. Unerheblich ist, ob der Bekl Berufungskläger oder Berufungsbekl ist, ob er die Aufrechnung innerhalb oder außerhalb des Prozesses erklärt, BGH NJW **92**, 2576, und ob seine Forderung mit der Klageforderung in einem rechtlichen Zusammenhang steht (wenn nicht, gelten §§ 145 III, 302), Schneider MDR **75**, 982.

Es muß freilich eine *eindeutige Aufrechnungserklärung* erfolgen, BGH WertpMitt **76**, 583. Das Gericht mag nachfragen müssen, § 139, ZöGuHeß 23. Der Kläger darf im Rahmen der §§ 282, 296, 525, 530, 531 unbeschränkt aufrechnen, BGH RR **90**, 1470, Deubner JuS **90**, 1007. Das gilt auch für den Vollstrekkungsabwehrkläger, § 767. Es sind auch mehrere Forderungen in bestimmter Rangfolge aufrechenbar, auch hilfsweise gestaffelt, BGH NJW **00**, 143. Zur Gegenaufrechnung des Klägers Braun ZZP **89**, 93. Dazu, daß man andererseits eine nicht zugelassene Aufrechnung auch nicht mit dieser Klage geltendmachen darf, bei welcher der Bekl dann Kläger wäre, § 767 Rn 53.

B. Neue Tatsache, Z 2. Die Aufrechnung des Bekl im Berufungsrechtszug benötigt eine Zulassung, wenn die Aufrechnung neu ist. Das ist so bei ihrer erstmaligen Erklärung in der Berufungsinstanz, aber auch dann, wenn sie in einem zu anderen Punkten nachgelassenen Schriftsatz § 283 steht, Kblz RR **93**, 1408, oder wenn der Bekl sie in erster Instanz erklärt, aber fallen gelassen hat oder wenn das Erstgericht sie als unzulässig oder nach § 296 zurückgewiesen hat, BGH MDR **75**, 1008. 6

Sie ist dagegen *nicht* neu, wenn das Erstgericht die Aufrechnung mangels einer Substantiierung unberücksichtigt gelassen hat, Düss RR **98**, 1288, Schneider MDR **90**, 1123, aM BGH MDR **75**, 1008, Düss MDR

90, 833, Kblz RR **93**, 1408. Nicht anwendbar ist § 533, wenn das Erstgericht sich mit einer Hilfsaufrechnung nicht befaßt, sondern die Klage schon aus anderen Gründen abgewiesen hat, BGH NJW **83**, 931. Für den zu einer nicht neuen Aufrechnung vorgetragenen Tatsachenstoff gilt § 530, Saarbr MDR **81**, 679, für das Vorbringen zu einer zugelassenen neuen Aufrechnung dagegen nicht, BGH RR **87**, 1196.

7 **C. Widerklage, Z 1, 2.** Für sie gilt dasselbe wie für die Klagänderung, BGH MDR **07**, 158. Auch eine Widerklage eines Dritten oder gegen ihn zählt hierher, BGH MDR **07**, 1419, Karlsr VersR **79**, 1033, oder eine Hilfswiderklage, oder eine Wider-Widerklage des Klägers.

Nicht hierher gehört die Zwischenfeststellungswiderklage nach § 256 II, BGH MDR **08**, 158 rechts.

8 **6) Zulässigkeit, Z 1, 2.** Sie hängt von drei Voraussetzungen ab. Von ihnen müssen mindestens zwei zusammentreffen, Hbg OLGR **06**, 226, Saarbr MDR **06**, 227. Das gilt für jede Aufrechnungsforderung, BGH NJW **00**, 143.

9 **A. Entweder: Einwilligung des Gegners, Z 1.** Entweder ist eine Einwilligung des Gegners nötig, wie bei § 263, dort Rn 23. Sie kann wie bei § 267 stillschweigend erfolgen, BGH MDR **05**, 588 rechts, Schneider MDR **77**, 973 (je: rügelose Einlassung). Sie muß eindeutig sein. Die Einwilligung ist bedingungsfeindlich und unwiderruflich. Für sie besteht kein Anwaltszwang. Das Gericht mag nach § 139 fragen müssen, ZöGuHeß 24. Die Verweigerung darf nicht rechtsmißbräuchlich sein, Einl III 54, BGH MDR **07**, 1419.

Keine Einwilligung braucht eine Zwischenfeststellungswiderklage nach § 256 II.

10 **B. Oder: Sachdienlichkeit, Z 1.** Hat der Gegner nicht eingewilligt, reicht eine Sachdienlichkeit, wie bei § 263, dort Rn 24, BGH NJW **07**, 2415, Düss GRUR **07**, 224, Hamm RR **08**, 266. Maßgeblich ist die Prozeßwirtschaftlichkeit nach Grdz 14 vor § 128, wie in der ersten Instanz, § 263 Rn 24, BGH MDR **04**, 1075. Eine Sachdienlichkeit läßt sich großzügig annehmen. Sie liegt dann vor, wenn sich durch die Zulassung ein weiterer Rechtsstreit alsbald vermeiden läßt, § 264 Rn 24 ff, BGH NJW **85**, 1842, Kblz VersR **07**, 1548 (je zur Klage) und MDR **05**, 588 (zur Widerklage), Karlsr Just **83**, 238. Die Sachdienlichkeit entfällt nicht stets durch eine Verzögerungsfolge, KG MDR **05**, 1188 (WEG), oder durch den Verlust einer Instanz, BGH NJW **92**, 2296, Mü FamRZ **84**, 492, aM BGH WertpMitt **76**, 1278. Ein Übergang vom Verkündungsprozeß in den Normalprozeß nach § 596 ist meist sachdienlich, BGH NJW **00**, 143. Ein rechtlicher Zusammenhang reicht noch nicht für die Sachdienlichkeit, BGH NJW **77**, 49.

Fehlen mag die Sachdienlichkeit zB dann, wenn eine Zurückverweisung nach § 538 nötig würde, BGH NJW **84**, 1555, oder eine Verweisung an ein anderes Gericht, Hamm FamRZ **81**, 1200, oder wenn es um einen ganz neuen Streitstoff gehen würde, BGH NJW **77**, 49, oder wenn man in einen schon laufenden anderen Prozeß hineinkäme, Ffm MDR **80**, 235, oder wenn ein Verschulden mitursächlich ist, BGH NJW **87**, 1019.

11 **C. Außerdem stets: Ausreichen nach § 529, Z 2.** Auch wenn der Gegner einwilligt oder das Gericht die Sachdienlichkeit bejaht, muß abweichend von § 263 stets eine weitere Voraussetzung vorliegen. Die Partei muß ihre Prozeßhandlung auf solche Tatsachen stützen können, die das Berufungsgericht seiner Verhandlung und Entscheidung über die Berufung ohnehin nach § 529 zugrundelegen darf und muß, BGH MDR **05**, 588 rechts, Hamm RR **08**, 266, Rostock MDR **05**, 1011. Die Partei darf das Gericht also nicht mit einem solchen Tatsachenstoff konfrontieren, den es nach § 529 in Verbindung mit § 531 unbeachtet lassen muß. Diese Einschränkung führt dazu, daß die Zulassung praktisch nur dann statthaft ist, wenn es sich um denselben Streitstoff handelt, BGH RR **05**, 437. Ein unstreitiger Sachvortrag reicht hier stets aus, BGH MDR **05**, 588 rechts.

12 **7) Verfahren, Z 1, 2.** Über die Zulässigkeit entscheider das Berufungsgericht selbst, BGH NJW **84**, 1552, und zwar nach seinem pflichtgemäßen Ermessen und evtl nach § 522 II, Nürnb MDR **03**, 770, sonst im Endurteil unangreifbar, BGH NJW **00**, 3273, und für den Revisionsgericht bindend, BGH WertpMitt **85**, 145. Eine Nichtzulassung ist nur darauf nachprüfbar, ob das Berufungsgericht die Rechtsbegriffe der Z 2 verkannt hat, BGH NJW **77**, 49. Die Nichtzulassung hindert als eine bloße Prozeßabweisung nach Grdz 14 vor § 253 mangels einer inneren Rechtskraft nach § 322 Rn 60 die Geltendmachung der davon betroffenen Ansprüche in einem anderen Verfahren nicht, BGH RR **87**, 1196.

534 *Verlust des Rügerechts.* **Die Verletzung einer das Verfahren des ersten Rechtszuges betreffenden Vorschrift kann in der Berufungsinstanz nicht mehr gerügt werden, wenn die Partei das Rügerecht bereits im ersten Rechtszuge nach der Vorschrift des § 295 verloren hat.**

1 **1) Systematik.** Die Vorschrift entspricht fast wörtlich dem erstinstanzlich geltenden § 295. Auf ihn nimmt sie ja auch ausdrücklich Bezug. Vgl daher § 295 Rn 1. Bei einer Zulässigkeitsrüge gilt § 532.

2 **2) Regelungszweck.** In der Berufungsinstanz gelten verstärkt diejenigen Regeln, die schon erstinstanzlich eine Straffung bezwecken. Das darf und muß man gerade auch bei einer Beschränkung der Rügemöglichkeiten beachten. Vgl daher § 295 Rn 2 als Mindestzweck.

3 **3) Geltungsbereich.** Die Vorschrift gilt in jedem Verfahren nach der ZPO, auch im WEG-Verfahren. Sie gilt entsprechend im arbeitsgerichtlichen Verfahren, § 64 VI ArbGG.

4 **4) Heilungsarten, Rügemöglichkeiten.** Es gelten alle erstinstanzlichen Regeln infolge der Verweisung auf § 295 voll, dort Rn 4 ff. Spätere Mängel nach dem Schluß der letzten erstinstanzlichen mündlichen Verhandlung nach §§ 136 IV, 296 a zB bei der Zustellung des Ersturteils lassen sich noch rügen. Das muß aber auch nach § 529 II geschehen. In der zweiten Instanz ist § 295 nach § 525 selbständig anwendbar. Daher darf und muß das Berufungsgericht zB die Zulässigkeit einer nochmaligen Zeugenvernehmung unabhängig von deren erstinstanzlicher Beurteilung auch selbst in den Grenzen des § 296 prüfen. Bei einer Zulässigkeitsrüge gilt § 532.

535 *Gerichtliches Geständnis.* **Das im ersten Rechtszuge abgelegte gerichtliche Geständnis behält seine Wirksamkeit auch für die Berufungsinstanz.**

1) Systematik. Die Vorschrift ergänzt §§ 288–290. Wegen der Begriffe vgl daher Einf 1–3 vor §§ 288–290. 1

2) Regelungszweck. Es gelten die erstinstanzlichen Erwägungen in Einf 2 vor §§ 288–290 wegen des Straffungszwecks des Berufungsverfahrens verstärkt. 2

3) Geltungsbereich. Die Vorschrift gilt in jedem Berufungsverfahren der ZPO, auch im WEG-Verfahren. Sie gilt entsprechend im arbeitsgerichtlichen Verfahren, § 64 VI ArbGG. 3

4) Gerichtliches Geständnis. Vgl zunächst § 288 Rn 3 ff. Das gerichtliche Geständnis nach §§ 288, 289 wirkt für die zweite Instanz fort, auch wenn eine Partei es mit einer entsprechenden unwirksamen Einschränkung nur für die erste erklärt hatte, Schneider MDR **91**, 298. Sein Widerruf ist nur entsprechend § 290 zulässig, Celle WoM **85**, 1114. Freilich mag der Widerstand schon in der ersten Instanz vorgelegen haben. Dagegen ist die Rüge zulässig, das Erstgericht habe irrig ein Geständnis angenommen. Dabei kommt es nicht auf den Wortlaut an, sondern darauf, ob die Umstände auf ein Geständnis hindeuten, § 288 Rn 3, 4. Ein außergerichtliches Geständnis erster Instanz und sein Widerruf lassen sich nach § 286 frei würdigen. Es kann auch ein Widerrufsverzicht vorliegen, ZöGuHeß 2. Für das Nichtbestreiten nach § 138 III gilt § 532 nicht, BGH NJW **87**, 1948, StJGr § 523 Rn 3, aM Mü MDR **84**, 321, ThP 1 (aber Nichtbestreiten ist etwas anderes, Einf 4 vor §§ 288–290). Ein Bestreiten im Berufungsrechtszug unterliegt den Beschränkungen der §§ 530, 531, Köln ZIP **85**, 437. 4

536 *Parteivernehmung.* [I] **Das Berufungsgericht darf die Vernehmung oder Beeidigung einer Partei, die im ersten Rechtszuge die Vernehmung abgelehnt oder die Aussage oder den Eid verweigert hatte, nur anordnen, wenn es der Überzeugung ist, dass die Partei zu der Ablehnung oder Weigerung genügende Gründe hatte und diese Gründe seitdem weggefallen sind.**

[II] **War eine Partei im ersten Rechtszuge vernommen und auf ihre Aussage beeidigt, so darf das Berufungsgericht die eidliche Vernehmung des Gegners nur anordnen, wenn die Vernehmung oder Beeidigung im ersten Rechtszuge unzulässig war.**

1) Systematik, I, II. Die Vorschrift wandelt die erstinstanzlichen §§ 445 ff einschränkend ab. Vgl daher zunächst Üb 1 vor § 445. 1

2) Regelungszweck, I, II. Die Einschränkungen nach Rn 1 dienen dem auch hier deutlichen Zweck der Straffung des Berufungsverfahrens zur Erzielung größerer Prozeßwirtschaftlichkeit, Grdz 14 vor § 128. In diesem Sinn sollte man sie auslegen. Vgl zusätzlich Üb 2 vor § 445. 2

3) Geltungsbereich, I, II. Die Vorschrift gilt in jedem Berufungsverfahren der ZPO, auch im WEG-Verfahren. Sie gilt entsprechend im arbeitsgerichtlichen Verfahren, § 64 VI ArbGG. 3

4) Parteimöglichkeiten, I, II. Es gilt nach § 525 grundsätzlich dasselbe wie erstinstanzlich nach §§ 445 ff. Die Partei muß sich auf den Antrag auf eine Parteivernehmung erklären, wenn es das Gericht verlangt, § 446. Sie kann ablehnen. Dann ist damit der Beweisantritt erledigt und das Berufungsgericht zieht seine Schlüsse. Sie kann sich auch bereit erklären. Dann muß das Gericht geeignetenfalls ihre Vernehmung beschließen. Die Partei kann dann aber immer noch die Aussage verweigern, § 453 II. Sie kann auch zumindest nach §§ 481, 484 den Eid verweigern. Die Verweigerung der Aussage oder des Eids ist statthaft sowohl bei der vereinbarten Vernehmung nach § 447 als auch bei der Amtsvernehmung, § 448. In allen diesen Fällen ist die Weigerung in der ersten Instanz nicht unbedingt endgültig. 4

5) Erstinstanzliche Nichtvernehmung, Nichtbeeidigung, I. In allen Punkten der Rn 4 kann die Partei die unterlassene Erklärung nachholen oder die Weigerung in eine Bereiterklärung verwandeln. Dann stellt sie das Gericht vor eine neue Entscheidung. Es muß jetzt prüfen, ob die Vernehmung oder Beeidigung noch nötig ist oder ob die Partei in erster Instanz grundlos verweigert hat (dann muß es eine Vernehmung ablehnen) oder ob sie damals einen genügenden Grund hatte, der jetzt fortgefallen ist. Das letztere muß die Partei nach § 294 glaubhaft machen. Nur soweit das Gericht den Wegfall des Hindernisses nach seiner freien Überzeugung bejaht, darf es die Vernehmung oder Beeidigung anordnen. Es kann auch genügen, wenn rein persönliche Gründe fortgefallen sind, wenn etwa die Partei aus einem begreiflichen Schamgefühl nicht aussagen wollte, die Hemmung aber jetzt überwindet, oder wenn es um eine nur erstinstanzliche ehrenrügige Tatsache ging. Hatte das Erstgericht aus der Säumigkeit der Partei nach § 454 ihre Weigerung gefolgert, muß das Berufungsgericht erneut darüber befinden, ob dieser Schluß berechtigt war. 5

6) Erstinstanzliche Vernehmung, Beeidigung, II. Hat eine Partei in erster Instanz ihre Aussage beeidet, verbietet II grundsätzlich die eidliche, nicht die uneidliche, Vernehmung ihres Gegners. Das gilt auch dann, wenn das Erstgericht der eidlichen Aussage nicht geglaubt hat und wenn ihr auch das Berufungsgericht nicht glaubt, § 453. Das Gericht soll nun einmal nicht Eid gegen Eid stellen. Darum gilt II auch dann, wenn das Berufungsgericht selbst eidlich vernommen hat. Nur nach einer unzulässigen Beeidigung muß das Gericht anders verfahren, etwa bei § 452 IV. Der unzulässige Eid, etwa der dem Beweisführer entgegen § 445 I und ohne die Voraussetzungen der §§ 447, 448 abgenommene, hat keine Beweiskraft. 6

Verstoß, I, II. Ein Verstoß des Berufungsgerichts ist ein Verfahrensfehler nach § 551 III Z 2 b, ZöGüHeß 1. Er macht den zweiten Eid bedeutungslos. Denn es handelt sich um zwingendes Recht, und das Gericht handelt außerhalb seiner Befugnisse. 7

537 *Vorläufige Vollstreckbarkeit.* **I [1] Ein nicht oder nicht unbedingt für vorläufig vollstreckbar erklärtes Urteil des ersten Rechtszuges ist, soweit es durch die Berufungsanträge nicht angefochten wird, auf Antrag von dem Berufungsgericht durch Beschluss für vorläufig vollstreckbar zu erklären. [2] Die Entscheidung ist erst nach Ablauf der Berufungsbegründungsfrist zulässig.**

II Eine Anfechtung des Beschlusses findet nicht statt.

1 **1) Systematik, I, II.** Es handelt sich um eine Erweiterung des erstinstanzlichen Systems der §§ 708 ff. Diese Erweiterung hat als eine Sonderregel den Vorrang.

2 **2) Regelungszweck, I, II.** § 537 bezweckt den Schutz des aus einem Ersturteil Berechtigten vor den Nachteilen der Hemmungswirkung nach Grdz 2 vor § 511, BGH NJW **92**, 2296, Hamm RR **90**, 1470, Grunsky ZZP **95**, 57, aM ThP 1. Die Vorschrift ermöglicht es ihm, alsbald aus einem Ersturteil ohne eine Sicherheitsleistung zu vollstrecken, soweit der Gegner es nicht durch die Berufungsanträge anficht. Berufungsanträge sind insofern auch Anschließungsanträge, Hamm MDR **95**, 311. Das gilt auch für den Berufungskläger bei einer nicht angefochtenen ihm günstigen Teilentscheidung, BGH NJW **92**, 2296, Hamm RR **90**, 1470, Waltermann NJW **92**, 159, aM Hamm RR **87**, 832 (aber die Vorschrift schützt jeden Berechtigten, Rn 6).

3 **3) Geltungsbereich, I, II.** Die Vorschrift gilt in jedem Berufungsverfahren der ZPO, auch im WEG-Verfahren. Im arbeitsgerichtlichen Verfahren gilt § 62 I ArbGG.

Unanwendbar ist § 537 auf die Kostenentscheidung eines teilweise angefochtenen Urteils, Brschw MDR **06**, 1185, Schlesw MDR **85**, 679, ThP 3, aM StJGr 2, ZöGuHeß 6, sowie auf ein ohne dahingehenden Ausspruch vorläufig vollstreckbares Urteil, § 922 Rn 7, § 936 Rn 3, und für eine bloße Herabsetzung einer Sicherheitsleitung nach § 718, und schließlich bei einem Ersturteil auf die Abgabe einer Willenserklärung, § 894, und bei einem Gestaltungsurteil sonstiger Art. Das Rechtsschutzbedürfnis nach Grdz 33 vor § 253 muß stets bestehen, Zweibr JB **83**, 1889.

4 **4) Verfahren, I 1.** Es gibt drei Voraussetzungen.

A. Keine oder bedingte vorläufige Vollstreckbarkeit. Das Gericht darf das Ersturteil zB nach § 712 I 2 gar nicht oder zB nur bedingt durch eine Sicherheitsleistung nach § 709, 711, 712 I 1, II 2 für vorläufig vollstreckbar erklärt haben. Es mag auch dem Schuldner die Abwendung der Zwangsvollstreckung durch eine Sicherheitsleistung nach § 711 erlaubt haben.

5 **B. Bloße Teilanfechtung.** Der Berufungsführer darf das Ersturteil nur zu einem Teil angegriffen haben, Hamm RR **90**, 1470, Celle NdsRPfl **89**, 107, Schlesw SchlHA **88**, 158, aM Hamm RR **83**, 832. Auch ein Anschließungsantrag nach § 524 zählt hierher, ZöGuHeß 2, ebenso eine Teilrücknahme oder ein Teilverzicht.

6 **C. Antrag.** Eine Partei muß den Antrag stellen, den unangefochtenen Ersturteilsteil für vorläufig vollstreckbar zu erklären. Auch der durch das Ersturteil teilweise begünstigte Bekl ist antragsberechtigt, Hamm RR **90**, 1470, KG MDR **88**, 240. Der Antrag ist schon vor der Verhandlung statthaft. Er unterliegt dem Anwaltszwang des Berufungsverfahrens, aM Ffm FamRZ **79**, 538 (aber es handelt sich um einen zweitinstanzlichen Vorgang). Eine Prozeßkostenhilfe umfaßt auch dieses Nebenverfahren.

7 **5) Entscheidung, I 1, 2.** Sie ergeht ohne eine notwendige mündliche Verhandlung, § 128 IV, nach einer Anhörung des Gegners vor der ihm nachteiligen Entscheidung stets durch einen Beschluß und immer erst nach dem Ablauf der Begründungsfrist und ohne eine sachliche Nachprüfung. Der Beschluß muß unbedingt sein. Er darf keine Abwendung der Zwangsvollstreckung gestatten. Eine etwaige Beschränkung der Vollstreckbarkeit durch das Ersturteil wird dadurch hinfällig. Der Einzelrichter ist wie sonst zuständig. Der Erfüllungseinwand ist nur dann beachtlich und führt mangels beiderseitiger wirksamer Erledigterklärungen demgemäß nur dann zur Abweisung mangels eines Rechtsschutzbedürfnisses, wenn und soweit die Erfüllung feststeht, Schlesw SchlHA **87**, 172. Ein Antrag des Klägers erledigt sich, wenn der Bekl eine Anschlußberufung einlegt, Hamm MDR **95**, 311.

8 Der Beschluß macht den nicht angefochtenen Teil des Ersturteils *nicht rechtskräftig*, Zweibr JB **83**, 1889. Er erhält vielmehr die Hemmungswirkung nach Grdz 2 vor § 511 aufrecht. Eine Feststellung durch ein Teilurteil, daß ein Ersturteil nicht angefochten sei, ist unzulässig. Wenn der Berufungsführer seine Berufungsanträge nachträglich erweitert, berührt das den Beschluß nicht, aM ZöGuHeß 15. Über die Kosten des Verfahrens muß das Berufungsgericht im Beschluß nach §§ 91 ff entscheiden, notfalls im Ergänzungsweg nach § 321. Es muß eine Kostenentscheidung evtl in der Endentscheidung unter einer Anwendung der §§ 92, 97 nachholen.

9 **6) Unanfechtbarkeit, II.** Der stattgebende und der zurückweisende Beschluß sind unanfechtbar. Er bezieht das Berufungsgericht nach §§ 318, 329. §§ 707, 719 sind aber anwendbar Schlesw SchlHA **77**, 190. Den zurückweisenden darf das Berufungsgericht auf einen neuen Antrag jederzeit ändern. Eine Änderung des stattgebenden ist wegen der Folgen für die Zwangsvollstreckung unzulässig, es sei denn, der Beschluß verletzte Art 103 I GG, Köln RR **95**, 894.

538 *Zurückverweisung.* **I Das Berufungsgericht hat die notwendigen Beweise zu erheben und in der Sache selbst zu entscheiden.**

II [1] Das Berufungsgericht darf die Sache, soweit ihre weitere Verhandlung erforderlich ist, unter Aufhebung des Urteils und des Verfahrens an das Gericht des ersten Rechtszuges nur zurückverweisen,

1. soweit das Verfahren im ersten Rechtszuge an einem wesentlichen Mangel leidet und auf Grund dieses Mangels eine umfangreiche oder aufwändige Beweisaufnahme notwendig ist,

2. wenn durch das angefochtene Urteil ein Einspruch als unzulässig verworfen ist,

3. wenn durch das angefochtene Urteil nur über die Zulässigkeit der Klage entschieden ist,
4. wenn im Falle eines nach Grund und Betrag streitigen Anspruchs durch das angefochtene Urteil über den Grund des Anspruchs vorab entschieden oder die Klage abgewiesen ist, es sei denn, dass der Streit über den Betrag des Anspruchs zur Entscheidung reif ist,
5. wenn das angefochtene Urteil im Urkunden- oder Wechselprozess unter Vorbehalt der Rechte erlassen ist,
6. wenn das angefochtene Urteil ein Versäumnisurteil ist oder
7. wenn das angefochtene Urteil ein entgegen den Voraussetzungen des § 301 erlassenes Teilurteil ist

und eine Partei die Zurückverweisung beantragt. [2] Im Fall der Nummer 3 hat das Berufungsgericht sämtliche Rügen zu erledigen. [3] Im Fall der Nummer 7 bedarf es eines Antrags nicht.

Gliederung

1) Systematik, I, II. § 538 regelt die Zurückverweisung, indem er sie in II als einer eng auslegbaren 1
Ausnahme von I einschränkt, BGH RR **06**, 1678, und meist von einem Antrag der Parteien abhängig macht. Eine notwendige Zurückverweisung gibt es bis auf Rn 21 nicht.

2) Regelungszweck, I, II. Die Vorschrift dient der Gerechtigkeit, Einl III 9, 36. Sie gilt selbst auf 2
Kosten der Prozeßwirtschaftlichkeit nach Grdz 14 vor § 128, Stgt NZM **07**, 288. Die Parteien sollen nicht infolge eines gerichtlichen Verfahrensfehlers eine Instanz verlieren, Karlsr MDR **05**, 1386. Außerdem dient die Vorschrift der Prozeßwirtschaftlichkeit, Grdz 14 vor § 128. Das Berufungsgericht soll eine vorinstanzlich versäumte Arbeit nicht in einem größeren Umfang unbedingt nötig nachholen müssen.

3) Geltungsbereich, I, II. Die Vorschrift gilt in jedem Berufungsverfahren nach der ZPO und den auf 3
sie verweisenden Gesetzen. Sie gilt auch im WEG-Verfahren. Im Verfahren der Arbeitsgerichte ist II 1 Z 1 unanwendbar, § 68 ArbGG, BAG NJW **96**, 3430. Jedoch muß das LAG auch dort zurückverweisen, wenn es einen erstinstanzlichen Verfahrensmangel nicht korrigiern kann. Unanwendbar ist ferner II 1 Z 5, weil der Fall nicht vorkommen kann. Im übrigen ist § 538 entsprechend anwendbar, § 64 VI ArbGG.

4) Grundsatz: Eigene Beweisaufnahme und Entscheidung, I. Wie bisher muß das Berufungsgericht 4
die notwendigen Beweise erheben, soweit die Beweiserhebung nach §§ 528 bis 531 zulässig ist. Soweit die Berufung zulässig ist, muß es in der Sache selbst entscheiden.

5) Ausnahmen, II. Soweit eine weitere Verhandlung erforderlich ist, darf das Berufungsgericht die Sache 5
unter einer Aufhebung des Urteils und des Verfahrens an das Erstgericht zurückverweisen, wenn eine Partei das beantragt, Saarbr MDR **03**, 1250 (bei Z 7 auch ohne einen Antrag) und wenn eine der folgenden Voraussetzungen vorliegt. II 1 Z 1–7 zählt sie abschließend als Ausnahmen von I auf, BGH FamRZ **05**, 882 rechts oben, großzügiger in einer Familiensache Brdb MDR **03**, 271.

A. Verfahrensmangel, II 1 Z 1. Eine Zurückverweisung kommt dann infrage, wenn das Ersturteil an 6
einem wesentlichen Mangel im Verfahren leidet, nicht in der Rechtsfindung (in procedendo, nicht in iudicando), BGH NJW **01**, 2550. Die Grenzen sind nicht selten fließend, etwa bei einer Vertragsauslegung, BGH NJW **02**, 370 (AGB), oder bei der Beweislast und Beweiswürdigung, Schneider MDR **89**, 138. Man muß an die Voraussetzungen einen strengen Maßstab anlegen, BGH MDR **05**, 645 links.

Eine Zurückverweisung ist nur wegen eines *„wesentlichen Verfahrensmangels"* zulässig, BGH RR **06**, 1678. Wesentlich ist der Mangel dann, wenn er seiner Natur nach so erheblich ist, daß das erstinstanzliche Verfahren keine ordnungsmäßige Grundlage für die Entscheidung abgibt, BGH MDR **03**, 108, krit Brehm ZZP **107**, 474 (das sei zu allgemein. Das ist ein sog Obersatz aber stets). Deshalb kommt es nicht auf die Größe oder Schwere des Mangels an, sondern auf seine Bedeutung für die Richtigkeit der Entscheidung. Es muß auf den Verfahrensfehler für das Ergebnis rechtlich ankommen, BGH NJW **00**, 2508, Köln FamRZ **98**, 696. Dabei genügt es, daß der Fehler für die Entscheidung ursächlich gewesen sein kann oder sie auch nur beeinflußt haben kann.

Maßgeblich für die Beurteilung der Frage, ob ein wesentlicher Verfahrensfehler vorliegt, ist der *sachlichrechtliche* Standpunkt des Erstgerichts ohne eine Rücksicht darauf, ob er zutrifft oder nicht, BGH NJW **01**, 469, Düss RR **96**, 1021, Ostermeier ZZP **120**, 230, aM Rimmelspacher ZZP **106**, 251. Deshalb ist eine Zurückverweisung dann nicht zulässig, wenn das Berufungsgericht ein Parteivorbringen sachlichrechtlich anders beurteilt, BGH RR **03**, 1572, oder wenn es auf eine andere Weise eine sachlichrechtliche Frage falsch beurteilt, BGH MDR **99**, 1016, Köln MDR **98**, 678 (zustm Schneider), oder wenn es zB irrig eine Sachbefugnis angenommen hat, BGH NW **07**, 596. Das Berufungsgericht darf eine Zurückverweisung auch nicht darauf stützen, daß das Erstgericht eine solche verfahrensrechtliche Entscheidung getroffen hat, die sich noch in den ihm eingeräumten Ermessensgrenzen hält, BGH MDR **01**, 469.

Beispiele für wesentliche Verfahrensmängel: Ein Verstoß gegen die Vorschriften über den gesetzlichen Richter, 7
Art 101 I 2 GG, Ffm MDR **03**, 1375, LG Wiesb MDR **84**, 676, über die Öffentlichkeit, *§ 170 GVG,* oder über die Beratung, *§ 193 GVG,* ebenso wie eine mangelnde Vertretung der Partei, BGH NJW **92**, 2100,

ferner auch nur teilweise fehlende Entscheidungsgründe, BGH VersR **88**, 943, Hamm NJW **79**, 434, sowie alle sonstigen von Amts wegen beachtbaren Revisionsgründe. „Wesentlich" nach § 538 ist weiter ein Verstoß gegen die Grundprinzipien des Zivilverfahrens, zB gegen das Recht auf rechtliches Gehör, *Art 103 I GG,* BVerfG NJW **91**, 2824, BGH NJW **93**, 538, Ffm RR **07**, 19, oder eine Verletzung des Rechts auf Parteiöffentlichkeit, ebenso ein Verstoß gegen den Beibringungsgrundsatz, etwa eine Stattgabe aus einem nicht geltendgemachten Anfechtungsgrund, Saarbr OLGZ **84**, 79, ferner Verkennen des Kerns eines Vorbringens, BGH NJW **98**, 2053, oder Übergehen eines wesentlichen Teils des Streitstoffs, BGH NJW **98**, 2053, zB eines von mehreren Ansprüchen, Köln MDR **84**, 151, eines unstreitigen erheblichen Vorbringens, Köln ZIP **83**, 869, oder eines unter Beweis gestellten schlüssigen Einwands, Köln JMBlNRW **75**, 113, oder des Inhalts des Vertrags, aus dem der Kläger Rechte herleitet, BGH NJW **02**, 370, Oldb MDR **87**, 413. Hierhin gehört auch die nicht behebbare Unklarheit, über welche Ansprüche das Erstgericht entschieden hat, Hamm RR **92**, 1279.

Weitere Beispiele: Entscheidung durch ein funktionell unzuständiges Gericht, Hamm OLGZ **89**, 338; Auslegung usw gegen die Vorstellungen beider Parteien, Düss RR **92**, 1268, Mü RR **92**, 61; Verletzung der Verfahrensvorschriften bei der Ablehnung eines Richters, *§§ 46 ff;* Übersehen der heilbaren fehlenden Prozeßfähigkeit, *§ 51,* BGH RR **86**, 158; Verstoß gegen *§ 91 a,* Mü FamRZ **83**, 629; Verstoß gegen *§ 128,* Bbg FamRZ **96**, 496, BayObLG FamRZ **82**, 1136, Zweibr FamRZ **99**, 456; Verstoß gegen *§ 136,* Bbg FamRZ **94**, 1045; grober Verstoß gegen *§ 139,* etwa durch eine Überraschungsentscheidung, BGH NJW **93**, 667, Saarbr MDR **03**, 1373, Neuhaus MDR **02**, 438; unterlassene Anhörung einer Partei bei *§ 139,* Düss RR **92**, 1404, Hamm AnwBl **84**, 93, Kblz RR **91**, 1087; Verstoß gegen *§ 141,* Zweibr NJW **98**, 167; Verletzung der Pflicht zur Wiedereröffnung der mündlichen Verhandlung, *§ 156,* BGH NJW **00**, 143, Sangmeister BB **92**, 1535, Schneider MDR **90**, 122; Verstoß gegen *§§ 183 ff,* Düss FamRZ **06**, 131; Verstoß gegen *§ 224 II,* Ffm NJW **86**, 731 (zu kurze Frist); Verstoß gegen *§ 227,* Hamm RR **92**, 121, Köln JB **77**, 410; Urteil trotz Insolvenz unter Verstoß gegen *§ 240,* Oldb MDR **05**, 836, Schlesw FamRZ **08**, 793; Verstoß gegen *§ 244,* Hamm MDR **08**, 997; Aktenlageurteil gegen *§ 251 a* (kein Sachantrag), LAG Bre MDR **04**, 112; keine Klärung, wer Bekl ist, *§ 253;* Verstoß gegen *§ 256;* Berichtigung des Rubrums, die in Wahrheit ein unzulässiger Parteiwechsel ist, *§ 263,* Ffm RR **90**, 1471; Verstoß gegen die Bindungswirkung des *§ 281,* Ffm MDR **03**, 1375; Unterlassen einer notwendigen Kenntnisnahme, KG MDR **05**, 1431; Verkennung der Unstreitigkeit bei der Annahme der Beweisbedürftigkeit, *§ 284,* Köln MDR **83**, 760, LG Ffm RR **89**, 1212; Unterlassung einer notwendigen umfangreichen Beweiserhebung, *§ 284,* BGH RR **06**, 1678, aus irrigen Erwägungen, BGH NJW **95**, 3125, Hamm FamRZ **99**, 453, Kblz NJW **04**, 1186 (kein Gutachten), nicht aber Verkennung der Beweislastregeln, BGH MDR **88**, 648, Ffm RR **96**, 575, Schneider MDR **89**, 138, vgl freilich Anh § 286 Rn 2; falsche oder mangelhafte Beweiswürdigung, *§ 286,* BGH RR **87**, 1018, Köln VersR **98**, 712, Schlesw MDR **08**, 684; Verkennung der Beweiserleichterung nach *§ 287,* BGH NJW **96**, 2924, Zweibr MDR **89**, 268; Verletzung der Ermittlungspflicht nach *§ 293,* BGH NJW **92**, 2026, Saarbr NJW **02**, 1209; fehlerhafte Anwendung von *§ 296,* BVerfG RR **95**, 1469, Brdb RR **98**, 498, Celle RR **95**, 1407; unzulässiges Teilurteil nach *§ 301,* BGH NJW **01**, 79, Düss RR **97**, 659; unzulässiges Vorbehaltsurteil nach *§ 302,* BAG NJW **99**, 1035, Karlsr RR **87**, 254; Vorabentscheidung nach *§ 304* ohne deren Voraussetzungen, BGH NJW **99**, 1035, aM MüKoRi 24; Verstoß gegen *§ 308 I,* BGH NJW **91**, 1683, Zweibr FamRZ **92**, 973; Verstoß gegen *§ 309,* Brdb OLG-NL **97**, 58; gesetzwidrige Verkündung, *§ 310,* Ffm RR **88**, 128, Mü MDR **86**, 62, Schlesw SchlHA **79**, 21; Unrichtigkeit des Rubrums, *§ 313,* Ffm RR **99**, 217 (Berichtigung statt Parteiwechsel); Tatbestand und Entscheidungsgründe widersprechen sich, Düss NVwZ RR **94**, 946, Kblz Rpfleger **85**, 497, oder sie fehlen ganz, Köln FamRZ **05**, 1921, Schlesw SchlHA **96**, 104, oder eines von beiden genügt nicht den Mindestanforderungen, *§ 313* Rn 15, Düss NVwZ-RR **94**, 7, Naumb NJ **97**, 91; Beweiswürdigung ohne Bezugnahme auf Protokoll oder Tatbestand; Verstoß gegen *§ 313 a,* Hamm MDR **79**, 322; Verstoß gegen *§ 315,* BGH MDR **76**, 658, Kblz VerR **81**, 688, Stgt VersR **89**, 863; fehlerhafte Berichtigung, *§ 319,* Ffm RR **90**, 217; Verstoß gegen *§ 322 I,* Hamm RR **92**, 1279, oder gegen *§ 322 II;* Behandlung der Klage nach *§ 323* nach den Grundsätzen der Erstklage, Zweibr FamRZ **81**, 415; Verstoß gegen *§ 333,* Bbg FamRZ **96**, 496; Entscheidung bei *§ 341 II* durch Beschluß, Naumb FamRZ **08**, 287; Entscheidung durch den Einzelrichter, *§ 348,* bei fehlender oder fehlerhafter Bestellung, Nürnb RR **93**, 574, Schlesw NJW **88**, 69, Seidel ZZP **99**, 88, oder nach einer Verhandlung im Haupttermin, wobei aber meist nach § 540 zu verfahren ist, BGH RR **91**, 473 (keine Zurückverweisung auch bei einer Entscheidung durch die Kammer ohne eine Zurückübertragung, Ffm NJW **77**, 813), aM Hamm MDR **93**, 1235 (Zurückverweisung nur bei willkürlichem und offensichtlich fehlerhaftem Verfahren); Verstoß gegen den Grundsatz der Unmittelbarkeit der Beweisaufnahme, *§ 355,* Düss NJW **92**, 187; Nichtanwendung von *§ 356,* Brschw RR **92**, 124, Ffm NJW **86**, 731, KG MDR **05**, 1071, Verstoß gegen ein Beweisverwertungsverbot nach *Üb 12 vor § 371,* BGH NJW **03**, 1727 (Telefonat), Kiethe MDR **05**, 965; Verstoß gegen *§ 375 I a,* Köln RR **98**, 1143, oder gegen *§ 379,* Ffm NJW **86**, 731, Hamm FamRZ **99**, 453, KG MDR **05**, 1071; Unterlassen der notwendigen Wiederholung einer Zeugenvernehmung, *§ 398,* Köln VersR **93**, 1366, oder eines nach der Vernehmung gestellten Gegenzeugen, KG MDR **05**, 1071; fehlerhafte Entscheidung über die Ablehnung eines Sachverständigen, *§ 406,* im Urteil, Düss JZ **77**, 565, Schlesw SchlHA **82**, 30, wenn das Gesuch zulässig war, Karlsr BB **77**, 1424; fehlerhafte Ermessensausübung nach *§ 411 III,* KG VersR **08**, 137, Saarbr RR **99**, 719, Zweibr RR **99**, 1156; Verstoß gegen *§ 412,* Ffm RR **07**, 19; Verstoß gegen *§ 444;* unterlassene Parteivernehmung, *§ 448,* Kblz MDR **98**, 712; verspätete Urteilsabsetzung, *§ 547,* BGH NJW **00**, 2508, Ffm MDR **95**, 311, KG MDR **07**, 48.

8 *Grenzfälle:* Ob in der Überschreitung der Grenzen der Parteianträge nach *§ 308 I* ein wesentlicher Verfahrensmangel liegt, ist eine Einzelfallfrage, BGH NJW **99**, 61 (Genehmigung heilt), Köln RR **96**, 581, Zweibr FamRZ **92**, 973. Es kann sich auch um einen Irrtum in der Urteilsfindung handeln. Denkbar ist auch, daß ein solcher Beweislastfehler, der zur sachlichrechtlichen Beurteilung zählt, in einen Verfahrensfehler umschlagen kann, Schneider MDR **89**, 138. Ungenügend ist die bloße Nichtvernehmung eines einzelnen Zeugen. Wohl aber genügt das Übergehen der zulässigerweise angebotenen und erheblichen Beweise, Düss MDR **82**, 502, Hamm RR **95**, 518, KG MDR **05**, 1071. Kein Verfahrensmangel liegt vor,

wenn das Erstgericht unzutreffend wegen fehlender Prozeßvoraussetzungen abgewiesen hat (dann II Z 3). Die Auslegung vertraglicher Vereinbarungen ist meist eine Anwendung des sachlichen Rechts, BGH NJW **02**, 371 (Grenzfall), Rimmelspacher ZZP **106**, 246. Daher ist auch das Übersehen der nötigen ergänzenden Auslegung kein Verfahrensmangel, BGH NJW **03**, 538, aM Oldb RR **94**, 843. Die unrichtige Beurteilung tatsächlicher Umstände gehört meist ebenfalls zum sachlichen Recht, zB bei der Ermittlung der Verjährung, aM Kblz MDR **94**, 99. Auch eine rechtlich falsche Beurteilung verfahrensrechtlicher Vorgänge kann einen inhaltlichen Mangel in iudicando begründen. Eine Zurückverweisung kommt nicht in Betracht, wenn das Erstgericht von seinem irrigen sachlichrechtlichen Standpunkt aus folgerichtig über einen Verfahrenspunkt entschieden hat, BGH NJW **01**, 1500, oder nicht entschieden hat, BGH MDR **91**, 1047 (hilfsweise erhobene Widerklage). Eine bloße sachlichrechtliche Beanstandung reicht erst recht nicht, BGH FamRZ **08**, 782 rechts Mitte. Im Eilverfahren entfällt meist eine Zurückverweisung, Hamm VersR **08**, 1118.

Auf Grund des wesentlichen Mangels muß eine *umfangreiche oder aufwendige Beweisaufnahme* notwendig 9
sein, BGH RR **06**, 1678, KG MDR **07**, 48 (also gibt es keinen absoluten Berufungsgrund wie bei der Revision nach § 547). Diese Voraussetzung liegt nur dann vor, wenn das Gericht über das gewöhnliche Maß hinausgehende Beweise erheben muß, wenn es zB eine Vielzahl von Zeugen vernehmen muß oder mehrere zeitraubende Gutachten einholen muß, oder wenn die ganze Beweisaufnahme weit entfernt zB im Ausland stattfinden muß, BGH MDR **05**, 645. Die pauschale Erwägung, es sei nicht eine Aufgabe des Berufungsgerichts, erstinstanzlich nicht geschaffene Entscheidungsgrundlagen zu erarbeiten, reicht nicht aus, BGH RR **05**, 1037. Ein Baumängelgutachten zählt nicht stets zu solcher Gutachtenart, BGH MDR **05**, 645 links. Das Berufungsgericht muß in der Zurückverweisungsentscheidung deren Notwendigkeit nachprüfbar darlegen, BGH MDR **05**, 645 links. Es muß abwägen, ob die Nachteile einer Zurückverweisung überwiegen würden, BGH RR **07**, 1678.

B. Einspruchsverwerfung, II 1 Z 2. Eine Zurückverweisung ist auch dann zulässig, wenn das Erstge- 10
richt im angefochtenen Urteil einen Einspruch gegen ein Erstes Versäumnisurteil oder einen Vollstreckungsbescheid nach § 341 als unzulässig verworfen hat. Dann ist nur die Entscheidung über die Zulässigkeit des Einspruchs dem Berufungsgericht angefallen. Die Zurückverweisung kommt nur dann in Betracht, wenn die Berufung Erfolg hat. Sinngemäß ist II 1 Z 2 anwendbar, wenn das Berufungsgericht einen nach § 238 II verworfenen Wiedereinsetzungsgrund gegen die Versäumung der Einspruchsfrist durchgreifen läßt.

C. Zulässigkeitsentscheidung, II 1 Z 3. Weiter kommt eine Zurückverweisung in Betracht, wenn das 11
Erstgericht nur die objektiv unzulässige Klage abgewiesen hat, sei es wegen Unzulässigkeit, sei es fälschlich als unbegründet, BGH WertpMitt **83**, 660, BayObLG **02**, 160, Drsd VersR **03**, 93, oder wenn das Erstgericht die Klage für zurückgenommen erklärt hat, zB nach § 113 S 2. Das gilt unabhängig davon, ob die Parteien abgesondert verhandelt hatten, § 280, BGH RR **86**, 61 (Anfall nur des Zwischenstreits), ob man den Mangel genügt hatte, § 282 III, und ob das Erstgericht von Amts wegen auf Grund mangelnder Vertretung abgewiesen hatte, BGH WertpMitt **83**, 658. Über die Bedeutung hilfsweiser sachlichrechtlicher Erörterungen Üb 5 vor § 300, Ffm FamRZ **81**, 979, Schneider MDR **83**, 105. Hatte das Erstgericht die Rüge als unbegründet verworfen, muß das Berufungsgericht über sämtliche anderen solchen Rügen entscheiden, die die Zulässigkeit der Klage betreffen, II 2, und je nachdem abweisen oder zurückverweisen. Aus dem Grund der Vorschrift, dem unvollständigen Anfall, und aus §§ 280, 282 III folgt, daß sich Z 3 auf alle Prozeßhindernisse und sämtliche Prozeßvoraussetzungen bezieht, auch auf solche, die von Amts wegen beachbar sind, Zweibr NJW **77**, 1928.

Über den Wortlaut hinaus greift Z 3 immer dann ein, wenn das Erstgericht über einen sachlichrechtlichen Anspruch zu Unrecht aus prozessualen Gründen nicht entschieden hat, BGH NJW **84**, 128, Düss RR **90**, 1040. Deshalb darf das Berufungsgericht zurückverweisen, wenn das Erstgericht eine Klage zu Unrecht wegen der entgegenstehenden Rechtskraft des in einem Vorprozeß ergangenen Urteils abgewiesen hat, BGH NJW **84**, 128. Dasselbe gilt dann, wenn nach einer Klagabweisung wegen Prozeßunfähigkeit der gesetzliche Vertreter die Prozeßführung genehmigt, oder wenn das Erstgericht ein Feststellungsinteresse zu Unrecht verneint hat, Kblz RR **89**, 510, oder wenn es irrig den Widerruf eines Prozeßvergleichs für unwirksam hielt, oder wenn es ein Anerkenntnisurteil ohne ein wirksames Anerkenntnis erlassen hat, LG Fürth NJW **76**, 633, Prütting DRiZ **77**, 78. Z 3 ist auch dann anwendbar, wenn das Berufungsgericht im Gegensatz zum Erstgericht einen Nichtigkeitsgrund nach § 579 bejaht, KG FamRZ **89**, 647. Ebenso ist eine Zurückverweisung möglich, wenn der für begründet gehaltene Einwand der Entscheidung durch Schiedsgutachter nach Grdz 17 vor § 1025 in der Berufungsinstanz wegfällt, Ffm MDR **85**, 150, Walchshöfer Festschrift für Schwab (1990) 530, weil die Sache dem Berufungsgericht nur in diesem Umfang angefallen ist, BGH MDR **86**, 130.

Unanwendbar ist Z 3 bei einer Abweisung aus sachlichrechtlichen Gründen. Daher darf das Berufungsge- 12
richt nicht zurückverweisen, wenn es außerhalb eines Grundurteils nach Z 4 entgegen dem Erstgericht die Einhaltung einer Ausschlußfrist bejaht, aM LG Ffm **88**, 78 (zustm Schneider MDR **88**, 109), oder wenn das Berufungsgericht den Eintritt der Verjährung verneint, BGH NJW **99**, 3125, Prütting DRiZ **77**, 78, RoSGo § 140 IV 1, aM Brschw MDR **75**, 671 (zustm Schneider MDR **76**, 52), Ffm NJW **87**, 784, Hamm MDR **77**, 585, und ebensowenig bei einer erstinstanzlichen Verneinung der Sachbefugnis, BGH NJW **78**, 1430, oder bei einer erstinstanzlichen Bejahung von AGB, BGH **71**, 226, oder wenn das Erstgericht eine Schiedsgutachtenabrede mit Recht verneint, falls jetzt aber dem Berufungsgericht das Gutachten vorliegt, ThP 17, aM Ffm MDR **85**, 150.

D. Grundurteil, II 1 Z 4. Weiter ist die gänzliche oder abtrennbar teilweise Zurückverweisung zulässig, 13
wenn das Erstgericht bei einem nach Grund und Betrag streitigen Anspruch durch das Ersturteil über den Grund des Anspruchs vorab entschieden oder die Klage abgewiesen hat, es sei denn, daß der Streit über den Betrag des Anspruchs zur Entscheidung reif ist, BGH VersR **83**, 735, Kblz MDR **92**, 805. Es ist ein Antrag erforderlich, BGH RR **04**, 1639. Denn II 3 nimmt nur Z 7 davon aus. Das Berufungsgericht hat zur Zurückverweisung grundsätzlich ein pflichtgemäßes Ermessen, NJW **01**, 2551. Es braucht die Zurückverweisung zwar nicht ausdrücklich im Tenor auszusprechen, BGH RR **04**, 1294. Es sollte das aber klarstellend tun.

14 Voraussetzung ist, daß das Erstgericht bei einem nach Grund und Höhe streitigen Anspruch die Höhe *ungeprüft* gelassen hat, BGH NJW **98**, 614. Eine Zurückverweisung ist auch dann zulässig, wenn der Kläger im Berufungsverfahren von der Feststellungsklage zur Leistungsklage übergeht, Ffm RR **87**, 1536, aM StJGr 19, oder wenn das Erstgericht die Klage mangels Bestehens eines Anspruchs abgewiesen hat, das Berufungsgericht aber den Zahlungsanspruch dem Grunde nach bejaht, BGH NJW **98**, 614, Düss MDR **85**, 61, Mü FamRZ **06**, 1450. Bei einer Abweisung im Ersturteil ist unerheblich, ob das Erstgericht das Verfahren auf den Grund beschränkt hatte, ferner ob der Kläger den Betrag erst in zweiter Instanz beziffert hat. Voraussetzung ist immer, daß das Erstgericht den Grund verneint hat. Darunter fällt nicht die Abweisung wegen des Fehlens eines Schadens. Die Aufrechnung gehört, soweit sie die Klageforderung ausräumt, zum Grund. Deshalb muß das Berufungsgericht sie erledigen.

Hat das Erstgericht die Widerklage auf einen *Mehrbetrag* des Eingeklagten abgewiesen, hat es über den Betrag erkannt. Das Berufungsgericht darf insoweit nicht zurückverweisen. Stellt aber das Berufungsgericht bei einer Abweisung wegen einer Aufrechnung einen Mehrbetrag der Gegenforderung fest, muß es bei einer Widerklage zurückverweisen. Stehen die Klage und die Widerklage in einem unlöslichen Zusammenhang, muß das Berufungsgericht auch wegen der Widerklage zurückverweisen, wenn an sich nur die Klage betroffen wäre, Düss RR **93**, 976. War in erster Instanz nur der Betrag streitig und ist in zweiter Instanz auch der Grund streitig, muß das Berufungsgericht selbst entscheiden. War in erster Instanz der Grund streitig, jedoch der Betrag unstreitig, gilt Rn 17.

15 Weitere Voraussetzung der Zurückverweisung ist, daß das Berufungsgericht den Grund *voll erledigt* hat, also jeden Klagegrund, auch ein Mitverschulden dem Grund nach, BGH **100**, 196, Kblz OLGR **04**, 601, und jeden und daher auch den hilfsweise geltend gemachten Grund, auch wenn die Partei den Grund erst in der Berufungsinstanz geltend gemacht hat, und außerdem die gegen den Grund gerichteten Einreden. Dem Erstgericht darf nur die Entscheidung über den Betrag bleiben. Deshalb muß das Berufungsgericht den Streit über den Mitverursachungsanteil selbst beenden, BGH MDR **97**, 774. Findet das Berufungsgericht die Klage unbegründet, muß es sie abweisen. Hält es entgegen dem Erstgericht die Klage dem Grunde nach für gerechtfertigt, genügt nicht eine Aufhebung und Zurückverweisung. Vielmehr muß das Berufungsgericht den Grund selbst beurteilen und ein Grundurteil erlassen, wenn es wegen des Betrags nach Z 4 zurückverweist, BGH NJW **78**, 1430. Hatte das Erstgericht vorabentschieden, ist eine Zurückverweisung nicht stets nötig. Sie ist aber immer ratsam, damit keine Zweifel entstehen. Hat das Erstgericht wegen des Fehlens einer Prozeßvoraussetzung abgewiesen, muß das Berufungsgericht nach Z 4 verfahren. Bei einer Verbindung eines Zahlungs- mit einer Feststellungsklage kann es die Zurückverweisung nicht auf die Feststellungsklage erstrecken, BGH NJW **02**, 302, Köln RR **00**, 1264, aM Düss OLGR **95**, 250, ZöGuHeß 47.

16 *Entsprechend anwendbar* ist Z 4 auf die Stufenklage, § 254 Rn 20, BGH NJW **06**, 2626, Hamm RR **03**, 907. Demgemäß ist eine Aufhebung und Zurückverweisung dann zulässig, wenn das Erstgericht die Klage insgesamt abgewiesen hat und das Berufungsgericht zur Auskunft oder Rechnungslegung verurteilt, BGH NJW **91**, 1893, Hamm RR **93**, 907, Saarbr RR **00**, 229. Das gilt auch dann, wenn der Kläger trotz einer uneingeschränkt eingelegten Berufung nur den Antrag auf eine Auskunft gestellt hat, BGH NJW **85**, 862. Jedoch kommt nach wirksamen Erledigterklärungen der Auskunftsstufe eine Zurückverweisung nur dann in Betracht, wenn das Berufungsgericht über den Grund des Zahlungsanspruchs vorab selbst entscheidet, BGH NJW **91**, 1898. Dasselbe gilt bei einem zweitinstanzlichen Übergang zur Stufenklage nach einer Verurteilung zur Rechnungslegung, BGH NJW **79**, 925, und bei einem zweitinstanzlicher Hilfsantrag auf eine Zahlung, Hamm OLGZ **88**, 468. Ebenso ist Z 4 dann anwendbar, wenn das Erstgericht durch ein Teilurteil zu Unrecht einen Teil der Ansprüche abgewiesen hat und wenn eine Sachaufklärung für alle Ansprüche erfolgen muß, Ffm VersR **86**, 1195. Eine Zurückverweisung wegen der Zahlungsklage ist dann nicht nötig, wenn die Klage teilweise noch in der Vorinstanz anhängig ist, BGH NJW **95**, 2230. Schließlich ist Z 4 dann entsprechend anwendbar, wenn das Erstgericht zu Unrecht einen Vergleichswiderruf für unwirksam hielt, Karlsr MDR **05**, 1368 (großzügig).

17 Ist der Streit über den Betrag *spruchreif,* entscheidet das Berufungsgericht über ihn ohne eine Zurückverweisung, Ffm MDR **86**, 945. Das erfolgt auch dann, wenn das Erstgericht den Grund voll bejaht hat und wenn eine Anschließung fehlt, Ffm MDR **86**, 945. Spruchreif ist die Entscheidung über den Betrag dann, wenn kein weiteres Verfahren mehr nötig ist. Es darf also auch keine Beweisaufnahme außer durch einen Urkundenbeweis erforderlich sein, Stgt NZM **07**, 288. Ist nur ein Teil spruchreif, ergeht ein Teilurteil und darf das Berufungsgericht nur wegen des Rests zurückverweisen.

18 **E. Vorbehaltsurteil, II 1 Z 5.** Eine Zurückverweisung ist auch dann zulässig, wenn das Ersturteil im Urkunden- oder Wechselprozeß nach § 599 unter dem Vorbehalt der Rechte ergangen ist. Eine Zurückverweisung ist dort nur bei einer Bestätigung möglich. Es ist dann aber wieder bedeutungslos, weil nur das Vorverfahren angefallen ist, das Nachverfahren daher nur in der ersten Instanz stattfinden kann. Erläßt das Berufungsgericht erstmals das Vorbehaltsurteil, muß es nach Z 5 an das Erstgericht zurückverweisen, BGH RR **88**, 63, § 600 Rn 3 (dort zur Streitfrage), Mü RR **87**, 1024. Keine Zurückverweisung erfolgt, wenn der Kläger erst in der Berufungsinstanz vom Urkundenprozeß nach § 596 Abstand nimmt. Dagegen muß das Berufungsgericht entsprechend Z 5 zurückverweisen, wenn das Erstgericht die Klage im Urkunden- oder Wechselprozeß abgewiesen hat und wenn nun das Berufungsgericht ein Vorbehaltsurteil erläßt, Mü MDR **00**, 903. Z 5 gilt auch für den Vorbehalt der Aufrechnung nach § 302 durch das Berufungsgericht, Bettermann ZZP **88**, 396.

19 **F. Versäumnisurteil usw, II 1 Z 6.** Zulässig ist die Zurückverweisung, wenn das Ersturteil ein Versäumnisurteil nach § 514 II ist. Über die Zulässigkeit der Berufung in diesem Fall § 514 II. Z 6 ist auch entsprechend anwendbar bei einem Anerkenntnisurteil ohne ein Anerkenntnis, KG RR **95**, 958, Mü MDR **91**, 795, LG Nürnb-Fürth NJW **76**, 633.

Unanwendbar ist Z 6 auf ein unechtes Versäumnisurteil nach Üb 13 ff vor § 330. Bei ihm muß das Berufungsgericht den Rechtsstreit voll beenden.

G. Teilurteil, II 1 Z 7. Ferner ist die Zurückverweisung dann möglich, wenn das Ersturteil ein entgegen den Voraussetzungen des § 301 erlassenes Teilurteil ist, BGH WertpMitt **94**, 868, BAG NZA **07**, 1230, Karlsr RR **05**, 799. Dann ist kein Antrag nötig, II 3. Es handelt sich um einen Unterfall der Z 1, BGH NJW **01**, 79, zur Beschleunigung des Verfahrens. Der Mangel darf zweitinstanzlich nicht behebbar sein, LAG Hamm NZA-RR **06**, 158. Das Berufungsgericht darf aber auch selbst entscheiden, BGH WertpMitt **94**, 868, Hamm OLGR **95**, 222. 20

6) Verfahren, I, II. Es gibt zwei Abschnitte. 21

A. Antrag; Ermessen. Die Zurückverweisung setzt bei II 1 Z 1–6 den Antrag einer Partei voraus, BGH RR **04**, 1639. Auch ein Hilfsantrag ist zulässig. Nur bei einem unzulässigen Teilurteil nach II 1 Z 7 entscheidet das Berufungsgericht von Amts wegen. Der Antrag ist auch nach dem Ablauf der Berufungsbegründungsfrist noch in der mündlichen Verhandlung zulässig, Saarbr VersR **04**, 624 rechts. Er kann auch als ein Hilfsantrag erfolgen, Ffm OLGR **03**, 388. Über die Zurückverweisung oder die eigene Sachentscheidung befindet das Berufungsgericht in allen Fällen nach seinem pflichtgemäßen Ermessen, BGH MDR **05**, 921. Die Grenze für dessen Ausübung ergibt sich daraus, daß die Zurückverweisung schon wegen der Notwendigkeit der Prozeßwirtschaftlichkeit nach Grdz 14 vor § 128 eine Ausnahme von dem in I genannten Grundsatz bedeutet, daß ihre Zulässigkeit also unter strengen Anforderungen steht, BGH FamRZ **05**, 882 rechts oben, und daß jede Zurückverweisung eine Verzögerung und Verteuerung des Verfahrens mit sich bringt, BGH MDR **05**, 921. Sie darf auch bei I 1 Z 2–7 nur in schwerwiegenden und dazu geeigneten Fällen stattfinden. Das gilt etwa dann, wenn das Berufungsgericht eine zeitraubende Sachaufklärung auf sich nehmen müßte, obwohl es vornehmlich Kontrollfunktionen hat.

Das Berufungsgericht darf und muß selbst *durchentscheiden,* wenn es ohne weiteres eine Verfahrensentscheidung treffen kann, BGH NZW **02**, 2795 (Aussetzung), oder wenn es eine sachliche Endentscheidung treffen kann, zB eine Abweisung, wenn also eine Entscheidungsreife vorliegt, § 300 Rn 6, BGH FamRZ **05**, 882 rechts oben, Düss VersR **06**, 1269. Eine Erörterung mit den Parteien ist meist ratsam und evtl nach §§ 139, 525 notwendig, ZöGuHeß 7. 22

B. Entscheidung. Die Entscheidung über die Zurückverweisung ergeht von Amts wegen im Endurteil, nach § 542 I, das den Prozeß für die Instanz beendet. Die Zurückverweisung kann auch für einen selbständigen Teil des Verfahrens erfolgen. Eine Zurückverweisung an eine andere Kammer oder Abteilung ist unstatthaft. Die Kostenentscheidung bleibt nach § 97 Rn 76 grundsätzlich dem Erstgericht als dem Adressaten der Zurückverweisung vorbehalten, Köln RR **87**, 1152. Wegen der Ausnahmen § 97 Rn 77. Eine Entscheidung über die vorläufige Vollstreckbarkeit erübrigt sich, Köln RR **87**, 1152, aM Kblz JB **08**, 43, Mü NZM **02**, 1032. Das Berufungsgericht muß die Gerichtskosten der Berufungsinstanz und diejenigen des aufgehobenen Urteils bei einem offensichtlichen schweren Verfahrensfehlern nach § 21 GKG ausnahmsweise selbst niederschlagen, Düss RR **95**, 1024, Karlsr FamRZ **98**, 1310, Hartmann Teil I A § 21 GKG Rn 8 ff. 23

Das *zurückverweisende* Urteil braucht schon wegen seiner Bindungswirkung stets eine Begründung der Sachdienlichkeit, BGH RR **05**, 928, Keller MDR **92**, 435. Das Berufungsgericht muß eine Abwägung der Argumente für und gegen eine Zurückverweisung nach Rn 22 erkennen lassen, BGH MDR **05**, 922. Die Zurückverweisung begründet einen tatsächlichen Stillstand des Verfahrens nach Üb 2 vor § 239 bis zur Terminsbestimmung. Sie erfolgt von Amts wegen. Die Zurückverweisung überläßt die ersetzende Entscheidung ganz dem Erstgericht. Das neue Verfahren setzt das frühere erstinstanzliche Verfahren fort, sofern das Berufungsgericht es nicht aufgehoben hat. Dann muß das Erstgericht das Verfahren wiederholen. Das gilt grundsätzlich auch für eine Beweisaufnahme, Brdb MDR **02**, 171. Diejenigen Richter, die an der aufgehobenen Entscheidung mitgewirkt haben, sind im neuen Verfahren nicht ausgeschlossen, § 563 Rn 3. 24

Das Erstgericht ist bei seiner Entscheidung *an die Rechtsauffassung des Berufungserichts gebunden,* soweit nicht das Erstgericht nun auch einen neuen Streitstoff beurteilen muß, § 563 II, Hamm RR **87**, 188. Das gilt auch dann, wenn die Zurückverweisung rechtsfehlerhaft war, BGH NJW **94**, 2956, LG Ffm NJW **88**, 77, Schneider MDR **88**, 108, 151. Die Bindung erstreckt sich auf sämtliche Rechtsausführungen des Berufungsgerichts, LG Köln RR **02**, 189. Diese interprozessuale Bindung gilt aber nur, soweit das Berufungsgericht entschieden hat, nicht auch für sonst von ihm angestellte Erwägungen, BGH MDR **05**, 1241. Über den Umfang dieser Bindungswirkung ist die Auffassung des Berufungsgerichts maßgeblich, Schneider MDR **78**, 529, ZöGuHeß 60. Die eigene Entscheidung bindet das Erstgericht nach § 318, soweit das Berufungsgericht diese Entscheidung nicht aufgehoben hat.

Abgesehen von diesen Bindungen ist das Erstgericht in seiner Entscheidung *frei.* Es darf und muß neues Vorbringen berücksichtigen. Es darf eine dem Berufungskläger ungünstigere Entscheidung treffen, Schneider MDR **78**, 529, ZöGuHeß 61, aM BGH MDR **89**, 979. Eine irrige Annahme der Bindung ist ein Verstoß gegen Art 103 I GG, BGH MDR **05**, 1241.

Bei einer *Berufung gegen das neue Urteil* des Erstgerichts ist das Berufungsgericht entsprechend § 563 II wegen § 318 an sein früheres Urteil gebunden, BGH NJW **92**, 2832 (krit Tiedtke ZIP **93**, 252), ebenso das Revisionsgericht, an das das neue Urteil gelangt, BGH NJW **92**, 2832. Ein Verstoß ist von Amts wegen beachtbar. Diese Bindung an die Rechtsauffassung des Berufungsgerichts gilt für das Revisionsgericht auch bei einer Sprungrevision gegen das neue Urteil des Erstgerichts, BVerwG MDR **78**, 342. Die Bindung erfaßt auch die funktionelle Zuständigkeit, (zum alten Recht) BGH FamRZ **82**, 789. 25

Die *Bindung* besteht immer nur *in derselben Sache.* Sie besteht also in einem neuen Rechtsstreit auch dann nicht, wenn er dieselben Rechtsfragen betrifft und wenn ihn dieselben Parteien führen, BVerwG NVwZ **82**, 120.

7) Rechtsmittel, I, II. Gegen das zurückverweisende Berufungsurteil ist die Revision oder Nichtzulassungsbeschwerde nach §§ 542 ff statthaft. Beschwert ist jeder Antragsteller nach Rn 22 und bei II 1 Z 7 jeder Benachteiligte. Mit der Revision kann man rügen, es habe einen erstinstanzlichen Verfahrensmangel zB nach Rn 6 gegeben, oder er sie nach §§ 295, 525 geheilt, überhaupt habe das Berufungsgericht sein Ermessen nicht ordnungsmäßig ausgeübt, BGH NJW **01**, 2552, oder überschritten, BGH MDR **05**, 645. 26

539 *Versäumnisverfahren.* [I] **Erscheint der Berufungskläger im Termin zur mündlichen Verhandlung nicht, so ist seine Berufung auf Antrag durch Versäumnisurteil zurückzuweisen.**

[II 1] **Erscheint der Berufungsbeklagte nicht und beantragt der Berufungskläger gegen ihn das Versäumnisurteil, so ist das zulässige tatsächliche Vorbringen des Berufungsklägers als zugestanden anzunehmen.** [2] **Soweit es den Berufungsantrag rechtfertigt, ist nach dem Antrag zu erkennen; soweit dies nicht der Fall ist, ist die Berufung zurückzuweisen.**

[III] **Im Übrigen gelten die Vorschriften über das Versäumnisverfahren im ersten Rechtszug sinngemäß.**

1 **1) Systematik, I–III.** Es handelt sich um eine gegenüber §§ 330 ff vorrangige Sonderregelung. Soweit nicht I, II Abweichungen bringen, würden §§ 330 ff schon wegen § 525 gelten. Das stellt III überflüssigerweise klar.

2 **2) Regelungszweck, I–III.** Es gelten dieselben Erwägungen wie in der ersten Instanz. Vgl daher Üb 2 vor § 330 sowie bei §§ 331 ff jeweils Rn 2.

3 **3) Geltungsbereich, I–III.** Die Vorschrift gilt in jedem Berufungsverfahren nach der ZPO und den auf sie verweisenden Gesetzen, soweit danach überhaupt ein Versäumnisurteil infragekommt. Sie gilt auch im WEG-Verfahren. Im Verfahren der Arbeitsgerichte ist § 539 entsprechend anwendbar, §§ 59, 64 VI, VII ArbGG, BAG NJW **04**, 3732, LAG Bln NZA **98**, 167 (Alleinentscheidung durch den Vorsitzenden).

4 **4) Verfahrensgrundsätze, I–III.** Das Versäumnisverfahren im Berufungsrechtszug ist grundsätzlich dasselbe wie in der ersten Instanz. Deshalb muß man auch hier die Grundlagen des ganzen Verfahrens vorweg prüfen, also auch die Zulässigkeit der Berufung, Düss MDR **00**, 667. Ergibt sich nach § 522 I, daß die Berufung unzulässig ist, muß das Berufungsgericht sie auch im Versäumnisverfahren verwerfen. Das gilt unabhängig davon, welche Partei säumig ist. Das Berufungsurteil ist ein streitmäßiges Urteil (unechtes Versäumnisurteil), BGH NJW **99**, 291, Brdb RR **98**, 1679, Düss FamRZ **94**, 1535, aM MüKoRi 7. Das gilt, wenn nicht die Verwerfung mindestens teilweise auf zwangsläufigen Folgen der Säumnis beruht. Fehlt eine Prozeßvoraussetzung oder hat das Ersturteil einen solchen Mangel, der ihm die Eignung als Grundlage des weiteren Verfahrens nimmt, hat das Erstgericht zB den Einspruch gegen ein Versäumnisurteil zu Unrecht als zulässig angesehen oder ist das Ersturteil ein unzulässiges Teilurteil oder ist es während der Unterbrechung des Verfahrens ergangen, muß das Berufungsgericht ohne Rücksicht darauf, welche Partei säumig ist, das Ersturteil aufheben und die Klage abweisen oder an das Erstgericht zurückverweisen, Ffm OLGZ **94**, 78, Hamm FamRZ **98**, 303, Köln ZIP **94**, 958, aM MüKoRi 7. Auch hier ist das Berufungsurteil stets ein streitmäßiges Urteil, kein Versäumnisurteil, BGH JR **87**, 26 (krit Dunz 27), Köln ZIP **94**, 958, Nürnb RR **96**, 58.

5 **5) Versäumnisurteil gegen den Berufungskläger, I.** Liegt keiner der Fälle der Rn 4 vor, ergeht bei einer Säumnis nach Üb 3 ff vor § 330 auf Antrag des Berufungsbekl nach § 330 Rn 1 gegen den Berufungskläger ohne weitere Prüfung ein echtes Versäumnisurteil auf eine Zurückweisung der Berufung, Celle MDR **93**, 686, Hamm FamRZ **98**, 382. Zur Rechtskraftwirkung des Urteils BGH NJW **03**, 1044 (krit Siemon MDR **04**, 301). Nach einer Berufungsrücknahme gilt § 516 III.

6 **6) Versäumnisurteil gegen den Berufungsbeklagten, II.** Es gibt zwei Verfahrensabschnitte.

A. Voraussetzung, II 1. Muß das Berufungsgericht nicht die Berufung verwerfen oder über die Klage durch ein streitmäßiges Urteil (unechtes Versäumnisurteil) entscheiden, muß es bei einer Säumnis des Berufungsbekl das zulässige tatsächliche Vorbringen des Berufungsklägers als zugestanden annehmen, BAG NJW **04**, 3733. Das gilt nur für Tatsachen, nicht aber für Rechtsfragen, aM Mü NJW **76**, 489 (abl Küppers). Darauf, ob der Berufungsbekl das Vorbringen früher bestritten hat, kommt es nicht an. Auch die Feststellungen im Ersturteil und etwaige Beweisergebnisse bleiben außer Betracht, soweit sich der Berufungskläger das Beweisergebnis nicht zu eigen macht, BAG NJW **04**, 3733. Dasselbe gilt für sonstige Umstände, die für die Unrichtigkeit des Vorbringens sprechen können, BGH MDR **79**, 930. Wegen § 535 muß das Berufungsgericht jedoch ein in erster Instanz abgelegtes Geständnis berücksichtigen. Das Vorbringen muß jedoch zulässig sein. Das muß das Berufungsgericht nach §§ 530–532 prüfen. Voraussetzung für den Erlaß des Versäumnisurteils ist stets die rechtzeitige Mitteilung, § 335 I Z 3.

7 **B. Weiteres Verfahren, II 2.** Soweit das als zugestanden fingierte tatsächliche Vorbringen des Berufungsklägers seinen Berufungsantrag, rechtfertigt, es also schlüssig ist, muß das Berufungsgericht auf seinen Antrag durch ein Versäumnisurteil entscheiden, BAG NJW **04**, 3733, ohne Beachtung der Ergebnisse einer erstinstanzlichen Beweisaufnahme und eines nach § 531 I, II unstatthaften oder ausgeschlossenen Vortrags. Auch der Einzelrichter geht so vor, auch bei § 527 III Z 2. Hat der Kläger die Berufung eingelegt, muß sich daraus die Schlüssigkeit der Klage ergeben. Ist der Bekl Berufungskläger, muß sein Vorbringen zur auch teilweisen Unbegründetheit der Klage führen, Putzo NJW **77**, 8. Dann hebt das Berufungsgericht das Ersturteil auf oder ändert es ab und weist die Klage durch ein echtes Versäumnisurteil ab. Ein echtes erstinstanzliches Geständnis wirkt fort, Düss MDR **00**, 1211.

Andernfalls muß das Berufungsgericht die Berufung durch ein unechtes Versäumnisurteil nach Üb 13 ff vor § 330 bei einem prozessualen Mangel verwerfen, Kblz JB **86**, 119, und sonst zurückweisen, BAG NJW **04**, 3733. Ist das zu Unrecht geschehen, kann auch dann, wenn der Bekl in der Revisionsinstanz säumig ist, das Revisionsgericht nicht anstelle des Berufungsgerichts der Klage durch ein echtes Versäumnisurteil stattgeben, sondern es muß aufheben und zurückverweisen, BGH NJW **86**, 3085, BAG NJW **89**, 62, 734. Eine Prozeßkostenhilfe nur für einen Antrag nach § 331 kommt nicht in Betracht, Köln OLGZ **89**, 70. Bei wechselseitigen Berufungen und bei der Säumnis einer Partei muß das Berufungsgericht evtl einheitlich entscheiden, also durch ein (Teil-)Sachurteil und Versäumnisurteil, Kblz FamRZ **98**, 304.

8 **7) Sonstige Vorschriften, III.** Im übrigen gelten bei einer Säumnis die Vorschriften über das erstinstanzliche Versäumnisverfahren „sinngemäß", nach § 525 „entsprechend", §§ 313 b I 1, 330, 331 a–347,

also auch § 340 III 4 (Hinweis auf die Folgen der Fristversäumung bei der Zustellung des Versäumnisurteils, § 340 Rn 16). Bei einer zweiseitigen Säumnis gelten §§ 251 a, 525. Für Anträge des Berufungsgegners gilt § 335 I Z 3 nicht, Celle MDR **93**, 686. Die zur Aktenlageentscheidung nötige mündliche Verhandlung muß in der zweiten Instanz stattgefunden haben (ebenso nach § 331 a). Zur Zuständigkeit des Einzelrichters §§ 526, 527 III 2.

540 ***Inhalt des Berufungsurteils.*** **I 1 Anstelle von Tatbestand und Entscheidungsgründen enthält das Urteil**

1. die Bezugnahme auf die tatsächlichen Feststellungen im angefochtenen Urteil mit Darstellung etwaiger Änderungen oder Ergänzungen,

2. eine kurze Begründung für die Abänderung, Aufhebung oder Bestätigung der angefochtenen Entscheidung.

2 Wird das Urteil in dem Termin, in dem die mündliche Verhandlung geschlossen worden ist, verkündet, so können die nach Satz 1 erforderlichen Darlegungen auch in das Protokoll aufgenommen werden.

II Die §§ 313 a, 313 b gelten entsprechend.

Schrifttum: *Burgermeister* ZZP **116**, 165; *Fellner* MDR **04**, 981 (je: Üb); *Lücke*, Begründungszwang und Verfassung (1987) 161.

1) Systematik, Regelungszweck, I, II. § 540 trägt der Ausgestaltung der Berufungsinstanz in ein Instrument der Fehlerkontrolle und -beseitigung Rechnung. Das ist ein klassisches Mittel der Prozeßwirtschaftlichkeit, Grdz 14 vor § 128. Die Vorschrift dient der Entlastung des Gerichts, BGH NJW **05**, 437 und 831, krit Seitz NJW **03**, 567. Freilich müssen die Parteien den Inhalt des Berufungsurteils kritisch überprüfen können und muß auch eine Überprüfung durch das Revisionsgericht möglich bleiben, BGH FamRZ **06**, 775. Beides muß man bei der Auslegung beachten. 1

2) Geltungsbereich, I, II. Die Vorschrift gilt in jedem Berufungsverfahren nach der ZPO und den auf sie verweisenden Gesetzen. Sie gilt auch im WEG-Verfahren. Vor den Arbeitsgerichten gilt § 69 ArbGG, BAG NJW **06**, 3020. 2

3) Kurzfassung, I 1. Anstelle von einem natürlich zulässigen und manchmal ratsamen Tatbestand und Entscheidungsgründen nach § 313 braucht das Berufungsurteil als „Gründe" wie bei einem Beschluß nur zweierlei Angaben zu enthalten. Stets müssen die Ausführungen in Verbindung mit den in Bezug genommenen Angaben im Ersturteil die Verständlichkeit der Feststellungen und Rechtsausführungen des Berufungsgerichts sicherstellen, BGH MDR **07**, 733. Dazu gehört auch stets die Wiedergabe der Berufungsanträge, BGH GRUR **08**, 367, mindestens Ausführungen über das Ziel des Berufungsklägers, BGH NJW **05**, 423 und 2858, BAG NJW **03**, 918, Lindner NJW **03**, 3322. Sie können sich aus dem Gesamtzusammenhang des Urteils ergeben, BGH FamRZ **04**, 1094. Man muß den Umfang des Streitgegenstands nach § 2 Rn 4 und der inneren Rechtskraft nach § 322 erkennen können, BGH GRUR **08**, 367. 3

Eine *Bezugnahme* auf das Ersturteil ist auch dann zulässig, wenn es nach § 313 II 2 selbst solche Verweisungen enthält, die die Parteien kennen, BGH MDR **91**, 506. Grundsätzlich haben die Parteien mit ihren Anträgen in der Verhandlung ihren gesamten bisherigen Schriftsatzvortrag stillschweigend in Bezug genommen, BGH VerR **92**, 1136. Eine Bezugnahme ist auch auf Protokolle und Vermerke des Gerichts statthaft, BGH WertpMitt **91**, 285. Findet gegen ein Berufungsurteil die Nichtzulassungsbeschwerde statt, muß aus ihm erkennbar sein, von welchem Sach- und Streitstand das Gericht ausgegangen ist, welches Rechtsmittelbegehren die Parteien verfolgt haben und welche tatsächlichen Feststellungen der Entscheidung zugrunde liegen, BGH NJW **07**, 2335. Nach einer Ergänzung des Parteivortrags und daher nach einer in der Berufungsinstanz erweiterten Beweisaufnahme muß das Berufungsgericht in seinem Urteil kurz begründen, weshalb es trotzdem dem Erstgericht im Ergebnis voll rechtgibt, BGH RR **07**, 1412.

Die *Kostenentscheidung* richtet sich nach §§ 91 ff, 97, diejenigen zur vorläufigen Vollstreckbarkeit nach § 708 Z 10, BGH **109**, 211, Mü NZM **02**, 1032.

Ein solches Berufungsurteil, das *keine* Bezugnahme auf die tatsächlichen Feststellungen im Ersturteil mit einer Darstellung etwaiger Änderungen oder Ergänzungen enthält, unterliegt im Revisionsverfahren grundsätzlich von Amts wegen der Aufhebung und Zurückverweisung, BGH GRUR **08**, 367. Dasselbe gilt, wenn das Berufungsurteil weder einen Tatbestand noch erkennbare Anträge enthält, BGH RR **04**, 659 rechts, BAG NJW **06**, 3020, oder wenn eine Bezugnahme und ergänzende Feststellungen allzu große Lücken oder unaufklärbare Widersprüche zeigen, BGH FamRZ **04**, 363 links oben. Man darf aber die Anforderungen wegen Rn 1 nicht überspannen, Seitz NJW **03**, 566. Schon nach I 1 darf sich das Berufungsgericht noch kürzer als das Erstgericht mit seiner Befugnis nach § 313 III fassen. Es darf daher auch auf etwa unveränderte Beurteilungen des Erstgerichts verweisen, BGH NJW **85**, 1784.

4) Protokollgründe, I 2. Das Berufungsgericht darf sein Urteil in demjenigen Termin verkünden, in dem es die mündliche Verhandlung geschlossen hat, sog Stuhlurteil, BGH FamRZ **07**, 1314. Dann bleiben die Darlegungen nach I 1 erforderlich, BGH NJW **04**, 1389. Jedoch darf das Berufungsgericht sie ähnlich wie bei § 313 a I 2 Hs 2 auch ohne eine Zustimmung der Parteien in das Protokoll verlagern, BGH NJW **07**, 1314. Das gilt auch dann, wenn das Berufungsgericht die Revision zuläßt oder wenn eine Nichtzulassungsbeschwerde infrage kommt, krit Fellner MDR **04**, 981. Die Anforderungen nach I 1 sind aber dann nicht geringer, BGH NJW **06**, 1523. Die Entscheidung dazu trifft das Spruchkollegium, nicht der Vorsitzende. Denn nur alle Richter dürfen die in das Protokoll kommenden Sätze genehmigen. Es genügt eine Verkündung des Protokollurteils am Schluß der Sitzung und auch nach einer zwischenzeitlichen Verhandlung anderer Sachen an diesem Sitzungstag, BGH NJW **04**, 1666, Gaier NJW **04**, 2046. Bei der Verkündung des Protokollurteils muß das Protokoll neben den übrigen Angaben nach § 160 die Urteils- 4 formel, die Darlegungen nach I 1 und den Verkündungshinweis enthalten, BGH NJW **04**, 1666, ferner den Hinweis auf die Protokollgründe, Naumb FamRZ **03**, 48, strenger BGH GRUR **07**, 631 (das Urteil müsse auch die in das Protokoll aufgenommenen Feststellungen und Darlegungen nach I 1 enthalten. Aber genau das macht den Vereinfachungszweck Rn 1 gerade wieder zunichte). Das gesamte Kollegium und nicht nur der Vorsitzende müssen unterschreiben, BGH FamRZ **07**, 1314 und 1548. Es ist die Zustellung auch des Protokolls zum Fristanlauf notwendig, BGH FamRZ **07**, 1314. Eine Nachholung nach über fünf Monaten seit der Verkündung ist unstatthaft, BGH MDR **08**, 996.

5 **5) Weitere Vereinfachungen, II.** Die Vorschriften in § 313 a über den Verzicht der Parteien und in § 313 b über die abgekürzte Form des Versäumnis-, Anerkenntnis- und Verzichtsurteils gelten entsprechend.

6 **6) Sonstiger Urteilsinhalt, I, II.** Die stets erforderlichen Angaben ergeben sich aus §§ 313 I, 525. Nötig ist ferner eine Entscheidung über die Zulassung der Revision, § 543 I Z 1, dort Rn 13 ff.

541

Prozessakten. I 1 **Die Geschäftsstelle des Berufungsgerichts hat, nachdem die Berufungsschrift eingereicht ist, unverzüglich von der Geschäftsstelle des Gerichts des ersten Rechtszuges die Prozessakten einzufordern.** 2 **Die Akten sind unverzüglich an das Berufungsgericht zu übersenden.**

II **Nach Erledigung der Berufung sind die Akten der Geschäftsstelle des Gerichts des ersten Rechtszuges nebst einer beglaubigten Abschrift der in der Berufungsinstanz ergangenen Entscheidung zurückzusenden.**

1 **1) Systematik, Regelungszweck, I, II.** Es handelt sich um eine notwendige Klärung des Aktenverbleibs während des Berufungsverfahrens und hinterher zwecks Zügigkeit und Prozeßwirtschaftlichkeit nach Grdz 14 vor § 128, aber auch zwecks Rechtssicherheit nach Einl III 43. Außerdem soll kein verfrühtes Rechtskraftzeugnis nach § 706 ergehen, ZöGuHeß 1. Das alles fordert und erlaubt Großzügigkeit wie formelle und zeitliche Sorgfalt.

2 **2) Geltungsbereich, I, II.** Die Vorschrift gilt in jedem Berufungsverfahren der ZPO, auch im WEG-Verfahren. Sie ist im arbeitsgerichtlichen Verfahren entsprechend anwendbar, § 64 VI ArbGG.

3 **3) Übersendung, Rücksendung, I, II.** Auf die Einforderung der Akten nach I muß der Urkundsbeamte der ersten Instanz diese unter allen Umständen unverzüglich und damit ohne schuldhaftes Zögern nach § 121 I 1 BGB und am besten sofort der Geschäftsstelle des Berufungsgerichts übersenden. Das gilt sogar dann, wenn ein Teil des Prozesses noch in erster Instanz schwebt. Dann muß sich diese die restlich benötigten Akten kopieren. Nach der Erledigung der Berufung, also nach dem Erlaß des Endurteils oder nach einem Prozeßvergleich nach Anh § 307 oder nach beiderseitigen vollen wirksamen Erledigterklärungen nach § 91 a muß der zweitinstanzliche Urkundsbeamte die Akten an das Erstgericht zurücksenden. Ob er die Akten zweiter Instanz beifügen muß, bestimmt die AktO, Üb 2 vor § 153 GVG. Wenn danach die Urschrift des Berufungsurteils nicht zu den Prozeßakten kommt, sondern beim Berufungsgericht verbleibt, ist das rechtlich unbedenklich. Die Übersendung einer beglaubigten Ablichtung oder Abschrift des Berufungsurteils mit allem, was zum Urteil gehört wie einem Verkündigungsvermerk, einem Berichtigungsbeschluß usw, ist zwingend. Dasselbe gilt für andere Endentscheidungen des Berufungsgerichts, zB für einen Beschluß nach § 516 III.

Abschnitt 2. Revision

Übersicht

Schrifttum: *Gross* AnwBl **06**, 425 (Üb, krit); *Stackmann,* Rechtsbehelfe im Zivilprozess, 2004; *Traut,* Der Zugang zur Revision in Zivilsachen, 2006.

1 **1) Systematik, Regelungszweck.** Die Revision ist ein wie die Berufung frei gestaltetes, jedoch auf die rechtliche Würdigung des Rechtsstreits beschränktes Rechtsmittel. Seine formale Ausgestaltung ist mit Art 6 I MRK vereinbar, EGMR NJW **08**, 2317. Als ein wahres Rechtsmittel unterscheidet sie sich wesentlich von der französischrechtlichen cassation: Sie dient zwar in erster Linie der Erhaltung der Rechtseinheit und damit der Gerechtigkeit nach Einl 9, 36 wie der Rechtssicherheit nach Einl III 43 sowie der Fortentwicklung des Rechts. Sie gibt aber in einem beschränkten Umfang auch den Parteien eine weitere Instanz für ihre Belange zwecks Gerechtigkeit als dem Hauptziel der Zivilprozesses. Das Revisionsgericht hebt nicht ausschließlich auf, sondern ersetzt evtl auch die angefochtene Entscheidung durch eine andere. Das Revisionsgericht prüft das Urteil auf eine Rechtsverletzung. Es beschränkt sich auf die Nachprüfung der gerügten Punkte nur bei Verfahrensrügen. Vgl im übrigen Grdz § 511. Revisionsgericht ist der BGH, § 133 GVG.

2 Die Revision findet statt *gegen Berufungsurteile* des LG und OLG, außer im Verfahren des Arrests und der einstweiligen Verfügung, ferner gegen *erstinstanzliche* Urteile des LG oder AG, sofern die Parteien die Übergehung des Berufungsgerichts vereinbaren (Sprungrevision).

3 **2) Geltungsbereich.** Die Vorschriften gelten auch im WEG-Verfahren. Im Verfahren der Arbeitsgerichte gelten die Vorschriften der ZPO mit Abänderungen, Schmidt/Schwab/Wildschütz NZA **01**, 1223.

542

Statthaftigkeit der Revision. I **Die Revision findet gegen die in der Berufungsinstanz erlassenen Endurteile nach Maßgabe der folgenden Vorschriften statt.**

II 1 **Gegen Urteile, durch die über die Anordnung, Abänderung oder Aufhebung eines Arrestes oder einer einstweiligen Verfügung entschieden worden ist, findet die Revision nicht statt.** 2 **Das-**

selbe gilt für Urteile über die vorzeitige Besitzeinweisung im Enteignungsverfahren oder im Umlegungsverfahren.

1) Systematik, I, II. Die Vorschrift gibt in I nur eine allgemeine Beschreibung des Revisionsgegenstands und eine allgemeine Verweisung auf die nachfolgenden Einzelvorschriften, in II eine Begrenzung des Geltungsbereichs dieses für die Rechtseinheit wichtigen Instituts. 1

2) Regelungszweck, I, II. Das GG fordert überhaupt keine zwei- oder gar dreimalige richterliche Prüfung eines Klaganspruchs. Insofern ist die Revision auf den ersten Blick ein ziemlich aufwendiger Luxus. Indessen dient sie in hohem Maße einem der höchsten Rechtsgüter, der Rechtssicherheit, Einl III 43. Das ist alles andere als luxuriös. Es ist vielmehr prozeßwirtschaftlich, Grdz 14 vor § 128. Es dient auch der Gerechtigkeit nach Einl III 9, 36, wenn man wenigstens unter strengen Voraussetzungen versuchen kann, Rechtsfehler der Vorinstanz beseitigen zu lassen. Die Einheitlichkeit höchstrichterlicher Rechtsprechung ist zwar in der Alltagspraxis leider nicht oft erreichbar. Immerhin ist sie ein dringend notwendiges Ziel eines bis in äußerste Gesetzesperfektion entwickelten Rechts. Das alles gilt es bei der Handhabung des Revisionsrechts mitzubedenken. 2

3) Geltungsbereich, I, II. Die Vorschrift gilt in allen Verfahren nach der ZPO und den auf sie verweisenden Vorschriften. Sie gilt auch im WEG-Verfahren. In arbeitsrechtlichen Streitigkeiten findet die Revision gegen Endurteile der LAG statt, soweit es sie zugelassen hat, § 72 I ArbGG. Gegen ein solches Urteil, das über die Anordnung, Änderung oder Aufhebung eines Arrests oder einer einstweiligen Verfügung entschieden hat, ist die Revision unzulässig, § 72 IV ArbGG. Auch die irrtümliche Zulassung der Revision macht diese nicht zulässig, BAG NJW **84**, 255. 3

4) Statthaftigkeit, I, II. Sie ist die Voraussetzung der Zulässigkeit im Einzelfall, vgl Grdz 7 vor § 511. Man muß zwei Grundsätze beachten. 4

A. Gegen Berufungsendurteil, I. Es findet die Revision gegen die in der Berufungsinstanz erlassenen Endurteile sowohl des LG als auch des OLG statt. Das ergibt sich auch aus § 566. Damit entsteht die Möglichkeit, auch in einer wirtschaftlich weniger bedeutsamen Sache eine höchstrichterliche Entscheidung herbeizuführen, wenn die Voraussetzungen für die Zulassung der Revision nach § 543 vorliegen.

I *entspricht dem § 511.* Wegen des Begriffs des Endurteils vgl § 511 Rn 3. Auch ein Grundurteil nach § 304 zählt bisher, ebenso ein Teilurteil nach § 301 oder ein Vorbehaltsurteil nach §§ 302, 599. Hierher zählt auch ein Versäumnisurteil, BAG MDR **03**, 520, ferner eine Entscheidung über die Kosten nach einer einseitigen Erledigterklärung. Auch ein zurückverweisendes Urteil unterliegt der Revision, BGH NJW **86**, 1995. Ein Ergänzungsurteil nach § 321 ist ebenfalls revisibel. Jedoch ist die Revision nur dann statthaft, wenn das Berufungsgericht sie zugelassen hat. Revisionsfähig sind von den Zwischenurteilen nur die selbständig anfechtbaren, zB nach § 280 II, BGH MDR **88**, 298, nicht nach § 303. Man muß ein solches Zwischenurteil, durch das das Berufungsgericht ohne eine gleichzeitige Verwerfung der Berufung eine Wiedereinsetzung abgelehnt hat, wie ein Endurteil behandeln, BGH VersR **79**, 960. Statthaft wird die Revision auch nicht dadurch, daß das Berufungsgericht ein kraft ausdrücklichen Gesetzes unanfechtbares Urteil zur Revision zugelassen hat, BGH NJW **03**, 211, oder dadurch, daß das OLG unrichtigerweise durch ein nichtberufungsfähiges Zwischenurteil sachlich entschieden hat, BGH NJW **88**, 1733, wohl aber dann, wenn es sich nur der Fassung nach um ein Zwischenurteil handelt, in Wirklichkeit aber um ein Endurteil. Wegen der Anfechtung eines formfehlerhaften Urteils Grdz 26 ff vor § 511. Es ist nur dann anfechtbar, wenn ein ordnungsmäßig erlassenes Urteil revisionsfähig wäre. Der Meistbegünstigungsgrundsatz nach Grdz 28 vor § 511 ist anwendbar (zB Beschluß statt Urteil). 5

Über die *notwendige Beschwer* Grdz 13 ff vor § 511. Ein zurückverweisendes Berufungsurteil beschwert denjenigen, der die Erledigung betreibt. Eine nachteilige Änderung beschwert nur die benachteiligte Partei. Statthaft ist die Revision auch mit dem Antrag, die eigene Berufung für unzulässig zu erklären, wenn das Berufungsgericht auf eine unselbständige Anschließung des Gegners zulasten des Berufungsklägers entschieden hat. Ein Rechtschutzbedürfnis nach Grdz 33 vor § 253 ist zwar meist infolge einer Beschwerde vorhanden. Es mag aber trotzdem ausnahmsweise fehlen, ZöGuHeß 2. Das Gericht muß es von Amts wegen klären. 6

Eine *„greifbare Gesetzwidrigkeit"* nach § 567 Rn 10 eröffnet die Revision nicht, BGH RR **02**, 501.

B. Nicht gegen Urteil im Arrest- und Verfügungsverfahren, II 1. Ein Urteil nach §§ 922, 925, 926 f, 936 ist ohne Rücksicht auf seinen Inhalt nicht revisibel, BGH VersR **04**, 669 und 762. Das gilt auch dann, wenn das Berufungsgericht die Berufung als unzulässig verworfen hat, BGH NJW **84**, 2368. Unerheblich bleibt, ob das Urteil dem Gesuch stattgibt oder es zurückweist, BGH NJW **03**, 69. Ebenso unbeachtlich ist eine Zulassung nach § 546, BGH NJW **03**, 1531. 7

Dagegen ist die Revision *statthaft,* soweit das Berufungsgericht über einen Ersatzanspruch aus § 945 entschieden hat. Das gilt auch sonst, wenn es sich nicht um die Anordnung eines Arrests handelt, zB bei der Zulassung eines ausländischen Arrestbefehls zur Vollstreckung, BGH **74**, 278. Nicht revisibel ist ein Urteil über die Aufhebung oder Bestätigung einer solchen landesrechtlichen Anordnung, auf die die Vorschriften über die einstweilige Verfügung entsprechend anwendbar sind. In allen diesen Fällen ist auch die Rechtsbeschwerde nach § 574 unstatthaft, BGH VersR **04**, 761. Das gilt auch bei einer Kostenentscheidung nach § 91 a, BGH VersR **04**, 761.

C. Nicht gegen Urteil über vorzeitige Besitzeinweisung, II 2. Im Enteignungs- oder Umlegungsverfahren nach §§ 77, 116 BauGB ist das Endurteil ebenfalls unanfechtbar, weil hier die gleiche Sach- und Interessenlage besteht. 8

D. Nicht gegen isolierte Kostenentscheidung, II. Eine Entscheidung nach § 99 Rn 6 ist nicht revisibel. Bei einem Teilanerkenntnis endet der Rechtszug wegen der diesen Teil betreffenden Kosten auch bei einer einheitlichen Kostenentscheidung beim OLG, ebenso bei einer Teilerledigung, BGH NJW **91**, 2021. 9

10 **E. Nicht gegen Versäumnisurteil, II.** Ein sog echtes Versäumnisurteil nach Üb 11 vor § 330 ist grundsätzlich nicht revisibel, §§ 514 I, 565.

11 **F. Sonderregeln.** Sie gelten nach § 621 d für eine Familiensache des § 621 I Z 4, 5, 8 sowie nach § 629 a I für eine Folgesache nach § 621 I Z 7, 9, ferner nach §§ 219 ff BEG für eine Entschädigungssache.

543 ***Zulassungsrevision.*** **[I] Die Revision findet nur statt, wenn sie**
1. das Berufungsgericht in dem Urteil oder
2. das Revisionsgericht auf Beschwerde gegen die Nichtzulassung
zugelassen hat.

[II 1] Die Revision ist zuzulassen, wenn
1. die Rechtssache grundsätzliche Bedeutung hat oder
2. die Fortbildung des Rechts oder die Sicherung einer einheitlichen Rechtsprechung eine Entscheidung des Revisionsgerichts erfordert.

[2] Das Revisionsgericht ist an die Zulassung durch das Berufungsgericht gebunden.

Gliederung

Schrifttum: *Dethloff* ZRP **00**, 428; *Fischer* AnwBl **02**, 139 (krit); *von Gierke/Seiler* NJW **04**, 1497; *Löhnig* FamRZ **04**, 245; *Nassall* NJW **03**, 1345 (krit); *Piekenbrock/Schulze* JZ **02**, 911; *Scheuch/Lindner* NJW **05**, 112; *Seiler* MDR **03**, 785 (Üb); *Traut,* Der Zugang zur Revision in Zivilsachen, 2006; *Wenzel* NJW **02**, 3353 (Üb).

1 **1) Systematik, I, II.** Der Wegfall der früheren sog Wertrevision und das Abstellen auf eine reine Zulassungsrevision stellt eine gesetzgerische Grundhaltung dar. Ihre Vorzüge oder Nachteile zu diskutieren ist nicht eine Aufgabe dieses Buchs. Die Grundhaltung entspricht teilweise derjenigen für die Zulassungsberufung in § 511 II Z 2, IV 1 Z 1, dort freilich noch ohne die Möglichkeit der in §§ 543 I Z 2, 544 immerhin vorhandenen Nichtzulassungsbeschwerde, wenn auch mit deren Komplikationen. Die in II aufgetürmten Zulassungsbarrieren mit ihren schwierigen unbestimmten Rechtsbegriffen machen wie bei § 511 die Handhabung nicht gerade einfach.

2 **2) Regelungszweck, I, II.** Die ganze Regelung steht unter dem Spannungsverhältnis zwischen Prozeßwirtschaftlichkeit nach Grdz 14 vor § 128 mit der Forderung nach einer Entlastung des BGH und einer Befreiung von einer verfassungsmäßig schon gar nicht notwendigen dritten Instanz einerseits und nach Gerechtigkeit nach Einl III 9, 36 mit der Forderung, wenigstens beim Vorliegen der ja wahrhaft gewichtigen Zulassungsvoraussetzungen doch noch eine weitere Überprüfung selbst eines hochrangigen Urteils zu ermöglichen, BVerfG NJW **04**, 1730. Das BVerfG soll eine geringere Belastung erhalten, BGH NJW **05**, 153, Stackmann NJW **07**, 13. Nur eine sowohl dogmatische als auch praktische Erwägungen gleichermaßen mitbeachtende vorsichtig ausbalancierende Handhabung kann zu überzeugenden Lösungen beitragen.

3 **3) Geltungsbereich, I, II.** Die Vorschrift gilt in jedem Revisionsverfahren nach der ZPO (wegen der Sprungrevision vgl § 566) und der auf sie verweisenden Gesetze. Sie gilt auch im WEG-Verfahren. Wegen des bei I Z 2 geltenden WEG-Übergangsrechts bis 30. 6. 12 vgl § 544 Rn 4. Im Verfahren der Arbeitsgerichte gelten für die Revision §§ 72–76 ArbGG, BAG NZA **03**, 575. Die Revisionszulassung muß im Urteilstenor erfolgen, § 72 I ArbGG, BAG MDR **03**, 828 (keine Einschränkung in den Gründen, BAG NJW **04**, 2691). Sie läßt sich im Weg der Ergänzung nachholen, §§ 64 III 1, 72 I ArbGG.

4 **4) Zulassungsrevision, I.** Die Revision findet nur dann statt, wenn sie zugelassen worden ist, und zwar vom Berufungsgericht in seinem Urteil nach I Z 1 oder vom Revisionsgericht auf Beschwerde gegen die Nichtzulassung, I Z 2 und § 544. Zur Verfassungsmäßigkeit BVerfG NJW **05**, 3345. Die Voraussetzungen für die Zulassung sind in beiden Fällen dieselben, II 1. Eine Wertgrenze besteht nicht mehr, Roth JZ **06**, 9. Eine Beschwer in der Hauptsache nach Grdz 14 vor § 511 ist notwendig. Das Gericht übt kein Ermessen aus, sondern ist zur Zulassung verpflichtet, wenn die Voraussetzungen vorliegen. Die Gerichte müssen zu einer einheitlichen und für den Rechtssuchenden eindeutigen Linie kommen, BVerfG NJW **05**, 3345. Eine Auslegung der Vorschrift dahin, daß auch ein offenkundiger und durchgehender Rechtsanwendungsfehler nur dann zur Zulassung reicht, wenn eine objektive Willkür nach Einl III 21 vorliegt, ist verfassungsgemäß, BVerfG NJW **05**, 3346. Ein nach § 319 behebbarer Fehler rechtfertigt keine Zulassung, BGH NJW **03**, 3057. Eine Zulassung läßt sich nach § 319 nachholen, BGH NJW **05**, 156. Selbst ein Verstoß gegen Art 103 I GG unterliegt § 543 II, BVerfG FamRZ **04**, 86.

5) Zulassungsgründe, II 1, dazu *von Gierke/Seiler* NJW **04**, 1497, *Nassal* NJW **03**, 1345, *Seiler* MDR **03**, 785 (je: Üb): Die Vorschrift ist verfassungsgemäß, BVerfG NJW **05**, 3345. Der Revisionsführer muß die Zulassungsargumente nachvollziehbar darlegen, BGH VersR **05**, 140. Es genügt nicht, daß eine Frage nur interessant ist, LG Hbg WoM **06**, 97. Das Gericht muß die Revision zulassen, wenn einer der beiden auch schon im § 511 IV 1 Z 1 für die Berufung genannten folgenden Zulassungsgründe vorliegt, BGH RR **05**, 367 links, krit Scheuch/Lindner NJW **03**, 728. Beide Gründe II Z 1, 2 sind gleichwertig und voneinander unabhängig. Maßgeblich ist grundsätzlich der Zeitpunkt der Entscheidung über die Zulassung durch das Berufungsgericht, ausnahmsweise aber derjenige über die Nichtzulassungsbeschwerde durch das Revisionsgericht, BVerfG NJW **08**, 2494 (etwa beim nachträglichen Wegfall eines Zulassungsgrunds), BGH RR **03**, 352, krit Lindner NJW **03**, 1097, aM Stackmann NJW **07**, 12 (Einlegungszeitpunkt). Ein generalklauselartiger Gesetzestext ist keineswegs stets für II 1 ausreichend, BVerfG NJW **04**, 1729. Ein einfacher Rechtsanwendungsfehler reicht selbst bei seiner Offensichtlichkeit und Gewichtigkeit nicht, BGH FamRZ **04**, 266 links. 5

A. Grundsätzliche Bedeutung der Rechtssache, II 1 Z 1. Nötig ist wie bei § 511 IV 1 Z 1 Fall 1 eine klärungsbedürftige und auch klärbare Rechtsfrage, BVerfG RR **08**, 29, BGH NJW **04**, 1458. Sie muß außerdem entscheidungserheblich sein, BVerfG RR **08**, 29, BGH MDR **07**, 1287, BAG **63**, 58. Sie muß das Vertrauen der Allgemeinheit auf eine einheitliche Handhabung des Rechts erschüttern, BGH NJW **05**, 153. Sie darf höchstrichterlich noch nicht entschieden sein, BGH MDR **07**, 1287, VerfGH Bln RR **02**, 80, LG Kiel WoM **06**, 313. Die Auswirkungen der Entscheidung dieser Rechtsfrage dürfen sich nicht in der Regelung der Beziehungen zwischen den Prozeßbeteiligten oder der Regelung einer von vornherein überschaubaren Anzahl gleichgelagerter Einzelfälle erschöpfen. Sie müssen vielmehr eine symptomatische Bedeutung haben, BGH NJW **03**, 65, Gehrlein MDR **03**, 549. Sie müssen daher eine unbestimmte Vielzahl von Fällen betreffen, BVerfG RR **08**, 29, BGH FamRZ **05**, 791 rechts (zu § 574), Mü GRUR-RR **06**, 348. Es mag zB um das Verbot gehen, mit einer schiedsbefangener Gegenforderung vor dem Staatsgericht aufzurechnen, BGH SchiedsVZ **08**, 94.

Die grundsätzliche Bedeutung kann sich auch ohne einen bisherigen Streit aus ihrem *Gewicht* für die beteiligten Rechtskreise ergeben, BGH NJW **03**, 3765. Die Auswirkungen dürfen nicht nur auf tatsächlichem Gebiet liegen. Daher genügt es nicht, wenn der Ausgang des Prozesses einen größeren Personenkreis betrifft. Rechtliche Auswirkungen dürfen nur dann ausgelaufenes oder auslaufendes Recht betreffen, wenn man entweder noch über eine erhebliche Anzahl von Fällen nach altem Recht entscheiden muß oder wenn die Frage für das neue Recht weiterhin eine Bedeutung hat, BGH FamRZ **03**, 857. Sonstige Auswirkungen, zB die wirtschaftliche Tragweite, können evtl ausreichen, die grundsätzliche Bedeutung zu begründen, BGH FamRZ **04**, 95 (Postulationsfähigkeit eines Rechtsbeistands). Jedoch genügen dafür die Vermögensinteressen des jeweiligen Klägers oder Bekl für sich allein nicht, BVerfG NJW **99**, 208, BGH FamRZ **03**, 857 rechts unten. Auch ein einfacher Rechtsfehler reicht nicht, BGH RR **05**, 367, Stackmann NJW **07**, 13.

Der *typische Fall* ist ein sog Musterprozeß beim Fehlen einer höchstrichterlichen Klärung in einer schwierigen Rechtsfrage, BVerfG RR **08**, 29, BGH NJW **04**, 2948, LG Bochum WoM **05**, 247, aM Ffm NJW **79**, 1787. Diese darf sich aber nicht auf eine erst nach der Berufungsentscheidung in Kraft getretene neue Rechtsgrundlage beziehen. Ausreichend ist die Verletzung eines Verfahrensgrundsrechts, BGH FamRZ **03**, 440 rechts unten. Es können unterschiedliche Auffassungen reichen, BVerfG RR **08**, 29. Eine schon geklärte Rechtsfrage reicht nicht, Brdb JB **06**, 475.

Zulassen muß das Gericht die Revision nur dann, wenn es für die Entscheidung auf die Rechtsfrage *ankommt,* Rn 4, oder wenn die Sache trotz einer Entscheidung des Revisionsgerichts in anderer Sache noch eine Erfolgsaussicht hat, BGH MDR **05**, 411 links unten, bei mehreren gleichwertigen Begründungen also nicht schon wegen der grundsätzlichen Bedeutung nur einer dieser Begründungen, BGH MDR **04**, 326, BVerwG NVwZ **91**, 376. Die Rechtsfrage muß ferner zum *revisiblen* Recht gehören, BVerfG RR **08**, 29. Dazu gehört nicht die Frage der örtlichen Zuständigkeit, BGH MDR **80**, 203. Die Rechtsfrage muß auch der Nachprüfung zugänglich sein, Günther NJW **86**, 290. Danach ist die Zulassung möglich, wenn die vom Berufungsgericht bejahte Verfassungsmäßigkeit eines Bundes- oder Landesgesetzes fraglich ist, aM Celle FamRZ **78**, 518. Dasselbe gilt für die Vereinbarkeit des Landesrechts mit dem Bundesrecht, § 545 Rn 18. Nicht ausreichend ist die Frage der Statthaftigkeit einer Rechtsbeschwerde, BGH NJW **02**, 2473.

Beim *nachträglichen Wegfall* der grundsätzlichen Bedeutung kommt es auf die Erfolgsaussicht an, BGH NJW **05**, 154, Scheuch/Lindner NJW **05**, 112, Seiler NJW **05**, 1698.

B. Fortbildung des Rechts oder Sicherung einer einheitlichen Rechtsprechung, II 1 Z 2, dazu *Schultz* MDR **03**, 1392 (Üb): Die Vorschrift entspricht § 511 IV 1 Z 1 Fall 2. Wenn einer dieser Gründe eine Entscheidung des Revisionsgerichts erfordert, muß das Gericht die Revision zulassen, BGH NJW **07**, 2702. Umgekehrt kommt eine Zulassung dann nicht in Betracht, wenn mehrere Rechtsfehler des Berufungsgerichts zu einer im Ergebnis doch noch richtigen Entscheidung führten, BVerfG NJW **08**, 137, BGH NJW **04**, 1167, aM Seiler MDR **04**, 286, ZöGu 6, oder wenn der BGH eine Frage längst geklärt hat, etwa zur Bezeichnung des Berufungsführers in der Berufungsschrift, BGH RR **03**, 132. 6

Hierhin gehören Fälle der Sicherung eines wirkungsvollen Rechtsschutzes, BGH NJW **04**, 368, oder der Notwendigkeit einer weiteren Orientierungshilfe, BGH NJW **02**, 3029, auch zu einem Altfall, BGH NJW **03**, 3352, oder einer Rechtsprechungsdivergenz, BGH NJW **04**, 3490. Sie entsteht erst bei einer Abweichung von schon veröffentlichten Entscheidungen, BGH NJW **03**, 2319. Eine bewußte Abweichung von der Rspr eines obersten Gerichts fordert stets die Zulassung der Revision, BVerfG NJW **04**, 2584, ebenso die Abweichung von der ständigen Rspr eines übergeordneten Gerichts, BGH BB **06**, 1699 (zu § 574), beispielsweise in Mietsachen, oder die Gefahr der Rechtskraft einer Entscheidung gegen höchstrichterliche Urteile, BGH MDR **06**, 1305 (zu § 574 II Z 2). Es mag sogar genügen, die Anforderungen an stillschweigende Vertragsänderungen in Dauerschuldverhältnissen zu klären, LG Hbg WoM **05**, 774 links oben (sehr großzügig).

Aber auch *Divergenzen* zwischen anderen Gerichten können diese Voraussetzung erfüllen, wenn es sich um eine über den Einzelfall hinausgehende Grundsatzfrage handelt, BVerfG NJW **08**, 2494, BGH NJW **07**, 2703, LG Wiesb WoM **07**, 513, es sei denn, das Ergebnis bleibt richtig, BGH MDR **05**, 1241. Es genügt, daß solche Fehler unterlaufen, bei denen eine derartige Wiederholungs- oder Nachahmungsgefahr besteht, die eine höchstrichterliche Leitentscheidung erforderlich macht, BVerfG NJW **08**, 2494, BGH NJW **07**, 2703, Scheuch/Lindner NJW **05**, 112. Das gilt selbst dann, wenn der BGH inzwischen eine mißverständliche Haltung korrigiert hat, BGH NJW **05**, 155. Eine echte Wiederholungs- oder Nachahmungsgefahr kann ausreichen, BGH NJW **07**, 2703. Sie ist aber nicht stets erforderlich, Schultz MDR **03**, 1400.

7 Die Revision ist nach II 1 Z 2 ferner dann zulassungsbedürftig, wenn es um die *Auslegung von Gemeinschaftrecht* geht, weil der BGH nach Art 234 III bzw Art 68 EGV zur Einholung einer Vorabentscheidung des EuGH nach Anh § 1 GVG verpflichtet sein würde, BVerfG NVwZ **97**, 178, BVerwG NJW **88**, 664, Petzold NJW **98**, 124.

Auch solche Fälle, in denen die Auslegung und Anwendung des revisiblen Rechts über den Einzelfall hinaus *allgemeine Interessen* nachhaltig berühren, rechtfertigen die Zulassung, BVerfG NJW **08**, 2494, BGH NJW **07**, 2703. Eine Entscheidung kann zB zur Korrektur von Willkür nach § 281 Rn 39 nötig sein, BGH NJW **07**, 2703, VerfGH Mü RR **08**, 1456 (freilich nicht nur dann). Sie kann wegen eines grundlegenden Mißverständnisses der Rspr erfolgen, BGH NJW **05**, 154. Sie kann zur Wahrung des Vertrauens in die Rspr erforderlich sein, wenn das angefochtene Urteil Verfahrensgrundrechte verletzt, BVerfG NJW **03**, 1924, BGH NJW **07**, 2703, VerfGH Mü RR **08**, 1456 (freilich nicht nur dann), zB Artt 101 I 2, 103 I GG, BGH NJW **05**, 153, oder wenn ein absoluter Revisionsgrund nach § 547 vorliegt, BVerfG NJW **01**, 2163, BGH NJW **07**, 2702, Piekenbrock/Schulze JZ **02**, 921, aM BAG NJW **01**, 3142, ThP 5. Es reicht auch das Fehlen einer höchstrichterlichen Rechtsprechung, BGH WoM **05**, 780, oder die Notwendigkeit eines Leitsatzes, BGH BB **06**, 465 links oben (dort verneint). Andererseits führt die Verletzung des rechtlichen Gehörs dann nicht zur Zulassung der Revision, wenn sich das angefochtene Urteil aus anderen Gründen als richtig darstellt, BGH NJW **03**, 3205. Man muß also darlegen, was man bei einer Gelegenheit zur Äußerung vorgetragen hätte, und damit den Vortrag bis zur Schlüssigkeit nachholen, BGH RR **03**, 1004.

8 *Kein* Fall der Sicherung einer einheitlichen Rechtsprechung liegt vor, wenn das Berufungsgericht einen Wiedereinsetzungsantrag für widersprüchlich begründet erklärt hat, BGH RR **03**, 1367 links (zu § 574 II Z 2 Fall 2), oder wenn das Berufungsurteil offensichtlich unrichtig ist, BGH NJW **03**, 831, oder wenn es keinen Tatbestand hat, BGH NJW **03**, 3208, oder wenn kein öffentliches Interesse an einer Zulassung besteht, BGH NJW **04**, 72, oder wenn zwei Gerichte den Sachverhalt ohne unterschiedliche Rechtssätze unterschiedlich beurteilen, BGH RR **07**, 1676.

9 **6) Entscheidung über die Zulassung, II 1, 2.** Man muß zwei Zulassungsgrade unterscheiden.

A. Volle Zulassung. Der BGH kann nur die jetzt schon bekannten Erkenntnisse berücksichtigen, BGH NJW **03**, 1125. Das Berufungsgericht kann auch durch den Einzelrichter zulassen, § 526 Rn 6. Es muß unabhängig vom Vorliegen eines Antrags von Amts wegen zulassen, soweit die gesetzlichen Voraussetzungen vorliegen, ohne daß ein Antrag nötig ist. Es kann die Zulassung auch beschränken, BGH NJW **06**, 1792, Tiedtke WertpMitt **77**, 666. Geschieht das nicht, wirkt die Zulassung grundsätzlich zugunsten aller Beteiligten. Dann darf der Revisionsbekl ohne eine besondere Zulassung eine Anschlußrevision einlegen, BVerwG NVwZ **82**, 372. Freilich wirkt die Zulassung nicht zugunsten derjenigen Partei, in deren Sinn das Gericht entschieden hat, BGH RR **04**, 426. Für den Umfang der Zulassung ist in erster Linie der Tenor maßgebend, BGH NJW **06**, 1792. Es kann sich eine Beschränkung auch aus den Gründen ergeben, BGH NJW **06**, 1792, BAG DB **88**, 136.

10 **B. Beschränkte Zulassung.** Eine Beschränkung der Zulassung auf einzelne Rechtsfragen oder Vorfragen oder Anspruchsgrundlagen oder Urteilselemente ist unzulässig, BGH BB **07**, 522 (Zulässigkeit der Berufung) und FamRZ **07**, 39 (Verjährung), BAG NZA **97**, 282. Das gilt auch dann, wenn das Gericht darüber fehlerhaft durch ein Teilurteil entscheidet, § 520 Rn 30, BAG DB **88**, 2212. Dagegen ist es rechtlich möglich, die Revision wegen teilurteilsfähig abgrenzbarer Teile des Streitgegenstands möglich, BGH NJW **08**, 1352. Daher darf die Revision eine entsprechende Umdeutung der auf eine Rechtsfrage beschränkten Zulassung annehmen, soweit das Berufungsgericht sie ausdrücklich und unzweideutig ausgesprochen hat, BGH FamRZ **06**, 778, etwa bei einer Zulassung wegen einer solchen Rechtsfrage, die nur für einen von mehreren Ansprüchen oder für einen Teil des Sachverhalts erheblich ist, BGH RR **05**, 715. Eine Beschränkung kann sich auch aus den Entscheidungsgründen ergeben, BGH NJW **08**, 1352. Sie muß das dann aber dort auch eindeutig tun, BGH NJW **05**, 894. Dabei darf und muß man II mitbeachten, BGH NJW **04**, 3264.

Es reicht aber *nicht* aus, daß das Berufungsgericht in seinen Entscheidungsgründen nur diejenige Rechtsfrage aufgezeigt hat, die der Anlaß für die Zulassung war, BGH RR **91**, 197. Bei einem nicht eindeutigen Umfang einer erfolgten Zulassung hat das Gericht die Revision unbeschränkt zugelassen, BGH FamRZ **07**, 39. Der BGH prüft die Wirksamkeit einer Beschränkung, BGH FamRZ **06**, 778. Bei einer Unwirksamkeit der Beschränkung einer erklärten Zulassung ist die Revision voll zugelassen, BGH NJW **04**, 2746. Maßgebend ist der Zeitpunkt der Entscheidung über die Nichtzulassungsbeschwerde, BGH NJW **03**, 1609 (abl Seiler 2291).

11 *Beispiele* für eine wirksame Beschränkung, BGH NJW **82**, 1873: Beschränkung auf eine Prozeßvoraussetzung, BGH WertpMitt **95**, 2046, zB auf die Zulässigkeit der Klage, BGH NJW **93**, 1799; Beschränkung auf eine von mehreren Prozeßparteien, BGH RR **04**, 426; Zulassung nur für einen von mehreren Streitgenossen, soweit es sich nicht um notwendige handelt, BGH VersR **84**, 38, so daß die von den anderen eingelegte Revision unzulässig ist; Zulassung für einen von mehreren solchen selbständigen Ansprüchen, über die das OLG entschieden hat, wenn sich die Beschränkung des Zulassungsgrundes auf diesen Anspruch aus dem Urteil (evtl aus den Gründen) ergibt, BGH NJW **99**, 2116; Zulassung für eines von mehreren Verteidigungsmitteln, wenn es sich um einen selbständigen und abtrennbaren Teil handelt, bejaht für einen Aufrechnungseinwand, BGH RR **01**, 1572 (Hauptaufrechnung), BGH NJW **96**, 527 (Hilfsaufrechnung); Klage oder Widerklage; rechtlich und tatsächlich selbständiger Teil eines einheitlichen Anspruchs, wenn darüber ein Teilurteil ergehen könnte, Rn 10, und wenn der Teil sich anhand des Urteils betragsmäßig feststellen läßt, BGH NJW **99**, 500; Grund des Anspruchs, wenn nicht mehrere Anspruchsgründe mit sich daraus ergebenden unterschiedlichen Forderungsbeträgen in Betracht kommen, BGH FamRZ **95**, 1405;

Betrag des Klaganspruchs, wenn sich der Rechtsstreit in ein Grund- und ein Höheverfahren zerlegen läßt, BGH RR **02**, 1148, auch wenn kein Grundurteil ergangen war, BGH NJW **79**, 551; Einwand des Mitverschuldens, § 254 BGB, wenn man ihn dem Betragsverfahren hätte vorbehalten können, BGH MDR **02**, 964; einzelne Mitverschuldenseinwendungen, aber nur dann, wenn es sich nicht um ein einheitlich zu würdigendes Verhalten handelt, BGH RR **02**, 1148; Posten der (jetzt:) vertraglichen Unterhaltsbemessung, BGH NJW **79**, 767 (wegen Altersvorsorge BGH NJW **07**, 144); solche Teile des Streitstoffs, über die das Gericht durch ein Zwischenurteil nach § 280 oder durch einen Beschluß nach § 17 a III GVG hätte entscheiden dürfen, BGH NJW **05**, 664, BGH NJW **04**, 1324; Beschränkung auf einen bestimmten Zahlungszeitraum.

Ist die Zulassung beschränkt, gilt sie *für jeden Beteiligten*, den dieser Teil der Entscheidung betrifft, BGH JR **81**, 147 (Parteiwechsel auf der Beklagtenseite). Bei einer unzulässigen Beschränkung darf und muß der BGH das Urteil voll überprüfen, BGH NJW **03**, 2529. Anschließung § 556 Rn 2. 12

7) Entscheidung des Berufungsgerichts, II 1, 2. Man sollte vier Aspekte beachten. 13

A. Form, II 1. Die Zulassung muß sich aus dem Urteil eindeutig ergeben, und zwar grundsätzlich ausdrücklich, BGH RR **90**, 323, aM Volland MDR **04**, 377. In ihr muß das Berufungsgericht das zuständige Revisionsgericht bezeichnen. Es empfiehlt sich, die Zulassung und in Zweifelsfällen auch die Nichtzulassung immer in die Urteilsformel aufzunehmen, Rn 9. Zwar ist das nicht zwingend, aber es ist eine zur Selbstkontrolle des Berufungsgerichts nützliche Übung, wie sie seit langem in der Verwaltungsgerichtsbarkeit herrscht und wie sie zB §§ 64 III a, 72 ArbGG für die Revision „aus Gründen der Rechtssicherheit und Rechtsklarheit" ausdrücklich vorschreiben. Die eindeutige Zulassung in den Gründen genügt, Rn 9. Sie ist ein unwiderleglicher Beweis dafür, daß das Berufungsgericht die Zulassung zur Zeit der Urteilsverkündung beschlossen hatte. Ein Schweigen im Urteil bedeutet evtl die Nichtzulassung, BVerfG RR **08**, 29, Celle NdsRpfl **02**, 364, Zweibr FamRZ **80**, 614, ein Grund mehr für das Berufungsgericht, sich deutlich im Urteil zu erklären, Volland MDR **04**, 377. Man darf und muß den Umfang der Zulassung aus den Gesamtumständen ableiten, BGH NJW **03**, 1518.

Ein *Verstoß* gegen die Nichtzulassung kann eine Verfassungsbeschwerde rechtfertigen, BVerfG RR **08**, 29 (ohne Erörterung von § 544).

B. Berichtigung, II 1. Hatte das Berufungsgericht die Zulassung beschlossen, aber versehentlich nicht in das Urteil aufgenommen, ist eine Berichtigung nach § 319 zulässig, BGH NJW **84**, 779. Ausreichend und erforderlich ist, daß sich das Versehen zweifelsfrei aus dem Zusammenhang des Berufungsurteils selbst ergibt, BGH RR **01**, 61, oder doch aus anderen für den Außenstehenden offenbaren Umständen, BGH NJW **04**, 2389. Gegen den ablehnenden Beschluß des OLG ist kein Rechtsmittel statthaft, BGH WertpMitt **82**, 491. Zur Rechtsmittelfrist nach einer Berichtigung § 319 Rn 29 ff. 14

C. Ergänzung, II 1. Hatte das Berufungsgericht nicht über die Zulassung beschlossen, kann es das durch eine Ergänzung entsprechend § 321 nachholen, aM BGH MDR **04**, 465, BAG BB **81**, 616, LG Mainz FamRZ **03**, 1195. Da es die Zulassung auf andere Weise nicht nachholen kann, sollte die davon betroffene Partei jedenfalls diese ohnehin begrenzte Möglichkeit erfahren, weil für diese wichtige Entscheidung nichts anderes gelten darf als für die Kosten und sonstige übergangene Nebenentscheidungen, § 321 Rn 4, 5. Das gilt, zumal jedes Berufungsurteil eines OLG eine Entscheidung über die Zulassung oder die Festsetzung der Beschwer enthalten muß. Außerdem kann die willkürlich unterbliebene Zulassung Art 101 I 2 GG verletzen, BVerfG FamRZ **91**, 295. Daher ist die Ergänzung in diesen Fällen verfassungsrechtlich notwendig, BGH FamRZ **04**, 1278 (entsprechend § 321 a), Krämer FamRZ **80**, 971, Walter ZZP **97**, 484, aM BGH NJW **81**, 2755 mit einem nicht überzeugendem Hinweis auf BVerfG **54**, 277. 15

D. Wirkung, II 2. Eine Zulassung durch das Berufungsgericht bindet das Revisionsgericht zumindest nahezu ausnahmslos, BGH NJW **08**, 219. Die Bindung besteht auch dann, wenn es nach der Meinung des BGH auf die vom Berufungsgericht als grundsätzlich angesehene Rechtsfrage nicht ankommt. Daher darf der BGH die Wirksamkeit der Zulassung bei einer formellen Ordnungsmäßigkeit nicht prüfen, aM BAG NJW **87**, 1204, Lässig NJW **76**, 271. Der BGH darf auch einen von einer Teilzulassung nicht miterfaßten Sachverhalt nicht mitprüfen, BGH NJW **96**, 527 (Aufrechnung). Die frühere Streitfrage, ob auch bei einer offensichtlich gesetzwidrigen Zulassung eine Bindung eintritt, schien erledigt, Vogel NJW **75**, 1301, aM bei offensichtlicher Gesetzwidrigkeit der Zulassung BGH NJW **07**, 1593, BFH NVwZ **99**, 696. Die Zulassung der Revision gegen ein Teilurteil erstreckt sich auch auf die entprechende Kostenentscheidung im Schlußurteil, BGH NJW **04**, 3045. 16

Mit der Zulassung hat das Berufungsgericht aber nicht über die *Zulässigkeit der Revision* entschieden. Die Revision kann aus anderen Gründen unzulässig sein, zB als Revision gegen ein Berufungsurteil über ein Zwischenurteil, § 303, weil insofern keine Anfechtung statthaft ist, oder bei einer Revision gegen die Kostenbelastung einer Nichtpartei (nur sofortige Beschwerde), BGH NJW **88**, 50, oder wenn der Revisionskläger nicht beschwert ist, BGH NJW **93**, 2052, oder wenn ihm das Rechtsschutzbedürfnis fehlt. Die Zulassung der Revision wegen einer irrevisiblen Rechtsfrage macht das Rechtsmittel nicht unzulässig, sondern unbegründet, BGH MDR **80**, 203 (zustm Waldner ZZP **93**, 332). 17

E. Unanfechtbarkeit, II 2. Die Zulassung ist unanfechtbar. Die Nichtzulassung bindet das Berufungsgericht nach §§ 318, 525. Sie unterliegt aber der Nichtzulassungsbeschwerde, § 544. 18

8) Entscheidung des Revisionsgerichts, II 2. Vgl die Erläuterungen zu § 544. 19

544 *Nichtzulassungsbeschwerde.* [I 1] **Die Nichtzulassung der Revision durch das Berufungsgericht unterliegt der Beschwerde (Nichtzulassungsbeschwerde).** [2] **Die Beschwerde ist innerhalb einer Notfrist von einem Monat nach Zustellung des in vollständiger Form abgefassten Urteils, spätestens aber bis zum Ablauf von sechs Monaten nach der Verkündung des Urteils bei**

dem Revisionsgericht einzulegen. [3] Mit der Beschwerdeschrift soll eine Ausfertigung oder beglaubigte Abschrift des Urteils, gegen das die Revision eingelegt werden soll, vorgelegt werden.

II [1] Die Beschwerde ist innerhalb von zwei Monaten nach Zustellung des in vollständiger Form abgefassten Urteils, spätestens aber bis zum Ablauf von sieben Monaten nach der Verkündung des Urteils zu begründen. [2] § 551 Abs. 2 Satz 5 und 6 gilt entsprechend. [3] In der Begründung müssen die Zulassungsgründe (§ 543 Abs. 2) dargelegt werden.

III Das Revisionsgericht gibt dem Gegner des Beschwerdeführers Gelegenheit zur Stellungnahme.

IV [1] Das Revisionsgericht entscheidet über die Beschwerde durch Beschluss. [2] Der Beschluss soll kurz begründet werden; von einer Begründung kann abgesehen werden, wenn sie nicht geeignet wäre, zur Klärung der Voraussetzungen beizutragen, unter denen eine Revision zuzulassen ist, oder wenn der Beschwerde stattgegeben wird. [3] Die Entscheidung über die Beschwerde ist den Parteien zuzustellen.

V [1] Die Einlegung der Beschwerde hemmt die Rechtskraft des Urteils. [2] § 719 Abs. 2 und 3 ist entsprechend anzuwenden. [3] Mit der Ablehnung der Beschwerde durch das Revisionsgericht wird das Urteil rechtskräftig.

VI [1] Wird der Beschwerde gegen die Nichtzulassung der Revision stattgegeben, so wird das Beschwerdeverfahren als Revisionsverfahren fortgesetzt. [2] In diesem Fall gilt die form- und fristgerechte Einlegung der Nichtzulassungsbeschwerde als Einlegung der Revision. [3] Mit der Zustellung der Entscheidung beginnt die Revisionsbegründungsfrist.

VII Hat das Berufungsgericht den Anspruch des Beschwerdeführers auf rechtliches Gehör in entscheidungserheblicher Weise verletzt, so kann das Revisionsgericht abweichend von Absatz 6 in dem der Beschwerde stattgebenden Beschluss das angefochtene Urteil aufheben und den Rechtsstreit zur neuen Verhandlung und Entscheidung an das Berufungsgericht zurückverweisen.

Vorbem. VII eingefügt dch Art 1 Z 2 G v 9. 12. 04, BGBl 3220, in Kraft seit 1. 5. 05, ÜbergangsR Einl III 78.

Schrifttum: *Fischer* AnwBl **02**, 139; *von Gierke/Seiler* JZ **03**, 403; *Schneider* MDR **03**, 491 (je: Üb); *Traut,* Der Zugang zur Revision in Zivilsachen, 2006.

Gliederung

1 **1) Systematik, I–VII.** Wenn man die Möglichkeit eines nochmaligen Rechtsmittels in § 543 von einer Zulassung durch den bisherigen Richter abhängig macht, ist die Anfechtbarkeit einer Zulassung wie einer Nichtzulassung keineswegs selbstverständlich. Wenn man aber jedenfalls eine Nichtzulassung überhaupt anfechtbar macht, muß man dazu Verfahrensregeln schaffen. Sie nennt § 544, und zwar mit deutscher Übergründlichkeit kompliziert genug, Zuck NJW **08**, 2081. Die Vorschrift schafft wegen Rn 12 kein volles Rechtsmittel. Denn es gibt keine volle Anfallwirkung nach Grdz 3 vor § 511, BAG NJW **08**, 1611, von Gierke/Seiler JZ **03**, 403, Piekenbrock/Schulze JZ **02**, 912. Frelich knüpft die Vorschrift an dieselben Voraussetzungen wie im Berufungsverfahren bei § 511 IV 1 Z 1 an. Damit folgt die Vorschrift auch den im wesentlichen bewährten Regelungen in anderen Prozeßordnungen, §§ 72 a ArbGG, 115 III–VI FGO, 160 a SGG, 133 VwGO. Ein Rechtsmittelverzicht macht die Nichtzulassungsbeschwerde unzulässig, BAG NZA **06**, 877. Der Verzicht auf Entscheidungsgründe nach § 313 a I 2 ist kein Rechtsmittelverzicht, BAG NZA **06**, 877.

2 **2) Regelungszweck, I–VII.** Die Vorschrift bezweckt eine ausgewogene Lösung. Das Berufungsgericht soll nicht die alleinige Befugnis zur Zulassung der Revision erhalten. Denn dann wären seine eigenen Fehler unanfechtbar. Die Nichtzulassungsbeschwerde ist kein Rechtsmittel in der Hauptsache, BGH FamRZ **06**, 860 links unten. II Z 2 dient der Entlastung des Revisionsgerichts von der Ermittlung der Zulassungsvoraussetzungen, BGH NJW **04**, 1961. Insgesamt muß man die Form- und Fristfragen wie stets streng und sollte den Rest ähnlich wie bei § 511 IV 1 Z 1 behutsam abwägend handhaben. Die Entscheidungsbefugnis des BGH verletzt nicht den Justizgewährleistungsanspruch nach Einl III 15, Rn 10. Eine allzu großzügige Zulassungspraxis würde den richtigen Hauptzweck der Revision eher gefährden, aM Gummer Festgabe für Vollkommer (2006) 331.

3 **3) Geltungsbereich, I–VII.** Einem Grundsatz stehen Einschränkungen in einer Übergangszeit gegenüber.

A. Grundsatz: Allgemeine Anwendbarkeit. Die Vorschrift gilt grundsätzlich in jedem Revisionsverfahren nach der ZPO und den auf sie verweisenden Gesetzen. Sie gilt auch im WEG-Verfahren. Im Verfahren der Arbeitsgerichte gilt § 72 a ArbGG, BAG NZA **06**, 877, Gravenhorst NZA **05**, 26, Treber NJW **05**, 100. Nach § 72 b I ArbGG kann man das Endurteil eines LAG nur durch eine sofortige Beschwerde anfechten, wenn es nicht binnen fünf Monaten nach der Verkündung vollständig abgefaßt und mit den Unterschriften sämtlicher Mitglieder der Kammer versehen auf der Geschäftsstelle übergeben vorliegt, BAG NJW **07**, 174.

B. Übergangsrecht: Einschränkungen. Nach *§ 26 Z 8 S 1 EGZPO* ist § 544 bis einschließlich 31. 12. 11 nur eingeschränkt anwendbar. Die Beschwerde gegen die Nichtzulassung ist nämlich bis zu diesem Zeitpunkt nur dann statthaft, wenn der Wert der mit der Revision geltend zu machenden „Beschwer“ 20 000 Euro übersteigt. Er errechnet sich wie bei § 511 II Z 1, BGH NJW **02**, 2720. Das gilt nicht, wenn das Berufungsgericht die Berufung verworfen hat, *§ 26 Z 8 S 2 EGZPO,* Art 9 Z 1 des 2. JuMoG v 22. 12. 06, BGBl 3416, aM (zum alten Recht) BGH RR **03**, 1221 (aber der Gesetzestext ist eindeutig, Einl III 39). 4

Eine *Beschwer* ist wie bei Grdz 14 vor § 511 stets erforderlich, BGH MDR **06**, 43. Das Rechtsmittel muß ihre Beseitigung bezwecken, BGH MDR **06**, 43. Für den Wert der Beschwer ist aber nicht das Berufungsurteil maßgebend, Grdz 14 ff vor § 511, sondern der Wert des Beschwerdegegenstands aus dem beabsichtigten Revisionsverfahren, BGH NJW **06**, 1142. BVerfG NJW **07**, 2242 besagt nichts anderes. Denn es kommt nur darauf an, wieviel von der Differenz zwischen dem erstinstanzlich Erstrebten und Erreichten nun noch in der Revisionsinstanz verbleiben soll. Nur wegen dieses aus dem Revisionsziel erkennbaren Revisionszwecks zieht § 26 Z 8 S 1 EGZPO eine der Entlastung des Revisionsgerichts dienende Wertgrenze. Das darf man bei der oft zu begrifflich orientierten Diskussion über die Ausdrücke „Beschwer“ und „Beschwerdegegenstand“ wie zB bei Jauernig NJW **07**, 3615 nicht übersehen. Wegen des Werts des Beschwerdegegenstands § 511 Rn 13–17 und wegen seiner Berechnung Anh § 511. Sind Teile des Prozeßstoffs abtrennbar und einer beschränkten Revisionszulassung zugänglich, § 543 Rn 9–12, muß die Wertgrenze bis 31. 12. 11 in § 26 Z 8 EGZPO wegen desjenigen Teils überschritten sein, für den in der Begründung der Nichtzulassungsbeschwerde nach § 544 II 3 ein Zulassungsgrund für die Revision hinreichend nachvollziehbar vorliegt.

Um dem Revisionsgericht die *Prüfung der Wertgrenze* als Zulässigkeitsvoraussetzung zu ermöglichen, muß der Beschwerdeführer innerhalb der Begründungsfrist des § 544 II 1 darlegen, daß er mit der beabsichtigten Revision die Änderung des Berufungsurteils in einem Umfang erstreben will, der die Wertgrenze von 20 000 Euro übersteigt, BGH NJW **02**, 2720. 5

Nach *§ 62 II WEG* idF Art 1 Z 21 G v 26. 3. 07, BGBl 370, in Kraft seit 1. 7. 07, Art 4 S 2 G, ÜbergangsR Einl III 78, finden in einer Wohnungseigentumssache nach § 43 Z 1–4 WEG die §§ 543 I Z 2, 544 ZPO keine Anwendung, soweit die anzufechtende Entscheidung vor dem 1. 7. 12 verkündet worden ist.

4) Gegenstand der Beschwerde, I 1. Es geht um die Nichtzulassung der Revision. Dabei kommt es nicht darauf an, ob das Gericht – wie es sich dringend empfiehlt – die Nichtzulassung ausdrücklich ausspricht, § 543 Rn 13. Eine Nichtzulassung liegt meist auch im Schweigen des Urteils zu der Frage der Zulassung. Man darf eine Revision grundsätzlich nicht in eine Nichtzulassungsbeschwerde umdeuten, BGH WoM **05**, 576 links oben. § 544 gilt auch nach der irrtümlichen Annahme einer Zulassungsfreiheit der Revision durch das Berufungsgericht, BGH FamRZ **06**, 777 links unten. 6

5) Einlegung der Beschwerde, I 2, 3. Sie erfolgt durch die Einreichung der Beschwerdeschrift als eines bestimmenden Schriftsatzes mit der ordnungsgemäßen Unterschrift eines beim BGH zugelassenen Anwalts nach §§ 78 I 3, 129 Rn 5, 9 ff, 529 Rn 9 ff, BGH NJW **07**, 1463, innerhalb einer Notfrist von einem Monat nach der ordnungsgemäßen Zustellung des in vollständiger Form abgefaßten Berufungsurteils in Ausfertigung oder beglaubigter Abschrift oder Ablichtung, bei deren Fehlerhaftigkeit oder Unterlassung aber spätestens bis zum Ablauf von 6 Monaten nach der einwandfreien oder fehlerhaften Verkündung des Urteils, §§ 310 I, 517. Wegen der Notfrist kommt bei ihrer Versäumung eine Wiedereinsetzung nach §§ 233 ff infrage. Für den Inhalt der Nichtzulassungsbeschwerde gilt wegen VI 2 im Ergebnis dasselbe wie bei § 549. Eine Berichtigung des Urteils nach § 319 hat auf den Beginn und Lauf der Frist keinen Einfluß, BGH MDR **04**, 900. Mit der Beschwerdeschrift soll man eine Ausfertigung des Berufungsurteils vorlegen. Der Anwaltszwang gilt auch für einen Einstellungsantrag nach § 719 II, BGH RR **04**, 936. 7

Zu einer *Änderung* seiner Nichtzulassungsentscheidung ist das Berufungsgericht nicht befugt, §§ 318, 555 I. Dagegen ist eine Berichtigung zulässig, §§ 319, 555 I, § 543 Rn 14. Eine *Zurücknahme* der Nichtzulassungsbeschwerde ist wie bei § 516 III statthaft, BGH NJW **03**, 756. 8

6) Begründung der Beschwerde, II. Man muß die Nichtzulassungsbeschwerde innerhalb von 2 Monaten nach der Zustellung des in vollständiger Form abgefaßten Urteils in derselben Form wie die Einlegung nach Rn 7 begründen, spätestens aber bis zum Ablauf von 7 Monaten nach der Verkündung des Urteils, *II 1.* Das muß durch einen beim BGH zugelassenen Anwalt erfolgen, BGH NJW **07**, 1462. Eine Gegenvorstellung ändert am Fristlauf nichts, BGH VersR **07**, 132. Die Verlängerung der Frist richtet sich nach § 551 II 5, 6, *II 2.* Wegen einer Wiedereinsetzung § 233 Rn 8 „Nichtzulassungsbeschwerde“. In der Begründung kann man schon eine Revisionsbegründung vornehmen, BGH NJW **04**, 2981, krit Büttner NJW **04**, 3524. Man muß die Zulassungsgründe nach § 543 II im einzelnen nachvollziehbar darlegen, *II 3,* Rn 4, 5, BGH NJW **04**, 1961. Das gilt zur Grundsätzlichkeit der Rechtsfrage, BGH NJW **03**, 194 Z, Seiler MDR **03**, 785, wie zur Sicherung der Einheitlichkeit der Rechtsprechung, BGH NJW **03**, 95, und zur Entscheidungserheblichkeit, BGH NJW **03**, 1125, aM Baumert MDR **03**, 606. Floskeln reichen nicht, BGH RR **07**, 1436. Die rechtliche Einordnung des Beschwerdeführers bindet das Revisionsgericht nicht, BAG MDR **05**, 825. Eine bloße Rechtsansicht zur Frage der grundsätzlichen Bedeutung reicht nicht, BGH NJW **03**, 1943. Man muß ausführen, was man bei einer Anhörung vorgebracht hätte, BGH RR **03**, 1003. Es muß deutlich werden, daß zB ein Gehörsverstoß entscheidungserheblich war, Zuck NJW **08**, 2081. Das Revisionsgericht prüft nach II 3 nur die in der Beschwerdebegründung schlüssig dargelegten Zulassungsgründe, BGH NJW **03**, 1125, Nassall NJW **03**, 1349, Schütt MDR **03**, 107. Sie mögen sich freilich auch schon aus dem Berufungsurteil ergeben, BGH **04**, 2222. Man muß wegen § 26 Z 8 EGZPO auch darlegen, daß der Beschwerdewert 20 000 EUR übersteigt, BVerfG RR **07**, 862 (keine Überspannung). 9

7) Verfahren und Entscheidung, III, IV. Der BGH gibt dem Gegner des Beschwerdeführers vor einem möglichen Erfolg der Nichtzulassungsbeschwerde eine Gelegenheit zur Stellungnahme, *III.* Die Stellungnahme muß durch einen beim BGH zugelassenen Anwalt erfolgen, § 78 I 3. Das Revisionsgericht entscheidet dann über die Beschwerde ohne eine notwendige mündliche Verhandlung, § 128 IV. Er 10 entscheidet durch einen Beschluß, *IV 1,* bei einem Teilerfolg auch über die Kosten, BGH NJW **04**, 3047. Das gilt selbst dann, wenn das Schlußurteil keine Zulassung enthält, BGH NJW **04**, 3047. Ob ein Zulassungsgrund vorliegt, beurteilt sich grundsätzlich nach dem Zeitpunkt der Entscheidung, BGH NJW **05**, 154, aM Seiler NJW **03**, 2290. Ein Zulassungsgrund kann freilich infolge einer Veränderung derjenigen tatsächlichen Verhältnisse, die der BGH berücksichtigen muß, nach der Einlegung der Beschwerde entfallen, BGH VersR **04**, 626. Dann muß das Gericht die angestrebte Revision ausnahmsweise gleichwohl zulassen, wenn sie eine Aussicht auf Erfolg hat, BGH NJW **05**, 154, Baumert MDR **04**, 71, Scheuch/ Lindner NJW **05**, 112.

Eine *Verwerfung* als unzulässig erfolgt, soweit der Beschwerdeführer bei der Einlegung oder Begründung deren notwendige Form oder Frist nicht eingehalten hat. Eine *Zurückweisung* als unbegründet erfolgt, soweit kein Zulassungsgrund nach § 543 II vorliegt. Eine *Zulassung* der Revision hat die Folgen Rn 12.

Der BGH soll seinen Beschluß wenigstens *kurz begründen.* Das reicht aber auch, BVerfG NJW **04**, 1371, BGH FamRZ **05**, 1832, selbst bei einer Ablehnung, BGH MDR **04**, 768. Soweit der BGH die Nichtzulassungsbeschwerde zurückweist, darf er trotz IV 2 Hs 2 Fall 1 nicht fast stets auf eine wenigstens stichwortartige und nicht bloß floskelhafte Begründung verzichten. Denn das wäre ein Verstoß gegen Artt 2 I, 20 III GG, Zuck NJW **08**, 481. Im übrigen muß er zwar formell über die Kosten entscheiden, aber auch bei einer teilweisen Zurückweisung, BGH NJW **04**, 1048. Er darf aber im Ergebnis die Kostenentscheidung des Berufungsgerichts grundsätzlich nicht ändern, BGH NJW **04**, 2598. Davon kann er unter bestimmten Voraussetzungen absehen, *IV 2.* Das Revisionsgericht darf eine Stellungnahme zur Zulassungsfrage unterlassen, wenn es auf sie bei einer Vertragsauslegung nicht ankommt, BGH NJW **03**, 832.

Das Gericht muß seinen Beschluß den Parteien *zustellen, IV 3.* Gegen ihn gibt es kein Rechtsmittel. Wegen der Zulässigkeit der Anhörungsrüge § 321 a. Zulässig ist eine Wiederaufnahmeklage, BAG NJW **95**, 2125. Eine Verfassungsbeschwerde ist erst nach dem Abschluß des Nichtzulassungsverfahrens statthaft, BVerfG NJW **04**, 3029. Die Entscheidungsbefugnis des BGH verletzt nicht den Justizgewährleistungsanspruch nach Einl III 15, BVerfG FamRZ **06**, 1662.

11 **8) Rechtskraft des Urteils, V.** Die Einlegung der Beschwerde hemmt die Rechtskraft, *V 1,* BGH FamRZ **06**, 860 links unten. § 719 II, III (einstweilige Einstellung der Zwangsvollstreckung) gilt entsprechend, *V 2,* BGH WoM **07**, 209. Die Partei muß sich dabei durch einen beim BGH zugelassenen Anwalt vertreten lassen, § 78 I 3, (zum alten Recht) BGH RR **04**, 936. Mit der Ablehnung der Beschwerde, also mit der Zustellung ihrer Verwerfung oder Zurückweisung, wird das Urteil rechtskräftig, *V 3,* BGH NJW **04**, 1531. Eine Gegenvorstellung ist unstatthaft, BGH NJW **04**, 1531. Maßgeblich ist dabei nicht der Erlaß, sondern die Zustellung des zurückweisenden Beschlusses, BGH FamRZ **06**, 37 links unten.

12 **9) Erfolgreiche Beschwerde, VI.** Soweit der BGH der Beschwerde stattgibt, also die Revision zuläßt, läuft das Beschwerdeverfahren erst jetzt als Revisionsverfahren weiter, *VI 1,* BGH FamRZ **06**, 860 rechts oben. Man braucht dann also nicht die Revision förmlich einzulegen. Vielmehr gilt die form- und fristgerechte Einlegung der Beschwerde als Einlegung der Revision, *VI 2.* Das gilt auch dann, wenn man die Form oder die Frist nicht gewahrt hat, weil diese Fragen wegen der Bindung des Revisionsgerichts an den Zulassungsbeschluß nach § 318 in Verbindung mit § 555 I nicht mehr erheblich sind.

Eine *Revisionsbegründung* bleibt notwendig. Die Revisionsbegründungsfrist nach § 551 II 2 beginnt mit der Zustellung des stattgebenden Beschlusses, *VI 3.* Man muß auf Grund einer mithilfe einer Nichtzulassungsbeschwerde zugelassenen Revision nicht erst innerhalb der mit der Zustellung des Zulassungsbeschlusses in Lauf gesetzten Revisionsbegründungsfrist die Revision durch Bezugnahme auf die Begründung der Nichtzulassungsbeschwerde oder durch davon unabhängige, auch zusätzliche Ausführungen begründen. Vielmehr kann eine den Anforderungen des § 551 III 1 genügende Revisionsbegründung auch schon vor dem Beginn der Revisionsbegründungsfrist zB in demjenigen Schriftsatz erfolgen, mit dem man die Nichtzulassungsbeschwerde begründet. Dann beginnt die Frist für eine Anschlußrevision mit der Zustellung des Zulassungsbeschlusses, BGH NJW **04**, 2981 (krit Büttner NJW **04**, 3524). Nach einer Zulassung wegen einer Verletzung des rechtlichen Gehörs erstreckt sich die Überprüfung des BGH nicht nur auf diese Frage, BGH NJW **03**, 3205.

13 **10) Anhörungsrüge, VII.** Vgl § 321 a. Auch VII dient der Vereinfachung und Beschleunigung und der Entlastung des BVerfG, Stackmann NJW **07**, 13. Es reicht, daß man nicht eine andere Entscheidung des Berufungsgerichts ausschließen kann, BGH RR **08**, 906. Freilich bleibt die Wertgrenze des § 26 Z 8 EGZPO beachtbar, BVerfG NJW **07**, 2242. Das Revisionsgericht kann beim Erfolg an das Berufungsgericht zurückverweisen, BGH VersR **08**, 376 rechts oben, VerfGH Saarbr RR **06**, 562, auch an einen anderen Spruchkörper desselben Berufungsgerichts, § 563 I 2 entsprechend, BGH FamRZ **07**, 637 links Mitte. Es braucht dann die Revision nicht förmlich zuzulassen, BGH NJW **05**, 1951.

545 *Fassung 1. 9. 2009:* ***Revisionsgründe.*** **I Die Revision kann nur darauf gestützt werden, dass die Entscheidung auf der Verletzung des Rechts beruht.**

II Die Revision kann nicht darauf gestützt werden, dass das Gericht des ersten Rechtszuges seine Zuständigkeit zu Unrecht angenommen oder verneint hat.

Vorbem. I idF Art 29 Z 14 a FGG-RG, in Kraft seit 1. 9. 09, Art 112 I Hs 1 FGG-RR, ÜbergangsR Art 111 FGG-RG, Einf 4 vor § 1 FamFG.

Bisherige Fassung I: **I Die Revision kann nur darauf gestützt werden, dass die Entscheidung auf der Verletzung des Bundesrechts oder einer Vorschrift beruht, deren Geltungsbereich sich über den Bezirk eines Oberlandesgerichts hinaus erstreckt.**

Gliederung

Schrifttum: *Weckesser-Georgi,* Die letztinstanzliche Überprüfung der Behandlung ausländischen Rechts im zivilgerichtlichen Verfahren usw, 2006.

1) Systematik, I, II. Die Vorschrift übernimmt den Grundgedanken des im Berufungsverfahren gelten- 1
den § 513 I Hs 1 auch für das Revisionsverfahren zusammen mit §§ 546, 547.

2) Regelungszweck, I, II. Es gelten dieselben Erwägungen wie bei § 513, BGH RR **07**, 1509. 2

3) Geltungsbereich, I, II. Die Vorschrift gilt in jedem Revisionsverfahren nach der ZPO und den auf 3
sie verweisenden Gesetzen. Sie gilt auch im WEG-Verfahren. Im Verfahren der Arbeitsgerichte gilt § 73 ArbGG, BAG WertpMitt **76**, 194.

§ 545 enthält keine Prozeßvoraussetzung der Revision, sondern ein Erfordernis ihrer *sachlichen Berechtigung.* Der Text sollte daher statt „die Revision kann nur darauf gestützt werden" besser „die Revision ist nur dann begründet" sagen. Unzulässig ist die Revision dann, wenn die Revisionsbegründung gar keine Rechtsverletzung ordnungsmäßig rügt, § 551. Dann muß der BGH die Revision als unzulässig verwerfen. Bei einer Verkennung der Schranken des § 545 muß er sie als unbegründet zurückweisen.

Für den Erfolg der Revision ist eine *Rechtsverletzung* nötig. Eine Verletzung rechtsphilosophischer Grundsätze, allgemeiner Auslegungsregeln usw begründet die Revision nur dann, wenn diese Regeln zum revisiblen Recht gehören. Die Revision läßt sich auf die Verletzung revisibler Normen durch eine Anwendung nicht revisibler stützen, zB bei der Annahme einer Bindung durch das Bundesrecht bei der Auslegung einer nicht revisiblen Norm, nicht aber auf die Verletzung nicht revisibler Normen, auf die eine revisible verweist. Revisibel ist die Entscheidung jetzt auch bei einer Verletzung von Landesrecht.

4) Rechtsverletzung, I. Man muß mehrere Rechtskreise unterscheiden. 4

A. Deutsches Recht. Die Revision ist nur dann sachlich begründet, wenn das Berufungsurteil sachliches Recht oder Verfahrensrecht nach I verletzt und wenn diese Verletzung für die Entscheidung ursächlich ist („auf der Verletzung ... beruht"). Dazu genügt bei Verfahrensfehlern, daß das Berufungsgericht ohne die Verletzung möglicherweise anders entschieden hätte, BGH NJW **90**, 122. Jedoch kann man die Revision auf einen in 1. Instanz begangenen Verstoß nur dann stützen, wenn auch das Vorderurteil den Verfahrensmangel hat. Auf die Ursächlichkeit kommt es bei den sog unbedingten Revisionsgründen nach § 547 nicht an. Anders gesagt: Das Gesetz vermutet dann die Ursächlichkeit unwiderruflich, ZöGu 1.

In Betracht kommen alle Gesetze und sonstige Rechtsvorschriften und Rechtsnormen nach I, die auf die Entscheidung anwendbar sind. Das sind die bei der Verkündung des Revisionsurteils geltenden, § 300 Rn 7, BGH NJW **95**, 2171, aM BAG NJW **07**, 3664 (auch nicht mehr geltende). Das gilt, sofern sie das Berufungsgericht berücksichtigen müßte, wenn es in diesem Zeitpunkt zu entscheiden hätte. Darauf, ob das Berufungsgericht sie bei seinem Urteil berücksichtigen konnte, kommt es nicht an, BGH WertpMitt **82**, 299. Anwendbar sind daher alle Vorschriften, die unmittelbar in das streitige Rechtsverhältnis eingreifen. Daher muß man auch beachten, daß zB ein Gesetz eine Rückwirkung haben kann. Denn das Revisionsgericht hat die Aufgabe, richtig nach dem in der Revisionsinstanz geltenden Recht zu entscheiden, BGH DtZ **96**, 376. Das gilt auch für nicht angewendetes ausländisches Recht.

B. Ausländisches Recht. Es ist nicht revisibel, sofern nicht zumindest auch deutsches Recht verletzt ist, 5
BGH WertpMitt **81**, 190, Kerameus ZZP **99**, 171. Dasselbe gilt für die Auslegung ausländischer Allgemeiner Geschäftsbedingungen, BGH NJW **94**, 1409. Irrevisibel ist ausländisches Recht auch dann, wenn es tatsächlich mit revisiblem deutschem Recht oder mit allgemeinen Rechtsanschauungen übereinstimmt. Denn auch dann bildet dieses Recht mit der gesamten ausländischen Rechtsordnung eine Einheit, läßt sich also nicht vom deutschen Gesichtspunkt aus auslegen. Das gilt auch dann, wenn zB auf Grund des Abkommens zur Vereinheitlichung des Wechselrechts das ausländische Wechselgesetz den gleichen Inhalt wie das deutsche hat. Nicht revisibel ist auch das nicht mehr geltende Recht der DDR. Wohl aber muß das Gericht stets prüfen, ob das fremde Recht dem deutschen ordre public widerspricht.

Mit Rücksicht auf die Nichtrevisibilität des ausländischen Rechts darf der Tatrichter *nicht unentschieden* 6
lassen, ob ausländisches oder deutsches Recht anwendbar ist, BGH WoM **91**, 838, Roth IPRax **89**, 213. Der Unterlegene ist aber nicht beschwert, wenn das Berufungsgericht die Sache nach allen in Betracht kommenden Rechten geprüft und deshalb offen gelassen hat, welches Recht anwendbar sei. Die Verletzung deutschen zwischenstaatlichen Privatrechts durch eine Anwendung oder Nichtanwendung einer Norm begründet die Revision, BGH NJW **82**, 2733. Die Verbürgung der Gegenseitigkeit betrifft auch das deutsche Recht, § 328 Z 5. Insofern muß das Gericht also auch nicht revisibles ausländisches Recht nachprüfen, da es um eine Vorfrage für die Anwendbarkeit deutschen Rechts geht, ebenso wegen der Verbürgung der Gegenseitigkeit nach § 110, BGH WertpMitt **82**, 194. Die Anwendung ausländischen Rechts ist auch nachprüfbar, soweit das nach deutschem IPR anwendbare ausländische Recht auf deutsches Recht zurückverweist, nicht aber, wenn das ausländische Recht weiterverweist. Man kann die Beweislastverteilung dem sachlichen ausländischen Recht entnehmen und sie deshalb für irrevisibel halten, Anh § 286 Rn 4. Nachprüfbar ist aber, ob das Berufungsgericht ein Vorbringen, das es entsprechend der ausländischen Regelung für wesentlich gehalten hat, unbeachtet gelassen hat.

Man kann eine Verletzung ausländischen Rechts auch dann nicht mit der Revision rügen, wenn die 7
Ausführungen des Berufungsgerichts *nicht erschöpfend* sind, BGH RIW **90**, 581. Nachprüfbar ist aber, ob der

Richter das ausländische Recht verfahrensfehlerfrei ermittelt hat, ob also kein Verstoß gegen § 293 vorliegt, BGH NJW **95**, 1032, Fastrich ZZP **97**, 423, Sommerlad/Schrey NJW **91**, 1378. Grundsätzlich darf der BGH nicht die im pflichtgemäßen Ermessen des Tatrichters liegende Art und Weise nachprüfen, wie dieser sich die Kenntnis des fremden Rechts verschafft hat. Der Tatrichter muß jedoch von allen ihm zugänglichen Erkenntnisquellen Gebrauch machen. Er wird meist einen Sachverständigen heranziehen, muß aber evtl von weiteren Möglichkeiten Gebrauch machen, BGH NJW **91**, 1419. Der Tatrichter muß das alles darlegen, BGH RR **95**, 767. Nachprüfbar ist dabei, ob er bei einer von ihm für erforderlich gehaltenen Beweisaufnahme das Verfahrensrecht verletzt hat, BGH NJW **75**, 2143. Einzelheiten: § 293 Rn 1.

8 **5) Bundesrecht, I.** Die Abgrenzung von Bundes- und Landesrecht ist nicht mehr beachtbar. Denn es genügt jede Rechtsverletzung.

Bundesrecht ist auch dann revisibel, wenn es nicht über einen OLG-Bezirk hinaus gilt. Dazu gehören alle Normen, die im BGBl veröffentlicht sind, einschließlich völkerrechtlicher Abkommen.

Bundesrecht ist auch das *frühere Reichsrecht*, sofern es sich um Gegenstände der ausschließlichen Gesetzgebung des Bundes (Art 73 GG) handelt, Art 124 GG, oder bei Gegenständen der konkurrierenden Gesetzgebung, wenn es wenigstens in einer Besatzungszone einheitlich galt, Art 125 Z 1 GG. Zum früheren Reichsrecht gehören alle durch die Reichsgesetzgebung für das ganze Reich erlassenen Rechtsnormen, auch die zu Reichsgesetzen gemachten Gesetze des Norddeutschen Bundes (§ 2 G v 16. 4. 1871). Zwischenstaatliche Verträge wurden durch die Veröffentlichung ihrer Ratifikation im RGBl Reichsrecht. Dem Reichsrecht stehen schon im Sinn des § 545 nicht Ländergesetze auf Grund des Gesetzes über den Neuaufbau des Reichs seit 1934 durch die Landesregierungen gleich.

Bundesrecht ist ferner *sonstiges Recht, das einheitlich in einer oder mehreren Besatzungszonen galt, Art 125 Z 1 GG*, sofern es deutsche Gesetzgebungsorgane gesetzt hatten.

Bundesrecht ist schließlich das *nach dem 8. 5. 1945 geänderte frühere Reichsrechts*, Art 125 Z 2 GG, also insbesondere dasjenige jedes Landes. Solches Reichsrecht, das zwischen dem 8. 5. 45 und dem Inkrafttreten des GG nicht geändert worden war und nur in einem einzigen Bundesland galt, ist nicht Bundesrecht geworden, BVerwG NVwZ **92**, 977. Abänderung ist auch die Ersetzung, aber nicht eine Neuregelung mit einer völligen Umgestaltung. – Beim Streit über das Fortgelten von Recht als Bundesrecht muß man das Verfahren aussetzen und das BVerfG anrufen, Art 126 GG.

9 *Europarecht* steht wegen der Revisibilität dem Bundesrecht gleich, BVerwG EuZW **93**, 263, Huber BayVBl **01**, 577, Petzold NVwZ **99**, 151. Wegen der Vorlagepflicht nach Artt 234, 68 EGV Anh § 1 GVG.

10 **6) Sonstiges deutsches Recht, I.** Revisibel sind außer dem Bundesrecht auch alle nach den Grundsätzen des öffentlichen Rechts des Bundes, des Reichs und der Länder über die Rechtsetzung gültig geschaffenen Normen des objektiven Rechts. Hierhin gehören: Sachlichrechtliche und prozessuale Rechtsnormen eines früheren oder jetzigen inländischen Normgebers (auch Rechtsverordnungen) oder einer zur Normsetzung befugten supranationalen Einrichtung. Wegen des Rechts der EU Rn 12; das noch fortgeltende Recht der DDR, BGH NJW **93**, 260, Oetker JZ **92**, 613, einschließlich der von der DDR abgeschlossenen zwischenstaatlichen Verträge, BGH DtZ **97**, 56 (zu § 1 VIII b VermG); das fortgeltende Recht der DDR, soweit es Landesrecht geworden ist, Art 9 I EV, BVerwG DtZ **96**, 284, Drsd DtZ **94**, 113; Gewohnheitsrecht. Revisibel ist die Verkennung des Begriffs des Gewohnheitsrechts, auch soweit es irrevisibles Landesrecht betrifft. Beweiserhebung über das Bestehen von Bundesgewohnheitsrecht durch den BGH; allgemeine Grundsätze des Völkerrechts und des bundesgesetzlichen Völkervertragsrechts, zB Art 234 EGV, Anh § 1 GVG, Mutke DVBl **87**, 403; Satzungen von öffentlichrechtlichen Körperschaften oder Anstalten mit dem Charakter objektiven Rechts; Verwaltungsvorschriften, die nicht nur interne Anweisungen an die Behörden sind, sondern objektives Recht enthalten, zB Zuständigkeitsvorschriften, nicht aber sonstige Verwaltungsvorschriften, die meist nur unter dem Gesichtspunkt der Gleichbehandlung eine Außenwirkung erlangen, BVerfG WertpMitt **89**, 464, BVerwG NJW **88**, 2907. Zu den sog normkonkretisierenden Verwaltungsvorschriften BVerwG NVwZ **86**, 213, Gerhardt NJW **89**, 2233, Hill NVwZ **89**, 401.

11 *Ferner zählen hierher:* Richtlinien über die Gewährung von Ministerialzulagen; die Bestimmungen über die Ausgestaltung der zwischen öffentlichrechtlichen Versicherungsanstalten und ihren Versicherungsnehmern bestehenden Versicherungsverhältnisse, unabhängig davon, ob in Form von allgemeinen Versicherungsbedingungen oder in derjenigen eines Gesetzes, ferner zwischen Versicherungsträgern abgeschlossene Schadensteilungsabkommen typischer Art; Satzungen öffentlichrechtlicher Körperschaften, die auf Gesetz beruhen, wie die der Sozialversicherungsträger, BGH RR **88**, 1021, oder der Landschaften; die normativen Teile eines Tarifvertrages. Revisibel ist das Deutsche Arzneibuch, weil es zwar landesgesetzlich eingeführt ist, aber eine bewußte Vereinheitlichung bedeutet; aus denselben Erwägungen allgemeine Versicherungsbedingungen, die durch ein Landesgesetz eingeführt sind.

12 *Nicht hierher* gehören Handels- und Börsengebräuche, Verwaltungsvorschriften für den inneren Dienst; zB die VOB/A, BGH NJW **92**, 827; Genossenschaftssatzungen.

13 Immer revisibel ist die Entscheidung über die *Vereinbarkeit einer Vorschrift* mit übergeordnetem revisiblem Recht, zB des Landesrechts mit Bundesrecht. Dasselbe gilt für die Entscheidung über einen auf ein Landesrecht gestützten Anspruch, wenn die Auslegung und Anwendung des Landesrechts durch eine Verletzung von Bundesrecht beeinflußt wird, BGH MDR **92**, 1082, BVerwG DVBl **95**, 430 (Verstoß gegen Art 20 III GG).

14 **7) Folgen der Nichtrevisibilität, I.** Die allein auf eine irrevisible Norm gestützte Revision ist unbegründet, Rn 6, nicht unzulässig. Für die Nachprüfung unbeachtlich sind Rügen aus §§ 139, 286, außer wenn das Berufungsgericht Beweise für solche Tatsachen übergangen hat, die nach seiner Auslegung des irrevisiblen Rechts erheblich sind. Zur Bindung des Revisionsgerichts an die Entscheidung des Berufungsgerichts über das Bestehen und den Inhalt irrevisiblen Rechts vgl § 560.

15 **8) Beschränkung der Prüfung, II.** Es gibt drei Aspekte.

A. Zuständigkeit. Jede Prüfung der nationalen örtlichen, sachlichen und funktionellen Zuständigkeit des ersten Rechtszugs ist in der Revisionsinstanz unstatthaft, BGH BB **07**, 1588, Mü RR **06**, 930. Das gilt ohne Rücksicht darauf, ob das Erstgericht seine Zuständigkeit bejaht hat, BGH BB **07**, 1588, oder ob es sie verneint hat und wie das Berufungsgericht darüber entschieden hat, BGH BB **07**, 1588. Es gilt auch dann, wenn das Berufungsgericht die Revision wegen der Frage der Verneinung der örtlichen Zuständigkeit zugelassen hat, BGH BB **07**, 1588, BAG NJW **83**, 839, Mü RR **06**, 930.

Es gilt auch für die Überprüfung der örtlichen Zuständigkeit kraft eines *Sachzusammenhangs,* BGH NJW **98**, 998. Es gilt erst recht dann, wenn das LG und das OLG die sachliche Zuständigkeit übereinstimmend beurteilt haben, BGH BB **07**, 1588, krit Vollkommer ZZP **99**, 102. Da die Parteien in den Vorinstanzen Gelegenheit haben, diese Fragen zu klären, ist die Beschränkung im Interesse der Beschleunigung und der Prozeßwirtschaftlichkeit gerechtfertigt. Sie ist verfassungsrechtlich unbedenklich, BGH ZZP **99**, 99. Es ist auch kein hilfsweiser Verweisungsantrag beachtbar, BGH RR **07**, 1509. **16**

Unanwendbar ist II in Bezug auf die örtliche Zuständigkeit, soweit daneben die internationale Zuständigkeit im Streit ist und beide Zuständigkeiten von denselben Voraussetzungen abhängen, Rn 20, BGH RR **08**, 58 und 120. **17**

Eine statthafte Revision, der es aber nur um eine der in II genannten irrevisiblen Fragen geht, ist *unbegründet,* nicht unzulässig, BGH MDR **80**, 203 (zustm Waldner ZZP **93**, 332, der die Revision aber dann für unzulässig hält, wenn das Berufungsgericht zurückverwiesen hat, weil es die örtliche Zuständigkeit im Gegensatz zur ersten Instanz bejaht hat). Geht es nur um die örtliche Zuständigkeit und ist die Revision deswegen fehlerhaft zugelassen, muß das Gericht die Kosten nach (jetzt) § 21 GKG niederschlagen, BGH MDR **80**, 203. **18**

B. Unanwendbarkeit. Unberührt von II bleibt die Prüfung der staatlichen Gerichtsbarkeit, BGH NJW **00**, 1555 (innerkirchliche Streitigkeit), und der funktionellen Zuständigkeit, Grdz 4 vor § 1, zB des OLG in einer Landwirtschaftssache, BGH RR **92**, 1152, oder des Kartellsenats in einer Kartellsache, BGH RR **96**, 765, oder der gesetzlichen Geschäftsverteilung in anderen als Familiensachen, zB wenn es um das Verhältnis ZivK/KfH geht, Gaul JZ **84**, 565, ebenso die Prüfung der internationalen Zuständigkeit, Üb 5 ff vor § 12, BGH RR **07**, 1509, Oberhammer ZZP **04**, 87. Auf Rechtsfehler bei der Beantwortung dieser Fragen kann man eine Revision also stützen. Das Berufungsgericht bindet das Revisionsgericht nicht insofern, als es dabei auf ausländisches Recht ankommt. Das ausländische Recht ist in diesem Rahmen revisibel, Rn 9. § 13 GVG erlaubt die Prüfung des Rechtswegs dem Rechtsmittelgericht der Hauptsache nur nach Maßgabe des § 17 a V GVG, dort Rn 15, 16, BGH NJW **95**, 2852. **19**

546 *Begriff der Rechtsverletzung.* Das Recht ist verletzt, wenn eine Rechtsnorm nicht oder nicht richtig angewendet worden ist.

Gliederung

1) Systematik. § 513 I Hs 1 nennt einen der beiden zulässigen Berufungsgründe, nämlich eine Rechtsverletzung des Gerichts, Ffm NZM **07**, 490. Genau denselben Grund nennt § 545 I für die Revision. § 546 gibt die amtliche Begriffsbestimmung (Legaldefinition) der Rechtsverletzung. § 547 nennt dann eine Reihe von Fällen einer unwiderlegbaren Unterstellung von Rechtsverletzung. In diesem System steht § 546 im Mittelpunkt. Die Vorschrift gibt ihrerseits auch wieder nur unbestimmte Rechtsbegriffe, nämlich „Nichtanwendung" oder „nicht richtige Anwendung" einer „Rechtsnorm". **1**

2) Regelungszweck. Man kann trefflich darüber streiten, ob das System Rn 1 gelungen ist. Die Praxis zeigt eine Vielzahl von Auslegungsfragen. Man kann sie streng oder großzügig behandeln. Es ist ratsam, eine behutsame Abwägung vorzunehmen. Das kommt am ehesten der notwendigen Beachtung von Zweckmäßigkeit wie Rechtssicherheit nahe. **2**

3) Geltungsbereich. Die Vorschrift gilt in jedem Revisionsverfahren nach der ZPO und den auf sie verweisenden Gesetzen. Sie gilt auch im WEG-Verfahren. Im Verfahren der Arbeitsgerichte ist § 546 entsprechend anwendbar, § 72 V ArbGG. **3**

4) Rechtsverletzung, dazu *Rimmelspacher* NJW **02**, 1899 (Üb): Das Recht ist verletzt, wenn das Gericht es entweder gar nicht oder unrichtig angewandt hat. Seine unrichtige Anwendung kann beruhen auf einer Verkennung der tatsächlichen oder rechtlichen Merkmale der richtigen Norm, Gaier NJW **04**, 110, oder auf einer Einordnung der richtig erkannten Merkmale unter eine falsche Norm oder nicht unter eine etwa verkannte richtige Norm (unrichtige Subsumtion), Gaier NJW **04**, 110, Rimmelspacher NJW **02**, 1899. Dahin gehört auch ein Verstoß gegen die Denkgesetze, Rn 10, oder ein Widerspruch zwischen den tatsächlichen Annahmen und dem im Tatbestand festgehaltenen Verhandlungsergebnis. Dagegen kennt die ZPO nicht den Revisionsgrund der Aktenwidrigkeit, BGH MDR **81**, 654. Die Abgrenzung von Rechts- und Tatfragen ist oft schwierig. Ihre Handhabung ist bisweilen unberechenbar. **4**

5) Beispiele zur Frage einer Rechtsverletzung

Auslegung: Man muß mehrere Fallgruppen unterscheiden.

– **(Gerichtliche und behördliche Entscheidung und Willensakt):** Ihre Auslegung ist stets voll nachprüfbar, BGH NJW **83**, 2774 (Pfändungsbeschluß), BGH **86**, 110 (Verwaltungsakt), also auch, welchen Inhalt eine schiedsrichterliche Entscheidung hat, BGH RR **90**, 194, oder ob ein Verwaltungsakt oder ein bürgerlichrechtlicher Vertrag vorliegt, wie man ihn auslegen soll, BGH NJW **83**, 1793, und welche Anforderungen man an einen Verwaltungsakt stellen muß oder wie man einen Kommunalabschluß **5** verstehen muß, BGH NJW **98**, 2138, ferner die Art einer zwischen Deutschland und einem anderen Staat getroffenen Vereinbarung.

– **(Gesetzliche Auslegungsregel):** Sie ist überprüfbar, BGH RR **07**, 1206.

6 – **(Prozeßhandlung):** Sie darf das Revisionsgericht in freier Würdigung selbst auslegen, BGH RR **96**, 1211. Im Zweifel ist dasjenige gewollt, was nach den Maßstäben der Rechtsordnung vernünftig ist und der recht verstandenen Interessenlage entspricht, BGH RR **96**, 1211. Das gilt überhaupt für das Verhalten der Parteien im Prozeß, zB für ihre verfahrensrechtlichen Erklärungen, BGH RR **96**, 834, etwa für ein Geständnis, BGH NJW **01**, 2550, auch in einem anderen Verfahren, solange dort nicht eine rechtskräftige Entscheidung über die Erklärung vorliegt. Frei auslegbar und überprüfbar sind die Anträge, BGH RR **89**, 254, der Verzicht auf Rechtsmittel nach § 515 auch dann, wenn man ihn gegenüber dem Gegner erklärt hat, BGH NJW **85**, 2335. Beim Prozeßvergleich gilt Rn 4.

7 – **(Satzung der Kapitalgesellschaft):** Ihre Auslegung ist nachprüfbar, soweit es sich um die satzungsmäßige Regelung körperschaftlicher Fragen handelt, also um eine solche, die von vornherein für einen unbestimmten Personenkreis gelten soll, BGH NJW **92**, 893. Deshalb gilt das Entsprechende für eine Stiftungsurkunde. Maßgebend sind objektive Auslegungsgrundsätze. Eine Satzung (Gesellschaftsvertrag) ist grundsätzlich nur aus sich heraus auslegbar. Daher ist eine einheitliche Auslegung der Satzung sicher. Für die Allgemeinheit unerkennbare Erwägungen und Absichten der Gesellschafter sind also unverwertbar. Die Auslegung von individualrechtlichen Bestimmungen eines solchen Gesellschaftsvertrags ist hingegen eine Tatfrage. Daher ist die Nachprüfung beschränkt auf gesetzliche Auslegungsregeln oder auf die Verletzung von Denk- und Erfahrungssätzen. Vgl auch Rn 15.

– **(Satzung eines Vereins):** Ihre Auslegung ist nachprüfbar, falls Mitglieder über einen OLG-Bezirk hinaus einen Wohnsitz haben, ebenso eine solche des nicht rechtsfähigen Vereins, BGH WertpMitt **86**, 291.

– **(Stiftungssatzung):** Ihre Auslegung ist stets nachprüfbar.

8 – **(Urkunde):** Nachprüfbar ist ihre Einordnung als behördlicher Akt oder bürgerlichrechtliche Erklärung. Ihre inhaltliche Auslegung ist nur dann nachprüfbar, wenn sie gegen Auslegungsregeln verstößt. Dabei können auch Umstände außerhalb der Urkunde bedeutsam sein. Nachprüfbar ist es auch, wenn das Gericht einen eindeutigen Inhalt angenommen und damit die Auslegungsfähigkeit verneint hat.

9 – **(Willenserklärung):** Ihre Auslegung ist nur eingeschränkt nachprüfbar, Schneider MDR **81**, 885, krit May NJW **83**, 980, Schäfer NJW **07**, 3463, aM BAG NJW **07**, 253 (offenbar uneingeschränkte Nachprüfbarkeit). Der Tatrichter muß eine von ihm selbst festgestellte Tatsache bei der Auslegung mitbeachten, BGH MDR **07**, 135. Eine nicht nachprüfbare Tatfrage ist, welche Erklärung ein Beteiligter abgegeben hat. Eine nachprüfbare Rechtsfrage ist, ob man die Erklärung auslegen kann, BGH RR **96**, 932, ob die Auslegung mit den Denkgesetzen oder dem Wortlaut vereinbar ist und ob das Gericht anerkannte Auslegungsgrundsätze verletzt hat, etwa §§ 133, 157 BGB, BGH NJW **08**, 2704, oder ob es einen wesentlichen Auslegungsstoff außer acht gelassen hat, BGH NJW **99**, 1022. Das alles gilt auch beim Prozeßvergleich, BAG NJW **05**, 525. Nur insoweit darf das Revisionsgericht eine Überprüfung vornehmen, BGH MDR **96**, 70, BVerwG NVwZ **82**, 196, Köln MDR **82**, 1030.

Bei *AGB* und Formularverträgen und immer wiederkehrenden gleichlautenden Klauseln zB in Schiedsvereinbarungen muß das Revisionsgericht eine solche Auslegungsregel finden, die dem Richter angibt, was die Partner „im Zweifel" gewollt haben, BGH NJW **01**, 1270. Dabei gilt ein objektiver Maßstab unter Beachtung des wirtschaftlichen Zwecks und nicht nur der Parteiwille. Es darf und muß das Bedürfnis nach einer einheitlichen Handhabung überörtlich geltender AGB beachten, BGH **163**, 323. Daher darf es AGB auslegen, wenn eine unterschiedliche Auslegung verschiedener Berufungsgerichte besteht, BGH **163**, 323. Nicht nachprüfen darf das Revisionsgericht die Auslegung ausländischer AGB, BGH MDR **91**, 144, aM Teske EuZW **91**, 149. Hat das Berufungsgericht im Weg der ergänzenden Vertragsauslegung als Schwerpunkt eines Vertrags über nach Deutschland einzuführende Ware ein einheitliches Recht festgestellt, ist diese Würdigung für das Revisionsgericht dann maßgebend, wenn das Berufungsgericht alle hierfür maßgebenden Umstände herangezogen hat. Nicht notwendig ist es, daß das Berufungsgericht gesetzliche Auslegungsregeln verletzt hat. Willensmängel betreffen das Bestehen, nicht die Auslegung.

Das Revisionsgericht kann eine notwendige, vom Berufungsgericht unterlassene Auslegung *selbständig* vornehmen, BGH NJW **96**, 839. Dasselbe gilt zur Ergänzung, wenn das Berufungsgericht alle erforderlichen Feststellungen getroffen hat und wenn weitere Feststellungen nicht wahrscheinlich sind, BGH NJW **98**, 1219, oder überhaupt, BGH NJW **99**, 1022. Das gilt auch dann, wenn mehrere Auslegungsmöglichkeiten bestehen, BGH NJW **91**, 1181. Dasselbe gilt bei einer in sich widersprüchlichen oder sonst fehlerhaften Auslegung durch das Berufungsgericht, BGH RR **93**, 563, Schneider MDR **81**, 886.

10 **Beweiswürdigung:** Sie liegt auf tatsächlichem Gebiet. Sie ist aber dann nachprüfbar, wenn sie Recht und insbesondere § 286 ZPO verletzt, § 559 Rn 12, ferner bei § 287, BGH RR **05**, 897. Das ist dann so, wenn das Berufungsurteil nicht den gesamten Inhalt der Verhandlung und des Beweisergebnisses berücksichtigt, oder wenn die tatsächlichen Feststellungen in sich widersprüchlich sind, oder wenn das Berufungsgericht durch die Beweiswürdigung Verfahrensvorschriften verletzt hat, BGH RR **07**, 1206, wenn etwa eine Augenscheinsfeststellung nicht im Protokoll steht, Hamm MDR **03**, 830, oder wenn die Beweiswürdigung auf rechtlich unzutreffenden Voraussetzungen beruht, Köln MDR **82**, 678, oder auf der Verkennung anerkannter Grundsätze oder Erfahrungssätze, Rn 12, oder Denkgesetze, BGH NJW **98**, 2736, auch zum Anscheinsbeweis oder zum Beweismaß, BGH NJW **99**, 486. Dazu gehört auch die Mitteilung an die Parteien, wenn ein Zeuge erklärt hat, er könne nur nach einer Einsicht seiner Unterlagen eine vollständige Aussage machen, wenn das Berufungsgericht aber die Einsicht nicht für erforderlich gehalten hat. Nur beschränkt nachprüfbar sind auch Feststellungen über den Beweiswert von Erfahrungssätzen auf naturwissenschaftlichem Gebiet.

Denkgesetz: S „Beweiswürdigung", Rn 12 „Erfahrungssatz".

11 **Einordnung unter die Norm** (Subsumtion): In der Revisionsinstanz ist eine Nachprüfung zulässig zB daraufhin: Ob das Verhalten einer Partei gegen Treu und Glauben verstößt; ob ein Verstoß gegen die guten Sitten vorliegt; ob Arglist, Irrtum, Fahrlässigkeit, Vorsatz, mitwirkendes Verschulden vorliegen. Dagegen

ist die Verteilung der Verantwortlichkeit eine Aufgabe des Tatrichters. Nachprüfbar ist auch, ob der Tatrichter den Unterschied von einfacher und grober Fahrlässigkeit erkannt hat. Dagegen ist die Entscheidung eine Tatfrage, ob im Einzelfall grobe Fahrlässigkeit vorliegt. Man kann in der Frage, ob man ein Verhalten als eine grobe Pflichtverletzung ansehen muß, ebenfalls eine Rechtsfrage sehen, wenn auch besonderer Art, da man den Sachverhalt unter einen sog unbestimmten Rechtsbegriff einreihen muß.

Stets ist nachprüfbar, ob das Gericht gegen *Rechtsvorschriften,* anerkannte Bewertungsmaßstäbe, Denkgesetze, allgemeine Erfahrungssätze verstoßen hat, ob es insbesondere die etwaige Notwendigkeit einer beiderseitigen Interessenabwägung nicht erkannt oder ob es sonstige Gesichtspunkte unzureichend berücksichtigt hat. Revisibel ist ferner: Ob eine Nachfrist aus § 326 BGB angemessen war; ob ein Vertrag zustandegekommen ist; ob ein Mangel erheblich ist; ob ein Rat schuldhaft erfolgt ist; ob ein Verschulden in der Auswahl vorliegt, § 831 BGB; ob jemand einen Verzicht wirksam erklärt hat; ob rechnerische Erwägungen zutreffen. Ein Irrtum ist dabei eine Rechtsverletzung. Das Revisionsgericht kann seine eigene Lebenserfahrung verwerten. Die Verletzung allgemeiner Auslegungsgrundsätze bei der Auslegung des irrevisiblen Rechts ist nicht nachprüfbar.

Erfahrungssatz (Begriff: Einf 22 vor § 284): Er ist nicht etwa eine beweisbedürftige Tatsache, sondern er hat die Natur einer solchen Norm, die als Maßstab zur Beurteilung von Tatsachen dient. Er ist daher nachprüfbar, BGH RR **07**, 1206. Das gilt wegen seiner Anwendung oder Nichtanwendung. Es gilt auch für Erfahrungssätze in Unterhaltstabellen, Christl NJW **84**, 267. Darum muß der angewandte Erfahrungssatz den Urteilsgründen klar entnehmbar sein. Abweichungen von Erfahrungssätzen brauchen eine besondere Begründung. Unerheblich ist, wie das Gericht den Satz ermittelt hat. Etwas anderes sind wissenschaftliche Grundsätze. 12

Ermessensvorschrift: Über sie Einl III 33, Hamm MDR **03**, 1249. Der BGH darf und muß prüfen, ob das Berufungsgericht ein vorhandenes Ermessen überhaupt erkannt und ausgeübt hat, BGH NJW **94**, 1143, Köln VersR **08**, 364 (zustm Jaeger), und ob es dessen Grenzen eingehalten hat, BGH RR **92**, 866. Die unsachgemäße Handhabung des Ermessens kann auch eine Versagung des rechtlichen Gehörs enthalten. 13

Kündigung: Ob Tatsachen im Einzelfall ein wichtiger Grund sind, ist eine Tatfrage. Ob der Tatrichter aber den Rechtsbegriff des wichtigen Grundes richtig erkannt hat und ob er bei der Subsumtion der Tatsachen Denkgesetze und allgemeine gültige Erfahrungssätze beachtet hat, ist ebenso revisibel wie die Frage, ob er alle wesentlichen Umstände berücksichtigt hat und ob das Ergebnis in sich widerspruchsfrei ist. 14

Mustermäßige (typische) Vertragsbedingungen: Sie liegen vor, wenn sich beide Vertragsteile gewissen Vertragsbedingungen unterwerfen, die als allgemeine Norm gleicherweise für eine Vielheit von Vertragsverhältnissen in weiteren Gebieten gelten. So liegt es vor allem im Speditions-, Versicherungs-, Bankgewerbe, bei der Lieferung elektrischer Energie und ähnlichen vordruckartigen Abschlüssen. Unerheblich ist, ob die Bestimmungen äußerlich solche des Einzelfalls scheinen, wenn nur derselbe Wortlaut überregional vorliegt, BGH NJW **84**, 669. Solche AGB sind revisibel, wenn sie über den Bezirk des Berufungsgerichts hinaus Anwendung finden und wenn verschiedene OLGe sie auslegen können, weil die Rechtseinheit eine verschiedene Auslegung verbietet. Infolgedessen sind sie nicht revisibel, wenn ein einziger örtlicher Gerichtsstand vereinbart ist, so daß für den Normalfall nur ein OLG zuständig ist, und auch nicht, wenn es sich um ausländische AGB handelt, BGH MDR **91**, 144. 15

Nicht dahin gehören zB solche allgemeinen Verfügungen, durch die der Vorstand einer privaten Versicherungsgesellschaft die Ansprüche der Angestellten regelt. Sie sind Bestandteile des Dienstvertrags und enthalten reines Privatrecht. Dasselbe gilt für die Wertbewerbsklausel im Einzelarbeitsvertrag.

Rechtsbegriff: Er ist nachprüfbar, zB derjenige von Vorsatz, Fahrlässigkeit, Rechtsmißbrauch. 16

Sollvorschrift: Ihre Verletzung begründet nie die Revision.

Tatbestand: Ein Revisionsgrund liegt vor, wenn das Berufungsurteil gegen § 540 verstößt, dort Rn 2, wenn es zB auf solche Schriftsätze Bezug nimmt, die wechselnde Angaben enthalten, oder auf solche Unterlagen, die das Gericht nach dem Abschluß der Instanz der Partei zurückgegeben hatte, BGH NJW **81**, 1621. Ist das Urteil trotz § 310 II nicht innerhalb von 3 Monaten nach seiner Verkündung bei den Akten, so daß eine Tatbestandsberichtigung wegen § 320 II 3 nicht mehr statthaft war, ist die Fehlerhaftigkeit des Tatbestands nur dann ein Revisionsgrund, wenn sie entscheidungserheblich ist. 17

Verkehrsauffassung: Soweit man sie nicht entsprechend den Erfahrungssätzen behandeln muß, gehört sie dem Gebiet der tatrichterlichen Feststellung an. Das gilt auch für einen Handelsbrauch, BGH RR **90**, 586, aM Oestmann JZ **03**, 285. 18

Vertragsverletzung: Positive Vertragsverletzung, ernstliche und endgültige Erfüllungsweigerung sind Rechtsbegriffe. Ihre Verkennung begründet die Revision. Das Revisionsgericht darf sie aber regelmäßig nicht abschließend beurteilen, da die tatsächlichen Unterlagen wesentlich sind. Solche Beurteilung bände auch gegenüber einem zulässigen neuen Vorbringen nicht. 19

547 *Absolute Revisionsgründe.* **Eine Entscheidung ist stets als auf einer Verletzung des Rechts beruhend anzusehen,**

1. **wenn das erkennende Gericht nicht vorschriftsmäßig besetzt war;**
2. **wenn bei der Entscheidung ein Richter mitgewirkt hat, der von der Ausübung des Richteramts kraft Gesetzes ausgeschlossen war, sofern nicht dieses Hindernis mittels eines Ablehnungsgesuchs ohne Erfolg geltend gemacht ist;**
3. **wenn bei der Entscheidung ein Richter mitgewirkt hat, obgleich er wegen Besorgnis der Befangenheit abgelehnt und das Ablehnungsgesuch für begründet erklärt war;**
4. **wenn eine Partei in dem Verfahren nicht nach Vorschrift der Gesetze vertreten war, sofern sie nicht die Prozessführung ausdrücklich oder stillschweigend genehmigt hat;**

5. wenn die Entscheidung auf Grund einer mündlichen Verhandlung ergangen ist, bei der die Vorschriften über die Öffentlichkeit des Verfahrens verletzt sind;
6. wenn die Entscheidung entgegen den Bestimmungen dieses Gesetzes nicht mit Gründen versehen ist.

Gliederung

1 **1) Systematik, Z 1–6.** Die Vorschrift stimmt mit der Regelung der Nichtigkeitsklage in § 579 I Z 1–4 fast wörtlich überein, BGH NJW **07**, 2702 (zustm Gebauer ZZP **120**, 507). § 547 Z 5, 6 enthalten anders als das Berufungsrecht, KG MDR **07**, 48, weitere Fälle absoluter Revisionsgründe. Methodisch knüpft die Gesamtvorschrift an die Zentralbedingung einer Rechtsverletzung nach § 545 I und an deren nähere amtliche Begriffsbestimmung in § 546 an. Diese Vorschriften bleiben daher natürlich hilfsweise anwendbar. § 547 bringt aber eine vorrangige und als Spezialnorm abschließende Aufzählung typischer und daher insoweit einem Einordnungsermessen scheinbar entzogener Situationen, in denen mit dem gesetzestechnischen Mittel der Fiktion eine endgültige Bewertung erfolgt. Das geschieht durch unwiderlegbare Vermutungen der Ursächlichkeit eines solchen Verstoßes für den Urteilsfehler. Deshalb tritt dann auch § 561 zurück, BGH NJW **03**, 585.

2 **2) Regelungszweck, Z 1–6.** Die Fälle Z 1–6 stellen so schwerwiegende Verstöße des Berufungsgerichts dar, daß die Gerechtigkeit unbedingt eine nochmalige Überprüfung erfordert, BGH NJW **07**, 2702 (zustm Gebauer ZZP **120**, 507). *Ob* ein solcher Verstoß vorliegt, muß man natürlich umso sorgfältiger prüfen. *Wenn* er aber erfolgt ist, soll sich das Revisionsgericht nicht mehr um die Zulässigkeit dieses Rechtsmittels kümmern müssen. Das fordert schon die Prozeßwirtschaftlichkeit nach Grdz 14 vor § 128. Man muß also bei der ersten Frage streng sein, bei der zweiten aber großzügiger.

3 **3) Geltungsbereich, Z 1–6.** Die Vorschrift gilt in jedem Revisionsverfahren nach der ZPO und den auf sie verweisenden Gesetzen. Sie gilt auch im WEG-Verfahren. Im Verfahren der Arbeitsgerichte ist § 547 entsprechend anwendbar, BAG NJW **07**, 3147. Es gelten dieselben unbedingten Revisionsgründe, § 72 V ArbGG, falls die Revision zugelassen worden ist, § 72 I ArbGG, BAG NJW **03**, 1621. § 72 b ArbGG ist beim Verstoß gegen § 547 Z 6 unanwendbar, BAG NZA **07**, 227. Zur fehlerhaften Mitwirkung ehrenamtlicher Richter, Z 1, § 65 ArbGG.

4 **4) Bedeutung, Z 1–6.** § 547 enthält diejenigen Revisionsgründe, deren Vorliegen eine unwiderlegliche Unterstellung für die Ursächlichkeit der Rechtsverletzung begründet, sog absolute Revisionsgründe. Auch beim Fehlen einer Ursächlichkeit muß das Revisionsgericht die Entscheidung aufheben, mag sie auch sachlichrechtlich richtig sein, aM BFH ZIP **94**, 229 (abl Sangmeister), BSG MDR **95**, 1046. Man darf die unbedingten Revisionsgründe nicht mit den von Amts wegen nach § 557 Rn 10, 12 beachtbaren Punkten verwechseln. Unheilbar nichtig machen die unbedingten Revisionsgründe das Urteil nicht, wie § 586 ergibt. Ihre Nachprüfung ist auch nur dann möglich, wenn die Revision zulässig ist, BAG NJW **03**, 1621. Man muß auch die unbedingten Revisionsgründe nach § 551 III 1 Z 2 b rügen, soweit es sich nicht um eine von Amts wegen beachtbare Prozeßvoraussetzung nach Grdz 21 ff vor § 253 handelt. Man kann die Revision auf sie nur dann stützen, wenn sie in der letzten Tatsacheninstanz vorgelegen haben. Daher begründet ihr Vorliegen nur beim LG im allgemeinen die Revision nicht. Es fehlt dann die Ursächlichkeit. Anders liegt es, wenn der Verfahrensverstoß auch für die Berufungsentscheidung dadurch ursächlich geworden ist, daß das Berufungsgericht das auf dem Fehler beruhende Ergebnis des Erstgerichts als solches übernommen hätte. Bei Z 4 muß die Genehmigung auch des erstinstanzlichen Verfahrens vorliegen.

5 **5) Unvorschriftsmäßige Besetzung des Gerichts, Z 1.** Hierher gehören neben § 309 ZPO §§ 10, 21 e ff GVG, BGH **126**, 63 (für § 21 g II GVG), §§ 20, 59 ff, 70, 75, 105–110, 115–120 GVG, BGH **95**, 226, 246, §§ 122, 192 GVG, §§ 16 ff, 35 ff, 41 ff ArbGG. Beachtbar sind auch §§ 8, 18, 21, 28 DRiG dabei, ob die entscheidende Person die Eigenschaft als Richter hatte und ob Richter der richtigen Art die Richterbank bildeten (zur Mitwirkung der ehrenamtlichen Richter nach § 45 DRiG in der Arbeitsgerichtsbarkeit § 65 ArbGG, Berger-Delhey RdA **88**, 22).

A. Erkennendes Gericht. Die vorschriftsmäßige Besetzung bezieht sich allein auf das erkennende Gericht, Schlesw MDR **05**, 584 ([jetzt] FamFG). Daher fallen vorbereitende Maßnahmen wie zB die Tätigkeit des Berichterstatters nicht darunter, BGH NJW **86**, 2115, BSG MDR **92**, 593. Das Revisionsgericht darf sie nur auf Grund einer ordnungsgemäßen Rüge prüfen, also nicht von Amts wegen, BGH RR **93**, 1339, BSG NZA **86**, 38. Man muß die Besetzung nach der Geschäftsverteilung im maßgeblichen Zeitpunkt beurteilen, BVerwG DVBl **85**, 574. Abstellen muß man auf den Zeitpunkt der Mitwirkung, BGH NJW **86**, 2115, also meist auf die letzte mündliche Verhandlung, im schriftlichen Verfahren auf die dem Berufungsurteil zugrunde liegende letzte Beratung, BGH NJW **86**, 2115, BSG MDR **92**, 593, Krause MDR **82**, 184. Es gibt keine Regel des Inhalts, die einmal an der mündlichen Verhandlung und Beweisaufnahme beteiligten Richter müßten bis zur Entscheidung mit der Sache befaßt bleiben, BGH NJW **79**, 2518,

BVerwG NJW **86**, 3154. Jedoch begründet ein Richterwechsel während der letzten Verhandlung etwa nach ihrer Unterbrechung die Rüge der unvorschriftsmäßigen Besetzung, VGH Mannh JZ **85**, 852.

B. Beispiele zur Frage einer unvorschriftsmäßigen Besetzung, Z 1 6

Abgeordneter Richter: Z 1 ist anwendbar, soweit ein abgeordneter Richter unzulässig mitgewirkt hat, BGH NJW **85**, 2336

Abwesenheit: Z 1 ist anwendbar, soweit der Richter während der letzten mündlichen Verhandlung auch nur kurz körperlich abwesend war. Dasselbe gilt bei einer geistigen Abwesenheit, BVerwG NJW **01**, 2898, BFH BStBl **86** II 908, Günther MDR **90**, 875.

Aufklärung: Z 1 ist nur insoweit anwendbar, als der Rügeführer über einen solchen ihm nicht bekannten Vorgang, der geschäftsintern für die Besetzungsfrage maßgeblich gewesen sein kann, eine zweckgemäße Aufklärung herbeizuführen versucht hat, BGH NJW **92**, 512, BVerwG NJW **82**, 2394 (keine Rüge „auf Verdacht").

Beiderseitige Revision: Stützt sich bei ihr nur die eine Partei auf Z 1, verweist das Revisiongericht bei einer Bejahung dieses Verstoßes in vollem Umfang an das Berufungsgericht zurück, BGH NJW **89**, 229.

Beratung: Z 1 ist anwendbar bei einem Verstoß gegen § 193 GVG, etwa bei der Teilnahme einer gerichtsfremden Person an der Beratung und Abstimmung, VGH Kassel NJW **81**, 599.

Berichtigung: Z 1 ist *unanwendbar,* soweit eine Berichtigung möglich ist, zB wegen der versehentlichen Unterschrift eines solchen Richters, der an der Entscheidung nicht mitgewirkt hatte. Das gilt auch noch nach der Einlegung der Revision, Ffm NJW **83**, 2395.

Blindheit: Z 1 ist im Zivilprozeß nur insoweit auf den blinden Richter anwendbar, als es auf einen optischen Eindruck ankam, BGH NJW **87**, 1210, BFH BStBl **84** II 532, Ffm OLGZ-FG **95**, 36 (Notwendigkeit eines persönlichen Eindrucks).

Im *Strafprozeß* schadet Blindheit stets, BGH NJW **88**, 1333, Fezer NStZ **88**, 968, Wolf ZRP **92**, 15, aM BVerfG NJW **92**, 2075, Zweibr NJW **92**, 2437.

Ehrenamtlicher Richter: Z 1 ist anwendbar, soweit ein nicht zuvor vereidigter ehrenamtlicher Richter mitgewirkt hat, oder soweit ein Mangel des Verfahrens bei der Bestellung des ehrenamtlichen Richters so schwer war, daß er zur Nichtigkeit der Bestellung führte, BVerwG NJW **88**, 2190, OVG Hbg NJW **85**, 2354. Nach §§ 65, 73 ArbGG ist diese Rüge überhaupt unzulässig.

Einzelrichter: Z 1 ist anwendbar, soweit der Einzelrichter anstelle des Kollegiums entschieden hat, BGH NJW **01**, 1357 (keine Heilung nach § 295). Im umgekehrten Fall ist Z 1 *unanwendbar.*

Ermessen: Z 1 kann anwendbar sein, wenn das Gericht den Richter mit einer bloßen Ermessensausübung bestimmt hat, BAG MDR **03**, 47.

Ersetzende Entscheidung: Eine solche nach § 561 scheidet aus, BGH DtZ **93**, 248.

S auch „Beiderseitige Revision".

Fehlen des Namens: Z 1 ist *unanwendbar,* soweit man den Richter nach dem Geschäftsverteilungsplan des Kollegiums hinreichend bestimmen kann, Zweibr MDR **05**, 349. 7

Geisteskrankheit: Z 1 ist anwendbar, soweit der Richter derart krank war. Denn das steht dem Fehlen der staatsrechtlichen Voraussetzungen des Richteramts gleich.

Gerichtsverwaltung: S „Justizverwaltung".

Geschäftsverteilung: Z 1 ist anwendbar, soweit ein Verstoß gegen den Geschäftsverteilungsplan auf objektiver Willkür nach § 281 Rn 39 beruhte und deshalb auch Art 101 I 2 GG verletzte, BAG NJW **07**, 3147, BFH DRiZ **89**, 380, BVerwG NJW **88**, 1339.

Z 1 ist *unanwendbar,* soweit die Mitwirkung eines „falschen" Richters auf einem bloßen Irrtum über die Geschäftsverteilung beruhte, BGH NJW **76**, 1688, oder wenn eine Zurückverweisung an einen bestimmten, nach der Geschäftsverteilung aber „eigentlich" unzuständigen Senat erfolgt war, BGH NJW **86**, 2886.

S auch „Nichtbesetzung".

Handelsrichter: Rn 6 „Ehrenamtlicher Richter".

Hilfsrichter: Z 1 ist anwendbar, wenn ein Hilfsrichter nicht richtig besetzt war usw, BGH **95**, 226.

Justizverwaltung: Z 1 ist zumindest entsprechend mitanwendbar, soweit die Justizverwaltung irgendeinen bestimmenden Einfluß auf die Zuteilung einer einzelnen Sache genommen hat, etwa bei der Bestimmung des zeitlichen Eingangs oder der Reihenfolge durch den Urkundsbeamten und durch dessen dementsprechende Verteilung auf die Kollegien, Art 101 I 2 GG, oder wenn das Ermessen des Richters eine Beeinträchtigung erlitt.

Name: S „Fehlen des Namens", Rn 8 „Schreibfehler".

Nichtbesetzung: Z 1 ist anwendbar, soweit eine Stelle zB des Vorsitzenden langfristig unbesetzt geblieben ist, BGH NJW **85**, 2337, VerfGH Mü DÖV **86**, 106. Zu den Anforderungen an diese Rüge BGH NJW **86**, 2115. Hierher gehört auch die Rüge, daß die Geschäftsverteilung nach § 21e GVG gesetzwidrig zustande gekommen sei, BVerwG NJW **88**, 1339, ferner, daß ein nicht nach der Geschäftsverteilung berufener Richter mitgewirkt habe.

S auch „Geschäftsverteilung".

Nichtrichter: Z 1 ist anwendbar, soweit ein Nichtrichter mitgewirkt hat, Jauering DtZ **93**, 173.

S auch Rn 6 „Ehrenamtlicher Richter".

Prorogation: Rn 8 „Verzicht".

Schlafender Richter: Z 1 ist dann anwendbar, BVerwG NJW **86**, 2721. 8

Schreibfehler: Z 1 ist *unanwendbar,* soweit nur ein Schreibfehler im Urteilskopf vorliegt.

Schwäche: Z 1 kann anwendbar sein, soweit der Richter während der letzten mündlichen Verhandlung auch nur kurz einen körperlichen Schwächeanfall erlitt.

Tatsachenangabe: Z 1 ist nur insoweit anwendbar, als der Rügeführer die erforderlichen Tataschen angibt, und zwar in der Revisionsbegründung, BVerwG NJW **01**, 2898.

S auch Rn 6 „Aufklärung".

Taubheit: Z 1 ist anwendbar, soweit der Richter taub war. Denn seine Mitwirkung ist mit den Grundsätzen der Unmittelbarkeit und der Mündlichkeit unvereinbar.

Überlastung: Z 1 ist *unanwendbar,* soweit der Vorsitzende zwar wegen des an sich zulässigen Vorsitzes in zwei Senaten im hier fraglichen Fall tatsächlich den Vorsitz gehabt hat.

Urkundsbeamter: Z 1 ist auf ihn *unanwendbar.* Denn er gehört nicht zum „erkennenden" Gericht. Seinetwegen mag § 546 infrage kommen.

Verhandlungsführung: Z 1 ist *unanwendbar,* soweit der Vorsitzende nur die Verhandlung nicht sicher und sachgerecht durchgeführt hat.

Verhinderung: Der Pensionär ist nicht „verhindert". Daher ist Z 1 anwendbar, BSG NJW **07**, 2717.

Vertreter: Z 1 ist anwendbar, soweit sich der Vorsitzende unzulässig nicht nur vorübergehend vertreten ließ, BFH BStBl **89** II 424.

Verzicht: Z 1 bleibt trotz eines „Verzichts" anwendbar. Denn die Rüge ist nach § 295 II unverzichtbar, BGH NJW **93**, 601 (zustm Deubner JuS **93**, 496). Daher ändert selbst ein Einverständnis aller Beteiligten mit der Besetzung der Richterbank nichts am Erfolg der Rüge, § 295 Rn 24. Das kann aber nur insoweit gelten, als die Vereinbarung der Zuständigkeit eines unzuständigen Gerichts nach §§ 38, 39 ausgeschlossen ist, § 40.

Zuständigkeitsvereinbarung: S „Verzicht".

9 **6) Ausschließung vom Richteramt, Z 2.** Die Ausschließungsgründe ergeben sich aus § 41. Im Wiederaufnahmeverfahren ist ein Richter nicht deshalb ausgeschlossen, weil er an dem ersten Urteil beteiligt war, BGH NJW **81**, 1273. Eine Mitwirkung bei der Beweisaufnahme oder Verkündung schadet nicht.

Unanwendbar ist Z 2, soweit das Gericht ein auf einen Ausschließungsgrund gestütztes Ablehnungsgesuch nach § 46 II rechtskräftig zurückgewiesen hat. Für den Urkundsbeamten gilt Z 2 ebenfalls nicht.

10 **7) Erfolgreiche Ablehnung eines Richters, Z 3.** Vgl §§ 42 bis 48. Auch die Selbstablehnung gehört hierhin. Stets muß die Ablehnung rechtskräftig begründet sein, § 47 Rn 2.

Die erfolglose Ablehnung oder das Fehlen einer Entscheidung über die Ablehnung genügt *nicht,* BGH NJW **81**, 1273, erst recht *nicht* eine erst aus den Urteilsgründen ersichtliche Befangenheit, BGH NJW **93**, 400, oder das Entstehen des Ablehnungsgrundes erst zwischen der Niederschrift und der Verkündung des Berufungsurteils, BGH NJW **01**, 1503. Auf den Urkundsbeamten ist Z 3 nicht anwendbar.

11 **8) Mangelnde Vertretung im Prozeß, Z 4.** Vgl §§ 51, 56, 80, 88, 89 II. Dabei handelt es sich um einen Extremfall der Versagung des rechtlichen Gehörs. Hierher gehören sowohl diejenigen Fälle, in denen das Gericht eine Partei oder ein Dritter zum Verfahren überhaupt nicht hinzugezogen hat, BGH FamRZ **03**, 155, BayObLG FER **97**, 19, als auch alle Fälle fehlender ordnungsmäßiger Vertretung einer Partei im Verfahren, mag sie auf dem sachlichen Recht oder auf dem Prozeßrecht beruhen, BGH FamRZ **07**, 39, Celle MDR **06**, 1010 (Löschung in der Anwaltsliste). Wichtig ist neben dem Fehlen der Vertretungsmacht vor allem eine unerkannte Prozeßunfähigkeit. Unter Z 4 fällt auch das Urteil während der Unterbrechung des Verfahrens infolge einer Eröffnung des Insolvenzverfahrens, BGH NJW **97**, 1145, BAG NZA **02**, 352, oder aus anderen Gründen, ferner das Fehlen einer ordnungsgemäßen Ladung, wenn der Beteiligte deshalb weder selbst noch durch einen Bevollmächtigten an der mündlichen Verhandlung teilnehmen konnte, BVerwG **66**, 311, BFH **125**, 28, evtl das Fernbleiben in einem Termin, BVerwG NJW **91**, 583. Revision kann im Interesse der Partei auch derjenige einlegen, den das Berufungsurteil zu Unrecht als gesetzlichen Vertreter behandelt. Beschwert ist nur die betroffene Partei, nicht auch der Gegner, BGH **63**, 78. Freilich muß das Revisionsgericht diesen Mangel auch von Amts wegen beachten. Auch der Mangel der Prozeßführungsbefugnis nach Grdz 21 vor § 50 oder der Parteifähigkeit nach § 50 gehört hierher.

Der Vertretungsmangel läßt sich in jeder Lage des Verfahrens *heilen,* BGH NJW **99**, 3263. Wegen der Genehmigung der Prozeßführung § 56 Rn 9, § 89 Rn 11 ff. Liegt Z 4 vor, muß das Revisionsgericht das Berufungsurteil ohne Rücksicht darauf aufheben, ob es im Ergebnis richtig ist.

Nicht hierher gehören der Mangel bei einem Insolvenzverwalter, BGH ZIP **88**, 446, oder der Erlaß eines Berufungsurteils ohne eine mündliche Verhandlung trotz des Fehlens eines notwendigen Einverständnisses, BSG MDR **82**, 700.

12 **9) Verletzung der Vorschriften über die Öffentlichkeit, Z 5.** Vgl §§ 169 ff GVG, außer § 169 S 2 GVG, BGH (St) NJW **89**, 1743, oder § 171 I Hs 2 GVG, der ins Ermessen stellt, und § 171 b GVG, dessen Verletzung nicht revisibel ist. Bei einem Verstoß gilt der Verfahrenfehler als ursächlich, BGH NJW **00**, 2509. Z 5 greift ein bei einer Entscheidung auf Grund der nichtöffentlichen Verhandlung einer solchen Sache, die das Gericht nach § 169 GVG hätte öffentlich verhandeln müssen, BayObLG MDR **89**, 456, und ebenso bei einer Entscheidung auf Grund der öffentlichen Verhandlung einer solchen Sache, für die eine nichtöffentliche Verhandlung zwingend ist, § 170 GVG Rn 4, Köln JMBlNRW **86**, 21, oder nach § 171 I Hs 1, II GVG. Maßgeblich ist das Protokoll, § 165. Es muß bei der Ausschließung nach §§ 174, 172 GVG einen entsprechenden Beschluß enthalten, BVerwG NJW **83**, 2155. Ist die Ausschließung zu Unrecht unterblieben, steht das überall da gleich, wo die Unterlassung das Ergebnis beeinflussen konnte, nicht aber bei § 171 b GVG. Ein Protokollvermerk, es sei kein Unbeteiligter zugegen gewesen, ersetzt den Ausschluß nicht. Maßgebend ist die Schlußverhandlung. Eine frühere kommt nur dann infrage, wenn der damalige Verstoß für die Entscheidung ursächlich gewesen sein kann.

Ein Verstoß lediglich bei der *Urteilsverkündung* ist jedenfalls im isolierten Verkündungstermin nach § 310 II unschädlich, BVerwG BayVBl **90**, 351. Wegen der Unverzichtbarkeit Üb 2 vor § 169 GVG.

13 **10) Fehlen einer Begründung der Entscheidung, Z 6.** Die hier geltenden Auslegungsgrundsätze sind auch bei § 73 IV Nr 6 GWB und bei § 100 III Z 5 PatG vorhanden.

Kein Verstoß gegen Z 6 liegt vor, wenn nur die Erörterung einer von mehreren möglichen Anspruchsgrundlagen fehlt, BayObLG RR **02**, 1249.

A. Fehlende Begründung. Die Vorschrift greift nur ein, soweit die ZPO eine volle Begründung vorschreibt, § 540 in Verbindung mit §§ 313 a, 313 b. Es fehlt dann eine Begründung, wenn kein ordnungsmäßiges Urteil vorliegt oder wenn ein grober Verstoß gegen die Begründungspflicht nach § 313 I Z 6, II besteht. Das gilt zB wegen fehlender und nicht ersetzbarer Unterschrift eines Richters, BGH BB **06**, 2717, nicht aber bei einer Unterzeichnung durch einen an der Entscheidung nicht beteiligten Richter, aM BFH FamRZ **89**, 735. Das Berufungsgericht muß sein Urteil entweder zu Unrecht gar nicht begründet haben, oder die Gründe müssen für alle oder einzelne wesentliche und selbständig geltend gemachten Ansprüche oder Angriffs- oder Verteidigungsmittel fehlen, BGH RR **93**, 706, BAG NJW **07**, 1772, BayObLG **01**, Nr 49, zB bei einer Aufrechnung oder bei einer Verjährungsrüge, BGH VersR **79**, 348. Das setzt voraus, daß diese Mittel geeignet waren, den mit der Revision erstrebten Erfolg herbeizuführen, BGH WertpMitt **90**, 1129. Hierhin gehören zB nicht nachprüfbare Darlegungen zur Höhe des Schmerzensgeldes, BGH NJW **89**, 773, und beim Auslandsfall das Fehlen einer eindeutigen Erklärung, welches Recht das Berufungsgericht angewandt hat, BGH NJW **88**, 3097, Roth IPRax **89**, 213 (offen, ob auch dann, wenn das Berufungsgericht eine Frage sowohl nach deutschem als auch nach fremdem Recht beurteilt hat).

Gründe fehlen auch, wenn sie *objektiv unverständlich* sind (auf subjektives Verständnis kommt es nicht an) 14
oder wenn sie verworren sind, BVerfG NJW **98**, 3290, wenn zB unklar bleibt, ob das Gericht sachlich oder prozessual abweist, oder wenn jede Beweiswürdigung fehlt, BAG NZA **06**, 1431. Dagegen kommt es auf die Richtigkeit der Gründe nicht an, BGH NJW **81**, 1046, BVerwG NVwZ-RR **89**, 334. Den Anforderungen nach Z 6 genügen die oberflächlichsten, falschesten und unzulänglichsten oder unvollständigsten Gründe, BGH NJW **91**, 2761, auch in Versform abgefaßte Gründe, Karlsr NJW **90**, 2010, Beaumont NJW **90**, 1969, Sendler NJW **95**, 849. Es genügt auch, falls sich ein selbständiger Rechtsbehelf nicht ausdrücklich erledigt hat, wenn sich die Gründe für seine Ablehnung aus der gesamten Würdigung ergeben. Die Gesetzesauslegung braucht keine bis ins einzelne gehende Begründung, auch nicht ein von Amts wegen beachtbarer unstreitiger Punkt. Zur Begründung einer Rechtsansicht reicht die nachprüfbare Verweisung auf Rspr und Schrifttum aus, BGH NJW **91**, 2762. Nicht ausreichend sind bloße nichtssagende Floskeln oder die bloße Wiedergabe von Parteiansichten.

Die *Bezugnahme* auf das Urteil in einer anderen Sache reicht nach § 540 I Z 1 grundsätzlich aus. Das gilt 15
natürlich nur dann, wenn es zwischen denselben Parteien ergangen oder im Prozeß vorgetragen oder sonst den Parteien vor dem Beginn der Rechtsmittelfrist bekannt geworden ist, BGH RR **91**, 830, BFH BStBl **90** II 1071, Köln OLGZ **80**, 1. Zulässig ist auch die Bezugnahme auf eine gleichzeitig verkündete Entscheidung zwischen denselben Parteien, BFH BStBl **84** II 666.

Abweichend von der Regel nach Rn 2 ist hier die *Ursächlichkeit* des Mangels nötig, weil es andernfalls doch wieder zu derselben Entscheidung käme, so zB bei der Übergehung eines Beweismittels. Deshalb bleibt ein Verstoß gegen Z 6 außer Betracht, wenn ein beurteilter Punkt nur unvollständige, unklare oder unrichtige Gründe erhalten hat oder wenn das Berufungsurteil eine bloße Verweisung auf eine indes nachprüfbare Fundstelle zeigt, BGH NJW **91**, 2761, oder wenn das im Urteil nicht erörterte Verteidigungsmittel zur Abwehr der Klage ungeeignet ist, BGH FamRZ **91**, 323. Dasselbe gilt, wenn auf der Hand liegt, daß die auf eine andere Prozeßpartei bezogene Begründung auch für den Revisionskläger gilt, BSG NJW **96**, 1620. Fehlt ein vorgeschriebener Tatbestand, §§ 540, 555 I in Verbindung mit §§ 313 a, 313 b, und läßt das Berufungsurteil auch sonst nicht erkennen, welchen Streitstoff das Berufungsgericht seiner Entscheidung zugrunde gelegt hat, muß das Revisionsgericht diesen Mangel von Amts wegen berücksichtigen. Er führt zur Aufhebung und Zurückverweisung, BGH RR **94**, 1341, BAG NJW **81**, 2078.

B. Verspätete Begründung. Z 6 ist anwendbar, wenn das mit Gründen versehene vollständige und von 16
den Richtern unterzeichnete Berufungsurteil erst nach dem Ablauf von fünf Monaten seit der Verkündung zur Geschäftsstelle gelangt ist, § 548, BVerfG NZA **05**, 781, BGH RR **04**, 1439, BAG NZA **00**, 54. Das gilt ohne Rücksicht darauf, ob die Revision vor oder nach der Zustellung des Berufungsurteils eingegangen ist, BGH NJW **87**, 2446. Es gilt auch unabhängig davon, ob das Berufungsgericht die Entscheidungsformel vorher verkündet oder bekannt gemacht hat, BGH RR **05**, 1151. Das gilt auch bei einem solchen Beschluß, gegen den eine Rechtsbeschwerde statthaft ist, BGH RR **05**, 78, und auch in einer WEG-Sache, (zum alten Recht) KG RR **94**, 599. Eine Überschreitung der Fünfmonatsfrist liegt auch dann vor, wenn der letzte Tag dieser Frist auf einen Samstag, Sonntag oder Feiertag fällt und das Urteil am darauf folgenden Werktag zur Geschäftsstelle kommt, BAG NZA **00**, 611.

Eine *Überschreitung der Fünfmonatsfrist* ab Verkündung oder Übergabe an die Geschäftsstelle zur Zustellung an Verkündungs Statt muß auch in allen anderen Gerichtsbarkeiten als das Fehlen einer Begründung gelten, BGH RR **04**, 1439, BAG NJW **96**, 1431, BVerwG NVwZ **01**, 1150. Unzulässig ist dann die Wiedereröffnung der Verhandlung, BFH NJW **97**, 416. Ein bloßer Verstoß gegen § 315 II reicht nicht, BGH NJW **84**, 2828.

Man muß eine verspätete Niederschrift des Berufungsurteils nach § 551 III 1 Z 2 b *rügen*. Erforderlich ist die Angabe des konkreten Datums der Niederlegung des Urteils auf der Geschäftsstelle. Evtl muß man die Tatsachen angeben, aus denen sich dieses Datum ergibt, BSG NJW **95**, 1983. Auf die begründete Rüge nur einer Partei muß das Revisionsgericht meist das gesamte Urteil aufheben, BAG NJW **96**, 870. Eine Zurückverweisung kommt nicht in Betracht, wenn die Klage unter keinem denkbaren Gesichtspunkt begründet ist, BFH NJW **95**, 1048, BSG NVwZ-RR **96**, 61 (überhaupt keine Zurückverweisung nach § 68 ArbGG, BAG NZA **97**, 176). In der verspäteten Absetzung des Berufungsurteils liegt kein Verstoß gegen Art 103 I GG, BVerfG NJW **96**, 3203.

11) Abschließende Regelung, Z 1–6. § 547 ist keiner Ergänzung oder sinngemäßen Anwendung 17
zugänglich. Daher ist abgesehen von Z 4 die Verletzung des Anspruchs auf rechtliches Gehör kein absoluter Revisionsgrund (anders §§ 138 Z 3 VwGO, 119 Z 3 FGO), Wolff ZZP **116**, 403. Jedoch ist wegen auf Z 4 insoweit eine Erweiterung notwendig, als das Fehlen der Parteifähigkeit stets ursächlich und darum ein unbedingter Revisionsgrund ist.

548 ***Revisionsfrist.*** **Die Frist für die Einlegung der Revision (Revisionsfrist) beträgt einen Monat; sie ist eine Notfrist und beginnt mit der Zustellung des in vollständiger Form abgefassten Berufungsurteils, spätestens aber mit dem Ablauf von fünf Monaten nach der Verkündung.**

1 **1) Systematik, Regelungszweck.** § 548 entspricht § 517. Vgl die dortigen Erläuterungen. § 518 (Frist beim Ergänzungsurteil) ist sinngemäß anwendbar. Beim Protokollurteil gehört auch das Protokoll zur notwendigen Urteilszustellung, BGH FamRZ **07**, 1314. Die Frist läuft für jede Partei gesondert, ZöGu 3. Kann der Revisionskläger bei einem Berufungsurteil mit einem Widerspruch zwischen dem Tenor und dem Rest nicht erkennen, ob das Berufungsgericht die Revision zugelassen hat, läuft die Revisionsfrist erst ab der zugehörigen Klärung, BGH FamRZ **04**, 363 links Mitte.

2 **2) Geltungsbereich.** Die Vorschrift gilt in jedem Revisionsverfahren nach der ZPO und den auf sie verweisenden Gesetzen. Sie gilt auch im WEG-Verfahren. Im Verfahren der Arbeitsgerichte beträgt die Frist ebenfalls einen Monat, § 74 I ArbGG. Hs 2 ist entsprechend anwendbar, § 72 V ArbGG, nach Maßgabe des § 9 V ArbGG, BAG NZA **96**, 1175.

549 ***Revisionseinlegung.*** **I 1 Die Revision wird durch Einreichung der Revisionsschrift bei dem Revisionsgericht eingelegt. 2 Die Revisionsschrift muss enthalten:**

1. die Bezeichnung des Urteils, gegen das die Revision gerichtet wird;

2. die Erklärung, dass gegen dieses Urteil Revision eingelegt werde.

3 § 544 Abs. 6 Satz 2 bleibt unberührt.

II Die allgemeinen Vorschriften über die vorbereitenden Schriftsätze sind auch auf die Revisionsschrift anzuwenden.

1 **1) Systematik, Regelungszweck, I, II.** § 549 entspricht § 519 I, II, IV. Die Revisionseinlegung usw braucht einen beim BGH zugelassenen Anwalt, §§ 78 I 3. Unberührt bleibt die Regelung in § 544 VI 2 für den Fall einer erfolgreichen Nichtzulassungsbeschwerde. Hier braucht man nicht Revision einzulegen, I 3. II verweist auch auf §§ 129 ff.

2 **2) Geltungsbereich, I, II.** Die Vorschrift gilt in jedem Revisionsverfahren nach der ZPO und in den auf sie verweisenden Gesetzen. Sie gilt auch im WEG-Verfahren. Im Verfahren der Arbeitsgerichte ist § 549 entsprechend anwendbar, § 72 V ArbGG.

550 ***Zustellung der Revisionsschrift.*** **I Mit der Revisionsschrift soll eine Ausfertigung oder beglaubigte Abschrift des angefochtenen Urteils vorgelegt werden, soweit dies nicht bereits nach § 544 Abs. 1 Satz 4 geschehen ist.**

II Die Revisionsschrift ist der Gegenpartei zuzustellen.

1 **1) Systematik, Regelungszweck, I, II.** Die Vorschrift entspricht §§ 519 III, 521 I für das Berufungsverfahren. Die Beifügung des angefochtenen Urteils erübrigt sich, wenn sie schon bei der Einlegung der Nichtzulassungsbeschwerde erfolgte, § 544 I 4.

2 **2) Geltungsbereich, I, II.** Die Vorschrift gilt für jedes Revisionsverfahren nach der ZPO und den auf sie verweisenden Gesetzen. Sie gilt auch im WEG-Verfahren. Im Verfahren der Arbeitsgerichte ist § 550 entsprechend anwendbar, § 72 V ArbGG.

551 ***Revisionsbegründung.*** **I Der Revisionskläger muss die Revision begründen.**

II 1 Die Revisionsbegründung ist, sofern sie nicht bereits in der Revisionsschrift enthalten ist, in einem Schriftsatz bei dem Revisionsgericht einzureichen. 2 Die Frist für die Revisionsbegründung beträgt zwei Monate. 3 Sie beginnt mit der Zustellung des in vollständiger Form abgefassten Urteils, spätestens aber mit Ablauf von fünf Monaten nach der Verkündung. 4 § 544 Abs. 6 Satz 3 bleibt unberührt. 5 Die Frist kann auf Antrag von dem Vorsitzenden verlängert werden, wenn der Gegner einwilligt. 6 Ohne Einwilligung kann die Frist um bis zu zwei Monate verlängert werden, wenn nach freier Überzeugung des Vorsitzenden der Rechtsstreit durch die Verlängerung nicht verzögert wird oder wenn der Revisionskläger erhebliche Gründe darlegt; kann dem Revisionskläger innerhalb dieser Frist Einsicht in die Prozessakten nicht für einen angemessenen Zeitraum gewährt werden, kann der Vorsitzende auf Antrag die Frist um bis zu zwei Monate nach Übersendung der Prozessakten verlängern.

III 1 Die Revisionsbegründung muss enthalten:

1. die Erklärung, inwieweit das Urteil angefochten und dessen Aufhebung beantragt werde (Revisionsanträge);

2. die Angabe der Revisionsgründe, und zwar:

a) die bestimmte Bezeichnung der Umstände, aus denen sich die Rechtsverletzung ergibt;

b) soweit die Revision darauf gestützt wird, dass das Gesetz in Bezug auf das Verfahren verletzt sei, die Bezeichnung der Tatsachen, die den Mangel ergeben.

2 Ist die Revision auf Grund einer Nichtzulassungsbeschwerde zugelassen worden, kann zur Begründung der Revision auf die Begründung der Nichtzulassungsbeschwerde Bezug genommen werden.

IV § 549 Abs. 2 und § 550 Abs. 2 sind auf die Revisionsbegründung entsprechend anzuwenden.

Gliederung

1) Systematik, I–IV. § 551 entspricht größtenteils den Bestimmungen für die Berufungsbegründung nach § 520. Ergänzend gelten §§ 549 II (Verweisung auf die allgemeinen Vorschriften über vorbereitende Schriftsätze) und 550 II (Zustellung der Begründungsschrift), IV. 1

2) Regelungszweck, I–IV. Die Vorschrift bezweckt eine Zusammenfassung und Beschleunigung des Verfahrens, BAG NJW **05**, 3595. Das Revisionsgericht und der Gegner sollen möglichst schnell und sicher erkennen können, wie der Revisionsführer den Streitfall beurteilt haben möchte, BAG NZA **06**, 157. Sie sollen sich auf seinen Angriff erschöpfend vorbereiten können, BAG NJW **05**, 3595. Die Vorschrift ist auch eine Folge der Parteiherrschaft nach Grdz 18 vor § 128. Das muß man bei der Auslegung beachten. 2

3) Geltungsbereich, I–IV. Die Vorschrift gilt in jedem Revisionsverfahren nach der ZPO und den auf sie verweisenden Gesetzen. Sie gilt auch im WEG-Verfahren. Im Verfahren der Arbeitsgerichte ist § 551 entsprechend anwendbar, § 72 V ArbGG, BAG NZA **07**, 1427. Die zweimonatige Begründungsfrist nach § 74 I 1, 2 ArbGG läßt sich nur einmal bis zu einem weiteren Monat verlängern, § 74 I 3 ArbGG. 3

4) Begründungszwang, I. Der Revisionskläger muß seine Revision zwecks deren Zulässigkeit zu jedem einzelnen Beschwerdepunkt mit einem selbständigen Streitstoff begründen. Daher ist die Revision mangels Begründung unzulässig, wenn der Revisionskläger nur seinen Angriff gegen einen nicht revisiblen Teil begründet. Dagegen ist sie unbegründet, wenn er sie nur auf irrevisible Normen stützt, BGH MDR **80**, 203. Die Bezugnahme auf lange Schriftsätze ist keine Begründung, ebenso nicht eine solche auf die Revisionsbegründung in anderen Akten. Das gilt unabhängig davon, ob sie dem Revisionsgericht vorliegen. Zulässig ist die Verweisung auf eine andere Revisionsbegründung in derselben Sache, etwa für einen Streitgenossen. Zulässig ist auch die Bezugnahme auf die Begründung einer erfolgreich gewesenen Nichtzulassungsbeschwerde, soweit jene Begründung auch die Anforderungen nach III 1 erfüllte, Rn 5. 4

5) Begründungsschrift, II. Man muß die Form und die Frist beachten. 5

A. Form, II 1. Die Begründung kann schon in der Revisionsschrift nach § 549 enthalten sein. Sie kann auch schon zB in der Begründung der Nichtzulassungsbeschwerde enthalten sein, BGH FamRZ **06**, 857. Dann muß die letztere aber alle Anforderungen an eine Revisionsbegründung erfüllen, BGH FamRZ **06**, 857. Andernfalls ist ein besonderer Schriftsatz nötig. Man muß ihn innerhalb der Begründungsfrist beim Revisionsgericht einreichen. Die Begründung muß den Vorschriften für bestimmende Schriftsätze genügen, IV in Verbindung mit § 549 II. Nötig ist deshalb die Unterschrift eines beim BGH zugelassenen Anwalts oder eines diesem Gleichstehenden, § 519 Rn 15, 16, BAG NZA **07**, 1427.

B. Begründungsfrist, II 2–6. Sie beträgt 2 Monate, *II 2.* Sie beginnt mit der Zustellung des in vollständiger Form abgefaßten Berufungsurteils, spätestens aber mit dem Ablauf von 5 Monaten nach der Verkündung, *II 3,* § 520 Rn 4 ff. Man kann die Revisionsbegründung schon vor dem Beginn ihrer Einlegungsfrist einreichen, BAG NJW **04**, 2981, BVerwG NJW **08**, 1015, zB in demjenigen Schriftsatz, mit dem man eine Nichtzulassungsbeschwerde begründet, Rn 5, BGH NJW **04**, 2981. Dann beginnt die Frist für eine Anschlußrevision mit der Zustellung des Zulassungsbeschlusses, BGH NJW **04**, 2481. Bei einer erfolgreichen Nichtzulassungsbeschwerde beginnt die Frist zur Revisionsbegründung ebenfalls mit der Zustellung des Zulassungsbeschlusses, *II 4* in Verbindung mit § 544 VI 3, BGH FamRZ **06**, 857. 6

Der Vorsitzende kann die Begründungsfrist durch eine Verfügung *verlängern, II 5, 6.* Diese Regelung entspricht den Bestimmungen für die Berufungsbegründung, § 520 II 2, 3, mit dem Unterschied, daß der Vorsitzende ohne eine Einwilligung des Gegners die Frist um 2 Monate verlängern darf, § 520 Rn 8 ff.

Zur *Wiedereinsetzung* in eine versäumte Frist zur Nachholung von Verfahrensrügen BGH NJW **00**, 364. 7

6) Revisionsanträge, III 1 Z 1. Es gilt dasselbe wie für die Berufungsanträge, § 520 Rn 17, BGH RR **95**, 1154. Daher sind förmliche Anträge nicht unbedingt nötig, BGH MDR **05**, 888. Es muß aber klar ersichtlich sein, ob das Revisionsgericht das ganze Berufungsurteil oder welchen abtrennbaren Teil es aufheben soll und welche inhaltliche Abänderung der Revisionskläger erstrebt. Ein allein auf eine Aufhebung und Zurückverweisung gerichteter Antrag genügt immer dann, wenn ein anderes Ergebnis nicht infrage kommt, und stets für die Revision des Bekl, BGH FamRZ **88**, 37, sowie wohl auch für diejenige des Klägers, BGH RR **95**, 1154, Hbg NJW **87**, 783. Neue Revisionsgründe sind bis zum Ablauf der Begründungsfrist zulässig. Eine Erweiterung noch nach dem Ablauf der Begründungsfrist bis zum Ende der mündlichen Verhandlung ist zulässig, sofern sich die Partei im Rahmen der geltend gemachten Revisionsgründe hält, nicht darüber hinaus, BGH **91**, 159, zB auf die Widerklage, BGH MDR **85**, 667. Das gilt auch dann, wenn man beim Beginn der mündlichen Verhandlung einen engeren Antrag gestellt hatte, BGH RR **88**, 66. Umgekehrt ist eine Beschränkung des Klagebegehrens ähnlich wie bei § 543 zulässig, soweit man damit nicht eine Änderung der tatsächlichen Grundlage des Klagebegehrens verbindet, BGH RR **91**, 1136. Unzulässig ist eine Revision dann, wenn der Erblasser sie einlegt, aber nicht begründet hat und wenn der Erbe nur den Antrag auf einen Vorbehalt der beschränkten Erbenhaftung stellt. Wegen der Hemmungswirkung nach Grdz 2 vor § 511 wird der nicht 8 angefochtene Teil des Berufungsurteils vor der Revisionsentscheidung nicht ohne weiteres rechtskräftig. Schließt der zuerkannte Teil des Anspruchs zwangsläufig den in der Revisionsinstanz geltend gemachten Antrag aus, ist Gegenstand des Revisionsantrags auch der zuerkannte Teil.

9 **7) Rechtsverletzung, III 1 Z 2 a.** Die Begründung muß wie bei § 520 III 2 Z 2 stets die bestimmte Bezeichnung derjenigen Umstände enthalten, aus denen sich die Rechtsverletzung ergibt, BAG NZA **07**, 822. Auf welche Rechtsverletzungen man die Revision stützen kann, richtet sich nach §§ 545–547. Bestimmt bezeichnen muß man diejenigen Umstände, aus denen man die Rechtsverletzung herleitet, BAG FamRZ **06**, 120. Es braucht der Revisionsführer die verletzte Rechtsnorm nicht mehr anzugeben, BGH WertpMitt **90**, 275, BAG NJW **05**, 1679. Daher ist ihre unrichtige Bezifferung ebenfalls unschädlich. Man darf auf einen Schriftsatz in einer beim Revisionsgericht anhängigen anderen Sache zwischen denselben Parteien Bezug nehmen, ZöGu 12. Aber Vorsicht! Trotzdem ist diese Angabe meist unerläßlich, um die Angriffe auf das Berufungsurteil verständlich zu machen. Die Begründung darf vor der Zustellung des Berufungsurteils erfolgen, Rn 6.

Ein *Mangel der Begründung* kann zur Verwerfung der Revision führen, BGH FamRZ **83**, 581, BAG ZIP **83**, 606.

10 *Einzelheiten:* Der Revisionskläger muß sich grundsätzlich mit allen tragenden Gründen des Berufungsurteils auseinandersetzen, BAG NJW **05**, 3595. Eine Ausnahme gilt nur bei lediglich nach der letzten Verhandlung der Berufungsinstanz entstandenen neuen Gründen, BGH MDR **02**, 409, BAG NJW **90**, 2641. Der Revisionskläger muß den Rechtsfehler des Berufungsgerichts so aufzeigen, daß man den Gegenstand und die Richtung des Revisionsangriffs erkennen kann, BAG NJW **05**, 3595. Man muß also zu jedem einzelnen Streitpunkt mit einem selbständigen Streitstoff eine sorgfältige, über den Umfang und Zweck keinen Zweifel lassende Begründung geben. Dann kann die Einreichung der Begründung einer versehentlichen Nichtzulassungsbeschwerde bei einer schon zugelassenen Revision als deren Begründung reichen, BGH MDR **05**, 887 rechts unten. Das alles gilt nicht nur für verfahrensrechtliche Revisionsangriffe, sondern auch für sachlichrechtliche solche Angriffe, BAG NJW **00**, 686 (die Wiedergabe der Gründe des die Revision nach dem BEG zulassenden Beschlusses reicht meist nicht aus), BFH BStBl **77** II 217. Ungenügend ist die pauschale Bezeichnung der Beurteilung des Berufungsgerichts als eines Verstoßes gegen das sachliche Recht, BGH VersR **76**, 1063, oder als „unhaltbar" unter der bloßen Angabe einer Literaturstelle, BSG MDR **85**, 700 (bei einer Verwerfung der Berufung reichen sachlichrechtliche Rügen nicht aus).

Sind *mehrere Ansprüche* Gegenstand des Berufungsurteils, muß man die Revisionsgründe für jeden von ihnen darlegen, es sei denn, das Bestehen eines Anspruchs hängt unmittelbar von dem Bestehen des anderen Anspruchs ab, BAG NJW **90**, 599. Hat das Berufungsgericht sein Urteil auf mehrere voneinander unabhängige selbständig tragende Erwägungen gestützt, muß der Revisionskläger für jede dieser Erwägungen darlegen, warum sie die Entscheidung nicht tragen, BAG NJW **08**, 2206. Das alles gilt auch bei mehreren Hilfsbegründungen des Berufungsgerichts. Andernfalls ist die Revision insgesamt unzulässig, BAG FamRZ **06**, 120, BVerwG NJW **80**, 2268.

Praktisch genügt freilich die sorgfältige Rüge eines Verfahrensverstoßes. Denn das Revisionsgericht muß sachlichrechtliche Mängel von Amts wegen beachten, sofern es überhaupt sachlich nachprüft. Darum kann der Revisionskläger sachlichrechtliche Rügen bis zuletzt sogar mündlich nachschieben. Zur Begründung der Revision, wenn sie sich ausschließlich auf neue Tatsachen stützt, BGH NJW **02**, 1131, BAG NJW **90**, 2641. Darauf, ob die Begründung den Revisionsangriff trägt, kommt es im Rahmen der Prüfung der Zulässigkeit der Revision nicht an, BGH NJW **81**, 1453.

11 **8) Verfahrensverstoß, III 1 Z 2 b.** Soweit sich die Revision darauf stützt, daß das Berufungsgericht das Recht in Bezug auf das Verfahren verletzt habe, ist schon wegen § 557 III 2 grundsätzlich eine Rüge nötig, BGH FamRZ **07**, 125, BAG NZA **07**, 1298. Es also die Bezeichnung derjenigen einzelnen Tatsachen nötig, die den Mangel ergeben, BGH NJW **06**, 3068, BAG NJW **08**, 542. Man muß bei einem gerichtsinternen Vorgang darlegen, daß und wie man eine Aufklärung erstrebt hat, BGH NJW **92**, 512. Man muß den Rechtsfehler aufzeigen, BAG NJW **04**, 1684.

12 *Verfahrensmängel* können auf falschen Maßnahmen des Berufungsgerichts beruhen oder auf unrichtiger Beurteilung von Tatsachen. Beispiele, § 538 Rn 4 ff: Gesetzwidrige Besetzung des Gerichts; unrichtige Bestimmung des Streitgegenstands, BGH NJW **06**, 3068; Verstoß gegen § 48, BGH NJW **95**, 1679; Verletzung des Grundsatzes der Mündlichkeit; Verstoß gegen die Pflicht, rechtliches Gehör zu geben; Verletzung der Hinweis- oder Aufklärungspflicht, BAG NZA **08**, 115; Übergehen eines Beweisantritts, BAG NJW **08**, 542. Der Revisionsführer muß darlegen, welchen bestimmten Hinweis usw das Berufungsgericht auf Grund welcher Tatsache hätte geben müssen, BGH RR **88**, 208, BAG NZA **08**, 115, und was er geantwortet hätte, BGH WertpMitt **88**, 432, BAG NZA **08**, 115, sowie daß der Hinweis usw zu einem anderen Prozeßergebnis hätte führen können, BAG NZA **08**, 115, zB daß die sich weigernde Partei an der Beweisaufnahme mitgewirkt hätte, BGH FamRZ **86**, 665. Hatte das Berufungsgericht einen Beweisantrag übergangen, muß man ihn genau wiederholen und angeben, was die Beweisaufnahme im Kern ergeben hätte, BAG NJW **08**, 542. Der übergangene Beweisantritt muß zulässig gewesen sein, BAG NZA **08**, 431 links Mitte. Hatte das Gericht ein Beweismittel trotz seines Beweisbeschlusses nicht beschafft, muß außerdem die Partei auf der Beweiserhebung bestanden haben. Hierhin gehören ferner: Die Rüge, daß sich das Berufungsgericht zu Unrecht an die tatsächlichen Feststellungen des Schiedsgerichts gebunden gehalten habe; Überschreitung der Ermessensgrenzen bei Entscheidungen über das Verfahren; Nichtzulassung neuen Vorbringens; Verkündungsmängel; mangelhafter Tatbestand (gänzlich fehlender Tatbestand ist von Amts wegen beachtbar, BGH NJW **79**, 927); fehlende Begründung; unrichtige Beweiswürdigung; Unzulässigkeit eines Teilurteils oder einer Vorabentscheidung nach § 304 (sachlichrechtlich sind die Frage nach der Tragweite der Streithilfewirkung); Hinausgehen über die Anträge; Erlaß eines Prozeßurteils statt einer Sachprüfung; Unzulässigkeit der Zurückverweisung, BGH NJW **97**, 1710. Dann muß man den Grund der Unzulässigkeit genau nennen.

13 Grundsätzlich muß man die Verfahrensverstöße *rügen,* BGH FamRZ **07**, 125, auch die unbedingten Revisionsgründe, § 547. Sonst kann die Revision sogar insgesamt unzulässig sein, BGH NJW **84**, 495, BAG

NJW **04**, 1683. Man muß diejenigen Tatsachen bestimmt bezeichnen, die den Mangel ergeben sollen, BAG NZA **08**, 115. Allgemeine Rügen, Verweisungen auf Schriftsätze oder auf die vom Berufungsgericht getroffenen einschlägigen Feststellungen genügen nicht, also zB nicht, daß ein Gutachten nicht dem neuesten Stand der medizinischen Wissenschaft entspreche. Vielmehr muß man angeben, welche in der Fachliteratur oder sonst erörterten Erkenntnisse der Sachverständige hätte verwerten müssen und inwiefern dann ein anderes Ergebnis wahrscheinlich gewesen wäre. Ebenso genügt für die Rüge der nicht ordnungsmäßigen Besetzung nicht die Angabe, daß ein Beisitzer in mehreren Sitzungen den Vorsitz geführt habe. Ungenügend ist die Angabe, daß das Berufungsgericht einen Hilfsrichter nicht zur Beseitigung eines nur vorübergehenden und auf andere Weise nicht behebbaren Mangels herangezogen habe. Notwendig sind vielmehr dazu Einzelheiten (Anlaß der Abordnung der einzelnen Hilfsrichter und deren Zeitpunkte). Damit überspannt man fast die Anforderungen, § 547 Rn 3 ff.

Unzureichend ist die *allgemeine Bezugnahme* auf umfangreiche Strafakten statt der Angabe der Aktenstellen, wegen deren Nichtberücksichtigung das Berufungsurteil mangelhaft sein soll. Beim nicht vernommenen Zeugen muß man die in sein Wissen gestellten Tatsachen und ferner die Entscheidungserheblichkeit der in sein Wissen gestellten Tatsachen angeben. Wer eine Nichterhebung von Beweisen wegen einer Beweisvereitelung rügt, muß darlegen, daß die Partei an der Beweisaufnahme mitgewirkt haben würde, BGH NJW **86**, 2372, Schröder JZ **87**, 605, Stürner JZ **87**, 607, oder daß zB der nach § 372 a Betroffene an der Untersuchung mitgewirkt hätte, BGH FamRZ **86**, 663, und welcher nach der Seitenzahl genau anzugebende Beweisantrag zu welchem genauen Ergebnis geführt hätte, BAG NZA **06**, 1057. Alle vorstehenden Anforderungen gelten auch bei einer Anschlußrevision unabhängig vom Vortrag des Revisionsführers, solange kein untrennbarer Zusammenhang besteht, BGH NJW **94**, 801.

Keine Rüge brauchen die von Amts wegen beachtbaren Punkte, BGH FamRZ **07**, 125, zB die Prozeß- **14**
voraussetzungen und Prozeßfortsetzungsvoraussetzungen wie die Zulässigkeit des Rechtswegs, eine ordnungsmäßige Klagerhebung, die Prozeßfähigkeit, das Rechtsschutzbedürfnis, die Zulässigkeit des Rechtsmittels usw (die vorschriftsmäßige Besetzung des Gerichts nach § 547 Z 1 gehört nicht hierher), das Fehlen des Tatbestands im Berufungsurteil, BGH NJW **79**, 927, bei einer Revision gegen ein Grundurteil dessen Voraussetzungen, BGH NJW **75**, 1968. Eine Rüge ist ferner nicht nötig, wenn das Berufungsgericht über einen Antrag nicht entschieden hat, da § 308 I das Prozeßrecht betrifft.

Unzulässig ist es, nach dem Ablauf der Begründungsfrist eine Verfahrensrüge oder ihre Begründung nachzuholen, BAG NJW **04**, 1684.

9) Bezugnahme, III 2. Wenn das Berufungsgericht die Revision auf Grund einer Nichtzulassungsbe- **15**
schwerde nach § 544 zugelassen hat, darf und muß der Revisionskläger zur Begründung der Revision zumindest auf die Begründung der Nichtzulassungsbeschwerde Bezug nehmen, Rn 5, BGH NJW **08**, 588, BAG NZA **08**, 726. Dann muß aber die Begründung der Nichtzulassungsbeschwerde schon die Revisionsgründe enthalten, BGH NJW **08**, 588, BAG NZA **08**, 726.

10) Zustellung der Revisionsbegründung, IV. Das Revisionsgericht muß die Begründung dem **16**
Gegner zustellen, IV in Verbindung mit § 550 II.

552 *Zulässigkeitsprüfung.* **I 1 Das Revisionsgericht hat von Amts wegen zu prüfen, ob die Revision an sich statthaft und ob sie in der gesetzlichen Form und Frist eingelegt und begründet ist. 2 Mangelt es an einem dieser Erfordernisse, so ist die Revision als unzulässig zu verwerfen.**

II Die Entscheidung kann durch Beschluss ergehen.

1) Systematik, Regelungszweck, I, II. § 552 entspricht § 522 I 1–3. **1**

2) Geltungsbereich, I, II. Die Vorschrift gilt in jedem Revisionsverfahren nach der ZPO und den auf **2**
sie verweisenden Gesetzen. Sie gilt auch im WEG-Verfahren. Im Verfahren der Arbeitsgerichte ist sie entsprechend anwendbar, §§ 72 V, 74 II ArbGG, Oetker NZA **89**, 201.

3) Zulässigkeitsprüfung, I, II. Voraussetzung der sachlichen Revisionsprüfung ist, daß die Berufung **3**
zulässig ist. Daher muß das Revisionsgericht auch deren Zulässigkeit von Amts wegen prüfen, BGH NJW **82**, 1873. Hat das OLG die Notwendigkeit der Wiedereinsetzung übersehen, muß das Revisionsgericht zurückverweisen, BGH NJW **82**, 887, wenn es nicht ohne weiteres eine Wiedereinsetzung geben muß, BGH NJW **82**, 1873. Über die Wiedereinsetzung wegen einer Versäumung der Frist für die Revision kann das Revisionsgericht durch einen Beschluß entscheiden. Er bindet das Revisionsgericht, ist also unabänderlich, da er einem Urteil gleichsteht. Die Bindung gilt aber nicht für andere Zulässigkeitsvoraussetzungen, zB für ein Erreichen der Revisionssumme. Das Revisionsgericht kann die Zulässigkeit nach I 1, II feststellen, ZöGu 2. Der verwerfende Beschluß ist dann unabänderlich, BGH NJW **81**, 1962, BFH BStBl **79** II 574, wenn er nicht auf einer Verletzung von Grundrechten beruht, § 321 a in Verbindung mit § 555 I. Jedoch ist eine Wiederaufnahme zulässig, BGH NJW **83**, 883. Ein die Zulässigkeit der Revision bejahender Beschluß bindet das Revisionsgericht. Mangels einer Verwerfung nach § 552 I 2 oder einer Zurückweisung nach § 552 a verfährt das Revisionsgericht nach § 553 I.

552a *Zurückweisungsbeschluss.* **1 Das Revisionsgericht weist die von dem Berufungsgericht zugelassene Revision durch einstimmigen Beschluss zurück, wenn es davon überzeugt ist, dass die Voraussetzungen für die Zulassung der Revision nicht vorliegen und die Revision keine Aussicht auf Erfolg hat. 2 § 522 Abs. 2 Satz 2 und 3 gilt entsprechend.**

Schrifttum: *Knops* ZZP **120**, 403 (Üb).

1 **1) Systematik, S 1, 2.** Die Vorschrift entspricht fast wörtlich § 522 II. Vgl daher die dortigen Erläuterungen. Die Vorschrift ist verfassungsgemäß, BVerfG NJW **05**, 1485, Fölsch MDR **04**, 1034.

2 **2) Regelungszweck, S 1, 2.** Die Vorschrift dient der Entlastung des BGH, Fölsch MDR **04**, 1034, Knauer/Wolf NJW **04**, 2864. Sie ermöglicht es dem Revisionsgericht, eine vom Berufungsgericht fälschlich zu großzügig zugelassene Revision ohne eine mündliche Verhandlung durch einen Beschluß zurückzuweisen.

3 **3) Geltungsbereich, S 1, 2.** Die Vorschrift gilt in jedem Revisionsverfahren nach der ZPO und den auf sie verweisenden Gesetzen. Sie gilt auch im WEG-Verfahren.

4 **4) Voraussetzungen S 1.** Die Gründe der an sich zunächst bindenden Zulassung der Revision nach § 543 II 2 dürfen im Zeitpunkt der Beschlußfassung des Revisionsgerichts in Wahrheit nach *seiner* Überzeugung von vornherein nicht vorgelegen haben oder infolge späterer Ereignisse jedenfalls jetzt nicht (mehr) vorliegen, BGH MDR **05**, 1070. Es genügt, daß der Zulassungsgrund nachträglich zB wegen der höchstrichterlichen Klärung der Rechtsfrage in einem Parallelverfahren weggefallen ist. Außerdem darf die Revision nach der Überzeugung des Revisionsgerichts keine Aussicht auf Erfolg haben. Zu beiden Voraussetzungen vgl die entsprechenden Erläuterungen bei § 543.

5 **5) Verfahren S 1, 2.** Der Senat oder der Vorsitzende muß die Parteien zunächst auf die beabsichtigte Zurückweisung der Revision und die Gründe hierfür hinweisen und dem Revisionsführer binnen einer zu bestimmenden Frist eine Gelegenheit zur Stellungnahme geben, *S 2* in Verbindung mit § 522 II 2. Sodann muß das Revisionsgericht das Vorliegen beider Voraussetzungen einstimmig feststellen, *S 1*, BGH WoM **07**, 134. Für die Beurteilung, ob die Voraussetzungen für die Zulassung der Revision vorliegen, ist der Zeitpunkt der Entscheidung des Revisionsgerichts maßgeblich, BGH RR **05**, 650. Das Revisionsgericht muß seinen Zurückweisungsbeschluß einstimmig fassen. Es muß ihn begründen, soweit die Gründe nicht bereits in dem Hinweis enthalten sind, S 2 in Verbindung mit § 522 II 3. Bei Revisionen beider Parteien kommen getrennte Beschlüsse infrage, BGH FamRZ **07**, 1091.

6 **6) Unanfechtbarkeit, S 1, 2.** Der Beschluß ist unanfechtbar. Das spricht S 1, 2 zwar nicht ausdrücklich aus. Es gilt aber der Sache nach dasselbe wie in § 522 III 1. Wohin sollte denn auch eine Anfechtung gehen? Eine Verfassungsbeschwerde ist ja kein Rechtsmittel. Sie bleibt natürlich denkbar.

553 *Terminsbestimmung; Einlassungsfrist.*

[I] Wird die Revision nicht durch Beschluss als unzulässig verworfen oder gemäß § 552 a zurückgewiesen, so ist Termin zur mündlichen Verhandlung zu bestimmen und den Parteien bekannt zu machen.

[II] Auf die Frist, die zwischen dem Zeitpunkt der Bekanntmachung des Termins und der mündlichen Verhandlung liegen muss, ist § 274 Abs. 3 entsprechend anzuwenden.

1 **1) Systematik, Regelungszweck, I, II.** Die Vorschrift entspricht fast wörtlich § 523. Vgl daher die dortigen Erläuterungen.

2 **2) Geltungsbereich, I, II.** Die Vorschrift gilt in jedem Revisionsverfahren nach der ZPO und den auf sie verweisenden Gesetzen. Sie gilt auch im WEG-Verfahren. Im Verfahren der Arbeitsgerichte gilt § 533 entsprechend, § 74 II ArbGG.

3 **3) Terminsbestimmung, I.** Zwar fehlt das Wort „unverzüglich" aus § 523 I 2. Eine solche Notwendigkeit folgt aber aus § 216 II, auf den § 555 I 1 zwar nicht ausdrücklich mitverweist, der aber wie das ganze Buch 1 ohnehin mitanwendbar ist.

4 **4) Einlassungsfrist, II.** Die Vorschrift entspricht wörtlich § 523 II. Vgl daher die dorigen Erläuterungen. Zur mündlichen Verhandlung kommt es, wenn das Revisionsgericht die Revision nicht nach § 552 II verwirft. Ihre Verwerfung ist auch dann noch zulässig.

554 *Anschlussrevision.*

[I] [1] Der Revisionsbeklagte kann sich der Revision anschließen. [2] Die Anschließung erfolgt durch Einreichung der Revisionsanschlussschrift bei dem Revisionsgericht.

[II] [1] Die Anschließung ist auch statthaft, wenn der Revisionsbeklagte auf die Revision verzichtet hat, die Revisionsfrist verstrichen oder die Revision nicht zugelassen worden ist. [2] Die Anschließung ist bis zum Ablauf eines Monats nach der Zustellung der Revisionsbegründung zu erklären.

[III] [1] Die Anschlussrevision muss in der Anschlussschrift begründet werden. [2] § 549 Abs. 1 Satz 2 und Abs. 2 und die §§ 550 und 551 Abs. 3 gelten entsprechend.

[IV] Die Anschließung verliert ihre Wirkung, wenn die Revision zurückgenommen, verworfen oder durch Beschluss zurückgewiesen wird.

Schrifttum: *Jacoby* ZZP **115**, 185; *Müller* ZZP **115**, 215 (je: Üb).

1 **1) Systematik, I–IV.** Die Vorschrift entspricht weitgehend der Regelung der Anschlußberufung in § 524. Vgl daher dort Rn 1.

2 **2) Regelungszweck, I–IV.** Es gilt grundsätzlich dasselbe wie bei § 524, dort Rn 2. II 1 dient der Gerechtigkeit nach Einl III 9, 36, BGH MDR **05**, 823, und der Waffengleichheit nach Einl III 21.

3 **3) Geltungsbereich, I–IV.** Die Vorschrift gilt in jedem Revisionsverfahren nach der ZPO und den auf sie verweisenden Gesetzen. Sie gilt auch im WEG-Verfahren. Im Verfahren der Arbeitsgerichte ist § 554 entsprechend anwendbar, § 72 V ArbGG, BAG NZA **06**, 682.

4) Grundsatz, I. Der Revisionsbekl kann sich der Revision anschließen, ebenso wie es im Berufungsverfahren statthaft ist, § 524. Auch im Revisionsverfahren erfolgt die Anschließung durch die Einreichung einer entsprechenden Schrift bei dem Revisionsgericht. Wegen der Einzelheiten § 524 Rn 15, 16. Die Anschließung braucht keine Zulassung nach § 543. Die Anschlußschrift muß von einem beim BGH zugelassenen Anwalt oder ihm Gleichgestellten unterzeichnet sein, § 519 Rn 11 ff. Die Anschlußrevision ist ebenso wie die Anschlußberufung von dem Hauptrechtsmittel abhängig und daher unselbständig. Natürlich bleibt stattdessen eine eigene Hauptrevision denkbar, auch mit ihren Risiken und Kosten. 4

5) Statthaftigkeit, II 1. Die Anschließung ist auch dann statthaft, wenn der Revisionsbekl auf die Revision verzichtet hat, die Revisionsfrist für ihn verstrichen ist oder wenn weder das Berufungsgericht noch das Revisionsgericht die Revision für den Revisionsbekl nach § 544 zugelassen hat, BGH NJW **07**, 3781, BAG NZA **06**, 682. Der Revisionsbekl soll damit die Möglichkeit erhalten, eine Abänderung des Berufungsurteils zu seinen Gunsten zu erreichen, wenn das Revisionsverfahren auf Grund der Revision der Gegenpartei ohnehin stattfinden muß, BGH MDR **05**, 823. Voraussetzung ist stets, daß die Revision der Gegenpartei noch anhängig ist. Zulässig ist eine Hilfanschlußrevision für den Fall des Erfolgs der Hauptrevision, BGH NJW **92**, 1898. Man kann sich einer nur beschränkt zugelassenen Revision unbeschränkt anschließen, BGH NJW **03**, 2525. 5

Auch wenn die Anschließung kein Rechtsmittel ist, § 524 Rn 2, BGH NJW **81**, 1790, setzt sie in der Revisionsinstanz eine *Beschwer* durch das Berufungsurteil voraus, BGH NJW **95**, 2564, BVerwG MDR **77**, 867. Denn sie kann nach § 559 I 1 nicht dazu dienen, eine Widerklage zu erheben oder neue Ansprüche einzuführen. Zur Beschwer Grdz 13 ff vor § 511. Erst recht kann ein in erster Instanz beschiedener und nicht in die zweite Instanz gelangter Anspruch nicht zum Gegenstand einer Anschließung in dritter Instanz werden, BGH NJW **83**, 1858. Eine Gegenanschließung des in zweiter Instanz teilweise unterlegenen Revisionsklägers an die Anschließung ist unzulässig, BGH NJW **84**, 437, MüKoWa 16, aM ZöGu 8.

Es ist eine solche Anschlußrevision *unzulässig,* die einen anderen Sachverhalt betrifft als denjenigen der Revision und die mit dem von dieser erfaßten Streitgegenstand nach § 2 Rn 4 auch nicht in einem unmittelbaren rechtlichen oder wirtschaftlichen Zusammenhang steht, BGH NJW **08**, 922 (zustm Gehrlein 898). Dagegen ist bei einer beschränkt zugelassenen Revision die Anschließung insofern zulässig, als sie sich auf einen von der Zulassung nicht erfaßten Teil bezieht, BGH RR **06**, 1543, aM ZöGu 7. Vgl im übrigen § 524 Rn 7, 8.

6) Anschließungsfrist, II 2. Sie beträgt einen Monat ab Zustellung der Revisionsbegründungsschrift, § 524 Rn 13, BAG NZA **06**, 682. Wenn eine Nichtzulassungsbeschwerde schon eine Revisionsbegründung enthielt, beginnt die Anschließungsfrist mit der Zustellung des Zulassungsbeschlusses, BGH NJW **04**, 2981. Sie kann mit der Zustellung der Zulassung der Revision beginnen, § 551 Rn 5. Eine Ergänzung der Revisionsbegründung läßt ab ihrer Zustellung eine ergänzende Anschließungsfrist anlaufen, ZöGu 4. Eine Verlängerung der Frist ist unzulässig, BGH VersR **77**, 152 (auch keine Verlängerung der Revisionsbegründungsfrist auf Antrag des Bekl). Gegen eine Versäumung der Frist ist eine Wiedereinsetzung nach §§ 233 ff möglich. 6

7) Begründung, III 1. Man muß seine Anschließung in der Anschlußschrift oder in der Anschließungsfrist nach II 2 begründen, § 524 Rn 17. Eine Wiedereinsetzung nach § 233 ff ist zulässig. Für den Inhalt der Begründungsschrift gilt § 551 III 2, dort Rn 8 ff. Der Anschlußrevisionsführer muß also auch seine Rügen selbständig erheben und begründen, BGH MDR **94**, 303. Eine Verlängerung der Begründungsfrist ist unstatthaft. 7

8) Weitere Verfahrensvorschriften, III 2. Entsprechend gelten: *§ 549 I 2* (die Anwendung von § 544 VI 2 auf die Anschließung läßt sich nur schwer verstehen, weil die Anschließung erst ab Zustellung der Revisionsbegründung befristet ist); *§ 549 II* (Anwendung der allgemeinen Vorschriften für vorbereitende Schriftsätze); *§ 550 I* (Beifügung des angefochtenen Urteils. Das leuchtet wenig ein. Denn schon der Revisionskläger mußte das Urteil einreichen), *§ 550 II* (Zustellung der Anschlußrevision an den Gegner), *§ 551 III* (Inhalt der Anschließungsbegründung). 8

9) Wirkungslosigkeit der Anschließung, IV. Die Regelung entspricht im wesentlichen der für die Anschlußberufung geltenden Vorschrift des § 524 IV, dort Rn 20 ff. Der Revisionskläger muß nach einer Rücknahme seiner zulässigen Hauptrevision die Kosten der Anschlußrevision wie bei § 524 Rn 22 tragen, BGH RR **05**, 727. 9

555 *Allgemeine Verfahrensgrundsätze.* I [1] **Auf das weitere Verfahren sind, soweit sich nicht Abweichungen aus den Vorschriften dieses Abschnitts ergeben, die im ersten Rechtszuge für das Verfahren vor den Landgerichten geltenden Vorschriften entsprechend anzuwenden.** [2] **Einer Güteverhandlung bedarf es nicht.**

II **Die Vorschriften der §§ 348 bis 350 sind nicht anzuwenden.**

1) Systematik, I, II. Die Vorschrift entspricht § 525. Sie verweist auf §§ 253–278 I, §§ 278 VI–347, §§ 351–494 a, jedoch nur vorbehaltlich §§ 564, 565. Sie hat sowohl eine grundlegende (Verweisungs-) Bedeutung in ihrem Geltungsbereich als auch einen bloßen Hilfscharakter neben den im Gesetz folgenden vorrangigen „Abweichungen“. 1

2) Regelungszweck, I, II. Einerseits soll möglichst wenig Zusatzregelung zur Übersichtlichkeit des Revisionsverfahrens beitragen. Andererseits soll sowohl im normalen Zivilprozeß als auch in einer Handelssache das Kollegialprinzip wegen der Bedeutung der Revisionsinstanz ausnahmslos gelten. Es soll auch die Güteverhandlung keine nochmalige Fortsetzung haben, Grdz 14 vor § 128. 2

3 **3) Geltungsbereich, I, II.** Die Vorschrift gilt in jedem Revisionsverfahren der ZPO, auch im WEG-verfahren. Sie ist im arbeitsgerichtlichen Verfahren entsprechend anwendbar, § 72 V ArbGG. Vor dem BVerwG gilt § 141 VwGO.

4 **4) Anwendung der Vorschriften für das Landgericht, I.** Soweit sich keine Abweichungen aus den Vorschriften des Abschnitts 2 ergeben, sind die im ersten Rechtszug für das LG geltenden Vorschriften nach Rn 1 anwendbar, *I 1*. Eine Güteverhandlung nach § 278 II–VI entfällt, *I 2*. § 278 I bleibt aber beachtbar.

Aus dem *Berufungsverfahren* sind nur die in § 565 genannten Vorschriften anwendbar. Die Vorschriften des Buchs 1 gelten unmittelbar im Revisionsverfahren, BAG NJW **90**, 2642. Zum Problem der Revisionsrücknahme krit Rinkler NJW **02**, 2449.

5 **5) Einzelrichter, II.** Ihn gibt es im Revisionsverfahren nicht. §§ 348–350 sind nicht anwendbar.

556 *Verlust des Rügerechts.* **Die Verletzung einer das Verfahren der Berufungsinstanz betreffenden Vorschrift kann in der Revisionsinstanz nicht mehr gerügt werden, wenn die Partei das Rügerecht bereits in der Berufungsinstanz nach der Vorschrift des § 295 verloren hat.**

1 **1) Systematik, Regelungszweck.** § 556 entspricht § 534 und schreibt ihn fort. Vgl daher die dortigen Erläuterungen und zB BGH FamRZ **06**, 262.

2 **2) Geltungsbereich.** Vgl § 534 Rn 2. Vor dem BAG gilt § 72 V ArbGG. Vor dem BVerfG gilt § 173 VwGO, BVerwG NJW **98**, 3396.

3 **3) Ende des Rügerechts.** Verfahrensverstöße in der Revisionsinstanz fallen unter § 295. Hatte die Partei die Verletzung einer Verfahrensvorschrift in der Vorinstanz erfolglos gerügt, kann sie die Rüge wiederholen, soweit das Berufungsurteil auf dem Verstoß beruht.

557 *Umfang der Revisionsprüfung.* [I] **Der Prüfung des Revisionsgerichts unterliegen nur die von den Parteien gestellten Anträge.**

[II] **Der Beurteilung des Revisionsgerichts unterliegen auch diejenigen Entscheidungen, die dem Endurteil vorausgegangen sind, sofern sie nicht nach den Vorschriften dieses Gesetzes unanfechtbar sind.**

[III 1] **Das Revisionsgericht ist an die geltend gemachten Revisionsgründe nicht gebunden.** [2] **Auf Verfahrensmängel, die nicht von Amts wegen zu berücksichtigen sind, darf das angefochtene Urteil nur geprüft werden, wenn die Mängel nach den §§ 551 und 554 Abs. 3 gerügt worden sind.**

Gliederung

1 **1) Systematik I–III.** Die Vorschrift setzt eine nach § 552 als zulässig erkannte Revision voraus. Es geht jetzt also nur noch um deren Begründetheit, soweit nicht das Berufungsgericht die Revisionszulassung beschränkt hat, BGH NJW **94**, 527. In I wiederholt sich die Regelung des Berufungsrechts nach § 528 I 1. In II geschieht dasselbe wie bei § 512. In III 1 erfolgt in Anlehnung an § 529 II 2 eine Erweiterung der Prüfungsaufgaben des Revisionsgerichts, weil die Rechtsbeurteilung des einen Gerichts ohnehin grundsätzlich nicht ein anderes bindet, „jura novit curia". In III 2 erfolgt wegen § 308 I in einer Anlehnung an § 528 S 2 und in einer fast wörtlichen Übereinstimmung mit § 529 II 1 eine Begrenzung der Überprüfungsbefugnis prozessualer Mängel.

2 **2) Regelungszweck, I–III.** Die Vorschrift dient teilweise der Prozeßwirtschaftlichkeit nach Grdz 14 vor § 128, teilweise der Rechtssicherheit nach III 43 und teilweise der Gerechtigkeit nach Einl III 9, 36, damit also allen Komponenten der Rechtsidee nach § 296 Rn 2. Man muß daher ihre unterschiedlichen Bestandteile auch durchaus unterschiedlich streng oder großzügig auslegen.

3 **3) Geltungsbereich, I–III.** Die Vorschrift gilt in jedem Revisionsverfahren nach der ZPO und den auf sie verweisenden Gesetzen. Sie gilt auch im WEG-Verfahren. Im Verfahren der Arbeitsgerichte gilt § 557 entsprechend, § 72 V ArbGG.

4 **4) Parteianträge, I.** Ein klarer Grundsatz hat vielfache Auswirkungen.

A. Grenze der Anfallwirkung. Nicht anders als in der Berufungsinstanz ziehen in der Revisionsinstanz die Parteianträge wegen § 308 I die Grenzen der Anfallwirkung, Grdz 3 vor § 511, BGH RR **90**, 519. Es gibt also ein Verschlechterungsverbot, nämlich keine reformatio in peius, BGH MDR **04**, 1202, soweit keine wirksame Anschlußrevision erfolgt, ZöGu 1. Das Revisionsgericht darf nicht ein nur teilweise angegriffenes Berufungsurteil über diesen Teil hinaus ändern, auch wenn ein Mangel den nicht mitangegriffenen Teil miterfaßt, ZöGu 4. Vgl die Erläuterungen zu § 528, auch wegen der Mitabweisung noch in den Vorinstanzen anhängiger Ansprüche und des maßgebenden Streitwerts. Maßgebend sind nicht die Anträge der

Revisionsschrift oder Revisionsbegründung, sondern die nach § 297 in der mündlichen Verhandlung gestellten.

Keine nachteilige Abänderung ist die Verwerfung der Berufung mangels Beschwer statt der ausgesproche- 5
nen Zurückweisung, oder wenn das Berufungsgericht die Klage als unzulässig abgewiesen hat und wenn das Revisionsgericht dieses Urteil auf eine Revision des Bekl, der eine Sachabweisung erzielen möchte, zwar aufhebt, damit aber die Möglichkeit eröffnet, nunmehr dem sachlichrechtlichen Antrag stattzugeben. Denn infolge der Aufhebung des Berufungsurteils und infolge der Zurückverweisung sind die Anträge der Berufungsinstanz wieder maßgebend. Hatte das Berufungsgericht fälschlich sowohl den Haupt- als auch den Hilfsantrag dem Grunde nach zuerkannt und wird das Berufungsurteil zum Hauptanspruch rechtskräftig, fällt eine Bindung des Revisionsgerichts an das Grundurteil zum Hilfsanspruch weg, BGH NJW **02**, 3479. Hatte das Berufungsgericht den Hauptanspruch abgewiesen und den Hilfsanspruch zuerkannt und erkennt das Revisionsgericht auf Revision des Klägers den Hauptanspruch zu, muß es zur Klarstellung den Ausspruch des Berufungsgerichts über den Hilfsanspruch aufheben. Erfolgt eine Zurückverweisung, da weitere Feststellungen erforderlich sind, muß das Revisionsgericht auch über eine Revision wegen des Hilfsanspruchs entscheiden, BGH NJW **93**, 1005. Hat die Partei die Entscheidung über den Hilfsanspruch nicht angefochten, bleibt diese Entscheidung zunächst bestehen, BGH NJW **89**, 1486 (zustm Orfanides JR **89**, 329). Dabei bleibt es, wenn das Berufungsgericht den Hauptanspruch wiederum abweist. Spricht es ihn aber dem Kläger zu, muß es zugleich seine frühere Entscheidung über den Hilfsanspruch aufheben, da § 318 nicht entgegensteht, BGH NJW **93**, 1005. Hatte das Berufungsgericht nur einen von mehreren Klagegründen beschieden, darf das Revisionsgericht auch über den nicht mitbehandelten befinden, ZöGu 5.

B. Gegenrüge, dazu *Rudisile* DVBl **88**, 1135: Der Revisionsbekl kann sich auch ohne ein Rechtsmittel, 6
darauf berufen, daß das Berufungsgericht bei einer Klagabweisung nur wegen seiner Hilfsaufrechnung seine übrigen Einwendungen rechtsirrtümlich nicht beachtet habe. Er kann bis zum Schluß der mündlichen Verhandlung nach §§ 136 IV, 296 a, 555 I 1 bestimmte seinem Vortrag in der Vorinstanz zuwiderlaufende Feststellungen des Berufungsgerichts ebenso wie das Unterbleiben von Feststellungen für den Fall bemängeln, daß das Revisionsgericht die Entscheidung des Berufungsgerichts mit der zugehörigen Begründung für unrichtig hält, BGH GRUR **06**, 169, BVerwG NJW **84**, 2235; Rudisile DVBl **88**, 1135. Diese Gegenrügen darf es nicht ohne weiteres der Entscheidung zum Nachteil des Revisionsklägers zugrundelegen. Bemängelt der Revisionsbekl die Feststellungen des Berufungsgerichts nicht, muß das Revisionsgericht sie hinnehmen.

5) Überprüfbarkeit einer Vorentscheidung, II. Dem Grundsatz stehen mehrere Ausnahmen gegen- 7
über.

A. Grundsatz. Vgl zunächst § 512. Enthält eine Vorentscheidung, auf der das Berufungsurteil beruht, einen Revisionsgrund, ist das Urteil selbst revisibel. Vorausgegangen und nachprüfbar sind auch ein Zwischenurteil nach § 280, BGH VersR **79**, 960, ein Vorbehaltsurteil nach §§ 302, 599, ein Grundurteil nach § 304, eine Entscheidung über die Zulassung eines Streithelfers, BGH NJW **82**, 2080, BAG NZA **88**, 801, oder ein Beschluß mit einer Wiedereinsetzung, § 238 Rn 11. Der Revisionsführer muß die Vorentscheidung nach § 551 III 1 Z 2 rügen.

B. Ausnahmen. Das Revisionsgericht darf nicht alle Vorentscheidungen zusammen mit dem Endurteil 8
überprüfen, zB nicht den Beschluß über die Zulassung der Nebenintervention, BAG NZA **88**, 801, oder die Abtrennung einer Widerklage, § 145 Rn 5, oder den eine Protokollberichtigung ablehnenden Beschluß, § 164 Rn 13, BVerwG DÖV **81**, 180. Das gilt, mag die Entscheidung auch mit dem Endurteil verbunden sein, BGH NJW **82**, 2070, oder mag sie fälschlich in den Gründen des Berufungsurteils stecken, weil das die Partei nicht beschwert, insbesondere die nach § 567 unanfechtbaren Entscheidungen des Berufungsgerichts, BGH NJW **95**, 403, zB die Verlängerung Berufungsbegründungsfrist, BGH WertpMitt **88**, 72, oder der Frist des § 521 II 1, BGH NJW **88**, 268 (krit Teubner JR **88**, 281), der Beschluß über die Ablehnung eines Richters, BVerfG RR **07**, 408, BGH FamRZ **07**, 462 links Mitte, BVerwG NVwZ-RR **06**, 936 (je: daher evtl Verfassungsbeschwerde statthaft), oder ein Berichtigungsbeschluß nach § 319, es sei denn, er hat in Wahrheit keine Berichtigung zum Gegenstand, BGH NJW **85**, 742. Vom Grundsatz Rn 7 sind ferner ausgenommen die nach einer ausdrücklichen gesetzlichen Vorschrift unanfechtbaren Entscheidungen. Schließlich gelten als Ausnahmen alle besonders anfechtbaren Entscheidungen, zB selbständig angreifbare Zwischenurteile, etwa nach § 387, BGH NJW **93**, 1392, oder die Versagung einer Wiedereinsetzung im Rahmen von § 519.

Die vom Berufungsgericht aus der Entscheidung gezogenen *Folgerungen* binden das Revisionsgericht 9
nicht, VerfGH Mü RR **05**, 1729, Günther NJW **86**, 290. So ist die Ablehnung eines Vertagungsantrags stets unanfechtbar und ebenso die Zurückweisung eines darauf gestützten Ablehnungsgesuchs. Liegt darin aber die Versagung rechtlichen Gehörs, kann das die Revision begründen, BSG MDR **98**, 1367, Günther NJW **86**, 290. Auch in der Zurückweisung des Vertreters eines ProzBev kann eine Versagung des rechtlichen Gehörs liegen. Wegen der einer Wiedereinsetzung stattgebenden Entscheidung § 238 Rn 11.

6) Rechtsverletzung, III 1. Sie muß das Revisionsgericht berücksichtigen. Das gilt unabhängig davon, 10
ob die Partei gerügt hat oder nicht, BGH NJW **91**, 1822. Rügt also die Revision auch nur einen Verfahrensverstoß, muß das Revisionsgericht das ganze Berufungsurteil auf die Gesetzmäßigkeit seiner Begründetheit nachprüfen. Fehlt irgendeine ausreichende Rüge, darf das Revisionsgericht keinerlei sachlichrechtlichen Verstoß beachten, weil die Unzulässigkeit der Revision jegliche Sachprüfung abschneidet. III 1 gilt aber nur für die Revision und Anschlußrevision, nicht für diejenige Partei, die das Rechtsmittel nicht eingelegt hat. Eine ungünstigere Beurteilung auf Grund von deren Vorbringen wäre eine Verschlechterung für den Gegner. Maßgebend ist das Recht im Zeitpunkt der Revisionsverhandlung.

11 **7) Verfahrensmangel, III 2,** dazu *Lueder* NJW **82,** 2763: Auch hier gibt es einen Grundsatz mit Abweichungen.

A. Grundsatz. Soweit sich die Revision auf Verfahrensmängel stützt, muß das Revisionsgericht nur die nach §§ 551, 554 vorgebrachten Revisionsgründe prüfen, wenn es sie nicht in der Revisionsinstanz von Amts wegen berücksichtigen muß, Rn 12. Ob ein Verfahrensmangel vorliegt, muß man nach rechtlichen Gesichtspunkten beurteilen, nicht nach Äußerlichkeiten, wie der Aufnahme der verletzten Vorschrift in die ZPO oder ins BGB. Verstöße gegen die Verteilung der Beweislast gehören nicht zu den rügebedürftigen Verfahrensmängeln, Anh § 286 Rn 2 ff. Das Revisionsgericht beachtet § 528, BGH RR **95**, 240. Es prüft aber grundsätzlich nicht, ob das Berufungsgericht § 529 beachtet hat, BGH **162**, 313 (zustm Manteuffel NJW **05**, 2965).

12 **B. Rügepflicht.** Der Revisionskläger muß einen Verfahrensmangel in der Revisionsbegründung oder in rechtzeitigen Nachträgen gerügt haben, BGH **133**, 39. Dahin gehört auch, daß das Berufungsgericht eine tatsächliche Feststellung ohne eine zureichende Unterlage getroffen habe. Die mündliche Nachholung einer in der Begründung nicht enthaltenen Verfahrensrüge ist unstatthaft. Die Unzuständigkeit eines nicht zum Gericht für Patentsachen bestellten LG kann man nur dann rügen, wenn man sie schon in den Tatsacheninstanzen eingewendet hatte und in der schriftlichen Revisionsbegründung wiederholt. Jede Rüge eines Verfahrensmangels ist rücknehmbar. Ein rügepflichtiger nicht gerügter Verfahrensfehler des Berufungsgerichts bindet das Revisionsgericht, BGH NJW **81**, 1729.

13 **C. Ausnahmen.** Das Revisionsgericht muß bestimmte Verfahrensmängel von Amts wegen beachten, BAG NZA **06**, 113. Dahin gehören die Verfahrensverstöße der Revisionsinstanz selbst, ferner diejenigen früherer Instanzen, soweit sie das Revisionsverfahren berühren, wie Verstöße bei unverzichtbaren Prozeßvoraussetzungen und sonstigen unverrückbaren Grundlagen des Verfahrens, etwa § 563 II.

Beispiele: Fehlen der Jurisdiktion (Immunität); mangelnde internationale Zuständigkeit, BGH NJW **93**, 3135, Geimer WertpMitt **86**, 117; Fehlen der Klagbarkeit auf Grund eines völkerrechtlichen Vertrags; Umfang der inneren Rechtskraft eines Vorprozeßurteils; entgegenstehende anderweitige Rechtshängigkeit, BGH RR **90**, 47; Fehlen der Rechtsschutzbedürfnis, BGH WertpMitt **89**, 928; Fehlen der bestimmten Angabe des Gegenstands und Grundes des erhobenen Anspruchs; Ungenauigkeit des Klagantrags, BGH **135**, 6; Unzulässigkeit eines Grundurteils, BGH NJW **00**, 664; Verstoß gegen § 308 I, BGH RR **89**, 1087; bei einer Verurteilung Zug um Zug die nicht hinreichende Bestimmtheit der Gegenleistung, so daß keine Vollstreckung möglich ist; Verstoß gegen eine Säumnisvorschrift, zB gegen die Zulässigkeit des Einspruchs gegen ein Versäumnisurteil, BGH Wertpflicht **87**, 1013; Zulässigkeit der Berufung, BGH RR **04**, 851, also auch Rechtzeitigkeit und begründete Wiedereinsetzung; Unterbrechung des Verfahrens, BGH WertpMitt **97**, 2353; Widerspruch zwischen Tatbestand und Entscheidungsgründen; völlige Unklarheit des Urteilstenors, Hamm RR **92**, 1279; fehlerhafte Behandlung eines Nichtbeteiligten als Partei, BGH NJW **93**, 3067; Fehlen der Partei- oder Prozeßfähigkeit einer Partei, BGH RR **86**, 157, Schmidt JuS **86**, 568; Fehlen des Prozeßführungsrechts, BGH RR **87**, 57; Einstufung eines Dritten als Partei, BGH NJW **93**, 3067; unzulässige sachliche Prüfung durch das Berufungsgericht; in sich selbst unauflösbar widersprüchlicher Tenor, BGH RR **01**, 1351; Mängel im Tatbestand, BGH NJW **04**, 1389, oder gar sein Fehlen; Verstoß gegen das Verschlechterungsverbot, Rn 4; Verstoß gegen die Bindungswirkung bei § 538, BGH NJW **92**, 2831; Fehlen des rechtlichen Interesses bei der Feststellungsklage, weil es das in die Gesetzesmerkmale aufgenommene Rechtsschutzbedürfnis ist.

14 **D. Gemeinsames.** Der Verfahrensmangel kann auch mit beachtlichen sachlichrechtlichen Verstößen unlöslich zusammenhängen. Daher muß das Revisionsgericht auch diejenigen sachlichrechtlichen Ausführungen nachprüfen, die die Grundlage für eine Zurückverweisung sind.

558

Vorläufige Vollstreckbarkeit. [1] **Ein nicht oder nicht unbedingt für vorläufig vollstreckbar erklärtes Urteil des Berufungsgerichts ist, soweit es durch die Revisionsanträge nicht angefochten wird, auf Antrag von dem Revisionsgericht durch Beschluss für vorläufig vollstreckbar zu erklären.** [2] **Die Entscheidung ist erst nach Ablauf der Revisionsbegründungsfrist zulässig.**

1 **1) Systematik, Regelungszweck, S 1, 2.** Die Vorschrift entspricht § 537, Schneider DRiZ **79**, 444. Sie hat wegen § 708 Z 10 keine große Bedeutung, ZöGu 2.

2 **2) Geltungsbereich, S 1, 2.** Die Vorschrift gilt in jedem Revisionsverfahren der ZPO, auch im WEG-Verfahren. Sie gilt auch bei einer bloßen Teilanfechtung, Saarbr NJW **76**, 1325. Vor dem BAG gilt § 72 V ArbGG. Vor dem BVerwG gilt § 173 VwGO.

559

Beschränkte Nachprüfung tatsächlicher Feststellungen. [I 1] **Der Beurteilung des Revisionsgerichts unterliegt nur dasjenige Parteivorbringen, das aus dem Berufungsurteil oder dem Sitzungsprotokoll ersichtlich ist.** [2] **Außerdem können nur die in § 551 Abs. 3 Nr. 2 Buchstabe b erwähnten Tatsachen berücksichtigt werden.**

[II] **Hat das Berufungsgericht festgestellt, dass eine tatsächliche Behauptung wahr oder nicht wahr sei, so ist diese Feststellung für das Revisionsgericht bindend, es sei denn, dass in Bezug auf die Feststellung ein zulässiger und begründeter Revisionsangriff erhoben ist.**

Schrifttum: *Gottwald,* Das Revisionsgericht als Tatsacheninstanz, 1975.

Gliederung

1) Systematik, I, II. Die Vorschrift knüpft an §§ 529, 545, 557 an. Sie zieht die Konsequenzen aus dem Grundgedanken, daß die Revision keine nochmalige Tatsacheninstanz ist, noch weniger als die Berufungsinstanz. Sie stellt andererseits klar, daß das Revisionsgericht natürlich befugt bleiben muß, denjenigen Teil des Tatsachenstoffs zu überprüfen, dessen vorinstanzliche Feststellung verfahrensfehlerhaft erfolgt sein soll. 1

2) Regelungszweck, I, II. Einerseits soll zwecks Prozeßwirtschaftlichkeit nach Grdz 14 vor § 128 eine heilsame Entlastung und Konzentration auf das Hauptziel einer Revision erfolgen, auf die rechtliche Zweitkontrolle. Andererseits soll das Hauptziel jedes Zivilprozesses, eine gerechte Entscheidung nach Einl III 9, 36, nicht in die Gefahr einer bloßen Arbeitserleichterung geraten. Beide Spannungspole bestimmten eine brauchbare Handhabung gleichermaßen mit. 2

3) Geltungsbereich, I, II. Die Vorschrift gilt in jedem Revisionsverfahren nach der ZPO und den auf sie verweisenden Gesetzen. Sie gilt auch im WEG-Verfahren. Im Verfahren der Arbeitsgerichte ist § 559 entsprechend anwendbar, § 72 V ArbGG. 3

4) Berücksichtigung von Parteivorbringen, I 1. Es gibt viele Aspekte. 4

A. Grundsatz: Nur Rechtsprüfung. Grundsätzlich prüft das Revisionsgericht das Parteivorbringen in den Grenzen von § 557 I nur auf eine Rechtsverletzung. Irgendwelche tatsächlichen Feststellungen sind im allgemeinen nicht seine Aufgabe, BAG NJW **08**, 2143, Köln MDR **84**, 857. Es darf und muß grundsätzlich das Parteivorbringen so zugrundelegen, wie es das Berufungsurteil nach § 540 und die Sitzungsprotokolle ergeben, BGH NJW **07**, 3426, BAG NZA **06**, 453. Dazu gehören diejenigen in ihnen in Bezug genommenen Schriftstücke, BGH RR **02**, 381, die das Berufungsgericht beurteilt hat, BGH NJW **03**, 2158. Sie kann das Revisionsgericht auch selbständig auslegen. Das Protokoll geht dem Tatbestand vor, § 314, BGH NJW **07**, 2915. Zu dem aus dem Sitzungsprotokoll ersichtlichen Parteivorbringen gehören nicht die von den Parteien im Berufungsverfahren gestellten Anträge. Sie müssen sich aus dem Berufungsurteil ergeben, BGH NJW **05**, 716. Das Revisionsgericht darf ihre Auslegung überprüfen, BGH NJW **08**, 1385. Wenn das Berufungsurteil oder Protokoll nichts anderes ergeben, kann das Revisionsgericht davon ausgehen, daß durch die Stellung der Anträge und durch ein anschließendes Verhandeln der gesamte bis zum Termin angefallene Akteninhalt zum Gegenstand der mündlichen Verhandlung wurde und demgemäß seiner Beurteilung unterliegt, BGH NJW **92**, 2148, Oehlers NJW **94**, 712, krit Fischer DRiZ **94**, 461, Schumann NJW **93**, 2786.

Ferner darf und muß das Revisionsgericht eine solche *neue Tatsache* beachten, die erst zur Zulässigkeit der Revision führte. Daneben muß das Revisionsgericht Erfahrungstatsachen berücksichtigen, soweit es sie kennt, nicht solche, die sich erst aus einem neu eingereichten Gutachten ergeben. Ist der Tatbestand widersprüchlich oder lückenhaft oder fehlt er, muß das Revisionsgericht das Berufungsurteil schon deshalb aufheben, BGH MDR **91**, 36. Schweigt das Urteil, kann man ein Parteivorbringen nicht auf andere Weise darlegen, BGH NJW **83**, 885. Ein ungenügend bestimmter Leistungsantrag läßt sich in einen Feststellungsantrag umdeuten, BGH MDR **05**, 437 links. Zur Trennung von Rechts- und Tatfragen Mitsopoulos ZZP **120**, 107.

B. Endzeitpunkt. Letzter denkbarer Zeitpunkt für tatsächliches Vorbringen ist grundsätzlich der Schluß der letzten mündlichen Verhandlung der letzten Tatsacheninstanz nach §§ 136 IV, 296a, BGH NJW **02**, 1131, BAG NZA-RR **06**, 589. Weder offenkundige noch zugestandene neue Tatsachen sind beachtbar. Die nach dem Berufungsurteil eingetretene Fälligkeit des Klaganspruchs ist keine neue Tatsache, wenn sie das Berufungsurteil in ihrer Bedeutung für den Anspruch bereits gewürdigt hat. Das Revisionsgericht darf sie also berücksichtigen. Nicht beachten darf es die Veräußerung des Streitgegenstands, überhaupt grundsätzlich alles, was nach dem oben genannten Zeitpunkt liegt. Der Kläger darf auch noch in der Revisionsinstanz eine Feststellung zur Insolvenztabelle statt einer Zahlung begehren. Eine abgesonderte Befriedigung kann er nicht fordern. Hatte er auf eine Rechnungslegung geklagt und hatte das Gericht ihn nur zur Auskunftserteilung verurteilt, kann der Kläger mit einer Anschlußrevision eine Vorlage der Abrechnungen nach § 259 I BGB fordern und damit den ursprünglichen Antrag teilweise wieder aufgreifen. Unzulässig sind auch die Berichtigung von Tatsachen, ein Zurückgreifen auf solche abgewiesenen erstinstanzlichen Anträge, über die die Parteien vor dem Berufungsgericht nicht mehr verhandelt hatten, BGH MDR **87**, 479, neue Hilfsanträge, mögen auch alle zu ihrer Beurteilung dienlichen Tatsachen vorgetragen, ihre rechtliche Würdigung durch das Berufungsgericht aber nicht erforderlich gewesen sein. 5

C. Einzelfälle. Man kann zwei Fallgruppen bilden. 6

Zu beachten sind: Ein solcher neuer Antrag, den das Berufungsgericht entgegen § 308 I abgewiesen hat, ohne daß man ihn dort schon gestellt hatte, BGH WertpMitt **91**, 600; die Einrede der beschränkten Erbenhaftung dann, wenn ihre frühere Erhebung nicht möglich oder nicht notwendig war; eine Klagerücknahme in der Revisionsinstanz; die Rücknahme der Revision; ein Verzicht auf sie; das Fehlen des Rechtsschutzbedürfnisses, BGH ZIP **98**, 1324; das Fehlen eines Feststellungsinteresses; die Vollmacht des Berufungsanwalts, BGH NJW **02**, 1957; der Verzicht auf den Anspruch; eine bloße Beschränkung des Klagantrags ohne eine Änderung der tatsächlichen Klagegrundlage, BGH RR **91**, 1136, BAG NZA **06**, 48; eine einseitige Erledigterklärung jedenfalls dann, wenn das erledigende Ereignis außer Streit ist, BGH WertpMitt **82**, 620; die Eröffnung usw des Insolvenzverfahrens, BGH DB **81**, 1770; eine Feststellung zur Insolvenztabelle nach § 180 InsO statt einer Zahlung; ein Antrag auf eine Wiedereinsetzung gegen die Versäumung der Revisionsfrist oder der Begründungsfrist; ein Restitutionsgrund, BGH MDR **07**, 601.

Unbeachtet bleiben: Eine Klagänderung nach § 263, BGH RR **06**, 278, BAG NZA-RR **06**, 589, falls es sich nicht nur um vorinstanzlich festgestellte Grundlagen handelt, BGH WertpMitt **98**, 1691, oder um eine bloße Beschränkung, Altmeppen ZIP **92**, 458, aM BAG NJW **06**, 2061, oder um die Nachholung der Prüfung der Sachdienlichkeit, BGH MDR **79**, 829; grundsätzlich auch die Erhebung neuer Ansprüche, BGH RR **93**, 776, BAG NZA **06**, 221; eine Klagerweiterung nach § 264, BGH NJW **91**, 1683 (Ausnahme: Entscheidungsreife), BAG NZA **06**, 221 (Ausnahme evtl: § 264 Z 2), demgemäß auch eine Widerklage nach Anh § 253; ein gewillkürter Parteiwechsel, BGH WertpMitt **82**, 1170; die erstmalige Zwischenfeststellungsklage nach § 256 II, jedenfalls dann, wenn sie schon in der Berufungsinstanz möglich gewesen wäre und dort der zugrunde liegende Sachverhalt ungeklärt geblieben ist, BAG NJW **82**, 790; die Umwandlung des Hilfsantrags zum Hauptantrag (beachtbar aber eine Umwandlung des Haupt- zum Hilfsantrag, BGH WertpMitt **89**, 1875); eine neu getätigte Zurückbehaltung; eine Abtretung, wohl aber, wenn es sich nur um eine Richtigstellung nach § 265 Rn 17 handelt; ein Beweissicherungsergebnis, soweit es nach dem Berufungsurteil eingetreten ist; eine Fortdauer des Getrenntlebens nach dem Verhandlungsschluß, BGH NJW **79**, 105; ein nach § 531 zu Recht ausgeschlossener Vortrag, BGH NJW **85**, 1558.

7 **5) Beachtung neuer Tatsachen, I 2.** Ausnahmsweise beachtbar sind neue Tatsachen in den folgenden Fällen. Bestreitet sie der Revisionsbekl nicht, darf das Revisionsgericht sie dann als unstreitig berücksichtigen, wenn keine schützenswerten Interessen des Gegners entgegenstehen, BGH NJW **07**, 3426. Handelt es sich um Prozeß- oder Rechtsmittelvoraussetzungen, zB um die richtige Besetzung des Berufungsgerichts, kann auch eine Beweisaufnahme stattfinden, BGH NJW **76**, 1940. Für sie gilt der Grundsatz freier Beweiswürdigung nach § 286, BGH VersR **78**, 155. Möglich ist aber auch eine Zurückverweisung. Kein sog Freibeweis, Einf 9 vor § 284, Werp DRiZ **75**, 278, aM BGH NJW **92**, 628.

A. Verfahrensrüge, § 551 III 1 Z 2 b. Das Revisionsgericht darf und muß eine solche Tatsache beachten, die der Revisionskläger mit einer Verfahrensrüge rechtzeitig in der Revisionsbegründung vorgebracht hat. Eine Nachholung ist unstatthaft.

8 **B. Prüfung von Amts wegen.** Das Revisionsgericht darf und muß ferner eine solche Tatsache beachten, die es eben von Amts wegen prüfen muß, BFH NJW **02**, 1131. Also ist ein neuer Vortrag auch ohne eine ausdrückliche Verfahrensrüge etwa dann beachtbar, wenn er zB die Fragen betrifft, ob die Prozeßvoraussetzungen und die Prozeßfortsetzungsbedingungen vorliegen, BGH MDR **08**, 159 links oben, BAG NJW **82**, 788. Beachtbar ist ferner ein neuer unstreitiger Vortrag einer solchen Tatsache, die erst nach dem Verhandlungsschluß eintrat und den Gegner nicht belastet, BGH NJW **02**, 220.

Beispiele: Die Prozeßfähigkeit, BGH RR **86**, 157, Schmidt JuS **86**, 568; eine ordnungsmäßige Klagerhebung, BGH NJW **92**, 2099; die Prozeßführungsbefugnis, vor allem auch bei Insolvenzeröffnung, BGH ZIP **80**, 23, oder bei einer Einstellung oder Aufhebung des Insolvenzverfahrens, BGH MDR **81**, 1012, oder bei einer Rechtsnachfolge, BGH MDR **87**, 130 (grundsätzlich anders bei gesetzlicher oder gewillkürter Prozeßstandschaft, BGH NJW **88**, 1587); die Prozeßvollmacht, BGH NJW **02**, 1957; das Rechtsschutzbedürfnis, BGH WertpMitt **78**, 439; ein Anerkenntnis oder Verzicht; der Wegfall des Feststellungsinteresses (Folge ist eine Prozeßabweisung durch das Revisionsgericht), BGH VersR **83**, 726, und umgekehrt der Eintritt der Prozeßvoraussetzungen für die Feststellungsklage, BGH MDR **83**, 836; der Wegfall eines prozessualen Verbots, BGH WertpMitt **92**, 1033; die Erledigung durch gerichtlichen Vergleich, BAG NJW **82**, 788 (nicht durch außergerichtlichen Vergleich, aM BAG NJW **82**, 788: nur dann, wenn die Vereinbarung unstreitig ist oder die Parteien ihren Abschluß übereinstimmend angezeigt haben); die Beendigung der Rechtshängigkeit durch übereinstimmende Erledigterklärungen im Berufungsverfahren, BVerwG NVwZ-RR **92**, 276; eine Unterbrechung des Verfahrens, § 246, BGH MDR **87**, 130; die Zulässigkeit des Einspruchs gegen ein Versäumnisurteil, BGH NJW **76**, 1940; im Aufhebungsprozeß die Zustellung und Niederlegung des Schiedsspruchs, BGH **85**, 290; im Anfechtungsprozeß außerhalb des Insolvenzverfahrens die Abweisung der Klage gegen den Schuldner, BGH MDR **83**, 574; die Zulässigkeit der Berufung, BGH NJW **82**, 1873, BVerwG NJW **86**, 862, zB die Wahrung der Berufungs- und Berufungsbegründungsfrist, da es sich um Voraussetzungen für das Berufungsverfahren handelt; die Zulässigkeit der Restitutionsklage, (zum alten Recht) BGH RR **89**, 1029; ausländisches Recht, BGH NJW **02**, 3335 rechts; der Erwerb der deutschen Staatsangehörigkeit; eine Einbürgerung, BGH NJW **77**, 498; die Rücknahme der Klage, oder der Widerklage.

Neue Tatsachen sind auch beachtbar bei der Prüfung, ob eine *Wiedereinsetzung* gerechtfertigt ist, als Vorfrage für die Zulässigkeit der Berufung.

9 **C. Nach Berufungsurteil.** Das Revisionsgericht darf und muß ferner eine solche Tatsache beachten, die unter Rn 7, 8 fällt und das Verfahren nach dem Erlaß des Berufungsurteils betrifft, wie zB die Aufnahme eines unterbrochenen Verfahrens oder einen erklärten und nicht nur versprochenen Revisionsverzicht.

10 **D. Wiederaufnahme.** Das Revisionsgericht darf und muß ferner eine solche Tatsache beachten, die man im Wiederaufnahmeverfahren berücksichtigen müßte (bei § 580 Z 1–5 aber nur nach einem Strafurteil), also auch das Auffinden einer neuen Urkunde, § 580 Z 7 b, BGH NJW **88**, 3094. Maßgebend ist die Verfahrenslage, so wenn ohne deren Berücksichtigung die Entscheidung des Revisionsgerichts zu einem früher ergangenen rechtskräftigen Urteil im Widerspruch stehen würde oder wenn im anhängigen Verfahren noch weitere unrichtige Urteile ergehen würden. Nicht beachtbar sind sie, also auf eine Restitutionsklage zu verweisen, wenn das Verfahren dann endet.

11 **E. Sonstige Tatsache.** Das Revisionsgericht darf und muß schließlich eine sonstige Tatsache beachten, die nach der letzten mündlichen Verhandlung vor dem Berufungsgericht nach §§ 136 IV, 296 a, 555 I 1 entstanden ist, wenn es sich um eine auch das Revisionsgericht bindende Entscheidung handelt. Das

Revisionsgericht kann sie zumindest dann berücksichtigen, wenn sie unstreitig oder aus anderen Gründen nicht beweisbedürftig ist und wenn keine schützenswerten Interessen der anderen Partei entgegenstehen, BGH NJW **08**, 419, BAG NJW **90**, 2641, BVerwG NVwZ **93**, 275 (offenkundiger Wegfall entscheidungserheblicher Umstände).

Beispiele: Eine Patenterteilung oder -beseitigung, BGH NJW **88**, 210, also die Vernichtung des Patents, BGH NJW **82**, 830; eine Teilvernichtung oder Klarstellung; das Erlöschen des Patents, aber nicht eine in der Revisionsinstanz erstmalig entgegengehaltene Vorveröffentlichung, in der Regel auch nicht ein Anspruch aus einer erst nach der letzten Tatsachenverhandlung bekanntgemachten Patentanmeldung; eine sachlichrechtliche Folge der Insolvenzeröffnung und der Insolvenzaufhebung, BGH NJW **75**, 442 (Kläger), BGH MDR **81**, 1013 (Bekl), und der Rechtsnachfolge, BGH MDR **87**, 130; die Eröffnung des schiffahrtsrechtlichen Verteilungsverfahrens, BGH **104**, 215, eine bindende Entscheidung über die Anerkennung eines Arbeitsunfalls, BGH MDR **80**, 925 (zustm Gitter SGb **81**, 452); eine bindende Entscheidung eines anderen Gerichts, zB des EuGH, BGH WertpMitt **85**, 241; die Klärung einer Vorfrage durch ein rechtskräftiges Urteil, BGH RR **89**, 175; die Erteilung einer behördlichen Genehmigung, BGH RR **98**, 1284; die Nichtigerklärung eines Bebauungsplanes nach § 47 VwGO, BGH WertpMitt **82**, 299; ein Enteignungs- und/oder Besitzeinweisungsbeschluß, BGH RR **92**, 1149; der Eintritt der Volljährigkeit; Änderungen im Personenstand, BGH NJW **83**, 451 (Eintragung als eheliches Kind); ein Vermögenszuordnungsbescheid, BGH NJW **98**, 989; eine Fälligkeit, BGH NJW **99**, 1261; eine Verjährung, BGH NJW **90**, 2754.

Sofern es sich um Entscheidungen von Gerichten und Behörden handelt, kann das Revisionsgericht sein Verfahren bis zum Eintritt der Unanfechtbarkeit nach § 148 *aussetzen*, BGH RR **92**, 1149. Wegen des vom Berufungsgericht festgestellten Fälligkeitstermins Rn 6.

6) Tatsächliche Feststellungen, II. Einem Grundsatz stehen Ausnahmen gegenüber. **12**

A. Bindungswirkung. Nicht angegriffene Feststellungen des Berufungsgerichts über eine tatsächliche Behauptung einer Partei binden das Revisionsgericht grundsätzlich, BGH NJW **07**, 2915 und 3067, BAG NJW **08**, 2143. Das gilt, mögen sie im Tatbestand oder in den Urteilsgründen stehen. Das Berufungsgericht muß sie aber auch wirklich getroffen haben, Schneider MDR **87**, 990, soweit es sie noch treffen konnte. Das Revisionsgericht prüft nicht, ob das Berufungsgericht § 529 I Z 1 beachtet hat, BGH NJW **05**, 1585, Roth JZ **06**, 12. Die Grundlage der Feststellung ist unerheblich. Sie mag eine Beweiswürdigung sein, ein gerichtliches Geständnis, eine Offenkundigkeit, eine gesetzliche Vermutung oder Auslegung, auch einer Schiedsvereinbarung darstellen. Handelt es sich um die Auslegung einer Rechtsnorm (Tarifvertrag), sind dazu vom Berufungsgericht getroffene Feststellungen unbeachtlich. Eine unrichtige Wiedergabe des Parteivortrags im Berufungsurteil läßt sich nur nach § 320 heilen, BGH NJW **08**, 2256 links oben.

Das Revisionsgericht muß aber *Verfahrensfehler* prüfen, zB eine Verkennung des Begriffs der Offenkundigkeit nach § 291 oder der Anforderungen an den Beweis einer Tatsache nach § 286 sowie allgemein die Frage, ob der Tatrichter sich mit dem Prozeßstoff und den Beweisergebnissen umfassend und widerspruchsfrei auseinandergesetzt hat, ob seine Würdigung also vollständig und rechtlich möglich ist und nicht gegen Denkgesetze oder Erfahrungssätze verstößt, BGH VersR **08**, 1127, BAG NJW **08**, 2733. Eine Tatrichterliche Würdigung ist, inwieweit sich das Berufungsgericht einem Gutachten anschließt, Schneider MDR **85**, 199. Daß der Sachverständige einen Verhandlungsstoff übersehen hat, ist nur dann erheblich, wenn das Gutachten infolgedessen nicht mehr schlüssig ist. Ob ein Vertrag öffentlichrechtlich oder privatrechtlich ist, ist keine tatrichterliche Feststellung, sondern eine rechtliche Würdigung. Daher besteht insoweit keine Bindung an die Beurteilung des Berufungsgerichts. Auf ein entbehrliches Hilfsvorbringen brauchte das Berufungsgericht zwar nicht einzugehen. Seine diesbezüglichen tatsächlichen Feststellungen sind aber prozessual nicht fehlerhaft.

B. Ausnahmen. Beachtbar ist immer, daß das Berufungsgericht eine tatsächliche Feststellung unter einer **13**
Verletzung einer Verfahrensvorschrift getroffen hat, daß es etwa die Aufklärungspflicht nach § 139 verletzt hat, Rn 12. Bei der Auslegung von Willenserklärungen darf das Revisionsgericht nur prüfen, ob die Auslegung möglich ist und ob das Berufungsgericht keine Auslegungsgrundsätze verletzt hat, BGH RR **91**, 562. Eine richtige Anwendung der Denkgesetze und allgemeinen Erfahrungssätze ist nachprüfbar, BGH RR **00**, 158. Dazu und wegen mustermäßiger Vertragsbedingungen (AGB) § 546 Rn 10.

Keine Bindung besteht, wenn eine Feststellung mit dem im *Tatbestand* wiedergegebenen unstreitigen Parteivorbringen nicht vereinbar ist, BGH NJW **96**, 2236, oder wenn die Würdigung des Berufungsgerichts im Widerspruch zu dem von ihm in Bezug genommenen entscheidungserheblichen erstinstanzlichen Tatsachenvortrag steht, BGH FamRZ **05**, 1169 rechts unten, oder wenn die tatsächlichen Feststellungen des Berufungsurteils Unklarheiten enthalten, Lücken aufweisen oder widersprüchlich sind, BGH RR **03**, 1743, BAG NJW **04**, 1061 (zum alten Recht), auch bei einer Nichtzulassungsbeschwerde, BGH NJW **04**, 293, oder wenn der unstreitige Parteivortrag in sich widersprüchlich ist, BGH NJW **00**, 3007, oder wenn in Bezug genommene Urkunden nicht bei der Akte liegen, BGH NJW **95**, 1841, oder wenn es um die Beweiskraft einer Indiztatsache nach Einf 16 vor § 284 geht, BGH NJW **93**, 938. Dasselbe gilt, wenn der Revisionsbekl die ihm zustehende Möglichkeit nutzt, bis zum Schluß der Revisionsverhandlung nach §§ 136 IV, 296 a, 555 I 1 Rügen gegen solche tatsächlichen Feststellungen zu erheben, die ihm ungünstig sind, die aber in der Berufungsinstanz nicht entscheidungserheblich waren, BGH MDR **76**, 138, BVerwG NJW **84**, 2235.

560 *Nicht revisible Gesetze.* **Die Entscheidung des Berufungsgerichts über das Bestehen und den Inhalt von Gesetzen, auf deren Verletzung die Revision nach § 545 nicht gestützt werden kann, ist für die auf die Revision ergehende Entscheidung maßgebend.**

1) Systematik, Regelungszweck. Die Vorschrift ergänzt §§ 549, 559 für das nicht revisible Recht. **1**
Damit dient sie der Klärung und der Rechtssicherheit nach Einl III 43. Man sollte sie weder zu weit noch zu eng auslegen, wohl aber im Rahmen des § 545 strikt anwenden.

2 **2) Geltungsbereich.** Die Vorschrift gilt in jedem Revisionsverfahren nach der ZPO und den auf sie verweisenden Gesetzen. Sie gilt auch im WEG-Verfahren. Im Verfahren der Arbeitsgerichte ist § 560 gegenstandslos, weil man die Revision auf die Verletzung jeder Rechtsnorm stützen kann, § 73 I ArbGG.

3 **3) Bindungswirkung.** Vgl zunächst § 545 Rn 6 ff. Die Entscheidung des Berufungsgerichts über das Bestehen und den Inhalt nichtrevisiblen Rechts bindet das Revisionsgericht wie eine tatsächliche Feststellung, § 559, BVerwG NVwZ-RR **08**, 268. Deshalb darf das Berufungsgericht nicht offen lassen, ob es auf Grund revisiblen oder nichtrevisiblen Rechtes geurteilt hat, auch bei einer Gleichheit beider Rechte. Wohl aber darf das das Revisionsgericht das offen lassen, weil das keine Partei beschwert, BGH NJW **91**, 2214. Das Revisionsgericht darf nichtrevisibles Recht nicht anders als das Berufungsgerichts auslegen. Voraussetzung ist freilich, daß nicht laut revisiblem Recht die nichtrevisible Norm unanwendbar ist. Diese Frage darf das Revisionsgericht nachprüfen. Ebenso darf es prüfen, ob das Berufungsgericht nicht bei seiner Anwendung des nichtrevisiblen Rechts revisibles verletzt hat, zB ob es nicht ein älteres nichtrevisibles Recht durch ein jüngeres revisibles ersetzt hat, oder ob das Berufungsgericht bei seiner Anwendung eines irrevisiblen Rechts irrig eine Bindung durch ein revisibles Recht angenommen hat.

4 Das Revisionsgericht kann auch *irrevisibles Landesrecht* auf einen solchen Sachverhalt anwenden, den das Berufungsgericht übersehen und nicht gewürdigt hat, falls dessen Entscheidung nicht etwa die Unanwendbarkeit ergibt. Dasselbe gilt auch für solches vom Berufungsgericht nicht angewendetes irrevisibles Recht, das erst nach dem Berufungsurteil ergangen oder geändert ist und deshalb nicht mehr anwendbar war, BVerwG JZ **91**, 472 (krit, soweit es sich um die Feststellung des für das neue Recht erforderlichen Sachverhalts und die authentische Auslegung des neuen Rechts handelt, Paeffgen JZ **91**, 437), oder das das Berufungsgericht nicht berücksichtigt hat, da es sich nicht um die Nachprüfung der Auslegung eines irrevisiblen Gesetzes durch das Berufungsgericht handelt, sondern um dessen Anwendung überhaupt, BGH NJW **97**, 2115. Prozessuale Mängel sind ein Revisionsgrund nur dann, wenn das Revisionsgericht das Verfahren vom Standpunkt der Auslegung des nichtrevisiblen Rechts durch das Berufungsgericht aus beanstanden muß.

5 Eine *beiläufige Bemerkung,* nach ausländischem Recht gelte dasselbe wie nach dem BGB, ist keine maßgebliche Feststellung nichtrevisiblen Rechts. Es erfolgt keine Nachprüfung, wenn der Revisionskläger eine nicht erschöpfende Anwendung ausländischen Rechts rügt. Dabei ist dann unerheblich, ob das Berufungsgericht die Vorschrift zu Unrecht angewendet oder nicht angewendet hatte. Dagegen begründet eine Nichtermittlung oder nicht ausreichende des ausländischen Rechts die Revision, BGH RR **04**, 310, Fastrich ZZP **97**, 423 (ausf).

561 *Revisionszurückweisung.* **Ergibt die Begründung des Berufungsurteils zwar eine Rechtsverletzung, stellt die Entscheidung selbst aber aus anderen Gründen sich als richtig dar, so ist die Revision zurückzuweisen.**

Schrifttum: *Bettermann* ZZP **88**, 372 (Üb).

1 **1) Systematik.** Die Vorschrift nennt eigentlich eine Selbstverständlichkeit. Denn Prozeßrecht ist niemals Selbstzweck, Einl III 10. Die Ursächlichkeit selbst eines schweren Rechtsfehlers für das Ergebnis sollte stets erforderlich sein, ähnlich wie zB bei § 21 GKG oder bei §§ 16, 140 KostO (Nichterhebung von Gerichts- oder Notarkosten). § 547 hat den Vorrang, BGH NJW **03**, 585.

2 **2) Regelungszweck.** Jedenfalls dient die Vorschrift der Klarstellung und damit der Rechtssicherheit, Einl III 43. Natürlich soll auch ein im Ergebnis gerechtes Berufungsurteil bestehen bleiben, Einl III 9, 36.

3 **3) Geltungsbereich.** Die Vorschrift gilt in jedem Revisionsverfahren nach der ZPO und den auf sie verweisenden Gesetzen. Sie gilt auch im WEG-Verfahren. Im Verfahren der Arbeitsgerichte ist § 561 entsprechend anwendbar, § 72 V ArbGG.

4 **4) Revisionszurückweisung.** Es gibt drei Aspekte.

A. Gänzliche Unbegründetheit. Das Revisionsgericht muß die Revision dann zurückweisen, wenn sie unbegründet ist, weil zB keine Rechtsverletzung vorliegt oder weil das Berufungsurteil nicht auf ihr beruht. Äußerliche Änderungen am Berufungsurteil sind zulässig, zB eine klarere Fassung der Urteilsformel oder eine bloße Berichtigung des Urteilskopfes, BGH FamRZ **84**, 878. Eine Zurückverweisung ist in solchen Fällen immer unnötig.

5 **B. Im Ergebnis Unbegründetheit.** Das Revisionsgericht muß die Revision ferner dann zurückweisen, wenn die Begründung des Berufungsurteils nach § 540 zwar eine Rechtsverletzung ergibt, wenn jedoch das Revisionsgericht bei der Beachtung aller Aspekte auch des § 557 aus anderen Gründen zu demselben Ergebnis kommt, BGH RR **07**, 1277, Bettermann ZZP **88**, 372. Hier zeigt sich die Natur der Revision als eines wahren Rechtsmittels, weil das Revisionsgericht nicht nur aufheben darf, sondern auch in der Sache entscheiden muß. Eine Zurückverweisung ist dann überflüssig, wenn das Revisionsgericht durchentscheiden kann, BGH WertpMitt **80**, 1392. Dazu ermächtigt § 563 III das Revisionsgericht ausdrücklich, Bettermann ZZP **88**, 377. Darum muß das Revisionsgericht prüfen, ob das Urteil nicht aus anderen als den angegebenen sachlichrechtlichen oder prozessualen Gründen zutrifft, BGH NJW **91**, 2218. Dabei muß es auch nichtrevisible Vorschriften beachten und evtl von seiner Befugnis zur Selbstauslegung Gebrauch machen, Schneider MDR **81**, 885. Deshalb kommt es dann nicht zur Aufhebung, wenn eine Feststellung zwar unter einer Versagung des rechtlichen Gehörs zustandekam, wenn es auf diesen Verstoß aber nach der Auffassung des Revisionsgerichts nicht ankommt, BVerwG DVBl **94**, 1191. Die Revision ist auch dann erfolglos, wenn sich das Berufungsurteil auf Grund des nach seinem Erlaß ergangenen neuen Rechts aufrechterhalten läßt. Die eigene Entscheidung des Revisionsgerichts setzt freilich auch eine volle Entscheidungsreife nach § 300 Rn 6 voraus.

C. Keine Beschwer. Das Revisionsgericht muß die Revision schließlich dann zurückweisen, wenn sie zwar begründet ist, wenn der Verfahrensmangel aber in der Revisionsinstanz heilbar ist oder wenn das Urteil den Revisionskläger als noch zu günstig nicht beschwert. Beispiel: Es stellt sich die „Abweisung als unzulässig" durch das Berufungsgericht als unrichtig heraus. Dann kann das Revisionsgericht, wenn der Klagevortrag völlig unschlüssig und wenn man nicht damit rechnen kann, daß er schlüssig werden könnte, auf Grund seiner eigenen Sachprüfung die Klage als unbegründet abweisen, ohne daß hierin eine Abänderung zum Nachteil liegt. Denn die Revision erstrebt eine Aufhebung und Zurückverweisung und damit die Möglichkeit einer sachlichen Abweisung, BVerwG ZBR **81**, 339, Bettermann ZZP **88**, 405, aM RoSGo § 147 II 2b. 6

Hat das Berufungsgericht die Zulässigkeit der Klage aus einem *Rechtsirrtum* verneint, muß das Revisionsgericht allerdings grundsätzlich zurückverweisen, auch wenn das Berufungsgericht Feststellungen getroffen und Ausführungen dahin gemacht hat, daß das Rechtsmittel auch sachlich unbegründet sei. Diese gelten für das Revisionsgericht trotz Grdz 17 vor § 253 im Ergebnis doch als ungeschrieben. Denn die innere Rechtskraftwirkungen der Prozeß- und Sachabweisung sind ganz verschieden, BGH MDR **76**, 138. Das gilt auch im Verfahren nach dem BEG, BGH RzW **77**, 79. Es liegt aber dann anders, wenn die sachlichen Feststellungen für einen Teil des Verfahrens zulässig waren und wenn sich zwangsläufig die sachliche Entscheidung auch für denjenigen Prozeßteil ergeben hätte, den das Berufungsgericht für unzulässig gehalten hatte. Das Berufungsgericht hält zB den Hauptantrag entgegen der Ansicht des Revisionsgerichts für unzulässig, entscheidet aber sachlich über den Hilfsantrag. Die dortigen sachlichrechtlich erschöpfendenden Feststellungen ergeben zwangsläufig die Entscheidung für den bisher nur prozeßrechtlich entschiedenen Hauptantrag. Vgl § 563 Rn 11 ff. Möglich ist auch die sachliche Abweisung derjenigen Feststellungsklage, die das Berufungsgericht wegen des Fehlens eines rechtlichen Interesses als unzulässig abgewiesen hat, BGH WertpMitt **78**, 471. Über den Wegfall der Beschwer Grdz 23, 24 vor § 511. 7

Unanwendbar ist § 561 in den Fällen des § 547, aM Bettermann ZZP **88**, 378 ff. 8

562 *Aufhebung des angefochtenen Urteils.*

[I] **Insoweit die Revision für begründet erachtet wird, ist das angefochtene Urteil aufzuheben.**

[II] **Wird das Urteil wegen eines Mangels des Verfahrens aufgehoben, so ist zugleich das Verfahren insoweit aufzuheben, als es durch den Mangel betroffen wird.**

1) Systematik, I, II. Die Vorschrift regelt als erste einer Gruppe den Fall, daß der BGH die Revision für zulässig und begründet hält. § 563 enthält zugehörige weitere Entscheidungseinzelheiten. II entspricht dem § 538 II 1 Z 1. 1

2) Regelungszweck, I, II. Die Aufhebung dient der Rechtssicherheit, Einl III 43. Deshalb muß man die Vorschrift strikt handhaben, natürlich auch wegen ihrer durch das Wort „Insoweit" klar gezogenen Grenzen. 2

3) Geltungsbereich, I, II. Die Vorschrift gilt in jedem Revisionsverfahren der ZPO, auch im WEG-Verfahren. Vor dem BAG gilt § 72 V ArbGG. Vor dem BVerwG gelten wegen I § 144 III VwGO, wegen II § 173 VwGO. 3

4) Aufhebende Entscheidung (iudicium rescindens), **I, II.** Wohl meist hebt das Revisionsgericht nur auf, soweit die Revision begründet ist, BGH WoM **08**, 279. Die Aufhebung läßt sich auf jeden selbständigen Urteilsteil beschränken, zB auf die Klage oder Widerklage, auf die Aufrechnung, auf den Grund oder Betrag oder auf ein Zurückbehaltungsrecht. Die Hauptpartei und ihre Streithelfer lassen sich aber nicht derart trennen, BGH NJW **82**, 2069. Gibt das Revisionsgericht dem Hauptantrag statt, muß es die in erster Instanz ergangene Verurteilung nach dem Hilfsantrag von Amts wegen aufheben, BGH NJW **01**, 1130. Das Revisionsgericht mag aber auch nur insoweit aufheben wollen, als das Urteil einen Mangel des Verfahrens enthält, BGH NJW **07**, 2993 links oben, zB bei der Beweisaufnahme, oder als es etwa nicht genügend klare ziffernmäßige Angaben der Gegenleistung bei einem Zug-um-Zug-Urteil enthält. Möglich ist dann aber auch die volle Aufhebung. Mit der Hauptentscheidung muß das Revisionsgericht die zugehörigen Vor- und Nebenentscheidungen aufheben und hat das auch im Zweifel getan. § 301 II ist entsprechend anwendbar, § 555 I 1. 4

5) Ersetzende Entscheidung (iudicium rescissorium), **I, II.** Sie steht dem Revisionsgericht offen nur entweder nach § 563 III oder nach § 561 Rn 3, 4. Dort bleibt die Ersetzung freilich äußerlich unsichtbar. Hat das Berufungsgericht eine Feststellungsklage mangels rechtlichen Interesses ohne eine sachliche Hilfsbegründung abgewiesen, läßt das Urteil aber eine solche zu, kann das Revisionsgericht sachlich abweisen. Hebt der BGH das Berufungsurteil auf eine Klagabweisung als unbegründet nur wegen eines Hilfsantrags auf und verweist die Sache zurück, hat er die Revision wegen des Hauptanspruchs zurückverwiesen. Zur Entscheidung bei einer Revision des Bekl gegen eine Verurteilung und eine Abweisung der (Hilfs-)Widerklage BGH NJW **96**, 2167. § 538 gilt nicht im Verhältnis des Revisionsgerichts zum Berufungsgericht. Das Revisionsgericht kann abschließend sachlich entscheiden, wenn das Berufungsgericht wegen Unzuständigkeit abgewiesen, das LG aber sachlich erkannt hat, § 561 Rn 4. Aufheben muß das Revisionsgericht regelmäßig nur das Berufungsurteil, bei einer ersetzenden Entscheidung allerdings auch das Ersturteil. 5

563 *Zurückverweisung; eigene Sachentscheidung.*

[I] [1] **Im Falle der Aufhebung des Urteils ist die Sache zur neuen Verhandlung und Entscheidung an das Berufungsgericht zurückzuverweisen.** [2] **Die Zurückverweisung kann an einen anderen Spruchkörper des Berufungsgerichts erfolgen.**

[II] Das Berufungsgericht hat die rechtliche Beurteilung, die der Aufhebung zugrunde gelegt ist, auch seiner Entscheidung zugrunde zu legen.

[III] Das Revisionsgericht hat jedoch in der Sache selbst zu entscheiden, wenn die Aufhebung des Urteils nur wegen Rechtsverletzung bei Anwendung des Gesetzes auf das festgestellte Sachverhältnis erfolgt und nach letzterem die Sache zur Endentscheidung reif ist.

[IV] Kommt im Fall des Absatzes 3 für die in der Sache selbst zu erlassende Entscheidung die Anwendbarkeit von Gesetzen, auf deren Verletzung die Revision nach § 545 nicht gestützt werden kann, in Frage, so kann die Sache zur Verhandlung und Entscheidung an das Berufungsgericht zurückverwiesen werden.

Gliederung

1 **1) Systematik, I–IV.** Die Vorschrift ist mit § 538 bedingt vergleichbar. Grundgedanke ist die Aufrechterhaltung des Instanzenzugs bei einem Verfahrensfehler des Gerichts. § 563 klärt die Voraussetzungen und den ersten Abschnitt der Durchführung einer solchen Zurückverweisung.

2 **2) Regelungszweck, I-IV.** Es geht einerseits um die Vermeidung jedes auch nur prozessualen Rechtsverlusts ohne ein Parteiverschulden und damit um die Gerechtigkeit nach Einl III 9, 36, andererseits in III um eine möglichst prozeßwirtschaftliche Abwicklung des notgedrungen nochmals erforderlichen Berufungsverfahrens, Grdz 14 vor § 128. Beide Prinzipien stehen in einem Spannungsverhältnis. Das muß man bei der Auslegung mitbedenken.

3 **3) Geltungsbereich, I-IV.** Die Vorschrift gilt in jedem Revisionsverfahren nach der ZPO und den auf sie verweisenden Gesetzen. Sie gilt auch im WEG-Verfahren. Im Verfahren der Arbeitsgerichte sind I–III entsprechend anwendbar, § 72 V ArbGG.

4 **4) Zurückverweisung, I.** Es geht um Notwendigkeit wie um Zumutbarkeit.

A. Notwendigkeit, I 1. Hebt das Revisionsgericht das Berufungsurteil auf, muß es grundsätzlich zurückverweisen, BGH WoM **08**, 279. Denn es kann eigene Tatsachenfeststellungen regelmäßig nicht treffen. Das gilt aber auch nur dann, wenn solche Feststellungen nötig sind, BGH RR **08**, 1439 links oben, BAG NZA-RR **08**, 471. Es gilt auch zB dann, wenn der BGH anders als das Berufungsgericht die Klage als zulässig oder schlüssig beurteilt, BGH NJW **86**, 2765 und 3085, BAG NJW **89**, 733, oder wenn das Berufungsgericht § 539 I verkannt hat, BGH NJW **95**, 2563. Sonst muß das Revisionsgericht in der Sache entscheiden, BGH NJW **96**, 2167. Es muß dabei evtl auch über solche Ansprüche urteilen, die wegen § 545 nicht revisibel sind. Eine Zurückverweisung erfolgt regelmäßig an das Berufungsgericht. Dessen Geschäftsverteilung entscheidet darüber, welchem Senat die weitere Bearbeitung zusteht, Zeihe DVBl **99**, 1322.

Das Revisionsgericht kann aber auch von sich aus *an einen anderen* als den bisherigen, sachkundigen Spruchkörper zurückverweisen, BGH FamRZ **07**, 637 links Mitte, BAG NJW **07**, 1773 links oben. Das verstößt nicht gegen Art 101 I 2 GG, BVerfG **20**, 336. Ein Richter des früheren Spruchkörpers darf auch dann tätig beliben, BVerfG NJW **75**, 1241. Hat das Berufungsgericht nur über Rügen der Unzulässigkeit der Klage entschieden, muß das Revisionsgericht zurückverweisen, wenn es sie verwirft. Dabei ist eine Zurückverweisung an das LG möglich. Das gilt auch dann, wenn das LG ein unzulässiges Teil- oder Grundurteil erlassen hat und nach der Sachlage das Berufungsgericht hätte zurückverweisen müssen, BGH NJW **96**, 850. Andererseits kann auch das Revisionsgericht von einer Zurückverweisung an das LG absehen, wenn es die Entscheidung durch das Berufungsgericht für sachdienlich hält.

Wegen einer *Sprungrevision* § 566 VIII. Zur Nichterhebung der Gerichtskosten nach § 21 GKG Hartmann Teil I A § 21 GKG Rn 3 ff. Die Unterlassung einer notwendigen Zurückverweisung zwecks einer weiteren Aufklärung kann Art 101 I 2 GG verletzen, BVerfG NJW **91**, 2893.

5 **B. Zumutbarkeit, I 2.** Man muß eine Überforderung des bisher tätig gewesenen Berufungsgerichts wegen dessen Bindung nach II vermeiden. Das Revisionsgericht darf deshalb auch an einen anderen bestimmt bezeichneten Senat zurückverweisen, BGH RR **08**, 102, auch an einen anderen Spruchkörper desselben Berufungsgerichts, Rn 4. Das gilt auch bei einem Teilurteil. Der neue Senat muß dann auch den Rest erledigen, weil eine Trennung untunlich ist. Der neue Senat muß die Sache bearbeiten, außer wenn er nicht mehr besteht, mag er auch nach der Geschäftsverteilung unzuständig sein, BGH NJW **86**, 2886. Die unerlaubte Bearbeitung durch einen anderen Senat ist ein unheilbarer Revisionsgrund. Die früheren Richter sind als solche nicht ausgeschlossen, BVerwG NJW **75**, 1241. Ob man wegen ihrer Mitwirkung ablehnen kann, hängt von den Umständen ab.

6 **5) Anderweite Verhandlung und Entscheidung, II.** Die Vorschrift enthält eine wegen der grundsätzlichen Freiheit der rechtlichen Würdigung einerseits, der Vermeidung endloser Wiederholungen von Meinungsverschiedenheiten andererseits notwendige Einschränkung.

A. Bindung. In der neuen Verhandlung muß das Berufungsgericht das Revisionsurteil zum Gegenstand der Verhandlung machen. Maßgebend ist die Urteilsformel unter einer Heranziehung der Gründe. Nur die tragenden Punkte des Revisionsurteils binden, dabei freilich auch nicht nur die dem Revisionsurteil

„unmittelbar“ zugrunde liegende rechtliche Würdigung, BGH NJW **92**, 2832, aM BGH NJW **88**, 498, Bre NJW **06**, 1210, Naumb RR **04**, 144. Die Bindung bezieht sich deshalb auf alle Rechtsgründe, die eine Bestätigung des Berufungsurteils ausschlossen, BVerwG **42**, 243 (für Prozeßvoraussetzungen). Das gilt auch für verfassungsrechtliche Fragen, BVerfG **2**, 406, Stgt Just **02**, 167. Handelte es sich dabei um einen solchen Rechtsbegriff, der Teil eines allgemeinen Rechtsgrundsatzes ist, ergreift die Bindung auch den letzteren. Ebenso bindet die rechtliche Beurteilung der Revisionsvoraussetzungen das Berufungsgericht dann, wenn sich an ihren tatsächlichen Grundlagen nichts geändert hat, ferner ausnahmsweise auch tatsächliche Feststellungen des Revisionsgerichts, BGH NJW **95**, 3116. Das Berufungsgericht darf bei der Auslegung eines entscheidungserheblichen Tatbestandsmerkmals auch nicht von dessen Auslegung durch das Revisionsgericht abweichen, BVerfG NJW **96**, 1336. Die Bindung besteht auch bei verfassungsrechtlichen Bedenken des Berufungsgerichts, BGH NJW **07**, 1128.

Im übrigen entscheidet die Lage beim *Schluß der neuen letzten Tatsachenverhandlung,* §§ 136 IV, 296 a, 525. Die Bindung ergreift die Würdigung eines Einwands, auch eines solchen das Verfahren betreffenden Fingerzeigs, den das Revisionsgericht für die weitere Behandlung gibt. Das gilt aber nur, soweit das Revisionsgericht das ausdrücklich verlangt hat. Das Berufungsgericht muß allseitig prüfen, Bosch FamRZ **89**, 1276. Hat das Revisionsgericht wegen verfahrensrechtlicher Mängel aufgehoben, ist das Berufungsgericht also in seiner sachlichrechtlichen Beurteilung ganz frei, BGH NJW **88**, 498. Es ist auch nicht an seine eigene frühere Beurteilung gebunden. Ob das Revisionsurteil falsch ist, ob also das Revisionsgericht etwa ein Gewohnheitsrecht übersehen hat, ist unerheblich, BGH NJW **94**, 2956. Solche technischen Regeln oder Erfahrungssätze, die das Revisionsgericht seiner Entscheidung zugrunde gelegt hat, binden weder den Tatrichter noch die Parteien, BGH NJW **82**, 1049. Außerdem bindet § 318 das Berufungsgericht an seine eigenen Vorentscheidungen in derselben Sache, soweit das Revisionsgericht sie nicht aufgehoben hat, BGH NJW **92**, 2831. Das Berufungsgericht darf sich einer nach dem Revisionsurteil eingetretenen Änderung der Praxis des Revisionsgerichts anpassen, BGH **60**, 397, BAG BB **81**, 647.

Die Bindung des Berufungsgerichts *entfällt* in folgenden Lagen: Wenn es nach einer neuen Verhandlung einen anderen Sachverhalt zugrunde legen muß, Rn 8, BGH VersR **90**, 1349; wenn eine nachträgliche Rechtsänderung die Auffassung des Revisionsgerichts gegenstandslos macht; wenn das Revisionsgericht seine Rechtsansicht, auf der die Aufhebung beruht, inzwischen in anderer Sache selbst aufgegeben hat, BGH **60**, 392; wenn ihr eine Entscheidung des BVerfG, des EuGH oder des BGH entgegensteht, Rn 9; wenn die rechtliche Beurteilung für die Aufhebung nicht ursächlich war, BGH ZIP **95**, 570, Karlsr RR **95**, 237; wenn es um eine vom BGH miterwähnte bloße technische Regel oder einen Erfahrungssatz geht, BGH NJW **82**, 1049. 7

Nur in derselben Sache besteht die Bindung. In einem neuen Rechtsstreit besteht auch dann keine Bindung, wenn er dieselben Rechtsfragen betrifft und zwischen denselben Parteien abläuft, BVerwG NVwZ **82**, 120. Die Bindung erstreckt sich nicht auf neue Anträge, BAG NZA **04**, 344.

B. Einzelheiten. Hier bestehen viele Zweifel. Bindend sind zB die Auslegung von Prozeßhandlungen, etwa von Erklärungen in vorbereitenden Schriftsätzen, und die Auslegung des Klagantrags. Hat das Revisionsgericht einen Einwand übergangen, hindert das die Bindung nicht. Denn es lag der ganze Prozeßstoff dem Revisionsgericht vor. Die Parteifähigkeit muß das Berufungsgericht auch ohne eine Änderung des Sachverhalts erneut prüfen, wenn das Revisionsgericht sie nicht ausdrücklich und abschließend erörtert hatte. Die Meinung, eine Bindung bestehe dann, wenn das Revisionsgericht eine bestimmte Frage im Gegensatz zum Berufungsgericht abschließend beantwortet habe, überzeugt nicht, Bre NJW **06**, 1210. Jedes Urteil gründet sich auf solche Tatsachen, die dem Gericht vorlagen. Nur die Rechtskraft kann eine Geltendmachung neuer Tatsachen ausschließen. Eine Bindung besteht nur für solche rechtsirrtümlich befundenen Rechtssätze und Einordnungen, die zur Aufhebung geführt haben. Daher bleibt eine andere Auslegung als im aufgehobenen Berufungsurteil möglich. 8

Hat das Revisionsgericht ein *Schiedsgutachten* als offenbar unbillig beurteilt und dem Berufungsgericht die Bestimmung der Leistung durch Urteil aufgegeben, darf es jedenfalls ohne eine Änderung der maßgeblichen Tatsachengrundlage das Schiedsgutachten im neuen Urteil nicht anerkennen, BGH WertpMitt **82**, 102. Erklärt das Revisionsgericht eine Annahme des Berufungsgerichts für rechtlich bedenkenfrei, bindet das nur dann, wenn es ausnahmsweise der Aufhebung zugrunde liegt, sonst aber nicht, Bre NJW **06**, 1210. Nichtrevisibles Recht kann das Berufungsgericht anders als zuvor würdigen oder auf Grund solchen Rechts eine von der Rechtsauffassung des Revisionsgerichts unabhängige Entscheidung treffen. Es darf etwa eine Prozeßabweisung nach Grdz 14 vor § 253 aussprechen, wenn das Revisionsgericht sachlich geprüft hat. Die Bindung nimmt dem Berufungsgericht nicht das Recht zur Vorlage nach Art 234 EG, Anh § 1 GVG Rn 19 ff.

C. Verfahren. Abgesehen von der Bindung nach Rn 6–8 befindet sich die zurückverwiesene Sache in derselben prozessualen Lage wie vor dem Schluß der früheren mündlichen Berufungsverhandlung nach §§ 136 IV, 296 a, 525. Es gelten also §§ 511 ff. Zur Frage der vorläufigen Vollstreckbarkeit des Ersturteils § 704 Rn 5. Es findet eine ganz neue Verhandlung statt, Mü FamRZ **84**, 492. In ihr sind neue Anträge, Ansprüche, Einreden, Beweise, eine Anschließung zulässig, auch eine Berufungserweiterung, BGH NJW **85**, 2029, soweit sie überhaupt das Verfahren zB nach §§ 530, 531 erlaubt, BGH NJW **85**, 2030. Hatte also der Berufungsführer das frühere ungünstige Berufungsurteil nur teilweise angefochten, ohne daß im übrigen ein Rechtsmittelverzicht vorlag, kann er nach der Zurückverweisung auch den restlichen Teil in die Berufung hereinziehen, Grdz 2 vor § 511, Mü FamRZ **84**, 492. Eine Berufungserweiterung ist aber nur im Rahmen der fristgerecht eingereichten Berufungsbegründung zulässig, § 520 Rn 19. Ebenso darf derjenige Berufungsbekl, auf dessen Revision das Revisionsgericht die Sache zurückverwiesen hat, sich mit seinem in erster Instanz abgewiesenen Hauptantrag der Berufung des Gegners gegen einen Hilfsantrag anschließen, BGH NJW **94**, 588. Zulässig ist auch eine erstmalige Widerklage nach § 533 zB im Rahmen des § 323, BGH FamRZ **85**, 491, Mü FamRZ **84**, 492. 9

Früher für das Gericht maßgebende Vorgänge wie ein *Geständnis* nach § 288 behalten ihre Wirksamkeit, ebenso frühere Beweisaufnahmen und tatsächliche Feststellungen, soweit nicht das Revisionsgericht das Berufungsurteil gerade deshalb aufgehoben hatte oder der Parteivortrag etwas anderes ergibt. Das Berufungsgericht darf aber sein neues Urteil auf ganz neuen tatsächlichen und rechtlichen Grundlagen aufbauen, BGH FamRZ **85**, 691. Beispiel: Das Revisionsgericht hat die Kündigung eines Dienstvertrags von der Zustimmung einer anderen Stelle abhängig gemacht. Das Berufungsgericht darf aussprechen, es sei gar keine Kündigung nötig, weil der Vertrag auf bestimmte Zeit geschlossen sei. Vom Revisionsgericht für erheblich erklärte Tatsachen muß das Berufungsgericht feststellen und nach der Rechtsauffassung des Revisionsgerichts würdigen. Zu der Frage, aus welchen Gründen die Bindung entfällt, Rn 7.

10 **D. Entscheidung.** Das neue Urteil darf dem Revisionskläger über das Maß der aufgehobenen Entscheidung hinaus nicht ungünstiger sein als das alte. Denn das Berufungsgericht hat keine größere Entscheidungsfreiheit als das Revisionsgericht, BGH RR **89**, 1404. Nur seine nicht aufgehobenen früheren Urteile binden das Berufungsgericht nach § 318. Das neue Urteil des Berufungsgerichts unterliegt der Revision nach allgemeinen Grundsätzen. Nur tritt als eine revisible Rechtsverletzung diejenige des § 563 I, II hinzu, BVerfG NJW **96**, 1336, BGH NJW **92**, 2831.

Bei einer *erneuten Revision* ist das Revisionsgericht nach § 318 an sein früheres Revisionsurteil gebunden, soweit es sich um die unmittelbaren Grundlagen der Aufhebung handelt, BGH NJW **92**, 2832, BAG NZA-RR **08**, 3421, aM Tiedtke JZ **95**, 275. Keine Bindung besteht bei einer Änderung der tatsächlichen Verhältnisse oder bei einer den Prozeß ergreifenden Rechtsänderung, BVerwG NVwZ **84**, 432, oder bei einer entgegenstehenden Entscheidung des BVerfG oder des EuGH, BVerwG MDR **91**, 685, oder dann, wenn das Revisionsgericht seine dem ersten Revisionsurteil zugrundeliegende Rechtsmeinung aufgegeben hat, BAG NZA **04**, 344, BFH BStBl **95** II 130, Hamm RR **97**, 999. Auch die Ansicht des Berufungsgerichts über die Zulässigkeit des Rechtswegs bindet das Revisionsgericht, wenn das Berufungsgericht darüber entschieden und dann unangefochten zurückverwiesen hatte, dann aber gegen das zweite Berufungsurteil Revision erfolgt ist. Soweit das Berufungsgericht neu würdigen darf, entfällt auch die Bindung des Revisionsgerichts.

Ein *Verstoß* gegen II ist von Amts wegen beachtbar.

11 **6) Ersetzende Entscheidung, III, IV.** Es gibt einen Grundsatz und eine wichtige Ausnahme.

A. Eigene Entscheidung, III. Das Revisionsgericht entscheidet abschließend. Es ersetzt also die Entscheidung des Berufungsgerichts durch eine andere, wenn es ausschließlich wegen einer falschen Einordnung (Subsumtion) aufhebt und wenn die Sache entscheidungsreif ist, § 300 Rn 6, BGH NJW **07**, 1360 links oben und 2842, BAG MDR **02**, 777. Es dürfen keinerlei sachlichrechtliche oder prozessuale Voraussetzungen mehr unklar sein, BGH NJW **99**, 794. Ein Verfahrensverstoß darf den maßgeblichen Streitstoff nicht infragestellen, BGH NJW **90**, 2814. Das Revisionsgericht muß bei einer Klagabweisung demnach der Überzeugung sein, daß weitere klagebegründende Tatsachen nicht vorliegen, BGH NJW **78**, 2031. Bejaht das Revisionsgericht die Zulässigkeit einer vom Berufungsgericht als unzulässig verworfenen Berufung, muß es grundsätzlich zurückverweisen. Es darf jedoch hier ebenso wie bei einer erstmaligen Bejahung der Zulässigkeit der Klage dann selbst entscheiden, wenn ausnahmsweise schon eine Entscheidungsreife besteht. Das ist dann so, wenn das Berufungsurteil einen solchen Sachverhalt ergibt, der für die rechtliche Beurteilung eine verwertbare tatsächliche Grundlage bietet, und wenn weitere tatsächliche Feststellungen weder erforderlich noch wahrscheinlich sind, BGH BB **06**, 235, BAG MDR **02**, 777. Das gilt etwa dann, wenn die Klage in jeder Hinsicht unschlüssig ist und auch nicht schlüssig werden kann, BGH NJW **92**, 438, BSG MDR **95**, 1046, aber auch dann, wenn der Sachverhalt unstreitig ist, BGH MDR **76**, 469. Zum Durcherkennen bei einer Stufenklage nach § 254 BGH NJW **99**, 1709. Um die erforderliche Entscheidungsreife herbeizuführen, darf das Revisionsgericht auch private Erklärungen selbst auslegen, wenn hierzu weitere tatsächliche Feststellungen nicht wahrscheinlich sind, § 546 Rn 4, BGH NJW **91**, 1181. Vgl auch § 561 Rn 4.

Nicht aber darf das Revisionsgericht durchentscheiden, wenn das Berufungsgericht zu Unrecht ein unechtes Versäumnisurteil erlassen hat, BAG NZA **06**, 808 links oben. Ein Durcherkennen scheidet aus, wenn das Berufungsgericht zu Unrecht die Berufung als unzulässig verworfen hat, anstatt das Rechtsmittel durch ein Versäumnisurteil zurückzuweisen, BGH NJW **95**, 2564, oder wenn das Berufungsgericht nicht nach § 529 I, Z 1 geprüft hat, BGH NJW **08**, 578 rechts oben.

12 *Endentscheidungen* des Revisionsgerichts sind hier auch die Vorabentscheidung nach § 304, die Zurückverweisung an das Berufungsgericht, BGH WertpMitt **04**, 741, zB wenn dieses ein unzulässiges Teilurteil erlassen hat, BGH RR **94**, 381, und die Verwerfung als unzulässig. Überhaupt spricht das Revisionsgericht eine Prozeßabweisung bei einer Entscheidungsreife nach § 300 Rn 6 aus, BGH NJW **82**, 1873. Das gilt auch dann, wenn der zur Prozeßabweisung führende Umstand wie zB ein Fehlen der Prozeßfähigkeit, BGH RR **87**, 57, oder der Fortfall des Feststellungsinteresses erst in der Revisionsinstanz eingetreten ist. Es kann auch eine Wiedereinsetzung gegen die Versäumung der Berufungsfrist erteilen, wenn sie nach dem Aktenstand notwendig ist, die Entscheidung aufheben und dann zurückverweisen, BGH NJW **85**, 2650. Litt das Verfahren der ersten Instanz an einem Mangel, darf das Revisionsgericht die Aufhebung des Ersturteils und eine nach der Sachlage notwendige Zurückverweisung an das Erstgericht nachholen, BGH NJW **96**, 850.

13 **B. Zurückverweisung, IV.** Eine Zurückverweisung steht dann im Ermessen des Revisionsgerichts, wenn bei seiner Entscheidung nach III ein nichtrevisibles Recht infrage kommt, BGH NJW **92**, 2030. Entscheidet es auch dann selbst, beurteilt es das nichtrevisible Recht frei, soweit es nicht nach § 560 gebunden ist. Wird das Urteil wegen einer Nichtanwendung irrevisiblen Rechts aufgehoben, entscheidet die Prozeßwirtschaftlichkeit darüber, ob das Revisions- oder des Berufungsgericht entscheidet. Eine Zurückverweisung an das Erstgericht kommt nur dann in Betracht, wenn auch das Berufungsgericht schon hätte zurückverweisen müssen, BGH NJW **07**, 596.

564 *Keine Begründung der Entscheidung bei Rügen von Verfahrensmängeln.* [1] **Die Entscheidung braucht nicht begründet zu werden, soweit das Revisionsgericht Rügen von Verfahrensmängeln nicht für durchgreifend erachtet.** [2] **Dies gilt nicht für Rügen nach § 547.**

Schrifttum: *Lücke,* Begründungszwang und Verfassung (1987) 194.

1) Systematik, Regelungszweck, S 1, 2. Es handelt sich um eine Vereinfachung für die Entscheidung 1
über Verfahrensrügen, auch wenn sie neben Sachrügen auftreten. Sie dient der Prozeßwirtschaftlichkeit nach Grdz 14 vor § 128 und der Entlastung des Revisionsgerichts. Daher darf und sollte man sie großzügig handhaben. Freilich muß das Revisionsgericht die Anforderungen des BVerfG in einem dortigen Folgeverfahren mitbedenken. Im übrigen gelten weitere Erleichterungen nach §§ 313 a, 525, 540, 555 I 1.

2) Geltungsbereich, S 1, 2. Die Vorschrift gilt in jedem Revisionsverfahren der ZPO, auch im WEG- 2
Verfahren. Vor dem BAG gilt sie entsprechend. Vor dem BVerfG gilt § 144 VII VwGO, auch bei einer Nichtzulassungsbeschwerde, BGH NJW **86**, 2706 (für das dienstgerichtliche Verfahren), BVerwG NVwZ-RR **89**, 109.

3) Grundsatz: Kein Begründungszwang, S 1. Sieht das Revisionsgericht eine Verfahrensrüge als nicht 3
gerechtfertigt an, ist dafür im Revisionsurteil nach S 1 grundsätzlich keine Begründung nötig. Das gilt auch zB bei einer Gehörsrüge nach § 321 a, BGH NJW **05**, 1432.

4) Ausnahme: Begründungszwang, S 2. Bei einem absoluten Revisionsgrund nach § 547 ist nach S 2 4
ausnahmsweise eine Begründung notwendig.

565 *Anzuwendende Vorschriften des Berufungsverfahrens.* **Die für die Berufung geltenden Vorschriften über die Anfechtbarkeit der Versäumnisurteile, über die Verzichtsleistung auf das Rechtsmittel und seine Zurücknahme, über die Rügen der Unzulässigkeit der Klage und über die Einforderung, Übersendung und Zurücksendung der Prozessakten sind auf die Revision entsprechend anzuwenden.**

1) Systematik, Regelungszweck. Bereits §§ 525, 555 I 1 verweisen auf §§ 253 ff. §§ 1 ff gelten ohne- 1
hin auch im Revisionsverfahren. § 565 bringt ähnlich § 525 eine Reihe von Verweisungen. Sinn ist eine nicht nur gesetzestechnische Vereinfachung und Vereinheitlichung zwecks Prozeßwirtschaftlichkeit nach Grdz 14 vor § 128 und natürlich auch zwecks Rechtssicherheit nach Einl III 43. Man darf die Verweisung grundsätzlich großzügig auslegen.

2) Geltungsbereich. Die Vorschrift gilt in jedem Revisionsverfahren nach der ZPO und den auf sie 2
verweisenden Gesetzen. Sie gilt auch im WEG-Verfahren. Im Verfahren der Arbeitsgerichte ist § 565 entsprechend anwendbar, § 72 V ArbGG.

Unanwendbar ist § 565 bei einer Notarmaßnahme nach § 156 KostO, Schlesw FGPrax **08**, 132.

3) Verweisungen. Im Revisionsverfahren gelten unmittelbar die Vorschriften des Buchs 1, BAG NJW 3
90, 2642, und im Rahmen des § 555 I 1 diejenigen des Buchs 2.

A. Versäumnisurteil. Entsprechend anwendbar von den Vorschriften für das Berufungsverfahren sind auf das Revisionsverfahren die Vorschriften über die Anfechtbarkeit eines Versäumnisurteils nach § 514. Das gilt sowohl für die Anfechtung eigener Versäumnisurteile des Revisionsgerichts nach §§ 339 ff, 525, 555 I 1 als auch für die Anfechtung eines Versäumnisurteils des Berufungsgerichts nach §§ 513 II, 514, BGH NJW **05**, 1661, § 521 II. Dabei ist die Revision ohne eine Beschwer und ohne eine Zulassung statthaft, BGH MDR **08**, 706 links, aM BAG NZA **04**, 871. Bei einer Säumnis des Revisionsbekl kann ein echtes Versäumnisurteil ergehen, BGH RR **96**, 113. Dabei hebt das Revisionsgericht das Berufungsurteil auf und entscheidet zur Sache, BGH NJW **86**, 3085. Bei einer nach dem Tatsachenvertrag des Revisionsklägers unbegründeten Revision weist das Revisionsgericht sie durch ein streitiges Urteil zurück, BGH NJW **93**, 1788. Die Revision kann aber nur dann Erfolg haben, wenn das Berufungsgericht durch eine irrige Annahme einer Versäumung das Recht verletzt hat. Weder Einspruch noch Revision ist statthaft, soweit das Versäumnisurteil die Berufung unter einer Versagung der Wiedereinsetzung wegen einer Fristversäumung als unzulässig verwirft, § 238 II 2, Üb 11 vor § 330.

B. Verzicht auf die Revision. Entsprechend anwendbar ist auch § 515. Ein außergerichtlicher Vergleich, 4
daß eine Revision ausgeschlossen sein soll, ist zwar eine rein sachlichrechtliche Verpflichtung zum Verzicht. Er ist aber gleichwohl in der Revisionsinstanz beachtlich, ebenso wie eine Verpflichtung zur Rücknahme.

C. Rücknahme der Revision. Entsprechend anwendbar sind ferner § 516, BGH NJW **03**, 756, Gehr- 5
lein NJW **94**, 2274, Rinkler NJW **02**, 2449, und § 524 IV. Die Rücknahmeerklärung unterliegt dem Anwaltszwang, ebenso der Antrag auf einen Ausspruch der Folgen im Rahmen des § 516 III 2. Ein eingeschränkter Antrag in der Revisionsbegründung nach einer uneingeschränkten Einlegung ist keine teilweise Rücknahme, BVerwG NJW **92**, 703. Die Berufung auf eine wirksame Verpflichtung zur Rücknahme führt zur Verwerfung der Revision, BGH NJW **84**, 805. § 516 III gilt auch für die Rücknahme der Nichtzulassungsbeschwerde, BGH NJW **03**, 756.

D. Rüge der Unzulässigkeit der Klage. Entsprechend anwendbar ist ferner § 532. Die Revisions- 6
instanz läßt nur unverzichtbare oder rechtzeitig vorgebrachte Rügen zu, weil eine in den Vorinstanzen eingetretene Ausschließung fortdauert. Die Rüge mangelnder Kostensicherheit nach §§ 110 ff ist nur dann zulässig, wenn ihre Voraussetzungen in der Revisionsinstanz entstanden sind, BGH NJW **81**, 2646, oder wenn man sie ohne ein eigenes Verschulden in der Berufungsinstanz nicht vorgebracht hatte, BGH RR **90**, 378.

E. Einforderung, Übersendung und Rücksendung der Akten. Entsprechend anwendbar ist schließ- 7
lich § 541.

566 *Sprungrevision.* I 1 **Gegen die im ersten Rechtszug erlassenen Endurteile, die ohne Zulassung der Berufung unterliegen, findet auf Antrag unter Übergehung der Berufungsinstanz unmittelbar die Revision (Sprungrevision) statt, wenn**

1. der Gegner in die Übergehung der Berufungsinstanz einwilligt und
2. das Revisionsgericht die Sprungrevision zulässt.

2 Der Antrag auf Zulassung der Sprungrevision sowie die Erklärung der Einwilligung gelten als Verzicht auf das Rechtsmittel der Berufung.

II 1 Die Zulassung ist durch Einreichung eines Schriftsatzes (Zulassungsschrift) bei dem Revisionsgericht zu beantragen. 2 Die §§ 548 bis 550 gelten entsprechend. 3 In dem Antrag müssen die Voraussetzungen für die Zulassung der Sprungrevision (Absatz 4) dargelegt werden. 4 Die schriftliche Erklärung der Einwilligung des Antragsgegners ist dem Zulassungsantrag beizufügen; sie kann auch von dem Prozessbevollmächtigten des ersten Rechtszuges oder, wenn der Rechtsstreit im ersten Rechtszug nicht als Anwaltsprozess zu führen gewesen ist, zu Protokoll der Geschäftsstelle abgegeben werden.

III 1 Der Antrag auf Zulassung der Sprungrevision hemmt die Rechtskraft des Urteils. 2 § 719 Abs. 2 und 3 ist entsprechend anzuwenden. 3 Die Geschäftsstelle des Revisionsgerichts hat, nachdem der Antrag eingereicht ist, unverzüglich von der Geschäftsstelle des Gerichts des ersten Rechtszuges die Prozessakten einzufordern.

IV 1 Die Sprungrevision ist nur zuzulassen, wenn

1. die Rechtssache grundsätzliche Bedeutung hat oder
2. die Fortbildung des Rechts oder die Sicherung einer einheitlichen Rechtsprechung eine Entscheidung des Revisionsgerichts erfordert.

2 Die Sprungrevision kann nicht auf einen Mangel des Verfahrens gestützt werden.

V 1 Das Revisionsgericht entscheidet über den Antrag auf Zulassung der Sprungrevision durch Beschluss. 2 Der Beschluss ist den Parteien zuzustellen.

VI Wird der Antrag auf Zulassung der Revision abgelehnt, so wird das Urteil rechtskräftig.

VII 1 Wird die Revision zugelassen, so wird das Verfahren als Revisionsverfahren fortgesetzt. 2 In diesem Fall gilt der form- und fristgerechte Antrag auf Zulassung als Einlegung der Revision. 3 Mit der Zustellung der Entscheidung beginnt die Revisionsbegründungsfrist.

VIII 1 Das weitere Verfahren bestimmt sich nach den für die Revision geltenden Bestimmungen. 2 § 563 ist mit der Maßgabe anzuwenden, dass die Zurückverweisung an das erstinstanzliche Gericht erfolgt. 3 Wird gegen die nachfolgende Entscheidung des erstinstanzlichen Gerichts Berufung eingelegt, so hat das Berufungsgericht die rechtliche Beurteilung, die der Aufhebung durch das Revisionsgericht zugrunde gelegt ist, auch seiner Entscheidung zugrunde zu legen.

Gliederung

1 **1) Systematik, I–VIII.** Die Rechtsfigur der Sprungrevision ist eine höchst eigenartige Abwandlung des Grundgedankens einer rechtlichen Überprüfung der erstinstanzlichen Endentscheidung. Sprungrevision ist eine Folge der Parteiherrschaft als eines Prinzips des gesamten Zivilprozesses nach Grdz 18 vor § 128 und letzthin nach Artt 1, 2 GG, Einl III 21. Wer den Parteien die Wahl läßt, statt zweier nur eine einzige Überprüfung durchführen zu lassen, die sich ohnehin nur auf die rechtliche und nicht wenigstens begrenzt auch auf die tatsächliche Seite erstreckt, der muß das zugehörige Verfahren sorgfältig ausgestalten, zumal bei einer völligen Unanfechtbarkeit der Zulassung und damit dann der Endgültigkeit solcher Wahl. Aus solchem Wahlrecht folgt auch nach Grdz 48 ff vor § 128 die Statthaftigkeit einer außergerichtlichen und auch vorprozessualen Parteivereinbarung über die Sprungsrevision zumindest bis zur Verkündung des Ersturteils ohne einen Anwaltszwang, BGH NJW **86**, 168.

2 **2) Regelungszweck, I–VIII.** Die Sprungrevision soll es ermöglichen, daß die Parteien Rechtsfragen grundsätzlicher Art unter einer Ausschaltung des Berufungsverfahrens unmittelbar dem Revisionsgericht unterbreiten. Diese Möglichkeit gilt auch nach einer Entscheidung des AG. Das alles dient sowohl wie jede Revision der Verhinderung rechtlich fehlerhafter Ergebnisse und damit der Gerechtigkeit nach Einl III 9, 36 als auch der Kostenersparnis und der sonstigen Prozeßwirtschaftlichkeit nach Grdz 14 vor § 128 und schließlich auch einer Verkürzung des Gesamtprozesses und damit auch der Rechtssicherheit nach Einl III 43. Das Endergebnis läßt sich wesentlich schneller erreichen. Die Auslegung sollte alle diese teilweise untereinander erheblich spannungsgeladenen Aspekte mitbedenken.

3 **3) Geltungsbereich, I–VIII.** Die Vorschrift gilt in jedem solchen Revisionsverfahren, in dem eine Berufung schon wegen des Erreichens der Berufungssumme des § 511 II Z 1 infrage käme. Sie gilt auch im WEG-Verfahren. Im Verfahren der Arbeitsgerichte gilt § 76 ArbGG, BAG **79**, 2188 (zum Anwaltszwang).

4) Statthaftigkeit, I–III. Es müssen zwei Voraussetzungen zusammentreffen. Die Sprungrevision findet gegen jedes im ersten Rechtszug erlassene nach § 511 II Z 1 ohne eine Zulassung berufungsfähige Endurteil statt, BGH **69**, 354, also gegen ein Urteil des AG oder LG, wenn der Wert des Beschwerdegegenstands 600 Euro übersteigt, § 511 Rn 10 ff, BGH MDR **03**, 169 (er darf nicht absinken). § 26 Z 8 EGZPO gilt also nicht, BGH MDR **03**, 169, Jauernig NJW **07**, 3617 (stellt auf die Bechwer ab). Die Sprungrevision ist unstatthaft, wenn eine Revision entfällt, also zB in Arrest- und Verfügungssachen, § 542 II. 4

Die Sprungrevision ist nur dann statthaft, wenn gerade der Gegner dieses Rechtsmittels *einwilligt, I 1 Z 1,* BGH NJW **03**, 143, und wenn außerdem das Revisionsgericht sie auch *zuläßt, I 1 Z 2.* Der Antrag auf eine Zulassung sowie die Erklärung der Einwilligung gelten als ein *Verzicht auf das Rechtsmittel der Berufung, I 2,* sobald die Sprungrevisionsschrift vorliegt, Rn 6, BGH NJW **97**, 2387. Eine Einwilligung anderer Streitgenossen ist nicht nötig oder ausreichend, ZöGu 4. Nach einer Ablehnung besteht also keine Möglichkeit mehr, das Rechtsmittel als Berufung weiter zu verfolgen. 5

5) Antrag, I, II 1, 3. Man muß die Zulassung der Sprungrevision durch eine Einreichung der Zulassungsschrift bei dem Revisionsgericht beantragen *I, II 1.* Wegen der Einreichung vgl § 519. Die Vorschriften über die Revisionsfrist nach § 548, die Revisionsschrift, nach § 549, und deren Zustellung nach § 550 sind entsprechend anwendbar, *II 2.* Es kommt auch eine elektronische Einreichung infrage, BGH **92**, 76 (nur Schriftform) ist überholt, ZöGu 4. Schon in dem Antrag muß man die Voraussetzungen für die Zulassung nach IV 1 darlegen, *II 3.* Vgl dazu im einzelnen bei § 544. 6

6) Einwilligung, II 4. Dem Zulassungsantrag muß man die schriftliche Einwilligung des Antragsgegners beifügen, Bepler NJW **89**, 686. Sie ist eine Parteiprozeßhandlung nach Grdz 47 vor § 128. Eine Nachreichung während der Revisionsfrist genügt, BGH NJW **92**, 77. Eine Fristverlängerung ist unzulässig. Für die Einwilligung besteht grundsätzlich ein Anwaltszwang. Es kann auch der für den ersten Rechtszug bevollmächtigte Anwalt die Einwilligung erteilen, BGH VersR **80**, 772, in einer Baulandsache jeder Anwalt, BGH NJW **75**, 830. Wenn der Rechtsstreit im ersten Rechtszug kein Anwaltsprozeß war, § 78, kann der Antragsgegner zum Protokoll der Geschäftsstelle einwilligen, BSG MDR **90**, 576. 7

Die bloße Abgabe der Einwilligungserklärung durch eine Partei enthält eine *Bindung* nur für den Fall des Antrags auf eine Zulassung der Sprungrevision, BGH MDR **97**, 776. Das läßt sich auch vor dem Erlaß des Ersturteils wirksam vereinbaren, BGH NJW **86**, 198. Nach der Einreichung der Zulassungsschrift ist die Einwilligung unwiderruflich.

7) Antragswirkung, III. Der form- und fristgerechte Antrag hemmt die Rechtskraft des Ersturteils, *III 1,* § 544 Rn 11. § 719 II, III ist entsprechend anwendbar, *III 2,* § 544 Rn 11. Die Geschäftsstelle des Revisionsgerichts muß unverzüglich von der Geschäftsstelle des Erstgerichts die Prozeßakten einfordern, *III 3.* Auf diese Weise erhält die letztere Geschäftsstelle zwecks Rechtskraftzeugnis nach § 706 II 2 schnell von dem Antrag Kenntnis. 8

8) Entscheidung über die Zulassung, IV, V. Man sollte die Zulassungsgründe und das Zulassungsverfahren unterscheiden. 9

A. Zulassungsgründe, IV. Es sind nach *IV 1* dieselben wie für die Zulassung der Revision, § 543 II. Auf einen Mangel des Verfahrens kann man die Sprungrevision grundsätzlich nicht stützen, *IV 2,* vgl § 557 III 2. Will die Partei Verfahrensmängel geltend machen, muß sie das Rechtsmittel der Berufung wählen. Auf einen von Amts wegen beachtbaren Verfahrensmangel bezieht sich IV 2 nicht, BGH **96**, 1150.

B. Verfahren, V. Über den Zulassungsantrag entscheidet das Revisionsgericht durch einen Beschluß nach *V 1* ohne die Notwendigkeit einer mündlichen Verhandlung, § 128 IV. Das Revisionsgericht kann dabei inhaltlich wie bei einer Nichtzulassungsbeschwerde verfahren, § 544 Rn 10 ff. Es muß seinen Beschluß wegen seiner Auswirkungen nach VI–VIII den Parteien zustellen, *V 2.* Er ist unabänderlich, § 318, und unanfechtbar. 10

Unwirksam ist eine Zulassung des Erstgerichts oder des Berufungsgerichts, ZöGu 5.

9) Weiteres Verfahren, VI–VIII. Es gibt zwei Hauptaspekte. 11

A. Ablehnung, VI. Lehnt das Revisionsgericht den Zulassungsantrag ab, wird das Urteil rechtskräftig, § 544 Rn 11.

B. Zulassung der Sprungrevision, VII, VIII. Nach einer Zulassung läuft das Verfahren als Revisionsverfahren weiter, *VII 1.* Dann gilt der Zulassungsantrag als eine Einlegung der Revision, *VII 2.* Wegen der Bindung an den Zulassungsbeschluß erfolgt keine Prüfung, ob der Antrag form- und fristgerecht vorliegt. Mit der Zustellung der Entscheidung beginnt die Revisionsbegründungsfrist, *VII 3,* § 544 Rn 12. 12

Das *weitere Verfahren* bestimmt sich nach den für die Revision geltenden Bestimmungen, *VIII 1.* § 563 ist mit der Abwandlung anwendbar, daß die Zurückverweisung stets an das Erstgericht erfolgt, *VIII 2,* auch an eine andere Abteilung oder Kammer, wie bei § 563 I 2. Die Bindung an die zurückverweisende Entscheidung nach § 563 II erstreckt sich auf das Berufungsgericht, wenn gegen die erneute Entscheidung des Erstgerichts eine Berufung erfolgt, *VIII 3.* 13

Abschnitt 3. Beschwerde

Grundzüge

Schrifttum: *Boeckh,* Beschwerde und Rechtsbeschwerde im Zivilverfahren, 2007; *Stackmann,* Rechtsbehelfe im Zivilprozess, 2004.

Gliederung

1 **1) Systematik.** Unter den Möglichkeiten, sich gegen eine gerichtliche Entscheidung zu wehren, hat vor allem nach einem Beschluß die Beschwerde die Hauptbedeutung. Sie ist nach der ZPO nur als eine befristete „sofortige" Erstbeschwerde nach §§ 567–572, als sog Erinnerung nach § 573 oder als befristete Rechtsbeschwerde nach §§ 574-577 statthaft, ferner als Anschlußbeschwerde. Sie kann auch in der Form einer Nichtzulassungsbeschwerde auftreten, ferner als eine sog Untätigkeitsbeschwerde. Daneben gibt es die sog Gegenvorstellung und die Dienstaufsichtsbeschwerde sowie die Gehörsrüge nach § 321 a. Das alles regeln §§ 567 ff nur teilweise. Daneben gelten §§ 511 ff in ihren allgemeinen Grundsätzen.

2 **2) Regelungszweck.** Jeder Rechtsbehelf und jedes Rechtsmittel dient vor allem der Gerechtigkeit nach Einl III 9, 36. Es soll wenigstens im Kern die Möglichkeit einer nochmaligen Überprüfung bestehen. Sie ist verfassungsrechtlich keineswegs zwingend. Sie dient aber hochgradig dem Rechtsfrieden. Sie begünstigt freilich auch den Querulanten. Hinter dem scheinbaren Querulanten kann aber auch ein furchtloser Widerspruch stecken, Einl III 67. Deshalb darf und muß man auch die lästigste Beschwerde sowohl als der bisherige Richter als auch als Beschwerdegericht sorgsam abwägen.

3 **3) Geltungsbereich.** §§ 567 ff gelten in jedem Beschwerdeverfahren nach der ZPO und den auf sie verweisenden Gesetzen. Sie gelten auch im WEG-Verfahren. In den Rn 3 der nachfolgenden Einzelbestimmungen stehen die im Arbeitsgerichtsverfahren beachtbaren Regeln.

In einer FamFG-Sache gelten die Bestimmungen des FamFG, vor allem also §§ 58 ff FamFG für die befristete Beschwerde und §§ 70 ff FamFG für die Rechtsbeschwerde sowie die Sondervorschriften der §§ 87, 117, 144, 228, 229, 256 FamFG usw.

Die *Nichtzulassungsbeschwerde* ist auch in einer Entschädigungssache statthaft, § 220 BEG. Wegen der Nichtzulassungsbeschwerde im Arbeitsgerichtsverfahren § 72 a ArbGG, s bei § 544.

4 **4) Beschwerde.** Sie ist ein eigenständiges Rechtsmittel zur Anfechtung weniger wichtiger Entscheidungen in der Form eines Beschlusses oder einer Verfügung, eines Zwischenurteils etwa nach §§ 71 II, 387 III oder gegen die Kostenentscheidung eines Urteils nach § 99 II 1. Nicht der Beschwerde unterliegende Entscheidungen sind nur zusammen mit dem Endurteil oder nicht anfechtbar. Es gibt als Erstbeschwerde die befristete, als Tatsacheninstanz gestaltete sofortige Beschwerde, §§ 567–572, oder die Erinnerung, § 573, und als Zweitbeschwerde nur die ebenfalls befristete, der Zulassung bedürftige und als Rechtskontrollinstanz ausgestaltete Rechtsbeschwerde, §§ 574–577. Besonderheiten weist die Nichtzulassungsbeschwerde nach § 544 auf.

5 **5) Dienstaufsichtsbeschwerde.** Sie gehört dem Justizverwaltungsrecht an. Sie ist kein ordentlicher Rechtsbehelf nach Grdz 1 vor § 511. Sie gibt der Gerichtsverwaltung nur eine nicht formbedürftige Anregung zum Einschreiten im Rahmen ihrer Möglichkeiten (s § 26 DRiG). Sie unterliegt der ZPO also nicht.

6 **6) Gegenvorstellung**

Schrifttum: *Bauer,* Die Gegenvorstellung im Zivilprozeß, 1990; *Kummer,* Die Gegenvorstellung, in: Festschrift für Krasney (1997); *Ratte,* Wiederholung der Beschwerde und Gegenvorstellung, 1975; *Schumann* Festschrift für *Baumgärtel* (1990) 491.

Bei ihr handelt es sich um einen in der ZPO *nicht ausdrücklich vorgesehenen* Rechtsbehelf nach Grdz 1 vor § 511. Er soll das bisher tätig gewesene Gericht veranlassen, seine Entscheidung aus tatsächlichen oder rechtlichen neuen oder übergangenen oder übersehenen Erwägungen zu ändern, BGH VersR **82**, 598. Man muß sie von der prozessualen Beschwerde unterscheiden. Denn die Gegenvorstellung richtet sich auf die Änderung einer Entscheidung ohne eine Anrufung des übergeordneten Gerichts. Man muß sie auch von einer wiederholten Beschwerde unterscheiden, Rn 7. Es ist vieles streitig. Man sollte eine Gegenvorstellung nur beschränkt zulassen, um zu vermeiden, daß jemand die Vorschriften über die prozessuale Beschwerde unterläuft.

A. Statthaftigkeit. Unstatthaft ist die Gegenvorstellung grundsätzlich gegen ein Urteil (Ausnahme evtl: § 321 a Rn 61), und auch sonst gegen eine kraft Gesetzes unabänderliche Entscheidung, VGH Kassel NJW **87**, 1854, zB der Beschluß über die Verwerfung der Revision, BFH BStBl **79** II 574, aM ZöGu § 567 Rn 27, oder dann, wenn man die Entscheidung mit einem förmlichen Rechtsbehelf oder Rechtsmittel anfechten kann oder konnte, ferner dann, wenn sie die Hauptsache oder ein selbständiges Nebenverfahren beendet hat, KG FamRZ **75**, 103, Stgt JB **83**, 1890, aM Düss MDR **77**, 235, oder wenn sie unabhängig davon eine innere Rechtskraft nach Einf 4 vor § 322 herbeigeführt hat. In diesen Fällen ist die Gegenvorstellung grundsätzlich auch dann unstatthaft, wenn die Entscheidung in einem offensichtlichen Widerspruch zum Gesetz steht, aM BVerfG NJW **80**, 2698, Kblz NJW **86**, 1706, Schlesw MDR **02**, 1392 (aber die Rechtssicherheit hat hier einen höheren Rang).

Ausnahmen: Eine Ausnahme für alle Verfahrensordnungen enthält § 321 a. Die Frage, ob diese Vorschrift für andere Fälle einer Verletzung von Verfahrensgrundrechten entsprechend gilt, ist offen, Bloching/Kettinger NJW **05**, 860. Schon bisher war eine Gegenvorstellung dann zulässig, wenn ein Verstoß gegen das Verfahrensgrundrecht auf eine Entscheidung durch den gesetzlichen Richter nach Art 101 I 2 GG vorliegen kann, BVerfG NJW **83**, 1900 (StPO), Düss DRiZ **80**, 110, weil man sonst den Umweg über die Verfassungsbeschwerde einschlagen müßte, BSG NJW **98**, 3518, Kummer 277, Schumann NJW **85**, 1139.

Die Gegenvorstellung ist evtl bisher auch bei *sonstigen Verstößen gegen Verfahrensgrundrechte* wie zB das Willkürverbot statthaft, BGH NJW **01**, 2262, BAG NZA **00**, 503, und bei einer sonstigen greifbar gesetzwidrigen Entscheidung, BGH NJW **02**, 1577, BFH NJW **03**, 919, BVerwG NJW **02**, 2657. Abgesehen davon ist eine Gegenvorstellung evtl auch dann statthaft, wenn ein Wiederaufnahmegrund vorliegt, aM Köln FamRZ **96**, 809 (auch bei einem Wiedereinsetzungsgrund).

Abgesehen davon bleiben im wesentlichen als *Gegenstand* der Gegenvorstellung übrig: Zwischenentscheidungen über Verfahrensfragen, zB prozeßleitende Anordnungen des Vorsitzenden, etwa eine Terminsverfügung, BAG NZA **93**, 382, und die Festsetzung des Beschwerdewerts, § 2, ferner Entscheidungen in unselbständigen Nebenverfahren, zB über die Erteilung der Vollstreckungsklausel, BGH NJW **84**, 806, oder über die Ablehnung der Prozeßkostenhilfe für das Berufungsverfahren, Hbg FamRZ **07**, 2089 (auch zu den Grenzen), aM BFH NJW **08**, 544 (Anrufung des Gemeinsamen Senats; zum Problem Rüsken NJW **08**, 481) schließlich diejenigen Fälle, in denen das Gericht oder der Vorsitzende eine Entscheidung auch ohne den Antrag eines Beteiligten ändern darf, zB nach §§ 227, 319, 321, BAG MDR **93**, 547, nach § 360, KG RR **00**, 469, nach (jetzt) § 63 GKG, BGH RR **86**, 737, VGH Mü GewArch **93**, 496, OVG Münst NVwZ-RR **99**, 479.

B. Rechtsschutzbedürfnis. Erforderlich ist auch für die Gegenvorstellung ein Rechtsschutzbedürfnis im Einzelfall wie stets, Grdz 33 vor § 253. Daran fehlt es, wenn ein gesetzlicher Rechtsbehelf möglich ist, Rn 6, wenn die Entscheidung eine Partei nicht nach Grdz 14 vor § 511 beschwert oder wenn die Partei den Antrag oder die Beschwerde erneuern kann. Nicht schutzwürdig wäre auch das Bestreben, eine vollständig abgeschlossene Angelegenheit wie die Kostenabrechnung durch eine nachträglich gegen den Streitwertbeschluß gerichtete Gegenvorstellung wieder aufzurollen. Nicht nötig ist die Berufung auf neue Tatsachen, aM Düss FamRZ **78**, 125. Mit der Gegenvorstellung darf man auch Rechtsfehler rügen. 7

C. Einlegung. Die Gegenvorstellung ist befristet nach Sondervorschriften, Rn 6 aE, aber auch sonst, BGH NJW **02**, 1577 (zustm Lipp NJW **02**, 1700, Piekenbrock JZ **02**, 540), BVerwG NJW **01**, 1294. Dabei sollte entsprechend § 321 a II 1 einheitlich eine Frist von zwei Wochen seit einer Kenntnisnahme gelten, Drsd NJW **06**, 851. Zumindest sollte die Ausschlußfrist des § 321 a II 2 seit der Bekanntgabe der angegriffenen Entscheidung auch hier gelten, BGH NJW **02**, 1577, BFH NJW **03**, 919, Kblz MDR **08**, 644. Die Einlegung unterliegt nicht dem Anwaltszwang. Sie muß aber schriftlich oder zum Protokoll erfolgen. Zuständig ist dasjenige Gericht, das den angegriffenen Beschluß erlassen hat, BGH MDR **86**, 654. 8

D. Weiteres Verfahren. Bei einer zulässigen Gegenvorstellung richtet sich das weitere Verfahren nach den für das zugrunde liegende Verfahren geltenden Grundsätzen zB wegen des Vertretungszwangs, VGH Mannh NVwZ-RR **03**, 692. Dabei sind die nur für das förmliche Verfahren geltenden Vorschriften unanwendbar, zB diejenigen über die Richterablehnung, Düss NStZ **89**, 86, Hamm MDR **93**, 789. Der Gegner muß das rechtliche Gehör vor einer etwa ihm nachteiligen Änderung erhalten, BVerfG **55**, 5. Entsprechend § 571 II darf man eine Gegenvorstellung auf neue Tatsachen stützen. Ein förmlicher Beschluß ist nur bei einem Erfolg nötig. Sonst genügt die formlose Mitteilung entsprechend § 329 II 1, daß es bei der Entscheidung bleibt. Soweit überhaupt eine Kostenentscheidung ergehen darf, gelten §§ 91 ff entsprechend. Es entstehen keine Gerichtsgebühren, meist auch keine Anwaltsgebühren. 9

E. Kein Rechtsmittel. In keinem Fall ist gegen die Entscheidung über eine Gegenvorstellung ein Rechtsmittel statthaft, BGH VersR **82**, 598. Auch der Gegner hat kein Rechtsmittel, es sei denn, daß er es gegen eine ihm ungünstige Erstentscheidung gehabt hätte, OVG Hbg NVwZ-RR **01**, 612. Wegen der Bedeutung für die Einlegung der Verfassungsbeschwerde BVerfG NJW **95**, 3248. Man darf und muß evtl eine Gegenvorstellung als eine Parteiprozeßhandlung nach Grdz 47 vor § 128 auslegen und dabei in eine Beschwerde umdeuten, Grdz 52 vor § 128, BGH RR **01**, 279. 10

7) Beschwerdegericht. Über die sofortige Beschwerde gegen eine Entscheidung des AG entscheidet evtl zunächst das bisherige Gericht, der sog Vorderrichter, auch Untergericht genannt, bei seiner Abhilfe nach § 572 I 1 Hs 1. Sonst entscheidet mangels einer Abhilfe des AG nunmehr das Beschwerdegericht, und zwar grundsätzlich nach § 72 GVG das LG (anders in den in § 119 I Z 1, III GVG genannten Fällen sowie bei §§ 159, 181 GVG: OLG). Über die Beschwerde gegen Entscheidungen des LG entscheidet nach § 119 I Z 2 GVG das OLG, über diejenige des ArbG das LAG. Eine Entscheidung des OLG ist grundsätzlich nicht mit einer Beschwerde anfechtbar, mit Ausnahme anderweitiger Regelungen, zB §§ 522 I, 544. Bei ihr geht die Rechtsbeschwerde an den BGH. Im Verfahren der Arbeitsgerichte heißt das Rechtsmittel Revisionsbeschwerde, § 77 ArbGG, oder ebenfalls Nichtzulassungsbeschwerde, § 72 a ArbGG. Sie geht an das BAG, § 77 ArbGG. Wegen der Beschwerde nach dem RPflG vgl dort. 11

8) Zulässigkeit und Begründetheit. Auch bei der sofortigen Beschwerde und bei der Rechtsbeschwerde muß man unterscheiden zwischen Statthaftigkeit, Zulässigkeit und Begründetheit, Grdz 5 ff vor § 511, BGH RR **06**, 1347. Demgemäß darf das Gericht in eine Sachprüfung meist erst nach einer Bejahung der Statthaftigkeit und Zulässigkeit eintreten, § 572 II. Eine schwierige Prüfung der Zulässigkeit etwa durch eine Beweisaufnahme darf aber unterbleiben, wenn man die Beschwerde ohnedies als unbegründet zurückweisen muß und wenn dem Beschwerdeführer keine weiteren Nachteile zB wegen der Rechtskraft entstehen, BVerfG **6**, 7, BGH RR **06**, 1347, Hamm MDR **79**, 943, aM RoSGo § 137 I. Im Beschwerdeverfahren ist eine Beschwerde wegen fehlender Zuständigkeit unstatthaft, § 571 II 2. Jede Beschwerde setzt ein Rechtsschutzbedürfnis voraus. Es kann zB bei ihrer prozessualen Überholung oder bei einem sonstigen Zuspätkommens fehlen, VGH Mü NJW **89**, 733. Dann muß das Gericht sie als unzulässig verwerfen, BVerfG **50**, 49, BayObLG FamRZ **90**, 551, Ffm AnwBl **85**, 642. Eine angeblich falsche tatsächliche Entscheidungsgrundlage reicht nicht, Hbg FamRZ **07**, 2089. 12

9) Beschwerdeentscheidung. Sie ergeht regelmäßig ohne eine mündliche Verhandlung. Eine solche ist aber freigestellt, § 128 IV. 13

Titel 1. Sofortige Beschwerde

567 *Sofortige Beschwerde; Anschlussbeschwerde.* **[I] Die sofortige Beschwerde findet statt gegen die im ersten Rechtszug ergangenen Entscheidungen der Amtsgerichte und Landgerichte, wenn**

1. dies im Gesetz ausdrücklich bestimmt ist oder

2. es sich um solche eine mündliche Verhandlung nicht erfordernde Entscheidungen handelt, durch die ein das Verfahren betreffendes Gesuch zurückgewiesen worden ist.

[II] Gegen Entscheidungen über Kosten ist die Beschwerde nur zulässig, wenn der Wert des Beschwerdegegenstands 200 Euro übersteigt.

[III] [1] Der Beschwerdegegner kann sich der Beschwerde anschließen, selbst wenn er auf die Beschwerde verzichtet hat oder die Beschwerdefrist verstrichen ist. [2] Die Anschließung verliert ihre Wirkung, wenn die Beschwerde zurückgenommen oder als unzulässig verworfen wird.

Gliederung

1 **1) Systematik, I–III.** I entspricht der Funktion nach § 511 (Berufung) und § 543 (Revision), natürlich mit ganz erheblichen Abweichungen. III läßt sich mit § 524 (Anschlußberufung) und § 554 (Anschlußrevision) ein wenig vergleichen. Eine Rechtsmittelsumme wie nach II findet sich auch in § 511 II Z 1, aber nicht im Revisionsverfahren.

2 **2) Regelungszweck, I–III.** Die Eröffnung einer zweiten tatsächlichen und rechtlichen Instanz auch im Beschlußverfahren ist zumindest verfassungsrechtlich keineswegs zwingend. Was die Gerechtigkeit nach Einl III 9, 36 fordern mag, das ist unter dem Aspekt der Zügigkeit des Verfahrens und anderer Bestandteile der Prozeßwirtschaftlichkeit nach Grdz 14 vor § 128 überhaupt nicht stets sonderlich überzeugend. Auch die Rechtssicherheit nach Einl III 43 als dritter Hauptbestandteil der Rechtsidee nach § 296 Rn 2 wird durch eine weitere Instanz umso weniger entscheidend, je länger schon das Abhilfeverfahren durch den bisherigen Richter nach § 572 I 1 Hs 1 dauert. Eine praktisch brauchbare Handhabung erfordert eine wieder einmal behutsame Abwägung ohne eine Überspannung der Anforderungen in der einen oder anderen Richtung, Einl III 10.

3 **3) Geltungsbereich, I–III.** Die Vorschrift gilt in jedem sofortigen Beschwerdeverfahren nach der ZPO und den auf sie verweisenden Gesetzen. § 79 S 2 FamFG verweist auf §§ 127 II–IV, 567–572. Sie gilt auch im WEG-Verfahren. Im Rechtsbeschwerdeverfahren gilt vorrangig § 574. Im Verfahren der Arbeitsgerichte gelten die Vorschriften der ZPO für die Beschwerde gegen Entscheidungen der AG entsprechend, § 78 S 1 ArbGG. Für die Nichtzulassungsbeschwerde gilt § 72 a ArbGG.

4 **4) Statthaftigkeit, I,** dazu *Gehrlein* MDR **03**, 551 (Üb): Die sofortige Beschwerde liegt nicht nur in irgendeiner vorbereitenden Stellungnahme vor, sondern nur insoweit, als der Absender bei einer großzügigen Auslegung nach Grdz 52 vor § 128 eine Überprüfung durch das Beschwerdegericht verlangt, BGH NJW **04**, 1113. Die sofortige Beschwerde findet statt grundsätzlich nur gegen eine gerade im ersten Rechtszug ergangenen Entscheidung des AG oder LG, nicht des OLG, BGH RR **08**, 664, Düss MDR **03**, 230, Köln NJW **04**, 619. Sie findet statt, wenn eine der in I genannten Voraussetzungen vorliegt, BayObLG NJW **02**, 3262. Entscheidungen nach § 567 sind Beschlüsse des Gerichts, beim LG sowohl des Kollegiums als auch des Einzelrichters, und Verfügungen des Vorsitzenden oder Einzelrichters. Demgegenüber unterliegen Entscheidungen des beauftragten oder ersuchten Richters sowie des Urkundsbeamten der Erinnerung nach § 573. Wegen der Anfechtung der Entscheidungen des Rpfl § 11 RPflG.

Unanwendbar ist die Vorschrift auch auf einen Prozeßvergleich, Stgt MDR **04**, 411. Gegen eine Entscheidung des LG als Berufungs- oder Beschwerdegericht oder des OLG kommt allenfalls eine von ihm zugelassene Rechtsbeschwerde infrage, Hamm RR **02**, 1224, Stgt RR **03**, 495 links.

Unanfechtbar ist eine Entscheidung nach zahlreichen Vorschriften, zB nach §§ 46 II Hs 1, 127 II 1, 235 III, 238 III, 268, 269 III, 281 II 2, 348 IV, 348 a III, 707, 719, 769. Eine Ermessensentscheidung ist allenfalls auf eine Ermessensüberschreitung überprüfbar.

A. Ausdrückliche Zulassung, I Z 1. Die Beschwerde ist statthaft, soweit sie das Gesetz ausdrücklich zuläßt. Das trifft für die ZPO nach zahlreichen Bestimmungen zu, zB nach §§ 46 II Hs 2, 71 II, 78 c III, 91 a II 1, 99 II 1, 104 III, 107 III, 109 IV, 127 II 2, III, 135 III, 252, 269 V 1, 319 III, 336 I 1, 380 III, 387 II, 390 III, 406 V, 409 II, 494 a II 2, 522 I 4 (Rechtsbeschwerde), 721 VI, 793, 794 a II, 934 IV, 952 IV, 1022 III.

B. Zurückweisung eines Gesuchs, I Z 2. Die Beschwerde ist weiter statthaft, soweit das Gericht ein das Verfahren betreffendes Gesuch eines Verfahrensbeteiligten durch eine keine mündliche Verhandlung erfordernde Entscheidung zurückgewiesen hat. Das gilt auch, soweit eine mündliche Verhandlung freigestellt ist, § 128 Rn 10 ff. Es kann sich um einen Beschluß handeln, eine Verfügung des Gerichts, des Vorsitzenden oder des Einzelrichters (nicht des verordneten Richters, § 573) oder auch um ein zwischen Parteien und Dritten ergehendes Zwischenurteil. Über die Behandlung formfehlerhafter Entscheidungen Grdz 27 ff vor § 511. 5

Verfahren ist nach § 567 der Prozeß schlechthin. 6

„Gesuch" ist auch ein „Antrag" oder eine andere Bezeichnung, soweit der Zweck zumindest auch einer Verfahrenshandlung des Gerichts klar erkennbar ist, Mü MDR **84**, 592.

Zurückgewiesen hat das Gericht ein „Gesuch" nur dann, wenn es einen in den einschlägigen Vorschriften vorgesehenen Antrag ausdrücklich oder stillschweigend eindeutig als unzulässig oder unbegründet verworfen oder zurückgewiesen oder abgelehnt hat, Drsd JB **07**, 212, Hbg FamRZ **90**, 423 (Teilablehnung genügt, Hbg FamRZ **90**, 1379), LG Köln RR **87**, 955, vgl auch § 216 Rn 27. Man kann den Antrag vor oder nach der Rechtshängigkeit im Sinn von § 261 I gestellt haben. Deshalb ist eine Beschwerde unstatthaft, auch für den Gegner, soweit das Gericht dem Gesuch stattgegeben hat oder soweit die Partei nur die Amtstätigkeit des Gerichts angeregt hat, Drsd JB **07**, 212, Hbg FamRZ **90**, 423, Köln MDR **08**, 819, oder soweit das Gericht überhaupt nur von Amts wegen tätig geworden ist, Karlsr OLGR **05**, 484, Mü FamRZ **06**, 155 (Gutachten zur Prozeßfähigkeit), oder soweit es nur eine Vorentscheidung getroffen hat, Karlsr RR **06**, 1655, Oldb RR **92**, 829, LG Dortm RR **06**, 1222 (Wertfestsetzung). Ein bloßer Widerspruch gegen einen Antrag des Gegners ist kein das Verfahren betreffendes Gesuch nach § 567, Jena OLGR **96**, 102, Karlsr MDR **83**, 943, aM Hamm RR **90**, 1278 für das Klauselerteilungsverfahren (abl Münzberg Rpfleger **91**, 210), und zwar auch dann nicht, wenn es die Form eines Antrags auf die Aufhebung einer Entscheidung usw hat, Bbg FamRZ **83**, 519.

Dagegen ist eine sofortige Beschwerde auch dann *statthaft,* wenn die Handlung im pflichtgemäßen Ermessen des Gerichts steht, sofern es nur über ein Gesuch entschieden hat. Es hat ein Gesuch nach § 567 auch dann zurückgewiesen, wenn es ausdrücklich gelehnt hat, eine Entscheidung zu treffen. Dagegen ist keine Beschwerde statthaft, wenn ein Gericht durch die Abgabe der Sache die Entscheidung in einem bestimmten Rechtsweg oder in einem bestimmten Verfahren ablehnt, BGH NJW **05**, 144 ([jetzt] FamFG), Hamm FamRZ **89**, 526, aM Celle NdsRpfl **78**, 33, Köln OLGZ **79**, 19. Ebenso gibt es keine Beschwerde gegen eine von Amts wegen erfolgende prozeßleitende Maßnahme, zB gegen die Anberaumung eines frühen ersten Termins oder gegen eine Anordnung des schriftlichen Vorverfahrens, § 272 Rn 14, oder gegen einen Beweisbeschluß, § 358 Rn 6, oder gegen einen Beschluß im selbständigen Beweisverfahren, § 485 Rn 8, oder gegen eine Anordnung nach § 293 S 2 Hs 2, dort Rn 5, oder gegen die Anordnung der mündlichen Verhandlung bei einer einstweiligen Verfügung, oder gegen eine Prozeßtrennung, § 145. Soweit eine mündliche Verhandlung notwendig war, scheidet eine Beschwerde aus, mag die Verhandlung auch zu Unrecht unterblieben sein. Hat sie überflüssigerweise stattgefunden, wird die Beschwerde nicht unstatthaft. 7

Immer ist eine *Entscheidung des Gerichts* Voraussetzung für die Beschwerde, Rn 5. Auch eine einstweilige Entscheidung reicht, LG Kassel FamRZ **06**, 215. Bei einer Unklarheit, ob schon eine Entscheidung vorliegt, gilt der Meistbegünstigungsgrundsatz nach Grdz 28 vor § 511, BayObLG **93**, 113, Karlsr OLGZ **80**, 62. 8

Dagegen ist die sofortige Beschwerde *unstatthaft* gegen eine erst künftige Entscheidung, Rn 9, oder gegen eine Unterlassung des Gerichts, etwa wenn es die Entscheidung über ein das Verfahren betreffendes Gesuch unangemessen verzögert, Karlsr FamRZ **89**, 769, oder sonst untätig bleibt (Beschwerde aber bei einer Rechtsverweigerung). Dann ist auch eine Beschwerde nach Rn 7 nicht statthaft, aM Karlsr NJW **84**, 985 (aber das Beschwerdegericht ist keine Dienstaufsichtsinstanz. Vielmehr steht dann nur der Weg nach § 26 II DRiG offen, evtl auch derjenige einer Untätigkeitsbeschwerde nach Rn 9.

C. Untätigkeitsbeschwerde, dazu *Jacob* ZZP **119**, 303, *Kroppenberg* ZZP **119**, 177 (je: Üb): Art 6 I 1 EMRK enthält das Recht auf ein Verfahren in angemessener Zeit, Einl III 21, dazu EGMR NJW **06**, 2389, BVerfG NJW **08**, 503, Roller DRiZ **07**, 82 (rechtspolitisch). Wenn eine Maßnahme des Gerichts die Entscheidung in einer Weise verzögert, die der Ablehnung des Gesuchts gleichkommt (Rechtsschutzverweigerung), ist die sog Untätigkeitsbeschwerde schon vor der geplanten ausdrücklichen Regelung im GVG bereits nach geltendem Recht statthaft, BVerfG NJW **05**, 1106, Düss FamRZ **08**, 406, Naumb (3. FamS) FamRZ **07**, 2090, aM BVerfG NJW **08**, 503 (was gilt nun ?), Kblz MDR **08**, 817, Naumb FamRZ **06**, 967. Das gilt aber nur bei einer Statthaftigkeit eines Rechtsmittels, Naumb FamRZ **06**, 1286. Das Beschwerdegericht darf auch nicht auf Grund einer solchen Beschwerde sachfremd andere Vorschriften unterlaufen, BVerfG NJW **05**, 1106. Eine Untätigkeit läßt sich vielmehr erst dann rügen, wenn sie zur Willkür nach Einl III 21 geführt hat, Rostock MDR **05**, 108 (auch fünfmaliger Richterwechsel ist nicht schon deshalb Willkür). Man braucht ausnahmsweise nicht den Rechtsweg vor einer Verfassungsbeschwerde zu erschöpfen, BVerfG NJW **08**, 503. Bei § 118 ist alle Zurückhaltung ratsam, Brdb FamRZ **08**, 288 (noch strenger). 9

D. Unstatthaftigkeit wegen „greifbarer Gesetzwidrigkeit". Eine sog außerordentliche Beschwerde wegen „greifbarer Gesetzwidrigkeit" war schon früher heftig umstritten, 64. Aufl Rn 6 ff. Sie ist indessen in Wahrheit seit jeher unstatthaft, § 321 a Rn 61, aM Mü FamRZ **06**, 281 (eine nicht endende Rechtsunsicherheit wäre aber die Folge). Sie ist zumindest seit 2002 unstatthaft, BVerfG NJW **03**, 1924, BGH FamRZ **06**, 696, BAG MDR **06**, 225, aM LAG Köln NZA-RR **06**, 435, Blochung/Kettinger NJW **05**, 863 (sie sei „dem Tod noch einmal von der Schippe gesprungen"). 10

Gegen ein *Urteil* gab es auch früher keine außerordentliche Beschwerde, BGH RR **02**, 501, LG Stgt RR **98**, 934, Proske NJW **97**, 352. 11

5) Zulässigkeit, I. Ihre Voraussetzungen sind dieselben wie bei anderen Rechtsmitteln, Grdz 6 ff vor § 511. Die Beschwerde ist erst nach der Entstehung des anfechtbaren Beschlusses zulässig, § 329 Rn 23 ff, Hamm Rpfleger **79**, 461, Kblz AnwBl **86**, 401. Jedoch tritt bei einer vorherigen Beschwerde mit der späteren Bekanntgabe die Heilung des Mangels ein, auch ohne eine Erneuerung der Beschwerde, aM Kblz VersR **82**, 1058. Überhaupt ist wegen Art 19 IV GG die Beschwerde bei einer sehr hohen Eilbedürftigkeit 12 schon vorher zulässig, sobald das Gericht den Inhalt der schriftlich niedergelegten Entscheidung formlos mitteilt, VGH Mannh NVwZ **86**, 488, VGH Mü NJW **78**, 2469, Grunsky DVBl **75**, 382, aM VGH Mannh DVBl **75**, 381 (abl Grunsky), Korber NVwZ **83**, 85. Vgl auch § 329 Rn 28 ff.

13 **A. Beschwer.** Eine Beschwer nach Grdz 14 ff vor § 511 muß grundsätzlich schon und noch bei der Einlegung der Beschwerde für jeden Beschwerdeführer vorliegen. Sie fehlt zB dann, wenn die Aufhebung der angefochtenen Entscheidung für den Beschwerdeführer bedeutungslos ist, wenn zB nur die Begründung Nachteile zeigt, Köln Rpfleger **86**, 184. Für eine rein theoretische Entscheidung ist eine Beschwerde unzulässig, auch nicht zur bloßen obergerichtlichen Entscheidung für gleichliegende Fälle. Trotz einer Erledigung der Hauptsache ist eine Beschwer aber dann noch vorhanden, wenn die aufgehobene Entscheidung noch Auswirkungen hat, § 28 I 4 EGGVG, BVerfG NJW **97**, 2163, Hamm NJW **98**, 463, Köln NJW **98**, 462. Eine Teilabhilfe nach § 571 berührt die Beschwer nicht.

14 **B. Rechtsschutzbedürfnis.** Nötig ist ferner ein Rechtsschutzbedürfnis. Eine zulässige Beschwerde wird wegen Wegfalls des Rechtsschutzbedürfnisses dann unzulässig, wenn die Entscheidung für die Partei keine rechtliche Bedeutung mehr haben kann, Üb 12 vor § 567, BGH RR **95**, 765, KG FamRZ **77**, 562. Auch eine nur ganz geringe wirtschaftliche Bedeutung reicht nicht, BGH NJW **81**, 1274, Bbg FamRZ **98**, 305, Drsd FamRZ **96**, 742. Das kann zB dann gelten, wenn die Entscheidung fast sinnlos ist oder wenn die Instanz endgültig beendet ist, § 46 Rn 14, Ffm AnwBl **85**, 642, KG MDR **05**, 890, VG Mü NJW **89**, 733. Auch ein Rechtsmißbrauch verdient nie einen Schutz, Einl III 54. Es kann eine prozessuale Verwirkung vorliegen, Ffm FamRZ **80**, 826, Hamm JB **92**, 395, LG Aachen JB **84**, 458. Dazu kann ganz ausnahmsweise schon ein langer Zeitablauf reichen, Ffm FamRZ **82**, 1227. Zum Querulantentum Einl III 66.

15 **C. Beschwerdeberechtigung.** Beschwerdeberechtigt sind die in § 511 Rn 7 ff Genannten sowie Zeugen, §§ 380, 387, 390, Sachverständige, §§ 402, 409, und solche Dritte, über deren Rechte oder Pflichten das Erstgericht zu Recht oder Unrecht entschieden hat, § 142, 144, BGH MDR **78**, 307, Düss RR **93**, 828, Hamm WertpMitt **84**, 1343. Bescherdeberechtigt ist auch ein Anwalt, § 135 ZPO, § 33 II RVG.

Kein Beschwerderecht hat ein am bisherigen Verfahren formell gar nicht Beteiligter, selbst wenn er ein wirtschaftliches Interesse zeigt, Hamm NJW **86**, 1147, Köln Rpfleger **75**, 29. Nicht beschwerdeberechtigt ist ein Gerichtsvollzieher gegenüber einer Entscheidung des Vollstreckungsgerichts. Denn er kann evtl nach § 766 vorgehen, dort Rn 18, Düss NJW **80**, 1011, Stgt Rpfleger **80**, 236.

16 **D. Verzicht.** Ein Verzicht auf die Beschwerde macht sie unzulässig, § 515 gilt auch hier, Brdb RR **95**, 1212, Hamm RR **00**, 212, Köln MDR **00**, 472.

17 **6) Beschwerdesumme, II.** Die Zulässigkeit der Beschwerde hängt nur in den im Gesetz genannten Fällen vom Erreichen einer Beschwerdesumme ab. Sonst kommt es auf den Wert des Beschwerdegegenstands nicht an. Das gilt auch für die Beschwerde gegen einen ablehnenden Beschluß nach § 922, dort Rn 13, aM LG Konst RR **95**, 1102. § 127 gilt vorrangig, dort Rn 23.

18 **A. Wertabhängigkeit.** Wertabhängig ist die Beschwerde gegen Entscheidungen über Kosten, also über Gebühren und Auslagen, § 1 I GKG, und damit auch über die zugehörige Anwaltsvergütung (Gebühren und Auslagen), § 1 I 1 RVG, soweit beide im Verfahren nach der ZPO entstehen. Sowohl bei Entscheidungen über die Verpflichtung, die Prozeßkosten zu tragen, zB nach §§ 91 a, 99 II, 269 III, 516 III, als auch bei anderen Entscheidungen über Kosten, nämlich über Gebühren und Auslagen des Staats, der Parteien und der Anwälte im gerichtlichen Verfahren zB nach §§ 104 III, 107 III, 788 I muß der Beschwerdewert *200 Euro* übersteigen (dies letztere Gesetzeswort überliest ZöGu 39), Hbg MDR **07**, 1286, LG Ulm JB **07**, 367. II gilt damit ähnlich der Regelung in § 66 II 1 GKG. Auch die ausdrückliche Ablehnung einer Entscheidung über Kosten in Beschlußform ist eine Entscheidung nach II, aM ZöGu 39.

Nicht unter II fällt ein Beschluß über ein Ordnungsgeld nach §§ 177, 178, 180, § 181 GVG oder nach §§ 380, 409. Denn Ordnungsgelder sind keine Kosten, § 380 Rn 13. Nicht hierher gehört ferner zB eine Forderungspfändung usw wegen einer Kostenforderung, Hamm Rpfleger **77**, 109, LG Hann DGVZ **91**, 190, ZöGu 39, aM Düss JB **87**, 1260.

19 **B. Beschwerdegegenstand** (Begriff: § 511 Rn 13–17). Jede äußerlich selbständige Entscheidung rechnet gesondert, Stgt JB **79**, 609, aM Nürnb JB **75**, 191. Beschwerdegegenstand ist der Unterschiedsbetrag zwischen dem sich schon aus der angefochtenen Entscheidung ergebenden und dem in der Beschwerdeinstanz begehrten Betrag, also diejenige Differenz, um die der Beschwerdeführer seine Lage verbessern will, bei einer Kostenteilung also höchstens die auf den Beschwerdeführer entfallende Quote, Kblz VersR **76**, 347. Maßgeblich ist der Wert im Zeitpunkt der Einlegung der Beschwerde, Ffm Rpfleger **88**, 30. Daher bleiben spätere Verminderungen außer Betracht, Köln JB **75**, 241, soweit sie nicht auf einer willkürlichen Beschränkung des Beschwerdeantrags beruhen, KG Rpfleger **91**, 409 (zustm Meyer-Stolte). Bei einer Teilabhilfe nach § 572 kommt es auf die verbliebene Beschwerdesumme an, BayObLGZ **94**, 374, Nürnb FamRZ **88**, 1080, Stgt JB **88**, 1504, aM StJGr 31. Man muß die Umsatzsteuer mitberücksichtigen, Kblz MDR **92**, 196. Man muß den Wert nach § 294 glaubhaft zu machen. Ein Rechtsmißbrauch ist wie stets unstatthaft, Einl III 54, Düss JB **83**, 590 (zu hohe Rahmengebühr nach § 14 RVG).

20 **7) Anschlußbeschwerde, III.** Die Vorschrift gilt bei allen Beschwerdearten bis auf die vorrangig in § 574 IV geregelte Anschlußrechtsbeschwerde. Man sollte fünf Aspekte beachten. Die Regelung schließt sich an §§ 524, 554 an.

A. Möglichkeit, III 1. Der Beschwerdegegner kann sich der Beschwerde anschließen, selbst wenn er auf die Beschwerde verzichtet hat oder wenn die Beschwerdefrist verstrichen ist, § 521 I. Die Anschließung ist nicht auf bestimmte Arten dieses Rechtsmittels beschränkt. Sie ist abweichend von § 99 I auch gegen eine bloße Kostenentscheidung statthaft, Karlsr OLGZ **86**, 134. Man braucht keine Frist zu beachten und keine Mindestbeschwerdesumme einzuhalten, KG RR **87**, 134. Der Beschwerdegegner darf sich der Beschwerde oder nach § 574 IV einer Rechtsbeschwerde dann anschließen, wenn die Voraussetzungen vorliegen. Zur Anschlußbeschwerde im Gemeinschaftsmarkenverfahren Bender GRUR **06**, 990 (ausf).

Auch die Anschließung an eine Anschlußbeschwerde *(Gegenanschließung)* ist zulässig, Karlsr FamRZ **88**, 412, Bergerfurth FamRZ **86**, 940, Diederichsen NJW **86**, 1468, aM BGH NJW **86**, 1494 (aber man sollte prozeßwirtschaftlich denken, Grdz 14 vor § 128). Jedenfalls ist die Gegenanschließung dann zulässig, wenn sich die Anschließung gegen einen anderen Teil der Entscheidung als die Hauptbeschwerde richtet und wenn der Hauptrechtsmittelführer nun eine Änderung des durch die Anschließung angegriffenen Teils zu seinen Gunsten erreichen will, § 629 Rn 8. Die Gegenanschließung ist also ihrerseits keine Anschließung, sondern eine Erweiterung der Hauptbeschwerde.

Zur Anschlußbeschwerde in einer *Patentsache* BGH **88**, 194. Zur Zulässigkeit der Hilfsanschließung § 524 Rn 3.

B. Voraussetzungen, III 1. Sie sind grundsätzlich dieselben wie diejenigen der Anschlußberufung, § 524. Zur Anschließung befugt ist nur der Beschwerdegegner, also der von der Hauptbeschwerde auch nur möglicherweise betroffene Beteiligte. Handelt es sich bei der Hauptbeschwerde um eine Rechtsbeschwerde, läßt sich auch die Anschließung nur auf eine Rechtsverletzung stützen. **21**

C. Einlegung, III 1. Eine ordnungsmäßige Einlegung ist eine Zulässigkeitsbedingung. Einlegen muß man die Anschlußbeschwerde beim Erstgericht oder beim Beschwerdegericht, § 569, nach einer gemäß § 572 I 1 Hs 2 erfolgten Vorlage der Beschwerde nur beim Beschwerdegericht, Köln FamRZ **00**, 1027. Möglich ist die Einlegung aber abweichend von § 569 I 1 bis zum Schluß der mündlichen Verhandlung über die Hauptbeschwerde, Phillippi Festgabe für Vollkommer (2006) 339, oder ohne eine solche bis zur Hinausgabe der Entscheidung über die Hauptbeschwerde, also nicht mehr danach, Bre FamRZ **89**, 649. Nach einer Rücknahme oder Zurückweisung der Hauptbeschwerde ist eine Anschließung unzulässig, Rn 24, Bre FamRZ **89**, 649, Köln FamRZ **00**, 1027. Das gilt auch dann, wenn der sich Anschließende davon keine Kenntnis hatte, VGH Kassel MDR **83**, 872. Man braucht keine feste Frist zu beachten und keine Mindestbeschwerdesumme einzuhalten, KG RR **87**, 134. **22**

D. Verfahren, III 1. Die Vorschriften über das Beschwerdeverfahren gelten auch für die Anschließung. Das Gericht darf nicht vor der Hauptbeschwerdeentscheidung zur Anschließung befinden. **23**

E. Wirkungslosigkeit der Anschließung, III 2. Die Anschließung ist unselbständig. Sie verliert ihre Wirkung, wenn der Beschwerdeführer seine Hauptbeschwerde zurückgenommen oder auf sie nach der Einlegung verzichtet hat oder wenn das Beschwerdegericht die Hauptbeschwerde oder als unzulässig verworfen oder als unbegründet zurückgewiesen hat, Rn 22. Hier gilt dasselbe wie nach § 524 I, dort Rn 20–23. Wegen der Kosten § 516 Rn 20, 21. **24**

568 *Originärer Einzelrichter.*

[1] **Das Beschwerdegericht entscheidet durch eines seiner Mitglieder als Einzelrichter, wenn die angefochtene Entscheidung von einem Einzelrichter oder einem Rechtspfleger erlassen wurde.** [2] **Der Einzelrichter überträgt das Verfahren dem Beschwerdegericht zur Entscheidung in der im Gerichtsverfassungsgesetz vorgeschriebenen Besetzung, wenn**

1. die Sache besondere Schwierigkeiten tatsächlicher oder rechtlicher Art aufweist oder
2. die Rechtssache grundsätzliche Bedeutung hat.

[3] **Auf eine erfolgte oder unterlassene Übertragung kann ein Rechtsmittel nicht gestützt werden.**

Schrifttum: *Feskorn* NJW **03**, 856 (Üb).; *Stackmann,* Der Einzelrichter im Verfahren vor den Land- und Oberlandesgerichten, 2006.

1) Systematik, Regelungszweck, S 1–3. Die Vorschrift übernimmt Teile der Grundgedanken der §§ 348, 526 aus denselben Erwägungen vor allem der Prozeßwirtschaftlichkeit nach Grdz 14 vor § 128. Vorrangige Sonderregeln gelten nach § 66 VI GKG, § 4 VII JVEG, § 33 VIII RVG. **1**

2) Geltungsbereich, S 1–3. Die Vorschrift gilt in jedem sofortigen Beschwerdeverfahren nach der ZPO und den auf sie verweisenden Gesetzen. Sie gilt auch im WEG-Verfahren. Sie gilt beim LG wie beim OLG. Sie gilt nicht in einer (jetzt) FamFG-Sache, Bbg FamRZ **03**, 1199. Im Verfahren der Arbeitsgerichte ist § 568 unanwendbar. **2**

3) Grundsatz, S 1. Zur Beschleunigung der Entscheidung über die Beschwerde schreibt § 568 vor, daß in bestimmten Fällen der originäre Einzelrichter entscheidet, ohne daß es eine Übertragung nötig ist, BGH MDR **04**, 49 rechts. Einzelrichter ist dasjenige Mitglied des Beschwerdegerichts, das der Geschäftsplan nach § 21 g III GVG dazu bestimmt. In einer Handelssache ist der Vorsitzende *jetzt* Einzelrichter, Hamm MDR **04**, 110, Karlsr NJW **02**, 1962, Zweibr NJW **02**, 2722, aM BGH NJW **04**, 856, Drsd OLGR **03**, 452, Fölsch MDR **03**, 308. § 348 I 2 Z 1 ist nicht entsprechend anwendbar, BGH NJW **03**, 1876, Karlsr MDR **02**, 778. § 348 II ist aber entsprechend anwendbar, BGH NJW **03**, 3636. Das Kollegium des Beschwerdegerichts muß über eine vorinstanzliche Kollegialentscheidung befinden. Es entscheidet auch über eine Ablehnung wie bei § 45 Rn 4. **3**

Der originäre Einzelrichter ist dann zuständig, wenn die angefochtene Entscheidung und nicht die Abhilfeentscheidung, Düss MDR **03**, 230, von einem *Einzelrichter* stammt, Naumb FamRZ **08**, 288, also vom Alleinrichter des AG oder vom originären oder vom obligatorischen Einzelrichter des LG nach §§ 348 I 1, 348 a I, Ffm MDR **05**, 164 (Wertfestsetzung). Dasselbe gilt für die Beschwerde gegen eine Entscheidung des *Rechtspflegers,* § 11 RPflG. Der nach § 349 II, III erstinstanzlich tätig gewesene Vorsitzende der Kammer für Handelssachen war *dort* kein Einzelrichter, BGH NJW **04**, 856. Der nach § 3 III AVAG zuständige Vorsitzende gehört ebenfalls nicht hierher. **4**

Der *originäre Einzelrichter* des § 568 verhandelt und entscheidet über die Beschwerde wie das Kollegium, § 348. Richtet sich die Beschwerde gegen eine Kollegialentscheidung, verhandelt und entscheidet über sie stets das Kollegium des Beschwerdegerichts (LG bzw OLG). Eine Übertragung auf den Einzelrichter **5** ist dann unstatthaft. Der Einzelrichter bleibt auch für jede Nebenentscheidung zuständig, etwa zum Streitwert, zur Kostenregelung, zur einstweiligen Einstellung der Zwangsvollstreckung oder zur Berichtigung.

6 **4) Übertragung auf das Kollegium, S 2, 3.** Der Einzelrichter darf und muß ohne ein Ermessen das Verfahren dem vollbesetzten Beschwerdegericht, also der Kammer oder dem Senat übertragen, wenn eine der Voraussetzungen *S 2 Z 1 oder Z 2* vorliegt, § 348 Rn 39–41, BGH WoM **07**, 640, Mü FamRZ **05**, 636. Die Beschwerde gegen eine Prozeßkostenhilfentscheidung fällt regelmäßig unter S 2 Z 1, wenn es um die Erfolgsaussicht der Hauptsache geht und wenn über diese das Gericht in voller Besetzung entscheiden müßte, Köln NJW **02**, 1436, aM Celle NJW **02**, 2329. Die Übertragung erfolgt durch einen Beschluß, §§ 348 III, 526 II. Auf eine erfolgte oder unterlassene Übertragung kann man keine Rechtsbeschwerde nach § 574 stützen, *S 3,* § 348 IV, § 526 III.

7 **5) Verstoß des Einzelrichters, S 2.** Entscheidet der Einzelrichter in einer Sache, der er eine *rechtsgrundsätzliche Bedeutung* beimißt usw, über die Beschwerde unter einer Zulassung der Rechtsbeschwerde, § 574, ist die Zulassung zwar zunächst wirksam, BGH WoM **08**, 159 links oben. Die Entscheidung unterliegt jedoch wegen der fehlerhaften Besetzung des Beschwerdegerichts von Amts wegen der Aufhebung und Zurückverweisung, BGH WoM **08**, 159 links oben, BayObLG FamRZ **04**, 1136, Hbg MDR **03**, 1371 (zustm Schütt). Die Zurückverweisung erfolgt dann an den Einzelrichter, BGH RR **03**, 936. Er muß dann auf das Kollegium übertragen, BGH WoM **08**, 159 links oben, Stackmann NJW **07**, 14. Zu den Fällen grundsätzlicher Bedeutung gehören auch die Zulassungsgründe der Fortbildung des Rechts und der Sicherung einer einheitlichen Rechtsprechung, BGH FamRZ **04**, 363. Ein möglicher Einfluß auf eine Hauptsacheentscheidung reicht aber nicht, Celle MDR **02**, 1145.

569 *Frist und Form.*

I [1] Die sofortige Beschwerde ist, soweit keine andere Frist bestimmt ist, binnen einer Notfrist von zwei Wochen bei dem Gericht, dessen Entscheidung angefochten wird, oder bei dem Beschwerdegericht einzulegen. [2] Die Notfrist beginnt, soweit nichts anderes bestimmt ist, mit der Zustellung der Entscheidung, spätestens mit dem Ablauf von fünf Monaten nach der Verkündung des Beschlusses. [3] Liegen die Erfordernisse der Nichtigkeits- oder der Restitutionsklage vor, so kann die Beschwerde auch nach Ablauf der Notfrist innerhalb der für diese Klagen geltenden Notfristen erhoben werden.

II [1] Die Beschwerde wird durch Einreichung einer Beschwerdeschrift eingelegt. [2] Die Beschwerdeschrift muss die Bezeichnung der angefochtenen Entscheidung sowie die Erklärung enthalten, dass Beschwerde gegen diese Entscheidung eingelegt werde.

III Die Beschwerde kann auch durch Erklärung zu Protokoll der Geschäftsstelle eingelegt werden, wenn

1. der Rechtsstreit im ersten Rechtszug nicht als Anwaltsprozess zu führen ist oder war,
2. die Beschwerde die Prozesskostenhilfe betrifft oder
3. sie von einem Zeugen, Sachverständigen oder Dritten im Sinne der §§ 142, 144 erhoben wird.

Gliederung

1 **1) Systematik, I–III.** Die Vorschrift entspricht bei der Berufung im Kern §§ 517–519, bei der Revision teilweise §§ 548–551. Sie nennt Anforderungen sowohl an die Form als auch an die Frist und darüber hinaus entgegen der amtlichen Überschrift in II 2 auch an den Mindestinhalt der sofortigen Beschwerde und an den Adressaten. Zum weiteren Inhalt gilt ergänzend § 571 I, II.

2 **2) Regelungszweck, I–III.** Jede Form- und Fristregelung dient vor allem der Rechtssicherheit nach Einl III 43. Man muß sie schon deshalb grundsätzlich streng auslegen. Zwar darf man die Anforderungen auch bei solchen Fragen nicht überspannen, Einl III 10. Indessen darf und muß man bei einem verfassungsrechtlich ja keineswegs selbstverständlichen Rechtsmittel schon im Kern eine sorgfältige und im Rahmen des Zumutbaren zuverlässige Beachtung solcher Rahmenbedingungen erwarten.

3 **3) Geltungsbereich, I–III.** § 569 gilt in jedem sofortigen Beschwerdeverfahren nach der ZPO und den auf sie verweisenden Gesetzen. Sie gilt auch im WEG-Verfahren. Im Strafverfahren ist § 569 (jetzt) anwendbar, § 104 Rn 3 (dort zur Streitfrage). Im Verfahren der Arbeitsgerichte gilt § 569 entsprechend, § 78 ArbGG.

4) Zuständigkeit, Beschwerdefrist, I. Die Vorschrift gilt auch nach einer Entscheidung des Rpfl, Schütt MDR **01**, 1278. Man muß fünf Aspekte beachten. 4

A. Zuständigkeit, Notfrist, I 1. Man muß die sofortige Beschwerde grundsätzlich binnen einer Notfrist nach § 224 I 2 von 2 Wochen einlegen. Davon gelten im Prozeßkostenhilfeverfahren die Ausnahmen nach § 127 II 4, III 3. Der Beschwerdeführer kann sie bei demjenigen Gericht einreichen, dessen Entscheidung er anficht. Das ist wegen dessen Abhilfemöglichkeit nach § 572 I 1 Hs 1 meist ratsam. Er kann die sofortige Beschwerde aber auch sogleich beim Beschwerdegericht einlegen.

B. Fristbeginn, I 2. Man kann die sofortige Beschwerde ab dem Wirksamwerden des anzufechtenden Beschlusses nach § 329 Rn 26 einlegen. Die Frist beginnt aber für jeden Beteiligten erst dann, wenn das Erstgericht ihm den mit Gründen versehenen Beschluß in einer Ausfertigung oder beglaubigten Abschrift oder Ablichtung zustellt. Denn hier gilt dasselbe wie bei einer Berufung oder Revision, BAG NZA **92**, 1047. Ist die nach § 329 III erforderliche förmliche Zustellung unterblieben oder unwirksam, beginnt die Frist mit dem Ablauf von 5 Monaten nach der Verkündung des Beschlusses, I 2. Sie beginnt dann also nur dann, wenn eine Verkündung stattgefunden hat. Sonst tritt an die Stelle der Verkündung die Bekanntgabe der Entscheidung, BAG NJW **94**, 605, BayObLG RR **92**, 597, Kblz FamRZ **04**, 208, aM ZöGu 4. Fehlt jede Bekanntgabe an die Partei, beginnt die Frist nicht zu laufen, Hamm JB **92**, 394. Eine unrichtige Rechtsmittelbelehrung ist aber nicht fristhindernd, BGH RR **04**, 408. Es bleibt evtl eine Verwirkung. 5

Sondervorschriften wie zB §§ 127 II 4, III 3 gehen vor, Hamm MDR **93**, 684. I gilt auch nicht bei einer Streitwertbeschwerde, Hbg FamRZ **03**, 1198.

C. Einzelheiten, I 2. Man berechnet die Frist nach § 222. Eine Abkürzung oder Verlängerung der Frist ist nicht zulässig. Auf eine Rechtsmittelbelehrung kommt es nicht an, LG Heilbr DGVZ **92**, 12. Eine Wiedereinsetzung ist statthaft, §§ 233 ff, Schlesw SchlHA **93**, 172. Die Einlegung der Berufung wahrt die Notfrist nicht. Man muß aber prüfen, ob nicht nur ein falscher Ausdruck vorliegt. Mit dem Fristablauf wird der Beschluß formell rechtskräftig, Zweibr MDR **04**, 236. Daher ist dann keine Abänderung mehr zulässig, KG MDR **00**, 169 (über den Kostenfestsetzungsbeschluß § 107). 6

Die *Beweislast* für die Einhaltung der Frist trägt grundsätzlich der Beschwerdeführer, BVerwG Rpfleger **82**, 385. Jedoch gilt das nicht für einen Vorgang im Bereich des Gerichts, § 517 Rn 15.

D. Sonderfälle, I 3. Liegen die Voraussetzungen einer Wiederaufnahmeklage vor, ist die sofortige Beschwerde noch in der Frist des § 586 I, II zulässig. Die sofortige Beschwerde verdrängt insoweit die Wiederaufnahme, Grdz 13 vor § 578. Die Vorschrift schafft aber kein selbständiges Rechtsmittel, sondern verlängert nur die Notfrist für eine an sich statthafte sofortige Beschwerde, Stgt Rpfleger **97**, 254. Daher ist I 3 unanwendbar, wenn der Beschluß unanfechtbar ist oder wenn objektiv kein Wiederaufnahmegrund vorliegt, Düss NJW **86**, 1763, Hamm JMBlNRW **78**, 78. Die Voraussetzungen der §§ 579–582 müssen schlüssig und nicht nur behauptet sein, KG OLGZ **76**, 365. Die Frist läuft für jeden Beschwerten gesondert. 7

E. Verwirkung, Rücknahme. I 1–3. Man kann sein Beschwerderecht während des Fristlaufs verwirken, zB bei einer unwirksamen oder unterbliebenen Zustellung, wenn man die Einlegung des Rechtsmittels hinauszögert und wenn die Beteiligten den durch die angefochtene Entscheidung geschaffenen Zustand als endgültig angesehen haben und ansehen durften, BGH RR **89**, 768. 8

Eine *Rücknahme* der sofortigen Beschwerde ist ganz oder teilweise als eine weitere Parteiprozeßhandlung nach Grdz 47 vor § 128 zulässig, solange noch keine Entscheidung über die Beschwerde vorliegt, Ffm **96**, 420, Hbg MDR **03**, 1261.

5) Beschwerdeschrift, II. Die Vorschrift nennt nur die Mindesterfordernisse, Rn 1. Zur Entgegennahme zuständig ist nach der Wahl des Beschwerdeführers nach I 1 dasjenige Gericht, dessen Entscheidung er anficht, also das Erstgericht, der judex a quo, Gehrlein MDR **03**, 552, oder das Beschwerdegericht, der judex ad quem. Die erstere Lösung kann das Risiko wegen der Kosten verringern, Stackmann NJW **07**, 13, und Zeit sparen, zumindest dann, wenn das Erstgericht abhilft, § 572 I 1 Hs 1. Die letztere Lösung kann bei der Notwendigkeit einer über die Aussetzung der Vollziehung hinausgehenden einstweiligen Anordnung helfen, § 570 II, III, ZöGu 2. 9

A. Einreichung, II 1. Soweit nicht III eingreift, legt man eine sofortige Beschwerde durch eine Beschwerdeschrift ein, Begriff § 519 Rn 3 ff. Das kann auch telegrafisch oder per Telefax oder elektronisch erfolgen, Köln RR **90**, 895. Ausreichende Beschwerdeschrift kann auch eine auf das Empfangsbekenntnis gesetzte Erklärung sein, Schneider MDR **87**, 372, aM Hbg NJW **86**, 3090. Außer beim AG und den sonst in III genannten Fällen besteht ein Anwaltszwang wie sonst, § 78, Hamm MDR **08**, 708 (Eilverfahren), Köln OLGR **94**, 167, nach Maßgabe von § 571 IV. Das gilt auch seit einer Abgabe nach § 700 III an das LG, BGH VersR **83**, 785, oder seit einer Verweisung nach § 281 an das LG oder bei § 269 III, Köln OLGR **94**, 167. Es muß also ein Anwalt unterzeichnen, BGH NJW **97**, 1448. Bei einer sofortigen Beschwerde zum BGH ist ein dort zugelassener Anwalt nötig, § 78 I 3. Bei der Beschwerde gegen eine Entscheidung des Rpfl nach §§ 11, 21 RPflG besteht für die Einlegung des Rechtsmittels und bis zur Vorlage beim Beschwerdegericht kein Anwaltszwang, § 78 III, § 13 RPflG. Die erforderliche Schriftform ist beim Fehlen eines Anwaltszwangs auch dann vorhanden, wenn der Schriftsatz einer Körperschaft oder Anstalt des öffentlichen Rechts oder einer Behörde neben dem maschinenschriftlich wiedergegebenen Namen des Verfassers einen Beglaubigungsvermerk auch ohne ein Dienstsiegel trägt, BGH NJW **80**, 172. Überhaupt genügt bei einer Eingabe der Partei selbst die Gewißheit, daß man ihr der Schriftsatz zurechnen kann, Schneider MDR **87**, 372. Es muß aber erkennbar sein, wer das Rechtsmittel einlegt, LG Rostock MDR **03**, 1134.

B. Inhalt, II 2. Die Beschwerdeschrift muß die Bezeichnung der angefochtenen Entscheidung, enthalten, bei mehreren ergangenen Beschlüssen die genaue Angabe, welchen Beschluß der Beschwerdeführer angreift, Brdb FamRZ **04**, 388 (Zulässigkeitsvoraussetzung). Sie muß außerdem die Erklärung enthalten, daß man Beschwerde einlege. Der Gebrauch des Wortes Beschwerde ist unnötig, BGH MDR **04**, 348, Kblz JB **87**, 1845. Eine ausdrücklich als solche bezeichnete Gegenvorstellung ist aber jedenfalls dann keine Beschwerde, 10 wenn der Schriftsatz von einem Anwalt stammt, BGH VersR **82**, 598, zur Umdeutung BGH RR **01**, 279. Ob in der Bitte um eine Überprüfung eine Beschwerde liegt, muß das Gericht durch eine Rückfrage klären, Stgt JB **82**, 1256. Wenn auch ein anderer Rechtsbehelf wie zB eine Berufung denkbar ist, muß die Absicht eindeutig sein, gerade Beschwerde einzulegen, BGH NJW **04**, 1112. Die Gesamtumstände können ergeben, daß keine Beschwerde vorliegt, Grdz 52 vor § 128, BGH VersR **86**, 40.

Weiterer Inhalt muß die klare Bezeichnung desjenigen sein, für den ein Vertreter die Beschwerde einlegt. Die Beschwerdeschrift ist ein bestimmender Schriftsatz, § 129. Er muß darum die eigenhändige handschriftliche Unterschrift des Bevollmächtigten tragen, Rn 9 (Ausnahmen: § 129 Rn 8 ff). Bei einer Einreichung durch den Beschwerdeführer selbst darf man die Anforderungen nicht überspannen, BGH MDR **04**, 348. Die Beschwerde muß ferner unbedingt sein. Zur Nichtzulassungsbeschwerde nach dem BEG BVerfG **40**, 272, BFH NVwZ **83**, 439. Die Beschwerde ist darum grundsätzlich erst nach dem Erlaß der Entscheidung zulässig, vgl aber § 567 Rn 5. Eine Hilfsbeschwerde (Eventualbeschwerde) gegen eine erst bevorstehende Entscheidung gibt es nicht. Unschädlich ist die Bedingung, daß das Gericht nicht abhilft, weil das Gesetz das Abhilferecht gibt.

11 **C. Beschwerdeantrag, II 2.** Er ist nicht zwingend, BGH **91**, 160, aber dringend ratsam, Schneider MDR **87**, 372. Das gilt besonders bei einer bloßen zulässigen Teilanfechtung, BayObLG FamRZ **82**, 1129. Ergibt die Beschwerdeschrift in Verbindung mit dem Akteninhalt nicht eindeutig, welche Abänderung der Beschwerdeführer erstrebt, muß das Gericht das durch eine Rückfrage nach § 139 klären. Der Beschwerdeführer darf seinen Antrag nach § 571 II 1 bis zur Entscheidung ändern, erweitern und beschränken, sofern er nicht darauf verzichtet hat, BGH **91**, 160. Das darf aber nicht zu einer Änderung des Verfahrensgegenstands führen.

12 **D. Begründung, II 2.** Es gilt die Sollvorschrift in § 571 I, BGH NJW **04**, 850.

13 **E. Verstoß, II 1, 2.** Bei einem Verstoß gegen die zwingenden Formvorschriften ist die Beschwerde unzulässig. Das Gericht muß sie dann verwerfen, § 572 II.

14 **6) Erklärung zu Protokoll, III.** Es muß eine der fünf folgenden Voraussetzunge vorliegen.

A. Kein jetziger erstinstanzlicher Anwaltszwang, III Z 1 Fall 1. Der Beschwerdeführer darf seine sofortige Beschwerde zum Protokoll des Urkundsbeamten oder nach § 26 RPflG auch des Rpfl oder gar des Richters erklären, wenn der Prozeß im ersten Rechtszug kein Anwaltsprozeß nach § 78 ist. Das gilt unabhängig davon, wer Beschwerde einlegt und wie die Zuständigkeit des AG begründet ist. Wegen der Beschwerde gegen die Zurückweisung eines Arrest- oder Verfügungsgesuchs § 922 Rn 28.

15 **B. Kein früherer erstinstanzlicher Anwaltszwang, III Z 1 Fall 2.** Eine Einlegung der sofortigen Beschwerde zum Protokoll des Urkundsbeamten oder nach § 26 RPflG auch des Rpfl oder gar des Richters ist auch dann zulässig, wenn der Prozeß im ersten Rechtszug kein Anwaltsprozeß war, VerfGH Mü RR **02**, 1501, zB vor dem Rpfl des AG bei einem Nebenverfahren, Nürnb MDR **00**, 232, etwa bei § 766, wenn er also beendet ist oder in höherer Instanz schwebt. Auch die Beschwerde gegen eine Entscheidung des höheren Gerichts fällt dann also unter III, BGH FamRZ **88**, 1159. Das gilt auch zB bei der Ablehnung eines Richters des LG als Berufungsgericht, KG MDR **83**, 60, soweit sich aus § 78 nichts anderes ergibt, nicht aber bei Anfechtung eines vom LG in erster Instanz erlassenen Beschlusses nach § 890, Nürnb MDR **84**, 58, Stgt WRP **82**, 604. Bei einer Verweisung oder Abgabe ans LG besteht von da ab Anwaltszwang, BGH VersR **83**, 785 (§§ 281, 506), BGH NJW **79**, 1658 (§§ 696, 700).

16 **C. Prozeßkostenhilfesache, III Z 2.** Die Einlegung der sofortigen Beschwerde ist zum Protokoll des Urkundsbeamten usw ferner dann zulässig, wenn die Beschwerde die Prozeßkostenhilfe betrifft, § 127 II 2, zB wenn es um die Ablehnung eines Richters beim LG geht, Schlesw SchlHA **96**, 222.

17 **D. Zeuge usw, III Z 3.** Die Einlegung der sofortigen Beschwerde ist zum Protokoll des Urkundsbeamten usw ferner dann zulässig, wenn sich ein Zeuge, Sachverständiger oder Dritter nach §§ 142 I, 144 III Z 3 beschwert, §§ 380, 387, 390, 409, 411. Dasselbe gilt für die Beschwerde der aus §§ 141 III, 142 II, 273 IV, 279 II, 372 a II 1 beschwerten Partei, ebenso für den zur Blutentnahme bestellten Dritten, den das Gericht wegen Nichterscheinens gemaßregelt hat (Augenscheinsobjekt).

18 **E. Rechtspflegerverfahren, III Z 1–3.** Die Einlegung der sofortigen Beschwerde ist im Anschluß an § 573 schließlich zum Protokoll des Urkundsbeamten usw zulässig im Verfahren vor dem Rpfl, auch demjenigen des LG, §§ 11, 13 RPflG, § 104 Rn 56, KG RR **00**, 213, Mü RR **00**, 213, Hansens Rpflger **04**, 577.

19 **F. Einzelheiten, III Z 1–3.** Kein Anwaltszwang besteht für die Einlegung einer sofortigen Beschwerde gegen eine Entscheidung des ersuchten AG oder des Vollstreckungsgerichts, ZöGu 15. Unerheblich ist, ob die Partei das Gesuch zu demjenigen Protokoll erklären durfte, auf das die angefochtene Entscheidung ergangen ist. „Rechtsstreit" bedeutet in III Z 1 jedes Verfahren nach der ZPO, Hbg MDR **81**, 939, nicht aber ein Nebenverfahren des Prozesses zB über eine Richterablehnung, Hamm, Köln MDR **96**, 1182, aM Mü NJW **94**, 60, Vollkommer MDR **96**, 1299. In den genannten Fällen genügt auch eine Einlegung zum Sitzungsprotokoll. Es kann unmöglich schaden, daß der Richter mitbeurkundet, Einf 3 vor §§ 159 ff, oder auch allein beurkundet, BGH Rpfleger **82**, 411 (Strafverfahren), ThP 9, ZöGu 11, aM (zum alten Recht) LG Oldb NdsRpfl **82**, 85. In anderen Fällen bleibt nur die Einlegung nach II 1, also eine schriftliche Einlegung durch die Partei selbst oder einen Bevollmächtigten.

20 Zuständig für die Protokollierung ist nicht nur die Geschäftsstelle desjenigen Gerichts, bei dem man die Beschwerde einlegen darf oder muß, I, sondern die Geschäftsstelle *eines jeden AG,* § 129 a. Eine fernmündliche Einlegung ist auch dann unzulässig, wenn der Urkundsbeamte darüber einen Vermerk aufnimmt, BGH NJW **81**, 1627, Friedrichs NJW **81**, 1422. Ein Anwaltszwang entfällt in diesem Umfang für die Einlegung der Beschwerde. Für das weitere Verfahren bleibt er nach Maßgabe des § 571 IV bestehen, also vor allem für eine etwaige mündliche Verhandlung.

570 *Aufschiebende Wirkung; einstweilige Anordnungen.* **I Die Beschwerde hat nur dann aufschiebende Wirkung, wenn sie die Festsetzung eines Ordnungs- oder Zwangsmittels zum Gegenstand hat.**

II Das Gericht oder der Vorsitzende, dessen Entscheidung angefochten wird, kann die Vollziehung der Entscheidung aussetzen.

III Das Beschwerdegericht kann vor der Entscheidung eine einstweilige Anordnung erlassen; es kann insbesondere die Vollziehung der angefochtenen Entscheidung aussetzen.

1) Systematik, I–III. Die in § 570 geregelten Instrumente sind aus der Sicht der einen Partei dringend nötig, aus der Sicht ihres Gegners absolut schädliche Maßnahmen im zweitinstanzlichen Kampf darum, wer Recht bekommt. Man kann in der Tat in allen derartigen Lagen aller Prozeßarten trefflich über die Vor- und Nachteile solcher Arten von Zwischenentscheidungen streiten. I–III nennen immerhin nicht weniger als drei Möglichkeiten unterschiedlichster Art des Ansatzes. 1

2) Regelungszweck, I–III. Alle in § 570 genannten Mittel dienen vor allem einer möglichst gerechten Handhabung des Rechtsmittels. Man muß die teilweise ja ziemlich einschneidenden Maßnahmen auch ohne nähere gesetzliche Anweisungen wie etwa bei den mit II vergleichbaren §§ 707, 719 in ihren Wirkungen behutsam abwägen, um die Betroffenen vor unwiederbringlichen Schäden oder Nachteilen zu bewahren. 2

3) Geltungsbereich, I–III. Die Vorschrift gilt in jedem sofortigen Beschwerdeverfahren nach der ZPO und den auf sie verweisenden Gesetzen. Sie gilt auch im WEG-Verfahren. Für die Rechtsbeschwerde gelten zunächst vorrangig §§ 574 ff. Im Verfahren der Arbeitsgerichte gilt § 570 entsprechend, § 78 S 1 ArbGG. 3

4) Aufschiebende Wirkung, I. Grundsätzlich hindert die Beschwerde weder den Fortgang des Verfahrens noch die Vollstreckung der angefochtenen Entscheidung nach § 794 Z 2, 2a, 3. Ausnahmen: §§ 380, 390, 409, 411: Ordnungsmittel gegen Zeugen und Sachverständige; Ordnungsmittel gegen Beteiligte nach §§ 141 III, 273 IV: Ordnungsmittel gegen eine Partei, deren persönliches Erscheinen das Gericht angeordnet hatte; § 411 II: Versäumung der Frist zur Erstattung eines Gutachtens; § 387 III: Zwischenurteil wegen Zeugnisverweigerung; § 900 V: §§ 888, 890, aM Köln FamRZ **05**, 223, LAG Kiel NZA **06**, 540; Beschluß über die Pflicht zur Abgabe der eidesstattlichen Versicherung; §§ 80 II, 112 III GenG; § 63 I GWB; §§ 75 I, 103 PatG. Sonderbestimmungen in anderen Gesetzen, zB §§ 178, 181 II GVG, bleiben unberührt. 4

Die aufschiebende Wirkung *beginnt* in den Ausnahmefällen mit der Einlegung der Beschwerde. Bis dahin ist die Zwangsvollstreckung statthaft. Deren Einstellung erfolgt nach § 732 II. Eine Ausfertigung muß der Schuldner dem Gerichtsvollzieher nach § 775 Z 2 vorlegen.

5) Vorläufige Maßnahme, II, III. Es handelt sich nicht um eine einstweilige Verfügung, BGH RR **06**, 333. 5

A. Gericht der angefochtenen Entscheidung, II. Das Erstgericht oder der Vorsitzende oder der Rpfl nach seiner Entscheidung kann bei jeder Beschwerdeart eine einstweilige Anordnung treffen. Das Gericht kann insbesondere eine Aussetzung der Vollziehung anordnen, OVG Hbg NVwZ-RR **06**, 475. Dabei läßt sich die Frage der Richtigkeit des Titels mitbeachten, Mü RR **02**, 1271. Die Anordnung wirkt wie eine Einstellung der Zwangsvollstreckung ohne die Anordnung einer Sicherheitsleistung. Das Erstgericht kann sie bis zur Vorlegung nach § 572 I 1 Hs 2 treffen. Gegen eine Entscheidung nach II ist keine Beschwerde statthaft, Rn 7.

B. Beschwerdegericht, III. Dieselbe Befugnis steht dem Beschwerdegericht in voller Besetzung oder durch den Vorsitzenden zu, sobald die Beschwerde ihm nach § 572 I 1 Hs 2 vorliegt, BGH NJW **02**, 1658. Die Aussetzung der Vollziehung setzt voraus, daß der angefochtene Beschluß voraussichtlich keinen Bestand haben wird, Ffm OLGZ **89**, 106. Das kann man meist erst nach dem Eingang einer Beschwerdebegründung beurteilen, BGH NJW **02**, 1658. Es genügt, daß dem Beschwerdeführer durch eine Vollziehung ein größerer Nachteil als dem Gegner droht und daß das Rechtsmittel als zulässig erscheint und nicht von vornherein eine Erfolgsaussicht fehlt, BGH WoM **05**, 262 rechts oben. Das Beschwerdegericht kann durch eine einstweilige Anordnung auch solche anderen Maßnahmen treffen, die es zur Sicherung eines wirksamen Rechtsschutzes für notwendig hält, Köln ZiP **80**, 578, VGH Kassel NVwZ **00**, 1318, Guckeberger NVwZ **01**, 275. Es kann zB die Rechtswirkungen eines Aufhebungsbeschlusses hinausschieben, Schlesw SchlHA **93**, 91. Es kann die Vollziehung gegen eine Sicherheitsleistung einstellen, ZöGu 5. Die Maßnahme muß sich aber auch auswirken, BGH MDR **06**, 647. Das alles gilt auch für das Rechtsbeschwerdegericht, § 575 V, dort Rn 8, BGH NJW **02**, 1658. 6

Nicht ausreichend ist eine bloße Erfüllungsbereitschaft des Schuldners, Ffm OLGZ **89**, 104.

C. Ermessen, I–III. Alle solchen Anordnungen, die auch von Amts wegen ergehen dürfen und evtl müssen, trifft das Gericht oder der Vorsitzende zum Ob und Wie nach seinem pflichtgemäßen Ermessen. Das Gericht muß sie den Beteiligten bekanntgeben, § 329 III. Es darf sie jederzeit von Amts wegen ändern oder aufheben. Von selbst treten sie dann außer Kraft, wenn eine Beschwerdeentscheidung ergeht, BGH FamRZ **87**, 155, Köln WertpMitt **83**, 304. Ein klarstellender Hinweis in der Entscheidung empfiehlt sich. 7

6) Rechtsbehelfsfrage; Änderung; Aufhebung, I–III. Gegen die Anordnung oder ihre Ablehnung gibt es keinen Rechtsbehelf, Hbg FamRZ **90**, 423, Köln ZMR **90**, 419, LG Saarbr DAVorm **85**, 83. Das gilt auch dann, wenn die Beschwerde während der Zwangsvollstreckung erfolgt ist. Denn § 793 liegt nicht vor, da es sich um keine Entscheidung in der Zwangsvollstreckung handelt. Das Gericht darf aber seine einstweiligen Anordnung (das Beschwerdegericht auch eine Anordnung des Erstgerichts) ändern oder wieder aufheben. Auch dagegen ist kein Rechtsbehelf statthaft, ebenso nicht gegen die Ablehnung eines Aufhebungsantrags. Ausnahmsweise ist eine sofortige Beschwerde dann statthaft, wenn die Anordnung wegen einer funktionellen Unzuständigkeit überhaupt nicht ergehen durfte, Stgt MDR **76**, 852. 8

571 *Begründung, Präklusion, Ausnahmen vom Anwaltszwang.* **[I] Die Beschwerde soll begründet werden.**

[II] [1] Die Beschwerde kann auf neue Angriffs- und Verteidigungsmittel gestützt werden. [2] Sie kann nicht darauf gestützt werden, dass das Gericht des ersten Rechtszuges seine Zuständigkeit zu Unrecht angenommen hat.

[III] [1] Der Vorsitzende oder das Beschwerdegericht kann für das Vorbringen von Angriffs- und Verteidigungsmitteln eine Frist setzen. [2] Werden Angriffs- und Verteidigungsmittel nicht innerhalb der Frist vorgebracht, so sind sie nur zuzulassen, wenn nach der freien Überzeugung des Gerichts ihre Zulassung die Erledigung des Verfahrens nicht verzögern würde oder wenn die Partei die Verspätung genügend entschuldigt. [3] Der Entschuldigungsgrund ist auf Verlangen des Gerichts glaubhaft zu machen.

[IV] Ordnet das Gericht eine schriftliche Erklärung an, so kann diese zu Protokoll der Geschäftsstelle abgegeben werden, wenn die Beschwerde zu Protokoll der Geschäftsstelle eingelegt werden darf (§ 569 Abs. 3).

Vorbem. Früherer IV 1 aufgehoben, dadch früherer IV 2 zu IV dch Art 4 Z 4 G v 26. 3. 07, BGBl 358, in Kraft seit 1. 6. 07, Art 8 G, ÜbergangsR Einl III 78. Die amtliche Überschrift ist nicht mitgeändert worden.

1 **1) Systematik, I–IV.** Die ZPO stellt unterschiedliche Anforderungen an eine Begründung eines sog bestimmenden Schriftsatzes nach § 129 Rn 5. Der Mahnantrag braucht nach § 690 keine Begründung. Die Klageschrift braucht eine Begründung nach § 253 II Z 2, ebenso die Berufung nach § 520 I und die Anschlußberufung nach § 524 III 1. Entsprechendes gilt bei der Revision nach § 551 I und bei der Anschlußrevision nach § 557 III 1 sowie eingeschränkt bei der Sprungrevision nach § 566 II 3. Auch eine Nichtzulassungsbeschwerde braucht eine Begründung nach § 544 II 1.

Demgegenüber bringt *I* eine dem *Wortlaut* nach bloße Sollvorschrift. Auch der Sinn ist wegen der eindeutigen Abweichung des Wortlauts von den oben genannten anderen Vorschriften nicht mehr strenger auslegbar. Freilich bringt III einen indirekten Zwang.

II 1 bringt gegenüber dem Berufungsrecht mit seinen klaren und scharfen Einschränkungen eines neuen Vortrags in § 531 eine erhebliche Erweiterung der Angriffs- wie Verteidigungsmittel als eine dann freilich in *III* gleich wieder zeitlich erheblich eingeschränkte Chance. *II 2* entspricht ganz § 513 II. *IV* zeigt Abweichungen von § 78.

2 **2) Regelungszweck, I–IV.** Die Vorschrift dient im Kern in allen ihren Teilen der Prozeßwirtschaftlichkeit nach Grdz 14 vor § 128. Das Beschwerdegericht soll rascher und mit möglichst geringem Arbeitsaufwand das Entscheidende erkennen können. Die Parteien sollen den verfassungsgemäß gar nicht erforderlichen „Luxus" einer zweiten Instanz mit einem ihnen zumutbaren Aufwand an Sorgfalt, Tempo und Zuverlässigkeit bezahlen. Dabei soll die Sache für sie aber auch nicht teurer werden als unvermeidbar. In diesem Sinn sollte man die Vorschrift handhaben.

3 **3) Geltungsbereich, I–IV.** Die Vorschrift gilt in jedem Verfahren der sofortigen Beschwerde. Sie gilt auch im WEG-Verfahren. Für die Rechtsbeschwerde gelten zunächst vorrangig §§ 574 ff. Im Verfahren der Arbeitsgerichte gilt § 571, § 78 S 1 ArbGG.

4 **4) Beschwerdebegründung, I.** Der Beschwerdeführer soll seine Beschwerde begründen. Fehlt eine Begründung, darf das Gericht die Beschwerde grundsätzlich nicht mehr schon deshalb stets zurückweisen. Nähere Bestimmungen über die Frist für die Begründung und ihren Inhalt fehlen. Demgemäß ist das Fehlen eines bestimmten Antrags unschädlich. Es bedeutet keine Unzulässigkeit. Es genügt, daß der Beschwerdeführer in wenigen Sätzen darlegt, welches Ziel er verfolgt und warum die angefochtene Entscheidung seiner Ansicht nach falsch ist und das Gericht sie ändern sollte. Unter dieser Voraussetzung sind überflüssige Ausführungen unschädlich, BGH NJW **04**, 850 rechts unten.

Der Vorsitzende oder das Beschwerdegericht und daher auch der Einzelrichter des § 568 kann aber dem Beschwerdeführer wegen III 1 eine *Frist zur Begründung* seines Rechtsmittels setzen, Rn 7.

Wegen des *Anwaltszwangs* gilt § 78 in Abwandlung nach IV.

5 **5) Beschwerdegründe, II.** Es gibt zwei gleichrangige Grundsätze unterschiedlicher Richtungen.

A. Neue Angriffs- und Verteidigungsmittel, II 1. Die Vorschrift regelt, welches neue tatsächliche oder rechtliche Vorbringen das Gericht beachten darf und muß, BGH NJW **06**, 3553. Angriffs- und Verteidigungsmittel nach Einl III 70, 71 ist jedes solche sachliche oder prozessuale Vorbringen, das der Durchsetzung des Beschwerdeziels dient, zB Tatsachenbehauptungen, Bestreiten, Einwendungen und Einreden sowie Beweismittel und -einreden, § 282 I. Wegen der Zurückweisung von Vorbringen als verspätet vgl Rn 7. Sonst muß das Gericht anders als in der Berufungsinstanz (§ 529 I) jedes auch neue Vorbringen berücksichtigen, das vor der Hinausgabe der Beschwerdeentscheidung durch die Geschäftsstelle eingeht, BVerfG **62**, 353, BGH NJW **06**, 3553, BAG MDR **04**, 597 (zu § 127). §§ 513 II, 529 gelten nicht entsprechend, Mü OLGR **03**, 263, Dötsch MDR **08**, 893. Es darf und muß auch klären, ob die Voraussetzungen des § 16 InsO vorliegen, BGH MDR **08**, 765. Neue Ansprüche sind dagegen unstatthaft. Denn der Gegenstand der Beschwerde ist derjenige der Vorinstanz, Stgt ZZP **97**, 443 (auch wegen eines Hilfsantrags). Eine Antragsänderung ist zulässig, BGH **91**, 160. Sie darf jedoch nicht zu einer Änderung des Verfahrensgegenstands führen.

Unzulässig ist neues Vorbringen, soweit der Beschwerdeführer erstinstanzlich schuldhaft seine Mitwirkungsaufgabe nicht erfüllt hatte, Naumb FamRZ **06**, 216. Im übrigen würde die Forderung nach einer Begründung dafür, daß der Beschwerdeführer erst jetzt neu vorträgt, auf einen Verstoß gegen Art 103 I GG hinauslaufen, Oldb MDR **04**, 171.

6 **B. Zuständigkeitsrüge, II 2.** Sie ist ebenso unstatthaft wie im Berufungs- und Revisionsverfahren, §§ 513 II, 545 II. Wegen des Begriffs der Zuständigkeit nach II 2 vgl § 513 Rn 5. Hierzu gehört auch die Frage, ob es sich um eine Familiensache nach dem FamFG handelt, § 513 Rn 5.

6) Frist; Verspätung, III. Der Vorsitzende oder das Beschwerdegericht und daher auch der Einzelrichter des § 568 kann für das Vorbringen von Angriffs- und Verteidigungsmitteln und daher praktisch zur Beschwerdebegründung nach Rn 5 eine nach den Umständen angemessene Frist setzen, *III 1,* und zwar beiden Parteien für jegliches Vorbringen. Der Empfänger muß die Frist einhalten, BVerfG MDR **88**, 553. Das Gericht ist aber zu einer solchen Fristsetzung nicht verpflichtet. Es muß vielmehr nur angemessen lange zuwarten, BVerfG ZIP **86**, 1336, BayObLG RR **86**, 1446, Köln RR **96**, 1022. Meist reichen etwa 2 Wochen, Celle NdsRpfl **92**, 51, Köln MDR **90**, 556, evtl weniger, Köln FamRZ **96**, 301. Hält eine Partei eine gerichtliche Frist nicht ein, gilt für die Zulassung von Angriffs- und Verteidigungsmitteln dasselbe wie nach § 296 I, *III 2.* Man muß einen Entschuldigungsgrund ebenso wie nach §§ 294, 296 IV glaubhaft machen, *III 3,* und zwar nach § 294. 7

Eine *Fristverlängerung* ist nach § 224 II denkbar, aM ZöGu 15 (aber Buch 1 gilt auch hier, ZöGu 6). Zumindest muß das Gericht einen Verlängerungsantrag bearbeiten, BVerwG NJW **88**, 1280.

7) Anwaltszwang, IV. Für den Anwaltszwang im Beschwerdeverfahren gilt § 78. Das gilt im schriftlichen Verfahren wie in demjenigen mit einer freigestellten oder notwendigen mündlichen Verhandlung. Eine Ausnahme gilt nach § 569 III, dort Rn 12–14. Weitere Lockerungen des Anwaltszwanges sieht IV vor. 8

Ordnet das Gericht eine *schriftliche Erklärung* an, zB nach III 1, sei es auch nur zur etwaigen Stellungnahme, kann man diese Erklärung zum Protokoll der Geschäftsstelle abgeben, wenn man die Beschwerde zum Protokoll der Geschäftsstelle einlegen darf, § 569 III, dort Rn 12–14. Damit reicht eine gewöhnliche schriftliche Erklärung aus, und zwar ohne einen Anwaltszwang, § 78 III Hs 2. Das gilt auch zugunsten des Beschwerdegegners, ZöGu 10. In einer etwaigen mündlichen Verhandlung ist dagegen die Vertretung durch einen Anwalt nötig. 9

8) Weiteres Verfahren, I–IV. Das Gericht muß dem von einer erwogenen Entscheidung Benachteiligten das rechtliche Gehör nach Art 103 I GG wie stets geben, BVerfG **81**, 123. Das kann bis zur Notwendigkeit der Mitteilung von Einzelheiten gehen, Celle OLGZ **92**, 127. Ohne eine solche Benachteiligungsgefahr ist die Anhörung entbehrlich, BVerfG **36**, 97. 10

572 *Gang des Beschwerdeverfahrens.*

[I 1] **Erachtet das Gericht oder der Vorsitzende, dessen Entscheidung angefochten wird, die Beschwerde für begründet, so haben sie ihr abzuhelfen; andernfalls ist die Beschwerde unverzüglich dem Beschwerdegericht vorzulegen.** [2] **§ 318 bleibt unberührt.**

[II 1] **Das Beschwerdegericht hat von Amts wegen zu prüfen, ob die Beschwerde an sich statthaft und ob sie in der gesetzlichen Form und Frist eingelegt ist.** [2] **Mangelt es an einem dieser Erfordernisse, so ist die Beschwerde als unzulässig zu verwerfen.**

[III] **Erachtet das Beschwerdegericht die Beschwerde für begründet, so kann es dem Gericht oder Vorsitzenden, von dem die beschwerende Entscheidung erlassen war, die erforderliche Anordnung übertragen.**

[IV] **Die Entscheidung über die Beschwerde ergeht durch Beschluss.**

Schrifttum: *Schneider* MDR **03**, 253 (Üb).

Gliederung

1) Systematik, I–IV. I nennt diejenige Tätigkeit, die das bisherige Erstgericht, der judex a quo, auf Grund einer sofortigen Beschwerde vornehmen darf und muß. II–IV geben diejenigen notwendigen Schritte an, die das Beschwerdegericht als den judex ad quem ab der Vorlage bei ihm nach I 1 Hs 2 betreffen. Dabei entspricht II 1, 2 praktisch wörtlich den vergleichbaren Bestimmungen nach einem Einspruch gegen ein Versäumnisurteil erster Instanz nach § 341 I oder in Verbindung mit § 539 III zweiter Instanz, ferner bei einer Berufung nach § 522 I 1, 2 und bei einer Revision nach § 552 I, schließlich bei einer Rechtsbeschwerde nach § 577 I. III wandelt die im Berufungsverfahren nach § 538 II vorhandene Möglichkeit einer Zurückverweisung ab und nennt sie daher auch nur vorsichtiger eine „Übertragung der erforderlichen Anordnung" auf den Vorderrichter. IV nennt direkt die Entscheidungsform (wiederum Beschluß) und damit wegen § 128 IV mit seiner Geltung auch im Beschwerdeverfahren das Prinzip der nur freigestellten mündlichen Verhandlung nach Üb 4 vor § 128. 1

2) Regelungszweck, I–IV. Eine Abhilfe durch den bisherigen Richter ist eigentlich nicht für ein Rechtsmittel mit seiner sog Anfallwirkung nach Grdz 3 vor § 511 typisch. Sie ist vielmehr an sich ein 2

Merkmal eines bloßen Rechtsbehelfs. Man darf aber natürlich zwecks Entlastung des höheren Gerichts prozeßwirtschaftlich nach Grdz 14 vor § 128 zunächst vom bisherigen Richter eine Selbstkritik erwarten. Er mag über solche Möglichkeit der unauffälligen Behebung eines eigenen Irrtums auch ganz froh sein. Zumindest soll er eine Nichtabhilfe nachvollziehbar begründen und damit auch zur rascheren Beendigung des weiteren Beschwerdeverfahrens beitragen. III ist manchmal für ein überlastetes Beschwerdegericht verführerisch. Es sollte eine Übertragung auf den ja bisher anders denkenden Erstrichter trotzdem nur behutsam vornehmen.

3 **3) Geltungsbereich, I–IV.** Die Vorschrift gilt in jedem sofortigen Beschwerdeverfahren nach der ZPO und den auf sie verweisenden Gesetzen. Sie gilt auch im WEG-Verfahren. Im Rechtsbeschwerdeverfahren gilt vorrangig § 577. Im Verfahren der Arbeitsgerichte gilt § 572 entsprechend, § 78 S 1 ArbGG.

4 **4) Abhilfe, I 1 Hs 1.** Ähnlich wie zB §§ 148 I VwGO, 174 SGG, 130 I FGO, schreibt *I 1 Hs 1* grundsätzlich vor, daß das Erstgericht bei jeder wirksam erfolgten sofortigen Beschwerde eine Abhilfeentscheidung treffen muß, aM Ffm RR **07**, 1142. Das gilt für sämtliche Arten von sofortiger Beschwerde, auch gegen einen Beschluß der Rpfl. Das gilt auch dann, wenn eine notwendige Beschwerdesumme nicht (mehr) vorliegt, aM KG JB **06**, 646 (aber auch darüber darf und muß jetzt das Beschwerdegericht entscheiden). Eine Ausnahme gilt für Beschwerden gegen ein Zwischenurteil zB nach § 387 III und für Beschwerden gegen Nebenentscheidungen von Endurteilen, § 99 II. Hier ist eine Abhilfe nicht möglich, weil § 318 entgegensteht, *I 2.*

A. Verfahren des Erstgerichts. Es handelt sich um eine Art Vorverfahren, LAG Bln NZA-RR **06**, 494. Man kann es mit dem Verfahren auf Grund einer Gegenvorstellung nach Grdz 6 vor § 567 vergleichen, Lappe Rpfleger **96**, 239. Das Erstgericht und evtl der Vorsitzende oder der Einzelrichter nach §§ 348, 348 a, 526 nach deren Vorbefassung sind zuständig, Drsd MDR **08**, 645, Stgt MDR **03**, 110, Schneider MDR **03**, 253, auch der Rpfl nach § 11 RPflG, Schütt MDR **01**, 1279. Das Erstgericht hat stets die Amtspflicht, zunächst zu prüfen, ob überhaupt eine beschwerdefähige Entscheidung des Erstgerichts vorliegt oder ob zB dort noch eine Aufklärung erfolgt, Ffm JB **79**, 1873, Köln Rpfleger **75**, 67, Zweibr FamRZ **84**, 1031. Andernfalls ist keine Nichtabhilfeentscheidung nötig, Düss NJW **81**, 352. Sie ist freilich statthaft, Köln Rpfleger **75**, 67, sofern kein Rechtsmißbrauch nach Einl III 54 vorliegt, Köln OLGZ **80**, 350. Das Gericht muß ferner prüfen, ob die Beschwerde begründet ist, Hamm Rpfleger **86**, 483, Schneider MDR **03**, 253. Es braucht nicht in der bisherigen Besetzung zu prüfen, LAG Bln NZA-RR **06**, 494, LAG Köln NZA-RR **06**, 319. Dabei muß es vorgebrachte neue Tatsachen zwar grundsätzlich beachten und in seine Prüfung einbeziehen, auch evtl durch eine Beweisaufnahme, Brdb FamRZ **04**, 653, Ffm RR **03**, 141, Hamm MDR **04**, 412. Auf diesem Weg lassen sich wie bei § 321 a Verstöße gegen Verfahrensgrundrechte schnell und wirksam beheben. Das Erstgericht darf aber einen neuen Hilfsantrag nicht in sein Abhilfeverfahren einbeziehen, BGH BB **07**, 630. Ein Nichtabhilfebeschluß erfordert eine eingehende Begründung, Mü MDR **04**, 292. Einen Kollegialbeschluß muß das Kollegium so überprüfen, Stgt MDR **03**, 110.

Soweit das Erstgericht die Beschwerde für *begründet* hält, muß es ihr abhelfen, also seine Entscheidung abändern, und zwar durch eine Entscheidung derselben Art nebst einer Kostenentscheidung, Ffm JB **85**, 1718. Diese muß es verkünden oder in derselben Weise bekanntgeben wie die angefochtene Entscheidung, § 329. Geeignetenfalls muß das Erstgericht teilweise abhelfen. Zuständig für die Abhilfeentscheidung ist der Einzelrichter, soweit sich die Beschwerde gegen seine Entscheidung richtet, § 350.

Abhelfen darf das untere Gericht auch einer im Einzelfall unzulässigen Beschwerde, Bettermann ZZP **88**, 410, Lipp NJW **02**, 1702. Die Beschwerde muß aber generell *statthaft* sein, § 567. Vorheriges Gehör des Gegners ist vor jeder, auch der teilweisen, Abhilfe erforderlich, Hamm FamRZ **86**, 1127. Das Erstgericht darf dazu eine mündliche Verhandlung anordnen, Drsd NJW **02**, 2722. Zweckmäßig wird sie wegen des Zeitverlusts selten sein. Das Erstgericht muß über die Kosten der Beschwerde befinden, soweit eine Kostenentscheidung notwendig ist, insbesondere auch zur Rechtslage bei einer teilweisen Abhilfe. Dann entscheidet das Erstgericht soweit nötig über die erstinstanzlichen Kosten. Demgegenüber entscheidet über die Beschwerdekosten nach der Vorlegung, auch bei einer Rücknahme der restlichen Beschwerde, einheitlich das Beschwerdegericht.

5 **B. Wirkung, Rechtsmittel.** Eine volle Abhilfe erledigt die Beschwerde. Die Beschwerde des nunmehr beschwerten Gegners gegen die Abhilfeentscheidung ist eine erste Beschwerde. Sie ist demgemäß unter den gewöhnlichen Voraussetzungen statthaft. Hebt das Erstgericht nicht voll auf, muß es wegen der insofern nicht verbrauchten Beschwerde dem Beschwerdegericht vorlegen. Der Abhilfeumfang verringert den Beschwerdewert. Der Gegner kann gegen die Abhilfe Beschwerde wie sonst einlegen.

Sofortige Beschwerde des Beschwerdegegners ist also im Umfang der Abhilfe unter den Voraussetzungen der §§ 567 statthaft.

6 **C. Entbehrlichkeit.** Entbehrlich ist das Nichtabhilfeverfahren, wenn es dazu führen würde, daß wegen der Eilbedürftigkeit die Entscheidung des Beschwerdegerichts zu spät kommen würde. Dann muß das Erstgericht die Beschwerde dem Beschwerdegericht sofort vorlegen oder dann, wenn der Beschwerdeführer sie unmittelbar beim Beschwerdegericht eingelegt hat, das Beschwerdegericht sie ohne eine Rückgabe an das Erstgericht sofort bearbeiten, Karlsr RR **87**, 1206, VGH Mannh DVBl **90**, 1358.

7 **5) Vorlegung, I 1 Hs 2.** Erst soweit das Erstgericht der sofortigen Beschwerde nicht abhilft, legt es die Sache unverzüglich nach § 121 I BGB und daher ohne ein schuldhaftes Zögern mit seinem Beschluß dem Beschwerdegericht vor. Eine feste Frist dazu sieht I 1 nicht vor. Der volle Nichtabhilfebeschluß ist unanfechtbar, LG Bln JB **83**, 1890. Unterläßt das Erstgericht die Vorlegung, darf der Beschwerdeführer seine Beschwerde nochmals unmittelbar beim Beschwerdegericht einreichen.

8 Über die Nichtabhilfe und Vorlage entscheidet das Erstgericht stets unter einer Beachtung von § 308 I durch einen *Beschluß,* Kblz Rpfleger **78**, 104, nicht durch eine bloße Verfügung, KG Rpfleger **08**, 127, Stgt MDR **03**, 110. Eine mündliche Verhandlung steht ihm frei, § 128 IV. Fehlt der Beschluß, muß ihn das Beschwerdegericht anfordern, falls nicht ein dringender Fall vorliegt, Rn 6, oder die Beschwerde unstatthaft

ist, BFH BStBl **84** II 562. Eine Begründung des Beschlusses ist schon zur Klärung nötig, ob und wieweit das Erstgericht nicht abhilft und ob es seine Prüfungspflicht erfüllt hat, Düss Rpfleger **89**, 56, LG Bln Rpfleger **89**, 56, LG Wuppert Rpfleger **89**, 188. Zumindest bei einer evtl vorhandenen Möglichkeit einer Rechtsbeschwerde nach § 574 muß das Erstgericht erkennbar machen, welchen Sachverhalt es zugrundelegt, BGH MDR **04**, 1291. Es kann sich aber knapp fassen, BVerfG NJW **87**, 2499, ohne Lücken offenzulassen, Köln MDR **88**, 853. Eine Nichtabhilfe „aus den zutreffenden Gründen des angefochtenen Beschlusses" ist wie zB bei § 104 eine zwar leider beliebte, trotzdem mangels weiterer Gründe meist unhaltbare Leerfloskel. Sie führt zur Zurückverweisung zwecks Nachholung des Fehlenden. Schon gar nicht ausreichend ist ein bloßer Aktenvermerk des Berichterstatters des Erstgerichts über seine Nichtabhilfemotive. Dann hilft auch nicht dessen nachträgliche Bekanntgabe durch das Beschwerdegericht, aM ZöGu 11.

Eine Begründung ist ferner dann nötig, wenn der *angefochtene Beschluß keine Gründe* aufweist oder wenn die Beschwerde solche *neuen Tatsachen* oder Gesichtspunkte enthält, die das Erstgericht für widerlegt oder unerheblich hält, Celle FamRZ **06**, 1689, Düss FamRZ **06**, 1551, Mü Rpfleger **04**, 167. Zum Fehlen der Begründung des Abhilfebeschlusses Rn 10. Soweit also im angefochtenen Beschluß eine nach § 329 II 1 erforderliche Begründung fehlt, muß das Erstgericht sie im Nichtabhilfebeschluß nachholen, Ffm Rpfleger **84**, 477, Köln FamRZ **86**, 487 (Ergänzung), Schlesw SchlHA **82**, 43. Es muß sie den Beteiligten mitteilen, damit sie sich darauf einstellen und zB die Beschwerde zurücknehmen können. Ist das nicht geschehen, muß das Beschwerdegericht beiden Parteien eine Gelegenheit zur Äußerung geben, Köln FamRZ **00**, 311. In allen anderen Fällen ist die Bekanntgabe der Nichtabhilfe und der Vorlegung an die Beteiligten nicht erforderlich (Ausnahme: Rn 4). Sie ist aber schon aus praktischen Gründen nach § 329 II 1 ratsam.

Die Vorlegung läßt die Entscheidung dem Beschwerdegericht mit ihrem dortigen Eingang *anfallen*, Grdz 3 **9**
vor § 511. Nimmt der Beschwerdeführer die Beschwerde vorher zurück, ist die Kostenentscheidung eine Aufgabe des Erstgerichts. Nach der Vorlegung ist keine Abhilfe durch das Erstgericht mehr möglich. Einen erst nach der Vorlegung beim Erstgericht eingehenden Schriftsatz muß es unverzüglich an das Beschwerdegericht weiterleiten, BVerfG NJW **83**, 2187.

6) Verfahren des Beschwerdegerichts, II. Man muß mehrere Aspekte unterscheiden. **10**

A. Prüfungsgegenstand, II 1. Gegenstand der Prüfung durch das Beschwerdegericht ist die angefochtene Entscheidung evtl in derjenigen Fassung, die sie im Abhilfeverfahren erhalten hat, nicht dagegen der Nichtabhilfebeschluß. Fehlt die Entscheidung über die Nichtabhilfe ganz oder hat sie keine Gründe ohne eine Ankündigung ihrer Nachreichung, darf (nicht: muß) das Beschwerdegericht die Sache entsprechend § 538 zurückverweisen, Hamm MDR **04**, 412, Mü MDR **04**, 291, Nürnb MDR **04**, 169, aM Celle MDR **03**, 524. Bei einem rein formalen Mangel kommt auch eine formlose Aktenrücksendung zur Mangelbeseitigung infrage, Schneider MDR **78**, 527. Sonst aber kommt es auf Verfahrensfehler bei der Nichtabhilfe nicht an, BayObLG FamRZ **96**, 1023, Ffm MDR **02**, 1391, Stgt MDR **03**, 110, aM Schneider MDR **03**, 253. Das Beschwerdegericht darf nicht prüfen, ob das Erstgericht dabei vorschriftsmäßig besetzt war, LAG Bln NZA-RR **06**, 493, aM Celle MDR **03**, 524, Hamm MDR **88**, 871, oder ob es seinen Beschluß hätte begründen müssen, Rn 8, aM Celle NdsRpfl **88**, 9, Hamm MDR **88**, 871, Karlsr FamRZ **91**, 350. Eine erneute Abhilfeentscheidung käme nach der Vorlegung nicht in Betracht, Rn 9. Sie wäre außerdem ein unnötiger Umweg. Denn das Beschwerdegericht kann selbst entscheiden. Ein Verschlechterungsverbot besteht wie bei der Berufung nach § 528 Rn 10, BGH RR **04**, 1422, aM Celle FamRZ **04**, 1667 (Sorgerecht). Es erfaßt auch eine erstinstanzliche Beiordnung im Prozeßkostenhilfeverfahren, Düss FamRZ **08**, 1358.

B. Statthaftigkeit, Form, Frist, II 1, 2. Das Beschwerdegericht muß von Amts wegen prüfen, ob die **11**
Beschwerde im Zeitpunkt der Beschwerdeentscheidung statthaft ist, ob insbesondere eine Beschwer nach Grdz 14 vor § 511 vorliegt und ob der Beschwerdeführer seine Beschwerde in der gesetzlichen Form und Frist eingelegt hat, §§ 567, 569. Beschwerdegericht nach II ist auch der Einzelrichter, § 568. Diese Bestimmung entspricht den Vorschriften für die Berufung, § 522 I, und die Revision, § 552 I. Jeder Rechtsmißbrauch ist wie stets unstatthaft, Einl III 54. Er kann vorliegen zB bei einer völligen Zwecklosigkeit der sofortigen Beschwerde, Ffm RR **95**, 956, oder bei einer Verzögerungsabsicht, Köln Rpfleger **80**, 233.

C. Verwerfung, II 2. Fehlt eines der vorgenannten Erfordernisse, muß das Beschwerdegericht die Be- **12**
schwerde als unzulässig verwerfen, wie bei §§ 522, 552, Brdb FamRZ **04**, 388. Die Verwerfung ergeht durch einen Beschluß, IV. Ihn erläßt das Kollegium oder der Einzelrichter, Rn 17. Die erforderliche Kostenentscheidung ergibt sich aus § 97 I.

Die *Zulässigkeitsprüfung* hat den *Vorrang* vor der Begründetheitsprüfung wie bei der Klage, Grdz 14 vor § 253, aM ZöGu 20. Deshalb darf das Beschwerdegericht die Zulässigkeitsfrage nicht offen lassen, wenn es die Beschwerde für unbegründet hält. Es darf allenfalls neben der Verneinung der Zulässigkeit hilfsweise die Unbegründetheit der Beschwerde beurteilen, Grdz 17 vor § 253, aM BVerfG **60**, 246, Ffm OLGR **95**, 221 (aber selbst die stets nach Grdz 14 vor § 128 wünschenswerte Prozeßwirtschaftlichkeit darf nicht zur Aushebelung grundsätzlicher Verfahrensregeln anderer Art führen). Freilich mag eine nur knappe, wenn auch nicht bloß oberflächlich-floskelhafte Erörterung der Unzulässigkeit bei einer klaren Unbegründetheit genügen.

7) Begründete Beschwerde, III. Es gibt drei Aspekte. **13**

A. Eigene Prüfung des Beschwerdegerichts. Das Beschwerdegericht muß die angefochtene Entscheidung in tatsächlicher und rechtlicher Hinsicht voll überprüfen. Bei einer Ermessensentscheidung darf es sich nicht auf eine bloße Ermessenskontrolle nach § 114 VwGO beschränken, sondern muß ein eigenes Ermessen ausüben, LAG Mainz NZA **92**, 427, Schneider MDR **87**, 64, aM Hamm RR **87**, 896, Karlsr MDR **86**, 1033. Das Beschwerdegericht darf und muß evtl mangels einer Zurückverweisung eine erstinstanzlich fehlerhaft gewesene Beweisaufnahme wiederholen, Dötsch MDR **08**, 895. Grundsätzlich muß das Beschwerdegericht dann, wenn es der Beschwerde ganz oder teilweise stattgibt, sowohl die angefochtene Entscheidung aufheben oder ändern als auch eine ersetzende Entscheidung treffen.

14 **B. Zurückverweisung.** Eine Zurückverweisung an das Erstgericht sieht das Gesetz an sich nicht vor. Sie ist aber bei einem wesentlichen Verfahrensmangel entsprechend § 538 II Z 1 statthaft. Die Zurückverweisung steht im pflichtgemäßen Ermessen des Beschwerdegerichts, Karlsr FamRZ **06**, 1556. Sie kommt nur dann in Betracht, wenn es sich um einen schweren Verfahrensmangel handelt, § 538 II Z 1, den das Beschwerdegericht nicht beheben kann, BGH MDR **05**, 1305 rechts (Rpfl hat statt Richter), BayObLG RR **02**, 1086 (Tätigkeit eines erfolgreich abgelehnten Richters erster Instanz), Brdb FamRZ **04**, 389 (Fehlen einer Begründung, streng), Celle OLGR **03**, 8 (Einzelrichter statt Kammer). Da die Beschwerdeinstanz nach § 571 II eine vollwertige zweite Tatsacheninstanz ist, sollte eine Zurückverweisung die Ausnahme bilden, Hamm MDR **91**, 452, Karlsr FamRZ **06**, 1556. Sie sollte nur dann stattfinden, wenn umfangreiche Ermittlungen nötig sind oder ähnliche Hemmnisse für eine abschließende Entscheidung des Beschwerdegerichts bestehen, KG MDR **08**, 45 (nennt einen nicht bestehenden § 571 Z 7).

15 Die Zurückverweisung *bindet das Erstgericht* an die Rechtsauffassung des Beschwerdegerichts unabhängig von deren Richtigkeit oder Unrichtigkeit, § 538 Rn 24, BGH NJW **94**, 2956, Hamm RR **87**, 188, Schneider MDR **91**, 936. Das Beschwerdegericht darf aber nicht an das Erstgericht weiterverweisen, BayObLG RR **92**, 191. Den Umfang einer Bindung ergibt die Auslegung nach Grdz 52 vor § 128. Die Begründung entfällt bei einer tatsächlichen oder rechtlichen Änderung eines nicht völlig unerheblichen Umstands. Nach einer Zurückverweisung braucht das Erstgericht in seinen vorstehenden Bindungsgrenzen kein Verschlechterungsverbot zu beachten, KG NJW **82**, 2326, Schneider JB **80**, 483.

16 **C. Übertragung der ersetzenden Entscheidung auf das Erstgericht.** Auch wenn eine volle Zurückverweisung ausscheidet, darf das Beschwerdegericht die angefochtene Entscheidung aufheben und die zur Ausführung erforderliche Anordnung dem Erstgericht oder, wenn der Vorsitzende entschieden hat, diesem übertragen, KG FamRZ **86**, 284. Das Beschwerdegericht befindet darüber nach seinem pflichtgemäßen Ermessen, BGH RR **97**, 770 (Beweisaufnahme durch das ortsnähere Erstgericht), Celle MDR **03**, 523, Karlsr FamRZ **06**, 1556. Es kann Weisungen für die neue Entscheidung erteilen oder anordnen, eine bestimmte Maßnahme zu treffen. Dabei stehen Zweckmäßigkeitsgründe im Vordergrund. Beispiele: Die Übertragung der gesamten Berechnung im Kostenfestsetzungsverfahren, wenn das Beschwerdegericht nur einzelne Faktoren anders beurteilt; eine Anordnung, den Pfändungsbeschluß zu erlassen, wenn das Beschwerdegericht die Ablehnung aufhebt; eine Festsetzung der Raten im Prozeßkostenhilfeverfahren. In allen diesen Fällen ergibt sich der Umfang der Bindung aus der vom Beschwerdegericht gewollten Bedeutung der Maßnahme. Eine neue Beschwerde gegen die dann ergehende Entscheidung ist nach allgemeinen Grundsätzen statthaft. Das Beschwerdegericht ist an seine frühere Entscheidung gebunden.

17 **8) Sachentscheidung des Beschwerdegerichts, IV.** Das Beschwerdegericht kann fast stets auch selbst entscheiden. Das gilt auch dann, wenn das Erstgericht die notwendige Abhilfeprüfung nicht vorgenommen hat, Ffm JB **08**, 422. Es gilt ferner auch bei einer Wiedereinsetzung, BGH MDR **08**, 100. Die Sachentscheidung über die Beschwerde (Zurückweisung wegen Unbegründetheit oder Stattgabe) kann insgesamt oder wegen eines abtrennbaren Teils des Beschwerdegegenstands wie bei § 301 lauten, freilich nur in den Grenzen des Entscheidungszwangs bei einer Entscheidungsreife nach § 300 Rn 6, § 329, BGH **66**, 395, Köln ZIP **80**, 578, Schneider MDR **84**, 371. Sie ergeht stehts durch einen Beschluß des Einzelrichters nach § 568 oder des Kollegiums. Für die Anordnung der mündlichen Verhandlung gilt § 128 IV. Vor einer Stattgabe muß das Beschwerdegericht den Beschwerdegegner anhören. Es besteht für das Beschwerdegericht dann bei den nur auf eine Rüge prüfbaren Gründen ein Verschlechterungsverbot (keine sog reformatio in steius), BGH NJW **86**, 1496, KG RR **87**, 5, Köln NJW **75**, 2347 (Teilanfechtung). Es besteht also nicht bei einem von Amts wegen prüfbaren Umstand, Celle MDR **03**, 523. Der Austausch einzelner Posten bleibt aber zulässig, KG MDR **77**, 941, Nürnb JB **75**, 771, ebenso eine Ersetzung der Verwerfung nach Rn 12 durch eine Zurückweisung als unbegründet, KG JB **86**, 220.

18 Wegen der *formalen Anforderungen* an die Beschwerdeentscheidung § 313 I. Eine getrennte Darstellung von Tatbestand und Entscheidungsgründen ist nicht erforderlich. Darüber hinaus braucht das Beschwerdegericht den Sachverhalt meist nicht darzustellen. Ist jedoch der Beschluß mit der Rechtsbeschwerde angreifbar, § 574, muß das Beschwerdegericht ihn mit einer Sachverhaltsdarstellung und einer Begründung versehen, BGH RR **05**, 78. Die Kostenentscheidung erfolgt bei einer Zurückweisung nach § 97 I.

Läßt das Gericht die *Rechtsbeschwerde* zu, § 574 I Z 2, III, muß es das förmlich aussprechen und kurz begründen, § 511 Rn 25, § 543 Rn 13 ff.

19 Das Beschwerdegericht muß seine Entscheidung *zustellen,* wenn sie der Rechtsbeschwerde unterliegt, § 329 III, sonst verkünden oder mitteilen, § 329 I, II.

20 **9) Anderweitige Beendigung des Verfahrens.** Es gibt vier Möglichkeiten.

A. Vergleich. Hier gilt dasselbe wie im Urteilsverfahren, Anh § 307.

21 **B. Rücknahme der Beschwerde** dazu *Abramenko* MDR **04**, 860: Sie ist zulässig nur bis zur Hinausgabe der Beschwerdeentscheidung, Ffm FamRZ **96**, 420, und danach noch im Verfahren einer etwaigen Rechtsbeschwerde bis zu dessen Beendigung, BGH MDR **82**, 989. Man muß seine Rücknahme gegenüber demjenigen Gericht erklären, bei dem das Verfahren jetzt schwebt, BGH MDR **91**, 668. Eine Einwilligung des Gegners ist nicht nötig. Nimmt der Beschwerdeführer seine Beschwerde trotz einer bindenden Vereinbarung nicht zurück, muß das Beschwerdegericht sie als unzulässig verwerfen, Ffm FamRZ **96**, 420. Über die Folgen der Rücknahme muß das Beschwerdegericht entsprechend § 516 III entscheiden, Zweibr FamRZ **97**, 506 (zu § 336), Abramenko MDR **04**, 860.

Wiederholen läßt sich eine wirksam zurückgenommene Beschwerde in den Grenzen von Einl III 54 (Rechtsmißbrauch), § 322 Rn 5 „Beschluß“ (Rechtskraft) und § 567 Rn 14 (Rechtschutzbedürfnis), BayObLG FamRZ **82**, 1129, Mü Rpfleger **83**, 294, LG Würzb NJW **86**, 939. Eine Wiederholung kommt zB nach einer Änderung der Verhältnisse infrage, ZöGu 16.

C. Erledigung der Hauptsache. Sie ist auch hier möglich. Man kann allein die Beschwerde für erledigt erklären, § 91 a Rn 195 ff, Ffm RR **89**, 63, KG RR **87**, 766, Schulz JZ **83**, 331. Durch eine Entscheidung zur Hauptsache erledigt sich die Beschwerde nicht immer, § 46 Rn 15, Kahlke ZZP **95**, 288. 22

D. Verzicht. Er ist entsprechend § 515 möglich. Ein Verzicht auf die Begründung eines Beschlusses ist kein Verzicht auf eine sofortige Beschwerde, Schlesw RR **98**, 1371, aM Brdb RR **95**, 1212 (je zu § 91 a). 23

573 *Erinnerung.* [I 1] **Gegen die Entscheidungen des beauftragten oder ersuchten Richters oder des Urkundsbeamten der Geschäftsstelle kann binnen einer Notfrist von zwei Wochen die Entscheidung des Gerichts beantragt werden (Erinnerung).** [2] **Die Erinnerung ist schriftlich oder zu Protokoll der Geschäftsstelle einzulegen.** [3] **§ 569 Abs. 1 Satz 1 und 2, Abs. 2 und die §§ 570 und 572 gelten entsprechend.**

[II] **Gegen die im ersten Rechtszug ergangene Entscheidung des Gerichts über die Erinnerung findet die sofortige Beschwerde statt.**

[III] **Die Vorschrift des Absatzes 1 gilt auch für die Oberlandesgerichte und den Bundesgerichtshof.**

1) Systematik, Regelungszweck, I–III. Es handelt sich um eine vorrangige Sonderregelung beim verordneten Richter der §§ 361, 362, weil er nicht die Befugnisse des Spruchrichters hat, und beim Urkundsbeamten, weil er nicht Richter ist. Sie gehört als ein bloßer Rechtsbehelf nach Grdz 1 vor § 511 ohne eine Anfallwirkung nach Grdz 3 vor § 511 eigentlich nicht in dem Beschwerdeabschnitt 3. Vgl auch § 766, ferner beim Rpfl § 11 II RPflG und dazu zB § 104 Rn 69 ff. 1

Unanwendbar ist § 573 beim Rpfl. Bei ihm gilt § 11 RPflG, vgl § 104 Rn 41 ff.

2) Regelungszweck, I–III. Die Vorschrift bezweckt eine möglichst starke Angleichung an die Hauptregelung der §§ 567–572 ohne eine Verkennung des Umstands, daß die eigentliche sofortige Beschwerde immer erst nachfolgen kann. Man sollte das ganze derart nur vorgeschaltete Erinnerungsverfahren so großzügig und elegant wie möglich handhaben, schon um der hier nun wirklich dringend notwendigen Prozeßwirtschaftlichkeit nach Grdz 14 vor § 128 willen. 2

3) Geltungsbereich, I–III. Die Vorschrift gilt bei jeder Anfechtung des Beschlusses eines nach §§ 279 I 2, 361, 362 ersuchten oder beauftragten Richters oder eines Urkundsbeamten nach der ZPO oder einem der auf sie verweisenden Gesetze. Sie gilt auch im WEG-Verfahren. Eine entsprechende Regelung für den *Rechtspfleger* trifft § 11 II RPflG. Für die Verhängung von Ordnungsmitteln durch den verordneten Richter gilt § 181 GVG. Im Verfahren der Arbeitsgerichte gilt § 573 entsprechend, § 78 S 1 ArbGG. 3

Unanwendbar ist § 573 beim Vorsitzenden und beim Einzelrichter.

4) Form und Frist der Erinnerung, I 1, 2. Man muß die Erinnerung bei dem zuständigen Gericht binnen einer Notfrist von 2 Wochen nach § 569 I 2 einlegen, *I 1,* und zwar schriftlich oder zum Protokoll der Geschäftsstelle, *I 2.* Danach besteht für das gesamte Verfahren kein Anwaltszwang. 4

Zuständig für die Erinnerung ist beim beauftragten oder ersuchten Richter dasjenige Gericht, das den Auftrag oder das Ersuchen erlassen hat, und beim Urkundsbeamten sein Gericht. Danach kann auch das Vollstreckungsgericht nach §§ 764, 802 oder ein OLG oder der BGH für die Entscheidung zuständig sein, III.

5) Verfahren, I 2, 3. Einzelheiten, I 3. Man kann die Erinnerung sowohl bei dem kommissarischen Richter als auch bei dem beauftragenden oder ersuchenden Gericht einlegen, *§ 569 I 1.* Nötig ist die Einreichung einer Erinnerungsschrift. Sie muß die Bezeichnung der angefochtenen Entscheidung sowie die Erklärung enthalten, daß man die Entscheidung des Gerichts beantragt, *§ 569 II.* Für die Abhilfe gilt *§ 572 I 1 Hs 1.* Mangels Abhilfe läuft das Verfahren nach § 572 I 1 Hs 2 weiter. Der Erinnerung kann unter denselben Voraussetzungen wie bei der sofortigen Beschwerde eine aufschiebende Wirkung zukommen, *§ 570 I.* Auch § 570 II ist anwendbar. 5

6) Entscheidung, I 3. Das Gericht der Rn 4 prüft und entscheidet nach *§ 572 II, III* auf Grund einer freigestellten mündlichen Verhandlung, § 128 IV. Die Entscheidung ergeht durch einen Beschluß, *§ 572 IV.* Das Gericht muß ihm wegen § 329 Rn 4 begründen und nach Maßgabe des § 329 III zustellen. 6

7) Sofortige Beschwerde, II. Erst gegen die im ersten Rechtszug ergangene Entscheidung des Gerichts findet die sofortige Beschwerde nach §§ 567–572 statt. Die Möglichkeit, gegen eine im zweiten Rechtszug ergehende Entscheidung nach § 574 eine Rechtsbeschwerde einzulegen, bleibt unberührt. 7

8) Erstreckung auf OLG und BGH, III. Die in I getroffene Regelung gilt auch für diese Gerichte. Gegen eine Entscheidung des OLG kann man unter den Voraussetzungen des § 574 mit der Rechtsbeschwerde vorgehen. 8

Titel 2. Rechtsbeschwerde

Übersicht

Schrifttum: *Boeckh,* Beschwerde und Rechtsbeschwerde im Zivilverfahren, 2007; *Stackmann,* Rechtsbehelfe im Zivilprozess, 2004.

1) Systematik. Die ZPO enthält keine weitere Beschwerde. Stattdessen regeln §§ 574–577 eine Rechtsbeschwerde wie zB auch § 78 GBO, § 24 LwVG, § 83 GWB, §§ 100 ff PatG. Übergangsrecht: § 26 Z 10 EGZPO. 1

2) Regelungszweck. Die Rechtsbeschwerde bewirkt, daß sich auch in einer Beschwerdesache und anderen Nebenverfahren Fragen mit grundsätzlicher Bedeutung durch den BGH klären lassen. Daher soll die früher häufige Vielfalt der Meinungen in der Rechtsprechung etwa in Kostenfragen enden. 2

3) Geltungsbereich. Die Rechtsbeschwerde gilt im Rahmen des § 574 in allen Verfahren nach der ZPO und den auf sie verweisenden Gesetzen. Sie gilt auch im WEG-Verfahren, Ffm NZM **08**, 210, und bei § 17 a 3

GVG, BGH MDR **03**, 228. Wegen der Arbeitsgerichtsbarkeit vgl §§ 72 II, 77, 78 ArbGG sowie bei den Einzelvorschriften jeweils Rn 3. Im FamFG-Verfahren gelten §§ 70 ff FamFG.

4 **4) Verfahren.** Die Vorschriften über die Rechtsbeschwerde folgen weitgehend den Bestimmungen für die Revision. Gericht der Rechtsbeschwerde ist der BGH, § 133 GVG.

574 *Rechtsbeschwerde; Anschlussrechtsbeschwerde.* I [1] **Gegen einen Beschluss ist die Rechtsbeschwerde statthaft, wenn**

1. dies im Gesetz ausdrücklich bestimmt ist oder

2. das Beschwerdegericht, das Berufungsgericht oder das Oberlandesgericht im ersten Rechtszug sie in dem Beschluss zugelassen hat.

[2] **§ 542 Abs. 2 gilt entsprechend.**

II **In den Fällen des Absatzes 1 Nr. 1 ist die Rechtsbeschwerde nur zulässig, wenn**

1. die Rechtssache grundsätzliche Bedeutung hat oder

2. die Fortbildung des Rechts oder die Sicherung einer einheitlichen Rechtsprechung eine Entscheidung des Rechtsbeschwerdegerichts erfordert.

III [1] **In den Fällen des Absatzes 1 Nr. 2 ist die Rechtsbeschwerde zuzulassen, wenn die Voraussetzungen des Absatzes 2 vorliegen.** [2] **Das Rechtsbeschwerdegericht ist an die Zulassung gebunden.**

IV [1] **Der Rechtsbeschwerdegegner kann sich bis zum Ablauf einer Notfrist von einem Monat nach der Zustellung der Begründungsschrift der Rechtsbeschwerde durch Einreichen der Rechtsbeschwerdeanschlussschrift beim Rechtsbeschwerdegericht anschließen, auch wenn er auf die Rechtsbeschwerde verzichtet hat, die Rechtsbeschwerdefrist verstrichen oder die Rechtsbeschwerde nicht zugelassen worden ist.** [2] **Die Anschlussbeschwerde ist in der Anschlussschrift zu begründen.** [3] **Die Anschließung verliert ihre Wirkung, wenn die Rechtsbeschwerde zurückgenommen oder als unzulässig verworfen wird.**

Gliederung

1 **1) Systematik, I–IV.** Die Rechtsbeschwerde ist ein Rechtsmittel. Sie bezweckt ähnlich der Revision eine Rechtskontrolle, Seiler/Wunsch NJW **03**, 1840. Es entsprechen im wesentlichen: *I 1 Z 1,* dem § 511 II Z 1; *I 1 Z 2* den §§ 511 II Z 2, 543 I; *II Z 1* den §§ 511 IV 1 Z 1 Hs 1, 543 II 1 Z 1; *II Z 2* den §§ 511 IV 1 Z 1 Hs 2, 543 II 1 Z 2; *III 1* dem § 511 IV Z 1, 2; *III 2* den §§ 511 IV 2, 543 II 2; *IV 1* den §§ 524 I, II 1 Hs 1, 554 I; *IV 2* den §§ 524 III 1, 554 III 1; *IV 3* den §§ 524 IV, 554 IV. Im übrigen erfolgt eine direkte Verweisung.

2 **2) Regelungszweck, I–IV.** Es gelten dieselben jeweiligen Erwägungen wie bei den in Rn 1 genannten vergleichbaren Vorschriften des Berufungs- oder Revisionsrechts. Vgl dort jeweils Rn 2.

3 **3) Geltungsbereich, I–IV.** Die Vorschrift gilt in jedem Rechtsbeschwerdeverfahren nach der ZPO und den auf sie verweisenden Gesetzen. Sie gilt daher auch im Zwangsvollstreckungsrecht, David MDR **08**, 547 (Üb). Sie gilt auch im WEG-Verfahren. Im Verfahren der Arbeitsgerichte gilt sie entsprechend, § 78 S 1 ArbGG (auch im Beschlußverfahren, BAG NZA **08**, 432 rechts unten; für die Zulassung der Rechtsbeschwerde, § 574 I Z 2, III, gilt § 72 II ArbGG entsprechend, § 78 S 2 ArbGG, Schwab NZA **02**, 1378. Sie gilt im Prozeßkostenhilfeverfahren zu den persönlichen Voraussetzungen, BGH NJW **03**, 1126, oder im Kostenfestsetzungsverfahren, BGH WoM **08**, 159 rechts, aber nicht sonst, BGH MDR **02**, 1388, aM BayObLG MDR **02**, 1146. Die Nichtzulassung ist unanfechtbar, BAG NJW **03**, 1069. § 321 ist unanwendbar, BGH NJW **04**, 779. Rechtsbeschwerdegericht ist in einer Arbeitsgerichtssache das BAG, § 78 S 3 ArbGG, BAG NZA **08**, 432 rechts unten. Man kann eine Verletzung des rechtlichen Gehörs nach § 78 a ArbGG nur in der jeweiligen Instanz rügen. Eine Beschwerde daraus an das BAG ist nicht mehr statthaft, BAG NZA **08**, 432 rechts unten, vgl § 321 a. Im Verfahren nach dem KapMuG gelten vorrangig dessen §§ 15, 19, SchlAnh VIII. Die Vorschrift gilt auch im Insolvenzverfahren, BGH RR **04**, 694, ferner in Verfahren nach der GesO, BGH RR **04**, 575.

Unanwendbar ist § 574 im Eilverfahren nach §§ 916 ff, 935 ff, wie bei § 545 II, BGH NJW **03**, 1531, BAG NJW **03**, 1612, Huber ZRP **03**, 269. Eine außerordentliche Beschwerde ist unstatthaft, § 567 Rn 10, BAG NJW **05**, 3232. Gegen die Verwerfung einer Erstbeschwerde ist eine Rechtsbeschwerde nicht generell statthaft, BGH MDR **05**, 927 (auch nicht durch eine Zulassung nach Z 2).

4 **4) Statthaftigkeit I,** dazu *Kreft* ZRP **03**, 77, *Seiler/Wunsch* NJW **03**, 1840 (je: Üb): Die Rechtsbeschwerde muß zunächst überhaupt generell statthaft sein, Grdz 7 vor § 511, BGH NJW **02**, 2473. Gegen einen Beschluß ist die Rechtsbeschwerde nur in den folgenden abschließend genannten Fällen statthaft, BGH FamRZ **08**, 1168: Wenn das Gesetz es ausdrücklich bestimmt, *I 1 Z 1,* BGH WoM **08**, 113 rechts unten. Das gilt zB nach §§ 238 II, § 522 I 4, BGH RR **06**, 1435, § 1065 I 1, nach § 17 a IV 4 GVG, BGH RR **03**, 277, ferner nach § 78 S 2 GBO, BayObLG FamRZ **05**, 1268, nach §§ 6, 34 InsO, BGH NJW **02**, 1658, Pape NZI **01**, 516, oder nach § 3 II 3 SVertO, oder nach § 15 I AVAG.

Sie ist *ferner* dann statthaft, wenn das Beschwerdegericht, das Berufungsgericht oder das OLG zB nach § 1062 im ersten Rechtszug sie in dem Beschluß zugelassen hat, *I 2 Z 2,* BGH WoM **08**, 113 rechts oben.

Das mag im Tenor oder in den Beschlußgründen erfolgt sein. Schweigen bedeutet Nichtzulassung, ZöGu 14. Eine Nachholung ist unstatthaft und unwirksam, BGH NJW **04**, 779. Die Zulassung darf aber nicht gegen ein gesetzliches Verbot verstoßen, BGH FamRZ **04**, 869 rechts. Die irrige Bezeichnung „weitere" Beschwerde in einer Zulassung kann wegen des Meistbegünstigungsgrundsatzes nach Grdz 28 vor § 511 unschädlich sein, BGH MDR **03**, 285. Wegen der verbotenen Zulassung durch den Einzelrichter § 568 Rn 6.

Ein *AG* kann *nicht* zulassen, auch nicht im Erinnerungsverfahren wegen einer Entscheidung der Rpfl, BGH BB **06**, 2552. Eine Zulassung kommt im Verfahren nach § 36 nicht in Betracht, BayObLG NJW **02**, 2888, ebensowenig im Verfahren des vorläufigen Rechtsschutzes, *I 1, 2* in Verbindung mit § 542 II, BAG MDR **03**, 650, oder im Verfahren über die Kosten nach § 91 a, BGH RR **04**, 1219, oder über den Kostenansatz, BGH NJW **03**, 70, BAG NZA **03**, 682, oder in weiteren Fällen des spezialgesetzlichen Ausschlusses, BGH NJW **06**, 2924, oder bei einer Unzulässigkeit der Erstbeschwerde, BGH RR **05**, 1009, wohl aber im Prozeßkostenhilfeverfahren, BGH NJW **03**, 1126.

Die Rechtsbeschwerde läßt sich auf einen tatsächlich und rechtlich selbständigen und daher abtrennbaren *Teil* des Streitstoffs beschränken, BGH RR **06**, 199. Andernfalls muß sie die Statthaftigkeit zu allen abtrennbaren Teilen ergeben, BGH RR **06**, 1483. Eine Zulassung nach I Z 2 kommt auch bei einem Verstoß gegen ein Verfahrensgrundrecht in Betracht, BGH RR **06**, 863.

Nach I ist die Rechtsbeschwerde ohne Rücksicht darauf statthaft, ob es sich um eine *Endentscheidung* oder um eine Nebenentscheidung handelt. Ein Mindestbeschwerdewert ist nicht notwendig, BGH Rpfleger **05**, 114. Eine bloße Zwischenentscheidung reicht nicht, BGH FamRZ **08**, 1169 links. Eine außerordentliche Rechtsbeschwerde wegen greifbarer Gesetzwidrigkeit ist unstatthaft, § 567 Rn 10, BGH MDR **04**, 466. Das gilt auch im Prozeßkostenhilfeverfahren, BGH VersR **04**, 491. An ihre Stelle tritt bei einer Verletzung des Anspruchs auf rechtliches Gehör das Verfahren nach § 321 a, dort Rn 61, BGH NJW **04**, 1531. Eine Verfassungsbeschwerde ist grundsätzlich erst nach einer Erschöpfung der Rechtsbeschwerde statthaft, Einl III 17, BVerfG NJW **03**, 1176. Eine nur gegen die Kosten gerichtete Rechtsbeschwerde braucht stets eine Zulassung, BGH MDR **08**, 330 rechts.

Gegenstandslos kann die Rechtsbeschwerde durch eine Wiedereinsetzung durch das Berufungsgericht werden, BGH RR **06**, 143 (keine förmliche Aufhebung), BGH FamRZ **06**, 34 (nicht bei einer schon ständig entschiedenen Frage), ferner zB durch die Aufhebung oder Änderung des angegriffenen Festsetzungsbeschlusses, BGH FamRZ **07**, 552 rechts.

5) Zulässigkeit, II, III, dazu *Seiler/Wunsch* NJW **03**, 1840: Die Zulassungsgründe stimmen mit denje- 5
nigen der Revision überein, BGH NJW **02**, 3029. Hier muß man unterscheiden.

A. Grundsätzliche Bedeutung, II Z 1. Nach dieser Vorschrift ist die Rechtsbeschwerde dann zulässig, wenn die Rechtssache eine grundsätzliche Bedeutung hat, wie bei § 543 II 1 Z 1. Das gilt zB beim Verstoß gegen Art 103 I GG, BGH RR **06**, 1435, oder einer höchstrichterlich noch ungeklärten Rechtsfrage, BGH RR **07**, 1062 rechts. Es gelten dieselben Kriterien wie für die Zulässigkeit der Revision. Die Zulässigkeit nach II Z 1 läßt sich nicht damit begründen, daß schon die Statthaftigkeit nach I von grundsätzlicher Bedeutung sei, BGH NJW **02**, 2473. Auch hier darf der Beschwerdeweg nicht weitergehen als in der zugehörigen Hauptsache, BGH FamRZ **05**, 790 rechts. Die Voraussetzungen müßten auch bei einer Rechtsbeschwerde gegen einen Verwerfungsbeschluß nach § 522 II vorliegen, BGH RR **06**, 863 und 1347, falls sie dann überhaupt statthaft wäre. Die Klärung des sachlichen Rechts ist hier unstatthaft, BGH RR **04**, 1220.

B. Rechtsfortbildung usw, II Z 2. Die Rechtsbeschwerde ist ferner dann zulässig, wenn die Fort- 6
bildung des Rechts oder die Sicherung einer einheitlichen Rechtsprechung eine Entscheidung des Rechtsbeschwerdegerichts erfordert, wie bei § 543 II 1 Z 2, BGH VersR **07**, 662. Hier ist die Rechtsbeschwerde also dann zulassungsbedürftig, wenn eine der genannten Voraussetzungen vorliegt, III. Der Beschwerdeführer muß eine kaum erträgliche grundlegende Abweichung vorhandener Entscheidungen voneinander darlegen, BGH RR **07**, 1301. Eine grundsätzliche Bedeutung liegt auch hier nur dann vor, wenn die Sache eine solche entscheidungsbedürftige, erklärungsbedürftige und -fähige symptomatisch wirkende Rechtsfrage aufwirft, die sich in einer unbestimmten Vielzahl von Fällen stellen kann, BGH RR **07**, 1301. Auch hier kann ein Verstoß gegen Art 3 I oder Art 103 I GG reichen, BGH RR **07**, 1301. Eine abstrakte Rechtsfrage reicht nicht, BGH MDR **04**, 1250 rechts unten. Darüber entscheidet das Beschwerdegericht. Bejaht es die Voraussetzungen, läßt es die Rechtsbeschwerde zu, und zwar mit einer Bindungswirkung für das Rechtsbeschwerdegericht, *III 1, 2.* Das gilt auch in einer Prozeßkostenhilfesache, BGH FamRZ **05**, 790 rechts, aM BGH RR **03**, 1001. Verneint es sie, sieht es von einer Zulassung ab, und zwar unanfechtbar und unabänderlich, BGH AnwBl **07**, 870, BAG NJW **03**, 1069.

Bei einem bloßen *Versehen* ist eine Berichtigung nach § 319 möglich, BGH NJW **05**, 156, auch entspre- 7
chend § 321 eine Ergänzung, § 543 Rn 15, aM BGH NJW **04**, 2529 (diese nur bei willkürlicher Nichtzulassung eine Anhörungsrüge entsprechend § 321 a). Eine Bindung nach III 2 tritt nur dann nicht ein, wenn das Gesetz eine weitere Anfechtung ausschloß, Künkel MDR **06**, 490. Die rechtsirrige Zulassung einer kraft Gesetzes unstatthaften Rechtsbeschwerde durch das Berufungsgericht eröffnet nicht ein gesetzlich unstatthaftes Rechtsmittel, BGH MDR **06**, 466, aM Baumert MDR **04**, 71, Künkel MDR **06**, 486 (aber man kann in das Institut der Rechtsbeschwerde nicht auch noch eine solche Art Nichtzulassungs-Überprüfung hineinlesen, die das Gesetz gerade anders als bei der Revision eben nicht geschaffen hat, Einl III 39). Wegen der Zulassung durch den Einzelrichter § 568 Rn 7. Auch die einzige Zulassung einer schon kraft Gesetzes statthaften Rechtsbeschwerde bindet das Rechtsbeschwerdegericht nicht schon wegen der Zulassung, BGH MDR **05**, 927. Hat das Beschwerdegericht eine schon kraft Gesetzes statthafte Rechtsbeschwerde irrig auch noch von sich aus zugelassen, bestehen verringerte Anforderungen an die Darstellung der Zulässigkeitsvoraussetzungen, BGH MDR **05**, 949 links. Eine solche Entscheidung, die das Gesetz der Anfechtung entzieht, bleibt auch bei ihrer irrigen Zulassung unanfechtbar, BGH NJW **03**, 211.

Neues Vorbringen ist grundsätzlich unzulässig, BGH MDR **04**, 108 (soweit es sich nicht um einen von Amts wegen prüfbaren Umstand handelt).

8 **C. Verfahren, II Z 1, 2.** Ob eine der Voraussetzungen nach II vorliegen, entscheidet das *Rechtsbeschwerdegericht* ohne eine Bindung an die vorherige Zulassung, BGH MDR **03**, 645, aber auch ohne ein eigenes Ermessen auf Grund der Verhältnisse im Entscheidungszeitpunkt, BGH MDR **04**, 107, krit Künkel MDR **06**, 490. Es muß sie verneinen, wenn der Rechtbeschwerdeführer nur einen von zwei selbständigen Entscheidungsgründen angreift, BGH RR **06**, 142. Denn der Rechtsfehler muß entscheidungserheblich sein, BGH NJW **06**, 776. Bei einer Rechtsbeschwerde gegen einen Musterentscheid nach dem KapMuG, SchlAnh VIII, hat die Sache immer eine grundsätzliche Bedeutung, § 15 I 2 KapMuG. Verneint es sie, verwirft das Rechtsbeschwerdegericht die Rechtsbeschwerde als unzulässig, § 577 I, BGH RR **06**, 142. Hätte eine Nichtzulassungsbeschwerde im Zeitpunkt ihrer Einlegung wegen grundsätzlicher Bedeutung zugelassen werden müssen und erledigt sich dieser Zulassungsgrund vor der Entscheidung über die Nichtzulassungsbeschwerde durch eine Entscheidung des Revisionsgerichts in anderer Sache, muß man die Revision gleichwohl zulassen, wenn sie in der Sache selbst Aussicht auf Erfolg hat, BGH RR **03**, 1648. Andernfalls muß man die Rechtsbeschwerde unter einem Hinweis auf das Fehlen einer Erfolgsaussicht zurückweisen, BGH RR **05**, 438.

9 **6) Anschlußrechtsbeschwerde, IV.** Der Rechtsbeschwerdegegner kann sich der Rechtsbeschwerde anschließen. Das Nähere bestimmt IV inhaltlich übereinstimmend mit den Vorschriften über die Anschlußrevision, § 554.

575 *Frist, Form und Begründung der Rechtsbeschwerde.* **I 1 Die Rechtsbeschwerde ist binnen einer Notfrist von einem Monat nach Zustellung des Beschlusses durch Einreichen einer Beschwerdeschrift bei dem Rechtsbeschwerdegericht einzulegen. 2 Die Rechtsbeschwerdeschrift muss enthalten:**

1. die Bezeichnung der Entscheidung, gegen die die Rechtsbeschwerde gerichtet wird und
2. die Erklärung, dass gegen diese Entscheidung Rechtsbeschwerde eingelegt werde.

3 Mit der Rechtsbeschwerdeschrift soll eine Ausfertigung oder beglaubigte Abschrift der angefochtenen Entscheidung vorgelegt werden.

II 1 Die Rechtsbeschwerde ist, sofern die Beschwerdeschrift keine Begründung enthält, binnen einer Frist von einem Monat zu begründen. 2 Die Frist beginnt mit der Zustellung der angefochtenen Entscheidung. 3 § 551 Abs. 2 Satz 5 und 6 gilt entsprechend.

III Die Begründung der Rechtsbeschwerde muss enthalten:

1. die Erklärung, inwieweit die Entscheidung des Beschwerdegerichts oder des Berufungsgerichts angefochten und deren Aufhebung beantragt werde (Rechtsbeschwerdeanträge),
2. in den Fällen des § 574 Abs. 1 Nr. 1 eine Darlegung zu den Zulässigkeitsvoraussetzungen des § 574 Abs. 2,
3. die Angabe der Rechtsbeschwerdegründe, und zwar
   a) die bestimmte Bezeichnung der Umstände, aus denen sich die Rechtsverletzung ergibt;
   b) soweit die Rechtsbeschwerde darauf gestützt wird, dass das Gesetz in Bezug auf das Verfahren verletzt sei, die Bezeichnung der Tatsachen, die den Mangel ergeben.

IV 1 Die allgemeinen Vorschriften über die vorbereitenden Schriftsätze sind auch auf die Beschwerde- und die Begründungsschrift anzuwenden. 2 Die Beschwerde- und die Begründungsschrift sind der Gegenpartei zuzustellen.

V Die §§ 541 und 570 Abs. 1, 3 gelten entsprechend.

1 **1) Systematik, I–V.** Es entsprechen im wesentlichen: *I 1* den §§ 517, 519 I, 548, 549 I 1; *I 2* den §§ 519 II, 549 I 2; *I 3* den §§ 519 III, 550 I 1; *II 1* den §§ 520 I, II, 551 I, II; *II 2* den §§ 520 II 1, 551 II 3; *III Z 1* den §§ 520 III 2 Z 1, 551 III 1 Z 1; *III Z 2* den §§ 520 III 2 Z 2, 551 III 1 Z 2; *III Z 3 a, b* den §§ 520 III 2 Z 3, 4, 551 III 1 Z 2 a, b; *IV 1* den §§ 520 V, 549 II; *IV 2* den §§ 521 I, 550 II. *V* verweist nur.

2 **2) Regelungszweck, I–V.** Es gelten dieselben jeweiligen Erwägungen wie bei den in Rn 1 genannten vergleichbaren Vorschriften des Berufungs- oder Revisionsrechts. Vgl dort jeweils Rn 2.

3 **3) Geltungsbereich, I–V.** Die Vorschrift gilt in jedem Rechtsbeschwerdeverfahren nach der ZPO und den auf sie verweisenden Gesetzen. Sie gilt auch im WEG-Verfahren. Im Verfahren der Arbeitsgerichte gilt § 575 entsprechend.

4 **4) Einlegung der Rechtsbeschwerde, I, IV.** Es gibt vier Gesichtspunkte.

A. Beschwerdefrist, I 1. Man muß die Rechtsbeschwerde binnen einer Notfrist von 1 Monat nach der wirksamen Zustellung des anzufechtenden Beschlusses einlegen. Eine Bestimmung über die Hilfsfrist von 5 Monaten wie in § 569 I 2 fehlt. Daher läuft bei einer fehlenden oder unwirksamen Zustellung keine Frist. Eine Wiedereinsetzung ist nach §§ 233 ff statthaft.

5 **B. Einlegung der Rechtsbeschwerde, I 1, 3.** Sie erfolgt durch die Einreichung einer Beschwerdeschrift nur bei dem Rechtsbeschwerdegericht, also nach § 133 GVG beim BGH RR **04**, 1714 rechts unten, und zwar grundsätzlich wirksam nur durch einen dort zugelassenen Anwalt, § 78 I 3, BGH MDR **05**, 718. Geberlein MDR **03**, 553. §§ 569 III Z 1, 571 IV sind unanwendbar. Der Bezirksrevisior ist bei § 127 III allerdings ebenfalls postulationsfähig, BGH FamRZ **05**, 1165. Diese Regelung macht sowohl eine Abhilfe durch das Vordergericht als auch eine Nichtzulassungsbeschwerde unstatthaft. Wegen der Einzelheiten vgl § 549 I 1. Mit der Beschwerdeschrift soll der Rechtsbeschwerdeführer eine Ausfertigung oder beglaubigte Abschrift oder Ablichtung der angefochtenen Entscheidung vorlegen, *I 3*.

C. Inhalt der Rechtsbeschwerdeschrift, I 2. Für den Inhalt gilt dasselbe wie für die Revision, § 549 I 2. Die Umdeutung einer „weiteren" Beschwerde in eine Rechtsbeschwerde kommt infrage, sofern letztere statthaft ist, BGH NJW **02**, 1958, Geberlein MDR **03**, 553. 6

D. Ergänzende Bestimmungen, IV. Auf die Beschwerdeschrift sind die allgemeinen Vorschriften über die vorbereitenden Schriftsätze nach §§ 130 ff anwendbar, *IV 1.* Vgl § 549 II. Eine Umdeutung in das Zulässige ist statthaft, Rn 6. Das Rechtsbeschwerdegericht muß die Beschwerdeschrift der Gegenpartei zustellen, *IV 2.* 7

5) Begründung der Rechtsbeschwerde, II–IV. Eine ordnungsmäßige Begründung ist nach § 577 I 2 eine Zulässigkeitsbedingung. Man unterscheidet drei Einzelfragen. 8

A. Begründungsfrist, II. Sie beträgt 1 Monat, *II 1.* Sie beginnt mit der Zustellung der angefochtenen Entscheidung, *II 2.* Der Rechtsbeschwerdeführer hat also nur 1 Monat Zeit zur Einlegung und Begründung der Rechtsbeschwerde. Innerhalb dieser Frist kann er die Begründung gesondert nachreichen. Für die Verlängerung der Frist gilt § 551 II 5, 6 entsprechend, dort Rn 6, BGH NJW **03**, 3782. Zur Wiedereinsetzung nach §§ 233 ff BGH MDR **04**, 106.

B. Inhalt der Rechtsbeschwerdebegründung, III. Sie muß enthalten: Die Rechtsbeschwerdeanträge, *III Z 1,* vgl § 551 III Z 1; ferner in den Fällen der Rechtsbeschwerde nach § 574 I Z 1 eine Darlegung zu den Zulässigkeitsvoraussetzungen des § 574 II, *III 2,* BGH MDR **05**, 718, und zwar bei mehreren selbständig tragenden Gründe zu jedem von ihnen, BGH RR **06**, 1438; schließlich die Angabe der Rechtsbeschwerdegründe. Für sie gilt dasselbe wie für die Revisionsgründe nach § 551 III 2, *III Z 3,* vgl § 551 Rn 8 ff. 9

C. Ergänzende Bestimmungen, IV. Für die Begründungsschrift gilt insofern dasselbe wie für die Beschwerdeschrift, Rn 7. Grundsätzlich muß ein beim BGH zugelassener Anwalt unterschreiben, wie bei Rn 5. 10

6) Weiteres Verfahren, V. Auch hier gibt es drei Aspekte. 11

A. Einforderung und Rückgabe der Verfahrensakten. Für sie gilt § 541 I entsprechend.

B. Aufschiebende Wirkung. Für sie gilt § 570 I, III. Daher tritt eine aufschiebende Wirkung nur ausnahmsweise ein, § 570 I. Das Rechtsbeschwerdegericht darf jedoch einstweilige Anordnungen erlassen, § 570 III, dort Rn 5–7, BGH NJW **06**, 3556. Das gilt aber nur, soweit dem Rechtsbeschwerdeführer größere Nachteile drohen als anderen Beteiligten, BGH NJW **02**, 1655 rechts. Es handelt sich nicht um eine einstweilige Verfügung, BGH RR **06**, 333. Das Rechtsbeschwerdegericht kann auch die Vollziehung der Erstentscheidung aussetzen, BGH WoM **08**, 96 links, soweit eine Erfolgsaussicht besteht, BGH FamRZ **05**, 1066. Das kann auch von Amts wegen geschehen, BGH NJW **06**, 3556. 12

C. Prozesskostenhilfe. Sie ist möglich, soweit eine Erfolgsaussicht besteht, BGH FamRZ **05**, 1066. 13

576

Gründe der Rechtsbeschwerde **I Die Rechtsbeschwerde kann nur darauf gestützt werden, dass die Entscheidung auf der Verletzung des Bundesrechts oder einer Vorschrift beruht, deren Geltungsbereich sich über den Bezirk eines Oberlandesgerichts hinaus erstreckt.**

II Die Rechtsbeschwerde kann nicht darauf gestützt werden, dass das Gericht des ersten Rechtszuges seine Zuständigkeit zu Unrecht angenommen oder verneint hat.

III Die §§ 546, 547, 556 und 560 geltend entsprechend.

1) Systematik, Regelungszweck, I–III. Die Vorschrift entspricht in I, II §§ 513 I, II, 545 I, II. In III wird aus solcher inhaltlichen Entsprechung auch formal eine glatte Verweisung auf einschlägige Vorschriften des Revisionsrechts. Der Zweck ist in allen Teilen des § 576 derselbe wie bei den oben genannten entsprechenden Bestimmungen. 1

2) Geltungsbereich, I–III. Die Vorschrift gilt in jedem Rechtsbeschwerdeverfahren nach der ZPO und den auf sie verweisenden Gesetzen. Sie gilt auch im WEG-Verfahren. Im Verfahren der Arbeitsgerichte gilt § 576 entsprechend, Üb 3 vor § 574. 2

3) Rechtsverletzung, I. Man kann die Rechtsbeschwerde ebenso wie die Berufung und wie die Revision nur auf bestimmte Gründe stützen. Insbesondere ist die Nachprüfung von tatsächlichen Feststellungen unstatthaft, soweit dabei keine Rechtsverletzung erfolgt ist. Man kann neue Angriffs- oder Verteidigungsmittel im Rechtsbeschwerdeverfahren grundsätzlich nicht geltend machen. Dasselbe gilt für eine bloße Begründungsergänzung, BGH FamRZ **06**, 408 links Mitte. Ausgenommen sind solche Tatsachen, die die prozessuale Rechtslage erst während des Rechtsbeschwerdeverfahrens verändern oder die das Rechtsbeschwerdegericht von Amts wegen beachten muß, BGH NJW **01**, 1730. Darüber hinaus darf es eine solche Entscheidung berücksichtigen, die eine vorgreifliche Frage rechtskräftig klärt, BGH NJW **01**, 1730. 3

Die Rechtsbeschwerde läßt sich nur darauf stützen, daß die Entscheidung auf der Verletzung von *Bundesrecht* oder einer geltenden Vorschrift beruht, über den Bezirk eines OLG hinaus BGH RR **04**, 643. Vgl bei § 545.

4) Rügerecht bei Zuständigkeitsfragen, II. Der BGH darf und muß seine internationale Zuständigkeit prüfen, BGH RR **06**, 199. Auf eine Rechtsverletzung bei der Bejahung oder Verneinung der Zuständigkeit des Erstgerichts kann man die Rechtsbeschwerde nicht stützen, BGH Rpfleger **07**, 557. Diese Regelung entspricht der für die Revision geltenden Regelung des § 545 II. Der Ausschluß der Prüfung der Zuständigkeit erfaßt auch den Ausschluß der Prüfung, ob es sich um eine Familiensache handelt. 4

5) Ergänzende Bestimmungen, III. Für die Rechtsbeschwerde gelten einzelne Vorschriften des Revisionsrechts entsprechend. 5

A. Begriff der Rechtsverletzung, § 546. Die Verweisung auf § 546 stellt klar, daß der revisionsrechtliche Begriff der Rechtsverletzung auch für die Rechtsbeschwerde gilt.

6 **B. Absolute Rechtsbeschwerdegründe, § 547.** Nach dem entsprechend anwendbaren § 547 gelten die dort aufgezählten absoluten Revisionsgründe auch für das Verfahren der Rechtsbeschwerde. Zur Begründungspflicht nach § 547 Z 6 BGH RR **05**, 78.

7 **C. Verlust des Rügerechts, § 556.** Der in § 556 geregelte Verlust des Rügerechts bei Verfahrensfehlern gilt auch für das Recht der Rechtsbeschwerde.

8 **D. Bindung an Vorinstanz, § 560.** Die entsprechend geltende Vorschrift bindet das Rechtsbeschwerdegericht an die Feststellungen der Vorinstanz über das Bestehen oder den Inhalt des ausländischen oder lokalen Rechts.

577 *Prüfung und Entscheidung der Rechtsbeschwerde.* **I [1] Das Rechtsbeschwerdegericht hat von Amts wegen zu prüfen, ob die Rechtsbeschwerde an sich statthaft und ob sie in der gesetzlichen Form und Frist eingelegt und begründet ist. [2] Mangelt es an einem dieser Erfordernisse, so ist die Rechtsbeschwerde als unzulässig zu verwerfen.**

II [1] Der Prüfung des Rechtsbeschwerdegerichts unterliegen nur die von den Parteien gestellten Anträge. [2] Das Rechtsbeschwerdegericht ist an die geltend gemachten Rechtsbeschwerdegründe nicht gebunden. [3] Auf Verfahrensmängel, die nicht von Amts wegen zu berücksichtigen sind, darf die angefochtene Entscheidung nur geprüft werden, wenn die Mängel nach § 575 Abs. 3 und § 574 Abs. 4 Satz 2 gerügt worden sind. [4] § 559 gilt entsprechend.

III Ergibt die Begründung der angefochtenen Entscheidung zwar eine Rechtsverletzung, stellt die Entscheidung selbst aber aus anderen Gründen sich als richtig dar, so ist die Rechtsbeschwerde zurückzuweisen.

IV [1] Wird die Rechtsbeschwerde für begründet erachtet, ist die angefochtene Entscheidung aufzuheben und die Sache zur erneuten Entscheidung zurückzuverweisen. [2] § 562 Abs. 2 gilt entsprechend. [3] Die Zurückverweisung kann an einen anderen Spruchkörper des Gerichts erfolgen, das die angefochtene Entscheidung erlassen hat. [4] Das Gericht, an das die Sache zurückverwiesen ist, hat die rechtliche Beurteilung, die der Aufhebung zugrunde liegt, auch seiner Entscheidung zugrunde zu legen.

V [1] Das Rechtsbeschwerdegericht hat in der Sache selbst zu entscheiden, wenn die Aufhebung der Entscheidung nur wegen Rechtsverletzung bei Anwendung des Rechts auf das festgestellte Sachverhältnis erfolgt und nach letzterem die Sache zur Endentscheidung reif ist. [2] § 563 Abs. 4 gilt entsprechend.

VI [1] Die Entscheidung über die Rechtsbeschwerde ergeht durch Beschluss. [2] § 564 gilt entsprechend. [3] Im Übrigen kann von einer Begründung abgesehen werden, wenn sie nicht geeignet wäre, zur Klärung von Rechtsfragen grundsätzlicher Bedeutung, zur Fortbildung des Rechts oder zur Sicherung einer einheitlichen Rechtsprechung beizutragen.

1 **1) Systematik, Regelungszweck, I–VI.** I entspricht beim erstinstanzlichen Einspruch gegen ein Versäumnisurteil § 341 I, bei der Berufung § 522 I 1, 2, bei der Revision § 552 I und bei der sofortigen Beschwerde § 572 II. II 1 entspricht §§ 528 S 1, 557 I. II 2 entspricht § 557 III 1. II 3 entspricht § 557 III 2. III entspricht § 561. IV 1 entspricht §§ 562 I, 563 I 1. IV 3 entspricht § 563 I 2. IV 4 entspricht § 563 II. V 1 entspricht § 563 III. VI 1 entspricht § 572 IV. VI 3 ähnelt ein wenig § 564 S 1. Im übrigen erfolgen direkte Verweisungen auf das Revisionsrecht. Vgl daher und wegen des jeweiligen Regelungszwecks die vorgenannten Vorschriften und deren Erläuterungen.

2 **2) Geltungsbereich, I–VI.** Die Vorschrift gilt in jedem Rechtsbeschwerdeverfahren nach der ZPO und den auf sie verweisenden Gesetzen. Sie gilt auch im WEG-Verfahren. Im Verfahren der Arbeitsgerichte gilt § 577 entsprechend.

3 **3) Statthaftigkeit, Zulässigkeit und Begründetheit, I.** Das Rechtsbeschwerdegericht muß in voller Besetzung tätig werden, BGH WoM **05**, 138. Es muß zunächst von Amts wegen prüfen, ob die Rechtsbeschwerde generell statthaft ist, Grdz 7 vor § 511, und sodann, ob sie auch (nur) in diesem Verfahren zulässig ist, § 574 I–III, BGH MDR **05**, 1128 rechts. Es muß sodann prüfen, ob der Rechtsbeschwerdeführer sie in der gesetzlichen Form und Frist eingelegt hat, BGH NJW **04**, 1112, und ob er sie begründet hat, § 575 I–III. Fehlt eines dieser Erfordernisse, muß das Gericht die Rechtsbeschwerde nach I 2 als unzulässig verwerfen, § 552 I, BGH WoM **08**, 113 rechts unten. Das gilt auch dann, wenn das Beschwerdegericht die sofortige Beschwerde fälschlich sachlich beschieden hat, statt sie als unzulässig zu verwerfen, BGH BB **07**, 630 links unten. Beim Fehlen einer Darstellung des Sachverhalts verweist das Rechtsbeschwerdegericht von Amts wegen an das Beschwerdegericht zurück, BGH RR **05**, 916.

4 **4) Umfang der Begründetheitsprüfung, II.** Die Anträge der Parteien begrenzen die Prüfung wie bei § 308 I, *II 1*. Das Rechtsbeschwerdegericht muß einen Verfahrensmangel von Amts wegen beachten, BGH MDR **05**, 1128 rechts. Im Rechtsbeschwerdeverfahren gilt das Verbot der Verschlechterung, auch nach einer Aufhebung und Zurückverweisung, BGH MDR **04**, 1202. Da die Rechtsbeschwerdegründe das Rechtsbeschwerdegericht nicht binden, *II 2*, darf und muß es die Anwendung des für den Sachverhalt maßgeblichen sachlichen Rechts umfassend nachprüfen. Es darf die nicht von Amts wegen beachtbaren Verfahrensmängel dann prüfen, wenn der Rechtsbeschwerdeführer sie in der Rechtsbeschwerdebegründungs- oder der Anschließungsschrift nach §§ 574 IV 2, 575 III vorgebracht hat, *II 3*. Entsprechend anwendbar ist § 559, *II 4*. Da das Rechtsbeschwerdegericht die angefochtene Entscheidung danach nur in rechtlicher Hinsicht überprüfen darf, binden die tatsächlichen Feststellungen des Beschwerdegerichts das Rechtsbeschwerdegericht, BGH MDR **05**, 1128 rechts. Deshalb muß ein der Rechtsbeschwerde unterliegender Beschluß, den

maßgeblichen Sachverhalt wiedergeben, BGH NJW **02**, 2648, auch zur Beurteilung der Statthaftigkeit der Rechtsbeschwerde, BGH RR **05**, 916.

5) Zurückweisung der Rechtsbeschwerde, III. Das Rechtsbeschwerdegericht kann bei einer Unzulässigkeit der Rechtsbeschwerde die vorangegangene ebenfalls unzulässig gewesene Beschwerdeentscheidung nicht aufheben, BGH RR **06**, 286. **5**

6) Aufhebung und Zurückverweisung, IV. Soweit die Rechtsbeschwerde begründet ist, soweit also eine Rechtsverletzung vorliegt und soweit die angefochtene Entscheidung sich auch nicht aus anderen Gründen nach III als richtig darstellt, muß das Rechtsbeschwerdegericht sie stets aufheben, um den Weg zu einer neuen Entscheidung freizumachen. Diese muß entweder das Beschwerdegericht nach einer Zurückverweisung oder das Rechtsbeschwerdegericht selbst nach V, erlassen, *IV 1*. **6**

In einer entsprechenden Anwendung von *§ 562 II* muß das Rechtsbeschwerdegericht bei einer Aufhebung wegen eines Verfahrensmangels auch das durch den Mangel betroffene Verfahren aufheben, *IV 2*. Die Zurückverweisung kann an den Einzelrichter erfolgen, BGH RR **03**, 936. Sie kann auch an einen anderen Spruchkörper erfolgen, *IV 3,* BGH MDR **05**, 174. Sie kann auch an das Erstgericht erfolgen, BGH NJW **04**, 2976. Die rechtliche Beurteilung des Rechtsbeschwerdegerichts bindet nach einer Zurückverweisung das Vordergericht, *IV 4*.

7) Abschließende Entscheidung, V. Das Rechtsbeschwerdegericht muß in der Sache selbst entscheiden, wenn die Aufhebung der Entscheidung nur wegen einer unrichtigen Anwendung des Rechts auf den festgestellten Sachverhalt erfolgt und wenn die Sache zur Endentscheidung reif ist, *V 1,* BGH RR **06**, 1139 links oben. Entsprechend § 563 IV darf das Rechtsbeschwerdegericht die Sache dann zurückverweisen, wenn bei der neuen Entscheidung die Anwendbarkeit von nicht unter § 576 I fallendem ausländischen oder lokalen Recht in Betracht kommt, *IV 2,* oder wenn auch das Beschwerdegericht zurückverwiesen hätte, BGH MDR **05**, 176 links oben, oder wenn das Beschwerdegericht einen schweren Verfahrensfehler des Erstgerichts nicht mit einer Zurückverweisung geheilt hatte, BGH MDR **05**, 1305 rechts. **7**

8) Verfahren, VI. Allgemein richtet sich das Verfahren nach den Bestimmungen für die sofortige Beschwerde. Wegen des Anwaltszwangs gilt § 78. Die Anordnung einer mündlichen Verhandlung ist möglich, § 128 IV. **8**

Die Entscheidung ergeht durch einen *Beschluß, VI 1*. Das Rechtsbeschwerdegericht muß ihn begründen und den Parteien bekanntgeben, § 329. Wegen der Begründung vgl § 572 Rn 18. Entsprechend § 564 braucht das Rechtsbeschwerdegericht die Zurückweisung von Verfahrensrügen mit Ausnahme ordnungsgemäßer Rügen nach § 576 III nicht zu begründen, *VI 2*. Nach *VI 3* kann es darüber hinaus von einer Begründung absehen, wenn aus ihr kein Ertrag für die Rechtssicherheit entsteht, § 544 IV 2.

Buch 4
Wiederaufnahme des Verfahrens

Grundzüge

Schrifttum: *Brandt-Janczyk,* Richterliche Befangenheit durch Vorbefassung im Wiederaufnahmeverfahren, 1978; *Braun,* Rechtskraft und Restitution, 1. Teil 1979, 2. Teil 1985; *Gaul,* Möglichkeiten und Grenzen der Rechtskraftdurchbrechung, Thrazische juristische Abhandlungen (Athen 1986) Bd 12; *Gaul,* Rechtswegerschöpfung im Sinne des § 90 Abs. 2 Satz 1 BVerfGG und Wiederaufnahme des Verfahrens in der Zivilgerichtsbarkeit, Festschrift für *Schumann* (2001) 89; *Heil,* Die Bindung der Gerichte an Entscheidungen anderer Gerichte, Diss Bochum 1983; *Hüttemann,* Rechtsmittel und Wiederaufnahme im österreichischen Verfahren, 1996; *Kummer,* Wiedereinsetzung in den vorigen Stand, 2003; *Lenenbach,* Die Behandlung von Unvereinbarkeiten zwischen rechtskräftigen Zivilurteilen nach deutschem und europäischem Zivilprozeßrecht, 1997; *Prütting/Weth,* Rechtskraftdurchbrechung bei unrichtigen Titeln, 2. Aufl 1994; *Schlosser,* Schiedsgerichtsbarkeit und Wiederaufnahme, Festschrift für *Gaul* (1997) 679.

Gliederung

1 **1) Systematik**, dazu *Gilles* ZZP **80**, 391: Über die Wirksamkeit eines fehlerhaften Urteils Üb 10 ff vor § 300. Regelmäßig muß man ein solches Urteil durch einen Einspruch oder durch ein Rechtsmittel bekämpfen. Die formelle Rechtskraft nach Einf 1 vor §§ 322–327 macht ein Urteil unanfechtbar, wenn man von dem seltenen Fall eines Scheinurteils absieht, Üb 11 vor § 300. In der Unanfechtbarkeit kann für den Benachteiligten eine schwere Ungerechtigkeit liegen. Er mag den Mangel erst nach dem Ablauf der Anfechtungsfrist erfahren haben. Dann mag die Wiederaufnahme in Betracht kommen. Sie wirkt zwar wie ein Rechtsmittel. Sie ist aber ein außerordentlicher Rechtsbehelf zur Beseitigung der Rechtskraftwirkung, BVerfG NJW **00**, 1357, BGH **84**, 27.

Die ZPO gestaltet sie als ein *besonderes* durch eine Klage einleitbares Verfahren. Wegen der Möglichkeit einer Verfassungsbeschwerde Grdz 34 vor § 511 und VerfGH Mü NJW **98**, 1136. Ihre Zulässigkeit hängt nicht von der vorherigen erfolglosen Durchführung eines Wiederaufnahmeverfahrens ab, Gaul (vor Rn 1) 131. Denn das wäre unzumutbar. Eine Einzelbeschwerde nach der MRK kann nicht zur Aufhebung der Entscheidung führen. Es findet kein obligatorisches Güteverfahren statt, § 15 a II 1 Z 3 EGZPO, Hartmann NJW **99**, 3748.

2 **2) Regelungszweck.** Im Widerstreit zwischen zwei Komponenten der Rechtsidee nach § 296 Rn 1, nämlich der Rechtssicherheit nach Einl III 43 und der sachlichen Gerechtigkeit nach Einl III 9, 36, sollen §§ 578 ff der letzteren in bestimmten Grenzen und daher keineswegs stets zum Sieg verhelfen. Beide Arten von Wiederaufnahmeklagen bezwecken die rückwirkende Aufhebung des Urteils, § 590 Rn 1, BVerfG NJW **00**, 1357. Sie leiten einen neuen Prozeß ein. Das Gesetz behandelt ihn aber in bestimmten Beziehungen als die Fortsetzung des alten Verfahrens. Der Grundsatz der Prozeßwirtschaftlichkeit nach Grdz 14 vor § 128 verlangt nach einer Hilfsnatur der Wiederaufnahme. Man muß sie eng auslegen, Rn 4, 5.

Die Erledigung von Wiederaufnahmegründen soll zunächst nach Möglichkeit noch im *anhängigen* Prozeß erfolgen, LG Konst MDR **89**, 827. Darum läßt sich das Wiederauffinden einer Urkunde § 580 Z 7 b noch in der Revisionsinstanz vorbringen, § 561 Rn 8, 9. Darum kann die Partei bei einem Wiederaufnahmegrund ihre Prozeßhandlungen widerrufen, zB ein Anerkenntnis nach § 307, einen Rechtsmittelverzicht nach §§ 515, 565, BGH FamRZ **88**, 1159, oder eine Rechtsmittelrücknahme nach §§ 516, 565.

3 *Eigenartig widersprüchlich* sind die richterlichen Aufgaben im Wiederaufnahmeverfahren. Das gilt unabhängig davon, welchem der eingangs der Rn 2 genannten Bestandteile der Rechtsidee man im konkreten Fall zunächst die größere Sympathie entgegenbringt. Das Spannungsfeld zwischen Bestehenlassen und Neuaufrollen ist erheblich. Es läßt sich weder mit einem zu großen Engagement für den einen oder den anderen Standpunkt noch mit einer Selbstbeschränkung auf die Beachtung der mehr oder minder strengen Verfahrensregeln bewältigen. Brauchbar ist nur eine behutsame Beachtung beider Pole während des ganzen Vorgangs und bei allen Einzelentscheidugnen zur Auslegung der auch in diesem Verfahren wieder zahlreichen unbestimmten Rechtsbegriffe.

4 **3) Geltungsbereich.** Er geht weit über die ZPO hinaus.

A. Im Zivilprozeß. Hierzu gehört auch das WEG-Verfahren. Wiederaufnahmeklagen sind: Zum einen die Nichtigkeitsklage, § 579. Sie wird durch einige schwere prozessuale Mängel unabhängig von deren Ursächlichkeit für das Urteil statthaft; zum anderen die Restitutionsklage, § 580. Sie beruht auf einer Unrichtigkeit der Urteilsgrundlage.

Das Anwendungsgebiet der Wiederaufnahme beschränkt sich auf die im Gesetz bezeichneten Fälle. Die außerordentliche Natur des eng begrenzten Rechtsbehelfs *verbietet* grundsätzlich eine *ausdehnende Auslegung.* Es darf auch nicht schon wegen des Fehlens des rechtlichen Gehörs eine Rechtsfortbildung im Sinn einer ausdehnenden Auslegung stattfinden, BVerfG DtZ **93**, 85, BGH DB **89**, 420, VGH Mannh VBlBW **90**, 135, aM VGH Kassel NJW **86**, 210, Hasselbach GRUR **97**, 43 (aber man darf die Wiederaufnahmegründe nun wirklich nicht noch irgendwie ausdehnen, ohne die zentrale Bedeutung der Rechtskraft immer weiter zu schwächen). Vgl aber auch § 579 Rn 1, 8.

B. Keine bloße Unrichtigkeit. Es ist eine Verkennung der Einrichtung der Wiederaufnahme, wenn Gerichte gelegentlich versuchen, mit Hilfe der Wiederaufnahme jedes ihnen *unrichtig* scheinende Urteil zu *beseitigen,* BFH DB **91**, 2224. Unzulässig ist auch der Versuch, das Anwendungsgebiet der Wiederaufnahme unter einer Umgehung der Prozeßvorschriften mithilfe des sachlichen Rechts zu erweitern. Solche Versuche beeinträchtigen nur die Rechtssicherheit nach Einl III 43. Sie bringen auf diese Weise mehr Schaden als ein vereinzeltes unrichtiges Urteil. Eine Ausnahme bildet nur die Urteilserschleichung, Einl III 56, Einf 25 ff vor §§ 322–327. Zum Schiedsspruch § 1059. Die Wiederaufnahme hat keine Hemmungswirkung, Grdz 2 vor § 511. 5

C. Außerhalb des Zivilprozesses. Über die Wiederaufnahme gegen eine Entscheidung auf die Zahlung einer Entschädigung (Buße) im Strafverfahren § 406 c StPO. §§ 578 ff sind im patentamtlichen Erteilungsverfahren entsprechend anwendbar, BPatG GRUR **86**, 310, aM Schickedanz GRUR **00**, 579. Dasselbe gilt grundsätzlich bei einer FamFG-Sache, § 48 II FamFG, zB bei einer Ehesache nach § 121 Z 1–3 FamFG (Scheidung, Eheaufhebung, Feststellung des Bestehens oder Nichtbestehens einer Ehe zwischen den Beteiligten), § 118 FamFG, so schon BGH FamRZ **125**, 290 (BRAO), Celle RR **00**, 1100, Düss FamRZ **01**, 1538, und teilweise im Abstammungsverfahren nach §§ 48 II, 169 ff, 185 FamFG. 6

Der Grundsatz der entsprechenden Anwendbarkeit gilt *ferner* zB: Beim Verfahren nach §§ 30 ff AKG, Düss RR **93**, 447; im Insolvenzverfahren, BGH FamRZ **06**, 552; beim Versorgungsausgleichsverfahren, BGH RR **89**, 130 (weist auf die zusätzliche Abänderungsmöglichkeit mithilfe von § 10 a VAHRG hin), Mü FamRZ **82**, 314. Über die Wiederaufnahme gegen einen die Nichtzulassungsbeschwerde verwerfenden Beschluß BAG DB **95**, 1920. 7

4) Statthaftigkeit. Die Wiederaufnahme ist in einem jeden der folgenden Fällen statthaft. 8

A. Endentscheidung. Es geht um ein formell rechtskraftfähiges Endurteil, § 578 Rn 3, sei es ein Prozeßurteil, Grdz 14 vor § 253, Üb 5 vor § 300, ein Sachurteil, Üb 6 vor § 300, ein Versäumnisurteil, §§ 330 ff, oder ein Anerkenntnisurteil, § 307. Es kann sich auch um ein Urteil in einem Verfahren auf einen Arrest oder um eine einstweilige Verfügung handeln, §§ 916 ff, 935 ff, ferner um eine Endentcheidung in einer Ehesache, Rn 6. Das gilt auch nach der Wiederverheiratung eines Ehegatten. Allerdings ist auch hier jeder Rechtsmißbrauch unstatthaft, Einl III 54, Ffm FamRZ **78**, 922.

Die Wiederaufnahme *ergreift Folgesachen* nach § 137 FamFG, sofern man sie nicht beschränkt. In einer Ehesache ist die Wiederaufnahme nach dem Tod der Partei unzulässig, auch wenn es nur um die Kosten geht. Der Grundsatz der Einheit der Entscheidung in einer Ehesache nach § 142 FamFG besteht insofern hier nicht. Es ist also möglich, daß eine Wiederaufnahme nur wegen eines von mehreren Anträgen nach § 124 FamFG oder wegen eines Gegenantrags oder nur wegen des damaligen Schuldausspruchs erfolgt, Hbg FamRZ **81**, 962. Die Wiederaufnahme ist auch gegen ein in einem Wiederaufnahmeverfahren ergangenes rechtskräftiges Urteil zulässig, BFH BB **79**, 1705. 9

Unstatthaft ist die Wiederaufnahme nur wegen der Kosten entsprechend § 99 I. Ein nach Grdz 11–18 vor § 300 nichtiges Urteil braucht keine Wiederaufnahme.

B. Vollstreckungsbescheid. Es geht um einen unanfechtbaren Vollstreckungsbescheid, § 584 II. 10

C. Insolvenztabelle. Es geht um eine Eintragung in die Tabelle. Denn sie steht einem rechtskräftigen Urteil gleich, § 178 InsO. Vgl auch Rn 12–14. 11

D. Sonstiger Beschluß. Es geht um einen nicht zu Rn 8–10 zählenden rechtskraftfähigen Beschluß in einem echten Streitverfahren, BGH BB **06**, 1528, oder gar um einen rechtskräftigen oder unanfechtbaren Beschluß, soweit er auf einer Sachprüfung beruht, etwa bei §§ 91 a, 522 II 1, III, (je zum alten Recht) BVerfG NJW **93**, 3257, BGH **89**, 116, OVG Hbg NVwZ-RR **06**, 839, aM Schneider MDR **87**, 288 (aber auch ein Beschluß kann rechtskräftig und doch unhaltbar sein). Soweit die Rechtskraft in Wahrheit noch nicht vorliegt, kommt eine Umdeutung in den noch statthaften Rechtsbehelf infrage, KG ZMR **03**, 378. Ein Rechtsmißbrauch ist aber auch hier unstatthaft, Rn 8. Das gilt aber auch außerhalb des Erkenntnisverfahrens, vor allem in der Zwangsvollstreckung, Hamm OLGZ **84**, 455, und in der Zwangsversteigerung, Köln Rpfleger **97**, 35: Grundsätzlich ist die Wiederaufnahme statthaft, jedoch unstatthaft gegen einen Zuschlagsbeschluß, Stgt NJW **76**, 1324, aM BGH FamRZ **05**, 200, VerfGH Mü Rpfleger **76**, 350, Oldb Rpfleger **90**, 179 (aber der Zuschlag hat die Eigentumsverhältnisse geändert). Manche meinen, die Wiederaufnahme sei zumindest dann statthaft, wenn das Gericht das rechtliche Gehör verletzt habe. 12

Es mag sich auch um einen Beschluß im *Insolvenzverfahren* handeln. Er zählt nicht zu Rn 11. Freilich kann das Wiederaufnahmeverfahren keine zusätzliche Instanz eröffnen, BGH ZIP **81**, 209. Der Beschluß hat denselben Wirkungsbereich wie das Urteil. In manchen Fällen regelt das Gesetz willkürlich, was man wählen darf. Manche meinen, die Zulassung der Wiederaufnahme sei darum ein Bedürfnis, ArbG Marbg BB **76**, 1132. Kein Bedürfnis besteht für die Wiederaufnahme und deshalb ist sie unstatthaft, wenn die sofortige Beschwerde nach § 567 I ausreicht. 13

Bei der Wiederaufnahme gegenüber einem Beschluß leitet der *Antrag* das Verfahren ein, und es findet ein Beschlußverfahren mit einer freigestellten mündlichen Verhandlung statt, § 128 IV, BGH NJW **83**, 883, BFH BB **79**, 1705 rechts. Wenn der Urkundsbeamte der Geschäftsstelle den Beschluß erlassen hat, findet auch das Wiederaufnahmeverfahren vor ihm statt. 14

15 **5) Verfahren.** Das Wiederaufnahmeverfahren zerfällt in die folgenden drei Teile, BGH NJW **93**, 3140, Hamm FamRZ **97**, 502, Zweibr MDR **05**, 96.

A. Zulässigkeitsprüfung. Zunächst erfolgt die Prüfung der Zulässigkeit der Klage, § 589 I. Die Unzulässigkeit der Klage führt zu ihrer Verwerfung durch ein Prozeßurteil, Üb 5 vor § 300.

16 **B. Aufhebendes Verfahren.** Sodann erfolgt die Prüfung des Wiederaufnahmegrundes im sog aufhebenden Verfahren (iudicium rescindens), §§ 579, 580, 582. Sie führt zur Sachabweisung oder zur Aufhebung des Urteils. Diese Aufhebung ist rechtsgestaltend und rückwirkend. Das Gericht kann sie entweder in einem besonderen Zwischenurteil aussprechen, Hbg FamRZ **81**, 961, oder im Endurteil.

17 **C. Ersetzendes Verfahren.** Schließlich erfolgt die neue Verhandlung und die ersetzende Entscheidung (iudicium rescissorium), § 590. Bei einem ungünstigen Ergebnis weist das Gericht nicht die Klage ab, sondern es bestätigt die frühere Entscheidung.

18 **D. Einzelfragen.** In die Prüfung des jeweils späteren Verfahrensabschnitts darf das Gericht immer erst dann eintreten, wenn es die Prüfung des vorhergehenden Verfahrensabschnitts abgeschlossen hat. Das ergibt sich schon aus den verschiedenartigen Entscheidungen mit den ihnen eigenen Wirkungen sowie daraus, daß das Gericht nicht sachlich entscheiden kann, ehe die Zulässigkeit feststeht, Grdz 14 vor § 253. Die Prüfungsergebnisse lassen sich aber in einer einheitlichen Entscheidung zusammenfassen. Die allgemeinen Prozeßvoraussetzungen nach Grdz 1 ff vor § 253 müssen in jedem Verfahrensabschnitt vorliegen. Zur Zuständigkeit enthält § 584 eine Sonderregelung.

Es muß eine *Beschwer* durch das angefochtene Urteil vorliegen, § 578 Rn 2. Man muß eine Klagefrist beachten, § 586. Eine Parteiherrschaft nach Grdz 18 vor § 128 besteht bei der Prüfung des Wiederaufnahmegrundes nicht. Die Frage der Wirksamkeit eines Staatsakts der Willkür der Parteien zu überantworten, wäre mit dem Ansehen der Behörden unvereinbar. Daher muß das Gericht die Wiederaufnahmetatsachen von Amts wegen prüfen, Grdz 39 vor § 128. Es findet aber keine Amtsermittlung nach Grdz 38 vor § 128 statt. Daher trägt derjenige, der eine Wiederaufnahmetatsache behauptet, im weiteren Sinn dafür eine Beweislast, noch strenger BGH MDR **04**, 644.

19 **6) Verzicht auf die Wiederaufnahme.** Ein Verzicht auf das Recht, ein Wiederaufnahmeverfahren zu fordern, ist zulässig. Das Gericht muß ihn entsprechend einem Rechtsmittelverzicht beurteilen, §§ 515, 565. Die Partei kann den Verzicht erst nach dem Erlaß des fehlerhaften Urteils und in Kenntnis des Mangels wirksam erklären. Ein vorheriger Verzicht wäre wirkungslos. Denn er würde zwingende Vorschriften verletzen. Die Folge eines wirksamen Verzichts ist die Verwerfung der Klage als unzulässig.

578 *Arten der Wiederaufnahme.* [I] **Die Wiederaufnahme eines durch rechtskräftiges Endurteil geschlossenen Verfahrens kann durch Nichtigkeitsklage und durch Restitutionsklage erfolgen.**

[II] **Werden beide Klagen von derselben Partei oder von verschiedenen Parteien erhoben, so ist die Verhandlung und Entscheidung über die Restitutionsklage bis zur rechtskräftigen Entscheidung über die Nichtigkeitsklage auszusetzen.**

Gliederung

1 **1) Systematik, I, II.** Die Vorschrift gibt die beiden Wege an, durch die man ein Wiederaufnahmeverfahren einleiten kann. §§ 579–582 erläutern die jeweiligen Voraussetzungen, §§ 583 ff das weitere Verfahren. Es findet kein obligatorisches Güteverfahren statt, Grdz 1 vor § 578.

Eine Beschwer ist Voraussetzung jeder Wiederaufnahmeklage, Grdz 18 vor § 578. In einer Abstammungssache ist eine Beschwer auch dann möglich, wenn das Gericht den Anträgen voll entsprochen hat, § 185 II FamFG. Zur Beschwer Grdz 13 vor § 511. Die Wiederaufnahme ist zwar kein Rechtsmittel. Aber sie steht anstelle eines Rechtsmittels, Grdz 1 vor § 578. Sie kann darum nicht in einem weiteren Umfang als ein Rechtsmittel statthaft sein. Eine Beschwerdesumme nach § 511 II Z 1 ist hier nicht erforderlich. Sie betrifft wie auch die Berufungsbegründung usw nicht die Statthaftigkeit, sondern die Zulässigkeit im engeren Sinne. Wenn im Kostenpunkt kein Rechtsmittel statthaft ist, ist auch keine Wiederaufnahme statthaft.

2 **2) Regelungszweck, I, II.** Die Vorschrift dient der Rechtssicherheit, Einl III 43. Das geschieht in der aufwendigsten von mehreren theoretisch möglichen Verfahrensarten, nämlich im Urteilsverfahren. Die Parteiherrschaft nach Grdz 18 vor § 128 ist gerade bei der Entscheidung wichtig, ob man das rechtskräftig beendete Verfahren dennoch erneut aufrollen soll. Deshalb überläßt das Gesetz den Anstoß dazu dem Beschwerten und sieht keine Wiederaufnahme von Amts wegen vor. Freilich überträgt das Gesetz auch das Kostenrisiko den Parteien. Das ist umso problematischer, als ja bei § 579 wie bei § 580 auch eine gerichtliche Handlung oder Unterlassung zum Wiederaufnahmegrund werden kann. Gleichwohl muß man die Klageform nach I als Bedingung hinnehmen. Man darf sie auch nicht durch eine nachlässige Auslegung des § 588 verwässern. Die Aussetzungspflicht nach II (kein Ermessen!) mag zwar den zeitlichen Ablauf fast bis zur Unerträglichkeit strapazieren. Sie läßt aber wenigstens durch eine klare Rangfolge der Arten von Wiederaufnahmemöglichkeiten wiederum die Rechtssicherheit weitgehend als Prinzip bestehen.

3) Sachlicher Geltungsbereich, I, II. Jede Wiederaufnahmeklage setzt den Abschluß des vorangegangenen Verfahrens durch ein rechtskräftiges Endurteil beliebiger Art und beliebigen Inhalts voraus, Grdz 8 vor § 578, Köln VersR **97**, 341. Es ist unerheblich, in welcher Instanz es ergangen ist. Es kann sich also auch grundsätzlich um ein Revisionsurteil handeln. Erforderlich ist seine formelle Rechtskraft, § 705. Es genügen auch: Ein Vollstreckungsbescheid, § 584 II, Grdz 10 vor § 578; ein Anerkenntnisurteil, § 307; ein Versäumnisurteil, §§ 330 ff, ein Prozeßurteil, Grdz 14 vor § 253, weil das Bedürfnis zur Entscheidung auch dann besteht; eine Eintragung in der Insolvenztabelle, Grdz 11 vor § 78. Auch ein urteilsgleicher Beschluß reicht, Grdz 12 vor § 578. 3

Es genügen nicht: Ein Vorbehaltsurteil, §§ 302, 599; ein Zwischenurteil, §§ 280, 303, auch nicht ein selbständig anfechtbares, wie die Vorabentscheidung aus § 304. Denn ein Bedürfnis besteht dann wegen § 583 nicht, Gilles ZZP **78**, 483. Wenn ein Betragsverfahren nach § 304 Rn 28 anhängig ist, muß man die Wiederaufnahmegründe dort geltend machen. Ein Prozeßvergleich nach Anh § 307 steht der Wiederaufnahme nicht entgegen, wenn er ein voraufgegangenes Urteil bestehen läßt, wie zB bei der Rücknahme einer Berufung, § 515. Über andere Titel Grdz 10–14 vor § 578. 4

4) Persönlicher Geltungsbereich, I, II. Parteien sind gundsätzlich nur diejenigen des Vorprozesses, Grdz 4 vor § 50, Köln VersR **97**, 341, nicht ein Sonderrechtsnachfolger. Das gilt jedenfalls dann, wenn der Schuldner eine Wiederaufnahme gegen den Gläubiger betreibt, falls dieser die Forderung abgetreten hat und falls der Rpfl den Titel nach § 727 auf den Rechtsnachfolger umgeschrieben hat. Das muß aber auch dann gelten, wenn der frühere Gläubiger die Forderung abgetreten hat und wenn nun der neue Gläubiger eine Wiederaufnahmeklage erhebt, falls der Schuldner nicht einer Klagerhebung durch den Rechtsnachfolger zustimmt, § 265 II 2. Denn den Schuldner schützt § 265, und der bisherige Gläubiger soll nicht als ein Zeuge auftreten dürfen, aM RoSGo § 161 II 2 (aber Arglist läge auch in solcher Umfunktion, Einl III 54). 5

Ein *Streithelfer* kann klagen, wenn er beitreten konnte oder beigetreten ist, § 66 Rn 13. Er hat aber nur die Stellung des Streithelfers. Der nach § 89 betroffene Vertreter ohne Vertretungsmacht kann klagen, BGH MDR **83**, 292. Wenn der Kläger seinen Klaganspruch während der Rechtshängigkeit nach § 261 abgetreten hatte, muß man den ursprünglichen Kläger verklagen, nicht den neuen Gläubiger. Denn die Abtretung ist dem Schuldner oft nicht genau bekannt. Im Eheverfahren kann der Rechtsnachfolger wegen § 131 FamFG nur wegen der Kosten Beteiligter sein. Die Natur der Wiederaufnahmeklage verbietet eine Verbindung mit anderen Klagen nach § 147. § 260 ist unanwendbar. Das Gericht muß notwendige Streitgenossen des Prozesses nach § 60 in jedem Wiederaufnahmeverfahren hinzuziehen. Eine Prozeßvollmacht des Vorprozesses gilt grundsätzlich auch im Wiederaufnahmeverfahren, § 81 Rn 8. 6

5) Aussetzung, II. Die Verbindung der Nichtigkeitsklage nach § 579 und der Restitutionsklage ist unstatthaft. Wenn beide Klagen vorliegen, muß das Gericht von Amts wegen beide Klagen nach § 145 und die Verhandlung über die Restitutionsklage bis zur Entscheidung über die Nichtigkeitsklage aussetzen. Denn die Nichtigkeitsklage wirkt stärker als die Restitutionsklage. Eine Entscheidung über die Trennung und Aussetzung erfolgt durch einen Beschluß, § 329. Er ist als eine prozeßleitende Anordnung auch ohne eine mündliche Verhandlung zulässig. Das Gericht muß ihn begründen, § 329 Rn 4. Jede Partei kann nach der rechtskräftigen Erledigung der Nichtigkeitsklage die Fortsetzung des Restitutionsverfahrens beantragen. Beim Erfolg der Nichtigkeitsklage wird die ausgesetzte Restitutionsklage freilich in der Hauptsache gegenstandslos. Wenn die Partei gegen das rechtskräftige Urteil eine Wiederaufnahmeklage erheben könnte, darf sie schon im rechtshängigen Prozeß bindende Erklärungen widerrufen, zB die Berufungsrücknahme. Sie muß das sogar wegen § 582 tun. Eine vorherige Bestrafung nach § 581 ist dann keine Voraussetzung. 7

6) Klagewiederholung, I, II. Eine Wiederholung der Wiederaufnahmeklage ist in den folgenden Fällen zulässig. 8

A. Nach Verwerfung. Nach einer Verwerfung der früheren Wiederaufnahmeklage als unzulässig kommt die Wiederholung in Betracht, sofern die Monatsfrist des § 586 I noch läuft oder soweit der Kläger einen neuen Wiederaufnahmegrund behauptet.

B. Zurückweisung. Nach einer Zurückweisung der früheren Wiederaufnahmeklage als unbegründet kommt die Wiederholung nur in Betracht, soweit der Kläger die wiederholte Klage auf neue Gründe stützt. Denn die Rechtskraftwirkung ergreift nur einen vorgebrachten Grund. 9

579 *Nichtigkeitsklage.* [I] **Die Nichtigkeitsklage findet statt:**

1. **wenn das erkennende Gericht nicht vorschriftsmäßig besetzt war;**
2. **wenn ein Richter bei der Entscheidung mitgewirkt hat, der von der Ausübung des Richteramts kraft Gesetzes ausgeschlossen war, sofern nicht dieses Hindernis mittels eines Ablehnungsgesuchs oder eines Rechtsmittels ohne Erfolg geltend gemacht ist;**
3. **wenn bei der Entscheidung ein Richter mitgewirkt hat, obgleich er wegen Besorgnis der Befangenheit abgelehnt und das Ablehnungsgesuch für begründet erklärt war;**
4. **wenn eine Partei in dem Verfahren nicht nach Vorschrift der Gesetze vertreten war, sofern sie nicht die Prozessführung ausdrücklich oder stillschweigend genehmigt hat.**

[II] **In den Fällen der Nummern 1, 3 findet die Klage nicht statt, wenn die Nichtigkeit mittels eines Rechtsmittels geltend gemacht werden konnte.**

Schrifttum: *Abel,* Zur Nichtigkeitsklage wegen Mängeln der Vertretung im Zivilprozeß, 1995; *Gaul,* Zur Struktur und Funktion der Nichtigkeitsklage gemäß § 579 (deutscher) ZPO, Festschrift für *Kralik* (Wien 1986) 157.

Gliederung

1 **1) Systematik, I, II.** Die Vorschrift erfaßt wegen § 578 II mit einem Vorrang vor § 580 solche Fälle, in denen Fehler in der Person des Richters oder einer Partei vorliegen. Dasselbe tut allerdings auch § 580 teilweise. Der Schwerpunkt der letzteren Vorschrift liegt bei Vorgängen im Verlauf des Vorprozesses. Aber auch insofern ist die Abgrenzung zu § 579 nicht ganz folgerichtig. Die vier Fälle der Nichtigkeitsklage sind diejenigen des § 547 Z 1–3, 5, BGH NJW **93**, 1597 (Vorlage bei den Vereinigten Großen Senaten). Vgl daher auch die Erläuterungen zu § 547. Es handelt sich um unbedingte Revisionsgründe. Bei Z 2 findet sich in § 579 der Zusatz: „oder eines Rechtsmittels“, BGH NJW **93**, 1597. Es muß eine überhaupt wirksame Entscheidung vorliegen. Sie fehlt mangels Gerichtsbarkeit, Üb 14 vor § 300, aM BayObLG FGPrax **05**, 197 (aber das ist eine Mindestvoraussetzung).

Eine *ausdehnende Auslegung* ist grundsätzlich *unstatthaft,* Grdz 2 vor § 578. Vgl aber Rn 6 ff, 11 sowie § 79 II 2 BVerfGG für den Fall, daß das BVerfG eine entscheidungserhebliche Vorschrift in einem anderen Verfahren für nichtig erklärt hat. Das Gericht muß die Nichtigkeitsgründe wegen des öffentlichen Interesses am grundsätzlichen Fortbestand der Rechtskraft von Amts wegen prüfen, Grdz 39 vor § 128. Eine nachträglich vorgetragene und glaubhaft gemachte Tatsache nach § 579 zwingt im Rahmen von § 156 II Z 2 zur Wiedereröffnung der Verhandlung.

Der Kläger muß als eine *Zulässigkeitsvoraussetzung* Tatsachen behaupten, die einen der in § 579 genannten Verstöße bedeuten *können,* BGH NJW **93**, 1596, BFH BB **92**, 343, aM BFH BB **92**, 342 (aber diese Behauptungslast besteht bei jeder Art von Klage). Das Gerich tmuß auch II von Amts wegen beachten, Grdz 39 vor § 128. Das Gericht prüft ferner von Amts wegen, ob der behauptete Grund *wirklich* besteht (Begründetheitsprüfung). Der Kläger trägt aber die Beweislast, Anh § 286. Denn Amtsprüfung nach Grdz 39 vor § 128 bedeutet keine Amtsermittlung nach Grdz 38 vor § 128. Das Gericht darf und muß ein Geständnis nach § 288 und ein Anerkenntnis nach § 307 frei würdigen, § 286 Rn 4, Grdz 15 vor § 578. Der Parteiherrschaft nach Grdz 18 vor § 128 unterliegt ganz allgemein die Genehmigung einer unzureichenden Prozeßvertretung. Denn die Partei könnte die Genehmigung auch im Prozeß erteilen.

2 **2) Regelungszweck, I, II.** Vgl Grdz 2, 3 vor § 578. In der Praxis ist es sehr schwer, mit einer Nichtigkeitsklage Erfolg zu haben. Es ist freilich wegen ihrer mehr formellen Voraussetzungen immer noch leichter als bei § 580. Wegen des zwar nicht alleinigen, aber doch besonderen Rangs der Gerechtigkeit liegt eine großzügige Auslegung nahe. In der Praxis bleibt aber die Rechtskraft mächtig, Rn 1.

Problematisch bleibt eine solche Handhabung wahrhaftig. Schließlich handelt es sich ja durchweg um ganz erhebliche Verfahrensverstöße als Nichtigkeitsgrund. Wenn schon der Prozeßausgang ihretwegen so belastend war, sollte die Justiz wenigstens nach der Entdeckung des Verstoßes das Ihrige tun, ihn zu beseitigen. Indessen wird es wohl immer eine schwierige Aufgabe bleiben, den Staat auch im konkreten Einzelfall von der Unhaltbarkeit einer eigenen Entscheidung derart zu überzeugen, daß er sich zur Wiederholung in Selbstkritik bereit findet. Umso nachdrücklicher sollte sich das Gericht darum bemühen, bei der Klärung eines etwaigen so schweren Verfahrensfehlers eben auch solche Selbstkritik in nicht einem persönlichen, sondern in einem institutionellem Sinn anzuwenden und an die damalige Möglichkeit eines Rechtsmittels im Fall II nicht zu strenge Anforderungen zu stellen.

3 **3) Ungesetzlichkeit der Richterbank, I Z 1.** Wegen der Hilfsnatur vgl Rn 8. Z 1 betrifft die unvorschriftsmäßige Besetzung eines gerichtsverfassungsmäßig bestehenden Gerichts, § 547, zB einen Verstoß gegen § 309. Gegen ein Scheinurteil nach Üb 11 vor § 300 ist notfalls eine Feststellungsklage nach § 256 I zulässig, nicht aber eine Nichtigkeitsklage. Gegenüber einem arbeitsgerichtlichen Urteil kann man eine Nichtigkeitsklage nicht auf einen Mangel des Verfahrens bei der Berufung der ehrenamtlichen Richter stützen, § 6 I ArbGG, oder auf solche Umstände, die die Berufung eines ehrenamtlichen Richters zu seinem Amt ausschließen, § 79 ArbGG. Ein Mangel des Geschäftsverteilungsplans nach § 21 e GVG kann bereits zu einem Verstoß gegen Art 101 I 2 GG und damit zu einem Verstoß gegen I Z 1 führen, BVerfG NJW **93**, 3257, BGH NJW **93**, 1597 (Vorlage bei den Vereinigten Großen Senaten), aM BFH BB **92**, 343 (aber man muß eine klare Grenze ziehen).

Eine Anordnung nach § 21 f II GVG (Nichtmitwirkung bei allen bestimmten Endziffern) ist kein Verstoß nach I Z 1, BGH MDR **95**, 197. Ein schwerwiegender Fehler bei *Mitwirkungsgrundsätzen* nach § 21 g II GVG stellt einen Verstoß nach I Z 1 dar, BGH NJW **95**, 333.

4 **4) Ausschließung, I Z 2.** Z 2 betrifft die Ausschließung eines solchen Richters, der bei der Entscheidung mitgewirkt hat, § 41. Es ist unerheblich, ob der Kläger den Ausschließungsgrund geltend machen konnte. Wenn er aber die Ausschließung mittels eines Ablehnungsgesuchs oder Rechtsmittels erfolglos geltend gemacht hatte, ist die Wiederaufnahme nach Hs 2 unzulässig. Als Richter gelten auch der Rpfl oder der ihm etwa landesrechtlich nach Grdz 4 vor § 688 gleichgestellte Urkundsbeamte, soweit sie rechtmäßig eine richterliche Entscheidung erlassen haben, etwa einen Vollstreckungsbescheid nach § 699, und der bundesrechtlich tätig gewordene Urkundsbeamte, § 49.

5 **5) Ablehnung, I Z 3.** Wegen der Hilfsnatur Rn 8. Z 3 betrifft die erfolgreiche Ablehnung eines solchen Richters, der bei der Entscheidung mitgewirkt hat, § 42. Der Erfolg kann auch hier nach der Urteils-

verkündung nach § 311, aber vor einer Entscheidung nach §§ 320, 321 eingetreten sein. Die bloße damalige Ablehnbarkeit reicht nicht aus, BGH NJW **81**, 1274, aM Fischer AnwBl **05**, 572 (aber man darf nicht zu großzügig sein, Rn 2). Wenn die Partei den Richter erfolglos abgelehnt hatte, sei es auch nur in einer Instanz oder durch ein Rechtsmittel, ist die Nichtigkeitsklage nach II unstatthaft, aM Bre OLGZ **92**, 487 (aber Z 3 nennt diesen Fall gerade nicht mit und ist keineswegs ausdehnend auch in sein Gegenteil auslegbar). Als Richter gelten auch der Rpfl, soweit er rechtmäßig eine richterliche Entscheidung erlassen hat, etwa einen Vollstreckungsbescheid nach § 699, und der ihm etwa landesrechtlich nach Grdz 4 vor § 688 gleichgestellte oder bundesrechtlich tätig gewordene Urkundsbeamte, § 49.

6) Mangel der Vertretung, I Z 4. Die Vorschrift soll diejenige Partei schützen, die ihre Angelegenheiten nur mithilfe eines Dritten regeln kann, BGH FamRZ **88**, 1158, BAG NJW **91**, 1253, OVG Hbg NVwZ-RR **06**, 840. 6

A. Beispiele zur Frage der Zulässigkeit nach I Z 4

Abwesenheitspfleger: Zu seinen Aufgaben gehört *nicht* die Vertretung im Unterhaltsverfahren, AG Groß Gerau FamRZ **97**, 305.

Arglist: Rn 10 „Öffentliche Zustellung".

Geisteskrankheit: Wenn der Kläger behauptet, eine Partei sei geisteskrank gewesen, muß er beweisen, daß sie bei der Erteilung der Vollmacht bereits krank war und daß die Krankheit bis zum Ende des Vorprozesses fortbestand, Hbg FamRZ **81**, 962, Stgt FamRZ **80**, 379. 7

S auch Rn 8 „Geschäftsunfähigkeit", Rn 12 „Prozeßunfähigkeit", Rn 17 „Verfassungsbeschwerde".

Geschäftsunfähigkeit: Eine Nichtigkeitsklage kommt in Betracht, wenn das Gericht sein Urteil einem Geschäftsunfähigen zugestellt hatte, § 56 Rn 9. § 86 gilt auch hier, dort Rn 9, BAG DB **00**, 780. 8

S auch Rn 7 „Geisteskrankheit", Rn 12 „Prozeßunfähigkeit".

Gesetzlicher Vertreter: Eine Nichtigkeitsklage ist *nicht* schon deshalb statthaft, weil ein gesetzlicher Vertreter fehlerhaft bestellt war.

S auch Rn 12 „Prozeßvertretung".

Hausverwalter: Eine Vertretung nach Z 4 kann vorliegen, wenn der Vermieter dem Verwalter alles überläßt, AG Flensb WoM **00**, 615.

Ladung: Eine Nichtigkeitsklage kommt dann in Betracht, wenn das Gericht ein Versäumnisurteil gegen einen fälschlich Geladenen erlassen hat, Nürnb OLGZ **87**, 485. Das gilt zumindest, solange das Gericht keine Wiedereinsetzung gewährt hat, Oldb MDR **89**, 168.

S auch Rn 11 „Prozeßkenntnis".

Nichtbestehen der Partei: Eine Nichtigkeitsklage kommt in Betracht, wenn das Gericht ein Urteil für oder gegen eine in Wahrheit gar nicht bestehende Partei erlassen hat, BAG NJW **91**, 1253, Lindacher JZ **89**, 378. 9

Öffentliche Zustellung: Eine Nichtigkeitsklage kommt bei einer Erschleichung in Betracht, Grdz 5 vor § 578, aM BGH **153**, 191 (krit Braun JZ **03**, 906), AG Detm FamRZ **00**, 241 (aber Erschleichung ist als prozessuale Arglist nie hinnehmbar, Einl III 54). 10

Sie kommt *nicht schon grds* wegen einer objektiv unrichtigen öffentlichen Zustellung in Betracht, auch nicht bei einer schuldlosen Unkenntnis von einer korrekten öffentlichen Zustellung, BGH NJW **07**, 303, Gaul JZ **03** 1095, StJGr 6, 8, aM Hamm MDR **79**, 766, KG RR **87**, 1215, ThP 2 (aber erst Arglist erlaubt eine Beseitigung der Rechtskraft, Einf 35 vor §§ 322–327).

S auch Rn 19 „Zustellung".

Postulationsfähigkeit: Eine Nichtigkeitsklage ist *nicht* schon deshalb statthaft, weil der ProzBev nicht postulationsfähig war, (zum alten Recht) BAG NJW **91**, 1253.

Prozeßkenntnis: Eine Nichtigkeitsklage kommt in Betracht, wenn der wahre Bekl vom Prozeß nichts erfahren hat. 11

S auch Rn 8 „Ladung".

Prozeßunfähigkeit: Eine Nichtigkeitsklage kommt in Betracht, wenn die Partei im Vorprozeß prozeßunfähig war, Hbg MDR **98**, 985 (keine Überspannung), AG Hbg-Harbg RR **98**, 791. Das gilt selbst dann, wenn das Gericht sie für prozeßfähig gehalten hatte, BGH **84**, 27, aM Gaul Festschrift für Kralik (Wien 1986) 159 und Thrazische juristische Abhandlungen Bd 12 (Athen 1986) 26, Lindacher JZ **89**, 378 (aber das ist meist ein Fall prozessualer Arglist, Einl III 54). Ferner kommt die Nichtigkeitsklage in Betracht, wenn eine in Wahrheit prozeßunfähige Partei ohne einen gesetzlichen Vertreter ein Rechtsmittel zurückgenommen hat. Freilich kommt binnen der Notfrist des § 586 ein Widerruf der Rücknahme in Betracht, BSG NJW **79**, 1224. 12

S auch Rn 8 „Geschäftsunfähigkeit".

Prozeßvertretung: Eine Nichtigkeitsklage ist statthaft, falls der Prozeßvertreter von vornherein keine Vollmacht hatte, BVerfG NJW **98**, 745.

Sie ist *nicht* schon deshalb statthaft, weil der Gegner im Prozeß nicht ordnungsgemäß vertreten war, BGH FamRZ **88**, 1159.

S auch Rn 8 „Gesetzlicher Vertreter".

Rechtliches Gehör, dazu *Barnest* ZZP **116**, 447, *Deppert* in: Festschrift für *Geiß* (2000), *Gaul* JZ **03**, 1088 (Üb): Eine Nichtigkeitsklage nach Z 4 kommt in Betracht, wenn das Gericht das rechtliche Gehör verletzt hat, BVerfG NJW **98**, 745, KG RR **87**, 1216, VGH Kassel NJW **86**, 210, aM BAG MDR **94**, 1044, AG Detm FamRZ **00**, 241, ZöGre 7 (aber ein Verstoß gegen Art 103 I GG ist stets ein fundamentaler Fehler). Das gilt ungeachtet der Tendenz des BVerfG, auf Gehörsverletzung gestützte Verfassungsbeschwerden bei niedrigem Beschwerdewert abzuweisen. Zumindest bis zu einer Grundsatzentscheidung des jeweils in Betracht kommenden Obergerichts muß man vorsorglich den Weg über Z 4 versuchen, BVerfG NJW **98**, 745, aM VerfGH Mü NJW **94**, 2280 (aber hier hat nun wirklich das BVerfG den Vorrang). Dieses Problem läßt sich nur durch den Gesetzgeber lösen, Schneider NJW **81**, 1196. 13

Rechtsanwalt: Er kann sich im Rahmen seiner Zulassung selbst vertreten, OVG Hbg NVwZ-RR **06**, 839.

14 **Rechtshängigkeit:** Eine Nichtigkeitsklage kommt in Betracht, wenn trotz des Fehlens einer Rechtshängigkeit ein Versäumnisurteil ergangen ist.

Rechtsvorgänger: Eine Nichtigkeitsklage kommt in einer Ehesache *nicht* mehr nach dem Tod eines Ehegatten in Betracht, (jetzt) § 131 FamFG, Zweibr MDR **05**, 96. Sie kommt in einer anderen Sache nicht schon deshalb in Betracht, weil der Rechtsvorgänger der Partei im Todeszeitpunkt anwaltlich vertreten war, falls zB der Gegner später ein Rechtsmittel einlegt.

15 **Sittenwidrigkeit:** Eine Nichtigkeitsklage ist *nicht* schon deshalb statthaft, weil der Prozeßauftrag sittenwidrig war.

Testamentsvollstreckung: Rn 17 „Versteigerung".

16 **Unterbrechung:** Eine Nichtigkeitsklage kommt in Betracht, wenn das Gericht trotz einer Unterbrechung vor dem Schluß der mündlichen Verhandlung nach §§ 136 IV, 296 a ein Urteil auf Grund dieser Verhandlung erlassen hat. Freilich kann eine Mängelheilung durch eine wirksame Genehmigung vorliegen. Diese liegt allerdings nicht schon in einer bloßen Untätigkeit des gesetzlichen Vertreters.

17 **Verfassungsbeschwerde:** Zum Problem ihrer Subsidiarität Einl III 17, BVerfG NJW **98**, 745.

S auch Rn 7 „Geisteskrankheit", Rn 13 „Rechtliches Gehör".

Versteigerung: Eine Nichtigkeitsklage kommt *nicht* schon deshalb in Betracht, weil ein Miterbe die Teilungsversteigerung beantragt hat, obwohl eine Testamentsvollstreckung besteht, und weil dann ein rechtskräftiger Zuschlagsbeschluß ergangen ist, Schneider Rpfleger **76**, 386.

Vollmachtloser Vertreter: Eine Nichtigkeitsklage ist zulässig, wenn das Gericht ein Versäumnisurteil einem vollmachtlosen Vertreter zugestellt hat.

S auch Rn 7 „Geisteskrankheit", Rn 13 „Rechtliches Gehör".

18 **Wohnungseigentum:** Eine Nichtigkeitsklage kommt auch dann in Betracht, wenn es sich nur um einen Beschluß der Wohnungseigentümer handelt.

19 **Zustellung:** Eine Nichtigkeitsklage kommt *grds nicht* schon bei irgendeinem Zustellungsmangel in Betracht.

S aber auch Rn 10 „Öffentliche Zustellung", Rn 17 „Vollmachtloser Vertreter".

20 **B. Weitere Einzelfragen.** Eine Prozeßführung setzt die Kenntnis der Sachlage voraus, mindestens einen Zweifel an der Vertretungsbefugnis. Der Bekl kann die Vertretungsbefugnis noch im Wiederaufnahmeverfahren erteilen. Dann trägt der Kläger unter Umständen die Kosten. Die Klage steht dem Gegner des nicht ordnungsgemäß Vertretenen nicht zu, BGH **63**, 79, BFH **96**, 387, OVG Münst NJW **95**, 613. Neben der Nichtigkeitsklage kann eine Regreßklage gegen den angeblich ohne eine Vollmacht aufgetretenen Anwalt in Betracht kommen, Kblz VersR **85**, 672.

21 **7) Mangel der Parteifähigkeit; Nichtexistenz der Partei, I Z 4.** Ausnahmsweise kann man Z 4 auf diesen Fall ausdehnen. Denn auch § 551 betrifft ihn, BAG NJW **91**, 1253, Kblz NJW **77**, 57. Etwas anderes gilt nur dann, wenn das Gericht oder der Nichtigkeitskläger die Parteifähigkeit nach § 50 ausdrücklich bejaht haben. Z 4 ist ferner anwendbar, wenn die Partei gar nicht existiert, Rn 9. Die Vorschrift ist unanwendbar, soweit sich die Klage nur gegen *eine* der Parteien des Hauptprozesses richtet, Hamm FamRZ **96**, 558.

22 **8) Hilfsnatur, II.** Das Gericht muß die Vorschrift als eine Zulässigkeitsvoraussetzung von Amts wegen beachten, Grdz 39 vor § 128. Bei Z 1 und 3 ist die Klage unmittelbar unstatthaft, wenn der Partei ein Rechtsbehelf zustand und wenn sie bei der ihr zumutbaren prozessualen Sorgfalt von dem Rechtsmittel hätte Gebrauch machen können oder wenn sie das Rechtsmittel erfolglos geltendgemacht hat, BGH BB **07**, 2707. Denn der Text ist zu eng, Sangmeister DStZ **88**, 41, § 582. Ebensowenig fällt unter II eine Erinnerung nach § 104 III, §§ 11 I 2, 21 Z II 1 RPflG. Die Möglichkeit des Einspruchs nach §§ 338, 700 bleibt allerdings außer Betracht. Denn er würde an denselben Richter gehen, dessen Mitwirkung der Nichtigkeitskläger rügt, LG Konst MDR **89**, 827, aM RoSGo § 160 I 2, StJGr 9, ZöGr 11 (aber es soll ja gerade nicht nochmals derselbe Richter mitwirken). Bei Z 2 und 4 darf die Partei zwischen den Möglichkeiten des Rechtsmittels und nach Rechtskraft der Klage wählen. Sie darf aber nicht beide Wege nacheinander beschreiten, BGH **84**, 27, BAG MDR **94**, 1044, BFH NJW **99**, 2391.

580 *Restitutionsklage.* Die Restitutionsklage findet statt:

1. wenn der Gegner durch Beeidigung einer Aussage, auf die das Urteil gegründet ist, sich einer vorsätzlichen oder fahrlässigen Verletzung der Eidespflicht schuldig gemacht hat;

2. wenn eine Urkunde, auf die das Urteil gegründet ist, fälschlich angefertigt oder verfälscht war;

3. wenn bei einem Zeugnis oder Gutachten, auf welches das Urteil gegründet ist, der Zeuge oder Sachverständige sich einer strafbaren Verletzung der Wahrheitspflicht schuldig gemacht hat;

4. wenn das Urteil von dem Vertreter der Partei oder von dem Gegner oder dessen Vertreter durch eine in Beziehung auf den Rechtsstreit verübte Straftat erwirkt ist;

5. wenn ein Richter bei dem Urteil mitgewirkt hat, der sich in Beziehung auf den Rechtsstreit einer strafbaren Verletzung seiner Amtspflichten gegen die Partei schuldig gemacht hat;

6. wenn das Urteil eines ordentlichen Gerichts, eines früheren Sondergerichts oder eines Verwaltungsgerichts, auf welches das Urteil gegründet ist, durch ein anderes rechtskräftiges Urteil aufgehoben ist;

7. wenn die Partei

a) ein in derselben Sache erlassenes, früher rechtskräftig gewordenes Urteil oder

b) eine andere Urkunde auffindet oder zu benutzen in den Stand gesetzt wird, die eine ihr günstigere Entscheidung herbeigeführt haben würde;

8. wenn der Europäische Gerichtshof für Menschenrechte eine Verletzung der Europäischen Konvention zum Schutz der Menschenrechte und Grundfreiheiten oder ihrer Protokolle festgestellt hat und das Urteil auf dieser Verletzung beruht.

Vorbem. Z 8 angefügt dch Art 10 Z 6 des 2. JuMoG v 22. 12. 06, BGBl 3416, in Kraft seit 31. 12. 06, Art 28 I des 2. JuMoG, ÜbergangsR Einl III 78.

Schrifttum: *Braun,* Rechtskraft und Restitution ..., Zweiter Teil: Die Grundlagen des geltenden Restitutionsrechts, 1985; *Lenenbach,* Die Behandlung von Unvereinbarkeiten zwischen rechtskräftigen Zivilurteilen nach deutschem und europäischem Zivilprozeßrecht, 1997; *Prütting/Weth,* Rechtskraftdurchbrechung bei unrichtigen Titeln, 2. Aufl 1994.

Gliederung

1) Systematik, Z 1–8. Die Restitutionsklage ist ein außerordentlicher Rechtsbehelf. Die Rechtssicherheit nach Einl III 43 verbietet grundsätzlich seine Anwendung in anderen als den besonders angeordneten Fällen, Grdz 2 vor § 578, BVerfG NJW **07**, 1803, BGH NJW **89**, 1286, Foerste NJW **96**, 352 (Rechtsfortbildung bei neuer naturwissenschaftlicher Erkenntnis. – „Und sie bewegt sich *doch!*"), aM StJGr 2 (vgl aber Einf 27 ff, 35 vor §§ 322–327). Deshalb ist auch eine bloße Änderung der Rechtsansicht kein Restitutionsgrund, auch nicht die Änderung einer Rechtsprechung, BVerfG NJW **07**, 1803. Auch ein noch nicht endgültiges Urteil des EGMR ist noch kein Restitutionsgrund, BVerfG RR **05**, 140. Die Restitutionsklage ist gegen Urteile aller Instanzen statthaft, auch gegen ein Prozeßurteil, Üb 5 vor § 300. Bei Z 1–5 gilt einschränkend § 581. In allen Fällen gilt einschränkend § 582. Eine nachträglich vorgetragene und glaubhaft gemachte Tatsache nach § 580 zwingt im Rahmen von § 156 II Z 2 zur Wiedereröffnung der Verhandlung. 1

Die Klage ist *nicht* statthaft: Gegen ein Vorbehaltsurteil nach §§ 302, 599, soweit man dort eine Wiederaufnahme zuläßt, wenn man den Restitutionsgrund im Nachverfahren vorbringen konnte; gegen einen Arrest oder eine einstweilige Verfügung nach §§ 916 ff, 935 ff wegen deren vorläufiger Natur und der anderen gegen sie statthaften Rechtsbehelfe; gegen einen die Vaterschaftsfeststellungsforderung abweisenden Beschluß nach dem Tod des Mannes, Celle RR **00**, 1100.

Über *andere* Titel Grdz 11–14 vor § 578. Grundsätzlich besteht keine Ausnahme, soweit das Revisionsgericht selbst tatsächliche Feststellungen treffen muß, § 561 Rn 9. Insoweit ist aber das Revisionsgericht und nicht das Berufungsgericht als Wiederaufnahmegericht tätig. Zur Restitutionsklage im Wettbewerbsrecht von Falck GRUR **77**, 308. Im Abstammungsverfahren gilt vorrangig § 185 FamFG. In einem neuartigen Beweisverfahren kann Z 7 b ausnahmsweise evtl vorsichtig entsprechend anwendbar sein.

Der Restitutionsgrund muß immer ein *wirklicher* sein, nicht nur ein vorgestellter. Wenn einmal die Frist des § 586 gewahrt ist, darf der Kläger neue Restitutionsgründe nachschieben, § 588 Rn 2. Man kann keine Restitutionsklage erheben, um einen neuen Klagegrund nachzuschieben. Denn auf neue Klagegründe erstreckt sich die Rechtskraftwirkung nicht, § 322 Rn 51 ff. Etwas anderes gilt wegen der Einheitlichkeit der Entscheidung in einer Ehesache. Durch den Restitutionsgrund muß die Entscheidung eine ihrer Grundlagen verlieren.

2) Regelungszweck, Z 1–8. Vgl zunächst Grdz 2, 3 vor § 578 sowie § 579 Rn 2. Auch die wegen § 578 II im Rang gegenüber § 579 nachrangige Restitutionsklage soll verhindern, daß ein solches Urteil das Ansehen der Gerichte und das Vertrauen in die Rechtsprechung beeinträchtigt, dessen Grundlagen für jedermann erkennbar unerträglich erschüttert sind, BGH NJW **03**, 2089. 2

Verfänglich wäre aber eine zu großzügige Bejahung der Voraussetzungen einer Restitutionsklage. Das gilt besonders dann, wenn der Restitutionsgrund noch nicht seinerseits in einem anderen Verfahren rechtskräftig feststeht, § 581 I Hs 2. Natürlich würde man dabei zB bei Z 7 b die Chancen des Klägers fast völlig verneinen können. Immerhin ist eine deutliche Behutsamkeit bei der Prüfung statthaft, solange nicht das Hauptziel einer trotz aller auch zeitlichen Begrenzung nach § 586 evtl doch noch erreichbaren Gerechtigkeit aus dem Blick rückt.

3) Geltungsbereich, Z 1–5. Jede der folgenden Fallgruppen reicht aus. 3

A. Falsche eidliche Parteiaussage, Z 1. Gemeint ist eine von der Partei nach § 426 S 3 oder nach § 452 beschworene Aussage. Es genügt jede vorsätzliche oder fahrlässige Verletzung der Eidespflicht, §§ 154, 163 StGB. Es reicht auch eine eidesgleiche Bekräftigung nach § 484 I 2, § 155 Z 1 StGB oder eine Berufung auf einen früheren Eid aus, § 155 Z 2 StGB. Eine eidesstattliche Versicherung nach §§ 294, 807 fällt unter Z 4. Das Urteil beruht auch dann auf der Aussage, wenn sie nur teilweise falsch war. Denn bereits dieser Umstand nimmt ihr jede Glaubwürdigkeit. Es reicht auch aus, daß die Aussage nur in einem Nebenpunkt falsch war. Es genügt auch, daß der Eid in einem solchen Vorprozeß erfolgt ist, auf dessen Urteil das jetzige

Urteil beruht. Es ist nicht erforderlich, daß das frühere Urteil beim Fehlen der Falschaussage für den jetzigen Kläger günstiger ausgefallen wäre.

4 **B. Urkundenfälschung, Z 2.** Das Gericht muß ihr Vorliegen nach den §§ 267 ff StGB beurteilen, Zweibr FER **00**, 4. Eine versehentlich falsche Beurkundung reicht nicht aus. Unerheblich ist, wer der Täter war und ob die Partei von der Tat eine Kenntnis hatte. Das Urteil beruht auch dann auf der Urkunde, wenn das Gericht die Urkunde als ein bloßes Beweisanzeichen beurteilt hat.

5 **C. Falsches Zeugnis oder Gutachten, Z 3.** Eine Erklärung nach § 377 III zählt hierher. Maßgeblich sind §§ 153–156, 163 StGB. Ein Sachverständiger ist auch der Dolmetscher, §§ 189, 191 GVG, Fleischer MDR **99**, 75. Das Urteil muß sich auf die Aussage mindestens in Verbindung mit einem anderen Beweismittel stützen, Saarbr RR **97**, 252. Das ist auch dann beim OLG der Fall, wenn nur das LG die Aussage würdigen mußte, Hamm RR **99**, 1298. Es ist nicht erforderlich, daß die Aussage oder das Gutachten in demselben Prozeß erfolgten. Es genügt, daß die Aussage in irgendeinem Punkt falsch war. Denn damit wird die ganze Aussage unglaubhaft, Rn 3. Die falsche Aussage eines anderen als eines in Z 3 Genannten reicht nicht.

6 **D. Erschleichung des Urteils, Z 4.** Die Partei muß ein Urteil durch eine beliebige Straftat erschlichen haben, Einf 35 vor §§ 322–327, etwa durch einen Betrug nach § 263 StGB, BGH NJW **01**, 373 (zum ausländischen Schiedsspruch, §§ 1059 ff), oder durch eine Untreue nach § 266 StGB. Das gilt auch bei einem Anerkenntnisurteil nach § 307, KG OLGZ **78**, 116. Ausschlaggebend ist die Erschleichung der Rechtskraft. Deshalb kann die Straftat auch nach der Verkündung des Urteils nach § 311 erfolgt sein. Wenn die Partei ihr Rechtsmittel auf Grund einer Straftat zurückgenommen hatte, kann sie die Rücknahme widerrufen. Sie darf diesen Widerruf aber erst nach der Durchführung des Strafverfahrens geltend machen.

Hierher gehört auch eine Erschleichung durch eine falsche *eidesstattliche Versicherung.* Täter kann jede Partei nach Grdz 4 vor § 50 sein, auch ihr Vertreter, KG OLGZ **78**, 116, aM AG Detm FamRZ **00**, 241, auch ein ProzBev. Unter Z 4 fällt auch eine wissentlich unwahre Parteibehauptung. Denn auch sie stellt einen zumindest versuchten Prozeßbetrug dar, § 138 Rn 66. Regelmäßig fällt auch eine Erschleichung der öffentlichen Zustellung nach §§ 185 ff unter § 263 StGB und ist dann ein Restitutionsgrund. Über die Unzulässigkeit der Ausdehnung der Z 4 mittels sachlichrechtlicher Vorschriften Einf 25 ff vor §§ 322–327.

7 **E. Amtspflichtverletzung des Richters, Z 5.** S §§ 331 ff StGB. Ein bloßes Disziplinarvergehen reicht nicht aus. Der Richter muß bei dem Urteil mitgewirkt haben, § 309. Eine Mitwirkung bloß bei den vorangegangenen Verhandlungen oder bei einem Beweisbeschluß reicht nicht aus. Dem Richter stehen beim Vollstreckungsbescheid nach § 699 der Rpfl und der etwa landesrechtlich nach Grdz 4 vor § 688 dazu eingesetzte Urkundsbeamte gleich. Denn es kommt auf die Funktion an, nicht auf den Dienstgrad usw. Vgl freilich Rn 8.

8 **F. Ursächlichkeit, Z 1–5.** Ein ursächlicher Zusammenhang zwischen einer Straftat und dem Urteil muß in allen Fällen Rn 3–7 bestehen, Riezler AcP **139**, 187. Die Ursächlichkeit für einen des Teilurteils nach § 301 fähigen Teil der angefochtenen Entscheidung reicht aus, KG NJW **76**, 1356. Dieser Zusammenhang fehlt dann, wenn das Gericht das Beweismittel im Urteil gar nicht gewürdigt hat. Die bloße Erwähnung reicht nicht. Das Beweismittel muß vielmehr für die Entscheidung (mit)tragend gewesen sein. Vgl freilich Rn 3. Das ist in den Fällen Rn 3–5 möglich. Vgl auch Rn 10.

Ein *Vollstreckungsbescheid* nach § 699 stützt sich lediglich auf das unwidersprochene Vorbringen des Antragstellers. Deshalb kann bei ihm Z 2 grundsätzlich nicht eingreifen. Dasselbe gilt bei einem rechtskräftigen Versäumnisurteil, aM StJGr 1 (aber hier gilt dasselbe wie beim Vollstreckungsbescheid). Es gilt aber nicht in einer solchen Ehesache, in der der Antragsgegner oder Bekl nicht vertreten war. Im zweiten Verfahrensabschnitt nach Grdz 15 vor § 578 darf das Gericht noch nicht prüfen, ob die Entscheidung etwa auch ohne dieses Beweismittel und die in Rn 6, 7 genannten Tatsachen ebenso gelautet hätte.

9 **4) Aufhebung eines Urteils, Z 6.** § 79 BVerfGG hat den Vorrang, BVerfG NJW **07**, 1803, BGH NJW **06**, 2856. Die Restitutionsklage kann sich stützen auf die Aufhebung durch ein rechtskräftiges anderes Urteil. Das gilt auch bei einer mit der Aufhebung verbundenen Zurückverweisung, BGH MDR **07**, 601, und bei einem urteilsähnlichen Beschluß nach § 522 II, BGH MDR **07**, 601. Die bloße Aufhebung durch das BVerfG reicht nicht, BAG NJW **03**, 2849. Es reicht aber die rechtskräftige Aufhebung in einem neuen vollen Erkenntnisverfahren.

A. Anwendbarkeit. Z 6 gilt für die Aufhebung: Eines beliebigen Urteils eines ordentlichen Gerichts, früheren Sondergerichts oder Verwaltungsgerichts. Zu ihnen zählt hier auch ein Arbeits-, Finanz- oder Sozialgericht, BGH **89**, 116, nicht aber ein früheres Sowjet-Militärtribunal, BVerwG NJW **00**, 1884; einer sonstigen abschließenden Entscheidung, die einem Urteil ungefähr gleichkommt, BGH **103**, 125, Hamm OLGZ **84**, 456, LG Düss GRUR **87**, 629, zB eines feststellenden Verwaltungsakts etwa über den Vertriebenenstatus, BPatG GRUR **79**, 435, oder über die Unwirksamkeit eines Gebrauchsmusters, BPatG GRUR **80**, 852, oder über die Nichtigkeit eines Patents, LG Düss GRUR **87**, 629, aM Schickedanz GRUR **00**, 579, oder über die Zustimmung der Hauptfürsorgestelle zur Kündigung eines Schwerbehinderten, BAG NJW **81**, 2024, oder über eine Baugenehmigung, BGH **103**, 125; einer Entscheidung des EuGH; eines Schiedsspruchs, § 1040, BGH SchiedsVZ **08**, 95; einer Entscheidung im FamFG-Verfahren, Grdz 6 vor § 578, (die Auskunft eines gesetzlichen Rentenversicherers über eine Anwartschaft ist kein derartiger Verwaltungsakt, Düss NJW **86**, 1763).

10 **B. Ursächlichkeit.** Das angegriffene Urteil usw muß irgendwie auf dem aufgehobenen Urteil beruhen, Rn 8, BGH **103**, 125, BPatG GRUR **80**, 853, Karlsr OLGZ **94**, 356. Es muß also mindestens eine tatsächliche Feststellung auf ihm beruhen, BFH NJW **78**, 511 (das angegriffene Urteil müsse unmittelbar auf dem aufgehobenen beruhen). Die Miteinbeziehung des aufgehobenen Urteils in die Beweiswürdigung der angefochtenen Entscheidung genügt, BGH VersR **84**, 455. Die bloße Erwähnung der aufgehobenen

Entscheidung im Tatbestand der angefochtenen genügt nicht, BGH VersR **84**, 455. Eine Bindungswirkung ist aber unnötig. Eine Aufhebung im Wiederaufnahmeverfahren genügt. Im übrigen gilt Rn 8 entsprechend.

5) Auffinden einer Urkunde, Z 7, dazu *Lenenbach* (vor Rn 1): Im Abstammungsverfahren gilt vorrangig § 185 FamFG. Man muß zahlreiche Aspekte beachten. **11**

A. Praktische Bedeutung, Z 7 a, b. Dieser Fall ist praktisch bei weitem der wichtigste. Restitutionsgrund ist, daß die Partei eine Urkunde der in Z 7 a und b bezeichneten Art auffindet.

B. Früheres Urteil, Z 7 a. Hierher zählt ein solches Urteil, dessen Rechtskraft den Streitfall erfaßte, das also „in derselben Sache" erging. Es braucht nicht zwischen denselben Parteien ergangen zu sein. Es genügt vielmehr, daß sich die Rechtskraftwirkung nach § 325 auf die Parteien erstreckt. Das frühere Urteil muß vor dem angefochtenen nach § 322 rechtskräftig geworden sein. Man darf es aber erst nach dem Schluß des Vorprozesses aufgefunden haben. Auch ein nach § 328 anerkennbares ausländisches Urteil oder ein inländischer oder ausländischer Schiedsspruch nach § 1061 reichen aus. Zum Problem der insolvenzmäßigen Zweittitulierung Gaul Festschrift für Weber (1975) 155. **12**

C. Andere Urkunde, Z 7 b. Hierher zählt eine solche Urkunde im Sinn der ZPO nicht notwendig mit formeller Beweiskraft nach §§ 415 ff, BGH RR **91**, 381, die geeignet wäre, das Ergebnis des früheren Verfahrens für den Kläger günstig zu beeinflussen. In Betracht kommt nur eine schriftliche Urkunde, Üb 3 vor § 415, BGH **65**, 301. Ausreichend ist auch ein Zettel in einer Zahlenschrift und dergleichen, evtl auch eine Fotokopie, FG Bln NJW **77**, 2232, ZöGre 16, aM KG RR **97**, 124 (vgl aber § 420 Rn 3 bei Unstreitigkeit der Nämlichkeit). Keine Urkunden sind Gegenstände der Augenscheinseinnahme, Üb 1 vor § 371, BGH MDR **76**, 304, wie Fotos, BGH **65**, 302. Wegen neuer Gutachten generell OVG Bre NJW **90**, 2337 (sie sind kaum geeignet), wegen solcher über die Vaterschaft § 185 I FamFG. Die Urkunde braucht keine Unterschrift zu tragen. **13**

Z 7 b ist dann *unanwendbar,* wenn zB eine amtliche Auskunft erstmals vorliegt, BGH NJW **84**, 1544, 573, oder wenn sie nunmehr anders begründet neu auf Grund desselben Sachverhalts vorliegt, Üb 32 vor § 373, BGH **89**, 120, oder wenn erst nach der Rechtskraft des den Vorprozeß abschließenden Urteils eine Urkunde in Gestalt eines Behördenbescheids oder Urteils entsteht, Köln BB **04**, 1134, aM BAG NJW **85**, 1485 (aber es geht gerade um einen Vorgang *vor* dem Eintritt der Rechtskraft). Die Vorschrift ist ferner unanwendbar, wenn erst nach der Rechtskraft eine Wertfestsetzung erfolgt, Bay ObLG WoM **95**, 453. Die Vorschrift ist schließlich dann nicht anwendbar, wenn Niederschriften vom Zeugen oder Sachverständigen auftauchen, BGH **80**, 305, Kblz RR **95**, 1278. Denn diesen Niederschriften kommt nicht eine Urkundenbedeutung im vorstehenden Sinn zu. Man kann ja die Vernehmung jener Personen jederzeit beantragen, BGH NJW **84**, 1544. Dadurch würden die Niederschriften ihren Wert verlieren. Das Gericht würde einen Zeugen- oder Sachverständigenbeweis benutzen. Das wäre ein in § 580 nicht genanntes Beweismittel. Die Vorschrift ist endlich unanwendbar, soweit es nur um eine neue wissenschaftliche Erkenntnis geht, Würthwein ZZP **112**, 47.

D. Eigener Beweiswert, Z 7 b. Urkunde nach Z 7 ist daher nur eine solche, die durch ihren eigenen Beweiswert einen Mangel des früheren Verfahrens offenbaren kann, BGH RR **91**, 381, Ffm FamRZ **80**, 706, OVG Bre NJW **90**, 2337. Die Urkunde muß einen solchen Beweiswert auch im damaligen Verfahren gehabt haben können, BGH BB **07**, 966, BFH NJW **78**, 511. Es reicht nicht aus, daß die Urkunde offenbaren kann, daß der im Vorprozeß nicht gehörte Aussteller eine solche Äußerung getan hat, daß der Kläger ihn also mithilfe der Urkunde in das Verfahren einführen möchte. Ebensowenig reicht es aus, daß sich der Vorgang nach dem Inhalt der Urkunde so zugetragen hat, daß die Urkunde also höchstens einen Zeugenwert hat. Denn ein neuer Zeuge ist kein Wiederaufnahmegrund, Saarbr DAVorm **75**, 32. Noch weniger reicht es aus, daß die Urkunde ein Urteil ist, das von der angefochtenen Entscheidung rechtlich in einem anderen Fall abweicht, BFH DB **91**, 2224. **14**

E. Errichtungszeitpunkt bei einer allgemeinen Urkunde, Z 7 b. Die Urkunde muß grundsätzlich entstanden sein, solange ihre Benutzung im Vorprozeß noch möglich war, Kblz RR **95**, 1278, Köln BB **04**, 1134, wenn auch erst im Weg eines zulässigen Rechtsmittels, BGH VersR **75**, 260. Die Urkunde muß also beim nicht berufungsfähigen Urteil vor den durch §§ 282, 296 gesetzten Endpunkten entstanden sein, spätestens aber vor dem Ende der letzten mündlichen Verhandlung nach §§ 136 IV, 296 a, BAG NJW **99**, 82, BVerwG NJW **00**, 1884, Köln BB **04**, 1134. Beim berufungsfähigen Urteil muß die Urkunde vor dem Ablauf der Berufungsfrist nach § 516 entstanden sein, beim Versäumnisurteil vor dem Ablauf der Einspruchsfrist nach §§ 339, 700. **15**

Eine *nach* diesen Zeitpunkten, aber vor der Verkündung des unanfechtbaren Urteils nach § 311 errichtete Urkunde genügt grundsätzlich nicht, Köln BB **04**, 1134. Noch weniger genügt eine erst nach der Rechtskraft des den Vorprozeß abschließenden Urteils errichtete Urkunde, BGH RR **89**, 130 (Widerruf einer Auskunft des Versorgungsträgers), Kblz RR **95**, 1278 (Gutachten), Köln BB **04**, 1134 (Urteil), aM BAG NJW **85**, 1485 (aber es geht eben gerade um einen Vorgang *vor* dem Eintritt der Rechtskraft). Denn eine Wiedereröffnung der Verhandlung liegt im allgemeinen im Ermessen des Gerichts, § 156, BGH NJW **80**, 1000. Ungeeignet ist also ein später erlassener Strafbefehl, BGH NJW **80**, 1000.

F. Errichtungszeitpunkt bei einer Geburtsurkunde, Z 7 b. Ausnahmsweise darf diejenige Geburtsurkunde, die die Empfängniszeit beweisen soll, später entstanden sein, wenn der Beginn der Empfängniszeit vor der letzten mündlichen Verhandlung im Vorprozeß oder vor dem Ablauf der Berufungsfrist lag, Nürnb NJW **75**, 2024. Sie darf ferner ausnahmsweise erst nach dem im Urteil festgestellten Zeitpunkt des letzten ehelichen Verkehrs entstanden sein, wenn das Ende der Empfängniszeit aber noch vor dem Ende der Ehe lag. Die Möglichkeit des ehelichen Verkehrs nach der letzten mündlichen Verhandlung ist dann für § 580 unerheblich. Denn die Geburtsurkunde kann wegen der Empfängniszeit nur zurückliegende Tatsachen beweisen, KG NJW **76**, 245. **16**

G. Errichtungszeitpunkt bei weiteren Sonderfällen, Z 7 b. Ausreichend ist ferner ein Beischreibungsvermerk des Standesbeamten, KG NJW **76**, 245. Das gilt auch für einen solchen Beischreibungsver- **17**

merk über die Legitimation durch eine nachfolgende Eheschließung. Ferner gehört hierher eine Einbürgerungsurkunde, BGH MDR **77**, 212, Hamm DAVorm **76**, 139. Ausreichen kann ein neues Gutachten im Abstammungsverfahren, § 185 I FamFG.

18 **H. Beweiseignung: Gegenstand, Z 7 a, b.** Die Urkunde muß diejenigen Tatsachen beweisen, die bei ihrer Errichtung vorlagen. Dafür kann auch eine solche Urkunde genügen, die keine formelle Beweiskraft nach §§ 415 ff hat, sondern die das Gericht nach § 286 frei würdigen darf und muß, zB ein Strafbefehl, BGH RR **91**, 381. Indessen ist ein Erbschein untauglich. Denn er ist nur ein Ausweis über erbrechtliche Verhältnisse. Ferner ist es ausnahmsweise ausreichend, wenn ein Patentmuster oder ein Gebrauchsmuster erst nach der letzten Tatsachenverhandlung des Verletzungsprozesses im Nichtigkeitsverfahren rückwirkend vernichtet wurde, von Falck GRUR **77**, 312. Eine „günstigere Entscheidung" wäre auch dann „herbeigeführt", wenn das Gericht den Anträgen fast voll entsprochen hatte, wenn aber eine etwa noch günstigere Entscheidung wegen der Unkenntnis der Urkunde nicht möglich gewesen war. Das setzt voraus, daß der Restitutionskläger mit dem damals erzielten Ergebnis nicht in jedem Fall zufrieden war, BSG NJW **75**, 752. Das Vorbringen ist wegen der Prozeßwirtschaftlichkeit nach Grdz 14, 15 vor § 128 noch in der Revisionsinstanz möglich, § 561 Rn 8. Das in Rn 8 Gesagte gilt auch hier.

19 **I. Grenzen neuer Beweismittel, Z 7 a, b.** Es genügt, daß die Urkunde selbst und diejenigen neuen Tatsachen, die die Urkunde beweisen soll, in Verbindung mit dem Prozeßstoff des Vorprozesses ein günstigeres Ergebnis bewirkt hätten, BGH NJW **80**, 1000, Kblz OLGZ **89**, 94, OVG Bre NJW **90**, 2337. Das gilt auch im Abstammungsverfahren, § 185 I FamFG. Freilich kommt es eben auch nur auf den Prozeßstoff gerade dieses Vorprozesses an, BGH RR **91**, 381. Es muß gewiß sein, daß das günstigere Ergebnis eingetreten *wäre* und nicht nur evtl hätte eintreten *können* (bloße Möglichkeit).

20 Als ein solches günstigeres Ergebnis kommen zB infrage: Ein vor der letzten mündlichen Verhandlung erklärtes Geständnis, § 306; ein *Vaterschaftsanerkenntnis* für den seinerzeit behaupteten Ehebruch. Freilich genügt es nicht, daß die Urkunde ein günstigeres Ergebnis etwa nur zusammen mit dem jetzt Vorgetragenen bewirkt hätte, oder zusammen mit den auf Grund der Urkunde zu vernehmenden Zeugen, Oldb RR **98**, 1444, oder zusammen mit einem nachträglichen Geständnis, Rn 16, BGH NJW **80**, 1001. Also sind auch neu vorgetragene andere Beweismittel für die Zulässigkeitsprüfung bedeutungslos, aM ZöGre 25 ff (aber die Urkunde muß eben aus sich heraus ausreichen, Rn 19). Ebenso bedeutungslos ist, ob das Gericht dahingehende Beweise im Vorprozeß erhoben hat. Vielleicht sind sie gerade nur in Verbindung mit der Urkunde bedeutungsvoll. Die Urkunde hätte keine „günstigere Entscheidung herbeigeführt", wenn das Urteil des Vorprozesses sie ausdrücklich als unerheblich würdigte, Ffm MDR **82**, 61, oder wenn das Rechtsmittel zB wegen einer nicht ordnungsgemäßen Begründung unzulässig war, BAG NJW **07**, 3803. Die fragliche Tatsache kann, braucht aber im Vorprozeß nicht vorgetragen worden zu sein. Man kann sie sogar absichtlich verschwiegen haben.

21 Das Gericht muß also den gesamten *Prozeßstoff neu würdigen,* so wie er in der letzten Tatsachenverhandlung des Vorprozesses vorlag, also vom Standpunkt des damals entscheidenden Gerichts aus. Berücksichtigen muß es also den gesamten Vortrag, die damals erhobenen Beweise, auch die bloßen Beweisantritte, in Verbindung mit der Urkunde auf Grund der Rechtsansicht des Restitutionsgerichts, BVerwG **34**, 113. Das geschieht durch eine tatrichterliche Feststellung und Würdigung. Auf die Einlassung des Restitutionsbekl kommt es nicht an, also auch nicht auf sein Zugeben, BGH VersR **75**, 260.

22 **J. Zulässigkeit und Begründetheit, Z 7 a, b.** Für die Zulässigkeit der Restitutionsklage ist es ausreichend, daß man mit der Urkunde etwas beweisen *will.* Ob man es auch beweisen *kann* und ob man es auch bewiesen *hätte,* das ist eine Frage der Begründetheit, BGH NJW **80**, 1000, Kblz OLGZ **89**, 94. Unzureichend ist es allerdings im Ergebnis, daß die Urkunde nur möglicherweise eine günstigere Entscheidung herbeigeführt hätte, Kblz OLGZ **89**, 94. Einen neuen Klagegrund kann man mithilfe von Z 7 b nur insoweit nachschieben, als einer neuen Klage die Rechtskraft entgegenstünde, § 322.

23 **K. Beweismittel, Z 7 a, b.** Die Ausstellungszeit und die Echtheit der Urkunde nach §§ 437 ff lassen sich mit allen Beweismitteln beweisen, außer mit dem Antrag auf eine Parteivernehmung, § 581 II, § 581 Rn 5. Die Urkunde muß nach §§ 415 ff urkundenbeweislich verwendbar sein, außer wenn eine Einigkeit über ihren Inhalt besteht. Ein mittelbarer Beweis nach Einf 16 vor § 284 genügt nicht. Es genügt also zB eine Urkunde nicht, wenn zu ihrer Bestätigung ein Zeuge notwendig ist oder wenn sie aus einem nach der letzten Verhandlung errichteten Gutachten besteht. Es steht der Wiederaufnahme nicht unbedingt entgegen, daß die Urkunde nach § 419 mangelhaft ist. Die Urkunde braucht der Klage noch nicht beizuliegen. Der Restitutionskläger kann noch in der mündlichen Verhandlung ihr Vorhandensein und ihren Inhalt urkundenbeweislich dartun.

24 **L. Auffinden usw, Z 7 a, b.** Für beide Fälle der Z 7 gilt: Aufgefunden ist die Urkunde nur dann, wenn ihre Existenz oder ihr Verbleib der Partei trotz aller zumutbaren Sorgfalt bisher unbekannt waren, wenn sie also schuldlos war, BGH **161**, 4, BSG NJW **75**, 752, Ffm MDR **82**, 61. Das ist dann so, wenn die Urkunde jeder Art des Urkundenbeweises unzugänglich war oder wenn die Erheblichkeit der Urkunde für den Prozeß ganz fern lag. Es genügt grundsätzlich nicht, daß die Partei oder ihr gesetzlicher Vertreter oder ProzBev schuldhaft keine Kenntnis vom Inhalt hatte, §§ 51 II, 85 II, 582, LG Hamm NJW **79**, 222, VGH Mannh NJW **95**, 210 (vorher veröffentlichter Flächennutzungsplan).

25 **M. Kein Auffinden usw, Z 7 a, b.** Deshalb erfolgt keine Wiederaufnahme zB in folgenden *Fällen:* Man findet nachträglich eine Patentschrift oder eine Gebrauchsmusteranmeldung auf. Denn diese waren ebenso wie die Patenterteilungsakten zugänglich; es ergeht später ein abweichendes Urteil in einer anderen Sache, BFH NJW **78**, 511; eine gleichwertige andere Urkunde wird benutzbar; der Kläger wußte, daß eine Urkunde über das streitige Rechtsverhältnis bei einer bestimmten Behörde lag, Ffm MDR **82**, 61; es war überhaupt eine Urkunde bereits veröffentlicht, bekannt und unstreitig; das Gericht hat die Urkunde im Vorprozeß (mit)verwertet, selbst wenn die Partei von ihr erst im Urteil erfuhr. Vgl aber Art 103 I GG, Grdz 1 vor § 578. Im Abstammungsverfahren genügt die Vorlegung, § 185 I FamFG.

N. Nutzungsmöglichkeit erst nach Verhandlungsschluß, Z 7 a, b. Die Möglichkeit der Benutzung der Urkunde darf erst nach dem Abschluß der letzten Tatsachenverhandlung des Vorprozesses nach §§ 136 IV, 296 a entstanden sein, so daß die Partei den Urkundenbeweis im Vorprozeß nicht mehr hätte antreten können, auch nicht auf dem Weg über einen begründeten Antrag nach § 156. Die Zulässigkeit eines Urkundenbeweisantritts führte zur Möglichkeit der Benutzung der Urkunde. Es schadet aber nicht, daß die Partei denselben Beweis mit anderen Mitteln führen konnte. Gegenüber einem früheren gerichtlichen Geständnis nach § 288 hat eine aufgefundene Urkunde nur dann eine Bedeutung, wenn die Partei das Geständnis gleichzeitig widerruft, § 290. Eine neue Auskunft eines Versicherungsträgers reicht nicht zur Wiederaufnahme aus, wenn er eine im früheren Prozeß erteilte Auskunft ausdrücklich unter einen Vorbehalt gestellt hatte, Kblz FamRZ **80**, 813. Ebensowenig reicht es zur Wiederaufnahme aus, daß die Partei es unterlassen hatte, eine versicherungsrechtlich erhebliche Tatsache vorzubringen, die der Versicherer in einer der Entscheidung zugrunde gelegten Auskunft noch nicht berücksichtigt hatte, Bre FamRZ **80**, 1136. 26

6) Verstoß gegen MRK usw, Z 8, dazu *Braun* NJW **07**, 1620 (Üb): Die Vorschrift gilt nach § 35 EGZPO nur für ein erst nach dem 30. 12. 06 rechtskräftig abgeschlossenes Verfahren. Eine Feststellung des EGMR hat nach Art 46 I MRK eine bindende Wirkung und verpflichtet Deutschland nach Art 46 II MRK, eine solche Verletzung abzustellen und Ersatz für die Folgen zu leisten. Das hat zur Einführung von Z 8 geführt. Sie ergibt sich auch aus dem Gebot eines fairen Verfahrens, Art 6 MRK, Einl III 23. Natürlich setzt eine Wiederaufnahme nach dem ausdrücklichen Text von Z 8 eine Ursächlichkeit des Verstoßes für das Urteil voraus. Eine Mitursächlichkeit genügt, sofern sie nicht völlig unbedeutend ist. 27

581

Besondere Voraussetzungen der Restitutionsklage. **I In den Fällen des vorhergehenden Paragraphen Nummern 1 bis 5 findet die Restitutionsklage nur statt, wenn wegen der Straftat eine rechtskräftige Verurteilung ergangen ist oder wenn die Einleitung oder Durchführung eines Strafverfahrens aus anderen Gründen als wegen Mangels an Beweis nicht erfolgen kann.**

II Der Beweis der Tatsachen, welche die Restitutionsklage begründen, kann durch den Antrag auf Parteivernehmung nicht geführt werden.

1) Systematik, I, II. I setzt für die Restitutionsklage aus § 580 Z 1–5 als eine zusätzliche Einschränkung voraus, daß wegen der Straftat die eine oder die andere der beiden Voraussetzungen Rn 3, 4 vorliegen. II schränkt den Grundsatz einer freien Wahl der Beweismittel ein. § 582 bleibt beachtlich. 1

2) Regelungszweck, I, II. Zwecks Rechtssicherheit nach Einl III 43 soll der Kreis der Wiederaufnahmemöglichkeiten eng bleiben. Diesem Ziel dient § 581, ohne die Wiederaufnahme praktisch unmöglich machen zu dürfen. Das muß man bei der Auslegung mitbeachten. Daher ist II problematisch, wenn der Restitutionskläger eine Beweisnot hat. Wie auch sonst beim Ausfall der Möglichkeiten nach §§ 445 ff bleibt aber der Grundsatz der Freiheit der „Beweis"-Würdigung nach § 286 auch im Wiederaufnahmeverfahren bestehen. Folglich darf das Gericht dem Kläger evtl auch ohne förmliche Beweismittel glauben, § 286 Rn 5. Natürlich ist insofern gerade im Wiederaufnahmeverfahren eine Zurückhaltung ratsam. 2

3) Entweder Verurteilung, I Hs 1. Es muß vorrangig entweder eine rechtskräftige Verurteilung vorliegen, BGH-RR **06**, 1573, Karlsr FamRZ **89**, 646. Ob sie vorliegt, das ergeben die Formel und die Begründung des Strafurteils. Sie liegt nicht vor, wenn das Gericht den Täter freigesprochen hatte. Denn ein Freispruch steht der Unmöglichkeit der Durchführung des Strafverfahrens nicht gleich. Ein ausländisches Strafurteil reicht aus. Es reicht nicht aus, daß ein Strafverfahren noch möglich wäre. 3

4) Oder Unmöglichkeit der Strafverfolgung, I Hs 2. Oder es muß nachrangig eine Strafverfolgung aus anderen Gründen als dem Mangel an Beweisen und für den Wiederaufnahmekläger unabwendbar unmöglich sein, BGH RR **06**, 1573. Diese Unmöglichkeit mag sich aus den verschiedensten Gründen ergeben, etwa: Wegen einer Amnestie; wegen einer Verjährung; wegen der Geringfügigkeit der Tat; wegen des Todes des Beschuldigten. Mit ihm endet das Strafverfahren von Amts wegen, es erfolgt also keine Einstellung; wegen einer Abwesenheit des Beschuldigten, zB wegen eines Auslandsaufenthalts; infolge einer Niederschlagung des Verfahrens. 4

Unter Umständen genügt sogar eine *einstweilige Einstellung* des Verfahrens. Das gilt zB bei einer nachträglichen Geisteskrankheit des Täters (anders liegt es bei einer Geisteskrankheit während der Tat, aM ZöGre 9). Es kommt auch eine Einstellung nach § 154 StPO in Betracht, Hbg MDR **78**, 851, Hamm (6. ZS) RR **99**, 1298, aM Hamm MDR **86**, 679 (aber es kommt nur auf das Ergebnis an).

5) Nicht beim Beweismangel. *Nicht ausreichend* ist ein Mangel an Beweisen für die Merkmale der Straftat oder die Merkmale der strafrechtlichen Schuld. Es findet insofern keine selbständige strafrechtliche Prüfung durch den Zivilrichter statt. Eine bloß unterstellte Aussage reicht auch bei § 153 StPO nicht aus, Kblz MDR **79**, 410. Eine vorläufige Einstellung gegen Auflagen nach § 153 a StPO reicht nicht aus, Köln MDR **91**, 452. 5

6) Einzelfragen, I. Die Entscheidungen im Strafverfahren usw binden das Gericht bei der Entscheidung über die Zulässigkeit der Wiederaufnahme, BGH RR **06**, 1573. Eine Aussetzung nach § 149 kommt nicht in Betracht, Köln MDR **91**, 452. Im übrigen ist das Gericht frei, § 286. Das gilt also schon im Aufhebungsverfahren, BGH **85**, 32, Gaul Festschrift für Fasching (Wien 1988) 169, Schubert JR **83**, 115. Das Gericht ist auch zu der Frage nicht mehr gebunden, ob die Tat stattgefunden hat. Demgegenüber ist die Verurteilung eine Voraussetzung für die Zulässigkeit der Restitutionsklage, Grdz 15, 16 vor § 578, § 14 Z 1 EG ZPO. Für die Geltendmachung im rechtshängigen Prozeß durch den Widerruf einer bindenden Erklärung gilt I nicht. Bei der Aufhebung eines Schiedsspruchs gilt § 1059. 6

7 **7) Beweis durch Restitutionstatsachen, II.** Bei sämtlichen Restitutionsgründen ist wegen der Notwendigkeit der Amtsprüfung nach Grdz 15 vor § 578 ein Beweis der klagebegründenden Tatsachen durch den auf §§ 445, 447 gestützten Antrag auf eine Parteivernehmung grundsätzlich unzulässig. Das gilt nicht nur bei § 580 Z 1–5. Der Grund der Vorschrift nötigt zu ihrer Ausdehnung auf die bindende Wirkung eines Geständnisses nach § 288 und eines Anerkenntnisses nach § 306. Das Gericht darf und muß ein Anerkenntnis und ein Geständnis nach § 286 frei würdigen. Eine Vernehmung der Partei von Amts wegen ist unter den Voraussetzungen des § 448 zulässig. Diese Voraussetzungen liegen aber nicht vor, wenn nichts für die Behauptung der beweispflichtigen Partei spricht, sondern wenn die Richtigkeit der Behauptung des Gegners wahrscheinlich ist. Wenn der Kläger den die Restitution bildenden Grund bewiesen hat, zB das Auffinden der Urkunde, ist der Beweis für den Errichtungszeitpunkt nach § 580 Rn 15 ausnahmsweise mit allen Mitteln möglich, § 580 Rn 23.

582 *Hilfsnatur der Restitutionsklage.* **Die Restitutionsklage ist nur zulässig, wenn die Partei ohne ihr Verschulden außerstande war, den Restitutionsgrund in dem früheren Verfahren, insbesondere durch Einspruch oder Berufung oder mittels Anschließung an eine Berufung, geltend zu machen.**

1 **1) Systematik.** Die Vorschrift legt die Hilfsnatur der Restitutionsklage fest, Kblz OLGZ **89**, 93. Sie gilt auch im Abstammungsverfahren, § 185 I FamFG (Notwendigkeit eines „neuen“ Gutachtens). Damit erfolgt eine auf Grund des Hauptziels der Gerechtigkeit nach Einl III 9, 36, Grdz 2, 3 vor § 578 nur notgedrungene Einschränkung der Wiederaufnahmemöglichkeiten.

2 **2) Regelungszweck.** Das Ziel der Vorschrift, die Wahrung der Rechtssicherheit nach Einl III 43, rechtfertigt wegen der Rangordnung nach Grdz 2, 3 vor § 578 keine allzu strenge Auslegung. Die Vorschrift besagt allerdings über den Wortlaut hinaus, daß jedes solches Angriffs- oder Verteidigungsmittel nach Einl III 70 unstatthaft ist, das man bei gehöriger Sorgfalt im Vorprozeß hätte geltend machen und zB hätte herbeiführen können, Bre FamRZ **80**, 1135, Mü FamRZ **82**, 314. Sie nennt nur den Fall, daß die Partei den Restitutionsgrund nicht im Vorprozeß mit einer Aussicht auf Erfolg geltend machen konnte, auch nicht nach § 528.

Naturgemäß steht aber der Fall gleich, daß die Partei den Grund dort nur *ohne Verschulden erfolglos* geltend gemacht hat, Schlosser ZZP **79**, 191, ZöGre 1, aM StJGr 1 (aber eine vernünftige Sinnermittlung ist keine zweifelhaft ausdehnende Anwendung). Dasselbe gilt für den Fall, daß der Partei kein anderes Mittel zur Geltendmachung des Restitutionsgrundes offen steht, § 580 Rn 1. Freilich gilt das alles nur in den Grenzen der inneren Rechtskraft, Einf 2 vor §§ 322–327, BGH NJW **89**, 1286, insbesondere der persönlichen, BGH DB **89**, 420. Das Gericht muß die Voraussetzung des § 582 von Amts wegen prüfen, Grdz 39 vor § 128. Der Restitutionskläger muß ihr Vorliegen beweisen. Die Prüfung gehört trotz des Wortlauts „ist nur zulässig“ zum zweiten Verfahrensabschnitt, Grdz 15 vor § 578, ZöGre 2, aM BGH NJW **80**, 1000, RoSGo § 161 IV 1, ThP 1 (aber im ersten Verfahrensabschnitt geht es nur um die bloße Möglichkeit).

3 **3) Verschulden.** Ob ein prozessuales Verschulden der Partei, ihres Vertreters oder ihres ProzBev nach Einl III 68, §§ 51 II, 85 II vorlag, muß das Gericht nach einem strengen Maßstab prüfen. Überhaupt genügt jedes leichte Verschulden. Denn es handelt sich um den Bestand eines rechtskräftigen Urteils. Der Kläger muß zB bei § 580 Z 7 beweisen, daß er die Urkunde sorgfältig aufbewahrt und nach ihrem Verlust eifrig geforscht hat.

Ein Verschulden liegt *zB in folgenden Fällen* vor: Der Kläger konnte ein außergerichtliches Gutachten als Beweismittel in den Prozeß einführen, OVG Bre NJW **90**, 2337; er konnte im früheren Verfahren in die Urkunde Einsicht nehmen, Fleischer MDR **99**, 76, etwa in eine Patenterteilungsakte oder in ein Register; er hat die Möglichkeit unterlassen, eine erfolgversprechende Auskunft einzuholen; er hat es versäumt, sich im Vorprozeß zur Beschaffung der Urkunde eine Frist nach § 428 setzen zu lassen, Oldb RR **99**, 1443; die Partei hat nicht versucht, ihre durch einen Prozeßbetrug veranlaßte Rechtsmittelrücknahme oder ihren Rechtsmittelverzicht zu widerrufen.

Wenn die Partei von dem Restitutionsgrund keine Kenntnis hatte, *fehlt* ein Verschulden. Es kann auch bei einem Rechtsirrtum fehlen. Freilich muß ein Anwalt die Rechtsprechung und das Schrifttum sorgfältig prüfen, § 233 Rn 114 ff. Insbesondere hat man keine Kenntnis von dem, was man vergessen hat, und ein Vergessen ist nicht immer schuldhaft, AG Bln-Tempelhof/Kreuzberg FamRZ **97**, 568. Das kann auch bei einem Irrtum über die Erheblichkeit gelten.

4 **4) Restitutionsgrund.** Er ist bei § 580 Z 1–5 die Straftat, nicht die Bestrafung. Die letztere ist nur eine Voraussetzung der Zulässigkeit der Wiederaufnahme des Verfahrens. Bei § 580 Z 7 b sind das Vorhandensein der Urkunde und die Möglichkeit ihrer Benutzung der Restitutionsgrund.

5 **5) Maßgebender Zeitpunkt für die Geltendmachung im Vorprozeß.** Das ist: Bei einem Ersturteil der Ablauf der Berufungsfrist, § 517; bei einem Berufungsurteil der Schluß der zweitinstanzlichen mündlichen Verhandlung, §§ 136 IV, 296 a, 525. Denn man darf Restitutionsstatsachen später meist nicht mehr vorbringen, §§ 156, 559; bei einem Revisionsurteil der Schluß der mündlichen Verhandlung der Berufungsinstanz wie oben; bei einem Versäumnisurteil 1. und 2. Instanz der Ablauf der Einspruchsfrist, § 339; bei der Zulässigkeit eines Nachverfahrens oder Betragsverfahrens der Schluß der dortigen mündlichen Verhandlung. Eine Restitutionsklage ist unzulässig, wenn gegen den Ablauf einer Notfrist eine Wiedereinsetzung in den vorigen Stand nach § 233 möglich war. Die Zeit zwischen dem Schluß der mündlichen Verhandlung und der Verkündung der Entscheidung bleibt außer Betracht, § 296 a. Denn das Gericht braucht dann keinen Schriftsatz mehr entgegenzunehmen, § 133 Rn 3, und es braucht die Verhandlung keineswegs stets wiederzueröffnen, § 156 Rn 3.

583 *Vorentscheidungen.* **Mit den Klagen können Anfechtungsgründe, durch die eine dem angefochtenen Urteil vorausgegangene Entscheidung derselben oder einer unteren Instanz betroffen wird, geltend gemacht werden, sofern das angefochtene Urteil auf dieser Entscheidung beruht.**

1) Systematik. § 583 entspricht den §§ 512, 557 II. Es gelten folgende Abweichungen. § 583 erfaßt auch eine unanfechtbare Vorentscheidung oder eine solche, die mit sofortiger Beschwerde nach § 567 anfechtbar ist, und zwar auch eine Vorentscheidung des unteren Gerichts, auch einen Beschluß oder eine Verfügung. Wenn ein höheres Gericht die Vorentscheidung zB nach §§ 538, 563 III erlassen hat, geht die Restitutionsklage immer an das höhere Gericht. Denn kein unteres Gericht darf die Entscheidung eines höheren nachprüfen. Mit der Aufhebung des Urteils des höheren Grichts entfällt die Entscheidung des unteren. Die Vorentscheidung wird mit dem Endurteil aufgehoben. Zu den Vorentscheidungen gehören das Vorbehaltsurteil nach §§ 302, 599 und das selbständig anfechtbare Zwischenurteil sowie die Vorabentscheidung nach § 304. Gegen beide ist keine selbständige Restitutionsklage möglich, § 578 Rn 3. 1

Das Urteil muß auf der Vorentscheidung *beruhen*, wenn auch der Mangel für das Urteil selbst keine Bedeutung haben mag, zB bei § 579 I Z 1. Wegen §§ 579 I 2, II, 582 kann zunächst ein Rechtsmittel gegen die Vorentscheidung oder die Geltendmachung des Anfechtungsgrundes im etwaigen Nachverfahren nötig sein. Jedes Teilurteil nach § 301 ist schon wegen der Kostenfolgen selbständig anfechtbar, BGH NJW **80**, 1000.

2) Regelungszweck. Prozeßwirtschaftlichkeit nach Grdz 14 vor § 128 ist nur einer der Zwecke der Vorschrift. Natürlich dient sie auch der Vermeidung etwaiger Widersprüche und der Verringerung sonst manchmal kaum überwindbarer weiterer Hürden für den Kläger bei dem ohnehin riskanten Versuch, den Prozeß nochmals aufzurollen. 2

584 *Ausschließliche Zuständigkeit für Nichtigkeits- und Restitutionsklagen.* [I] **Für die Klagen ist ausschließlich zuständig: das Gericht, das im ersten Rechtszug erkannt hat; wenn das angefochtene Urteil oder auch nur eines von mehreren angefochtenen Urteilen von dem Berufungsgericht erlassen wurde oder wenn ein in der Revisionsinstanz erlassenes Urteil auf Grund des § 580 Nr. 1 bis 3, 6, 7 angefochten wird, das Berufungsgericht; wenn ein in der Revisionsinstanz erlassenes Urteil auf Grund der §§ 579, 580 Nr. 4, 5 angefochten wird, das Revisionsgericht.**

[II] **Sind die Klagen gegen einen Vollstreckungsbescheid gerichtet, so gehören sie ausschließlich vor das Gericht, das für eine Entscheidung im Streitverfahren zuständig gewesen wäre.**

1) Systematik, I, II. § 584 begründet grundsätzlich für alle Wiederaufnahmeklagen eine im Interesse der Prozeßwirtschaftlichkeit nach Grdz 14 vor § 128 örtliche und sachliche ausschließliche Zuständigkeit, BayObLG WoM **91**, 133, auch eine internationale. § 40 II ist also unanwendbar. § 281 (Verweisung) ist anwendbar, BayObLG WoM **91**, 134. Man wahrt die Frist bei einer Verweisung bereits durch die Anrufung des unzuständigen Gerichts, § 586 Rn 4. Dem in § 584 genannten Urteil steht ein Beschluß gleich, Grdz 12 vor § 578, zB auch ein Beschluß nach §§ 522 I, 552 I. Wegen einer Kindschaftssache gilt vorrangig der freilich inhaltlich weitgehend gleiche § 185 III FamFG. Es findet kein obligatorisches Güteverfahren statt, Grdz 1 vor § 578. 1

2) Regelungszweck, I, II. Die nochmalige sogar ausschließliche Zuständigkeit des früheren Gerichts ist alles andere als unproblematisch. Sie mutet allen Beteiligten ein hohes Maß an Disziplin und Selbstkritik zu, den Parteien ein hohes Maß an Vertrauen insbesondere nach schweren Verfahrensfehlern der jetzt wieder amtierenden Richter. Ihre Sachkunde aus dem früheren Verfahren ist ein nicht immer überzeugendes Gegenargument. Es ist zweifelhaft, ob man mit dem ohnehin riskanten Mittel einer Ablehnung wenigstens einzelner Richter nach § 42 nun ausgerechnet dann vorgehen sollte, wenn es ganz besonders letztlich auch um das richterliche Wohlwollen geht. An der Eindeutigkeit der Regelung ändert das alles wenig. Umso mehr sollte sich das Gericht der Problematik auch erkennbar bewußt sein. Ein verständnisvolles Wort kann zur Entspannung ganz wesentlich beitragen. 2

3) Erstgericht, I Hs 1. Grundsätzlich ist das Erstgericht des Vorprozesses ausschließlich zuständig, auch der Einzelrichter nach §§ 348, 348 a, evtl auch das FamG, (jetzt) § 185 III 1 Hs 1 FamFG, BGH **84**, 25, Stgt FamRZ **80**, 379, Parche NJW **79**, 142, aM KG FamRZ **79**, 526 (es läßt das Prozeßgericht an das FamG verweisen), Karlsr FamRZ **96**, 301 (keine Ehesache nach Scheidung). Wenn ein Wiederaufnahmeverfahren vorangegangen ist, ist für die Wiederaufnahmeklage das Gericht jenes Verfahrens zuständig, BGH BB **79**, 1705. Wegen der Ausschließung eines Richters § 41 Rn 14, wegen der Ablehnung eines Richters § 42 Rn 24, 25. 3

4) Berufungsgericht, I Hs 2. Das Berufungsgericht ist in den folgenden beiden Fällen zuständig: 4

A. Frühere eigene Entscheidung, Fall 1. Das Berufungsgericht ist dann zuständig, wenn es das Urteil oder eines von mehreren angegriffenen Urteilen erlassen hat, selbst wenn es die Berufung zurückgewiesen hat. Das gilt aber nur insoweit, als das Berufungsgericht sachlich entschieden hat. Das Berufungsgericht ist auch dann zuständig, wenn es in einem Nachverfahren nach §§ 302, 599 oder in einem Betragsverfahren nach § 304 entschieden hatte. Soweit der Verlierer das Ersturteil nicht mit einer Berufung angefochten hatte, bleibt das Erstgericht zuständig. Hat das Berufungsgericht die Klage insgesamt abgewiesen, bleibt es zuständig, selbst wenn das Erstgericht nur einen von mehreren Klagegründen bejaht hatte. Hat das Berufungsgericht die Berufung nach § 522 I als unzulässig verworfen, geht die Klage gegen das Ersturteil an das Erstgericht, Mü FamRZ **82**, 314 (wegen der Verwerfung einer Beschwerde [jetzt] im FamFG-Verfahren als unzulässig), es sei denn, der Wiederaufnahmegrund läge in der Verwerfung. Hat das Berufungsgericht nach § 538 zurückverwiesen, ist dasjenige Gericht zuständig, das das mit der Wiederaufnahmeklage angegriffene Urteil erlassen hat. Das Berufungsgericht ist auch dann zuständig, wenn man beide Urteile angegriffen hat. Die Kostenfestsetzung für das Wiederaufnahmeverfahren erfolgt stets beim Rpfl des Erstgerichts, § 104 Rn 1.

5 **B. Restitutionsklage gegen Revisionsurteil, Fall 2.** Das Berufungsgericht ist ferner dann zuständig, wenn das Revisionsgericht erkannt hat und wenn es sich um eine Restitutionsklage nach § 580 Z 1–3, 6, 7 handelt. Denn hier stehen Tatsachenergänzungen infrage. Das gilt aber nur bei einem Sachurteil. Wenn das Revisionsgericht nicht nach § 580 Rn 1 auf Grund eigener tatsächlicher Feststellungen erkannt hat, ist das Revisionsgericht selbst zuständig. Wegen Z 4 vgl Rn 5.

6 **5) Revisionsgericht, I Hs 3.** Das Revisionsgericht ist dann zuständig, wenn es sachlich erkannt hat und wenn keiner der Fälle des § 580 Z 1–3, 6, 7 vorliegt, BGH WertpMitt **80**, 1350. Daher ist es bei der Nichtigkeitsklage zuständig, auch wenn der Kläger zB die Besetzung des Berufungsgerichts rügt, und bei der Restitutionsklage aus § 580 Z 4, 5. Es ist ferner zuständig, sofern es selbst tatsächliche Feststellungen getroffen hatte, BGH **62**, 18. Das Berufungsgericht ist aber dann zuständig, wenn das Revisionsgericht das Verfahren an die Vorinstanz zurückverwiesen oder die Revision als unzulässig verworfen hatte, BVerwG BayVBl **76**, 213, Hamm Rpfleger **78**, 424. Denn dann hat das Revisionsgericht keine Sachentscheidung getroffen. Wenn es eine Revision als unbegründet zurückgewiesen hatte, auch durch einen Beschluß nach dem BGHEntlG, BGH **61**, 96, hat das Revisionsgericht aber in der Sache erkannt. Daher ist es auch zuständig, soweit der Nichtigkeitsgrund sein Verfahren unmittelbar betrifft, etwa wegen einer dauernden Prozeßunfähigkeit, § 51 Rn 1, BGH **61**, 100. Wenn der Kläger dagegen nach § 580 Z 4 auch und in erster Linie das Berufungsurteil angreift, ist das Berufungsgericht zuständig, BGH **61**, 98. Das LG ist dann zuständig, wenn das höhere Gericht das Verfahren an dieses Gericht zurückverwiesen hat oder wenn es das Urteil des LG bestätigt hat, § 566.

7 **6) Streitgericht nach Vollstreckungsbescheid, II.** Eine Wiederaufnahmeklage gegen einen Vollstrekkungsbescheid nach § 699 ist statthaft, Geißler DGVZ **89**, 129. Für diese Klage ist dasjenige Gericht zuständig, das für das Streitverfahren örtlich wie sachlich objektiv zuständig gewesen wäre, II, also dasjenige Gericht, an das man das Verfahren etwa nach § 696 V hätte verweisen müssen. In der Regel ist das Wohnsitzgericht zuständig, und zwar je nach der Höhe des Streitwerts das AG oder das LG. Wegen der Ausschließlichkeit des Gerichtsstands II nach Rn 1 ist eine Gerichtsstandsvereinbarung auch insoweit unbeachtlich, § 40 II Z 2.

585 *Allgemeine Verfahrensgrundsätze.* **Für die Erhebung der Klagen und das weitere Verfahren gelten die allgemeinen Vorschriften entsprechend, sofern nicht aus den Vorschriften dieses Gesetzes sich eine Abweichung ergibt.**

1 **1) Systematik.** Die Vorschrift stellt einerseits den Vorrang der Sonderregeln der §§ 578–591 klar. Sie verdeutlicht andererseits für den verbleibenden Verfahrensbereich die Anwendbarkeit jedenfalls der Bücher 1 und 2 der ZPO.

2 **2) Regelungszweck.** Die Verweisung auf das Buch 1 ist überflüssig, diejenige auf das Buch 2 im Grunde ebenfalls. Denn andernfalls würde man ja ohnehin die Hauptregeln des Buchs 2 zumindest entsprechend anwenden müssen. Immerhin dient § 585 mit solchen Klarstellungen der Rechtssicherheit, Einl III 43.

3 **3) Verfahren.** Das Verfahren richtet sich grundsätzlich nach den für die Instanz geltenden allgemeinen Vorschriften. Man muß die Klage nach § 253 erheben. Das gilt auch vor einem höheren Gericht. Freilich geben §§ 587, 588 für den Klaginhalt vorrangige Sonderregeln. Man kann den Wiederaufnahmeantrag beschränken, soweit eine bloße Teilaufhebung in Betracht kommt, § 590 Rn 4. Ein Anwaltszwang besteht wie sonst, § 78 Rn 2. Das Gericht muß die Klage dem ProzBev des Vorprozesses zustellen, § 172. Das gilt auch in einer Ehesache, §§ 48, 121 ff FamFG. Hat die Partei bei einer Wiederaufnahmeklage in der Rechtsmittelinstanz dort noch keinen ProzBev bestellt gehabt oder war er gelöscht worden, muß das Gericht die Klage an den erstinstanzlichen ProzBev zustellen.

4 Die *Prozeßvollmacht* gilt auch für das Wiederaufnahmeverfahren, § 81. Etwas anderes gilt nur in einer Ehesache, § 114 V FamFG. Die Verbindung mit einer anderen Klage nach § 147 ist wegen der verschiedenen rechtlichen Natur der Klagen unstatthaft, aM RoSGo § 161 III 2 b, StJSchu § 260 Rn 33 (aber das Wiederaufnahmeverfahren folgt doch teilweise ganz anderen Regeln als das Erkenntnisverfahren). Eine Ablehnung des Richters ist möglich, § 42 Rn 24, 25. In einer Ehesache besteht auch nach der Scheidung eine Pflicht des Antragstellers zur Zahlung eines Prozeßkostenvorschusses entsprechend §§ 1360 a IV und 1361 a IV BGB. Der Kläger kann die Erstattung des auf das Vorprozeßurteil Geleisteten mit einem Zwischenantrag nach § 256 II verlangen.

5 Die *Klagerücknahme* erfolgt nach § 269. Hauptsache nach § 39 Rn 6 ist schon diejenige der Aufhebungsverhandlung. Die Klage hat keine Hemmungswirkung, Grdz 2 vor § 511. Das Gericht kann die Verhandlung über die drei Abschnitte des Verfahrens nach Grdz 15 vor § 578 trennen. Es braucht das aber nicht zu tun. Über die Möglichkeit einer Klagänderung § 588 Rn 2. Das Versäumnisverfahren nach §§ 330 ff verläuft wie sonst, § 590. Wenn das OLG die Wiederaufnahmeklage in einer nichtvermögensrechtlichen Sache nach Grdz 10 vor § 1 durch ein Urteil als unzulässig verworfen hat, ist die Revision nur auf Grund einer besonderen Zulassung möglich.

6 **4) Neuer Anspruch.** Er ist im ersetzenden Verfahren nach § 590 zulässig, soweit ihn der Stand des Verfahrens im Vorprozeß zuließ. Das gilt vor allem für eine Widerklage, Anh § 253. Im aufhebenden Verfahren ist ein neuer Anspruch unzulässig.

586 *Klagefrist.* **I Die Klagen sind vor Ablauf der Notfrist eines Monats zu erheben.**

II 1 Die Frist beginnt mit dem Tag, an dem die Partei von dem Anfechtungsgrund Kenntnis erhalten hat, jedoch nicht vor eingetretener Rechtskraft des Urteils. 2 Nach Ablauf von fünf Jahren, von dem Tag der Rechtskraft des Urteils an gerechnet, sind die Klagen unstatthaft.

III Die Vorschriften des vorstehenden Absatzes sind auf die Nichtigkeitsklage wegen mangelnder Vertretung nicht anzuwenden; die Frist für die Erhebung der Klage läuft von dem Tag, an dem der Partei und bei mangelnder Prozessfähigkeit ihrem gesetzlichen Vertreter das Urteil zugestellt ist.

Gliederung

1) Systematik, I–III. Die Figur einer Klagefrist findet sich verschiedentlich, Grdz 26 ff vor § 253. Es handelt sich um eine Zulässigkeitsvoraussetzung nach Rn 3 und um eine vorrangige „Abweichung" im Sinn von § 585. Bei § 185 IV FamFG (Abstammungssache) findet sich ein Ausschluß von § 586. 1

2) Regelungszweck, I–III. Die Vorschrift dient vor allem in ihrer Ausschlußfrist nach II 2 der Begrenzung der Klagemöglichkeiten und damit der mit der Rechtskraft einsetzenden Rechtssicherheit, Einl III 43, BAG DB **03**, 836. Diese erhält hier scheinbar den ausnahmsweisen Vorrang vor dem Grundgedanken der §§ 578 ff, der Herstellung sachlicher Gerechtigkeit nach Einl III 9, 36. In Wahrheit ist der ganze Gedanke einer Wiederaufnahme eben von vornherein weder in der Sache noch formell und vor allem nicht zeitlich von solchen notwendigen Eingrenzungen unabhängig durchführbar. Deshalb darf und muß man § 586 durchaus streng auslegen. 2

Die Rechtsidee hat eben mehrere Bestandteile. Von ihnen ist Gerechtigkeit zwar der wichtigste, aber nicht der einzige ist, § 296 Rn 2. Im übrigen ist es zumindest in einem weiteren Sinn auch gerecht, wenn nun irgendwann einmal jeder Streit vor Gericht ein Ende haben soll. Die aus dem Notfristcharakter in I folgende Möglichkeit einer Wiedereinsetzung zwecks Wiederaufnahme mit Ausnahme von II 2 zeigt schon ein erhebliches zusätzliches gesetzliches Entgegenkommen.

3) Notfrist, I, II. Für die Klage läuft eine Notfrist, § 224 I 2, BVerfG NJW **93**, 3257, BAG DB **03**, 836. Sie beträgt grundsätzlich 1 Monat. Ausnahmsweise ist die Frist länger, falls nämlich die Rechtsmittelfrist länger als 1 Monat war. Die Einhaltung der Frist ist eine Zulässigkeitsvoraussetzung, Grdz 16 vor § 578. Das Gericht muß sie von Amts wegen prüfen, Grdz 39 vor § 128. Die Frist berechnet sich nach §§ 222, 223. Wegen einer Abkürzung oder Verlängerung § 224 II. Ein Prozeßkostenhilfegesuch nach §§ 114 ff reicht nicht. § 167 ist anwendbar. 3

Unanwendbar ist § 586 in einer Abstammungssache, (jetzt) § 185 IV FamFG, aM (je zum alten Recht) BGH NJW **94**, 591, Düss FamRZ **02**, 1268 (aber § 185 IV FamFG ist schon nach seinem Wortlaut eindeutig allgemein gültig. Das verstärkt sich dadurch, daß der besondere Restitutionsgrund des § 185 I FamFG nach dessen klarem Wortlaut „auch" eingreift. Am klaren Wortlaut enden Auslegungsbefugnisse, Einl III 39). Unanwendbar ist § 586 ferner einem Verfahren nach § 181 SGG.

4) Einzelfragen, I. Eine Wiedereinsetzung nach §§ 233 ff ist zulässig, BVerfG NJW **93**, 3257. Eine Klagerhebung vor dem unzuständigen Gericht wahrt die Frist mangels einer den §§ 519, 549 entsprechenden Bestimmung stets, BGH **97**, 161, BayObLG WoM **91**, 134. Die Fristwahrung erfolgt nicht etwa nur dann, wenn das Gericht nach § 506 verweist, aM ThP 1 (aber dann wäre wegen § 281 II die oft notwendige Rückwirkung nicht möglich). Eine Klage ist schon vor dem Beginn der Frist statthaft, selbst vor der Zustellung des Urteils nach § 317. Wenn man die Klage vor dem Eintritt der formellen Rechtskraft des Urteils nach § 705 erhebt, heilt deren Eintritt. S auch § 588 Rn 2. Der Kläger kann neben dem einen Klagegrund einen solchen anderen nicht mehr geltend machen, für den die Frist verstrichen ist. Grundsätzlich kann man einen von vornherein vorhandenen Restitutionsgrund nur innerhalb der Monatsfrist nachschieben, unklar BAG DB **99**, 644. Wenn freilich nacheinander mehrere Urkunden aufgefunden oder benutzbar werden, entsteht jeweils eine neue Frist, solange man noch keine Restitutionsklage erhoben hat. Das gilt selbst dann, wenn der Kläger die erste Frist ungenutzt ließ und wenn eine weitere Urkunde dasselbe beweisen soll, ThP 2, unklar BAG DB **99**, 644. 4

5) Fristbeginn: Ab Rechtskraft, II 1. Zum Fristbeginn notwendig ist zunächst die formelle Rechtskraft des Urteils, nach § 705, BGH NJW **93**, 1596, Hamm FamRZ **97**, 759, KG WoM **96**, 179 (WEG). Bei § 544 V 3 beginnt die Frist mit der Zustellung der Zurückweisung, BGH NJW **05**, 3724. Notwendig ist ferner eine Kenntnis der Partei, BAG DB **03**, 836, oder ihres gesetzlichen Vertreters oder ProzBev, §§ 51 II, 85 II, BGH NJW **93**, 1596, oder des Generalbevollmächtigten nach § 80 Rn 13 oder des sachbearbeitenden Terminsvertreters der Behörde. Diese Kenntnis muß grundsätzlich alle den Wiederaufnahmegrund bildenden Tatsachen umfassen, BGH NJW **93**, 1596. Eine Ausnahme besteht nach III. Diese Kenntnis muß also auch alle Voraussetzungen der Statthaftigkeit der Klage umfassen. Daher ist zB bei § 581 ein rechtskräftiges Strafurteil notwendig. Eine zutreffende rechtliche Einordnung ist zum Fristbeginn natürlich nicht erforderlich, BGH NJW **93**, 1596. 5

6) Einzelfragen, II 1. Bei *§ 580 Z 1–5* ist die Kenntnis einer rechtskräftigen Bestrafung oder der Unmöglichkeit eines Strafverfahrens notwendig, Hamm FamRZ **97**, 759 (Kenntnis einer vorläufigen Einstellung reicht nicht). Bei einer Amnestie ist die Zurückweisung der Beschwerde gegen eine Einstellung 6 notwendig. Beim Tod eines Zeugen nach *§ 580 Z 3* ist die Kenntnis davon ausreichend. Bei *§ 580 Z 7 b* muß der Kläger die Urkunde aufgefunden haben und imstande sein, sie zu benutzen. Nicht erforderlich ist, daß er auch ihre Benutzbarkeit erkannt hat, BPatG GRUR **86**, 310, sofern man objektiv mit der Benutzbarkeit rechnen konnte. Bei einer nachträglich errichteten Geburtsurkunde ist grundsätzlich die Kenntnis der Geburt maßgeblich. Wenn eine Geburtsurkunde erst nach der Rechtskraft des früheren Urteils bekannt geworden ist, entscheidet wegen § 1593 BGB die Rechtskraft desjenigen Urteils, das die Nichtehelichkeit feststellt, Nürnb NJW **75**, 2024.

Wenn die Urkunde *im Besitz eines Dritten* ist, muß er zur Vorlegung verpflichtet sein, §§ 429 ff. Über die Auffindung von Urkunden § 580 Rn 24 ff. Es kommt nicht darauf an, ob der Kläger eine Kenntnis von der rechtlichen Bedeutung des Grundes auch der Urkunde erlangt hat. Eine Kenntnis des ProzBev läßt sich nur dann der Partei nach § 85 II zurechnen, wenn der Auftrag des Bevollmächtigten zur Vertretung noch in demjenigen Zeitpunkt bestand, in dem er die Kenntnis erhielt, oder wenn die Partei den ProzBev mit einer Strafanzeige beauftragt hatte und wenn diese Anzeige gerade der Vorbereitung des Restitutionsverfahrens diente, BGH MDR **78**, 1016. Eine Kenntnis erhält man nur durch ein sicheres Wissen, aber auch durch ein bewußtes Sichverschließen, BAG DB **03**, 836, jedoch nicht schon durch ein bloßes Gerücht.

7 **7) Glaubhaftmachung, I, II.** Die Glaubhaftmachung erfolgt nach § 589 II.

8 **8) Fünfjahresfrist, II 2.** Die Vorschrift gilt entsprechend im Verfahren nach §§ 30 ff AKG, Düss RR **93**, 447. Der Ablauf von 5 Jahren seit dem Eintritt der Rechtskraft nach Rn 3 macht jede Anfechtung unstatthaft, auch eine auf § 826 BGB gestützte. Es handelt sich um eine uneigentliche Frist, Üb 11 vor § 214, KG Rpfleger **76**, 368. Die Frist ist keine Notfrist, § 224 I 2. Die Fristhemmungsgründe des § 203 BGB sind nicht anwendbar. Eine Abkürzung oder Verlängerung der Frist nach § 224 ist unzulässig. Die Frist hemmt die Verjährung nach § 203 BGB nicht, BGH DtZ **94**, 215 (zu § 958 II). Eine Wiedereinsetzung nach § 233 ist nicht möglich, VGH Mü NVwZ **93**, 92.

Die Frist *beginnt* grundsätzlich mit dem Eintritt der formellen Rechtskraft nach § 705, KG Rpfleger **76**, 368 (betr Beschlüsse), Schmahl NJW **77**, 27, aM Braun NJW **77**, 28 (aber man muß von einem ganz klaren Zeitpunkt an rechnen können). Die Frist beginnt auch ohne eine Kenntnis des Anfechtungsgrundes und unabhängig von I, abgesehen von den Fällen III. Man wahrt die Frist durch die Klagerhebung nach §§ 253, 261, evtl auch durch die Klageinreichung nach § 167, nicht aber schon durch die Einreichung eines bloßen Prozeßkostenhilfegesuchs nach § 117 I. Der Fristablauf heilt alle Fehler des Urteils. Das beweist, daß der Mangel keine unheilbare Nichtigkeit bewirkt. Die Regelung ist im Zusammenhang mit § 339 unanwendbar, dort Rn 3.

9 **9) Mangel der Vertretung, III.** Der Zweck von III ist, dem durch den Mangel der Vertretung Benachteiligten durch die Nichtigkeitsklage eine Möglichkeit der Wiederaufnahme zu geben, weil das Urteil trotz des Mangels rechtskräftig werden konnte, § 56 Rn 11.

10 **10) Einzelfragen, III.** Bei § 579 I Z 4 beginnt die Frist abweichend von der Fünfjahresfrist des II 2 frühestens mit der wirksamen Zustellung des vollständigen Urteils nach § 317 an die Partei selbst. Beim Mangel der Prozeßfähigkeit der Partei beginnt die Frist also mit der Zustellung an ihren gesetzlichen Vertreter nach § 171, Ffm FamRZ **85**, 613, KG FamRZ **89**, 647. Daher ist mangels einer wirksamen Urteilszustellung eine Nichtigkeitsklage ohne Rücksicht auf die Länge der Zeit möglich, KG FamRZ **89**, 648. Eine Zustellung an die Partei persönlich kommt freilich dann nicht in Betracht, wenn sie prozeßunfähig ist, § 171 Rn 1, Hbg FamRZ **81**, 961, KG FamRZ **89**, 647.

Eine Zustellung an den *ProzBev* ist unerheblich. Denn es kommt auf ihn für den Fristablauf nicht an. Wenn man aus dem Urteil die mangelnde Vertretung nicht ersehen kann, gilt II. Dasselbe gilt, wenn der Gegner klagt, BGH **63**, 80. Andererseits beginnt die Frist auch dann erst mit der Zustellung an den gesetzlichen Vertreter, wenn die Partei den Vertretungsmangel schon vorher kannte, KG FamRZ **79**, 526. Aus § 578 folgt, daß das Urteil rechtskräftig sein muß. III besagt nichts dagegen. Eine Ersatzzustellung nach §§ 178 ff oder eine öffentliche Zustellung nach §§ 185 ff genügt. Sie kann ebenso wie eine sonst unverschuldete Unkenntnis eine Wiedereinsetzung nach §§ 233 ff rechtfertigen. Eine wirksame Zustellung ist für den Fristbeginn unerläßlich.

Rechtsmißbrauch ist auch hier unstatthaft Einl III 54. Eine Zustellung vor dem Eintritt der Rechtskraft des Urteils nach Rn 3 setzt die Notfrist nach I, III nicht in Lauf. Denn dann ist noch gar keine Klage statthaft. Deshalb ist dann eine erneute Zustellung nach dem Eintritt der Rechtskraft notwendig, StJGr 14, aM Köln OLGZ **77**, 120, ThP 6 (die Frist beginne dann mit der nachfolgenden Rechtskraft. Aber eine Frist kann nicht vor dem Eintritt eines Rechtsschutzbedürfnis anlaufen. Dieses beginnt erst mit der Statthaftigkeit eines Rechtsschutzgesuchs).

587 *Klageschrift.* **In der Klage muss die Bezeichnung des Urteils, gegen das die Nichtigkeits- oder Restitutionsklage gerichtet wird, und die Erklärung, welche dieser Klagen erhoben wird, enthalten sein.**

1 **1) Systematik, Regelungszweck.** Die Vorschrift enthält eine zusätzliche, im Sinn von § 585 gegenüber § 253 vorrangige Zulässigkeitsvoraussetzung, § 589 I. Diese entspricht §§ 519 II, 549 I 1. Sinn ist im Interesse der Rechtssicherheit nach Einl III 43 die Klarstellung, inwiefern der Kläger das rechtskräftige Urteil überhaupt angreift.

2 **2) Urteilsbezeichnung.** Notwendig ist die Bezeichnung des angegriffenen Urteils. Dazu reicht es aus, die Nämlichkeit des Urteils zu klären, zB durch das Aktenzeichen und das Verkündungsdatum. Die irrige Angabe des Ersturteils statt des ersetzenden Berufungsurteils reicht aus, wenn das Klageziel erkennbar ist.

3) Klagebezeichnung. Notwendig ist ferner die Erklärung, daß der Kläger eine Nichtigkeitsklage oder Restitutionsklage erhebt. Diese Worte sind aber nicht wesentlich. Der Klaginhalt muß nur die Natur der Klage klar ergeben. 3

4) Anwaltsbezeichnung. Notwendig ist ferner die Einlegung durch einen Anwalt, falls ein Anwaltszwang besteht, § 78 Rn 2. 4

5) Parteien- und Gerichtsbezeichnung. Notwendig ist schließlich eine eindeutige Bezeichnung des Klägers und des Bekl sowie des Gerichts, § 253 II Z 1. Bei einer Zustellung an den früheren prozeßbevollmächtigten Anwalt nach § 172 ist bei der Ladung eine Aufforderung zur Bestellung eines Anwalts nicht erforderlich. 5

6) Weitere Einzelfragen. Ein bestimmter Antrag wie bei § 253 II Z 2 sowie eine Bezeichnung des Wiederaufnahmegrundes sind nicht zwingend, § 588 I Z 1. Die ganze Regelung ist recht willkürlich. Ein Begründungszwang wäre folgerichtig und notwendig. Vgl im übrigen die Erläuterungen zu § 519 II Z 1. Der Wechsel von der Restitutions- zur Nichtigkeitsklage und umgekehrt ist eine Klagänderung, § 263. 6

7) Verstoß. Ein Verstoß führt nach einem vergeblichen Hinweis nach § 139 zur Verwerfung der Klage als unzulässig, § 589 I. 7

588 *Inhalt der Klageschrift.* **[I] Als vorbereitender Schriftsatz soll die Klage enthalten:**

1. die Bezeichnung des Anfechtungsgrundes;
2. die Angabe der Beweismittel für die Tatsachen, die den Grund und die Einhaltung der Notfrist ergeben;
3. die Erklärung, inwieweit die Beseitigung des angefochtenen Urteils und welche andere Entscheidung in der Hauptsache beantragt werde.

[II] [1] Dem Schriftsatz, durch den eine Restitutionsklage erhoben wird, sind die Urkunden, auf die sie gestützt wird, in Urschrift oder in Abschrift beizufügen. [2] Befinden sich die Urkunden nicht in den Händen des Klägers, so hat er zu erklären, welchen Antrag er wegen ihrer Herbeischaffung zu stellen beabsichtigt.

1) Systematik, Regelungszweck, I, II. § 588 ist eine den §§ 130, 253 II, 273 teilweise ähnliche, im Sinn von § 585 vorrangige bloße Sollvorschrift zwecks einer gegenüber § 587 weiteren Klarstellung dazu, was, weshalb und wie der Kläger angreift. Das Gericht muß ihre Befolgung ist aber evtl nach § 273 anmahnen. Die Angaben der Klageschrift bereiten nur vor. Das Nähere erfolgt in einem weiteren Schriftsatz oder in der mündlichen Verhandlung. 1

2) Sollinhalt, I. Die Klageschrift soll alle folgenden Angaben enthalten. 2

A. Grundbezeichnung, I Z 1. Man soll eine Bezeichnung des Anfechtungsgrundes beifügen. Der Kläger hält die Klagefrist des § 586 aber auch dann ein, wenn er in ihr noch keinen Anfechtungsgrund nennt. Daher darf der Kläger neue Gründe beliebig nachschieben, sofern sie nicht bei der Klagerhebung durch einen Fristablauf vernichtet waren. Er darf auch solche Gründe nachschieben, die nach der Klagerhebung entstehen. Auch für solche Gründe läuft keine Frist, auch nicht die Fünfjahresfrist, § 586 II. Das Nachschieben eines Nichtigkeitsgrundes bei der Nichtigkeitsklage oder eines Restitutionsgrundes bei der Restitutionsklage ist keine Klagänderung. Wohl aber ist das Nachschieben eines Nichtigkeitsgrundes bei der Restitutionsklage und umgekehrt eine Klagänderung.

B. Beweismittelbezeichnung, I Z 2. Man soll ferner die Beweismittel für den Grund und die Einhaltung der Notfrist angeben. Infrage kommen nur gesetzliche Beweismittel und ein gesetzlicher Beweisantritt. Ein Antrag auf eine Parteivernehmung nach §§ 445 ff ist unzulässig, § 581 II. Eine Glaubhaftmachung erfolgt nach § 294. 3

C. Antrag, I Z 3. Man soll schließlich einen Antrag zur Wiederaufnahme (Urteilsaufhebung) und zur Hauptsache beifügen. Der zweite Antrag ist in der mündlichen Verhandlung unentbehrlich, § 308 I, der erste kann sich aus dem zweiten ergeben. Wegen der Einheit der mündlichen Verhandlung des ersetzenden Verfahrens nach Üb 3 vor § 253, Grdz 15 vor § 578 kann sich der Antrag zur Hauptsache aus dem im Vorprozeß gestellten ergeben, Gilles ZZP **78**, 472. Eine Klagerweiterung ist in den Grenzen Rn 2 möglich. 4

3) Urkundenbeifügung, II. Der Kläger soll die erforderlichen Urkunden beifügen. Auch das ist aber eben bloß eine Sollvorschrift. Denn wenn die Angabe des Anfechtungsgrundes nach I Z 1 nicht wesentlich ist, kann es auch nicht die Urkundenbeifügung zum Nachweis des Grundes sein. 5

4) Verstoß, I, II. Ein Verstoß nur gegen § 588 bleibt grundsätzlich ohne prozessuale Folgen. Jedoch muß man §§ 282, 296 beachten. 6

589 *Zulässigkeitsprüfung.* **[I] [1] Das Gericht hat von Amts wegen zu prüfen, ob die Klage an sich statthaft und ob sie in der gesetzlichen Form und Frist erhoben sei. [2] Mangelt es an einem dieser Erfordernisse, so ist die Klage als unzulässig zu verwerfen.**

[II] Die Tatsachen, die ergeben, dass die Klage vor Ablauf der Notfrist erhoben ist, sind glaubhaft zu machen.

1) Systematik, I, II. § 589 entspricht §§ 522, 552. Eine wesentliche Abweichung ist, daß das Gericht die Zulässigkeitsprüfung bei § 589 grundsätzlich nur in der mündlichen Verhandlung vornehmen darf, 1

Seetzen NJW **84**, 347. Von dieser Regel gelten Ausnahmen bei § 128 II, Braun NJW **84**, 349, und im WEG-Verfahren, (zum alten Recht) BayObLG WoM **92**, 285, abgesehen von § 128 II.

2 **2) Regelungszweck, I, II.** Sinn der Vorschrift ist eine weitere Eingrenzung, diesmal auch im Interesse der Prozeßwirtschaftlichkeit nach Grdz 14 vor § 128, vor einer nochmaligen Erörterung des bisher ja noch rechtskräftig ausgeurteilten Streitstoffs.

3 **3) Geltungsbereich, I 1.** Die Prüfung erstreckt sich auf die allgemeinen Prozeßvoraussetzungen wie bei jeder Klage nach Grdz 12 vor § 253 und auf die besonderen Voraussetzungen der gewählten Wiederaufnahmeklage. Das Gericht muß die folgenden Punkte prüfen: Die Statthaftigkeit, §§ 578, 583; die Wahrung der Form, §§ 253, 587; die Wahrung der Frist nach § 586 in diesem Verfahrensabschnitt, Grdz 15 vor § 578. Die Prüfung erstreckt sich dagegen nicht auf die Voraussetzungen des § 582.

Es findet eine *Amtsprüfung* nach Grdz 39 vor § 128 statt. Das geschieht noch in der Revisionsinstanz. Es gibt aber keine Amtsermittlung im Sinn von Grdz 38 vor § 128. Das Gericht prüft auch, ob eine Wiedereinsetzung erfolgt ist. Der Kläger muß nach § 294 diejenigen Tatsachen glaubhaft machen, die eine Fristwahrung ergeben. Er muß also das für die Glaubhaftmachung nach Rn 3 Erforderliche bereithalten. Der Restitutionsbekl muß dasselbe für seine Entgegnungen tun. Er darf sich auf eine bloße Glaubhaftmachung beschränken. Das Gericht darf und muß ein Geständnis nach § 288 und ein Anerkenntnis nach § 307 frei würdigen, § 286.

4 **4) Entscheidung, I 2.** Wenn ein wesentliches Erfordernis der Zulässigkeit fehlt, etwa die Behauptung eines Nichtigkeitsgrundes, muß das Gericht die Klage nach einem vergeblichen Hinweis nach § 139 durch ein sog Prozeßurteil nach Üb 5 vor § 300 als unzulässig verwerfen. Das geschieht auf Grund einer mündlichen Verhandlung nach § 128 Rn 4, auch einer nach § 590 II abgesonderten, ohne eine Aussetzung, § 590 Rn 10, Köln MDR **91**, 452. Das Gericht kann die Zulässigkeit durch ein Zwischenurteil nach § 303 oder im Endurteil bejahen. Die als unzulässig verworfene Klage läßt sich innerhalb der Frist des § 586 mit einer besseren Begründung wiederholen.

5 **5) Glaubhaftmachung, II.** Die Glaubhaftmachung der Fristeinhaltung erfolgt nach § 294. Sie genügt für das ganze Verfahren. Eine Würdigung der in der Hauptsache angetretenen Beweise muß hier unterbleiben. Im echten streitigen Verfahren nach dem FGG nach Grdz 3 ff vor § 578 gilt bei II der Beibringungsgrundsatz, Grdz 20 vor § 128, Düss FamRZ **01**, 1538.

590

Neue Verhandlung. **I Die Hauptsache wird, insoweit sie von dem Anfechtungsgrunde betroffen ist, von neuem verhandelt.**

II 1 Das Gericht kann anordnen, dass die Verhandlung und Entscheidung über Grund und Zulässigkeit der Wiederaufnahme des Verfahrens vor der Verhandlung über die Hauptsache erfolge. 2 In diesem Fall ist die Verhandlung über die Hauptsache als Fortsetzung der Verhandlung über Grund und Zulässigkeit der Wiederaufnahme des Verfahrens anzusehen.

III Das für die Klagen zuständige Revisionsgericht hat die Verhandlung über Grund und Zulässigkeit der Wiederaufnahme des Verfahrens zu erledigen, auch wenn diese Erledigung von der Feststellung und Würdigung bestrittener Tatsachen abhängig ist.

Gliederung

1 **1) Systematik, Regelungszweck, I–III.** Die Vorschrift enthält einen auch in § 238 enthaltenen Gedanken. Sie dient mit seinen Möglichkeiten einer stufenweisen Abschichtung der Prozeßwirtschaftlichkeit nach Grdz 14 vor § 128. Sie bezweckt natürlich auch wiederum eine Eingrenzung der Notwendigkeit des erneuten Eindringens in einen bisher immerhin rechtskräftig ausgeurteilten Streitstoff. Sie dient damit auch der Rechtssicherheit, Einl III 43.

A. Dreiteilung des Verfahrens. Vgl zunächst Grdz 15 vor § 578. Das Gericht kann alle drei Verfahrensabschnitte in einem einheitlichen Verfahren zusammenfassen, BGH NJW **93**, 3140, aM Hamm FamRZ **96**, 558 (Zwang zur einheitlichen Entscheidung. Aber II 1 ist eindeutig, Einl III 39. Es kann sich als ratsam oder notwendig erweisen, wie bei einer Stufenklage nach § 254 Rn 12 stufenweise zu entscheiden). Nachdem das Gericht nach § 589 über die Zulässigkeit der Klage befunden hat, muß es über den Grund der Wiederaufnahme verhandeln lassen, §§ 579, 580. Es muß dazu eine Prüfung von Amts wegen vornehmen, Grdz 39 vor § 128. Das gilt auch für das Revisionsgericht.

Dieses muß die notwendigen tatsächlichen *Feststellungen* ausnahmsweise selbst treffen. Wenn das Gericht die Klage als unbegründet beurteilt, weist es die Klage durch ein Sachurteil eben als unbegründet ab. Wenn das Gericht den Grund bejaht, kann es das in einem Zwischenurteil nach § 303 oder im Endurteil tun, BGH NJW **82**, 2449. Das Gericht hebt dann die angefochtene Entscheidung auf (aufhebende Entscheidung, iudicium rescindens). Diese Aufhebung gilt rückwirkend, BVerfG NJW **00**, 1357. Darauf müssen die Parteien neu zur Hauptsache verhandeln, und das Gericht muß eine neue Entscheidung an die Stelle der alten setzen (ersetzende Entscheidung, iudicium rescissorium). Sie kann sachlich die alte bestätigen, Rn 6. Die drei Entscheidungen lassen sich in einem Endurteil verbinden.

B. Abgesonderte Verhandlung. Das Gericht kann auch statt eines einheitlichen Verfahrens nach Rn 1 eine abgesonderte Verhandlung über die Zulässigkeit und/oder den Grund anordnen, § 280, BGH **161**, 3. Es muß das tun, wenn verschiedene Verfahrensarten infrage kommen, also im Urkundenprozeß nach §§ 592 ff, soweit das Gericht die Wiederaufnahmeklage gegen das Vorbehaltsurteil für zulässig hält, § 578 Rn 6, § 580 Rn 1. Dagegen muß das Gericht den Grund und die Zulässigkeit der Wiederaufnahme im Eheverfahren, Familienverfahren und Kindschaftsverfahren usw nach dem FamFG behandeln. Das Revisionsgericht darf ersetzend nur dann entscheiden, wenn es nur um sein Verfahren geht. Davon abgesehen muß das Revisionsgericht durch ein Zwischenurteil über die Zulässigkeit und den Grund erkennen und die Sache zurückverweisen, soweit Feststellungen des Berufungsgerichts betroffen sind, §§ 538, 563, BGH NJW **79**, 428. 2

2) Verhandlungsumfang, I–III. Das Gericht sollte ihn strikt einhalten. 3

A. Grundsatz: Begrenzung auf Anfechtungsgrund. Die neue Verhandlung zur Hauptsache erstreckt sich nur auf den vom Anfechtungsgrund betroffenen Teil des Verfahrens. In diesen Grenzen ist sie eine neue unabhängige Verhandlung. Wegen des nicht betroffenen Rests wird das alte Verfahren fortgesetzt. Inwieweit das Verfahren betroffen ist, das muß man nach der Lage des Falles entscheiden. Bei § 580 Z 5 erfolgt stets eine neue Verhandlung über die gesamte Sache, KG NJW **76**, 1356.

B. Einzelfragen. Eine Abtrennung nach § 145 ist für einen abtrennbaren Teil möglich. Das gilt sachlich oder zeitlich, also bis zu einem bestimmten Zwischenurteil oder Teilurteil, wegen der Einheitlichkeit der Verhandlung aber nicht bis zu einem Termin, StJGr 4, aM Gilles ZZP **80**, 398 (es sei eine tatsächliche Abtrennung erforderlich. Aber das ist nicht prozeßwirtschaftlich). Die andere Partei kann etwaige früher nicht vorgebrachte Gründe vortragen. Denn der Prozeß kehrt insoweit in die Lage vor dem Erlaß des Urteils zurück. Alle Tatsachen, Beweismittel, Ansprüche, Prozeßhandlungen, die damals zulässig waren, sind es auch jetzt, soweit die Instanz das zuläßt. Frühere Bindungen etwa durch ein Anerkenntnis nach § 307 oder durch ein Geständnis nach § 288 oder infolge einer Mängelheilung nach § 295 wirken weiter, soweit die Anfechtung sie nicht erfaßt. Soweit das alte Verfahren bleibt, sind neue Angriffs- und Verteidigungsmittel unstatthaft. Denn insofern wirkt der Schluß der alten mündlichen Verhandlung weiter, §§ 136 IV, 296 a. Davon abgesehen entscheidet der Schluß der jetzigen Verhandlung. 4

3) Ersetzende Entscheidung, I–III. Sie erfolgt beim Stattgeben in zweierlei Richtungen. 5

A. Urteilsarten. Die Entscheidung ergeht auf Grund einer neuen Würdigung des Streitstoffs nach § 286, soweit das Gericht nicht gebunden ist, Rn 3. Soweit die Bindung reicht, bleibt auch die alte Urteilsbegründung wirksam. Die Entscheidung lautet wie folgt.

Ablehnung. Soweit das Gericht die Wiederaufnahmeklage als unbegründet abweist, lautet das Urteil auf eine Bestätigung des alten Urteils, nicht auf eine Klagabweisung, aM Gilles ZZP **80**, 419 (aber das ganze Verfahren sollte sich gerade im Urteil erkennbar auf die frühere Entscheidung beziehen, ähnlich einem Spruch des Rechtsmittelgerichts, ja sogar nach einem Einspruch gegen ein Versäumnisurteil usw). In Wahrheit ist das eine Aufhebung und eine Ersetzung. Es wäre aber nutzlos, beides auszusprechen. 6

Stattgeben. Soweit das Gericht der Wiederaufnahmeklage stattgibt, lautet das Urteil auf eine Aufhebung des alten Urteils und auf eine neue Entscheidung. Das gilt auch dann, wenn das neue Urteil zu demselben Ergebnis kommt, RoSGo § 161 IV 3, aM StJGr Rn 10, ThP 5 (man könne auch nach § 343 vorgehen. Aber es gibt deutliche Abweichungen). Die neue Entscheidung kann auch ein Prozeßurteil sein, Üb 5 vor § 300. Das neue Urteil ist rechtsgestaltend und rückwirkend. Das alte Urteil gilt bei einer Aufhebung als von Anfang an nicht vorhanden. Die Aufhebung darf nicht über den Antrag hinausgehen, § 308 I, BAG DB **00**, 1084. 7

Kosten. Für die Prozeßkosten nach §§ 91 ff gilt das neue Verfahren als die Fortsetzung des früheren. Deshalb erfolgt eine einheitliche Kostenentscheidung über den gesamten Prozeß, Hbg FamRZ **81**, 963, LAG Ffm BB **01**, 2653, StJGr 18. Streitwert: § 3 Anh Rn 85 „Nichtigkeitsklage". Man darf die Zinsen und Kosten nicht hinzurechnen, § 4. 8

B. Erstattungsanspruch. Das abgeänderte Urteil gibt dem Sieger einen Anspruch auf eine Erstattung des auf das alte Urteil Geleisteten, aber ohne Zinsen. § 717 ist unanwendbar, aM ThP 5, ZöGre 15 (aber dort geht es um Folgen einer nur vorläufigen Vollstreckbarkeit). Eine Schadensersatzklage läßt sich mit der Wiederaufnahmeklage verbinden. Ein Zinsanspruch läßt sich allenfalls als ein sachlichrechtlicher Ersatzanspruch begründen. Durch eine Aufhebung des Scheidungsurteils wird aber eine stattgefundene Auseinandersetzung nicht hinfällig, wenn das FamG die Ehe wieder scheidet, Grdz 8 vor § 578. 9

4) Versäumnisverfahren, I–III. Das Gericht muß stets §§ 330 ff mitbeachten. 10

A. Säumnis des Klägers. Dann muß das Gericht die Zulässigkeit und den Anfechtungsgrund von Amts wegen prüfen, Grdz 39 vor § 128. Fehlt eines dieser Erfordernisse, muß das Gericht die Klage durch ein echtes Versäumnisurteil verwerfen, §§ 330, 542 Rn 4, aM ThP 6 (unechtes Versäumnisurteil), ZöGre § 589 Rn 4 (aber es gibt keinen Anlaß zur Abweichung vom Regelfall). Wenn das Gericht die Voraussetzungen bejaht, erfolgt eine Sachabweisung durch ein echtes Versäumnisurteil entsprechend § 330.

B. Säumnis des Beklagten. Dann erfolgt eine Prüfung wie bei Rn 10. Beim Fehlen der Voraussetzungen verwirft das Gericht die Klage durch ein unechtes Versäumnisurteil, § 331 Rn 10. Wenn das Gericht die Zulässigkeit und einen Anfechtungsgrund bejaht, verläuft das Verfahren wie sonst in der betreffenden Instanz. Wenn der Anfechtungsgrund das Verfahren nur teilweise betrifft, muß das Gericht zur Sache mit dieser Einschränkung erkennen. § 539 II ist anwendbar. 11

C. Weitere Einzelfragen. Eine Entscheidung nach Aktenlage erfolgt nach allgemeinen Grundsätzen, § 251 a. Ein Urteil zur Hauptsache setzt eine Verhandlung über die Hauptsache im Wiederaufnahmeverfahren voraus. 12

591 *Rechtsmittel.* **Rechtsmittel sind insoweit zulässig, als sie gegen die Entscheidungen der mit den Klagen befassten Gerichte überhaupt stattfinden.**

1 **1) Systematik.** Es handelt sich um keine bloße Klarstellung nach Rn 2, sondern um eine rechtsbegründende Vorschrift mit einer indirekten wohl im Zusammenhang mit § 585 stehenden Verweisung auf das Buch 3 des ZPO. Das nach § 590 Rn 5 ersetzende Urteil ist immer ein Spruch desjenigen Gerichts, das es erlassen hat. Deshalb ist der gegen ein derartiges Urteil gegebene Rechtsbehelf statthaft.

2 **2) Regelungszweck.** Es ist nicht selbstverständlich, ein im Wiederaufnahmeverfahren ergehendes Urteil gleich welcher Art und Stufe nun seinerseits nochmals anfechtbar zu machen. Schließlich ist es vom Gesetz schon großzügig genug, die Wiederaufnahme überhaupt trotz der Rechtskraft zu gewähren. Indessen soll die sachliche Gerechtigkeit nach Einl III 9, 36 den Vorrang behalten. Das gilt insbesondere dann, wenn überhaupt eine Entscheidung im Wiederaufnahmeverfahren erfolgt ist. Das ist kein Luxus, sondern eine Folge der Rechtsstaatlichkeit, Einl III 15. Das Gesetz soll die Rechtsstaatlichkeit möglichst lückenlos gewähren.

3 **3) Geltungsbereich.** Vgl zunächst Grdz 4 ff vor § 578. § 591 gilt auch im WEG-Verfahren. Er gilt auch im echten streitigen Verfahren der freiwilligen Gerichtsbarkeit, Düss FamRZ **01**, 1538.

4 **4) Rechtsmittelmöglichkeiten.** Es entscheidet der gegenwärtige Rechtszustand. Daher ist es unerheblich, ob eine Revision auch gegen das frühere Urteil zur Zeit seines Erlasses möglich gewesen wäre. Gegen ein landgerichtliches Berufungsurteil ist kein Rechtsmittel zulässig. Daher ist auch keine sofortige Beschwerde gegen einen die Prozeßkostenhilfe versagenden Beschluß zulässig, wenn das OLG als Berufungsgericht entscheidet.

5 *Revision* ist nur unter den Voraussetzungen der §§ 542 ff statthaft. Das Gericht muß die Revision soweit erforderlich im Urteil in der Wiederaufnahmesache selbst zugelassen haben. Das Urteil beseitigt auch die rechtlichen Wirkungen eines Scheidungsurteils. Gegen ein die Wiederaufnahme bewilligendes Zwischenurteil ist nach § 280 II 1 das gegen ein Endurteil mögliche Rechtsmittel statthaft, BGH **161**, 3. Gegen die Versagung einer Prozeßkostenhilfe durch das LG wegen der Nichtigkeitsklage gegen ein Berufungsurteil ist keine sofortige Beschwerde zulässig.

6 Die *Rechtskraftwirkung* des neuen Urteils nach § 322 erstreckt sich immer nur auf den jeweiligen Anfechtungsgrund. Sie hindert daher eine neue Klage aus einem anderen Grund nicht. Dabei muß man natürlich auch § 586 beachten. Die neue Klage muß sich evtl gegen die beiden Urteile richten. Eine Wiederaufnahmeklage gegen das neue Urteil ist nach den allgemeinen Grundsätzen zulässig, BFH BB **79**, 1705, Gaul ZZP **73**, 421.

Buch 5
Urkunden- und Wechselprozess

Grundzüge

Schrifttum: *Hall,* Vorbehaltsanerkenntnis und Anerkenntnisvorbehaltsurteil, 1992; *Hertel,* Der Urkundenprozeß unter besonderer Berücksichtigung von Verfassung (rechtliches Gehör) und Vollstreckungsschutz, 1992; *Peters,* Rechtsnatur und Beschleunigungsfunktion des Urkundenprozesses usw, 1996; *Schlosser,* Die Durchsetzung von Schiedssprüchen und ausländischen Urteilen im Urkundenprozeß usw, Festschrift für *Schwab* (1990) 435.

1) Systematik. Der Urkundenprozeß mit seinen Unterarten Wechselprozeß nach §§ 602 ff und Scheck- 1
prozeß nach § 605 a hat seine Eigentümlichkeit weniger in der Beschleunigung des Verfahrens als vielmehr in der Möglichkeit eines vorläufigen gerichtlichen Beistands auf Grund einer unvollständigen, aber zur Erreichung des Zwecks regelmäßig ausreichenden Sachprüfung, Hamm NJW **76**, 247. Er kann eine direkte Zwangsvollstreckung nach §§ 704 ff zur Folge haben, Wolf DB **99**, 1103. Insofern ähnelt er dem Arrestverfahren, Grdz 1, 5 vor § 916. Wegen des Eilcharakters ist auch eine Aussetzung des Urkundenprozesses grundsätzlich unzulässig, Einf 4 vor §§ 148–155, § 148 Rn 27 „Urkundenprozeß", Hamm NJW **76**, 246, Karlsr GRUR **95**, 263. Es sind freilich Ausnahmen denkbar, Mü JB **03**, 154. Das gilt wegen der Einheit zwischen dem Urkunden- und dem Nachverfahren nach § 600 Rn 1 auch im letzteren, § 600 Rn 4. Es findet kein obligatorisches Güteverfahren statt, § 15 a II 1 Z 4 EGZPO, Hartmann NJW **99**, 3748.

Der Urkundenprozeß hat *keine* sehr *große* praktische *Bedeutung*. Anders ist es beim Wechselprozeß. Im 2
Urkundenprozeß findet nur eine beschränkte Sachprüfung statt. Beachtlich sind nur der Anspruchsgrund sowie die durch Urkunden sofort beweisbaren Einwendungen des Beklagten, §§ 595 II, 598. Eine Widerklage ist unstatthaft, § 595 I. Zu einem endgültigen Ergebnis durch ein Urteil mit einer inneren Rechtskraft nach Einf 2 vor §§ 322–327 führt der Urkundenprozeß nur dann, wenn die Sache selbst nicht streitig wird. Andernfalls endet er mit einem Vorbehaltsurteil, §§ 597 II, 599. Erst das Nachverfahren nach § 600 bringt die endgültige Entscheidung. Da der im Nachverfahren unterliegende Kläger dem Bekl für eine vorgenommene Zwangsvollstreckung nach §§ 600 II, 302 IV Ersatz leisten muß, bietet der Urkundenprozeß unter Umständen mehr Gefahren als Vorteile, abgesehen vom Wechsel- und Scheckprozeß, bei dem die Verhältnisse meist klar liegen.

2) Regelungszweck. Eine Beschleunigung als Folge der Urkundeneigenschaft ist ein Ziel des Urkun- 3
denprozesses. Es dient wirtschaftlichen Bedürfnissen. Man darf sie freilich nicht allzu leicht auf auch nur eventuelle Kosten der sachlichen Richtigkeit der Entscheidung befriedigen. Deshalb haftet dem Urkundenprozeß ein Element von Form- und Begründungsstrenge an. Erst dieses Miteinander ergibt ein vertretbares Maß von Erleichterung gegenüber dem Haupt- oder Nachverfahren und die Notwendigkeit, das letztere in einigen Besonderheiten in diesem Buch der ZPO auch besonders zu regeln, § 600. Daher darf man auch den Urkundenprozeß nicht allzu großzügig zugunsten der einen wie der anderen Partei handhaben. Allerdings darf man auch nicht nur soziale Aspekte betonen, aM AG Brdb NZM **02**, 382 (aber es gibt gerade in dieser Verfahrensart durchaus auch andere rechtsschutzwürdige Zwecke).

3) Geltungsbereich. Die Vorschriften gelten auch im WEG-Verfahren. Beim AG gibt es ein Urkunden-, 4
Wechsel- oder Scheckmahnverfahren in besonderer Ausgestaltung, § 703 a II. Im arbeitsgerichtlichen Verfahren sind die Vorschriften des Buchs 5 unanwendbar, § 46 II 2 ArbGG, Fischer NJW **03**, 333 (anders beim Geschäftsfüher-Dienstvertrag), aM Hamm NJW **80**, 1399 (zur Zuständigkeitsfrage). Buch 5 ist im Familienstreit des § 112 Z 1–3 FamFG entsprechend anwendbar, § 113 II FamFG.

592 *Zulässigkeit.* [1] **Ein Anspruch, welcher die Zahlung einer bestimmten Geldsumme oder die Leistung einer bestimmten Menge anderer vertretbarer Sachen oder Wertpapiere zum Gegenstand hat, kann im Urkundenprozess geltend gemacht werden, wenn die sämtlichen zur Begründung des Anspruchs erforderlichen Tatsachen durch Urkunden bewiesen werden können.** [2] **Als ein Anspruch, welcher die Zahlung einer Geldsumme zum Gegenstand hat, gilt auch der Anspruch aus einer Hypothek, einer Grundschuld, einer Rentenschuld oder einer Schiffshypothek.**

Gliederung

1) Systematik, S 1, 2. Vgl Grdz 1, 2 vor § 592. 1

A. Prozeßvoraussetzungen. § 592 enthält die besonderen Prozeßvoraussetzungen des Urkundenprozesses. Das Gericht muß sie von Amts wegen zu prüfen, Grdz 39 vor § 128. Sie unterliegen nicht der

Parteiherrschaft nach Grdz 18 vor § 128. Es muß eine Leistungsklage auf eine bestimmte Geldsumme oder auf eine Menge anderer vertretbarer Sachen vorliegen, § 253 Rn 49. Eine weitere Prozeßvoraussetzung ist die Beweisbarkeit sämtlicher klagebegründenden Tatsachen durch Urkunden.

Daneben müssen die *allgemeinen* Prozeßvoraussetzungen vorliegen, Grdz 12 vor § 253. Das gilt zB für das Rechtsschutzbedürfnis, Grdz 33 vor § 253, Hamm NJW **76**, 247. Die Verbindung des Urkundenprozesses mit einem ordentlichen Prozeß oder mit einem Scheck- oder Wechselprozeß ist unstatthaft, § 147 Rn 5. Die Rechtshängigkeit nach § 261 greift im Verhältnis vom ordentlichen Prozeß zum Urkundenprozeß und umgekehrt durch, Hamm NJW **78**, 58. Das Gericht muß eine Vereinbarung über einen Erfüllungsort oder Gerichtsstand von Amts wegen prüfen, Grdz 39 vor § 128. Eine Ausländersicherheitsleistung des ursprünglichen Klägers, auf den es auch im Rechtsmittelzug ankommt, wegen der Kosten ist nach § 110 II Z 2 nicht erforderlich. Das gilt unabhängig von der Staatsangehörigkeit des Bekl.

2 **B. Verfahrenswahl.** Die Wahl des Urkundenprozesses statt des ordentlichen Prozesses steht immer im Ermessen des Klägers. Er muß die Wahl des Urkundenprozesses eindeutig erklären, § 593 Rn 3. Er braucht nicht etwa schon wegen dieser Verfahrensart diejenigen etwaigen Mehrkosten zu tragen, die sich im ordentlichen Prozeß ergeben. Er kann diese Wahl noch während des Urkundenprozesses ändern, § 596. Ein vertragsmäßiger Ausschluß des Urkundenprozesses ist als ein privatrechtlicher Vertrag über prozessuale Beziehungen wirksam, Grdz 48 vor § 128, BGH **148**, 288. Das gilt freilich nur auf Grund einer Rüge des Bekl, § 597 Rn 6, BGH **148**, 288. Ein Urkunden-, Wechsel- oder Scheckmahnbescheid nach § 688 leitet ohne weiteres in den entsprechenden Prozeß über. Ein Übergang aus dem Mahnverfahren oder Prozeß in einen Urkunden-, Wechsel- oder Scheckprozeß ist nur unter den Voraussetzungen des § 263 möglich, § 593 Rn 1.

3 **2) Regelungszweck, S 1, 2.** Vgl zunächst Grdz 3 vor § 592. Dem Beschleunigungszweck entsprechen die zusätzlichen Anforderungen an die Anspruchsart und ihre Beweisbarkeit. Man sollte aber auch den Gesichtspunkt einer Prozeßwirtschaftlichkeit nicht vergessen, Grdz 14 vor § 128. Daher darf man keine zu strengen Bedingungen stellen. „Bestimmte Geldsumme" zielt ja nur auf das Ergebnis einer Forderung, nicht so sehr auf ihren Entstehungsgrund. „Bewiesen werden können" meint in diesem Anfangsstadium des Urkundenprozesses noch nicht „bewiesen ist". Die Praxis tut sich manchmal mit beiden Begriffen etwas schwer.

4 **3) Geltungsbereich, S 1, 2.** Es gibt drei Aspekte.

A. Nur Leistungsklage. Der Urkundenprozeß läßt nur eine Leistungsklage zu, Grdz 8 vor § 253.

Zulässig sind: Eine Klage vor dem Eintritt der Fälligkeit nach §§ 257 ff, also auch eine Klage auf eine künftige Leistung, Bussmann MDR **04**, 674, oder eine Klage auf eine Leistung Zug um Zug. Etwas anderes gilt im Mahnverfahren, § 688 II Z 2. Eine Klagerhebung gilt als Kündigung. Die beschränkte Erbenhaftung hindert eine Klagerhebung nicht, weil sie nur die Zwangsvollstreckung betrifft; eine Klage auf eine Zahlung an einen Dritten; eine Haftungsklage; eine Klage auf die Hinterlegung einer Geldsumme, aM ZöGre 1 (aber auch eine Hinterlegung ist eine Leistungsvorstufe); ein Honoraranspruch des Anwalts; wegen des Wechselprozesses § 602 Rn 2.

Unstatthaft sind: Die Klage auf eine nicht vertretbare Leistung; eine Feststellungsklage, § 256, BGH WertpMitt **79**, 614, Mü BB **85**, 698, auch nach § 256 II; eine Klage auf die Vornahme einer Handlung, zB einer Willenserklärung, oder auf eine Unterlassung, s aber Rn 5; eine Gestaltungsklage, Grdz 10 vor § 253; eine Klage auf die Befreiung von einer Geldschuld; eine Klage auf eine Feststellung zur Insolvenztabelle, § 179 I InsO, Mü BB **85**, 698, aM ZöGre 3 (aber eine bloße Feststellung ist gerade noch keine Leistung). Wenn daher die Eröffnung des Insolvenzverfahrens einen Urkundenprozeß nach § 240 unterbricht, geht er kraft Gesetzes in das ordentliche Verfahren über, Mü NJW **85**, 983, ThP 4, aM MüKoBr 6, StJSchl Rn 2 a, ZöGre 3 (aber es bleibt dabei, daß eine bloße Feststellung nicht schon eine Leistung bedeutet).

5 **B. Anspruchsarten.** Der Anspruch mag sich auf eine bestimmte Geldsumme richten. Sie genügt unabhängig von der Klagebegründung, BGH NZM **99**, 401. Es genügt, daß sie sich aus einer einfachen und klaren Berechnung ergibt, § 253 Rn 49, BayObLG DNotZ **76**, 367. Der Anspruch kann wegen Rn 3 und aus den soeben genannten Gründen auch auf eine Mietforderung lauten, BGH NJW **07**, 1061, LG Mü NZM **05**, 63 (auch bei Wohnraum), Derleder WoM **07**, 604, aM Düss WoM **04**, 417 (nur bedingt), LG Gött NZM **00**, 1054, AG Ludwigsburg WoM **07**, 327 (je: nicht bei Wohnraum, Üb zum Problem Both NZM **07**, 156, Sturhahn NZM **04**, 441. Aber es geht ja zunächst nur um die grundsätzliche Zulässigkeit). Das gilt auch bei einer künftigen Miete, Derleder WoM **07**, 604. Natürlich muß man im Einzelfall die Besonderheiten der Klagebegründung sehr beachten, Blank NZM **00**, 1087. Das bedeutet aber auch nicht, daß man den sozialen Aspekt allein betonen darf, Rn 2, aM AG Brdb NZM **02**, 382 (aber eine solche Auslegung verkennt den klaren Wortlaut des Gesetzes, Einl III 39). Es genügt auch ein fälliger Anspruch aus einem Geschäftsführer-Dienstvertrag, Fischer NJW **03**, 334.

Der Anspruch kann auch auf eine bestimmte Menge anderer *vertretbarer Sachen* nach § 91 BGB oder von Wertpapieren nach § 821 Rn 2 gehen, auch von solchen, die nicht auf den Inhaber lauten.

Ausreichend sind nach S 2 auch: Ein Anspruch aus einer Hypothek, Grundschuld, Rentenschuld, Schiffshypothek und ein Anspruch aus einem Registerpfandrecht an einem Luftfahrzeug, da § 592 nach § 99 I LuftfzRG sinngemäß anwendbar ist; ein Anspruch aus einer Reallast, § 1107 BGB. Der Grund dieser Ausnahmen besteht darin, daß es sich dabei der Sache nach nur um Ansprüche auf eine Duldung der Zwangsvollstreckung handelt. Darum gelten diese Ausnahmen auch für andere derartige Duldungsansprüche, zB gegen den Testamentsvollstrecker. Auf einen Rückforderungsanspruch nach einer Bürgschaft auf erstes Anfordern ist der Urkundenprozeß meist unanwendbar, BGH **148**, 288.

Nicht ausreichend ist ein Anspruch auf Wertpapiere aus dem Nummernverzeichnis einer Bank. Denn sie sind abgesondert. Ansprüche anderer Art auf ein Tun oder Unterlassen sind im Urkundenprozeß nicht statthaft.

6 **C. Anspruchsgrund.** Er ist unter den Voraussetzungen Rn 1–5 für die Statthaftigkeit unerheblich.

4) Urkundenbeweis, S 1, 2. Einem Grundsatz stehen Ausnahmen gegenüber. 7

A. Grundsatz: Urkundenbeweisbarkeit der klagebegründenden Tatsachen. Zwar muß den Anspruch nicht eine Urkunde verbriefen, BGH RR **06**, 761. Es reicht vielmehr und ist erforderlich, daß der Inhalt irgendeiner Urkunde ausreicht, um in einer freien Beweiswürdigung nach § 286 den vom Kläger behaupteten Sachverhalt festzustellen, BGH RR **06**, 761. Der Kläger muß sämtliche klagebegründenden, also zur Schlüssigkeit notwendigen Tatsachen im Umfang der Beweisbedürftigkeit durch irgendwelche Urkunden beweisen können, §§ 420 ff, BGH RR **06**, 761, ThP 6, ZöGre 10. Er muß diese Tatsachen durch nach §§ 593 II, 595 III vorlegbare Urkunden beweisen können, aM BGH NJW **85**, 2953 (Indiztatsachen reichten aus. Aber §§ 592 ff fordern aus guten Gründen die Urkundenbeweisbarkeit gerade durch einen Hauptbeweis, Einf 11 vor § 284).

B. Beispiele zur Frage einer Notwendigkeit des Urkundenbeweises 8

Abtretung: Sie braucht einen Urkundenbeweis.

Ausländisches Recht: *Keinen* Urkundenbeweis braucht ein ausländisches Recht nach § 293.

Bürgschaft: Beim Bürgschaftsanspruch muß der Kläger die Begründung der Hauptschuld urkundlich darlegen. Bei der Bürgschaft auf erstes Anfordern kann sich der Bürger im Urkundenprozeß nicht darauf berufen, sie sei nicht notwendig gewesen, Hamm MDR **00**, 517.

Dienstlohn: Bei einer Klage auf ihn muß der Kläger die Leistung der Dienste urkundlich beweisen, Schlesw MDR **07**, 292.

Erfahrungssatz: *Keinen* Urkundenbeweis braucht ein Erfahrungssatz nach Einf 22 vor § 284.

Fälligkeit: Sie braucht als Bestandteil des Klagegrunds einen Urkundenbeweis.

Genehmigung: Diejenige des Vertretenen durch seine Klagerhebung nach §§ 253, 261 erübrigt die vorher fehlende Vollmacht des Vertreters und macht deren an sich notwendigen Urkundenbeweis *entbehrlich.* Eine gerichtliche Genehmigung braucht einen Urkundenbeweis.

Gerichtsstandsvereinbarung: *Keinen* Urkundenbeeis braucht eine Gerichtsstandsvereinbarung nach § 38.

Glaubhaftmachung: Eine bloße Glaubhaftmachung nach § 294 genügt meist nicht.

Inhaberschaft: *Keinen* Urkundenbeweis braucht die Inhaberschaft des Einzelkaufmanns oder bei einem Inhaberwechsel nach der Entstehung des Anspruchs die Berechtigung des jetzigen Inhabers. 9

Klagergänzung: Sie braucht einen Urkundenbeweis.

Kostenanspruch: *Keinen* Urkundenbeweis braucht dieser Nebenanspruch.

Kündigung: Sie braucht an sich einen Urkundenbeweis. Dieser wird aber infolge einer Klage deshalb *entbehrlich,* weil sie auch als eine Kündigung auslegbar ist.

Nachgeschobener Klagegrund: Er braucht einen Urkundenbeweis.

Nämlichkeit: *Keinen* Urkundenbeweis braucht die Nämlichkeit einer Partei nach Grdz 4 vor § 50.

Nebenforderung: Das Gericht darf bei einer Nebenforderung usw von der Möglichkeit einer freien Beweiswürdigung nach § 286 einen weitgehenden Gebrauch machen. Denn das Verfahren hat ja nur einen vorläufigen Charakter.

Keinen Urkundenbeweis braucht eine Kostenforderung, ferner ein Nebenanspruch im Wechselprozeß, § 605 II.

Offenkundigkeit: *Keinen* Urkundenbeweis braucht eine nach § 291 offenkundige Tatsache.

Prozeßfähigkeit: *Keinen* Urkundenbeweis braucht die Prozeßfähigkeit als Prozeßvoraussetzung, § 51. 10

Prozeßführungsrecht: *Keinen* Urkundenbeweis braucht das Prozeßführungsrecht nach Grdz 22 vor § 50, StJSchl 8.

Prozeßvoraussetzungen: *Keinen* Urkundenbeweis brauchen die Prozeßvoraussetzungen nach Grdz 12 vor § 253.

Rechtshängigkeit: *Keinen* Urkundenbeweis braucht die Rechtshängigkeit in einem anderen Verfahren nach § 261.

Sachbefugnis: Die Sachbefugnis nach Grdz 23 vor § 50 braucht einen Urkundenbeweis.

Schiedsvereinbarung: *Keinen* Urkundenbeweis braucht eine Schiedsvereinbarung als Zulässigkeitsrüge, § 1032 Rn 3, BGH SchiedsVZ **07**, 216.

Unstreitigkeit: *Keinen* Urkundenbeweis braucht eine unstreitige Tatsache, § 138 III, IV, § 597 Rn 5, BGH **62**, 286, Jena MDR **97**, 975, AG Kerpen FamRZ **02**, 832, aM MüKoBr 14, ZöGre 11 (aber der Prozeß ist kein Selbstzweck, Einl III 10). Das Gericht darf eine solche Tatsache ja ohne jede Beweisaufnahme für wahr halten, § 286 Rn 4, Köln DB **83**, 105.

Vertretungsmacht: Sie braucht einen Urkundenbeweis.

Vollmacht: Sie braucht einen Urkundenbeweis, soweit nicht eine Genehmigung folgt.

Vorleistungspflicht: Diejenige des Bekl braucht einen Urkundenbeweis. Hat der Kläger bei einem gegenseitigen Vertrag nach § 320 BGB vorgeleistet und macht er das durch seine Erwiderung auf die Einrede des Bekl geltend, gehört das nicht zum Klagegrund. Etwas anderes gilt dann, wenn der Kläger nach einer ausdrücklichen Abmachung oder kraft Gesetzes vorleisten mußte und vorgeleistet hat.

Werkabnahme: Es reicht eine Darlegung des Ablaufs der etwaigen Frist des § 12 Z 5 I VOB/B, Stgt RR **86**, 898.

Zugeständnis: *Keinen* Urkundenbeweis braucht ein Zugetändnis nach § 288.

Zulässigkeitsrüge: *Keinen* Urkundenbeweis braucht eine Zulässigkeitsrüge nach § 282 III, BGH SchiedsVZ **07**, 216.

C. Urkundenbegriff. Der Urkundenbeweis ist durch Urkunden nach §§ 415 ff notwendig, also durch schriftliche Urkunden, Üb 3 vor § 415. Ausreichend ist auch eine gedruckte Urkunde oder ein Telefax. Denn die Unterschrift ist weder begrifflich noch für die Beweiskraft ein wesentlicher Teil der Urkunde. Es genügt also eine Urkunde jeder Art, Hbg DB **83**, 105, Köln NJW **92**, 1774 (Telefax), Rostock NZM **03**, 317 (Protokoll), auch ein in- oder ausländischer Schiedsspruchstenor, Schlosser Festschrift für Schwab (1990) 448, oder ein schriftliches Sachverständigengutachten, § 411. Die Urkunde braucht nicht Trägerin des Rechts selbst zu sein. Ausreichend ist auch eine fremdsprachige Urkunde ohne eine Übersetzung. Vgl freilich 11

§ 142 III. Ausreichend ist auch ein Beweisprotokoll, § 160 III Z 4, 5. Doch darf man die Grenzen zwischen dem Zeugenbeweis und dem Urkundenbeweis nicht verwischen. Wenig hilfreich ist eine Unterscheidung zwischen unmittelbaren und mittelbaren Urkunden, dazu Lembcke MDR **08**, 1016 (Üb).

12 **D. Einzelfragen.** Eine Erklärung in einer amtlich beglaubigten Urkunde nach § 418 Rn 5 „Beglaubigung" ist verwendbar. Ausreichend ist auch eine eigene Urkunde der Partei, etwa ein Handelsbuch oder ein Schlußschein. Das kann mindestens dem Anscheinsbeweis nach Anh § 286 Rn 15 dienen. Der Schuldner braucht aber an der Urkundenerrichtung nicht mitgewirkt zu haben. Ob die Vorlegung der Urkunde notwendig ist, das richtet sich nach dem sachlichen Recht und nach dem Prozeßrecht, § 595 III. Ein Antrag auf eine Aktenbeiziehung reicht nicht aus, § 420. Bei einem Orderpapier oder einem Inhaberpapier weist der Besitz aus. Der Beweis der Echtheit richtet sich nach § 595. Ein Prozeßvergleich nach Anh § 307 kann reichen, wenn zB wegen irgendeiner Unklarheit über ihn ein Rechtsschutzbedürfnis trotz dieses ja schon vorliegenden Vollstreckungstitels besteht, Grdz 33 vor § 253, Hamm NJW **76**, 246. Ist das Beweismittel im Urkundenprozeß zulässig, darf und muß das Gericht es wie sonst auslegen, § 286 Rn 63, BGH NJW **95**, 1683. Er darf seinen Beweiswert frei prüfen, § 286. Das Gericht darf dann, wenn die eigene Sachkunde ausreicht, auf eine Urkunde verzichten, aM Karlsr GRUR **95**, 263 (aber dann gibt es nichts mehr zu beweisen). Das Gericht muß die Echtheit einer Urkunde nach §§ 437 ff prüfen. Nur insoweit ist auch ein Antrag auf eine Parteivernehmung nach §§ 445 ff zulässig, § 595 II.

13 **E. Unzulässigkeit.** Unzulässigist ein Protokoll oder Gutachten im selbständigen Beweisverfahren nach § 492 II, BGH NJW **08**, 523 (zustm Fritzsche-Brandt), aM Schlosser (vor Grdz 1 vor § 592) § 438 (aber es handelt sich um einen mittelbaren Zeugenbeweis). Ebenso unzulässig ist eine privatschriftliche Zeugenbekundung, auch eine eidesstattliche, wenn sie die persönliche Vernehmung usw ersetzen soll, BGH NJW **08**, 523 (zustm Fritzsche-Brandt) Ffm WertpMitt **75**, 87, RoSGo § 163 II 2 d, aM StJSchl 17, ZöGre 15 (aber damit öffnet man der Umgehung Tor und Tür).

14 **5) Verstoß, S 1, 2.** Soweit auch nur eine der besonderen Voraussetzungen nach Rn 1 fehlt, muß das Gericht die Klage evtl nach einem vergeblichen Hinweis nach § 139 als in der gewählten Prozeßart unstatthaft abweisen, § 597 II. Soweit eine allgemeine Prozeßvoraussetzung nach Rn 1 fehlt, muß es die Klage als überhaupt unzulässig abweisen, Grdz 14 vor § 253. Das gilt selbst dann, wenn außerdem eine der besonderen Voraussetzungen fehlt. Soweit das Gericht einen im Urkundenprozeß unzulässigen Beweis im Urteil verwertet, liegt ein Verfahrensfehler vor. Er kann auf einen Antrag zur Zurückverweisung nach § 538 führen. Das höhere Gericht darf ein solches Beweismittel und daher auch eine unzulässig geschaffene Urkunde nicht verwerten.

593 *Klageinhalt; Urkunden.* I **Die Klage muss die Erklärung enthalten, dass im Urkundenprozess geklagt werde.**

II 1 **Die Urkunden müssen in Urschrift oder in Abschrift der Klage oder einem vorbereitenden Schriftsatz beigefügt werden.** 2 **Im letzteren Fall muss zwischen der Zustellung des Schriftsatzes und dem Termin zur mündlichen Verhandlung ein der Einlassungsfrist gleicher Zeitraum liegen.**

1 **1) Systematik, I, II.** Die Vorschrift nennt über den im übrigen anwendbaren § 253 hinaus besondere Prozeßvoraussetzungen, Grdz 12 vor § 253. Es findet kein obligatorisches Güteverfahren statt, Grdz 1 vor § 592.

2 **2) Regelungszweck, I, II.** I dient der Klarstellung der Verfahrensart in ihrer Abweichung vom Normalprozeß, also der Rechtssicherheit, Einl III 43. II schützt den Bekl. II 1 macht zwecks Prozeßwirtschaftlichkeit nach Grdz 14 vor § 128 in Anlehnung an den oft verkannten § 420 die Einreichung der Urkunde schon mit der Klageschrift zur Obliegenheit des Klägers, Rn 8. II 2 soll sicherstellen, daß der Bekl in jedem Fall mindestens die zwei Wochen der Einlassungsfrist im Inland oder der etwas längeren Frist bei einer Auslandszustellung nach § 274 III Zeit zur Prüfung erhält, wie er sich auf die Urkunde äußern will. Das Ausreichen einer bloßen Urkundenkopie nach I 1 steht nicht im Gegensatz zu § 420 Rn 4. Denn § 593 gilt schon im Stadium der Klageeinreichung usw. Demgegenüber gilt § 420 erst im Stadium des Beweisantritts.

3 **3) Geltungsbereich: Erklärung, I.** Man muß eine Klage zunächst wie im Normalprozeß erheben, § 253. Sie muß aber außerdem die Erklärung enthalten, daß der Kläger im Urkundenprozeß klagt. Das bedeutet die Unterwerfung des Klägers unter dieses besondere Verfahren und den Hinweis an den Bekl darauf. Darum ist es notwendig und genügt es, daß der Wille des Klägers eindeutig ersichtlich ist, BGH BB **77**, 1176. Wenn die Erklärung fehlt, wird die Klage im ordentlichen Verfahren anhängig. Dann ist eine Überleitung in den Urkundenprozeß nur entsprechend § 263 möglich, BGH **69**, 68 (Sachdienlichkeit nur ganz ausnahmsweise). Es erfolgt also keine Heilung nach § 295. Der Kläger kann sich im Urkundenprozeß auf den mit zulässigen Urkunden beweisbaren Teil eines Anspruchs beschränken. Wegen des Mahnverfahrens vgl § 703 a.

4 **4) Urkundenbeifügung, II.** Man muß ihre Notwendigkeit und eine Frist beachten.

A. Grundsatz: Ausreichen einfacher Abschrift, II 1. Der Kläger muß zum Schutz des Bekl nach Rn 2 sämtliche Urkunden, die die klagebegründenden Tatsachen nach § 592 Rn 7 beweisen sollen, der Klage oder einem vorbereitenden Schriftsatz nach § 129 Rn 5 urschriftlich oder in einer Ablichtung oder Abschrift beifügen. Deshalb ist eine Kopie nicht von vornherein von der Unstreitigkeit der Übereinstimmung mit dem Original abhängig, aM Kblz WoM **06**, 216 (§ 421 ist allerdings unanwendbar). II 1 verlangt nicht eine Beglaubigung der Ablichtung oder Abschrift, aM Düss JZ **88**, 572 (aber das Gesetz sagt klar, wenn es gerade eine beglaubigte Kopie fordert). Erklärungen in der Klage wie die Kündigung brauchen keinen weiteren Beleg. Ein Auszug genügt, wenn er dem Bekl das Nötige mitteilt. Die Beifügung einer Übersetzung aus einer fremden Sprache ist zunächst nicht notwendig. Der Kläger muß aber auf eine Anordnung des

Gerichts eine Übersetzung beifügen, § 142 III. Eine formlose Mitteilung des Schriftsatzes genügt, § 270. Die bloße Urkundenniederlegung auf der Geschäftsstelle nach § 133 II reicht nicht aus. Die Beiziehung solcher Akten, die dem Prozeßgericht nicht vorliegen, ist unzulässig, BGH VersR **94**, 1233.

B. Frist, II 2. Liegen die Urkunden der Klage nicht bei, muß zwischen der Zustellung der Klage und dem Termin zur maßgebenden mündlichen letzten Tatsachenverhandlung die Einlassungsfrist der fraglichen Instanz und der fraglichen Prozeßart liegen, § 274 Rn 6 ff. Eine Verletzung dieser Vorschrift begründet regelmäßig die Revision nicht. Denn das Urteil kann im allgemeinen nicht auf einer solchen Verletzung beruhen. Das Gericht muß die Frist auch bei einer Vorlegung der Urkunden in der mündlichen Verhandlung wahren, es sei denn, daß die Fristwahrung sinnlos wäre, etwa weil sich der Bekl schon auf die Urkunden erklärt hat. Andernfalls muß das Gericht dem Kläger vernünftigerweise eine Frist zur Behebung des Mangels bewilligen und deshalb vertagen, § 227 I. Bei einer Vertagung muß das Gericht die Einlassungsfrist wahren. Sie errechnet sich von der Urkundenvorlegung an. 5

C. Berufungsverfahren, II 1, 2. Für die Berufungsinstanz gilt dasselbe. Die Urkundenvorlegung ist noch dort statthaft, sofern die Einlassungsfrist bis zur Berufungsverhandlung gewahrt ist. 6

D. Versäumnisverfahren, II 1, 2. Über das Versäumnisverfahren § 597 Rn 8. 7

E. Verzichtbarkeit, II, 1, 2. II ist eine grundsätzlich zwingende Vorschrift. Der Bekl kann aber ausnahmsweise auch auf ihre Einhaltung verzichten, § 295, StJSchl 5, ThP 4, ZöGre 12, aM RoSGo § 163 III 1 (aber es handelt sich nicht um einen elementaren Verstoß). 8

594 (weggefallen)

595 *Keine Widerklage; Beweismittel.* ^I **Widerklagen sind nicht statthaft.**

^II **Als Beweismittel sind bezüglich der Echtheit oder Unechtheit einer Urkunde sowie bezüglich anderer als der im § 592 erwähnten Tatsachen nur Urkunden und Antrag auf Parteivernehmung zulässig.**

^III **Der Urkundenbeweis kann nur durch Vorlegung der Urkunden angetreten werden.**

1) Systematik, Regelungszweck, Geltungsbereich, I–III. Die Vorschrift enthält mehrere unterschiedlich geartete Einschränkungen gegenüber dem ordentlichen Prozeß. Sinn ist auch hier eine Beschleunigung und Vereinfachung, Grdz 12, 14 vor § 128. Zum Geltungsbereich Grdz 4 vor § 592. 1

2) Keine Widerklage. I. Eine Widerklage nach Anh § 253 ist im Urkundenprozeß unstatthaft, BGH **149**, 226 (zustm Remmerbach MDR **02**, 407). Das gilt auch dann, wenn sie nach § 592 zum Urkundenprozeß geeignet wäre, MüKoBr 1, ThP 1, ZöGre 2, aM StJSchl 1 (aber I ist nach seinem Wortlaut und Sinn eindeutig, Einl III 39). Das Gericht muß eine trotzdem erhobene Widerklage evtl nach einem vergeblichen Hinweis nach § 139 durch ein Prozeßurteil als im Urkundenprozeß unstatthaft abweisen, Grdz 14 vor § 253, Üb 5 vor § 300. Freilich ist eine Trennung entsprechend § 145 denkbar. Im Nachverfahren nach § 600 ist die Widerklage zulässig. 2

Ein *Gegenantrag* aus §§ 600 II, 304 II oder § 717 II 2 ist keine Widerklage. Er ist deshalb zulässig, sofern er sich zum Urkundenprozeß eignet, § 592. Eine Streitverkündung ist zulässig, § 72, ebenso eine Streithilfe, § 66.

3) Beweismittel, II. Ein Grundsatz hat einige Ausnahmen. 3

A. Grundsatz: Nur Urkundenbeweis bei klagebegründenden Tatsachen. Klagebegründende Tatsachen lassen nur den Beweis durch Urkunden zu, § 592, BGH **148**, 288, nicht den Beweis durch eine Parteivernehmung nach §§ 445 ff.

Alle *anderen* Tatsachen erlauben nur den Beweis durch Urkunden oder durch den Antrag auf eine Parteivernehmung. Die Zulässigkeit ist von der Notwendigkeit einer Vertagung unabhängig. Vgl freilich §§ 282, 296, 530, 531. Eine Privaturkunde scheidet als ein Zeugenersatz grundsätzlich aus, Mü MDR **98**, 1180. Vgl freilich § 377 III.

Das gilt vor allem für: Eine Aufrechnung, BGH NJW **00**, 144; Einreden; Erwiderungen auf Einreden; die Echtheit oder die Unechtheit einer Urkunde, §§ 437 ff. Die Beschränkung der Beweismöglichkeit gilt auch für die Beseitigung der Geständniswirkung, aM StJSchl 5 (aber II gilt uneingeschränkt). Eine Schriftvergleichung nach § 441 ist ein Augenscheinsbeweis, § 441 Rn 3, aM Becht NJW **91**, 1996 (aber zu ihr braucht der Richter seine Augen). Sie deshalb unzulässig. § 446 ist anwendbar. Die Vernehmung einer Partei von Amts wegen nach § 448 ist unzulässig. Das gilt selbst dann, wenn die Partei sofort aussagen kann.

B. Ausnahmen. Für alle Prozeßvoraussetzungen nach Grdz 12 vor § 253 kann keine von beiden Einschränkungen gelten. Das gilt auch für andere von Amts wegen klärungsbedürftige Fragen, § 592 Rn 1. Es gilt auch zB für die Kosten, Karlsr OLGZ **86**, 125. Es gilt ferner für solche Prozeßhindernisse, über die der Bekl verfügen darf. Für sie und überhaupt für alle prozeßrechtlich erheblichen Tatsachen wie die Unterbrechung oder eine Aussetzung sind sämtliche Beweismittel zulässig. Es gilt schließlich bei einer Saldierung beiderseitiger Bereicherungsansprüche, BGH NJW **07**, 3428. 4

4) Beweisantritt, III. Er erfolgt nur durch die Vorlegung der Urkunde nach § 420 Rn 4. Er erfolgt also nicht schon durch einen Antrag nach §§ 421, 428, 431. Zulässig ist eine Bezugnahme auf Akten des Gerichts, nicht nur der Abteilung oder der Kammer, BGH NJW **08**, 523 (zustm Fritzsche-Brandt), auch auf eine solche Akte eines anderen Gerichts, die dem Prozeßgericht vorliegt. Unzulässig ist aber eine Bezug- 5 nahme auf solche Akten, die man erst herbeischaffen müßte. Von Amts wegen findet keine Beiziehung statt, Grdz 39 vor § 128, auch nicht nach § 273 II Z 2. Der Kläger braucht die Urkunde nicht zu übergeben. Es ist unerheblich, ob er die Urkunde schon vorher nach § 593 mitgeteilt hatte. In einem späteren Termin ist die Vorlegung der Urkunde nur dann notwendig, wenn sie einer neuen Beweisaufnahme dient.

596 *Abstehen vom Urkundenprozess.* **Der Kläger kann, ohne dass es der Einwilligung des Beklagten bedarf, bis zum Schluss der mündlichen Verhandlung von dem Urkundenprozess in der Weise abstehen, dass der Rechtsstreit im ordentlichen Verfahren anhängig bleibt.**

Gliederung

1 **1) Systematik.** Der Kläger kann den Urkundenprozeß nach § 592 Rn 2 anwählen und nach § 596 abwählen, solange noch keine Entscheidungsreife nach § 300 Rn 6 durch den Verhandlungsschluß eingetreten ist, §§ 136 IV, 296 a. Hs 2 stellt den Unterschied zu einer Klagerücknahme nach § 269 klar.

2 **2) Regelungszweck.** Die Vorschrift dient einerseits der Parteiherrschaft, Grdz 18 vor § 128. Sie dient andererseits der Prozeßwirtschaftlichkeit, Grdz 14 vor § 128. Soweit keine natürlich außerdem mögliche Klagerücknahme vorliegt, ist auch keine Zustimmung des Bekl nötig. Das darf aber nicht zur Entbehrlichkeit derjenigen Obliegenheiten führen, die die eine oder andere Partei im ordentlichen Verfahren beachten muß. Andernfalls könnte zB der Kläger solche Lasten durch eine anfängliche Wahl des Urkundenprozesses trotz dessen Aussichtslosigkeit nebst einem anschließenden Wechsel ins ordentliche Verfahren in einem ihm geeignet erscheinenden Zeitpunkt umgehen. Das wäre als eine prozessuale Arglist unstatthaft, Einl III 54.

3 **3) Zulässigkeit einer Abstandnahme.** Jede Instanz hat Eigenregeln.

A. Erste Instanz. Der Kläger darf bis zum Schluß der mündlichen Verhandlung erster Instanz nach §§ 136 IV, 296 a einseitig von dem Urkundenprozeß Abstand nehmen. Damit nimmt er seinen Antrag auf eine Verhandlung im Urkundenprozeß nach § 593 I zurück. In dieser Erklärung liegt aber keine Klagerücknahme nach § 269, Vollkommer NJW **00**, 1685, sondern eine Klagänderung, § 263 Rn 28 „Urkundenprozeß", zumindest ein ihr ähnlicher Vorgang, Vollkommer NJW **00**, 1684. Der Kläger kann auch dann Abstand nehmen, wenn der Urkundenprozeß unstatthaft ist. Er vermeidet damit eine Prozeßabweisung nach Grdz 14 vor § 253, BGH **80**, 100 (abl Zeiss JR **81**, 333). Das Gericht muß auf einen sachdienlichen Antrag hinwirken, § 139. Der Bekl kann natürlich nicht Abstand nehmen. Ein Abstand für einen zum Teilurteil nach § 301 geeigneten Teil des Anspruchs ist zulässig. Er kann eine Trennung nach § 145 herbeiführen, BGH NJW **03**, 2386. Statthaft ist auch ein Übergang vom Wechsel- oder Scheck- zum Urkundenprozeß und umgekehrt. Das ist keine Abstandnahme im Sinn von § 596. Unstatthaft ist ein wechselrechtlich begründeter Antrag im Wechselprozeß, hilfsweise im Urkundenprozeß, BGH NJW **82**, 524. Möglich ist auch ein Übergang vom Urkunden-, Wechsel- oder Scheckanspruch zum Grundgeschäft in das ordentliche Verfahren, § 263, § 264 Rn 14, 15.

4 **B. Berufungsinstanz.** In zweiter Instanz ist § 263 entsprechend anwendbar, BGH BB **04**, 461, Henke JB **08**, 345, aM Celle MDR **06**, 111 (Abstandnahme sei jetzt unzulässig), Vollkommer NJW **00**, 1685 (weist auf Systemwidrigkeit hin und empfiehlt eine Aufhebung des Vorbehaltsurteils und eine Zurückverweisung nach § 538 II 1 Z 4. Man sollte aber prozeßwirtschaftlich vorgehen, Grdz 14 vor § 128). Das gilt auch dann, wenn das Erstgericht abgewiesen hat, Ffm MDR **88**, 326, aM RoSGo § 163 II 4, StJSchl 5 (aber auch dann ist die Prozeßwirtschaftlichkeit beachtlich). Es steht nicht entgegen, daß damit das in der ersten Instanz schwebende Nachverfahren gegenstandslos wird. Die zulassende Entscheidung ist unanfechtbar. Wenn das Berufungsgericht die Sachdienlichkeit im Sinn von § 540 verneint, bleibt der Prozeß in derselben Berufungsinstanz im Urkundenprozeß anhängig, Ffm MDR **88**, 327.

5 **C. Revisioninstanz.** In der Revisionsinstanz ist ein Abstand nicht mehr möglich.

6 **D. Abstandserklärung.** Die Abstandserklärung des Klägers ist eine unwiderrufliche Parteiprozeßhandlung, Grdz 47 vor § 128, Naumb NZM **99**, 1008. Sie erfolgt entweder in der mündlichen Verhandlung bis zu deren Schluß, §§ 136 IV, 296 a, VerfGH Sachsen MDR **98**, 1365, Köln VersR **93**, 902, und noch nach einer Erledigung der Hauptsache, § 91 a, Naumb NZM **99**, 1008, oder schriftlich im schriftlichen Verfahren nach § 128 II oder im Aktenlageverfahren, § 251 a (das übersieht Köln VersR **93**, 902). Das gilt auch dann, wenn die Partei zugleich die Hauptsache für erledigt erklärt. Denn nur die letzte Erklärung kann nach § 91 a I 1 schriftlich erfolgen. Der Kläger kann seine Erklärung auch bei einer Säumnis des Bekl abgeben, § 331. Die Erklärung muß eindeutig sein, BGH VersR **88**, 942. Sie muß dahin gehen, daß der Kläger nur das Grundgeschäft als zusätzliche oder alleinige Anspruchsgrundlage einführt, BGH VersR **88**, 942.

7 **E. Beispiele zur Frage einer Abstandserklärung**

Bedingung: Die Abstandserklärung muß unbedingt sein. Ein Abstand unter der Bedingung, daß das Gericht den Urkundenprozeß für unstatthaft halte, hindert eine Prozeßabweisung nach Grdz 14 vor § 253 nicht.

Beweisaufnahme: Die Abstandserklärung kann vor oder nach einer Beweisaufnahme erfolgen.

Bezugnahme: Die bloße Bezugnahme auf ein im Urkundenprozeß unzulässiges Beweismittel bedeutet keine Abstandserklärung, BGH WertpMitt **79**, 803.
Einwendung: Eine bloße Erwiderung auf eine im Urkundenprozeß aus dem Grundgeschäft erhobene Einwendung hindert eine Prozeßabweisung nach Grdz 14 vor § 253 nicht, BGH VersR **88**, 942. Das Gericht muß aber § 139 beachten.
Einwilligung des Beklagten: Die Abstandserklärung ist in der ersten Intanz nicht von einer Einwilligung des Bekl abhängig, wohl aber in der Berufungsinstanz (Klagänderung, auch bei Sachdienlichkeit), LG Bln NZM **98**, 909.
Schlüssige Erklärung: Die Abstandserklärung kann auch durch eine schlüssige Handlung erfolgen, zB durch eine ausdrückliche Zustimmung zur Erhebung eines vom Bekl angetretenen und im Urkundenprozeß eigentlich unzulässigen Beweises.
Vgl aber auch „Bezugnahme".
Teilabstand: Eine Teilabstandnahme außerhalb Rn 3 ist unbeachtlich. Freilich mag das Gericht nach § 145 vorgehen.
Unanfechtbarkeit: Die Abstandserklärung ist als eine Parteiprozeßhandlung grds unanfechtbar, Grdz 56, 58 vor § 128.
Versäumnisurteil: Die Abstandserklärung ist auch nach einem Versäumnisurteil zulässig.
Vorbehalt: Die Abstandserklärung muß vorbehaltlos sein.
Zeugenbeweis: Der Antritt eines Zeugenbeweises hindert eine Prozeßabweisung nach Grdz 14 vor § 253 nicht.

4) Folgen der Abstandnahme. Eine zulässige Erklärung bewirkt einen tatsächlichen Stillstand des 8
Verfahrens nach Üb 1 vor § 239 bis zu einer neuen Ladung. Wenn der Bekl bei der Erklärung anwesend ist, kann der Kläger eine sofortige Verhandlung im ordentlichen Verfahren verlangen. Der Bekl hat grundsätzlich keinen Vertagungsanspruch nach § 227 I. Er muß nämlich verständigerweise nach § 282 stets mit einer Abstandserklärung des Klägers rechnen. Die Beweisbeschränkungen entfallen. Neue Beweisangebote sind grundsätzlich zulässig, VerfGH Sachsen MDR **98**, 1365. Wenn der Kläger aber neue Tatsachen oder Beweismittel geltend macht oder wenn der Bekl Zeit braucht, um seine erst jetzt erheblichen Einwendungen oder Beweismittel vorzutragen, muß das Gericht §§ 227 oder 283 beachten. Mit einer Aufrechnung nach § 145 Rn 8 darf das Gericht den Bekl nur dann ausnahmsweise ausschließen, wenn die Abstandnahme erst in zweiter Instanz erfolgt. Entsprechendes gilt für eine Widerklage, Anh § 253.

Bei einer *Säumnis* des Bekl ergeht keine Versäumnisentscheidung nach § 331 ohne eine rechtzeitige 9
schriftsätzliche Ankündigung des Abstands, weil sie auf einer anderen Tatsachenwürdigung beruht, § 335 I Z 3. Auch das AG muß die Abstandnahme als einen Sachantrag vorher durch seine Zustellung dem Gegner mitteilen, §§ 495, 270. Zum neuen Termin lädt das Gericht die Parteien nach § 214 unter einer Einhaltung der Ladungsfrist, § 217. Das Gericht muß die Einlassungsfrist des § 274 III dann beachten, wenn es diejenige des Urkundenprozesses nicht eingehalten hatte, aM ZöGre 9 (aber wenigstens jetzt muß es einmal korrekt zugehen).

5) Rechtshängigkeit. Die Abstandnahme läßt die Rechtshängigkeit nach § 261 mit ihren prozessualen 10
und sachlichrechtlichen Wirkungen fortdauern. Alle bisherigen Prozeßhandlungen nach Grdz 46 vor § 128 bleiben voll wirksam. Das gilt zB für ein Geständnis nach § 288 und für Beweisverhandlungen. Ebenso bleiben wirksam: Bisherige Entscheidungen; die Zuständigkeit; die Befreiung von einer Sicherheitsleistung; ein eingetretener Ausschluß. Ist der Ausschluß aber durch den Schluß der mündlichen Verhandlung nach §§ 136 IV, 296 a eingetreten, ist eine Nachholung zulässig. Denn die Verhandlung gilt als eine Einheit. Das Gericht muß die Kosten einheitlich behandeln. Die Mehrkosten des ordentlichen Verfahrens treffen den Unterliegenden, § 91.

597 *Klageabweisung.* **I Insoweit der in der Klage geltend gemachte Anspruch an sich oder infolge einer Einrede des Beklagten als unbegründet sich darstellt, ist der Kläger mit dem Anspruch abzuweisen.**

II Ist der Urkundenprozess unstatthaft, ist insbesondere ein dem Kläger obliegender Beweis nicht mit den im Urkundenprozess zulässigen Beweismitteln angetreten oder mit solchen Beweismitteln nicht vollständig geführt, so wird die Klage als in der gewählten Prozessart unstatthaft abgewiesen, selbst wenn in dem Termin zur mündlichen Verhandlung der Beklagte nicht erschienen ist oder der Klage nur auf Grund von Einwendungen widersprochen hat, die rechtlich unbegründet oder im Urkundenprozess unstatthaft sind.

Gliederung

1) Systematik, I, II. §§ 597–599 enthalten die Regelung der im Urkundenprozeß möglichen Entschei- 1
dungen. Dazu treten §§ 330 ff für die Fälle der Säumnis. § 597 behandelt die Erfolglosigkeit. §§ 598, 599 behandeln den Erfolg der Klage in dieser Prozeßart.

2) Regelungszweck, I, II. Es ist eine Klarstellung der Tragweite der Klagabweisung in einer Prozeßart 2
nötig, die der Kläger zwar nach dem Verhandlungsschluß nach § 596 nicht mehr verlassen darf, die aber

wegen ihrer eigentümlichen Beschränkung von Angriffsmitteln nach § 592 auch keine stets endgültige Abweisung erlaubt. Damit dient § 597 der Rechtssicherheit, Einl III 43. Man muß die Vorschrift entsprechend strikt auslegen.

3 **3) Gewöhnliche Prozeßabweisung, I.** Die Abweisung kann eine gewöhnliche Prozeßabweisung der Klage als „unzulässig" sein, Grdz 14 vor § 253, Üb 5 vor § 300. Sie muß zB dann erfolgen, wenn allgemeine Prozeßvoraussetzungen fehlen, § 592 Rn 1. Denn das Gericht muß sie auch im Urkundenprozeß von Amts wegen prüfen, Grdz 39 vor § 128. Die Rechtskraftwirkung ergreift nur den betreffenden Mangel wie stets.

4 **4) Sachabweisung, I.** Der Urkundenprozeß führt zu einer Schlüssigkeitsprüfung des Klaganspruchs, BGH MDR **91**, 423. Sie führt entweder zu einer Verurteilung des Bekl unter einem Vorbehalt nach § 599 oder zur Klagabweisung. Diese ist eine Sachabweisung, wenn die Klage nach dem eigenen sachlichen Vorbringen des Klägers unbegründet ist, BGH MDR **91**, 423 (der Kläger beruft sich auf eine in Wahrheit verbotene AGB-Klausel), oder wenn sie auf Grund von Einwendungen des Bekl sachlich unbegründet ist, BGH **70**, 267, Rostock NZM **03**, 317, oder wenn der Kläger auf den Anspruch verzichtet, § 306. Das gilt auch bei einer mangelhaften Einzelbegründung. Es ist also eine Teilabweisung zulässig, § 301 I.

5 Bei einer *Säumnis des Klägers* muß das Gericht zunächst die Statthaftigkeit des Urkundenprozesses prüfen. Wenn das Gericht sie bejaht, ist eine sachabweisende Versäumnisentscheidung zulässig, § 330. Andernfalls erfolgt nur eine Prozeßabweisung, Grdz 14 vor § 253. Denn der Bekl kann im Säumnisverfahren nicht mehr erreichen als im ordentlichen Verfahren, § 330 Rn 5, ThP 5, ZöGre 6, aM MüKoBr 10, StJSchl 2 (aber das Gericht muß die Statthaftigkeit auch im ordentlichen Prozeß prüfen, und nur darauf kommt es hier entsprechend an). Die Rechtskraftwirkung der Sachabweisung nach § 322 ergreift den Anspruch selbst, BGH MDR **91**, 423. Man kann ihn daher insoweit auch nicht mehr im Nachverfahren nach § 600 geltend machen, BGH MDR **91**, 423, oder im ordentlichen Prozeß.

6 **5) Unstatthaftigkeit der Prozeßart, II.** Dem Grundsatz stehen wichtige Ausnahmen gegenüber.

A. Grundsatz: Prozeßabweisung. Ist die Klage in der gewählten Prozeßart unstatthaft oder liegt eine nach § 596 Rn 7 unzulässige Teilabstandnahme vor, erfolgt grundsätzlich ebenfalls eine Prozeßabweisung eben als zB „im (gegenwärtigen) Urkundenprozeß unstatthaft", BGH BB **01**, 2133, sofern nicht Rn 5, 6 vorliegt, Grdz 14 vor § 253. Das gilt zB beim Fehlen der besonderen Prozeßvoraussetzungen des Urkunden- oder Wechselprozesses, § 592 Rn 1, 2, also wenn der Urkundenprozeß nicht statthaft ist oder wenn der Kläger einen Beweis nicht mit den im Urkundenprozeß statthaften Beweismitteln geführt hat, LG Augsb WoM **93**, 417. Das erstere kann bei einer entgegenstehenden Schiedsvereinbarung gelten, Wolf DB **99**, 1107, aM Düss WertpMitt **95**, 1488, vgl aber auch § 602 Rn 2. Das letztere trifft zu, wenn für die klagebegründenden Tatsachen der Urkundenbeweis und im übrigen der Beweis durch Urkunden oder durch eine Parteivernehmung versagt, § 595 Rn 2.

Das Gericht muß die Voraussetzungen des Urkundenprozesses auch bei einer *Säumnis des Bekl* von Amts wegen prüfen, Grdz 39 vor § 128, BGH **62**, 290, Ffm MDR **75**, 232. Unerheblich sind dabei etwaige Einwendungen des Bekl wie stets bei der Prüfung der Prozeßvoraussetzungen. Denn ohne eine vorherige Prüfung der Prozeßvoraussetzungen darf keine Sachprüfung stattfinden, Grdz 14 vor § 253, Ffm MDR **82**, 153. Diese Voraussetzungen lassen keine Parteivereinbarung nach Grdz 18 vor § 128 zu. Die Beifügung der Urkunden nach § 593 II gehört nicht zu ihnen. Eine Prozeßvoraussetzung ist nur die Beweisbarkeit durch Urkunden. Ein wirksamer Prozeßvertrag nach Einl III 11 dahin, den Anspruch nach § 592 Rn 2 nicht im Urkundenprozeß geltend zu machen, führt zur Unstatthaftigkeit dieser Verfahrensart. Der Bekl muß die Einrede einer Schiedsvereinbarung nach § 1025 Rn 15 schon im Vorbehaltsverfahren erheben, Düss NJW **83**, 2149.

7 **B. Ausnahmen.** Darum genügt es zur Statthaftigkeit des Urkundenprozesses, daß der Bekl die klagebegründenden Tatsachen nicht ernstlich bestreitet oder daß er sie zugesteht, § 288 Rn 4, 5, oder daß sie nach § 291 offenkundig sind, BGH **70**, 267, Mü MDR **04**, 532, StJSchl 4, aM Ffm MDR **82**, 153, Köln VersR **93**, 902 (aber auch der Urkundenprozeß ist kein Selbstzweck, Einl III 10). Auch § 138 III gilt hier, BGH MDR **76**, 561.

8 Bei einem *Anerkenntnis* ergeht ein Anerkenntnisurteil nach § 307 ohne eine Prüfung der Statthaftigkeit des Urkundenprozesses und ohne einen Vorbehalt, § 599 I. Die Prüfung der allgemeinen Prozeßvoraussetzungen nach Grdz 12 vor § 253, zB diejenige der Zuständigkeit, geht der Prüfung der besonderen Voraussetzungen vor. Manche weisen auch dann nach II ab, wenn der Bekl zwar nicht seine in erster Linie erhobenen Einwendungen bewiesen hat, wenn er aber eine Hilfsaufrechnung nach § 145 Rn 13 mit den im Urkundenprozeß nach § 592 zulässigen Beweismitteln beweisen konnte, BGH **80**, 99 (abl Zeiss JR **81**, 333). Andere verlangen gegenüber einer unstreitigen anderweitig hilfsweise erhobenen noch anhängigen Aufrechnungsforderung den Beweis ihres Verbrauchs mit den Mitteln des Urkundenprozesses durch den Kläger, BGH NJW **86**, 2767.

9 **6) Rechtskraft, II.** Die Rechtskraftwirkung einer Abweisung nach Rn 6, § 322, berührt nur das Urkundenverfahren. Sie steht einem neuen Urkundenprozeß entgegen, nicht einem solchen im ordentlichen Verfahren, BGH NJW **89**, 429. Ein Nachverfahren findet bei einer Abweisung nach II nicht statt. Denn es erfolgt ja keine Verurteilung des Bekl, § 599 I, BGH NJW **89**, 429. Ein Schriftsatz „im Nachverfahren" ist aber evtl in eine Klage für ein ordentliches Verfahren umdeutbar, Grdz 52 vor § 128, BGH MDR **89**, 429. Wenn das Gericht die Klage wegen eines Beweismangels abgewiesen hatte, hindert die Rechtskraft nur einen neuen Urkundenprozeß mit denselben Beweismitteln.

10 **7) Versäumnisverfahren, I, II.** Bei einer Säumnis des Bekl gelten nur die Echtheit einer ordnungsmäßig mitgeteilten Urkunde und die Übereinstimmung der Abschrift oder Ablichtung mit der Urschrift als zugestanden, § 331 I 1. Deshalb ist eine Vorlegung der Urkunde nicht notwendig. Nur Wechsel und sonstige Orderpapiere und Inhaberpapiere muß man zum Nachweis der Inhaberschaft vorlegen. Für den Sachvortrag gilt die Unterstellung des Geständnisses nicht, II. Sie gilt insbesondere auch nicht für die Behauptung einer Gerichtsstandsvereinbarung, §§ 38 II, 331 I 2. Das folgt aus der Beschränkung des Beweises auf Urkunden.

Darum muß das Gericht die Klage entweder evtl nach einem vergeblichen Hinweis nach § 139 durch ein Prozeßurteil nach Rn 6 abweisen oder ein vorbehaltloses Versäumnisurteil erlassen, wenn die vorgelegten Urkunden den Klagantrag rechtfertigen.

Die *Vertretungsmacht* desjenigen, der eine Urkunde für einen anderen unterzeichnet hat, wird sich meist ausreichend aus den Umständen ergeben. Notfalls muß man die Vertretungsmacht durch einen Auszug aus dem Handelsregister usw nachweisen. Wenn dieser Nachweis wahrscheinlich ist, muß das Gericht nach § 335 I Z 3 vertagen. 11

598 ***Zurückweisung von Einwendungen.*** **Einwendungen des Beklagten sind, wenn der dem Beklagten obliegende Beweis nicht mit den im Urkundenprozess zulässigen Beweismitteln angetreten oder mit solchen Beweismitteln nicht vollständig geführt ist, als im Urkundenprozess unstatthaft zurückzuweisen.**

1) Systematik, Regelungszweck. Vgl zunächst § 597 Rn 1, 2. Die dortigen Erläuterungen zu Angriffsmitteln gelten entsprechend für die ja nur begrenzt möglichen Verteidigungsmittel in dieser Prozeßart, natürlich erst recht bei § 599. 1

2) Geltungsbereich. § 598 betrifft eine schlüssige, aber nicht mit zulässigen Beweismitteln bewiesene Einwendung des Bekl, Üb 62 vor § 253. 2

Eine sachlichrechtlich begründete Einwendung bleibt dem *Nachverfahren* aufgespart. Das gilt auch für die Hauptaufrechnung, selbst wenn die Tatsache ihrer Erklärung aus einer Urkunde des Klägers ersichtlich ist. §§ 145 III, 302 sind gegenüber der Sondervorschrift des § 598 unanwendbar, MüKoBr 3, RoSGo § 163 III 4 c, aM StJSchl 3, ThP 2 (aber eine Spezialvorschrift hat nun einmal den Vorrang).

Bei einer *Hilfsaufrechnung* nach § 145 Rn 13 kommt es darauf an, ob der Bekl seine in erster Linie erhobenen Einwendungen mit zulässigen Beweismitteln bewiesen hat. Sonst muß das Gericht die Einwendungen nach § 598 selbst dann als unstatthaft zurückweisen, wenn die Hilfsaufrechnungstatsachen zulässig beweisbar oder bewiesen sind, BGH **80**, 97, aM ZöGre 10 (er wendet § 597 II an. Aber § 598 ist eben eine vorrangige Spezialvorschrift). Auch wenn der Bekl erklärt, er trete gar keinen Beweis an, gilt § 598. Denn ein Beweis ist vorbehaltlich einer Zurückweisung wegen Verspätung bis zum Schluß der letzten Tatsachenverhandlung nach §§ 136 IV, 296 a zulässig. Man kann nicht mit einer Forderung aufrechnen, die nach § 1025 unter eine Schiedsvereinbarung fällt, Düss NJW **83**, 2149. Der Kläger kann mit einer im Urkundenprozeß rechtshängigen Forderung in einem anderen Prozeß aufrechnen, § 145 Rn 15 ff. Dasselbe gilt mit einer im Wechselprozeß rechtshängigen Forderung, BGH MDR **77**, 1013. 3

3) Zurückweisung. Das Gericht muß alle nicht zulässig bewiesenen entscheidungserheblichen Einwände in den Entscheidungsgründen des Vorbehaltsurteils als im Urkundenprozeß unstatthaft endgültig zurückweisen, also mit einer Wirkung für das Nachverfahren, BGH WertpMitt **79**, 272, aM ThP 3 (im Nachverfahren sei der Vortrag neuer Tatsachen für die Schlüssigkeit der Einwendung sowie neuer Tatsachen und Beweismittel für deren Begründetheit zulässig. Aber § 598 dient auch der Prozeßförderung und dem Ausschluß der von Anfang an unbegründeten Einwendungen). Das gilt, falls den Bekl die Beweislast nach Anh § 286 trifft. Das letztere muß das Gericht also prüfen. Diese Einwendungen darf die Partei im dann nach § 599 I zulässigen Nachverfahren mit allen Beweismitteln der ZPO weiterverfechten, BGH **70**, 267. 4

599 ***Vorbehaltsurteil.*** **I Dem Beklagten, welcher dem geltend gemachten Anspruch widersprochen hat, ist in allen Fällen, in denen er verurteilt wird, die Ausführung seiner Rechte vorzubehalten.**

II Enthält das Urteil keinen Vorbehalt, so kann die Ergänzung des Urteils nach der Vorschrift des § 321 beantragt werden.

III Das Urteil, das unter Vorbehalt der Rechte ergeht, ist für die Rechtsmittel und die Zwangsvollstreckung als Endurteil anzusehen.

Schrifttum: *Hall,* Vorbehaltserkenntnis und Anerkenntnisvorbehaltsurteil im Urkundenprozeß, 1992.

Gliederung

1) Systematik, I–III. Vgl zunächst § 597 Rn 1. § 599 stellt einen der Fälle eines Vorbehaltsurteils dar, §§ 302, 602, 605 a. 1

2) Regelungszweck, I–III. Die Vorschrift dient wegen der Eigenart des Urkundenprozesses folgerichtig der Rechtswahrung des ja nur mit beschränkten Verteidigungsmöglichkeiten behandelten Bekl und damit der sachlichen Gerechtigkeit, Einl III 9, 36. Das Bedürfnis nach Prozeßwirtschaftlichkeit nach Grdz 14 vor 2

§ 128 ist mit dem stattgebenden Vorbehaltsurteil zugunsten des Klägers befriedigt. Jetzt soll der Bekl mit allen sonst zulässigen Mitteln zum „Gegenangriff" berechtigt sein, wie es ihm § 600 im einzelnen ermöglicht.

3 **3) Geltungsbereich: Vorbehaltlose Verurteilung, I–III.** Es steht dem Bekl frei, ob er im Urkundenprozeß der Klageforderung ohne eine Begründung widerspricht, ob er nur einzelne Einwendungen erhebt oder ob er sich umfassend verteidigt, BGH NJW **93**, 668. Das Gericht muß den Bekl vorbehaltlos verurteilen, wenn die folgenden Voraussetzungen vorliegen.

A. Allgemeine Prozeßvoraussetzungen. Zunächst müssen die allgemeinen Prozeßvoraussetzungen vorliegen, Grdz 12 vor § 253. Außerdem müssen folgende Bedingungen erfüllt sein: Entweder muß der Bekl den Klaganspruch vorbehaltlos anerkannt haben, § 307, LG Hann RR **87**, 384, aM ZöGre 8 (aber was soll dann noch weiter fehlen?). Im Fall eines insofern widersprüchlichen oder unklaren Vortrags kann das Gericht den Erlaß eines Anerkenntnisurteils ablehnen. Die Praxis behandelt das Anerkenntnisurteil im Kostenpunkt oft als ein Vorbehaltsurteil. Das ist irreführend, Schriever MDR **79**, 24, LG Aachen RR **86**, 360, aM Häsemeyer ZZP **85**, 226, RoSGo § 163 III 5 d (aber mit einem Anerkenntnis nebst zugehörigem Urteil erlischt das Schutzbedürfnis des Bekl schon im „normalen" Prozeß). Oder der Bekl muß säumig sein oder nicht verhandeln, §§ 331, 333.

B. Besondere Prozeßvoraussetzungen. Es müssen außerdem stets die besonderen Prozeßvoraussetzungen vorliegen, § 592 Rn 1, 2, § 597 Rn 8. Das gilt auch dann, wenn der Bekl in einer früheren Verhandlung dem Anspruch widersprochen hatte.

4 **4) Widerspruch, I–III.** Man muß drei Aspekte beachten.

A. Erklärung. Widerspricht der Bekl dem Anspruch in der mündlichen Verhandlung, kann das nur dazu führen, daß das Gericht entweder die Klage abweist oder dem Bekl bei einer Verurteilung die Ausführung seiner Rechte vorbehalten muß. Das gilt selbst dann, wenn der Widerspruch zulässigerweise keine Begründung enthält, BGH NJW **88**, 1468 (zustm Bilda JR **88**, 332), oder wenn sich die gegebene Begründung als sogar von vornherein offensichtlich objektiv nicht ausreichend herausstellt. Ein schriftlicher Widerspruch ist nur im schriftlichen Verfahren zulässig, § 128 II, oder im Aktenlageverfahren nach § 251 a, Naumb MDR **94**, 1246.

Der Widerspruch *muß deutlich sein.* Er kann aber in einer schlüssigen Handlung liegen, Grdz 52 vor § 128. Er liegt in jeder Verteidigung gegen eine unbedingte Verurteilung, zB im Klagabweisungsantrag, Hamm MDR **82**, 415. Er liegt auch in der Behauptung, der Bekl hafte nur Zug um Zug oder nur beschränkt als Erbe, aM ThP 4 (aber auch das ist eine echte Verteidigung gegen eine volle Verurteilung). Der Bekl kann den Widerspruch zurücknehmen. Eine Aussetzung des Verfahrens widerspricht meist der Natur des Urkundenprozesses, § 148 Rn 35, BGH ZZP **87**, 86, Hamm NJW **76**, 247. Eine bloße Kostenverwahrung ist wegen § 308 II kein Widerspruch, Schwarz/ZZP **110**, 187.

5 **B. Säumnis.** Bei einer anfänglichen oder späteren Säumnis des Bekl liegt kein Widerspruch vor. Daher darf das Gericht in das Versäumnisurteil keinen Vorbehalt aufnehmen, § 331 Rn 8, ThP 2, ZöGre 6, aM Naumb MDR **94**, 1246, MüKoBr 3 (aber ein Vorbehalt ohne einen Widerspruch ist systemwidrig. Das zeigt schon der klare Wortlaut von I, Einl III 39. Eine Säumnis läßt sich nun wirklich nicht in ihr Gegenteil umdeuten). Das Gericht darf auch nicht auf Grund eines Klägerantrags einen Vorbehalt aufnehmen.

6 **C. Unanwendbarkeit.** Die Vorschrift ist bei einer Vorlage nach Art 100 I GG oder beim Anerkenntnis „unter Vorbehalt" nach § 307 Rn 4 unanwendbar, § 302 Rn 1. Dasselbe gilt natürlich beim Versäumnisurteil gegen den Bekl nach § 331 Rn 8 oder bei einem mit einem Anerkenntnis auf die Kostenfrage beschränkten Widerspruch, § 308 II, BGH RR **92**, 254, Karlsr OLGZ **86**, 124, RoSGo § 163 III 5 d, aM MüKoBr 4, StJSchl 2, ZöGre 7 (aber das ist gerade kein Widerspruch in der Hauptsache, den I voraussetzt).

7 **5) Vorbehaltsurteil, I, II.** Es ergeht keineswegs stets fehlerfrei.

A. Vorbehaltsausspruch. Das Gericht muß einen notwendigen Vorbehalt von Amts wegen in die Urteilsformel aufnehmen, BGH NJW **81**, 394. Ein Vorbehalt bloß in den Gründen wäre unbeachtlich. Freilich darf und muß man die Urteilsformel unter einer Heranziehung von Tatbestand und Entscheidungsgründen auslegen, § 322 Rn 6. Das Gericht bezeichnet den Vorbehalt nur als denjenigen der „Ausführung der Rechte" (im Nachverfahren). Der Vorbehalt ist bei einer Klagabweisung unzulässig, BGH WertpMitt **81**, 386, ZöGre 4, aM Grunsky ZZP **77**, 468 (aber ein Urteil ist nicht für Widersprüchliches da). Das Gericht muß eine unschlüssige Einwendung vorbehaltlos zurückweisen, Düss WoM **99**, 708.

Die *Kostenentscheidung* ist nach §§ 91 ff notwendig. Natürlich betrifft der Vorbehalt auch die zur Sachentscheidung getroffene Kostenentscheidung mit, anders als die unzulässige isolierte Kostenentscheidung „unter Vorbehalt", Rn 6. Eine Kostenübernahme meint im Zweifel auch die Kosten des Nachverfahrens, Hamm Rpfleger **75**, 322. Bei beiderseitigen wirksamen Erledigterklärungen entscheidet das Gericht durch einen Vorbehaltsbeschluß nach § 91 a unter einer Berücksichtigung des wahrscheinlichen Ausgangs eines sonst erfolgten Nachverfahrens, aM ZöGre § 596 Rn 12 (durch einen erst im Nachverfahren anfechtbaren Vorbehaltsbeschluß. Aber die Entscheidungsreife ist zur Kostenfrage bereits jetzt eingetreten). Wegen der vorläufigen Vollstreckbarkeit Rn 9. Auch das höhere Gericht muß von Amts wegen den Vorbehalt machen, wenn es eine Klagabweisung in eine Verurteilung ändert, Mü RR **87**, 1024. Dasselbe gilt dann, wenn es eine vorbehaltlose Verurteilung in eine solche nach I ändert. Der zweitinstanzliche Vorbehalt führt in diesem Umfang auf Antrag (jetzt) nach § 538 zur Zurückverweisung, Mü RR **87**, 1024. Eine Wiederholung des erstinstanzlichen Vorbehalts ist bei einer Zurückweisung des Rechtsmittels nicht erforderlich.

8 **B. Verstoß.** Hat das Gericht einen notwendigen Vorbehalt unterlassen, darf der Bekl eine Ergänzung nach II in Verbindung mit § 321 beantragen, Hamm BB **92**, 236. Da das Urteil falsch ist, darf er auch ein Rechtsmittel einlegen. Er braucht die Berufung nicht weiter zu begründen, wenn er nur das Fehlen des Vorbehalts rügt, Hamm BB **92**, 236. Nur das Rechtsmittel bleibt ihm offen, wenn die Frist des § 321 II bereits abgelaufen ist, Hamm BB **92**, 236. Wenn der Kläger den Vorbehalt für falsch hält, muß er im

Urkundenprozeß Rechtsmittel einlegen. Im Nachverfahren läßt sich der Vorbehalt nicht mehr beseitigen. Wird ein vorbehaltloses Urteil nach § 705 formell rechtskräftig, gibt es keine Abhilfe mehr. Es bindet dann nach § 322 die rechtliche Beurteilung der Schlüssigkeit und der Einwendungen im Nachverfahren, § 600 Rn 6, Karlsr RR **91**, 1151. Das Urteil braucht nicht bestimmte Einwendungen aufzuführen. Denn im Nachverfahren sind nicht nur die nach § 598 vorbehaltenen Einwendungen zulässig.

6) Wirkung des Vorbehaltsurteils, III. Sie entsteht in zwei Hauptrichtungen. 9

A. Grundsatz: Auflösend bedingte Bindung. Das Vorbehaltsurteil bindet insoweit, als es um einen solchen Punkt des Streitverhältnisses geht, dessen Klärung erforderlich ist, damit das Vorbehaltsurteil überhaupt ergehen kann, BGH NJW **04**, 1159. Im übrigen ist es in allen Teilen des Tenors ein durch seine Aufhebung im Nachverfahren auflösend bedingtes Urteil, Üb 9 vor § 300. Das gilt auch wegen der Kosten, Kblz VersR **85**, 1149. Das Vorbehaltsurteil gilt für die Rechtsmittel und die Zwangsvollstreckung als ein Endurteil. Es ist daher der Rechtskraft fähig, Einf 1 vor §§ 322–327, § 767 Rn 17 ff, BGH NJW **04**, 1159, Michalski ZMR **96**, 639. Sie tritt mit dem Ablauf der Rechtsmittelfrist ein, § 705. Der Eintritt der Rechtskraft macht das Vorbehaltsurteil für das Nachverfahren in den obigen Grenzen bindend, BGH NJW **04**, 1159. Er macht es im übrigen endgültig vollstreckbar, aM LG Lüb Rpfleger **86**, 315 (aber nun darf man wirklich nichts mehr im Erkenntnisverfahren tun). Schon vorher muß das Gericht sein Vorbehaltsurteil nach § 708 Z 4 für vorläufig vollstreckbar erklären, BGH **69**, 272.

B. Einstellung der Zwangsvollstreckung. Eine Einstellung der Zwangsvollstreckung erfolgt nach 10
§ 707. Wegen der Strenge des Wechselverfahrens ist aber eine scharfe Prüfung erforderlich. Die Einstellung der Zwangsvollstreckung ergeht also nicht ohne weiteres bis zum rechtskräftigen Abschluß des Nachverfahrens. Denn sonst würde der Wechselprozeß seinen Sinn verlieren. Vielmehr muß das Vorbringen des Schuldners voraussichtlich im Nachverfahren zu einer Aufhebung des Urteils führen. Eine einstweilige Verfügung auf eine Einstellung der Zwangsvollstreckung ist unstatthaft. Denn die Einstellung nach § 707 ist prozessual einfacher.

C. Weitere Einzelfragen. Bei einer Aufhebung des Vorbehaltsurteils im Nachverfahren endet die Voll- 11
streckbarkeit des Vorbehaltsurteils, vgl auch § 775 Z 1, und wird der Kläger nach § 600 II ersatzpflichtig. Eine Vollstreckungsabwehrklage nach § 767 wegen versäumter Einwendungen ist nicht zulässig. Der Bekl kann natürlich eine im Urkundenverfahren unzulässig gewesene Einwendung im Nachverfahren nachholen, KG MDR **05**, 1010. Er muß alle nach § 767 Rn 17 ff dorthin gehörenden Einwendungen im Nachverfahren vorbringen. Der inneren Rechtskraft nach Einf 2 vor §§ 322–327 ist das Vorbehaltsurteil nicht fähig, Ffm Rpfleger **85**, 510, LG Lüb Rpfleger **86**, 315. Es bindet aber in den entschiedenen Teilen dieses und jedes andere Gericht in jeder Instanz, § 318. Das gilt besonders für die Prozeßvoraussetzungen nach Grdz 12 vor § 253 und für die sachlichen Voraussetzungen, ohne deren Beurteilung die Entscheidung nicht möglich war, § 600 Rn 4 ff. Für den Verzicht auf den Vorbehalt gilt § 346 Rn 1 entsprechend.

7) Rechtsmittel, I–III. Vgl zunächst Rn 8. Es sind die normalen Rechtsmittel gegen ein Endurteil 12
statthaft, §§ 511 ff.

600 *Nachverfahren.* **I Wird dem Beklagten die Ausführung seiner Rechte vorbehalten, so bleibt der Rechtsstreit im ordentlichen Verfahren anhängig.**

II Soweit sich in diesem Verfahren ergibt, dass der Anspruch des Klägers unbegründet war, gelten die Vorschriften des § 302 Abs. 4 Satz 2 bis 4.

III Erscheint in diesem Verfahren eine Partei nicht, so sind die Vorschriften über das Versäumnisurteil entsprechend anzuwenden.

Schrifttum: *Beckmann,* Die Bindungswirkung des Vorbehaltsurteils im Urkunden-, Wechsel- und Scheckprozeß, Diss Hbg 1989; *Rabback,* Die entsprechende Anwendbarkeit des den §§ ... 600 Abs. 2 usw zugrunde liegenden Rechtsgedankens auf die einstweiligen Anordnungen des ZPO, 1999.

Gliederung

1) Systematik, I–III. Das Vorbehaltsurteil läßt die Sache im ordentlichen Verfahren rechtshängig, BGH 1
86, 270, Hbg NJW **83**, 526. Das Nachverfahren setzt das Vorverfahren fort. Das Nachverfahren bildet mit dem Vorverfahren einen einheitlichen Prozeß, Düss MDR **83**, 496, Nürnb NJW **82**, 392, Saarbr MDR **02**, 109. Das gilt auch nach einem Urkundenmahnverfahren, § 703 a II Z 4 S 2. Es findet auch für das Nachverfahren wegen seiner soeben genannten Einheitlichkeit mit dem Urkundenprozeß natürlich nicht ein gar

noch notgedrungen zwischenzuschaltendes obligatorisches Güteverfahren statt. So ist § 15a II 1 Z 4 EG-ZPO vernünftigerweise auslegbar.

Es bleiben namentlich der *Streitgegenstand* nach § 2 Rn 4, die Parteirollen nach Grdz 15 vor § 50, die Zuständigkeit und alle sachlichrechtlichen und prozessualen *Folgen der Rechtshängigkeit* bestehen, § 261 Rn 24, Hamm NJW **78**, 58. Das gilt auch für ein Geständnis im Vorbehaltsverfahren nach § 288, Saarbr MDR **02**, 109. Das Nachverfahren ist grundsätzlich eine Sommersache, § 227 Rn 43 (dort auch zu Ausnahmen). Ein Anerkenntnis nach § 307 im Nachverfahren kann nie ein sofortiges nach § 93 sein. Da es sich nicht um eine Nachprüfung des Vorverfahrens handelt, ist der Richter des Vorverfahrens im Nachverfahren nicht ausgeschlossen, § 41 Rn 18 „Urkundenprozeß", auch nicht im höheren Gericht. Das Nachverfahren beginnt mit der Verkündung des Vorbehaltsurteils nach § 311 und nicht erst mit dessen Rechtskraft. Das Nachverfahren ist nicht von einem entsprechenden Antrag abhängig, Celle RR **93**, 559, MüKoBr 4, ZöGre 8, aM Ffm MDR **90**, 256 (evtl Verwirkung eines Antragsrechts), RoSGo § 59 V 5a, StJSchl 9 (aber § 600 enthält mit keinem Wort ein Antragserfordernis, das der Gesetzgeber natürlich hätte ausdrücklich erwähnen können, Einl III 39. Vgl auch Rn 2).

Das Gericht kann einen *besonderen Verhandlungstermin* bestimmen und lädt dann die Parteien, § 214. Das Gericht kann aber auch sofort nach einer Abstandserklärung nach § 596 Rn 4 (dort auch zur Wahrung etwaiger Zwischenfristen) oder nach der Verkündung des Vorbehaltsurteils im Nachverfahren verhandeln lassen, VerfGH Sachsen NJW **98**, 3266. Es kann auch die Akten oder deren Doppel anschließend an das etwaige Rechtsmittelgericht leiten. Der Kläger beantragt, das Urteil für vorbehaltlos zu erklären. Der Bekl beantragt, das Vorbehaltsurteil aufzuheben und die Klage abzuweisen. Das Nachverfahren kann rechtsmißbräuchlich sein, Einl III 54, Ffm MDR **90**, 256 (Zeitablauf von über 5 Jahren). Das muß das Gericht von Amts wegen beachten, Grdz 39 vor § 128.

2 **2) Regelungszweck, I–III.** Das Nachverfahren dient dazu, die im Vorverfahren unvollständige Klärung zu vervollständigen und an die Stelle der vorläufigen Vorbehaltsentscheidung eine endgültige Entscheidung zu setzen, BGH **69**, 273. Damit dient die Vorschrift dem Hauptziel des Zivilprozesses, der Gerechtigkeit, Einl III 9, 36. Wenigstens ein Nachverfahren soll eine Chance zur Korrektur der im Urkundenverfahren unvermeidbaren Härten bieten. Das hat wie bei den vergleichbaren Vorschriften etwa der §§ 925 ff, 936 Risikofolgen schon für den Kläger, soweit er den Urkundenprozeß wählt. Deshalb darf man § 600 gegenüber dem Kläger nicht zu großzügig anwenden, gegenüber dem Bekl nicht zu streng.

3 **3) Zuständigkeit, I.** Zuständig ist stets das Erstgericht, Ffm MDR **77**, 236. Wenn das Berufungsgericht oder das Revisionsgericht den Vorbehalt macht, muß es entsprechend §§ 304, 538 I Z 4 an das Erstgericht zurückverweisen. Denn der Bekl würde sonst diejenige Instanz verlieren, die ihm allein die volle Bewegungsfreiheit gibt, BGH RR **88**, 63 (krit Schneider JR **88**, 466), aM BGH (8. ZS) NJW **05**, 2703. Das Revisionsgericht kann dabei die Entscheidung selbst treffen, die sonst das Berufungsgericht nach § 540 fällen müßte, BGH RR **88**, 63 (krit Schneider JR **88**, 466). Nach einer Abstandnahme erst in der Berufungsinstanz ist freilich eine Zurückverweisung nicht mehr zulässig, Schneider JR **88**, 466. Eine Parteivereinbarung über die Zuständigkeit ist unzulässig. Denn hier geht es nur um die geschäftliche (funktionelle) Zuständigkeit. Eine Aussetzung des Nachverfahrens nach §§ 148 ff bis zur Rechtskraft einer Entscheidung im Vorverfahren verstößt gegen den Sinn und Zweck der Verfahrensart. Sie ist daher unzulässig.

4 **4) Wirkung des Vorverfahrens, I.** Im Nachverfahren darf das Gericht die im Vorverfahren nicht rein förmlich erledigten Punkte nicht mehr prüfen.

A. Grundsatz: Fortsetzung des Vorverfahrens. Das Vorverfahren behält grundsätzlich seine volle Geltung, soweit nicht seine eigentümliche Bindung an die Beweismittel im Urkundenprozeß etwas anderes bewirkt, § 318, BGH NJW **04**, 1159, Karlsr RR **91**, 1151, LG Bln NJW **05**, 994, aM Bilda NJW **83**, 143, Stürner ZZP **87**, 87 (eine Bindung erfolge nur, soweit die vorläufige Vollstreckbarkeit reiche. Aber das ist gerade nicht der abschließende Sinn eines Vorbehaltsurteils).

5 Es bleiben daher zB die *früheren Prozeßhandlungen wirksam*, soweit sie die Parteien binden. Es ist unerheblich, ob das Gericht ein Vorliegen der Prozeßvoraussetzungen ausdrücklich festgestellt hatte oder ob das frühere Verfahren stillschweigend von ihrem Vorliegen ausging. Die rechtliche Behandlung im Vorverfahren bindet für das Nachverfahren, auch soweit das Gericht sie nur mittelbar ausgesprochen hatte, soweit eben ohne diese Feststellung ein Urteil im Urkundenverfahren nicht hätte ergehen können, BGH NJW **04**, 1159.

Eine Verjährung nebst etwaiger Verwirkung dieser Einrede kann beachtlich sein, Celle RR **93**, 559. Eine im Vorverfahren nach § 295 verlorene Verfahrensrüge ist im Nachverfahren unstatthaft. Der Einwand des Rechtsmißbrauchs ist auch im Nachverfahren statthaft, Einl III 54, LG Hamm RR **93**, 558. Wegen der gleichzeitigen Verhandlung über die Berufung gegen das Vorbehaltsurteil und gegen das Urteil des Nachverfahrens BGH **69**, 271.

6 **B. Beispiele zur Frage einer Fortgeltung des Vorverfahrens**

Anerkenntnis: Ein solches nach § 307 bleibt wirksam, LG Bln NJW **05**, 994.

Aussetzung: Sie bleibt unstatthaft, Grdz 1 vor § 592.

Begebungsvertrag: Die Beurteilung seiner Wirksamkeit im Vorverfahren bindet nach Rn 5, BGH WertpMitt **79**, 272.

Berufung: Wegen einer gleichzeitigen Verhandlung über eine Berufung gegen das Vorbehaltsurteil und gegen das Urteil im Nachverfahren BGH **69**, 271.

Bürgschaft: Bei einer „Bürgschaft auf erstes Anfordern" (ein schillernder Begriff) gestattet BGH NJW **94**, 382 (zustm Schütze JZ **94**, 371) dem Bekl nicht einmal im Nachverfahren eine Einwendung, sondern verweist ihn nach dem ausdrücklichen Motto „erst zahlen, dann prozessieren" auf einen künftigen Rückforderungsprozeß. Das ist eine wenig hilfreiche Lösung.

Einwendung: Eine im Vorverfahren sachlich abgeurteilte Einwendung läßt sich im Nachverfahren nicht wiederholen. Dann ist nur das Rechtsmittel gegen das Urteil im Urkundenverfahren zulässig, BGH MDR **91**, 423, aM Stürner ZZP **87**, 87 (vgl aber Rn 4, 5). Etwas anderes gilt für eine nach § 598 zurückgewiesene Einwendung. Nur wenn der Bekl eine Einwendung im Wechselverfahren einschließlich seines Rechtsmittelverfahrens mit den dort zur Verfügung stehenden Mitteln nicht hinreichend begründen konnte, darf er sie im Nachverfahren wiederum erheben, BGH MDR **91**, 423.

Fälligkeit: Ihre Beurteilung im Vorverfahren bindet nach Rn 5.

Formgültigkeit eines Wechsels: Ihre Beurteilung im Vorverfahren bindet nach Rn 5.

Geständnis: Ein solches nach § 288 bleibt wirksam.

Heilung: Eine im Vorverfahren nach § 295 geheilter Verfahrensmangel bleibt im Nachverfahren unbeachtlich. 7

Parteifähigkeit: Diese Prozeßvoraussetzung bleibt bestehen.

Prozeßführungsbefugnis: Diese Prozeßvoraussetzung nach Grdz 21 vor § 50 bleibt bestehen.

Prozeßkostenhilfe: Ihre Voraussetzungen und ihre Bewilligung nach §§ 114 ff bleiben bestehen.

Rechtsfähigkeit: Diese Prozeßvoraussetzung bleibt bestehen.

Rechtsmißbrauch: Er bleibt nach Einl III 54 im Nachverfahren unstatthaft, LG Hamm RR **93**, 558.

Rechtsweg: Die Prozeßvoraussetzung des ordentlichen Rechtswegs nach § 13 GVG bleibt bestehen, BGH MDR **76**, 206.

Statthaftigkeit des Vorverfahrens: Diese Prozeßvoraussetzung bleibt bestehen, Stürner ZZP **85**, 436.

Urkundenechtheit: Ihre Anerkennung nach § 439 bleibt wirksam.

Verjährung: Rn 5. Eine Verjährung nebst etwaiger Verwirkung dieser Einrede kann beachtlich bleiben oder werden, Celle RR **93**, 559.

Verspätung: Eine Ausschließung durch eine Versäumung im Urkundenprozeß wirkt, soweit sie vor dem Schluß der mündlichen Verhandlung im Vorverfahren nach §§ 136 IV, 296 a eingetreten ist. Sie wirkt nicht, soweit sie durch diesen Schluß eintrat. Denn die Einheit der Verhandlung gestattet dann eine Nachholung des Versäumten.

Wechselprotest: Ein stattgebendes Wechselurteil bindet stets wegen der Rechtswirksamkeit des Wechselprotests.

Zulässigkeit des Urkundenprozesses: Diese Prozeßvoraussetzung nach § 592 Rn 1 bleibt bestehen, BGH ZZP **87**, 86.

5) Neue Prüfung, I. Im Nachverfahren darf und muß das Gericht die folgenden Umstände prüfen. 8

A. Neue Tatsachen. Das Gericht muß neue Tatsachen prüfen, Einf 17 vor § 284.

B. Verzögerte Verteidigungs- oder Beweismittel. Das Gericht muß evtl solche Verteidigungs- und Beweismittel prüfen, die es im bisherigen Verfahren wegen einer Verzögerung zurückweisen mußte, § 296. Denn was den Urkundenprozeß verzögerte, das braucht das ordentliche Verfahren nicht zu verzögern, LG Bln MDR **83**, 235. 9

C. Neue Angriffs- oder Verteidigungsmittel. Das Gericht muß neue Angriffs- und Verteidigungsmittel prüfen, Einl III 70, BGH NJW **93**, 668. Das gilt unabhängig davon, wann sie entstanden sind und ob sie auch durch einen Urkundenbeweis erweisbar sind oder waren, BGH RR **92**, 256. Nach einem sofortigen Übergang in das Nachverfahren darf das Gericht einen sofortigen Beweisantritt nicht als verspätet behandeln, VerfGH Sachsen NJW **98**, 3266. 10

D. Zurückgewiesene Einwendungen. Das Gericht muß solche Einwendungen prüfen, die es nach § 598 zurückgewiesen hat, sowie solche Einwendungen, die es als ungenügend begründet oder nicht voll bewiesen, nicht aber als widerlegt zurückgewiesen hat. Der Bekl kann die Ausstellung zB des Schecks bestreiten, Drsd MDR **82**, 780. Er kann ferner zB die Echtheit einer Parteiurkunde auch noch dann nach § 439 bestreiten, wenn er sich dazu im Urkundenprozeß nicht erklärt hatte, BGH NJW **04**, 1159. Ein Gegenbeweis nach Einf 12 vor § 284 gegen den im Urkundenprozeß geführten Beweis ist nach den allgemeinen Grundsätzen zulässig, also auch ein Zeugenbeweis, obwohl das Gericht die Partei im Urkundenverfahren eidlich vernommen hatte. 11

E. Sonstiges. Die unterlassene Erklärung auf einen Antrag auf Parteivernehmung nach § 446 ist nachholbar. Eine Klagänderung ist wie sonst zulässig. Es gelten also prozeßwirtschaftliche Gründe. Eine Widerklage ist grundsätzlich zulässig, Anh § 253. Freilich kann man im ordentlichen Nachverfahren keine Urkunden- oder Wechselwiderklage erheben, Anh § 253 Rn 8, aM StJSchl 19 (aber die beiden Verfahrensabschnitte passen nicht gleichzeitig zueinander). Wegen der Geltendmachung der Verjährung BGH RR **92**, 256. 12

6) Urteil im Nachverfahren, II. Es kommt auf seine Richtung an. 13

A. Bestätigung. Das Urteil kann auf einen Wegfall des Vorbehalts lauten, insbesondere auch beim Rechtsmißbrauch des Bekl, Rn 1. Die Formel lautet etwa: „Das Urteil ... wird bestätigt; der Vorbehalt fällt weg." Mit der formellen Rechtskraft dieses Urteils nach § 705 entfällt die dem Vorbehaltsurteil eigene auflösende Bedingung, § 599 Rn 9. Das Gericht muß dem Bekl die weiteren Kosten auferlegen. Die Kosten des Vorverfahrens trägt er wegen des Wegfalls des Vorbehalts schon nach dem früheren Urteil, Ffm OLGZ **94**, 471 (StJSchl 31 erstreckt fälschlich die frühere Kostenentscheidung auf spätere Kosten). Das Gericht muß sein Urteil im Nachverfahren ohne eine Sicherheitsleistung für vorläufig vollstreckbar erklären, § 708 Z 5.

B. Abweisung. Das Urteil kann auf eine Aufhebung des Vorbehaltsurteils und eine Abweisung der Klage lauten. Das gilt zB dann, wenn sich ergibt, daß der im Vorprozeß geltend gemachte Scheckanspruch des Bekl besteht, BGH BB **05**, 1359 (keine Erledigung). Mit der formellen Rechtskraft dieses Urteils nach § 705 ist die auflösende Bedingung eingetreten und der Vorbehalt gegenstandslos geworden. Der Kläger muß dann entsprechend § 302 IV 2–4 dem Bekl denjenigen Schaden voll ersetzen, der dem Bekl durch eine Vollstreckung des Vorbehaltsurteils oder zur Abwendung seiner Vollstreckung entstanden ist, § 302 Rn 17. Über die gesamten Kosten muß das Gericht neu nach §§ 91 ff erkennen. Zu den Prozeßkosten gehören die Kosten des Urkundenprozesses. Das Gericht muß den siegenden Bekl evtl an den Kosten beteiligen, § 97 II. Das Gericht muß sein Urteil ohne eine Sicherheitsleistung für vorläufig vollstreckbar erklären, § 708 Z 11. 14

15 **7) Rechtsmittel, II.** Ein Rechtsmittel gegen das Urteil im Nachverfahren ist wie sonst statthaft, §§ 511 ff. Ein Rechtsmittel des Bekl gegen das Vorbehaltsurteil verliert die Beschwer nach Grdz 13 vor § 511, sobald das Gericht die Klage im Nachverfahren abweist. Die Bindungswirkung nach Rn 4 gilt auch im Rechtsmittelverfahren.

16 **8) Versäumnisverfahren im Nachverfahren, III.** Man muß die folgenden Fälle unterscheiden.

A. Säumnis des Klägers. Bei einer Säumnis des Klägers hebt das Gericht das Vorbehaltsurteil auf und weist die Klage durch ein echtes Versäumnisurteil ab, § 330.

17 **B. Säumnis des Beklagten.** Bei einer Säumnis des Bekl läßt das Gericht den Vorbehalt wegfallen. Alles Bestreiten bleibt außer Betracht, § 331. Ein unechtes Versäumnisurteil gegen den Kläger nach Üb 13 vor § 330 ist grundsätzlich nicht möglich. Denn die Prozeßvoraussetzungen und die Schlüssigkeit der Klage stehen durch das Vorbehaltsurteil bindend fest. Eine Ausnahme kann gelten, wenn die Klage nachträglich unzulässig wird.

18 **C. Aktenlageentscheidung.** Eine Entscheidung nach Aktenlage ist wie sonst zulässig, §§ 331 a, 251 a.

601 (weggefallen)

602 *Wechselprozess.* **Werden im Urkundenprozess Ansprüche aus Wechseln im Sinne des Wechselgesetzes geltend gemacht (Wechselprozess), so sind die nachfolgenden besonderen Vorschriften anzuwenden.**

1 **1) Systematik, Regelungszweck.** Wie der Wortlaut der Vorschrift besagt, ist der Wechselprozeß eine Unterart des Urkundenprozesses. Darum gelten für den Wechselprozeß dieselben Erwägungen und Vorschriften wie im Urkundenprozeß mit einigen vorrangigen Abweichungen, die sich aus §§ 603–605 und aus dem WG ergeben. § 605 a enthält eine für den Scheckprozeß formell nochmals vorrangige Sonderregelung. Sie bringt freilich inhaltlich gegenüber dem Wechselprozeß keine Besonderheiten. Es findet kein obligatorisches Güteverfahren statt, § 15 a II 1 Z 4 EGZPO, Hartmann NJW **99**, 3748. Wegen des zugehörigen Nachverfahrens § 600 Rn 1.

2 **2) Geltungsbereich.** Welche Ansprüche dem Wechselprozeß unterliegen, ist umstritten. Manche meinen, es seien nur die unter § 592 fallenden Ansprüche. Es besteht aber auch kein äußerer und innerer Grund, zB einen Bereicherungsanspruch aus Art 89 WG dem Wechselprozeß zu entziehen. In Wahrheit gehören hierher sämtliche Ansprüche aus einem Wechsel nach dem WG, auch der Anspruch auf die Herausgabe eines abhanden gekommenen Wechsels, Art 16 II WG, aM StJSchl 4, ThP 4, ZöGre 5 (aber das Gesetz verlangt nicht eine enge Auslegung). Der Ersatzanspruch wegen einer unterlassenen Benachrichtigung nach Art 45 VI WG ist kein Anspruch auf einen Wechsel. §§ 602 ff sind im Familienstreit des § 112 Z 1–3 FamFG entsprechend anwendbar, § 113 II FamFG.

3 **3) Verfahrenswahl.** Ob der Kläger den Wechselprozeß wählt, steht ihm frei. Der Kläger kann im Wechselprozeß aus dem Wechsel und daneben nur aus dem Grundgeschäft im ordentlichen Prozeß klagen. Er kann auch vom Wechsel- zum Urkundenprozeß übergehen, BGH NJW **93**, 3135 (auch im Berufungsverfahren). Er kann aber nicht hilfsweise im Wechselprozeß und auch nicht im ordentlichen und zusätzlich im Wechselprozeß klagen, schließlich nicht im Wechselprozeß, hilfsweise im Urkundenprozeß. Vielmehr ist dann eine unbedingte Abstandnahme vom Wechselprozeß notwendig, BGH NJW **82**, 523.

4 Der Wechselprozeß steht auch bei einem Anspruch aus einem *ausländischen* Wechsel oder aus einem gemischtsprachigen Wechsel offen, BGH NJW **82**, 523, oder aus einem ungültigen Wechsel. Er ist aber nicht für die Feststellung im Insolvenzverfahren zulässig, § 592 Rn 4. Unerheblich ist, ob der Kläger wechselmäßig berechtigt ist. Es reicht aus, daß er aus dem Wechsel berechtigt ist. Hierher gehört zB der Anspruch des Pfändungspfandgläubigers und des Abtretungsnehmers. Unerheblich ist auch, ob der Bekl kraft seiner Unterschrift oder kraft Gesetzes haftet. Eine Wechselklage ist zB zulässig: Gegen den Erben; gegen den Gesellschafter der OHG oder einer KG; gegen den Erwerber des Handelsgeschäfts nach § 25 HGB.

Unzulässig ist eine Wechselklage gegen den Bürgen nach dem BGB. Denn dieser haftet nicht aus dem Wechsel, anders als der Wechselbürge, Art 30 ff WG. Die Einrede der Schiedsvereinbarung greift grundsätzlich nicht durch, selbst wenn sie auch einen wechselrechtlichen Anspruch erfassen sollte, BGH NJW **94**, 136, Wolf DB **99**, 1104. Der Kläger darf einen Anspruch aus einem anderen Rechtsgrund auch nicht hilfsweise stellen, BGH NJW **82**, 2258, auch nicht hilfsweise im gerichtlichen Urkundenprozeß, BGH NJW **82**, 2258.

5 **4) Verfahren.** Das Verfahren verläuft wie im Urkundenprozeß. Daher muß der Kläger sämtliche klagebegründenden Tatsachen durch Urkunden nach § 592 beweisen, zB die Protesterhebung bei einem Rückgriff und die Berechtigung desjenigen, der hat protestieren lassen, soweit sie sich nicht aus dem Wechsel oder nach einer freien Würdigung der Umstände ergibt. Über die Vorlegung des Wechsels beim Gericht §§ 593 Rn 2, 597 Rn 8. Über die Vorlegung an den Verpflichteten und über Nebenforderungen § 605. Sachlich zuständig ist auf Grund eines Antrags nach § 96 GVG die Kammer für Handelssachen, auch bei einer Klage im ordentlichen Verfahren, § 95 I Z 2 GVG. Ihr Vorsitzender kann im Wechselprozeß allein entscheiden, § 349 II Z 8, freilich nicht im Nachverfahren. Wegen des ausländischen Rechts § 592 Rn 11. Für einen Wechsel- oder Scheckanspruch auf Grund eines Arbeitsverhältnisses ist das ordentliche Gericht zuständig, nicht das ArbG, § 603 Rn 2, Hamm NJW **80**, 1399. Das Wechselverfahren und auch sein Nachverfahren ist wie beim Scheckprozeß eine Sommersache, § 227 III 2 Z 4, dort Rn 43.

6 **5) Urteil.** Das Urteil braucht trotz Art 39 I WG nicht auf eine Zahlung Zug um Zug gegen eine Aushändigung des Wechsels zu lauten. Denn die Hingabe des Wechsels ist eine Art Quittung. Man muß den Wechsel aber bei einer Zwangsvollstreckung oder bei einer freiwilligen Zahlung übergeben, § 726 Rn 10.

6) Nachverfahren. Im Nachverfahren sind nur solche Einreden zulässig, die dem Schuldner nach dem sachlichen Wechselrecht gemäß Art 17 WG gegen den jeweiligen Kläger zustehen. Dazu kann bei einer Nämlichkeit des Wechselgläubigers und des Partners des Grundgeschäfts der Einwand einer unzulässigen Rechtsausübung zählen, Einl III 54. Zur Sommersache Rn 5. 7

603 *Gerichtsstand.*

I Wechselklagen können sowohl bei dem Gericht des Zahlungsortes als bei dem Gericht angestellt werden, bei dem der Beklagte seinen allgemeinen Gerichtsstand hat.

II Wenn mehrere Wechselverpflichtete gemeinschaftlich verklagt werden, so ist außer dem Gericht des Zahlungsortes jedes Gericht zuständig, bei dem einer der Beklagten seinen allgemeinen Gerichtsstand hat.

1) Systematik, Regelungszweck, I, II. § 603 enthält eine gegenüber §§ 12, 35 vorrangige Sondervorschrift. Sie soll das Vorgehen des Wechselgläubigers dadurch erleichtern, daß sie den bestehenden allgemeinen und besonderen Gerichtsständen einen nicht ausschließlichen neuen hinzufügt, den des Zahlungsorts. 1

2) Geltungsbereich, I, II. Eine Vereinbarung des Gerichtsstands ist nur nach §§ 38 ff zulässig. Man kann auch einen ausschließlichen Gerichtsstand vereinbaren. Der Gerichtsstand gilt auch internationalrechtlich nach Üb 6 vor § 12, selbst wenn man zB einen Schweizer Staatsbürger nach dem schweizerischen Recht wegen eines persönlichen Anspruchs ausschließlich vor dem Gericht seines Wohnorts verklagen will. Für eine Klage im Urkundenprozeß oder für das gewöhnliche Mahnverfahren gilt § 603 nicht, wohl aber für ein Wechselmahnverfahren des § 703 a II. 2

§ 603 betrifft *nicht die sachliche Zuständigkeit.* Auf Antrag ist am LG die Kammer für Handelssachen unter den Voraussetzungen des § 95 I Z 2, 3 GVG zuständig. Zuständig ist das ordentliche Gericht, nicht das Arbeitsgericht, BGH NJW **76**, 330, Großelanghorst/Kahler WertpMitt **85**, 1025, ZöGre 8, aM MüKoBr 3 (aber § 603 gilt auch für den Rechtsweg vorrangig als eine Spezialvorschrift). Die durch ein Vorbehaltsurteil festgestellte Zuständigkeit des ordentlichen Gerichts bleibt im Nachverfahren bestehen. Die Vorschrift gilt nicht, soweit der Kläger einen Anspruch aus einem Wechsel im ordentlichen Prozeß geltend macht. Beim Übergang ins ordentliche Verfahren gilt aber § 261 III Z 2.

3) Zahlungsort, I. Den Zahlungsort ergibt der Wechseltext, Art 1 Z 5, Art 2 III, Art 75 Z 4 WG. Es kann nur ein einziger Zahlungsort gelten. Über die im Sinn des Art 88 WG benachbarten Orte s VOen v 26. 2. 34, RGBl 161, und v 7. 12. 35, RGBl 1432. Zerfällt eine politische Gemeinde in mehrere Gerichtsbezirke, ist bei einer Bezeichnung nach der Straße und der Hausnummer dasjenige Gericht zuständig, zu dem das Haus gehört. Andernfalls ist jedes der Gerichte zuständig. Ein inländischer Zahlungsort begründet auch die internationale Zuständigkeit. Vgl Art 2 ff EuGVVO, SchlAnh V C 2. 3

4) Mehrere Beklagte, II. Wenn der Kläger mehrere Wechselverpflichtete als Streitgenossen nach § 59 verklagt, ist außer den in Rn 2 bezeichneten Gerichten auch noch jedes Gericht zuständig, bei dem ein Streitgenosse seinen allgemeinen Gerichtsstand hat. Hier bestimmt also der Kläger den Gerichtsstand abweichend von § 36 I Z 3. Das Urteil gegen diejenigen Bekl, denen das Gericht die Klage zugestellt hat, ist auch dann zulässig, wenn es die Klage den anderen Bekl nicht zugestellt hat. Wenn man jedoch die Zuständigkeit nur damit begründen kann, daß ein Bekl seinen allgemeinen Gerichtsstand im Gerichtsbezirk hat, muß das Gericht die Klage bis zum Schluß der mündlichen Verhandlung nach §§ 136 IV, 296 a diesem Bekl zugestellt haben. Die Reihenfolge ist unerheblich. Belanglos ist auch, ob die Klage statthaft und begründet ist. Eine Erschleichung des Gerichtsstands gibt auch hier die Rüge der prozessualen Arglist, Üb 4 vor § 12. Spätere Vorgänge beeinflussen die Zuständigkeit so wenig wie sonst, § 261 III Z 2. Das gilt zB für eine Klagerücknahme nach § 269. 4

II ist *unanwendbar,* soweit der Kläger eine solche Gerichtsstandsvereinbarung nach § 38 geltend macht, die er nicht mit allen Wechselschuldnern getroffen hat.

604 *Klageinhalt; Ladungsfrist.*

I Die Klage muss die Erklärung enthalten, dass im Wechselprozess geklagt werde.

II 1 Die Ladungsfrist beträgt mindestens 24 Stunden, wenn die Ladung an dem Ort, der Sitz des Prozessgerichts ist, zugestellt wird. 2 In Anwaltsprozessen beträgt sie mindestens drei Tage, wenn die Ladung an einem anderen Ort zugestellt wird, der im Bezirk des Prozessgerichts liegt oder von dem ein Teil zu dessen Bezirk gehört.

III In den höheren Instanzen beträgt die Ladungsfrist mindestens 24 Stunden, wenn die Zustellung der Berufungs- oder Revisionsschrift oder der Ladung an dem Ort erfolgt, der Sitz des höheren Gerichts ist; mindestens drei Tage, wenn die Zustellung an einem anderen Ort erfolgt, der ganz oder zum Teil in dem Landgerichtsbezirk liegt, in dem das höhere Gericht seinen Sitz hat; mindestens eine Woche, wenn die Zustellung sonst im Inland erfolgt.

1) Systematik, Regelungszweck, I–III. Die Vorschrift enthält zwei unterschiedlich geartete vorrangige Sonderregelungen. Dabei ist der Begriff der Ladungsfrist derselbe wie in § 217. § 604 regelt nur ihre Dauer abweichend. Der Sinn ist eine Beschleunigungsmöglichkeit nach Grdz 12 vor § 128 bei dieser ihrer Natur nach oft eilbedürftigen Prozeßart unter einer Anspannung des Grundsatzes des rechtlichen Gehörs nach Art 103 I GG bis aufs äußerste. Freilich ist eine minimale Anhörungsfrist immer noch besser als gar keine, wie es zB bei §§ 935 ff geschehen kann. 1

2 **2) Klage, I.** I entspricht dem nachrangigen § 593 I, dort Rn 3. Der Wille, im Wechselprozeß zu klagen, muß schon in der Klageschrift oder im Antrag auf den Wechselmahnbescheid eindeutig zum Ausdruck kommen. Eine Bezeichnung als „Klage im Urkundenprozeß" leitet einen gewöhnlichen Urkundenprozeß ein. Eine Bezeichnung als „Wechselklage" genügt. Denn niemand nennt eine Klage aus einem Wechsel im ordentlichen Verfahren eine Wechselklage. Die Erklärung ist nicht nachholbar.

3 **3) Ladungsfrist, II, III.** Jede Instanz hat eigene Regeln.

A. Erste Instanz, II. Die Ladungsfrist beträgt abweichend von § 217 in der ersten Instanz stets 24 Stunden, wenn das Gericht die Klage am Ort des Prozeßgerichts zustellen muß. Der Gerichtsbezirk entscheidet nicht. Im Anwaltsprozeß nach § 78 Rn 1 beträgt die Ladungsfrist 3 Tage, wenn man die Klage an einem anderen Ort im Bezirk des Prozeßgerichts zustellen muß. Dabei ist der wirkliche Sitz des Gerichts unerheblich. Es genügt, daß ein Teil des Zustellungsorts zum Bezirk des Prozeßgerichts gehört. Bei § 239 III muß man die vom Vorsitzenden bestimmte Frist einhalten. Ort ist die politische Gemeinde. Nach Art 88 WG kann der Justizminister bestimmen, daß Nachbarorte als *ein* Ort gelten, § 603 Rn 3. Die Einlassungsfrist richtet sich nach § 274 III.

4 **B. Höhere Instanz, III.** In der höheren Instanz beträgt die Frist 24 Stunden, wenn die Zustellung am Gerichtssitz stattfinden muß, und 3 Tage, wenn die Zustellung in dem Landgerichtsbezirk des Gerichtssitzes stattfinden muß, sowie 1 Woche, wenn die Zustellung in einem anderen deutschen Landgerichtsbezirk stattfinden muß oder wenn eine öffentliche Zustellung nach §§ 185 ff erforderlich ist. Schließlich gilt die vom Vorsitzenden bestimmte Frist bei § 239 III.

5 **C. Fristkürzung, II, III.** Eine Abkürzung aller dieser Fristen kann nach § 226 erfolgen.

6 **D. Öffentliche Zustellung, I–III.** Sie ist dann zulässig, wenn eine Auslandszustellung nach §§ 183 ff unverhältnismäßig viel Zeit benötigen würde, § 185 Z 2.

605

Beweisvorschriften. [I] **Soweit es zur Erhaltung des wechselmäßigen Anspruchs der rechtzeitigen Protesterhebung nicht bedarf, ist als Beweismittel bezüglich der Vorlegung des Wechsels der Antrag auf Parteivernehmung zulässig.**

[II] **Zur Berücksichtigung einer Nebenforderung genügt, dass sie glaubhaft gemacht ist.**

1 **1) Systematik, Regelungszweck, I, II.** Die Vorschrift enthält eine aus der Eigenart des Wechselrechts folgende Besonderheit bei der im Urkundenprozeß ja ohnehin vorhandenen Beschränkung der Beweismittel. Sie ist gegenüber § 592 vorrangig.

2 **2) Vorlegung, I.** Die Vorlegung des Wechsels ist nur dann ein Teil des Klagegrundes, wenn zur Erhaltung des Wechselanspruchs ein Protest notwendig ist, wenn also der Kläger einen Rückgriff nimmt, Artt 43 ff WG. Dann muß der Kläger die Vorlegung urkundlich beweisen, § 592. Wenn die Vorlegung des Wechsels nur die Bedeutung hat, den Klaganlaß festzulegen, kann der Kläger sie in Abweichung von § 592 durch einen Antrag auf eine Parteivernehmung nach §§ 445 ff unter Beweis stellen, zB bei einem Rückgriff nach Art 46 WG oder bei einem Anspruch gegen den Annehmer nach Art 53 I lt Hs WG. Die praktische Tragweite der Erleichterung besteht also darin, daß sich mit ihrer Hilfe der Anspruch auf Verzugszinsen ab der Vorlegung oder ab dem Verfalltag bis zur Klagerhebung begründen läßt. Bei einer Säumnis des Bekl gilt die behauptete Vorlegung als zugestanden, § 331.

3 **3) Nebenforderungen, II.** Man muß sie dann berücksichtigen, wenn der Kläger sie nach § 294 glaubhaft gemacht hat. Dahin gehören die Provision, Protestkosten, Porto usw, Artt 48, 49, 52 WG. Bei solchen Nebenforderungen sind die Sätze üblich und feststehend. Eine Glaubhaftmachung genügt auch für Einwendungen gegenüber solchen Nebenforderungen. Wenn der Kläger bei einem Anspruch auf Verzugszinsen die Vorlegung des Wechsels nach II glaubhaft machen müßte, kann er den Anspruch auch durch einen Antrag auf eine Parteivernehmung glaubhaft machen. Denn er kann statt der Glaubhaftmachung auch den vollen Beweis mit den im Urkundenprozeß zulässigen Beweismitteln antreten. Das empfiehlt sich bei einer Säumnis des Bekl zu tun. Denn dann darf der Kläger nicht glaubhaft machen.

605a

Scheckprozess. **Werden im Urkundenprozess Ansprüche aus Schecks im Sinne des Scheckgesetzes geltend gemacht (Scheckprozess), so sind die §§ 602 bis 605 entsprechend anzuwenden.**

1 **1) Systematik, Regelungszweck.** Der Scheckprozeß ist eine neben dem Wechselprozeß weitere Unterart des Urkundenprozesses. Er entspricht ohne jede Abweichung dem Wechselprozeß. Die Vorschrift hat daher nur eine klarstellende formelle Bedeutung. Eine BGB-Gesellschaft ist scheckfähig, BGH **146**, 341. Es findet wegen der Ähnlichkeit zum Wechselprozeß kein obligatorisches Güteverfahren statt. So sollte man § 15 a II 1 Z 4 EGZPO vernünftigerweise auslegen, zumal § 605 a nur auf den Wechselprozeß verweist. Wegen des zugehörigen Nachverfahrens § 600 Rn 1.

2 **2) Geltungsbereich.** Die Vorschrift übernimmt das Wechselprozeßrecht weitgehend. Es ist zB eine Widerklage wie bei § 595 I unzulässig, BGH NJW **00**, 144.

§ 602: Die §§ 603 bis 605 sind anwendbar.

§ 603: Dasjenige ordentliche Gericht, das seine sachliche Zuständigkeit im Scheckprozeß bejaht hat, bleibt zuständig, wenn sich im Nachverfahren ergibt, daß der Bekl den Scheck im Rahmen eines Arbeitsverhältnisses begeben hatte, AG Essen MDR **88**, 327. Vgl § 603 Rn 2. Der Zahlungsort ergibt sich aus Art 1 Z 4 ScheckG.

§ 604: Die Klageschrift muß der Sache nach eindeutig ergeben, daß der Kläger im Scheckprozeß klagt. Bei der völligen Gleichheit des Verfahrens mit dem Wechselprozeß genügt aber auch die Angabe, die Klage werde „im Wechselprozeß" erhoben. Eine „Klage im Urkundenprozeß" leitet lediglich einen Urkundenprozeß ein, weder einen Wechselprozeß noch einen Scheckprozeß. Die Ladungsfrist ist verkürzt. Über Nachbarorte im Sinn von Art 55 III ScheckG, Art 4 EGScheckG, § 603 Rn 3. Auch der Scheckprozeß ist wie ein Wechselprozeß eine Sommersache, § 227 III 2 Z 4, auch im Nachverfahren, § 227 Rn 43.

§ 605: Der Beweis erfolgt durch die Vorlegung, Art 29 ScheckG. Für die Nebenforderungen genügt die Glaubhaftmachung nach § 294.

3) Mahnverfahren. Wegen des Mahnverfahrens § 703 a. 3

Buch 6
Verfahren in Familiensachen (aufgehoben)

Vorbem. Buch 6 aufgehoben, Art 29 Z 15 FGG-RG, in Kraft seit 1. 9. 09 Art 112 I Hs 1 FGG-RG, ÜbergangsR (Fortgeltung des Buchs 6 in Altfällen) Art 111 FGG-RG, Einf 4 vor § 1 FamFG (hinter dem EGZPO). Die bisherige Fassung ist im Ergänzungsband zur 67. Aufl 2009 abgedruckt und kommentiert.

Buch 7
Mahnverfahren

Grundzüge

Schrifttum: *Abel,* Text- und Diktathandbuch Außergerichtliches und gerichtliches Mahnverfahren einschließlich der Zwangsvollstreckung, 1988; *Brandl,* Aktuelle Probleme des Mahnverfahrens usw, Diss Regensb 1989; *Coester-Waltjen,* Mahnbescheid und Zahlungsbefehl – ein Blick über die Grenzen, Festschrift für *Henckel* (1995) 53; *David,* Mahnverfahren und Forderungseinzug, 2. Aufl 2006; *Diamantopoulos,* Moderne Tendenzen im Recht des Mahnverfahrens usw (europarechtlich), Festschrift für *Beys* (Athen 2004) 267; *Geishecker/Kruse,* Das EDV-gestützte gerichtliche Mahnverfahren, 1996; *Gundlach,* Europäische Prozessrechtsangleichung usw, dargestellt am Beispiel des Mahnverfahrens, 2005; *Haufe,* Prozessuell mahnen und vollstrecken, 2003; *Helmreich,* Erscheinungsformen des Mahnverfahrens im deutschsprachigen Rechtskreis usw, 1995; *Heß,* Strukturfragen der europäischen Prozessrechtsangleichung, dargestellt am Beispiel des Europäischen Mahn- und Inkassoverfahrens, Festschrift für *Geimer* (2002) 339; *Huber,* Das erfolgreiche Mahnverfahren usw, 7. Aufl 1998; *Kronenbitter,* Das gerichtliche Mahnverfahren, 1992; *Lechner,* Das gerichtliche Mahnverfahren usw, Diss Augsb 1991 (auch rechtsvergleichend); *Maniak,* Die Verjährungsunterbrechung durch Zustellung eines Mahnbescheids im Mahnverfahren, 2000; *Mewing/Nickel,* Mahnen – Klagen – Vollstrecken, 7. Aufl 2007; *Pérez-Ragone,* Europäisches Mahnverfahren, 2005; *Salten/Gräve,* Gerichtliches Mahnverfahren und Zwangsvollstreckung, 3. Aufl 2007; *Schneider,* Der Mahnbescheid und seine Vollstreckung, 6. Aufl 2008 (Bespr Bardowick Rpfleger **08**, 284); *Selbmann,* Das Mahnverfahren usw, 3. Aufl 2004; *Sujecki,* Mahnverfahren usw, 2007 (Bespr *von König* Rpfleger **07**, 511); *Sujecki,* Das elektronische Mahnverfahren, 2008; *Vollkommer,* Schlüssigkeitsprüfung und Rechtskraft usw, Festschrift für *Schwab* (1990) 229. Vgl zu § 34 AVAG SchlAnh V E sowie *Hök* MDR **88**, 186.

Gliederung

1 **1) Systematik.** Das Mahnverfahren hat mit einer Mahnung nur bedingt zu tun. Es ist eine mit dem Urteilsverfahren der §§ 253 ff kaum vergleichbare besondere Prozeßart, BGH Rpfleger **88**, 195. Der Schuldner heißt hier Antragsgegner. Das Mahnverfahren erfordert kein obligatorisches Güteverfahren nach § 15 a EGZPO. Es eignet sich deshalb zu dessen Vermeidung (es findet nur vor einer Klage statt), Hartmann NJW **99**, 3748. Das gilt erst recht bei einer anschließenden Klagerweiterung, AG Halle/W NJW **01**, 2099, freilich nur, soweit überhaupt ein Antrag auf einen Mahnbescheid zulässig ist, AG Rosenheim NJW **01**, 2030, also zB nicht mangels eines Zahlungsangebots, AG Rosenheim MDR **01**, 1132. Denn sonst wäre dem Rechtsmißbrauch Tür und Tor geöffnet, Einl III 54.

2 **2) Regelungszweck.** Das Mahnverfahren kann dem Gläubiger, hier Antragsteller, vor allem für einen wahrscheinlich unstreitigen Anspruch auf einem verhältnismäßig raschen Weg ohne eine gerichtliche Schlüssigkeitsprüfung entweder sein Geld oder einen Vollstreckungstitel verschaffen, den Vollstreckungsbescheid, §§ 699, 700, 794 I Z 4, BVerfG NJW **07**, 2032, BGH NJW **05**, 1664, Liebheit NJW **00**, 2241. Es dient damit sowohl der Prozeßwirtschaftlichkeit nach Grdz 14 vor § 128 als auch schon deshalb auch einer rascheren Gerechtigkeit, Einl III 9, 36. Die gesetzliche Regelung ist vielfach verunglückt, Jäckle JZ **78**, 675. Mißglückt sind insbesondere Zuständigkeitsregeln des § 689 II und der Übergang in das streitige Verfahren nach § 696. Zum EDV-Einsatz §§ 690 III, 703 b, c, Beinghaus/Thilke Rpfleger **91**, 294.

Klagerhebung statt Mahnverfahren kann allerdings gerade beim höheren Streitwert empfehlenswert sein, wenn man damit rechnen muß, daß der Antragsgegner nur versuchen würde Zeit zu gewinnen. Außerdem kann dann die Erstattungsfähigkeit der Kosten eines besonderen Mahnanwalts in Gefahr kommen, § 91 Rn 119. Auch kann der Kläger durch eine sorgfältige Klagebegründung den Bekl verhältnismäßig rasch nach § 138 II zur ebenso sorgfältigen Klagerwiderung und das Gericht zum alsbaldigen ersten „Kopfgutachten" nach Einf 3 vor § 272 zwingen. Das ist im Ergebnis für alle zeitsparend.

3 **3) Geltungsbereich.** Das Mahnverfahren gilt grundsätzlich in allen nationalen Verfahrensarten der in §§ 688 ff zugelassenen Anspruchsarten nach der ZPO bei einem Anspruch auf eine bestimmte Geldsumme, § 688 I, der wenigstens in der Widerspruchsfrist fällig wird, § 692 I Z 3, und zwar grundsätzlich nur in EUR, nur ausnahmsweise in einer ausländischen Währung, § 688 III. Es gilt auch im WEG-Verfahren. Buch 7 ist im Familienstreit des § 112 Z 1–3 FamFG entsprechend anwendbar, § 113 II FamFG. Ausgeschlossen sind die in § 688 II Z 1 sowie in § 28 I EGZPO genannten Ansprüche eines Unternehmers aus einem Vertrag nach §§ 491–504 BGB, wenn der Zins die dort genannte Höhe übersteigt. Ausgeschlossen sind ferner solche Ansprüche, die von einer noch nicht erfolgten Gegenleistung abhängen, sowie bei einer öffentlichen Zustellung des Mahnbescheids, § 688 II (nicht des Vollstreckungsbescheids, § 699 IV 4). Ein Urkunden-, Wechsel- und Scheckmahnverfahren ist nach § 703 a möglich. Ob der Gläubiger das Mahnverfahren oder den ordentlichen Prozeß wählt, steht ihm frei. Zum deutschen internationalen Mahnverfahren Einhaus AnwBl **00**, 557, Hintzen Rpfleger **97**, 293 (je: Üb).

Das *europäische Mahnverfahren* ist geregelt in der VO (EG) Nr. 1896/2006 v 12. 12. 06, ABl (EG) L 399/1 v 30. 12. 06, abgedruckt in Einf 3 vor § 1087, dazu §§ 1087 ff sowie § 688 Rn 12.

Im *arbeitsgerichtlichen* Mahnverfahren gilt zunächst § 46 a ArbGG. Diese Vorschrift verweist im übrigen auf §§ 688 ff; dazu VO v 15. 12. 77, BGBl 2625, zuletzt geändert am 7. 3. 01, BGBl 363, betr Vordrucke.

Hinzu tritt für den EU-Raum § 46b ArbGG. Im *SGG*-Verfahren gilt § 182a SGG, dazu VO v. 6. 6. 78, BGBl 2625, zuletzt geändert am 30. 3. 98, BGBl 638.

4 **4) Verfahren.** Man muß zwei Hauptabschnitte unterscheiden.

A. Mahnbescheid. Sachlich zuständig ist nach § 689 grundsätzlich das AG für den Mahnbescheid. Er ist durch einen Widerspruch des Antragsgegners auflösend bedingt. Die örtliche Zuständigkeit folgt aus §§ 689 II, III, 703 d.

Der *Rechtspfleger* ist grundsätzlich funktionell zuständig, § 20 Z 1 RPflG. Allerdings können die Bundesländer nach § 36 b I Z 2 RPflG die Geschäfte des Rpfl ganz oder teilweise dem *Urkundsbeamten der Geschäftsstelle* übertragen, Wiedemann NJW **02**, 3448 (krit). Der Urkundsbeamte trifft dann nach § 36 b II 1 RPflG alle diejenigen Maßnahmen, die zur Erledigung der ihm übertragenen Geschäfte notwendig sind. Er muß allerdings in bestimmten Fällen vorlegen, und zwar nicht dem Rpfl, sondern direkt dem Richter, §§ 5, 28, 36 b II 2 RPflG.

Der *Urkundsbeamte* ist nach den folgenden Ländervorschriften zuständig.
Baden-Württemberg:
Bayern:
Berlin:
Brandenburg:
Bremen: VO v 22. 3. 06, GBl 193;
Hamburg: VO v 18. 5. 05, GVBl 200;
Hessen:
Mecklenburg-Vorpommern:
Niedersachsen: VO v 4. 7. 05, GVBl 223;
Nordrhein-Westfalen:
Rheinland-Pfalz:
Saarland:
Sachsen:
Sachsen-Anhalt: VO v 22. 9. 04, GVBl 724 (gilt seit 1. 10. 05);
Schleswig-Holstein:
Thüringen: VO v 27. 5. 03, GVBl 319.

Soweit nicht §§ 688ff Sonderregeln enthalten, gelten §§ 1ff. Einzelheiten des Verfahrens vgl bei den einzelnen Vorschriften.

5 **B. Vollstreckungsbescheid.** Erhebt der Antragsgegner keinen Widerspruch oder nimmt er ihn zurück, erläßt der Rpfl oder nach Rn 4 der Urkundsbeamte der Geschäftsstelle desjenigen Gerichts, bei dem die Akten nach § 699 Rn 13 inzwischen liegen, einen Vollstreckungsbescheid. Gegen ihn ist binnen zwei Wochen nach §§ 700 II, 338ff ein Einspruch zulässig. Der Vollstreckungsbescheid steht einem Versäumnisurteil gleich. Er hat auch dessen formelle wie innere Rechtskraftwirkung, §§ 705, 322 Rn 71, Stgt JZ **86**, 1117. Geht binnen sechs Monaten seit der Zustellung des Mahnbescheids kein Widerspruch ein und beantragt der Gläubiger keinen Vollstreckungsbescheid, fällt die Wirkung des Mahnbescheids weg, § 701. Die Rechtshängigkeit nach § 261 tritt nach §§ 696 III, 700 II ein. Im übrigen sind die Vorschriften des Buchs 1 auf das Mahnverfahren anwendbar, abgesehen von denjenigen über die hier grundsätzlich nicht stattfindende mündliche Verhandlung.

6 **5) Einzelfragen.** Über die Akten- und Geschäftsbehandlung § 1 Z 3, § 12 Z 1–4 AktO. Ein Verfahrensablaufplan ist zulässig, § 703 b II. Formulare und der Zwang zu deren Benutzung sind zum Teil eingeführt, zum Teil vorgesehen, § 703 c. Ebenso ist eine maschinelle Bearbeitung zulässig, § 689 I usw. Ein Protokoll ist zulässig, §§ 159ff. Es ist aber grundsätzlich nicht notwendig, § 702 I (eine Ausnahme gilt bei einem auswärtigen Gericht, § 129 a).

Gebühren: Des Gerichts KV 1110, 1210 amtliche Anmerkung (evtl Anrechnung); des Anwalts VV 3305–3308.

688 *Zulässigkeit.* **I Wegen eines Anspruchs, der die Zahlung einer bestimmten Geldsumme in Euro zum Gegenstand hat, ist auf Antrag des Antragstellers ein Mahnbescheid zu erlassen.**

II Das Mahnverfahren findet nicht statt:

1. für Ansprüche eines Unternehmers aus einem Vertrag gemäß den §§ 491 bis 504 des Bürgerlichen Gesetzbuchs, wenn der nach den §§ 492, 502 des Bürgerlichen Gesetzbuchs anzugebende effektive oder anfängliche effektive Jahreszins den bei Vertragsschluss geltenden Basiszinssatz nach § 247 des Bürgerlichen Gesetzbuchs um mehr als zwölf Prozentpunkte übersteigt;
2. wenn die Geltendmachung des Anspruchs von einer noch nicht erbrachten Gegenleistung abhängig ist;
3. wenn die Zustellung des Mahnbescheids durch öffentliche Bekanntmachung erfolgen müsste.

III Müsste der Mahnbescheid im Ausland zugestellt werden, findet das Mahnverfahren nur statt, soweit das Anerkennungs- und Vollstreckungsausführungsgesetz vom 19. Februar 2001 (BGBl. I S. 288) dies vorsieht.

IV 1 Die Vorschriften der Verordnung (EG) Nr. 1896/2006 des Europäischen Parlaments und des Rates vom 12. Dezember 2006 zur Einführung eines Europäischen Mahnverfahrens (ABl. EU Nr. L 399 S. 1) bleiben unberührt. 2 Für die Durchführung gelten die §§ 1087 bis 1096.

Vorbem. IV angefügt dch Art 1 Z 5 G BT-Drs 16/9639, in Kraft seit 12. 12. 08, Art 8 I G, ÜbergangsR Einl III 78.

Schrifttum: *von Borries/Glomb,* Beck-Ratgeber Euro-Währung, 1997.

Gliederung

1) Systematik, I–IV. Die Vorschrift nennt Zulässigkeitsvoraussetzungen. § 689 enthält unter diesen die 1
Zuständigkeitsbedingungen. § 690 nennt die Form des Mahnantrags. II nennt Einschränkungen. Ihre Prüfung stellt fast zu hohe Anforderungen an den im Mahngericht zuständigen Rpfl oder an den nach Grdz 4 vor § 688 etwa landesrechtlich bestellten Urkundsbeamten der Geschäftsstelle. Diese Einschränkungen sollen das Mahnverfahren als das Massenverfahren durchführbar halten. Es findet kein obligatorisches Güteverfahren statt, Grdz 1 vor § 688. IV hat nur einen die dortigen Vorschriften bestätigenden Charakter.

2) Regelungszweck, I–IV. Der Antragsteller kann in diesem Verfahren vorgehen, obwohl er hochgradig 2
mit einem Widerspruch oder Einspruch rechnen muß, Grdz 2 vor § 288. Das Gesetz bekämpft dieses Problem nicht einmal im Ansatz. Man sollte daher auch die gesetzlich geregelten Zulässigkeitsvoraussetzungen nicht überspannen. Andererseits darf man etwa bei II Z 2 nun auch nicht zu großzügig eine Unabhängigkeit von einer Gegenleistung annehmen oder bei II Z 3 die öffentliche Zustellung für entbehrlich erachten.

3) Zulässigkeit, I. Es müssen drei Gruppen von Voraussetzungen zusammentreffen. 3

A. Allgemeine Voraussetzungen. Es müssen zum Erlaß eines Mahnbescheids die allgemeinen Prozeßvoraussetzungen vorliegen, Grdz 12 vor § 253, Crevecœur NJW **77**, 1321, also zB: Die Parteifähigkeit, § 50; die Prozeßfähigkeit, § 51; die Zulässigkeit des ordentlichen Rechtswegs, § 13 GVG; die Zuständigkeit, § 689; die gesetzliche Vertretung, § 51; das Rechtsschutzbedürfnis, Grdz 33 vor § 253, BGH NJW **81**, 876, AG Hann RR **88**, 1343. Es darf kein besonderer Titel notwendig sein, etwa nach § 155 KostO, anders bei (jetzt) § 11 RVG, BGH NJW **81**, 875. Ein arbeitsrechtlicher Anspruch gehört in das arbeitsgerichtliche Mahnverfahren, § 46 a ArbGG. Wegen des Mahnverfahrens in einer SGG-Sache gilt § 182 a SGG. Soweit besondere Festsetzungsverfahren bestehen, gehen sie vor, zB § 155 KostO, § 11 RVG.

B. Besondere Voraussetzungen. Es müssen außerdem die besonderen Voraussetzungen des Mahnver- 4
fahrens vorliegen, Grdz 23 vor § 253. Der Anspruch des Antragstellers muß also auf die Zahlung einer bestimmten Geldsumme in einer beliebigen Höhe gehen, AG Rosenheim MDR **01**, 1132. Diese Summe muß der Antragsteller grundsätzlich in EUR fordern, I, Rellermeyer Rpfleger **99**, 45, Ritten NJW **99**, 1214. Nur ausnahmsweise darf sie in ausländischer Währung lauten, Rn 10. Diese Regelung ist (jetzt) mit dem EU-Recht vereinbar, EuGH AWD **81**, 486. Freilich darf der Antragsteller die Summe in EUR umrechnen, etwa von DM, Wax NJW **00**, 488, oder von einer Auslandswährung, BGH **104**, 268, Hanisch IPRax **89**, 276, Schmidt NJW **89**, 65. Er darf sie dann wegen des Wegfalls der Schlüssigkeitsprüfung im Mahnverfahren geltend machen und durchsetzen, Schmidt NJW **89**, 69, Siebelt/Häde NJW **92**, 16. Im streitigen Verfahren muß er evtl die Klage ändern und zur ausländischen Währung zurückkehren, Schmidt NJW **89**, 69. Wegen des Urkunden-, Wechsel-, Scheckmahnverfahrens § 703 a.

Fällig sein muß der Anspruch spätestens innerhalb der Widerspruchsfrist. Er darf nicht erst später fällig und auch nicht aufschiebend bedingt sein, § 158 I BGB. Ein Anspruch auf die Leistung einer vertretbaren Sache oder von Wertpapieren oder aus einer Hypothek usw ist nicht im Mahnverfahren statthaft, BGH NJW **99**, 360 oben links, ebensowenig ein Anspruch auf eine Duldung wegen solcher ebengenannten Ansprüche, Bublitz WertpMitt **77**, 575, Crevecœur NJW **77**, 1321, oder ein Freistellungsanspruch, Düss RR **98**, 503. Unzulässig ist ein Anspruch auf eine Feststellung zur Insolvenztabelle. Wegen der Gegenleistung Rn 8.

C. Antrag; weitere Einzelfragen. Es muß ein ordnungsgemäßer Antrag vorliegen, § 690. Eine Kläger- 5
häufung ist zulässig, § 59. Jeder Antragsteller muß einen eigenen Formularsatz ausfüllen. Eine Anspruchshäufung ist zulässig, § 260, LG Bre RR **91**, 58. Das gilt allerdings nur, soweit dasselbe Gericht zuständig ist und soweit das Mahnverfahren durchweg zulässig ist. Eine Prozeßverbindung nach § 147 ist wegen des Fehlens einer mündlichen Verhandlung nicht möglich.

D. Verstoß. Erläßt das Gericht einen Mahnbescheid entgegen den gesetzlichen Beschränkungen, kann 6
man den Mahnbescheid nur auf einen Widerspruch nach § 694 beseitigen, nicht auf eine sofortige Erinnerung nach § 11 RPflG und erst recht nicht auf eine sofortige Beschwerde. Im anschließenden streitigen Verfahren sind die besonderen Voraussetzungen des Mahnverfahrens unerheblich. Dagegen muß das Gericht diese besonderen Voraussetzungen in jeder Lage des Mahnverfahrens von Amts wegen beachten, Grdz 39 vor § 128. Es muß den Erlaß des Mahnbescheids also ablehnen, auch wenn ein Verstoß gegen I vorliegt. Wer einen Widerspruch unterläßt, verzichtet nicht auf die Rügemöglichkeit.

4) Unzulässigkeit, II. Sie liegt beim Eintritt auch nur einer der folgenden Voraussetzungen vor. 7

A. Hoher Jahreszins, II Z 1. Eine Unzulässigkeit liegt zunächst dann vor, wenn beim Anspruch eines Darlehensgebers beim Verbraucherdarlehensvertrag usw nach §§ 491–504 BGB der nach §§ 492, 502 BGB anzugebende effektive oder (wenn eine Änderung des Zinssatzes oder anderer preisbestimmender Faktoren vorbehalten ist) anfängliche effektive Jahreszins den auch in § 104 I 2 genannten und beim Vertragsschluß geltenden Basiszinssatz des § 247 BGB zuzüglich 12% übersteigt. Das bestimmt auch übergangsrechtlich § 28 I EGZPO. Damit bürdet II Z 1 dem Gericht die Pflicht auf, von Amts wegen den im Einzelfall maßgeblich gewesenen Basiszinssatz zu beachten, soweit der Antrag diese nach § 690 I Z 3 Hs 2 miterforderliche Angabe noch nicht enthält und noch als nachbesserbar erscheint.

Dabei kommt es nur auf den *„anzugebenden"* Zinssatz an, nicht auf denjenigen etwa geringeren, den der Antragsteller fordern möchte. Nach dem klaren Gesetzeswortlaut muß das Gericht auch denjenigen Basiszinssatz beachten, der beim Vertragsschluß galt, nicht etwa den jetzigen und auch nicht denjenigen beim Eingang des Mahnantrags. Damit ergibt sich eine theoretische Amtspflicht zur Beachtung des Zeitpunkt des Vertragsschlusses. Das ist eine Form der Amtsprüfung, Grdz 39 vor § 128, aM Rudolph MDR **96**, 3 (aber der Wortlaut ist zwingend, Einl III 39).

Die *allgemeine Entwicklung* der letzten Monate oder Jahre, die der Rpfl oder der etwa nach Grdz 4 vor § 688 landesrechtlich bestellte Urkundsbeamte der Geschäftsstelle beim Zinssatz allerdings jetzt kennen muß, mag ihm einen ausreichenden Anhalt dafür geben, ob er überhaupt beim Zinssatz Bedenken haben sollte. Notfalls setzt er unter einem Hinweis auf sie eine Frist zur Mitteilung des Vertragsdatums nach § 690 I Z 3 und weist den Mahnbescheidsantrag beim Fortbestehen begründeter Zweifel nach § 691 I Z 1 zurück, Holch NJW **91**, 3180, ohne sich wegen des Anknüpfungszeitpunkts unzumutbar zu quälen, Rn 11. Er braucht insbesondere nicht die Rechtsfrage zu prüfen, ob jetzt §§ 492, 502 BGB überhaupt anwendbar sind, so schon (je zum alten Recht) Holch NJW **91**, 3180, Markwardt NJW **91**, 1220, aM Bülow NJW **91**, 133 (aber das ist in diesem Massenverfahren eine Überspannung).

8 **B. Gegenleistung, II Z 2.** Eine Unzulässigkeit liegt ferner dann vor, wenn der Anspruch des Antragstellers von einer noch nicht erfolgten Gegenleistung abhängt. Freilich erfolgt hier keine sachlichrechtliche Prüfung von Amts wegen nach Grdz 39 vor § 128. Der Rpfl oder der nach Grdz 4 vor § 688 etwa landesrechtlich bestellte Urkundsbeamte der Geschäftsstelle prüft vielmehr nur, ob der Antrag in sich formell ordnungsgemäß ist. Der Antragsteller muß nach § 690 I Z 4 entweder erklären, daß der Antrag nicht von einer Gegenleistung abhänge, oder er muß erklären, er habe die Gegenleistung bereits erbracht, zB bei einer Zug-um-Zug-Verpflichtung, Crevecœur NJW **77**, 1321.

Der Antragsteller darf also *weder schweigen* noch widersprüchliche oder unklare Ausführungen machen, Herbst Rpfleger **78**, 200, noch darf er die Gegenleistung erst jetzt anbieten, noch darf er gar behaupten, sie vergeblich angeboten zu haben. Er darf vielmehr höchstens angeben, er brauche die Gegenleistung deshalb nicht mehr anzubieten, weil er sie schon vergeblich angeboten habe, folglich hänge der Anspruch nicht mehr von einer Gegenleistung ab. Die Verpflichtung zur Erteilung einer Quittung oder zur Aushändigung der Schuldurkunde nach § 368 BGB, Art 39 WG, Art 34 ScheckG ist keine Gegenleistung. Dasselbe gilt bei einer bloßen Vorwegleistungspflicht des Antragsgegners, Herbst Rpfleger **78**, 200, oder beim Vorschußanspruch, ZöV 3, aM AG Rosenheim NJW **01**, 2030. Er braucht aber die Gegenleistung weder näher zu bezeichnen noch anzugeben, wann er sie erbracht hat.

9 **C. Öffentliche Zustellung, II Z 3.** Eine Unzulässigkeit liegt schließlich dann vor, wenn die Zustellung des Mahnbescheids durch eine öffentliche Bekanntmachung erfolgen müßte, §§ 185 ff, § 696 Rn 5, BGH NJW **04**, 2454, Köln MDR **04**, 1377, aM AG Haßfurt RR **00**, 1232 (Abgabe an das Streitgericht. Aber das wäre eine glatte Umgehung. Mag der Antragsteller eine Klage erheben). Das muß das Gericht von Amts wegen prüfen, Grdz 39 vor § 128. Denn es muß den Mahnbescheid von Amts wegen zustellen, § 693 I, BGH NJW **04**, 2454. Stellt sich erst im weiteren Verfahren diese Notwendigkeit heraus, darf das Gericht nicht abgeben oder verweisen, § 696 Rn 5. Wegen der Zustellung an ein Mitglied der Streitkräfte Art 32 ZAbkNTrSt, SchlAnh III, Schwenk NJW **76**, 1562.

10 **5) Auslandszustellung, III,** dazu *Einhaus* AnwBl **00**, 557, *Hintzen* Rpfleger **97**, 293 (Üb): Ob sie notwendig ist, muß das Gericht von Amts wegen nach §§ 183 ff, 1067 ff prüfen, Grdz 39 vor § 128. Denn die Zustellung des Mahnbescheids erfolgt von Amts wegen, § 693 I. In diesen Fällen ist zunächst § 703 d anwendbar. Falls dennoch eine Auslandszustellung notwendig wird, ist der Erlaß des Mahnbescheids nur dann zulässig, wenn § 32 AVAG die Auslandszustellung vorsieht oder zuläßt, Hök JB **91**, 1145 und 1605 (ausf). Maßgebend ist der Wohnsitz des Zustellungsbevollmächtigten, AG Mü Rpfleger **91**, 425. § 34 AVAG ist gültig auch für das LugÜ, § 1 I Z 1 b AVAG. Nur nach Maßgabe dieser Übereinkünfte ist auch ein Mahnantrag auf eine Zahlung in einer beliebigen ausländischen Währung zulässig, § 32 I 2 AVAG. Wegen einer Umrechnung auf EUR Rn 4. Einzelheiten Ritten NJW **99**, 1214, Schneider, Die Durchsetzung von Fremdwährungsforderungen, 2000 (je zum alten Recht). Wegen der erst nach dem Erlaß des Mahnbescheids bekannt werdenden Notwendigkeit einer Auslandszustellung oder öffentlichen Zustellung § 696 Rn 5.

11 **6) Mängelfolgen, I–III.** Das Gericht muß den Antrag nach § 691 zurückweisen, soweit er den Vorschriften des § 688 nicht entspricht und soweit der Mangel unbehebbar ist oder soweit der Antragsteller ihn trotz einer Fristsetzung nicht behoben hat, § 691 Rn 3. Eine Klage bleibt natürlich auch bei einer Unzulässigkeit des Mahnantrags grundsätzlich möglich. Ein zu Unrecht erlassener Mahnbescheid bleibt wirksam. § 691 Rn 14.

689 *Zuständigkeit; maschinelle Bearbeitung.* **I 1 Das Mahnverfahren wird von den Amtsgerichten durchgeführt. 2 Eine maschinelle Bearbeitung ist zulässig. 3 Bei dieser Bearbeitung sollen Eingänge spätestens an dem Arbeitstag erledigt sein, der dem Tag des Eingangs folgt.**

II 1 Ausschließlich zuständig ist das Amtsgericht, bei dem der Antragsteller seinen allgemeinen Gerichtsstand hat. 2 Hat der Antragsteller im Inland keinen allgemeinen Gerichtsstand, so ist das Amtsgericht Wedding in Berlin ausschließlich zuständig. 3 Sätze 1 und 2 gelten auch, soweit in anderen Vorschriften eine andere ausschließliche Zuständigkeit bestimmt ist.

III 1 Die Landesregierungen werden ermächtigt, durch Rechtsverordnung Mahnverfahren einem Amtsgericht für die Bezirke mehrerer Amtsgerichte zuzuweisen, wenn dies ihrer schnelleren und

rationelleren Erledigung dient. [2] Die Zuweisung kann auf Mahnverfahren beschränkt werden, die maschinell bearbeitet werden. [3] Die Landesregierungen können die Ermächtigung durch Rechtsverordnung auf die Landesjustizverwaltungen übertragen. [4] Mehrere Länder können die Zuständigkeit eines Amtsgerichts über die Landesgrenzen hinaus vereinbaren.

Vorbem. II 2 geändert dch Art 1 Z 6 G BT-Drs 16/9639, in Kraft seit 12. 12. 08, Art 8 I G, ÜbergangsR Einl III 78.

Schrifttum: *Kruse/Geishecker,* Das EDV-gestützte gerichtliche Mahnverfahren, 1996; *Riesenberg/Jurksch* MDR **95**, 448 (Üb, auch zu III); *Schmid,* Elektronische Datenverarbeitung im Mahnverfahren, 1991; *Seidel/Brändle,* Das automatisierte Mahnverfahren usw, 1989.

Gliederung

1) Systematik, I–III. Während § 688 die allgemeinen weiteren Zulässigkeitsvoraussetzungen des Mahnverfahrens und § 690 die Form des Antrags regeln, bestimmt § 689 als eine gegenüber §§ 23 ff GVG wegen der sachlichen und gegenüber §§ 12 ff wegen der örtlichen Zuständigkeit vorrangige Spezialvorschrift die Zuständigkeit. Sie liegt funktionell beim Rpfl, § 20 Z 1 RPflG, oder beim etwa landesrechtlich bestellten Urkundsbeamten der Geschäftsstelle, Grdz 4 vor § 688. § 703 d II bleibt beachtbar, Ffm RR **08**, 634. Beim Europäischen Mahnverfahren ist grds der Rpfl zuständig § 20 Z 7 Hs 1 RPflG. Jedoch bleiben die Überprüfung des Europäischen Zahlungsbefehls und das Streitverfahren dem Richter vorbehalten § 20 Z 7 Hs 2 RPflG. 1

2) Regelungszweck, I–III. Die Unabdingbarkeit des Gerichtsstands nach II 1 in Verbindung mit § 40 II 1 Hs 2 hat ihre Tücken, soweit der Antragsgegner einen Widerspruch oder Einspruch einlegt. Das zeigt § 696. Das ändert nichts an der Notwendigkeit, die strenge Regelung des eigentlichen Mahnverfahrens durch eine strikte Auslegung zu stützen. Die Sollvorschrift I 3 findet natürlich ihre Grenze in der Belastung des Mahngerichts. Die Verwaltung kann aber wegen einer Verzögerung haften, wenn sie ständig zu wenig Personal bereitstellt und wenn dadurch wochenlange Wartefristen entstehen. Sie muß dann eben umorganisieren und notfalls nachweisen, daß und warum eine frühere Bearbeitung wirklich nicht möglich war, § 839 BGB, Art 34 GG. Daran ändert auch keine richterliche Weisungsfreiheit etwas. Der Richter hat zunächst ja gar nichts mit dem Verfahren zu tun. 2

3) Sachliche Zuständigkeit, I 1. Sie liegt als eine ausschließliche Zuständigkeit nach Rn 8 beim AG. Das gilt für sämtliche im ordentlichen Rechtsweg verfolgbaren Anträge unabhängig vom Streitwert. Das AG ist auch dann für den Erlaß des Mahnbescheids zuständig, wenn das LG für ein streitiges Verfahren sachlich ausschließlich zuständig ist. In einer Arbeitssache ist das für eine Klage im Urteilsverfahren maßgebliche ArbG zuständig, § 46 a II ArbGG. Der Rpfl oder der etwa nach Grdz 4 vor § 688 landesrechtlich bestellte Urkundsbeamte der Geschäftsstelle bearbeitet das gesamte Mahnverfahren einschließlich der Abgabe nach § 696. Das gilt auch bei einer maschinellen Bearbeitung, Crevecœur NJW **77**, 1320. Der Richter bearbeitet erst das folgende streitige Verfahren, § 20 Z 1 RPflG. Daher darf und muß der Rpfl oder der Urkundsbeamte auch dann wieder tätig werden, wenn sich im streitigen Verfahren zB ergeben hat, daß etwa mangels einer ordnungsmäßigen Unterschrift des Rpfl oder des Urkundsbeamten nach § 129 Rn 9 ff rechtlich gewertet überhaupt kein Mahn- und/oder Vollstreckungsbescheid vorliegt, Üb 14 vor § 300, § 311 Rn 4, und wenn der Richter des streitigen Verfahrens daher das Verfahren an das Mahngericht zurückverwiesen hat, § 7 RPflG. 3

4) Örtliche Zuständigkeit, II, III. Man muß zahlreiche Aspekte beachten. Das Mahngericht muß Anhaltspunkte für seine eigene Zuständigkeit vor einer Abgabe sorgfältig prüfen, Naumb JB **08**, 158. Bei einer Wohnungseigentümergemeinschaft als Antragstellerin ist II unanwendbar, § 43 Z 6 S 2 WEG, abgedruckt im Anh § 29 b ZPO. 4

A. Inländischer Gerichtsstand des Antragstellers, II 1. Es ist dasjenige AG ausschließlich zuständig, bei dem der Antragsteller seinen allgemeinen Gerichtsstand hat, §§ 12 ff, BGH NJW **98**, 1322, BayObLG DB **02**, 1545, Gildemeister NJW **93**, 1569. Das ist auch der Sitz oder Gesellschaftssitz, BGH NJW **98**, 1322. Das gilt, falls auch der Antragsgegner im Inland seinen allgemeinen Gerichtsstand hat, II 1, 3. Die Niederlassung ist kein allgemeiner, sondern ein besonderer Gerichtsstand, § 21, BGH NJW **98**, 1322, BayObLG DB **02**, 1545, Gildemeister NJW **93**, 1569. Eine ausländische Versicherungsgesellschaft mit einer inländischen Niederlassung hat aber ausnahmsweise einen allgemeinen Gerichtsstand im Inland, BGH NJW **79**, 1785, AG Ffm NJW **80**, 2028, aM BGH (10. ZS) NJW **98**, 1322 (teilweise unkorrekt zitierend und in sich widersprüchlich). Dasselbe gilt für eine ausländische Bank mit einer inländischen Niederlassung, AG Ffm Rpfleger **80**, 72. Ein Anwalt darf nur dann lediglich die Kanzleianschrift angeben, wenn er zusätzlich versichert, an demselben Ort zu wohnen, AG Hbg Rpfleger **93**, 252, Gildemeister AnwBl **94**, 132.

B. Kein inländischer Gerichtsstand des Antragstellers, II 2, 3. Das AG Berlin-Wedding ist zuständig, wenn der Antragsteller im Inland keinen allgemeinen Gerichtsstand hat. Das gilt an sich unabhängig von 5 dem Gerichtsstand des Antragsgegners, II 2, 3, Büchel NJW **79**, 946. Es gilt aber nur, solange der Antragsgegner überhaupt irgendeinen inländischen Gerichtsstand hat, BGH NJW **81**, 2647. Eine inländische unselbständige Zweigniederlassung des ausländischen Antragstellers ohne eine eigene Rechtspersönlichkeit ändert nichts an II 2, BGH NJW **91**, 110 (zustm Busl IPRax **92**, 20).

6 **C. Kein inländischer Gerichtsstand des Antragsgegners, II 3.** Das AG des § 703 d ist nach der dortigen vorrangigen Sonderregelung zuständig, wenn der Antragsgegner im Inland keinen allgemeinen Gerichtsstand hat, BGH NJW **95**, 3317 (krit Hintzen Rpfleger **96**, 117). Dann kommt es nicht darauf an, ob der Antragsteller in Inland einen Gerichtsstand hat, BGH NJW **81**, 2647, Druwe Rpfleger **91**, 425.

7 **D. Vereinbarter Gerichtsstand beim Auslandsbezug, II 3.** Dazu § 34 II AVAG, SchlAnh V E.

8 **E. Ausschließlichkeit, II 1–3.** Bei Rn 3–5 besteht eine ausschließliche Zuständigkeit, Begriff Üb 14 vor § 12. Sie ist allerdings nur national, nicht international, Düss JB **96**, 496. Sie ist im innerdeutschen Bereich unabdingbar, § 40 II, BGH NJW **85**, 322. Sie geht jeder anderen nationalen, auch einer ausschließlichen, im Mahnverfahren vor, abgesehen von einer etwaigen Zuweisung nach III, Rn 10, LG Mainz RR **08**, 133. Das gilt auch dann, wenn andere Vorschriften zur Zuständigkeit erst später erfolgten. Unberührt bleibt in Bln § 1 VO v 14. 12. 72, GVBl 2303, betr Verkehrssachen (nach ihr ist das AG Bln-Charlottenb zuständig), Lappe NJW **78**, 2379. Eine Abweichung ist auch wegen (jetzt) § 307 II Z 1 BGB unwirksam, BGH BB **85**, 691. Bei mehreren Antragstellern mit verschiedenen allgemeinen Gerichtsständen hat der Antragsteller ein Wahlrecht, BGH NJW **78**, 321 (zustm Haack NJW **80**, 673, krit Büchel NJW **79**, 946). Bei einem Anspruch nach § 29 a gilt während des Mahnverfahrens II. Erst im anschließenden etwaigen streitigen Verfahren ist der Gerichtsstand der Belegenheit maßgeblich.

In einer *Arbeitssache* ist das für das Urteilsverfahren zuständige ArbG zuständig, § 46 a II ArbGG. Daraus folgt eine Abgabebefugnis an ein anderes ArbG, falls der Schuldner nicht im Bezirk des ersteren wohnt, BAG DB **82**, 500 (spricht dort irrig von Verweisung).

9 **F. Einzelfragen, II 1–3.** Das Gericht muß seine Zuständigkeit von Amts wegen prüfen, Grdz 39 vor § 128. Sie muß für alle Ansprüche bestehen. Eine Amtsermittlung nach Grdz 38 vor § 128 findet aber nicht statt, BGH NJW **81**, 876. Zur Mangelprüfung § 691 Rn 3–6. Notfalls wird das zuständige Gericht nach § 36 bestimmt, dort Rn 5 „Mahnverfahren", BayObLG Rpfleger **80**, 436, aM BGH NJW **78**, 321 (aber § 36 ist als eine Bestimmung des Allgemeinen Teils im Buch 1 auch für das Mahnverfahren anwendbar). Maßgeblicher Zeitpunkt ist derjenige der Zustellung des Mahnbescheids nach § 693, nicht derjenige seines Erlasses nach § 692, schon gar nicht derjenige des Antragseingangs, so Riesenberg/Jurksch MDR **95**, 450, ZöV 5. Denn erst die Zustellung macht den Mahnbescheid nach außen wirksam, § 329 Rn 26. Die bloße Bezeichnung des Gerichts nach § 690 I Z 2 läßt sich freilich mit einer Zustimmung des Antragstellers ändern.

Auf die *Zustellung* bezieht das Gesetz die Rechtshängigkeit zurück, § 696 III. Auch § 693 II setzt eine demnächst folgende Zustellung voraus. Ein späterer Wegfall der Zuständigkeit ist unbeachtlich. Der Erlaß des Mahnbescheids durch ein örtlich unzuständiges Gericht läßt ihn wirksam, Üb 10, 19 vor § 300, BGH MDR **90**, 222. Gegen ihn ist dann nur ein Widerspruch nach § 694 statthaft, keine befristete Erinnerung oder sofortige Beschwerde, § 688 Rn 6.

10 **G. Zuweisung, III.** Eine Zuständigkeit kraft einer Zuweisung nach III 1, 2 geht derjenigen nach II vor. Sie geht auch dann vor, wenn nur der Antrags*gegner* im Inland keinen Wohnsitz hat, BGH NJW **93**, 2752 (zustm Falk Rpfleger **93**, 355), Wagner RIW **95**, 93, aM Pfeiffer IPRax **94**, 421 (aber III gilt uneingeschränkt, Einl III 39). Zulässig ist die Übertragung nur, soweit sie für die Bezirke mehrerer Amtsgerichte innerhalb oder außerhalb desselben OLG-Bezirks erfolgt. Sie kann sogar über die Landesgrenzen hinweg erfolgen, III 4. Bereits vorher war von der Ermächtigung nach III 1 aF Gebrauch gemacht worden, Riesenberg/Jurksch MDR **95**, 449 (Üb):

Baden-Württemberg: VO zuletzt vom 20. 11. 98, GBl 680 (zuständig ist das AG Stgt);
Bayern: VO zuletzt vom 20. 12. 94, GVBl 1080 (zuständig ist das AG Coburg);
Berlin: G v 16. 3. 06, GVBl 270 und v 30. 5. 06, GVBl 506;
Brandenburg: wie Berlin, G v 20. 4. 06, GVBl 54;
Bremen VO vom 20. 9. 01, GBl 52;
Hamburg: VO zuletzt vom 24. 9. 91, GVBl 327 (zuständig ist das AG Hbg-Altona);
Hessen: VO zuletzt vom 20. 8. 97, GVBl 292 (zuständig ist das AG Hünfeld);
Mecklenburg-Vorpommern:
Niedersachsen: VO zuletzt vom 14. 12. 98, GVBl 715 (zuständig ist für die maschinell lesbare Form das AG Hannover);
Nordrhein-Westfalen: VO zuletzt vom 21. 8. 95, GVBl 968 (zuständig ist das AG Hagen für die OLG-Bezirke Hamm, Köln, Düsseldorf für maschinell lesbare Form);
Rheinland-Pfalz: VO zuletzt vom 6. 3. 92, GVBl 67 (zuständig ist das AG Mayen für die OLG-Bezirke Kblz, Zweibr);
Saarland:
Sachsen:
Sachsen-Anhalt: VO vom 11. 3. 02, GVBl 103, und vom 18. 3. 02, GVBl 106 (zuständig ist das AG Aschersleben in Staßfurt für elektronische Bearbeitung);
Schleswig-Holstein: VO vom 25. 9. 06, GVBl 222 (zuständig ist das AG Schleswig);
Thüringen:

Diese Regelungen gelten nur fort, soweit sie mit III 1 vereinbar sind, Art 31 GG.

11 **5) Maschinelle Bearbeitung, I 2, 3.** Vgl §§ 703 b, c.

12 **6) Verstoß, I–III.** Das Mahngericht muß den Antrag evtl nach einem vergeblichen Hinweis nach § 139 gemäß § 691 zurückweisen, soweit er nicht den Vorschriften des § 689 entspricht, Holch NJW **91**, 3180 (zu I Z 3).

690 *Mahnantrag.* I **Der Antrag muss auf den Erlass eines Mahnbescheids gerichtet sein und enthalten:**

1. **die Bezeichnung der Parteien, ihrer gesetzlichen Vertreter und der Prozessbevollmächtigten;**
2. **die Bezeichnung des Gerichts, bei dem der Antrag gestellt wird;**
3. **die Bezeichnung des Anspruchs unter bestimmter Angabe der verlangten Leistung; Haupt- und Nebenforderungen sind gesondert und einzeln zu bezeichnen, Ansprüche aus Verträgen gemäß den §§ 491 bis 504 des Bürgerlichen Gesetzbuchs, auch unter Angabe des Datums des Vertragsschlusses und des nach den §§ 492, 502 des Bürgerlichen Gesetzbuchs anzugebenden effektiven oder anfänglichen effektiven Jahreszinses;**
4. **die Erklärung, dass der Anspruch nicht von einer Gegenleistung abhängt oder dass die Gegenleistung erbracht ist;**
5. **die Bezeichnung des Gerichts, das für ein streitiges Verfahren zuständig ist.**

II **Der Antrag bedarf der handschriftlichen Unterzeichnung.**

III 1 **Der Antrag kann in einer nur maschinell lesbaren Form übermittelt werden, wenn diese dem Gericht für seine maschinelle Bearbeitung geeignet erscheint.** 2 **Wird der Antrag von einem Rechtsanwalt oder einer registrierten Person nach § 10 Abs. 1 Satz 1 Nr. 1 des Rechtsdienstleistungsgesetzes gestellt, ist nur diese Form der Antragstellung zulässig.** 3 **Der handschriftlichen Unterzeichnung bedarf es nicht, wenn in anderer Weise gewährleistet ist, dass der Antrag nicht ohne den Willen des Antragstellers übermittelt wird.**

Vorbem. III 2 eingefügt zunächst dch Art 10 Z 8 des 2. JuMoG v 22. 12. 06, BGBl 3416, in Kraft seit 1. 12. 08, Art 28 II Hs 1 des 2. JuMoG, Jungbauer JB **06**, 455 (die formell auch dann erst in Kraft tretenden III 1, 3 gelten inhaltlich wie dem Wortlaut nach schon als III Hs 1, 2 seit Jahr und Tag). Sodann Art 10 Z 8 des 2. JuMoG aufgehoben und § 690 III neugefaßt dch Artt 8 a, 8 b G v 12. 12. 07, BGBl 2840, in Kraft: § 690 III nF seit 1. 12. 08, Art 20 S 2 G. ÜbergangsR jeweils Einl III 78.

Schrifttum: *Braun,* Metaphysik der Unterschrift, Feschrift für *Schneider* (1997) 447; *Salten,* Das automatisierte gerichtliche Mahnverfahren usw, 1996; *Vollkommer,* Verjährungsunterbrechung und „Bezeichnung" des Anspruchs im Mahnbescheid, Festschrift für *Lüke* (1997) 865.

Gliederung

1) Systematik, I–III. Die Vorschrift ergänzt §§ 688, 689 wegen des ja schon in § 688 I als notwendig bezeichneten Antrags. Dieser Antrag entspricht einer Klageschrift nicht im Inhalt, wohl aber in der Funktion. Er ist nur insoweit mit § 253 usw vergleichbar. Er muß wenigstens alle diejenigen Angaben enthalten, die man in einem ja nach §§ 700, 794 I Z 4 zum Vollstreckungstitel werdenden etwaigen Vollstrekkungsbescheid benötigt. Vgl wegen der Antragstellung § 702. 1

Der Antrag ist eine *Parteiprozeßhandlung,* Grdz 47 vor § 128. Daher müssen die Prozeßhandlungsvoraussetzungen vorliegen, Grdz 18 vor § 253. Aus ihm muß erkennbar sein, daß der Antragsteller gerade einen Mahnbescheid bezweckt und nicht etwa eine Klage. Die Bezeichnung als Gesuch, Bitte, Forderung usw ist umdeutbar. Grdz 52 vor § 128. Der Antrag muß grundsätzlich nach § 129 Rn 9 ff eine handschriftliche Unterschrift tragen, II, Rn 17. Sie kann fehlen, wenn in anderer Weise klarsteht, daß der Antrag nicht ohne den Willen des Antragstellers vorliegt, III Hs 2, etwa durch ein Anschreiben zu einer Sammlung von Anträgen. Wegen einer Textform § 126 b BGB, wegen einer elektronischen Einreichung § 126 a BGB, § 130 a ZPO, dazu Degen NJW **08**, 1473. Den notwendigen Inhalt des Antrags ergibt I abschließend, BGH NJW **81**, 876. Der weitere Inhalt steht dem Antragsteller frei, Rn 12–14.

2) Regelungszweck, I–III. Die Anforderungen in I zielen darauf ab, einen solchen Vollstreckungstitel vorbereiten zu können, der den Mindestbedingungen an eine Klarheit, an die Abgrenzung des Streitgegenstands nach § 2 Rn 4, an den Umfang der inneren Rechtskraft nach § 322 und an eine praktische Vollstreckbarkeit entspricht. Das gilt besonders für die Anspruchsbezeichnung. In der Praxis herrscht bisweilen auch als eine Folge des Massenbetriebs eine fast atemberaubende Großzügigkeit. Erstaunlicherweise scheint es aber dann anschließend nicht allzu oft Probleme zu geben. Daher ist eine begrenzte Großzügigkeit jedenfalls im Ergebnis durchaus hinnehmbar. 2

3) Antragsform und -frist, I. Man kann den Antrag vor dem Urkundsbeamten der Geschäftsstelle eines jeden AG als solchem stellen, also nicht nur in den Fällen Grdz 4 vor § 688, §§ 702 I 1, 129 a I. Daher besteht kein Anwaltszwang, § 78 III Hs 2. Das gilt auch dann, wenn das etwaige streitige Verfahren im Anwaltszwang stattfinden würde. Ein Anwalt muß sowohl als Partei wie auch als ProzBev *III 2* beachten, 3

Rn 18, jedoch erst ab 1. 12. 08, Vorbem. Zur Wahrung einer etwaigen Frist zB nach § 12 III VVG ist aber grundsätzlich erst der Eingang des Antrags bei dem nach den §§ 689, 703 d II örtlich zuständigen AG maßgeblich, §§ 693 II, 129 a II 2, Düss RR **86**, 1413, Hamm VersR **87**, 194. Freilich kann man die Verjährung auch durch die Einreichung eines Antrags sogar beim unzuständigen Gericht neu beginnen lassen, BGH **86**, 313, Bode MDR **82**, 632, aM KG NJW **83**, 2709, Loritz JR **85**, 98 (aber dann muß eine jede Gerichtshängigkeit ausreichen). Einreichen kann man auch etwa durch einen nach § 79 Vertretungsbefugten, (zum alten Recht) BGH NJW **99**, 3707, auch durch denjenigen Prozeßstandschafter, Grdz 22 ff vor § 50, BGH NJW **99**, 3707, der den Anspruch in einer für eine Vollstreckung ausreichenden Weise bezeichnet, BGH NJW **94**, 324, LG Mannh WoM **99**, 460. Zur Problematik Vollkommer (vor Rn 1) 895.

Zur Auswirkung des *Stillstands* des Verfahrens nach Üb 1 vor § 239 auf die Verjährung auch BGH **134**, 389, VGH Mü NJW **88**, 1373, Hamm MDR **94**, 106. Zur Verjährung bei einer Anspruchsmehrheit LG Bre RR **91**, 58.

Soweit es *Formulare* nach § 1 a der in § 703 c Rn 1 genannten VO gibt, muß der Antragsteller diese benutzen, § 703 c Rn 3. Dann muß das Gericht also einen ohne ein Formular eingereichten Antrag evtl nach einem vergeblichen Hinweis nach § 139 als unzulässig zurückweisen. Eine Vollmacht braucht der Einreicher nicht nachzuweisen, § 703 S 1. Er muß seine Vollmacht aber versichern. Es ist allerdings keine eidesstattliche Versicherung nach § 294 notwendig. Andernfalls sind §§ 88–89 anwendbar. Zur Vorwegleistungspflicht § 12 III 1 GKG, Anh § 271. Die Einreichung einer Ablichtung oder Abschrift des Antrags ist nur im Rahmen des § 703 c II eine Voraussetzung der Zulässigkeit des Antrags. Im übrigen muß der Antragsteller etwa von Amts wegen anzufertigende zusätzliche Ablichtungen bezahlen, KV 9000 Z 1.

4 **4) Antragsinhalt, I.** Die Vorschrift schreibt mit „muß" einen Mindestinhalt des Antrags vor. Die Anforderungen sind teilweise denjenigen an eine Klageschrift nach § 253 II ähnlich. Die gemachten Angaben sind wie bei jeder Parteiprozeßhandlung auslegbar, Grdz 52 vor § 128, BGH NJW **99**, 1871. Die Nachholung des Fehlenden ist nach § 691 I 2 zulässig.

A. Bezeichnung der Parteien usw, I Z 1. Diese Bezeichnung muß so genau erfolgen, daß die Nämlichkeit der Parteien feststeht, § 253 Rn 24, Kblz MDR **80**, 149, daß das Mahngericht ferner den Mahnbescheid ohne Schwierigkeiten zustellen kann und daß auch die Zwangsvollstreckung aus ihm ohne Schwierigkeiten möglich ist, § 313 Rn 4–7, Kblz MDR **80**, 149. Im allgemeinen muß der Antragsteller folgendes angeben: Die ausgeschriebenen Vornamen, LG Paderb NJW **77**, 2077; den Nachnamen; den Wohnort; die Straße mit Hausnummer. Ein Postfach reicht nicht aus. Bei einer Firma muß man deren Bezeichnung angeben, unter der sie im Geschäftsverkehr auftritt, §§ 17 II, 19 I Z 2, 3, 124 I, 161 II HGB. Nicht notwendig ist die exakte Bezeichnung von Stand, Beruf oder Gewerbe, noch gar nach dem Handelsregister, Werhahn AnwBl **78**, 22. Dergleichen kann aber ratsam sein. Neben der Firmenbezeichnung kann diejenige des Inhabers ratsam sein. Eine Werbe- oder Produktangabe usw reicht natürlich nicht. Ein unrichtiger Name kann unschädlich sein, BGH NJW **99**, 1871, Köln Rpfleger **75**, 102. Bei mehreren Antragstellern oder Antragsgegnern müssen für jeden genügende Einzelangaben und außerdem insgesamt so viele Angaben vorliegen, daß keine Verwechslung mit anderen Rechtspersonen möglich ist, BGH RR **95**, 764, Kblz MDR **80**, 149, LG Bln MDR **77**, 146.

Ferner angeben muß man evtl: eine Berufsbezeichnung; den Geburtstag, etwa bei gleichnamigen Brüdern; Angaben wie „senior" oder „junior", Nürnb OLGZ **87**, 485; Stockwerksangaben, falls sonst Verwechslungen möglich sind, Kblz MDR **80**, 149. Stets ist die Bezeichnung des etwaigen gesetzlichen Vertreters erforderlich, § 51. Das gilt insbesondere bei einer BGB-Gesellschaft, § 51 Rn 16, BGH RR **05**, 119 („vertreten durch den Geschäftsführer" reicht), und bei einer juristischen Person, BGH NJW **93**, 2813 (Organstellung), aM AG Kenzingen MDR **97**, 232 (aber die Nämlichkeit muß feststehen). Bei Eltern muß man grundsätzlich beide nach ihren Vor- und Nachnamen bezeichnen. Beim Anwalt in einer eigenen Sache kann die Kanzleianschrift nebst der Versicherung reichen, er oder sein Sozius wohne am Ort des Mahngerichts, AG Hbg Rpfleger **93**, 252, Gildemeister NJW **93**, 1569. Bei einer Behörde ist der Name des sie vertretenden Menschen nicht mit erforderlich, BGH **134**, 352.

Ebenfalls stets erforderlich ist die Angabe des oder der *ProzBev,* soweit sich diese bereits vor der Antragstellung beim Antragsteller gemeldet haben, § 172. Ob das Gericht sie zB bei der Zustellung berücksichtigen darf, das ergibt sich freilich nicht schon auf Grund der Angaben im Antrag, sondern erst auf Grund der §§ 80 ff, 172. Der Abtretungsnehmer oder Prozeßstandschafter muß sich als solcher kennzeichnen, BGH NJW **99**, 3707. Eine Berichtigung von Schreibfehlern ist vor oder nach der Zustellung des Mahnbescheids zulässig, § 692 Rn 9, Bank JB **81**, 175.

5 **B. Bezeichnung desjenigen AG, an das sich der Antrag richtet, I Z 2.** Der Antragsteller muß sich an das nach §§ 689 II, III, 703 d II zuständige AG wenden. Die Bezeichnung Mahngericht ist nicht amtlich, aber in der Praxis vielfach üblich. Wegen einer Änderung der Bezeichnung § 689 Rn 9. Bei § 129 a I muß der Antragsteller dasjenige AG nennen, an das der Antrag von Amts wegen oder nach § 129 a II 3 durch den Antragsteller weitergehen soll (dieses AG meint Z 2 trotz seines mißverständlichen Wortlauts). Den Rpfl oder den nach Grdz 4 vor § 688 etwa landesrechtlich bestimmten Urkundsbeamten der Geschäftsstelle bindet diese Benennung, § 692 Rn 3.

6 **C. Bezeichnung des Anspruchs usw, I Z 3,** dazu *Vollkommer,* Zum „Streitgegenstand" im Mahnverfahren, Festschrift für *Schneider* (1997) 231: Man muß den Anspruch unter einer bestimmten, also bezifferten Angabe der verlangten Leistung bezeichnen, § 253 Rn 38 ff. Dabei muß man die Haupt- und Hilfsforderung gesondert und einzeln bezeichnen, also auch die Zinsen gesondert, Rn 9.

Es ist eine *individuelle* Anspruchsbezeichnung notwendig, BGH NJW **08**, 1220. Dabei kommt es auf die Erkennbarkeit vor allem für den Antragsgegner an, BGH NJW **96**, 2153. Dafür entscheiden die Gesamtumstände, BGH NJW **08**, 1220. Dazu ist allerdings insgesamt bei jedem Haupt- und bei jedem Hilfsanspruch nach § 260 Rn 8 nur noch so viel notwendig, daß sich der Anspruch gegenüber anderen Ansprüchen abgrenzen läßt, BGH NJW **08**, 1220, KG MDR **05**, 859, Schneider MDR **98**, 1334 (keine Überspannung). Das ist schon deshalb unumgänglich, damit der Schuldner erkennen kann, ob und wie er sich verteidigen soll, BGH NJW **08**, 1220. Das sollten diejenigen bedenken, die sogar noch der bloßen Individualisierungsforderung eher kritisch gegenüberstehen.

D. Keine Schlüssigkeitsangaben, I Z 3. Dagegen sind keine Angaben zur Schlüssigkeit des Anspruchs 7
erforderlich, BAG NJW **08**, 1220, AG Breisach RR **86**, 936, Schwab NJW **79**, 697. Denn der Rpfl oder der nach Grdz 4 vor § 688 etwa landesrechtlich bestellte Urkundsbeamte der Geschäftsstelle nimmt nur noch eine reine Formalkontrolle vor. Er prüft allenfalls zusätzlich, ob es sich um ein klagbares Recht handelt oder ob ein Rechtsmißbrauch nach Einl III 54 vorliegt, §§ 691 Rn 7, 692 I Z 2. Diese bloße Formalkontrolle ist keine unerträgliche Begünstigung unredlicher Gläubiger, aM Eickmann DGVZ **77**, 103 (aber das Massenverfahren verträgt keine Überspannung). Will der Rpfl oder Urkundsbeamte freilich nicht zum Mittäter eines Prozeßbetrugs(versuchs) werden, muß er evtl den Erlaß des Mahn- oder Vollstreckungsbescheids bei einer Kenntnis der Nichtexistenz der Forderung ablehnen, § 691 Rn 7.

E. Anspruchsbegründung, I Z 3. Grundsätzlich ist aber keinerlei Begründung des Anspruchs über 8
seine Individualisierung hinaus erforderlich, BGH NJW **00**, 1420. Ratsam ist eine Anspruchsbegründung freilich zumindest in einer überschaubaren Sache schon im Mahnantrag, Schneider MDR **98**, 70, etwa als eine Anlage zum Formular, Hirtz NJW **81**, 2234. Ausreichend ist zB die Fassung „300 EUR aus Vertrag vom ...“, evtl auch mangels anderer Rechtsbeziehungen die Fassung „Anspruch aus Werk-/Werklieferungsvertrag“, BGH NJW **02**, 521 (großzügig). Nicht notwendig ist eine Fassung „... aus einem Kaufvertrag vom ... wegen Nichteinhaltung der Lieferfrist“. Ausreichend ist die Fassung „300 EUR aus dem Vorfall vom ...“. Nicht notwendig ist die Formulierung „... aus dem am ... begangenen Diebstahl einer Uhr“. Eine Bezugnahme auf ein vorprozessuales Schreiben an den Antragsgegner kann ausreichen, BGH NZM **08**, 202. Dasselbe gilt für die Bezugnahme auf eine genaue Anlage, BGH NJW **95**, 2230, aM Düss VersR **97**, 721 (zu streng). Ausreichend ist „Schadensersatz aus Architektenvertrag vom ...“, Köln VersR **02**, 730.

Nicht ausreichend sind meist wohl die bloße Angabe „Schadensersatz aus Mietvertrag“ LG Mannh WoM **99**, 460, „Schadensersatz aus Unfall“ (ohne Datum oder Ort), ZöV 14, aM BGH NJW **00**, 1420, oder „Anspruch auf Schadensersatz, Beschädigung einer Mietwohnung“, LG Wuppert WoM **97**, 111, oder bloß „Miete für Geschäftsraum gemäß Vertrag vom ...“ (für welchen Zeitraum?), KG MDR **05**, 859, oder „Mietnebenkosten – auch Renovierungskosten“, LG Bielef WoM **97**, 112, es sei denn, es läge keine andere Rechtsbeziehung vor, BGH NJW **02**, 521 (großzügig). Nicht ausreichend ist die Fassung „... aus (Kauf)-Vertrag“ oder die bloße Angabe „Forderung“, Ffm NJW **91**, 2091, Herbst Rpfleger **78**, 200, oder „Forderung von ... gemäß Schreiben vom ...“ ohne dessen Beifügung, LG Traunst Rpfleger **04**, 366, oder „Anspruch aus unerlaubter Handlung gem. § 823 BGB“, aM AG Hagen Rpfleger **05**, 684 (aber aus welcher solchen Handlung?).

F. Beispiele zur Frage einer Anspruchsbezeichnung, I Z 3 9

Abtretung: Man muß angeben, ob der Anspruch aus einem eigenen Recht oder aus einem abgetretenen stammt, BGH RR **06**, 278.

Aufgliederung: Eine vollständige Aufgliederung des Anspruchs ist grds notwendig, BGH NJW **01**, 306, LG Bln ZMR **01**, 970. Ihr Fehlen kann aber im Einzelfall unschädlich sein, BGH RR **96**, 886, AG Leer JB **04**, 144 (Inkassokosten).

Aufrechnung: Man muß das Bestehenbleiben des Anspruchs trotz einer Aufrechnung schon aus dem Antrag erkennen können.

Inkassokosten: „Aufgliederung“.

Mehrheit von Parteien: Bei mehreren Antragstellern oder -gegnern muß man ihre Beteiligungsformen angeben, BGH NZM **08**, 202, LG Bln MDR **77**, 146.

Nachholung: Fehlende Angaben lassen sich grds nachholen, BGH MDR **85**, 132.

Rechtsansicht: Eine unrichtige rechtliche Beurteilung des Antragstellers ist grds unschädlich, ZöV 14, 19, aM BGH NJW **92**, 111 (aber die Beurteilung ist eine Aufgabe des Gerichts).

Rechtskraft: Es soll der Umfang der inneren Rechtskraft eines zugehörigen Vollstreckungsbescheids nach § 322 feststehen, BGH NZM **08**, 202, KG MDR **05**, 859.

Teilforderung: Der Antragsteller muß genau angeben, welche Teilforderung er geltend macht, BGH **112**, 370, LG Mannh WoM **99**, 460, AG Wuppert MDR **90**, 438, großzügiger BGH NJW **96**, 2153.

Verbraucherdarlehen: Bei einem solchen Anspruch, für den nach § 688 II Z 1 §§ 491–504 BGB gelten, muß man wegen der letzteren Vorschrift auch die Nebenforderungen gesondert und einzeln bezeichnen und das Datum des Vertragsabschlusses, den nach §§ 492, 502 BGB anzugebenden effektiven oder dann, wenn eine Änderung des Zinssatzes oder anderer preisbestimmender Faktoren vorbehalten ist, den anfänglichen effektiven Jahreszins mitteilen. Übergangsrechtlich gilt dazu § 28 II EGZPO.

Verjährung: Man muß ihr Fehlen schon aus dem Antrag erkennen können. Ein allzu mangelhaft bezeichneter Anspruch läßt eine Verjährung neu beginnen, BGH NJW **00**, 1420, Ffm NJW **91**, 2091, AG Wuppert MDR **90**, 438. Zum Problem Vollkommer (vor Rn 1) 865.

Zinsen: Wegen der Zinsen ist auch die Angabe der Laufzeit oder des Anfangszeitpunkts sowie die Angabe notwendig, ob der Antragsteller einen Betrag nur auf die volle oder teilweise Hauptforderung oder auch auf die ebenfalls genau zu bezeichnenden Zinsen fordert. Andernfalls muß der Rpfl oder der nach Grdz 4 vor § 688 etwa landesrechtlich bestellte Urkundsbeamte der Geschäftsstelle evtl rückfragen. Man darf und muß den Mahnbescheid oder Vollstreckungsbescheid notfalls auslegen. Das kann auf Probleme stoßen, Schneider Rpfleger **91**, 260. Da es eine Aufgabe der Partei ist, ihren Anspruch nach § 253 Rn 49 zu beziffern, umfaßt der Zinsanspruch im Zweifel nur die Hauptforderung, AG Bln-Tempelhof Rpfleger **91**, 260, aM AG Waiblingen Rpfleger **91**, 260 (zustm Schneider. Aber § 308 I zwingt zu solcher Vorsicht). Wegen der Mehrwertsteuer auf die Zinsen Rn 13. Die Entscheidung ist grundsätzlich unanfechtbar. Vgl freilich § 691 Rn 14 ff.

Zwangsvollstreckung: Es soll die Art und der Umfang der Möglichkeiten einer Zwangsvollstreckung erkennbar sein, § 253 Rn 39, BGH NJW **01**, 306, Düss VersR **97**, 721, LG Wuppert WoM **97**, 111.

G. Erklärung zur etwaigen Gegenleistung, I Z 4. Vgl § 688 Rn 8. 10

11 **H. Bezeichnung des für das streitige Verfahren zuständigen Gerichts, I Z 5.** Die Vorschrift gilt für jeden Antragsgegner, BayObLG Rpfleger **80**, 436, Vollkommer Rpfleger **78**, 184. Das gilt trotz der Einheitlichkeit des Verfahrens, Düss JB **98**, 82, Mü RR **98**, 1080, LG Bln Rpfleger **98**, 40. Der Antragsteller muß das endgültig nach §§ 12 ff örtlich und sachlich zuständige Gericht angeben. Damit trägt er jetzt jedenfalls zunächst die volle Verantwortung für die richtige Bezeichnung. Er hat grundsätzlich keine anschließende andere Wahlmöglichkeit mehr, § 696 Rn 28, BGH NJW **93**, 1273, Brdb NJW **04**, 781, Schlesw NJW **06**, 3360. Das macht das Mahnverfahren noch komplizierter, aber vielleicht weniger aufwendig und zeitraubend. Bei einem Verstoß gilt Rn 20. Eine falsche irrige oder bewußt irreführende Angabe kann nicht mehr zu einer Berichtigung von Amts wegen führen. Denn der Rpfl oder der etwa nach Grdz 4 vor § 688 landesrechtlich bestellte Urkundsbeamte der Geschäftsstelle kann nicht übersehen, ob das vom Antragsteller bezeichnete Gericht auch wirklich zuständig ist, aM Holch NJW **91**, 3178 (aber es findet keine Amtsermittlung nach Grdz 38 vor § 128 statt).

Notfalls muß der Antragsteller beim nächsten Gericht *erfragen,* welches Gericht nach Z 5 zuständig sei. Evtl muß er also ein LG angeben und zusätzlich mitteilen, ob die Zivilkammer oder die Kammer für Handelssachen zuständig ist, Schriewer NJW **78**, 1039, aM Ffm NJW **80**, 2202, Nürnb Rpfleger **95**, 369, LG Essen JZ **79**, 145 (aber auch die funktionelle Zuständigkeit muß klar sein). Der Antragsteller muß auch ein im streitigen Verfahren zuständiges FamG angeben, Jauernig FamRZ **78**, 230 aM ZöV 19.

12 **5) Freigestellte Angaben, I.** Freigestellt sind über den „Muß"-Inhalt nach Rn 4 hinaus weitere Angaben.

A. Kostenberechnung des Antragstellers, § 692 I Z 3. Inkassokosten muß man grundsätzlich glaubhaft machen. AG Stgt Rpfleger **03**, 377 (Ausnahme beim Handelsgeschäft). Wenn eine Kostenberechnung fehlt, kann der Rpfl oder der etwa nach Grdz 4 vor § 688 landesrechtlich bestellte Urkundsbeamte der Geschäftsstelle den Antrag allerdings mit einem entsprechenden Vermerk und der Auflage zur Ergänzung binnen einer Frist zurückgeben, ebenso bei anderen Beanstandungen, § 12 AktO.

13 **B. Antrag auf streitiges Verfahren.** Ferner ist für den Fall des Widerspruchs ein Antrag auf die Durchführung des streitigen Verfahrens freigestellt, § 696 I 2. BVerfG NJW **04**, 1098 links und rechts hält wegen Art 2 I GG schon im Antragsformular einen Hinweis auf die Gebührenpflichtigkeit eines Antrags auf ein streitiges Verfahren für notwendig. Dieser Antrag wird mit dem Eingang des Widerspruchs wirksam, LG Fulda RR **99**, 221. Ein Antrag auf eine Abgabe an das dann zuständige Gericht ist nicht erforderlich. Die Abgabe erfolgt vielmehr evtl von Amts wegen. Wohl aber ist ein Antrag erforderlich, das streitige Verfahren überhaupt durchzuführen, falls der Antragsteller nicht zunächst abwarten will, ob ein streitiges Verfahren notwendig wird. Ein Verweisungsantrag ist auch im Fall des § 696 V nicht notwendig. Man soll auch das Gericht eines besonderen oder eines vereinbarten Gerichtsstands angeben. Freilich ist die Prüfung, welches Gericht für das streitige Verfahren endgültig zuständig ist, eine Aufgabe desjenigen Gerichts, an das die Sache nach § 696 I gehört, (zum alten Recht) KG Rpfleger **80**, 115, aM Lappe NJW **78**, 2380 (aber der Gesetzestext ist eindeutig, Einl III 39).

Wegen des *Zeitpunkts* gilt: Man darf einen Antrag auf den Erlaß des Vollstreckungsbescheids nicht schon mit dem Antrag auf den Erlaß des Mahnbescheids verbinden, § 699 Rn 6. Wenn der Antrag etwa trotzdem vorliegt, ist er unbeachtlich, wenn ihn der Urkundsbeamte der Geschäftsstelle als solcher entgegengenommen hat, also nicht nur in den Fällen Grdz 4 vor § 688. Ein solcher Antrag lebt auch nicht etwa nach dem Ablauf der Widerspruchsfrist auf. Der Antragsteller muß ihn dann vielmehr erneut stellen. Das Gericht muß einen Antrag nach § 699 IV 2 auf eine Übergabe des Vollstreckungsbescheids an den Antragsteller zur Zustellung im Parteibetrieb ebenso behandeln.

14 **C. Antrag auf Prozeßkostenhilfe.** Ein solcher Antrag schon für das Mahnverfahren ist statthaft, § 114 Rn 32.

15 **6) Verbotene Angaben, I.** Der Antrag darf keine Forderung auf die Zahlung von Mehrwertsteuer auf die Zinsforderung enthalten, soweit ein Formularzwang besteht.

16 **7) Antragsrücknahme, I.** Man darf die Rücknahme des Antrags auf den Erlaß des Mahnbescheids nicht mit der Rücknahme des Antrags auf ein streitiges Verfahren oder mit der Rücknahme des Widerspruchs verwechseln, § 696 Rn 22. Man kann die Rücknahme des Mahnantrags entsprechend § 269 ohne eine Einwilligung des Antragsgegners bis zur Abgabe nach § 696 I 1 oder § 700 III oder bis zur formellen Rechtskraft des Vollstreckungsbescheids nach § 705 erklären, Köln RR **99**, 1737, Mü AnwBl **84**, 371, Ruess NJW **06**, 1918, und zwar nach § 702. Ein Formular ist dafür bisher nicht vorhanden. § 703 ist bei einer Zurücknahme durch einen Bevollmächtigten anwendbar. Der Rpfl oder der etwa nach Grdz 4 vor § 688 landesrechtlich bestellte Urkundsbeamte der Geschäftsstelle läßt die Antragsrücknahme dem Antragsgegner nach § 270 S 1 formlos zugehen, sofern er ihm überhaupt schon von dem Mahnverfahren benachrichtigt hatte.

Der Antragsgegner kann entsprechend § 269 III 2, IV eine Feststellung der *Kostenfolge* beantragen, BGH NJW **05**, 512, Mü OLGZ **88**, 493. Er kann auch entsprechend § 269 III 3, IV eine echte Kostengrundentscheidung beantragen, BGH NJW **05**, 512. Darüber entscheidet das Gericht des streitigen Verfahrens, BGH NJW **05**, 512 und 514, Hamm RR NJW **07**, 424, Wolff NJW **03**, 557. Der Antragsgegner müßte einem etwaigen Widerruf der Antragsrücknahme zustimmen, um diesen wirksam zu machen, ZöV 24 (Folge: Fortsetzung des Mahnverfahrens). Ab der Abgabe ist § 269 direkt anwendbar, § 696 Rn 10. Der Antragsteller kann die Rücknahme wirksam widerrufen, Grdz 58, 59 vor § 128. Dann lebt das bisherige Verfahren wieder auf.

17 **8) Unterzeichnung, II.** Sie muß grundsätzlich handschriftlich und vollständig erfolgen, § 129 Rn 9. Es ist also unzulässig, einen Faksimilestempel zu benutzen. Auch eine gedruckte Unterschrift ist unzulässig. Ausnahmen gelten nur bei einer maschinell lesbaren Form, III Hs 2. Zur grundsätzlichen Handschriftlichkeit § 129 Rn 9 ff. Eine Einreichung per Telefax usw darf aber bei einem Mahnantrag nicht weniger zulässig sein als bei einer Klage, § 129 Rn 44. Wegen einer elektronischen Einreichung § 130 a. Ein bloßes Handzeichen

(Paraphe) reicht nicht aus, § 129 Rn 31 „Namensabkürzung". Bei einem Verstoß gilt Rn 20, BGH **86**, 323 (dort auch zu einem Ausnahmefall). Freilich kann der Rpfl oder der etwa nach Grdz 4 vor § 688 landesrechtlich bestellte Urkundsbeamte der Geschäftsstelle wie im Fall Rn 13 vorgehen. Er hat insofern ein pflichtgemäßes Ermessen. Hat er den Mahnbescheid trotz des Fehlens der Unterschrift erlassen, kann zB eine Hemmung der Verjährung eingetreten sein, BGH **86**, 324.

9) Maschinell lesbare Form, III, dazu *Hähnchen* AnwBl **08**, 526, *von Preuschen* NJW **07**, 323: III 1 nF, Vorbem, erfaßt jede lesbare Form, zB: Diskette, Magnetband, Mikrofilm, Lochkarte usw, auch im Weg des Datenträgeraustausches, oder der Datenfernübertragung, Holch NJW **91**, 3179. Ein Antrag in dieser Form ist nur dann zulässig, wenn die Aufzeichnung genau mit der EDV-Technik des Geräts übereinstimmt und wenn durch eine entsprechende Programmierung die Gefahr eines Mißbrauchs entfällt. Maßgeblich für diese Voraussetzungen ist die Wertung durch das Gericht. Es entscheidet zunächst auch hier durch den Rpfl oder den etwa nach Grdz 4 vor § 688 landesrechtlich bestellten Urkundsbeamten der Geschäftsstelle, nicht etwa durch den Gerichtsvorstand. Das Gericht entscheidet nach seinem pflichtgemäßen Ermessen. Zur Anfechtbarkeit einer Entscheidung § 691 III. Ein Anwalt oder eine registrierte Person nach § 10 I 1 Z 1 RDG *muß* einen maschinell zugelassenen Antrag seit 1. 12. 08, Vorbem, in solcher Form stellen, *III 2*. Das muß also geschehen entweder auf einem Datenträger (Diskette, Band, Kassette) oder über das elektronische Gerichtspostfach (EGVP) mithilfe einer Signaturkarte oder auf Papier mithilfe des sog Barcodeverfahrens ohne eine Signaturkarte. Eine handschriftliche Unterzeichnung ist nicht notwendig, soweit bei der maschinell lesbaren Form in anderer Weise sicher ist, daß der Antrag nicht ohne den Willen des Antragstellers erfolgt, III 3, Hansens Rpfleger **91**, 134, etwa durch ein Anschreiben zu einer Sammlung von Mahnanträgen. Ob die Absicherung ausreicht, entscheidet das Gericht ebenfalls nach seinem pflichtgemäßen Ermessen, Holch NJW **91**, 3179. Es ist keine Vorauszahlung von Gerichtskosten erforderlich, § 12 III 2 GKG. 18

10) Keine Mitteilung des Antrags, I–III. Es erfolgt keine Mitteilung des Antrags an den Antragsgegner, § 702 II. Der Erlaß des Mahnbescheids ohne eine Anhörung des Antragsgegners ist also kein Verstoß gegen Artt 2 I, 20 III GG, BVerfG **101**, 404 (Rpfl oder Urkundsbeamter der Geschäftsstelle, Grdz 4 vor § 688) oder gegen Art 103 I GG (Richter). Daher braucht das Gericht auch nicht etwa solche Schriftsätze des Antragsgegners zu berücksichtigen, die beim Gericht während des Mahnverfahrens vor der Entscheidung über den Antrag auf den Erlaß des Mahnbescheids eingehen. 19

11) Verstoß, I–III. Das Gericht muß einen gegen Rn 6-9 verstoßenden Antrag evtl nach einer ergebnislosen Fristsetzung gemäß § 691 Rn 3 von Amts wegen zurückweisen, § 691, BGH NJW **84**, 242, Holch NJW **91**, 3181, StJSchl 3. Ein gegen Rn 11 verstoßender Antrag kann zur Verweisung nach § 281 führen, BGH NJW **93**, 2810. Ein Verstoß gegen Rn 11 soll andernfalls zur Antragszurückweisung führen, Karlsr Rpfleger **05**, 270 (keine Umdeutung nach § 38). Ein gegen Rn 15 verstoßender Antrag ist unzulässig, Rn 1, Schneider DGVZ **83**, 115. Er muß nach dem Erlaß des Mahnbescheids und nach einem Widerspruch oder Einspruch evtl zur diesbezüglichen Klagerücknahme oder Klagabweisung führen, Schneider DGVZ **83**, 115. 20

691 *Zurückweisung des Mahnantrags.* **I 1 Der Antrag wird zurückgewiesen:**

1. wenn er den Vorschriften der §§ 688, 689, 690, 703 c Abs. 2 nicht entspricht;

2. wenn der Mahnbescheid nur wegen eines Teiles des Anspruchs nicht erlassen werden kann.

2 Vor der Zurückweisung ist der Antragsteller zu hören.

II Sollte durch die Zustellung des Mahnbescheids eines Frist gewahrt werden oder die Verjährung neu beginnen oder nach § 204 des Bürgerlichen Gesetzbuchs gehemmt werden, so tritt die Wirkung mit der Einreichung oder Anbringung des Antrags auf Erlass des Mahnbescheids ein, wenn innerhalb eines Monats seit der Zustellung der Zurückweisung des Antrags Klage eingereicht und diese demnächst zugestellt wird.

III 1 Gegen die Zurückweisung findet die sofortige Beschwerde statt, wenn der Antrag in einer nur maschinell lesbaren Form übermittelt und mit der Begründung zurückgewiesen worden ist, dass diese Form dem Gericht für seine maschinelle Bearbeitung nicht geeignet erscheine. 2 Im Übrigen sind Entscheidungen nach Absatz 1 unanfechtbar.

Vorbem. III 2 berichtigt am 24. 7. 07, BGBl 1781.

Schrifttum: *Maniak,* Die Verjährungsunterbrechung durch Zustellung eines Mahnbescheids im Mahnverfahren, 2000); *Martin,* Die Prüfungsbefugnis des Rechtspflegers im gerichtlichen Mahnverfahren usw, 1998; *Vollkommer,* Verjährungsunterbrechung und „Bezeichnung" des Anspruchs, Festschrift für *Lüke* (1997) 865; *Vollkommer,* Schlüssigkeitsprüfung und Rechtskraft usw, Festschrift für *Schwab* (1990) 229.

Gliederung

1 **1) Systematik, I–III.** Die Vorschrift nimmt für das Verfahren auf Grund des Antrags indirekt auf allgemeine Verfahrensregeln Bezug. Der nach § 689 Rn 1 funktionell zuständige Rpfl oder der etwa nach Grdz 4 vor § 688 landesrechtlich bestellte Urkundsbeamte der Geschäftsstelle legt dem Richter die Akten nur im Rahmen von § 5 RPflG vor. Das Mahnverfahren läuft auch in der Zeit vom 1. 7. bis 31. 8. weiter. Denn § 227 III betrifft nur Termine.

2 **2) Regelungszweck, I–III.** Das Mahnverfahren kennt zur Vereinfachung und Beschleunigung zwecks Prozeßwirtschaftlichkeit nach Grdz 14 vor § 128 keine mündliche Verhandlung, auch keine nach § 128 Rn 10 freigestellte. Es kennt nicht einmal eine Anhörung des Antragsgegners. Das ist nur scheinbar ein Verstoß gegen Artt 2 I, 20 III GG (Rpfl oder Urkundsbeamter der Geschäftsstelle, Grdz 4 vor § 688), BVerfG **101**, 404, Art 103 I GG (Richter). Es ist auch nur scheinbar ein Verstoß gegen ein Prozeßgrundrecht des Antragsgegners nach Einl III 16. Denn es steht ihm frei, durch seinen Widerspruch gegen den Mahnbescheid und durch einen ja beiden Parteien möglichen Antrag nach § 696 I den Übergang in das streitige Verfahren zu erzwingen. Anschließend muß das Gericht ja wie nach einem Klageingang verfahren, § 697 II 1, und nun erhält der jetzt Bekl heißende Antragsgegner das rechtliche Gehör voll. Die ZPO kennt ja auch an anderer Stelle Entscheidungen ohne eine vorherige Anhörung Gehör des Gegners, etwa bei §§ 829, 921, 936.

3 **3) Zulässigkeitsprüfung von Amts wegen, I.** Zwei Bedingungen haben evtl unterschiedliche Folgen.

A. Grundsatz: Zurückweisung (erst) bei Unbehebbarkeit eines Mangels, I 1 Z 1, 2, I 2. Der Rpfl oder der etwa nach Grdz 4 vor § 688 landesrechtlich bestellte Urkundsbeamte der Geschäftsstelle prüft von Amts wegen nach Grdz 39 vor § 128, ob alle Zulässigkeitsvoraussetzungen zum Erlaß des Mahnbescheids vorliegen, BGH Rpfleger **89**, 516, Ffm RR **06**, 69. Er nimmt freilich keine Amtsermittlung vor, Grdz 38 vor § 128, BGH NJW **81**, 876. Wegen der Prüfung eines ausländischen Rechts Hök MDR **88**, 187. Eine Zurückweisung ist schon dann erforderlich, wenn nur eines der gesetzlichen Erfordernisse fehlt. Daneben muß er die allgemeinen Prozeßvoraussetzungen prüfen, Grdz 12 vor § 253, BGH NJW **84**, 242, LAG Düss Rpfleger **94**, 342, ZöV § 690 Rn 23, aM ThP 3 (nur bei einem konkreten Anlaß. Aber Zulässigkeitsfragen sind stets von Amts wegen voll beachtbar).

Vor einer *Zurückweisung* muß der Antragsteller das rechtliche *Gehör* erhalten, I 2. Eine glatte sofortige Zurückweisung des Antrags sollte ohnehin nur dann stattfinden, wenn vorhandene Mängel unbehebbar oder nur schwer behebbar sind, Salten MDR **95**, 689. In den übrigen Fällen verlangt das dem Rechtsuchenden geschuldete Entgegenkommen ein faires Verfahren, Artt 2 I, 20 III GG, BVerfG **101**, 404.

Es verlangt daher in einer *Zwischenverfügung* beliebiger Form nach einem pflichtgemäßen Ermessen eine Auflage zur Behebung des Mangels in einer zu bestimmenden angemessenen Frist, Einl III 27, BGH NJW **99**, 3717 (unzulässiges Formular), AG Hbg NJW **97**, 874. Das gilt selbst bei einem verschuldeten Mangel. Gleichzeitig sollte das Gericht dem Antragsteller für den Fall eines ergebnislosen Fristablaufs eine Zurückweisung androhen, AG Wuppert Rpfleger **78**, 225, Vollkommer Rpfleger **77**, 143. Freilich ist wegen des Massenbetriebs gerade der Mahnverfahren meist nur eine kurze Frist und keineswegs stets dergleichen notwendig, Hbg RR **03**, 286. 1 Monat reicht meist voll aus Ffm MDR **01**, 892.

4 **B. Rechtsschutzbedürfnis, I 1 Z 1, 2.** Das Rechtsschutzbedürfnis nach Grdz 33 vor § 253 kann zB bei einem Rechtsmißbrauch fehlen. Das Gericht muß diesen Umstand von Amts wegen beachten, Einl III 54, BGH (7. ZS) Rpfleger **84**, 27, Hbg MDR **82**, 503, Karlsr Rpfleger **87**, 422, aM BGH (2. ZS) NJW **81**, 175, ThP 2, 3 (aber es handelt sich um einen in allen Verfahrensarten und -lagen unstatthaften Verstoß gegen eine prozessuale Grundregel).

5 **C. Volle Unzulässigkeit, I 1 Z 1.** Wenn der Antrag nicht den Voraussetzungen der §§ 688, 689, 690, 703 c II entspricht, muß der Rpfl oder der etwa nach Grdz 4 vor § 688 landesrechtlich bestellte Urkundsbeamte der Geschäftsstelle den Antrag unverzüglich zurückweisen, Ffm RR **06**, 69, Salten MDR **95**, 669. Das geschieht freilich erst nach einer Anhörung des Antragstellers, Rn 3. Denn I 2 bezieht sich auch auf I Z 1. Das zeigt seine optische Stellung im BGBl **90**, 2845: Satz 2 beginnt *nicht* mit derselben Einrückung wie Satz 1 Z 2, sondern am Zeilenanfang. Die Anhörung kann mündlich, fernmündlich, elektronisch oder schriftlich erfolgen. Der Rpfl oder der Urkundsbeamte muß dem Antragsteller aber ausreichend Zeit lassen, Artt 2 I, 20 III GG, BVerfG **101**, 404, Hbg RR **03**, 286.

6 **D. Teilweise Unzulässigkeit, I 1 Z 2.** Die Vorschrift schreibt eine volle Zurückweisung des Antrags vor, wenn das Gericht einen Mahnbescheid auch nur für einen Teil des Anspruchs versagen muß. Das bezieht sich jedoch nur auf einen rechnungsmäßigen Teil, nicht auf mehrere selbständige Ansprüche und nicht auf einen abtrennbaren Haupt- oder Nebenanspruch, LG Traunstein Rpfleger **87**, 206, Crevecœur NJW **77**, 1322. Beispiel: Der Antrag geht auf eine Zahlung von 100 EUR nebst Zinsen in unklarer Höhe. Das Gericht kann den Mahnbescheid wegen 100 EUR erlassen, den Zinsanspruch aber abweisen, Rudolph MDR **96**, 4 (Inkasso + Zinsen). Das Gericht darf nicht etwa einen Mahnbescheid über 50 EUR erlassen oder einen Mahnbescheid über 100 EUR nebst gesetzlichen Zinsen. Wenn der Rpfl oder der etwa nach Grdz 4 vor § 688 landesrechtlich bestellte Urkundsbeamte zu einem Teil der Forderung Bedenken hat, muß er den Antragsteller anhören, bevor er den Antrag zurückweist, damit der Antragsteller die Angaben berichtigen oder ergänzen und den Antrag notfalls zurücknehmen kann, BGH NJW **99**, 3717, LG Stgt Rpfleger **88**, 535, LG Traunstein Rpfleger **87**, 206. Denn I 2 bezieht sich auch auf I Z 2, Rn 2.

Die *Anhörung* kann mündlich, fernmündlich, elektronisch oder schriftlich erfolgen wie bei I Z 1. Der Rpfl oder der nach Grdz 4 vor § 688 etwa landesrechtlich bestellte Urkundsbeamte der Geschäftsstelle muß dem

Antragsteller aber auch hier ausreichend Zeit lassen, Artt 2 I, 20 III GG, BVerfG **101**, 404. Das Gericht muß eine überhöhte Kostenberechnung von Amts wegen berichtigen, soweit möglich, Grdz 39 vor § 128, LG Stgt Rpfleger **88**, 537, AG Bonn Rpfleger **82**, 71, Hofmann Rpfleger **82**, 327, strenger AG Freyung MDR **86**, 680 (Zurückweisung. Aber bei einem klaren Rechenfehler ist immer eine Berichtigung zulässig und notwendig).

4) Keine Schlüssigkeitsprüfung, I. Der Rpfl oder der etwa nach Grdz 4 vor § 688 landesrechtlich bestellte Urkundsbeamte der Geschäftsstelle nimmt grundsätzlich keine Schlüssigkeitsprüfung des Anspruchs vor, § 690 Rn 7, BGH **84**, 139, LG Karlsr AnwBl **83**, 178, auch nicht zu § 688 II Z 1, Markwardt NJW **91**, 1220, aM Bülow Rpfleger **96**, 133 (aber gerade dort darf man den Rpfl oder den Urkundsbeamten nicht überfordern). Er prüft vielmehr nur die Schlüssigkeit der geltend gemachten Kosten des Mahnverfahrens, AG Bonn Rpfleger **82**, 71. Er beanstandet insofern nur einen offensichtlich unsinnigen, unklagbaren oder rechtsmißbräuchlichen Anspruch, Einl III 54, Rn 6, BGH **101**, 388, LG Gießen JB **04**, 610, AG Hagen JB **05**, 472, aM Stgt Rpfleger **88**, 536, AG Uelzen JB **01**, 32, AG Stgt JB **06**, 94 (je: nicht schon bei korrekten Inkassokosten), weitergehend LG Stgt Rpfleger **05**, 32 (auch die Prüfung der Hauptforderung. Aber ein Rechtsmißbrauch duldet weder eine Übertreibung noch eine Vernachlässigung der Prüfung). 7

Individualisierbarkeit des Anspruches ist der Hauptteil der Antragsprüfung, § 690 Rn 6, LG Bre RR **91**, 58. Auch das geschieht nur anhand der Angaben des Antragstellers. Der Antragsteller ist zur Wahrhaftigkeit verpflichtet, § 138 I. Falsche Angaben können einen zumindest versuchten Prozeßbetrug darstellen, Düss MDR **92**, 606, AG Walsrode Rpfleger **83**, 359. Durch eine Erteilung trotz einer Kenntnis der Nichtexistenz der Forderung macht sich der Rpfl oder der Urkundsbeamte evtl sogar zum Mittäter, Düss MDR **92**, 606. Eine Angabe, es würden „Zinsen ab Rechnungsdatum" verlangt, kann kaum noch ausreichen. Zinseszinsen sind auch hier unzulässig, § 248 BGB, Herbst Rpfleger **78**, 200, ebenso Wucherzinsen, LG Kref MDR **86**, 418, AG Hagen RR **95**, 320, oder ein Partnervermittlungslohn, Stgt NJW **94**, 331, Börstinghaus MDR **95**, 553. Eine Anspruchserweiterung oder „Klagerweiterung" ist nur durch einen weiteren Mahnantrag wirksam möglich. Der Rpfl oder der Urkundsbeamte nimmt sie andernfalls zu den Akten, ohne sie schon im Mahnverfahren zu bearbeiten, Vollkommer Rpfleger **88**, 196. Ein dennoch auch über den erhöhten Betrag erlassener Mahnbescheid ist freilich als ein Staatsakt zunächst wirksam, Üb 19 vor § 300. Daher ist der Antragsgegner auf einen Widerspruch angewiesen. Er darf ihn ja auf den Betrag der Erhöhung beschränken, § 694 I.

5) Entscheidung, I. Eine Zurückweisung erfolgt durch einen Beschluß, LG Traunstein Rpfleger **87**, 206, AG Marl NJW **78**, 651. Eine Begründung des Beschlusses ist grundsätzlich eine Rechtspflicht des Gerichts, § 329 Rn 4. Eine Kostenentscheidung ergeht zulasten des Antragsstellers, § 91, evtl nach § 92, LG Traunstein Rpfleger **87**, 206. Das Gericht muß seinen Beschluß schon wegen der Frist des II und auch aus den Gründen Rn 15 dem Antragsteller förmlich zustellen, § 329 Rn 32. Es teilt den Beschluß dem Antragsgegner nicht mit, zumal es ihn im Verfahren in einer solchen Lage grundsätzlich nicht anhört, § 702 II. Gebühr: KV 1110. Bei einer örtlichen Unzuständigkeit erfolgt evtl eine Abgabe ohne einen Neubeginn der Verjährung, KG NJW **83**, 2710. 8

6) Rückbeziehung der Zustellung, II. Ein klarer Grundsatz hat harte Folgen. 9

A. Anwendungsbereich. Man darf II nicht mit § 167 verwechseln. Alle diese Bestimmungen enthalten gleichartige Gedanken. Diese beziehen sich jedoch auf jeweils unterschiedliche Situationen. In § 167 geht es an sich um ein durch eine Klage eingeleitetes Verfahren. In §§ 691 II, 696 III handelt es sich demgegenüber um ein durch einen Mahnantrag eingeleitetes Verfahren. Während § 691 II den Fall erfaßt, daß das Gericht den Mahnantrag zurückweist und daß der Antragsteller nur deshalb jetzt eine Klage einreicht, erfaßt § 167 auch den Fall, daß der Mahnantrag einen Erfolg hat. Trotz der Unterschiedlichkeit dieser Anwendungsbereiche muß man natürlich die allen drei Vorschriften gemeinsamen Begriffe und Regeln möglichst einheitlich auslegen.

B. Grundsatz: Schutz vor schuldloser Verzögerung. Wie bei § 167 soll der Gläubiger auch bei § 691 II im Fall einer Verzögerung außerhalb seines Einflusses Schutz erhalten. Diesen letzeren Bereich muß man zu seinen Gunsten großzügig auslegen. Insofern sind Lehre und Rechtsprechung in dieser im wesentlichen unstreitigen Frage zu § 167 hier entsprechend anwendbar, dort Rn 4 ff. Ebenso soll der Schutz auch hier enden, soweit der Gläubiger eine mehr als geringfügige Verzögerung auch nur leicht fahrlässig eintreten läßt, BGH NJW **99**, 3718 (unzulässiges Formuar, Antragsberichtigung), LG Gießen MDR **96**, 965, Fischer JB **96**, 513. Wer in einer gewillkürten Prozeßstandschaft nach Grdz 29 vor § 50 vorgeht, muß sie offenbart haben, Jena MDR **98**, 1468. 10

C. Klageinreichung binnen Monatsfrist seit Zurückweisung, dazu *Vollkommer* (vor Rn 1): Eine Voraussetzung einer Rückbeziehung ist zunächst, daß der Gläubiger binnen einer Frist von 1 Monat seine Klage einreicht. Die Frist beginnt nur bei einer Zurückweisung des Mahnantrags. Eine teilweise Zurückweisung genügt, um nur insofern eine Rückbeziehung unter den weiteren Voraussetzungen herbeizuführen. Eine Zwischenverfügung ist keine Zurückweisung. Die Form der Zurückweisung mag fehlerhaft sein, soweit nur ihr Inhalt eindeutig ist. Erforderlich ist aber zum Fristbeginn eine förmliche Zustellung der Zurückweisung. Das ergibt sich nicht nur aus dem Wortlaut von II, sondern auch aus dem im Mahnverfahren zumindest im Kern beachtlichen § 329 II 2 Hs 2. Eine Belehrung über das Klagerecht erfolgt nicht. Eine etwa erfolgte fehlerhafte Belehrung ist unbeachtlich. Die Fristberechnung erfolgt im übrigen wie sonst, § 222 in Verbindung mit §§ 187 ff. Es handelt sich um eine gesetzliche Frist und nicht um eine Notfrist, § 224 I 2. Unter einer Beachtung dieser Umstände sind §§ 224, 225 anwendbar. Die Monatsfrist ist im Klageverfahren nicht anwendbar, auch nicht über § 167, Karlsr MDR **04**, 582. 11

D. Demnächstige Zustellung. Zusätzlich zur Einhaltung der Monatsfrist nach Rn 11 ist als eine weitere Voraussetzung einer Rückbeziehung die demnächstige Zustellung der Klage erforderlich, BGH NJW **08**, 1673. „Demnächst" ist dasselbe wie in § 167 Rn 4 ff. 12

13 **E. Rückbeziehungszeitpunkte: Antragseinreichung oder -anbringung.** Unter den Voraussetzungen Rn 9–12 tritt eine Rückbeziehung auf den Zeitpunkt der Einreichung oder Anbringung des Antrags auf Erlaß des Mahnbescheids wie bei § 167 ein.

14 **7) Rechtsbehelf gegen Mahnbescheid: Widerspruch, § 694, § 11 III 2 RPflG.** Gegen den richtig oder fehlerhaft erlassenen Mahnbescheid hat der Antragsgegner nur die Möglichkeit des Widerspruchs, § 694. Eine sofortige Beschwerde ist unzulässig, also auch eine Erinnerung nach § 11 III 2 RPflG oder beim nach Grdz 4 vor § 688 etwa landesrechtlich bestellten Urkundsbeamten nach § 573 I.

15 **8) Rechtsbehelf gegen Zurückweisung durch Rechtspfleger oder Urkundsbeamten: Sofortige bzw befristete Erinnerung, III.** Die sofortige Erinnerung ist evtl schon gegen eine Zwischenverfügung statthaft, AG Hbg NJW **97**, 874 (§ 18 GBO entsprechend). Sie ist jedenfalls gegen die Zurückweisung des Antrags auf Erlaß eines Mahnbescheids durch den Rpfl binnen einer Notfrist von 2 Wochen seit der Zustellung des Beschlusses zulässig, § 569 I, § 11 II 1 RPflG, § 104 Rn 69 ff, AG Hbg NJW **97**, 874, AG Stgt Rpfleger **03**, 377. Crevecœur NJW **77**, 1322. Der Rpfl darf dieser Erinnerung abhelfen, § 11 II 2 RPflG. Andernfalls legt er die Sache dem Amtsrichter vor, § 11 II 3 RPflG. Der Amtsrichter darf den Vorgang nicht an das LG weiterleiten, sondern muß selbst entscheiden, § 11 II 3 RPflG, AG Hbg NJW **97**, 874. AG Köln MDR **91**, 1198, LAG Düss Rpfleger **94**, 342. Das Rechtsschutzbedürfnis nach Grdz 33 vor § 253 erlischt nicht schon stets dadurch, daß nur eine Teilzurückweisung des Mahnantrags erfolgt war und der Schuldner gegen den im übrigen erlassenen Mahnbescheid nach § 694 einen Widerspruch eingelegt hat, aM AG Köln MDR **91**, 1198 (abl Schneider. In der Tat wäre das ein Verstoß gegen Art 19 IV GG). Eine sofortige Erinnerung kommt auch dann in Betracht, wenn der Rpfl einen in Wahrheit gar nicht gestellten Mahnantrag auf Kosten des „Antragstellers" zurückgewiesen hat, LG Hagen NJW **92**, 2036.

Beim etwa nach Grdz 4 vor § 688 landesrechtlich bestimmten *Urkundsbeamten* der Geschäftsstelle ist die befristete Erinnerung nach § 573 I 1 statthaft.

Das alles gilt auch bei einer Zurückweisung wegen einer Nichteignung zur *maschinellen Bearbeitung.*

16 **9) Rechtsbehelf gegen Entscheidung des Amtsrichters, III.** Hat der Amtsrichter entweder die Erinnerung zurückgewiesen oder auf die Erinnerung unter einer Aufhebung des angefochtenen Beschlusses den Rpfl oder den etwa nach Grdz 4 vor § 688 landesrechtlich bestimmten Urkundsbeamten der Geschäftsstelle zum Erlaß des Mahnbescheids angewiesen, ist § 23 EGGVG unanwendbar, Ffm RR **06**, 69. Vielmehr gilt folgendes.

A. Grundsatz: Kein Rechtsbehelf, III 2. Grundsätzlich ist kein Rechtsbehelf zulässig, § 567 I Z 1. Das bedeutet nicht, daß die Entscheidung innerlich rechtskräftig wird, § 322. Daher kann der Antragsteller einen erneuten Antrag einreichen. Er kann auch eine Klage einreichen, evtl mit einer Rückwirkung nach II.

17 **B. Ausnahme: Sofortige Beschwerde, III 1.** Die Beschwerde nach § 567 I Z 1 und 2, § 11 II 4 RPflG oder beim Urkundsbeamten nach § 573 II ist zulässig, soweit der Amtsrichter ein das Verfahren betreffendes Gesuch zurückgewiesen hat, wenn er den Antrag nur deswegen zurückgewiesen hat, weil er sich nicht zur maschinellen Bearbeitung eigne, LG Stgt RR **94**, 1280.

692 *Mahnbescheid.* **[I] Der Mahnbescheid enthält:**

1. **die in § 690 Abs. 1 Nr. 1 bis 5 bezeichneten Erfordernisse des Antrags;**
2. **den Hinweis, dass das Gericht nicht geprüft hat, ob dem Antragsteller der geltend gemachte Anspruch zusteht;**
3. **die Aufforderung, innerhalb von zwei Wochen seit der Zustellung des Mahnbescheids, soweit der geltend gemachte Anspruch als begründet angesehen wird, die behauptete Schuld nebst den geforderten Zinsen und der dem Betrag nach bezeichneten Kosten zu begleichen oder dem Gericht mitzuteilen, ob und in welchem Umfang dem geltend gemachten Anspruch widersprochen wird;**
4. **den Hinweis, dass ein dem Mahnbescheid entsprechender Vollstreckungsbescheid ergehen kann, aus dem der Antragsteller die Zwangsvollstreckung betreiben kann, falls der Antragsgegner nicht bis zum Fristablauf Widerspruch erhoben hat;**
5. **für den Fall, dass Formulare eingeführt sind, den Hinweis, dass der Widerspruch mit einem Formular der beigefügten Art erhoben werden soll, der auch bei jedem Amtsgericht erhältlich ist und ausgefüllt werden kann;**
6. **für den Fall des Widerspruchs die Ankündigung, an welches Gericht die Sache abgegeben wird, mit dem Hinweis, dass diesem Gericht die Prüfung seiner Zuständigkeit vorbehalten bleibt.**

[II] An Stelle einer handschriftlichen Unterzeichnung genügt ein entsprechender Stempelabdruck oder eine elektronische Signatur.

Schrifttum: S bei § 690.

Gliederung

1) Systematik, I, II. Die Vorschrift regelt im Gegensatz zu § 691 (Zurückweisung) den stattgebenden vorläufigen Abschluß des Mahnverfahrens. § 329 gilt wegen der Beschlußnatur des Mahnbescheids ergänzend. § 693 regelt die Zustellung vorrangig. Wenn sämtliche Voraussetzungen des Mahnbescheids vorliegen (Entscheidungsreife ähnlich wie § 300 Rn 5), muß das Gericht ihn wegen § 702 II ohne eine Anhörung des Antragsgegners unverzüglich erlassen. Zum Begriff der Unverzüglichkeit § 216 Rn 16 ff. Bei einer maschinellen Bearbeitung nach § 703 b ist deren Ausdruck erst in Verbindung mit dem vom Rpfl oder vom etwa nach Grdz 4 vor § 688 landesrechtlich bestimmten Urkundsbeamten der Geschäftsstelle unterzeichneten Originalbeschluß ein Mahnbescheid nach § 692. Der Mahnbescheid ist eine durch den Widerspruch des Antragsgegners auflösend bedingte gerichtliche Entscheidung in der Form eines Beschlusses, § 329. Er braucht diese Bezeichnung nicht ausdrücklich zu tragen. Den Wegfall der Bedingung spricht der Vollstreckungsbescheid aus. 1

2) Regelungszweck, I, II. Bedenkt man, daß das Mahnverfahren als ein Massenverfahren immerhin auch den Sinn hat, den Bürger von einer Klage abzuhalten und daher den Richter zu entlasten, müßte der Mahnbescheid möglichst einfach formuliert sein. Die Vorschrift zeigt aber, wie viel das Mahngericht denn doch in ihm unterbringen muß. Umso mehr muß man erhoffen können, daß er wenigstens bei einer Entscheidungsreife nach § 300 Rn 6 unverzüglich ergeht, § 121 I 1 BGB. Das ist auch im Interesse der Gerechtigkeit nach Einl III 9, 36 wie zwecks einer Prozeßförderung notwendig, Grdz 12 vor § 128. Zu ihr ist auch das Gericht verpflichtet. Man muß die Formalitäten des Mahnbescheids wegen der erforderlichen Rechtssicherheit nach Einl III 43 strikt einhalten und streng auslegen. 2

3) Notwendiger Inhalt des Mahnbescheids, I. Der Mahnbescheid muß mindestens die folgenden Angaben enthalten. 3

A. Bezeichnungen usw, I Z 1. Wesentlich sind die in § 690 I Z 1–5 genannten Bezeichnungen und Erklärungen, § 690 Rn 4–11. Der Rpfl oder der etwa nach Grdz 4 vor § 688 landesrechtlich bestellte Urkundsbeamte der Geschäftsstelle ist jetzt an das vom Antragsteller benannte Gericht gebunden, § 690 Rn 5, Vollkommer Rpfleger **77**, 143, aM Büchel NJW **79**, 946, Vollkommer Rpfleger **78**, 85 (aber es muß einmal Klarheit eintreten). Gegebenenfalls werden die mehreren in Betracht kommenden Gerichte derart behandelt. Insofern findet jedoch vor der Entscheidung keine Amtsermittlung nach Grdz 38 vor § 128 statt, sondern nur eine Amtsprüfung, Grdz 39 vor § 128.

B. Keine Schlüssigkeitsprüfung, I Z 2. Wesentlich ist ferner der Hinweis, daß das Gericht die Schlüssigkeit nicht geprüft hat, § 691 Rn 7. Jedoch sollte man den für den Nichtjuristen evtl unverständlichen Ausdruck „Schlüssigkeit" den Parteien gegenüber nicht verwenden. Am besten übernimmt das Gericht den Wortlaut der Z 2. 4

C. Aufforderung, I Z 3. Wesentlich ist ferner die Aufforderung nach I Z 3. Sie stellt keinen Befehl dar, keine Anordnung, keine Anweisung. Das Gesetz bringt vielmehr zum Ausdruck, daß das Gericht den Antragsgegner nur dazu auffordern kann, die Begründetheit des angeblichen Anspruchs des Antragstellers nachzuprüfen. Keinesfalls darf das Gericht den Eindruck erwecken, es habe den Anspruch geprüft und gar ähnlich wie bei § 829 Rn 15 (Pfändung der „angeblichen" Forderung) für begründet erachtet. Auch bleibt es dem Antragsgegner überlassen mitzuteilen, ob, wann und in welchem Umfang er die Forderung bezahlt hat. Die Aufforderung des Gerichts ist keine sachlichrechtliche Nachfrist, BGH RR **86**, 1346 (wegen VOB/B). Sie ist deshalb noch keine Kostenentscheidung, auch nicht nach § 29 Z 1 GKG. Bei der Aufforderung, dem Gericht einen etwaigen Widerspruch mitzuteilen, muß zum Ausdruck kommen, daß auch ein Widerspruch gegen einen Teil des Anspruchs zulässig ist, § 694 I. Am besten übernimmt man auch bei I Z 3 deren Wortlaut. Die Widerspruchsfrist beträgt grundsätzlich zwei Wochen, bei einer Auslandszustellung einen Monat, §§ 32 III 1, 34 III 1 AVAG. Im arbeitsgerichtlichen Mahnverfahren besteht eine Frist von 1 Woche, § 46 a III ArbGG. In einer SGG-Sache gilt § 182 a SGG. 5

Das Gericht bezeichnet die *Kosten* dem Betrag nach. Die Kostenberechnung ist von § 2 GKG unabhängig. Wenn der Antragsteller eine Kostenfreiheit hat, wird der Antragsgegner zum Kostenschuldner, Hartmann Teil I § 29 GKG Rn 3 ff, Schlemmer Rpfleger **78**, 201. Bei einer Zustellung in einem der vom AVAG erfaßten Staaten muß das Mahngericht den Antragsgegner auf die Notwendigkeit der Benennung eines Zustellungsbevollmächtigten nach § 184 und nach § 4 II, III AVAG hinweisen, § 34 III 2 AVAG. § 184 II 2 gilt entsprechend, § 34 III 3 AVAG.

D. Widerspruchsbelehrung, I Z 4. Wesentlich ist ferner der Hinweis, daß ein Vollstreckungsbescheid nach § 699 ergehen kann und daß daraus die Zwangsvollstreckung nach § 794 I Z 4 zulässig wird, falls der Antragsgegner nicht binnen der nach Rn 5 mitzuteilenden Frist Widerspruch erhebt, I Z 4. Das Gericht darf keine Zahlungsfrist bewilligen. Ein Hinweis darauf, daß ein verspäteter Widerspruch nach § 694 II in einen Einspruch gegen den evtl inzwischen ergangenen Vollstreckungsbescheid umdeutbar sein kann, ist an dieser Stelle noch nicht notwendig. 6

E. Formularzwang, I Z 5. Soweit §§ 702 I 2, 703 c Rn 2 Formulare eingeführt haben, ist ein Hinweis notwendig, daß der Widerspruch mittels des Formulars ergehen *soll* und daß jedes AG das Formular vorrätig hat und bei der Ausfüllung hilft, § 129 a. Falsch wäre ein Hinweis, der Schuldner *müsse* den Widerspruch derart erheben, § 694 Rn 3. Es ist kein Hinweis darauf notwendig, daß nach § 129 a II 2 erst der Eingang des Widerspruchs bei demjenigen Gericht maßgeblich ist, bei dem das Mahnverfahren stattfindet. Ein solcher Hinweis ist zwar statthaft. Man sollte aber trotz der gerichtlichen Fürsorgepflicht mit Hinweisen zurückhaltend verfahren, die nicht vorgeschrieben sind und wegen Art 3 GG gar nicht oder stets erfolgen müßten, die man dann aber leicht vergißt. 7

F. Abgabe, I Z 6. Wesentlich ist die Ankündigung, an welches Gericht die Sache nach einem Widerspruch abgegeben werden wird usw. Das geschieht noch nicht dadurch, daß nach Z 1 in Verbindung mit § 690 I Z 5 das der Antragsteller für ein streitiges Verfahren angeblich sachlich zuständige Gericht benannt hat. Es ist kein Hinweis darauf notwendig, daß eine Abgabe nach § 696 I 1 erst auf Grund des Antrags des Antragstellers auf eine Durchführung des streitigen Verfahrens erfolgen werde. Es kann ratsam sein, ist aber 8 nicht notwendig, den Antragsgegner auf die Möglichkeit hinzuweisen, daß das Gericht, an das die Abgabe erfolgen würde, nach § 696 V an ein anderes Gericht verweisen kann oder daß ein anderes Gericht als das im Antrag benannte inzwischen zuständig geworden sein dürfte, etwa wegen eines Umzugs des Antragsgegners, Schäfer NJW **85**, 296. Zur Problematik solcher Hinweise Rn 7.

9 **4) Änderung; Berichtigung, I.** Eine inhaltliche Änderung ist bis zum Erlaß des Vollstreckungsbescheids oder bis zum Eingang des Widerspruchs beim Mahngericht zulässig, § 329 Rn 16, Vollkommer Rpfleger **75**, 165. Eine Berichtigung von Schreibfehlern oder sonstigen offenbaren Unrichtigkeiten ist entsprechend § 319 vor und nach der Zustellung des Mahnbescheids statthaft, BGH NJW **84**, 242, Düss RR **98**, 1077, Bank JB **81**, 175, aM Mü MDR **90**, 60 (nur auf einen Antrag der Partei), ZöV 1 (nur mit einer Zustimmung des Antragstellers. Aber das Gericht muß § 319 stets auch von Amts wegen beachten). Eine Berichtigung ist freilich nicht wegen eines Rechtsfehlers bei der Annahme der Zuständigkeit statthaft.

10 **5) Weiteres Verfahren, I, II.** Wegen der Unterschrift Rn 11. Der Mahnbescheid muß ein Datum erhalten. Die Zustellung erfolgt nach § 693 I. Die Benachrichtigung des Antragstellers erfolgt nach § 693 II. Wegen der Vorwegleistungspflicht des Antragstellers § 690 Rn 2. Der Rpfl oder der etwa nach Grdz 4 vor § 688 landesrechtlich bestellte Urkundsbeamte der Geschäftsstelle entscheidet auch über die allerdings nur selten erforderliche Bewilligung einer Prozeßkostenhilfe für das Mahnverfahren, §§ 114 ff, § 4 I RPflG. Für das streitige Verfahren ist dann grundsätzlich eine neue Bewilligung notwendig, StJL § 119 Rn 10. Über sie entscheidet der Richter.

Gebühren: Des Gerichts KV 1110 und evtl Anrechnung auf die Verfahrensgebühr des streitigen Verfahrens, KV 1210; des Anwalts VV 3305.

11 **6) Unterzeichnung, II.** Nach allgemeinen Verfahrensregeln müßte der Rpfl oder der etwa nach Grdz 4 vor § 688 landesrechtlich bestellte Urkundsbeamte der Geschäftsstelle den Mahnbescheid mit seinem vollen Nachnamen unterzeichnen, § 329 Rn 8 (wegen eines Verstoßes § 689 Rn 2). Ein Faksimilestempel ist aber nach der ausdrücklichen Sondervorschrift II 1 zulässig. Bei einer maschinell lesbaren Bearbeitung ist auch er entbehrlich, § 703 b I. Die letzteren beiden Fälle ändern allerdings dann, *wenn* der Rpfl oder der Urkundsbeamte handschriftlich unterschreiben wollte, nichts an den Verstoßfolgen, § 689 Rn 3. Bei einer elektronischen Aktenführung genügt nach II 2 eine einfache elektronische Signatur. Eine qualifizierte ist nach dem Wortlaut und Sinn der Vorschrift natürlich statthaft, aber nicht notwendig. Denn sie tritt nach § 130 b gerade an die Stelle einer handschriftlichen Unterzeichnung, und diese ist nach II 1 eben gerade nicht erforderlich.

693 *Zustellung des Mahnbescheids.* **[I] Der Mahnbescheid wird dem Antragsgegner zugestellt.**

[II] Die Geschäftsstelle setzt den Antragsteller von der Zustellung des Mahnbescheids in Kenntnis.

Schrifttum: *Maniak,* Die Verjährungsunterbrechung durch Zustellung eines Mahnbescheids im Mahnverfahren, 2000.

Gliederung

1 **1) Systematik, I, II.** Die Vorschrift ergänzt §§ 691, 692. Sie wird ihrerseits durch §§ 167 ff ergänzt, Rn 5.

2 **2) Regelungszweck, I, II.** Die Amtszustellung ist zwar nicht selbstverständlich. Das ergibt sich schon aus der Möglichkeit, sogar den etwa folgenden Vollstreckungsbescheid im Parteibetrieb nach §§ 191 ff zustellen zu lassen, § 699 IV 1 Hs 2. Indessen soll der Antragsteller den ja ohne eine Anhörung des Gegners ergangenen Mahnbescheid nach § 699 Rn 1 nun auch nicht beliebig lange als ein Druckmittel benutzen können. Der Mahnbescheid soll vielmehr um der Rechtssicherheit willen nach Einl III 43 dem Gegner alsbald zuverlässig zur Kenntnis kommen, damit dieser prüfen kann, ob er sich wehren will.

3 **3) Zustellung, I.** Sie erfolgt wegen ihrer erheblichen Wirkung formstreng.

A. Förmlich von Amts wegen. Das Gericht muß den Mahnbescheid dem Antragsgegner nach dem klaren Sinn von I förmlich zustellen, AG Einbeck JB **92**, 263. Die Zustellung ist für die Wirksamkeit des Mahnbescheids unerläßlich, LG Oldb Rpfleger **83**, 118, Posetschkin DRiZ **88**, 378. Der Antragsteller erhält lediglich die Zustellung des Mahnbescheids formlos mitgeteilt, II. Es ist also eine Mitteilung durch die Übersendung einer Kopie des Mahnbescheids nicht auch an den Antragsteller erforderlich und jedenfalls ebenso formlos erlaubt, § 329 II 1. Zustellen muß das Gericht dem Antragsgegner von Amts wegen nach §§ 166 ff eine Ausfertigung oder eine beglaubigte Ablichtung oder Abschrift, §§ 168 I 1, 169 II, bei einer maschinellen Bearbeitung eine Ausfertigung nach § 703 b I. Wegen der Zustellung an einen Soldaten der Bundeswehr vgl SchlAnh II, wegen derjenigen an ein Mitglied einer ausländischen NATO-Streitmacht vgl SchlAnh III Art 32. Das Gericht muß eine Anlage zum Mahnbescheid natürlich beifügen, BGH NJW **95**, 2230. Die Urschrift bleibt beim Gericht, Grdz 6 vor § 688. Auf ihr oder auf einem Vorblatt vermerkt der

Urkundsbeamte, daß und wann er die Zustellung angeordnet hatte. Ein nicht zugestellter Mahnbescheid ist bedeutungslos, LG Oldb Rpfleger **83**, 118.

B. Mangelfragen. Nach einer mangelhaften Zustellung muß der Urkundsbeamte der Geschäftsstelle als das Zustellungsorgan von Amts wegen nach § 168 I 1 eine erneute Zustellung veranlassen und ihre Ordnungsmäßigkeit überwachen, § 253 Rn 17. Freilich kann der Mangel nach § 189 heilen. Eine mangelhafte Zustellung kann im übrigen eine Amtshaftung auslösen, BGH NJW **90**, 176. Der Mangel kann grundsätzlich nur im streitigen Verfahren heilen. Denn § 295 gilt nicht im Mahnverfahren, § 295 Rn 1, LG Oldb Rpfleger **83**, 117, ZöV 1, aM ThP 1 (aber das Mahnverfahren folgt dem Urteilsverfahren nur sehr bedingt, Grdz 1 vor § 688). Einen unzulässigen, aber ordnungsgemäß zugestellten Mahnbescheid kann nur der Widerspruch beseitigen. Denn es liegt eine staatliche Maßnahme vor, Üb 10, 19 vor § 300. Eine sofortige Beschwerde ist auch hier unstatthaft. Davon muß man den in § 689 Rn 3 genannten Fall unterscheiden, daß mangels einer ausreichenden Unterschrift rechtlich überhaupt kein wirksamer Mahnbescheid vorliegt. Über das Verbot einer öffentlichen Zustellung und einer Zustellung im Ausland § 688 II, III. Es ist nicht erforderlich, einen besonderen Zustellungsbevollmächtigten zu benennen. Denn es liegt kein Fall des § 184 vor. Wenn das Gericht freilich trotzdem einen Vollstreckungsbescheid erläßt und ordnungsgemäß zustellt, kann der Vollstreckungsbescheid nach §§ 322, 705 rechtskräftig werden, AG Einbeck JB **92**, 263. 4

C. Anhängigkeit. Bereits der Eingang beim Mahngericht und nicht erst die Zustellung des Mahnbescheids macht die Sache stets anhängig, § 261 Rn 1, BGH NJW **90**, 3718, Mü MDR **95**, 1072, Nierwetberg NJW **93**, 3247 aM Ffm NJW **93**, 2449 (aber man muß auch im Mahnverfahren sehr wohl die Anhängigkeit und die Rechtshängigkeit unterscheiden, zu ihr §§ 696 III, 700 II. Denn das Mahnverfahren ist kein Eilverfahren). Es tritt nicht immer schon zugleich auch die Rechtshängigkeit ein. Sie erfolgt vielmehr erst nach § 696 III, § 261 Rn 1. Darum läßt das Mahnverfahren keine Streithilfe nach § 66 zu, keine Einmischungsklage nach § 64 und keine Widerklage, Anh § 253. Wohl aber treten mit der Zustellung des gesetzmäßigen Mahnbescheids manche sachlichrechtlichen Wirkungen der Rechtshängigkeit ein, § 261 Rn 3, soweit das Gesetz sie eben gerade an diese Zustellung knüpft. Das gilt für die Hemmung der Verjährung nach (jetzt) § 204 I Z 2 BGB oder für den Neubeginn der Verjährung, BGH BB **03**, 982 (zum alten Recht). Es gilt ferner für den Eintritt des Verzugs, (jetzt) §§ 286 ff BGB, LG Gött RR **92**, 1529. 5

Ein Antrag beim *örtlich unzuständigen* Mahngericht genügt, wenn dieses den Antrag nach § 129 a II 1 an das zuständige abgibt und wenn das letztere den Bescheid zwar nach dem Ablauf der Verjährungsfrist zustellt, aber doch demnächst. Freilich gilt das höchstens, soweit das Verschulden des Gläubigers an der Einreichung beim unzuständigen Gericht nur sehr gering war, BGH NJW **90**, 1368, BAG DB **87**, 2313, ZöV 5, aM KG NJW **83**, 2710, Köln RR **89**, 572, Loritz JR **85**, 98 (aber die Regeln §§ 167, 691 II enthalten prozessuale Grundforderungen).

Alles das gilt auch dann, wenn der Anspruch an sich auf eine Schuld in *ausländischer Währung* lautet und nur für das Mahnverfahren in EUR umgerechnet wurde, § 688 Rn 4, BGH **104**, 272. Die sachlichrechtlichen Wirkungen treten ferner ein, soweit jede gerichtliche Geltendmachung genügt. Das gilt auch bei § 847 BGB, Hbg VerkMitt **75**, 6. 6

Dabei ist eine *folgende ordnungsgemäße* Zustellung eine Voraussetzung, Hamm MDR **76**, 222, Köln VersR **75**, 1156, LG Oldb Rpfleger **83**, 118, aM Köln NJW **76**, 1213 (die Einreichung des Antrags genüge. Aber ohne eine Zustellung tritt grundsätzlich überhaupt kein Prozeßrechtsverhältnis ein, Grdz 4 vor § 128). Doch tritt eine Mängelheilung nach § 295 im streitigen Verfahren wie bei einer Klage ein. Damit wird die Zustellung voll wirksam, § 253 Rn 16, 17, § 295 Rn 3. 7

D. Wegfall der Zustellungswirkung. Die Zustellungswirkung entfällt nur in einem der folgenden Fälle, Hamm VersR **87**, 194: Mit dem Ablauf der Frist des § 701 S 1 oder mit einer endgültigen Verweigerung des Vollstreckungsbescheids, §§ 701 S 2 ZPO; ferner mit der Rücknahme des Antrags auf den Erlaß des Mahnbescheids, § 690 Rn 14. 8

4) Mitteilung, II. Der Urkundsbeamte der Geschäftsstelle teilt als solcher und nicht nur in den Fällen Grdz 4 vor § 688 dem Antragsteller oder seinem ProzBev nach § 172 Rn 7 unverzüglich nach dem Eingang der Zustellungsurkunde die Zustellung des Mahnbescheids von Amts wegen formlos mit, LG Köln AnwBl **86**, 538. Es genügt dabei die Angabe des Zustellungstags. Die Mitteilung ist notwendig. Denn der Antragsteller muß sich den Ablauf der Widerspruchsfrist ausrechnen, um den Antrag auf den Erlaß des Vollstreckungsbescheids nicht unzulässig verfrüht zu stellen, § 699 Rn 6. Er soll auch die Frist des § 701 S 1 berechnen können. Die Zustellungsurkunde bleibt im Original bei den Akten. Die Mitteilung ist auch dann notwendig, wenn eine Zustellung nicht möglich war oder nur nach § 688 II, III möglich wäre, damit er dann die richtige Anschrift ermitteln und einreichen kann, BGH NJW **90**, 177. Vgl aber auch § 701 Rn 1. Eine Mitteilung auch der Dauer oder des Ablaufs der Widerspruchsfrist des § 692 I Z 3 ist nicht notwendig, aM ThP 4 (aber mehr als nötig ist oft verfänglich, § 692 Rn 7). Eine solche weitere Mitteilung ist schon zur Vermeidung einer Amtshaftung für den Fall einer falschen Berechnung keineswegs ratsam. Unnötig ist auch die Übersendung einer Kopie des Mahnbescheids an den Antragsteller, Rn 3. 9

5) Aussetzung, I, II. Man muß drei Fallgruppen trennen. 10

A. Unerheblichkeit der Rechtshängigkeit. Eine Unterbrechung oder Aussetzung des Mahnverfahrens nach §§ 239, 248 setzt keine Rechtshängigkeit nach §§ 261, 696 III voraus. Die Anwendbarkeit der Vorschriften zur Unterbrechung und Aussetzung des Prozeßverfahrens ergibt sich aus der Notwendigkeit, die Parteirechte zu wahren, zumal die Rechtshängigkeit erst mit der Abgabe der Sache nach einem Widerspruch des Antragsgegners eintritt, § 696 III. Jedoch bedingt die Zustellung des Mahnbescheids nach I eine Anwendbarkeit der §§ 239 ff. Das Verfahren nach dem Eingang des Widerspruchs des Antragsgegners ist ein streitiges Verfahren, § 696 Rn 12.

B. Eintritt vor der Zustellung des Mahnbescheids. Man muß die folgenden Fälle unterscheiden. Nach dem Tod des Antragstellers darf das Gericht einen Mahnbescheid nicht mehr erlassen. Die Zustellung ist unwirksam, sofern nicht der ProzBev den Antrag gestellt hat, § 86. Freilich ist eine Umschreibung auf die 11

Erben ohne einen neuen Mahnantrag zulässig, und anschließend kann man diesen Bescheid wirksam zustellen. Nach dem Tod des Antragsgegners darf der Gläubiger den Mahnbescheid auf die Erben umschreiben lassen. Maßgeblich ist dann die Zustellung an die Erben, RoSGo § 164 III 6, ThP 6 vor § 688, ZöV 10 vor § 688, aM StJSchl § 692 Rn 11 (es sei ein neuer Mahnantrag nötig. Aber das ist zu förmlich). Bei einer Insolvenz des Antragstellers ist die Zustellung für die Insolvenzmasse bedeutungslos, aM ThP 9 vor § 688 (aber es kommt nur auf den Antragsteller selbst an). Bei einer Insolvenz des Antragsgegners ist die Zustellung unzulässig, auch diejenige an den Insolvenzverwalter. Sie ist dann für die Insolvenzmasse bedeutungslos. Der Gläubiger muß die Forderung zur Insolvenztabelle anmelden und evtl eine Feststellungsklage erheben. Eine Aussetzung ist in diesem Stadium noch nicht möglich.

12 **C. Eintritt nach der Zustellung des Mahnbescheids**, aber vor dem Erlaß des Vollstreckungsbescheids oder vor einer sonstigen Beendigung des Mahnverfahrens. Man muß die folgenden Fälle unterscheiden. Mit dem Tod des Antragstellers tritt eine Unterbrechung des Verfahrens ein, § 239. Die Aufnahme des Verfahrens erfolgt durch den Erben. Eine mündliche Verhandlung findet nicht statt. Das Ziel ist eine Unterwerfung unter den Mahnbescheid. Darum darf das Mahngericht nur eine Aufforderung zustellen, den Erben zu befriedigen oder zu widersprechen, LG Aachen Rpfleger **82**, 72.

13 **D. Insolvenzverfahren.** Mit ihm über das Vermögen des Antragstellers tritt eine Unterbrechung ein, § 4 InsO, § 240. Die Aufnahme erfolgt durch den Verwalter. Mit dem Tod des Antragsgegners tritt ebenfalls eine Unterbrechung ein. Eine Aufnahme nach § 240 ist nicht möglich. Das zeigen §§ 688 I ZPO, 4 InsO. Es ist eine Anmeldung zur Insolvenztabelle erforderlich. Bei einem Widerspruch im Prüfungstermin bleibt nur ein selbständiger Feststellungsprozeß zulässig. Die Anmeldung wirkt wegen der Fristwahrung zurück. Daher sind die Vorteile des II usw nicht endgültig verloren.

14 **E. Gesamtrechtsnachfolge.** Sie ist ein weiterer Anwendungsfall. Das gilt zB bei einer Umwandlung nach dem UmwG. Diesen Fall muß man wie den Tod behandeln, LG Aachen Rpfleger **82**, 72.

694 *Widerspruch gegen den Mahnbescheid.* **[I] Der Antragsgegner kann gegen den Anspruch oder einen Teil des Anspruchs bei dem Gericht, das den Mahnbescheid erlassen hat, schriftlich Widerspruch erheben, solange der Vollstreckungsbescheid nicht verfügt ist.**

[II] [1] Ein verspäteter Widerspruch wird als Einspruch behandelt. [2] Dies ist dem Antragsgegner, der den Widerspruch erhoben hat, mitzuteilen.

Gliederung

1 **1) Systematik, I, II.** Die Vorschrift regelt das Abwehrrecht des Antragsgegners, soweit und sobald ein Mahnbescheid besteht. Die Rechtsfolgen eines Widerspruchs regelt § 696. Der Widerspruch ist eine Parteiprozeßhandlung, Grdz 47 vor § 128, BGH **88**, 176. Er ist auch durchweg eine sachlichrechtliche Erklärung, Grdz 62 vor § 128, BGH **88**, 176. Er ist nämlich die Verweigerung der Zahlung auch zB wegen ihrer bereits erfolgten Vornahme und einer Unterwerfung unter die Zwangsvollstreckung, BGH **88**, 176. Der Widerspruch ist auch gegen einen abtrennbaren Teil des Mahnbescheids statthaft, auch gegen Nebenforderungen, etwa nur gegen die Zinsen oder nur gegen die Kosten, Ffm MDR **84**, 149, Kblz JB **95**, 323, oder gar nur gegen die Auslagen nach § 93, Ffm MDR **84**, 149. Wegen des Widerspruchs im Urkunden- usw Mahnverfahren nur zwecks eines Vorbehalts der Rechte im Nachverfahren § 703 a Rn 4. Soweit unklar ist, gegen welchen Teil des Mahnbescheids sich der Widerspruch richtet, muß der Rpfl oder der etwa nach Grdz 4 vor § 688 landesrechtlich bestellte Urkundsbeamte der Geschäftsstelle dem Antragsgegner eine Gelegenheit zur Klarstellung geben, Artt 2 I, 20 III GG, BVerfG **101**, 404, BGH **85**, 366. Bis zur Klarstellung muß das Gericht den Widerspruch als unbeschränkt eingelegt behandeln, BGH **85**, 366.

2 **2) Regelungszweck, I, II.** Der Widerspruch ist eine zur Wahrung der Gerechtigkeit unentbehrliche Möglichkeit, schon vor der Schaffung auch noch eines Vollstreckungstitels den Übergang in das streitige Verfahren zu erzwingen. Er ist der einzige, wegen des Fehlens des vorherigen rechtlichen Gehörs in großzügiger Auslegung des Gesetzes statthafte Rechtsbehelf des Antragsgegners gegen den Mahnbescheid, § 691 Rn 13. Das hebt § 11 III 2 RPflG, nochmals ausdrücklich hervor. Denn sonst wären gegen die Entscheidungen des Rpfl die Rechtsbehelfe nach § 11 I, II RPflG statthaft. Auch soweit der etwa landesrechtlich bestellte Urkundsbeamte der Geschäftsstelle entschieden hat, Grdz 4 vor § 688, § 36 b II 1, 2 RPflG, ist der Widerspruch daher der einzig statthafte Rechtsbehelf und die an sich nach § 573 I 1 RPflG statthafte befristete Erinnerung unstatthaft. Das hebt § 36 b III 1 RPflG ausdrücklich hervor.

3 **3) Widerspruchsrecht und -form, I.** Widerspruchsberechtigt ist nur der Antragsgegner. Ob gerade er oder sein ProzBev nach § 172 gehandelt hat, darf und muß das Gericht durch eine Auslegung klären, Grdz 52 vor § 128. Dazu kann auch eine Rückfrage notwendig sein, BGH RR **89**, 1403.

A. Notwendige Eindeutigkeit. Der Widerspruch braucht nicht ausdrücklich so zu lauten, Mü Rpfleger **83**, 288. Es ist ausreichend, aber auch nötig, daß man den Widerspruchswillen eindeutig zum Ausdruck bringt, Grdz 52 vor § 128, BGH NJW **00**, 3216. Der Widerspruch muß schriftlich erfolgen. Eine Unterschrift nach § 129 Rn 9 ist allerdings dann entbehrlich, wenn an der Nämlichkeit des das Formular ausfüllenden Antragsgegners kein Zweifel besteht, Oldb MDR **79**, 588, MüKoHo 10, ZöV 2, aM LG Hbg NJW **86**, 1997, LG Mü NJW **87**, 1340, StJSchl 3 (aber nicht einmal der Rpfl oder der etwa nach Grdz 4 vor § 688 landesrechtlich bestellte Urkundsbeamte der Geschäftsstelle muß handschriftlich unterschreiben, § 692 II).

B. Beispiele zur Frage einer Widerspruchsform 4

Ablichtung, Abschrift: § 695 Rn 4.

Anwaltszwang: S „Protokolleinlegung". Ein Anwaltszwang besteht zur Widerspruchseinlegung auch dann nicht, wenn das weitere Verfahren zum Anwaltszwang führt.

Elektronische Einlegung: § 130 a.

Faksimile: Eine solche Unterschrift kann ausreichen.

Formular: Die Benutzung eines Formulars nach § 703 c Rn 2 ist nach § 692 I Z 5 nur ratsam. Sie ist also entgegen § 703 c II nicht notwendig, § 692 Rn 7, Crevecœr NJW **77**, 1321.
S auch Rn 3.

Protokolleinlegung: Man kann einen Widerspruch zum Protokoll der Geschäftsstelle jedes AG einlegen, §§ 129 a I, 702. Auch das führt ja zur Schriftlichkeit. Ein Anwaltszwang besteht deshalb nicht, § 78 III Hs 2. Freilich ist der Widerspruch nach einer Einlegung beim unzuständigen Gericht erst mit dem Eingang bei demjenigen Gericht wirksam, das den Mahnbescheid erlassen hat, § 129 a II 2, BGH NJW **82**, 888.

Telefax: Der Antragsgegner kann seinen Widerspruch durch ein Telefax einlegen, § 129 Rn 44, BGH **144**, 260.

Telefon: Ein nur telefonischer Widerspruch ist *unstatthaft* und unwirksam, Crevecœr NJW **77**, 1321.

Unterschrift: Rn 3.

Unzuständigkeit: S „Protokolleinlegung".

Vollmacht: Ein Vertreter braucht seine Vollmacht nach § 80 nur zu versichern, aber sie nicht nachzuweisen, § 703 S 2. Eine eidesstattliche Versicherung nach § 294 ist dazu nicht notwendig, aber natürlich zulässig.

4) Widerspruchsfrist, I. Die Widerspruchsfrist beträgt grundsätzlich 2 Wochen seit der Zustellung des Mahnbescheids, § 692 I Z 3. Das gilt auch im WEG-Verfahren. Eine Ausnahme gilt bei § 32 III AVAG, SchlAnh V E. Es gelten also keine Unterschiede nach dem Wohnsitz des Antragsgegners. Die Frist gilt auch im Urkunden-, Wechsel- und Scheckmahnverfahren, § 703 a. 5

A. Fristberechnung. Die Frist errechnet sich nach § 222 in Verbindung mit § 187 BGB. Es handelt sich um eine gesetzliche Frist, aber nicht um eine Notfrist nach § 224 I 2. Deshalb ist weder eine Abkürzung noch eine Verlängerung nach § 224 noch eine Wiedereinsetzung nach § 233 zulässig. Die Frist reicht für § 16 Z 5 III VOB/B aus, BGH BB **86**, 1676. Mit der Zustellung eines Berichtigungs- oder Ergänzungsmahnbescheids beginnt eine neue Widerspruchsfrist zu laufen, bei einer Berichtigung nur im ganzen, bei einer Ergänzung nur für die letztere. Wegen der Verspätung vgl § 694 II. Im arbeitsgerichtlichen Verfahren beträgt die Frist 1 Woche, § 46 a III ArbGG, LAG Hamm DB **78**, 896.

B. Maßgeblichkeit der Herausgabe. Eine Nachholung des Widerspruchs ist solange zulässig, bis der Urkundsbeamte der Geschäftsstelle als solcher und nicht nur in den Fällen Grdz 4 vor § 688 den Vollstreckungsbescheid in den weiteren Geschäftsgang gegeben hat. Denn die Widerspruchsfrist ist keine Ausschlußfrist, Üb 11 vor § 214. Erst mit dieser Hinausgabe ist der Vollstreckungsbescheid ja verfügt worden, § 329 Rn 23, 24, BGH **85**, 364, Brdb OLGR **97**, 291, Ffm RR **01**, 800. Bei einer maschinellen Bearbeitung ist wohl die letzte Eingabe in die Maschine maßgeblich. § 694 erfaßt die bindende Verfügung. Der Rpfl oder der etwa nach Grdz 4 vor § 688 landesrechtlich bestellte Urkundsbeamte der Geschäftsstelle muß den Vollstreckungsbescheid auch bei einer maschinellen Bearbeitung im Original unterschreiben. Bis zur Weitergabe nach der Unterschrift liegt nur ein innerer Vorgang des Gerichts vor. Er ist frei abänderlich, § 329 Rn 24. Für die Rechtzeitigkeit des Widerspruchs reicht der Eingang bei der Posteinlaufstelle desjenigen Gerichts aus, das den Mahnbescheid erlassen hat. Ein Eingang in der Mahnabteilung dieses Gerichts ist dafür also nicht erforderlich, BGH NJW **82**, 889. 6

5) Widerspruchsbegründung, I. Der Antragsgegner muß zwar nicht schon nach dem Wortlaut des § 694 seinen Widerspruch stets begründen. 7

A. Etwaige Obliegenheit. Es kann aber insofern eine Obliegenheit vorliegen. Wenn der Mahnantrag eine zwar kurze, aber doch völlig klare Anspruchsbegründung enthielt und wenn der Antragsgegner im Widerspruch mit wenigen Sätzen ebenso klar erwidern könnte, kann im Unterlassen einer Begründung ein Verstoß gegen den auch vor einer mündlichen Verhandlung als allgemeinen Ausdruck der Prozeßförderungspflicht nach Grdz 12 vor § 128 geltenden § 282 liegen. Infolgedessen kann und muß dann das Gericht eine Begründung des Klagabweisungsantrags schon im ersten Verhandlungstermin unter den weiteren Voraussetzungen des § 296 II evtl als verspätet zurückweisen.

B. Fallabwägung. Die Fallumstände ergeben, ob, in welchem Umfang und wann der Antragsgegner seinen Widerspruch begründen sollte. Das richtet sich zB nach der Art und dem Umfang sowie der Genauigkeit der vorprozessual gewechselten Argumente, § 138 I, II. Außerdem kann man durch eine Widerspruchsbegründung den Kläger wegen §§ 282 II, 697 I 1 zwingen, in seiner Anspruchsbegründung zwecks der Vermeidung einer Zurückweisung wegen Verspätung nach § 296 auf die Argumente des Bekl bereits unter einem etwaigen Gegenbeweisantritt einzugehen. Das alles übersieht Ffm AnwBl **81**, 161 mit dem nur bei einer isolierten Kostenbetrachtung richtigen Hinweis auf die Anwaltspflicht, kostensparend vorzugehen. Die Anwaltspflicht zur Beachtung der Prozeßförderungspflicht nach Grdz 12 vor § 128 hat den Vorrang. 8

9 **6) Widerspruchswirkungen, I.** Wenn der Antragsgegner die Zahlungspflicht nicht bestreitet, wohl aber erklärt, zur Zeit nicht zahlen zu können, wird ihm der Rpfl oder der etwa nach Grdz 4 vor § 688 landesrechtlich bestellte Urkundsbeamte der Geschäftsstelle nahelegen, den Widerspruch entweder nicht einzulegen oder ihn zurückzunehmen. Er wird dabei auf ein Zahlungsabkommen in Raten usw hinwirken. Gebühr des Anwalts VV 3307. Bei einer notwendigen Streitgenossenschaft nach § 62 wirkt ein Widerspruch für die anderen Antragsgegner. Sonst muß jeder für sich Widerspruch einlegen. Ob gerade die im Mahnbescheid bezeichnete Firma Widerspruch einlegt, wenn eine Einzelperson ihn einreicht, ist eine Auslegungsfrage, Grdz 52 vor § 128, BGH RR **89**, 1403 (notfalls darf und muß der Rpfl oder der Urkundesbeamte rückfragen). Man kann mit dem Widerspruch den Antrag auf die Durchführung des streitigen Verfahrens nach § 696 I 1 verbinden. Den kann ja auch der Antragsgegner des Mahnverfahrens stellen, § 696 I 1. Aus dem Umfang des Widerspruchs folgt der Umfang der Rechtshängigkeit, KG MDR **83**, 323

10 **7) Verzicht, Rücknahme, I.** Ein *Verzicht* auf die Einlegung des Widerspruchs ist nach der Zustellung des Mahnbescheids entsprechend §§ 346, 515 mit derselben Wirkung wie eine Widerspruchsrücknahme zulässig, StJSchl 4, ThP 7, ZöV 15, aM MüKo 22 (aber das kann durchaus prozeßwirtschaftlich sein, Grdz 14 vor § 128). Ein Verzicht ist nach § 702 auch formlos möglich. Ein vorheriger Verzicht kann ein Schuldanerkenntnis nach § 781 BGB bedeuten. Die Zurücknahme des Widerspruchs ist nach § 697 IV zulässig, dort Rn 22. § 703 ist anwendbar, solange das Mahnverfahren noch läuft, § 696 Rn 19. Sobald der Antragsgegner auf den Widerspruch wirksam verzichtet oder ihn wirksam zurückgenommen hat, muß das Gericht einem etwa bereits vorliegenden Antrag auf einen Vollstreckungsbescheid unverzüglich stattgeben, also auch schon vor dem Ablauf der Widerspruchsfrist. Der Antragsgegner kann die Zuständigkeit im Mahnverfahren nicht wirksam durch einen Widerspruch rügen, Ffm NJW **83**, 2709. Wegen der Benachrichtigung des Antragstellers § 695 Rn 1. Wegen der Beifügung von Ablichtungen oder Abschriften § 695 Rn 6.

11 **8) Kein Vollstreckungsbescheid, I.** Ein Vollstreckungsbescheid ergeht nach einem wirksamen Widerspruch *nicht mehr.* Das Mahnverfahren kommt vielmehr mangels eines Antrags nach § 696 I 1 zunächst zum Stehen, BGH RR **92**, 1021, Bank JB **82**, 187. Das Gericht wartet den etwa noch fehlenden Antrag auf ein streitiges Verfahren nach § 696 I 1 ab. Es gibt nach seinem Eingang die Akten nach § 696 ab, Ffm NJW **83**, 2709, oder legt sie nach 6 Monaten weg, § 7 Z 3 c AktO. Der Rpfl oder der etwa landesrechtlich nach Grdz 4 vor § 688 bestellte Urkundsbeamte muß Unklarheiten über das Vorliegen oder über den Umfang eines bloßen Teilwiderspruchs zu klären versuchen, KG JB **84**, 136. Bis zur Klärung kann ein Vollwiderspruch vorliegen, BGH **85**, 366. Beim Teilwiderspruch kann wegen des Rests ein Vollstreckungsbescheid ergehen, § 699 Rn 10.

Eine *Rücknahme des Mahnantrags* löst die Wirkungen § 690 Rn 16 aus und macht den Widerspruch im übrigen gegenstandslos.

12 **9) Verspäteter Widerspruch, II.** Einen solchen muß das Gericht als einen Einspruch nach § 700 III behandeln, II 1, soweit er dessen Anforderungen entspricht, BGH NJW **87**, 3263, LG Freibg Rpfleger **84**, 323. Das Gericht weist also einen verspäteten Widerspruch nicht besonders zurück. Der Einspruch führt automatisch in das streitige Verfahren, § 700 II, III, BayObLG Rpfleger **80**, 436. Der Widerspruch hat dagegen nur auf den Antrag einer Partei eine solche Wirkung, § 696 I 1. Daher kann eine Umdeutung des verspäteten Widerspruchs in einen Einspruch dem Interesse des Antragsgegners entgegenlaufen. Das übersehen viele. Daher muß das Gericht die Umdeutung dem Antragsgegner von Amts wegen unverzüglich formlos nach II 2 mitteilen, damit jener den ja nur durch eine solche Umdeutung zum Einspruch gewordenen Widerspruch zurücknehmen kann, ehe weitere Kosten entstehen. Für diese Mitteilung ist der Urkundsbeamte der Geschäftsstelle als solcher zuständig, also nicht nur in den Fällen Grdz 4 vor § 688.

Die Mitteilung erfolgt nur gegenüber demjenigen Antragsgegner, der den *Widerspruch* erhoben hat, also grundsätzlich nicht auch gegenüber einem anderen Antragsgegner. Ausnahmen bestehen bei notwendigen Streitgenossen nach § 62, Dagegen erteilt der Rpfl oder der Urkundsbeamte nach Grdz 4 vor § 688 dem Antragsgegner keine Bescheinigung darüber, daß dieser rechtzeitig Widerspruch eingelegt habe. Wegen der Mitteilung an den Antragsteller vgl § 695.

13 **10) Unrichtiger Vollstreckungsbescheid, II.** II ist entsprechend anwendbar, soweit das Gericht unrichtigerweise einen Vollstreckungsbescheid erlassen hat, obwohl vorher ein Widerspruch eingegangen und nicht rechtzeitig bis zum Rpfl oder bis zum Urkundsbeamten nach Grdz 4 vor § 688 gelangt war oder obwohl dieser ihn übersehen oder gar übergangen oder rechtsirrig nicht als solchen beurteilt hatte, BGH **85**, 364, Ffm OLGR **97**, 60, KG Rpfleger **83**, 489. Denn so läßt sich die Unrichtigkeit des Verfahrens begrenzen. Der Antragsgegner muß die Rechtzeitigkeit seines Widerspruchs beweisen, BGH NJW **82**, 889.

695 *Mitteilung des Widerspruchs; Abschriften.* [1] **Das Gericht hat den Antragsteller von dem Widerspruch und dem Zeitpunkt seiner Erhebung in Kenntnis zu setzen.** [2] **Wird das Mahnverfahren nicht maschinell bearbeitet, so soll der Antragsgegner die erforderliche Zahl von Abschriften mit dem Widerspruch einreichen.**

1 **1) Systematik, S 1, 2.** Die nach § 695 notwendige Mitteilung eines nach § 694 I rechtzeitig eingegangenen Widerspruchs entspricht der Mitteilungspflicht wegen eines verspäteten Widerspruchs nach § 694 II 2 (dort an den Widersprechenden).

2 **2) Regelungszweck, S 1, 2.** Die Vorschrift soll dem Antragsteller eine alsbaldige Entscheidung ermöglichen, ob er das Verfahren weiterbetreiben und die Abgabe an das Gericht des streitigen Verfahrens beantragen will. Denn diese erfolgt ja nach § 696 I 1 nicht von Amts wegen. Außerdem soll der Antragsteller klären können, wie rasch er wegen § 696 III (Rechtshängigkeitsrückwirkung) einen etwa noch nicht von vornherein gestellten Abgabeantrag nach § 696 I 1 stellen muß. § 695 dient also der Parteiherrschaft, Grdz 18 vor § 128.

3) Mitteilung an den Antragsteller, S 1. Man muß drei Aspekte beachten. 3

A. Inhalt. Das Gericht teilt dem Antragsteller oder seinem gesetzlichen Vertreter oder ProzBev nach §§ 51, 172 am besten unter einer Übersendung einer Widerspruchskopie mit, daß der Antragsgegner einen Widerspruch erhoben hat. Es teilt auch mit, wann der Widerspruch bei demjenigen Gericht eingegangen ist, das den Mahnbescheid erlassen hat, ob der Widerspruch rechtzeitig eingegangen ist oder ob man ihn in einen Einspruch umdeuten kann und muß, § 694 II. Denn auch an dieser Klärung ist der Antragsteller natürlich interessiert, § 700 III 1.

B. Verfahren. Zuständig ist der Urkundsbeamte der Geschäftsstelle als solcher, also nicht nur in den 4
Fällen Grdz 4 vor § 688. Er muß sich wegen Rn 4 evtl mit dem Rpfl oder dem Richter verständigen. Die Mitteilung muß unverzüglich erfolgen. Sie kann formlos, auch telefonisch geschehen, aM ThP 1 (sie sei schriftlich vorzunehmen. Aber S 1 spricht nur von „in Kenntnis setzen". Es darf also die Prozeßwirtschaftlichkeit maßgeblich sein). In diesen Fällen ist ein Aktenvermerk notwendig. Sie ist unabhängig vom weiteren Schicksal des Widerspruchs oder des Einspruchs erforderlich. Es reicht aus, wenn sie zugleich mit der Mitteilung von der Abgabe nach § 696 I 3 erfolgt, sofern die Abgabe unverzüglich geschieht. Wenn das Gericht die Mitteilung abgelehnt hat, ist § 573 I anwendbar.

C. Sachlichrechtliche Wirkung. Der Zugang der Mitteilung kann eine sachlichrechtliche Wirkung 5
haben. Er kann zB die Hemmung einer Verjährung beenden, (jetzt) § 204 II 2 BGB, BGH RR **98**, 954, Mü RR **88**, 896 (den Widerspruch selbst braucht das Gericht dazu nicht mitzuschicken). Man kann für den Neubeginn der Verjährung auf denjenigen Zeitpunkt abstellen, zu dem das Gericht verfügt hat, die Nachricht vom Widerspruch zu übersenden. Es kommt also auf denjenigen Zeitpunkt an, in dem das Gericht seine Verfügung aus dem inneren Geschäftsbetrieb etwa durch die Übergabe an die Post, durch das Einlegen ins Anwaltsfach usw hinausgegeben hat, § 329 Rn 23, LG Gött RR **93**, 1360.

4) Abschriften, S 2. Der Antragsgegner soll, nicht muß, bei einer maschinellen Bearbeitung des Mahn- 6
verfahrens (dazu § 703 b) die erforderliche Zahl von Abschriften oder Ablichtungen einreichen, also je ein Exemplar für jeden Antragsteller und für jeden von dessen ProzBev, nicht aber für den oder die gesetzlichen Vertreter. Das soll zugleich mit dem Widerspruch geschehen. Wenn der Antragsgegner das unterläßt, bleibt der Widerspruch wirksam. Es entsteht jedoch dann die Kostenfolge KV 9000 Z 1.

696 *Verfahren nach Widerspruch.* **I [1] Wird rechtzeitig Widerspruch erhoben und beantragt eine Partei die Durchführung des streitigen Verfahrens, so gibt das Gericht, das den Mahnbescheid erlassen hat, den Rechtsstreit von Amts wegen an das Gericht ab, das in dem Mahnbescheid gemäß § 692 Abs. 1 Nr. 1 bezeichnet worden ist, wenn die Parteien übereinstimmend die Abgabe an ein anderes Gericht verlangen, an dieses. [2] Der Antrag kann in den Antrag auf Erlass des Mahnbescheids aufgenommen werden. [3] Die Abgabe ist den Parteien mitzuteilen; sie ist nicht anfechtbar. [4] Mit Eingang der Akten bei dem Gericht, an das er abgegeben wird, gilt der Rechtsstreit als dort anhängig. [5] § 281 Abs. 3 Satz 1 gilt entsprechend.**

II [1] Ist das Mahnverfahren maschinell bearbeitet worden, so tritt, sofern die Akte nicht elektronisch übermittelt wird, an die Stelle der Akten ein maschinell erstellter Aktenausdruck. [2] Für diesen gelten die Vorschriften über die Beweiskraft öffentlicher Urkunden entsprechend. [3] § 298 findet keine Anwendung.

III Die Streitsache gilt als mit Zustellung des Mahnbescheids rechtshängig geworden, wenn sie alsbald nach der Erhebung des Widerspruchs abgegeben wird.

IV [1] Der Antrag auf Durchführung des streitigen Verfahrens kann bis zum Beginn der mündlichen Verhandlung des Antragsgegners zur Hauptsache zurückgenommen werden. [2] Die Zurücknahme kann vor der Geschäftsstelle zu Protokoll erklärt werden. [3] Mit der Zurücknahme ist die Streitsache als nicht rechtshängig geworden anzusehen.

V Das Gericht, an das der Rechtsstreit abgegeben ist, ist hierdurch in seiner Zuständigkeit nicht gebunden.

Schrifttum: *Gaede,* Zuständigkeitsmängel und ihre Folgen nach der ZPO, 1989.

Gliederung

1 **1) Systematik, I–V.** Ein nach §§ 692 I Z 3, 694 rechtzeitig eingelegter Widerspruch des Antragsgegners gegen den Mahnbescheid führt dann, wenn eine der Parteien nunmehr nach Rn 6, 7 den Antrag auf die Durchführung des streitigen Verfahrens stellt, grundsätzlich in das sog streitige Verfahren, BGH NJW **81**, 1551. Der Antrag eines Dritten hat nicht eine solche Wirkung, Mü MDR **88**, 871. Der Übergang erfolgt also nicht von Amts wegen. Den Übergang regeln §§ 696, 698. § 697 bestimmt die anschließenden Maßnahmen des Streitgerichts. Die Überleitung in das streitige Verfahren vollzieht sich durch eine Abgabe an dasjenige Gericht, das der Antragsteller in seinem Antrag auf den Mahnbescheid als für das streitige Verfahren sachlich und örtlich zuständig bezeichnet hat, BGH **103**, 27, Schlesw SchlHA **81**, 72, und das das Gericht entsprechend im Mahnbescheid bezeichnet hat, § 690 I Z 5 (bei einer Auslandsberührung in Verbindung mit § 703 d II, III), § 692 I Z 1, oder an das die Parteien übereinstimmend die Abgabe verlangt haben, I 1 lt Hs, Rn 9. Es reicht, daß erst die eine, dann die andere Partei etwa nach einer Aufforderung zur Stellungnahme ein solches Verlangen stellt, sei es auch nur eindeutig stillschweigend. Es kommt nur auf den Inhalt des Verlangens an, nicht auf dessen Wortlaut. Die Erklärung ist als eine Parteiprozeßhandlung auslegbar, Grdz 52 vor § 128. Das gilt bis zur Abgabe, BayObLG **93**, 318.

Der Antrag bindet jedoch das so bezeichnete Gericht in seiner Zuständigkeit nicht. Es kann und muß evtl die Sache *an* ein *anderes Gericht verweisen,* V. Das Verfahren kann also von dem Gericht des Mahnverfahrens über dasjenige Gericht, an das die Akten zunächst kamen, an dasjenige Gericht gelangen, an das nunmehr eine Verweisung erfolgte. Es kann unter Umständen bei einer Weiterverweisung sogar noch an ein weiteres Gericht kommen, bevor endlich im streitigen Verfahren ein Verhandlungstermin zustandekommen kann.

2 **2) Regelungszweck, I–V.** § 696 ist ebenso wie vor allem § 697 alles andere als einfach. Indessen dient die Vorschrift für das notgedrungen technisch komplizierte Überleitungsverfahren doch insgesamt deutlich der Rechtssicherheit, Einl III 43. Das gilt etwa bei der Rückwirkung der Rechtshängigkeit in III, auch wenn man diese Rückwirkung in der Praxis oft nur mühsam prüfen kann. § 696 dient aber auch der Prozeßförderung nach Grdz 12 vor § 128, wenn es nun schon einmal zum streitigen Verfahren kommen soll. Will man den Grundgedanken eines ja weitaus überwiegend zum Vollstreckungsbescheid ohne einen Einspruch führenden raschen Gesamtverfahrens ohne einen Richter halten, muß man eine lästige Überleitung nebst einer lästigen Verweisungstechnik bei der Abwehr durch den Antragsgegner in Kauf nehmen. Das alles sollte man bei der Auslegung mitbedenken.

3 *Verweisung* nach V bringt viele der bei § 281 dargestellten Probleme mit sich. Auch bei V darf nicht aus dem notwendigen Bemühen um den nach Art 101 I 2 GG notwendigen gesetzlichen Richter ein des Gerichts unwürdiger Nebenschauplatz werden. Freilich liegen die Verhältnisse oft klarer als im Klageverfahren. Entsprechend knapp kann die auch dann dem Grunde nach erforderliche Begründung eines Verweisungsbeschlusses ausfallen. Andererseits sollte man stets mitbedenken, daß nun immerhin nach dem Mahngericht und demjenigen Gericht, an das die Abgabe erfolgte, ein drittes Gericht durch eine Verweisung tätig wird, das alles in einem auf Einfachheit und Tempo konzipierten Verfahren. Um so überzeugender und daher notfalls ausführlicher muß die Verweisungsbegründung ausfallen, um nicht in eine Gefahr der Aufhebung wie bei § 281 Rn 38 ff zu geraten.

4 **3) Geltungsbereich, I–V.** Die Vorschrift gilt nicht außerhalb der ZPO. Wegen des arbeitsgerichtlichen Mahnverfahrens § 46 a IV, V ArbGG, BAG NJW **82**, 2792, wegen einer SGG-Sache § 182 a SGG.

5 **4) Abgabevoraussetzungen, I, II.** Es findet kein obligatorisches Güteverfahren statt, § 15 a II 1 Z 5 EGZPO, Hartmann NJW **99**, 3748. Es müssen drei Bedingungen zusammentreffen.

A. Widerspruch. Es muß ein wirksamer Mahnbescheid vorliegen, § 693 Rn 3. Der Antragsgegner muß gegen ihn grundsätzlich rechtzeitig einen Widerspruch eingelegt haben, §§ 692 I Z 3, 694. Andernfalls müßte ja auf einen Antrag der Vollstreckungsbescheid ergehen, § 699. Wenn der Widerspruch freilich zwar verspätet eingeht, aber doch noch vor dem Erlaß eines Vollstreckungsbescheids vorliegt, darf der Rpfl oder der etwa nach Grdz 4 vor § 688 landesrechtlich bestellte Urkundsbeamte der Geschäftsstelle den Vollstreckungsbescheid trotz eines etwa schon entscheidungsreifen Antrags nicht mehr erlassen. Wenn sich erst nach dem Erlaß des Mahnbescheids vor einem Widerspruch herausstellt, daß eine öffentliche Zustellung oder Auslandszustellung erfolgen muß, darf das Gericht die Sache im ersteren Fall nicht abgeben oder verweisen, soweit eine Auslandszustellung nach § 688 III unzulässig ist, § 688 Rn 9, BGH NJW **04**, 2454, Drsd Rpfleger **01**, 437, Köln MDR **04**, 1377. Das Mahnverfahren ist dann vielmehr erledigt, und der Antragteller mag klagen und die Klage nach §§ 185 ff wirksam zustellen lassen, BGH NJW **04**, 2454, Hamm (19. ZS) MDR **99**, 1524, Köln MDR **04**, 1377, aM Ffm MDR **87**, 64, Hamm Rpfleger **01**, 437, ZöV § 688 Rn 8 (aber man darf § 688 III nicht mithilfe von §§ 185 ff unterlaufen). Das Mahngericht darf und muß das Vorliegen des Widerspruchs prüfen. Etwaige Formfragen nach § 694 Rn 3, 4 prüft aber erst dasjenige Gericht, an das die Sache durch eine Abgabe oder anschließende Verweisung gelangt.

6 **B. Antrag auf streitiges Verfahren.** Anders als nach einem Einspruch gegen einen Vollstreckungsbescheid nach § 700 Rn 12 erfolgt nach einem Widerspruch gegen einen Mahnbescheid eine Abgabe nur nach einem entsprechenden Antrag einer der beiden Parteien auf die Durchführung des streitigen Verfahrens, I 1, IV, Ffm RR **92**, 1342, LG Fulda RR **99**, 221. Es ist unerheblich, ob dieses Ersuchen vom Antragsteller oder vom Antragsgegner stammt, Düss RR **97**, 704, Hbg MDR **94**, 520, Mü MDR **97**, 891. Der Antrag liegt nicht automatisch im Widerspruch. Denn der Antragsgegner will evtl noch abwarten, ob der Antragsteller überhaupt noch das streitige Verfahren wünscht. Deshalb endet das Mahnverfahren noch nicht durch den Widerspruch allein, KG RR **92**, 1023. Vielmehr ordnet das Gericht beim Eingang eines bloßen Widerspruchs zunächst nur Maßnahmen nach § 695 S 1 an.

Das Gericht fragt auch *nicht etwa von Amts wegen* beim Antragsgegner an, ob er auch den Antrag auf die Durchführung des streitigen Verfahrens stelle oder ob sein Widerspruch dieses Ziel habe. Eine solche Anfrage ist nur dann ratsam, wenn die Eingabe des Antragsgegners es immerhin als möglich erscheinen läßt, daß er auch die Durchführung des streitigen Verfahrens wünscht. Ein Antrag auf die Durchführung des streitigen Verfahrens kann auch in einem Antrag „auf Anberaumung einer mündlichen Verhandlung" oder in einer ähnlichen Formulierung liegen, Grdz 52 vor § 128. Er ist schon im Antrag auf den Mahnbescheid zulässig, I 2. Das geschieht auch meistens in der Praxis, Liebheit NJW **00**, 2237, sogar formularmäßig. Die Zahlung von (jetzt) KV 1210 reicht nur nach einer Anfrage, ob ein streitiges Verfahren erfolgen soll, sonst nicht, Mü MDR **97**, 890, Liebheit NJW **00**, 2240, aM LG Mü JB **05**, 540. Ein Antrag auf eine nur teilweise Abgabe ist möglich.

C. Keine Hinweispflicht. Es besteht keine Hinweispflicht des Gerichts von Amts wegen etwa nach Grdz 39 vor § 128, daß ein Antrag auf die Durchführung des streitigen Verfahrens noch fehle. Eine solche Pflicht besteht auch nicht bei einer Mitteilung nach § 695. Ein besonderer Antrag auf eine Abgabe ist nicht stets erforderlich, sondern nur bei einer Abgabe an ein „anderes Gericht", I 1 lt Hs. Es genügt ein Antrag auf die Durchführung des streitigen Verfahrens. Er braucht keine Form, § 702. Man kann ihn zum Protokoll des Urkundsbeamten als solchem stellen. Eine Vollmacht ist nur in der Form einer Versicherung nach § 703 S 2 nötig. Man kann den Antrag bei jedem AG stellen, § 129 a I. Wirksam wird er aber erst beim Eingang in der Posteinlaufstelle desjenigen Gerichts, das den Mahnbescheid erlassen hat, § 129 a II 2. Er ist unter den Voraussetzungen IV zurücknehmbar, Rn 17 ff. **7**

D. Zahlung der Gebühren. Die Zahlung der Gebühr für das Mahnverfahren nach KV 1110 muß erfolgt sein, ebenso die Zahlung der 2,5 Verfahrensgebühr KV 1210 mit dessen amtlicher Anmerkung S 1, 2. Das gilt aber nur, wenn der Antragsteller die Abgabe beantragt. Es besteht also keine Vorwegleistungspflicht, wenn nicht der Antragsteller, sondern nur der Antragsgegner die Durchführung des streitigen Verfahrens begehrt. Freilich ist der Antragsgegner Gebührenschuldner, (jetzt) § 22 I GKG, Liebheit NJW **00**, 2236. Der Antragsteller bleibt vorwegleistungspflichtg, wenn beide Parteien den Abgabeantrag stellen, Hamm RR **03**, 357. Wenn das Gericht die Sache nach V verweist, besteht keine Vorwegleistungspflicht. **8**

5) Abgabeverfahren, I, II. Es hat zwei wichtige Folgen. **9**

A. Entscheidung. Die Abgabe erfolgt unverzüglich nach dem Vorliegen der Voraussetzungen Rn 5–8 durch eine Verfügung oder einen Beschluß des Rpfl, § 20 Z 1 RPflG, oder des etwa nach Grdz 4 vor § 688 landesrechtlich bestellten Urkundsbeamten der Geschäftsstelle. Diese Entscheidung bildet auch bei einer maschinellen Bearbeitung die Grundlage, II, § 703 b, Mayer NJW **83**, 93. II 2 stellt in Verbindung mit (jetzt) § 182 klar, daß auch die Zustellangaben im Aktenausdruck nach § 418 beweiskräftig, aber entkräftbar sind, Drsd JB **99**, 154. Die Abgabe erfolgt grundsätzlich an dasjenige Gericht, das in dem Mahnbescheid nach § 692 I Z 1 steht, evtl also an die Prozeßabteilung oder an die Abteilung für Familiensachen desselben AG. Es kann auch eine Abgabe an das LG erforderlich sein. Ist freilich der Wert nach der Zustellung des Mahnbescheids auf 5000 EUR oder darunter gesunken, kommt die Abgabe wegen § 23 Z 1 GVG an das AG in Betracht, Ffm OLGZ **93**, 91. Ein Antrag nur des Antragstellers auf eine Abgabe an ein anderes als an das im Mahnbescheid genannte Gericht ist nach dem eindeutigen Wortlaut von I 1 lt Hs unbeachtlich, Niepmann NJW **85**, 1453, aM Schäfer NJW **85**, 297 (bis zum Eingang bei demjenigen Gericht, an das die Abgabe erfolge, sei eine diesbezügliche Änderung statthaft. Aber der Gesetzestext und -sinn ist eindeutig, Einl III 39).

Nur *vor* der Abgabe sind das abgebende Gericht bindende übereinstimmende Anträge *beider* Parteien auf eine Abgabe an ein anderes Gericht als das im Mahnantrag angegebene wirksam, I 1 lt Hs, BayObLG RR **95**, 636. Schlesw Rpfleger **01**, 38, Hansens NJW **91**, 959. Das abgebende Gericht prüft weder weitere Zuständigkeitsfragen, Ffm AnwBl **80**, 198, noch gar die Schlüssigkeit des Anspruchs, BayObLG Rpfleger **80**, 436, Büchel NJW **79**, 947. Wenn mehrere Antragsgegner unterschiedliche Gerichtsstände haben, muß das Gericht die Verfahren trennen, § 145, Hamm Rpfleger **83**, 177, Vollkommer Rpfleger **77**, 143. Eine erneute Verbindung kann nach § 36 I Z 3 erfolgen.

B. Mitteilung. Das Gericht teilt die Abgabe formlos mit, ThP 5, ZöV 4, aM Mü MDR **80**, 501 (aber die Abgabe ist unanfechtbar, Rn 11, § 329 II 1). Die Mitteilung geht an beide Parteien unabhängig davon, wer die Durchführung des streitigen Verfahrens beantragt hatte. Das Gericht übermittelt die Akten, bei einer maschinellen Bearbeitung nach §§ 415, 417, 418 mangels einer elektronischen Übermittlung den beweiskräftigen Aktenausdruck nach II 1, 3, BGH NJW **06**, 151, ohne eine Anwendung des § 298 an das nunmehr zunächst durch die Abgabe örtlich und sachlich zuständig werdende Gericht. Das kann ein AG oder ein LG sein. **10**

C. Unanfechtbarkeit. Die Abgabeentscheidung des Rpfl oder des etwa nach Grdz 4 vor § 688 landesrechtlich bestellten Urkundsbeamten der Geschäftsstelle ist für die Parteien schlechthin unanfechtbar, I 3, Musielak FamRZ **81**, 928. Es ist also beim Rpfl weder eine sofortige Beschwerde noch eine sofortige Erinnerung nach § 11 I, II RPflG und beim Urkundsbeamten nicht die befristete Erinnerung nach § 573 I statthaft. Das scheint dem § 11 II 1 RPflG zu widersprechen. Indessen erfolgt ja bereits die in I 3 als „nicht anfechtbar" bezeichnete Abgabe stets richtigerweise durch den Rpfl oder den Urkundsbeamten, Grdz 4 vor § 688. Es ist nicht der Sinn von I 3, nun das komplizierte Verfahren der sofortigen Erinnerung einzuschalten (zu ihr § 104 Rn 69 ff), sog teleologische Reduktion, Einl III 41. Beim etwa landesrechtlich bestellten Urkundsbeamten schließt § 36 b III 1 RPflG ausdrücklich eine an sich denkbare befristete Erinnerung nach § 573 I aus. **11**

Deshalb ist eine *Begründung entbehrlich,* § 329 Rn 6. Es ist auch keineswegs eine Zurückgabe oder „Zurückverweisung" zulässig. Dasjenige Gericht, an das die Abgabe nun einmal erfolgt ist, muß bei seiner Unzuständigkeit nach V vorgehen, Rn 25. Jedoch kann jeder Beteiligte die Berichtigung offenbarer Schreibfehler anregen. § 319 gilt entsprechend.

D. Ende des Mahnverfahrens. Nicht schon mit dem Eingang des Antrags nach I, sondern erst mit dem *Akteneingang* beim Gericht des streitigen Verfahrens endet das Mahnverfahren, § 703 Rn 1, BGH RR **95**, **12**

1336, Ffm MDR **04**, 832, Schlesw Rpfleger **01**, 38, aM Mü RR **98**, 504, LG Stgt RR **98**, 648 („mit der Abgabe". Aber wann ist das genau?), Mü MDR **80**, 501 (mit der Mitteilung der Abgabe), Düss RR **98**, 1077, Mü MDR **92**, 909 (mit Antragseingang), Karlsr FamRZ **91**, 91, Köln MDR **85**, 680 (mit dem Tätigwerden des Empfangsgerichts), Celle RR **94**, 1276, Ffm RR **92**, 448, Kblz OLGZ **91**, 376 (mit der Zustellung der Anspruchsbegründung nach § 697 I. Aber alle diese Varianten überzeugen nicht. Denn erst ab dem Akteneingang kann das Gericht des streitigen Verfahrens tätig werden. Es muß freilich auch von diesem Augenblick an tätig werden). Ab jetzt gilt der Rechtsstreit als nicht schon allgemein nach Rn 13, sondern gerade bei diesem Gericht anhängig, I 4, nicht schon rechtshängig, § 261 Rn 1.

Die *Rechtshängigkeit* tritt erst nach III ein. Das alles gilt unabhängig davon, wieviel Zeit zwischen dem Widerspruch und der Abgabe verstrichen ist. Die bisherigen Kosten werden ein Teil derjenigen Kosten, die vor dem Gericht entstehen, an das die Abgabe erfolgte, I 5 in Verbindung mit § 281 III 1, dort Rn 54. Von jetzt an ist grundsätzlich nicht mehr der Rpfl oder der etwa nach Grdz 4 vor § 688 landesrechtlich bestellte Urkundsbeamte der Geschäftsstelle zuständig, sondern der Richter des streitigen Verfahrens, Mü Rpfleger **83**, 288. Vgl freilich § 689 Rn 2. Eine weitere Abgabe ist als solche unzulässig, Büchel NJW **79**, 947. Die Parteien heißen nun Kläger und Bekl. Der im Mahnverfahren bestellte ProzBev kann der richtige Zustellungsadressat bleiben, § 172 Rn 17.

13 **6) Rechtshängigkeit, III.** Ihre Voraussetzungen werden immer wieder verkannt.

A. Grundsatz: Möglichkeit der Rückwirkung. Eine bloße Anhängigkeit beim Mahngericht trat stets bereits mit dem dortigen Eingang des Mahnbescheids ein, § 261 Rn 1, § 693 Rn 5. Die Anhängigkeit beim Gericht des streitigen Verfahrens tritt mit dem dortigen Eingang der Akten oder des Aktenausdrucks ein, I 4. Demgegenüber tritt die Rechtshängigkeit (zum Unterschied der Begriffe § 261 Rn 1) nur dann ebenfalls bereits mit der Zustellung des Mahnbescheids ein, wenn die Abgabe alsbald nach dem Eingang des Widerspruchs beim AG des Mahnverfahrens erfolgt, BGH **103**, 27. Das gilt übrigens vernünftigerweise auch bei einer Umstellung der Forderung im streitigen Verfahren von der einen Währung auf die andere, Schmidt NJW **89**, 67. Bei einem Widerspruch vor einem anderen AG ist erst der Eingang beim Mahngericht maßgeblich, § 129a II 2. Es ist unerheblich, ob der Antragsgegner die 2-Wochen-Frist des § 692 I Z 3 eingehalten hatte.

Wenn das Mahngericht freilich inzwischen nach § 699 Rn 3 einen *Vollstreckungsbescheid* erlassen hatte, ist eine Umdeutung in einen Einspruch nach § 694 II notwendig. Dann tritt die Rechtshängigkeit nach § 700 II ein. Bei einem nach §§ 340 II 2, 700 I zulässigen nur teilweisen Einspruch tritt die Rechtshängigkeit natürlich nur im angefochtenen Umfang rückwirkend ein. Folglich bedeutet der Teileinspruch *keine* Änderung *nach* dem Eintritt der Rechtshängigkeit im Sinn von § 261 III Z 2. Ab Rechtshängigkeit ist keine Zuständigkeitsvereinbarung mehr zulässig, Üb 3 vor § 38, und sind Prozeßzinsen entstanden, § 291 S 1 BGB, Löwisch NJW **01**, 128.

14 **B. Alsbaldige Abgabe.** Man muß das Wort „alsbald" ebenso verstehen wie das Wort *„demnächst"* in §§ 167, 691 II, BGH **103**, 28, KG MDR **98**, 619, Köln VersR **91**, 198. Vgl daher zunächst zB § 167 Rn 12ff. Eine alsbaldige Abgabe liegt also zB nicht mehr nach fast 4 Monaten vor, Köln VersR **91**, 198, LG Köln NJW **78**, 650, erst recht nicht nach sechs Monaten, Mü MDR **80**, 501, oder gar nach zehn Monaten, BayObLG MDR **83**, 322, es sei denn, der Antragsteller hätte an diesem Zeitablauf keine Schuld, BGH **103**, 28. Man braucht nach der Erfüllung aller sonstigen Pflichten nicht von sich aus sogleich nach dem Grund der Verzögerung zu fragen. Man muß das wohl aber vorsorglich nach einem ohne erkennbaren Grund eingetretenen längeren Zeitablauf tun, BGH NJW **78**, 216, aM BGH **103**, 28 (aber jeder längere Zeitablauf gibt verständigerweise einen Anlaß zu jeder zumutbaren und naheliegenden Vorsorglichkeit, Grdz 12 vor § 128). Die Rückwirkung erfolgt nur auf den Zeitpunkt der Zustellung des Mahnbescheids. Bei § 693 II erfolgt die Rückwirkung auf den Zeitpunkt der Einreichung oder der Anbringung des Antrags auf den Mahnbescheid. Über die sachlichrechtlichen Wirkungen § 693 Rn 5.

15 **C. Nicht alsbaldige Abgabe.** Wenn das Mahngericht die Sache nicht alsbald abgibt, tritt die Rechtshängigkeit noch nicht mit dem Akteneingang bei demjenigen Gericht ein, an das die Abgabe erfolgt, sondern erst dann, wenn die Anspruchsbegründung nach § 697 I dem Antragsgegner zugeht. Denn erst die Anspruchsbegründung in einer der Klageschrift entsprechenden Form steht einer Klageschrift gleich. Jetzt erst muß ja auch unter anderem eine Begründung nach § 253 II Z 2 erfolgen. Folglich liegt erst in der Zustellung der Anspruchsbegründung eine Klagerhebung nach §§ 261 I, III Z 2, 253 I, BGH NJW **93**, 1071, KG MDR **02**, 1148, Ruess NJW **06**, 1916, aM Karlsr FamRZ **91**, 91, Mü MDR **80**, 501 (die Rechtshängigkeit trete schon dann ein, wenn die Abgabeverfügung des Rpfl oder des etwa nach Grdz 4 vor § 688 landesrechtlich bestellten Urkundsbeamten der Geschäftsstelle beiden Parteien zugehe), Drsd RR **03**, 194, KG MDR **00**, 1336, ZöV 7 (maßgeblich sei der Akteneingang beim Streitgericht. Beiden Varianten gegenüber bleiben aber die obrigen Erwägungen für die hier vertretene Ansicht bestehen).

16 Wenn der Antragsteller freilich schon in seinem *Antrag* auf den *Mahnbescheid* eine dem § 253 genügende Anspruchsbegründung geliefert hatte, wäre eine Aufforderung nach § 697 I 1 sinnlos. Dann tritt die Rechtshängigkeit auch bei einer nicht alsbaldigen Abgabe wenigstens mit der Zustellung einer etwaigen Aufforderung an den Bekl zu einer Klagerwiderung nach § 697 III 1 ein, oder mit der Zustellung der Ladung zum Termin oder mit einer sonstigen Mitteilung des Gerichts an die Parteien darüber, daß die Akten eingegangen sind, Köln MDR **85**, 680.

17 **7) Zurücknahme des Antrags auf streitiges Verfahren, IV.** Man muß fünf Aspekte beachten.

A. Grundsatz: Möglichkeit der Rücknahme. Man darf eine Zurücknahme des Antrags auf ein streitiges Verfahren nicht mit anderen Rücknahmeerklärungen verwechseln, Rn 22, Mü MDR **92**, 187, Stgt MDR **90**, 557. Jede Partei kann nur ihren eigenen Antrag auf die Durchführung des streitigen Verfahrens zurücknehmen. Bei mehreren Anträgen dieser Art, sei es mehrerer Antragsgegner, sei es sowohl des Antragstellers wie des Antragsgegners, endet das Abgabeverfahren erst dann, wenn sämtliche Anträge wirksam entfallen sind. Die Rechtshängigkeit kann jedoch bereits im Verhältnis zu dem jeweils zurücknehmenden Antragsgegner entfallen, wenn ein weiterer Antragsgegner keine Rücknahme erklärt, IV 3. Etwas anderes gilt nur bei einer notwendigen Streitgenossenschaft, § 62. Die Sache bleibt beim Streitgericht zwar nicht rechtshängig, wohl aber evtl anhängig, Düss MDR **81**, 766, aM ZöV 2 (aber die Rücknahme erfaßt nur den streitigen Teilabschnitt eines im Mahnverfahren begonnenen Gesamtverfahrens).

B. Teilrücknahme, Erledigung. Eine Rücknahme ist auch wegen eines Teils des Anspruchs zulässig. 18
Sie kann in einer Beschränkung der Anspruchsbegründung liegen, Grdz 52 vor § 128, Mü MDR **92**, 187. Man darf die Zurücknahme auch nicht mit einer einseitigen Erledigterklärung nach § 91 a verwechseln, Bbg JB **92**, 762, Mü RR **96**, 957, Fischer MDR **94**, 125, aM BayObLG MDR **03**, 830, MüKoHo 26, ZöV 2 (sie werten eine einseitige „Erledigterklärung" vor dem Beginn der mündlichen Verhandlung grundsätzlich als eine Zurücknahme. Aber warum darf man eine Erledigterklärung hier nicht als solche sehen? §§ 91 ff gelten auch im Mahnverfahren und haben andere Kostenfolgen). Dasselbe gilt bei einer teilweisen einseitigen Erledigterklärung, aM Köln JB **88**, 617, Stgt MDR **84**, 673 (aber es sind dieselben Erwägungen wie bei der vollen Erledigterklärung naheliegend). Erst recht gilt das bei beiderseitigen wirksamen Erledigterklärungen.

C. Zulässigkeitszeitraum. Die Rücknahme ist nur bis zum Beginn der mündlichen Verhandlung des 19
„Antragsgegners" zulässig, also nur bis zum Antrag des Bekl zur Hauptsache, IV 1, § 39 Rn 6. Sie ist also noch nach einer Erörterung im Haupttermin zulässig, solange dort noch keine Sachanträge zum Protokoll vorliegen, § 297 Rn 4, also vor dem Beginn der eigentlichen streitigen Verhandlung, § 137 I. Das gilt auch dann, wenn der Antragsteller den Antrag zurücknimmt. Also muß man auch dann auf das Verhalten des Antragsgegners abstellen. Im Verfahren nach § 182 a SGG ist die Rücknahme nur bis zur Abgabe an das SG zulässig, § 182 a I 3 SGG.

D. Form einer Rücknahmeerklärung. Die Rücknahme erfolgt schriftlich oder elektronisch oder zum 20
Protokoll der Geschäftsstelle, IV 2. Man kann sie gegenüber jedem AG erklären, § 129 a I. Sie ist jedoch erst mit dem Eingang bei demjenigen Gericht wirksam, bei dem die Sache jetzt anhängig ist, Rn 5, § 129 a II 2. Die Rücknahme kann also auch nach der Abgabe der Sache an das LG ohne einen Anwaltszwang wirksam erfolgen, (jetzt) § 78 V Hs 2, Mü AnwBl **84**, 371. LG Ffm Rpfleger **79**, 429, Bergerfurth Rpfleger **78**, 205. Eine „Klagerücknahme" läßt sich nach einem vorangegangenen Mahnverfahren grundsätzlich wie eine Rücknahme des Antrags des Klägers auf ein streitiges Verfahren behandeln, Grdz 52 vor § 128. Auch sie ist daher ohne einen Anwaltszwang zulässig, LG Essen JZ **80**, 237, Fischer MDR **94**, 126, ZöV 2, aM Kblz MDR **84**, 322, MüKoHo 27 (Anwaltszwang wie sonst. Aber hier liegt die Rücknahme eines noch im Mahnverfahren gestellten Antrags vor). Dasselbe gilt daher im Ergebnis auch dann, wenn auch oder nur der Bekl den Antrag auf ein streitiges Verfahren gestellt hatte.

E. Auslegung. Freilich mag eine bloße Antragsrücknahme nach IV ausnahmsweise nach Rn 6 nur den 21
Zweck eines weiteren Abwartens haben. Sie kann deshalb keine Klagerücknahme bedeuten, Mü MDR **87**, 415, Stgt MDR **90**, 557. Deshalb bedeutet der rückwirkende Wegfall der Rechtshängigkeit nach S 3 nicht auch den Wegfall der Anhängigkeit, § 261 Rn 1, Mü MDR **87**, 415, Stgt MDR **90**, 557. Im übrigen kommt nach einem Vollstreckungsbescheid keine Antragsrücknahme nach IV in Betracht, sondern nur noch eine Klagerücknahme nach § 269, Kblz MDR **84**, 322. Dafür besteht ein Anwaltszwang wie sonst, § 78 Rn 1, Kblz MDR **84**, 322, LG Bonn RR **86**, 223.

Man darf eine Rücknahme des Antrags des Antragstellers auf ein streitiges Verfahren nicht stets als eine 22
Rücknahme des Antrags auf den etwa noch nicht erlassenen *Mahnbescheid* ansehen, § 690 Rn 16, KG MDR **05**, 1246, Stgt MDR **90**, 557, Fischer MDR **94**, 125. Denn der Antragsteller mag nunmehr abwarten wollen, wie sich der Schuldner nach dem Erhalt des Mahnbescheids verhält, Rn 6. Die Rücknahme des Antrags des Antragsgegners auf ein streitiges Verfahren ist nicht stets auch eine Widerspruchsrücknahme nach § 697 IV, Schwab NJW **79**, 697. Der Antragsgegner mag nun hoffen, um ein streitiges Verfahren herumzukommen, zB durch jetzt erst mögliche Ratenzahlungen. §§ 702, 703 sind nicht mehr anwendbar, soweit das Mahnverfahren schon beendet ist, Rn 12. Eine Anspruchsbegründung nach § 697 Rn 3 nur zu einem Teil des im Mahnantrag genannten Anspruchs läßt sich als eine Teilrücknahme bewerten, Rn 18, KG JB **82**, 614. § 269 III 2 ist dann unanwendbar, BGH BB **05**, 1876.

F. Unwiderruflichkeit einer Rücknahmeerklärung. Die Rücknahme ist eine unwiderrufliche Partei- 23
prozeßhandlung, Grdz 47 vor § 128.

G. Kostenfolgen einer Rücknahme. (Jetzt) § 269 III, IV ist grundsätzlich aus Zweckmäßigkeitsgrün- 24
den entsprechend anwendbar, § 269 Rn 3, Ffm MDR **99**, 1223, LG Bre MDR **06**, 1310, LG Dortm RR **01**, 1438, aM BGH RR **06**, 201, Stgt MDR **00**, 791, Ruess NJW **06**, 1921 (aber zumindest die Rechtshängigkeit gilt als nicht eingetreten, Liebheit NJW **00**, 2235. Auch ein neuer Antrag eröffnet ein neues Verfahren). Daher ist auch § 91 a entsprechend anwendbar, Stgt MDR **00**, 791, 919, aM ZöV 2 (aber die Vorschrift gilt allgemein).

Das gilt aber trotz des Eingangs des Widerspruchs nicht, wenn die *Rechtshängigkeit* wegen III erst *später* eintritt, Rn 15, 16, aM Mü OLGZ **88**, 494 (aber dann liegt eine ganz andere Situation vor). Wenn die Rücknahme unter den Voraussetzungen KV 1211 erfolgt, ermäßigt sich die Verfahrensgebühr KV 1210 auf 1,0, KV 1211 amtliche Anmerkung S 1. Auf eine sofortige Beschwerde muß das Gericht einen Beschluß nach § 269 III, IV aufheben, wenn der Beschwerdeführer das streitige Verfahren nun doch noch zulässig durchführen lassen will, Mü MDR **87**, 415, aM Kblz MDR **06**, 176.

8) Verweisung, V. Sie erfordert ein sorgfältiges Verfahren. 25

A. Grundsatz: Möglichkeit der Verweisung. Es entsteht keine Zuständigkeitsbindung desjenigen Gerichts, an das die Sache durch eine Abgabe kommt, V. Dieses Gericht ist weder örtlich noch sachlich noch im Verhältnis zwischen seiner etwaigen Zivilkammer und der Kammer für Handelssachen gebunden, BayObLG JB **97**, 153, Schäfer NJW **85**, 299. Vielmehr findet dort eine erneute Prüfung der allgemeinen Prozeßvoraussetzungen statt, Grdz 12 vor § 253. Zusätzlich prüft dieses Gericht natürlich von Amts wegen alle erstmalig hier anfallenden Zuständigkeitsfragen, Grdz 39 vor § 128. Maßgebend ist der Zeitpunkt der

Rechtshängigkeit nach Rn 15 ff, Ffm RR **95**, 831, KG RR **99**, 1011, Schlesw MDR **07**, 1280. Dieses Gericht prüft ferner evtl auf Grund eines notwendigen Verweisungsantrags des Klägers nach Rn 18 die Notwendigkeit einer ersten echten Verweisung an dasjenige Gericht, das sich bei dieser Prüfung als das in Wahrheit zuständige Gericht ergibt, Ffm RR **92**, 1342. Die Angaben nach § 690 I Z 1 oder nach §§ 703 d III, 692 I Z 1 sind also für dasjenige Gericht, an das die Abgabe erfolgte, nur eine Anregung bei seiner Prüfung. Auch bei einer fehlerhaften Abgabe darf dasjenige Gericht, an das die Abgabe erfolgte, nur nach V vorgehen, Rn 7. Wenn sich ergibt, daß überhaupt keine Zuständigkeit vorhanden ist, muß dieses Gericht die Klage als unzulässig abweisen.

26 **B. Antrag; Verfahren.** Die Verweisung erfolgt nur auf Grund eines Antrags. Das gilt, obwohl V einen solchen Antrag nicht ausdrücklich fordert und obwohl eine Abgabe nach I zwar einen Antrag auf die Durchführung des streitigen Verfahrens erfordert, nicht aber einen besonderen Antrag auf eine Abgabe der Sache. Denn bei der in V genannten Verweisung handelt es sich um diejenige nach § 281, Büchel NJW **79**, 947. Das setzt V als selbstverständlich voraus. Mangels eines Verweisungsantrags muß das Gericht die Klage als unzulässig abweisen, § 281 Rn 21. Eine mündliche Verhandlung ist wie bei § 281 I 1 wegen der Beschlußform einer Verweisung entbehrlich, § 128 IV Hs 1. Das Gericht hat eine Hinweispflicht auf seine Unzuständigkeit, beim AG aus § 504, sonst aus § 139, und zwar auf Grund einer etwaigen mündlichen Verhandlung stets aus § 139 II, III, ohne eine solche aus den in Grdz 39 vor § 128 genannten Gründen. Eine Weiterverweisung erfolgt wie bei § 281 Rn 47.

Eine *Änderung* oder Berichtigung ist wie bei § 281 Rn 50 möglich. Ein Anwaltszwang besteht für den Verweisungsantrag wegen des hier eben mitgeltenden § 281 II 1 in Verbindung mit § 78 III Hs 2 nicht. Für das weitere Verfahren oder wegen § 281 Rn 19 besteht der Anwaltszwang aber wie sonst, § 78 Rn 1, Düss OLGZ **89**, 203, KG AnwBl **84**, 508, Schäfer NJW **85**, 300, aM Mü AnwBl **84**, 371, LG Darmst NJW **81**, 2709, Zinke NJW **83**, 1082 (aber in diesem Stadium liegt schon voll das streitige Verfahren vor).

27 **C. Bestimmung des zuständigen Gerichts.** Bei unterschiedlichen Gerichtsständen mehrerer Antragsgegner kann evtl auch schon vor dem Erlaß des Mahnbescheids § 36 I Z 3 anwendbar sein, BGH NJW **78**, 1982, BayObLG Rpfleger **80**, 436, Düss Rpfleger **78**, 184, aM BGH NJW **78**, 321 (vgl aber § 36 Rn 5 „Mahnverfahren"). Dasselbe kann infrage kommen, wenn nach der Abgabe ein Insolvenzverfahren über das Vermögen des Bekl beginnt und der Verwalter nicht aufnimmt, BayObLG **85**, 315.

28 **D. Unterbleiben einer Verweisung.** Keine Verweisung erfolgt, wenn das Gericht des V bereits sachlich und örtlich zuständig ist. § 35 ist also unanwendbar. Denn der Antragsteller hätte ja grundsätzlich im Wahlgerichtsstand klagen können, § 690 Rn 11, BGH NJW **93**, 1273, Brdb NJW **04**, 781, Schlesw MDR **07**, 1280, aM in Wahrheit Ffm MDR **04**, 832. Eine Ausnahme mag bei einer nachträglichen Wahlmöglichkeit vorliegen, Mü MDR **07**, 1155. Aber wegen § 261 III Z 2 Vorsicht! Zu den Folgen einer etwa wirksamen und dann auch für V maßgeblichen Gerichtsstandsvereinbarung BGH NJW **93**, 2810, Düss OLGZ **89**, 203, Stgt AnwBl **82**, 385. Auch §§ 38 ff sind ab der Rechtshängigkeit unanwendbar, Rn 13.

29 **E. Kostenfolgen einer Verweisung.** Nach einer Verweisung muß dasjenige Gericht die Gesamtkosten des Prozesses berechnen usw, an das der Prozeß nun gekommen ist. Das gilt also einschließlich der im Mahnverfahren entstandenen Kosten, Düss OLGZ **89**, 202, aM Hamm AnwBl **82**, 78 (aber § 281 III 1 gilt uneingeschränkt). Wenn eine Verweisung an ein objektiv ausschließlich zuständiges Gericht erfolgte, muß das Gericht die durch die Einschaltung des unzuständigen Gerichts entstandenen Mehrkosten jetzt ebenso nach § 281 III 2 dem in der Hauptsache Siegenden auferlegen. Wegen der Erstattungsfähigkeit § 91 Rn 116–118.

30 **F. Verstoß.** Er kann bei einer Willkür nach § 281 Rn 31 eine Bindungswirkung entfallen lassen, BGH NJW **93**, 1273, BayObLG **93**, 318, Schlesw RR **01**, 646.

697 ***Einleitung des Streitverfahrens.*** **I 1 Die Geschäftsstelle des Gerichts, an das die Streitsache abgegeben wird, hat dem Antragsteller unverzüglich aufzugeben, seinen Anspruch binnen zwei Wochen in einer der Klageschrift entsprechenden Form zu begründen. 2 § 270 Satz 2 gilt entsprechend.**

II 1 Bei Eingang der Anspruchsbegründung ist wie nach Eingang einer Klage weiter zu verfahren. 2 Zur schriftlichen Klageerwiderung im Vorverfahren nach § 276 kann auch eine mit der Zustellung der Anspruchsbegründung beginnende Frist gesetzt werden.

III 1 Geht die Anspruchsbegründung nicht rechtzeitig ein, so wird bis zu ihrem Eingang Termin zur mündlichen Verhandlung nur auf Antrag des Antragsgegners bestimmt. 2 Mit der Terminsbestimmung setzt der Vorsitzende dem Antragsteller eine Frist zur Begründung des Anspruchs; § 296 Abs. 1, 4 gilt entsprechend.

IV 1 Der Antragsgegner kann den Widerspruch bis zum Beginn seiner mündlichen Verhandlung zur Hauptsache zurücknehmen, jedoch nicht nach Erlass eines Versäumnisurteils gegen ihn. 2 Die Zurücknahme kann zu Protokoll der Geschäftsstelle erklärt werden.

V 1 Zur Herstellung eines Urteils in abgekürzter Form nach § 313 b Abs. 2, § 317 Abs. 6 kann der Mahnbescheid an Stelle der Klageschrift benutzt werden. 2 Ist das Mahnverfahren maschinell bearbeitet worden, so tritt an die Stelle der Klageschrift der maschinell erstellte Aktenausdruck.

Schrifttum: *Ritter-Schmidt,* Die Zulässigkeit eines Versäumnisurteils im schriftlichen Vorverfahren nach vorangegangenem Mahnverfahren usw, Diss Marbg 1989.

Gliederung

1) Systematik, I–V. Während § 696 das Verfahren von dem Eingang des Widerspruchs bis zur Abgabe, die folgende Zuständigkeitsprüfung und evtl eine Verweisung regelt, dort Rn 1, enthält § 697 das übrige Verfahren vom Akteneingang bei demjenigen Gericht, an das die Sache durch die Abgabe kam, für das streitige Verfahren bis zum Erlaß seines Urteils. Die Vorschrift ergibt freilich nur die Regeln, in denen dieser Teil des Verfahrens von demjenigen der §§ 271 ff abweicht, beim AG in Verbindung mit §§ 495 ff. Außerdem regelt IV die Rücknahme des Widerspruchs, und zwar auch vor einem Akteneingang bei demjenigen Gericht, an das die Sache durch die Abgabe kam. I bis III gelten entsprechend, wenn dieses Gericht die Sache ohne eine mündliche Verhandlung verwiesen hat oder wenn eine Weiterverweisung ohne eine mündliche Verhandlung erfolgte, § 696 Rn 26. 1

2) Regelungszweck, I–V. Vgl zunächst § 696 Rn 1. Die Vorschrift soll den Übergang in das streitige Verfahren nicht nur formell regeln, sondern auch praktisch erleichtern, zumal sie der Geschäftsstelle erhebliche Aufgaben überträgt. Die Einfädelung des Mahnverfahrens nach einem Widerspruch gegen den Mahnbescheid in das streitige Verfahren erweist sich allerdings als recht kompliziert und zum Teil verunglückt, Rn 5, 10, 14, Büchel NJW **79**, 949. Das gilt insbesondere wegen der Möglichkeit im streitigen Verfahren, zwischen einem frühen ersten Termin und einem schriftlichen Vorverfahren zu wählen. Bei der Auslegung von I–III muß man diesen Zusammenhang stets mitberücksichtigen. Zum Zweck von III vgl Rn 18. 2

3) Geltungsbereich, I–V. Die Vorschrift gilt in allen Verfahren nach der ZPO, auch im WEG-Verfahren. Im arbeitsgerichtlichen Verfahren gilt § 46 a IV–VI ArbGG, in einer SGG-Sache gilt § 182 a I 3, II 1 SGG. 3

4) Notwendigkeit einer Anspruchsbegründung, I. Im Mahnverfahren findet keine Schlüssigkeitsprüfung statt, § 690 Rn 7. Daher braucht der Antrag auf den Mahnbescheid keine volle Anspruchsbegründung zu enthalten. Eine Individualisierung genügt, § 690 Rn 6. Freilich darf der Antragsteller schon im Mahnverfahren von sich aus eine Anspruchsbegründung einreichen, Düss MDR **83**, 942. Das gilt auch schon vor einer Fristsetzung nach I 1 oder durch den Richter und vor einer Abgabe an das Streitgericht, BGH **84**, 139. Die Anspruchsbegründung gegenüber dem AG als Streitgericht kann schriftlich, elektronisch oder zum Protokoll der Geschäftsstelle des AG erfolgen, § 496, also auch vor jedem anderen AG, § 129 a I (wegen der Fristwahrung § 129 a II). 4

Soweit das *LG* als Gericht des streitigen Verfahrens zuständig wird, bleibt eine im Mahnverfahren eingereichte Anspruchsbegründung wirksam, BGH **84**, 139. Der ProzBev darf und muß mangels einer eigenen Begründung auf eine Anspruchsbegründung der Partei Bezug nehmen, BGH **84**, 139, Karlsr NJW **88**, 2806, Schlesw MDR **88**, 151, aM Zinke NJW **83**, 1087 (aber das Mahnverfahren darf noch nachwirken).

Der Kläger muß die Anspruchsbegründung notfalls beim Übergang in das streitige Verfahren *nachholen*, Schmidt NJW **82**, 812. Das gilt mit Rücksicht auf das System der §§ 272 ff, beim AG in Verbindung mit §§ 495 ff, schon vor der mündlichen Verhandlung. Im übrigen muß das Gericht erkennen können, ob ein früher erster Termin oder ein schriftliches Vorverfahren ratsam ist, § 272 II. Dazu sind in der Regel mehr Angaben als diejenigen im Antrag auf den Mahnbescheid notwendig.

Die Anspruchsbegründung muß die Anforderungen an eine Klageschrift erfüllen. Sie muß daher auch einen *Sachantrag* enthalten, § 253 II Z 2, Schuster MDR **79**, 724, StJSchl 2, ThP 4, aM Eibner NJW **80**, 2296, MüKoHo 6, ZöV 2 (es genüge eine Bezugnahme auf den Mahnantrag. Aber gerade in diesem Kernbereich der Bestimmung des Streitgegenstands usw ist eine völlige Verständlichkeit aus sich heraus unentbehrlich. Das gilt trotz vielfacher Laxheiten der Praxis. Notfalls sollte das Gericht nach § 139 klären und für eine einwandfreie Antragsform zum Protokoll sorgen).

Man kann und muß auch evtl jetzt den Antrag auf eine Verhandlung vor der Kammer für Handelssachen nachholen, § 96 GVG Rn 3, Düss RR **88**, 1472, Nürnb Rpfleger **95**, 369, Schäfer NJW **85**, 299. Man darf auch die Klage *erweitern oder ändern*.

5 **5) Verfahren der Aufforderung zur Begründung, I.** Es erfolgt oft zu nachlässig.

A. Aufforderungsform und -inhalt. Das Gericht muß evtl den Antragsteller auffordern, den Anspruch nach Rn 4 zu begründen, I 1. Das gilt auch dann, wenn der Antrags*gegner* die Abgabe nach § 696 I 1 beantragt hatte. Das gilt ferner auch dann, wenn der Antragsteller schon eine Anspruchsbegründung beim Mahngericht eingereicht hatte, Karlsr NJW **88**, 2806, Schlesw MDR **88**, 151, Schmidt NJW **82**, 812, aM Köln NJW **82**, 2265, ThP 2, 3 (aber I 1 ist nach seinem Wortlaut und Sinn eindeutig, Einl III 39, und läßt sich überdies mit § 139 vereinbaren).

Die Aufforderung lautet *inhaltlich* dahin, den Anspruch binnen 2 Wochen seit der Zustellung in einer dem § 253 und daher einer Klageschrift entsprechenden Form zu begründen. Die Wiedergabe des Gesetzestextes reicht aus. Mehr ist auch kaum ratsam. Der Antragsteller mag sich darüber informieren, was zu einer ordnungsgemäßen Klagebegründung gehört.

6 **B. Zuständigkeit, weiteres Verfahren.** Für diese Aufforderung ist der *Urkundsbeamte* der Geschäftsstelle des Prozeßgerichts zuständig, § 153 GVG. Er wird ohne eine vorherige Vorlage der Akten beim Vorsitzenden tätig. Dieser Urkundsbeamte muß die Aufforderung unverzüglich nach dem Eingang der Akten absenden, also ohne eine vorwerfbare Verzögerung, § 216 Rn 16. Bei mehreren Antragstellern muß er jeden auffordern. Wenn sich für einen Antragsteller ein ProzBev nach § 172 gemeldet hat, muß der Urkundsbeamte des Prozeßgerichts diesen nur dann auffordern, wenn es sich entweder nach § 88 II um einen Anwalt handelt oder wenn bereits eine Prozeßvollmacht vorliegt, § 88 I. Denn die Vollmachtserleichterung des § 703 endet mit dem Eingang der Akten, § 703 Rn 1. Nur wenn der Urkundsbeamte der Geschäftsstelle des Prozeßgerichts handgreifliche Bedenken gegen die Zuständigkeit seines Gerichts hat oder wenn der Vorsitzende ihn angewiesen hat, muß dieser Urkundsbeamte vor der Aufforderung die Akten dem Vorsitzenden vorlegen. Der Rpfl oder der etwa nach Grdz 4 vor § 688 nur für das Mahnverfahren landesrechtlich bestellt gewesene Urkundsbeamte des Mahngerichts ist keineswegs mehr zuständig. Denn das Mahnverfahren ist bereits beendet.

7 Der Urkundsbeamte des Prozeßgerichts muß die Aufforderung zur Anspruchsbegründung mit seinem vollen Namen *unterschreiben,* § 329 Rn 8, 11. Er kann sodann eine Ausfertigung oder beglaubigte Ablichtung oder Abschrift dem Antragsteller von Amts wegen formlos übersenden. Das gilt unabhängig davon, ob die Aufforderung als eine Verfügung oder als ein Beschluß ergeht. Zwar gilt an sich § 329 II 2 entsprechend. Der Fristablauf muß schon wegen II in Verbindung mit §§ 282, 296 II feststehen, Hbg NJW **86**, 1347, Köln FamRZ **86**, 928, aM BGH VersR **82**, 346, Nürnb RR **00**, 446, ZöV 4 (je: ein Verstoß gegen I sei nicht durch § 296 II zu ahnden. Aber § 296 II erfaßt mit seiner Auffangfunktion diesen Fall sehr wohl mit). I 2 macht aber auch bei einer formlosen Übersendung die Fristberechnung schon anhand des Ab-Vermerks der Geschäftsstelle des Prozeßgerichts wegen einer Verweisung auf § 270 S 2 möglich. Eine Fristverlängerung ist auch bei einem erheblichen Grund unstatthaft. Denn sie ist gesetzlich nicht „besonders bestimmt", § 224 II Hs 2. Erst die formlose Übersendung macht die Prozeßhandlung wirksam und beendet die Hemmung der Verjährung, BGH RR **98**, 954.

8 **C. Unanwendbarkeit des § 296 I.** Dagegen ist § 296 I in *diesem* Stadium noch unanwendbar, also bei einer Überschreitung der vom Urkundsbeamten des Prozeßgerichts nach I gesetzten Frist, § 296 Rn 32, BGH NJW **82**, 1533, Nürnb RR **00**, 445, Schlesw NJW **86**, 856, aM Kramer NJW **78**, 1414, Mischke NJW **81**, 565 (aber § 296 I ist mit seiner abschließenden Aufzählung eng auslegbar). Im arbeitsgerichtlichen Verfahren gilt § 46 a ArbGG, in einer SGG-Sache § 182 a SGG.

9 **6) Keine Aufforderung zur Anwaltsbestellung usw durch die Geschäftsstelle des Prozeßgerichts, I.** Eine Aufforderung beim LG, einen Anwalt zu bestellen, erfolgt nicht schon nach I, sondern allenfalls beim LG gemäß § 271 II nach II, Rn 13.

10 **7) Verfahren nach Eingang der Begründung, II.** Es ist kompliziert genug.

A. Verfahrensart: Ermessen des Vorsitzenden. Nach dem Eingang der Anspruchsbegründung legt der Urkundsbeamte des Prozeßgerichts die Akten dem Vorsitzenden vor. Dieser verfährt nunmehr ebenso wie nach der Vorlage einer Klageschrift, II 1. Er prüft also nach § 272 II, ob er einen frühen ersten Termin oder das schriftliche Vorverfahren wählt, Düss RR **88**, 1472. Es liegt zwar grundsätzlich in seinem Ermessen, ob er noch zuwartet, Karlsr MDR **88**, 682, Schlesw NJW **86**, 856. Dieses Ermessen ist aber durch die bei der Wahl des Verfahrens mit einem frühen ersten Termin entstehende Pflicht zur unverzüglichen Terminsanberaumung nach § 216 II begrenzt. Wegen der Verzögerungsgefahr des Vorverfahrens krit Geffert NJW **78**, 1418.

11 **B. Weiterer Verfahrensablauf.** Nur bei der Wahl eines frühen ersten Termins muß der Vorsitzende unverzüglich einen Verhandlungstermin bestimmen, II 1, § 216 II. Das weitere Verfahren verläuft dann nach §§ 272 III–275 usw. Da grundsätzlich erst jetzt eine der Klageschrift entsprechende Schrift des Klägers vorliegt, muß das Gericht jetzt § 271 auch gegenüber dem Bekl beachten. Die Bezugnahme eines Anwalts auf eine von der Partei nach der Abgabe eingereichte Anspruchsbegründung reicht (jetzt) aus, BGH **84**, 139, Düss MDR **83**, 943. Das Prozeßgericht stellt die Anspruchsbegründung also von Amts wegen dem Bekl zu, § 270 S 1, oder seinem ProzBev, § 172. Das ist meist derjenige Anwalt, der den Antragsgegner des Mahnverfahrens vertreten hatte.

Bei einer *Auslandszustellung* gelten im Bereich des AVAG dessen Regeln. Denn § 688 III in Verbindung mit § 34 III AVAG erwähnen auch diese Vorschriften. Diese Verweisung erhält ihren Sinn gerade erst im streitigen Verfahren nach einem Widerspruch und nach der Abgabe. Es bleibt also mangels der Benennung eines Zustellungsbevollmächtigten die Zustellung durch die Aufgabe zur Post zulässig. Außerdem können für das streitige Verfahren nach einem bloßen Mahnbescheid keine strengeren Regeln gelten als für dasjenige nach immerhin einem Vollstreckungsbescheid. Dann ist ohnehin nach § 4 I 2 AVAG das Zustellungsverfahren durch eine Aufgabe zur Post zulässig.

12 **C. Einlassungsfrist.** Die Einlassungsfrist nach § 274 III läuft schon seit der Zustellung des Mahnbescheids, nicht erst seit der Zustellung der Anspruchsbegründung, obwohl diese einer Klageschrift im übrigen

gleichsteht. Denn sonst wäre beim Ausbleiben der ja auch nach I, II nicht erzwingbaren Anspruchsbegründung überhaupt kein Beginn einer Einlassungsfrist und daher überhaupt kein Termin und zB kein Versäumnisurteil gegen den Bekl zulässig, auch nicht auf einen Antrag des Bekl nach III 1.

D. Aufforderung zur etwaigen Anwaltsbestellung: Anerkenntnis- oder Versäumnisurteil. Das LG muß den Bekl dazu auffordern, einen Anwalt zu bestellen, II 1 in Verbindung mit § 271 II. Zwar hat der Antragsgegner den Widerspruch eingelegt. Aber damit steht noch nicht eindeutig fest, ob er sich auch im etwaigen streitigen Verfahren endgültig gegen den Anspruch wehren will, solange er nicht von sich aus einen Antrag auf die Durchführung dieses streitigen Verfahrens nach § 696 I gestellt hat, sondern einen solchen Wunsch des Antragstellers abgewartet hat. Das Gesetz geht nicht davon aus, daß die Anzeige der Verteidigungsabsicht bereits durch die Einreichung eines Widerspruchs gegen den Mahnbescheid ausreichend erkennbar ist, Düss OLGR **00**, 360. Daher gibt es auch eine Frist wie bei § 276 I 1. Denn II 1, 2 verweisen anders als § 700 IV 2 auf § 276 insgesamt. **13**

Daher ist auch eine *Belehrung* über die Folgen der Versäumung der 2-Wochen-Frist zur Verteidigungsanzeige notwendig, II 1 in Verbindung mit § 276 II, und dazu, daß der Widerspruch noch keine Verteidigungsanzeige war, Hansens NJW **91**, 960, Holch NJW **91**, 3178, ZöV 9, aM Düss OLGR **00**, 360. Im Anwaltsprozeß muß die Verteidigungsanzeige anwaltlich erfolgen. Es gibt auch ein schriftliches Anerkenntnisurteil nach § 307 sowie ein echtes oder unechtes Versäumnisurteil nach § 331 III und ferner beim LG eben auch eine Aufforderung nach § 271 II. Im arbeitsgerichtlichen Verfahren gilt § 46a IV 1–3 ArbGG.

8) Vorverfahren, III. Es ähnelt dem Vorverfahren nach Klage. **14**

A. Frist zur Klagerwiderung. Der Vorsitzende muß dann, wenn er nicht sogleich einen frühen ersten Termin bestimmt, sondern das schriftliche Vorverfahren wählt, dem Bekl (das Gesetz spricht auch hier systemwidrig noch vom Antragsgegner) ferner nach II 1 in Verbindung mit § 276 I 2 eine Frist von mindestens 2 Wochen zur Abgabe einer schriftlichen Klagerwiderung setzen. Diese Frist ist also diejenige des § 276 I 2, nicht etwa diejenige des § 276 I 1, Rn 13, Geffert NJW **80**, 2820. Es besteht im übrigen insofern eine Abweichung von § 276 I 2, als dort die Frist stets erst mit dem Ablauf der ja auch bei § 697 notwendigen Frist zur Verteidigungsanzeige beginnt, während die Frist hier nach II 2 auch schon mit der Zustellung der Anspruchsbegründung beginnen „kann", wenn der Vorsitzende das so verfügt und dem Bekl mitteilt, also zugleich mit der Frist nach § 276 I 1. Der Grund liegt darin, daß man evtl im Widerspruch bereits eine ausreichende Klagerwiderung sehen kann.

B. Fristberechnung. Die Bemessung der Frist, die keine Notfrist nach § 224 I 2 ist, sowie ihre Anordnung usw erfolgen wie bei § 276 Rn 9–11. Nur gibt es eben keine „weitere" Frist wie dort. Zweibr VersR **79**, 143 hält 2 Wochen bei einem solchen Antragsgegner, der sich mit seinem Versicherer abstimmen muß, für zu kurz. Köln NJW **80**, 2422 verlangt eine nachprüfbare Berücksichtigung der Fallumstände bei der Bemessung der Frist. Eine zu kurze Frist kann zur Unanwendbarkeit des § 296 I führen, Köln NJW **80**, 2422. Die Frist beginnt nur dann zu laufen, wenn eine formell ordnungsgemäße Anspruchsbegründung vorliegt, Düss MDR **83**, 942, Karlsr NJW **88**, 2806, Schlesw MDR **88**, 151. Zu ihr gehört im Anwaltsprozeß eine Unterschrift eines Anwalts, Karlsr MDR **88**, 682. Die Frist beginnt ferner erst dann zu laufen, wenn der Urkundsbeamte eine beglaubigte Ablichtung oder Abschrift der mit dem vollen Namen des Vorsitzenden oder des sonst zuständigen Richters und nicht nur mit einer sog Paraphe unterzeichneten Fristverfügung förmlich dem Bekl zugestellt hat, § 329 Rn 9, 11, BGH JZ **81**, 351. **15**

Eine *Belehrung* über die Folgen einer Versäumung der Klagerwiderungsfrist ist erforderlich, Rn 13. Eine etwaige unrichtige Belehrung kann zu einer Entschuldigung wegen einer Fristversäumung ausreichen, BGH **86**, 225.

C. Mitteilung an Kläger. Eine Mitteilung an den Kläger von der Anordnung zur Einreichung einer Klagerwiderung und einer Frist erfolgt von Amts wegen, II 1 in Verbindung mit § 276 I 1 Hs 2. Sie erfolgt zugleich mit der Hinausgabe der Anordnung nach Rn 14, 15. Der Kläger muß sich also nach dem Tag des Fristablaufs evtl erkundigen. Denn dieser Tag steht erst bei der Rückkehr der Zustellungsurkunde vom Bekl fest. Wenn der Vorsitzende einen frühen ersten Termin wählt, verläuft das weitere Verfahren wie sonst. Der Vorsitzende trifft also evtl Maßnahmen nach §§ 273, 275, 358a. Im übrigen bestimmt er einen Termin nach II in Verbindung mit § 272 II Hs 1. **16**

D. Stellungnahme zur Klagerwiderung. Nach dem Eingang einer Klagerwiderung fordert der Vorsitzende evtl den Kläger dazu auf, auf die Klagerwiderung eine Stellungnahme abzugeben, § 276 III in Verbindung mit § 277 IV. Für den Inhalt der Klagerwiderung und für die Stellungnahme auf diese gilt § 277 I. Wegen Zulässigkeitsrügen vgl § 282 III 2. Wegen verspäteter Angriffs- und Verteidigungsmittel nach Einl III 70 ist § 296 I anwendbar. Denn II 1 sieht in Verbindung mit § 276 III eine förmliche Frist vor. **17**

9) Kein Eingang einer Anspruchsbegründung, III. Es gelten abschließende harte Regeln. **18**

A. Termin nur auf Antrag des Beklagten, III 1. Der Kläger mag zunächst keine Anspruchsbegründung von sich aus oder nach einer Fristsetzung zunächst durch die Geschäftsstelle des Prozeßgerichts und sodann evtl freiwillig durch den Vorsitzenden einreichen. Er mag also den Prozeß nicht weiter betreiben, AG Bln-Tiergarten RR **93**, 1402. Dann beraumt der Vorsitzende einen frühen ersten Termin oder gar einen Haupttermin nicht von Amts wegen an. Er wartet vielmehr ab, ob der Bekl einen Terminsantrag stellt, BGH MDR **95**, 1059, Nürnb MDR **99**, 1151, Eith MDR **96**, 1099. Dieser Antrag ist kein Sach-, sondern ein Prozeßantrag, § 297 Rn 1, 5, Karlsr MDR **93**, 1246. Der Sinn der Bestimmung ist: Der Kläger wie der Bekl mögen ein Interesse daran haben, zB in außergerichtlichen Vergleichsverhandlungen ohne einen zu raschen Termin Zeit zu gewinnen. Außerdem soll der Bekl mit der Beauftragung eines ProzBev warten können, Hamm MDR **94**, 106, Karlsr MDR **93**, 1246. Wenn aber der Kläger trödelt, soll der in den Prozeß gezogene Bekl durch einen Termin eine Entscheidung erreichen können, Hamm MDR **94**, 106.

Deshalb braucht der Vorsitzende *nicht anzufragen,* ob er einen Termin ansetzen soll. Er braucht dazu keine der Parteien zu belehren. Er darf auch nicht einfach einen stillschweigenden Terminsantrag unterstellen, auch nicht aus einer vorsorglichen Klagerwiderung nebst einem Abweisungsantrag. Er läßt mangels einer

Anspruchsbegründung nach dem Fristablauf die Akten einfach zunächst weglegen, BGH **134**, 390, Hamm MDR **94**, 106, Liermann MDR **98**, 257 (je zum alten Recht). Für den Terminsantrag des Bekl besteht keine Ausschlußfrist. Ein ohne jeden Grund erst nach Jahr und Tag gestellter Antrag mag als ein Verstoß gegen Treu und Glauben gelten, Einl III 54.

19 **B. Nach Antrag: Terminsbestimmung nebst Begründungsfrist, III 2.** Sobald entweder doch noch die Anspruchsbegründung verspätet oder ein Terminsantrag des Bekl und nicht nur ein solcher des Klägers ohne eine Anspruchsbegründung vorliegt, setzt der Vorsitzende je nach der Wahl des Verfahrens nach II einen Termin unverzüglich an, § 216 II. Zugleich muß er dem Antragsteller dann, wenn dieser noch keine Anspruchsbegründung eingereicht hat, nochmals eine Frist zur Begründung des Anspruchs setzen, Hs 1. Die Frist ist eine richterliche, Üb 10 vor § 214. Die Geschäftsstelle muß die Fristsetzung nach § 329 II 2 förmlich zustellen, Karlsr MDR **93**, 1246. Wegen einer Änderung §§ 224, 225.

20 **C. Nach Fristablauf: Zurückweisung wegen Verspätung, III 2.** Nach dem Ablauf einer ordnungsgemäß bestimmten und mitgeteilten Frist muß das Gericht eine nun erst eingehende Anspruchsbegründung nach Hs 2 in Verbindung mit § 296 I, IV beurteilen, Nürnb RR **00**, 446. Es muß sie also nach den dortigen Regeln evtl von Amts wegen als verspätet zurückweisen, es sei denn, daß sich die Erledigung des Rechtsstreits trotz einer Berücksichtigung der verspäteten Anspruchsbegründung nicht verzögern würde oder daß der Kläger die Verspätung genügend entschuldigt und den Entschuldigungsgrund auf ein Verlangen des Gerichts nach § 294 glaubhaft machen kann. Eine Zurückweisung wegen Verspätung setzt eine ordnungsgemäß erfolgte Belehrung nach Hs 2 in Verbindung mit § 277 II, IV voraus, § 277 Rn 7.

21 **D. Kein Eingang bis Verhandlungsschluß: Abweisung als unzulässig.** Geht bis zum Verhandlungsschluß nach §§ 136 IV, 296 a keine Anspruchsbegründung ein, kann und muß das Gericht die Klage als unzulässig abweisen. Denn es fehlt eine Prozeßvoraussetzung, Grdz 12 vor § 253, § 697 II 1 (gilt entsprechend auch schon vor dem Eingang), Mü RR **89**, 1405, LG Gießen RR **95**, 62, StJSchl 2, aM MüKoHo 26, RoSGo § 164 III 5 f, ZöV 10 (Abweisung als unbegründet. Aber auch das völlige Fehlen einer Klagebegründung führt zur Abweisung als unzulässig, § 253 Rn 14, 15. Auch die Rechtshängigkeit ändert nichts. Andernfalls wäre keine rechtshängige Klage unzulässig).

22 **10) Widerspruchsrücknahme, IV.** Das Gericht regt sie zu wenig an.

A. Zulässigkeitszeitraum. Man darf eine Rücknahme des Widerspruchs nicht mit der Rücknahme des Antrags auf die Durchführung des streitigen Verfahrens verwechseln, § 696 Rn 17. Die Rücknahme des Widerspruchs ist ab der Widerspruchseinlegung nach § 694 Rn 1 zulässig. Das gilt auch nach einer Klagerweiterung, LG Gießen MDR **04**, 113. Die Rücknahme ist bis zum Beginn der mündlichen Verhandlung des Bekl zur Hauptsache zulässig, § 696 Rn 19. Die Rücknahme ist jedoch nicht mehr nach einem Versäumnisurteil gegen den Bekl zulässig, IV 1 Hs 2. Denn sonst könnte der Bekl den Vollstreckungstitel unterlaufen. Erlassen ist das Versäumnisurteil mit seiner Verkündung nach § 310 I 1 oder mit der Zustellung nach §§ 331 III, 310 III. Im Verfahren nach § 182 a SGG ist die Rücknahme nur bis zur Abgabe in das streitige Verfahren zulässig, § 182 a I 3 SGG.

23 **B. Rücknahmeerklärung.** Man kann die Widerspruchsrücknahme auch zum Protokoll der Geschäftsstelle erklären, IV 2, und zwar jedes AG, § 129 a I. Es verfährt nach § 129 a II. Wegen der Einzelheiten gilt § 696 Rn 19 entsprechend. Die Rücknahme ist also auch schriftlich oder elektronisch oder im Verhandlungstermin gegenüber dem LG ohne einen Anwaltszwang möglich, (jetzt) § 78 V Hs 2, Büchel NJW **79**, 950, Hornung Rpfleger **78**, 430. Ein Formularzwang besteht bis zur etwaigen auch diesbezüglichen Formulareinführung nicht. Ein ProzBev muß seine Vollmacht wie sonst grundsätzlich nachweisen, soweit er kein Anwalt ist (dann gilt § 88 II). Denn § 703 gilt nicht mehr im streitigen Verfahren. Das Gericht teilt die Rücknahme wegen Rn 24 dem Antragsteller mit.

24 **C. Rücknahmewirkung.** Wenn die Rücknahme des Widerspruchs unter den Voraussetzungen KV 1211 amtliche Anmerkung S 1 erfolgt, ermäßigt sich die Verfahrensgebühr KV 1210 auf 1,0. Eine Folge der wirksamen Rücknahme des Widerspruchs ist unter anderem: Der Antragsteller kann, evtl erneut, in der Frist des § 701 S 1 den Vollstreckungsbescheid beantragen. Denn das streitige Verfahren ist beendet, seine Rechtshängigkeit entfallen und das Mahnverfahren wieder aufgelebt, Hamm AnwBl **89**, 247, Kblz AnwBl **89**, 296, Fischer MDR **94**, 124. Soweit im streitigen Verfahren eine Forderung bestehenbleibt, etwa wegen einer Klagerweiterung, tritt eine Aufspaltung oder Trennung ein, aM LG Hann JB **84**, 297, Fischer MDR **94**, 124, ZöV 11 (keine Rücknahme möglich. Aber eine Trennung ist auch sonst eine oft eintretende Folge). Die Trennung gilt dann auch gebührenrechtlich, Hamm AnwBl **89**, 247. Den Vollstreckungsbescheid erläßt der Rpfl oder der etwa nach Grdz 4 vor § 688 landesrechtlich bestellte Urkundsbeamte der Geschäftsstelle desjenigen Gerichts, an das der Rechtsstreit abgegeben, verwiesen oder weiterverwiesen worden ist, § 699 Rn 13, Ffm Rpfleger **90**, 201, LG Gießen MDR **04**, 113, Hartmann NJW **78**, 612.

25 **11) Abgekürztes Urteil, V.** Ein abgekürztes Urteil ist nach § 313 b II zulässig. Seine Ausfertigung erfolgt nach § 317 VI. Dabei ist der Mahnbescheid anstelle der Klageschrift benutzbar, V 1. Bei einer maschinellen Bearbeitung nach § 703 b I gibt es ein Urteil auf dem Aktenausdruck, V 2, und eine Ausfertigung unter der Benutzung einer beglaubigten Ablichtung oder Abschrift des Urteils.

698

Abgabe des Verfahrens am selben Gericht. **Die Vorschriften über die Abgabe des Verfahrens gelten sinngemäß, wenn Mahnverfahren und streitiges Verfahren bei demselben Gericht durchgeführt werden.**

1 **1) Systematik, Regelungszweck.** Wenn dasselbe AG sowohl nach § 689 II als auch nach § 690 I Z 5 in Verbindung mit § 692 I Z 1 oder § 703 d II, III örtlich wie sachlich zuständig ist, erfolgt zwecks einer technisch einheitlichen Behandlung sämtlicher Arten von Überleitung in das streitige Verfahren nach § 696

und damit im Interesse der Rechtssicherheit nach Einl III 43 eine Abgabe von der Mahnabteilung an die Abteilung für streitige Verfahren oder Familiensachen. Bei einer Nämlichkeit der Abteilungen erfolgt eine Abgabe von ihrem Rpfl oder dem etwa landesrechtlich nach Grdz 4 vor § 688 bestellten Urkundsbeamten nach einer Bearbeitung im Sinn von § 697 I an den Amtsrichter. Wenn der Richter feststellt, daß ein anderes Gericht zuständig ist, erfolgt eine Verweisung oder eine Weiterverweisung wie sonst nach § 696 V. Wegen der verschiedenen Fristen usw ist es ratsam, das jeweilige Verfahrensstadium aktenkundig zu machen, auch soweit das nicht notwendig wäre.

699 *Vollstreckungsbescheid.* I [1] **Auf der Grundlage des Mahnbescheids erlässt das Gericht auf Antrag einen Vollstreckungsbescheid, wenn der Antragsgegner nicht rechtzeitig Widerspruch erhoben hat.** [2] **Der Antrag kann nicht vor Ablauf der Widerspruchsfrist gestellt werden; er hat die Erklärung zu enthalten, ob und welche Zahlungen auf den Mahnbescheid geleistet worden sind; § 690 Abs. 3 Satz 1 und 3 gilt entsprechend.** [3] **Ist der Rechtsstreit bereits an ein anderes Gericht abgegeben, so erlässt dieses den Vollstreckungsbescheid.**

II **Soweit das Mahnverfahren nicht maschinell bearbeitet wird, kann der Vollstreckungsbescheid auf den Mahnbescheid gesetzt werden.**

III [1] **In den Vollstreckungsbescheid sind die bisher entstandenen Kosten des Verfahrens aufzunehmen.** [2] **Der Antragsteller braucht die Kosten nur zu berechnen, wenn das Mahnverfahren nicht maschinell bearbeitet wird; im Übrigen genügen die zur maschinellen Berechnung erforderlichen Angaben.**

IV [1] **Der Vollstreckungsbescheid wird dem Antragsgegner von Amts wegen zugestellt, wenn nicht der Antragsteller die Übermittlung an sich zur Zustellung im Parteibetrieb beantragt hat.** [2] **In diesen Fällen wird der Vollstreckungsbescheid dem Antragsteller zur Zustellung übermittelt; die Geschäftsstelle des Gerichts vermittelt diese Zustellung nicht.** [3] **Bewilligt das mit dem Mahnverfahren befasste Gericht die öffentliche Zustellung, so wird die Benachrichtigung nach § 186 Abs. 2 Satz 2 und 3 an die Gerichtstafel des Gerichts angeheftet oder in das Informationssystem des Gerichts eingestellt, das in dem Mahnbescheid gemäß § 692 Abs. 1 Nr. 1 bezeichnet worden ist.**

Vorbem. I 2 Hs 3 geändert durch Art 10 Z 8a des 2. JuMoG v 22. 12. 06, BGBl 3416, in Kraft seit 31. 12. 06, Art 28 I als 2. JuMoG (wegen des Inkrafttreten von § 690 III 1, 3 vgl § 690 Vorbem), ÜbergangsR Einl III 78.

Gliederung

1) Systematik, I–IV. Der Vollstreckungsbescheid steht einem vorläufig vollstreckbaren Versäumnisurteil 1
gleich, § 700 I, BGH NJW **84**, 57. Gegen den Vollstreckungsbescheid ist nur der Einspruch zulässig, § 700 II in Verbindung mit §§ 338 ff. Da auch der Erlaß des Vollstreckungsbescheids noch zum Mahnverfahren zählt, ist der Rpfl funktionell zuständig, § 20 Z 1 RPflG, Schäfer NJW **85**, 299, oder der etwa nach Grdz 4 vor § 688 landesrechtlich bestellte Urkundsbeamte der Geschäftsstelle. Bei welchem Gericht, das hängt von dem bisherigen Verlauf des Mahnverfahrens ab, Rn 11–13. IV regelt die Zustellung des Vollstreckungsbescheids.

2) Regelungszweck, I–IV. Erst der Vollstreckungsbescheid gibt dem Antragsteller einen zur Zwangsvoll- 2
streckung geeigneten Titel nach § 794 I Z 4 und für alle Beteiligten vom Eintritt der Rechtskraft an eine klare Abgrenzung des ausgeurteilten Anspruchs. Der Vollstreckungsbescheid steht zwar unverändert auf der Grundlage des Mahnbescheids, I. Er existiert aber doch selbständig neben diesem. Der Vollstreckungsbescheid ist also mehr als die bloße Vollstreckbarerklärung des Mahnbescheids, Karlsr Rpfleger **87**, 422, LG Stgt Rpfleger **88**, 534. Deshalb bindet der Mahnbescheid den Rpfl oder den etwa nach Grdz 4 vor § 688 landesrechtlich bestellten Urkundsbeamten der Geschäftsstelle nicht, Karlsr Rpfleger **87**, 422. III 1 dient der Vereinfachung und Beschleunigung, KG RR **01**, 58.

Eine *Begründung* schreibt das Gesetz dem Rpfl oder dem etwa nach Grdz 4 vor § 688 landesrechtlich bestellten Urkundsbeamten der Geschäftsstelle beim Vollstreckungsbescheid ebensowenig vor wie grundsätzlich dem Richter beim im Inland geltend zu machenden Versäumnisurteil. Sie ist aber auch statthaft. Sie kommt in der Praxis so gut wie nie vor. Nun stellt der Vollstreckungsbescheid immerhin einen Vollstreckungstitel dar. Den Richter ehrt es, in einem etwas komplizierten Fall der Urteilsformel des Versäumnisurteils „freiwillig" eine gewisse Begründung beizufügen, § 313 b Rn 5 (D). Auch der Rpfl oder der Urkundsbeamte mag gut daran tun, die Überzeugungskraft seiner gegenüber dem Richter stark eingeschränkten, aber doch auch nicht ganz entbehrlichen Gedankenarbeit zur Zulässigkeit des Vollstreckungsbescheids mit ein paar Sätzen der Begründung zu erhöhen. Das gilt auch und nicht zuletzt der Kostenentscheidung.

3 **3) Voraussetzungen, I.** Es müssen die folgenden Voraussetzungen zusammentreffen.

A. Mahnbescheid. Es muß ein wirksamer Mahnbescheid vorliegen, § 692, BGH Rpfleger **89**, 516. Ihn muß also das zuständige Mahngericht erlassen haben, BGH Rpfleger **89**, 516. Es muß ihn ordnungsgemäß nach § 689 Rn 3 unterschrieben und ordnungsgemäß zugestellt haben, § 693.

4 **B. Ablauf der Widerspruchsfrist.** Außerdem muß entweder die Widerspruchsfrist ergebnislos abgelaufen sein, § 692 I Z 3. Es darf auch bis zur Herausgabe des Vollstreckungsbescheids nach § 694 Rn 6 kein Widerspruch vorliegen, Mü Rpfleger **83**, 288. Dessen Bezeichnung als Einspruch ist unschädlich und umdeutbar, Mü Rpfleger **83**, 288. Daher muß die Hinausgabe des Vollstreckungsbescheids unterbleiben, wenn ein Widerspruch auf der Geschäftsstelle eingeht, bevor der Vollstreckungsbescheid sie verlassen hat. Das gilt unabhängig davon, ob das Mahngericht den Vollstreckungsbescheid von Amts wegen zur Zustellung geben oder dem Antragsteller zur Zustellung im Parteibetrieb übersenden sollte. Zur Streichung ist der Rpfl zuständig, der Urkundsbeamte der Geschäftsstelle nur in den Fällen Grdz 4 vor § 688.

5 **C. Widerspruchsverzicht; Rücknahme des Widerspruchs.** Oder der Antragsgegner muß auf den Widerspruch wirksam verzichtet oder seinen Widerspruch wirksam zurückgenommen haben, § 697 IV, Hornung Rpfleger **78**, 430. Auch dann muß das Gericht freilich die Widerspruchsfrist abwarten, Rn 6. Für den Erlaß des Vollstreckungsbescheids ist dasjenige Gericht zuständig, an das der Rechtsstreit abgegeben, verwiesen oder weiterverwiesen worden ist, Rn 11–13, Hartmann NJW **78**, 612.

6 **D. Antrag.** Ferner muß stets ein Antrag auf den Erlaß des Vollstreckungsbescheids vorliegen, I 1. Er ist eine Parteiprozeßhandlung, Grdz 47 vor § 128. Ihn kann nur der Mahnantragsteller oder sein Rechtsnachfolger wirksam stellen, § 690. Er kann ihn auch vor der Geschäftsstelle zum Protokoll erklären, § 702 I. Daher besteht kein Anwaltszwang, § 78 III Hs 2. Das gilt auch dann, wenn ein etwaiges streitiges Verfahren dem Anwaltszwang unterliegen würde. Soweit ein Formular nach § 703 c besteht, § 1 a der in § 703 c Rn 1 genannten VO, muß der Antragsteller es benutzen, § 703 c Rn 3. Die Geschäftsstelle füllt im übrigen ein Formular aus oder ist dabei behilflich. Zuständig zur Entgegennahme ist jedes AG, § 129 a I. Wirksam wird der Antrag erst mit seinem Eingang bei demjenigen Gericht, das für den Erlaß des Vollstreckungsbescheids zuständig ist, § 129 a I 2, LG Brschw Rpfleger **78**, 263, LG Ffm NJW **78**, 767. Ein Bevollmächtigter muß seine Vollmacht versichern, § 703. Die Verweisung in I 2 erfaßt nicht auch § 690 I 2.

Bei einer Einreichung mit einem *Formular* ist ein Protokoll nicht erforderlich, § 702 I 3, wenn man den Antrag bei dem für den Erlaß des Vollstreckungsbescheids zuständigen Gericht stellt. Das Gesetz spricht unklarer von dem für das Mahnverfahren zuständigen Gericht, Rn 13. Eine eigenhändige Unterschrift ist anders als bei § 690 II nicht nach dem Gesetz ausdrücklich notwendig, vgl aber das Formular, das die Unterschrift fordert, § 703 c II Hs 2. Evtl ist eine maschinell lesbare Aufzeichnung ausreichend, I 2 lt Hs in Verbindung mit § 690 III, dort Rn 16. Sie braucht keine Unterschrift. Eine Antragsrücknahme ist bis zum Erlaß des Vollstreckungsbescheids zulässig, § 329 Rn 26, Fischer MDR **94**, 126 und zwar in derselben Form wie der Antrag. Das Gericht teilt dem Antragsgegner den Antrag nicht gesondert mit, § 702 II.

7 **E. Antragsfrist.** Der Antrag ist abweichend vom Antrag auf ein streitiges Verfahren nicht schon zusammen mit dem Mahnantrag zulässig. Er ist nämlich erst nach dem Ablauf der Widerspruchsfrist zulässig, I 2, § 692 I Z 3, also frühestens 2 Wochen nach derjenigen Zustellung des Mahnbescheids, über die der Antragsteller nach § 693 III eine Mitteilung erhalten hat. Wenn die Mitteilung falsch war, zählt die aus der Zustellungsurkunde errechenbare wahre Widerspruchsfrist. Der Sinn dieser Regelung besteht darin, daß der Antragsteller abwarten soll, ob der Antragsgegner zahlt, Hbg MDR **83**, 143. Außerdem soll die Vorschrift alle Beteiligten einschließlich des Gerichts vor einem unnötigen, durch den Vollstreckungsbescheid bedingten Einspruch schützen. Deshalb darf der Gläubiger den Antrag auch erst nach dem Ablauf der 2-Wochen-Frist absenden, Hbg MDR **83**, 143, LG Stade NJW **81**, 2366, MüKoHo 7, aM ThP 4 (Erklärungsdatum), LG Bonn JB **79**, 1719, LG Brschw Rpfleger **78**, 263, LG Ffm NJW **78**, 767 (ausreichend sei der Eingang nach dem Ablauf der Zweiwochenfrist. Aber gerade der Antragsteller soll die Frist *vor* seinem Entschluß abwarten. Er kann die Frist ja auch wegen § 693 II selbst bequem errechnen).

Deshalb ist auch ein solcher Antrag unbeachtlich, den der Gläubiger *verfrüht* gestellt hatte, zB schon zusammen mit dem Antrag auf den Erlaß des Mahnbescheids. Ihn muß das Gericht zurückweisen, wenn der Gläubiger ihn nicht nach dem Fristablauf wiederholt hat. Die Wiederholung kann allerdings auch durch eine Bezugnahme auf den früheren Antrag erfolgen, AG Duisb Rpfleger **82**, 230. Die Antragsfrist ist keine Notfrist, § 224 I 2. Sie endet mit der Einlegung eines rechtzeitigen oder verspäteten Widerspruchs nach § 694 Rn 1, 12 oder mit dem Ablauf der 6-Monats-Frist nach § 701 S 1. Sie kann aber neu beginnen, wenn der Antragsgegner den Widerspruch wirksam zurücknimmt, § 697 Rn 21–23.

Man kann einen derart verfrühten Antrag auch *keineswegs* in einen „vorsorglichen" aufschiebend bedingten Antrag auf den Erlaß des Vollstreckungsbescheids *umdeuten*. Denn dadurch könnte der Antragsteller I 2 glatt umgehen. Vielmehr ist eben nach dem Ablauf der 2-Wochen-Frist ein neuer oder ein erster vollständiger Antrag auf den Erlaß eines Vollstreckungsbescheids notwendig. Der Antragsteller muß ihn zumindest nach dem Fristablauf wiederholen. Er muß dann eine zusätzliche Erklärung über eine etwaige Zahlung des Antragsgegners abgeben, LG Bielef NJW **79**, 19, LG Darmst NJW **78**, 2205, AG Duisb Rpfleger **82**, 230, strenger LG Frankenth Rpfleger **79**, 72, LG Stade NJW **81**, 2366 (maßgeblich sei der Zeitpunkt der Unterschrift). Das Gericht soll diesen Antrag keineswegs von Amts wegen anfordern oder anregen. Mangels eines Antrags ist vielmehr § 701 anwendbar.

F. Antragsinhalt. Den Inhalt bestimmt das nach § 702 I 2 verbindliche Formular. Der Antrag muß zu dem in Rn 7 genannten Zeitpunkt die Erklärung enthalten, ob und welche Zahlungen der Antragsgegner auf den Mahnbescheid vor oder nach der Erledigung oder der Zustellung geleistet hat, I 2 Hs 2, LG Stade NJW **81**, 2366, LG Ffm Rpfleger **82**, 295 (zustm Vollkommer), Crevecœur NJW **77**, 1323. Er muß natürlich den Antrag um solche Leistungen ermäßigen, auch zur Vermeidung eines Betrugsvorwurfs. Wenn diese Angabe fehlt, kann das Gericht in der Regel dem Antragsteller anheimgeben, sie nachzuholen. Wenn die Erklärung endgültig fehlt, muß das Mahngericht den Antrag auf den Vollstreckungsbescheid zurückweisen, LG Bielef BB **79**, 19, LG Darmst NJW **78**, 2205 (es weist freilich den Antrag offenbar sogleich zurück). Die Notwendigkeit einer Erledigterklärung entfällt, soweit kein erledigendes Ereignis vorliegt, § 91 a Rn 51 „Mahnverfahren". Es kann zulässig sein, den Antrag auch nach einem Erhalt der Haupt- und Nebenforderungen wegen der Kosten zu stellen, damit eine Kostenentscheidung zB nach §§ 92, 93 ergehen kann, KG Rpfleger **83**, 162, LG Hagen Rpfleger **90**, 518. **8**

G. Keine Mitteilung an Gegner. Das Gericht teilt den Antrag auf den Vollstreckungsbescheid dem Antragsgegner nicht mit, § 702 II. **9**

H. Teilwiderspruch. Soweit der Antragsgegner den Widerspruch nach § 694 Rn 1, 695 Rn 11 auf einen abtrennbaren Anspruchsteil beschränkt hat, muß der Antragsteller den Antrag auf den Rest beschränken. Er kann nur im übrigen das streitige Verfahren beantragen, § 696 I 1. Er kann den Antrag auf den Vollstreckungsbescheid von sich aus beschränken. Er kann aber zur Hauptsache nicht mehr fordern, als im Mahnbescheid zugesprochen. **10**

4) Zuständigkeit, I. Sie hängt vom bisherigen Verlauf des Mahnverfahrens ab, BGH Rpfleger **89**, 516, aber auch davon, in welchem Umfang nach Rn 10 ein streitiges Verfahren jedenfalls zunächst notwendig wird, Kblz Rpfleger **82**, 292. **11**

A. Amtsgericht des Mahnverfahrens. Meist ist dasselbe AG zuständig, das schon den Mahnbescheid zuständigerweise erlassen hat. Ein objektiv unzuständiges AG, das den Mahnbescheid dennoch erlassen hatte, darf nicht schon wegen der irrigen vorangegangenen Annahme seiner Zuständigkeit nunmehr verweisen, BGH NJW **90**, 1119, Hornung Rpfleger **78**, 430, aM ZöV 11 (aber das Gebot der Prozeßwirtschaftlichkeit nach Grdz 14 vor § 128 gilt auch hier nur in Grenzen, Hartmann NJW **78**, 611).

B. Abgabe. Evtl ist dasjenige Gericht zuständig, an das das Mahngericht die Sache nach § 696 I abgegeben hatte, I 3. Dieser Fall liegt auch dann vor, wenn das Erscheinungsbild einen Widerspruch ergibt, BGH NJW **98**, 235, aber nicht, wenn eindeutig erkennbar gar kein Widerspruch des Antragsgegners vorliegt, sondern zB allenfalls ein solcher eines Dritten, Mü MDR **88**, 871, ZöV 11, aM ThP 13 (aber dann sollte man prozeßwirtschaftlich vorgehen, Grdz 14 vor § 128). **12**

C. Verweisung. Evtl ist sogar dasjenige Gericht zuständig, an das die Sache nach § 696 V verwiesen oder weiterverwiesen worden war. Denn es kann zunächst ein Widerspruch eingelegt und ein Antrag auf die Durchführung des streitigen Verfahrens erfolgt sein. Der Antragsteller mag einen Vollstreckungsbescheid erst deshalb verlangt haben, weil inzwischen der Gegner seinen Widerspruch nach § 697 IV oder den Antrag auf die Durchführung des streitigen Verfahrens nach § 696 IV zurückgenommen hatte. Dann bleiben die Akten dort, wo sie zuletzt waren. Der Rpfl jenes AG oder LG oder der etwa nach Grdz 4 vor § 688 landesrechtlich bestellte Urkundsbeamte der Geschäftsstelle wird dann zum Erlaß des Vollstreckungsbescheids oder zur Abweisung des Antrags zuständig. **13**

Das folgt indirekt aus *IV 4*. Denn diese Vorschrift spricht von dem „mit dem Mahnverfahren befaßten Gericht". Es folgt auch aus § 700 III 1. Jene Bestimmung spricht nämlich von demjenigen Gericht, „das den Vollstreckungsbescheid erlassen hat". Zwar hat der Gesetzgeber den zunächst wegen eines offenbaren Redaktionsversehens nicht eingefügten I 3 dann wiederum auf den Fall der Abgabe beschränkt. Daher müßte bei einer Erstverweisung oder Weiterverweisung das Drittgericht die Akten an dasjenige Gericht zurückleiten, das die Akten bei einer Abgabe empfangen hatte. Das Gesetz soll aber gerade ausdrücklich einen Zeitverlust und Kosten verhindern. Es liegt also offenbar ein erneutes Redaktionsversehen vor, Hartmann NJW **78**, 612. Damit kann also ein LG für den Erlaß eines Vollstreckungsbescheids sachlich zuständig werden, Büchel NJW **79**, 948.

5) Inhalt des Vollstreckungsbescheids, II, III. Der Vollstreckungsbescheid ist eine Entscheidung in der Form eines Beschlusses, § 329. Er braucht diese Bezeichnung nicht ausdrücklich zu tragen. Zur Problematik beim Partnerschaftsvermittlungsvertrag Börstinghaus MDR **95**, 551 (ausf). Erforderlich sind die folgenden Angaben. **14**

A. Nämlichkeit usw, II. Erforderlich sind alle Angaben zur Feststellung der Nämlichkeit der Parteien, Düss MDR **77**, 144 (kein Parteiwechsel), zur Individualisierung des Anspruchs, § 690 Rn 6, zur Durchführung der Zwangsvollstreckung und zur Klärung des Umfangs der inneren Rechtskraft, § 313 Rn 11. Der Vollstreckungsbescheid muß also in der Regel mindestens alles dasjenige enthalten, was der Antragsteller nach § 690 bereits im Antrag auf den Mahnbescheid mitteilen mußte. Der Vollstreckungsbescheid soll dem Mahnbescheid entsprechen, § 692 I 4. Er soll fast das Spiegelbild des Mahnbescheids sein. Bei einer maschinellen Bearbeitung erfolgt durchweg ein vollständiger Ausdruck. Im Fall der Forderungsabtretung ist § 265 entsprechend anwendbar, aM MüKoHo 42 vor § 688, RoSGo § 164 III 6, ZöV 8 vor § 688 (der neue Gläubiger müsse einen neuen Mahnbescheid erwirken. Aber die Prozeßwirtschaftlichkeit erlaubt den einfacheren Weg, Grdz 14 vor § 128).

Bei einer nicht maschinellen Bearbeitung darf der Rpfl oder der etwa nach Grdz 4 vor § 688 landesrechtlich bestellte Urkundsbeamte der Geschäftsstelle den Vollstreckungsbescheid *auf den Mahnbescheid* setzen, II. Das sieht der amtliche Formularsatz aber nicht vor. Da der Vollstreckungsbescheid jetzt aber nach Rn 1 mehr als die bloße Vollstreckbarerklärung des Mahnbescheids ist, muß der Rpfl oder der Urkundsbeamte auch hier zumindest von Amts wegen nach Grdz 39 vor § 128 prüfen, ob der Mahnbescheid auch wirklich alles Nötige enthält, bevor der Rpfl oder der Urkundsbeamte lediglich verfügt, der Vollstreckungsbescheid werde nach dem Mahnbescheid erlassen. Mängel in diesem Punkt können zur Zurückweisung zwingen und jedenfalls die Wirksamkeit des trotzdem erlassenen Vollstreckungsbescheids beseitigen. Vgl freilich Rn 25. Der Rpfl oder der Urkundsbeamte darf und muß die etwa nach dem Mahnbescheid zur Akte gelangten Vorgänge mitbeachten. Karlsr Rpfleger **87**, 422, LG Stgt Rpfleger **85**, 534. Ein fälschlich ergangener Mahnbescheid darf nicht einfach zum ebenso unrichtigen Vollstreckungsbescheid werden, BGH NJW **90**, 1119, Karlsr Rpflger **87**, 422, LG Münst MDR **88**, 682. Der Mahnbescheid darf also nicht nach § 701 wirkungslos geworden sein. Eine unkorrekte Zustellung muß nach § 189 geheilt sein. Eine Berichtigung nach §§ 319, 329 ist zulässig, Mü Rpfleger **90**, 28.

15 **B. Kostenaufstellung, III.** Erforderlich ist ferner eine Kostenaufstellung. Der Antragsteller muß die Kosten nach III 1 immer dann betragsmäßig berechnen, wenn das Mahnverfahren nicht nach III 2 maschinell erfolgt. Der Zinsfuß beträgt 5 Prozentpunkte über dem Basiszinssatz nach §§ 247 BGB, § 104 I 2, dort Rn 24, und zwar ab der Erteilung des Vollstreckungsbescheids. Der Antragsteller kann alle seit dem Mahnbescheid angefallenen Kosten einschließlich der etwaigen Anwaltskosten in den Antrag auf den Erlaß des Vollstreckungsbescheids aufnehmen, Ffm Rpfleger **81**, 239, KG RR **01**, 58, Mü MDR **97**, 300, ebenso alle infolge der Rücknahme des Widerspruchs beim Prozeßgericht entstandenen Kosten. Neben der Festsetzung nach III ist grundsätzlich ein besonderes Kostenfestsetzungsverfahren nach § 104 unzulässig. Denn es ist gerade der Zweck des III, ein weiteres Festsetzungsverfahren zu erübrigen, BGH NJW **91**, 2084 ([jetzt] § 11 RVG bleibt anwendbar), Ffm Rpfleger **81**, 239, Kblz Rpfleger **85**, 369. Indessen kann eine Ergänzung in Betracht kommen, § 104 Rn 40, Kblz Rpfleger **85**, 369, Mü Rpfleger **97**, 172, Schlesw Rpfleger **08**, 513, aM BayObLG MDR **05**, 769, LG Bln Rpfleger **96**, 928, LG Fulda RR **99**, 222 (aber diese Vorschriften gelten in den obigen Grenzen uneingeschränkt bei jeder Kostenfestsetzung). Für sie ist das Mahngericht zuständig, nicht das Gericht eines unterstellten streitigen Verfahrens, Schlesw Rpfleger **08**, 513. Für spätere Vollstreckungskosten gilt § 788.

Solche Kosten bleiben hier unbeachtet, die *vor dem Antrag* auf den Mahnbescheid angefallen waren, die das Mahngericht in ihm aber nicht berechnet hatte. Denn insofern ist kein Mahnbescheid ergangen. Dasselbe gilt beim Teilvollstreckungsbescheid nach Rn 10 für diejenigen Kosten, die zum angefochtenen Teil des Mahnbescheids zählen, LG Hagen Rpfleger **90**, 518 (sie werden Prozeßkosten), Fritzsche Rpfleger **01**, 583. Das gilt auch dann, wenn der Antragsgegner zwar nur teilweise Einspruch einlegte, aber irrig die gesamte Kostenentscheidung des Mahnbescheids angreift, LG Fulda JB **02**, 484, AG Euskirchen JB **02**, 198, AG Hagen JB **02**, 198, aM LG Coburg JB **02**, 198 (aber der Teilvollstreckungsbescheid nimmt mit seinen Kosten nicht mehr am streitigen Verfahren teil). § 788 I kann auf solche Kosten anwendbar sein, die nach dem Erlaß des Vollstreckungsbescheids anfallen, etwa Zustellungskosten.

Bei Bedenken gegen die Höhe der Kosten erfolgt eine *teilweise Zurückweisung,* Ffm Rpfleger **81**, 239, oder nur eine Kostengrundentscheidung. Die Festsetzung folgt dann gesondert. Wegen einer vorzeitigen Vollstreckung § 788 Rn 53. Wegen evtl weiterer im Antrag nicht berechneter Kosten gelten §§ 103 ff. Wenn der Antragsteller nach § 2 GKG eine Kostenfreiheit hat, wird der Antragsgegner zum Kostenschuldner.

16 **C. Auslegung.** Ein unvollständig ausgefüllter, aber „auf der Grundlage des Mahnbescheids" ergangener Formular-Vollstreckungsbescheid ist auslegungsfähig, LG Hagen Rpfleger **81**, 199 (zustm Wenner).

17 **D. Unterschrift.** Der Rpfl oder der etwa nach Grdz 4 vor § 688 landesrechtlich bestellte Urkundsbeamte der Geschäftsstelle muß bei einer nicht maschinellen Behandlung den Vollstreckungsbescheid mit seinem vollen Nachnamen unterschreiben, also mit einem kennzeichnenden individuellen Schriftzug und nicht nur mit einem Handzeichen (Paraphe), § 129 Rn 9 ff, Mü NJW **82**, 2783. Er darf seine Unterschrift nach der Abgabe an das für das streitige Verfahren zuständige Gericht nachholen, aM Mü Rpfleger **83**, 288 (vgl aber § 689 Rn 3). Bei einer maschinellen Bearbeitung entfällt eine Unterschrift und genügt das gedruckte Siegel nach § 703 b I.

18 **6) Zustellung, IV.** Es sind zwei sehr unterschiedliche Lösungen möglich.

A. Stattgabe. Die Bekanntgabe des Vollstreckungsbescheids geschieht grundsätzlich dadurch, daß das Mahngericht den Vollstreckungsbescheid von Amts wegen zustellt, IV 1 Hs 1, BGH NJW **07**, 848. Der Urkundsbeamte der Geschäftsstelle desjenigen Gerichts, das den Vollstreckungsbescheid erlassen hat, muß als solcher die Zustellung unverzüglich veranlassen, BAG NJW **87**, 472. Das gilt also unabhängig von den Fällen Grdz 4 vor § 688. Der Antragsteller erhält eine mit der Zustellungsbescheinigung versehene Ausfertigung. Sie ermöglicht ihm die Zwangsvollstreckung nach §§ 750, 794 I Z 4. Eine Vollstreckungsklausel ist nur bei § 796 oder nach § 31 AVAG nötig. Eine Ersatzzustellung des gegenüber einem Drittschuldner ergangenen Vollstreckungsbescheids an den Schuldner ist entsprechend § 178 unzulässig. Sie löst die Einspruchsfrist nicht aus. Sie läßt eine Heilung nur nach § 189 zu.

19 **B. Zurückweisung.** Einen in der Hauptforderung zurückweisenden Beschluß läßt der Rpfl oder der etwa nach Grdz 4 vor § 688 landesrechtich bestellte Urkundsbeamte der Geschäftsstelle dem Antrags*gegner* allenfalls formlos zusenden. Der Antragsgegner kann, nicht braucht eine solche formlose Nachricht zu erhalten. Soweit wegen einer überhöhten Kostenforderung eine teilweise Zurückweisung erfolgt, ist ausnahmsweise eine förmliche Zustellung an den Antrag*steller* notwendig. Denn er hat dann die befristete Erinnerung, § 329 II 2, Rn 26.

20 **C. Parteibetrieb: Voraussetzungen.** Ausnahmsweise erfolgt die Zustellung über eine Beauftragung des Gerichtsvollziehers im Parteibetrieb, IV 1 Hs 2, IV 2, 3, Seip AnwBl **77**, 235. Sie hat dieselbe Wirkung wie eine Amtszustellung, Kblz NJW **81**, 408, Bischof NJW **80**, 2235. Eine Verbindung der Vollstreckungsbescheide gegen Gesamtschuldner kommt nicht in Betracht, LG Marbg DGVZ **86**, 77, AG Arnsberg DGVZ **79**, 188, AG Montabaur DGVZ **86**, 91, aM AG Wilhelmsh DGVZ **79**, 189, ZöV 13. Diese Zustellung setzt voraus, daß der Antragsteller die Übermittlung des Vollstreckungsbescheids an sich selbst zur Zustellung beantragt, BAG NJW **83**, 472. Er mag abwarten wollen, ob der Antragsgegner eine angekündigte Zahlung doch noch leistet. Er mag auch die Zustellung des Vollstreckungsbescheids nach § 750 I und den Beginn der Zwangsvollstreckung gleichzeitig durchführen wollen, Seip AnwBl **77**, 235. Insofern kann das Verfahren zunächst zum Stillstand kommen, Mü OLGZ **76**, 189. Für die Antragsform gilt § 702. Der Übermittlungsantrag läßt sich schon mit dem Antrag auf den Erlaß des Vollstreckungsbescheids verbinden.

D. Parteibetrieb: Verfahren. In den Fällen Rn 20 muß der Urkundsbeamte der Geschäftsstelle als solcher unabhängig von den Fällen Grdz 4 vor § 688 dem Antragsteller formlos eine vollständige Ausfertigung des Vollstreckungsbescheids aushändigen oder elektronisch übermitteln, bei einer maschinellen Bearbeitung nach § 703 b I. Damit kann der Antragsteller dann nach §§ 750, 794 I Z 4 die Zwangsvollstrekkung betreiben. Eine Vollstreckungsklausel ist auch dann nur bei § 796 oder nach § 31 AVAG nötig. Das Original bleibt bei der Akte. Über die Aushändigung oder elektronische Übermittlung sollte ein Aktenvermerk oder eine Quittung zur Akte kommen. Der Urkundsbeamte desjenigen Gerichts, das den Vollstrekkungsbescheid erlassen hat, vermittelt als solcher die Zustellung im Parteibetrieb nicht, IV 2 Hs 2. Unzulässig ist auch eine Vermittlung desjenigen Gerichts, in dessen Bezirk die Zustellung erfolgen soll. Denn I 3 hat den Vorrang vor § 166 II 1, aM ZöV 15. **21**

E. Öffentliche Zustellung. Sie ist nach §§ 185 ff anders als beim Mahnbescheid (§ 688 II Z 3) möglich. Falls der Antragsteller eine öffentliche Zustellung beantragt und der Rpfl oder der etwa nach Grdz 4 vor § 688 landesrechtlich bestellte Urkundsbeamte der Geschäftsstelle sie nach § 186 Rn 3 bewilligt hat, IV 3, Hansens NJW **91** 954, erfolgt sie durch eine Einstellung in das elektronische Informationssystem desjenigen Gerichts, das in dem Mahnbescheid nach § 692 I Z 1 steht, IV 4. Unter Umständen muß die Benachrichtigung nach § 186 II 2, 3 erfolgen, also bei einem anderen Gericht als demjenigen, das den Vollstrekkungsbescheid erlassen hat, Rn 13. Dann setzt der Richter die Dauer der Einspruchsfrist nach § 339 II fest, dort Rn 4. **22**

F. Auslandszustellung. Sie ist anders als beim Mahnbescheid nach § 688 III zulässig, (jetzt) § 183, BGH **98**, 267. Das gilt auch in einem nicht zur EuGVVO gehörenden Staat, vgl auch § 32 III 3 AVAG. Auch dann setzt der Rpfl oder der etwa nach Grdz 4 vor § 688 landesrechtlich bestellte Urkundsbeamte der Geschäftsstelle die Dauer der Einspruchsfrist nach § 339 II fest, § 20 Z 1 RPflG. **23**

G. Keine Belehrungspflicht. Anders als beim Versäumnisurteil nach § 340 Rn 16 besteht bei keiner der Zustellungsarten des Vollstreckungsbescheids eine Hinweispflicht auf die Folgen einer Fristversäumung. Dem § 340 III 4 ist nach § 700 II 3 unanwendbar. Daran ändert auch eine Belehrung im Formular trotz seines Benutzungszwangs nichts. Denn die eben genannten Vorschriften haben als Spezialregeln den Vorrang. Ein Hinweis auf vollstreckungsrechtliche Folgen ist unzulässig, AG Hagen JB **06**, 160. **24**

H. Verstoß. Er kann eine Amtshaftung auslösen, BGH NJW **90**, 176. Er kann heilen, §§ 189, 295. **25**

7) Rechtsmittel, I–IV. Es kommt auf die Entscheidungsrichtung an. **26**

A. Gegen Zurückweisung zur Hauptsache. Soweit der Rpfl oder der etwa nach Grdz 4 vor § 688 landesrechtlich bestellte Urkundsbeamte der Geschäftsstelle den Antrag in der Sache selbst zurückgewiesen hat, ist abgesehen von der Situation Rn 26 unabhängig von einem Beschwerdewert die sofortige oder befristete Erinnerung zulässig, § 567 I Z 2 (Rpfl) oder § 573 I (Urkundsbeamter), beim Rpfl in Verbindung mit § 11 I RPflG. Der Rpfl oder der Urkundsbeamte darf und muß daher evtl der sofortigen Erinnerung oder befristeten Erinnerung usw abhelfen, § 572 I 1 Hs 1 ZPO in Verbindung mit § 11 I RPflG. Andernfalls legt er die Akten ohne eine Einschaltung seines Richters unverzüglich direkt dem Beschwerdegericht vor, § 572 I 1 Hs 2 ZPO in Verbindung mit § 11 I RPflG.

Das *Beschwerdegericht* prüft und entscheidet nach § 572 II–IV ZPO. Es kann den Rpfl zum Erlaß des Vollstreckungsbescheids anweisen oder weist das Rechtsmittel als unzulässig oder unbegründet zurück. Das alles geschieht sowohl dann, wenn zunächst der Rpfl des AG zuständig war, als auch dann, wenn der Rpfl des LG den Vollstreckungsbescheid erlassen müßte, Rn 13.

B. Gegen Zurückweisung bei Kosten. Soweit der Rpfl oder Urkundsbeamte den Antrag wegen einer Kostenfrage nach III zurückgewiesen hat, ist gegen seine Entscheidung die sofortige oder befristete Erinnerung nach § 104 III 1 oder § 573 I 1, beim Rpfl in Verbindung mit §§ 11 I, 21 Z 1 RPflG statthaft, soweit der Beschwerdewert 200 EUR nach § 567 II übersteigt, KG Rpfleger **05**, 697. Andernfalls bleibt es bei der sofortigen Erinnerung nach Rn 25. **27**

C. Gegen Erlaß. Soweit das Gericht den Vollstreckungsbescheid zu Recht oder zu Unrecht erlassen hat, etwa trotz des Fehlens eines nach Rn 5 ordnungsgemäßen Antrags oder trotz einer Zahlung des Antragsgegners oder trotz einer mangelhaften Zustellung des Mahnbescheids, BGH NJW **84**, 57, ist wie nach einem Versäumnisurteil grundsätzlich nur der Einspruch zulässig, § 700 Rn 6, §§ 338 ff. Eine Ausnahme besteht allenfalls nach § 703 a I Z 4. Es ist also weder eine sofortige oder befristete Erinnerung noch gar eine sofortige Beschwerde zulässig, §§ 567 I Z 1, 573 I 1 ZPO, beim Rpfl in Verbindung mit § 11 I RPflG. **28**

700 *Einspruch gegen den Vollstreckungsbescheid.* **I Der Vollstreckungsbescheid steht einem für vorläufig vollstreckbar erklärten Versäumnisurteil gleich.**

II Die Streitsache gilt als mit der Zustellung des Mahnbescheids rechtshängig geworden.

III 1 Wird Einspruch eingelegt, so gibt das Gericht, das den Vollstreckungsbescheid erlassen hat, den Rechtsstreit von Amts wegen an das Gericht ab, das in dem Mahnbescheid gemäß § 692 Abs. 1 Nr. 1 bezeichnet worden ist, wenn die Parteien übereinstimmend die Abgabe an ein anderes Gericht verlangen, an dieses. 2 § 696 Abs. 1 Satz 3 bis 5, Abs. 2, 5, § 697 Abs. 1, 4, § 698 gelten entsprechend. 3 § 340 Abs. 3 ist nicht anzuwenden.

IV 1 Bei Eingang der Anspruchsbegründung ist wie nach Eingang einer Klage weiter zu verfahren, wenn der Einspruch nicht als unzulässig verworfen wird. 2 § 276 Abs. 1 Satz 1, 3, Abs. 2 ist nicht anzuwenden.

V Geht die Anspruchsbegründung innerhalb der von der Geschäftsstelle gesetzten Frist nicht ein und wird der Einspruch auch nicht als unzulässig verworfen, bestimmt der Vorsitzende unverzüglich Termin; § 697 Abs. 3 Satz 2 gilt entsprechend.

VI **Der Einspruch darf nach § 345 nur verworfen werden, soweit die Voraussetzungen des § 331 Abs. 1, 2 erster Halbsatz für ein Versäumnisurteil vorliegen; soweit die Voraussetzungen nicht vorliegen, wird der Vollstreckungsbescheid aufgehoben.**

Schrifttum: *Bamberg,* Die mißbräuchliche Titulierung von Ratenkreditschulden mit Hilfe des Mahnverfahrens, 1987; *Brandl,* Aktuelle Probleme des Mahnverfahrens (u. Rechtskraft, Rechtskraftdurchbrechung), Diss Regensb 1989; *Braun,* Rechtskraft und Rechtskraftdurchbrechung von Titeln über sittenwidrige Ratenkreditverträge, 1986; *Grües,* Die Zwangsvollstreckung aus Vollstreckungsbescheiden über sittenwidrige Ratenkreditforderungen, 1990; *Prütting/Weth,* Rechtskraftdurchbrechung bei unrichtigen Titeln, 2. Aufl 1994; *Schrameck,* Umfang der materiellen Rechtskraft bei Vollstreckungsbescheiden, 1990; *Vollkommer,* Neuere Tendenzen im Streit um die „geminderte" Rechtskraft des Vollstreckungsbescheids, Festschrift für *Gaul* (1997) 759.

Gliederung

1 **1) Systematik, I–VI.** Vgl zunächst § 699 Rn 1, 2. § 700 regelt vor allem die Überleitung in das streitige Verfahren nach einem Einspruch. Dieser ist bedingt mit demjenigen gegen ein Versäumnisurteil nach §§ 338 ff vergleichbar. § 700 entspricht insoweit dem § 696 mit seiner Überleitung nach einem Widerspruch gegen den Mahnbescheid.

A. Rechtsnatur, Entstehung, I. Der Vollstreckungsbescheid steht einem Versäumnisurteil gegen den Bekl gleich, I, § 311 I, BGH NJW **84**, 57. Das gilt insbesondere wegen der vorläufigen Vollstreckbarkeit, zB § 708 Z 2. Es gilt ferner wegen der Rechtshängigkeit, Rn 4. Es gilt weiterhin wegen der formellen wie der inneren Rechtskraft, Einf 1, 13 vor §§ 322–327, § 322 Rn 71. Erst der Vollstreckungsbescheid bringt einen Vollstreckungstitel, § 699 Rn 2. Zur Vollstreckung aus einem Vollstreckungsbescheid auf Grund eines sittenwidrigen Ratenkredits Grdz 44 vor § 704. Der Urkundenvollstreckungsbescheid steht einem Vorbehaltsurteil gleich, § 599. Das Gericht muß diese Rechtskraft sowohl auf eine Rüge als auch von Amts wegen beachten, Einf 23 vor §§ 322–327. Wenn der Antragsgegner trotz des Eintritts der Rechtskraft des Vollstreckungsbescheids Einspruch eingelegt hat, muß das Gericht den Einspruch als unzulässig verwerfen, §§ 341, 700. Wenn trotzdem ein Anerkenntnisurteil nach § 307 ergeht, liegen zwei wirksame Vollstreckungstitel über denselben Anspruch vor. Nach der formellen Rechtskraft des Vollstreckungsbescheids nach § 705 kommt als Anfechtungsmöglichkeit nur die Vollstreckungsabwehrklage nach Rn 2 in Betracht. Wegen der Beseitigung der Rechtskraft wegen Sittenwidrigkeit usw Einf 28 ff vor §§ 322–327.

Entstanden ist der Vollstreckungsbescheid, sobald er hinausgeht, nicht schon mit seiner Unterschrift, § 329 Rn 23, 24. Der Vollstreckungsbescheid wird aber erst mit seiner gesetzmäßigen Mitteilung an den Antragsgegner wirksam, § 329 Rn 26.

2 **B. Rechtsfolgen, II–VI.** Der Einspruch hindert die Durchführung der Zwangsvollstreckung nicht. Die Einstellung der Zwangsvollstreckung ist nach §§ 707, 719 I zulässig. Wenn ein Urteil den Vollstreckungsbescheid aufhebt, entfällt dessen Vollstreckbarkeit. Dann entsteht ein Schadensersatzanspruch nach § 717 II. Die Rechtskraft und die vorläufige Vollstreckbarkeit leiden unter Mängeln der Zustellung des Mahnbescheides nicht, BGH NJW **84**, 57. Wohl aber ist der Eintritt der Rechtskraft davon abhängig, daß das Gericht den Vollstreckungsbescheid ordnungsgemäß zugestellt hatte, BGH NJW **84**, 57. Ohne eine solche korrekte Zustellung ist auch eine Zwangsvollstreckung unzulässig. Ein Mangel der Zustellung des Mahnbescheids kann heilen. Der tatsächliche Zugang entscheidet, § 189. Eine Vollstreckungsklausel ist nötig nur bei § 796 I, § 33 AVAG. Eine Vollstreckungsabwehrklage ist nach §§ 767, 795 S 1, 796 II statthaft. Für eine Wiederaufnahme des Verfahrens gilt § 584 II. Wegen der Verjährung BGH **73**, 9.

3 **2) Regelungszweck, I–VI.** Auch § 700 ist ähnlich kompliziert wie §§ 696, 697. Auch das muß man aus den in § 696 Rn 2, 3 genannten Gründen hinnehmen. Man sollte die Überleitung durch eine weder zu formelle noch zu großzügige Auslegung rechtsstaatlich, aber auch praktikabel gestalten helfen.

3) Geltungsbereich, I–VI. Die Vorschrift gilt nicht außerhalb der ZPO. Sie gilt auch im WEG-Verfahren. Im SGG-Verfahren gilt § 182a II 2 SGG. 4

4) Rechtshängigkeit, II. Die Rechtshängigkeit gilt rückwirkend als mit der Zustellung des Mahnbescheids nach § 693 I–II eingetreten, sobald der Vollstreckungsbescheid wirksam geworden ist, aM Fischer MDR **00**, 303, ThP 3, ZöV 1 (sie stellen auf den Erlaß ab. Aber auch § 261 hebt auf die Zustellung ab). Wegen der Rückwirkung kommt auch keine Verweisung wegen einer nach der Zustellung des Mahnbescheids eingetretenen Änderung des Schuldnerwohnsitzes mehr in Betracht, § 261 III Z 2, BAG DB **82**, 2412. Die Rechtshängigkeitswirkung gilt aber nur für den angefochtenen Betrag. Denn nur er ist „Streitsache" nach II, Kblz Rpfleger **82**, 292, aM Menne NJW **79**, 200 (aber eine Rechtshängigkeit bezieht sich immer nur auf einen bestimmten Streitgegenstand). 5

5) Einspruch, III. Man muß fünf Hauptaspekte beachten. 6

A. Zulässigkeit. Der Einspruch ist der einzige zulässige Rechtsbehelf gegen den Vollstreckungsbescheid. Das gilt unabhängig davon, ob der Vollstreckungsbescheid rechtmäßig oder rechtswidrig ergangen ist, § 699 Rn 27. Eine Erinnerung gegen den vom Rpfl oder vom etwa nach Grdz 4 vor § 688 landesrechtlich bestimmten Urkundsbeamten unterzeichneten Vollstreckungsbescheid ist unzulässig. §§ 11 III 2, 36b I Z 2 Hs 1 RPflG. Der Einspruch ist unter denselben Voraussetzungen wie ein Einspruch gegen ein Erstes Versäumnisurteil zulässig, §§ 338ff. Denn der Vollstreckungsbescheid steht einem Versäumnisurteil gleich, I. Der Einspruch ist zB auch gegen einen nach einer mangelhaften Zustellung des Mahnbescheids erlassenen Vollstreckungsbescheid statthaft, BGH NJW **84**, 57. Er ist auch nach einer Widerspruchsrücknahme zulässig. Der Einspruch ist eine Parteiprozeßhandlung, Grdz 47 vor § 128. Er ist daher auslegbar, Grdz 52 vor § 128. Das Gericht muß notfalls nachfragen.

B. Frist. Es gilt eine *Notfrist von 2 Wochen,* §§ 224 I 2, 339 I, BGH **104**, 109. Sie läuft seit der Zustellung des Vollstreckungsbescheids. Eine Rechtsbehelfsbelehrung ist nicht notwendig, BGH NJW **91**, 296, Karlsr RR **87**, 895. Eine unrichtige Belehrung kann die Wiedereinsetzung begründen, § 233 Rn 23. Bei § 699 IV 2 reicht auch eine Zustellung im Parteibetrieb aus, Kblz NJW **81**, 408, AG Marl DGVZ **79**, 46, Bischof NJW **80**, 2235. Bei einer Auslandszustellung nach § 183 oder einer öffentlichen Zustellung nach §§ 699 IV 4, 339 II bestimmt der Rpfl oder der etwa nach Grdz 4 vor § 688 landesrechtlich bestellte Urkundsbeamte der Geschäftsstelle die Fristdauer, §§ 20 Z 1, 36b I Z 2 Hs 1 RPflG. Sie beginnt auch dann mit der Zustellung. Im arbeitsgerichtlichen Verfahren beträgt die Frist 1 Woche, §§ 59 S 1, 46a I ArbGG, LAG Hamm DB **78**, 896, LAG Mainz DB **90**, 2076, aM Eich DB **77**, 912 (2 Wochen. Aber der Gesetzestext ist eindeutig, Einl III 39). Wegen einer SGG-Sache gilt § 182a SGG. Gegen die Versäumung der Einspruchsfrist kommt eine Wiedereinsetzung in Betracht, § 233 Rn 7 „Einspruch". 7

Der Einspruch ist grundsätzlich bedingt und deshalb unstatthaft, wenn er *vor* der *Entstehung* des Vollstreckungsbescheids nach § 329 Rn 23, 24 eingeht, § 339 Rn 4. Indessen gilt nach § 694 II 1 ein verspäteter Widerspruch als ein ordnungsgemäßer Einspruch, ebenso ein rechtzeitiger, aber übersehener. Ein Einspruch, der nach der Entstehung des Vollstreckungsbescheids eingeht, ist statthaft. Insofern ist trotz § 700 I die in § 339 Rn 1 zu § 310 III dargelegte Lösung nicht entsprechend anwendbar. Denn der Vollstreckungsbescheid wird vor einer Zustellung existent, Rn 4. Daher gilt beim Rpfl eher die zur sofortigen Beschwerde in §§ 567ff genannte Lösung. Beim etwa landesrechtlich bestellten Urkundsbeamten ist wegen § 36b III 1 RPflG *keine* befristete Erinnerung wie sonst nach § 573 I zulässig, Rn 12. Die Wirksamkeit der Zustellung hängt unter anderem davon ab, ob der Rpfl oder der Urkundsbeamte den Vollstreckungsbescheid ordnungsgemäß unterschrieben hat, § 689 Rn 1, § 699 Rn 17. Davon hängt auch der Beginn der Einspruchsfrist ab, LG Darmst DGVZ **96**, 62, ZöV § 699 Rn 15, aM Karlsr RR **87**, 895 (aber Vollständigkeit ist selbstverständliche Bedingung eines Fristanlaufs). Eine Rechtsbehelfsbelehrung entfällt, § 699 Rn 24.

C. Inhalt der Einspruchserklärung. Zum Einspruchsinhalt muß man § 340 II beachten. Der Einspruchsführer muß also den Vollstreckungsbescheid bezeichnen. Ferner ist die Erklärung notwendig, daß man Einspruch einlege. Sofern das AG den Vollstreckungsbescheid erlassen hat, kann man den Einspruch auch mündlich zum Protokoll des Urkundsbeamten der Geschäftsstelle eines jeden AG erklären, §§ 496 II, 129a I. Er wird jedoch erst mit dem Eingang bei demjenigen AG wirksam, das den Vollstreckungsbescheid erlassen hatte, § 129a II 2. Es besteht grundsätzlich die Notwendigkeit einer handschriftlichen Unterzeichnung, § 129 Rn 9, BGH **101**, 139 (abl Teske JR **88**, 421), LG Mü MDR **87**, 504, LAG Bre BB **93**, 1952, aM LG Heidelb RR **87**, 1213, ZöV 5 (aber der Einspruch ist als ein Rechtsbehelf ein bestimmender Schriftsatz). 8

Eine *telefonische* Einlegung beim entgegennahmebereiten Urkundsbeamten reicht aber ausnahmsweise formell aus, ZöV 5, aM BGH **101**, 139 (aber die Prozeßwirtschaftlichkeit kann gerade im Massenbetrieb einmal den Vorrang haben, Grdz 14 vor § 128). Auch ein *Telefax* reicht wie sonst aus, dazu allgemein § 129 Rn 44, BGH **144**, 160. Zur elektronischen Einreichung § 130a. Bei einem zulässigen nur teilweisen Einspruch muß man natürlich denjenigen Teil des Vollstreckungsbescheids genau bezeichnen, den man anficht, zB die Kostenentscheidung, § 340 Rn 5, ZöV 7, aM ThP § 699 Rn 17 (aber es muß stets eine völlige Klarheit bestehen, zumal dann die Kostenfrage zur restlichen Hauptsache wird, § 308 I). Eine Erklärung gegenüber dem Gerichtsvollzieher reicht nicht. Er ist auch nicht zur Weiterleitung verpflichtet, LG BadBad DGVZ **98**, 156. Der Einspruchsinhalt ist auslegbar, Rn 6.

D. Keine Einspruchsbegründung. Eine Einspruchsbegründung ist nicht notwendig. Denn § 340 III ist nach § 700 III 3 ausdrücklich unanwendbar, Büchel NJW **79**, 950 (zum alten Recht). Daher besteht auch weder bei der Zustellung des Vollstreckungsbescheids von Amts wegen noch bei derjenigen im Parteibetrieb eine Hinweispflicht nach § 340 III 4. Das Gericht darf und muß einen solchen Widerspruch, der nach dem Ablauf der Widerspruchsfrist eingeht, nach § 694 II als einen Einspruch behandeln, soweit der Antragsgegner nicht schon bei der Widerspruchseinlegung oder später etwas Abweichendes bestimmt hat. 9

E. Anwaltszwang; Form. Nach einem vom AG erlassenen Vollstreckungsbescheid besteht für den Einspruch kein Anwaltszwang, § 78 III Hs 2. Wenn jedoch ein LG den Vollstreckungsbescheid erlassen 10 hatte, § 699 Rn 13, besteht ein Anwaltszwang, Crevecœur NJW **77**, 1324, aM Hornung Rpfleger **78**, 431, ZöV 6 (aber der Einspruch hat als ein bestimmender Schriftsatz mit seinem Eingang beim Gericht das streitige Verfahren eingeleitet, Mü MDR **92**, 617, ZöV 12). Ein Formularzwang besteht bisher nicht. Denn es gibt bisher bundesrechtlich keine Formulare nach § 703 c für den Einspruch. Landesrechtliche Formulare dürfen, müssen aber nicht benutzt werden, Crevecœur NJW **77**, 1323. Man kann eine dem § 340 I, II entsprechende Einspruchsschrift einreichen. Man soll die erforderlichen Ablichtungen oder Abschriften beifügen, § 340 a S 3.

11 **F. Rücknahme; Verzicht.** Der Einspruch ist nach III 2 Hs 1 in Verbindung mit § 697 IV 1 ohne eine Zustimmung des Klägers bis zum Beginn der mündlichen Verhandlung des Bekl zur Hauptsache nach §§ 137 I, 297 rücknehmbar, § 697 Rn 21. Außerdem ist aber die Rücknahme auch im weiteren Verfahren statthaft, freilich nur nach §§ 346, 516 I. Auch ein Verzicht ist entsprechend §§ 346, 515 zulässig. Die Rücknahme erfolgt schriftlich oder zum Protokoll, auch der Geschäftsstelle, III 2 in Verbindung mit § 697 IV 2. Wegen eines etwaigen Anwaltszwangs Rn 10, aM LG Bonn RR **86**, 223, Fischer MDR **94**, 126. Bei einer wirksamen Rücknahme oder bei einem wirksamen Verzicht treten die Rechtsfolgen der §§ 346, 516 III ein. Über sie muß der Richter entscheiden, Ffm Rpfleger **90**, 201. Im übrigen wird wieder der Rpfl oder der etwa nach Grdz 4 vor § 688 landesrechtlich bestellte Urkundsbeamte der Geschäftsstelle funktionell zuständig, Ffm Rpfleger **90**, 201, freilich desjenigen Gerichts, das infolge der Abgabe zuständig geworden und geblieben ist, § 697 Rn 23, Ffm Rpfleger **90**, 201. Wenn die Einspruchsrücknahme unter den Voraussetzungen KV 1211 erfolgt, ermäßigt sich KV 1210 auf 1,0, KV 1211 amtliche Anmerkung S 1.

12 **6) Abgabe von Amts wegen, III.** Der Einspruch hat mit seinem Eingang beim Gericht ohne weiteres kraft Gesetzes das streitige Verfahren eingeleitet, Rn 10. Nach einem Einspruch muß das Mahngericht daher anders als nach einem Widerspruch gegen den zugrunde liegenden Mahnbescheid nach § 696 Rn 6 den Rechtsstreit von Amts wegen an dasjenige Gericht abgeben, das im Mahnbescheid nach § 692 I Z 1 steht, III 1 Hs 1. Nur dann, wenn die Parteien die Abgabe übereinstimmend an ein anderes Gericht verlangen, erfolgt sie dorthin, III 1 Hs 2. Aber die Abgabe als solche erfolgt auch dann von Amts wegen.

A. Abgebendes Gericht. Die Abgabe des Verfahrens erfolgt durch den Rpfl desjenigen Gerichts, das den Vollstreckungsbescheid erlassen hat, § 20 Z 1 RPflG, oder durch den etwa nach Grdz 4 vor § 688 landesrechtlich bestellten Urkundsbeamten der Geschäftsstelle, § 36 b I Z 2 Hs 2 RPflG. Zuständig ist also evtl der Rpfl oder Urkundsbeamte des LG. Der abgebende Rpfl oder Urkundsbeamte braucht die Akten bei seinem Richter nicht vorzulegen. Er übersendet sie an dasjenige AG oder LG, das nach § 692 I Z 1 oder nach § 703 d II bezeichnet worden ist oder an das die Parteien übereinstimmend die Abgabe verlangt haben, III 1 lt Hs. Zu diesem Erfordernis gilt dasselbe wie zu § 696 I 1 lt Hs, § 696 Rn 1. Der Rpfl oder Urkundsbeamte des abgebenden Gerichts prüft die Zulässigkeit des Einspruchs nicht, Düss RR **97**, 1296. Er wartet auch nicht einen Abgabeantrag ab. Vielmehr verfügt er die Abgabe unverzüglich von Amts wegen. Bei einer Nämlichkeit der Gerichte gilt § 698 entsprechend, III 2. Die Abgabe erfolgt durch eine Verfügung oder durch einen Beschluß, § 329. Die Entscheidung des Urkundsbeamten ist unanfechtbar, Rn 7, § 36 b III 1 RPflG. Deshalb braucht er die Abgabe nicht zu begründen, § 329 Rn 6. Er benachrichtigt beide Parteien formlos von der Abgabe, § 329 II 1.

13 **B. Empfangsgericht.** Mit demjenigen Zeitpunkt, in dem die Akten bei demjenigen Gericht eingehen, an das die Sache abgegeben wird, gilt der Rechtsstreit dort als anhängig, III 2 in Verbindung mit § 696 I 4, Ffm Rpfleger **90**, 201. Es ist schon mit dem Einspruchseingang zum streitigen Verfahren gekommen, Rn 12, AG Gummersbach Rpfleger **90**, 263. Die Kosten werden nach III 2 in Verbindung mit § 696 I 3–5 wie bei § 281 III 1 behandelt. Bei einer maschinellen Bearbeitung nach § 703 b übersendet der Urkundsbeamte anstelle der Akten einen Aktenausdruck mit der Beweiskraft öffentlicher Urkunden nach § 418, III 2 in Verbindung mit § 696 II. Jedoch besteht keine Pflicht zur Begründung des Einspruchs. Denn III 2 Hs 2 erklärt den § 340 III für unanwendbar.

14 **C. Weiteres Verfahren.** Das weitere Verfahren verläuft nach III 2 wie bei § 697 I, IV, (zum alten Recht) Büchel NJW **79**, 950. Die Geschäftsstelle des angegangenen Prozeßgerichts muß also dem Kläger ohne eine Aktenvorlage beim Richter (etwaige Ausnahme Rn 15) zunächst unverzüglich von Amts wegen die Einspruchsschrift nebst ihrer etwaigen Begründung nach § 340 a S 1 in einer Ablichtung oder Abschrift übersenden, soweit das nicht schon durch das abgebende Gericht geschehen ist. Sie muß dem Kläger grundsätzlich aufgeben, seinen Anspruch binnen 2 Wochen in einer der Klageschrift entsprechenden Form zu begründen. Deshalb muß sie die Verfügung voll unterzeichnen, § 129 Rn 9, und förmlich zustellen, § 329 II 2. Wenn sich die Akten nach der Abgabe nunmehr bei einem LG befinden, bleibt es bei dessen Zuständigkeit, auch wenn das Mahnverfahren wiederauflebt, § 697 Rn 23, Ffm Rpfleger **90**, 201. Es besteht für das weitere Verfahren vor diesem Gericht ein Anwaltszwang, BGH VersR **83**, 785. § 341 a ist anwendbar, BGH NJW **82**, 888. Eine Verweisung ist wie beim Widerspruch zulässig. Das stellt jetzt III 2 durch die ausdrückliche Verweisung auch auf § 696 V klar. Einzelheiten § 696 Rn 25 ff. Im arbeitsgerichtlichen Verfahren gilt § 46 a VI ArbGG. In einer sozialgerichtlichen Sache gilt § 182 a SGG.

15 **7) Verfahren des Richters ab Anspruchsbegründung, IV.** Die Geschäftsstelle des Prozeßgerichts legt dem Richter die Akten nach einem Einspruch nach Rn 14 an sich erstmals dann vor, wenn die von ihr nach III 2 in Verbindung mit § 697 I gesetzte Frist verstrichen ist (dann gilt V) oder wenn eine Anspruchsbegründung rechtzeitig oder verspätet eingegangen ist. Dann gilt IV. Sie kann freilich einen ihrer Ansicht nach unzulässigen Einspruch dem Richter ausnahmsweise auch sogleich vorlegen.

16 **A. Prüfung der Zulässigkeit des Einspruchs, IV 1 Hs 2.** Der Richter prüft zunächst, wie auf Grund eines Einspruchs gegen ein Versäumnisurteil, wegen I die Statthaftigkeit und Zulässigkeit des Einspruchs nach § 341 I 1. Das ergibt sich aus IV 1 Hs 2.

17 *Fehlt* eines dieser Erfordernisse, muß das Prozeßgericht den Einspruch evtl nach einem vergeblichen Hinweis nach § 139 als unzulässig verwerfen, I in Verbindung mit § 341 I 2. Diese Entscheidung muß durch ein Urteil ergehen, I in Verbindung mit § 341 II. Diese letztere Vorschrift stellt ausdrücklich eine mündliche

Verhandlung frei. Eine vorherige Anhörung des Klägers ist freilich unnötig. Denn er gewinnt ja. Das Gericht muß sein Urteil wie sonst nach einer mündlichen Verhandlung verkünden, mangels einer Verhandlung zustellen, § 310 Rn 11. Es muß sein Urteil stets begründen und zwecks Rechtsmittelfristbeginns usw zustellen, §§ 313 ff. Es enthält eine Kostenentscheidung nach §§ 91 ff und einen Ausspruch zur vorläufigen Vollstreckbarkeit nach § 708 Z 3. Das Gericht kann freilich auch einen Verhandlungstermin zum Einspruch und zur Sache anberaumen. Das empfiehlt sich zB dann, wenn das Gericht die Statthaftigkeit oder Zulässigkeit mit den Parteien besprechen möchte. Dann muß das Gericht auch bei einer Zweifelhaftigkeit der Zulässigkeit des Einspruchs so wie nach dem Eingang einer Klage verfahren.

B. Mangels Verwerfung: Vorverfahren oder Termin, IV 1 Hs 1. Soweit das Gericht den Einspruch nicht nach Rn 16, 17 verworfen hat, darf und muß es „wie nach Eingang einer Klage weiter verfahren". Es trifft also nach seinem pflichtgemäßen Ermessen die Wahl zwischen einem schriftlichen Vorverfahren oder einem frühen ersten Termin nach §§ 272 ff jeweils mit oder ohne eine Güteverhandlung nach § 278. Das schriftliche Vorverfahren dürfte in aller Regel noch weniger sinnvoll sein als nach einem Widerspruch gegen den Mahnbescheid. Zwar mag der Antragsgegner versucht haben, Zeit zu gewinnen. Gerade dann wird er es jetzt erst recht begrüßen, wenn das Gericht ihm durch das zeitraubende Vorverfahren zusätzlich Zeit gibt, zumal er ein technisch sog Zweites Versäumnisurteil in diesem Stadium nicht befürchten muß, Rn 21. 18

Es kommt daher das *schriftliche Vorverfahren* allenfalls zur Einreichung einer Klagebegründung in Betracht, Rn 22. Viel sinnvoller ist daher die Anberaumung eines frühen ersten Termins mit oder ohne Fristen nach § 275. Es ist bis zum Vollstreckungsbescheid und anschließend bis zum Eingang der Anspruchsbegründung schon genug Zeit verstrichen. Außerdem verweist III 2 nicht auch auf § 697 III 1. Daran ändert auch die Verweisung in III 2 auf § 697 I nichts. Das übersehen viele. Daher ist eine Terminierung ohne eine vorherige Frist zur Anspruchsbegründung wirksam. Auch § 295 ist anwendbar.

Ein *Haupttermin* ist allerdings auch nach dem Eingang einer Anspruchsbegründung nicht mehr ohne ein Vorverfahren statthaft. Um seine Wirkungen herbeizuführen, kann das Gericht freilich den formell frühen ersten Termin als einen vollgültigen Verhandlungstermin anberaumen, vorbereiten und ausgestalten, § 272 Rn 4. Das liegt um so näher, als der Einspruch etwa bereits eine Begründung erhalten hat. „Wie nach Eingang einer Klage" bedeutet unter anderem: Das Gericht muß nicht nur die dreitägige Ladungsfrist des § 217 einhalten, sondern auch die zweiwöchige Einlassungsfrist des § 274 III 1 (Ausnahmen § 274 III 2). Das letztere übersehen viele. Wegen ihres Beginns § 697 Rn 12. 19

C. Im Vorverfahren: Keine Frist zur Anzeige einer Verteidigungsabsicht, IV 2. Die ausdrücklich bestimmte Unanwendbarkeit von § 276 I 1 bedeutet: Der Richter darf dem Bekl überhaupt keine Frist zu einer etwaigen Verteidigungsanzeige setzen, genauer: zu einer nochmaligen Anzeige (die erste lag ja verständigerweise bereits im Einspruch). Eine dennoch gesetzte Frist wäre als solche gesetzwidrig und daher unwirksam. Sie wäre auch keine wirksame Notfrist nach § 276 I 1. 20

D. Im Vorverfahren: Kein schriftliches Versäumnisurteil, IV 2. Obwohl der Richter nach dem Eingang der Anspruchsbegründung nach Rn 18 das schriftliche Vorverfahren „wie nach Eingang einer Klage" wählen kann, darf er doch keineswegs auch im Vorverfahren nach einem Einspruch ein schriftliches Versämnisurteil so erlassen, wie er es im Vorverfahren nach einem bloßen Widerspruch tun könnte. Denn IV 2 erklärt den § 276 I 1 ausdrücklich für unanwendbar, anders als der entsprechende § 697 II, der kein solches Verbot ausspricht. Grund dieser unterschiedlichen Regelung ist die Erwägung, daß ein derartiges schriftliches Versäumnisurteil nach § 331 III ein sog Zweites Versäumnisurteil nach § 345 wäre. Denn der Vollstreckungsbescheid steht ja nach I einem Ersten Versäumnisurteil bereits gleich. Infolgedessen stünde dem Bekl gegen ein derartiges schriftliches Versäumnisurteil nach einem Einspruch ein weiterer Einspruch nicht zu, § 345. Er könnte allenfalls unter den engen Voraussetzungen des § 514 II Berufung einlegen. Diese Konsequenz scheute der Gesetzgeber, Nürnb RR **96**, 58, Holch NJW **91**, 3179. 21

E. Im Vorverfahren: Zwang zur Frist zwecks Klagerwiderung, IV 2. Da IV 1 die Anweisung enthält, „wie nach Eingang einer Klage" zu verfahren, und da IV 2 den § 276 I 2 nicht ebenfalls für unanwendbar erklärt, darf und muß das Gericht nach dieser letzteren Vorschrift dem Bekl eine mindestens zweiwöchige einfache Frist (keine Notfrist) „zur schriftlichen Klageerwiderung" setzen. Es muß daher natürlich diese Frist abwarten, bevor es den Haupttermin zum Einspruch und zur Sache ansetzt, wenn es überhaupt das schriftliche Vorverfahren gewählt hat, Rn 18. 22

F. Im Vorverfahren: Keine Sonderfrist bei Auslandsfall, IV 2. Die in IV 2 ausdrücklich bestimmte Unanwendbarkeit von § 276 I 3 bedeutet: Bei einem Auslandsbezug entfällt hier die Möglichkeit einer von § 276 I 2 abweichenden Frist. 23

G. Im Vorverfahren: Keine Belehrung über Fristversäumung usw, IV 2. Die in IV 2 ausdrücklich bestimmte Unanwendbarkeit von § 276 II bedeutet: Eine Belehrung über die Folgen einer Versäumung einer Frist zur Anzeige einer Verteidigungsbereitschaft nach § 276 I 1 usw entfällt natürlich. Denn es gibt ja gar keine wirksame derartige Frist, Rn 20. Eine dennoch erteilte Belehrung ist unwirksam. 24

H. Bei frühem ersten Termin: Verfahren wie nach Klage, IV 1. Wenn sich der Richter nach dem Eingang der Anspruchsbegründung nach Rn 18, 19 für das Verfahren mit einem frühen ersten Termin entscheidet, hat er alle diesbezüglichen Möglichkeiten „wie nach Eingang einer Klage". Er ist also befugt, aber nicht verpflichtet, dem Bekl nach § 275 I eine Frist zur Klagerwiderung oder zB nach § 275 IV anschließend dem Kläger eine Frist zur Stellungnahme auf die Klagerwiderung zu setzen. Er kann den frühen ersten Termin sogleich unter einer Wahrung der Einlassungsfrist nach Rn 18 ansetzen. Er kann ihn nach § 272 Rn 4 als einen vollgültigen Termin vorbereiten und durchführen. Er kann ihn als einen bloßen Durchruftermin planen. Er muß dann anschließend den Haupttermin nach § 275 II sorgfältig vorbereiten. 25

8) Verfahren des Richters mangels Anspruchsbegründung, V. Die Geschäftsstelle des Prozeßgerichts legt dem Richter die Akten jedenfalls dann vor, sobald die von ihr nach § 697 I gesetzte Frist zur Anspruchsbegründung erfolglos verstrichen ist. Das ergibt sich aus V Hs 1. 26

A. Prüfung der Zulässigkeit des Einspruchs, V Hs 1. Der Richter prüft zunächst wie nach dem Eingang einer Anspruchsbegründung wegen I die Statthaftigkeit und Zulässigkeit des Einspruchs nach § 341 I 1. Das ergibt sich aus V Hs 1. Vgl für sein weiteres diesbezügliches Verfahren Rn 12.

27 **B. Mangels Verwerfung: Terminsbestimmung, V Hs 1.** Soweit das Gericht den Einspruch nicht gerade nach § 341 I, II durch ein Urteil nach Rn 26 ohne eine mündliche Verhandlung verworfen hat, darf es in einer Abweichung von der Lage nach dem rechtzeitigen Eingang einer Anspruchsbegründung nicht eine Verfahrenswahl treffen. Es muß vielmehr „unverzüglich Termin bestimmen". Das ergibt sich aus V Hs 1, Düss OLGZ **94**, 220. Das ist ein Haupttermin zum Einspruch und zur Sache, nicht etwa ein früher erster Termin. Trotzdem kommen keine Fristen nach § 276 in Betracht. Es ist auch keine Einlassungsfrist notwendig. Denn das Gericht braucht ja hier gerade nicht „wie nach Eingang einer Klage" zu verfahren. Das Gericht muß den Termin von Amts wegen „unverzüglich" bestimmen, V Hs 1, Düss OLGZ **94**, 220. Das ergibt sich ohnehin aus § 216 II. Das bedeutet: Der Richter darf keineswegs zuwarten, ob doch noch eine Anspruchsbegründung eingeht. Das gilt um so mehr wegen Rn 28. Er darf also anders als bei § 697 III 1 keinen Terminsantrag abwarten. In jedem Fall muß der Richter prüfen, ob er dem Termin zur mündlichen Verhandlung eine Güteverhandlung nach § 278 vorschalten muß.

28 **C. Zugleich: Weitere Anspruchsbegründungsfrist, V Hs 2.** Die Verweisung in V Hs 2 auf § 697 III 2 bedeutet: Zugleich mit der Terminsbestimmung nach Rn 27 darf und muß der Richter dem Kläger eine Frist zur Begründung des Anspruchs setzen. Das ist eine weitere, nunmehr richterliche Frist, keine Notfrist. Ihre Mindestdauer liegt nicht gesetzlich fest. Sie muß aber unter einer Berücksichtigung aller Umstände angemessen sein. Der Richter darf zwar mitbedenken, daß der Kläger ja schon die von der Geschäftsstelle gesetzte erste Frist zur Anspruchsbegründung hat verstreichen lassen. Gleichwohl zeigt der gesetzliche Zwang zur weiteren nunmehr richterlichen Frist, daß das Gesetz dem Kläger sein Schweigen auf die erste Frist mit einer weiteren Frist „belohnt".

Das ist allerdings ein *kaum noch sinnvoller* Vorgang. Er findet seine halbwegs ausreichende Erklärung darin, daß diese weitere richterliche Frist einen Ausschluß wegen Verspätung des Vortrags nach sich zieht, falls der Kläger auch diese Frist verstreichen läßt. Das ergibt sich aus der Verweisung in V Hs 2 auch auf § 697 III 2 Hs 2 und damit auf § 296 I, IV. Das ist nun freilich eine kaum noch durchdringliche Schachtelverweisung überperfektionistischer Art. Sie ist um so bedauerlicher, als die Verspätungsfolgen des § 296 I, IV streng sein können. Eine Zurückweisung wegen Verspätung setzt eine ordnungsgemäß erfolgte Belehrung nach Hs 2 in Verbindung mit §§ 277 II, IV voraus, § 277 Rn 7. Die richterliche Begründungsfrist läßt sich obendrein nach § 224 II abkürzen oder verlängern. Zum Verfahren § 225.

29 **9) Verfahren des Richters bei verspäteter Anspruchsbegründung, IV, V.** Das Gesetz enthält keine klare Regelung. Es hilft daher nur eine mühsame Auslegung. Hat der Vorsitzende beim Eingang der verspäteten Anspruchsbegründung noch keinen Termin nach V anberaumt, wird er am besten nach IV verfahren. Das gilt auch, wenn seine Terminsverfügung usw nach V noch nicht in den Geschäftsgang hinausgegangen ist, § 329 Rn 23. Andernfalls wartet das Gericht am besten innerhalb des Verfahrens nach V die richterliche Frist ab. Denn sonst droht das Argument, das Gericht dürfe § 296 I, IV nicht vor dem Ablauf seiner eigenen Frist anwenden und der Kläger habe seine verspätete Anspruchsbegründung innerhalb der nun einmal vom Richter zusätzlich gesetzten Frist noch ergänzen wollen. Zu den Verspätungsfolgen § 296 I, IV.

30 **10) Säumnis des Beklagten, VI.** Beim Ausbleiben des Bekl nach einem zulässigen Einspruch im folgenden Verhandlungstermin zum Einspruch und zur Hauptsache muß das Gericht anders als nach § 345 Rn 3 bei einer Klage und entgegen einer vielfachen praktischen Übung die Schlüssigkeit des Klaganspruchs prüfen und bejahen, bevor es nach § 345 den Einspruch evtl nach einem vergeblichen Hinweis verwerfen darf und muß, VI, Hs 1, § 331 I, II Hs 1, BGH **141**, 352, Hamm BB **91**, 164. Denn sonst würde die Gefahr des Erlasses eines nur nach § 514 II anfechtbaren Vollstreckungstitels ohne jede Schlüssigkeitsprüfung bestehen, Düss MDR **87**, 769, Orlich NJW **80**, 1782. Andernfalls muß das Gericht den Vollstreckungsbescheid aufheben und die Klage als unzulässig oder unbegründet abweisen, VI Hs 2, BGH **141**, 353. Vgl auch § 343.

701 *Wegfall der Wirkung des Mahnbescheids.* [1] **Ist Widerspruch nicht erhoben und beantragt der Antragsteller den Erlass des Vollstreckungsbescheids nicht binnen einer sechsmonatigen Frist, die mit der Zustellung des Mahnbescheids beginnt, so fällt die Wirkung des Mahnbescheids weg.** [2] **Dasselbe gilt, wenn der Vollstreckungsbescheid rechtzeitig beantragt ist, der Antrag aber zurückgewiesen wird.**

1 **1) Systematik, S 1, 2.** Die Vorschrift ergänzt § 699 durch die Klärung der Rechtsfolgen der Unterlassung eines Antrags auf den Erlaß des Vollstreckungsbescheids oder der Antragszurückweisung.

2 **2) Regelungszweck, S 1, 2.** Da die Entscheidung über den Erlaß des Vollstreckungsbescheids nach § 699 I 1 von einem zum Mahnantrag zusätzlich erforderlichen Antrag abhängt, könnte der Gläubiger mithilfe des ihm ja zumindest nach § 693 II bekanntgegebenen Mahnbescheids unbegrenzte Zeit hindurch Druck auf den Schuldner ausüben, wenn auch keine Vollstreckung betreiben. Zwecks Rechtssicherheit nach Einl III 43 soll dergleichen eine zeitliche Grenze haben. Das geschieht in S 1. S 2 enthält eine entsprechende Befristung. Der Gläubiger soll alsbald entscheiden, ob er gegen die Zurückweisung des Antrags auf einen Vollstreckungsbescheid vorgehen will.

3 **3) Voraussetzungen, S 1, 2.** Die Zustellung des Mahnbescheids kann auch noch nach mehr als sechs Monaten seit seinem Erlaß erfolgen. Ein zunächst erfolgloser Zustellungsversuch läßt sich wiederholen, BGH NJW **95**, 3381. Der endgültig unzustellbare Mahnbescheid ist unwirksam. Die Wirkung des Mahnbescheids entfällt trotz des Fehlens eines Widerspruchs des Antragsgegners dann, wenn der Antragsteller den Mahnantrag nach § 690 Rn 16 wirksam zurücknimmt oder wenn eine der beiden folgenden Voraussetzungen vorliegt.

A. Kein Antrag. Der Antragsteller darf binnen 6 Monaten seit der Zustellung des Mahnbescheids trotz des Ausbleibens eines Widerspruchs des Antragsgegners oder trotz einer wirksamen Widerspruchsrücknahme nach § 697 Rn 23 keinen Vollstreckungsbescheid nach § 699 I beantragt haben. Es handelt sich um eine uneigentliche Frist, Üb 11 vor § 214, also um eine Ausschlußfrist, LG Köln AnwBl **86**, 538, LAG Bln MDR **90**, 187, und nicht um eine Notfrist, § 224 I 2. Man muß sie nach § 222 in Verbindung mit §§ 187 ff BGB berechnen. Das Gericht kann sie weder verkürzen noch verlängern, § 224, noch gegen ihre Versäumung eine Wiedereinsetzung bewilligen, § 233, LG Köln AnwBl **86**, 538, LAG Bln MDR **90**, 187. Die Frist beginnt bereits mit demjenigen Zeitpunkt zu laufen, in dem der Mahnbescheid dem Antragsgegner zuging, § 693 I, also nicht erst mit der Benachrichtigung des Antragstellers nach § 693 III, LG Köln AnwBl **86**, 538, LAG Bln MDR **90**, 187. Wenn der Antragsteller einen Vollstreckungsbescheid erwirkt hat, der aber weder von Amts wegen noch im Parteibetrieb nach § 700 IV zugegangen ist, läuft die Frist nicht, obwohl der Antragsgegner auch so Einspruch einlegen darf.

Die Einlegung eines *Widerspruchs* hemmt die Frist bis zu seiner wirksamen Rücknahme, § 697 Rn 23. Der Eingang des Antrags auf den Vollstreckungsbescheid unterbricht die Frist, LG Brschw Rpfleger **78**, 263. Eine rechtzeitige Antragstellung erlaubt den Erlaß des Vollstreckungsbescheids auch nach mehr als 6 Monaten seit der Zustellung des Mahnbescheids. Innerhalb der Frist kann der Antragsteller einen zurückgenommenen Antrag erneuern. Nach der Rücknahme des Antrags läuft die Frist weiter.

B. Zurückweisung. Es mag auch so liegen: Der Antragsteller mag zwar den Vollstreckungsbescheid nach 4
S 1 rechtzeitg beantragt haben, das Gericht mag diesen Antrag aber trotz des Ausbleibens eines Widerspruchs usw nach Rn 1 rechtskräftig zurückgewiesen haben, § 691 Rn 8. Das Erfordernis der Rechtskraft folgt aus § 691 Rn 15. Auch nach dem Eintritt der Rechtskraft mag der Antragsteller freilich innerhalb der 6-Monats-Frist den Antrag erneuern, Rn 3, LG Ffm Rpfleger **82**, 295 (zustm Vollkommer). Etwas anderes gilt, wenn das Gericht einen rechtzeitig gestellten Antrag nicht binnen 6 Monaten beschieden hat.

4) Weitere Folgen, S 1, 2. Es kommt auf die Entscheidungsrichtung an. 5

A. Sachliche Zurückweisung. Wenn das Gericht den Antrag auf den Vollstreckungsbescheid sachlich zurückgewiesen hat, verliert der Mahnbescheid seine Kraft.

B. Verwerfung. Wenn das Gericht den Antrag nur aus förmlichen Gründen oder als verfrüht verworfen 6
hat, darf der Antragsteller ihn in der 6-Monats-Frist mit einer besseren Begründung erneuern. Er muß aber das Fehlende fristgerecht nachholen, LG Ffm Rpfleger **82**, 295 (zustm Vollkommer).

C. Fristablauf. Im Fall Rn 5 verliert der Mahnbescheid jede prozessuale Wirkung. Es tritt nicht etwa 7
eine Erledigungswirkung ein, KG MDR **83**, 323. Die sachlichrechtliche Wirkung seines Erlöschens ergibt sich aus dem sachlichen Recht.

702 *Form von Anträgen und Erklärungen.* **I [1] Im Mahnverfahren können die Anträge und Erklärungen vor dem Urkundsbeamten der Geschäftsstelle abgegeben werden. [2] Soweit Formulare eingeführt sind, werden diese ausgefüllt; der Urkundsbeamte vermerkt unter Angabe des Gerichts und des Datums, dass er den Antrag oder die Erklärung aufgenommen hat. [3] Auch soweit Formulare nicht eingeführt sind, ist für den Antrag auf Erlass eines Mahnbescheids oder eines Vollstreckungsbescheids bei dem für das Mahnverfahren zuständigen Gericht die Aufnahme eines Protokolls nicht erforderlich.**

II Der Antrag auf Erlass eines Mahnbescheids oder eines Vollstreckungsbescheids wird dem Antragsgegner nicht mitgeteilt.

1) Systematik, I, II. Die Vorschrift ergänzt § 690. I 1, 2 gelten entsprechend bei § 829 IV. 1

2) Regelungszweck, I, II. § 702 dient der Vereinfachung und Kostendämpfung und damit der Prozeß- 2
wirtschaftlichkeit, Grdz 14 vor § 128. Entsprechend großzügig sollte man die Vorschrift auslegen.

3) Zuständigkeit, I. Vor dem Urkundsbeamten der Geschäftsstelle als solchem unabhängig von den 3
Fällen Grdz 4 vor § 688 kann man sämtliche Anträge und Erklärungen im Mahnverfahren abgeben, S 1. Wegen der Beendigung des Mahnverfahrens § 703 Rn 1. Zur Entgegennahme ist der Urkundsbeamte der Geschäftsstelle eines jeden AG zuständig, § 129 a I, Crevecœur NJW **77**, 1321. Die Wirkung des Antrags tritt erst dann ein, wenn der Antrag bei dem für das Mahnverfahren zuständigen AG eingeht, § 129 a II 2.

4) Form, I. Eine mündliche Erklärung vor dem Rpfl oder in den Fällen Grdz 4 vor § 688 vor dem dafür 4
zuständigen Urkundsbeamten der Geschäftsstelle auch jedes anderen AG nach § 129 a reicht mangels eines Formularzwangs (dazu unten) grundsätzlich aus. Daher besteht grundsätzlich kein Anwaltszwang, § 78 V Hs 2. Das gilt auch dann, wenn ein etwaiges streitiges Verfahren dem Anwaltszwang unterliegen würde. Ein Bevollmächtigter des Antrag*stellers* oder des Rechtsbehelfsführers braucht seine Vollmacht nur einfach nach § 703 Rn 3 und nicht eidesstattlich zu versichern und nicht nachzuweisen. Auch ein Telefax usw ist zulässig, § 129 Rn 44, ebenso eine telefonische Erklärung, zu deren Entgegennahme der Urkundsbeamte nach Grdz 4 vor § 688 oder ein anderer Urkundsbeamter bereit ist. Wegen einer elektronischen Einreichung § 130 a. Ein förmliches Protokoll braucht der Urkundsbeamte weder für den Antrag auf einen Mahnbescheid noch für denjenigen auf den Vollstreckungsbescheid aufzunehmen, S 3, es sei denn bei der Aufnahme einer Erklärung vor einem anderen als dem für das Mahnverfahren zuständigen Gericht, Rn 1. Für einen Widerspruch gegen den Mahnbescheid ist aber ein Protokoll dann notwendig, wenn der Antragsgegner seinen Widerspruch nicht schriftlich einlegt, § 694 Rn 2. Wegen der Form des Einspruchs § 340 Rn 4.

Soweit *Formulare* bestehen, ist wegen des Benutzungszwangs nach § 703 c II grundsätzlich deren Ausfüllung zur Vermeidung einer Zurückweisung als unzulässig notwendig, I 2 (vgl aber § 692 Rn 7, § 694 Rn 3). Dabei vermerkt der Urkundsbeamte der Geschäftsstelle nach Grdz 4 vor § 688 oder der sonstige Urkundsbeamte die Aufnahme mit dem Ort und dem Datum. Als Unterschrift reicht ein Stempel und daher bei einer elektronischen Aktenführung aus denselben Gründen wie bei § 692 Rn 11 eine einfache, nicht notwendig qualifizierte elektronische Signatur aus. Bei einer maschinellen Bearbeitung muß man § 703 b beachten.

5 **5) Keine Benachrichtigung, II.** Es erfolgt keine Mitteilung von Amts wegen über den Eingang eines Antrags auf einen Mahnbescheid oder Vollstreckungsbescheid an den Gegner. Wenn sich der Gegner erkundigt, darf und muß der Urkundsbeamte der Geschäftsstelle als solcher unabhängig von den Fällen Grdz 4 vor § 688 die erbetene Auskunft geben. Der Antragsgegner erhält auch von der Zurückweisung des Antrags grundsätzlich keine Benachrichtigung. Von einem Widerspruch benachrichtigt der Urkundsbeamte den Antragsteller nach § 695. Nach einem Einspruch gegen den Vollstreckungsbescheid benachrichtigt das Gericht beide Parteien von der Abgabe des Verfahrens, §§ 700 III 2 in Verbindung mit 696 I 3.

703 *Kein Nachweis der Vollmacht.* [1] **Im Mahnverfahren bedarf es des Nachweises einer Vollmacht nicht.** [2] **Wer als Bevollmächtigter einen Antrag einreicht oder einen Rechtsbehelf einlegt, hat seine ordnungsgemäße Bevollmächtigung zu versichern.**

1 **1) Systematik, S 1, 2.** Die Vorschrift regelt in Ergänzung zu §§ 690, 699, 702 eine wichtige Einzelfrage. Im Mahnverfahren ist zwar eine Vollmacht im Innenverhältnis wie sonst notwendig. Sie läßt sich auch rückwirkend nachholen. Weder ein Anwalt noch abweichend von § 88 II ein sonstiger Bevollmächtigter brauchen eine Vollmacht aber im Außenverhältnis für den eigenen Bevollmächtigten nachzuweisen, auch nicht auf eine Rüge des Gegners. Es ist stets erforderlich und grundsätzlich ausreichend, das Vorhandensein einer Vollmacht zu behaupten und auch zu „versichern", Rn 3. Natürlich reicht das nicht auch für die Tätigkeit des möglichen Bevollmächtigten des Angrags*gegners* aus. Dann gelten auch im Mahnverfahren §§ 80 ff.

Das Mahnverfahren *endet:* Mit dem Wegfall der Wirkung des Mahnbescheids, § 700 S 1; mit einer rechtskräftigen Zurückweisung des Antrags auf den Vollstreckungsbescheid, § 701 S 2; nach einem Widerspruch gegen den Mahnbescheid mit dem Eingang der Akten beim Gericht des streitigen Verfahrens, § 696 Rn 12; nach einem Einspruch gegen den Vollstreckungsbescheid mit der nächsten gerichtlichen Maßnahme, § 700 III 2 in Verbindung mit § 696 I 4, Köln MDR **82**, 945, aM Mü MDR **92**, 617 (aber spätestens dann liegt nun ein streitiges Verfahren vor).

2 **2) Regelungszweck, S 1, 2.** Die Vorschrift dient der Vereinfachung und Beschleunigung, Grdz 12 vor § 128. Das Gesetz nimmt in S 2 mit seinem Verzicht auf die Eidesstattlichkeit der dortigen Versicherung die gewisse Erhöhung der Gefahr einer falschen Versicherung (keine Strafbarkeit nach § 156 StBG) um der Praktikabilität im Massenverfahren willen in Kauf, Grdz 14 vor § 128.

3 **3) Versicherung, S 2.** Nur bei der Einreichung eines Antrags nach §§ 690, 696 I, 699 I oder bei der Einlegung eines Rechtsbehelfs nach §§ 694, 700 III, ferner nach §§ 104 III, 567 I, § 11 RPflG muß der Bevollmächtigte nur des Antragstellers oder Rechtsbehelfsführers darüber hinaus eine ordnungsgemäße Bevollmächtigung versichern. S 2 gilt also nicht für deren Gegner. Jeder Bevollmächtigte muß diese Versicherung abgeben, auch ein Anwalt. Im etwaigen Formular muß man das entsprechende Kästchen ankreuzen. Eine Prozeßvollmacht reicht als das stärkere Mittel aus. Eine eidesstattliche Versicherung ist nicht erforderlich. §§ 88 ff sind nur anwendbar, soweit nicht die Spezialvorschrift des § 703 sie verdrängt. Die Unterzeichnung durch einen Laien mit „i. A." läßt sich als eine Versicherung der Bevollmächtigung bewerten, Köln VersR **92**, 1279.

4 **4) Streitiges Verfahren, S 1, 2.** Im anschließenden streitigen Verfahren ist eine Vollmacht wie sonst notwendig, §§ 80 ff, 88. Das gilt auch dann, wenn der Antrag auf die Durchführung des streitigen Verfahrens oder die Erklärung der Rücknahme eines Widerspruchs oder Einspruchs erst in diesem Verfahrensabschnitt eingehen. Denn erst mit einer wirksamen Zurücknahme gilt die Streitsache als (wenn auch rückwirkend) nicht rechtshängig, § 696 IV 3, oder ein streitiges Verfahren als nicht mehr vorhanden. Daher muß das Prozeßgericht die Wirksamkeit der Rücknahme noch im streitigen Verfahren prüfen, Hornung Rpfleger **78**, 430, aM RoSGo § 165 III 5 d (aber im streitigen Verfahren gelten auch die restlichen Formvorschriften des Mahnverfahrens zwecks dessen Abwicklung evtl noch mit). Erst nach einer eindeutigen Rückkehr ins Mahnverfahren gilt wieder § 703. Soweit eine erforderliche Vollmacht fehlte, muß man die entsprechend fehlerhafte Parteiprozeßhandlung im Sinn von Grdz 47 vor § 128 nach § 89 beurteilen, aM ThP 3 (sie sei unwirksam. Aber es ist zumindest eine Heilung nach § 295 möglich).

5 **5) Zwangsvollstreckung, S 1, 2.** In diesem Stadium muß man seine Vollmacht wie sonst nachweisen, auch wenn es nur einen Vollstreckungsbescheid und kein anschließendes streitiges Verfahren gegeben hat, Bank JB **80**, 1620.

703a *Urkunden-, Wechsel- und Scheckmahnverfahren.* [I] **Ist der Antrag des Antragstellers auf den Erlass eines Urkunden-, Wechsel- oder Scheckmahnbescheids gerichtet, so wird der Mahnbescheid als Urkunden-, Wechsel- oder Scheckmahnbescheid bezeichnet.**

[II] **Für das Urkunden-, Wechsel- und Scheckmahnverfahren gelten folgende besondere Vorschriften:**

1. **die Bezeichnung als Urkunden-, Wechsel- oder Scheckmahnbescheid hat die Wirkung, dass die Streitsache, wenn rechtzeitig Widerspruch erhoben wird, im Urkunden-, Wechsel- oder Scheckprozess anhängig wird;**
2. **die Urkunden sollen in dem Antrag auf Erlass des Mahnbescheids und in dem Mahnbescheid bezeichnet werden; ist die Sache an das Streitgericht abzugeben, so müssen die Urkunden in Urschrift oder in Abschrift der Anspruchsbegründung beigefügt werden;**
3. **im Mahnverfahren ist nicht zu prüfen, ob die gewählte Prozessart statthaft ist;**

4. beschränkt sich der Widerspruch auf den Antrag, dem Beklagten die Ausführung seiner Rechte vorzubehalten, so ist der Vollstreckungsbescheid unter diesem Vorbehalt zu erlassen. Auf das weitere Verfahren ist die Vorschrift des § 600 entsprechend anzuwenden.

1) Systematik, I, II. Die Vorschrift paßt das Mahnverfahren in einer Sache wegen einer Urkunden-, Wechsel- oder Scheckforderung den Besonderheiten des entsprechenden Klageverfahrens nach §§ 592–605 a an. Es gelten also §§ 688 ff, soweit § 703 a keine Sondervorschrift enthält. 1

2) Regelungszweck, I, II. Die Vorschrift dient einer Vereinheitlichung und der gerade bei einer solchen Forderung auch besonderen Eilbedürftigkeit. Damit dient sie auch der Prozeßwirtschaftlichkeit, Grdz 14 vor § 128. 2

3) Zulässigkeit, I, II. Sie folgt einem klaren Grundsatz. 3

A. Grundsatz, I, II Z 1. Das Urkunden-, Wechsel- und Scheckmahnverfahren ist eine ziemlich lebensunfähige Einrichtung. Es soll die Vorteile des Mahnverfahrens mit denjenigen des Urkunden- usw -prozesses vereinen. Es ist nur dann statthaft, wenn der Antragsteller den Anspruch im Urkunden- usw Prozeß geltend machen könnte, §§ 592 ff. Doch muß das Gericht auf einen inhaltlich entsprechend deutlichen Antrag einen Urkunden- usw Mahnbescheid erlassen, ohne daß es die Statthaftigkeit gerade dieser Unterart des Mahnverfahrens prüfen darf, II Z 3. Wenn das besondere Verfahren zulässig ist, gilt § 703 a vorrangig oder doch ergänzend. Es treten die daraus auch etwa folgenden Nachteile erst im streitigen Verfahren ein. Dann darf zB kein Versäumnisurteil ergehen. Die Widerspruchsfrist ist jetzt bei allen Arten des Mahnbescheids einheitlich, §§ 692 I Z 3, 694. Die Anhängigkeit tritt im Urkunden- usw -prozeß nach II Z 2 ein, die Rechtshängigkeit nach § 696 III. Wenn der Kläger vom Urkunden- usw -mahnverfahren Abstand nimmt, geht der Streit im normalen Mahn- oder streitigen Verfahren weiter.

B. Urkunde, II Z 2. Die Bezeichnung der Urkunde im Antrag und im Mahnbescheid ist nach II Z 2 Hs 1 für das Mahnverfahren eine bloße Sollvorschrift, aM BGH NJW **01**, 306 (aber bei einem klaren Wortlaut gibt es keine umdeutende Auslegung, Einl III 39, und derselbe II Z 2 macht in Hs 1 mit „sollen", in Hs 2 mit „müssen" unmißverständlich verschiedene Anforderungsgrade klar). Die Unterlassung dieser Bezeichnung hat keine Folgen, sofern sich nach I der Antrag ausdrücklich oder doch eindeutig erkennbar gerade auf den Erlaß eines Urkunden- usw Mahnbescheid richtet, sofern dieser auch als solcher bezeichnet wird und soweit der Antragsteller schließlich seinen Anspruch identifiziert hat, § 690 Rn 6, BGH NJW **01**, 306. Eine Beifügung der Urkunde ist im Mahnverfahren keineswegs notwendig. Sie ist sogar nicht ratsam, wenn eine maschinelle Bearbeitung stattfindet. Die Urkunde wird ja nicht benötigt. 4

C. Keine Schlüssigkeitsprüfung. Denn es findet ohnehin keine Schlüssigkeitsprüfung statt, also auch keine besondere Schlüssigkeitsprüfung des Urkundenverfahrens, § 690 Rn 7. II Z 2 Hs 2 meint auch nur, daß man die Urkunden im anschließenden streitigen Verfahren beifügen muß, ebenso natürlich in der Zwangsvollstreckung, LG Saarbr DGVZ **90**, 44. Denn erst dann ist eine „Anspruchsbegründung" notwendig. Daher darf das Gericht den Antrag keineswegs schon wegen des Fehlens der Urkunden zurückweisen, aM ZöV 4 (aber „soll" ist eben nicht = „muß", Einl III 39. „Muß" gilt nach II Z 2 Hs 2 erst im stretigen Verfahren). Es ist unschädlich, die Urkunden vorher einzureichen. Der Urkundsbeamte der Geschäftsstelle muß als solcher unabhängig von den Fällen Grdz 4 vor § 688 die Urkunden auch bei einer maschinellen Bearbeitung entweder in gehöriger Form verwahren oder sie sorgfältig zurückschicken und anheimgeben, sie später erneut einzureichen. 5

4) Weiteres Verfahren, II Z 1–4. Das Gericht muß zwar die allgemeinen Prozeßvoraussetzungen des Mahnverfahrens wie sonst prüfen, § 688 Rn 3 ff. Es darf aber die Statthaftigkeit gerade des Urkunden-, Wechsel- oder Scheckmahnverfahrens nach II Z 3 erst nach dem Eingang eines Widerspruchs oder Einspruchs im streitigen Verfahren prüfen, Rn 1. Es ist nicht erforderlich, zur Zahlung nur gegen eine Aushändigung der gültigen Urkunde aufzufordern. Mangels eines Widerspruchs ergeht ein Vollstreckungsbescheid nach § 699. Gegen ihn ist ein Einspruch statthaft, § 700. Wenn das Gericht die Sache auf den Widerspruch eines Gesamtschuldners an das für ihn zuständige Gericht abgegeben oder verwiesen hat und wenn nunmehr ein anderer Gesamtschuldner gegen den Vollstreckungsbescheid einen Einspruch einlegt, gibt es die Sache auch insoweit an dasselbe Gericht ab oder verweist insoweit, BGH Rpfleger **75**, 172 (zum alten Recht). Wenn der Widerspruch nur mit einem Antrag auf den Vorbehalt der Rechte erfolgte, ergeht der Vollstreckungsbescheid unter diesem Vorbehalt, II Z 4. 6

Gegen den Vorbehalt ist ein *Einspruch unstatthaft,* Schriewer MDR **79**, 24. Denn es fehlt eine Versäumung. Das Mahngericht gibt die Akten dann vielmehr entsprechend § 700 III von Amts wegen an das im Mahnantrag und -bescheid bezeichnete Gericht des streitigen Verfahrens ab. Dort entsteht ein Nachverfahren nach § 600. Dagegen ist wegen des Fehlens des Vorbehalts ein Einspruch zulässig. Die Ladungsfrist für das Nachverfahren ist in § 703 a nicht besonders geregelt.

703b *Sonderregelungen für maschinelle Bearbeitung.* **I Bei maschineller Bearbeitung werden Beschlüsse, Verfügungen und Ausfertigungen mit dem Gerichtssiegel versehen; einer Unterschrift bedarf es nicht.**

II Der Bundesminister der Justiz wird ermächtigt, durch Rechtsverordnung mit Zustimmung des Bundesrates den Verfahrensablauf zu regeln, soweit dies für eine einheitliche maschinelle Bearbeitung der Mahnverfahren erforderlich ist (Verfahrensablaufplan).

Schrifttum: S bei § 689.

1) Systematik, I, II. Die Vorschrift entspricht weitgehend § 658. Vgl auch § 689 Rn 14, § 703 c III. 1

2) Regelungszweck, I, II. Das maschinelle Verfahren dient einer rascheren und kostensparenden Bewältigung des Massenverfahrens. Das sollte man bei der Auslegung mitbeachten. 2

3 **3) Maschinelle Bearbeitung, I.** Ausreichend ist statt einer Unterschrift oder eines entsprechenden Stempelabdrucks nach § 692 II das Gerichtssiegel, und zwar als Druck. Das gilt auch für die Zustellungsbescheinigung nach (jetzt) § 169 I, Köln Rpfleger **97**, 31. Es ist also nicht etwa ein Siegel im Original erforderlich, BGH VersR **85**, 551, Schuster DGVZ **83**, 117. Der Aktenausdruck ist nach § 418 beweiskräftig, § 696 Rn 9.

4 **4) Verfahrensablaufplan, II.** Ein solcher ist bisher noch nicht gesetzlich eingeführt worden.

703c *Formulare; Einführung der maschinellen Bearbeitung.* **I 1 Der Bundesminister der Justiz wird ermächtigt, durch Rechtsverordnung mit Zustimmung des Bundesrates zur Vereinfachung des Mahnverfahrens und zum Schutze der in Anspruch genommenen Partei Formulare einzuführen. 2 Für**

1. Mahnverfahren bei Gerichten, die die Verfahren maschinell bearbeiten,
2. Mahnverfahren bei Gerichten, die die Verfahren nicht maschinell bearbeiten,
3. Mahnverfahren, in denen der Mahnbescheid im Ausland zuzustellen ist,
4. Mahnverfahren, in denen der Mahnbescheid nach Artikel 32 des Zusatzabkommens zum NATO-Truppenstatut vom 3. August 1959 (BGBl. 1961 II S. 1183, 1218) zuzustellen ist,

können unterschiedliche Formulare eingeführt werden.

II Soweit nach Absatz 1 Formulare für Anträge und Erklärungen der Parteien eingeführt sind, müssen sich die Parteien ihrer bedienen.

III Die Landesregierungen bestimmen durch Rechtsverordnung den Zeitpunkt, in dem bei einem Amtsgericht die maschinelle Bearbeitung der Mahnverfahren eingeführt wird; sie können die Ermächtigung durch Rechtsverordnung auf die Landesjustizverwaltungen übertragen.

Vorbem. Überschrift nur scheinbar geändert (war in Wahrheit schon vorher erfolgt) dch Art 1 Z 5 b G v 18. 8. 05, BGBl 2477, in Kraft seit 27. 8. 05, Art 3 S 2 G.

Schrifttum: *Kruse/Geishecker,* Das EDV-gestützte gerichtliche Mahnverfahren, 1996; *Salten/Riesenberg/Jurksch,* Das automatisierte gerichtliche Mahnverfahren usw, 1996; *Schmid,* Elektronische Datenverarbeitung im Mahnverfahren, 1990; *Seidel/Brändle,* Automatisierte Mahnverfahren, 1991.

Gliederung

1 **1) Systematik, Regelungszweck, I–III.** Vgl § 703 b Rn 1.

2 **2) Formularverordnungen, I.** Vgl auch § 641 t. Es sind im Bereich des § 703 c bisher folgende Verordnungen ergangen: vom 6. 6. 78, BGBl 705, zuletzt geändert durch Art 7 ZPO-RG v 27. 7. 01, BGBl 1887, in Kraft seit 1. 10. 01, Art 53 Z 1 ZPO-RG, ÜbergangsR Einl III 78, betr Verfahren nach I 2 Z 1 (vgl aber Rn 4); VO vom 6. 5. 77, BGBl 693, geändert zunächst durch Art 6, 7 ZPO-RG v 27. 7. 01, BGBl 1887, in Kraft seit 1. 10. 01, Art 53 Z 1 ZPO-RG, sodann durch Art 2 VIII ZustRG vom 25. 6. 01, BGBl 1206, in Kraft seit 1. 7. 02, Art 4 ZustRG, ferner durch Art 31 G v 13. 12. 01, BGBl 3574, in Kraft seit 1. 1. 02, Art 36 I G, ÜbergangsR jeweils Einl III 78. Wegen Art 32 ZAbkNTrSt SchlAnh III.

Im *arbeitsgerichtlichen* Verfahren gilt § 46 a VII ArbGG, dazu betr Vordrucke VO vom 15. 12. 77, BGBl 2625, zuletzt geändert dch Art 19 IV G v 12. 12. 07, BGBl 2840, und sodann durch Art 2 XVI a ZustRG v 25. 6. 01, BGBl 1206, in Kraft seit 1. 7. 02, Art 4 ZustRG, ÜbergangsR Einl III 78.

Das Formular muß bei einer schriftlichen Fassung als *Durchschreibesatz* gestaltet sein, AG Halle NJW **96**, 3423, AG Hbg NJW **97**, 874, AG Hünfeld RR **97**, 831, aM LG Düss Rpfleger **79**, 348. Zum Bedrucken Gureck MDR **98**, 1457. BVerfG NJW **04**, 1098 links und rechts hält wegen Art 2 I GG schon im Antragsformular einen Hinweis auf die Gebührenpflichtigkeit eines Antrags auf ein streitiges Verfahren für notwendig.

3 **3) Benutzungszwang, II.** Er bringt zunehmend auch Probleme.

A. Nur im Umfang von Verordnungen. Ein Benutzungszwang besteht nur noch im Umfang der Verordnungen, Rn 1, 4, Salten MDR **95**, 668. Vor den AGen Hagen und Euskirchen als bundesweiten Pilotgerichten ist der Mahnantrag seit 14. 8. 06 auf Blankopapier ohne einen Formularzwang zulässig, NJW **06**, Heft 36 S XIV. Ein Benutzungszwang besteht also nur für: den Antrag auf den Erlaß des Mahnbescheids, LG Darmst NJW **86**, 1696, LG Hagen NJW **92**, 2036; den Mahnbescheid; den Antrag auf den Erlaß des Vollstreckungsbescheids; den Vollstreckungsbescheid, LG Düss Rpfleger **79**, 348. Telefax ist hier unzulässig, LG Hagen NJW **92**, 2036, Daumke ZIP **95**, 722. Obwohl zugleich ein Formular für den Widerspruch eingeführt wurde, besteht für den Widerspruch in Wahrheit doch kein Formularzwang, II. Freilich ist die Benutzung des Formulars ratsam, §§ 692 Rn 7, 694 Rn 3. Der Einspruch unterliegt keinem Formularzwang, ebensowenig eine Erinnerung oder sofortige Beschwerde.

Kein Benutzungszwang besteht ferner, soweit man den Mahnbescheid im Ausland, § 688 III, oder nach Art 32 ZAbkNTrSt, SchlAnh III, zustellen muß, VO vom 6. 6. 78, BGBl 705 (betr I 2 Z 1) § 1 II, VO vom 6. 5. 77, BGBl 693 (betr I 2 Z 2) § 1 I 2. Innerhalb der vorgeschriebenen Formularart ist eine Auswechslung möglich, LG Düss Rpfleger **79**, 348. Zum Formularzwang vgl auch §§ 117 IV, 641 t II.

4 **B. Verstoß.** Soweit ein Benutzungszwang besteht, muß der Benutzer zB die Durchschreibetechnik anwenden, um Fehler zu vermeiden, Rn 2. Eine Abweichung eines Formulars von gesetzlichen Bestimmungen kann für den Antragsteller nachteilig sein, LG/AG Hbg Rpfleger **00**, 171 (streng). Eine Mangelheilung zB durch die Nachreichung eines korrekten Formulars ist möglich, BGH NJW **99**, 3717, LG Düss Rpfleger

79, 348, Salten MDR **95**, 669. Ein Verstoß ist ein Zurückweisungsgrund, § 691 Rn 3, AG Halle NJW **96**, 3423, AG Hbg NJW **97**, 874, AG Hünfeld RR **97**, 829. Er macht eine Zwangsvollstreckung mangels einer wirksamer Zustellung unzulässig, LG Darmst DGVZ **96**, 62. Die Einspruchsfrist der §§ 700 I, 339 I beginnt nicht zu laufen, LG Darmst DGVZ **96**, 62, aM Karlsr RR **87**, 895. Es kann eine Verjährung eintreten, LG Darmst NJW **86**, 1695. Wegen der Form des Einspruchs § 700 Rn 8 ff. Soweit eine Fernkopie des Formulars vorliegt, ist es rechtlich benutzt worden, aM LG Hagen Rpfleger **92**, 167 (zum Telefax).

4) Maschinelle Bearbeitung, III. Vgl zunächst § 689 III. Zu Plänen einer Umstellung auf ein nur noch elektronisches Mahnverfahren krit Redeker AnwBl **06**, 448. Die Landesregierungen haben die Landesjustizverwaltungen wie folgt nach III ermächtigt: 5

Baden-Württemberg: VO zuletzt vom 15. 1. 93, GBl 50 (zuständig ist für Anträge aus dem gesamten Bundesgebiet das AG Stuttgart);

Bayern: VO zuletzt vom 20. 12. 94, GVBl 1080 (zuständig sind das AG Coburg für die Bezirke der AGe Coburg und Lichtenfels, das AG Nürnberg für die Bezirke der AGe Fürth und Nürnberg; beschränkt auch AG München);

Berlin: VO zuletzt vom 12. 5. 95, GVBl 314 (zuständig ist das AG Wedding und für den Bereich des § 689 II 2 das dort bestimmte AG Schöneberg);

Brandenburg:

Bremen: VO vom 20. 9. 01, GBl 329;

Hamburg: VO zuletzt vom 20. 1. 98, GVBl 22 (zuständig ist das AG Hamburg – gemeint: Mitte – (?);

Hessen: VO vom 29. 10. 94, GVBl 634 (zuständig ist für den Bezirk Eltville das AG Hünfeld. Es bearbeitet auch die in § 689 Rn 9 „Hessen" genannten Fälle, soweit sie maschinell bearbeitet werden);

Mecklenburg:

Niedersachsen: VO vom 29. 8. 97, GVBl 400. Seit 1. 10. 06 ist das AG Uelzen das zentrale Mahngericht, NJW **06** Heft 42 S XX.

Nordrhein-Westfalen: VO zuletzt vom 28. 1. 99, GVBl 43: zuständig sind das AG Euskirchen für den OLG-Bezirk Köln, das AG Hagen für die OLG-Bezirke Düsseldorf und Hamm (je Ausnahme: kein inländischer allgemeiner Gerichtsstand, § 1 VO), in Kraft seit 1. 5. 99, ÜbergangsR § 2 VO;

Rheinland/Pfalz: VO vom 6. 3. 92, GVBl 67 (zuständig ist das AG Mayen für Anträge aus dem gesamten Bundesgebiet);

Saarland:

Sachsen:

Sachsen-Anhalt: VO vom 12. 9. 05, GVBl 630 (Zuständigkeit des AG Aschersleben);

Schleswig-Holstein: VO vom 25. 9. 06, GVBl 222 (Zuständigkeit des AG Schleswig);

Thüringen:

703d *Antragsgegner ohne allgemeinen inländischen Gerichtsstand.* [I] **Hat der Antragsgegner keinen allgemeinen Gerichtsstand im Inland, so gelten die nachfolgenden besonderen Vorschriften.**

[II 1] **Zuständig für das Mahnverfahren ist das Amtsgericht, das für das streitige Verfahren zuständig sein würde, wenn die Amtsgerichte im ersten Rechtszug sachlich unbeschränkt zuständig wären.** [2] **§ 689 Abs. 3 gilt entsprechend.**

1) Systematik, I, II. Grundsätzlich müßte das Gericht sowohl nach dem Eingang eines Widerspruchs gegen den Mahnbescheid als auch nach einem Einspruch gegen den Vollstreckungsbescheid die Akten von Amts wegen an dasjenige Gericht abgeben, das für ein streitiges Verfahren zuständig ist. Das ergibt sich aus §§ 696 I, 700 III je in Verbindung mit §§ 692 I Z 1, 690 I Z 5. Soweit ein Antrags*gegner* bei der Zustellung des Mahnbescheids nach § 689 Rn 9 im Inland keinen allgemeinen Gerichtsstand hat, sondern allenfalls einen besonderen Gerichtsstand, zB nach §§ 20–23 a, 26 ff, 38, müßte eine derartige Aufgabe erfolgen, § 690 Rn 13. Deshalb schafft § 703 d nur diesem Antragsgegner gegenüber und nicht auch anderen etwa gesamtschuldnerischen Antragsgegnern mit einem inländischen Gerichtsstand gegenüber eine vorrangige Sonderregelung, BGH NJW **95**, 3317 (§ 36 I Z 3 kann entsprechend anwendbar sein). 1

Sie gilt unabhängig davon, ob der Antrag*steller* im Inland einen allgemeinen Gerichtsstand hat. § 703 d hat also den Vorrang gegenüber § 689 II 1 und 2, BGH NJW **81**, 2647, § 689 Rn 5. Die Vorschrift erfaßt sowohl den Fall, daß eine Zustellung des Mahnbescheids nach den allgemeinen Vorschriften im Inland erfolgen kann und daß nur eben ein allgemeiner Gerichtsstand des Antragsgegners im Inland fehlt, als auch den Fall, daß nach § 688 III eine Zustellung des Mahnbescheids im Ausland notwendig wird. Die EuGVVO, SchlAnh V C 2, ist gegenüber § 703 d vorrangig, BGH NJW **81**, 2647, Wagner RIW **95**, 91. Eine öffentliche Zustellung nach §§ 185 ff darf wegen § 688 II Z 3 nicht erforderlich sein.

2) Regelungszweck, I, II. Die Vorschrift dient der Rechtssicherheit, Einl III 43. Die Zuständigkeitsfrage soll dem Ziel eines raschen und einfachen Verfahrens zur Erlangung eines Vollstreckungstitels auch bei einem Anstandsbezug nach § 688 III möglichst wenig Probleme bieten. Insofern dient § 703 d auch der Zweckmäßigkeit, Grdz 14 vor § 128. 2

3) Zuständigkeit, II. Es ist dasjenige AG zuständig, das für eine streitiges Verfahren zuständig wäre, wenn die Amtsgerichte im ersten Rechtszug sachlich unbeschränkt zuständig wären, zB nach § 23, AG Mü Rpfleger **91**, 425 (zustm Druwe), oder nach §§ 20, 32, 38, Druwe Rpfleger **91**, 425. Die Zuständigkeit kann auch kraft einer Zuweisung bestehen, II 2 in Verbindung mit § 689 III, BGH NJW **93**, 2752. Bisher ist keine derartige Ermächtigung ergangen. Wenn auch danach eine inländische Zuständigkeit fehlt, ist das Mahnverfahren unstatthaft, Druwe Rpfleger **91**, 426. Das nach II 1 zuständige AG behandelt die Sache als das Streitgericht weiter oder gibt sie an das übergeordnete LG ab. Bei II 2 gibt es die Sache an das zuständige AG oder LG ab. Das weitere Verfahren verläuft nach §§ 696, 698, 700 III. 3

Buch 8
Zwangsvollstreckung

Abschnitt 1. Allgemeine Vorschriften

Grundzüge

Schrifttum: *Alpmann/Schmidt,* Vollstreckungsrecht, 1: 7. Aufl 1997, 2: 7. Aufl 1997; *App,* Verwaltungsvollstreckungsrecht, 4. Aufl 2005; *Bauer,* Rechtsvergleichende Untersuchung der Systeme des deutschen und französischen Zwangsvollstreckungsrechts, Diss Tüb 1993; *Baur/Stürner/Bruns,* Zwangsvollstreckungsrecht (Einzelvollstreckungsrecht), 13. Aufl 2006; *Baur/Stürner/Bruns,* Zwangsvollsteckungs-, Konkurs- und Vergleichsrecht, Fälle und Lösungen nach höchstrichterlichen Entscheidungen, 6. Aufl 1989; *Becker,* Vollstrekkungsrecht 2: 46 Fälle, 2. Aufl 2004; *Behr,* Grundlagen des Zwangsvollstreckungsrechts usw, 4. Aufl 2004; *Behrendt,* Verfügungen im Wege der Zwangsvollstreckung usw, 2006 (Bespr *Kohler* ZZP **120**, 253); *Berg,* Zwangsvollstreckung: ein Ratgeber usw, 1998; *Both,* Praxis der Zwangsvollstreckung, 2004; *Brehm,* PC-Fallbeispiel Zwangsvollstreckung, 1992; *Brox/Walker,* Zwangsvollstreckungsrecht, 7. Aufl 2003; *Bruckmann,* Die Praxis der Zwangsvollstreckung, 4. Aufl 2002; *Dörndorfer,* Taktik in der Vollstreckung (I), Grundvermögen, 2002; *Gerhardt,* Grundbegriffe des Vollstreckungs- und Insolvenzrechts, 1985; *Goebel,* Anwalt-Formulare Zwangsvollstreckungsrecht, 3. Aufl 2007; *Giebler,* Grundlagen Verfahrensrecht und Zwangsvollstreckung, 2005; *Gottwald,* Zwangsvollstreckung (Kommentierung der §§ 704–915 h ZPO), 5. Aufl 2005; *Grunsky,* Grundzüge des Zwangsvollstreckungs- und Insolvenzrechts, 5. Aufl 1996; *Hasselblatt/Sternal (Hrsg),* Beck'sches Formularbuch Zwangsvollstreckung, 2008; (Bespr *Moß* DGVZ **08**, 144); *Heussen/Damm,* Zwangsvollstreckung für Anfänger, 8. Aufl 2005; *Hintzen,* Taktik in der Zwangsvollstreckung, I (Grundvermögen), 4. Aufl 1997; II (Forderungspfändung usw) 4. Aufl 1998; III (Sachpfändung, eidesstattliche Versicherung, ausgewählte Forderungsrechte) 4. Aufl 1999; *Hintzen* Rpfleger **08**, 452 (Üb); *Hintzen/Höppner/David,* Erfolgreiche Zwangsvollstreckung, 3. Aufl 1999; *Hintzens/Wolf,* Zwangsvollstreckung, Zwangsversteigerung und Zwangsverwaltung, 2006 (Bespr *Löhnig* FamRZ **07**, 439, *Schmidt-Räntsch* Rpfleger **07**, 291); *Hippler,* Die Voraussetzungen der Zwangsvollstreckung, 2. Aufl 2000; *Jauernig/Berger,* Zwangsvollstrekkungs- und Insolvenzrecht (Kurzlehrbuch), 22. Aufl 2007; *Keller,* Taktik in der Vollstreckung (II): Zwangsvollstreckung in Geldforderungen, 2. Aufl 2003; *Kramer,* Die Zwangsvollstreckung usw, 2000; *Kreuzkamp,* Update der Zwangsvollstreckung I, 2005; *Kussmann,* Vollstreckung, 5. Aufl 1993; *Lackmann,* Zwangsvollstreckungsrecht, 8. Aufl 2007; *Lackmann/Wittschier,* Die Klausur im Zwangsvollstreckungsrecht, 3. Aufl 2007; *Lippross,* Vollstreckungsrecht (anhand von Fällen), 9. Aufl 2003; *Lüke/Hau,* Zwangsvollstreckungsrecht (Prüfe dein Wissen), 3. Aufl 2008; *Lüke,* Die Entwicklung der öffentlichrechtlichen Theorie der Zwangsvollstreckung in Deutschland, in: Festschrift für *Nakamura* (1996); *Lüke,* Zivilprozessrecht, Erkenntnisverfahren, Zwangsvollstreckung, 8. Aufl 2003; *Marks/Schmidt/Meyer,* ZAP-Formularbuch Zwangsvollstreckung, 2003; *Meyer auf der Heyde,* Zwangsvollstreckung, 2006; *Möbius/Kroiß,* Zwangsvollstreckung (Examenskurs), 4. Aufl 2002; *Raddatz,* Vollstreckungsrecht (Lehrgang), 1993; *Philipp/Felser,* Zwangsvollstreckung, 2001; *Prévault,* Zwangsvollstreckung in den Staaten der Europäischen Union, in: Festschrift für *Deutsch* (1999); *Prinz von Sachsen-Gessaphe/Neumaier,* Zwangsvollstreckungsrecht, 2006 (Bespr *Hintzen* Rpfleger **06**, 104); *Riedel,* Zwangsvollstreckungsrecht, 1990; *Riedel,* Grenzüberschreitende Zwangsvollstreckung, 2008; *Rosenberg/Gaul/Schilken,* Zwangsvollstreckungsrecht, 11. Aufl 1997; *Rothenbacher/Dörndorfer,* Anwaltsstrategien in der Zwangsvollstreckung usw, 2007; *Salten/Gräve,* Gerichtliches Mahnverfahren und Zwangsvollstreckung, 3. Aufl 2008 (Bespr *Bardowick* Rpfleger **08**, 284); *Schilken* Rpfleger **06**, 629 (rechtspolitisch); *Schlosser,* Zivilprozeßrecht, Bd II: Zwangsvollstreckungs- und Insolvenzrecht, 1984; *Schlosser,* Materielles Recht und Prozeßrecht und die Auswirkung der Unterscheidung im Recht der Zwangsvollstreckung (rechtsvergleichend), 1992; *Schuschke/Walker,* Vollstreckung und Vorläufiger Rechtsschutz (Kommentar), 4. Aufl 2008; *Stamm,* Die Prinzipien und Grundstrukturen des Zwangsvollstreckungsrechts, 2007 (Bespr *Moß* DGVZ **08**, 16, *Völzmann-Stickelbrock* JZ **08**, 355); *Tempel,* Mustertexte zum Zivilprozeß, Bd II: Arrest, einstweilige Verfügung, Zwangsvollstreckung, Rechtsmittel, 4. Aufl 1996; *Vach,* Grundzüge des Zivilprozeß- und Zwangsvollstreckungsrechts, 2000; *Viertelhausen,* Einzelzwangsvollstreckung während des Insolvenzverfahrens, 1999; *Wasserl,* Zwangsvollstreckung aus der Sicht des Handels-, Erb-, Betreuungs- und Minderjährigenrechts, 2005; *Weber/Dospil/Hanhörster,* Mandatspraxis Zwangsvollstreckung, 2005; *Weißmann/Riedel* (Herausgeber), Handbuch der internationalen Zwangsvollstreckung, 1992, ErgLieferung 1992/1993; *Wenz,* Zwangsvollstreckung (Examenskurs), 3. Aufl 1999; *Wieser,* Begriff und Grenzfälle der Zwangsvollstreckung, 1995; *Willers,* Einführung in die ZPO II – Zwangsvollstreckung, 2005; *Wolff,* Zivilprozeß- und Zwangsvollstreckungsrecht, 3. Aufl 1986.

Gliederung

1) Systematik. Zwangsvollstreckung ist die mit den Machtmitteln des Staats erzwungene Befriedigung eines Anspruchs, LG Ffm MDR **88**, 504. Es geht hier also um das zweite Hauptziel des Prozesses, nämlich um den Zwang, wenn keine „freiwillige" Leistung auf Grund des Richterspruches erfolgt, Gaul ZZP **112**, 135, Schünemann JZ **85**, 49. Denn das Monopol auf den Zwang steht dem Staat zu, BVerfG **61**, 136, BGH **146**, 20, Ewers DGVZ **97**, 70. Der Justizgewährungsanspruch des Bürgers nach Grdz 1, 2 vor § 253 verpflichtet den Staat zur Möglichkeit einer Zwangsvollstreckung, BVerfG NJW **88**, 3141. Die Zwangsvollstreckung findet nicht immer im Prozeß statt. Sie setzt nicht einmal immer einen solchen oder auch nur eine Entscheidung voraus. Das gilt sowohl für die zivilprozeßrechtliche gerichtliche Zwangsvollstreckung als auch im Verwaltungs- oder im Verfahren nach § 95 FamFG. Auch im Zivilprozeß steht das Vollstreckungsverfahren der §§ 704 ff dem Erkenntnisverfahren nach §§ 253 ff als ein selbständiger Abschnitt mit eigenen Voraussetzungen und Rechtsmitteln gegenüber, BGH NJW **02**, 754. 1

Es ist nicht etwa die Fortsetzung von diesem. Es hat andere Voraussetzungen. Es hat einen *anderen Ablauf,* Rn 37. Beide können nebeneinander herlaufen, wenn ein Urteil nach §§ 708 ff vorläufig vollstreckbar ist und das Erkenntnisverfahren auf ein Rechtsmittel weiter läuft, §§ 511 f, Rn 49, 50. Man kann dabei unterscheiden zwischen der Vollstreckung im engeren Sinn zB nach §§ 103 I, 707, 719, 769 und einer Vollstreckbarkeit im weiteren Sinn, nämlich der Wirkung infolge eines Titels zB nach §§ 775 Z 1, 776 S 1, 868 I, Wieser ZZP **102**, 271. Zur Entwicklung des Zwangsvollstreckungsrechts und seinen gegenwärtigen Grundlinien Hintzen Rpfleger **04**, 543, Stürner DGVZ **85**, 6. Vgl Münzberg, Bemerkungen zum Entwurf der zweiten Zwangsvollstreckungsnovelle, Festschrift für *Lüke* (1997) 525.

2) Regelungszweck. Die Zwangsvollstreckung dient der Gerechtigkeit, Einl III 9, 36, BGH **148**, 397. Denn erst sie schafft mit der Befriedigung des Gläubigers die leidliche Wiederherstellung des Rechtsfriedens, wenn sich der Schuldner auch dem Urteil nicht gebeugt und nicht von sich aus geleistet hat. Erst die Zwangsvollstreckung gibt die volle Berechtigung für das Gewaltmonopol des Staats im ganzen Prozeß. Erst sie ergibt auch eine leidliche Rechtssicherheit, Einl III 43. Denn nur wegen der Hilfe der Vollstreckungsorgane kann der Bürger dem Staat die Durchsetzung des Anspruchs überlassen. Daher schützt das Verfassungsrecht das Befriedigungsrecht des Gläubigers, BGH NJW **04**, 3771. Die Zwangsvollstreckung dient auch der dritten Komponente der Rechtsidee, nämlich der Zweckmäßigkeit. Denn es liegt im wohlverstandenen Interesse des Siegers wie des Verlierers, die Durchsetzung des Richterspruchs den Vollstreckungsorganen überlassen zu müssen und zu dürfen, auch wenn das weiteres Geld kosten kann und Geduld erfordert. Jede Selbstjustiz an dieser Stelle würde zu grauenhaften Zumutungen und Begleiterscheinungen führen können. 2

Behutsamkeit wie Entschlossenheit sind bei der Anwendung und Auslegung der Vorschriften zur Zwangsvollstreckung in einem oft noch höheren Maß erforderlich als im Erkenntnisverfahren. Denn jetzt geht es eben um einen notfalls wirklichen Zwang mit Gefahren bis hin zu Selbstmorddrohung, § 765 a Rn 19 „Lebensgefahr". Auch die Wegnahme eines Kindes nach §§ 88 ff FamFG oder eine Räumung stellen stets schwere bis schwerste Eingriffe dar. Ihre Voraussetzungen und Grenzen brauchen zugleich eine klare und eine zur Elastizität bereite Handhabung. Das Gericht muß bei der Überwachung wie dann, wenn es selbst schon die Ausgangsentscheidung als Vollstreckungsorgan etwa bei §§ 887 ff trifft, bei der Abwägung der Interessenlage alles Feingefühl entwickeln. Es darf freilich auch nicht vor jeder Härte zurückschrecken. Das gilt auch gegenüber beteiligten Dritten, etwa Angehörigen.

3 **3) Zulässigkeit.** Es findet kein obligatorisches Güteverfahren statt, § 15 a II 1 Z 6 EGZPO, Hartmann NJW **99**, 3748. Es müssen der ordentliche Rechtsweg und ein Vollstreckungstitel vorliegen.

A. Rechtsweg. Die Zwangsvollstreckung verlangt wie das Erkenntnisverfahren der §§ 253 ff die Zulässigkeit des ordentlichen Rechtswegs, § 13 GVG. Er gilt auch für und gegen die Deutsche Telekom AG, § 9 I FAG. Sie kann nach dem VwVG beitreiben, § 9 II FAG. Die Abgrenzung ist aber hier leicht.

4 **B. Deutscher Vollstreckungstitel.** Eine gerichtliche Zwangsvollstreckung erfolgt grundsätzlich aus sämtlichen Schuldtiteln der ZPO nach § 704 oder ein Vollstreckungstitel nach § 86 FamFG mögen sie einen privat- oder öffentlichrechtlichen Inhalt haben, BGH Rpfleger **06**, 139 rechts (krit Wolfsteiner DNotZ **06**, 190). Sie müssen aber für die fragliche Vollstreckung eindeutig genug geeignet und bestimmt sein, LG Tüb DGVZ **04**, 142. Die Zwangsvollstreckung erfolgt ferner aus solchen anderen Titeln, die das Bundes- oder Landesrecht der gerichtlichen Zwangsvollstreckung unterwirft, § 794 Rn 45 ff. Beim Pfandbrief gelten Einschränkungen nach § 29 PfandBG v 22. 5. 05, BGBl 1373. Auch im WEG-Verfahren gelten §§ 704 ff, Ffm NZM **08**, 210.

Andererseits kann Bundes- oder Landesrecht die Zwangsvollstreckung aus privatrechtlichen Ansprüchen den Gerichten entziehen und *Verwaltungsstellen* übertragen. Das ist aber grundsätzlich nur möglich, soweit kein gerichtlicher Titel vorliegt und die Entziehung nicht nur wegen einer Beteiligung des Fiskus als Partei geschieht, §§ 13 GVG, 4 EG ZPO.

Die Zwangsvollstreckung gegen den *Fiskus* aus einem gerichtlichen Titel unterliegt den Besonderheiten des § 882 a. Eine solche gegen einen ausländischen Staat ist ohne dessen Zustimmung im Inland wegen seines nichthoheitlichen Verhaltens grundsätzlich zulässig, BVerfG **64**, 22, Weller Rpfleger **06**, 364 (je auch zur völkerrechtlichen Problematik). Sie ist freilich unzulässig, soweit der Gegenstand der Zwangsvollstreckung hoheitlichen Zwecken dient, zB ein Guthaben auf einer Bank zugunsten einer ausländischen Botschaft wegen ihrer Kosten, Rn 33 F, BVerfG **46**, 342. Seine etwaige Zahlungsunfähigkeit wird in der Zwangsvollstreckung erheblich, LG Ffm JZ **03**, 1010 (krit Reinisch 1013). Wegen der Nichtigkeit des Berliner Gesetzes über die Vollstreckung von Entscheidungen auswärtiger Gerichte Einl III 76.

5 **C. Europarecht-Vollstreckungstitel.** Die Zwangsvollstreckung erfolgt schließlich aus vollstreckbaren Entscheidungen des EuGH sowie der Kommission, Art 92 I EGKSV, 164 EAGV, 192 I EWGV betr Zahlung oder Herausgabe.

6 **4) Zwangsvollstreckung und Parteiherrschaft**

Schrifttum: *Gaul,* „Prozessuale Betrachtungsweise" und Prozeßhandlungen in der Zwangsvollstreckung, Gedächtnisschrift für *Arens* (1993) 89; *Hess/Vollkommer,* Die Reform der Sachaufklärung im deutschen Zwangsvollstreckungsrecht, Festgabe für *Vollkommer* (2006) 349; *Mrozynski,* Verschuldung und sozialer Schutz: das Verhältnis von Sozialrecht und Zwangsvollstreckungsrecht, 1989; *Rinck,* Parteivereinbarungen in der Zwangsvollstreckung aus dogmatischer Sicht usw, 1996; *Stürner,* Die Parteiherrschaft und die Parteiverantwortung im Vollstreckungsverfahren, in: Festschrift für *Hanisch* (1994); *Triller,* Aufklärungsmöglichkeiten in der Zwangsvollstreckung usw, 2001 (rechtsvergleichend);

Man muß den privatrechtlichen vollstreckbaren Anspruch des Gläubigers nach § 194 BGB, vom Schuldner ein Tun, Unterlassen oder Dulden zu fordern, vom *Vollstreckungsanspruch* unterscheiden. Das ist der Anspruch, daß der Staat die Vollstreckung vornimmt. Zum Problem Münzberg JZ **98**, 378.

7 **A. Parteiherrschaft, Grenzen.** Daraus ergibt sich, daß im Vollstreckungsverfahren die Parteien nach Grdz 4 vor § 50 zwar die Herrschaft über den sachlichrechtlichen Anspruch haben, Grdz 18 vor § 128, Rn 22, AG Kassel DGVZ **89**, 156. Der Gläubiger kann auf ihn verzichten, seine Forderung stunden usw, LG Augsb DGVZ **93**, 188, LG Münst Rpfleger **88**, 321, Wieser NJW **88**, 666. Er darf im Rahmen des Gesetzes auch die Vollstreckung nach Art, Ort und Zeit bestimmen, AG Riesa JB **08**, 442. Dasjenige Verfahren, durch das man den Vollstreckungsanspruch durch einen staatlichen Eingriff in die Rechtssphäre des Schuldners verwirklichen kann, ist aber grundsätzlich öffentlichrechtlich, OVG Münst NJW **84**, 2485, Schneider DGVZ **84**, 133. Freilich kann der Gläubiger einen Vollstreckungsantrag zurücknehmen, LG Meiningen RPfleger **08**, 383.

Das Verfahren ist *der* grundsätzlichen *Parteiherrschaft* nach Rn 37 ausnahmsweise *entrückt,* soweit es um mehr als um die wohlverstandenen Interessen der Beteiligten geht, nämlich um einen geordneten Rechtsgang und um die Verhinderung sozialer Mißstände oder auch nur Gefahren. Das gilt selbst dann, wenn es zu erheblichen Verzögerungen kommt, LG Lpz DGVZ **96**, 40. Das berücksichtigen LG Augsb DGVZ **93**, 188, LG Lüneb DGVZ **93**, 76, AG Winsen DGVZ **93**, 76 bei ihrer Betonung der Dispositionsbefugnis des Gläubigers nicht genug. Deshalb dürfte zB ein formell eindeutiger nicht nur ganz kurzfristiger Verzicht auf die Unpfändbarkeit der lebensnotwendigen Rente in der Regel unwirksam sein. Vgl aber Einf 4, 5 vor §§ 750–751, 834 Rn 1.

8 **B. Gläubigerschutz.** Der Gläubiger verdient gerade wegen des Sozialstaatsprinzips des Art 20 I GG ebenso *Schutz* wie der Schuldner, zumal der Gläubiger oft dringend auf die Vollstreckung angewiesen ist, Alisch Rpfleger **79**, 292, derselbe, Wege zu einer interessengerechten Auslegung vollstreckungsrechtlicher Normen usw, 1981. Der Gläubiger kann grundsätzlich den Umfang der Zwangsvollstreckung bestimmen, § 754 Rn 4, LG Augsb DGVZ **93**, 188, LG Köln MDR **98**, 495, AB Bln-Wedding NZM **04**, 720. Die *Art* oder Durchführung kann der Gläubiger nur soweit bestimmen, wie ihm das Gesetz diese Befugnis einräumt, LG Münst Rpfleger **88**, 321 (zB nur im Rahmen von § 775 Z 4), AG Bln-Wedding NZM **04**, 720, aM Wieser NJW **88**, 667 (vgl aber Rn 7). Sogar die Sozialbehörde darf unter den Voraussetzungen § 68 a SGB X die Anschrift des Schuldners und seinen derzeitigen oder zukünftigen Aufenthalt mitteilen, also beim Vollstreckungsanspruch von mindestens 3000 EUR und dann, wenn die Vollstreckung sonst unmöglich oder nur mit unverhältnismäßigem Aufwand durchführbar wäre.

9 **C. Kaum Selbsthilfe.** Jedoch kann kein *Vergleich* einen staatlichen Einstellungsbeschluß beseitigen. Eine Selbsthilfe ist nur im Rahmen des sachlichen Rechts statthaft, §§ 229 f BGB. Das kann etwa geschehen in der Form der Vorpfändung nach § 845 und einiger sonstiger dem Gläubiger eingeräumter Befriedigungshandlungen. Zu Vollstreckungsverträgen Rn 24.

5) Entsprechende Anwendbarkeit. Es kommt auf die Verfahrensart an. 10

A. Grundsatz: Gesetzliche Regelungen. §§ 704 ff sind entsprechend anwendbar zB nach §§ 95, 120 FamFG, 46 a I, 62 II, 85 ArbGG, 151 I FGO, LAG Hamm BB **75**, 1069, §§ 71 V, 90 IV MarkenG, eingeschränkt nach § 198 I SGG, LSG Hbg NZS **04**, 224, Jahnke, Zwangsvollstreckung in der Betriebsverfassung usw, 1977. Zur JBeitrO App MDR **96**, 769 (ausf).

B. Verwaltungsverfahren. Für das Verwaltungszwangsverfahren ist in weitem Umfang die ZPO anwendbar, § 6 JBeitrO. Zum Teil ist es ihr sehr stark angenähert, § 5 VwVG in Verbindung mit §§ 249 ff AO. Die Vollstreckung auf Grund eines Verwaltungsakts oder eines öffentlichrechtlichen Vertrags im Sozialbereich kann sich ebenfalls nach der ZPO richten, §§ 60 II, 66 IV SGB X, BGH MDR **08**, 712, LG Stade Rpfleger **87**, 253, Hornung Rpfleger **87**, 225 (ausf). Auch bei einer Anwendung der prozessualen Formen des Buchs 8 bleibt aber die Vollstreckung ein öffentlichrechtlicher Zwang. Auf die Vollstreckung sozialgerichtlicher Titel ist das Buch 8 ebenfalls in weitem Maße anwendbar, § 198 I SGG, ebenso im finanzgerichtlichen Verfahren, § 151 I FGO. 11

6) Quellen 12

Schrifttum: *Alisch,* Wege zur interessengerechten Auslegung vollstreckungsrechtlicher Normen, 1981; *Bethge,* Zur Problematik von Grundrechtskollisionen, 1977.

A. Andere Gesetze. Die ZPO ordnet die Zwangsvollstreckung nicht erschöpfend. Wie stets, muß man auch auf diesem Gebiet das vorrangige GG beachten, Gerhardt ZZP **95**, 493, Münzberg DGVZ **88**, 81, Vollkommer Rpfleger **82**, 1, aM StJM 43 vor § 704 (aber das GG hat überall und immer den Vorrang). Insbesondere gilt der auch aus dem GG ableitbare Grundsatz der Verhältnismäßigkeit, Rn 34. Die ZPO regelt die Zwangsvollstreckung in Liegenschaften nur in einigen Grundzügen und überläßt das Nähere dem ZVG. Außer der Liegenschaftsvollstreckung befinden sich außerhalb des Buchs 8 im wesentlichen nur noch Ergänzungsbestimmungen nach § 362 LAG. Die Stellung des Rpfl als eines Vollstreckungsorgans geht sehr weit, § 20 Z 17 RPflG. Zur Umsatzsteuer Forgách BB **85**, 988. Vorschriften anderer Gesetze sind jedenfalls insoweit unanwendbar, als sie ganz andere Verfahrensgrundsätze spiegeln, Ffm Rpfleger **83**, 166. Das Buch 8 enthält vieles, was nicht zur Zwangsvollstreckung gehört, zB den Ausspruch der Vollstreckbarkeit im Urteil, das Rechtskraft- und Notfristzeugnis nach § 706 Rn 14, das Arrest- und Einstweilige-Verfügungs-Verfahren nach §§ 916 ff, 935 ff, soweit es nicht die zugehörige Vollstreckung betrifft.

B. Räumlicher und zeitlicher Maßstab. Auf die Zwangsvollstreckung muß man das bei ihrer Vornahme geltende Recht anwenden. In Deutschland ist die Zwangsvollstreckung nur nach dem deutschen Recht statthaft, Einl III 74. Sie ist räumlich an die Grenzen der deutschen Gerichtsbarkeit gebunden, BGH **88**, 153. Sie ist daher gegen einen Exterritorialen nur in demselben Umfang statthaft wie ein Urteil, § 18 GVG, oben Rn 2–5. Über eine Zwangsvollstreckung im Ausland § 791 und BGH **88**, 153. Zeitlich ist die Zwangsvollstreckung unbegrenzt, soweit ihr nicht sachlichrechtlich die Verjährung, entgegensteht, § 197 I Z 3 BGB. Auch eine Verwirkung kann über den in § 909 II genannten Fall hinaus beachtlich sein, Rn 44, und zwar von Amts wegen, Grdz 39 vor § 128. Ihr Eintritt hängt von den zurückhaltend beurteilbaren Gesamtumständen des Einzelfalls ab, LG Hbg WoM **89**, 32. 13

7) Voraussetzungen der Zwangsvollstreckung 14

Schrifttum: *Arens,* Die Prozeßvoraussetzungen in der Zwangsvollstreckung, Festschrift für *Schiedermair* (1976) 1.

A. Grundsatz: Unterscheidung sachlicher und persönlicher Voraussetzungen. Sachliche Voraussetzungen sind solche, die von einer gerichtlichen Handlung abhängen, nämlich ein Vollstreckungstitel nach §§ 704, 722, 723, 794, § 86 FamFG, und eine Vollstreckungsklausel, §§ 724 ff. Persönliche Voraussetzungen sind solche, die in der Person des Gläubigers oder Schuldners liegen und nicht die Zulässigkeit der Zwangsvollstreckung betreffen, sondern ihren Beginn. So die Zustellung des Vollstreckungstitels, Rn 15, der Nachweis der Sicherheitsleistung, §§ 709 ff, die Parteifähigkeit, § 50, Hamm Rpfleger **90**, 131, evtl die Prozeßfähigkeit, Rn 40, zum Problem BayObLG **90**, 323, AG Strausberg DGVZ **06**, 79, AG Wuppert DGVZ **99**, 187. Jede Zwangsvollstreckung ist an bestimmte Formen gebunden.

B. Notwendigkeit eines Vollstreckungstitels 15

Schrifttum: *Gaul,* Vollstreckbare Urkunde und vollstreckbarer Anspruch, Festschrift für *Lüke* (1997) 81; *Habscheid,* Streitgegenstand, Rechtskraft und Vollstreckbarkeit von Urteilen des EuGH, in: Festschrift für *Beys* (Athen 2003).

Jede Zwangsvollstreckung verlangt in der Regel einen wirksamen und darüber hinaus auch vollstreckbaren Schuldtitel, den Vollstreckungstitel, §§ 704, 722, 723, 794, BGH **121**, 101, § 86 FamFG, also eine solche öffentliche Urkunde, die die Vollstreckbarkeit des erzwingbaren Anspruchs hinreichend bestimmt, § 253 Rn 42 ff, LG Mönchengladb JB **06**, 381. Das gilt auch für die Zwangsversteigerung, §§ 864 ff, Hamm Rpfleger **89**, 337. Zum Begriff des vollstreckbaren Anspruchs Münzberg JZ **98**, 378. Ein Titel mag nur teilweise vollstreckbar sein, LAG Bre NZA-RR **06**, 655. Gelegentlich ergibt sich die Vollstreckbarkeit erst aus dem Zusammenhang mehrerer Titel. Das gilt zB dann, wenn das höhere Gericht ein Ersturteil bestätigt hat. Ein Verlust des Titels macht die Zwangsvollstreckung unstatthaft. Es ist dann eine neue Klage notwendig. Ihr steht die Rechtskraft nicht entgegen, Einf 16 vor §§ 322–327. Gegen mehrfache Zwangsvollstreckungen aus Titeln desselben Inhalts schützt § 766. Zum Problem Pape KTS **92**, 185 (Üb). Zur Vollstreckung gegen einen Gesamtschuldner ist der gegen diesen Schuldner ergangene Titel notwendig und ausreichend, LG Augsb DGVZ **93**, 188. Für die Vollstreckung bestimmter Forderungen zB nach § 66 SGB X ist kein vollstreckbarer Titel erforderlich, AG Obernburg DGVZ **83**, 94 (krit Schulz DGVZ **83**, 133), aM LG Verden Rpfleger **86**, 19 (aber das Sozialrecht hat teilweise vorrangige abweichende Voraussetzungen zur Erreichung des jeweiligen Sozialzwecks).

16 **C. Unzulässigkeit des Vollstreckungstitels,** dazu *Luh,* Die Haftung des aus einer vorläufigen, auf Grund verfassungswidrigen Gesetzes ergangenen Entscheidung vollstreckenden Gläubigers, Diss Ffm 1979: Ein unzulässiger Titel nach Üb 10 vor § 300 läßt keine Zwangsvollstreckung zu. Der Staat darf nicht erzwingen, was er verboten hat. Meist spricht man dann von einer unmöglichen und darum unvollstreckbaren Leistung. Auch ein solcher Titel ist unzulässig, der zu zwei sich gegenseitig ausschließenden Handlungen verpflichtet, KG MDR **03**, 955. Ob der durch den Titel festgestellte Anspruch wirklich besteht, ist für die Zulässigkeit der Zwangsvollstreckung grundsätzlich belanglos. Einwendungen wegen einer sachlichrechtlichen Unrichtigkeit des Titels sind nach einem Urteil unbeachtlich. Das folgt für das Verhältnis der Parteien zueinander aus dem Wesen der inneren Rechtskraft, Einf 9 vor §§ 322–327. Beim vorläufig vollstreckbaren Urteil folgt es aus dessen Anfechtbarkeit mit einem Einspruch oder einem Rechtsmittel. Ein Dritter würde ein fremdes Recht geltend machen, zB ein nachpfändender Gläubiger, der sich auf das Nichtbestehen des Urteilsanspruchs beriefe. Dergleichen läßt die Rechtssicherheit nach Einl III 43 nicht zu. Er kann nur die Rechte des Schuldners nach §§ 795, 796, 767 geltend machen.

17 **D. Anspruchswegfall.** Der Anspruch kann nachträglich durch eine Zahlung usw weggefallen sein, auch durch eine Verwirkung, AG Bad Neuenahr DGVZ **05**, 79. Dann gibt die ZPO dem Schuldner geeignete Rechtsbehelfe, Rn 41, aM Schneider DGVZ **85**, 204 (aber dann müssen erst recht solche Möglichkeiten offenbleiben). Auch eine Zwangsvollstreckung aus einem rechtmäßig erlangten, wenn auch vielleicht zumindest inzwischen als fragwürdig erachteten Titel kann aber einen sachlichrechtlichen Bereicherungs- oder Schadensersatzanspruch auslösen, Hamm DB **86**, 1223, §§ 823, 826, 839 BGB, ebenso nach § 945 ZPO, Rn 54 (Schrifttum), Einl III 58, Gaul AcP **173**, 323, Noack JB **77**, 307 (Amtshaftung). Um einen enteignungsähnlichen Eingriff handelt es sich bei einer fehlerhaften Vollstreckung nicht. Denn es liegt kein im Interesse der Allgemeinheit auferlegtes Sonderopfer vor. Zur Problematik des etwa verfassungswidrig zustandegekommenen Vollstreckungstitels LG Köln DB **85**, 500. Das Gericht muß ihn bis zu einer auch nur einstweiligen Entscheidung des BVerfG grundsätzlich beachten, LG Bochum Rpfleger **85**, 448. Wegen eines erschlichenen Vollstreckungstitels Rn 44.

18 **E. Arten von Vollstreckungstiteln.** Vollstreckungstitel sind inländische Urteile, sofern sie formell nach § 705 rechtskräftig oder für vorläufig vollstreckbar erklärt sind, § 704 I. Vollstreckungstitel sind ferner Endentscheidungen nach § 86 FamFG, ferner ausländische Urteile nach §§ 722, 723 und die in § 794 und dort Rn 45 ff aufgezählten sehr zahlreichen weiteren Entscheidungen und Verfügungen, desgleichen landesrechtliche Titel, § 801. Der Titel bestimmt den Inhalt der Zwangsvollstreckung. Er ist auslegbar, Rn 21, § 322 Rn 6, 8, Ffm RR **94**, 9. Die bloße Bezugnahme auf eine andere Urkunde genügt aber nicht. Vielmehr muß sich das erstrebte Ergebnis aus dem Titel selbst auch für jeden Dritten eindeutig ergeben, Zweibr MDR **02**, 541, LG Köln MDR **04**, 354, LAG Köln MDR **03**, 778. Ein sog flexibler Nullplan reicht nicht, Ffm RR **94**, 9, LG Bln DGVZ **94**, 8, aM Köln JB **00**, 99 (aber das wäre eher eine Gedankenspielerei). Wegen eines Titels nach der AO LG Wiesb RR **98**, 1289. Darum ist zB keine Zwangsvollstreckung aus einer Unterhaltsentscheidung auf die laufende Zahlung eines bestimmten Lohnbruchteils zulässig, da dann erst eine Nachfrage beim nicht zur Beantwortung verpflichteten Arbeitgeber erforderlich ist, oder aus einem solchen Vergleich, der die Beiziehung der „Düsseldorfer Tabelle", Mü FamRZ **79**, 1057, oder eines BAFöG-Bescheids, Karlsr OLGZ **84**, 1463, oder eines Kontoauszugs notwendig macht, LG Köln JB **76**, 255 (abl Mümmler). Vgl auch § 794 Rn 6, oder auf die Zahlung eines solchen Unterhalts, den man nicht aus dem Tenor errechnen kann, Zweibr MDR **02**, 541, oder auf eine solche Miete, deren Höhe unklar ist, Kblz MDR **02**, 968.

19 Ausreichend ist aber ein *Bruttolohnurteil,* Üb 2 vor § 803, StJM 28 vor § 704. Wegen Wertsicherungsklauseln § 794 Rn 34. Einwendungen gegen diese Auslegung muß man nach § 766 verfolgen. Ist eine einwandfreie Auslegung unmöglich, muß der Gläubiger aus § 256 I auf die Feststellung des Urteilsinhalts klagen, LG Hann DGVZ **78**, 62, oder er muß erneut auf die Leistung klagen, Stürner/Münch JZ **87**, 184.

20 Auch *verneinende* Titel sind ausreichend, zB „Das zwischen den Parteien ergangene Urteil ... deckt nicht die Verwendung von Zaponlack". Geht der feststellbare Sachverhalt über die Grenzen des Urteils hinaus, ist eine Klage auf eine Ergänzung der Entscheidung oder auf eine ganz neue Entscheidung zulässig. Ist der Vollstreckungstitel selbst und nicht nur seine vollstreckbare Ausfertigung verlorengegangen (im letzteren Fall gilt § 733), ist eine neue Klage zulässig. Bei ihr bindet die frühere Entscheidung das Gericht. Ein Urteil auf eine Leistung Zug um Zug ermöglicht die Zwangsvollstreckung nur in die Leistung, nicht auch in die Gegenleistung. Haftet dem Titel eine Bedingung an, erfaßt sie auch die Vollstreckbarkeit. Der Gläubiger muß bei einer Unklarheit den Eintritt der Bedingung vor einer Erteilung der Vollstreckungsklausel nachweisen, § 727.

21 **F. Auslegung.** Das Vollstreckungsorgan darf und muß den Vollstreckungstitel auslegen, soweit er überhaupt inhaltlich bestimmbar ist, BAG NZA **07**, 648, KG RR **88**, 1406, Mü FamRZ **99**, 944. Das gilt zunächst nach seinem persönlichen Umfang, Rn 22, KG RR **88**, 1406, Mü RR **86**, 638, Saarbr Rpfleger **78**, 228. Die Zulässigkeit und Notwendigkeit einer Auslegung gilt ferner nach dem sachlichen Umfang des Vollstreckungstitels, Rn 23, BGH NJW **86**, 1440, LAG Düss NZA-RR **04**, 155, Sutschet ZZP **119**, 302 (evtl keine letzte Genauigkeit nötig. Das muß aber die Ausnahme bleiben). Eine Notwendigkeit der Auslegung besteht natürlich nicht bei einem eindeutigen Titel, Köln RR **86**, 159. Umstände außerhalb des Titels sind grundsätzlich unbeachtlich, Köln Rpfleger **92**, 528.

22 **G. Persönlicher Umfang.** Der Vollstreckungstitel bestimmt den persönlichen Umfang der Zwangsvollstreckung nach § 750 I 1 für den Gläubiger und den Schuldner. Das gilt auch zB bei der Zwangsverwaltung, BGH **96**, 66. Parteien sind schlechthin die im Titel Genannten, BayObLG ZMR **80**, 256. Wechseln Personen, ist eine Umschreibung des Titels nötig. Sie kann nur für und gegen den oder die Rechtsnachfolger stattfinden, §§ 727 ff. Sie folgt freilich der sachlichen Rechtsnachfolge erst nach. Läßt sich die richtige Partei auch nicht durch eine Auslegung ermitteln, bleibt nur übrig, eine neue Klage zu erheben. Wen der Titel nicht nennt, der ist ein Dritter. Dieser kann als ein Vollstreckungsgläubiger erst auf Grund einer Umschreibung auf ihn handeln. Zum Parteibegriff Grdz 4 vor § 50, Scherer JR **96**, 45.

H. Sachlicher Umfang 23

Schrifttum: *Werner,* Umgehung von Aufrechnungshindernissen durch Zwangsvollstreckung in eigene Schulden, 2000.

Der Vollstreckungstitel bestimmt den sachlichen Umfang nach dem Gegenstand der Zwangsvollstreckung. Grundsätzlich haftet der Schuldner mit seinem ganzen Vermögen. Die Haftung kann sich aber auf bestimmte Vermögensmassen beschränken, AG Stralsund DGVZ **05**, 185 (Insolvenz). Das gilt ohne weiteres bei der Partei kraft Amts, Grdz 8 vor § 50. Es gilt ferner in den Vorbehaltsfällen nach §§ 780 ff, bei einem entsprechenden Verhalten des in Anspruch Genommenen oder nach dem BinnenschG, LG Bln Rpfleger **76**, 438. Im Zweifel können mehrere Schuldner als Gesamtschuldner haftbar sein, KG RR **88**, 1407.

I. Vollstreckungsvertrag 24

Schrifttum: *Gaul,* „Prozessuale Betrachtungsweise" und Prozeßhandlungen in der Zwangsvollstreckung, Gedächtnisschrift für *Arens* (1993) 89; *Rinck,* Parteivereinbarungen in der Zwangsvollstreckung aus dogmatischer Sicht usw, 1996.

Ein Vollstreckungsvertrag ist *statthaft, soweit* er nur die Interessen der Beteiligten berührt, § 804 Rn 10, BAG DB **75**, 1130, Karlsr MDR **98**, 1433, LAG Düss MDR **99**, 441, und soweit er nicht über die Parteiherrschaft nach Rn 7 hinausgeht.

J. Beispiele zur Frage eines Vollstreckungsvertrags 25

Arglist: Rn 26 „Schuldbefreiung".

Art: Zulässig ist eine vertragliche Beschränkung der Vollstreckung nach ihrer Art.

Erinnerung: Eine Vollstreckung entgegen einem Vollstreckungsvertrag ermöglicht zumindest stets die Erinnerung nach § 766, Hamm MDR **77**, 675, Christmann DGVZ **85**, 84, aM Emmerich ZZP **82**, 437 (nur diese. Aber es kann zB auch § 767 infrage kommen). Ein Rechtsmittel berührt die Vollstreckbarkeit nicht automatisch.

Erweiterung der Vollstreckung: Rn 27 „Verzicht des Schuldners".

Gegenstand: Zulässig ist eine vertragliche Beschränkung der Vollstreckung wegen oder in gewisse Gegenstände oder Werte.

Ort: Zulässig ist eine vertragliche Beschränkung der Vollstreckung nach ihrem Ort.

Pfändung: S „Rang".

Rang: Rn 27 „Verzicht des Gläubigers".

Ratenzahlung: Rn 27 „Teilzahlung". 26

Rechtskraft: Zulässig ist ein Ausschluß der Vollstreckung bis zur formellen Rechtskraft nach § 705. Zulässig ist die Unterwerfung wegen der jetzigen Hauptsache nebst Kosten unter ein rechtskräftiges Urteil eines Vorprozesses, LAG Düss MDR **99**, 441.

Rechtsmittel: Rn 25 „Erinnerung", Rn 27 „Vollstreckungsabwehrklage".

Schuldbefreiung: Bei einer arglistigen Herbeiführung der Schuldbefreiung durch den bisherigen Schuldner kann die Vollstreckung gegen ihn zulässig bleiben, Rn 44, Düss DB **86**, 2326.

Sicherungsabrede: Man muß sie von einer vollstreckungsbeschränkenden Vereinbarung unterscheiden, Hamm Rpfleger **99**, 231.

Stundung: Rn 27 „Zeit".

Teilzahlung: Zulässig ist eine Vereinbarung über Teilzahlungen, Ffm OLGZ **81**, 113. Denn der Schuldner 27 kann einen anerkennenswerten Grund zum Verzicht auf die Beachtung einer nur ihn schützenden Vorschrift haben, Emmerich ZZP **82**, 437.

Die bloße *Bereitschaft* des Schuldners zur Ratenzahlung bedeutet freilich jetzt kaum mehr ein Nachgeben nach § 779 BGB, Ffm OLGZ **82**, 239, LG Bln Rpfleger **76**, 438, LG Kblz DGVZ **84**, 42.

Unpfändbarkeit: S „Verzicht des Schuldners".

Unterhaltsvertrag: S „Verzicht des Gläubigers".

Urteil: Das Gericht muß einen vor dem Schluß der Verhandlung nach §§ 136 IV, 296 a zustandegekommenen Vollstreckungsvertrag im Urteil ausdrücken.

Verzicht des Gläubigers: Zulässig ist ein Verzicht auf die Vollstreckung, Köln FamRZ **02**, 50. Das gilt auch wegen eines Teils der Forderung, BGH MDR **91**, 668, Köln OLGZ **92**, 449, AG Siegb DGVZ **99**, 30. Zulässig ist ein Verzicht auf den bisherigen Rang bei einer Pfändung, BAG NJW **90**, 2642, oder auf die Rechte aus einem Unterhaltsvertrag, BGH RR **90**, 391, Düss RR **87**, 640, Köln FamRZ **02**, 50. Ein Verzicht auf den Vollstreckungstitel ist zulässig, auch ein bedingter, Karlsr MDR **98**, 1433.

S auch „Vollstreckungsabwehrklage".

Verzicht des Schuldners: *Unzulässig* ist eine vertragliche Erweiterung der Vollstreckung etwa auf Grund eines von vornherein erklärten völligen Verzichts des Schuldners auf jede Anwendung der Unpfändbarkeitsregeln, § 811 Rn 5. Unzulässig und daher unbeachtlich ist ein Vorabverzicht des Schuldners auf die Wartefrist nach §§ 750 III, 798, Schilken DGVZ **97**, 81, aM Bartels RPfleger **08**, 404, ZöStö § 798 Rn 3.

Vorprozeß: Rn 26 „Rechtskraft".

Vollstreckungsabwehrklage: Soweit der Vollstreckungsvertrag offensichtlich auch sachlichrechtliche Vereinbarungen enthält, etwa einen Teilverzicht und nicht nur eine Pfändungsbeschränkung, ist neben § 766 auch 767 anwendbar, Köln FamRZ **02**, 50. Für die Klage darf das Gericht ein Rechtsschutzbedürfnis großzügig bejahen, Bürck ZZP **85**, 406, Christmann DGVZ **85**, 84. Ein Rechtsmittel berührt die Vollstreckbarkeit nicht automatisch.

Zeit: Zulässig ist ein Ausschluß der Vollstreckung für eine gewisse Zeit, Hamm MDR **77**, 675, Karlsr ZMR **77**, 96, Mü Rpfleger **79**, 466. Das gilt auch für eine Stundung, BAG NJW **75**, 1576 (krit Heiseke NJW **75**, 2312). Im Vollstreckungsantrag liegt meist die Aufkündigung einer Stundung, Köln JB **97**, 100.

K. Endgültige Vollstreckbarkeit. Vollstreckbar im eigentlichen engeren Sinne ist nur eine solche 28 Entscheidung, die auf eine Leistung geht. Nur hier ist eine Vollstreckung durch den Eingriff von Vollstrekkungsorganen denkbar, §§ 803–898.

29 Vollstreckbarkeit im *weiteren* Sinne liegt aber auch beim Feststellungs-, Gestaltungs- und abweisenden Urteil vor. Es wirkt durch seinen Inhalt, sofern das Gericht es für vorläufig vollstreckbar erklärt hat, obwohl es keinen vollstreckbaren Inhalt hat, nicht vollstreckungsfähig ist, zB auch § 708 Z 6. Ein solches Urteil braucht also keine Vollstreckungsklausel nach § 724 und keine Zustellung, § 750. Es ist auch nicht der Aufhebung oder Einstellung der Zwangsvollstreckung fähig. Es hat aber trotzdem seine Wirkung. Denn es kann die Voraussetzung von staatlichen Handlungen sein, zB § 16 HGB. Die vorläufige Vollstreckbarkeit einer prozessualer Gestaltungsklage zB aus §§ 767, 768, 771 hat eine Bedeutung wegen §§ 775 Z 1, 776. Es wäre deshalb unrichtig, die Vollstreckbarerklärung von einem vollstreckungsfähigen Inhalt abhängig zu machen.

30 **L. Vorläufige Vollstreckbarkeit.** Die vorläufige Vollstreckbarkeit steht der endgültigen nicht ganz gleich, Einf 3 vor § 708.

31 **M. Vollstreckungsklausel.** Das ist die amtliche Bescheinigung der Vollstreckbarkeit des Titels. Sie muß unter einer Ausfertigung des Titels stehen. Sie macht diese zur „vollstreckbaren Ausfertigung". Sie kann Bestimmungen über den sachlichen oder persönlichen Umfang der Zwangsvollstreckung enthalten, Rn 21.

32 **8) Hindernisse der Zwangsvollstreckung**

Schrifttum: *Götte,* Der Grundsatz der Verhältnismäßigkeit und die Rangordnung der Zwangsvollstrekkungsmittel, Diss Mü 1985; *Lippross,* Grundlagen und System des Vollstreckungsschutzes, 1983; *Weyland,* Der Verhältnismäßigkeitsgrundsatz in der Zwangsvollstreckung, 1987; *Wieser,* Der Grundsatz der Verhältnismäßigkeit in der Zwangsvollstreckung, 1989.

A. Einstellung; Räumungsfrist. In Betracht kommt eine Einstellung der Zwangsvollstreckung zB nach §§ 765 a, 775 oder eine Räumungsfrist zB nach § 721, LG Bln ZMR **92**, 542.

B. Ablauf der Vollziehungsfrist. In Betracht kommt ferner bei einem Arrest und einer einstweiligen Verfügung der Ablauf der Vollziehungsfrist, §§ 929 II, 936.

C. Insolvenzverfahren, dazu *Behr* JB **99**, 66, *Harnacke* DGVZ **03**, 161, *Plog/Riecke* DGVZ **04**, 81 (je: Üb); *Viertelhausen,* Einzelzwangsvollstreckung während des Insolvenzverfahrens, 1999: In Betracht kommen ferner zB: Sicherungsmaßnahmen nach § 21 InsO, Hintzen Rpfleger **01**, 207; die sog Rückschlagssperre nach § 88 InsO, Hintzen Rpfleger **01**, 207; die Eröffnung des inländischen Insolvenzverfahrens; § 89 InsO, BGH NJW **06**, 3356, LG Stgt Rpfleger **99**, 286 (verweist auf § 767). Bei einem ausländischen gilt Art 102 EGInsO. Man muß im übrigen die folgenden Situationen unterscheiden: Bei einer Insolvenz des Gläubigers muß das Gericht die Vollstreckungsklausel nach § 727 auf den Verwalter umschreiben, wenn der Anspruch zur Masse gehört, § 35 InsO. Bei einer Insolvenz des Schuldners ist keine Zwangsvollstreckung für Insolvenzgläubiger mehr zulässig, eine begonnene Zwangsvollstreckung ist einzustellen, § 89 InsO. Das gilt zunächst auch beim Massegläubiger, aM BAG NJW **79**, 774, BSG ZIP **81**, 1108. Hat der Gläubiger bereits ein Pfandrecht erlangt, ist er absonderungsberechtigt und darf die Zwangsvollstreckung fortsetzen, vgl freilich BGH NJW **06**, 3356. Ist er Massegläubiger, aussonderungs- oder absonderungsberechtigt, kann er die Zwangsvollstreckung nach einer Umschreibung auf den Verwalter beginnen oder fortsetzen. Bei einer Insolvenz des Drittschuldners ist evtl der Anspruch auf ein Insolvenzausfallgeld pfändbar, Rn 86 „Insolvenzausfallgeld".

Nicht hindernd ist der bloße Insolvenzantrag, § 775 Rn 9.

33 **D. Beschlagnahme.** Eine Beschlagnahme des Vermögens nach § 290 StPO macht einen Titel gegen den Vermögenspfleger nötig.

E. Kreditinstitut. In Betracht kommen ferner gesetzliche Zwangsvollstreckungsverbote während der Abwicklung von Sondervermögen der Kreditinstitute usw, §§ 13, 27 G vom 21. 3. 72, BGBl 465.

F. Exterritorialität. In Betracht kommt schließlich eine Exterritorialität, Rn 4, §§ 18–20 GVG, zB Art 18 V g EU-Truppenstatut v 17. 11. 05, BGBl **05** II 19, nebst ZustimmungsG v 18. 1. 05, BGBl II 18. Das gilt auch zugunsten des technischen Personals einer diplomatischen Vertretung, sofern der vertretene Staat dem Wiener Übk v 18. 4. 61, BGBl 64 II 958, beigetreten ist, Rn 4, 5, Köln Rpfleger **04**, 478 (nicht bei einer Sicherungshypothek), AG Bre MDR **71**, 672. Das gilt auch zugunsten von Sachen einer diplomatischen Vertretung, BVerfG **64**, 1, BGH-Rpfleger **06**, 139, KG SchiedsVZ **04**, 105.

34 **9) Einschränkungen der Zwangsvollstreckung**

Schrifttum: *Fischer* Rpfleger **04**, 599 (ausf zur Verhältnismäßigkeit); *Fischer,* Vollstreckungszugriff als Grundrechtseingriff usw, 2006 (Bespr *Bruns* JZ **07**, 574; *Keip,* Umfang und Grenzen eines sozialen Schuldnerschutzes in der Zwangsvollstreckung, 2000; *Wieser,* Der Grundsatz der Verhältnismäßigkeit in der Zwangsvollstreckung, 1989.

Es gibt Vorschriften, die die Erhaltung der Leistungsfähigkeit des Schuldners bezwecken. Hierher gehören die folgenden Fälle.

A. Unpfändbarkeit. In Betracht kommen die Vorschriften über eine Unpfändbarkeit, §§ 811, 850 ff usw. Sie gelten allerdings nur in den Grenzen des verfassungsrechtlich geschützten Befriedigungsrechts des Gläubigers, BGH NJW **04**, 3771.

B. Vollstreckungsschutz, Verhältnismäßigkeit. In Betracht kommen ferner die Vorschriften über einen Vollstreckungsschutz. Auch in der Zwangsvollstreckung gilt in gewissem Umfang der Grundsatz der *Verhältnismäßigkeit,* Einl III 23, § 758 Rn 24, BVerfG NJW **04**, 49, BGH FamRZ **06**, 1273 links, LG Tüb DGVZ **07**, 71, großzügiger Stgt JZ **86**, 1117, krit Eylmann Rpfleger **98**, 46 („Allzweckwaffe"), Gaul, Treu und Glauben sowie gute Sitten in der Zwangsvollstreckung oder Abwägung nach „Verhältnismäßigkeit" als Maßstab der Härteklausel des § 765 a ZPO, Festschrift für Baumgärtel (1990) 75. Bei der Verwertung von der Preisbindung unterliegenden Büchern gilt zB § 817 a Rn 1.

C. Ungeeignetheit. Man kann nur bei einer Abwägung der Interessen im Einzelfall klären, ob eine mögliche Ungeeignetheit des Vollstreckungstitels oder der Art der Zwangsvollstreckung ein Hindernis ihrer Durchführung darstellt. Das gilt zB bei §§ 758 I, 803 II, Wieser DGVZ **90**, 185.

10) Organe der Zwangsvollstreckung 35

Schrifttum: *Lippross,* Grundlagen und System des Vollstreckungsschutzes, 1983; *Ule,* Der Rechtspfleger und sein Richter, 1983. Vgl auch die Schrifttumsangaben bei § 753.

Die Zwangsvollstreckung ist *staatlichen Behörden* vorbehalten, selbst wenn es dabei zu erheblichen Verzögerungen kommt, LG Lpz DGVZ **96**, 40, AG Leverkusen DGVZ **96**, 44 (keine Ermächtigung an den Gläubiger über gesetzliche Fälle hinaus). Sie üben öffentliche Gewalt aus, BVerfG **49**, 256. Die Zuständigkeit ist ausschließlich, § 802.

A. Vollstreckungsgericht. Das Vollstreckungsgericht ist für alle diejenigen Maßnahmen zuständig, die sich wegen ihrer Natur oder wegen ihrer Schwierigkeit nicht für den Gerichtsvollzieher eignen. Als Vollstrekkungsgericht amtiert grundsätzlich das AG, §§ 764 I, 802. Für die Geschäfte im Zwangsvollstreckungsverfahren des Buchs 8 ist grundsätzlich der Rpfl zuständig, soweit sie dem Vollstreckungsgericht und nicht auch dem Arrestgericht nach § 930 I obliegen oder soweit bei §§ 848, 854, 855, 902 ein anderes AG oder das Verteilungsgericht nach § 873 entscheiden muß, § 3 Z 3 a, § 20 Z 17 RPflG. Der Rpfl muß infolgedessen nach § 20 Z 5 Hs 1 RPflG auch über eine Bewilligung und Entziehung einer Prozeßkostenhilfe für die Zwangsvollstreckung entscheiden, § 119 Rn 53. Das Landesrecht kann die Erteilung einer weiteren vollstreckbaren Ausfertigung nach §§ 733, 797 III auch dem Urkundsbeamten der Geschäftsstelle übertragen, § 36 b I Z 3, 4 RPflG.

Von diesen Übertragungen macht § 20 Z 5 Hs 2 RPflG jedoch einige *Ausnahmen.* Es verbleiben dem Richter die Entscheidung, soweit das Prozeßgericht in der Zwangsvollstreckung zuständig ist, zB nach §§ 887, 888, oder soweit eine sonstige *richterliche* Handlung notwendig ist, zB nach § 758 a. Zur Stellung des Rpfl grundsätzlich Wolf ZZP **99**, 361. Das Vollstreckungsgericht darf grundsätzlich nur innerhalb eines Zwangsvollstreckungsverfahrens tätig werden, LG Hbg MDR **84**, 1035.

B. Gerichtsvollzieher. Den Gerichtsvollzieher „beauftragen" die Parteien unmittelbar. Sie ersuchen ihn um eine Amtshandlung, § 753 I. Er handelt immer als ein Beamter in der Verwaltung staatlicher Hoheitsrechte. Er ist also entgegen der Ausdrucksweise des Gesetzes nur bedingt ein Beauftragter der Partei, § 753 Rn 3 ff.

C. Prozeßgericht. Das Prozeßgericht erster Instanz wird nur wegen Handlungen oder Unterlassungen tätig, §§ 887, 888, 890. Beim FamFG kann das FamG zuständig sein, so schon Düss FamRZ **81**, 577.

D. Andere Gerichte oder Behörden. Andere Gerichte oder Behörden werden in gesetzlich bestimmten Sonderfällen tätig, wie das Insolvenzgericht nach §§ 36 IV, 89 III, 148 II InsO, Althammer/Löhnig KTS **04**, 535 (auch zur Streitfrage, ob dessen Richter oder Rpfl zuständig sei), oder das Grundbuchamt nach §§ 866, 867, Registerbehörden bei Schiffen und Schiffsbauwerken nach § 870 a sowie eingetragenen Luftfahrzeugen, dort Rn 1.

E. Einzelfragen. Maßnahmen von Organen außerhalb des ihnen vom Gesetz zugewiesenen Wirkungskreises sind unwirksam. Die örtliche Unzuständigkeit macht eine Zwangsvollstreckung nicht nichtig, Üb 19 vor § 300. Sie macht aber die Erinnerung zulässig. Soweit sie Erfolg hat, entfällt die Pfandverstrickung, Üb 6 vor § 803. Es ist aber auch auf einen Antrag eine Abgabe entsprechend § 281 möglich. Dadurch bleibt die Pfandverstrickung erhalten. Mangels einer Rüge schadet die örtliche Unzuständigkeit nicht. 36

11) Vollstreckungsverfahren 37

Schrifttum: *Arens,* Die Prozeßvoraussetzungen in der Zwangsvollstreckung, Festschrift für *Schiedermair* (1976) 1; *Bennert,* Die Unterbrechung der Verjährung durch Maßnahmen der Zwangsvollstreckung, § 209 II Nr 5 BGB, 1996; *Deren-Yildirim,* Gedanken über die Verteilungsprinzipien im Zwangsvollstreckungsrecht, Festschrift für *Gaul* (1997) 93; *Gaul,* Treu und Glauben sowie gute Sitten in der Zwangsvollstreckung usw, Festschrift für *Baumgärtel* (1990) 75; *Gaul,* „Prozessuale Betrachtungsweise" und Prozeßhandlungen in der Zwangsvollstreckung, Gedächtnisschrift für *Arens* (1993) 89; *Gerhardt,* Von Strohfrauen und Strohmännern – Vorgeschobene Rechtsinhaberschaft in der Zwangsvollstreckung, Festschrift für *Lüke* (1997) 121; *Hillebrand,* Forum shopping des Gläubigers im Rahmen der Zwangsvollstreckung? usw, 2001; *König,* Rechtsstaatsprinzip und Gleichheitssatz in der Zwangsvollstreckung, Diss Tüb 1985; *Sawczuk,* Der Schutz des Gläubigers in der Zwangsvollstreckung, Festschrift für *Beys* (Athen 2004) 1411; *Suda,* Mitwirkungspflichten des Vollstrekkungsschuldners nach dem 8. Buch der ZPO usw, Diss Bonn 2000.

A. Überblick. Das Vollstreckungsverfahren der ZPO folgt nur eingeschränkt den für das Erkenntnisverfahren geltenden Vorschriften. Es kennt Prozeßhandlungen, Grdz 46 vor § 128, Gaul (vor A) 126. Es kennt insbesondere nach § 128 IV keine notwendige mündliche Verhandlung außer natürlich in denjenigen Prozessen, die anläßlich der Zwangsvollstreckung entstehen, zB § 731. Wenn eine Partei Einwendungen erhebt, ist eine mündliche Verhandlung statthaft. Das Gericht muß einen etwaigen Termin unverzüglich bestimmen, § 216 entsprechend, auch für die Zeit vom 1. 7. bis 31. 8. ohne spätere Verlegungsmöglichkeit, § 227 III 2 Hs 1 Z 7. Im allgemeinen muß das Gericht den Schuldner vor dem Vollstreckungsakt nicht anhören. Manchmal steht seine Anhörung dem Gericht frei, §§ 730, 733. Bei § 834 ist seine Anhörung unstatthaft. Dieser Grundsatz widerspricht nicht Artt 2 I, 20 III GG (Rpfl), BVerfG **101**, 404, Art 103 I GG (Richter). Denn das Gläubigerinteresse muß vorgehen, und dem Schuldner stehen auch Rechtsbehelfe zur Verfügung, BVerfG **8**, 89, 98, Stürner ZZP **99**, 291 (Üb). Eine Rechtsbehelfsbelehrung ist außerhalb der nach dem Gesetz wie zB nach §§ 39, 95 FamFG vereinzelt notwendigen Fälle ebensowenig wie im Erkenntnisverfahren nach § 139 Rn 79 nötig. Sie sollte ebenso unterbleiben, aM Limberger DGVZ **97**, 166 (er zieht aus einer richtig zitierten Rspr des BVerfG unnötige Schlußfolgerungen).

Die *Parteiherrschaft* nach Grdz 18 vor § 128, oben Rn 6 ff, bleibt in dem Sinn bestehen, daß der Gläubiger das Verfahren durch seinen Antrag in Gang setzt und den Fortgang des Verfahrens und die Verfügung über seinen Anspruch in der Hand behält, Byok NJW **03**, 2644. Das gilt auch bei einem Zug-um-Zug-Titel, § 756, Scheffler NJW **89**, 1848. Auf sein Ersuchen ordnet das Gericht jederzeit das Ruhen der Zwangsvollstreckung an, auch das Ruhen des Offenbarungsverfahrens. Das Verfahren ist im übrigen ein Amtsverfahren, Grdz 39 vor § 128, Rn 7–9. Eine möglichste Klärung des Sachverhalts ist eine Amtspflicht. Das gilt auch zur Klärung der Prozeßfähigkeit mangels deren Feststellung im Erkenntnisverfahren, AG Bayreuth DGVZ **04**, 46. Notfalls muß das Vollstreckungsorgan den Gläubiger mündlich oder schriftlich befragen, geeignetenfalls auch den Schuldner. Es besteht allerdings keine Ermittlungspflicht von Amts wegen nach Grdz 38 vor § 128, soweit ein Gläubiger oder ein Schuldner auf Anfragen des Gerichts nicht antworten, Düss NJW **77**, 1643. Vielfach ist ein Antrag notwendig, zB bei § 765 a, BVerfG **61**, 137. Zustellungen erfolgen meist im Parteibetrieb, §§ 191 ff. Ausnahmen gelten zB bei § 900 Rn 15. Die Verjährung beginnt erneut, AG Münst DGVZ **92**, 44, wenn eine gerichtliche Vollstreckungshandlung erfolgt oder beantragt wird, (jetzt) § 212 I Z 2 BGB, und wenn nicht eine der Ausnahmelagen des § 212 II, III BGB vorliegt.

38 Eine *Rechtshängigkeit* im prozessualen Sinn des § 261 tritt nicht ein. Anders ist es für sachlichrechtliche Folgen, zB §§ 212 II, III, 941 S 2 BGB. Soweit im Verfahren Nachweise notwendig sind, ist ein voller Beweis nach den Regeln der ZPO nötig, AG Wuppert DGVZ **99**, 187. Eine Glaubhaftmachung nach § 294 genügt nur, wenn sie das Gesetz ausdrücklich zuläßt. Eine Verwirkung muss man wie stets beurteilen, § 767 Rn 34. Der Tod des Schuldners bei § 779 oder der Wegfall seiner Prozeßfähigkeit nach § 51 Rn 40 oder seiner gesetzlichen Vertretung nach § 51 Rn 12 unterbrechen das Verfahren nicht. Ebensowenig unterbrechen der Tod oder der Verlust der Parteifähigkeit des Gläubigers nach der Antragstellung das Verfahren.

Unterbrechung und Aussetzung vertragen sich nämlich nicht mit dem schleunigen Charakter des Verfahrens, Üb 5 vor § 239, BGH (7. ZS) NJW **07**, 3133, AG Gött Rpfleger **00**, 121, LG Stgt Rpfleger **99**, 286, aM BGH NZM **06**, 715, Sojka MDR **82**, 14 (aber nahezu jede Zwangsvollstreckung ist eilbedürftig. Der Gläubiger hat meist schon allzu lange warten müssen). Eine Rechtshilfe braucht die Zwangsvollstreckung innerhalb Deutschlands grundsätzlich nicht, § 160 GVG. Ausnahmen gelten bei § 789.

Die *Kosten* der Zwangsvollstreckung trägt der Schuldner nach §§ 91 ff, 788. Er trägt sie also insoweit, als sie erforderlich waren. Vgl aber auch § 891 S 3. Der Gläubiger muß sie ihm erstatten, wenn das Gericht den Vollstreckungstitel aufgehoben hat. Die Vorschriften über die Prozeßkostenhilfe nach §§ 114 ff sind anwendbar, § 119 II. Das Gericht prüft das Rechtsschutzbedürfnis nach Grdz 33 vor § 253 auch hier, BVerfG **61**, 135, Köln JB **01**, 213, LG Rostock JB **03**, 47. So kann eine Prozeßkostenhilfe bei einem zur Zeit zahlenden Schuldner für die Zustellung des Titels notwendig, aber im übrigen noch unzulässig sein.

Abweichungen enthält das Vollstreckungsverfahren nach §§ 86 ff FamFG.

39 **B. Parteifähigkeit.** Erforderlich ist die Parteifähigkeit des Gläubigers wie des Schuldners wie im Erkenntnisverfahren, § 50, Hamm MDR **90**, 347. Daher sind die OHG, KG, evtl sogar die gelöschte GmbH parteifähig, der nicht rechtsfähige Verein evtl nur als Schuldner, § 735. Gesellschafter und Vereinsmitglieder sind Dritte, § 735 Rn 1, Anh § 736. Wegen der Stellung des Generalbundesanwalts im Verfahren nach dem AUG Grdz 28 vor § 50, Üb 6, 8 vor § 78.

40 **C. Prozeßfähigkeit.** Die Prozeßfähigkeit des § 51 ist beim Gläubiger stets nötig. Beim Schuldner, der regelmäßig rein leidend beteiligt ist, gilt das freilich nur, soweit er mitwirken kann und muß, Kblz FamRZ **03**, 1486, AG Strausberg DGVZ **06,** 79, AG Wuppert DGVZ **99**, 187, aM Stgt Rpfleger **96**, 36, AG Ehingen DGVZ **95**, 190, AG Strausberg DGVZ **02**, 43 (je: sie sei stets nötig. Aber bei der Zwangsvollstrekkung gibt es nun einmal meist nur noch einen Zwang). Der Schuldner muß allerdings nicht ganz selten nun doch mitwirken, zB als Anzuhörender, AG Saarbr DGVZ **94**, 142, oder als ein zur eidesstattlichen Versicherung Verpflichteter, § 807, AG Wuppert DGVZ **99**, 187, Limberger DGVZ **84**, 129, evtl auch bei der Zustellung, § 171 I, AG Arnsberg DGVZ **86**, 140, Schneider DGVZ **87**, 52. Der Schuldner muß ferner mitwirken, soweit er Einwendungen erhebt, AG Saarbr DGVZ **94**, 142, Roth JZ **87**, 899 (ausf). Den Prozeßunfähigen vertritt sein gesetzlicher Vertreter, § 51 Rn 12, AG Strausberg DGVZ **02**, 43, evtl also sein Betreuer, Kblz FamRZ **03**, 1486. An diesen muß man auch zustellen, §§ 171, 191 ff, AG Ansbach DGVZ **94**, 94. Die Zwangsvollstreckung ergeht freilich ohne eine Rücksicht auf spätere Veränderungen weiter. Der Schuldner muß die von ihm behauptete Prozeßunfähigkeit beweisen, Ffm Rpfleger **75**, 441.

D. Vollmacht usw. Wenn der Schuldner mitwirken muß, muß sich sein gesetzlicher Vertreter ausweisen, § 51 Rn 12. Die Prozeßvollmacht gilt auch für die Zwangsvollstreckung, § 81. Sie läßt sich aber auch auf diese beschränken. Inhalt der Vollmacht: §§ 78 ff. Über ihren Nachweis in der Zwangsvollstreckung § 81 Rn 9. Es genügt die Nennung des Bevollmächtigten im Vollstreckungstitel.

E. Zuständigkeit. Erforderlich ist ferner die Zuständigkeit, Rn 35. Die deutsche internationale Zuständigkeit setzt voraus, daß sich ein Schuldnervermögen im Inland befindet, BGH RR **06**, 199.

F. Rechtsweg. Notwendig ist schließlich die Zulässigkeit des Rechtswegs, Rn 2.

41 **G. Einwendungen des Gläubigers.** Gegen die Art und Weise der Zwangsvollstreckung ist die Erinnerung nach § 766 zulässig, BGH DGVZ **05**, 25. Nach der Ablehnung eines Antrags außerhalb der eigentlichen Zwangsvollstreckung zB auf eine Erteilung der Vollstreckungsklausel nach §§ 724 ff ist die sofortige Beschwerde nach § 567 I Z 2 zulässig. Eine Rechtsbeschwerde kommt allenfalls unter den Voraussetzungen des § 574 in Betracht. Wegen einer Anschlußbeschwerde § 567 III. Gegen eine echte sonstige Entscheidung im Rahmen der begonnenen Zwangsvollstreckung ist die sofortige Beschwerde nach § 567 I Z 1 im Rahmen und in den Grenzen des § 793 zulässig. Einzelfragen § 793 Rn 1, 19.

42 **H. Einwendungen des Schuldners.** Gegen die Art und Weise der Zwangsvollstreckung ist zunächst die Erinnerung nach § 766 zulässig, BGH DGVZ **05**, 25 (auch zu den Grenzen). In Betracht kommen ferner Einwendungen gegen den Vollstreckungsanspruch selbst. Meist kann der Schuldner sie nur durch eine Vollstreckungsabwehrklage wirksam erheben, §§ 767, 796, 797, LG Traunst DGVZ **93**, 157, gelegentlich auch durch eine einfache Einwendung bei einer Vollstreckung aus § 775 Z 4 und 5, schließlich durch eine Einwendung gegenüber der Klage aus § 731. In Betracht kommen ferner Einwendungen gegen die Zulässigkeit der Vollstreckungsklausel durch eine Erinnerung nach § 732 oder als Einwendungen gegen eine Klage aus § 731, ferner Einwendungen gegen die Rechtswirksamkeit des Titels nur durch Rechtsmittel, §§ 511 ff, Einspruch, §§ 338, 700, Wiederaufnahmeklage, §§ 578 ff, verneinende Feststellungsklage, § 256, oder wie zu

Rn 43, Üb 13 ff vor § 300. In Betracht kommt schließlich regelwidrig eine Widerspruchsklage nach §§ 771 ff bei § 93 ZVG. Zur Problematik einer Schutzschrift nach Grdz 8 vor § 128, Vogel NJW **97**, 554. Man sollte sie keineswegs auch noch hier zulassen, zumal die Parteiherrschaft nur eingeschränkt gilt, Rn 6, 37.

I. Einwendungen eines Dritten. Gegen die Art und Weise der Zwangsvollstreckung ist die Erinnerung nach § 766 zulässig. Wegen der Verletzung eines die Veräußerung hindernden Rechts ist die Widerspruchsklage nach §§ 771 ff zulässig. Schließlich kommt eine Klage auf eine vorzugsweise Befriedigung aus dem Erlös bei einem Pfand- oder Vorzugsrecht ohne einen Besitz nach § 805 in Betracht. 43

J. Einwendungen jedes Betroffenen: Arglist. Allgemein ist der Einwand der Arglist denkbar. Auch in der Zwangsvollstreckung muß man Treu und Glauben wahren, Einl III 54, § 765 a, BGH DB **78**, 1494, Ffm RR **92**, 32, LG Paderb DGVZ **06**, 75, aM LG Oldb DGVZ **93**, 56 (§ 767. Aber ein Rechtsmißbrauch führt immer zur Beachtung von Amts wegen). Weitere Beispiele: § 771 Rn 10, § 775 Rn 21. 44

Arglist kann allerdings nach einer noch vorhandenen Ansicht insbesondere dann vorliegen, wenn der Gläubiger im Zeitpunkt der Erwirkung eines Vollstreckungsbescheids wußte, daß dieser nur wegen des dortigen Fehlens einer Schlüssigkeitsprüfung ergehen konnte, weil zB eine Umgehung versucht wurde, LG Kassel JB **03**, 610 (reichlich streng), LG Würzb RR **92**, 52, oder weil der Gläubiger sittenwidrige Ratenkreditzinsen verlangte, BGH **103**, 45, Hbg VersR **91**, 833, Nürnb JB **02**, 443, aM Oldb RR **92**, 446, LG Freibg RR **92**, 1149, LG Hanau RR **99**, 505 (vgl dazu Einf 30 ff vor §§ 322–327). 45

Mit Recht betonen aber BVerfG RR **93**, 232, BGH NJW **91**, 1885 Köln RR **93**, 571 die *Gefahr der Aushöhlung der Rechtskraft* auch hier. Im übrigen hat BAG NJW **89**, 1054 ausdrücklich die Auffassung abgelehnt, die Gültigkeit eines Vollstreckungstitels fehle, wenn ihm ein sittenwidriger Ratenkreditvertrag zugrunde liege. Zur Begründung stellt das BAG mit Recht auf die Bedeutung zur Rechtsklarheit, Rechtssicherheit und Praktikabilität ab. Das gilt auch gegenüber dem Versuch von Grün NJW **91**, 2864, mit einer „beschränkten" und in Wahrheit verneinten inneren Rechtskraft zum Ziel zu kommen. Vgl dazu ferner Einf 13, 28 vor §§ 322–327, § 322 Rn 71 „Vollstreckungsbescheid", § 700 Rn 1, § 796 Rn 4. Die besonderen Voraussetzungen der etwaigen Unzulässigkeit der Zwangsvollstreckung liegen freilich zumindest auch nicht vor, soweit der Gläubiger wegen solcher Beträge vollstreckt, die ihm auch bei einer Nichtigkeit des Darlehensvertrags zustehen, BGH BB **89**, 380.

Kein Mißbrauch liegt vor bei einer Zwangsvollstreckung aus einem jedenfalls damals rechtmäßigen, wenn auch inzwischen als fragwürdig erachteten Titel, Hamm DB **86**, 1223, aM Brdb JB **02**, 162 (aber wohin käme man, wenn man jede spätere Fragwürdigkeit zur Aushebelung der Rechtskraft mißbrauchen dürfte?). Kein Mißbrauch liegt auch in einer Pfändung auf Grund rechtswidriger Mitteilungen Dritter über Vollstreckungsmöglichkeiten, oder dann, wenn der Gläubiger den Vollstreckungsauftrag wiederholt zurücknimmt, LG Rottweil DGVZ **05**, 183, etwa weil der Schuldner die vereinbarten Raten jeweils zunächst zahlt, Hamm DGVZ **85**, 58, Wieser DGVZ **90**, 185, oder dann, wenn das Gericht nur die Rechtslage falsch beurteilt hatte, Üb 29 vor § 300, BGH NJW **91**, 30, Kblz RR **99**, 508 (Übersehen zeitweiliger Unpfändbarkeit). 46

Zum Schuldnerschutz mit Rücksicht auf den *Verhältnismäßigkeitsgrundsatz* Rn 34. 47

Bei einer *sehr kleinen Anfangs- oder auch Restforderung* ist der Grundsatz der Verhältnismäßigkeit ebenfalls mitbeachtlich, BVerfG **48**, 400, Düss NJW **80**, 1171, Schwab, Zwangsvollstreckung wegen Bagatellforderungen, 1993, großzügiger LG Dortm JB **07**, 219 (kleine restliche Zinsforderung), AG Saarlouis JB **04**, 504 wegen 6, 93 EUR. Wegen einer Verwirkung Rn 13. Ob man allgemein die Erforderlichkeit der Vollstreckungshandlung prüfen darf und muß, ist fraglich. Zum Problem Wieser ZZP **100**, 146. 48

K. Einstweilige Einstellung. Bei sämtlichen Einwendungen nach Rn 41–48 kann das Gericht die Zwangsvollstreckung einstweilen einstellen. Der Gerichtsvollzieher darf das bei § 775 Z 4 und 5 (dort Rn 15), § 815 III tun. Der Einstellungsbeschluß des Gerichts ist keine einstweilige Verfügung, sondern eine vorläufige Maßnahme eigener Art. Wenn eine Einstellung möglich ist, wird im allgemeinen für eine einstweilige Verfügung das Rechtsschutzbedürfnis fehlen, Grdz 33 vor § 253. Denn sie ist umständlicher und teurer. Da das Hauptverfahren und das Verfahren auf eine einstweilige Verfügung aber meist getrennt ablaufen, ist es möglich, auch während des Hauptverfahrens und trotz einer dortigen Einstellung der Zwangsvollstreckung in der Revisionsinstanz nach § 719 II denselben Anspruch zum Gegenstand einer solchen einstweiligen Verfügung zu machen, die der Einstellung in der Hauptsache zuwiderläuft. 49

Eine *einstweilige Anordnung* nach §§ 49 ff, 95 FamFG läßt sich aber nicht durch eine einstweilige Verfügung nach §§ 935 ff aufheben. Abgesehen davon lassen sich Fälle denken, in denen die einstweilige Verfügung ein Zwangsvollstreckungsverbot aussprechen kann. Eine falsche Bezeichnung im Antrag als einstweilige Verfügung schadet nach allgemeinen Grundsätzen nicht. Über die Wirkung der Einstellung § 707 Rn 13. Nach vielen Vorschriften bewirkt ein bestimmtes Geschehnis eine Einstellung kraft Gesetzes. Das gilt zum Beispiel bei der Eröffnung des Insolvenzverfahrens, § 21 II Z 3 InsO. 50

12) Beginn der Zwangsvollstreckung. Die Zwangsvollstreckung beginnt, sobald eine der folgenden Situationen eintritt. 51

A. Gerichtsvollzieher. Der Beginn liegt in der ersten Vollstreckungshandlung des Gerichtsvollziehers, LG Bln DGVZ **91**, 9, Bennert Rpfleger **96**, 310 (Verjährung), Ewers DGVZ **97**, 70 (Begriff). Dazu kann die Zustellung nach § 750 gehören. Eine Zahlungsaufforderung ist kein Beginn der Vollstreckung, sondern ein Versuch, gerade ohne sie auszukommen.

B. Gericht. Der Beginn liegt in der Verfügung der ersten Vollstreckungsmaßnahme durch das Gericht, etwa in einer Verpfändung nach § 845 oder in dem Pfändungsbeschluß nach § 829. Er liegt genauer in der Hinausgabe dieser Verfügung, § 329 Rn 23, 24, § 890 Rn 34, nicht erst in der Zustellung der Verfügung § 329 Rn 26, § 750.

Beispiele: Die Unterlassungspflicht nach § 890 beginnt mit dem androhenden Beschluß nach § 890 Rn 34, Zweibr FamRZ **84**, 716, soweit nicht schon das Urteil die Androhung enthält. Beim Offenbarungsverfahren nach § 807 beginnt die Zwangsvollstreckung spätestens mit der Terminsbestimmung, § 900 Rn 15, wenn nicht früher, § 900 Rn 12. Ein Verfahren nach § 721 II–VI kann vor oder nach dem Beginn der Zwangsvollstreckung stattfinden. Das erwähnt Mü ZMR **93**, 78 nicht mit. Eine Zwangsvollstreckung nach §§ 864 ff beginnt mit der Unterzeichnung der Eintragungsverfügung einer Sicherungshypothek nach § 867 oder des Anordnungs- oder Beitrittsbeschlusses.

Alles, was *vor diesen Zeitpunkten* liegt, gehört *nicht* zur Zwangsvollstreckung, auch wenn es im Buch 8 steht. Das gilt etwa für die Erteilung des Notfristzeugnisses nach § 706 oder der Vollstreckungsklausel nach §§ 724 ff, Zweibr FamRZ **00**, 964, für die bloße Androhung einer Vollstreckungsmaßnahme in einem Anwaltsschreiben, Schlesw FamRZ **81**, 457, oder durch den Gerichtsvollzieher, AG Arolsen DGVZ **85**, 63 (abl Schriftleitung), oder für die Sicherheitsleistung nach §§ 709 ff, 109. Für die Kostenberechnung und Kostenerstattung nach § 788 muß man alle vorbereitenden Handlungen einbeziehen.

52 **13) Ende der Zwangsvollstreckung**

Schrifttum: *Kerwer,* Die Erfüllung in der Zwangsvollstreckung, 1996.

Die Zwangsvollstreckung und damit das *Rechtsschutzbedürfnis* nach Grdz 33 vor § 253 für eine erste oder weitere Vollstreckungshandlung enden, Köln JB **01**, 213, sobald eine der folgenden Situationen eintritt.

A. Befriedigung. Das Ende tritt im ganzen ein mit der völligen Befriedigung des Gläubigers einschließlich der Kosten, § 788, LG Hbg WoM **93**, 417 (vollständige Räumung), LG Meiningen Rpfleger **07**, 217, VG Bln DGVZ **89**, 123, aM Mü MDR **85**, 1034 (aber ein sachlichrechtlicher Rückforderungsanspruch läßt die Zwangsvollstreckung nicht wieder aufleben).

Beispiele: Mit der Zahlung durch den Drittschuldner, LG Frankenth Rpfleger **85**, 245; mit der Befriedigung aus dem hinterlegten Betrag; mit der Erklärung des Gläubigers, er habe an der Leistung kein Interesse mehr, etwa am Erhalt einer Auskunft, Mü OLGZ **94**, 485; *nicht* schon mit der Hinterlegung, BGH NJW **86**, 2427, AG Köln DGVZ **78**, 30, und überhaupt nicht schon mit einer bloßen Teilleistung, § 754 Rn 3, auch nicht mit der Aufhebung einer Pfändung gegen eine Sicherheitsleistung, auch nicht mit der Einleitung des Verteilungsverfahrens nach §§ 872 ff. Zur Problematik Schünemann JZ **85**, 49 (ausf). § 366 I BGB ist jedenfalls insoweit unanwendbar, als der Schuldner wirklich erst zwangsweise „leistet“, BGH BB **99**, 762.

53 **B. Durchführung der Vollstreckung.** Das Ende tritt bei einzelnen Vollstreckungsmaßnahmen mit ihrer vollen Durchführung ein, BGH DGVZ **05**, 25, BVerwG NJW **06**, 2280. Das gilt selbst bei ihrer Ergebnislosigkeit. Daher leitet jede spätere Zwangsvollstreckungshandlung ein neues Verfahren ein, BGH DGVZ **95**, 72.

Beispiele: Es beenden die Freigabe der Pfandsachen; eine dauernde Einstellung, § 775; die Aufhebung der Maßnahmen, § 776; es beenden *nicht* eine zeitweilige Einstellung oder die Herausgabe an den Gerichtsvollzieher mit der Wirkung der §§ 846, 847, 808, BGH NJW **93**, 935.

Ist die *Maßnahme beendet,* kann der Schuldner deswegen weder eine Erinnerung nach § 766 einlegen, dort Rn 37 (Fortwirken der Maßnahme), BGH DGVZ **05**, 25, noch eine Vollstreckungsabwehrklage nach § 767 oder eine Widerspruchsklage nach § 771 erheben, Einf 4 vor §§ 771–774. Ein bloßer Zeitablauf eines zeitlich begrenzten Vollstreckungstitels kann aber ein Rechtsschutzbedürfnis für ein Rechtsmittel bestehen lassen, § 758 Rn 26. Der Drittschuldner kann ein Rechtsschutzbedürfnis an der Aufhebung eines Pfändungsbeschlusses behalten, auch wenn keine Forderung mehr besteht, Saarbr IPRax **01**, 456. Die Beitreibung aus einem vorläufig vollstreckbaren Titel führt zu einer durch etwaige Einreden auflösend bedingten Erfüllung, Czub ZZP **102**, 287. Zum sachlichrechtlichen Ausgleichsanspruch Kaulbach Rpfleger **08**, 9 (Üb).

54 **14) Mängel der Zwangsvollstreckung**

Schrifttum: *Braun,* Rechtskraft und Rechtskraftdurchbrechung von Titeln über sittenwidrige Ratenkreditverträge, 1986; *Fischer* Rpfleger **07**, 12 (Üb); *Gerlach,* Ungerechtfertigte Zwangsvollstreckung und ungerechtfertigte Bereicherung, 1986; *Grün,* Die Zwangsvollstreckung aus Vollstreckungsbescheiden über sittenwidrige Ratenkreditforderungen usw, 1990; *Häsemeyer,* Schadenshaftung im Zivilrechtsstreit, 1979; *Strauß,* Nichtigkeit fehlerhafter Akte der Zwangsvollstreckung, Diss Tüb 1994.

55 **A. Geschichtliche Entwicklung.** Früher hielten manche jede solche Zwangsvollstreckung für unwirksam, die beim Mangel einer Voraussetzung der Zwangsvollstreckung oder unter der Verletzung einer Formvorschrift erfolgt war. Freilich ließ man eine Mängelheilung zu, zwar nicht durch einen Verzicht, aber durch die Nachholung des Fehlenden vor der Aufhebung der Zwangsvollstreckungsmaßnahmen. Man sah eine Heilung aber nur als für die Zukunft wirksam an. Das bedeutete: Inzwischen erworbene Rechte Dritter wurden nicht berührt. Diese Lehre erschwerte die Befriedigung des Gläubigers in einer unangebrachten Förmelei und setzte sich über die überragende Bedeutung einer brauchbaren Zwangsvollstreckung hinweg.

56 **B. Wirksamkeit des Hoheitsakts.** Praktisch brauchbar ist demgegenüber folgendes: Ein gerichtliches Urteil ist nur in den seltensten Ausnahmefällen wirkungslos, Dümig Rpfleger **04**, 16. In allen anderen läßt es sich als ein Staatshoheitsakt nur durch den zugehörigen Rechtsbehelf bekämpfen und ist bis zur Aufhebung voll wirksam, Üb 19 vor § 300, BGH NJW **79**, 2045. Auch die vom sachlich zuständigen Vollstreckungsorgan in den Grenzen seiner Amtsbefugnisse vorgenommene Vollstreckungshandlung ist als ein Staatshoheitsakt grundsätzlich wirksam. Solange die dafür zuständige Stelle nicht die Fehlerhaftigkeit autoritativ festgestellt hat, müssen alle Beteiligten die in Vollmacht und im Namen des Staats getroffenen Entscheidungen beachten und befolgen, BGH DB **80**, 1937, Celle DGVZ **99**, 76, Hamm NJW **79**, 1664. Mag eine solche Maßnahme auch alle sachlichen und förmlichen Voraussetzungen entbehren, ist sie doch wirksam, bis auf einen Rechtsbehelf eine abändernde Entscheidung ergeht und die bisherige Maßnahme damit rückwirkend beseitigt, Üb 20 vor § 300. So kann man den Gläubiger gegen ein Versehen der Vollstrekkungsorgane schützen. Auch die funktionelle Unzuständigkeit kann unschädlich sein, LG Kassel DGVZ **99**, 77 (Gerichtsvollzieher statt – noch – Rpfl bei §§ 899 ff). Beim nirgends geschützten Rechtsmißbrauch nach Einl III 54, oben Rn 44, kann eine Vollstreckungsmaßnahme unwirksam sein, Celle DGVZ **99**, 76. Vgl ferner Rn 57.

Demjenigen *Dritten,* der inzwischen Rechte erworben hat, geschieht kein Unrecht. Denn er hatte keinen Anspruch darauf, daß die vorgenommene Zwangsvollstreckung unwirksam war.

Die *Verfassungsbeschwerde* gegen einen Vollstreckungsakt ist nur dann zulässig, wenn angeblich eine neue Grundrechtsverletzung erst durch die Vollstreckungsbehörde bei der Durchführung der Zwangsvollstreckung eingetreten ist. Es sind also Mängel des Erkenntnisverfahrens insoweit unbeachtlich, BVerfG **28**, 8.

C. Unwirksamkeit. Die Zwangsvollstreckung ist als eine bloße Scheinvollstreckung gänzlich wirkungslos, wenn ihr jede gesetzliche Grundlage schlechthin fehlt, Üb 11 vor § 300. Davon kann nur selten die Rede sein, Dahin gehört eine Zwangsvollstreckung von Organen außerhalb ihres gesetzlichen Wirkungskreises, Rn 36, Sommer Rpfleger **78**, 407. Auch die Verletzung einer wesentlichen Voraussetzung bedeutet das Fehlen einer ordnungsmäßigen Zwangsvollstreckung. Hierher gehört zB das Fehlen eines wirksamen Vollstreckungstitels, BGH NJW **05**, 1577 (§ 767 entsprechend), und wesentlicher Formvorschriften. Das gilt etwa dann, wenn der Gerichtsvollzieher Pfandsachen nicht in seinen Besitz genommen hat, § 808 Rn 6. Hierher gehört auch die Zwangsvollstreckung bei einem Exterritorialen, Rn 4, 33. Vgl ferner Rn 56. **57**

D. Aufhebbarkeit. Lediglich mangelhaft und folglich bis zur Aufhebung nach Rn 56 voll wirksam sind alle anderen fehlerhaften Zwangsvollstreckungshandlungen, Üb 19 vor § 300, BGH **66**, 81, Hamm MDR **79**, 149, LG Bln Rpfleger **78**, 66. Eine Heilung etwa nach § 189 ist während der Zwangsvollstreckung rückwirkend wirksam, Einf 4 vor §§ 750, 751, BayObLG Rpfleger **03**, 157, Dörndorfer Rpfleger **89**, 317. Die Verletzung einer Dienstvorschrift wie etwa der Geschäftsanweisung für Gerichtsvollzieher macht die Zwangsvollstreckung weder unwirksam noch anfechtbar. Über die heilende Kraft der Genehmigung des Schuldners Einf 5 vor §§ 750, 751, § 811 Rn 5. **58**

E. Wirksamkeit. Voll wirksam ist trotz einer Zuständigkeitsverletzung auch diejenige Anordnung oder Entscheidung, die in das Tätigkeitsgebiet des Rpfl nach § 20 Z 17 RPflG fällt, Rn 35, die aber der Richter ohne eine Berücksichtigung dieser Vorschrift vorgenommen hat, § 8 I RPflG. Überschreitet der Rpfl seine Zuständigkeit überhaupt, ist das Geschäft unwirksam, § 8 IV RPflG. Anders ist die Lage, wenn der Richter ihm das Geschäft übertragen konnte, es ihm aber nicht übertragen hat, § 8 II RPflG. Wegen der etwaigen Amtshaftung Noack JB **77**, 307. Ein Schmerzensgeld kommt kaum in Betracht, LG Köln DGVZ **98**, 189.

15) Beispiele zur Frage der Pfändbarkeit, dazu *Röder* (Hrsg), ABC der pfändbaren und unpfändbaren beweglichen Sachen, Forderungen und anderer Klagensrechte, seit 1992 (Loseblattausgabe; Bespr *Mroß* DGVZ **08**, 88); *Wolff/Hintzen,* Pfändbare Gegenstände von A–Z, 2. Aufl 2003. **59**

Vollstreckungsschlüssel

Abgeordneter: Rn 69 „Diäten".

Abzahlungsgeschäft: Rn 60 „Anwartschaft". Wegen der Überweisung an den Verkäufer § 825 Rn 11.

Altersruhegeld: Es ist nach § 54 II, III SGB I wegen gesetzlicher Ansprüche unbeschränkt pfändbar, im übrigen nur im Rahmen der Billigkeit, also ähnlich wie bei § 850 b, Karlsr BB **80**, 265. LG Hbg NJW **88**, 2675 läßt die Pfändung zu, soweit die Forderung des Gläubigers auf einem solchen Rechtsgeschäft beruht, das zur Deckung des allgemeinen Lebensbedarfs dient.

Eine Pfändung ist *unzulässig,* soweit der Gläubiger einen Darlehensrückzahlungsanspruch geltend macht, obwohl er wußte, daß der Darleiher nur eine solche Rente bezog, deren Höhe kaum über den Darlehensrückzahlungsraten lag, LG Wiesb Rpfleger **81**, 491. Künftige Altersrente ist nur im Rahmen von § 829 Rn 2 pfändbar.

S auch Rn 103 „Sozialleistung".

Anderkonto: Rn 87 „Kontokorrent", Rn 96 „Notar".

Anfechtungsrecht: Es ist im Insolvenzverfahren *unpfändbar,* außerhalb dieses Verfahrens *nicht* selbständig pfändbar.

Anteilsrecht an einer Gemeinschaft nach Bruchteilen, zB Miteigentum, dazu *Gramentz,* Die Aufhebung der Gemeinschaft nach Bruchteilen durch den Gläubiger eines Teilhabers, 1989: Pfändbar ist nur der Anteil, Hamm RR **92**, 666. Bei Liegenschaften erfolgt die Zwangsvollstreckung nach dem ZVG, Hamm RR **92**, 666.

Antrag: Der Anspruch aus dem Antrag auf den Abschluß eines Vertrags ist pfändbar, soweit er übertragbar ist, § 851 I.

Anwartschaft, dazu *Banke,* Das Anwartschaftsrecht aus Eigentumsvorbehalt in der Einzelzwangsvollstreckung, 1991; *Schmalhofer,* Die Rechtfertigung der Theorie der Doppelpfändung bei der Pfändung des Anwartschaftsrechts, Diss Regensb 1994: **60**

A. Bewegliche Sache. Man muß in dieser Streitfrage, Rn 61, wie folgt unterscheiden.

a) Lösung. Bei der Anwartschaft auf die Übertragung des Eigentums bei einer auflösend bedingten Sicherungsübereignung oder bei einem Vorbehaltsverkauf nach § 811 Rn 6, § 825 Rn 5 geht das volle Eigentum erst nach der Erfüllung der gesamten Verbindlichkeit auf den Erwerber über. Der Schuldner hat aber bis zu diesem Zeitpunkt eine Anwartschaft auf die Übertragung des Eigentums. Es wäre um so unberechtigter, ihm diese Anwartschaft zu entziehen, je mehr er bereits auf die Schuld bezahlt hat. Die Zwangsvollstreckung erfolgt folgendermaßen.

- **(Anwartschaftspfändung):** Zulässig ist die Pfändung der Anwartschaft (des „bedingten Eigentums") nach §§ 828 ff, LG Lüb Rpfleger **94**, 176. Es gilt also auch § 829 III, Drittschuldner ist der Vorbehaltsverkäufer, vgl aber auch § 857 Rn 11. Sie gibt aber noch kein Widerspruchsrecht. Dazu, daß ein Anwartschaftsberechtigter die Anwartschaft veräußert, § 771 Rn 16 „Eigentum".
- **(Sachpfändung):** Schließlich ist die Sachpfändung durchführbar. Dieser Weg kann auch vorangehen. Dann hat aber das Pfändungsrecht einen Mangel. Er heilt erst durch die Nachholung der Zahlung nach Rn 61 rückwirkend. Den bezahlten Schuldrest kann der Gläubiger als Kosten der Zwangsvollstreckung beitreiben. Auch in § 811 a II 4 gelten mittelbare Kosten als Kosten der Zwangsvollstreckung.
- **(Zahlung durch Gläubiger):** Der Gläubiger muß dann die Restschuld an den Verkäufer bezahlen. Der Verkäufer wird nach § 840 auskunftspflichtig. Ein Widerspruch des Schuldners nach § 267 II BGB

wäre arglistig und darum dem Gläubiger gegenüber unwirksam. Der Verkäufer darf die Annahme der Zahlung nicht verweigern. Er würde sonst gegen Treu und Glauben verstoßen und nach § 162 BGB die Bedingung herbeiführen.

61 **b) Andere Meinungen.** Das ist alles **umstritten.**

Wie hier zB Kupisch JZ **76**, 417 (ausf), Marotzke, Das Anwartschaftsrecht usw, 1978, 87 ff. Dieser hält eine Sachpfändung für ausreichend, da er das Anwartschaftsrecht als ein dingliches Recht auffaßt, weil der Verkäufer mit der Übergabe und Einigung seinerseits alles getan habe, so daß anstelle des schuldrechtlichen Übereignungsanspruchs des Käufers die durch die Erfüllungshandlung des Verkäufers begründete Rechtsstellung getreten sei.

Dagegen Weber NJW **76**, 1606, der eine Pfändung der Rechtsstellung des Käufers, § 857, fordert (krit Henkel ZZP **84**, 454), eine Sachpfändung § 808 aber ablehnt, weil der Gläubiger nicht gezwungen werden könne, in eine schuldnerfremde Sache zu vollstrecken, während Flume AcP **161**, 404 die hM zwar ablehnt, immerhin außer der Pfändung nach § 857 auch die Anlegung von Siegeln nach § 808 II 2 verlangt und das als eine Pfändung ansieht. Vgl auch § 857 Rn 11.

62 **B. Grundstück.** Ein übertragbares und damit pfändbares Recht des Auflassungsempfängers liegt erst ab einem Antrag des Erwerbers auf eine Eigentumsumschreibung beim Grundbuchamt oder ab einer Auflassungsvormerkung vor, BGH NJW **89**, 1093. Wird die Eigentumsanwartschaft eines Auflassungsempfängers gepfändet, entsteht mit der Eigentumsumschreibung auf den Auflassungsempfänger und Vollstrekkungsschuldner für den Pfändungsgläubiger kraft Gesetzes eine Sicherungshypothek, §§ 848 II, 857 I, BGH DNotZ **76**, 97. Eine Hypothek nach § 866 ist dann unnötig. Die Pfändung entfällt, sobald das Gericht einen Umschreibungsantrag zurückgewiesen hat, BGH DNotZ **76**, 97.

63 **C. Forderung.** Sie kann pfändbar sein, zB bei einer Sozialversicherungsrente, LG Verden MDR **82**, 677, aM LG Bln NJW **89**, 1738 (betr eine Rentenanwartschaft und künftige Rente. Vgl aber § 829 Rn 4 ff).

64 **Arbeitnehmererfindung:** § 850 Rn 5, 6.

Arbeitnehmerprämie: Sie ist wie Arbeitseinkommen pfändbar. Dabei muß man freilich auch § 850 a Z 2 beachten, Sibben DGVZ **88**, 8 (ausf).

Arbeitnehmersparzulage: Sie ist kein Einkommen nach § 850 II, sondern ist selbständig pfändbar, BAG NJW **77**, 75, LAG Hamm DB **75**, 1944, Ottersbach Rpfleger **90**, 57. Das gilt auch für die künftig fällige. Man muß sie allerdings stets gesondert pfänden, BAG NJW **77**, 75, Ottersbach Rpfleger **90**, 57. Drittschuldner ist das Finanzamt, § 14 IV 1 des 5. VermögensbildungsG. Die Pfändung ist erst nach dem Ablauf des jeweiligen Kalenderjahres wirksam. Eine vorherige Pfändungen ist nichtig, Ottersbach Rpfleger **90**, 58. Man muß wie bei einem Steuererstattungsanspruch vorgehen, § 829 Rn 13 „Steuererstattung".

Arbeitsentgelt des Gefangenen: § 850 Rn 5, 6.

Arbeitseinkommen: Inwieweit es *unpfändbar* ist, ergibt sich aus den §§ 832, 850 ff.

S auch Rn 101 „Rückkehrhilfe".

Arbeitsförderung: Ein Anspruch nach dem AFG ist *unpfändbar,* dort § 149.

Arbeitsleistung aus einem Werkvertrag: Der Anspruch auf die Arbeitsleistung ist pfändbar.

Arbeitslosengeld, -hilfe: Rn 103 „Sozialleistung".

Arzt: Der Anspruch des Kassenarztes gegen die Kasse ist pfändbar, § 850 Rn 3, BGH **96**, 329 (auch zu den Grenzen; krit Brehm JZ **86**, 500), von Glasow Rpfleger **87**, 289 (er weist auf § 850 f I a hin). Der Honoraranspruch des Privatarztes ist grds pfändbar, BGH **162**, 191.

Die ärztliche Zulassung ist *unpfändbar,* LSG Essen NJW **97**, 2477.

Auftrag: Der Anspruch auf die Ausführung eines Auftrags ist im Zweifel *unpfändbar,* § 664 II BGB.

65 **Ausbildungsförderung:** Der Anspruch auf eine Ausbildungsförderung ist nach § 54 IV SGB I theoretisch wie Arbeitseinkommen pfändbar. Wegen § 850 c kommt bei einem Inlandsstudium eine erfolgreiche Pfändung aber derzeit *kaum* in Betracht. In seltenen Fällen mag beim Auslandsstudium nach der VO v 25. 6. 86, BGBl 935, geändert durch G v 19. 3. 01, BGBl 396, eine höhere Förderung auch praktisch pfändbar sein.

Auskunft: Rn 96 „Nebenanspruch".

Ausland, dazu *Bleckmann* NJW **78**, 1092 (gegen fremden Staat); *Gramlich* NJW **81**, 2618 (iranisches Konto in Deutschland); *Ost* Just **75**, 134 (Arrest usw); *Schack* Rpfleger **80**, 175 (in Geldforderung); SchlAnh III (NATO): Auch beim Drittschuldner im Ausland ist eine Pfändung statthaft, Ffm MDR **76**, 321. Wegen der Exterritorialen §§ 18 ff GVG und oben Rn 4, 33.

Automatenaufsteller: Pfändbar sind sowohl sein Anspruch gegen den Wirt wie auch umgekehrt.

66 **Bankkonto:** Rn 87 „Kontokorrent".

Bausparvertrag: Weitgehend pfändbar, § 851 Rn 5. Die Pfändung erfaßt ein Kündigungsrecht. Vgl auch Rn 104 „Sparprämie".

Bedingter Anspruch: Eine bedingte Forderung ist pfändbar, § 829. Ihre Verwertung richtet sich nach § 844. Ein bedingtes Eigentum am Grundstück (die Anwartschaft auf die Eintragung nach der Auflassung) ist pfändbar, § 857. Die Zustellung der Pfändung erfolgt an den Eingetragenen.

S auch Rn 60 „Anwartschaft".

67 **Befreiung von einer Verbindlichkeit,** § 887 Rn 1–3: Den Anspruch auf eine derartige Befreiung kann nur der Gläubiger dieser Verbindlichkeit pfänden, LG Wuppert AnwBl **84**, 276, Bergmann VersR **81**, 512. Nach der Überweisung hat der Gläubiger einen Zahlungsanspruch gegen den Drittschuldner, KG NJW **80**, 1341.

Beihilfe: Der Anspruch auf Beihilfe ist *grds unpfändbar,* BGH FamRZ **05**, 269 (Ausnahme: evtl sog Anlaßgläubiger), LG Münst Rpfleger **94**, 473 (ebenfalls auch zu einer Ausnahme).

Bergmannsprämie: Sie ist *unpfändbar,* § 851 Rn 5.

Berichtigung des Grundbuchs: Der Anspruch auf die Berichtigung ist der Ausübung nach pfändbar, § 857. Das hat aber nur die Wirkung, daß man eine Berichtigung auf den Namen des gegenwärtigen wahren Berechtigten verlangen kann.

Berufsunfähigkeitsrente: Rn 103 „Sozialleistung", § 829 Rn 1, § 850 b I Z 1.
Bezugsrecht des Aktionärs, §§ 153, 159, 170 AktG: Es ist nach seiner Entstehung pfändbar, § 857.
Binnenschiffer: Die Abwrackprämie ist pfändbar.
Bruchteilsgemeinschaft: Rn 59 „Anteilsrecht".
Bundesentschädigungsgesetz: Rn 71 „Entschädigung".
Bundesseuchengesetz: Rn 79 „Impfschaden".
Buße, strafprozessuale: Der Anspruch auf die Zahlung der Buße ist *unpfändbar,* bevor das Gericht ihn dem 68
Verletzten zugesprochen hat.
Computer, dazu *Roy/Palm* NJW **95**, 690 (Üb): Das Gerät kann pfändbar sein, abgesehen von einer Installation auf der Festplatte, Paulus DGVZ **90**, 156. Die Software kann auf einer gesonderten Diskette pfändbar sein, auf der Festplatte nur bei einer Herausgabe- oder Trennbereitschaft des Schuldners, vgl Paulus DGVZ **90**, 156.

S auch Rn 102 „Software" und § 811 Rn 33, 41.

Darlehensvertrag: Der Anspruch auf die Auszahlung des Darlehensbetrags ist pfändbar, soweit er über- 69
tragbar ist, Gaul KTS **89**, 27, Luther BB **85**, 1888, Weimar JB **76**, 568, aM Schmidt JZ **76**, 758 (er sei unpfändbar. Aber § 851 gilt auch hier). Der Rückzahlungsanspruch nach § 488 I 2 BGB ist pfändbar. Das Schuldscheindarlehen ist pfändbar. Die Pfändung kann unter Umständen einen Anlaß zu einem Widerruf bilden, § 490 BGB.

Der Anspruch auf einen Vertragsabschluß ist höchstpersönlich und daher *unpfändbar,* BGH MDR **78**, 839, LG Düss JB **82**, 1428.

S auch Rn 87 „Kontokorrent".

Diäten: Sie sind wie Arbeitseinkommen pfändbar, Düss MDR **85**, 242.
Diensteinkommen: Die Wirkung einer Pfändung ergibt sich aus §§ 832, 833. Das Diensteinkommen ist teilweise *unpfändbar,* §§ 850 ff. Der Kontenschutz richtet sich nach §§ 835 III 2, 850 k.
Dienstleistung: Der Anspruch auf die Dienstleistung ist *im Zweifel unpfändbar,* § 613 S 2 BGB. Aus einem Urteil auf unvertretbare Dienste aus einem Dienstvertrag kann man die Zwangsvollstreckung *nicht* betreiben, § 888 II, dort Rn 22.
Dienstleistungsmarke: § 857 Rn 6 „Dienstleistungsmarke".
Dispositionskredit: Rn 87 „Kontokorrent".
Domain: § 857 Rn 3 „Internet-Domain".
Dreidimensionales Zeichen: § 857 Rn 6 „Dreidimensionales Zeichen".
Duldung: Die Zwangsvollstreckung richtet sich nach §§ 890–893. Wegen eines Duldungstitels Rn 70 70
„Ehe".
EDV-Anlage: Rn 68 „Computer".
Ehe: Ein Urteil auf die Eingehung oder auf die Herstellung des ehelichen Lebens ist *nicht* vollstreckbar, § 120 III FamFG. Die Zwangsvollstreckung in bewegliche Sachen des Eheguts richtet sich nach §§ 112 Z 2, 113 I 2 FamFG in Verbindung mit § 739. Beim Gesamtgut gilt folgendes: Bei der Gütergemeinschaft muß man § 740 beachten. Bei der fortgesetzten Gütergemeinschaft muß man § 745 beachten. Der Anteil am Gesamtgut oder an einzelnen Teilen des Gesamtguts ist während des Bestehens der Gemeinschaft *unpfändbar,* § 860, ebenso der Anspruch auf die Auseinandersetzung, solange die Gütergemeinschaft besteht, § 860 Rn 1. Für die Zwangsvollstreckung beim Eintritt des Güterstands während des Prozesses gilt § 742. Bei einer Beendigung während des Prozesses gelten §§ 743, 744, 744 a, 745 II. Der Anspruch auf eine Mitwirkung bei der gemeinsamen Steuererklärung ist nach § 851 *unpfändbar,* AG Hechingen FamRZ **90**, 1127.

S auch Rn 75 „Gewerbefrau", Rn 93 „Lebensversicherung".

Eigentumsübertragung: Für den Anspruch auf die Übertragung gelten §§ 897, 898.
Eigentumsvorbehalt: Rn 60 „Anwartschaft".
Ein-EUR-Job: Eine „Entschädigung" für Mehraufwendungen ist pfändbar, LG Görlitz FamRZ **07**, 299, aM Harks Rpfleger **07**, 590.
Eingliederungsgeld: Man muß es wie Arbeitslosengeld behandeln, § 62 a VI AFG.

S daher (zum Arbeitslosengeld) Rn 103 „Sozialleistung".

Einstweilige Verfügung: Der Anspruch aus einer einstweiligen Verfügung ist dann *unpfändbar* (auch im 71
Rahmen der Zweckbestimmung, § 851 Rn 4), wenn das Gericht die Leistung zu einem ganz bestimmten Zweck angeordnet hat. Denn sonst könnte der Gläubiger diesen Zweck vereiteln. Der Anspruch auf die Zahlung eines Prozeßkostenvorschusses aus einer einstweiligen Anordnung nach § 127 a oder nach §§ 49 ff, 95 FamFG ist *unpfändbar.*
Einziehungsrecht: Das Einziehungsrecht des Überweisungsgläubigers ist pfändbar, § 857, § 835 Rn 6.
Eisenbahn: Ansprüche nach Art 55 § 2 CIM und Art 55 § 2 CIV sind *unpfändbar.*
Elterngeld: Ein solches und vergleichbare Leistungen sind *unpfändbar,* § 54 III Z 1 SGB I, § 850 a Rn 14, so schon LG Hagen Rpfleger **93**, 30, AG Betzdorf JB **92**, 636.
Entschädigung: Eine Entschädigung nach §§ 140, 158, 163 II BEG und dessen Nachfolgevorschriften ist grundsätzlich mit einer Genehmigung der Entschädigungsbehörde pfändbar, § 14 BEG, LG Bln Rpfleger **78**, 151.

Die Hinterbliebenenrente ist grds *unpfändbar,* § 28 BEG. Es gibt aber zahlreiche Ausnahmen.

Erbausgleichsanspruch: Der Anspruch nach § 1934 d BGB ist nach einer Abrede oder nach einer rechtskräftigen Entscheidung pfändbar, vorher *nicht.*
Erbbaurecht: Der Anspruch auf die Zustimmung des Grundeigentümers zu einer Veräußerung oder zu 72
einer Belastung des Erbbaurechts nach § 7 I, II ErbbauRG ist nach §§ 851 II, 857 III grds pfändbar und überweisbar, LG Köln Rpfleger **00**, 11 (auch zu den Grenzen).
Erbersatzanspruch: Der Anspruch nach § 1934 a BGB ist pfändbar, weil übertragbar, §§ 1934 b II, 2317 II BGB.
Erbteil: Ein Erbteil ist nur im ganzen pfändbar, § 859 II. Vgl auch Rn 96 „Nachlaß".

Erfinderrecht, dazu *Sikinger,* Genießt der Anspruch auf Erfindervergütung den Lohnpfändungsschutz der §§ 850 ff ZPO?, Festschrift für *Ballhaus* (1985) 785: Es ist *unpfändbar,* soweit das Persönlichkeitsrecht reicht, BGH GRUR **78**, 585.

73 **Fernsehgerät:** Es ist *grds unpfändbar.* Es ist aber austauschbar, § 811 Rn 19–21.

Firma: Man kann sie nur zusammen mit dem Unternehmen übertragen und daher auch nur zusammen mit dem Unternehmen pfänden. Die Pfändung des Unternehmens läßt sich aber praktisch nicht durchführen, Rn 108 „Unternehmen". Daher ist auch die Firma *praktisch unpfändbar.* Eine vollstreckbare Ausfertigung gegen den Übernehmer erfolgt nach § 729.

Forderung, dazu *Behr,* Taktik in der Mobiliarvollstreckung (III), Kontenpfändung, Pfändung besonderer Geldforderungen usw, 1989: Die Pfändbarkeit einer Geldforderung richtet sich nach § 829, ihre Verwertung nach §§ 835 ff.

Freistellung: Rn 67 „Befreiung von einer Verbindlichkeit".

Früchte auf dem Halm: Die Pfändbarkeit richtet sich nach §§ 810, 813, die Verwertung nach § 824.

Fürsorgedarlehen: Soweit es ein Schwerbeschädigter nach §§ 25 ff BVG erhält, ist es pfändbar.

74 **Gefährdungshaftung:** Der Schadensersatzanspruch ist grds pfändbar. Wegen Rente § 850 b Z 1, 2.

Gefangener: Wegen des Arbeitsentgelts usw § 850 Rn 7.

Vgl auch Rn 77 „Haft", „Hausgeld".

Gehalt: Rn 69 „Diensteinkommen", Rn 94 „Lohn".

Geistige Leistung: § 887 Rn 27 „Geistige Leistung".

Geld: Die Pfändbarkeit richtet sich nach § 808, die Verwertung nach § 815.

S auch Rn 73 „Forderung", Rn 87 „Kontokorrent".

Geldkarte: Zum Begriff und zur Funktion *Pfeiffer* NJW **97**, 1036. Sie ist zwar kein Wertpapier, folgt aber dessen Zweck. Soweit man mit ihrer Hilfe Bargeld erzielen kann, ist dieses wie sonst pfändbar. Im übrigen Rn 114 „Wertpapier".

Geldmarktanteil: Vgl Röder DGVZ **95**, 110 (ausf).

Gemeinschaft: Rn 59 „Anteilsrecht".

Genossenschaft: Anh § 859 Rn 8.

Genossenschaftsbank: *Unpfändbar* ist ein im Deckungsregister der Bank eingetragener Vermögenswert, soweit die Zwangsvollstreckung wegen eines anderen Anspruchs als desjenigen aus der Schuldverschreibung jener Bank stattfindet, § 16 G v 22. 12. 75, BGBl 3171.

Geschmacksmusterrecht: Es kann Gegenstand von Maßnahmen der Zwangsvollstreckung sein, § 30 I Z 2 GeschmMG nF (s Einl I A).

75 **Gesellschaft:** dazu *Fischer,* Der Anteil an einer Personengesellschaft als Gegenstand der Zwangsvollstreckung usw, 2001; *Wössner,* Die Pfändung des Gesellschaftsanteils bei den Personengesellschaften, 2000:

A. BGB-Gesellschaft. Bei ihr ist für den Vollstreckungstitel § 736 maßgeblich. Der Anteil des einzelnen Gesellschafters ist im ganzen pfändbar. Der Anteil an einzelnen Gegenständen ist *unpfändbar,* § 859.

B. Handelsgesellschaft. Bei ihr muß man für den Vollstreckungstitel das im Anh § 736 Ausgeführte beachten. Die Verwertung richtet sich nach den im Anh § 859 Rn 5, 6 genannten Regeln. Die Pfändung des Geschäftsanteils einer GmbH erfolgt nach § 857, auch wenn eine Genehmigung zur Übertragung notwendig ist. Drittschuldner ist die Gesellschaft. Wegen der Pfändung einer nichteingezahlten Stammeinlage BGH NJW **92**, 2229 (Abwicklungsstadium), Hamm DB **92**, 1082 (Pfändbarkeit nur bei Vollwertigkeit der Forderung gegen die Gesellschaft), Köln RR **89**, 354 (Pfändbarkeit beim Wegfall der Zweckbindung) und Rpfleger **91**, 466 (Pfändbarkeit nach Einstellung des Geschäftsbetriebs usw). Wegen der Einziehung eines GmbH-Anteils für den Fall der Pfändung BGH NJW **85**, 1768, Heckelmann ZZP **92**, 60.

Der Kapitalentnahmeanspruch ist *unpfändbar,* Stöber Rn 1586, aM Muth DB **86**, 1764. Ein Ersatzanspruch nach § 64 II GmbH ist pfändbar, BGH NJW **01**, 304.

Gewerbefrau: Für den Vollstreckungstitel gilt § 741.

76 **Gewerbliches Schutzrecht:** Es gelten die folgenden Regeln.

A. Marke. S Rn 95 „Marke", § 857 Rn 8 „Marke".

B. Patent usw dazu *Jautz,* Probleme der Zwangsvollstreckung in Patentrechte und Patentlizenzrechte, Diss Tüb 1997: Beim Patent, Gebrauchsmuster, Geschmacksmuster ist folgendes pfändbar: Das Recht aus dem Patent oder dem Muster, §§ 15 PatG, 21 GebrMG, 3 GeschmMG, BGH **125**, 336; das Recht auf das Patent, § 6 PatG, BGH **125**, 336, Mes GRUR **78**, 200; der Anspruch auf die Erteilung des Patents aus der Anmeldung, § 7 PatG. Die Pfändung erfolgt nach § 857. Eine Zustellung der Pfändung an das Patentamt ist ratsam. Nach der Pfändung kann man die Anmeldung nicht mehr zurücknehmen. Die Verwertung erfolgt unter einer Zuhilfenahme der Auskunftspflicht, § 836 III. Die Verwertung muß sich auf die Erteilung einer Lizenz beschränken, notfalls einer ausschließlichen. Denn damit hat man das Nötige getan und den Schuldner möglichst vor einem Schaden bewahrt. Der Schuldner muß die Jahresgebühren weiter zahlen. Er hat andernfalls keinen Schadensersatzanspruch gegen den Gläubiger, Karlsr GRUR **05**, 315.

Girokonto: Rn 87 „Kontokorrent".

Gold- und Silbersachen: Die Pfändung richtet sich nach § 808, die Verwertung nach § 817 a III.

Grundrente: Rn 103 „Sozialleistung".

Grundschuld: Die Pfändbarkeit richtet sich nach § 857 Rn 20, 23, 24. Wenn der Schuldner die Grundschuld sicherungshalber einem Dritten eingeräumt hatte, ist der Anspruch auf den Mehrerlös nach der Abdeckung der Forderung des Drittschuldners sowie gleichzeitig der Anspruch auf die Rückübertragung, die Abtretung oder den Verzicht bezüglich der Grundschulden pfändbar, § 857 Rn 20, 23, 24.

Grundstück: Die Zwangsvollstreckung in ein Grundstück richtet sich nach §§ 864 ff. Wegen herrenloser Titel § 787.

77 **Haft:** Man müßte den Versorgungsanspruch aus dem Häftlingshilfegesetz als eine Sozialleistung nach Rn 103 behandeln. Der Anspruch auf eine Entschädigung wegen einer unschuldig erlittenen Untersu-

chungshaft ist vor seiner rechtskräftigen Zusprechung *unpfändbar,* § 13 II StrEG. Dasselbe gilt für einen Vorschuß, Hamm NJW **75**, 2075.

Vgl auch Rn 74 „Gefangener".

Haftpflichtversicherung: Rn 112 „Versicherungsanspruch".

Handlung: Die Zwangsvollstreckung wegen einer vertretbaren Handlung richtet sich nach §§ 887, 888 a, diejenige wegen einer unvertretbaren Handlung nach §§ 888, 888 a.

Hartz IV: Keine erheblichen Änderungen bei der Pfändbarkeit, Neugebauer MDR **05**, 915.

Hausgeld: Es ist *unpfändbar,* Hamm MDR **01**, 1260, LG Münst Rpfleger **00**, 509, LG Trier JB **03**, 550, aM Stange Rpfleger **02**, 612 (aber es handelt sich nicht um Arbeitseinkommen, wenn jemand eine Zwangstätigkeit für einen lächerlich geringen „Lohn" ausüben muß, sei es auch verschuldet).

Haushaltsmittel: Eine Forderung „aus Haushaltsmitteln" ist *unpfändbar.*

Hausrat: Er ist *beschränkt* pfändbar, §§ 811 I Z 1, 812, vgl aber auch § 851 Rn 8.

Herausgabe: Die Zwangsvollstreckung in einen Anspruch auf die Herausgabe beweglicher Sachen richtet 78
sich nach §§ 846, 847, 849. Bei der Zwangsvollstreckung in einen Anspruch auf die Herausgabe von Liegenschaften muß man §§ 846, 848, 849 beachten. Die Zwangsvollstreckung zur Erwirkung der Herausgabe beweglicher Sachen richtet sich nach §§ 883–886. Die Zwangsvollstreckung zur Erwirkung der Herausgabe von Liegenschaften erfolgt nach §§ 885, 886.

Hinterlegung: Das Recht auf die Rücknahme einer hinterlegten Sache ist *unpfändbar,* § 377 BGB.

Höchstpersönlicher Anspruch: Er ist *grds unpfändbar,* §§ 399 BGB, 851 II, BGH GRUR **78**, 585. S auch Rn 114 „Wahlrecht bei Wahlschuld".

Hypothek: Die Zwangsvollstreckung in die Hypothek richtet sich nach § 830. Die Verwertung richtet sich nach §§ 835 ff. Wegen der Eigentümerhypothek § 857 Rn 22. Wird eine Forderung, für die eine Buchhypothek besteht, gepfändet und zur Einziehung überwiesen, ist das solange *unwirksam,* als die Pfändung nicht in das Grundbuch eingetragen ist, BGH NJW **94**, 3225.

Immission: § 887 Rn 43 „Zuführung". 79

Impfschaden: Der Entschädigungsanspruch ist im Rahmen der §§ 54, 55 SGB I pfändbar, derjenige für einen Verdienstausfall ist zum Teil wie das Arbeitseinkommen pfändbar, die Entschädigung für vernichtete oder beschädigte Sachen ist *grds unpfändbar.* Einzelheiten BSeuchenG.

Insolvenzausfallgeld: Soweit Gläubiger den Anspruch auf die Zahlung von Arbeitsentgelt vor dem Zeitpunkt des Eingangs eines Insolvenzantrags beim Insolvenzgericht gepfändet haben, erfaßt diese Pfändung auch den Anspruch auf die Zahlung von Ausfallgeld, § 141 k II AFG. Der Anspruch auf die Zahlung des Ausfallgeldes ist vor dem Eingang eines Antrags auf dieses Ausfallgeld nur dahin pfändbar, daß die Pfändung den Anspruch erst ab der Antragstellung erfaßt, LG Würzb Rpfleger **78**, 388. Vom Zeitpunkt des Eingangs eines Antrags auf ein Ausfallgeld an ist der Anspruch auf die Zahlung dieses Geldes wie ein Arbeitseinkommen pfändbar, § 141 I AFG.

Ein auf ein Bankkonto überwiesenes Ausfallgeld hat binnen 7 Tagen nach § 149 II AFG *Pfändungsschutz,* Hornung Rpfleger **75**, 239. Zur Problematik Denck KTS **89**, 263.

Internet: § 857 Rn 8 „Internet-Domain".

Investment: Das Recht des Anteilsinhabers ist nebst den Anteilscheinen pfändbar, §§ 821, 831. Es besteht jedoch kein Anspruch auf eine Aufhebung der Gemeinschaft an dem Sondervermögen, § 11 KAGG.

Kindererziehungsleistung: Rn 72 „Erziehungsgeld".

Kindergeld: Maßgebend sind §§ 48 I 2, 3, 54 III–V, 55 SGB I, LG Köln Rpfleger **06**, 421, AG Pinneb 80
Rpfleger **06**, 422.

Aus der komplizierten Rechtslage lassen sich hier nur die wichtigsten Regeln skizzieren. Ausführliche Übersicht bei *Hornung* Rpfleger **89**, 1.

A. Systematik. Die Vorschriften sind als Spezialrecht zusammen mit § 850 e Z 2 a S 2–5 vor allen 81
bisherigen Regelungen und Erkenntnissen insbesondere der Rechtsprechung vorrangig. Die letzteren bleiben nur mit dieser Einschränkung und außerhalb des Geltungsbereichs der Vorschriften beachtlich. Andererseits muß man die Vorschriften trotz ihres erkennbaren Bestrebens nach einer Verbesserung des Pfändungsschutzes doch als Ausnahmen von dem Grundgedanken der Pfändbarkeit des gesamten Vermögens und Einkommens eng auslegen, wie er ungeachtet zahlreicher Einschränkungen und abweichender Grundsätze in Wahrheit wohl immer noch gilt. Andererseits ist ein Anspruch nach § 54 IV 1 SGB I wie ein Arbeitseinkommen pfändbar, BGH MDR **04**, 471. Deshalb zu weitgehend LG Kassel Rpfleger **06**, 209 (überhaupt Unpfändbarkeit). Vgl aber § 850 k Rn 2, 3.

B. Geltungsbereich: „Geldleistungen für Kinder", § 48 I 2 SGB I. § 54 V 1 verweist wegen 82
des sachlichen Geltungsbereichs auf die Amtliche Begriffsbestimmung in § 48 I 2 SGB I. Nach ihr zählen hierher das Kindergeld, Kinderzuschläge und vergleichbare Rentenbestandteile, zB § 33 b BVG.

Ein solcher Anspruch ändert seinen Charakter weder durch eine *Abtretung* noch durch eine Verpfändung. Dagegen ändert der gesetzliche Forderungsübergang zB nach §§ 116 SGB X, 37 BAföG, 7 UVG den Charakter der Forderung und läßt damit evtl das Pfändungsprivileg entfallen, § 850 d Rn 1, Hornung Rpfleger **88**, 217.

Erziehungsgeld und vergleichbare Leistungen der Länder sind gänzlich *unpfändbar,* § 54 III Z 1 SGB I, Rn 72 „Erziehungsgeld". Dasselbe besagt § 850 a Z 6, dort Rn 14.

C. Einschränkung der Pfändbarkeit: „Nur" wegen gesetzlicher Unterhaltsansprüche usw. 83
Wie der Wortlaut von § 54 V 1 SGB I bereits zeigt, ist nur ein gesetzlicher Unterhaltsanspruch eines Kindes, kein vertraglicher, privilegiert. Auch das gilt nur insoweit, als der gesetzliche Anspruch „bei der Festsetzung der Geldleistungen berücksichtigt wird", also nur ein Anspruch eines sog Zähl- wie eines sog Zahlkindes. Das muß man daher auch bei § 95 FamFG mitbeachten. Bei einer Überweisung auf ein Sparbuch des Schuldners wenden Hamm JB **90**, 1058, LG Hagen RR **06**, 1087 nicht § 54 V, sondern § 55 SGB I an.

Nicht privilegiert sind also gewöhnliche Forderungen solcher Gläubiger wie auch gesetzliche oder gar vertragliche Unterhaltsansprüche anderer Kinder oder Dritter. Noch weniger begünstigt sind Ansprüche anderer Art, die Dritte aus welchem Rechtsgrund auch immer betreiben, oder andere Ansprüche auf laufende Geldleistungen, § 54 IV SGB I, abgedruckt bei Rn 80.

84 **D. Berechnung der Höhe des pfändbaren Betrages: Gleichmäßige Verteilung trotz unterschiedlicher Auszahlungssumme, § 54 V 2 Z 1, 2 SGB I.** Dasjenige Kind, das etwa überhaupt ein Kindergeld usw pfänden kann, kann *nicht automatisch* den dem Schuldner für diesen Gläubiger ausgezahlten Betrag pfänden. Es findet vielmehr eine komplizierte Umrechnung statt. Grundlage ist das Bestreben einer gleichmäßigen Verteilung auf alle gleichrangigen Kinder. Rechenbeispiele bei Hornung Rpfleger **88**, 218. Der sog Zählkindergeldvorteil ist anteilig pfändbar, LG Mönchengladb Rpfleger **02**, 471.

85 **E. Zusammenrechnung von Kindergeld usw mit anderen Einkommensarten (Arbeitseinkommen usw): Zulässigkeit.** Insofern ist keine grundsätzliche Änderung der Pfändbarkeit eingetreten. Vgl dazu § 850 e Z 2 a. Rechenbeispiele bei Stgt JB **01**, 437, Hornung Rpfleger **88**, 220.

86 **Kontenschutz:** Er ergibt sich aus den §§ 835 III 2, 850 k.

87 **Kontokorrent**

Schrifttum: *Bach-Heuker,* Pfändung in die Ansprüche aus Bankverbindung und Drittschuldnererklärung der Kreditinstitute, 1993; *Baßlsperger* Rpfleger **85**, 177; *Bauer* DStR **82**, 280 (Globalpfändung der Finanzverwaltung); *Behr,* Taktik in der Mobiliarvollstreckung (III), Kontenpfändung usw, 1989; *Bruschke* BB **99**, 2167 (Geschäftskonto); *David* MDR **93**, 108; *Ehlenz/Diefenbach,* Pfändung in Bankkonten und andere Vermögenswerte, 5. Aufl 1999; *Grube,* Die Pfändung von Ansprüchen aus dem Giroverhältnis unter besonderer Berücksichtigung von Kontokorrentkrediten, 1995; *Grund,* Die Zwangsvollstreckung in den Geldkredit, Diss Bonn 1988; *Jungmann* ZInsO **99**, 64; *Kerres* DGVZ **92**, 106 (ausf); *Kiphuth* Sparkasse **81**, 64 (Sparkasse als Drittschuldner); *Stirnberg,* Pfändung von Girokonten, 1983; *Tedikou,* Der Vollstreckungszugriff auf Bankkonten usw, 2005; *Werner-Machunsky,* BB **82**, 1581. S auch Rn 96 „Notar", § 857 vor Rn 1.

Der Anspruch auf die Erteilung von *Kontoauszügen* und andere Auskunft ist *pfändbar,* soweit er überhaupt besteht, AG Landsb RR **87**, 819, aM LG Itzehoe RR **88**, 1394, AG Meldorf SchlHA **87**, 152 (kein Anspruch). Die Pfändung des Hauptanspruchs ergreift den zugehörigen Auskunftsanspruch, LG Cottbus JB **02**, 659, AG Rendsb WoM **87**, 1179, MusBe § 850 k Rn 18, aM BGH NJW **06**, 217, LG Aachen JB **91**, 875, LG Stgt Rpfleger **94**, 472 (aber der Gläubiger braucht zumindest ebenfalls die laufende Übersicht).

Einzelne Posten des Kontokorrents sind *grds unpfändbar,* §§ 355 ff HGB, BFH NJW **84**, 1920, LG Stgt Rpfleger **81**, 24, aM BGH (1. ZS) **84**, 373 und (8. ZS) **84**, 324, Stgt Rpfleger **81**, 445, LG Gött Rpfleger **80**, 237 (aber der Einzelposten stellt nur eine evtl ganz vorübergehende Art von Durchgangsposten dar. Man kann nicht ohne einen unvertretbaren Aufwand täglich neu pfänden lassen. Vgl freilich Rn 89).

88 Der festgestellte *Saldo,* also derjenige Betrag, der dem Schuldner bei einer Verrechnung als Überschuß zusteht, ist, grds *pfändbar,* BGH NJW **99**, 1545, BFH NJW **84**, 1920, Ffm RR **94**, 878. Das gilt allerdings nur in den Grenzen von § 55 SGB I, Rn 103, oder § 765 a, Nürnb Rpfleger **01**, 361. Dann berühren die nach der Pfändung neu entstehenden Schuldposten den Gläubiger nicht, BGH **80**, 176 (stellt auf den „Zustellungssaldo" ab), Baumb/Hopt § 357 HGB Rn 4. Zur zweifachen Doppelpfändung (des gegenwärtigen und künftigen Saldos durch zwei Gläubiger) Gröger BB **84**, 25. Die Kontonummer kann fehlen, soweit der Pfändungsbeschluß das Konto trotzdem genügend bestimmt bezeichnet, § 829 Rn 29 „Konto", „Kontoführende Stelle".

Die Pfändung eines *künftiges* Guthabens ist bei einer ausdrücklichen Erstreckung zulässig, BGH **80**, 176. Der Anspruch auf eine fortlaufende Auszahlung durch einen *Überweisungsauftrag* ist beim Bankkonto *pfändbar,* BGH **84**, 325, sofern die Pfändung ihn ausschließlich erfaßt, BGH **84**, 378. Vgl aber auch § 835 III 2.

89 Ein Anspruch auf eine gestattete Kontoüberziehung *(Kreditrahmen, Kreditlinie, Dispositionskredit)* ist im Gegensatz zur bloß geduldeten oder gar unerlaubten Überziehung *pfändbar,* soweit der Kredit übertragbar (nicht zweckgebunden) ist, BGH NJW **01**, 1937 (zustm App DGVZ **01**, 132), VGH Mü NJW **06**, 1895, Weidner/Walter JB **05**, 180, aM Schlesw NJW **92**, 579, LG Münst Rpfleger **02**, 632, Olzen ZZP **97**, 31 (aber das gesamte Vermögen und daher grds auch jeder durchsetzbare Anspruch unterliegen der Zwangsvollstreckung).

Der Anspruch auf die Durchführung einer Überweisung *zugunsten eines Dritten* ist *pfändbar,* aM Häuser ZIP **83**, 891 (aber es kommt nicht auf den Dritten an, sondern auf den Schuldner). Die banktechnische Bezeichnung ist nicht stets rechtlich maßgeblich, § 829 Rn 8, LG Kblz MDR **76**, 232 betr ein Gehaltskonto. Man kann zwar unter Umständen die nach Rn 88 an sich nicht zulässige Pfändung einer kontokorrentgebundenen Einzelforderung in eine nach derselben Rn zulässige Saldopfändung umdeuten. Das gilt aber nur, wenn sich unter anderem die Nämlichkeit der gepfändeten Forderung aus dem Pfändungsbeschluß wenigstens in allgemeinen Umrissen ergibt, BGH NJW **82**, 1151, BFH NJW **84**, 1920.

90 Auch ein *Anderkonto* ist *pfändbar,* Märker Rpfleger **92**, 52, Noack DGVZ **76**, 112, aM Nürnb AnwBl **06**, 491 (nur ein Restguthaben), Hintzen/Förster Rpfleger **01**, 401 (nur für „fortgeführte" oder „offene" Konten. Aber das führt zu einer Haarspalterei). Beim „Oder- bzw Und-Konto" liegt nicht stets eine Gesamthandsgemeinschaft der Inhaber und daher *nicht stets* eine *Unpfändbarkeit* nach § 859 vor, LG Oldb Rpfleger **83**, 79, aM Drsd FamRZ **03**, 1944, LG Deggendorf Rpfleger **05**, 372, App MDR **90**, 892. Es kann ein Titel gegen einen Konto-Mitinhaber genügen, BGH **93**, 320, AG Bonn JB **06**, 160, AG Deggendorf Rpfleger **05**, 372, aM Kblz RR **90**, 1386 (aber „mitgefangen/mitgehangen"). Das gilt zumindest beim in der Praxis vorherrschenden „Oder"-Konto, LG Nürnb-Fürth NJW **02**, 974 (anders evtl beim „Und"-Konto). § 357 HGB ist gegenüber Nr 19 II AGB der Banken vorrangig, Düss BB **84**, 2026. Die Mitpfändung des etwaigen Ausgleichsanspruchs nach § 430 BGB kann ratsam sein, App MDR **90**, 892. Die Bank kann dem Pfändungsgläubiger gegenüber den durch Scheckeinlösung entstandenen Anspruch auf einen Aufwendungsersatz nicht unter Bezug auf § 357 II HGB geltend machen, Düss BB

84, 2026. Wegen der Pfändung überwiesener Sozialleistungen Rn 103 „Sozialleistung" sowie §§ 835 III, 850 k Rn 1. Die Pfändung des Kontos A ergreift nicht automatisch ein bei derselben Bank neu errichtetes Konto B.

Körper- und Gesundheitsschaden: Wegen der *Unpfändbarkeit* einer Ausgleichszahlung § 54 III Z 3 SGB I.

Kostbarkeit: Ihre Pfändbarkeit folgt aus §§ 808, 813 Rn 4, ihre Verwertbarkeit aus §§ 813 I, 817 a III. **91**

Kostenerstattungsanspruch: Der Anspruch auf die Erstattung der Kosten des Erkenntnisverfahrens ist ab seiner Rechtshängigkeit nach § 261 Rn 4 pfändbar, BGH RR **07**, 1205. Der Anspruch auf die Erstattung von Vollstreckungskosten ist ab der Erteilung des einzelnen Vollstreckungsauftrags pfändbar.

Krankenkasse: Der Anspruch auf eine Erstattung von Arzt- und Heilungskosten ist *unpfändbar.* Der Anspruch auf die Zahlung von Krankengeld ist im wesentlichen unpfändbar, § 850 b Rn 13, § 850 i Rn 11. Wegen des Arbeitgeberzuschusses zum Krankengeld § 850 Rn 15. Eine solche einmalige Erstattungsleistung, die keine Sozialleistung nach Rn 103 darstellt, ist nicht vor der Pfändung und der Verrechnung mit einem Schuldsaldo geschützt, nachdem sie dem Girokonto des Berechtigten gutgeschrieben wurde, BGH **104**, 310.

Kredit: Rn 87 „Kontokorrent". **92**

Kriegsfolgengesetz: Der Anspruch auf die Härtebeihilfe ist nach § 74 G *unpfändbar,* § 851 I.

Kühlschrank: § 811 Rn 18.

Kurzarbeitergeld: Rn 103 „Sozialleistung".

Landwirt: Rn 95 „Milchkontingent". **93**

Leasing, dazu *Borggräfe,* Die Zwangsvollstreckung in bewegliches Leasinggut, 1976: Die Leasingsache ist nach §§ 808 ff pfändbar, *Teubner/Lelley* ZMR **99**, 151. Wegen der Pfändbarkeit des Gebrauchsüberlassungsanspruchs usw § 857 Rn 14.

Lebensversicherung, dazu *Hasse* VersR **06**, 145 (Üb, auch rechtspolitisch); *Müller,* Die Lebensversicherung in der Zwangsvollstreckung, 2005: Mit den Einschränkungen der §§ 850 III, 850 b I Z 4 ist der Auszahlungsanspruch pfändbar, aM LG Konst Rpfleger **08**, 88 (bei bestimmten Direktversicherungen). Eine Bezugsberechtigung eines Dritten macht seine Pfändung nicht stets unzulässig; zum Problem Hasse VersR **05**, 1176 (ausf). Die Herausgabe der Police erfolgt nach § 836 III. Ein Anspruch aus einem Lebensversicherungsvertrag zwecks einer Regelung des Versorgungsausgleichs ist wie eine Unterhaltsrente pfändbar, LG Freibg DGVZ **87**, 88. Auf einen solchen Anspruch aus einer privaten Lebensversicherung, der zur Befreiung von der Rentenversicherungspflicht geführt hat, sind die Pfändungsschutzbestimmungen für Sozialleistungen nicht anwendbar, BFH NJW **92**, 527, FG Karlsr MDR **90**, 956.

S auch Rn 112 „Versicherungsanspruch".

Leistung an Dritte: Der Anspruch auf eine solche Leistung ist pfändbar.

Liegenschaft: Die Zwangsvollstreckung in eine Liegenschaft richtet sich nach §§ 864 ff. Die Zwangsvollstreckung in liegenschaftsähnliche Rechte ergibt sich aus § 870. Bei einem Urteil auf eine Bestellung einer Hypothek, Grundschuld oder Rentenschuld muß man §§ 897 II, 898 beachten.

Lizenz: Eine ausschließliche Lizenz an einem gewerblichen Schutzrecht, durch die der Lizenznehmer eine Art dingliches Ausbeutungsrecht erwirbt, ist nach § 857 pfändbar, es sei denn, daß der Lizenzgeber sie einem Betrieb als Inhaber unübertragbar gewährt hat. Eine einfache Lizenz ist *unpfändbar,* weil sie an den als solcher nicht pfändbaren Betrieb, oder an die Person des Berechtigten gebunden ist. Eine Filmvertriebslizenz ist örtlich und zeitlich begrenzt. Daher ist sie pfändbar, wenn sie ausschließlich erteilt ist. Das dem Filmtheater, also dem Inhaber oder dem Betrieb zustehende Nutzungsrecht ist aber *unpfändbar.*

Lohn (Gehalt): Der Umfang der Pfändbarkeit des Lohns oder Gehalts richtet sich nach §§ 832, 850 ff. Eine **94**
Anwartschaft auf den Lohn oder das Gehalt ist pfändbar, § 857. Der Kontenschutz ergibt sich aus den §§ 835 III 2, 850 k. Zum Vorschuß Denck BB **79**, 480.

Lohnfortzahlungsgesetz: Es besteht eine Pfändbarkeit wie beim Arbeitseinkommen, §§ 850 ff. Der Erstattungsanspruch des Arbeitgebers ist pfändbar.

Lohnsteuerjahresausgleich: § 829 Rn 13 „Steuererstattung".

Luftfahrzeug: Ein in die Luftfahrzeugrolle eingetragenes ist nach den Vorschriften zur Zwangsvollstreckung in Liegenschaften pfändbar, § 864 Rn 5. Wegen des Arrests muß man § 99 LuftfzG v 26. 2. 59, BGBl 57, beachten. Wegen des Herausgabeanspruchs § 847 a Rn 1.

Marke, dazu *Volkmer,* Das Markenrecht im Zwangsvollstreckungsverfahren, 1998: Das durch die Eintragung, **95**
die Benutzung oder die notorische Bekanntheit einer Marke begründete Recht kann Gegenstand von Maßnahmen der Zwangsvollstreckung sein, § 29 I Z 2 MarkenG. Den Antrag auf die Eintragung einer Maßnahme der Zwangsvollstreckung nach § 29 II MarkenG kann der Inhaber der eingetragenen Marke oder derjenige stellen, der die Zwangsvollstreckung betreibt, § 34 I MarkenV v 30. 11. 94, BGBl 3555.

Miete: Der Anspruch des Vermieters auf die Miete ist *teilweise unpfändbar,* § 851 b, im übrigen aber pfändbar, BGH **161**, 372 (zustm Brehm JZ **05**, 525, Schuschke LMK **05**, 64). Das gilt auch für eine künftige Miete, soweit der Pfändungsbeschluß sie ausdrücklich miterfaßt. Der Anspruch aus einer künftigen Vermietung einer zur Zeit noch unvermieteten Wohnung ist ansich übertragbar. Da aber noch ein Drittschuldner fehlt, ist er dennoch *unpfändbar.* Über die Zwangsvollstreckung auf die Vornahme einer Handlung des Vermieters § 887 Rn 38 „Vermieter". Der Anspruch auf die Zahlung von Umlegungsbeträgen, wie Heizungskostenanteilen, ist *unpfändbar.* Bei einer Zwangsversteigerung gilt Rn 116.

S auch Rn 108 „Untermiete".

Milchkontingent: Zur Pfändbarkeit LG Memmingen Rpfleger **98**, 120.

Mitgliedsrecht: Die Rechte aus der Mitgliedschaft in einem Verein sind *unpfändbar,* § 38 BGB.

Möbelleihvertrag: Rn 60 „Anwartschaft".

Mutterschaftsgeld: Es ist *grds unpfändbar,* soweit es nicht aus einer Teilzeitbeschäftigung usw herrührt, § 54 III Z 2 SGB I.

Nacherbe: Wegen des Titels vgl § 728. Das Recht des Nacherben, auch des alleinigen Nacherben, zwischen **96**
dem Tod des Erblassers und dem Eintritt der Nacherbfolge ist pfändbar, § 857. Pfändbar sind beim

Alleinnacherben das Recht auf den Nachlaß, bei einem Mitnacherben das Recht auf den Anteil am Nachlaß. Der Vorerbe ist kein Drittschuldner. Bei der Pfändung des Nacherbenrechts entsteht mit dem Eintritt der Nacherbfolge ein Pfandrecht an den einzelnen Gegenständen.

Nachlaß: Die Zwangsvollstreckung in den Nachlaß richtet sich nach § 747. Vgl ferner §§ 778–784.

S auch Rn 106 „Testamentsvollstrecker".

Namensrecht: Es ist *unpfändbar.*

Nebenanspruch: Ein Auskunfts- und Rechnungslegungsanspruch, zB wegen eines Versicherungsverhältnisses, kann mitpfändbar sein, AG Calw JB **01**, 109.

Nießbrauch: Rn 97 „Nutzungsrecht".

Notar, dazu *Dornis,* Kaufpreiszahlung auf Notaranderkonto: Erfüllung, Pfändung, Insolvenz, 2005; *Strehle,* Die Zwangsvollstreckung in das Guthaben des Notaranderkontos, 1995: Der Anspruch des Hinterlegers oder Einzahlers auf eine Rückzahlung ist *unpfändbar,* Hamm DNotZ **83**, 62, aM BGH **76**, 13, Celle DNotZ **84**, 257, ZöStö § 829 Rn 33 „Notar". Der künftige Auszahlungsanspruch des Verkäufers ist pfändbar.

97 **Nutzungsrecht:** Es ist grds pfändbar, § 857. Das gilt zB für ein Schürfrecht. Ein Jagdrecht ist *unpfändbar,* § 3 BJagdG. Das Jagdpachtrecht ist ebenfalls unpfändbar, § 11 BJagdG. Das Gebrauchsrecht des Mieters oder Pächters ist nur dann pfändbar, wenn der Vermieter oder Verpächter der Gebrauchsübertragung zustimmt oder wenn er ein solches Gebrauchsrecht eingeräumt hat. Die Zwangsvollstreckung in einen Nießbrauch ist möglich, BGH NJW **06**, 1124. Sie erfolgt nach § 737, aM BayObLG Rpfleger **98**, 70, Düss Rpfleger **97**, 315 (nach § 857 IV 2. Aber § 737 paßt besser). Wegen der Vollstreckungsklausel § 738. Der Nießbrauch und eine beschränkte persönliche Dienstbarkeit sind zwar nur der Ausübung nach übertragbar (die letztere ist regelmäßig sogar ganz unübertragbar), §§ 1059, 1092 BGB. Trotzdem ist ein solches Recht als ein Gesamtrecht pfändbar, BGH **95**, 100, Ffm MDR **90**, 922, LG Bonn Rpfleger **79**, 349. Eine Eintragung der Pfändung im Grundbuch ist nicht erforderlich, BGH **62**, 136.

Die *Löschung* des Nießbrauchs ohne eine Zustimmung des Pfandgläubigers ist wegen § 19 GBO unzulässig, obwohl § 857 IV wegen § 857 III, § 1059 S 1 BGB nur das Ausübungsrecht erfaßt. Deshalb ist eine Klage des Schuldners gegen den Pfandgläubiger auf die Erteilung seiner Zustimmung zu einer Löschung zulässig. Ob sie wegen Arglist usw unbegründet ist, läßt sich nur von Fall zu Fall entscheiden. Die Vollstreckung in ein Nutzungsrecht bei einer Beschränkung des Erben in guter Absicht richtet sich nach § 863.

S auch Rn 93 „Leasing", „Lizenz", Rn 105 „Stahlkammerfach".

98 **Opfer:** Rn 113 „Versorgungsbezüge".

Patent: Rn 76 „Gewerbliches Schutzrecht. B. Patent usw".

Persönlichkeitsrecht: Es ist *unpfändbar,* BGH GRUR **78**, 585. Zum Problem Sosnitza JZ **04**, 992 (ausf).

Pflegegeldanspruch: Er ist *grds unpfändbar,* Sauer/Meiendresch NJW **96**, 766 (Ausnahme: § 850 Rn 5).

Pflichtteilsanspruch: Er ist *unpfändbar,* soweit er nicht durch einen Vertrag anerkannt oder rechtshängig geworden ist, § 852 I, aM BGH **123**, 185 (aber der Gesetzestext ist eindeutig, Einl III 39).

Postbankgirokonto, dazu *Stöber* Rpfleger **95**, 277 (ausf): Rn 87 „Kontokorrent".

99 **Postscheckkonto:** Der Anspruch des Schuldners auf die Auszahlung seines Guthabens einschließlich der Stammauslage ist pfändbar, § 23 III 2 PostG, § 7 S 2 PostscheckO (es steht nicht entgegen, daß die Verordnung des RPostM v 19. 3. 34 eine Abtretung und Verpfändung verbietet). Die Pfändung eines künftigen Guthabens ist ohne eine zeitliche Beschränkung zulässig, § 829 Rn 1–3.

Das Kündigungsrecht ist *unpfändbar,* § 23 III 3 PostG. Denn die Pfändung kann nur den Sinn haben, die Ausübung des Kündigungsrechts durch den Schuldner zu verhindern. Der Kontenschutz richtet sich nach §§ 835 III 2, 850 k. Drittschuldner ist die Deutsche Post AG, § 18 Rn 6 „Deutsche Post".

Postsendung: Sie ist *unpfändbar,* § 23 I, II PostG. Das gilt auch für den Anspruch auf ihre Zustellung und Aushändigung und für den Auszahlungsanspruch bei der Nachnahme, Postanweisung, Zahlkarte. Pfändbar ist der Anspruch auf einen Schadensersatz und auf eine Gebührenerstattung, § 23 V PostG.

100 **Prämie:** Rn 64 „Arbeitnehmerprämie", Rn 104 „Sparprämie".

Provision: Sie ist grds wie ein Arbeitseinkommen pfändbar, Treffer MDR **98**, 384 (auch zu Ausnahmen).

Rangvorbehalt: § 851 Rn 11.

Reallast: § 857 Rn 20.

Rechnungslegung: Der Anspruch auf eine Rechnungslegung ist pfändbar, jedoch nur zusammen mit dem Herausgabeanspruch. Die Zwangsvollstreckung richtet sich nach § 888, § 887 Rn 21 „Auskunft, Einsicht, Rechnungslegung".

Rechtsanwalt: Sein Honorar ist grds pfändbar, BGH **141**, 173, Lüke Festgabe *50 Jahre Bundesgerichtshof* (2000) III 443. Pfändbar ist sowohl der zugunsten des Schuldners eingezogene oder beigetriebene Betrag als auch ein Vergütungsanspruch gegen den Staat, §§ 121 ZPO, 97 ff, § 44 S 1 RVG. Vgl auch § 851 Rn 2. Ein Anspruch gegen sein Versorgungswerk ist in den Grenzen des § 850 c pfändbar, BGH NJW **04**, 3771.

Rechtsschutzversicherung: Rn 112 „Versicherungsanspruch".

Reederei: Wegen des Vollstreckungstitels Anh § 736.

Registerpfandrecht an einem Luftfahrzeug: Wegen der Pfändung und Überweisung dieses Rechts vgl § 830 a Rn 1, § 837 a Rn 1.

Reisevertragsanspruch: Er ist pfändbar. Das gilt auch für den Anspruch auf einen Ersatz entgangenen Urlaubs, Vollkommer Rpfleger **81**, 458.

Rente: Rn 103 „Sozialleistung", § 829 Rn 1, § 850 b I Z 1.

Rentenschuld: § 857 Rn 20.

Rückerstattungsanspruch: Ein Anspruch nach dem Bundesrückerstattungsgesetz gegen das ehemalige Deutsche Reich usw ist nach § 8 G pfändbar.

Rückkehrhilfe: Der Anspruch des Ausländers auf die Rückkehrhilfe ist pfändbar, Oldb NJW **84**, 1469.

Rücktritt: Das Recht zum Rücktritt ist *grds unpfändbar.*

Rückübertragung: Der obendrein grundbuchlich gesicherte Anspruch etwa des Schenkers auf eine Rückübertragung ist pfändbar, BGH NJW **03**, 1859 (zustm Schuschke). Auch ein schuldrechtlicher Rückgabeanspruch zB von Treuhandgut ist pfändbar, LG Meiningen JB **08**, 329, AG Suhl JB **08**, 328.

Rundfunkgerät: Es ist *grds unpfändbar,* aber austauschbar, § 811 Rn 20, 21.

Sache, bewegliche: Die Pfändung richtet sich nach §§ 808 ff. Die Verwertung erfolgt nach §§ 814 ff. Bei **101**
einer Zwangsvollstreckung in Liegenschaften muß man § 865 beachten.

Sammelverwahrung: Vgl *Erk* MDR **91**, 236.

Sauna: Sie ist grds pfändbar, § 865 Rn 6.

Schadensersatzanspruch: Gegenüber dem Postdienst und der Postbank ist er pfändbar, § 23 V 1 PostG. Vgl ferner § 717 Rn 12.

Schadensversicherung: Rn 112 „Versicherungsanspruch“.

Schenker: Der Anspruch des Schenkers auf die Herausgabe des Geschenks nach § 528 BGB ist *unpfändbar,* wenn er nicht durch einen Vertrag anerkannt oder rechtshängig geworden ist, § 852, BGH **147**, 291.

Schiff und Schiffsbauwerk: Die Zwangsvollstreckung auf die Herausgabe des Schiffs usw richtet sich nach § 885. Die Zwangsvollstreckung in ein Schiff usw erfolgt nach § 870 a. Bei einer Mehrpfändung maß man § 855 a beachten. Die Pfändung des Anspruchs auf die Herausgabe erfolgt nach § 847 a. Bei einer Arrestanordnung muß man das in Grdz 2 vor § 916 Ausgeführte beachten. Die Arrestvollziehung richtet sich nach § 931. Ein Vollstreckungsschutz für Binnenschiffe besteht nicht mehr. Wegen des Verteilungsverfahrens wegen einer Haftungsbeschränkung des Reeders usw Üb 1 vor § 872.

Schiffshypothek: Die Pfändung einer Schiffshypothek erfolgt nach § 830 a, die Überweisung nach § 837 a.

Schiffspart: Die Zwangsvollstreckung erfolgt nach § 858, LG Würzb JB **77**, 1289.

Schlechtwettergeld: Rn 103 „Sozialleistung“.

Schmerzensgeld: Der Anspruch auf die Zahlung eines Schmerzengelds ist wie andere Ansprüche pfändbar.

Schuldbefreiung: Rn 67 „Befreiung von einer Verbindlichkeit“.

Sicherungsübereignung: Die Pfändung des Anspruchs auf die Rückübertragung durch den Begünstigten **102**
richtet sich nach §§ 829, 847. Wenn der Drittschuldner sie nur teilweise in Anspruch nimmt, aber die ganze Forderung einzieht, erstreckt sich die Pfändung auch auf den nach der Verwertung durch den Drittschuldner verbleibenden Überschuß, falls die Auslegung des Pfändungsbeschlusses das zuläßt. Wenn Sachen im Gewahrsam des Sicherungsgebers geblieben sind, gilt nur § 829, aM BFH BB **76**, 1351 (er verweist beiläufig auf § 857). Außerdem muß man in beiden Fällen § 808 beachten. Bei einer auflösend bedingten Sicherungsübereignung erfolgt die Zwangsvollstreckung wie bei einer Anwartschaft, Rn 60.

Software, dazu: *Asche,* Zwangsvollstreckung in Software (rechtsvergleichend), 1998; *Franke,* Software als Gegenstand der Zwangsvollstreckung usw, 1998; *Weimann,* Software in der Einzelzwangsvollstreckung, Rpfleger **96**, 12 (ausf); *Weimann,* Softwarepaket als Vollstreckungsgut usw, DGVZ **96**, 1 (ausf):

Man muß die Pfändbarkeit unter einer Beachtung der auch immateriellen „informationellen“ Bestandteile von Fall zu Fall behutsam aus den insofern überalterten Vorschriften der ZPO bejahend oder verneinend ableiten, Franke MDR **96**, 236 (entsprechend der Sachpfändung), Koch KTS **88**, 81, Paulus DGVZ **90**, 156 (ausf).

S auch Rn 68 „Computer“.

Sozialleistung, dazu *Danzer,* Die Pfändbarkeit künftiger Rentenleistungen usw, Diss Trier 1998; *Heilmann,* **103**
Die Zwangsvollstreckung in Sozialhilfeansprüche nach § 54 SGB AT usw, 1999; *Hornung* Rpfleger **94**, 442, *Kohte* NJW **92**, 393, wegen § 55 IV SGB I: *Landmann* Rpfleger **01**, 282 (je: Üb); *Mrozynski,* Verschuldung und sozialer Schutz: Das Verhältnis von Sozialrecht und Zwangsvollstreckungsrecht, 1989:

Vgl zunächst §§ 28, 29 SGB I. Der *gegenwärtige* Anspruch auf eine Sozialleistung (nicht auch der künftige evtl höhere, BGH NJW **07**, 604, Stgt MDR **91**, 547) ist bedingt pfändbar, §§ 51–55 SGB I (wegen der vorrangigen Regelung betr Kindergeld Rn 80 „Kindergeld“), Nürnb Rpfleger **01**, 361, LG Regensb JB **04**, 450 (je: Kontopfändung), aM ThP § 829 Rn 14 (vgl aber Rn 87 ff). Das gilt zumindest wegen desjenigen Betrags, der bei einem Arbeitseinkommen pfändbar wäre, BGH **92**, 345, auch wegen eines Altersruhegelds, LG Kblz RR **86**, 680, LG Köln Rpfleger **87**, 465, oder wegen eines damaligen Arbeitslosengelds, § 850 i Rn 9, Hamm MDR **85**, 64, von Gagel NJW **84**, 715, oder wegen einer damaligen Arbeitslosenhilfe, § 850 i Rn 9, BSG BB **82**, 1614, Hamm MDR **85**, 65, oder wegen eines Eingliederungsgelds, Rn 70 „Eingliederungsgeld“, oder wegen einer Grundrente nach dem BVG, LG Lübeck SchlHA **84**, 117, Bracht NJW **80**, 1505, oder wegen eines Kurzarbeitergelds, Schlechtwettergelds oder Wintergelds, LG Marbg Rpfleger **81**, 491, oder wegen eines Unterhaltsgelds, AG Gummersbach FamRZ **98**, 177 (BSHG), oder wegen einer Mehraufwandsentschädigung nach § 16 III 2 SGB II, AG Hann JB **07**, 100 links.

Nur daneben sind *§§ 850 ff* anwendbar, Köln RR **86**, 1125 (wendet allerdings stets § 850 c an), LG Kassel Rpfleger **06**, 612 (Angespartes) und JB **06**, 659 (Gutgeschriebenes), Kohte Rpfleger **90**, 12 (man muß trotz § 850 c stets prüfen, ob Hilfsbedürftigkeit einträte), Schreiber NJW **77**, 279, § 829 Rn 10, 11, Einf 9 vor § 850–852, § 850 b Rn 19. Wegen der Grundrente des Schwerkriegsbeschädigten Hamm Rpfleger **83**, 410, wegen einer Lebensversicherung als Rentenersatz LG Lübeck MDR **84**, 61. Wegen einer Berufsunfähigkeitsrente AG Köln JB **02**, 326. Wegen des Wohngelds Rn 115. Das bloße Rentenantragsrecht ist *unpfändbar,* SG Ffm RR **02**, 1214.

Eine *bedingte* Pfändung der *künftigen* Rente ist jetzt zulässig, § 829 Rn 3 ff.

Wegen des *Rückerstattungsanspruchs* (zum alten Recht) LG Lübeck Rpfleger **84**, 474. Geschützt ist aber jeweils nur der berechtigte Empfänger der Sozialleistung, nicht ein Dritter, auf dessen Konto sie eingeht, mag der Sozialleistungsberechtigte auch Bankvollmacht haben, BGH NJW **88**, 709.

Sozialplan: Die Abfindung nach dem Sozialplan ist pfändbar, AG Kref MDR **79**, 853. **104**

Sparguthaben, dazu *Behr* JB **99**, 235: Der Auszahlungsanspruch ist pfändbar. Der Schuldner muß sein Sparbuch herausgeben, § 836 Rn 11.

Sparprämie: Der Anspruch auf die Auszahlung der Sparprämie ist pfändbar, soweit ein Schuldnerrecht besteht. Dasselbe gilt für ein Guthaben auf einem prämienbegünstigten Konto, Bauer JB **75**, 288. Der

Gläubiger kann vor dem Ablauf der Sperrfrist nur auf Grund einer entsprechenden Vereinbarung des Schuldners mit dem Geldinstitut verfügen, LG Bbg MDR **87**, 243, ZöStö § 829 Rn 33 „Sparguthaben", aM Muth DB **79**, 1118 (aber der Gläubiger kann nur die Schuldnerrechte erreichen, nicht mehr).

Vgl ferner § 850 k.

Sport: § 857 Rn 3 „Sport".

105 **Stahlkammerfach** (Schließfach, Safe, Tresor): Der Gerichtsvollzieher muß den Schlüssel wegnehmen und das Fach öffnen. Weigert die Bank die Mitwirkung, muß der Gläubiger den Anspruch des Schuldners auf den Zutritt und die Mitwirkung nach § 857 pfänden und sich überweisen lassen und muß das Gericht anordnen, daß der vom Gläubiger zu beauftragende Gerichtsvollzieher statt des Gläubigers den Zutritt erhält. Der Gläubiger sollte die Klage gegen die Bank zweckmäßigerweise auf eine Duldung der Öffnung des Fachs und auf die Wegnahme aller darin befindlichen Gegenstände richten.

Steuerberater: Sein Honorar ist grds pfändbar, BGH **141**, 173, Lüke Festgabe *50 Jahre Bundesgerichtshof* (2000) III 443.

Steuererstattungsanspruch: § 829 Rn 13.

S auch Rn 70 „Ehe".

Steuerklasse: Pfändbar ist nach der dem Gläubiger günstigeren, wenn der Schuldner in einer Benachteiligungsabsicht anders gewählt hatte, BGH BB **05**, 2602.

Strafgefangenen-Eigengeld: § 850 Rn 7.

Strafverfolgungsentschädigung: Rn 77 „Haft".

Streitwertfestsetzung: Der Anspruch auf eine höhere Wertfestsetzung ist *unpfändbar.*

106 **Taschengeld:** § 807 Rn 32, § 850 b Rn 6, 17.

Testamentsvollstrecker: Die Zwangsvollstreckung gegen den Testamentsvollstrecker richtet sich nach § 748. Bei der Erteilung der Vollstreckungsklausel gelten §§ 728, 749.

Tier: § 811 c.

Treugut: § 771 Rn 22–26 „Treuhand". Wegen einer auflösend bedingten Sicherungsübereignung Rn 60 „Anwartschaft".

Trinkgeld: § 832 Rn 9, § 850 Rn 6 „Bedienungsgeld", § 850 d Rn 14.

107 **Überziehungskredit:** Rn 87 „Kontokorrent".

Umschulungsbeihilfe: Der Anspruch auf die Zahlung einer solchen Beihilfe ist *unpfändbar.*

Unfallruhegehalt: § 850 b Rn 3.

Ungewolltes Kind: Sein Unterhaltsanspruch ist *unpfändbar,* Vollkommer Rpfleger **81**, 458.

Unpfändbarkeit: § 811 zählt die *unpfändbaren* Sachen auf. Wegen der Unpfändbarkeit von Forderungen und Ansprüchen Einf vor §§ 850–852, §§ 850–850 i, 851, 852.

Unselbständiger Anspruch: Ein Anspruch ohne einen selbständigen Vermögenswert, wie der Anspruch auf die Herausgabe eines Hypothekenbriefs, ist *nicht selbständig pfändbar,* § 857 Rn 3.

Untergebrachter: Wegen des Überbrückungsgelds und der Entlassungshilfe des im psychiatrischen Krankenhaus Untergebrachten rechtspolitisch Schulz ZRP **83**, 154.

Unterhaltsordnung: § 850 b.

Unterhaltsgeld: Rn 103 „Sozialleistung".

108 **Unterhaltssicherung:** Nur die Verdienstausfallentschädigung nach §§ 2, 7 USG ist nach §§ 850 ff pfändbar. *Unpfändbar* sind also Sonderleistungen, allgemeine Leistungen und Einzelleistungen, § 851, allerdings erst ab ihrer Barauszahlung.

S auch Rn 93 „Lebensversicherung".

Unterlassung: Der Anspruch auf eine Unterlassung ist pfändbar, § 857. Das gilt vor allem für den Anspruch auf die Unterlassung eines unlauteren Wettbewerbs. Denn dieser Anspruch hat einen Vermögenswert. Die Erzwingung einer Unterlassung erfolgt nach den §§ 890–893.

Untermiete: Der Anspruch auf die Zahlung der Untermiete ist mangels einer Zweckbindung pfändbar. Evtl ist § 765 a anwendbar.

S auch Rn 95 „Miete".

Unternehmen: Das Recht am Unternehmen ist theoretisch pfändbar. Die Pfändung läßt sich aber praktisch nach der ZPO in keiner Weise durchführen. Daher ist das Unternehmen *praktisch unpfändbar.*

109 **Urheberrecht:** Beim Verwertungsrecht kann man dessen einzelne Ausstrahlungen (Aufführungsrecht, Veröffentlichungsrecht, Übersetzungsrecht, Dramatisierungsrecht, Verfilmungsrecht), nicht notwendig einheitlich behandeln. Die Zwangsvollstreckung in die nach dem UrhG geschützten Rechte erfolgt nach den allgemeinen Vorschriften, § 857, mit einigen Besonderheiten. Gegen den Urheber und seinen Rechtsnachfolger ist die Zwangsvollstreckung wegen Geldforderungen in das Urheberrecht nur mit seiner Einwilligung und nur insoweit zulässig, als er Nutzungsrechte einräumen kann, §§ 113, 115, 31 UrhRG; eine Einwilligung des Rechtsnachfolgers ist nach dem Erscheinen des Werkes nicht mehr nötig. Der Anspruch nach § 32 UrhG unterliegt als ein höchstpersönliches Recht *nicht* der Zwangsvollstreckung, Berger NJW **03**, 855. Der Anspruch nach § 32 a UrhG ist erst dann pfändbar, wenn der Urheber erklärt hat, ihn erheben zu wollen, Berger NJW **03**, 855.

Es ist eine Einwilligung des Urhebers bei der Zwangsvollstreckung wegen Geldforderungen in die ihm gehörenden *Originale* seiner Werke nötig, außer wenn eine solche Zwangsvollstreckung zur Durchführung der Zwangsvollstreckung in ein Nutzungsrecht am Werk notwendig ist, bei der Zwangsvollstreckung in das Original eines Werkes der Baukunst oder eines anderen veröffentlichten Werkes der bildenden Künste, § 114 UrhG. Wegen des Rechtsnachfolgers gilt Ähnliches wie vorstehend, § 116 UrhG.

Sinngemäß sind diese Bestimmungen auch bei der Zwangsvollstreckung wegen Geldforderungen gegen die Verfasser *wissenschaftlicher Ausgaben* sowie gegen Lichtbildner und ihre Rechtsnachfolger anwendbar, § 118 UrhG. Solche Vorrichtungen, die ausschließlich zur Vervielfältigung oder Funksendung eines Werkes bestimmt sind, unterliegen der Zwangsvollstreckung wegen Geldforderungen nur, soweit der Gläubiger zur Nutzung des Werks mittels dieser Vorrichtungen berechtigt ist, ebenso Vorrichtungen zur Filmvorführung wie zB Filmstreifen, § 119 UrhG.

Urlaubsabgeltung: Der Anspruch auf sie ist ebenso wie der Anspruch auf das Arbeitsentgelt pfändbar, § 7 IV BUrlG, BAG NJW **01**, 460, LG Düss JB **03**, 328, LG Lpz JB **03**, 215, aM Hohmeister BB **95**, 2112 (aber auch dieser Anspruch ist ein Teil des Arbeitseinkommens).

Urlaubsentschädigung: Der Anspruch auf eine Entschädigung für einen verfallenen Urlaub ist ebenso wie der Urlaubsabgeltungsanspruch pfändbar, LG Düss JB **03**, 328.

Urlaubsgeld: Der Anspruch auf das Urlaubsgeld ist als ein Teil des Arbeitsentgelts pfändbar, BAG BB **01**, 2378, LAG Bln BB **91**, 2087. Das gilt auch für eine Urlaubsabgeltung am Ende des Arbeitsverhältnisses, BAG BB **01**, 2378. Eine Pflicht des Arbeitnehmers zur Rückzahlung befreit den Arbeitgeber nicht vor den zwingenden Vorschriften der §§ 850 ff, LAG Bln BB **89**, 2254.

Verdienstausfall: Der Schadensersatzanspruch wegen eines Verdienstausfalls ist wie das Arbeitseinkommen **110**
pfändbar, §§ 850 ff. Wegen einer Rente § 850 b Z 1, 2.

Verein: Wegen eines Vollstreckungstitels gegen ihn § 735.

Verlagsrecht: Es ist pfändbar, § 28 VerlG. Seine Veräußerung ist aber nur mit der dort angegebenen Einschränkung möglich. Sie ist also *nicht* möglich, wenn ein Vertrag zwischen dem Urheber und dem Verleger die Veräußerung ausschließt oder wenn der Urheber die Zustimmung verweigert. Der Verlag als Ganzes unterliegt keiner Zwangsvollstreckung, Rn 108 „Unternehmen". Im übrigen bleibt nur die Bestellung eines Verwalters möglich.

Vermögensübernehmer: Für den Vollstreckungstitel gegen ihn muß man § 729 beachten.

Vermögenswirksame Leistung, dazu *Behr* JB **99**, 235: Der Anspruch auf die Zahlung einer solchen **111**
Leistung ist *unpfändbar.* Denn er ist nicht übertragbar, § 2 VII des 5. VermBG in Verbindung mit § 851, BAG NJW **77**, 76. Der Anspruch auf die Zahlung einer Arbeitnehmersparzulage ist pfändbar, § 13 III des 5. VermBG in Verbindung mit § 851, BAG NJW **77**, 76. Ein ausgezahlter Betrag ist pfändbar. Die Festlegungsfrist ist auch für die Zwangsvollstreckung beachtlich, AG Augsb NJW **77**, 1827, Muth DB **79**, 1121.

S auch Rn 104 „Sparguthaben", „Sparprämie".

Versicherungsanspruch: Vgl zunächst § 851 Rn 4, 14. Ein Anspruch auf die Zahlung einer vertraglichen **112**
Feuerentschädigung ist bei einer Wiederherstellungspflicht des Versicherten *beschränkt unpfändbar,* § 98 VVG. Dasselbe gilt für eine Versicherungsforderung für unpfändbare Sachen, § 15 VVG. Der Anspruch auf die Zahlung einer sonstigen vertraglichen Versicherungssumme ist nach § 829 pfändbar. Wenn ein Dritter eine Zuwendung erhalten hat, ist der Anspruch auf die Versicherungssumme gegen den Dritten pfändbar, wenn der Dritte sofort erwirbt. Bei einem widerruflichen Versicherungsanspruch kann der Pfandgläubiger den Widerruf erst nach der Überweisung des Anspruchs aussprechen, da der Widerruf zur Verwertung gehört, § 930 Rn 1. Ein Erstattungsanspruch wegen eines Beitrags ist pfändbar, die Ausübung des Erstattungsrechts ist aber höchstpersönlich, LG Bln Rpfleger **75**, 444. Ein Anspruch aus einer Rechtsschutzversicherung ist als ein Schuldbefreiungsanspruch *grds unpfändbar,* Stöber 150 a, Vollkommer Rpfleger **81**, 458. Die Leistung aus einer privaten Zusatzversicherung kann bedingt pfändbar sein, wie bei § 850 b I Z 4, LG Hann Rpfleger **95**, 511.

S auch Rn 67 „Befreiung von einer Verbindlichkeit", Rn 93 „Lebensversicherung".

Versorgungsbezüge: Sie sind nur *sehr eingeschränkt* pfändbar, §§ 51 BVG, 48 SVG. Im übrigen gilt § 850 II.

S auch Rn 100 „Rechtsanwalt".

Versteigerungserlös: Es gibt *keinen* pfändbaren Auszahlungsanspruch gegen den Gerichtsvollzieher. Der Überschußanspruch des Schuldners ist allerdings vom Zuschlag an pfändbar. Der Anspruch desjenigen Schuldners, der gegen einen Dritten vollstreckt hat, ist *nicht selbständig* ohne seine zugrundeliegende Forderung pfändbar, AG Essen Rpfleger **79**, 67.

Vollmacht: Das Recht aus der Vollmacht ist pfändbar, wenn der Vollmachtgeber die Vollmacht im Interesse **113**
des Bevollmächtigten unwiderruflich erteilt und außerdem ihre Ausübung einem Dritten überlassen hat, § 857, BayObLG Rpfleger **78**, 372, aM StJM § 857 Rn 3 (das Recht aus der Vollmacht sei unpfändbar), Vortmann NJW **91**, 1038 (praktisch Unpfändbarkeit der Vollmacht. Aber beide Varianten übersehen, daß man eine Vollmacht grds sehr wohl übertragbar gestalten kann). Das gilt zB für die stillschweigende Vollmacht des Erwerbers eines Blankowechsels zur Ausfüllung. Die Verwertung des Rechts erfolgt nach § 844.

Vollstreckungskosten: Rn 91 „Kostenerstattungsanspruch".

Vorkaufsrecht: Es ist nicht übertragbar, daher auch *nicht* pfändbar, sofern nicht ein anderes bestimmt worden ist, § 473 S 1 BGB, § 851.

Vorlegung: Der Anspruch auf eine Vorlegung ist dann nach § 857 pfändbar, wenn die Vorlegung für den Gläubiger irgendeinen Wert hat. Die Zwangsvollstreckung richtet sich nach § 883, dort Rn 11–13.

Vormerkung: Das Recht aus einer Vormerkung ist *nicht selbständig* pfändbar. Dagegen kann man es zusammen mit dem durch die Vormerkung gesicherten Anspruch pfänden, § 401 BGB, Jung Rpfleger **97**, 96. Die Pfändung ist eintragungsfähig. Es ist kein Nachweis des Bestehens des gesicherten Anspruchs notwendig.

Wahlrecht bei Wahlschuld: Grdz 12 vor § 803. **114**

Waschmaschine: Sie ist *meist unpfändbar,* § 811 Rn 22.

Wehrsold: Grenzschutzsold, Sachbezüge, Dienstgeld, Entlassungsgeld sind pfändbar. Die Pfändung des Wehrsoldes umfaßt das Entlassungsgeld, Drsd Rpfleger **99**, 283. Ein Übergangsgeld ist pfändbar, AG Krefeld MDR **79**, 853.

S auch § 850 Rn 4, § 850 e Rn 11.

Wertpapier, dazu *Viertelhausen* DGVZ **00**, 129 (Üb): Wegen seiner Pfändung § 808 Rn 18. Die Verwertung richtet sich nach §§ 821–823. Wegen eines Ausweispapiers § 808 Rn 18. Ein indossables Papier wie zB der Wechsel ist nach § 831 pfändbar und nach §§ 835 ff auswertbar. Bei einem Wertpapier in einem Sammeldepot erfolgt die Pfändung des Anteils, §§ 747, 751 BGB, nach §§ 857, 829, 835, 836, 847. Zum Bundeswertpapier Röder DGVZ **92**, 103 (ausf).

S auch Rn 74 „Geldkarte".

Widerrufsrecht: Es ist *im allgemeinen unpfändbar;* s auch Rn 101 „Schenker". Bei der Pfändung des Anspruchs aus einem Lebensversicherungsvertrag Rn 112 „Versicherungsanspruch".
Wiederkaufsrecht: Es ist pfändbar.
Wintergeld: Rn 103 „Sozialleistung".
Witwenrente: § 850 Rn 10, § 850 b Rn 13.
Wohnbesitz: Die Zwangsvollstreckung richtet sich nach § 767 Rn 2, § 771 Rn 4, § 851 Rn 5, § 857 Rn 3, Schopp Rpfleger **76**, 384.

115 **Wohngeld:** Wegen des Umstands, daß § 54 SGB I bei seiner abschließenden Aufzählung der unpfändbaren Sozialleistungen das Wohngeld jetzt nicht mehr erwähnt, ist das Wohngeld pfändbar, LG Brschw JB **02**, 323, LG Kblz FamRZ **01**, 842, LG Münst WoM **02**, 96 (Zusammenrechnung mit Arbeitseinkommen), LG Mü JB **01**, 436 (Zusammenrechnung mit Rente), aM Hornung Rpfleger **94**, 445 (aber § 54 SGB I ist als eine Ausnahmevorschrift eng auslegbar. Grundsatz bleibt die Pfändbarkeit des gesamten Vermögens, Rn 23).

S auch Rn 103 „Sozialleistung".
Wohnrecht, Wohnungsrecht: § 857 Rn 15.
Wohnungsbauprämie: Die ausgezahlte Prämie und auch der Anspruch auf die Auszahlung der Prämie sind pfändbar, soweit das Schuldnerrecht besteht.
Willenserklärung: Die Zwangsvollstreckung richtet sich nach §§ 894–896, 898.

S auch § 887 Rn 41.

116 **Zeichen:** § 857 Rn 6 „Dienstleistungsmarke", „Dreidimensionales Zeichen".
Zivildienstsold: Es gilt dasselbe wie bei Rn 114 „Wehrsold".
Zuführung (Immission): § 887 Rn 43 „Zuführung".
Zwangsversteigerung: Das Recht auf den Erlös ist bei einer Liegenschaftszwangsversteigerung vor der Erteilung des Zuschlags *unpfändbar.* Denn dieses Recht ist der Hauptteil des hypothekarischen Rechts und nicht ein künftiger Anspruch. Die Mieten sind pfändbar, § 21 II ZVG, vgl aber auch §§ 1123, 1124 BGB, Saarbr Rpfleger **93**, 80.

Vgl auch Rn 76 „Grundschuld".
Zwangsverwaltung: Die Miete ist bis zur Anordnung der Zwangsverwaltung pfändbar, § 865 II. Vgl auch §§ 1123, 1124 BGB. Der Anspruch des Eigentümers gegen den Verwalter auf die Aushändigung der Kasse nach Verfahrensaufhebung ist pfändbar.
Zwangsvollstreckung: Rn 91 „Kostenerstattungsanspruch".

704

Fassung 1. 9. 2009: ***Vollstreckbare Endurteile.*** **Die Zwangsvollstreckung findet statt aus Endurteilen, die rechtskräftig oder für vorläufig vollstreckbar erklärt sind.**

Vorbem. Früherer II aufgehoben, Art 29 Z 16 FGG-RG, in Kraft seit 1. 9. 09, Art 112 I Hs 1 FGG-RG, ÜbergangsR Art 111 FGG-RG, Einf 4 vor § 1 FamFG.

Bisherige Fassung II: II **Urteile in Ehe- und Kindschaftssachen dürfen nicht für vorläufig vollstreckbar erklärt werden.**

1 **1) Systematik.** Die Vorschrift erfaßt den wohl wichtigsten Teil derjenigen Urkunden, aus denen eine Zwangsvollstreckung in Betracht kommt. Weitere Vollstreckungstitel nennen §§ 794 ff. Hinzu treten die in § 794 Rn 45 ff genannten zahlreichen weiteren bundes- oder landesrechtlichen Vollstreckungstitel. Fälle eines Verbots der vorläufigen Vollstreckbarkeit sind § 894 I 1 (Willenserklärung: Unterstellung der Abgabe erst mit Rechtskraft, daher vorläufige Vollstreckbarkeit nur „wegen der Kosten"). Schließlich kommt auch nach der etwaigen Rechtskraft zumindest überhaupt keine Zwangsvollstreckung in Betracht, soweit die Entscheidung gar nicht auf sie abzielt, wie beim bloßen Feststellungsurteil nach § 256. In Ehe- und Familienstreitsachen gilt vorrangig § 120 FamFG.

Gegen wen sich der Vollstreckungstitel richten muß, regeln für zahlreiche Fallgruppen in §§ 735–749 vorrangige Sondervorschriften.

2 **2) Regelungszweck.** Die endgültige Vollstreckbarkeit ist ein Gebot der Gerechtigkeit, Einl III 9, 36. Ohne diese Sanktion läge eine lex imperfecta vor, ein unvollständiges, stumpfes Gesetz ohne eine wirkliche Durchsetzungskraft. Das Ziel des Prozesses ist ja nicht ein Stück Papier (Urteil), sondern die Befriedigung des Gläubigers durch eine freiwillige oder erzwungene Erfüllung. Die vorläufige Vollstreckbarkeit nach §§ 708 ff ist ein Gebot nicht nur der Gerechtigkeit, sondern auch der Rechtssicherheit, Einl III 43. Denn ohne die Möglichkeit eines alsbaldigen Zugriffs nach dem richterlichen Erkenntnis der Rechtslage würde der Gläubiger, der oft lange genug auf das Urteil warten mußte, ebenso oft tatsächlich leer ausgehen oder um den zB wirtschaftlich dringend benötigten Erfolg fürchten müssen. Die Schadensersatzmöglichkeiten nach § 717 II, III stellen einen gewissen Ausgleich zugunsten des Schuldners dar, Einl III 9, 36. Der Ausschluß wenigstens einer vorläufigen Vollstreckbarkeit ist ein Gebot der dem Staat auferlegten Einhaltung der Verhältnismäßigkeit auch der staatlich eröffneten Machtmittel, Grdz 34 vor § 704. Denn ein Ausgleich nach einer vorschnell erfolgten Vollstreckung wäre gar nicht möglich oder doch unzureichend und daher auch ungerecht, Einl III 9, 36.

3 **3) Begriff des Endurteils.** Es muß sich um ein Endurteil nach § 300 Rn 1, Üb 11 vor § 330 handeln. Hierher gehören auch ein Teilurteil nach § 301 und ein Vorbehaltsurteil nach §§ 302, 599, BGH **69**, 273. § 704 bezieht sich nur auf das Urteil eines ordentlichen deutschen Gerichts. Ein Urteil des ArbG oder ein Urteil des LAG ist ohne weiteres vorläufig vollstreckbar, soweit das Urteil nichts anderes bestimmt, §§ 62 I, 64 VII ArbGG, LAG Bln BB **86**, 672 und 1368. Das gilt auch bei §§ 9, 10 KSchG, BAG BB **88**, 843, aM Fischer BB **88**, 2039. Über eine neue Klage trotz eines schon vorhandenen Vollstreckungstitels Einf 16 vor §§ 322–327.

4 **4) Vollstreckbarkeit.** Das Urteil muß wenigstens wegen der Kosten überhaupt vollstreckbar sein. Es darf auch nicht auf eine unmögliche Leistung lauten, BGH RR **92**, 450. Vgl auch § 888 III. Man muß im einzelnen die folgenden Stadien unterscheiden.

A. Rechtskraft. Das Urteil muß entweder eine formelle Rechtskraft nach § 705 erlangt haben, Einf 1 vor §§ 322–327. Trotz des Eintritts der Rechtskraft ist ein Urteil nicht endgültig, wohl aber nach §§ 280, 304 Rn 30 dann vorläufig vollstreckbar, wenn es in seinem Bestand von einer nicht rechtskräftigen Vorentscheidung abhängig ist, also ein Urteil über eine Zulässigkeitsrüge, eine Vorabentscheidung nach § 304 oder ein Vorbehaltsurteil nach §§ 302, 599. Wenn für denselben Anspruch mehrere Titel vorhanden sind, darf die Zwangsvollstreckung nur einmal stattfinden, Rn 3. Der Schuldner kann sich gegen eine mehrfache Zwangsvollstreckung nach § 767 wehren.

B. Vorläufige Vollstreckbarkeit. Oder das Gericht muß das Urteil im Tenor nach §§ 708, 709 oder 5
durch einen Beschluß nach §§ 537, 538 für vorläufig vollstreckbar erklärt haben. Vgl dazu Einf 3 vor §§ 708–720.

C. Wegfall der Vollstreckbarkeit. Mit einer Aufhebung des vorläufig vollstreckbaren Urteils entfällt 6
dessen Vollstreckbarkeit. Bei seiner Änderung bleibt seine Vollstreckbarkeit nur im Rahmen der Abänderung bestehen, § 717 Rn 1, § 775 Rn 11–13. Das Gericht braucht das aufhebende Urteil nicht für vollstreckbar zu erklären, aM Mü Rpfleger **82**, 112 (zustm Meyer-Stolte). Jedoch ist eine Vollstreckbarerklärung dieses Urteils oft zweckmäßig. Dann darf das Gericht jedoch keine Sicherheitsleistung nach §§ 709 ff, 109 auferlegen. Wenn das Revisionsgericht ein solches Ersturteil wiederherstellt, das das Berufungsgericht aufgehoben hatte, lebt auch die Vollstreckbarkeit des Ersturteils wieder auf, weil sie zu ihm gehört, Ffm NJW **90**, 721, aM KG NJW **89**, 3026, StJM § 717 Rn 3, ZöHe § 717 Rn 1 (aber Wiederherstellung ist durchweg vollinhaltlich gemeint).

Aufgehobene Vollstreckungsmaßnahmen leben aber *nicht* wieder auf.

705 *Formelle Rechtskraft.* [1] **Die Rechtskraft der Urteile tritt vor Ablauf der für die Einlegung des zulässigen Rechtsmittels oder des zulässigen Einspruchs bestimmten Frist nicht ein.** [2] **Der Eintritt der Rechtskraft wird durch rechtzeitige Einlegung des Rechtsmittels oder des Einspruchs gehemmt.**

Schrifttum: *Stoll,* Der Eintritt der Rechtskraft des Scheidungsausspruchs im Verbundverfahren, Diss Erl/Nürnb 1988.

Gliederung

1) Systematik, S 1, 2. § 705 regelt den Eintritt der äußeren, formellen Rechtskraft, Einf 1 vor §§ 322– 1
327, für alle Urteile, die eine solche Rechtskraft erlangen können, selbst wenn sie keine Zwangsvollstreckung ermöglichen, Grdz 29 vor § 704. Die Vorschrift gilt entsprechend für einen solchen Beschluß, der nur in einer bestimmten Frist anfechtbar ist, BAG NJW **08**, 1611, MüKoKr 3, ZöStö 1, aM RoSGo § 150 II 3 b, StJM 1 (die Rechtskraft trete auch oder nur mit einem Verzicht auf eine sofortige Beschwerde oder mit der Erschöpfung des Beschwerdewegs oder der Beendigung des Verfahrens ein. Vgl aber § 324 Rn 21). In einer Familiensache usw gilt vorrangig § 45 FamFG.

2) Regelungszweck, S 1, 2. Der Zeitpunkt des Eintritts der formellen Rechtskraft ist prozessual wie 2
sachlichrechtlich sehr bedeutungsvoll. Deshalb liegt seine Klarstellung im Interesse der Rechtssicherheit, Einl III 43. Das führt zur Notwendigkeit einer strikten Auslegung der Vorschrift. Das gilt insbesondere auch bei § 321 a. Ein Rechtsmißbrauch nach Einl III 54 ist zwar auch im Prozeß unstatthaft. Etwa eine allzu fadenscheinige Rüge nach § 321 a mag nur zwecks Zeitgewinns bis zur Zwangsvollstreckung erfolgen. Gleichwohl verlangt schon die Rechtsstaatlichkeit nach Einl III 15 ein Zuwarten bis zur zugehörigen Entscheidung und zumindest das Abwarten der erforderlichen Einlegungsfrist.

3) Rechtskraftfähigkeit, S 1, 2. Der formellen Rechtskraft fähig sind alle Urteile und Beschlüsse, die 3
das Gesetz für selbständig anfechtbar oder für unanfechtbar erklärt, auch Zwischenurteile aus §§ 280 II, 304 (nicht aus § 303) und Vorbehaltsurteile, BGH **69**, 272. Die Rechtskraft tritt erst dann ein, wenn jede Änderung durch ein Rechtsmittel unstatthaft ist, BGH NJW **92**, 2296. Sie tritt also nicht ein, solange gegen diese Art von Urteil generell noch ein Einspruch oder ein Rechtsmittel „zulässig", genauer: überhaupt grundsätzlich statthaft ist oder sein könnte, selbst wenn zB die Berufungssumme nicht erreicht ist, § 511 II Z 1. Denn das Rechtsmittelgericht könnte ja zB den Beschwerdewert anders als das Erstgericht beurteilen, § 522 I 1 erste Alterantive. Daher ist auch ein Urteil nach § 495 a vorläufig vollstreckbar.

Die *Rechtsmittelfrist* nach §§ 517, 518, 544, 548 läuft *für jede Partei besonders* je nach dem Zeitpunkt der zugehörigen Zustellung oder Bekanntgabe nach §§ 317, 321 a II 2, 3, 329 III, 339 I. Ob ein Nachverfahren nach §§ 302, 600 oder eine Wiedereinsetzung nach §§ 233 ff oder eine Wiederaufnahme nach §§ 578 ff statthaft ist, bleibt außer Betracht, BGH NJW **78**, 43, aM Tiedemann ZZP **93**, 23 (aber auch eine auflösende Bedingung hindert nicht). Auch ein Prozeßkostenhilfeantrag für ein erst geplantes Rechtsmittel ist unbeachtlich, Stgt Just **88**, 159, erst recht eine Verfassungsbeschwerde, BVerfG NJW **96**, 1736. Eine Zustellung an einen Prozeßunfähigen nach § 51 setzt die Frist in Lauf. Mit dem Ablauf der Frist tritt die formelle Rechtskraft nach § 56 Rn 11 ein und wird das Urteil vollstreckbar. Eine Unterscheidung zwischen einer

Zustellung zwecks einer Herbeiführung der Rechtskraft und einer Zustellung zur Ermöglichung der Zwangsvollstreckung ist unberechtigt.

4 **4) Rechtskraft und Verkündung, S 1, 2.** Bereits mit der Verkündung werden die folgenden Entscheidungen formell rechtskräftig, weil gegen sie weder ein Einspruch noch ein anderes Rechtsmittel zulässig ist.

5 **A. Oberlandesgericht: Fälle sofortiger Rechtskraft.** Sofort rechtskräftig wird ein Urteil des OLG in den folgenden weiteren Fällen: Es muß sich entweder um ein Urteil in einer Arrestsache nach §§ 916ff handeln oder um ein solches in einem Verfahren auf den Erlaß einer einstweiligen Verfügung nach §§ 935ff, in einem Enteignungsverfahren oder in einem Umlegungsverfahren nach § 542 II (wegen der Ausnahmen § 543), Schneider DRiZ **77**, 115, oder es muß sich um ein reines Kostenurteil nach §§ 99 II, 567 II handeln.

6 **B. Oberlandesgericht: Fälle späterer Rechtskraft.** Andere Urteile des OLG als die in Rn 4, 5 genannten werden nicht schon mit ihrer Verkündung rechtskräftig. Das folgt auch aus § 713. Denn diese Vorschrift wäre sonst gegenstandslos, Münzberg NJW **77**, 2060, aM Leppin MDR **75**, 900 (zur überholten Beschwerdesumme). Ihre Rechtskraft tritt vielmehr erst mit dem Ablauf der Revisionsfrist des § 548 oder der Frist für eine Nichtzulassungsbeschwerde nach § 544 I oder V 3 ein, und zwar mit der Zustellung der Zurückweisung, BGH NJW **05**, 3724.

Nicht schon mit der Verkündung rechtskräftig wird auch ein solches Urteil, das nicht nach § 543 zur Revision zugelassen ist. Ein Zweites Versäumnisurteil nach §§ 345, 511ff wird erst mit dem Ablauf der Revisionsfrist rechtskräftig, BGH MDR **79**, 127. Ein Beschluß, der eine Rechtsbeschwerde nach § 574 zuläßt, wird mit dem Ablauf eines Monats nach § 575 I rechtskräftig.

7 **C. Endurteil des BGH.** Rn 4 gilt grundsätzlich auch hier. Hierher zählt aber ausnahmsweise nicht ein Erstes Versäumnisurteil nach §§ 330ff, 565.

8 **5) Rechtsbehelfsverzicht, S 1, 2.** Ein Rechtsbehelf ist unzulässig, soweit die Partei auf ihn vor seiner Einlegung wirksam verzichtet hat, §§ 516, 565, BGH FamRZ **94**, 301, BAG NJW **08**, 1611. Sie braucht ihren Verzicht nicht gegenüber dem Gericht ausgesprochen zu haben. Er liegt aber keineswegs schon im Zweifel vor, auch nicht bei einem Teilrechtsmittel wegen des Rests, BGH GRUR **05**, 324. Ein wirksamer Verzicht ist unwiderruflich, Grdz 59 vor § 128. Ein einseitiger Verzicht gegenüber einem OLG-Urteil führt dessen formelle Rechtskraft selbst dann erst mit dem Ablauf der nach § 548 eigentlich laufenden Rechtsmittelfrist herbei, wenn der Gegner nicht beschwert ist. Trotzdem hemmt ein zwar nach einer wirksamen Verzichtserklärung, aber noch innerhalb der Rechtsmittelfrist eingelegtes Rechtsmittel die Rechtskraft bis zu demjenigen Zeitpunkt, in dem das Rechtsmittelgericht es verwirft, unklar BGH FamRZ **94**, 301 (Rechtskraft ab Verzicht). Ein Teilverzicht ist statthaft. Er ist das einzige Mittel, um die Rechtskraft eines Teils des Urteils herbeizuführen, Rn 5. Vgl dazu im einzelnen Rn 9.

9 **6) Hemmung der Rechtskraft, S 1, 2.** Man muß Rechtsmittel und -behelf trennen.

A. Rechtsmittel. Die Einlegung eines Rechtsmittels hemmt grundsätzlich den Eintritt der formellen Rechtskraft, Grdz 2 vor § 511. Das gilt auch, soweit man das Rechtsmittel statthaft und rechtzeitig eingelegt, aber nicht rechtzeitig begründet hat, LG Kiel WoM **91**, 113. Es gibt auch keine „vorläufige" Rechtskraft, Karlsr MDR **83**, 676. Auch eine teilweise Rechtsmitteleinlegung hemmt die Rechtskraft des Gesamturteils. Denn es könnten noch eine Rechtsmittelerweiterung oder eine Anschließung erfolgen, BGH NJW **94**, 659. Deshalb tritt die Teilrechtskraft erst dann ein, wenn solche Möglichkeiten entfallen sind, BGH NJW **94**, 659, Hbg FamRZ **90**, 185, Oldb MDR **04**, 1199. Eine Hemmung besteht auch, soweit die Partei das Urteil im Rest zB mangels einer Beschwer nicht anfechten kann, BGH NJW **94**, 659, oder soweit sie im übrigen nicht eindeutig auf das Rechtsmittel verzichtet hat, BGH NJW **92**, 2296, Hbg FamRZ **84**, 707. Ein nur beschränkter Rechtsmittelantrag bedeutet nicht stets einen restlichen Rechtsmittelverzicht, BGH NJW **92**, 2296. Ein sachlichrechtlicher teilweiser Anspruchsverzicht bedeutet nicht auch einen teilweisen prozessualen Rechtsmittelverzicht, BGH MDR **88**, 1033. Das Rechtsmittel eines einfachen Streitgenossen wirkt wegen § 61 nur für ihn, Karlsr OLGZ **89**, 77.

Die *Rücknahme* des Rechtsmittels nach §§ 516, 565 vor dem Ablauf der Rechtsmittelfrist führt noch keine Rechtskraft herbei. Denn es ist ja noch eine erneute Einlegung des Rechtsmittels zulässig. Bei einer Rücknahme nach dem Fristablauf tritt die Rechtskraft erst jetzt ohne eine Rückwirkung ein, Düss GRUR-RR **06**, 384. § 516 III ist unbeachtlich. Ein Prozeßkostenhilfegesuch nach § 117 hemmt den Eintritt der Rechtskraft nicht, BGH **100**, 205. Es hemmt ebensowenig ein Wiedereinsetzungsantrag nach § 234, BGH **100**, 205, wohl aber eine solche Entscheidung, die die Wiedereinsetzung gewährt, § 238. Die Hemmung tritt dann rückwirkend ein.

10 Die *Hemmung* dauert bis zum Ablauf der Rechtsmittelfrist an, solange kein Rechtsmittel vorliegt. Deshalb darf das Gericht bis zum Ablauf der Rechtsmittelfrist auch kein Rechtskraftzeugnis nach § 706 erteilen. Es darf trotz eines Verzichts auf eine Anschlußrevision bis zum Ablauf der Frist für sie auch kein Teilrechtskraftzeugnis erteilen, Karlsr MDR **83**, 676, aM Hamm FamRZ **83**, 823 (aber auch dann steht die Rechtskraft noch nicht einmal teilweise fest). Eine Verwerfung des Rechtsmittels oder des Einspruchs als unzulässig hat zur Folge, daß die Hemmungswirkung des eingelegten Rechtsmittels erst mit der Rechtskraft der Verwerfungsentscheidung nach §§ 522 I 2, 552 I 2 entfällt, OGB BGH **88**, 357, aM Hamm Rpfleger **77**, 445 (aber das wäre inkonsequent).

11 **B. Einspruch.** Ein Einspruch nach §§ 338, 700 hemmt den Eintritt der Rechtskraft immer nur, soweit er sich erstreckt, LAG Mü MDR **94**, 834. Wenn das Versäumnisurteil nach §§ 345, 700 keinen Einspruch erlaubt, muß man die für ein Rechtsmittel geltenden Grundsätze anwenden.

12 **C. Rüge nach § 321 a.** Eine Rüge der Verletzung des rechtlichen Gehörs im Verfahren nach § 321 a hemmt die Rechtskraft ebenfalls. Das gilt solange, bis das Erstgericht in diesem Verfahren entschieden hat.

706 *Fassung 1. 9. 2009:* ***Rechtskraft- und Notfristzeugnis.*** **[I] Zeugnisse über die Rechtskraft der Urteile sind auf Grund der Prozessakten von der Geschäftsstelle des Gerichts des ersten Rechtszuges und, solange der Rechtsstreit in einem höheren Rechtszug anhängig ist, von der Geschäftsstelle des Gerichts dieses Rechtszuges zu erteilen.**

[II 1] Insoweit die Erteilung des Zeugnisses davon abhängt, dass gegen das Urteil ein Rechtsmittel nicht eingelegt ist, genügt ein Zeugnis der Geschäftsstelle des für das Rechtsmittel zuständigen Gerichts, dass bis zum Ablauf der Notfrist eine Rechtsmittelschrift nicht eingereicht sei. [2] Eines Zeugnisses der Geschäftsstelle des Revisionsgerichts, dass ein Antrag auf Zulassung der Revision nach § 566 nicht eingereicht sei, bedarf es nicht.

Vorbem. Früherer I 2 aufgehoben, Art 29 Z 17 FGG-RG, in Kraft seit 1. 9. 09, Art 112 I Hs 1 FGG-RG, ÜbergangsR Art 111 FGG-RG, Einf 4 vor § 1 FamFG.

Bisherige Fassung I 2: **[2] In Ehe- und Kindschaftssachen wird den Parteien von Amts wegen ein Rechtskraftzeugnis auf einer weiteren Ausfertigung in der Form des § 317 Abs. 2 Satz 2 Halbsatz 1 erteilt.**

Gliederung

1) Systematik, I, II. Die Vorschrift ergänzt §§ 704, 705. Das Rechtskraftzeugnis hat die Beweiskraft 1
einer öffentlichen Urkunde, § 418 Rn 4, App NJW **03**, 453. Es kann unrichtig sein, BGH **100**, 206. Eine unrichtige Zeugniserteilung muß derjenige beweisen, der sie behauptet, § 418 Rn 8 ff. Das Rechtskraftzeugnis ist bei allen denjenigen Urteilen und Beschlüssen möglich und notwendig, die einer formellen Rechtskraft fähig sind, Einf 1 vor §§ 322–327, zB bei einem Vollstreckungsbescheid nach § 700 oder beim Kostenfestsetzungsbeschluß nach §§ 103 ff, Naumb JB **02**, 38, nicht aber bei einem Vergleich. Das Gericht erteilt das Zeugnis ganz ohne Rücksicht darauf, ob der Gläubiger eine Zwangsvollstreckung betreiben kann. Das Gericht darf das Zeugnis wegen der Hemmungswirkung nach § 705 Rn 9, 10 für einen nicht angegriffenen Teil eines noch nicht rechtskräftigen Urteils nicht erteilen, Bre NJW **79**, 1210, aM Ffm FamRZ **85**, 821, Karlsr NJW **79**, 1211 (aber das könnte zu bösen Mißverständnissen führen). Grundlage des Zeugnisses ist meist das Notfristzeugnis, II. Die Rechtskraft läßt sich aber auch anders beweisen, außer bei § 1561 II Z 1 BGB. Ein Gegenbeweis ist auch gegen die Richtigkeit des Rechtskraftzeugnisses statthaft, § 418 Rn 6. Zur Zwangsvollstreckung ist ein Rechtskraftzeugnis nicht notwendig. Es ist aber eine Vollstreckungsklausel erforderlich, § 724 I. In einer Familiensache usw gilt vorrangig § 46 FamFG.

2) Regelungszweck, I, II. Das Rechtskraftzeugnis nach *I* dient im Interesse der Rechtssicherheit nach 2
Einl III 43 nur dem Nachweis der formellen Rechtskraft, Einf 1 vor §§ 322–327. Er ist zB bei der Rückforderung einer Sicherheit nach § 715 oder bei § 586 oder nach dem sachlichen Recht notwendig, zB nach § 1470 I BGB. Die Bedeutung des Rechtskraftzeugnisses liegt im Formellen, eben in der äußeren Rechtssicherheit. Darüber hinaus besagt es nichts über die Entscheidung, also auch nicht über ihren Bestand.

Unverzüglichkeit nach § 121 I 1 BGB bei der Entscheidung über eine Erteilung oder Versagung des Rechtskraftzeugnisses ist ein ebenso selbstverständliches Gebot wie eine Gewissenhaftigkeit bei der Prüfung der Voraussetzungen. Das gilt auch für eine überlastete Geschäftsstelle. Der Sieger hat schon lange genug auf die Entscheidung und auf den Ablauf einer Rechtsmittelfrist warten müssen. Auch wenn er hätte vorläufig vollstrecken dürfen oder das auch getan hat, will und darf er jetzt alsbald wissen, ob der Richterspruch endgültig ist. Das muß man stets mitbeachten.

Das *Notfristzeugnis* nach *II* dient nur dem Nachweis, daß der Rechtsmittel- oder Einspruchsführer bis zum Ablauf der Notfrist oder doch jedenfalls bisher kein Rechtsmittel und keinen Einspruch eingelegt hat, BGH MDR **03**, 826. Bei einer nur teilweisen Rechtskraft ist ein entsprechend begrenztes Zeugnis statthaft und notwendig, BGH NJW **89**, 170, falls kein Anschlußrechtsmittel mehr in Betracht kommt, Karlsr MDR **83**, 676.

3) Zuständigkeit, I, II. Man muß vier Fallgruppen unterscheiden. 3

A. Erste Instanz. Zuständig zur Erteilung ist der Urkundsbeamte der Geschäftsstelle. Der Rpfl ist nicht zuständig. Tätig werden muß der Urkundsbeamte des Erstgerichts.

B. Rechtsmittelinstanz, allgemein. Die Vorschrift entspricht zur Zuständigkeit dem § 724 II. Aus- 4
nahmsweise ist die Geschäftsstelle einer höheren Instanz solange zuständig, wie der Prozeß bei jenem Gericht „anhängig" ist, das heißt hier vom Standpunkt der Geschäftsstelle aus, solange sich die Akten infolge des Eingangs einer Rechtsmittelschrift schon oder noch bei diesem Gericht befinden, KG FamRZ **89**, 1206, Mü FamRZ **79**, 445 und 943, Wilm Rpfleger **83**, 429. Deshalb ist diese Geschäftsstelle evtl auch noch nach der Rücknahme des Rechtsmittels zuständig. Denn die Zuständigkeit des Gerichts spielt für die Erteilung des Rechtskraftzeugnisses keine Rolle. Wenn sich die Akten aber bei der Geschäftsstelle lediglich wegen der Einreichung eines Gesuchs auf die Bewilligung einer Prozeßkostenhilfe nach §§ 117, 118 befinden, ist diese Geschäftsstelle nicht schon deshalb zuständig. Das alles gilt auch für einen Streitgenossen nach § 59, wenn sich die Akten wegen des Rechtsmittels nur eines anderen Streitgenossen dort befinden.

5 **C. Einspruch.** Wegen eines Einspruchs nach §§ 338, 700 kann der Urkundsbeamte der Geschäftsstelle der Instanz dessen Fehlen aus den Akten feststellen. Ein Notfristzeugnis braucht nur der Urkundsbeamte der Geschäftsstelle einer höheren Instanz, wenn er für die Erteilung des Rechtskraftzeugnisses zuständig ist. Es gilt dann II entsprechend. Der Urkundsbeamte der Geschäftsstelle eines LG oder OLG darf das Rechtskraftzeugnis zu einem Versäumnisurteil des Revisionsgerichts in der Regel nur nach der Vorlage eines Notfristzeugnisses der Geschäftsstelle des Revisionsgerichts erteilen.

6 **D. Sofortige Beschwerde.** Wenn als Rechtsmittel eine sofortige Beschwerde nach § 567 in Betracht kommt, erteilt die Geschäftsstelle der ersten Instanz das Zeugnis auf Grund ihrer Kenntnis davon, daß eine sofortige Beschwerde nicht vorliegt, und auf Grund eines Zeugnisses des Beschwerdegerichts, daß ein Rechtsmittel nicht oder jedenfalls nicht bis zu einem bestimmten Tag vorliegt.

7 **4) Verfahren, I, II.** Es ist grundsätzlich ein Antrag notwendig. Er kann sich nach dem Ablauf der Anschlußrechtsmittelfrist auch auf ein Teilrechtskraftzeugnis beschränken, § 705 Rn 9. Antragsberechtigt ist derjenige, der das Urteil vorlegt. Das kann auch ein Streithelfer oder ein Dritter sein, StJM 11 (er meint, der Dritte brauche ein eigenes Interesse nicht nachzuweisen), aM MüKoKr 2, ZöStö 4 (aber auch ein Dritter kann ein schutzwürdiges Interesse haben, unabhängig davon, ob ein Prozeßrechtsverhältnis auch zu ihm bestand, Grdz 4 vor § 128).

Es besteht *kein Anwaltszwang* nach § 78 Rn 1. Das gilt auch dann, wenn das Gesuch an ein solches Gericht geht, vor dem im Streitverfahren ein Anwaltszwang besteht, § 78 III Hs 2. Nach § 7 AktO muß der für das Rechtskraftzeugnis zuständige Urkundsbeamte die nachgewiesene Rechtskraft am Urteilskopf vermerken. Er muß sein Zeugnis mit dem Namen und mit dem Zusatz „als Urkundsbeamter der Geschäftsstelle" unterschreiben, wie bei § 129 Rn 9. Eine Unterzeichnung mit der Angabe „die Geschäftsstelle des AG" oder „der Justizobersekretär des AG" oder ähnlich ist unzulänglich. Denn sie bietet keine Gewähr dafür, daß der richtige Urkundsbeamte entschieden hat. Entsprechend dem Vermerk am Urteilskopf bringt der Urkundsbeamte einen Vermerk auf der Urteilsausfertigung an. Einen weiteren entsprechenden Vermerk setzt er auf die Ausfertigung des Kostenfestsetzungsbeschlusses, soweit erforderlich.

8 **5) Prüfungsumfang, I, II.** Es gilt ein einfacher Grundsatz.

A. Nur formelle Prüfung. Der Urkundsbeamte der Geschäftsstelle prüft nur die formelle Rechtskraft nach § 705. Diese prüft er gegenüber sämtlichen Verfahrensbeteiligten, Düss FamRZ **78**, 715. Er nimmt diese Prüfung zunächst auf Grund der Akten vor. Wenn diese Prüfung trotz § 317 I zB bei § 699 IV 2, 3 nicht ausreicht, fordert er die erforderlichen Nachweise an, etwa das Notfristzeugnis nach II vom Antragsteller, Celle NdsRpfl **79**, 49. Der Urkundsbeamte darf weder den Zweck noch die Notwendigkeit des Rechtskraftzeugnisses prüfen, Mü FamRZ **85**, 502. Das gilt auch dann, wenn ein Dritter das Zeugnis verlangt. Ein Rechtsschutzbedürfnis nach Grdz 33 vor § 253 ist nicht erforderlich. Der Urkundsbeamte darf auch die Zulässigkeit des Rechtsbehelfs grundsätzlich im übrigen nicht prüfen.

9 **B. Beispiele zur Frage eines Prüfungsumfangs**

Berufungssumme: Der Urkundsbeamte darf nicht prüfen, ob die Berufungssumme nach § 511 II Z 1 vorliegt.

Folgesache: Ein Zusatz wegen einer Folgesache kann ratsam sein. Man sollte sie einzeln bezeichnen, Schlesw FamRZ **78**, 611.

Rechtskrafteintritt: Der Urkundsbeamte braucht in der Regel nicht den Tag des Eintritts der formellen Rechtskraft mitanzugeben, KG FamRZ **93**, 1231. Eine Ausnahme gilt bei der nach 38 V c AktO vorgesehenen Rechtskraftbescheinigung eines solchen Urteils, in dem das FamG auf die Scheidung, die Nichtigkeit oder die Aufhebung einer Ehe erkannt hat oder das Nichtbestehen der Ehe festgestellt hat. Man sollte das Datum aber wegen eines Versorgungsausgleichs beifügen, KG FamRZ **93**, 1221.

Rücknahme: Eine Rechtsbehelfsrücknahme muß nach §§ 516, 565 wirksam sei. Daher muß sich der Urkundsbeamte evtl das Einverständnis des Gegners mit der Rücknahme nachweisen lassen.

10 **Sprungrevision:** Der Urkundsbeamte des Revisionsgerichts muß dem Kollegen des für das Zeugnis zuständigen Gerichts auf dessen Verlangen die Nichteinlegung einer Sprungrevision bestätigen.

Statthaftigkeit eines Rechtsmittels: Der Urkundsbeamte muß sie nach §§ 511, 512, 567 prüfen. Er muß das Zeugnis also zB dann erteilen, wenn gegen ein Ersturteil keine Berufung vorliegt.

Unterbrechung: Der Urkundsbeamte muß eine Unterbrechung des Verfahrens von Amts wegen nach Grdz 39 vor § 128 beachten, Kblz MDR **08**, 293.

Versorgungsausgleich: S „Rechtskrafteintritt".

Vorbehaltsurteil: Der Urkundsbeamte muß die Rechtskraft eines solchen Urteils auch dann bescheinigen, wenn das Nachverfahren noch läuft. Er darf aber diesen Umstand im Zeugnis klarstellen.

Zeitpunkt: Regelmäßig darf der Urkundsbeamte das Zeugnis erteilen, sobald einige Tage seit dem Ablauf der Notfrist verstrichen sind.

Zulassung der Berufung: Der Urkundsbeamte darf nicht prüfen, ob das Erstgericht die Berufung nach § 511 IV Z 1 oder 2 zugelassen hat, Grdz 6 ff vor § 511.

Zulassung der Revision: Die Nichteinlegung eines Antrags auf eine Zulassung der Revision nach § 566 braucht der Urkundsbeamte vor der Erteilung des Rechtskraftzeugnisses nicht dadurch festzustellen, daß er von der Geschäftsstelle des Revisionsgerichts ein Notfristzeugnis anfordert. Grund ist die durch § 566 III 2 der Geschäftsstelle des Revisionsgerichts auferlegte Aktenanforderungspflicht. Wenn der Urkundsbeamte diese Nachricht erhalten hat, muß er die Erteilung eines Rechtskraftzeugnisses ablehnen

Zustellung: Der Urkundsbeamte muß die Urteilszustellung dann prüfen, wenn es auf den Ablauf der Notfrist nach § I 2 ankommt, BGH FamRZ **89**, 730.

11 **6) Notfristzeugnis, II.** Man muß seine Funktion und das Verfahren unterscheiden.

A. Nachweisfunktion. Das Notfristzeugnis hat nur den in Rn 2 genannten Zweck. Es ist nur ein Beweismittel zur Erlangung eines Rechtskraftzeugnisses, und nicht das einzige. Das Notfristzeugnis ist nur dann erforderlich, wenn zu seiner Erteilung ein anderer Urkundsbeamter als derjenige zuständig ist, der das

Rechtskraftzeugnis erteilt. Das Notfristzeugnis wird dann aber sowohl bei einem Rechtsmittel als auch bei einem Einspruch nach Rn 5 und auch bei einem Beschluß entsprechend Rn 1 notwendig.

B. Verfahren. Auch hier ist ein Antrag notwendig. Es besteht kein Anwaltszwang, § 78 III Hs 2. Denn zuständig zur Erteilung ist der Urkundsbeamte der Geschäftsstelle desjenigen Gerichts, bei dem man das Rechtsmittel nach §§ 519 I, 549 I oder den Einspruch eingelegt hat oder einlegen müßte, §§ 340 I, 700 I. Dabei ist unerheblich, ob es sich um die Geschäftsstelle einer Zivilkammer oder einer Kammer für Handelssachen handelt. Denn die Zuständigkeit für das Notfristzeugnis betrifft nur den inneren Dienst. Das Antragsrecht besteht wie bei Rn 7, 8. Notwendige Ermittlungen muß der Urkundsbeamte von Amts wegen vornehmen, Grdz 38 vor § 128. Er muß also notfalls bei anderen Geschäftsstellen feststellen, ob ein Rechtsmittel oder ein Einspruch vorliegt. Er darf nur prüfen, ob und wann eine Urteilszustellung nach § 317 erfolgte und ob und wann bisher eine Rechtsbehelfsschrift eingegangen ist, nicht auch, ob und wann das Rechtsmittelgericht die Rechtsbehelfsschrift zugestellt hat. Wenn ein Rechtsmittel auch nur gegen einen Teil der Entscheidung vorliegt, muß er das Zeugnis versagen, § 705 Rn 5. Davon muß man den Fall unterscheiden, daß nur ein einfacher Streitgenosse nach § 59 ein Rechtsmittel eingelegt hat. Der andere Streitgenosse kann dann ein Teil-Notfristzeugnis fordern, Karlsr OLGZ **89**, 78. Ein Antrag auf eine Wiedereinsetzung nach § 234 hindert die Erteilung des Zeugnisses nicht. Wohl aber muß der Urkundsbeamte das Zeugnis dann versagen, wenn das Gericht eine Wiedereinsetzung bewilligt hat. **12**

Wenn der Beginn einer Notfrist nach § 224 I 2 *zweifelhaft* ist, muß der Urkundsbeamte der Geschäftsstelle des höheren Gerichts das Zeugnis dahin erteilen, daß „bis heute keine Rechtsmittelschrift eingegangen" sei, BGH MDR **03**, 826. Der Urkundsbeamte derjenigen Geschäftsstelle, die für die Erteilung eines Rechtskraftzeugnisses zuständig ist, muß diese Bescheinigung des höheren Gerichts frei würdigen. Der Urkundsbeamte darf grundsätzlich weder die Notwendigkeit der Erteilung des Notfristzeugnisses noch gar die Wirksamkeit der Zustellung des Titels oder die Statthaftigkeit oder die Aussichten eines Rechtsbehelfs prüfen. Wenn freilich ein Rechtsmittel oder ein Einspruch nach §§ 522 I 2, 552 S 1, § 341 I 2 eindeutig unstatthaft ist, muß er die Erteilung des Notfristzeugnisses ablehnen. **13**

7) Rechtsbehelfe, I, II. Sie kommen beim Rechtskraftzeugnis und beim Notfristzeugnis infrage. **14**

A. Gegen Ablehnung. Soweit der Urkundsbeamte die Erteilung des Zeugnisses ablehnt oder das Zeugnis aufhebt, kann die Partei das Gericht seiner Geschäftsstelle ohne einen Anwaltszwang mit einer sofortigen Erinnerung anrufen, §§ 78 III Hs 2, 573 I 2, Bre NJW **79**, 1210, Celle FamRZ **78**, 921, Karlsr OLGZ **89**, 77. Gegen die Entscheidung des Gerichts ist jetzt die sofortige Beschwerde nach §§ 567 ff, 573 II statthaft. Denn die angefochtene Entscheidung ist keine Maßnahme der Zwangsvollstreckung, Grdz 12, 51 vor § 704, so schon Hamm FamRZ **93**, 82, KG FamRZ **93**, 1221. Eine Rechtsbeschwerde kommt unter den Voraussetzungen des § 574 in Betracht. Eine spätere Erteilung erledigt den Abweisungsrechtsbehelf, Hbg FamRZ **79**, 532. Die Ablehnung einer Abänderung oder Berichtigung ist eine Ablehnung der beantragten Erteilung, KG FamRZ **93**, 1221.

B. Gegen Erteilung. Gegen die Erteilung des Zeugnisses hat der Gegner die Erinnerung nach § 573 I, Bbg FamRZ **83**, 519, Stgt FamRZ **83**, 84. Für sie besteht kein Anwaltszwang (jetzt) § 78 III Hs 2, Stgt FamRZ **83**, 84. Gegen die Entscheidung des Gerichts ist jetzt die sofortige Beschwerde nach §§ 567 ff, 573 II statthaft. Eine Rechtsbeschwerde kommt unter den Voraussetzungen des § 574 in Betracht. Wenn das Beschwerdegericht eine Zeugniserteilung dahin ändert, daß es das Zeugnis versagt, hat der Antragsteller dagegen die sofortige Beschwerde nach § 567 I Z 2. **15**

C. Gemeinsames. Ohne eine vorherige Entscheidung des Urkundsbeamten im Sinn von Rn 14, 15 darf der Richter nicht entscheiden. **16**

707 *Einstweilige Einstellung der Zwangsvollstreckung.* I 1 **Wird die Wiedereinsetzung in den vorigen Stand oder eine Wiederaufnahme des Verfahrens beantragt oder die Rüge nach § 321 a erhoben oder wird der Rechtsstreit nach der Verkündung eines Vorbehaltsurteils fortgesetzt, so kann das Gericht auf Antrag anordnen, dass die Zwangsvollstreckung gegen oder ohne Sicherheitsleistung einstweilen eingestellt werde oder nur gegen Sicherheitsleistung stattfinde und dass die Vollstreckungsmaßregeln gegen Sicherheitsleistung aufzuheben seien.** 2 **Die Einstellung der Zwangsvollstreckung ohne Sicherheitsleistung ist nur zulässig, wenn glaubhaft gemacht wird, dass der Schuldner zur Sicherheitsleistung nicht in der Lage ist und die Vollstreckung einen nicht zu ersetzenden Nachteil bringen würde.**

II 1 **Die Entscheidung ergeht durch Beschluss.** 2 **Eine Anfechtung des Beschlusses findet nicht statt.**

Schrifttum: *Dunkl/Moeller/Baur/Feldmeier/Wetekamp,* Handbuch des vorläufigen Rechtsschutzes, 1988; *Hellhake,* Einstweilige Einstellung der Zwangsvollstreckung usw, 1998; *Lippross,* Grundlagen und System des Vollstreckungsschutzes, 1983; *Pawlowski.* Zu den „Außerordentlichen Beschwerden" wegen „Greifbarer Gesetzeswidrigkeit", Festschrift für *Schneider* (1997) 39.

Gliederung

1 **1) Systematik, I, II.** Man muß zunächst den viel häufiger anwendbaren § 719 nach dort Rn 1 beachten. § 707 betrifft nämlich unmittelbar nur den Antrag auf eine Wiedereinsetzung in den vorigen Stand nach § 234 oder auf eine Wiederaufnahme des Verfahrens nach §§ 578 ff, BGH NJW **92**, 1458, oder die Fortsetzung des Rechtsstreits nach der Verkündung eines Vorbehaltsurteils, § 302 Rn 12, § 600 Rn 4, BGH **69**, 70 und 272. §§ 769, 770 enthalten ähnliche Regelungen im Bereich der Vollstreckungsabwehrklage nach §§ 767, 768. § 765 a ist anwendbar. § 707 ist ohne I 2 im Arrestverfahren nach § 924 auf einen Widerspruch und im Verfahren auf eine einstweilige Verfügung nach §§ 924, 936 entsprechend anwendbar. Das gilt freilich nur unter besonders strengen Voraussetzungen, Brdb MDR **02**, 53 (Gegendarstellung). Der Schuldner muß zuvor die Möglichkeiten des § 712 ausgeschöpft haben, § 719 Rn 4.

2 **2) Regelungszweck, I, II.** Die Vorschrift soll verhindern, daß eine Zwangsvollstreckung auf Grund eines solchen Vollstreckungstitels stattfindet, dessen Bestand mittlerweile zweifelhaft sein kann, Hamm NJW **83**, 460, KG MDR **00**, 1455. Denn immerhin dient die Zwangsvollstreckung der Gerechtigkeit nach Einl III 9, 36 und nicht ihrem im Einzelfall wahrscheinlich gewordenen Gegenteil.

Strenge bei der Handhabung charakterisiert die Praxis wie bei § 719. Nun sind aber schon die im Gesetz ausdrücklich formulierten Voraussetzungen streng. Man muß sie nicht unbedingt durch die Auslegung noch strenger ausformen. Natürlich muß eine Entscheidung einschließlich ihrer Vollstreckbarkeit ihr Gewicht behalten, auch wenn der Verlierer sie noch einmal zur Nachprüfung durch das Gericht ruft. Immerhin verlangt I 2 aber nur eine Glaubhaftmachung, keinen Vollbeweis. Glaubhaftmachung ist schon die Darlegung einer überwiegenden Wahrscheinlichkeit, § 294 Rn 1. Das Gesetz nennt eine streng-großzügige Mischung. Daran sollte sich seine Auslegung mitorientieren.

3 **3) Geltungsbereich, I, II.** Das Anwendungsgebiet der Vorschrift ist sehr groß, Rn 1, 22. Sie gilt auch im WEG-Verfahren. Neben §§ 707, 719 kann auch § 765 a in Betracht kommen. Wegen des schiedsrichterlichen Verfahrens vor dem BGH (Rechtsbeschwerde) § 1065 II 2. Im Arbeitsgerichtsverfahren gelten §§ 62 I 2, 3, 64 VII ArbGG, LAG Bln NZA-RR **08**, 42, LAG Düss JB **92**, 499, LAG Hamm BB **88**, 1754, sowie § 62 II ArbGG, LAG Bre BB **99**, 374, und § 72 a IV 2 ArbGG, BAG DB **00**, 2176, sowie § 78 a VII, VIII ArbGG. In einer Familiensache nur gelten vorrangig §§ 55, 93, 95 II 2, 120 II FamFG.

4 **4) Voraussetzungen, I.** Es müssen die folgenden Voraussetzungen zusammentreffen.

A. Rechtsbehelfseinlegung. Es muß der betreffende Rechtsbehelf vorliegen, also zB ein Einspruch nach §§ 340 I, 700 I oder eine Restitutionsklage nach § 580 oder eine Anhörungsrüge, § 321 a.

B. Vollstreckungsfortdauer. Die Zwangsvollstreckung braucht noch nicht notwendig begonnen zu haben, Grdz 51 vor § 704. Sie darf aber jedenfalls noch nicht beendet sein, Grdz 51 vor § 704. Eine Unterbrechung nach §§ 239 ff ist unschädlich, Bbg RR **89**, 576.

C. Keine Urteilsaufhebung. Das angefochtene Urteil oder seine Vollstreckbarkeit dürfen nicht ohnehin aufgehoben worden sein, §§ 717 I, 718, Düss RR **02**, 138.

5 **D. Schuldnerantrag.** Der Schuldner und nicht der Gläubiger muß die Einstellung beantragen. Eine Anordnung von Amts wegen ist unstatthaft, Rn 17, Hamm FamRZ **90**, 1267. Für den Gläubiger gilt § 718. Der Antrag erfolgt schriftlich, elektronisch oder in der Verhandlung. Ein Anwaltszwang besteht wie sonst, § 78 Rn 1. Der Antrag begrenzt die Möglichkeiten des Gerichts.

E. Zulässigkeit des Rechtsbehelfs. Der Rechtsbehelf muß generell statthaft sein, §§ 511 I, 542, 543, 567 I. Auch eine Anhörungsrüge muß statthaft sein, § 321 a IV 1. Ein Rechtsbehelf oder eine Rüge müssen aber auch im vorliegenden Einzelfall zulässig sein, §§ 321 a IV 2, 511 II, 545 ff, 567 I, 569. Das Gericht muß seine Zulässigkeit also schon hier ohne eine Bindung für die spätere Sachentscheidung prüfen. Denn das Bedürfnis nach einer geordneten Rechtspflege verlangt, daß das Gericht nicht eine gerade ausgesprochene vorläufige Vollstreckbarkeit nur wegen eines Antrags sogleich durch einen Federstrich wieder beseitigt, Saarbr MDR **97**, 1157. Das Gericht muß vielmehr die Aussichten des Rechtsbehelfs oder der Rüge sorgfältig prüfen, KG FamRZ **78**, 413. Dasselbe gilt für die Folgen einer Einstellung der Zwangsvollstreckung. Dafür ist aber die Prüfung der Zulässigkeit des Rechtsbehelfs oder der Rüge die erste Voraussetzung. Wenn diese Prüfung zuviel Zeit beansprucht, mag das Gericht zunächst vorläufig einstellen, Rn 15.

6 **F. Erfolgsaussicht usw.** Es muß ein Rechtsschutzinteresse vorliegen, Grdz 33 vor § 253, Bbg RR **89**, 576, LAG Hbg DB **83**, 724. Eine Entscheidung über die Einstellung und eine solche über ein Wiedereinsetzungsgesuch müssen nicht gleichzeitig erfolgen, BVerfG **61**, 17. Der Rechtsbehelf muß auch sachlich

einige Erfolgsaussichten haben wie zB bei § 114 Rn 80, Bbg RR **89**, 576, Saarbr MDR **97**, 1157. Dabei erfolgt eine nur überschlägige Prüfung, OVG Bln JB **99**, 384.

Das Gericht darf die Erfolgsaussicht aber nur dahin prüfen, ob überhaupt die Gefahr einer *unrechtmäßigen* Zwangsvollstreckung besteht. Deshalb muß es im allgemeinen die Berufungsbegründung anfordern oder abwarten, KG RR **08**, 1022, Köln RR **87**, 189. Im Zweifel muß das Gericht zugunsten des Gläubigers entscheiden, KG RR **08**, 1022, Köln RR **87**, 190, Saarbr MDR **97**, 1157. Jedenfalls ist eine rein handwerksmäßige Einstellung gesetzwidrig, obwohl sie in der Praxis häufig vorkommt, Saarbr MDR **97**, 1157. Das gilt auch im Eilverfahren nach §§ 916 ff, 935 ff, Ffm GRUR **89**, 456. Im Eilverfahren muß die Erfolgsaussicht offenkundig sein, Brdb MDR **02**, 54. Sie dient nur der Unterstützung fauler Schuldner und Querulanten.

5) Verfahren, I. Zuständig ist ausschließlich bei einer Anhörungsrüge nach § 321 a V 1 das bisherige 7
Prozeßgericht und in den übrigen Fällen das für die Entscheidung in der Hauptsache oder ab der Einlegung über den Rechtsbehelf zuständige Gericht, Karlsr MDR **88**, 975, LAG Bln-Brdb NZA-RR **08**, 42, LAG Bre BB **99**, 374. Der Einzelrichter nach §§ 348, 348 a ist dann zuständig, wenn er das zugrunde liegende Urteil erlassen hatte, Schlesw SchlHA **75**, 63. Trotz einer Revision gegen das Vorbehaltsurteil bleibt das LG des Nachverfahrens zuständig, Nürnb NJW **82**, 392. Bei einer Verfassungsbeschwerde ist nur das BVerfG zuständig, § 32 BVerfGG.

Die Entscheidung erfolgt nach dem pflichtgemäßen *Ermessen* des Gerichts unter einer sorgfältiger Abwägung der beiderseitigen Belange, Rn 4, 17 ff, Jena MDR **02**, 289, KG NJW **87**, 1339, Köln RR **87**, 189. Das Gericht kann eine mündliche Verhandlung anordnen, muß das aber nach II 1 nicht tun, § 128 IV. Bevor das Gericht einem Einstellungsantrag stattgibt, muß es grundsätzlich den Antragsgegner wegen Artt 2 I, 20 III GG (Rpfl), BVerfG **101**, 404, Art 103 I GG (Richter) anhören, BVerfG **34**, 346, Celle MDR **86**, 63. Erst ab dieser Anhörung gelten die allgemeinen Regeln zur Darlegungslast, § 253 Rn 12, und zur Beweislast, Anh § 286, Ffm FamRZ **89**, 88, soweit es in der Zwangsvollstreckung überhaupt auf sie ankommt.

Die *Entscheidung* ergeht durch einen Beschluß, II 1, § 329. Das Gericht muß ihn kurz begründen, § 329 Rn 4 (Notwendigkeit der Überprüfbarkeit), Düss FamRZ **89**, 89 (zum vergleichbaren § 769). Es muß seinen Beschluß verkünden, § 329 I 1, oder beim Stattgeben beiden Parteien formlos mitteilen, bei einer Ablehnung nur dem Schuldner, § 329 II 1. Die Anordnung der Einstellung der Zwangsvollstreckung aus einem Urteil erstreckt sich ohne weiteres auf den zugehörigen Kostenfestsetzungsbeschluß nach § 104. Es ergeht ohne eine mündliche Verhandlung erstinstanzlich keine Kostenerstattung, Ffm AnwBl **78**, 425.

6) Einstellung gegen Sicherheitsleistung des Schuldners, I. Es müssen zwei Bedingungen zusam- 8
mentreffen.

A. Zulässigkeit. Zulässig ist eine Einstellung gegen eine Sicherheitsleistung des Schuldners nach B. Das gilt auch dann, wenn das Urteil nur gegen eine Sicherheitsleistung vorläufig vollstreckbar ist, § 709 S 1, 2, Celle MDR **87**, 505, aM Bbg RR **89**, 576, Hbg MDR **90**, 931, LG Hann MDR **94**, 730 (aber auch dann kann der Schuldner ein dringendes Bedürfnis haben, weil der Gläubiger vielleicht sogleich seinerseits eine Sicherheit leisten wird). Das gilt ferner, wenn der Schuldner die Zwangsvollstreckung durch die Leistung einer Sicherheit nach § 711 S 1 abwenden darf, praktisch also gegen eine geringere Sicherheitsleistung. Vorsicht! Der Beschluß bewirkt das Ruhen der Zwangsvollstreckung in demjenigen Zustand, in dem sie sich gerade befindet. Ob Einzelanordnungen notwendig sind, hängt von den Umständen ab. Wenn das Gericht praktisch eine bereits vorgenommene Zwangsvollstreckungsmaßnahme rückgängig macht, bedeutet das eine teilweise Aufhebung der Zwangsvollstreckung, Rn 14.

B. Sicherheitsleistung. Eine Sicherheitsleistung geschieht nach § 108. Der Schuldner kann aber nicht mit demjenigen Pfandstück Sicherheit leisten, das der Gläubiger bereits durch eine Vollstreckungsmaßnahme erlangt hat. Für die Haftung der Sicherheitsleistung des Schuldners ist nach Rn 14 unerheblich, ob der Gläubiger eine ihm auferlegte Sicherheit hätte leisten können. Eine Befriedigung erfolgt aus der Sicherheitsleistung nach § 1228 BGB. Es genügt, daß der Gläubiger der Hinterlegungsstelle seine Empfangsberechtigung durch die Vorlegung einer vollstreckbaren Ausfertigung des Urteils nachweist. Bei einer Einstellung der Zwangsvollstreckung in bestimmte Gegenstände haftet die Sicherheit nur für denjenigen Schaden, der dadurch entsteht, daß der Gläubiger diese Pfändung nicht durchführt.

7) Einstellung ohne Sicherheitsleistung, I. Es müssen zwei Voraussetzungen zusammentreffen, I 2. 9

A. Zulässigkeit. Zulässig ist auch eine Einstellung der Zwangsvollstreckung ohne jede Sicherheitsleistung. Diese Möglichkeit besteht nur dann, wenn der Schuldner nach § 294 glaubhaft macht, daß er zur Leistung der Sicherheit nicht imstande ist, Ffm NJW **03**, 2690 (Argentinien), LAG Düss JB **92**, 499. Dafür reicht die Bürgschaftsablehnung *einer* Bank oft nicht aus, Hamm OLGR **95**, 167. Der Schuldner muß außerdem glaubhaft machen, daß ihm gerade die Zwangsvollstreckung einen unersetzbaren Nachteil bringen würde, Hamm FamRZ **97**, 1489. Das gilt auch dann, wenn statt des Rechtsbehelfs oder Rechtsmittels eine Abänderungsklage nach § 323 zulässig wäre, solange sie eben nicht erfolgt, aM Karlsr FamRZ **87**, 1289 (aber bis zur Klagerhebung bestehen eben nicht die erst durch sie entstehenden Möglichkeiten). Bei einer Gesellschaft kommt es auf *ihr* Vermögen an, KG RR **08**, 1022. Unersetzbar ist nur ein solcher Nachteil, den man nicht nachträglich beseitigen oder ausgleichen kann, Ffm BB **85**, 833, und der über eine bloße Einschränkung der Handlungsfreiheit hinausgeht, BAG DB **85**, 2202. Das gilt auch bei § 62 I 3 in Verbindung mit § 2 ArbGG (nie gegen Sicherheitsleistung, Dütz DB **80**, 1069). Das Gericht muß strenge Maßstäbe daran setzen, ob diese Voraussetzungen vorliegen, KG NJW **87**, 1339. Es muß das Sicherungsbedürfnis des Gläubigers und die Belange des Schuldners sowie die Gefahr eines nicht ersetzbaren Nachteils abwägen, Dütz DB **80**, 1069. Das Gläubigerinteresse kann dabei überwiegen, BGH ZIP **96**, 1798.

B. Unersetzbarer Nachteil. Als unersetzbarer Nachteil kann gelten: Ein nicht ermittelbarer Schaden, 10
soweit auch § 287 nur unsichere Aussichten gibt; der Verlust der Wohnung, insbesondere vor und nach einer Geburt, LG Ffm NZM **99**, 1136 (zu § 712; der Verlust eines Gewerbebetriebs, KG RR **08**, 1022 (Hotel). Freilich muß man die etwa schon eingelegte Berufung dahin beachten, daß das höhere Gericht im Rahmen von § 719 ebenfalls entscheiden könnte und dabei über § 707 auch die Erfolgsaussicht evtl mitprüfen muß);

die Gefährdung von Betriebstätten, Arbeitsplätzen, Kundennetzen oder „good will", Ffm MDR **82**, 239; die später eintretende Rechtskraft der Kündigung, Heinze DB **85**, 123; nur in besonderen Fällen, keineswegs in der Regel, ein Kreditschaden durch die Abgabe der Offenbarungsversicherung; die Wahrscheinlichkeit der Nichtbeitreibbarkeit der Rückzahlungsforderung; die Endgültigkeit des Verbrauchs vom Unterhalt, (je zum alten Recht) Hamm FamRZ **96**, 113, aM Hamm MDR **99**, 1404. Vgl aber auch § 719 Rn 5.

Möglich ist auch eine teilweise Einstellung ohne eine Sicherheitsleistung, § 719 Rn 6, zB in Höhe eines Teilbetrags der Verurteilungssumme.

11 **C. Beispiele zur Frage eines unersetzbaren Nachteils**

Arbeitslosigkeit: *Kein* unersetzbarer Nachteil entsteht schon durch die Arbeitslosigkeit eines Ausländers, LAG Bre MDR **83**, 171.

Auskunft: Die Pflicht zu ihrer Erteilung reicht *nicht stets,* BGH WRP **79**, 715, BVerwG NVwZ **98**, 1177.

Beschäftigungsanspruch: *Kein* unersetzbarer Nachteil entsteht schon durch die Gefahr, einen solchen Anspruch zu verlieren, LAG Bln DB **80**, 2448, Berkowski BB **80**, 1038.

Betriebsstätte: Ein unersetzbarer Nachteil kann bei ihrer Gefährdung drohen, Ffm MDR **82**, 239.

Briefgrundschuld: *Kein* unersetzbarer Nachteil entsteht schon bei der Abtretung einer Briefgrundschuld, BGH WertpMitt **84**, 321.

Ersatzleistung: *Kein* unersetzbarer Nachteil entsteht, soweit der Gläubiger einen gefährdeten Gegenstand durch eine Geldleistung ersetzen kann, Ffm MDR **82**, 239.

Gerichtsfehler: *Kein* unersetzbarer Nachteil entsteht schon infolge irgendeines Fehlers des Gerichts beim Erlaß der angefochtenen Entscheidung, StJM FN 26, aM Düss MDR **80**, 676 (aber daraus entsteht keineswegs stets ein geradezu unersetzbarer Schaden, zumal eine Staatshaftung die Folge sein kann).

Good will: Ein unersetzbarer Nachteil kann bei einer Gefährdung des good will drohen, Ffm MDR **82**, 239.

Handlungvornahme: Bei §§ 887, 888 entsteht ein unersetzbarer Nachteil nur dann, wenn gerade die Vornahme der Handlung ihn dem Schuldner bringen würde. Das ist allerdings auch beim Widerruf oft so, Ritter ZZP **84**, 177. Ob das auch wegen der Vorauszahlung der Kosten so ist, bleibt unerheblich.

Insolvenz: *Kein* unersetzbarer Nachteil entsteht schon durch die Gefahr einer Insolvenz des Schuldners, Ffm MDR **82**, 239, Köln ZIP **94**, 1053, zB einer doch schon in Liquidation stehenden Gesellschaft, BGH KTS **93**, 414, Ffm MDR **85**, 507.

Kreditrisiko: S „Vollstreckungsfolge".

Kündigung: Ein unersetzbarer Nachteil kann bei einer später eintretenden Rechtskraft der Kündigung drohen, Heinze DB **85**, 123.

Kundenkartei: Ein unersetzbarer Nachteil kann bei ihrer Gefährdung drohen, Ffm MDR **82**, 239.

Offenbarungsversicherung: Ein unersetzbarer Nachteil droht *nicht stets* wegen eines Kreditschadens infolge der Abgabe einer Offenbarungsversicherung.

Räumung: Die Pflicht zur Räumung von Berufsraum reicht *nicht stets,* BGH RR **98**, 1603.

Rückzahlung: Ein unersetzbarer Nachteil droht wegen der Wahrscheinlichkeit der Nichtbeitreibbarkeit einer Rückzahungsforderung.

Kein solcher Nachteil entsteht bei einer bloßen derartigen Möglichkeit, Hamm MDR **99**, 1404.

Sachlichrechtliches Problem: *Kein* unersetzbarer Nachteil entsteht schon durch eine solche Lage, Düss MDR **80**, 676 (auch zu einer Ausnahme).

Schadenshöhe: Ein unersetzbarer Nachteil droht bei einem nicht ermittelbaren Schaden, soweit auch § 287 nur unsichere Aussichten gibt.

Unterhalt: Ein unersetzbarer Nachteil droht bei einer Endgültigkeit des Verbrauchs von Unterhalt, Hamm FamRZ **96**, 113, aM Hamm MDR **99**, 1404.

Unvertretbare Handlung: S „Handlungsvornahme".

Urteilsexistenz: *Kein* unersetzbarer Nachteil ist schon die bloße Existenz eines Urteils mit der Gefahr seiner Vollstreckung, BGH NJW **00**, 3008, Saarbr MDR **97**, 1157.

Verschleuderung: *Kein* unersetzbarer Nachteil entsteht schon durch die Gefahr einer gewissen Verschleuderung von Werten infolge der Vollstreckung, Köln OLGZ **79**, 113.

Vertretbare Handlung: S „Handlungsvornahme".

Vollstreckungsfolge: *Kein* unersetzbarer Nachteil ist eine bloße typische Folge einer jeden Zwangsvollstreckung, Ffm MDR **84**, 764 (Kreditgefährdung), Kblz FamRZ **05**, 468 rechts, Köln OLGZ **79**, 113, aM Hbg ZMR **90**, 17 (aber man darf nicht einfach das Normalrisiko des Schuldners zum Nachteil des Gläubigers zum Sonderfall machen).

Vorpfändung: *Kein* unersetzbarer Nachteil entsteht schon durch eine Vorpfändung, Rostock JB **06**, 383.

Vorwegnahme des Ergebnisses: *Kein* unersetzbarer Nachteil entsteht schon durch die Gefahr einer Vorwegnahme des Prozeßergebnisses durch die Vollstreckung, BGH NJW **96**, 198.

Widerruf: S „Handlungsvornahme".

Wohnungsverlust: Ein unersetzbarer Nachteil droht bei einem Wohnungsverlust, insbesondere vor und nach einer Geburt, LG Ffm NZM **99**, 1136 (zu § 712. Freilich muß man die etwa schon eingelegte Berufung dahin beachten, daß das Berufungsgericht im Rahmen von § 719 ebenfalls entscheiden könnte und dabei über § 707 auch die Erfolgsaussicht evtl mitprüfen muß).

12 **8) Einstellung gegen Sicherheitsleistung des Gläubigers, I.** Zulässig ist auch eine Einstellung der Zwangsvollstreckung gegen eine Sicherheitsleistung des Gläubigers nach § 108. Dann ordnet das Gericht an, daß die Zwangsvollstreckung nur gegen die Sicherheitsleistung stattfinden oder weitergehen darf oder daß der Gläubiger eine bereits im Urteil angeordnete Sicherheitsleistung erhöhen muß. Das Gericht kann auch bloß die Pfandverwertung von einer solchen Sicherheitsleistung abhängig machen. Das ist ein Weniger gegenüber dem Urteilsspruch. Es kann auch die Hinterlegung des Erlöses entsprechend § 720 anordnen. Ohne diese ist § 720 unanwendbar, sofern § 711 S 1 infrage kommt. Wenn das Urteil nach § 709 nur gegen eine Sicherheitsleistung des Gläubigers vollstreckbar ist, ist ein Antrag des Schuldners auf eine Einstellung der Zwangsvollstreckung gegen seine Sicherheitsleistung zwar nach Rn 8 zulässig. Er ist dann aber meist

unbegründet, Celle OLGZ **93**, 476, Hamm FamRZ **01**, 174 Jena MDR **02**, 290, (je: nur bei besonderem Schutzbedürfnis), aM Ffm NJW **76**, 2138, Hbg MDR **90**, 931 (aber wirtschaftlich wie rechtlich ist dann die Sicherstellung des Schuldners meist voll vorhanden).

9) Einstellungswirkung, I. Die Einstellung beseitigt die Vollstreckbarkeit ganz, einschließlich der Kostenfestsetzung, Einf 8 vor §§ 103–107. Die Einstellung richtet sich also nicht nur an die Vollstreckungsorgane, sondern auch an den Drittschuldner, § 840. Er darf nicht mehr leisten. Der Vollzug erfolgt nach §§ 775 Z 1, 2, 776. Eine Fortsetzung der Zwangsvollstreckung ist erst dann statthaft, wenn die Entscheidung über die Einstellung wirkungslos geworden ist. Ein Wohnsitz des Drittschuldners im Ausland hindert eine Einstellung der Zwangsvollstreckung nicht. 13

10) Aufhebung einer Vollstreckungsmaßnahme, I. Das Gericht kann schließlich die bisherigen Vollstreckungsmaßnahmen aufheben, § 775. Das darf aber nur gegen eine Sicherheitsleistung nach § 108 geschehen, Karlsr FamRZ **96**, 1486. Diese soll dem Gläubiger einen vollen Ersatz für den Wegfall derjenigen Rechte gewährleisten, die er durch die bisherige Zwangsvollstreckung erworben hatte. Eine volle Deckung ist aber nur dann erforderlich, wenn auch die Zwangsvollstreckung eine volle Deckung versprach. Eine Aufhebung der bisherigen Vollstreckungsmaßregeln ohne jede Sicherheitsleistung ist gesetzwidrig. Die Sicherheit haftet dem Gläubiger wie ein Pfand je nach der Sachlage für die Hauptforderung oder den Verzögerungsschaden. Für den letzteren haftet sie dann, wenn das Gericht nur die bereits getroffenen Vollstreckungsmaßregeln aufhebt, dafür aber andere zuläßt. Für die Hauptforderung und für den Verzögerungsschaden haftet die Sicherheit dann, wenn das Gericht die Zwangsvollstreckung schlechthin einstellt. 14

11) Einstweilige Einstellung, I. Aus alledem folgt: Das Gericht darf die Zwangsvollstreckung auch einstweilen bis zur besseren Prüfung einstellen. In einem Eilfall darf das nach Rn 7 ausnahmsweise auch ohne eine vorherige Anhörung des Gegners bei deren nachträglicher Vornahme geschehen, BVerfG **18**, 404, Celle MDR **86**, 63, Köln RR **88**, 1467. Jede Anordnung tritt als eine bloß einstweilige Maßnahme dann außer Kraft, wenn ein neues Urteil das alte Urteil bestätigt oder wenn der Vollstreckungstitel oder seine Vollstreckbarkeit entfallen. Eine Wiederherstellung des Urteils läßt den Beschluß nicht wieder aufleben. 15

12) Grundsatz: Unanfechtbarkeit, II 2. Der stattgebende wie der ablehnende Beschluß nach § 329 sind grundsätzlich unanfechtbar, II 2, Brdb AnwBl **02**, 65, Hbg FamRZ **89**, 888, Karlsr MDR **88**, 975. Das gilt aber nur, soweit das Gericht sein Ermessen in einem gesetzlichen Rahmen ausgeübt hat. Freilich läßt sich ein unzulässiges Rechtsmittel meist in einen nach Rn 21 zulässigen neuen Antrag oder einen Abänderungsantrag umdeuten. 16

13) Kaum noch sofortige Beschwerde, II. Sie hat zahlreiche Grenzen. Die Regelung ist in § 321 a VI mit seiner Verweisung auf § 707 I 1, II erfolgt, dort Rn 61. 17

A. Unzulässigkeit bei Willkür. Das Gericht mag zwar die Voraussetzungen seines Ermessens verkannt, also abgelehnt haben. Das kann zB so sein, weil die Voraussetzungen der §§ 707 oder 719 nicht vorlagen oder weil die Entscheidung umgekehrt mit der Rechtsordnung schlechthin unvereinbar war, wenn das Gericht also ohne jede gesetzliche Grundlage die Zwangsvollstreckung eingestellt hat, wenn also eine Willkür vorliegt, § 127 Rn 25, BGH RR **97**, 1155 (nicht bei einer bloßen Mindermeinung), Brdb AnwBl **02**, 65, Köln RR **02**, 428. Diese Situation kann zB vorliegen: Bei der bloßer Feststellung einer „Flucht in die Säumnis", Köln RR **02**, 428 (streng); bei einem Verstoß gegen Art 101 I 2 GG; beim Fehlen des erforderlichen Antrags, Hamm FamRZ **90**, 1267; beim Fehlen irgendeiner Begründung, Köln MDR **00**, 414.

Dann ist eine *sofortige Beschwerde* nach §§ 567 ff unstatthaft. Das gilt schon wegen der Möglichkeit einer Rechtsbeschwerde unter den Voraussetzungen des § 574, BGH FamRZ **06**, 696, BAG NZA **03**, 1422. Zum Problem Schneider schon MDR **85**, 547 (zum alten Recht). Wegen einer Anschlußbeschwerde § 567 III.

B. Unzulässigkeit nur wegen Gehörsverletzung. Die sofortige Beschwerde ist grundsätzlich nicht schon wegen einer Versagung des rechtlichen Gehörs nach zulässig, Artt 2 I, 20 III GG (Rpfl), BVerfG **101**, 404, Art 103 I GG (Richter), BGH NJW **90**, 838, Hbg ZMR **91**, 27, aM Brdb AnwBl **02**, 65, Schlesw NJW **88**, 67 (aber nicht jeder solche Verstoß macht die Entscheidung unerträglich). Eine sofortige Beschwerde kommt aber ausnahmsweise dann in Betracht, wenn wegen der Gehörsversagung keine abwägende Ermessensentscheidung mehr möglich gewesen wäre, LG Kiel SchlHA **84**, 164. 18

C. Unzulässigkeit bei Vollstreckungsbescheid. Die sofortige Beschwerde ist unzulässig, soweit das Gericht wegen eines irrig erlassenen Vollstreckungsbescheids eine Einstellung ohne Glaubhaftmachung nach I 2 ohne die Anordnung einer Sicherheitsleistung verfügte, KG MDR **79**, 679. Etwas anderes gilt aber dann, wenn die Partei überhaupt nichts zur Glaubhaftmachung nach § 294 vorgetragen hat, Schlesw SchlHA **75**, 62.

D. Unzulässigkeit gegen Entscheidung des Oberlandesgerichts. Die sofortige Beschwerde gegen den Beschluß eines OLG ist unzulässig, § 567 1. Eine Rechtsbeschwerde kommt allenfalls nach § 574 in Betracht.

E. Unzulässigkeit gegen Entscheidung des Landesarbeitsgerichts. Die sofortige Beschwerde gegen den Beschluß des LAG ist unzulässig, § 70 ArbGG.

F. Unzulässigkeit in Baulandsache. Die sofortige Beschwerde ist in Baulandsachen unzulässig.

G. Unzulässigkeit nur wegen mangelhafter Begründung. Die sofortige Beschwerde ist unzulässig, soweit das Gericht seine Entscheidung lediglich mangelhaft begründet hat, vor allem zur Frage, ob ein unersetzlicher Nachteil nach Rn 9–11 drohe. Wegen einer Gegenvorstellung Üb 3 vor § 567 und Düss FamRZ **78**, 125.

H. Unzulässigkeit bei Verbindung mit Rechtsmittel in Nebenverfahren. Die sofortige Beschwerde ist unzulässig, soweit der Beschwerdeführer sie nur mit einem zulässigen Rechtsmittel in einem Nebenverfahren verbindet, zB mit der Anfechtung einer die Wiedereinsetzung ablehnenden Entscheidung, § 238

Rn 12. Denn das dortige Rechtsmittelgericht darf nicht abschließend zur Hauptsache entscheiden, Karlsr MDR **88**, 975.

19 **14) Gehörsrüge, Gegenvorstellung, I, II.** Vgl § 321 a Rn 61, Grdz 3 vor § 567.

20 **15) Rechtsbeschwerde, I, II.** Vgl § 574.

21 **16) Verfassungsbeschwerde.** Sie kann zulässig sein, BGH NJW **02**, 1577, Lipp NJW **02**, 1700.

22 **17) Abänderung, II.** Das Gericht darf seine Entscheidung auf einen Antrag jederzeit abändern, Hamm FamRZ **85**, 307, KG FamRZ **90**, 87. Eine sofortige Beschwerde läßt sich meist in einen solchen Antrag umdeuten, KG FamRZ **90**, 87, Köln RR **88**, 1468. Von Amts wegen darf keine Abänderung erfolgen. Das höhere Gericht kann für seine Instanz auf einen Antrag eine andere Anordnung treffen, Hamm FamRZ **85**, 307. Ein abgewiesenes Gesuch läßt sich mit einer besseren Begründung erneuern. Eine veränderte Sachlage ist zur Abänderung in keinem Fall notwendig.

23 **18) Beispiele zur Frage einer entsprechenden Anwendbarkeit, I, II**

Abänderungsklage: § 707 ist *nicht* entsprechend anwendbar, wenn es um eine Abänderungsklage nach § 323 geht. Dann gilt vielmehr § 769, § 323 Rn 54.

Arglist: Rn 32 „Urteilserschleichung".

Arrest: § 707 ist entsprechend anwendbar, wenn es um einen Widerspruch gegen einen Arrest geht, § 924 Rn 16, sowie im Verfahren nach § 926, Ffm FamRZ **85**, 723. Wegen § 925 dort Rn 11.

S auch Rn 26 „Einstweilige Verfügung", Rn 27 „Kostenfestsetzung".

Aufrechnung: Zum Problem *Olzen,* Aufrechnung gegenüber dem Anspruch aus § 707 Abs 2 ZPO?, Festschrift für *Schütze* (1999) 603.

24 **Baulandsache:** § 707 ist entsprechend anwendbar, wenn es um eine Baulandsache geht. Dann sollte man aber besser § 732 anwenden, Karlsr MDR **83**, 943.

25 **Berufung:** § 707 ist entsprechend anwendbar, § 719 I 1.

Einspruch: § 707 ist entsprechend anwendbar, wenn es um die Einlegung eines Einspruchs geht, § 719 I 1. Vgl freilich § 719 I 2.

26 **Einstweilige Verfügung:** § 707 ist entsprechend anwendbar, wenn es um einen Widerspruch gegen eine einstweilige Verfügung geht, § 936 Rn 4 „§ 924, Widerspruch", Ffm MDR **97**, 393 (zurückhaltend), KG MDR **94**, 727, Gießler FamRZ **82**, 130.

Wenn eine Einstellung möglich ist, ist eine einstweilige Verfügung mit lediglich demselben Ziel *unzulässig,* Grdz 49 vor § 704. Grds muß man auch sonst statt § 707 den Weg nach § 945 nehmen, Zweibr GRUR **97**, 486.

S auch Rn 22 „Arrest", Rn 27 „Kostenfestsetzung".

Erkenntnisverfahren: § 707 ist *nicht* entsprechend anwendbar, soweit es um ein Erkenntnisverfahren geht. Denn dort kommen §§ 926 ff, 935 ff infrage, LG Bochum MDR **99**, 361, aM Zweibr MDR **92**, 76.

Gehörsrüge: I 1, II sind nach § 321 a VI entsprechend anwendbar.

27 **Insolvenz:** § 707 ist entsprechend anwendbar, wenn es um eine Wiedereinsetzung nach § 186 InsO geht.

Kostenfestsetzung: § 707 ist *nicht* entsprechend anwendbar, wenn es um die Zwangsvollstreckung aus einem Kostenfestsetzungsbeschluß des Verfahrens auf den Erlaß eines Arrests oder einer einstweiligen Verfügung geht, wenn nur der Hauptprozeß anhängig ist.

28 **Prozeßkostenhilfe:** §§ 707, 719 sind entsprechend anwendbar, Brdb JB **05**, 430.

29 **Prozeßvergleich:** § 707 ist entsprechend anwendbar, wenn es einen Prozeßvergleich geht, Anh § 307. Das gilt auch bei einem Streit um seine Wirksamkeit, Anh § 307 Rn 47, oder bei einem Zwischenvergleich, Hamm FamRZ **85**, 307.

30 **Rechtsmittel:** § 707 ist entsprechend anwendbar, wenn es um die Einlegung eines Rechtsmittels geht. Vgl freilich § 719 I 2.

31 **Schiedsspruch:** § 707 ist entsprechend anwendbar, wenn es um die Einlegung eines Widerspruchs gegen die Vollstreckbarerklärung eines Schiedsspruchs oder eines solchen mit vereinbartem Wortlaut geht, §§ 1053, 1060, 1065 II 2.

32 **Urteilsergänzung:** § 707 ist entsprechend anwendbar, wenn es um eine Urteilsergänzung nach § 321 geht, LG Hann MDR **80**, 408.

Urteilserschleichung: § 707 ist *nicht* entsprechend anwendbar, wenn es um eine Zwangsvollstreckung aus einem erschlichenen Urteil geht, soweit man dessen Anfechtung zuläßt, Mü NJW **76**, 1748. Dann ist nur eine einstweilige Verfügung zulässig, § 769 Rn 3, Einf 35 vor §§ 322–327.

33 **Verfassungsbeschwerde:** § 707 ist *nicht* entsprechend anwendbar, wenn es um eine Verfassungsbeschwerde geht.

Verwaltungszwangsverfahren: § 707 ist *nicht* entsprechend anwendbar, wenn es um eine Zwangsvollstrekkung in einem Verwaltungszwangsverfahren geht, etwa wegen der Gerichtskosten, auch nicht im Fall des § 116 SGB X.

34 **Wiedereinsetzung:** Rn 27 „Insolvenz".

35 **Zwischenvergleich:** Rn 29 „Prozeßvergleich".

Einführung vor §§ 708–720
Vorläufige Vollstreckbarkeit

Schrifttum: *Giers* DGVZ **08**, 8 (Üb); *Häsemeyer,* Schadenshaftung im Zivilrechtsstreit, 1979; *Sawczuk,* Der Schutz des Gläubigers in der Zwangsvollstreckung, Festschrift für *Beys* (Athen 2004) 1411; *Vogg,* Einstweiliger Rechtsschutz und vorläufige Vollstreckbarkeit: Gemeinsamkeiten und Wertungswidersprüche, 1991.

Gliederung

1) Systematik, dazu *Schilken* JuS **90**, 641 (Üb). Die vorläufige Vollstreckbarkeit hat ihre Grundlage in § 704 I Hs 2. Sie ist eine Folge des Umstands, daß an sich erst die Rechtskraft nach §§ 322, 705 eine endgültige Klarheit schafft, daß aber ein Zuwarten bis zur Rechtskraft den Gläubiger um den im Erkenntnisverfahren oft mühsam genug erkämpften Erfolg zumindest in wirtschaftlicher Hinsicht bringen kann, § 704 Rn 2. Die Praxis nutzt auch ganz überwiegend jede Möglichkeit einer vorgezogenen rechtlichen und wirtschaftlichen Durchsetzung erstrittener Ansprüche. Für die Zwangsvollstreckung hat die vorläufige Vollstreckbarkeit grundsätzlich dieselbe Bedeutung wie eine endgültige. Sie beschränkt sich freilich unter Umständen auf bloße Sicherungsmaßnahmen, § 720 a. Anders ist es sachlichrechtlich. 1

2) Regelungszweck. Die vorläufige Vollstreckbarkeit oder der sog sekundäre einstweilige Rechtsschutz ist eine von der ZPO in erster Linie im Interesse des Gläubigers vorgesehene Maßnahme. Der Gläubiger soll die Zwangsvollstreckung aus den in § 704 Rn 2 genannten Gründen möglichst rasch vornehmen können. Auf sie ist er oft dringend angewiesen, BPatG GRUR **86**, 49, Alisch Rpfleger **79**, 292. In einer Reihe von Fällen versucht das Gesetz durch ein kompliziert ausgewogenes System einer Sicherheitsleistung bald der einen, bald der anderen Partei in §§ 709 ff die Risiken einer vorläufigen Vollstreckung von vornherein abzumildern. 2

Das *Damoklesschwert der Ersatzpflicht* schwebt stets über dem Gläubiger, wenn das Gericht den Vollstreckungstitel aufhebt, § 717. Denn wie der Titel ist seine Vollstreckbarkeit durch die Aufhebung auflösend bedingt. Die Zwangsvollstreckung selbst ist aber unbedingt. Die Rechtmäßigkeit des Vollstreckungsakts ist jedenfalls nicht unmittelbar vom rechtlichen Bestand des noch nicht rechtskräftig festgestellten vollstreckbaren Anspruchs abhängig, BGH **85**, 113. Die Zwangsvollstreckung ist insoweit endgültig. Sie führt nur bei § 720 a zu einer bloßen Sicherheit, sonst aber grundsätzlich bereits zur Befriedigung des Gläubigers, aM BGH **86**, 270 (aber eine erfolgreiche Vollstreckung ändert meist die sachlichrechtliche Stellung am Vollstrekkungsgut endgültig).

Vorrang der alsbaldigen Vollstreckbarkeit ist demnach ein Hauptmerkmal der Regelung. Ein bloßer etwaiger Schadensersatzanspruch könnte die erfolgte Zwangssvollstreckung nur bedingt ausgleichen, wenn der Gläubiger etwa ein kostbares Erbstück oder das Familienheim verwertet hat. Aber der Gläubiger hat meist schon lange gewartet. Ein ihm stattgebendes Urteil hat immerhin als ein Staatsakt ein erhebliches Gewicht wahrscheinlicher Richtigkeit. Die Zahl erfolgreicher Rechtsmittel ändert nicht genug, um eine solche Vermutung bei der Auslegung der §§ 708 ff grundsätzlich schon wieder infragestellen zu dürfen.

3) Geltungsbereich. Die vorläufige Vollstreckbarkeit steht der endgültigen nicht ganz gleich. Sie erledigt sich mit dem Eintritt der endgültigen Vollstreckbarkeit infolge der Rechtskraft, §§ 322, 705 Hbg RR **86**, 1501. Sie steht immer unter der auflösenden Bedingung der Aufhebung der Entscheidung. Darum bringt eine solche Zahlung, die der Schuldner oder ein Bürge zur Abwendung der Zwangsvollstreckung aus einem vorläufig vollstreckbaren Titel vornehmen, den Anspruch nicht zum Erlöschen, BGH MDR **76**, 1005, Krüger NJW **90**, 1209. Die Zahlung hemmt nur die Geltendmachung des Anspruchs. Sie läßt aber noch eine Aufrechnung mit einer Gegenforderung zu. Das muß auch für die Zurückbehaltung gelten, wenn sie wie eine Aufrechnung wirkt. Ein sachlichrechtliches Gestaltungsurteil oder ein Feststellungsurteil oder ein solches auf die Abgabe einer Willenserklärung wirkt in der Hauptsache erst mit dem Eintritt seiner Rechtskraft. Nur wegen der Kosten kann es vorläufig vollstreckbar sein, Rn 10. Die Vorschriften gelten auch im WEG-Verfahren. In einer Familiensache usw gilt vorrangig § 86 II FamFG. 3

Ein Urteil des *ArbG* und des LAG ist ohne weiters vorläufig vollstreckbar, § 62 I 1 ArbGG. Ein Versäumnisurteil des BAG ist für vorläufig vollstreckbar zu erklären, § 62 ArbGG ist insoweit unanwendbar, BAG BB **82**, 439. Ein Urteil des ordentlichen Gerichts ist grundsätzlich nur dann vorläufig vollstreckbar, wenn die Urteilsformel es ausdrücklich zuläßt. Davon gilt bei der Anordnung eines Arrests oder einer einstweiligen Verfügung eine Ausnahme, § 922 Rn 7, § 936 Rn 3 „§ 922, Urteil oder Beschluß".

4) Ausspruch der Vollstreckbarkeit. Seine Grenzen werden manchmal übersehen. 4

A. Grundsatz: Von Amts wegen. Der Ausspruch findet von Amts wegen statt, Nürnb NJW **89**, 842, und zwar teilweise ohne eine Sicherheitsleistung, § 708, teils nur gegen eine Sicherheitsleistung, § 709. Ein Parteiantrag kann den Ausspruch beeinflussen, wenn auch nicht etwa durch ein Anerkenntnis nach § 307, Nürnb NJW **89**, 842. Es können durch einen Antrag erreichen: Der Gläubiger eine Vollstreckbarerklärung ohne Sicherheitsleistung, wenn eine Sicherheitsleistung an sich eine Voraussetzung der Vollstreckbarkeit wäre, §§ 710, 711 S 2; der Schuldner die Möglichkeit einer Abwendung der Zwangsvollstreckung durch eine Sicherheitsleistung nach §§ 712 S 1, 720 a III oder das Unterbleiben einer Vollstreckbarerklärung durch § 712 S 2.

B. Unzulässigkeit. Die Vollstreckbarerklärung ist unstatthaft, auch wegen der Kosten: Bei § 704 Rn 6–8; ferner bei einer solchen Entscheidung, die mit ihrer Verkündung bereits rechtskräftig wird, § 705 Rn 4, 5; ferner grundsätzlich bei einer solchen Entscheidung zur Hauptsache, die ihrer Natur nach nur endgültig oder gar nicht wirksam werden kann, § 894 (Unterstellung der Abgabe und des Zugangs einer sachlichrechtlichen Willenserklärung mit Ausnahme evtl von Rn 7). Freilich schadet eine Vollstreckbarerklärung, abgesehen vom letzteren Fall, nicht. Sie ist sogar dann ratsam, wenn Zweifel bestehen. Sie ist wegen der Kosten sowie bei § 895 zur Hauptsache evtl sogar notwendig. 5

6 **C. Vollstreckbarkeit wegen Kosten.** Eine Vollstreckbarerklärung nur wegen der Kosten richtet sich nach § 708 Z 1 (Verzichtsurteil), Z 6, Z 11 Hs 2.

7 **D. Vollstreckbarkeit gegen Fiskus.** Das Gericht muß ein Urteil gegen den Fiskus, eine Gemeinde usw genauso für vorläufig vollstreckbar erklären wie ein Urteil gegen eine andere Person. Über die Durchführung der Zwangsvollstreckung in solchen Fällen § 882 a, § 15 EG ZPO Rn 2.

8 **5) Form.** Sie erfordert Sorgfalt.

A. Urteilsbestandteil. Das Gericht muß die Vollstreckbarkeit stets in der Urteilsformel klären. Wenn es sie übergangen hat, bleibt nur eine Urteilsergänzung nach §§ 321, 716 übrig, BGH FamRZ **93**, 50, BFH BB **81**, 898, LG Aachen RR **86**, 360. Darum müssen die Parteien diesbezügliche etwa notwendige Anträge immer vor dem Schluß der mündlichen Verhandlung nach §§ 136 IV, 296 a stellen, § 714 I. Die Entscheidung über einen solchen Antrag ist ein Urteilsbestandteil. Der Unterlegene kann sie daher nur mit dem gegen das Urteil statthaften Rechtsbehelf angreifen. Über die vorläufige Vollstreckbarkeit muß das Berufungsgericht vorweg entscheiden, § 718, soweit der Berufungsführer überhaupt auch die Hauptsache angreift. Eine Entscheidung des Urteils über die vorläufige Vollstreckbarkeit läßt sich nur durch ein Urteil beseitigen, auch bei § 718. Daher kann man die Berufung auch auf die Frage der vorläufigen Vollstreckbarkeit beschränken, Mü FamRZ **90**, 84, Nürnb NJW **89**, 842, aM Köln RR **06**, 66, LAG Mainz NZA-RR **06**, 48. Wenn ein Rechtsbehelf vorliegt, kann das Gericht die Zwangsvollstreckung unter Umständen einstellen, §§ 719, 707. Diese Einstellung kann die Vollstreckbarkeit grundsätzlich weder geben noch nehmen. Es kann sie aber an Bedingungen knüpfen oder einzelne Vollstreckungsmaßnahmen aufheben. Das gilt auch bei § 765 a.

9 **B. Erfolglosigkeit eines Rechtsmittels.** Wenn das Gericht ein Rechtsmittel oder einen Einspruch verwirft oder zurückweist und sein Urteil für vorläufig vollstreckbar bezeichnet, erklärt es damit ohne weiteres das vorangegangene frühere Urteil für vorläufig vollstreckbar, selbst wenn dieses frühere Urteil einen solchen Ausspruch nicht enthielt, Engels AnwBl **78**, 164. Der Verzicht auf die vorläufige Vollstreckbarkeit ist vor oder nach dem Erlaß des Urteils zulässig.

10 **C. Vollstreckbarerklärung und Vollstreckbarkeit.** Die Vollstreckbarerklärung setzt eine Vollstreckbarkeit nicht voraus. Der Urteilsinhalt braucht sich also nicht zur Vollstreckung zu eignen, Grdz 29 vor § 704.

708 ***Vorläufige Vollstreckbarkeit ohne Sicherheitsleistung.*** **Für vorläufig vollstreckbar ohne Sicherheitsleistung sind zu erklären:**

1. Urteile, die auf Grund eines Anerkenntnisses oder eines Verzichts ergehen;
2. Versäumnisurteile und Urteile nach Lage der Akten gegen die säumige Partei gemäß § 331 a;
3. Urteile, durch die gemäß § 341 der Einspruch als unzulässig verworfen wird;
4. Urteile, die im Urkunden-, Wechsel- oder Scheckprozess erlassen werden;
5. Urteile, die ein Vorbehaltsurteil, das im Urkunden-, Wechsel- oder Scheckprozess erlassen wurde, für vorbehaltlos erklären;
6. Urteile, durch die Arreste oder einstweilige Verfügungen abgelehnt oder aufgehoben werden;
7. Urteile in Streitigkeiten zwischen dem Vermieter und dem Mieter oder Untermieter von Wohnräumen oder anderen Räumen oder zwischen dem Mieter und dem Untermieter solcher Räume wegen Überlassung, Benutzung oder Räumung, wegen Fortsetzung des Mietverhältnisses über Wohnraum auf Grund der §§ 574 bis 574 b des Bürgerlichen Gesetzbuchs sowie wegen Zurückhaltung der von dem Mieter oder dem Untermieter in die Mieträume eingebrachten Sachen;
8. Urteile, die die Verpflichtung aussprechen, Unterhalt, Renten wegen Entziehung einer Unterhaltsforderung oder Renten wegen einer Verletzung des Körpers oder der Gesundheit zu entrichten, soweit sich die Verpflichtung auf die Zeit nach der Klageerhebung und auf das ihr vorausgehende letzte Vierteljahr bezieht;
9. Urteile nach §§ 861, 862 des Bürgerlichen Gesetzbuchs auf Wiedereinräumung des Besitzes oder auf Beseitigung oder Unterlassung einer Besitzstörung;
10. Berufungsurteile in vermögensrechtlichen Streitigkeiten;
11. andere Urteile in vermögensrechtlichen Streitigkeiten, wenn der Gegenstand der Verurteilung in der Hauptsache 1250 Euro nicht übersteigt oder wenn nur die Entscheidung über die Kosten vollstreckbar ist und eine Vollstreckung im Wert von nicht mehr als 1500 Euro ermöglicht.

Schrifttum: *Olivet,* Die Kostenverteilung im Zivilurteil, 3. Aufl. 1996; *Vogg,* Einstweiliger Rechtsschutz und vorläufige Vollstreckbarkeit: Gemeinsamkeiten und Wertungswidersprüche, 1991.

Gliederung

1) Systematik, Z 1–11. § 708 enthält eine fast abschließende Aufzählung derjenigen Urteile, die das Gericht von Amts wegen als vorläufig vollstreckbar bezeichnen muß, weil sie nicht schon mit der Verkündung rechtskräftig werden. Vgl aber Rn 8. Der gesetzliche Zusatz „ohne Sicherheitsleistung" ist nur dann notwendig, wenn lediglich ein Urteilsteil unter § 708 fällt. Die in der Vorschrift genannten Entscheidungen haben allerdings sehr unterschiedliche Auswirkungen. 1

2) Regelungszweck, Z 1–11. Z 1–10 können einen sehr viel höheren Streitwert ausmachen als Z 11. Indessen hält das Gesetz in Z 1–10 aus zwar diskutablen, aber doch nachvollziehbaren unterschiedlichen Gründen eine durch § 717 leidlich geschützte vorläufige Vollstreckbarkeit für vertretbar. Das ist wegen vielfach gewandelter sozialer Verhältnisse zB bei Z 7 trotz des § 721 nicht unproblematisch, § 721 Rn 2. Es läßt sich auch durch eine zurückhaltende Auslegung wegen des durchweg klaren Wortlauts nur sehr bedingt ausgleichen, Einl III 39. 2

3) Geltungsbereich, Z 1–11. Er ist praktisch außerordentlich weit. Soweit mehrere Regelungen nach Z 1–11 zusammentreffen, gilt wegen § 711 die dem Gläubiger günstigere, Kblz RR **91**, 512. 3

A. Anerkenntnis- oder Verzichtsurteil, Z 1. Die Vorschrift erfaßt ein Anerkenntnisurteil nach § 307, auch wenn es ohne eine mündliche Verhandlung ergangen ist. Sie erfaßt auch ein Anerkenntnisurteil im Urkundenprozeß nach Rn 6. Sie erfaßt ferner ein Verzichtsurteil nach § 306. Das ist praktisch wegen derjenigen Kosten bedeutsam, die nicht unter Z 11 fallen würden. Das alles gilt auch beim entsprechenden bloßen Teilurteil.

B. Versäumnisurteil, Aktenlageurteil, Z 2. Die Vorschrift gilt auch beim Verstoß gegen eine Belehrungspflicht nach § 215 I 2. Z 2 erfaßt nur das echte Versäumnisurteil, Üb 11, 13 vor § 330. Das gilt auch beim sog Zweiten Versäumnisurteil nach § 345. Es gilt aber in jeder Instanz, auch in der Revisionsinstanz. Wegen § 341 vgl Üb 16 vor § 330. Die Vorschrift erfaßt ferner ein Aktenlageurteil, § 331 a, und zwar nur das echte gegen die säumige Partei. Sonst stünde die säumige Partei, zu deren Gunsten es ergeht, besser da als ohne ihre Säumnis. Wegen § 343 vgl § 709 Rn 1. 4

C. Einspruchsverwerfung, Z 3. Die Vorschrift erfaßt die Verwerfung des Einspruchs, § 341 I. Denn diese Verwerfung muß auch beim Unterlassen einer mündlichen Verhandlung durch ein Urteil erfolgen, § 341 II. Daher ist auch § 794 I Z 3 nicht anwendbar. Die Regelung ist nur wegen derjenigen Kosten praktisch bedeutsam, die nicht unter Z 11 fallen würden. Wegen § 343 vgl § 709 Rn 1. 5

D. Urkunden-, Wechsel-, Scheckprozeß, Z 4. Die Vorschrift erfaßt ein Urteil im Urkundenprozeß, § 592, im Wechselprozeß, § 602, und im Scheckprozeß, § 605 a. Sie erfaßt auch ein abweisendes Urteil. Mit der Rechtskraft des Vorbehaltsurteils entfällt § 711. Beim Anerkenntnis nach § 307 gilt Z 1, Kblz RR **91**, 512, MüKoKr 11, ThP 5, aM LG Aachen RR **86**, 306, ZöHe 1 (es gelte § 711. Vgl aber § 599 Rn 1). Wegen des Nachverfahrens nach § 600 gilt Z 5. 6

E. Vorbehaltloserklärung, Z 5. Die Vorschrift erfaßt ein Urteil nach § 600, soweit es das Vorbehaltsurteil bestätigt. Soweit es das Vorbehaltsurteil aufhebt, gilt evtl Z 11. Die Regelung gilt im Urkunden-, Wechsel- und Scheckprozeß, §§ 602, 605 a. 7

F. Arrest, einstweilige Verfügung, Z 6, dazu *Vogg* (vor Rn 1): Die Vorschrift erfaßt ein solches Urteil, das einen Arrest oder eine einstweilige Verfügung nach §§ 922, 927, 936 ablehnt oder nach § 925 aufhebt. Sie erfaßt auch: Ein abänderndes Urteil; ein Urteil auf die Feststellung einer Erledigung der Hauptsache; ein solches Urteil, das den Arrest oder die einstweilige Verfügung teilweise aufhebt; ein solches Urteil, das die Sicherheitsleistung erhöht. Ein OLG-Urteil oder ein Beschluß sind ohne weiteres vollstreckbar, §§ 542 II 1, 794 I Z 3. Die Regelung ist praktisch nur wegen derjenigen Kosten bedeutsam, die nicht unter Z 11 fallen. 8

Eine den Arrest oder die einstweilige Verfügung *anordnende* Entscheidung als Beschluß oder Urteil ist ohnehin auch ohne die Notwendigkeit eines entsprechenden Ausspruchs wegen der Natur der Sache vorläufig vollstreckbar, § 922 Rn 4, § 936 Rn 3, „§ 922, Urteil oder Beschluß".

G. Mietstreit, Z 7. Die Vorschrift erfaßt ein Urteil im Mietstreit, § 23 Z 2 a GVG (Wohnraum), § 29 a I (anderer Raum), Schmidt ZMR **00**, 507. Sie erfaßt auch ein abweisendes Urteil, Schmidt ZMR **00**, 507, sowie eine Entscheidung im Streit um die Rückzahlung einer Mietsicherheit nebst Zinsen. Denn er behandelt auch Nebenpflichten des Mietvertrags, aM Schmidt ZMR **00**, 508 (aber auch eine Nebenpflicht hat den Charakter des Hauptgeschäfts). 9

Nicht erfaßt sind (jetzt) §§ 558 ff BGB, Schmidt ZMR **00**, 508. Eine Zahlung fällt unter Z 11 oder unter § 709, Schmidt ZMR **00**, 508. Man kann Z 7 auf eine Pacht entsprechend anwenden, Schmidt ZMR **00**, 508, aM Düss MDR **08**, 1029 (aber Miete und Pacht sind ziemlich ähnlich).

H. Unterhalt, Rente, Z 8, dazu *Höhne* MDR **87**, 626: Die Vorschrift erfaßt ein Urteil über einen vertraglichen Unterhalt jeglicher Art, Karlsr FamRZ **00**, 1166 (Sonderbedarf). Sie erfaßt ferner ein Urteil auf eine Rente wegen einer Unterhaltsentziehung oder wegen einer Körperverletzung zB nach §§ 843, 844 BGB auch in Verbindung mit § 618 BGB, ferner nach §§ 7 II RHaftpflG, 38 II LuftVG, 30 II AtomG, 13 II StVG. Sie erfaßt auch ein Urteil auf die Abänderung eines vertraglichen Unterhaltstitels nach § 323, §§ 9, 10 KSchG (Abfindung), LAG Bre MDR **83**, 1054, StL § 323 Rn 76, ZöHe 10, aM Hbg NJW **83**, 1344, Scheffler FamRZ **86**, 533 (bei einer Herabsetzung Z 11. Aber Z 8 ist spezieller und daher vorrangig). Die Vorschrift erfaßt auch ein Urteil auf die Erteilung einer vorbereitenden Auskunft, AG Hbg FamRZ **77**, 815, MüKoKr 15, ZöHe 10, aM Mü FamRZ **90**, 84 (abl Gottwald). 10

Die Vorschrift gilt *nicht* für eine andere fortlaufende Leistung, wie für das Gehalt oder die nach § 845 BGB einem Dritten zahlbare Rente. Wegen desjenigen Zeitraums, der vor dem in Z 8 genannten Zeitraum liegt, ist evtl Z 11 anwendbar. Beim OLG-Urteil gilt Z 10. Bei einer Säumnis gilt Z 2.

I. Besitzstörung usw, Z 9. Die Vorschrift erfaßt ein Urteil über einen Besitz usw nach §§ 861, 862 BGB auch in Verbindung mit §§ 865, 869 BGB. 11

J. Berufungsurteil, Z 10. Die Vorschrift erfaßt ein Berufungsurteil des LG oder OLG in einer vermögensrechtlichen Streitigkeit, Grdz 11 vor § 1. Sie erfaßt auch ein abweisendes Urteil, aM Köln NJW **78**, 12

1442 (für den Fall, daß eine Revision unzweifelhaft unzulässig ist. Aber es geht um das Gewicht des Urteils). Sie erfaßt auch ein Urteil der zweiten Stufe einer Stufenklage. Die Vorschrift erfaßt bei einem solchen Urteil, mit dem das Gericht den Rechtsstreit nach § 281 verweist oder nach § 538 zurückverweist, allenfalls die etwaige Kostenentscheidung, StJM 12, ZöHe 12, aM Karlsr JZ **84**, 635, Mü MDR **82**, 239 (aber es liegt dann noch keine vollstreckbare Hauptsacheentscheidung vor).

Die Vorschrift erfaßt aber die *Kostenentscheidung* nach §§ 91 ff, soweit eine solche ergeht, Einf 5 vor § 708. Das Urteil nach Z 10 macht ein Ersturteil ausnahmslos ohne eine Sicherheitsleistung vorläufig vollstreckbar, soweit das Berufungsgericht das Ersturteil bestätigt und soweit eine vorläufige Vollstreckbarkeit überhaupt nach §§ 708 ff eintreten kann, Celle OLGR **96**, 274, Mü OLGZ **85**, 453. Die Zwangsvollstreckung aus einem Urteil nach Z 10 ist in § 717 III begünstigt. Über das Urteil gegen den Fiskus § 882 a, § 15 EG ZPO Rn 2. Das FG steht (jetzt) dem Berufungsgericht gleich, BFH **101**, 478. Bei einem Verwerfungsbeschluß nach § 522 I 2 gilt nicht Z 10, sondern § 794 I Z 3.

13 **K. Vermögensrechtlicher Streit: Verurteilungsgegenstand bis 1250 EUR, Z 11 Hs 1.** Die Vorschrift erfaßt in einem nicht unter das FamFG fallenden vermögensrechtlichen Streit nach Grdz 11 vor § 1 ein zusprechendes Urteil, wenn sein Gegenstand in der Hauptsache und wegen § 4 I ohne Zinsen, Kosten usw 1250 EUR nicht übersteigt. Hier ist also die Höhe der Kosten unbeachtlich, anders als bei Rn 13. Man muß mehrere solche Ansprüche nach § 5 zusammenrechnen. Dadurch kann Z 11 unanwendbar werden, § 2. Das gilt auch bei einzelnen Gehalts- oder Lohnraten. Dagegen darf man Ansprüche aus Z 11 mit Ansprüchen aus Z 1–5, 7–9 nicht zusammenrechnen. Wenn das Gericht zB zu 600 EUR Miete und 300 EUR aus Darlehen sowie 1500 EUR aus Kaufpreis und schließlich 900 EUR aus Schadensersatz verurteilt, muß es das Urteil wegen der 600 EUR Miete für vorläufig vollstreckbar erklären, wegen der 2700 EUR Rest nur gegen eine Sicherheitsleistung. Das gilt auch für ein erstinstanzliche Patentnichtigkeitsurteil, BPatG GRUR **86**, 48.

Beim *nichtvermögensrechtlichen* Streit gilt § 709.

14 **L. Vermögensrechtlicher Streit: Nur Kostenentscheidung vollstreckbar; Wert bis 1500 EUR, Z 11 Hs 2.** Die Vorschrift ist im nicht unter das FamFG fallenden vermögensrechtlichen Streit nach Grdz 11 vor § 1 auch dann anwendbar, wenn nur die Kostenentscheidung vollstreckbar ist und wenn der Wert der Vollstreckung 1500 EUR nicht übersteigt. Deshalb ist ein abweisendes Urteil sehr oft vorläufig vollstreckbar. Das gilt auch für ein erstinstanzliches Patentnichtigkeitsurteil, BPatG GRUR **86**, 48, aM Benkard § 84 PatG Rn 7. Wert: §§ 3 ff.

Beim *Zusammentreffen* einer Kostenentscheidung über höchstens 1500 EUR und einer streitigen Hauptsacheentscheidung über mehr als 1250 EUR infolge eines Teilsiegs nach § 92 ist für jeden Teilsieger die jeweilige EUR-Grenze maßgeblich.

Beim *nichtvermögensrechtlichen* Streit gilt auch hier § 709.

709 *Vorläufige Vollstreckbarkeit gegen Sicherheitsleistung.*

[1] **Andere Urteile sind gegen eine der Höhe nach zu bestimmende Sicherheit für vorläufig vollstreckbar zu erklären.** [2] **Soweit wegen einer Geldforderung zu vollstrecken ist, genügt es, wenn die Höhe der Sicherheitsleistung in einem bestimmten Verhältnis zur Höhe des jeweils zu vollstreckenden Betrages angegeben wird.** [3] **Handelt es sich um ein Urteil, das ein Versäumnisurteil aufrechterhält, so ist auszusprechen, dass die Vollstreckung aus dem Versäumnisurteil nur gegen Leistung der Sicherheit fortgesetzt werden darf.**

Schrifttum: *Goedeke,* Grundlagen der Sicherheitsleistung im Zivilprozeß, Diss Hann 1988; *Kreutz,* Die Leistung zur Abwendung der Zwangsvollstreckung nach einem vorläufig vollstreckbaren Urteil, 1995; *Olivet,* Die Kostenverteilung im Zivilurteil, 3. Aufl 1996; *Rasch,* Sicherheitsleistung bei Zwangsvollstreckung im Inland usw, Diss Bonn 1999; *Thönnissen,* Die Sicherheitsleistung durch Bankbürgschaft im Bereich der vorläufigen Vollstreckbarkeit, Diss Bonn 2000.

Gliederung

1 **1) Systematik, S 1–3.** Vgl zunächst Einf 2 vor §§ 708–720. Man kann das fein ausgewogene fast überperfekte System von Möglichkeiten, die vorläufige Vollstreckbarkeit herbeizuführen, abzuwehren oder doch noch zu erzwingen, in §§ 709 ff nicht einfach verstehen. Es ist zwar nur in seinen Hauptregeln dem Grunde nach ein Bestandteil der Praxis. Der Höhe nach aber ist es gottlob nicht mehr zwingend ein Objekt von quälenden Referendaraufgaben. Kaum ein Richter und schon gar kein Anwalt macht sich die Mühe, die Sicherheitsleistung nach Euro und Cent zu berechnen. Man rechnet vielmehr oft ziemlich grob im Bereich der Summe der Hauptforderung oder ihres Werts. Niemand beschwert sich erstaunlicherweise auf diesem Teil von Nebenschauplätzen. Sie würden ja auch die Kraft überlasteter Richter und ProzBev übermäßig beanspruchen. Das Ziel einer Milderung der Risiken einer Vollstreckung vor dem Eintritt der Rechtskraft scheint auch so einigermaßen erreichbar. Das darf man bei der Auslegung und Berechnung durchaus mitbeachten. Aus diesen Erwägungen schafft I 2 eine erhebliche Erleichterung.

2 *Sicherheitsleistung erfordern* nach der Auffangbestimmung des § 709 alle diejenigen Urteile, die nicht unter § 708 fallen. Bei § 343 unterfällt auch dasjenige Zweite Versäumnisurteil, das das Erste Versäumnisurteil aufrechterhält, unabhängig von der Höhe der Urteilssumme dem § 709 S 3, § 343 Rn 7. Es unterfällt also nicht dem § 708 Z 2. Das gilt auch dann, wenn eine Fortsetzung der Zwangsvollstreckung nur wegen der

Kosten in Betracht kommt, weil das erste Versäumnisurteil eine Klagabweisung enthielt, § 343 Rn 7. Das gilt wegen der Selbständigkeit von S 2 auch bei einem ein Versäumnisurteil aufrechterhaltenden streitigen Urteil. Das Gericht muß § 709 beachten, VerfGH Bln RR **07**, 68. Es muß auch die Folge S 3 ausdrücklich aussprechen, LG Memmingen DGVZ **03**, 26, AG Neu-Ulm DGVZ **03**, 26. Da das Gesetz eine Sicherheitsleistung ohne Rücksicht auf den Fall und die Partei verlangt, ist auch der Fiskus nicht befreit. S 2 gilt auch im Verfahren mit einem Streitwert bis zu 1250 EUR, auch im Kleinverfahren nach § 495 a, ferner zulasten des mit einer Prozeßkostenhilfe Begünstigten, § 122 Rn 24. § 714 ergänzt §§ 709–773 für das Verfahren.

2) Regelungszweck, S 1–3. Die Sicherheitsleistung soll den Schuldner *vor Schaden schützen,* § 717, Düss GRUR-RR **07**, 256. Sie soll ihm einen möglichst vollen Ersatz für diejenigen Nachteile gewähren, die er bei einer etwaigen Zwangsvollstreckung erleidet, KG NJW **77**, 2270, Karlsr OLGZ **75**, 486, Mü MDR **80**, 409. Wegen einer bloßen Teilsicherheitsleistung § 752. 3

Übersicherung ist umso weniger vertretbar, als ja ohnehin ein Schadensschutz des Schuldners nicht gerade selbstverständlich ist. Schließlich hat ja gerade ein Gericht zu seinem Nachteil entschieden. Es bedeutet also schon eine für staatliche Organisationen ungewöhnliche Selbstkritik, immerhin mit der Möglichkeit zu rechnen, daß die eigene Entscheidung falsch sein könnte. Man braucht bei der Bemessung der Sicherheitsleisung solche vorbeugende Selbstkritik nun nicht auch noch zu übertreiben. Ein wenig vergröbernde Bezifferung unterhalb des denkbaren Höchstschadens ist auch noch ganz gut vertretbar. So läßt sich auch die Arbeitskraft für andere Hauptaufgaben freihalten. 4

3) Verfahren, S 1–3. Das Gericht muß die Höhe der Sicherheitsleistung im Urteilstenor bestimmen und ist nach § 318 daran gebunden, Düss MDR **97**, 1163. Evtl ist eine Ergänzung nach §§ 321, 716 nötig. Für die Art der Sicherheitsleistung gilt § 108, ZZP **50**, 208. Jedenfalls braucht das Gericht die Art der Sicherheitsleistung nicht im Urteil zu bestimmen. Seine etwaige Bestimmung dazu ist rechtlich kein Urteilsbestandteil. Das Gericht kann die Art der Sicherheitsleistung jederzeit durch einen Beschluß regeln, § 329. Die Höhe der Sicherheitsleistung kann nur das Rechtsmitelgericht und nur auf eine mündliche Verhandlung durch ein Urteil ändern. Es gibt keine Teilvollstreckbarkeit gegen eine Teilsicherheitsleistung. Denn nur das Prozeßgericht darf sie bestimmen, nicht das Vollstreckungsgericht, Düss MDR **97**, 1163. Das Vollstreckungsgericht nach §§ 764, 802 kann keine Aufteilung auf die einzelnen Ansprüche vornehmen. Diese Aufteilung ist eine Aufgabe des Prozeßgerichts. Sie kann nachträglich also nur nach § 319 erfolgen. 5

4) Höhe der Sicherheitsleistung, S 1–3. Das Prozeßgericht muß die Sicherheitsleistung grundsätzlich ziffernmäßig bestimmen, Düss MDR **97**, 1163, Ffm MDR **96**, 961, LG Wiesb MDR **87**, 239 (das Gericht wendet irrig § 708 an). Das geschieht zweckmäßigerweise etwas höher als die Urteilssumme zuzüglich Zinsen und Kosten, Oetker ZZP **102**, 456. Hier gilt eine andere Regelung als bei § 708 Z 11 Hs 1. Man darf auch Aufwendungen des Schuldners zur Schadensabwendung mitbedenken, Düss GRUR-RR **07**, 256. Dabei darf sich das Gericht aber nach I 2 damit begnügen, bei einer Geldforderung ein bestimmtes Verhältnis zum jeweils vollstreckbaren Betrag anzugeben, etwa so: „Das Urteil ist gegen Sicherheitsleistung des Klägers in Höhe von x% des jeweils zu vollstreckenden Betrags vorläufig vollstreckbar". 6

Zulässig ist auch eine Sicherheitsleistung in Höhe des beitreibbaren Betrags nebst eines bestimmten Prozentsatzes zur Absicherung gegen einen Schaden, KG NJW **77**, 2270, LG Wiesb MDR **87**, 239. Bei einem Urteil in einer nichtvermögensrechtlichen Streitigkeit nach Grdz 10 vor § 1 kann die Höhe der Kosten nach dem jeweiligen Streitwert maßgeblich sein, Mü MDR **80**, 409. Zulässig ist wegen Rn 6 jetzt auch eine Sicherheitsleistung „in Höhe des jeweils beizutreibenden Betrags". Vgl freilich §§ 710–712. 7

5) Rückgabe der Sicherheitsleistung, S 1–3. Sie ist notwendig, wenn ihr Grund weggefallen ist. Das trifft dann zu, wenn das Urteil rechtskräftig oder bedingungslos vollstreckbar geworden ist. Die Rückgabe erfolgt beim Eintritt der Rechtskraft nach § 715, sonst nach § 109. Wenn das Berufungsgericht das Ersturteil auf ein Rechtsmittel ohne eine Sicherheitsleistung bestätigt, erfolgt keine Rückgabe, § 109 Rn 9, KG NJW **76**, 1753. 8

710 *Ausnahmen von der Sicherheitsleistung des Gläubigers.*

Kann der Gläubiger die Sicherheit nach § 709 nicht oder nur unter erheblichen Schwierigkeiten leisten, so ist das Urteil auf Antrag auch ohne Sicherheitsleistung für vorläufig vollstreckbar zu erklären, wenn die Aussetzung der Vollstreckung dem Gläubiger einen schwer zu ersetzenden oder schwer abzusehenden Nachteil bringen würde oder aus einem sonstigen Grund für den Gläubiger unbillig wäre, insbesondere weil er die Leistung für seine Lebenshaltung oder seine Erwerbstätigkeit dringend benötigt.

1) Systematik. Vgl zunächst § 709 Rn 1. Während § 710 dem Gläubiger dann eine Erleichterung verschafft, wenn er grundsätzlich nach § 709 eine Sicherheit leisten müßte, hilft § 711 S 2 in Verbindung mit § 710 dem Gläubiger, falls dieser bei § 708 Z 4–11 aus dem Urteil an sich ohne die Leistung einer Sicherheit vollstrecken könnte, jedoch durch eine Sicherheitsleistung des Schuldners die Vollstreckbarkeit gefährdet sieht und unter diesen Umständen grundsätzlich doch wieder eine Sicherheit leisten müßte. Ein Antrag ist nach § 714 I noch vor dem Schluß der mündlichen Verhandlung notwendig, §§ 136 IV, 296 a. Der Gläubiger muß sämtliche tatsächlichen Voraussetzungen glaubhaft machen, §§ 714 II, 294. Die Sicherheitsleistung ist nur dann entbehrlich, wenn die Voraussetzungen einerseits in Rn 3, 5 und andererseits in Rn 3, 6 zusammentreffen. 1

2) Regelungszweck. Vgl zunächst § 709 Rn 2. Mit den Erleichterungen Rn 4-6 soll ein Grundgedanke des Gesetzes klar werden, die Stellung des Gläubigers zu stärken, sobald er ein vorläufig vollstreckbares Urteil erstritten hat. Wenn auch der Schuldner keineswegs schutzlos bleibt, wie § 711 und vor allem § 712 zeigen, muß das Gericht doch das Interesse des Gläubigers in diesem Abschnitt des Verfahrens erheblich berücksichtigen. Daher darf man an die Voraussetzungen des § 710 keine allzu strengen Anforderungen stellen. 2

3 **3) Geltungsbereich.** Die Vorschrift gilt grundsätzlich in allen Verfahren nach der ZPO, auch im WEG-Verfahren. Sie ist aber im Eilverfahren der §§ 916 ff, 935 ff unanwendbar, Köln MDR **89**, 920.

4 **4) Schwierigkeit der Sicherheitsleistung.** Nur wenn der Gläubiger eine Sicherheit nicht oder lediglich unter erheblichen Schwierigkeiten erbringen könnte, darf das Gericht sein Urteil auch ohne eine Sicherheitsleistung für vorläufig vollstreckbar erklären.

Beispiele: Es ist nicht erforderlich, daß der Gläubiger zur Sicherheitsleistung gänzlich außerstande wäre. Es reicht vielmehr aus, daß eine Sicherheitsleistung den Gläubiger zB in seiner Lebenshaltung oder in seiner Berufsausübung unzumutbar beeinträchtigen würde. Das ist evtl dann so, wenn sich der Gläubiger entschließen müßte, einen bevorstehenden Urlaub abzusagen, eine wichtige Hilfskraft zu entlassen, auf die Benutzung seines Kraftwagens zu verzichten. Ob er einen Bankkredit bekäme, ist dann unerheblich, wenn die Zinsen und/oder die Spesen oder die psychologischen Auswirkungen des Kredits, etwa eine Beeinträchtigung der Bonität usw, nahezu unerträglich oder doch für den Gläubiger äußerst lästig wären. Dabei muß man in der Regel von einer längeren Zeitspanne zwischen der Entscheidung über die Vollstreckbarkeit und der Rechtskraft des Urteils ausgehen. Denn kaum jemals kann man einigermaßen sicher vorhersagen, wann die Rechtskraft eintritt. Deshalb braucht der Gläubiger auch keineswegs glaubhaft zu machen, daß seine Beeinträchtigung eine längere Zeit als vorübergehend andauern würde.

5 **5) Nachteiligkeit der Aussetzung.** Nur wenn die Aussetzung der Vollstreckung außerdem für den Gläubiger nachteilig wäre, darf das Gericht sein Urteil ohne eine Sicherheitsleistung für vorläufig vollstreckbar erklären, § 707 Rn 9. Nicht nur ein vermögensrechtlicher Nachteil ist beachtlich, sondern zB auch beim Ausbleiben der Zahlung die Gefahr, daß der Gläubiger eine wissenschaftliche oder künstlerische oder schriftstellerische Arbeit nicht fristgemäß abliefern und daher auch einen Rufschaden erleiden würde. Der Gläubiger braucht nicht glaubhaft zu machen, daß der Nachteil völlig unersetzbar wäre. Es reicht vielmehr aus, daß entweder ein Nachteil sicher und dessen Ersetzbarkeit recht fraglich ist oder daß es recht fraglich ist, ob sich ein nicht gänzlich unerheblicher Nachteil vermeiden lassen kann. Das Gericht muß den Begriff „schwer absehbar" also für den Gläubiger weit fassen, Rn 1. Falls kein solcher Nachteil droht, muß das Gericht die Voraussetzungen der Rn 6 prüfen.

6 **6) Unbilligkeit der Aussetzung.** Falls die Aussetzung der Vollstreckung für den Gläubiger unbillig wäre, darf das Gericht sein Urteil ohne eine Sicherheitsleistung für vorläufig vollstreckbar erklären. Das gilt selbst dann, wenn kein Nachteil nach Rn 5 droht. Unbilligkeit liegt dann vor, wenn zwar der Nachteil Rn 5 entweder nicht droht oder doch ersetzbar wäre, wenn man dem Gläubiger aber trotzdem nicht zumuten kann, bis zur Rechtskraft des Urteils abzuwarten. Das Gesetz erfordert keine grobe Unbilligkeit. Es setzt vielmehr nur eine einfache voraus. Auch hier muß das Gericht zugunsten des Gläubigers weit auslegen, Rn 1.

Beispiele: Wenn der Gläubiger die Leistung für seine Lebenshaltung laufend benötigt, Bbg FamRZ **90**, 184; wenn er sie für seine Erwerbstätigkeit dringend benötigt, etwa wenn ein Handwerker die Forderung dringend eintreiben muß, um seinen Betrieb nicht zu gefährden. Das kann etwa bei einem Großauftrag an einen mittleren Betrieb so sein, wenn der Gläubiger das Material und die Fertigungskosten vorleisten mußte; wenn der Sozius oder der Gesellschafter durch die Vorenthaltung der Leistung in eine Zwangslage gebracht und zu ungünstigen Zugeständnissen verleitet werden soll. Im Rahmen der Prüfung einer Unbilligkeit muß das Gericht mitberücksichtigen, ob der Gläubiger diese Entwicklung (mit)verschuldet hat. Freilich darf das Gericht auch hier keine zu strengen Anforderungen stellen, Rn 1. Ein dringender Bedarf für die Lebenshaltung oder für die Erwerbstätigkeit des Gläubigers ist nur ein gesetzliches Beispiel der Unbilligkeit. Das ergibt sich aus dem Wort „insbesondere". Man kann einen solchen dringenden Bedarf evtl zugunsten des Unterhaltsgläubigers unbefristet annehmen, Ffm FamRZ **87**, 1172.

7 **7) Lage des Schuldners.** Das Gericht darf die Auswirkungen einer Aussetzung der Vollstreckung auf die Lage des Schuldners nicht prüfen. Der Schuldner kann und muß sich evtl nach §§ 711, 712 schützen.

711 *Abwendungsbefugnis.* [1] **In den Fällen des § 708 Nr. 4 bis 11 hat das Gericht auszusprechen, dass der Schuldner die Vollstreckung durch Sicherheitsleistung oder Hinterlegung abwenden darf, wenn nicht der Gläubiger vor der Vollstreckung Sicherheit leistet.** [2] **§ 709 Satz 2 gilt entsprechend, für den Schuldner jedoch mit der Maßgabe, dass Sicherheit in einem bestimmten Verhältnis zur Höhe des auf Grund des Urteils vollstreckbaren Betrages zu leisten ist.** [3] **Für den Gläubiger gilt § 710 entsprechend.**

Gliederung

1 **1) Systematik, S 1–3.** Vgl zunächst § 709 Rn 1, 3, 5. Während §§ 711 S 1, 712 dem Schuldner die Möglichkeit eröffnen, die Zwangsvollstreckung gegen oder ohne eine Sicherheitsleistung abzuwenden, enthält § 720 a III die Möglichkeit, eine auf bloße Sicherungsmaßnahmen beschränkte Zwangsvollstreckung in einer ähnlichen Weise wie § 711 S 1 abzuwenden. § 720 a III geht als spezielles Gesetz dem § 711 vor. In keinem dieser Fälle des Schuldnerschutzes ist der Gläubiger ganz machtlos. Das entspricht seiner starken Stellung, § 710 Rn 1. Über die Zwangsvollstreckung gegen den Fiskus oder gegen eine Gemeinde § 882 a, § 15 EGZPO. § 713 schränkt die ganze Regelung ein. Über das Verhältnis von § 711 zu § 720 a vgl § 720 a Rn 1, 4.

Die Entscheidung nach *S 1, 2* erfolgt jetzt von Amts wegen, BGH NJW **84**, 1240, Franzki DRiZ **77**, 168. Die Entscheidung nach *S 3* erfolgt nur auf einen Antrag, § 714 I, und nur dann, wenn der Schuldner ihre Voraussetzungen glaubhaft macht, §§ 294, 714 II. Evtl sind §§ 716, 321 anwendbar, BGH NJW **84**, 1240.

2) Regelungszweck, S 1–3. Die Vorschrift kehrt ein wenig zu der im Erkenntnisverfahren des „normalen" Zivilprozesses ja sehr starken Parteiherrschaft nach Grdz 18 vor § 128 zurück. Sie gilt in der sonstigen Zwangsvollstreckung nur eingeschränkt, Grdz 7 vor § 704. Freilich wird das System der vorläufigen Vollstreckbarkeit durch eine solche Abwendungsbefugnis keineswegs übersichtlicher. Immerhin stellt die Vorschrift eine Art Gleichgewicht der Parteikräfte im Stadium der Durchsetzung des papiernen Vollstreckungstitels dar. Sie dient insofern auf ihre eigentümliche Weise doch wohl auch der Gerechtigkeit als dem Hauptziel auch dieses Teils des Prozesses, Einl III 9, 36. Das darf man bei der Auslegung mitberücksichtigen. 2

3) Vollstreckungsabwendung, S 1. Das Gericht darf oder muß die Befugnis des Schuldners, die Zwangsvollstreckung abzuwenden, in sämtlichen Fällen des § 708 Z 4–11 und nur in diesen aussprechen, Kblz RR **91**, 512 (also nicht bei § 708 Z 1), Schlesw SchlHA **82**, 43. Das geschieht zugleich mit der Entscheidung über die an sich ja ohne eine Sicherheitsleistung des Gläubigers mögliche vorläufige Vollstreckbarkeit in derselben Form. Die Entscheidung erfolgt von Amts wegen, BFH BB **81**, 898. Das Gericht muß einen etwaigen Antrag darauf überprüfen, ob es ihn nach §§ 712, 720 a behandeln muß. Falls es die Entscheidung vergessen hatte oder falls sie falsch ist, gilt das in Einf 6 vor § 708 Ausgeführte. Wenn der Schuldnervertreter den Antrag unterlassen hat, macht er sich nicht schon dadurch schadensersatzpflichtig. Denn das Gericht hätte von Amts wegen an eine Entscheidung denken müssen. Das Gericht muß einen überflüssigen oder unbegründeten „Antrag" als inhaltslos abweisen, etwa weil der Gläubiger ohnehin nach § 709 eine Sicherheit leisten muß. Bei § 708 Z 2 (Versäumnisurteil) hilft evtl § 719 I 2. 3

4) Sicherheitsleistung oder Hinterlegung, S 1. Beides ist zulässig. Das Urteil kann dem Schuldner die Wahl erlauben oder beides zur Wahl stellen, wenn der Schuldner nicht sogleich wählt. Das Gericht muß eine Anregung des Schuldners stets mitberücksichtigen. Der Gläubiger darf durch eine Bürgschaft nicht schlechter dastehen als durch eine Hinterlegung, BGH **69**, 273. Eine unbezifferte Festsetzung ist nach S 2 begrenzt zulässig, Rn 5. Die notwendige Höhe der Sicherheitsleistung ergibt sich aus der Schutzfunktion. Sie kann sich auf den drohenden Vollstreckungsschaden begrenzen. Sie muß ihn aber dann auch voll decken. Bei einem Räumungstitel ist die Erfüllung keineswegs sicher, aM Dochnahl MDR **89**, 423 (vgl aber §§ 721, 765 a). Daher muß das Gericht evtl zB den Mietverlust für einen nicht geringen Zeitraum bis zu demjenigen eines Jahres ansetzen, (jetzt) § 41 II GKG, Oetker ZZP **102**, 461, 464 (Erfüllung- und Verzögerungsschaden), aM Dochnahl MDR **89**, 423 (nur der Verzögerungsschaden. Aber er besteht eben in der Vorenthaltung der Nutzungsmöglichkeit oder Nutzungsentschädigung). Das Gericht muß die Höhe der Sicherheitsleistung stets von Amts wegen im Urteil beziffern, § 108 Rn 3. 4

5) Fortfall, S 1. Die Veranlassung zu einer Sicherheitsleistung fällt dann fort, wenn das Rechtsmittelgericht ein Ersturteil oder seine Vollstreckbarkeit aufhebt. Das Rückgabeverfahren verläuft für den Schuldner nach § 109, für den Gläubiger nach § 715. Die Hinterlegung setzt voraus, daß der Streitgegenstand nach § 2 Rn 4 hinterlegungsfähig ist, § 372 BGB, § 5 HO. Die Rechte des Gläubigers am Hinterlegten richten sich nach § 815 Rn 8 und § 233 BGB. Wenn der Schuldner eine Sicherheit leistet oder hinterlegt, steht das der Erteilung der Vollstreckungsklausel nicht im Weg. Denn die Vollstreckungsklausel nach §§ 724 ff ist keine Vollstreckungsmaßnahme. Auch die Zwangsvollstreckung kann zunächst ungehindert stattfinden, vgl freilich § 720 a. Wenn aber der Schuldner eine Sicherheitsleistung oder eine Hinterlegung nachweist, muß das Vollstreckungsorgan die Zwangsvollstreckung einstellen und bereits angeordnete Vollstreckungsmaßnahmen aufheben, §§ 775 Z 3, 776. Bei einem Grundstück unterbleibt auch die Ausführung des Teilungsplans, § 115 IV ZVG. 5

Wenn der Schuldner *keine Sicherheit* leistet und auch nicht hinterlegt, kann der Gläubiger die Zwangsvollstreckung unbehindert fortführen. Sie führt dann aber nicht zu einer Befriedigung des Gläubigers. Fahrnis muß der Gerichtsvollzieher pfänden und versteigern. Den Erlös muß er hinterlegen, §§ 720, 817 IV, 819. Geld muß er pfänden und hinterlegen, §§ 720, 815 III. Forderungen und Rechte muß das Vollstreckungsgericht pfänden. Es darf sie aber nur zur Einziehung überweisen, nicht an Zahlungs Statt. Den Erlös muß der Drittschuldner hinterlegen, § 839.

6) Vollstreckungserzwingung gegen Sicherheitsleistung, S 1, 2. Der Gläubiger kann trotz einer Sicherheitsleistung des Schuldners die Zwangsvollstreckung durch eine eigene Sicherheitsleistung erzwingen, AG Bad Wildungen DGVZ **84**, 92. Das kann vor oder nach der Sicherheitsleistung des Schuldners geschehen, Zweibr Rpfleger **89**, 454. Auch insoweit erfolgt die Entscheidung von Amts wegen. Beide Aussprüche gehören in das Urteil. Sie können zB lauten: „Das Urteil ist vorläufig vollstreckbar. Der Beklagte darf die Vollstreckung durch Sicherheitsleistung oder Hinterlegung von X EUR" (oder: „X% des [jeweils] zu vollstreckenden Betrags", S 2 in Verbindung mit § 709 S 2, dort Rn 6, 7) „abwenden, falls nicht der Kläger zuvor eine Sicherheit in derselben Höhe leistet", Celle NJW **03**, 73 (umgekehrte Parteirollen). Das Wort „zuvor" im Tenor meint nur: „vor der Vollstreckung", Zweibr JB **99**, 494. Die Sicherheit muß für beide Parteien gleich hoch sein, aM Dochnahl MDR **89**, 423 (aber bei einer teilweisen Abweisung ist natürlich für *jeden* Teil eine Entscheidung der vorgenannten Art nötig, nur eben bei *einem* dieser Teile nur wegen der Kosten). Denn die Sicherheitsleistung der einen Partei soll die andere Partei schützen. 6

Daher braucht der Schuldner auch vernünftigerweise nur denjenigen Betrag abzuziehen, in dessen Höhe der Gläubiger zulässigerweise jeweils *teilvollstrecken* will. Nur das ist dann derzeit der „nach dem Urteil" zu vollstreckende Betrag. Nur um dessen Absicherung geht es derzeit. Daran ändert das mißverständliche Wort „aber" nichts. Es wäre unvertretbar, dem Schuldner auch dann eine Sicherheitsleistung von zB 110% der Gesamt-Verurteilung abzufordern, wenn der Gläubiger etwa zwecks Druck zunächst nur 10% vollstrecken läßt, König NJW **03**, 1374. Daran ändern auch die hier ja ziemlich kleinen Beträge nichts.

7 **7) Vollstreckungserzwingung ohne Sicherheitsleistung, S 3.** Unter Umständen kann der Gläubiger die Zwangsvollstreckung ohne eine eigene Sicherheitsleistung erzwingen. Diese Möglichkeit besteht freilich nur unter den entsprechend anwendbaren Voraussetzungen des § 710, dort Rn 3–7. Auch durch diese Möglichkeit hat das Gesetz die Stellung des Gläubigers verstärkt, § 710 Rn 1. Eine solche Lösung erfordert einen Antrag. Der Gläubiger muß ihn vor dem Schluß der mündlichen Verhandlung stellen, §§ 136 IV, 296 a, 714 I. Er muß die tatsächlichen Voraussetzungen glaubhaft machen, §§ 294, 714 II. Das Gericht muß dem Schuldner vor der Entscheidung die Gelegenheit geben, eine Sicherheit zur Abwendung der Vollstreckung zu erbringen, Kblz DGVZ **85**, 141. Eine stattgebende Entscheidung darf nur für die Zeit ab Antragseingang ergehen, Ffm FamRZ **87**, 174. Der Gläubiger braucht nur dann keine Sicherheit zu leisten, wenn die Voraussetzungen entweder des § 710 Rn 3, 5 oder des § 710 Rn 3, 6 zusammentreffen.

712 *Schutzantrag des Schuldners.* [I 1] **Würde die Vollstreckung dem Schuldner einen nicht zu ersetzenden Nachteil bringen, so hat ihm das Gericht auf Antrag zu gestatten, die Vollstreckung durch Sicherheitsleistung oder Hinterlegung ohne Rücksicht auf eine Sicherheitsleistung des Gläubigers abzuwenden; § 709 Satz 2 gilt in den Fällen des § 709 Satz 1 entsprechend.** [2] **Ist der Schuldner dazu nicht in der Lage, so ist das Urteil nicht für vorläufig vollstreckbar zu erklären oder die Vollstreckung auf die in § 720 a Abs. 1, 2 bezeichneten Maßregeln zu beschränken.**

[II 1] **Dem Antrag des Schuldners ist nicht zu entsprechen, wenn ein überwiegendes Interesse des Gläubigers entgegensteht.** [2] **In den Fällen des § 708 kann das Gericht anordnen, dass das Urteil nur gegen Sicherheitsleistung vorläufig vollstreckbar ist.**

Gliederung

1 **1) Systematik, I, II.** Vgl zunächst § 709 Rn 1. § 711 gibt zwar dem Schuldner von Amts wegen ohne weiteres eine Befugnis, die Zwangsvollstreckung durch eine Sicherheitsleistung abzuwenden, dem Gläubiger aber die Möglichkeit, die Zwangsvollstreckung trotzdem durch eine Sicherheitsleistung oder sogar ohne eine eigene Sicherheitsleistung zu erzwingen. § 711 schützt den Schuldner also nur bedingt. I gibt demgegenüber dem Schuldner die Chance, die Zwangsvollstreckung trotz einer Sicherheitsleistung des Gläubigers abzuwenden oder sie doch auf bloße Sicherungsmaßnahmen zu beschränken.

2 **2) Regelungszweck, I, II.** Dieser Schuldnerschutz ist nur bedingt. Denn II zwingt das Gericht dazu, etwaige überwiegende Interessen des Gläubigers als vorrangig zu berücksichtigen und dann die Zwangsvollstreckung doch wieder zu erlauben, wenn auch evtl nur gegen eine Sicherheitsleistung des Gläubigers. Der Schuldnerschutz ist also auch bei § 712, den Eisenhardt NZM **98**, 64 vorzieht, nicht lückenlos. Das entspricht der starken Stellung des Gläubigers, § 710 Rn 1. Wegen einer bloßen Teilsicherheitsleistung bei I 1 vgl § 752.

3 **3) Vollstreckungsabwendung, I 1.** Es gelten strenge Bedingungen.

A. Unersetzbarer Nachteil. Der Schuldner kann die Zwangsvollstreckung dann abwenden, wenn sie ihm einen unersetzbaren Nachteil bringen würde, LG Ffm NZM **99**, 1136. Zum Begriff des unersetzbaren Nachteils § 707 Rn 10. § 710 stellt nicht so harte Anforderungen wie § 712. Ein unersetzbarer Nachteil liegt nicht schon vor: Wenn die Vermögenslage des Gläubigers schlecht ist, so daß ein Ersatzanspruch des Schuldners aus § 717 gefährdet wäre, falls man den Schuldner durch eine Sicherheitsleistung schützen kann; wenn sich der Gläubiger im Ausland befindet; wenn ein unersetzbarer Nachteil bloß möglich oder wahrscheinlich ist; wenn der Nachteil nur schwer ersetzbar wäre. Es ist vielmehr notwendig, daß ein unersetzbarer Nachteil so gut wie sicher bevorsteht. Das mag zB bei einer Offenbarung des Kundenkreises so sein, Bierbach GRUR **81**, 463, oder bei einer Räumung, LG Ffm WoM **89**, 304, oder beim Verlust einer besonders wertvollen Sache. Besonders das Berufungsgericht muß strenge Anforderungen stellen, Düss GRUR **79**, 189.

4 **B. Sicherheitsleistung oder Hinterlegung.** Der Schuldner muß grundsätzlich eine Sicherheit leisten oder eine Hinterlegung erbringen, auch wenn für den Schuldner dadurch ein unersetzbarer Nachteil eintritt. Die Stellung des Gläubigers ist also auch insofern stark. Die Höhe der Sicherheitsleistung kann das Gericht statt in einer bestimmten EUR-Summe auch wie bei §§ 709 S 2, 711 S 2 dadurch festsetzen, daß es „x% des (jeweils) zu vollstreckenden Betrags" bestimmt.

5 **4) Schuldnerantrag, I 1.** Es ist ein Antrag des Schuldners erforderlich. Er ist ein Sachantrag, § 297 Rn 4, BGH FamRZ **03**, 598, Kblz OLGZ **90**, 230. Ein Anwaltszwang besteht wie sonst, § 78. Der Schuldner muß seinen Antrag bis zum Schluß der mündlichen Verhandlung stellen, §§ 136 IV, 296 a, 714 I, BGH FamRZ **06**, links obere Mitte, LAG Bln-Brdb NZA-RR **08**, 43 (gilt nicht im arbeitsgerichtlichen

Verfahren). Das gilt auch in der Berufungsinstanz, BGH DGVZ **08**, 12. Wegen einer Nachholung § 714 Rn 3. Der Schuldner muß die tatsächlichen Voraussetzungen offenlegen, BGH WertpMitt **85**, 1435. Er muß sie auch glaubhaft machen, §§ 294, 714 II, BGH WoM **05**, 735. Das gilt auch bei I 2. Das Gericht muß dagegen ein etwa überwiegendes Gläubigerinteresse auch von Amts wegen berücksichtigen. Das Gericht weist den Antrag in den Urteilsgründen zurück, soweit das überhaupt erforderlich ist, §§ 313 a, b. Dabei reicht ein knappster Hinweis auf seine Erwägungen aus, § 313 Rn 43. Wenn das Gericht den Antrag übergangen hat, gilt Einf 6 vor §§ 708–720. Bei einer Antragsunterlassung gilt § 719 Rn 9.

5) Vollstreckungsbeschränkung, I 2. Nur bei einer Unfähigkeit des Schuldners zur Sicherheitsleistung oder Hinterlegung darf das Gericht sein Urteil nicht für vorläufig vollstreckbar erklären oder darf es nur gegen Sicherungsmaßnahmen nach § 720 a I, II für vollstreckbar erklären, I 2. Der Schuldner muß nach §§ 294, 714 II glaubhaft machen, daß er zur Sicherheitsleistung oder zur Hinterlegung wirklich außerstande ist. Eine bloße Erschwerung seiner Finanzlage usw reicht nicht aus. Entsprechend der starken Stellung des Gläubigers nach § 710 Rn 1 muß das Gericht an die Glaubhaftmachung der völligen Unfähigkeit des Schuldners scharfe Anforderungen stellen. Selbst wenn das Gericht eine derartige Unfähigkeit des Schuldners annehmen darf, muß es doch zunächst prüfen, ob es nicht ausreicht, die Zwangsvollstreckung nach § 720 a I, II zu beschränken, um den Schuldner zu schützen. Nur wenn eine solche Beschränkung zum Schutz des Schuldners nicht ausreicht, darf das Gericht die vorläufige Vollstreckbarkeit des Urteils ganz ausschließen. 6

6) Überwiegen des Gläubigerinteresses, II 1. Soweit das Interesse des Gläubigers überwiegt, darf das Gericht die Zwangsvollstreckung selbst dann nicht einschränken, wenn dem Schuldner durch die Zwangsvollstreckung ein unersetzbarer Nachteil entstünde und wenn er zur Sicherheitsleistung oder Hinterlegung außerstande ist, II 1. Auch in dieser Regelung liegt wiederum eine Verstärkung der Stellung des Gläubigers, § 710 Rn 1. 7

Daher darf das Gericht an diejenigen Voraussetzungen, unter denen ein Gläubigerinteresse überwiegt, *keine zu harten Anforderungen* stellen. Natürlich hat der Gläubiger ein Interesse an einer alsbaldigen Zwangsvollstreckung. Das gilt insbesondere nach einer Bestätigung des Ersturteils, Düss GRUR **79**, 189. Dieses „normale" Interesse ist daher nicht stets vorrangig. Trotzdem wiegt ein ungewöhnliches Interesse des Gläubigers meist stärker als ein ungewöhnliches Interesse des Schuldners. Allerdings darf das Gericht nicht etwa schon im Zweifel zugunsten des Gläubigers entscheiden. Vielmehr muß das Überwiegen der Gläubigerinteressen glaubhaft sein, Rn 6. Das Gericht muß eine Gesamtabwägung vornehmen. Diese darf aber nicht zu einer Verzögerung der Entscheidung in der Hauptsache führen, Düss GRUR **79**, 189. § 139 II 1 ist unanwendbar. Denn die vorläufige Vollstreckbarkeit betrifft nur eine Nebenforderung.

7) Sicherheitsleistung des Gläubigers, II 2. Wenn das Interesse des Schuldners überwiegt, kann das Gericht nach seinem pflichtgemäßen Ermessen die Vollstreckbarkeit wenigstens auch bei § 708 Z 1–11 von einer Sicherheitsleistung des Gläubigers abhängig machen, aM Engels AnwBl **78**, 163 (eine solche Lösung sei nur bei § 708 Z 4–11 zulässig. Aber II 1 nennt und meint eindeutig alle Fälle des § 708, Einl III 39). 8

713 *Unterbleiben von Schuldnerschutzanordnungen.* **Die in den §§ 711, 712 zugunsten des Schuldners zugelassenen Anordnungen sollen nicht ergehen, wenn die Voraussetzungen, unter denen ein Rechtsmittel gegen das Urteil stattfindet, unzweifelhaft nicht vorliegen.**

1) Systematik. Vgl zunächst § 709 Rn 1. § 713 untersagt in Ergänzung und Einschränkung von §§ 711, 712 Anordnungen aus jenen Vorschriften zugunsten des Schuldners. Es handelt sich allerdings um eine bloße Sollvorschrift. Das Gericht muß sie aber immerhin von Amts wegen kennen und beachten. 1

2) Regelungszweck. Eine Abhängigkeit der vorläufigen Vollstreckbarkeit von einer Sicherheitsleistung oder eine Abwendung ist eine Einschränkung der gerade erst mit dem Urteil erkämpften Möglichkeiten einer alsbaldigen endlichen Durchsetzung des Anspruchs. Diese Einschränkung rechtfertigt sich nicht mehr, wenn sich das Urteil nicht mehr vor der Rechtskraft ändern kann. Dann würde also auch eine Maßnahme nach §§ 711, 712 nicht mehr sinnvoll sein. Sie wäre nicht mehr gerecht, Einl III 9, 36. Freilich muß man das Wort „unzweifelhaft" seinem Wortlaut und Sinn entsprechend streng auslegen. Das Gericht hat also einen Ermessensspielraum. Es muß ihn pflichtgemäß anwenden. Sobald es die Unzweifelhaftigkeit feststellt, endet sein Ermessen. 2

3) Unanfechtbarkeit des Urteils. Ein Schuldnerschutz nach §§ 711, 712 darf nur dann unterbleiben, wenn ein Rechtsmittel gegen das Urteil nach einer pflichtgemäßen Prüfung des Gerichts unzweifelhaft nicht zulässig ist, § 313 a I 1, Schneider DRiZ **77**, 116. Es darf also bei einer vernünftigen Würdigung kein Zweifel an der Unzulässigkeit eines Rechtsmittels bestehen. Die Lage ist nicht schon dann derart klar, wenn eine Rechtsmittelsumme fehlt, § 705 Rn 6. Das Gericht darf vielmehr auch zB am Fehlen eines unbedingten Revisionsgrundes keinen Zweifel haben. Es genügt auch bei einem schätzbaren Wert nicht ohne weiteres, daß nach der Schätzung des Gerichts der Beschwerdewert fehlt. Denn das höhere Gericht könnte den Wert anders beziffern, Leppin MDR **75**, 900. Es ist unerheblich, ob das Gericht das Rechtsmittel für aussichtslos hält. Denn § 713 betrifft nur die Zulässigkeit des Rechtsmittels, nicht seine sachliche Berechtigung. Soweit eine Anschließung zulässig ist, fehlen die Voraussetzungen des § 713. Schneider DRiZ **77**, 116 regt einen Ausspruch „Das Urteil ist rechtskräftig", „Das Urteil ist unbedingt vollstreckbar" usw in dem Tenor oder in den Entscheidungsgründen an. Das könnte aber verwirren, Brocker DGVZ **95**, 7. § 713 ist auf ein solches Berufungsurteil des LG entsprechend anwendbar, gegen das eine Nichtzulassungsbeschwerde infragekommt, LG Landau NJW **02**, 973. Das ist freilich nicht bei ihrer eindeutigen Unstatthaftigkeit der Fall, LG Bad Kreuzn NJW **03**, 72. 3

714 *Anträge zur vorläufigen Vollstreckbarkeit.* **I Anträge nach den §§ 710, 711 Satz 3, § 712 sind vor Schluss der mündlichen Verhandlung zu stellen, auf die das Urteil ergeht.**

II Die tatsächlichen Voraussetzungen sind glaubhaft zu machen.

1 **1) Systematik I, II.** Vgl zunächst § 709 Rn 1. Anträge nach §§ 710, 711 S 3, 712 sind Sachanträge, § 297 Rn 4, Schneider MDR **83**, 905. Denn sie bestimmen den Inhalt des Urteils mit. Daher muß man sie im Anwaltsprozeß nach § 78 Rn 1 schriftlich ankündigen und verlesen, § 297.

2 **2) Regelungszweck, I, II.** Es entspricht den in § 709 Rn 1 genannten Grundgedanken, die Abmilderung der Risiken der Vollstreckung vor dem Eintritt der Rechtskraft von jeweiligen Anträgen desjenigen abhängen zu lassen, der einen Vorteil für sich herbeiführen möchte. Insoweit dient § 714 der Parteiherrschaft, Grdz 18 vor § 128. Indessen könnte man durch nachträgliche Anträge den Prozeß zwischen der Endentscheidung und dem Vollstreckungsbeginn oder der Rechtsmitteleinlegung unnötig und daher ungebührlich auf diesem Nebenschauplatz fortführen. Daher entspricht eine zeitliche Begrenzung der Prozeßwirtschaftlichkeit, Grdz 14 vor § 128. Das gilt auch für II.

3 **3) Zeit des Antrags, I.** Der Antrag ist bis zum Schluß der mündlichen Verhandlung zulässig, §§ 136 IV, 296 a, BGH FamRZ **06**, 1107 links obere Mitte. In der Berufungsinstanz ist der Antrag für diese Instanz zulässig. Er ist selbst dann zumutbar, wenn das Berufungsgericht einen Antrag nach §§ 707, 719 zurückgewiesen hat, BGH RR **00**, 746. Man kann einen Antrag für die erste Instanz zwar nicht nach ihrem Abschluß oder „zwischen den Rechtszügen" nachholen, wohl aber mithilfe des § 156, BGH WoM **04**, 554, oder ab einer wirksamen Einlegung der Berufung, § 718 Rn 3, Bbg FamRZ **90**, 184, Stgt MDR **98**, 859, Eisenhardt NZM **99**, 786, aM Ffm OLGZ **94**, 106, KG MDR **00**, 478, LG Hanau NZM **99**, 801 (aber es besteht ein praktisches Bedürfnis).

4 Die zweite Instanz eröffnet also folgende Möglichkeiten: Das Berufungsgericht kann den nichtangefochtenen Teil des Ersturteils durch einen *Beschluß* nach § 329 für vorläufig vollstreckbar erklären, § 537; das Berufungsgericht kann auch bei dem angefochtenen Teil oder beim etwa im ganzen angefochtenen Ersturteil die Erstentscheidung über deren Vollstreckbarkeit durch ein *Teilurteil* nach § 718 abändern, Ffm FamRZ **83**, 1261, Karlsr OLGZ **75**, 485. Die Partei mag schließlich einen Antrag nur für das Berufungsurteil stellen, § 718 Rn 1. In der Revisionsinstanz kann man den Antrag nicht mehr wirksam nachholen. Das gilt auch dann, wenn das Berufungsgericht den Antrag übergangen hatte. Freilich ist eine Einstellung der Zwangsvollstreckung bei einer Versäumung der Frist nach § 712 nicht mehr zulässig, § 719 Rn 4.

5 **4) Glaubhaftmachung, II.** Sie ist stets notwendig und ausreichend, § 294. Das gilt für beide Parteien.

6 **5) Entscheidung, I, II.** Sie erfolgt durch das Urteil. Zum Berufungsurteil Höhne MDR **87**, 626. Als Rechtsmittel kommt nur die Berufung in Betracht. Eine Revision ist wegen der Vollstreckbarkeit unzulässig, § 718 II. Wenn das Gericht die Entscheidung übergangen hat, gilt § 716. Über die Art der Sicherheitsleistung kann das Gericht jederzeit durch einen Beschluß entscheiden.

715 *Rückgabe der Sicherheit.* **I 1 Das Gericht, das eine Sicherheitsleistung des Gläubigers angeordnet oder zugelassen hat, ordnet auf Antrag die Rückgabe der Sicherheit an, wenn ein Zeugnis über die Rechtskraft des für vorläufig vollstreckbar erklärten Urteils vorgelegt wird. 2 Ist die Sicherheit durch eine Bürgschaft bewirkt worden, so ordnet das Gericht das Erlöschen der Bürgschaft an.**

II § 109 Abs. 3 gilt entsprechend.

1 **1) Systematik, I, II.** § 715 betrifft nur diejenigen Fälle, in denen der Gläubiger nach §§ 709, 711, 712 II 2 eine Sicherheit geleistet hat, Groeger NJW **94**, 432. Andernfalls ist evtl § 718 anwendbar, dort Rn 1. Daneben ist § 109 anwendbar. Die Mehrkosten sind aber nicht erstattungsfähig. Haackshorst/Comes NJW **77**, 2346 geben dem Gläubiger auch bei § 719 I seine Sicherheit zurück und nennen Einzelheiten zum Verfahrensablauf.

2 **2) Regelungszweck, I, II.** Wenn das vorläufig vollstreckbare Urteil nach § 705 formell rechtskräftig wird, kommt ein Ersatzanspruch oder ein Bereicherungsanspruch nicht mehr infrage. Deshalb läßt § 715 eine vereinfachte Art der Rückgabe einer geleisteten Sicherheit zu. Die Vorschrift verhindert also eine nicht mehr gerechtfertigte weitere „Bereicherung" des Schuldners, Einl III 9, 36. Dabei hat das Rechtskraftzeugnis als eine öffentliche Urkunde die Beweiskraft des § 418. Soweit diese entfällt, kommt § 715 natürlich nicht mehr in Betracht. Denn das würde seinem Zweck widersprechen.

3 **3) Geltungsbereich.** Die Vorschrift gilt auch beim Vorbehaltsurteil nach §§ 302, 599 und beim auflösend bedingten Urteil nach §§ 280, 304, nicht aber bei §§ 707, 719 I (Einstellung durch das Berufungsgericht), ZöHe 1, aM Haakshorst/Comes NJW **77**, 2344 (aber jene Fälle sind mangels einer Rechtskraft nicht vergleichbar), ferner nicht bei einer Klagerücknahme oder beim Vergleich. Sie gilt auch im WEG-Verfahren.

4 **4) Rückgabe der Sicherheit, I.** Die Vorschrift hat keine große Bedeutung. Eine auflösende Bedingung der Sicherheitsleistung ist unabhängig von §§ 109, 715 zulässig, soweit sie die Sicherheit des Gläubigers nicht beeinträchtigt, LG Mainz MDR **00**, 229.

A. Verfahren. Es ist nach I 1 ein Antrag notwendig. Zuständig ist bei § 715 dasjenige Gericht, das die Sicherheitsleistung angeordnet oder zugelassen hat. Nach einer Zurückweisung der Berufung ist das Erstgericht für die Rückgabe der geleisteten Sicherheit zuständig. Das Gericht wird durch den Rpfl tätig, § 20 Z 3 RPflG, Karlsr Rpfleger **96**, 74. Er muß einen Beteiligten vor einer diesem nachteiligen Entscheidung anhören. Der Gläubiger kann den Antrag auf die Rückgabe der Sicherheit auch zum Protokoll der Geschäftsstelle stellen, §§ 109 III, 129 a. Der Antrag unterliegt daher keinem Anwaltszwang, § 78 III Hs 2. Der Urkundsbeamte der Geschäftsstelle prüft die Voraussetzungen einer Erteilung des Rechtskraftzeugnisses nach § 706 und ist für dessen Erteilung zuständig. Wenn die Rechtskraft des Urteils aktenkundig ist, wird ein Rechtskraftzeugnis entbehrlich. Bei einer Gesamtschuld muß das Urteil gegenüber allen Gesamtschuldnern rechtskräftig sein, bevor das Gericht die Sicherheit zurückgeben darf. Wenn das Rechtsmittelgericht das Urteil bestätigt hat, genügt der Nachweis der Rechtskraft dieses Urteils.

B. Entscheidung. Die Entscheidung erfolgt wegen der Verweisung in II auf § 109 III 2 auf eine 5
freigestellte mündliche Verhandlung nach § 128 IV durch einen Beschluß, § 329. Sobald der Antrag begründet ist, muß der Rpfl ihm stattgeben, hat also kein Ermessen mehr. Der Beschluß lautet auf eine Rückgabe der Sicherheit oder nach I 2 auf das Erlöschen der Bürgschaft, § 109 II, freilich nicht dessen S 2. Denn die Rechtskraft liegt hier ja schon vor. Das Gericht darf den Antragsteller nicht unnötig auf den umständlicheren Weg des § 109 verweisen. Der Rpfl muß seinen Beschluß begründen, § 329 Rn 4. Er teilt seine Entscheidung formlos mit, § 329 II 1, und zwar eine Ablehnung nur dem Gläubiger, eine stattgebende Entscheidung beiden Parteien.

Gebühren: Des Gerichts keine; des Anwalts keine, da seine Tätigkeit zum Rechtszug gehört, § 19 I 2 Z 7 RVG.

5) Rechtsbehelfe, I. Es kommt auf den Entscheidungsträger an. 6

A. Entscheidung des Rechtspflegers. Gegen die Entscheidung des Rpfl gilt § 11 RPflG, § 104 Rn 41 ff.

B. Entscheidung des Richters. Gegen die ablehnende Entscheidung des Richters ist grundsätzlich eine 7
sofortige Beschwerde zulässig, § 567 I Z 2. § 793 ist unanwendbar. Denn es liegt noch keine Zwangsvollstreckung vor, Grdz 51–53 vor § 704. Eine Rechtsbeschwerde kommt unter den Voraussetzungen des § 574 in Betracht. Wegen einer Anschlußbeschwerde § 567 III. Gegen eine stattgebende Entscheidung des Richters ist kein Rechtsbehelf zulässig, § 567 I Z 1. § 109 IV ist hier anwendbar.

716

Ergänzung des Urteils. **Ist über die vorläufige Vollstreckbarkeit nicht entschieden, so sind wegen Ergänzung des Urteils die Vorschriften des § 321 anzuwenden.**

1) Systematik. Die Vorschrift ergänzt die ganze Regelung der §§ 708 ff in einem solchen Punkt, den 1
§ 321 I jedenfalls nicht ganz eindeutig mitregelt. Zumindest stellt § 716 klar, daß auch die vorläufige Vollstreckbarkeit zwar nur unter den Bedingungen des § 321 ergänzbar oder nachholbar ist, BGH WoM **04**, 554, daß das Gericht sie dann aber sehr wohl derart vervollständigen kann und muß. Das gilt unabhängig davon, ob das Gericht zuvor von Amts wegen oder nur auf einen Antrag hätte entscheiden sollen. Es handelt sich nicht um eine Notfrist nach § 224 I 2, Engels AnwBl **78**, 162. §§ 707, 719 können anwendbar sein, Schlesw SchlHA **78**, 174. Wenn die Partei die Frist des § 321 II versäumt hat, kommt eine Berufung und dort § 718 in Betracht, Ffm FamRZ **90**, 540. In der Revisionsinstanz kann man den Antrag nachholen, nicht aber bei einer Nichtzulassungsbeschwerde, BGH WoM **04**, 554.

2) Regelungszweck. Da das komplizierte System der Möglichkeiten zur Herbeiführung und Abwehr 2
einer vorläufigen Vollstreckbarkeit nach § 709 Rn 1 von Anträgen nach § 714 abhängt, muß es eine Regelung für den Fall geben, daß das Gericht einen solchen Antrag vergißt. Das Gericht darf und muß daher einen übergangenen Antrag zur Vollstreckbarkeit und damit einen Sachantrag nach § 297 Rn 4, § 714 Rn 1, zwecks Gerechtigkeit nach Einl III 9, 36 auf einen Antrag mit einer Ergänzung bescheiden, § 321, BGH RR **00**, 746. BFH BB **81**, 898.

3) Geltungsbereich. Es reicht, daß das Gericht die Höhe der Sicherheitsleistung überhaupt nicht beziffert 3
hatte. Eine offenbar irrige Bezifferung unterliegt demgegenüber dem § 319. Es läßt sich kaum bestreiten, daß § 716 sich auch auf einen Schutzantrag des Schuldners bezieht. Wenn der Gläubiger die Nachholung der Entscheidung nach §§ 708, 709 beantragt, kann der Schuldner einen Antrag nach §§ 711 ff stellen, Ffm FamRZ **90**, 540. Der Gläubiger kann daraufhin wieder einen Antrag aus § 711 S 1 Hs 3 stellen, Ffm FamRZ **90**, 540. Ein Rechtsmittel statt einer noch möglichen Ergänzung ist unzulässig. Denn es fehlt eine anfechtbare Entscheidung. Wohl aber kann man eine Entscheidung des höheren Gerichts mit dem Antrag verlangen, § 714 Rn 3, BGH RR **00**, 746. Bei einer Notwendigkeit zur Tatbestandsberichtigung nach § 320 beginnt die Frist des § 321 II erst mit Zustellung des Berichtigungsbeschlusses, BGH MDR **82**, 663.

717

Wirkungen eines aufhebenden oder abändernden Urteils. **[I] Die vorläufige Vollstreckbarkeit tritt mit der Verkündung eines Urteils, das die Entscheidung in der Hauptsache oder die Vollstreckbarkeitserklärung aufhebt oder abändert, insoweit außer Kraft, als die Aufhebung oder Abänderung ergeht.**

[II 1] Wird ein für vorläufig vollstreckbar erklärtes Urteil aufgehoben oder abgeändert, so ist der Kläger zum Ersatz des Schadens verpflichtet, der dem Beklagten durch die Vollstreckung des Urteils oder durch eine zur Abwendung der Vollstreckung gemachte Leistung entstanden ist. [2] Der Beklagte kann den Anspruch auf Schadensersatz in dem anhängigen Rechtsstreit geltend machen; wird der Anspruch geltend gemacht, so ist er als zur Zeit der Zahlung oder Leistung rechtshängig geworden anzusehen.

[III 1] Die Vorschriften des Absatzes 2 sind auf die im § 708 Nr. 10 bezeichneten Berufungsurteile, mit Ausnahme der Versäumnisurteile, nicht anzuwenden. [2] Soweit ein solches Urteil aufgehoben oder abgeändert wird, ist der Kläger auf Antrag des Beklagten zur Erstattung des von diesem auf Grund des Urteils Gezahlten oder Geleisteten zu verurteilen. [3] Die Erstattungspflicht des Klägers bestimmt sich nach den Vorschriften über die Herausgabe einer ungerechtfertigten

Bereicherung. [4] Wird der Antrag gestellt, so ist der Anspruch auf Erstattung als zur Zeit der Zahlung oder Leistung rechtshängig geworden anzusehen; die mit der Rechtshängigkeit nach den Vorschriften des bürgerlichen Rechts verbundenen Wirkungen treten mit der Zahlung oder Leistung auch dann ein, wenn der Antrag nicht gestellt wird.

Schrifttum: *Gerlach,* Ungerechtfertigte Zwangsvollstreckung und ungerechtfertigte Bereicherung, 1986; *Häsemeyer,* Schadenshaftung im Zivilrechtsstreit, 1979; *Luh,* Die Haftung des aus einer vorläufigen, auf Grund verfassungswidrigen Gesetzes ergangenen Entscheidung vollstreckenden Gläubigers, Diss Ffm 1979; *Münzberg,* Der Schutzbereich der Normen §§ 717 Abs. 2, 945 ZPO, Festschrift für *Lange* (1992) 599; *Rabback,* Die entsprechende Anwendbarkeit des den §§ ..., 717 Abs. 2 usw zugrunde liegenden Rechtsgedankens auf die einstweiligen Anordnungen der ZPO, 1999.

Gliederung

1 **1) Systematik, I–III.** Die vorläufige Vollstreckbarkeit bringt die Gefahr mit sich, daß sich die zugrunde liegende Sachentscheidung als falsch erweist und dann die Vollstreckung schon erfolgt ist. Das Gesetz nimmt dieses Risiko in Kauf und verweist im Geltungsbereich des § 717 nach Rn 20 ff den Schuldner auf einen Ersatzanspruch, BGH NJW **01**, 1068.

2 **2) Regelungszweck, I–III.** Die Regelung in II, III kann ein vollwertiger, aber auch je nach dem Gegenstand der Vollstreckung und nach der jetzigen Finanzlage des Gläubigers ein kläglicher „Ausgleich" sein. Man sollte es dem Schuldner nicht durch eine engstirnige Auslegung der Vorschrift noch schwerer machen, selbst wenn er unter dem Druck des jetzt unhaltbar gewordenen Urteils „freiwillig" geleistet hatte. III stellt den Kläger besser als II, Hau NJW **05**, 712 (rechtspolitisch krit).

Vertrauensschutz ist ein Begleitumstand schon jedes begünstigenden Verwaltungsakts. Erst recht muß er dann einem Urteil zugutekommen. Wenn nun schon dessen nur vorläufige Vollstreckbarkeit zusammen mit einer Rechtsmittelfähigkeit bewirkt, daß sich der Staat grundsätzlich selbst bei groben Fehlern im Urteil von jeder Haftung freizeichnen kann, sollte man eigentlich den erstinstanzlichen Sieger ebenfalls von jeder Haftung befreien, nur weil das nächsthöhere Gericht anders denkt. Indessen gehen §§ 91 ff bekanntlich einen anderen Weg und läßt im Prinzip allein die endgültige Niederlage für die volle Kostenlast entscheiden. § 717 dehnt diesen Gedanken auch noch auf eine weitergehende Haftung des Verlierers aus. Andererseits ist der Schadensersatzanspruch aus der Sicht des nach II, III Berechtigten nur gerecht, BGH NJW **06**, 445. Die Auslegung sollte diesem scharfen Interessengegensatz durch eine ruhige und eher behutsame Handhabung zu entsprechen versuchen.

3 **3) Wegfall der vorläufigen Vollstreckbarkeit, I.** Die vorläufige Vollstreckbarkeit tritt kraft Gesetzes außer Kraft, sobald und soweit das Rechtsmittelgericht ein aufhebendes oder abänderndes Urteil verkündet, § 311, Mü MDR **82**, 238. Bei §§ 307, 331 III ist nach § 310 III die letzte nach § 317 notwendige Urteilszustellung maßgeblich. Mit der Aufhebung entfällt der zugehörige Kostenfestsetzungsbeschluß, Einf 8 vor §§ 103–107. Von der Verkündung an ist die Zwangsvollstreckung eine unerlaubte Handlung, §§ 823, 826 BGB. Doch entfallen die bisherigen Zwangsvollstreckungsmaßnahmen nicht ohne weiteres. Das Gericht muß sie vielmehr nach § 776 aufheben. Die Einstellung der Zwangsvollstreckung erfolgt nach § 775 Z 1, Mü MDR **82**, 238. Eine solche Entscheidung, die einen Teil des Urteils bestehen läßt, ändert das Urteil ab. Sie beläßt die Vollstreckbarkeit für den aufrechterhaltenen Teil des Urteils.

Der *Grund der Aufhebung* ist unerheblich. Es genügt, daß er rein förmlich ist. Es ist nicht erforderlich, daß das Rechtsmittelgericht seine aufhebende Entscheidung ihrerseits für vorläufig vollstreckbar erklärt, § 704 Rn 5, aM Mü MDR **82**, 239 (aber das wäre eine überflüssige Förmelei, Einl III 10). Wegen einer Zurückverweisung an die Vorinstanz § 704 Rn 5. Über die Bedeutung einer auf Grund eines vorläufig vollstreckbaren Urteils ergangenen Leistung Einf 3 vor §§ 708–720.

4 **4) Ersatzpflicht aus der Zwangsvollstreckung, II.** Es sind zahlreiche Aspekte beachtlich, Saenger JZ **97**, 222 (ausf).

A. Grundsatz: Vollstreckung auf eigene Gefahr. Vollstreckt der Gläubiger aus einem auflösend bedingten Urteil, tut er das auf eigene Gefahr, BGH NJW **82**, 2815, Hager KTS **89**, 524. Das Gesetz erlaubt dem Gläubiger häufig eine Zwangsvollstreckung bereits vor dem Eintritt der Rechtskraft des Urteils, um den Gläubiger gegen die Nachteile einer langen Prozeßdauer zu schützen. Es räumt dem Gläubiger damit aber keinerlei sachliches Recht gegenüber dem Schuldner ein. Aus dieser Erwägung macht II den Gläubiger beim Eintritt der Bedingung ersatzpflichtig, BGH NJW **85**, 128. Im übrigen bleibt es bei den allgemeinen sachlichrechtlichen Haftungsregeln, Gaul ZZP **110**, 30.

Darum ist II der Ausfluß eines *allgemeinen Rechtsgedankens,* BGH **95**, 13, Köln NJW **96**, 1292 (auch zu den Grenzen), LG Ffm MDR **80**, 409, ein Fall der Gefährdungshaftung, BGH **85**, 113. Sie hängt nicht von einem Verschulden ab, Rn 6. II ist auch dann anwendbar, wenn diejenige Gesetzesvorschrift als verfassungswidrig aufgehoben wird, die der Entscheidung zugrunde lag, nicht aber dann, wenn während einer Drittwiderspruchsklage nach § 771 ein Pfandstück abhanden kommt, Mü MDR **89**, 552, ferner nicht dann, wenn der Drittwiderspruchskläger nach § 771 III 1 in Verbindung mit § 769 I 1 eine Sicherheit leistet, BGH MDR **04**, 763 (nur deliktische Haftung), und schließlich nicht bei einem noch nicht rechtskräftigen Feststellungsurteil nach § 256. Das gilt selbst dann, wenn eine Leistungsklage möglich gewesen wäre, BAG JZ **90**, 194.

B. Sachbetroffenheit. Die Aufhebung oder Abänderung muß bei II die Sache betreffen, nicht bloß die Vollstreckbarkeit. Insofern weicht II von I ab. Eine Aufhebung im Kostenpunkt genügt. Der Grund der Aufhebung ist unerheblich. Auch bei einer Aufhebung aus einem rein förmlichen Grund etwa wegen Unzuständigkeit steht fest, daß das Urteil und damit seine Vollstreckbarkeit unberechtigt waren. Das gilt auch bei einer Aufhebung und einer Verweisung an das zuständige Gericht zB nach § 281. Eine Zurückverweisung nach § 538 besagt zwar über die Richtigkeit des Urteils nichts endgültig. Die Aufhebung ist sachlich durch eine neue Prüfung bedingt und nur prozessual unbedingt. Dennoch ist auch hier zunächst II anwendbar. Denn man würde diese Vorschrift sonst aushöhlen. 5

Eine *teilweise Abänderung* des Urteils ermöglicht einen entsprechenden Teilanspruch, Hamm Rpfleger **77**, 216, Karlsr JB **93**, 25, § 788 Rn 19 „Androhung der Zwangsvollstreckung". Ein zunächst ergangener und später geänderter Prozeßvergleich nach Anh § 307 ermöglicht keinen Ersatzanspruch, Rn 23. Zur sog Rückfestsetzung § 104 Rn 14. Maßgebender Zeitpunkt ist der Schluß der letzten mündlichen Verhandlung über die Aufhebung, §§ 136 IV, 296 a. Wenn das aufhebende Urteil seinerseits aufgehoben wird, sei es auch durch einen Prozeßvergleich, steht fest, daß das Ersturteil rechtmäßig war. Deshalb erlischt der Ersatzanspruch, LG Köln JB **91**, 600. Auch ein weiteres zusprechendes Urteil bringt mit seiner Rechtskraft den Anspruch zu Fall, BGH **136**, 203 (zustm Probst JR **98**, 288). Wenn der Schuldner auf die erste Aufhebung hin vollstreckt hat, ist er dem Gläubiger ersatzpflichtig.

Beiderseitige Erledigterklärungen in der *Berufungsinstanz* genügen nicht. Denn sonst müßte evtl der Gläubiger trotz einer notwendigen Erledigterklärung wegen des bisherigen Anspruchs einen Schadensersatz leisten, BGH NJW **88**, 1269 (zustm Matthies ZZP **102**, 103), aM Landsberg ZMR **82**, 72 (aber das wäre inkonsequent).

C. Rechtsnatur des Ersatzanspruchs. Der Anspruch ist ein Ersatzanspruch aus einem übernommenen Risiko, LAG Hamm DB **89**, 1578. Er soll dem Schuldner einen Ausgleich für diejenigen unter Umständen unvermeidbaren Nachteile geben, die infolge der vorläufigen Durchsetzung eines letztlich nicht berechtigt erscheinenden Anspruchs entstehen, BGH **85**, 113, Hamm AnwBl **89**, 239, Köln NJW **96**, 1292. Es ist sehr zweifelhaft, ob es sich bei diesem Gefährdungsanspruch nicht um eine Übertreibung der Haftung handelt, Rn 2. Warum muß die Partei klüger sein als das Gericht? Mit der Begründung einer Ersatzpflicht gibt II 1 eine sachlichrechtliche Vorschrift. Darum sind §§ 249 ff BGB anwendbar. Zur Problematik einer bloßen Fahrlässigkeit BGH **118**, 208. 6

Der Ersatzanspruch *entsteht* mit der Aufhebung oder mit der Änderung des Urteils. Es ist unerheblich, ob das aufhebende oder abändernde Urteil bei einer rückschauenden Betrachtung unrichtig ist, LG Bochum VersR **80**, 659, oder ob den Gläubiger ein Verschulden trifft, BGH MDR **80**, 826, LAG Hamm DB **89**, 1578, Saenger JZ **97**, 224, aM Düss Rpfleger **94**, 225 (aber das steht nicht in II und ist nicht sein Sinn. Es eröffnet auch völlige Unsicherheit dazu, wie das nächste Gericht entscheiden könnte). Es ist ferner unerheblich, ob der Gläubiger aus der Zwangsvollstreckung etwas erlangt hat. Wenn die Zwangsvollstreckung aber sachlich rechtmäßig war, kann der Gläubiger nicht über das Erlangte hinaus haften, falls der Schuldner hinterher eine Einwendung erwirbt, etwa wenn das Gericht das Urteil wegen einer Änderung der Gesetzgebung aufheben muß oder wenn es infolgedessen ungültig wird, LG Hbg NJW **04**, 2456 (StPO-Beschlagnahme). Es ist nicht auflösend bedingt, BGH NJW **97**, 2601.

D. Ersatzpflichtiger. Der Anspruch richtet sich nicht nur gegen den Kläger. Der Gesetzestext ist insofern ungenau. Auch der Bekl kann ersatzpflichtig werden, soweit er eine Zwangsvollstreckung etwa wegen der Kosten oder als Widerkläger betreibt. Es ist unerheblich, ob die Partei selbst die Vollstreckung betreibt oder von einem Bevollmächtigten durchführen läßt. Wenn ein Rechtsnachfolger nach § 727 die Vollstreckung betrieben hat, haftet er. Der Gegner kann den Anspruch trotzdem durch einen Zwischenantrag geltend machen, Rn 14, § 265 II 1. Das Gericht muß das Urteil aber auf den Rechtsnachfolger abstellen, § 727, aM Nieder NJW **75**, 1004 (der Rechtsnachfolger sei der richtige Bekl, § 265 sei unanwendbar. Aber die Vorschrift gilt allgemein.). Der Rechtsnachfolger des Bekl muß einen besonderen Prozeß einleiten. Ein solcher Dritter, der für den Bekl zur Abwendung der Zwangsvollstreckung geleistet hat, ist nur dann zur Klage berechtigt, wenn er Rechtsnachfolger ist, BGH NJW **85**, 128. Es ist also zB nicht diejenige Versicherungsgesellschaft klageberechtigt, die eine Leistung erbracht hat, und ebensowenig ist der Versicherungsnehmer gegenüber dem Gläubiger dann berechtigt, wenn der Versicherer für den Versicherungsnehmer gezahlt hatte, BGH NJW **85**, 128. 7

E. Umfang der Ersatzpflicht. Ersetzen muß man jeden tatsächlich gerade aus dem Vollstreckungszugriff entstandenen Schaden, BGH NJW **00**, 741, Köln NJW **96**, 1292, Saenger JZ **97**, 224. Hierher gehört derjenige Schaden, der dem Gegner durch irgendeine auch ergebnislose Zwangsvollstreckungsmaßnahme nach Grdz 51–53 vor § 704 aus dem Ersturteil bis zum Erlaß des Berufungsurteils ursächlich entstanden ist, mag der Schaden auch erst später bezifferbar entstanden sein, BGH **69**, 376 (bei einem späteren Schaden gilt III). Zur Abgrenzung vom Berufungsurteil BGH **69**, 376. Der Anspruch bezweckt eine Wiederherstellung des früheren Zustands, hilfsweise eine Entschädigung in Geld, §§ 249 ff BGB. 8

F. Beispiele zur Frage des Umfangs einer Ersatzpflicht 9

Bürgschaft: Ersetzbar sein können auch die Kosten einer Avalbürgschaft zur Abwendung der Zwangsvollstreckung, Hbg MDR **99**, 188, Hamm AnwBl **88**, 300, Köln JB **99**, 272.

S auch „Sicherheitsleistung"

Darlegung: Der Schuldner muß seinen Anspruch in einer dem § 253 Rn 31 ff entsprechenden Weise darlegen, Köln JB **91**, 1264 (entgangener Gewinn, § 287).

Entgangener Gewinn: Er ist ersetzbar, Köln JB **91**, 1264.

„Freiwillige" Leistung: Ersetzbar sein kann auch der Schaden infolge einer nur unter der Androhung einer Vollstreckung erfolgten „freiwilligen" Leistung des Schuldners, BGH NJW **00**, 741, Zweibr FamRZ **98**, 835, Adam JB **98**, 569.

Haft: Ersetzbar sein kann auch ein Haftfolgeschaden.

Kosten: Sie sind ersetzbar.

Kreditschaden: *Nicht* ersetzbar ist ein Kreditschaden infolge des Bekanntwerdens der bloßen Tatsache einer Zwangsvollstreckung, BGH **85**, 115.

Leistungsverweigerungsrecht: Ersetzbar sein kann auch ein Schaden infolge eines vom Erstgericht fehlerhaft versagten Leistungsverweigerungsrechts, BGH RR **07**, 1029. Die Geldübergabe an den Gerichtsvollzieher reicht dann aus, Köln RR **87**, 1211.

Mittelbarer Schaden: Auch er kann ersetzbar sein.

Schadensliquidation: *Nicht* hierher gehört eine sog Schadensliquidation im Drittinteresse, Hamm ZIP **83**, 119, ZöHE 8, aM StJM 27.

Sicherheitsleistung: Ersetzbar sein kann auch eine Aufwendung für eine Sicherheitsleistung, Köln JB **99**, 272. Ersetzbar sind auch die Aufwendungen für eine erneute Sicherheitsleistung dann, wenn man früher auf eine solche hatte verzichten müssen.

Nicht ersetzbar ist eine Sicherheitsleistung des Schuldners, solange der Gläubiger eine Sicherheit noch nicht geleistet hat, BGH NJW **00**, 741, Grunsky NJW **75**, 936, aM BGH **76**, 2163 (aber dann beruht der Schaden nicht gerade auf der Vollstreckung).

S auch „Bürgschaft".

Teiländerung des Urteils: Sie bewirkt einen entsprechend begrenzten Ersatzanspruch, Hamm Rpfleger **77**, 216, LG Landsberg ZMR **82**, 70 (Kostenschaden).

Unmittelbarer Schaden: Er ist natürlich ersetzbar.

Unterlassungsverstoß: Es reicht grds aus, daß der Schuldner etwas pflichtwidrig unterlassen hat. Eine Ausnahme kann bei der Unterlassung einer Androhung nach § 890 III bestehen, BGH NJW **76**, 2163.

Urteilserwirkung: Sie reicht noch *nicht* für einen Ersatzanspruch des Schuldners aus. Denn mit ihr bekundet der Gläubiger noch nicht stets den Willen zur Durchführung einer Zwangsvollstreckung, BGH NJW **00**, 741, Zweibr FamRZ **98**, 834. Das gilt erst recht nach einem bloßen Feststellungsurteil, BAG JZ **90**, 194 (zustm Münzberg). Wenn der Schudlner daraufhin zahlt, kann er nur das Geleistete zurückfordern.

Versteigerung: Ersetzbar sein kann auch der Schaden infolge eines gegenüber einem höheren Verkaufspreis geringeren Versteigerungserlöses.

Vollstreckungsklausel: *Nicht* ersetzbar ist der Schaden infolge der Erwirkung der Vollstreckungsklausel. Denn sie gehört trotz ihrer formellen Stellung in §§ 724 ff noch zum Erkenntnisverfahren und ist noch keine eindeutige Drohung mit einer Vollstreckung. Etwas anderes gilt aber dann, wenn der Gläubiger sie dem Schuldner nach § 750 zugestellt hat und nicht zugleich erklärt hat, er wolle noch nicht vollstrecken. Das müßte er bindend oder nach der Sachlage eindeutig erkennbar erklärt haben.

Zahlungseinstellung: *Nicht* ersetzbar ist der Schaden infolge einer Zahlungseinstellung des Schuldners zwecks Vermeidung einer Zwangsvollstreckung.

Zinsschaden: Er ist ersetzbar.

Zwangsgeld: Es ist ersetzbar.

10 **G. Grenzen der Ersatzpflicht.** Es wäre aber eine Überspannung der Ersatzpflicht desjenigen, der auf ein Urteil vertraut hat, auch einen Vermögensschaden infolge einer seelischen Beeinträchtigung zu vergüten. Mit größerem Recht würde sich eine solche Haftung daraus herleiten lassen, daß der Kläger den Bekl mit einem unbegründeten großen Prozeß überzogen hatte. Dann kennt das Gesetz aber keine derartige Haftung. Muß der Schuldner eine Sachgesamtheit herausgeben, ist der Schuldner zur Wegnahme von Neuanschaffungen berechtigt, soweit sie den vor der Zwangsvollstreckung bestehenden Zustand nicht antastet.

11 **H. Einwendungen.** Der Gegner hat alle sachlichrechtlichen Einwendungen, Hamm MDR **78**, 234. Er kann zB nach §§ 387 ff eine Aufrechnung erklären, § 145 Rn 9, Hamm FER **98**, 99, aM Karlsr FamRZ **02**, 894 (aber das ist ein allgemeines Verteidigungsmittel). Dieses Recht steht ihm sowohl dann zu, wenn der Schuldner seinen Ersatzanspruch in einem Zwischenantrag nach II geltend macht, als auch dann, wenn der Schuldner den Anspruch mit einer Widerklage geltend macht, BGH NJW **80**, 2528 (zustm Pecher ZZP **94**, 458), oder wenn er ihn in einem selbständigen Prozeß erhebt. Mit der Klageforderung darf der Kläger freilich nur im letzteren Fall aufrechnen, BGH NJW **97**, 2601. Man kann die Klageforderung nicht bei einem Zwischenantrag geltend machen. Denn das Gericht kann eine sachliche Prüfung nicht gleichzeitig vornehmen und ablehnen. Der Prozeßbürge kann sich auf die Aufrechnung des Hauptschuldners nicht berufen, BGH **136**, 203 (zustm Probst JR **98**, 288).

Der Gegner kann ferner ein *mitwirkendes Verschulden* geltend machen, § 254 BGB, Einl III 68, Hamm MDR **78**, 234. Dieses mag vorliegen: Wenn ein Verteidigungsmittel nicht erfolgt; wenn eine schuldhafte Versäumnis vorliegt; wenn eine Erinnerung nach § 766 oder ein Hinweis auf die besondere Höhe des drohenden Schadens unterbleiben. Die Partei kann ein Zurückbehaltungsrecht wegen einer Verwendung nicht einwenden, Karlsr Rpfleger **96**, 73, LG Bln MDR **03**, 1201. Das gilt insbesondere dann, wenn sie den Besitz durch die Zwangsvollstreckung erlangt hat. Die Verjährung richtet sich nach §§ 194 ff, 852 BGB. Sie beginnt mit der Entstehung des Anspruchs, also bereits mit dem Erlaß der aufhebenden oder abändernden Entscheidung, aM BGH **169**, 312 (mit der Kenntnis vom Urteil), nicht erst mit dem nach § 322 rechtskräftigen Abschluß des Rechtsstreits, Karlsr OLGZ **79**, 374.

12 **I. Pfändbarkeit des Ersatzanspruchs.** Der Ersatzanspruch ist pfändbar. Das gilt schon vor der Aufhebung des Urteils. Denn es handelt sich um einen bedingten Anspruch. Die Pfändung hindert aber die

Parteien nicht daran, sich über die Hauptsache dahin zu vergleichen, daß der Ersatzanspruch hinfällig wird, § 779 BGB. Daher kann dem Pfandgläubiger höchstens ein Anspruch aus § 826 BGB verbleiben.

5) Durchführung des Ersatzanspruchs, II. Sie erfordert viel Sorgfalt. 13

A. Wahlrecht des Schuldners. Der Schuldner hat die Wahl, ob er seinen Ersatzanspruch durch eine selbständige Klage oder Widerklage nach Anh § 253 geltend machen will, (Einschränkung Rn 7), Karlsr FamRZ **02**, 894 (nicht durch eine Vollstreckungsabwehrklage nach § 767), oder ob er ihn durch einen Zwischenantrag im schwebenden Prozeß geltend machen will, Stgt AnwBl **76**, 133, LG Lübeck Rpfleger **82**, 439. Er kann den Anspruch auch nach II 2 im Einspruchsverfahren nach §§ 340 ff erheben, BVerfG FamRZ **04**, 1015 links Mitte. Er kann ferner nach § 91 IV vorgehen, § 91 Rn 14, und so eine sog Rückfestsetzung nach § 104 Rn 14 erübrigen. Wenn er den Weg der Klage wählt, stehen ihm alle für eine Klage aus einer unerlaubten Handlung gegen den Gegner möglichen Gerichtsstände frei, § 32. Das gilt selbst dann, wenn der Kläger kein Verschulden des Bekl behauptet. Bei einer selbständigen Klage folgt die sachliche Zuständigkeit den allgemeinen Regeln. Der Kläger braucht nicht die Rechtskraft des aufhebenden Urteils nach § 322 abzuwarten.

Das Gericht darf den Ersatzprozeß *nicht* bis zum Eintritt der Rechtskraft des Vorprozesses *aussetzen*, LAG Köln MDR **93**, 684, MüKoKr 22, aM StJM 47, ZöHe 13 (aber § 717 setzt aus gutem Grund gerade nicht die Rechtskraft voraus). Der Bekl kann seinen Anspruch auch einredeweise geltend machen. Er kann also aufrechnen, Rn 11. Der Aufrechnung steht die Rechtshängigkeit im Vorprozeß nach § 261 nicht entgegen, Rn 11. Die Rechtshängigkeit wirkt anders als bei III nur bei einem Zwischenantrag zurück. Eine rechtskräftige Entscheidung im Vorprozeß schneidet die durch sie ausgeschlossenen Einreden auch für diesen Prozeß ab. Wegen der Zinsen und der Kosten Rn 14. Der Schuldner kann den ja sachlichrechtlichen Anspruch nach Rn 5 nicht im Verfahren nach §§ 103 ff geltendmachen, Hamm AnwBl **88**, 300.

B. Zwischenantrag. Der Zwischenantrag ist keine Widerklage, aM Nieder NJW **75**, 1002 (aber sie hat 14
weitere Voraussetzungen, Anh § 253). Er ist unzulässig, wenn er mit einem in diesem Prozeß rechtskräftig erledigten Teilanspruch im rechtlichen Zusammenhang steht. Das Prozeßgericht ist beim Zwischenantrag ohne Rücksicht auf die Höhe des Ersatzanspruchs sachlich zuständig. Daher ist auch § 506 unanwendbar. Der Schuldner erhebt den Zwischenantrag nach § 261 II. Er ist ein Sachantrag, § 297 Rn 4. Deshalb muß man ihn schriftsätzlich ankündigen. Sonst darf kein Versäumnisurteil ergehen, § 335 I Z 3. Man muß ihn nach § 297 stellen. Der Zwischenantrag ist in jeder Instanz ohne Einwendungen des Gegners zulässig. Man kann ihn auch in der Revisionsinstanz stellen. Das gilt selbst dann, wenn der Zwischenantrag schon in der Berufungsinstanz zulässig gewesen war, Nieder NJW **75**, 1001. Allerdings muß das Revisionsgericht in der Regel zurückverweisen, soweit Tatsachenfeststellungen notwendig sind, § 565 I. Der Antrag ist bis zum Schluß der mündlichen Verhandlung zulässig, §§ 136 IV. 296 a, Düss JB **76**, 1260.

Für den *Streitwert* nach §§ 3 ff ZPO, 63 GKG stehen eine Widerklage und ein Zwischenantrag gleich, § 45 GKG. Denn sie bedeuten hier sachlichrechtlich dasselbe, § 3 Anh Rn 125 „Urteilsänderung", Stgt AnwBl **76**, 133, LAG Bln DB **88**, 612. Man darf die verauslagten Zinsen und Kosten beim Zwischenantrag und daher auch bei der Widerklage dem Streitwert nicht hinzurechnen, aM Nieder NJW **75**, 1002 (vgl aber § 4 I Hs 2). Die Hinzurechnung erfolgt aber bei einem weitergehenden Schaden für den Mehrbetrag. Wegen des Zwischenantrags erfolgt keine Verweisung nach § 506.

C. Rechtshängigkeit. Der Zwischenantrag macht den Anspruch mit allen prozessualen Wirkungen 15
rechtshängig, § 261. II bezieht die sachlichrechtlichen Wirkungen auf die Zeit der Zahlung oder Leistung zurück. Daher beginnt dann auch eine Verzinsungspflicht nach § 291 BGB. II bezieht sich nicht auf die prozessualen Wirkungen. Denn man kann sie nur zum Nachteil des Bekl rückbeziehen, und das Gesetz beabsichtigt ersichtlich eine solche Rückbeziehung nicht. Die Verjährung richtet sich nach § 199 I, III BGB.

D. Entscheidung. Sie erfolgt durch ein Endurteil, § 300. Es ist ebenso anfechtbar wie die Entscheidung 16
in der Hauptsache. Wenn das Gericht im Urteil eine Entscheidung über den Zwischenantrag unterläßt, liegt ein Teilurteil vor, § 301. Falls das Urteil nicht als Teilurteil gedacht war, muß das Gericht es nach § 321 ergänzen. § 718 II betrifft diesen Fall nicht. Die vom Kläger nach § 709 zu leistende Sicherheit genügt auch zur Abwendung der Vollstreckung nach § 711 für diesen Zwischenantrag. Andernfalls würde der Kläger für denselben Anspruch doppelt Sicherheit leisten müssen. Das Gericht kann den Schaden nach § 287 ermitteln. § 322 ist anwendbar.

6) Bereicherungsanspruch, III. Um nutzlose Revisionen einzudämmen, macht III den II auf vermö- 17
gensrechtliche Berufungsurteile des § 708 Z 10 unanwendbar, BGH **69**, 378. Das gilt auch für solche des LAG, BAG DB **87**, 1045, LAG Hamm DB **91**, 976. Nur für ein Versäumnisurteil des Berufungsgerichts gilt II. Diese Vorschrift versagt also zB auch bei einem Vorbehaltsurteil des OLG in einem Urkunden- oder Wechselprozeß. Bei einer Aufhebung des Urteils im Nachverfahren gelten unabhängig von III die §§ 600 II, 302 IV 2 und 3.

A. Bloße Rückgewähr. III 3 ermöglicht einen Rückgewähranspruch *nach* den Grundsätzen der ungerechtfertigten Bereicherung, *§§ 812 ff BGB*, Ramrath DB **87**, 96. Der Gläubiger muß dem Schuldner nur das Gezahlte oder Geleistete erstatten, nicht dasjenige, das infolge des Urteils kraft Gesetzes verloren ging, zB eine Zwangshypothek nach § 868. Jeder weitergehende Anspruch ist unstatthaft, zB derjenige aus §§ 823, 826 BGB. Der Anspruch aus III ist ebenso wie der Anspruch aus II nach Rn 6 sachlichrechtlich. Daran läßt die Fassung des Gesetzes kaum einen Zweifel. Daher läßt er die Aufrechnung und alle anderen sachlichrechtlichen Einwendungen zu. Überhaupt sind die sachlichrechtlichen Vorschriften über die ungerechtfertigte Bereicherung hier anwendbar. Rechtspolitisch krit Hau NJW **05**, 712.

B. Unerheblichkeit eines Verschuldens. Da es sich um einen Anspruch aus einer Bereicherung 18
handelt, ist ein etwaiges Verschulden grundsätzlich unerheblich. Eine Ausnahme gilt bei mehr als gesetzlichen Zinsen, LAG Hamm NJW **76**, 1119. Ebenso unerheblich ist ein etwaiger guter Glaube daran, daß das zur vorläufigen Vollstreckung berechtigende Urteil richtig sei. Denn wenn dieser gute Glaube beachtlich

wäre, hätte III ebenso wie II keine Bedeutung. Auch ein Wegfall der Bereicherung läßt sich in der Regel nicht einwenden. Denn die Wirkungen der Rechtshängigkeit treten mit der Zahlung oder der Leistung ein, III 4. Der Gläubiger haftet also nach den allgemeinen Vorschriften. § 818 IV BGB, § 868 Rn 1.

19 **C. Verfahren.** Der Schuldner kann seinen Anspruch wie bei II durch eine selbständige Klage, durch eine Widerklage nach Anh § 253 oder durch einen Zwischenantrag geltend machen. Wenn der Kläger seinen Klaganspruch nach der Rechtshängigkeit abgetreten hatte und wenn das Gericht den Bekl zur Zahlung an den neuen Gläubiger verurteilt hat, muß der neue Gläubiger nach der Aufhebung des Urteils dem Bekl dasjenige erstatten, das er durch die Vollstreckung erlangt hat, aM Grunsky ZZP **81**, 291 (aber das wäre inkonsequent). Eine Zurückbeziehung der Rechtshängigkeit erfolgt wie bei Rn 13, selbst wenn die Partei den Antrag gar nicht stellt. Bei einem Antrag erst in der Revisionsinstanz und bei einem neuen oder unklaren Tatsachenvortrag kommt eine Zurückverweisung in Betracht, BGH NJW **94**, 2096. Wegen des Streitwerts Rn 13, 16.

20 **7) Entsprechende Anwendung des II.** Sie hat eine erhebliche Bedeutung.

A. Grundsatz: Allgemeiner Rechtsgedanke. § 717 enthält einen allgemeinen Rechtsgedanken, Rn 2. Die Vorschrift ist daher grundsätzlich weitgehend entsprechend anwendbar, aM BGH FamRZ **85**, 368 (aber Grundregeln sind stets weit auslegbar). Die Vorschrift hat allerdings auch öffentlichrechtliche Grenzen, zB Rn 30 „Steuerbescheid".

21 **B. Beispiele zur Frage einer entsprechenden Anwendbarkeit**

Änderung: Rn 32 „Vergleich".

Arrest, einstweilige Verfügung: II ist entsprechend anwendbar, soweit es darum geht, daß das Gericht einen Arrest oder eine einstweilige Verfügung aufhebt, § 945, aM KG WoM **91**, 61 (aber gerade dann ist die Interessenlage vergleichbar). Das gilt auch bei einem Steuerberater.

S auch Rn 23 „Beschluß".

Aufrechnung: II ist entsprechend anwendbar, soweit es darum geht, daß das Gericht ein Vorbehaltsurteil wegen einer Aufrechnung aufhebt, § 302 IV.

22 **Bardepotpflicht:** II ist *nicht* entsprechend anwendbar, soweit es um die Vollziehung eines Heranziehungsbescheids geht, BGH NJW **82**, 2815.

Berichtigung: II ist entsprechend anwendbar, soweit es darum geht, daß die Vollstreckbarkeit des Urteils wegen seiner Berichtigung entfällt, falls die Partei die Unrichtigkeit erkennen mußte, § 319 Rn 10.

23 **Beschluß:** II ist entsprechend anwendbar, soweit es um einen der Rechtskraft fähigen Beschluß geht, BGH NJW **06**, 445, zB um einen Vollstreckungsbescheid oder um einen Kostenfestsetzungsbeschluß, § 104 Rn 14, Ffm NJW **78**, 2203, Karlsr Rpfleger **80**, 438, Köln JB **91**, 1264, aM Köln Rpfleger **76**, 220, VG Gelsenk Rpfleger **83**, 174 (aber bis auf die Entscheidungs*form* liegt dieselbe Situation vor).

II ist *nicht* entsprechend anwendbar, soweit es um einen *nicht* der Rechtskraft fähigen Beschluß geht.

S auch Rn 21 „Arrest, einstweilige Verfügung", Rn 28 „Pfändung und Überweisung", Rn 33 „Vollstreckbarkeitsbeschluß".

24 **Drittwiderspruchsklage:** II ist *nicht* entsprechend anwendbar, soweit es um eine Drittwiderspruchsklage nach § 771 III geht, BGH **95**, 15 (zustm Gerhardt NJW **85**, 1959, abl Häsemeyer NJW **86**, 1028), Mü MDR **89**, 552.

S auch Rn 35 „Widerspruchsklage".

25 **Einstweilige Verfügung:** Rn 21 „Arrest, einstweilige Verfügung".

Erledigung der Hauptsache: II ist hier *nicht* entsprechend anwendbar, BGH MDR **88**, 575, BVerwG NJW **81**, 699, aM LG Landsberg ZMR **82**, 69.

26 **Grundurteil:** II ist entsprechend anwendbar, soweit es darum geht, daß das Urteil zur Hauptsache wegen einer Aufhebung der Vorabentscheidung über den Grund entfällt, § 304 Rn 30.

27 **Heranziehungsbescheid:** Rn 22 „Bardepotpflicht".

Klagerücknahme: II ist *nicht* entsprechend anwendbar. Denn § 269 III enthält eine vorrangige Sonderregelung, Düss OLGR **95**, 177.

Kostenfestsetzungsbeschluß: II ist auf ihn entsprechend anwendbar, Rn 23 „Beschluß".

28 **Pfändung und Überweisung:** II ist *nicht* entsprechend anwendbar, soweit es um die Aufhebung eines Pfändungs- und Überweisungsbeschlusses geht, Köln MDR **84**, 60.

S auch Rn 23 „Beschluß".

Prozeßvergleich: Rn 32 „Vergleich".

Rechtskraft: II 1 ist *nicht* entsprechend anwendbar, soweit das formell rechtskräftige Urteil wegen seiner inhaltlichen Unbestimmtheit sachlichrechtlich nicht rechtskräftig ist, BGH BB **99**, 1625 (zustm Münzberg JZ **00**, 162).

29 **Scheckprozeß:** Rn 31 „Urkundenprozeß".

Schiedsspruch usw: II ist entsprechend anwendbar, soweit es darum geht, daß die Vollstreckbarerklärung eines Schiedsspruchs usw aufgehoben wird, §§ 1059 ff, 1065 II 2.

30 **Steuerberater:** Rn 21 „Arrest, einstweilige Verfügung":

Steuerbescheid: II ist wegen des öffentlichen Interesses an einer alsbaldigen Vollstreckbarkeit *nicht* entsprechend anwendbar, soweit es um den Vollzug eines unrichtigen Steuerbescheides geht. Das gilt auch bei der sog Vollverzinsung für die in § 233 a AO genannten Steuerarten, BGH NJW **01**, 1068.

31 **Urkunde:** Rn 32 „Vergleich".

Urkundenprozeß: II ist entsprechend anwendbar, soweit es darum geht, daß im Urkunden-, Scheck- oder Wechselprozeß ein Vorbehaltsurteil aufgehoben wird, §§ 600 II, 602, 605 a.

Verfassungswidrigkeit: II ist entsprechend anwendbar, soweit das BVerfG die Urteilsgrundlage dadurch entfallen läßt, daß es eine Vorschrift für verfassungswidrig erklärt.

32 **Vergleich:** II ist entsprechend anwendbar, soweit die Parteien ein vorläufig vollstreckbares Urteil durch einen Prozeßvergleich ändern, Hamm AnwBl **89**, 239, KG MDR **91**, 258.

II ist *nicht* entsprechend anwendbar, soweit es im übrigen um einen solchen Prozeßvergleich oder eine solche vollstreckbare Urkunde nach § 794 I Z 1, 5 geht, die die Parteien später abändern. Denn der Ausgangstitel ist endgültig vollstreckbar, BGH KTS **95**, 67, Düss JR **92**, 499, Karlsr OLGZ **79**, 370. II ist auch dann nicht entsprechend anwendbar, wenn das Gericht einen Prozeßvergleich usw auf Grund einer wirksamen Anfechtung später durch ein Urteil ändert, Hamm AnwBl **89**, 239. Eine Haftung tritt nur nach §§ 812 ff, 823 ff BGB ein.

Vergütungsfeststellungsbeschluß: II ist entsprechend anwendbar, BGH NJW **06**, 445.

Verwaltungsakt: Rn 30 „Steuerbescheid".

Vollstreckbarkeitsbeschluß: II ist entsprechend anwendbar, soweit es darum geht, daß ein Vollstreckbarkeitsbeschluß nach einem internationalen Abkommen aufgehoben wird, SchlAnh V. 33

Vollstreckungsabwehrklage: II ist *nicht* entsprechend anwendbar, soweit es um die Aufhebung auf Grund einer Vollstreckungsabwehrklage geht, falls eine Vollstreckung nach dem Eintritt der formellen Rechtskraft nach § 705 stattgefunden hat. Denn damit braucht niemand zu rechnen. Eine Haftung tritt nur nach §§ 812 ff, 823 ff BGB ein.

S auch Rn 35 „Widerspruchsklage", „Wiedereinsetzung".

Vollstreckungsklausel: II ist entsprechend anwendbar, soweit es darum geht, daß das Gericht eine Vollstreckungsklausel nach §§ 732, 768 aufhebt.

Vorabentscheidung: Rn 26 „Grundurteil". 34

Vorbehaltsurteil: Rn 21 „Aufrechnung", Rn 31 „Urkundenprozeß".

Wechselprozeß: Rn 31 „Urkundenprozeß". 35

Widerspruchsklage: II ist *nicht* entsprechend anwendbar, soweit es um die Aufhebung auf Grund einer Widerspruchsklage geht, falls der Gläubiger erst nach dem Eintritt der formellen Rechtskraft nach § 705 vollstreckt hat. Denn damit braucht niemand zu rechnen. Eine Haftung tritt nur nach §§ 812 ff, 823 ff BGB ein.

S auch Rn 24 „Drittwiderspruchsklage", Rn 33 „Vollstreckungsabwehrklage", Rn 35 „Wiedereinsetzung".

Wiederaufnahme: II ist *nicht* entsprechend anwendbar, soweit es um die Aufhebung im Wiederaufnahmeverfahren geht, Hamm JB **98**, 266. Denn damit braucht niemand zu rechnen. Eine Haftung tritt nur nach §§ 812 ff, 823 ff BGB ein.

Wiedereinsetzung: II ist *nicht* entsprechend anwendbar, soweit es um eine Wiedereinsetzung geht, falls der Gläubiger erst nach dem Eintritt der formellen Rechtskraft nach § 705 vollstreckt hat. Denn damit braucht niemand zu rechnen. Eine Haftung tritt nur nach §§ 812 ff, 823 ff BGB ein.

S auch Rn 33 „Vollstreckungsabwehrklage", Rn 35 „Widerspruchsklage".

Wohnungseigentum: In einem Verfahren nach dem WEG ist § 717 (jetzt) anwendbar. 36

Zug-um-Zug-Urteil: II ist *unanwendbar,* soweit statt einer unbedingten Verurteilung jetzt eine Verurteilung nur Zug um Zug erfolgt, Karlsr Rpfleger **96**, 74.

Zulässigkeitsrüge: II ist entsprechend anwendbar, soweit es um ein solches Urteil des höheren Gerichts geht, das ein eine Zulässigkeitsrüge verwerfendes Urteil aufhebt und die Klage abweist, § 280 Rn 7, 8. 37

Zurückbehaltungsrecht: II, III können entsprechend anwendbar sein, LAG Köln NZA **06**, 661.

718 *Vorabentscheidung über vorläufige Vollstreckbarkeit.* **I In der Berufungsinstanz ist über die vorläufige Vollstreckbarkeit auf Antrag vorab zu verhandeln und zu entscheiden.**

II Eine Anfechtung der in der Berufungsinstanz über die vorläufige Vollstreckbarkeit erlassenen Entscheidung findet nicht statt.

1) Systematik, I, II. Die Vorschrift bietet eine Möglichkeit zur bedingten Korrektur etwa von Anfang an fehlerhaften oder infolge einer nachträglichen Entwicklung fehlerhaft gewordener Aussprüche zur vorläufigen Vollstreckbarkeit nach §§ 708 ff bis zur erneuten Entscheidung zur Hauptsache, Rn 3, Ffm OLGR **94**, 106, Hamm OLGR **95**, 264, Groener NJW **94**, 432 (zu hohe Sicherheitsanordnung, da inzwischen Teilrechtskraft nebst Teilzahlung). I bezieht sich sowohl darauf, daß eine Partei eine Entscheidung des Erstgerichts in der Hauptsache und wegen deren vorläufiger Vollstreckbarkeit anficht, als auch darauf, daß das Berufungsgericht erstmalig über die vorläufige Vollstreckbarkeit entscheidet, § 714 Rn 3. 1

I bezieht sich aber *nicht* darauf, daß man mit der Berufung überhaupt nur die Frage der vorläufigen Vollstreckbarkeit anficht, Ffm NJW **82**, 1890, Nürnb NJW **89**, 842, Schneider MDR **83**, 906, aM Ffm MDR **84**, 677 (aber dann gibt es keine Hauptsache außer dieser Frage). I bezieht sich auch nicht darauf, daß das Berufungsgericht nach einem Schlußurteil des Urkundenprozesses nach § 600 die Vollstreckbarkeitsentscheidung des Vorbehaltsurteils korrigiert, Ffm OLGZ **94**, 471. Der Stand der Zwangsvollstreckung ist unerheblich.

2) Regelungszweck, I, II. Die Vorschrift ist unbedingt erforderlich, um in der mißlichen Lage Rn 1 nicht auch noch viel Zeit verstreichen zu lassen. Sie dient damit der Gerechtigkeit nach Einl III 9, 36. Sie dient aber auch der Zweckmäßigkeit und damit der Prozeßwirtschaftlichkeit, Grdz 14 vor § 128. Freilich kann sich im Verlauf der Berufungsinstanz ergeben, daß das Erstgericht zumindest im Ergebnis doch sehr wohl vertretbar oder gar überzeugend geurteilt hat. Deshalb ist eine vorsichtige und zurückhaltende Handhabung von I ratsam. Das gilt unabhängig von der Unanfechtbarkeit nach II. 2

3) Vorabentscheidung, I. Das Berufungsgericht muß über die vorläufige Vollstreckbarkeit auf einen Antrag vorab verhandeln und entscheiden, Ffm OLGZ **94**, 470, Köln RR **95**, 1280. Eine Entscheidung zur Hauptsache unterbleibt in diesem Verfahren, Karlsr FamRZ **87**, 496. 3

A. Antrag. Das Gericht muß das auch auf einen Antrag des Berufungsbekl tun, Düss FamRZ **85**, 307, auch auf einen Antrag des unselbständigen Anschlußberufungsklägers, § 521 Rn 3, Ffm MDR **87**, 1033, Karlsr OLGZ **75**, 486, VGH Kassel NVwZ **87**, 517. Es muß zunächst die Zulässigkeit des Rechtsmittels nach § 522 prüfen. § 714 ist anwendbar, Ffm OLGZ **86**, 254. Eine erstmalige Berufung auf § 710 ist statthaft, Zweibr RR **03**, 76. Der Antrag unterliegt keiner Frist, Zweibr RR **03**, 76 Man kann ihn auf einen selbständigen Teil des angefochtenen Urteils beschränken, Zweibr RR **03**, 76.

4 **B. Beispiele zur Frage einer Vorabentscheidung, I**

Abwendungsbefugnis: Das Teilurteil kann auch eine Abwendungsbefugnis nach § 711 betreffen, Ffm FamRZ **90**, 540, Zweibr RR **03**, 76. Eine Erhöhung kommt aber dann nicht infrage, wenn die Zwangsvollstreckung aus dem angefochtenen Urteil schon nach Grdz 52 vor § 704 beendet ist, Köln MDR **80**, 764, Mü OLGR **95**, 71.

Art der Sicherheitsleistung: Über sie bestimmt das Erstgericht, auch abändernd, § 108 Rn 6.

Beschluß: Eine Vorabentscheidung durch einen Beschluß ist unstatthaft.

Einzelrichter: Zuständig ist dem Grunde nach evtl auch der Einzelrichter nach §§ 526, 527, aM Ffm MDR **90**, 931 (aber seine Befugnisse umfassen auch diese Entscheidung).

Entscheidung zur Hauptsache: Das Gericht muß vor der Entscheidung zur Hauptsache entscheiden. Das Teilurteil ist durch die spätere Entscheidung zur Hauptsache auflösend bedingt.

S aber auch Rn 5 „Verhandlung zur Hauptsache".

Frist: Der Antrag nach I unterliegt keiner Frist, Zweibr RR **03**, 76.

Höhe der Sicherheitsleistung: Das Gericht kann auch auf den Wegfall eine Herabsetzung oder eine Erhöhung der Sicherheitsleistung lauten, Ffm OLGZ **94**, 471, Köln GRUR **00**, 253.

Kostenentscheidung: Die Vorabentscheidung enthält grds keine Kostenentscheidung nach §§ 91 ff, Karlsr FamRZ **87**, 497, LG Ffm Rpfleger **85**, 208.

5 **Mündliche Verhandlung:** Eine Vorabentscheidung erfordert eine mündliche Verhandlung, § 128 Rn 4, Hamm RR **87**, 252, Kblz OLGZ **90**, 230.

Revision: Im Revisionsverfahren ist § 718 unanwendbar, BGH WoM **06**, 269.

Sicherheitsleistung des Klägers: Wenn das Erstgericht das Urteil nach § 709 S 1 nur gegen eine Sicherheitsleistung des Klägers für vorläufig vollstreckbar erklärt hatte und wenn der Bekl eine Berufung eingelegt hat, kann das Gericht das Urteil noch in der Berufungsinstanz auf einen Antrag des Klägers ohne die Notwendigkeit seiner Anschlußberufung durch ein Teilurteil dahin ändern, daß die Zwangsvollstrekkung ohne eine Sicherheitsleistung des Klägers erfolgen darf, § 714 Rn 3, Ffm MDR **87**, 1033, VGH Kassel NJW **87**, 1965.

Das gilt freilich *nicht mehr* nach einer vorbehaltlosen Sicherheitsleistung durch den Kläger, Hbg VersR **84**, 895. Das Berufungsgericht kann auch ein nur gegen eine Sicherheitsleistung vorläufig vollstreckbares Urteil auf eine unselbständige Anschlußberufung dahin ändern, daß eine Teilsicherheit genügt, Rn 1, Düss FamRZ **85**, 307, KG NJW **77**, 2270, aM Ffm MDR **87**, 1033 (aber hier sollte man prozeßwirtschaftlich vorgehen. Grdz 14 vor § 128).

Streitwert: Er besteht nach §§ 3 ff, § 63 GKG aus dem Interesse an der Entscheidung, Anh § 3 Rn 135 „Vorläufige Vollstreckbarkeit".

Teilantrag: Man kann den Antrag auf einen selbständigen Teil des angefochtenen Urteils beschränken, Zweibr RR **03**, 76.

Teilurteil: Eine Vorabentscheidung erfolgt durch ein Teilurteil nach § 301, Ffm OLGZ **94**, 470, Kblz OLGZ **90**, 230, Köln RR **95**, 1280. Dieses ist auch über einen selbständigen Teil möglich, Zweibr RR **03**, 76.

Verhandlung zur Hauptsache: Das Gericht muß zwar vor der Entscheidung zur Hauptsache entscheiden, nicht aber auch vor der Verhandlung zur Hauptsache nach § 39 Rn 6, § 137 Rn 7, Zweibr RR **03**, 76.

Zwischenurteil: Die Vorabentscheidung ist kein Zwischenurteil nach §§ 280, 302.

6 **4) Anfechtung, II.** Die Entscheidung eines OLG über die vorläufige Vollstreckbarkeit ist schlechthin unanfechtbar, BGH WoM **06**, 269. Das gilt selbst dann, wenn sie unzulässig war, § 707 Rn 16.

719 *Einstweilige Einstellung bei Rechtsmittel und Einspruch.*

I [1] **Wird gegen ein für vorläufig vollstreckbar erklärtes Urteil der Einspruch oder die Berufung eingelegt, so gelten die Vorschriften des § 707 entsprechend.** [2] **Die Zwangsvollstreckung aus einem Versäumnisurteil darf nur gegen Sicherheitsleistung eingestellt werden, es sei denn, dass das Versäumnisurteil nicht in gesetzlicher Weise ergangen ist oder die säumige Partei glaubhaft macht, dass ihre Säumnis unverschuldet war.**

II [1] **Wird Revision gegen ein für vorläufig vollstreckbar erklärtes Urteil eingelegt, so ordnet das Revisionsgericht auf Antrag an, dass die Zwangsvollstreckung einstweilen eingestellt wird, wenn die Vollstreckung dem Schuldner einen nicht zu ersetzenden Nachteil bringen würde und nicht ein überwiegendes Interesse des Gläubigers entgegensteht.** [2] **Die Parteien haben die tatsächlichen Voraussetzungen glaubhaft zu machen.**

III **Die Entscheidung ergeht durch Beschluss.**

Schrifttum: *Hellhake,* Einstweilige Einstellung der Zwangsvollstreckung usw, 1998; *Lippross,* Grundlagen und System des Vollstreckungsschutzes, 1983.

Gliederung

1) Systematik, I–III. Die Vorschrift ergänzt den § 707 nur formell. Sie hat in der Praxis eine viel größere Bedeutung als diejenige, auf die sie in I 1 verweist. § 712 hat einen mit §§ 707, 719 teilweise übereinstimmenden Schutzzweck und ist daher zunächst beachtbar, Rn 4. II, III gelten bei §§ 544 V 2, 566 III 2 entsprechend, BGH WoM **07**, 209. Eine einstweilige Einstellung beseitigt die vorläufige Vollstreckbarkeit nur während der Einstellungsdauer, Karlsr JB **07**, 273. Beim Abänderungsurteil nach § 323 gilt nur § 769, Karlsr FamRZ **80**, 909. §§ 935 ff bleiben anwendbar. In einer Familiensache usw gilt vorrangig §§ 95 II 2, 120 II 2 FamFG. 1

2) Regelungszweck, I–III. Der Grundgedanke ist hier ganz ähnlich auch in § 717 eine Eindämmung der Risiken einer vorläufigen Vollstreckung. Immerhin bedeutet ein Rechtsbehelf oder -mittel noch nicht auch nur einen bloßen Anscheinsbeweis für die Unrichtigkeit der bisherigen Entscheidung. Sie kann sich ja auch bei einer nochmaligen Überprüfung als völlig richtig erweisen. Deshalb bindet § 719 wie § 707 eine einstweilige Einstellung der vorläufigen Vollstreckung an strenge Voraussetzungen. Man sollte sie auch durchaus streng auslegen. Es muß bei einer vorläufigen Prüfung eine überwiegende Erfolgsaussicht des Rechtsmittels bestehen, Bre MDR **08**, 1066. 2

3) Streitiges Urteil, I. Ein strenger Grundsatz hat wenige Ausnahmen. 3

A. Grundsatz: Einstellungsbefugnis. Sobald die Partei einen Einspruch oder eine Berufung nach §§ 340 I 1, 519 I, 700 I eingelegt hat, kann das Gericht auf einen Antrag auch des sich dem Rechtsmittel anschließenden Rechtsmittelbekl eine der einstellenden oder aufhebenden Anordnungen des § 707 treffen. Das gilt auch dann, wenn das Urteil nach § 709 S 1 nur gegen eine Sicherheitsleistung vorläufig vollstreckbar ist oder wenn der Schuldner die Vollstreckbarkeit nach § 711 durch eine Sicherheitsleistung abwenden darf. § 537 steht solchen Anordnungen nicht entgegen, Schlesw SchlHA **77**, 190, ebensowenig die Eröffnung des Insolvenzverfahrens über das Vermögen des Klägers, BGH NJW **01**, 375. I gilt nicht bei einem solchen Urteil, das einen Arrest oder eine einstweilige Verfügung aufhebt, §§ 925 II, 936 Rn 4 „§ 925, Entscheidung auf Widerspruch", Bre MDR **98**, 677, Düss RR **02**, 138, Ffm MDR **97**, 1060. Die Zwangsvollstreckung erfolgt dann ja nur wegen der Kosten. Daher ist ein Wiederaufleben des Arrests oder der einstweiligen Verfügung nicht möglich. Wenn ein Urteil einen Arrest oder eine einstweilige Verfügung bestätigt hat, ist eine Einstellung der Zwangsvollstreckung zwar denkbar. Sie ist dann aber nur ganz ausnahmsweise ratsam, Celle NJW **90**, 3281, Ffm MDR **97**, 393, KG RR **98**, 1381.

B. Ausnahme: Einstellungsverbot. Soweit der Vollstreckungsschuldner einen rechtzeitigen Antrag nach § 712 versäumt hat, § 714 Rn 3, kommt eine Einstellung nach I selbst bei einer Erfolgsaussicht des Rechtsmittels nur ganz ausnahmsweise in Betracht, BGH WoM **05**, 262, Kblz FamRZ **00**, 1165, Köln JB **97**, 554, aM Düss MDR **02**, 289, KG MDR **05**, 117 (aber die Schutzzwecke überlappen sich, auch wenn sie nicht ganz übereinstimmen). Das gilt auch bei einer Nichtzulassungsbeschwerde, BGH WoM **03**, 710 rechts. Im übrigen kommt keine Einstellung in Betracht, soweit nicht Fehler des Ersturteils vorliegen, Saarbr MDR **97**, 1157. 4

4) Beschluß; Vollstreckungsbescheid, I. Die Vorschrift gilt ferner für einen Beschluß, § 329. Freilich hat § 572 Vorrang. Über einen Arrestbeschluß und einen Beschluß auf den Erlaß einer einstweiligen Verfügung § 924 III. I gilt schließlich für den Vollstreckungsbescheid, § 700, Düss MDR **80**, 675. 5

5) Versäumnisurteil, I. Indessen ist bei einem Versäumnisurteil nach §§ 330 ff auf Grund eines Einspruchs nach §§ 338 ff, 539, 700 eine Einstellung der Zwangsvollstreckung grundsätzlich nur gegen eine Sicherheitsleistung des Schuldners zulässig, I 2 Hs 1, Ffm MDR **82**, 588, KG MDR **85**, 330, aM Hamm NJW **81**, 132 (aber der Text und Sinn sind eindeutig, Einl III 39). Von diesem Grundsatz gelten dann Ausnahmen nach I 2 Hs 2, wenn das Ersturteil eindeutig gesetzwidrig ist, § 127 Rn 25 (ob das so ist, muß das Berufungsgericht von Amts wegen klären, Grdz 39 vor § 128), Brdb RR **02**, 285, Drsd JB **03**, 107, Stgt RR **03**, 714 (zustm Karst MDR **03**, 1390), aM Hbg NJW **79**, 1464 (aber auch das ist eine Form von Rechtsmißbrauch, diesmal durch das Gericht, Einl III 54). Eine weitere Ausnahme gilt dann, wenn der Säumige nach § 294 glaubhaft macht, daß er an der Säumnis schuldlos war, Brdb RR **02**, 285, Ffm RR **98**, 1450, Stgt RR **03**, 713, aM Ffm RR **98**, 1450, KG MDR **85**, 330, Köln RR **02**, 428 (aber der Text und Sinn sind eindeutig, Einl III 39). Hier gelten etwa dieselben Anforderungen wie bei § 233. Freilich will das Gesetz hier die Stellung des Säumigen bewußt schwächen. Daher ist eine allzu großzügige Auslegung des Begriffs „unverschuldet" unstatthaft. Wegen der Rückgabe der Sicherheit § 715 Rn 1. Eine Glaubhaftmachung erfolgt nur nach I und zusätzlich nach § 707 I 2, BVerfG FamRZ **04**, 1015 links oben, Ffm MDR **82**, 588, KG MDR **85**, 330, aM Hamm MDR **78**, 412, Müssig ZZP **98**, 328. 6

6) Revision: Nicht zu ersetzender Nachteil, II. Die selbständige Regelung ist dem § 712 nachgebildet, von Stackelberg MDR **86**, 109. Die Gerichte sind hier streng. Im Nichtzulassungsverfahren gilt dasselbe wie im Revisionsverfahren, BGH WoM **04**, 679. Manche fordern dann auch eine Erfolgsaussicht, BAG DB **00**, 2176. 7

A. Grundsatz: Einschränkung der Einstellung. Die Vorschrift dient als ein letztes Hilfsmittel, BGH WettbR **99**, 139. Sie soll verzögernde Revisionen verhindern, BGH NJW **00**, 3008. Sie schränkt daher die Einstellungsmöglichkeiten sowohl nach ihren Voraussetzungen als auch inhaltlich ein, BGH WettbR **99**, 139, Nürnb NJW **82**, 392. Soweit eine Partei gegen ein vorläufig vollstreckbares Urteil die Revision eingelegt hat, muß das Revisionsgericht grundsätzlich auf Grund eines Antrags des Schuldners die Zwangsvollstreckung dann einstweilen einstellen, wenn der Schuldner nach § 294 glaubhaft macht, daß ein nicht zu ersetzender Nachteil nach § 707 Rn 10, 11 droht, BGH WoM **07**, 143 (evtl keine Rückzahlungsmöglichkeit). Dieser Nachteil muß gerade ihm drohen und nicht etwa nur einem Dritten, BGH WertpMitt **83**, 1020, und auch ihm gerade und erst durch die Zwangsvollstreckung und daher nicht schon aus dem Urteil selbst, BGH FamRZ **03**, 372. Im letzteren Fall kommt freilich § 765 a in Betracht. Zum Begriff der Zwangsvollstreckung § 707 Rn 10, § 711 S 1. Im Nachverfahren bleibt trotz Revision gegen das Vorbehaltsurteil bis zu dessen Aufhebung das Prozeßgericht des Nachverfahrens für eine Entscheidung nach I zuständig, Nürnb NJW **82**, 392.

Das Gericht muß die Zwangsvollstreckung auch dann einstellen, wenn sich der Nachteil nach § 717 III *nicht ausgleichen* läßt. Das Gericht muß die Zulässigkeit der Revision prüfen. Es muß eine einstweilige Einstellung dann ablehnen, wenn bereits mit einer hinreichenden Sicherheit feststeht, daß die Revision erfolglos sein wird. § 707 ist dann unanwendbar. Es gelten vielmehr nur die verschärften Bedingungen des II, auch wenn das Gericht die Berufung wegen einer Ablehnung des Antrags auf Wiedereinsetzung als unzulässig verworfen hatte. Ein Räumungstitel muß gegen alle Besitzer ergangen oder umschreibbar sein, BGH NZM **98**, 665.

II gilt nicht, soweit das Erstgericht die Zwangsvollstreckung aus dem mit der Revision angefochtenen Vorbehaltsurteil nach §§ 302, 599 einstellt, Nürnb NJW **82**, 392.

8 **B. Einstellungsmöglichkeit.** Das Verfahren nach § 719 kann grundsätzlich nicht zur Vorwegnahme des Erkenntnisverfahrens führen, LAG Ffm DB **83**, 2257. Auch deshalb ist nur eine Einstellung der Zwangsvollstreckung zulässig, nicht auch eine Aufhebung von Zwangsvollstreckungsmaßregeln nach § 775 und nicht eine Zulassung einer weiteren Zwangsvollstreckung gegen eine Sicherheitsleistung. Mit Anordnungen über die Art der Sicherheitsleistung hat § 719 nichts zu tun. Über solche Anordnungen muß vielmehr das Berufungsgericht befinden. Das gilt selbst dann, wenn der Betroffene schon die Revision eingelegt hat. Nur ganz ausnahmsweise könnte das Revisionsgericht solche Anordnungen selbst treffen. Ausnahmsweise kann man einen in der Rechtsmittelbegründungsfrist gestellten Einstellungsantrag auch als Rechtsmittelbegründung werten, BGH GRUR **95**, 1330.

Zulässig ist aber eine *teilweise* Einstellung der Zwangsvollstreckung, nämlich nur insoweit, als durch die Vollstreckung ein unersetzlicher Nachteil nach § 707 Rn 10, 11 eintreten kann, oben Rn 7. Bei einem Unterlassungsanspruch gilt § 719 jedenfalls dann nicht, wenn das Urteil des Berufungsgerichts durch eine Einstellung der Zwangsvollstreckung seine sachlichrechtliche Wirkung einbüßen würde, BGH NJW **00**, 3008. Allein der Umstand, daß die Vollstreckung aus dem Berufungsurteil ein Ergebnis des Prozesses vorwegnehmen würde, ist noch kein unersetzlicher Nachteil, BGH MDR **79**, 997.

Wenn der *Gläubiger* nach § 711 S 2 die Möglichkeit hat, seinerseits eine Sicherheit zu leisten, kann wegen § 717 III ein unersetzlicher Nachteil jedenfalls dann entstehen, wenn der Gläubiger durch eine unverhältnismäßig niedrige Gegensicherheit die Leistung des Schuldners außer Kraft setzen könnte. Eine einstweilige Einstellung aus einem Berufungsurteil kommt nur dann in Betracht, wenn schon eine vorläufige Prüfung ergibt, daß das Arbeitsgericht einen Arbeitgeber zu Unrecht zur Beschäftigung des Arbeitnehmers verurteilt hat, LAG Bln BB **80**, 1750, LAG Ffm DB **83**, 2257.

9 **C. Einstellungsverbot.** Das Gericht darf die Zwangsvollstreckung grundsätzlich dann nicht nach II einstellen, wenn das Finanzamt die vorläufige Vollstreckbarkeit einer Entscheidung des FG weder durch eine Sicherheitsleistung noch durch die Glaubhaftmachung eines unersetzlichen Nachteils nach §§ 711 S 1, 712 abgewendet hat, BGH NJW **05**, 3282, BFH BB **77**, 991, oder wenn die Partei im Berufungsrechtszug trotz einer Zumutbarkeit keinen Antrag nach § 712 gestellt hat, BGH MDR **08**, 886 links, BVerwG NJW **99**, 80, oder wenn sie ihn zwar gestellt hat, ihn aber vorwerfbar nicht begründet hat, BGH GRUR **97**, 545, von Stackelberg MDR **86**, 110, oder wenn das Berufungsgericht eine Anordnung versäumt hat, BGH WoM **05**, 736. Das alles gilt auch beim Ergänzungsantrag nach §§ 321, 716, BGH WoM **04**, 554. Es gilt selbst dann, wenn das Berufungsgericht die Erfolgsaussichten günstig beurteilt hatte, BGH RR **05**, 148, oder wenn der Schuldner von der ihm eingeräumten Möglichkeit der Abwendung der Zwangsvollstreckung durch eine Sicherheitsleistung Gebrauch gemacht hat, LG Ffm NZM **99**, 1136.

Von diesem grundsätzlichen Einstellungsverbot gilt freilich dann eine *Ausnahme,* wenn einem Antrag nach § 712 erhebliche Hindernisse entgegenstehen. Das gilt etwa dann, wenn der unersetzliche Nachteil erst nach dem Schluß der mündlichen Verhandlung in der Berufungsinstanz nach §§ 136 IV, 296 a, 525 hervortritt oder wenn die Partei ihn nicht früher glaubhaft machen kann, BGH NJW **01**, 375, oder wenn ein Antrag nach § 712 dem Vollstreckungsschuldner einen schweren Nachteil zufügen würde, BGH FamRZ **04**, 1638 rechts, etwa im Konkurrenzkampf, BGH RR **88**, 1531, von Stackelberg MDR **86**, 110, oder wenn der Schuldner damit rechnen durfte, der Gläubiger werde nicht vollstrecken, BGH WoM **07**, 209. Das Gericht darf die Zwangsvollstreckung ferner dann nicht nach II einstellen, wenn die Partei keinen zulässigen Antrag nach § 321 auf die Nachholung einer Anordnung nach § 711 gestellt hat, BGH NJW **84**, 1240. Trotz der Einstellung nach § 719 ist eine einstweilige Verfügung zur Durchsetzung einer weiteren Unterlassung zulässig, Grdz 49 vor § 704.

10 **D. Kein Überwiegen des Gläubigerinteresses.** Soweit ein überwiegendes Interesse des Gläubigers entgegensteht, darf das Gericht die Zwangsvollstreckung trotz des Vorliegens der übrigen Voraussetzungen des II nicht einstellen, II 1 aE, BGH ZIP **96**, 1798. Zum Begriff des überwiegenden Gläubigerinteresses § 712 Rn 7. II gilt ebensowenig dann, wenn der Schuldner andere Möglichkeiten zur Wahrnehmung seiner Interessen nicht genutzt hat, BGH MDR **79**, 138, oder wenn ein gekündigter Mieter einen Untermietvertrag ohne Absicherung schloß, BGH NZM **99**, 23.

E. Glaubhaftmachung. Die Glaubhaftmachung nach II 2, § 294 ist stets bei II 1 notwendig und ausreichend, also auch bei Rn 9. 11

7) Verfahren, III. Für den Antrag und für das Verfahren gilt dasselbe wie bei § 707 Rn 5, 7. Das Rechtschutzbedürfnis entfällt nicht schon infolge einer Zahlung zur Abwendung der Zwangsvollstreckung unter dem Vorbehalt einer Rückforderung, Mü MDR **85**, 1034. Ein Anwaltszwang besteht wie sonst, BGH RR **04**, 936 (auch bei Nichtzulassungsbeschwerde). Es gelten dieselben Rechtsbehelfe wie bei § 707 II 2, § 707 Rn 17, KG MDR **84**, 590, Karlsr MDR **93**, 798, ZöHe 10, aM Düss MDR **80**, 675, Künkel MDR **89**, 312 (aber die Situationen gleichen sich weitgehend). Das Gericht entscheidet durch einen Beschluß. Es muß seinen Beschluß nach I oder II, § 329 begründen, § 329 Rn 4. Er ist frei abänderlich, BGH FamRZ **89**, 849. Er enthält keine Kostenentscheidung, Ffm AnwBl **78**, 425. 12

720 ***Hinterlegung bei Abwendung der Vollstreckung.*** **Darf der Schuldner nach § 711 Satz 1, § 712 Abs. 1 Satz 1 die Vollstreckung durch Sicherheitsleistung oder Hinterlegung abwenden, so ist gepfändetes Geld oder der Erlös gepfändeter Gegenstände zu hinterlegen.**

1) Systematik. Die Vorschrift ergänzt §§ 711, 712 für den in der Praxis verhältnismäßig seltenen Fall, daß der Schuldner eine Sicherheitsleistung durch gepfändetes Geld oder den Erlös gepfändeter Sachen nach §§ 775, Z 3, 776 abwenden möchte. 1

2) Regelungszweck. Die gerichtliche Erlaubnis zur Abwendung der Vollstreckung nach §§ 711 S 1, 712 I 1 verhindert bereits jede Befriedigung des Gläubigers. Gepfändetes Geld und einen Pfanderlös darf man nicht dem Gläubiger aushändigen, sondern muß es hinterlegen, BayObLG MDR **76**, 852. Denn sonst würde die mit einer ja nur vorläufigen Vollstreckung eintretende Wirkung über das erlaubte Ziel der nur vorläufigen Befriedigung hinausschießen und das Risiko einer im Ergebnis ungerechten Werteverteilung unvertretbar erhöhen. Die Vorschrift dient also der Gerechtigkeit nach Einl III 9, 36. Man sollte sie entsprechend strikt auslegen. 2

3) Geltungsbereich. Wenn der Gläubiger die zum Schuldnerschutz getroffene gerichtliche Anordnung seinerseits nach § 711 S 1 aE durch eine Sicherheitsleistung beseitigen darf und wenn der Gläubiger die Sicherheit auch geleistet hat, ist § 720 unanwendbar. Die Vorschrift gilt grundsätzlich auch dann nicht, wenn die Einstellung der Zwangsvollstreckung nach §§ 707, 719 nur gegen eine Sicherheitsleistung zulässig ist und wenn der Schuldner diese nicht erbracht hat. Eine Ausnahme gilt nach § 707 Rn 13. Eine Hinterlegung erfolgt aber auch dann, wenn dem Schuldner und das Gericht dem Gläubiger die Möglichkeit der Sicherheitsleistung eingeräumt hat, wenn jedoch keiner eine solche Sicherheit leistet. Wegen der Pfändung einer Forderung § 839. 3

4) Einzelfragen. Das Pfandrecht dauert am hinterlegten Geld fort. Wenn der Schuldner unter dem Druck einer drohenden Zwangsvollstreckung zahlt, muß der Schuldner oder der Gerichtsvollzieher dieses Geld dem Gläubiger abliefern. Der Gläubiger ist dann befriedigt. 4

720a ***Sicherungsvollstreckung.*** I 1 **Aus einem nur gegen Sicherheit vorläufig vollstreckbaren Urteil, durch das der Schuldner zur Leistung von Geld verurteilt worden ist, darf der Gläubiger ohne Sicherheitsleistung die Zwangsvollstreckung insoweit betreiben, als**

a) bewegliches Vermögen gepfändet wird,

b) im Wege der Zwangsvollstreckung in das unbewegliche Vermögen eine Sicherungshypothek oder Schiffshypothek eingetragen wird.

2 **Der Gläubiger kann sich aus dem belasteten Gegenstand nur nach Leistung der Sicherheit befriedigen.**

II **Für die Zwangsvollstreckung in das bewegliche Vermögen gilt § 930 Abs. 2, 3 entsprechend.**

III **Der Schuldner ist befugt, die Zwangsvollstreckung nach Absatz 1 durch Leistung einer Sicherheit in Höhe des Hauptanspruchs abzuwenden, wegen dessen der Gläubiger vollstrecken kann, wenn nicht der Gläubiger vorher die ihm obliegende Sicherheit geleistet hat.**

Gliederung

1) Systematik, I–III. Die Vorschrift stellt eine Ausnahme von der Regel des § 751 II dar, BayObLG JB **95**, 162, Stgt NJW **80**, 1698, LG Mainz DGVZ **87**, 61. Alle übrigen Voraussetzungen der Zwangsvollstreckung bleiben wie sonst bestehen, zB §§ 707, 719, Ffm MDR **89**, 442, §§ 724 I, 750, 751 I, 756, 765. Das gilt insbesondere für die 2-Wochen-Wartefrist nach § 750 III, dort Rn 23. 1

2) Regelungszweck, I–III. § 720 a soll dem Gläubiger einer Geldforderung in einer beliebigen Währung nach dem Ablauf der Wartefrist nach Rn 1 die Möglichkeit geben, schon vor der Leistung einer ihm 2 auferlegten Sicherheit Sicherungsmaßnahmen zu treffen, damit der Schuldner sein Vermögen nicht inzwischen beiseite bringen kann, BayObLG JB **95**, 162, oder damit der Schuldner nicht zwar schuldlos, jedoch im Ergebnis für den Gläubiger ebenso schmerzhaft in einen Vermögensverfall geraten kann. Insoweit besteht also eine Ähnlichkeit mit dem Arrest, §§ 916 ff, Mü RR **88**, 1466, Stgt NJW **80**, 1698, LG Darmst Rpfleger **81**, 362, aM Christmann DGVZ **93**, 110 (er betont zu sehr den Schutz des Schuldners).

Problematisch bleibt die Regelung trotz der nur vorläufigen Sicherung des Gläubigers. Immerhin können schon die Maßnahmen nach I 1 die rechtliche wie wirtschaftliche Bewegungsfreiheit des Schuldners empfindlich einschränken. Das ist umso weniger überzeugend, als ja eigentlich der Gläubiger eine volle Sicherheit erbringen muß, bevor er auch nur vorläufig vollstrecken darf. Daher darf man bei der Auslegung nicht nur die Interessen des Gläubigers sehen. Daran ändern auch die mehr theoretischen Möglichkeiten des Schuldners nach III Hs 1 nichts, zumal der Gläubiger sie nach III Hs 2 unterlaufen kann, den Schuldner dann freilich voll absichern muß. Graf Lambsdorff NJW **02**, 1308 fordert die Abschaffung der Vorschrift, die er für verfassungswidrig hält, aM Burchard NJW **02**, 2220.

3 **3) Geltungsbereich, I–III.** Die Vorschrift ist grundsätzlich in allen Verfahren nach der ZPO anwendbar, auch im WEG-Verfahren. Allerdings ist § 720 a nicht entsprechend auf den Fall anwendbar, daß das Gericht die Vollziehung des dinglichen Arrests nach § 923 von einer Sicherheitsleistung abhängig gemacht hat, Mü RR **88**, 1466, Christmann DGVZ **93**, 110. Der Gläubiger braucht sie noch nicht erbracht zu haben, Rostock JB **06**, 383. Ein Schadensersatzanspruch nach § 717 bleibt auch bei § 720 a möglich.

Die Vorschrift ist auf *sämtliche* nur gegen eine Sicherheitsleistung vorläufig vollstreckbaren Urteile anwendbar, BayObLG JB **95**, 162 (Duldungsurteil). Das ist sowohl ein Urteil nach § 709 als auch ein solches zunächst ohne eine Sicherheitsleistung vorläufig vollstreckbares Urteil, bei dem aber nach §§ 711 S 1 Hs 2, 712 II 2 die Vollstreckbarkeit doch wieder von einer Sicherheitsleistung des Gläubigers abhängt, aM LG Heidelb MDR **93**, 272 (aber nun ist eben die Notwendigkeit einer klägerischen Sicherheitsleistung als eine Bedingung der vorläufigen Vollstreckbarkeit auch hier eingetreten). Natürlich gehört erst recht ein nach § 712 I 2 Hs 2 nur im Rahmen von § 720 a vorläufig vollstreckbares Urteil hierher. Wegen eines Kostenfestsetzungsbeschlusses § 795 Rn 2. Die Sicherungsmaßnahmen dürfen nicht zu einer Befriedigung des Gläubigers führen, bevor er eine Sicherheit geleistet hat. Freilich bleibt dem Gläubiger der durch eine Sicherungsmaßnahme erzielte Rang erhalten. Wegen des Beginns der Zwangsvollstreckung § 750 Rn 21. Bei einer Insolvenz des Schuldners hat die Sicherungsvollstreckung nur einen begrenzten Wert, BGH NJW **01**, 674.

Nicht hierher zählt ein Urteil nach §§ 710, 711 S 1 Hs 1, 712 I 1. Denn dort geht es um eine Sicherheitsleistung des Schuldners, nicht des Gläubigers, LG Heidelb MDR **93**, 272.

4 **4) Zulässige Maßnahmen, I, II.** Es gibt einen einfachen Grundsatz.

A. Grundsatz: Keine Endgültigkeit der Verwertung. Zulässig ist jede nur vorläufige, sichernde und nicht endgültig verwertende Maßnahme.

Bei der Zwangsvollstreckung in das *bewegliche Vermögen* nach §§ 803 ff ist § 930 II, III entsprechend anwendbar, II. Man muß also gepfändetes Geld hinterlegen. Die Versteigerung darf nur dann erfolgen, wenn die Gefahr einer beträchtlichen Wertverringerung besteht oder wenn die Aufbewahrungskosten unverhältnismäßig hoch werden. Dann wird der Erlös hinterlegt. Der Gläubiger kann auch ohne eine eigene Sicherheitsleistung vom Schuldner eine Offenbarungsversicherung nach § 807 fordern, BGH DGVZ **07**, 15, LG Stgt DGVZ **03**, 91, Bielau DGVZ **07**, 133, aM LG Bln Rpfleger **89**, 206, LG Mainz DGVZ **87**, 61, Fahlbusch Rpfleger **79**, 248 (aber § 807 fordert keine Sicherheitsleistung). Auch die zugehörigen Kosten sind in den Grenzen des § 720 a auch vor einer Sicherheitsleistung des Gläubigers mitvollstreckbar, KG JB **84**, 1572.

Verwertung wird nach dem Eintritt der formellen Rechtskraft nach § 705 möglich, ferner dann, wenn der Gläubiger nach I 2 eine Sicherheit geleistet hat oder wenn das Urteil ohne eine Sicherheitsleistung vollstreckbar geworden ist. Der zugehörige Nachweis erfolgt nach § 751 II.

5 **B. Beispiele zur Frage der Zulässigkeit einer Maßnahme**

Hinterlegung: § 930 II, III ist entsprechend anwendbar. Man muß also gepfändetes Geld hinterlegen.
S auch „Versteigerung".

Höchstbetragshypothek: Zulässig ist die Eintragung einer solchen Hypothek nach § 932 I 1, aM ZöStö 6 (aber die Vorschrift nennt diese Hypothek in Hs 1 eindeutig ebenfalls „Sicherungshypothek").

Kosten: Die zu einer Maßnahme dieses ABC gehörigen Kosten sind in den Grenzen des § 720 a auch vor einer Sicherheitsleistung des Gläubigers mitvollstreckbar, KG JB **84**, 1572.

Offenbarungsversicherung: Zulässig ist die Forderung des Gläubigers auch ohne eigene Sicherheitsleistung nach einer Offenbarungsversicherung des Schuldners nach §§ 807, 899 ff, BGH DGVZ **07**, 15, LG Stgt DGVZ **03**, 91, Bielau DGVZ **07**, 133, aM LG Bln Rpfleger **89**, 206, LG Mainz DGVZ **87**, 61, Fahlbusch Rpfleger **79**, 248 (aber § 807 fordert keine Sicherheitsleistung).

Pfändung: Zulässig ist eine Pfändung des beweglichen Vermögens, I 1 a, §§ 803 ff, 808, 809, 829.
S auch „Vorpfändung".

Schiffshypothek: Zulässig ist die Eintragung einer Schiffshypothek.

Sequestration: Zulässig ist eine solche Wegnahme ohne eine endgültige Übergabe, § 938 Rn 21 ff. *Unzulässig* ist die Verwertung dieser Sachen, §§ 814 ff.

Sicherungshypothek: Zulässig ist die Eintragung einer bloßen Sicherungshypothek, I 1 b, §§ 866 ff, 870 a, und zwar auch einer rangbesseren, Hbg MDR **99**, 255.

Versteigerung: Eine solche nach §§ 814 ff ist nur dann zulässig, wenn die Gefahr einer sonst beträchtlichen Wertverringerung besteht oder wenn die Aufbewahrungskosten unverhältnismäßig hoch wären. Dann muß man aber wenigstens den Erlös hinterlegen.

Verwertung: Zulässig wird eine endgültige Verwretung trotz der grundsätzlichen Grenzen Rn 4 nach dem Eintritt der formellen Rechtskraft nach § 705 und dann, wenn der Gläubiger nach I 2 eine Sicherheit geleistet hat oder wenn das Urteil ohne eine Sicherheitsleistung vollstreckbar geworden ist. Der zugehörige Nachweis erfolgt nach § 751 II.

Vorpfändung: Zulässig ist eine Vorpfändung nach § 845, BGH **93**, 74, KG Rpfleger **81**, 240, ZöStö § 845 Rn 2, aM Fahlbusch Rpfleger **79**, 94 (aber sie gehört nun einmal zu den Waffen des Gläubigers. Sie schafft ja noch keineswegs seine Befriedigung).
Zwangshypothek: Man muß den Grund ihrer Eintragung deutlich erkennbar machen.
Zwangsversteigerung, -verwaltung: Unzulässig ist diese Vollstreckungsart auf einen Antrag dieses Gläubigers nach § 869.

5) Vollstreckungsabwendung, III. Auch hier gilt ein einfacher Grundsatz. 6

A. Grundsatz: Sicherheitsleistung des Schuldners. Der Schuldner kann die Sicherungsmaßnahmen und nicht etwa die vorläufige Vollstreckbarkeit des Titels jederzeit zunächst durch eine eigene Sicherheitsleistung in Höhe desjenigen Hauptanspruchs abwenden, dessentwegen der Gläubiger vollstrecken kann, III Hs 1, Karlsr Rpfleger **00**, 555 (festgesetzte Kosten), Mü DGVZ **90**, 186. Das Gericht braucht diese Befugnis nicht im Urteil auszusprechen, zumal die Situation meist erst später entsteht, Karlsr Rpfleger **00**, 555. Eine Bürgschaft ist zulässig, § 108 Rn 10. Denn sie soll nicht nur einen Verzögerungsschaden absichern, sondern den Anspruch selbst, Köln RR **87**, 251, Mü DGVZ **90**, 186. Das gilt auch wegen der Zinsen und Kosten, Jena RR **02**, 1506. Eine bedingte Bürgschaft, aus der sich der Bürge durch eine Hinterlegung befreien kann, reicht nicht aus, § 108 Rn 11, LG Bln DGVZ **91**, 9. Der Gläubiger kann und muß die Höhe der notwendigen Sicherheitsleistung aus dem vollstreckbaren Titel ablesen. Das Gericht darf die Sicherheitsleistung nicht nachträglich wegen inzwischen angewachsener Zinsforderungen usw erhöhen. Eine einstweilige Einstellung ohne eine Sicherheitsleistung kann nach §§ 707 I 2, 719 I infrage kommen, Brdb MDR **06**, 233.

B. Ausnahme: Sicherheitsleistung des Gläubigers. Jedoch besteht keine Befugnis zur Abwendung 7
der Zwangsvollstreckung, soweit und sobald der Gläubiger seine Sicherheit geleistet hat, III Hs 2. Der zugehörige Nachweis erfolgt auch hier nach § 751 II. Auch hier besteht also wie bei § 711 kein lückenloser Schuldnerschutz. Er ist auch nicht notwendig. Denn hier liegen ja bloße Sicherungsmaßnahmen vor. Auch die öffentliche Hand muß als Schuldnerin eine Sicherheit leisten, Ffm RR **86**, 359. Bei Hs 2 erhält der Schuldner seine Sicherheitsleistung nach § 109 zurück, Mü DGVZ **90**, 196, StJM 14, ZöStö 10, aM Gilleßen, Jakobs DGVZ **77**, 113 (§ 766. Aber § 109 gilt uneingeschränkt).

6) Wirkung kraft Gesetzes, I–III. Die Rechte des § 720 a treten unmittelbar kraft Gesetzes ein, Mü 8
DGVZ **90**, 186. Deshalb ist ihre Erörterung im Urteil weder in der Formel noch in den Entscheidungsgründen erforderlich. Das Vollstreckungsorgan muß die Rechte von Amts wegen beachten, Behr NJW **92**, 2740. Anders als bei § 711 gibt es also auch wegen einer Abwendungsbefugnis des Schuldners keinen Urteilsspruch. Vgl im übrigen die Anmerkungen zu § 711. Jedoch muß man beachten, daß eine dem § 711 S 2 entsprechende Vorschrift hier fehlt. Es gibt also dann keine Sicherungsmaßnahmen des Gläubigers, wenn der Schuldner eine Sicherheit geleistet hat und der Gläubiger vorher keine Sicherheit leisten konnte.

7) Verstoß, I–III. Er gibt die Erinnerung nach § 766. Auch sind §§ 775 Z 3, 776 anwendbar. 9

721 *Räumungsfrist.* I 1 **Wird auf Räumung von Wohnraum erkannt, so kann das Gericht auf Antrag oder von Amts wegen dem Schuldner eine den Umständen nach angemessene Räumungsfrist gewähren.** 2 **Der Antrag ist vor dem Schluss der mündlichen Verhandlung zu stellen, auf die das Urteil ergeht.** 3 **Ist der Antrag bei der Entscheidung übergangen, so gilt § 321; bis zur Entscheidung kann das Gericht auf Antrag die Zwangsvollstreckung wegen des Räumungsanspruchs einstweilen einstellen.**

II 1 **Ist auf künftige Räumung erkannt und über eine Räumungsfrist noch nicht entschieden, so kann dem Schuldner eine den Umständen nach angemessene Räumungsfrist gewährt werden, wenn er spätestens zwei Wochen vor dem Tag, an dem nach dem Urteil zu räumen ist, einen Antrag stellt.** 2 **§§ 233 bis 238 gelten sinngemäß.**

III 1 **Die Räumungsfrist kann auf Antrag verlängert oder verkürzt werden.** 2 **Der Antrag auf Verlängerung ist spätestens zwei Wochen vor Ablauf der Räumungsfrist zu stellen.** 3 **§§ 233 bis 238 gelten sinngemäß.**

IV 1 **Über Anträge nach den Absätzen 2 oder 3 entscheidet das Gericht erster Instanz, solange die Sache in der Berufungsinstanz anhängig ist, das Berufungsgericht.** 2 **Die Entscheidung ergeht durch Beschluss.** 3 **Vor der Entscheidung ist der Gegner zu hören.** 4 **Das Gericht ist befugt, die im § 732 Abs. 2 bezeichneten Anordnungen zu erlassen.**

V 1 **Die Räumungsfrist darf insgesamt nicht mehr als ein Jahr betragen.** 2 **Die Jahresfrist rechnet vom Tage der Rechtskraft des Urteils oder, wenn nach einem Urteil auf künftige Räumung an einem späteren Tage zu räumen ist, von diesem Tage an.**

VI **Die sofortige Beschwerde findet statt**

1. **gegen Urteile, durch die auf Räumung von Wohnraum erkannt ist, wenn sich das Rechtsmittel lediglich gegen die Versagung, Gewährung oder Bemessung einer Räumungsfrist richtet;**
2. **gegen Beschlüsse über Anträge nach den Absätzen 2 oder 3.**

VII 1 **Die Absätze 1 bis 6 gelten nicht für Mietverhältnisse über Wohnraum im Sinne des § 549 Abs. 2 Nr. 3 sowie in den Fällen des § 575 des Bürgerlichen Gesetzbuchs.** 2 **Endet ein Mietverhältnis im Sinne des § 575 des Bürgerlichen Gesetzbuchs durch außerordentliche Kündigung, kann eine Räumungsfrist höchstens bis zum vertraglich bestimmten Zeitpunkt der Beendigung gewährt werden.**

Schrifttum: *Hoffmann,* Die materielle und prozessuale Rechtslage bei Gewährung einer Räumungsschutzfrist gemäß § 721 ZPO, 2000; *Keip,* Umfang und Grenzen eines sozialen Schuldnerschutzes in der Zwangsvollstreckung, 2000; *Lippross,* Grundlagen und System des Vollstreckungsschutzes, 1983.

Gliederung

1 **1) Systematik, I–VII.** Die Vorschrift enthält ein verzichtbares Vollstreckungshindernis, Grdz 32 vor § 704, LG Bln ZMR **92**, 542, einen Räumungsschutz. Ihr entspricht beim vollstreckbaren Vergleich der formell vorrangige § 794 a, Mü OLGZ **69**, 43. II regelt ein im Gegensatz zu I selbständiges Nebenverfahren, AG Bln-Schöneb MietR **96**, 105. Eine Prüfung nach § 574 BGB darf nicht schon mit der Begründung unterbleiben, daß § 721 eine ausreichende Frist gewähre, Stgt WoM **91**, 347, LG Regensb WoM **83**, 141. § 765 a gilt unverändert zumindest hilfsweise, § 765 a Rn 4. §§ 707 ff können ergänzend anwendbar sein, BGH WoM **03**, 710. Die prozessuale Bewilligung einer Räumungsfrist ändert an den Möglichkeiten der Beendigung des sachlichrechtlichen Mietverhältnisses nichts, LG Freibg WoM **80**, 224, LG Hann WoM **89**, 77, AG Friedberg WoM **80**, 223. Jedoch bleibt die Pflicht des Vermieters bestehen, die Wohnung zumindest insoweit instandzuhalten, als das zu Wohnzwecken notwendig ist, LG Bln ZMR **92**, 542. Ferner bleibt das Recht des Mieters bestehen, die Mietsache im unbedingt notwendigen Umfang zu nutzen, AG St Blasien WoM **96**, 286. Ferner bleibt die bisherige Miethöhe auch für den Zeitraum der Fristverlängerung maßgebend, LG Wiesb WoM **68**, 164, aM LG Freibg WoM **80**, 224, AG Friedberg WoM **80**, 223 (aber § 721 ändert das Mietverhältnis allenfalls wegen der effektiven Dauer, nicht im übrigen).

Verfassungsbeschwerde bleibt natürlich neben § 721 möglich, BVerfG NZM **99**, 212, HessStGH NZM **99**, 495. Das gilt freilich nur unter Beachtung ihrer bloßen Hilfsfunktion wie stets nach Einl III 17, unten Rn 25 „Verfassungsbeschwerde".

2 **2) Regelungszweck, I–VII.** Die Vorschrift dient dem Schuldnerschutz. Er kann freilich nur in denjenigen Grenzen gelten, die sich aus dem verfassungsrechtlich geschützten Befriedigungsrecht des Bürgers ergeben, zu diesem BGH NJW **06**, 221. Sie bezweckt ein Gegengewicht zu den Gefahren einer ja nach § 708 Z 7 von Amts wegen auszusprechenden vorläufigen Vollstreckbarkeit. Sie soll erst nach dem Ablauf der ebenfalls zugleich mit der Sachentscheidung möglichen und evtl ebenfalls von Amts wegen zu verkündenden Räumungsfrist zulässig sein. § 721 dient nicht der Verlängerung eines schon beendeten Mietverhältnisses. Die Vorschrift dient auch nicht der Verlängerung des Streits zum Ob des Räumungsanspruchs. Sie hindert lediglich den Gläubiger daran, den Räumungstitel sogleich „vorläufig" und in Wahrheit endgültig zwangsweise durchzusetzen, LG Bln MDR **92**, 479, LG Ffm ZMR **99**, 402. Damit dient die Vorschrift der Gerechtigkeit, Einl III 9, 36. Sie tut das aber auch im Interesse des Räumungsgläubigers. Er ist oft dringend auf die Durchsetzbarkeit des mühsam und langwierig genug erkämpften Räumungstitels angewiesen. § 721 ist auch zu seinem Schutz da. Beides sollte man bei der Auslegung bedenken.

Zumutbarkeit ist auch hier wieder ein brauchbares Mittel, eine den Rechtsfrieden einigermaßen bewahrende Lösung herauszuarbeiten. Weder der Gläubiger noch der Schuldner dürfen infolge § 721 in eine unzumutbare Zwangs- oder Notlage geraten. Die Argumente wiegen weder auf der Seite des Gläubigers noch auf derjenigen des Räumungsschuldners von vornherein nur wegen einer solchen Parteistellung schwerer. Es fordert ein soziales Einfühlungsvermögen in die Positionen *beider* Parteien, wenn man der Vorschrift gerecht werden will. Deshalb sind weder Strenge noch Großzügigkeit allein ratsam, sondern eine erkennbare Bemühung um eine Abwägung auf der Basis eines deutlichen Verständnisses der Positionen beider Parteien.

3 **3) Geltungsbereich, I–VII.** Die Vorschrift ist weit auslegbar.

A. Alle Verfahren der ZPO. Die Vorschrift gilt grundsätzlich in allen Verfahren nach der ZPO.

B. Beispiele zur Frage des Geltungsbereichs

Ehewohnung: Wegen der früheren kommt nur ein Hausratsverfahren nach (jetzt) §§ 95 I Z 2, IV, 209 I FamFG infrage, Hbg FamRZ **83**, 1151, Mü NJW **78**, 548, Stgt FamRZ **80**, 467.

Einstweilige Maßnahme: Eine solche nach §§ 719, 832 II kommt bei I nicht in Betracht, LG Düss ZMR **90**, 381.

Einstweilige Verfügung: Auf eine solche nach § 940 a ist § 721 grds unanwendbar, Hbg DWW **93**, 238.

Geistlicher: AG Bonn WoM **89**, 361 hält wegen Art 140 GG bei ihm den § 721 für *unanwendbar.*

Insolvenz: Unanwendbar ist § 721 auf einen Beschluß nach § 148 II InsO.

Nutzungsentschädigung: § 721 kann entsprechend anwendbar sein, VG Schlesw SchlHA **84**, 77.

Wohnungseigentum: § 721 gilt im WEG-Verfahren.

Zeitmietvertrag: Es ist nicht § 721 anwendbar, sondern allenfalls § 765 a, Vogel DRiZ **83**, 206.

Zwangsversteigerung: Gegenüber einem Zuschlagsbeschluß nach dem ZVG ist ein Vollstreckungsschutz nur nach § 765 a möglich, dort Rn 27, LG Kiel NJW **92**, 1174 (als nicht nach § 721, wenn auch krit).

Unanwendbar ist § 721 auf einen Beschluß nach § 93 ZVG.

4) Voraussetzungen, I–VII. § 721 erfaßt nur eine Räumung von Wohnraum nebst Nebenräumen, nicht auch eine Räumung eines anderen Grundstücks, zB eines gewerblich genutzten Raums, Mü ZMP **01**, 616. Bei einer Mischmiete erfaßt § 721 jedenfalls auch denjenigen Raum, der auch dem ständigen Wohnen dient, LG Hbg WoM **93**, 36 und 203, aM BGH MDR **79**, 394, LG Ffm WoM **94**, 16 (§ 721 sei in solchem Fall überhaupt nur dann anwendbar, wenn der Wohnzweck gegenüber dem sonstigen Nutzungszweck mindestens gleichwertig sei oder gar überwiege. Aber das kann man aus dem Wort Wohnraum nicht eindeutig ableiten.), LG Wiesb RR **93**, 1294 (vgl aber § 940 a Rn 1). 4

Es reicht aus: Daß sich die Wohnung auf einem zu räumenden Grundstück befindet, Hbg WoM **97**, 233; daß der Pächter, der sonst nicht unter § 721 fällt, eine Wohnung auf demjenigen Pachtland hat, das er herausgeben muß; daß man die zusammen mit einer Gaststätte verpachtete Wohnung technisch von der Gaststätte trennen kann; daß es sich um eine untervermietete Wohnung handelt, auch wenn der Hauptmieter gewerblich handelte, LG Stgt RR **90**, 655; daß der Mieter einen Geschäftsraum als Wohnraum nutzt, LG Lüb ZMR **93**, 224; daß er ihn als Wohnraum untervermietet hat oder nutzen läßt; LG Lübeck ZMR **93**, 223 (Frauenhaus).

Der *Rechtsgrund* des Innehabens ist unerheblich, LG Hbg MDR **93**, 444, LG Stade WoM **87**, 62. Ebenso unerheblich ist, wer Besitzer nach dem BGB ist und wer gekündigt hat, AG BadBad WoM **87**, 62. Der Schuldner muß den Raum tatsächlich zum Wohnen benutzen, AG Ellwangen WoM **92**, 238. Diesem Zweck kann auch ein Schiff oder ein Wohnwagen usw dienen, § 885 Rn 4, LG Lübeck WoM **96**, 718. Das Gericht muß von Amts wegen klären, ob es einen Räumungsschutz gewähren will, auch bei einer Säumnis des Schuldners, LG Köln RR **87**, 143, LG Rostock RR **01**, 443. Es hat insofern ein pflichtgemäßes Ermessen. Der Räumungsschuldner darf jedoch auch einen Antrag stellen, LG Rostock RR **01**, 443. Dieser ist nach einem Erkenntnisverfahren ohne eine mündliche Verhandlung bis zu dem in § 128 II 2 genannten Zeitpunkt nötig. Sonst ist er bis zum Schluß der letzten mündlichen Verhandlung zulässig, §§ 136 IV, 296 a, aM LG Bln JB **95**, 530 (bis zum Urteil). Das gilt auch noch in der zweiten Instanz. Dort untersteht er dem Anwaltszwang, § 78. Der Schuldner kann dort keine Einstellung der Zwangsvollstreckung bis zur Entscheidung mehr fordern, Köln MDR **80**, 764. Der ProzBev nach § 81 darf sich nicht stets darauf verlassen, daß das Gericht die Frist von Amts wegen bewilligt, Hamm RR **95**, 526. 5

5) Entscheidung im Räumungsurteil, I. Das Prozeßgericht muß über die Gewährung einer Räumungsfrist außer bei nach VII, Rn 19, von Amts wegen oder auf einen Antrag nach Rn 5 zusammen mit der Entscheidung über die Räumung selbst im Räumungsurteil befinden, § 300, LG Bln WoM **94**, 385, LG Rostock RR **01**, 443. Das Gericht muß im Rahmen seines pflichtgemäßen Ermessens die beiderseitigen Interessen nach Rn 12 ff abwägen, LG Münst WoM **07**, 22. Es muß auch die etwaige Ablehnung des Räumungsschutzes erörtern. Wenn ein Versäumnisurteil nach § 331 ergeht, muß das Gericht über die Räumungsfrist ebenfalls im Urteil entscheiden, LG Rostock RR **01**, 443. Dabei darf und muß das Gericht die Behauptungen des Klägers über das Verhalten des Bekl als wahr unterstellen. Das gilt auch bei einem Zweiten Versäumnisurteil nach § 345, LG Mü WoM **82**, 81. Das Gericht kann die Frist auf einen Wohnungsteil beschränken oder für verschiedene Teile unterschiedliche Fristdauern anordnen. Für die Kostenentscheidung ist § 93 b mitbeachtlich. 6

Nur dann, wenn das Gericht einen Antrag sowohl im Tenor als auch in den Entscheidungsgründen eindeutig übergangen hat, ist ein *Ergänzungsantrag* nach § 321 binnen 2 Wochen seit der Zustellung des Urteils zulässig, Köln MDR **80**, 764. Mangels eines solchen Antrags kann keine Ergänzung des Urteils stattfinden, auch nicht durch einen Beschluß, LG Rostock RR **01**, 443. Wenn das Urteil zur Räumungsfrist völlig schweigt oder wenn seine Auslegung zu Zweifeln Anlaß gibt, muß man meist nicht vom Übergehen des Antrags ausgehen, sondern von der Ablehnung einer Räumungsfrist, LG Bln WoM **94**, 385, LG Düss WoM **93**, 471, LG Köln RR **87**, 143. Da das Gericht das Räumungsurteil nach § 708 Z 7, für vorläufig vollstreckbar erklärt hat, kann es die Zwangsvollstreckung im Ergänzungsverfahren auf einen Antrag wegen des Räumungsanspruchs einstweilen einstellen, Köln MDR **80**, 764. Der Mieter braucht einen Ersatzraum im Zweifel erst ab der Rechtskraft zu suchen, LG Wuppert WoM **96**, 430.

6) Urteil auf künftige Räumung, II, V. Das Gericht mag auch auf eine erst künftige Räumung erkannt haben, § 259. Es mag in diesem Verfahren aber über eine Räumungsfrist noch nicht entschieden haben, II. Das mag insbesondere deshalb so sein, weil das Gericht die Probleme zur Räumungsfrist noch nicht übersehen konnte. Dann kann der Schuldner außer bei VII wegen Rn 17 auch nach dem Schluß der mündlichen Verhandlung nach §§ 136 IV, 296 a bis spätestens 2 Wochen vor dem Ende des im Urteil genannten Räumungstags einen Antrag auf die Gewährung einer Räumungsfrist stellen. Wegen der Fristberechnung gilt dasselbe wie bei III, Rn 9. Es reicht also nicht, daß das Urteil und insbesondere ein Versäumnis- oder gar Anerkenntnisurteil nach §§ 331, 307 einfach nur auf eine „Räumung" lautet. Denn sie soll eine sofortige und nicht erst nach II „künftige" sein. Das gilt, auch wenn es nicht ausdrücklich im Tenor steht. Auch die Notwendigkeit einer mindestens vorläufigen Vollstreckbarkeit ändert daran nichts. Ein schuldloser Fristablauf läßt nach II 2 eine Wiedereinsetzung nach §§ 233 ff zu. Die Räumungsfrist darf nach V 1, 2 Hs 2 nicht mehr als ein Jahr seit dem zunächst angesetzten Räumungstag dauern. 7

7) Verlängerung, Verkürzung, III, IV. Ein Verlängerungsantrag hat strenge Voraussetzungen. Ein Anwaltszwang besteht wie sonst, § 78 I, II. 8

A. Grundsatz: Nur nach gerichtlicher Räumungsfrist, III. Die Vorschrift gilt nur dann, wenn sich aus dem Räumungsurteil auch zusätzlich bereits eindeutig eine Räumungsfrist ergibt oder wenn das Gericht eine solche nach II festgesetzt hat, LG Düss ZMR **90**, 381. Dann kann der Schuldner bis spätestens *2 Wochen vor* dem Ende des im Urteil bestimmten *Räumungstags* einen Antrag auf eine Verlängerung der Räumungsfrist stellen, LG Wiesb WoM **07**, 202. Diese letztere Möglichkeit besteht aber bei einer außergerichtlich vereinbarten Räumungsfrist nicht. Der Gläubiger kann einen Antrag auf eine Verkürzung der Räumungsfrist stellen. Für einen Verkürzungsantrag des Schuldners fehlt das Rechtsschutzinteresse, Grdz 33 vor § 253. Der

Schuldner kann natürlich auch schon vor dem Fristablauf ausziehen und damit seine Zahlungspflicht beenden, LG Hann WoM **89**, 77.

9 Der Antrag auf eine Verlängerung der Räumungsfrist kann auch die Versäumung der Antragsfrist für die Urteilsergänzung *heilen,* wenn der Räumungstag noch wenigstens 2 Wochen bevorsteht. Wegen der Feiertags- und Wochenendprobleme gilt § 222 Rn 5, 6, LG Freibg WoM **89**, 443, LG Hbg RR **90**, 657, Münzberg WoM **93**, 9, aM LG Bln ZMR **92**, 395, LG Hbg WoM **93**, 470 (wegen des dortigen AGBGB), LG Mü WoM **80**, 247 (§ 222 II sei unanwendbar. Aber jede Frist hat einen Anfang und ein Ende).

Der Räumungsschuldner kann die vorstehenden Anträge auch *wiederholt* stellen. Dazu muß er aber solche neuen Tatsachen vortragen, die er seinerzeit nicht vorbringen konnte. Wenn das Berufungsgericht die Frist festgesetzt hat, darf das Erstgericht die Räumungsfrist nur auf Grund von solchen Tatsachen ändern, die das Berufungsgericht noch nicht kannte, LG Kiel WoM **91**, 113. Bei den Antragsfristen handelt es sich nicht um Notfristen nach § 224 I 2. Dennoch ist eine Wiedereinsetzung gegen ihre Versäumung zulässig, II 2, III 3 je in Verbindung mit §§ 233–238. Wenn der Räumungsschuldner eine Frist versäumt hatte, ist der Antrag unzulässig, LG Darmst NZM **00**, 376. § 765 a ist nur unter seinen engen besonderen Voraussetzungen anwendbar, noch strenger Drsd FamRZ **05**, 1581. Den § 765 a darf nur das Vollstreckungsgericht anwenden.

10 **B. Verfahren, IV 1, 3.** Zuständig für einen Antrag nach II und III ist zunächst stets das AG, evtl als FamG, (jetzt) § 95 I FamFG, Drsd FamRZ **05**, 1581. Das LG ist erst von der Einlegung der Berufung an und nur bis zu deren Rücknahme oder bis zu einer Entscheidung über die Berufung zuständig, BGH NJW **90**, 2823. Während der Revisionsinstanz ist wiederum das AG zuständig, BGH NJW **90**, 2823, LG Darmst NZM **00**, 376. Die Entscheidung kann ohne eine mündliche Verhandlung ergehen, § 128 IV. Das Gericht muß zuvor den Gegner nach Art 103 I GG anhören, IV 3. Das Gericht kann die Zwangsvollstreckung bis zu seiner Entscheidung einstweilen einstellen, und zwar gegen eine Sicherheitsleistung oder ohne eine solche. Es kann auch anordnen, daß der Gläubiger die Zwangsvollstreckung nur gegen eine Sicherheitsleistung fortsetzen darf, § 732 II, HessStGH NZM **99**, 18. Eine solche Anordnung setzt voraus, daß die Berufung voraussichtlich einen Erfolg haben wird. Die Entscheidung ergeht durch einen Beschluß, IV 2, § 329. Das Gericht muß ihn grundsätzlich begründen, § 329 Rn 4. Es muß seinen Beschluß nach § 329 I 1 verkünden oder wegen der befristeten Anfechtbarkeit nach Rn 33 nach § 329 III förmlich zustellen.

11 **C. Entscheidung, IV 2,4.** Die Entscheidung lautet auf die Gewährung, bei III auf die Verlängerung oder auf die Verkürzung einer angemessenen Räumungsfrist oder auf die Ablehnung der begehrten Entscheidung. Über die Kosten entscheidet das Gericht im Urteil nach §§ 91, 93 b III, LG Karlsr ZMR **97**, 303, ThP 13, aM LG Mü WoM **82**, 81 (aber auch dazu sind diese Spezialregeln da). Das gilt auch dann, wenn der Kläger die Klage auf § 573 II BGB gestützt hat. In einem besonderen Beschlußverfahren entscheidet das Gericht ebenfalls nach §§ 91 ff, nicht nach § 788. Denn es handelt sich nicht um einen Vollstreckungsschutz. Deshalb entscheidet ja auch bei II, III das Prozeßgericht und nicht das Vollstreckungsgericht, aM Schmid ZMR **82**, 129.

12 **8) Interessenabwägung, I–V.** Sie erfolgt oft unbefriedigend.

A. Grundsatz: Ermessen. Das Gericht übt ein pflichtgemäßes Ermessen aus, BayObLG ZMR **84**, 24, Stgt WoM **91**, 347. Es muß die näheren Umstände bei beiden Parteien prüfen. Eine Beweislast im engeren Sinn etwa wegen der Mieterbemühungen um einen Ersatzraum, LG Bonn WoM **92**, 16, ist wegen des weitgehend geltenden Amtsverfahrens nach Grdz 37 vor § 704 nicht vorhanden. Freilich muß derjenige, dessen Argumente das Gericht in die Abwägung einbeziehen soll, zumindest schlüssig darlegen und die ihm möglichen Beweise anbieten, Grdz 37 vor § 704. Das Gericht muß die Interessen beider Parteien gegeneinander abwägen, Hamm RR **95**, 526, HessStGH NZM **99**, 18, AG Starnb WoM **80**, 204, weniger etwaige Allgemeininteressen, aM LG Regensb WoM **91**, 360 (aber dazu ist die Obdachlosenbehörde da). Dabei kommen vor allem die folgenden Gesichtspunkte in Betracht.

13 **B. Beispiele zur Frage der Beachtlichkeit bei der Abwägung**

Alter: Beachten muß das Gericht das Alter des Gläubigers, LG Düss WoM **89**, 387, wie des Räumungsschuldners, evtl auch seiner mitwohnenden Angehörigen, AG Münst WoM **89**, 380, AG Reutlingen WoM **89**, 430.

Ausländer: Beachten muß das Gericht, ob der Schuldner ein sozial schwacher Ausländer ist, LG Mannh WoM **90**, 307.

S auch Rn 17 „Ersatzraum".

14 **Behinderter:** Beachten muß das Gericht, ob der Räumungsschuldner ein Behinderter ist, LG Mü WoM **89**, 412.

S auch Rn 19 „Gesundheit".

Belästigung: Beachten muß das Gericht, ob der Räumungsschuldner den Vermieter oder andere Bewohner belästigt hat, LG Münst WoM **91**, 114, AG Ffm WoM **00**, 547, AG Neustadt/Rbbge WoM **98**, 666.

Berufliche Auswirkung: Beachten muß das Gericht, welche Auswirkungen eine Räumung auf berufliche Tätigkeiten des Räumungsschuldners oder seiner mitwohnenden engsten Angehörigen hat, LG Bonn WoM **92**, 610 (Sport).

S auch Rn 23 „Politische Auswirkung".

Berufung: Beachten muß das Gericht, ob eine Berufung eine Erfolgsaussicht hat, LG Hbg WoM **87**, 63. Es kommt auch darauf an, wieviel Zeit der Bekl seit dem Ersturteil hatte, LG Münst WoM **07**, 22.

Besitz: Ein unberechtigter Besitz führt meist zum Überwiegen der gegnerischen Interessen.

15 **Dauer des Mietvertrags:** Rn 27 „Wohndauer".

Einzugstermin: Beachten muß das Gericht, ob der Räumungsschuldner für eine Ersatzwohnung einen bestimmten Einzugstermin nennen kann, LG Düss WoM **89**, 387, LG Münst WoM **93**, 62 (in drei Monaten).

S auch Rn 17 „Ersatzraum", Rn 19 „Hausbau".

Eigenbedarf: Beachten muß das Gericht, ob es das Räumungsurteil auf einen Eigenbedarf gestützt hat, sei es für den Vermieter persönlich, sei es für seine Angehörigen oder Mitarbeiter, LG Verden WoM **92**, 637, und wie dringlich dieser Eigenbedarf ist, LG Hbg WoM **91**, 38, ob das Gericht ihn zB durch eine einstweilige Verfügung geklärt hat, LG Hbg WoM **94**, 708. Wer nach der Umwandlung in eine Eigentumswohnung mit dem Eigentümer abschließt, hat nach deren Verkauf nur ca 3 Monate Zeit, LG Ffm WoM **97**, 561. Die Vermieterpflicht zur Mitteilung des Endes des Eigenbedarfs endet erst mit dem Ablauf der Räumungsfrist, BGH NJW **06**, 221. LG Hbg WoM **05**, 136. 16

Erbrechtsfragen: Beachten muß das Gericht, ob begründete Einwendungen gegen den Ehegatten oder gegen Familienangehörige der Erben des Räumungsschuldners bestehen, die nach seinem Tod das Mietverhältnis fortsetzen, § 563 BGB.

Ersatzraum: Beachten muß das Gericht, ob der Räumungsschuldner sich in jeder ihm zumutbaren Weise um einen angemessenen Wohnraum bemüht hat, LG Mannh RR **93**, 713, LG Stgt WoM **97**, 492, AG Solingen WoM **94**, 707, aM LG Mannh WoM **93**, 62 (ein sozial Schwacher brauche sich nicht so intensiv zu bemühen). Diese Pflicht bestand freilich grds erst seit der Rechtskraft, LG Aachen WoM **90**, 216. Auch ein gutbemittelter Mieter braucht aber nicht stets sogleich einen überteuerten Ersatzraum zu suchen, LG Bln WoM **94**, 385. Eine Verlängerung der Räumungsfrist setzt eine verstärkte Bemühung voraus, BGH NJW **90**, 2823. Auch müssen weniger wichtige Gläubigerinteressen zurücktreten können, LG Waldshut-Tiengen WoM **96**, 53. Die Verlängerung kommt in Betracht, wenn ein Ersatzraum voraussichtlich nach 3 Monaten freisteht, LG Münst WoM **93**, 62. Eine Verlängerung entfällt, soweit Bemühungen des Mieters in absehbarer Zeit erfolglos sein werden, LG Waldshut-Tiengen WoM **96**, 53, oder soweit er den Ersatzmann nur behauptet, nicht aber belegt, aM LG BadBad WoM **07**, 75. 17

S auch Rn 19 „Hausbau", Rn 22 „Obdachlosigkeit", Rn 25 „Urlaub", Rn 26 „Vorstellung des Schuldners", Rn 28 „Wohnungsmarkt".

Examen: Beachten muß das Gericht, ob sich eine Examenszeit des Räumungsschuldners noch lange hinziehen würde, AG Bonn WoM **91**, 101. 18

Familie: Rn 16 „Erbrechtsfragen", Rn 19 „Gesundheit", Rn 20 „Kinderzahl", Rn 24 „Schwangerschaft".

Fristdauer: Es gilt keine Mindestfrist, wohl aber eine Höchstfrist, Rn 31. Eine Frist von nur 1 Monat ist oft zu kurz, manchmal aber durchaus lang genug, etwa dann, wenn ein Ersatzraum dann höchstwahrscheinlich frei sein wird. Ratsam ist die Angabe eines festen Schlußdatums. Sonst läuft die Frist ab ihrer Bekanntgabe, Rn 31.

Fristverlängerung: Eine Verlängerung der Kündigungsfrist nach § 573 BGB ist *nicht* zulasten des Räumungsschuldners auswertbar, LG Hbg WoM **90**, 28.

Gesundheit: Beachten muß das Gericht den Gesundheitszustand des Räumungsschuldners und seiner mitwohnenden Angehörigen, LG Lübeck WoM **96**, 706. Es kommt zB darauf an, ob sich der Schuldner ständig in einer stationären Behandlung befindet, AG Köln WoM **91**, 550 (schon wegen Art 14 II GG ist aber eine große Behutsamkeit notwendig). 19

Hausbau: Beachten muß das Gericht, ob der Räumungsschuldner in einen solchen Neubau einziehen will, dessen Fertigstellung sich verzögert, LG Heidelb WoM **95**, 661, AG Miesbach WoM **80**, 204, AG Starnb WoM **80**, 204.

S auch Rn 17 „Ersatzraum".

Hausfrieden: Beachten muß das Gericht, ob der Räumungsschuldner den Hausfrieden jetzt erst recht stört, LG Münst WoM **91**, 563, AG Ffm WoM **00**, 547 (Fensterln in Frankfurt), und wieviel Zeit er seit dem Ersturteil hatte, LG Münst WoM **07**, 22.

S auch Rn 14 „Belästigung".

Kinderzahl: Beachten muß das Gericht die Zahl der beim Räumungsschuldner wohnenden oder von ihm noch wohnungsmäßig auch nur zeitweilig etwa in den Semesterferien zu versorgenden auch erwachsenen Kinder. 20

Krankenhaus: Rn 19 „Gesundheit".

Kündigung: Rn 21 „Mieterkündigung", Rn 26 „Vermieterkündigung" und bei den weiteren einzelnen Stichwörtern.

Langjährigkeit des Mietvertrags: Rn 27 „Wohndauer". 21

Mieterkündigung: Beachten muß das Gericht, ob der Räumungsschuldner selbst gekündigt hat.

Mindestfrist: Rn 18 „Fristdauer".

Mutwille: Beachten muß das Gericht, ob der Vermieter mutwillig geklagt hat, AG Hagen WoM **90**, 83.

Neubau: Rn 19 „Hausbau".

Nutzungsentschädigung: Beachten muß das Gericht, ob der Räumungsschuldner seit dem Vertragsende regelmäßig und pünktlich eine Nutzungsentschädigung in der gesetzlichen Höhe gezahlt hat, Stgt WoM **06**, 530, AG Mü ZMR **86**, 295, aM LG Hbg WoM **92**, 492 (bei einer Säumigkeit des Sozialamts. Aber das berührt nur das Innenverhältnis). 22

Obdachlosigkeit: Beachten muß das Gericht, ob der Räumungsschuldner obdachlos würde, LG Hbg WoM **88**, 316.

S auch Rn 17 „Ersatzraum", Rn 29 „Zahlungsweise".

Politische Auswirkung: *Nicht* entscheidend beachten muß das Gericht die Gefahr des Verlusts eines politischen Mandats infolge eines Wohnungswechsels, LG Hbg WoM **90**, 119. 23

Renovierung: Beachten muß das Gericht, ob, wann, wie oft, wie umfangreich und durch wen Renovierungen stattgefunden haben.

S auch Rn 29 „Wohnungszustand".

Schwangerschaft: Beachten muß das Gericht, ob in der engsten Familie des Räumungsschuldners eine Schwangerschaft besteht. Sie kann nach dem Urteil begonnen haben, AG Bergheim WoM **99**, 530. 24

Soziale Schwäche: Rn 13 „Ausländer“, Rn 17 „Ersatzraum“, Rn 22 „Nutzungsentschädigung“, Rn 26 „Verschlechterung“.

Sportliche Auswirkung: Beachten muß das Gericht, welche Auswirkungen eine Räumung auf sportliche Tätigkeiten des Räumungsschuldners hat, LG Bonn WoM **92**, 610 (Olympiateilnehmer).

Strafanzeige: Eine schuldhaft unberechtigte Strafanzeige des Mieters gegen den Vermieter muß das Gericht bei der Abwägung natürlich für den letzteren beachten, LG Osnabr WoM **93**, 617.

Tierhaltung: Zulasten des Mieters muß das Gericht beachten, wenn er trotz der Verurteilung wegen unerlaubter Haltung von 3 Tieren jetzt ein „Tierparadies“ mit rd 27 Tieren eröffnet hat, AG Neust/Rbbge NZM **99**, 108.

25 **Urlaub:** Beachten muß das Gericht, ob der Räumungsschuldner in einen Urlaub gefahren ist, ohne sich nachhaltig um einen Ersatzraum zu bemühen, AG Hbg WoM **91**, 114.

Verfassungsbeschwerde: Auch Art 19 IV GG gebietet einem AG nicht, wegen einer Verfassungsbeschwerde, dazu Rn 1, in einer Art vorauseilenden Gehorsams durch die Gewährung einer Räumungsfrist demjenigen Gericht und dessen im Ergebnis mindestens gleichwertigen Möglichkeiten vorzugreifen, bei dem das Verfahren jetzt allein noch anhängig ist, LG Ffm NZM **99**, 168, aM BVerfG NZM **99**, 212, AG Ffm NZM **99**, 67 (aber man kann dem AG nur sehr selten zumuten, die Erfolgsaussicht einer Verfassungsbeschwerde auch nur einigermaßen zu erahnen. Man denke nur zB an den Entschluß des BVerfG RR **99**, 137, seinen Arbeitsanfall zu begrenzen, mag dergleichen auch noch so verständlich sein. Damit konnte man vorher kaum rechnen).

26 **Vermieterkündigung:** Beachten muß das Gericht, ob der Mieter dem Vermieter einen Grund zur Kündigung gegeben hat, LG Bln RR **89**, 1359 (Schuldlosigkeit), insbesondere etwa wegen einer Belästigung oder wegen eines Zahlungsverzugs, LG Bln ZMR **98**, 351. Hat der Mieter durch eine Tätlichkeit einen Anlaß zur Vermieterkündigung gegeben, kommt selbst eine angespannte Lage am Wohnungsmarkt kaum noch zu seinen Gunsten in Betracht, aM LG Hbg WoM **94**, 219 (aber wo sollen dann eigentlich die Grenzen liegen?).

S im übrigen bei den einzelnen Stichwörtern.

Verschlechterung: *Nicht* entscheidend beachten muß das Gericht eine gewisse, aber noch zumutbare Verschlechterung der Wohnverhältnisse ohne eine Beeinträchtigung des sozialen Status, LG Hbg WoM **90**, 119.

Verzug: Rn 29 „Zahlungsweise“

Vorstellung des Schuldners: *Nicht* entscheidend beachten muß das Gericht die bloß subjektive Vorstellung des Räumungsschuldners von der Angemessenheit eines Ersatzraumes, BezG Halle WoM **92**, 308.

S auch Rn 17 „Ersatzraum“.

27 **Wohndauer:** Beachten muß das Gericht, wie lange der Räumungsschuldner die Wohnung schon innehat, LG Bln RR **89**, 1359.

28 **Wohnungsmarkt:** Beachten muß das Gericht vornehmlich zugunsten des Räumungsschuldners die Lage am Wohnungsmarkt, LG Essen WoM **92**, 202, LG Mü WoM **95**, 104, LG Verden WoM **92**, 637.

29 **Wohnungszustand:** Beachten muß das Gericht, in welchem Zustand sich die Mietwohnung einerseits beim Einzug befand, andererseits jetzt befindet.

S auch Rn 23 „Renovierung“.

Zahlungsweise: Eine Bemühung um die Zahlung der Rückstände und eine jetzt pünktliche Zahlung muß das Gericht beachten, Stgt WoM **06**, 530, LG Mainz WoM **97**, 233. Auch ein Rückstand hindert nicht an einer Räumungsfrist von 6 Wochen zur Vermeidung einer Obdachlosigkeit, LG Bln ZMR **01**, 189, sogar von 3 Monaten, LG Hbg WoM **01**, 80 (großzügig). Ein ja vorwerfbarer Zahlungsverzug führt aber meist zum Überwiegen der Gläubigerinteressen.

30 **Zeitablauf:** Beachten muß das Gericht, wieviel Zeit seit der Kündigung vergangen ist, LG Hann WoM **89**, 416, AG Bad Homburg WoM **89**, 303, AG Ludwigsb WoM **89**, 418.

S auch Rn 18 „Fristverlängerung“.

Zuwarten: Beachten muß das Gericht, ob der Vermieter über eine längere Zeit Fristverlängerungen gewährt hat und nun erstmals Kosten erstattet fordert, die *ihm* auferlegt worden waren, AG Pinneberg RR **95**, 76.

Zwangsversteigerung: Das Gericht darf den infolge Zuschlags zur Räumung verpflichteten Schuldner nicht schlechter stellen als einen aus anderem Grund zur Räumung Verpflichteten, LG Aschaffenb DGVZ **02**, 169.

Zwischenumzug: Rn 19 „Hausbau“.

31 **9) Höchstfrist, V.** Im Höchstfall darf die Räumungsfrist insgesamt 1 Jahr betragen, AG Dortm NZM **04**, 500. Sie ist aber die Ausnahme. Andernfalls ist ein Zwischenumzug zumutbar. Ein solcher Zwischenumzug ist aber nicht schon nach 3 Monaten zumutbar, evtl noch nicht einmal nach 8 Monaten. Überhaupt darf man dem Räumungsschuldner einen Zwischenumzug nicht schon deshalb zumuten, weil der Vermieter ein Interesse daran hat, über den Raum möglichst bald verfügen zu können, AG Starnb WoM **80**, 204. Die jeweils festgesetzte Frist beginnt dann, wenn das Gericht im Beschluß nicht nach § 221 I zulässigerweise etwas anderes bestimmt hat, mit der Zustellung nach § 221 I oder mit der Verkündung nach § 312 zu laufen. Die Höchstfrist von 1 Jahr beginnt grundsätzlich nach V 2 Hs 1 mit dem Eintritt der formellen Rechtskraft des Urteils nach § 705, Hamm NJW **82**, 342. Bei einem Urteil auf eine künftige Räumung beginnt die Höchstfrist ausnahmsweise nach V 2 Hs 2 mit dem dort festgesetzten Tag, V.

Macht der Gläubiger innerhalb der Jahresfrist nach V von dem Vollstreckungstitel keinen Gebrauch, darf er die Zwangsvollstreckung nicht mehr betreiben, Grdz 48 vor § 704, LG Düss MDR **79**, 496, großzügiger Hamm NJW **82**, 342.

32 **10) Weitere Einzelfragen, I–V.** Der Vermieter muß eine etwa notwendige Räumungsfrist beim Mieter einer Sozialwohnung auch dann hinnehmen, wenn der Vermieter wegen einer Fehlbelegung der Wohnung

monatliche Geldzahlungen leisten muß, sofern er beim Vertragsabschluß hätte wissen müssen, daß der Mieter nicht sozialwohnungsberechtigt war, AG Bergheim WoM **81**, 283. Das Gericht kann auch eine Räumungsfrist für nur einen Teil der Wohnung zubilligen. Wenn das Gericht eine Räumungsfrist gewährt oder verlängert, darf der Vermieter einen weiteren Schaden geltend machen, der ihm dadurch entsteht, daß der Mieter die Mietsache bis zum tatsächlichen Auszug nicht zurückgegeben hat, § 546 a II BGB. Eine weitergehende Schadensersatzpflicht besteht nicht, § 571 II BGB, LG Stgt RR **90**, 654 (Untermieter). Wohl aber kann ein Anspruch auf eine Nutzungsherausgabe nach § 987 BGB hinzutreten. Während der Räumungsfrist wird das Nutzungsverhältnis nicht weiter ausgestaltet. Ein allzu langes Zuwarten des Vermieters läßt sich evtl als der Abschluß eines neuen Mietvertrags auslegen, Hamm NJW **82**, 341, AG Ffm-Höchst RR **88**, 204.

11) Rechtsmittel, VI. Wenn eine Partei das Urteil auch in der Hauptsache mit einem Einspruch oder mit einer Berufung anficht, greift sie damit auch die Räumungsfrist an. Der Gegner hat dann die Möglichkeit, seinerseits bis zum Schluß der letzten mündlichen Verhandlung nach §§ 136 IV, 296 a, 525 Anträge zu stellen. Es ist aber auch eine selbständige Anfechtung der im Urteil oder Versäumnisurteil ausgesprochenen Räumungsfrist oder ihrer Bemessung sowie der Versagung einer solchen Frist möglich, VI Z 1, LG Düss WoM **93**, 471. Gegen die ergangene oder nach Rn 6 unterstellbare Entscheidung zur Räumungsfrage ist eine sofortige Beschwerde statthaft, LG Düss WoM **93**, 471. Das gilt auch dann, wenn es sich um ein Versäumnisurteil nach § 331 handelt oder wenn das Gericht einen Beschluß auf Antrag nach II oder III erlassen hat, VI Z 2. Es gilt jedoch nicht, wenn man Berufung eingelegt hat, LG Gießen WoM **94**, 551, oder wenn das Berufungsgericht erkannt hat, § 567 I. Auch eine Anschlußberufung bleibt trotz VI Z 1 möglich, § 524, LG Nürnb-Fürth RR **92**, 1231. 33

Gegen die Entscheidung des OLG als Beschwerdegericht ist die *Rechtsbeschwerde* unter den Voraussetzungen des § 574 statthaft. Wegen einer Anschlußbeschwerde gilt § 567 III.

12) Keine oder eingeschränkte Räumungsfrist, VII. Soweit der Mieter keine Fortsetzung des Mietverhältnisses nach § 549 II Z 3 BGB oder nach § 575 BGB fordern kann, besteht auch kein Anlaß zur Gewährung einer Räumungsfrist. Daher ist dann nach VII 1 die gesamte Regelung I–VI unanwendbar. Vgl auch den entsprechenden § 794 a V. Der Mieter ist auf § 765 a angewiesen, aM Sternel MDR **83**, 273 (aber die sachlichrechtlichen Möglichkeiten sind die natürlichen Hauptverteidigungsmittel). Beim Ende des Mietverhältnisses durch eine außerordentliche Kündigung nach § 575 BGB kommt eine Räumungsfrist nur bis zum vertraglich bestimmten Beendigungszeitpunkt infrage, VII 2. 34

722 *Vollstreckbarkeit ausländischer Urteile.* **I Aus dem Urteil eines ausländischen Gerichts findet die Zwangsvollstreckung nur statt, wenn ihre Zulässigkeit durch ein Vollstreckungsurteil ausgesprochen ist.**

II Für die Klage auf Erlass des Urteils ist das Amtsgericht oder Landgericht, bei dem der Schuldner seinen allgemeinen Gerichtsstand hat, und sonst das Amtsgericht oder Landgericht zuständig, bei dem nach § 23 gegen den Schuldner Klage erhoben werden kann.

Schrifttum: *Baumann,* Die Anerkennung und Vollstreckung ausländischer Entscheidungen in Unterhaltssachen, 1989; *Bülow/Böckstiegel/Geimer/Schütze,* Der Internationale Rechtsverkehr in Zivil- und Handelssachen (Loseblattsammlung), 3. Aufl seit 1990; *Busl,* Ausländische Staatsunternehmen im deutschen Vollstreckungsverfahren, 1992; *Cebecioğlu,* Stellung des Ausländers im Zivilprozeß (rechtsvergleichend), 2000; *Cypra,* Die Rechtsbehelfe im Verfahren der Vollstreckbarerklärung nach dem EuGVÜ, 1996; *Dolinar,* Vollstreckung aus einem ausländischen, einen Schiedsspruch bestätigenden Exequatururteil, Festschrift für *Schütze* (1999) 187; *Fadlalla,* Die Problematik der Anerkennung ausländischer Gerichtsurteile usw, 2004; *von Falck,* Implementierung offener ausländischer Vollstreckungstitel usw, 1998; *Feige,* Die Kosten der deutschen und französischen Vollstreckbarerklärungsverfahren nach den GVÜ, 1988; *Geimer,* Internationales Zivilprozeßrecht, 5. Aufl 2005; *Geimer,* Anerkennung ausländischer Entscheidungen in Deutschland, 1995; *Geimer,* Exequaturverfahren, Festschrift für *Georgiades* (2006) 489; *Geimer/Schütze,* Internationale Urteilsanerkennung, Band I 1. Halbband (Das EWG-Übereinkommen über die gerichtliche Zuständigkeit usw) 1983, 2. Halbband (Allgemeine Grundsätze und autonomes deutsches Recht) 1984, Band II (Österreich, Belgien, Großbritannien, Nordirland) 1971; *Gerichtshof der Europäischen Gemeinschaften* (Herausgeber), Internationale Zuständigkeit und Urteilsanerkennung in Europa, 1993; *Grundmann,* Anerkennung und Vollstreckung ausländischer einstweiliger Maßnahmen nach IPRG und Lugano-Übereinkommen, Basel 1996; *Heringer,* Der europäische Vollstreckungstitel für unbestrittene Forderungen, 2007; *Jayme/Hausmann,* Internationales Privat- und Verfahrensrecht, 12. Aufl 2004; *Kilgus,* Zur Anerkennung und Vollstreckbarerklärung englischer Schiedssprüche in Deutschland, 1995; *Krause,* Ausländisches Recht und deutscher Zivilprozeß, 1990; *Kropholler,* Europäisches Zivilprozeßrecht, 8. Aufl 2005 (Bespr *Heiss* VersR **06**, 201, *Jayme* NJW **06**, 794); *Kropholler,* Internationales Privatrecht, 5. Aufl 2004, § 60; *Linke,* Internationales Zivilprozeßrecht, 4. Aufl 2006 (Bespr *Gruber* FamRZ **06**, 1508); *Linke,* Zum Wert oder Unwert der Vollstreckungsklage (§§ 722, 723 ZPO), Festschrift für *Schütze* (1999) 427; *Mansel,* Streitverkündung (vouching in) und Zeitklage (third party complaint) im US-Zivilprozeß und die Urteilsanerkennung in Deutschland, Herausforderungen des Internationalen Zivilverfahrensrechts (1995) 63; *Martiny* ua, Handbuch des internationalen Zivilverfahrensrechts, Bd III/1, 2, 1984; *Müller,* Die worldwide Mareva injunction. Entwicklung, internationale Zuständigkeit und Vollstreckung in Deutschland, 2002; *Nagel/Gottwald,* Internationales Zivilprozeßrecht, 6. Aufl 2007 (Bespr *Lipp* FamRZ **07**, 1524); *Nelle,* Anspruch, Titel und Vollstreckung im internationalen Rechtsverkehr, 2000; *Paetzold,* Vollstreckung schweizerischer Entscheidungen nach dem Lugano-Übereinkommen in Deutschland 1995; *Rauscher,* Der Europäische Vollstreckungstitel für unbestrittene Forderungen, 2004; *Riedel,* Grenzüberschreitende Zwangsvollstreckung, 2008; *Schack,* Internationales Zivilverfahrensrecht, 3. Aufl 2002; *Schlosser,* Die Durchsetzung von Schiedssprüchen und ausländischen Urteilen im Urkundenprozeß und mittels eines inländischen Arrests, Festschrift für *Schwab* (1990) 435; *Schütze,* Das Internationale Zivilprozessrecht unter Einschluss des Europäischen Zivilprozessrechts, 2. Aufl 2005; *Schütze,* Die Anerkennung und Vollstreckbarerklärung US-amerikanischer Zivilurteile, die nach einer pre-trial-discovery ergangen sind, in der BRep, Festschrift für *Stiefel,* 1987; *Spiecker gen Döhmann,* Die Anerkennung von Rechtskraftwirkungen von ausländischen Urteilen, 2002 (Bespr *Hager* ZZP **117**, 395); *Stürner,* Europäische Urteilsvollstreckung nach Zustellungsmängeln, Festschrift für *Nagel* (1987) 446; *Stürner,* Das grenzübergreifende Vollstreckungsverfahren in der Europäischen Union, Festschrift für *Henckel* (1995) 863; *Stürner,* Anerkennungsrechtlicher und Europäischer Ordre Public als Schranke der Vollstreckbarerklärung – der Bundesgerichtshof und die Staatlichkeit der Europäischen Union, Festgabe *50 Jahre Bundesgerichtshof* (2000) III 677; *Weißmann/Riedel* (Herausgeber), Handbuch der internationalen Zwangsvollstreckung, 1992, ErgLieferung 1992/1993.

Gliederung

1 **1) Systematik, I, II.** Über den Begriff des ausländischen Urteils § 328 Rn 7. Die Frage, wann ein solches Urteil nach § 705 in formelle Rechtskraft erwächst, richtet sich ganz nach dem jeweiligen ausländischen Recht, AG Singen FamRZ **02**, 114. Neben der Klage auf eine mit dem ausländischen Urteil sachlich übereinstimmende Entscheidung nach Rn 5, 6 ist auch die Vollstreckungsklage nach §§ 722, 723 zulässig. Sie leitet ein Erkenntnisverfahren und nicht ein Vollstreckungsverfahren ein, BGH FamRZ **08,** 1750. Sie ist zur Erzielung eines endgültigen Vollstreckungserfolgs im Inland auch evtl notwendig. Diese Klage setzt ein nach § 705 rechtskräftiges Urteil voraus. Wenn ein ausländischer Kostenfestsetzungsbeschluß fehlt und wenn das Urteil keine Kostenentscheidung erkennen läßt, bleibt nur ein besonderer Nachweis der Kosten übrig. Das AVAG geht in seinem Geltungsbereich §§ 722, 723 vor. Wegen eines ausländischen Titels sieht § 16 IntFamRVG eine Zulassung zur Vollstreckung im Inland durch eine auf einen Antrag zu erlassende Vollstreckungsklausel vor. § 240 ist anwendbar, dort Rn 5 „Nachlaßinsolvenz".

Ein *EU-Vollstreckungstitel* erübrigt bei einer unbestrittenen Forderung ein nationales Vollstreckungsurteil unter den Voraussetzungen §§ 1079–1086.

2 **2) Regelungszweck, I, II.** Eine innere Rechtskraftwirkung nach Einf 2 vor §§ 322–327 kann das Urteil wegen der deutschen Justizhoheit als einer Folge der Rechtsstaatlichkeit nach Einl III 15 nur insoweit haben, als man es im Inland nach § 328 anerkennen darf und muß, BGH FamRZ **87**, 370, Karlsr FamRZ **91**, 600, AG Singen FamRZ **02**, 114. § 722 läßt als eine zwingende Vorschrift des öffentlichen Rechts keinerlei abweichende private Vereinbarung zu, Grdz 18 aE vor § 128.

Inhaltliche Kontrolle ist *nicht* der Zweck des § 722. Diese Kontrolle findet vielmehr nach § 328 usw statt. So sehr die formelle Kontrolle nach § 722 zu den wichtigen Bedingungen der Durchsetzbarkeit einer ausländischen Entscheidung im Inland zählen darf und muß, so sehr muß man sich darüber klar sein, daß § 722 nur den formellen Rahmen für die eigentliche Prüfung ergibt, ob und wie weit sich die ausländische Entscheidung mit dem inländischen Recht einschließlich des hier geltenden staatsvertraglichen oder supranationalen Rechts wenigstens in Grundzügen und bei den sonstigen wesentlichen Anerkennungsbedingungen der genannten übrigen Vorschriften verträgt. Das zeigt sich in § 723.

3 **3) Geltungsbereich, I, II.** Die Vorschrift gilt grundsätzlich in allen Verfahren nach der ZPO, auch im WEG-Verfahren. Wegen einer Ausnahme Rn 10. Wegen der Anerkennung von gerichtlichen Entscheidungen in der früheren DDR vgl § 328 Vorbem und § 723 Rn 4 (wegen des früheren Westberlin) sowie BGH **84**, 18, Biede DGVZ **79**, 53. Wegen der *EuGVVO* und des *LugÜ* SchlAnh V C 2, D und zB EuGH NJW **02**, 2087 (Unvereinbarkeit von Entscheidungen des Vertrags- und des Vollstreckungsstaats). Wegen des AVAG Hub NJW **01**, 3145 (krit Üb). Wegen der weitgehenden Abschaffung des Vollstreckungsurteils im EU-Raum bei einer unbestrittenen Forderung §§ 1079–1086. Ein Antrag, einen ausländischen Vollstreckungstitel nach der EuGVVO oder dem LugÜ gemäß § 722 mit der Vollstreckungsklausel zu versehen, ist unzulässig, KG FamRZ **98**, 384. Man kann ihn auch nicht in eine Klage nach § 722 umdeuten, BGH NJW **79**, 2477. Auch ein insolvenzrechtlicher ausländischer Vollstreckungstitel unterliegt dem Anerkennungsverfahren, BGH NJW **93**, 2315. Ein ausländisches Feststellungsurteil reicht nicht aus, AG Würzb FamRZ **94**, 1596, ebensowenig eine vollstreckbare Urkunde, StJM 10, aM Geimer DNotZ **75**, 464 (aber „Urteil" in I ist nach dem Wortlaut und Sinn eindeutig, Einl III 39. Es heißt dort nicht „Vollstreckungstitel" oder „Entscheidung"). Ebensowenig reicht ein anderer öffentlichrechtlicher ausländischer Titel, Geimer DNotZ **75**, 478. Ein ausländischer Schiedsspruch ist kein Urteil nach I. Auch ist dann eine Klage nach § 722 nicht in einen Antrag nach § 1061 umdeutbar. In einer Familiensache usw gelten vorrangig §§ 107 ff FamFG.

Streitgegenstand nach § 2 Rn 4 ist nicht derjenige Anspruch, über den das ausländische Gericht entschieden hat, sondern nur das Begehren, der ausländischen Entscheidung die inländische Vollstreckbarkeit zu geben, BGH **122**, 18, Bbg FamRZ **80**, 67. Dennoch entscheidet im allgemeinen dasjenige deutsche Gericht, das nach dem deutschen Recht zur Entscheidung in der Sache selbst zuständig wäre, BGH **67**, 258, evtl also das FamG, Bbg FamRZ **80**, 67.

4 **4) Vollstreckungsurteil, I.** Außerhalb der Fälle Rn 3 gilt grundsätzlich: Nur wenn und soweit ein deutsches Vollstreckungsurteil vorliegt, ist eine Zwangsvollstreckung aus dem ausländischen Urteil statthaft, BGH **122**, 18. Das deutsche Vollstreckungsurteil ist eine Urkunde. Sie gibt im Zusammenhang mit der ausländischen Entscheidung einen sachlichen Inhalt. Sie ist dem Vollstreckungsbescheid vergleichbar. Darum

verbindet das Gericht die ausländische Entscheidung zweckmäßig dadurch mit dem deutschen Vollstreckungsurteil, daß es sie in die Urteilsformel aufnimmt, BGH FamRZ **88**, 491, etwa so: „Die Zwangsvollstreckung aus dem Urteil des ... Gerichts ist zulässig. Dessen Formel lautet wie folgt ...“. Eine Umrechnung fremder Währungen findet im Verfahren nach § 722 nur noch bedingt statt, Zweibr FamRZ **04**, 717 (DM-Ost; abl Grothe). Wegen der Umrechnung im Zwangsvollstreckungsverfahren Grdz 1 vor § 803. Dem Vollstreckungsurteil darf das Gericht keine Sachprüfung zugrunde legen, BGH NJW **90**, 1420, aM Nelle (vor Rn 1) 402 (wendet § 767 an. Aber das Verfahren hat in diesem Prüfungsteil noch einen rein formellen Charakter, Rn 2). Die Bedeutung des Vollstreckungsurteils liegt nur darin, daß das inländische Gericht die ausländische Entscheidung im Inland für vollstreckbar erklärt und damit gleichzeitig anerkennt. Das Vollstreckungsurteil wirkt also rechtsgestaltend, Grdz 10 vor § 253. In der ersten Instanz ergeht keine Entscheidung zur Sicherheitsleistung, Düss BB **98**, 1867.

Ein Vollstreckungsurteil ist nicht schon deshalb stets unzulässig, weil ein *Staatsvertrag* ein anderes Verfahren vorsieht, SchlAnh V, Luther FamRZ **75**, 259. Es ist allerdings bei einer Unbestimmtheit des Titels unzulässig, Zweibr Rpfleger **04**, 300. Ein Vollstreckungsurteil kommt dann nicht in Betracht, wenn ein ausländisches Rheinschiffahrtsgericht entschieden hat. Dann erteilt das Rheinschiffahrtsobergericht Köln die Vollstreckungsklausel ohne weiteres, § 14 GVG Rn 2. Im übrigen darf der Rpfl die Vollstreckungsklausel nur zu dem Vollstreckungsurteil erteilen. Die Zwangsvollstreckung aus dem Vollstreckungsurteil erfolgt dann, wenn das deutsche Gericht es für vorläufig vollstreckbar erklärt hat oder wenn seine Rechtskraft eingetreten ist. Rechtsmittel sind nach allgemeinen Grundsätzen zulässig.

5) Leistungsklage, I. Eine selbständige Klage auf den durch das ausländische Urteil festgestellten An- 5
spruch im Bereich des § 722 ist regelmäßig statthaft. Denn das Vollstreckungsurteil läßt sich weder einfacher noch billiger erlangen, BGH FamRZ **87**, 370, Hamm FamRZ **91**, 718, Karlsr RR **99**, 82, aM AG Hbg-Altona FamRZ **90**, 420 (aber man darf prozeßwirtschaftlich vorgehen, Grdz 14 vor § 128).

Daher ist auch eine zunächst erfolgte *Ablehnung* der Vollstreckbarerklärung des ausländischen Urteils für eine folgende inländische Leistungsklage oder Anerkennung nicht schädlich, BGH FamRZ **87**, 370, KG FamRZ **93**, 977. Auch bei einer selbständigen Klage steht freilich jeder sachlichen Nachprüfung die von Amts wegen beachtbare Rechtskraft entgegen, Einf 25, 26 vor §§ 322–327, Karlsr RR **99**, 82. Der Fall liegt also ähnlich, wie wenn sich die Partei für denselben Anspruch einen zweiten Vollstreckungstitel beschaffen würde, Hamm FamRZ **91**, 718, KG FamRZ **93**, 977, Luther FamRZ **75**, 260 (Österreich).

Das Urteil muß also eine mit dem ausländischen Urteil *inhaltlich übereinstimmende Sachentscheidung* treffen, BGH FamRZ **87**, 370, KG FamRZ **93**, 977, Karlsr FamRZ **91**, 601. Schütze DB **77**, 2130 bejaht das Rechtsschutzbedürfnis für eine selbständige Leistungsklage nur dann, wenn sie der einzige Weg dazu ist, den Anspruch durchzusetzen. Er will aber eine Verbindung der Vollstreckungsklage und der Leistungsklage zulassen. Es ist unerheblich, ob eine Entscheidung die Zwangsvollstreckung zuläßt, Grdz 28, 29 vor § 704. Auch ein Feststellungsurteil oder ein abweisendes Urteil ist einem Vollstreckungsurteil zugänglich, soweit Kosten oder eine Vollstreckbarkeit im weiteren Sinne in Betracht kommen. § 323 kann anwendbar sein, KG FamRZ **90**, 1377 (zustm Gottwald).

6) Feststellungsklage, I. Der Verurteilte kann auf die Feststellung des Nichtbestehens der ausgesprochen 6
Verpflichtung klagen, solange der Gläubiger noch keine Vollstreckungsklage erhoben hat, § 256 Rn 85 „Leistungsklage“. Das deutsche Gericht prüft das ursprüngliche Schuldverhältnis nur dann, wenn es dem ausländischen Urteil eine Anerkennung nach § 328 versagen muß.

7) Vollstreckungsklage, II. Man muß zahlreiche Fragen klären. 7

A. Kläger. Das Gericht muß die Parteifähigkeit nach dem Personalstatut beurteilen, § 50 Rn 4. Sie muß im Zeitpunkt des Erlasses des Vollstreckungsurteils vorliegen. Das Prozeßführungsrecht nach Grdz 22 vor § 50 richtet sich nach dem ausländischen Recht. Beim (jetzt: vertraglichen) Unterhaltsurteil ist nicht der Vertreter klageberechtigt, sondern der Unterhaltsberechtigte, AG Lahnstein FamRZ **86**, 290. Ein Dritter, etwa ein Rechtsnachfolger, ist nur dann zur Prozeßführung berechtigt, wenn das Urteil nach dem ausländischen Recht für oder gegen ihn wirkt. Über eine Rechtsnachfolge muß das Gericht im Prozeß entscheiden.

B. Örtliche Zuständigkeit. Ausschließlich zuständig das Gericht des allgemeinen Gerichtsstands des 8
Schuldners, §§ 13–19, Zweibr Rpfleger **00**, 77. Hilfsweise ist das Gericht des Vermögens zuständig, § 23, BGH NJW **97**, 325 (zustm Mankowski JR **97**, 464, Schlosser JZ **97**, 364), Öhlberger SchiedsVZ **07**, 75. Dabei ist *hier kein* besonderer Inlandsbezug nach § 23 Rn 16 notwendig, LG Heilbr IPRax **96**, 123 (zustm Munz 89), Öhlberger SchiedsVZ **07**, 75. Vgl ferner § 10 III AUG.

C. Sachliche Zuständigkeit. Ausschließlich zuständig sind das AG oder LG, je nach dem Streitwert des 9
Vollstreckungsurteils, §§ 3 ff usw.

D. Weitere Einzelfragen. Die Vollstreckungsklage macht den sachlichrechtlichen Anspruch nicht nach 10
§ 261 rechtshängig, BGH **72**, 29. Deshalb greift die Rechtshängigkeit gegenüber einer neuen Leistungsklage nicht durch. Deshalb ist auch eine Widerklage nach Anh § 253 unzulässig, Riezler JZPR 565, aM StJM 16 (inkonsequent). Die Rechtshängigkeit in einem anderen Prozeß ist unerheblich. Denn die Ansprüche sind verschieden. Ein Urkundenprozeß ist unzulässig. Denn es liegt kein Zahlungsanspruch vor, § 592, aM StJSchl 7 vor § 592 (vgl aber zum anderen Streitgegenstand Rn 3). Da ein Vergleich über den Streitgegenstand nach Rn 3 unwirksam wäre, ist auch kein Anerkenntnis nach § 307 möglich. Das Gericht muß sämtliche Voraussetzungen von Amts wegen prüfen, Grdz 39 vor § 128. Über eine Hemmung der Verjährung durch die Vollstreckungsklage vgl § 204 I 1 BGB. Das deutsche Gericht darf eine solche Klausel des ausländischen Urteils, nach der „gesetzliche Zinsen“ oder „Gerichtszinsen“ zu zahlen sind, im Vollstreckungsurteil oder bei der Erteilung der Vollstreckungsklausel im Zinsfuß ergänzen und damit vollstreckbar machen, LG Landau Rpfleger **84**, 242. Wegen einer Abänderung eines Auslandsunterhaltstitels § 10 II AUG.

Gebühren: Des Gerichts: KV 1510; des Anwalts: VV 3100, amtliche Vorbemerkung 3.2.1 I Z 3 (Rechtsmittel).

723 *Vollstreckungsurteil.* [I] **Das Vollstreckungsurteil ist ohne Prüfung der Gesetzmäßigkeit der Entscheidung zu erlassen.**

[II 1] **Das Vollstreckungsurteil ist erst zu erlassen, wenn das Urteil des ausländischen Gerichts nach dem für dieses Gericht geltenden Recht die Rechtskraft erlangt hat.** [2] **Es ist nicht zu erlassen, wenn die Anerkennung des Urteils nach § 328 ausgeschlossen ist.**

Schrifttum: S bei § 722.

1 **1) Systematik, I, II.** Vgl § 722 Rn 1. § 723 regelt bis auf die in § 722 II behandelte Zuständigkeit das weitere Verfahren einschließlich des Vollstreckungsurteils, auf das es ja abzielt.

2 **2) Regelungszweck, I, II.** Vgl zunächst § 722 Rn 2. Die Verweisung auf § 328 in II 2 ist als Grenze der in I an sich genannten Großzügigkeit rechtsstaatlich notwendig, Einl III 15. Man muß sie daher ebenso wie § 328 selbst grundsätzlich streng ziehen. Indessen muß das Gericht die weiteren in § 328 Rn 2 erläuterten Auslegungsgesichtspunkte natürlich ebenfalls beachten.

3 **3) Prüfung, I.** Das Gericht darf nicht nachprüfen, ob das ausländische Verfahren ordnungsmäßig war oder ob jenes Gericht usw das ausländische oder das inländische Recht unrichtig angewandt hat. Es besteht also ein Verbot der sog révision au fond, BayObLG FamRZ **93**, 1469, Jena SchiedsVZ **08**, 45, Stürner/Münch JZ **87**, 180. Das Gericht darf also auch nicht prüfen, ob die ausländischen Prozeßvoraussetzungen vorlagen, Grdz 12 vor § 253, etwa die Zuständigkeit.

Wohl aber darf und muß das deutsche Gericht eine Prüfung nach § 328 vornehmen, also unter anderem darauf, ob die ausländische Entscheidung gegen tragende deutsche Rechtsgrundsätze verstößt, § 328 I Z 4, BGH **122**, 19 (zum Bestimmtheitsgebot), weitergehend Stgt NJW **87**, 444, LG Bln DB **89**, 2120. Ferner darf und muß es prüfen, ob der Bekl gegen ein im Ausland erlassenes Versäumnisurteil die internationale Zuständigkeit des deutschen Gerichts eingewandt hat, aM BGH DB **86**, 1387 (Unbeachtlichkeit der Nichteinhaltung der Einlassungsfrist vor dem ausländischen Gericht [jetzt] nach der EuGVVO. Aber dann bleibt zumindest eine Prüfung auf einen etwaigen Verstoß gegen den deutschen ordre public, Rn 4). Ferner muß das Gericht alle Einwendungen gegen den durch das ausländische Urteil festgestellten Anspruch im Rahmen der §§ 767 II, 768 prüfen, BGH NJW **93**, 1271.

Der Schuldner muß die *Einwendungen in diesem Verfahren* erheben, Düss FamRZ **81**, 79. Es würde seiner Förderungspflicht nach Grdz 12 vor § 128 widersprechen, die Einreden einem neuen Prozeß aufzusparen. Der Schuldner muß eine Vollstreckungsabwehrklage nach § 767 gegen das Vollstreckungsurteil richten. Sie bleibt allein übrig, falls das ausländische Urteil nach dem Erlaß des deutschen Vollstreckungsurteils im Wiederaufnahmeverfahren nach §§ 578 ff vernichtet worden ist. Das Gericht muß eine nach dem ausländischen Urteil eingetretene Rechtsnachfolge prüfen. Alle derartigen Einreden und Einwendungen treten nicht dem ausländischen Urteil entgegen, sondern seiner Vollstreckbarkeit im Inland.

4 **4) Voraussetzungen, II.** Das ausländische Urteil muß grundsätzlich nach dem ausländischen Recht eine formelle Rechtskraft nach § 705 erlangt haben, Einf 1 vor §§ 322–327, Serick Festschrift für Weber (1975) 385 (zum südafrikanischen „final"-Vermerk). Eine vorläufige Vollstreckbarkeit des ausländischen Urteils genügt also grundsätzlich nicht. Das gilt selbt dann, wenn die Rechtskraft für die Vollstreckbarkeit nach dem ausländischen Recht unerheblich ist. Nur eine „endgültige" Vollstreckbarkeit verlangen Artt 56 CIM, 52 CIV, G v 24. 4. 74, BGBl II 357. Eine Reihe von Abkommen und Staatsverträgen läßt freilich eine vorläufige Vollstreckbarkeit ausnahmsweise genügen. Eine Vernichtbarkeit nach dem Recht des Urteilsstaats ist unschädlich, soweit das dortige Gericht sein Urteil nicht aufgehoben hat, BGH RIW **99**, 699. Im übrigen darf § 328 der Anerkennung des ausländischen Urteils nicht entgegenstehen, BGH VersR **92**, 1282. Es muß also vor allem die Gegenseitigkeit verbürgt sein, § 328 Anh, AG Hbg-Altona FamRZ **90**, 420.

5 Im Vollstreckungsrechtsstreit kann der Bekl also auch geltend machen, daß das ausländische Gericht nach dem deutschen Recht *nicht zuständig* war. Das gilt auch dann, wenn der Bekl vor dem ausländischen Gericht ein Versäumnisurteil gegen sich ergehen ließ. Das deutsche Gericht ist von Feststellungen des ausländischen Gerichts über solche Tatsachen frei, die dessen Zuständigkeit begründen, LG Bln DB **89**, 2120. Der Kläger muß die Voraussetzungen der Anerkennung beweisen. Dazu stehen ihm alle Beweismittel offen. Das gilt auch dann, wenn ein Staatsvertrag diejenigen Unterlagen nennt, die der Kläger beifügen muß, Mü Rpfleger **82**, 302. Diese Voraussetzungen müssen beim Schluß der mündlichen Verhandlung vorliegen, §§ 136 IV, 296 a. Vgl im übrigen bei § 722. Wegen der EuGVVO SchlAnh V C 2 (Art 38 ff). Vgl auch § 10 AUG sowie das AVAG. § 323 kann anwendbar sein, StJM 4 a, aM Geimer DNotZ **96**, 1054.

6 **5) Frühere Interlokale Zwangsvollstreckung**

Schrifttum: *Wittstadt,* Interzonales Zivilprozeßrecht. Anerkennung und Vollstreckung von Entscheidungen der Zivilgerichte, Diss Erlangen 1959.

A. Bundesrepublik. Wegen eines Scheidungsurteils der früheren DDR vgl Vorbem B vor § 328.

7 **B. Früheres Westberlin.** Das dortige Gesetz über die Vollstreckung von Entscheidungen auswärtiger Gerichte idF v 26. 2. 53, GVBl 152 war wegen Verstoßes gegen Art 72 I GG nichtig, KG NJW **79**, 881, Adler/Alich ROW **80**, 143, Biede DGVZ **79**, 153. Der BGH hat, soweit ersichtlich, ebensowenig wie das BVerfG abweichend entschieden, zumal es sich um Landesrecht handelte. Die Praxis wendete zB § 766 an. Vgl Einl III 77, Vorbem A vor § 328.

Gebührenrechtlich gelten §§ 22, 29, 31 GKG, 25 RVG, VV 3309, 3310.

724 *Vollstreckbare Ausfertigung.* [I] **Die Zwangsvollstreckung wird auf Grund einer mit der Vollstreckungsklausel versehenen Ausfertigung des Urteils (vollstreckbare Ausfertigung) durchgeführt.**

II **Die vollstreckbare Ausfertigung wird von dem Urkundsbeamten der Geschäftsstelle des Gerichts des ersten Rechtszuges und, wenn der Rechtsstreit bei einem höheren Gericht anhängig ist, von dem Urkundsbeamten der Geschäftsstelle dieses Gerichts erteilt.**

Gliederung

1) Systematik, I, II. Die Vorschrift wird durch §§ 725 ff ergänzt. Sie stellt das aus den Gründen Einf 1 vor §§ 750, 751 und wegen § 755 notwendige Bindeglied zwischen dem Originalurteil und der aus ihm möglichen Zwangsvollstreckung dar. Wegen der EuGVVO SchlAnh V C 2; ferner das AVAG (auch wegen der bei ihm genannten weiteren Verträge). Wegen des IntFamRVG vgl deren §§ 16 ff. Im Patentverfahren sind §§ 724–802 entsprechend beim Kostenfestsetzungsbeschluß anwendbar, § 80 V PatG. Dasselbe gilt im markenrechtlichen Verfahren, §§ 63 III 2, 71 V, 90 IV MarkenG. In einer Familiensache usw gilt vorrangig § 86 III FamFG Rn 4 (G). 1

2) Regelungszweck, I, II. Es soll im Interesse der Rechtssicherheit nach Einl III 43 und zum Schuldnerschutz sicher sein, daß und mit welchen Beteiligten in welchem Umfang, für welche Zeitdauer usw aus der bei der Akte verbleibenden Original-Sachentscheidung mithilfe einer bloßen Ausfertigung zu Händen des Gläubigers die Zwangsvollstreckung erfolgen darf. Man muß daher das gewiß lästige Zwischenverfahren der Klauselerteilung mittels einer strengen Auslegung durchführen. Man darf freilich seine Anforderungen nun auch nicht durch einen Formalismus überspannen, Einl III 9, 10. Das gilt, zumal das Gericht den Schuldner jetzt nicht nochmals anhören und der Rpfl natürlich nicht eine weitere (heimliche) Sachprüfung vornehmen darf: Der Richter hatte sie schon abschließend durchgeführt. 2

3) Notwendigkeit einer vollstreckbaren Ausfertigung, I, II. Die vollstreckbare Ausfertigung des in seiner Urschrift bei den Gerichtsakten bleibenden Vollstreckungstitels ist zusammen mit der Vollstreckungsklausel nach §§ 725 ff für die Vollstreckungsorgane die praktische Grundlage jeder Zwangsvollstreckung. Der Gläubiger muß sie dem Vollstreckungsorgan vorlegen, Köln RR **00**, 1580. Das Erteilungsverfahren liegt vor dem Beginn der Zwangsvollstreckung nach Grdz 51 vor § 704 als dessen Voraussetzung, BGH MDR **76**, 838. 3

Die Vollstreckungsklausel ist grundsätzlich bei *allen Vollstreckungstiteln* notwendig, auch zB bei einem Zuschlagsbeschluß nach dem ZVG, AG Westerburg DGVZ **05**, 46, ferner zB bei § 23 III 2 BetrVG, LAG Bre BB **93**, 795, oder bei § 2 SeeGVG (zuständig ist das OLG am Sitz des Internationalen Seegerichtshofs Hamburg). Zur Immobilienvollstreckung Alff Rpfleger **01**, 385 (ausf). Bei der Zwangsvollstreckung eines Sozialen Leistungsträgers nach § 66 IV SGB X muß der Gläubiger dem Vollstreckungsorgan eine vollständige Ausfertigung des Beitragsbescheids vorlegen, BGH MDR **08**, 712, versehen mit der handschriftlich unterzeichneten Vollstreckungsklausel und dem Originalabdruck eines Siegels. Eine nur inhaltliche Wiedergabe reicht nicht aus, LG Augsb DGVZ **04**, 77, LG Stade Rpfleger **87**, 253, AG Arnstadt DGVZ **00**, 141, aM LG Kassel DGVZ **84**, 175, Hornung Rpfleger **87**, 227 (aber an dieser Stelle ist eine strenge Form absolut unentbehrlich). Ebensowenig reicht ein formularmäßig vorgedrucktes „Siegel", § 725 Rn 4. Zum Problem Jakobs DGVZ **84**, 169.

4) Entbehrlichkeit einer vollstreckbaren Ausfertigung, I, II. Eine vollstreckbare Ausfertigung darf nur in den folgenden Fällen fehlen. 4

A. Vollstreckungsbescheid. Sie darf beim Vollstreckungsbescheid grundsätzlich fehlen, § 796 I. Soweit sie erfüllt ist, kommt auch ihre Umschreibung in Betracht, BGH NJW **93**, 3142.

B. Arrest usw. Sie darf bei einem Arrest und bei einer einstweiligen Verfügung grundsätzlich fehlen, §§ 929 I, 936, nicht aber bei einem in solchem Verfahren geschlossenen Prozeßvergleich, LAG Düss MDR **97**, 660.

Ein Titel nach A oder B braucht nur dann eine Vollstreckungsklausel, wenn die Zwangsvollstreckung nicht für und gegen den im Titel Genannten stattfinden soll.

C. Haftbefehl. Sie ist bei einem Haftbefehl nach § 901 entbehrlich, LG Kiel DGVZ **83**, 156.

D. Pfändung, Überweisung. Sie kann bei einem Pfändungsbeschluß im Fall des § 830 I und beim Überweisungsbeschluß nach § 836 III fehlen.

E. Kostenfestsetzungsbeschluß. Sie kann bei dem auf das Urteil gesetzten Kostenfestsetzungsbeschluß fehlen, §§ 105, 795 a, Hamm JB **03**, 379. Der Gläubiger braucht die vollstreckbare Ausfertigung aber erst nach dem Erhalt auch der Kosten an den Schuldner herauszugeben, Hamm JB **03**, 379.

F. Zwangsgeldbeschluß. Ein Beschluß nach § 888 braucht keine Klausel, LG Kiel DGVZ **83**, 156.

G. Familiensache usw. Nach § 86 III FamFG ist eine Vollstreckungsklausel grundsätzlich nur bei einer Vollstreckung durch ein anders als dasjenige Gericht nötig, das den Titel erlassen hat. Bei einer einstweiligen Anordnung gilt § 53 FamFG.

5 **5) Vollstreckbare Ausfertigung, I.** Sie ist eine mit der Vollstreckungsklausel nach § 725 versehene Ausfertigung des Titels, Düss FGPrax **01**, 166. Bei einem Prozeßvergleich nach Anh § 307 gehört dazu der Vermerk „v. u. g." oä aus dem Protokoll, LG Essen MDR **75**, 937. Die vollstreckbare Ausfertigung kann bei einem Urteil vollständig oder abgekürzt sein, § 317 II, IV. Es ist ratsam, die Vorschrift ganz förmlich zu beachten, obwohl die unter eine Ablichtung oder Abschrift des Titels gesetzte und mit dem Gerichtssiegel versehene und unterschriebene Vollstreckungsklausel bereits dieser Kopie die Natur einer Ausfertigung gibt. Nach der Beendigung der Zwangsvollstreckung muß das Vollstreckungsorgan oder der Gläubiger die vollstreckbare Ausfertigung des Titels dem Schuldner aushändigen, § 757. Das gilt auch dann, wenn der Schuldner unmittelbar an den Gläubiger leistet. Eine Fortsetzung der Zwangsvollstreckung nach einer einstweiligen Einstellung erfordert keine neue vollstreckbare Ausfertigung. Die letztere ist ebenfalls dann unnötig, wenn ein gegen eine Sicherheitsleistung vollstreckbares Urteil eine unbedingte Vollstreckung erfolgt.

6 **6) Erteilung, II.** Sie hat zunehmende Bedeutung. Mangels einer (Noch-)Existenz der Akte und bei einer Unmöglichkeit der zumutbar versuchten Anlegung einer Ersatzakte sind §§ 724 ff unanwendbar und allenfalls Art 34 GG, § 839 BGB evtl anwendbar, Einl III 28.

A. Zuständigkeit. Die Zuständigkeit nach II ist inhaltlich genau dieselbe wie bei § 706 I, dort Rn 3–6. Zuständig ist also grundsätzlich der Urkundsbeamte der Geschäftstelle, LG Hbg Rpfleger **04**, 159, AG Gött Rpfleger **08**, 441, AG Westerburg DGVZ **05**, 46. Die Zuständigkeit kann zB für einen Scheidungsvergleich gelten, KG FER **00**, 298 (nicht bei echter Bedingung im Vergleich), Stgt Rpfleger **79**, 145. Das Familiengericht handelt als Verfahrensgericht und nicht als Vollstreckungsgericht, Düss FamRZ **80**, 378, Hbg FamRZ **81**, 980. Beim Vollstreckungsbescheid kann das nach § 689 III bestimmte zentrale Mahngericht zuständig sein, BGH NJW **93**, 3142, Hamm Rpfleger **94**, 30 (je betr AG Hagen), aM Kblz Rpfleger **94**, 307 (das fiktive Streitgericht; abl Hintzen). Nach der Abgabe an das Prozeßgericht ist dieses zuständig, BGH MDR **07**, 364. Bei einem Festsetzungsbescheid nach dem WAG ist das AG am Ort der Festsetzungsbehörde zuständig, ab der Klagerhebung aber grundsätzlich das Prozeßgericht, unter Umständen jedoch das AG, § 25 II WAG.

Bei *§§ 726 ff*, 733, 738, 742, 744–745 II, 749 ist jedoch nicht der Urkundsbeamte zuständig, sondern der *Rechtspfleger*, § 20 Z 12, 13 RPflG, KG FER **00**, 297, Zweibr MDR **97**, 593, LG Detm Rpfleger **96**, 19, aM Napierala Rpfleger **89**, 495 (vgl aber § 726 Rn 3). Bei dem Titel eines ArbG ist der Urkundsbeamte seiner Geschäftsstelle zuständig. Wegen eines Vergleichs vor dem Schiedsmann Drischler Rpfleger **84**, 310. Wegen Europäischer Zwangsvollstreckungstitel §§ 1079 ff und SchlAnh V C–E. Nur im übrigen ist (wohl nur noch theoretisch) das Bundesjustizministerium zur Erteilung der vollstreckbaren Ausfertigung zuständig, Bek v 25. 8. 54, BGBl II 1030 (EGKS), Bek v 3. 2. 61, BGBl II 50 (EAG, EG). Zur internationalen Zuständigkeit Mü Rpfleger **87**, 110. Wegen eines Gemeinschaftsgeschmacksmusters ist das BPatG zuständig, § 64 GeschmMG nF (s Einl I A). Wegen des SeeGVG § 724 Rn 1. Wegen § 38 II, III WaStrG § 794 Rn 46.

7 **B. Verfahrensübersicht.** Es ist ein Antrag notwendig, Zweibr NJW **07**, 2780. Antragsberechtigt ist der Gläubiger, BGH **92**, 347, oder dessen Rechtsnachfolger nach §§ 727, 728. Eine sog Prozeßstandschaft nach Grdz 26 ff vor § 50 besteht evtl, aM Zweibr NJW **07**, 2780 (vgl aber § 727 Rn 21). Man kann den Antrag formlos, schriftlich, elektronisch oder mündlich stellen. Er erfordert keinen Anwaltszwang, § 78 III. Die Entscheidung ergeht ohne eine Anhörung des Gegners. Der Gläubiger muß die notwendigen Nachweise vorlegen. Die Erteilung der vollstreckbaren Ausfertigung setzt keine Zustellung des Titels nach § 750 an den Schuldner voraus, auch nicht bei des § 798. Natürlich muß die zugrundeliegende Entscheidung nach außen wirksam geworden sein. Das Gericht muß sie also verkündet oder nach § 310 III zugestellt haben.

8 **7) Prüfungspflicht, II,** dazu *Zimmermann,* Erteilung einer Vollstreckungsklausel trotz nichtigen Grundstücksgeschäfts?, Festschrift für *Wenzel* (2005) 69: Das Gericht muß vier Hauptfragen prüfen.

A. Äußere Wirksamkeit des Titels. Das Gericht muß prüfen, ob ein schon und noch äußerlich wirksamer Titel vorliegt, BGH VersR **82**, 597, Düss RR **87**, 640, vor allem also: Haben die im Kopf aufgeführten Richter das Urteil unterschrieben, § 129 Rn 9, oder liegt ein ausreichend unterschriebener Beschluß vor? War die Verkündung ordnungsgemäß, BGH VersR **84**, 1192? Ist die Zustellung des Urteils nach § 317 ordnungsgemäß erfolgt, AG Bln-Neukölln DGVZ **95**, 11? Ist das Urteil etwa wegen einer Klagerücknahme oder wegen seiner Aufhebung wirkungslos geworden? Wegen der Lage beim Streit über die sachlichrechtliche Wirksamkeit zB eines Prozeßvergleichs gilt § 794 Rn 8. Unerheblich ist das Alter des Titels, Zweibr JB **89**, 869.

B. Vollstreckbarkeit. Das Gericht muß prüfen, ob der Titel zur Zeit der Erteilung der vollstreckbaren Ausfertigung äußerlich vollstreckbar, ob er also entweder nach §§ 708 ff vorläufig vollstreckbar ist oder die formelle Rechtskraft nach § 705 erlangt hat, Einf 1 vor §§ 322–327, BayObLG FGPrax **95**, 212. Es darf weder eine Aufhebung nach § 717 I noch eine Unzulässigkeit nach § 767 vorliegen, BayObLG DNotZ **97**, 77.

C. Vollstreckungseignung. Das Gericht muß prüfen, ob sich der Titel nach seinem Inhalt überhaupt zu einer Zwangsvollstreckung nach Grdz 16 vor § 704 eignet, BGH DB **90**, 1327 (zu „gesetzlichen" Zinsen in einem französischen Urteil: bejahend), Ffm JB **95**, 158, Saarbr NJW **88**, 3101. Es muß ferner klären, ob sich nicht schon aus dem Titel selbst eindeutig ergibt, daß die Zwangsvollstreckung aus ihm unzulässig ist, Düss RR **87**, 640, Saarbr NJW **88**, 3101. Denn sonst fehlt ein Bedürfnis, und diese Frage ist um so gewichtiger, als die vollstreckbare Ausfertigung gebührenfrei ist. Vgl aber § 795 a Rn 1. Zur Feststellung der Vollstreckungsfähigkeit darf und muß man den Titel auslegen, Grdz 15 vor § 704, Saarbr NJW **88**, 3101.

9 **D. Nämlichkeit.** Das Gericht muß schließlich prüfen, ob diejenigen Personen, für und gegen die eine Zwangsvollstreckung stattfinden soll, dieselben wie die im Titel genannten Personen sind, § 750, vgl auch §§ 726 ff. Auch ein dem Prozeßvergleich beigetretener Dritter kann Schuldner sein, BGH **86**, 160 (kein vorheriger Anwaltszwang). Wenn der Titel zu einer Leistung an einen Dritten verurteilt, darf das Gericht

diesem Dritten eine vollstreckbare Ausfertigung nur dann erteilen, wenn er Rechtsnachfolger ist, Ffm FamRZ **94**, 453, mag er nun der Streitgehilfe gewesen sein oder nicht. Gegen Gesamtschuldner erteilt das Gericht durchweg nur eine einzige vollstreckbare Ausfertigung. Wenn ein Teil des Urteils nicht angefochten worden ist oder nicht für vorläufig vollstreckbar erklärt worden ist, darf der Urkundsbeamte der Geschäftsstelle insoweit keine vollstreckbare Ausfertigung erteilen, § 705 Rn 5. Der Gläubiger hat auf die Vollstrekkungsklausel nur dann einen Anspruch, wenn gerade ihm auch ein Anspruch auf die Erteilung einer einfachen Ausfertigung zusteht, LG Ffm DNotZ **85**, 481, aM LG Mü Mitt BayNot **79**, 192 (aber dann fehlt *diesem* Antragsteller das stets erforderliche Rechtschutzbedürfnis). Bei demjenigen allein klagenden Mitgläubiger, der auf eine Leistung an alle vorgeht, kann der Rpfl auch nur ihm die Klausel erteilen, KG RR **00**, 1410. Jeder mitklagende Gesamtgläubiger kann die Erteilung einer Klausel an sich selbst fordern, KG RR **00**, 1410. Gesamthandgläubiger erhalten nur eine gemeinsame Ausfertigung, es sei denn bei § 2039 BGB. Bei einer nach § 432 BGB unteilbaren Leistung kommt ebenfalls nur *eine* vollstreckbare Ausfertigung in Betracht, BGH NJW **95**, 1163.

8) Prüfungsverbot, II. Das Gericht darf die folgenden sechs Punkte nicht prüfen. 10

A. Genehmigungsvermerk. Das Gericht darf nicht prüfen, ob derjenige bei einem Prozeßvergleich nach Anh § 307 nach §§ 160 III Z 1, 162 I 1 erforderliche Protokollvermerk „v. u. g.", der auf der Ausfertigung fehlt, in der Urschrift vorhanden ist, LG Essen MDR **75**, 938. Vielmehr darf es dann keinen Vollstreckungstitel erteilen.

B. Einstellung der Vollstreckung. Das Gericht darf nicht prüfen, ob die Zwangsvollstreckung vielleicht 11 infolge einer Einstellung derzeit unzulässig ist. Denn die Erteilung der vollstreckbaren Ausfertigung ist keine Vollstreckungsmaßnahme, und eine Versagung dieser Ausfertigung hindert eine baldige Zwangsvollstreckung nach dem Wegfall der Einstellung. Das Gericht darf ferner nicht prüfen, ob der sachlichrechtliche Anspruch auf einen Dritten übergegangen ist.

C. Insolvenz. Das Gericht darf nicht prüfen, ob über das Vermögen des Schuldners ein Insolvenzverfahren läuft. Denn dieser Umstand hindert nach § 89 InsO nur die Durchführung der Zwangsvollstreckung, Saarbr RR **94**, 637, Stürner ZZP **93**, 316, aM Brschw Rpfleger **78**, 220 (erst nach der Verfahrensbeendigung), Jespersen Rpfleger **95**, 6 StJM 10 (nur beim Antrag gegen den Insolvenzverwalter. Aber beide Varianten übersehen die Rechtsnatur des Insolvenzverfahrens mit seinen auch zeitlichen Grenzen).

D. Vollstreckungsausschluß. Das Gericht darf nicht prüfen, ob die Zwangsvollstreckung infolge von 12 Einwendungen derzeit unzulässig ist. Wenn bei einer Zwangsvollstreckung die Vollstreckungsklausel nach § 724 fehlt oder wenn sie mangelhaft ist, kann der Schuldner die Erinnerung einlegen, § 766, Grdz 58 vor § 704.

E. Sachlichrechtliche Zulässigkeit. Das Gericht darf die sachlichrechtliche Zulässigkeit einer erteilten Vollstreckungsklausel nicht prüfen, Ffm JB **76**, 1122, Köln FamRZ **85**, 626. Denn eine solche Einwendung gehört zu § 767.

F. Sicherheitsleistung. Das Gericht darf nicht prüfen, ob eine Abwendungserlaubnis nach §§ 711, 712 I 1 oder eine Anordnung nach § 709 bestehen. Denn das gehört erst zum Beginn der Vollstreckung.

9) Rechtsbehelfe, I, II. Der Schuldner kann nur nach §§ 732, 768 vorgehen, Münzberg Rpfleger **91**, 13 211. Der Gläubiger kann gegen die Entscheidung des Urkundsbeamten der Geschäftsstelle dessen Richter anrufen, § 573 I. Der Urkundsbeamte kann und muß evtl nach §§ 572 I, 573 I 3 abhelfen. Wenn der Rpfl entschieden hat, gilt für den Gläubiger § 11 RPflG, Ffm FamRZ **94**, 453, KG Rpfleger **98**, 65. Gegen die Entscheidung des Richters nach derjenigen des Rpfl derselben Instanz gilt wiederum § 11 RPflG. In den sonstigen Fällen ist die sofortige Beschwerde zulässig, § 573 II, so schon Stgt FamRZ **81**, 696. Denn sie stellt keine Maßnahme der Zwangsvollstreckung dar, sondern regelt die Voraussetzungen für den Beginn einer Zwangsvollstreckung, Grdz 51 vor § 704. Wegen einer Anschlußbeschwerde §§ 567 III, 573 II.

Gebühren: Des Gerichts KV 1241 usw, des Anwalts § 25 RVG, VV 3309, 3310.

725 *Vollstreckungsklausel.* Die Vollstreckungsklausel:

„Vorstehende Ausfertigung wird dem usw. (Bezeichnung der Partei) zum Zwecke der Zwangsvollstreckung erteilt"

ist der Ausfertigung des Urteils am Schluss beizufügen, von dem Urkundsbeamten der Geschäftsstelle zu unterschreiben und mit dem Gerichtssiegel zu versehen.

1) Systematik. Vgl zunächst § 724 Rn 1. Die Vollstreckungsklausel ist nur ein zum Beginn der Zwangs- 1 vollstreckung nach Grdz 51 vor § 704 nötiges besonderes Zeugnis des Gerichts über die Vollstreckbarkeit, abgesehen von §§ 795 a, 796, 929. Den Zeitpunkt und den Umfang der Zwangsvollstreckung bestimmt im gesetzlichen Rahmen der Gläubiger, § 754 Rn 3. § 725 regelt den „Normalfall", §§ 726, 727 ff regeln vorrangige Sonderfälle.

2) Regelungszweck. Man kann über die grundsätzliche Notwendigkeit einer besonderen Vollstrek- 2 kungsklausel verschiedener Meinung sein. Eigentlich müßte ja eine Ausfertigung des Vollstreckungstitels auch ohne eine zusätzliche Zweckbestimmung eines nichtrichterlichen Beamten ausreichen, um dem rechtmäßigen Besitzer die Durchsetzung zu gestatten. Vor einem Mißbrauch schützt auch eine Vollstreckungsklausel nur bedingt. Indessen erleichtert eine Klausel allen Vollstreckungsorganen die Arbeit. Bei einer korrekten Handhabung grenzt sie auch dieses Exemplar von Ausfertigung von etwaigen weiteren ab und schützt so den Schuldner vor einem doppelten oder gar dreifachen Zugriff. Den Schuldnerschutz sollte man daher bei der Auslegung mitbeachten.

3) Form der Klausel. Der Wortlaut der Vollstreckungsklausel ist nicht unbedingt derjenige des § 725. Es 3 empfiehlt sich aber, den gesetzlichen Wortlaut einzuhalten. Die Klausel muß unbedingt den vorgeschriebenen Mindestinhalt haben. Sie muß also vor allem den Gläubiger ausreichend bezeichnen, wie bei § 750. Sie muß die Zwangsvollstreckung als den Zweck hervorheben. Sie braucht aber nicht die allerdings übliche Überschrift „Vollstreckbare Ausfertigung" zu tragen, ebensowenig ihr Datum. Sie darf über das Zugesprochene nicht hinausgehen, auch nicht bei Zinsen und Kosten. Sie darf aber hinter ihm zurückbleiben, etwa bei einer antragsgemäß bloßen Teilklausel. Bei einer Streitgenossenschaft darf das Gericht gegen notwendige Streitgenossen nach § 62 nur *eine* Klausel erteilen, gegen gewöhnliche Streitgenossen nach § 59 je eine Klausel. Auch bei einer Verurteilung zu einer Leistung und Duldung erteilt das Gericht nur eine Klausel.

4 *Wesentlich* sind von der vorgeschriebenen Form nur die eigenhändige handschriftliche Unterschrift des Urkundsbeamten der Geschäftsstelle wie bei § 129 Rn 9, BGH RR **98**, 141, AG Bre DGVZ **81**, 61, und die Beifügung zum Vollstreckungstitel, LG Frankenth Rpfleger **85**, 244. Unwesentlich sind eine Beifügung am Schluß der Ausfertigung und das Beidrücken des Gerichtssiegels. Auch ohne die letzteren Teile kann eine vollstreckbare Ausfertigung wirksam sein, wenn über ihre Herkunft eine volle Gewißheit besteht. Ausreichend ist zB statt des förmlichen runden Siegels ein einfacher Schwarzstempel. Ein bloß formularmäßig vorgedrucktes „Siegel" reicht aber nicht, LG Aurich Rpfleger **88**, 199. § 319 ist auf die Klausel anwendbar.

5 **4) Beifügung.** Das Gericht muß die Vollstreckungsklausel im Original derjenigen Urteilsausfertigung beifügen, aus der eine Vollstreckung erfolgen soll, § 750 I, LG Frankenth Rpfleger **85**, 244, LG Stgt Rpfleger **00**, 539. Durch die Beifügung des Originals einer ordnungsgemäßen Vollstreckungsklausel wird die bloße Urteilskopie zu einer vollstreckbaren Urteilsausfertigung. Die bloße Ausfertigung der Vollstreckungsklausel reicht dazu nicht, LG Frankenth Rpfleger **85**, 244. Wenn das Gericht auf einen Einspruch nach §§ 338, 700 oder auf ein Rechtsmittel die vorangegangene Entscheidung bestätigt hat, muß es die Vollstreckungsklausel dieser vorangegangenen Entscheidung beifügen, Celle JB **85**, 1731. Wenn das höhere Gericht eine Entscheidung ohne jede Abweichung oder nur unter einer unwesentlichen Abweichung etwa nur bei den Zinsen bestätigt hat, genügen eine vollstreckbare Ausfertigung des ersten Urteils und eine einfache Ausfertigung des zweiten Urteils, BGH NJW **98**, 613, Celle JB **85**, 1731. Wenn das erste Urteil nach § 709 S 1 nur gegen eine Sicherheitsleistung vollstreckbar ist, das zweite Urteil jedoch nach § 708 ohne eine Sicherheitsleistung vollstreckbar ist, genügt zum Nachweis des Wegfalls die Beifügung einer einfachen Ausfertigung des zweiten Urteils. Der Urkundsbeamte der Geschäftsstelle kann auch den Wegfall in der Klausel auf der Ausfertigung des Ersturteils vermerken. Nicht erforderlich ist die Rechtskraft des Urteils, LG Stgt Rpfleger **00**, 539.

6 Wenn das *Berufungsgericht* das Ersturteil abändert, ist seine Entscheidung der Vollstreckungstitel. Wenn das zweite Urteil nur die Vollstreckungsbeschränkung entfallen läßt, genügt die einfache Ausfertigung. Wenn es aber zur Hauptsache die Formel ändert, ist es erforderlich, eine Ausfertigung auch des Berufungsurteils beizufügen, BGH NJW **98**, 613. Der Urkundsbeamte kann die beiden Urteile gemeinsam mit der Vollstreckungsklausel versehen. Bei einem Vollstreckungsurteil nach § 723 oder bei der Vollstreckbarerklärung eines Schiedsspruchs usw nach § 1059 sind nur diese Entscheidungen Vollstreckungstitel. Eine Beifügung des ausländischen Urteils usw ist nur dann notwendig, wenn das Gericht dessen Formel nicht in das Vollstreckungsurteil usw voll aufgenommen hat. Eine Rückgabe der vollstreckbaren Ausfertigung des ersten Urteils ist keine Bedingung der Erteilung. Wohl aber muß das Vollstreckungsorgan oder der Gläubiger die Ausfertigung dem Schuldner aushändigen, §§ 754, 757.

726 ***Vollstreckbare Ausfertigung bei bedingten Leistungen.*** **I Von Urteilen, deren Vollstreckung nach ihrem Inhalt von dem durch den Gläubiger zu beweisenden Eintritt einer anderen Tatsache als einer dem Gläubiger obliegenden Sicherheitsleistung abhängt, darf eine vollstreckbare Ausfertigung nur erteilt werden, wenn der Beweis durch öffentliche oder öffentlich beglaubigte Urkunden geführt wird.**

II Hängt die Vollstreckung von einer Zug um Zug zu bewirkenden Leistung des Gläubigers an den Schuldner ab, so ist der Beweis, dass der Schuldner befriedigt oder im Verzug der Annahme ist, nur dann erforderlich, wenn die dem Schuldner obliegende Leistung in der Abgabe einer Willenserklärung besteht.

Schrifttum: *Clemens,* Zu den Wirkungen von Geständnis, Nichtbestreiten und Anerkennung im Klauselerteilungsverfahren, 1996; *Dörndorfer* DGVZ **00**, 82 (Üb).

Gliederung

1 **1) Systematik, I, II.** Die Vorschrift enthält eine gegenüber §§ 724, 725 vorrangige, wegen I durch §§ 730, 731, 756 ergänzte Sonderregelung.

2 **2) Regelungszweck, I, II.** Die Vorschrift dient der Rechtssicherheit nach Einl III 43 durch die Vermeidung einer vorschnell durchgeführten Vollstreckung. Denn sie würde evtl die zugunsten des Schuldners im Urteil festgesetzten oder gesetzlichen Bedingungen nicht einhalten. Bei § 726 zeigt sich auch eher als bei § 725 der Sinn einer besonderen Vollstreckungsklausel, nämlich der Schuldnerschutz. Er besteht hier in einer Prüfungspflicht des Rpfl zu den im Titel verfügten besonderen Vollstreckungsvoraussetzungen. Daher muß man § 726 streng auslegen.

Grundsatz ist die Notwendigkeit eines Nachweises. Die Vollstreckbarkeit eines Urteils kann nach dessen Inhalt davon abhängen, daß eine andere Tatsache als eine vom Gläubiger geschuldete Sicherheitsleistung vorliegt. Die Vollstreckbarkeit kann also durch eine solche andere Tatsache bedingt oder befristet sein, KG FER **00**, 297, und zwar ganz oder teilweise, KG OLGZ **83**, 216. Die Tatsache kann sich auch auf einen Vorgang der Vergangenheit beziehen, Köln OLGR **00**, 161. Eine zur Entstehung des Titels erforderliche Vollmacht ist keine „andere Tatsache", LG Freib Rpfleger **05**, 100. Der Rpfl darf eine vollstreckbare Ausfertigung grundsätzlich nur dann erteilen, wenn der Gläubiger nach Rn 4 den Beweis des Eintritts jener anderen Tatsache überhaupt nach den üblichen Regeln der Beweislast führen muß und wenn der Gläubiger diesen Beweis dann auch durch öffentliche oder öffentlich beglaubigte Urkunden geliefert hat, § 415 Rn 3, 4.

Ausnahmen von diesem Grundsatz liegen in den folgenden Fällen vor: Die Tatsache besteht darin, daß der Gläubiger eine Sicherheit geleistet hat, § 751 II, Hbg RR **86**, 1501; es geht nur darum, ob ein Kalendertag eingetreten ist, § 751 I; die Vollstreckung darf nur Zug um Zug gegen eine Leistung des Gläubigers erfolgen, § 756, LG Hbg Rpfleger **04**, 159; es ist eine Wartefrist abgelaufen, §§ 721 I, 798; die Parteien können eine von I abweichende Vereinbarung treffen, Rn 4; der Schuldner hat die Darstellung des Gläubigers akzeptiert, Nürnb JB **06**, 272; der Schuldner hat sich der sofortigen Vollstreckung unterworfen, Ffm JB **97**, 545.

3) Zuständigkeit, I, II. Zuständig ist noch (vgl aber § 795 b) der Rpfl, § 20 Z 12 und § 26 RPflG, 3
BGH NJW **06**, 776, also nicht der Urkundsbeamte, § 724 Rn 6, § 730 Rn 1, BGH NJW **06**, 776, BAG NJW **04**, 702 (zustm Brinkmann JB **04**, 333), Saarbr NJW **04**, 2909, aM Sauer/Meiendresch NJW **04**, 2872. Ein Verstoß führt zur Unwirksamkeit, BAG NJW **04**, 702 (zustm Brinkmann JB **04**, 333), KG FGPrax **99**, 189, Mü JB **01**, 438, aM Zweibr JB **03**, 493, LG Kassel JB **86**, 1255, AG Oldb DGVZ **89**, 142 (aber die Zuständigkeit gehört zu denjenigen Umständen, die man zwecks Rechtssicherheit nach Einl III 43 durchweg streng einhalten sollte).

4) Nachweise, I. Es gibt in der Praxis sehr unterschiedliche Anforderungen. Mangels eines Nachweises 4
mag der Gläubiger nach § 731 klagen.

A. Nachweis des Bedingungseintritts. Der Rpfl darf keine Prüfung von Amts wegen nach Grdz 39 vor § 128 vornehmen. Er klärt also weder von Amts wegen, ob der Gläubiger die Sicherheit geleistet hat, noch wartet er den Kalendertag oder die Wartefrist ab. Vielmehr muß grundsätzlich der Gläubiger den Eintritt jener Bedingungen durch öffentliche oder öffentlich beglaubigte Urkunden nach §§ 415 ff beweisen, BGH NJW **81**, 2757, KG FER **00**, 297 (auch wegen einer Ausnahme), Mü Rpfleger **84**, 106. Eine Bescheinigung nach § 641 a BGB ist keine öffentliche Urkunde, aM LG Schwerin NZM **05**, 382 (aber der Sachverständige ist nur öffentlich bestellt und vereidigt. Das macht ihn nicht selbst öffentlich, Einl III 39). Dabei gelten die allgemeinen Grundsätze zur Beweislast, Anh § 286. Denn § 726 hat einen rein vollstreckungsrechtlichen Inhalt und berührt das sachliche Verfahren nicht, AG Göpp DGVZ **93**, 115. Das Gericht führt keine auch nur ergänzende Beweisaufnahme durch, Köln OLGR **00**, 161. Die Bedingtheit des Urteils muß sich aus ihm selbst ergeben, BAG DB **88**, 660, KG DtZ **91**, 349 (frühere DDR-Titel). Nach seinem Wortlaut darf es nur auf den Eintritt der fraglichen Tatsachen ankommen. Zu solchen Bedingungen können zählen: Eine gerichtliche Genehmigung; die Bestellung eines Pflegers; der Eintritt der vollen oder hier ausreichenden teilweisen formellen Rechtskraft nach § 705, Kblz JB **04**, 622, zB des Scheidungsbeschlusses, Mü Rpfleger **84**, 106; Verzug, AG Rastatt Rpfleger **97**, 76. Eine sog Fertigstellungsbescheinigung kann beim Bauträgervertrag genügen, Bbg NJW **08**, 2928.

In vollstreckbaren Urkunden heißt es oft, die Vollstreckbarkeit solle *ohne den Nachweis* des Eintritts einer bestimmten Tatsache zulässig sein, BGH NJW **81**, 2757, Celle JB **01**, 876, Mü RR **95**, 763 (Notar; formelle Fälligkeit genügt). Eine solche Erklärung ist grundsätzlich wirksam. Denn diese Unterwerfung gehört nicht selbst schon zur Zwangsvollstreckung, Rn 5, BGH NJW **81**, 2757, LG Düss DGVZ **84**, 8. Man muß sie wie stets auslegen. Die Fassung „Der Gläubiger ist vom Nachweis des Verzugs durch öffentliche oder öffentlich beglaubigte Urkunden befreit" kann bedeuten, daß der Rpfl die Vollstreckungsklausel ohne jeden Verzugsnachweis erteilen darf und muß, LG Mannh Rpfleger **82**, 73. Eine Unterwerfung, die sogar vom Fälligkeitsnachweis absieht, kann aber nach (jetzt) §§ 308, 309 Z 12 BGB unwirksam sein, Anh § 286 Rn 7, Düss RR **96**, 148, Mü RR **01**, 131, Drasdo NZM **98**, 256 (schlägt beim Bauträgervertrag eine beglaubigte Bestätigung des Bautenstands vor).

B. Offenkundigkeit. Der Gläubiger braucht keine nach § 291 offenkundige Tatsache zu beweisen. Der 5
Rpfl muß die Offenkundigkeit nach den allgemeinen Grundsätzen prüfen, § 291. Das Geständnis des Schuldners nach § 288 bei seiner Anhörung oder das Ausbleiben einer gewährten Stellungnahme ersetzen den Nachweis, § 730, Celle Rpfleger **89**, 467, Saarbr Rpfleger **91**, 161, Münzberg NJW **92**, 201. Denn die Erteilung der Vollstreckungsklausel gehört noch nicht zur Zwangsvollstreckung. Der Schuldner kann sich ja jederzeit der Zwangsvollstreckung unterwerfen, Ffm Rpfleger **75**, 326. Deshalb ist auch eine vereinbarte Erleichterung des Nachweises zulässig. Die Formvorschrift bezieht sich nicht auf eine Willenserklärung, sondern nur auf den Nachweis ihres Zugehens. Daher genügt eine Urkunde des Gerichtsvollziehers über die Zustellung einer schriftlichen Kündigung zu deren Nachweis. Freilich muß der Rpfl § 750 II beachten. Ein Postrückschein ersetzt diese Urkunde nicht.

Der Gläubiger tritt den *Beweis* durch die Vorlegung der Urkunde nach § 420 oder durch eine Bezugnahme auf die Akten an, nicht schon durch einen bloßen Vorlegungsantrag, § 420 Rn 4. Das übersehen leider viele, wie im Erkenntnisverfahren. Auch ein bloßes Vorlegungsersuchen aus § 432 paßt nicht in dieses Verfahren. Eine Erwähnung der Urkunden in der Klausel ist zwar nicht notwendig, aber zweckmäßig. Denn sonst kann der Gerichtsvollzieher nicht feststellen, welche Urkunden zugestellt sein müssen, § 750 II. Ein Verstoß gegen I macht die Klausel und die Vollstreckung nicht unwirksam. Der Schuldner ist auf §§ 732, 768 angewiesen.

C. Beispiele zur Frage der Abhängigkeit 6

Auflösende Bedingung: Der Vollstreckungstitel mag eine auflösende Bedingung enthalten, zB bei einem Rentenanspruch den Tod des Gläubigers. Den Eintritt einer solchen Bedingung muß nämlich der Schuldner beweisen, Köln NJW **97**, 1451. Vorsicht vor einer Beschleunigungsklausel im Vergleich, von Wintersheim MDR **99**, 978.

Aufschiebende Bedingung des Titels: Nach dem Vollstreckungstitel mag der Gläubiger den Eintritt einer aufschiebenden Bedingung abwarten müssen, LG Kblz JB **03**, 444 (wegen eines Scheidungsvergleichs § 724 Rn 5), BGH NJW **06**, 776, BAG NJW **04**, 701, Saarbr NJW **04**, 2909 (je: Widerrufsvergleich), aM Stgt NJW **05**, 910, Nierwetberg Rpfleger **05**, 296 (je: Widerrufsvergleich), oder denjenigen einer nicht kalendermäßigen Befristung, zB von Sanierungsarbeiten, Kblz NJW **92**, 379. Zur Beschleunigungsklausel „Auflösende Bedingung".

Aufschiebende Bedingung der Vollstreckung: Aufschiebend bedingt ist nicht das Urteil, sondern die Zwangsvollstreckung, etwa deren Aufschub bis nach der Beendigung des Insolvenzverfahrens gegen den Schuldner. Denn diese Bedingung ergibt sich nicht aus dem Urteil selbst.

Beweislast: Sie mag beim Gläubiger liegen.

Fristablauf: Er mag notwendig sein. Vgl auch § 751 I.

Genehmigung: Sie mag notwendig sein, BGH **78**, 1263, Ffm JB **97**, 496.

7 **Hilfsweise Verurteilung:** Das Urteil lautet auf eine Leistung, hilfsweise auf eine andere Leistung, zB auf die Vornahme einer Handlung, hilfsweise auf eine Zahlung nach § 510 b, auch auf Grund eines Vergleichs, Birmanns DGVZ **81**, 147. Weitere Fälle: Das Urteil lautet auf eine Herausgabe, hilfsweise auf einen Wertersatz oder auf eine Zahlung, AG Friedberg DGVZ **91**, 47, oder auf die Ableistung einer Arbeit, hilfsweise auf eine Zahlung. Die Notwendigkeit der Hilfsleistung ergibt sich nämlich erst während der Zwangsvollstreckung.

Hinterlegung: Zu ihrer Vornahme braucht man meist *keine* Klausel nach § 726, LG Arnsberg DGVZ **02**, 123.

Kündigung: Es mag eine Kündigung nebst dem Ablauf der Kündigungsfrist vorliegen, soweit sich ihre Notwendigkeit schon aus dem Urkundeninhalt ergibt, KG ZZP **96**, 371 (zustm Münzberg). Der Rpfl darf allerdings nicht prüfen, ob der Kündigende auch dazu berechtigt war, soweit nicht das Urteil anders lautet. Der Kündigungsnachweis geschieht durch die Vorlage des Kündigungsschreibens zusammen mit einer Postübergabe- und Zustellungsurkunde, Stgt RR **86**, 549.

Künftige Tatsache: Sie mag eintreten müssen, KG DNotZ **83**, 681.

Mangelbeseitigung: Es mag eine solche Maßnahme notwendig sein, Kblz NJW **92**, 378 (Sanierung).

Notarnachricht: Sie mag erforderlich sein, etwa bei einer Grundbuchsache.

Räumung: Es mag eine solche Handlung notwendig sein, Köln RR **94**, 893, LG Kassel RR **94**, 466.

Rechtskraft; Vorbehaltswegfall: Der Gläubiger mag den Eintritt der Rechtskraft oder den Wegfall des Vorbehalts bei einem Schuldtitel nach § 10 AnfG abwarten müssen.

Rücktritt: Es mag ein Rücktritt erfolgen müssen, Münzberg Rpfleger **97**, 414.

Sozialhilfe: Es mag ihre Leistung vorliegen müssen, Künkel FamRZ **94**, 548.

Stundung: Ihr Wegfall mag nötig sein.

8 **Verfallklausel:** Der Vollstreckungstitel mag eine solche Verfallsklausel enthalten, nach der die gesamte Restschuld fällig wird, wenn der Schuldner mit einer Rate in Verzug kommt. Diese Klausel zwingt nämlich den Schuldner zum Beweis, daß keine Fälligkeit vorliegt. Denn der Sinn der Klausel ist nicht eine vorläufige Stundung der Schuld, sondern die Möglichkeit für den Schuldner, die Zwangsvollstreckung durch eine terminsgemäße Zahlung abzuwenden, Münzberg Rpfleger **97**, 415, StJM 6, ThP 3, aM LG Lübeck DGVZ **78**, 188, Frankenberger/Holz Rpfleger **97**, 94 (aber die fristgerechte Ratenzahlung steht im Belieben des Schuldners und ist unterbietbar. Das ist etwas anderes als eine vereinbarte Stundung). Der Schuldner kann gegenüber der Erteilung einer Vollstreckungsklausel also nur nach § 767 vorgehen. Er muß die Zahlung nach dieser Vorschrift sowie nach §§ 769, 775 Z 4 oder 5 geltend machen. Das gilt vor allem beim Abzahlungsgeschäft.

Vertragsstrafe: In einem Vergleich mögen die Parteien gewisse Wettbewerbsverstöße unter eine Vertragsstrafe gestellt haben. Dann ist zunächst ein Vollstreckungstitel über die Frage erforderlich, ob ein solcher Verstoß überhaupt vorliegt. Denn diese Prüfung liegt außerhalb des Verfahrens auf die Erteilung der Vollstreckungsklausel. Etwas anderes gilt dann, wenn keine rechtliche Bewertung notwendig ist, Ffm Rpfleger **75**, 326.

Verzug: Der Gläubiger mag einen Schuldnerverzug abwarten müssen, Rn 9, AG Rastatt Rpfleger **97**, 75 (Räumungsvergleich).

Vorleistungspflicht: Der Gläubiger mag eine Vorleistung erbringen müssen, Oldb Rpfleger **85**, 448. Es muß zB bei einer Klage aus einem Darlehnsvorvertrag das Angebot auf den Abschluß des Hauptvertrags ergangen sein, BGH NJW **75**, 444.

Wahlschuld: Es mag sich um eine Wahlschuld handeln. Der Rpfl darf und muß die Vollstreckungsklausel dann ohne weitere Nachweise für das gesamte Urteil erteilen, § 264 BGB.

Widerrufsvergleich: Rn 6 „Aufschiebende Bedingung des Titels".

Zinsforderung: Der Gläubiger mag sie nachweisen müssen. Sie besteht nach der Tilgung der Hauptschuld fort, BayObLG DNotZ **76**, 367.

9 **5) Urteil Zug um Zug, II.** Man muß drei Voraussetzungen beachten.

A. Grundsatz: Verhütung der Vorleistung. II soll verhüten, daß der Gläubiger praktisch vorleisten muß, um vollstrecken zu können. Darum erhält der Gläubiger in diesem Fall grundsätzlich die vollstreckbare Ausfertigung ohne weiteres, Kblz Rpfleger **97**, 445. Das Vollstreckungsorgan prüft erst beim Beginn der Zwangsvollstreckung, ob der Schuldner befriedigt ist oder sich im Annahmeverzug befindet, §§ 756, 765, Oldb Rpfleger **85**, 449. Eine Verurteilung zur Leistung „nach dem Empfang der Gegenleistung" gehört ebenfalls nach §§ 756, 765, Köln DGVZ **89**, 152. Wenn schon das Urteil in seinem Tenor einen Annahmeverzug feststellt, ist überhaupt kein Nachweis mehr erforderlich, § 756 Rn 10, dort auch dazu, wenn sich der Annahmeverzug nur dem Tatbestand oder den Entscheidungsgründen entnehmen läßt. Gläubiger nach II ist der Kläger, nicht auch der Bekl, der seine Leistung bis zur Gegenleistung verweigern darf. Der andere Teil kann also nicht aus dem Urteil vollstrecken.

Wenn der Gläubiger nach § 322 II BGB *vorleisten* muß, Rn 8, darf und muß der Rpfl die Vollstreckungsklausel auch dann erteilen, falls das Urteil einen Annahmeverzug des Schuldners nicht bejaht, und zwar ohne daß der Gläubiger weitere Beweise nach II liefern müßte. Denn § 322 III BGB und damit § 274 II BGB gelten auch für § 322 II BGB, Karlsr MDR **75**, 938, Schilken AcP **181**, 382. Die weitere Zwangsvollstreckung erfolgt dann nach § 756 Rn 10. Ob der Schuldner Zug um Zug leisten muß, ergibt nur der Vollstreckungstitel, Stgt DGVZ **86**, 61, AG Bielef MDR **77**, 500. Er muß die Gegenleistung eindeutig bestimmen, sonst ist er nicht vollstreckbar, BGH **125**, 41. Wann der Gläubiger so leisten muß und wann ein Annahmeverzug vorliegt, das ergibt sich aus dem sachlichen Recht. Zur Herausgabe von Software Münzberg BB **90**, 1011, aM Freiherr von Gravenreuth BB **89**, 1926. Eine Verpflichtung Zug um Zug fehlt, wenn die Räumung vom Nachweis bestimmter Ersatzwohnmöglichkeiten abhängt, Ffm DGVZ **82**, 30.

B. Aushändigung einer Urkunde. Keine Leistung Zug um Zug liegt dann vor, wenn die Leistung nur gegen die Aushändigung einer Urkunde notwendig ist, etwa eines Schecks, AG Villingen DGVZ **88**, 122, eines Wechsels, eines Hypothekenbriefs oder einer Quittung. Denn dann steht keine Gegenleistung infrage, Ffm DGVZ **81**, 84 (abl Treysse DGVZ **83**, 36), AG Villingen DGVZ **88**, 122. Dann gehört kein Vorbehalt in das Urteil. Denn es geht nicht um die Befriedigung eines selbständigen Gegenanspruchs, sondern um die besondere Ausgestaltung des Rechts auf die Erteilung einer Quittung, § 368 BGB, § 756 Rn 3 ff, Ffm Rpfleger **79**, 144 (echter Gegenanspruch des Schuldners auf die Aushändigung der Urkunde), aM LG Aachen DGVZ **83**, 75, ZöGre § 602 Rn 9 (erforderlich, im Urteil auszusprechen: „... gegen Aushändigung des quittierten Wechsels". Aber eine Zweckmäßigkeit macht etwas nicht stets auch gleich erforderlich). 10

Ein trotzdem im Urteil ausgesprochener Vorbehalt ist *bedeutungslos*. Der Gläubiger muß aber eine solche Urkunde dem Gerichtsvollzieher zur Aushändigung bei der Zwangsvollstreckung übergeben, AG Bergheim DGVZ **84**, 15, aM Ffm DGVZ **81**, 84 (die Vorlage genüge. Aber erst der Besitz bringt eine Sicherheit vor einer unbefugten weiteren Vollstreckung.). Ob der Gerichtsvollzieher freilich so vorgeht, ist für die Wirksamkeit seiner übrigen Maßnahmen bedeutungslos.

C. Willenserklärung. Muß der Schuldner eine Willenserklärung gerade nur Zug um Zug gegen eine Leistung des Gläubigers abgeben, gelten grundsätzlich §§ 726 I, 730, KG FGPrax **99**, 189. Denn die Erklärung ist grundsätzlich bereits mit der Erteilung der vollstreckbaren Ausfertigung vorhanden, § 894 I 1. Davon gilt zum Schuldnerschutz bei §§ 726, 730 nach § 894 I 2 eine Ausnahme, II. Darum muß der Gläubiger dann die Befriedigung und den Annahmeverzug des Schuldners nachweisen. Etwas anderes gilt aber dann, wenn sich die Pflicht zur Abgabe der Willenserklärung aus einem Prozeßvergleich nach Anh § 307 ergibt, Ffm Rpfleger **80**, 292, Kblz Rpfleger **97**, 445. Denn er ist nicht nach § 894 vollstreckbar, § 894 Rn 8. Deshalb ist dann doch wieder II anwendbar, Ffm Rpfleger **80**, 292, LG Kblz DGVZ **86**, 44. Auch hier ist der Rpfl zuständig, Hamm OLGZ **87**, 270. Hat nicht der Rpfl die Vollstreckungsklausel erteilt, sondern der Urkundsbeamte der Geschäftsstelle, ist die Klausel unwirksam, KG FGPrax **99**, 189. 11

6) Rechtsbehelfe, I, II. Es gilt dasselbe wie bei § 724 Rn 13. Der Beschwerte kann zwischen zwei etwa vorhandenen Rechtsbehelfsarten wählen, Saarbr NJW **04**, 2909. 12

Einführung vor §§ 727–729

Zwangsvollstreckung bei Rechtsnachfolge

Schrifttum: *Brögelmann,* Titelumschreibung, Diss Bonn 1999; *Huber,* Die isolierte Vollstreckungsstandschaft, Festschrift für *Schumann* (2002) 227; *Schmidt,* Vollstreckung im eigenen Namen durch Rechtsfremde. Zur Zulässigkeit einer „Vollstreckungsstandschaft", 2000; *Wienke,* Die Vollstreckungsstandschaft. Eine folgerichtige Parallele zur Prozeßstandschaft?, Diss Bonn 1989.

Gliederung

1) Systematik. Vereinzelt wirkt die innere Rechtskraft eines Urteils über die Parteien hinaus, § 325 Rn 15, Bbg JB **92**, 195. Daraus folgt noch nicht, daß der Rpfl die Vollstreckungsklausel auch für und gegen Dritte erteilen dürfte oder müßte. Die Vollstreckbarkeit und die Rechtskraftwirkung decken sich nämlich nicht immer, Baumgärtel DB **90**, 1905. Die ZPO regelt die Vollstreckbarkeit selbständig. Die Rechtskraft des Urteils ist keine unbedingte Voraussetzung. Auch ein nach § 708 vorläufig vollstreckbares Urteil läßt grundsätzlich eine Zwangsvollstreckung gegen Dritte zu. Denn das Gesetz behandelt die vorläufige Vollstreckbarkeit grundsätzlich ebenso wie die endgültige, BGH MDR **01**, 1190. §§ 727 ff schaffen indessen eine ausdrückliche neben § 726 stehende und den §§ 724, 725 gegenüber zusätzliche und insoweit vorrangige Sonderregelung. Sie gilt freilich auch für ein nur vorläufig vollstreckbares Urteil, BGH **01**, 1190. § 727 nennt innerhalb der Gruppe von Rechtsnachfolgearten die Grundregel. §§ 728, 729, 742, 744–745 II, 749 erfassen nochmals speziellere Sonderfälle dieser Gruppe vorrangig. Ergänzend muß man §§ 730, 731 beachten. Es findet kein obligatorisches Güteverfahren statt, § 15 a II 1 Z 6 EGZPO, Hartmann NJW **99**, 1748. 1

2) Regelungszweck. §§ 727 ff schaffen eine vereinfachte Möglichkeit, eine nach dem Eintritt der Rechtshängigkeit nach § 261 eingetretene Änderung der sachlichen Rechtszuordnung zu berücksichtigen, 2

Bbg JB **92**, 195. Sie dienen zwar insoweit der Prozeßwirtschaftlichkeit nach Grdz 14 vor § 128, Ffm NZM **06**, 118. Sie dienen aber auch wie § 726 der Rechtssicherheit, dort Rn 2. Sie dienen nicht dazu, die Folgen anfänglicher Mängel des Verfahrens zu beheben, Celle AnwBl **84**, 216, Stgt MDR **90**, 1021.

Eintritt eines Dritten in die Gläubigerposition ist zwar aus der Gläubigersicht unvermeidbar, um die Verfügungsbefugnis wirtschaftlich wie rechtlich ausüben zu können, auch über den Tod oder das Erlöschen hinaus. Aus der Schuldnersicht kann dergleichen aber zu einer tatsächlich viel unangenehmeren Entwicklung führen. Das gilt etwa dann, wenn der gewillkürte Rechtsnachfolger wesentlich härter vorgeht. Ob das immer schon deshalb gerechtfertigt ist, weil man es eben zur Vollstreckbarkeit gegen sich hat kommen lassen, läßt sich manchmal durchaus bezweifeln. Umso sorgfältiger und strenger heißt es die Rechtsnachfolge zu prüfen. Dabei darf es freilich auch keine formalistische Engherzigkeit geben. Das alles sollte man bei der Auslegung mitbeachten.

3 **3) Für oder gegen Dritte.** Die Abgrenzung gelingt manchmal nur schwer.

A. Grundsatz: Notwendigkeit der Nennung in der Vollstreckungsklausel. Eine Zwangsvollstrekkung für und gegen andere als die im Titel Genannten verlangt ihre Nennung in der Vollstreckungsklausel, Bre Rpfleger **87**, 381 (zustm Bischoff/Bobenhausen). Es gibt insofern anders als bei der Prozeßstandschaft nach Grdz 26 vor § 50 grundsätzlich keine sog Vollstreckungsstandschaft, BGH RR **92**, 61, Münzberg NJW **92**, 1867, Scherer Rpfleger **95**, 89, aM Drsd RR **96**, 444, Petersen ZZP **114**, 498 (aber das läuft auf eine noch stärkere Aufweichung grundlegender Regeln der Zwangsvollstreckung hinaus). Freilich muß man von der vorgenannten Erscheinungsform diejenige unterscheiden, bei der der im Vollstreckungstitel Genannte im eigenen Namen vollstreckt, in Wahrheit aber zB auf Grund einer „stillen Zession" nicht mehr Inhaber desjenigen sachlichen Rechts ist, für das der Titel ergangen ist. Soweit eine solche Einziehungsermächtigung vorliegt, kann eine Vollstreckungsstandschaft ausnahmsweise zulässig sein, BGH **92**, 349, Henckel Festschrift für Schumann (2001) 240 (Dritt- oder Rückermächtigung), Münzberg NJW **92**, 1867. Auch bei der Urheberbenennung nach § 76 IV gilt keine Ausnahme. Nur muß der Rpfl dort die Klausel auf den Bekl ohne Nachweise erteilen. Wenn eine Umschreibung der Klausel nach §§ 727–729 statthaft ist, muß das Gericht die Klage evtl nach einem Hinweis nach § 139 mangels eines Rechtsschutzbedürfnisses durch ein Prozeßurteil abweisen, Grdz 14 vor § 253.

4 **B. Kein Dritter.** Um keinen Dritten handelt es sich dann, wenn ein gesetzlicher Vertreter nach Grdz 7 vor § 50 eintritt oder wegfällt. Dann muß der Rpfl die Klausel einfach auf den Namen des neuen Vertreters oder beim Wegfall der Vertretung auf den Namen des Vertretenen stellen, AG Hbg DGVZ **92**, 44. Dasselbe gilt bei der Berichtigung einer bloßen Parteibezeichnung ohne einen Wechsel der erkennbaren Nämlichkeit der Partei, Grdz 4 vor § 50, BGH **91**, 151, zB: Bei einer bloßen Namensänderung, LG Kblz FamRZ **03**, 1483, AG Drsd DGVZ **05**, 130; bei der Vor-GmbH, BGH **80**, 129, BayObLG **87**, 446, Stgt RR **89**, 637; bei einer Vermögensverlagerung von der Filiale auf eine andere usw, LG Aurich RR **98**, 1255; bei der Angabe der Abwicklungs- statt der Erwerbsgesellschaft; bei einer Umschreibung auf den Inhaber bei einem Urteil gegen die Einzelfirma, Köln DB **77**, 1184; bei einer Umschreibung auf den bürgerlichen Namen bei einem Urteil auf Decknamen, wenn diese Tatsachen den Akten entnehmbar oder offenkundig sind; bei der Umschreibung auf einen eintretenden Gesellschafter, aM Deckenbrok/Dötsch Rpfleger **03**, 644 (aber er haftet nun mit). Ein neuer Name gehört aber klarstellend als Zusatz auf die bisherige Klausel, BayObLG **87**, 448, Bre Rpfleger **89**, 172, Hamm JB **01**, 383.

Meist *trifft das nicht zu.* Der Firmeninhaber kann zB gewechselt haben. Dann trifft ihn das Urteil nicht. Dann bleibt nur eine entsprechende Anwendung des § 727, Hamm Rpfleger **90**, 215 (Umschreibung vom Bucheigentümer nach Eigentumsberichtigung auf den wahren Eigentümer), Hamm NJW **99**, 1039, ZöStö § 727 Rn 17 a, aM MüKoWo § 727 Rn 34, StJMü § 727 Rn 158 (aber man darf §§ 727 ff als Ausnahmevorschriften trotz § 727 Rn 3 nicht zu weit auslegen). Das Grundbuchamt soll eine Hypothek aber stets nicht auf eine Einzelfirma eintragen, sondern auf den bürgerlichen Namen ihres Inhabers, § 15 Grundbuchverfügung. Erst recht kein Dritter liegt vor, wenn das haftende Grundstück in Wohnungseigentum umgewandelt wird, LG Bln Rpfleger **85**, 159 (zustm Witthinrich).

5 **4) Erteilungspflicht.** Die Voraussetzungen der Erteilung der Klausel für und gegen Dritte geben §§ 727–729. Liegen sie vor, muß der Rpfl die Vollstreckungsklausel erteilen. „Kann" stellt in den Machtbereich, also in die Zuständigkeit, nicht ins Ermessen. Es gibt aber keine Amtsermittlung nach Grdz 38 vor § 128, Köln FGPrax **07**, 98.

6 **5) Zuständigkeit.** Wegen der Zuständigkeit des Rpfl § 730 Rn 1.

7 **6) Verstoß.** Man muß einen Verstoß wie bei § 726 Rn 9 aE beurteilen.

727 *Vollstreckbare Ausfertigung für und gegen Rechtsnachfolger.* **I Eine vollstreckbare Ausfertigung kann für den Rechtsnachfolger des in dem Urteil bezeichneten Gläubigers sowie gegen denjenigen Rechtsnachfolger des in dem Urteil bezeichneten Schuldners und denjenigen Besitzer der in Streit befangenen Sache, gegen die das Urteil nach § 325 wirksam ist, erteilt werden, sofern die Rechtsnachfolge oder das Besitzverhältnis bei dem Gericht offenkundig ist oder durch öffentliche oder öffentlich beglaubigte Urkunden nachgewiesen wird.**

II Ist die Rechtsnachfolge oder das Besitzverhältnis bei dem Gericht offenkundig, so ist dies in der Vollstreckungsklausel zu erwähnen.

Schrifttum: *Barkam,* Erinnerung und Klage bei qualifizierten vollstreckbaren Ausfertigungen, 1989; *Baur,* Rechtsnachfolge in Verfahren und Maßnahmen des einstweiligen Rechtsschutzes?, Festschrift für *Schiedermair* (1976) 19; *Brögelmann,* Titelumschreibung, Diss Bonn 1999; *Henckel,* Der Schutz des Schuldners einer abgetretenen Forderung im Prozeß, in: Festschrift für *Beys* (Athen 2003); *Jurksch* MDR **96**, 984 (Üb); *Lackmann,* Probleme der Klauselumschreibung auf den neuen Gläubiger, Festschrift für *Musielak* (2004) 287.

Gliederung

1) Systematik, I, II. Vgl zunächst Einf 1 vor §§ 727–729. Die Vorschrift gilt also auch beim nur vorläufig vollstreckbaren Urteil, BGH MDR **01**, 1190. § 727 nennt die im Rahmen einer Rechtsnachfolge notwendige allgemeine Verfahrensweise. Ergänzend muß man §§ 325, 730, 731 beachten. Ein Leistungsbescheid der früheren Deutschen Bundespost reicht nicht, LG Köln Rpfleger **00**, 29. § 263 ist nicht entsprechend anwendbar. Drsd Rpfleger **03**, 674. 1

2) Regelungszweck, I, II. Vgl zunächst Einf 2 vor §§ 727–729. Man muß die Vorschrift wegen ihrer Ausweitung der Vollstreckbarkeit auf andere als die im Vollstreckungstitel genannten Personen im Interesse der Rechtssicherheit nach Einl III 43 an sich streng auslegen, ohne daß man in einen Formalismus verfallen dürfte, Einl III 9, 10. 2

3) Rechtsnachfolge, I. Es hat sich ein umfangreiches Fallrecht entwickelt. 3

A. Begriff. Man muß den Begriff des Rechtsnachfolgers trotz des formellen Ausnahmecharakters der §§ 727 ff im Interesse der Prozeßwirtschaftlichkeit nach Grdz 14 vor § 128 im Ergebnis doch recht weit verstehen, ebenso wie bei § 325, dort Rn 2, BGH **120**, 392, Brdb FamRZ **07**, 62, Hamm Rpfleger **08**, 375. Die Vorschrift soll ja einen neuen Prozeß verhindern helfen, Köln MDR **90**, 452, LG Münst MDR **80**, 1030. Die Art der Rechtsnachfolge ist nicht entscheidend. Die Rechtsnachfolge mag gesetzlich, sonstwie hoheitlich oder vertraglich begründet sein, Ffm NZM **06**, 118.

B. Beispiele zur Frage des Vorliegens einer Rechtsnachfolge 4

Abtretung: Eine Rechtsnachfolge kann vorliegen, soweit eine Abtretung oder Teilabtretung nach § 398 BGB erfolgt, BGH NJW **84**, 806, Brehm JZ **88**, 450, aM LG Oldb Rpfleger **82**, 435 (wegen einer öffentlichrechtlichen Forderung. Aber es kommt nicht auf die Forderungsart an, sondern auf die Vollstreckbarkeit). Die bloße Unstreitigkeit der Abtretung reicht aber nicht stets zur Offenkundigkeit aus, Celle MDR **95**, 1262. Bei einer Inkassozession mag der Nachweis des Angebots zur Abtretung genügen, Böttcher/Behr JB **00**, 64. Bei einem Grundpfandrecht müssen eine Eintragung oder Briefübergabe hinzutreten, Düss RR **02**, 711.

Fehlen mag eine Rechtsnachfolge in die schuldrechtliche Verpflichtung bei der Abtretung einer dinglichen Forderung, BGH NJW **91**, 228.

Auflösung: Bei der Auflösung einer Gesellschaft sind die Gesellschafter *nicht automatisch* die Rechtsnachfolger, Ffm BB **82**, 399, AG Essen Rpfleger **76**, 24, aM Ffm BB **00**, 1000, LG Oldb Rpfleger **80**, 27 (sie wenden § 727 evtl entsprechend an. Vgl aber § 129 IV HGB, Ffm BB **82**, 399. Das gilt auch seit BGH **146,** 341 im Kern weiter.).

Ausbildungsförderung: Rn 9 „Gesetzlicher Forderungsübergang".

Auskunft: Rn 13 „Insolvenz".

Baulandsache: In einer Baulandsache ist § 727 *unanwendbar.* 5

Befreiende Schuldübernahme: Eine Rechtsnachfolge kann vorliegen, soweit es sich um eine befreiende Schuldübernahme handelt, aM StJM 19 (vgl aber Rn 3).

S aber auch Rn 16 „Kumulative Schuldübernahme".

BGB-Gesellschaft: Rn 8 „Gesellschaft bürgerlichen Rechts".

Betrieb: § 265 Rn 6 „Betrieb".

Deutsche Post AG: Rn 1.

Ehegatte: Rn 21 „Prozeßstandschaft".

Ehename: Seine Annahme ist wegen der Nämlichkeit des Trägers *keine* Rechtsnachfolge, Einf §§ 727–729 Rn 4, LG Kblz FamRZ **03**, 1483.

Eigentumswechsel: Eine Rechtsnachfolge liegt grds beim Eigentumswechsel vor, BayObLG JB **75**, 643.

Das gilt aber *nicht,* soweit zB der Verkäufer und der Käufer dingliche Unterwerfungserklärungen abgegeben hatten, KG DNotZ **88**, 238.

Eintragung: Rn 12 „Grundbuch".

Einziehungsrecht: Ein solches auf Grund einer Pfändung und Überweisung nach § 835 I ist eine Rechtsnachfolge.

Erbschaft: Eine Rechtsnachfolge kann vorliegen, soweit ein Erbfall nach § 1922 BGB eintritt, BGH MDR **05**, 95, Ffm DNotZ **05**, 384, LG Duisb Rpfleger **99**, 549. Das gilt auch beim Titel auf einen nachehelichen Unterhalt, BGH MDR **05**, 95, aM Oldb FamRZ **04**, 1220 (aber die Rechtsnatur des Anspruchs ändert sich nicht). Es gilt erst recht, wenn die Unterhaltsschuld auf den Erben übergegangen ist, Stgt FamRZ **04**, 1221. Das alles gilt freilich nur dann, wenn der Erbfall erst nach der Rechtshängigkeit erfolgt, KG Rpfleger **82**, 353. Der Eintritt der Vorerbschaft bedeutet *nicht stets* schon zugunsten des Erbeserben eine Rechtsnachfolge, Celle AnwBl **84**, 216 (Nacherbe), großzügiger Kblz FamRZ **04**, 557 (zustm Diener. Aber es kommt auf die Gesamtumstände an). Das gilt auch bei §§ 259, 260 BGB, BGH **104**, 369, Mü RR **87**, 649. 6

Im übrigen ist beim Erben die *Annahme* der Erbschaft oder der Ablauf der Ausschlagungsfrist nach §§ 1944, 1958 BGB eine Voraussetzung der Rechtsnachfolge, Mü RR **88**, 576, LG Lpz JB **03**, 657. Bis zur Auseinandersetzung darf der Rpfl die Vollstreckungsklausel nur allen Miterben gemeinschaftlich nach § 747 oder einzelnen Miterben nur im Rahmen der §§ 2032, 2039 BGB erteilen, aM LG Lpz JB **03**, 657. Auch nach der Annahme der Erbschaft kommt keine Klausel in Betracht, soweit der Anspruch untergegangen ist, zB nach § 1615 I BGB. Wenn ein Miterbe einen Nachlaßgläubiger befriedigt, schreibt das Gericht die Vollstreckungsklausel nicht auf den Miterben um, solange der Umfang seiner Ausgleichsansprüche offen ist. Gegen eine mehrfache Beitreibung schützt die Vollstreckungsabwehrklage, § 767. Der Gläubiger darf eine gegen den Erblasser begonnene Zwangsvollstreckung in den Nachlaß fortsetzen, § 779. Rechte aus §§ 2059 ff BGB muß der Schuldner mit der Vollstreckungsabwehrklage verfolgen.

Keine Rechtsnachfolge liegt beim Vertagungsanspruch eines Angehörigen des verstorbenen Beamten vor, Mü RR **88**, 576.

S auch Rn 18 „Nachlaßinsolvenz", „Nachlaßpflegschaft", „Nachlaßverwaltung".

7 **Filiale:** Rn 29 „Zweigniederlassung".

Firmenname: Bei einer Änderung des Firmennamens einer KG infolge des Wechsels des persönlich haftenden Gesellschafters genügt die *Beischreibung* der neuen Bezeichnung in einem Zusatz, Zweibr MDR **88**, 418, LG Frankenth DGVZ **97**, 76, AG Kiel DGVZ **81**, 173.

S auch Einf 4 vor §§ 727–729.

Forderungsbeanspruchér: Der Streit fällt *nicht* unter § 727, Stgt Rpfleger **00**, 282.

Forderungsübergang: Rn 9 „Gesetzlicher Forderungsübergang".

8 **Genehmigung:** Eine Rechtsnachfolge kann bei einer Genehmigung fremder Prozeßführung vorliegen, § 89.

Gesamtschuldner: Eine Rechtsnachfolge *fehlt* meist, soweit ein verurteilter Gesamtschuldner den Ausgleichsanspruch nach § 426 BGB geltend macht. Denn das Innenverhältnis ist nicht der Streitgegenstand gewesen, Düss Rpfleger **00**, 282.

Gesellschaft bürgerlichen Rechts: Eine Rechtsnachfolge *fehlt,* soweit ein neuer Gesellschafter eintritt. Denn sie bleibt im Außenverhältnis unverändert, BGH NJW **146**, 341.

9 **Gesetzlich nicht geregelter Fall:** Vgl *Loritz* ZZP **95**, 310.

Gesetzlicher Aufgabenübergang: Eine Rechtsnachfolge kann vorliegen, soweit es sich um einen gesetzlichen Aufgabenübergang handelt, LG Bonn Rpfleger **92**, 441.

10 **Gesetzlicher Forderungsübergang:** Eine Rechtsnachfolge kann vorliegen, soweit es sich nach § 412 BGB um einen gesetzlichen Forderungsübergang handelt, etwa: Nach § 268 III 1 BGB (Ablösung); nach § 774 S 1 BGB (Bürgschaft); nach § 37 I BAföG, Köln FamRZ **94**, 52, Stgt FamRZ **95**, 489; nach § 94 KJHG; nach dem VVG, (je zum alten Recht) Bbg JB **92**, 195, Karlsr MDR **89**, 363; nach § 33 I 1 SGB II, Zweibr NJW **07**, 2780; nach §§ 187, 203, 204, 332 SGB III, 115, 116 SGB X, Karlsr FamRZ **04**, 556, Stgt Rpfleger **01**, 251, oder nach (jetzt) dem SGB XII, Celle FamRZ **06**, 1204, oder von Unterhaltsvorschuß, § 7 UVG, Köln FamRZ **03**, 108, Schlesw FamRZ **08**, 1092 (auch zu den Grenzen). Das gilt aber erst von demjenigen Zeitpunkt an oder bis zu demjenigen Zeitpunkt, in dem eine Hilfeleistung tatsächlich erfolgt, Kblz FamRZ **06**, 1689, Köln FamRZ **03**, 108, Stgt Rpfleger **01**, 251. Im übrigen muß die Zahlung nach dem Eintritt der Rechtshängigkeit erfolgt sein, § 261 Rn 4, Karlsr FamRZ **87**, 853, Schlesw SchlHA **85**, 106, und zwar mindestens in der Höhe des geschuldeten Unterhalts, Düss Rpfleger **86**, 392. Auch eine Rückabtretung kann im Umfang ihrer Wirksamkeit eine Rechtsnachfolge sein, BGH FamRZ **97**, 608, Düss NJW **97**, 137, Kblz FamRZ **06**, 1689.

Die *bloße Bescheinigung* über eine Vorschußbewilligung oder über eine von der Zahlstelle erbrachte Leistung usw kann ausreichen, wenn der Sozialhilfeträger die Zahlungen aufgeschlüsselt hat, zB nach Monaten, Karlsr FamRZ **04**, 556. Sie kann aber auch im Einzelfall ungenügend sein, Düss FamRZ **97**, 827, Schlesw SchlHA **85**, 106, Stgt RR **86**, 1504, aM Bbg Rpfleger **83**, 31 (aber es kommt auf den vollen endgültigen Rechtsübergang an). Freilich muß man § 418 beachten. Diese Vorschrift ist nicht nur auf einen Kassenbeamten anwendbar, Hamm FamRZ **99**, 1000. Beim UVG kann die Umschrift unabhängig von einer Überleitungsanzeige schon auf Grund einer sog Rechtswahrungsanzeige zulässig sein, Zweibr FamRZ **87**, 737, großzügiger Karlsr FamRZ **87**, 388, Stgt RR **93**, 580. Bei der Rechtsschutzversicherung kann ein Anspruch nach dem VVG und nach § 20 II 1 ARB unstreitig sein. Das reicht aus, Kblz JB **03**, 319. Das ist freilich nicht offenkundig, KG Rpfleger **98**, 480, Köln VersR **94**, 1371, 1372 und 1373, LG Mü Rpfleger **97**, 394, aM Brschw JB **98**, 88, Celle JB **94**, Karlsr JB **95**, 94 (aber ein Außenstehender kann solche Verhältnisse nur vermuten).

11 *Ungenügend* ist aber eine bloße Zahlungsanweisung, Karlsr FamRZ **87**, 853. Der Anspruchsübergang erfaßt nur die Hauptforderung, Hamm FamRZ **02**, 983. Ebensowenig genügt eine Quittung des gesetzlichen Vertreters über den Empfang von Unterhaltsleistungen nach dem UVG, Stgt Rpfleger **86**, 439.

Gesetzlicher Vertreter: Einf 4 vor §§ 727–729.

12 **Grundbuch:** Eine Rechtsnachfolge kann vorliegen, soweit ein Erwerb durch eine Eintragung im Grundbuch erfolgt, selbst wenn dieser Erwerb nichtig ist. § 727 ist trotz Rn 1 entsprechend anwendbar bei einer Grundbuchberichtigung, Hamm NJW **99**, 1038, LG Rostock RR **01**, 1025, aM StJM 31 a (vgl aber § 148 S 1 BGB).

13 **Insolvenz:** Eine Rechtsnachfolge kann vorliegen, Hamm Rpfleger **08**, 375 (auch zu den Grenzen). Das gilt für eine Umschreibung der Vollstreckungsklausel für oder gegen den Verwalter, BGH JB **05**, 555, Jena Rpfleger **96**, 518, LAG Düss Rpfleger **97**, 119, oder für oder gegen den vorläufigen Verwalter, § 22 InsO, LG Cottbus Rpfleger **00**, 465, aM LG Halle Rpfleger **02**, 90 (abl Alff 91). Das gilt auch beim Verwalterwechsel wegen des neuen Verwalters, aM LG Essen RR **92**, 576. Dabei besteht keine Bindung an die frühere Umschreibung, KG RR **97**, 253.

Wenn der *Gläubiger* vor der Eröffnung des Insolvenzverfahrens über sein Vermögen einen Vollstreckungstitel erwirkt hatte und wenn der Verwalter eine Vollstreckungsklausel erhalten hatte, muß der Gläubiger die Klausel nach der Beendigung des Verfahrens auf sich umschreiben lassen, BGH NJW **92**, 2159, LG Lübeck DGVZ **80**, 140. Nach einer Freigabe durch den Insolvenzverwalter ist eine Umschreibung auf den Schuldner nicht nötig, BGH Rpfleger **06**, 423. Nach dem Verfahrensende kommt eine Umschreibung gegen den früheren Schuldner in Betracht, Celle RR **88**, 448, LAG Düss Rpfleger **06**, 90 (abl Hesse KTS **06**, 479).

Eine Rechtsnachfolge kann *fehlen*, soweit das Gericht den Verwalter bei einer Insolvenz des Schuldners zu einer Auskunftserteilung oder Rechnungslegung verurteilt hat, Düss OLGZ **80**, 485, oder soweit nur in der Person des Verwalters ein Wechsel eintritt, LG Essen RR **92**, 576, oder soweit eine Umschreibung aus einer einfachen Insolvenzforderung eine vorrangige Masseforderung machen würde, Mü MDR **99**, 1524 (bloßer Kostentitel). 14

S auch Rn 16 „Insolvenzausfallgeld“, Rn 18 „Nachlaßinsolvenz“, Rn 23 „Sicherungsrecht“.

Insolvenzausfallgeld: Bei einem Anspruch auf ein Ausfallgeld muß der Gläubiger seine Voraussetzungen einschließlich der Antragstellung durch öffentliche oder öffentlich beglaubigte Urkunden nachweisen, LAG Düss NZA-RR **05**, 387, LAG Mü KTS **89**, 452 (je: der Bewilligungsbescheid und der mit dem Eingangsstempel versehene Antrag genügen). 15

Kanzleiabwicklung: Eine Rechtsnachfolge kann vorliegen, soweit es zu einer Kanzleiabwicklung kommt, Karlsr MDR **05**, 117, StJM **31**, ZöStö 18. Das gilt bei der Umschreibung der Vollstreckungsklausel für oder gegen den Kanzleiabwickler, Karlsr MDR **05**, 117, Nürnb AnwBl **06**, 491 (freilich wird dadurch noch nicht aus Unpfändbarem Pfändbares). 16

Kommanditgesellschaft: Rn 4 „Auflösung“, Rn 7 „Firmenname“, Rn 19 „Offene Handelsgesellschaft“.

Kumulative Schuldübernahme: Eine Rechtsnachfolge *fehlt* bei einer kumulativen Schuldübernahme, Baumgärtel DB **90**, 1905.

S aber auch Rn 5 „Befreiende Schuldübernahme“.

Mahnverfahren: Eine Umschreibung des Vollstreckungsbescheids ist wegen Rn 22 „Rechtshängigkeit“ *nicht* zulässig, wenn schon der Mahnbescheid falsch war, LG Gießen JB **82**, 1093, oder wenn der Schuldner schon vor dem Mahnbescheid verstorben war, LG Oldb JB **79**, 1718.

Minderes Recht: Eine Rechtsnachfolge kann vorliegen, soweit es um den Erwerb eines minderen Rechts geht. 17

Nachbarrecht: Bei einer nachbarrechtlichen Störung kann man eine „Verdinglichung“ der Beeinträchtigung bei einem fortschreitenden Entwicklungsprozeß verneinen, etwa bei hinübergewachsenen Wurzeln, Düss NJW **90**, 1000.

Nacherbschaft: Rn 6 „Erbschaft“.

Nachlaßinsolvenz: Eine Rechtsnachfolge kann vorliegen, soweit ein Nachlaßinsolvenzverfahren eröffnet wird, Stgt Rpfleger **90**, 312. Der Verwalter kann die Umschreibung der Vollstreckungsklausel fordern, soweit und sobald eine Vollstreckung für ihn infrage kommt. Dasselbe gilt bei einer Vollstreckung gegen ihn. 18

S auch Rn 13 „Insolvenz“.

Nachlaßpflegschaft: Der Nachlaßpfleger ist der gesetzliche Vertreter, Grdz 9 vor § 50. Daher darf und muß der Rpfl die Vollstreckungsklausel einfach auf seinen Namen stellen, Einf 3 vor §§ 727–729, AG Hbg DGVZ **92**, 44.

Nachlaßverwaltung: Eine Rechtsnachfolge kann vorliegen, soweit das Gericht eine Nachlaßverwaltung angeordnet hat. Das gilt bei der Umschreibung der Vollstreckungsklausel für oder gegen den Nachlaßverwalter, Jaspersen Rpfleger **95**, 246, BGH **113**, 137 (für die Aufhebung). Nach der Aufhebung der Nachlaßverwaltung kommt eine Umschreibung gegen den Eigentümer in Betracht, BGH **113**, 137.

Namensänderung: Einf 4 vor §§ 727–729.

Nämlichkeit: Einf 4 vor §§ 727–729, Rn 19 „Offene Handelsgesellschaft“, Rn 24 „Umwandlung der rechtlichen Gestalt“.

Nießbrauch: § 727 kann gegen den Nießbraucher anwendbar sein, Drsd Rpfleger **06**, 93.

Offene Handelsgesellschaft: Wird aus einer Offenen Handelsgesellschaft eine Kommanditgesellschaft, ist § 727 entsprechend anwendbar, aM AG Hbg Rpfleger **82**, 191 (vgl aber Rn 3). 19

S auch Rn 4 „Auflösung“.

Partei kraft Amts: Eine solche Partei nach Grdz 8 vor § 50 prozessiert für eine fremde Rechnung. Sie ist *weder* ein Vertreter *noch* beim Eintritt in den Prozeß ein Rechtsnachfolger. Für die Zwangsvollstreckung steht sie aber dem Rechtsnachfolger gleich, § 728 II. Deshalb fällt sie unter § 727, LG Bre KTS **77**, 124, LAG Düss Rpfleger **97**, 119 (Insolvenzverwalter), Jaspersen Rpfleger **95**, 243 (Nachlaßverwalter), aM Schmidt JR **91**, 315 (vgl aber Rn 3). Wechselt die Partei kraft Amts im Prozeß, *genügt* eine Berichtigung der Vollstreckungsklausel. 20

Parteiwechsel: S „Partei kraft Amts“.

Pfändung und Überweisung: Eine Rechtsnachfolge kann vorliegen, soweit in der Zwangsvollstreckung eine Pfändung und Überweisung an Zahlungs Statt oder zur Einziehung nach § 835 I erfolgt, BGH **86**, 339, Jena Rpfleger **00**, 76, LAG Düss Rpfleger **97**, 119 (auch zu den Grenzen).

Prozeßstandschaft, dazu *Hochgräber* FamRZ **96**, 272 (Üb): Eine Rechtsnachfolge kann vorliegen, soweit das Kind den vom Elternteil in einer Prozeßstandschaft erwirkten Titel nach deren Ende jetzt selbst geltend machen will, Bbg FER **01**, 322, Hamm FamRZ **00**, 1590, aM AG Minden FamRZ **01**, 1625, oder soweit das Kind nach dem Ende einer auf § 7 IV UVG gestützten Prozeßstandschaft des Landes derart vorgeht, Karlsr FamRZ **04**, 1796. 21

Eine Rechtsnachfolge *fehlt grds*, soweit es um eine Prozeßstandschaft geht, Grdz 26 vor § 50, BGH JZ **83**, 150 (auch zu Ausnahmen), LG Darmst WoM **95**, 679, AG Menden FamRZ **01**, 1625. Das gilt auch zB dann, wenn ein Ehegatte in einer Prozeßstandschaft für das minderjährige eheliche Kind einen Zahlungstitel erwirkt hatte und nach der Rechtskraft die Zwangsvollstreckung über § 95 FamFG im eigenen Namen betreibt, Nürnb FamRZ **87**, 1173, LG Kleve FamRZ **07**, 1663, LG Kblz FamRZ **95**, 490, aM Ffm FamRZ **83**, 1268, AG Bln-Tempelhof DGVZ **02**, 44 (vgl aber Rn 3). Rechtsnachfolger kann auch der ursprüngliche Gläubiger nach einer Rückübertragung der Forderung auf ihn etwa durch den zwischenzeitlichen Prozeßstandschafter sein, LG Mannh Rpfleger **88**, 490. Ausnahmsweise kommt eine entsprechende Anwendung des § 727 in Betracht, wenn der in einer gewillkürten Prozeßstandschaft klagende Zedent die Zwangsvollstreckung ablehnt, verzögert oder aus sonstigen Gründen nicht durchführt, BGH MDR **83**, 308, Köln VersR **93**, 1382, aM Becker-Eberhard ZZP **104**, 439, oder wenn er keine vollstreckbare Ausfertigung beantragt, BGH JR **84**, 287, oder wenn der WEG-Verwalter wechselt, Düss WoM **97**, 298.

22 **Rechtsanwalt:** Eine Rechtsnachfolge liegt vor, soweit ein Anwalt erst nach dem Erlaß des Kostenfestsetzungsbeschlusses der Nachfolger seines Sozius geworden ist, Saarbr Rpfleger **78**, 228.

Rechtshängigkeit: Die Rechtsnachfolge muß wegen der Verweisung in § 727 auf § 325 nach dem Eintritt der etwa möglichen Rechtshängigkeit eingetreten sein, Rn 1, BGH **146**, 341, LAG Düss JB **99**, 273.

Rechtsschutzversicherung: Rn 11 „Gesetzlicher Forderungsübergang".

Rückabtretung: Sie reicht, Rn 3, Brdb FamRZ **07**, 62.

S auch Rn 4 „Abtretung".

23 **Schuldübernahme:** Rn 5 „Befreiende Schuldübernahme", Rn 16 „Kumulative Schuldübernahme".

Sicherungsrecht: Rechtsnachfolger ist der Sicherungsnehmer, nachdem der Sicherungsgeber in Insolvenz fiel und der Insolvenzverwalter einen Titel erstritt, Heintzmann ZZP **92**, 70.

S auch Rn 13 „Insolvenz", Rn 21 „Prozeßstandschaft".

Telekom: Vgl AG Solingen DGVB **95**, 59, Schmittmann DGVZ **95**, 49 (ausf).

Testamentsvollstrecker: Es gelten §§ 748, 749.

Treuhandanstalt: Bei der Bundesanstalt für vereinigungsbedingte Sonderaufgaben liegt eine Nämlichkeit und *keine* Rechtsnachfolge der Treuhandanstalt vor, AG Neuruppin DGVZ **96**, 78.

24 **Überleitung:** Rn 10.

Überweisung: Rn 20 „Pfändung und Überweisung".

Umwandlung der rechtlichen Gestalt: Eine Rechtsnachfolge liegt vor, soweit es um eine Verschmelzung durch eine Aufnahme oder Neugründung und Vermögensübertragung oder um eine Spaltung jeweils nach dem UmwG geht, Haidenhain ZIP **95**, 801.

Eine Rechtsnachfolge *fehlt,* soweit es nur um die Umwandlung der rechtlichen Gestalt des Rechtsträgers ohne einen Wechsel seiner erkennbaren Nämlichkeit geht, BGH DGVZ **04**, 73 und 74, Stgt RR **89**, 638 (je wegen einer Vor-GmbH), AG Wuppert DGVZ **08**, 28. Das ist aber zB bei der Deutschen Telekom AG nicht nur so, LG Wuppert DGVZ **95**, 118, AG Solingen DGVZ **95**, 59, Schmittmann DGVZ **95**, 49.

S auch Rn 19 „Offene Handelsgesellschaft".

Unterhaltsvorschuß: Rn 10 „Gesetzlicher Forderungsübergang".

Unterlassung: § 325 Rn 38 „Unterlassung".

Unterwerfung: Rechtsnachfolger ist nur derjenige, der sowohl der Gläubiger des Schuldversprechens als auch derjenige der Grundschuld ist, BGH NJW **08**, 919.

Versicherung: Eine Rechtsnachfolge liegt vor, soweit es um die Umschreibung eines Kostenfestsetzungsbeschlusses vom Versicherungsnehmer auf den Rechtsschutzversicherer geht, Karlsr Rpfleger **95**, 78, LG Mü Rpfleger **97**, 394. Es kann auch eine öffentlich beglaubigte Erklärung des Forderungsübergangs reichen, KG JB **99**, 439, auch ein Bewilligungsbescheid der BfA, Schlesw SchlHA **90**, 72, LAG Mü KTS **89**, 452, aM LAG Düss JB **89**, 1018.

25 **Vertreter:** Rn 8 „Genehmigung".

Vollmachtloser Vertreter: Rn 8 „Genehmigung".

Vollstreckbarer Inhalt: Fehlt er, *fehlt* das Rechtsschutzbedürfnis, LAG Düss Rpfleger **06**, 90.

Vorerbschaft: Rn 6 „Erbschaft".

26 **Vorruhestandsgeld:** Bei einem Anspruch auf ein Vorruhestandsgeld muß der Gläubiger seine Voraussetzungen einschließlich der Antragstellung durch öffentliche oder öffentlich beglaubigte Urkunden nachweisen, also auch beim tarifvertraglichen Übergang eines Anspruchs auf eine Arbeitsvergütung auf eine Zusatzversorgung bei der Zahlung eines Vorruhestandsgelds, LAG Kiel Rpfleger **89**, 163.

27 **Wechsel:** Derjenige Wechselaussteller, der als Gesamtschuldner zusammen mit dem Akzeptanten verurteilt wird und den Wechselgläubiger befriedigt, ist *kein* Rechtsnachfolger des Wechselgläubigers. Denn die Forderung des Wechselgläubigers ist durch die Zahlung des Ausstellers erloschen, aM LG Münst MDR **80**, 1030 (abl Greilich MDR **82**, 17). Dasselbe gilt im Ergebnis beim einlösenden Indossanten.

Weiterer (späterer) Rechtsnachfolger: Auch für und gegen ihn gilt § 727, Rn 3, Brdb FamRZ **07**, 62.

Weitere Umschreibung: Bei ihr bindet keine frühere unrichtige Umschreibung, KG RR **97**, 253.

Wohnungseigentum: §§ 727 ff sind anwendbar. Gibt die vollstreckbare Urkunde als den Haftungsgegenstand ein Grundstück an, läßt sie eine Vollstreckung in ein daraus entstandenes Wohnungseigentum erst nach einer Umschreibung gegen den Wohnungseigentümer zu, LG Weiden Rpfleger **84**, 280. Das Ausscheiden des Verwalters führt zur Rechtsnachfolge des nächsten, ZöStö 38, aM Düss RR **97**, 1035, LG Darmst RR **96**, 398.

Eine Rechtsnachfolge der WEG *fehlt,* soweit nur einzelne Mitglieder eine vertretbare Handlung vornehmen mußten, LG Wuppert NZM **06**, 873.

28 **Zwangsversteigerung:** Eine Rechtsnachfolge kann vorliegen, soweit es um einen Erwerb in der Zwangsversteigerung geht, Bre Rpfleger **87**, 381 (Rechtsnachfolge des Erstehers). Eine Umschreibung auf einen ablösenden Dritten ist nicht nötig, BFH RR **06**, 167.

29 **Zwangsverwaltung:** Rechtsnachfolger ist der Zwangsverwalter, BGH NJW **86**, 3206, und der Eigenbesitzer eines zwangsverwalteten Grundstücks wegen eines dinglichen Anspruchs, § 147 ZVG, BGH **96**, 67. Der Eigentümer ist nach der Aufhebung der Zwangsverwaltung wegen einer Antragsrücknahme der Rechtsnachfolger des Zwangsverwalters, Düss OLGZ **77**, 252.

Der Ersteher ist *nicht* der Rechtsnachfolger des Zwangsverwalters wegen eines von diesem erwirkten Titels.

Zwangsvollstreckung: Rn 20 „Partei kraft Amtes", „Pfändung", Rn 28 „Zwangsversteigerung".

Zweigniederlassung: Der Wechsel der Zuordnung einer Forderung zum Geschäftsbetrieb einer Bankfiliale begründet *keine* Rechtsnachfolge, Hamm Rpfleger **01**, 190, AG Lpz JB **01**, 383.

30 **4) Besitzer einer streitbefangenen Sache, I.** Der Rpfl muß ihn wie einen solchen Rechtsnachfolger behandeln, gegen den das Urteil nach § 325 wirkt. Das gilt auch für denjenigen, der den Besitz dadurch

erlangt hat, daß er an die Stelle des verurteilten Besitzers gerückt ist, aM Düss NJW **90**, 1000 (vgl aber Rn 3). Der Besitzdiener gehört aber nicht hierher. Denn er besitzt nicht selbst. § 325 II–IV schränkt auch hier ein. Die Umschreibung ist darum regelmäßig nur statthaft, soweit nicht die sachlichrechtlichen Vorschriften über einen Erwerb vom Nichtberechtigten entgegenstehen. Etwas anderes gilt bei Hypotheken usw, außer bei einem Erwerb in der Zwangsversteigerung. Jedoch darf und muß der Rpfl die Klausel ohne weiteres erteilen, insbesondere bei einem offenkundigen Umgehungsversuch. Ein solcher Versuch läßt sich freilich kaum schon hier nachweisen. Wenn sich der Rechtsnachfolger auf eine Ausnahme beruft, muß er nach §§ 732, 768 vorgehen. Dann muß der Gläubiger im Prozeß die Bösgläubigkeit des Erwerbers beweisen. Er kann sein Eigentum auch mit einer Klage geltend machen.

5) Voraussetzungen der Klausel, I 31

Schrifttum: *Pflugmacher,* Beweiserhebung und Anerkenntnis im Klauselerteilungsverfahren usw, 2001.

A. Offenkundigkeit; Urkundennachweis. Die Umschreibung der Klausel ist zulässig und notwendig, wenn die Rechtsnachfolge oder das Besitzverhältnis entweder offenkundig ist, BGH BB **05**, 1876, LG Meiningen Rpfleger **08**, 383 (Unbeachtlichkeit der Art der Kenntnisnahme) oder wenn der Rechtsnachfolger sie durch öffentliche oder öffentlich beglaubigte Urkunden nachweist. Man muß die Offenkundigkeit wie bei § 291 Rn 4, 5 beurteilen, Celle MDR **95**, 1262, KG JB **99**, 439, Saarbr VersR **89**, 955, großzügiger BGH BB **05**, 1876, Oldb Rpfleger **92**, 306, Stgt Rpfleger **05**, 208 (je: eine schlüssige Darlegung könne genügen, wenn der Schuldner die Rechtsnachfolge nicht bestreite), Schlesw JB **93**, 176 (beim Zugeständnis).
Zuständig ist der Rpfl, § 20 Z 12 RPflG, LG Darmst WoM **95**, 679. Er prüft lediglich, ob ein vollstreckbarer Titel vorliegt und ob die vorgelegten Urkunden die Rechtsnachfolge oder den Besitz dartun.

B. Beispiele zur Frage einer Offenkundigkeit usw 32

Ablichtung, Abschrift: S „Insolvenzverwalter", „Privaturkunde".

Abtretung: Wenn ein Bevollmächtigter des Gläubigers die Forderung abgetreten hat, muß man durch öffentliche oder öffentlich beglaubigte Urkunden nachweisen, daß er im Zeitpunkt der Abtretung wirklich eine Vollmacht hatte.

BAföG: Eine rückwirkende Überleitung ist bei einem solchen Anspruch möglich, über den der Berechtigte schon einen Vollstreckungstitel besitzt, Stgt FamRZ **95**, 489.

Befriedigung durch Gesamtschuldner: S „Gesamtschuldner".

Beglaubigung: Es reicht nicht die Verurteilung zur Vornahme einer Beglaubigung, BayObLG RR **97**, 1015. S auch „Insolvenzverwalter"

Kein Bestreiten: § 138 III: Die Vorschrift ist *unanwendbar.* Das gilt schon deshalb, weil I einen „Nachweis" nur durch die dort genannten Urkunden zuläßt, § 730 Rn 1, BGH BB **05**, 1876, Drsd Rpfleger **03**, 675, Saarbr Rpfleger **04**, 430, aM Bbg MDR **99**, 57, Hbg MDR **04**, 836, Kblz RR **03**, 1007 (vgl aber Grdz 7 vor § 704).

Beweislast: Der Gläubiger muß die Voraussetzungen von I beweisen, der Schuldner muß einen „Verfallsbetrag" beweisen, Baumgärtel Festschrift für Lüke (1997) 2.

Einwendung: Unbeachtlich ist eine außerhalb der Urkunde liegende Einwendung.

Entwurf: Derjenige zB einer Überleitungsanzeige reicht *nicht* aus, Stgt FamRZ **81**, 696.

Erbschein: Er reicht aus, Ffm DNotZ **05**, 384. Das gilt sogar für eine solche Erbscheinsablichtung oder -abschrift, die der Notar beglaubt hat.

Erlöschen des Anspruchs: Unbeachtlich ist diese Einwendung außerhalb der Urkunde, Karlsr OLGZ **77**, 122. Mag der Schudner nach § 732, 768 vorgehen, Rn 33.

Forderung: Bei ihr genügt eine einfache Zahlungsaufstellung zum Nachweis.

Gesamtschuldner: Am Erfordernis der Offenkundigkeit *scheitert* meist der Nachweis eines Forderungsübergangs bei einer Befriedigung des Gläubigers durch einen Gesamtschuldner. Denn die Forderung geht nur bis zur Höhe des Ausgleichsanspruchs nach § 426 BGB über, und diesen muß das Gericht gesondert feststellen.

Geständnis: Es reicht wegen Grdz 7 vor § 704 nur außerhalb der Amtsprüfung nach Grdz 38 vor § 128 aus, Hbg MDR **97**, 1156, Saarbr Rpfleger **04**, 430, Münzberg NJW **92**, 201, aM Baumgärtel Festschrift für Lüke (1997) 3.

Gläubigerzustimmung: Der Rpfl muß die Offenkundigkeit nach § 291 auch dann prüfen, wenn der Gläubiger der Umarbeitung zustimmt und wenn sich der Schuldner nicht äußert, Karlsr VersR **96**, 392, Stgt MDR **90**, 1021, aM Brschw JB **93**, 240.

Gutgläubiger Erwerb: Unbeachtlich ist diese Einwendung außerhalb der Urkunde. Mag der Schuldner nach §§ 732, 768 vorgehen, Rn 33.

Insolvenzverwalter: Er braucht eine Ausfertigung der Bestallungsurkunde, damit das Gericht die Fortdauer seine Amts klären kann. Daher ist eine beglaubige Kopie davon *nicht* ausreichend, LG Stgt Rpfleger **08**, 222.

Mehrheit von Antragstellern: Das Gericht muß sie auf eine Klage verweisen, § 731.

Privaturkunde: Sie reicht *nicht* aus, Saarbr VersR **89**, 965 (Quittung). Erst recht reicht nicht deren beglaubigte Ablichtung oder Abschrift, LAG Mü RR **87**, 956, oder gar deren unbeglaubigte Fotokopie, LAG Kiel Rpfleger **89**, 163.

Pfändungsgläubiger: Er darf eine Klausel nicht beschränkt auf seine Forderung erhalten, LAG Drsd JB **96**, 105.

Pfändungs- und Überweisungsbeschluß: Er reicht aus, Jena Rpfleger **00**, 76.

Rechtsschutzversicherung: Bei ihr ist ein Anspruchsübergang *nicht* offenkundig, Karlsr MDR **89**, 363.

Säumnisverfahren: Es findet grds nicht statt, Karlsr JB **91**, 275 (Ausnahme evtl bei § 731).

SGB X: § 116 SGB X erlaubt die rückwirkende Überleitung bei einem solchen Anspruch, über den der Berechtigte schon einen Vollstreckungstitel besitzt, Düss FamRZ **93**, 583.

SGB XII: Es reicht eine Leistungsaufstellung des Sozialhilfeträgers aus, Karlsr FamRZ **04**, 125 (krit Sichel), Stgt FamRZ **08**, 290.

Überleitungs- oder Rechtswahrungsanzeige: Sie ist nicht erforderlich, Rn 9 „Gesetzlicher Forderungsübergang".

Unterhaltsvorschußkasse: Wegen der Bescheinigung ihres Trägers Hbg FamRZ **82**, 425 und 427, Oldb FamRZ **82**, 953, Stgt FamRZ **93**, 227.

Vollmacht: S „Abtretung".

Vollstreckungsabwehrklage: Beachtlich ist ein die Zwangsvollstreckung ausschließendes Urteil nach § 767, Ffm FamRZ **98**, 968.

33 **C. Rechtsstellung des bisherigen Gläubigers.** Er behält sein Recht auf die Erteilung einer Vollstreckungsklausel solange, bis das Gericht dem Rechtsnachfolger eine Klausel erteilt hat. Das gilt auch zB bei einer Prozeßstandschaft, Grdz 26 vor § 50, BGH **113**, 93. Das gilt sogar dann, wenn die Rechtsnachfolge nach § 291 offenkundig ist, BGH MDR **84**, 385, Bre Rpfleger **87**, 385 (zustm Bischoff/Bobenhausen), Hamm FamRZ **84**, 928. Einen Streit zwischen dem alten und dem neuen Gläubiger über die Berechtigung muß man durch eine Klage oder nach §§ 732, 767, 768 austragen, KG FamRZ **05**, 1759, aM Stgt Rpfleger **00**, 282.

34 **6) Erwähnung der Offenkundigkeit, II.** In der Vollstreckungsklausel muß der Rpfl die Offenkundigkeit der Rechtsnachfolge oder des Besitzverhältnisses erwähnen. Ein Verstoß hindert den Beginn der Zwangsvollstreckung wegen § 750 II. Er macht aber die Klausel nicht unwirksam, § 726 Rn 5. Unentbehrlich ist die Bezugnahme auf den Titel, sofern nicht ohnehin klarsteht, welcher Titel gemeint ist.

35 **7) Rechtsbehelfe, I, II.** Es kommt auf die Entscheidungsrichtung an.

A. Ablehnung. Gegen die Ablehnung der Umschreibung der Vollstreckungsklausel ist der nach § 11 RPflG mögliche Weg offen, § 104 Rn 41 ff, Zweibr FamRZ **00**, 964, LG Detm Rpfleger **01**, 310. § 731 ist anwendbar, LG Osnabr JB **91**, 1401.

36 **B. Erteilung.** Gegen die Erteilung der Klausel kann der Schuldner nach § 732 Rn 1, 6 vorgehen.

728 *Vollstreckbare Ausfertigung bei Nacherbe oder Testamentsvollstrecker.* **[I] Ist gegenüber dem Vorerben ein nach § 326 dem Nacherben gegenüber wirksames Urteil ergangen, so sind auf die Erteilung einer vollstreckbaren Ausfertigung für und gegen den Nacherben die Vorschriften des § 727 entsprechend anzuwenden.**

[II 1] Das Gleiche gilt, wenn gegenüber einem Testamentsvollstrecker ein nach § 327 dem Erben gegenüber wirksames Urteil ergangen ist, für die Erteilung einer vollstreckbaren Ausfertigung für und gegen den Erben. [2] Eine vollstreckbare Ausfertigung kann gegen den Erben erteilt werden, auch wenn die Verwaltung des Testamentsvollstreckers noch besteht.

1 **1) Systematik, Regelungszweck, I, II.** Vgl zunächst Einf 1, 2 vor §§ 727–729, § 277 Rn 1. § 728 nennt innerhalb der Gruppe von Rechtsnachfolgen zwei gegenüber § 727 vorrangige Sonderfälle. Ergänzend muß man §§ 730, 731 beachten. § 728 ist als eine Sondervorschrift eng auslegbar.

2 **2) Nacherbe, I.** Die Vorschrift betrifft ein solches Urteil gegen einen Vorerben, das nach § 326 gegen den Nacherben wirkt. Das muß unstreitig sein oder sich aus einer öffentlichen oder öffentlich beglaubigten Urkunde ergeben. § 727 I. Erforderlich ist ein Erbschein für den Nacherben und nicht nur für den Vorerben, BGH **84**, 196. Die formelle Rechtskraft nach § 705 muß vor dem Nacherbfall eingetreten sein. Das alles muß bei nacheinander eingesetzten Nacherben beim letzteren zutreffen.

A. Nachlaßverbindlichkeit. Das Urteil kann einen solchen Anspruch betreffen, der sich gegen den Vorerben als Erben richtet, also eine Nachlaßverbindlichkeit, § 326 I. Dieses Urteil wirkt nur für den Nacherben und nur nach dem Eintritt seiner formellen Rechtskraft nach § 705 sowie im Rahmen seiner inneren Rechtskraft nach § 322. Der Rpfl darf daher keine Klausel für einen Nachlaßgläubiger gegen den Nacherben erteilen.

3 **B. Gegenstand der Nacherbfolge.** Das Urteil kann auch einen solchen Gegenstand betreffen, der der Nacherbfolge unterliegt, § 326 I, II. Dieses Urteil wirkt mit seiner Rechtskraft für den Nacherben. Gegen den Nacherben wirkt das Urteil zwar nur dann, wenn der Vorerbe ein Verfügungsrecht hat, dann aber auch vor seiner Rechtskraft. Der Rpfl muß dann ein solches Verfügungsrecht prüfen, wenn er auf Grund des Urteils eine Vollstreckungsklausel erteilen soll. Er darf aber keinen urkundlichen Nachweis verlangen. Die Zuständigkeit des Rpfl ergibt sich aus § 20 Z 12 RPflG.

4 **3) Testamentsvollstrecker, II.** Darüber, wann ein gegen den Erben erlassenes Urteil gegen den Testamentsvollstrecker wirkt, § 327 Rn 7. Eine vollstreckbare Ausfertigung für den Erben ist nach II 1 erst nach der Beendigung der Verwaltung des Testamentsvollstreckers zulässig, § 2212 BGB, KG RR **87**, 3 (auch zum Verstoß). Gegen den Erben darf der Rpfl aber nach II 2 immer eine vollstreckbare Ausfertigung erteilen. Denn der Erbe kann seine Haftungsbeschränkung nach §§ 767, 780 II auch dann geltend machen, wenn ein Vorbehalt fehlt. Nachweisen muß der Antragsteller die Stellung als Erbe. Bei einer Erteilung der Klausel für den Erben muß er auch die Beendigung der Testamentsvollstreckung nachweisen. Zuständig ist der Rpfl, § 20 Z 12 RPflG.

5 **4) Rechtsbehelfe, I, II.** Es gilt dasselbe wie bei § 724 Rn 13.

729 *Vollstreckbare Ausfertigung gegen Vermögens- und Firmenübernehmer.* **[I] Hat jemand das Vermögen eines anderen durch Vertrag mit diesem nach der rechtskräftigen Feststellung einer Schuld des anderen übernommen, so sind auf die Erteilung einer vollstreckbaren Ausfertigung des Urteils gegen den Übernehmer die Vorschriften des § 727 entsprechend anzuwenden.**

II Das Gleiche gilt für die Erteilung einer vollstreckbaren Ausfertigung gegen denjenigen, der ein unter Lebenden erworbenes Handelsgeschäft unter der bisherigen Firma fortführt, in Ansehung der Verbindlichkeiten, für die er nach § 25 Abs. 1 Satz 1, Abs. 2 des Handelsgesetzbuchs haftet, sofern sie vor dem Erwerb des Geschäfts gegen den früheren Inhaber rechtskräftig festgestellt worden sind.

1) Systematik, Regelungszweck, I, II. Vgl zunächst Einf 1, 2 vor §§ 727–729, § 727 Rn 1. § 729 1
nennt innerhalb der Gruppe von Rechtsnachfolgen zwei gegenüber § 727 weitere vorrangige Sonderfälle. Ergänzend muß man §§ 730, 731 beachten. Auch § 729 ist als eine Sondervorschrift eng auslegbar.

2) Vermögensübernahme, I. Eine vertragliche Übernahme des gesamten Vermögens bewirkte eine 2
Gesamthaftung des Übernehmers neben dem alten Schuldner für dessen Schulden, § 419 BGB aF, sofern die Übernahme vor dem 1. 1. 99 erfolgte (§ 419 BGB ist durch das EGInsO aufgehoben worden), Art 223 a EGBGB. Darum läßt I eine Vollstreckungsklausel gegen solchen Übernehmer zu, sofern das Gericht die Schuld vor der dinglichen Übernahme nach § 705 rechtskräftig festgestellt hatte, Hamm MDR **92**, 1002. Bei einem solchen Titel, der keiner inneren Rechtskraft nach § 322 fähig ist, entscheidet der Zeitpunkt seiner Entstehung. Bei einem einzigen Gegenstand muß der Gläubiger beweisen, daß der Erwerber wußte, daß der Gegenstand zumindest fast das gesamte Vermögen darstellte, Düss RR **93**, 959. Bei der Erteilung der Vollstreckungsklausel ist sie unbeachtlich. Die Vollstreckungsabwehrklage ist ohne die Einschränkung des § 767 II und vor der Rechtskraft des Urteils im Vorprozeß zulässig, BGH NJW **87**, 2863. Denn die Rechtskraft wirkt nicht gegenüber dem Übernehmer, § 325 Rn 7.

Statt der Umschreibung ist eine *Leistungsklage* zulässig, Grdz 8 vor § 253, Hüffer ZZP **85**, 238. Der Rpfl darf die Klausel auch gegen den alten Schuldner erteilen. Eine gegen den neuen Schuldner erteilte Klausel muß die Gesamthaftung erwähnen. Auf den Erbschaftskauf nach § 2382 BGB ist I sinngemäß anwendbar. I ist bei einem Verzicht auf den Anteil an einer fortgesetzten Gütergemeinschaft unanwendbar. Zuständig ist also der Rpfl, § 20 Z 12 RPflG.

3) Geschäftsfortführung, II. Man muß zwei Anwendungsbereiche beachten. 3

A. Direkte Anwendbarkeit. Wer ein unter Lebenden erworbenes Handelsgeschäft unter der bisherigen Firma fortführt, haftet im Rahmen des § 25 I, II HGB neben dem alten Inhaber für die Geschäftsschulden. Darum darf und muß der Rpfl die Vollstreckungsklausel gegen den alten, aber auch gegen den neuen Inhaber erteilen, sofern das Gericht den Anspruch vor dem Erwerb des Handelsgeschäfts rechtskräftig festgestellt hat, Köln RR **94**, 1118. Dabei ist unerheblich, ob das Urteil gegen die Firma oder gegen den Inhaber persönlich lautet. Der Nachweis des Erwerbs und der Fortführung erfolgt durch einen Auszug aus dem Handelsregister.

Der Rpfl darf einen *Ausschluß der Haftung* aus §§ 25 II, 28 II HGB nicht berücksichtigen. Der Erwerber muß ihn nach §§ 768, 732 geltend machen. Bei einer Übernahme des Handelsgeschäfts vor der Rechtskraft des Urteils oder bei § 25 III HGB ist eine neue Klage gegen den Übernehmer nötig, Baumgärtel DB **90**, 1908. Für die Vollstreckungsabwehrklage nach § 767 oder eine Leistungsklage nach Grdz 8 vor § 253 gilt Rn 1. In der Vollstreckungsklausel muß der Rpfl die Gesamthaftung vermerken. Zuständig ist also der Rpfl, § 20 Z 12 RPflG.

B. Entsprechende Anwendbarkeit. II ist evtl entsprechend anwendbar, aM Köln RR **94**, 1118 (vgl 4
aber § 727 Rn 3). Das gilt zB dann, wenn ein Dritter als persönlich haftender Gesellschafter oder als Kommanditist in das Geschäft eines Einzelkaufmanns eintritt, falls der Eintritt nach der Rechtskraft erfolgt. Denn die Fälle liegen gleich, § 28 HGB. Dabei muß der Rpfl beim Kommanditisten die Beschränkung seiner Haftung summenmäßig angeben. II gilt ferner entsprechend, wenn zu mehreren Gesellschaftern ein weiterer Gesellschafter hinzutritt und wenn das Urteil auch gegen die Gesellschaft ergangen ist. Zuständig ist also der Rpfl, § 20 Z 12 RPflG.

730

Anhörung des Schuldners. **In den Fällen des § 726 Abs. 1 und der §§ 727 bis 729 kann der Schuldner vor der Erteilung der vollstreckbaren Ausfertigung gehört werden.**

Schrifttum: *Clemens,* Zu den Wirkungen von Geständnis, Nichtbestreiten und Anerkenntnis im Klauselerteilungsverfahren, 1996.

1) Systematik. Bei §§ 726 I, 727–729 gibt die Vorschrift eine verfahrensmäßige Sonderregel. Dabei 1
entscheidet der Rpfl selbständig, § 20 Z 12 RPflG, § 724 Rn 6, Kblz NJW **92**, 379, Zweibr MDR **97**, 593. Eine mündliche oder schriftliche Anhörung des Schuldners ist zulässig. Sie ist aber nach § 128 IV nicht notwendig, es sei denn, das pflichtgemäße Ermessen („kann") erfordert die Anhörung vor einer Verweigerung der Ausfertigung, Hamm Rpfleger **91**, 161 (zustm Münzberg), LG Mü Rpfleger **97**, 394, Lackmann Festschrift für Musielak (2004) 315.

Die Anhörung des Schuldners hat *nicht* zur Folge, daß *§ 138 III* anwendbar ist, soweit es um den „Nachweis" nach § 727 geht. Denn man kann diesen Nachweis nur durch die in § 727 I genannten Urkunden führen, dort Rn 11, 31, ferner § 732 Rn 7, Hamm Rpfleger **94**, 73, Köln MDR **93**, 380, Saarbr NVersZ **02**, 232, aM Kblz MDR **97**, 884, Köln (2. ZS) JB **95**, 94, LG Mainz MDR **95**, 1266.

Gebühren: Des Gerichts: keine; des Anwalts: VV 3309, 3310.

2) Regelungszweck. Die Vorschrift dient der Vereinfachung und Beschleunigung, Grdz 12, 14 vor 2
§ 128. Sie dient aber auch der Wahrung des Prozeßgrundrechts des rechtlichen Gehörs und eines fairen Verfahrens, Art 2 I, 20 III GG (Rpfl), BVerfG **101**, 404, Art 103 I GG (Richter), Einl III 16, 23.

§ 730 erwähnt den *Gläubiger* nicht. Die Vorschrift ist auch wegen ihres Sondercharakters an sich eng auslegbar. Indessen kann das oben erörterte Gebot eines fairen Verfahrens auch zur Anhörung des Gläubigers zwingen, Einl III 23. Das gilt etwa dann, wenn Bedenken gegen die Offenkundigkeit der Rechtsnachfolge oder der Echtheit der Urkunden über sie auftreten.

Eilbedürftigkeit ist jedenfalls nur selten so ausgeprägt, daß schon deshalb eine Anhörung unterbleiben sollte. Auch die in Rn 1 genannte Problematik zu § 138 III sollte nicht ausschlaggebend sein, weder für noch gegen eine Anhörung. Sowohl die Rechtssicherheit nach Einl III 43 als auch das Gebot, an dieser Zusatzfront eine weitere Verzögerung durch ein Rechtsmittel zu verhindern, also die Prozeßwirtschaftlichkeit nach Grdz 14 vor § 128 machen eine wenigstens kurzfristige Gelegenheit zu Schuldneräußerung eher ratsam als entbehrlich.

3 **3) Entscheidung.** Die Entscheidung erfolgt durch einen Beschluß, § 329. Der Rpfl muß ihn begründen, § 329 Rn 4. Er muß ihn verkünden, § 329 I 1, oder formlos zustellen, § 329 II 1 (kein befristetes Rechtsmittel und für sich allein auch kein Vollstreckungstitel, § 329 III). Die erforderliche Unterschrift braucht zwar nicht lesbar zu sein. Sie muß aber einen individuellen Schriftzug mit charakteristischen Merkmalen aufweisen, § 129 Rn 9, BGH DNotZ **70**, 595, AG Bre DGVZ **81**, 62.

4 **4) Rechtsbehelfe.** Man muß drei Situationen unterscheiden.

A. Entscheidung des Rechtspflegers. Gegen die Entscheidung des Rpfl haben der Gläubiger nach § 11 RPflG, der Schuldner nach derselben Vorschrift in Verbindung mit § 732 die in § 104 Rn 41 ff für den dortigen Zusammenhang dargestellten hier ebenso in Betracht kommenden Möglichkeiten. Die Entscheidung erfolgt durch einen Beschluß, § 329. Das Gericht muß ihn grundsätzlich begründen, § 104 Rn 15, § 329 Rn 4, Ffm Rpfleger **78**, 105, falls der Rechtsbehelf einen neuen Sachvortrag enthält. Sonst verweist das Beschwerdegericht die Sache an den Amtsrichter zurück.

5 **B. Entscheidung des Richters.** Gegen die Erteilung durch den Richter ist nach § 567 I Z 1, 2 keine sofortige Beschwerde statthaft. Gegen die eine Erteilung versagende Entscheidung des Richters und evtl des Familienrichters, Köln Rpfleger **79**, 28, ist die sofortige Beschwerde zulässig, § 567 I Z 2. § 793 ist jeweils unanwendbar. Denn die jeweilige Entscheidung ist keine Maßnahme der Zwangsvollstreckung, Grdz 51 vor § 704, Bre FamRZ **80**, 725, Köln Rpfleger **79**, 28. Eine Rechtsbeschwerde ist unter den Voraussetzungen des § 574 denkbar. Wegen einer Anschlußbeschwerde § 567 III.

6 **C. Klage bei Aufhebung der Vollstreckungsklausel.** Wenn das Beschwerdegericht eine erteilte Vollstreckungsklausel aufhebt, ist § 731 anwendbar, sofern dessen Voraussetzungen im übrigen vorliegen.

731 ***Klage auf Erteilung der Vollstreckungsklausel.*** **Kann der nach dem § 726 Abs. 1 und den §§ 727 bis 729 erforderliche Nachweis durch öffentliche oder öffentlich beglaubigte Urkunden nicht geführt werden, so hat der Gläubiger bei dem Prozessgericht des ersten Rechtszuges aus dem Urteil auf Erteilung der Vollstreckungsklausel Klage zu erheben.**

Schrifttum: S bei § 730.

Gliederung

1 **1) Systematik.** Bisweilen kann der Gläubiger einen nach §§ 726 I, 727–729 notwendigen Nachweis nicht durch die nötigen öffentlichen oder öffentlich beglaubigten Urkunden erbringen. Dann hilft § 731, Ffm JB **97**, 497. Ihm gegenüber gilt beim Vollstreckungsbescheid nach §§ 699, 700 die vorrangige Sonderregelung des § 796. § 731 ermöglicht dem Gläubiger eine Klage. Sie lautet entgegen dem mißverständlichen Wortlaut von § 204 I Z 1 BGB nicht „auf die Erteilung der Vollstreckungsklausel". Denn der Schuldner kann die Vollstreckungsklausel gar nicht erteilen, Wüllenkemper Rpfleger **89**, 88. Sie lautet vielmehr auf eine Feststellung, daß das Gericht die Vollstreckungsklausel erteilen muß. Die Klage ist also keine Leistungsklage. Sie ist aber auch keine Gestaltungsklage, sondern eine Feststellungsklage, Grdz 9 vor § 253, § 256, ThP 1, Wüllenkemper Rpfleger **89**, 89, ZöStö 4, aM StJM 7, 16 (aber der Rpfl wird auch dem Feststellungsurteil folgen, s unten). Das Gericht stellt rechtsbezeugend fest, daß die Voraussetzungen einer Erteilung der Vollstreckungsklausel vorliegen, BGH **72**, 28, LG Stgt Rpfleger **00**, 539. Diese Feststellung bindet den Rpfl. Er und nicht der Urkundsbeamte der Geschäftsstelle muß die Klausel erteilen, LG Stgt Rpfleger **00**, 538, StJM 16, Wüllenkemper Rpfleger **89**, 91, aM Napierala Rpfleger **89**, 493, ThP 9, ZöStö 6 (aber schon der Wortlaut von § 20 Z 12 RPflG ist eindeutig, ebenso der Sinn, Einl III 39).

2 **2) Regelungszweck.** Die Vorschrift dient der Gerechtigkeit, Einl III 9, 36. Denn der Gläubiger ist ja nun einmal auf eine ausreichende oder ausreichend umgeschriebene Vollstreckungsklausel angewiesen. Er hat es schon schwer genug, den in einem abgekürzten Verfahren nicht erreichten Nachweis zu erbringen. Auch der Rechtssicherheit dient § 731, Einl III 43. Denn das Gericht soll mit der höchstmöglichen Sorgfalt prüfen, ob der Gläubiger noch aus dem bisherigen Titel vollstrecken kann. Ob freilich auch eine Glaubhaftmachung vor dem Rpfl genügen könnte, ist eine andere Frage. Indessen hat sich das Gesetz für den steinigeren Weg entschieden. Man sollte ihn nicht durch allezu harte Anforderungen nahezu unbegehbar machen.

3 **3) Voraussetzungen.** Da es sich nach Rn 1 um eine Feststellungsklage handelt, müssen die Voraussetzungen des § 256 I vorliegen. Es fehlen dann das rechtliche Interesse an einer alsbaldigen Feststellung nach § 256 Rn 21 und das Rechtsschutzbedürfnis nach Grdz 33 vor § 253, Brschw MDR **95**, 95, LG Bln JB **95**, 219 (Wahlrecht des Rechtsschutzversicherers), wenn §§ 726–729 zu demselben Ziel führen würden. Der

Rpfl muß also die Erteilung der Klausel abgelehnt haben, zB wegen einer Bedingung, § 726 Rn 6, von Wintersheim MDR **99**, 978. Das Rechtsschutzbedürfnis liegt auch meist nur dann vor, wenn das Gericht die Entscheidung des Rpfl auf eine Erinnerung bestätigt hat, § 730 Rn 3. Eine Beschwerdeentscheidung nach § 730 Rn 4 braucht nicht vorzuliegen. Der Gläubiger braucht nicht darzulegen, daß er die Urkunden nicht beschaffen könne. Er braucht nur darzutun, daß er sie nicht besitze und sie nur unter erheblichen Schwierigkeiten beschaffen könne, VGH Mannh NJW **03**, 1203 (§ 792 hindert nicht). Nach der Abweisung einer Zahlungsklage auf Grund einer vollstreckbaren Urkunde durch ein Prozeßurteil kann eine auf § 731 beschränkte Berufung unzulässig sein, BGH FamRZ **04**, 180 rechts Mitte. Jeder Gesamtgläubiger nach §§ 432, 2039 BGB kann auf eine Feststellung zugunsten aller klagen. Fehlt eine Voraussetzung der Klage, muß das Gericht sie evtl nach einem vergeblichen Hinweis nach § 139 durch ein Prozeßurteil als unzulässig abweisen, Grdz 14 vor § 253. Die Klage ist als eine Widerklage nach Anh § 253 gegenüber einer Klage aus § 768 zulässig.

4) Zuständigkeit. Nach § 802 ist ausschließlich zuständig dasjenige Prozeßgericht, das in der Sache erstinstanzlich erkannt hat, evtl also ein ArbG oder nach einer zweitinstanzlichen Klagänderung nach § 263 auch das Berufungsgericht. Wenn es sich um einen Vollstreckungsbescheid nach § 700 handelt, ist nach § 796 III dasjenige AG zuständig, das für ein angeschlossenes streitiges Verfahren nach §§ 696 I 1, 692 I Z 1 oder nach § 696 V 2 zuständig war oder gewesen wäre, § 796 Rn 3, aM LG Stgt Rpfleger **00**, 539 (dasjenige AG, das den Vollstreckungsbescheid erlassen hat). Bei einer vollstreckbaren Urkunde nach § 794 I Z 5 ist das Gericht des allgemeinen Gerichtsstands des Schuldners nach §§ 12 ff zuständig, notfalls dasjenige des Gerichtsstands des Vermögens, § 797. Bei einem Schiedsspruch ist das Staatsgericht der ersten Instanz zuständig. Auch die Kammer für Handelssachen kann zuständig sein. Im übrigen muß nicht dieselbe Kammer oder Abteilung tätig werden, die nach dem damaligen Geschäftsverteilungsplan zur Sachentscheidung zuständig war. Zuständig ist ferner das AG der Festsetzungsbehörde, § 25 II WAG. 4

5) Verfahrensablauf. Die Klage leitet einen neuen ganz selbständigen Prozeß ein, BGH NJW **87**, 2863. Sie erzeugt selbständige Wirkungen. Sie hemmt die Verjährung nach § 204 I Z 1 BGB. Die Prozeßvollmacht des Hauptprozesses dauert fort, § 81. Deshalb muß das Gericht die Klage dem damaligen ProzBev zustellen, §§ 81, 172 I 2. Das Verfahren verläuft wie bei einer sonstigen Klage, §§ 272 ff. Ein Urkundenprozeß nach §§ 592 ff ist unstatthaft. Alle Beweismittel nach §§ 371 ff sind zulässig. Eine Säumnis hat dieselben Folgen wie sonst, §§ 330 ff, Karlsr JB **91**, 275 (nicht auf §§ 727–730 übertragbar!). Ein Anerkenntnis nach § 307 und ein Geständnis nach § 288 sind wirksam, § 726 Rn 5. Darum ist auch § 93 anwendbar. Denn der Bekl hatte eine ausreichende Gelegenheit, die Erteilung der Vollstreckungsklausel durch den Rpfl zu ermöglichen, falls der Rpfl ihm die Gelegenheit gegeben hatte, sich dazu zu äußern, Hamm Rpfleger **91**, 161 (zustm Münzberg). 5

6) Einwendungen. Es gibt Regeln zum Ob und Wann. 6

A. Voraussetzungen. Statthaft sind solche Einwendungen, die die Zulässigkeit der Vollstreckungsklausel nach §§ 724 ff, 732 betreffen, und solche, die eine Haftungsbeschränkung nach §§ 780, 785, 786 verursachen, VGH Mannh NJW **03**, 1203. Solche Einwendungen, die den Urteilsanspruch selbst betreffen, sind nur im Rahmen der §§ 732, 767 II statthaft, BGH NJW **87**, 2863. Derartige Einwendungen sind allerdings bei einer vollstreckbaren Urkunde unbeschränkt zulässig, § 797 IV.

B. Vorbringen. Der Schuldner muß seine Einwendungen nach Rn 6 im Prozeß dann vorbringen, wenn sie nicht verloren gehen sollen. Er muß auch eine Beschränkung der Erbenhaftung hier geltend machen. Denn auch dann verurteilt das Gericht den Bekl „als Erben des Schuldners“. 7

7) Urteil. Seine Fassung bedingt (mit) seine Wirkung. 8

A. Fassung. Das Urteil lautet: „Eine Vollstreckungsklausel zu dem Urteil des ... gegen ... ist zulässig“. Wenn der Rpfl daraufhin die Vollstreckungsklausel erteilt (zur Zuständigkeit § 724 Rn 6), sollte er das Urteil in ihr erwähnen. Notwendig ist diese Erwähnung aber nicht, § 726 Rn 5. Das Urteil ist unter denselben Voraussetzungen wie ein Leistungsurteil, nicht wie ein sonstiges Feststellungsurteil, vorläufig vollstreckbar.

B. Wirkung. Die Rechtskraft oder vorläufige Vollstreckbarkeit des Urteils, sei es auch nur gegen eine Sicherheitsleistung, LG Stgt Rpfleger **00**, 537, wirkt wie folgt: Eine Verurteilung schließt den Bekl mit den Einwendungen aus § 732, der Möglichkeit aus § 768 und mit denjenigen sachlichrechtlichen Einwendungen aus, die er bis zum Schluß der mündlichen Verhandlung nach §§ 136 IV, 296 a geltend machen konnte, Rn 6. Eine Abweisung schließt den Kläger mit den vorgebrachten Gründen aus. Der Rpfl kann die Klausel aber auf neue Gründe hin erteilen, BGH NJW **87**, 2863, LG Bln JB **95**, 219, LG Osnabr JB **91**, 1401. 9

732 *Erinnerung gegen Erteilung der Vollstreckungsklausel.* [I] [1] **Über Einwendungen des Schuldners, welche die Zulässigkeit der Vollstreckungsklausel betreffen, entscheidet das Gericht, von dessen Geschäftsstelle die Vollstreckungsklausel erteilt ist.** [2] **Die Entscheidung ergeht durch Beschluss.**

[II] **Das Gericht kann vor der Entscheidung eine einstweilige Anordnung erlassen; es kann insbesondere anordnen, dass die Zwangsvollstreckung gegen oder ohne Sicherheitsleistung einstweilen einzustellen oder nur gegen Sicherheitsleistung fortzusetzen sei.**

Schrifttum: *Borkam*, Erinnerung und Klage bei qualifizierten vollstreckbaren Ausfertigungen, 1989; *Jungbauer* JB **02**, 285 (Üb).

Gliederung

1 **1) Systematik, I, II.** Die Vorschrift stellt für alle Arten von bereits erteilten Vollstreckungsklauseln nach §§ 724–731 eine vom sonstigen System der Rechtsbehelfe gegen Entscheidungen des Rpfl nach § 11 RPfG abweichende zwingende vorrangige Sonderregelung dar, Münzberg Rpfleger **91**, 210. II ist verschiedentlich entsprechend anwendbar, zB nach §§ 765 a I 2, 813 b I 2. § 732 gilt entsprechend gegen einen Notar. Köln JB **07**, 102. Wegen der Ablehnung der Erteilung der Vollstreckungsklausel § 724 Rn 13.

2 **2) Regelungszweck, I, II.** Die Vorschrift dient zunächst der Rechtssicherheit nach Einl III 43 wie alle Formvorschriften über Zuständigkeiten. Sie soll aber auch eine prozeßwirtschaftliche Lösung nach Grdz 14 vor § 128 erleichtern, vor allem in II. Ihr formeller Charakter als eine zwingende Sondervorschrift legt eine enge Auslegung nahe, Münzberg Rpfleger **91**, 210. Ihr Anteil an Zweckmäßigkeitserwägungen verbietet aber eine allzu strenge Handhabung.

3 **3) Geltungsbereich, I.** Der Schuldner kann beim Fehlen der Klausel, Köln NJW **97**, 1451, und gegen eine erteilte Vollstreckungsklausel die folgenden Einwendungen haben. Die eine Einwendungsart schließt die andere jeweils nicht aus, Kblz NJW **92**, 378.

A. Förmliche Einwendung. Er mag zB das Vorliegen eines schon und noch inhaltlich bestimmten Titels bestreiten, Karlsr OLGZ **91**, 227, oder dasjenige eines wirksamen Titels, BGH RR **90**, 247, Düss DNotZ **88**, 243 (zustm Reithmann RR **88**, 698), oder die sonstwie richtige Form des Titels oder der Parteibezeichnung, BGH JB **05**, 554, BayObLG Rpfleger **04**, 692, Barnert MDR **04**, 607, oder den Nachweis der Rechtsnachfolge nach § 727. Dann kann er nur nach § 732 vorgehen. Hamm Rpfleger **89**, 467 gibt dem Schuldner auch die Erinnerung nach § 766, soweit der funktionell unzuständige Urkundsbeamte der Geschäftsstelle bei § 726 die Klausel erteilt hat.

4 **B. Sachliche Einwendung gegen den Anspruch.** Die Einwendungen können gegen den vollstreckbaren Anspruch gehen. Dafür gibt es nicht den Weg nach § 732, BGH Rpfleger **06**, 27, Oldb FamRZ **90**, 899, sondern nur die Vollstreckungsabwehrklage nach § 767, Düss Rpfleger **77**, 67, Köln FamRZ **85**, 626, Mü FamRZ **90**, 653. Diese Klage schließt ein Verfahren nach § 732 unter dessen Voraussetzungen nicht aus, Rn 3, BGH **92**, 349. Freilich muß man dann auch § 767 II beachten.

5 **C. Sachliche Einwendung gegen die Klausel.** Wenn der Vollstreckungstitel nur unter einer Bedingung oder nur für oder gegen einen anderen als den in ihm Bezeichneten vollstreckbar ist, kann der Schuldner mit der Vollstreckungsabwehrklage des § 768 vorgehen, LAG Hbg DB **83**, 724, aM BAG DB **88**, 660 (aber gerade diese Vorschrift liegt nahe). Er hat aber stattdessen auch die Möglichkeit, nach § 732 vorzugehen, Düss OLGZ **84**, 93, Hbg ZMR **03**, 863. Dasselbe gilt beim Fehlen der Klausel, Köln NJW **97**, 1451, oder bei ihrer Nichtigkeit, LG Essen RR **02**, 1077. Eine rechtskräftige Entscheidung nach § 768 räumt die Einwendungen aus § 732 aus, nicht aber umgekehrt. Wenn der Rpfl die Vollstreckungsklausel gegen den Erwerber umgeschrieben hatte und wenn der Gläubiger die Zwangsvollstreckung aus ihr durchgeführt hat, ist die Klage des Erwerbers nicht schon deshalb unzulässig, weil die Rechte aus §§ 732, 768 nicht wahrgenommen wurden. Der Schuldner kann eine Rückgabe der Vollstreckungsklausel nicht erzwingen.

6 **4) Verfahren, I.** Zu mehreren Voraussetzungen muß ein Antrag treten.

A. Voraussetzungen. § 732 bezieht sich nur auf Einwendungen des Schuldners. Wegen Einwendungen des Gläubigers § 724 Rn 13. Die Vollstreckungsklausel muß bereits vorliegen, wenn auch vielleicht erst auf eine Anordnung des Gerichts oder des Beschwerdegerichts. Die Zwangsvollstreckung braucht noch nicht nach Grdz 51 vor § 704 begonnen zu haben, Köln FamRZ **85**, 626. Sie darf aber noch nicht nach Grdz 52 vor § 704 beendet sein. Die Eintragung einer Zwangshypothek nach § 867 beendet die Zwangsvollstreckung noch nicht. Die Wirksamkeit der Vollstreckungsklausel ist keine Voraussetzung eines Antrags nach § 732. Denn auch aus einer unwirksamen, etwa nicht unterschriebenen Klausel können nachteilige Folgen entstehen. Noch weniger ist es notwendig, daß die Voraussetzungen der Erteilung der Klausel vorlagen. Denn sie sind nicht Voraussetzungen der Zwangsvollstreckung. Da die Vollstreckungsklausel bis zur Beendigung der Zwangsvollstreckung zulässig sein muß, genügt es, daß ihre Zulässigkeit im Lauf des Verfahrens entfällt, etwa wegen einer Klagerücknahme nach § 269.

7 **B. Antrag usw.** Der Schuldner muß einen Antrag stellen. Diesen kann er elektronisch oder schriftlich oder zum Protokoll der Geschäftsstelle einreichen. Es besteht kein Anwaltszwang, § 78 III Hs 2. Nach § 802 ausschließlich zuständig ist dasjenige Gericht, dessen Urkundsbeamter oder Rpfl die Vollstreckungsklausel erteilt hat usw, I, §§ 795, 797 III, 797 a IV 3. Dieses Gericht ist auch dann zuständig, wenn der Schuldner gegen seine damalige Zuständigkeit Einwendungen erhebt. Zuständig kann auch bei § 86 III FamFG das FamG sein, Düss FamRZ **78**, 428. Das Gericht muß dem Betroffenen vor einer ihm nachteiligen Entscheidung das rechtliche Gehör geben, Artt 2 I, 20 III GG (Rpfl), BVerfG **101**, 403, Art 103 I GG (Richter). Eine mündliche Verhandlung ist zulässig. Sie ist aber nicht notwendig, § 128 IV. Der Rpfl oder der Ur-

kundsbeamte dürfen und müssen evtl abhelfen, Kblz FamRZ **03**, 108, LAG Düss Rpfleger **97**, 119. Entscheiden muß das Gericht darüber, ob die Klausel nunmehr zulässig ist, nicht darüber, ob sie im Zeitpunkt ihrer Erteilung durch den Urkundsbeamten oder den Rpfl zulässig war, KG RR **87**, 4, Köln OLGR **03**, 111. Mängel lassen eine Behebung zu. § 138 III ist unanwendbar, § 727 Rn 11, 31, § 730 Rn 1. Zum Geständnis nach § 288 und zum Anerkenntnis nach § 307 Münzberg NJW **92**, 201 (ausf).

C. Entscheidung. Sie ergeht durch einen Beschluß, I 2, § 329. Er lautet auf eine Zurückweisung des Antrags oder auf eine Aufhebung der Vollstreckungsklausel, Düss VHR **97**, 111 (läßt auch Erklärung der Zwangsvollstreckung als unzulässig zu). Wenn die Klausel nur teilweise unzulässig ist, darf das Gericht sie einschränken. Darin liegt keine neue Klauselerteilung. Das Gericht muß seine Entscheidung grundsätzlich begründen, § 329 Rn 4. Es muß sie dem Antragsteller formlos mitteilen, Rn 9. 8

Kosten: Beim Stattgeben § 91 I, nicht § 788, Hbg JB **95**, 547; bei einer Abweisung: § 97 I. *Gebühr:* Des Gerichts: keine; des Anwalts: § 25 RVG, VV 3309, 3310.

5) Einstweilige Anordnung, II. Sie ist ebensowenig wie eine zeitweilige Einstellung der Zwangsvollstreckung eine einstweilige Verfügung, Grdz 49 vor § 704. Eine einstweilige Anordnung ist evtl deshalb notwendig, weil die Einwendung nicht aufschiebend wirkt. Ihr Inhalt ist vor allem eine einstweilige Einstellung der Zwangsvollstreckung ohne oder gegen eine Sicherheitsleistung nach § 108 oder die Anordnung, daß der Gläubiger die Zwangsvollstreckung nur gegen eine Sicherheitsleistung fortsetzen darf. Im Weg einer einstweiligen Anordnung darf das Gericht die Zwangsvollstreckung aber keineswegs ganz aufheben. Denn die Folgen wären unberechenbar. Die einstweilige Anordnung ergeht auf einen Antrag oder von Amts wegen. Sie ergeht als ein Beschluß, § 329. Das Gericht muß ihn begründen, § 329 Rn 4. Es kann ihn formlos mitteilen, Rn 10. Die einstweilige Anordnung wird mit der nach Rn 8 ergehenden Entscheidung wirkungslos. 9

6) Rechtsbehelfe, I, II. Der Gläubiger kann gegen die Ablehnung der Erteilung einer Vollstreckungsklausel nach § 724 Rn 13 vorgehen. Man muß im übrigen vier Arten von Entscheidungen trennen. 10

A. Gegen Entscheidung des Rechtspflegers oder Urkundsbeamten nach I. Es gilt beim Rpfl § 11 RPflG, vgl § 104 Rn 41 ff, BayObLG MDR **00**, 1451, Hbg ZMR **03**, 863, Naumb FamRZ **03**, 695, und beim Urkundsbeamten § 573 I. Zuständig sind der Rpfl oder der Richter des Prozeßgerichts, nicht des Vollstreckungsgerichts. Denn es handelt sich noch nicht um die Zwangsvollstreckung, sondern um eine ihrer Voraussetzungen, Naumb FamRZ **03**, 695 (zu § 797), aM ZöStö § 797 Rn 9. In einer Familiensache nach dem FamFG sind der Rpfl des FamG oder sein Richter zuständig, Hbg FamRZ **81**, 980, Naumb FamRZ **03**, 695 (zu § 797). Soweit der Rpfl lediglich eine Kostenentscheidung gar nicht oder falsch getroffen ist, ist wegen § 99 I eine Vorlage an das Rechtsmittelgericht grundsätzlich unzulässig, Düss MDR **90**, 62.

B. Gegen Entscheidung des Richters nach I. Wenn der Richter den Antrag des Schuldners *zurückgewiesen* hat, hat dieser die sofortige Beschwerde, § 567 I Z 2, nicht § 793. Denn die Entscheidung des Gerichts stellt keine Maßnahme der Zwangsvollstreckung dar, Grdz 51 vor § 704, BVerfG NJW **97**, 2168, BayObLG MDR **00**, 1451, Zweibr FamRZ **85**, 1071. Die Rechtsbeschwerde ist unter den Voraussetzungen des § 574 denkbar. Wegen einer Anschlußbeschwerde § 567 III. 11

Wenn der Richter dem Antrag *stattgegeben* hat, hat der Gläubiger die sofortige Beschwerde, § 567 I Z 2. Denn das Gericht hat ihm die Vollstreckungsklausel verweigert, Hamm Rpfleger **90**, 287 (krit Münzberg Rpfleger **91**, 210). Dasselbe gilt, wenn das Beschwerdegericht das AG angewiesen hatte, die Klausel aufzuheben, Hamm Rpfleger **90**, 287 (krit Münzberg Rpfleger **91**, 210).

C. Gegen einstweilige Anordnung des Rechtspflegers oder Urkundsbeamten nach II. Da gegen diejenige des Richters nach Rn 8 kein Rechtsbehelf statthaft wäre, ist beim Rpfl die sofortige Erinnerung statthaft, § 11 II 1 RPflG, Köln RR **92**, 633, aM Köln Rpfleger **96**, 324, Stgt Rpfleger **94**, 220. Beim Urkundsbeamten ist § 573 I anwendbar. Zum Verfahren § 104 Rn 69 ff. 12

D. Gegen Entscheidung des Richters nach II. Gegen eine zurückweisende oder stattgebende Entscheidung des Richters nach II gibt es kein Rechtsmittel, obwohl eine dem § 707 II vergleichbare Vorschrift fehlt. Denn die Rechtslage ist mit der dortigen gleich, Hbg JB **77**, 1462, Köln Rpfleger **96**, 324, Künkel MDR **89**, 312. Eine Entscheidung nach I macht eine einstweilige Anordnung nach II ohne weiteres unwirksam. 13

733 *Weitere vollstreckbare Ausfertigung.*

I Vor der Erteilung einer weiteren vollstreckbaren Ausfertigung kann der Schuldner gehört werden, sofern nicht die zuerst erteilte Ausfertigung zurückgegeben wird.

II Die Geschäftsstelle hat von der Erteilung der weiteren Ausfertigung den Gegner in Kenntnis zu setzen.

III Die weitere Ausfertigung ist als solche ausdrücklich zu bezeichnen.

Gliederung

1) Systematik, I–III. Die Vorschrift ergänzt §§ 727–732. § 734 ergänzt sie seinerseits. 1

2 **2) Regelungszweck, I–III.** § 733 soll zunächst dem Gläubiger in den seltenen Fällen der Notwendigkeit mehrerer gleichzeitiger Vollstreckungsversuche an verschiedenen Orten dienen, Stgt RR **90**, 126. Die Vorschrift soll aber in erster Linie den Schuldner gegen eine unberechtigte mehrfache Zwangsvollstreckung aus demselben Titel schützen, Köln Rpfleger **94**, 173, Saarbr Rpfleger **07**, 673, Zweibr JB **89**, 869, aM Stgt RR **90**, 126 (aber das wäre Arglist, Einl III 54). Darum läßt die Vorschrift die freie Erteilung einer weiteren vollstreckbaren Ausfertigung an dieselbe Partei oder deren Rechtsnachfolger nur dann zu, wenn der Gläubiger die erste Ausfertigung zurückgibt, Düss DNotZ **77**, 571, Saarbr Rpfleger **07**, 674, Romeyko FamRZ **07**, 1218, oder nicht mehr zur Vollstreckung verwenden kann, Ffm RR **88**, 512.

„Kann" in I bedeutet daher in erster Linie wie so oft nur eine Zuständigkeitsregel. Einen Ermessensraum hat der Rpfl nur begrenzt, Rn 3. Freilich muß er den Schuldner vor den Gefahren mehrerer vollstreckbarer Ausfertigungen nach Kräften schützen. Er darf es ihm nicht überlassen, gegen eine Doppelvollstreckung usw mit Rechtsbehelfen anzugehen. Auch das muß man bei der Auslegung mitbedenken.

3 **3) Geltungsbereich, I–III.** Eine Voraussetzung ist natürlich außerdem, daß eine weitere vollstreckbare Ausfertigung überhaupt gerechtfertigt wäre. § 797 III steht dem nicht entgegen. Doch darf der Rpfl auch sonst evtl eine weitere vollstreckbare Ausfertigung erteilen, § 20 Z 12, 13 RPflG.

Er muß aber stets prüfen, ob der Gläubiger überhaupt für eine weitere vollstreckbare Ausfertigung ein *Rechtsschutzbedürfnis* hat, Grdz 33 vor § 253, Köln MDR **89**, 1111, LG Lpz JB **04**, 559, LG Zweibr DGVZ **91**, 13, aM Stgt Rpfleger **80**, 304 (aber diese Prüfung ist stets erforderlich und eigentlich selbstverständlich, und zwar von Amts wegen, Grdz 38 vor § 128). Das muß der Gläubiger darlegen und nachweisen, Hamm Rpfleger **79**, 431, LG Dortm Rpfleger **94**, 308, LG Hechingen DGVZ **84**, 116, oder zumindest anwaltlich versichern lassen, Düss FamRZ **94**, 1271 (Verlust), Saarbr Rpfleger **07**, 674. Durch eine weitere vollstreckbare Ausfertigung darf dem Schuldner kein Nachteil drohen, Rn 2. Diesen braucht er nicht zu befürchten, soweit eine Doppelvollstreckung nicht droht, etwa bei unstreitiger Rechtsnachfolge, Jena Rpfleger **00**, 76.

4 **4) Beispiele zur Frage einer weiteren Ausfertigung, I–III**

Abtretung: Eine weitere vollstreckbare Ausfertigung ist *unzulässig,* soweit die Wirksamkeit der jetzigen Abtretung streitig ist, Mü FamRZ **05**, 1103.

Rn 6 „Teilabtretung".

Aushändigung an Schuldner: Eine weitere Ausfertigung ist dann notwendig, wenn der Gläubiger oder der Gerichtsvollzieher die erste Ausfertigung dem Schuldner insbesondere versehentlich ausgehändigt haben, obwohl der Gläubiger noch keine vollständige Befriedigung erhalten hatte, Hamm Rpfleger **79**, 431, LG Dortm Rpfleger **94**, 308, LG Zweibr DGVZ **91**, 13.

Das gilt freilich dann *nicht,* wenn aus einem Herausgabetitel eine Geldforderung beigetrieben werden soll, LG Essen DGVZ **77**, 126.

S auch „Erfüllung".

Berichtigung: *Keine* weitere Ausfertigung ist eine berichtigte erste Ausfertigung, etwa weil das Gericht die beitreibbare Summe falsch berechnet hatte.

Erfüllung: Wenn der Schuldner behauptet, den Anspruch erfüllt zu haben, muß man ihn grds auf § 767 verweisen, Saarbr Rpfleger **07**, 674. Eine Ausnahme von dieser Regel gilt nur dann, wenn der Gläubiger die erste Ausfertigung freiwillig herausgegeben hatte, bevor der Schuldner voll erfüllt hatte, s „Aushändigung".

Gesamtgläubiger: S „Mehrheit von Gläubigern".

5 **Gesamtschuldner:** Eine oder mehrere weitere Ausfertigungen sind dann zulässig, wenn die Zwangsvollstreckung gegen mehrere Gesamtschuldner erforderlich ist, Karlsr OLGR **00**, 169 (mehrere Vollstrekkungsorgane), Kblz JB **87**, 1229 (mehrere Orte), LG Augsb Rpfleger **99**, 137 (wegen sog Mitgläubiger Rn 6 „Teilausfertigung").

Herausgabe: Rn 4 „Aushändigung".

Inhaltswechsel: Eine weitere Ausfertigung ist dann zulässig, wenn ihr Inhalt richtigerweise von demjenigen der ersten Ausfertigung abweichen muß, zB wegen des Eintritts der formellen Rechtskraft, wegen einer Rechtsnachfolge, etwa bei einem Wechsel des Firmeninhabers usw, Köln Rpfleger **94**, 173, Stgt Rpfleger **80**, 304. Andernfalls kann § 727 anwendbar sein.

Mehrheit von Gläubigern: Eine oder mehrere weitere Ausfertigungen sind dann zulässig, wenn mehrere Gläubiger den Vollstreckungstitel erwirkt haben, Köln OLGZ **91**, 72, LG Lpz JB **04**, 559.

S aber auch Rn 6 „Teilausfertigung".

Mehrheit von Schuldnern: S „Gesamtschuldner".

Mehrheit von Vollstreckungsorten: Eine weitere Ausfertigung ist dann zulässig, wenn der Gläubiger mehrere Vollstreckungsmaßnahmen gleichzeitig an verschiedenen Orten vornehmen muß, Karlsr Rpfleger **77**, 453, Kblz JB **87**, 1229, Stgt RR **90**, 126.

Offenbarungsversicherung: *Keine* weitere Ausfertigung ergeht schon wegen der Vorlage der ersten im Verfahren nach §§ 807, 900, Karlsr Rpfleger **77**, 453.

Rechtskraft: Rn 5 „Inhaltswechsel".

Rechtsnachfolge: Mangels einer Rückgabe der ersten Ausfertigung kommt eine weitere in den Grenzen Rn 3 in Betracht, Ffm RR **88**, 512. Es ist aber grundsätzlich eine Zurückhaltung ratsam, Ffm RR **88**, 512, KG FamRZ **85**, 627, aM Stgt RR **90**, 126.

S auch Rn 5 „Inhaltswechsel".

Rechtsschutzbedürfnis: Rn 3.

Rückgabe: Die Rückgabe der ersten Ausfertigung macht I nach dessen Wortlaut Hs 2 *unanwendbar.* Dann kann § 724 erneut anwendbar sein, Hamm MDR **88**, 592. Indessen wendet man praktisch auch I 1 an, Rn 2.

Sozialhilfe: Eine weitere Ausfertigung ist zulässig, soweit ein Träger der Sozialhilfe anstelle des eigentlich Pflichtigen geleistet hat, Stgt RR **90**, 126.

Teilabtretung: Eine weitere Ausfertigung nebst einem Vermerk auf der ursprünglichen kommt grds bei einer bloßen Teilabtretung in Betracht, Köln Rpfleger **94**, 173, aM KG FamRZ **76**, 545. 6

Teilausfertigung: *Keine* „weitere" Ausfertigung ist eine solche Ausfertigung, die für einen solchen Teil der Gesamtforderung ergeht, den eine erste Teilausfertigung nicht erfaßt hatte, oder wenn der Gläubiger die bisher vorhandene Ausfertigung an die erteilende Stelle endgültig zurückgibt und wenn sie dadurch dauernd aus dem Rechtsverkehr herauskommt, Hamm MDR **88**, 592.

Unstatthaft ist eine Teilausfertigung bei sog Mitgläubigern nach § 432 BGB, Hamm Rpfleger **92**, 258.

Unterhalt: Zulässig kann eine weitere Ausfertigung trotz der Fortexistenz der ersten ausnahmsweise wegen des notwendigen Mindestunterhalts sein, Hamm FamRZ **98**, 640.

Verlust: Eine weitere Ausfertigung ist zulässig, soweit der Gläubiger oder der Gerichtsvollzieher die erste Ausfertigung aus irgendeinem Grund endgültig verloren haben, Düss FamRZ **94**, 1272 (kein voller Nachweis erforderlich), Rostock OLGR **01**, 485, Saarbr Rpfleger **07**, 674. Sie wird aber dann nach § 724 erteilt.

S auch „Zugangsmangel".

Vollstreckungsbescheid: § 733 gilt auch bei ihm.

Verzicht: *Unzulässig* ist eine weitere Ausfertigung nach einem Verzicht des Gläubigers auf einen Rückerhalt der ersten Ausfertigung, BGH NJW **94**, 1162.

Zugangsmangel: Eine weitere Ausfertigung ist dann zulässig, wenn der Gläubiger die erste nicht erhalten hat, Schlesw SchlHA **81**, 81, LG Hann Rpfleger **81**, 444.

S auch „Verlust".

Zurückbehaltungsrecht: Eine weitere Ausfertigung ist dann *unzulässig,* wenn der frühere ProzBev des Gläubigers an der in seinen Händen befindlichen ersten Ausfertigung wegen seiner Vergütungsforderung ein Zurückbehaltungsrecht geltend macht, Ffm RR **88**, 512, Saarbr AnwBl **81**, 161, LG Hann Rpfleger **81**, 444, aM Hamm FamRZ **98**, 640, Stgt Rpfleger **95**, 220, LG Tüb Rpfleger **95**, 220 (aber dann würde die Gefahr der Doppelvollstreckung entstehen).

5) Verfahren, I–III. Das Verfahren verläuft nach § 730. Das Gericht sollte den Schuldner immer anhören, 7
Artt 2 I, 20 III GG (Rpfl), BVerfG **101**, 404, Art 103 I GG (Richter), Ffm OLGZ **94**, 92. Das gilt freilich nur, sofern nicht ein besonderes Eilbedürfnis vorliegt (dann kann man seine Erinnerung als eine nachgeholte Anhörung bewerten, Kblz AnwBl **88**, 654). Zuständig ist der Rpfl, bei Grdz 4 vor § 688 auch der etwa landesrechtlich bestellte Urkundsbeamte der Geschäftsstelle, § 36 b I Z 3 RPflG. Bei einer notariellen Urkunde gilt für die Zuständigkeit § 797 III. Im übrigen gilt § 724 II. Das Gericht prüft eine Einwendung des Schuldners, aber nicht gegen den sachlichrechtlichen Anspruch (dann gilt § 767), Karlsr FamRZ **05**, 50. Derselbe Gläubiger muß die erste Ausfertigung zurückgeben oder nach § 294 glaubhaft machen, warum er mit ihr nicht vollstrecken kann, Saarbr Rpfleger **07**, 674, Stgt RR **90**, 126. Ein Rechtsnachfolger nach § 727 Rn 1 braucht aber die dem Rechtsvorgänger erteilte Ausfertigung nicht zurückzugeben, Hamm FamRZ **91**, 966, ThP 4 ff, ZöStö 10, 12, aM Ffm RR **88**, 512, KG FamRZ **89**, 627, Bartels ZZP **116**, 80 (aber dann hat der betreibende Gläubiger nur *eine* gerade auf *ihn* lautende Klausel in Händen). Das Gericht muß nach III die weitere Ausfertigung als zweite, dritte usw bezeichnen, Saarbr Rpfleger **07**, 674.

Ein *Verstoß* ist unschädlich. Auf Grund eines Rechtsbehelfs muß das Gericht jedoch die Ausfertigung entsprechend ergänzen. Die durch II vorgeschriebene Benachrichtigung des Gegners kann formlos erfolgen. Sie ist nicht wesentlich.

Gebühren: Des Gerichts § 63 V GKG; des Anwalts § 25 RVG, VV 3309, 3310.

6) Rechtsbehelfe des Schuldners, I–III. Der Schuldner kann Einwendungen nach § 732 erheben, und 8
zwar wegen der ersten und wegen jeder weiteren Erteilung, Karlsr Rpfleger **77**, 453, Oldb FamRZ **90**, 899, Stgt MDR **84**, 591. Er kann auch nach § 768 klagen. Gegen die Entscheidung des etwa landesrechtlich bestellten Urkundsbeamten ist keine befristete Erinnerung statthaft, § 573 I.

7) Rechtsbehelfe des Gläubigers, I–III. Es gilt gegen den Rpfl § 11 RPflG, vgl § 104 Rn 41 ff, und 9
gegen den Urkundsbeamten § 573 I. Bei einer endgültigen Versagung der weiteren Ausfertigung bleibt nur eine neue Klage aus dem ursprünglichen Schuldverhältnis möglich, Einf 16 vor §§ 322–327. Eine Klage auf eine Erteilung der Klausel nach § 731 ist hier unzulässig. Dasselbe gilt mangels eines Rechtsschutzbedürfnisses für eine neue Leistungsklage, soweit noch eine weitere Ausfertigung technisch möglich ist. Eine Herausgabeklage gegen den nicht herausgabebereiten Schuldner bleibt möglich, Stgt Rpfleger **76**, 144. Gegen die Entscheidung des etwa landesrechtlich bestellten Urkundsbeamten ist keine befristete Erinnerung statthaft, § 573 I.

734 ***Vermerk über Ausfertigungserteilung auf der Urteilsurschrift.*** **[1] Vor der Aushändigung einer vollstreckbaren Ausfertigung ist auf der Urschrift des Urteils zu vermerken, für welche Partei und zu welcher Zeit die Ausfertigung erteilt ist. [2] Werden die Prozessakten elektronisch geführt, so ist der Vermerk in einem gesonderten elektronischen Dokument festzuhalten. [3] Das Dokument ist mit dem Urteil untrennbar zu verbinden.**

1) Systematik, Regelungszweck, S 1–3. Die Vorschrift läßt sich als eine Folge der Möglichkeit der 1
Erteilung einer oder mehrerer weiterer Vollstreckungsklauseln verstehen. Zum Schutz des Schuldners und darüber hinaus auch im Interesse der Rechtssicherheit nach Einl III 43 muß das Gericht den Vermerk nach § 734 vor der Aushändigung der vollstreckbaren Ausfertigung auf der Urschrift des Urteils anbringen. Bei einem anderen Vollstreckungstitel gilt § 734 in Verbindung mit § 795 S 1. Zum Vermerk gehört auch die Erwähnung einer Rechtsfolge nach § 727 oder einer bloßen Teilklausel usw. Wenn ein höheres Gericht die Ausfertigung erteilt, muß nach §§ 541 II, 565 eine beglaubigte Ablichtung oder Abschrift des Vermerks auf die zu den Akten genommene Ablichtung oder Abschrift des Urteils kommen, damit die Geschäftsstelle der ersten Instanz Kenntnis erhält. Bei einer elektronischen Aktenführung erfolgt der Verweis nach S 2 in Form eines Vermerks in einem gesonderten elektronischen Dokument, das der Urkundsbeamte nach S 3 mit dem Urteil elektronisch untrennbar verbinden muß, ähnlich wie bei §§ 105 I 2, 3 usw.

735 *Zwangsvollstreckung gegen nicht rechtsfähigen Verein.* **Zur Zwangsvollstreckung in das Vermögen eines nicht rechtsfähigen Vereins genügt ein gegen den Verein ergangenes Urteil.**

Schrifttum: *Jänsch,* Prozessuale Auswirkungen der Übertragung der Mitgliedschaft, 1996.

1 **1) Systematik.** Parteifähig ist auch der nach §§ 21, 54 BGB nicht rechtsfähige Verein als Bekl, § 50 II, dort Rn 9. Daraus zieht § 735 in Ergänzung von § 313 I Z 1 die Folgerungen für die Rolle des Bekl in der Zwangsvollstreckung. Soweit das Gericht den Verein verurteilt hat oder soweit nach § 795 in Verbindung mit § 735 ein anderer solcher Vollstreckungstitel vorliegt, genügt der Vollstreckungstitel für eine Zwangsvollstreckung in das Vermögen des Vereins. Haben die Mitglieder geklagt oder sind sie Bekl, ist ein Titel für und gegen sie entsprechend § 736 erforderlich. Eine Zwangsvollstreckung in das Vereinsvermögen erfolgt nur, soweit sich das Vermögen in den Händen der Vereinsorgane befindet. Andere Vereinsmitglieder sind Dritte mit einem eigenen Gewahrsam. Das Vereinsvermögen umfaßt auch Forderungen des Vereins, etwa auf die Zahlung von Beiträgen oder Zubußen, und ein auf alle Mitglieder eingetragenes Grundstücksrecht, Jung NJW **86**, 157. Der Umstand, daß der Verein etwa nicht selbst klagen kann, ist dabei unerheblich. Denn die Forderungen entstehen bei den zur gesamten Hand verbundenen Mitgliedern.

2 **2) Regelungszweck.** Die Vorschrift dient einer Klarstellung im Interesse der Prozeßwirtschaftlichkeit, Grdz 14 vor § 128. Diese Zielrichtung darf aber nicht über die Notwendigkeit hinwegtäuschen, scharf zwischen dem Titel gegen den nicht rechtsfähigen Verein und einem solchen gegen einzelne Mitglieder zu unterscheiden. Aus dem letzteren darf man nicht einfach auch oder gar nur in das Vereinsvermögen vollstrekken. Das muß man bei der Auslegung genau beachten. Anders ist es natürlich dann, wenn das Gericht den Verein und seine Mitglieder etwa als Gesamtschuldner verurteilt hat.

3 **3) Geltungsbereich.** Trotz des engen Textes gilt § 735 zwecks Prozeßwirtschaftlichkeit nach Grdz 14 vor § 128 auch bei einer Zwangsvollstreckung wegen einer Herausgabe nach § 883 oder wegen einer Handlung oder Unterlassung nach §§ 887 ff. Er gilt auch nach der Auflösung des Vereins, solange noch Vereinsvermögen da ist, und bei einer Zwangsvollstreckung wegen Handlungen oder Unterlassungen solange, wie noch Vereinsorgane bestehen. Später ist dann ein neuer Titel erforderlich, wenn man den Titel nicht nach § 727 auf die Mitglieder umschreiben lassen kann. Beim Erwerb der Rechtsfähigkeit nach §§ 21, 22 BGB bleibt die Nämlichkeit des Vereins bestehen. Daher ist keine Umschreibung nach § 727 erforderlich. Dasselbe gilt im umgekehrten Fall. Die Vorstandsmitglieder müssen eine eidesstattliche Versicherung zwecks Offenbarung abgeben, § 807 Rn 58 „Verein". Wegen der Vor-GmbH Anh § 736 Rn 3.

Unanwendbar ist ein nach § 735 gegen (nur) den Verein ergangener Vollstreckungstitel zur Zwangsvollstreckung in das Privatvermögen eines einzelnen Vereinsmitglieds. Dazu ist ein Titel gerade auch oder nur gegen ihn persönlich erforderlich.

736 *Zwangsvollstreckung gegen BGB-Gesellschaft.* **Zur Zwangsvollstreckung in das Gesellschaftsvermögen einer nach § 705 des Bürgerlichen Gesetzbuchs eingegangenen Gesellschaft ist ein gegen alle Gesellschafter ergangenes Urteil erforderlich.**

Schrifttum: *Habersack* BB **01**, 477; *Jungbauer* JB **01**, 284; *Schmidt* NJW **01**, 993 (je: Üb); *Kunz,* Die Vorgesellschaft im Prozeß und in der Zwangsvollstreckung usw, 1994; *Schwab,* Das Prozeßrecht gesellschaftsinterner Streitigkeiten, 2004; *Wertenbruch,* Die Haftung von Gesellschaften und Gesellschaftsanteilen in der Zwangsvollstreckung, 2000; *Zimmer,* Zwangsvollstreckung gegen den Gesellschafter einer Personengesellschaft, Diss Bochum 1978.

1 **1) Systematik, Regelungszweck.** Die Außen-Gesellschaft des BGB ist nach der überzeugenden Grundsatzentscheidung BGH NJW **146**, 341 rechts-, partei- und prozeßfähig, soweit sie durch ihre Teilnahme am Rechtsverkehr eigene Rechte und Pflichten begründet. Eine Umdeutung ist daher grundsätzlich möglich. Freilich muß man streng zwischen dem Prozeß gegen die Gesellschaft und demjenigen gegen einzelne oder sämtliche Gesellschafter unterscheiden, BGH NZM **08**, 330, Schmidt NJW **01**, 999. Auf Grund der eben genannten BGH-Entscheidung liest man § 736 am besten so: Ausreichend ist ein gegen die Gesellschaft oder/und gegen alle übrigen Gesellschafter gerichteter Titel, BGH NJW **04**, 3633, Schmidt NJW **08**, 1844, im letzteren Fall wegen der sog Akzessorietät ähnlich wie bei der OHG nur ein auf eine Gesellschaftsschuld gerichteter Titel, Schmidt NJW **01**, 1003. Zur Zwangsvollstreckung gegen eine WEG Drasdow JB 08, 119 (Üb).

Es ist also das *folgende Vorgehen* des Gläubigers ratsam.

A. Titel gegen die Gesellschaft. Erforderlich und ausreichend ist ein Vollstreckungstitel gegen die nach § 253 Rn 25 eindeutig als solche nach § 750 I bezeichnete Gesellschaft, BGH **146**, 341, Schmidt NJW **01**, 1000, Wertenbruch DGVZ **01**, 99, aM BGH (11. ZS) NJW **07**, 1814 (inkonsequent). Er erlaubt keine Vollstreckung in ein Gesellschaftervermögen, LG Bonn DGVZ **04**, 75. Maßgebend ist der Urteilstenor, BayObLG RR **02**, 991.

2 **B. Titel gegen alle Gesellschafter.** Es ist wegen der persönlichen Haftung der Gesellschafter für Gesellschaftsschulden wie bei der OHG praktisch stets ratsam, neben der Gesellschaft auch alle Gesellschafter persönlich zu verklagen, BGH **146**, 341, Schlesw Rpfleger **06**, 261, LG Mü Rpfleger **06**, 650. Das reicht zur Vollstreckung in das Gesellschaftsvermögen aus, BGH NJW **07**, 996, Schmidt NJW **08**, 1844. Das gilt auch aus Kostenerwägungen, BGH **146**, 341. Es reicht auch eine Unterwerfungserklärung aller Gesellschafter, BGH NJW **04**, 3633.

C. Titel gegen einen Gesellschafter. Ein Titel nur gegen einen Gesellschafter ermöglicht dem Gläubiger zunächst nur dessen Anteil an der Gesellschaft zu pfänden, § 859 I. Er kann dann kündigen und die Auseinandersetzung betreiben, § 859 Rn 5.

2) Geltungsbereich. § 736 betrifft bei der BGB-Außengesellschaft nur eine solche Gesellschaftsschuld, für die alle Gesellschafter wie bei der OHG akzessorisch haften, BGH NZM **08**, 330, Schmidt NJW **01**, 1000. Es genügt zB eine Schuld aus einer unerlaubten Handlung oder eine solche aus einer Rechtsscheinhaftung dann, wenn eine Gesellschaft nicht entstanden ist. Es ist aber nicht statthaft, die Gesellschafter zur Abgabe einer solchen Willenserklärung zu verurteilen, die die Gesellschaft schuldet, BGH NZM **08**, 330. 3

Trotz des engen Textes gilt § 736 auch für eine Zwangsvollstreckung auf die Vornahme einer *Handlung oder Unterlassung,* § 735 Rn 3. Es ist unerheblich, bei wem der Gläubiger vollstreckt, ob bei den Geschäftsführern oder bei anderen Gesellschaftern. Es braucht kein einheitliches Urteil gegen alle Gesellschafter vorzuliegen. Vielmehr genügen mehrere getrennte Entscheidungen beliebiger Art, Oehlerking KTS **80**, 15, aM Brehm KTS **83**, 24, Lindacher ZZP **96**, 493 (aber man darf und muß prozeßwirtschaftlich vorgehen, Grdz 14 vor § 128). Es entscheidet der Zeitpunkt der Zwangsvollstreckung. Wenn vorher ein neuer Gesellschafter eingetreten ist, ist er für Gesellschaftsschulden unter Umständen der Rechtsnachfolger der übrigen Gesellschafter, BGH NJW **03**, 1803, Hamm VersR **02**, 889, Müther MDR **98**, 629 (§ 727). 4

Ein *ausgeschiedener* Gesellschafter haftet nicht mehr mit, BGH **74**, 241. Nach der Auflösung und der Beendigung der Gesellschaft verläuft das Verfahren wie bei § 735 Rn 3, sofern der Titel die Haftung auf das Gesellschaftsvermögen beschränkt. Einzelfragen bei einer Insolvenz der Gesellschafter behandelt Oehlerking KTS **80**, 14. Zu Mischfällen mit der OHG Winterstein DGVZ **84**, 2.

3) Verstoß. Gegen eine Vollstreckung ohne einen ausreichenden Titel kann die Gesellschaft wegen ihrer Parteifähigkeit, Rn 1, selbst mit der Erinnerung vorgehen. 5

Anhang nach § 736

Zwangsvollstreckungstitel gegen die Offene Handelsgesellschaft, Partnerschaftsgesellschaft, Europäische Gesellschaft, Europäische wirtschaftliche Interessenvereinigung, Kommanditgesellschaft, Gesellschaft mit beschränkter Haftung, Reederei

Schrifttum: *Behr* NJW **00**, 1137 (Üb); *Eckhardt,* Die Vor-GmbH im zivilprozessualen Erkenntnisverfahren und in der Einzelvollstreckung, 1990; *Eickhoff,* Die Gesellschafterklage im GmbH-Recht, 1988; *Kalbfleisch,* Die Zwangsvollstreckung in den Geschäftsanteil an einer GmbH, 1990; *Schwab,* Das Prozeßrecht gesellschaftsinterner Streitigkeiten, 2004; *Wertenbruch,* Die Haftung von Gesellschaften und Gesellschaftsanteilen in der Zwangsvollstreckung, 2000; *Wössner,* Die Pfändung von Gesellschaftsanteilen bei den Personengesellschaften, 2000.

1) Systematik, Regelungszweck. Für die in der Überschrift zu diesem Anhang genannten Gesellschaftsformen enthält die ZPO keine ausdrückliche Regelung. Eine solche findet sich nur für die OHG im HGB. Die nachfolgend erläuterten Regeln übernehmen die Grundgedanken der §§ 735, 736 soweit möglich aus den dort genannten Erwägungen. 1

2) Offene Handelsgesellschaft; Partnerschaftsgesellschaft, Europäische Gesellschaft, Europäische wirtschaftliche Interessenvereinigung. Sie sind nicht nur die Gesamtheit der Gesellschafter, sondern eine eigene Prozeßpartei, § 50 Rn 7, 8. Das zeigt sich auch bei der Zwangsvollstreckung. Zu Mischfällen mit der Kommanditgesellschaft Winterstein DGVZ **84**, 3. Wegen der Zwangsvollstreckung in Gesellschafteranteile § 859 Rn 3. Eine Zwangsvollstreckung in das Vermögen der OHG setzt einen Vollstreckungstitel gegen die Gesellschaft voraus, § 124 II HGB. Auf ihn verweist auch § 7 II PartGG. Ein Titel gegen alle Gesellschafter genügt nicht, Winterstein DGVZ **84**, 2. Ein Wechsel der Gesellschafter oder ein Eintritt der Abwicklung der Gesellschaft sind unerheblich, solange noch Vermögen vorhanden ist, § 50 Rn 21. Aus einem Vollstreckungstitel gegen einen Gesellschafter darf der Gläubiger nur dasjenige Guthaben pfänden und sich überweisen lassen, das diesem Gesellschafter bei einer Auseinandersetzung zusteht. Die Europäische Gesellschaft (SE) steht der deutschen AG weitgehend gleich. 2

3) Kommanditgesellschaft. Für die Zwangsvollstreckung gegen sie gilt, was in Rn 2 über die Zwangsvollstreckung gegen die OHG steht, § 161 II HGB. Das gilt auch für die GmbH und Co KG, BayObLG NJW **86**, 2578. Für die Zwangsvollstreckung gegen die persönlich Haftenden gilt, was in Rn 2 über die Zwangsvollstreckung gegen die Gesellschafter gesagt ist, BGH **62**, 132. Der Kommanditist haftet nur mit der Einlage. Gegen ihn ist immer ein besonderer Titel notwendig. Nach dem Erlöschen der Gesellschaft kann man einen gegen sie ergangenen Vollstreckungstitel nicht auf oder gegen die einzelnen Gesellschafter umschreiben, aM LG Oldb Rpfleger **80**, 27 (aber dann besteht kein umschreibbares Rechtssubjekt mehr). Eine Insolvenz der KG hindert nicht die Vollstreckung eines Titels gegen den persönlich haftenden Gesellschafter, LG Hann DGVZ **92**, 11. Eine Umwandlung einer OHG in eine KG ist unerheblich. 3

4) Gesellschaft mit beschränkter Haftung, dazu *Behr* JB **94**, 65; *Happ,* Die GmbH im Prozeß, 1997; *Weßling*, Zwangsvollstreckung in GmbH-Anteile, 2000: Zur Zwangsvollstreckung in das Gesellschaftsvermögen einer Gründungs-GmbH ist entsprechend § 735 ein gegen die Vor-GmbH gerichteter Titel ausreichend, BayObLG **87**, 448. Wegen der Zwangsvollstreckung in Gesellschafteranteile § 859 Rn 1. 4

5) Reederei. Sie ist nach § 50 Rn 9, § 489 HGB parteifähig. Daher gilt für sie dasselbe wie bei der OHG. Wegen des Verteilungsverfahrens nach einer Haftungsbeschränkung Üb 1 vor § 872. Wegen des Arrestes in ein Seeschiff Grdz 2 vor § 916. 5

737 *Zwangsvollstreckung bei Vermögens- oder Erbschaftsnießbrauch.* **I Bei dem Nießbrauch an einem Vermögen ist wegen der vor der Bestellung des Nießbrauchs entstandenen Verbindlichkeiten des Bestellers die Zwangsvollstreckung in die dem Nießbrauch unterliegenden Gegenstände ohne Rücksicht auf den Nießbrauch zulässig, wenn der Besteller zu der Leistung und der Nießbraucher zur Duldung der Zwangsvollstreckung verurteilt ist.**

II Das Gleiche gilt bei dem Nießbrauch an einer Erbschaft für die Nachlassverbindlichkeiten.

Schrifttum: *Schüller,* Die Zwangsvollstreckung in den Nießbrauch, Diss Bonn 1978.

1 **1) Systematik, Regelungszweck, §§ 737, 738.** Die Vorschriften ergänzen §§ 1086, 1089 BGB für die Zwangsvollstreckung, BGH NZM **03**, 491. Das geschieht in einer möglichst praktikablen Weise zur Erzielung eines gerechten Ergebnisses, Einl III 9, 36. Sie sind nur dann anwendbar, wenn der Nießbrauch an einem Vermögen oder an einer Erbschaft besteht. § 737 betrifft eine Bestellung vor der formellen Rechtskraft, § 738 eine erst spätere Bestellung. Die Vorschrift gilt entsprechend nach § 263 AO. § 737 bedeutet nicht, daß in anderen als den dort geregelten Fällen ein Vollstreckungstitel gegen den Nießbraucher entbehrlich wäre.

2 **2) Geltungsbereich.** § 737 setzt das Entstehen der Schuld vor der Bestellung voraus. Dann müssen zur Zwangsvollstreckung ein Leistungstitel gegen den Besteller und ein Duldungstitel gegen den Nießbraucher vorliegen. Wenn der Nießbrauch nach dem Eintritt der formellen Rechtshängigkeit entstand und wenn ein dem Nießbrauch unterliegender Gegenstand nach § 265 Rn 4 streitbefangen ist, ist eine Umschreibung nach § 727 statthaft. Denn die Bestellung ist eine Veräußerung nach § 265. Etwas anderes gilt dann, wenn § 265 unanwendbar ist. Wenn der Nießbrauch aber nach der Rechtskraft entstand, gilt § 738.

Ist die Schuld erst nach *der Bestellung des Nießbrauchs* entstanden, ist eine Zwangsvollstreckung in das bewegliche Vermögen unstatthaft, während eine Zwangsversteigerung unbeschadet des Nießbrauchs statthaft ist. Bei einer verbrauchbaren Sache kann der Gläubiger den Anspruch des Bestellers auf einen Wertersatz gemäß § 1086 S 2 BGB nach § 829 ohne einen Vollstreckungstitel gegen den Nießbraucher pfänden und sich überweisen lassen. Wenn der Nießbrauch ein Grundstück ergreift, kann der Gläubiger nicht die Miete ohne Rücksicht auf den Nießbrauch pfänden, so daß der Nießbraucher auf § 771 verwiesen wäre. Vielmehr gilt dann § 737. Näheres über das Verfahren § 748 Rn 4.

738 *Vollstreckbare Ausfertigung gegen Nießbraucher.* **I Ist die Bestellung des Nießbrauchs an einem Vermögen nach der rechtskräftigen Feststellung einer Schuld des Bestellers erfolgt, so sind auf die Erteilung einer in Ansehung der dem Nießbrauch unterliegenden Gegenstände vollstreckbaren Ausfertigung des Urteils gegen den Nießbraucher die Vorschriften der §§ 727, 730 bis 732 entsprechend anzuwenden.**

II Das Gleiche gilt bei dem Nießbrauch an einer Erbschaft für die Erteilung einer vollstreckbaren Ausfertigung des gegen den Erblasser ergangenen Urteils.

1 **1) Systematik, Regelungszweck I, II.** Vgl zunächst § 737 Rn 1. Bei § 738 ist kein besonderer Titel gegen den Nießbraucher notwendig. Wer eine Vollstreckungsklausel beantragt, braucht die Zugehörigkeit der einzelnen Gegenstände zur Nießbrauchsmasse nicht darzulegen. Er muß nur nach § 727 und in dessen Form die ordnungsgemäße Bestellung nachweisen, §§ 311, 1085, 1089 BGB, Zweibr JB **05**, 500. Er muß ferner nachweisen, daß der Vollstreckungstitel vor der Bestellung des Nießbrauchs rechtskräftig geworden ist. Zur Erteilung der Vollstreckungsklausel ist der Rpfl zuständig, § 20 Z 12 RPflG.

Einführung vor §§ 739–745

Zwangsvollstreckung gegen Ehegatten und Lebenspartner

Schrifttum: *Erchinger,* Probleme bei der Zwangsvollstreckung gegen die Partner einer eheähnlichen Gemeinschaft usw, Diss Tüb 1987.

1 **1) Systematik, §§ 739–745.** §§ 739–745 regeln die Voraussetzungen der Zwangsvollstreckung gegen Ehegatten oder Lebenspartner, §§ 1 ff LPartG. Das LPartG ist verfassungsgemäß, BVerfG BGBl **02**, 3197. Sie gelten zum Teil entsprechend nach § 263 AO. In einer Familiensache usw gelten vorrangig §§ 95, 96 FamFG.

2 **2) Regelungszweck, §§ 739–745.** Die Vorschriften dienen dem Ziel einer Abwägung der oft sehr entgegengesetzten Interessen der jeweils Beteiligten zwecks Erzielung eines mit allen prozessualen Grundgedanken leidlich zu vereinbarenden gerechten Ergebnisses, Einl III 9, 36.

3 **3) Geltungsbereich, §§ 739–745.** Man muß zwei Fallgruppen unterscheiden.

A. Gesamtgut. Bei der Zwangsvollstreckung in ein gütergemeinschaftliches Gesamtgut nach §§ 740–745 gelten §§ 739 ff für jede Art Zwangsvollstreckung, zB auch wegen eines dinglichen Anspruchs. Der Anteil jedes Ehegatten am Gesamtgut oder an einzelnen Gesamtgutssachen ist bis zur Auflösung der Gemeinschaft unpfändbar, § 860.

4 **B. Weitere Fälle.** Bei einer Zwangsvollstreckung im übrigen, also bei einer Zugewinngemeinschaft, Gütertrennung, sowie in ein Vorbehaltsgut bei der Gütergemeinschaft, ferner bei der Ausgleichsgemeinschaft oder beim Lebenspartnervertrag nach § 6 LPartG gilt wegen beweglicher Sachen, § 739, dort Rn 2. Wegen der Eigentums- und Vermögensgemeinschaft der früheren DDR gilt § 744 a.

739 *Gewahrsamsvermutung bei Zwangsvollstreckung gegen Ehegatten und Lebenspartner.* **I Wird zugunsten der Gläubiger eines Ehemannes oder der Gläubiger einer Ehefrau gemäß § 1362 des Bürgerlichen Gesetzbuchs vermutet, dass der Schuldner Eigentümer beweglicher Sachen ist, so gilt, unbeschadet der Rechte Dritter, für die Durchführung der Zwangsvollstreckung nur der Schuldner als Gewahrsamsinhaber und Besitzer.**

II Absatz 1 gilt entsprechend für die Vermutung des § 8 Abs. 1 des Lebenspartnerschaftsgesetzes zugunsten der Gläubiger eines der Lebenspartner.

Schrifttum: *Müller,* Zwangsvollstreckung gegen Ehegatten, 1970.

Gliederung

1) Systematik, I, II. § 739 läßt den Titel gegen einen Ehegatten genügen, indem er im Rahmen der Vermutung des § 1362 BGB nur den Schuldner als Gewahrsamsinhaber und Besitzer gelten läßt. Daher ist auch ein Duldungstitel gegen den anderen Ehegatten überflüssig. Zur verfassungsrechtlichen Problematik Brox FamRZ **81**, 1126, Gerhardt ZZP **95**, 491, Werner DGVZ **86**, 53. 1

Bei einer *Lebenspartnerschaft* nach §§ 1 ff LPartG gilt alles Vorstehende entsprechend, Viertelhausen DGVZ **01**, 130.

2) Regelungszweck, I, II. Leben Ehegatten in ehelicher Gemeinschaft, bringt diese regelmäßig einen Mitbesitz und Mitgewahrsam an den im Besitz der Ehegatten befindlichen Sachen mit sich. Liegt ein Vollstreckungstitel nur gegen einen Ehegatten vor, könnte der andere Ehegatte einer Vollstreckung nach §§ 808, 809, 886 widersprechen, sofern er nicht in sie einwilligt. Dann wäre der Gläubiger auf die Pfändung des Herausgabeanspruchs mit allen seinen Weiterungen angewiesen, § 809 Rn 8, LG Ffm NJW **86**, 729. § 739 macht ein solches umständliches, zeitraubendes und im späteren Erfolg ungewisses Vorgehen entbehrlich. Die Vorschrift dient damit sowohl der Durchsetzbarkeit des Vollstreckungstitels und damit der Gerechtigkeit nach Einl III 9, 36 als auch der Vereinfachung und Beschleunigung des Verfahrens und damit der Prozeßwirtschaftlichkeit, Grdz 14 vor § 128. Demgemäß sollte man sie zugunsten des Gläubigers großzügig auslegen. 2

3) Geltungsbereich, I, II. I gilt für den gesetzlichen Güterstand der Zugewinngemeinschaft, LG Limburg DGVZ **81**, 11, und der Gütertrennung, Düss DGVZ **81**, 114, LG Mü JB **89**, 1311, Christmann DGVZ **86**, 107. Die Vorschrift gilt für den Güterstand der Gütergemeinschaft jedoch nur dann, wenn feststeht, daß die bewegliche Sache nicht nach § 1416 BGB zum Gesamtgut gehört, während für die Zugehörigkeit eine Vermutung spricht. Dabei ist unerheblich, ob nur einer oder beide Ehegatten das Gesamtgut verwalten, §§ 1422, 1450 BGB. § 739 hat eine Bedeutung sowohl bei der Pfändung von körperlichen als auch bei der Herausgabe bestimmter beweglicher Sachen, §§ 808, 883. Die Vorschrift gilt bei beweglichen Sachen. Sie gilt also auch zB bei einem Pkw, AG Ehresh DGVZ **94**, 12. Inhaber- und mit Blankoindossament versehene Orderpapiere nach § 821 Rn 3 stehen den beweglichen Sachen gleich. Die Vorschrift gilt zugunsten der Mannes- und der Frauengläubiger. Sie gilt auch zugunsten des Insolvenzverwalters über das Vermögen eines Ehegatten. Sie gilt aber grundsätzlich (wegen einer Ausnahme BGH NJW **93**, 935) natürlich dann nicht, wenn ein Ehegatte zusammen mit einem Dritten einen Besitz hat, auch mit einem Angehörigen, etwa einem Kind, oder wenn der Dritte allein den Besitz oder Gewahrsam an Sachen des Ehegattenschuldners hat. Dann kommt nur eine Abhilfe nach §§ 809, 886 oder eine Pfändung des Herausgabeanspruchs nach § 857 Rn 3 in Betracht, sofern nicht eine Einwilligung des Dritten nach § 809 vorliegt. Bei einer Lebenspartnerschaft gilt I nach II entsprechend. 3

Unanwendbar ist § 739 bei Forderungen und anderen Vermögensrechten sowie bei der Zwangsvollstrekkung in unbewegliche Sachen, schon wegen Art 6 I GG derzeit noch bei einer von der eingetragenen Lebenspartnerschaft zu unterscheidenden nur eheähnlichen Gemeinschaft oder sonstigen Wohngemeinschaft, LG Ffm NJW **86**, 729, Köln NJW **89**, 1737, Schwarz DNotZ **95**, 118, aM Thran NJW **94**, 1464, Weimar JR **82**, 323 (aber die Rechtslagen sind eben noch nicht dieselben).

4) Grundsatz: Eigentumsvermutung, I, II. Gegenüber der Zwangsvollstreckung aus einem Titel gegen den einen Ehegatten oder Lebenspartner kann sich der andere Ehegatte oder Lebenspartner nicht auf seinen Gewahrsam oder Besitz derjenigen Sache berufen, in die vollstreckt wird. Er hat insbesondere nicht die Erinnerung nach § 766, LG Frankenth MDR **85**, 64, AG Bln-Wedding DGVZ **88**, 45, Brox FamRZ **81**, 1125. Es ist also unerheblich, ob der andere Ehegatte oder Lebenspartner nur einen Mitbesitz an der Sache hat. Derjenige Beteiligte, der das Bankfach allein gemietet hat und auch allein die Bankfachschlüssel besitzt, muß also den Inhalt des Bankfachs zugunsten der Gläubiger des anderen Beteiligten herausgeben, soweit das Fach nicht nach § 1362 II BGB, § 8 I LPartG vermutlich nur solche Sachen enthält, die dem ersteren Beteiligten allein gehören. Unerheblich ist daher, wo sich die Sachen befinden, wenn nur der Besitz oder der Gewahrsam eines der Beteiligten vorliegen. Die Ehefrau des Schuldners kann sich nicht darauf berufen, nur sie habe die Ehewohnung gemietet, LG Kaisersl DGVZ **86**, 63. Dasselbe gilt bei einer Lebenspartnerschaft. 4

Im allgemeinen prüft der Gerichtsvollzieher nur, ob die Beteiligten nicht nach Rn 8, 9 getrennt leben und ob die zu pfändenden oder herauszugebenden Sachen sich im *Gewahrsam* oder Besitz eines der Beteiligten befinden, § 808 Rn 10. Denn das Gesetz unterstellt dann bindend, daß der Schuldner den Alleinbesitzer ist 5 oder Alleingewahrsam hat, Düss Rpfleger **95**, 119, AG Siegen DGVZ **77**, 11. Wegen der in § 1362 II BGB genannten Sachen Rn 10. Der Gerichtsvollzieher darf zB die Vollstreckung nicht schon wegen der Vorlage eines Gütertrennungsvertrags abbrechen, LG Verden DGVZ **81**, 79. Die Zwangsvollstreckung muß auch bei dem anderen Beteiligten ihre Grenze in den Pfändungsverboten des § 811 finden, dort Rn 15. Demjenigen Beteiligten, gegen den der Titel nicht ergangen ist, bleibt nur die Widerspruchsklage aus § 771 unter der Berufung auf sein Eigentum oder Miteigentum, Schlesw FamRZ **89**, 88, LG Münst MDR **89**, 270, LG Verden DGVZ **81**, 79.

6 Mit dieser Klage kann er dann versuchen, die *Vermutung* oder § 1362 I 1 BGB oder des § 8 I LPartG zu *entkräften,* BGH NJW **92**, 1162, Schlesw FamRZ **89**, 88, AG Bln-Wedding DGVZ **88**, 45, aM KG Rpfleger **92**, 212 (aber es bleibt schon wegen § 808 kaum eine bessere Lösung möglich). Das gilt auch für den Insolvenzverwalter dieses Beteiligten, LG Frankenth MDR **85**, 64. Zur Entkräftung genügt der Beweis des Eigentumserwerbs, BGH NJW **76**, 238. Dazu muß der Widerspruchskläger nicht nur die Art und Weise des Erwerbs dartun. Er muß vielmehr auch zB angeben, aus welchen Mitteln er den Kaufpreis bezahlt hat und wie die Übereignung erfolgte, LG Limburg DGVZ **81**, 11. Wegen der Gefahr von Scheinübertragungen und Schiebungsgeschäften muß das Gericht strenge Beweisanforderungen stellen, Mü MDR **81**, 403. Zur Wirksamkeit von Vereinbarungen über Hausrat Valentin DGVZ **95**, 97 (ausf).

7 **5) Ausnahme: Entkräftung der Vermutung, I, II.** Es sind drei Fallgruppen vorhanden.

A. Fallübersicht. Freilich kann sich aus der Sachlage ergeben, daß offensichtlich die Vermutung des § 1362 I 1 BGB oder des § 8 I LPartG nicht zutrifft, LG Verden DGVZ **78**, 137. Das kann zB dann so sein, wenn ein Gewerbebetrieb ersichtlich vollständig nur dem anderen Beteiligten gehört oder wenn die Zwangsvollstreckung zugunsten eines Gläubigers des einen Beteiligten stattfindet und wenn es nun um einen solchen Kraftfahrzeugbrief geht, der auf den Namen der anderen Beteiligten lautet, Christmann DGVZ **86**, 108. Die Klage steht beim gesetzlichen Güterstand auch dann offen, wenn der andere Ehegatte über Haushaltsgegenstände ohne die Einwilligung des Klägers verfügt hat, § 1369 BGB, insbesondere II in Verbindung mit § 1368 BGB. Wegen § 1357 BGB beim minderjährigen Ehegatten Elsing JR **78**, 497.

§ 739 soll nur solche Einwendungen ausschalten, die sich auf denjenigen Besitz oder Gewahrsam stützen, der auf Grund der ehelichen *Lebensgemeinschaft* oder der Lebenspartnerschaft besteht. Die Vorschrift gilt nicht bei einer nichtehelichen „Lebensgemeinschaft", BGH NJW **07**, 992. Man kann eine Widerspruchsklage nach § 771 auch mit dem Recht auf einen Besitz auf Grund eines Rechtsgeschäfts zwischen den Beteiligten begründen, wenn nicht etwa dem anderen Beteiligten schon ein Mitbenutzungsrecht und damit ein Besitzrecht auf Grund der Lebensgemeinschaft zusteht. Ein Beteiligter kann also zwar einem Zugriff der Gläubiger des anderen Beteiligten auf einen dem Betrieb dieses letzteren zugehörigen, ihrem selbständigen Betrieb vermieteten Lieferwagen wegen des Besitzrechts als Mieter widersprechen. Nicht aber kann der eine Beteiligte dem Zugriff auf ein solches Klavier widersprechen, das der andere Beteiligte ihm geliehen hat.

8 **B. Getrenntleben.** Leben die Eheleute oder Lebenspartner getrennt, ist § 739 unanwendbar, dort I 2, Düss Rpfleger **95**, 119, AG Homburg DGVZ **96**, 15 (Fallfrage). Wenn sich Sachen im Besitz desjenigen Beteiligten befinden, der nicht der Schuldner ist, gilt folgendes, Köln NJW **77**, 825: Soweit nicht etwa eine Arglist nach Einl III 54, § 809 Rn 1 vorliegt, kann dieser Beteiligte nach § 766 einer Zwangsvollstreckung widersprechen. Das gilt auch dann, wenn der andere Beteiligte der Eigentümer der Sachen ist. Der Gläubiger hat dann nur noch die Möglichkeit einer Pfändung des Herausgabeanspruchs. Diese Möglichkeit versagt allerdings dann, wenn ein Beteiligter einen ihm gehörenden Gegenstand dem anderen zur Führung eines abgesonderten Haushalts aus Billigkeitsgründen zur Verfügung stellen muß, § 1361a I 2 BGB. Wenn der Schuldner stark verschuldet ist, muß sich jedoch auch sein Ehegatte oder Lebenspartner in der Lebensführung einschränken. Daher kann der Herausgabeanspruch doch noch berechtigt sein.

9 Unter Getrenntleben ist nicht nur das der Ehe oder Lebenspartnerschaft feindliche gemeint, sondern auch das tatsächliche Getrenntleben *ohne* eine *Beeinträchtigung* der ehelichen Lebensgemeinschaft oder Lebenspartnerschaft, wenn die Beteiligten nur vorübergehend getrennt leben. Auf die Meldeverhältnisse kommt es nicht an, AG Karlsr-Durlach DGVZ **97**, 78, aM AG Bln-Wedding DGVZ **98**, 129 (aber sie ergeben wegen der heutigen Mobilität kaum noch wenigstens einen ausreichenden Anhaltspunkt). Der andere Beteiligte muß aber für längere Zeit tatsächlich keinen Zugang zu den Sachen haben, LG Münst DGVZ **82**, 12. Selbst eine längere Strafhaft gilt kaum als eine Trennung, Düss Rpfleger **95**, 119, LG Bln DGVZ **91**, 57. Eine Prüfung der Hintergründe des Getrenntlebens übersteigt die dem Gerichtsvollzieher zur Verfügung stehenden Möglichkeiten, AG Bln-Wedding DGVZ **79**, 190. Ein Getrenntleben kann auch innerhalb derselben Ehewohnung vorliegen, Bre RR **01**, 3. Ein derartiges Recht zB nach § 1353 II BGB ist nicht erforderlich. Wenn sich Sachen desjenigen Beteiligten, gegen den kein Titel vorliegt, nicht in seinem Besitz oder Gewahrsam befinden, sondern in demjenigen des Beteiligtenschuldners, unterliegen sie nach dem Grundsatz des § 1362 I 1 BGB oder des § 8 I 1 LPartG dem Zugriff von dessen Gläubigern. Denn es liegt dann kein Fall des § 1362 I 2 BGB oder des § 8 I 2 LPartG vor. Der Schuldner muß das Getrenntleben beweisen, AG Gießen DGVZ **86**, 141, soweit im Vollstreckungsverfahren überhaupt ein Beweis nötig ist.

10 **C. Sachen zum persönlichen Gebrauch.** Man kann die nach § 1362 II BGB, § 8 I 2 LPartG ausschließlich dem persönlichen Gebrauch eines Beteiligten dienenden Sachen nicht zugunsten der Gläubiger des anderen Beteiligten pfänden oder herausverlangen. Denn das Gesetz vermutet, daß sie im Allgemeineigentum des nach ihrer Zweckbestimmung allein Benutzungsberechtigten stehen. Die wirklichen Eigentumsverhältnisse sind unbeachtlich, solange sie nicht offenkundig sind. Eine Eintragung im Kfz-Brief beweist oft nicht genug. Ein Besitz und Gewahrsam des einen Beteiligten ist unschädlich, wenn er auch darauf hindeuten kann, daß ein ausschließliches Gebrauchsrecht des anderen nicht vorliegt. So kann es zB unschädlich sein, daß sich der Schmuck der Ehefrau im Safe des Ehemanns befindet. Das Gesetz meint vor allem Arbeitsgeräte, Kleidungsstücke und Schmucksachen. Ob die Beteiligten getrennt leben oder nicht, ist für diese Sachen unerheblich.

6) Zwangsvollstreckung, I, II. § 739 umschreibt nur diejenige Vermögensmasse, in die der Gläubiger die Zwangsvollstreckung betreiben kann, und nimmt demjenigen Beteiligten die Rechte des Mitgewahrsamsinhabers und Mitbesitzers aus § 809, gegen den kein Titel vorliegt. Dadurch wird dieser Beteiligte aber nicht zum Vollstreckungsschuldner. Er kann die Widerspruchsklage nach § 771 erheben. Er kann aber nicht eine Erinnerung nach § 766 einlegen. Die letztere ist nämlich nur nach Rn 3 statthaft. Mit der Erinnerung kann man nur die Ordnungsmäßigkeit der Zwangsvollstreckung prüfen lassen und die Vermutung des § 739 nicht entkräften. Mit der Widerspruchsklage kann aber ein Beteiligter auch die Zwangsvollstreckung in das Vermögen im ganzen dann bekämpfen, wenn er der Verfügung des anderen Beteiligten nicht zugestimmt hat. Dasselbe gilt, wenn der andere Beteiligte über Haushaltsgegenstände verfügt hat, auf deren Herausgabe die Zwangsvollstreckung gerichtet ist, §§ 1369, 1368 BGB. Vgl Christmann DGVZ **86**, 107. 11

Demgemäß braucht derjenige Beteiligte auch *nicht* die *eidesstattliche Versicherung* zwecks Offenbarung nach § 807 zu leisten, der kein Vollstreckungsschuldner ist. Dazu wäre ein Vollstreckungstitel gegen ihn notwendig. Freilich würde ein Duldungstitel genügen. Dieser ist aber nicht notwendig. Denn der Beteiligtenschuldner muß bei seiner Offenbarungsversicherung angeben, ob der andere noch solche Sachen besitzt, an denen er selbst das Eigentum oder Miteigentum hat. Wenn Gläubiger beider Beteiligter in dieselbe Sachen vollstrecken, kann der Gläubiger des einen nachweisen, daß der gepfändete Gegenstand nicht Eigentum des anderen ist. Andernfalls entscheidet der zeitliche Vorrang. Vgl § 851 Rn 3, 6. 12

740 *Zwangsvollstreckung in das Gesamtgut.* **I Leben die Ehegatten in Gütergemeinschaft und verwaltet einer von ihnen das Gesamtgut allein, so ist zur Zwangsvollstreckung in das Gesamtgut ein Urteil gegen diesen Ehegatten erforderlich und genügend.**

II Verwalten die Ehegatten das Gesamtgut gemeinschaftlich, so ist die Zwangsvollstreckung in das Gesamtgut nur zulässig, wenn beide Ehegatten zur Leistung verurteilt sind.

Schrifttum: *App* JB **00**, 570 (Üb).

Gliederung

1) Systematik, I, II. Die Gütergemeinschaft sieht sowohl eine Verwaltung des Gesamtgutes durch einen Ehegatten nach §§ 1422 ff BGB als auch eine Verwaltung durch beide Ehegatten gemeinsam vor, §§ 1450 ff BGB. Diesen Möglichkeiten entspricht § 740. 1

2) Regelungszweck, I, II. Ähnlich wie bei § 739 würden ohne die Erleichterungen in I erhebliche Zusatzprobleme für den Gläubiger entstehen. Man sollte I daher wie § 739 zugunsten des Gläubigers großzügig handhaben. 2

II zieht demgegenüber die notwendigen Folgerungen aus der Entscheidung der Partner, ihr Vermögen gemeinsam zu verwalten. Könnte ein Gläubiger nur des einen Partners sich über die Verwaltungsgrenzen seines Schuldners durch eine Zwangsvollstreckung hinwegsetzen, könnte der andere Ehegatte sein Vermögen an einen für ihn Dritten verlieren, ohne ihm irgendetwas zu schulden. Diese Sippenhaft darf man auch nicht durch eine weite Auslegung von II zugunsten des Gläubigers auf einem Umweg doch wieder einführen.

3) Geltungsbereich, I, II. Die Vorschrift gilt nur für eine Vollstreckung in das Gesamtgut, dann aber im Aktiv- wie Passivprozeß, Stgt Rpfleger **87**, 108. Bei einer Vollstreckung in das Vorbehaltsgut ist § 739 anwendbar, dort Rn 3. Wenn der Gläubiger einen Ehegatten nicht auf eine Leistung aus dem Gesamtgut verklagt, sondern ihn persönlich in Anspruch nimmt, etwa auf die Rückzahlung eines Darlehns, reicht dieser Prozeß aus, BGH FamRZ **75**, 406, Rn 10. Gegenüber § 740 enthält § 741 eine vorrangige Ausnahmeregelung, BayObLG Rpfleger **83**, 407. Wegen Italien Zweibr Rpfleger **07**, 462, AG Menden FamRZ **06**, 1471, wegen der Niederlande Düss FER **96**, 26. 3

4) Vollstreckungstitel, I, II. Man muß zwei Verwaltungsarten unterscheiden. 4

A. Verwaltung des Gesamtguts durch einen Ehegatten, I. Ein Titel gegen den verwaltenden Ehegatten reicht aus, auch wenn dieser Ehegatte ohne eine Zustimmung des anderen nicht verfügen darf, §§ 1423 ff BGB. Ein solcher Titel reicht auch dann aus, wenn das Gericht den Bekl wegen persönlicher Schulden verurteilt hat. Denn dann liegt eine Gesamtgutschuld vor, § 1437 BGB. Wenn ein Grundstück für beide Ehegatten eingetragen ist, genügt zur Erzwingung der Auflassung ein Urteil gegen den verwaltenden Ehegatten. Eine solche vollstreckbare Urkunde nach § 794 I Z 5, die der verwaltende Ehegatte ausgestellt hat, steht einem Leistungsurteil gleich. Ein Vollstreckungstitel gegen den verwaltenden Ehegatten ist aber regelmäßig auch notwendig. Der andere Ehegatte braucht weder im Urteil noch in der Vollstreckungsklausel zu erscheinen. Auch ein Duldungstitel gegen ihn ist nicht erforderlich. Er kann aber wegen § 743 Bedeutung gewinnen, § 744. Er kann auch im übrigen sinnvoll sein, Düss FER **96**, 26. Ein Leistungsurteil gegen den anderen Ehegatten gibt kein Vollstreckungsrecht in das Gesamtgut, solange nicht ergänzend ein Leistungsurteil (nicht ein bloßes Duldungsurteil) gegen den verwaltenden Ehegatten vorliegt.

Entbehrlich ist ein Vollstreckungstitel gegen den verwaltenden Ehegatten zur Vollstreckung in das Gesamtgut nur bei gewerbetreibenden Ehegatten nach § 741 und dann, wenn der andere Ehegatte selbst ohne die 5

Zustimmung des verwaltenden Ehegatten die Rechte wahrnehmen darf, §§ 1428, 1429 BGB. Denn dann wirkt die Rechtskraft gegen den verwaltenden Ehegatten. Wegen der Fortsetzung des Rechtsstreits des nicht Verwaltenden nach dem Eintritt der Gütergemeinschaft nach § 1433 BGB vgl § 742.

6 **B. Gemeinsame Verwaltung des Gesamtguts, II.** Ein Vollstreckungstitel auf eine Leistung gegen beide Ehegatten ist grundsätzlich nur bei dieser Verwaltungsart erforderlich, BGH FamRZ **98**, 907 (auch zum internationalen Recht; zustm Stoll JZ **99**, 207), VGH Mü RR **88**, 455, LG Heilbr Rpfleger **91**, 108, aM Bbg JB **78**, 762 (aber man sollte prozeßwirtschaftlich vorgehen. Grdz 14 vor § 128.). Ein Duldungstitel genügt also nicht, LG Frankenth Rpfleger **75**, 371, LG Mü DGVZ **82**, 188, Rauscher Rpfleger **88**, 90, aM Tiedke FamRZ **75**, 539, StJM 6 (aber das wäre inkonsequent). Ein Duldungstitel genügt auch dann nicht, wenn die Gütergemeinschaft nicht im Güterrechtsregister steht, LG Mü DGVZ **82**, 188. Es können auch getrennte Vollstreckungstitel vorliegen, BGH FamRZ **75**, 405.

7 *Ausnahmsweise* genügt ein Titel nur gegen *einen* Ehegatten bei dem gewerbetreibenden Ehegatten, § 741, BayObLG FGPrax **95**, 188 (es müssen die Voraussetzungen des § 741 vorliegen), Stgt Rpfleger **87**, 108, und dann, wenn ein Ehegatte allein im Interesse des Gesamtguts einen Prozeß führen darf, §§ 1454, 1455 Z 7–9 BGB, sowie dann, wenn ein Ehegatte gegen den anderen vollstreckt, Kleinle FamRZ **97**, 1196, aM BGH FamRZ **90**, 853 (aber das wäre zu formstreng).

8 **5) Zwangsvollstreckung in Vorbehaltsgut, I, II.** Zur Vollstreckung in das Vorbehaltsgut ist ein Titel gegen denjenigen erforderlich, dem dieses gehört. Inwieweit der Gläubiger deshalb in das Gesamtgut vollstrecken kann, richtet sich nach der Haftung des Gesamtguts für derartige Schulden. Vgl dazu §§ 1437–1440 BGB bei der Verwaltung eines Ehegatten, §§ 1459–1462 BGB bei einer gemeinsamen Verwaltung. Für die Vollstreckung in das Vorbehaltsgut der Ehegatten ist § 739 maßgebend, dort Rn 3.

9 **6) Zwangsvollstreckung in Gesamtgut, I, II.** Auch hier muß man zwei Fallgruppen beachten.

A. Verwaltung eines Ehegatten, I. Wenn nur ein Ehegatte verwaltet und demgemäß nur ein Titel gegen ihn vorliegt, ist er allein der Vollstreckungsschuldner und gibt allein die Offenbarungsversicherung nach § 807 ab. Für die früher sehr umstrittene Frage, ob dann (früherer Titel gegen den verwaltenden Mann) damit das Widerspruchsrecht des anderen Ehegatten (damals also der Frau) als Gewahrsamsinhaber nach § 809 beseitigt ist, kann es ein solches Widerspruchsrecht hier erst recht nicht geben, das schon § 739 für nicht zum Gesamtgut gehörige Sachen verneint.

10 **B. Verwaltung beider Ehegatten, II.** Wenn beide Ehegatten das Gesamtgut verwalten und demgemäß gegen beide ein Leistungsurteil vorliegt, sind beide Vollstreckungsschuldner. Beide müssen die Offenbarungsversicherung leisten.

11 **7) Rechtsbehelfe, I, II.** Wenn der Gläubiger ohne einen ausreichenden Titel ins Gesamtgut vollstreckt, haben bei I der verwaltende Ehegatte, bei II beide Ehegatten die Erinnerung, § 766. Entsprechendes gilt für die Widerspruchsklage nach § 771, wenn die Pfändung wegen einer solchen Leistung erfolgt ist, die keine Gesamtgutsverbindlichkeit ist, §§ 1439, 1440, 1461, 1462 BGB, s auch §§ 1438, 1460 BGB. Bei einer Vollstreckung in das Vorbehaltsgut ohne einen Titel nach § 771 gilt § 743 Rn 3. Liegt beim Gesamtgut überhaupt kein Vollstreckungstitel gegen den anderen Ehegatten vor, ist eine Amtslöschung nötig, andernfalls evtl ein Amtswiderspruch, LG Heilbr Rpfleger **91**, 108.

741 ***Zwangsvollstreckung in das Gesamtgut bei Erwerbsgeschäft.*** **Betreibt ein Ehegatte, der in Gütergemeinschaft lebt und das Gesamtgut nicht oder nicht allein verwaltet, selbständig ein Erwerbsgeschäft, so ist zur Zwangsvollstreckung in das Gesamtgut ein gegen ihn ergangenes Urteil genügend, es sei denn, dass zur Zeit des Eintritts der Rechtshängigkeit der Einspruch des anderen Ehegatten gegen den Betrieb des Erwerbsgeschäfts oder der Widerruf seiner Einwilligung zu dem Betrieb im Güterrechtsregister eingetragen war.**

Schrifttum: *Mansel,* Substitution im deutschen Zwangsvollstreckungsrecht, in: Festschrift für *Lorenz* (1992) 691 (709 ff).

1 **1) Systematik.** Die Vorschrift ist eine gegenüber § 740 vorrangige Ausnahmeregelung, BayObLG Rpfleger **83**, 407. § 741 knüpft die Möglichkeit einer Zwangsvollstreckung gegen einen gewerbetreibenden in Gütergemeinschaft lebenden und das Gesamtgut nicht oder nicht allein verwaltenden Ehegatten an den tatsächlichen Bestand des Gewerbebetriebs und nicht an den Nachweis einer Einwilligung des allein oder mitverwaltenden Ehegatten, §§ 1431, 1456 BGB. Es bleibt diesem anderen Ehegatten vielmehr überlassen, das Fehlen seiner Einwilligung geltend zu machen. Ergänzend gilt § 774.

2 **2) Regelungszweck.** § 741 soll den Geschäftsverkehr sichern, BayObLG Rpfleger **83**, 407. Die Vorschrift dient also der Rechtssicherheit nach Einl III 43 (Gutglaubensschutz). Sie ist entsprechend zugunsten des Gutgläubigen auslegbar.

3 **3) Begriffe.** Eine *Selbständigkeit* liegt dann vor, wenn man den Ehegatten als einen Unternehmer ansehen muß, BayObLG Rpfleger **83**, 407, etwa als den persönlich haftenden Gesellschafter einer OHG oder KG. Ein Betrieb des einen Ehegatten gemeinsam mit dem anderen kann ausreichen, BayObLG Rpfleger **83**, 407. Eine Selbständigkeit kann auch dann vorliegen, wenn der andere Ehegatte arbeitet, sogar dann, wenn das im Betrieb des einen Ehegatten als Angestellter geschieht. Keine Selbständigkeit liegt vor, wenn der Ehegatte nur ein stiller Gesellschafter oder Kommanditist ist oder wenn man den anderen Ehegatten als den wahren Unternehmer ansehen muß.

Als *Erwerbsgeschäft* gilt jede solche Tätigkeit, die sich auf einen regelmäßigen Erwerb richtet, BGH **83**, 78, BayObLG Rpfleger **83**, 407, zB ein landwirtschaftlicher Betrieb, BayObLG Rpfleger **83**, 407. Auch eine künstlerische oder wissenschaftliche oder freiberufliche Tätigkeit kann hierher zählen, etwa eine Anwalts- oder Arztpraxis, BGH **83**, 76, Karlsr OLGZ **76**, 334. Ein Dienst- oder Arbeitsverhältnis nach § 113 BGB gehört nicht hierher.

Eine *Nämlichkeit* zwischen dem Erwerbsgeschäft und dem Gesamtgut ist unschädlich, BayObLG Rpfleger **83**, 407.

4) Zwangsvollstreckung. Man muß zwei Aspekte beachten. 4

A. Urteil gegen den Gewerbetreibenden. Es genügt ein Urteil gegen den das Erwerbsgeschäft betreibenden Ehegatten. Die Art des Anspruchs ist unerheblich. Das Urteil braucht sich nicht auf Geschäftsschulden zu beschränken, BayObLG Rpfleger **83**, 407. Das Vollstreckungsorgan könnte auch gar nicht prüfen, ob der Rechtsstreit zu denjenigen gehört, die ein Gewerbebetrieb mit sich bringt. Wenn der andere Ehegatte einwenden will, es handle sich nicht um ein selbständiges Erwerbsgeschäft, hat er die Möglichkeit einer Erinnerung nach § 766, aber auch einer Widerspruchsklage nach § 774, BayObLG Rpfleger **83**, 407. In den anderen in § 774 Rn 1 genannten Fällen hat er nur die Klage nach § 771. Dringt der Ehegatte durch, greifen also §§ 1431, 1456 BGB nicht ein und liegt auch sonst keine Gesamtgutschuld vor, §§ 1437–1440, 1459–1462 BGB, § 771 Rn 10, § 774 Rn 1, bleibt es bei der Regel des § 740. Unerheblich ist, ob das Erwerbsgeschäft zum Vorbehaltsgut gehört. Das berührt lediglich das Innenverhältnis der Ehegatten, §§ 1441 Z 2, 1463 Z 2 BGB.

B. Eintragung des Einspruchs oder der Widerruf der Einwilligung. Ist beim Eintritt der Rechtshängigkeit nach § 261 entweder der Einspruch des allein oder mitverwaltenden Ehegatten gegen den Betrieb des Erwerbsgeschäfts oder der Widerruf seiner Einwilligung zu dem Betrieb im Güterrechtsregister eingetragen, kann der andere Ehegatte den Mangel seiner Einwilligung oder deren Widerruf nach § 766 geltend machen oder Widerspruchsklage aus § 774 erheben. Voraussetzung hierfür ist aber, daß die Eintragung bereits beim Eintritt der Rechtshängigkeit bestand. Sonst kann man den Mangel der Einwilligung nur dann geltend machen, wenn der Gläubiger den Einspruch oder Widerruf kannte, §§ 1431 III, 1456 III BGB in Verbindung mit § 1412 BGB. Dafür steht dem anderen Ehegatten § 774 zur Verfügung. Dasselbe gilt dann, wenn er von dem Erwerbsgeschäft nichts wußte. Wußte er hiervon und hat er keinen Einspruch eingelegt, steht das seiner Einwilligung gleich, §§ 1431 II, 1456 II BGB. Er kann sich dann also auf eine mangelnde Einwilligung nicht berufen. 5

C. Verfahren. Der Gerichtsvollzieher prüft lediglich, ob ein im Zeitpunkt der Vollstreckung selbständiger Gewerbebetrieb schon und noch tatsächlich vorliegt, LG Heilbr Rpfleger **96**, 521. Nur unter dieser Einschränkung genügt ein Firmenschild, § 15 a GewO, notfalls eine Einsicht in das Handelsregister. Die ihm zur Kenntnis gebrachte Eintragung des Einspruchs oder Widerrufs muß er außer acht lassen. Er darf also trotzdem nicht einstellen, da ein Grund nach § 775 nicht vorliegt. Das ist eine Folge der Regelung der ZPO. Sie geht nämlich aus praktischen Gründen von der Tatsache des Erwerbsgeschäfts aus, nicht aber von dem Nachweis der Einwilligung oder ihres Weiterbestehens, Rn 1. Es bleiben die Rechtsbehelfe Rn 4, 5. 6

D. Gewahrsam des anderen Ehegatten. Die Zwangsvollstreckung kann sich auch auf solche Sachen erstrecken, die sich im Gewahrsam des allein oder mitverwaltenden Ehegatten befinden. Zwar fordern viele für das bisherige Recht die Herausgabebereitschaft des anderen Ehegatten nach § 809, andernfalls einen Duldungstitel. Das war aber mit Rücksicht auf den vereinfachenden Zweck des § 741 schon früher nicht unbestritten und wohl auch nicht zutreffend. Die jetzige Regelung läßt wegen § 740 Rn 9 die Zwangsvollstreckung ohne weiteres auch in die nach § 808 Rn 10 im Gewahrsam des anderen Ehegatten befindlichen Sachen zu. 7

5) Rechtsbehelfe. Jeder Betroffene kann die Erinnerung nach § 766 einlegen. Anschließend ist die sofortige Beschwerde nach § 793 möglich. Vgl auch Rn 4 (Widerspruchsklage nach § 774). 8

742 *Vollstreckbare Ausfertigung bei Gütergemeinschaft während des Rechtsstreits.* **Ist die Gütergemeinschaft erst eingetreten, nachdem ein von einem Ehegatten oder gegen einen Ehegatten geführter Rechtsstreit rechtshängig geworden ist, und verwaltet dieser Ehegatte das Gesamtgut nicht oder nicht allein, so sind auf die Erteilung einer in Ansehung des Gesamtgutes vollstreckbaren Ausfertigung des Urteils für oder gegen den anderen Ehegatten die Vorschriften der §§ 727, 730 bis 732 entsprechend anzuwenden.**

1) Systematik, Regelungszweck. § 742 gibt die prozessuale Ergänzung zu §§ 1433, 1455 Z 7 BGB für die Zwangsvollstreckung. Soweit der nicht oder nur mitverwaltende Ehegatte einen Rechtsstreit nach dem Eintritt der Gütergemeinschaft mit einer Rechtskraftwirkung gegen den anderen Ehegatten fortsetzen kann, behandelt die Vorschrift ihn wie einen Rechtsnachfolger des Erstgenannten. Die Eheleute müssen den Ehevertrag nach der Rechtshängigkeit abgeschlossen haben, § 261. Wenn § 742 eingreift, muß das Gericht die Klage gegen den anderen Ehegatten mangels eines Rechtsschutzbedürfnisses evtl nach einem vergeblichen Hinweis nach § 139 durch ein Prozeßurteil abweisen, Grdz 14 vor § 253. 1

2) Verfahren. Das Gericht erteilt die vollstreckbare Ausfertigung für oder gegen den allein verwaltenden Ehegatten wie für oder gegen einen Rechtsnachfolger, §§ 727, 730, 731. Es erteilt die vollstreckbare Ausfertigung für den verwaltenden Ehegatten als zweite, § 733. Sie ist wegen §§ 1422, 1450 BGB unbeschränkt. Das Gericht erteilt eine gegen ihn lautende, gegen ihn als Gesamtschuldner „in Ansehung des Gesamtgutes", §§ 1437, 1459 BGB, § 733 Rn 5. Das gilt auch dann, wenn beide Ehegatten verwalten, Nürnb JB **78**, 762. Die Erteilung erfolgt durch den Rpfl, § 20 Z 12 RPflG, § 730 Rn 1. Zum Nachweis des Eintritts der Gütergemeinschaft muß der Gläubiger ein Registerzeugnis vorlegen. 2

3) Rechtsbehelfe. Der allein oder mitverwaltende Ehegatte kann bei einer Klausel gegen ihn nach §§ 732, 768 vorgehen. Wegen des anderen Ehegatten, wenn er den Anspruch für sein Vorbehaltsgut geltend macht, vgl § 727 Rn 13. 3

743 *Beendete Gütergemeinschaft.* **Nach der Beendigung der Gütergemeinschaft ist vor der Auseinandersetzung die Zwangsvollstreckung in das Gesamtgut nur zulässig, wenn beide Ehegatten zu der Leistung oder der eine Ehegatte zu der Leistung und der andere zur Duldung der Zwangsvollstreckung verurteilt sind.**

1 **1) Systematik, Regelungszweck.** Die Beendigung der Gütergemeinschaft kann durch den Tod und eine Wiederverheiratung nach einer Todeserklärung, Scheidung und Aufhebung der Ehe eintreten, ferner durch einen Ehevertrag und durch ein Urteil. Stets schließt sich eine Auseinandersetzung an, soweit nicht die Gütergemeinschaft nach dem Tod mit den gemeinschaftlichen Abkömmlingen fortbesteht. Bis zu deren Abwicklung verwalten die Ehegatten das Gesamtgut gemeinschaftlich, § 1472 BGB.

2 **2) Verfahren.** § 743 regelt eine Beendigung der Gütergemeinschaft vor dem rechtskräftigen Abschluß eines Rechtsstreits. Ist die Auseinandersetzung noch nicht erfolgt und verwaltet ein Ehegatte das Gesamtgut allein, genügt der gegen ihn ergehende Titel nicht. Mit Rücksicht auf die nunmehr gesamthänderische Verwaltung ist zur Vollstreckung in das Gesamtgut entweder ein Urteil gegen beide Ehegatten nötig. Das ist wegen des nicht verwaltenden Ehegatten dann möglich, wenn die Gesamtgutsverbindlichkeit seine Schuld ist. Oder es ist ein Leistungsurteil gegen den verwaltenden Ehegatten und ein Duldungsurteil gegen den anderen nötig. Dadurch wird auch dieser im Rahmen dieses Urteils zum Vollstreckungsschuldner. Folglich muß er insoweit auch die Offenbarungsversicherung nach § 807 abgeben.

Führen beide Ehegatten die Verwaltung *gemeinsam,* werden sie ohnehin gemeinsam Klage erheben und Bekl sein. Daher wird auch ein Titel gegen beide vorliegen. Zum Duldungstitel § 748 Rn 4, 5. Ist die Auseinandersetzung erfolgt, muß man den persönlich haftenden Ehegatten auf Leistung verklagen. Soweit der Gläubiger gegen den anderen Ehegatten aus § 1480 BGB vollstrecken will, genügt der frühere Vollstreckungstitel nicht. Es ist dann vielmehr ein neuer Leistungstitel notwendig.

3 **3) Rechtsbehelfe.** Derjenige Ehegatte, gegen den ein Titel fehlt, kann eine Erinnerung nach § 766 einlegen oder eine Widerspruchsklage erheben, § 771. Das gilt aber nur dann, wenn keine Gesamtgutsverbindlichkeit vorliegt, § 771 Rn 10, § 774 Rn 1. Mit der Widerspruchsklage kann der betroffene Ehegatte auch geltend machen, daß der gepfändete Gegenstand zu seinem Vorbehaltsgut gehört.

744 *Vollstreckbare Ausfertigung bei beendeter Gütergemeinschaft.* **Ist die Beendigung der Gütergemeinschaft nach der Beendigung eines Rechtsstreits des Ehegatten eingetreten, der das Gesamtgut allein verwaltet, so sind auf die Erteilung einer in Ansehung des Gesamtgutes vollstreckbaren Ausfertigung des Urteils gegen den anderen Ehegatten die Vorschriften der §§ 727, 730 bis 732 entsprechend anzuwenden.**

1 **1) Systematik, Regelungszweck.** Die Beendigung der Gütergemeinschaft berührt bei ihrem Eintritt nach der Rechtskraft eines gegen den verwaltenden Ehegatten erlassenen Urteils dessen Vollstreckbarkeit nicht. Mit Rücksicht auf die bis zur Auseinandersetzung einsetzende gemeinsame Verwaltung der Ehegatten ist aber die Erteilung einer vollstreckbaren Ausfertigung gegen den nicht verwaltenden Ehegatten „ins Gesamtgut" notwendig, § 742 Rn 3. Verwalteten beide Ehegatten gemeinsam, kommt eine solche wegen § 740 II nicht in Betracht. Ist die Auseinandersetzung beendet, besteht das Gesamtgut nicht mehr. Die Umschreibung erfolgt dann ohne einen Zusatz, § 786. Bei Eheleuten der früheren DDR besteht eine widerlegbare Vermutung von je 0,5 Bruchteilseigentum, LG Lpz JB **94**, 675.

2 **2) Geltungsbereich.** Bei einer Beendigung der Gütergemeinschaft *vor* der Rechtskraft gilt § 743. Ist die Gesamtgutssache ein streitbefangener Gegenstand nach 265 Rn 4, ist die Beendigung eine „Veräußerung" und § 727 anwendbar. Andernfalls ist bei der Beendigung vor der Rechtskraft ein Titel gegen den anderen Ehegatten notwendig. Ist vor der Beendigung der Gütergemeinschaft ein Urteil für den verwaltenden Ehegatten ergangen, sind die Ehegatten bis zur Auseinandersetzung Gesamthandsgläubiger. Sie erhalten also eine gemeinsame Klausel nach § 727. *Nach* der Auseinandersetzung erhält derjenige die Klausel, dem der Anspruch zugewiesen ist. Der verwaltende Ehegatte braucht keine neue Klausel. Die Erteilung erfolgt durch den Rpfl, § 20 Z 12 RPflG.

3 **3) Verfahren.** An Nachweisen für die Umschreibung nach § 727 sind zur Zwangsvollstreckung ins Gesamtgut nur ein Registerzeugnis über die Gütergemeinschaft erforderlich, sofern sich diese nicht aus den Akten ergibt. Ferner sind öffentliche oder öffentlich beglaubigte Urkunden über die Beendigung erforderlich, zB ein rechtskräftiges Urteil, die Sterbeurkunde. Gegen die Entscheidung ist die Widerspruchsklage nach § 771 zulässig, wenn der Gläubiger in das sonstige Vermögen des nicht verwaltenden Ehegatten vollstreckt.

744a *Zwangsvollstreckung bei Eigentums- und Vermögensgemeinschaft.* **Leben die Ehegatten gemäß Artikel 234 § 4 Abs. 2 des Einführungsgesetzes zum Bürgerlichen Gesetzbuch im Güterstand der Eigentums- und Vermögensgemeinschaft, sind für die Zwangsvollstreckung in Gegenstände des gemeinschaftlichen Eigentums und Vermögens die §§ 740 bis 744, 774 und 860 entsprechend anzuwenden.**

Schrifttum: *Arnold* DtZ **91**, 80 (ausf).

1 **1) Systematik, Regelungszweck.** Infolge des Beitritts der DDR zur BRep mußte man durch Art 234 § 4 II EGBGB der in der früheren DDR nach § 13 seines Familiengesetzbuchs grundsätzliche Güterstand einer Eigentums- und Vermögensgemeinschaft, vergleichbar der Gütergemeinschaft der §§ 1415 ff BGB, überleiten. § 744 a zieht aus dem Charakter dieser Art von Güterrecht möglichst praktikable Folgerungen für

die Zwangsvollstreckung durch eine Verweisung auf §§ 740–744, 774, 860. Einzelheiten Wassermann FamRZ **91**, 509.

745 *Zwangsvollstreckung bei fortgesetzter Gütergemeinschaft.* **I Im Falle der fortgesetzten Gütergemeinschaft ist zur Zwangsvollstreckung in das Gesamtgut ein gegen den überlebenden Ehegatten ergangenes Urteil erforderlich und genügend.**

II Nach der Beendigung der fortgesetzten Gütergemeinschaft gelten die Vorschriften der §§ 743, 744 mit der Maßgabe, dass an die Stelle des Ehegatten, der das Gesamtgut allein verwaltet, der überlebende Ehegatte, an die Stelle des anderen Ehegatten die anteilsberechtigten Abkömmlinge treten.

1) Systematik, Regelungszweck, I, II. § 745 zieht für die fortgesetzte Gütergemeinschaft nach 1
§§ 1483 ff BGB die Folgerungen für die Zwangsvollstreckung aus der Stellung des überlebenden Ehegatten und der Kinder, §§ 1487 ff. Der überlebende Ehegatte hat die Stellung des allein verwaltenden. Die Kinder haben die Stellung des anderen Ehegatten. Eine Regelung war nur insofern nötig, als ein Ehegatte das Gesamtgut verwaltete, da sonst ein Titel für oder gegen den mitverwaltenden vorhanden sein wird, § 740 II, der auf die Abkömmlinge umgeschrieben wird, § 727. Im übrigen vgl bei §§ 740, 743, 744, auch wegen der Zuständigkeit des Rpfl.

746 (weggefallen)

747 *Zwangsvollstreckung in ungeteilten Nachlass.* **Zur Zwangsvollstreckung in einen Nachlass ist, wenn mehrere Erben vorhanden sind, bis zur Teilung ein gegen alle Erben ergangenes Urteil erforderlich.**

Schrifttum: *Garlichs* JB **98**, 243 (Üb).

1) Systematik, Regelungszweck. §§ 747–749, ergänzt durch §§ 778–785, behandeln die Zwangsvoll- 1
streckung in den noch ungeteilten Nachlaß. § 747 fußt auf der Ordnung des Miterbenrechts als einer Gemeinschaft zur gesamten Hand, §§ 2032 ff BGB. Die Vorschrift setzt daher dieses Erbrecht oder ein gleichgeordnetes voraus. Außerdem müssen natürlich die allgemeinen Vollstreckungsvoraussetzungen gegen alle Miterben beim Beginn der Vollstreckung nach Grdz 51 vor § 704 vorliegen. Sie steht aber auch anderen Nachlaßgläubigern offen, denen die Erben aus demselben Rechtsgrund haften, Winter KTS **83**, 354. Unter einem Nachlaß versteht § 747 alles, was zum Nachlaß gehört, also auch die einzelnen Nachlaßgegenstände. Die Vorschrift gilt entsprechend nach § 265 AO.

2) Vor der Erbauseinandersetzung. In diesem Stadium ist zur Zwangsvollstreckung ein Titel gegen 2
sämtliche Miterben erforderlich. Es braucht kein einheitliches Urteil vorzuliegen. Die Erben mögen aus verschiedenen inhaltlich gleichen vollstreckbaren Titeln haften. Ein Leistungstitel nur gegen einzelne Miterben nebst einem Duldungstitel gegen die restlichen reicht nicht. Die Miterben sind keine notwendigen Streitgenossen nach § 62, auch nicht als Gesamtschuldner, § 62 Rn 16. Der Titel braucht die Miterben nicht als solche zu bezeichnen. Wenn ein Miterbe gleichzeitig ein Nachlaßgläubiger ist, genügt ein Urteil gegen die anderen Miterben, BGH MDR **88**, 654. § 780 I ist anwendbar, BGH MDR **88**, 654. Bei der Zwangsvollstreckung zwecks Abgabe einer Willenserklärung nach § 894 genügt ein Urteil gegen denjenigen Erben, der die Erklärung nicht abgegeben hat. § 747 gilt auch dann, wenn die Miterben aus einem anderen Rechtsgrund gesamtschuldnerisch haften, etwa aus einer unerlaubten Handlung oder wegen einer solchen Verbindlichkeit, die die Erben während der Erbengemeinschaft eingingen. Nur so erfolgt ein ausreichender Schutz auch anderer als der Nachlaßgläubiger.

Die *Zwangsvollstreckung* braucht nicht gegen alle Erben gleichzeitig zu erfolgen. Es können zB gegen die 3
einzelnen Miterben nacheinander mehrere Pfändungsbeschlüsse ergehen. Die Wirkung tritt dann mit der Erfassung des letzten Miterben ein. Ein Vollstreckungstitel gegen nur einen Miterben berechtigt nur zur Pfändung seines Anteils am ungeteilten Nachlaß. Wenn das Urteil gegen denjenigen Erblasser vorliegt, darf und muß der Rpfl die Klausel nach § 727 gegen alle Erben umschreiben. Besteht eine Nachlaßverwaltung, ist der Titel gegen den Verwalter notwendig und ausreichend, § 1984 BGB.

3) Nach der Erbauseinandersetzung. In diesem Stadium verläuft die Zwangsvollstreckung gegen den 4
einzelnen Miterben. Wendet der Miterbe ein, daß der Nachlaß noch nicht geteilt worden sei, macht er also ein Verweigerungsrecht aus § 2059 I 1 BGB geltend, hat er die Beweislast für seine Behauptung. Der Gläubiger muß dagegen beweisen, daß der Miterbe für die Nachlaßverbindlichkeit bereits unbeschränkt haftet, § 2059 I 2 BGB. Wenn das Urteil eine Haftungsbeschränkung nach § 780 vorbehält, kann man die Voraussetzungen des Verweigerungsrechts auch bei der Zwangsvollstreckung geltend machen. Die Teilung kann schon dann erfolgt sein, wenn noch kein Miterbe einzelne Stücke erhalten hat. Ob die Auseinandersetzung stattgefunden hat, läßt sich nur nach der Lage des Falls beantworten. Wegen der Zwangsvollstrekkung bei einem Testamentsvollstrecker § 748.

4) Rechtsbehelfe. Jeder Erbe, auch der verurteilte, kann bei einer gegen § 747 verstoßenden Zwangs- 5
vollstreckung die Erinnerung nach § 766 und anschließend die sofortige Beschwerde nach § 793 einlegen. Ein Miterbe, gegen den eine Vollstreckung ohne einen Titel erfolgt, hat auch die Drittwiderspruchsklage nach § 771.

748 *Zwangsvollstreckung bei Testamentsvollstrecker.* [I] **Unterliegt ein Nachlass der Verwaltung eines Testamentsvollstreckers, so ist zur Zwangsvollstreckung in den Nachlass ein gegen den Testamentsvollstrecker ergangenes Urteil erforderlich und genügend.**

[II] **Steht dem Testamentsvollstrecker nur die Verwaltung einzelner Nachlassgegenstände zu, so ist die Zwangsvollstreckung in diese Gegenstände nur zulässig, wenn der Erbe zu der Leistung, der Testamentsvollstrecker zur Duldung der Zwangsvollstreckung verurteilt ist.**

[III] **Zur Zwangsvollstreckung wegen eines Pflichtteilsanspruchs ist im Falle des Absatzes 1 wie im Falle des Absatzes 2 ein sowohl gegen den Erben als gegen den Testamentsvollstrecker ergangenes Urteil erforderlich.**

Schrifttum: *Garlichs,* Passivprozesse des Testamentsvollstreckers, 1996.

Gliederung

1 **1) Systematik, Regelungszweck, I–III.** Vgl zunächst § 747 Rn 1. Die Vorschrift enthält die erforderlichen Klarstellungen bei den verschiedenen Formen einer Testamentsvollstreckung zwecks Wahrung der sehr unterschiedlichen Interessen der in solchen Situationen Beteiligten. Sie gilt schon ab dem Tod des Erblassers und nicht erst ab der Annahme des Amts nach § 2202 I BGB.

2 **2) Volle Verwaltung, I.** Es gibt zwei unterschiedliche Fallgruppen.

A. In Vermögen des Erben. Über das Prozeßführungsrecht des Testamentsvollstreckers als Bekl § 327 Rn 3. § 748 ergänzt § 2213 BGB für die Zwangsvollstreckung, Köln Rpfleger **05**, 365. Wenn der Testamentsvollstrecker die Verwaltung des ganzen Nachlasses durchführt, wirkt ein gegen den Erben ergangenes Urteil nicht gegen den Testamentsvollstrecker, sondern ermöglicht nur die Zwangsvollstreckung in das nicht der Verwaltung des Testamentsvollstreckers unterliegende Vermögen des Erben. Zur Zwangsvollstreckung in den Nachlaß ist ein Vollstreckungstitel gegen den Testamentsvollstrecker notwendig. Das Urteil muß auf eine Leistung lauten, nicht auf eine Duldung der Zwangsvollstreckung, außer wenn ein Leistungsurteil gegen den Erben vorliegt, II, BGH NJW **89**, 936. Denn sonst fehlt überhaupt ein Leistungsurteil, aM StJM 2 (das Urteil dürfe auf eine Leistung oder eine Duldung lauten. Aber das sind durchaus verschiedene Pflichten, auch und gerade in der Zwangsvollstreckung.).

Zweckmäßig ist eine Klage *gegen den Testamentsvollstrecker und den Erben zugleich.* Dann kann nämlich der Gläubiger aus diesem Urteil gegen den Testamentsvollstrecker in den Nachlaß vollstrecken, gegen den Erben in dessen persönliches Vermögen. Derjenige Miterbe oder Nacherbe, dessen Erbrecht streitig ist und der eine Herausgabe verlangt, muß wegen seines Erbrechts gegen die Miterben klagen, im übrigen aber gegen den Testamentsvollstrecker, der den Nachlaß in Besitz hat. Mehrere Testamentsvollstrecker sind gewöhnliche Streitgenossen, § 59. Eine Annahme der Erbschaft ist nach §§ 1958, 2213 I 1 BGB nicht notwendig. Die Vorschrift gilt entsprechend nach § 265 AO, BFH NJW **89**, 936.

3 **B. Nicht in Vermögen des Testamentsvollstreckers.** Die Zwangsvollstreckung ist nur in den Nachlaß zulässig, nicht in das eigene Vermögen des Testamentsvollstreckers. Denn er ist Partei kraft Amts, Grdz 8 vor § 50. Eine entsprechende Einschränkung im Urteil ist entbehrlich, Garlichs Rpfleger **99**, 63. Die Zwangsvollstreckung in den Nachlaß erfolgt wie bei der Gütergemeinschaft, in der nur ein Ehegatte verwaltungsberechtigt ist, § 740 I. Ein Gewahrsam des Erben hindert die Zwangsvollstreckung in den Nachlaß nicht. Denn der Testamentsvollstrecker verkörpert den Nachlaß, aM Garlichs Rpfleger **99**, 62 (aber das ist gerade die Funktion dieser Partei kraft Amts). Klagt der Testamentsvollstrecker aus einem eigenen Recht etwa als Vermächtnisnehmer, muß er den Erben verklagen.

4 **3) Teilverwaltung, II.** Man muß drei Stadien beachten.

A. Leistung und Duldung. Verwaltet der Testamentsvollstrecker nur einzelne Nachlaßgegenstände, ist ein Vollstreckungstitel gegen den Erben auf die Leistung und gegen den Testamentsvollstrecker auf eine Duldung erforderlich. Ein Urteil auf eine Leistung gegen den Testamentsvollstrecker genügt als ein Mehr, Garlichs MDR **98**, 515. Die Klage auf eine Leistung gegen den Testamentsvollstrecker erlaubt ein Urteil auf eine Duldung als das Mindere. Eine Einschränkung für einzelne Gegenstände braucht das Gericht nur dann vorzunehmen, wenn nur diese Sachen der Zwangsvollstreckung unterliegen. Im Grunde geht das Duldungsurteil auf die Abgabe einer Willenserklärung, nämlich auf die Erklärung der Einwilligung in die Zwangsvollstreckung („zur Herausgabe bereit"). Es handelt sich also um ein Leistungsurteil nach Üb 6 vor § 300, wenn auch nicht stets nach Grdz 8 vor § 253. Das Urteil unterliegt freilich nicht der Regelung des § 894, sondern läßt eine vorläufige Vollstreckbarkeit zu.

Den *Kosten* der Klage nach § 93 Rn 37 „Dingliche Klage" kann der Testamentsvollstrecker nur durch eine vollstreckbare Urkunde nach § 794 I Z 5 entgehen, nicht durch eine formlose Einwilligung. Man kann den Leistungs- und den Duldungsanspruch in getrennten Prozessen geltend machen. Wenn der Testamentsvollstrecker und der Erbe zusammen Bekl werden, sind sie nicht notwendige Streitgenossen nach § 62. Hat das Gericht ein Duldungsurteil vor dem Leistungsurteil erlassen, wird das Duldungsurteil mit der Abweisung der Leistungsklage unwirksam. Eine unzulässige Zwangsvollstreckung wird dadurch wirksam, daß der Gläubiger den Duldungstitel nach Grdz 58 vor § 704 nachreicht oder daß der Schuldner die Zwangsvollstreckung genehmigt.

B. Antrag und Urteil. Die Fassung lautet am besten: „Der Beklagte muß die Zwangsvollstreckung in die (näher bezeichneten) Nachlaßgegenstände dulden". Das Gericht kann sein Urteil für vorläufig vollstreckbar erklären. Aus der akzessorischen Natur der mit der Leistungsklage verbundenen Duldungsklage folgt, daß die letztere den Gerichtsstand der ersteren teilt, auch bei einem ausschließlichen Gerichtsstand. Das gilt aber dann nicht, wenn man die Leistungs- und die Duldungsklage getrennt erhoben hat. Die Verurteilten haften wegen der Kosten nach Kopfteilen. Denn das Urteil verurteilt nicht gesamtschuldnerisch, § 100 I. 5

C. Zwangsvollstreckung. Das Gericht muß dem Testamentsvollstrecker und dem Erben ein gegen diese ergangenes Urteil zustellen. Eine Zustellung des Urteils gegen den anderen braucht nicht zu erfolgen, § 750. Der Testamentsvollstrecker und der Erbe sind Vollstreckungsschuldner. Beide müssen also auch die eidesstattliche Versicherung zwecks Offenbarung nach § 807 leisten, der Testamentsvollstrecker aber natürlich nur wegen der von ihm verwalteten Nachlaßgegenstände. 6

4) Rechtsbehelfe, I–III. Eine Zwangsvollstreckung ohne einen wirksamen Duldungstitel gibt je nach der Beteiligungsperson unterschiedliche Möglichkeiten. 7

A. Testamentsvollstrecker. Der Testamentsvollstrecker kann eine Erinnerung nach § 766 und anschließend eine sofortige Beschwerde nach § 793 einlegen. Er kann auch eine Widerspruchsklage nach § 771 erheben. Ihr kann der Gläubiger den Einwand einer sachlichrechtlichen Duldungspflicht nicht entgegensetzen.

B. Erbe. Der Erbe hat keinen Rechtsbehelf. Denn II schützt nicht den Erben, sondern soll die ungestörte Verwaltung des Testamentsvollstreckers ermöglichen. Mit einer Widerspruchsklage nach § 771 würde der Erbe ein fremdes Recht geltend machen, Garlichs Rpfleger **99**, 64. 8

C. Dritter. Der Dritte, insbesondere der Drittschuldner, hat die Erinnerung, § 766. 9

5) Keine Verwaltung, I–III. Hat der Testamentsvollstrecker überhaupt keine Verwaltung, kommt er für die Zwangsvollstreckung nur als ein Dritter in Frage. 10

6) Pflichtteilsanspruch, III. Bei ihm ist es unerheblich, ob der Testamentsvollstrecker die Verwaltung voll oder teilweise durchführt. In beiden Fällen ist zwar der Erbe der richtige Bekl, § 2213 BGB. Zur Zwangsvollstreckung in den verwalteten Nachlaß ist aber nach § 2213 I 3 BGB ein Urteil gegen den Erben auf die Leistung notwendig, gegen den Testamentsvollstrecker auf eine Duldung. Im übrigen gelten Rn 4–6. 11

749 ***Vollstreckbare Ausfertigung für und gegen Testamentsvollstrecker.*** **[1] Auf die Erteilung einer vollstreckbaren Ausfertigung eines für oder gegen den Erblasser ergangenen Urteils für oder gegen den Testamentsvollstrecker sind die Vorschriften der §§ 727, 730 bis 732 entsprechend anzuwenden. [2] Auf Grund einer solchen Ausfertigung ist die Zwangsvollstreckung nur in die der Verwaltung des Testamentsvollstreckers unterliegenden Nachlassgegenstände zulässig.**

1) Systematik, Regelungszweck, S 1, 2. Vgl zunächst § 747 Rn 1. Rechtsnachfolger des Erblassers ist der Erbe und nicht der Testamentsvollstrecker. Eine Umschreibung der Vollstreckungsklausel auf den Erben läßt keine Zwangsvollstreckung in den von einem Testamentsvollstrecker verwalteten Nachlaß zu, § 748. Darum regelt § 749 die Umschreibung für und gegen den Testamentsvollstrecker entsprechend §§ 727, 730–732. Voraussetzung ist natürlich die Annahme seines Amts nach § 2202 I BGB. Dagegen ist eine Annahme der Erbschaft nach § 2213 BGB keine Voraussetzung. Zuständig ist der Rpfl, § 20 Z 12 RPflG. 1

2) Geltungsbereich, S 1, 2. Es kommt auf die Urteilsrichtung an. 2

A. Urteil gegen den Erblasser. Bei einer vollen Verwaltung des Testamentsvollstreckers muß der Rpfl den Vollstreckungstitel gegen den Testamentsvollstrecker umschreiben, § 748 I. Bei einer Teilverwaltung des Testamentsvollstreckers muß er den Vollstreckungstitel gegen den Erben und gegen den Testamentsvollstrekker entsprechend § 748 II umschreiben. Denn § 749 erleichtert die Beschaffung eines Vollstreckungstitels, macht ihn aber nicht entbehrlich. Unerheblich ist, ob die Ausschlagungsfrist schon abgelaufen ist. Der Testamentsvollstrecker hat die Einrede aus § 2014 BGB.

B. Urteil für den Erblasser. Dann muß der Rpfl den Vollstreckungstitel für den Testamentsvollstrecker umschreiben, falls der Testamentsvollstrecker nachweist, daß er den ganzen Nachlaß oder wenigstens den betreffenden Anspruch verwaltet. Wenn der Erbe vor dem Amtsantritt des Testamentsvollstreckers eine Umschreibung auf sich erwirkt hat, muß der Testamentsvollstrecker ihn verklagen, falls der Erbe den Titel nicht herausgibt, § 2205 BGB. 3

3) Rechtsbehelfe, S 1, 2. Für den Gläubiger und den Testamentsvollstrecker gilt dasselbe wie bei § 724 Rn 13. Der Schuldner kann nach §§ 732, 768 vorgehen. 4

Einführung vor §§ 750–752

Beginn der Zwangsvollstreckung

Gliederung

1 **1) Systematik.** §§ 750–752 regeln die Voraussetzungen für den Beginn der Zwangsvollstreckung, Grdz 51 vor § 704. Das Originalurteil usw bleibt ja bei den Gerichtsakten. Seine Eignung zur vorläufigen oder endgültigen Vollstreckung ergibt sich formell nach seinem Erlaß aus der grundsätzlich erforderlichen Vollstreckungsklausel im Verfahren nach §§ 724 ff auf einer der Ausfertigungen. Sie wird eben erst dadurch zur vollstreckbaren Ausfertigung und damit erst praktisch zum Vollstreckungstitel. §§ 750–752 sollen dem am Klauselerteilungsverfahren nicht notwendig beteiligten Schuldner durch eine Information über alle die Leistungspflicht begründenden Umstände letztmals eine Gelegenheit zur Leistung oder zu Einwänden geben. Jedes Vollstreckungsorgan muß ihr Vorliegen von Amts wegen bei jeder Zwangsvollstreckungshandlung prüfen, Grdz 39 vor § 128. Ffm Rpfleger **77**, 416, Eickmann DGVZ **84**, 66. Das muß auch das Prozeßgericht bei §§ 887 ff tun, Düss OLGZ **76**, 377. §§ 750 ff sind auch dann anwendbar, wenn der Gläubiger im laufenden Verfahren wechselt, sofern er tätig ins Verfahren eingreift, etwa ein eingestelltes Verfahren weiterbetreibt. Entsprechendes gilt beim Wechsel des Schuldners. Ausnahme § 779. Wegen der EuGVVO SchlAnh V C 2.

2 **2) Regelungszweck.** §§ 750, 751 schützen ausschließlich den Schuldner, AG Birkenfeld DGVZ **82**, 189. Es ist durch nichts begründet, ihm hier, wo keinerlei öffentliche Belange berührt sind, einen solchen Schutz zu gewähren, den er verschmäht. § 295 ist hier anwendbar, § 750. Eine verfrühte Zwangsvollstreckung gibt dem Schuldner dann, wenn das Gericht sie schuldhaft zugelassen hatte, einen Ersatzanspruch gegen den Staat. Denn wenn der fehlerhafte Staatsakt auch mangels seiner Aufhebung wirksam bleibt, Üb 20 vor § 300, BGH **66**, 81, war er doch unerlaubt. Dagegen ist der Gläubiger aus der fehlerhaften Zwangsvollstreckung nicht bereichert wenn sein Anspruch bestand. § 752 schützt wie belastet evtl sowohl den Gläubiger als auch den Schuldner, § 752 Rn 1. Diesen Schutzzwecken entsprechend muß man die Vorschriften auslegen.

3 **3) Geltungsbereich.** Die Vorschriften gelten für jede Art von Zwangsvollstreckung auf Grund beliebiger Gesetze, soweit diese eine Vollstreckung eben nach der ZPO vorsehen. Sie gelten auch im WEG-Verfahren.

4 **4) Verstoß.** Die Vorschriften über die Voraussetzungen des Beginns der Zwangsvollstreckung sind zwingend. Ein Verstoß macht die Vollstreckungshandlung gesetzwidrig. Nach einer früheren Meinung war die trotzdem vorgenommene Zwangsvollstreckung unwirksam. Sie ließ insbesondere kein Pfandrecht entstehen. Der Schuldner mußte eine Unwirksamkeit nach § 766 geltend machen. Eine Heilung mit einer rückwirkenden Kraft gegen Dritte war unmöglich. Dagegen wurde die noch fortdauernde Zwangsmaßnahme bei einer Nachholung des Nötigen für die Zukunft wirksam.

5 Diese *ganze Lehre,* die nur eine Ausnahme zugunsten einer ex tunc-Wirkung bei einer Genehmigung des Drittberechtigten nach §§ 185 II, 184 BGB machte, war *unrichtig,* Grdz 55, 56 vor § 704. Von einer schädlichen Rückwirkung kann man nicht sprechen. Denn ein mangelhafter Staatsakt ist mangels schwerer grundlegender Mängel grundsätzlich nur anfechtbar, Üb 20 vor § 300, und insofern auflösend bedingt. Darum tritt nicht ein, was nicht bestand, sondern es bleibt erhalten, was bestand, aber gefährdet war. Darum heilt eine Zustimmung des Schuldners schlechthin und mit dem Wirkung des Wegfalls der auflösenden Bedingung, BGH **66**, 81, Saarbr Rpfleger **91**, 513, StJM § 750 Rn 11.

6 **5) Rechtsbehelfe.** Der Gläubiger und der Schuldner können die Erinnerung nach § 766 einlegen. Anschließend ist die sofortige Beschwerde nach § 793 möglich. Der Drittschuldner hat auch die Einrede gegenüber der Klage, aM BGH **66**, 82 (läßt nur eine Nichtigkeit als Einwendung gelten. Aber die Möglichkeit einer Erinnerung muß gerade als eine Folge der bloßen Anfechtbarkeit nach Rn 5 unbedingt bestehen).

750 *Voraussetzungen der Zwangsvollstreckung.* **I 1 Die Zwangsvollstreckung darf nur beginnen, wenn die Personen, für und gegen die sie stattfinden soll, in dem Urteil oder in der ihm beigefügten Vollstreckungsklausel namentlich bezeichnet sind und das Urteil bereits zugestellt ist oder gleichzeitig zugestellt wird. 2 Eine Zustellung durch den Gläubiger genügt; in diesem Fall braucht die Ausfertigung des Urteils Tatbestand und Entscheidungsgründe nicht zu enthalten.**

II Handelt es sich um die Vollstreckung eines Urteils, dessen vollstreckbare Ausfertigung nach § 726 Abs. 1 erteilt worden ist, oder soll ein Urteil, das nach den §§ 727 bis 729, 738, 742, 744, dem § 745 Abs. 2 und dem § 749 für oder gegen eine der dort bezeichneten Personen wirksam ist, für oder gegen eine dieser Personen vollstreckt werden, so muss außer dem zu vollstreckenden Urteil auch die ihm beigefügte Vollstreckungsklausel und, sofern die Vollstreckungsklausel auf Grund öffentlicher oder öffentlich beglaubigter Urkunden erteilt ist, auch eine Abschrift dieser Urkunden vor Beginn der Zwangsvollstreckung zugestellt sein oder gleichzeitig mit ihrem Beginn zugestellt werden.

III Eine Zwangsvollstreckung nach § 720 a darf nur beginnen, wenn das Urteil und die Vollstreckungsklausel mindestens zwei Wochen vorher zugestellt sind.

Schrifttum: *Kleffmann,* Unbekannt als Parteibezeichnung usw, 1983; *Reichert,* Die BGB-Gesellschaft im Zivilprozeß, 1988.

Gliederung

1) Systematik, I–III. Vgl Einf 1 vor §§ 750–752. 1

2) Regelungszweck, I–III. Vgl zunächst Einf 2 vor §§ 750–752. Die Vorschrift dient der Rechtssicher- 2
heit, Einl III 43. Sie soll sicherstellen, daß ein Bürger niemanden zu Unrecht mit Zwangsmaßnahmen oder auch nur mit deren Ankündigung überziehen kann, den solche Maßnahmen gar nicht betreffen oder demgegenüber sie zumindest noch nicht zulässig sind. Außerdem soll der wahre Vollstreckungsschuldner wenigstens jetzt genau erkennen können, welcher seiner Gläubiger aus welchem Titel gegen ihn vorgeht oder nach III vorgehen will. III soll dem Schuldner eine Gelegenheit geben, schon eine Sicherungsmaßnahme des Gläubigers nach § 720 a abzuwenden.

Schikane gegenüber dem Gläubiger ist aber keineswegs als Folge noch so gutgemeinten Schuldnerschutzes auch nur als eine etwa bloß unerfreuliche Begleiterscheinung hinnehmbar. Deshalb darf man die Anforderungen an § 750 nicht überspannen. Solange sich vernünftigerweise ganz gut zu erkennen läßt, was das Vollstreckungsorgan und der Schuldner sowie etwa zu Unrecht hingezogene Dritte wissen müssen, darf die Vorschrift dem endlichen Beginn der Vollstreckung nicht mehr entgegenstehen.

3) Geltungsbereich, I–III. Die Vorschrift regelt eine Voraussetzung des Beginns der Zwangsvollstrek- 3
kung nach Grdz 51 vor § 704. Sie gilt entgegen dem zu engen Wortlaut aber auch bei der Fortsetzung einer Vollstreckung. Sie gilt auch im WEG-Verfahren.

4) Bezeichnung der Personen, I. Einem Grundsatz folgen zahlreiche Auswirkungen. 4

A. Grundsatz: Erkennbarkeit, Auslegbarkeit. Das Vollstreckungsorgan muß ohne weiteres erkennen können, wer Vollstreckungspartei ist, § 253 Rn 22 ff. Das Vollstreckungsorgan muß die Nämlichkeit der Personen auf Grund des Vollstreckungstitels prüfen können, LG Drsd JB **01**, 604, LG Kblz FamRZ **00**, 1166, AG Hann DGVZ **03**, 123, aM BGH **156**, 339 (krit Ruess NJW **04**, 488. Wo läge auch die Grenze für das Vollstreckungsorgan?). Es muß zu dieser Klärung imstande sein können, ohne daß es besondere Ermittlungen anstellen muß, Grdz 37 vor § 704, LG Frankenth JB **96**, 443, AG Göpp DGVZ **00**, 126. Zu diesen ist es auch nicht verpflichtet, AG Göpp DGVZ **00**, 126, Petermann DGVZ **76**, 84.

Eine *Auslegung* ist freilich erlaubt und evtl nötig, LG Bonn Rpfleger **84**, 28, AG Gelsenk DGVZ **88**, 45, VGH Mannh NJW **99**, 3291 (zieht die Klausel heran). Notfalls muß das Gericht den Urteilskopf nach § 319, die Vollstreckungsklausel in dessen entsprechender Anwendung berichtigen, AG Kiel DGVZ **81**, 173, AG Neust/Rbbge DGVZ **95**, 156. Wenn auch dieser Weg versagt, ist die Zwangsvollstreckung zunächst unmöglich, BayObLG NZM **05**, 439 (zum alten WEG), LG Bonn Rpfleger **84**, 28, LG Düss DGVZ **81**, 156. Der Gläubiger muß dann die Nämlichkeit der Beteiligten durch eine Klage aus § 731 klären lassen, LG Bln MDR **77**, 236. Keinesfalls darf der ProzBev einfach eine „Berichtigung" vornehmen.

B. Name, Beruf, Wohnort. Nach dem Namen, dem Beruf und dem Wohnort und daher auch der 5
genauen Adresse muß das Gericht diejenigen Personen im Urteil oder in der Vollstreckungsklausel bezeichnen, für und gegen die die Zwangsvollstreckung stattfinden soll, Karlsr MDR **99**, 1403, AG Bln-Wedding DGVZ **92**, 123. Deshalb muß der Gläubiger den Vornamen jedenfalls dann angeben, wenn man nur mit seiner Hilfe die Nämlichkeit des Betroffenen feststellen kann, AG Bln-Wedding DGVZ **92**, 123, AG Bonn DGVZ **94**, 95 (zum Gegenfall), AG Neust/Rbbge DGVZ **95**, 156. Es kann auch der Zusatz „senior" oder „junior" oder stattdessen das Geburtsdatum oder der Beruf notwendig sein. Wegen der BGB-Außengesellschaft mit ihrer Rechts-, Partei- und Prozeßfähigkeit nach BGH **146**, 341 ergeben sich die Anforderungen wie bei § 253 Rn 25. Es ist aber auch nicht mehr nötig. Daher braucht der Titel nicht die Gesellschafternamen zu nennen, soweit nur die Gesellschaft Partei ist, aM AG Hann DGVZ **03**, 123 (aber damit würde man die BGH-Grundsatzentscheidung unterlaufen können). Soweit in der Klageschrift noch für das Erkenntnisverfahren nach § 253 Rn 22 ff eine Angabe fehlen dürfte, mag doch infolgedessen keine Vollstreckung möglich sein.

C. Großzügigkeit. Jede formalistische Engherzigkeit muß unterbleiben, Einf 2 vor §§ 750–751, KG 6
Rpfleger **82**, 191, aM Ffm Rpfleger **79**, 434 (aber der Prozeß ist in keinem Stadium ein Selbstzweck, Einl III 10). Eine unrichtige Schreibweise ist unschädlich, soweit die Nämlichkeit feststeht, Mü DGVZ **06**, 115, LG Stgt Rpfleger **96**, 166, AG Bonn DGVZ **94**, 95. Dasselbe gilt bei einer nur theoretischen Unklarheit dazu, was Vor- und was Nachname ist, LG Hann JB **92**, 57, oder wenn nur ein Kurzvorname dasteht, BayObLG JB **83**, 116, LG Bielef JB **87**, 930, oder beim Pseudonym, oder beim Stand oder Beruf, oder bei einer Namensänderung, LG Bielef JB **87**, 930, LG Brschw NJW **95**, 1971, AG Drsd DGVZ **05**, 130. Wenn ein Betroffener zB nachträglich infolge einer Heirat usw einen anderen Familiennamen erhalten hat, darf das Gericht den Vollstreckungstitel ohne weiteres ergänzen, AG Kref MDR **77**, 762 (§ 727 entsprechend). Eine neue Anschrift mag auf einem bloßen Umzug beruhen. Daher kann man ihre Richtigkeit beim Zustellungsversuch abwarten, LG Drsd JB **01**, 604. Der Gläubiger kann sich jedenfalls darauf beschränken, eine Auskunft aus dem Melderegister beizufügen, LG Brschw Rpfleger **95**, 306. Er braucht also nicht nach § 792 vorzugehen, dort Rn 1. Zweifel gehen freilich zulasten des Gläubigers, Ffm Rpfleger **79**, 434, AG Darmst DGVZ **78**, 46 (Sitz einer GmbH). Mängel im Vollstreckungstitel lassen sich durch die Vollstreckungsklausel zumindest nicht stets heilen, Karlsr MDR **99**, 1403, wenn auch eventuell, Rn 2.

D. Vertreter. Man muß beim gesetzlichen Vertreter § 51 beachten. Zur Vertretungsbefugnis im Partei- 7
prozeß vgl § 79. Bei einer BGB-Gesellschaft reicht „vertreten durch den Geschäftsführer", § 51 Rn 16, BGH RR **05**, 119. Wenn der Vollstreckungstitel entgegen § 313 I Z 1 den gesetzlichen Vertreter nicht erwähnt, ist er zwar nicht unwirksam, Ffm Rpfleger **76**, 27, LG Ffm DGVZ **02**, 92, AG Hann NdsRpfl **97**, 15. Es können aber bei der Zustellung Schwierigkeiten auftreten, Grdz 40 vor § 704, LG Ffm DGVZ **02**,

92, AG Ansbach DGVZ **94**, 94. Dasselbe gilt bei einer Zahlung usw. Die Angabe des gesetzlichen Vertreters bei einer juristischen Person, deren Nämlichkeit eindeutig ist, wie überhaupt die ausdehnende Auslegung von § 313 I Z 1 auf das Vollstreckungsverfahren mag allerdings nicht ausreichen, Köln Rpfleger **75**, 102. Man kann bei einem Vollstreckungstitel gegen „X als gesetzlichen Vertreter des Minderjährigen Y" den ersteren als den Schuldner ansehen, LG Essen Rpfleger **75**, 372. Die Nämlichkeit des Vertreters ändert nichts an der Notwendigkeit der Nämlichkeit des Vertretenen, Ffm WettbR **97**, 187, LG Bln Rpfleger **78**, 106. Der Gerichtsvollzieher beachtet den Mangel, AG Wolfratshausen DGVZ **75**, 47. Er braucht aber zB nicht selbst den gesetzlichen Vertreter zu ermitteln. Er gibt vielmehr dem Gläubiger eine Gelegenheit zur Klärung oder weist den Auftrag erst anschließend notfalls zurück, LG Ffm DGVZ **02**, 92.

Beim *Bevollmächtigten* ist die Zustellung auch der Vollmacht usw in einer öffentlichen oder öffentlich beglaubigten Urkunde spätestens beim Beginn der Zwangsvollstreckung nötig, BGH NZM **06**, 911.

8 **E. Firma.** Bei einer eingetragenen Firma genügt diese im allgemeinen, BayObLG Rpfleger **82**, 466, KG JB **82**, 784, AG Mü DGVZ **82**, 172. Beim Einzelkaufmann genügt das auch zur Vollstreckung in sein Privatvermögen. Bei einer nicht eingetragenen Firma muß man den Inhaber angeben, KG JB **82**, 784, Köln RR **96**, 292, LG Frankenth JB **06**, 607. Bei mehreren „Inhabern" ist mangels einer Eintragung in der Regel § 736 anwendbar. Über einen Titel auf eine Einzelfirma Einf 3 vor §§ 727–729. Zweifel gehen jedenfalls dann zulasten des Gläubigers, wenn die Firma beim Eintritt der Rechtshängigkeit nach § 261 nicht mehr eingetragen war, KG Rpfleger **82**, 191, Köln RR **96**, 292, aM AG Mü DGVZ **82**, 172 (der im Vollstrekkungstitel mit seinem Privatnamen bezeichnete frühere Inhaber sei Schuldner, wenn der Titel auch die Firma angebe. Aber gerade die Firma existierte ja in Wahrheit von Anfang an nicht.).

9 *Umschreibung* ist bei einem Decknamen entbehrlich, aber zulässig. Bei einer Handelsgesellschaft genügen grundsätzlich die Firma und ihr Sitz, LG Saarbr DGVZ **97**, 183, AG Darmst DGVZ **78**, 48. Bei der Offenen Handelsgesellschaft genügt ein Titel gegen die Firma, ebenso bei der Kommanditgesellschaft. Wegen der BGB-Außengesellschaft Rn 5. Bei der GmbH und Co KG genügt der Titel gegen die GmbH nicht zur Zwangsvollstreckung gegen die KG, BayObLG NJW **86**, 2578. Ein Titel nur gegen den Geschäftsführer einer GmbH reicht nicht gegen sie aus, AG Bln-Tempelhof DGVZ **00**, 126. Wegen der Vor-GmbH und ihres Gründers BayObLG **87**, 448, LG Bln MDR **87**, 855. Eine Namens- oder Firmenänderung ist unschädlich, soweit die Nämlichkeit feststeht, LG Frankenth DGVZ **97**, 75, LG Hann JB **05**, 275, aM AG Kiel DGVZ **81**, 173. Nach der Löschung der GmbH ist eine Umschreibung auf einen neu zu bestellenden Liquidator notwendig, AG Limbg DGVZ **89**, 191. Der Gerichtsvollzieher prüft an Ort und Stelle, ob das Gericht ein Unternehmen im Titel in seiner Rechtsform richtig und vollstreckbar bezeichnet hat, AG Gelsenk DGVZ **88**, 45. Freilich braucht er keine komplizierten Ermittlungen usw vorzunehmen, Rn 3. Bei einer juristischen Person des öffentlichen Rechts kann die Bezeichnung einer nichtrechtsfähigen Anstalt reichen, LG Bonn Rpfleger **92**, 441.

10 **F. Personenmehrheit.** Man muß Gesamtgläubiger als solche bezeichnen, LG Frankenth JB **96**, 442. Die Zwangsvollstreckung für und gegen einen Gesellschafter ist nur dann zulässig, wenn der Vollstreckungstitel ihn nicht bloß als den gesetzlichen Vertreter nennt, § 51 Rn 12, sondern auch als eine Partei, Grdz 4 vor § 50, AG Bln-Wedding DGVZ **78**, 14. Die Umschreibung auf einen Gesellschafter ist unzulässig, Anh § 736 Rn 2, 3. Bei der Anwaltsozietät in der Form einer BGB-Außengesellschaft mit ihrer Rechts-, Partei- und Prozeßfähigkeit nach BGH **146**, 341 muß man wie bei Rn 5 vorgehen. Weichen der Tenor und das Rubrum auseinander, muß man im Zweifel zugunsten des Vollstreckungsschuldners vorgehen, BayObLG DB **02**, 679.

11 Bei einer *Schuldnermehrheit* ist grundsätzlich die Angabe notwendig, ob der Gläubiger sie als *Gesamtschuldner* in Anspruch nimmt oder in welchem Beteiligungsverhältnis sie sonst stehen, LG Bln MDR **77**, 146, AG Bln DGVZ **77**, 25. Die Erbengemeinschaft ist als solche keine ausreichende Gläubigerbezeichnung, LG Bln DGVZ **78**, 59. Dasselbe gilt für „Rechtsanwalt X und Partner" usw, LG Bonn Rpfleger **84**, 28, LG Gießen DGVZ **95**, 88. Zum Problem einer unbestimmten Zahl nicht mit ihren Namen genannter Hausbesetzer § 253 Rn 25, § 319 Rn 13 ff. Die Angabe „WEG X" (Angabe des gemeinschaftlichen Grundstücks) kann reichen, § 10 VI 4 WEG. Beim nicht rechtsfähigen Verein ist eine Individualisierung des Sondervermögens notwendig, AG Stendal DGVZ **06**, 95.

12 **5) Nennung im Vollstreckungstitel, I.** Sie ist wesentliche Bedingung.

A. Grundsatz: Maßgeblichkeit von Titel und Klausel. Die Zwangsvollstreckung ist ausschließlich für und gegen die im Urteil und in der Klausel Genannten zulässig, AG Bln-Tempelhof DGVZ **00**, 126, auch zB den Prozeßstandschafter, Grdz 26 vor § 50, LG Darmst Rpfleger **99**, 125, AG Schwetzingen DGVZ **89**, 27, aM Celle Rpfleger **86**, 484 (aber gerade bei ihm muß die Funktion ganz klar feststehen). Ob der Titel sie zu Recht nennt, darf das Vollstreckungsorgan nicht prüfen, Hamm FamRZ **81**, 200. Bei einem Urteil auf eine Leistung an einen Dritten bleibt der Gläubiger der Vollstreckungsberechtigte. Daher darf das Gericht nur ihn im Rubrum aufführen, AG Schwetzingen DGVZ **89**, 26. Eine Einwilligung in die Zwangsvollstreckung durch einen nicht Genannten kann zwar einen bisherigen Mangel der Zwangsvollstreckung heilen. Das Vollstreckungsorgan handelt aber fehlerhaft, wenn es daraufhin die Zwangsvollstreckung vornimmt. Wegen eines Titels nach der AO Köln Rpfleger **93**, 29.

13 **B. Verstoß.** Das Fehlen der Benennung in der Vollstreckungsklausel läßt sich durch nichts ersetzen, auch nicht bei einer sachlichrechtlichen Duldungspflicht, Bre Rpfleger **87**, 381 (zustm Bischoff/Bobenhausen). Die Vollstreckung ist insoweit unzulässig, wenn auch nicht nichtig, Einf 3 vor §§ 750–752.

14 **6) Zustellung des Vollstreckungstitels, I.** Auch dieser Vorgang hat eine wesentliche Bedeutung. In einer Familiensache usw gilt der inhaltlich entsprechende § 87 II FamFG.

A. Grundsatz: Spätestens bei Vollstreckungsbeginn. Die Zwangsvollstreckung darf grundsätzlich erst dann beginnen, wenn das Urteil in einer beliebigen Ausfertigung, LG Gött JB **79**, 1388, vorher wirksam zugestellt worden ist oder gleichzeitig zugestellt wird (Ausnahmen: §§ 929 III, 936, ferner evtl bei § 156 III KostO, Hamm MDR **89**, 467), Karlsr FER **98**, 79, LG Bielef DGVZ **03**, 93. Die Zustellung erfolgt von Amts wegen nach § 317 I oder durch den Gläubiger nach §§ 191–195. Das stellt I 2 klar, Mü OLGZ **82**,

103, LAG Ffm DB **87**, 2575. Der Gläubiger kann an einer solchen Parteizustellung trotz der Amtszustellung ein Interesse haben, etwa zwecks einer Beschleunigung, Ffm MDR **81**, 591, LG Ffm Rpfleger **81**, 204.

B. Beispiele zur Frage einer Zustellung des Vollstreckungstitels, I 15

Anlage: S „Bezugnahme".

Anschrift: Die Zustellung erfolgt an die aus dem Erkenntnisverfahren bekannte Anschrift des Schuldners, solange er keine andere nennt und solange die bisherige Anschrift auch nicht als unrichtig geworden bekannt ist, Köln BB **75**, 628.

Anwaltsvergleich: Auch bei ihm ist die Zustellung erforderlich.

Aushändigung: Rn 16 „Notar".

Beschluß: Bei einem Beschluß gelten dieselben Regeln wie bei einem Urteil.

Bezugnahme: Die Zustellung einer in Bezug genommenen Anlage ist auch dann notwendig, wenn der Titel auch ohne sie verständlich ist, Mü RR **03**, 1722.

Einmaligkeit: Trotz der Notwendigkeit einer Zustellung bei jeder Vollstreckungsart genügt jedenfalls eine einmalige Zustellung für die gesamte Zwangsvollstreckung, also für alle folgenden Vollstreckungshandlungen, Hbg RR **86**, 1501.

Entbehrlichkeit: Eine Zustellung durch den Gläubiger ist entbehrlich, soweit der Schuldner den Vollstreckungstitel schon seinerseits dem Gläubiger hatte zustellen lassen, Ffm MDR **81**, 591.

Erinnerung: Rn 17 „Weigerung".

Gesamtschuldner: Bei der Zwangsvollstreckung gegen einen Gesamtschuldner ist *keine* Vorlage der mit Wirkung gegen einen anderen Gesamtschuldner erteilten Ausfertigung des Vollstreckungstitels notwendig, LG Bre DGVZ **82**, 76, aM AG Mönchengladb DGVZ **82**, 79 (aber es geht jetzt nur um *diesen* Gesamtschuldner).

Höhere Instanz: Aus dem Zweck der Vorschrift folgt, daß auch ein voll bestätigendes Berufungsurteil zugestellt worden sein muß, wenn das Ersturteil nicht oder anders vorläufig vollstreckbar war. Denn dann macht erst das bestätigende Berufungsurteil das Ersturteil zu einem Vollstreckungstitel.

Jede Vollstreckungsart: Eine Zustellung ist bei jeder Zwangsvollstreckung notwendig, auch wenn das Prozeßgericht selbst vollstreckt.

S aber auch „Einmaligkeit".

Kostenfestsetzungsbeschluß: Auch bei ihm ist die Zustellung erforderlich. 16

Kurzfassung: S „Ohne Tatbestand und Entscheidungsgründe".

Mangel der Zustellung: Nur eine wirksame Zustellung genügt, LG Bielef DGVZ **03**, 93, LG Lübeck DGVZ **05**, 141, großzügiger BGH **76**, 79 (bloße Anfechtbarkeit. Aber der Mangel ist wesentlich). Ein Mangel läßt sich evtl durch erneute Zustellung nach § 189 heilen, BGH **66**, 82, Köln JB **00**, 49, Mü OLGZ **82**, 103.

Mehrfache Vollstreckung: Bei ihr ist die einmalige Zustellung vor der ersten Maßnahme erforderlich und ausreichend.

Notar: Eine auf Bitten des Schuldners vom Notar vorgenommene Aushändigung einer vollstreckbaren Ausfertigung der vor ihm errichteten Urkunde steht einer Zustellung wegen der neutralen Stellung des Notars nach § 1 BNotO *nicht* gleich, LG Ffm JB **93**, 750.

Ohne Tatbestand und Entscheidungsgründe: Die Zustellung einer Ausfertigung des Urteils ohne einen Tatbestand und ohne Entscheidungsgründe genügt bei einer Parteizustellung stets, I 2 Hs 2, LAG Ffm DB **87**, 2575. Bei einer Zustellung von Amts wegen genügt sie dagegen nur bei §§ 313 a, 313 b.

Parteizustellung: Bei der Parteizustellung stellt der Gläubiger dem Vollstreckungsschuldner zu. Es kann aber auch ein anderer Weg erfolgen, BGH **65**, 296, Ffm Rpfleger **78**, 134, LG Gött JB **79**, 1388. Wichtig ist nur, daß der Schuldner eine sichere Kenntnis von dem Titel erhält, Ffm MDR **81**, 591.

Prozeßbevollmächtigter: Die Zustellung muß an den ProzBev erfolgen, § 172, LG Gießen Rpfleger **81**, 17
26, AG Dorsten DGVZ **99**, 142, und zwar auch nach der Rechtskraft der Entscheidung, sogar noch nach Jahr und Tag, § 172 I 2, LG Detm DGVZ **99**, 61, aM LG Bochum Rpfleger **85**, 33, Biede DGVZ **77**, 75 (diese Zustellungsart sei nur bei § 195 erforderlich. Aber § 172 gilt gerade auch bei der Amtszustellung). Die Zustellung erfolgt an den ProzBev der Instanz, LG Köln DGVZ **90**, 122. Es ist keine Zustellung an sich selbst statthaft, KG Rpfleger **78**, 105. Das Vollstreckungsorgan darf die Prozeßvollmacht nicht prüfen. Denn diese Zustellung gehört noch zur Instanz. Die Prozeßvollmacht erlischt erst nach § 87. Wegen einer Vertretungsbefugnis im Parteiprozeß vgl § 79.

Prozeßgericht: Rn 15 „Jede Vollstreckungsart".

Rechtsnachfolger: Er muß den nach § 727 nebst Klausel auf ihn umgeschriebenen Titel zustellen lassen, BGH DGVZ **07**, 60, Hamm Rpfleger **00**, 171.

Sicherungsvollstreckung: Auch bei ihr ist die Zustellung erforderlich, III.

Sozialversicherung: Der Leistungsbescheid muß das Datum der Zustellung aufweisen. Andernfalls stellt der Gerichtsvollzieher auf Gläubigerkosten zu, LG Potsd DGVZ **03**, 43.

Vereinfachtes Verfahren: Auch in ihm ist die Zustellung erforderlich.

Verzicht: Er ist statthaft, auch schon vor Beginn der Zwangsvollstreckung nach Grdz 51 vor § 704, AG Montabaur DGVZ **75**, 92.

Vollmacht: Ihre Mitzustellung kann bei einer Unterwerfung auch des Schuldners *entbehrlich* sein, LG Cottbus Rpfleger **07**, 563.

Vollstreckbare Urkunde: Auch bei ihr ist die Zustellung nebst einer Wartezeit nach § 798 erforderlich.

Weigerung: Bei einer Weigerung des Gerichtsvollziehers, die Zustellung vorzunehmen, hat der Gläubiger die Erinnerung nach § 766 II direkt oder doch entsprechend, Midderhoff DGVZ **82**, 24.

Zeitpunkt: Es ist unerheblich, zu welchem Zeitpunkt die Zustellung erfolgt, soweit dieser nur vor dem 18
Beginn der Zwangsvollstreckung liegt. Das letztere muß der Gläubiger dem Vollstreckungsgericht stets nachweisen. Der Gerichtsvollzieher darf gleichzeitig zustellen, wenn er vollstreckt, Seip AnwBl **77**, 235.

Zustellvermerk: Der Vermerk nach § 169 I reicht grds aus. Köln Rpfleger **97**, 31 (vgl aber § 418 Rn 8 ff). Auch beim Vollstreckungsbescheid ist eine Unterzeichnung nötig, LG Cottbus DGVZ **98**, 141.

19 **7) Zustellung der Vollstreckungsklausel, II.** Eine Zustellung der Vollstreckungsklausel von Amts wegen nach § 166 II ist nur in einem jeden der folgenden Fälle Rn 19, 20 notwendig. Eine solche nach (jetzt) § 184 reicht, LG Bln NJW **89**, 1434. Stattdessen genügt freilich nach I 2 eine Parteizustellung nach §§ 191–195, LG Ffm AnwBl **81**, 198.

A. Andere Bedingung als diejenige einer Sicherheitsleistung. Die Zustellung ist bei § 726 I notwendig, also dann, wenn die Zwangsvollstreckung gerade durch eine andere Tatsache als eine Sicherheitsleistung bedingt ist, Hbg RR **86**, 1501.

20 **B. Rechtsnachfolge.** Die Zustellung ist ferner bei §§ 727–729, 738, 742, 744, 745 II, 749 notwendig, BGH NJW **07**, 3358, LG Stgt DGVZ **01**, 119, AG Bochum DGVZ **03**, 63. Das gilt also dann, wenn eine Rechtsnachfolge wirklich stattfindet oder unterstellt wird.

21 **C. Ausführung.** Die Zustellung erfolgt einzeln oder zusammen mit dem Urteil oder Beschluß, Mü OLGZ **82**, 101, einzeln aber nur dann, wenn die Beziehung zum Vollstreckungstitel eindeutig feststeht, wenn die Vollstreckungsklausel also aus sich heraus verständlich ist. Wenn der Rpfl die Klausel auf urkundliche Nachweise hin erteilt hat, muß man auch diese Urkunden mit ihrem vollständigen Wortlaut zustellen, AG Bln-Schöneberg DGVZ **95**, 190. Das muß in einer beglaubigten Abschrift oder Ablichtung usw geschehen, Hamm Rpfleger **94**, 173 (krit Hintzen/Wolfsteiner 511), LG Stgt DGVZ **01**, 119, AG Bochum DGVZ **03**, 63, strenger, LG Saarbr DGVZ **04**, 93 (evtl sogar das Orginal. Aber II spricht klar nur von „Abschrift", Einl III 39). Ihre Nichterwähnung in der Klausel macht die Zustellung aber nicht ungültig, § 726 Rn 5. Wenn die Urkunden vollständig in der Klausel stehen, ist ihre besondere Zustellung entbehrlich, LG Bonn Rpfleger **98**, 34, Scheld DGVZ **82**, 162. Die zusätzliche Zustellung einer vollständigen Ablichtung oder Abschrift der Urkunden wäre eine unnötige Wiederholung. Das gilt selbst dann, wenn die Urkunden wirklich vollständig in der Klausel stehen, also mit Kopf, Unterschrift, Siegelvermerk usw. Eine nur sinngemäße Aufnahme genügt allerdings nicht.

22 Die Zustellung kann *im übrigen getrennt* erfolgen. Alle diese Zustellungen, also auch derjenigen Urkunden, die eine Rechtsnachfolge des Gläubigers ergeben, sind spätestens mit dem Beginn der Zwangsvollstreckung notwendig, Rn 15, 16, vgl aber auch Einf 4, 5 vor §§ 750–751. Bei einer Kündigung muß man deren Wirksamkeitszeitpunkt abwarten. Bei einem Scheidungsvergleich ohne eine Angabe des Zahlungsbeginns kann man die Zustellung einer Vollstreckungsklausel fordern, die durch einen Rechtskraftbescheid ergänzt wurde. Eine Zustellung nach § 172 oder nach § 195 genügt.

Gebühr des Anwalts: § 25 RVG, VV 3309, 3310.

23 **8) Wartefrist, III.** Die Vorschrift ist nicht abdingbar, Grdz 27 vor § 704 „Verzicht des Schuldners", Schilken DGVZ **97**, 84 (Vorabverzicht). Eine Wartefrist besteht nur bei einer Zwangsvollstreckung nach § 720 a, LG Bln MDR **87**, 65, LG Darmst DGVZ **89**, 120, LG Düss JB **98**, 436 (wegen eines Kostenfestsetzungsbeschlusses gilt § 798). Seit der Zustellung des Urteils und der Vollstreckungsklausel müssen 2 Wochen bis zum Beginn der Zwangsvollstreckung nach Grdz 51 vor § 704 verstreichen, Düss DGVZ **97**, 42, Karlsr DGVZ **90**, 186, Stgt RR **89**, 1535, aM BGH Rpfleger **05**, 548 (aber Wortlaut *und* Sinn sind hier nun wirklich eindeutig, Einl III 39). Gemeint ist auch die einfache Klausel nach § 725, nicht bloß die Klausel der §§ 726 I, 727 ff, 750 II, Düss DGVZ **97**, 42, Hamm RR **98**, 88, LG Düss JB **98**, 436, aM LG Ffm Rpfleger **82**, 296, LG Münst JB **86**, 939, StJM 5, 38 (aber die bloße Urteilszustellung kündigt noch nicht klar genug auch eine Zwangsvollstreckung an). Eine bloße Nachricht von der Erteilung der Klausel reicht nicht, LG Düss JB **98**, 436.

Man berechnet die *Frist* nach § 222. Sie ist keine Notfrist, § 224 I 2. Vgl ferner § 798 Rn 11. Ein vorläufiges Zahlungsverbot nach § 845 ist allerdings schon *vor* dem *Ablauf der Wartefrist* des III zulässig, Köln DGVZ **89**, 40, AG Mü DGVZ **86**, 47.

24 **9) Rechtsbehelf: Erinnerung.** Bei einem Verstoß kann der Schuldner die Erinnerung nach § 766 einlegen, Einf 6 vor §§ 750–751, § 798 Rn 12. Anschließend ist die sofortige Beschwerde nach § 793 möglich. Eine zunächst fehlerhaft eingetragene Sicherungshypothek nach § 867 kann dann wirksam ihren Rang behalten, wenn die fehlende Zustellung folgt, Schlesw RR **88**, 700.

751 *Bedingungen für Vollstreckungsbeginn.* **[I] Ist die Geltendmachung des Anspruchs von dem Eintritt eines Kalendertages abhängig, so darf die Zwangsvollstreckung nur beginnen, wenn der Kalendertag abgelaufen ist.**

[II] Hängt die Vollstreckung von einer dem Gläubiger obliegenden Sicherheitsleistung ab, so darf mit der Zwangsvollstreckung nur begonnen oder sie nur fortgesetzt werden, wenn die Sicherheitsleistung durch eine öffentliche oder öffentlich beglaubigte Urkunde nachgewiesen und eine Abschrift dieser Urkunde bereits zugestellt ist oder gleichzeitig zugestellt wird.

Gliederung

1 **1) Systematik, I, II.** Vgl Einf 1 vor §§ 750–752.

2) Regelungszweck, I, II. Es soll vor der Fälligkeit des Anspruches auch keine Vollstreckung geben, LG Flensb FamRZ **04**, 1224. Die Erwägungen § 750 Rn 2 gelten auch hier. Man darf also die Anforderungen auch an § 751 nicht überspannen. 2

3) Kalendertag, I. Ein Grundsatz hat mancherlei Auswirkungen. Er tritt zu den allgemeinen Vollstreckungsvoraussetzungen zB der §§ 721, 750 III, 765 a, 798, 798 a hinzu. 3

A. Grundsatz: Zulässigkeit seit Ablauf. Wenn der im Urteil zugesprochene Anspruch von dem Eintritt eines Kalendertags abhängt, also nur von einem nach dem Kalender ermittelbaren Tag (Beispiel: „10 Tage nach Ostern 2004"), LAG Nürnb MDR **97**, 752, ist der Eintritt dieses Kalendertags eigentlich eine urteilsmäßige Voraussetzung der Zwangsvollstreckung. Aus praktischen Gründen bringt das Gesetz diesen Eintritt jedoch nicht unter die Regelung des § 726, sondern behandelt ihn wie eine förmliche Voraussetzung. Das Gesetz läßt die Zwangsvollstreckung zu, sobald der Kalendertag abgelaufen ist, LG Flensb FamRZ **04**, 1224 (auch bei einer Dauerpfändung). Wenn der Gläubiger vorher vollstreckt, verlangt er einen solchen Rang, der ihm noch nicht zukommt. Daher hat der Dritte dann abweichend von den Grundsätzen Einf 6 vor §§ 750–751 die Möglichkeit einer Erinnerung, § 766.

Das Gericht darf die vollstreckbare Ausfertigung jedoch schon *vor* dem Eintritt des *Kalendertags* erteilen. Das gilt auch bei einer bedingten Verurteilung mit einer Fristsetzung aus § 510 b. Dann braucht der Gläubiger nicht nachzuweisen, daß der Schuldner die urteilsmäßige Handlung versäumt hat. § 726 ist dann unanwendbar. Das Vollstreckungsorgan darf aber beim eindeutigen Fehlen einer Zeitbestimmung dem Titel keine solche beilegen, Köln RR **86**, 159.

Unanwendbar ist I dann, wenn die Fälligkeit nicht von einem Kalendertag abhängt, zB bei einer Leistung drei Wochen nach der Zustellung oder dem Verzug oder der Rechtskraft (Ausnahme: § 510 b).

B. Einzelfragen. Der Grundsatz Rn 3 ist auch bei der Klage auf eine künftige Leistung nach §§ 257 ff anwendbar, Hamm FamRZ **80**, 391, LG Kassel WoM **77**, 255, oder bei einer Räumungsfrist nach § 721 oder bei einem künftigen Anspruch nach § 795. Bei Renten usw ist eine Zwangsvollstreckung aus Zweckmäßigkeitsgründen auch wegen der künftig fällig werdenden Beiträge möglich, Grdz 103 vor § 704, § 829 Rn 12 „Rente". Das gilt aber nicht auch bei einer beweglichen Sache, LG Bln Rpfleger **78**, 335. Der Pfändungsbeschluß muß die Bemerkung enthalten, daß die Pfändung wegen solcher Beträge erst mit demjenigen Tag wirksam wird, der auf den Fälligkeitstag folgt, Hamm FamRZ **94**, 454, AG Hbg-Harbg RR **03**, 149, aM Köln FamRZ **83**, 1260, LG Bln Rpfleger **82**, 434 (aber die Zeitfrage muß eine ganz eindeutige Klärung erhalten). Ist der Kalendertag ein Sonntag oder ein allgemeiner Feiertag nach § 188 Rn 4, muß der nächste Werktag abgelaufen sein, § 193 BGB, MüKoHe 13, MusLa 4, StJM 2, aM ZöStö 2 (aber die Vorschrift gilt allgemein). Über die Wirkung eines Verstoßes Einf 3–5 vor §§ 750–751. 4

4) Sicherheitsleistung, II. Sie ist eine wesentliche Bedingung. 5

A. Grundsatz: Notwendigkeit des Urkundennachweises. Hängt die Zwangsvollstreckung davon ab, daß der Gläubiger eine Sicherheit nach §§ 709, 711, 712 II leistet, darf das Gericht zwar die Vollstreckungsklausel vor der Leistung erteilen, LG Stgt Rpfleger **00**, 539. Die Zwangsvollstreckung darf aber erst dann beginnen oder zB bei §§ 709 S 2, 720 a nur dann fortlaufen, wenn der Gläubiger die Sicherheitsleistung durch eine öffentliche oder öffentlich beglaubigte Urkunde nach § 415 Rn 1, 2 nachgewiesen hat und wenn eine Ablichtung oder Abschrift der Urkunde vorher oder gleichzeitig zugestellt worden ist, § 750 Rn 21. Bei einem Verstoß steht die Zwangsvollstreckung einer solchen gleich, die vor der Zustellung des Urteils erfolgt war, Einf 3–5 vor §§ 750–751.

Eine *nachträgliche* Sicherheitsleistung oder ein weiterer ohne eine Sicherheitsleistung vorläufig vollstreckbarer Titel können heilen. Die Aufrechnung mit einem Kostenerstattungsanspruch ist erst nach der Hinterlegung zulässig, LG Aachen RR **87**, 1406, und nach der Zustellung der sie nachweisenden Urkunde. Die Zustellung der Vollstreckungsklausel ist dann allerdings entbehrlich. Bei einer Hinterlegung nach § 108 Rn 8 steht die Sicherheitsleistung nicht schon durch denjenigen Postschein fest, der die Absendung an die Hinterlegungsstelle bescheinigt. Denn dieser Schein beweist weder die Ankunft noch die Annahme. Es ist vielmehr eine Bescheinigung der Hinterlegungsstelle über die Annahme des Betrages erforderlich, § 6 HinterlO. 6

B. Bürgschaft. Über eine Sicherheitsleistung durch eine Bürgschaft § 108 Rn 10, Hamm MDR **75**, 763, Kblz Rpfleger **93**, 355. Wenn ein freiwilliger Bürgschaftsvertrag vorliegt, wenn also nicht nur der Gläubiger das Seine getan hat, um die Bürgerschaft zu leisten, ist die Einhaltung der Zustellungsvorschrift II eine sinnlose Förmelei, AG Freibg DGVZ **89**, 46. Der Schuldner besitzt ja die Bürgschaftsurkunde. Sonst genügt es, daß der Gerichtsvollzieher sie ihm bei dem Beginn der Zwangsvollstreckung aushändigt oder zustellt, Düss Rpfleger **77**, 459, LG Hann Rpfleger **82**, 348. Dann ist durch die Bürgschaftsform für die Zwangsvollstreckung unerheblich. Wäre selbst die vom Gericht etwa vorgeschriebene Form verletzt, läge eine vereinbarte Sicherheit vor, § 108. 7

Wenn die Parteien aber keinen freiwilligen Vertrag vereinbart haben, sondern wenn ein *Zwangsvertrag* nach § 108 Rn 13 vorliegt, kann der Schuldner nicht wissen, ob ein Vertrag überhaupt zustande gekommen ist, solange ihm unbekannt bleibt, ob der Bürge seinerseits sämtliche Voraussetzungen erfüllt hat. Deshalb muß ihm der Gläubiger zur Vollstreckung die Bürgschaftsurkunde in öffentlicher oder öffentlich beglaubigter Form zustellen.

Die Zustellung oder formlose Übersendung einer *einfachen Abschrift* oder Kopie reicht nicht. Denn sie erfüllt den Sinn der Sicherheitsleistung nicht, nämlich den Schutz vor einer unberechtigten Vollstreckung. Der Schuldner könnte ja nur als Besitzer der Urkunde im Original usw mit einer Erfolgsaussicht vorgehen, § 108 Rn 16. 8

Freilich braucht der Gläubiger die Bürgschaftsurkunde *nicht zu hinterlegen.* § 750 II soll aber dem Schuldner eine volle Sicherheit für die Erfüllung der Voraussetzungen der Zwangsvollstreckung geben. Würde man die Vorschrift anders als hier handhaben, würde sie das nicht gewährleisten, § 108 Rn 18, Hbg MDR **82**, 588, LG Augsb Rpfleger **98**, 166, ThP § 108 Rn 11, aM Düss MDR **78**, 489, Ffm NJW **78**, 1442, Kblz 9

MDR **93**, 470 (nötig sei nur ein Nachweis der Übergabe oder der Zustellung der Urkunde an den Schuldner durch eine öffentlich beglaubigte Urkunde oder die Übergabe oder die Zustellung der Bürgschaftserklärung beim Beginn der Zwangsvollstreckung. Aber der Sicherungszweck läßt sich nicht ohne die obigen Förmlichkeiten erreichen.).

Vgl aber auch hierzu § 108 Rn 10 ff. Der Schuldner kann auf die Voraussetzungen dieser Vorschrift *verzichten.* Ein solcher Verzicht liegt nicht schon in seinem bloßen Schweigen.

10 **5) Verstoß, I, II.** Ein Verstoß macht die Vollstreckung nicht unwirksam, sondern anfechtbar, Grdz 56, 58 vor § 704, Düss DGVZ **90**, 156.

11 **6) Rechtsbehelf: Erinnerung, I, II.** Der Betroffene kann die Erinnerung nach § 766 einlegen. Anschließend ist die sofortige Beschwerde nach § 793 möglich.

752 *Sicherheitsleistung bei Teilvollstreckung.* [1] **Vollstreckt der Gläubiger im Fall des § 751 Abs. 2 nur wegen eines Teilbetrages, so bemisst sich die Höhe der Sicherheitsleistung nach dem Verhältnis des Teilbetrages zum Gesamtbetrag.** [2] **Darf der Schuldner in den Fällen des § 709 die Vollstreckung gemäß § 712 Abs. 1 Satz 1 abwenden, so gilt für ihn Satz 1 entsprechend.**

1 **1) Systematik, S 1, 2.** Die Vorschrift stellt eine Ergänzung der in ihr genannten Bestimmungen zwecks Erleichterung einer nach § 751 II erfolgenden Vollstreckung dar. Sie ergänzt also auch die letztere Vorschrift.

2 **2) Regelungszweck, S 1, 2.** Die Möglichkeit einer Teilvollstreckung hat Vor- und Nachteile. Sie kann zu einer Entlastung führen, aber auch zur Belastung aller Beteiligten, falls der Gläubiger den Schuldner wie den Gerichtsvollzieher und die weiteren Vollstreckungsorgane durch eine Zerlegung des Vollstreckungsauftrags immer wieder beschäftigt und zermürbt. Ein Rechtsmißbrauch nach Einl III 54 ist auch in der Zwangsvollstreckung unstatthaft, Grdz 44 vor § 704, § 754 Rn 4. Er setzt die Grenze des nach § 752 Zulässigen. Das sollte man bei der Auslegung mitbeachten.

3 **3) Geltungsbereich, S 1, 2.** Die Vorschrift erfaßt in S 1 alle Fälle des § 751 II, in S 2 nur die Situationen einer Teilvollstreckung auf Grund eines nach §§ 709, 712 I 1 zu beurteilenden Vollstreckungstitels. Sie gilt auch im WEG-Verfahren. Sie gilt nicht bei § 720 a.

4 **4) Voraussetzungen, S 1.** Es müssen zunächst die in § 751 Rn 4–9 genannten Voraussetzungen vorliegen. Sodann muß die Vollstreckung wegen eines bloßen Teilbetrags technisch schon und noch möglich sein. Infrage kommt auch die bloße Hauptforderung, zum Problem Rehbein Rpfleger **00**, 55. Ferner muß sie auch nach den in Rn 1 genannten Regeln und in ihren Grenzen rechtlich zulässig sein. Schließlich muß der Gläubiger den Vollstreckungsauftrag nach § 754 Rn 4, 5 eindeutig und wirksam auf eine bezifferten oder klar bezifferbaren Teilbetrag beschränkt haben. § 754 Rn 4, 5.

5 **5) Voraussetzungen, S 2.** Es muß sich um einen solchen Vollstreckungstitel nach § 709 handeln, dem der Schuldner gerade nach § 712 I 1 begegnen darf. Im übrigen gilt Rn 4.

6 **6) Bemessung der Teilsicherheit, S 1, 2.** Soweit eine Teilvollstreckung nach Rn 4, 5 zulässig ist, braucht man nur eine bloße Teilsicherheit zu erbringen. Ihre Höhe richtet sich nach dem Verhältnis des jetzt zu vollstreckenden Teilbetrags zum Gesamtbetrag der noch vollstreckbaren Teilforderung. Hat also zB der Gläubiger auf Grund eines Titels von 10 000 EUR bereits in Höhe von 5000 EUR vollstreckt und gibt er jetzt einen Auftrag über weitere 3000 EUR, muß er in Höhe von 60% der Restforderung eine Sicherheit leisten, nicht etwa in Höhe von nur 30% der Restforderung (weil nur noch 30% des ursprünglichen Titels jetzt zu vollstrecken wäre). Im übrigen gelten §§ 108 ff wie sonst. Zur Berechnung § 83 Z 2 GVGA, Nies MDR **00**, 132, Rehbein Rpfleger **00**, 57.

753 *Vollstreckung durch Gerichtsvollzieher.* [I 1] **Die Zwangsvollstreckung wird, soweit sie nicht den Gerichten zugewiesen ist, durch Gerichtsvollzieher durchgeführt, die sie im Auftrag des Gläubigers zu bewirken haben.**

[II 1] **Der Gläubiger kann wegen Erteilung des Auftrags zur Zwangsvollstreckung die Mitwirkung der Geschäftsstelle in Anspruch nehmen.** [2] **Der von der Geschäftsstelle beauftragte Gerichtsvollzieher gilt als von dem Gläubiger beauftragt.**

Schrifttum: *Hasenjäger,* Weisungsbefugnis des Gläubigers? usw, 1993; *Hintzen,* Vollstreckung durch den Gerichtsvollzieher, 3. Aufl 2008; *Nesemann* ZZP **119**, 87 (historisch und rechtspolitisch); *Oerke,* Gerichtsvollzieher und Parteiherrschaft usw, 1991; *Schneider,* Die Ermessens- und Wertungsbefugnis des Gerichtsvollziehers, 1989; *Stolte,* Aufsicht über die Vollstreckungshandlungen des Gerichtsvollziehers, Diss Bochum 1987; *Strehlau-Weise,* Rechtsstellung und Aufgabenbereich des Gerichtsvollziehers usw, 1996.

Gliederung

1) Systematik, §§ 753–763. Die Vorschriften regeln einen wichtigen Teil, aber keineswegs alle Einzelheiten des wichtigsten Vollstreckungsorgans. Ergänzend gelten zahlreiche Bestimmungen, zB §§ 766, 807 ff, 825, 899 ff. Aus der starken Stellung des Gerichtsvollziehers nach Rn 3 ff folgt seine erhebliche Haftung, Rn 10. 1

2) Regelungszweck, §§ 753–763. Das Gesetz muß dem Gläubiger zur notfalls zwangsweisen Durchsetzung des Vollstreckungstitels vielfach ein Vollstreckungsorgan zur Verfügung stellen. Das folgt schon aus dem Rechtsstaatsprinzip, Art 20 GG, Einl III 15. Denn aus ihm folgt ja auch der Grundsatz des staatlichen Gewaltmonopols. Die Bereitstellung des Vollstreckungsorgans geschieht durch den Gerichtsvollzieher. Man könnte sich zwar auch eine andere mehr behördlich am Gericht angesiedelte Lösung denken oder auch Privatfirmen zumindest mit Teilen der Vorbereitung und Durchführung kraft Beleihung betrauen. Das tut ja der Gerichtsvollzieher selbst schon etwa bei der Zwangsöffnung nach § 758 II oder beim Abtransport und der Zwischenlagerung von Räumungsgut nach § 885 II, III. Indessen hat sich die Übertragung der Hauptaufgaben auf ihn bewährt. Dem sollte man auch durch eine seiner Institution nicht allzu kritisch begegnende Auslegung Rechnung tragen. Natürlich verdient auch der Schuldner einen Schutz durch eine seine Würde und seine wirklichen Bedürfnisse achtende Behandlung. Das gilt auch bei der Anwendung von §§ 753 ff. 2

3) Stellung des Gerichtsvollziehers, I. Seine Stellung ist keineswegs gesetzlich umfassend und befriedigend geregelt, Köhler DGVZ **02**, 85, Scholz DGVZ **03**, 110 (auch rechtspolitisch zum staatlich beliehenen freien Beruf, der verfassungsgemäß sei). Es gibt zB die bundeseinheitlich geregelte landesrechtlichen Geschäftsanweisungen für Gerichtsvollzieher (GVGA) nebst Gerichtsvollzieherordnung (GVO), zuletzt geändert zum 1. 7. 03, zB in Schleswig-Holstein durch VO v 3. 6. 03, SchlHA 164. 3

A. Organ der Rechtspflege. Der Gerichtsvollzieher handelt bei der Zwangsvollstreckung nicht als ein Vertreter des Gläubigers nach § 164 BGB, BVerwG NJW **83**, 897, oder als ein Dienst- oder Werkverpflichteter, Üb 3 vor § 154 GVG, AG Düss DGVZ **81**, 90. Er amtiert vielmehr als ein öffentlicher Beamter, BGH **142**, 80, VG Freibg NVwZ-RR **05**, 598, Gilleßen/Polzius DGVZ **01**, 6 (Vertreter des Fiskus beim Verwahrvertrag). Er übt die Zwangsgewalt des Staats unter eigener Verantwortung aus, BGH **93**, 298, BVerwG NJW **83**, 897, AG Saarbr DGVZ **01**, 91, aM Brdb DGVZ **97**, 123 (Verwahrung. Aber das ist viel zu eng.). Er ist ein selbständiges Organ der Rechtspflege, BGH **93**, 298, BVerwG NJW **83**, 897, Uhlenbruck DGVZ **93**, 97 (ausf). Seine Tätigkeit ist manchmal ein früher gerichtliches Verfahren, zB bei der Abnahme der eidesstattlichen Versicherung nach § 899, dort Rn 4. Er beachtet die GVGA.

B. Ermessen. Er handelt zwar nicht in richterlicher Unabhängigkeit, BVerwG NJW **83**, 897, sondern als ein an sich weisungsgebundener Beamter, VGH Mü DGVZ **03**, 22, VG Freibg NVwZ-RR **05**, 598. Diese Gebundenheit mag sich evtl sogar teilweise auf die Art der Gebührenerhebung erstrecken. Eine diesbezügliche Dienstanweisung läßt sich verwaltungsgerichtlich überprüfen, VGH Mü DGVZ **03**, 123. Er amtiert andererseits oft innerhalb eines solchen Spielraums von pflichtgemäßem Ermessen, den die Dienstaufsicht keineswegs einschränken kann, AG Kassel DGVZ **89**, 158. Er kann eine Einzelanweisung anfechten und gegen Allgemeinweisungen eine Feststellungsklage beim Verwaltungsgericht erheben, VG Freibg NVwZ-RR **05**, 598. Zu seinem Ermessen, seiner Wertungsbefugnis und deren Grenzen grundsätzlich Schneider (vor Rn 1), Schneider DGVZ **89**, 145 (Üb), Zeiss DGVZ **87**, 145. Zu den Ermessungsgrenzen Rn 8, 9. Er kann zB einen dritten Vollstreckungsversuch machen, wenn er sich davon Erfolg verspricht, AG Hanau DGVZ **90**, 77. 4

C. Rechtschutzbedürfnis. Der Gerichtsvollzieher muß das *Rechtsschutzbedürfnis* nach Grdz 33 vor § 253, Grdz 38 vor § 704 beachten. Es kann zB bei einer wegen ihrer Vermögenslosigkeit gelöschten Schuldner-GmbH fehlen, wenn der Gläubiger keinen bestimmten Hinweis auf doch noch vorhandene Werte gibt, AG HannMünden DGVZ **02**, 188. Er kann mangels eines Rechtschutzbedürfnisses nach wiederholten vergeblichen Bemühungen evtl die Vollstreckung einstweilen einstellen und die Unterlagen dem Gläubiger zurückgeben, AG Köln DGVZ **95**, 156. 5

D. Beispiele zur Frage der Stellung des Gerichtsvollziehers 6

Ablehnung: Sie ist unstatthaft, LG Coburg DGVZ **90**, 89.

Andere Aufgaben: Man muß stets mitbedenken, daß der Gerichtsvollzieher neben einer Zwangsvollstrekkung auch noch andere Aufgaben hat, BVerwG NJW **83**, 900.

Anwesenheit des Gläubigers: Der Gerichtsvollzieher muß sie ihm auf dessen Wunsch gestatten und schon deshalb den voraussichtlichen Vollstreckungszeitplan baldmöglichst mitteilen, KG DGVZ **83**, 72, LG Hof DGVZ **91**, 123, LG Münst RR **91**, 1407, aM LG Kassel DGVZ **88**, 173.
S auch Rn 9 „Versteigerungszeitpunkt"

Ausschließung: Eine Ausschließung richtet sich nach § 155 GVG.

Beginn der Vollstreckung: Der Gerichtsvollzieher muß trotz seiner Beamtenstellung doch zB auch beim Beginn der Zwangsvollstreckung evtl eine Weisung des Gläubigers mitbeachten, AG Straubing Rpfleger **79**, 72. 7

Beratung: Zur beratenden Tätigkeit des Gerichtsvollziehers Alisch DGVZ **83**, 1.

Datenschutz: Der Gerichtsvollzieher muß das BDSG beachten, ebenso die zugehörigen Ländervorschriften, Zeiss DGVZ **84**, 81.

Durchsetzung: Es ist die Aufgabe des Gerichtsvollziehers den papiernen Schuldtitel auf einem gesetzlichen Weg auch effektiv durchzusetzen, AG Hann DGVZ **77**, 26. Das soll zügig geschehen. Dabei muß er freilich auch existentielle Bedürfnisse des Schuldners beachten, wie das Gericht, § 765 a, Christmann DGVZ **85**, 34.

Erfolgschance: Der Gerichtsvollzieher muß trotz seiner Beamtenstellung doch zB auch bei einem vermutlich nur geringen Vollstreckungserfolg evtl eine Weisung des Gläubigers mitbeachten, AG Bln-Tempelhof DGVZ **84**, 153.

Gegenleistung: Der Gerichtsvollzieher handelt kraft Amts, soweit er zB eine Gegenleistung nach § 756 anbietet, aM StJM § 754 Rn 7 (hier liege eine rechtsgeschäftliche Handlung vor, da der Gerichtsvollzieher 8 dann nicht pfänden wolle. Aber seine Stellung bleibt grds stets diejenige eines Rechtspflegeorgans auch insoweit, als er keine Hoheitsmaßnahme durchführt).

Kosten: Zur Stellung des Gerichtsvollziehers bei einer Kostenberechnung Polzius DGVZ **02**, 33 (Üb).

Sachlichrechtlicher Vertrag: Der Gerichtsvollzieher darf als Beamter grds keinen solchen Vertrag mit der einen oder anderen Partei oder gar mit beiden abschließen, zumindest nicht ohne eine Genehmigung des Dienstvorgesetzten oder des Gerichts, aM Schneider DGVZ **82**, 37 (aber solche Befugnisse beschränken sich auf die in Rn 3 ff genannten Fälle). Wegen eines solchen Vertrags mit einem Dritten Rn 1.

Freilich ändert auch zB ein *Lagervertrag* mit einem Dritten nach § 885 Rn 29 nichts an seiner Stellung als ein Rechtspflegeorgan, BGH **142**, 80.

Sittenwidrigkeit: Der Gerichtsvollzieher muß trotz seiner Aufgabe einer Durchsetzung des papiernen Schuldtitels doch stets auch wie das Gericht § 765 a mitbeachten, Christmann DGVZ **85**, 34.

Teilvollstreckung: Der Gerichtsvollzieher muß trotz seiner Beamtenstellung doch zB auch wegen einer bloßen Teilvollstreckung evtl eine Weisung des Gläubigers mitbeachten, § 754 Rn 4.

Treuhänder: Die Grenzen der Möglichkeiten des Gerichtsvollziehers bei einem sachlichrechtlichen Vertrag (s dort) gelten auch bei seiner Tätigkeit als ein Treuhänder.

9 **Unterschlagung:** Wenn der Gerichtsvollzieher gepfändetes oder zur Abwehr der Zwangsvollstreckung gezahltes Geld unterschlägt, befreit das den Schuldner nur dann, wenn eine Hinterlegung entfiel, § 815 Rn 8.

Verhältnismäßigkeit: Der Gerichtsvollzieher muß stets den Verhältnismäßigkeitsgrundsatz nach Grdz 34 vor § 704 mitbeachten, Fischer DGVZ **04**, 104.

Vermittlung: Zur vermittelnden Tätigkeit des Gerichtsvollziehers Schilken GVZ **89**, 161.

Versteigerungszeitpunkt: Der Gerichtsvollzieher muß trotz seiner Beamtenstellung doch zB auch bei der Bestimmung eines Versteigerungszeitpunkts evtl eine Weisung des Gläubigers mitbeachten, KG DGVZ **78**, 112.

S auch Rn 6 „Anwesenheit des Gläubigers".

Vertrag: Rn 8 „Sachlichrechtlicher Vertrag".

Weisung des Gläubigers: Der Gerichtsvollzieher muß trotz seiner Beamtenstellung doch oft eine Weisung des Gläubigers als des eigentlichen Herrn der Zwangsvollstreckung mitbeachten. Vgl dazu bei den einzelnen Aspekten, zB Rn 6 „Beginn der Vollstreckung". Er ist aber nie ganz weisungsgebunden, LG Bln MDR **77**, 146, LG Hann MDR **89**, 745 (GVGA maßgeblich), Pawlowski ZZP **90**, 347.

Wohnungsanfrage: Der Gerichtsvollzieher muß sich begrenzt kundig machen. Er muß sich zB in demjenigen Haus erkundigen, in dem der Schuldner sich beim Ordnungsamt gemeldet hat. Er muß prüfen, wo sich dort eine nach außen erkennbare oder auch nicht sogleich erkennbare Wohnung befindet, AG Leverkusen DGVZ **82**, 175, AG Mü DGVZ **00**, 29. Auch eine einfache Anfrage beim Meldeamt kann ihm zumutbar sein, LG Hann JB 05, 274. Dabei fassen manche seinen Handlungsspielraum recht weit, AG Worms DGVZ **98**, 46, Pawlowski ZZP **90**, 347.

Der Gerichtsvollzieher hat allerdings *keineswegs stets* einen solchen Ermessensraum, Schilken AcP **181**, 364. Er darf und muß es zunächst dem Gläubiger überlassen, die tatsächliche Wohnung des Schuldners zu ermitteln und mitzuteilen.

Zahlung an Unrichtigen: Eine solche Zahlung des Gerichtsvollziehers bereichert den Empfänger auf Kosten des Schuldners rechtlos, §§ 812 ff BGB, falls eine Hinterlegung notwendig war, sonst auf Kosten des Gläubigers.

10 **4) Haftung des Gerichtsvollziehers, I.** Seine Stellung gegenüber dem Gläubiger und dem Schuldner ist auch bei der Haftung diejenige eines Organs der Rechtspflege, Rn 1–9, diejenige eines Beamten, Üb 4 vor § 154 GVG, BGH **142**, 81, LG Mannh DGVZ **97**, 154, Kühn DGVZ **93**, 71. Folglich haftet für ihn das Land, BGH **146**, 23, Haertlein DGVZ **02**, 85. Das gilt freilich nur, soweit er gerade als Gerichtsvollzieher amtiert. Das ist auch beim Verwahrungsgeschäft so, AG Kirchheim/Teck DGVZ **05**, 111. Demgegenüber kann er als Sequester, zB nach § 938, vertraglich haften, BGH **146**, 23. Der Gläubiger haftet dem Schuldner überhaupt nicht oder höchstens als Anstifter. Die Amtspflichten des Gerichtsvollziehers ergeben sich aus der ZPO, ferner zB aus § 352 StGB, Köln DGVZ **88**, 137, und aus der GVGA, Köln DGVZ **88**, 139. Die letztere ist als eine Verwaltungsanordnung der Justizbehörde für das Gericht unbeachtlich, soweit sie mit dem Gesetz unvereinbar ist, Hamm DGVZ **77**, 41, AG Bln-Charlottenb DGVZ **81**,43, AG Bln-Wedding DGVZ **81**, 88.

Wenn der Gerichtsvollzieher diese Vorschriften *mißachtet,* handelt er meist schuldhaft. Rechte Dritter muß der Gerichtsvollzieher achten und wahren, KG RR **86**, 201, Haertlein DGVZ **02**, 85. Schmerzensgeld kommt kaum in Betracht, LG Köln DGVZ **98**, 189. Er muß sich stets kostenschonend verhalten, Hbg MDR **00**, 602. Er kann bei einer Überleitung nach der Dringlichkeit vorgehen und planvoll die Arbeit anwachsen lassen, muß das aber anzeigen, BVerfG NVwZ-RR **08**, 505.

11 **5) Zuständigkeit des Gerichtsvollziehers, I.** Man muß zwei Arten unterscheiden.

A. Sachliche Zuständigkeit. Sachlich ist der Gerichtsvollzieher zuständig, soweit nicht das Vollstreckungsgericht oder das Prozeßgericht zuständig sind. Der Gerichtsvollzieher ist auch für die Zwangsvollstreckung gegen einen Soldaten zuständig, SchlAnh II Z 30 ff.

12 **B. Örtliche Zuständigkeit.** Die örtliche Zuständigkeit richtet sich nach den Vorschriften der Justizverwaltung, § 154 GVG, in den Ländern nach dem Landesrecht. In manchen Ländern bestehen staatliche Gerichtsvollzieherämter oder Verteilungsstellen. Der Gläubiger reicht bei diesen Stellen seinen Auftrag ein, BVerwG NJW **83**, 898, Pawlowski ZZP **90**, 345. Die ZPO nennt nämlich diesen Vorgang „Auftrag". Man kann das Verhältnis zwischen dem Gläubiger und dem Gerichtsvollzieher als das Auftragsverhältnis bezeichnen, dasjenige zwischen dem Gerichtsvollzieher und dem Schuldner als das Eingriffsverhältnis und dasjenige zwischen dem Gläubiger und dem Schuldner als das Vollstreckungsverhältnis, Saum JZ **81**, 695.

13 **C. Verstoß gegen die sachliche Zuständigkeit.** Handelt der Gerichtsvollzieher außerhalb seiner sachlichen Zuständigkeit, liegt ein Willkürakt vor. Er ist ganz unwirksam. Der Fall liegt nämlich anders, als wenn

ein ordentliches Gericht seine Zuständigkeit überschreitet, Üb 19 vor § 300. Denn das Gericht hat grundsätzlich eine unumschränkte Gerichtsbarkeit. Demgegenüber ist der Gerichtsvollzieher nur für bestimmte Handlungen zuständig. Dasselbe gilt dann, wenn er kraft Gesetzes ausgeschlossen ist, § 155 GVG.

D. Verstoß gegen die örtliche Zuständigkeit. Verletzt er lediglich seine örtliche Zuständigkeit nach Üb 5 vor § 154 GVG oder den Geschäftsverteilungsplan entsprechend §§ 22 d GVG, bleibt seine Handlung wirksam. Sie ist aber anfechtbar. Denn dann liegt ein wenn auch unrichtiger Hoheitsakt vor, Grdz 56, 58 vor § 704. Wenn der Gerichtsvollzieher ohne einen „Auftrag" handelt, ist seine Handlung wirksam, falls sie in seine sachliche Zuständigkeit fällt. **14**

6) Mitwirkung der Geschäftsstelle, II. II entspricht dem § 166 II. Der Gläubiger darf sich also bei seinem Zwangsvollstreckungsantrag der Hilfe der Geschäftsstelle bedienen. Es liegt dann so, als habe er den „Auftrag" dem Gerichtsvollzieher unmittelbar erteilt. Stets ist ein „Auftrag" (Antrag) notwendig, § 168 gilt nicht entsprechend. Auch der Urkundsbeamte der Geschäftsstelle handelt hier als ein Beamter, wenn auch kraft Gesetzes in der Vertretung des Gläubigers. Zuständig ist der Urkundsbeamte der Geschäftsstelle des Vollstreckungsgerichts, nicht des Prozeßgerichts. Vgl freilich § 129 a. **15**

754 ***Vollstreckungsauftrag.*** **In dem schriftlichen, elektronischen oder mündlichen Auftrag zur Zwangsvollstreckung in Verbindung mit der Übermittlung der vollstreckbaren Ausfertigung liegt die Beauftragung des Gerichtsvollziehers, die Zahlungen oder sonstigen Leistungen in Empfang zu nehmen, über das Empfangene wirksam zu quittieren und dem Schuldner, wenn dieser seiner Verbindlichkeit genügt hat, die vollstreckbare Ausfertigung auszuliefern.**

Gliederung

1) Systematik. Vgl zunächst § 753 Rn 1. Die Vorschrift regelt den schon nach § 753 notwendigen „Auftrag". Seinen Umfang kann der Gläubiger zeitlich oder sonstwie begrenzen. § 754 gilt aber für den jeweiligen Auftrag ohne eine Gläubigerbefugnis zur weiteren Einschränkung der Tätigkeit des Gerichtsvollziehers. Ergänzend gelten §§ 752, 755–757. **1**

2) Regelungszweck. Vgl zunächst § 753 Rn 2. Auch bei der Zwangsvollstreckung gibt es eine begrenzte Parteiherrschaft, Grdz 6, 7 vor § 704. Der Gläubiger soll zumindest zum Ob der Herr des Verfahrens bleiben, AG Brake JB **07**, 550, aber auch vielfach zum Wo, Wie, Wie lange usw. Dem trägt § 754 mit dem Gedanken Rechnung, die Tätigkeit des Gerichtsvollziehers von einem „Auftrag" abhängen zu lassen, also auch von dessen Art und Umfang. Ferner gelten auch in der Zwangsvollstreckung die Prinzipien der Prozeßwirtschaftlichkeit nach Grdz 14 vor § 128 und auch der Rechtssicherheit nach Einl III 43. Sie liegt gerade im Bereich des Gerichtsvollziehers im allseitigen wohlverstandenem Interesse. Diese Prinzipien widersprechen sich alle drei teilweise. Das muß man auch bei der Anwendung der Vorschrift sehen. Daraus kann sich die Notwendigkeit einer behutsamen Abwägung bei der Bestimmung der Rechte und Pflichten des Vollstreckungsorgans ergeben. Das gilt umso mehr, als der Gerichtsvollzieher ja auch im Interesse einer die Rechtsgemeinschaft nicht allzu störenden würdevollen Ausübung seines der Natur nach notfalls auch zur wirklichen Gewalt zwingenden Amts arbeiten soll. **2**

3) Vollstreckungsauftrag, dazu *Nies* MDR **99**, 525 (Üb). Der Gläubiger muß den Umfang seines „Auftrags" (Antrags) klar darlegen. Der Gerichtsvollzieher muß auch die Rückseite beachten, auf die der Gläubiger auf der Vorderseite hingewiesen hat, AG Pirmasens DGVZ **03**, 63. **3**

A. Grundsatz: Notwendigkeit eines Auftrags. Der Gläubiger muß zur Einleitung einer Zwangsvollstreckung einen Vollstreckungsauftrag erteilen, Nies MDR **99**, 525. Sie beginnt also nicht von Amts wegen, anders als bei einem von Amts wegen eingeleiteten FamFG-Verfahren, dort § 87 I 1. Auch in einer sonstigen Familiensache ist ein Antrag nötig. Er ist dort stets zulässig, § 87 I 2 FamFG. Der Gläubiger kann den Auftrag direkt dem Gerichtsvollzieher erteilen. Er kann aber auch nach § 753 II die Mitwirkung der Geschäftstelle beantragen, auch diejenige einer etwaigen Gerichtsvollzieherverteilungsstelle beim größeren AG. Bei einem schriftlichen Auftrag ist an sich eine volle handschriftliche Unterzeichnung des Gläubigers oder seines ProzBev erforderlich. Die Unterschrift eines Mitarbeiters des ProzBev reicht evtl nicht, AG Seligenstadt DGVZ **95**, 12. Ein sog Faksimile-Stempel usw genügt also nicht, LG Coburg DGVZ **94**, 62, LG Ingolstadt DGVZ **94**, 92, LG Mü DGVZ **83**, 57, aM Dempewolf MDR **77**, 801 (vgl aber § 129 Rn 9). Der Auftrag ist freilich auch mündlich zulässig, auch telefonisch oder elektronisch nach § 130 a nebst Scanner nach § 129 Rn 41 „Scanner", BGH DGVZ **05**, 94 (erst recht bei einer nachfolgenden Unterschrift), Riecke DGVZ **02**, 49, und auch durch eine schlüssige Handlung, LG Bln DGVZ **85**, 59, etwa durch die Übermittlung der Vollstreckungsunterlagen usw, AG Melsungen DGVZ **02**, 140. Im

Verhaftungsauftrag kann zugleich ein Pfändungsauftrag nach §§ 828 ff stecken, LG Essen DGVZ **81**, 187, AG Mettmann DGVZ **89**, 75. Es kommt aber auf die Fallumstände an. Im Zweifel liegt nur der Verhaftungsauftrag vor, LG Bln DGVZ **88**, 165.

4 **B. Auftragsberechtigung.** Auftragsberechtigt sind der Vollstreckungsgläubiger und sein gesetzlicher Vertreter, § 51 Rn 12, oder Bevollmächtigter, auch ein Inkassounternehmen, vgl auch (jetzt) § 79 AG Wuppert DGVZ **97**, 77 (keine Prozeßvollmacht nötig), vgl freilich Rn 6. Der Gläubiger wie sein Anwalt müssen eine Vollmacht auch zum Empfang eingezogener Beträge usw in jedem einzelnen Auftragsfall vorlegen, AG Lehrte DGVZ **08**, 29, AG Leverkusen DGVZ **00**, 95. Er kann einen Unterbevollmächtigten bestellen, LG Amberg Rpfleger **06**, 90. Der Vormund braucht keine Zustimmung des Betreuungsgerichts oder des Gegenvormunds. Denn er verfügt nicht über ein Recht des Mündels. Einen Betreuer muß man ebenso beurteilen. Ein Ehegatte darf den Auftrag für den anderen erteilen, soweit sein Verwaltungsrecht reicht. Mehrere müssen den Auftrag gemeinsam erteilen, sofern der Anspruch des einzelnen nicht abtrennbar ist. Der Auftrag muß bestimmt sein. Er darf aber Bedingungen enthalten, etwa einen Haupt- und einen Hilfsantrag, § 260 Rn 8, AG Gladbeck DGVZ **79**, 30. Soweit das Finanzamt einen Auftrag erteilt, muß man es wie einen Gläubiger behandeln, LG Lüneb DGVZ **87**, 188.

5 **C. Auftragsart und -umfang.** Der Gläubiger darf im Rahmen des gesetzlich Zulässigen die Vollstrekkung nach Art, Ort und Zeit bestimmen, AG Riesa JB **08**, 442. Er darf in demselben Rahmen zB den etwaigen *Zustellungsort* bindend festlegen, auch bei §§ 829 ff, 840 gegenüber dem Drittschuldner unabhängig davon, ob dieser solche Zustellung gern anderswo erwarten würde, Müller DGVZ **96**, 70 (evgl Haftung des Gerichtsvollziehers). Der Gläubiger muß dem Gerichtsvollzieher die Anschrift des Schuldners so genau angeben, daß der Gerichtsvollzieher keine besonderen Ermittlungen anstellen müßte, AG Hann JB **05**, 606, AG Wolfsb DGVZ **94**, 95. Der Gerichtsvollzieher muß zwar evtl mehrfach die Vollstreckung versuchen. Er muß auch zB im Mehrfamilienhaus zB beim Hausmeister nach der Wohnung des Schuldners fragen, AG Hann DGVZ **77**, 26, AG Leverkusen DGVZ **82**, 175, AG Mü DGVZ **00**, 29. Er muß aber nicht etwa in einem großen Wohnheim ohne Klingel- oder Briefkastenaufschriften so lange vorfahren, bis er den Hausmeister antreffen würde, AG Darmst DGVZ **81**, 62, aM LG Lüb DGVZ **97**, 140, AG Westerburg DGVZ **98**, 79 (aber der Gerichtsvollzieher ist kein Detektiv des Gläubigers). Der Gläubiger braucht bei dem Auftrag gegen nur einen Gesamtschuldner die vollstreckbare Ausfertigung nur gegen diesen vorzulegen, LG Marbg DGVZ **86**, 77, LG Stgt Rpfleger **83**, 161, AG Pirmasens DGVZ **87**, 30, aM AG Günzburg DGVZ **83**, 168, AG Mönchengladb DGVZ **82**, 76, AG Wilhelmsh DGVZ **79**, 188 (aber es geht jetzt nur gegen *diesen* Gesamtschuldner). Der Gerichtsvollzieher darf die Wiederholung eines Auftrags nach kurzer Zeit mit einer hohen Summe grundsätzlich als ernsthaft erachten, LG Kblz DGVZ **96**, 12.

6 **D. Forderungsberechnung; Teilvollstreckung.** Der Gerichtsvollzieher muß die Zulässigkeit seiner Tätigkeit prüfen. Das gilt auch unabhängig von einem etwaigen Anerkenntnis des Schuldners, AG Pirmasens DGVZ **00**, 159. Er muß zB gegenüber einem unter Betreuung stehenden Schuldner viel prüfen, Harnacke DGVZ **00**, 161 (Üb). Der Vollstreckungstitel muß zweifelsfrei ergeben, daß der Schuldner den vom Gläubiger geforderten Betrag schuldet, LG Lüneb DGVZ **01**, 30. Die Prozeßfähigkeit des Schuldners muß bei § 807 feststehen, AG Varel DGVZ **01**, 31. Zulässig ist auch ein Vollstreckungsauftrag wegen eines Teils oder Rests des Vollstreckungsanspruchs, § 752, (teils zum alten Recht) LG Ffm DGVZ **00**, 171, LG Stendal JB **00**, 491, AG Bln-Wedding NZM **04**, 720, aM LG Aachen DGVZ **84**, 61 (aber der Gläubiger ist der Herr der Zwangsvollstreckung). Die Beschränkung muß freilich für den Empfänger eindeutig sein, LG Augsb DGVZ **95**, 154. Im Zweifel erstreckt sich der Vollstreckungsauftrag auf die gesamte im Vollstreckungstitel genannte Forderung, LG Bln DGVZ **86**, 153, LG Kblz DGVZ **82**, 77, also bis zur völligen Befriedigung, Grdz 52 vor § 704, AG Kassel DGVZ **89**, 157, VG Bln DGVZ **89**, 123. Wegen Zahlung in Teilbeträgen §§ 813 a, 900 III. Der Gläubiger muß Teilbeträge selbst nach §§ 367, 497 BGB verrechnen, LG Bln Rpfleger **92**, 30. Wegen EUR Ritten NJW **99**, 1216.

Ein *Pfändungsauftrag* läßt sich isoliert stellen. Der Gläubiger kann ihn auf bestimmte Gegenstände beschränken. Er kann mit ihm aber auch den Antrag auf eine Offenbarungsversicherung nach §§ 807, 900 verbinden, sei es auch nur hilfsweise, LG Kassel DGVZ **85**, 123, LG Kblz DGVZ **98**, 61, Cirullies DGVZ **86**, 83. Es ist auch ein isolierter Haftauftrag nach § 909 S 1 möglich, LG Bln DGVZ **85**, 59, LG Essen DGVZ **81**, 187, LG Osnabr DGVZ **80**, 124.

7 **E. Kleine Forderung.** Die Vollstreckung ist auch wegen eines kleinen Forderungsteils statthaft, Düss NJW **80**, 1171, LG Mü DGVZ **84**, 28, AG Karlsr RR **86**, 1256. Freilich kann ein Rechtsmißbrauch vorliegen, Einl III 54, Grdz 44 vor § 704, Düss NJW **80**, 1171 (minimale Zinsen und Kosten), LG Köln DGVZ **00**, 23 (Vollstreckungsauftrag trotz Befriedigung). Allerdings liegt ein Rechtsmißbrauch nicht schon wegen der Zinsen- und Kostenhöhe vor, LG Aachen DGVZ **87**, 139, LG Hann DGVZ **91**, 190, LG Wuppert NJW **80**, 297, aM AG Dortm DGVZ **79**, 121, AG Kamen DGVZ **83**, 190 (aber das sind nur Folgen der Nichtbefriedigung). Der Gläubiger muß eine genaue nachvollziehbare Aufstellung seiner Gesamtforderung beifügen, LG Saarbr DGVZ **95**, 43, AG Eschwege DGVZ **05**, 186, AG Itzehoe DGVZ **97**, 95, aM Schlesw Rpfleger **76**, 224, Braun/Raab-Gaudin DGVZ **92**, 5 (zu § 11 III 1 VerbrKrG. Aber gerade dieser Fall zeigt die Richtigkeit der hier vertretenen Auffassung). Das gilt auch wegen der Zinsen, LG Darmst DGVZ **95**, 45, und wegen der Kosten sowie bei einer bloßen Teilvollstreckung. Denn der Gerichtsvollzieher muß prüfen können, ob zB die behauptete Restforderung noch besteht, Stgt JB **87**, 1813, LG Hagen DGVZ **94**, 91, LG Lüneb DGVZ **87**, 45, aM LG Essen DGVZ **92**, 173, LG Kaisersl DGVZ **82**, 157, LG Rottweil DGVZ **95**, 169 (aber nur der Gläubiger hat die notwendige Übersicht). Der Gerichtsvollzieher muß ja auch prüfen können, ob wegen erfolgter Teilzahlungen überhaupt noch eine Restvollstreckung statthaft ist, LG Hbg DGVZ **75**, 91, LG Saarbr DGVZ **95**, 43. Bei einer Restforderung ist eine überprüfbare Aufstellung auch über die bisherigen Vollstreckungskosten nach § 788 notwendig, LG Hagen DGVZ **94**, 91, LG Saarbr DGVZ **95**, 43, AG Bln-Schöneb DGVZ **91**, 77. Zur Beurteilung der Notwendigkeit der Kosten bei Teilzahlungen Schilken DGVZ **91**, 1 (ausf), zu derjenigen des Verhältnisses zwischen § 11 III 1 VerbrKrG und § 367 BGB Braun/Raab-Gaudin DGVZ **92**, 1 (ausf).

F. Auftragswiederholung. Grundsätzlich sind beliebig viele Wiederholungen zulässig. Dabei kann der Gläubiger jeweils zu einer der nach § 754 zulässigen und in Rn 3 dargestellten anderen Arten der Auftragsübermittlung übergehen. Bei einer Unterhaltsvollstreckung reichen die restliche Gesamthöhe und der Berechnungszeitraum als Gläubigerangabe, LG Bochum DAVorm **85**, 809, LG Darmst DAVorm **90**, 480, LG Hann DAVorm **76**, 657. Eine Grenze gilt auch insofern erst beim Rechtsmißbrauch, Einl III 54, Grdz 44 vor § 704, AG Überlingen DGVZ **91**, 94. Ein sog Dauerauftrag (Wiederholung der Vollstreckungsversuche) ist aber bei einer Sinnlosigkeit unbeachtlich, LG Karlsr DGVZ **88**, 43. Eine Vollstreckung über den Umfang des Vollstreckungstitels hinaus ist unzulässig, LG Dortm DGVZ **96**, 74 (zusätzlich vereinbarter Betrag). 8

G. Übermittlung der vollstreckbaren Ausfertigung usw. Sie ist für das Verhältnis zwischen dem Gläubiger und dem Gerichtsvollzieher unerheblich. Der Schuldner braucht aber eine Vollstreckungsmaßnahme grundsätzlich nur dann zu dulden, wenn sich der Gerichtsvollzieher durch den Besitz einer vollstreckbaren Ausfertigung ausweisen kann, Nürnb JB **76**, 1395. Deshalb reicht ein Telefax nicht aus und muß der Gerichtsvollzieher nicht nur prüfen, ob das Gericht dem Gläubiger einmal eine vollstreckbare Ausfertigung erteilt hat, sondern vor allem, ob der Gerichtsvollzieher sie auch erhalten hat, Köln RR **00**, 1580, und ob sie noch bei ihm vorhanden ist. Es genügt der Vollstreckungstitel gerade gegen diesen Gesamtschuldner, Rn 3. Die vollstreckbare Ausfertigung darf keine irritierenden handschriftlichen oder elektronischen Zusätze des ProzBev des Gläubigers enthalten, LG Bre DGVZ **82**, 8. Wenn der Schuldner einen diesbezüglichen Mangel nicht rügt, ist die Zwangsvollstreckungsmaßnahme wirksam, falls eine vollstreckbare Ausfertigung vorhanden ist. Notfalls kann der Schuldner die Erinnerung nach § 766 einlegen. Die Zwangsvollstreckung ist aber nicht nichtig, Einf 5 vor §§ 750–751. §§ 754 ff schaffen eine unwiderlegliche Vermutung zugunsten des Schuldners, aber nicht zugunsten des Gerichtsvollziehers. Der Gläubigervertreter muß eine etwa notwendige Geldempfangsvollmacht im Original vorlegen, AG Ffm DGVZ **95**, 46. 9

Im *Scheck- oder Wechselverfahren* nach §§ 602 ff muß sich der Gerichtsvollzieher wegen Art 34, 47 ScheckG, Art 39 WG das Originalpapier vom Gläubiger geben lassen, um es dem Schuldner quittiert aushändigen zu können, Ffm DGVZ **91**, 84, LG Hann DGVZ **91**, 142, AG Aschaffenb DGVZ **93**, 175. Im Verfahren nach § 284 VII AO ist die Aushändigung einer vollstreckbaren Ausfertigung an den Gerichtsvollzieher nicht notwendig, LG Limbg DGVZ **87**, 188.

Eine *weitere* vollstreckbare Ausfertigung wegen eines Rests berechtigt und verpflichtet den Gerichtsvollzieher auch nach einer vorherigen Aushändigung der ersten Ausfertigung an den Schuldner zur weiteren Vollstreckung im Gläubigerauftrag, LG Hechingen DGVZ **99**, 156.

4) Ermächtigungsumfang. Ein nach Rn 3 ff ordnungsgemäßer Auftrag ermächtigt den Gerichtsvollzieher kraft Gesetzes dem Gläubiger gegenüber zu vier Arten von Handlungen. 10

A. Empfangnahme. Der Gerichtsvollzieher darf Zahlungen und sonstige Leistungen auf die Vollstrekkungsschuld in Empfang nehmen, auch zB zwecks Sicherheitsleistung des Schuldners nach § 108, Köln RR **87**, 1211, oder bei einem Antrag des Finanzamts, LG Limbg DGVZ **87**, 188, AG Wetzlar DGVZ **87**, 47. Dabei ist es wegen § 267 BGB unerheblich, ob der Schuldner oder freiweillig ein Dritter leisten, Naumb DGVZ **00**, 36. Auch wenn der Schuldner widerspricht, muß der Gerichtsvollzieher die Leistung des Dritten mangels einer gegenteiligen Weisung des Gläubigers annehmen, jedoch vorbehaltlich des Ablehnungsrechts des Gläubigers, § 267 II BGB. Denn das entspricht dem Interesse des Gläubigers am ehesten. Der Gerichtsvollzieher muß dann von einer weiteren Zwangsvollstreckung vorläufig absehen.

Soweit das Gericht den Gläubiger zu einer Leistung an einen *Dritten* verurteilt hat, darf der Gerichtsvollzieher für ihn leisten. Er darf aber keine Leistung an Erfüllungs Statt annehmen. Eine bloße Hinterlegung ist zwar keine Erfüllung. Sie kann aber durch den Verzicht auf eine Rückgabe zur Erfüllung werden, BGH Rpfleger **84**, 74. Der Gerichtsvollzieher darf erhaltenes Geld nicht für den Schuldner vor der Ablieferung an den Gläubiger pfänden, AG Hombg/S DGVZ **93**, 117. Zur Entgegennahme von Ratenzahlungen und zu deren Überwachung ist der Gerichtsvollzieher im Rahmen von § 813 a verpflichtet. Der Gerichtsvollzieher muß ungeachtet einer Verrechnungsanweisung des Schuldners nach § 317 BGB ungerechtfertigte Kosten absetzen, § 788 Rn 13.

B. Quittungserteilung, Ablieferung der vollstreckbaren Ausfertigung. Ablieferung der vollstreckbaren Ausfertigung. Der Gerichtsvollzieher darf und muß über Empfangenes quittieren, § 757. Er unterzeichnet mit seinem Namen, wie bei § 129 Rn 9. Der Gerichtsvollzieher muß die vollstreckbare Ausfertigung an den Schuldner abliefern, auch wenn ein Dritter geleistet hat. Das gilt aber nur dann, wenn der Gläubiger völlig befriedigt ist, auch wegen der Kosten, §§ 91 ff, 788. Es gilt auch nicht im Verfahren nach § 284 VII AO, LG Limb DGVZ **87**, 188. Bei Rn 8–10 ist ein abweichender Wille des Gläubigers unerheblich, AG Limbg DGVZ **84**, 93, Saum JZ **81**, 696, außer bei § 267 II BGB. Wegen einer weiteren Ausfertigung nach Abgabe der ersten Rn 7. 11

C. Verwertungsaufschub, Aussetzung der Verwertung, §§ 813 a, 813 b. Der Gerichtvollzieher darf nach § 813 a einen Verwertungsaufschub und nach § 813 b eine Aussetzung der Verwertung gewähren. 12

5) Ermächtigungsgrenzen. Zu anderen Maßnahmen ist der Gerichtsvollzieher nur im Rahmen von § 845 ermächtigt, sonst nicht. 13

Er darf zB nicht: Die Rechtmäßigkeit des Vollstreckungstitels prüfen, LG Stade DGVZ **06**, 76, AG Würzb JB **79**, 1081; die Wohnung des Schuldners ermitteln, Rn 3, AG Darmst DGVZ **81**, 62; eine bedingte Leistung ohne eine Zustimmung des Gläubigers annehmen; eine Verjährung überprüfen, LG Kblz DGVZ **85**, 62, AG Lichtenfels DGVZ **81**, 28, AG Münst RR **92**, 1531; einen Vergleich außerhalb von §§ 813 a, b abschließen; dem Schuldner eine Stundung, eine Ratenzahlung oder Ersatzleistung oder einen Nachlaß außerhalb von §§ 806 b, 813 a, b gewähren; Pfandstücke freigeben; eine Leistung an Zahlungs Statt annehmen, etwa in einer ausländischen Währung, Schmidt ZZP **98**, 48; abgesehen von § 900 sonstige Erklärungen abgeben oder entgegennehmen, wie etwa eine Aufrechnung, eine Minderung oder einen Rücktritt.

Die Kenntnis des Gerichtsvollziehers über *rechtserhebliche Tatsachen* wie zB über einen Antrag auf die Eröffnung eines Isolvenzverfahrens, schadet dem Gläubiger nicht.

14 **6) Auftragsrücknahme.** Mit der bis zur Beendigung der Zwangsvollstreckung nach Grdz 52 vor § 704 zulässigen Rücknahme des Antrags erlischt die Ermächtigung des Gerichtsvollziehers. Darin, daß der Gläubiger die vollstreckbare Ausfertigung vom Gerichtsvollzieher zurückverlangt, liegt die Rücknahme der Ermächtigung. Der Gerichtsvollzieher muß auch je nach der Weisung des Gläubigers als des Herrn der Zwangsvollstreckung eine Maßnahme aufschieben, LG Augsb DGVZ **93**, 188, beschränken oder einstellen oder aufheben.

15 **7) Rechtsbehelf: Erinnerung.** Der Betroffene kann die Erinnerung nach § 766 einlegen. Anschließend ist die sofortige Beschwerde nach § 793 möglich. Wegen der Grenzen einer Dienstaufsicht § 753 Rn 4.

755 *Ermächtigung des Gerichtsvollziehers.* [1] **Dem Schuldner und Dritten gegenüber wird der Gerichtsvollzieher zur Vornahme der Zwangsvollstreckung und der im § 754 bezeichneten Handlungen durch den Besitz der vollstreckbaren Ausfertigung ermächtigt.** [2] **Der Mangel oder die Beschränkung des Auftrags kann diesen Personen gegenüber von dem Gläubiger nicht geltend gemacht werden.**

1 **1) Systematik, S 1, 2.** Vgl zunächst § 753 Rn 1. Es handelt sich um Ergänzungen zur Regelung der Stellung des Gerichtsvollziehers nach §§ 753, 754 wie auch um eine Klarstellung zu der für den Schuldner natürlich wesentlichen Frage, wie sich der Gerichtsvollzieher eigentlich als Berechtigter ausweisen muß, damit der Schuldner ihn und seine Leute dulden muß.

2 **2) Regelungszweck, S 1, 2.** Vgl zunächst § 753 Rn 2. § 755 gibt einen der mit §§ 724 ff verfolgten Zwecke an. Die Vorschrift dient wesentlich der Praktikabilität der Vollstreckung. Der Gerichtsvollzieher muß oft schon genug Probleme vor Ort bewältigen. Er soll nicht noch zusätzlich übermäßige Belastungen mit Vollmachtsnachweisen haben. Die „Anscheinsvollmacht" des Klauselbesitzers muß erst einmal reichen. Damit dient § 755 auch der Rechtssicherheit nach Einl III 43 wie der Prozeßwirtschaftlichkeit, Grdz 14 vor § 128. Alles das muß man bei der Auslegung mitbeachten.

3 **3) Ausweis, S 1, 2.** Der Besitz der vollstreckbaren Ausfertigung weist den Gerichtsvollzieher nach außen als zur Zwangsvollstreckung ermächtigt aus, Hamm MDR **89**, 467. Das gilt ohne Rücksicht auf den Willen des Gläubigers und auf eine Kenntnis des Schuldners. Denn es liegt kein Vertrag vor, § 753 Rn 1 ff. Ohne diesen Ausweis braucht der Schuldner keine Zwangsvollstreckungshandlung zu dulden. Der Gerichtsvollzieher braucht seinen Besitz nicht bei sich zu tragen. Daher ist eine Zwangsvollstreckungsmaßnahme nicht stets schon deshalb unzulässig oder unwirksam, weil der Gerichtsvollzieher die vollstreckbare Ausfertigung nicht bei sich hat, § 754 Rn 7. Freilich muß der Gerichtsvollzieher die vollstreckbare Ausfertigung dem Schuldner auf dessen Verlangen vor dem Beginn der eigentlichen Vollstreckungshandlung vorzeigen. Die Ermächtigung dem Schuldner und dem Dritten gegenüber reicht in den in § 754 genannten Punkten so weit wie dem Gläubiger gegenüber.

4 **4) Mangel usw des Auftrags, S 1, 2.** Der Auftrag erlischt im Verhältnis zwischen dem Gläubiger und dem Gerichtsvollzieher durch seine Rücknahme oder seinen Widerruf, § 754 Rn 13. Dem Schuldner gegenüber bleiben das Erlöschen oder eine Beschränkung des Auftrags bedeutungslos, sogar wenn er diese kennt. Denn § 755 stellt eine unwiderlegliche Vermutung auf. Der Schuldner wird also durch eine Leistung befreit, auch wenn der Gläubiger den Vollstreckungsauftrag längst zurückgenommen hatte, falls der Gerichtsvollzieher noch die vollstreckbare Ausfertigung in Händen hat und sie dem Schuldner vorgezeigt hat. Der Schuldner und ein Dritter können den Mangel einer solchen Vollstreckungsmaßnahme durch eine Erinnerung nach § 766 geltend machen. Denn sie brauchen eine eigenmächtige Zwangsvollstreckung des Gerichtsvollziehers nicht zu dulden.

756 *Zwangsvollstreckung bei Leistung Zug um Zug.* I **Hängt die Vollstreckung von einer Zug um Zug zu bewirkenden Leistung des Gläubigers an den Schuldner ab, so darf der Gerichtsvollzieher die Zwangsvollstreckung nicht beginnen, bevor er dem Schuldner die diesem gebührende Leistung in einer den Verzug der Annahme begründenden Weise angeboten hat, sofern nicht der Beweis, dass der Schuldner befriedigt oder im Verzug der Annahme ist, durch öffentliche oder öffentlich beglaubigte Urkunden geführt wird und eine Abschrift dieser Urkunden bereits zugestellt ist oder gleichzeitig zugestellt wird.**

II **Der Gerichtsvollzieher darf mit der Zwangsvollstreckung beginnen, wenn der Schuldner auf das wörtliche Angebot des Gerichtsvollziehers erklärt, dass er die Leistung nicht annehmen werde.**

Gliederung

1) Systematik, I–II. Vgl zunächst § 753 Rn 1. § 756 ist eine in der Praxis recht wichtige und viele Fragen aufweisende notwendige Ergänzung des § 726 II. Diese letztere Vorschrift läßt die Erteilung einer vollstreckbaren Ausfertigung bei einer Leistung Zug um Zug zu, ohne den Nachweis der Befriedigung oder des Annahmeverzugs des Schuldners zu verlangen. Über die dahin gehörenden Fälle § 726 Rn 9. Für das Vollstreckungsgericht und zunächst für den Rpfl enthält § 765 eine dem § 756 entsprechende Regelung. Wegen der EuGVVO SchlAnh V C 2 (§ 6). 1

2) Regelungszweck, I–II. Vgl zunächst § 753 Rn 2. Die Vorschrift verlagert dasjenige, was in einer nach dem Urteil komplizierten Lage eigentlich der Gläubiger tun müßte, im Verhältnis zum Schuldner im Prinzip auf den Gerichtsvollzieher zum Zweck der Vereinfachung, Grdz 14 vor § 128. Dieser Zweck erfordert eine keineswegs engstirnige Auslegung. Allerdings zeigt die Praxis, daß man den Schuldner auch vor einer zu laschen Handhabung bewahren muß. 2

3) Zug-um-Zug-Leistung, I–II, dazu *Fichtner* DGVZ **04**, 1, 17, *Gilleßen/Coenen* DGVZ **98**, 167 (je: ausf). Voraussetzungen und Verfahren sind gleichermaßen kompliziert. 3

A. Notwendigkeit einer Gegenleistung. Die Notwendigkeit einer Gegenleistung Zug um Zug muß sich aus dem Vollstreckungstitel eindeutig ergeben, Düss JB **01**, 495, KG Rpfleger **00**, 557, LG Hildesh DGVZ **00**, 94, nicht erst aus weiteren Unterlagen, KG MDR **97**, 1058. Andernfalls muß man eine isolierte Vollstreckung wegen der Leistung und der Gegenleistung vornehmen, BGH NJW **92**, 1173, LG Hbg DGVZ **92**, 41, LG Kblz DGVZ **98**, 59. Es muß auch gerade eine Zug-um-Zug Leistung tituliert sein, LG Tüb DGVZ **86**, 60, AG Bielef MDR **77**, 500. Eine Verurteilung zur Leistung nach dem Empfang der Gegenleistung reicht aus, Karlsr MDR **75**, 938, Köln DGVZ **89**, 151.

B. Angebot an Schuldner. Bei einer klaren Verurteilung Zug um Zug gilt: Der Beginn der Zwangsvollstreckung setzt hier regelmäßig voraus, daß der Gerichtsvollzieher den Schuldner durch das Angebot der dem Schuldner zustehenden Leistung in einen Annahmeverzug nach §§ 293 ff BGB setzt. Das Angebot muß grds ein tatsächliches sein, LG Bln DGVZ **93**, 28, LG Ravensb DGVZ **86**, 89, AG Sinzig RR **87**, 704. Das Angebot muß auch hinreichend bestimmt sein, BVerfG NJW **97**, 2168, BGH BB **05**, 2100, Kblz OLGR **00**, 520. Es muß so erfolgen, wie der Gläubiger die Leistung bewirken muß, § 294 BGB, LG Arnsberg DGVZ **83**, 152, LG Düss DGVZ **80**, 187, LG Frankenth MDR **82**, 61. Der Schuldner muß nur noch zuzugreifen brauchen, BGH **90**, 359, LG Arnsberg DGVZ **02**, 170, LG Bln DGVZ **93**, 28. 4

C. Beispiele zur Frage eines ausreichenden Angebots 5

Abwesenheit des Schuldners: Solange der Gerichtsvollzieher trotz einer rechtzeitigen Ankündigung weder den Schuldner noch eine Ersatzperson antrifft, kann er die Gegenleistung grds nicht wirksam anbieten, LG Hbg DGVZ **84**, 115, AG Mü DGVZ **80**, 191 (Ausnahme Rn 8), Gilleßen/Jakobs DGVZ **81**, 53. Die Abwesenheit des Schuldners in dem ihm bekannten Termin zum tatsächlichen Angebot der Gegenleistung oder die Nichterklärung usw im Termin begründet als Ausnahme vom Grundsatz der Rn 7 hier einen Annahmeverzug. BGH Rpfleger **92**, 207, LG Hbg DGVZ **84**, 115. Die Gegenleistung mag im LG-Bezirk und nicht im AG-Bezirk des Gerichtsvollziehers erforderlich sein, LG Bln DGVZ **98**, 27. Zu Einzelheiten Gilleßen/Jacobs DGVZ **81**, 49.

Auflassung: Bei einer Verurteilung Zug um Zug gegen die Auflassung eines Grundstücks prüft das Vollstreckungsorgan (Grundbuchamt) den Nachweis der Befriedigung oder des Annahmeverzugs bei der Eintragung einer Zwangshypothek, LG Hbg Rpfleger **04**, 159.

Aufrechnung: Sie ist *kein* ausreichendes Angebot.

Bezeichnung: Für das Ausreichen des Angebots ist maßgeblich die im Urteil notwendige genaue Bezeichnung der Gegenleistung BGH BB **05**, 2100, LG Kblz DGVZ **03**, 40, AG Pirmasens DGVZ **98**, 190. Wenn das Gericht im Urteil die Gegenleistung individuell bestimmt hat, ist jetzt demgemäß ihre Identifizierbarkeit erforderlich, § 253 Rn 100 „Zug-um-Zug-Gegenleistung", BGH NJW **93**, 325, LG Kblz DGVZ **05**, 76, AG Wuppert DGVZ **99**, 46. Diese Identifizierbarkeit reicht aber auch aus, BGH NJW **93**, 325, Nürnb NJW **89**, 987, LG Rottweil DGVZ **90**, 171, aM LG Bonn DGVZ **83**, 188 (aber man darf den Gläubiger nicht überfordern, ebensowenig sein Vollstreckungsorgan). Die Bezeichnung „VW Käfer 1200, 34 PS" kann zB dann genügen, wenn der Gläubiger nur einen einzigen derartigen Pkw besitzt, AG Groß Gerau MDR **81**, 1288. Zum Kfz gehört sein Brief. Eine Umschreibung im Urteil „Herstellung eines lotrechten Mauerwerks" mag ungenügend sein, Düss RR **99**, 794. Grundsätzlich unzureichend ist eine Verurteilung zur Zahlung gegen Aushändigung eines Schecks, Wechsels usw. Das gilt selbst dann, wenn der Gerichtsvollzieher nur gegen den Erhalt der Urkunde vollstrecken darf, Ffm JB **81**, 938, Hamm DGVZ **79**, 122, LG Saarbr DGVZ **90**, 43.

Eigentumsübertragung: Bei einer Verurteilung Zug um Zug gegen eine Eigentumsübertragung an einer beweglichen Sache ist regelmäßig ein Verhalten nach § 929 BGB und nicht nur nach § 931 BGB notwendig, Köln Rpfleger **92**, 528.

S auch „Auflassung"

Ermessen: Der Gerichtsvollzieher darf und muß nach seinem eigenen pflichtmäßigen Ermessen klären, ob der Gläubiger seine Gegenleistung erbracht hat, AG Sinzig DGVZ **03**, 76.

Feststellungsklage: Eine Feststellungsklage, daß eine weitere Zug-um-Zug-Leistung nicht mehr notwendig sei, ist zulässig, BGH MDR **77**, 133, Hamm DGVZ **95**, 183, Stgt DGVZ **89**, 121. 6

Gattungsschuld: Bei ihr muß der Gerichtsvollzieher feststellen, ob die anzubietende Sache eine mittlere Art und Güte hat, § 243 I BGB, § 360 HGB.

Hinterlegung: Der Gläubiger kann nicht verlangen, daß der Schuldner vor der Gegenleistung des Gläubigers hinterlege, LG Stgt DGVZ **90**, 92.

Mangelfreiheit: Eine Mängelfreiheit ist dann, wenn es bei der Zug-um-Zug-Leistung nicht gerade um eine Nachbesserung geht, grundsätzlich nicht notwendig, BGH BB **05**, 2100, LG Kblz DGVZ **03**, 40, LG Köln DGVZ **06**, 136 (zustm Körner 130), aM LG Hann DGVZ **84**, 153 (aber damit würde man den Gerichtsvollzieher meist überfordern). Schon gar nicht braucht der Gläubiger einen vom Schuldner 7 zusätzlich behaupteten Mangel beseitigt zu haben, LG Bonn DGVZ **89**, 12, aM Celle RR **00**, 828, LG Frankenth MDR **82**, 61 (aber auch das wäre eine Überforderung des Gerichtsvollziehers). Freilich mag nach dem Vollstreckungstitel gerade eine mangelfreie Gegenleistung notwendig sein, LG Darmst DGVZ **79**, 126. Auch mag ein Mangel offenkundig sein, LG Bonn DGVZ **83**, 187, LG Hann DGVZ **84**, 152. Es bestehen vielfache Beziehungen zum sachlichen Recht, Schilken AcP **181**, 335.

Nachbesserung: S „Mangelfreiheit".

Sachverständiger: Der Gerichtsvollzieher muß zur Klärung des Ausreichens des Angebots evtl einen Sachverständigen hinzuziehen, Celle MDR **01**, 686, Hamm DGVZ **95**, 183, LG Kblz DGVZ **00**, 117.

8 **Stückschuld:** Bei ihr muß der Gerichtsvollzieher feststellen, ob gerade der bestimmte Gegenstand vorliegt, oder ob der Gläubiger ordnungsgemäß nacherfüllt hat, I a, Celle RR **00**, 828, notfalls mithilfe eines Sachverständigen auf Schuldnerkosten nach § 788, AG Sinzig DGVZ **03**, 127. Das gilt einschließlich etwaiger Nebenarbeiten, AG Gütersloh DGVZ **83**, 78. Notfalls ist eine Feststellungsklage nötig, s dort.

Willenserklärung: Sie gilt mit der wirksamen Abgabe oder mit der formellen Rechtskraft der entsprechenden Verurteilung nach § 705 als erbracht, § 894, LG Kblz DGVZ **89**, 43, AG Offenbach DGVZ **95**, 76.

Wörtliches Angebot: Ein solches nach § 295 S 1, 2 BGB kann genügen, Oldb DGVZ **91**, 172, LG Coburg DGVZ **05**, 108, Fichtner DGVZ **04**, 43 (ausf). Das stellt II für den Verweigerungsfall überflüssigerweise klar. Es war schon ohne II wegen der indirekten Verweisung auf §§ 293 ff BGB sachlich klar. Das gilt zB dann, wenn der Schuldner erklärt, die Leistung nicht annehmen zu wollen, oder wenn der Schuldner eine Handlung vornehmen muß, die Sache etwa abholen muß, wenn überhaupt aus dem Vollstreckungstitel eindeutig eine Holschuld erkennbar ist, LG Gießen DGVZ **86**, 77, LG Ravensb DGVZ **86**, 89. Dasselbe gilt, soweit der Schuldner die Gläubigerleistung annehmen, die Schuldnerleistung aber endgültig verweigern will, BGH Rpfleger **97**, 221.

Dieses wörtliche Angebot ist eine geschäftsähnliche Handlung. Auf sie sind die Vorschriften des BGB über *Willenserklärungen* entsprechend anwendbar, AG Lampertheim DGVZ **80**, 188. Daher muß der Gläubiger den Gerichtsvollzieher bevollmächtigen und anweisen, das wörtliche Angebot abzugeben, AG Hbg-Wandsbek DGVZ **80**, 190, AG Lampertheim DGVZ **80**, 188, Fichtner DGVZ **04**, 43, aM LG Augsb DGVZ **95**, 9 (aber das wäre inkonsequent).

9 **D. Weiteres Verfahren.** Die eigentliche Leistung erfolgt nur Zug um Zug, also gegen eine Befriedigung des Schuldners, auch wegen der Kosten der Zwangsvollstreckung, Bank JB **80**, 1137. Auch bei der Vollstrekkung wegen eines Teilbetrags muß der Gläubiger die volle auch teilbare Gegenleistung erbringen oder den Schuldner insoweit in Annahmeverzug setzen, LG Wuppert DGVZ **86**, 90, AG Schönau DGVZ **90**, 46. Die Kosten des Rechtsstreits aus dem Kostenfestsetzungsbeschluß nach § 104 gehören aber nicht zu dieser Leistung. Daher kann der Schuldner wegen dieser Kosten nur so vorgehen, daß er in den etwa vom Gläubiger auf Grund seines Angebots gezahlten Betrag vollstreckt. Wenn der Schuldner den Gläubiger nicht vollständig befriedigt, darf und muß der Gerichtsvollzieher ohne eine Gegenleistung vollstrecken, BGH **73**, 320. Die Aushändigung einer quittierten Urkunde gehört aber nicht hierher. Das gilt, obwohl man die quittierte Urkunde dem Gerichtsvollzieher übergeben muß, damit er sie dem freiwillig Zahlenden aushändigt, § 726 Rn 10. Der Gerichtsvollzieher muß den ganzen Vorgang nach § 763 protokollieren. Die Kosten des Angebots sind Kosten der Zwangsvollstreckung nach § 788. Nicht hierher gehören aber die Kosten des Wegtransports einer herauszugebenden Sache. Wenn eine Leistung Zug um Zug dem Gläubiger schuldlos unmöglich geworden ist und wenn der Gläubiger den Anspruch auf die Leistung behält, muß er neu klagen.

10 **4) Zwangsvollstreckung ohne Angebot, I.** Sie erfordert besondere Aufmerksamkeit.

A. Voraussetzungen: Befriedigung oder Annahmeverzug. Der Gerichtsvollzieher braucht dem Schuldner keine Gegenleistung anzubieten, wenn die Befriedigung unstreitig ist, LG Düss DGVZ **91**, 39 (zustm Münzberg DGVZ **91**, 88), LG Hann DGVZ **85**, 171, AG Fürstenfeldbr DGVZ **81**, 90, oder wenn der Gläubiger den Beweis der Befriedigung des Schuldners oder seines Annahmeverzugs durch eine öffentliche oder öffentlich beglaubigte Urkunde nach § 415 Rn 3, 4 geführt hat, Köln RR **86**, 863, und wenn eine Ablichtung oder Abschrift der Urkunde zugestellt ist oder gleichzeitig zugestellt wird, und zwar an den ProzBev der ersten Instanz. Es ist unerheblich, in welcher Weise der Gläubiger den Schuldner befriedigt hat.

11 **B. Beispiele zur Frage einer Befriedigung oder eines Annahmeverzugs**

Abweisungsantrag: *Nicht* ausreichend ist der Abweisungsantrag des Schuldners im Prozeß, Ffm Rpfleger **79**, 432, LG Kleve DGVZ **05**, 95, LG Wuppert Rpfleger **88**, 153.

Bezeichnung: Evtl ist sogar eine ungenaue Bezeichnung der Gegenleistung im Vollstreckungstitel unschädlich, LG Bonn DGVZ **91**, 92, AG Bonn DGVZ **91**, 91. Zur Vermeidung von Auslegungsschwierigkeiten empfiehlt sich schon im Erkenntnisverfahren ein Antrag auf die Feststellung, „daß sich der Bekl im Annahmeverzug befindet", Doms NJW **84**, 1340, Schibel NJW **84**, 1945.

Früheres Angebot: Der Annahmeverzug kann auf einem früheren Angebot beruhen, AG Neustadt/H DGVZ **76**, 74. Das gilt auch dann, wenn ein anderer Gerichtsvollzieher dieses frühere Angebot bei einer anderen Pfändung gemacht hat.

Protokoll: Der Gläubiger kann den Beweis auch durch das Protokoll des Gerichtsvollziehers führen, Köln MDR **91**, 260, Oldb DGVZ **91**, 172.

12 **Urteil:** Der Gläubiger kann den Beweis auch durch das vorläufig vollstreckbare oder rechtskräftige Urteil führen, Köln MDR **91**, 260, LG Augsb JB **94**, 307, AG Mönchengladb DGVZ **92**, 124. Das gilt besonders bei einer Vorleistungspflicht nach § 726 Rn 9, BGH NJW **82**, 1049. Der Beweis läßt sich überhaupt durch irgendeinen Urteilstenor erbringen, Köln DGVZ **89**, 152, Christmann DGVZ **90**, 2. Wenn nur dessen Tatbestand oder Entscheidungsgründe den Annahmeverzug eindeutig ergeben, ist zwar der Nachweis an sich ebenfalls durch das Urteil möglich, Köln DGVZ **89**, 152, LG Detm DGVZ **90**, 41. Indessen ist dann das Urteil insoweit nicht bindend, Köln DGVZ **89**, 152, LG Düss DGVZ **80**, 187, LG Wuppert Rpfleger **88**, 153.

Kein Verzug im Urteil: Wenn das Urteil auf eine „Leistung nach dem Empfang der Gegenleistung" entgegen § 322 II BGB ohne eine Bejahung des Annahmeverzugs des Schuldners ergangen ist, bleibt der Gläubiger für den Annahmeverzug zwar nicht zwecks Erhalts der Klausel beweispflichtig, wohl aber zwecks weiterer Zwangsvollstreckung. Hatte das Gericht den Annahmeverzug wegen Fehlens eines den Verzug begründenden Sachzustands verneint, kann der Gläubiger den Schuldner nicht in der Vollstreckung dadurch in einen Annahmeverzug setzen, daß er ihm denselben Zustand erneut anbietet, AG Kaisersl DGVZ **90**, 75.

Vollstreckungsversuch: *Nicht* ausreichend ist ein Vollstreckungsversuch aus einem anderen Titel, aM LG Oldb DGVZ **82**, 124 (aber man muß einen vollen Beweis verlangen).

Vorheriger Verzug: Ein vorher eingetretener Verzug gilt als fortdauernd, Dieckmann Gedächtnisschrift für Arens (1993) 45. Zur Herausgabe von Software LG Kblz DGVZ **00**, 117, Münzberg BB **90**, 1011, aM Freiherr von Gravenreuth BB **89**, 1926.

Zeitablauf: Der Annahmeverzug kann auch auf einem Zeitablauf nach § 296 BGB beruhen. Er braucht nicht nach dem Erlaß des Urteils eingetreten zu sein, Dieckmann Gedächtnisschrift für Arens (1993) 45, Schilken AcP **181**, 372.

Der Gläubiger kann den Beweis auch durch das Protokoll des Gerichtsvollziehers führen, Köln MDR **91**, 260, Oldb DGVZ **91**, 172, oder durch das vorläufig vollstreckbare oder rechtskräftige Urteil, Köln MDR **91**, 260, LG Augsb JB **94**, 307, AG Mönchengladb DGVZ **92**, 124. Das gilt insbesondere bei einer Vorleistungspflicht, § 726 Rn 9, BGH NJW **82**, 1049.

C. Weiteres Verfahren. Grundsätzlich entscheidet der Gerichtsvollzieher darüber, ob der Annahmever- 13
zug und die Nachweise vorliegen. Wenn ihm die Urkunden nicht genügen, muß er den Gläubiger auf den Klageweg verweisen, LG Landau DGVZ **95**, 88, LG Mainz Rpfleger **93**, 253 (wegen des Vollstreckungsgerichts). Wenn das Prozeßgericht den Schuldner zur Zahlung Zug um Zug gegen eine Abrechnung des Gläubigers verurteilt hat, kann der Gerichtsvollzieher die Vollständigkeit der Abrechnungen nicht prüfen. Deshalb ist also keine Erinnerung nach § 766 zulässig. Wenn der Schuldner einen ProzBev nach § 81 hat, muß man die Urkunden diesem zustellen, § 172. Der Umstand, daß der Schuldner irgendwie in den Besitz der anzubietenden Gegenleistung gekommen ist, genügt ohne die geforderten Urkunden nicht zum Nachweis. Denn der Gerichtsvollzieher kann nicht beurteilen, ob dieser Vorgang in Erfüllung der Verbindlichkeit des Gläubigers geschehen ist. Ein Nachweis ist natürlich nicht notwendig, soweit der Gläubiger die Gegenleistung unstreitig erbracht hat, LG Hann DGVZ **85**, 171.

5) Rechtsbehelfe, I–II. Es kommt auf die Person des Beschwerten an. 14

A. Gläubiger. Der Gläubiger kann die Erinnerung nach § 766 einlegen. Anschließend ist die sofortige Beschwerde nach § 793 möglich.

B. Schuldner. Der Schuldner kann die Erinnerung nach § 766 einlegen, KG RR **89**, 638. Auch für ihn 15
ist anschließend die sofortige Beschwerde nach § 793 möglich. Er hat die Vollstreckungsabwehrklage nach § 767 nur dann, wenn er das Erlöschen des Anspruchs des Gläubigers wegen einer nachträglichen Unmöglichkeit der Gegenleistung behauptet, LG Bln RR **89**, 639, oder wenn er ein Gewährleistungs- oder Rücktrittsrecht in Anspruch nimmt, KG RR **89**, 638. Die Mangelhaftigkeit der angebotenen Gegenleistung begründet nur die Erinnerung, KG RR **89**, 638, AG Pirmasens MDR **75**, 62, ZöStö 13, aM LG Hbg DGVZ **84**, 11, AG Siegen DGVZ **97**, 78, Körner DGVZ **06**, 130 (es sei § 767 anwendbar. Vgl aber § 767 Rn 38 „Zug um Zug".).

757 *Übergabe des Titels und Quittung.* ^I **Der Gerichtsvollzieher hat nach Empfang der Leistungen dem Schuldner die vollstreckbare Ausfertigung nebst einer Quittung auszuliefern, bei teilweiser Leistung diese auf der vollstreckbaren Ausfertigung zu vermerken und dem Schuldner Quittung zu erteilen.**

^II **Das Recht des Schuldners, nachträglich eine Quittung des Gläubigers selbst zu fordern, wird durch diese Vorschriften nicht berührt.**

1) Systematik, I, II. Vgl zunächst § 753 Rn 1. Die Erfüllung erfordert stets eine Quittung des Gläubi- 1
gers. Die Vollstreckung steht der Erfüllung gleich. Die Vorschrift ist zwingend, AG Limbg DGVZ **84**, 93. Sie übernimmt den Gedanken des § 368 BGB.

2) Regelungszweck, I, II. Vgl zunächst § 753 Rn 2. Wegen der erheblichen Bedeutung der vollstreck- 2
baren Ausfertigung nach § 755 muß die Leistung des Schuldners zum Besitzwechsel führen, die teilweise Leistung zu einer nach solcher Sachlage den beiderseitigen rechtlichen Interessen gerecht werdenden Lösung. Das gilt trotz der für den Schuldner verbleibenden Möglichkeiten nach §§ 767 ff, 775. Die Vorschrift bezweckt mit dem Schuldnerschutz auch eine Rechtssicherheit, Einl III 43. Demgemäß ist eine strikte Handhabung ratsam.

3) Quittung, I, II. Ein klarer Grundsatz zeigt manches Anwendungsproblem. 3

A. Grundsatz: Erteilungspflicht. Über jede Leistung des Schuldners in der Zwangsvollstreckung gerade an den Gerichtsvollzieher muß der nach §§ 754, 815 III, 819 empfangsberechtigte Gerichtsvollzieher im eigenen Namen unaufgefordert unverzüglich eine Quittung im Original erteilen. Bei einer Teilleistung erteilt er die Quittung auf einem besonderen Blatt. Bei einer Volleistung einschließlich Zinsen und Kosten oder einer vollen Restleistung erteilt er sie auf einem besonderen Blatt oder auf der vollstreckbaren Ausfertigung des Vollstreckungstitels. Die Quittung ist eine öffentliche Urkunde, § 418. Stets kann der Schuldner außerdem eine Quittung des Gläubigers nach § 368 BGB verlangen. Die Vorschrift ist auf andere Vollstreckungsorgane als den Gerichtsvollzieher unanwendbar, Saum JZ **81**, 697. Sie gilt auch dann nicht, wenn der Schuldner direkt an den Gläubiger oder dessen ProzeßBev oder an einen vom Gläubiger bestimmten Dritten leistet. Dann gilt vielmehr § 775 Z 4, 5.

4 **B. Beispiele zur Frage einer Auslieferungspflicht**

Beitreibung: Es ist unerheblich, ob der Gläubiger oder das Vollstreckungsorgan die Leistung beigetrieben hat.

Dritter: Soweit er für den Schuldner leistet, erhält er eine Quittung.

S auch Rn 5 „Teilleistung".

Duldung und Leistung: Wenn der eine Schuldner auf eine Duldung haftet, der andere auf eine Leistung, muß der Gerichtsvollzieher den Vollstreckungstitel dem Leistungsschuldner aushändigen.

Freiwillige Leistung: Es ist unerheblich, ob der Schuldner unter dem Druck der bevorstehenden Zwangsvollstreckung freiwillig geleistet hat.

Gesamtschuld: Bei ihr erhält derjenige den Vollstreckungstitel ausgehändigt, der die ganze Schuld oder ihren Rest tilgt. Wenn alle zahlen oder wenn mehrere je einen Teil zahlen, muß der Gerichtsvollzieher den Titel demjenigen aushändigen, auf den sich alle einigen. Wenn keine Einigung zustande kommt, muß der Titel bei den Akten bleiben.

S auch Rn 5 „Teilleistung", Rn 6 „Verbindung von Ausfertigungen".

Herausgabe des Titels: Wenn der Schuldner in einer Anwesenheit oder Abwesenheit des Gerichtsvollziehers unmittelbar an den Gläubiger geleistet hat, darf und muß der Gerichtsvollzieher den Vollstrekkungstitel mit der Zustimmung des Gläubigers an den Schuldner herausgeben. Dasselbe gilt, wenn der Schuldner einen Zwangsvergleich erfüllt hat. Der Schuldner kann nach der vollen Erfüllung vom Gläubiger die Herausgabe entsprechend § 371 BGB fordern.

5 **Kopfteilshaftung:** Haften mehrere nach Kopfteilen und leistet einer von ihnen seinen Teil, ist das eine bloße Teilleistung. Man muß den Vollstreckungstitel an denjenigen aushändigen, der den letzten Rest leistet.

S auch „Teilleistung".

Restforderung: Hat der Gläubiger die zu vollstreckende Summe in seinem Auftrag an den Gerichtsvollzieher als eine bloße Restforderung bezeichnet, muß der Gerichtsvollzieher nach deren Vollstreckung den Titel an den Schuldner herausgeben, LG Zweibr DGVZ **91**, 13, AG Pirmasens DGVZ **91**, 13.

Scheck: Der Gerichtsvollzieher darf erst nach der Einlösung die vollstreckbare Ausfertigung aushändigen.

Teilleistung: Eine Teilleistung muß der Gerichtsvollzieher auch auf der vollstreckbaren Ausfertigung vermerken. Das gilt auch bei einer Teilleistung wegen der Vollstreckungskosten, LG Lüneb DGVZ **81**, 116. Er behält diese Ausfertigung aber in seinem Besitz. Er nimmt keine Verrechnung vor, LG Hann DGVZ **79**, 72, LG Bad Kreuzn DGVZ **91**, 117, LG Lüneb DGVZ **81**, 116. Er darf die vollstreckbare Ausfertigung dem Schuldner grundsätzlich erst nach der völligen Befriedigung des Gläubigers aushändigen, auch wenn ein Dritter den Gläubiger befriedigt hat, Münzberg KTS **84**, 200. Die Aushändigung soll die Gefahr einer weiteren Zwangsvollstreckung beseitigen. Wegen einer weiteren vollstreckbaren Ausfertigung § 754 Rn 5.

S auch Rn 4 „Gesamtschuld", Rn 5 „Kopfteilshaftung".

6 **Verbindung von Ausfertigungen:** Zu dem Problem, ob man Ausfertigungen zB bei Gesamtschuldnern verbinden muß, einerseits AG Wilhelmsh DGVZ **79**, 189 (ja), andererseits LG Stgt Rpfleger **83**, 161, AG Arnsberg DGVZ **79**, 189 (je: nein).

Vorbehaltsleistung: Es ist unerheblich, ob der Schuldner nur unter dem Vorbehalt einer Abänderung des Urteils geleistet hat, Köln KTS **84**, 318, strenger Münzberg KTS **84**, 200.

Zwangsvergleich: Rn 4 „Herausgabe des Titels".

7 **4) Rechtsbehelf, I, II.** Bei einem fehlerhaften Verfahren des Gerichtsvollziehers kann jeder Betroffene die Erinnerung nach § 766 einlegen. Anschließend ist die sofortige Beschwerde nach § 793 möglich.

758 *Durchsuchung; Gewaltanwendung.* **I Der Gerichtsvollzieher ist befugt, die Wohnung und die Behältnisse des Schuldners zu durchsuchen, soweit der Zweck der Vollstreckung dies erfordert.**

II Er ist befugt, die verschlossenen Haustüren, Zimmertüren und Behältnisse öffnen zu lassen.

III Er ist, wenn er Widerstand findet, zur Anwendung von Gewalt befugt und kann zu diesem Zweck die Unterstützung der polizeilichen Vollzugsorgane nachsuchen.

Schrifttum: *Erchinger,* Probleme bei der Zwangsvollstreckung gegen die Partner einer eheähnlichen Gemeinschaft und einzelne Mitglieder einer Wohngemeinschaft, Diss Tüb 1987; *Esmek,* Der Durchsuchungsbegriff nach Art 13 Abs. 2 GG in der Zwangsvollstreckung, 1989; *Kühne,* Grundrechtlicher Wohnungsschutz und Vollstreckungsdurchsuchungen, 1980; *Peters,* Die richterliche Anordnung usw, Festschrift für *Baur* (1981) 549; *Schilken,* Grundrechtlicher Wohnungsschutz und Vollstreckung, Festschrift für *Beys* (Athen 2004) 1447; *Walker,* Notwendigkeit und Umfang einer Durchsuchungserlaubnis für den Gerichtsvollzieher, Festschrift für *Kollhosser* (2004) 755.

Gliederung

1 **1) Systematik, I–III.** Vgl zunächst § 753 Rn 1–9. § 758 regelt die Befugnisse des Gerichtsvollziehers zur Durchführung von Zwangsmaßnahmen nur im allgemeinen. § 758 erhält Ergänzungen durch §§ 758 a,

759 und indirekt durch § 113 StGB (Widerstand gegen Vollstreckungsbeamte ist strafbar). Weitere Einzelheiten enthält die bundeseinheitliche Geschäftsanweisung für Gerichtsvollzieher (GVGA). Die Verletzung dieser Anweisung kann zwar schuldhaft sein, § 753 Rn 9. Dieser Umstand beeinträchtigt aber die Wirksamkeit der Zwangsvollstreckung noch nicht stets, Grdz 56, 58 vor § 704. Der Gerichtsvollzieher bestimmt als selbständiges Organ der Rechtspflege nach § 753 Rn 1 in den Grenzen des § 758 a nach seinem eigenen pflichtgemäßen Ermessen, in welcher Weise er die Wohnung und die Behältnisse des Schuldners durchsucht, VG Bln DGVZ **90**, 7. Zu seinen Sonderrechten im Straßenverkehr Grohmann DGVZ **97**, 177.

2) Regelungszweck, I–III. Vgl zunächst § 753 Rn 2. Durchsuchung und Gewalt sind zusammen mit Räumung nach § 885 und Kindeswegnahme nach dem FamFG die dramatischsten Vorgänge einer Zwangsvollstreckung. Bei ihnen erfolgen Eingriffe in Grundrechte, ja bis zur Grenze der Menschenrechte. Das geschieht zur meistens ohnehin hauptsächlich „nur" vermögensrechtlichen Befriedigung des privaten Gläubigers. Mitbetroffen sind zumindest emotional Familienangehörige, Nachbarn, Freunde. Es kann zu gesundheitlich kritischen Situationen schon infolge Erregung kommen. Es können erhebliche Sachschäden entstehen. Die aufgebrochene Wohnungs- oder gar Haustür kann anschließend über ganze Feiertage hinweg ein leichteres Objekt strafbarer Begehrlichkeit werden. Andererseits hat letzthin der Schuldner durch *sein* Verhalten eine solche Zuspitzung verursacht und meist auch sehr wohl verschuldet. Das alles muß man bei der Handhabung als Gerichtsvollzieher und bei der späteren Überprüfung als Richter mitbeachten. Ohne § 758 wäre so manches Urteil nur halb so viel wert. Durch § 758 kann aber auch ein schreckliches Begleitunheil bei Schuldlosen entstehen. Eine vorsichtige Abwägung hilft die richtige Lösung zu finden. 2

3) Geltungsbereich, I–III. Die Vorschrift gilt im Gesamtbereich der ZPO, auch im WEG-Verfahren. Sie ist auch auf die Vollstreckung eines Zuschlagsbeschlusses nach dem ZVG anwendbar, Bre Rpfleger **94**, 77. Vgl ferner § 287 IV, V AO. Im FamFG-Verfahren gelten inhaltlich fast gleich §§ 87 III, 96 I 2 FamFG. 3

4) Durchsuchungsvoraussetzungen, I–III. Das Gesetz ist kompliziert genug. Zunächst müssen die allgemeinen Voraussetzungen einer Zwangsvollstreckung vorliegen, Grdz 14 vor § 704, zB nach § 750 I 1, BVerfG **57**, 356, Köln Rpfleger **93**, 29, LG Bln DGVZ **88**, 75, oder nach §§ 720 a II, 750 III, LG Darmst DGVZ **89**, 120. Dabei genügt ein Vollstreckungstitel gegen den Schuldner und ist erforderlich, Kblz MDR **85**, 856, LG Hbg Rpfleger **97**, 174, AG Luckenwalde Rpfleger **97**, 173 (je betr den Leistungsbescheid des Hauptzollamts). Ein solcher gegen einen Mitbewohner ist nicht erforderlich, LG Hbg NJW **85**, 73 (ausf), aM LG Mü DGVZ **82**, 126, AG Stgt NJW **82**, 389, Pawlowski NJW **81**, 670 (vgl aber Rn 19). Nach einer Einwilligung des Schuldners entfällt die Notwendigkeit einer Durchsuchungsanordnung, AG Erkelenz DGVZ **07**, 74. 4

A. Richterliche Erlaubnis. Die Wohnung ist besonders geschützt, Art 8 I MRK, Einl III 23. Art 13 II GG erlaubt gleichwohl die Durchsuchung einer Wohnung nach § 178 Rn 4 nach § 758. Durchsuchung ist im Gegensatz zum bloßen Aufsuchen oder Betreten das ziel- und zweckgerichtete Suchen nach Personen oder Sachen oder zur Ermittlung eines nicht bereits offenkundigen Sachverhalts, das Aufspüren dessen, was der Wohnungsinhaber von sich aus nicht herausgeben oder offenlegen will, BVerfG NJW **00**, 943, LG Bln DGVZ **88**, 118. § 758 a erlaubt diese Durchsuchung aber grundsätzlich nur nach einer vorherigen Erlaubnis (Anordnung) des Richters (Vorsitzenden, Karlsr FamRZ **84**, 498), BVerfG **76**, 89, LG Hbg NJW **85**, 74 (ausf), aM Bischof Rpfleger **85**, 464, Schneider DGVZ **77**, 73, ThP 1 (aber die obigen Schutzvorschriften erfordern wie kaum jemals sonst im Zwangsvollstreckungsverfahren die Einschaltung des Richters, wenn nicht Rn 6 vorliegt). 5

Zuständig für die Entscheidung über den Antrag ist nicht das Prozeßgericht, sondern nach § 758 a I 1 dasjenige AG, in dessen Bezirk die Durchsuchung stattfinden soll, dort Rn 11.

B. Vorheriger Vollstreckungsversuch. Solange der Schuldner freilich dem Gerichtsvollzieher den Zutritt nicht verwehrt, ist keine richterliche Anordnung notwendig, § 758 a Rn 10. Daher darf und muß der Gerichtsvollzieher die Zwangsvollstreckung zunächst ohne eine richterliche Anordnung versuchen, und zwar nach Zustellung des Vollstreckungstitels, LG Düss DGVZ **98**, 157. 6

Ein Versuch dieser Art darf freilich dann unterbleiben, wenn der Gerichtsvollzieher zB ein grundsätzliches Zutrittsverbot des Schuldners *bereits kennt,* Köln RR **88**, 832, LG Aachen DGVZ **89**, 172.

5) Weiteres Verfahren des Gerichtsvollziehers, I–III. Er hat viele Befugnisse und muß viel beachten. 7

A. Jeder Gewahrsamsort, I. Zum grundsätzlichen Ermessen des Gerichtsvollziehers auch beim Wie der Durchsuchung Rn 1. Der Gerichtsvollzieher kann die Zwangsvollstreckung und sogar eine Verhaftung im Freien oder überall dort vornehmen, wo der Schuldner einen Gewahrsam hat, also in dessen Wohnung nach § 758 a Rn 10 oder in Geschäftsräumen, Gärten oder Ställen, Wagenschuppen, Scheuern, in jedem Zubehör, selbst in einem solchen Zimmer, das der Reisende im Gasthof bewohnt. Auf wen der Mietvertrag lautet, das ist grundsätzlich unerheblich, § 758 a Rn 15, 16. Das gilt etwa bei einer Lebens- oder Wohngemeinschaft, Ehe, beim Zusammenleben von Freunden oder Freundinnen.

B. Suchbefugnis, I. Der Gerichtsvollzieher darf in dem Raum nach Rn 5 ziel- und zweckgerichtet suchen, solange das zur Durchführung des von der Durchsuchungsanordnung gedeckten Auftrags erforderlich ist, BVerfG **76**, 89. Dabei muß er das Verhältnismäßigkeitsgebot nach Rn 27 beachten. Er darf nicht nur die Räume des Schuldners betreten, sondern auch die Räume Dritter, falls eben der Schuldner dort einen Gewahrsam hat, § 758 a Rn 15, 16. Als Vollstreckungsschuldner gilt auch derjenige, der die Zwangsvollstreckung dulden muß, § 885 Rn 9. 8

C. Öffnungsbefugnis, II. Der Gerichtsvollzieher darf umfassend vorgehen. Er darf insbesondere Türen und Behältnisse öffnen, Köln NJW **80**, 1531, AG Bln-Schöneb DGVZ **90**, 13, AG Neuwied DGVZ **98**, 78. Das gilt auch für die zur Wohnung des Vermieters führende, vom Schuldner mitbenutzte Haustür, LG Hildesh DGVZ **87**, 122. Er darf, soweit er zur Öffnung persönlich technisch nicht sachgemäß imstande ist, diese Türen usw öffnen lassen. Dabei darf er sich in der Regel der Hilfe eines Schlossers bedienen, LG Bln DGVZ **85**, 183, LG Köln DGVZ **94**, 62, AG Neuwied DGVZ **98**, 78. Indessen müssen wegen des 9

Verhältnismäßigkeitsgrundsatzes nach Grdz 34 vor § 704, Rn 27 Schäden möglichst unterbleiben. Sie müssen jedenfalls so gering wie möglich bleiben, § 758 a Rn 16, AG Bln-Schöneb DGVZ **90**, 14. Dann muß der Schuldner sie tragen. Andernfalls mag er einen Ersatzanspruch nach § 839 BGB haben. Ein Dritter mag auch nach §§ 904, 1004 BGB vorgehen können. Der Gläubiger, der selbst einen Schlüsseldienst betreibt, muß selbst helfen, LG Nürnb-Fürth DGVZ **00**, 28.

10 **D. Gewaltbefugnis, III.** Der Gerichtsvollzieher darf bei einem Widerstand Gewalt anwenden, und zwar nach seinem pflichtgemäßen Ermessen entweder persönlich nach § 759 oder durch eine Inanspruchnahme des Schlossers, Rn 9, oder der polizeilichen Hilfe. Diese letztere darf sich zB auf eine vorübergehende Fesselung erstrecken, LG Ulm DGVZ **94**, 73, AG Göpp DGVZ **94**, 73. Insoweit ist keine Durchsuchungserlaubnis nötig, AG Wiesb DGVZ **98**, 45. Die Gewalt darf sich auch gegen Dritte richten, soweit diese eine Zwangsvollstreckung gegen den Schuldner dulden müßten, sie aber zu verhindern versuchen. Die Polizei ist grundsätzlich weder berechtigt noch verpflichtet, die Rechtmäßigkeit der Zwangsvollstreckung zu prüfen. Daher ist ein Widerstand des Schuldners gegenüber der Polizei unter Umständen auch selbst dann zB nach § 113 StGB strafbar, wenn die Zwangsvollstreckungsmaßnahme objektiv rechtswidrig ist, Köln NJW **75**, 890.

11 **6) Beispiele zur Frage der Durchsuchung, §§ 758, 758 a**

Abholung: Eine Durchsuchungsanordnung ist auch dann notwendig, wenn der Gerichtsvollzieher nur gepfändete Sachen abholen will, aM Bischof ZIP **83**, 522, Schneider NJW **80**, 2377. Das gilt jedenfalls dann, wenn es unklar ist, ob die Sachen noch in der Wohnung des Schuldners lagern, aM AG Wiesb DGVZ **80**, 28 (abl Schneider NJW **80**, 2381).

Abwesenheit des Schuldners: Eine einmalige bloße Abwesenheit des Schuldners rechtfertigt noch *keine* Anordnung nach § 758 a, zu streng LG Weiden DGVZ **08**, 120. Sie rechtfertigt evtl nicht einmal eine wiederholte, Celle Rpfleger **87**, 73, LG Regensb DGVZ **95**, 58 (Feierabend), aM Köln VersR **95**, 114, LG Köln DGVZ **93**, 190, Däumichen DGVZ **94**, 42 (sie sei dann zulässig, wenn wenigstens ein- oder zweimal ein Zutrittsversuch zu einer solchen Zeit stattgefunden habe, zu der auch Berufstätige zu Hause seien. Aber auch sie können zB verreist sein oder im Krankenhaus liegen. Eine Durchsuchung ist eine gerade bei einer Abwesenheit des Schuldners viel schwerere Maßnahme als eine Vollstreckung nach § 758 a IV, an der wenigstens eine Teilnahme des Schuldners stattfindet).

Wenn freilich bestimmte tatsächliche Anhaltspunkte dafür vorliegen, daß sich der Schuldner in Wahrheit *doch in* der von ihm nicht geöffneten Wohnung aufhält, muß zwar der Gläubiger solche Aufenthaltszeiten im Rahmen des ihm Zumutbaren ermitteln und dem Gerichtsvollzieher mitteilen, AG Schwelm DGVZ **96**, 63. Der Gerichtsvollzieher kann sich dann aber zumindest anschließend oder dann den Zutritt verschaffen, wenn der Gläubiger nicht derart vorgehen konnte, AG Bln-Charlottenb DGVZ **80**, 141.

S auch Rn 14 „Ankündigung".

Andersartiger Vollstreckungsversuch: Rn 22 „Nachtpfändung usw".

Angehöriger: Rn 21 „Mitbewohner".

12 **Anhörung:** Der Richter muß den Schuldner grds vor der Durchsuchungserlaubnis anhören, Art 103 I GG, BVerfG NJW **81**, 2112, Köln RR **88**, 832. Hager KTS **92**, 327, aM LG Bln DGVZ **93**, 173, LG Verden JB **96**, 272, Frank JB **83**, 811 (aber das rechtliche Gehör ist ein Grundpfeiler nicht nur des Zivilprozesses).

Von diesem Grundsatz gilt bei einer im Einzelfall festzustellenden *Gefahr im Verzug* nach Rn 17 eine *Ausnahme.* Nach einer Verweigerung durch den Schuldner ist dessen erstmalige oder gar nochmalige Anhörung nicht mehr nötig, AG Gelsenk DGVZ **89**, 15. Eine notwendige Anhörung läßt sich notfalls im Beschwerdeverfahren nachholen, LG Bochum DGVZ **83**, 168, LG Hann DGVZ **86**, 62.

S auch Rn 15 „Belehrung".

13 **Ankündigung:** Der Gerichtsvollzieher darf eine zwangsweise Öffnung dann ankündigen, wenn keine besondere Eile notwendig ist, AG Korbach DGVZ **77**, 77, aM LG Zweibr MDR **80**, 62 (aber der Gerichtsvollzieher muß auch die Menschenwürde des Schuldners und seiner Mitbewohner mitbeachten). Der Gerichtsvollzieher muß diese Ankündigung wohl auch grundsätzlich vornehmen, LG Ffm WoM **92**, 638 (keine zu späte Mitteilung), LG Köln DGVZ **93**, 190 (dreimal, davon einmal abends), Ewers DGVZ **99**, 66, aM LG Bln DGVZ **88**, 27 (nur bei besonderen Umständen, zB Bagatellforderung, zu erwartende Zahlung), Langheid MDR **80**, 22 (aber die Würde ist nicht berechenbar).

Wenn das Verfahren ordnungsgemäß verläuft, *haftet* der Gerichtsvollzieher gegenüber dem Schuldner *nicht* für Schäden. Etwas anderes kann für seine Haftung gegenüber Dritten gelten. Das Öffnungsrecht muß so weit gehen wie das Durchsuchungs- und das Zutrittsrecht. Denn die letzteren Rechte sollen das Öffnungsrecht ja ermöglichen.

Auch eine ordnungsgemäße Ankündigung reicht aber grds *nicht* aus, die Wohnung des evtl ja aus verständlichen Gründen *nicht folgsam* zu Hause *wartenden* Schuldners in seiner bloßen Abwesenheit aufzubrechen, um sie zu durchsuchen. Eine Wiederholung einer ordnungsgemäß erfolgten Ankündigung ist allerdings nicht erforderlich, LG Hanau DGVZ **06**, 76, AG Elmsh DGVZ **81**, 17, AG Königstein DGVZ **87**, 94, aM LG Kiel DGVZ **81**, 40 (aber *eine* Ankündigung muß grds genügen, Grdz 14 vor § 128).

S auch Rn 12 „Abwesenheit", Rn 25 „Terminsnachricht".

Antrag: Nicht der Gerichtsvollzieher, sondern der Gläubiger muß die richterliche Erlaubnis erwirken, § 758 a Rn 12, Bre DGVZ **89**, 40, Köln RR **88**, 832, LG Aschaffenb DGVZ **95**, 185, aM AG Wiesb DGVZ **94**, 29, ThP 7, ZöStö 17 (der Gerichtsvollzieher sei zum Antrag zwar nicht verpflichtet, wohl aber berechtigt. Aber er ist kein Vertreter des Gläubigers, § 753 Rn 1).

14 **Anwesenheit des Gläubigers:** Das Gesetz sieht zwar die Anwesenheit des Gläubigers oder seines durch eine Vollmacht ausgewiesenen Vertreters bei der Zwangsvollstreckung nicht ausdrücklich vor, AG Bln-Neukölln DGVZ **75**, 190. Die Anwesenheit dieser Person ist nach dem Gesetz aber zulässig. Der Gläubiger kann seine Belange oft nur dann wirksam wahren, wenn er als Herr der Zwangsvollstreckung nach § 754 Rn 2 bei ihrer Durchführung auch selbst mit anwesend ist. Das ist der Grund für sein grundsätzliches Anwesenheitsrecht, KG DGVZ **83**, 74, LG Münst MDR **91**, 1092, ZöStö 28, aM LG Bln

DGVZ **91**, 142, LG Bochum JB **92**, 57, LG Köln DGVZ **97**, 152 (aber es kann durchaus auch im sogar kostenrechtlichen Interesse des Schuldners liegen, dem Gläubiger die Wahrung seiner echten Rechte im Durchsuchungstermin zu ermöglichen). Dieses Recht ist nicht von einer richterlichen Anordnung abhängig, aM AG Reinbek DGVZ **05**, 44.

Der Gerichtsvollzieher muß deshalb dem Gläubiger auf dessen Wunsch rechtzeitig den *Termin mitteilen,* LG Münst MDR **91**, 1092, aM LG Kassel DGVZ **88**, 174 (aber das wäre inkonsequent). Er darf und muß aber nach einer angemessenen vergeblichen Wartezeit vollstrecken, AG Bln-Charlottenb DGVZ **86**, 142. Einen etwaigen Widerstand des Schuldners gegen die Anwesenheit des Gläubigers darf zunächst nur der Gerichtsvollzieher brechen, LG Hof DGVZ **91**, 123, nicht das Vollstreckungsgericht. Der Gläubiger darf sich an der Durchführung der Zwangsvollstreckungsmaßnahme nicht beteiligen. Er darf die Vollstreckung natürlich auch nicht stören. Die Kosten seiner Anwesenheit sind nach § 788 dann erstattungsfähig, wenn seine Anwesenheit objektiv notwendig war, zB zur Identifizierung einer wegzunehmenden Sache, LG Hof DGVZ **91**, 123, LG Stgt DGVZ **91**, 188, AG Düren RR **86**, 677.

Anwesenheit des Schuldners: Zur Wirksamkeit der Handlungen des Gerichtsvollziehers ist die Anwesenheit des Schuldners grds nicht notwendig, LG Kleve DGVZ **77**, 174. Sie ist aber statthaft, soweit er die Durchsuchung nicht gefährlich stört.

S auch Rn 12 „Abwesenheit des Schuldners".

Arbeitsraum: Rn 17 „Geschäftsraum".

Arrest, einstweilige Verfügung: Rn 17 „Gefahr im Verzug".

Ausreise: Sie kann eine Durschsuchung erfordern, LG Kaisersl DGVZ **86**, 62.

Automateninhalt: Rn 15 „Behältnis".

Bagatellforderung: Eine Durchsuchungsanordnung ist auch dann grds zulässig und notwendig, wenn es nur noch oder überhaupt um eine Bagatellforderung geht. Denn auch dann ist eine Vollstreckung grds zulässig, Grdz 48 vor § 704, § 754 Rn 4, Düss NJW **80**, 1171, LG Bln DGVZ **79**, 169, LG Konst NJW **80**, 297, aM AG Hann JB **87**, 932. 15

S aber auch Rn 23 „Rechtsmißbrauch", Rn 27 „Verhältnismäßigkeit".

Behältnis: Als Behältnis gilt alles, was dem Schuldner zur Aufbewahrung von Sachen dient. Dazu können auch seine Taschen gehören, Rn 25 „Taschenpfändung".

Belehrung: Der Gerichtsvollzieher muß den Schuldner über dessen Recht der Verweigerung des Zutritts belehren, Schubert MDR **80**, 366, aM Schneider NJW **80**, 2383 (aber es geht immerhin um die in Rn 5 genannten Fundamentalrechte des Schuldners und seiner Mitbewohner).

S auch Rn 13 „Anhörung".

Betriebsraum: Rn 17 „Geschäftsraum".

Dritter: Der Gerichtsvollzieher darf in den Grenzen des § 758 a III, dort Rn 15, 16, in diejenigen Räume eines Dritten eintreten, in denen ein Alleingewahrsam des Schuldners fehlt, LG Gießen DGVZ **93**, 142, etwa wenn dort ein Untermieter des Schuldners wohnt. Das gilt zB, wenn nahezu feststeht, daß der Dritte die Sache nur in Gewahrsam hat, um sie der Pfändung beim Schuldner zu entziehen, AG Flensb DGVZ **95**, 60 (Vorsicht!). 16

S auch Rn 21 „Mitbewohner", Rn 28 „Wohngemeinschaft".

Ehegatte: Rn 21 „Mitbewohner".

Einstweilige Verfügung: Rn 17 „Gefahr im Verzug".

Gefahr im Verzug: Wenn die vorherige Einholung der richterlichen Anordnung nach zu protokollierenden konkreten Umständen nach dem pflichtgemäßen Ermessen des Gerichtsvollziehers den Erfolg der Durchsuchung gefährden würde, ist eine richterliche Anordnung entbehrlich, § 758 a I 2, dort Rn 7. Diese Voraussetzung sehen AG Mönchengladb DGVZ **80**, 95 (zustm Schneider NJW **80**, 2378), Bischof ZIP **83**, 522 bei einer einstweiligen Verfügung als erfüllt an. Demgegenüber stellen Karlsr DGVZ **83**, 139, LG Detm DGVZ **83**, 189, LG Düss DGVZ **85**, 61 mit Recht auch dann darauf ab, ob eine mündliche Verhandlung stattgefunden hatte. Im übrigen stellt jede zusätzliche richterliche Maßnahme eine gewisse Erfolgsgefährdung dar. Demgemäß sollte man „Gefahr im Verzug" handhaben, Bittmann NJW **82**, 2423. Das übersieht Behr NJW **92**, 2126. 17

Das *Verfahren* verläuft wie bei § 758 a IV, BVerfG **53**, 113, Schneider NJW **80**, 2382. Der Gerichtsvollzieher entscheidet über eine Gefahr im Verzug nach seinem pflichtgemäßen Ermessen auf Grund der Gesamtumstände des Einzelfalls, LG Bbg DGVZ **89**, 152. Vgl aber auch § 758 a Rn 7.

Geheimnisschutz: Rn 24 „Soldat".

Gemeinschaftsunterkunft: Rn 24 „Soldat", Rn 28 „Wohngemeinschaft".

Geschäftsführer: Rn 19 „Juristische Person".

Geschäftsraum: Ein bloßer Arbeits-, Betriebs- oder Geschäftsraum ist *keine* Wohnung, BFH BStBl **89**, 55, AG Mü DGVZ **95**, 11, aM Hbg NJW **89**, 2899, LG Mü NJW **83**, 2390, AG Mü DGVZ **85**, 45 (aber der Wortlaut und Sinn sind eindeutig, Einl III 39).

Haftbefehl, Vorführungsbefehl: Bei einem Haftbefehl nach § 901 ist eine zusätzliche Anordnung entbehrlich, § 758 a II, dort Rn 9. 18

Trotz der Nichterwähnung in § 758 a II reicht wohl auch ein *Vorführungsbefehl* aus, etwa nach § 372 a II oder nach § 380 II, LG Münst DGVZ **83**, 58.

Hausgenosse: Rn 21 „Mitbewohner", Rn 28 „Wohngemeinschaft".

Haustür: Rn 9.

Herausgabe: Wegen der Herausgabe einer bestimmten Sache LG Düss DGVZ **85**, 61, Ewers DGVZ **85**, 52.

Immobiliarvollstreckung: Sie braucht nicht vorauszugehen, KG NJW **82**, 2326.

Juristische Person: Eine juristische Person kann sich auch als Wohnungsinhaberin nicht auf Art 13 II GG berufen, AG Bln-Tempelhof MDR **80**, 62, aM BVerfG **42**, 219, Schubert MDR **80**, 367 (aber sie hat kein Grundrecht). Andererseits reicht die bloße Wohnung ihres Geschäftsführers nicht aus, AG Bln-Schöneb DGVZ **84**, 154. 19

Lebensgefährte: Rn 21 „Mitbewohner".

Marktstand: Rn 17 „Geschäftsraum".

20 **Mehrheit von Gläubigern:** Derjenige Gerichtsvollzieher, der auf Grund einer richterlichen Durchsuchungsanordnung für den einen Gläubiger in die Wohnung des Schuldners gelangt ist, darf dort für weitere Gläubiger pfänden, auch ohne daß auch diese weiteren Gläubiger richterliche Durchsuchungsanordnungen erwirkt hätten, sofern er sich wegen der letzteren Gläubiger nicht länger in den Schuldnerräumen als für den ersteren aufhalten muß, BVerfG **76**, 91, AG Bln-Charlottenb DGVZ **90**, 174, großzügiger LG Hbg DGVZ **82**, 45, LG Mü DGVZ **85**, 46, strenger LG Mü DGVZ **87**, 123, Frank JB **83**, 812 (aber man darf begrenzt prozeßwirtschaftlich vorgehen, Grdz 14 vor § 128).

21 **Mitbewohner:** Der Gerichtsvollzieher darf die von einem Mitbewohner des Schuldners, zB vom Ehegatten, Lebensgefährten, Angehörigen, benutzten Räume betreten, soweit der Schuldner dort ebenfalls einen (Mit-)Gewahrsam hat, § 758 a III. Andernfalls ist das Betreten nur mit deren Zustimmung erlaubt, BFH DB **80**, 1428, Stgt Rpfleger **81**, 152, Schuschke DGVZ **97**, 53, aM LG Nürnb-Fürth DGVZ **89**, 14, Pawlowski DGVZ **97**, 20 (fordert eine gesetzliche Regelung). Es kann dem Schuldner zumutbar sein, seine kranke Ehefrau während der Durchsuchung aus dem Raum zu entfernen, LG Hann DGVZ **85**, 171.

S auch Rn 16 „Dritter", Rn 28 „Wohngemeinschaft".

Mitwirkung des Schuldners: Sie stellt grds *nicht* seine Pflicht dar, Ewers DGVZ **99**, 67.

22 **Nachtpfändung usw:** Ein andersartiger Vollstreckungsversuch zB nach § 758 a IV braucht nicht voranzugehen, LG Kblz MDR **83**, 238, LG Zweibr MDR **80**, 62, Schneider NJW **80**, 2382, aM LG Dortm DGVZ **85**, 170. Ein Antrag oder eine Erlaubnis nach § 758 a IV berechtigen als solche *nicht* zur Durchsuchung gegen oder ohne den Willen des Schuldners, Hamm KTS **84**, 726, LG Stgt DGVZ **81**, 12, AG/LG Bonn DGVZ **86**, 87.

Nebenraum usw: Zur Wohnung kann auch ein Nebenraum oder ein Zugang usw zählen, Kblz MDR **85**, 856, Schneider NJW **80**, 2380. Man darf den Wohnungsbegriff aber auch nicht zu weit auslegen, Rn 17 „Geschäftsraum".

Protokoll: Dem Antrag nach § 758 muß der Gläubiger das Protokoll des zuvor notwendigen vergeblichen Vollstreckungsversuchs nach Rn 4 beifügen, LG Aschaffenb DGVZ **85**, 115.

23 **Räumung:** Eine Räumung ist grds keine Durchsuchung, § 758 a II, dort Rn 8.

Aus Anlaß einer Räumung darf der Gerichtsvollzieher auch ohne eine besondere richterliche Erlaubnis Durchsuchungen wegen einer Geldforderung des Gläubigers vornehmen, Düss Rpfleger **80**, 28, Köln NJW **80**, 1532.

Rechtsmißbrauch: Er ist wie stets auch bei § 758 unstatthaft. Er führt zur *Unzulässigkeit* einer an sich erlaubten Maßnahme, Einl III 54, Grdz 44 vor § 704.

S auch Rn 27 „Verhältnismäßigkeit".

24 **Schlosser:** Rn 9.

Sittenwidrigkeit: Das Verfahren nach § 758 darf nicht zu einem Schutzverfahren neben § 765 a ausarten, vgl auch § 758 a III 2, dort Rn 16.

S auch Rn 27 „Verhältnismäßigkeit".

Soldat: Der Gerichtsvollzieher darf bei der Zwangsvollstreckung gegen einen Soldaten die Gemeinschaftsunterkunft betreten, *nicht* ohne weiteres aber auch andere militärische Räume und in keinem Fall Räume, die unter einem Geheimnisschutz stehen, SchlAnh II Z 35 ff.

Steuersache: Wegen der Auswirkungen in einer Steuersache BVerfG **65**, 315, Köln Rpfleger **93**, 29.

25 **Taschenpfändung:** Ein Behältnis nach Rn 15, das jemand an sich trägt (auch sog Taschenpfändung), fällt *nicht* unter § 758, Hbg NJW **84**, 2899, LG Düss DGVZ **87**, 76, Behr NJW **92**, 2740.

Terminsnachricht: Wegen des Anspruchs des Gläubigers auf eine vorherige Nachricht über den geplanten Durchsuchungstermin Rn 14 „Anwesenheit des Gläubigers".

Wegen des Schuldners Rn 14 „Ankündigung".

Türöffnung: Rn 9.

Umzug: Ein Inlandsumzug rechtfertigt noch *nicht* als solcher eine Durchsuchung, wenn die neue Anschrift bekannt ist, aM Karlsr DGVZ **92**, 41.

26 **Unterlassung:** Wegen eines Widerstands des Schuldners nach der Verurteilung zu einer Unterlassung §§ 890, 892, LG Dessau DGVZ **06**, 60, LG Potsd DGVZ **06**, 59 (je: Unanwendbarkeit), AG Heidelb DGVZ **86**, 189.

Untermieter: Rn 16 „Dritter".

27 **Verhältnismäßigkeit:** Jede Zwangsmaßnahme muß zur Vollstreckung notwendig sein. Auch der Richter wie der Rpfl und der Gerichtsvollzieher müssen das stets erforderliche Rechtsschutzbedürfnis beachten, Köln RR **88**, 832. Sie müssen aber außerdem auch den Verhältnismäßigkeitsgrundsatz beachten, Grdz 34 vor § 704, BVerfG NJW **81**, 2111, Ewers DGVZ **99**, 66, 68. Das darf freilich nicht dazu führen, schon wegen einer geringen Forderungshöhe die Erlaubnis zu versagen, Rn 15 „Bagatellforderung". Man darf auch nicht den Vollstreckungstitel selbst infrage stellen. Es müssen konkrete Anhaltspunkte dafür vorliegen, daß der Vollstreckungserfolg ohne die Anwendung des Zwangs gefährdet wäre, Düss DGVZ **79**, 40, § 758 a Rn 13.

Versteigerung: Ihre Vornahme in der Wohnung erfordert eine neue Erlaubnis, Hamm NJW **85**, 75.

Vertretbare Handlung: Wegen eines Widerstands des Schuldners nach der Verurteilung zur Vornahme einer vertretbaren Handlung §§ 887, 892, AG Heidelb DGVZ **86**, 189.

Verweigerung: Sie erfordert eine Durchsuchungsanordnung nach Rn 5, LG Bln DGVZ **93**, 27 (Angestellte), LG Düss JB **83**, 142, LG Nürnb-Fürth DGVZ **89**, 14 (Mitbewohner). Das gilt auch schon dann, wenn die Verweigerung erst ernsthaft droht, KG NJW **82**, 2326, LG Darmst JB **80**, 775.

Verzögerung: Sie rechtfertigt meist *keine* Durchsuchung, aM LG Bln DGVZ **80**, 186, Schneider NJW **80**, 2377.

Vollstreckungsvereitelung: Ihre Gefahr kann eine Durchsuchung rechtfertigen, LG Kaisersl DGVZ **86**, 62.

Vorführungsbefehl: Rn 18 „Haftbefehl, Vorführungsbefehl".

Widerstand: Rn 26 „Unterlassung", Rn 27 „Vertretbare Handlung". 28

Wiederholung: Eine wiederholte Zwangsvollstreckung aus demselben Titel ist nur dann zulässig, wenn der Gerichtsvollzieher Anhaltspunkte dafür hat, daß ein erneuter Vollstreckungsversuch ein besseres Ergebnis erzielen kann, LG Bln DGVZ **83**, 11.

Unzulässig ist sie daher zB dann, wenn der Gerichtsvollzieher bei der ersten Durchsuchung keine möglich gewesene Pfändung vorgenommen hatte, OVG Hbg NJW **95**, 610.

Wohngemeinschaft: § 758 a Rn 15, 16.

S auch Rn 16 „Dritter", Rn 21 „Mitbewohner".

Wohnungswechsel: Da der Gerichtsvollzieher nur die in der Durchsuchungserlaubnis genannten Räume betreten darf, benötigt er nach einem Wohnungswechsel des Schuldners grds eine auf die neue Wohnung erstreckte *zusätzliche* Erlaubnis, LG Köln DGVZ **85**, 91, Brendel DGVZ **82**, 179.

Zeitablauf: Der notwendige vorangegangene Vollstreckungsversuch nach Rn 5 darf *nicht allzu lange Zeit* 29
zurückliegen, LG Hann JB **95**, 161 (10 Monate sind evtl zu lang, aM LG Wiesb JB **97**, 215).

Zug um Zug: Ein Vollstreckungsversuch ist bei sehr hohen Begleitkosten evtl ausnahmsweise vor einer Maßnahme nach §§ 758, 758 a *entbehrlich,* LG Mannh MDR **79**, 943, Schneider NJW **80**, 2377.

Zutrittsverbot: Rn 4.

7) Rechtsbehelfe, I–III. Der Gläubiger, der Schuldner und ein mitbetroffener Dritter etwa bei einer 30
Wohngemeinschaft, KG MDR **86**, 680, können gegen Maßnahmen *ohne eine Anhörung* nach §§ 758, 758 a die *Erinnerung* nach § 766 einlegen, KG NJW **86**, 1181, LG Karlsr RR **86**, 550, AG Gelsenk DGVZ **89**, 15, aM Saarbr Rpfleger **93**, 147 (es sei sogleich die sofortige Beschwerde zulässig. Aber § 766 hat als eine Spezialvorschrift den Vorrang, auch zwecks Vermeidung einer Verkürzung des Rechtszugs.).

Gegen eine Entscheidung *nach einer Anhörung* gilt beim Rpfl § 11 RPflG und ist beim Richter die *sofortige Beschwerde* nach (jetzt) §§ 567 I Z 1, 793 zulässig, Kblz Rpfleger **85**, 496, Saarbr Rpfleger **93**, 147.

Das *Rechtsschutzbedürfnis* nach Grdz 33 vor § 253 für das Rechtsmittel kann auch noch dann vorliegen, wenn die Durchsuchung schon stattgefunden hat, BFH DB **80**, 2120, KG RR **87**, 126, LG Bad Kreuzn DGVZ **89**, 139, aM BFH NJW **77**, 975, LG BadBad DGVZ **88**, 42, VGH Mannh NVwZ-RR **91**, 591 (aber damit braucht noch keineswegs die ganze Zwangsvollstreckung beendet zu sein, Grdz 53 vor § 704. Wegen einer Anschlußbeschwerde § 567 III. Eine Rechtsbeschwerde kommt unter den Voraussetzungen des § 574 in Betracht.

758a *Richterliche Durchsuchungsanordnung; Vollstreckung zur Unzeit.* **I [1] Die Wohnung des Schuldners darf ohne dessen Einwilligung nur auf Grund einer Anordnung des Richters bei dem Amtsgericht durchsucht werden, in dessen Bezirk die Durchsuchung erfolgen soll. [2] Dies gilt nicht, wenn die Einholung der Anordnung den Erfolg der Durchsuchung gefährden würde.**

II Auf die Vollstreckung eines Titels auf Räumung oder Herausgabe von Räumen und auf die Vollstreckung eines Haftbefehls nach § 901 ist Absatz 1 nicht anzuwenden.

III [1] Willigt der Schuldner in die Durchsuchung ein oder ist eine Anordnung gegen ihn nach Absatz 1 Satz 1 ergangen oder nach Absatz 1 Satz 2 entbehrlich, so haben Personen, die Mitgewahrsam an der Wohnung des Schuldners haben, die Durchsuchung zu dulden. [2] Unbillige Härten gegenüber Mitgewahrsamsinhabern sind zu vermeiden.

IV [1] Der Gerichtsvollzieher nimmt eine Vollstreckungshandlung zur Nachtzeit und an Sonn- und Feiertagen nicht vor, wenn dies für den Schuldner und die Mitgewahrsamsinhaber eine unbillige Härte darstellt oder der zu erwartende Erfolg in einem Missverhältnis zu dem Eingriff steht, in Wohnungen nur auf Grund einer besonderen Anordnung des Richters bei dem Amtsgericht. [2] Die Nachtzeit umfasst die Stunden von 21 bis 6 Uhr.

V Die Anordnung nach Absatz 1 ist bei der Zwangsvollstreckung vorzuzeigen.

VI [1] Das Bundesministerium der Justiz wird ermächtigt, durch Rechtsverordnung mit Zustimmung des Bundesrates Formulare für den Antrag auf Erlass einer richtlichen Durchsuchungsanordnung nach Absatz 1 einzuführen. [2] Soweit nach Satz 1 Formulare eingeführt sind, muss sich der Antragsteller ihrer bedienen. [3] Für Verfahren bei Gerichten, die die Verfahren elektronisch bearbeiten, und für Verfahren bei Gerichten, die die Verfahren nicht elektronisch bearbeiten, können unterschiedliche Formulare eingeführt werden.

Schrifttum: *Fischer/Weinert* DGVZ **05**, 33 (Üb); *Goebel* DGVZ **98**, 161; *Keip,* Umfang und Grenzen eines sozialen Schuldnerschutzes in der Zwangsvollstreckung, 2000; *Münzberg,* Durchsuchung und Vollstrekkung in Ruhezeiten (§ 758 a ZPO), Festschrift für *Schütze* (1999) 569; *Münzberg* DGVZ **99**, 177; *Schilken,* Grundrechtlicher Wohnungsschutz und Vollstreckung, Festschrift für *Beys* (Athen 2004) 1447; *Walker,* Notwendigkeit und Umfang einer Durchsuchungserlaubnis für den Gerichtsvollzieher, Festschrift für *Kollhosser* (2004) 755; *Wesser* NJW **02**, 2138 (je ausf und teilweise krit).

Gliederung

1 **1) Systematik, I–VI.** Vgl zunächst § 753 Rn 1. Die Vorschrift ergänzt § 758 dann, wenn der Gerichtsvollzieher die Wohnung des Schuldners durchsuchen will und muß und wenn er eine Vollstreckungshandlung zur Nachtzeit oder an einem Sonn- und Feiertag vornimmt. Sie wird ihrerseits durch § 759 ergänzt und indirekt durch § 113 StGB gestützt, wie bei § 758, dort Rn 1.

2 **2) Regelungszweck, I–VI.** Vgl zunächst § 753 Rn 2. Die in § 758 Rn 2 dargestellten Gesichtspunkte gelten erst recht bei § 758 a. Er regelt ja unter anderem nochmals gegenüber § 758 zugespitzte Lagen. Auch bei der Vollstreckung zur Nachtzeit usw geht es um eine den Art 8 I MRK, Einl III 23, sowie den Art 13 II GG achtende, aber auch das Befriedigungsbedürfnis des Gläubigers angemessen berücksichtigende Art und Weise eines Vollstreckungsvorgangs. Man muß wie bei § 885 evtl auch erheblich schutzwürdige, aber eben auch nur begrenzt beachtliche Interessen von Mitbewohnern mitbedenken. § 758 a ist daher keine Ausnahme von § 758 und folglich auch nicht allzu eng auslegbar. Es ist vielmehr eine behutsame Abwägung der Gesamtinteressen notwendig.

3 **3) Geltungsbereich, I–VI.** Es gelten dieselben Erwägungen wie bei § 758, dort Rn 3. Zwar verweist § 87 II FamFG nicht auch auf § 758 a ZPO. Indessen ist § 758 a zumindest in den Fällen des § 95 I Z 1–5 FamFG mitanwendbar.

4 **4) Wohnungsbegriff, I–VI.** Es gelten dieselben Anforderungen wie bei § 758 und dort wie bei § 181 I, dort Rn 4 ff. Das sind engere als bei § 885 I, der von jeder unbeweglichen Sache spricht.

5 **5) Durchsuchungsbegriff, I, III, IV.** Auch der Begriff der Durchsuchung ist derselbe wie bei § 758. Es handelt sich auch hier um das zweckgerichtete Suchen nach Personen oder Sachen oder zur Ermittlung eines nicht bereits offenkundigen Sachverhalts, das Aufspüren dessen, was der Wohnungsinhaber von sich aus nicht herausgeben oder offenlegen will, § 758 Rn 4. Auch eine Taschenpfändung kann unter § 858 a fallen, Köln NJW **80**, 1531, Schneider NJW **80**, 2377. II zeigt das Gegenstück einer bloßen Durchsuchung auf, nämlich die Räumung oder Herausgabe, Rn 8.

Keine Durchforschung ist das Sperren der Energieversorgung, BGH NJW **06**, 3353 links.

6 **6) Notwendigkeit richterlicher Anordnung, I 1.** Nach der äußeren Gesetzesanordnung ist eine richterliche Anordnung nach I 1 bei einer Wohnungsdurchsuchung die Regel. Das gilt grundsätzlich auch nach einem Leistungsurteil mit Ausnahme eines Räumungstitels nach Rn 8, BVerfG **51**, 97. Sie erfolgt in richterlicher Unabhängigkeit, BVerfG **57**, 346. In Wahrheit kommt sie nur dann in Betracht, wenn die in Rn 7–10 genannten Situationen nicht vorliegen. In der Praxis ist eine richterliche Anordnung also keineswegs stets erforderlich. Wegen IV vgl Rn 20. Es empfiehlt sich bei I eine Prüfung in der nachfolgenden Reihenfolge.

7 **7) Entbehrlichkeit richterlicher Anordnung, I 2, II, III.** Sie tritt nur unter engen Ausnahmebedingungen ein, BVerfG DGVZ **01**, 84. Daher muß der Richter auch stets das Gebot der Verhältnismäßigkeit nach Grdz 34 vor § 704 mitbeachten, Rn 12, BVerfG **57**, 346, Oldb OLGR **95**, 309, LG Mönchengladb MDR **08**, 292. Fast 3 Jahre seit einer eidesstattlichen Versicherung stören nicht, LG Mönchengladb JB **06**, 493. Soweit eine richterliche Entscheidung entbehrlich ist, ist auch keine nachträgliche richterliche Bestätigung erforderlich, Schneider NJW **80**, 2377, aM Kleemann DGVZ **80**, 3 (aber BVerfG **23**, 317 paßt nicht). Es reicht jede der folgenden Lagen.

A. Gefährdung des Durchsuchungserfolgs, I 2. Eine richterliche Anordnung ist entbehrlich, wenn auch zulässig, soweit ihre Einholung den Erfolg der Durchsuchung gefährden würde, BVerfG NJW **01**, 1123. Das ist eine gesetzliche Umgrenzung des Begriffs einer Gefahr im Verzug. Diesen muß man grundsätzlich eng auslegen, BVerfG NJW **01**, 1121. Freilich bieten der eine wie der andere Begriff doch wieder ihre unvermeidlichen Unschärfen. Denn wann liegt eine wirkliche Gefährdung vor? Es kommt auch hier wieder auf eine behutsame Abwägung der Gesamtumstände an, LG Kblz DGVZ **82**, 91. Eine Gefährdung kann wegen der Art und Weise, des Zustands, des Zeitpunkts, des Orts des möglichen Vollstreckungsguts vorliegen, aber auch wegen der bisherigen Verhaltensweise des Schuldners oder seines Beauftragten, wegen dessen Äußerungen, Absichten, Finanzlage usw. In gewissen Grenzen lassen sich die Regeln zum Vorliegen eines Arrestgrundes nach § 917 Rn 7 ff mitbeachten.

Ratsam kann die Herbeiführung einer richterlichen Anordnung zumindest dann sein, wenn zweifelhaft ist, ob die Voraussetzungen von I 2 vorliegen. Das Rechtsschutzbedürfnis nach Grdz 33 vor § 253 führt dann zur Pflicht des Richters, die Befugnis durch eine Anordnung oder deren Ablehnung zu klären.

8 **B. Räumung, Herausgabe von Räumen, II.** Eine richterliche Anordnung ist unabhängig von Rn 7 ferner entbehrlich, soweit es um die Vollstreckung eines Titels (Urteil, Vergleich) auf eine Räumung oder auf eine Herausgabe von Räumen einer beliebigen Art geht, Hs 1, Düss NJW **80**, 458, AG Heidelb DGVZ **99**, 124 (übersieht freilich diese Vorschrift), Bischof ZIP **83**, 55, aM Schultes DGVZ **98**, 188 (aber der Wortlaut und Sinn von II sind eindeutig, Einl III 39). Vgl zur Räumung § 885. Freilich kann eine Räumung mit einer Vollstreckung zu anderen Zwecken zusammentreffen. Dann bleibt die richterliche Anordnung nur für den

Räumungszweck entbehrlich. Im Zweifel darf und sollte man auch dann eine Entscheidung des Richters über eine Anordnung oder Ablehnung herbeiführen.

C. Haftbefehl, II. Eine zusätzliche richterliche Anordnung ist unabhängig von Rn 7, 8 natürlich auch insoweit entbehrlich, als es um die Vollstreckung eines Haftbefehls nach § 901 geht, Hs 2. Denn der Haftbefehl umfaßt seiner Rechtsnatur nach ja auch das Aufsuchen des Schuldners in seiner oder einer anderen Wohnung und das Herausholen seiner Person. Das gilt auch nachts und an einem Sonn- oder Feiertag, AG Bad Doberan DGVZ **01**, 92, AG Nürtingen JB **03**, 380, AG Tostedt DGVZ **03**, 62, aM LG Bln DGVZ **01**, 135, LG Ffo DGVZ **01**, 85, LG Kblz DGVZ **00**, 170. 9

D. Einwilligung des Schuldners, weiterer Vollstreckungsauftrag, I, III 1. Eine richterliche Anordnung ist schließlich unabhängig von Rn 7–9 entbehrlich, soweit der Schuldner in die Durchsuchung eingewilligt hat oder sich ihr in einer vollstreckbaren Urkunde unterworfen hat, sie also duldet, BNotarkammer DNotZ **81**, 348. Denn dann fehlt das Rechtschutzbedürfnis einer Durchsuchungserlaubnis. Daher ist auch ein vorsorglicher Richterbeschluß unzulässig, Köln Rpfleger **95**, 167, LG Düss DGVZ **83**, 13. Vielmehr muß der Schuldner grundsätzlich eine Gelegenheit zur Einwilligung erhalten, LG Düss JB **81**, 1418 (Ausnahme: Rn 7). Das ergibt sich sowohl aus I als auch aus III 1. Einwilligung ist wie bei § 183 S 1 BGB die vorherige Zustimmung. Die Einwilligung ist eine einseitige empfangsbedürftige Willenserklärung, PalH Einf 3 vor § 182 BGB, Schubert MDR **80**, 365, aM Langenfeld MDR **80**, 21, Seip DGVZ **80**, 60 (aber zur Willenserklärung gehört das Erklärungsbewußtsein). Der Schuldner muß sie eindeutig und wirksam erklärt haben. Sie richtet sich an den Gerichtsvollzieher als das zur Durchsuchung berufene Vollstreckungsorgan. Sie läßt sich aber auch gegenüber dem Gläubiger und natürlich im etwaigen Anordnungsverfahren auch vor dem Richter erklären, auch elektronisch oder schriftlich oder zum Protokoll der Geschäftsstelle, daher ohne einen Anwaltszwang, § 78 III Hs 2. 10

Als eine gleichzeitige *Parteiprozeßhandlung* nach Grdz 47 vor § 128 folgt sie nur den dort erläuterten dazu gehörigen Regeln. Sie ist auf einzelne Räume beschränkbar. Auch ein Angehöriger oder Bevollmächtigter kann sie erklären, Schneider NJW **80**, 2377, Weimar DGVZ **80**, 163, aM Wesser NJW **03**, 2143 (aber es gelten die allgemeinen Regeln), freilich nicht im Zweifel. Sie ist grundsätzlich unwiderruflich, Grdz 58 vor § 128, LG Wiesb DGVZ **80**, 28, aM Bischof ZIP **83**, 522, Schneider NJW **80**, 2377. Sie muß spätestens vor der ersten Gewaltanwendung des Gerichtsvollziehers oder seiner Hilfspersonen vorliegen. Der Gerichtsvollzieher muß sich nach § 762 II Z 2 protokollieren. Sie liegt in der Öffnung ohne eine Bedingung. Ein Vorbehalt usw bedeutet meist eine Verweigerung, evtl sogar auch ein nachträglicher, Schneider NJW **80**, 2377 (dann aber Rn 7). Freilich darf und muß der Gerichtsvollzieher zunächst nach § 758 Rn 6 vorgehen. Bei Unklarheiten liegt ein Fall nach I 1 vor. In der allgemeinen Eröffnung eines Geschäfts liegt keine Einwilligung, LG Wuppert DGVZ **80**, 11, Schneider NJW **80**, 2377, Seip NJW **94**, 354, aM BFH NJW **89**, 455, Hupe JB **79**, 1439 (aber das wäre eine zu gläubigerfreundliche Auslegung). Auch dann sollte der Richter durch seine klärende Anordnung oder Ablehnung helfen.

Ein *weiterer Vollstreckungsauftrag* desselben oder eines anderen Gläubigers erlaubt die Durchsuchung ohne eine entsprechende richterliche Erlaubnis nur, soweit kein weiterer Grundrechtseingriff erfolgt, BVerfG **76**, 83, (der Gerichtsvollzieher darf also zB nicht deshalb länger in der Wohnung bleiben müssen), Bittmann DGVZ **89**, 136. Evtl ist § 826 anwendbar.

8) Zuständigkeit, I 1. Zur Anordnung oder Ablehnung ist nicht das Prozeßgericht und auch nicht stets das Vollstreckungsgericht zuständig, sondern derjenige Amtsrichter, in dessen Bezirk die jetzt geplante Durchsuchung erfolgen soll, KG RR **03**, 1529. Diese Zuständigkeit kann natürlich mit derjenigen nach §§ 764, 802 zusammenfallen. Sie ist aber nicht zwingend dieselbe. Aus ihrer Natur ergibt sich ihre Ausschließlichkeit. Wechselt der Wohnort des Schuldners, muß nunmehr der Richter des neuen Wohnorts erstmals oder erneut nach demjenigen des früheren Wohnorts befinden. 11

9) Verfahren der Anordnung, I 1, VI. Es gelten die allgemeinen Regeln des Buchs 8, BVerfG **51**, 97, BGH RR **86**, 286. Der Richter entscheidet zwar theoretisch von Amts wegen, praktisch aber abgesehen von § 87 I 1 FamFG nur auf einen Antrag, § 758 Rn 13 „Antrag", oder auf eine Anregung. Ein Antrag muß nach der Einführung von Formularen nach VI 1, 2 auf dem für die elektronische oder sonstige Verfahrensbearbeitung jeweils bundeseinheitlich erstellten Formular erfolgen. Mangels solcher Formularerstellung nach Rn 23 ist ein Antrag schriftlich, elektronisch oder zum Protokoll der Geschäftsstelle zulässig. Er ist stets ohne einen Anwaltszwang erlaubt, § 78 III Hs 2. Der Antragsteller muß alle notwendigen Unterlagen beifügen, LG Aschaffenb DGVZ **85**, 114. Die Zustellung des Vollstreckungstitels nebst der Vollstreckungklausel muß nach § 750 erfolgt sein, LG Bln DGVZ **88**, 74, LG Düss MDR **83**, 238, LG Mü DGVZ **83**, 43, aM LG Marbg DGVZ **82**, 30 (aber es gelten die allgemeinen Regeln). Es muß auch die Wartefrist des § 720 a abgelaufen sein, LG Darmst DGVZ **89**, 120. Eine mündliche Verhandlung ist zulässig, aber nicht notwendig, Grdz 37 vor § 704. Der Richter prüft, ob die Voraussetzungen der Zwangsvollstreckung vorliegen, AG Neuruppin Rpfleger **00**, 119. Der Richter muß grundsätzlich das rechtliche Gehör nach Art 103 I GG vor einer dem Betroffenen nachteiligen Entscheidung geben, Hamm OLGR **00**, 317, LG Darmst DGVZ **87**, 86, LG Köln JB **88**, 537, Ausnahme: BVerfG **57**, 346, LG Verden JB **96**, 272, aM Hansens JB **87**, 179, Wesser NJW **02**, 2141. Eine Ausnahme besteht in einem Zweifelsfall nach I 2. Der Richter muß den Verhältnismäßigkeitsgrundsatz beachten, Einl III 23, Grdz 34 vor § 704, oben Rn 7. Der Antragsteller muß evtl die Kosten nach §§ 294, 788 glaubhaft machen, LG Bln DGVZ **94**, 28. Die Parteiherrschaft und der Beibringungsgrundsatz gelten allerdings nur eingeschränkt, Grdz 7 vor § 704. 12

10) Entscheidung, I 1. Die Entscheidung erfolgt durch einen Beschluß nebst einer Begründung nach § 329 Rn 4, KG DGVZ **83**, 73, LG Hagen JB **85**, 783, LG Köln JB **88**, 536. Sie erfolgt auch durch eine entsprechende Verfügung. Das Gericht verkündet sie nach einer Verhandlung. Mangels einer Verhandlung stellt es sie wegen § 793 nach § 329 III förmlich zu. Kosten: §§ 788, 891. Vorsicht vor dem Gebrauch bloßer Textbausteine, BVerfG NJW **05**, 274 (StPO)! 13

14 Die Erlaubnis liegt *grundsätzlich nicht* schon *im Vollstreckungstitel,* auch nicht beim Arrest, §§ 916ff, Karlsr DGVZ **83**, 139, AG Detm DGVZ **83**, 189, oder bei der einstweiligen Verfügung, §§ 935ff, es sei denn, der Titel schließt seinem Inhalt nach zwangsläufig die richterliche Genehmigung zum Betreten von Wohnräumen ein, Köln RR **88**, 832 (auch dann mag aber der Titel ausdrücklich im Einzelfall die Genehmigung ausschließen), LG Bln DGVZ **88**, 118. Sie liegt auch nicht in der bloßen Anweisung durch das Erinnerungsgericht, eine Zwangsvollstreckung durchzuführen, KG DGVZ **83**, 72, aM Cirullies JB **84**, 661. Sie liegt ferner nicht in einem Urteil auf die Sperrung eines Zählers, AG Neuruppin WoM **06**, 106. Vielmehr muß der Richter in seinem Beschluß mindestens angeben, für und gegen wen der Gerichtsvollzieher auf Grund welchen Titels welche wo gelegenen Räume weshalb und wann durchsuchen darf, Köln JB **96**, 213, Wesser NJW **02**, 2141. Mindestens erforderlich sind die Angabe der Parteien, des Titels und des zu durchsuchenden Raumes sowie die Unterschrift des Richters, Köln ZMR **96**, 86.

15 **11) Duldungspflicht von Mitbewohnern, III.** Es müssen zwei Bedingungen zusammentreffen.

A. Grundsatz: Duldung, III 1. Diejenigen Personen, die an der Wohnung des Schuldners einen Mitgewahrsam nach § 808 Rn 10ff entsprechend § 885 Rn 9ff haben, müssen grundsätzlich eine rechtmäßige Durchsuchung gegen den Schuldner dulden, auch soweit ihre Rechte usw mitbetroffen sind, BGH MDR **08**, 468 links Mitte, Münzberg DGVZ **99**, 178 (bei richtiger Auslegung kein Verfassungsverstoß), Wesser NJW **02**, 2144 (verfassungsrechtlich krit).

16 **B. Vermeidung unbilliger Härten, III 2.** Selbst beim Vorliegen der Voraussetzungen Rn 15 müssen alle Beteiligten unbillige Härten gegenüber einem jeden Mitgewahrsamsinhaber vermeiden. Die Beachtung dieser Vorschrift ist eine Amtspflicht des Gerichtsvollziehers ohne einen Ermessensspielraum. Der unbestimmte Rechtsbegriff „unbillige Härte" läßt freilich wiederum mancherlei Auslegung zu. Auch hier gibt der Schutzzweck den Maßstab. Der Gerichtsvollzieher muß den nur mittelbar und trotzdem evtl ganz erheblich Mitbetroffenen soweit vertretbar schonen. Das gilt beim Ob, Wann, Wie und Wo der Durchsuchung bis zu ihrer Beendigung. Eine Schonung braucht zB ein akut erheblich erkrankter Angehöriger oder ein unmittelbar bevorstehendes oder stattgefundenes aufregendes Ereignis von einer Geburt über ein Examen oder eine Hochzeit bis zum Tod. Die Durchsuchung darf kein wüstes Durcheinander hinterlassen, weder beim Schuldner, noch gar bei Mitbewohnern.

17 **12) Vollstreckung zur Nachtzeit usw, IV.** Man muß mehrere Aspekte prüfen.

A. Nachtzeit, Sonn- und Feiertag. IV 2 enthält die amtliche Bestimmung der Nachtzeit.

In *ganz Deutschland* gelten folgende Tage als *Feiertage:* Neujahr; Karfreitag; Ostermontag; 1. Mai; Himmelfahrt; Pfingstmontag; 3. Oktober (Nationalfeiertag); 1. und 2. Weihnachtstag (nicht aber auch der 24. Dezember als solcher, OVG Hbg NJW **93**, 1941).

Je nach dem *Landesrecht* gelten ferner folgende Tage als Feiertage. Dabei kommt es auf den Ort an, an dem die Prozeßhandlung erfolgen soll, BAG NJW **89**, 1181, und sodann auf den Sitz der jeweils im Einzelfall zuständigen auswärtigen Abteilung usw: Heilige Drei Könige (6. 1.); Epiphanias (5. 2.); Fronleichnam; Friedensfest (8. 8.; Mariä Himmelfahrt (15. 8.), VGH Mü NJW **97**, 2130; Reformationsfest (31. 10.); Allerheiligen 1. 11.); Bußtag (der Mittwoch vor dem letzten Sonntag nach Trinitatis); ferner lokale Besonderheiten.

Der Sonnabend vor Ostern ist *kein Feiertag.* Derjenige durch eine etwaige Verwaltungsanordnung bestimmte Sonnabend ist ein Feiertag, an dem nur ein Sonntagsdienst stattfindet. Durch G v 10. 8. 65, vgl § 222, ist daran nichts geändert worden. Der Sonnabend ist also den Feiertagen insofern gleichgestellt. Nicht gleichgestellt ist der bloß arbeitsfreie Sonnabend (5-Tage-Woche).

Die Länder haben folgende Feiertagsgesetze erlassen:

Baden-Württemberg: G idF v 28. 11. 70, GBl **71**, 1, zuletzt geändert durch G v 8. 5. 95, GVBl 450;
Bayern: G v 21. 5. 80, GVBl 215, zuletzt geändert durch G v 23. 12. 94, GVBl 1049;
Berlin: G v 28. 10. 54, GVBl 615, zuletzt geändert durch G v 2. 12. 94, GVBl 491;
Brandenburg: G v 21. 3. 91, GVBl 44, zuletzt geändert durch G v 7. 4. 97, GVBl 32;
Bremen: G v 12. 11. 54, GBl 115, zuletzt geändert durch G v 26. 3. 02, GBl 43;
Hamburg: G v 16. 10. 53, GVBl 289, zuletzt geändert durch G v 20. 12. 94, GVBl 441;
Hessen: G idF v 29. 12. 71, GVBl 343, zuletzt geändert durch G v 26. 11. 97, GVBl 396;
Mecklenburg-Vorpommern: G idF v 8. 3. 02, GVBl 145, geändert durch G v 20. 7. 04, GVBl 390;
Niedersachsen: G idF v 7. 3. 95, GVBl 51, geändert am 23. 6. 05, GVBl 207;
Nordrhein-Westfalen: G idF v 23. 4. 89, GVBl 222, zuletzt geändert durch G v 20. 12. 94, GVBl 1114;
Rheinland-Pfalz: G v 15. 7. 70, GVBl 225, zuletzt geändert durch G v 20. 12. 94, GVBl 474;
Saarland: G v 18. 2. 76, ABl 213, zuletzt geändert durch G v 14. 12. 94, ABl **95**, 18;
Sachsen: G v 10. 11. 92, GVBl 536;
Sachsen-Anhalt: G v 22. 5. 92, GVBl 356, zuletzt geändert durch G v 16. 12. 94, GVBl 1044;
Schleswig-Holstein: G idF v 28. 6. 04, GVBl 213;
Thüringen: G v 21. 12. 94, GVBl 1221.

18 **B. Keine Vollstreckung bei unbilliger Härte.** Der Gerichtsvollzieher darf keine Vollstreckungshandlung irgendwelcher Art vornehmen, soweit sie eine unbillige Härte darstellt, Begriff Rn 16. Eine solche Härte kann schon dann vorliegen, wenn noch keine Härte nach § 765 a I 1 gegeben wäre. Ob eine unbillige Härte vorliegt, liegt im pflichtgemäßen Ermessen des Gerichtsvollziehers usw. Wenn er sie bejaht, darf er schon deshalb ohne einen weiteren Ermessensspielraum nicht zur Nachtzeit usw vollstrecken. Er muß eine unbillige Härte für den Schuldner wie die Mitgewahrsamsinhaber bejahen, bevor die Vollstreckung unterbleiben darf. Natürlich würde sie gegenüber dem Schuldner ausreichen. Aber auch eine solche nur den übrigen gegenüber könnte reichen. Einen Gewahrsam muß man wie bei § 808 Rn 10ff beurteilen.

19 **C. Keine Vollstreckung bei Mißverhältnis Eingriff – Erfolg.** Selbst wenn keine unbillige Härte nach Rn 15 vorliegt, darf der Gerichtsvollzieher doch keine Vollstreckungshandlung irgendwelcher Art vornehmen, soweit der zu erwartende Erfolg in einem Mißverhältnis zu dem Eingriff stehen würde. Damit

übernimmt IV den auch sonst in der Zwangsvollstreckung geltenden Grundsatz der Verhältnismäßigkeit, Grdz 34 vor § 704. Der Gerichtsvollzieher muß nach seinem pflichtgemäßen Ermessen abwägen. Er muß dabei alle erkennbaren Einzelumstände einbeziehen. Zulässig sein mag zB eine Kassenpfändung bei einer Abendveranstaltung oder eine Vollstreckung gegenüber dem tagsüber stets arbeitsbedingt abwesenden Schuldner. Natürlich stellt jede Vollstreckung eine gewisse Härte dar. Es muß also ein darüber hinausgehendes Problem vorhanden sein, eben ein wirkliches Mißverhältnis, etwa bei einer nur sehr kleinen Restforderung und vor einem besonders hohen Feiertag usw. Soweit der Gerichtsvollzieher ein Mißverhältnis bejaht, darf er ohne ein weiteres Ermessen nicht mehr tätig bleiben.

D. In Wohnung nur auf Grund besonderer richterlicher Anordnung. Selbst wenn keines der Hindernisse nach Rn 18, 19 vorliegt, darf der Gerichtsvollzieher auch außerhalb der in §§ 758, 758a I–III vorrangig geregelten Fälle eine Vollstreckungshandlung nur dann gerade während der Nachtzeit oder an einem Sonn- oder Feiertag in einer Wohnung nach Rn 4 vornehmen, wenn gerade dazu eine besondere Erlaubnis des Richters wirksam ergangen ist, BGH JB **04**, 416 (auch bei § 909), LG Ffm DGVZ **01**, 85, Fischer DGVZ **04**, 99, aM AG Bad Doberan DGVZ **01**, 92, AG Mannh DGVZ **99**, 142, ZöStö 35 (aber IV Hs 2 ist nun wirklich nach seinem Wortlaut und Sinn eindeutig und dient dem Wohnungsschutz, Art 13 GG, Einl III 39). 20

Zuständig ist auch nicht der Rpfl, sondern nur der „Richter bei dem Amtsgericht", also dem nach §§ 764, 802 zuständigen AG im dort geschilderten Verfahren (Beschluß ohne notwendige mündliche Verhandlung, grundsätzlich nach einer Anhörung, mit einer Begründung, § 329 Rn 4, ohne eine Kostenentscheidung, § 788 I, usw). Eine Entscheidung nur des Rpfl ist unwirksam, eine solche mit einer nachfolgenden „Genehmigung" des Richters kann als eine Anordnung nach IV umdeutbar sein. Der Gerichtsvollzieher und der Gläubiger sind antragsberechtigt, aM LG Kblz DGVZ **00**, 170 (der Gerichtsvollzieher solle einen Gläubigerantrag erwirken). Von Amts wegen erfolgt die Anordnung, sobald und soweit sich aus den dem Richter vorgelegten Akten die Voraussetzungen ergeben. 21

13) Vorzeigen der Anordnung, V. § 750 ist auf die richterliche Anordnung anders als auf den Vollstreckungstitel nebst der Vollstreckungsklausel unanwendbar, AG Hbg Rpfleger **80**, 395, OVG Hbg NJW **95**, 610. Der Gerichtsvollzieher muß die richterliche Anordnung vorzeigen. V verweist aber nur auf I, nicht auch auf IV (kein eindeutiges, wenn auch durchaus mögliches Versehen des Gesetzgebers), aM LG Regensb DGVZ **99**, 173, ThP 33. Die Anordnung geht nicht so weit wie § 909 I 2. Denn im Gegensatz zu dort braucht der Gerichtsvollzieher dem Schuldner nichts zu übergeben, sondern nur etwas vorzuzeigen. Der Schutzzweck ist aber fast derselbe. Der Schuldner soll wenigstens einen Einblick in eine solche richterliche Anordnung nehmen dürfen, die das Eindringen in seine Wohnung bedeutet. Einblick nehmen heißt: Lesen, aber nicht Herumtrödeln, freilich auch nicht: bloß sekundenschnell anblicken dürfen. Der Gerichtsvollzieher muß dem Schuldner eine angemessene Möglichkeit geben, sich zu fassen. Mag der Schuldner seinen Anwalt usw dann während der Durchsuchung anrufen. Der Schuldner kann eine Ablichtung oder Abschrift nach § 760 verlangen. 22

14) Formularzwang, VI. VI 1 gibt ähnlich wie §§ 117 III, 829 IV 1 eine Ermächtigung, keine Anweisung. Eine Rechtsverordnung braucht eine Zustimmung des Bundesrats. VI 2 schafft ähnlich wie §§ 117 IV, 829 IV 2 einen Benutzungszwang. Vgl daher im einzelnen bei § 117 Rn 30, 31. In einer Abweichung von § 117 III, IV, aber in einer Übereinstimmung mit § 829 IV 3 sind nach § 758 1 VI 3 unterschiedliche Formulare für elektronische und andere Gerichtsverfahren einführbar. 23

Rechtsverordnungen des Bundesjustizministerium sind noch nicht ergangen.

15) Einzelfragen, I–VI. Vgl das ausführliche ABC in § 758 Rn 11 ff. 24

16) Rechtsbehelfe, I–VI. Vgl wegen des Gerichtsvollziehers § 758 Rn 30, wegen des Richters bei IV §§ 766, 793, ZöStö 36, aM LG Kblz FamRZ **03**, 1483 (sogleich § 793. Aber das wäre systemfremd). Wegen des Rpfl § 11 RPflG, vgl auch § 104 Rn 69 ff, aM Hintze Rpfleger **00**, 303 (§ 793). 25

759 *Zuziehung von Zeugen.* **Wird bei einer Vollstreckungshandlung Widerstand geleistet oder ist bei einer in der Wohnung des Schuldners vorzunehmenden Vollstreckungshandlung weder der Schuldner noch eine zu seiner Familie gehörige oder in dieser Familie dienende erwachsene Person anwesend, so hat der Gerichtsvollzieher zwei erwachsene Personen oder einen Gemeinde- oder Polizeibeamten als Zeugen zuzuziehen.**

1) Systematik. Vgl zunächst § 753 Rn 1. Die Vorschrift ergänzt § 758 in zwei unterschiedlich gefährlichen, aber gleichermaßen besonders mißlichen Situationen. Sie ist nach §§ 87 III, 96 I 2 FamFG entsprechend anwendbar. 1

2) Regelungszweck. Vgl zunächst § 753 Rn 2. Die Vorschrift liegt im wohlverstandenen Interesse aller Prozeßbeteiligten an der Eindämmung späterer Auseinandersetzungen darüber, ob und inwieweit das Vollstreckungsorgan beim notwendigen Zwang oder auch beim Ausbleiben der wachsamen Augen des Betroffenen die Grenzen des Ermessens eingehalten habe. Damit dient § 759 der Rechtssicherheit nach Einl III 43 und dem Gebot, den Grundsatz der Verhältnismäßigkeit staatlicher Machtmittel zu wahren, Grdz 34 vor § 704. Man muß die Vorschrift entsprechend streng zugunsten des Schuldners auslegen. 2

Übervorsicht ist weder bei der Handhabung durch den Gerichtsvollzieher noch bei seiner späteren Überprüfung durch den Richter sinnvoll. Immerhin wird der Gerichtsvollzieher als staatliches Organ der Rechtspflege tätig, § 753 Rn 3. Seine Handlungen sind Staatshoheitsakte mit deren grundsätzlich weitreichender Wirkung ähnlich wie beim Urteil, Üb 10 vor § 300. Sie sind auch mehr als ein bloßer Verwaltungsakt. Mangels tatsächlicher ausreichender Anhaltspunkte für Fehler darf und muß das Gericht daher von der Gesetzmäßigkeit ausgehen, auch bei der Auslegung etwa der Frage, ob ein Zeuge „erwachsen" war.

3 **3) Voraussetzungen.** Der Gerichtsvollzieher muß in jedem der folgenden Fälle Zeugen zuziehen.

A. Widerstand. Die Zuziehung ist dann notwendig, wenn er nach § 758 III irgendeinen Widerstand gegen eine Vollstreckungshandlung vorfindet. Als Widerstand kann auch eine mündliche Ankündigung gelten, die eine Anwendung von Gewalt erwarten läßt. Der Gerichtsvollzieher muß also die Zwangsvollstreckung unterbrechen, falls er nicht in einer Erwartung des Widerstands bereits Zeugen mitgebracht hat.

4 **B. Abwesenheit.** Die Zuziehung ist auch dann notwendig, wenn die Zwangsvollstreckung in der Wohnung stattfinden soll, aM LG Konst DGVZ **84**, 120 (auch, falls im Geschäftsraum), und wenn das in Abwesenheit des Schuldners, seiner Familie und seiner erwachsenen Hausangestellten nach § 178 Rn 13 geschehen soll, AG Neuwied DGVZ **98**, 78. Die Vollstreckung ist ohne weiteres dann zulässig, wenn statt des abwesenden Schuldners ein erwachsenes Familienmitglied oder eine dort nach (jetzt) § 178 I Z 1 beschäftigte Person anwesend ist, LG Konst DGVZ **84**, 119, AG Wiesb DGVZ **93**, 158. Zum Begriff des Erwachsenseins § 178 Rn 15.

5 **C. Ausführung.** Auch der Gläubiger kann Zeuge sein. Zwar kann der zur Öffnung etwa erforderliche Schlosser zeitweise Zeuge sein. Dennoch darf der Gerichtsvollzieher zwei weitere Zeugen hinzuziehen, AG Wiesb DGVZ **88**, 14. Soweit der Gerichtsvollzieher die Zeugen entschädigt, hat er Auslagen, KVGv 703. Der Gerichtsvollzieher kann auch sonst in geeigneten Fällen Hilfspersonen zu handwerklichen Arbeiten hinzuziehen, etwa zum Aufkleben der Pfandzeichen, falls er selbst anwesend bleibt.

6 **4) Verstoß.** § 759 ist zwingendes Recht. Ein Verstoß gegen die Vorschrift macht die Amtshandlung rechtswidrig, Niemeyer JZ **76**, 315. Die Zwangsvollstreckung wird dadurch aber noch nicht unwirksam, LG Konst DGVZ **84**, 120. Denn das Wort „hat" im Gesetzestext ist in Wahrheit eine bloße Sollvorschrift. Zur strafrechtlichen Bedeutung Alisch DGVZ **84**, 108.

7 **5) Rechtsbehelf: Erinnerung.** Jeder Betroffene kann eine Erinnerung nach § 766 einlegen, auch ein Zeuge.

760 *Akteneinsicht; Aktenabschrift.* [1] **Jeder Person, die bei dem Vollstreckungsverfahren beteiligt ist, muss auf Begehren Einsicht der Akten des Gerichtsvollziehers gestattet und Abschrift einzelner Aktenstücke erteilt werden.** [2] **Werden die Akten des Gerichtsvollziehers elektronisch geführt, erfolgt die Gewährung von Akteneinsicht durch Erteilung von Ausdrucken, durch Übermittlung von elektronischen Dokumenten oder durch Wiedergabe auf einem Bildschirm.**

Schrifttum: *Liebscher,* Datenschutz bei der Datenübermittlung im Zivilverfahren, 1994.

1 **1) Systematik, S 1, 2.** Vgl zunächst § 753 Rn 1. Die Vorschrift bildet ein Gegenstück zu dem im Erkenntnisverfahren entsprechend geltenden § 299. Eine etwaige gesetzliche Mitteilungspflicht des Gerichtsvollziehers bleibt bestehen, zB über eine Durchsuchungsverweigerung, LG Düss DGVZ **91**, 25, oder über eine Unpfändbarkeit nach § 807 Rn 5 ff, Hamm DGVZ **77**, 40, LG Köln DGVZ **95**, 170, AG Kerpen DGVZ **78**, 119. Die Vorschrift ist nach § 87 III FamFG entsprechend anwendbar.

2 **2) Regelungszweck, S 1, 2.** Vgl zunächst § 753 Rn 2. § 760 dient wesentlich der Stärkung des Vertrauens auf die Korrektheit des staatlichen Vollstreckungsorgans in einem Verfahrensabschnitt, der ja anders als das Erkenntnisverfahren nicht der Kontrolle der Öffentlichkeit in Gestalt von Zuschauen unterliegen kann. Das Akteneinsichtsrecht als eine Rechtmäßigkeitskontrolle ist weit auslegbar. Der gesetzmäßig vorgegangene Gerichtsvollzieher braucht nichts zu befürchten.

3 **3) Notwendigkeit eines Antrags, S 1, 2.** Von Amts wegen muß der Gerichtsvollzieher vom Ausgang seines Verfahrens unterrichten, freilich nur durch eine kurze formlose Mitteilung, BGH DGVZ **04**, 61. Nur auf ein Verlangen, also nicht von Amts wegen, muß der Gerichtsvollzieher jedem Beteiligten oder dessen Bevollmächtigtem eine Einsicht seiner Vollstreckungsakten in seiner Gegenwart nach § 299 geben und Ablichtungen oder Abschriften einzelner Schriftstücke erteilen, BGH DGVZ **04**, 62, AG Bln-Tempelhof DGVZ **84**, 44, AG Kerpen DGVZ **78**, 120, aM AG Itzehoe DGVZ **78**, 15 (vgl aber § 763 Rn 3). Im Zweifel liegt ein stillschweigender Antrag vor, AG Mü DGVZ **81**, 141. Der Vollstreckungsauftrag enthält nicht stets auch einen solchen Einsichts- oder Abschriftsantrag, BVerwG NJW **83**, 896, Elias DGVZ **75**, 33, aM AG Itzehoe DGVZ **78**, 15 (aber das würde auch Geld kosten). Eine Beglaubigung ist stets zulässig, § 170 II 1. Diese Vorschrift ist nämlich wegen ihrer Stellung im Buch 1 zumindest entsprechend anwendbar, Grdz 37 vor § 704, aM Paschold/Paschold DGVZ **92**, 39 (aber die Systematik ist eindeutig, Einl III 39). Eine Beglaubigung erfolgt jedenfalls auf einen Antrag, zumal der Gläubiger oder Schuldner sie evtl benötigen, § 900 Rn 4.

4 **4) Beteiligte, S 1, 2.** Als Beteiligten muß man jeden ansehen, den eine Vollstreckungsmaßnahme irgendwie betrifft. Dazu gehören natürlich die Parteien, Grdz 4 vor § 50, AG Wiesb DGVZ **94**, 158, auch deren Rechtsnachfolger. Ferner gehören hierher zB: Der nicht verwaltungsberechtigte Ehegatte bei § 740 I; der Duldungspflichtige, §§ 737, 739, 748 II; der Drittschuldner, § 840; der Widerspruchskläger, § 771; die zu einer vorzugsweisen Befriedigung Berechtigten, §§ 805, 809, 886.

Ein *Dritter* hat allenfalls nach § 299 II ein Einsichtsrecht.

5 **5) Akten, S 1, 2.** Zu den Akten gehört der ganze Urkundenstoff nebst seinen Belegen einschließlich der Protokolle, AG Ffm DGVZ **85**, 93, und der Dienstregister, soweit er die Zwangsvollstreckung betrifft. Aus den Registern dürfen die Beteiligten nur Auszüge fordern. Der Gläubiger kann auch statt einer Akteneinsicht oder einer Protokollkopie eine Auskunft über das Ergebnis des Vollstreckungsvorgangs fordern, LG Köln 19 T 115/95 v 14. 6. 95, aM AG Rosenh DGVZ **03**, 124, ZöStö 3 (aber das ist weniger als eine Akteneinsicht). Das gilt natürlich nur in den Grenzen des § 762, dort Rn 3 ff. Eine weitergehende Mitteilungspflicht besteht schon wegen der Notwendigkeit des Datenschutzes nicht, BVerwG NJW **83**, 1428, AG

Bln-Charlottenb DGVZ **78**, 159, aM LG Hann DGVZ **81**, 40 (vgl. aber § 299 Rn 4). Es gibt auch keinen Anspruch auf eine Aktenzusendung, AG Bln-Charlottenb DGVZ **78**, 159. Bei einer elektronischen Aktenführung entscheidet der Gerichtsvollzieher über die nach S 2 in Betracht kommenden Einsichtsmöglichkeiten nach seinem pflichtgemäßen Ermessen unter einer Abwägung der Gesamtumstände und möglichst nach dem Wunsch des Antragstellers. § 299 III ist dabei mitbeachtlich.

6) Kosten, S 1, 2. Der Gläubiger haftet dem Gerichtsvollzieher als der Auftraggeber der Zwangsvollstrek- 6
kung, § 788, AG Bln-Wedding DGVZ **86**, 78, AG Neuwied DGVZ **92**, 174, AG Wiesb DGVZ **94**, 158. Eine Vorschußpflicht besteht für andere Beteiligte nicht, § 4 GvKostG ist unanwendbar, AG Bln- Wedding DGVZ **86**, 78, AG Eschwege DGVZ **84**, 191, AG Ffm DGVZ **85**, 93, aM AG Augsb DGVZ **87**, 126 (aber § 4 GvKostG verpflichtet nur den Auftraggeber).

7) Rechtsbehelf: Erinnerung, S 1, 2. Gegen die Ablehnung der Einsicht kann der Beteiligte die 7
Erinnerung nach § 766 einlegen. Dasselbe gilt gegen eine zu weitgehende Einsicht, etwa beim Verstoß gegen das BDSG nach Rn 4.

761 (weggefallen)

762 *Protokoll über Vollstreckungshandlungen.* **[I] Der Gerichtsvollzieher hat über jede Vollstreckungshandlung ein Protokoll aufzunehmen.**

[II] Das Protokoll muss enthalten:

1. Ort und Zeit der Aufnahme;
2. den Gegenstand der Vollstreckungshandlung unter kurzer Erwähnung der wesentlichen Vorgänge;
3. die Namen der Personen, mit denen verhandelt ist;
4. die Unterschrift dieser Personen und den Vermerk, dass die Unterzeichnung nach Vorlesung oder Vorlegung zur Durchsicht und nach Genehmigung erfolgt sei;
5. die Unterschrift des Gerichtsvollziehers.

[III] Hat einem der unter Nummer 4 bezeichneten Erfordernisse nicht genügt werden können, so ist der Grund anzugeben.

Gliederung

1) Systematik, I–III. Vgl zunächst § 753 Rn 1. Über jede gerichtliche Verhandlung ist nach §§ 159 ff 1
ein Protokoll erforderlich. Die in Einf 1 vor §§ 159–165 genannten Erwägungen gelten natürlich erst recht für eine Handlung des Gerichtsvollziehers, §§ 762, 763 gelten vorrangig, lassen sich aber durch eine entsprechende Anwendung von §§ 159 ff ergänzen. Ergänzend gelten zB § 900 II–V. § 762 ist nach § 87 III FamFG entsprechend anwendbar.

2) Regelungszweck, I–III. Vgl zunächst § 753 Rn 2. Die Vorschrift dient der Beweissicherung. Das 2
Protokoll ist eine öffentliche Urkunde nach § 418, Rn 4. Es ist im wohlverstandenen Interesse aller Beteiligten unentbehrlich schon zwecks Rechtssicherheit nach Einl III 43 und zwecks einer Überprüfbarkeit der Handlungsweise des Gerichtsvollziehers. Wie im Verhandlungstermin vor Gericht ergeben sich auch bei der Amtshandlung des Gerichtsvollziehers vielfache einschneidende Rechtsfolgen, sei es infolge einer Pfändung, Siegelung, Wegnahme, Fortschaffung, Erklärung, sei es auch wegen seines Absehens von weiteren Zwangsmaßnahmen. Die Wirksamkeit solcher Maßnahmen hängt wesentlich von der Einhaltung der gesetzlichen Formen ab, aber auch von einer Ermessensfehlerfreiheit des Gerichtsvollziehers. Alles das läßt sich meist nur oder doch wesentlich leichter anhand eines eher zu ausführlichen als zu knappen Protokolls festhalten und überprüfen. Daher sollten der Gerichtsvollzieher viel Sorgfalt aufwenden und das Gericht im Prinzip strenge Anforderungen stellen. Freilich erlaubt die Situation vor Ort oft alles andere als eine sofortige Notiz jeder Äußerung oder jedes Handgriffs, mögen diese noch so rechtserheblich sein können. Auch das muß man mitbeachten.

3) Protokoll, I–III. Es gilt maßvoll und praxisnah abzuwägen. 3

A. Grundsatz: Notwendigkeit. Die Vorschrift ist nur auf eine Handlung des Gerichtsvollziehers nach dem Beginn der Zwangsvollstreckung anwendbar, Grdz 51 vor § 704, AG Mü DGVZ **81**, 142. Der Gerichtsvollzieher muß über jede zum Zweck der Zwangsvollstreckung vorgenommene Handlung ein Protokoll aufnehmen, also auch über eine von ihm selbst vorgenommene Zahlungsaufforderung, AG Mü DGVZ **81**, 142. Er muß also zB protokollieren: Den Ort der Vollstreckungshandlung; eine Zahlungsaufforderung; das Wegschaffen gepfändeter Sachen; die Angabe aufgefundener, aber nicht gepfändeter Sachen, LG Düss DGVZ **82**, 117; die Zuziehung von Zeugen. Der Gerichtsvollzieher muß das Protokoll direkt nach seiner Handlung und möglichst noch an Ort und Stelle aufnehmen. Durchstreichungen sind unzulässig, Ergänzungen oder Berichtigungen müssen als solche erkennbar sein. Sie sind dann aber zulässig und evtl notwendig, § 164 I. Sie sind freilich dem Rechtsmittelgericht ebensowenig wie bei § 164 erlaubt, Brschw

DGVZ **92**, 120. Über bloße Vorbereitungsmaßnahmen wie die Einholung einer Erlaubnis nach § 758 a braucht er kein Protokoll zu führen. §§ 159 ff sind anwendbar, soweit das dem Zweck der Vollstreckung und der Stellung des Gerichtsvollziehers entspricht (Fallfrage).

4 **B. Beweiskraft.** Das Protokoll ist samt seinen etwaigen Anlagen eine öffentliche Urkunde, Ffm Rpfleger **77**, 144, KG RR **94**, 959. Es hat deren *Beweiskraft*, § 418, BayObLG NJW **92**, 1842, Zweibr DGVZ **98**, 9, LG Bln DGVZ **99**, 119. Sie erstreckt sich nicht auf solche Vorgänge, die der Gerichtsvollzieher nicht nach II aufnehmen muß, zB nicht auf die Anwesenheit des Schuldners, BayObLG NJW **92**, 1842. Die Vorschriften des § 762 sind für die Beweiskraft des Protokolls als öffentliche Urkunde wesentlich. Wegen einer Protokollkopie § 760. Einzelheiten Mager DGVZ **89**, 182 (Üb). Man kann einen Antrag auf eine Ablichtung oder Abschrift dem Gläubiger zumindest dann unterstellen, wenn das in seinem Interesse liegt, Nies DGVZ **94**, 54.

5 **C. Beispiele zur Frage einer Protokollierungspflicht**

Ablehnung der Vollstreckung: Der Gerichtsvollzieher muß bei einer Erfolglosigkeit, s dort, dem Gläubiger im Protokoll wenigstens einen nachprüfbaren Anhalt dafür geben, ob er die Pfändung zu Recht abgelehnt hat, Ffm MDR **82**, 503, LG Kassel JB **96**, 215 (Warenbestand), ZöStö 3, aM LG Bonn JB **94**, 311, Holch DGVZ **93**, 145, Midderhoff DGVZ **83**, 4 (aber der Sinn ist eindeutig, Einl III 39).

S auch Rn 8 „Vollständige Ausfüllung".

Aufenthaltsermittlung: Der Gerichtsvollzieher muß seinen vergeblichen Versuch einer Aufenthaltsermittlung als einen Teil der Vollstreckungshandlung protokollieren, aM AG Mü DGVZ **83**, 171, AG Reutlingen DGVZ **90**, 76 (es sieht aber die Mitteilung der neuen Anschrift als eine Vollstreckungshandlung an), VG Karlsr Just **91**, 404 (aber das ist eine typische Vollstreckungsbemühung).

S auch Rn 7 „Neue Anschrift".

Austauschpfändung: Soweit sie infrage kommt, muß der Gerichtsvollzieher die einzelnen Pfandstücke im Protokoll angeben, LG Mainz DGVZ **04**, 74.

Dritter: Ins Protokoll gehören seine Herausgabebereitschaft, sein Widerspruch oder seine Zustimmung.

Durchsuchung: Aufnehmen muß der Gerichtsvollzieher das Vorzeigen der Anordnung nach § 758 a V, eine Terminsankündigung wegen § 807 I Z 4 und eine Verweigerung des Zutritts wegen § 807 I Z 3.

Einwohnermeldeamt: S „Aufenthaltsermittlung", Rn 7 „Neue Anschrift".

Erfolglosigkeit: Wenn die Zwangsvollstreckung ganz oder teilweise erfolglos war, ist ein Protokoll erforderlich, AG Neuwied DGVG **98**, 94. Es muß ergeben, daß der Gerichtsvollzieher alle zulässigen Mittel vergeblich versucht hat, §§ 110, 135 Z 6 GVGA, AG Mü DGVZ **81**, 142. Der notwendige Umfang des Protokolls ergibt sich aus den Einzelfallumständen. Die etwaige Notwendigkeit mehrerer Protokolle ergibt sich wie bei Rn 6 „Mehrheit von Gläubigern", Ffm DGVZ **85**, 92.

Der Gerichtsvollzieher braucht *nicht* von sich aus jedes unpfändbare Messer zu nennen, LG Detm DGVZ **94**, 119, LG Lübeck DGVZ **02**, 185, AG Rosenh DGVZ **03**, 125.

S auch „Ablehnung der Vollstreckung", Rn 8 „Vollständige Ausfüllung".

Gefährdung des Vollstreckungserfolgs: Eine Gefahr nach § 758 a I 2 gehört ins Protokoll, LG Regensb DGVZ **95**, 186, AG Mü DGVZ **80**, 190.

6 **Hinweg:** Der Gang zum Haus des Schuldners kann im Einzelfall noch eine bloße Vorbereitungsmaßnahme sein. Der Gerichtsvollzieher braucht ihn dann *nicht* zu protokollieren, es sei denn aus gebührenrechtlichen Erwägungen.

Inventar: Der Gerichtsvollzieher braucht *kein* lückenloses Inventar des Pfändbaren und Unpfändbaren zu erstellen, Rn 8 „Vollständige Ausführung", AG Reinbek DGVZ **97**, 62.

Klingeln: Das vergebliche Klingeln gehört als ein Teil der Vollstreckungshandlung in das Protokoll.

Mehrheit von Gläubigern: Bei einer Mehrheit von Gläubigern muß der Gerichtsvollzieher nach den Gesamtumständen im Rahmen eines pflichtgemäßen Ermessens entscheiden, ob er für jeden Gläubiger ein gesondertes Protokoll oder für alle ein gemeinsames über dieselbe Vollstreckungshandlung erstellt, AG Ffm DGVZ **85**, 93, AG Itzehoe DGVZ **85**, 124, AG Mü DGVZ **85**, 125, aM Holch DGVZ **88**, 177 (nur *ein* Protokoll. Aber das sieht zu sehr den Wortlaut, nicht genug den Sinn und zB auch nicht genug das BDSG). Dabei muß er auch die Kosten beachten Er soll sie ja gering halten, §§ 104 I 1, 140 Z 1 GVGA, Grdz 34 vor § 704 (Verhältnismäßigkeitsgrundsatz).

Mindestgebot: Seine Aufnahme ins Protokoll ist *nicht* bundesrechtlich notwendig, § 817 a.

7 **Neue Anschrift:** Erfährt der Gerichtsvollzieher eine neue Anschrift des Schuldners, muß er sie in das Protokoll aufnehmen und auf einen Antrag dem Gläubiger auch insoweit eine Ablichtung oder Abschrift erteilen, AG Neuwied DGVZ **98**, 94, AG Reutlingen DGVZ **89**, 47.

S auch Rn 5 „Aufenthaltsermittlung".

Schätzung: Ins Protokoll gehört diejenige nach § 813.

Uhrzeit: Zwar gehört sie nur dann prozeßrechtlich ins Protokoll, wenn es um § 758 IV geht. Das ändert aber nichts an der evtl kostenrechtlichen Erheblichkeit zB nach dem GvKostG. Daher kann jedenfalls eine diesbezügliche Unrichtigkeit zumindest dienst- und strafrechtlich erheblich sein, aM LG Bln DGVZ **99**, 119.

Unterschrift: Sie ist nach II Z 4, 5 nötig. § 129 Rn 9 ff nennen Einzelheiten. Ein Faksimilestempel reicht daher nicht. Die Verweigerung einer Unterschrift nach II Z 4 gehört ebenfalls ins Protokoll.

Vergeblichkeit: Rn 5 „Erfolglosigkeit", Rn 6 „Klingeln".

8 **Vollständige Ausfüllung:** Nur auf Grund eines ausdrücklichen Verlangens des Gläubigers kommt die Aufführung der einzelnen an sich pfändbaren, aber nicht gepfändeten Sachen in Betracht, und selbst diese *nicht* bis zu jedem Messer, Rn 5 „Erfolglosigkeit", Rn 6 „Inventar". Mangels eines solchen Verlangens darf sich der Gerichtsvollzieher grds mit allgemeinen Angaben begnügen, LG Hann DGVZ **89**, 25. Er muß freilich ein Mindestmaß erfüllen, Rn 5 „Ablehnung der Vollstreckung".

Vollstreckungstitel: Unter II Z 2 fällt auch die Angabe des Vollstreckungstitels.

Zeitaufwand: Seine Protokollierung kann schon zwecks einer Überprüfbarkeit der Gebührenhöhe notwendig sein.
Zug um Zug: Notwendig ist die Aufnahme des Angebots der Gegenleistung nach § 756 und die Erklärung des Schuldners dazu.
Zustellung: Eine Zustellung fällt lediglich unter *§ 190.*

4) Verstoß, I–III. Er beseitigt nicht schlechthin die Eigenschaft des Protokolls als öffentliche Urkunde, Rn 1, 3. Er macht die Zwangsvollstreckung grundsätzlich nicht unwirksam, nicht einmal anfechtbar. Von dieser Regel gilt bei einer Anschlußpfändung nach § 826 eine Ausnahme. Natürlich beeinträchtigt ein wesentlicher Mangel die Beweiskraft. 9

5) Rechtsbehelf, I–III. Jeder Betroffene kann die Erinnerung nach § 766 einlegen, LG Ffm DGVZ **81**, 140, AG Bln-Tempelhof DGVZ **84**, 44. 10

763 *Aufforderung und Mitteilungen.* **[I] Die Aufforderungen und sonstigen Mitteilungen, die zu den Vollstreckungshandlungen gehören, sind von dem Gerichtsvollzieher mündlich zu erlassen und vollständig in das Protokoll aufzunehmen.**

[II] [1] Kann dies mündlich nicht ausgeführt werden, so hat der Gerichtsvollzieher eine Abschrift des Protokolls zuzustellen oder durch die Post zu übersenden. [2] Es muss im Protokoll vermerkt werden, dass diese Vorschrift befolgt ist. [3] Eine öffentliche Zustellung findet nicht statt.

1) Systematik, Regelungszweck, I, II. Vgl zunächst § 753 Rn 1, 2, § 762 Rn 1, 2. § 763 ist nach § 87 III FamFG entsprechend anwendbar. Die Vorschrift dient dem Schuldnerschutz, BVerwG NJW **83**, 898. Das macht eine strenge Handhabung notwendig und eine nicht allzu großzügige Überprüfung ratsam. 1

2) Protokollinhalt, I. In das Protokoll muß der Gerichtsvollzieher folgendes aufnehmen, § 762 Rn 3 (zu §§ 159 ff), § 900. 2

A. Aufforderungen. Solche kennt die ZPO sonst überhaupt nicht. Vgl auch §§ 105, 135 GVGA, AG Mü DGVZ **81**, 142. Zur Geltung der letzteren Vorschrift KG OLGZ **76**, 65. §§ 840, 845 gehören nicht hierhin.

B. Sonstige Mitteilungen, zB nach §§ 808 III, 811 b II, III, 826 III, 885 II.

3) Übersendung, II. Die Vorschrift sieht zum Schuldnerschutz nach Rn 1 nur eine Übersendung an den Schuldner vor, nicht auch eine solche an den Gläubiger, BVerwG NJW **83**, 898, AG Herne DGVZ **83**, 28. Vgl freilich § 760. Der Gerichtsvollzieher muß seine Mitteilungen dem bei der Zwangsvollstreckung anwesenden Schuldner oder seinem Vertreter mündlich machen. Bei einer Abwesenheit dieser Personen muß der Gerichtsvollzieher nach § 192 II 1 eine beglaubigte Ablichtung oder Abschrift des Protokolls mit einem gewöhnlichen Brief durch die Post übersenden und diesen Vorgang zum Protokoll vermerken, AG Herne DGVZ **83**, 27, VG Bln DGVZ **89**, 124. Beide Zusendungen gehen an den Schuldner persönlich, nicht an einen nach §§ 81, 172 ProzBev, auch nicht an einen nach § 80 Rn 13 Generalbevollmächtigten und auch nicht an einen nach § 184 Zustellungsbevollmächtigten, LG Detm DGVZ **96**, 121. 3

Auch bei einem Protokoll über eine Vollstreckungshandlung zugunsten *mehrerer* Gläubiger hat jeder einen Anspruch auf eine Kopie des gesamten Protokolls, AG Itzehoe DGVZ **85**, 124, AG Mü DGVZ **85**, 125, AG Rottweil DGVZ **88**, 77. Der Gläubiger trägt als der Auftraggeber des Gerichtsvollziehers zunächst ihm gegenüber die Kosten, AG Bln-Tempelhof DGVZ **84**, 45, AG Münst DGVZ **02**, 95. Es ist unerheblich, ob der Schuldner am Ort oder außerhalb wohnt. Der Gerichtsvollzieher muß den Weg der förmlichen Zustellung nach §§ 177–181, 193–195 wählen, wenn er nach seinem pflichtgemäßen Ermessen nicht sicher sein kann, daß ein einfacher Brief zugeht. Kommt seine Sendung mit dem Postvermerk „Empfänger unbekannt verzogen" zurück, muß der Gerichtsvollzieher den Gläubiger veranlassen, den jetzigen Aufenthaltsort des Schuldners zu ermitteln, Grdz 39 vor § 128. Eine öffentliche Zustellung ist nach II 3 unzulässig. Wenn die Bemühungen des Gläubigers nachweislich erfolglos bleiben, braucht der Gerichtsvollzieher den Schuldner nicht zu benachrichtigen. 4

4) Verstoß, I, II. Trotz des Wortlauts ist § 763 eine bloße Ordnungsvorschrift. Ihre Verletzung beeinträchtigt die Wirksamkeit der Zwangsvollstreckung nicht. Eine Mitteilung „über" eine Vollstreckungshandlung „gehört" nicht nach I zu der letzteren. Deshalb darf der Gerichtsvollzieher nur auf einen Antrag nach § 760 verfahren, dort Rn 1. 5

764 *Vollstreckungsgericht.* **[I] Die den Gerichten zugewiesene Anordnung von Vollstreckungshandlungen und Mitwirkung bei solchen gehört zur Zuständigkeit der Amtsgerichte als Vollstreckungsgerichte.**

[II] Als Vollstreckungsgericht ist, sofern nicht das Gesetz ein anderes Amtsgericht bezeichnet, das Amtsgericht anzusehen, in dessen Bezirk das Vollstreckungsverfahren stattfinden soll oder stattgefunden hat.

[III] Die Entscheidungen des Vollstreckungsgerichts ergehen durch Beschluss.

Schrifttum: *Ule,* Der Rechtspfleger und sein Richter, 1983.

Gliederung

1 **1) Systematik, I–III.** Die Vorschrift schafft für den Gesamtbereich der Zwangsvollstreckung eine grundsätzliche vorrangige Sonderregelung der sachlichen Zuständigkeit (I) und der örtlichen Zuständigkeit (II). Die erstere wird wegen der funktionellen Zuständigkeit durch die in Rn 6 genannten Vorschriften des RPflG ergänzt. Das Prozeßgericht ist zur Mitwirkung bei der Zwangsvollstreckung nur vereinzelt berufen, nämlich bei der Zwangsvollstreckung wegen Handlungen und Unterlassungen, § 887 Rn 10, 11. Wenn das Gesetz nicht seine oder des Gerichtsvollziehers Zuständigkeit vorsieht, ist das Vollstreckungsgericht ausschließlich zuständig, § 802. Über das Prozeßgericht als Vollstreckungsorgan §§ 887, 888, 890, Hamm RR **86**, 420. Über das Grundbuchamt als Vollstreckungsorgan § 867 Rn 6, 9 ff. Bei der Zwangsvollstreckung in land- oder forstwirtschaftliche Grundstücke ist Vollstreckungsgericht das AG in der in § 2 LwVG vorgesehenen Besetzung. Vgl aber auch § 20 LwVG. Wegen Europäischer Zwangsvollstreckungs-Titel EuGVVO, SchlAnh V C 2. Wegen der Zuständigkeit des OLG Hbg als Vollstreckungsorgan § 3 SeeGVG.

2 **2) Regelungszweck, I–III.** Man könnte an sich auch zB das Prozeßgericht erster Instanz wegen seiner Sachkunde aus dem Erkenntnisverfahren als das generell am besten auch für richterliche Handlungen in der Zwangsvollstreckung geeignete Gericht ansehen. So geschieht es ja auch vereinzelt, zB bei §§ 767, 887 I, 888 I 1, 890 I 1. Im übrigen erachtet das Gesetz aber ein AG als eher geeignet. Soweit dabei die Vorstellung herrschte, ein einzelner Richter könne einfacher und schneller arbeiten, ist solches Denken infolge der weitgehenden Zuständigkeit des originären oder obligatorischen Einzelrichters beim LG nach §§ 348, 348 a überholt. Indessen muß man die gesetzliche Zuständigkeitsverteilung in I wie jede derartige Regelung zwecks Rechtssicherheit nach Einl III 43 strikt auslegen. II verträgt insbesondere bei seiner etwa notwendigen Vorausschau eine möglichst vereinfachende verfahrensfördernde Handhabung, Grdz 14 vor § 128. III enthält zwecks einer Vereinfachung und Beschleunigung nach Grdz 12, 14 vor § 128 eine Klarstellung.

3 **3) Örtliche und sachliche Zuständigkeit, I, II.** Ein klarer Grundsatz hat manche eigentlich ebenfalls klaren Auswirkungen.

A. Grundsatz: Amtsgericht am Vollstreckungsort. Sachlich zuständig ist das AG. Örtlich zuständig ist das AG am Ort der geplanten oder durchgeführten einzelnen Vollstreckungshandlung. Daher kann die örtliche Zuständigkeit während der Zwangsvollstreckung unterschiedlich begründet sein. Diese Grundsätze gelten auch für die Bewilligung von Prozeßkostenhilfe, § 117 I 3, BGH NJW **79**, 1048. Der prozessuale Grundsatz des § 261 III Z 2, daß eine einmal begründete Zuständigkeit während des weiteren Verfahrens bestehen bleibe, gilt an sich auch hier. Da aber eine einheitliche Zuständigkeit für das gesamte Vollstreckungsverfahren fehlt, erstreckt sich die Fortdauer der Zuständigkeit nur auf die einzelne Vollstreckungsmaßnahme. Deshalb muß man immer darauf achten, ob die jetzt anstehende Anordnung nur eine Fortsetzung oder eine Auswirkung einer schon begonnenen Zwangsvollstreckungshandlung ist, zB ob es „nur" um den Haftbefehl nach §§ 807, 900 ff oder um den Rechtsbehelf geht oder ob eine neue Vollstreckungsmaßnahme erfolgen soll, zB eine ganz neue Pfändung. Mit der Beendigung der Vollstreckung nach Grdz 52 vor § 704 entfällt grundsätzlich die Zuständigkeit mit der Ausnahme einer Abwicklung einzelner Maßnahmen.

4 **B. Beispiele zur Frage der Zuständigkeit**

Arbeitsgerichtsverfahren: Sachlich zuständig ist das AG auch bei einem Titel nach § 62 ArbGG, Geißler DGVZ **88**, 17. Das ArbG ist nur dann zuständig, wenn das Prozeßgericht tätig werden muß, zB bei §§ 731, 767, 791, 887 ff, Geißler DGVZ **88**, 17.

Arrest: In einer Arrestsache nach §§ 916 ff kann das Arrestgericht als Vollstreckungsgericht nach §§ 930 I 3, 931 III zuständig sein.

Familiensache: Bei einer solchen Sache ist das FamG nur als Prozeßgericht nach Rn 1, 3 zuständig, BGH NJW **79**, 1048, Karlsr FamRZ **79**, 57, Schlesw SchlHA **82**, 30.

Forderungspfändung: Bei ihr nach § 829 ist dasjenige Gericht zuständig, das den Pfändungsbeschluß nach § 828 II erlassen hat, also nicht das Gericht des Bezirks der Zustellung.

Haft: Über ihre Anordnung oder Ablehnung entscheidet dasjenige Gericht, in dessen Bezirk die Verhaftung erfolgen soll, AG Burgdorf DGVZ **80**, 46.

Mehrere Bezirke: Bei der Zwangsvollstreckung in mehreren Bezirken entscheidet über eine Erinnerung nach § 766 das Gericht der beanstandeten Handlung.

Mehrfache Pfändung: §§ 852–855 bezeichnen ein „anderes" Gericht nach II.

Pfändbarkeit: Über sie entscheidet das Gericht des Pfändungsorts.

Pfändung eines Herausgabeanspruchs: § 848 bezeichnet ein „anderes" Gericht nach II.

5 **Rechtsmittelgericht:** Es gelten keine besonderen Regeln.

Schiffspart: § 858 II bezeichnet ein „anderes" Gericht nach II.

Sozialversicherung: Bei einem Titel zugunsten eines Sozialversicherungsträgers ist das AG unabhängig von einer Zulässigkeit der Verwaltungszwangsvollstreckung zuständig, LG Duisb Rpfleger **82**, 192.

Verteilungsverfahren: § 872 bezeichnet ein „anderes" Gericht nach II.

Verwertungsart: Wenn man die Pfandsache nach § 825 zB an einem neuen Wohnsitz des Schuldners verwerten kann, entscheidet das Gericht dieses neuen Wohnsitzes. Wenn eine solche Sache, die sich am Wohnsitz des Schuldners befindet, außerhalb versteigert wird, entscheidet das Gericht des Wohnsitzes.

Vollstreckungsmaßnahme: Das AG ist jedenfalls dann das Vollstreckungsgericht, wenn es eine Vollstrekkungsmaßnahme anordnet, bei ihr mitwirkt usw, Ffm Rpfleger **77**, 221.

Zuständigkeitsbestimmung: § 36 I Z 3 ist entsprechend anwendbar, ebenso § 36 I Z 5, 6, BGH NJW **82**, 2070, Ffm Rpfleger **78**, 260.

4) Verfahren, III. Es folgt einer gewissen Aufgabenteilung. 6

A. Funktionelle Zuständigkeit. Grundsätzlich nimmt der Rpfl die Geschäfte des Vollstreckungsgerichts vor, § 20 Z 17 RPflG. Zu seiner Stellung § 753 Rn 1, Wolf ZZP **99**, 361. Der Richter entscheidet nur auf Grund einer Erinnerung nach § 766, § 11 I RPflG. Er entscheidet auch dann, wenn der Gläubiger beantragt, gegen den Schuldner zwecks Abgabe einer eidesstattlichen Versicherung zur Offenbarung nach §§ 807, 900 ff einen Haftbefehl zu erlassen, § 4 II Z 2 RPflG. Dagegen ist wiederum der Rpfl dann zuständig, wenn es um die Aufhebung eines solchen Haftbefehls wegen veränderter Umstände geht. Denn dann geht es gerade nicht mehr um die Anordnung eines Freiheitsentzugs, sondern allenfalls um die Fortdauer seiner richterlichen Anordnung. Für den Rpfl ist ein Geschäftsverteilungsplan nicht erforderlich. Soweit die Gerichtsverwaltung einen solchen Plan eingeführt hat, bleibt ein Verstoß unschädlich.

B. Verfahrensablauf. Über das Verfahren vor dem Vollstreckungsgericht Grdz 37 vor § 704. Eine mündliche Verhandlung ist freigestellt, also nicht erforderlich, § 128 IV, Grdz 37 vor § 704. Das Gericht muß einen Beteiligten vor einer ihm nachteiligen Entscheidung nach Art 103 I GG anhören. Die Entscheidung erfolgt durch einen Beschluß, III, § 329. Das Gericht muß seinen Beschluß grundsätzlich begründen, § 329 Rn 4. Es muß ihn nach einer mündlichen Verhandlung verkünden und zumindest dem Benachteiligten förmlich zustellen, § 329 III. 7

C. Verstoß. Ein Verstoß gegen die sachliche Zuständigkeit bedeutet Nichtigkeit. Ein Verstoß gegen die örtliche Zuständigkeit bedeutet Wirksamkeit, aber Anfechtbarkeit. Wegen eines Verstoßes gegen die etwa funktionelle Zuständigkeit Rn 5. Ein Verstoß des Rpfl gegen die Zuständigkeit des Richters bedeutet Nichtigkeit, § 8 IV RPflG. Die Vornahme des Geschäfts des Rpfl durch den Richter läßt das Geschäft wirksam, § 8 I RPflG. 8

5) Rechtsbehelfe, I–III. Gegen eine Zwangsvollstreckungsmaßnahme hat der Betroffene die Erinnerung, § 766. Gegen eine Entscheidung des Rpfl ist § 11 RPflG anwendbar. Gegen die Entscheidung des Richters sind dieselben Rechtsmittel statthaft wie bei § 793 Rn 11, § 829 Rn 63, 64. Eine Entscheidung des Richters erfordert eine förmliche Zustellung, Rn 7. Denn sie gilt bei der Weitergabe der Akten an das Rechtsmittelgericht als eine sofortige Beschwerde. 9

765 *Vollstreckungsgerichtliche Anordnungen bei Leistung Zug um Zug.* **Hängt die Vollstreckung von einer Zug um Zug zu bewirkenden Leistung des Gläubigers an den Schuldner ab, so darf das Vollstreckungsgericht eine Vollstreckungsmaßregel nur anordnen, wenn**

1. **der Beweis, dass der Schuldner befriedigt oder im Verzug der Annahme ist, durch öffentliche oder öffentlich beglaubigte Urkunden geführt wird und eine Abschrift dieser Urkunden bereits zugestellt ist; der Zustellung bedarf es nicht, wenn bereits der Gerichtsvollzieher die Zwangsvollstreckung nach § 756 Abs. 1 begonnen hatte und der Beweis durch das Protokoll des Gerichtsvollziehers geführt wird; oder**
2. **der Gerichtsvollzieher eine Vollstreckungsmaßnahme nach § 756 Abs. 2 durchgeführt hat und diese durch das Protokoll des Gerichtsvollziehers nachgewiesen ist.**

1) Systematik, Z 1, 2. Während § 756 eine Ergänzung zu § 726 II für den Gerichtsvollzieher enthält, gibt § 765 eine entsprechende Ergänzung für das Vollstreckungsgericht, also für den Rpfl. Das gilt auch für das Grundbuchamt, soweit es das Vollstreckungsorgan ist, BayObLG **75**, 404, Hamm Rpfleger **83**, 393 (zustm Münzb Rpfleger **84**, 276), Köln Rpfleger **97**, 315. Nur ist bei § 765 ein Angebot der Gegenleistung nicht erforderlich, Düss RR **93**, 1088. Vgl die Erläuterungen zu § 756. Wenn das Prozeßgericht nach § 764 Rn 1 vollstrecken muß, gilt § 765 entsprechend, LG Frankenth Rpfleger **76**, 109. 1

2) Regelungszweck, Z 1, 2. Auch bei § 765 ist wie bei § 756 Rn 2 eine keineswegs engere Auslegung zulässig. Sie muß den Schuldner indes vor einer zu laschen Handhabung der Zug-um-Zug-Vollstreckung schützen. 2

3) Befriedigung usw. Z 1. Eine Zustellung der beweisenden Urkunde kann nach § 195 erfolgen. Sie ist dann entbehrlich, wenn der Gerichtsvollzieher schon den Schuldner befriedigt oder in einem Annahmeverzug gesetzt hat, Kblz Rpfleger **97**, 445, und wenn das Protokoll als eine öffentliche Urkunde nach §§ 418, 762 diese Umstände ausreichend darlegt, Köln RR **86**, 863. Auch die Prozeßakten können bei §§ 887, 888, 890 ausreichen, Naumb JB **02**, 551. Das Vollstreckungsgericht muß aber die Urkunde erneut auf ihre inhaltliche Beweiskraft prüfen, LG Mainz Rpfleger **93**, 253. Es genügt nicht, daß der Gerichtsvollzieher die Vollstreckung nach Grdz 51 vor § 704 erst begonnen hat, Hamm Rpfleger **83**, 393. Das Gericht muß auch einen Gegenbeweis nach § 418 II würdigen, Köln RR **86**, 863, LG Mainz Rpfleger **93**, 253, aM LG Oldb DGVZ **82**, 122. Der Gerichtsvollzieher darf es dabei weder zu sehr unterstützen noch behindern. Denn das Vollstreckungsgericht muß seine Maßnahmen selbst verantworten, Hamm Rpfleger **83**, 393, Köln RR **91**, 383, LG Oldb DGVZ **82**, 122. Die Vorschrift gilt bei § 867 entsprechend, Celle Rpfleger **90**, 113, LG Wuppert Rpfleger **88**, 153. Eine gegen § 765 verstoßende Unterwerfungsklausel kann nach (jetzt) §§ 307, 309 Z 12 BGB unwirksam sein, Düss RR **96**, 148. 3

4) Annahmeverweigerung, Z 2. Vgl § 756 Rn 7, 8. 4

765a *Vollstreckungsschutz.* I [1] **Auf Antrag des Schuldners kann das Vollstreckungsgericht eine Maßnahme der Zwangsvollstreckung ganz oder teilweise aufheben, untersagen oder einstweilen einstellen, wenn die Maßnahme unter voller Würdigung des Schutzbedürfnisses des Gläubigers wegen ganz besonderer Umstände eine Härte bedeutet, die mit den guten Sitten nicht vereinbar ist. [2] Es ist befugt, die in § 732 Abs. 2 bezeichneten Anordnungen zu erlassen. [3] Betrifft die Maßnahme ein Tier, so hat das Vollstreckungsgericht bei der von ihm vorzunehmenden Abwägung die Verantwortung des Menschen für das Tier zu berücksichtigen.**

II **Eine Maßnahme zur Erwirkung der Herausgabe von Sachen kann der Gerichtsvollzieher bis zur Entscheidung des Vollstreckungsgerichts, jedoch nicht länger als eine Woche, aufschieben, wenn ihm die Voraussetzungen des Absatzes 1 Satz 1 glaubhaft gemacht werden und dem Schuldner die rechtzeitige Anrufung des Vollstreckungsgerichts nicht möglich war.**

III **In Räumungssachen ist der Antrag nach Absatz 1 spätestens zwei Wochen vor dem festgesetzten Räumungstermin zu stellen, es sei denn, dass die Gründe, auf denen der Antrag beruht, erst nach diesem Zeitpunkt entstanden sind oder der Schuldner ohne sein Verschulden an einer rechtzeitigen Antragstellung gehindert war.**

IV **Das Vollstreckungsgericht hebt seinen Beschluss auf Antrag auf oder ändert ihn, wenn dies mit Rücksicht auf eine Änderung der Sachlage geboten ist.**

V **Die Aufhebung von Vollstreckungsmaßregeln erfolgt in den Fällen des Absatzes 1 Satz 1 und des Absatzes 4 erst nach Rechtskraft des Beschlusses.**

Schrifttum: *Alisch,* Wege zur interessengerechteren Auslegung vollstreckungsrechtlicher Normen, 1981; *Bub/Treier,* Handbuch der Geschäfts- und Wohnraummiete, 1989; *Gaul,* Treu und Glauben sowie gute Sitten in der Zwangsvollstreckung oder Abwägung nach „Verhältnismäßigkeit" als Maßstab der Härteklausel des § 765 a ZPO?, Festschrift für *Baumgärtel* (1990) 75; *Keip,* Umfang und Grenzen eines sozialen Schuldnerschutzes in der Zwangsvollstreckung, 2000; *Lippross,* Grundlagen und System des Vollstreckungsschutzes, 1983; *Mrozynski,* Verschuldung und sozialer Schutz: das Verhältnis von Sozialrecht und Zwangsvollstreckungsrecht, 1989; *Sturm,* Räumungsvollstreckung und Räumungsschutz gemäß § 765 a ZPO usw, 2001; *Tewes,* Überlegungen zum Verhältnis von Unterhalts- und Vollstreckungsschutzrecht, 2001.

Gliederung

1 **1) Systematik, I–V.** Allgemein auch in der Zwangsvollstreckung gilt der Grundsatz der Verhältnismäßigkeit, Einl III 22, Grdz 34 vor § 704, BVerfG NJW **04**, 49 (Hinweis auf Art 2 II 1 GG), Behr Rpfleger **89**, 13. Ferner gilt das allgemeine Verbot des Rechtsmißbrauchs, Einl III 54, Grdz 44 vor § 704. Zu ihrer Durchführung regelt § 765 a eine Ausnahmesituation. Schlesw MDR **04**, 908. Das zeigt sein Wortlaut „wegen ganz besonderer Umstände". Daher ist die Vorschrift meist eng auslegbar, BGH NJW **04**, 3636, Schlesw MDR **04**, 908, LG Kassel Rpfleger **06**, 613.

2 **2) Regelungszweck, I–V.** Die Vorschrift schützt nur den Schuldner, BGH NJW **06**, 2040, LG Konst Rpfleger **07**, 90. Diese Regelung ist unentbehrlich, Peters ZZP **89**, 499. Es gibt ja wirklich hochdramatische Entwicklungen infolge der bloßen Ankündigung einer Vollstreckung bis hin zur echten Lebensgefahr nach Rn 19, aber auch bei einer drohenden Werteverschleuderung oder bei einer Gefahr der Obdachlosigkeit. Mittels des § 765 a ist wenigstens in einem Teil solcher Gefahrlagen eine zumindest vorübergehende Hilfe nach Artt 1, 2, 13 GG und überhaupt im Interesse einer Gerechtigkeit ohne eine Grausamkeit notwendig, Einl III 9, 36. Dabei darf das Gericht freilich nie ausschließlich das Schuldnerinteresse sehen, LG Neubrdb Rpfleger **05**, 43. Man muß § 765 a trotzdem als eine Ausnahmevorschrift grundsätzlich eng auslegen, BVerfG NZM **05**, 658 (es stellt bei einem schwerwiegenden Eingriff auf eine Interessenabwägung und dort wegen Art 2 II 1 GG eher auf das Interesse des Schuldners ab), Brdb Rpfleger **01**, 92, Zweibr Rpfleger **02**, 38.

Die Vorschrift erlaubt grundsätzlich nur eine *zeitlich begrenzte* Regelung, LG Frankenth Rpfleger **84**, 69. Ihr Zweck besteht ja nach Rn 10 nicht in einer Vernichtung des Vollstreckungstitels, sondern nur darin, den Schuldner aus sozialen Gründen in einem besonderen Härtefall derzeit vor einem solchen Eingriff zu schützen, der dem allgemeinen Rechtsgefühl widerspricht, Ffm Rpfleger **80**, 440, LG Kempten Rpfleger **98**, 358.

Sittenwidrigkeit liegt erst dann vor, wenn die Anwendung des übrigen Gesetzes zu einem *ganz untragbaren Ergebnis* führen würde, Hamm Rpfleger **02**, 39, LG Ffm Rpfleger **06**, 209, Honsell AcP **186**, 150 („ultima ratio"). Dabei muß man das berechtigte Gläubigerinteresse nicht nur in III durch die Antragsfrist in einer Räumungssache berücksichtigen, sondern auch in allen anderen Fällen mitbeachten, LG Verden DGVZ **07**, 14. Das Verfahren hat meist schon lange genug gedauert. Es gibt ein verfassungsrechtlich geschütztes Befriedigungsrecht des Gläubigers, BGH NJW **04**, 3771. Zur Problematik Weyhe NZM **00**, 1147 (ausf).

Zwangsversteigerung muß man ebenso beurteilen, Rn 6. Dort kann man eine solche Untragbarkeit noch nicht stets dann annehmen, wenn der Zuschlag zu einem sehr niedrigen Preis ergeht, BGH FamRZ **06**, 697, Ffm Rpfleger **76**, 25, Hamm NJW **76**, 1755, oder wenn ein Flurbereinigungsverfahren ansteht, Hamm Rpfleger **87**, 258. Es kommt unter anderem auf das bisherige Verhalten des Schuldners im Zwangsversteigerungsverfahren an, Kblz KTS **82**, 692, LG Neubrdb Rpfleger **05**, 43. Freilich muß das Vollstreckungsgericht § 139 beachten, BVerfG **42**, 75. Es muß außerdem Art 14 GG beachten, BVerfG **46**, 334. Daher muß es den Termin unter Umständen vertagen, § 87 ZVG. Damit drückt der Gesetzgeber nur einen allgemeinen Grundsatz aus. Manche wenden ihn zB auf die Zubilligung einer Aufbrauchsfrist nach einem Wettbewerbsverstoß an, Düss RR **87**, 572.

3) Geltungsbereich, I–V. § 765 a gilt für jede Art der Vollstreckung, LG Frankenth Rpfleger **82**, 479. 3
Die Vorschrift gilt auch im WEG-Verfahren. Sie schützt aber nur vor einer bestimmten Vollstreckungshandlung, nicht vor der Zwangsvollstreckung schlechthin, Köln NJW **94**, 1743. Sie ist keine bloße Auffangsbestimmung, aM Rupp/Fleischmann Rpfleger **85**, 71.

4) Beispiele zur Frage der Anwendbarkeit, I–V 4

Anwartschaftsrecht: § 765 a gilt nach der Pfändung eines Anwartschaftsrechts, aM LG Lüb Rpfleger **94**, 175 (aber die Vorschrift ist bei jeder Art von Zwangsvollstreckung anwendbar, Rn 1, 3).

Eidesstattliche Versicherung: Rn 5 „Offenbarungsversicherung".

Erschleichung: Auf Mängel des Vollstreckungstitels, zB auf seine Erschleichung, kann man einen Antrag nach § 765 a *grds nicht* stützen.

Geldforderung: § 765 a gilt bei der Vollstreckung wegen einer Geldforderung, BGH VersR **88**, 946.

Insolvenz: § 765 a gilt im Ergebnis auch im Eröffnungs- und im anschließenden Verfahren, soweit ein solcher Schutz insbesondere vor einer Wertverschlechterung mit der Regelung der InsO vereinbar ist, BGH RR **08**, 497, BFH MDR **78**, 38, aM LG Nürnb-Fürth MDR **79**, 591 (aber § 765 a enthält einen allgemeinen Gedanken).

In der außergerichtlichen Schuldenbereinigung ist § 765 a *grds unanwendbar,* Winter Rpfleger **02**, 121.

Nichteheliche Gemeinschaft: § 765 a schützt sie *grds nicht,* LG Osnabr JB **99**, 45.

Offenbarungsversicherung: § 765 a gilt bei einem Verfahren auf die Abgabe der Offenbarungsversicherung nach §§ 807, 900, Ffm MDR **81**, 412, vgl auch Rn 9 (Beschwerde).

Pfandverkauf: § 765 a ist bei ihm anwendbar, soweit er außerhalb einer Zwangsvollstreckung erfolgt.

Prozeßvergleich: Rn 6 „Vergleich".

Räumung: § 765 a gilt im Räumungsverfahren, BGH NJW **05**, 1859, LG Kiel NJW **92**, 1174. Die Vorschrift wird durch einen Antrag nach § 721 nicht überflüssig, BGH WoM **03**, 710. § 765 a gilt auch nach einer Erschöpfung der Möglichkeit des § 721, Ffm Rpfleger **81**, 24, Stgt Rpfleger **85**, 71, LG Hbg ZMR **01**, 802. Das gilt auch, wenn § 721 unanwendbar ist, wie zB beim sog Zeitmietvertrag, Vogel DRiZ **83**, 206. Stets muß man dabei III beachten, Rn 8.

Teilungsversteigerung: § 765 a ist bei einer Teilungsversteigerung nach § 180 ZVG im Gegensatz zur 5
echten Zwangsversteigerung nach Rn 7 *grds unanwendbar* (wegen einer Ausnahme beim Rechtsmißbrauch Rn 23 „Teilungsversteigerung"). Denn es handelt sich dabei nicht um ein Zwangsvollstreckungsverfahren im eigentlichen Sinn, Karlsr Rpfleger **94**, 223, LG Bln Rpfleger **93**, 297, LG Frankenth Rpfleger **85**, 375, aM BGH NJW **07**, 3432, LG Ffo FamRZ **08**, 294 (auch zu Grenzen), LG Münst Rpfleger **02**, 639 (aber man sollte nicht zwei im Kern unterschiedliche und nur in den Abwicklungsformen ähnliche Verfahrensarten im Ergebnis gleichbehandeln).

S aber auch Rn 7 „Zwangsversteigerung".

Unterlassung: § 765 a gilt bei der Vollstreckung wegen einer Unterlassungspflicht, § 890, Mü MDR **00**, 354, LG Frankenth Rpfleger **82**, 479.

Unvertretbare Handlung: § 765 a gilt bei der Vollstreckung wegen einer unvertretbaren Handlung, § 888, LG Frankenth Rpfleger **84**, 29.

Vergleich: § 765 a gilt bei der Zwangsvollstreckung aus einem gerichtlichen Vergleich, einschränkend Fenger Rpfleger **88**, 57.

Vertretbare Handlung: § 765 a gilt auch bei § 887, LG Frankenth Rpfleger **84**, 29.

Zeitmietvertrag: Rn 5 „Räumung".

Zwangsversteigerung: § 765 a gilt grds bei einer Zwangsversteigerung in das unbewegliche Vermögen, 6
Rn 2 (Ausnahme: § 30 d II ZVG), BVerfG **51**, 156, BGH NJW **06**, 505, LG Neubrdb Rpfleger **05**, 43. Das gilt auch nach dem Zuschlag, NJW **06**, 505. Zum Verhältnis zwischen § 765 a und §§ 30 a ff ZVG LG Nürnb-Fürth Rpfleger **83**, 256, Schiffhauer Rpfleger **83**, 236, Schneider MDR **83**, 546.

Eine *geringe Aussicht* auf eine Befriedigung durch eine Zwangsversteigerung ist noch *kein* Anlaß zu Maßnahmen nach § 765 a, LG Limb Rpfleger **77**, 219, LG Lüneb MDR **76**, 1027, ebensowenig eine angebliche Vorwegnahme des Versteigerungsergebnisses, Köln RR **95**, 1472, oder ein krasses Mißverhältnis zwischen dem Erlös im neuen Termin und dem wahrem Wert, BGH FamRZ **06**, 697. Weicht der dingliche Anspruch von der persönlichen Forderung ab, kommt es auf den Grad der Differenz zwischen „Preis" und Wert an, LG Ffm Rpfleger **88**, 35.

S aber im übrigen auch Rn 6 „Teilungsversteigerung".

5) Voraussetzungen, I, III. Man muß zahlreiche Bedingungen klären. 7

A. Antrag in erster Instanz. Es ist nach I 1 ein schriftlicher, elektronischer oder zum Protokoll der Geschäftsstelle gestellter Antrag des Schuldners erforderlich, LG Rostock DGVZ **03**, 75. Antragsberechtigt ist insoweit auch ein Ausländer oder eine juristische Person. Der Antrag eines Dritten reicht nicht, LG Rostock DGVZ **03**, 75. Das Gericht geht also nicht von Amts wegen vor, Ffm Rpfleger **79**, 391, Kblz KTS **82**, 693, LG Düss DGVZ **00**, 119 (sogar bei Selbstmordgefahr). Diese Regelung ist mit dem GG vereinbar, BVerfG **61**, 137 (zustm Bittmann Rpfleger **83**, 261), LG Neubrdb Rpfleger **05**, 43. Freilich kann eine Fortführung der Zwangsvollstreckung dann auch ohne eine Maßnahme aus § 765 a unzulässig sein, wenn sie unmittelbar in ein Grundrecht eingreifen würde, AG Bensheim DGVZ **04**, 76. Der Antrag ist wie jede Parteiprozeßhandlung auslegbar, Grdz 52 vor § 128, Ffm Rpfleger **79**, 391. Zum Offenbarungsverfahren § 900 Rn 25. In der Bitte um die Gewährung einer Räumungsfrist nach § 721 kann ein Antrag nach § 765 a liegen, Schneider MDR **83**, 547. Ein Antrag nach § 30 a ZVG ist nicht stets auch ein Antrag nach § 765 a, Karlsr Rpfleger **95**, 426.

Der Schuldner darf den Antrag vorbehaltlich Rn 8 *in jeder Lage* des Verfahrens vom Beginn der Vollstrekkung an bis zu ihrem Ende stellen, Grdz 52, 53 vor § 704, Brdb Rpfleger **01**, 92 (Anordnung der Zwangsvollstreckung), KG RR **86**, 1510, LG Hbg WoM **93**, 417 (also zB noch, solange Sachen des Schuldners in der Wohnung lagern). Er darf den Antrag zwar grundsätzlich nicht erstmals gegen die Erteilung eines Zuschlagsbeschlusses nach dem ZVG stellen, Ffm Rpfleger **79**, 391, LG Frankenth Rpfleger **84**, 194. Wohl aber hat er noch ein Antragsrecht, wenn das Gericht die Erteilung des Zuschlags versagt hat, Schlesw Rpfleger **75**, 372. Der Insolvenzverwalter darf einen Antrag stellen. Er ist evtl auch allein antragsberechtigt, BVerfG **51**, 405, aM Celle ZIP **81**, 1005. Es besteht kein Anwaltszwang, § 78 III Hs 2.

8 **B. Antragsfrist in Räumungssache, III.** Soweit es um die Räumung einer beliebigen Art von Raum und nicht nur um die Herausgabe einer beweglichen Sache geht, ist der Antrag grundsätzlich spätestens 2 Wochen vor dem „festgesetzten“ Räumungstermin erforderlich, III Hs 1. Denn der Gläubiger soll die Räumung rechtzeitig organisieren können. Das gilt ausnahmsweise dann nicht, wenn die Antragsgründe erst nach dem Fristablauf objektiv entstanden sind, III Hs 2, LG Darmst RR **00**, 1178, LG Mönchengladb DGVZ **00**, 118. Auf die bloße Kenntnis kommt es nicht an. Ferner gilt die Zweiwochenfrist ausnahmsweise dann nicht, wenn der Gerichtsvollzieher dem Schuldner den Termin nicht so rechtzeitig angekündigt hat, daß der Schuldner noch Zeit hatte, den Antrag unter einer Einhaltung dieser Frist zu stellen. Dann ist er „ohne sein Verschulden“ an einer rechtzeitigen Antragstellung gehindert, III lt Hs. Die Frist ist keine Notfrist, § 224 I 2. Man berechnet sie nach § 222, aM Weyhe NZM **00**, 1151 (da man rückwärts rechnen müsse. Aber die in § 222 I in Bezug genommene BGB-Regelung beschränkt sich keineswegs auf „Vorwärts“-Berechnungen).

Wiedereinsetzung kommt schon wegen des Fehlens einer Notfrist nicht in Betracht, Schultes DGVZ **99**, 2, Weyhe NZM **00**, 1152. Das Gericht muß die Verschuldensfrage allerdings im Ergebnis ähnlich wie bei § 233 beurteilen, dort Rn 11. Es kann dem Schuldner zumutbar sein, einen Anwalt oder einen Angehörigen um Hilfe zu bitten, Köln RR **01**, 226. Eine Antragsfrist beginnt natürlich auch nicht vor der objektiven Entstehung des Antragsgrunds, III Hs 1.

Der Rpfl muß also einen *nicht fristgerechten,* nicht ausnahmsweise berechtigten Antrag grundsätzlich ohne weiteres ohne eine sachliche Prüfung als unzulässig zurückweisen. Denn sonst könnte der Schuldner das von III berücksichtigte Gläubigerinteresse einfach unterlaufen, endlich zum Ziel zu kommen und nicht evtl noch weitere Nachteile zu erleiden.

Der *Gerichtsvollzieher* muß wegen III zwar grundsätzlich nach der Mitteilung des Räumungstermins mehr als die 2 Wochen des III verstreichen lassen, um III nicht zu unterlaufen. Das zwingt den Gerichtsvollzieher aber noch nicht automatisch zu einer förmlichen Zustellung, aM Heinze DGVZ **04**, 166.

9 **C. Antrag in Beschwerdeinstanz.** Wegen § 571 II 1 besteht das Antragsrecht auch im Beschwerdeverfahren, BVerfG NJW **07**, 2911 links. Wenn das Beschwerdegericht nicht sofort entscheiden kann, muß es das Verfahren zwecks einer weiteren Ermittlung insbesondere über die Verhältnisse des Gläubigers unter einer Aufhebung der angefochtenen Entscheidung an das Vollstreckungsgericht zurückverweisen. Das gilt auch bei einer Beschwerde im Verfahren auf die Abnahme einer eidesstattlichen Offenbarungsversicherung nach §§ 807, 900. Denn sonst wäre bei einer Zurückweisung nach einer vorherigen Haftanordnung eine Berufung auf § 765 a nicht mehr möglich, Ffm Rpfleger **81**, 118, LG Wuppert DGVZ **86**, 90.

10 **D. Schutzbedürfnis des Gläubigers,** dazu *Lämmer/Mückle* NZM **08**, 69 (Schutzschrift): Das Gericht darf und muß das Schutzbedürfnis des Gläubigers stets prüfen, Grdz 33 vor § 253, BVerfG NZM **05**, 658, BGH NJW **05**, 1859, Oldb MDR **91**, 968. Es muß dieses Schutzbedürfnis aber auch stets voll würdigen, Walker/Gruß NJW **96**, 356. Es genügt also nicht eine bloße Erwägung des Interesses des Schuldners einerseits, des Gläubigers andererseits, Hamm NJW **76**, 1755, Walker/Gruß NJW **96**, 356, Scholz ZMR **86**, 227. Vielmehr muß das Gericht davon ausgehen, daß der Gläubiger grundsätzlich ein schutzwürdiges Interesse hat, sobald er einen vollstreckbaren Titel erstritten hat, Nürnb KTS **85**, 759. Er hat meist schon lange genug auf seine Befriedigung warten müssen. Es ist nicht eine Aufgabe des Gläubigers, Aufgaben der Sozialhilfebehörden zu übernehmen, BGH **161**, 374 (zustm Brehm JZ **05**, 525, Schuschke LMK **05**, 64), Düss DGVZ **86**, 116, LG Duisb Rpfleger **91**, 514.

Bei der Abwägung darf man nicht solche Umstände mitbeachten, die *außerhalb des Erkenntnisverfahrens* lagen, BVerfG WoM **92**, 106. Das Gericht muß insbesondere auch die schon früher bestehenden oder jetzt neu eingegangenen Verpflichtungen des Gläubigers berücksichtigen. Das gilt insbesondere dann, wenn er zB im Vertrauen auf eine rechtzeitige Räumung weitervermietet hat. Man kann dem Gläubiger nämlich nicht zumuten, für eine unbestimmte Zeit auf Mieteinnahmen zu verzichten, schon gar nicht dann, wenn sie seine einzige Einnahme sind, LG Kblz JB **04**, 158. Eine Verschleppungsabsicht des Schuldners verdient keinen Schutz, Einl III 54, LG Trier Rpfleger **91**, 71, AG Bernkastel Rpfleger **91**, 70. Das Gläubigerinteresse kann zB dann fehlen, wenn auf dem Schuldnerkonto seit Jahren nur unpfändbare Beträge eingehen, LG Osnabr RR **96**, 1456.

11 **E. Schutzbedürfnis eines Dritten.** Das Schutzbedürfnis eines Dritten kann mitbeachtlich sein, BVerfG NJW **03**, 882, LG Gießen DGVZ **02**, 122, LG Gött DGVZ **02**, 120 (Heimräumung). Das Gericht darf dieses Drittinteresse aber anschließend im Kern weder auf der Gläubigerseite noch bei der Abwägung der Schuldnerinteressen stets berücksichtigen, Karlsr WoM **86**, 147, LG Gießen DGVZ **02**, 122. Wenn der Insolvenzverwalter den Antrag stellt, muß man das Interesse der Insolvenzmasse als das Schuldnerinteresse bewerten.

F. Grundsatz: Unzulässigkeit der Vollstreckung bei Sittenwidrigkeit. Die Maßnahme ist unzulässig, soweit sie wegen ganz besonderer Umstände eine solche Härte bedeuten würde, die mit den guten Sitten unvereinbar ist. Das Gericht muß die Frage einer Sittenwidrigkeit nicht nur nach dem Empfinden des Betroffenen beurteilen, sondern nach einem objektiven Maßstab, AG Hann Rpfleger **90**, 174. Das muß in einer sorgfältigen Abwägung geschehen, BVerfG NJW **98**, 296, Brdb Rpfleger **01**, 92. Die mit jeder Zwangsvollstreckung verbundene Härte reicht *keineswegs* aus, Ffm OLGZ **81**, 250, Köln RR **95**, 1472, Zweibr RR **02**, 1664. Eine Sittenwidrigkeit kann sich aus der Art und Weise ergeben, aus dem Ort oder aus dem Zeitpunkt oder Zeitraum der Zwangsvollstreckung, Ffm Rpfleger **81**, 118. Die Maßnahme braucht nicht seitens des Gläubigers moralisch verwerflich zu sein. Wichtig ist nur, ob sie ein sittenwidriges Ergebnis haben würde. 12

Eine *andere* als gerade eine sittenwidrige Härte genügt *nicht*, und zwar auch dann nicht, wenn sie erheblich ist. Daher hilft § 765 a selbst dann zwar meist, aber nicht stets, wenn der Schuldner seine Existenz verlieren würde, falls er keinen Vollstreckungsschutz erhält. Wenn es sich um eine Schuld aus einer unerlaubten Handlung handelt, ist eine Vollstreckung kaum jemals mit den guten Sitten unvereinbar, solange der Schuldner nicht alle ihm zur Verfügung stehenden Einnahmequellen ausgenutzt hat.

G. Beispiele zur Frage der Sittenwidrigkeit, I. Es bedeuten: *Ja:* Die Zwangsvollstreckung ist sittenwidrig; *nein:* sie ist nicht sittenwidrig. 13

Altenpflegeheim: *Ja* jedenfalls insoweit, als seine Räumung auch noch nachts stattfinden soll, AG Groß Gerau Rpfleger **83**, 407. Auch sonst ja, aM Zweibr MDR **02**, 720 (aber die Bewohner sind schutzlose, hilfsbedürftige Dritte).

Alter: Rn 17 „Gesundheitsgefahr", Rn 19 „Lebensgefahr", Rn 22 „Räumung".

Arbeitslosigkeit: *Nein* bei einer solchen Gefahr beim Schuldner oder bei einem Angehörigen, LG Wiesb DGVZ **94**, 920.

Arglist: Grdz 44 vor § 704.

S auch Rn 16 „Fehlurteil", Rn 26 „Verwirkung".

Arzt: *Ja,* wenn die Räumung seiner Praxis viele Patienten benachteiligen würde. Ja, wenn er ernste Gesundheitsgefahren darlegt, BGH NJW **08**, 1743.

Bauvorhaben: *Nein,* soweit die Zwangsvollstreckung in ein in der Bebauung befindliches Grundstück oder in ein Konto des Bauherrn erfolgt. 14

Befriedigung: *Nein,* soweit der Gläubiger durch die Maßnahme voraussichtlich ohnehin keine volle Befriedigung erlangen wird, LG Hann MDR **84**, 764, LG Kblz DGVZ **87**, 45, LG Oldb Rpfleger **82**, 303. Man kann dem Gläubiger ja nun auch nicht von vornherein die Befugnis beschneiden, nach und nach durch notfalls mehrere Vollstreckungsmaßnahmen seine volle Befriedigung zu erhalten, aM Oldb ZMR **91**, 268 (aber erst die volle Befriedigung ist das vom Staat gebilligte Ziel der Vollstreckung).

S auch Rn 27 „Zwangsversteigerung".

Bieterabsprache: Rn 27 „Zwangsversteigerung".

Depression: Rn 17 „Gesundheitsgefahr".

Drittschuldner: Rn 23 „Sozialleistung".

Eidesstattliche Versicherung: Rn 21 „Offenbarungsversicherung".

Erfüllung: Rn 23 „Sachlichrechtlicher Einwand".

Ersatzwohnung: *Ja,* soweit sie fehlt und der Schuldner auf eine Sozialhilfe angewiesen ist, LG Mü WoM **93**, 473; *ja,* soweit der Gläubiger den Schuldner beim neuen Vermieter angeschwärzt hat, Köln RR **95**, 1039. 15

Nein, soweit sie nur einfach bisher noch fehlt, LG Würzb DGVZ **94**, 120, und soweit sich der Schuldner nicht genug um eine Ersatzwohnung bemüht hat, Celle WoM **87**, 63, LG Hann Rpfleger **86**, 439.

S aber auch Rn 26 „Vorübergehender Zeitraum".

Erwerbsunfähigkeitsrente: *Ja* evtl bei ihrer Pfändung, LG Rostock Rpfleger **03**, 37.

Existenzgrundlage: *Ja* meist bei ihrer Gefährdung, LG Ffo Rpfleger **02**, 322.

Fehlurteil: *Nein,* soweit ein angeblich zu Unrecht ergangenes Urteil falsch begründet oder erschlichen worden ist. 16

Forderungsübergang: Rn 23 „Sozialhilfe".

Geburt: Rn 23 „Schwangerschaft". 17

Genossenschaft: *Ja,* soweit der Schuldner durch die Pfändung seines Genossenschaftsanteils eine langjährige Wohnung ersatzlos verlieren würde, Hamm WoM **83**, 267.

Geschäftsunfähigkeit: *Ja,* soweit der geschäftsunfähige Schuldner keinen Betreuer oder Pfleger usw hat, LG Mannh WoM **87**, 63.

Gesundheitsgefahr: *Ja,* soweit die Maßnahme des Gläubigers die Gesundheit des Schuldners oder seiner nahen Angehörigen erheblich gefährden würde, BVerfG DGVZ **02**, 118, Brdb Rpfleger **01**, 92, LG Kaisersl Rpfleger **06**, 482 (Pkw für Patient zum Arzt), strenger BGH NJW **04**, 3636 (krit Haentjens 3610), Köln MDR **88**, 152 (bloße psychogene Störungen), LG Lübeck Rpfleger **04**, 435 (Depression ohne Facharzt), LG Rostock JB **03**, 328 (aber sie können sich besonders verheerend auswirken, LG Lübeck DGVZ **80**, 26). Es kommt auf die Gesamtumstände an, BGH NJW **08**, 1743 (Arzt), Brdb Rpfleger **01**, 92, Düss Rpfleger **98**, 208, zB auch darauf, ob ein Querulant die Störung verschuldet, AG Hann Rpfleger **90**, 174, Walker/Gruß NJW **96**, 356, oder ob ein nur kurzer Krankenhausaufenthalt bevorsteht, AG Münst WoM **00**, 315, oder wie lange das Räumungsverfahren schon läuft, Köln NJW **93**, 2249.

S auch Rn 19 „Lebensgefahr".

Gewerberaum: Rn 26 „Vergleich".

Grundstück: Rn 14 „Bauvorhaben", Rn 27 „Zwangsversteigerung".

Kassenpfändung: *Ja* bei einer Entziehung des Lebensbedarfs, LG Bln DGVZ **79**, 43.

Konfliktbewältigung: Rn 22 „Räumung". 18

Konto, dazu *Meyer* Rpfleger **07**, 513 (Üb): *Ja,* wenn trotz einer nur kleinen Forderung beim Sozialempfänger eine Kontokündigung droht, VG Düss NVwZ-RR **06**, 158. Ja bei ausschließlich unpfändbaren Sozialleistungen auf dem Konto, LG Kblz Rpfleger **06**, 420.

Nein, soweit nur die Auflösung des Girokontos droht, LG Ffm Rpfleger **06**, 209, LG Traunst Rpfleger **03**, 309, aM LG Essen Rpfleger **02**, 163 (zustm Fischer. Aber meist kann man bei einer anderen Stelle ein Konto eröffnen). *Nein,* soweit das einzige Konto keine unpfändbaren wiederkehrenden Leistungen enthält, LG Rottweil JB **05**, 327. *Nein* sogar, soweit auf dem Konto vorwiegend unpfändbare Zahlungen eingehen, LG Frankenth JB **00**, 439, AG Weilburg JB **07**, 220, aM BGH NJW **08**, 1678, NJW **08**, 586, Nürnb MDR **01**, 835, LG Rostock JB **03**, 46, LG Traunst Rpfleger **03**, 309 (aber die Lage kann sich verbessert haben).

S auch Rn 14 „Bauvorhaben", Rn 22 „Rechtsmißbrauch".

Kosten: Trotz des Grundsatzes der Verhältnismäßigkeit nach Rn 1 wohl *nein,* nur weil sich zB ein bauordnungswidriger Erker nur mit einem hohen Aufwand beseitigen ließe, Köln RR **95**, 337. *Nein* schon wegen zu hoher Heimkosten. Denn dann gilt § 850 f I a, Zweibr RR **02**, 1664.

Krankheit: Rn 17 „Gesundheitsgefahr", Rn 19 „Lebensgefahr".

19 **Lebensgefahr,** dazu *Schuschke* DGVZ **08**, 33 (Üb): *Ja,* sofern der Schuldner nur noch eine kurze Zeit leben dürfte, LG Stade ZMR **93**, 340, oder soweit die Maßnahme das Leben des Schuldners oder seiner nahen Angehörigen erheblich gefährden würde, BVerfG FamRZ **07**, 108 und NJW **07**, 2911 links, BGH NJW **08**, 2120, Hamm Rpfleger **01**, 508, aM Köln WoM **89**, 585, LG Kleve JB **99**, 607 (aber das Leben ist das höchste Rechtsgut). Bei einer Selbstmorddrohung sollte das Gericht mit dem Gesusndheits- und Ordnungsamt usw zusammenarbeiten, Schuschke NJW **06**, 877. Es sollte stets der Mediziner zur Frage der Ernsthaftigkeit das in der Praxis entscheidende Wort haben, BVerfG NJW **98**, 295, BGH WoM **05**, 735, Brdb Rpfleger **00**, 406. Das gilt trotz aller denkbaren Taktik hartnäckiger Schuldner, Schneider MDR **90**, 959, Walker/Gruß NJW **96**, 356, und aller Notwendigkeit einer umfassenden Abwägung, BVerfG NJW **07**, 2911 links, BGH NJW **05**, 1859, LG Verden DGVZ **07**, 14. Der Schuldner muß in dem ihm zumutbaren Umfang zur Befriedigung des Gläubigers usw bereit sein, BGH NJW **05**, 1859, LG Hbg ZMR **02**, 473. Das Gericht kann aufgeben, sich in eine Betreuung oder Behandlung zu begeben usw, BVerfG Rpfleger **05**, 615, BGH NJW **08**, 586, LG Mönchengladb Rpfleger **06**, 332. Eine langfristige oder gar zeitlich unbegrenzte Einstellung kommt nur ganz ausnahmsweise in Betracht, BGH NJW **08**, 2120 (!?). Zum Problem Schneider JB **94**, 321.

S auch Rn 17 „Gesundheitsgefahr", Rn 27 „Zwangsversteigerung".

Mieteinnahme: *Ja,* soweit sie ein Lohnersatz ist und sofern man § 850 c beachtet, LG Heilbr Rpfleger **03**, 202.

Nein, soweit der Vermieter voraussichtlich lange auf sie warten müßte.

Mietrückstand: Rn 22 „Räumung".

Mitbewohner: Rn 22 „Räumung".

Neue Tatsache: Evtl *ja,* Köln NJW **93**, 2249.

20 **Nießbrauch:** *Ja,* soweit der Schuldner durch die Maßnahme des Gläubigers, etwa durch seine Pfändung, ein Nießbrauchsrecht verlieren würde, ohne daß sich der Gläubiger aus dem verlorenen Recht befriedigen könnte, Ffm OLGZ **80**, 483.

21 **Obdachlosigkeit:** Rn 26 „Vorübergehender Zeitraum".

Offenbarungsversicherung: *Ja,* wenn der Gläubiger das Verfahren mißbraucht, Einl III 54, Grdz 44 vor § 704. Das gilt etwa dann, wenn er eine geregelte Schuldenabwicklung stört, die durch seine Maßnahme gleichzeitig unmöglich wird. *Ja* evtl bei der Gefahr einer physischen oder psychischen Störung, Rn 17 „Gesundheitsgefahr". *Ja* bei einem solchen Verhalten des Vermieters, das einen neuen Vermieter zur Verweigerung einer Ersatzwohnung veranlaßt, Köln RR **95**, 1039. *Ja,* wenn man einen Antrag nach § 721 schuldlos nicht mehr stellen kann, LG Darmst RR **00**, 1178, oder wenn man diese Möglichkeit erschöpft hat, Köln RR **95**, 1163.

S auch Rn 22 „Rechtsmißbrauch".

Pflegekind: Seine Interessen können mitbeachtbar sein, BGH NJW **07**, 3430.

Prozeßkostenhilfe: *Nein* nach ihrer Versagung, BGH FamRZ **07**, 211 rechts oben.

Querulant: Rn 17 „Gesundheitsgefahr".

22 **Räumung:** Das Gericht muß stets III mitbeachten, Rn 8. Der Grundrechtschutz ist stets wichtig, BVerfG NZM **05**, 658, KG RR **95**, 848. *Ja* kurz vor oder nach einer Entbindung, Ffm JB **80**, 1898, LG Bonn DGVZ **94**, 75, AG Schwetzingen DWW **78**, 269, strenger LG Wuppert DGVZ **95**, 41 (nur 5 Tage). *Ja* vier Wochen vor dem Schuljahresende bei vier kleinen Kindern, Köln RR **95**, 1163. *Ja* bei einer 7köpfigen Familie, zu der mehrere schwerbehinderte oder schulpflichtige Kinder gehören, LG Magdeb Rpfleger **95**, 470. *Ja* bei einem in wenigen Monaten beziehbaren Ersatzraum, LG Kblz JB **97**, 553, LG Stgt Rpfleger **85**, 71 (krit Rupp/Fleischmann). *Ja* bei einer Unfähigkeit zur Konfliktbewältigung auch ohne eine Krankheit, BVerfG NZM **01**, 951 (großzügig, krit Linke NZM **02**, 205). *Ja* beim Bruch einer Stillhaltezusage des Vermieters, LG Rostock WoM **03**, 578. *Ja* bei der Räumung einer Klinik nur beim Patientenschutz, BVerfG NJW **03**, 882, LG Gießen DGVZ **02**, 121. *Ja* beim Verlust eines langjährigen Mietrechts ohne Mittel für andere Räume, Hamm ZMR **84**, 154.

Evtl *nein* bei einer altersbedingten Unfähigkeit einer notwendigen Neuorientierung, BVerfG NJW **98**, 295, Köln NJW **93**, 2248, LG Kleve JB **99**, 607 (Mutter des Schuldners), schuldnerfreundlicher Bindokat NJW **92**, 2874. *Nein,* soweit ein Zwischenumzug zumutbar ist, LG Heilbr WoM **93**, 364, evtl sogar ein zweimaliger, Zweibr Rpfleger **02**, 38. Vgl Noack ZMR **78**, 65, Scholz ZMR **86**, 227 sowie bei den einzelnen Räumungsgründen. *Nein* bei einem mehrmonatigen Zahlungsverzug usw, LG Hildesh RR **95**, 1164. *Nein* mangels jeder Bemühung um einen Ersatzraum, LG Mönchengladb DGVZ **00**, 118, oder bei einer Verzögerung des Umzugs, LG Hann Rpfleger **86**, 439, LG Heilbr DGVZ **93**, 140. *Nein* beim Alleinstehenden für 1 Monat, LG Hbg ZMR **01**, 802 (Hotel, Zwischenlagerung zumutbar). *Nein,* bloß weil der „Lebensgefährte" wohnen bleiben darf, AG Mönchengladb DVGZ **99**, 140. *Nein* schon wegen einer Arbeitslosigkeit, LG Wiesb DGVZ **94**, 120. Nein bei einer viel zu geringen Nutzungsentschädigung, LG Hbg WoM **07**, 397.

S ferner Rn 13 „Altenpflegeheim", „Arbeitslosigkeit", „Arzt", Rn 17 „Genossenschaft", Rn 25 „Unbewohnbarkeit", Rn 26 „Vergleich", „Vorübergehender Zeitraum", Rn 27 „Zwangsversteigerung".

Rechtsmißbrauch: *Ja,* soweit der Gläubiger bei der Art und Weise der Zwangsvollstreckung einen Rechtsmißbrauch betreibt, Einl III 54, Grdz 44 vor § 704, Karlsr Rpfleger **92**, 266, Kblz Rpfleger **85**, 499, LG Kblz DGVZ **87**, 45 (der Gläubiger würde mit Sicherheit doch leer ausgehen).

S auch Rn 24 „Teilungsversteigerung".

Restforderung: *Ja* evtl bei einem nur noch geringen Rest einer noch nicht alten Forderung.

Restschuldbefreiung: Dieser Gedanke des Insolvenzrechts läßt sich nicht einfach auf die Individual-Zwangsvollstreckung übertragen, LG Münst Rpfleger **02**, 272.

Sachlichrechtlicher Einwand: Er ist grds nur im Verfahren nach §§ 767 ff möglich, Hamm Rpfleger **02**, 39, Frankenth Rpfleger **84**, 68, AG Brschw DGVZ **75**, 12 (Erfüllung). 23

S auch Rn 26 „Verwirkung".

Sanierung: *Nein,* soweit sie möglicherweise schwieriger wird, LG Drsd DGVZ **03**, 57.

Schuldenbereinigungsplan: *Nein* nur wegen der Gefährdung seiner Durchführung, AG Waiblingen JB **02**, 48. Vgl überdies jetzt § 4 a InsO.

Schwangerschaft: *Ja,* wenn die Schuldnerin bereits kurz vor oder nach der Entbindung steht, Ffm Rpfleger **81**, 24, LG Bonn DGVZ **94**, 75, LG Wuppert DGVZ **95**, 41 (nur für einige Tage danach), aM LG Münst DGVZ **00**, 24 (nur bei Mietzahlung. Aber gerade die Zahlungsprobleme sind meist Räumungsursache).

S auch Rn 26 „Vorübergehender Zeitraum".

Selbstmorddrohung: Rn 19 „Lebensgefahr".

Sinnlosigkeit: *Ja,* soweit zB eine Kontenpfändung nicht einmal zu einer nennenswerten Teilleistung führen würde, Nürnb Rpfleger **01**, 364. Besser paßt aber § 803 II.

Sozialleistung: Auch hier entscheidet die Fallabwägung, LG Kassel Rpfleger **06**, 613. *Ja,* soweit der Träger der Sozialhilfe aus einem übergeleiteten Recht vollstreckt, obwohl (ihm bekannt) der Schuldner leistungsunfähig geworden ist, ohne eine Abänderungsklage erheben zu können, BGH NJW **83**, 2317. *Ja,* soweit der Schuldner eine Sozialhilfe braucht, LG Mü WoM **93**, 473, aM Düss RR **86**, 1512, Zweibr MDR **02**, 720, LG Duisb Rpfleger **91**, 514. Freilich darf der Gläubiger nicht nur auf Staatskosten zum Erfolg kommen können, LG Kblz JB **04**, 158. Evtl kann § 850 f I eine brauchbare Lösung bieten, § 850 f Rn 2, Zweibr RR **02**, 1664, Kohte Rpfleger **91**, 514. *Ja,* soweit auf dem Schuldenkonto nur unpfändbare Beträge eingehen, LG Mönchengladb JB **05**, 499. *Ja,* wenn beim Schuldner Unpfändbares auf ein Drittkonto kommt, LG Lüneb FamRZ **08**, 1093. *Ja,* soweit der Gläubiger den Auszahlungsanspruch des Schuldners gegen ein auf dem Drittschuldnerkonto eingehende Sozialleistung pfändet, BGH NJW **07**, 2703 rechts.

Nein, wenn neben einer Sozialhilfe auch ein Arbeitseinkommen besteht, LG Frankenth JB **00**, 439. *Nein* bei nicht verbrauchten Rücklagen, LG Bln JB **08**, 270.

Teilungsversteigerung: Vgl zunächst Rn 5 (grundsätzliche Unanwendbarkeit des § 765 a). *Ja* allenfalls ganz ausnahmsweise bei einem Rechtsmißbrauch, Rn 22, Karlsr Rpfleger **92**, 266, AG Meppen Rpfleger **92**, 266.

S auch Rn 27 „Zwangsversteigerung".

Teilvollstreckung: Rn 14 „Befriedigung". 24

Tier: Bei einer Vollstreckung in ein Tier beliebiger Art und Zweckbestimmung, Dietz DGVZ **03**, 82. Vor allem bei einer geplanten Wegnahme oder Verschaffung in ein Heim muß das Gericht schon wegen Art 20 a GG nach I 2 im Rahmen der Abwägung weniger das Wohl des Tierbesitzers als vielmehr die „Verantwortung des Menschen für das Tier" als eines lebenden Geschöpfes mit einer anderen als einer bloßer Sachqualität „berücksichtigen". Es muß also zu erkennen geben, daß es diese rechtliche Sonderstellung nach §§ 90 a, 251 II 2, 903 BGB gesehen und in die Abwägung einbezogen hat, § 811 c, Dietz DGVZ **03**, 82. Aber auch eine gefühlsmäßige Bindung zB an ein Tier eines einsamen/alten Menschen kann beachtbar sein, LG Heilbr DGVZ **80**, 111.

Umzug: Rn 22 „Räumung". 25

Unbewohnbarkeit: *Nein,* soweit es um die Räumung einer nach der nachprüfbaren Ansicht der Baubehörde unbewohnbaren Wohnung geht.

Unpfändbarkeit: *Nein,* wenn die Unpfändbarkeit später vorgelegen hätte, LG Bln Rpfleger **77**, 262. *Nein,* wenn der Schuldner langfristig mit dem Unpfändbaren auskommen muß, LG Münst Rpfleger **02**, 272.

Unterhalt: *Nein,* soweit § 323 hilft, Schlesw MDR **04**, 908.

S auch Rn 15 „Ehelichkeitsanfechtung".

Verfahrensfehler: *Nein,* soweit nicht gerade eine sittenwidrige Fehlerhaftigkeit vorliegt, LG Essen FamRZ **00**, 363. 26

Vergleich: *Nein,* soweit es um die Räumung von Gewerberaum geht, Fenger Rpfleger **88**, 57.

Verwirkung: *Nein,* soweit der Gläubiger den titulierten Anspruch angeblich verwirkt hat. Denn eine Berichtigung des auf Grund einer besseren Prüfung erlassenen Titels ist in der Vollstreckungsinstanz grds unzulässig. Eine so begründete Anfechtbarkeit würde zur völligen Vernichtung der Rechtskraftwirkung führen, LG Frankenth Rpfleger **84**, 69. Überdies läge eine Verwirkung zB beim Räumungstitel nicht schon deshalb vor, weil der Gläubiger nach dem Erhalt von Rückständen mehrfach von der Vollstreckung abgesehen hat, LG Münst DGVZ **89**, 156. Es kommt bei einer Verwirkung vielmehr nur eine Vollstrekkungsabwehrklage nach § 767 in Betracht, LG Münst DGVZ **89**, 156, oder eine Wiederaufnahme nach §§ 578 ff, evtl auch ein Anspruch aus unerlaubter Handlung auf einen Schadensersatz, auf die Unterlassung der Zwangsvollstreckung und auf die Herausgabe des Titels.

S auch Rn 13 „Arglist", Rn 23 „Sachlichrechtlicher Einwand".

Vorläufige Vollstreckbarkeit: *Nein* schon wegen einer bloß vorläufigen Vollstreckbarkeit, Ffm MDR **81**, 412.

Vornahme einer Handlung: *Nein,* soweit das Prozeßgericht noch nicht rechtskräftig nach §§ 887 ff entschieden hat oder soweit der Schuldner nur seine Argumente wiederholt, LG Frankenth Rpfleger **84**, 29.

Vorsatz: *Nein* meist nach einer vorsätzlichen unerlaubten Handlung.

Vorübergehender Zeitraum: *Ja,* soweit der Schuldner voraussichtlich bald eine ausreichende Ersatzwohnung haben wird, sodaß sein Vollstreckungsschutz nur einen vorübergehenden Zeitraum überbrücken soll,

LG Münst WoM **77**, 194, AG Schleichen WoM **89**, 444, AG Seligenstadt Rpfleger **88**, 417. Das gilt insbesondere dann, wenn dem Schuldner sonst eine Einweisung in ein Obdachlosenasyl drohen würde, LG Hbg WoM **91**, 114 und 360 (weite Auslegung wegen der Wohnungsnot. Aber Vorsicht!), strenger LG Münst WoM **00**, 314, AG Düss MietR **97**, 223.

S auch Rn 15 „Ersatzwohnung", Rn 22 „Räumung".

Wohnungsmarkt: *Ja,* wenn er besonders angespannt ist, LG Magdeb Rpfleger **95**, 470.

27 **Zwangsräumung:** Rn 22 „Räumung".

Zwangsversteigerung, dazu *Ott,* der Schutz des Schuldners ... im Zwangsversteigerungsverfahren, 1998: *Ja,* Saarbr Rpfleger **03**, 98 (ab der Anordnung des Verfahrens), Stgt Rpfleger **01**, 508, LG Bayreuth Rpfleger **01**, 367, auch für den Ehegatten des Alleinverwaltenden, LG Zweibr Rpfleger **95**, 222. *Ja,* wenn sie statt ca 60% nur noch ca 39% des wahren Werts erbringen würde, LG Kref Rpfleger **88**, 375, strenger Hamm Rpfleger **02**, 40. *Ja* bei nur noch 7% des Verkehrswerts im 3. Termin, aber nur bis zum Zuschlag, LG Mönchengladb Rpfleger **04**, 436 (Gelegenheit zum Schutzantrag vor dem Zuschlag geben). Zumindest kann vor einer Verschleuderung von Grundbesitz ein besonderer Verkündungstermin zum Zuschlag notwendig werden, BGH NZM **05**, 190 (zustm Storz LMK **05**, 44). *Ja,* wenn sich im Anschluß an die Wertfestsetzung noch vor der Erteilung des Zuschlags die tatsächlichen oder rechtlichen Bewertungsgrundlagen ändern, Köln OLGZ **83**, 474. Evtl *ja* bei einer Bieterabsprache, soweit das Gericht vor dem Zuschlag von ihr erfährt, Karlsr Rpfleger **93**, 414, LG Saarbr Rpfleger **00**, 80 (aber nicht bei 50% des Verkehrswerts oder mehr). *Ja* bei einer Lebens- oder Leibesgefahr für den Schuldner, BVerfG NJW **07**, 2911 (sogar noch bei einer Zuschlagsbeschwerde), BGH NJW **06**, 505, oder für einen nahen Angehörigen des Schuldners, Stgt Rpfleger **01**, 508, LG Rostock JB **03**, 47. Das Gericht darf den infolge des Zuschlags zur Räumung verpflichteten Schuldner nicht schlechter stellen als einen aus einem anderen Grund zur Räumung Verpflichteten, LG Aschaffenb DGVZ **02**, 169. *Ja,* wenn der Gläubiger unmittelbar nach dem Zuschlag die Zwangsräumung betreibt, LG Heilbr DGVZ **93**, 174, AG Bad Hersfeld DGVZ **93**, 175, AG Schwäb Hall DGVZ **93**, 174.

Nein, wenn der einer Zwangsversteigerung beitretende Gläubiger derzeit kaum eine Befriedigungsaussicht hat, LG Oldb Rpfleger **82**, 303. Nein, wenn der Schuldner ein dingliches Wohnrecht hat, LG Gießen Rpfleger **07**, 278.

S auch Rn 14 „Bauvorhaben", Rn 7, Rn 24 „Teilungsversteigerung".

Zwangsverwaltung: *Ja* bei viel zu schlechtem Rang und geringer Restforderung, ZöStö 9.

28 **6) Verfahren, I, III, IV.** Das Gericht hat vielerlei Möglichkeiten.

A. Zuständigkeit. Zuständig ist ausschließlich das Vollstreckungsgericht, §§ 764, 802, bei § 15 a HausrVO das FamG, Mü NJW **78**, 548, Brudermüller FamRZ **87**, 122, in einer Arrestsache bei §§ 930 I 3, 931 III auch das Arrestgericht. Das Beschwerdegericht ist nicht zuständig, Rn 9, auch nicht das nach §§ 887, 888, 890 zuständige Prozeßgericht, BayObLG WoM **89**, 353, aM LG Frankenth Rpfleger **84**, 28. Das Gericht muß eine verfassungsgerechte Gesamtabwägung vornehmen, BVerfG Rpfleger **05**, 615. Es muß in einer Räumungssache stets III beachten, Rn 8. Es entscheidet durch den Rpfl, § 20 Z 17 RPflG, LG Ffm Rpfleger **06**, 209, Meinhold Rpfleger **04**, 88, vgl aber auch in einer Arrestsache § 20 Z 16 RPflG. Das gilt auch dann, wenn der Gerichtsvollzieher oder das Prozeßgericht als Vollstreckungsorgan zuvor tätig werden mußten, etwa bei einer Offenbarungsversicherung oder einer Zwangsvollstreckung nach §§ 887 ff, LG Frankenth Rpfleger **84**, 29. Wenn die Zwangsvollstreckung nach Grdz 52 vor § 704 bereits beendet ist, ist das Vollstreckungsgericht nicht mehr zuständig. Dann ist auch keine Maßnahme nach § 765 a mehr möglich. Im Insolvenzverfahren ist das Insolvenzgericht zuständig, BGH RR **08**, 497. Im Zwangsversteigerungsverfahren entscheidet das Versteigerungsgericht, Karlsr Rpfleger **95**, 471. Dann endet die Anwendbarkeit der Vorschrift mit der Rechtskraft des Zuschlagsbeschlusses, Düss Rpfleger **87**, 514. Auch eine Beschwerde gegen den Zuschlagsbeschluß kann man nicht auf neue Tatsachen stützen, Schiffhauer Rpfleger **75**, 145, aM Bbg Rpfleger **75**, 144. Eine mündliche Verhandlung ist freigestellt, §§ 128 IV, 764 III.

29 **B. Weiteres Verfahren.** Abgesehen vom Antrag des Schuldners nach Rn 8 ist eine *Anhörung* des Gläubigers erforderlich, Artt 2 I, 20 III GG (Rpfl), BVerfG **101**, 404, Art 103 I GG (Richter), falls das Gericht den Antrag des Schuldners nicht etwa zurückweist, Karlsr Rpfleger **95**, 426. Denn das Gericht kann das Schutzbedürfnis des Gläubigers nur durch diese Anhörung voll würdigen. Unter Umständen muß der Rpfl eine an sich nach § 128 IV entbehrliche mündliche Verhandlung dennoch anberaumen, etwa zur Klärung in Rede und Gegenrede oder wegen der Notwendigkeit eines persönlichen Eindrucks. Der Schuldner muß ebenso wie bei § 766 Beweis erbringen, dort Rn 26. Eine bloße Glaubhaftmachung nach § 294 genügt bei einer so schwerwiegenden Entscheidung nicht, Schwörer DGVZ **08**, 98, großzügiger LG Paderb JB **06**, 215.

30 **C. Entscheidungsform: Beschluß.** Der Rpfl entscheidet durch einen Beschluß, § 329. Er muß ihn grundsätzlich begründen, § 329 Rn 4. Er sollte in einer Räumungssache trotz eines etwaigen Fristablaufs nach Rn 8 im Kern erkennen lassen, daß er eine Abwägung darauf vorgenommen hat, ob etwa Entschuldigungsgründe usw nach III vorlägen. Er stellt den dem Antrag des Schuldners stattgebenden Beschluß dem Gläubiger förmlich zu. Dem Schuldner stellt er den Beschluß stets zu, § 329 III. Grundsätzlich ist ein Schutz nicht gegen die gesamten Vollstreckungsmöglichkeiten statthaft, sondern nur gegen bestimmte einzelne Vollstreckungsmaßnahmen, LG Frankenth Rpfleger **84**, 29. Zulässig sind die folgenden Entscheidungen mit oder ohne Auflagen wie Raten oder Sicherheitsleistung.

31 **D. Aufhebung der Zwangsmaßnahme.** In Betracht kommt im absoluten Ausnahmefall eine völlige oder teilweise Aufhebung der konkret angeordneten einzelnen Zwangsmaßnahmen und nicht der Zwangsvollstreckung schlechthin, BVerfG NZM **05**, 658, Köln NJW **94**, 1743. Diese Möglichkeit geht weit über die Befugnisse des Gerichts nach § 707 und nach anderen Vorschriften der ZPO hinaus. Denn der Gläubiger verliert dadurch seinen Rang, Rn 30. Deshalb kommt eine Aufhebung nur dann in Betracht, wenn die nachfolgend genannten Möglichkeiten nicht ausreichen würden. Dabei kann das Gericht gegen oder sogar ohne eine Sicherheitsleistung aufheben, letzteres aber nur im Notfall.

E. Untersagung der Vollstreckung. In Betracht kommt ferner die Untersagung der Zwangsvollstrekkung oder einer bestimmten Vollstreckungsmaßnahme. Sie bedeutet eine dauernde Einstellung im genannten Umfang, wenn nicht etwa später III eingreift. Daher kommt eine völlige Untersagung grundsätzlich allenfalls auf Zeit in Betracht, BVerfG NJW **92**, 1155, LG Frankenth Rpfleger **84**, 68 (Räumung). Diese Maßnahme ist also fast mit einer Verneinung des sachlichrechtlichen Anspruchs gleichbedeutend. Deshalb ist eine äußerste Vorsicht notwendig. Dieser Weg kann notwendig werden, wenn der Anspruch in einem groben Mißverhältnis zu dem zu erwartenden Schaden steht. **32**

F. Einstweilige Anordnung. In Betracht kommt vor allem eine einstweilige Anordnung nach I 2 in Verbindung mit § 732 II, insbesondere also eine einstweilige Einstellung der Zwangsvollstreckung mit oder ohne eine Sicherheitsleistung oder zB Ratenzahlungen, Jena NZM **00**, 839, AG Seligenstadt Rpfleger **88**, 417. In Betracht kommt ferner die Anordnung, daß der Gläubiger die Zwangsvollstreckung nur gegen eine Sicherheitsleistung fortsetzen darf. Es müssen aber sonstige Vollstreckungserleichterungen erschöpft sein, wie zB die Anordnung von Zahlungsfristen nach § 813 a oder eine Verschiebung des Termins zur Abgabe der eidesstattlichen Versicherung zur Offenbarung, § 900 IV. Die Zwangsvollstreckung oder deren Fortsetzung muß unmittelbar bevorstehen. Eine Befristung ist zulässig, aber nicht stets notwendig. **33**

G. Zuschlagsversagung. In Betracht kommt auch eine Versagung des Zuschlags, Kblz KTS **82**, 692, Köln OLGZ **83**, 474. Freilich kann ein solcher Antrag bei einer Abweisung mit der Zuschlagserteilung enden, LG Bayreuth Rpfleger **01**, 367. **34**

H. Rechtsbehelfe. Bei einer richterlichen Entscheidung gilt § 793. Bei einer Entscheidung des Rpfl gilt § 11 RPflG. Dabei muß man bedenken, daß gegen eine richterliche einstweilige Anordnung grundsätzlich kein Rechtsmittel zulässig wäre, Mü FamRZ **88**, 1190, Brdb Rpfleger **00**, 406, LG Mönchengladb DGVZ **00**, 118 (Ausnahmen bei einem groben Verstoß). Wegen einer Verfassungsbeschwerde und dort einer einstweiligen Anordnung BVerfG NZM **98**, 431. Im Rechtsbeschwerdeverfahren ist eine erstmalige Forderung nach § 765 a unstatthaft, BGH FamRZ **08**, 260 links oben. Im Zwangsversteigerungs-Beschwerdeverfahren erfolgt nur eine formelle Prüfung, Brdb JB **02**, 213. **35**

I. Aufhebung einer Vollstreckungsmaßregel, V. Sie erfolgt bei I 1, V stets erst nach dem Eintritt der formellen Rechtskraft des Beschlusses nach § 705. Denn der Vollstreckungsgläubiger verliert durch die Aufhebung sein Pfandrecht. Die aufgehobene Vollstreckungsmaßnahme läßt sich auch bei einer Änderung der Entscheidung in der Beschwerdeinstanz nicht rückwirkend wiederherstellen, § 766 Rn 33. Der Rpfl muß die Vollstreckungsorgane darauf hinweisen. **36**

J. Kosten. Gebühr: Des Gerichts KV 2111, auch wenn außerdem ein Verfahren nach § 30 a ZVG mit besonderen Gebühren anhängig ist, Düss VersR **77**, 726 (im Beschwerdeverfahren gilt dann nur [jetzt] KV 1241); des Anwalts § 18 Z 8 RVG, VV 3309, 3310. Die Kosten gehen grundsätzlich zulasten des Schuldners, § 788 I. Der Rpfl kann sie aber dem Gläubiger ganz oder teilweise aus besonderen im Verhalten des Gläubigers liegenden Gründen auferlegen, § 788 IV. **37**

7) Aufschub durch den Gerichtsvollzieher, II. Der Gerichtsvollzieher darf eine Vollstreckungsmaßnahme aufschieben und nicht etwa vorübergehend oder gar endgültig einstellen, AG Wuppert DGVZ **93**, 14. Eine Aufschiebung kommt infrage, soweit auch nur einer der folgenden Fälle vorliegt. **38**

A. Sachherausgabe. Es muß sich um die Herausgabe von Sachen handeln, §§ 883–885. Das gilt auch dann, wenn § 883 entsprechend anwendbar ist, nicht aber bei der Zwangsvollstreckung wegen Geldforderungen.

B. Fehlen eines Antrags. Der Schuldner muß dem Gerichtsvollzieher die Voraussetzungen des I 1 nach § 294 glaubhaft gemacht haben, jedoch nicht die Antragstellung. Die Glaubhaftmachung genügt hier, anders als gegenüber dem Vollstreckungsgericht, Rn 28. **39**

C. Unvermögen rechtzeitigen Antrags. Der Schuldner muß das Vollstreckungsgericht nicht rechtzeitig haben anrufen können, etwa wegen einer Krankheit oder wegen einer bisherigen Abwesenheit. Der Schuldner muß auch diesen Umstand nach § 294 glaubhaft machen, soweit er nicht nach § 291 offenkundig ist. Der Gerichtsvollzieher darf also nicht etwa schon dann nach II vorgehen, wenn der Schuldner das Vollstreckungsgericht angerufen, aber noch nicht dessen Entscheidung erlangt hat. **40**

D. Dauer. Der Gerichtsvollzieher darf einen Aufschub nur bis zur Entscheidung des Vollstreckungsgerichts geben, jedoch keineswegs länger als 1 Woche. Er darf diese Frist nicht verlängern. Denn der Schuldner hat in ihr genügend Zeit, einen Antrag zu stellen und notfalls das Vollstreckungsgericht zu bitten, mit einer einstweiligen Anordnung zu helfen. **41**

E. Rechtsbehelf: Erinnerung. Es gilt § 766. **42**

8) Aufhebung oder Änderung der Entscheidung, IV. Sie erfolgt manchmal zu zurückhaltend.

A. Voraussetzungen. Das Vollstreckungsgericht darf seine Entscheidung nur auf einen Antrag ändern. Es ist auch dann zuständig, wenn der aufzuhebende oder abzuändernde Beschluß von einem höheren Gericht stammt. Den Antrag können sowohl der Gläubiger als auch der Schuldner stellen. Voraussetzung ist, daß sich die Sachlage geändert hat und daß diese veränderte Sachlage auch eine Aufhebung oder Änderung der Entscheidung erfordert, BVerfG WoM **91**, 149, Saarbr Rpfleger **03**, 38 (Schlaganfall). Denn ein nach § 793 nicht mehr angreifbarer und daher rechtskräftiger Beschluß ist nicht frei widerruflich, § 329 Rn 27. Dann ist es unerheblich, ob der Schuldner die neue Sachlage schon vor der bisherigen Entscheidung hatte angeben können, aM Köln NJW **93**, 2248 (aber es kommt auf das jetzt Notwendige an). **43**

Daher ist eine bloße *Änderung der Rechtslage* oder ihrer Beurteilung allein nicht ausreichend. Eine Änderung der Sachlage kann zB durch eine Rechtsnachfolge auf der einen oder anderen Seite eintreten. Es reicht nicht aus, neue Unterlagen beizubringen, um eine neue Sachlage herbeizuführen. Etwas anderes gilt dann, wenn die neuen Unterlagen eine Grundlage für ein Wiederaufnahmeverfahren nach §§ 578 ff sein können, Grdz 12 vor § 578, aM Peters ZZP **90**, 155 (aber dann kann ja sogar die Rechtskraft entfallen), oder wenn eine Änderung der Sachlage ein Grundrecht berührt, BVerfG WoM **91**, 149 (keine kleinliche Beurteilung vornehmen, Saarbr Rpfleger **03**, 38).

44 **B. Entscheidung.** Das Vollstreckungsgericht entscheidet durch den Rpfl, § 20 Z 17 RPflG. Er entscheidet durch einen Beschluß des Rpfl, § 329. Er muß ihn begründen, § 329 Rn 4. Gegen ihn gilt § 11 RPflG. Soweit das Gericht im Änderungsbeschluß eine Aufhebung der Vollstreckungsmaßnahme ausspricht, tritt diese Änderung auch hier erst mit der Rechtskraft des Beschlusses ein, Rn 31.

766 ***Erinnerung gegen Art und Weise der Zwangsvollstreckung.*** **I [1] Über Anträge, Einwendungen und Erinnerungen, welche die Art und Weise der Zwangsvollstreckung oder das vom Gerichtsvollzieher bei ihr zu beobachtende Verfahren betreffen, entscheidet das Vollstreckungsgericht. [2] Es ist befugt, die im § 732 Abs. 2 bezeichneten Anordnungen zu erlassen.**

II Dem Vollstreckungsgericht steht auch die Entscheidung zu, wenn ein Gerichtsvollzieher sich weigert, einen Vollstreckungsauftrag zu übernehmen oder eine Vollstreckungshandlung dem Auftrag gemäß auszuführen, oder wenn wegen der von dem Gerichtsvollzieher in Ansatz gebrachten Kosten Erinnerungen erhoben werden.

Schrifttum: *Barkam,* Erinnerung und Klage bei qualifizierten vollstreckbaren Ausfertigungen, 1989; *Gaul,* Zur Rechtsstellung der Kreditinstitute als Drittschuldner in der Zwangsvollstreckung, 1978; *Kaminski,* Die GVGA als Prüfungsmaßstab im Erinnerungsverfahren, 1992; *Kunz,* Erinnerung und Beschwerde usw, 1980; *Lippross,* Grundlagen und System des Vollstreckungsschutzes, 1983; *Neumüller,* Vollstreckungserinnerung, Vollstreckungsbeschwerde und Rechtspflegererinnerung, 1981; *Nies* MDR **99**, 1418 (Üb); *Stolte,* Aufsicht über die Vollstreckungshandlungen des Gerichtsvollziehers, Diss Bochum 1987.

Gliederung

1 **1) Systematik, §§ 766–774.** Diese Vorschriften geben zur Beseitigung einer nach Einl III 9, 36 unberechtigten Zwangsvollstreckung eine Reihe prozessualer Hilfsmittel. Diese sind öffentlichrechtlich. Deshalb können die Beteiligten diese Hilfsmittel grundsätzlich nicht durch eine sachlichrechtliche Klage desselben Ziels und Inhalts ausschalten. Eine solche Klage ist vielmehr neben den Hilfsmitteln nach §§ 766 ff nur ausnahmsweise statthaft, § 767 Rn 8 (F), BGH Rpfleger **89**, 248. Die Erörterung solcher Fälle befinden sich bei den einzelnen Vorschriften. Eine Verwertung auf Grund eines gesetzlichen Vermieterpfandrechts oder eines vertraglichen Pfandrechts ist keine Zwangsvollstreckung, Ffm DGVZ **98**, 121, Karlsr OLGZ **75**, 411. § 71 GBO hat den Vorrang, auch für die Schiffsregisterbehörde bei § 870 a. Wegen der EuGVVO SchlAnh V C 2. Wegen der Zuständigkeit inländischer Gerichte § 4 SeeGVG. Es findet kein obligatorisches Güteverfahren statt, § 15 a II 1 Z 6 EGZPO, Hartmann NJW **99**, 3748.

2 **2) Regelungszweck, I, II.** Die Aufzählung des § 766 zeigt die Absicht eines lückenlosen Rechtsschutzes, Grdz 2 vor § 253, Gaul ZZP **87**, 257. Die Erinnerung schützt: Gegen die Art und Weise der Zwangsvollstreckung; gegen das Verfahren des Gerichtsvollziehers; gegen eine Amtsverweigerung des Gerichtsvollziehers; gegen unrichtige Kostenforderungen des Gerichtsvollziehers. Mit der Erinnerung kann man das sachlichrechtliche Rechtsverhältnis nicht prüfen lassen, Rn 13. Man darf § 766 nicht zu eng auslegen. Denn die Vorschrift dient der Erzielung eines richtigeren Ergebnisses bei der Durchsetzung des sachlichrechtlichen Anspruchs, Rn 1. Andererseits muß man jeden Ansatz von Rechtsmißbrauch auch in der Zwangsvollstreckung unterbinden, Einl III 54, Grdz 44 vor § 704. Auch das muß man bei der Auslegung mitbeachten.

Überzogene Kritik am Vollstreckungsorgan ist deshalb auch nicht mit einer Erinnerung nach § 766 zulässig. Nicht jeder kleine Mißgriff, jedes zu Unrecht gepfändete Messer, jede ein paar Minuten zu frühe oder zu späte Handlung erfordern eine gerichtliche Überprüfung. Umso mehr muß man aber dafür sorgen dürfen, daß der Gerichtsvollzieher nicht die auch nur wahrscheinlich zB für die weitere Berufsausübung des Schuldners unentbehrlichen Sachen wegnimmt. Daß sich der Schuldner freilich dann, wenn er es zur Zwangsvollstreckung kommen ließ, in zumutbaren Grenzen deutlich einschränken muß, braucht keine langatmige gerichtliche Rechtfertigung. Im Erinnerungsverfahren darf man auch kurz und bündig hinter dem Vollstrekkungsorgan stehen.

3) Geltungsbereich, I, II. § 766 eröffnet einen Rechtsbehelf eigener Art. Es handelt sich nicht um eine sofortige Beschwerde. Denn diese richtet sich nach §§ 567 ff, 793. Es geht vielmehr um eine Vorstellung beim Vollstreckungsgericht. Man nennt sie am besten Erinnerung. Sie betrifft nur das Verfahren des Vollstreckungsorgans, Grdz 35 vor § 704, Ffm FamRZ **97**, 1490, und zwar auch wegen einer einzelnen Maßnahme, selbst wenn sie keine unmittelbare Vollstreckungswirkung hat, etwa wegen einer Zustellung. Mit der Erinnerung ruft der Betroffene das Vollstreckungsgericht des § 764 an. Er beantragt die Nachprüfung einer Maßnahme entweder des Gerichtsvollziehers oder des Vollstreckungsgerichts. Die Vorschrift gilt auch im Insolvenzverfahren, LG Stendal DGVZ **08**, 78, AG Köln RR **03**, 988, und bei einem arbeitsgerichtlichen Vollstreckungstitel. 3

Grundsätzlich kann man mit der Erinnerung nach § 766 *nicht* aus *sachlichrechtlichen* Erwägungen gegen das vollstreckbare Urteil vorgehen, also nicht gegen den vollstreckbaren Anspruch. Denn die ZPO hält das Vollstreckungsrecht von solchen sachlichrechtlichen Erwägungen getrennt. Sie sieht dann die Vollstrekkungsabwehrklage usw vor, §§ 767, 771, Schlesw Rpfleger **79**, 471, LG Stendal DGVZ **08**, 79, AG Ellwangen DGVZ **92**, 126. § 95 ZVG geht vor, Stgt Rpfleger **00**, 227. § 766 eigent sich grundsätzlich auch nicht zur Feststellung und Anwendung ausländischen Rechts, BGH NJW **93**, 2315.

4) Zwangsmaßnahme, I, II. Sie muß begonnen haben, Grdz 51 vor § 704, KG DGVZ **94**, 113, Köln JB **89**, 870, LG Stendal DGVZ **08**, 79. Sie muß zumindest drohen. Sie darf noch nicht geendet haben, Grdz 52 Vor § 704, LG Brschw DGVZ **75**, 154, LG Wiesb DGVZ **00**, 24. Es kommt auf Art und Entscheidungsperson an. 4

A. Begriff. Die Erinnerung nach § 766 ist gegen eine selbständige Zwangsmaßnahme zulässig, Naumb DGVZ **00**, 36, LG Augsb Rpfleger **01**, 92, LG Drsd Rpfleger **99**, 501. Zu solchen Maßnahmen zählen Beschlüsse oder Verfügungen, § 329, soweit sie auf einen Antrag oder von Amts wegen *ohne* eine Anhörung der übrigen Beteiligten ergangen sind, LG Ffm Rpfleger **92**, 168, OVG Münst NJW **80**, 1709. Unerheblich ist dann, ob ein Dritter gehört wurde, LG Drsd Rpfleger **99**, 501. Den Gegensatz zur Zwangsmaßnahme bildet die eine Vollstreckungsmaßnahme ablehnende oder sie erlaubende echte Entscheidung *nach* einer Anhörung aller Beteiligten gemäß Art 103 I GG durch einen zu begründenden Beschluß, § 329 Rn 4. Das gilt unabhängig davon, ob eine mündliche Verhandlung notwendig, erlaubt oder unstatthaft war, Hamm MDR **75**, 938, KG OLGZ **78**, 491.

Nicht hierher gehören: Eine unselbständige Zwischenentscheidung, LG Augsb Rpfleger **01**, 92 (Feststellung des geringsten Gebots. Die Grenzen fließen!); eine freiwillige Leistung eines Dritten zur Vollstreckungsabwehr, Naumb DGVZ **00**, 36.

B. Gegen Gerichtsvollzieher. Es kann um eine Maßnahme des Gerichtsvollziehers gehen, zB um eine Pfändung, auch zur Nachtzeit usw, § 758 a IV, um die Abnahme der eidesstattlichen Offenbarungsversicherung, §§ 807, 899 ff, wenn auch erst nach deren Ablehnung, BGH Rpfleger **08**, 319 (Ergänzungsantrag), ferner um eine besondere Verwertungsart, § 825 I, um einen Kostenansatz, LG Kblz DGVZ **87**, 59, LG Düss JB **00**, 666, AG Augsb DGVZ **06**, 126, AG Ffm DGVZ **02**, 190, um eine Vorschußforderung oder um seine Weigerung, tätig zu werden, LG Aachen DGVZ **03**, 23 (StPO, Beitreibung), LG Hann JB **05**, 274 (Anfrage beim Meldeamt), AG St Ingbert DGVZ **07**, 46. Das gilt auch, soweit er sich an die GVGA gehalten hat, LG Kblz DGVZ **86**, 29. § 7 II 1 GvKostG hat den Vorrang, LG Düss JB **00**, 666, LG Saarbr DGVZ **96**, 92. 5

Nicht ausreichend ist die bloße Befürchtung, der Gerichtsvollzieher könne eine Handlung ablehnen, LG Limbg DGVZ **05**, 184.

C. Gegen Rechtspfleger. Es kann um eine Maßnahme des Rpfl gehen, etwa um den Erlaß eines Pfändungsbeschlusses ohne eine Anhörung des Schuldners, § 829 Rn 64, (sonst gilt § 793 Rn 3, 11, Bbg NJW **78**, 1389, LG Meiningen Rpfleger **06**, 421, AG Maulbronn FamRZ **91**, 355). Eine Anhörung liegt nicht vor, soweit die Maßnahme vor dem Ablauf der Äußerungsfrist und vor dem Eingang einer Äußerung des Schuldners ergeht, LG Ffm Rpfleger **84**, 472. Auch dieser Beschluß ist eine bloße Zwangsmaßnahme und keine Entscheidung. Schon deshalb ist § 11 RPflG hier unanwendbar, Hamm RR **88**, 320, LG Frankenth Rpfleger **82**, 231, Gaul ZZP **85**, 256. Hierher zählen auch die Ablehnung oder die Aufhebung eines nach § 829 ergangenen Pfändungs- und Überweisungsbeschlusses durch den Rpfl ohne eine Anhörung des Schuldners, Kblz BB **77**, 1070, aM Kblz RR **86**, 679, Bischof NJW **87**, 1810 (zum Problem des von ihm zitierten Begriffs der „ganz herrschenden Meinung" Einl III 47). 6

D. Gegen Richter. Es kann um eine Maßnahme des Richters gehen, soweit er als Vollstreckungsgericht tätig wurde, § 758 Rn 26. Eine Erinnerung ist gegenüber dem Prozeßgericht als Vollstreckungsorgan nicht zulässig. Dort bleibt vielmehr allenfalls die sofortige Beschwerde nach §§ 567 I Z 1, 793 statthaft. Wohl aber ist eine Erinnerung dann zulässig, wenn das Arrestgericht als Vollstreckungsgericht nach § 930 entschieden hat, Ffm OLGZ **81**, 370. Eine Erinnerung ist auch dann zulässig, wenn das LG fälschlich nicht über einen Zuschlag nach dem ZVG entschieden, sondern das Verfahren zurückverwiesen hat. 7

E. Gegen Zwangsversteigerung, Zwangsverwaltung, Teilungsversteigerung. Es kann um die Anordnung einer Zwangsversteigerung, Zwangsverwaltung oder Teilungsversteigerung eines Grundstücks gehen, §§ 864 ff in Verbindung mit §§ 15, 27, 146, 180 ZVG, Bre Rpfleger **84**, 157, Hamm KTS **77**, 177, LG Bielef FamRZ **06**, 1048. Gegen die Anordnung des Grundbuchamts sind die Rechtsbehelfe § 867 Rn 23 statthaft. Wenn das Finanzamt eine Steuer beitreibt, ist nur die Beschwerde nach der AO zulässig. 8

5) Zusammentreffen mit weiteren Zwangsvollstreckungsbehelfen, I, II. Man muß vier Situationsgruppen unterscheiden. 9

A. Sofortige Beschwerde. Wenn statt einer gesetzlich vorgesehenen Maßnahme sogleich eine förmliche Entscheidung ohne eine Anhörung des Betroffenen ergangen ist, kommt beim Rpfl § 11 RPflG und beim Richter die sofortige Beschwerde nach §§ 567 I Z 1, 793, § 87 IV FamFG in Betracht, Rn 46, § 793 Rn 3. Indessen muß man meist die angefochtene Entscheidung in die richtige Form umdeuten. Der Rechtsbehelf ist dann in denjenigen umdeutbar, der gegen diese richtige Maßnahme zulässig ist, Grundsatz der sog Meistbegünstigung, Grdz 28 vor § 511. Bei § 95 ZVG halten manche statt der sofortigen Beschwerde nur die Erinnerung für zulässig, wenn das Gericht den Gegner nicht angehört hatte.

10 **B. Dienstaufsichtsbeschwerde.** Eine Dienstaufsichtsbeschwerde gegen den Gerichtsvollzieher ist grundsätzlich zulässig, BVerwG NJW **83**, 898, aM Midderhoff DGVZ **82**, 24 (aber sie ist trotz ihrer Problematik fast überall praktisch statthaft). Die Dienstaufsicht darf freilich nicht die Eigenverantwortlichkeit des Gerichtsvollziehers beseitigen, BVerwG NJW **83**, 898. Jedoch hat eine etwaige Erinnerung nach § 766 den Vorrang, Gaul ZZP **87**, 275. Der Vorgesetzte kann wegen einer einzelnen Vollstreckungshandlung nur bedingt Anweisungen erteilen, aM LG Heidelb DGVZ **82**, 120 (aber der Gerichtsvollzieher kann meist nicht ohne einen eigenen Ermessensraum arbeiten).

11 **C. Vollstreckungsabwehrklage.** Wenn auch ein sachlichrechtlicher Vollstreckungsvertrag vorliegt, ist insoweit eine Vollstreckungsabwehrklage nach § 767 zulässig und notwendig, Grdz 42 vor § 704.

12 **D. § 23 EGGVG.** Das Verfahren nach § 23 EGGVG kommt wegen des nach seinem III vorrangigen § 766 nicht in Betracht, Ffm Rpfleger **76**, 367, Midderhoff DGVZ **82**, 24. Das gilt auch dann, wenn eine Erinnerung nach § 766 zB wegen der Beendigung der Zwangsvollstreckung nicht mehr zulässig ist, KG MDR **82**, 155, Karlsr MDR **80**, 76.

13 **6) Zusammentreffen mit sachlichrechtlichen Klagen, I, II.** Insoweit gibt es fünf Möglichkeiten.

A. Drittwiderspruchsklage. Wenn die Voraussetzungen des § 771 oder des § 805 vorliegen, kann für den Dritten eine Klage nach dieser Vorschrift in Betracht kommen. Eine Entscheidung aus § 766 schließt eine Klage nach § 771 nicht aus. Denn § 766 betrifft nur das Verfahren. § 771 betrifft demgegenüber das sachliche Recht, Kblz Rpfleger **79**, 203, Schlesw Rpfleger **79**, 471. Wenn der Schuldner an der Sache einen Besitz hat, hat er wegen der Verletzung seines Besitz- und Benutzungsrechts die Erinnerung. Der Eigentümer hat eine Klage aus § 771, AG Bln-Wedding DGVZ **88**, 45.

Die Vorschriften können zB auch bei einer Zwangsvollstreckung in eine solche Vermögensmasse zusammentreffen, mit der der *Schuldner nicht haftet,* etwa bei einer Zwangsvollstreckung in das Vermögen des Erbens oder dann, wenn sich der Titel nur gegen die Gesellschaft richtet, die Zwangsvollstreckung aber das Eigentum eines Gesellschafters berührt. In Betracht kommen ferner: Eine Zwangsvollstreckung in ein solches Vermögen, das einer fremden Verwaltung unterliegt, ohne daß ein Duldungstitel vorliegt; eine Zwangsvollstreckung in den Gewahrsam eines nicht herausgabebereiten Dritten, § 809; der Fall, daß ein Hypothekengläubiger die Unzulässigkeit der Pfändung von Zubehör behauptet.

14 **B. Feststellungsklage.** Wenn die Zwangsvollstreckung schlechthin unwirksam ist oder war, kann eine Feststellungsklage nach § 256 möglich sein, Grdz 42 vor § 704, Köln JB **01**, 213, AG Bln-Schöneb DGVZ **91**, 140, AG Köln DGVZ **78**, 30. Das mag auch ausnahmsweise wegen einer einzelnen Maßnahme möglich sein, Bbg JB **83**, 298, Ffm OLGZ **83**, 337, Köln JB **01**, 213. Es ist auch eine entsprechende Einrede zulässig.

15 **C. Klage wegen Mehrdeutigkeit.** Soweit der Titel mehrdeutig ist, kommt eine erneute Leistungsklage nach Einf 16 vor §§ 322–327 oder eine Feststellungsklage wegen des Urteilsinhalts nach § 256 in Betracht.

16 **D. Klage aus anderem Grund.** Soweit dem Kläger die Grundlagen der Erinnerung fehlen und wenn er etwa die Mangelhaftigkeit der Pfändung nicht kennt, kommt ebenfalls eine erneute Leistungsklage oder eine Feststellungsklage nach § 256 infrage. Wenn die Zwangsvollstreckung aber bereits nach Grdz 52 vor § 704 beendet ist, hat der Schuldner die Möglichkeit einer Bereicherungsklage nach §§ 812 ff BGB, falls der Anspruch nicht bestand, BFH **194**, 343. Diese Klagemöglichkeit besteht aber nicht schon deshalb, weil das Verfahren mangelhaft war.

17 **E. Amtshaftungsklage.** Schließlich kommt eine Klage wegen einer Amtspflichtverletzung gegen den Staat in Betracht, Art 34 GG, § 839 BGB. Die Entscheidung nach § 766 hindert den Drittschuldner nicht, gegen einen Pfändungs- und Überweisungsbeschluß im Prozeß Einwendungen aus einem eigenen sachlichen Recht zu erheben, soweit dazu ein Rechtsschutzbedürfnis besteht, Grdz 33 vor § 253, BGH **69**, 148.

18 **7) Antragsberechtigung, I, II.** Antragsberechtigt ist jeder, dessen Recht eine Maßnahme der Zwangsvollstreckung nachteilig berührt, Düss NJW **80**, 458. Das können sein: Der Gläubiger, Ffm FamRZ **83**, 1268; der Schuldner; der Drittschuldner, § 840, auch zB der Sozialversicherungsträger, Hamm Rpfleger **77**, 109, KG Rpfleger **76**, 144; der Insolvenzverwalter, AG Köln RR **99**, 1351, AG Rostock RR **00**, 716; der Schuldner im Insolvenzverfahren; die Staatskasse, vertreten durch den Bezirksrevisor, AG Neuwied DGVZ **99**, 190; der Gerichtsvollzieher, LG Konst DGVZ **02**, 139; andere Dritte. Gläubiger und Schuldner können sich gegen das Verfahren des Gerichtsvollziehers und des Vollstreckungsgerichts wenden. Das gilt auch dann, wenn die Prozeßvoraussetzungen der Zwangsvollstreckung nach Grdz 39 vor § 704 fehlen oder wenn die förmlichen Voraussetzungen der Zwangsvollstreckung fehlen oder wenn die Ausführung der einzelnen Vollstreckungsmaßnahme gesetzwidrig ist.

Wenn das Vollstreckungsgericht erst *nach* einer notwendigen oder freigestellten *Anhörung* aller Beteiligten eine förmliche Entscheidung nach Rn 3 getroffen hat, ist nicht die Erinnerung statthaft, sondern die sofortige Beschwerde, Rn 9. Wenn das Beschwerdegericht eine Anordnung in der Zwangsvollstreckung erlassen hat, etwa einen Pfändungsbeschluß, geht die Erinnerung an das Beschwerdegericht. Denn das niedrigere Gericht darf eine Anordnung des höheren Gerichts nicht überprüfen.

19 **8) Beispiele zur Frage der Zulässigkeit einer Erinnerung, I, II**

Ablehnung nach Anhörung: Die Erinnerung des Gläubigers ist *unzulässig,* soweit das Vollstreckungsgericht die Durchführung seines Vollstreckungsauftrags an den Gerichtsvollzieher nach einer Anhörung des Schuldners abgelehnt hat, Rn 4 (statt dessen evtl sofortige Beschwerde, §§ 567 I Z 1, 793).

Ablehnung ohne Anhörung: Die Erinnerung des Gläubigers ist zulässig, soweit der Gerichtsvollzieher einen Vollstreckungsauftrag ohne eine Schuldneranhörung ablehnt, Rn 3, LG Kiel DGVZ **83**, 155, AG Aachen DGVZ **84**, 40, AG Münst RR **92**, 1531.

Ablehnung wegen Befangenheit: Sie ist beim Gerichtsvollzieher *unzulässig,* § 49 Rn 7, BVerfG RR **05**, 365.

Abtretung: Rn 21 „Einwendung gegen den Anspruch", Rn 25 „Landwirtschaft".

Anderer Gerichtsvollzieher: Die Erinnerung des Schuldners ist *unzulässig,* soweit er verlangt, ein anderer Gerichtsvollzieher solle tätig werden, AG Bayreuth DGVZ **84**, 75, solange kein „Ablehnungsgrund" vorliegt, AG Bad Vilbel DGVZ **99**, 13 (er fehlt, wenn der Gerichtsvollzieher den Schuldner lediglich kennt).

Anhörung: Die Erinnerung des Schuldners ist *unzulässig,* soweit man ihn vor der Entscheidung angehört hatte. Dann kommt vielmehr die sofortige Beschwerde in Betracht, §§ 567 I Z 1, 793, Bbg NJW **78**, 1389, LG Bonn DB **79**, 94.

Aufenthaltsermittlung: Rn 30 „Unbekannter Aufenthalt".

Aufrechnung: Rn 21 „Einwendung gegen den Anspruch".

Berechtigtes Interesse: Die Erinnerung des Gerichtsvollziehers ist zulässig, soweit er an einer Entscheidung ein berechtigtes Interesse hat, zB deshalb, weil er befürchtet, evtl rechtswidrig zu handeln und deshalb mit einer Notwehr des Schuldners rechnen zu müssen, Düss NJW **80**, 458 und 1111, aM Stgt Rpfleger **80**, 236, LG Osnabr DGVZ **80**, 124 (aber auch der Gerichtsvollzieher hat einen Anspruch auf Rechtsschutz). Die Staatskasse, vertreten durch den Bezirksrevisor, hat ein berechtigtes Interesse, soweit es zB um eine Kostenrechnung des Gerichtsvollziehers geht, auch wegen deren Überhöhung, AG Neuwied DGVZ **99**, 190. **20**

Bestimmtheit der Forderung: Die Erinnerung des Schuldners ist zulässig, soweit das Mahn- oder Prozeßgericht die Forderung nicht genügend bestimmt bezeichnet hat, BGH MDR **78**, 135, Ffm NJW **81**, 468, LG Traunst Rpfleger **04**, 366 (abl Vollkommer 336).

Betreuer: Rn 26 „Partei kraft Amtes".

Bezirksrevisor: Rn 28 „Staatskasse".

Dienstaufsichtsbeschwerde: Man muß ihre Zulässigkeit und diejenige einer Erinnerung unabhängig voneinander prüfen. Das gilt auch wegen der Kosten. Vgl aber Rn 10.

Dritter: Seine Erinnerung ist nur insoweit zulässig, als er ein Rechtsschutzbedürfnis hat, Grdz 33 vor § 253, BGH RR **89**, 636, Düss NJW **80**, 458, Köln DGVZ **92**, 170.

Unzulässig ist eine Erinnerung wegen nur wirtschaftlicher Nachteile, LG Kblz MDR **82**, 503, oder wegen seiner Behauptung, der Eigentümer der gepfändeten Sache zu sein, AG Halle-Saarkreis JB **05**, 383 (§ 771).

S auch Rn 31 „Veräußerungshinderndes Recht".

Drittschuldner: Er kann grds die Erinnerung einlegen, BGH **69**, 144. Das gilt zB bei einer unzureichenden Bezeichnung der Forderung, BGH MDR **78**, 135.

Die Erinnerung des Schuldners ist *unzulässig,* soweit sich der Drittschuldner gegen den Bestand und die Höhe der überwiesenen Forderung wendet, Schulze-Werner/Bischoff NJW **86**, 697.

S auch Rn 31 „Veräußerungshinderndes Recht", Rn 35 „Zustellung".

Duldungstitel: Die Erinnerung des Schuldners ist zulässig, soweit der erforderliche Duldungstitel fehlt.

Durchsuchung: Die Erinnerung des Schuldners ist zulässig, soweit das Gericht oder der Gerichtsvollzieher ohne eine vorherige Schuldneranhörung eine Maßnahme nach §§ 758, 758 a vornehmen, § 758 Rn 26, oder wenn der Gerichtsvollzieher ohne eine notwendige Durchsuchungsanordnung vorging.

Ehegatte: Die Erinnerung des Ehegatten des Schuldners ist *unzulässig,* soweit beim Schuldner § 739 die Vermutung des § 1362 I BGB beseitigt. Denn dann kommt § 771 in Betracht, § 739 Rn 5, Bbg DGVZ **78**, 9, aM LG Münst DGVZ **78**, 14 (aber § 771 hat als eine Spezialvorschrift den Vorrang). Der Einwand des Fehlens einer Einwilligung nach § 1365 BGB läßt sich nach § 766 erheben, Ffm FamRZ **99**, 525. Beim „Oder"-Konto ist das Innenverhältnis unerheblich, Nürnb JB **02**, 497. **21**

S auch Rn 27 „Räumung".

Eigentum: S „Dritter".

Einschränkung: Die Erinnerung des Gläubigers ist zulässig, soweit der Gerichtsvollzieher eine Vollstrekkung gegenüber dem Auftrag einschränkt, AG Wuppert DGVZ **93**, 14.

Einstellung: Die Erinnerung des *Gläubigers* ist zulässig, soweit der Gerichtsvollzieher die Vollstreckung unzulässigerweise einstellt, AG Wuppert DGVZ **93**, 14.

Die Erinnerung des *Schuldners* ist zulässig, soweit der Gerichtsvollzieher trotz einer erfolgten Einstellung der Zwangsvollstreckung pfändet oder soweit er entgegen § 775 die Einstellung ablehnt.

Einwendung gegen den Anspruch: Die Erinnerung des Schuldners ist *unzulässig,* soweit er eine Einwendung gegen den Anspruch geltend macht, zB dahin, die Forderung stehe dem Gläubiger nicht mehr zu, Köln FamRZ **85**, 627, AG Heidelb DGVZ **89**, 46 (Aufrechnung). Dann ist die Vollstreckungsabwehrklage nach § 767 zulässig, Ffm MDR **80**, 63, LG Essen WoM **84**, 252 (Verwirkung), AG Heidelb DGVZ **89**, 46.

Erbe: Vgl bei Testamentsvollstreckung § 748 Rn 8.

Erfüllung: Zulässig ist nicht die Erinnerung, sondern die Klage nach § 767, dort Rn 21, AG Stollberg JB **07**, 444.

Ersatzzustellung: Die Erinnerung des Gläubigers ist zulässig, soweit der Gerichtsvollzieher einen Auftrag wegen einer Verkennung des § 181 ohne eine Schuldneranhörung ablehnt, LG Aachen DGVZ **84**, 40.

Feiertagspfändung: Die Erinnerung des Schuldners ist zulässig, soweit eine nach § 758 a IV gesetzwidrige Maßnahme ergeht. **22**

Frist: Rn 27 „Räumung".

Funktionelle Unzuständigkeit: Rn 32 „Vollstreckungsklausel".

Gegenleistung: Rn 35 „Zug-um-Zug".

Gerichtsvollzieher: Die Erinnerung des *Gläubigers* gegen eine Weigerung des Gerichtsvollziehers ist zulässig, LG Aachen DGVZ **03**, 23.

Die Erinnerung des *Gerichtsvollziehers* ist *unzulässig,* soweit seine Interessen weder kostenrechtlich noch sonstwie betroffen sind, Düss RR **93**, 1280, aM Nies MDR **99**, 1420 (aber warum sollte er keine Abwehrmöglichkeit haben?).

S auch bei den einzelnen fraglichen Handlungen.

Geringfügigkeit: Die Erinnerung des Gläubigers ist zulässig, soweit der Gerichtsvollzieher einen Vollstrekkungsauftrag wegen der Geringfügigkeit der Forderung ohne eine Schuldneranhörung ablehnt, AG Flensb MDR **75**, 765.

Geschäftsanweisung: Die Erinnerung eines Betroffenen, auch eines Dritten, ist zulässig, soweit der Gerichtsvollzieher gegen die GVO oder gegen die Geschäftsanweisung (GVGA) verstößt, Köln JB **92**, 703, LG Bonn JB **94**, 312, FG Stgt MDR **76**, 84, aM Karlsr MDR **76**, 54 (aber ein Dienstverstoß bedeutet trotz § 1 II GVGA durchweg auch einen Verfahrensverstoß).

Gesetzliche Vertretung: Die Erinnerung ist zulässig, soweit der Mangel einer gesetzlichen Vertretung vorliegt, Kblz FamRZ **05**, 993.

23 **Gewahrsam:** Die Erinnerung des *Gläubigers* ist zulässig. Er muß den Schuldnergewahrsam beweisen, Düss MDR **97**, 143.

Die Erinnerung des *Schuldners* ist *unzulässig,* soweit der Gerichtsvollzieher einen fremden Gewahrsam verletzt, AG Mü DGVZ **95**, 11. Dann gilt § 809. Dasselbe gilt bei einer Verletzung fremden Eigentums. Dann gilt § 771. Die Verletzung eines fremden Vorzugsrechts läßt sich nur nach § 805 regeln.

Die Erinnerung eines *Dritten* ist zulässig, soweit der Gerichtsvollzieher solche Sachen pfändet, die lediglich im Gewahrsam des Dritten stehen. Dabei ist es unerheblich, ob der Dritte auch nach § 771 klagen kann.

Gläubiger: Die Erinnerung des Gläubigers ist zulässig, sowiet er eine Maßnahme des Gerichtsvollziehers für unzureichend hält, LG Chemnitz DGVZ **00**, 37, LG Hildesh DGVZ **00**, 37.

Herabsetzung: Rn 30 „Unpfändbarkeit".

Herausgabe des Erlöses usw: Die Erinnerung des Gläubigers ist zulässig, soweit der Gerichtsvollzieher die Herausgabe des Erlöses oder einer Sache verweigert, Noack DGVZ **75**, 97.

Herausgabe des Titels: Die Erinnerung des Gläubigers wie des Schuldners ist zulässig, soweit der Gerichtsvollzieher den Vollstreckungstitel nicht herausgibt oder herausgeben läßt, § 836 Rn 6.

24 **Insolvenz,** dazu *Münzberg,* Anfechtung und Aufhebung von Zustellungen?, Festschrift für *Zöllner* (1999) 1203 (auch zur InsO): Die Erinnerung des *Gläubigers* ist nach der Eröffnung des Insolvenzverfahrens unabhängig davon zulässig, ob er Vollstreckungsgläubiger, Insolvenzgläubiger oder Neugläubiger ist, AG Gött DGVZ **08**, 27, aM AG Worm DGVZ **08**, 28.

Die Erinnerung des *Schuldners* ist zulässig, soweit der Verwalter auf Grund eines vollstreckbaren Titels zu Unrecht Gegenstände zur Masse gezogen hat. Der Schuldner ist überhaupt trotz des Verfahrens zur Erinnerung gegen solche Maßnahmen der Zwangsvollstreckung berechtigt, die gegen § 89 InsO verstoßen, BGH BB **04**, 853, oder gegen § 93 InsO, LG Bad Kreuzn Rpfleger **04**, 518, ebenso wie der Verwalter, Jena RR **02**, 627, LG Hbg KTS **83**, 600, Lüke NJW **90**, 2665, aM Hbg KTS **83**, 601 (§§ 767, 768. Aber § 766 gilt auch im Insolvenzverfahren wie sonst, § 4 InsO). Das gilt auch bei § 114 III InsO, LG Mü Rpfleger **00**, 468 (krit Zimmermann). Zum Problem BSG NJW **90**, 2709.

Insolvenzverwalter: S „Insolvenz", Rn 26 „Partei kraft Amtes".

Kostenberechnung: Die Erinnerung des *Gläubigers* wie des Schuldners ist zulässig, soweit der Gerichtsvollzieher seine Kosten fehlerhaft ansetzt, LG Bonn DGVZ **98**, 12, LG Konst DGVZ **01**, 45, aM AG Augsb DGVZ **06**, 126 (§ 5 II GvKostG). Das gilt unabhängig davon, ob sie schon bezahlt sind, LG Bln DGVZ **79**, 182. Dann kann der Gläubiger die Erinnerung auch schon vor der Entgegennahme der Kosten aus dem Erlös der Vollstreckung einlegen, LG Hann DGVZ **77**, 61. Das gilt auch bei einer Prozeßkostenhilfe, AG Gladbeck DGVZ **89**, 159.

Die Erinnerung des *Gerichtsvollziehers* ist *unzulässig,* soweit sein Kostenansatz beanstandet wird, § 793 Rn 15 (dort zu dieser Streitfrage).

S auch Rn 28 „Staatskasse", Rn 33 „Vorschuß".

25 **Landwirtschaft:** Die Erinnerung des Schuldners ist zulässig, soweit er sich auf einen landwirtschaftsrechtlichen Vollstreckungsschutz berufen kann, weil der Gläubiger zB als Abtretungsnehmer zur Rechtsverfolgung nicht befugt ist und daher auch nicht vollstrecken darf.

Lohnpfändung: Rn 30 „Unpfändbarkeit".

Löschung: Die Erinnerung des Schuldners ist zulässig, soweit ein Vollstreckungsorgan einen Anspruch auf die Löschung zB einer Hypothek mißachtet.

Nachlaßpfleger, -verwalter: Rn 26 „Partei kraft Amts".

Nachtpfändung: Die Erinnerung des Schuldners ist zulässig, soweit eine nach § 758a IV gesetzwidrige Maßnahme ergeht.

Notar: Rn 33 „Vorschuß".

Notwehr: Rn 20 „Berechtigtes Interesse".

26 **Partei kraft Amts:** Sie kann die Erinnerung bei einer Vollstreckung in ihr eigenes Vermögen einlegen.

Pfändung: Die Erinnerung des Schuldners ist zulässig, soweit der Gerichtsvollzieher den Pfandgegenstand nicht in einem gesetzmäßigen Gewahrsam hat und ihn nicht ordnungsgemäß gekennzeichnet hat, oder soweit die Pfändung zB nach §§ 811 ff, 865 II unstatthaft war oder nach § 810 zu früh erfolgt ist.

S auch Rn 30 „Überpfändung", „Unpfändbarkeit".

Pfändungsfreigrenze: Die Erinnerung des Schuldners ist zulässig, soweit das Vollstreckungsorgan oder -gericht die Pfändungsfreigrenze unrichtig festgesetzt hat, LG Kiel SchlHA **77**, 120.

S auch Rn 30 „Unpfändbarkeit".

Pfändungswille des Gläubigers: Die Erinnerung des Gläubigers ist zulässig, soweit der Gerichtsvollzieher eine solche Sache pfändet, die der Gläubiger nicht hat pfänden lassen wollen, AG Offenbg DGVZ **77**, 45.

Pfleger: S „Partei kraft Amts".

Protokollberichtigung: Eine Erinnerung des Gerichtsvollziehers ist *unzulässig,* soweit er eine Protokollberichtigung abgelehnt hat, Brschw DGVZ **92**, 120.

Rang: Die Erinnerung eines Dritten ist zulässig, soweit er sich als ein nachrangiger Pfändungsgläubiger auf die Unzulässigkeit einer früheren Pfändung beruft, BGH Rpfleger **89**, 248. 27

Ratenzahlung: Die Erinnerung des Gläubigers ist zulässig, soweit der Gerichtsvollzieher dem Schuldner eine Ratenzahlung ohne eine Zustimmung des Gläubigers gestattet, AG Ludwigsh JB **02**, 608, Gaul ZZP **87**, 253.

Räumung: Die Erinnerung des *Schuldners* ist zulässig, soweit zwischen der Ankündigung und der Durchführung einer Räumung eine zu knappe Frist liegt, AG Darmst DGVZ **79**, 174 (es ist mit der Gewährung von „mindestens" drei Wochen aber zu großzügig).

Die Erinnerung eines *Dritten* ist *unzulässig,* soweit er als Ehegatte oder Kind des zur Räumung verpflichteten Schuldners auftritt, vgl im einzelnen bei § 885, LG Kref DGVZ **77**, 25, Rabl DGVZ **87**, 38, aM LG Oldb DGVZ **91**, 139 (ja bei einer eindeutigen Lage. Aber ob diese vorliegt, kann man erst im Verfahren klären). Sie ist ferner nach der Beendigung der Räumung unzulässig, Grdz 52 vor § 704, LG Wiesb DGVZ **00**, 25.

Rechtsmißbrauch: Die Erinnerung des Schuldners ist wohl meist *unzulässig,* soweit ein Rechtsmißbrauch vorliegt, Einl III 54, Grdz 44 vor § 704. Er kann dann nach § 765 a vorgehen.

Rechtswidrigkeit: Die Erinnerung, auch eines Dritten, ist zulässig, soweit die Art und Weise der Zwangsvollstreckung rechtswidrig ist und seine Interessen verletzt. Vgl bei den einzelnen Vorgängen.

Rückgriff: Die Erinnerung eines Dritten ist *unzulässig,* soweit er an der Zwangsvollstreckung unbeteiligt ist und nur den rechtsgeschäftlichen Rückgriff eines Beteiligten befürchten muß.

Sachlichrechtliche Einwendung: Rn 21 „Einwendung gegen den Anspruch". 28

Scheck: Die Erinnerung des Schuldners ist zulässig, soweit der Gerichtsvollzieher ihm auf Grund eines Scheckurteils bei der Vollstreckung den Scheck nicht aushändigt.

Scheidung: S „Trennungsunterhalt".

Sicherheitsleistung: Die Erinnerung des Schuldners ist zulässig, soweit eine erforderliche Sicherheitsleistung fehlt. Man kann das schon Beigetriebene dann durch eine Klage herausverlangen.

Sozialhilfe: Rn 34 „Wirtschaftliches Interesse".

Staatskasse: Die Erinnerung der Staatskasse ist zulässig, soweit es um einen sie belastenden Ansatz von Kosten des Gerichtsvollziehers geht, II. Dasselbe gilt auch zugunsten des Kostenschuldners. LG Ffm DGVZ **93**, 75, LG Wiesb DGVZ **90**, 13, AG Königstein DGVZ **93**, 74. Sie wird durch den Bezirksrevisor tätig.

Stundung: Die Erinnerung des Gläubigers ist zulässig, soweit der Gerichtsvollzieher dem Schuldner ohne eine Zustimmung des Gläubigers eine Stundung gewährt, Gaul ZZP **87**, 253.

Teilzahlung: Rn 27 „Ratenzahlung". 29

Testamtentsvollstrecker: Rn 26 „Partei kraft Amtes".

Trennungsunterhalt: Die Erinnerung des Schuldners ist zulässig, soweit es nach der Rechtskraft des Scheidungsurteils um die Vollstreckung wegen eines Trennungsunterhalts nach § 95 I FamFG geht, AG Groß Gerau FamRZ **89**, 776 (zustm Gottwald).

Überpfändung: Die Erinnerung des Schuldners ist zulässig, soweit entgegen § 803 eine Überpfändung vorliegt. 30

S auch Rn 34 Wiederholung der Vollstreckung".

Umschreibung: Rn 32 „Vollstreckungsklausel".

Unbekannter Aufenthalt: Die Erinnerung des Gläubigers ist *unzulässig,* soweit der Gerichtsvollzieher einen Vollstreckungsauftrag ohne eine Schuldneranhörung ablehnt, weil die Ermittlung des Aufenthaltsorts des Schuldners zu schwierig sei. Denn der Gerichtsvollzieher muß sich um diese Ermittlung nicht besonders bemühen, aM AG Hamm DGVZ **77**, 26 (vgl aber § 754 Rn 3).

Unklarheit des Titels: Rn 32 „Vollstreckungstitel".

Unpfändbarkeit: Die Erinnerung des *Gläubigers*, des *Schuldners* oder eines betroffenen *Dritten* ist zulässig, soweit der Gerichtsvollzieher dem Grunde oder der Höhe nach eine völlige oder teilweise Unpfändbarkeit zu Unrecht annimmt, Kblz Rpfleger **78**, 227 (zu hoher pfandfreier Betrag), LG Düss DGVZ **85**, 152, oder soweit er eine Pfändbarkeit bejaht, LG Bln Rpfleger **78**, 268 (Dritter), oder soweit er die Herabsetzung fälschlich ablehnt, LG Kblz MDR **79**, 944.

Die Erinnerung des *Schuldners* oder des *Drittschuldners* ist zulässig, soweit der Gerichtsvollzieher eine Erhöhung des pfandfreien Betrages gesetzwidrig ablehnt, Düss FamRZ **84**, 727 (zur Erhöhung), oder soweit sonstwie irgendeine Unpfändbarkeit mißachtet wird, BGH **69**, 148, Ffm NJW **81**, 468, Wilke NJW **78**, 2381. Eine Klage ist nur dann zulässig, wenn die Unpfändbarkeit sachlichrechtlich in der Rechtsstellung des Schuldners begründet ist.

S auch Rn 26 „Pfändungsfreigrenze".

Untätigkeit: Rn 31 „Verzögerung".

Unzuständigkeit: Die Erinnerung des Schuldners ist zulässig, soweit das Vollstreckungsorgan unzuständig ist.

Urkunde: Die Erinnerung des Schuldners ist zulässig, soweit der Gerichtsvollzieher ihm auf Grund eines Urkundenurteils bei der Vollstreckung die Urkunde nicht aushändigt.

Valuta: Die Erinnerung des Schuldners ist zulässig, soweit der Gerichtsvollzieher die dem Gläubiger zukommende Valuta zum Nachteil des Schuldners falsch berechnet. Dabei schließt die Entscheidung eine spätere Zwangsvollstreckung des ungedeckten Teils nicht aus. 31

Veräußerunghinderndes Recht: Die Erinnerung des Schuldners ist *unzulässig,* soweit er sich auf ein die Veräußerung hinderndes Recht beruft. Dann kommt nämlich allenfalls eine Drittwiderspruchsklage nach § 771 in Betracht, Schlesw Rpfleger **79**, 471. Diese steht aber auch nur einem Dritten frei. Bei einer unstreitigen Verfügungsbeschränkung nach § 1365 I BGB kann eine Ausnahme in Betracht kommen, Ffm FamRZ **97**, 1490.

Verfüngsbeschränkung: Eine solche nach § 1365 BGB gehört nach § 771, dort Rn 26.

Verhaftung: Die Erinnerung des Schuldners ist zulässig, soweit ihm eine gegen § 906 verstoßende Verhaftung bevorsteht, § 906 Rn 10, oder soweit er bereits unzulässig verhaftet worden ist.

Verjährung: Die Erinnerung des *Gläubigers* ist zulässig, soweit der Gerichtsvollzieher einen Vollstreckungsauftrag ohne eine Schuldneranhörung ablehnt, weil die Forderung verjährt sei, AG Münst RR **92**, 1531.

Die Erinnerung des *Schuldners* ist *unzulässig,* soweit der Gerichtsvollzieher eine Verjährung nicht beachtet hat, LG Kblz DGVZ **85**, 62. Man muß dann nach § 767 vorgehen.

Vermögensverzeichnis: Ein möglicher Nachbesserungsantrag hat evtl die Unzulässigkeit einer Erinnerung zur Folge, LG Bln Rpfleger **07**, 482.

Verteilungstermin: Die Erinnerung des Gläubigers bleibt zulässig, soweit sie vor einem Verteilungstermin beim Gericht eingegangen ist, Münzberg Rpfleger **86**, 254, aM Kblz DGVZ **84**, 59 (aber das Gericht hätte schneller prüfen und entscheiden können. Es kommt auf eine solche Entscheidungsreife an).

Bei einer Anhängigkeit erst nach dem Verteilungstermin ist eine solche Erinnerung *unzulässig,* Kblz DGVZ **84**, 59, Münzberg Rpfleger **86**, 254.

Verwertungsaufschub: Die Erinnerung des Gläubigers oder Schuldners ist bei § 813 b zulässig.

Verwirkung: Rn 21 „Einwendung gegen den Anspruch“.

Verzögerung: Die Erinnerung des Gläubigers ist zulässig, soweit der Gerichtsvollzieher einen Vollstreckungsauftrag außerhalb seines pflichtgemäßen Ermessens objektiv verzögerlich erledigt, LG Dessau JB **97**, 46 (neue Bundesländer), AG Halle/S JB **04**, 504, Gleußner DGVZ **94**, 147, aM AG Karlsr DGVZ **84**, 29, AG Rosenheim DGVZ **97**, 141 (aber auch der Gerichtsvollzieher darf nicht trödeln. Freilich kann wirklich eine Überlastung vorliegen, LG Halle JB **03**, 609).

32 **Vollstreckungsklausel:** Die Erinnerung des *Schuldners* ist zulässig, soweit eine Vollstreckungsklausel fehlt, aM Köln FamRZ **85**, 627, oder soweit ein funktionell unzuständiger Urkundsbeamter der Geschäftsstelle die Klausel erteilt hat, Hamm Rpfleger **89**, 467, oder soweit das Gericht sie nicht wie erforderlich umgeschrieben hat, BGH NJW **92**, 2160 (krit Münzberg JZ **93**, 95), Naumb FamRZ **07**, 1032.

Die Erinnerung eines betroffenen *Dritten* ist zulässig, soweit das Gericht ihn nicht in der Vollstreckungsklausel genannt hat.

Vollstreckungskosten: Die Erinnerung des Gläubigers ist zulässig, soweit der Gerichtsvollzieher vom Gläubiger bezeichnete Kosten nicht als nach § 788 notwendige anerkennt. Die Erinnerung des Schuldners ist zulässig, soweit er die Erstattbarkeit leugnet.

Vollstreckungstitel: Die Erinnerung des Schuldners ist zulässig, soweit überhaupt ein wirksamer Vollstreckungstitel fehlt, Bbg Rpfleger **82**, 31, Düss Rpfleger **77**, 67, KG RR **88**, 1406, oder soweit der vorhandene Titel einen anderen Inhalt als den vom Gläubiger oder vom Vollstreckungsorgan angenommen hat, KG RR **88**, 1406, oder soweit keine ordnungsgemäße Zustellung des Vollstreckungstitels oder der zugehörigen Unterlagen nach §§ 750 ff erfolgt ist.

Die Erinnerung des Schuldners ist grds *unzulässig,* soweit lediglich eine Unklarheit des Vollstreckungstitels vorliegt. Dann kann er nach § 256 auf eine Feststellung klagen.

Vollstreckungsvertrag: Die Erinnerung des Schuldners ist zulässig, soweit die Vollstreckung gegen einen Vollstreckungsvertrag verstößt, Grdz 24 vor § 704, Karlsr ZMR **77**, 96.

33 **Voraussetzung der Vollstreckung:** Die Erinnerung des Schulders ist zulässig, soweit eine Vollstreckungsvoraussetzung fehlt. Vgl bei den einzelnen Arten der Voraussetzungen.

Vorläufiger Insolvenzverwalter: Seine Erinnerung ist *unzulässig.* Denn er muß nach §§ 771, 772 vorgehen, LG Hann DGVZ **90**, 42.

Vormund: Rn 21 „Partei kraft Amtes“.

Vorschuß: Die Erinnerung des *Gläubigers* ist zulässig, soweit der Gerichtsvollzieher einen zu hohen oder überhaupt einen Vorschuß fordert, LG Aschaffenb DGVZ **95**, 75 (Notar), oder soweit er sich weigert, einen Kostenvorschuß zurückzuerstatten.

Die Erinnerung des *Gerichtsvollziehers* ist zulässig, soweit sein Vorschuß herabgesetzt wird, LG Rottweil DGVZ **89**, 74.

S auch Rn 24 „Kostenberechnung“.

34 **Wahlschuld:** Die Erinnerung des Schuldners ist *unzulässig,* soweit er einwendet, er habe anders gewählt, Rn 21 „Einwendung gegen den Anspruch“. Dann ist die Vollstreckungsabwehrklage nach § 767 statthaft.

Wechsel: Die Erinnerung des Schuldners ist zulässig, soweit der Gerichtsvollzieher ihm auf Grund eines Wechselurteils bei der Vollstreckung den Wechsel nicht aushändigt.

Wegegeld: Die Erinnerung des Gläubigers ist *unzulässig,* soweit der Gerichtsvollzieher ihm zwar ein zuviel berechnetes Wegegeld zurückzahlen will, aber den Nachweis fordert, daß der Schuldner Kosten noch nicht bezahlt hat, AG Düss DGVZ **97**, 95.

Wiederholung der Vollstreckung: Die Erinnerung des Schuldners ist zulässig, soweit eine mehrfache (wiederholte) Zwangsvollstreckung in einer gesetzwidrigen Weise stattfindet.

S auch Rn 30 „Überpfändung“.

Wirtschaftliches Interesse: Die Erinnerung eines Dritten ist *unzulässig,* soweit er am Ausgang der Zwangsvollstreckung nur ein wirtschaftliches Interesse hat, etwa um als ein Träger von Sozialhilfeleistungen nicht in Anspruch genommen zu werden, LG Kblz MDR **82**, 503.

35 **Zugewinngemeinschaft:** Die Erinnerung ist zulässig, soweit man durch eine eindeutig gegen § 1365 I BGB verstoßende Teilungsversteigerung benachteiligt wird, § 771 Rn 4, 5, Bre Rpfleger **84**, 157, LG Lüneb FamRZ **96**, 1489.

Zug um Zug: Die Erinnerung des Schuldners ist zulässig, soweit die erforderliche Gegenleistung des Gläubigers unvollständig ist, falls man das schon nach dem Vollstreckungstitel ohne weiteres feststellen kann. Andernfalls kommt eine Vollstreckungsabwehrklage nach § 767 in Betracht, KG RR **89**, 638.

Unzulässig ist die Erinnerung gegen die Ablehnung des nur mit dem Angebot der Gegenleistung beauftragten Gerichtsvollziehers zur Durchführung dieses Angebots, LG Kblz DGVZ **98**, 58.

Zurückerstattung: Rn 24 „Kostenberechnung“, Rn 33 „Vorschuß“.

Zuständigkeit: § 753 regelt sie verbindlich. Daher ist ein Verstoß einer Änderung durch das Vollstreckungsgericht nur bedingt zugänglich, AG Bayreuth DGVZ **84**, 74.

Zustellung: Die Erinnerung des Gläubigers, des Schuldners oder des Drittschuldners ist zulässig, soweit eine gesetzlich notwendige Zustellung bisher nicht stattgefunden hat oder fehlerhaft verläuft, Köln JB **00**, 49, AG Itzehoe DGVZ **94**, 126 (Drittschuldner), oder soweit der Gerichtsvollzieher eine überflüssige weitere Zustellung vorgenommen hat, AG Überlingen JB **03**, 385.

9) Verfahren, I, II. Es gibt vier Hauptaspekte. 36

A. Form und Frist. Die Erinnerung ist schriftlich, elektronisch oder zum Protokoll der Geschäftsstelle möglich, § 78 III Hs 2. Sie ist unbefristet zulässig. Bei II kann man § 567 II anwenden, LG Kblz DGVZ **87**, 59. Die Erinnerung wird grundsätzlich erst dann statthaft, wenn die Zwangsvollstreckung begonnen hat, Grdz 51 vor § 704, KG DGVZ **94**, 114. Sie wird mit dem Ende der Zwangsvollstreckung nach Grdz 52 vor § 704 mangels eines fortdauernden Rechtsschutzbedürfnisses grundsätzlich unzulässig, Grdz 33 vor § 253, Köln JB **01**, 213, LG Mü DGVZ **96**, 77. Doch genügt je nach der Sachlage auch das unmittelbare Bevorstehen einer Vollstreckungsmaßnahme, KG DGVZ **94**, 114, etwa eines Haftbefehls, Hamm DGVZ **83**, 137, oder der Räumung. Es reicht also eine solche Situation, in der eine nachträgliche Entscheidung dem Schuldner nicht mehr helfen würde, KG DGVZ **94**, 114 (das sei bei der Androhung einer Zwangsöffnung noch nicht so – ? –).

B. Evtl trotz Befriedigung. Ab der vollen Befriedigung des Gläubigers ist ein Erinnerungsverfahren 37 nicht mehr zulässig, LG Köln DGVZ **94**, 62, oder erledigt, Hamm WoM **93**, 474, Köln OLGZ **88**, 216. Das gilt, sofern nicht die umstrittene Vollstreckungsmaßnahme fortwirkt, LG Bln DGVZ **91**, 141, wie ein Kostenansatz des Gerichtsvollziehers oder wie dann, wenn die Versteigerung zwar stattfand, wenn der Erlös aber hinterlegt worden ist, oder wie dann, wenn die Vollstreckungsmaßnahme die Grundlage für ein Verfahren zur Abgabe einer eidesstattlichen Versicherung zwecks Offenbarung nach §§ 807, 900 sein kann, etwa bei einer Fruchtlosigkeitsbescheinigung, LG Bln DGVZ **91**, 141, oder evtl dann, wenn es um Maßnahmen des Gerichtsvollziehers nach § 885 II–IV nach der Räumung geht, KG Rpfleger **86**, 440. Letzteres gilt freilich keineswegs stets, BGH DGVZ **05**, 25. § 7 GvKostG ist vorrangig, LG Hann DGVZ **77**, 62, aM LG Bln DGVZ **91**, 142 (aber die Kostenvorschrift hat als eine Spezialregel den Vorrang). Eine falsche Bezeichnung des Rechtsbehelfs schadet nicht. Bei Zweifeln muß das Gericht rückfragen. Der Antragsteller muß genau angeben, welche Vollstreckungsmaßnahme er aus welchem Grund beanstandet.

C. Zuständigkeit. Zuständig ist dasjenige Vollstreckungsgericht, in dessen Bezirk die beanstandete Voll- 38 streckungsmaßnahme stattfand oder stattfinden soll, §§ 764, 828. Bei der Pfändung eines Arrests ist das Arrestgericht das Vollstreckungsgericht, § 930 Rn 6, Ffm JB **80**, 1737, Stgt Rpfleger **75**, 407. Bei einer Vollstreckung nach einem Insolvenzeröffnungsbeschluß ist das Insolvenzgericht Vollstreckungsgericht, Jena RR **02**, 627, AG Gött DGVZ **08**, 27, AG Hbg KTS **78**, 59. Das gilt auch bei einer Erinnerung des Insolvenzverwalters wegen einer Massearmut, BGH FamRZ **06**, 1667. Bei § 114 III InsO ist nicht das Insolvenzgericht zuständig, sondern das Vollstreckungsgericht, LG Mü Rpfleger **00**, 468 (krit Zimmermann). In einer Strafsache ist das Strafgericht zuständig, LG Bln DGVZ **06**, 77, LG Frankenth Rpfleger **96**, 524. Das gilt auch bei einer strafrechtlichen Nebenfolge auf eine Zahlung, LG Bln DGVZ **06**, 77. Im Erinnerungsverfahren besteht kein Anwaltszwang nach § 78 Rn 1, BGH **69**, 148. Das Vollstreckungsgericht entscheidet durch den Richter, § 764 Rn 6, nicht durch den Rpfl, § 20 Z 17 S 2 RPflG. Der Richter entscheidet auch nach § 91 a, LG Frankenth Rpfleger **84**, 361 (zustm Meyer-Stolte), AG Maulbronn FamRZ **91**, 355 (zustm Brehm). Deshalb ist § 11 RPflG unbeachtlich. Eine mündliche Verhandlung ist freigestellt, §§ 128 IV, 764 III.

D. Abhilfe. Das bisherige Vollstreckungsorgan darf und muß daher evtl der Erinnerung abhelfen, Ffm 39 Rpfleger **79**, 111, LG Frankenth Rpfleger **84**, 424, Schmidt DGVZ **00**, 35. Der Rpfl darf und muß evtl zB einen Pfändungs- und Überweisungsbeschluß nach § 829 ändern oder den Beschluß nach einer Anhörung des Gläubigers auch teilweise oder ganz aufheben, Ffm Rpfleger **79**, 112, Kblz Rpfleger **78**, 226, Köln Rpfleger **75**, 140. Der Gerichtsvollzieher darf auch zB seine Kostenrechnung berichtigen. Deshalb muß sich zunächst das bisherige Vollstreckungsorgan dazu äußern, ob es abhelfen will. Es muß seine Entscheidung (Verfügung oder Beschluß, § 329) begründen, § 329 Rn 4, 11. Andernfalls liegt ein Verfahrensmangel vor. Er kann zur Zurückverweisung führen, § 329 Rn 4, 11. Dabei kann der Richter auch nach § 7 RPflG den Rpfl anweisen.

E. Weiteres Verfahren. Der Richter kann eine mündliche Verhandlung stattfinden lassen. Er ist dazu 40 aber nicht verpflichtet, § 128 IV, Schilken AcP **181**, 368. Er muß einen Termin unverzüglich bestimmen, § 216 entsprechend, auch für die Zeit vom 1. 7. bis 31. 8. ohne eine spätere Verlegungsmöglichkeit, § 227 III 2 Hs 1 Z 7. Der Erinnerungsführer muß diejenigen Tatsachen trotz Grdz 37 vor § 704 darlegen und zur Überzeugung des Gerichts beweisen, auf die er seine Erinnerung stützt, AG Ffm DGVZ **02**, 190, AG Springe NJW **78**, 834. Das Gesetz läßt die bloße Glaubhaftmachung nach § 294 wegen der Bedeutung einer endgültigen Entscheidung nicht zu. Prüfungsgegenstand sind nur die vom Schuldner gerügten Mängel des Vollstreckungsverfahrens. Vor einer Entscheidung zulasten des Antragsgegners muß ihn das Gericht anhören, Artt 2 I, 20 III GG (Rpfl), BVerfG **101**, 404, Art 103 I GG (Richter), LG Bln DGVZ **83**, 11. Die Erinnerung läßt sich bis zur Entscheidung über sie zurücknehmen und in den Grenzen eines Rechtsmißbrauchs nach Grdz 44 vor § 704 erneuern. Ein Verzicht ist in den Grenzen der Parteiherrschaft nach Grdz 4 vor § 704 zulässig.

10) Entscheidung, I, II. Das Vollstreckungsgericht entscheidet ohne eine Vorlage beim höheren Ge- 41 richt, Düss RR **93**, 831. Beim Verstoß muß das höhere Gericht das Verfahren zurückgeben oder zurückverweisen.

A. Form, Inhalt. Das Vollstreckungsgericht entscheidet durch einen Beschluß, §§ 329, 764 III. Maßgebend ist die Sachlage im Zeitpunkt dieser Entscheidung, Köln OLGZ **88**, 216. Der Beschluß lautet auf eine Zurückweisung der Erinnerung oder dahin, daß das Gericht die angefochtene Zwangsvollstreckungsmaßnahme für unzulässig erklärt oder aufhebt und/oder daß es den Gerichtsvollzieher zu deren Aufhebung anweist. Wenn das Vollstreckungsgericht oder das Beschwerdegericht eine frühere Maßnahme des Vollstreckungsgerichts für unzulässig erklärt, hat es diese Maßnahme damit aufgehoben, Kblz Rpfleger **86**, 229. Die Aufhebung wirkt sofort, BGH **66**, 394, Köln RR **87**, 380, Saarbr Rpfleger **93**, 80. Sie beseitigt den Pfändungsbeschluß nicht rückwirkend. Dazu ist vielmehr eine verneinende Feststellungsklage notwendig, soweit diese nach § 256 zulässig ist, BGH **69**, 149.

42 **B. Begründung, Mitteilung.** Das Vollstreckungsgericht muß seine Entscheidung grundsätzlich begründen, § 329 Rn 4. Es muß sie mit einem vollem Namenszug unterschreiben, § 129 Rn 9, § 329 Rn 8. Eine sog Paraphe genügt also nicht, auch nicht beim Rpfl, Köln VersR **92**, 256 (auch zur Heilung durch den Richter). Das Vollstreckungsgericht muß seine Entscheidung nach einer mündlichen Verhandlung verkünden, § 329 I 1. Wenn es die Erinnerung zurückweist, muß es seine Entscheidung dem Antragsgegner formlos mitteilen, § 329 II 1, dem Antragsteller förmlich zustellen, § 329 III. Es muß eine der Erinnerung stattgebende Entscheidung beiden Parteien zustellen.

43 **C. Kosten usw.** Das Vollstreckungsgericht muß in seinem Beschluß entsprechend § 308 II auch über die Kosten entscheiden. Denn diese sind keine Kosten der Zwangsvollstreckung, sondern diejenigen eines selbständigen Verfahrens, BGH RR **89**, 125. Es sind also §§ 91 ff anwendbar, nicht § 788, BGH RR **89**, 125, LG Kassel DGVZ **01**, 322, AG Schmalenberg Rpfleger **05**, 372. Beim FamFG-Verfahren gelten §§ 80–82, 84, 87 V FamFG. Der Gerichtsvollzieher ist mangels seiner Beteiligung am Verfahren als Partei auch bei einer Anweisung an ihn kein Kostenschuldner, Hamm DGVZ **94**, 27, LG Wetzlar DGVZ **95**, 127, LG Wuppert DGVZ **93**, 59. Auch die Landeskasse ist nicht kostenpflichtig, Hamm DGVZ **94**, 27, aM AG Wolfsb DGVZ **95**, 62. § 269 IV ist entsprechend anwendbar. Der Beschluß erwächst nicht nur in formelle, sondern auch in innere Rechtskraft, Einf 2 vor §§ 322–327, Stgt Just **83**, 301, LG Wiesb NJW **86**, 939. Die Rechtskraft derjenigen Entscheidung, die eine Erinnerung des Schuldners zurückweist, wirkt auch gegenüber einem Dritten. Die Entscheidung gegen einen Dritten wirkt im Verhältnis zu weiteren Dritten. Im übrigen wäre es selbst dann ein Mißbrauch, eine mehrmalige Entscheidung desselben Sachverhalts zu verlangen, wenn die innere Rechtskraft nach § 322 nicht eintreten würde. Der Gläubiger kann beantragen, den Vollzug der aufhebenden oder der abändernden Entscheidung bis zum Eintritt der formellen Rechtskraft auszusetzen.

44 **11) Einstweilige Anordnung, I, II.** Eine einstweilige Anordnung des Gerichts vor seiner Entscheidung über die Erinnerung ist entsprechend § 732 II zulässig. Das Gericht darf also auch von Amts wegen entscheiden, Mü MDR **91**, 66. Es darf die Zwangsvollstreckung gegen oder ohne eine Sicherheitsleistung einstellen oder die Fortsetzung der Vollstreckung von einer Sicherheitsleistung abhängig machen, § 732 Rn 9. Bei seiner Abhilfeprüfung darf und muß schon der Rpfl nach § 732 II vorgehen, LG Frankenth Rpfleger **84**, 424. Die einstweilige Anordnung ist nicht anfechtbar. Sie ist aufhebbar. Sie verliert mit der Entscheidung nach Rn 41–43 ihre Wirkung.

45 **12) Rechtsbehelfe erster Instanz, I, II.** Die Regelung hat sich wie folgt entwickelt, dazu *Schmidt* JuS **92**, 92.

A. Gegen einstweilige Einstellung. Gegen eine einstweilige Einstellung durch den Richter nach I 2 ist grundsätzlich entsprechend § 707 II 2 kein Rechtsbehelf statthaft. Denn sonst würde man die Entscheidung in der Hauptsache zu sehr verzögern. Ausnahmsweise kann das Gericht seine einstweilige Einstellung abändern und ist die einstweilige Einstellung anfechtbar, § 707 Rn 21.

46 **B. Gegen Entscheidung nach Anhörung.** Gegen eine Entscheidung des Richters nach der Anhörung der Beteiligten nach Rn 14 ist die sofortige Beschwerde nach §§ 567 I Z 1, 793 statthaft, § 793 Rn 3, Jena RR **02**, 627, Karlsr FamRZ **84**, 1249, LG Aachen DGVZ **03**, 23, § 87 IV FamFG. Das gilt auch nach der Anhörung des Drittschuldners, aM LG Bochum Rpfleger **84**, 278 (aber auch er kann ein voll Beteiligter sein). Wenn der Rpfl derart entschieden hat, ist ebenfalls die sofortige Beschwerde statthaft, § 11 II 1 RPflG in Verbindung mit §§ 567 I Z 1, 793. Das gilt auch dann, wenn das Insolvenzgericht als Vollstreckungsgericht entschieden hat, BGH Rpfleger **07**, 42. Die Beschwerdefrist beträgt nach § 569 I zwei Wochen seit der Zustellung. Der Gerichtsvollzieher ist nicht beschwerdeberechtigt, Düss RR **93**, 1280, Stgt DGVZ **79**, 58, aM LG Osnabr DGVZ **80**, 124 (aber der Gerichtsvollzieher ist als ein Vollstreckungsorgan keine Partei des Erinnerungsverfahrens). Das gilt auch wegen der Kostenentscheidung, LG Ffm DGVZ **93**, 75, LG Wiesb DGVZ **91**, 60, Polzius/Kessel DGVZ **02**, 37, aM LG Konst DGVZ **02**, 139, LG Nürnb-Fürth DGVZ **81**, 120. Der Richter oder der Rpfl müssen nach § 572 I 1 Hs 1 prüfen, ob und inwieweit sie abhelfen. Andernfalls muß das Vollstreckungsgericht die Nichtabhilfe durch einen zu begründenden Beschluß bekanntgeben, § 329 Rn 4, Köln JB **06**, 610, LG Stgt Rpfleger **92**, 56 (je: Richter), und die sofortige Beschwerde nach § 572 I Hs 2 unverzüglich dem Beschwerdegericht vorlegen. So muß auch der Rpfl vorgehen, ohne seinem Richter die Akten überhaupt vorzulegen. Dieser müßte sie einfach weiterleiten. Bei einer einstweiligen Anordnung durch den Rpfl nach Rn 44 gilt § 732 Rn 12. Bei einer einstweiligen Anordnung durch den Richter gilt § 732 Rn 10.

47 **C. Wegen Kosten.** Wegen der Kosten, Gebühren oder Auslagen muß der Beschwerdewert 200 EUR überschreiten, soweit es um eine Kostengrundentscheidung nach § 91 Rn 4 geht, um das Rechtsmittel statthaft zu machen, (jetzt) § 567 II. Soweit es um andere Kosten geht, muß der Beschwerdewert ebenfalls 200 EUR überschreiten, § 567 II. Wenn es sich dagegen um einen Kostenvorschuß zB nach §§ 379, 402, § 12 GKG, § 4 GvKostG oder um die Bemessung seiner Höhe handelt, von dessen Zahlung der Gerichtsvollzieher die Vornahme seiner Amtshandlung abhängig macht, ist die Erinnerung gegen die Art und Weise der Zwangsvollstreckung zulässig. Daher ist dann § 567 II nicht anwendbar.

48 **D. Umdeutung.** Wenn das Gericht statt einer gesetzlich vorgesehenen bloßen Zwangsvollstreckungsmaßnahme ohne eine Anhörung aller Beteiligten eine echte Entscheidung nach einer Anhörung der Beteiligten getroffen hatte, ist die sofortige Beschwerde statthaft, §§ 567 I Z 1, 793. Jedoch ist meist eine Umdeutung der angefochtenen Entscheidung in die richtige Form notwendig. Man muß den Rechtsbehelf dann in denjenigen umdeuten, der gegen die Maßnahme zulässig ist, Rn 9, Schmidt JuS **92**, 94 („Sowohl-

als-auch-Lösung": Statthaftigkeit der Erinnerung sowohl wegen der Art der Entscheidung, ihres objektiven Inhalts, als auch wegen der Art des vorausgegangenen Verfahrens). Wenn das Vollstreckungsgericht fälschlich § 11 RPflG angewendet hatte, muß das Beschwerdegericht die Sache zurückverweisen. Das Gericht muß eine verspätete sofortige Beschwerde unter Umständen in eine statthafte unbefristete Erinnerung umdeuten. Eine Rechtsbeschwerde kommt unter den Voraussetzungen des § 574 in Betracht. Wegen einer Anschlußbeschwerde § 567 III.

E. Gegen Beendigung der angefochtenen Vollstreckungsmaßnahme. Sie steht der Statthaftigkeit der sofortigen Beschwerde nicht entgegen. Das gilt zB dann, wenn es noch um die Kosten des Gerichtsvollziehers geht, AG Korbach DGVZ **84**, 154, oder wenn das Gericht die angefochtene Pfändung aufhebt, und zwar auch dann, wenn das Vollstreckungsgericht die Aufhebung der Pfändung ausspricht. Eine aufgehobene Maßnahme lebt nicht wieder auf. Sie kann aber erneut zulässig werden. Das Beschwerdegericht darf eine Neupfändung selbst aussprechen und bei einer Sachpfändung den Gerichtsvollzieher zur Vornahme einer erneuten Pfändung anweisen. Wenn allerdings die Zwangsvollstreckung insgesamt nach Grdz 52 vor § 704 gänzlich beendet ist, wird dadurch die sofortige Beschwerde unstatthaft. Dann kann lediglich ein sachlichrechtlicher Anspruch verbleiben. Ihn kann der Gläubiger zB nach § 256 I geltend machen. 49

13) Rechtsbehelfe in Beschwerdeinstanz. Gegen einen solchen Beschluß des Beschwerdegerichts, durch den es eine Vollstreckungsmaßnahme *ohne* eine Anhörung des Schuldners angeordnet hat, ist die Erinnerung an das Beschwerdegericht statthaft, Hamm MDR **75**, 938. Soweit das Beschwerdegericht *nach* einer Anhörung entschieden hat, ist keine weitere sofortige Beschwerde mehr statthaft. Eine Rechtsbeschwerde kommt nach § 574 in Betracht. 50

767 ***Vollstreckungsabwehrklage.*** **I Einwendungen, die den durch das Urteil festgestellten Anspruch selbst betreffen, sind von dem Schuldner im Wege der Klage bei dem Prozessgericht des ersten Rechtszuges geltend zu machen.**

II Sie sind nur insoweit zulässig, als die Gründe, auf denen sie beruhen, erst nach dem Schluss der mündlichen Verhandlung, in der Einwendungen nach den Vorschriften dieses Gesetzes spätestens hätten geltend gemacht werden müssen, entstanden sind und durch Einspruch nicht mehr geltend gemacht werden können.

III Der Schuldner muss in der von ihm zu erhebenden Klage alle Einwendungen geltend machen, die er zur Zeit der Erhebung der Klage geltend zu machen imstande war.

Schrifttum: *Barkam,* Erinnerung und Klage bei qualifizierten vollstreckbaren Ausfertigungen, 1989; *Habscheid,* Urteilswirkungen und Gesetzgeber, Festschrift für *Lüke* (1997) 225; *Häsemeyer,* Schuldbefreiung und Vollstreckungsschutz, Festschrift für *Henckel* (1995), 353; *Heil,* Die Bindung der Gerichte an Entscheidungen anderer Gerichte, Diss Bochum 1983; *Jakoby,* Das Verhältnis der Abänderungsklage gemäß § 323 ZPO zur Vollstreckungsgegenklage gemäß § 767 ZPO, 1991; *Janke,* Über den Gegenstand der Vollstreckungsgegenklage, 1978; *Kainz,* Funktion und dogmatische Einordnung der Vollstreckungsabwehrklage in das System der Zivilprozeßordnung, 1985; *Kellner,* Probleme um die Vollstreckungsabwehrklage nach § 19 AGBG, Diss Mü 1979; *Lippross,* Grundlagen und System des Vollstreckungsschutzes, 1983; *Münzberg,* Berücksichtigung oder Präklusion sachlicher Einwendungen ins Exequaturverfahren usw, Festschrift für *Geimer* (2002) 745; *Nelle,* Anspruch, Titel und Vollstreckung im internationalen Rechtsverkehr usw, 2000; *Nies* MDR **99**, 1418 (Üb); *Otto,* Die inner- und außerprozessuale Präklusion im Fall der Vollstreckungsgegenklage, Festschrift für Henckel (1995) 615; *Otto,* Die BGH-Rechtsprechung zur Präklusion verspäteten Vorbringens, Festgabe *50 Jahre Bundesgerichtshof* (2000) III 161; *Raab,* Zur analogen Anwendung der §§ 79 Abs. 2 S. 3 BVerfGG, 767 ZPO bei verfassungswidrig ausgelegten Normen, insbesondere bei Bürgschaft vermögensloser Familienangehöriger, 1999; *Schmidt,* Vollstreckungsgegenklage – Prozeßrecht und materielles Recht in der Bewährung, Festgabe *50 Jahre Bundesgerichtshof* (2000) III 491; *Seifert,* Prozeßstrategien zur Umgehung der Präklusion, 1996; *von Stosch,* Prozeßförderung durch das Mittel der Präklusion im österreichischen und deutschen Recht usw, 2000; *Tewes,* Überlegungen zum Verhältnis von Unterhalts- und Vollstreckungsschutzrecht, 2001; *Weinzierl,* Die Präklusion von Gestaltungsrechten durch § 767 Abs. 2 ZPO usw, 1997.

Gliederung

1 **1) Systematik, I–III.** Die Vollstreckbarkeit des Titels und damit die Rechtmäßigkeit der Zwangsvollstreckung sind von dem Schicksal des sachlichrechtlichen Anspruchs unabhängig, BGH FamRZ **84**, 879, LG Bln Rpfleger **82**, 483, Völp GRUR **84**, 488. Nur das Gericht kann die Vollstreckbarkeit des Titels beseitigen. Das geschieht grundsätzlich nur auf eine Vollstreckungsabwehrklage, BVerfG NJW **00**, 1938. Sie regelt § 767. Ihn ergänzen §§ 768–770. Daneben sind die allgemeinen Vorschriften anwendbar, zB §§ 129 ff, § 253 oder § 256, Rn 6. Beim Vollstreckungsbescheid nach §§ 699, 700 enthält § 796 II eine gegenüber § 767 II vorrangige Sonderregelung. Dasselbe gilt beim Titel auf einen Mindestunterhalt nach § 1612 a BGB zugunsten des § 798 a und beim Notar für § 156 KostO, Düss RR **02**, 1512. Zum Verhältnis zu §§ 1060, 1061 BayObLG RR **00**, 1360. Es findet kein obligatorisches Güteverfahren statt, § 15 a II 1 Z 6 EGZPO, Hartmann NJW **99**, 3748.

Die Abwehrklage liegt zwar an der Grenze des sachlichen und des prozessualen Rechts, Guckelberger NVwZ **04**, 662. Dennoch ist sie eine *rein prozessuale Gestaltungsklage,* Grdz 19 vor § 253, BVerfG NJW **00**, 1938, BGH NJW **02**, 139, Brdb RR **02**, 363, aM Halfmeier IPRax **07**, 388 (internationalrechtlich), Kainz (vor Rn 1: Feststellungsklage). Der Ausdruck Vollstreckungsabwehrklage stammt von Reichel AcP **133**, 20. Er ist besser als der von Kohler AcP **72**, 4 eingeführte und noch von BGH NJW **93**, 1395 benutzte Ausdruck Vollstreckungsgegenklage.

Dornig ist der dem Schuldner auferlegte Weg einer richtigen Abwehrklage mit ihren Kosten und Risiken ohnehin. Hat sie Erfolg, etwa beim Nachweis der Erfüllung, besteht ja immerhin der Verdacht, daß der Gläubiger mit seiner unberechtigt fortgesetzten Zwangsvollstreckung in den Bereich eines zumindest versuchten Betrugs geraten ist. Dann sollte man es dem Schuldner nicht allzu schwer machen. Eine etwa wahrheitswidrig aufgestellte und deshalb evtl strafbare Erfüllungsbehauptung dürfte wegen des Klagerisikos seltener sein.

2 **2) Regelungszweck, I–III.** Die Vollstreckungsabwehrklage dient in I einer eindeutig gewissermaßen „im letzten Moment" vor der Vollstreckung erhofften Verhinderung ungerechter Ergebnisse und damit einem Hauptziel des gesamten Zivilprozesses, Einl III 9, 36, BGH **148**, 397. Trotzdem darf sie nicht zu einer bequemen Unterwanderung der formellen wie inneren Rechtskraft nach §§ 322, 705 führen, BGH NZM **01**, 860. Das kommt in II, III zum Ausdruck. Daher ist zwar I weit, sind indes II, III eher eng auslegbar, noch strenger BGH NJW **81**, 2756, AG Langen FamRZ **94**, 1272, aM Steines KTS **87**, 31. Eine nun nicht in Formalismus abgleitende, zudem abwägende Gesamtauslegung wird dem Ziel des § 767 am ehesten gerecht.

3 **3) Geltungsbereich, I–III.** Die Klage richtet sich nicht gegen eine bestimmte Zwangsvollstreckungsmaßnahme, sondern gegen die Vollstreckbarkeit des Titels überhaupt und nur gegen diese Vollstreckbarkeit, Rn 49, BGH FamRZ **05**, 1832, BAG BB **04**, 895, Münzberg JZ **98**, 382. Daher ist grundsätzlich ein Antrag unrichtig, die Zwangsvollstreckung nur in bestimmte Gegenstände für unzulässig zu erklären. Eine Ausnahme gilt bei einem Wohnbesitz für Einwendungen des Treuhänders des zweckgebundenen Vermögens, § 12 b II 2 des 2. WoBauG. § 767 ist im WEG-Verfahren anwendbar. Dasselbe gilt für § 79 II 3 BVerfGG, BVerfG **115**, 63 (zustm Raab KTS **06**, 318). Zur Anwendbarkeit bei einem FamFG-Verfahren § 95 I FamFG

A. Leistungsurteil. Voraussetzung ist ein vollstreckbarer Titel, BGH RR **87**, 1149, Hamm DNotZ **92**, 662, Köln VersR **93**, 1505. Dazu gehört auch ein Titel der in Rn 10–13 genannten Art, nicht jedoch ein Titel nach Rn 14–16. Er muß aus sich heraus klar sein, Köln VersR **93**, 1505. Wenn dieser nicht vorliegt, trotzdem aber eine Vollstreckungsklausel nach §§ 724 ff besteht, ist nur der Weg nach § 732 offen, BGH RR **87**, 1149, Hamm RR **91**, 1152, Barnert MDR **04**, 607, aM BGH (II. ZS) BB **04**, 399, Hamm DNotZ **92**, 663, Köln RR **99**, 431 (§ 767 entsprechend), Rieble/Rumler MDR **89**, 499 (sie wenden den Meistbegünstigungsgrundsatz nach Grdz 28 vor § 511 an. Aber § 732 ist nach Grdz 14 vor § 128 prozeßwirtschaftlicher und dogmatisch sauberer.). Zur Lage bei § 79 II BerfGG Rn 33 „Verfassungsverstoß". Im WEG-Verfahren ist § 767 anwendbar.

4 **B. Gestaltungsurteil.** Bei einem rechtsgestaltenden Urteil nach Grdz 10 vor § 253 kann man die Vorschrift nicht anwenden. Wenn man sie auch als mit der Rechtskraft vollstreckbar ansieht, käme die Entscheidung doch zu spät, weil jede Möglichkeit der Einstellung fehlt. § 769 kann bei einer solchen Entscheidung nicht helfen. Um den Eintritt der Gestaltungswirkung zu verhindern, zB die Wirkung nach § 894 zu verhüten, kann man die Klage nach § 767 und demgemäß auch vorläufige Maßnahmen nach § 769 schon vor der Rechtskraft des Gestaltungsurteils zulassen.

C. Feststellungsurteil. Ein Feststellungsurteil nach Grdz 9 vor § 253 hat jedenfalls in der Hauptsache anders beim Kostenausspruch keine Vollstreckungswirkung. Es läßt deswegen auch keine Vollstreckungsabwehr zu, Hamm NJW **03**, 3569, Hager KTS **89**, 518. Sachlich ist der Vollstreckungsabwehrprozeß die Fortsetzung des alten Rechtsstreits, BGH NJW **80**, 1393. Deshalb ist zB kein neuer Verwaltungsvorbescheid notwendig, wenn die Klage einen solchen erfordert hatte. 5

4) Zusammentreffen mit anderen Klagarten und Rechtsbehelfen, I–III. Die Vollstreckungsabwehrklage läßt nicht weniger als neun andere Wege unberührt. 6

A. Verneinende Feststellungsklage. Zulässig und unter Umständen notwendig bleibt schon wegen ihrer weiter reichenden Wirkung eine Klage auf die Feststellung des Nichtbestehens des Anspruchs nach § 256, dort Rn 102 „Vollstreckungsfragen", BGH NJW **97**, 2321, Mü RR **01**, 131, Rostock WoM **03**, 638. Das gilt freilich nur, soweit ihr nicht die Rechtskraft entgegensteht, § 322 Rn 41, auch infolge des Erlöschens durch eine Aufrechnung, § 322 Rn 21. Vgl auch § 256 Rn 102 „Vollstreckungsfragen".

B. Gestaltungs- oder Leistungsklage. Zulässig bleibt eine erneute Leistungsklage nach Grdz 8 vor § 253 wegen der Notwendigkeit, einen neuen Titel zu beschaffen. Diese kann eintreten, wenn zB der alte Vollstreckungstitel unklar ist, BGH RR **04**, 1275. Zulässig bleibt auch eine Feststellungsklage über den Inhalt des vorhandenen Urteils. Einzelheiten Einf 16 vor §§ 322–327.

C. Herausgabeklage. Zulässig bleibt eine Klage auf die Herausgabe des Vollstreckungstitels nach § 826 BGB, BGH VersR **03**, 619, Kblz MDR **02**, 475, oder wegen einer vollständigen Befriedigung des Gläubigers, BGH NJW **94**, 3225, Saum JZ **81**, 698. Eine teilweise Befriedigung genügt nicht.

D. Abänderungsklage. Zulässig bleibt eine Abänderungsklage nach § 323, Walter DAVorm **93**, 231. Das gilt auch bei einer Verpflichtungsurkunde, aM BayObLG FamRZ **99**, 935 (eine Begründung ist nicht erkennbar). Sie steht beiden Parteien zu und bezieht sich auf den Wegfall der rechtsbegründenden Tatsachen. Die Abänderungsklage kann daher nicht eine Rüge der Rechtshängigkeit nach § 261 begründen. Zu den Unterschieden der beiden Klagarten § 323 Rn 4, BGH FamRZ **01**, 905, Köln FER **01**, 276, Graba NJW **89**, 481 (ausf). Eine Umdeutung von der einen in die andere Klagart ist grundsätzlich zulässig, Brdb FamRZ **02**, 1194. 7

Da die Vollstreckungsabwehrklage aber häufig dasselbe Ziel wie die Abänderungsklage hat, fehlt im allgemeinen nach der Erhebung einer Abänderungsklage das *Rechtsschutzbedürfnis* nach Grdz 33 vor § 253 für eine Vollstreckungsabwehrklage nach § 767. Jedoch kann auch § 767 vorgehen, Brdb FamRZ **08**, 906. Es muß das Gericht stets prüfen, ob sich die Ziele und die Wirkungen der beiden Klagen wirklich decken. Die Vollstreckung aus dem früheren Unterhaltstitel ist während des Abänderungsverfahrens bis zu dessen rechtskräftigem Abschluß zulässig, Celle RR **02**, 799. Man kann für die Anrechnung von Kindergeld den Weg nach § 767 nehmen und für die Änderung der Unterhaltsrichtsätze denjenigen nach § 323 wählen, BGH **70**, 156.

Zum Verhältnis der §§ 323, 767 (jetzt) in Verbindung mit§ 95 I FamFG bei *Unterhaltsforderungen* während des Getrenntlebens einerseits und nach der Scheidung andererseits BGH NJW **81**, 978, Bbg FamRZ **99**, 943, Köln FER **01**, 276 (Verwirkung). Wegen der Hilfsklage § 260 Rn 8, Karlsr FamRZ **85**, 288. Rückständigen Unterhaltsbeiträgen kann man nur nach § 767 entgegentreten, soweit es sich nicht um solche für das Kind handelt, § 1615 i BGB, §§ 642 f. Dabei ist die Einwendung wirkungslos, der Kläger hätte ihnen früher mit einer Klage aus § 323 entgegentreten können.

E. Bereicherungsklage. Zulässig bleibt eine Bereicherungsklage auf die Erstattung des zu Unrecht Beigetriebenen, § 264 Rn 10, BGH NJW **87**, 652, Ffm MDR **82**, 934, KG FamRZ **88**, 85, aM Karlsr FamRZ **91**, 352 (aber der Zivilprozeß dient dem sachlichen Recht, Einl III 9). Dabei gelten die gewöhnlichen Gerichtsstände. 8

F. Erinnerung, dazu *Münzberg* JZ **93**, 95: Zulässig bleibt eine Erinnerung nach *§ 732*, BGH FamRZ **04**, 1715 links, KG KTS **02**, 358, Windel ZZP **102**, 175 (ausf).

Mit der Erinnerung aus *§ 766* trifft die Vollstreckungsabwehrklage nach § 767 grundsätzlich nicht zusammen, § 766 Rn 1. Das Prozeßgericht müßte die Klage vielmehr evtl nach einem vergeblichen Hinweis nach § 139 grundsätzlich durch ein Prozeßurteil nach Grdz 14 vor § 253 als unzulässig abweisen, soweit die Erinnerung statthaft ist, BGH Rpfleger **89**, 248, LG Hbg KTS **83**, 600. Von dieser Regel gelten Ausnahmen, soweit Einwendungen gegen die Art und Weise der Zwangsvollstreckung nach § 766 und Einwendungen gegen den sachlichrechtlichen Anspruch nach § 767 zusammentreffen, Düss OLGZ **84**, 94, Rn 13 (M), AG Groß Gerau FamRZ **89**, 776, Geißler NJW **85**, 1869, ferner auch bei einem sachlichrechtlichen Vollstreckungsvertrag, Grdz 24 vor § 704.

G. Berufung. Mit der Vollstreckungsabwehrklage kann die Berufung gegen den Vollstreckungstitel nach §§ 511 ff zusammentreffen, Ffm RR **92**, 32. Freilich fehlt für die Klage nach § 767 dann das Rechtschutzbedürfnis meist, Hamm ZIP **93**, 523. Wegen Ausnahmen BAG NJW **80**, 141 (Berufung unzulässig), Ffm OLGR **94**, 82.

H. Vollstreckungsschutzantrag. Zulässig bleibt ein Antrag nach § 765 a, Kblz OLGZ **85**, 455.

I. Wiederaufnahme. Zulässig bleibt eine Klage nach §§ 578 ff.

5) Anwendbarkeit auf andere Vollstreckungstitel, I–III. § 767 erfaßt die folgenden zahlreichen weiteren Fälle. 9

A. Vollstreckungsurteil. Es liegt ein Vollstreckungsurteil vor, § 723 Rn 3, Kblz MDR **02**, 475.

B. Vollstreckungsbescheid. Es liegt ein Vollstreckungsbescheid vor, § 796 III. 10

C. Prozeßvergleich. Es liegt ein Prozeßvergleich vor, Anh § 307, sofern vorher eine vollstreckbare Entscheidung ergangen ist. Denn dann ist § 775 Z 1 unanwendbar, § 775 Rn 8, § 794 Rn 7, Hamm NJW **88**, 1988. Sonst besteht für eine Klage nach § 767 an sich oft kein Rechtsschutzbedürfnis, Grdz 33 vor 11

§ 253, Hbg NJW **75**, 225, großzügiger BGH (LwS) FamRZ **87**, 805, BAG KTS **90**, 123 (Einwand der Masseunzulänglichkeit).

Jedoch ist eine Vollstreckungsabwehrklage dann zulässig, wenn der Kläger behauptet, die Vergleichsforderung sei *nachträglich weggefallen,* BGH FamRZ **84**, 879 (arglistige Täuschung), Köln AnwBl **82**, 114, aM Ffm FamRZ **88**, 62 (Verwirkung: § 323), Hbg NJW **75**, 225, Karlsr FamRZ **91**, 352 (Fortfall der Geschäftsgrundlage, Verwirkung usw. Vgl aber jeweils Einl III 65.). Eine weitere Ausnahme liegt dann vor, wenn der Kläger behauptet, es liege ein Rechtsmißbrauch vor, Grdz 44 vor § 704, LG Lüb RR **02**, 1090, oder die Parteien hätten sich schon vor dem Vergleichsabschluß über den Vergleichsgegenstand abschließend anders geeinigt gehabt, BVerwG NJW **05**, 1962.

Eine Vollstreckungsabwehrklage ist ferner dann zulässig, wenn Streit über die *Auslegung* eines an sich unstreitig wirksam zustande gekommenen Prozeßvergleichs besteht, BAG BB **04**, 895, BVerwG NJW **92**, 191, aM Renck NJW **92**, 2209 (vgl aber Anh § 307 Rn 40). Dasselbe gilt nach einem vollstreckbaren Anwaltsvergleich, BGH FamRZ **06**, 262. Man kann auch evtl die Unzulässigkeit einer künftigen Vollstrekkung geltend machen, BAG NZA **08**, 899. Die Parteien dürfen einen Unterhaltsvergleich im Hinblick auf die Scheidung vor dem Ausspruch der Scheidung abgeschlossen haben. Nach einem Arrest- oder einstweiligen Verfügungsverfahren nach §§ 916 ff, 935 ff ist ein neuer Prozeß notwendig, Bbg FamRZ **84**, 1120, oder denkbar, Hamm ZIP **80**, 1104. Der Vergleich muß aber bestimmt sein, Grdz 18 vor § 704, § 794 Rn 5, Karlsr OLGZ **84**, 342.

12 **D. Beschluß.** Die Vollstreckungsabwehrklage ist auch nach einem beschwerdefähigen Beschluß zulässig, § 794 Rn 12–17, § 795 Rn 10.

E. Vollstreckbarerklärung. Es liegt die Vollstreckbarerklärung eines Schiedsspruchs usw nach § 1060 vor, BGH MDR **91**, 132, KG JB **07**, 49, Geißler NJW **85**, 1868. Das gilt auch einer ausländischen derartigen Entscheidung, § 1061.

F. Festellung zur Insolvenztabelle. Es liegt eine Feststellung zur Tabelle vor, § 178 InsO, BVerfG NJW **84**, 475, Eisenberger ZIP **84**, 655. Maßgebender Zeitpunkt ist der Prüfungstermin.

G. Teilungsplan. Es geht um einen Teilungsplan in der Zwangsversteigerung usw, §§ 115, 156 ZVG, BGH NJW **80**, 2586.

H. Vorschußberechnung nach GenG. Ausgangspunkt ist die Vorschußberechnung der Genossen, §§ 109, 114, 115 c GenG. Die Einwendungen müssen nach der Vollstreckbarerklärung entstanden sein.

I. Nachschußfestsetzung nach VAG. Es liegt eine Nachschuß- und Umlagefestsetzung bei Insolvenz der Versicherungsgesellschaft vor, § 52 VAG.

J. Einstweilige Zahlungsverfügung. Es geht um eine einstweilige Verfügung auf die Zahlung eines Geldbetrags, § 936 Rn 17, Klauser MDR **81**, 716.

K. Urkunde. Es handelt sich um eine vollstreckbare Urkunde, § 797 Rn 4, BGH RR **99**, 1080 (keine Unterwerfung), BayObLG FGPrax **00**, 41, Ffm MDR **85**, 331, unabhängig davon, ob die Unterwerfungserklärung aus sachlichrechtlichen Gründen unwirksam ist, BGH NJW **92**, 2161.

L. Einwendung nach BVFG. Es geht um Einwendungen aus dem BVFG, die neben einer Erinnerung nach § 766 erhoben werden.

13 **M. Kostenfestsetzungsbeschluß.** Es geht um einen Gebührenfestsetzungsbeschluß nach (jetzt) § 11 RVG, BGH NJW **97**, 743, oder um einen Kostenfestsetzungsbeschluß, nach §§ 104, 794 I Z 2, 795, BGH Rpfleger **95**, 375, BVerwG NJW **05**, 1962, BayObLG NZM **00**, 304 (WEG). Nur beim letzteren ist allerdings II unanwendbar, § 795 Rn 13, BGH NJW **94**, 3293, BAG KTS **87**, 723, BPatG GRUR **92**, 507, aM Ffm AnwBl **87**, 95 (aber das wäre inkonsequent). § 269 IV ist beachtlich, Mü MDR **84**, 501.

N. Geldersatz nach StPO. Es handelt sich um eine Entscheidung auf einen Geldersatz im Strafverfahren nach § 406 b StPO, BGH NJW **82**, 1048.

O. Beschluß nach FamFG. Das Gericht hat in einem Verfahren nach dem FamFG einen Beschluß erlassen, (jetzt) § 95 I FamFG, KG ZMR **95**, 219. Hier kommt es also darauf an, ob auf seine Vollstreckbarkeit die Vorschriften der ZPO für anwendbar erklärt sind.

P. Zahlungsaufforderung nach BRAO. Es geht um Einwendungen gegen die vollstreckbare Zahlungsaufforderung einer Rechtsanwaltskammer nach § 84 III BRAO, jedoch wegen § 223 BRAO nicht um die Rechtswirksamkeit des zugrundeliegenden Kammerbeschlusses.

Q. Zuschlagsbeschluß. Es geht um einen Zuschlagsbeschluß nach §§ 93, 132 ZVG.

14 **6) Unanwendbarkeit, I–III.** § 767 ist in den folgenden zahlreichen Fällen unanwendbar.

A. Steuersache. Die Vorschrift gilt nicht in einer Steuersache, aM BFH DB **84**, 596 (auch zu § 769).

B. Beitreibung. Die Vorschrift gilt nicht im Beitreibungsverfahren, § 6 I Z 1 JBeitrO. Hartmann Teil IX A. Bei §§ 781–784, 786 ist jedoch § 767 sinngemäß anwendbar, § 8 II JBeitrO, Rn 59.

C. Arrest. Die Vorschrift gilt nicht in einer Arrestsache, § 924 Rn 7.

15 **D. Einstweilige Anordnung.** Die Vorschrift gilt regelmäßig nicht in einem Verfahren auf den Erlaß einer einstweiligen Anordnung im Rahmen (jetzt) der §§ 49 ff FamFG, BGH NJW **83**, 1330, Köln FER **99**, 218, Zweibr FamRZ **97**, 1227, aM BGH NJW **85**, 428, Hbg FamRZ **96**, 810, Kblz FER **01**, 160 (aber [jetzt] §§ 49 ff FamFG bilden eine vorrangige geschlossene Sonderregelung). Die Unanwendbarkeit gilt auch nach einem dort geschlossenen Vergleich, Zweibr FamRZ **85**, 1150.

E. Einstweilige Verfügung. Die Vorschrift kann bei einer sog Befriedigungsverfügung nach § 936 Rn 17 gelten.

Sie gilt aber im übrigen grundsätzlich *nicht* in einem Verfahren auf den Erlaß einer einstweiligen Verfügung, § 936 Rn 17, aM Nürnb GRUR **85**, 238 (vgl aber Rn 12 (K) und § 936 Rn 17).

F. Vorläufige Unterhaltsfestsetzung. Die Vorschrift gilt nicht gegenüber der vorläufigen Festsetzung der Unterhaltspflicht im Verwaltungsweg.

G. Einwendung gegen Vollstreckungsklausel. Die Vorschrift gilt nicht für Einwendungen gegen die Zulässigkeit der Vollstreckungsklausel bei einer Unterwerfung unter die sofortige Zwangsvollstreckung in einer notariellen Urkunde. Hier sind §§ 797 III, 732 anwendbar, BGH RR **87**, 1149, LG Köln DNotZ **90**, 570, LG Mainz DNotZ **90**, 567, aM Wolfsteiner DNotZ **90**, 551 (aber die genannten Spezialvorschriften haben den Vorrang). **16**

H. Klage nach § 10 UKlaG. Die Klage nach § 10 UKlaG ist trotz ihrer Einkleidung in das Gewand einer Vollstreckungsabwehrklage nach § 767 ein eigenartiger Rechtsbehelf, so schon Gaul Festschrift für Beitzke (1979) 1050.

I. Einwendungen gegen Notarkostenrechnung. Die Vorschrift gilt nicht in einem Verfahren nach § 156 KostO, Oldb MDR **97**, 394, LG Hanau RR **98**, 1773 (§ 17 a GVG, auch bei Berufung).

7) Einwendungen, I. Ein ziemlich weiter Zweck erfordert eine entsprechende Auslegung, Rn 1. **17**

A. Grundsatz: Anspruchvernichtung; Hemmung der Durchsetzbarkeit. Unter § 767 fallen nicht etwa verfahrensrechtliche Verstöße als solche, Musielak Festschrift für Schwab (1990) 364. Vielmehr fallen hierunter nur diejenigen Einwendungen, die den im Titel rechtskräftig zuerkannten sachlichrechtlichen Anspruch nachträglich vernichten oder in seiner Durchsetzbarkeit hemmen, BGH NJW **96**, 57, KG KTS **02**, 359, Schlesw JB **93**, 623, aM Gilles ZZP **83**, 61 (Anspruch wie Einwendungen nach § 767 seien nur prozessuale Begriffe. Aber damit würde man den Unterschied zwischen den Naturen der Klage nach § 767 und derjenigen wegen der möglichen Ansprüche verwischen.).

B. Beispiele zur Frage der Zulässigkeit einer Einwendung **18**

Abänderungsklage: Soweit sie nach § 323 zulässig ist, ist eine Vollstreckungsklage nach § 767 zwar *nicht schlechthin unzulässig,* § 323 Rn 1. Vgl aber auch § 767 Rn 7.

S auch Rn 22 „Geschäftsgrundlage".

Abtretung: Rn 23 „Gläubigerwechsel", Rn 28 „Rücktritt".

Aktivlegitimation: Ihr Wegfall auch nach einer Prozeßstandschaft ist eine zulässige Einwendung, Rn 23 „Gläubigerwechsel".

Allgemeine Geschäftsbedingungen: Der Vortrag, eine Klausel sei unzulässig, ist eine zulässige Einwendung, Celle RR **91**, 667, aM Kblz MDR **02**, 475 (aber der Anspruch mag fehlen. Vgl freilich Rn 50 ff).

Änderung der Gesetzgebung: Sie ist grds *keine* zulässige Einwendung, Guckelberger NVwZ **04**, 663, Schmidt Festgabe 50 Jahre BGH (2000) 495. Ausnahmsweise zulässig ist der Einwand, soweit ihn das Gesetz ausdrücklich erlaubt, zB in §§ 79 II 2 BVerfGG, 698, Rüßmann Festschrift für Lüke (1997) 698, aM Ffm FamRZ **79**, 139, Sieg VersR **77**, 494, Ffm FamRZ **79**, 139 (aber ein klarer Wortlaut bindet, Einl III 39), oder bei einem andauernden, fortlaufend anspruchserzeugenden Rechtsverhältnis, BGH FamRZ **77**, 462 (wegen einer Tatsache, die vor dem Vergleich eingetreten ist, Anh § 307 Rn 47).

Änderung der Rechtsprechung: Sie reicht *grds nicht* aus, BGH **151**, 326, Ffm FamRZ **79**, 139, Schmidt Festschrift 50 Jahre BGH (2000) 495. Das gilt auch für eine erst nach dem Urteil eingetretene Richtlinie des BVerfG, und zwar selbst dann nicht, wenn das Urteil nach ihr evtl anders ergangen wäre, Köln RR **01**, 140. Etwas anderes mag bei der Nichtigkeit eines Gesetzes gelten, BVerfG NJW **02**, 2941.

S auch Rn 20 „Bürgschaft", Rn 28 „Rechtsansicht".

Änderung der Verhältnisse: Sie reicht aus, Kblz VersR **06**, 978, Schlesw FGPrax **04**, 65.

Anerkenntnis: Seine Nichtigkeit läßt sich (auch) nach § 767 rügen,BGH NZM **07**, 819.

Anfechtungsgesetz: Der Wegfall des Anspruchs infolge einer Anfechtung nach dem AnfG ist *keine* nach § 767 zulässige Einwendung. Denn hier ist der Anfechtungsgegner nicht durch § 767 beschränkt, aM BGH NJW **99**, 642 (wendet ll entsprechend an, soweit sich die Klage gegen ein Urteil richtet. Aber das AnfG hat als eine Spezialregelung den Vorrang.). **19**

Anrechnung: Der Einwand, das Gericht habe eine Anrechnung im Verfahren nach § 11 RVG zu Unrecht abgelehnt, ist wegen II eine zulässige Einwendung, Rn 13 (M), (zum alten Recht) BGH NJW **97**, 743.

Arbeitsrecht: Der Arbeitgeber kann gegen ein Urteil auf eine Beschäftigung dann nach § 767 vorgehen, wenn der Arbeitnehmer gar nicht oder nur unregelmäßig am Arbeitsplatz erscheint, Pallasch, Der Beschäftigungsanspruch des Arbeitnehmers (1993) 138.

Arglist: Rn 30 „Treuwidrigkeit".

Arrest, einstweilige Verfügung: Das Außerkrafttreten einer solchen Maßnahme ist *keine* hier zulässige Einwendung. Denn damit bestreitet der Schuldner das Bestehen des Vollstreckungstitels.

S auch Rn 35 „Vollstreckungstitel".

Art und Weise der Vollstreckung: Einwendungen gegen die Art und Weise der Zwangsvollstreckung sind *nicht* im Verfahren nach § 767 möglich, sondern in dem Erinnerungsverfahren nach § 766.

S auch Rn 25 „Insolvenz", Rn 27 „Prozeßstandschaft", Rn 38 „Zug um Zug".

Aufhebung einer Vollstreckungsmaßnahme: Rn 36 „Vollstreckungsvertrag".

Aufrechnung: Die Behauptung, die Forderung des Gläubigers sei infolge einer Aufrechnung erloschen, ist eine zulässige typische Einwendung, BVerfG NJW **00**, 1938, BGH **163**, 342, Hamm FamRZ **05**, 995 (Aufrechnungsverbot).

Die Aufrechnung gegen einen *Schiedsspruch* kann im Verfahren auf seine *Vollstreckbarerklärung* erfolgen, Hamm RR **01**, 1362, aM BayObLG MDR **00**, 968 (zustm Weigel. Aber man sollte prozeßwirtschaftlich vorgehen, Grdz 14 vor § 128).

Vgl auch Rn 53 „Aufrechnung".

Auskunft: Der Wegfall eines Auskunftsanspruchs ist eine zulässige Einwendung, Celle FamRZ **84**, 56.

Auslegung: Es kommt auf die auslegbare Partie an, BGH NJW **77**, 583, BVerwG NJW **92**, 191 (krit Renck 2209).

20 **Bedingung:** Die Behauptung einer Bedingung ist eine zulässige Einwendung. Das gilt sowohl für eine aufschiebende als auch für eine auflösende Bedingung, zur letzteren Ffm FamRZ **89**, 1320, Karlsr NJW **90**, 2475 (zu § 796 II).

Befriedigung: Rn 21 „Erfüllung".

Bereicherung: Eine Situation nach §§ 812 ff BGB kann ausreichen.

Buchauszug: Rn 28 „Rechnungslegung".

Bürgschaft: Nach einer vorbehaltlosen Verurteilung des Bürgen im Urkundsprozeß ist eine Erfüllung auch bei einer Insolvenz des Bürgschaftsgläubigers evtl einwendbar, Brdb MDR **02**, 960.

Eine Zahlung durch einen Bürgen auf Grund eines vorläufig vollstreckbaren Urteils ist *keine* zulässige Einwendung. Denn sie ist nur eine bedingte Erfüllung, Rn 50. Eine Änderung der Rechtsprechung reicht grds nicht, Eckardt MDR **97**, 625.

S auch Rn 19 „Aufrechnung", Rn 33 „Verjährung".

Culpa in contrahendo: Rn 33 „Verschulden bei Vertragsverhandlungen".

21 **Eigenbedarf:** Sein Wegfall kann ausreichen, LG Siegen WoM **92**, 147.

Einziehungsermächtigung: Es kommt darauf an, wer der Träger des sachlichrechtlichen Anspruchs ist, Münzberg NJW **92**, 1867, aM Köln FamRZ **02**, 555 (aber nur der Rechtsträger kann grds überhaupt klagen).

Erbschaft: Der Einwand der beschränkten Erbenhaftung ist zulässig, Hamm FamRZ **92**, 583. Eine Erbausschlagung ist eine zulässige Einwendung. Ein Miterbe kann sich bis zur Teilung auf § 2059 S 1 BGB berufen.

Unzulässig ist der Einwand, bei einer beschränkten Erbenhaftung fehle der Vorbehalt.

S auch Rn 27 „Nacherbfolge".

Erfüllung: Sie ist eine zulässige typische Einwendung, § 803 Rn 10, BGH FamRZ **07**, 991, Karlsr FamRZ **06**, 284, AG Stollberg JB **07**, 444. Das gilt auch für eine Annahme an Erfüllungs Statt. Es gilt ferner für die Abgabe einer Erklärung. Es gilt auch zugunsten jedes Gesamtschuldners, Ffm ZIP **82**, 880. Die Erfüllung reicht auch bei einer Handlungspflicht, zB bei einer Verpflichtung zur Rechnungslegung, Rn 28. Auch eine Teilerfüllung reicht aus, freilich nur zur entsprechenden teilweisen Bekämpfung, BGH RR **91**, 760, BayObLG ZMR **99**, 184 (WEG). Ein Vorbehalt ist meist unschädlich, Ffm FamRZ **93**, 346 (Fallfrage). Auch der Wegfall des Erfüllungsinteresses kann ausreichen, LG Siegen WoM **92**, 147. Bei einer weitgehenden Gesamterfüllung kann der Gläubiger zur Darlegung der Verrechnung usw verpflichtet sein, KG RR **02**, 1078.

S auch Rn 2, Rn 20 „Bürgschaft", Rn 28 „Rechnungslegung", Rn 31 „Unmöglichkeit", Rn 32 „Unterhaltspflicht".

Erlaß: Der Schulderlaß nach § 397 BGB ist eine zulässige Einwendung, Köln VersR **92**, 885. Das gilt auch bei einem bedingten teilweisen Schulderlaß, Hamm VersR **93**, 1548, und bei einer einverständlichen Abänderung, auch einer stillschweigenden, etwa dann, wenn der Unterhaltsgläubiger jahrelang einen geringeren als den titulierten Unterhalt entgegennimmt, Hamm FamRZ **99**, 1665.

Erlöschen: Das Erlöschen der Forderung ist eine zulässige Einwendung, Düss FamRZ **92**, 943, Ffm FamRZ **08**, 83. Das gilt nicht nur bei einer Erfüllung, sondern auch bei einem anderen Grund, zB beim Eintritt einer Bedingung, Köln FamRZ **01**, 177, oder beim Eintritt in ein bestimmtes Lebensalter oder beim Eintritt der Erwerbsunfähigkeit, aM Zweibr FamRZ **93**, 441 (nur § 323. Vgl aber Rn 7.).

Erschleichung: Rn 35 „Vollstreckungstitel".

Fälligkeit: Das Fehlen der Fälligkeit kann eine zulässige Einwendung sein, Hamm MDR **93**, 348, AG Langen FER **00**, 66 (bisher pünktliche Unterhaltszahlungen).

22 **Geschäftsgrundlage:** Ihr Fehlen oder Fortfall ist bei einem wiederkehrenden Anspruch *keine* zulässige Einwendung, BGH **151**, 326, VGH Mü NVwZ-RR **07**, 354. Denn dann läßt sich nicht die Zulässigkeit der Zwangsvollstreckung bestreiten. Vielmehr muß man dann den Vollstreckungstitel vernichten lassen, § 323, BGH **100**, 212 (Zinsniveau), aM Schlesw FamRZ **86**, 72. Das gilt zB bei einem Anspruch auf die Minderung einer Rente, § 323 Rn 40.

S auch Rn 18 „Abänderungsklage".

Geschäftsunfähigkeit: Die Behauptung, sie habe gefehlt, ist *keine* hier zulässige Einwendung. Dann mag ein Rechtsmittel oder eine Klage nach § 579 I Z 4 zulässig sein.

Gesellschaft: Der Gesellschafter kann eine von der Gesellschaft abgeleitete Einwendung unter den Voraussetzungen von I, II anbringen, BGH RR **06**, 1270.

Gesetzesänderung: Sie kann eine Einwendung zulässig machen, Einl III 78, BGH FamRZ **77**, 461, Nürnb JB **85**, 1884, LG Mü WRP **84**, 577. Das gilt aber nur bei ihrer Rückwirkung oder bei ihrer Wirkung auf laufende Leistungen.

Gesetzliche Vertretung: Ihr jetziges Fehlen ist *keine* zulässige Einwendung, Ffm MDR **97**, 195, ebensowenig ihr bloßer Wechsel, Kblz FamRZ **05**, 993.

Gestaltungsrecht: Rn 19 „Anfechtungsgesetz", „Aufrechnung".

Gewerbeordnung: Ein Verbot nach §§ 115, 119 GewO ist eine zulässige Einwendung, BGH BB **75**, 901.

23 **Gläubigerwechsel:** Er ist eine zulässige Einwendung, Ffm DGVZ **93**, 92, Hbg FamRZ **96**, 810, Köln FamRZ **02**, 555. Das gilt zB: Bei einer Abtretung des Anspruchs, über den das Urteil entschieden hat, BGH NJW **01**, 232 – krit Foerste JZ **01**, 467 – (nur im Prinzip, aber auch Rn 50–52); bei der Abtretung einer Grundschuld, Düss RR **97**, 444; bei einer Pfändung, AG Mü DGVZ **84**, 76, Münzberg DGVZ **85**, 145; beim Wegfall einer Prozeßstandschaft, Grdz 28 vor § 50 „Unterhalt", Brdb FamRZ **97**, 509, Hamm FamRZ **00**, 365, Nürnb MDR **01**, 1299, aM Ffm FamRZ **83**, 1268, Hamm VersR **98**, 477 (aber das ist sogar ein typischer Fall des Wegfalls der Aktivlegitimation); beim Verlust der Sachbefugnis, Schlesw SchlHA **82**, 111; infolge einer Überleitung des Anspruchs auf gesetzlicher Grundlage, Hbg FamRZ **96**, 810, Köln FamRZ **02**, 555, aM KG GRUR **96**, 997 (aber auch das ändert die sachlich rechtliche Situation).

Denn *jede* sachlichrechtliche Änderung ist hier beachtlich. § 265 gilt außerdem in der Zwangsvollstreckung nicht, BGH **92**, 349 (krit Brehm JZ **85**, 342, Olzen JR **85**, 288). Es genügt zB, daß die Abtretung dem Verurteilten erst nach dem Urteil bekannt geworden ist.

Unzulässig ist aber zB die Einwendung der Unwirksamkeit eines solchen Darlehensvertrags, auf dem die Abtretung an den neuen Gläubiger beruht, soweit auch der bisherige Gläubiger sie nicht mehr geltend machen kann, Nürnb OLGZ **83**, 481.

S auch Rn 21 „Einziehungsermächtigung".

Grundgesetz: Rn 33 „Verfassungsverstoß".

Handelsgewerbe: Seine Veräußerung nach § 25 HGB ist eine zulässige Einwendung.

Haftungsbeschränkung: Sie ist eine zulässige Einwendung, Celle RR **88**, 133, Düss Rpfleger **77**, 416. **24**
Das gilt zB für die Einrede des Notbedarfs, durch die eine Unterhaltspflicht des Erben vermindert wird, § 785.

Handlungspflicht: Rn 21 „Erfüllung".

Haustürgeschäft: Rn 37 „Widerruf".

Hinterlegung: Sie ist eine zulässige Einwendung, soweit sie schuldbefreiend oder zB fälligkeitshemmend wirkt, LG Karlsr DGVZ **84**, 155.

Insolvenz: Eine Eröffnung des Insolvenzverfahrens ist eine zulässige Einwendung, zB wenn der Verwalter **25**
die Erfüllung ablehnt, BGH MDR **87**, 579, oder wenn ein Gläubiger noch eine Einzelvollstreckung versucht, LG Stgt Rpfleger **99**, 286. Auch eine Masseunzulänglichkeit reicht aus, BAG KTS **87**, 723, Kblz JB **08**, 427 links (auch eine erneute).

Unanwendbar ist § 767 beim Streit um die Wirksamkeit oder Unwirksamkeit einer Pfändung infolge eines solchen Verfahrens und dann, wenn der Gerichtsvollzieher sich weigert, die Pfändung aufzuheben.

Klagerücknahme: Sie ist *keine* zulässige Einwendung. Denn § 269 III, IV zeigen, daß die Rücknahme den sachlichrechtlichen Anspruch grundsätzlich unberührt läßt.

Kostenerstattungsanspruch: Rn 19 „Aufrechnung".

Kostenvergleich: Rn 33 „Vergleich".

Kostenvorschuß: Gegen eine Anordnung nach § 887 II ist eine Einwendung *nicht* im Verfahren nach § 767 statthaft, BGH NJW **93**, 1395.

Leistungsfähigkeit: Ihr Fehlen ist *nicht* nach § 767 nachprüfbar, Brdb RR **02**, 363.

Leistungsverweigerungsrecht: Es bildet eine zulässige Einwendung, Karlsr VersR **05**, 776.

Mehrheit von Vollstreckungstiteln: Sie kann gegenüber dem früheren Titel eine zulässige Einwendung **26**
sein, Oldb FamRZ **99**, 1148.

Mehrwertsteuer: Rn 29 „Sachlichrechtlicher Erstattungsanspruch".

Miete: Rn 21 „Eigenbedarf", Rn 34 „Verzicht".

Miterbschaft: Rn 21 „Erbschaft".

Nacherbfolge: Ihr Eintritt ist eine zulässige Einwendung. **27**

Nichtigkeit: Sie kann eine zulässige Einwendung sein, BGH NZM **07**, 818 (unnötig kompliziert, warum nur „entsprechende" Anwendung?).

S auch Rn 33 „Vergleich".

Notar Er kann meist nur nach § 156 KostO vorgehen, Düss RR **02**, 1512.

Notbedarf: Derjenige nach §§ 519, 529 II BGB ist eine zulässige Einwendung.

Option: Ihre Ausübung führt zur Zulässigkeit der entsprechenden Einwendung, BGH **94**, 33.

Parteibezeichnung: Die Rüge ihrer Unrichtigkeit ist *keine* zulässige Einwendung, BayObLG Rpfleger **04**, 692 (man muß sie nach § 732 klären).

Pfändung: Rn 23 „Gläubigerwechsel", Rn 25 „Insolvenz".

Prozeßstandschaft: Rn 23 „Gläubigerwechsel".

Prozeßvergleich: Rn 33 „Vergleich".

Räumung: Der Wegfall des Vermieterinteresses kann eine zulässige Einwendung sein, AG Bonn WoM **91**, 495. **28**

Ein Fortfall des Eigenbedarf erst nach der Rechtskraft ist *keine* zulässige Einwendung, LG Köln WoM **94**, 212 (krit Scholl).

S auch Rn 21 „Erfüllung", Rn 34 „Verzicht", Rn 37 „Wirkungsdauer".

Rechnungslegung: Die Behauptung, eine Rechnung sei bereits gelegt worden, ist nach § 767 zulässig. Das gilt auch für die Behauptung, der Schuldner habe bereits einen Buchauszug erteilt. Dessen etwaige Vervollständigung muß der Gläubiger nach §§ 887, 888 erzwingen.

S auch Rn 21 „Erfüllung".

Rechtsansicht: Die Meinung, das Erstgericht habe einen Rechtsanwendungsfehler begangen, zB eine lt BVerfG notwendige Prüfung unterlassen, reicht in dieser Allgemeinheit *nicht* als eine Einwendung nach § 767 aus, Stgt NJW **96**, 1684.

S auch Rn 18 „Änderung der Rechtsprechung".

Rechtsbeständigkeit: Die Bekämpfung der Rechtsbeständigkeit des Vollstreckungstitels ist *keine* zulässige Einwendung.

S auch Rn 18 „Änderung der Gesetzgebung".

Rechtskraft: Ihr Fehlen ist eine zur entsprechenden Anwendung von I (nicht von II, III) ausreichende Einwendung, BGH **124**, 166, Brdb MDR **00**, 228 (je: beim fehlerhaften Teilurteil).

Rechtsmißbrauch: Er kann zu einer zulässigen Einwendung führen, Einl III 54, Grdz 44 vor § 704, BGH MDR **02**, 1335 (strenge Prüfung notwendig), Hamm FamRZ **01**, 559, LG Lübeck NZM **02**, 940.

Das gilt jedoch *nicht,* wenn er nur eine einzelne Vollstreckungsmaßnahmen betrifft, Ffm RR **92**, 32, Kblz OLGZ **85**, 455.

Rechtsnachfolge: Sie kann gegenüber dem *früheren* Rechtsinhaber eine zuässige Einwendung sein, gegenüber dem *neuen grds nicht,* BayObLG ZMR **00**, 43.

Rechtsprechungsänderung: Rn 18 „Änderung der Rechtsprechung".

Rechtsschutzbedürfnis: Rn 39.

Rente: Ein Wegfall der Berufsfähigkeit oder -unfähigkeit kann eine zulässige Einwendung gegen die Fortdauer einer solchen Rente sein, Mü VersR **97**, 96, aM Hamm FamRZ **99**, 239 (nur § 323. Vgl aber Rn 7).

Rücktritt: Er ist grds eine zulässige Einwendung, zumindest wenn er nach dem Erlaß des Urteils noch wirksam erfolgt ist, aM BGH DB **78**, 1494 (aber auch dann ändert sich die sachlichrechtliche Situation).

Unzulässig ist aber die Einwendung, der Abtretende sei später zurückgetreten, BGH DB **78**, 1494.

Sachbefugnis: Rn 23 „Gläubigerwechsel".

29 **Sachlichrechtlicher Erstattungsanspruch:** Ein sachlichrechtlicher Kostenerstattungsanspruch nach der Rücknahme des Rechtsschutzgesuchs ist eine zulässige Einwendung, Schlesw RR **87**, 952. Dasselbe gilt für eine solche sachlichrechtliche Regelung, nach der ein Anwalt die Mehrwertsteuer nicht erstattet fordern kann, oder für den Wegfall der Möglichkeit, Mehrwertsteuer auf Zinsen erstattet zu fordern, Ffm NJW **83**, 394, Schneider DGVZ **83**, 115.

Schenkung: Rn 27 „Notbedarf".

Schiedsvereinbarung: Sie ist eine zulässige Einwendung, § 1032 I, BGH RR **96**, 508.

Schuldnerschaft: Ihr Fehlen ist eine zulässige Einwendung, Düss OLGZ **84**, 93.

Schuldübernahme: Diejenige durch einen Dritten ist nur bei ihrer allseitigen Wirksamkeit für den bisherigen Schuldner eine zulässige Einwendung, BGH ZIP **90**, 720 (zustm Brehm ZIP **91**, 1045).

Sicherungsabrede: Sie ist eine zulässige Einwendung, Hamm Rpfleger **99**, 231.

Sittenwidrigkeit: Sie ist zumindest auch eine nach § 767 zulässige Einwendung, BSG FamRZ **96**, 1405, Düss FamRZ **97**, 827, Wesser ZZP **113**, 183.

Stundung: Sie ist eine zulässige Einwendung.

S auch Rn 34 „Verzug".

30 **Teilerfüllung:** Rn 21 „Erfüllung".

Teilurteil: Rn 28 „Rechtskraft".

Treuwidrigkeit: Jede Art von Verstoß gegen Treu und Glauben nach Einl III 54, Grdz 44 vor § 704 ist grds eine zulässige Einwendung, BSG FamRZ **96**, 1405, Karlsr FamRZ **93**, 1457, AG SchwäbGmünd WoM **90**, 83. Das gilt auch für jede Art von Arglist, Rn 34 „Verwirkung".

S freilich auch Rn 35 „Vollstreckungstitel".

31 **Überleitung des Anspruchs:** Rn 23 „Gläubigerwechsel".

Überweisung zur Einziehung: Sie ist eine zulässige Einwendung, BAG NJW **97**, 1869.

Umsatzsteuer: Der Einwand des Rechts von Vorsteuerabzug ist zulässig, LG Mü RR **92**, 1342, v Eicken/Madert NJW **96**, 1651, Hansens JB **95**, 176.

Unbestimmtheit des Titels: Sie ist eine zulässige Einwendung, Kblz MDR **02**, 968.

Ungerechtfertigte Bereicherung: Rn 20 „Bereicherung".

Unklagbarkeit: Sie ist eine zulässige Einwendung, LG Traunst DGVZ **93**, 157.

Unmöglichkeit: Die Unmöglichkeit einer Erfüllung ist eine zulässige Einwendung, wenn sie den Schuldner nach § 275 BGB befreit, BGH NJW **99**, 955, Düss MDR **91**, 260, Hamm RR **88**, 1087, also *nicht* bei § 324 I BGB, Köln RR **91**, 1023.

S auch Rn 21 „Erfüllung", Rn 38 „Zug um Zug".

32 **Unterhaltspflicht:** Ihr Wegfall oder ihre Minderung sind grds zulässige Einwendungen, soweit sie eine Erfüllung darstellen oder ihr gleichstehen, BGH RR **91**, 1155, Hamm FamRZ **07**, 159.

Das gilt zB: Meist auch bei einer Zahlung unter einem Vorbehalt, Ffm FamRZ **93**, 346 (Fallfrage); bei einem eheähnlichen Verhältnis, BGH FamRZ **87**, 261; beim Trennungsunterhalt, Düss FamRZ **92**, 943; infolge einer Scheidung, Köln FamRZ **96**, 1077; infolge einer Wiederverheiratung, § 1586 BGB, Naumb FamRZ **06**, 1402; infolge eines Todesfalls, BGH NJW **04**, 2896, Karlsr OLGZ **77**, 122; auf Grund einer solchen Entscheidung, nach der der Unterhaltsschuldner nicht der Vater ist; infolge eines solchen Rentenanspruchs, den der Unterhaltsgläubiger auf Grund des Versorgungsausgleichs erlangt, BGH FamRZ **93**, 812, aM Karlsr FamRZ **88**, 195 (nur § 323); infolge einer „Geschiedenen-Witwenrente", AG Bln-Tempelhof FamRZ **75**, 582 (dort Minderung); infolge des Eintritts der Volljährigkeit des Unterhaltsberechtigten, Celle FamRZ **92**, 943, Hamm FamRZ **92**, 843, AG Altma FamRZ **82**, 324, aM Kblz JB **07**, 102 (§ 323). Es kann beim gesetzlichen Unterhalt auch § 238 FamFG und beim vertraglichen Unterhalt auch § 323 in Betracht kommen, dort Rn 34.

In *anderen* Fällen kommt nur *§ 323* in Betracht, BGH RR **91**, 1155, Bre FER **00**, 161 (Wegfall von Ausbildungsunterhalt).

Nicht hierher gehört der Eintritt der Volljährigkeit, soweit der vorrangige § 798 a ihn ausschließt.

S auch Rn 21 „Fälligkeit", Rn 23 „Erlaß", Rn 24 „Haftungsbeschränkung", Rn 33 „Vergleich", Rn 34 „Verwirkung".

Unterlassungsklagengesetz: Es gilt sein § 10.

Unterwerfungsklausel: Ihre Unwirksamkeit ist eine zulässige Einwendung, Zweibr NZM **00**, 201, aM BGH MDR **04**, 471 (aber § 794 II setzt den sachlichrechtlichen Vorgang einer „Bewilligung" voraus).

Unzulässigkeit der Rechtsausübung: Rn 28 „Rechtsmißbrauch".

Verbandsklage: Die Änderung des § 13 II Z 2 UWG reicht *nicht* aus, Saarbr WettbR **96**, 185.

Verbraucherkreditgesetz: Rn 37 „Widerruf".

33 **Verfassungsverstoß,** dazu *Hasler* MDR **95**, 1086: Ein solcher kann als eine Einwendung reichen, BGH FamRZ **06**, 1025, Melzer NJW **96**, 3192, aM Stgt NJW **96**, 1683 (aber ein solcher Verstoß ändert oft auch die sachlichrechtliche Situation). Eine Entscheidung des BVerfG, durch die es eine für das Urteil maßgebende Norm nach § 79 II 3 BVerfGG für nichtig erklärt, ist als eine Einwendung zulässig, BGH FamRZ **06**, 1025, Hbg FamRZ **88**, 1178.

Deshalb kann man aber auch *nicht* diese Vorschrift schon außerhalb des Verfahrens der Verfassungsbeschwerde schlicht entsprechend anwenden, Einf 29 vor §§ 322–327. Die verfassungswidrige Handhabung einer Norm fällt nicht unter § 79 II BVerfG, BGH VersR **03**, 616.

Vergleich: Die Behauptung, die Forderung des Gläubigers sei insbesondere infolge eines außergerichtlichen oder gerichtlichen Vergleichs erloschen, ermäßigt oder sonstwie verändert worden, ist eine zulässige typische Einwendung, BGH RR **07**, 1724, Hamm VersR **93**, 1548, Oldb FamRZ **92**, 844. Auch die Nichtigkeit des Vergleichs zählt hierher, LG Heidelb WoM **92**, 30. Dasselbe gilt auch für die

Einwendung, die Parteien hätten sich schon vor dem Prozeßvergleich über diesselbe Frage anders abschließend geeinigt gehabt, BVerwG NJW **05**, 1963. Es gilt auch für eine mangelnde Bestimmtheit, Kblz RR **02**, 1510. Das alles gilt auch für einen Zwangsvergleich oder für eine Vereinbarung über die Verteilung der Kosten, wenn es etwa um einen Erstattungsanspruch geht, Münzberg NJW **96**, 2129. Es gilt auch dann, wenn die Parteien einen Kostenvergleich vor der Scheidung, aber erst für den Fall der Scheidung geschlossen haben, oder für einen Unterhaltsvergleich, Schlesw SchlHA **80**, 161.

Verjährung: Die Verjährung ist eine zulässige Einwendung, BGH NJW **99**, 278, Geldmacher NZM **03**, 503 (je: verbürgte Hauptforschung), Bbg MDR **98**, 796 (Bürge), Olzen/Reisinger DGVZ **93**, 67, aM AG Ansbach DGVZ **92**, 140 (nur beim Hauptanspruch). Das gilt sogar beim rechtskräftigen Anspruch nach (jetzt) § 197 I Z 3 BGB, BGH NJW **90**, 2755, BayObLG ZMR **00**, 189, Düss BauR **02**, 517, und bei der Verjährung eines Zwangsgelds nach § 888, BayObLG ZMR **00**, 189.

S auch Rn 34 „Verwirkung".

Verrechnung: Der Schuldner kann nur mit der Klage nach § 767 eine Überprüfung der Verrechnung der von ihm für überhöht gehaltenen Vollstreckungskosten mit seinen Teilzahlungen verlangen, AG Stgt-Bad Cannstatt JB **92**, 264.

Verschulden bei Vertragsverhandlungen: Ein Schadensersatzanspruch aus diesem Gesichtspunkt ist eine zulässige Einwendung, Düss MDR **93**, 1198.

Versicherung: Die Einwendung, die Versicherungssumme sei erschöpft, ist *unzulässig,* BGH **84**, 154.

Versorgungsausgleich: Rn 32 „Unterhaltspflicht".

Verwirkung: Die Behauptung, die Forderung sei nach § 242 BGB usw verwirkt, ist eine zulässige Einwendung, BGH FamRZ **91**, 1175, Brdb FamRZ **08**, 906, Hamm FamRZ **07**, 159, aM Ffm FamRZ **88**, 62 (beim Vergleich. Aber der Einwand bringt nur das in Wahrheit bereits eingetretene sachlichrechtliche Erlöschen zum Ausdruck, das stets bei § 767 beachtlich ist). Ein Räumungstitel ist aber nicht schon nach 2 Jahren verbraucht, aM AG Hbg WoM **06**, 292 (krit Börstinghaus). Nach 3 Jahren kann ein stillschweigender neuer Vertrag vorliegen, AG Hbg-Altona WoM **06**, 697 (aber Vorsicht!). **34**

S auch Rn 33 „Verjährung".

Verzicht: Ein Verzicht des Gläubigers auf die Forderung ist eine zulässige Einwendung, BGH MDR **91**, 668, Karlsr MDR **98**, 1433. Das gilt zB auch dann, wenn der Vermieter den Mieter trotz eines Räumungsurteils im ungestörten Besitz der Wohnung beläßt und weiterhin Miete fordert und annimmt, evtl sogar eine Erhöhung der Nebenkosten fordert, LG Essen WoM **84**, 252, LG Köln WoM **91**, 673, AG Ffm DGVZ **87**, 127, oder *wenn* der Vermieter nach Vertragsende über die zu vollstreckende Kaution bereits abrechnen muß, LG Nürnb-Fürth WoM **94**, 708 (freilich ist meist gerade streitig, *ob* er schon abzahlen muß!), oder wenn ein neuer Nutzungsvertrag folgt, LG Freibg DGVZ **89**, 156. Ein Verzicht auf die bisherige Forderung kann im Betreiben zB des nach § 323 abgeänderten Titels liegen, Düss FamRZ **06**, 1289. Ein Verzicht auf eine Abänderung nach § 323 kann unbeachtlich sein, BSG FamRZ **96**, 1405. Ein Verzicht ist unbeachtlich, solange er nicht endgültig ist und der Gläubiger den Titel behält. Dann bleibt § 767 anwendbar, Karlsr FER **00**, 98.

Verzug: Sein Fehlen ist eine zulässige Einwendung, Düss Rpfleger **77**, 67.

S auch Rn 29 „Stundung".

Volljährigkeit: Rn 32 „Unterhaltspflicht".

Vollstreckungsklausel: Der Einwand, das Gericht habe die Vollstreckungsklausel nach §§ 732, 768 unzulässig erteilt, ist *unzulässig,* Rn 8 (F), BGH RR **90**, 247, KG AnwBl **02**, 666, Karlsr OLGZ **91**, 229, aM Hbg KTS **83**, 601 (aber das ist keine Änderung der sachlichrechtlichen Situation). Dasselbe gilt bei ihrem Fehlen, Köln NJW **97**, 1451 (wendet § 732 oder § 768 an und läßt notfalls eine Klagänderung zu). **35**

Vollstreckungsstandschaft: Einf 3 vor §§ 727–729.

Vollstreckungstitel: Bedenken gegen die formelle Wirksamkeit des Vollstreckungstitels selbst gehören *nicht* ins Verfahren nach § 767, BGH RR **90**, 247, aM BGH NZM **07**, 174. Allerdings läßt sich nach § 767 prüfen, ob zB ein Prozeßvergleich genügend bestimmt ist, BGH FamRZ **06**, 262, Kblz RR **02**, 1510. Eine angebliche Erschleichung gilt allenfalls einen Anspruch auf eine Unterlassung der Zwangsvollstrekkung und auf die Herausgabe des Titels, Einf 35 vor § 322, Hamm NJW **85**, 2275, LG Hbg RR **86**, 407, Kohte NJW **85**, 2230 (ausf), aM RoSGo § 162 II, StJL § 322 Rn 281 (aber auch das ist keine Änderung des sachlichen Rechts). Auch ein Streit über den Inhalt des Urteils läßt sich trotz der Notwendigkeit einer weiten Auslegung des Titels zB nach § 890 Rn 2 *nicht* durch eine Klage nach § 767 klären. Vielmehr ist eine Feststellungsklage oder eine neue Leistungsklage erforderlich, Rn 6. Ungeeignet ist auch die Behauptung, für einen Teil des Anspruchs bestehe kein vollstreckbarer Titel.

S aber auch Rn 30 „Treuwidrigkeit".

Vollstreckungsvertrag: Die Vereinbarung, die Zwangsvollstreckung solle nur unter einer Bedingung erfolgen, zB nicht vor dem Eintritt der Rechtskraft, ist nur insoweit eine zulässige Einwendung, als sie auch sachlichrechtliche Wirkungen hat, etwa eine Aufrechnungsvereinbarung, Karlsr FamRZ **03**, 696, oder eine Stundung, Rn 29 „Stundung". Zur sachlichrechtlichen Seite Grdz 23 vor § 704 und Karlsr MDR **98**, 1433. **36**

Zu den übrigen Fällen richtet sich die Einwendung *nicht* gegen den im Urteil festgestellten Anspruch selbst. Der Schuldner kann eine nach der letzten Tatsachenverhandlung des Vorprozesses geschlossene vollstreckungsbeschränkende Vereinbarung geltend machen, § 767 entsprechend, BGH RR **02**, 283 (läßt sogar auch eine rein sachlichrechtliche Absprache zu), Karlsr FamRZ **03**, 696, Schmidt Festschrift 50 Jahre BGH (2000) 498 (evtl auch § 766, soweit es um Vollstreckungsvoraussetzungen geht).

Unzulässig ist aber die Einwendung, die Parteien hätten eine Vollstreckungsmaßnahme wie etwa ein Pfändungspfandrecht durch ein vereinbartes Pfandrecht ersetzt und damit aufgehoben.

Vorsteuerabzug: Rn 31 „Umsatzsteuer".

Wahlrecht: Die Ausübung eines Wahlrechts bei einer Wahlschuld ist eine zulässige Einwendung. Dasselbe gilt für seinen Verlust. **37**

Wegfall: S bei den einzelnen Arten des weggefallenen Anspruchs.

Widerruf: Seine Wirksamkeit nach (jetzt) § 503 II BGB ist eine zulässige Einwendung, BGH NJW **96**, 58 (krit Gottwald/Howold JZ **96**, 597), Stgt NJW **94**, 1226, Rixecker NJW **99**, 1695 (je zum alten Recht).

Wiederverheiratung: Rn 32 „Unterhaltspflicht".

Wirkungsdauer: Ein Wegfall des Titels infolge des Ablaufs der Wirkungsdauer des Urteils ist eine zulässige Einwendung. Ds gilt zB bei einer Lizenzzahlung. Es kann auf die Gesamtumstände ankommen, etwa bei einem mehrere Jahre alten Räumungstitel, LG Mönchengladb WoM **90**, 161.

Zahlungsverbot: Ein Zahlungsverbot zB nach der InsO ist eine zulässige Einwendung, BAG NJW **80**, 143. Das gilt auch etwa für ein solches des Aufsichtsamts für die Privatversicherung.

Zinsniveau: Seine Änderung nach dem Schluß der mündlichen Verhandlung reicht zwar evtl nach § 323, *nicht* aber nach § 767, BGH **100**, 211, Deichfuß MDR **92**, 334, Herr MDR **89**, 778.

Zug um Zug: Einwendungen wegen des Fehlens der erforderlichen Zug-um-Zug-Gegenleistung nach § 756 Rn 14 sind als solche gegen die Art und Weise der Zwangsvollstreckung grds *nicht* nach § 767 möglich, sondern nach § 766, § 756 Rn 15, KG RR **89**, 638, es sei denn, es geht um die Behauptung, dem Gegner sei die Gegenleistung unmöglich geworden, LG Bln RR **89**, 639.

Zurückbehaltungsrecht: Seine Ausübung ist eine zulässige Einwendung, AG Siegen DGVZ **96**, 45. Das gilt freilich nur mit der Wirkung des § 322 I BGB, BGH RR **97**, 1272, Hamm VersR **84**, 1050, und beim Anwalt nur in Grenzen, Köln VersR **98**, 500.

Zwangsversteigerung: Eine falsche Berechnung der 0,5-Grenze des § 85a III ZVG ist *keine* zulässige Einwendung, LG Trier Rpfleger **85**, 451.

Zweckbindung: Die Nichthaftung eines zweckgebundenen Vermögens ist eine zulässige Einwendung, zB bei § 12b II 2 des 2. WoBauG.

38 **8) Klage, I.** Man muß zahlreiche Aspekte prüfen.

A. Zulässigkeit. Die Klage muß sich gegen die Zwangsvollstreckung aus dem Vollstreckungstitel und nicht nur zB aus einem Pfändungs- und Überweisungsbeschluß richten, Brdb FamRZ **04**, 558 (Umdeutung statthaft). Das Gericht muß das Rechtsschutzbedürfnis wie bei jeder Klage prüfen, Grdz 33 vor § 253, BGH RR **99**, 1080, BAG DB **85**, 2461, Köln JB **99**, 609. Es kommt nicht darauf an, ob eine bestimmte Vollstreckungsmaßnahme droht, sondern nur darauf, ob der Gläubiger überhaupt schon und noch vollstrecken kann, BGH NJW **94**, 1162, Hamm FamRZ **00**, 1166 (selbst nach dem Verlust der Titelausfertigung). Das Rechtsschutzbedürfnis liegt grundsätzlich selbst dann vor, wenn der Gläubiger auf seine Rechte aus dem Vollstreckungstitel verzichtet hat, Romeyko FamRZ **07**, 1218, oder wenn die Parteien sich nach Grdz 24 vor § 704 einig sind, daß eine Zwangsvollstreckung nicht in Betracht kommt, solange nur der Vollstreckungsgläubiger noch über den Vollstreckungstitel verfügt, BGH NJW **94**, 1162, Hamm WRP **92**, 195, Köln JB **99**, 609 (erst recht beim Fehlen einens Gläubigerverzichts), aM Rostock JB **07**, 325 (aber die Vollstreckungsgefahr dauert mit dem Titelbesitz zumindest zunächst weiter an). Es ist überhaupt eine prozeßwirtschaftliche Prüfung notwendig, Grdz 14 vor § 128, BGH RR **99**, 1080.

Ist die titulierte Forderung allerdings nur *teilweise erloschen,* kommt es darauf an, ob die Zwangsvollstreckung insoweit nicht mehr droht, BGH NJW **94**, 1162. Denn dann kommt ja noch nicht die Herausgabe des ganzen Titels in Betracht, aM BGH NJW **92**, 2148 (stellt auf die Herausgabe ab). Ein Hilfsantrag auf eine teilweise Unzulässigkeit ist bei einer gegen die ganze Forderung gerichteten Klage nach einer Teilerfüllung unnötig, BGH RR **91**, 759. Das Fehlen einer Unterwerfungserklärung kann reichen, BGH RR **99**, 1080.

Die Klage ist an sich auch gegen einen nach § 18 GVG *Exterritorialen* zulässig. Denn sie ist nur eine prozessuale Folge von dessen Klage. Ein Ausschluß wäre sittenwidrig. Die Zwangsvollstreckung braucht auch nicht nach Grdz 51 vor § 704 begonnen zu haben, Henckel AcP **174**, 108. Auch braucht noch nicht unbedingt die Vollstreckungsklausel bereits nach §§ 724 ff vorzuliegen, LG Frankenth NZM **00**, 927, Münzberg Rpfleger **91**, 210. Es braucht auch noch nicht eine Umschreibung der Vollstreckungsklausel auf denjenigen neuen Gläubiger vorzuliegen, der den Vollstreckungstitel bereits in Händen hat, BGH NJW **92**, 2160 (krit Münzberg JZ **93**, 95), Köln VersR **90**, 403.

39 **B. Unzulässigkeit.** Das Rechtsschutzbedürfnis fehlt, soweit man zB gegen eine einstweilige Anordnung nach § 775 Z 1 vorgehen kann, Köln FER **99**, 218. Die Klage ist unzulässig, wenn ein vollstreckbarer Anspruch fehlt, Kblz FamRZ **81**, 1093, wie bei einem Beschluß nach § 758, Kblz FamRZ **81**, 1093, oder bei einem rechtsgestaltenden Urteil, Rn 4. Denn auch dann kann ein sachlichrechtlicher Einwand entscheidungserheblich sein. Das Rechtschutzbedürfnis fehlt, soweit eine Zwangsvollstreckung nicht mehr droht, BGH NJW **94**, 1161, Ffm MDR **88**, 24, Mü OLGR **95**, 225. Hat der Notar den Vollstreckungstitel in Händen und darf ihn nicht in einer dem Schuldner gefährlichen Weise herausgeben, entfällt das Rechtsschutzbedürfnis für eine Klage nach § 767 und bleibt allenfalls dasjenige auf eine Herausgabeklage bestehen, BGH NJW **94**, 1162. Das Rechtsschutzbedürfnis mag bei einer solchen Klage auf wiederkehrende Leistungen fehlen, bei der der Gläubiger ja den Vollstreckungstitel auch nach dem Erhalt der schon fälligen Leistungen behält. Es mag auch zB dann fehlen, wenn der Gläubiger den Titel nur dazu benötigt, um einen Anspruch auf eine abgesonderte Befriedigung durchzusetzen, oder soweit eine weitere Zwangsvollstreckung unzweifelhaft nicht mehr droht, BGH NJW **84**, 2827, Ffm MDR **88**, 241, Karlsr FER **00**, 98 (kein Wegfall vor dem endgültigen Gläubigerverzicht).

Auch die völlige *Beendigung* der Zwangsvollstreckung nach Grdz 52 vor § 704 macht die Klage unzulässig und beläßt dem Kläger höchstens einen sachlichrechtlichen Anspruch, BGH NJW **94**, 1161, BayObLG WoM **92**, 397 (der Titel ist herausgegeben), Hbg MDR **98**, 1051 (§ 894), aM Brehm ZIP **83**, 1420. Freilich darf auch nicht mehr die Erteilung einer weiteren vollstreckbaren Ausfertigung in Betracht kommen, § 733. Wegen der teilweise für statthaft gehaltenen sog verlängerten Vollstreckungsabwehrklage auf eine Herausgabe des durch die vermeintlich unzulässige Vollstreckung Erlangten Hamm FamRZ **93**, 74. Ein offenkundiges redaktionelles Versehen bei einer Protokollierung eines Vergleichs reicht für § 767 nicht, Düss FamRZ **08**, 1093.

Schlüssige Behauptung einer Einwendung reicht zur Zulässigkeit, Geißler NJW **85**, 1867.

40 **C. Parteien.** Kläger ist jeder Vollstreckungsschuldner, BGH NJW **06**, 3716 (evtl BGB-Gesellschaft, wenn ihre Gesellschafter eingetragen sind), Scherer JR **96**, 49, also auch jeder Gesamtschuldner, Ffm MDR **82**,

934, oder ein Miterbe zwecks Durchsetzung eines Nachlaßanspruchs, BGH NJW **06**, 1970, oder derjenige, auf dessen Namen als Schuldner die Klausel bestehen könnte, BGH NJW **93**, 1397, oder bereits besteht oder den das Gericht zu einer Duldung der Zwangsvollstreckung verurteilt hat. Bekl ist der Vollstreckungsgläubiger, BGH **92**, 348 (krit Brehm JZ **85**, 342, Olzen JR **85**, 288), BayObLG ZMR **00**, 44, Nürnb FamRZ **87**, 1173, auch als Prozeßstandschafter, Grdz 26 vor § 50, AG Viersen FamRZ **88**, 1307, oder derjenige Dritte, an den der Gläubiger seine titulierte Forderung abgetreten hat und durch den eine Vollstreckung droht, BGH **120**, 391, oder derjenige, für den das Gericht die Klausel umgeschrieben hatte und soweit von ihm eine Vollstreckung droht, BGH NJW **93**, 1397, BPatG GRUR **82**, 484, Köln VersR **90**, 404.

Wenn eine solche Situation *nicht* vorliegt, hängt es vom Verhalten des alten und des neuen Gläubigers und von den Einwendungen des Schuldners ab, gegen wen man die Klage richten muß. Unter Umständen ist die Klage gegen beide notwendig. Derjenige Dritte, der ein Widerspruchsrecht nach § 771 hat, kann nicht klagen, Guckelberger NVwZ **04**, 663. Bei einer Verurteilung Zug um Zug ist nur der Verurteilte zur Klage berechtigt. Wenn der ursprüngliche Gläubiger trotz einer Abtretung noch vollstreckt, muß man ihn verklagen.

D. Zustellung. Die Zustellung der Klage erfolgt an den ProzBev des Vorprozesses, §§ 81, 172, 178. **41**
Denn die Prozeßvollmacht des Vorprozesses gilt auch hier noch, § 81. Die Zustellung an die Partei selbst erfolgt nur dann, wenn der ProzBev inzwischen weggefallen ist. Ein Vertreter im Privatklageverfahren ist nicht ein ProzBev im Sinn der ZPO. Daher muß das Gericht die Klage gegen den Kostenfestsetzungsbeschluß des Privatklageverfahrens der Partei selbst zustellen.

E. Zuständigkeitsgrundsatz: Prozeßgericht erster Instanz. Das Prozeßgericht der ersten Instanz des **42**
Vorprozesses ist örtlich und sachlich nach § 802 für die erste Instanz auch der Vollstreckungsabwehrklage ausschließlich zuständig, BGH NJW **80**, 1393, Hamm RR **00**, 65, Steines KTS **87**, 27, aM AG Brschw RR **93**, 953 (zumindest auch das Gericht des Wohnsitzes des damaligen Bekl. Aber das entspricht nicht der Natur der Klage, Rn 1). In einer FamFG-Sache ist das FamFG zuständig, Rn 44. Das gilt ohne Rücksicht auf den Streitwert, Hamm RR **00**, 65, LG Ulm RR **87**, 511. Eine Ausnahme gilt bei einer Berufung, wenn das Erstgericht über denselben Streitstoff schon entschieden hat, Ffm NJW **76**, 1983.

Welche *Abteilung oder Kammer* zuständig ist, bestimmt sich nach der Geschäftsverteilung. Eine Ausnahme von dieser Regel gilt dann, wenn ein besonderer Spruchkörper vorliegt, zB die Kammer für Handelssachen, obwohl es sich um eine rein prozessuale Klage handelt, Rn 1. Denn der Streitstoff ist demjenigen des Vorprozesses wesensgleich. Der Rechtsweg richtet sich nach der Rechtsnatur desjenigen Vollstreckungstitels, aus dem der Gläubiger vollstreckt. Das gilt unabhängig davon, ob der vollstreckbare Anspruch dem öffentlichen oder dem Privatrecht angehört, VGH Mü NJW **83**, 1992. Es kommt also nicht auf die Natur des Aufrechnungsanspruchs an, Hamm FamRZ **97**, 1493.

F. Beispiele zur Frage der Zuständigkeit **43**

Abänderungsklage: Bei einer Abänderungsentscheidung ist dasjenige Gericht zuständig, das den abzuändernden Titel erlassen hatte, AG Groß Gerau FamRZ **86**, 1229.

Arbeitssache: In einer Arbeitssache ist das ArbG zuständig, BAG BB **89**, 428, Ffm MDR **85**, 331, ArbG Hann BB **90**, 928.

Aufrechnung: Rn 42.

Auslandsurteil: Bei einer Klage gegen ein ausländisches Urteil oder gegen die ausländische Vollstreckbarerklärung eines Schiedsspruchs ist dasjenige Gericht zuständig, das nach §§ 722, 1061, 1062 das Vollstrekkungsurteil oder den entsprechenden Beschluß erlassen hat, unter Umständen also das AG selbst bei einem hohen Streitwert.

Baulandsache: Bei einer Klage gegen einen Titel in einer Baulandsache ist die Kammer für Baulandsachen zuständig, BGH NJW **75**, 829.

Enteignung: Bei einer Klage gegen den Vollstreckungstitel aus einem Enteignungsverfahren ist dasjenige AG zuständig, in dessen Bezirk die Behörde ihren Sitz hat. Vgl freilich das BauGB.

Europarecht: Wegen Art 22 Z 5 EuGVVO SchlAnh V C 2.

Familiensache: In einer Familiensache ist das FamG zuständig, so schon BGH NJW **81**, 346 (Inlandsfall), **44**
BGH NJW **80**, 2025 (Auslandsfall), Hamm FamRZ **97**, 1493, Köln FamRZ **00**, 364, aM BGH NJW **80**, 1393, Hamm FamRZ **89**, 876 (aber es war im Ausgangsprozeß zuständig, Rn 42).

Gerichtsbezirk: Nach einer Änderung des Gerichtsbezirks ist das bisher maßgebliche Gericht zuständig, Art 1 § 1 G v 6. 12. 33, RGBl 1037.

Klagänderung, Klagenhäufung: Sie ändern unabhängig vom daraus folgenden Streitwert die ausschließliche Zuständigkeit nach Rn 42 nicht, Hamm RR **00**, 65. Deshalb kommt nicht schon insofern eine Verweisung in Betracht, Hamm RR **00**, 65.

Kostenfestsetzungsbeschluß: Zuständig sein kann das FamG, Schlesw SchlHA **78**, 199.

Mehrheit von Gerichtsständen: § 35 ist anwendbar, BGH MDR **92**, 301.

Prozeßvergleich: Zuständig ist das Gericht des durch ihn erledigten Prozesses. Bei § 118 ist das Gericht jenes Verfahrens zuständig.

Rückzahlungsklage: Das zunächst zuständige Gericht verliert die Zuständigkeit, soweit der Kläger von der **45**
Vollstreckungsabwehrklage zu einer Klage auf eine Rückzahlung übergeht aM Steines KTS **87**, 356 (aber § 767 ist eng auslegbar, Rn 3).

Schiedsspruch: Zuständig ist nach § 1062 das OLG, KG JB **07**, 49.

Umgangsrecht: Beim Verbot ist das Betreuungsgericht zuständig, (zum alten Recht) LG Dortm FamRZ **81**, 1002.

Unterhaltstitel: Die Zuständigkeit richtet sich danach, wer den Unterhalt fordert. Zuständig sein kann das FamG, so schon BGH NJW **78**, 1812, Düss FamRZ **87**, 167, Köln FamRZ **00**, 364. (Jetzt) § 232 FamFG ändert nichts an der Zuständigkeit des FamFG, (zum alten Recht) BGH NJW **02**, 444, Hamm FamRZ **03**, 696, Naumb FamRZ **00**, 1166, aM BayObLG FamRZ **91**, 1455.

Vollstreckbare Urkunde: Zuständig ist nach § 797 V das Gericht des allgemeinen Gerichtstands nach §§ 12 ff, hilfsweise dasjenige des Vermögens nach § 23. Infrage kommt auch § 800 III.

Vollstreckungsbescheid: Es gilt § 796 III. Evtl ist das AG zuständig, Celle RR **02**, 1079.
Vollstreckungsentscheidung: Rn 43 „Auslandsurteil".
Wertausgleichssache: Zuständig ist das AG am Ort der Festsetzungsbehörde, § 25 II WAG.
Wohnungseigentum: Zuständig ist das WEG-Gericht, (je zum alten Recht) BayOblG ZMR **99**, 184, Düss FGPrax **97**, 177, Ffm NZM **06**, 118.
Zwangsversteigerung: Zuständig ist beim Zuschlagsbeschluß sein AG, LG Ulm RR **87**, 511.

46 **G. Klagegrund.** Dazu gehören diejenigen Tatsachen, mit denen der Kläger (Schuldner) nach dem sachlichen Recht seine Einwendungen begründet. Der Antrag lautet: „Die Zwangsvollstreckung aus dem Urteil ... wird für unzulässig erklärt" oder „... wird nur gegen folgende Gegenleistung für zulässig erklärt ..." oder „wird für teilweise unzulässig erklärt". Unzulässig ist der Antrag, die Zwangsvollstreckung nur in bestimmte Gegenstände für unzulässig zu erklären, Rn 2. Es ist statthaft, den Anspruch auf eine Rückgewähr oder auf einen Ersatz oder auf eine Herausgabe der vollstreckbaren Ausfertigung mit der Klage zu verbinden. Es ist auch ein Übergang zu der Ersatzklage nach § 264 Z 3 zulässig.

47 **H. Verfahren.** Es handelt sich trotz des Prozeßziels der Beseitigung des bisherigen Vollstreckungstitels nach Rn 1, 2 nicht um eine Maßnahme der Vollstreckung, sondern um ein nur äußerlich im Buch 8 mitgeregeltes normales Erkenntnisverfahren nach §§ 253 ff, Mü MDR **86**, 946. Es verläuft wie gewöhnlich. Der Streitgegenstand ist nicht das Bestehen oder Nichtbestehen des titulierten Anspruchs, sondern die Unzulässigkeit der Zwangsvollstreckung aus ihm, BGH **85**, 371, Schmidt Festschrift 50 Jahre BGH (2000) 493. Man muß den Streitgegenstand wie bei § 2 Rn 4 bestimmen, also nach dem Antrag und nach der Einwandsart, Köln RR **99**, 1509. Ein nachgeschobener Einwand ist mindestens nach § 264 Z 1 zulässig, Schmidt aaO, ThP 17. Er kann zur Änderung des Streitgegenstands führen, Köln RR **99**, 1509. Das Gericht muß einen Termin unverzüglich nach § 216 bestimmen, auch für die Zeit vom 1. 7. bis 31. 8. ohne eine spätere Verlegungsmöglichkeit, § 227 III 2 Hs 1 Z 7, BGH NJW **80**, 1695. Ein Anwaltszwang besteht wie sonst, § 78 Rn 1, Schlesw FamRZ **91**, 958.

Der Kläger muß grundsätzlich die *Prozeßvoraussetzungen* seiner Klage nach Grdz 12 vor § 253 zumindest wegen der anspruchsvernichtenden Tatsachen beweisen, Anh § 286 Rn 223 „Vollstreckungsabwehrklage", BGH NJW **81**, 2756 (aM zur vollstreckbaren Urkunde; dagegen Baumgärtel Festschrift für Lüke [1994] 4), Düss RR **97**, 444 (Abtretung), Münch NJW **91**, 795 (ausf: bei der Begründetheitsfrage Anknüpfung an das sachliche Recht). Ein Verzicht auf die Zwangsvollstreckung oder eine Einigung nach Grdz 24 vor § 704 dahin, daß eine Zwangsvollstreckung nicht mehr in Betracht komme, führt nicht schon bei einer Klage auf eine einmalige Leistung zur Unzulässigkeit. Der Gläubiger muß vielmehr auch noch den Vollstreckungstitel herausgeben, BGH DB **76**, 482, Saarbr JB **78**, 1093.

48 Das Gericht muß klären, inwieweit und *wem gegenüber* die Zwangsvollstreckung zulässig ist. Wenn sich die Klage gegen einen solchen Vollstreckungstitel richtet, der für einen zu den Sommersachen zählenden Anspruch entstand, ist auch das Verfahren der Vollstreckungsabwehrklage eine Sommersache, Rn 47. Eine Aussetzung kommt grundsätzlich nicht in Betracht, § 148 Rn 30 „Zwangsvollstreckung" Schneider JB **79**, 785, aM Ffm JB **90**, 652.

49 **I. Entscheidung.** Fehlt ein Erfordernis des § 767, muß das Gericht die Klage beim Fehlen einer Zulässigkeitsbedingung durch ein Prozeßurteil nach Grdz 14 vor § 253 als unzulässig und im übrigen als unbegründet abweisen. Das stattgebende Urteil erklärt nur die Zwangsvollstreckung für unzulässig oder nur unter dort genau festgesetzten Bedingungen für zulässig, etwa Zug um Zug beim Zurückhaltungsrecht, BGH RR **97**, 1272. Das Gericht hebt nicht etwa den Titel auf, Rn 3. Es hebt aber dessen Vollstreckbarkeit auf, auch bei einer Erklärung der „weiteren" Zwangsvollstreckung als unzulässig, BGH MDR **06**, 171. Das alles geschieht insgesamt oder teilweise, BGH WertpMitt **91**, 668, Köln Rpfleger **76**, 138. Das Urteil hat keine Rückwirkung. Die Unzulässigkeit der Zwangsvollstreckung gilt erst vom Eintritt der Rechtskraft nach § 322 oder von der vorläufigen Vollstreckbarkeit des Urteils nach § 708 an, § 775 Z 1. Vorläufige Maßnahmen sind nach §§ 769, 770 statthaft. Wenn die Klage erhoben wurde, bevor eine Zwangsvollstreckung unmittelbar bevorstand, kann § 93 dahin anwendbar sein, daß der Kläger die Kosten tragen muß. Jedenfalls sind die Kosten nicht solche des Vorprozesses. Über die Kosten muß das Gericht besonders entscheiden, und zwar nach §§ 91 ff, nicht nach § 788 I, KG FamRZ **04**, 1392, Mü MDR **86**, 946. Der alte Vollstrekkungstitel bleibt aber wegen *seiner* Kostenentscheidung bestehen. Er bleibt die Grundlage der dazu gehörenden Festsetzung nach §§ 103 ff, dort Rn 15 „Vollstreckungsabwehrklage". Das Gericht und der Anwalt erhalten die vollen Gebühren. Wegen der Rechtskraftwirkungen § 322 Rn 70 „Vollstreckungsabwehrklage".

50 **9) Beschränkung der Klagegründe (Präklusionswirkung), II.** Vgl Einf 15 vor §§ 322–327. Eine solche Wirkung entsteht nicht gegenüber der Anwaltskammer, § 84 III BRAO. Beim Vollstreckungsbescheid gilt vorrangig § 796 II. Nach einem Prozeßvergleich ist II wegen des Fehlens der inneren Rechtskraft nach § 322 Rn 69 „Vergleich" nicht entsprechend anwendbar, BGH **139**, 135, BAG BB **80**, 728, LAG Köln NZA-RR **06**, 100 (Auslegung nötig), ebensowenig bei einer vollstreckbaren Urkunde nach §§ 794 I Z 5, 797 IV (Ausnahme: nochmalige Abwehrklage, Zweibr OLGZ **97**, 110), ebensowenig grundsätzlich beim Kostenfestsetzungsbeschluß, BGH Rpfleger **95**, 375, BVerwG NJW **05**, 1963, BayObLG NZM **00**, 304, aM Ffm AnwBl **87**, 94. Bei (jetzt) § 11 RVG ist II aber anwendbar, BGH NJW **97**, 743. Zum AVAG und zur EuGVVO Münzberg (vor Rn 1).

51 **A. Nach der letzten Tatsachenverhandlung.** Die klagebegründende Einwendung muß nach dem Schluß der letzten Tatsachenverhandlung des Vorprozesses nach §§ 136 IV, 283, 296 a objektiv entstanden sein, BGH WoM **05**, 787, VGH Kassel NJW **07**, 3738. Maßgebend ist also derjenige Zeitpunkt, bis zu dem der jetzige Kläger sie hätte erheben müssen und nicht nur können, § 128 Rn 40, BGH NJW **05**, 2927 (Aufrechnungslage), Karlsr VersR **05**, 776, Köln VersR **04**, 355. Das gilt auch beim Schiedsspruch. Dagegen ist es unerheblich, wann das Gericht sein Urteil nach § 311 verkündet hatte. Wenn der Vorprozeß trotz eines Urteils noch in der ersten oder zweiten Instanz rechtshängig war, müssen dort zulässige Einwendungen später entstanden sein. Man muß sie daher nach einem Vorbehaltsurteil nach §§ 302, 599 in einem Urkundenurteil, einem Wechselurteil oder einem Scheckurteil im Nachverfahren der §§ 600 ff vorbringen, soweit das statthaft

ist. Eine rechtskräftige Vorabentscheidung über den Grund nach § 304 schneidet die vorher entstandenen Einwendungen ab. Der Vorprozeß kann auf Grund einer Abänderungsklage nach § 323 entstanden sein, Hamm FamRZ **93**, 582. In der Revisionsinstanz sind Einwendungen unzulässig. Deshalb entscheidet insoweit der Schluß der mündlichen Verhandlung der vorigen Instanz, BGH NJW **98**, 2972 (abl Wernecke JZ **99**, 308). Im schriftlichen Verfahren gilt § 128 II 2. Im Aktenlageverfahren ist derjenige Termin maßgeblich, dessen Versäumung zum Aktenlageverfahren führte. Bei §§ 9, 11 WiStG ist der Zeitpunkt der Zustellung des Bußgeldbescheids maßgeblich, BGH MDR **82**, 488.

Wenn die Einwendung nach dem Schluß der Verhandlung erster Instanz entstand, aber *vor der formellen Rechtskraft* des Urteils nach § 705, kann der Schuldner die Berufung einlegen oder an sich auch aus § 767 klagen, BAG DB **85**, 2461, Hbg JB **77**, 1462. Jedoch ist die Klage dann meist mangels eines Rechtsschutzbedürfnisses unzulässig, Grdz 14 vor § 253, BAG DB **85**, 2461. Der Schuldner hat die nach dem Urteil bestehende Schuld noch nicht dann erfüllt, wenn er auf Grund eines bloß vorläufig vollstreckbaren Urteils gezahlt hat, Einf 3 vor §§ 708–720. Er hat aber auch zurückgewiesene Einwendung geltend gemacht. Die Klage darf eine solche Einwendung daher nicht wieder aufgreifen, aM BGH **173**, 335. Es ist auch mit der Rechtskraft unvereinbar, eine nach § 767 nicht mehr zulässige Einwendung, zur Grundlage eines Schadensersatzanspruches wegen einer unzulässigen Zwangsvollstreckung zu machen.

Wenn in einer *Steuersache* eine Klage zulässig ist, tritt der Ausschluß mit einer Einwendung erst in demjenigen Zeitpunkt ein, bis zu dem spätestens eine Nachprüfung der Einwendung im geregelten Verwaltungsverfahren herbeiführbar war. Wegen der Besonderheiten der Rechtslage beim Kostenfestsetzungsbeschluß nach § 104 und beim Prozeßvergleich nach Anh § 307 vgl Rn 10 und § 795 Rn 10, § 797 Rn 12, beim Vollstreckungsbescheid § 796 Rn 4.

B. Unerheblichkeit der Parteikenntnis. Maßgebender Zeitpunkt ist grundsätzlich das objektive Entstehen der Einwendung, nicht die subjektive Kenntnis der Partei, BGH WoM **05**, 787, Karlsr VersR **05**, 776, Beck NJW **06**, 337, aM Kblz JB **89**, 704, RoGSch § 40 V 2b (je betr eine Abtretung. Aber „entstanden sind" ist nach seinem Wortlaut und Sinn eindeutig, Einl III 39.). Deshalb ist es grundsätzlich unerheblich, ob gerade der Kläger die Einwendung im Vorprozeß vorbringen konnte, BAG KTS **86**, 134, Kblz MDR **02**, 475, LG Köln RR **02**, 1511 (evtl großzügiger bei Arzthaftung). Es ist auch grundsätzlich unerheblich, ob die Einwendung erst infolge einer Willenserklärung des Schuldners Wirkungen hat. Etwas anderes gilt ausnahmsweise dann, wenn der Schuldner zB ein Optionsrecht oder eine andere Gestaltungsmöglichkeit vernünftiger- oder doch befugterweise und nicht mißbräuchlich jetzt erst ausüben möchte und ausübt, BGH **94**, 33 und RR **87**, 1169, ZöHe 14, aM Ernst NJW **86**, 401 (aber Treu und Glauben sind stets beachtlich, Einl III 54). 52

C. Aufrechnung. Wegen Rn 52 entscheidet bei einer Aufrechnung des Schuldners nach § 145 Rn 9 nur derjenige Zeitpunkt, in dem sich die Forderungen erstmals objektiv aufrechenbar gegenüber standen, § 389 BGB, BGH **163**, 342, KG ZMR **95**, 219, Beck NJW **06**, 338 (auch zu Grenzfällen), aM RoGSch § 40 V 2b aa (aber das wäre inkonsequent). Die Forderung muß also nachträglich erworben oder fällig geworden sein, Düss MDR **87**, 682. Es kommt also nicht darauf an, wann der Gläubiger von ihr eine Kenntnis hatte, BGH NJW **05**, 2927. Eine wegen einer Verspätung oder mangels einer Sachdienlichkeit nicht zugelassene Aufrechnung nach §§ 296, 530 II läßt sich auch nicht nachholen, um auf diese Weise die Vollstreckbarkeit desjenigen Urteils zu bekämpfen, das gerade diese Forderung durch die Nichtzulassung ausgeschaltet hat. Die Aufrechnung mit einer derartigen Forderung ist unzulässig und sachlichrechtlich wirkungslos. II hat damit und insofern auch eine Auswirkung auf das sachliche Recht, BGH **125**, 352, Düss MDR **83**, 586. Der Hauptschuldner mag nach II nicht aufrechnen dürfen, der Bürge aber wohl, BGH **153**, 301. 53

Freilich braucht der Schuldner die Aufrechnung nicht schon im *Kostenfestsetzungsverfahren* nach §§ 103 ff zu erklären. Das gilt selbst dann, wenn die Aufrechnungsforderung unstreitig oder tituliert ist, § 104 Rn 12, BGH DtZ **95**, 170, Ffm RR **87**, 372, AG Köln WoM **93**, 476. Wenn er aber mit einer prozessualen Kostenforderung aufrechnen will, muß dieser Anspruch auch der Höhe nach unbestritten sein oder es muß ein rechtskräftiger Kostenfestsetzungsbeschluß vorliegen. Denn erst dann steht die Höhe der Kostenschuld fest. Da im Kündigungsschutzprozeß der Anspruch auf eine Abfindung erst durch das Urteil entsteht, unterliegt eine Einwendung gegen diese Abfindung nicht dem II. Das Gericht muß die Entstehung der Einwendung stets nach dem sachlichen Recht beurteilen, BAG NJW **80**, 143 (bei § 60 I entsteht die Einwendung erst dann, wenn sich der Stand der Masse so weit geklärt hat, daß sich die Quote errechnen läßt), Düss MDR **87**, 682. Ein Insolvenzverfahren ändert nichts an der Aufrechenbarkeit. 54

D. Weitere Fälle. Die Regeln Rn 52–54 gelten auch bei einer sachlichrechtlichen Verwirkung, Kblz FamRZ **88**, 747. Sie gelten ferner bei einem Rücktritt, einer Anfechtung, auch bei derjenigen wegen einer arglistigen Täuschung. Bei einer Abtretung ist eine Kenntnis nach § 407 I BGB wesentlich, Kblz JB **89**, 704, Rensen MDR **01**, 858, aM BGH NJW **01**, 231, Drsd MDR **95**, 559 (zustm Karst), Schlesw SchlHA **79**, 127 (aber § 407 I BGB ist für die sachlichrechtliche Situation wesentlich). Deshalb ist eine Klage zulässig, wenn der Bekl die Abtretung im Vorprozeß nur deshalb nicht vorgetragen habe, weil er sie nicht kannte. Die Einwendung aus einer vertraglichen Beschränkung der Zwangsvollstreckung gehört nicht hierher. Der Schuldner muß den Zeitpunkt ihrer Entstehung beweisen. 55

E. Unzulässigkeit des Einspruchs. Ein Einspruch nach §§ 338, 700 muß unzulässig sein. Der Grund zur Geltendmachung der Einwendung darf also erst nach dem Ablauf einer Einspruchsfrist nach §§ 339, 700 entstanden sein, BGH NJW **82**, 1812, Geißler NJW **85**, 1868, Schumann NJW **82**, 1862, aM Hamm RR **00**, 659 (es genügte eine Zahlung vor dem Fristablauf nebst einer trotzdem folgenden Vollstreckung. Aber dann ist ja gerade kein Einspruch mehr zulässig), ebenfalls aM StJM 40 (es genüge, daß die Einspruchsfrist vor dem Schluß der letzten mündlichen Verhandlung über die jetzige Klage abgelaufen sei. Aber das wäre eine ausdehnende Auslegung strenger Fristvorschriften bei einer nach Rn 2 ohnehin eher eng auslegbaren Klage). Die Möglichkeit einer Berufung nach §§ 511 ff steht der Klage nicht entgegen. 56

57 **10) Einwendungsverlust, III.** Der Kläger verliert in einem weiteren Abwehrprozeß alle solchen Einwendungen, die etwa im ersten Vollstreckungsabwehrprozeß oder in einem Abänderungsprozeß nach § 323 objektiv möglich waren, Hamm FamRZ **93**, 581. Dabei kommt es nicht auf den Zeitpunkt der Klagerhebung an. Denn das Abstellen auf diesen Teil des Wortlauts wäre eine „unsinnige Rigorosität", Schmidt JR **92**, 91.

A. Maßgeblichkeit des Verhandlungsschlusses. Maßgeblich sind vielmehr §§ 136 IV, 296a: Der Kläger verliert alle diejenigen Einwendungen, die er in diesem ersten Vollstreckungsabwehrprozeß bis zum Schluß der letzten zulässigen Tatsachenverhandlung nach §§ 136 IV, 296a nicht geltend gemacht hat, BGH NJW **91**, 2281. III stellt einen Häufungsgrundsatz auf. Demnach muß das Gericht §§ 282, 296, 528 beachten. Der Einwand einer Klagänderung ist unzulässig, Geißler NJW **85**, 1868, Schmidt JR **92**, 92, aM evtl BGH NJW **04**, 2382 (aber dann könnte man neue Einwendungen nur unter den Voraussetzungen des § 263 einführen. Das widerspricht indes dem Häufungsgrundsatz: „muß"). Ein erst nach dem Schluß der letzten mündlichen Verhandlung des zweiten Abwehrprozesses objektiv entstandener Einwand läßt sich natürlich in einem dritten Abwehrprozeß erheben. Dazu reicht aber nicht ein nur neues Beweismittel, Düss RR **92**, 1216, oder eine bloße Rechtsprechungsänderung, Rn 18.

58 **B. Neue Einwendungen.** Eine neue Vollstreckungsabwehrklage läßt sich indessen nur auf solche Einwendungen stützen, die inzwischen objektiv entstanden sind, nicht auf solche Einwendungen, die der Kläger wenn auch evtl schuldlos nur versäumt hat, BGH **61**, 26, Burgard ZZP **106**, 50 (ausf), Geißler NJW **85**, 1868, aM RoGSch § 40 IX 2, Schmidt Festschrift 50 Jahre BGH (2000) 512 (aber III erfordert eine eher strenge Auslegung, Rn 2). Sie läßt sich ferner auf solche Einwendungen stützen, über die das Gericht im Vorprozeß nicht entschieden hatte, BGH NJW **91**, 2281, oder die es im Vorprozeß nicht zugelassen hatte, sofern die Zurückweisung nicht wegen einer Säumigkeit erfolgt war, sondern nur wegen mangelnder Sachdienlichkeit. Ob letzteres geschehen war, muß der Richter im neuen Prozeß selbst prüfen. Das Gericht darf von Amts wegen keine nicht vorgebrachte Einwendung berücksichtigen.

59 **C. Unanwendbarkeit.** Unanwendbar ist III nach einer Klagerücknahme nach § 269 oder nach wirksamen übereinstimmenden vollen Erledigterklärungen nach § 91 a, BGH MDR **91**, 1204.

768 *Klage gegen Vollstreckungsklausel.* **Die Vorschriften des § 767 Abs. 1, 3 gelten entsprechend, wenn in den Fällen des § 726 Abs. 1, der §§ 727 bis 729, 738, 742, 744, des § 745 Abs. 2 und des § 749 der Schuldner den bei der Erteilung der Vollstreckungsklausel als bewiesen angenommenen Eintritt der Voraussetzung für die Erteilung der Vollstreckungsklausel bestreitet, unbeschadet der Befugnis des Schuldners, in diesen Fällen Einwendungen gegen die Zulässigkeit der Vollstreckungsklausel nach § 732 zu erheben.**

1 **1) Systematik.** Die beschränkte Vollstreckungsabwehrklage des § 768 stellt eine zwingende Sonderregelung dar, Kblz NJW **92**, 379, Münzberg Rpfleger **91**, 210. Neben ihr bleibt § 767 nur nach den Regeln Rn 5 beachtlich. Die Vorschrift steht selbständig neben § 732.

2 **2) Regelungszweck.** Er ist derselbe wie bei § 767, dort Rn 2, BVerfG NJW **97**, 2168. Die Vorschrift erfaßt also eine sachlichrechtliche Einwendung, aM KG MDR **08**, 591. Demgegenüber behandelt während § 732 eine formelle Einwendung wie zB das Fehlen eines Vollstreckungstitels, Kblz NJW **92**, 378. Beide Einwendungsarten können natürlich zusammentreffen, daher auch beide Verfahrensarten. Wegen des Ausnahmecharakters nach Rn 1 muß man die Vorschrift eng auslegen, KG MDR **08**, 591.

3 **3) Geltungsbereich.** Die Klage des § 768 richtet nicht wie diejenige nach § 767 darauf, die Zwangsvollstreckung aus einem bestimmten Titel für unzulässig zu erklären. Sie zielt vielmehr darauf, sie auf Grund einer für einen Titel erteilten Vollstreckungsklausel für unzulässig zu erklären, KG KTS **02**, 359, also gerade und nur gegen diese Klausel vorzugehen. Sie ist also zB dann zulässig, wenn die Erteilung der Vollstreckungsklausel von dem Nachweis des Eintritts einer besonderen Voraussetzung abhängt. Evtl ist der Weg des § 768 neben demjenigen nach § 732 offen, dort Rn 4, KG KTS **02**, 359.

Beispiele: Der Schuldner leugnet eine Rechtsnachfolge des Gläubigers oder beweist den Nichtverfall trotz einer Verfallsklausel; sie fehlt, Köln NJW **97**, 1451.

Auch der *Dritte* kann die Klage erheben, wenn er als ein Rechtsnachfolger ein Recht auf die Beseitigung derjenigen Vollstreckungsklausel behauptet, die das Gericht nach § 727 Rn 10 einem anderen als dem angeblichen Rechtsnachfolger erteilt hat, Lackmann Festschrift für Musielak (2004) 304, oder wenn der Kläger ein Begünstigter nach § 328 BGB zu sein behauptet. Eine rechtskräftige Feststellung nach § 768 schließt Einwendungen nach § 732 aus. Rechtskräftige Feststellungen nach § 732 schließen aber nicht Einwendungen nach § 768 aus. Denn eine Entscheidung nach § 732 hat immer nur eine vorläufige Bedeutung. Ein rechtskräftiges Urteil aus § 731 steht der Klage nach § 768 entgegen. Es genügt eine unrechtmäßige Klausel, solange noch eine Vollstreckungsmaßnahme möglich ist.

4 **4) Verfahren.** Der Antrag geht dahin, die Zwangsvollstreckung auf Grund der fraglichen Klausel für unzulässig zu erklären, KG AnwBl **02**, 666. Der Kläger muß seine Einwendungen darlegen, Kblz NJW **92**, 378. Er muß sie auch beweisen, abgesehen von einem etwaigen guten Glauben, MüKoSchm 10, aM Köln RR **94**, 894, Renzig MDR **76**, 286, ZöHe 2 (aber die Beweislast folgt auch hier den allgemeinen bewährten Regeln, Anh § 286 Rn 3). Für die Beurteilung, ob das Gericht die Vollstreckungsklausel rechtmäßig erteilt hatte, ist der Schluß der mündlichen Verhandlung nach §§ 136 IV, 296a der entscheidende Zeitpunkt. Wenn das Gericht die Klausel wie bei einer Verfallsklausel ohne Nachweise erteilen muß, muß der Schuldner die sachliche Unzulässigkeit der Zwangsvollstreckung beweisen. Eine nachträglich eintretende Fälligkeit heilt die Mängel der zu Unrecht erteilten Klausel. Wegen einer weiteren Klage des Erwerbers nach der Umschreibung der Klausel und bei einer Vollstreckung gegen ihn § 732 Rn 4. Das Urteil wirkt nach § 775 Z 1.

5) Anwendbarkeit des § 767. Im übrigen gelten voll die Grundsätze des § 767, auch die Notwendigkeit der Häufung der Einwendungen, § 767 III. Das Prozeßgericht erster Instanz ist zuständig, § 767 I. Wegen eines Vollstreckungsbescheids gilt § 796 III. Das FamG kann (jetzt) beim FamFG zuständig sein, Flieger MDR **78**, 884. § 767 II ist allerdings unanwendbar. Einreden sind also in ihrer Entstehung nicht zeitlich begrenzt. Man kann die Rückgabe der Klausel nicht erzwingen. 5

769 *Fassung 1. 9. 2009:* ***Einstweilige Anordnungen.*** **I [1] Das Prozessgericht kann auf Antrag anordnen, dass bis zum Erlass des Urteils über die in den §§ 767, 768 bezeichneten Einwendungen die Zwangsvollstreckung gegen oder ohne Sicherheitsleistung eingestellt oder nur gegen Sicherheitsleistung fortgesetzt werde und dass Vollstreckungsmaßregeln gegen Sicherheitsleistung aufzuheben seien. [2] Es setzt eine Sicherheitsleistung für die Einstellung der Zwangsvollstreckung nicht fest, wenn der Schuldner zur Sicherheitsleistung nicht in der Lage ist und die Rechtsverfolgung durch ihn hinreichende Aussicht auf Erfolg bietet. [3] Die tatsächlichen Behauptungen, die den Antrag begründen, sind glaubhaft zu machen.**

II [1] In dringenden Fällen kann das Vollstreckungsgericht eine solche Anordnung erlassen, unter Bestimmung einer Frist, innerhalb der die Entscheidung des Prozessgerichts beizubringen sei. [2] Nach fruchtlosem Ablauf der Frist wird die Zwangsvollstreckung fortgesetzt.

III Die Entscheidung über diese Anträge ergeht durch Beschluss.

IV Im Fall der Anhängigkeit einer auf Herabsetzung gerichteten Abänderungsklage gelten die Absätze 1 bis 3 entsprechend.

Vorbem. Zunächst I 2 eingefügt, daher bisheriger I 2 zu I 3 dch Art 8 Z 2 RisikobegrenzungsG v 12. 08. 08, BGBl 1666, in Kraft seit 19. 8. 08, Art 12 S 3 G, ÜbergangsR Einl III 78. Sodann IV angefügt dch Art 29 Z 18 FGG-RG, in Kraft seit 1. 9. 09, Art 112 Hs 1 FGG-RG, ÜbergangsR Art 111 FGG-RG, Einf 4 vor § 1 FamFG.

Bisherige Fassung: I–III (s. o.).

Schrifttum: *Dunkl/Moeller/Baur/Feldmeier/Wetekamp,* Handbuch des vorläufigen Rechtsschutzes, 3. Aufl 1999; *Pawlowski,* Zu dem „Außerordentlichen Beschwerden" wegen „Greifbarer Gesetzeswidrigkeit", Festschrift für *Schneider* (1997) 39.

Gliederung

1) Systematik, I–IV. Die Vorschrift, ergänzt durch § 770, ist ihrerseits eine Ergänzung der §§ 767, 768. Es findet kein obligatorisches Güteverfahren statt, § 15 a II 1 Z 6 EGZPO, Hartmann NJW **99**, 3748. § 924 hat den Vorrang, AG Hann JB **07**, 99. 1

2) Regelungszweck, I–IV. Der in § 767 Rn 2 dargestellte Zweck der Vollstreckungsabwehrklage kann es erforderlich machen, die Zwangsvollstreckung bis zur Entscheidung einstweilen einzustellen oder auf andere Weise das Risiko der „vollendeten Tatsachen" infolge einer Durchführung der Vollstreckung zu begrenzen, Brdb FamRZ **99**, 1436. Diesen Situationen dient § 769 in einer den §§ 707, 719 ähnlichen Weise, Köln FamRZ **03**, 321. Wie dort ist also die Verhinderung einer möglicherweise ungerechten Vollstreckung ein Ziel, Einl III 9, 36. Wie bei § 767 muß das Gericht aber auch bei Eilmaßnahmen eine allzu bequeme Unterwanderung des Vollstreckungstitels verhindern, dort Rn 2. Der Grundsatz der Verhältnismäßigkeit nach Grdz 34 vor § 704 ist gerade bei § 769 mitbeachtlich. Als eine Ausnahmevorschrift ist § 769 an sich eng auslegbar, Ffm MDR **99**, 828, Peglau MDR **99**, 401. Vgl aber Rn 4. 2

3) Einstweilige Anordnung, I, III. Sie erfordert Zurückhaltung, Rn 7. 3

A. Zulässigkeit, I. Das Prozeßgericht kann bei einer Vollstreckungsabwehrklage eine einstweilige Anordnung nach §§ 767, 768, 771, 785, 786, 805 treffen. Das gilt auch in einer entsprechenden Anwendung bei einer verneinenden Feststellungsklage, § 256, BGH RR **05**, 1010, Düss FamRZ **93**, 816, Naumb FamRZ **01**, 840, aM Ffm FamRZ **89**, 88 (es wendet dann §§ 707, 719 an. Aber dazu besteht keine Notwendigkeit. § 769 hat als eine Spezialvorschrift den Vorrang.). Das Prozeßgericht kann auch dann eingreifen, wenn eine verneinende Feststellungsklage des Schuldners nicht zulässig wäre, Hbg FamRZ **96**, 745. Eine einstweilige Anordnung ist auch bei §§ 323–323 b möglich, IV, auch in einem schiedsrichterlichen Verfahren, §§ 1025 ff, LG Köln MDR **95**, 959. § 769 hat den Vorrang vor §§ 935 ff.

§ 769 ist aber *unanwendbar* bei einer Unterlassungs- oder Schadensersatzklage wegen eines Urteilsmißbrauchs. Dann kommen §§ 935 ff in Betracht, Stgt RR **98**, 70, Peglau MDR **99**, 400, LAG Kiel NZA-RR **05**, 102, aM Karlsr FamRZ **86**, 1141, Zweibr NJW **91**, 3042, LG Bln MDR **05**, 1284 (vgl aber Einf 28–36 vor §§ 322–327).

4 **B. Zuständigkeit, I.** Prozeßgericht ist das Gericht derjenigen Instanz, in der der Vollstreckungsabwehrprozeß oder der Prozeß nach § 323 zur Zeit des Antrags anhängig ist, Karlsr FamRZ **84**, 186, also auch der Einzelrichter der §§ 348, 348a usw. Prozeßgericht ist im übrigen dasjenige Gericht, das den Vollstrekkungstitel geschaffen hat, BGH NJW **80**, 189, Köln AnwBl **89**, 51 (auch beim Kostenfestsetzungsbeschluß). Das kann auch das Berufungsgericht sein. Die einstweilige Anordnung ist auch nach der Zahlung der Verfahrensgebühr gemäß § 12 GKG, Anh § 271, zulässig, Hbg FamRZ **90**, 431, Köln FamRZ **87**, 964, und zwar unbedingt.

Die Unzuständigkeit des Gerichts *in der Sache selbst* schadet grundsätzlich nicht, Kblz FamRZ **83**, 939, Zweibr MDR **79**, 324. Denn es besteht die Möglichkeit einer Verweisung. Bei einer eindeutigen Unzuständigkeit, wie etwa beim Fehlen des Rechtswegs nach §§ 13, 17 ff GVG darf dieses Gericht aber überhaupt nicht auch nur zunächst tätig werden, VGH Mü NJW **83**, 1992.

5 **C. Antrag, I.** Notwendig ist ein *Antrag* des Schuldners. Ein Anwaltszwang besteht wie sonst, § 78 Rn 1. Der Schuldner muß die Einzahlung des Gerichtskostenvorschusses nach § 12 GKG, Anh § 271, nachweisen, soweit ein solcher Vorschuß nach dem Gesetz erforderlich ist, Rn 4. Für Maßnahmen nach § 769 ist ein Beginn der Zwangsvollstreckung nach Grdz 51 vor § 704 keine Voraussetzung. Eine völlige Beendigung der Zwangsvollstreckung nach Grdz 52 vor § 704 macht aber eine Anordnung nach § 769 unzulässig. Vgl ferner § 62 I 3 ArbGG, LAG Bln MDR **86**, 787, § 262 II AO. Wegen der Unanwendbarkeit der §§ 767 ff vgl § 767 Rn 14. Zum Verhältnis zwischen § 769 und §§ 936 ff Düss OLGZ **85**, 494.

6 **D. Weiteres Verfahren, I, III.** Eine mündliche Verhandlung ist zulässig, aber nicht erforderlich, § 128 IV. Der Antragsteller muß die tatsächlichen Unterlagen glaubhaft machen, § 294. Er kann die Glaubhaftmachung nicht durch eine Sicherheitsleistung ersetzen. Ein Wegzug ins Ausland reicht nicht stets aus, LG Regensb NJW **78**, 1118. Das Gericht muß den Antragsgegner nach Art 103 I GG vor dessen Unterliegen anhören, Naumb FamRZ **03**, 109. Ab seiner Anhörung gelten die allgemeinen Regeln zur Darlegungslast nach § 253 Rn 32 und zur Beweislast nach Anh § 286, soweit es auf sie überhaupt ankommt, § 707 Rn 7.

Das Gericht trifft seine Anordnungen nach seinem pflichtgemäßen *Ermessen,* großzügiger OVG Münst NJW **87**, 3029 (freies Ermessen). Es muß die Aussichten der Klage berücksichtigen, Hbg NJW **78**, 1272, Zweibr FamRZ **02**, 556. Es darf den bisherigen Vollstreckungstitel nicht ohne ein besonderes Schutzbedürfnis des Schuldners entwerten, BGH NJW **05**, 3283, Hamm MDR **93**, 348, Zweibr JB **99**, 381. Andererseits ist keine überwiegende Erfolgsaussicht der Abwehrklage nötig. Vielmehr entfällt eine einstweilige Einstellung erst bei einer völligen Aussichtslosigkeit, BGH NJW **05**, 3283, Zweibr FamRZ **02**, 556. Eine formularmäßige Einstellung der Zwangsvollstreckung trotz der Aussichtslosigkeit einer Vollstreckungsabwehrklage läuft auf eine Rechtsverweigerung hinaus, Hbg NJW **78**, 1272, Schlesw SchlHA **77**, 204.

Die Entscheidung ergeht durch einen *Beschluß,* § 329. Das Gericht muß ihn grundsätzlich begründen, § 329 Rn 4, Ffm MDR **99**, 504, Köln MDR **00**, 414, Stgt MDR **98**, 621. Er enthält wegen VV 3500 keine Kostenentscheidung, Celle JB **97**, 101, aM LG Ffm Rpfleger **85**, 208, MüKoSchm 36. Das Gericht muß seinen Beschluß nach § 329 I 1 verkünden oder beiden Parteien förmlich zustellen, § 329 III. Es kann seine Entscheidung nicht ändern, § 329 Rn 17, 18, aM Hamm MDR **88**, 241, Köln MDR **89**, 919, Schneider MDR **85**, 549 (aber der Beschluß ist bereits ausgeführt worden).

7 **C. Zulässige Maßnahmen, I, III.** Zulässig sind dieselben Maßnahmen wie bei § 707. Abweichend von jener Vorschrift besteht die Erleichterung, daß das Gericht die Zwangsvollstreckung auch dann ohne eine Sicherheitsleistung einstellen darf, wenn der Antragsteller einen Nachteil nicht nach § 294 glaubhaft gemacht hat, Hamm MDR **93**, 348, Karlsr FamRZ **87**, 1289. Es muß unter den Voraussetzungen I 2 sogar ohne eine Sicherheitsleistung einstellen. Dabei gilt zur Fage der Erfolgsaussicht § 114 S 1 entsprechend, dort Rn 80 ff. Zulässig ist auch die Anordnung der Hinterlegung eines Versteigerungserlöses. Eine Sicherheitsleistung des Schuldners nach §§ 108, 709, 769 soll grundsätzlich den Gläubiger vor den Nachteilen der Anordnung schützen. Das gilt auch bei einer Sicherheitsleistung des Drittwiderspruchsklägers nach § 771 III 1 in Verbindung mit § 769 I 1, etwa bei einer Bürgschaft, BGH MDR **04**, 763. Er muß daher für den Fall der Abweisung seiner Klage eine Garantie abgeben, BGH MDR **04**, 763. Deshalb ist auch eine Aufhebung der Zwangsvollstreckung nur gegen eine solche Sicherheitsleistung statthaft, die dem Gläubiger einen vollen Ersatz gewährleistet. Das Gericht soll weder formalistisch noch unwirtschaftlich vorgehen. Es soll vielmehr alle Gesichtspunkte abwägen, LAG Ffm BB **85**, 871. Es muß dabei aber wesentlich auch auf das Interesse des Gläubigers achten, Grdz 8 vor § 704. Die Höhe der Sicherheitsleistung muß daher dem Gläubiger wirklich einen vollen Schutz bieten. Es kommt auch eine Befristung schon nach I ähnlich derjenigen nach II in Betracht, KG FamRZ **90**, 86, Schlesw FamRZ **90**, 303. Freilich kommt auch eine Sicherheitsleistung des Gläubigers zum Schutz des Schuldners in Betracht, Hamm MDR **93**, 348, ebenso eine Sequestration ähnlich wie bei § 938 II.

Überhaupt sollte sich das Gericht *zurückhalten.* Die Vollstreckungsabwehrklagen sind ein beliebtes Hilfsmittel fauler Schuldner. LAG Hamm BB **80**, 265 lehnt wegen § 62 I ArbGG eine Sicherheitsleistung des Gläubigers oder des Schuldners ab, aM LAG Köln DB **83**, 1827. Die Anordnung ist keine einstweilige Verfügung. Eine solche wäre auch unzulässig. Die Anordnung tritt ohne weiteres außer Kraft, sobald ein Urteil zulasten des Schuldners ergeht. Eine aufgehobene Vollstreckungsmaßnahme lebt aber durch ein solches Urteil nicht wieder auf. Wie § 770 zeigt, darf sich die Anordnung eine Wirkung nur bis zum Erlaß des Urteils der Instanz beilegen, Köln KTS **89**, 722 (auch wegen eines nachfolgenden Insolvenzverfahrens). Eine Einstellung in der Hauptsache berührt die Vollstreckung eines Arrests oder einer einstweiligen Verfügung nicht, § 930 Rn 4. Wegen der Wirkung der Einstellung usw § 707 Rn 8–15.

8 **4) Dringender Fall, II.** Seine Bejahung erfordert eine gesteigerte Zurückhaltung.

A. Voraussetzungen. Ein dringender Fall liegt dann vor, wenn die Zeit nicht ausreicht, um eine Entscheidung des Prozeßgerichts einzuholen, etwa eine Entscheidung des Kollegialgerichts, LG Frankenthal Rpfleger **81**, 314. Ein dringender Fall liegt nicht schon deshalb vor, weil die Zwangsvollstreckung unmittelbar bevorsteht, sofern der Schuldner den Antrag erst im letzten Augenblick arglistig stellt, um eine ausreichende Prüfung oder eine Kostenpflicht zu verhindern, Einl III 54. Ein dringender Fall fehlt ferner zB dann, wenn bereits in einem anderen zugehörigen Verfahren eine Einstellung der Zwangsvollstreckung erfolgt ist, Köln FamRZ **81**, 379.

Das Gericht kann die Anordnung in einem dringenden Fall evtl schon nach der *Einreichung* der Klageschrift vor deren Zustellung treffen, s unten, Brdb FamRZ **99**, 1435, Hbg RR **99**, 394, Schlesw FamRZ **90**, 303, aber grundsätzlich nicht vorher, Brdb FamRZ **99**, 1435, AG Ludwigslust FamRZ **05**, 1858. Freilich muß das Gericht durch eine Bedingung oder Befristung sicherstellen, daß demnächst die Klagezustellung folgt oder das Vollstreckungsrecht des Gläubigers wieder auflebt, KG FamRZ **90**, 86 links und rechts, Schlesw FamRZ **90**, 303, aM Hbg FamRZ **90**, 431, Köln FamRZ **87**, 964 (aber außerhalb eines Prozeßrechtsverhältnisses nach Grdz 4 vor § 128, § 261 Rn 1 ist eine große Zurückhaltung notwendig. Wo lägen zuerst die Grenzen?).

In einem dringenden Fall ist die einstweilige Anordnung ausnahmsweise auch schon nach der Einreichung des isolierten Antrags auf die Bewilligung einer *Prozeßkostenhilfe* nach § 117 statthaft, Hamm RR **96**, 1024, Schlesw SchlHA **78**, 146, ZöHe 3, aM Ffm MDR **99**, 828, Naumb FamRZ **01**, 840, Schlesw WertpMitt **92**, 263 (aber der Gesetzestext und -sinn ist nicht so eng, und es besteht ein praktisches Bedürfnis). Es kann sogar das Rechtsmittelgericht zuständig sein, wenn vor ihm ein besonderes Eilbedürfnis vorliegt, Hbg FamRZ **84**, 804.

B. Verfahren. Der Antragsteller muß außer den tatsächlichen Unterlagen nach I 2 die besondere Dring- **9**
lichkeit glaubhaft machen, § 294, Karlsr FamRZ **04**, 1211. Das Prozeßgericht braucht die Klage noch nicht zugestellt zu haben, Rn 4. Zur Entscheidung zuständig ist das Vollstreckungsgericht, § 764. Es entscheidet durch den Rpfl, § 20 Z 17 RPflG, AG Hann JB **07**, 99. Denn eine richterliche Entscheidung muß ohnehin nachfolgen. Eine mündliche Verhandlung ist zulässig, aber nicht notwendig, III, § 128 IV. Der Rpfl entscheidet nach einer Anhörung, Artt 2 I, 20 III GG, BVerfG **101**, 404, AG Hann JB **07**, 99, durch einen Beschluß, IV, § 329. Er muß ihn kurz begründen, § 329 Rn 4 (Notwendigkeit der Überprüfbarkeit), Ffm MDR **99**, 504, Karlsr JB **98**, 493, Köln JB **93**, 627. Der Beschluß enthält keine Kostenentscheidung, LG Ffm Rpfleger **85**, 208. Der Beschluß wird beiden Parteien zugestellt, § 329 II 2, III. Wegen der EuGVVO SchlAnh V C 2.

C. Fristsetzung. Der Rpfl muß eine Frist zur Beibringung der Entscheidung des Prozeßgerichts aus I **10**
setzen. Er kann sie nach § 224 II verlängern. Wenn der Schuldner die Entscheidung nicht innerhalb der Frist beibringt, tritt die Anordnung des Vollstreckungsgerichts kraft Gesetzes außer Kraft, Celle OLGR **96**, 214. Darum ist hier eine Aufhebung einer Vollstreckungsmaßnahme geradezu unstatthaft. Das Prozeßgericht kann aber die Zwangsvollstreckung mit Wirkung für die Zukunft erneut einstellen. Eine Anordnung des Prozeßgerichts erledigt diejenige des Vollstreckungsgerichts. Ein neuer Antrag nach einer Ablehnung setzt neue Gründe voraus. Denn niemand kann über denselben Sachverhalt zwei Entscheidungen verlangen.

5) Abänderung, IV. I–III gelten entsprechend bei §§ 323–232 b, also auch beim Prozeßvergleich, Anh **11**
§ 307, § 767 Rn 10, BGH NJW **05**, 3283, LAG Ffm BB **95**, 1648.

6) Rechtsbehelfe, I–III. Sie bergen viele Streitfragen. **12**

A. Erinnerung. Wenn der Rpfl entschieden hat, gilt § 11 II 1 RPflG.

B. Grundsatz: Keine sofortige Beschwerde. Gegen den anfänglichen Beschluß des Richters des **13**
Prozeßgerichts oder des Vollstreckungsgerichts ist grundsätzlich kein Rechtsmittel statthaft, Naumb FamRZ **06**, 1289, LAG Mainz MDR **06**, 713. Nur ausnahmsweise kann die sofortige Beschwerde nach §§ 567 I Z 1, 793 zulässig sein, Saarbr RR **01**, 1573, Zweibr MDR **04**, 836, aM BGH **159**, 15, Bre MDR **06**, 229 (die Unanfechtbarkeit ergebe sich bei der Auslegung. Aber I enthält gerade nicht wie § 707 II 2 einen ausdrücklichen Ausschluß, und § 793 gilt ersichtlich im ganzen Buch 8. Man darf trotz aller Prozeßwirtschaftlichkeit nicht in Wahrheit vom gewünschten Ergebnis her konstruieren).

C. Auch nicht bei grobem Verstoß. Rn 13 gilt auch bei ihm. Denn nicht einmal eine sog greifbare **14**
Gesetzwidrigkeit reicht noch, Rn 15.

D. Auch nicht bei greifbarer Gesetzwidrigkeit. Die sofortige Beschwerde ist selbst dann nicht mehr **15**
statthaft, wenn eine greifbare Gesetzwidrigkeit vorliegt, § 567 Rn 10, BGH FamRZ **06**, 696, Brdb JB **05**, 664. Daher kann selbst bei einer greifbaren Gesetzwidrigkeit grundsätzlich auch dann keine sofortige Beschwerde stattfinden, wenn die zugehörige Hauptsacheentscheidung unanfechtbar ist, Kblz FamRZ **89**, 298, oder wenn es nur um eine Prozeßkostenhilfe geht, Karlsr FamRZ **03**, 1675 und 1676. Vgl im übrigen jetzt die schweren Bedenken des BVerwG (Plenum) NJW **03**, 1929 (Verstoß gegen Rechtsmittelklarheit nebst Aufforderung an den Gesetzgeber, bis Ende 2004 zu handeln).

E. Weitere Einzelfragen. Beim groben erstinstanzlichen Verfahrensverstoß kommt eine Aufhebung **16**
durch das Rechtsmittelgericht nebst einer Zurückverweisung in Betracht, Naumb FamRZ **03**, 109. Die Beschwerdeentscheidung enthält keine Kostenentscheidung. Denn es liegt ein unselbständiges Zwischenverfahren vor, dessen Kosten §§ 91 ff, 788 regeln, Brdb FamRZ **96**, 356, Drsd JB **99**, 270, Düss FER **99**, 160 (je: bei Zurückweisung), aM Karlsr FamRZ **99**, 1000, LG Aachen MDR **96**, 1196. Der sog Meistbegünstigungsgrundsatz nach Grdz 28 vor § 511 gilt auch hier, Karlsr MDR **92**, 808. Freilich muß das Beschwerdegericht prüfen, ob überhaupt mehr als ein nach § 319 zu berichtigender Schreibfehler vorliegt. Zur Anschlußbeschwerde § 567 III. Die Anordnung des Vollstreckungsgerichts wird nach einem erfolglosen Ablauf der Frist nach II oder nach einem abweisenden Urteil gegenstandslos, II 2. Neue Tatsachen sind im Rahmen nach § 571 II beachtlich, so schon Karlsr OLGZ **76**, 479, Gottwald FamRZ **94**, 1539. Das gilt selbst dann, wenn der Beschluß inzwischen nach § 322 rechtskräftig geworden ist. Wenn die Klage nach § 767 Erfolg hat, kann der Bekl in einem Verfahren nach § 769 noch vor dem Beschwerdegericht eine Erledigterklärung nach § 91 a abgeben. Das Beschwerdegericht kann eine Forderungsbeschlagnahme nicht rückwirkend und evtl auch nicht für die Zukunft wiederherstellen, Karlsr FamRZ **04**, 820.

770 *Einstweilige Anordnungen im Urteil.* [1] **Das Prozessgericht kann in dem Urteil, durch das über die Einwendungen entschieden wird, die in dem vorstehenden Paragraphen bezeichneten Anordnungen erlassen oder die bereits erlassenen Anordnungen aufheben, abändern oder bestätigen.** [2] **Für die Anfechtung einer solchen Entscheidung gelten die Vorschriften des § 718 entsprechend.**

1 **1) Systematik, Regelungszweck, S 1, 2.** Vgl § 769 Rn 1, 2.

2 **2) Anordnungen, S 1, 2.** § 770 erlaubt dem Prozeßgericht bei einer Vollstreckungsabwehrklage nach §§ 767, 768, 785, 786, 805 auch in einem bloß vorläufig vollstreckbaren Urteil und bei einem nach § 794 I Z 3 sofort vorstreckbaren Beschluß Anordnungen nach § 769 I, III. Diese Befugnis besteht abweichend von § 769 auch von Amts wegen. Eine in einem vorläufig vollstreckbaren Urteil getroffene Anordnung tritt mit der formellen Rechtskraft des Urteils nach § 705 ohne weiteres außer Kraft. Die Durchführung richtet sich nach §§ 775 Z 2, 776. Vgl ferner § 262 II AO.

3 **3) Rechtsbehelfe, S 1, 2.** Die Anordnung ist ein Teil des Urteils. Man kann sie daher nur zusammen mit diesem Urteil und nur mit dessen Rechtsmittel angreifen. Die Anordnung ist sofort vollstreckbar. In der zweiten Instanz entscheidet das Gericht auf einen Antrag auch vorab, § 718. Das Berufungsgericht kann aber auch eine Anordnung aus § 769 erlassen. Eine Revision entfällt nach § 718 II.

Einführung vor §§ 771–774

Widerspruchsklagen

Gliederung

1 **1) Systematik.** Die Widerspruchsklage ist ebenso wie die Vollstreckungsabwehrklage eine *rein prozessuale Gestaltungsklage,* § 767 Rn 1, BGH MDR **85**, 1010, Münzberg/Brehm Festschrift für Baur (1981) 535, Geißler NJW **85**, 1869, aM Baur/Stürner § 40 I 1, Bettermann Festschrift für Weber (1975) 88 (es handle sich um eine sachlichrechtliche Abwehrklage. Aber es geht um die Zwangsvollstreckungsgrenzen, s unten.). Sie macht die Zwangsvollstreckung unzulässig, sobald das Urteil rechtskräftig oder vorläufig vollstreckbar ist, § 775 Z 1, also für die Zukunft. Bis dahin ist die in der gesetzlichen Form auf Grund gesetzlicher Voraussetzungen vorgenommene Zwangsvollstreckung einwandfrei und wirksam. Der Rechtsbehelf hat seinen Grund also nicht in einer fehlerhaften Zwangsvollstreckung, sondern in der unvermeidlichen Unzulänglichkeit der Prüfung fremder Rechte im Zwangsvollstreckungsverfahren. Diese Prüfung erfordert die allseitige Erörterung im Prozeß.

Die wichtigste Folge dieser prozessualen Natur ist, daß das *sachliche Recht des Dritten kein Streitgegenstand* ist, BGH MDR **85**, 1010, Stgt FamRZ **82**, 401. Denn der Gegenstand der Zwangsvollstreckung ist nicht streitbefangen, § 265. Darum läßt die Rechtskraft das sachliche Recht dieses Dritten unberührt. Der Dritte kann es aber im Erkenntnisverfahren des bisherigen Prozesses weder durch eine Einrede noch widerklagend geltend machen. Deshalb muß er es wenigstens im dortigen Vollstreckungsverfahren durchsetzen können.

Es findet *kein obligatorisches Güteverfahren* statt, § 15 a II 1 Z 6 EGZPO, Hartmann NJW **99**, 3748.

Eine bewußt *falsche* Widerspruchsklage ist mindestens ein versuchter Prozeßbetrug. Die Drittwiderspruchsklage des Sicherungsnehmers ist zunächst dann mißbräuchlich, wenn sie nur den Schutz des Sicherungsgebers bezweckt, Einl III 54, Bre OLGZ **90**, 73.

2 **2) Regelungszweck.** Die ZPO gibt eine Reihe von Widerspruchsklagen (Interventionsklagen) für solche Fälle, in denen das Recht eines Dritten der Zwangsvollstreckung entgegensteht. Diese Klagen dienen ähnlichen Zwecken wie das Aussonderungsrecht im Insolvenzverfahren. Der Gläubiger soll keine größeren Rechte erlangen als sie der Schuldner hat. Darum kann § 47 S 2 InsO bei der Auslegung der §§ 771 ff dienlich sein. Vergleichbar ist die Drittwiderspruchsklage nach § 262 AO, BGH NJW **89**, 2542. §§ 771 ff dienen der Gerechtigkeit gegenüber einem mitbetroffenen Dritten nach Einl III 9, 36 und sind entsprechend weit zu seinen Gunsten auslegbar.

Mißlich ist die Stellung des Dritten ohnehin. Sein Recht und insbesondere sein Eigentum droht in der Zwangsvollstreckung gegen den Schuldner unterzugehen. Ein Schadensersatzanspruch gegen den Gläubiger und/oder gegen den Schuldner ist oft ein nur dürftiger und obendrein wirtschaftlich evtl gar nicht durchsetzbarer Trost. Der Dritte mag den Besitz usw durchaus gutgläubig einem solchen Schuldner überlassen haben, dem noch keine Vollstreckung drohte oder zu drohen schien. Der Zugriff des Gläubigers muß dort enden, wo auch das Gesamtvermögen seines Schuldners endet. Eine Vermögensverschiebung würde natürlich als Rechtsmißbrauch nach Einl III 54 auch bei §§ 771 ff nicht hinnehmbar sein.

3 **3) Geltungsbereich.** Die Vorschriften gelten auch im WEG-Verfahren und evtl im FamFG-Verfahren, § 95 I FamFG. Man muß im übrigen drei Fallgruppen unterscheiden.

A. Verhältnis der §§ 771–774 zueinander. Die Fälle §§ 771–774 liegen im wesentlichen gleichartig. Ein Unterschied besteht insofern, als der Dritte bei §§ 771, 774 die ganze Zwangsvollstreckung abschnüren kann, während er bei §§ 772 f die Pfändung belassen muß und nur der Veräußerung oder Überweisung widersprechen darf.

4 **B. Verhältnis zum sachlichen Recht.** Hat der Dritte die Widerspruchsklage nach Grdz 51 vor § 704 versäumt, bleibt ihm ein sachlichrechtlicher Anspruch aus einer Bereicherung, §§ 812 ff BGB, BGH Rpfleger **75**, 292, Brehm JZ **86**, 501 (die Widerspruchsklage könne zulässig bleiben). Dieser Anspruch

besteht grundsätzlich gegenüber dem Gläubiger. Wegen einer Ausnahme § 819 Rn 5. Eine Bereicherung liegt vor, soweit der Erlös die Zwangsvollstreckungskosten übersteigt, BGH **66**, 156, aM StJM § 771 Rn 73, 75 (aber man sollte prozeßwirtschaftlich vorgehen, Grdz 14 vor § 128). Bedenklich ist dabei, daß der Pfändungspfandgläubiger schlechter steht als der Faustpfandgläubiger, weil ihn der gute Glaube nicht schützt; § 1207 BGB ist unanwendbar.

Ein Ersatzanspruch des Dritten verlangt eine *unerlaubte Handlung* des Gläubigers. § 717 II und §§ 985 ff BGB sind unanwendbar. Eine Ersatzpflicht besteht vor allem dann, wenn der Gläubiger bösgläubig Sachen Dritter pfändet oder trotz einer ausreichenden Glaubhaftmachung vom Bestehen des fremden Rechts auf der Pfändung beharrt. Die zur Auferlegung der Kosten ausreichende Glaubhaftmachung genügt hier nicht unbedingt. Die prozessuale Rechtmäßigkeit der Zwangsvollstreckung steht dem Ersatzanspruch wegen eines sachlichrechtlichen Verschuldens des Gläubigers nicht entgegen. Dieser haftet für Hilfspersonen nach §§ 278, 831 BGB. Häufig fällt dem Dritten ein mitwirkendes Verschulden zur Last, § 254 BGB.

C. Verhältnisse zu anderen Rechtsbehelfen. Regelmäßig ist die Widerspruchsklage der einzige Rechtsbehelf des Dritten, Schlesw SchlHA **89**, 44. Sie schließt vor allem eine sachlichrechtliche Klage desselben Ziels gegen den Pfändungsgläubiger aus. 5

Das gilt zB: Für die Abwehrklage des § 1004 BGB, Henckel AcP **174**, 109; für die Feststellungsklage, § 256 (Ausnahme: Rn 6); für eine Klage auf eine Herausgabe, insbesondere nach § 985 BGB, BGH NJW **89**, 2542 (Unzulässigkeit); für eine Klage auf eine Freigabe (das ist freilich meist nur eine falsche Bezeichnung). Das ändert freilich nichts an einem etwaigen sachlichrechtlichen Freigabeanspruch. Eine bloße Feststellung der Unzulässigkeit einer Pfändung hätte wegen § 775 auch nur einen geringen praktischen Wert.

Zulässig ist: Eine einstweilige Verfügung, §§ 935 ff, aM Schlesw SchlHA **89**, 44 (aber zur Klagemöglichkeit gehört ein einstweiliger Rechtsschutz, Einl III 9); eine Klage auf die Unterlassung der Zwangsvollstreckung wegen einer vertraglichen Verpflichtung, Grdz 24 vor § 704; eine verneinende Feststellungsklage des Pfändungsgläubigers gegen den Dritten, § 256, vor der Erhebung der Widerspruchsklage. Über das Zusammentreffen mit § 766 dort Rn 10. 6

Mit der *Einmischungsklage* des § 64 trifft eine Klage nach § 771 nur dann zusammen, wenn der Dritte gegenüber einem vorläufig vollstreckbaren Urteil eine Sache für sich beansprucht, die herauszugeben ist. Das Verfahren und das Ergebnis sind in beiden Fällen verschieden. Der Dritte kann gegen seinen Schuldner unabhängig von § 771 klagen.

771 ***Drittwiderspruchsklage.*** **I Behauptet ein Dritter, dass ihm an dem Gegenstand der Zwangsvollstreckung ein die Veräußerung hinderndes Recht zustehe, so ist der Widerspruch gegen die Zwangsvollstreckung im Wege der Klage bei dem Gericht geltend zu machen, in dessen Bezirk die Zwangsvollstreckung erfolgt.**

II Wird die Klage gegen den Gläubiger und den Schuldner gerichtet, so sind diese als Streitgenossen anzusehen.

III 1 Auf die Einstellung der Zwangsvollstreckung und die Aufhebung der bereits getroffenen Vollstreckungsmaßregeln sind die Vorschriften der §§ 769, 770 entsprechend anzuwenden. 2 Die Aufhebung einer Vollstreckungsmaßregel ist auch ohne Sicherheitsleistung zulässig.

Schrifttum: *Ackermann,* Die Drittwiderklage, 2005; *Büchler,* Die Abweisung der Drittwiderspruchsklage usw, 1994; *Dormann,* Drittklage im Recht der Zusammenschlußkontrolle, 2000; *Endo,* Die Drittwiderspruchsklage im deutschen und japanischen Recht, Diss Freibg 1988; *Gaul,* Dogmatische Grundlagen und praktische Bedeutung der Drittwiderspruchsklage, Festgabe *50 Jahre Bundesgerichtshof* (2000) III 521; *Gerlach,* Ungerechtfertigte Zwangsvollstreckung und ungerechtfertigte Bereicherung, 1986; *Lippross,* Grundlagen und System des Vollstreckungsschutzes, 1983; *Lüke,* Die Beteiligung Dritter im Zivilprozeß, 1993; *Münzberg/Brehm,* Altes und Neues zur Widerspruchsklage nach § 771 ZPO, Festschrift für *Baur* (1981) 517; *Nikolaou,* Der Schutz des Eigentums an beweglichen Sachen Dritter bei Vollstreckungsversteigerungen, 1993; *Picker,* Die Drittwiderspruchsklage usw, 1981; *Rottmann,* Der Schutz des Dritten in der europäischen Mobiliarzwangsvollstreckung (rechtsvergleichend), 2007; *Schäfer,* Drittinteressen im Zivilprozeß, Diss Mü 1993; *Schmalhöfer,* Die Beteiligung Dritter am Zivilprozeß, 1994.

Gliederung

1) Systematik, I–III. Vgl zunächst Einf 1 vor §§ 771–774. Die Vorschrift nennt als eine Voraussetzung der Klage „ein die Veräußerung hinderndes Recht" am Gegenstand der Zwangsvollstreckung. So etwas gibt es eigentlich gar nicht. Denn kein Recht kann eine Veräußerung verhindern. Vor allem kann man sich kein Recht zum Widerspruch vertraglich ausbedingen. I erfaßt vielmehr ein solches Recht, das einer Zwangsvollstreckung des Gläubigers in den Gegenstand entgegensteht, Hamm RR **01**, 1575, Saarbr OLGZ **84**, 127. Auf eine Veräußerungsbefugnis des Schuldners kommt es überhaupt nicht an. Das Recht muß zunächst 1 einmal bei der Zwangsvollstreckung gerade gegen diesen Schuldner begründet sein, LG Konst Rpfleger **07**, 91. Dabei genügt eine Rückwirkung nach § 184 I BGB, soweit nicht § 184 II BGB entgegensteht. Das Recht muß aber auch noch beim Schluß der letzten Tatsachenverhandlung nach §§ 136 IV, 296 a bestehen. Welche Rechte hierher gehören, muß man weniger nach förmlichen Gesichtspunkten als nach der wirtschaftlichen Zugehörigkeit zum Vermögen des Schuldners oder des Dritten beurteilen, Hamm NJW **77**, 1159, Henssler AcP **196**, 52. Es findet kein obligatorisches Güteverfahren statt, Einf 1 vor §§ 771–774. § 771 schließt das Rechtschutzbedürfnis für eine andere sachlichrechtliche Klage über denselben Streitgegenstand zB nach § 985 BGB aus, zumal der Kläger sonst die Zwangsvollstreckung mißachten könnte, BGH NJW **87**, 1880, Geißler NJW **85**, 1871. Sie ist vor dem nach Rn 7 zuständigen Gericht umdeutbar, sonst unzulässig. Im Strafverfahren ist eine Drittwiderspruchsklage nicht statthaft, Hbg RR **03**, 715. § 766 bleibt anwendbar.

2 **2) Regelungszweck, I–III.** Vgl zunächst Einf 2 vor §§ 771–774. Das Schutzbedürfnis des Dritten ist gerade bei § 771 besonders ausgeprägt, BGH **156**, 314 (zustm Berger LMK **04**, 28). Denn das Vollstrekkungsorgan darf nur sehr begrenzt von der äußeren Besitz- oder Eintragungslage abweichen. Man muß auch den Staat vor einer eigenen und des Gerichtsvollziehers Haftung bewahren. Zwar muß man es aus vielen Gründen dem Dritten nach Grdz 18 vor § 128 überlassen, ob er sein Recht auch rechtzeitig geltend macht und genügend vortragen sowie notfalls beweisen kann. Damit sollte es aber auch bei der Belastung des Dritten sein Bewenden haben. Deshalb sollte man § 771 zwar nicht uferlos handhaben, aber doch großzügig zugunsten des Dritten anwenden.

3 **3) Geltungsbereich: Veräußerungshinderndes Recht, I.** Da das Recht an dem Gegenstand der Zwangsvollstreckung bestehen muß, muß die Zwangsvollstreckung bereits begonnen haben, Grdz 51 vor § 704. Sie darf noch nicht völlig beendet sein, Grdz 52 vor § 704, BGH **72**, 337. Eine Beendigung der Zwangsvollstreckung während eines Prozesses erledigt die Hauptsache, § 91 a. Eine bloße Freigabe des von der Zwangsvollstreckung erfaßten Gegenstands in der mündlichen Verhandlung erledigt die Hauptsache jedoch nicht. Über die Bereicherungs- und die Ersatzklage Einf 4 vor §§ 771–774. Der Übergang zu diesen Klagen oder zu einer Klage auf die Herausgabe des Hinterlegten ist entsprechend § 264 statthaft. Das gilt auch noch in der Berufungsinstanz.

Wer ein Recht an einer Sache hat, der kann die *Klage schon bei der Pfändung* des Herausgabeanspruchs erheben, BGH **72**, 337. § 771 gilt auch bei einer Arrestpfändung nach § 930. Über die Anwendbarkeit der Vorschrift bei der Pfändung von Früchten auf dem Halm § 810. Es ist unerheblich, ob die Zwangsvollstrekkung zu einer Veräußerung oder sonstwie zu einem Verlust des sachlichen Rechts führt, BGH JR **79**, 283. Es reicht aus, daß nach einer erfolglosen Pfändung ein weiterer Vollstreckungsversuch droht, BGH FamRZ **04**, 701. Eine bloße Zwangsverwaltung genügt. Der Beginn der Zwangsvollstreckung ist nur dann nicht erforderlich, wenn der Gegenstand der Zwangsvollstreckung von vornherein feststeht, Henckel AcP **174**, 108. Das gilt zB bei §§ 883, 885 etwa bei einem Urteil auf eine Räumung. Denn dann muß man unbedingt mit einer Zwangsvollstreckung in die Sache rechnen.

Eine öffentlichrechtliche *Beschlagnahme* ist noch kein Akt der Zwangsvollstreckung. Sie genügt daher nicht, Rostock MDR **05**, 770 (§ 111 a StPO). Die Unwirksamkeit einer Zwangsvollstreckung steht der Erhebung einer Widerspruchsklage nicht entgegen, BGH WertpMitt **81**, 648. Etwas anderes gilt nur dann, wenn die Nichtigkeit der Vollstreckungsmaßnahme außer Zweifel steht und wenn auch alle Beteiligten sie anerkennen, Ffm RR **88**, 1408. § 771 ist auch bei einer Zwangsversteigerung anwendbar, Saarbr OLGZ **84**, 127. Die Vorschrift ist ferner bei einer Teilungsversteigerung nach § 180 ZVG anwendbar, BGH FamRZ **85**, 904, Düss FamRZ **95**, 309, Köln Rpfleger **98**, 169. § 771 ist auch bei einer Zwangshypothek anwendbar, Düss WertpMitt **93**, 1692. Eine Beendigung der Zwangsvollstreckung tritt erst mit der Befriedigung des Gläubigers ein, nicht schon mit einer Hinterlegung oder einer ähnlichen Maßnahme, BGH **72**, 337.

4 **4) Klage, I.** Es handelt sich um eine Gestaltungsklage nach Grdz 10 vor § 253. Denn die Zwangsvollstreckung wird erst durch ein stattgebendes Urteil unzulässig. Die Regelung ist dem Erkenntnisverfahren nachgebildet.

A. Kläger, dazu *Gerhardt,* Von Strohfrauen und Strohmännern – Vorgeschobene Rechtsinhaberschaft in der Zwangsvollstreckung, Festschrift für *Lüke* (1997) 121: Als Dritter klageberechtigt kann jeder Inhaber eines die Veräußerung hindernden Rechts nach Rn 3 sein, der kein Vollstreckungsschuldner ist, gegen den also eine Vollstreckung nicht stattfindet und aus dem Titel auch nicht stattfinden darf, Hamm RR **87**, 586. Ein Dritter ist also dann klageberechtigt, wenn der Schuldner selbst bei einer Veräußerung des Vollstrekkungsgegenstands widerrechtlich in den Rechtskreis des Dritten eingreifen würde und wenn deshalb der Dritte den Schuldner an der Veräußerung hindern könnte. Klageberechtigt ist auch derjenige, der nach einer Pfändung und nach dem Eintritt der Rechtshängigkeit nach § 261 von einem berechtigten Dritten erworben hat, ferner zB jeder Wohnbesitzberechtigte bei einer Zwangsvollstreckung in das zweckgebundene Vermögen wegen einer solchen Forderung, für die dieses Vermögen nicht haftet, § 12 b II 2 des 2. WoBauG, § 767 Rn 2.

5 **B. Schuldner als Kläger.** Der Schuldner kann nur dann ein Dritter sein, wenn er verschiedene Vermögensmassen verwaltet. Das gilt: Für den Insolvenzverwalter, wenn ein Insolvenzgläubiger in sein Vermögen vollstreckt oder wenn der Verwalter mit einem Insolvenzgläubiger über die Zugehörigkeit eines Gegenstands zur Insolvenzmasse streitet; für denjenigen Erben, der nach § 778 I nur mit dem Nachlaß haftet, im Gegensatz zu dem beschränkt haftenden Erben, §§ 781, 785; für den nicht verurteilen Miterben, §§ 778, 785, und den bei einer Teilungsversteigerung nach § 180 ZVG wegen eines Teilungsverbots Widersprechenden; für den Nacherben; für den Treuhänder, wenn ein Vollstreckungstitel gegen den Treugeber fehlt; für den Gesellschafter dann, wenn der Vollstreckungstitel nur gegen die Gesellschaft erlassen wurde, etwa die OHG; für den nicht mitverurteilten Miteigentümer, Geißler NJW **85**, 1870; für denjenigen Ehegatten, dessen Ehepartner ohne seine Zustimmung über Haushaltsgegenstände verfügt hat, § 1369 BGB, oder der nach § 1477 II BGB berechtigt ist, Ffm FamRZ **85**, 504, oder der etwa nach § 1480 BGB mithaftet, aber kein

Titelschuldner ist, oder der die Teilungsversteigerung des gemeinsamen Grundbesitzes betreibt, Bre Rpfleger **84**, 157, Stgt FamRZ **82**, 401. Bei einem offen zutage liegenden Versteigerungshindernis ist jedenfalls auch § 766 anwendbar.

C. Beklagter. Richtiger Bekl ist der jetzt betreibende Gläubiger, bei § 124 der Anwalt. Mehrere Gläubiger sind gewöhnliche Streitgenossen, § 59. Denn das Urteil wirkt nur für und gegen den Bekl. Der Rechtsnachfolger eines Gläubigers haftet erst nach einer Umschreibung des Vollstreckungstitels auf ihn, Rn 12. **6**

D. Zuständigkeit. Örtlich zuständig ist dasjenige Gericht, in dessen Bezirk der Gläubiger vollstreckt. Dieser örtliche Gerichtsstand ist ausschließlich, § 802. Anders verhält es sich mit der sachlichen Zuständigkeit, § 802 Rn 1. Für sie gilt der Streitwert usw, §§ 23 ff, 71 GVG. Da sich die Klage nicht gegen die einzelne Vollstreckungsmaßnahme richtet, sondern gegen die Zwangsvollstreckung insgesamt, ist dasjenige Gericht zuständig, in dessen Bezirk die Zwangsvollstreckung begonnen hat, Grdz 51 vor § 704. Bei der Sachpfändung ist das Gericht des Pfändungsorts zuständig. Bei einer Zwangsvollstreckung in eine Forderung ist entweder dasjenige Gericht zuständig, das den Pfändungsbeschluß nach § 845 erlassen soll oder nach § 829 erlassen hat, oder dessen LG. Bei einer Arrestpfändung nach § 930 ist das für den Ort des Arrestgerichts nach § 919 maßgebliche AG oder LG zuständig. Bei einer Anschlußpfändung nach § 826 ist das Gericht der ersten Pfändung zuständig. Bei der Rechtspfändung ist das Gericht des Pfändungsbeschlusses zuständig. In einer Familiensache in der Regel das FamG zuständig, BGH MDR **85**, 1010, Hbg FamRZ **00**, 1290, Mü FamRZ **00**, 365, aM Stanicki FamRZ **77**, 685 (aber es sollte die Sachbezogenheit entscheiden). Bei einem Verteilungsverfahren ist das Verteilungsgericht des § 873 zuständig. Bei § 111 d II StPO in Verbindung mit § 928 ist das Zivilgericht zuständig, BGH NJW **06**, 66, Hbg RR **03**, 715, Naumb NStZ **05**, 341. Ein ArbG ist nicht zuständig, LAG Bln MDR **89**, 572. **7**

Eine Familiensache liegt grundsätzlich dann *nicht* vor, wenn der Vollstreckungstitel keine Familiensache betrifft, BGH NJW **79**, 929, BayObLG FamRZ **81**, 377, Stgt FamRZ **82**, 401. Eine Bestimmung des örtlich zuständigen Gerichts nach § 36 I Z 3 kann wegen der Ausschließlichkeit des Gerichtsstands nicht stattfinden. Wegen der (jetzt) EuGVVO Hamm RR **01**, 1575.

E. Antrag. Der Antrag sollte dahin gehen, die Zwangsvollstreckung für *unzulässig zu erklären*. Ein Antrag, die gepfändete Sache freizugeben oder die Pfandstücke herauszugeben oder in die Herausgabe des Hinterlegten einzuwilligen, ist zwar unrichtig, aber unschädlich. Denn es genügt, daß der Wille des Klägers klar erkennbar ist, die Unzulässigkeit der Zwangsvollstreckung festgestellt zu sehen. Das Gericht darf den Bekl nicht zu einer Herausgabe usw verurteilen. Denn diese muß nach §§ 775 Z 1, 776 ohne weiteres geschehen. Ein auf die Herausgabe gerichteter Antrag ist neben dem Antrag überflüssig, die Zwangsvollstreckung für unzulässig zu erklären. Er hat auf die Kostenentscheidung keinen Einfluß. Ein Anwaltszwang besteht wie sonst, § 78 Rn 1. **8**

F. Weiteres Verfahren. Die Zustellung der Klage erfolgt an den Kläger der ersten Instanz oder an dessen ProzBev nach § 172 Rn 11 „Drittwiderspruchsklage". Eine für den Hauptprozeß erteilte Prozeßvollmacht ist auch hier ausreichend, § 81. Der Klagegrund liegt zum einen in der Zwangsvollstreckung, auch wenn diese fehlerhaft ist, zum anderen in dem behaupteten und zu beweisenden Recht. Die Klage hemmt den Fortgang der Zwangsvollstreckung nicht. Wegen einer einstweiligen Anordnung Rn 13. Das Gericht muß die Beweislast wie sonst beurteilen, Anh § 286. Der Kläger muß also die Entstehung seines Rechts beweisen, BGH NJW **79**, 42, LG Köln DB **81**, 883. Der Bekl muß zB beweisen, daß das Recht erloschen ist. Vgl aber §§ 891, 1006 BGB. **9**

G. Einwendungen. Es kommen solche Einwendungen infrage, die das Recht des Klägers verneinen, hemmen oder vernichten. In Betracht kommt etwa eine Anfechtung nach dem AnfG, BGH **98**, 10, Schmidt JZ **87**, 891, und die Behauptung eines besseren Rechts. Ein solches steht zB an der Miete einem Hypothekengläubiger besseren Rangs gegenüber einem Nießbraucher zu. Deshalb braucht der Hypothekengläubiger gegen den Nießbraucher keinen Duldungstitel zu erwirken. Ein besseres Recht kann auch dem pfändenden Verpächter gegen den Sicherungseigentümer zustehen. Zulässig sind ferner der Einwand der Arglist nach Einl III 54, Grdz 44 vor § 704, oder der Einwand, der Kläger hafte als ein Bürge oder müsse die Zwangsvollstreckung in die Sache dulden, weil er als ein Sicherungseigentümer die von einem Dritten angebotene Restzahlung für den übereigneten Gegenstand nicht angenommen habe, weil dem Gläubiger gegenüber dem Eigentum des Widerspruchsklägers in Gestalt eines Pfandrechts ein besseres Recht zustehe, aM Hamm BB **76**, 1048, oder weil er ein Gesamtschuldner sei, oder die Sicherungsübereignung sei nach § 138 BGB nichtig. **10**

In diesen Fällen ist *kein vollstreckbarer Titel* für das bessere Recht *notwendig*. Denn da man einen solchen Titel ohne weiteres im Weg einer Widerklage nach Anh § 253 erreichen kann, wäre es förmelnd, den Einwand nur in dieser Form zuzulassen. Ferner ist der Einwand zulässig, die Klage stütze sich auf eine dem Bekl gegenüber unerlaubte Handlung. Ein Zurückbehaltungsrecht nach § 273 BGB greift der Klage gegenüber wegen ihrer prozessualen Natur nicht durch.

Unzulässig ist der Einwand, ein Dritter habe ein die Veräußerung hinderndes Recht, BGH FamRZ **07**, 41.

H. Urteil. Soweit das Gericht die Widerspruchsklage abweist, darf der Gläubiger die Zwangsvollstrekkung fortsetzen, soweit dieser Fortsetzung keine Anordnung nach III entgegensteht. Der Kläger haftet für einen Verzögerungsschaden nach dem sachlichen Recht. Zu seiner Haftung kann man § 717 II entsprechend anwenden, LG Ffm MDR **80**, 409. Soweit das Gericht der Widerspruchsklage stattgibt, erklärt es die Zwangsvollstreckung in diese Sache für unzulässig. Diese Entscheidung ist wegen des dann notwendigen Verfahrens nach §§ 775 Z 1, 776 zweckmäßig. Das Gericht darf und muß sein Urteil nach den allgemeinen Grundsätzen für vorläufig vollstreckbar erklären, §§ 708 ff. Eine einstweilige Anordnung ist nach III zulässig. Das Urteil begründet keine Verpflichtung zur Wiederherstellung des früheren Zustands. Denn es geht bei der Widerspruchsklage nicht um einen Ersatz. Deshalb entsteht auch keine Verpflichtung zu einer kosten- **11**

freien Rücklieferung der Pfandsachen. Das Urteil kann aber zu einer rechtskräftig festgestellten Grundlage für einen Schadensersatz- oder Bereicherungsanspruch werden. Wegen der Kosten § 93 Rn 82 „Widerspruchsklage".

12 **5) Klage gegen den Gläubiger und den Schuldner, II.** Die prozessuale Widerspruchsklage ist gegen den Schuldner unzulässig, Rn 6. Der Dritte kann aber neben der Klage aus § 771 gegen den Gläubiger eine sachlichrechtliche Klage gegen den Schuldner erheben, etwa auf die Herausgabe der Pfandsache. Diese Anspruchshäufung wäre nach §§ 59, 60 problematisch. II läßt sie aber zu. Bei ihr sind der Gläubiger und der Schuldner gewöhnliche Streitgenossen.

13 **6) Einstweilige Maßnahme, III.** Das Prozeßgericht und im dringenden Fall (keine Zeit zur Anrufung der Prozeßgerichts) das Vollstreckungsgericht darf alle nach §§ 769, 770 für die Zeit bis zum Erlaß des Urteils statthaften vorläufigen Maßnahmen treffen. Es darf auch die Aufhebung einer Vollstreckungsmaßnahme ohne eine Sicherheitsleistung anordnen. Eine solche Anordnung ist zwar eher als bei § 707 ratsam, KG Rpfleger **87**, 510. Sie ist aber im Ergebnis meist doch nur dann empfehlenswert, wenn die Unzulässigkeit der Zwangsvollstreckung einwandfrei feststeht. Denn durch die Aufhebung entsteht oft ein unwiederbringlicher Schaden. Außerdem sollte eine Einstellung der Zwangsvollstreckung erst nach der Zahlung des Gerichtskostenvorschusses nach § 12 GKG erfolgen. Allerdings entsteht ein Schadensersatzanspruch insoweit, als eine Schuld vorliegt, BGH **95**, 13, Mü MDR **89**, 552. Vgl im übrigen die Erläuterungen zu §§ 769 ff, auch zur Sicherheitsleistung durch eine Bürgschaft, BGH MDR **04**, 763 (volle Haftung für einen „Aufhebungsschaden", krit Pohlmann LMK **04**, 175). Soweit ein ArbG den Titel erlassen hat, muß es auch über zB auf das Eigentum gestützte Einwendungen entscheiden, aM LAG Bln MDR **89**, 572 (aber das wäre inkonsequent). Beim Vollstreckungsgericht ist der Rpfl zuständig, § 769 Rn 9. Wegen der Rechtsbehelfe § 769 Rn 11. § 717 II und die mit ihm vergleichbaren Vorschriften sind nicht entsprechend anwendbar, BGH **95**, 13 (abl Häsemeyer NJW **86**, 1028).

14 **7) Beispiele zur Frage der Statthaftigkeit einer Widerspruchsklage, I–III.** Vgl ferner §§ 772–774. *„Ja"* bedeutet: Eine Widerspruchsklage ist grundsätzlich zulässig; *„nein"* bedeutet: Eine Widerspruchsklage ist grundsätzlich unzulässig.

Abtretung: *Ja,* soweit nicht ein bloßes Abtretungsversprechen vorliegt und soweit die Forderung zumindest bereits eindeutig bestimmbar ist.

Aneignung: Es kommt bei § 956 BGB auf den unmittelbaren Besitz an.

Anfechtung nach §§ 129 ff, 143 InsO oder nach dem AnfG: *Ja.* Zwar gibt die Anfechtung nur einen Anspruch auf eine Verschaffung, § 143 I 1 InsO, § 11 I 1 AnfG. Dieser Anspruch steht aber wirtschaftlich einem Herausgabeanspruch grundsätzlich gleich, Schmidt JZ **90**, 620, StJM 34, ZöHe 14 „Anfechtungsrecht", aM BGH NJW **90**, 992 (abl Werner KTS **90**, 429), Wacke ZZP **83**, 429 (aber man sollte schon zwecks Prozeßwirtschaftlichkeit großzügig zuordnen, Grdz 14 vor § 128).

S aber auch Rn 20 „Schuldrechtlicher Anspruch".

Anwartschaftsrecht: Rn 17 „Eigentumsvorbehalt".

Arglist: Rn 19 „Rechtsmißbrauch".

Arrest: Rn 16 „Dinglicher Arrest".

Auflassungsvormerkung: *Nein,* Zweibr RR **07**, 88.

15 **Besitz,** dazu *Merrem,* Ist der Besitz ein die Veräußerung hinderndes Recht im Sinne des § 771 ZPO?, 1995: *Ja* bei beweglichen Sachen, LG Aachen VersR **92**, 253, Brox FamRZ **81**, 1125, Lüke NJW **96**, 3265, aM Rostock NZM **05**, 967, Kilian JB **96**, 70 (beim Ehegatten), ThP 21 (aber das ist gerade ein typisches Beispiel). Das gilt aus praktischen Gründen auch für einen mittelbaren Besitz, ZöHe 14 „Besitz", aM Lüke NJW **96**, 3265 (vgl aber auch hier Grdz 14 vor § 128). Es gilt auch zugunsten eines Angehörigen oder „Lebensgefährten" eines zur Räumung verpflichteten Schuldners, Ffm Rpfleger **89**, 209, Karlsr WoM **92**, 494, LG BadBad WoM **92**, 493. Wegen eines Wohnbesitzes Rn 4. Aus dem elterlichen Vermögenssorgerecht kann man ein Besitzmittlungsverhältnis ableiten, BGH NJW **89**, 2542.

Nein: Bei einem Grundstück. Denn dann hat der Besitz keine Bedeutung für die dingliche Rechtsgestaltung. Nein zugunsten einer nichtehelichen Lebensgemeinschaft, BGH NJW **07**, 992.

Bestimmter einzelner Gegenstand: *Ja,* wenn es um eine gesetzliche unzulässige Verfügung geht, etwa nach § 1365 BGB, Düss FamRZ **95**, 309. *Ja,* wenn es um eine Beschränkung der Haftung auf diesen Gegenstand geht. Denn dann geht es um eine reine Sachhaftung, zB um ein Pfandrecht oder um einen Fall der §§ 486, 679 HGB. Wenn eine Vereinbarung die Haftung beschränkt, muß das Gericht im Urteil einen entsprechenden Vorbehalt aussprechen.

Dinglicher Arrest: *Ja,* wegen eines im Strafverfahren ergangenen, BGH NJW **06**, 66.

16 **Dingliches Recht, beschränktes:** *Ja,* wenn die Zwangsvollstreckung das Recht beeinträchtigt. In Betracht kommen zB: Das Erbbaurecht; ein Nießbrauch; ein Pfandrecht; eine Hypothek. Das Recht wird zB dann beeinträchtigt, wenn jemand ein Pfandstück einem anderen herausgibt.

Nein, wenn eine weitere Pfändung erfolgt. Deshalb hat der besitzlose Inhaber eines Pfand- oder Vorzugsrechts praktisch nur den Anspruch auf eine vorzugsweise Befriedigung aus dem Erlös, § 805. Wenn ein Hypothekengläubiger eine Beschlagnahme vornehmen läßt, gilt nur § 37 Z 4 ZVG. Wenn man einen Nießbrauch zur Ausübung überlassen hat, kommt die Widerspruchsklage nur dann in Betracht, wenn man die Befugnisse ausnahmsweise dem Wesen nach übertragen hat. Wegen § 1128 BGB BGH VersR **84**, 1138.

Eigentum: *Ja,* AG Halle-Saarkreis JB **05**, 383 (nicht § 766). Das gilt auch zugunsten von Gesamteigentum und von Miteigentum, BGH NJW **07**, 992 (Grenze bei einer nichtehelichen Lebensgemeinschaft), Hamm OLGR **94**, 94, zB von Ehegatten, § 739 Rn 4, oder bis § 111 d II StPO, Hbg RR **03**, 715 (freilich keine Klage im Strafprozeß), Naumb Rpfleger **04**, 733, oder bei einer Teilungsversteigerung, Stgt FamRZ **82**, 401, aM KG Rpfleger **92**, 212 (aber das wäre inkonsequent, wenn man überhaupt §§ 704 ff auch nur entsprechend anwenden will). Es gilt auch zugunsten eines auflösend bedingten Eigentums. Die Widerspruchsklage ist schon bei einer Pfändung des angeblichen Herausgabeanspruchs des Schuldners gegen den

Besitzer statthaft, BGH NJW **93**, 935. Ein rein förmliches Eigentum ist gegenüber dem Pfändungspfandrecht schwächer. Das gilt zB dann, wenn der Schuldner nur nach außen der Eigentümer ist, in Wahrheit aber nur der Strohmann seiner Ehefrau.

Der *wirtschaftliche* Gesichtspunkt muß entscheiden, Rn 1. Die Ehefrau kann aber zB auch auf Grund eines nach § 3 II AnfG evtl zweifelhaften Eigentumserwerbs Klägerin sein, Hamm RR **87**, 586. Im übrigen muß man bei ihr § 1362 I, II BGB beachten. Auch der Auftraggeber des Auktionators kann die Widerspruchsklage dann erheben, wenn es um den Versteigerungserlös geht. Die Widerspruchsklage steht auch dem Insolvenzverwalter bei einem Titel gegen den Ehegatten des Schuldners zu, LG Frankenth MDR **85**, 64. Zum Gattungskauf nach französischem Recht Celle IPRax **91**, 115 (krit Witz/Zierau IPRax **91**, 95).

S auch Rn 18 „Gesellschaft“, Rn 27 „Wohnungseigentum“.

Eigentumsvorbehalt, dazu *Lux* MDR **08**, 895 (Üb): Beim Eigentumsvorbehalt des Verkäufers darf der Gläubiger den Verkäufer befriedigen und dadurch die Widerspruchsklage abwenden, LG Köln DB **81**, 884. Solange der Gläubiger nicht derart vorgeht, *ja* für den Verkäufer. Der Verkäufer kann zwar nicht gegen die Pfändung des Anwartschaftsrechts durch den Gläubiger vorgehen, wohl aber gegen die Pfändung der Sache, § 805 Rn 3. Wenn der Verkäufer die Annahme wegen eines Widerspruchs des Schuldners nach § 267 II BGB ablehnt, begründet dieser Umstand regelmäßig den Einwand der Arglist. *Ja* für den Vorbehaltskäufer. Er ist ein aufschiebend bedingter Eigentümer. Er verdient jedenfalls vor einer Zwangsversteigerung durch den Gläubiger einen Schutz. Wenn der Anwartschaftsberechtigte die Anwartschaft an einen Dritten veräußert hat, wird die Pfändung beim Eintritt der Bedingung nicht wirksam. Denn der Erwerber erlangt das Eigentum ohne einen Durchgang durch das Vermögen seines Rechtsvorgängers. *Ja* wegen § 1365 I BGB, Hamm Rpfleger **79**, 21, LG Kref MDR **76**, 843. Zum Anwartschaftserwerb nach einer Sachpfändung Raacke NJW **75**, 248. 17

S auch Grdz 60 vor § 704. Über die Sicherungsübereignung Rn 22, 24 „Treuhand“.

Einmann-GmbH: Rn 18 „Gesellschaft“.

Erbbaurecht: *Ja* bei einer Mitberechtigung.

Erbengemeinschaft: *Ja* bei einem testamentarischen Ausschluß vor einer Einigung über einen Ausschluß der Erbauseinandersetzung, Schlesw Rpfleger **79**, 471.

Erfüllung: *Ja,* BayObLG JB **05**, 372.

Forderung: Es gilt dasselbe wie bei Rn 16 „Eigentum“, BGH WertpMitt **81**, 649.

Gesamtgut: Es gilt § 774. 18

Gefährdung: *Ja* schon bei der bloßen Gefährdung eines eigenen Rechts, BGH **156**, 314 (zustm Berger LMK **04**, 28).

Geschäftsgrundlage: *Ja* ausnahmsweise bei ihrem Wegfall, Celle FamRZ **00**, 668.

Gesellschaft: *Ja* für eine Einmann-GmbH gegen einen Gläubiger ihres Alleingesellschafters wegen der Gefährdung seines eigenen Rechts, BGH **156**, 314 (zustm Berger LMK **04**, 28), KG MDR **03**, 716, aM Düss GmbHR **00**, 283 (beim Fehlen einer Schutzwürdigkeit; krit Emde 285), Hamm NJW **77**, 1159 (abl Wilhelm NJW **77**, 1887).

Nein für den Einmann-Gesellschafter gegen das Finanzamt als Gesellschaftsgläubiger, §§ 69 ff AO, LG Düss DB **00**, 812, aM KG RR **03**, 618 (in sich wiedersprüchlich. Denn): *Nein* für den Gläubiger des Einmann-Gesellschafters als Geschäftsführer gegen die Gesellschaft, KG RR **03**, 618.

Hilfspfändung: *Nein* für eine *gesonderte* Drittwiderspruchsklage, KG OLGZ **94**, 114.

Hinterlegung: Rn 20 „Schuldrechtlicher Anspruch“.

Kommission: Rn 20 „Schuldrechtlicher Anspruch“.

Kontokorrent: Wegen des sog Oder-/Und-Kontos Grdz 90 vor § 704, Wagner WertpMitt **91**, 1145 (ausf).

Leasing, dazu *Borggräfe,* Die Zwangsvollstreckung in bewegliches Leasinggut, 1976: *Ja* für den Leasinggeber, LG Dortm RR **86**, 1498. 19

Nein für den Leasingnehmer. Zum Problem Gerhardt ZZP **96**, 283.

Lizenz: Vgl *Kirchhof,* Lizenznehmer als Widerspruchsberechtigte nach § 771 ZPO, in: Festschrift für *Merz* (1992).

Nacherbschaft: Es gilt § 773.

Nießbrauch: *Ja,* Schwarz DNotZ **95**, 119.

S aber auch „Nutzungs- und Anteilsrecht“.

Nutzungs- und Anteilsrecht: *Nein* bei einem in Gütergemeinschaft lebenden nicht verwaltungsberechtigten Ehegatten oder bei dem Ehegatten eines Gewerbetreibenden (s aber § 774), §§ 740, 741.

Nein bei einem Leibgedinge.

S aber auch „Nießbrauch“.

Rechtsmißbrauch: *Ja* für seine Einrede, Einl III 54, Grdz 44 vor § 704, Ffm FamRZ **98**, 642, Köln Rpfleger **98**, 169, Geißler NJW **85**, 1871.

Schuldrechtlicher Anspruch: *Ja,* soweit er dem Eigentum in der Zwangsvollstreckung praktisch gleichsteht, BGH NJW **77**, 384, Ffm RR **88**, 1408, und daher zu einer Aussonderung berechtigt, § 47 InsO, Rn 1. Das gilt vor allem bei einem Anspruch auf die Herausgabe eines solchen Gegenstands, den ein Dritter dem Schuldner nicht zu Eigentum überlassen hat, etwa bei einem Mietvertrag, Verwahrungsvertrag, Leihvertrag oder Werkvertrag oder einer Verkaufskommission. *Ja* für den Anspruch des Kommittenten auf die Abtretung der Forderungen aus Geschäften des Kommissionärs. Denn sie gelten schon vor der Abtretung als Forderungen des Kommittenten, § 392 II HGB. *Ja* für den Kommittenten gegen einen Gläubiger des Kommissionärs. *Ja* für eine Forderung des Spediteurs gegen den Frachtführer zugunsten des Versenders, § 407 III HGB. *Ja* für den Anspruch auf die Rückgewähr einer öffentlichrechtlich hinterlegten Geldbetrags, Ffm RR **88**, 1408. 20

Nein: Grundsätzlich für einen Anspruch auf eine Verschaffung zB aus: Einem Kauf, Lauer MDR **84**, 977; einem Vermächtnis, Hbg RR **94**, 1231; einer Verwaltung, AG Bad Iburg JB **06**, 606; einer unerlaubten Handlung, BGH KTS **94**, 214; einer Bereicherung; für andere Schuldrechte, etwa für einen Anspruch auf eine Rückübertragung, selbst wenn er durch eine Vormerkung gesichert ist, BGH NJW **94**, 130, oder für das Recht auf die Abtretung einer Forderung. Die Inhaberschaft an einer Forderung oder einem anderen Vermögensrecht steht dem Eigentum gleich. Auch bei einer Sachpfändung ist ja in Wahrheit das Eigentumsrecht gepfändet. Der Umstand, daß der Gläubiger nach § 829 die „angebliche" Forderung pfänden muß, ändert nichts an der Nämlichkeit. Man darf nicht den unglücklichen Drittschuldner einem Prozeß aussetzen. Das gilt auch für Treuhandverhältnisse, Rn 22 „Treuhand". Wegen eines Wohnbesitzes Rn 15 „Besitz".

S aber auch Rn 14 „Anfechtung".

Sicherungsübereignung Rn 22–26.

21 **Sondervermögen:** *Ja* für den Verwalter eines fremden Vermögens, wenn der Gläubiger in dasjenige Vermögen vollstreckt, das der Zwangsvollstreckung nicht unterliegt. Das gilt zB: Für einen Zwangsverwalter, LG Lübeck DGVZ **76**, 89; für einen Nachlaßverwalter; für einen Testamentsvollstrecker; für einen Insolvenzverwalter, Karls NJW **77**, 1069, und zwar auch dann, wenn er behauptet, das als massefremd gepfändete Stück gehöre zur Masse. Es reicht, daß eine scheinbar wirksame Pfändung das Recht des Forderungsinhabers gefährdet, LG Bln MDR **89**, 171.

22 **Teilungsversteigerung:** Rn 28 „Zwangsversteigerung".

Treuhand: Man muß zwei Hauptfälle unterscheiden.

a) Uneigennützige Treuhand: *Ja* für den Treugeber, wenn das Treugut zwar rechtlich zum Vermögen des Treuhänders gehört, sachlich und wirtschaftlich aber zu dem Vermögen des Treugebers zählt, Hamm NJW **77**, 1160 (es handelt sich dann um ein echtes Treuhandverhältnis), Stürner KTS **04**, 260. Zur Unterscheidung dieser Begriffe Gerhardt ZZP **96**, 283, Henckel ZZP **84**, 456. Wesentlich ist die Voraussetzung, daß der Treuhänder das Treugut aus dem Vermögen des Treugebers übertragen hat. Ein Erwerb von einem Dritten durch einen stillen Stellvertreter für die Rechnung des Klägers genügt *nicht,* und zwar auch dann nicht, wenn der Kläger einen schuldrechtlichen Anspruch auf die Übereignung hat. Denn dann fehlt es an einem Anvertrauen zu treuen Händen *(Grundsatz der Unmittelbarkeit),* BGH NJW **93**, 2622, aM Walter, Das Unmittelbarkeitsprinzip usw, Diss Tüb 1974, 147, 152 (ausreichend sei, daß das Treugut in der Masse des Treuhänders unterscheidbar sei), Canaris NJW **73**, 832 (stets müsse man auf die Offenkundigkeit, s unten, abstellen. Aber beide letzten Varianten stellen nicht genug auf den eigentlichen Treuhandgedanken ab.).

Es kommt also auf den *Auftrag* an, der dem Treuhandverhältnis zugrunde liegt. *Ja* für den Einziehungsabtretenden; für einen Handwerker als denjenigen, der eine Bauhandwerkersicherungshypothek abtritt; für den Unternehmer wegen desjenigen Teils der Vergütung eines Beschäftigten, deren Verwendungszweck zugunsten des Unternehmers gebunden ist.

23 Vom Grundsatz der Unmittelbarkeit gibt es aber *Ausnahmen* bei der Einzahlung eines Dritten auf ein Anderkonto des Treuhänders, das offenkundig nur zur Verwaltung fremder Gelder besteht, BGH NJW **93**, 2622, aM Celle OLGR **95**, 106. Das gilt auch für auf ein solches einer Konsortialbank, Stürner KTS **04**, 273. Voraussetzung ist aber, daß der Treuhänder ein solches Konto nur treuhänderisch verwalten wollte oder daß der Treugeber etwa als ein Mitschuldner aus dem Treugut die Forderung des Gläubigers befriedigen muß. Es kann unschädlich sein, daß sich der Treuhänder aus dem Treugut wegen eigener Forderungen mitbefriedigen darf, BGH NJW **96**, 1543 (Anderkonto des Anwalts). Aber Vorsicht! Die Grenzen werden dann leicht immer fließender.

Nein: Für den Treunehmer, Hamm RR **98**, 1507, außer für Forderungen; für einen Einziehungsabtretungsnehmer; für einen Treuhänder, auch wenn er nur zur Zeit noch als uneigennützig gilt, zB weil er das Treugut noch nicht verwerten darf (stille Abtretung oder Pfändung), KG JR **85**, 162, Tiedtke DB **76**, 424; wenn ein Anwalt ein Sonderkonto nicht nur für Fremdgelder einrichtet, sondern auch als Geschäfts- und Privatkonto benutzt.

24 **b) Eigennützige Treuhand**

Schrifttum: *Funk,* Die Sicherungsübereignung in Einzelzwangsvollstreckung usw, 1996; *Gaul,* Dogmatische Grundlagen und praktische Bedeutung der Drittwiderspruchsklage, Festgabe *50 Jahre Bundesgerichtshof* (2000) III 523; *Scharenberg,* Die Rechte des Treugebers in der Zwangsvollstreckung, Diss Mainz 1989.

Praktisch wird das Problem vor allem bei der *Sicherungsübereignung,* Celle DB **77**, 1839.

25 *Ja:* für den Treugeber gegen den Gläubiger des Treunehmers, BGH NJW **93**, 2622, Hamm NJW **77**, 1160, Karlsr NJW **77**, 1069 (auch im Sicherungsfall erfolge allenfalls eine Pfändung und Überweisung der Forderung des Sicherungsnehmers gegen den Sicherungsgeber), aM BGH **72**, 145 (nur bis zum Zeitpunkt der Verwertbarkeit durch den Sicherungsnehmer. Aber entscheiden sollte wiederum der eigentliche Treuhandgedanke.). *Ja* für den Insolvenzverwalter des Treugebers gegen dessen Gläubiger, LG Bln MDR **89**, 171.

26 *Nein:* für den Treunehmer gegen einen Gläubiger des Treugebers, Lange NJW **07**, 2516. Die Sicherungsübereignung ist im Gegensatz zum sonstigen mittelbaren Besitz im Grunde ein Scheingeschäft, ein Besitzlosenpfandrecht, das eine wirtschaftliche Lücke des BGB ausfüllt. Das übersehen Gaul (Bei Rn 24) 550, Lüke NJW **96**, 3265. Darum gibt sie im Insolvenzverfahren auch kein Aussonderungsrecht. Die Sicherungsübereignung erstrebt ein Vorzugsrecht zum Nachteil des anderen Gläubigers. § 805 hilft dem Treunehmer in geeigneten Fällen ausreichend. Der Treunehmer darf ja auch selbst pfänden, Bre OLGZ **90**, 74 (Mißbrauch), Geißler KTS **89**, 794 (zum Darleiher), Reinicke/Tiedtke DB **94**, 2603, aM BGH NJW **92**, 2014, Gaul (bei Rn 24) 550 (aber § 771 erfordert wie jede Klage ein Rechtsschutzbedürfnis. Das könnte hier wegen § 805 usw fehlen.). Vgl auch Paulus ZZP **64**, 169 (er bejaht ein Widerspruchsrecht dann, wenn sich der Gläubiger noch aus dem Vermögen des Treugebers befriedigen könne, andernfalls sei der Treunehmer auf § 805 zu verweisen).

Nein ferner: für den Ersatz (das Surrogat) des Treuguts, zB für den Rückgabeanspruch nach einer unberechtigten Veräußerung.

S auch Grdz 60 vor § 704 „Anwartschaft", sowie Einf 2 vor §§ 771–774. Wegen eines Wohnbesitzes Rn 15 „Besitz".

Veräußerungsverbot: Es gilt § 772.

Verfügungsbeschränkung Sie ist ein typischer Fall eines die Veränderung hindernden Rechts, aM Stgt FamRZ **07**, 1830 (§ 766).

Vertragspfandrecht: *Nein,* vielmehr besteht nur ein Recht auf vorzugsweite Befriedigung nach § 805, Hamm RR **90**, 233. 27

Vorzugsrecht, §§ 50, 51 InsO: *Ja:* nur dann, wenn das Vorzugsrecht zu einem Besitz berechtigt, wie das kaufmännische Zurückbehaltungsrecht. Andernfalls besteht nur ein Anspruch auf eine vorzugsweise Befriedigung aus dem Erlös, § 805.

Wohnungseigentum: *Ja,* BGH Rpfleger **07**, 134.

Zurückbehaltungsrecht: *Nein* für ein solches nach § 1000 BGB, Saarbr OLGZ **84**, 127. 28

Zwangsversteigerung: *Ja,* soweit der Bekl gegenüber dem jetzt klagenden Ehegatten gegen § 1365 BGB zu verfügen droht, Köln FER **00**, 188 (Teilungsversteigerung).

Nein, soweit der Schuldner einen Dritten hat bieten lassen, soweit jener den Zuschlag erhielt und soweit nun der Schuldner sich dessen Rechte aus dem Zuschlag abtreten läßt, BGH DNotZ **91**, 379 (sog uneigentliche Treuhand), oder soweit das Zustimmungserfordernis nach § 1365 BGB weggefallen ist, Hamm FamRZ **06**, 1557.

772 ***Drittwiderspruchsklage bei Veräußerungsverbot.*** [1] **Solange ein Veräußerungsverbot der in den §§ 135, 136 des Bürgerlichen Gesetzbuchs bezeichneten Art besteht, soll der Gegenstand, auf den es sich bezieht, wegen eines persönlichen Anspruchs oder auf Grund eines infolge des Verbots unwirksamen Rechts nicht im Wege der Zwangsvollstreckung veräußert oder überwiesen werden.** [2] **Auf Grund des Veräußerungsverbots kann nach Maßgabe des § 771 Widerspruch erhoben werden.**

Schrifttum: *Beer,* Die relative Unwirksamkeit, 1975; *Fahland,* Das Verfügungsverbot nach §§ 135, 136 BGB in der Zwangsvollstreckung und seine Beziehung zu den anderen Pfändungsfolgen, 1976.

1) Systematik, S 1, 2. Vgl Einf 1 vor §§ 771–774. § 772 erfaßt einen Sonderfall und ist daher gegenüber dem nur im übrigen anwendbaren § 771 vorrangig. Es findet kein obligatorisches Güteverfahren statt, Einf 1 vor §§ 771–774. 1

2) Regelungszweck, S 1, 2. Es soll eine indirekte Beeinträchtigung desjenigen unterbleiben, zu dessen Gunsten das relative Veräußerungsverbot besteht. Auch dieser indirekte Schutz dient der Wahrung eines sachlichen Rechts und damit der Gerechtigkeit nach Einl III 9, 36 und ist entsprechend zugunsten des Trägers dieses Rechts auslegbar. 2

3) Geltungsbereich, S 1, 2. Die Widerspruchsklage des § 772 betrifft ein bedingtes relatives Veräußerungsverbot. Das ist ein solches Verbot, das nur bestimmte Personen schützt, § 135 BGB. Die Vorschrift betrifft ferner die dem relativen Verbot gleichgestellten gerichtlichen oder sonstigen behördlichen Veräußerungsverbote, § 136 BGB. Wenn der Schuldner kein Verfügungsrecht hat wie bei § 290 StPO, ist eine Zwangsvollstreckung nur gegen den Güterpfleger statthaft. Die Eröffnung eines Insolvenzverfahrens macht die Einzelvollstreckung unzulässig, § 89 I InsO. Das Gericht muß diese Unzulässigkeit von Amts wegen beachten, Grdz 39 vor § 128. 3

Besondere Regelungen haben folgende Veräußerungsverbote: Bei einer Sicherungsmaßnahme nach §§ 21, 22 InsO, Helwich MDR **98**, 520; bei einer Zwangsverwaltung und bei einer Zwangsversteigerung, §§ 23, 27 ZVG; bei einer Fahrnispfändung, §§ 803, 826; bei der Pfändung von Rechten, §§ 829, 857, 853. Eine Vormerkung und ein Widerspruch fallen nicht unter §§ 135, 136 BGB. § 772 gilt ferner nicht für solche Veräußerungsverbote, die auf der Durchführung einer Zwangsmaßregel beruhen, sowie für weitere Vollstreckungsmaßregeln wie den Zugriff weiterer Gläubiger trotz einer Pfändung, den Beitritt eines persönlichen Gläubigers zu einer Zwangsversteigerung des dinglich Gesicherten. Ein unbedingt wirksames Veräußerungsverbot nach § 134 BGB fällt nicht unter § 772. Das gilt zB bei § 21 II Z 2 InsO, Helwich MDR **98**, 518. Vgl ferner § 262 I AO. 4

4) Widerspruchsklage, S 1, 2. Die Veräußerung ist sachlichrechtlich nur gegenüber dem Geschützten unwirksam und im übrigen voll wirksam. Ebenso liegt es auch in der Zwangsvollstreckung. Die Veräußerung ist dann zwar rechtmäßig, aber mit dem Verbot belastet. Das Verbot greift regelmäßig auch gegen einen gutgläubigen Erwerber durch. Denn ein guter Glaube bevorzugt den Erwerb in der Zwangsvollstreckung nicht. Das Verbot versagt aber dann, wenn ein trotz des Verbots wirksames Recht die Veräußerung rechtfertigt, wenn etwa der Gläubiger aus einer Hypothek vollstreckt. Eine Genehmigung des Geschützten heilt immer. Unstatthaft sind nur die Veräußerung in der Zwangsvollstreckung und die Überweisung, nicht die Pfändung. Das Vollstreckungsorgan darf die Pfändung nicht ablehnen. Es darf nicht einmal die Eintragung einer Zwangshypothek nach § 867 ablehnen. Denn verboten sind nur die Veräußerung und die Überweisung. Unwirksam ist ein solches Recht, das nach dem Erlaß des Verbots entstanden und nicht trotz des Verbots durch einen guten Glauben geschützt ist. 5

5) Rechtsbehelfe, S 1, 2. Der geschützte Dritte und der Schuldner können die Erinnerung einlegen, § 766, aM StJM 10 ff (nur der Dritte habe diese Möglichkeit. Aber benachteiligt ist evtl auch der Schuldner). Der Dritte kann außerdem die Widerspruchsklage nach § 771 erheben. Diese Klage kann nur auf die Unzulässigkeit der Veräußerung oder Überweisung abzielen, nicht auf die Unzulässigkeit der Pfändung oder gar auf eine Aufhebung der Pfändung. Deshalb ist die Widerspruchsklage gegenüber der Eintragung einer Sicherungshypothek nach § 867 unstatthaft. S im übrigen bei § 771 und Einf 6 vor §§ 771–774. Der Gläubiger kann die Erinnerung nach § 766 einlegen. Wenn das Vollstreckungsgericht entschieden hat, hat er die sofortige Beschwerde, §§ 567 I Z 1, 793. Vgl ferner § 766 Rn 3. Beim Rpfl gilt § 11 RPflG. 6

773 *Drittwiderspruchsklage des Nacherben.* [1] **Ein Gegenstand, der zu einer Vorerbschaft gehört, soll nicht im Wege der Zwangsvollstreckung veräußert oder überwiesen werden, wenn die Veräußerung oder die Überweisung im Falle des Eintritts der Nacherbfolge nach § 2115 des Bürgerlichen Gesetzbuchs dem Nacherben gegenüber unwirksam ist.** [2] **Der Nacherbe kann nach Maßgabe des § 771 Widerspruch erheben.**

1 **1) Systematik, S 1, 2.** Vgl Einf 1 vor §§ 771–774. Es findet kein obligatorisches Güteverfahren statt, Einf 1 vor §§ 771–774.

2 **2) Regelungszweck, S 1, 2.** Der gegenüber § 772 nochmals vorrangige § 773 soll eine solche Zwangsvollstreckung verhindern, die wegen § 2115 BGB nur zu einem auflösend bedingten Erwerb führen könnte, weil sie dem Nacherben gegenüber unwirksam wäre, soweit sie ihn beeinträchtigt, BGH **110**, 178. S 1 enthält zwar nur eine Sollvorschrift. Sie ist aber wegen des hier ebenso wie bei § 772 Rn 1 maßgebenden Schutzzwecks großzügig anwendbar und auslegbar.

3 **3) Geltungsbereich, S 1, 2.** Die Zwangsvollstreckung ist dann zulässig, wenn sie wegen einer Nachlaßverbindlichkeit erfolgt, § 2115 S 2 BGB, BGH **110**, 179. Hierhin gehören auch Maßnahmen zu einer ordnungsmäßigen Verwaltung des Nachlasses. Die Zwangsvollstreckung ist ferner dann zulässig, wenn sie auf Grund eines solchen dinglichen Rechts an einem Erbschaftsgegenstand stattfindet, das bei dem Eintritt der Nacherbfolge gegen den Nacherben wirkt. Die Zwangsvollstreckung ist schließlich zulässig, soweit der Nacherbe wirksam zugestimmt hat, BGH NJW **90**, 1237, LG Bln Rpfleger **87**, 457.

4 Da es sich um ein bedingtes *relatives* Veräußerungsverbot handelt, vgl die Erläuterungen zu § 772. Da die Klage eine Widerspruchsklage ist, vgl Einf vor §§ 771–774 sowie die Erläuterungen zu § 771.

Der Nacherbe darf weder der Pfändung noch der Eintragung einer Zwangshypothek nach § 867 widersprechen, sondern unter Beachtung des Verhältnismäßigkeitsgrundsatzes nach Grdz 34 vor § 704 nur der *Veräußerung*, BGH **110**, 182, LG Bln Rpfleger **87**, 457. Er muß die Zwangsvollstreckung aus einer von dem befreiten Vorerben entgeltlich bestellten Sicherungshypothek dulden. Solche Nutzungen, die der Vorerbe gezogen hat, sind unbeschränkt pfändbar. Mehrere nach § 773 klagende Nacherben sind keine notwendigen Streitgenossen nach § 62. Sie können also gesondert vorgehen, § 59, BGH NJW **93**, 1583.

5 **4) Rechtsbehelfe, S 1, 2.** Der Gläubiger und der Schuldner haben die Erinnerung nach § 766. Jeder Nacherbe kann die Widerspruchsklage erheben, Rn 4.

774 *Drittwiderspruchsklage des Ehegatten.* **Findet nach § 741 die Zwangsvollstreckung in das Gesamtgut statt, so kann ein Ehegatte nach Maßgabe des § 771 Widerspruch erheben, wenn das gegen den anderen Ehegatten ergangene Urteil in Ansehung des Gesamtgutes ihm gegenüber unwirksam ist.**

1 **1) Systematik.** Vgl Einf 1 vor §§ 771–774. § 774 ergänzt den § 741. Wie in § 741 Rn 1 ausgeführt, ist nach § 741 eine Zwangsvollstreckung in das Gesamtgut unbeschränkt zulässig. Es findet kein obligatorisches Güteverfahren statt, Einf 1 vor §§ 771–774.

2 **2) Regelungszweck.** § 774 soll im Interesse des nicht alleinverwaltenden Ehegatten verhindern, daß das Urteil gegen ihn uneingeschränkt wirkt. Das gilt auch dann, wenn dieser Ehegatte den Gewerbebetrieb nicht kannte, wenn der Gläubiger den Mangel der Genehmigung dieses Ehegatten kannte, wenn es sich um keine Geschäftsschuld handelt. § 774 ist also das Mittel, um die Wirksamkeit des Urteils zu denjenigen Grenzen zurückzuführen, die das sachliche Recht vorsieht.

3 **3) Geltungsbereich.** Die Vorschrift betrifft nur den allein- oder mitverwaltenden Ehegatten im Verhältnis zu dem anderen Ehegatten, der ein Gewerbe betreibt. Wenn der Gläubiger dem aus § 774 vorgehenden Ehegatten entgegenhält, daß er dem einzelnen Geschäft zugestimmt habe, muß das Gericht die Klage abweisen. Der Gläubiger braucht dann nicht noch von sich aus im Weg einer Widerklage nach Anh § 253 ein Leistungsurteil zu erwirken. Denn das wäre förmelnd, Einl III 10. Vielmehr genügt die Einwendung als solche. Wenn der Vollstreckungstitel keine Familiensache nach §§ 95, 111 ff FamFG betrifft, ist auch eine Klage nach § 774 keine Familiensache, BGH NJW **79**, 927 (krit Staudigl FamRZ **79**, 495), Stgt FamRZ **82**, 401. Vgl § 262 I AO.

4 **4) Rechtsbehelfe.** Vgl § 741 Rn 3.

775 *Einstellung oder Beschränkung der Zwangsvollstreckung.* **Die Zwangsvollstreckung ist einzustellen oder zu beschränken:**

1. **wenn die Ausfertigung einer vollstreckbaren Entscheidung vorgelegt wird, aus der sich ergibt, dass das zu vollstreckende Urteil oder seine vorläufige Vollstreckbarkeit aufgehoben oder dass die Zwangsvollstreckung für unzulässig erklärt oder ihre Einstellung angeordnet ist;**
2. **wenn die Ausfertigung einer gerichtlichen Entscheidung vorgelegt wird, aus der sich ergibt, dass die einstweilige Einstellung der Vollstreckung oder einer Vollstreckungsmaßregel angeordnet ist oder dass die Vollstreckung nur gegen Sicherheitsleistung fortgesetzt werden darf;**
3. **wenn eine öffentliche Urkunde vorgelegt wird, aus der sich ergibt, dass die zur Abwendung der Vollstreckung erforderliche Sicherheitsleistung oder Hinterlegung erfolgt ist;**
4. **wenn eine öffentliche Urkunde oder eine von dem Gläubiger ausgestellte Privaturkunde vorgelegt wird, aus der sich ergibt, dass der Gläubiger nach Erlass des zu vollstreckenden Urteils befriedigt ist oder Stundung bewilligt hat;**

5. wenn der Einzahlungs- oder Überweisungsnachweis einer Bank oder Sparkasse vorgelegt wird, aus dem sich ergibt, dass der zur Befriedigung des Gläubigers erforderliche Betrag zur Auszahlung an den Gläubiger oder auf dessen Konto eingezahlt oder überwiesen worden ist.

Schrifttum: *Kerwer,* Die Erfüllung in der Zwangsvollstreckung, 1996.

Gliederung

1) Systematik, Z 1–5. Aus mannigfachen Gründen darf der Gläubiger eine Zwangsvollstreckung einstweilen oder endgültig nicht weiterbetreiben, weil sonst unhaltbar ungerechte Ergebnisse entstünden, Einl III 9, 36. Von solchen Gründen faßt § 775 diejenige Gruppe zusammen, die insoweit übereinstimmende Einzelsituationen aufweist, als eine vorhandene Urkunde den Vollstreckungsschluß erfordert oder zur Folge haben muß. Ergänzend gelten §§ 776, 868 I. 1

2) Regelungszweck, Z 1–5. Er besteht im Schuldnerschutz. Man möchte meinen, bei Z 1–5 würde gar keine gerichtliche Maßnahme mehr infragekommen. Aber das wäre nach der Erfahrung einigermaßen naiv. Mancher Gläubiger vollstreckt mithilfe ahnungsloser Gerichtsvollzieher einfach lustig erst einmal weiter. Deshalb ist an sich eine weite Auslegung zugunsten des Schuldners nötig. Man darf aber auch die Stellung des Gläubigers nicht außer acht lassen. Deshalb muß man auch eine zu großzügige Behandlung des Schuldners vermeiden. Denn der Zwang zur Vorlage von Einstellungsentscheidungen usw und nicht nur zu deren sehr wohl ebenfalls vorkommender bloßen Behauptung soll auch ein zügiges Vollstreckungsverfahren fördern, LG Görlitz DGVZ **99**, 62, LG Rottweil DGVZ **05**, 182. Eine vorsichtige Abwägung bringt am ehesten dogmatisch wie praktisch brauchbare Ergebnisse, strenger Ffm Rpfleger **80**, 200, Schmidt-von Rhein DGVZ **88**, 67 (je: enge Auslegung. Aber damit erfüllt man den Schutzzweck wesentlich weniger.). 2

3) Geltungsbereich, Z 1–5. Die Vorschrift gilt im Gesamtbereich der ZPO, auch im WEG-Verfahren. Sie gilt auch im Verfahren nach §§ 180 ff ZVG, LG Hann Rpfleger **93**, 504, und im Insolvenzverfahren nach §§ 301 ff InsO, AG Strausberg DGVZ **04**, 159 (nicht bei Schuldnervorsatz). Wegen der EuGVVO SchlAnh V C 2. 3

4) Beachtlichkeit von Einwendungen, Z 1–5. Einwendungen des Schuldners oder Dritter gegen die Zwangsvollstreckung sind für die Vollstreckungsorgane grundsätzlich unbeachtlich. Vielmehr gelten §§ 766 ff, LG Ffm DGVZ **89**, 142 (§ 767). Zu zahlreichen Einzelfragen Scheld DGVZ **84**, 49. Von dieser Regel können nach der abschließenden Aufzählung Z 1–5 die folgenden Ausnahmen gelten. In anderen Fällen mögen zB §§ 766, 767 anwendbar sein, Ffm DGVZ **93**, 91, LG Karlsr DGVZ **84**, 155, oder § 771 in Betracht kommen, auch § 815 II, Schmidt-v Rhein DGVZ **88**, 65. 4

A. § 775. § 775 mag eingreifen, Düss Rpfleger **77**, 417. § 815 II ist anwendbar. Der Zwangsvollstrekkung kann ein sonstiges förmliches Hindernis entgegenstehen, Grdz 32 vor § 704.

B. Einstellung auf Gläubigerantrag. Der Gläubiger mag selbst die Einstellung fordern. Er ist ja der Herr der Zwangsvollstreckung, § 754 Rn 3. 5

C. Freiwillige Erfüllung. Der Schuldner mag freiwillig erfüllen. Vgl aber Rn 27. 6

D. Unwirksamkeit der Vollstreckung. Die Zwangsvollstreckung mag einwandfrei unwirksam sein. Dann hat das Vollstreckungsorgan die Amtspflicht, ab seiner Kenntnis der Gründe nichts mehr zu unternehmen. Es besteht dann auch keine Vorlegungspflicht nach Z 1–5 mehr. Andererseits besteht keine Amtsermittlungspflicht, Grdz 38 vor § 128, Kirberger Rpfleger **76**, 9. Eine bloße Erfüllungsbehauptung des Schuldners reicht nicht, LG Görlitz DGVZ **99**, 62. 7

Außer Betracht bleiben zB: Solche Zahlungen, für die der Schuldner keine Urkunden nach Z 4 oder 5 vorlegt, LG Oldb MDR **81**, 236, Schmidt-von Rhein DGVZ **88**, 67; die Einlegung eines Rechtsbehelfs, selbst wenn sie aufschiebend wirkt, § 572 Rn 3; Einwendungen gegen den Titel, etwa dessen Beseitigung durch einen Vergleich, Anh § 307, § 779 BGB. Dafür gelten §§ 732, 767; eine Klagerücknahme § 269. Für sie gilt § 732; eine vertragliche Beschränkung der Zwangsvollstreckung, Grdz 24 vor § 704; ein Antrag auf die Eröffnung des Insolvenzverfahrens nach § 13 InsO, LG Tüb DGVZ **00**, 39; eine Zahlungseinstellung;

eine sonstige Mangelhaftigkeit der Zwangsvollstreckung, Grdz 32 vor § 704. Alle diese Fälle geben dem Schuldner nur den jeweils zulässigen Rechtsbehelf.

8 **5) Einstellung von Amts wegen, Z 1–5.** Von Amts wegen darf das Gericht die Zwangsvollstreckung nur in gewissen Fällen einstellen oder beschränken, und zwar auch gegen den Willen des Gläubigers. Die Zwangsvollstreckung darf dann nicht beginnen. Man darf eine begonnene Zwangsvollstreckung überhaupt nicht oder nur eingeschränkt fortsetzen. Es entscheidet das zuständige Vollstreckungsorgan, also zB der Gerichtsvollzieher, AG Düss DGVZ **83**, 46. Wegen des Prozeßgerichts Rn 20. Ein besonderer Beschluß ist entbehrlich. Es genügt eine entsprechende Verfügung, § 329. Die Verfügung muß einen bestimmten Inhalt haben, wenn sie die Wirkung laufender Maßnahmen beseitigen soll, wenn sie zB einen Zuschlagsbeschluß aufhebt, Bbg Rpfleger **75**, 145. Das Vollstreckungsorgan muß die Verfügung begründen, § 329 Rn 4. Das Vollstreckungsorgan teilt den Beschluß nach § 329 II oder III mit. Ob der Gerichtsvollzieher ein Protokoll aufnehmen muß, ist davon abhängig, ob eine Handlung in der Zwangsvollstreckung vorliegt, § 762. Der Gerichtsvollzieher muß aber jedenfalls einen Aktenvermerk aufnehmen.

9 **6) Einstellungswirkung, Z 1–5.** Eine Einstellung wirkt für die Zukunft. Sie bedeutet das Ruhen der Zwangsvollstreckung. Eine Zustellung auch nur des Pfändungsbeschlusses ist nicht mehr zulässig, Stgt JB **75**, 1378. Die Einstellung aus dem Haupttitel wirkt auch für die Zwangsvollstreckung aus dem Kostenfestsetzungsbeschluß. Wegen der Forderung eines Landwirts aus dem Verkauf von landwirtschaftlichen Erzeugnissen § 851 a. Über eine Einstellung auf Grund der Härteklausel vgl § 765 a. Vgl ferner § 9 JBeitrO, Hartmann Teil IX A.

10 **7) Aufhebung des Titels usw, Z 1.** Ein Grundsatz ist auf drei Fallgruppen anwendbar.

A. Grundsatz: Notwendigkeit der Titelvorlage. Voraussetzung ist die Vorlegung der Ausfertigung einer vorläufig oder endgültig vollstreckbaren Entscheidung, § 170 Rn 3. Statt einer Ausfertigung genügen: Die Urschrift der Entscheidung; ein Hinweis auf eine dem Vollstreckungsorgan amtlich bekannte Entscheidung; die Bezugnahme auf die Akten des Vollstreckungsgerichts, falls das Vollstreckungsgericht entscheiden muß. Eine beglaubigte Ablichtung oder Abschrift nach § 317 Rn 8 kann eine Ausfertigung nicht ersetzen, Z 4, 5. Die Ausfertigung braucht ihrerseits weder vollstreckbar zu sein noch zugestellt worden zu sein. Eine Vollstreckungsklausel ist nicht erforderlich. Sie wirkt zwischen den Parteien desjenigen Verfahrens, in dem sie ergangen ist, LG Frankenth Rpfleger **83**, 162. Sie muß eine der drei folgenden Möglichkeiten ergeben.

11 **B. Entweder: Aufhebung des früheren Titels, Z 1 Fall 1.** Möglicherweise hebt die vorgelegte Urkunde das Urteil oder dessen vorläufige Vollstreckbarkeit ganz oder teilweise auf. Es muß sich um eine Aufhebung der Sache nach handeln, etwa im Wiederaufnahmeverfahren nach §§ 578 ff oder nach einem Einspruch oder in einem Nachverfahren nach §§ 302 IV, 600 II. Nicht ausreichend ist eine bloß förmliche Aufhebung nebst einer gleichen neuen Entscheidung in der Sache (Beispiel: Das Gericht hebt zwar ein Urteil auf eine Zahlung von 500 EUR auf, ersetzt es aber durch ein Urteil auf eine Zahlung von 1000 EUR).

12 **C. Beispiele zur Frage einer Aufhebung, Z 1 Fall 1**

Abänderung: Z 1 gilt auch bei einer Herabsetzung, Zweibr FamRZ **86**, 37, 6 *nicht* aber bei einer Heraufsetzung trotz einer auch dann formalen Aufhebung, Karlsr FamRZ **88**, 859.
Vgl auch § 323 Rn 56 ff.

Arrest, einstweilige Verfügung: Z 1 gilt auch in diesem Eilverfahren, §§ 916 ff, 935 ff, BGH NJW **76**, 1453.

Beschluß: Eine Aufhebung durch einen Beschluß wirkt stets sofort, § 794 I Z 3. Auch bei einem Urteil kann sich die Aufhebung der Vollstreckung aus einem Beschluß nach §§ 732, 766 ergeben.

Erinnerung: S „Beschluß".

Erledigterklärung: *Keine* aufhebenden „Entscheidungen" sind übereinstimmende wirksame Erledigterklärungen, aM Nürnb GRUR **96**, 79 (aber sie sind gerade das Gegenteil einer Sachentscheidung, § 91 a Rn 106 ff). Der Schuldner kann dann nur entsprechend §§ 707, 719, 767, 769 vorgehen, 794 Rn 5, 6.

Festsetzungsurteil: Z 1 gilt *nicht* bei einem bloßen Festsetzungsurteil ohne die bestimmte Klärung einer Forderungshöhe, BGH NJW **94**, 461.

Klagerücknahme: Sie ist trotz § 269 IV *keine* aufhebende „Entscheidung".

Mindestunterhalt: Z 1 gilt auch bei einer Neufestsetzung des Mindestunterhalts, soweit es um den vom neuen Titel erfaßten Zeitraum geht, (zum alten Recht) Stgt Rpfleger **85**, 199.

13 **Pfändung, Überweisung:** *Keine* Aufhebung liegt in einer Pfändung und Überweisung zugunsten eines Gläubigers des betreibenden Gläubigers nach § 829, AG Bad Segeberg DGVZ **89**, 122.

Sicherheitsleistung: Soweit diejenige Entscheidung, die die Zwangsvollstreckung aus dem Vollstreckungstitel für unzulässig erklärt, nur gegen eine Sicherheitsleistung vorläufig vollstreckbar ist, darf das Gericht die Zwangsvollstreckung erst beim Nachweis der Sicherheitsleistung einstellen, LG Bonn MDR **83**, 850. Wenn das Gericht die Vollstreckbarkeit einer schlechthin vollstreckbaren Entscheidung nur gegen eine Sicherheitsleistung aufrechterhält, gilt *nicht* Z 1, sondern Z 2.

Titelverzicht: Man kann einen Titelverzicht nach Z 1 behandeln, Grdz 27 vor § 704 „Verzicht des Gläubigers", Köln OLGZ **92**, 449, AG Siegb DGVZ **99**, 30.

Vergleich: *Keine* aufhebende „Entscheidung" ist ein solcher Vergleich, der ein vorläufig vollstreckbares Urteil aufhebt, Das gilt trotz § 795, BayObLG Rpfleger **98**, 437, Ffm JB **91**, 1554, AG Hann FamRZ **01**, 1233. Man kann dann nach § 732 vorgehen, Münzberg Festschrift für Gaul (1997) 450, 462, oder nach §§ 767 ff, LG Tüb JB **86**, 624.

Vorläufige Vollstreckbarkeit: Ein nach §§ 708 ff vorläufig vollstreckbares Urteil tritt mit der Verkündung der die vorläufige Vollstreckbarkeit aufhebenden Entscheidung nach § 718 I außer Kraft, also nicht erst in demjenigen Zeitpunkt, in dem die aufhebende Entscheidung nach § 705 formell rechtskräftig wird, § 717 I, BGH NJW **76**, 1453, Zweibr FamRZ **86**, 376.

D. Oder: Unzulässigkeit der Vollstreckung, Z 1 Fall 2. Möglicherweise ist die Vollstreckung schlechthin unzulässig, zB §§ 732 II, 765 a, 766 I, 767, 768, 771, 774, 785, 786, BGH FamRZ **03**, 92. Ein Antrag auf ein Insolvenzverfahren reicht nicht, AG Gardelegen DGVZ **00**, 142. Wegen der Lage ab Eröffnung Grdz 32 (C) vor § 704. 14

E. Oder: Endgültige Einstellung, Z 1 Fall 3. Möglicherweise hat das Gericht die Vollstreckung endgültig eingestellt (anders Z 2), zB nach §§ 765 a, 793. Auch hier hat eine Einstellung nur gegen eine Sicherheitsleistung die Notwendigkeit ihres Nachweises zur Folge, LG Bonn MDR **83**, 850. 15

8) Einstweilige Einstellung, Z 2, Fortsetzung der Zwangsvollstreckung nur gegen Sicherheitsleistung. Voraussetzung ist die Vorlegung einer Ausfertigung nach Rn 10 von einer beliebigen, wenn auch nicht vollstreckbaren solchen gerichtlichen Entscheidung auch des Prozeßgerichts, Fink/Ellefret MDR **98**, 1271, die eine einstweilige Einstellung der Zwangsvollstreckung oder der betreffenden Vollstreckungsmaßnahme anordnet, LG Ffm Rpfleger **95**, 307, zB nach §§ 570, 707, 719, 732, 765 a, 766, 769, 770 oder die eine Fortsetzung der Zwangsvollstreckung nur gegen eine Sicherheitsleistung zuläßt, zB nach §§ 707 I, 709 S 2, 719 I, 732 II, 769 II. Dann muß keine zusätzliche Aufhebung der bisherigen Vollstreckungshandlungen erfolgt sein, aM LAG Düss Rpfleger **06**, 420. Die einstweilige Einstellung wirkt schon nach § 329 Rn 24, LG Bln Rpfleger **76**, 26, Kirberger Rpfleger **76**, 8. Der Nachweis der Sicherheitsleistung erfolgt nach § 751 II. Der Drittschuldner darf nur noch an den Gläubiger und an den Schuldner gemeinsam leisten oder hinterlegen, BGH **140**, 253. 16

9) Vollstreckungsabwendung, Z 3. Voraussetzung ist die Vorlegung einer solchen öffentlichen Urkunde nach § 415 Rn 3, 4, die beweist, daß eine Partei eine Sicherheitsleistung oder eine Hinterlegung erbracht hat, die das Gericht in einer nach Z 1, 2 beachtbaren Entscheidung angeordnet hatte, zB nach §§ 707, 711, 712 I, 720 a III. Eine Bescheinigung der Hinterlegung genügt, LG Hagen DGVZ **99**, 28. Eine sonstige öffentlich beglaubigte Urkunde genügt dann nicht. Noch weniger reicht die bloße Behauptung der Existenz einer Einstellungsentscheidung, Rn 1, LG Görlitz DGVZ **99**, 62. Ein Postschein beweist nur die Absendung. Er beweist nicht, daß man die Sicherheitsleistung oder die Hinterlegung auch wirklich erbracht hat. Dasselbe gilt erst recht für Z 3 bei einer Einzahlungs- oder Überweiungsquittung etwa einer Bank. Dann gilt vielmehr Z 5. Wer sich darauf beruft, eine Sicherheitsleistung durch eine nicht unter § 108 I 2 fallende Bürgschaft erbracht zu haben, muß nachweisen, daß das Gericht diese Art der Sicherheit gestattet hatte. Er muß nachweisen, daß diese Bürgschaftserklärung dem Schuldner in einer ausreichenden Form zuging, § 751 Rn 7, zumindest dem Gerichtsvollzieher, LG Hagen DGVZ **76**, 29. Wenn eine Sicherheitsleistung nicht etwa den Anlaß zu einer Aufhebung der Vollstreckung gibt, sondern wenn sie die Voraussetzung dafür ist, daß es überhaupt zu einer Einstellung kommt, gilt Z 2, nicht aber Z 3. Eine BGB-Hinterlegung reicht nicht, AG Worms DGVZ **97**, 60. 17

10) Befriedigung, Stundung, Z 4. Voraussetzung ist die Vorlegung einer öffentlichen Urkunde nach § 415 Rn 3, 4, zB ein Prozeßvergleich, Anh § 307, Ffm JB **91**, 1555, oder ein notariell für vollstreckbar erklärter Anwaltsvergleich, §§ 796 a–c, oder eine von dem Gläubiger ausgestellte Privaturkunde, § 416 Rn 1. 18

A. Beweis durch Urkunde. Die Urkunde muß beweisen, daß der Gläubiger nach dem Erlaß des Vollstreckungstitels seine volle Befriedigung erhalten hat, LG Kiel DGVZ **82**, 46, LG Kblz DGVZ **82**, 46 (Zahlung vor dem Erlaß), AG Ffm DGVZ **97**, 188, oder daß er die Leistung gestundet hat. Bei §§ 307, 331 III tritt an die Stelle der Urteilsverkündung die Urteilszustellung, § 310 III. Die Zustellung des Vollstreckungsbescheids nach § 700 I genügt, diejenige des Mahnbescheids nicht, ZöStö 7, aM LG Kiel DGVZ **83**, 24, Schneider JB **78**, 172.

B. Beispiele zur Frage einer Befriedigung oder Stundung, Z 4 19

Art der Erfüllung: Jede Art kann reichen.

Aufrechnung: Rn 20 „Pfändung und Überweisung".

Beglaubigung: Z 4 ist anwendbar auch bei einer öffentlich beglaubigten Privaturkunde.

Dritter: Rn 20 „Lohnsteuer", Rn 21 „Überleitungsanzeige".

Echtheit: Der Gerichtsvollzieher muß die Echtheit einer Privaturkunde nach §§ 439, 440 anhand derjenigen Unterlagen prüfen, die der Schuldner ihm vorlegen muß.

Einziehung: Eine Überweisung zur Einziehung reicht *nicht.*

Fotokopie: Unanwendbar ist Z 4 bei einer unbeglaubigten Fotokopie, AG Blin-Wedding DGVZ **76**, 93.

Haustürgeschäft: Rn 21 „Rücktritt". 20

Hinterlegung: Sie reicht *nicht.* Denn sie ist noch keine Befriedigung, aM AG Worms DGVZ **97**, 60.

Kosten: Z 4 erfordert es, daß die Urkunde für sich allein schon die volle Befriedigung auch wegen der Kosten ergibt, Düss Rpfleger **77**, 417, aM AG Worms DGVZ **97**, 60 (eine Hinterlegung ist aber keine Befriedigung).

Kreditgeschäft: Rn 21 „Rücktritt".

Lohnsteuer: Ihretwegen kann die Privaturkunde des Arbeitgebers reichen, Üb 2 vor § 803.

Pfändung: Die bloße Pfändung reicht *nicht.*

Pfändung und Überweisung: Es kann eine solche nach § 829 an den Schuldner reichen, die eine Aufrechnung darstellt.

Rechtsmißbrauch: Der Gerichtsvollzieher muß stets eine unzulässige Rechtsausübung vermeiden oder prüfen. Denn Rechtsmißbrauch ist stets unstatthaft, Einl III 54, LG Kblz DGVZ **82**, 47, Schneider DGVZ **77**, 133. 21

Restschuld: Mangels voller Befriedigung auch wegen der Kosten muß der Gerichtsvollzieher die Zwangsvollstreckung wegen der Restschuld fortsetzen, LG Karlsr DGVZ **83**, 188.

Rücktritt: Ein bloßer Rücktritt nach § 503 II BGB genügt *nicht.*

Überleitungsanzeige: Ihretwegen kann die Privaturkunde eines Dritten reichen, zB nach § 117 IV 2 AFG, LG Brschw DGVZ **82**, 43.

Verzicht des Gläubigers: Es reicht ein klarer solcher Verzicht auf eine (weitere) Zwangsvollstreckung. S auch „Vollstreckungsvertrag".

Vollstreckungsvertrag: Er kann reichen, Ffm JB **91**, 1555, LG Münst Rpfleger **88**, 321.

Wahlschuld: Auch bei ihr muß der Schuldner den Beweis nach Z 4 erbringen.

Zwangsvergleich: Wegen des Verhältnisses zwischen einem früheren Titel und einem Zwangsvergleich Schneider DGVZ **85**, 104.

Zweifel: Zu irgendwelchen Zweifeln darf kein Anlaß bestehen. Freilich besteht noch nicht stets dann ein Zweifel, wenn der Gläubiger einfach bestreitet, daß der Schuldner erfüllt habe, Ffm MDR **80**, 63, LG Karlsr DGVZ **83**, 188, LG Trier DGVZ **78**, 28, aM Hamm DGVZ **80**, 154 (aber dann wäre der Nachlässigkeit oder gar Lüge Tür und Tor offen). Auch wenn der Schuldner eine Wahlschuld befriedigt hat, muß er den Beweis nach Z 4 erbringen. Wenn der Gerichtsvollzieher Zweifel hat und wenn er sie nicht durch eine fernmündliche Rückfrage beim Gläubiger beseitigen kann, muß er die Zwangsvollstrekkung entweder fortsetzen oder darf sie nur für eine kurze Zeit zur Aufklärung aussetzen. Der Gläubiger kann dann die Erinnerung nach § 766 einlegen.

22 **11) Einzahlungs- oder Überweisungsnachweis, Z 5.** Voraussetzung ist die Vorlegung eines Einzahlungs- oder Überweisungsnachweises der Post, einer Bank oder Sparkasse, aus dem sich ergibt, daß der Schuldner nach dem Urteilserlaß, s unten, und bei §§ 307, 331 III nach der Urteilszustellung nach sect; 310 III den zur vollständigen Befriedigung des Gläubigers erforderlichen Betrag zur Auszahlung an den Gläubiger oder auf dessen Konto eingezahlt oder überwiesen hat, also auch wegen der Kosten. Mehr ist aber auch nicht nötig, BGH NJW **07**, 3646 (zustm Wolfsteiner DNotZ **07**, 678). Es genügt jede zulässige Urkunde, die eine ausreichend hohe „Einzahlung" auf dem Gläubigerkonto bescheinigt, zB eine Zahlkarte. Eine maschinelle Erstellung genügt. Es reicht ferner die Bescheinigung über eine *erfolgte* Überweisung. Eine bloße Kopie des Überweisungs*auftrags* nebst Eingangsstempel der Schuldnerbank reicht nicht, wohl aber eine solche Bankbescheinigung, die nicht nur den Erhalt des Auftrags bestätigt, sondern auch dessen Ausführung. Man erhält sie als Kunde auf Verlangen. Auch die Belastung des Schuldnerkontos wegen einer Schecksumme soll ausreichen. Das gilt zwar selbst dann, wenn der Gläubiger den Scheck zwar erhalten hat und hätte einlösen können, das aber zB wegen seines Verlusts nicht getan hat, LG Oldb DGVZ **89**, 187.

„Nach dem Urteilserlaß" meint auch: nach dem Schluß der mündlichen Verhandlung, §§ 136 IV, 296 a, 767 II, Hintzen Rpfleger **99**, 244, oder nach der Zustellung des Vollstreckungsbescheids.

23 **12) Rechtsbehelfe, Z 1–5.** Es kommt auf die Person des Beschwerten an.

A. Gläubiger. Der Gläubiger kann dann, wenn der Gerichtsvollzieher die Zwangsvollstreckung eingestellt oder beschränkt hat, die Erinnerung nach § 766 einlegen. Wenn das Vollstreckungsgericht entschieden hat, hat der Gläubiger die sofortige Beschwerde nach §§ 567 I Z 1, 793 oder § 11 I RPflG. Wegen einer Anschlußbeschwerde § 567 III.

24 **B. Schuldner.** Der Schuldner hat denjenigen Rechtsbehelf, der ihm nach der jeweiligen Sachlage zusteht, §§ 766, 793.

25 **13) Fortsetzung der Vollstreckung, Z 1–5.** Eine Fortsetzung der Vollstreckung ist in jedem der folgenden Fällen nötig.

A. Wegfall des Einstellungsgrunds; Fortsetzungsanordnung. Die Fortsetzung erfolgt durch den Gerichtsvollzieher dann, wenn der Grund der Einstellung weggefallen ist oder wenn das Gericht nach § 766 eine Fortsetzung angeordnet hat.

26 **B. Einstellung; erfolgreiche Erinnerung.** Die Fortsetzung erfolgt durch das Vollstreckungsgericht nach §§ 764, 802 dann, wenn es selbst die Zwangsvollstreckung eingestellt hatte und wenn eine Erinnerung des Gläubigers einen Erfolg hat.

27 **C. Befriedigung; Stundung; Quittung, Z 4, 5.** Die Fortsetzung erfolgt wegen einer Befriedigung oder Stundung nach Z 4 oder eines Nachweises nach Z 5 dann, wenn der Gläubiger die Befriedigung, die Stundung oder den Nachweis bestreitet, LG Bln DGVZ **85**, 126, LG Ffm DGVZ **89**, 42, LG Hanau DGVZ **93**, 113. Dann kommt es unter Umständen gar nicht erst zu einer Einstellung oder zu einer Beschränkung der Zwangsvollstreckung, Ffm MDR **80**, 63, Hamm RPfleger **79**, 432, LG Hanau DGVZ **93**, 113. Eine Erinnerung oder sofortige Beschwerde des Gläubigers wären erfolglos. Denn das Vollstreckungsgericht prüft grundsätzlich keine sachlichrechtlichen Fragen, LG Oldb MDR **81**, 236. Daher könnte der Schuldner die Zwangsvollstreckung blockieren.

28 **D. Weitere Einzelfragen.** Bei formellen Bedenken wie zB bei der Rüge, es liege überhaupt kein Nachweis nach Z 5 vor, muß der Gläubiger allerdings nach §§ 766 oder 793 oder § 11 I RPflG vorgehen. Wenn der Schuldner gezahlt hat, ist er auf eine Vollstreckungsabwehrklage angewiesen, §§ 767, 769, LG Ffm DGVZ **89**, 42. Der Gläubiger darf die Zwangsvollstreckung nur dann ohne weiteres fortsetzen, wenn die Einstellung der Vollstreckung ohne einen gesetzlichen Grund erfolgte, wenn die Einstellung etwa auf dem Wunsch des Gläubigers beruhte. Wenn die Einstellung der Vollstreckung auf eine bestimmte Zeit erfolgte, erlischt die Einstellung mit dem Zeitablauf. Wenn der Gläubiger dem Schuldner auf eine bestimmte Zeit eine Stundung bewilligt hat, darf er die Zwangsvollstreckung nach dem Zeitablauf ebenfalls ohne weiteres fortsetzen. Wenn er die Stundung aber für eine unbestimmte Zeit ausgesprochen hatte, darf er jederzeit die Fortsetzung der Zwangsvollstreckung verlangen.

776 ***Aufhebung von Vollstreckungsmaßregeln.*** [1] **In den Fällen des § 775 Nr. 1, 3 sind zugleich die bereits getroffenen Vollstreckungsmaßregeln aufzuheben.** [2] **In den Fällen der Nummern 4, 5 bleiben diese Maßregeln einstweilen bestehen; dasselbe gilt bei der Nummer 2, sofern nicht durch die Entscheidung auch die Aufhebung der bisherigen Vollstreckungshandlungen angeordnet ist.**

1) Systematik, S 1, 2. Vgl zunächst § 775 Rn 1. § 776 wirkt für das Verfahren nach § 775 ergänzend und präzisiert je nach der Art des Falls die Rechtsfolgen in einer Abstufung der zulässigen Maßnahmen. Eine Einstellung oder eine Beschränkung der Zwangsvollstreckung bewirkt nur ein völliges oder teilweises Ruhen des Vollstreckungsverfahrens. Eine bereits vorgenommene Vollstreckungsmaßnahme bleibt unberührt. 1

2) Regelungszweck, S 1, 2. Vgl zunächst § 775 Rn 2. Man sollte die gesetzliche Abstufung der zulässigen Maßnahmen zwecks Rechtssicherheit nach Einl III 43 genau beachten. Man muß ja in der Zwangsvollstreckung wie bei jeder hoheitlichen Maßnahmen ohnehin stets das Gebot der Verhältnismäßigkeit mit ihren Eingriffsgrenzen beachten, Grdz 34 (B) vor § 704. 2

3) Geltungsbereich, S 1, 2. Die Vorschrift gilt wie § 775 im Gesamtbereich der ZPO, zB auch bei § 890, LAG Mainz BB **99**, 1767, auch im WEG-Verfahren. Sie gilt auch im Verfahren nach §§ 180 ff ZVG, LG Hann Rpfleger **93**, 505. Zu zahlreichen Einzelfragen Scheld DGVZ **84**, 49. 3

4) Aufhebung, S 1, 2. Wenn das Gericht feststellt, daß die Zwangsvollstreckung endgültig unzulässig ist, muß es die Zwangsvollstreckung aufheben. Das trifft nur und immer bei § 775 Z 1 und 3 zu, LG Frankenth Rpfleger **95**, 307. Das Vollstreckungsorgan muß die Aufhebung unverzüglich durch einen Beschluß nach § 329 durchführen, LAG Düss Rpfleger **05**, 614. Es muß den Beschluß begründen, § 329 Rn 4. Es muß ihn wie bei § 775 mitteilen oder zustellen. Der Gerichtsvollzieher muß zB die Pfandsiegel abnehmen und das Pfandstück dem Berechtigten herausgeben. Er kann auch den Schuldner zur Abnahme des Pfandsiegels ermächtigen. Der Rpfl muß evtl einen Haftbefehl aufheben, LG Frankenth Rpfleger **86**, 268. Der Gerichtsvollzieher kann aber den Schuldner auch zu deren Beseitigung ermächtigen. Ziemlich kühn wendet Köln OLGZ **92**, 449 bei einem Titelverzicht des Arrestgläubigers § 776 entsprechend an. 4

5) Einzelfragen, S 1, 2. Das Vollstreckungsgericht muß einen nach § 829 erlassenen *Pfändungs- und Überweisungsbeschluß aufheben,* BGH FamRZ **05**, 1832. Es muß evtl auch einen noch nicht vollstreckten Ordnungsmittelbeschluß aufheben, KG MDR **00**, 49 (Vorsicht!). Der Einstellungsbeschluß stellt aber auch ohne eine solche Aufhebung die Unzulässigkeit einer weiteren Zwangsvollstreckung wirksam fest. Wenn zB bei einer Einstellung nach § 769 der Drittschuldner an den Gläubiger nach der Zustellung des Einstellungsbeschlusses noch zahlt, tut er das auf eigene Gefahr. Wenn das Vollstreckungsgericht und das Beschwerdegericht eine Pfändung auf Grund einer Erinnerung nach § 766 für unzulässig erklären, heben sie die Pfändung damit auf. Eine aufgehobene Vollstreckungsmaßnahme lebt unabhängig von der formellen Rechtskraft des Aufhebungsbeschlusses nach §§ 329, 705 in keinem Fall wieder auf, BGH **66**, 395. Deshalb kann ein Rangwegfall nach § 804 III eintreten. Eine neue Pfändung bleibt zulässig, Müller DGVZ **76**, 1. Einen verlorenen Rang kann man auch nicht wiederherstellen, §§ 343 Rn 1, 808 Rn 8, BGH **66**, 395, Köln NJW **76**, 114. Deshalb ist eine sofortige Beschwerde gegen eine wirksame Aufhebung der Zwangsvollstreckung mangels eines Rechtsschutzbedürfnisses nach Grdz 33 vor § 253 unzulässig. Wegen der Forderung eines Landwirts aus dem Verkauf von landwirtschaftlichen Erzeugnissen § 851 a. Wegen der Aufhebung von Vollstreckungsmaßnahmen nach der Härteklausel § 765 a. 5

6) Fortdauer, S 2. Bei § 775 Z 4 und 5 bleiben die Vollstreckungsmaßnahmen solange in Kraft, bis der Gläubiger den Vollstreckungsauftrag zurücknimmt oder bis eine solche Entscheidung ergeht, die die Zwangsvollstreckung aufhebt, nicht etwa bis zu deren Rechtskraft, BGH **66**, 395. Bei § 775 Z 2 gilt dasselbe, falls nicht das Prozeßgericht die Aufhebung der Zwangsvollstreckung besonders angeordnet hat, LG Frankenth Rpfleger **95**, 307, LAG Düss Rpfleger **05**, 614. Freilich sind die nach der Erledigung des Einstellungsbeschlusses vorgenommenen Vollstreckungshandlungen aufhebbar, LG Bln MDR **75**, 672, Kirberger Rpfleger **76**, 9. Der Schuldner erlangt also zB bis zur Aufhebung der Zwangsvollstreckung noch keine Verfügungsbefugnis über den gepfändeten Gegenstand zurück. Das Pfändungspfandrecht nach § 804 erlischt mit der Befriedigung des Gläubigers noch nicht ohne weiteres. Es erlischt also im Gegensatz zu § 775 auch nicht schon durch einen solchen Prozeßvergleich nach Anh § 307, durch den der Gläubiger auf seine Rechte aus dem Vollstreckungstitel verzichtet, Ffm JB **91**, 1555. Es erlischt aber dann, wenn der Gerichtsvollzieher die Sache freigibt. Das gilt selbst dann, wenn die Freigabe auf einem Irrtum beruht. Der Schuldner kann auch nach § 767 vorgehen. 6

7) Rechtsbehelfe, S 1, 2. Es gilt grundsätzlich dasselbe wie bei § 775 Rn 23, 24. Vgl aber auch Rn 4. 7

777 ***Erinnerung bei genügender Sicherung des Gläubigers.*** [1] **Hat der Gläubiger eine bewegliche Sache des Schuldners im Besitz, in Ansehung deren ihm ein Pfandrecht oder ein Zurückbehaltungsrecht für seine Forderung zusteht, so kann der Schuldner der Zwangsvollstreckung in sein übriges Vermögen nach § 766 widersprechen, soweit die Forderung durch den Wert der Sache gedeckt ist.** [2] **Steht dem Gläubiger ein solches Recht in Ansehung der Sache auch für eine andere Forderung zu, so ist der Widerspruch nur zulässig, wenn auch diese Forderung durch den Wert der Sache gedeckt ist.**

1) Systematik, S 1, 2. Das BGB kennt keine Verweisung des Gläubigers auf das Pfand. § 777 enthält eine abweichende Regelung. Diese Vorschrift ist dem § 803 I 2 inhaltlich verwandt, der die Überpfändung verbietet. §§ 901 ff haben keinen Nachrang, Rn 4. 1

2) Regelungszweck, S 1, 2. Die Verhinderung einer solchen Überpfändung ist neben der in § 776 Rn 2 angesprochenen Beachtung der Verhältnismäßigkeitsgrenze der wesentliche Zweck auch des § 777, Köln OLGZ **88**, 217. Damit dient § 777 der Gerechtigkeit nach Einl III 9, 36 und ist entsprechend zugunsten des Schuldners auslegbar. Freilich darf man nicht die berechtigten Gläubigerinteressen vernachlässigen. 2

3) Geltungsbereich, S 1, 2. Die Vorschrift ist in allen Vollstreckungsverfahren anwendbar, auch im WEG-Verfahren. § 777 ist dann entsprechend anwendbar, wenn der Schuldner zur Abwendung der Zwangsvollstreckung oder zwecks einer Einstellung der Zwangsvollstreckung hinterlegt hat, Köln OLGZ **88**, 217, LG Mü DGVZ **84**, 78. Zwar wird der hinterlegte Betrag das Eigentum des Landes. Der Anspruch auf die 3

Rückerstattung der hinterlegten Summe steht aber wirtschaftlich einem Besitz gleich. Freilich muß der Auszahlungsanspruch unzweifelhaft und unabhängig vom Verhalten des Schuldners bestehen, Köln OLGZ **88**, 217. Ferner kommt eine entsprechende Anwendung bei einer Mieterkaution in Betracht, LG Mü DGVZ **84**, 78.

4 **4) Voraussetzungen, S 1, 2.** Die Vorschrift setzt voraus, daß der Gläubiger eine solche bewegliche Sache des Schuldners nach § 90 BGB im Alleinbesitz, im Mitbesitz oder in einem mittelbaren Besitz hat, an der ihm ein Pfandrecht oder ein Zurückbehaltungsrecht für die beizutreibende Forderung zusteht, aus dem er die Verwertung ohne ein Gerichtsverfahren vornehmen kann. § 777 bezieht sich nicht auf Liegenschaften und auf Rechte. Der Rechtsgrund des Pfandrechts oder des Zurückbehaltungsrechts ist unerheblich. Es kann sich um ein Vertragspfandrecht, um ein gesetzliches Pfandrecht oder um ein Pfändungspfandrecht handeln. Das Pfandrecht des Vermieters, des Verpächters, des Gastwirts wirkt erst von der Besitzergreifung an. Ein Sicherungseigentum oder eine Mieterkaution usw stehen dem Pfandrecht hier nicht gleich, außer bei einem unmittelbaren Besitz des Gläubigers, Köln OLGZ **88**, 217, LG Detm Rpfleger **90**, 433, LG Mü DGVZ **84**, 78. Denn es handelt sich um ein Besitzlosenpfandrecht, § 771 Rn 22 „Treuhand". Eine Bürgschaft nach §§ 765 ff BGB reicht nicht.

5 **5) Erinnerung, S 1, 2.** Der Schuldner kann nach § 766 die Erinnerung einlegen, vom Gesetz hier Widerspruch genannt, LG Detm Rpfleger **90**, 433, LG Hann Rpfleger **86**, 187. Das gilt aber nur, soweit der Wert der Pfand- oder Zurückhaltungssache die volle Forderung des Gläubigers einschließlich der Kosten deckt. Der Schuldner muß diese Deckung beweisen, LG Stgt Rpfleger **00**, 28. Der Gläubiger kann demgegenüber nachweisen, daß die Sache noch wegen einer anderen Forderung sichern soll, AG Mü DGVZ **84**, 78, aM LG Detm Rpfleger **90**, 432 (aber es gelten die allgemeinen Beweisregeln, Anh § 286 Rn 10). Dann steht dem Schuldner der Nachweis offen, daß der Wert der Pfand- oder Zurückbehaltungssache auch diese andere Forderung deckt. Der Gerichtsvollzieher darf die Vollstreckung nicht allein wegen der bloßen Einlegung des Widerspruchs abbrechen, LG Hann Rpfleger **86**, 187. Im Verfahren nach §§ 899 ff ist auch die Haftbeschwerde zulässig, LG Detm Rpfleger **90**, 433, LG Stgt Rpfleger **00**, 28, aM LG Hann Rpfleger **86**, 187 (aber §§ 901 ff haben keinen allgemeinen Nachrang). Wenn der Gläubiger auf das Pfand- oder Zurückbehaltungsrecht verzichtet, auch vor der Rückgabe, ist die Erinnerung erledigt. Der Schuldner kann auf die Möglichkeit der Erinnerung verzichten. Diese Einwendung findet aber keine Beachtung von Amts wegen, LG Limburg Rpfleger **82**, 435.

778 *Zwangsvollstreckung vor Erbschaftsannahme.* I Solange der Erbe die Erbschaft nicht angenommen hat, ist eine Zwangsvollstreckung wegen eines Anspruchs, der sich gegen den Nachlass richtet, nur in den Nachlass zulässig.

II Wegen eigener Verbindlichkeiten des Erben ist eine Zwangsvollstreckung in den Nachlass vor der Annahme der Erbschaft nicht zulässig.

Schrifttum: *Ahner,* Die Rechtsstellung der Erbengemeinschaft in Prozess und Zwangsvollstreckung, 2008; *Behr* Rpfleger **02**, 2 (Üb; krit Gülzow Rpfleger **02**, 509, dazu Behr 510).

1 **1) Systematik, §§ 778–785.** Diese Vorschriften behandeln eine Zwangsvollstreckung in den Nachlaß und gegen den Erben. Sie ergänzen §§ 747–749 zu deren Zwecken. Das Gesetz hat damit etwas Zusammengehöriges auseinandergerissen. Dieser Umstand erschwert das Verständnis der ohnehin mißlungenen Vorschriften.

2 **2) Regelungszweck, §§ 778–785.** Es handelt sich bei I wie II eigentlich um Selbstverständlichkeiten. Ihre gesetzliche ausdrückliche Klarstellung dient der aus Erfahrung erforderlichen Rechtssicherheit, Einl III 43. Deshalb muß man beide Teile der Vorschrift strikt handhaben. Die jeweils noch oder überhaupt nicht mitbetroffene Vermögensmasse braucht einen Schutz, auch wenn sich die Zugehörigkeit des einzelnen Gegenstands zu der einen oder anderen Masse oft nur schwer ermitteln läßt.

3 **3) Geltungsbereich, §§ 778–785.** Die Vorschriften gelten für jede Art der Zwangsvollstreckung, auch bei §§ 928, 929, auch im WEG-Verfahren. Über die Zwangsvollstreckung beim Tod einer Partei kraft Amts § 727 Rn 3. Vgl §§ 265, 266 AO.

4 **4) Anspruch gegen den Nachlaß vor der Annahme der Erbschaft, I.** Der Erbe darf eine Erbschaft noch nicht auch nur stillschweigend nach § 1943 BGB angenommen haben. In dieser Situation hat der Erbe nur eine vorläufige Rechtsstellung, § 1958 BGB. Wenn er die Ausschlagungsfrist versäumt hat, gilt die Erbschaft als angenommen, § 1943 BGB. Vor der Annahme der Erbschaft gilt für die Zwangsvollstreckung wegen einer Nachlaßverbindlichkeit nach § 1967 II BGB folgendes.

A. Vor Vollstreckungsbeginn. Wegen § 1958 BGB läßt sich der vom Gläubiger gegen den Erblasser erwirkte Vollstreckungstitel nicht gegen den Erben umschreiben. Gegen eine trotzdem vorgenommene Umschreibung kann der Erbe nach § 732 vorgehen. Der Gläubiger kann auch keinen Vollstreckungstitel gegen den Erben erwirken. Der Gläubiger kann nur dann nach §§ 727, 750 ein Urteil und eine Vollstrekkungsklausel erwirken, wenn ein Nachlaßpfleger, ein Nachlaßverwalter oder ein Testamentsvollstrecker vorhanden sind, BayObLG Rpfleger **92**, 28, LG Stgt Just **94**, 87. Der Gläubiger kann nach §§ 1960 III, 1961 BGB einen Antrag auf die Bestellung eines Nachlaßpflegers stellen. Nach der Bestellung erfolgt die Zwangsvollstreckung in den Nachlaß. Nach der Annahme der Erbschaft tritt eine Rückwirkung dieser Maßnahmen gegenüber dem Erben ein.

5 **B. Nach Vollstreckungsbeginn.** Wenn die Zwangsvollstreckung gegen den Erblasser nach Grdz 51 vor § 704 begonnen hatte, darf man sie fortsetzen, § 779. Die weitere Zwangsvollstreckung ist aber nur in den Nachlaß zulässig.

C. Weitere Einzelfragen. § 778 gilt für Ansprüche jeder Art. Ein Arrestvollzug nach §§ 928 ff ist eine Zwangsvollstreckung.

5) Rechtsbehelfe, I. Wenn der Gläubiger vor der Annahme der Erbschaft nicht in den Nachlaß vollstreckt, sondern in das persönliche Vermögen des Erben, gilt die folgende Regelung. 6

A. Erbe. Der Erbe kann nach seiner Wahl die Erinnerung nach § 766 einlegen oder als Dritter eine Widerspruchsklage nach § 771 erheben.

B. Gläubiger. Jeder Gläubiger des Erben kann die Erinnerung nach § 766 einlegen. Er kann aber nicht eine Widerspruchsklage nach § 771 erheben. Denn der Gläubiger des Erben hat kein Recht am Vermögen des Erben.

6) Zwangsvollstreckung der persönlichen Gläubiger, II. Nur in das persönliche Vermögen des Erben dürfen die persönlichen Gläubiger des Erben vollstrecken, vor der Annahme der Erbschaft nicht in den Nachlaß. Das gilt ebenso bei einer abwicklungslosen Verschmelzung von Genossenschaften nach § 93 b GenG oder von Aktiengesellschaften nach § 346 AktG. Die übernehmende Gesellschaft steht dem Erben gleich. Der Gläubiger der aufgelösten Gesellschaft steht den Nachlaßgläubigern gleich. 7

7) Rechtsbehelfe, II. Es kommt auf die Person des Beschwerten an. 8

A. Erbe. Der Erbe kann die Erinnerung nach § 766 einlegen. Er kann aber auch eine Widerspruchsklage nach § 771 erheben. Denn er hat ein Recht an dem Nachlaß und haftet zunächst nicht mit dem Nachlaß. Er kann gegen eine unzulässige Erteilung der Vollstreckungsklausel nach §§ 732, 768 vorgehen. Anschließend ist die sofortige Beschwerde nach § 793 statthaft.

B. Andere Personen. Der Nachlaßgläubiger, der Nachlaßpfleger, der Nachlaßverwalter oder der Testamentsvollstrecker und ein betroffener Dritter können nach § 766 die Erinnerung einlegen, soweit ihre Verwaltung reicht. Auch hier ist anschließend die sofortige Beschwerde nach § 793 statthaft. 9

779 *Fortsetzung der Zwangsvollstreckung nach dem Tod des Schuldners.*

I Eine Zwangsvollstreckung, die zur Zeit des Todes des Schuldners gegen ihn bereits begonnen hatte, wird in seinen Nachlass fortgesetzt.

II 1 Ist bei einer Vollstreckungshandlung die Zuziehung des Schuldners nötig, so hat, wenn die Erbschaft noch nicht angenommen oder wenn der Erbe unbekannt oder es ungewiss ist, ob er die Erbschaft angenommen hat, das Vollstreckungsgericht auf Antrag des Gläubigers dem Erben einen einstweiligen besonderen Vertreter zu bestellen. 2 Die Bestellung hat zu unterbleiben, wenn ein Nachlasspfleger bestellt ist oder wenn die Verwaltung des Nachlasses einem Testamentsvollstrecker zusteht.

1) Systematik I, II. Vgl zunächst § 778 Rn 1. § 779 regelt zwei der zahlreichen Fallgruppen der Vollstreckung in den Nachlaß. 1

2) Regelungszweck, I, II. Vgl zunächst § 778 Rn 2. § 779 trifft in *I* zugunsten des Gläubigers eine Regelung, die nicht selbstverständlich ist. Denn mit dem Tod beginnt die Phase der Ungewißheit, wer überhaupt als Erbe in Betracht kommt. Freilich spielt sie für den Gläubiger eine untergeordnete Rolle. Er will endlich seine Befriedigung erreichen. Deshalb dient I nicht nur der Gerechtigkeit, sondern vor allem der Verfahrensförderung und damit der Prozeßwirtschaftlichkeit, Grdz 14 vor § 128, LG Meiningen Rpfleger **07**, 217. Diese gilt ja auch in der Zwangsvollstreckung. 2

Konsequent regelt *II* Einzelheiten in einer ja auch sonst im Gesetz geübten Art und Weise, vgl zB § 57. Auch dieser Teil ist seinem Zweck entsprechend eher weit zugunsten des Gläubigers auslegbar.

3) Geltungsbereich, I, II. Wenn beim Tod des Schuldners die Zwangsvollstreckung in das Vermögen des Schuldners insgesamt nach Grdz 51 vor § 704 begonnen hatte, endet sie nicht mit dem Tod, LG Wuppert JB **02**, 95, AG Bremerh DGVZ **93**, 60. Vielmehr kann der Gläubiger sie auf Grund einer gegen den Erblasser erteilten Vollstreckungsklausel in denjenigen Teil des beweglichen wie unbeweglichen Vermögens des Erben fortsetzen, der aus dem Nachlaß besteht, ohne die Notwendigkeit einer Umschreibung der Vollstrekkungsklausel, LG Meiningen Rpfleger **07**, 217, LG Wuppert JB **02**, 95, App BB **84**, 273. Das gilt vor und nach der Annahme der Erbschaft und nicht nur wegen solcher Gegenstände, in die die Zwangsvollstreckung begonnen hat. Neue und weitere Vollstreckungsmaßnahmen sind bis zur Beendigung der Zwangsvollstrekkung nach Grdz 52 vor § 704 insgesamt zulässig, ohne daß eine Umschreibung erfolgen muß, LG Stgt DGVZ **87**, 12, AG Bremerh DGVZ **93**, 60, App BB **84**, 273, aM Schüler JB **76**, 1003. 3

Zu einer Zwangsvollstreckung in das *übrige Vermögen* des Erben muß der Gläubiger die Vollstreckungsklausel aber nach §§ 727, 749 umschreiben lassen. Diese Umschreibung ist erst nach der Annahme der Erbschaft statthaft, § 778 I. Wenn der Schuldner vor dem Beginn der Zwangsvollstreckung stirbt, gilt § 778. Vgl auch § 782. Die Vorschrift ist im steuerlichen Vollstreckungsverfahren entsprechend anwendbar, App BB **84**, 273.

4) Erbenvertreter, II. Das Vollstreckungsgericht bestellt dem Erben nur dann einen besonderen Vertreter, wenn die folgenden Voraussetzungen Rn 4–7 zusammentreffen, LG Meiningen Rpfleger **07**, 217. Zuständig ist der Rpfl, § 20 Z 17 RpflG. 4

A. Hinzuziehung des Schuldners. Der Schuldner muß bei einer Vollstreckungshandlung anwesend sein, also bei §§ 808 III, 826 III, 829 II 2, 835 III 1, 844 III, 875 II, 885 II, ferner oft bei einer Zwangsversteigerung nach dem ZVG, schließlich immer dann, wenn der Schuldner rein tatsächlich anwesend sein muß.

B. Erbschaftsannahme unklar usw. Der Erbe darf die Erbschaft noch nicht angenommen haben, oder eine Annahme muß zweifelhaft oder der Erbe unbekannt sein. Dann bestellt das Gericht einen Pfleger nach § 1911 BGB. 5

6 **C. Kein Nachlaßpfleger oder Testamentsvollstrecker.** Das Gericht darf bisher weder einen Nachlaßpfleger noch einen verwaltenden Testamentsvollstrecker bestellt haben.

7 **D. Verfahren.** Es muß ein Antrag des Gläubigers vorliegen. Das Gericht entscheidet durch einen Beschluß. Es begründet ihn, § 329 Rn 4. Es teilt ihn dem Gläubiger und dem Vertreter nach § 329 II mit und stellt ihn bei einer Ablehnung dem Gläubiger förmlich zu, § 329 III.

8 **5) Stellung des Vertreters, II.** Der Vertreter vertritt den Erben und nicht den Nachlaß. Er ist ein gesetzlicher Vertreter des Erben nach § 51 Rn 12 mit allen Rechten, die dem Schuldner aus Anlaß der fraglichen Vollstreckungshandlung zustehen. Der Vertreter kann zB eine Vollstreckungsabwehrklage nach § 767 erheben. Er braucht aber nicht eine eidesstattliche Versicherung nach § 807 abzugeben. Denn er wird nur für den Schuldner und nicht als ein solcher tätig. Die Prozeßfähigkeit des Erben nach § 51 bleibt unbeschränkt. Die Befugnis des Vertreters erlischt, sobald der Erbe, ein Nachlaßpfleger oder der Testamentsvollstrecker in das Verfahren eintreten können oder sobald ein Widerruf seiner Bestellung erfolgt. Der Vertreter ist zur Annahme des Amts nicht verpflichtet. Seine Kosten sind eine Nachlaßverbindlichkeit. Für diese haftet der Erbe nach § 788, freilich nur beschränkbar.

9 **6) Rechtsbehelfe, II.** Es kommt auf die Entscheidungsrichtung an.

A. Gegen Ablehnung. Gegen die Ablehnung der Bestellung ist der Weg nach § 11 RPflG möglich. gegeben. Gegen eine anfängliche Entscheidung des Richters ist die sofortige Beschwerde nach §§ 567 I Z 1, 793 statthaft.

10 **B. Gegen Bestellung.** Gegen die Bestellung des Vertreters ist kein Rechtsbehelf statthaft.
Kosten: Des Gerichts KV 1811; des Anwalts § 25 RVG, VV 3500.

780 *Vorbehalt der beschränkten Erbenhaftung.* **I Der als Erbe des Schuldners verurteilte Beklagte kann die Beschränkung seiner Haftung nur geltend machen, wenn sie ihm im Urteil vorbehalten ist.**

II Der Vorbehalt ist nicht erforderlich, wenn der Fiskus als gesetzlicher Erbe verurteilt wird oder wenn das Urteil über eine Nachlassverbindlichkeit gegen einen Nachlassverwalter oder einen anderen Nachlasspfleger oder gegen einen Testamentsvollstrecker, dem die Verwaltung des Nachlasses zusteht, erlassen wird.

Schrifttum: *Dauner-Lieb,* Zwangsvollstreckung bei Nachlaßverwaltung und Nachlaßkonkurs, Festschrift für Gaul (1997) 93.

Gliederung

1 **1) Systematik, I, II.** Vgl zunächst § 778 Rn 1. § 780 enthält die prozessuale Behandlung der beschränkten Erbenhaftung. § 784 gilt ergänzend.

2 **2) Regelungszweck, I, II.** Vgl zunächst § 778 Rn 2. § 780 dient der prozessualen Umsetzung der Möglichkeiten einer Haftungsbeschränkung des Erben oder Miterben nach §§ 1973 ff BGB. Der Erbe soll also auch verfahrensrechtlich einen Schutz erhalten. Gleichzeitig soll aber zwecks Rechtssicherheit nach Einl III 43 eine uferlose Unklarheit über eine etwaige Haftungsbeschränkung gerade gegenüber dem jetzigen Vollstreckungstitel unterbleiben. Deshalb ist eine Auslegung nicht nur zugunsten des Erben – Schuldners statthaft. Natürlich müssen ihm die Möglichkeiten der §§ 319 ff bleiben, soweit der Haftungsvorbehalt im Urteil fehlt oder unklar oder gar unrichtig war.

3 **3) Geltungsbereich, I, II.** Es gibt einen klaren Grundsatz.

A. Grundsatz: Umfassende Anwendung. Die Vorschrift gilt in allen Verfahrensarten, BGH NJW **04**, 176, auch im WEG-Verfahren.

B. Beispiele zur Frage einer Anwendbarkeit

Aufgebot: Anwendbar ist § 780 gegenüber einer ausgeschlossenen oder verspätet angemeldeten Nachlaßforderung, §§ 1973 ff BGB.

Unanwendbar ist § 780, soweit es nur um diejenige Einrede nach § 2015 BGB geht, bei der §§ 305, 782 anwendbar sind, Schmidt JR **89**, 45.

Berufung: *Unanwendbar* ist § 780 bei einem nach § 531 II zulässigen neuen Angriffs- oder Verteidigungsmittel, Hamm MDR **06**, 695.

Dreimonatseinrede: *Unanwendbar* ist § 780, soweit es nur um diejenige Einrede nach § 2014 BGB geht, bei der §§ 305, 782 anwendbar sind, Schmidt JR **89**, 45.

Erbauseinandersetzung: Anwendbar ist § 780 beim noch ungeteilten Nachlaß.

Erbschaftskäufer: Der Erbschaftskäufer nach § 2383 BGB fällt unter § 780, soweit nicht schon der Verkäufer unbeschränkt haftet.

Geldforderung: Sie kann natürlich unter § 780 fallen.

Gesellschaftereintritt: *Unanwendbar* ist § 780 dann wegen einer Altschuld der Gesellschaft, aM Hamm VersR **02**, 889 (zu hart).

Haftung für Geschäftsschulden: *Unanwendbar* ist § 780, soweit der Erbe nach § 27 II HGB für eine Geschäftsschuld des Erblassers haftet. Auch dann ist die Beschränkung ein Teil der Sachentscheidung.

Insolvenz: Anwendbar ist § 780 beim Entfallen wegen eines Mangels an Masse nach § 1990 BGB, FER **00**, 211, BayObLG NZM **00**, 42, oder bei einer Ablehnung der Eröffnung mangels Masse, BayObLG NZM **00**, 42.

Minderjährigkeit: Anwendbar ist § 780 bei einer Beschränkung nach § 1629 a I 2 BGB, Klüsener Rpfleger **99**, 98.

Miterbe: § 780 gilt für jeden solchen Miterben, der nach § 2059 I 2 BGB unbeschränkt haftet, BGH MDR **88**, 654, BayObLG NZM **00**, 42. Das Gericht muß eine Teilhaftung des Miterben nach §§ 2060 ff BGB in der Sachentscheidung berücksichtigen, Schmidt JR **89**, 45.

Nacherbe: Der Nacherbe nach § 2144 BGB fällt unter § 780. Nach dem Eintritt der Nacherbfolge hat der Vorerbe die Möglichkeit einer Vollstreckungsabwehrklage nach § 767, und zwar auch ohne einen Vorbehalt. Bei einer Einrede nach § 2145 II BGB ist aber nur § 780 anwendbar.

Nachlaßinsolvenz: S „Insolvenz".

Nachlaßverbindlichkeit: „Als Erbe verurteilt" bedeutet: Es muß eine Nachlaßverbindlichkeit bestehen, Oldb FamRZ **01**, 180.

Nachlaßverwaltung: Anwendbar ist § 780 bei einer Beschränkung wegen einer Nachlaßverwaltung, § 1975 BGB.

Prozeßvergleich: Anwendbar ist § 780 auch bei einem solchen nach Anh § 307, BGH NJW **91**, 2840.

Steuern: Anwendbar ist § 780 grds auch bei einer Steuerschuld, BFH BB **81**, 1627.

Unanwendbar ist die Vorschrift aber bei § 205 AO, BFH FER **99**, 20

Vereinbarte Haftungsbeschränkung: *Unanwendbar* ist § 780 bei ihr, BGH ZZP **68**, 102, Schmidt JR **89**, 46.

Verkündung vor Tod: *Unanwendbar* ist § 780 dann, wenn das Gericht das Urteil noch vor dem Tod verkündet hatte, Celle RR **88**, 134 (auch dann, wenn der zugehörige Kostenfestsetzungsbeschluß schon gegen die Erben erging).

Vermächtnis: Anwendbar ist § 780 bei einer Überschuldung nach § 1992 BGB gegenüber dem Vermächtnisnehmer.

Vertragspflicht: Sie kann unter § 780 fallen.

Vollstreckungsklausel: Anwendbar ist § 780 dann, wenn das Gericht die Klausel gegen den Erben nach § 731 erteilt hat.

Unanwendbar ist § 780 dann, wenn der Rpfl die Klausel nach § 727 erteilt hat. Denn dem Erben verbleiben dann die Einwendungen nach § 781.

Willenserklärung: Sie kann unter § 780 fallen.

Wohngeld: Eine Forderung nach dem WEG auf Wohngeld kann unter § 780 fallen, Hbg MDR **86**, 319.

4) Vorbehalt im Urteil, I. Das Verfahren und die Wirkung des Vorbehalts bringen Probleme. 4

A. Verfahren. Der Vorbehalt im Urteil ist die Voraussetzung für eine Beschränkung in der Zwangsvollstreckung, BGH NJW **83**, 2379, Stgt RR **07**, 1594, Schmidt JR **89**, 45. Das gilt unabhängig davon, ob der Kläger den Erben persönlich verklagt hat oder ob der Erbe als Rechtsnachfolger in den Prozeß eingetreten ist. Das Prozeßgericht kann den Vorbehalt nur dann aussprechen, wenn der Erbe die Einrede einer beschränkten Haftung geltend gemacht hat, BGH NJW **83**, 2379. Ein besonderer Antrag ist dazu nicht erforderlich, BGH NJW **83**, 2379. Für einen Antrag besteht aber in der Regel eine Verpflichtung aus dem Anwaltsvertrag, BGH NJW **92**, 2694. Es genügt, daß man aus seinem Vortrag eindeutig erkennen kann, daß er allgemein den Vorbehalt begehrt, KG RR **03**, 942. Der Vorbehalt ist bei seiner erstmaligen Erhebung in der Berufungsinstanz nur unter den Voraussetzungen des § 531 II zulässig, Celle OLGR **95**, 204, Düss MDR **04**, 469. Der Erbe kann das in der Revisionsinstanz nur dann erstmals tun, wenn der Zahlungspflichtige erst nach dem Schluß der letzten Tatsachenverhandlung nach §§ 136 IV, 296 a, 525 gestorben ist oder wenn der Erbe in der Tatsacheninstanz noch keinen sonstigen Anlaß für die Einrede hatte, BGH DB **76**, 2302, oder wenn der Tatrichter über den Vorbehalt nicht entschieden hatte, BGH NJW **83**, 2378. Das gilt aber auch dann nur, wenn der Erbe mehr als einen bloßen Zusatz des Vorbehalts begehrt. Andernfalls ist nur § 767 II anwendbar. Man kann § 780 bei § 269 III, IV entsprechend anwenden, LG Bückebg MDR **97**, 978.

Der Vorbehalt kann nicht mehr im *Kostenfestsetzungsverfahren* nach §§ 103 ff erfolgen, Celle RR **88**, 134, KG MDR **76**, 584, LG Bln VersR **88**, 702, wohl aber im Vergütungsfestsetzungsverfahren nach (jetzt) § 11 RVG, Düss Rpfleger **81**, 409, Schlesw SchlHA **84**, 152. Die Einrede betrifft den Grund der Haftung des Erben, nicht den Betrag des Anspruchs. Daher ist eine Vorabentscheidung nach § 304 unzulässig. Wenn der Gläubiger schon ein Urteil gegen den Erblasser erwirkt hat, kann der Erbe die Beschränkung der Haftung nach § 781 Rn 3 (C) nach § 785 geltend machen.

B. Ermessen. Das Gericht hat grundsätzlich ein pflichtgemäßes Ermessen. Es braucht sich in diesem 5
Rahmen nicht darum zu kümmern, ob der Vorbehalt auch sachlich berechtigt ist, BGH NJW **83**, 2379, KG NJW **06**, 2562, Schmidt JR **89**, 45. Das gilt auch dann, wenn der Erbe geltend macht, der Nachlaß bestehe nur aus Schulden, Düss Rpfleger **81**, 409. Es kann freilich auch sachlich über die Beschränkung der Erbenhaftung entscheiden, BGH FER **00**, 211, KG RR **03**, 942, Schmidt JR **89**, 46. Es muß das auch bei einer Entscheidungsreife nach § 300 Rn 6 tun, BGH RR **89**, 1230, BayObLG **99**, 329, KG RR **03**, 942. Wenn das Gericht eine solche Entscheidung trifft, die zur Vermeidung neuer Prozesse auch ratsam ist, muß es die sachlichrechtlichen Voraussetzungen der Beschränkung der Erbenhaftung prüfen und diese feststellen oder verneinen, Schmidt JR **89**, 46.

Diese Entscheidung ist *wie sonst auslegbar.* Sie erwächst in formelle und innere Rechtskraft, Einf 1, 2 vor §§ 322–327, Schmidt JR **89**, 46. Sie ist für die Zwangsvollstreckung maßgebend. Wenn das Gericht nicht derart vorgeht, bleibt die Prüfung der Beschränkung der Vollstreckungsinstanz vorbehalten und muß notfalls in einem nach § 785 stattfindenden neuen Prozeß erfolgen, BGH NJW **83**, 2379. Keineswegs darf das

Prozeßgericht erörtern, was zum Nachlaß gehört. Wenn freilich feststeht, daß keine haftende Masse mehr da ist, muß das Gericht die Klage abweisen, Celle RR **83**, 134, Schneidt JR **89**, 45.

6 **C. Wirkung des Vorbehalts.** Sie ist rein förmlich. Er ermöglicht die Vollstreckungsabwehrklage des § 785, BGH NJW **83**, 2379. Düss Rpfleger **81**, 409, Mü JB **94**, 112. Im übrigen beeinträchtigt der Vorbehalt die Zwangsvollstreckung nicht. Nur bei einem Urteil auf die Abgabe einer Willenserklärung hindert der Vorbehalt eine Unterstellung nach § 894. Ein solches Urteil ist nach § 888 vollstreckbar, soweit es nur unter dem Vorbehalt erging und soweit das Gericht nicht besser bereits endgültig über die Haftungsbeschränkung entschieden hatte, Schmidt JR **89**, 46. Fehlt der Vorbehalt, mag der Bekl ihn auch nur versehentlich nicht beantragt haben, macht die Rechtskraft des Urteils jede Haftungsbeschränkung unmöglich.

7 **D. Fassung des Vorbehalts.** Der Vorbehalt gehört in die Urteilsformel, § 313 I Z 4, oder in den Tenor eines urteilsgleichen sonstigen Titels, etwa eines Vollstreckungsbescheids nach §§ 699, 700 I oder eines Vergleichs, BGH NJW **91**, 2839, oder einer vollstreckbaren Urkunde. Ausreichend ist auch eine Verurteilung auf eine Leistung nur „aus dem Nachlaß" oder „nach Kräften des Nachlasses", § 781 Rn 5, BGH RR **88**, 710, oder gar nur in bestimmte Gegenstände, zB in ein Grundstück, Schmidt JR **89**, 46. Nicht ausreichend ist aber eine Verurteilung „als Erbe". In die Entscheidungsgründe gehört der Vorbehalt so wenig wie etwa die Entscheidung über eine vorläufige Vollstreckbarkeit. Dagegen erfolgt die Zurückweisung des Antrags auf den Ausspruch des Vorbehalts nur in den Entscheidungsgründen, § 313 I Z 6. Wenn es um die inländische Vollstreckbarkeit eines ausländischen Urteils nach §§ 722, 723, 328 geht, kann das Gericht den Vorbehalt im deutschen Vollstreckungsurteil aussprechen. Das gilt auch dann, wenn das ausländische Recht einen solchen Vorbehalt nicht kennt. Es kann der Vorbehalt auch in einen Vollstreckungsbescheid nach § 700 kommen. Im Verfahren auf die Vollstreckbarerklärung eines Schiedsspruchs nach § 1059 ist der Vorbehalt unzulässig. Er gehört in den Schiedsspruch oder dann, wenn der Erblasser erst nach dessen Erlaß verstorben ist, in die Zwangsvollstreckung nach § 781.

Der Vorbehalt bezieht sich auf die *Prozeßkosten* nach §§ 91 ff grds nur dann, wenn er auch insoweit *eindeutig* ist, Kblz RR **97**, 1160. Auch das gilt nur, soweit diese in der Person des Erblassers entstanden waren, Mü JB **94**, 112. Für die übrigen Kosten haftet der Erbe unbeschränkt, Celle OLGR **95**, 204, Ffm Rpfleger **77**, 372. Darum muß das Gericht die Kosten auch in der Entscheidungsformel insoweit trennen, aM KG Rpfleger **81**, 365, Mü JB **94**, 112 (aber es muß eine völlige Klarheit bestehen, Einl III 43).

8 **E. Verstoß.** Wenn das Gericht den Vorbehalt übergangen hatte, ist sein Urteil inhaltlich falsch. Deshalb ist ein Verfahren auf eine Ergänzung des Urteils nach § 321 zulässig. Natürlich sind auch die sonst statthaften Rechtsmittel verwendbar. Das Revisionsgericht kann den Vorbehalt nachholen, auch ohne eine Rüge, BGH NJW **83**, 2379.

9 **5) Entbehrlichkeit des Vorbehalts, II.** Der Vorbehalt ist in jedem der folgenden Fällen entbehrlich.

A. Fiskus. Der Vorbehalt kann entfallen, soweit das Gericht den Fiskus als den gesetzlichen Erben verurteilt, § 882 a. Denn der Fiskus haftet ohnedies beschränkt, § 2011 BGB. Das Gericht darf mangels einer haftenden Masse die Klage abweisen.

10 **B. Nachlaßpfleger, Nachlaßverwalter, Testamentsvollstrecker.** Der Vorbehalt kann ferner entfallen, soweit das Urteil gegen einen Nachlaßpfleger, einen Nachlaßverwalter oder einen verwaltenden Testamentsvollstrecker ergeht, BGH FamRZ **84**, 473. Denn diese Personen können auf die Beschränkung ihrer Haftung nicht wirksam verzichten. Auch dann darf das Gericht mangels einer haftenden Masse die Klage abweisen.

11 **C. Sinnlosigkeit einer Haftungsbeschränkung.** Der Vorbehalt kann schließlich dann entfallen, wenn die Beschränkung der Haftung sinnlos wäre, etwa bei einem Feststellungsurteil nach § 256 oder bei einem Urteil wegen eines dinglichen Anspruchs nach § 1147 BGB oder nur wegen eines Nachlaßgegenstands. Denn aus einer solchen Entscheidung kann der Gläubiger ohnehin nur in den Nachlaß vollstrecken.

781 *Beschränkte Erbenhaftung in der Zwangsvollstreckung.* **Bei der Zwangsvollstreckung gegen den Erben des Schuldners bleibt die Beschränkung der Haftung unberücksichtigt, bis auf Grund derselben gegen die Zwangsvollstreckung von dem Erben Einwendungen erhoben werden.**

1 **1) Systematik.** Vgl zunächst § 778 Rn 1. § 781 erfaßt alle diejenigen Fälle, in denen der Erbe nicht unbeschränkt haftet.

2 **2) Regelungszweck.** Vgl zunächst § 778 Rn 2. § 781 dient der Rechtssicherheit nach Einl III 43 wie der Prozeßwirtschaftlichkeit nach Grdz 14 vor § 128. Sie ist ja auch in der Zwangsvollstreckung beachtlich. Es muß dem Erben überlassen bleiben, die Beschränkung seiner Haftung geltend zu machen, um die Durchführung derjenigen Vollstreckung nicht noch weiter zu erschweren, die der Gläubiger gegen den Erblasser ja meist schon mühsam genug erkämpft hatte. § 781 ähnelt mancher anderen Vollstreckungsvorschrift, zB §§ 766, 767, 808 I. Man darf den Gerichtsvollzieher noch weniger als andere Vollstreckungsorgane auch noch von Amts wegen und von vornherein mit so schwierigen Prüfungen wie der etwaigen Beschränkung der Erbenhaftung belasten. Deshalb ist eine solche Handhabung ratsam, die es dem Gläubiger nicht noch schwerer macht, seinen Anspruch endlich durchzusetzen.

3 **3) Geltungsbereich.** Die Vorschrift gilt auch im WEG-Verfahren. Sie gilt auch bei § 265 AO (entsprechend), BFH FER **99**, 20. Sie gilt in jeder der folgenden Situationen.

A. Vollstreckungsbeginn gegen Erblasser. Die Zwangsvollstreckung hatte bereits gegen den Erblasser begonnen, § 779.

B. Umschreibung. Der Rpfl hat den Vollstreckungstitel gegen den Erben umgeschrieben, § 727.

C. Vorbehalt. Der Vollstreckungstitel behält die beschränkte Haftung vor, § 780.

D. Vollstreckbarkeitsbeschluß. Es liegt ein solcher Vollstreckbarkeitsbeschluß vor, der keinen Vorbehalt kennt.

E. Vorbehalt entbehrlich. Es ist ein Vorbehalt im Urteil nach § 780 II nicht notwendig.

F. Eintritt des Erben. Der Erbe ist nach dem Erlaß des Urteils in den Prozeß eingetreten, § 780 Rn 4.

4) Notwendigkeit einer Einwendung. Die Vollstreckungsorgane müssen die Haftungsbeschränkung zunächst unberücksichtigt lassen, soweit sie sich nicht bereits im Urteil sachlichrechtlich endgültig ergibt, § 780 Rn 4, Schmidt JR **89**, 47. Die Zwangsvollstreckung findet also auf Grund des bloßen Vorbehaltsurteils in das persönliche Vermögen des Erben so statt, als ob er unbeschränkt haften würde. Der Gläubiger braucht über die Vermögensmasse keine Nachweise zu erbringen. Der Erbe muß auch dann die eidesstattliche Versicherung zur Offenbarung nach § 807 abgeben, wenn er eine Haftungsbeschränkung nach § 785 geltend macht. Auf ein Verlangen des Gläubigers braucht er die Versicherung nur wegen des Nachlasses abzugeben, sonst unbeschränkt. Das Gesetz trennt die Vermögensmassen. 4

Der Erbe kann gegen die Zwangsvollstreckung durch eine *Vollstreckungsabwehrklage* nach §§ 785, 767 vorgehen, BGH FamRZ **89**, 1071, Celle RR **88**, 134. Er kann beantragen, die Zwangsvollstreckung in das persönliche nicht in den Nachlaß gehörende Vermögen des Erben für unzulässig zu erklären, Schmidt JR **89**, 77, und ferner auszusprechen, daß er nur „nach Kräften des Nachlasses" zu haften brauche, § 780 Rn 7, BGH RR **88**, 720, Schmidt JR **89**, 46. Der Erbe muß grundsätzlich beweisen, daß die Zwangsvollstreckung bereits in sein persönliches Vermögen begonnen hat, Grdz 51 vor § 704, aM Schmidt JR **89**, 77 (aber vorher besteht hier noch kein Rechtsschutzbedürfnis, Grdz 33 vor § 253). 5

Dazu ist eine *Bezeichnung* derjenigen Gegenstände notwendig, in die der Gläubiger schon vollstreckt hat. Die Geltendmachung der Unzulänglichkeit der Masse ist nicht fristgebunden, Celle RR **88**, 134. Der Erbe muß ferner seine Haftungsbeschränkung beweisen, soweit das Gericht diese nicht bereits im Urteil sachlichrechtlich endgültig festgestellt hat, § 780 Rn 4. 6

782 *Einreden des Erben gegen Nachlassgläubiger.* [1] **Der Erbe kann auf Grund der ihm nach den §§ 2014, 2015 des Bürgerlichen Gesetzbuchs zustehenden Einreden nur verlangen, dass die Zwangsvollstreckung für die Dauer der dort bestimmten Fristen auf solche Maßregeln beschränkt wird, die zur Vollziehung eines Arrestes zulässig sind.** [2] **Wird vor dem Ablauf der Frist die Eröffnung des Nachlassinsolvenzverfahrens beantragt, so ist auf Antrag die Beschränkung der Zwangsvollstreckung auch nach dem Ablauf der Frist aufrechtzuerhalten, bis über die Eröffnung des Insolvenzverfahrens rechtskräftig entschieden ist.**

1) Systematik, S 1, 2. Vgl zunächst § 778 Rn 1. § 782 betrifft, ergänzt durch § 783, eine aufschiebende Einrede des Erben nach §§ 2014, 2015 BGB, also die Verweigerung der Berichtigung einer Nachlaßverbindlichkeit bis zum Ablauf von drei Monaten seit der Annahme der Erbschaft, bis zur Inventarerrichtung oder bis zur Beendigung des Aufgebotsverfahrens. Diese Einrede ist nach § 2016 II BGB nicht wirksam gegenüber einem vom Aufgebot nicht betroffenen dinglichen Gläubiger, § 1971 BGB. 1

2) Regelungszweck, S 1, 2. Vgl zunächst § 778 Rn 2. Auch bei § 782 darf man ungeachtet des obersten Grundsatzes der Gerechtigkeit nach Einl III 9, 36 den Gläubiger nicht über das wirklich notwendige Maß hinaus auch hier vorübergehend noch länger hinhalten. 2

3) Geltungsbereich: Möglichkeit einer Klage auf Vollstreckungsbeschränkung, S 1, 2. Der noch nicht nach § 2016 I BGB unbeschränkt haftende Erbe kann durch eine Klage nach §§ 785, 767ff nur verlangen, daß sich die Zwangsvollstreckung während der Frist auf bloße Arrestmaßnahmen nach §§ 930–932 beschränke, Rn 5. Sein Antrag lautet zweckmäßig, die Zwangsvollstreckung bis zum Ablauf der Frist für unzulässig zu erklären, und zwar sowohl in den Nachlaß als auch in das persönliche Vermögen. Der Erbe braucht nur nachzuweisen, daß er die Möglichkeit der Haftungsbeschränkung nicht verloren hat. Demgegenüber kann der Gläubiger dartun, daß eine unbeschränkte Haftung des Erben eingetreten sei, und zwar jedem gegenüber oder ihm selbst gegenüber. Der Gläubiger kann auch darlegen, daß sein Anspruch von dem Aufgebot unberührt geblieben sei. 3

Die Zwangsvollstreckung braucht *noch nicht begonnen* zu haben, Grdz 51 vor § 704, vgl § 767. Es genügt vielmehr, daß die Zwangsvollstreckung droht. Auch dann darf man trotz des auch in der Zwangsvollstreckung fortgeltenden obersten Grundsatzes der Gerechtigkeit nach Einl III 9, 36 den Gläubiger nicht über das wirklich notwendige Maß hinaus auch nur vorübergehend noch länger hinhalten. Andernfalls könnte man nämlich den Erben nicht vor einem Schaden bewahren. Es genügen zB die nach § 782 zulässigen Maßnahmen, wenn der Gläubiger nicht erklärt, er wolle nicht veräußern. Beim dinglichen Anspruch ist § 782 unanwendbar. Klageberechtigt sind auch der Nachlaßpfleger, der Testamentsvollstrecker, §§ 2017, 2213 BGB, der Nachlaßverwalter, § 1984 BGB. 4

4) Beschränkungsarten, S 1, 2. Man muß zwei Fallgruppen unterscheiden. 5

A. Arrestmaßnahmen, S 1. Zulässig sind nur Arrestmaßnahmen nach §§ 930–932 sowie die Eintragung einer Sicherungshypothek, § 867. Andere Maßnahmen muß das Gericht als unzulässig aufheben, Kblz NJW **79**, 2521. Wenn der Gläubiger eine bewegliche Habe nach §§ 803ff gepfändet hat, muß das Gericht deren Versteigerung für unzulässig erklären. Gepfändetes Geld muß man hinterlegen, § 930 II. Etwas anderes gilt gegenüber einem dinglichen Gläubiger, § 2016 II BGB, Rn 2. Bei §§ 883ff gilt Entsprechendes. Das Gericht muß also die Aushändigung der Sachen an den Gläubiger untersagen. Die Beschränkung endet ohne weiteres mit dem Ablauf der Fristen. Das Urteil muß die Frist darum genau festlegen, und zwar bei § 2014 BGB nach dem Kalender. Nach dem Ablauf der Fristen darf der Gläubiger die Zwangsvollstreckung fortsetzen, soweit nicht ein neues Hindernis entgegensteht, wie der Vorbehalt einer beschränkten Haftung, ein Nachlaßinsolvenzverfahren, eine Nachlaßverwaltung oder die Ablehnung solcher Maßnahmen mangels Masse.

6 **B. Antrag auf Nachlaßinsolvenzverfahren, S 2.** Wenn vor dem Fristablauf ein Antrag auf die Eröffnung des Nachlaßinsolvenzverfahrens vorliegt, können der Erbe oder der Nachlaßverwalter eine Verlängerung der Beschränkung bis zur Rechtskraft einer Entscheidung über den Insolvenzantrag „beantragen", genauer: Sie können eine Klage nach § 785 erheben. Denn diese Klage ist der einzige Weg, um Rechte nach §§ 781–784 geltend zu machen. Auch verlangt S 1 zweifellos eine Klage. § 769 reicht dann als ein Rechtsbehelf nicht aus. Denn diese Vorschrift setzt voraus, daß der Schuldner zuvor eine Klage erhoben hatte. Eine Ausnahme gilt nur unter den in § 769 Rn 3–5 genannten Voraussetzungen im Prozeßkostenhilfeverfahren.

783 ***Einreden des Erben gegen persönliche Gläubiger.*** **In Ansehung der Nachlassgegenstände kann der Erbe die Beschränkung der Zwangsvollstreckung nach § 782 auch gegenüber den Gläubigern verlangen, die nicht Nachlassgläubiger sind, es sei denn, dass er für die Nachlassverbindlichkeiten unbeschränkt haftet.**

1 **1) Systematik, Regelungszweck.** Vgl zunächst §§ 778 Rn 1, 2, 782 Rn 1, 2. § 783 schützt in einer Ergänzung des § 782 den Erben auch gegen die persönlichen Gläubiger, soweit der Erbe aufschiebende Einreden hat, § 782. Er macht sein Recht durch eine Klage nach § 785 geltend. Der Erbe muß beweisen, daß die fraglichen Gegenstände zum Nachlaß gehören und daß er seine aufschiebenden Einreden aus §§ 2014 ff BGB nicht durch einen Zeitablauf verloren hat. Demgegenüber darf der Gläubiger beweisen, daß der Erbe allen Nachlaßgläubigern gegenüber unbeschränkt hafte. Eine unbeschränkte Haftung des Erben nur gegenüber einzelnen Nachlaßgläubigern ist in diesem Zusammenhang unbeachtlich.

784 ***Zwangsvollstreckung bei Nachlassverwaltung und -insolvenzverfahren.*** **I Ist eine Nachlassverwaltung angeordnet oder das Nachlassinsolvenzverfahren eröffnet, so kann der Erbe verlangen, dass Maßregeln der Zwangsvollstreckung, die zugunsten eines Nachlassgläubigers in sein nicht zum Nachlass gehörendes Vermögen erfolgt sind, aufgehoben werden, es sei denn, dass er für die Nachlassverbindlichkeiten unbeschränkt haftet.**

II Im Falle der Nachlassverwaltung steht dem Nachlassverwalter das gleiche Recht gegenüber Maßregeln der Zwangsvollstreckung zu, die zugunsten eines anderen Gläubigers als eines Nachlassgläubigers in den Nachlass erfolgt sind.

Schrifttum: *Dauner-Lieb,* Zwangsvollstreckung bei Nachlaßverwaltung und Nachlaßkonkurs, in: Festschrift für *Gaul* (1997).

1 **1) Systematik, Regelungszweck, I, II.** Vgl zunächst § 778 Rn 1, 2. § 784 beruht auf dem Umstand, daß die Eröffnung eines Nachlaßinsolvenzverfahrens oder die Anordnung einer Nachlaßverwaltung die Erbenhaftung beschränken, falls der Erbe nicht schon unbeschränkt haftet, § 1975 BGB. § 784 setzt voraus, daß die Zwangsvollstreckung nach Grdz 51 vor § 704 begonnen hat und noch andauert, Grdz 52 vor § 704. Wenn sie in jenem Zeitpunkt noch nicht begonnen hat, kann der Erbe eine Haftungsbeschränkung aus § 781 geltend machen, wenn sie ihm nach § 780 I vorbehalten war oder wenn sie keinen Vorbehalt braucht. Im übrigen muß eine Haftungsbeschränkung bereits feststehen. Insofern unterscheidet sich § 784 von § 782.

2 **2) Klage des Erben, I.** § 784 ermöglicht eine Klage vor dem erstinstanzlichen Prozeßgericht mit dem Antrag, die Zwangsvollstreckung für unzulässig zu erklären. Demgegenüber ermöglicht § 783 eine Klage mit dem Ziel, die Durchführung der Zwangsvollstreckung für unzulässig zu erklären. Aus § 785 ergibt sich, daß der Erbe auch dann nach § 784 vorgehen kann, wenn er vorher bereits nach § 782 geklagt hat. Hier handelt es sich um eine Häufung von Klagen, die einen Menschen zugrunde richten kann. Wegen des Erschöpfungseinwands nach § 1973 BGB ist die Klage auch gegen einen ausgeschlossenen oder als ausgeschlossen geltenden Aufgebotsgläubiger zulässig, § 1974 BGB. Die Klage ist auch dann zulässig, wenn das Gericht den Antrag auf die Eröffnung eines Nachlaßinsolvenzverfahrens oder einer Nachlaßverwaltung abgelehnt hat, § 1990 BGB. Denn der Grund der Vorschrift trifft auch dann zu.

Der *Erbe muß beweisen,* daß der Gläubiger auf Grund eines gegen den Erblasser erwirkten oder mit dem Vorbehalt der beschränkten Erbenhaftung versehenen Titels vollstreckt hat und daß der Gegenstand der Zwangsvollstreckung nicht zum Nachlaß gehört. Der Gläubiger kann demgegenüber die unbeschränkte Haftung des Erben allen Gläubigern oder jedenfalls ihm gegenüber oder eine persönliche Haftung des Erben ihm gegenüber beweisen. Gegenüber einer vorbehaltlosen Verurteilung nach § 780 ist die Klage nach § 784 unzulässig.

3 **3) Klage des Nachlaßverwalters, II.** Der Nachlaßverwalter braucht nur die Zwangsvollstreckung eines Nachlaßgläubigers in den Nachlaß zu dulden. Wenn ein anderer Gläubiger in den Nachlaß vollstreckt, kann der Nachlaßverwalter auf die Erklärung der Zwangsvollstreckung für unzulässig klagen. Er darf die Aufhebung auch derjenigen Zwangsmaßnahmen verlangen, die der Nachlaßverwaltung vorausgegangen sind, soweit sie vom persönlichen Gläubiger ausgingen. Spätere Vollstreckungs- und Arrestmaßnahmen sind unzulässig, § 1984 II BGB. Wenn die Klage aus § 785 unterbleibt, darf der Gläubiger die Zwangsvollstreckung fortsetzen. Im Nachlaßinsolvenzverfahren verliert eine Zwangsvollstreckung in den Nachlaß kraft Gesetzes praktisch ihre Wirksamkeit, § 321 InsO (keine Absonderung).

785 ***Vollstreckungsabwehrklage des Erben.*** **Die auf Grund der §§ 781 bis 784 erhobenen Einwendungen werden nach den Vorschriften der §§ 767, 769, 770 erledigt.**

1 **1) Systematik, Regelungszweck.** Vgl zunächst § 778 Rn 1, 2. Der Erbe oder der Nachlaßverwalter können auf Grund eines Urteilsvorbehalts nach § 780 I die der Rechtsnatur nach unterschiedlichen

Einwendungen nach §§ 781–784 geltend machen, Schmidt JR **89**, 77. Das geschieht gleichwohl grundsätzlich nur durch eine Vollstreckungsabwehrklage nach §§ 767 ff, BGH FamRZ **89**, 1074, Celle RR **88**, 134. Sie erfolgt also beim Prozeßgericht des erste Rechtszugs. Man kann allerdings zwischen einer echten Vollstreckungsabwehrklage und einer Unterart der Drittwiderspruchsklage bei einer Nichthaftung nur eines oder mehrerer Einzelgegenstände unterscheiden, Schmidt **89**, 77. Die Abwehrklage ist schon vor dem Vollstreckungsbeginn statthaft, Celle RR **88**, 133, Schmidt JR **89**, 45. Sie ist auch dann zulässig, wenn der Schuldner gegen den Vollstreckungstitel ein Rechtsmittel eingelegt hat, § 767 Rn 8 (G), Ffm RR **92**, 32. Es findet kein obligatorisches Güteverfahren statt, § 15 a II 1 Z 6 EGZPO, Hartmann NJW **99**, 3748. Der Kläger muß darlegen und beweisen, daß eine Nachlaßschuld vorliegt, daß seine Haftung beschränkt ist und daß die Vollstreckung nicht in den Nachlaß erfolgt. Die Dürftigkeitseinrede nach § 1990 I BGB bleibt zulässig, BGH RR **89**, 1226 (Bindung des Prozeßgerichts an das Nachlaß- oder Insolvenzgericht), Ffm RR **92**, 31.

2) Geltungsbereich. Die Vorschrift gilt nicht bei § 265 AO, BFH FER **99**, 20. 2

3) Einzelfragen. Die Erhebung einer solchen Vollstreckungsabwehrklage ist für den Erben wie für den 3
Nachlaßverwalter nachteilig, aber unabänderlich. Solange der Erbe nicht klagt, darf das Vollstreckungsorgan einen Vorbehalt der beschränkten Erbenhaftung nicht beachten, § 781. Ergänzend gelten §§ 767, 775, 776 und wegen vorläufiger Maßnahmen §§ 769, 770. Wegen der Rechtskraft § 322 Rn 70 „Vollstreckungsabwehrklage".

786 *Vollstreckungsabwehrklage bei beschränkter Haftung.* **I Die Vorschriften des § 780 Abs. 1 und der §§ 781 bis 785 sind auf die nach § 1489 des Bürgerlichen Gesetzbuchs eintretende beschränkte Haftung, die Vorschriften des § 780 Abs. 1 und der §§ 781, 785 sind auf die nach den §§ 1480, 1504, 1629 a, 2187 des Bürgerlichen Gesetzbuchs eintretende beschränkte Haftung entsprechend anzuwenden.**

II Bei der Zwangsvollstreckung aus Urteilen, die bis zum Inkrafttreten des Minderjährigenhaftungsbeschränkungsgesetzes vom 25. August 1998 (BGBl. I S. 2487) am 1. Juli 1999 ergangen sind, kann die Haftungsbeschränkung nach § 1629 a des Bürgerlichen Gesetzbuchs auch dann geltend gemacht werden, wenn sie nicht gemäß § 780 Abs. 1 dieses Gesetzes im Urteil vorbehalten ist.

Vorbem. II angefügt dch Art 50 Z 2 a, b G v 19. 4. 06, BGBl 866, in Kraft seit 25. 4. 06, Art 210 I G, ÜbergangsR Einl III 78.

1) Systematik, Regelungszweck, I, II. Vgl zunächst § 778 Rn 1, 2. Wegen der vergleichbaren Inter- 1
essenlage verweist § 786 für seinen Geltungsbereich auf die im Gesetzestext genannten Vorschriften. Vgl daher die jeweils zugehörigen Anm. Es findet kein obligatorisches Güteverfahren statt, § 15 a II 1 Z 6 EGZPO, Hartmann NJW **99**, 3748.

2) Geltungsbereich, I, II. § 786 betrifft die folgenden Fälle. 2

A. § 1489 BGB. Bei der fortgesetzten Gütergemeinschaft haftet der Überlebende für Gesamtgutsverbindlichkeiten persönlich. Wenn er vor dem Eintritt der fortgesetzten Gütergemeinschaft nicht persönlich haftete, beschränkt sich seine Haftung auf das Gesamtgut. Anwendbar sind §§ 780 I, 781–785.

B. § 1480 BGB. Nach der Auseinandersetzung tritt bei einer allgemeinen Gütergemeinschaft eine Haftung für eine Gesamtgutsverbindlichkeit nur mit dem Zugeteilten ein. Diese Zuteilung muß das Gericht feststellen.

C. § 1504 BGB. Bei der Auseinandersetzung einer fortgesetzten Gütergemeinschaft gilt § 1480 BGB entsprechend für die Haftung der anteilsberechtigten Abkömmlinge.

D. § 1629 a BGB. Es handelt sich um eine gesetzliche Haftungsbeschränkung bei einer solchen Verbindlichkeit, die im Rahmen gesetzlicher Vertretungsmacht der Eltern eintrat. II nennt dazu einen Spezialfall.

E. § 2187 BGB. Der mit einer Auflage oder mit einem Vermächtnis beschwerte Vermächtnisnehmer haftet nur mit dem ihm Vermachten.

In den vier letzten Fällen sind die §§ 780 I, 781, 785 anwendbar. Diese Vorschriften finden auf andere Fälle keine entsprechende Anwendung, aM Hamm VersR **02**, 889 (aber es handelt sich um eine erkennbar abschließende Aufzählung einer Sondervorschrift).

786a *See- und binnenschifffahrtsrechtliche Haftungsbeschränkung.* **I Die Vorschriften des § 780 Abs. 1 und des § 781 sind auf die nach § 486 Abs. 1, 3, §§ 487 bis 487 d des Handelsgesetzbuchs oder nach den §§ 4 bis 5 m des Binnenschifffahrtsgesetzes eintretende beschränkte Haftung entsprechend anzuwenden.**

II Ist das Urteil nach § 305 a unter Vorbehalt ergangen, so gelten für die Zwangsvollstreckung die folgenden Vorschriften:

1. Wird die Eröffnung eines Seerechtlichen oder eines Binnenschifffahrtsrechtlichen Verteilungsverfahrens nach der Schifffahrtsrechtlichen Verteilungsordnung beantragt, an dem der Gläubiger mit dem Anspruch teilnimmt, so entscheidet das Gericht nach § 5 Abs. 3 der Schifffahrtsrechtlichen Verteilungsordnung über die Einstellung der Zwangsvollstreckung; nach Eröffnung des Seerechtlichen Verteilungsverfahrens sind die Vorschriften des § 8 Abs. 4 und 5 der Schifffahrtsrechtlichen Verteilungsordnung, nach Eröffnung des Binnenschifffahrtsrechtlichen Verteilungsverfahrens die Vorschriften des § 8 Abs. 4 und 5 in Verbindung mit § 41 der Schifffahrtsrechtlichen Verteilungsordnung anzuwenden.

2. [1]Ist nach Artikel 11 des Haftungsbeschränkungsübereinkommens (§ 486 Abs. 1 des Handelsgesetzbuchs) von dem Schuldner oder für ihn ein Fonds in einem anderen Vertragsstaat des Übereinkommens errichtet worden, so sind, sofern der Gläubiger den Anspruch gegen den Fonds geltend gemacht hat, die Vorschriften des § 50 der Schifffahrtsrechtlichen Verteilungsordnung anzuwenden. [2]Hat der Gläubiger den Anspruch nicht gegen den Fonds geltend gemacht oder sind die Voraussetzungen des § 50 Abs. 2 der Schifffahrtsrechtlichen Verteilungsordnung nicht gegeben, so werden Einwendungen, die auf Grund des Rechts auf Beschränkung der Haftung erhoben werden, nach den Vorschriften der §§ 767, 769, 770 erledigt; das Gleiche gilt, wenn der Fonds in dem anderen Vertragsstaat erst bei Geltendmachung des Rechts auf Beschränkung der Haftung errichtet wird.

3. [1]Ist von dem Schuldner oder für diesen ein Fonds in einen anderen Vertragsstaat des Straßburger Übereinkommens über die Beschränkung der Haftung in der Binnenschifffahrt – CLNI (BGBl. 1988 II S. 1643) errichtet worden, so ist, sofern der Gläubiger den Anspruch gegen den Fonds geltend gemacht hat, § 52 der Schifffahrtsrechtlichen Verteilungsordnung anzuwenden. [2]Hat der Gläubiger den Anspruch nicht gegen den Fonds geltend gemacht oder sind die Voraussetzungen des § 52 Abs. 3 der Schifffahrtsrechtlichen Verteilungsordnung nicht gegeben, so werden Einwendungen, die auf Grund des Rechts auf Beschränkung der Haftung nach den §§ 4 bis 5 m des Binnenschifffahrtsgesetzes erhoben werden, nach den Vorschriften der §§ 767, 769, 770 erledigt; das Gleiche gilt, wenn der Fonds in dem anderen Vertragsstaat erst bei Geltendmachung des Rechts auf Beschränkung der Haftung errichtet wird.

[III] Ist das Urteil eines ausländischen Gerichts unter dem Vorbehalt ergangen, dass der Beklagte das Recht auf Beschränkung der Haftung geltend machen kann, wenn ein Fonds nach Artikel 11 des Haftungsbeschränkungsübereinkommens oder nach Artikel 11 des Straßburger Übereinkommens über die Beschränkung der Haftung in der Binnenschifffahrt errichtet worden ist oder bei Geltendmachung des Rechts auf Beschränkung der Haftung errichtet wird, so gelten für die Zwangsvollstreckung wegen des durch das Urteil festgestellten Anspruchs die Vorschriften des Absatzes 2 entsprechend.

Schrifttum: *Herber,* Das neue Haftungsrecht der Schiffahrt (1989) 142.

1 **1) Systematik, Regelungszweck, I–III.** Vgl zunächst § 778 Rn 1, 2. Wie § 786, verweist auch § 786a wegen seiner ebenfalls vergleichbaren Interessenlage auf die im Gesetzestext genannten Vorschriften. Vgl daher die jeweils zugehörigen Anm.

2 **2) Geltungsbereich, I–III.** Die Möglichkeit einer Haftungsbeschränkung nach §§ 780 I, 781 liegt auch dann vor, wenn es um die Haftung für eine binnenschiffahrtsrechtliche oder für eine Seeforderung einschließlich derjenigen wegen Verschmutzungsschäden gegen andere Personen als den Eigentümer des das Öl befördernden Schiffes geht, § 486 I, III HGB. Für jene Ansprüche gelten §§ 487 ff HGB oder §§ 4 ff BinnenschiffahrtsG. Sie regeln im einzelnen, in welchem Umfang eine Haftungsbeschränkung überhaupt statthaft ist. Die Beachtlichkeit einer danach zulässigen Haftungsbeschränkung in der Zwangsvollstreckung hängt von deren Vorbehalt im Urteil ab, §§ 305 a, 780 I, sowie von der tatsächlichen Erhebung der Einwendung im Vollstreckungsverfahren, § 781.

3 **3) Einstellung der Zwangsvollstreckung, II Z 1.** Man muß zwei Situationen unterscheiden.

A. Eröffnungsverfahren. Vom Eingang des Antrags auf die Eröffnung des Verteilungsverfahrens bis zur Eröffnung oder deren Ablehnung ist eine Einstellung nach § 5 III SVertO statthaft, also längstens auf drei Monate und nur dann, wenn man erwarten kann, daß die Haftungssumme demnächst eingeht. Das für die Eröffnung nach § 2 SVertO zuständige AG darf die Einstellung von einer Sicherheitsleistung abhängig machen. Vgl §§ 707, 719.

4 **B. Ab Eröffnung.** Im Verfahren nach der Eröffnung kommt es nach § 8 IV, V SVertO für eine einstweilige Einstellung gegen oder ohne eine Sicherheitsleistung ähnlich wie bei § 769 ZPO auf die Glaubhaftmachung nach § 294 solcher Tatsachen an, die eine Unzulässigkeit der Zwangsvollstreckung ergeben. Zuständig ist grundsätzlich das Prozeßgericht des ersten Rechtszugs für die nach § 8 IV 1 SVertO erforderliche Vollstreckungsabwehrklage, in einem dringenden Fall das Vollstreckungsgericht, §§ 764, 802, § 8 IV 4 SVertO. Nach einer Einstellung kann das Vollstreckungsgericht auf einen Schuldnerantrag Vollstrekkungsmaßregeln gegen eine Sicherheitsleistung aufheben. Vor der Erhebung der Klage ist das Prozeßgericht dafür zuständig, § 8 V SVertO.

5 **4) Fond, II Z 2.** Die Vorschrift erfaßt die Situation nach der Errichtung des Fonds vom oder für den Schuldner. § 34 SVertO verweist wiederum auf § 8 IV, V SVertO, Rn 2. Evtl gelten §§ 767, 769, 770 direkt. Daher besteht stets eine Möglichkeit zur Einstellung der Zwangsvollstreckung.

6 **5) Straßburger Übereinkommen, II Z 3.** Im Geltungsbereich des dort genannten Übereinkommens hat Z 3 den Vorrang vor Z 2.

7 **6) Auslandsurteil, III.** Die für ein deutsches Urteil maßgebenden Möglichkeiten gelten auch beim Auslandsurteil, soweit es überhaupt unter einem Vorbehalt einer Haftungsbeschränkung ergangen ist.

787 ***Zwangsvollstreckung bei herrenlosem Grundstück oder Schiff.*** **[I] Soll durch die Zwangsvollstreckung ein Recht an einem Grundstück, das von dem bisherigen Eigentümer nach § 928 des Bürgerlichen Gesetzbuchs aufgegeben und von dem Aneignungsberechtigten noch nicht erworben worden ist, geltend gemacht werden, so hat das Vollstreckungsgericht auf Antrag einen Vertreter zu bestellen, dem bis zur Eintragung eines neuen Eigentümers die Wahrnehmung der sich aus dem Eigentum ergebenden Rechte und Verpflichtungen im Zwangsvollstreckungsverfahren obliegt.**

II **Absatz 1 gilt entsprechend, wenn durch die Zwangsvollstreckung ein Recht an einem eingetragenen Schiff oder Schiffsbauwerk geltend gemacht werden soll, das von dem bisherigen Eigentümer nach § 7 des Gesetzes über Rechte an eingetragenen Schiffen und Schiffsbauwerken vom 15. November 1940 (RGBl. I S. 1499) aufgegeben und von dem Aneignungsberechtigten noch nicht erworben worden ist.**

1) Systematik, Regelungszweck, I, II. § 787 entspricht wörtlich dem bei einer Klage anwendbaren § 58, Einf 1, 2 vor §§ 57, 58, § 58 Rn 1 ff. § 787 gilt auch für ein Registerpfandrecht an einem Luftfahrzeug sinngemäß, § 99 I LuftfzRG. Die Bestellung eines Vertreters ist dann entbehrlich, wenn ein Vertreter schon für den Prozeß bestellt worden war, es sei denn, daß er weggefallen wäre. 1

2) Verfahren, I, II. Die vollstreckbare Ausfertigung ergeht gegen den Vertreter. Das Gericht stellt sie diesem zu, §§ 727, 750 II. Der Vertreter vertritt nicht den Eigentümer, der ja fehlt. Der Vertreter muß aber alle Rechte und Pflichten eines Eigentümers in der Zwangsvollstreckung wahrnehmen. Er ist auch zu den Vollstreckungsklagen berechtigt. Obwohl der Vertreter nicht in das Grundbuch eintragen wird, finden auch eine Zwangsverwaltung und Zwangsversteigerung gegen ihn statt. Das ist eine Ausnahme von § 17 ZVG. Zuständig ist der Rpfl, § 20 Z 17 RPflG. 2

3) Rechtsmittel, I, II. Der Beschwerte hat die sofortige Erinnerung, § 793 in Verbindung mit § 11 I RPflG. 3

788 *Kosten der Zwangsvollstreckung.* I 1 **Die Kosten der Zwangsvollstreckung fallen, soweit sie notwendig waren (§ 91), dem Schuldner zur Last; sie sind zugleich mit dem zur Zwangsvollstreckung stehenden Anspruch beizutreiben.** 2 **Als Kosten der Zwangsvollstreckung gelten auch die Kosten der Ausfertigung und der Zustellung des Urteils.** 3 **Soweit mehrere Schuldner als Gesamtschuldner verurteilt worden sind, haften sie auch für die Kosten der Zwangsvollstreckung als Gesamtschuldner; § 100 Abs. 3 und 4 gilt entsprechend.**

II 1 **Auf Antrag setzt das Vollstreckungsgericht, bei dem zum Zeitpunkt der Antragstellung eine Vollstreckungshandlung anhängig ist, und nach Beendigung der Zwangsvollstreckung das Gericht, in dessen Bezirk die letzte Vollstreckungshandlung erfolgt ist, die Kosten gemäß § 103 Abs. 2, den §§ 104, 107 fest.** 2 **Im Falle einer Vollstreckung nach den Vorschriften der §§ 887, 888 und 890 entscheidet das Prozessgericht des ersten Rechtszuges.**

III **Die Kosten der Zwangsvollstreckung sind dem Schuldner zu erstatten, wenn das Urteil, aus dem die Zwangsvollstreckung erfolgt ist, aufgehoben wird.**

IV **Die Kosten eines Verfahrens nach den §§ 765 a, 811 a, 811 b, 813 b, 829, 850 k, 851 a und 851 b kann das Gericht ganz oder teilweise dem Gläubiger auferlegen, wenn dies aus besonderen, in dem Verhalten des Gläubigers liegenden Gründen der Billigkeit entspricht.**

Schrifttum: *Becker-Eberhard,* Grundlagen der Kostenerstattung bei der Verfolgung zivilrechtlicher Ansprüche, 1985; *Johannsen,* Die Beitreibung der Vollstreckungskosten gemäß § 788 ZPO usw, Diss Bochum 1988; *Schimpf* DGVZ **98**, 132 (Üb).

Gliederung

1) Systematik, I–IV. Das Gesetz behandelt die Kosten der Zwangsvollstreckung selbständig nach folgendem Grundsatz: Den Vollstreckungsschuldner trifft die Schuld, wenn er es auch noch zur Zwangsvollstreckung kommen läßt, LG Hann WoM **90**, 398, LG Kassel Rpfleger **85**, 153. Das gilt unabhängig von der Kostengrundentscheidung der §§ 91 ff. Denn sie gilt nur für die Prozeßkosten, nicht auch für die Vollstreckungskosten. Es können Vollstreckungskosten sogar vor einer Kostengrundentscheidung entstehen, Kblz Rpfleger **75**, 324. Soweit der Schuldner die Vollstreckungskosten nicht tragen muß, muß sie der Gläubiger tragen. Eine Voraussetzung für die Anwendbarkeit des § 788 ist unter anderem der Beginn und die Fortdauer der Zwangsvollstreckung, Grdz 51 vor § 704, BGH MDR **08**, 286, AG Ehingen DGVZ **81**, 91. Wenn die Zwangsvollstreckung aber begonnen hat, gehören auch die Kosten ihrer Vorbereitung zu denjenigen der Zwangsvollstreckung, AG Wiesb DGVZ **97**, 189. Das ergibt sich aus I 2. § 891 S 3 verweist in seinem Geltungsbereich vorrangig auf §§ 91 ff. 1

Nicht hierher gehört das ganz selbständige bloße Vergütungsfestsetzungsverfahren nach § 11 RVG, Hartmann Teil X dort Rn 3, 41.

2 **2) Regelungszweck, I–IV.** Man kann über den in Rn 1 genannten Grundsatz mit seinem versteckten Anscheinsbeweis gegen den Schuldner erheblich streiten. Denn selbst wenn er es auch noch zur Zwangsvollstreckung kommen ließ, mag er am weiteren Verlauf zumindest teilweise keinerlei Schuld tragen. Indessen trifft § 788 bei einer genauen Betrachtung ja durchaus selbst eine Vorsorge gegen Kostenungerechtigkeiten in diesem Abschnitt. Der Schuldner trägt grundsätzlich nur die jetzt immer noch wirklich „notwendigen" Kosten, und selbst diese können im Rahmen von III dem Gläubiger zur Last fallen. Außerdem enthält II eine den §§ 717, 945 entsprechende Schutzvorschrift. Man sollte § 788 als eine Fortführung von § 91 auch im Interesse der Prozeßwirtschaftlichkeit nach Grdz 14 vor § 128 weder zu energisch noch zu zögernd und eher großzügig auslegen, LG Hbg RR **98**, 1152.

3 **3) Geltungsbereich, I–IV.** Die Vorschrift gilt für alle Vollstreckungskosten mit Ausnahme der in § 891 vorrangig geregelten Fälle, Rn 1. Die Bereiche der Prozeßkosten und der Vollstreckungskosten können sich überschneiden, I 2. Denn die Kosten der Ausfertigung und der Zustellung des Urteils nach § 317 sind ebensogut Prozeßkosten. Natürlich muß man die Kosten aber nur einmal erstatten. Eine Festsetzung auf den Namen des Anwalts nach § 126 ändert die Natur der Kosten nicht. Sie schließt deshalb die Anwendbarkeit des § 788 nicht aus. § 788 gilt auch im WEG-Verfahren. Im FamFG-Verfahren gelten vorrangig §§ 80–82, 84, 87 V FamFG. Auf die Kosten einer Ehesache im Verfahren nach dem IntFamRVG ist nach dessen § 20 II Hs 2 § 788 entsprechend anwendbar. Nach § 8 I 4 AVAG ist § 788 entsprechend anwendbar, Köln OLGR **00**, 188 (keine ausländischen Vorbereitungskosten). § 788 ist auf Kosten ausländischer Vollstreckungsmaßnahmen nicht anwendbar, Hamm IPRax **02**, 301, Saarbr JB **02**, 99, Hök MDR **02**, 1293 (man muß vielmehr ausländische Regeln zur Kostenerstattung anwenden, 1294), aM Düss MDR **90**, 165, Spickhoff IPRax **02**, 290. Der Anspruch auf eine Erstattung von Vollstreckungskosten aus einem Titel verjährt in 30 Jahren. Lappe MDR **79**, 798 hält I 1 Hs 2 insofern für verfassungswidrig, als er die Kosten der gegenwärtigen Vollstrekkung betrifft, aM Christmann DGVZ **85**, 148. Kammermeier DGVZ **90**, 6 empfiehlt die Einbeziehung der Problematik in eine Reform des Vollstreckungsrechts.

4 **4) Kostenhaftung, I, IV.** Zwei einfache Grundsätze haben wichtige Ausnahmen.

A. Grundsatz: Schuldnerhaftung für notwendige Vollstreckungskosten, I 1, 2, dazu *Johannsen* DGVZ **89**, 2, *Weinert* Rpfleger **05**, 1 (je: Üb): Wer die Zwangsvollstreckung verursacht hat oder gegen wen sie stattgefunden hat, der haftet für die Kosten der Vollstreckung als der sog Veranlassungsgrundsatz, Karlsr MDR **94**, 94, Hamm GRUR **94**, 84, LG Stgt Rpfleger **93**, 38, aM Weinert Rpfleger **05**, 10 (nur Beweislastumkehr). Er haftet nur mit derjenigen Vermögensmasse, in die der Vollstreckungstitel eine Zwangsvollstrekkung schon und noch erlaubt. Der Schuldner trägt nur diejenigen Kosten, die zu einer zweckentsprechenden Rechtsverfolgung des Gläubigers in der Zwangsvollstreckung gerade zwecks seiner Befriedigung aus diesem Vollstreckungstitel selbst für einen objektiven Betrachter im Zeitpunkt der Antragstellung notwendig sind, wie bei § 91 Rn 28, BGH WoM **06**, 55, AG Heilbr DGVZ **03**, 14, AG Köln DGVZ **99**, 46, aM Zweibr DGVZ **98**, 9, AG Ibbenbüren DGVZ **97**, 94 (je: parteiobjektiver Maßstab. Aber das widerspricht dem klaren Wortlaut und Sinn, Einl III 39, wie bei § 91). Vgl die Erläuterungen zu § 91. Außerhalb einer Gesamtschuldnerschaft zur Hauptsache nach Rn 7 trägt jeder Schuldner nur die gerade ihm gegenüber entstandenen Vollstreckungskosten, LG Kassel DGVZ **02**, 172.

5 Der Grundsatz der *Prozeßwirtschaftlichkeit* nach Grdz 14 vor § 128 zwingt den Gläubiger dazu, die Kosten der Zwangsvollstreckung möglichst niedrig zu halten, § 91 Rn 29, Schlesw SchlHA **83**, 198, LG Bln JB **97**, 107, AG Hann DGVZ **05**, 171. Im Festsetzungsverfahren aus § 103 prüft der Rpfl, ob der Gläubiger so vorgegangen ist. Der Rpfl muß diese Prüfung auch dann vornehmen, wenn die Zwangsvollstreckung nur wegen eines Teilbetrags des Vollstreckungstitels stattfindet, LG Darmst Rpfleger **85**, 120, LG Gießen DGVZ **77**, 91, LG Nürnb DGVZ **77**, 94. Jeder Rechtsmißbrauch ist auch hier unstatthaft, Grdz 44 vor § 704.

6 Der Gläubiger ist *nicht* dazu verpflichtet, den Schuldner *aufzufordern,* ihn zu belehren, ihn nach einer etwa früher abgegebenen eidesstattlichen Offenbarungsversicherung zu fragen, LG Nürnb-Fürth AnwBl **82**, 122, ihm stets eine Frist zu gewähren, LG Ulm AnwBl **75**, 239. Vgl freilich Rn 24 „Frist", § 798. Man muß die Frage, ob Kosten notwendig waren, im Kostenfestsetzungsverfahren klären, wenn ein solches stattfindet, Rn 10. Man muß § 788 im Interesse der Prozeßwirtschaftlichkeit eher großzügig auslegen, Rn 2. Trotzdem muß ein unmittelbarer Zusammenhang zwischen den Kosten und der eigentlichen Zwangsvollstreckung vorhanden sein, um die Kosten nach § 788 anerkennen zu können, Kblz Rpfleger **77**, 67, AG Köln DGVZ **99**, 46. Einzelfälle Rn 19 ff.

7 **B. Weiterer Grundsatz: Gesamtschuldner, I 3.** Die Vorschrift begründet einen dem § 100 IV 1 für das Erkenntnisverfahren entsprechenden weiteren Grundsatz. Der als Gesamtschuldner in der Hauptsache Verurteilte haftet auch wegen der notwendigen Vollstreckungskosten als Gesamtschuldner, LG Kassel DGVZ **02**, 172, LG Lübeck DGVZ **86**, 119, LG Stgt Rpfleger **93**, 38 (je auch zu Ausnahmen), aM Kblz DGVZ **06**, 71. Das braucht das Gericht im Urteil nicht zu erklären. Denn diese Haftungsart entsteht mangels einer abweichenden richterlichen Kostengrundentscheidung auch für die Vollstreckungskosten kraft Gesetzes, § 100 Rn 41 ff. Auch wegen der Einzelheiten gilt die für das Erkenntnisverfahren getroffene Regelung des § 100 III, IV entsprechend. Das stellt I 3 Hs 2 klar, § 100 Rn 45 ff. Eine Zwangsvollstreckung ist freilich nicht gegen einen zahlungsbereiten und -fähigen Gesamtschuldner notwendig.

8 **C. Ausnahmen: Billigkeitshaftung des Gläubigers, IV.** Bei IV muß der Schuldner ebenfalls grundsätzlich die Vollstreckungskosten selbst tragen, Karlsr WoM **86**, 147, LG Bln Rpfleger **91**, 219. Das kann aber zu Unbilligkeiten führen, etwa dann, wenn der Gläubiger eine solche Vollstreckungsmaßnahme veranlaßt hat, die für ihn erkennbar auch bei einer vollen Berücksichtigung seiner Interessen für den Schuldner eine mit den guten Sitten nicht vereinbare Härte bedeutet, § 765 a I, LG Hann WoM **90**, 398, LG Itzehoe MDR **90**, 557 (nicht bei bloßer Nachlässigkeit).

9 Deshalb kann der nach § 17 S 1 RPflG zuständige Rpfl aus *Billigkeitserwägungen* die Kosten auch dem Gläubiger auferlegen, § 765 a Rn 33. Er hat dieselbe Befugnis bei §§ 811 a, 811 b, 813 b, 829, 850 k, 851 a, 851 b. Der Rpfl kann die Kosten auch auf den Gläubiger und den Schuldner verteilen. Das gilt etwa dann,

wenn er Zweifel darüber hat, ob die Vollstreckungsmaßnahmen notwendig waren. Die Aufzählung ist abschließend, LG Hann Rpfleger **95**, 372.

IV gilt nicht für das Rechtsbehelfs- oder Rechtsmittelverfahren. Dort sind vielmehr §§ 91 ff anwendbar, zB § 766 Rn 42, BVerfG RR **05**, 938 (diese Meinung sei verfassungsrechtlich einwandfrei), BGH RR **89**, 125, aM Karlsr WoM **86**, 147 (zu § 765 a bei einer Schuldnerbeschwerde). Rechtsbehelf: § 11 RPflG, Anh § 153 GVG.

5) Beitreibung, II. Man muß fünf Hauptaspekte beachten. 10

A. Grundsatz: Zulässigkeit eines Festsetzungsbeschlusses, II 1, 2. Die Beitreibung geschieht an sich systemwidrig, Johannsen DGVZ **89**, 1. Sie erfolgt nämlich ohne einen besonderen Vollstreckungstitel zusammen mit dem vollstreckbaren Hauptanspruch und nur mit diesem, BayObLG Rpfleger **98**, 32. Daher ist es auch unschädlich, daß die Vollstreckung auf Grund eines solchen Prozeßvergleichs nach Anh § 307 erfolgt, der ein Urteil aufgehoben hat, Zweibr MDR **89**, 362. Der Hauptsacheanspruch braucht nicht auf eine Zahlung zu lauten, LG Bln Rpfleger **92**, 37, LG Stade DGVZ **91**, 119 (Räumung). Der Schuldner kann seine Hauptsacheleistung schon erfüllt haben. Der Hauptsachetitel muß aber noch bestehen, KG MDR **79**, 408. Eine Teilaufhebung erlaubt eine Vollstreckung wegen der Kosten nur noch des fortbestehenden Teiltitels, Mü RR **99**, 798, Zweibr JB **99**, 552, LG Hann RR **01**, 1437, aM Hamm MDR **93**, 917, KG RR **00**, 518 (aber das wäre inkonsequent).

Ein *Kostenfestsetzungsbeschluß ist grundsätzlich entbehrlich,* Zweibr MDR **89**, 362, LG Gött Rpfleger **83**, 498, LG Ulm RR **91**, 191, aM Lappe MDR **79**, 798 (aber das widerspräche dem eben genannten Grundsatz). Der Gläubiger darf den Festsetzungsbeschluß aber erwirken, II, Zweibr DGVZ **98**, 9. Auch der Schuldner darf einen Kostenfestsetzungsbeschluß erwirken, § 891 Rn 6. Trotz eines Festsetzungsbeschlusses kann der Gläubiger auch nach § 788 beitreiben, ZöStö 18, aM LG Bad Kreuzn Rpfleger **90**, 313, StJM 32 (aber die Grenze liegt erst bei einem Rechtsmißbrauch usw, Grdz 44 vor § 704). Eine Notwendigkeit der Kostenfestsetzung kann ausnahmsweise bestehen, BGH **90**, 210 (Anfechtungsklage), KG DGVZ **91**, 171. Das Gericht prüft nicht, ob eine Zwangsmaßnahme zulässig wäre, aM LG Bln JB **76**, 965.

B. Zuständigkeit des Vollstreckungsgerichts, II 1. Die Festsetzung dieser Kosten richtet sich grundsätzlich nach II 1 Hs 1, BayObLG JB **03**, 326, Drsd JB **05**, 50, Kblz MDR **04**, 835 (Avalzinsen). Das gilt dann aber ohne eine Rücksicht auf den Zeitpunkt der Entstehung der Kosten, Kblz JB **03**, 263, Mü MDR **99**, 1525, LG Bln Rpfleger **99**, 500. Diese Zuständigkeit ist ausschließlich, §§ 764 I, 802, BayObLG JB **03**, 326, Kblz MDR **04**, 835. Sie fällt dann demjenigen Vollstreckungsgericht zu, KG Rpfleger **00**, 556, bei dem zum Zeitpunkt des Eingangs des Antrags eine Vollstreckungshandlung beliebiger Art schon und noch anhängig ist, zu diesem Begriff § 261 Rn 1. Die bloße Möglichkeit einer dortigen Vollstreckung reicht nicht, aM KG Rpfleger **08**, 145. Das gilt auch bei einer Zwangsversteigerung oder Zwangsverwaltung. Das Grundbuchamt ist dann nicht zuständig, aM Hamm JB **02**, 588 (aber das Grundbuchamt ist kein Vollstreckungsgericht). Nach der Beendigung der gesamten Zwangsvollstreckung nach Grdz 52 vor § 704 ist dasjenige Gericht zuständig, in dessen Bezirk die letzte Vollstreckungshandlung erfolgt ist, II 1 Hs 2 (sog perpetuatio fori), Brdb MDR **05**, 177. Das Prozeßgericht darf und muß nur noch bei §§ 887–890 tätig werden, Rn 12, KG MDR **01**, 533, Karlsr Rpfleger **01**, 309, aM Jüling MDR **01**, 493 (auch bei §§ 922, 936. Aber II 1 Hs 1 macht keine solche Ausnahme). 11

Das Vollstreckungsgericht oder Gericht entscheidet durch den *Rechtspfleger,* Rn 9 § 20 Z 17 RPflG. Er entscheidet vernünftigerweise auch bei II 2. Die örtliche Zuständigkeit ist ausschließlich, §§ 764, 802. Auf das Verfahren des Rpfl sind §§ 103 II 2, 104, 107 anwendbar, II 1. Das AG als Vollstreckungsgericht ist auch zur Kostenfestsetzung im Verfahren auf die Vollstreckbarerklärung eines ausländischen Schuldtitels zuständig, Mü Rpfleger **01**, 568. Bei § 932 kann das Grundbuchamt als Vollstreckungsgericht zuständig sein, Hamm Rpfleger **02**, 541.

C. Zuständigkeit des Prozeßgerichts nur bei §§ 887–890, II 2. Für das Kostenfestsetzungsverfahren ist das Prozeßgericht nur bei §§ 887–890 zuständig. Es entscheidet durch den Rpfl, § 21 Z 7 RPflG. Denn §§ 103 ff sind auch bei II 2 direkt anwendbar. So muß man den sprachlich verunglückten II 1 am ehesten verstehen. Die örtliche Zuständigkeit ist wie sonst für das Erkenntnisverfahren vorhanden. Auf das Verfahren sind auch hier eben §§ 103 II 2, 104, 107 anwendbar. Eine Verweisung nach dem Eintritt der (Teil-)Rechtskraft ist unbeachtlich, KG AnwBl **84**, 383. Der Rpfl des Vollstreckungsgerichts ist nur zur Festsetzung der Kosten eines solchen Streits zuständig, den das Vollstreckungsgericht entschieden hat, II 2. Bei (jetzt) § 11 RVG bleibt auch insofern der Rpfl des Prozeßgerichts des ersten Rechtszugs zuständig, Hamm Rpfleger **83**, 499, Stgt NJW **05**, 760, LG Bln MDR **01**, 533, aM Mü MDR **85**, 682 (aber Wortlaut und Sinn [jetzt] des § 11 I 1 RVG sind eindeutig, Einl III 39, Hartmann Teil X § 11 RVG Rn 39 ff). 12

D. Prüfungsumfang. Das Vollstreckungsorgan berechnet immer die Kosten der Zwangsvollstreckung. Der Gerichtsvollzieher ist verpflichtet, auch wegen der tatsächlichen Kosten der Zwangsvollstreckung zu vollstrecken, LG Wuppert JB **96**, 606, AG Ludwigsb DGVZ **82**, 15. Er zieht die Kosten auch dann im Weg der Zwangsvollstreckung ein, wenn das Vollstreckungsgericht die Zwangsvollstreckung durchführt. Umgekehrt berücksichtigt das Vollstreckungsgericht in seinem Pfändungsbeschluß nach § 829 auch die Kosten des Gerichtsvollziehers. Das Vollstreckungsorgan darf vom Gläubiger eine nachprüfbare Kostenaufstellung verlangen, LG Kaisersl Rpfleger **93**, 29. Es prüft eine nicht titulierte Kostenrechnung des Gläubigers. Es muß unnötige Kosten absetzen, LG Aurich DGVZ **04**, 15, AG Coesfeld DGVZ **03**, 30, AG Nienb DGVZ **03**, 95 (zur Frage der Verrechnung seitens des Gläubigers, ausf). Das gilt unabhängig von einem Anerkenntnis des Schuldners, LG Ravensb JB **90**, 47. Eine Glaubhaftmachung genügt. Sie kann auch durch eine Bezugnahme auf die Hauptsacheakten erfolgen. Sie geschieht entsprechend §§ 104 II, 294, LG Darmst Rpfleger **88**, 333. Beim Anwalt ist § 104 II 2, 3 anwendbar. Man sollte eine Überspannung der Anforderungen vermeiden, LG Hagen Rpfleger **84**, 202. 13

E. Anwendbarkeitsgrenzen. „Zugleich mit dem Anspruch" ist keine Zeitangabe, Ffm DGVZ **82**, 60, KG DGVZ **91**, 171, Behr Rpfleger **81**, 386, sondern bedeutet: ohne einen besonderen Titel, LG Düss 14

DGVZ **91**, 10, also auch noch nachträglich ohne einen Titel nach § 104, LG Bln Rpfleger **92**, 37. Es muß aber wirklich zu einer Beitreibung kommen. Darum gilt § 788 auch dann, wenn der Schuldner nach dem Beginn der Zwangsvollstreckung nach Grdz 51 vor § 704 freiwillig leistet, KG DGVZ **91**, 171.

Die Vorschrift *gilt aber dann nicht, wenn* der Schuldner nach einer vorbereitenden Maßnahme leistet, etwa nach der Erwirkung einer Vollstreckungsklausel. Eine freiwillige Leistung muß auch die Kosten der Zwangsvollstreckung decken. Andernfalls muß der Gläubiger wegen des Rests vollstrecken. Wenn die Zwangsvollstreckung bereits nach Grdz 52 vor § 704 ganz beendet ist, wird § 788 grundsätzlich unanwendbar. Vgl aber auch Rn 10. Das gilt insbesondere nach der Aushändigung des Vollstreckungstitels an den Schuldner. Kosten des Gläubigers außerhalb des Vollstreckungsverfahrens etwa für eine Ersatzwohnung kann er allenfalls nach dem sachlichen Recht im Prozeßweg geltend machen. Vgl aber auch Grdz 62 vor § 704 „Anwartschaft. B. Grundstück".

15 **6) Rechtsbehelfe, I–III.** Beim Rpfl gilt vorbehaltlich §§ 766, 793 das System des § 11 RPflG, vgl § 104 Rn 41 ff.

A. Gläubiger. Der Gläubiger kann dann, wenn der Gerichtsvollzieher Kosten abgesetzt hat oder deren Beitreibung abgelehnt hat, die Erinnerung nach § 766 einlegen, AG Mü DGVZ **82**, 13, aM Stgt JB **89**, 1740, LG Frankenth Rpfleger **76**, 367 (je: §§ 567 ff entsprechend). Wenn das Vollstreckungsgericht Kosten abgesetzt hat, kann der Gläubiger die sofortige Beschwerde nach §§ 567 I Z 1, 793 einlegen, LG Nürnb DGVZ **77**, 93. Allerdings ist ein Beschwerdewert von über 200 EUR notwendig, § 567 II. Denn es handelt sich um eine Kostengrundentscheidung, Üb 35 vor § 91. Das gilt selbst dann, wenn die „Entscheidung" nach § 788 nur die gesetzliche Kostenfolge feststellt. Eine Rechtsbeschwerde kommt unter den Voraussetzungen des § 574 in Betracht. Anschlußbeschwerde: § 567 III.

16 **B. Schuldner.** Der Schuldner kann gegen die ihm auferlegten Kosten nach deren Grund und Betrag die Erinnerung nach § 766 und sodann die sofortige Beschwerde nach § 793 einlegen, AG Überlingen JB **03**, 385, aber ausnahmsweise auch nach §§ 103 ff, § 21 RPflG. Das gilt dann, wenn der Gläubiger die Kostenfestsetzung beantragt hat, Rn 11, Kblz Rpfleger **75**, 324. Unter Umständen ist auch die Vollstreckungsabwehrklage nach § 767 zulässig, Düss Rpfleger **75**, 355, und notwendig, Ffm AnwBl **84**, 214, Stgt Rpfleger **82**, 355. Eine weitere Beschwerde ist unstatthaft, § 568 III, Ffm Rpfleger **76**, 368. Soweit § 788 unanwendbar ist oder soweit die Zwangsvollstreckung bereits nach Grdz 51 vor § 704 beendet ist, können der Gläubiger nach §§ 103 ff die Kostenfestsetzung beantragen, der Schuldner eine Bereicherungsklage erheben.

17 **7) Erstattung, III.** Es gibt zwei Hauptfälle.

A. Bei Abänderung. Der Gläubiger muß dem Schuldner die Kosten erstatten, soweit das Gericht den Vollstreckungstitel oder den nach § 104 ergangenen Kostenfestsetzungsbeschluß abgeändert hat. Es ist unerheblich, ob die Abänderung auf Grund eines Rechtsbehelfs erfolgte, Hbg MDR **79**, 944, ob sie in einem Nachverfahren erfolgte, ob sie auf Grund eines Vergleichs nach Anh § 307, § 779 BGB geschah, Celle Rpfleger **83**, 499, LG Köln JB **91**, 600 (s aber auch Rn 47 „Vergleich: Nein"), ob sie auf Grund einer Klagerücknahme erfolgte, § 269, KG Rpfleger **78**, 150, oder ob sie bei einem Arrest oder einer einstweiligen Verfügung auf Grund eines Widerspruchs erfolgte, §§ 924, 936 Rn 4 „Widerspruch". Der bloße Wegfall der Vollstreckbarkeit oder ein erfolgreiches Urteil auf Grund einer Vollstreckungsabwehrklage genügen nicht. Der Erstattungsanspruch ist im Keim bereits mit dem Vollstreckungsauftrag entstanden, Üb 33 vor § 91, obwohl er natürlich von der Entwicklung der Vollstreckung abhängig ist.

18 **B. Bei Aufhebung.** Der Schuldner kann weiter diejenigen notwendigen Kosten der Vollstreckungsinstanz erstattet fordern, die ihm dadurch entstanden sind, daß er die Aufhebung einer Vollstreckungsmaßnahme erreichte, StJM 30, aM Düss AnwBl **90**, 172 (aber kostenmäßig entscheidet der Enderfolg, Üb 29 vor § 91). Das gilt zB für die Kosten einer Einstellungsmaßnahme nach §§ 707, 719, 769, auch nach dem ZVG, aM Schlesw JB **91**, 603 (aber die allgemeinen Vorschriften des Buchs 8 gelten mangels einer Sonderregelung des ZVG weiter, § 868 Rn 3). Der Schuldner kann diesen Anspruch im Kostenfestsetzungsverfahren geltend machen, Düss Rpfleger **96**, 298. Der Schuldner kann auch nach § 717 II vorgehen, Celle Rpfleger **83**, 499, Mü MDR **99**, 443. Zur Beitreibung der erstattbaren Kosten ist kein besonderer Titel notwendig. Vielmehr genügt die aufhebende Entscheidung. Übrigens erfaßt II nicht nur die Kosten der Zwangsvollstreckung, sondern auch die festgesetzten und mit ihnen beigetriebenen Kosten. Der Erstattungsanspruch für Vollstrekkungskosten erfaßt nicht deren Zinsen, § 104 Rn 22.

19 **8) Beispiele zur Frage des Vorliegens von Kosten der Zwangsvollstreckung, I–IV.** *„Ja"* bedeutet: Es handelt sich um notwendige und daher erstattungsfähige Kosten der Zwangsvollstreckung; *„nein"* bedeutet: Die Kosten lassen sich nicht als solche der Zwangsvollstreckung anerkennen.

Ablösung: *Nein* für den die Gläubigerforderung ablösenden Dritten. Vielmehr gilt § 268 III BGB und evtl § 775.

Ablichtung, Abschrift: *Ja* für eine Ablichtung oder Abschrift nach § 760, AG Bln-Wedding DGVZ **86**, 78.

Abtretung: Kosten der Offenlegung einer Lohnabtretung *nein,* AG Wuppert DGVZ **94**, 94, jedenfalls dann nicht, wenn die Anzeige von der Erwirkung des Vollstreckungstitels erfolgte, LG Köln (6. ZK) Rpfleger **90**, 182, aM LG Köln (9. ZK) JB **83**, 1038 (aber dann hatte die Zwangsvollstreckung noch längst nicht begonnen, Grdz 51 vor § 704). Nein bei einer Abtretung an den eigenen Komplementär, AG Wolfsb JB **06**, 216.

Androhung von Ordnungs- und Zwangsmitteln: *Ja.* Denn die Zwangsvollstreckung beginnt mit ihnen, Grdz 51 vor § 704, Bre NJW **71**, 58. Keineswegs ist eine am Ort bisher bestehende Anwaltsübung beachtlich, für eine solche Androhung keine Kosten zu berechnen, Hartmann Teil X § 1 RVG Rn 7, aM Stgt Rpfleger **84**, 117 (beachtet nicht [jetzt] § 1 I RVG).

Androhung der Zwangsvollstreckung: Rn 6, Rn 48 „Vorzeitige Vollstreckung". 2 Wochen Zuwarten reichen nach 2 Instanzen, Kblz Rpfleger **95**, 313. Hat das höhere Gericht das Urteil der Vorinstanz teilweise zum Nachteil des Gläubigers nach § 717 Rn 4 abgeändert, kann er die bereits entstandenen

Vollstreckungskosten aus dem abgeänderten Urteil nur insoweit gegen den Schuldner festsetzen lassen, als sie auf Grund einer Vollstreckung auf der Basis der abgeänderten Entscheidung angefallen wären, Karlsr JB **93**, 25.

Anlaß zur Vollstreckung: *Ja,* soweit der Gläubiger einen Anlaß zum Vollstreckungsauftrag hatte, Hbg JB **91**, 1132 (Wegfall des Titels infolge Vergleichs), KG Rpfleger **93**, 292, Kblz AnwBl **88**, 299. Es kommt auch darauf an, wer eine Sicherheit leisten muß, Kblz MDR **85**, 943.

Anschrift: *Ja* für eine notwendige Auskunft über die Anschrift des Schuldners usw, LG Bonn JB **90**, 349, LG Köln JB **83**, 1571.

Nein für die Kosten infolge einer verschuldet falschen Angabe des Gläubigers über die in Wahrheit unveränderte Anschrift des Schuldners, AG Augsb DGVZ **94**, 78, AG Itzehohe DGVZ **80**, 28, oder des Drittschuldners, Bbg JB **78**, 243.

Antragsrücknahme: Sie läßt § 788 unberührt, Karlsr Just **77**, 377, LG Hann Rpfleger **95**, 371, LG Itzehoe MDR **90**, 557, aM Oldb JB **91**, 1256, LAG Bre AnwBl **88**, 173 (§§ 91 ff. Aber der Schuldner hat es zur Zwangsvollstreckung kommen lassen).

Anzeige der bevorstehenden Zwangsvollstreckung nach § 882 a: Grds *ja.*

Ausnahmsweise *nein* für Straf- und Ordnungswidrigkeitenanzeigen, auch wenn sie den Vollstreckungserfolg fördern sollen, AG Ffm DGVZ **86**, 94.

Arrest, einstweilige Verfügung: *Ja* für die Kosten der Eintragung einer Vormerkung, Mü AnwBl **98**, 348. Bei einer Änderung der Lösungssumme nach § 923 ist der letzte geänderte Betrag maßgeblich, Köln DGVZ **00**, 75. *Ja* für die Kosten der Zustellung, I 2, LG Bln JB **00**, 316 (Zuständigkeit: Rn 11).

Nein für die Kosten der Löschung einer Arrestsicherungshypothek nach einer Arrestaufhebung, Mü MDR **89**, 460, oder eines nach einer einstweiligen Verfügung im Grundbuch eingetragenen Widerspruchs, Schlesw SchlHA **88**, 171. Im Hauptsacheverfahren *nein* für die Vollzugskosten, KG Rpfleger **77**, 372.

S auch Rn 37 „Sequestration".

Arzt: Seine Hinzuziehung kann unter § 788 fallen (Falltage), strenger AG Erfurt DGVZ **97**, 47.

Ausfertigung: Rn 48 „Vorbereitungsmaßnahmen".

Aufrechnung: *Nein,* soweit sie ohne weiteres möglich ist, LG Bln JB **97**, 106 (Vorsicht!).

Auftragsüberschreitung: *Nein.*

Auskunft: *Ja* für eine Auskunft über die Anschrift und Kreditwürdigkeit des Schuldners, LG Bonn JB **90**, 349, LG Köln JB **83**, 1571.

Auslandskosten: *Ja* für notwendige im Ausland entstandene Kosten einer inländischen Vollstreckungsmaßnahme, LG Passau Rpfleger **89**, 342 (abl Ilg).

Auslandsurteil: *Ja* im Verfahren auf seine Vollstreckbarerklärung Hbg MDR **89**, 553 (auch bei einer „Erledigterklärung" nicht § 91 a), StJM 12, aM ZöStö 3 a.

Aussichtslosigkeit: *Nein,* soweit die Zwangsvollstreckung von vornherein als aussichtslos erscheint.

Avalkosten: Rn 39 „Sicherheitsleistung".

Bankbürgschaft: Rn 39 „Sicherheitsleistung". 20

Bruttolohn: Hat der zu seiner Zahlung Verurteilte dem Gläubiger nur einen Nettolohn gezahlt, kann der Gläubiger *keine* Lohnabrechnung fordern, AG Köln DGVZ **99**, 46. 21

Darlehen: Rn 38 „Sicherheitsleistung".

Detektiv: *Ja,* soweit der Gläubiger auf ihn angewiesen war. Das gilt zB: Zwecks Vorbereitung der Vollstrekkung, LG Freibg JB **96**, 383; bei der Ermittlung der Arbeitsstelle, LG Bochum JB **88**, 256, oder des Arbeitslosengelds usw, LG Brschw JB **02**, 322; bei der Ermittlung der Schuldneranschrift, Kblz JB **96**, 383, LG Bln Rpfleger **86**, 107. *Ja* etwa deshalb, weil die Post und das Einwohnermeldeamt nicht helfen können, Kblz Rpfleger **96**, 120 (strenge Anforderungen an die Darlegung der Notwendigkeit), LG Bonn WoM **90**, 586, AG Wuppert DGVZ **94**, 94, strenger Kblz JB **02**, 318.

Nein, soweit der Detektiv den Schuldner nur allgemein überwachen soll, Kblz Rpfleger **95**, 120, LG Hann MDR **89**, 364. Freilich kann man diese Grenze nur schwer ziehen. *Nein,* soweit der Einsatz sinnlos war, LG Bln Rpfleger **90**, 37.

Devisengenehmigung zur Transferierung eines gezahlten Urteilsbetrags: *Nein.*

Drittschuldner: *Ja* für die Kosten eines nicht von vornherein aussichtslosen Rechtsstreits mit ihm anläßlich der Pfändung, § 835 Rn 18, BGH NJW **06**, 1141, LG Lpz JB **03**, 662, LG Traunst Rpfleger **05**, 552, aM BAG NJW **07**, 1302, Stgt Rpfleger **96**, 117, LG Konst Rpfleger **04**, 56 (aber dieser ganze Drittschuldnerprozeß dient ausschließlich der weiteren Befriedigung des Gläubigers durch eine Zwangsvollstreckung aus dem Ausgangstitel). *Ja* für die Einigungsgebühr des Anwalts des Gläubigers, LG Aschaffenb JB **00**, 663, LG Münst Rpfleger **04**, 172. *Ja* für die Kosten der Erklärung nach § 840, AG Hbg AnwBl **80**, 302, ThP 23, aM KG Rpfleger **77**, 178, LG Rottweil RR **89**, 1470, AG Mü AnwBl **81**, 40 (aber auch diese Erklärung des Drittschuldner dient nur der Vollstreckung). *Ja* für die Verwahrungskosten des Gläubigers zur Herausgabe an den Drittschuldner, Stgt Rpfleger **76**, 523. *Ja* für die Vorbereitungskosten, Köln JB **92**, 267 (Klage gegen Drittschuldner). 22

Nein für (Anwalts-)Kosten des Drittschuldners zwecks einer außergerichtlichen Wahrnehmung seiner Interessen an der Abwicklung desjenigen Vertrags, aus dem der Gläubiger einen Anspruch gepfändet hat, BGH NJW **85**, 1156. *Nein* für einen Erstattungsanspruch gegen den Schuldner, § 840 Rn 14.

Drittwiderspruchsklage: *Nein* für die Kosten der Abwehr einer Drittwiderspruchsklage, sofern der Dritte sie in Wahrheit noch gar nicht erhoben hat, Kblz Rpfleger **77**, 67.

S auch Rn 51 ff „Zwangsvollstreckung".

Durchsuchung: *Ja* für notwendige Öffnungskosten nach §§ 758, 758 a, AG Bln-Schöneb DGVZ **90**, 14.

Einstweilige Anordnung oder Einstellung: Rn 47 „Vollstreckungsabwehr". 23

Eintragung in das Grundbuch oder Register: *Ja,* wenn die Eintragung unmittelbar der Zwangsvollstreckung dient. Das gilt zB für die Eintragung einer Zwangshypothek, obwohl das Grundstück nach der Sondervorschrift des § 867 haftet. Es gilt auch für die Eintragung einer Verfügungsbeschränkung in das Staatsschuldbuch usw und für die Eintragung einer Vormerkung auf Grund einer einstweiligen Verfügung, Düss MDR

85, 770, KG Rpfleger **91**, 433, aM Köln JB **87**, 763, Mü JB **87**, 763 (aber auch dieser Vorgang diente direkt der Zwangsvollstreckung).

Nein, soweit die Kosten auch bei einer Erfüllung durch den Schuldner entstanden und vom Gläubiger zu tragen gewesen wären, § 897 BGB. *Nein* bei einer Eintragung aus einem Urteil nach § 894 auf die Bewilligung einer Eintragung oder in einer vorläufig vollstreckbaren Form, § 895. Denn die Eintragung ist keine Vollstreckung gerade nach § 894, Düss MDR **85**, 770, Hamm JB **00**, 494, KG Rpfleger **91**, 433.

Erbschein: *Ja,* soweit man ihn wirklich für diese Zwangsvollstreckung braucht.

Erfüllung: Rn 28 „Gläubiger".

Erinnerung: Rn 36 „Rechtsbehelfe".

Erledigung: Maßgeblich ist § 788, nicht § 91 a, Brschw JB **99**, 47, Düss JB **96**, 235, Karlsr FamRZ **96**, 1490.

24 **Ersatzvornahme, § 887:** *Ja,* § 887 Rn 8, KG Rpfleger **94**, 31, Mü MDR **98**, 795, Nürnb JB **93**, 240. Das gilt auch für zugehörige notwendige Finanzierungskosten, Düss MDR **84**, 324. Denn die Ermächtigung zur Ersatzvornahme ist bereits ein Teil der Zwangsvollstreckung, § 887 Rn 8 (Ausnahme s dort), Ffm AnwBl **84**, 213, Hamm JB **77**, 1457. Wegen § 888 dort Rn 11.

S auch Rn 38 „Zwangsvollstreckung".

Exequatur: Den Erstattungsanspruch des Gläubigers wegen der Kosten eines Exequaturverfahrens französischen Rechts beschränken nicht die Regeln französischen Rechts, Düss GRUR **90**, 152, aM Saarbr JB **02**, 99 (keine Anwendbarkeit des § 788. Aber der deutsche Richter wendet grds das deutsche Recht an, soweit es nicht ausdrücklich zurücktritt.).

Fahrtkosten: *Ja* für notwendige Fahrtkosten des Gläubigers.

Freiwillige Leistung: *Nein,* solange sie noch möglich ist, BVerfG **99**, 338. Eine zur Abwendung der Vollstreckung wirklich noch freiwillig erfolgte Leistung ist meist keine Vollstreckungsmaßnahme, BGH **155**, 79.

Frist: *Nein,* soweit der Schuldner innerhalb der vom Gläubiger gesetzten Frist geleistet hat. Dazu gehört aber nicht nur die Leistungshandlung, sondern auch der Leistungserfolg. Er tritt bei einer Zahlung erst mit dem Eingang auf dem Gläubigerkonto ein. Denn erst dann hat der Schuldner erfüllt, AG Aschaffenb DGVZ **85**, 155, AG Gelsenkirchen-Buer DGVZ **83**, 15, aM LG Stgt/Tüb JB **86**, 392 (evtl Überweisungsauftrag), AG Walsrode DGVZ **89**, 187. Zumindest muß der Schuldner den Gläubiger fristgerecht vom Überweisungsauftrag informieren, Zweibr JB **88**, 929, Christmann DGVZ **91**, 107.

Nein, soweit der Schuldner noch gar nicht leisten konnte, AG Borna Rpfleger **06**, 92, oder soweit er keine angemessene Frist erhalten hatte, LG Cottbus DGVZ **07**, 138, oder soweit er innerhalb einer objektiv angemessenen Frist gezahlt hat, BVerfG **99**, 338, Ffm JB **88**, 786, selbst wenn der Gläubiger eine kürzere gesetzt hat, Brschw JB **99**, 47, KG AnwBl **84**, 217. Maßgeblich ist die für die Übermittlung üblicherweise erforderliche Zeitspanne, AG Bochum DGVZ **93**, 175, AG Bad Schwalbach DGVZ **00**, 174 (10 Tage). 3 Wochen sind aber zu lang, Köln RR **93**, 1534, Nürnb RR **93**, 1534, LG Münst DGVZ **03**, 60.

S auch Rn 49 „Wartefrist".

Früherer Vollstreckungsversuch: *Ja* für die Kosten einer oder mehrerer früherer Vollstreckungsversuche auf Grund desselben Titels.

25 **Gegenleistung** bei einer Zwangsvollstreckung Zug um Zug: *Ja,* soweit die Kosten diejenigen Kosten übersteigen, die ohne eine Zwangsvollstreckung entstehen würden, Ffm Rpfleger **80**, 29 (die Kosten der Beschaffung und des Transports der Gegenleistung zu dem Austauschort wären aber auch ohne eine Zwangsvollstreckung entstanden, daher bei ihnen *nein,* aM zum letzteren LG Ulm RR **91**, 191). *Ja* für diejenigen Kosten, die der Gläubiger aufwendet, um bei der Zwangsvollstreckung in eine Anwartschaft auf eine Übereignung die Restschuld des Schuldners zu tilgen, Grdz 22 vor § 704. *Ja* für die Kosten eines Vollstreckungsauftrags an den Anwalt, auch wenn die Voraussetzungen der §§ 756, 765 gegenüber dem sachlichrechtlich im Verzug befindlichen Schuldner noch nicht vorliegen.

Nein für ein Privatgutachten desjenigen Sachverständigen, den der Gläubiger und nicht der Gerichtsvollzieher beauftragt hat und das auch nicht erforderlich war, Köln MDR **86**, 1033.

26 **Gerichtsvollzieher:** *Ja* für seine Gebühren und Auslagen nach dem GvKostG, soweit seine Hinzuziehung notwendig war, LG Münst RR **88**, 128, AG Münst DGVZ **79**, 29, AG Westerburg **90**, 14, etwa beim Verwertungsaufschub nach § 813 a oder für die Hinzuziehung eines Schlossers usw, AG Bln-Neukölln DGVZ **86**, 79, AG Bln-Wedding DGVZ **76**, 91, oder für die Beförderung eines zu verhaftenden Schuldners, selbst wenn er dann nicht zu Hause ist, AG Bln-Neukölln DGVZ **79**, 190, aM VG Schlesw DGVZ **79**, 14. *Ja* für die Kosten der Hinzuziehung eines Zeugen oder eines Sachverständigen oder für die Kosten der Bereitstellung eines Spediteurs vor einer Räumung, auch wenn sie sich dann erübrigt, LG Kblz DGVZ **93**, 74, AG Geldern DGVZ **03**, 77, AG Montabaur DGVZ **93**, 73. *Ja* für die Kosten der Verwahrung eines Vollstreckungsgegenstands, Hbg MDR **00**, 661. *Ja,* soweit bei seiner Beauftragung schon deutlich ist, daß der Schuldner beim Fristablauf nicht räumen wird, LG Freibg WoM **87**, 267, selbst wenn noch seine sofortige Beschwerde läuft, LG Mü WoM **87**, 268. *Ja,* soweit der Gerichtsvollzieher bei § 766 auf eine Anweisung des Gerichts handelte, LG Wuppert DGVZ **93**, 59.

27 *Nein,* soweit er nicht kostenschonend vorging, § 885 Rn 24 „Kostenersparnis", Hbg MDR **00**, 602, LG Bln DGVZ **82**, 41, LG Hbg DGVZ **99**, 185 (Möglichkeit zu hoher Kosten). *Nein,* oder soweit der Gläubiger vorwerfbar eine falsche Anschrift des Schuldners angab, AG Itzehoe DGVZ **80**, 28. *Nein,* soweit die Sozialbehörde statt einer selbständigen Durchführung der Zwangsvollstreckung den Gerichtsvollzieher nach § 66 SGB X beauftragt hat, AG Germersheim Rpfleger **82**, 159. *Nein* für seine verfrühte Einschaltung, zB dann, wenn keine Anhaltspunkte dafür sprechen, der Schuldner werde nicht zahlen, Schlesw SchlHA **83**, 198, oder für unnötig viele Vollstreckungsaufträge, LG Halle DGVZ **01**, 30, AG Blieskastel DGVZ **98**, 175 oder für sinnlose weitere Kosten, AG Bingen DGVZ **00**, 46, etwa für eine überflüssige erste Zustellung, AG Überlingen JB **03**, 385.

Geringfügigkeit: *Ja* zumindest dann, wenn der Schuldner sie systematisch vorschiebt, um nicht zB auch noch nur kleine Zinsen zahlen zu müssen, LG Mosbach RR **01**, 1439.

Gesamtschuldner: Vgl zunächst Rn 7 ff. *Ja* für eine Leistungsaufforderung an jeden, LG Lübeck DGVZ **86**, 119, LG Stgt JB **04**, 337, aM Hbg JB **79**, 1721 (aber alle haften bis zur Leistung).

Getrennte Pfändungen: Rn 32 „Mehrfache Vollstreckungen".

Gläubiger: *Ja* für die Kosten seiner Anwesenheit bei der Zwangsvollstreckung, soweit diese notwendig oder nützlich ist. *Ja* für seine Handlungen kraft einer Ermächtigung zB nach §§ 887, 936, 928. *Ja,* soweit bei einer Zwangsvollstreckung wegen festgesetzter Kosten nach § 798 vor dem Ablauf der Zweiwochenfrist keine Zahlung des Schuldners eingeht, selbst wenn er sie innerhalb der Wochenfrist abgesandt hatte, LG Nürnb JB **80**, 463, aM LG Bonn DGVZ **81**, 156, LG Hann JB **91**, 1274 (aber es kommt bei einer Erfüllung stets auf den Zugang an, und der Gläubiger hat schon lange genug warten müssen). *Ja* für eine Vollstreckung wegen der unverschuldeten Unkenntnis einer bereits erfolgten Erfüllung, Hbg JB **76**, 1252, LG Stgt JB **01**, 47. 28

Nein für solche Kosten, die erst dadurch entstehen, daß der Gläubiger nicht in einer zumutbaren Weise prüft, ob der Schuldner bereits erfüllt hat, LG Stgt JB **01**, 47, oder daß der Gläubiger nicht sofort seine Gesamtforderung beziffert, AG Wolfratshausen DGVZ **77**, 62, oder daß er im Vollstreckungsauftrag eine unrichtige Schuldneranschrift angibt, AG Augsb DGVZ **94**, 78, oder daß ein Zahlungsversuch des Schuldners am Verhalten des Gläubigers scheitert und daß der Gläubiger anschließend entstandene Kosten geltend macht, AG Kblz DGVZ **98**, 79 (kein Gläubigerkonto angegeben), AG Siegburg DGVZ **95**, 157. *Nein* für Kosten einer Besitzeinweisung in das vom Schuldner schon geräumte Objekt, Mü ZMR **85**, 299.

S auch Rn 50 „Zug um Zug".

Grundbuchauszug, -einsicht: *Ja* unabhängig vom weiteren Vollstreckungsfortgang dann, wenn die Maßnahme zunächst als erforderlich erschien.

Gutachten: *Ja* für die Ermittlung von Beseitigungskosten beim Baumangel, Ffm MDR **83**, 140, oder zu einer erforderlichen Wertermittlung. *Ja* evtl auch für ein Privatgutachten, Zweibr JB **86**, 467.

Haftbefehl: *Nein* für die Kosten eines Pfändungsauftrags dann, wenn das Gericht gerade erst auf Grund einer Unpfändbarkeitsbescheinigung einen Haftbefehl erlassen hatte und wenn keine besonderen Tatsachen vorlagen, aus denen sich der Erwerb neuer Vermögenswerte durch den Schuldner ergeben hätte, LG Kblz JB **98**, 214, AG Beckum DGVZ **08**, 106, AG Brake DGVZ **08**, 107, aM LG Kassel DGVZ **85**, 123, LG Münst DGVZ **90**, 125, AG Ludwigsb DGVZ **82**, 15 (aber sinnlose Kosten sind nicht notwendige, vgl auch § 803 Rn 13). *Nein* überhaupt bei der Zwecklosigkeit einer zweiten Vollstreckung, Ffm NJW **78**, 1442, LG Bln MDR **83**, 587, LG Ulm AnwBl **75**, 239. 29

Haftpflichtversicherung: *Ja* für eine Zahlungsaufforderung nach Rn 50 an ihn, LG Hbg JB **79**, 729.

Hebegebühr: Rn 34 „Rechtsanwalt".

Hinterlegung: Rn 41 „Sicherheitsleistung".

Inkassobüro: Man muß die Frage nach den objektiven wirtschaftlichen Gesamtumständen beantworten, LG Münst MDR **88**, 682. *Ja* nur insoweit, als durch solche Kosten die Kosten der Hinzuziehung eines Anwalts vermeidbar wurden, LG Oldb JB **07**, 500, AG Duisb JB **98**, 608, AG Villingen-Schwenningen JB **07**, 90, großzügiger LG Bre JB **02**, 212 (*ja* bis zur Grenze von Anwaltsgebühren), LG Nürnb-Fürth JB **87**, 1258, LG Wiesb DGVZ **89**, 13 (stellen beide darauf ab, ob der Gläubiger die Kosten für erforderlich halten konnte). *Ja* allerdings ebenso wie beim Anwalt, soweit der Inkassounternehmer im Rahmen (jetzt) des RDG tätig wird, Lappe Rpfleger **85**, 282, Wedel JB **01**, 345, aM LG Bln Rpfleger **75**, 373. 30

Nein bei nicht titulierten Kontoführungsgebühren, AG Fürth DGVZ **08**, 47.

Insolvenz: *Nein* wegen eines aussichtslosen Insolvenzantrags des Gläubigers nach § 14 InsO, LG Bln MDR **83**, 587. 31

S auch Rn 36 „Rechtsbehelfe".

Kostenfestsetzung: *Nein,* soweit der Rpfl Kosten der Zwangsvollstreckung schon im Kostenfestsetzungsbeschluß mitberücksichtigt hat, LG Bad Kreuznach Rpfleger **90**, 313.

Kreditwürdigkeit: Rn 19 „Auskunft".

Lagerkosten: *Ja* natürlich zumindest auf Grund einer gerichtlichen Einlagerungsanordnung, Hbg JB **01**, 46, aM Brdb Rpfleger **06**, 101 (Sequestration). Der Gläubiger haftet wegen § 885 IV nur bis zum Ablauf der gesetzlichen Lagerfrist von zwei Monaten und ein wenig darüber hinaus, LG Bln Rpfleger **04**, 431. Zum Problem Huermann NZM **04**, 326. 32

Löschung, Löschungsbewilligung: Grundsätzlich *ja* für ihre Kosten wegen einer Zwangshypothek, Oldb Rpfleger **83**, 329, aM Ffm JB **81**, 786, Mü MDR **89**, 460, LG Bln Rpfleger **88**, 547 (aber die Zwangsvollstreckung keineswegs mit der Eintragung der Zwangshypothek endet, Grdz 52 vor § 704, § 867 Rn 17, 18).

S aber auch Rn 19 „Arrest".

Mehrfache Vollstreckung: *Nein* für die Kosten einer mehrfachen Zwangsvollstreckung, wenn eine einmalige Vollstreckung ausreichen würde. Es kommt also auch auf den Zeitablauf und einen etwaigen zwischenzeitlichen Vermögenserwerb an, § 807 Rn 8, LG Heilbr MDR **94**, 951, oder unmittelbar nach einem fruchtlosen Vollstreckungsversuch, Rn 4, LG Halle DGVZ **01**, 30, LG Oldb DGVZ **98**, 28, Krauthausen DGVZ **88**, 164.

Nein für die Kosten getrennter *Pfändungsanträge,* wenn auch ein Sammelantrag genügt hätte, KG Rpfleger **76**, 327, Zweibr Rpfleger **92**, 272, AG Memmingen Rpfleger **89**, 302.

Mehrheit von Schuldnern: Der Gläubiger darf gegen alle gleichzeitig vollstrecken, AG Singen JB **06**, 329.

Notar: Soweit er einen Anwalt einschaltet, kann man dessen Kosten nur nach den gesamten Umständen als Vollstreckungskosten beurteilen, aM AG Essen DGVZ **93**, 71 (grds *ja*), LG Ingolstadt DGVZ **01**, 45, AG Erkelenz DGVZ **93**, 77 (je: grds *nein*. Aber eine Gesamtabwägung ist stets erforderlich, soweit es um immerhin etwas ungewöhnliche Kosten geht.).

Nein beim Nur-Notar bei § 155 KostO, Saarbr DGVZ **89**, 92, aM AG DGVZ **88**, 31, KG MDR **89**, 745, LG Mannh MDR **89**, 746 (aber § 155 KostG hat als eine Spezialvorschrift den abschließenden Vorrang).

Notfristzeugnis: *Ja.*

Öffnung: Rn 22 „Durchsuchung".

33 **Patentanwalt:** § 91 Rn 145 „Patentanwalt".

Pfändung: *Ja* grds auch für die Vollstreckungskosten, LG Itzehohe MDR **90**, 557 (sogar bei einer Antragsrücknahme, Rn 8, 9), LG Stgt Rpfleger **05**, 38, AG Ffm DGVZ **94**, 46, aM AG Gießen DGVZ **97**, 63 (bei Verhaftung), AG Hbg DGVZ **03**, 94 (Verdachtspfändung), Lappe Rpfleger **83**, 248 (aber die Pfändung läßt sich als eine vollstreckungsrechtliche Kernmaßnahme vernünftigerweise auch kostenmäßig großzügig beurteilen).

Nein für eine bloße Verdachtspfändung, gar gegenüber verschiedenen Drittschuldnern, Düss MDR **93**, 701, AG Hbg DGVZ **03**, 94, AG Memmingen Rpfleger **89**, 302. *Nein* für vermeidbare Mehrkosten, AG Oldb/H DGVZ **81**, 30.

Privatgutachten: Rn 28 „Gutachten".

Protolollabschrift: Rn 19 „Ablichtung, Abschrift".

Ratenzahlungsvereinbarung: Rn 26 „Gerichtsvollzieher", Rn 45 „Vergleich".

Räumung, dazu *Horst* MDR **06**, 249 (Üb): § 885 Rn 24. *Ja* trotz § 765 a, Köln RR **95**, 1163, aM Ffm JB **99**, 44 (gibt dem einlagernden Gläubiger einen Klaganpruch auf eine Erstattung. Aber das ist ein wenig prozeßwirtschaftlicher Umweg.). *Ja* vor dem Ablauf der Rechtsmittelfrist gegen eine Zurückweisung des Rämungsschutzantrags, LG Mü WoM **99**, 416.

Nein für Maßnahmen vor dem Ablauf einer verlängerbaren Räumungsfrist, LG Freib WoM **84**, 138, oder nach dem Tod des Schuldners, LG Bln JB **85**, 1580. *Nein* für die Kosten der Beseitigung von Anpflanzungen und Bauten, BGH RR **05**, 212. *Nein* für Kosten nach dem Ablauf der Frist nach § 885 IV 1, BGH NZM **08**, 448 rechts.

34 **Rechtsansicht:** Bei einer Streitfrage läßt AG Wuppert DGVZ **99**, 44 die Ansicht des AG des Gläubigers ausreichen. Man könnte aber genauso gut die Ansicht des Schuldners zugrundelegen.

Rechtsanwalt: *Ja* für die Kosten seiner Tätigkeit in der Zwangsvollstreckung, LG Bln Rpfleger **75**, 373, LG Düss AnwBl **81**, 75, LG Magdeb Rpfleger **91**, 218, aM Saarbr Rpfleger **81**, 321 (aber der Anwalt ist in *jeder* Angelegenheit der berufene Vertreter, § 1 BRAO). *Ja* für die Hebegebühr nach (jetzt) VV 1009, soweit die Einschaltung des Anwalts notwendig war, Mü MDR **98**, 438, LG Mü DGVZ **07**, 43, AG Eisenhüttenstadt Rpfleger **05**, 384, aM AG Cloppenb DGVZ **08**, 15. Es ist eine strenge Prüfung notwendig, Nürnb JB **92**, 107, Hartmann Teil X VV 1009 Rn 19. *Ja,* soweit der Schuldner „freiwillig" leistet, AG Ffm DGVZ **95**, 79, Hartmann Teil X VV 1009 Rn 22, aM Düss JB **95**, 50, AG Bln-Neukölln DGVZ **95**, 13, AG Erlangen DGVZ **95**, 15 (aber auch solche „Freiwilligkeit" erfolgte in Wahrheit meist in einem direkten Zusammenhang mit einer Vollstreckung, nämlich zu ihrer Vermeidung). *Ja* für die Gebühr eines Hinterlegungsantrags. *Ja* für diejenigen Kosten, die vor dem Beginn der Zwangsvollstreckung bereits entstanden waren, soweit sie durch die Beschaffung der förmlichen Voraussetzungen für die Zwangsvollstreckung entstanden sind, LG Bonn DGVZ **82**, 186. *Ja* auch für diejenigen Kosten, die zur Vermeidung der Zwangsvollstreckung entstanden, aM LG Bln MDR **03**, 115 (aber dann liegt in Wahrheit eine Androhung der Vollstreckung und keine „freiwillige" Zahlung mehr vor).

35 *Nein* für eine Zahlungsaufforderung vor dem Zeitpunkt der Zustellung des Vollstreckungstitels, Bbg JB **77**, 505, Düss VersR **81**, 755. Die gleichzeitige Zustellung reicht aber aus, Düss VersR **81**, 737, aM LG Tüb MDR **82**, 327, LAG Ffm BB **99**, 1878 (aber die bloße Aufforderung darf wirklich der Titelzustellung sogleich nachfolgen. Der Schuldner hat es immerhein zu ihr kommen lassen.). Das gilt erst recht dann, wenn der Schuldner eine angemessene Zeit zur freiwilligen Zahlung hatte, BGH BB **03**, 2428. *Nein* für eine Zahlungsaufforderung vor der Erwirkung der Vollstreckungsklausel, LAG Hamm MDR **84**, 1053. *Nein* bei einer sonstwie verfrühten Tätigkeit, Rn 52. *Nein* bei § 12 a I 1 ArbGG zB gegen einen Drittschuldner, § 91 Rn 72 „Arbeitsgerichtsverfahren". *Nein* für die bloße Erläuterung der Forderung gegenüber dem Schuldner, AG Heidelb DGVZ **00**, 173.

36 **Rechtsbehelf:** *Nein* für die Kosten eines besonderen Rechtsbehelfs wie einer Klage, einer Erinnerung, einer Vollstreckungsbeschwerde, Schlesw SchlHA **77**, 191. Denn in jenen Entscheidungen ergeht wegen des Charakters eines selbständigen Verfahrens eine besondere Kostenregelung nach §§ 91 ff, § 765 a Rn 33, § 766 Rn 28, BGH RR **89**, 125, Köln ZMR **94**, 325, ZöStö 12, aM ThP 25. Wegen des Beschwerdewerts § 567 II 1, 2 und Anh § 3 Rn 144.

S auch Rn 31 „Insolvenz".

Rechtsbeistand: *Nein,* soweit der Gläubiger eine Rechtsabteilung unterhält, LG Konst DGVZ **05**, 73, AG Donaueschingen DGVZ **05**, 73, AG Wildeshausen DGVZ **05**, 191.

Rechtskraftzeugnis: *Ja.*

Rücknahme des Antrags: Rn 19 „Antragsrücknahme".

Sammelantrag: Rn 32 „Mehrfache Vollstreckungen".

37 **Schaden:** *Ja* für denjenigen Schaden, der dem Gläubiger in einem entgangenen Gewinn entsteht, wenn er eigenes Geld hinterlegen mußte, Rn 41 „Sicherheitsleistung". *Ja* für die Kosten der Auszahlung des hinterlegten Betrags durch den Schuldner an den Gläubiger.

Nein für einen Verzugsschaden.

Scheck: *Nein* bei einem am Fälligkeitstag übermittelten Scheck, den der Gläubiger erst später einlöst, AG Lampertheim DGVZ **94**, 150.

Schuldnerverzug: *Ja* zB 2 Wochen nach der Rechtskraft, Kblz Rpfleger **95**, 313, Köln JB **93**, 604.

Sequestration: *Ja* für die Kosten einer solchen Maßnahme nach § 885, BGH DGVZ **08**, 77, Düss JB **96**, 89, Schlesw JB **96**, 90, oder nach §§ 848, 938, Düss AnwBl **89**, 239, KG Rpfleger **82**, 80, Karlsr DGVZ **93**, 27, aM Brdb Rpfleger **06**, 101, Hbg MDR **93**, 1023, Schlesw JB **92**, 703 (aber die Sequestration ist eine typische Anfangsmaßnahme der Durchsetzung des Erlaßanspruchs). *Ja* bei einer Vergütungsvereinbarung im Rahmen des Üblichen, Bre DGVZ **99**, 138. *Ja* für die Kosten des An- und Abtransports und für die übrigen Kosten einer Verwahrung oder Verwaltung, die nach einer Herausgabe auf Grund einer einstweiligen Verfügung stattfindet, Hamm JB **97**, 160, Kblz MDR **81**, 855, Schlesw JB **96**, 89, aM Düss AnwBl **89**, 239, Rn 44 „Transportkosten", § 833 Rn 9.

Nein, soweit nicht der Sequester, sondern ein Dritter eine Sequestration durchgeführt hat, Kblz Rpfleger **91**, 523.

Sicherheitsleistung: *Ja,* soweit die Kosten der Sicherheitsleistung mit der Pflicht vereinbar sind, solche Kosten niedrig zu halten. Das bedeutet: *Ja* für die Kosten einer solchen Sicherheitsleistung, die der Gläubiger nach dem Urteil beschaffen muß, Düss JB **03**, 47, Kblz OLGZ **90**, 128, Mü JB **91**, 598 (je: Hinterlegung) aM Kblz Rpfleger **83**, 501, Köln JB **95**, 496, Schlesw SchlHA **84**, 134 (wegen der Anwaltskosten bei einer Hinterlegung von Geld. Aber eine ordnungsgemäße Hinterlegung erfordert eine Fachkundigkeit.). **38**

Ja für *Schuldnerkosten* bei einer Sicherheitsleistung zur Abwendung der Zwangsvollstreckung, Celle Rpfleger **83**, 498, Ffm JB **86**, 109, Schlesw JB **93**, 622, aM BGH FamRZ **06**, 480, Kblz Rpfleger **01**, 457, Mü RR **00**, 517 (aber auch dergleichen kann durchaus notwendig sein). Freilich muß die Zwangsvollstreckung schon und noch laufen, Rn 1.

Ja grds (wegen einer Ausnahme s unten) auch für die *laufenden Kosten* einer bereits *beschafften* Bankbürgschaft bis zu deren Rückgabemöglichkeit, Düss Rpfleger **98**, 438, Hbg MDR **97**, 788 (die Kosten sind unabhängig davon erstattungsfähig, ob die Partei die Zwangsvollstreckung einleiten wollte), AG Wipperfürth JB **08**, 161, aM Hbg MDR **99**, 188, Köln (17. ZS) JB **99**, 272 rechts, Mü MDR **89**, 364 (aber auch die laufenden Kosten gehören zu den notwendigen Gläubigerkosten. Andernfalls würde die Bürgschaft evtl nicht mehr bestehen bleiben). **39**

Die Erstattungsfähigkeit ist *von* einer *Kostenquotelung* der Kostengrundentscheidung *unabhängig,* Düss Rpfleger **84**, 199, Ffm Rpfleger **84**, 199, Kblz OLGZ **93**, 213. Auch die durch eine anwaltliche Zustellung einer Bürgschaftsurkunde dem Kläger entstehenden Anwaltskosten sind erstattungsfähig, Düss MDR **88**, 784, Mü MDR **89**, 364, Stgt JB **82**, 560, aM Hbg JB **85**, 784, Kblz MDR **85**, 943 (aber erst die ordnungsgemäße Zustellung macht diese Sicherheitsart wirksam, § 108 Rn 12, 13).

Das alles gilt *erst recht bei § 769,* Ffm MDR **78**, 233, KG MDR **83**, 495, Schlesw JB **93**, 623, aM KG NJW **78**, 1441, Mü MDR **99**, 1525, ZöStö 5 (aber gerade dann muß der Gläubiger die Mindestbedingungen einhalten und darf folglich ihre Kosten geltend machen). *Ja* für den Zinsverlust, der dadurch entsteht, daß man ein eigenes Kapital verwendet, aM Düss Rpfleger **81**, 122, Hamm MDR **82**, 416, Mü MDR **99**, 1466 (aber natürlich erfolgt der Zinsverlust wegen drohender Nachteile im Verfahren). *Ja* grds für die Kosten der Rückgabe der Sicherheitsleistung. Ausnahmsweise *nein,* wenn der Gläubiger die Bürgschaftsurkunde vom rückgabepflichtigen Schuldner nicht verzugsbegründend zurückgefordert hat, Stgt JB **96**, 37. **40**

Nein für die sog *Avalkosten* zwecks Beschaffung einer Bankbürgschaft, Kblz Rpfleger **01**, 457 links oben, Mü JB **94**, 228, LG Kblz JB **01**, 380, aM Düss JB **03**, 94 (neu hier bei § 720 a), Köln JB **95**, 496, Mü RR **00**, 517. Wegen Kosten einer Hinterlegung der Bankbürgschaft nach § 108 I 2 vgl Rn 38. **41**

Nein für die *vor der Zulassung* einer Bürgschaft entstandenen Kosten und ebensowenig für die nach einer versehentlich *nachträglichen* Zulassung entstandenen, Ffm NJW **78**, 1442. *Nein* für die Anwaltskosten eines großen Versicherers zwecks Überprüfung einer gegnerischen Bürgschaft, Hbg AnwBl **01**, 127. *Nein* für die Kosten eines Darlehns. Denn es besteht kein unmittelbarer Zusammenhang mit der Zwangsvollstrekkung, Bbg JB **77**, 1788, Ffm GRUR **88**, 567, Mü JB **91**, 598. *Nein* für die Kosten eines solchen Grundpfandrechts, das eingetragen werden muß, damit der Pfandgläubiger eine Bürgschaft leistet. *Nein* für die Bürgschaftskosten des Bekl dann, wenn nicht er die Sicherheit leisten muß, sondern wenn der Kläger diese erbringen muß, Schlesw JB **78**, 921, oder wenn der ProzBev nach dem Urteil beantragt, die Sicherheitsleistung durch eine Bürgschaft zuzulassen, Hamm Rpfleger **75**, 323. *Nein* für die Kosten der sog Rückbürgschaft zugunsten einer ausländischen Partei, Hbg JB **90**, 1677, aM KG Rpfleger **98**, 442. Bei einer Abänderung oder Aufhebung des Titels ist II anwendbar. Daher stellt sich die Notwendigkeitsfrage nach I dann nicht mehr, Mü MDR **83**, 676, aM Kblz JB **98**, 494. *Nein* für verfrühte Kosten, zB wenn der Schuldner sogleich nach der Sicherheitsleistung des Gläubigers geleistet hat, LG Wuppert DGVZ **02**, 124. **42**

Sicherungshypothek: *Ja,* Düss Rpfleger **75**, 355.

S auch Rn 32 „Löschung, Löschungsbewilligung".

Spediteur: *Ja* bei einer Zwangsräumung auch für die bloße Bereitstellung, LG Bln DGVZ **77**, 118 (Ausnahme: Gläubiger kannte die vorherige Räumung, AG Flensb DGVZ **05**, 131), freilich ohne Umsatzsteuer, FG Hann DGVZ **08**, 142.

Nein bei überhöhten Desinfektionskosten, AG Augsb DGVZ **08**, 141.

Steuerberater: *Ja,* soweit seine Einschaltung dem Gläubiger als notwendig erscheinen durfte, etwa wegen der Geltendmachung des gepfändeten Anspruchs auf den Lohnsteuerjahresausgleich, LG Dortm JB **90**, 1050, LG Essen JB **85**, 412, LG Heilbr JB **83**, 1570, aM LG Düss DGVZ **91**, 11, LG Gießen DGVZ **94**, 8, Hansens JB **85**, 6, 8 (nur bei besonderen Schwierigkeiten. Aber ein solcher Fall ist durchweg schwierig. *Nein* deshalb nur in einem ersichtlich einfachen Fall). **43**

S § 91 Rn 205 „Steuerberater".

Stundung: *Nein* für die Kosten eines hierauf bezogenen Briefwechsels mit dem Gerichtsvollzieher. Nein für die Kosten einer solchen Vollstreckung, die trotz einer Stundung stattfindet, AG Düss DGVZ **84**, 155.

Taschenpfändung: *Nein,* soweit sie nicht sinnvoll war, sei es zeitlich, sei es wegen der großen Höhe der Forderung und wegen der daher entstehenden Gebühr nach (jetzt) VV 3309, 3310, LG Paderb DGVZ **84**, 13, AG Büdingen DGVZ **85**, 78. **44**

Teilzahlung: Zur Beurteilung der Notwendigkeit von Kosten nach Teilzahlungen Schilken DGVZ **91**, 1.

Teilzahlungsvergleich: Rn 46 „Vergleich".

Transportkosten: *Ja* für diejenigen normal hohen Kosten, die beim Transport einer Sache entstehen, die der Schuldner nach § 883 Rn 9 an den Gläubiger herausgeben muß oder die der Gläubiger bei einer Zug-um-Zug-Leistung ohne eine sachlichrechtliche Pflicht oder auf einen Wunsch des Schuldners in dessen Herrschaftsbereich zur dortigen Vornahme der geschuldeten Handlung bringt, Ffm MDR **81**,

1025, LG Köln JB **98**, 552, AG Itzehoe DGVZ **85**, 124, aM LG Aurich JB **84**, 943 (aber auch bei der Vollstreckung nach § 756 gelten allgemeine Regeln).

Übersetzung: *Ja* für die Vollstreckung mit einer Beteiligung des Auslands oder eines Ausländers mit Sprachproblemen, LG Bln JB **86**, 1585.

Umsatzsteuer: *Nein* für diejenige Umsatzsteuer, die der Anwalt des Gläubigers für die Kosten des Vollstrekkungsauftrags zahlen muß, wenn seine Partei zum Vorsteuerabzug berechtigt ist, AG Obernbg DGVZ **94**, 78.

Unmittelbarkeit: *Nein* bei solchen Kosten, die nicht unmittelbar der Zwangsvollstreckung dienen.

Unterlassung: Rn 51 ff „Zwangsvollstreckung", § 891 Rn 7.

Unzulässigkeit der Vollstreckung: *Nein* für Kosten einer unzulässigen Vollstreckung, Kblz JB **90**, 908.

45 **Vergleich:** § 98 kann entsprechend anwendbar sein, BGH DGVZ **07**, 37. *Ja* für die Kosten der Zwangsvollstreckung aus ihm nur dann, wenn sich aus dem Vergleich ergibt, daß seine Kostenregelung diese Art von Kosten umfaßt, Düss Rpfleger **94**, 264, Kblz Rpfleger **04**, 525, LG Köln JB **04**, 497. Das ist nicht stets so, wenn der Vergleich nur die Kosten „des Rechtsstreits" erfaßt, § 98 Rn 56 „Zwangsvollstreckung", Düss RR **99**, 943, Karlsr MDR **96**, 971, Kblz OLGZ **93**, 212, oder dann nicht, wenn der Vergleich nur die „Kosten der Durchführung" regelt. *Ja* jedenfalls grds (Ausnahme: Rn 47) soweit der Schuldner im Vergleich ausdrücklich (jetzt) auch die Einigungsgebühr(en) übernimmt, BGH NJW **06**, 1599 (krit Seip DGVZ **06**, 105), Brschw DGVZ **06**, 113, AG Osterrode DGVZ **03**, 79. Das ist ratsam, Enders JB **99**, 59. *Ja,* soweit ein nachfolgender Vergleich den Titel kaum ändert, BGH Rpfleger **04**, 112, Kblz JB **97**, 425.

46 *Ja* für die Kosten insbesondere eines Anwalts wegen eines *Teilzahlungsvergleichs* in der Zwangsvollstrekkung, soweit ein solcher Vergleich überhaupt zulässig ist, Grdz 25 vor § 704. Denn auch diese Kosten sind bei einer notwendigen weiten Auslegung notwendig, zumal evtl nur die weitere Vollziehung unterbleiben soll, LG Memmingen JB **08**, 384, LG Tüb DGVZ **06**, 61, AG Lörrach DGVZ **05**, 175, aM LG Bonn DGVZ **06**, 62, LG Münst JB **02**, 664, AG Bottrop pp DGVZ **05**, 173 (aber jede Zahlung dient auch der Verringerung der Vollstreckung oder ihrer Verhinderung). Der Gerichtsvollzieher darf keine Verrechnung des Gläubigers überprüfen oder ausrechnen, AG Reinbek DGVZ **03**, 14 (§ 767).

47 Soweit die Vollstreckung aus einem Urteil erfolgt, sind Vollstreckungskosten aus einem *zweitinstanzlichen Vergleich* auch dann festsetzbar, wenn er zu ihnen nichts besagt oder wenn er sie eher erhöht bestehen läßt, Bre RR **87**, 1208, Kblz OLGZ **93**, 213, aM KG Rpfleger **99**, 553 (überhaupt keine Erstattung. Man sollte aber prozeßwirtschaftlich vorgehen, Grdz 14 vor § 128). Der Gläubiger braucht auf die nach dem Vergleich bereits fällige Zahlung nicht besonders zu warten, LG Kassel DGVZ **84**, 156, LG Köln Rpfleger **00**, 557.

Nein für diejenigen Kosten, die bei der Vollstreckung wegen desjenigen Teils der Klageforderung entstanden wären, den der Vergleich zubilligte, aM Mü MDR **99**, 443, Zweibr JB **99**, 552, LG Hann RR **01**, 1438 (man müsse so festsetzen, als ob eine Vollstreckung von vornherein nur aus dem herabgesetzten Titel erfolgt wäre. Aber gerade das letztere war nicht geschehen). *Nein* ausnahmsweise, soweit eine Kostenübernahme in AGB gegen (jetzt) §§ 305 ff BGB verstößt, AG Hersbruck DGVZ **03**, 126, oder bei einer undurchsichtigen „Inkassovergütung", LG Kassel JB **07**, 270. Nein bei außerverhältnismäßigen Kosten, selbst bei deren Übernahme durch den Schuldner, LG Bln DGVZ **07**, 28.

Verhältnismäßigkeit: Man muß den Verhältnismäßigkeitsgrundsatz nach Grdz 34 vor § 704 beachten, LG Tüb DGVZ **07**, 71 (kleine Restforderung, hohe Kosten).

Vermeidbare Kosten: *Nein* bei vermeidbar hohen Kosten, LG Lüb DGVZ **86**, 119 (Vollstreckung gegen 20 Gesamtschuldner gleichzeitig), AG Hochheim DGVZ **93**, 31 (Verdachtspfändung bei allen Bauten am Ort), Johannsen DGVZ **89**, 1 (Verhältnismäßigkeitsgebot nach Grdz 34 vor § 704).

Veröffentlichung des Urteils: *Ja,* wenn das Gericht dem Kläger die Befugnis zur Veröffentlichung zugesprochen hat. Denn die Veröffentlichung dient unmittelbar der Zwangsvollstreckung. Sonst *nein*, Stgt JB **83**, 940.

Vertretbare Handlung: *Nein* für das Verfahren nach § 891. Denn es gibt dort eine Kostenentscheidung nicht nach § 788, sondern nach §§ 91 ff, § 891 Rn 7.

Verwertungsaufschub: Rn 26 „Gerichtsvollzieher".

Verzug: Rn 37 „Schulnerverzug".

Vollstreckbarerklärung: *Nein* für die Kosten eines ausländischen derartigen Verfahrens, Hamm JB **01**, 212 (abl Spickhoff IPRax **02**, 292). Anders mag es beim inländischen solchen Verfahren liegen.

Vollstreckungsabwehr: *Nein* grds für die Kosten zur Abwehr der Vollstreckung, Düss JB **01**, 210, Mü MDR **89**, 460. Es kommt aber eine Erstattungsfähigkeit nach § 91 in Betracht, dort Rn 204 „Sicherheitsleistung". *Nein,* soweit nur die Vollstreckbarkeit auf Grund einer Klage nach § 767 entfällt, Düss Rpfleger **93**, 173, oder wenn das Gericht sie abgewiesen hat, Mü Rpfleger **01**, 199. *Nein* für Kosten der vorläufigen Einstellung nach §§ 769, 770, § 767 Rn 47, 48.

Vollstreckungsauftrag: *Ja,* soweit er vertretbar war, AG Bln-Wedding JB **00**, 545.

Vollstreckungskosten: *Ja.* Brdb JB **07**, 548.

Vollstreckungsschutz: Es gelten keine gegenüber dem Schuldner strengere Regeln als sonst bei § 788, aM LG Mühlhausen Rpfleger **02**, 275 (aber III gibt für einen solchen Schluß nichts her, zumindest nicht bei einem Erfolg im Rechtsmittelverfahren).

48 **Vorbereitungsmaßnahmen:** *Ja* für diejenigen Kosten, die man unmittelbar und konkret zur Vorbereitung der Vollstreckung hat, Köln JB **92**, 267 (Klage gegen Drittschuldner), Mü MDR **89**, 460, LG Konst Rpfleger **92**, 365. *Ja* für die Kosten der Beschaffung der notwendigen öffentlichen oder öffentlich beglaubigten Urkunde. *Ja* für die Kosten der Ausfertigung und der Zustellung der Entscheidung, Hbg NJW **04**, 3723 (Flug, einstweilige Verfügung), LG Frankenth JB **79**, 1325, LG Gött DGVZ **95**, 73, AG Pinnebg DGVZ **78**, 91 (je: Urteil), falls die Zwangsvollstreckung anschließend beginnt. *Ja* für die Kosten der Beschaffung der Vollstreckungsklausel, des Rechtskraftzeugnisses und des Notfristzeugnisses. *Ja* für die Kosten eines Detektivs zwecks Anschriftenermittlung, LG Aachen DGVZ **85**, 114. *Ja* überhaupt grds für alles, was die Zwangsvollstreckung vorbereiten konnte, vorbereitet hat und notwendig war, LG Bonn DGVZ **82**, 186, aM LG Konst JB **93**, 496 (aber warum soll der Gläubiger auch noch in diesem allein vom

Schuldner herbeigeführten Zwischenstadium technisch notwendige Kosten tragen?). *Ja* also zB für die Kosten eines Sachverständigen zwecks der Ermittlung der voraussichtlichen Höhe eines Vorschusses nach § 887 II, Ffm VersR **83**, 90.

Nein für die eigentlichen Prozeßkosten nach §§ 91 ff, also für diejenigen des Erkenntnisverfahrens, *Nein* für die Einsicht in das Schuldnerverzeichnis, AG Dortm DGVZ **84**, 124, AG Ibbenbüren DGVZ **84**, 125, AG Wesel DGVZ **90**, 77.

S auch Rn 21 „Detektiv".

Vorläufige Einstellung: Rn 47 „Vollstreckungsabwehr".

Vorläufiges Vollstreckbarkeitsverfahren, §§ 537, 716: *Nein.* Denn dieses Verfahren schafft überhaupt erst die Voraussetzungen für die Zwangsvollstreckung, Mü Rpfleger **01**, 568. Die Kosten dieses Verfahrens betreffen also die Zwangsvollstreckung noch nicht unmittelbar.

Vornahme einer Handlung: *Ja* für die notwendigen Kosten des Gläubigers, § 887 Rn 8, Ffm JB **81**, 1583.

Vorpfändung: *Ja,* wenn zu einer solchen Maßnahme ein berechtigter Anlaß besteht, Hbg MDR **90**, 344, etwa die Besorgnis, leer auszugehen, Ffm MDR **94**, 843, KG Rpfleger **87**, 216, LAG Köln MDR **95**, 423, oder wenn der Schuldner eine angemessene Zeit zur Zahlung hatte, Schlesw AnwBl **94**, 474, und wenn die Vollstreckung nicht ohnehin überflüssig war, KG VersR **87**, 940, oder wenn sich herausstellt, daß kein Wert mehr vorhanden ist, ohne daß der Gläubiger das vorher wissen konnte. Dann können auch die Kosten einer wiederholten Vorpfändung erstattungsfähig sein.

Nein, soweit der Gläubiger die Frist des § 845 II verstreichen ließ, LAG Köln JB **93**, 622, AG Heilbr DGVZ **03**, 14, oder soweit er nur schneller vorgehen will, LAG Köln MDR **95**, 423, oder wenn das Schuldnervermögen erkennbar ausreicht oder der Gläubiger schon gesichert ist, Weinert Rpfleger **05**, 11.

Vorzeitige Vollstreckung: Grundsätzlich *nein,* BVerfG **99**, 338, KG JB **87**, 390, AG Schorndorf JB **08**, 103 (nach nur wenigen Tagen). Das gilt evtl sogar unabhängig davon, ob und wann die Vollstreckung beginnen darf, § 798 Rn 11, BVerfG NJW **91**, 2758 (6 Wochen gegen die BRep), Köln JB **99**, 272 links oben, LAG Köln BB **95**, 316.

Ausnahmsweise *ja,* wenn die angedrohte Maßnahme nach der weiteren Entwicklung notwendig gewesen wäre, BGH DGVZ **04**, 25, KG JB **01**, 211, aM LG Bln MDR **03**, 114 (aber gerade solche Aufforderung kann sinnvoll sein), Schlesw NZM **99**, 1011.

S auch Rn 49 „Wartefrist".

Wartefrist: *Ja* nach ihrem Ablauf, Köln JB **99**, 272 (§ 798), LG Kblz Rpfleger **05**, 99 (2 Wochen), LG Nürnb-Fürth JB **80**, 463, aM LG Hann JB **91**, 1274. **49**

Nein für solche Kosten, die vor dem Ablauf einer gesetzlichen Wartefrist zB nach § 750 III entstanden sind, Hbg JB **83**, 92, Köln JB **82**, 1525, LG Gött DGVZ **95**, 73, oder nach § 882 a, oder nach § 15 Z 3 EGZPO, aM Schlesw JB **95**, 33.

S auch Rn 24 „Frist", Rn 48 „Vorzeitige Vollstreckung".

Weitere Ausfertigung: *Ja* wegen einer nicht vom Gläubiger verschuldeten Notwendigkeit einer weiteren vollstreckbaren Ausfertigung, Karlsr FamRZ **05**, 50, Zweibr JB **99**, 160, LG Mü JB **99**, 381. *Nein* dann, wenn es um die Vollstreckung bei demselben AG geht, LG Köln JB **08**, 218.

Widerruf: *Ja* grds für Anwaltskosten, aM AG Menden DGVZ **89**, 76.

Nein bei einer Zahlung 2 Wochen nach dem Ablauf der Widerrufsfrist, LG Karlsr MDR **04**, 1081. *Nein* für Veröffentlichungskosten, soweit der Vollstreckungstitel keine ausdrückliche Veröffentlichungsbefugnis enthält, Stgt Rpfleger **83**, 175.

Widerstand des Schuldners: *Ja,* soweit ein Anlaß zur Beseitigung bestand, AG Münst DGVZ **79**, 28.

Wohnungseigentümer: (jetzt) ja.

Zahlungsaufforderung: Wegen einer *Zahlungsaufforderung* sollte man keine strengeren Voraussetzungen als wegen der Kosten der Zwangsvollstreckung selbst stellen, BGH FamRZ **04**, 101, Düss Rpfleger **77**, 459, Hamm Rpfleger **92**, 315 (Zug-um-Zug-Leistung, Verzug mit der Annahme der Gegenleistung), ArbG Dortm JB **90**, 1521. Die vorherige Zustellung des Vollstreckungstitels ist nicht zur Erstattungsfähigkeit nötig, BGH FamRZ **04**, 101. Immerhin kann zB eine Aufforderung vor oder nur wenige Tage nach der Zustellung der vom Gläubiger erbrachten Bürgschaftsurkunde als eine Sicherheitsleistung verfrüht sein, Schlesw JB **90**, 923, AG Münst DGVZ **94**, 159. Eine Aufforderung 3 Wochen nach der Zustellung ist nicht verfrüht, Nürnb JB **93**, 751. **50**

Zahlungsbereitschaft: *Nein,* soweit der Gläubiger im Zeitpunkt der Erteilung des Vollstreckungsauftrags bereits die Zahlungswilligkeit des Schuldners wegen eines geringen Rests hätte kennen können, AG Bergheim DGVZ **83**, 29, oder soweit der Gläubiger damals eine bereits erfolgte Zahlung des Schuldners hätte kennen können, Hbg JB **76**, 1252, AG Hbg Rpfleger **82**, 392, AG Mettmann DGVZ **89**, 75, aM LG Münst RR **88**, 128 (aber eine sorgfältige Ermittlung eingegangener Zahlungen zB durch eine telefonische Abfrage bei der eigenen Bank ist dem Gläubiger stets zumutbar).

Zahlungsfrist: Rn 24 „Frist".

Zeitablauf: Rn 32 „Mehrfache Vollstreckung".

Zeitaufwand des Gläubigers: *Ja* zumindest des notwendigen.

Zeugenentschädigung:: *Ja* bei § 759.

Zinsen: § 104 Rn 22.

Zug um Zug: *Ja* für erforderliche Sachverständigenkosten bei Prüfungsarbeiten des Gerichtsvollziehers nach § 756 Rn 5, AG Sinzig DGVZ **03**, 127, Pauly JB **07**, 178, aM Köln MDR **86**, 1033 (aber auch der Gerichtsvollzieher braucht oft einen Sachverständigen). *Ja* auch für die zugehörigen eigenen Kosten des Gerichtsvollziehers, AG Montabaur DGVZ **07**, 188.

Nein im übrigen für Gläubigerkosten, Ffm JB **79**, 1721, Hamm JB **92**, 406 (noch kein Schuldnerverzug), aM LG Ulm RR **91**, 191.

Zurücknahme des Vollstreckungsauftrags: *Ja,* soweit sie erst auf Grund des Verhaltens des Schuldners erfolgen kann.

Zustellung: Rn 48 „Vorbereitungsmaßnahmen".

Zwang gegen den Schuldner, § 888: *Ja,* Hamm MDR **78,** 585.
Zwangsversteigerung: *Ja* im Grundsatz, BGH NJW **07,** 2993, LG Duisb Rpfleger **08,** 274, LG Wuppert JB **97,** 549.
Nein wegen Verwertungsbemühungen des Ersteigerers der Zwangsversteigerung noch vor der Zuschlagserteilung, Ffm RR **88,** 238.
Zwangsverwaltung: *Ja* im Grundsatz, LG Mühlhausen Rpfleger **02,** 374 (auch für ein Einstellungsverfahren auf Antrag eines Insolvenzverwalters).
51 **Zwangsvollstreckung:** S bei den einzelnen Vollstreckungsvorgängen, aM KG Rpfleger **99,** 553 (überhaupt keine Erstattung).
S auch Rn 19 „Anzeige“, „Auslandsurteil“, Rn 21 „Detektiv“, Rn 24 „Ersatzvornahme“, Exequator“, Rn 26 „Gerichtsvollzieher“, Rn 31 „Kostenfestsetzung“, Rn 33 „Räumung“, Rn 34 „Rechtsanwalt“, Rn 36 „Rechtsbehelfe, Rn 38 „Sicherheitsleistung“, Rn 45 „Vergleich“, Rn 48 „Vorpfändung“.
Zwischenstreit: *Nein* auch, soweit er zur Zwangsvollstreckung zählt.

789 ***Einschreiten von Behörden.*** **Wird zum Zwecke der Vollstreckung das Einschreiten einer Behörde erforderlich, so hat das Gericht die Behörde um ihr Einschreiten zu ersuchen.**

1 **1) Systematik.** In einer Ausführung des Art 35 I GG klärt § 789 die Zuständigkeit und die Form des Ersuchens an eine Verwaltungsbehörde. Demgegenüber sind §§ 156 ff GVG dann anwendbar, wenn es um ein Ersuchen an ein anderes Gericht geht. Ergänzend gilt § 15 Z 3 EGZPO. Wenn der Gläubiger die Behörde unmittelbar ersuchen darf, greift § 789 nicht ein, Haas/Beckmann Festschrift für Schumann (2001) 189. Das gilt zB bei einer Eintragung ins Grundbuch oder bei § 791. Der Gerichtsvollzieher fordert die Polizei zur Unterstützung nach §§ 758 III, 759, 892 auf.

2 **2) Regelungszweck.** Zweck des § 789 ist nicht die unmittelbare Erzwingung des Verwaltungshandelns. Denn das regelt das Verwaltungsrecht. Wohl aber dient die Vorschrift der Ermöglichung eines solchen Verwaltungshandelns. Sie ist die Folge der Pflicht zur Prozeßförderung auch durch das Gericht.

3 **3) Geltungsbereich.** Das Ersuchen an eine Behörde kann zB bei §§ 758, 791 notwendig werden. Das gilt aber auch bei §§ 916 ff (etwa: Hilfe der Wasserschutzpolizei beim Seeschiff). Zuständig ist das Vollstrekkungsgericht, §§ 764, 802. Das Prozeßgericht ist nur insoweit zuständig, als es die Vollstreckung selbst leitet, §§ 887 ff, 891.

4 **4) Rechtsbehelfe.** Soweit das Gericht die Stellung eines Ersuchens ablehnt, hat der Betroffene die sofortige Beschwerde nach § 793. Soweit die ersuchte Behörde die Erledigung des Ersuchens ablehnt oder verzögert, kommt eine Dienstaufsichtsbeschwerde in Betracht. Soweit der Gerichtsvollzieher ein Ersuchen ablehnt, ist die Erinnerung nach § 766 statthaft.

790 *Fassung 1. 9. 2009:* (aufgehoben. Abdruck und Kommentierung dieser Altvorschrift im Ergänzungsband zu 67. Aufl 2009)

791 (weggefallen)

792 ***Erteilung von Urkunden an Gläubiger.*** **Bedarf der Gläubiger zum Zwecke der Zwangsvollstreckung eines Erbscheins oder einer anderen Urkunde, die dem Schuldner auf Antrag von einer Behörde, einem Beamten oder einem Notar zu erteilen ist, so kann er die Erteilung an Stelle des Schuldners verlangen.**

1 **1) Systematik.** Nicht jedes rechtliche Interesse am Erbschein gibt ein Antragsrecht nach § 792, Zweibr DNotZ **06,** 929, sondern nur die folgende Lage: Der Gläubiger benötigt unter Umständen zur Zwangsvollstreckung einen Erbschein oder eine andere Urkunde, etwa ein Zeugnis nach § 1507 BGB oder nach § 2368 BGB, einen Registerauszug, eine Sterbe- oder Geburtsurkunde oder einen Grundpfandrechtsbrief. Eine Behörde, ein Beamter oder Notar erteilt diese Urkunde dem Schuldner auf dessen Antrag.

2 **2) Regelungszweck.** In den Fällen Rn 1 benötigt der Gläubiger eine Regelung, die ihn nicht vom Willen des Schuldners abhängig macht. Denn andernfalls müßte er diesen in einem zweiten Prozeß auf die Abgabe der entsprechenden Willenserklärung verklagen und wegen § 894 die Rechtskraft jenes weiteren Urteils abwarten. Das wäre ein unzumutbar langer Umweg. Die Vorschrift dient daher sowohl der Gerechtigkeit nach Einl III 9, 36 als auch der Prozeßwirtschaftlichkeit nach Grdz 14 vor § 128. Man sollte sie entsprechend zugunsten des Gläubigers auslegen, VGH Mannh NJW **03,** 1203.

3 **3) Geltungsbereich.** Vgl zunächst Rn 1. Wenn der Gläubiger allerdings auch auf einem anderen Weg zum Ziel kommen kann, etwa dadurch, daß er sich einen Auszug aus einem Register beschafft, ist § 792 unanwendbar, LG Brschw Rpfleger **95,** 306 (Melderegister).

Der Gläubiger kann *anstelle des Schuldners* die Erteilung der Urkunde beantragen. Der Gläubiger kann auch die Voraussetzungen der Urkundenerteilung erfüllen. Er kann also bei einem Antrag auf die Erteilung eines Erbscheins die notwendige eidesstattliche Versicherung abgeben, § 2356 BGB, Hamm FamRZ **85,**

1185. Der Gläubiger muß einen vollstreckbaren Titel besitzen. Das gilt jedenfalls außerhalb einer Teilungsversteigerung nach § 181 I ZVG. Für sie gilt § 792 sinngemäß, BayObLG RR **95**, 272, LG Essen Rpfleger **86**, 387. Der Gläubiger weist sich durch diesen Besitz aus. Dagegen darf man keine vollstreckbare Ausfertigung des Titels verlangen. Denn § 792 soll ja gerade dem Gläubiger ermöglichen, eine solche Ausfertigung zu erhalten. Im Verfahren wegen einer öffentlichrechtlichen Verwaltungsvollstreckung zB nach §§ 249 ff AO ist § 792 nur begrenzt anwendbar, BayObLG FamRZ **01**, 1738, Zweibr DNotZ **06**, 929.

4) Vollstreckungsbegriff. Der Begriff Zwangsvollstreckung gilt hier im weitesten Sinne. Er umfaßt alle 4
vorbereitenden Handlungen, zB die Einwirkung der Vollstreckungsklausel, VGH Mannh NJW **03**, 1203. § 792 gilt für alle Arten der Zwangsvollstreckung, vor allem, wenn bei einer grundbuchmäßigen Beziehung der Schuldner nicht als Eigentümer eingetragen ist, zB bei § 17 ZVG, oder bei der Zwangsvollstreckung in eine Hypothek, oder bei der Vollstreckung durch ein Finanzamt, LG Mü FamRZ **98**, 1067. Als den Gläubiger und als den Schuldner darf und muß man wegen § 727 auch die jeweiligen Rechtsnachfolger ansehen, VGH Mannh NJW **03**, 1203.

5) Weiteres Verfahren. Das Verfahren richtet sich (jetzt) nach dem *FamFG,* Hamm FamRZ **85**, 1186. 5
Denn die ZPO weist keine diesbezüglichen Vorschriften auf, soweit nicht das FamFG auf die ZPO verweist. Das gilt auch für die Rechtsbehelfe, Hamm FamRZ **85**, 1186. Ein Vermächtnisnehmer kann zB beschwerdeberechtigt sein, BayObLG RR **99**, 446. Das Gericht usw darf die Zulässigkeit der Zwangsvollstreckung in diesem Verfahren nicht prüfen. Der Gläubiger muß das Nachlaßgericht bei seinen Ermittlungen unterstützen, OVG Münst NJW **76**, 532. Notfalls kann der Gläubiger auch ohne eine frühere Inhaberhaft an der Urkunde das Aufgebotsverfahren betreiben, LG Ffm Rpfleger **86**, 187. Kosten entstehen nach § 107 I, II KostO, nicht nach dort III, IV, Düss Rpfleger **04**, 440. Sie gehören zu den Vollstreckungskosten nach (jetzt) §§ 82–82, 84, 87 FamFG.

793 *Sofortige Beschwerde.* **Gegen Entscheidungen, die im Zwangsvollstreckungsverfahren ohne mündliche Verhandlung ergehen können, findet sofortige Beschwerde statt.**

Schrifttum: *Kunz,* Erinnerung und Beschwerde usw, 1980; *Lippros,* Grundlagen und System des Vollstreckungsschutzes, 1983; *Neumüller,* Vollstreckungserinnerung, Vollstreckungsbeschwerde und Rechtspflegererinnerung, 1981; *Nies* MDR **99**, 1418 (Üb); *Schultheis,* Rechtsbehelfe bei vollstreckbaren Urkunden, 1994/5.

Gliederung

1) Systematik. Die Vorschrift regelt einen Teil der in der Zwangsvollstreckung möglichen Rechts- 1
behelfe. Ergänzend gelten §§ 567 ff. Diese gehen aber wegen der Selbständigkeit des Vollstreckungsverfahrens nicht vor, Grdz 1 vor § 704, BGH NJW **01**, 754. Andere Rechtsbehelfe sind in § 766 (Erinnerung) und in §§ 731, 767 usw (Klagensystem) und § 11 RPflG vorhanden.

2) Regelungszweck. Die Abgrenzungen sind keineswegs einfach. Man sollte die Auslegung weder 2
formalistisch noch allzu großzügig vornehmen und weder von vornherein zugunsten der einen Partei noch sogleich so zugunsten der anderen vorgehen. Das Gericht hat in der erstinstanzlichen Besetzung wie bei einer Erinnerung nach § 766 nun auch bei der sofortigen Beschwerde nach § 572 I 1 Hs 1 das Recht und die Pflicht zur auch selbstkritischen Überprüfung seiner bisherigen Entscheidung und evtl zur entsprechenden Abhilfe. Das hilft dabei, die Abgrenzung zwischen beiden Rechtsbehelfen etwas weniger streng vorzunehmen. Immerhin ist bei einer sofortigen Beschwerde im Fall der Nichtabhilfe nach § 572 I 1 Hs 2 das Beschwerdegericht direkt zuständig. Das mag nach Grdz 14 vor § 128 so prozeßwirtschaftlich sein, daß man im Zweifel eher § 793 als § 766 anwenden möchte.

3) Geltungsbereich. Die Vorschrift gilt auch im WEG-Verfahren, MüWoM **07**, 543. Man muß im 3
übrigen zahlreiche Aspekte prüfen. Im FamFG-Verfahren gelten nach § 87 IV FamFG vorrangig §§ 567–572 ZPO.

A. Wirkliche Entscheidung. Es muß eine wirkliche Entscheidung vorliegen, Jena RR **02**, 627, Ffm Rpfleger **79**, 29. Diese liegt vor, wenn eine *Anhörung* der Beteiligten stattgefunden hat, Artt 2 I, 20 III GG (Rpfl), BVerfG **101**, 404, Art 103 I GG (Richter), Karlsr FamRZ **84**, 1249, LG Düss Rpfleger **83**, 255, aM LG Frankenth Rpfleger **89**, 273, Jost NJW **90**, 217 (aber die Anhörung ist das allgemein übliche und einfachste Abgrenzungsmerkmal, Grdz 14 vor § 128). Es muß also entweder eine Äußerung vorliegen oder eine angemessene Gelegenheit zur Äußerung möglich gewesen sein. Es muß insbesondere eine Äußerungsfrist abgelaufen sein, LG Ffm Rpfleger **84**, 472. Außerdem muß natürlich eine tatsächliche und rechtliche Würdigung vorliegen, LG Frankenth Rpfleger **82**, 231. Auch § 11 RPflG setzt eine wirkliche Entscheidung (des Rpfl) voraus.

4 Den Gegensatz zu einer Entscheidung bildet ein bloßer *Vollstreckungsakt*. Dieser ergeht grundsätzlich *ohne* eine Anhörung des Schuldners, § 766 Rn 4, AG Schorndorf DGVZ **83**, 125. Ein bloßer Vollstreckungsakt ist zB grundsätzlich der Pfändungsbeschluß nach § 829. Gegen den bloßen Vollstreckungsakt ist grundsätzlich zunächst lediglich die Erinnerung nach § 766 zulässig, § 758 Rn 26, Jena RR **02**, 627.

5 *Wenn aber* ein eigentlich typischer bloßer Vollstreckungsakt ausnahmsweise *nach* einer *Anhörung* des Schuldners erging, ist ausnahmsweise auch schon gegen ihn *sofortige Beschwerde* statthaft, § 766 Rn 9, 47, KG Rpfleger **78**, 334, Nürnb RR **87**, 1483. Der Drittschuldner kann auch dann eine sofortige Beschwerde einlegen, wenn das Gericht nur den Schuldner angehört hatte, Bbg NJW **78**, 1389, LG Bonn DB **79**, 94. Das gilt auch dann, wenn der Vollstreckungsakt noch nicht vorhanden ist, LG Bochum Rpfleger **77**, 178.

Keine Entscheidung nach § 793 sind eine prozeßleitende *Verfügung* nach Üb 5 vor § 128 oder ein Beweisbeschluß nach §§ 358, 358 a oder eine Terminsbestimmung nach § 216 oder die Anordnung einer mündlichen Verhandlung.

6 **B. Gerichtliche Entscheidung.** Die Entscheidung muß entweder vom Vollstreckungsgericht nach §§ 764, 802 oder vom Prozeßgericht stammen, Hamm MDR **88**, 505, aM Hbg FamRZ **90**, 1379 (aber § 793 setzt ein Gericht als den Verfasser der Entscheidung wohl als selbstverständlich voraus. Das zeigt gerade auch ein Vergleich mit § 766). Es reicht, daß das Insolvenzgericht als Vollstreckungsgericht entschieden hat, BGH Rpfleger **07**, 72, Paulus KTS **07**, 353. Es reicht auch aus, daß das gesetzlich zugewiesene Gericht entschieden hat, etwa nach dem BauGB. Vgl ferner § 15 AusfG zum deutsch-österreichischen Konkursvertrag v 8. 3. 85, BGBl 535. Wegen der Unzuständigkeit inländischer Gerichte § 4 SeeGVG. Nach einer Entscheidung des Rpfl gelten Rn 11–13, nach einer solchen des Richters Rn 14 ff.

7 **C. Vollstreckungsverfahren.** Es muß ein Zwangsvollstreckungsverfahren vorliegen, auch ein solches nach dem ZVG, LG Heilbr Rpfleger **02**, 326. Dieses Verfahren muß bereits begonnen haben. Eine vor dem Beginn der Zwangsvollstreckung nach Grdz 51 vor § 704 ergangene Entscheidung ermöglicht allenfalls eine sofortige Beschwerde nach § 567. Zu den letzteren Entscheidungen gehört zB diejenige über die Art und die Höhe einer Sicherheitsleistung nach § 108 Rn 19 ff oder diejenige über ein Rechtskraft- und Notfristzeugnis nach § 706 oder diejenige im Klauselerteilungsverfahren, §§ 724 ff, Münzberg Rpfleger **91**, 210. Dagegen ist eine solche gerichtliche Strafandrohung bereits der Beginn der Zwangsvollstreckung. Eine Entscheidung nach § 721 II–VI kann vor oder nach dem Beginn der Zwangsvollstreckung liegen. Das erwähnt Mü ZMR **93**, 78 nicht klar.

8 **D. Entbehrlichkeit einer Verhandlung.** Es muß eine solche Entscheidung vorliegen, die keine mündliche Verhandlung erforderte, § 128 IV. Ob eine freigestellte stattgefunden hat, ist unerheblich. Daher scheidet eine sofortige Beschwerde gegen ein Urteil meist aus, LAG Mainz NZA-RR **06**, 48.

9 **E. Mehr als Kostenfrage.** Unzulässig ist eine solche sofortige Beschwerde, die sich nur gegen die Kosten einer gerichtlichen Entscheidung richtet, § 99 I.

10 **F. Fehlen einer Ausschlußvorschrift.** Es darf keine gesetzlich bestimmte Unanfechtbarkeit vorliegen, etwa nach § 707 II, Karlsr MDR **83**, 943.

11 **G. Nach Entscheidung des Rechtspflegers: Sofortige Beschwerde oder sofortige Erinnerung.** Da im allgemeinen der Rpfl des Vollstreckungsgerichts entscheidet (Ausnahmen nennt § 20 Z 17 a–c RPflG, § 764 Rn 6), ist nach § 11 I RPflG in Verbindung mit § 567 I Z 1, 793 an sich die sofortige Beschwerde statthaft, wie beim Richter, Rn 14 ff. Jedoch ist stattdesen nach § 11 II 1 RPflG die sofortige Erinnerung binnen 2 Wochen seit der Zustellung der angefochtenen Entscheidung statthaft, soweit gegen eine vom Richter erlassene Entscheidung ein Rechtsmittel wegen Rn 16–18 im Einzelfall nicht gegeben wäre, § 104 Rn 69 ff. Man muß das Rechtsmittel grundsätzlich bei dem Gericht des Rpfl einlegen, Stgt MDR **76**, 852. In einem dringenden Fall darf man die sofortige Erinnerung nach §§ 11 II 4 RPflG, 569 I Hs 2 auch bei dem nächsthöheren Gericht einlegen.

12 Der Rpfl kann und muß daher evtl einer sofortigen Erinnerung nach Rn 11 nach § 11 II 2 RPflG *abhelfen*. Er legt sie andernfalls seinem Richter zur abschließenden Entscheidung vor, § 11 II 3 RPflG, § 104 Rn 69 ff.

13 Die sofortige Erinnerung nach Rn 11, 12 hat *keine aufschiebende Wirkung*. Eine Aussetzung der Vollziehung ist allenfalls nach § 570 II, III, § 11 II 4 RPflG zulässig. Die Beendigung der Zwangsvollstreckung nach Grdz 52 vor § 704 macht eine sofortige Beschwerde grundsätzlich gegenstandslos. Sie läßt aber evtl einen Bereicherungsanspruch usw nach §§ 812 ff BGB bestehen. Wegen der Rechtsbehelfe gegen eine Eintragung im Grundbuch in der Zwangsvollstreckung § 867 Rn 18, 19. Eine sofortige Erinnerung nach Rn 11, 12 ist neben einer Erinnerung nach § 766 nur bedingt dann statthaft, wenn eine Entscheidung in der Zwangsvollstreckung ohne ein beiderseitiges Gehör ergangen ist, § 766 Rn 14. Grundsätzlich muß man in den richtigen Rechtsbehelf umdeuten. Vgl im übrigen bei den einzelnen Vorschriften.

14 **4) Verfahren nach richterlicher Entscheidung.** Man muß vier Hauptfragen klären.

A. Einlegungsberechtigung. Zur sofortigen Beschwerde gilt:

Der *Gläubiger* ist unter der Voraussetzung Rn 16 berechtigt. Der *Schuldner* ist unter der Voraussetzung Rn 16 berechtigt. Ein *Dritter* ist berechtigt, soweit die angefochtene Entscheidung seine Interessen beeinträchtigt, Ffm BB **76**, 1147. Das kann zB dann so sein, wenn der Drittschuldner sich gegen die Pfändung einer Forderung wendet, Bbg NJW **78**, 1389, LG Münst MDR **90**, 932.

15 Der *Gerichtsvollzieher* ist berechtigt, soweit eine Gerichtsentscheidung seine eigenen Belange verletzt, KG DGVZ **78**, 112, LG Wetzlar DGVZ **95**, 127, Geißler DGVZ **85**, 132, aM LG Ffm DGVZ **93**, 75, LG Wiesb DGVZ **90**, 13, AG Königstein DGVZ **93**, 74 (aber auch er verdient dann ungeachtet seiner Amtsstellung einen Rechtsschutz). Die Entscheidung verletzt die persönlichen Interessen des Gerichtsvollziehers freilich nicht schon dann, wenn sie ihn nur als ein Vollstreckungsorgan betrifft, LG Düss NJW **79**, 1990.

16 **B. Beschwer.** Stets muß eine Beschwer und damit ein Rechtsschutzbedürfnis vorliegen, Grdz 3 vor § 511, LG Heilbr Rpfleger **02**, 326. Das gilt auch für einen Dritten, LG Mü FamRZ **02**, 894. Eine Beschwer entfällt meist nach dem Ende der Zwangsvollstreckung nach Grdz 52 vor § 704.

C. Beschwerdewert bei Kostenentscheidung. Gegen eine Entscheidung über die Verpflichtung, die Prozeßkosten zu tragen, ist eine sofortige Beschwerde nur dann statthaft, wenn der Wert des Beschwerdegegenstands 200 EUR übersteigt, § 567 II. Das gilt auch im Vollstreckungsverfahren für eine Kostengrundentscheidung § 91 Rn 4 über Vollstreckungskosten, etwa nach § 788. Auch gegen andere Entscheidungen über Kosten ist die sofortige Beschwerde nur dann statthaft, wenn der Wert des Beschwerdegegenstands 200 EUR übersteigt, § 567 II. Das gilt auch bei Vollstreckungskosten nach § 788. Eine Kostenbeschwer kann auch noch nach dem Ende der Zwangsvollstreckung nach Grdz 52 vor § 704 bestehen. 17

D. Weitere Einzelfragen. Vgl zunächst §§ 567 ff. Gegen eine Entscheidung des FamG ist das OLG zuständig, § 119 I Z 1 a, b GVG. Es ist nicht erforderlich, daß das Gericht ein Gesuch zurückgewiesen hatte. Denn § 567 I Z 1 gibt das Beschwerderecht in Verbindung mit § 793 unabhängig von § 567 I Z 2. Die Beschwerdefrist beträgt 2 Wochen, § 569 I 1. Sie ist eine Notfrist, §§ 224 I 2, 569 I 1. Sie beginnt mit der jeweiligen Zustellung, § 569 I 2. Es besteht kein Anwaltszwang, wenn in der ersten Instanz kein Anwaltsprozeß vorgelegen hatte usw, § 78 Rn 1, § 569 III Z 1. Ein Anwaltszwang besteht aber dann, wenn das Beschwerdegericht eine mündliche Verhandlung anordnet. Das Beschwerdegericht muß den Beschwerdegegner vor einer ihm nachteiligen Entscheidung stets anhören, Art 103 I GG, BVerfG **34**, 346. Über die Kosten muß das Beschwerdegericht nach §§ 91 ff und nicht nach § 788 entscheiden. Denn es handelt sich um ein selbständiges Rechtsmittelverfahren, § 788 Rn 9, BGH RR **89**, 125 (für § 793 unbestritten). Wegen der EuGVVO SchlAnh V C 2. Eine Rechtsbeschwerde kommt unter den Voraussetzungen des § 574 ZPO, § 70 FamFG in Betracht, Gaul DGVZ **05**, 113 (zu § 574 ZPO Üb, krit). 18

794

Fassung 1. 9. 2009: ***Weitere Vollstreckungstitel.*** **[I] Die Zwangsvollstreckung findet ferner statt:**

1. aus Vergleichen, die zwischen den Parteien oder zwischen einer Partei und einem Dritten zur Beilegung des Rechtsstreits seinem ganzen Umfang nach oder in Betreff eines Teiles des Streitgegenstandes vor einem deutschen Gericht oder vor einer durch die Landesjustizverwaltung eingerichteten oder anerkannten Gütestelle abgeschlossen sind, sowie aus Vergleichen, die gemäß § 118 Abs. 1 Satz 3 oder § 492 Abs. 3 zu richterlichem Protokoll genommen sind;
2. aus Kostenfestsetzungsbeschlüssen;
2 a. (aufgehoben)
2 b. (weggefallen)
3. aus Entscheidungen, gegen die das Rechtsmittel der Beschwerde stattfindet;
3 a. (aufgehoben)
4. aus Vollstreckungsbescheiden;
4 a. aus Entscheidungen, die Schiedssprüche für vollstreckbar erklären, sofern die Entscheidungen rechtskräftig oder für vorläufig vollstreckbar erklärt sind;
4 b. aus Beschlüssen nach § 796 b oder § 796 c;
5. aus Urkunden, die von einem deutschen Gericht oder von einem deutschen Notar innerhalb der Grenzen seiner Amtsbefugnisse in der vorgeschriebenen Form aufgenommen sind, sofern die Urkunde über einen Anspruch errichtet ist, der einer vergleichsweisen Regelung zugänglich, nicht auf Abgabe einer Willenserklärung gerichtet ist und nicht den Bestand eines Mietverhältnisses über Wohnraum betrifft, und der Schuldner sich in der Urkunde wegen des zu bezeichnenden Anspruchs der sofortigen Zwangsvollstreckung unterworfen hat;
6. aus für vollstreckbar erklärten Europäischen Zahlungsbefehlen.

[II] Soweit nach den Vorschriften der §§ 737, 743, des § 745 Abs. 2 und des § 748 Abs. 2 die Verurteilung eines Beteiligten zur Duldung der Zwangsvollstreckung erforderlich ist, wird sie dadurch ersetzt, dass der Beteiligte in einer nach Absatz 1 Nr. 5 aufgenommenen Urkunde die sofortige Zwangsvollstreckung in die seinem Recht unterworfenen Gegenstände bewilligt.

Vorbem. I Z 8 angefügt dch Art 1 Z 7 b G BT-Drs 16/9639, in Kraft seit 12. 12. 08, Art 8 I G, ÜbergangsR Einl III 78.

Bisherige Fassung: I Z 2 a–3 a:

2 a. aus Beschlüssen, die in einem vereinfachten Verfahren über den Unterhalt Minderjähriger den Unterhalt festsetzen, einen Unterhaltstitel abändern oder den Antrag zurückweisen;
2 b. (weggefallen)
3. aus Entscheidungen, gegen die das Rechtsmittel der Beschwerde stattfindet; dies gilt nicht für Entscheidungen nach § 620 Nr. 1, 3 und § 620 b in Verbindung mit § 620 Nr. 1, 3;
3 a. aus einstweiligen Anordnungen nach den §§ 127 a, 620 Nr. 4 bis 10, dem § 621 f und dem § 621 g Satz 1, soweit Gegenstand des Verfahrens Regelungen nach der Verordnung über die Behandlung der Ehewohnung und des Hausrats sind, sowie nach dem § 644;

Schrifttum: *Dux,* Teilvollstreckung von Grundschulden, insbesondere die unwiderrufliche Vollmacht zur Unterwerfung unter die sofortige Zwangsvollstreckung, Diss Bonn 1992; *Hau,* Materiellrechtliche Verpflichtung als Titelersatz, in: Festschrift für *Lindacher* (2007); *Münch,* Vollstreckbare Urkunde und prozessualer Anspruch, 1989.

Gliederung

1 **1) Systematik, I, II.** § 794 ist sehr unvollständig. Die Vorschrift zählt in einer Ergänzung des § 704 lediglich einige andere Vollstreckungstitel als die Endurteile auf. Über weitere bundesgesetzliche Vollstrekkungstitel Rn 45 ff. Ergänzend gelten §§ 796 a–c. I Z 5 ist mit § 796 a II inhaltlich gleich. Die Vorschrift gilt auch im WEG-Verfahren.

2 **2) Regelungszweck, I, II.** Die Vorschrift dient sowohl der Rechtssicherheit nach Einl III 43 als auch der Prozeßwirtschaftlichkeit, Grdz 14 vor § 128. Hat der Gläubiger einen anderen vollstreckbaren Titel als ein Urteil in Händen, ist eine Leistungsklage über denselben Anspruch wegen des Fehlens eines Rechtsschutzbedürfnisses unzulässig, Grdz 33 vor § 253. Das gilt um so mehr, als ein doppelter Vollstreckungstitel eine Gefahr für den Schuldner bedeutet. Sie soll das Gesetz vermeiden, § 733. Die Leistungsklage wird erst dann zulässig, wenn der Schuldner eine sachlichrechtliche Einwendung erhebt. Denn dann muß der Gläubiger mit einer Vollstreckungsabwehrklage nach § 767 rechnen, Hamm NJW **76**, 246. Das alles muß man bei der Auslegung des § 794 mitbeachten. Wegen einer Ausnahme bei der einstweiligen Verfügung auf eine wiederkehrende Leistung § 940 Rn 42 „Rente".

Vollstreckungsfähigkeit des Titels ist stets eine der Voraussetzungen. Ihr Vorliegen ermöglicht erst die Durchführung irgendeiner Vollstreckungsmaßnahme. Daher entspricht es dem Zweck der Vorschrift, die erforderliche Bestimmtheit der Personen des Gläubigers wie des Schuldners der vollstreckbaren Forderung usw bei der Handhabung mitzubeachten und die Vorschrift insofern auch streng auszulegen. Das gilt insbesondere bei einer Urkunde nach I Z 5. Die Unterwerfung dient auch evtl einer Haftungsbeschränkung, BGH BB **06**, 234.

3 **3) Prozeßvergleich, Vergleich vor Gütestelle, I Z 1**

Schrifttum: Vgl die Angaben im Anh nach § 307.

A. Begriff. Vgl zunächst grundsätzlich § 278 VI Rn 50 sowie Anh § 307. Zu den in Z 1 genannten Vergleichen gehört auch ein Vergleich im Arrestverfahren, BGH RR **91**, 1021, und im Verfahren auf den Erlaß einer einstweiligen Verfügung, wo man jeweils wirksam auch einen die Hauptsache betreffenden Vergleich abschließen kann, oder ein Vergleich im Prozeßkostenhilfeverfahren nach § 118 I 3 oder nach § 278 VI 1 oder im selbständigen Beweisverfahren, § 492 III. Alle diese Vergleichsarten haben gemeinsam, daß sie einen Prozeß oder ein Verfahren durch eine Vereinbarung beenden oder im Keim ersticken und daß sie vor einem deutschen Gericht oder einer in Z 1 näher gekennzeichneten Gütestelle entstanden sind. Man nennt sie gerichtlichen Vergleich oder Prozeßvergleich, Anh § 307 Rn 1. Sie sind Vollstreckungstitel nach §§ 794 I Z 1, 795, BSG FamRZ **97**, 1405, oder nach § 15 VI 2 UWG. § 797 gilt für sie nicht. Vielmehr gilt § 797 a zumindest entsprechend.

Ein Vergleich kann auch in der Zwangsvollstreckung zustande kommen, ferner im *Zwangsversteigerungsverfahren* oder im Verfahren vor der Kammer für Baulandsachen, Mü MDR **76**, 150, oder vor dem BPatG. Das gilt auch dann, wenn ein solcher Vergleich eine nicht vor das Gericht gehörige Sache mitumfaßt, BPatG GRUR **96**, 402. Soweit ein Vergleich vor dem LG oder vor einem höheren Gericht zustandekommt, ist seine Wirksamkeit als Prozeßvergleich davon abhängig, daß alle Beteiligten anwaltlich vertreten waren, Anh § 307 Rn 26.

Es reicht „ein deutsches Gericht" und ein „Rechtsstreit", BayObLG WoM **99**, 359 (WEG-Gebühr). Hierzu zählt auch das Vollstreckungsgericht, ein Arbeitsgericht, ein Patentgericht, BPatG GRUR **96**, 402, ein Strafgericht, Meyer JB **84**, 1121, oder (jetzt) ein FamFG-Gericht, BGH **142**, 84, Stgt OLGZ **84**, 131, aM BayObLG MDR **97**, 1031.

4 *Gütestellen,* dazu *Morasch,* Schieds- und Schlichtungsstellen in der Bundesrepublik, 1984; *Preibisch,* Außergerichtliche Vorverfahren in Streitigkeiten der Zivilgerichtsbarkeit, 1982; *Wolfram-Korn/Schmarsli,* Außergerichtliche Streitschlichtung in Deutschland, 2001: Solche Stellen heißen oft auch Einigungsstellen, etwa nach § 15 UWG. Sie sind die durch die Landesregierung oder durch die Landesjustizverwaltungen eingerichteten oder anerkannten Stellen, zB bei der Sozialverwaltung Hbg (Öffentliche Rechtsauskunfts- und Vergleichsstelle), VO v 4. 2. 46, HbgVOBl 13, BGH **123**, 340, Hbg FamRZ **84**, 69, GebO v 2. 1. 50, VOBl 82, ferner für Lübeck, AV LJM v 4. 8. 49, SchlHA 276, und 17. 12. 52, SchlHA **53**, 9, ferner für München, Traunstein, Würzburg, Bek v 31. 7. 84, BayJMBl 146, dazu Bethke DRiZ **94**, 16. Vgl auch Anh § 307 Rn 17.

Gütestellen sind auch die im *obligatorischen Güteverfahren* nach § 15 a I 1 EGZPO, durch die Landesgesetze von den Landesjustizverwaltungen eingerichteten oder anerkannten, § 15 a VI 2 EGZPO, LG Bayreuth RR **05**, 512, Fricke VersR **00**, 1194, Hartmann NJW **99**, 3748, Mattissek (bei Grdz 49 vor § 253 „Obligatorisches Güteverfahren"), Rüssel NJW **00**, 2800, Schneider AnwBl **01**, 327, Zietsch/Roschmann NJW **01**, Beilage zu Heft 51 S 3 (je: Üb).

Vgl dazu in

Baden-Württemberg: G vom 28. 6. 00, GVBl 470, geändert durch G vom 20. 11. 01, GBl 605, dazu LG BadBad WoM **01**, 560; Heck AnwBl **00**, 596; Kothe, Schlichtungsgesetz Baden-Württemberg (Kommentar), 2001; Wolfram-Korn/Schmarsli, Außergerichtliche Streitschlichtung in Deutschland, dargestellt anhand des Schlichtungsgesetzes Baden-Württemberg, 2001;
Bayern: G vom 25. 4. 00, GVBl 268, berichtigt GVBl **02**, 39, zuletzt geändert am 24. 12. 05, GVBl 655, dazu AG Nürnb NJW **01**, 3489, Ott, Außergerichtliche Konfliktbeilegung in Zivilsachen, 2000;
Berlin:
Brandenburg: G vom 5. 10. 00, GVBl 134, und 21. 11. 00, GVBl 158, zuletzt geändert am 18. 12. 06, GVBl 186;
Bremen:
Hamburg:
Hessen: G vom 6. 2. 01, GVBl 98, geändert am 1. 12. 05, GVBl 782;
Mecklenburg-Vorpommern:
Niedersachsen:
Nordrhein-Westfalen: G vom 9. 5. 00, GVBl 476, zuletzt geändert am 3. 5. 05, GVBl 498, dazu Böhm AnwBl **00**, 596, Dieckmann NJW **00**, 2802, Serwe, Gütestellen- und Schlichtungsgesetz NRW, 2002;
Rheinland-Pfalz:
Saarland: G vom 21. 2. 01, ABl 532, zuletzt geändert am 13. 12. 05, GVBl 2055;
Sachsen:
Sachsen-Anhalt: G vom 22. 6. 01, GVBl 214;
Schleswig-Holstein: G vom 11. 12. 01, GVBl 361, berichtigt GVBl **02**, 218, geändert am 9. 12. 05, GVBl 538;
Thüringen:

Gebühren: Der Gütestelle im obligatorischen Güteverfahren § 15 a IV, V EGZPO. Des Anwalts VV 2303. Eine Kostenerstattung findet im Zusammenhang mit einem obligatorischen Güteverfahren nur im Rahmen von Vorbereitungskosten statt, § 91 Rn 143, 286, Hartmann NJW **99**, 3748. Zu den Schiedsstellen in den neuen Bundesländern Luther DtZ **91**, 17, Müller DtZ **92**, 18.

Der Inhalt eines solchen Vergleichs muß aus sich heraus für eine Auslegung *genügend bestimmt* sein, Grdz 18 vor § 704, Rn 22 ff, Kblz RR **02**, 1509 (zu I Z 5). Er muß evtl aus einem besonderen Schriftstück bestehen, zB § 15 VI 1 UWG. Es reicht nicht aus, die Verteilung der Kosten dem Schlichter zu überlassen, LG Bielef RR **02**, 432.

B. Beispiele zur Frage einer Bestimmtheit des Prozeßvergleiches, I Z 1

Anspruchselement: Rn 6 „Zwischenvergleich". 5
Auslegung: Maßgeblich ist nur der Vergleich, nicht eine Äußerung des Richters usw, Stgt Rpfleger **97**, 446.
Außergerichtlicher Vergleich: Er reicht *grds nicht* aus, da er kein Vollstreckungstitel ist, Mü Rpfleger **90**, 136. Wegen eines für vollstreckbar erklärten Anwaltsvergleichs Rn 10.
BAföG: *Nicht* ausreichend ist die Bezugnahme auf einen BAföG-Bescheid, Karlsr OLGZ **84**, 342.
Bezugnahme: S beim Gegenstand der Bezugnahme.
Brutto: Dieser Zusatz kann ausreichen, BGH RR **08**, 1456.
Gegenleistung: Auch sie muß genügend bestimmt sein, BVerfG NJW **97**, 2168.
Gutachten: *Nicht* ausreichend ist unter Umständen die Bezugnahme auf ein Gutachten, selbst wenn alle Beteiligten es kennen und wenn es sich in den Gerichtsakten befindet. Erst recht nicht ausreichend ist die Bezugnahme auf ein erst noch von den Parteien zu beschaffendes Gutachten, selbst wenn es verständlich sein soll. Es liegt dann bisher nur eine derartige Feststellung vor. Daher muß man nach der Vorlage des Gutachtens notfalls neu auf seiner Basis klagen, Stgt RR **99**, 791.
Höchstpension: *Nicht* ausreichend ist die Bezugnahme auf eine „jeweilige Höchstpension".
Index: Ausreichend ist die Bezugnahme auf einen Index des Statistischen Bundesamtes, LG Lüneb DGVZ **93**, 173, aM AG Winsen/L DGVZ **93**, 173 (aber ein bißchen Deutungsbemühung ist zumutbar).
Mehrheit von Gläubigern: Ausreichen kann ein Titel auf eine einheitliche Summe etwa von Unterhalt zugunsten mehrerer Gläubiger, Oldb FamRZ **90**, 900 (sehr großzügig!).
S auch Rn 6 „Unterhalt".
Nettolohn: *Nicht* ausreichend ist die Bezugnahme auf einen „jeweiligen Nettolohn", Brschw FamRZ **79**, 929. 6
Räumung: Es reicht, daß man die Lage ohne einen Grundbuchauszug ermitteln kann, zB durch die Grundbuchbezeichnung (Gemarkung, Buch, Blatt und Flurstück-Nr), Mü DGVZ **99**, 56.
Rentenbemessung: Ausreichend ist die Bezugnahme auf eine im BGBl verkündete Rentenbemessungsgrundlage, Brschw FamRZ **79**, 929.
Tabelle: *Nicht* ausreichend ist die Bezugnahme auf die „jeweilige Tabelle", LG Düss DGVZ **81**, 93.
Übereinstimmungserklärung: Ausreichen kann die Formulierung „Die Parteien sind sich darüber einig, daß ...", je nach dem Inhalt der folgenden Erklärung, aM LG Bonn WoM **89**, 586 (zu eng).
Vorlesung, Genehmigung: *Nicht* ausreichend ist es, wenn das Gericht einen Prozeßvergleich nicht ordnungsgemäß vorgelesen hat und die Beteiligten ihn nicht genehmigt haben, §§ 160 III Z 1, 162 I 1, Köln FamRZ **94**, 2048.
Unterhalt: *Nicht* ausreichend ist die Anerkennung einer der Höhe nach offenen Unterhaltspflicht, Hamm FamRZ **88**, 1308.
S auch Rn 5 „Mehrheit von Gläubigern".
Zahlungsverpflichtung: Ausreichend ist natürlich eine Bezifferung, BGH FamRZ **06**, 202 rechts (krit Zenker 1248).
Nicht ausreichend ist die bloße Verpflichtung, „die Forderung der Klägerin zu zahlen", Oldb Rpfleger **85**, 448.
Zwischenvergleich: *Nicht* ausreichend ist ein Zwischenvergleich über einzelne Anspruchselemente.

C. Vollstreckbarkeit. Wie beim Urteil; nach diesem Abwehrklage. Die Vollstreckbarkeit ist notwendig, BGH FamRZ **06**, 262, BPatG GRUR **96**, 402. Man muß sie ebenso wie beim Urteil beurteilen, 7

Anh § 307 Rn 35, BGH Rpfleger **91**, 261. Das gilt, soweit nicht das Fehlen einer inneren Rechtskraftwirkung nach Einf 2 vor §§ 322–327 Einschränkungen nach sich zieht. Eine vergleichsweise Verpflichtung zur Abgabe einer Willenserklärung ersetzt nicht ein Urteil nach § 894. Vielmehr muß der Schuldner die Erklärung in dem Vergleich selbst abgeben oder der Gläubiger sie nach § 887 erzwingen, aM Kblz OLGZ **76**, 381 (es sei § 888 anwendbar. Aber für eine Willenserklärung bietet § 894 die vorrangige Spezialregelung). Das entsprechende gilt dann, wenn die Parteien in einem Vergleich die Zulässigkeit einer Vertragsstrafe vereinbart haben, LG Bln Rpfleger **78**, 32.

Der Prozeßvergleich *beseitigt* ohne weiteres ein noch nicht nach § 705 formell rechtskräftiges *Urteil*, Hamm MDR **77**, 56, Schlesw JB **75**, 1502. Der Prozeßvergleich kann aber weder eine Vollstreckbarkeit allein noch eine Vollstreckbarkeit des rechtskräftigen Urteils als solche beseitigen, § 775 Rn 11, 12, Hamm NJW **88**, 1988. Die Parteien können freilich auf einen Anspruch oder auf die Vollstreckbarkeit dieses Anspruchs verzichtet haben. Das muß der Schuldner aber durch eine Vollstreckungsabwehrklage nach § 767 geltend machen. Ein Vergleich über einen Familienunterhalt kann außerhalb des § 1360 BGB unwirksam, nicht vollstreckbar sein, Zweibr FER **00**, 19. Die Vollstreckungsabwehrklage nach § 767 ist auch dann erforderlich, wenn die Parteien über die Auslegung eines unstreitig wirksam gewordenen Prozeßvergleichs streiten, Grdz 25 vor § 704, Hamm FamRZ **78**, 524, Oldb FamRZ **91**, 721.

8 **D. Wirksamkeit des Vergleichs.** Die Vollstreckbarkeit setzt voraus, daß ein Vergleich wirksam zustande gekommen ist, § 278 VI 1, 2, Anh § 307 Rn 15 ff, LG Bln Rpfleger **88**, 110. Deshalb ist zB ein Vergleich über Fragen der Erziehung von Kindern nicht vollstreckbar. Freilich beeinträchtigt ein Streit nach Anh § 307 Rn 36 über die sachlichrechtliche Wirksamkeit eines formell wirksamen Vergleichs die Vollstreckbarkeit bis zur Entscheidung über die Wirksamkeit nicht, insbesondere nicht im Verfahren nach § 724, § 726 Rn 4, BAG NJW **04**, 701, Ffm MDR **95**, 201, aM Stgt NJW **05**, 910, Sauer/Meiendresch Rpfleger **97**, 289 (aber das überfordert den Rpfl). Wegen der Vollstreckbarkeit einer vermögensrechtlichen Vereinbarung in einem Vergleich während einer Ehesache Düss FamRZ **88**, 312.

Wenn die Parteien in einem Vergleich ein *Ordnungsmittel* nach § 890 als angedroht vereinbarten, ist diese Regelung unwirksam, § 890 Rn 7. Die Parteien müssen vielmehr zwecks einer solchen Vereinbarung eine Vertragsstrafe vorsehen. Die Vollstreckbarkeit ist nicht stets eine Wirksamkeitsvoraussetzung, Köln JB **00**, 98 (wenn zB keiner dem andern mehr etwas schulden soll).

9 **E. Auswirkung auf Dritte.** Der Vergleich hat keine innere Rechtskraft, § 322 Rn 69 „Vergleich". Er ist auch gegen denjenigen Dritten vollstreckbar, der sich in ihm verpflichtet. Die Parteien müssen den Dritten aber seiner Person und seiner Wohnung nach in einer Weise angeben, die den Anforderungen des § 750 entspricht, Hbg FamRZ **82**, 322. Zugunsten eines gemäß § 328 BGB nach dem Vergleich berechtigten Dritten kann die davon mitbegünstigte Prozeßpartei vollstrecken, Hamm RR **96**, 1157, KG NJW **83**, 2032, AG Bonn Rpfleger **97**, 225. Demgegenüber kann der nicht beigetretene Dritte nicht vollstrecken, BGH FamRZ **80**, 342, Stgt Rpfleger **79**, 145, Zweibr FamRZ **79**, 174.

10 Denn man kann *nicht durch* einen privatrechtlichen *Vollstreckungsvertrag* nach Grdz 24 vor § 704 dem Dritten ohne dessen Eintreten in den Formen einer anwaltlichen Vertretung die prozeßrechtliche Stellung einer Partei verschaffen, soweit sie die Verfahrensart erfordert, Anh § 307 Rn 26, BGH **86**, 164. Er kann also auch nicht die Stellung einer Partei im Zwangsvollstreckungsverfahren erhalten, BGH FamRZ **80**, 342, Köln Rpfleger **85**, 305, Oldb FamRZ **91**, 720. Vgl freilich § 1629 II 2, III BGB, § 323 Rn 16.

11 Zur Lage des Elternteils *nach* dem *Erlöschen seiner Prozeßstandschaft* nach Grdz 26 vor § 50 gilt dasselbe, Hbg FamRZ **84**, 927, KG FamRZ **84**, 505, LG Düss Rpfleger **85**, 497, aM Hbg FamRZ **85**, 625, Schlesw FamRZ **90**, 189 (nach einem Urteil), AG Oldb DGVZ **88**, 126 (aber nun ist der bisherige Prozeßstandschafter eben prozessual nicht mehr berechtigt). Etwas anderes gilt natürlich sachlichrechtlich sowie dann, wenn der Dritte einen auf ihn lautenden Vollstreckungstitel aus der Vereinbarung erhalten hat, sei es auch rechtsfehlerhaft, Ffm FamRZ **83**, 756.

12 **4) Kostenfestsetzungsbeschluß, I Z 2**

Schrifttum: Vgl bei Rn 21.

13 Diesen Beschluß nennt Z 2, weil er nicht einer sofortigen Beschwerde unterliegt, Z 3, OVG Münst NJW **86**, 1191, sondern weil er mit der *Erinnerung* nach § 766 angreifbar ist. Ob die zugehörige Kostengrundentscheidung nach Üb 35 vor § 91 überhaupt existiert, muß das Vollstreckungsgericht im Zweifel von Amts wegen klären, Grdz 38 vor § 128. Eine Einstellung der Zwangsvollstreckung aus der Kostengrundentscheidung bewirkt wegen der Abhängigkeit der Kostenfestsetzung von der Kostengrundentscheidung nach Einf 8 vor §§ 103–107 ohne weiteres auch die Einstellung der Zwangsvollstreckung aus dem Kostenfestsetzungsbeschluß, Stgt Rpfleger **88**, 39. Zur Klarstellung ist ein Hinweis darauf in ihm notwendig, ähnlich wie bei einer Sicherheitsleistung nach § 108 als der Voraussetzung der Vollstreckbarkeit und bei vollstreckungsbeschränkenden Vergleichsabreden usw, Stgt Rpfleger **88**, 39. Erst das Vollstreckungsorgan prüft die Leistung der Sicherheit oder Teilsicherheit nach §§ 751 II, 752.

14 Die *Rechtskraft* der Kostengrundentscheidung macht den Kostenfestsetzungsbeschluß ohne eine Sicherheitsleistung vollstreckbar, Naumb JB **02**, 38. § 717 ist auch hier anwendbar, ebenso §§ 769 ff, 775 Z 1, 2, Stgt Rpfleger **88**, 39. Eine Abtretung nur dem Grunde nach oder eine bloße Sicherungsabtretung an den ProzBev hindern den Gläubiger nicht an der Vollstreckung im eigenen Namen, BGH NJW **88**, 3205, LG Itzehoe AnwBl **89**, 164. Der Zwangsgeldbeschluß nach § 888 gehört nicht hierher, LG Kiel DGVZ **83**, 156.

15 **5) Beschwerdefähige Entscheidung, I Z 3.** Unter diese Vorschrift fällt grundsätzlich jede Entscheidung, die mit einer sofortigen Beschwerde nach §§ 567 ff, 793 anfechtbar ist oder derart beschwerdefähig wäre, wenn sie in der ersten Instanz ergangen wäre, BGH NJW **06**, 445. Hierunter fällt also auch zB: Eine Entscheidung nach § 99 II; ein Kostenausspruch nach § 269 III, IV oder nach § 516 III; eine Entscheidung nach § 494 a II 1; eine Entscheidung des OLG, zB ein Verwerfungsbeschluß nach § 522 I 2; ein Beschluß nach §§ 887, 890; ein Zwangsgeldbeschluß nach § 888, AG Arnsbg DGVZ **94**, 79. Ferner zählen hierhin alle diejenigen Entscheidungen, die im Zeitpunkt ihres Wirksamwerdens rechtskräftig sind. Zum Begriff der Vollstreckbarkeit Grdz 28

vor § 704. Die aufschiebende Wirkung der sofortigen Beschwerde oder die Aussetzung der Vollziehung nach § 570 I hindern zwar die Durchführung der Zwangsvollstreckung. Sie hindern aber grundsätzlich nicht die Erteilung der vollstreckbaren Ausfertigung, Grdz 51 vor § 704, soweit das Beschwerdegericht nicht eine Aussetzung der Vollziehung angeordnet hat, BGH NJW **06**, 445. §§ 381, 402 sind anwendbar.

Unanwendbar ist I Z 3 auf einen Einspruchsverwerfung nach §§ 341 I, 700 I. Denn sie muß nach § 341 II 16 durch Urteil erfolgen.

6) Vollstreckungsbescheid, I Z 4. Vgl bei §§ 699 ff, 796. 17

7) Für vollstreckbar erklärter Schiedsspruch, I Z 4 a. Notwendig ist, daß der Schiedsspruch rechts- 18 kräftig oder für vollstreckbar erklärt worden ist, §§ 1060, 1061, Köln NJW **97**, 1452. Das gilt auch beim Schiedsspruch mit vereinbartem Wortlaut nach § 1053 I.

8) Für vollstreckbar erklärter Anwaltsvergleich, I Z 4 b. Für einen nach § 796 a I geschlossenen sog 19 Anwaltsvergleich oder Vergleich mit einer Unterwerfungsklausel und für einen beim Notar in Verwahrung genommenen derartigen Vergleich nach § 796 c I 1 gilt Z 4 b. Ferner ist § 797 II–V entsprechend für den Vergleich nach § 796 c VI anwendbar, § 797 Rn 12. Z 4 a gilt evtl auch beim Räumungsvergleich, Münch NJW **93**, 1183.

9) Vollstreckbare Urkunde, I Z 5 20

Schrifttum: *Böckmann,* Schuldnerschutz bei vollstreckbaren Urkunden, 2003; *Lentner,* Die vollstreckbare Urkunde im europäischen Rechtsverkehr, 1997; *Bellinger,* Die Bezugnahme in notariellen Urkunden, 1987; *Engelhardt,* Prozessualer und materiellrechtlicher Bestand des in vollstreckbaren notariellen Urkunden erklärten Nachweisverzichts usw, 2004; *Gaul,* Vollstreckbare Urkunde und vollstreckbarer Anspruch, Festschrift für *Lüke* (1997) 81; *Jursnick,* Leistung vertretbarer Sachen sowie Sicherungsübereignung in der vollstreckbaren Urkunde, 1998; *Kopp,* Die vollstreckbare Urkunde usw, Diss Bonn 1994; *Leutner,* Die vollsstreckbare Urkunde im europäischen Rechtsverkehr, 1997; *Lindemeier,* Die Unterwerfungserklärung in der vollstreckbaren notariellen Urkunde, 2000; *Münch,* Vollstreckbare Urkunde und prozessualer Anspruch, 1989; *Sauer,* Bestimmtheit und Bestimmbarkeit im Hinblick auf die vollstreckbare notarielle Urkunde, 1986; *Schultheis,* Rechtsbehelfe bei vollstreckbaren Urkunden, 1996; *Wolfsteiner* DNotZ **99**, 306 (Üb); *Wolfsteiner,* Vollstreckbare Urkunden über Wohngeld, Festschrift für *Wenzel* (2005) 59; *Wolfsteiner,* Die vollstreckbare Urkunde, 2. Aufl 2006 (Bespr *Grziwotz* NJW **06**, 2092, *Schemmann* DNotzZ **06**, 559).

A. Form. Auch eine Urkunde nach I Z 5 ist ein Vollstreckungstitel, BGH MDR **08**, 766. Ein deutsches 21 Gericht oder ein deutscher Notar müssen die Urkunde errichtet haben, BGH 91 VersR **07**, 398, BVerwG JZ **96**, 100. Ausreichend ist auch die Errichtung durch den Rpfl im Rahmen der gesetzlichen Ermächtigung. Gericht, Rpfl, Notar müssen in den Grenzen ihrer Amtsbefugnisse und in der vorgeschriebenen Form nach dem BeurkG gehandelt haben, BGH **138**, 361. Die Urkunde darf zB abgesehen von Schreibfehlern auch keine allseits einverständliche nachträgliche „Berichtigung" erhalten haben, Hamm Rpfleger **88**, 197. Zur gerichtlichen Zuständigkeit § 62 BeurkG. Auch bestimmte deutsche Konsuln sind zuständig, §§ 16 KonsG, 57 I Z 1 BeurkG, VGH Mü NJW **83**, 1992. Das Prozeßgericht ist als solches nicht zuständig. Ein protokollierter Prozeßvergleich ist aber wirksam. Denn er ersetzt jede andere Form, Anh § 307 Rn 34. Es genügt auch eine Anlage zum Protokoll der Urkundsperson zusammen mit einer ausreichend beurkundeten Unterwerfung. Eine öffentliche Beglaubigung der Unterwerfungserklärung reicht grundsätzlich nicht aus. Einzelheiten bei Haegele Rpfleger **75**, 157. Über den Anwaltsvergleich Rn 20. Eine ausländische vollstreckbare Urkunde reicht nicht aus, BGH **138**, 362.

B. Anspruchsart. Der Vergleichsgegenstand ist nur von der Vergleichsfähigkeit nach Anh § 307 Rn 8, 9 22 abhängig, also davon, daß die Parteien über ihn verfügen können, Grdz 18 von § 128. Er ist also keineswegs auf die in § 592 genannten Ansprüche beschränkt. Ausreichend ist zB ein Anspruch gegen den Bauträger auf seine Vertragsleistung. Der Vergleich darf allerdings wegen § 894 nicht in der Abgabe einer Willenserklärung bestehen und auch nicht den Bestand eines Mietverhältnisses über Wohnraum betreffen, Hs 2. Insofern ähnelt I Z 5 dem § 796 a II, dort Rn 11. Diese Ausnahmen sind eng auslegbar, AG Ingolstadt DGVZ **01**, 90. „Bestand eines Mietverhältnisses über Wohnraum" ist dasselbe wie bei § 23 Z 2 a Hs 2 GVG Rn 6. Dazu gehört zB auch ein Anspruch nach §§ 574 ff BGB oder ein Anerkenntnis des Räumungsanspruchs, AG Detm DGVZ **03**, 60 (also keine Vollstreckbarkeit), nicht aber zB ein Anspruch auf die Miete. Bei einer sog Mischmiete kommt es auf die ganz überwiegende Nutzungsart an, Schultes DGVZ **98**, 177, Wolfsteiner DNotZ **99**, 317.

C. Anspruchsbestimmtheit. Der Anspruch muß nach §§ 253 II Z 2, 313 I Z 4 vollstreckbar bestimmt 23 sein, BGH MDR **97**, 776, KG JB **07**, 502, LAG Ffm NZA-RR **04**, 382. Eine bloße Bestimmbarkeit genügt nicht, BGH NJW **80**, 1051, KG ZIP **83**, 370, LG Saarbr DGVZ **97**, 29. Eine Auslegung ist bei der Vollstreckbarkeit nur in engen Grenzen zulässig, Rn 5, 6 (zu I Z 1), BayObLG JB **00**, 624, Kblz JB **02**, 551, Köln VersR **93**, 1505, großzügiger Zweibr FamRZ **03**, 691 (aber man muß die Vollstreckbarkeit im Ergebnis ganz eindeutig und ohne Auslegungsprobleme vermeidbarer Art erkennen können).

D. Beispiele zur Frage einer Anspruchsbestimmtheit, I Z 5 24

Abhängigkeit, § 726: Ausreichend ist ein solcher Anspruch, dessen Höhe man später nach § 726 errechnen kann, BAG NJW **01**, 1297, KG OLGZ **83**, 213.

Abrechnung: *Nicht* ausreichend ist die Verpflichtung, „sämtliche Baustellen und Aufträge abzurechnen, an denen der Kläger mitgewirkt hat", LAG Düss MDR **03**, 1380.

Anlage: Sie muß im Protokoll nach § 160 V als solche bezeichnet sein, dort Rn 22.

Anrechnung: Sie muß mühelos errechenbar sein, BGH FamRZ **06**, 263.

Austausch: Der Gläubiger kann seinen Anspruch nur mit einer Zustimmung des Schuldners gegen einen weiteren austauschen. Er kann dann zB statt einer Kaufpreisforderung einen Schadensersatzanspruch geltend machen, BGH NJW **80**, 1051.

Bankrecht: *Nicht* ausreichend ist die bloße Bezugnahme auf einen Kontoauszug, LG Köln JB **76**, 255.
S auch „Berechenbarkeit".

Bedingung: Der Anspruch darf befristet, betagt, bedingt und zukünftig sein, wenn er nur bestimmt ist, BGH DNotZ **90**, 552, Hamm BB **91**, 865, KG OLGZ **83**, 216. Das gilt auch für den Verzicht auf eine Fälligkeit in AGB, Geimer DNotZ **96**, 1055. Zur Verbindung eines bedingten und eines unbedingten Anspruchs bei einem Höchstzinssatz BGH **88**, 65.

Berechenbarkeit: Ausreichend ist ein solcher Anspruch, der sich aus denjenigen Unterlagen mühelos errechnen läßt, die zur Urkunde gehören, die also die Urkunde nennt oder als ihre Anlage ausweist, BGH DNotZ **01**, 379, Düss DNotZ **88**, 244, Opalka NJW **91**, 1796 (ausf).

Nicht ausreichend sind zB: Ein zwar an sich beziffterter, dennoch von unbezifferten Umständen (Einkommen) des Gläubigers im Ergebnis abhängiger Betrag, Zweibr FamRZ **99**, 33 links; ein Anspruch auf eine Rente „in Höhe der jeweiligen Höchstpension", BGH MDR **96**, 1065.

S auch Rn 23 „Abhängigkeit, § 726", Rn 24 „Bankrecht", Rn 31 „Offenkundigkeit", Rn 34 „Wertsicherungsklausel".

Beweislast: Nach der Erfüllung der Hauptschuld muß der Gläubiger für eine Vollstreckungsklage den Grund und die Höhe der Zinsforderung beweisen, BayObLG DNotZ **76**, 367.

S auch Rn 35 „Zinsen".

Bezifferung: Sie ist beim Zahlungstitel notwendig, BGH FamRZ **06**, 262, und reicht aus, BGH MDR **96**, 1065.

Bezugnahme: Sie reicht aus, wenn die in Bezug genommene Urkunde zB beim Prozeßvergleich dem Protokoll nach § 160 V beiliegt, Zweibr Rpfleger **92**, 441, oder wenn die Berechnung mithilfe offenkundiger Daten möglich ist, insbesondere aus dem Grundbuch ersichtlicher, BGH NJW **95**, 1162 (krit Münch DNotZ **95**, 749).

Darlehen: Rn 31 „Schadensersatz".

Dritter: Er muß als Leistungsempfänger klar aus der Urkunde hervorgehen, KG NJW **00**, 1409 (Notar mit Anderkonto).

25 **Erbrecht:** Die Urkunde darf eine Verpflichtung zur Herausgabe eines Nachlasses im Weg der Zwangsvollstreckung enthalten, § 1990 BGB.

26 **Fälligkeit:** Rn 24 „Bedingung".

Gegenleistung: Auch sie muß genügend bestimmt sein, BVerfG NJW **97**, 2168.

Gläubiger: Er muß eindeutig feststehen, KG Rpfleger **75**, 371. Bei einer Gläubigermehrheit muß ihr Beteiligungsverhältnis aus der Urkunde erkennbar sein. Eine bloße Grundbucheinsicht reicht nicht.

Grundbuch: Rn 31 „Offenkundigkeit".

27 **Herausgabe:** *Nicht* ausreichend ist die Herausgabe „entsprechender Fahrzeugpapiere", Saarbr RR **05**, 1302.

Höchstbetragshypothek: *Nicht* ausreichend ist eine Höchstbetragshypothek, § 1190 BGB. Sie läßt eine Unterwerfung wegen des Höchstbetrags nämlich nicht zu, BGB **88**, 65. Wohl aber läßt sie eine Unterwerfungsklausel wegen eines solchen Teilbetrags zu, der im Rahmen der Höchstbetragshypothek bereits feststeht, Ffm Rpfleger **77**, 220, Hornung NJW **91**, 1651. Es genügt andererseits auch nicht, wenn eine Höchstgrenze für die Unterwerfung bloß genannt wird. Vielmehr muß auch eine Unterwerfung in dieser Höhe stattfinden, und zwar mit der Möglichkeit für den Schuldner, nach §§ 767, 795 geltend zu machen, daß seine Schuld diese Summe nicht erreicht. Zum Problem Hornung NJW **91**, 1651.

28 **Index:** Ausreichend ist die Anknüpfung an einen amtlichen Index, zB bei einem gleitenden Erbbauzins an den Lebenskostenindex. Denn jeder kann ihn nachlesen, BGH DGVZ **05**, 26, LG Düss DGVZ **96**, 28, LG Kempten DGVZ **96**, 28. Freilich kann § 3 WährG die Unwirksamkeit herbeiführen, § 134 BGB. Das Vollstreckungsorgan braucht sie aber nicht von Amts wegen zu prüfen. Voraussetzung ist dann jedoch, daß der maßgebende der amtlichen Indices auch hier wie stets eindeutig feststeht, BGH DGVZ **05**, 26, AG Darmst DGVZ **80**, 174, Geitner/Pulte Rpfleger **80**, 94, und daß er allgemein mühelos zugänglich ist, Karlsr OLGZ **91**, 229 (nicht beim Index eines einzelnen Bundeslandes. Vgl freilich § 293 Rn 1).

Nicht ausreichend ist zB die Bezugnahme auf eine solche Statistik, die zwei verschiedene Preisindices nennt, AG Darmst DGVZ **80**, 174.

S auch Rn 24 „Berechenbarkeit", Rn 34 „Wertsicherungsklausel".

Kaufpreis: Die Unterwerfung erfaßt auch den zugehörigen Schadensersatzanspruch, aM Hamm RR **96**, 1024 (aber man sollte prozeßwirtschaftlich vorgehen, Grdz 14 vor § 128).

29 **Kontoauszug:** Rn 24 „Bankrecht".

Kostenübernahme: Ausreichend ist es, wenn der Schuldner nicht errechnete Prozeßkosten bei einer immerhin ziffernmäßig bestimmten Hauptforderung übernommen hat.

30 **Miete, Pacht:** Zur Räumungsverpflichtung Moeser NZM **04**, 769. Aber Vorsicht für den Mieter! Die Zeiten des Vermietermarkts sind vorbei.

Nicht ausreichend ist nach einer Unterwerfung wegen der Miete, ihrer Erhöhung und der Kaution ein bloßer Entschädigungsanspruch nach § 546 a I BGB, Ffm ZMR **87**, 177. Nicht ausreichend ist die Formulierung, geschuldet sei „der vereinbarte Zins", Kblz RR **02**, 1510.

31 **Nebenleistung:** *Nicht* ausreichend ist die bloße Bezeichnung „Nebenleistungen", BGH MDR **79**, 916.

Nettogehalt: Rn 33 „Unterhalt".

Offenkundigkeit: Ausreichend ist es, wenn die Berechnung mithilfe offenkundiger Daten möglich ist, insbesondere aus dem Grundbuch ersichtlicher, BGH RR **00**, 1358 (großzügig).

Pacht: Rn 30 „Miete, Pacht".

Rechtsdienstleistungsesetz: Sein Schutz umfaßt die Unterwerfung, (zum alten Recht) BGH NJW **04**, 842.

Rente: Rn 24 „Berechenbarkeit".

Schadensersatz: Ausreichend ist die Schadensersatzforderung des Darleihers wegen einer rechtmäßigen Nichtauszahlung, Ffm RR **04**, 137.

32 **Teilbetrag:** Rn 27 „Höchstbetragshypothek".

33 **Unterhalt:** Ausreichend ist eine Nichtdynamisierung auch nach der Volljährigkeit, AG Halberstatt FamRZ **06**, 1049.

Nicht ausreichend ist ein Unterhalt „nach dem Nettogehalt“, selbst wenn die Urkunde dessen derzeitige Höhe nennt, Grdz 18, 19 vor § 704; nicht ausreichend ist ein Unterhalt „abzüglich des jeweiligen hälftigen staatlichen Kindergelds“, Ffm FamRZ **81**, 70; nicht ausreichend ist die bloße Bezugnahme auf die „Düsseldorfer Tabelle“ (zu solchen Tabellen § 323 Rn 38), Kblz FamRZ **87**, 1291; nicht ausreichend ist eine einheitliche Unterhaltspauschale für mehrere Begünstigte ohne eine Aufschlüsselung auf sie, Zweibr FamRZ **86**, 1237; nicht ausreichend ist eine Zahlungsübernahme „unter Anrechnung“ (jetzt „Berücksichtigung“) geleisteter Zahlungen, Zweibr (5. ZS) FamRZ **03**, 693 links, aM Zweibr (2. ZS) FamRZ **03**, 692 (vgl aber Rn 23).

Währungsrecht: Ausreichend ist eine Geldforderung in einer ausländischen Währung, § 253 Rn 31, auch zu den Grenzen. 34

S auch Rn 28 „Index“, Rn 34 „Wertsicherungsklausel“.

Wertsicherungsklausel: Ein Bezug auf sie etwa bei einer Rente reicht aus, wenn die Beteiligten ihre Berechnungsfaktoren eindeutig bestimmt haben und wenn diese Faktoren auch allgemein und alsbald ohne eine besondere Mühe zugänglich sind, BGH FamRZ **04**, 531 (Lebenskostenindex des Statistischen Bundesamts; zustm Wax LMK **04**, 83), Brschw FamRZ **79**, 929, Stürner/Münch JZ **87**, 182, aM ThP 51 (aber eine allgemeine einfache Informationsmöglichkeit ist stets zumutbar). Notfalls wird die Vollstrekkungsklausel nur auf einen bezifferten Betrag beschränkt.

S auch Rn 24 „Berechenbarkeit“.

Wohnungseigentum: Die Urkunde auf Grund einer Teilungserklärung muß genau erkennen lassen, auf welche Beitragsvorschüsse sie sich bezieht, KG FGPrax **03**, 212.

Zeugnis: Zu unbestimmt ist die Verpflichtung zur Erteilung „auf der Basis“ eines Zwischenzeugnisses, LAG Ffm NZA-RR **04**, 382.

Zinsen: Auch hier ist eine Berechenbarkeit nötig, Rn 24. Ausreichend sind Zinsen „bis zu x%“, BGH **88**, 62, aM Stgt Rpfleger **83**, 6 (aber die Höchstgrenze ist als Gefahrenobergrenze bestimmt). Ausreichend ist ihre Anknüpfung an den Basiszinssatz nach § 247 BGB (sie können dann auch in einer festgelegten Weise über oder unter ihm liegen), so schon Düss Rpfleger **77**, 67, Geitner/Pulte Rpfleger **80**, 93. Ausreichend ist die Formulierung „Zinsen ... seit der Eintragung“, BGH RR **00**, 1358. Ausreichend sein kann die Ermittelbarkeit mithilfe offenkundiger aus dem Grundbuch ersichtlicher Daten, BGH DNotZ **01**, 379. 35

Nicht ausreichend sind „Zinsen seit der Auszahlung“ (es fehlt ihr Datum), BayObLG RR **96**, 38, Haegele Rpfleger **75**, 158, LG Aachen Rpfleger **91**, 16, oder seit einer „Mitteilung des Baufortschritts durch den Bauherrn“, Düss OLGZ **80**, 340, oder Zinsen auf Bruchteile des Kaufpreises ab dem Eintritt eines bestimmten im Kaufvertrag jeweils aufgeführten Bautenstands, Hamm DNotZ **92**, 662 (im Ergebnis zustm Reithmann), oder seit einer Räumung nebst einer Notarbestätigung, Düss DNotZ **88**, 245 (abl Reithmann), oder wegen etwaiger Verzugszinsen, Düss OLGZ **80**, 339.

S auch Rn 24 „Beweislast“, Rn 28 „Index“.

Zug um Zug. Auch die Gegenleistung muß bestimmt sein.

E. Unterwerfungsklausel: Ausdrücklichkeit; Eindeutigkeit. Der Schuldner muß sich in der Urkunde der sofortigen Zwangsvollstreckung unterworfen haben, Bbg FamRZ **87**, 857. Eine Formularklausel ist nicht grundsätzlich unzulässig, BGH **99**, 282, Hamm DNotZ **93**, 244, aM Hbg NJW **08**, 2785 (krit Dümig; abl Gladenbeck BB **08**, 1867). Die Urkunde braucht nicht den Wortlaut des Gesetzes zu wiederholen. Sie muß aber eine Unterwerfung des Schuldners eindeutig und ausdrücklich aussprechen. Davon muß man den Schuldgrund der Unterwerfung unterscheiden, BGH MDR **97**, 776. Ihn braucht man nicht auszugeben, BGH **73**, 156, Nieder NJW **84**, 332. Er braucht der Höhe nach noch nicht festzustehen, BGH NJW **00**, 951. Die Unterwerfung ist nur eine prozessuale Willenserklärung. BGH **108**, 375, BayObLG DNotZ **92**, 309, Brdb NZM **02**, 406. Zawar Festschrift für Lüke (1997) 996. Sie mag in einer öffentlichen Urkunde nach § 415 oder in einer öffentlichen Beglaubigung vorliegen müssen, Brdb NZM **02**, 406. Die Vollmacht zur Unterwerfung braucht keine notarielle Beglaubigung, BGH NJW **04**, 844. Die Unterwerfungserklärung ist nicht empfangsbedürftig. 36

F. Beispiele zur Frage einer Wirksamkeit der Unterwerfung, I Z 5 37

Auslegung: Man muß die Unterwerfungsklage wegen der zwingenden Form streng nach dem Inhalt der Urkunde auslegen, BayObLG DNotZ **92**, 309, Ffm RR **88**, 1213. In diesen Grenzen besteht aber durchaus eine Auslegungsfähigkeit, BGH **88**, 66.

Bedingung: Zulässig ist eine besondere Vereinbarung dahin, daß der Gläubiger von der Unterwerfung des Schuldners nur unter einer Bedingung Gebrauch machen darf, Grdz 24 vor § 704. Beim Verstoß ist eine Erinnerung nach § 766 möglich.

Bürgschaft: Die Unterwerfung wegen einer Bürgschaft sichert *nicht* ohne eine besondere Vereinbarung auch eine solche Verbindlichkeit, die anstelle der Bürgschaft tritt, BGH DNotZ **91**, 530 (zustm Münch).

Eigentümergrundschuld: Rn 38 „Grundschuld“.

Einseitigkeit: Die Unterwerfungserklärung ist einseitig. Sie braucht zur Wirksamkeit keine Annahme, Nieder NJW **84**, 332.

Eintragung: Das betroffene Grundpfandrecht braucht nicht zuvor eingetragen zu sein, Nieder NJW **84**, 332. Eine Unterwerfung läßt sich nur bei § 800 in das Grundbuch eintragen.

Einwilligung: Die Unerwerfungserklärung braucht zur Wirksamkeit dann eine Einwilligung des gesetzlichen Vertreters, wenn das zugrundeliegende Rechtsgeschäft ebenfalls eine solche Einwilligung braucht. Denn die Unterwerfung erleichtert die Erfüllung des Rechtsgeschäfts. Man muß sie daher im Zusammenhang mit ihm sehen.

Fälligkeit: Der Schuldner kann auf ihren Nachweis verzichten, Mü RR **98**, 353 (Folge: Beweislastumkehr). Der Fälligkeitsverzicht kann aber auch zur Nichtigkeit der Unterwerfung nach §§ 134, 138 BGB führen, zB beim Bauträgervertrag, BGH NJW **99**, 51, Köln RR **99**, 22, LG Essen RR **02**, 1077, aM Pause NJW **00**, 769, Wolfsteiner DNotZ **99**, 99 (aber die genannten BGB-Regeln gelten uneingeschränkt).

Gebühren: § 36 KostO.

38 **Genehmigung:** Die Unterwerfung kann in einem fremden Namen durch einen Vertreter ohne Vertretungsmacht erfolgen, LG Bonn Rpfleger **90**, 374. Dann wird sie mit der Genehmigung des Vertretenen nach § 89 wirksam, soweit diese in einer noratiell beglaubigten Urkunde erfolgt, Zweibr OLGR **02**, 438, Bindseil DNotZ **93**, 16, Zawar Festschrift für Lüke (1997) 997. Wirksam ist eine Genehmigung auch dann, wenn der sich Unterwerfende zB das Grundstück erst noch erwerben will, KG RR **87**, 1229. Zum Problem Rastätter NJW **91**, 394, Stöber Rpfleger **94**, 393. Es kann auch eine Genehmigung des Gerichts erforderlich sein.

Dagegen ist die nachträgliche Genehmigung der Erklärung des im *eigenen* Namen aufgetretenen Nichtberechtigten *unwirksam*, KG RR **87**, 1229, Stöber Rpfleger **94**, 395, aM MüKoWo 175 (aber das wäre eine zu weite Auslegung).

S auch Rn 39 „Unterhalt".

Gesetzlicher Vertreter: Rn 37 „Einwilligung", Rn 38 „Genehmigung".

Grundbuchamt: S bei den einzelnen Vorgängen.

Grundschuld: Wegen einer Unterwerfung nach der Eintragung einer Grundschuld BGH **73**, 159, aM LG Stade Rpfleger **77**, 261. Derjenige Grundeigentümer, der für sich eine Eigentümergrundschuld bestellt, kann sich auch persönlich der sofortigen Zwangsvollstreckung unterwerfen, BGH NJW **91**, 228, Ffm Rpfleger **81**, 59, aM KG DNotZ **75**, 718. Wegen der Unterwerfung für einen Grundschuldteil LG Lüb MDR **86**, 1037. Eine Unterwerfung auf Grund einer Grundschuld auch wegen desselben Betrags in das gesamte übrige Vermögen meint keine Verdoppelung der Haftsumme, BGH NJW **88**, 707, Hamm RR **91**, 819. Sie ist für den Schuldner zulässig, auch in Allgemeinen Geschäftsbedingungen nach (jetzt) §§ 307 ff BGB, BGH RR **90**, 246, nicht aber für einen Nichtschuldner, BGH **114**, 9.

Grundstücksverfügung: Rn 40 „Zwangshypothek".

Hinterlegung: S Düss DNotZ **91**, 537 (abl Wolfsteiner).

Kündigung: Der Notar muß vor der Erteilung der Vollstreckungsklausel prüfen, ob die vereinbarten Voraussetzungen der Wirksamkeit der Kündigung vorliegen, LG Wuppert ZMR **00**, 836.

Nachweis: Die Unterwerfung ist auch in derjenigen Weise zulässig und evtl notwendig, daß der Gläubiger eine vollstreckbare Ausfertigung erhalten darf, ohne daß er die Entstehung und die Fälligkeit der Schuld nachweisen muß. Denn § 726 ist eine rein vollstreckungsrechtliche Vorschrift, BGH NJW **81**, 2757, Ffm JB **97**, 545, Hamm DNotZ **93**, 244, aM Bre RR **99**, 963, LG Waldshut-Tiengen NJW **90**, 193 (Verstoß gegen [jetzt] § 309 Z 12 BGB; zu streng). Allerdings muß sich der Anspruch als solcher eindeutig aus dem Titel ergeben, Düss (9. ZS) OLGZ **80**, 341, aM Düss (3. ZS) Rpfleger **77**, 67 (aber das Bestimmtheitserfordernis bildet eine wesentliche Grundlage der Gesamtregelung). Dann ist der Schuldner darauf angewiesen, die etwa zulässigen Einwendungen zu erheben, Mü RR **92**, 126. Über die Unterwerfung zulasten des jeweiligen Eigentümers § 800.

Nichtberechtigter: S „Genehmigung".

Nichtigkeit: Aus einer Nichtigkeit des zugrundeliegenden sachlichrechtlichen Rechtsgeschäfts folgt nicht stets die prozessuale Unwirksamkeit der Unterwerfungserklärung, BGH NJW **96**, 2792, Hamm RR **96**, 1024, Köln RR **95**, 1107 (notfalls hilft § 767).

39 **Prozeßfähigkeit:** Zur Wirksamkeit der Unterwerfung ist die Prozeßfähigkeit erforderlich, §§ 51 ff.

Rechtsbehelfe: Einzelheiten bei einer Unwirksamkeit der Urkunde Windel ZZP **102**, 230.

Rechtsweg: S „Unzuständigkeit".

Sachlichrechtliche Erklärung: Rn 38 „Nichtigkeit".

Spitzenbetrag: Eine Unterwerfung unter den sog Spitzenbetrag schafft nur insofern einen Vollstrekkungstitel, BGH NJW **93**, 1996.

Unterhalt: Wenn ein Elternteil gegenüber dem anderen eine Unterhaltspflicht im Verhältnis zu einem Kind anerkennt, ist das Kind der Vollstreckungsgläubiger. Eine Genehmigung des Gerichts ist nicht erforderlich.

S auch „Spitzenbetrag".

Unzuständigkeit: Die Unterwerfung enthält einen Verzicht auf die Rüge der Unzuständigkeit des ordentlichen Gerichts. Denn eine Einwendung nach §§ 767, 797 ist nur vor dem ordentlichen Gericht zulässig.

Verbraucherdarlehen: Bei ihm kann die Unterwerfung wegen eines Verstoßes gegen § 496 II BGB unwirksam sein, Vollkommer NJW **04**, 820.

Vollmacht: Auch der Gläubiger kann ein Bevollmächtigter des Schuldners sein, Dux WoM **94**, 1145, Zawar Festschrift für Lüke (1993) 995.

S auch Rn 38 „Genehmigung".

40 **Vollstreckungsklausel:** S „Zwangshypothek".

Widerruf: Wenn die Unterwerfungserklärung vorbehaltlos erfolgt, kann der Schuldner sie nicht ohne eine Zustimmung des Gläubigers wirksam widerrufen.

Zinsen: Man darf auf denjenigen Zeitpunkt abstellen, der weder für die Fälligkeit des Anspruchs noch für den Eintritt des Schuldensverzugs maßgeblich ist, BGH NJW **00**, 952.

Zustandekommen: Das Grundbuchamt braucht nicht die Umstände des Zustandekommens der Unterwerfungserklärung zu prüfen.

Zwangshypothek: Eine Unterwerfung ist keine Verfügung über ein Grundstück nach § 1821 Z 1 BGB. Das Grundbuchamt muß also bei einer Eintragung einer Zwangshypothek nur prüfen, ob die Vollstrekkungsklausel vorhanden ist und ob der zuständige Beamte sie formgerecht ausgestellt hat.

41 **G. Abänderbarkeit.** Die Urkunde ist evtl abänderungsfähig, § 323 Rn 78. Die Änderung muß aber eine neue Unterwerfung aussprechen, soweit eine Erweiterung vorliegt. Die Unterwerfung bezieht sich nur auf das in der Urkunde bezeichnete Grundstück. Die Mitbelastung eines anderen Grundstücks setzt voraus, daß eine neue Unterwerfung erfolgt ist. Die Bezugnahme auf eine alte Urkunde ist statthaft. Dann bilden beide Urkunden zusammen einen Vollstreckungstitel. Ein Mithaftvermerk im Grundbuch bezieht sich auf diejenige Unterwerfungsklausel, die in der Haupteintragung der Belastung enthalten ist. Eine spätere Änderung oder eine neue Unterwerfung können eine Vollstreckungsabwehrklage nach § 767 begründen. Sie können

aber nicht die Erteilung einer vollstreckbaren Ausfertigung verhindern. Wenn sich lediglich der Schuldgrund ohne eine Haftungsverschärfung ändert, wenn zB aus einer Hauptschuld eine selbstschuldnerische Bürgschaft wird, erfolgt keine neue Unterwerfung.

H. Vollstreckbare Ausfertigung. Über die Erteilung der vollstreckbaren Ausfertigung s bei § 797. Über die Zulässigkeit der Klage trotz einer vollstreckbaren Urkunde Rn 2. **42**

12) Europäischer Zahlungsbefehl, I Z 6. Die Vorschrift erfaßt das Verfahren nach der VO (EG) Nr 1896/2006, abgedruckt Einf 3 vor § 1087, und nach ihren Durchführungsvorschriften §§ 1087 ff. **43**

13) Bewilligung der Zwangsvollstreckung, II. Man muß zwei Aspekte beachten. **44**

A. Notwendigkeit eines Duldungstitels. II gilt nur dann, wenn zur Zwangsvollstreckung ein besonderer Duldungstitel notwendig ist. Dann ersetzt eine vollstreckbare Urkunde nach Z 5 den Duldungstitel, wenn die Urkunde die Zwangsvollstreckung in diejenigen Gegenstände bewilligt, die dem Recht des Gläubigers unterliegen: *§ 737* (der Nießbraucher bei einem Nießbrauch an dem Vermögen oder an der Erbschaft); *§ 743* (der Ehegatte nach der Beendigung der Gütergemeinschaft); *§ 745 II* (der Ehegatte nach der Beendigung der fortgesetzten Gütergemeinschaft); *§ 748 II* (der Testamentsvollstrecker). Eine Zustimmung zu der Unterwerfung des Leistungsschuldners ist inhaltlich eine eigene Unterwerfung zur Duldung der Zwangsvollstreckung. Die Bewilligung der Zwangsvollstreckung in das eigene Vermögen ersetzt den Duldungstitel nicht.

B. Umfang der Zwangsvollstreckung. Wenn II den Abs I Z 5 in Bezug nimmt, nennt die Vorschrift damit nur die Form der Unterwerfung, nicht den Inhalt der Urkunde. Darum findet keine Beschränkung der Zwangsvollstreckung auf die Gegenstände des Urkundenprozesses statt. **45**

14) Beispiele weiterer bundes- und landesrechtlicher Vollstreckungstitel. Hierzu zählen zB: **46**

Aktienrecht: Eine Vergütungsfestsetzung für die Gründungsprüfer durch die AG nach § 35 II, III 5 AktG ist ein Vollstreckungstitel.

Anwaltsvergleich: Rn 20.

Arbeitssache: Ein Urteil oder eine sonstige Sachentscheidung eines Gerichts in einer Arbeitssache ist ein Vollstreckungstitel, §§ 62, 64 VII, 85 I ArbGG, Sibbben DGVZ **89**, 177 (ausf).

Das gilt *nicht* für einen noch nicht rechtskräftigen Beschluß, BAG BB **77**, 895.

S auch Rn 55 „Schiedsgericht, Schiedsspruch".

Arrest: Der Arrestbefehl nach §§ 922 ff ist als Beschluß wie als Urteil ein Vollstreckungstitel.

Baugesetzbuch: Bei einer Enteignung ist ein vollstreckbarer Entscheid nach dem BauGB ein Vollstreckungstitel. **47**

S auch Rn 58 „Wertausgleichsgesetz".

Beitreibung: Rn 53 „Offenbarungsversicherung".

Bergrecht: Vollstreckungstitel sind: Die Niederschrift über eine Einigung; eine nicht mehr anfechtbare Entscheidung über die Grundabtretung usw; eine Entscheidung über die vorzeitige Besitzeinweisung usw nach dem BBergG.

Bundesleistungsgesetz: Ein Festsetzungsbescheid der Anforderungsbehörde und eine von ihr bekundete Einigung nach § 52 BLG sind Vollstreckungstitel.

Bundeswasserstraßengesetz: Die Niederschrift über eine Einigung oder ein Festsetzungsbescheid können Vollstreckungstitel sein, § 38 I Z 1, 2 WaStrG.

Bußgeldbescheid: Ein solcher einer Berufsgenossenschaft kann genügen, AG Bergisch-Gladb DGVZ **98**, 191.

Dispache: Eine rechtskräftig bestätigte Dispache ist ein Vollstreckungstitel.

Ehewohnung: Eine rechtskräftige Entscheidung oder ein gerichtlich protokollierter Vergleich sind Vollstreckungstitel.

S auch Rn 48 „Einstweilige Anordnung".

Ehrengericht: Rn 53 „Patentanwalt", Rn 54 „Rechtsanwalt".

Einstweilige Anordnung: Die einstweilige Anordnung zB nach dem FamFG ist ein Vollstreckungstitel. Das gilt auch zB wegen der Ehewohnung oder wegen des Hausrats. **48**

Einstweilige Verfügung: Die einstweilige Verfügung nach §§ 935 ff ist als Beschluß wie als Urteil ein Vollstreckungstitel.

Enteignung: Die Niederschrift über eine Enteignung, der Enteignungsbeschluß und der Beschluß über eine vorzeitige Besitzeinweisung usw nach § 122 BauGB sind Vollstreckungstitel.

Erbrecht: Eine rechtskräftig bestätigte Auseinandersetzung über den Nachlaß und das Gesamtgut ist ein Vollstreckungstitel.

Erstreckungsgesetz: Ein Vergleich nach § 39 III ErstrG ist ein Vollstreckungstitel.

Europarecht: Grdz 5 vor § 704.

Genossenschaft: Eine für vollstreckbar erklärte Vorschuß-, Zuschuß- oder Nachschußberechnung nach §§ 106 ff GenG, 52 VAG ist ein Vollstreckungstitel. **49**

Gerichtskosten: Rn 53 „Offenbarungsversicherung".

Hausrat: Rn 47 „Ehewohnung", Rn 48 „Einstweilige Anordnung".

Insolvenz: Vollstreckungstitel ist eine Eintragung in die Tabelle oder in den Insolvenzplan oder in den Schuldenbefreiungsplan nach §§ 178 III, 201 II, 215 II 2, 257, 308 I InsO. Vgl ferner das AusfG zum deutsch-österreichischen Konkursvertrag v. 8. 3. 85, BGBl 535.

Internationales Recht: Vollstreckungstitel sind: Eine für vollstreckbar erklärte Entscheidung nach dem HZPrÜbk oder nach dem HZPrAbk oder nach einem anderen internationalen Vertrag, dazu SchlAnh V. **50**

Landesrecht: Wegen landesrechtlicher Vollstreckungstitel vgl § 801. **51**

Landwirtschaftssache: Ein Beschluß, ein Vergleich oder eine Kostenentscheidung eines in einer Landwirtschaftssache berufenen Gerichts nach § 31 LwVerfG ist ein Vollstreckungstitel.

52 **Markensache:** Vollstreckungstitel ist ein Kostenfestsetzungsbeschluß des Patentgerichts, § 71 V MarkenG, oder des BGH, § 90 IV MarkenG.

Nichteheliches Kind: Rn 56 „Unterhalt", Rn 57 „Vaterschaft".

Notar: Vollstreckungstitel sind: Die vollstreckbare Kostenrechnung des Notars nach § 155 KostO, LG Dortm DNotZ **84**, 452; eine vollstreckbare Rückzahlungsanordnung, §§ 155, 157 KostO.

53 **Offenbarungsversicherung:** Der Antrag der Gerichtskasse auf die Abnahme der eidesstattlichen Versicherung zwecks Offenbarung oder eine Vollstreckung in das unbewegliche Vermögen wegen Gerichtskosten nach § 7 JBeitrO ist ein Vollstreckungstitel.

Patentanwalt: Ein Urteil des Ehrengerichts für Patentanwälte ist ein Vollstreckungstitel.

Post: Ausreichend ist ein Titel zugunsten der Deutschen Bundespost, AG Bln-Schöneb NVwZ-RR **06**, 368.

54 **Rechtsanwalt:** Vollstreckungstitel sind: Ein Urteil des Ehrengerichts auf die Zahlung einer Geldbuße und der Kosten, §§ 114 I Z 3, 204 III, 205 BRAO; eine vollstreckbare Zahlungsaufforderung wegen eines Beitragsrückstands, § 84 BRAO.

55 **Schiedsgericht, Schiedsspruch, Schiedstelle:** Ein für vorläufig vollstreckbar erklärter Schiedsspruch ist ein Vollstreckungstitel, I Z 4a. Dasselbe gilt beim Schiedsspruch mit vereinbartem Wortlaut, § 1053 I, II 2, Saenger MDR **99**, 664, und bei einem angenommenen Vorschlag der Schiedstelle nach §§ 14, 14a Urheberrechtswahrnehmungsgesetz.

SeeGVG: Vollstreckungstitel sind eine Entscheidung der Kammer für Meeresbodenstreitigkeiten des Internationalen Seegerichtshofs und eine endgültige Entscheidung eines auf Grund des Seerechtsübereinkommens der Vereinten Nationen zuständigen Gerichtshofs betreffend die Rechte und Pflichten der Behörde und des Vertragsnehmers, § 1 Seegerichtsvollstreckungsgesetz vom 6. 6. 95, BGBl 778 (= Art 14 des G von demselben Tag).

Sozialversicherung: Die rechtskräftige Entscheidung einer Sozialversicherungsbehörde nach §§ 198 ff SGG ist ein Vollstreckungstitel, LG Stade Rpfleger **87**, 253. Eine bloße Zusammenstellung von Beiträgen reicht nicht, auch nicht, wenn sie eine Vollstreckungsklausel enthält, AG Lückenwalde/AG Neuruppin Rpfleger **00**, 119.

Statusverfahren: Rn 57 „Vaterschaft".

Strafverfahren: Ein vorläufig vollstreckbarer oder gar rechtskräftiger Ausspruch einer Leistungspflicht nach §§ 406, 406 b, 463 StPO ist ein Vollstreckungstitel.

56 **Todeserklärung:** Rn 57 „Verschollenheitsrecht".

Unterhalt: Eine vor dem Jugendamt protokollierte Verpflichtung zur Zahlung von Unterhalt für ein nichteheliches Kind nach § 116 SGB V ist ein Vollstreckungstitel, (zum Teil zum alten Recht) BGH NJW **85**, 64, Karlsr RR **94**, 68, LG Bad Kreuzn DGVZ **82**, 189.

S auch Rn 57 „Vaterschaft".

Urheberrecht: Rn 55 „Schiedsgericht, Schiedsspruch, Schiedsstelle".

57 **Vaterschaft:** Vollstreckungstitel sind: Eine Anerkennung der Vaterschaft usw, §§ 59, 60 SGB VIII, sowie die Beurkundung der Verpflichtungserklärung zur Erfüllung von Unterhaltspflichten usw, §§ 116 SGB V (auch zur Zuständigkeit für die Erteilung einer vollstreckbaren Ausfertigung und zur Entscheidung über Einwendungen gegen die Zuständigkeit oder gegen die Erteilung einer Vollstreckungsklausel), 59, 60 SGB VIII.

S auch Rn 56 „Unterhalt".

Vermögensstrafe: Die Entscheidung des Strafgerichts über eine Vermögensstrafe und Buße nach § 463 StPO ist ein Vollstreckungstitel.

Verschollenheitsrecht: Ein Kostenfestsetzungsbeschluß oder ein Kostenerstattungsbeschluß im Verfahren auf eine Todeserklärung nach § 38 VerschG sind Vollstreckungstitel.

58 **Wertausgleichsgesetz:** Ein vollstreckbarer Entscheid nach § 25 WAG ist ein Vollstreckungstitel.

S auch Rn 46 „Baugesetzbuch".

Wettbewerbsrecht: Ein Vergleich vor dem Einigungsamt in einer Wettbewerbssache ist ein Vollstreckungstitel.

Wohnungseigentum: Eine Entscheidung in einer Wohnungseigentumssache ist ein Vollstreckungstitel, (zum alten Recht) BayObLG MDR **88**, 498.

59 **Zwangsversteigerung:** Der Zuschlagsbeschluß nach §§ 93, 132, 162 ZVG ist ein Vollstreckungstitel.

Zwangsverwaltung: Der Anordnungsbeschluß ist Vollstreckungstitel, BGH DGVZ **07**, 7 (zustm Beier/Haut 36), LG Mü Rpfleger **02**, 220.

60 **15) Ausländischer Vollstreckungstitel**, dazu *Kropholler,* Europäischer Zivilprozeß, 8. Aufl. 2005, Art 50 EuGVVO, SchlAnh V C 2, vgl auch oben bei Rn 21: Die Zwangsvollstreckung aus anderen Titeln als den Endurteilen ist in einigen Staatsverträgen vorgesehen, SchlAnh V. Andernfalls bleibt dem Gläubiger nur übrig, aus dem Vergleich oder aus der vollstreckbaren Urkunde zu klagen. Etwas anderes gilt bei einem Schiedsspruch oder einem Schiedsvergleich, SchlAnh VI.

794a *Zwangsvollstreckung aus Räumungsvergleich.* **I [1] Hat sich der Schuldner in einem Vergleich, aus dem die Zwangsvollstreckung stattfindet, zur Räumung von Wohnraum verpflichtet, so kann ihm das Amtsgericht, in dessen Bezirk der Wohnraum belegen ist, auf Antrag eine den Umständen nach angemessene Räumungsfrist bewilligen. [2] Der Antrag ist spätestens zwei Wochen vor dem Tag, an dem nach dem Vergleich zu räumen ist, zu stellen; §§ 233 bis 238 gelten sinngemäß. [3] Die Entscheidung ergeht durch Beschluss. [4] Vor der Entscheidung ist der Gläubiger zu hören. [5] Das Gericht ist befugt, die im § 732 Abs. 2 bezeichneten Anordnungen zu erlassen.**

II [1] Die Räumungsfrist kann auf Antrag verlängert oder verkürzt werden. [2] Absatz 1 Satz 2 bis 5 gilt entsprechend.

III [1] Die Räumungsfrist darf insgesamt nicht mehr als ein Jahr, gerechnet vom Tag des Abschlusses des Vergleichs, betragen. [2] Ist nach dem Vergleich an einem späteren Tag zu räumen, so rechnet die Frist von diesem Tag an.

IV Gegen die Entscheidung des Amtsgerichts findet die sofortige Beschwerde statt.

V [1] Die Absätze 1 bis 4 gelten nicht für Mietverhältnisse über Wohnraum im Sinne des § 549 Abs. 2 Nr. 3 sowie in den Fällen des § 575 des Bürgerlichen Gesetzbuchs. [2] Endet ein Mietverhältnis im Sinne des § 575 des Bürgerlichen Gesetzbuchs durch außerordentliche Kündigung, kann eine Räumungsfrist höchstens bis zum vertraglich bestimmten Zeitpunkt der Beendigung gewährt werden.

Gliederung

1 **1) Systematik, I–V.** § 794 a enthält die dem § 721 entsprechende Regelung für den vollstreckbaren Vergleich. Vgl daher § 721 Rn 1. Sie ist nicht abdingbar, ZöGei 7, aM LG Heilbr DGVZ **92**, 569 (vgl aber Rn 2).

2 **2) Regelungszweck, I–V.** Der Räumungsvergleich unterscheidet sich vom streitig ergangenen Räumungsurteil in einem wesentlichen Punkt: Immerhin hat sich der Schuldner schließlich doch noch zur Räumung bereiterklärt, wenn auch vielleicht erst auf starken moralischen oder wirtschaftlichen Druck des Gläubigers. Vielleicht hat der auch als Gegenleistung zB die gesamten Räumungskosten übernommen. Jedenfalls spricht beim Räumungsvergleich manches dafür, vor der Bewilligung einer nicht von vornherein mitvereinbarten etwa weiteren Räumungsfrist strengere Anforderungen an deren wirtschaftliche Notwendigkeit zu stellen als beim Räumungsurteil. Freilich zeigt der Text des § 794 a gegenüber § 721 keine solchen grundsätzlichen Unterschiede. Auch das muß man mitabwägen.

3 **3) Geltungsbereich, I–V.** Vgl zunächst § 721 Rn 3, insbesondere wegen des Begriffs Wohnraum. § 794 a gilt nur für einen gerichtlichen Vergleich nach Anh § 307. § 794 a gilt also nicht auch für einen außergerichtlichen nach § 779 BGB (insofern gilt Vertragsrecht), aM LG Hbg MDR **81**, 236, LG Ulm MDR **80**, 944 (der dortige Fall betrifft eine außergerichtlich bewilligte Räumungsfrist. Man darf die prozessuale Lösung aber nicht einfach auf eine außergerichtliche Lage ausdehnen. Das BGB gibt genug eigenständige Lösungsmöglichkeiten). Der Schuldner kann außer nach Rn 6 eine den Umständen nach angemessene Räumungsfrist beantragen, auch wenn die Parteien das im Vergleich nicht vorgesehen hatten oder wenn der Vergleich bereits eine Räumungsfrist enthielt, LG Wuppert WoM **81**, 113. Diese letztere darf man dann bei der Berechnung der etwa weiteren Frist nach § 794 a nicht mitrechnen, LG Kaisersl WoM **84**, 115, LG Stgt WoM **92**, 265, LG Wuppert WoM **81**, 113.

4 **4) Antragsfrist, I.** Der Schuldner muß den Antrag spätestens *2 Wochen vor dem Räumungstag* bei demjenigen AG stellen, in dessen Bezirk der Wohnraum liegt. Sieht der Vergleich keinen Räumungstermin vor oder liegt der vereinbarte Termin näher als zwei Wochen nach dem Vergleichsabschluß, beginnt die Zweiwochenfrist des I 2 mit dem Vertragsabschluß. Gegen eine Fristversäumung kann die Wiedereinsetzung in den vorigen Stand nach § 233 infragekommen, I 2 Hs 2. Auch ist eine Verlängerung oder eine Verkürzung der nach I vorgesehenen richterlichen Frist möglich, II. Nicht möglich ist aber die Verlängerung, Verkürzung oder Aufhebung einer nicht nach I vom Gericht, sondern im Vergleich und gar außergerichtlich von den Parteien vereinbarten Räumungsfrist. Der Schuldner hätte aufpassen müssen, LG Bre WoM **91**, 564, LG Stgt WoM **92**, 32, aM LG Freibg WoM **93**, 417, MüKoWo 4, ZöStö 2 (aber § 794 a schützt nicht den unsorgfältigen Vergleichspartner). Man kann eine Verlängerung oder Verkürzung nur der richterlichen Frist auch aufheben.

5 **5) Verfahren, I–III.** Auch hier gibt es ein pflichtgemäßes Ermessen, AG Rosenh WoM **87**, 67. In seinen Grenzen findet eine Interessenabwägung statt, § 721 Rn 12, LG Essen WoM **79**, 269, LG Heilbr Rpfleger **92**, 528. Die Räumungsfrist ist keine Notfrist, § 224 I 2. Sie soll den Mieter zwar vor einer Notlösung schützen, LG Lüb WoM **87**, 65. Das Gericht muß aber die Tatsache besonders bewerten, daß sich der Schuldner selbst zur Räumung für einen bestimmten Tag bereitgefunden oder gar auf einen weiteren Räumungsschutz verzichtet hat, LG Aachen WoM **96**, 568. Deshalb darf das Gericht im allgemeinen einem Räumungsantrag nur dann stattgeben, wenn neue unvorhersehbare Ereignisse eingetreten sind, LG Aachen WoM **07**, 398, LG Saarbr WoM **93**, 698. Das gilt zB dann, wenn der Schuldner jetzt erst eine demnächst freiwerdende Ersatzwohnung gefunden hat, LG Wuppert WoM **81**, 113, oder wenn sich die Entwicklung der Situation im Zeitpunkt des Vergleichsabschlusses noch nicht übersehen ließ, LG Aachen WoM **07**, 398, LG Saarbr WoM **93**, 698, AG Euskirchen WoM **90**, 29, aM LG Heilbr Rpfleger **92**, 528, LG Mannh ZMR **94**, 21, AG Köln WoM **93**, 472 (aber der Fortfall der Geschäftsgrundlage ist als eine Folge von Treu und Glauben auch im Prozeß oft mitbeachtlich, Einl III 54).

6 Eine Verlängerung kommt ferner zB dann in Betracht, wenn der *Ersatzmietvertrag* ohne eine Schuld des Räumungsschuldners nicht zustandekommt, LG Kiel WoM **92**, 492. Der Schuldner muß sich allerdings intensiv um eine zumutbare Ersatzwohnung bemüht haben, LG Mannh WoM **93**, 62, AG Remscheid WoM **87**, 66. Ein Sozialhilfeempfänger braucht freilich keinen Makler zu bemühen, AG Lörrach WoM **87**, 66. Jedoch darf die Räumungsfrist höchstens ein Jahr betragen, gerechnet von dem Tage des Vergleichsabschlusses oder dem in ihm bestimmten Räumungstermin ab, III, LG Mü WoM **87**, 66, LG Wuppert WoM **81**, 113. Die Verlängerung der richterlichen Frist darf nicht von einer Auflage abhängig sein, LG Wuppert WoM **87**, 67. Die Entscheidung kann ohne eine mündliche Verhandlung ergehen, § 128 Rn 4. Das Gericht muß den Gläubiger aber vorher anhören, BVerfG **101**, 404, Art 103 I GG (Richter). Das AG ist auch für einen Antrag

auf die Bewilligung einer Räumungsfrist nach einem solchen Vergleich zuständig, der vor einem anderen Gericht zustandekam, etwa vor einem ArbG.

7 **6) Entscheidung, I–III.** Das Gericht entscheidet durch den Prozeßrichter, Mü ZMR **93**, 472. Es entscheidet durch einen Beschluß, I 3, § 329. Er braucht eine Begründung, § 329 Rn 4. Kosten: § 721 Rn 11. Das Gericht muß ihn verkünden. § 329 I 1, oder wegen seiner befristeten Anfechtbarkeit nach Rn 5 den Parteien förmlich zustellen, § 329 III. Eine einstweilige Regelung ist nach § 732 II statthaft.

8 **7) Sofortige Beschwerde, IV.** Gegen den Beschluß des AG ist nach IV die sofortige Beschwerde nach §§ 567 I Z 1, 793 zulässig. Eine Rechtsbeschwerde kommt unter den Voraussetzungen des § 574 in Betracht. Wegen einer Anschlußbeschwerde § 567 III. Vgl im übrigen bei § 721.

9 **8) Keine oder eingeschränkte Räumungsfrist, V.** Soweit der Mieter keine Fortsetzung des Mietverhältnisses nach § 549 II Z 3 BGB oder nach § 575 BGB fordern kann, besteht auch kein Anlaß einer Räumungsfrist. Daher ist dann nach V 1 die gesamte Regelung I–IV unanwendbar. Vgl auch den entsprechenden § 721 VII. Endet ein Mietverhältnis durch eine außerordentliche Kündigung nach § 575 BGB, kommt nur eine nach V 2 eingeschränkte Kündigung infrage.

795 *Anwendung der allgemeinen Vorschriften auf die weiteren Vollstreckungstitel.* [1] **Auf die Zwangsvollstreckung aus den in § 794 erwähnten Schuldtiteln sind die Vorschriften der §§ 724 bis 793 entsprechend anzuwenden, soweit nicht in den §§ 795 a bis 800 abweichende Vorschriften enthalten sind.** [2] **Auf die Zwangsvollstreckung aus den in § 794 Abs. 1 Nr. 2 erwähnten Schuldtiteln ist § 720 a entsprechend anzuwenden, wenn die Schuldtitel auf Urteilen beruhen, die nur gegen Sicherheitsleistung vorläufig vollstreckbar sind.** [3] **Für die Zwangsvollstreckung aus für vollstreckbar erklärten Europäischen Zahlungsbefehlen gelten ergänzend die §§ 1093 bis 1096.**

Vorbem. S 3 angefügt dch Art 1 Z 8 G BT-Drs 16/9639, in Kraft seit 12. 12. 08, Art 8 I G, ÜbergangsR Einl III 78.

Gliederung

1 **1) Systematik, Regelungszweck, S 1–3.** Auf die Zwangsvollstreckung aus einem Titel nach § 794 sind grundsätzlich §§ 724–793 entsprechend anwendbar. Man muß also prüfen, ob der Sinn und Zweck der Vorschriften auf den jeweiligen Vollstreckungstitel zutreffen, BAG NJW **04**, 702. Wegen der EuGVVO SchlAnh V C 2 (Artt 50, 51) und 2.

Gebühren: VV 3309, 3310.

2 **2) Geltungsbereich, S 1–3.** Es werden praktisch zahlreiche Vorschriften anwendbar.

A. § 720 a: Die Vorschrift ist bei einem Kostenfestsetzungsbeschluß nach § 794 I Z 2 entsprechend anwendbar, Köln Rpfleger **96**, 358, soweit der Titel auf einem solchen Urteil beruht, das nur gegen eine Sicherheitsleistung vorläufig vollstreckbar ist. Das kann zB ein Urteil auf eine Klagabweisung wegen der Kosten sein, Köln JB **97**, 49.

3 **B. § 721:** Die Vorschrift ist auf eine einstweilige Anordnung zwecks Räumung von Wohnraum unanwendbar, Hbg FamRZ **83**, 1152.

4 **C. § 724:** Die Zwangsvollstreckung findet grundsätzlich nur auf Grund einer vollstreckbaren Ausfertigung des Vollstreckungstitels statt, KG RR **00**, 1410, AG Arnsbg DGVZ **94**, 79, LAG Düss MDR **97**, 659. Wegen einer Ausnahme § 724 Rn 4. Beim notariellen Vergleich erteilt der Notar die Ausfertigung, BayObLG **97**, 90, Hamm BB **87**, 2047. Er erteilt sie dem Gläubiger erst nach einer Ermächtigung des Schuldners, Hamm BB **87**, 2047. Eine solche Ermächtigung kann in der Aushändigung einer einfachen Ausfertigung an den Gläubiger gelegen haben. Die Geschäftsstelle des Gerichts der ersten Instanz erteilt die Ausfertigung, wenn ein Prozeßvergleich nach Anh § 307 zugrunde liegt, Sauer/Meiendresch Rpfleger **97**, 290 (Widerrufsvergleich).

Solange sich allerdings die Akten in der *höheren Instanz* befinden, ist die Geschäftsstelle des höheren Gerichts zuständig, §§ 706 Rn 4, 724 Rn 6. Wenn ein Titel eines ArbG vorliegt, ist dessen Geschäftsstelle zur Erteilung der vollstreckbaren Ausfertigung zuständig. Als eine „gerichtliche Urkunde" nach § 797 ist ein Prozeßvergleich nicht ansehbar. Es wäre ganz zweckwidrig, die Vollstreckungsklagen aus §§ 731, 767 vor das Gericht des ersuchten Richters zu verweisen. Eine sachlichrechtliche Einwendung zB der Erfüllung ist unter Umständen beachtlich, KG RR **00**, 1410, Wolfsteiner DNotZ **78**, 681, aM LG Kleve DNotZ **78**, 680 (aber dann ist für solche Einwendungen kein Raum). Zur Nämlichkeit der Beteiligten § 724 Rn 9.

5 **D. § 725:** Man muß den Gläubiger aus der Vollstreckungsklausel erkennen können.

6 **E. § 726:** Wenn ein Vertragsangebot eine Unterwerfungsklausel enthält, erhält der Gläubiger eine vollstreckbare Ausfertigung erst nach der Erklärung der Annahme des Angebots vor einem Notar oder auf Grund des Nachweises der Annahme nach § 726 I. Ein gesetzlicher Zahlungsaufschub ist bei der Erteilung unbeachtlich. Bei einer Verfallklausel erfolgt eine uneingeschränkte Erteilung, auch wenn der Gläubiger nicht behauptet, die Fälligkeit sei eingetreten, § 726 Rn 7. Dasselbe gilt bei einer Ermächtigung. Dann muß der Notar die vollstreckbare Ausfertigung grundsätzlich auch ohne einen Nachweis der Fälligkeit der Schuld

erteilen, § 794 Rn 39, 40. Eine generelle Änderung der Beweislastregel des § 726 I kann aber einen Verstoß gegen § 309 Z 12 BGB bedeuten, § 726 Rn 4.

F. § 727: Der Notar prüft die Voraussetzungen in einer eigenen Zuständigkeit, BayObLG **97**, 90. Für die Umschreibung der Vollstreckungsklausel auf den Rechtsnachfolger ist bei einem solchen Vergleich, dem keine Rechtshängigkeit vorangegangen ist (vor einer landesrechtlichen Gütestelle und nach § 118 I 3 Hs 2: Sühnevergleich), die Zeit der Beurkundung maßgebend. Es erfolgt also keine Umschreibung bei einem vorherigen Eintritt. Bei einer vollstreckbaren Urkunde gilt dasselbe. Ein mit einer Hypothek nach § 800 belastetes Grundstück ist mit der Errichtung der Hypothek im Streit befangen. Deshalb ergeht eine vollstreckbare Ausfertigung an den Hypothekengläubiger gegen den späteren Nießbraucher. Haben der Veräußerer und der Erwerber in einer gemeinsamen notariellen Urkunde Unterwerfungserklärungen abgegeben und hat der Notar dem Gläubiger eine Ausfertigung der notariellen Verhandlung erteilt, ohne den Schuldner und den Schuldgrund näher zu bezeichnen, ist nach dem Eigentumsübergang einer Klauselumschreibung auf den Erwerber nicht mehr notwendig, KG RR **87**, 1230. Die Umschrift darf gegen den Rechtsnachfolger des Schuldners sowohl wegen einer dinglichen als auch wegen einer persönlichen Unterwerfung des Schuldners unter die sofortige Zwangsvollstreckung erfolgen, LG Duisb Rpfleger **99**, 549. 7

G. § 750: Der Vollstreckungsbescheid ist gemäß § 699 IV von Amts wegen nach §§ 166 ff oder im Parteibetrieb nach §§ 191 ff zuzustellen, 750. Einen Prozeßvergleich muß die Partei zustellen, VGH Mannh JB **91**, 115. Eine vollstreckbare Urkunde steht außerhalb des Prozesses. Man muß sie daher im Parteibetrieb zustellen. Eine öffentliche Zustellung erfolgt auf Grund einer Einwilligung des Prozeßgerichts nach §§ 185 ff. Bei einer vollstreckbaren Urkunde ist dazu das in § 797 III genannte AG zuständig. Die Aushändigung der Urkunde durch den Notar auf eine Bitte des Schuldners ist keine Zustellung nach § 750 I, LG Ffm JB **93**, 750. 8

H. § 766: Der Einwand, daß kein wirksamer Vollstreckungstitel vorliege, richtet sich grundsätzlich gegen die Zwangsvollstreckung und nicht gegen den vollstreckbaren Anspruch selbst. Man muß ihn deshalb in der Regel nach § 766 oder nach § 732 geltend machen, Düss OLGZ **80**, 342. Wenn diese Einwendung aber zugleich zum Inhalt hat, daß zB die titulierte Forderung erloschen sei, ist eine Vollstreckungsabwehrklage nach § 767 zulässig, Düss OLGZ **80**, 342. 9

I. § 767: Die Vorschrift ist voll anwendbar, BGH **159**, 126, Kblz WoM **03**, 286. Für die Vollstreckungsabwehrklage ist nach einem Prozeßvergleich dasjenige Gericht des ersten Rechtszugs zuständig, bei dem der Prozeß geschwebt hat, § 797 Rn 4, BGH NJW **80**, 189, LG Heidelb WoM **92**, 30. Wenn der Prozeßvergleich bereits im Verfahren zur Bewilligung einer Prozeßkostenhilfe nach § 118 I 3 zustande kam, ist das Prozeßgericht der ersten Instanz oder des Prozeßkostenhilfeantrags zuständig. Dasselbe gilt bei § 794 I Z 3 und bei einem Kostenfestsetzungsbeschluß, § 104. Wenn das danach zuständige AG sachlich unzuständig ist, wird das übergeordnete LG zuständig. In einer Landwirtschaftssache ist das LwG zuständig, BGH FamRZ **87**, 805. Beim Kostenfestsetzungsbeschluß der Gebrauchsmusterabteilung des Deutschen Patentamts ist das BPatG zuständig, BPatG GRUR **82**, 484. Wegen eines Vergleichs vor einer Gütestelle § 797 a. 10

Nicht hierher gehört die Formungültigkeit einer vollstreckbaren Urkunde. Dann kann § 767 entsprechend anwendbar sein, BGH NJW **02**, 139, Köln MDR **98**, 1089, Zweibr NZM **00**, 201. Da § 767 II auf der Rechtskraftwirkung beruht, gilt diese Bestimmung bei einem Vergleich für eine erste Vollstreckungsabwehrklage nicht, BGH FamRZ **87**, 805, BAG DB **80**, 359, Düss FamRZ **87**, 168. Allerdings kann man im allgemeinen einer solchen Einwendung entgegenhalten, der Streit sei durch den Vergleich erledigt. Wegen einer weiteren Abwehrklage § 797 Rn 12. 11

§ 767 hindert nicht immer eine *Fortsetzung* desjenigen Verfahrens, das der Vergleich beenden sollte, Anh § 307 Rn 37, 42, § 794 Rn 8. Wenn es um eine beschwerdefähige Entscheidung nach § 794 I Z 3 geht, hindert die Möglichkeit einer sofortigen Beschwerde eine Vollstreckungsabwehrklage nicht. § 767 II erwähnt nämlich nur den Einspruch. Die Beschwerde entspricht dem Einspruch nicht. Hier kommen vielmehr nur solche Einwendungen in Betracht, die der Schuldner bisher nicht vorbringen konnte, § 767 Rn 51.

Die Vorschrift ist auch auf einen Beschluß über die Zahlung eines solchen *Prozeßkostenvorschusses* anwendbar, der vor der Scheidung erging, wenn die Zwangsvollstreckung erst nach dem Eintritt der formellen Rechtskraft des Scheidungsbeschlusses nach §§ 329, 705 stattfindet, aM Hamm FamRZ **77**, 466 (s aber § 127 a Rn 18 „Vollstreckungsabwehrklage"). Zu einer Unterwerfungsurkunde auf Grund eines „Schwarzkaufs" Düss DNotZ **83**, 686. 12

Auf einen *Kostenfestsetzungsbeschluß* nach § 104 ist § 767 II nicht anwendbar, § 767 Rn 13. Zwar entsteht der Kostenerstattungsanspruch bedingt schon vor dem Zeitpunkt des Urteilserlasses, Üb 34 vor § 91. Indessen darf man den Gegner nicht dazu nötigen, schon vor dem Eintritt der Bedingung Einwendungen zu erheben, zumal das Urteil über die Kosten nur dem Grunde nach befindet. Vor allem würde eine Nötigung zur Aufrechnung einen ungesetzlichen Zwang zu einer vorzeitigen Erfüllung enthalten, LG Hbg AnwBl **77**, 70. Wenn der Rpfl den Beschluß auf den Namen eines nach § 121 beigeordneten Anwalts umgeschrieben hatte, § 126, muß der Schuldner die Vollstreckungsabwehrklage doch gegen diejenige Partei richten, die eine Prozeßkostenhilfe erhalten hatte. § 767 II ist anwendbar, BGH **159**, 126. Das gilt auch zB bei einem Festsetzungsbeschluß nach § 11 RVG. Denn der Schuldner hat die Möglichkeit, durch eine außergerichtliche Einwendung wie zB eine Aufrechnung eine Kostenfestsetzung zu verhindern und den Anwalt auf den Klageweg zu zwingen. 13

Bei einer *vollstreckbaren Urkunde* nach § 794 I Z 5 gibt § 797 V einen besonderen Gerichtsstand.

J. § 769: Die Vorschrift ist anwendbar, Köln AnwBl **89**, 51, auch bei einer Anfechtung der Vaterschaft. Man kann die dort genannten Probleme bei der Ausübung des gerichtlichen Ermessens berücksichtigen. 14

K. §§ 1093–1096: Diese Vorschriften gelten nur ergänzend. Vgl dort. 15

795a *Zwangsvollstreckung aus Kostenfestsetzungsbeschluss.* **Die Zwangsvollstreckung aus einem Kostenfestsetzungsbeschluss, der nach § 105 auf das Urteil gesetzt ist, erfolgt auf Grund einer vollstreckbaren Ausfertigung des Urteils; einer besonderen Vollstreckungsklausel für den Festsetzungsbeschluss bedarf es nicht.**

1 **1) Systematik.** § 795 a betrifft einen Kostenfestsetzungsbeschluß auf einem beliebigen Urteil nach § 105 und sinngemäß auch aus einem Prozeßvergleich, Anh § 307, § 794 I Z1. Der Gläubiger muß die vollstreckbare Ausfertigung im Parteibetrieb nach §§ 191 ff, 750 zustellen.

2 **2) Regelungszweck.** Die Vorschrift beruht darauf, daß bei § 105 das Urteil und der Kostenfestsetzungsbeschluß einen einheitlichen Vollstreckungstitel bilden, der den für das Urteil geltenden Vorschriften unterliegt. Darum gilt auch die Wartefrist des § 798 nicht. Die Verbindung ist auch bei einem klagabweisenden Urteil zulässig. Denn auch wenn sich das Urteil selbst nicht zu einer Zwangsvollstreckung eignet, geschieht doch die Vollstreckung bei einer Verbindung „auf Grund einer vollstreckbaren Ausfertigung des Urteils". Denn das Urteil ergänzt dann den Kostenfestsetzungsbeschluß. Hs 2 dient deshalb der Verfahrensvereinfachung nach Grdz 14 vor § 128. Man sollte die Vorschrift entsprechend großzügig zugunsten des Gläubigers auslegen.

795b *Vollstreckbarerklärung des gerichtlichen Vergleichs.* **Bei Vergleichen, die vor einem deutschen Gericht geschlossen sind (§ 794 Absatz 1 Nr. 1) und deren Wirksamkeit ausschließlich vom Eintritt einer sich aus der Verfahrensakte ergebenden Tatsache abhängig ist, wird die Vollstreckungsklausel von dem Urkundsbeamten der Geschäftsstelle des Gerichts des ersten Rechtszugs und, wenn der Rechtsstreit bei einem höheren Gericht anhängig ist, von dem Urkundsbeamten der Geschäftsstelle dieses Gerichts erteilt.**

Vorbem. Eingefügt dch Art 10 Z 9 des 2. JuMoG v 22. 12. 06, BGBl 3416, in Kraft seit 31. 12. 06, Art 28 I des 2. JuMoG, ÜbergangsR Einl III 78.

1 **1) Systematik, Regelungszweck.** Nach § 795 S 1 Hs 1 sind auch bei dem ja nach § 794 I Z 1 vollstreckbaren gerichtlichen Vergleich grundsätzlich §§ 724 ff entsprechend anwendbar. Daher ist schon nach § 724 II grundsätzlich der Urkundsbeamte für die Erteilung der Vollstreckungsklausel zuständig. Nach dem bisher ebenfalls anwendbaren § 726 I in Verbindung mit § 20 Z 12 RPflG wäre jedoch in den dortigen Fällen der Rpfl zuständig. Diesen früheren Zustand beendet § 795 b zwecks Vereinfachung und Vereinheitlichung, indem er durch seine vorrangige eng auslegbare Spezialregelung auch bei § 726 I den Urkundsbeamten zuständig macht, Sandhaus Rpfleger **08**, 238. Daher ergibt sich dessen Zuständigkeit jetzt auch nach § 795 S 1 Hs 2 mit dessen Verweisung auf §§ 795 a–800.

2 **2) Geltungsbereich.** Die Vorschrift gilt im Gesamtbereich der unter § 794 I Z 1 fallenden Vergleiche. Sie gilt auch im WEG-Verfahren.

3 **3) Ausschließliche Abhängigkeit von Tatsache aus Verfahrensakte.** Die Wirksamkeit des gerichtlichen Vergleichs muß ausschließlich vom Eintritt einer sich aus der Verfahrensakte ergebenden Tatsache abhängen. Das ist eine noch strengere Eingrenzung als in § 726 I. Denn dort hängt die Vollstreckbarkeit nur davon ab, daß der Gläubiger den Eintritt einer anderen Tatsache als einer ihm auferlegten Sicherheitsleistung beweisen kann. Hier muß die Vollstreckbarkeit aber direkt aus einer sich gerade direkt aus dieser Verfahrensakte ergebenden Tatsache ableitbar sein. Das gilt zB bei einem nicht widerrufenen Widerrufsvergleich oder bei einem von der Rechtskraft des Scheidungsbeschlusses abhängigen Unterhaltsvergleich, Jungbauer JB **06**, 455. Nur dann darf statt des in Rn 1 genannten Rpfl der Urkundsbeamte tätig werden. Wegen der Notwendigkeit enger Auslegung nach Rn 1 bleibt also im Zweifel der Rpfl zuständig, Sandhaus Rpfleger **08**, 236.

4 **4) Instanzzuständigkeit.** Maßgeblich ist die Anhängigkeit. Sobald und solange sie vor dem höheren Gericht vorliegt, ist dessen Urkundsbeamter zuständig. Nach einer Aktenrücksendung kann in Wahrheit noch eine Anhängigkeit der höheren Instanz bestehen.

796 *Zwangsvollstreckung aus Vollstreckungsbescheiden.* **I Vollstreckungsbescheide bedürfen der Vollstreckungsklausel nur, wenn die Zwangsvollstreckung für einen anderen als den in dem Bescheid bezeichneten Gläubiger oder gegen einen anderen als den in dem Bescheid bezeichneten Schuldner erfolgen soll.**

II Einwendungen, die den Anspruch selbst betreffen, sind nur insoweit zulässig, als die Gründe, auf denen sie beruhen, nach Zustellung des Vollstreckungsbescheids entstanden sind und durch Einspruch nicht mehr geltend gemacht werden können.

III Für Klagen auf Erteilung der Vollstreckungsklausel sowie für Klagen, durch welche die den Anspruch selbst betreffenden Einwendungen geltend gemacht werden oder der bei der Erteilung der Vollstreckungsklausel als bewiesen angenommene Eintritt der Voraussetzung für die Erteilung der Vollstreckungsklausel bestritten wird, ist das Gericht zuständig, das für eine Entscheidung im Streitverfahren zuständig gewesen wäre.

Schrifttum: *Grün,* Die Zwangsvollstreckung aus Vollstreckungsbescheiden über sittenwidrige Ratenkreditforderungen, 1990.

1 **1) Systematik, I–III.** Die Vorschrift enthält mehrere unterschiedlich geartete Sonderregelungen, und zwar in I gegenüber § 724, in II gegenüber § 767 II, in III gegenüber § 731.

2) Regelungszweck, I–III. Der Sinn der Sonderregelungen ist eine Erleichterung der Vollstreckung und damit eine Fortführung eines der Grundgedanken des ganzen Mahnverfahrens, Grdz 2 vor § 688. Demgemäß sollte man § 796 großzügig zugunsten des Gläubigers auslegen. 2

3) Vollstreckungsklausel, I, III. Die Verbindung mehrerer Vollstreckungsbescheide gegen Gesamtschuldner läßt trotzdem eine Vollstreckung auch nach einer anschließender Trennung der Titel zu, solange die Ausfertigung erhalten bleibt, LG Marbg DGVZ **86**, 77. Der Vollstreckungsbescheid benötigt nur dann eine Vollstreckungsklausel, wenn eine Umschreibung nach §§ 727 ff erforderlich ist, also nicht schon wegen § 343, LG Kblz JB **98**, 324. Die Vollstreckungsklausel erfolgt durch das AG des Mahnbescheids, evtl also durch dasjenige des § 689 II, BGH NJW **93**, 3141, Hamm Rpfleger **94**, 30, LG Stgt Rpfleger **00**, 537, aM Kblz Rpfleger **94**, 307 (abl Hintzen). Sie erfolgt nach § 730. Für eine Klage aus den §§ 731, 767, 768 ist das Gericht der §§ 690 I Z 5, 692 I Z 1, 696 I 1, V zuständig, § 731 Rn 4. Diese Zuständigkeit ist nach § 802 ausschließlich. § 35 ist anwendbar. *Gebühren:* VV 3309, 3310. 3

4) Vollstreckungsabwehrklage, II. Bei dieser Klage ersetzt die Zustellung des Vollstreckungsbescheids für die Zulässigkeit von Einwendungen den Schluß der mündlichen Verhandlung nach § 767 II, BGH RR **90**, 304, Münzberg JZ **87**, 483, aM Köln NJW **86**, 1351, Lappe/Grünert Rpfleger **86**, 165 (vgl aber Einf 13–15 vor §§ 322–327 und § 322 Rn 71 „Vollstreckungsbescheid"). Eine Vollstreckungsabwehrklage ist auch dann statthaft, wenn der Abzahlungskäufer denjenigen Widerruf, der den schwebend unwirksamen Anspruch des Verkäufers entfallen läßt, schon vor der Zustellung des Vollstreckungsbescheids objektiv hätte erklären können, aber erst nach der Zustellung erklärt hat, Karlsr NJW **90**, 2475 (zum früheren AbzG), Köln VersR **04**, 355. Bei einem gesetzlichen Gestaltungsrecht kommt es freilich auf den Zeitpunkt des Entstehens und der Befugnis zur Ausübung an, BGH **94**, 34, Karlsr NJW **90**, 2475. Das Gericht des Streitverfahrens ist für die Klage ausschließlich zuständig, § 802, Hamm RR **00**, 66. Das gilt unabhängig vom Streitwert und daher auch von einer Klagänderung oder Klagenhäufung. Daher unterbleibt eine Verweisung, Hamm RR **00**, 66, aM Celle RR **02**, 1080 (bei einer bloßen Teilvollstreckung evtl das AG. Aber § 802 hat den Vorrang). § 35 ist anwendbar. 4

796a *Voraussetzungen für die Vollstreckbarerklärung des Anwaltsvergleichs.* **I Ein von Rechtsanwälten im Namen und mit Vollmacht der von ihnen vertretenen Parteien abgeschlossener Vergleich wird auf Antrag einer Partei für vollstreckbar erklärt, wenn sich der Schuldner darin der sofortigen Zwangsvollstreckung unterworfen hat und der Vergleich unter Angabe des Tages seines Zustandekommens bei einem Amtsgericht niedergelegt ist, bei dem eine der Parteien zur Zeit des Vergleichsabschlusses ihren allgemeinen Gerichtsstand hat.**

II Absatz 1 gilt nicht, wenn der Vergleich auf die Abgabe einer Willenserklärung gerichtet ist oder den Bestand eines Mietverhältnisses über Wohnraum betrifft.

III Die Vollstreckbarerklärung ist abzulehnen, wenn der Vergleich unwirksam ist oder seine Anerkennung gegen die öffentliche Ordnung verstoßen würde.

Schrifttum: *Veeser,* Der vollstreckbare Anwaltsvergleich, 1996 (zum alten Recht).

Gliederung

1) Systematik, §§ 796 a–c. Die Vorschriften regeln die Vollstreckbarkeit des sog Anwaltsvergleichs. Er zeigt eine Form des außergerichtlichen Vergleichs nach § 779 BGB, Anh § 307 Rn 1. Man muß sie sorgfältig vom Prozeßvergleich nach § 278 VI, Anh § 307 unterscheiden. Zur EuGVVO/LugÜ Trittmann IPRax **01**, 178 (zum alten Recht). 1

2) Regelungszweck, §§ 796 a–c. Die Vorschriften bezwecken ein Erkenntnisverfahren oder ein schiedsrichterliches Verfahren über einen im Vergleich geregelten Anspruch zu erübrigen oder zumindest abzukürzen. Der Gläubiger soll auch bei einer entsprechenden Entscheidung des Spruchrichters sogleich aus dem Vergleich die Zwangsvollstreckung betreiben können. Man hält eine solche Abkürzung für vertretbar, soweit auf Seiten aller Vergleichspartner Anwälte als deren Bevollmächtigte nach §§ 164 ff BGB gehandelt haben und soweit sich der Schuldner im Vergleich der Zwangsvollstreckung unterworfen hat. Diese Form des Gerichtsersatzes hat sich in der Praxis grundsätzlich bewährt. Der Anwaltsvergleich dient also der Prozeßwirtschaftlichkeit nach Grdz 14 vor § 128, indem er den ganzen Prozeß unnötig macht, LG Halle NJW **99**, 3567. Dabei muß man aber gerade vor dem Beginn der Zwangsvollstreckung im Interesse der Rechtssicherheit nach Einl III 43 einige formelle Mindestkontrollen einbauen, um einen endgültigen Schaden aus einem nichtrichterlichen Titel zu vermeiden. Das alles sollte man bei der Auslegung mitbeachten. 2

3) Geltungsbereich, §§ 796 a–c. Die Vorschriften gelten nur für den Anwaltsvergleich nach § 796 a I, mag man ihn nun beim Gericht niedergelegt nach § 796 c I 1 beim Notar verwahrt haben. Für einen mit oder ohne eine Mitwirkung eines oder mehrerer Anwälte geschlossenen Prozeßvergleich gilt § 794 I Z 1. 3

Für einen nicht gerade nach § 796 a I geschlossenen außergerichtlichen Vergleich muß man einen gesonderten Vollstreckungstitel erstreiten. Für den Schiedsspruch mit vereinbartem Wortlaut nach § 1053 I gelten §§ 1060, 1061. § 796 a gilt nicht im arbeitsgerichtlichen Verfahren, Düss MDR **97**, 660 (zum alten Recht).

4 **4) Anwaltsvergleich, I.** Die Vollstreckbarerklärung setzt das Zusammentreffen jeder der folgenden Bedingungen voraus.

A. Vergleich. Es muß sich um einen außergerichtlichen Vergleich nach § 779 BGB handeln, Geimer DNotZ **91**, 275, Hansens AnwBl **91**, 113 (je zum alten Recht). Darin unterscheidet er sich vom Prozeßvergleich nach § 278 VI und von einer Einigung nach VV 1000. Da der Anwaltsvergleich ein Privatrechtsgeschäft ist, hat der Streit um die Rechtsnatur des Prozeßvergleichs nach Anh § 307 Rn 3 hier keine Bedeutung. Zur Wirksamkeit Rn 13, 14.

5 **B. Unterwerfungserklärung.** Zumindest einer der beteiligten Schuldner muß sich im Vergleich („darin") und nicht erst später der sofortigen Zwangsvollstreckung unterworfen haben, wie bei § 800 Rn 4. Das darf also nicht erst später geschehen sein, es sei denn in einer rückwirkend vereinbarten Ergänzung, Geimer DNotz **91**, 276 (zum alten Recht). Anders als nach § 794 I Z 5 kann Gegenstand der Unterwerfung jeder einer Vollstreckung zugängliche Anspruch sein. Für die Erklärung gilt das in § 794 Rn 36 ff Gesagte entsprechend. Die Unterwerfung muß sich natürlich gerade auf den zu vollstreckenden Gegenstand beziehen, Saarbr RR **05**, 1302.

6 **C. Anwaltstätigkeit.** Für einen jeden am Vergleich Beteiligten muß ein Anwalt als dessen Bevollmächtigter („im Namen und mit Vollmacht") nach § 164 BGB und nicht §§ 80 ff ZPO beim Abschluß gehandelt haben. Eine bloße sonstige Mitwirkung, etwa eine Beratung, Anwesenheit, zeitweise Hinzuziehung, reicht jetzt ebensowenig wie die bloße Unterschrift neben oder anstelle der Partei. Freilich kann letztere zur Annahme einer Anscheins- oder Duldungsvollmacht führen. Eine Prozeßvollmacht reicht weder aus noch ist sie nötig. Denn es liegt ja gerade kein Prozeß vor, Rn 4. Andererseits braucht der Anwalt nicht schon am Zustandekommen der Vergleichsreife mitgewirkt zu haben. Es reicht und ist notwendig, daß er ihn als Bevollmächtigter „abgeschlossen" hat, daß er also für diese Partei die zum Vergleich führende Willenserklärung abgegeben hat. Er braucht also anders als ein Richter oder Schiedsrichter nicht neutral gewesen zu sein. Er muß vielmehr gerade die Interessen nur seines Auftraggebers vertreten haben. Besteht eine Partei aus mehreren Personen, muß für jede derselbe oder ein jeweils eigener Anwalt den Vergleich mitabgeschlossen haben. Eine Vollmacht läßt sich nachreichen.

Der Anwalt muß *zugelassen* oder zur Berufsausübung vor Ort berechtigt sein, §§ 206, 207 BRAO, SchlAnh VII. Eine etwa im Rahmen eines Prozeßvergleichs nach Anh § 307 zustandegekommene Vereinbarung muß zum Bestandteil einer außergerichtlichen Anwaltsvereinbarung nach I geworden sein, um auch als ein Anwaltsvergleich nach I wirken zu können, Hansens AnwBl **91**, 114 (zum alten Recht).

7 **D. Form.** Aus I ergibt sich, daß zum Anwaltsvergleich die Schriftform erforderlich ist. Es genügt die Unterschrift eines jeden beteiligten Anwalts. Bei einer Sozietät reicht die Unterschrift eines Sozius. Zur Eigenhändigkeit der Unterschriften § 129 Rn 8 ff. Besteht eine Partei nach Rn 6 aus mehreren Personen, muß jeder der beteiligten Anwälte auch mitunterschrieben haben. Der Anwaltsvergleich ersetzt anders als der Prozeßvergleich nach Anh § 307 nicht eine etwa nach dem sachlichen Recht erforderliche besondere Form. Daher ist § 127 a BGB auf ihn nicht anwendbar. Hat er einen Grundstücksverkauf zum Gegenstand, ist schon aus diesem Grunde und im übrigen auch wegen II seine notarielle Beurkundung und deren Vollstreckbarerklärung nach § 794 I Z 5 usw nötig, Rn 12, Geimer DNotZ **91**, 275, Ziege NJW **91**, 1581 (je zum alten Recht). Eine notarielle Beurkundung, bei der ja auch die Parteien unterschreiben, reicht aus, soweit eben für jeden Vergleichspartner eine anwaltliche Beteiligung und Unterschrift vorliegt. Eine Stellvertretung ist wie sonst zulässig.

8 **5) Niederlegung, I.** Der nach Rn 4–7 zustandegekommene Vergleich nebst etwaigen ebenso zustandegekommenen Ergänzungen oder Berichtigungen muß wie folgt niedergelegt worden sein, wenn nicht eine notarielle Verwahrung nach § 796 c I erfolgt.

A. Urschrift, Ausfertigung. Die Urschrift oder bei einer notariellen Beurkundung die Ausfertigung muß niedergelegt worden sein. Man muß sie also dem Gericht zur dauernden Verwahrung übergeben haben. Die Übergabe muß zwar eindeutig ebenfalls im Namen und mit einer Vollmacht aller Vergleichspartner erfolgt sein. Denn I läßt die Zulässigkeit der Vollstreckbarerklärung eben auch von einer wirksamen Niederlegung abhängen. Es wäre aber ein Formalismus, auch unter dem Übergabe- (Begleit-)schreiben die Unterschriften sämtlicher am Vergleichsabschluß beteiligten Anwälte zu fordern. Freilich ist eine im Vergleich vereinbarte Vollmacht auf den Übergeber oder Niederleger ratsam, um Zweifel zu beseitigen, daß die übrigen Partner schon und noch auch mit der Niederlegung einverstanden sind, Geimer DNotZ **91**, 279 (zum alten Recht).

9 **B. Angabe des Vergleichsdatums.** Bei der Niederlegung muß man den Tag des Zustandekommens des Anwaltsvergleichs angegeben haben. Das gilt natürlich nur für den gewiß seltenen Fall, daß der Vergleichstext das Datum nicht enthielt. Es ist die letzte Unterschrift maßgeblich, aM ZöGei 16 (aber erst dann ist der Vergleich zustande gekommen, ZöGei 17).

10 **C. Zuständigkeit des Niederlegungsgerichts.** Der Anwaltsvergleich muß gerade bei einem solchen AG niedergelegt worden sein, bei dem eine der Parteien zur Zeit des Vergleichsabschlusses nach Rn 8 ihren allgemeinen Gerichtsstand hatte, §§ 12–19, nicht §§ 20 ff. Unter mehreren danach zuständigen Gerichten hatten die Vergleichspartner und für sie der zur Niederlegung Befugte die Wahl, § 35. §§ 36, 37 sind anwendbar. Das sollte auch für § 38 gelten. Es genügt, daß sich nach alledem die Zuständigkeit des angerufenen AG aus dem allgemeinen Gerichtsstand auch nur *eines* Vergleichspartners ergibt. Es ist ratsam, schon im Vergleich das Niederlegungsgericht genau zu bezeichnen, Lindemann AnwBl **92**, 457 (zum alten Recht). Funktionell zuständig sein kann zB die nach der Geschäftsverteilung für C-Sachen

zuständige Geschäftsstelle. Eine vorherige Zustellung ist nicht nötig. Es besteht kein Anwaltszwang, § 78 V Hs 2.

6) Antrag auf Vollstreckbarerklärung, I. Das Gericht erklärt eine Vollstreckbarkeit nur „auf Antrag einer Partei", also nicht von Amts wegen. Jede Partei kann den Antrag stellen. Der Antrag ist als solcher nicht formbedürftig. Er kann daher auch ohne die Hinzuziehung eines Anwalts oder gar eines der am Vergleichsabschluß beteiligten Anwälte und sogar stillschweigend erfolgen. Die bloße Niederlegung ist sicher meist, keineswegs aber stets auch als ein Antrag auslegbar. Denn die Vergleichspartner können sehr wohl ein schutzwürdiges Interesse daran haben, das Druckmittel einer Vollstreckbarerklärung nicht sogleich einzusetzen, auch aus Kostengründen. Der Antrag ist nicht fristgebunden. Er ist als eine Partei„prozeß"-handlung im weiteren Sinn nach den Regeln Grdz 47 vor § 128 auslegbar. Denn es liegt insofern ja etwas anderes als ein sachlichrechtliches Geschäft nach Grdz 48 ff vor § 128 vor. Der Antrag braucht sich nicht an das Niederlegungsgericht zu richten. Ist er an dieses gerichtet, gibt dieses ihn unverzüglich nach § 129 a II an das für die Vollstreckbarerklärung nach § 796 b I zuständige Gericht ab und unterrichtet den Niederleger oder Antragsteller davon. Der Antrag kann sich auf einen selbständig bestimmbaren Teil des Anwaltsvergleichs beschränken. Das weitere Verfahren richtet sich nach III und nach § 796 b. 11

7) Unanwendbarkeit bei Willenserklärung oder Wohnmiete, II. Die Vorschrift entspricht dem § 794 I Z 5. Soweit sich ein Vergleich auf die Abgabe einer Willenserklärung richtet, gilt I nicht. Das gilt unabhängig davon, ob die Beteiligten ihn in den Formen eines Anwaltsvergleichs geschlossen haben. Daher darf keine Vollstreckbarerklärung nach §§ 796 a, b erfolgen. Denn insoweit kommt es für die Vollstreckbarkeit nur auf § 894 an. Als eine Ausnahme von I ist II eng auslegbar. Alles das gilt ferner, soweit der Anwaltsvergleich den Bestand eines Mietverhältnisses über Wohnraum betrifft. Über einen solchen Anspruch soll nur auf Grund eines staatlichen Vollstreckungstitels nach einem Erkenntnisverfahren eine Zwangsvollstreckung erfolgen dürfen. „Bestand eines Mietverhältnisses über Wohnraum" ist dasselbe wie bei § 794 I Z 5, § 23 Z 2 a Hs 2 GVG, dort Rn 6. 12

Freilich paßt die Regelung nach *§ 794 a* nicht ganz zu derjenigen nach II Hs 2. Indessen ist der Wortlaut der letzteren Vorschrift eindeutig.

8) Ablehnung bei Unwirksamkeit oder Verstoß gegen die öffentliche Ordnung, III. Sprachlich in den Rechtsfolgen von II abweichend, der Sache nach ebenfalls auf die Unanwendbarkeit von I hinauslaufend erfordert III die Ablehnung der Vollstreckungserklärung als unbegründet selbst bei einer Erfüllung aller sonstigen Voraussetzungen von I, soweit der Anwaltsvergleich nach III Hs 1 unwirksam ist. Denn sein Inhalt ist nicht vergleichsfähig. Er unterliegt daher nicht der Parteiherrschaft, Grdz 18 vor § 128, Anh § 307 Rn 8 ff. Erst recht ist eine Antragszurückweisung als unzulässig notwendig, soweit eine der formellen Voraussetzungen von I fehlt und nicht behebbar ist. 13

Eine Ablehnung muß ferner erfolgen, soweit die Anerkennung des Vergleichs gegen die *öffentliche Ordnung* verstoßen würde. Das bestimmt III Hs 2 wegen §§ 134, 138 BGB überflüssigerweise zusätzlich. In einer sprachlichen Abweichung von dem gleichzeitig eingeführten § 1059 II Z 2 b nennt § 796 a III nur den deutschsprachigen Begriff, nicht den internationalrechtlich üblichen ordre public, meint aber im nationalen wie internationalen Anwaltsvergleich der Sache nach dasselbe wie zB § 328 I Z 4, dort Rn 30 ff. Man sollte keine zu strengen Anforderungen stellen. Das ganze Verfahren der §§ 796 a–c dient ja der Prozeßwirtschaftlichkeit im weitesten Sinn, Rn 1. 14

Deshalb zählt eine solche Einwendung *nicht* hierher, die sich gegen den Fortbestand des Anspruchs richtet, etwa diejenige der Erfüllung. Der Schuldner muß sie nach § 767 erheben, LG Halle NJW **99**, 3567, MüKoWo 30, 39, Münzberg Festschrift für Geimer (2002) 753, aM ZöGei 22.

Eine Ablehnung nach III läßt die etwaige *sachlichrechtliche* Wirksamkeit des Vergleichs unberührt.

796b *Vollstreckbarerklärung durch das Prozessgericht.* **I Für die Vollstreckbarerklärung nach § 796 a Abs. 1 ist das Gericht als Prozessgericht zuständig, das für die gerichtliche Geltendmachung des zu vollstreckenden Anspruchs zuständig wäre.**

II 1 Vor der Entscheidung über den Antrag auf Vollstreckbarerklärung ist der Gegner zu hören. 2 Die Entscheidung ergeht durch Beschluss. 3 Eine Anfechtung findet nicht statt.

1) Systematik, Regelungszweck, I, II. Vgl zunächst § 796 a Rn 1, 2. Während § 796 a die Zulässigkeit des vollstreckbaren Anwaltsvergleichs und die örtliche gerichtliche Zuständigkeit regelt, bestimmt § 796 b die gerichtliche sachliche und funktionelle Zuständigkeit für den Fall, daß die Vergleichspartner keine notarielle Verwahrung usw nach § 796 c vereinbart haben und daß der Vergleich daher beim Gericht niedergelegt ist, § 796 a I. 1

2) Geltungsbereich, I, II. Vgl § 796 a Rn 3. 2

3) Zuständigkeit, I. Für die Vollstreckbarerklärung des bei Gericht niedergelegten Anwaltsvergleichs ist dasjenige Gericht sachlich zuständig, das zur Zeit des Antrags nach I und nicht etwa schon beim Abschluß des Anwaltsvergleichs für eine Geltendmachung des vollstreckbaren Anspruchs im Erkenntnisverfahren sachlich zuständig wäre. Diese Zuständigkeit richtet sich also nach §§ 23 ff, 71, 96 GVG. Ob danach eine ausschließliche Zuständigkeit vorliegt, richtet sich anders als bei § 796 a I nicht nach § 802. Denn diese Vorschrift erfaßt nur den Gerichtsstand, also die örtliche Zuständigkeit. 3

Die am Anwaltsvergleich Beteiligten können die sachliche Zuständigkeit insofern auch bei der Vollstreckbarerklärung beeinflussen, als nach II in einer mündlichen Verhandlung oder schriftsätzlich ein *Rügeverzicht* nach den zu § 295 entwickelten hier entsprechend anwendbaren Regeln möglich ist. Das gilt, zumal die Vollstreckbarerklärung ja noch nicht zur Vollstreckung gehört, obwohl Buch 8 sie regelt, Grdz 51 vor § 704.

4 Das sachlich zuständige Gericht entscheidet nach dem klaren Wortlaut von I *„als Prozeßgericht"*, also nicht als Vollstreckungsgericht nach § 764. Es entscheidet durch den oder die Richter, nicht durch den Rpfl. Denn § 20 Z 17 RPflG erfaßt § 796 b nicht, da es dort auf die funktionelle Zuständigkeit des Vollstreckungsgerichts ankommt.

5 Soweit in einer *Ehe- oder Familiensache* überhaupt ein Anwaltsvergleich nach § 796 a wirksam zustandekommen kann oder unter einem Verstoß zB gegen § 796 a III nun einmal geschlossen und gerichtlich niedergelegt wurde, ist das FamG zuständig, § 95 I FamFG.

6 **4) Verfahren, II 1.** Das Gericht prüft die besonderen Voraussetzungen der Wirksamkeit des Anwaltsvergleichs nach § 796 a in vollem Umfang, Geimer DNotZ **91**, 281, insbesondere die zwingenden Versagungsgründe nach § 796 a III, dort Rn 13, 14. Der Verpflichtete darf auch ohne die Grenze des § 767 II Einwendungen gegen den Anspruch selbst erheben, Ziege NJW **91**, 1582, aM Geimer DNotZ **91**, 282 (je zum alten Recht).

Eine *mündliche Verhandlung* ist zulässig, aber *nicht erforderlich,* § 128 IV. Stets muß das Gericht aber das rechtliche Gehör gewähren, Art 103 I GG, § 796 b II 1 Hs 2.

7 **5) Entscheidung, II 2.** Das Prozeßgericht entscheidet in seiner vollen Besetzung durch einen Beschluß, II 2, § 329. Er lautet entweder etwa so: „Der Vergleich vom ... wird für vollstreckbar erklärt", oder auf die Zurückweisung des Antrags. Das Gericht muß seinen Beschluß trotz seiner Unanfechtbarkeit nach II 3 wenigstens stichwortartig begründen, soweit irgendeine Unklarheit bestand (Anstandspflicht), § 329 Rn 4, 6.

Kosten: Des Gerichts: KV 2117, Hartmann Teil I A; des Notars: § 148 a I 1 KostO, Hartmann Teil III; des Anwalts: VV 3309, 3310. Wert: Anh § 3 Rn 132 „Vollstreckbarerklärung". Festsetzung: Jedenfalls ab Vollstreckbarerklärung §§ 103 ff, § 11 RVG, aM Hbg MDR **94**, 214, Mü RR **97**, 1294 (je: zum alten Recht. Aber es liegt nun ein Titel vor).

8 **6) Unanfechtbarkeit, II 3.** Die Entscheidung ist nach dem klaren Wortlaut von II 3 unanfechtbar. Da nach Rn 4 der Richter und nicht der Rpfl zuständig ist, ist auch nicht etwa § 11 II 1 RPflG anwendbar. Mangels einer Vollstreckbarerklärung bleibt nur die Verfassungsbeschwerde oder entweder der Weg über § 796 c oder ein neuzuschaffender Titel. Zur verfassungsrechtlichen Folgeproblematik Münzberg NJW **99**, 1359.

796c *Vollstreckbarerklärung durch einen Notar.* **I 1 Mit Zustimmung der Parteien kann ein Vergleich ferner von einem Notar, der seinen Amtssitz im Bezirk eines nach § 796 a Abs. 1 zuständigen Gerichts hat, in Verwahrung genommen und für vollstreckbar erklärt werden. 2 Die §§ 796 a und 796 b gelten entsprechend.**

II 1 Lehnt der Notar die Vollstreckbarerklärung ab, ist dies zu begründen. 2 Die Ablehnung durch den Notar kann mit dem Antrag auf gerichtliche Entscheidung bei dem nach § 796 b Abs. 1 zuständigen Gericht angefochten werden.

1 **1) Systematik, Regelungszweck, I, II.** Vgl § 796 a Rn 1, 2.

2 **2) Geltungsbereich, I, II.** Vgl § 796 a Rn 3.

3 **3) Notarielle Verwahrung und Vollstreckbarerklärung, I.** Statt der in § 796 a I als Regelfall vorgesehenen Niederlegung des Anwaltsvergleichs beim Gericht nebst seiner gerichtlichen Vollstreckbarerklärung können die Parteien auch eine notarielle Verwahrung und Vollstreckbarerklärung vereinbaren.

A. Zustimmung der Parteien, I 1. Alle am Anwaltsvergleich Beteiligten, hier „Parteien" genannt, müssen der notariellen Verwahrung usw zugestimmt haben. Das kann im Vergleich oder später geschehen sein. Die Zustimmungen müssen schriftlich oder durch Erklärungen gegenüber dem nach I 1 örtlich zuständigen Notar erfolgt sein, Hansens AnwBl **91**, 115 (zum alten Recht). Man darf seine einmal erklärte Zustimmung nicht einseitig widerrufen. Die Mitwirkung eines Anwalts auch bei der Zustimmung ist nicht erforderlich. Sie ist aber bei einer Zustimmung im Vergleich wegen § 796 a I praktisch doch stets nötig. Eine Anfechtung wegen Irrtums usw nach §§ 119 ff BGB ist wie sonst denkbar.

4 **B. Zuständigkeit des Notars, I 1.** Der von den Parteien ausgewählte Notar muß seinen Amtssitz im Bezirk eines nach § 796 a I zuständigen Gerichts haben, § 796 a Rn 9. Ein Mangel der Zuständigkeit berührt freilich die Wirksamkeit einer notariellen Vollstreckbarerklärung nicht. Denn der Notar nimmt hier einen Staatsakt im weiteren Sinn vor, Üb 10 vor § 300, Geimer DNotZ **91**, 273.

5 **C. Verwahrung, I 1.** Der nach Rn 4 zuständige Notar muß den nach Rn 3 zustandegekommenen Anwaltsvergleich verwahren. Er muß also die Urschrift wie diejenige einer eigenen Urkunde behandeln, § 25 I BNotO, Hansens AnwBl **91**, 115 (zum alten Recht). Er darf eine Verwahrung nur wegen seiner Unzuständigkeit ablehnen. II erfaßt nur die Ablehnung einer anschließenden Vollstreckbarerklärung. Die Verwahrung und die Vollstreckbarerklärung müssen keineswegs, dürfen aber sehr wohl zeitlich zusammenfallen.

6 **D. Vollstreckbarerklärung, I 1, 2.** Der nach Rn 4 zuständige Notar muß zugleich mit oder zeitlich nach seiner Verwahrung nach Rn 5 den Anwaltsvergleich für nicht nur vorläufig, sondern endgültig vollstreckbar erklären, soweit er dazu auch nach den gemäß I 2 entsprechend anwendbaren §§ 796 a, b überhaupt befugt ist. Seine Entscheidung lautet etwa: „Vorstehender Anwaltsvergleich wird gemäß § 796 c Abs. 1 Satz 1 ZPO für vollstreckbar erklärt", Hansens AnwBl **91**, 115, Huchel MDR **93**, 943 (je zum alten Recht). Diese Vollstreckbarerklärung braucht natürlich nicht etwa ihrerseits eine zusätzliche Erklärung als vorläufig vollstreckbar. Sie muß eine Kostenentscheidung wegen des Vollstreckungsverfahrens entsprechend §§ 91 ff enthalten. Der Notar muß seine Vollstreckbarerklärung allen am Anwaltsvergleich Beteiligten als den „Parteien" nach I zustellen, § 20 I 2 BNotO oder §§ 175, 176, ferner § 329 III, Geimer DNotZ **91**, 274.

Gegen die Vollstreckbarerklärung ist *kein Rechtsbehelf* statthaft. Das ergibt sich aus der Verweisung in I 2 auf § 796 b II 3, dort Rn 8.

4) Ablehnung der Vollstreckbarerklärung, II 1. Soweit die Voraussetzungen einer Vollstreckbarerklärung nach I nicht vorliegen, aus welchen Gründen auch immer, darf und muß der nach Rn 4 zuständige Notar die Vollstreckbarerklärung des bei ihm verwahrten Anwaltsvergleichs ablehnen. Er hält dabei infolge der Verweisung von dem auch im Verfahren auf eine Ablehnung mitgeltendem I 2 auf § 796 b II 1, 2 das dort genannte Verfahren ein. Er muß die Ablehnung nach II 1 begründen, § 329 Rn 4, und zwar so, daß das bei einer Anfechtung nach II 2 zuständige Gericht die Ablehnungserwägungen nachvollziehen kann. Der Notar muß auch eine Ablehnungsentscheidung nebst ihrer Begründung den am Anwaltsvergleich Beteiligten zustellen, wie bei Rn 6. 7

5) Antrag auf gerichtliche Entscheidung, II 2. Soweit der Notar die Vollstreckbarerklärung nach Rn 7 abgelehnt hat, kann jeder Betroffene bei dem nach § 796 b I zuständigen Gericht die Entscheidung des Notars durch einen Antrag auf eine gerichtliche Entscheidung anfechten. Das ist der in dieser Situation allein zulässige Rechtsbehelf. Das danach zuständige Gericht verfährt unter einer Mitbeachtung der in § 796 a III genannten Ablehnungsgründe wie bei § 796 b II. 8

Die *Entscheidung des Gerichts* lautet auf eine Zurückweisung des Antrags oder unter Aufhebung der Ablehnung des Notars auf eine Vollstreckbarerklärung wie bei Rn 6. Die Entscheidung ist unanfechtbar. Das ergibt sich zumindest entsprechend § 796 b II 3, dort Rn 8. Trotzdem sollte das Gericht ihr wegen seiner Anstandspflicht eine wenigstens stichwortartige Begründung geben, § 329 Rn 4.

6) Kosten, I, II. Gebühren des Gerichts: keine; des Notars: für Verwahrung nebst Vollstreckbarerklärung oder deren Ablehnung 0,5 Gebühr, § 148 a I 1 KostO; Wert: § 148 a II KostO; für die Erteilung vollstreckbarer Ausfertigungen: § 133 (entsprechend) in Verbindung mit § 148 a I 2 KostO; des Anwalts: VV 3309, 3310. 9

797 *Verfahren bei vollstreckbaren Urkunden.* **[I] Die vollstreckbare Ausfertigung gerichtlicher Urkunden wird von dem Urkundsbeamten der Geschäftsstelle des Gerichts erteilt, das die Urkunde verwahrt.**

[II] [1] Die vollstreckbare Ausfertigung notarieller Urkunden wird von dem Notar erteilt, der die Urkunde verwahrt. [2] Befindet sich die Urkunde in der Verwahrung einer Behörde, so hat diese die vollstreckbare Ausfertigung zu erteilen.

[III] Die Entscheidung über Einwendungen, welche die Zulässigkeit der Vollstreckungsklausel betreffen, sowie die Entscheidung über Erteilung einer weiteren vollstreckbaren Ausfertigung wird bei gerichtlichen Urkunden von dem im ersten Absatz bezeichneten Gericht, bei notariellen Urkunden von dem Amtsgericht getroffen, in dessen Bezirk der im zweiten Absatz bezeichnete Notar oder die daselbst bezeichnete Behörde den Amtssitz hat.

[IV] Auf die Geltendmachung von Einwendungen, die den Anspruch selbst betreffen, ist die beschränkende Vorschrift des § 767 Abs. 2 nicht anzuwenden.

[V] Für Klagen auf Erteilung der Vollstreckungsklausel sowie für Klagen, durch welche die den Anspruch selbst betreffenden Einwendungen geltend gemacht werden oder der bei der Erteilung der Vollstreckungsklausel als bewiesen angenommene Eintritt der Voraussetzung für die Erteilung der Vollstreckungsklausel bestritten wird, ist das Gericht, bei dem der Schuldner im Inland seinen allgemeinen Gerichtsstand hat, und sonst das Gericht zuständig, bei dem nach § 23 gegen den Schuldner Klage erhoben werden kann.

[VI] Auf Beschlüsse nach § 796 c sind die Absätze 2 bis 5 entsprechend anzuwenden.

Schrifttum: Vgl bei § 794.

Gliederung

1) Systematik, I–VI. Die Vorschrift enthält in ihrem Geltungsbereich eine Reihe unterschiedlich gearteter Sonderregeln, und zwar haben den Vorrang: I, II gegenüber § 724 II (allerdings hat für den Vergleich vor einer Gütestelle § 797 a nochmals Vorrang); III gegenüber § 732; IV gegenüber dem dort ja direkt abbedungenen § 767 II; V gegenüber §§ 731, 767 I; VI entsprechend beim notariell verwahrten Anwaltsvergleich nach §§ 796 a I, 796 c I. Soweit „das Gericht" zuständig ist, gelten ergänzend § 764 (sachliche Zuständigkeit des Vollstreckungsgerichts), § 801 (Ausschließlichkeitsklausel) und § 20 Z 17 RPflG (funktionelle Zuständigkeit). 1

2) Regelungszweck, I–VI. Die Vorschrift dient einer Anpassung der Vollstreckung aus den in §§ 794 ff genannten Urkunden an die Vollstreckung aus den in § 704 genannten Urteilen. Die Zuständigkeitsbestimmungen dienen der Rechtssicherheit nach Einl III 43. Man muß sie daher streng auslegen, auch soweit sie 2 den Notar betreffen. IV ist als eine Schuldnerschutzregel zu seinen Gunsten auslegbar. Denn hier liegt die Betonung auf einem Vorrang der Gerechtigkeit vor der Rechtskraft (Präklusion).

3 **3) Erteilung der Klausel, I, II.** Es kommt auf die Urkundenart an. Stets ist ein Anspruch auf eine einfache Ausfertigung nach § 51 BeurkG die Voraussetzung, Düss DNotZ **01**, 298, Hbg DNotZ **87**, 356, Hamm RR **87**, 1404.

A. Verfahrensüberblick. Das Gericht erteilt die vollstreckbare Ausfertigung stets nach der ZPO. Die Erteilung ist dann vor der Entstehung des Anspruchs zulässig, wenn die Zwangsvollstreckung nach dem Inhalt der Urkunde nicht von einer durch den Gläubiger zu beweisenden Entstehung abhängt. § 726 ist beachtlich. Über die Zulässigkeit der Klage trotz einer vollstreckbaren Urkunde § 794 Rn 2. Die vollstreckbare Ausfertigung einer solchen Urkunde, in der sich ein Vertreter der sofortigen Zwangsvollstreckung unterworfen hat, ist nur auf Grund eines Nachweises der Vollmacht durch eine öffentliche oder eine öffentlich beglaubigte Urkunde zulässig, BGH NJW **08**, 2267 (zustm Zimmer), LG Bonn Rpfleger **90**, 374, Zawar Festschrift für Lüke (1997) 995. Das Gericht oder der Notar dürfen und müssen die Eignung der Urkunde nach ihrer Form und ihrem Inhalt zur Zwangsvollstreckung prüfen, BGH **118**, 233, BayObLG DNotZ **97**, 77, Oldb DNotZ **95**, 145. Sie dürfen aber das Bestehen eines sachlichrechtlichen Anspruchs im Verfahren auf die Erteilung der vollstreckbaren Ausfertigung nicht prüfen, BGH **118**, 233, Oldb DNotZ **95**, 145, Wolfsteiner DNotZ **99**, 104. Wenn ein sachlichrechtlicher Anspruch fehlt, ist § 767 anwendbar, Ffm JB **97**, 544 (Erlöschen), BGH **118**, 219 (Unwirksamkeit des Titels), Oldb DNotZ **95**, 145 (Nichtigkeit), ZöStö 5 b, aM bei einer Offenkundigkeit usw BayObLG NJW **00**, 1663, Ffm DNotZ **95**, 144 (aber damit ist der Rpfl oder Notar meist überfordert, § 767 paßt besser). Das Grundbuchamt prüft den sachlichen Inhalt der Urkunde auf seine Eintragungsfähigkeit, nicht aber die Erteilung der Klausel.

4 **B. Gerichtliche Urkunde.** Die Vorschrift erfaßt nur die vollstreckbare Urkunde des § 794 I Z 5, nicht einen Prozeßvergleich, Anh § 307, § 794 I Z 1. Denn auf sie paßt § 797 nicht, StJM 1, ThP 2, ZöStö 1, aM AG Königswinter FamRZ **89**, 1201.

Nicht anwendbar ist § 797 ferner auf einen Beschluß, § 329. Zuständig zur Erteilung der Vollstrekkungsklausel ist stets die Geschäftsstelle desjenigen Gerichts, das die Urkunde verwahrt. Das gilt auch dann, wenn dessen Zuständigkeit zur Beurkundung selbst entfallen ist, §§ 68 I, 52 BeurkG. Das Gericht muß § 730 beachten. Innerhalb der Geschäftsstelle ist der Urkundsbeamte oder der Rpfl zuständig, § 724 Rn 6. I gilt auch dann, wenn ein anderes Gericht die Urkunde in der Ausübung seiner Rechtshilfe aufgenommen hat, falls jenes Gericht die Urkunde in ihrer Urschrift übersandt hat.

Gebühren: Des Gerichts keine, außer nach § 133 KostO; des Anwalts VV 3309, 3310.

5 **C. Notarielle Urkunde.** Auch eine notarielle Urkunde braucht eine Vollstreckungsklausel. Derjenige Notar erteilt die Klausel, der die Urkunde verwahrt, II, § 52 BeurkG. Ein solcher Notar, der den Vollstrekkungsauftrag vom Gläubiger als Anwalt angenommen hat, darf keine Vollstreckungsklausel erteilen. Wenn er sie doch erteilt, muß das Gericht sie auf eine Einwendung des Schuldners nach Rn 10 aufheben. Der Notar darf und muß evtl die Erteilung der Klausel ablehnen, zB bei einem begründeten Zweifel an der Wirksamkeit des beurkundeten Geschäfts, KG DNotZ **91**, 764, ebenso dann, wenn der sachlichrechtliche Anspruch offensichtlich nicht oder nicht mehr besteht, BayObLG FGPrax **00**, 41. Dann ist die Beschwerde zum LG seines Amtssitzes zulässig, § 54 BeurkG, BayObLG FGPrax **98**, 40. Bei § 726 Rn 5 darf der Notar aber nicht verweigern, Zimmer NJW **08**, 2268.

6 Der Schuldner hat gegen die Erteilung der Vollstreckungsklausel ein *Antragsrecht*, III, § 732 Rn 7. Das gilt auch dann, wenn das LG den Notar angewiesen hatte, eine vollstreckbare Ausfertigung oder eine Vollstrekkungsklausel zu erteilen. Dann hat er aber keine weitere Beschwerde, Ffm MDR **97**, 974.

7 Wenn der Notar die Urkunde *nicht verwahrt,* weil sein Amt erloschen ist oder weil er seinen Amtssitz in einen anderen AGBezirk verlegt hat, ist die Verwaltungsbehörde zur Erteilung der Vollstreckungsklausel zuständig, II, § 52 BeurkG. Früher bestand insofern eine landesgesetzliche Regelung. § 39 RNotO bestimmte das AG zum Verwahrungsort. Daraus folgt, daß sich die Rechtsmittel aus dem FamFG ergeben. Denn es handelt sich um eine durch ein Reichsgesetz übertragene Angelegenheit der freiwilligen Gerichtsbarkeit nach § 1 FamFG. Auch nach § 51 I BNotO werden die Notariatsakten beim AG des bisherigen Sitzes verwahrt, soweit nicht der Präsident des OLG die Verwahrung bei einem anderen AG angeordnet hat. Dieses erteilt Ausfertigungen und Ablichtungen oder Abschriften nach den Vorschriften über die Erteilung von Ausfertigungen und Kopien von gerichtlichen Urkunden, § 45 IV 2 in Verbindung mit § 51 I 3 BNotO und mit V 3. Die Verwahrung erfolgt im Staatsarchiv, das in einer Abänderung von § 797 II als erteilende Behörde ausscheidet.

8 Zur Erteilung ist der *Rechtspfleger* des verwahrenden Gerichts zuständig, § 20 Z 13 RPflG. Wenn sich der Rpfl weigert, eine vollstreckbare Ausfertigung zu erteilen, ist nach § 11 I RPflG die Beschwerde nach § 54 BeurkG statthaft, Ffm Rpfleger **81**, 314. Wenn der Notar abwesend ist, wenn ihm kein Vertreter bestellt wurde und wenn er seine Akten auch nicht in die amtliche Verwahrung gegeben hat, gilt entsprechendes, § 45 III BNotO. Die Kanzlei des Notars ist in keinem Fall zur Erteilung der vollstreckbaren Ausfertigung ermächtigt. Vgl in solcher Situation III.

9 **D. Sonstige Urkunde.** Zuständig für die Erteilung der Vollstreckungsklausel ist im allgemeinen der Beurkundende, zB das Jugendamt nach der Beurkundung einer Unterhaltsverpflichtung, § 116 SGB V.

10 **4) Einwendung gegen die Vollstreckungsklausel, III.** Über die Einwendungen gegen die Zulässigkeit der Vollstreckungsklausel vgl § 732 und BayObLG FGPrax **00**, 42, Ffm Rpfleger **81**, 314. Das gilt zB dann, wenn ein ausgeschlossener Notar die Klausel erteilt hatte oder wenn eine Vollstreckung vertragswidrig vorzeitig begonnen hat oder wenn die Unterwerfung nichtig war. Wenn eine Unterwerfung für unwirksam erklärt wurde, ist keine Vollstreckungsabwehrklage statthaft, BGH VersR **07**, 399. Vielmehr muß der Rpfl dann eine Entscheidung durch einen Beschluß treffen, § 329, BGH RR **87**, 1149. Es entscheidet bei einer gerichtlichen Urkunde das Gericht der Verwahrung und bei einer notariellen Urkunde das AG des Amtssitzes des Notars, Rn 4, BayObLG FGPrax **00**, 42, Düss DNotZ **77**, 572, bei einer sonstigen Urkunde im allgemeinen das AG des Beurkundenden, zB des Jugendamts nach dem SGB V.

5) Erteilung weiterer Ausfertigung, III. Die Erteilung einer weiteren vollstreckbaren Ausfertigung nach § 733 fällt bei einer gerichtlichen Urkunde in die Zuständigkeit des Rpfl nach § 20 Z 13 RPflG, Naumb FamRZ **03**, 695, oder des etwa landesrechtlich bestellten Urkundsbeamten der Geschäftsstelle, § 36 b I Z 4 RPflG, bei einer notariellen in die Zuständigkeit des Notars, BayObLG FGPrax **00**, 42, Düss DNotZ **77**, 572, aM LG Bln MDR **99**, 703 (ebenfalls der Rpfl). Entsprechend der Zuständigkeit für die Erteilung einer weiteren Ausfertigung muß man die Bewilligung einer öffentlichen Zustellung nach §§ 185 ff oder ein Zustellungsersuchen in das Ausland behandeln, (jetzt) §§ 183 ff, BayObLG RR **90**, 64. Das Verfahren verläuft nicht etwa nach dem FamFG, sondern nach §§ 795, 732, Ffm OLGZ **82**, 202, Naumb FamRZ **03**, 695, LG Bln MDR **99**, 703, aM BayObLG FGPrax **00**, 42 (aber seine Meinungsänderung gegenüber RR **90**, 64 überzeugt nicht. Das ganze Verfahren gehört seiner Natur nach in die ZPO). Gegen die Entscheidung des etwa landesrechtlich bestellten Urkundsbeamten ist die befristete Erinnerung statthaft, § 573 I 1. 11

6) Einwendungen gegen den Anspruch, IV. Eine Unterwerfung läßt sich nur nach IV bekämpfen, BGH MDR **08**, 766 rechts. Für die erste Vollstreckungsabwehrklage entfällt naturgemäß die Möglichkeit, Einwendungen nach § 767 II abzuschneiden, BAG KTS **90**, 124. Es sind anders als bei einem Prozeßvergleich bei der ersten Vollstreckungsabwehrklage gegen die Urkunde sämtliche sachlichrechtlichen Einwendungen zulässig, BGH **118**, 235, Hamm RR **87**, 1331, Kblz RR **03**, 1559, § 795 Rn 11. Unzulässig sind solche Einwendungen nach der sachlichrechtlichen Mängelheilung, BGH NJW **85**, 2423, und bei einer weiteren Vollstreckungsabwehrklage, BGH RR **87**, 59 (§ 767 II, krit Münzberg ZZP **87**, 454). Wegen einer Volljährigkeit beim Regelunterhalt § 798 a. 12

7) Zuständigkeit, V. Man muß zwischen der örtlichen und der sachlichen Zuständigkeit unterscheiden. 13

A. Örtliche Zuständigkeit. Für die Klagen nach §§ 731, 767, 768 ist nach § 802 örtlich ausschließlich zunächst das Gericht des allgemeinen Gerichtsstands des Schuldners zuständig, §§ 13–19, (zum alten Recht) Hamm FamRZ **03**, 697. Wenn bei mehreren Schuldnern kein gemeinsamer allgemeiner Gerichtsstand vorliegt, ist das zuständige Gericht entsprechend § 36 I Z 3 bestimmbar. Denn der Gerichtsstand richtet sich hier nach dem Kläger, StJM 23, ZöStö 8, aM BGH NJW **91**, 2910, BayObLG RR **93**, 511, ZöV § 35 Rn 1 (aber das ist inkonsequent. § 35 gilt auch hier). Hilfsweise ist das Gericht des Gerichtsstands des Vermögens des Schuldners zuständig, § 23. Diese Gerichtsstände gehen dem dinglichen Gerichtsstand der §§ 24 ff vor, nicht aber dem Gerichtsstand des § 800 III, Karlsr RR **01**, 1728, aM KG RR **89**, 1407 (aber diese Vorschrift ist noch spezieller). Bei § 323 IV gilt V nicht.

B. Sachliche Zuständigkeit. Die sachliche Zuständigkeit richtet sich nach dem Streitwert, §§ 23–23 b, 71 GVG. Als Streitwert gilt der Wert des zu vollstreckenden Anspruchs, § 3. § 23 GVG ist entsprechend anwendbar. Deshalb ist für eine Vollstreckungsabwehrklage gegen eine Verpflichtungsurkunde vor dem Jugendamt immer das AG zuständig. In einer FamFG-Sache ist das FamG zuständig, (je zum alten Recht) BayObLG FamRZ **91**, 1455, Naumb FamRZ **03**, 695, aM Stgt Rpfleger **97**, 521. Die Kammer für Handelssachen ist wie sonst zuständig, LG Stendal MDR **05**, 1423. Unstatthaft ist eine Klage gegen den Notar (§ 156 KostO hat Vorrang) oder gegen eine Behörde. In einer Arbeitssache ist das ArbG zuständig, Ffm MDR **85**, 331. 14

8) Entsprechende Anwendbarkeit, VI. II–V sind auf einen Beschluß nach § 796 c entsprechend anwendbar. Es muß sich also um einen solchen Vergleich nach § 796 a (sog Anwaltsvergleich) handeln, den ein Notar mit einer Zustimmung der Parteien in Verwahrung genommen und für vollstreckbar erklärt hat, § 796 c I 1. Soweit ein Vergleich zwar nach § 796 a I zustandegekommen, aber eben nicht notariell nach § 796 c I behandelt worden ist, ist § 794 I Z 4 b anwendbar, § 794 Rn 20. 15

797a

Verfahren bei Gütestellenvergleichen. **I Bei Vergleichen, die vor Gütestellen der im § 794 Abs. 1 Nr. 1 bezeichneten Art geschlossen sind, wird die Vollstreckungsklausel von dem Urkundsbeamten der Geschäftsstelle desjenigen Amtsgerichts erteilt, in dessen Bezirk die Gütestelle ihren Sitz hat.**

II Über Einwendungen, welche die Zulässigkeit der Vollstreckungsklausel betreffen, entscheidet das im Absatz 1 bezeichnete Gericht.

III § 797 Abs. 5 gilt entsprechend.

IV 1 Die Landesjustizverwaltung kann Vorsteher von Gütestellen ermächtigen, die Vollstreckungsklausel für Vergleiche zu erteilen, die vor der Gütestelle geschlossen sind. 2 Die Ermächtigung erstreckt sich nicht auf diejenigen Fälle des § 726 Abs. 1, der §§ 727 bis 729 und des § 733. 3 Über Einwendungen, welche die Zulässigkeit der Vollstreckungsklausel betreffen, entscheidet das im Absatz 1 bezeichnete Gericht.

1) Systematik, Regelungszweck, I–IV. Die Vorschrift erfaßt innerhalb der in § 794 I Z 1 genannten Vergleiche denjenigen vor einer sog Gütestelle oder Einigungsstelle zB nach § 15 VI 3 Hs 2 UWG und schafft für das Verfahren auf die Erteilung der Vollstreckungsklausel nur für diesen Fall eine sowohl gegenüber § 724 II als auch gegenüber § 795 vorrangige Sonderzuständigkeit usw. Die Vorschrift entspricht aber im übrigen weitgehend § 797. Daher sind die dortigen Anmerkungen entsprechend mitverwertbar, auch zum Regelungszweck. 1

2) Erteilung der Klausel, I, IV. Der Urkundsbeamte der Geschäftsstelle des Gerichts am Sitz der Gütestelle stellt eine Ausfertigung des Vergleichs her und versieht sie mit der Vollstreckungsklausel. Die Ermächtigung erstreckt sich nicht auf diejenigen Fälle, in denen der Rpfl die Vollstreckungsklausel erteilt, § 20 Z 12, 13 RPflG sowie nach Landesrecht § 37 RPflG. 2

Gebühren: Des Gerichts keine; des Anwalts VV 3309, 3310, 3500.

Die *Justizverwaltung* kann die Vorsteher von Gütestellen nach § 794 Rn 4 zur Erteilung der Vollstreckungsklausel ermächtigen. Die Verwaltung muß den Vorstehern dabei ein Dienstsiegel verleihen, § 725.

Wenn der ermächtigte Vorsteher die Erteilung der Klausel ablehnt, entscheidet das AG. Die Ermächtigung ist erteilt: dem Vorsitzenden der Hamburger Vergleichsstelle, § 3 VO v 4. 2. 46, VOBl 13, Hbg FamRZ **84**, 69; dem Vorsitzenden der Lübecker Vergleichsstelle, AVJM v 4. 8. 49, SchlHA 279, und v 17. 12. 52, SchlHA **53**, 9; dem Vorsitzenden der Münchener, Traunsteiner und Würzburger Schlichtungsstelle, Bek v 31. 7. 94, BayJMBl 146, Bethke DRiZ **94**, 17.

3 **3) Rechtsbehelfe, II, III, IV.** Über Einwendungen aus § 732 entscheidet immer das Gericht des Sitzes der Gütestelle. Dieses Gericht ist auch für die Bewilligung einer öffentlichen Zustellung nach §§ 185 ff und für ein Zustellungsersuchen in das Ausland zuständig, §§ 183, 184. § 797 V ist entsprechend anwendbar. Für Klagen aus §§ 731, 767, 768 ist also das Gericht des allgemeinen Gerichtsstands des Schuldners nach §§ 12 ff ausschließlich örtlich zuständig, hilfsweise das Gericht des Gerichtsstands des Vermögens, §§ 24 ff. § 797 IV ist zwar nicht anwendbar. Trotzdem entfallen auch hier die Beschränkungen des § 767 II. Denn ein Vergleich vor der Gütestelle nach § 794 Rn 4 ist einem Prozeßvergleich ebenbürtig, § 794 I Z 1.

4 **4) Entsprechende Anwendung, I–IV.** § 797 a gilt entsprechend für einen Vergleich vor einer Einigungsstelle nach § 15 VI 3 Hs 2 UWG. Der Vorsitzende erteilt die Klausel unter einer Beidrückung des Siegels oder Stempels des Amts. Ausgenommen sind die Fälle IV 2.

798 *Fassung 1. 9. 2009:* ***Wartefrist.*** **Aus einem Kostenfestsetzungsbeschluss, der nicht auf das Urteil gesetzt ist, aus Beschlüssen nach § 794 Abs. 1 Nr. 4 b sowie aus den nach § 794 Abs. 1 Nr. 5 aufgenommenen Urkunden darf die Zwangsvollstreckung nur beginnen, wenn der Schuldtitel mindestens zwei Wochen vorher zugestellt ist.**

Vorbem. Änderg dch Art 29 Z 21 FGG-RG, in Kraft seit 1. 9. 09, Art 112 I Abs 1 FGG-RG, ÜbergangsR Art 111 FGG-RG Einf 4 vor § 1 FamFG.

Bisherige Fassung: **Aus einem Kostenfestsetzungsbeschluss, der nicht auf das Urteil gesetzt ist, aus Beschlüssen nach § 794 Abs. 1 Nr. 2 a und § 794 Abs. 1 Nr. 4 b sowie aus den nach § 794 Abs. 1 Nr. 5 aufgenommenen Urkunden darf die Zwangsvollstreckung nur beginnen, wenn der Schuldtitel mindestens zwei Wochen vorher zugestellt ist.**

1 **1) Systematik.** Ist der Kostenfestsetzungsbeschluß im vereinfachten Verfahren nach § 105 auf das Urteil gekommen, kann der Gläubiger ihn nach § 795 a ohne eine Wartefrist vollstrecken. Es genügt dann die Zustellung des Beschlusses beim Beginn der Zwangsvollstreckung nach Grdz 51 vor § 704 wie regelmäßig, § 750 I 1. Bei einer Reihe anderer Arten von Vollstreckungstiteln müssen nach § 798 bis zum Beginn der Zwangsvollstreckung aus dem Beschluß in einer vorrangigen Abweichung von § 750 I 1, jedoch ähnlich dem § 750 III, mindestens zwei Wochen verstreichen, LG Bln VersR **88**, 252, AG Ehingen DGVZ **81**, 91, Ostler ZRP **81**, 59. Im Sonderfall des § 798 a gilt die dortige noch längere Wartefrist.

2 **2) Regelungszweck.** Er besteht darin, dem Schuldner eine Gelegenheit zu geben, den fälligen und titulierten Anspruch noch vor einer Vollstreckungsmaßnahme zu erfüllen, Köln RR **00**, 1302. Der Gläubiger soll den nicht unterrichteten Schuldner nicht überrumpeln, AG Ehingen DGVZ **81**, 91. Die Zweiwochenfrist ist wie jede Frist strikt auslegbar. Deren Gründe darf man freilich nicht allzu großzügig bejahen. Immerhin gestattet das Wort „mindestens" in § 798 auch eine nicht zu strenge Handhabung, wenn zB eine Erfüllungsaussicht besteht.

3 **3) Geltungsbereich.** Die Vorschrift gilt auch bei der nochmaligen Zustellung auf Grund einer Rechtsnachfolge nach §§ 727, 750 I. Eine Wartefrist ist in jedem der folgenden Fälle erforderlich.

A. §§ 720 a, 750 III. Eine Wartefrist ist nach § 750 III bei einer Zwangsvollstreckung aus § 720 a (2 Wochen) erforderlich. Die Vorschrift ist unabdingbar, Grdz 27 vor § 704 „Verzicht des Schuldners".

4 **B. § 794 Z 2.** Eine Wartefrist ist erforderlich, wenn die Zwangsvollstreckung aus einem solchen Kostenfestsetzungsbeschluß nach §§ 104, 106 stattfindet, den das Gericht nicht nach § 105 auf das Urteil gesetzt hat (sonst gilt Rn 1).

5 **C. § 794 I Z 4 b.** Eine Wartefrist ist dann erforderlich, wenn die Zwangsvollstreckung aus einem sog Anwaltsvergleich stattfindet, den die Beteiligten nach § 796 a I geschlossen haben und den nach § 796 c I 1 der Notar für vollstreckbar erklärt hat. Bei einem Vergleich anderer Art ist jedenfalls nicht schon nach § 798 eine Wartefrist erforderlich, sondern allenfalls auf Grund einer in ihm vereinbarten, LG Bochum DGVZ **92**, 28.

6 **D. § 794 I Z 5.** Eine Wartefrist ist dann erforderlich, wenn die Zwangsvollstreckung aus einer vollstreckbaren Urkunde stattfindet, § 794 I Z 5, auch aus einer Urkunde nach §§ 794 II, 800 I.

7 **E. HZPrÜbk.** Eine Wartefrist ist dann erforderlich, wenn die Zwangsvollstreckung aus einer für vollstreckbar erklärten Kostenentscheidung nach § 7 AusfG zum HZPrÜbk stattfindet, SchlAnh V.

8 **F. § 155 KostO.** Eine Wartefrist ist bei einer Vollstreckung aus einer für vollstreckbar erklärten Kostenrechnung des Notars erforderlich, § 155 KostO. Man muß sie evtl vorher berichtigen oder bei der Vollstrekkungsklausel mit einem einschränkenden Vermerk versehen.

9 **4) Unanwendbarkeit.** § 798 ist nicht entsprechend anwendbar. Die Vorschrift ist bei einer Vorpfändung unanwendbar, § 845 Rn 18.

10 **5) Fristberechnung.** Die Wartefrist ist eine gesetzliche Frist. Sie ist keine Notfrist nach § 224 I 2. Das Gericht darf sie nicht verlängern, auch nicht um die Laufzeit einer Überweisung usw, aM AG Bln-Charlottenb DGVZ **88**, 127, AG Ellwangen DGVZ **92**, 45 (vgl aber wegen der Kosten § 788 Rn 52). Es darf sie auch nicht abkürzen. Gegen die Versäumung der Frist gibt es keine Wiedereinsetzung in den vorigen Stand nach § 233. Man berechnet die Frist nach § 222. Die Zwangsvollstreckung kann also am fünfzehnten

Tag nach dem Tag der Zustellung beginnen, sofern dieser fünfzehnte Tag weder ein Sonnabend oder Sonntag noch ein allgemeiner Feiertag ist, §§ 187 I BGB. Zweckmäßig wartet der Gläubiger oder das Vollstrekkungsorgan die Rückkehr der Zustellungsurkunde ab. Die Urkunden über eine etwa notwendige Sicherheitsleistung kann der Gläubiger dem Schuldner beim Beginn der Zwangsvollstreckung zustellen lassen.

6) Rechtsbehelf. Bei einem Verstoß ist lediglich eine Erinnerung nach § 766 statthaft, Einf 4–6 vor §§ 750–752. Eine Heilung durch einen Fristablauf erfolgt auch dann, wenn der Verstoß vorher gerügt wurde. 11

798a *Fassung 1. 9. 2009:* (aufgehoben. Abdruck und Kommentierung dieser Altvorschrift im Ergänzungsband zu 67. Aufl 2009)

799 *Vollstreckbare Urkunde bei Rechtsnachfolge.* **Hat sich der Eigentümer eines mit einer Hypothek, einer Grundschuld oder einer Rentenschuld belasteten Grundstücks in einer nach § 794 Abs. 1 Nr. 5 aufgenommenen Urkunde der sofortigen Zwangsvollstreckung unterworfen und ist dem Rechtsnachfolger des Gläubigers eine vollstreckbare Ausfertigung erteilt, so ist die Zustellung der die Rechtsnachfolge nachweisenden öffentlichen oder öffentlich beglaubigten Urkunde nicht erforderlich, wenn der Rechtsnachfolger als Gläubiger im Grundbuch eingetragen ist.**

1) Systematik, Regelungszweck. Ein eingetragener Rechtsnachfolger eines Hypothekengläubigers, eines Grundschuldgläubigers oder eines Rentenschuldgläubigers benötigt zur Zwangsvollstreckung keine Zustellung derjenigen Urkunden an den Eigentümer, die die Rechtsnachfolge beweisen. Denn der Eigentümer hat die Eintragung nach § 55 GBO erfahren. Wenn das Grundbuchamt diese Bekanntgabe versäumt hat, schadet das dem Gläubiger nicht. 1

2) Geltungsbereich. Die Vorschrift gilt in dem in § 1 genannten Bereich. Sie gilt nicht bei einer bloßen Umschreibung des Hypothekenbriefs oder gegenüber einem rein persönlichen Schuldner. Sie gilt auch nicht, wenn der Rechtsnachfolger nicht im Grundbuch eingetragen ist. 2

3) Einzelfragen. Die Zustellung der Vollstreckungsklausel nach § 750 II bleibt notwendig. 3

799a *Schadensersatzpflicht bei der Vollstreckung aus Urkunden durch andere Gläubiger.* [1] **Hat sich der Eigentümer eines Grundstücks in Ansehung einer Hypothek oder Grundschuld in einer Urkunde nach § 794 Abs. 1 Nr. 5 der sofortigen Zwangsvollstreckung in das Grundstück unterworfen und betreibt ein anderer als der in der Urkunde bezeichnete Gläubiger die Vollstreckung, so ist dieser, soweit die Vollstreckung aus der Urkunde für unzulässig erklärt wird, dem Schuldner zum Ersatz des Schadens verpflichtet, der diesem durch die Vollstreckung aus der Urkunde oder durch eine zur Abwendung der Vollstreckung erbrachte Leistung entsteht.** [2] **Satz 1 gilt entsprechend, wenn sich der Schuldner wegen der Forderungen, zu deren Sicherung das Grundpfandrecht bestellt worden ist, oder wegen der Forderung aus einem demselben Zweck dienenden Schuldanerkenntnis der sofortigen Vollstreckung in sein Vermögen unterworfen hat.**

Vorbem. Eingefügt dch Art 8 Z 3 Risikobegrenzungsgesetz v 12. 8. 08, BGBl 1666, in Kraft seit 19. 8. 08, Art 12 S 3 G, ÜbergangsR Einl III 78.

1) Systematik, S 1, 2. Die Regelung schließt an § 717 II an. Man kann auch den Grundgedanken des § 945 wiedererkennen. Hintergrund ist auch die Begrenzung der Haftung eines Schädigers beim reinen Vermögensschaden in § 826 BGB. Jedenfalls handelt es sich um eine dem sachlichen Recht zugehörige Vorschrift. Der Gesetzgeber hat sie nur wegen des äußeren Anlasses einer Zwangsvollstreckung im Buch 8 der ZPO angesiedelt. Man muß daher die Grundregeln einer sachlichrechtlichen Schadensersatzpflicht und ihre Grenzen mitbeachten. 1

2) Regelungszweck, S 1, 2. Derjenige, der sich einer sofortigen Zwangsvollstreckung unterwirft, verdient einen höheren Schutz als derjenige, der dem Ausgangsgläubiger nicht so viel Sicherheit bietet. Das gilt erst recht zugunsten desjenigen, der zB als Ehegatte eine Mitunterwerfung erklären muß, um vor allem dem anderen Ehegatten etwa die Beleihung eines solchen Baugrundstücks zu ermöglichen, das obendrein nur dem Partner gehört. 2

Ob ein solcher höherer Schutz überhaupt auch in der Paxis *nötig* werden kann, läßt sich recht unterschiedlich vorhersagen. Wer seine fälligen Schulden pünktlich zahlt, braucht wohl durchweg einen evtl wirksamen Gläubigerwechsel nicht zu befürchten, zumindet keine Vollstreckung schon wegen eines solchen Wechsels. Ob der Schuldner im Verzug einen erhöhten Schutz schon wegen eines wirksamen Gläubigerwechsels braucht, kann rechtlich auch durchaus unterschiedlich beurteilbar sein. Der Gesetzgeber will aber irgendwie psychologisch abschrecken. Ob auch ohne § 799 a dieselben Rechtsfolgen statthaft und durchsetzbar wären, mag nach dem Erlaß dieser Vorschrift hier offenbleiben. Man sollte sie vorsichtig abwägend auslegen.

3) Schadensersatzpflicht, S 1. Es müssen die folgenden Voraussetzungen zusammentreffen. 3

A. Unterwerfung unter sofortige Zwangsvollstreckung. Die Vorschrift betrifft nur gerade einen Grundeigentümer. Er muß sich wegen einer Hypothek oder Grundschuld in einer gerade nach § 794 I Z 5 errichteten Urkunde der sofortigen Zwangsvollstreckung in dieses Grundstück wirksam unterworfen haben.

B. Vollstreckung durch Neugläubiger. Ein anderer als derjenige, dem sich der Eigentümer unterworfen hat, muß jetzt die Vollstreckung gerade aus dieser Unterwerfung betreiben. Er muß das Recht dazu wirksam erworben haben. Die Abtretung muß also formwirksam erfolgt sein. 4

5 **C. Einstellung der Vollstreckung** Das zuständige Gericht muß gerade diese Vollstreckung wirksam für unzulässig erklärt haben, aus welchem Grund und in welchem Verfahren und in welcher Instanz auch immer, zB auch etwa nach § 765 a. Die formelle Rechtskraft der Einstellung ist praktisch zumindest im Zeitpunkt der Entscheidungsreife der Schadensersatzforderung unentbehrlich.

6 **D. Schaden durch Vollstreckung oder durch deren Abwendung.** Dem Eigentümer muß gerade dadurch ein Schaden entstanden sein, daß die Vollstreckung nach Rn 4 entweder erfolgte oder sich nur durch eine Sicherheitsleistung oder andere Leistung abwenden ließ.

7 **E. Ersatzpflicht.** Der Neugläubiger nach Rn 4 muß sachlichrechtlich ersatzpflichtig sein. Es müssen also die dazu allgemein nach dem BGB nötigen Voraussetzungen vorliegen.

8 **4) Ersatz, S 2.** Auch derjenige kann einen Schaden ersetzt fordern, der eine Unterwerfungserklärung abgegeben hat, ohne gerade Grundeigentümer zu sein. Auch er mag ja gerade zur Sicherung des Erstgläubigers dazu bereitgefunden haben, durch ein Schuldanerkenntnis oder sonstwie wirksam eine Vollstreckung auf Grund einer solchen Forderung zu erleichtern, für die eigentlich nur der Grundeigentümer haften soll.

9 **5) Verfahren, S 1, 2.** Es gelten die sonstigen Regeln eines Schadensersatzprozesses, von der Zuständigkeit über die Klageschrift und den etwaigen Anwaltszwang bis zur Beweislast, natürlich auch zu allen Entscheidungsformen. Für jede der Bedingungen Rn 3–7 ist der Kläger beweispflichtig. Die Regeln zum Anscheinsbeweis nach Anh § 286 Rn 15 ff mögen im Einzelfall helfen können. Vgl im einzelnen bei §§ 717 II, 945.

10 **6) Rechtsmittel, S 1, 2.** Es gelten keine Besonderheiten.

800 *Vollstreckbare Urkunde gegen den jeweiligen Grundstückseigentümer.*

I [1] Der Eigentümer kann sich in einer nach § 794 Abs. 1 Nr. 5 aufgenommenen Urkunde in Ansehung einer Hypothek, einer Grundschuld oder einer Rentenschuld der sofortigen Zwangsvollstreckung in der Weise unterwerfen, dass die Zwangsvollstreckung aus der Urkunde gegen den jeweiligen Eigentümer des Grundstücks zulässig sein soll. [2] Die Unterwerfung bedarf in diesem Fall der Eintragung in das Grundbuch.

II Bei der Zwangsvollstreckung gegen einen späteren Eigentümer, der im Grundbuch eingetragen ist, bedarf es nicht der Zustellung der den Erwerb des Eigentums nachweisenden öffentlichen oder öffentlich beglaubigten Urkunde.

III Ist die sofortige Zwangsvollstreckung gegen den jeweiligen Eigentümer zulässig, so ist für die im § 797 Abs. 5 bezeichneten Klagen das Gericht zuständig, in dessen Bezirk das Grundstück belegen ist.

Schrifttum: *Bellinger,* Die Bezugnahme in notariellen Urkunden, 1987; *Böckmann,* Schuldnerschutz bei vollstreckbaren Urkunden, 2003; *Lindemeier,* Die Unterwerfungserklärung in der vollstreckbaren notariellen Urkunden, 2000; *Zawar,* Zur Unterwerfungsklausel in der vollstreckbaren Urkunde, Festschrift für *Lüke* (1997) 993.

Gliederung

1 **1) Systematik, I–III.** § 800 erweitert § 794 I Z 5. Der sofortigen Zwangsvollstreckung kann sich der Grundstückseigentümer unterwerfen, evtl auch der zukünftige nach Rn 5, auch der Erbbauberechtigte. Das gilt jeweils sogar mit einer dinglichen Wirkung gegenüber späteren Eigentümern.

2 **2) Regelungszweck, I–III.** Diese Möglichkeit hat eine außerordentliche praktische Bedeutung. Sie dient der Vollstreckung ohne die Notwendigkeit eines sonst nach § 750 II erforderlichen Nachweises. Ohne eine Unterwerfung nach § 800 wohl kaum noch ein dinglich abzusichernder Kredit. Das ist aus der Gläubigersicht famos, aus der Schuldnersicht wenig erfreulich und nicht selten auch sehr gefährlich, wenn der Gläubiger seine formell durch § 800 so erstarkte Stellung zur raschen Befriedigung auch solcher (Teil-)Forderungen nutzt, deren Berechtigung der Schuldner ernstlich bezweifeln kann. Diese Gefahr muß man bei der Auslegung trotz aller Vertragsfreiheit und aller daraus resultierenden Notwendigkeit von Vertragstreue des Schuldners sehr wohl mitbeachten. Manchem Schuldner und gar manchem zur Mithaftung notgedrungen bereiten Ehepartner wird trotz aller formellen Belehrung bei der Unterzeichnung gar nicht recht klar, auf was er sich da einläßt. Zwar schützt Unkenntnis nicht vor dem Gesetz. Vertrauen darf aber nicht zu einer Haftung führen, die man in solcher Art und Weise dann doch erkennbar nicht auf sich nehmen wollte. Arglist wäre ohnehin verboten, Einl III 54.

3 **3) Geltungsbereich I–III.** Die Vorschrift ist anwendbar auf eine Hypothek, Grundschuld, BGH NJW **04**, 3633, Eigentümergrundschuld, BGH **64**, 316, oder Rentenschuld, nicht aber auf eine Reallast oder einen Erbbauzins, BayObLG DNotZ **80**, 96. Es muß dabei nur eine Zahlung „aus dem Grundstück" nach §§ 1113, 1191, 1199 je in Verbindung mit § 1147 BGB gehen. Die Unterwerfung muß eindeutig und ausdrücklich erfolgen. Sie muß sich grundsätzlich auf die gesamte dingliche Pflicht beziehen, BGH Rpfleger **91**, 15. Wegen einer Ausnahme Rn 6. Eine gleichzeitige Unterwerfung wegen der Schuld gegenüber dem Eigentümer persönlich ist dann unschädlich, Düss Rpfleger **77**, 68. Wegen einer persönlichen Schuld zugunsten des „künftigen Inhabers" KG DNotZ **75**, 718, Saarbr NJW **77**, 1202. Man muß die Worte des

Gesetzes nicht unbedingt benutzen, sollte das aber doch möglichst tun. Eine einseitige Erklärung genügt hier wie bei § 794 I Z 5, dort Rn 37.

Ausreichend ist zB die Formulierung „Wegen der Hypothek ist die sofortige Zwangsvollstreckung gegen den jeweiligen Eigentümer des Grundstücks zulässig"; oder: „Die jeweiligen Eigentümer unterliegen der sofortigen Zwangsvollstreckung"; oder: „Die Grundschuld samt Unterwerfungsklausel erstreckt sich auf das von mir inzwischen hinzuerworbene Objekt ...", BayObLG Rpfleger **92**, 196. Ausreichend kann auch eine Vollmacht des Verkäufers an den Käufer sein, im Zusammenhang mit einer Kaufpreisfinanzierung „den Eigentümer" dinglich zu unterwerfen, Düss Rpfleger **89**, 499.

Nicht ausreichend ist zB die Formulierung: „Wegen aller Zahlungsverpflichtungen aus der Urkunde ist die sofortige Zwangsvollstreckung zulässig".

Evtl muß man wegen des Zinsbeginns den *Eintragungszeitpunkt* vermerken. Eine Unterwerfung kann auch dahingehend erfolgen, daß der Gläubiger eine vollstreckbare Ausfertigung erhalten kann, ohne daß er das Entstehen und die Fälligkeit der Schuld nach § 726 I in Verbindung mit § 873 I BGB nachweisen müsse, Düss Rpfleger **77**, 67. Zur Beweislastumkehr in einem solchen Fall BGH NJW **81**, 2756, aM Wolfsteiner NJW **82**, 2851. Wegen einer ausländischen Unterwerfung Geimer DNotZ **75**, 475.

4) Rechtsnatur der Unterwerfung, I 1. Die Unterwerfung ist eine einseitige Parteiprozeßhandlung, 4
Grdz 47 vor § 128, BGH **108**, 375 (krit Wolfsteiner DNotZ **90**, 589), BayObLG Rpfleger **92**, 196 (auch zur Auslegbarkeit). Sie hat einen ausschließlich auf das Zustandekommen des Vollstreckungstitels gerichteten rein prozessualen Inhalt, BayObLG Rpfleger **92**, 99. Sie nimmt nicht am öffentlichen Glauben des Grundbuchs teil, BGH **108**, 375, Düss MDR **88**, 785. Sie stellt keine Verfügung über das Grundstück dar, Köln Rpfleger **80**, 223, LG Saarbr NJW **77**, 584 (abl Zawar), aM BayObLG Rpfleger **92**, 100 (entsprechende Anwendung zB von § 185 BGB. Aber das paßt nicht zum rein prozessualen Inhalt). Die Unterwerfung setzt eine Prozeßfähigkeit voraus, § 51. Sie ist bei jedem Güterstand zulässig. Bei einer Gütergemeinschaft ist die Zustimmung des nichtverwaltenden Ehegatten unnötig. Denn es liegt keine Verfügung über das Grundstück vor. Der Bürovorsteher des Notars hat beim Verkauf und der Beleihung im Zweifel keine entsprechende Vollmacht, Düss MDR **88**, 785. Der Auflassungsempfänger kann die für den Veräußerer abgegebene Erklärung auch stillschweigend für sich selbst abgeben, Köln Rpfleger **91**, 14. Der Bruchteils-Miteigentümer kann sich nur insofern unterwerfen, LG Münst Rpfleger **07**, 564.

5) Eintragungsbedürftigkeit, I 2. Die Unterwerfung braucht eine Eintragung in das Grundbuch, 5
BayObLG DNotZ **87**, 216. Die Eintragung hat Bedeutung nur für die Frage, ob und unter welchen Voraussetzungen man gegen den Grundstückserwerber bei einer Einzelrechtsnachfolge eine vollstreckbare Ausfertigung erteilen kann. Sie besagt also nichts über die Wirksamkeit der Unterwerfungsklausel oder der Unterwerfungserklärung, BGH **108**, 375 (krit Wolfsteiner DNotZ **90**, 589). Zur Wirksamkeit reicht die gleichzeitige Eintragung als Eigentümer, BayObLG DNotZ **87**, 216, StJM 4 a, großzügiger KG NJW **87**, 1229, Saarbr NJW **77**, 1202, Geimer DNotZ **96**, 1055, Zawar Festschrift für Lüke (1997) 999. Eine bloße Bezugnahme auf die Eintragungsbewilligung genügt nicht. Die Unterwerfung ist nur dann eintragungsfähig, wenn man auch die Hypothekenbestellung beurkundet hat, aM BGH **73**, 159 (aber Treu und Glauben bedingen eine solche Abhängigkeit zumindest mangels einer eindeutig weitergehenden Unterwerfung). Eine Formulierung „vollstreckbar nach § 800 ZPO" reicht aus. „Die sofortige Zwangsvollstreckung ist zulässig" reicht nicht. Bei einer Vormerkung genügt die Bezugnahme auf die Eintragungsbewilligung.

6) Teilbetrag, I 2. Der Grundeigentümer kann sich auch wegen eines bestimmt bezeichneten Teilbetrags 6
einer Gesamtschuld unterwerfen, soweit sie teilbar ist und soweit der Gläubiger den Teil auch im Urkundenprozeß nach §§ 592 ff geltend machen kann, BGH **108**, 375 ff (krit Wolfsteiner DNotZ **90**, 589), BayObLG **85**, 142, Hamm DNotZ **88**, 231. Soweit sich der Grundeigentümer nur wegen eines letztrangigen Teils einer Grundschuld der sofortigen Zwangsvollstreckung unterwirft, tritt ebenfalls eine Teilung der Grundschuld ein, BGH **108**, 375 (krit Wolfsteiner DNotZ **90**, 589), LG Waldshut-Tiengen Rpfleger **95**, 15. Der Gläubiger muß zunächst in der Form des § 29 GBO die Teilung bewilligen, bevor die Eintragung der Unterwerfung erfolgen kann, Hamm DNotZ **84**, 490. Eine Unterwerfung ist auch bis zu einem Höchstzinssatz zulässig, BGH **88**, 62.

Soweit die Unterwerfung zwar *ohne* eine Bestimmung über den Rang des Teilbetrags erfolgt, wohl aber der Teilbetrag bestimmt ist, ist eine Teilung der Grundschuld und eine Bewilligung ihres Gläubigers nicht erforderlich, BayObLG **85**, 477, Hamm NJW **87**, 1090 (krit Wolfsteiner DNotZ **88**, 234), aM Hamm DNotZ **84**, 489, Köln JB **84**, 1422. Dasselbe gilt bei der Höchstbetragshypothek, BGH NJW **83**, 2262, BayObLG MDR **89**, 994 (krit Münch DNotZ **90**, 596), Ffm Rpfleger **77**, 220.

7) Erweiterung usw, I 2. Eine Erweiterung der Verpflichtung braucht eine neue Unterwerfung, 7
BayObLG **92**, 309, LG Aachen Rpfleger **91**, 15. Denn man darf die Urkunde nur aus sich heraus auslegen. Andernfalls darf man keine vollstreckbare Ausfertigung gegen den späteren Eigentümer erteilen, Opalka NJW **91**, 1797. Die Unterwerfung bei der Bestellung einer Hypothek erstreckt sich im Zweifel nicht auf eine nach der Tilgung der gesicherten Forderung entstehende Eigentümergrundschuld oder bei deren Abtretung auf eine Fremdgrundschuld, BGH **108**, 375, Hamm Rpfleger **87**, 297, LG Bonn Rpfleger **98**, 34.

Eine *Umstellung* berührt die Vollstreckungsklausel nicht. Die Klausel erhält den öffentlichen Glauben des Grundbuchs nicht. Deshalb darf das Grundbuchamt eine solche Unterwerfung, die vor der Eröffnung des Insolvenzverfahrens erfolgte, nach der Eröffnung nicht mehr eintragen. Bis zur Eintragung wirkt die Unterwerfung nur, aber eben auch bereits gegenüber dem Erklärenden, § 794 Rn 41, BGH NJW **81**, 2757.

8) Zwangsvollstreckung, II. Die Zwangsvollstreckung gegen einen späteren eingetragenen Eigentümer 8
ist nur in das Grundstück zulässig, aber nicht in das sonstige Vermögen des Eigentümers oder des persönlichen Schuldners. Im übrigen richtet sich die Zwangsvollstreckung nach den gewöhnlichen Grundsätzen. Insbesondere muß man den Vollstreckungsschuldner in der Klausel mit seinem Namen bezeichnen. Man muß die Vollstreckungsklausel dem Vollstreckungsschuldner nach §§ 727, 750 I, II, 798 zustellen, LG Ffm ZIP **83**, 1516. Entbehrlich ist nur eine Zustellung derjenigen Urkunden, die den Eigentumserwerb nach-

weisen. Denn dieser Erwerb ist aus dem Grundbuch erkennbar. Bei einer Eigentümergrundschuld entfällt eine Vollstreckung, § 1197 II BGB.

9 Solche *späteren Vereinbarungen*, die die Urkunde nicht ausweist, darf man bei der Erteilung der Vollstreckungsklausel nicht beachten. Der Schuldner muß insofern eine Vollstreckungsabwehrklage erheben, §§ 767, 797 V, 800 III. Das Recht geht nicht mit der Hypothek auf den persönlichen Schuldner über, wenn er den Gläubiger befriedigt, § 1164 BGB. Wenn eine Hypothek wegen einer Nichtvalutierung zu einer Eigentümergrundschuld geworden ist, darf man dem Pfändungs- und Überweisungsgläubiger keine vollstreckbare Ausfertigung erteilen. Denn er ist kein Rechtsnachfolger.

10 **9) Zuständigkeit, III.** Für Klagen aus §§ 731, 767, 768, 797 V ist nach § 802 das Gericht des dinglichen Gerichtsstands nach § 24 ausschließlich zuständig. Das gilt auch für den persönlichen Anspruch. Denn mehrere ausschließliche Gerichtsstände sind für den persönlichen und dinglichen Anspruch nicht möglich, und § 800 geht als eine Sondervorschrift vor, BayObLG RR **02**, 1295, Hbg MDR **03**, 1073, Karlsr RR **01**, 1728, aM BayObLG (1. ZS) JB **06**, 39, KG RR **89**, 1408 (§ 797 V gelte jedenfalls, soweit die Vollstreckung nur wegen der persönlichen Ansprüche erfolge), MüKoWo 40 (gespaltene Zuständigkeit), Wolfsteiner, Die vollstreckbare Urkunde (1978) Rn 59.13 (aber alle diese Varianten beachten nicht genug den Vorrang des § 800 auf Grund der einheitlichen Entstehungsvorgangs der Unterwerfung).

800a *Vollstreckbare Urkunde bei Schiffshypothek.* **[I] Die Vorschriften der §§ 799, 800 gelten für eingetragene Schiffe und Schiffsbauwerke, die mit einer Schiffshypothek belastet sind, entsprechend.**

[II] Ist die sofortige Zwangsvollstreckung gegen den jeweiligen Eigentümer zulässig, so ist für die im § 797 Abs. 5 bezeichneten Klagen das Gericht zuständig, in dessen Bezirk das Register für das Schiff oder das Schiffsbauwerk geführt wird.

1 **1) Geltungsbereich, I, II.** § 800 a macht §§ 799 ff auf solche Schiffe und Schiffsbauwerke anwendbar, die mit einer Schiffshypothek belastet sind. Die Vorschrift bestimmt ferner den Gerichtsstand für Klagen nach §§ 731, 767, 768 bei § 800. § 800 a gilt sinngemäß für Luftfahrzeuge und für Registerpfandrechte an Luftfahrzeugen, § 99 I LuftfzRG.

801 *Landesrechtliche Vollstreckungstitel.* **[I] Die Landesgesetzgebung ist nicht gehindert, auf Grund anderer als der in den §§ 704, 794 bezeichneten Schuldtitel die gerichtliche Zwangsvollstreckung zuzulassen und insoweit von diesem Gesetz abweichende Vorschriften über die Zwangsvollstreckung zu treffen.**

[II] Aus landesrechtlichen Schuldtiteln im Sinne des Absatzes 1 kann im gesamten Bundesgebiet vollstreckt werden.

Vorbem. II angefügt dch Art 50 Z 3 a, b G v 19. 4. 06, BGBl 866, in Kraft seit 25. 4. 06, Art 210 I G, ÜbergangsR Einl III 78.

1 **1) Geltungsbereich, I, II.** Landesrechtliche Vollstreckungstitel sind in ganz Deutschland vollstreckbar, II. In Betracht kommt zB ein Vergleich vor dem Schiedsmann, Drischler Rpfleger **84**, 308, oder ein Titel wegen Oldenburg usw, LG Bonn DGVZ **97**, 125. oder der Leistungsbescheid einer bayrischen Gemeinde. Rechtspolitisch Schmidt – von Rhein DGVZ **84**, 99.

Nicht hierher gehört ein Vergütungsbeschluß nach § 1886 BGB, Hamm Rpfleger **84**, 234, LG Ffm FamRZ **90**, 1034.

802 *Ausschließlichkeit der Gerichtsstände.* **Die in diesem Buch angeordneten Gerichtsstände sind ausschließliche.**

Schrifttum: *Gaede*, Zuständigkeitsmängel und ihre Folgen nach der ZPO, 1989.

1 **1) Systematik.** § 802 stellt einen Fall gesetzlicher ausschließlicher Zuständigkeit dar, Üb 14 vor § 12, § 40 II 1 Z 2.

2 **2) Regelungszweck.** Jede ausschließliche Zuständigkeit bezweckt eine Vereinheitlichung, eine gewisse Beschleunigung des Verfahrens und vor allem eine möglichst hohe Rechtssicherheit, Einl III 43. Sie schließt die in der Zwangsvollstreckung ohnehin nach Grdz 7 vor § 704 nur eingeschränkte Parteiherrschaft aus. Das gilt auch bei § 802. Es soll jede Auslagerung aus dem gesetzlich bestimmten Gerichtsort unterbleiben, damit auch jedes Hin und Her. Der Prozeß hat meist schon lange genug gedauert. Deshalb muß man die Vorschrift strikt anwenden.

3 **3) Geltungsbereich.** Sachlich und örtlich sind die Gerichtsstände des Buchs 8 ausschließlich, Üb 14 vor § 12. Das gilt auch in einer Familiensache nach § 95 FamFG, BGH MDR **79**, 565, und auch in einem ja ebenfalls im Buch 8 geregelten Eilverfahren nach §§ 916 ff, 935 ff. Wenn sich indessen die sachliche Zuständigkeit nur nach dem Streitwert nach §§ 3 ff richtet und wenn das Gesetz nicht ausdrücklich das Prozeßgericht der ersten Instanz für zuständig erklärt, ist je nach dem Streitwert das AG oder das LG zuständig und die sachliche Zuständigkeit nicht ausschließlich. Das gilt zB bei §§ 722 I, 771 I, 796 III, 805, 879 I. Dann ist daher auch eine Zuständigkeitsvereinbarung nach § 38 zulässig. Denn insoweit liegt eine Prozeßfrage vor und nicht eine Frage der Zwangsvollstreckung. Beim Zusammentreffen mit einem ebenfalls ausschließlichen Gerichtsstand des FamFG ist der Sachzusammenhang entscheidend, Hbg FamZR **84**, 69, aM BGH FamRZ **80**, 346 (zuständig sei dasjenige Gericht, das den Vollstreckungstitel geschaffen hat. Aber der Sachzusammenhang ist ein auch prozeßwirtschaftlich näherliegendes Mittel, Grdz 14 vor § 128). § 36 I Z 6 ist anwendbar, Hbg FamRZ **84**, 68.

4) Verstoß. Bei einem Verstoß gegen die sachliche Zuständigkeit ist die Zwangsvollstreckung insoweit völlig unwirksam. Bei einem Verstoß gegen die örtliche Zuständigkeit und gegenüber einem Urteil sind nur die sonst statthaften Rechtsbehelfe möglich, Grdz 56 vor § 704. 4

Abschnitt 2. Zwangsvollstreckung wegen Geldforderungen

Grundzüge

Schrifttum: *Bachmann,* Fremdwährungsschulden in der Zwangsvollstreckung (rechtsvergleichend), 1994; *Keller,* Taktik in der Vollstreckung (II): Zwangsvollstreckung in Geldforderungen, 2001.

Gliederung

1) Systematik. Die ZPO teilt die Gebiete der Zwangsvollstreckung ein in die Zwangsvollstreckung 1
wegen Geldforderungen nach §§ 803–882 a und in diejenige auf die Herausgabe von Sachen und auf die Erwirkung von Handlungen und Unterlassungen, §§ 883–898. Was sich nicht unter diese Begriffe bringen läßt, ist nicht vollstreckbar. § 95 I Z 1 FamFG macht §§ 803 ff entsprechend anwendbar.

Geldforderung ist eine Forderung auf die Leistung einer Geldsumme, aber auch die Haftung für eine Geld- 2
leistung als Duldungsschuldner zB auf Grund eines Pfandrechts oder Grundpfandrechts oder auf die Zahlung an einen Dritten und auf die Hinterlegung einer bestimmten Geldsumme oder als Anfechtungsgegner nach dem AnfG oder der InsO. Lautet die Forderung auf eine ausländische Währung, dazu Bachmann (vor Rn 1), darf man zwar noch nicht im Verfahren nach § 722 eine Umrechnung vornehmen, § 722 Rn 3. Es liegt aber im Zweifel eine Umrechnungsschuld vor, also eine Geldschuld. Die Zwangsvollstreckung erfolgt bei einem jetzt umrechenbaren Vollstreckungstitel (Wertschuld) nach §§ 803 ff, Düss NJW **88**, 2185. Keine Geldforderung liegt vor bei einer wahren Geldsortenschuld. Bei ihr muß der Schuldner nur in bestimmten Münzen oder Wertzeichen leisten und erfolgt die Zwangsvollstreckung nach §§ 884, 893, Düss NJW **88**, 2185, LG Nürnb-Fürth DGVZ **83**, 189. Einzelheiten Maier-Reimer NJW **85**, 2053, Schmidt ZZP **98**, 46.

Der mit § 803 beginnende Abschnitt 2 des Buchs 8 ist *in vier Titel unterteilt:* 1. Die Vollstreckung in das 3
bewegliche Vermögen, §§ 803–863; 2. diejenige in das unbewegliche Vermögen, §§ 864–871; 3. das Verteilungsverfahren, §§ 872–882; 4. diejenige gegen juristische Personen des öffentlichen Rechts, § 882 a. Der Eingriff in das durch Art 14 I 1 GG geschützte Eigentum ist nach Art 14 I 2 GG statthaft, BVerfG **49**, 256.

2) Regelungszweck. Die Zwangsvollstreckung wegen einer Geldforderung ist in der Praxis wohl der 4
zumindest nach der Zahl der Fälle wichtigste Zweig des gesamten Vollstreckungsrechts. Sie kann sich als außerordentlich mühsam und mit einem hohen weiteren Kostenrisiko des Gläubigers behaftet entwickeln. Andererseits setzt der Sozialstaat des Art 20 I GG den Zugriffsmöglichkeiten des noch so auf sein Geld angewiesenen Gläubigers Grenzen. Das geschieht auch, um zu verhindern, daß die Gemeinschaft der Bürger über ihre Steuern die aus Sozialmitteln erforderlichen Leistungen an den Verarmten letzthin zumindest auch zur Befriedigung des oder der einzelnen Gläubiger finanzieren muß. Das alles sollte man weder zugunsten der einen noch zugunsten der anderen Partei überbetonen. Es sollte vielmehr zu einer die individuelle Gerechtigkeit ebenso wie die Sozialsicherheit als zwei Eckpfeiler des modernen Rechtsstaats achtenden behutsamen Abwägung bei der Auslegung führen, Einl III 9, 36.

3) Geltungsbereich. Abschnitt 2 ist in jedem der folgenden Fälle anwendbar. 5

A. Geldablieferung. Die Vorschriften gelten, soweit das Vollstreckungsorgan beigetriebenes Geld dem Gläubiger abliefern muß.

B. Ablieferung sonstigen Erlöses. Die Vorschriften gelten ferner, soweit andere Vermögensstücke des 6
Schuldners verwertet werden und der Gläubiger den Erlös erhält.

C. Hinterlegung. Die Vorschriften gelten ferner, soweit der Gläubiger das beigetriebene Geld oder den 7
Erlös zunächst nicht erhält, weil man aus prozessualen Gründen hinterlegen muß, Düss FamRZ **84**, 704, LG Essen Rpfleger **01**, 543, zB bei einer Abwendungserlaubnis nach §§ 711, 712 I, 720, oder weil der Titel die Leistung nur an den Gläubiger gemeinsam mit anderen zuläßt, etwa mit einem Miterben.

D. Leistung an Dritten. Die Vorschriften gelten schließlich, soweit der Schuldner an einen Dritten 8
leisten muß, LG Essen Rpfleger **01**, 543, zB an die Ehefrau des klagenden Ehemanns. Ein Urteil auf eine Sicherheitsleistung schlechthin muß man nach § 887 vollstrecken. Wegen des Anspruchs auf die Befreiung von einer Schuld § 887 Rn 2.

4) Vollstreckungsarten. Die Zwangsvollstreckung in bewegliche Sachen geschieht immer durch eine 9
Pfändung nach § 803 I 1 und eine Verwertung nach §§ 835 ff. Sie erfolgt in Liegenschaften durch eine Beschlagnahme und eine Verwertung durch eine Zwangsversteigerung oder Zwangsverwaltung nach § 866 I und/oder durch eine Pfändung in Form der Zwangshypothek ohne eine Verwertung, §§ 866 I, 867. Früchte auf dem Halm, nach sachlichem Recht Bestandteile des Grundstücks, gelten dafür als bewegliche Sachen, § 810.

10 **5) Vollstreckungsumfang.** Ein Grundsatz hat Ausnahmen.

A. Grundsatz: Gesamtvermögen des Schuldners. Der Zwangsvollstreckung unterliegt regelmäßig das gesamte Vermögen des Schuldners, auch zB dasjenige eines Ausländers im Inland, BVerfG **64**, 22 (auch zur völkerrechtlichen Problematik gegenüber einem ausländischen Staatsvermögen im Inland).

11 **B. Ausnahmen.** Die Vollstreckung hat Grenzen, soweit bereits der Titel die Zwangsvollstreckung sachlich einengt, wie der bei Haftungsbeschränkung des Erben. Der beschränkt Haftende muß die Beschränkung durch eine Klage nach § 785 geltend machen. Eine Begrenzung tritt ferner ein, soweit sich die Zwangsvollstreckung gegen eine Partei kraft Amts richtet, Grdz 8 vor § 50. Dort haftet ohne weiteres nur das verwaltete fremde Vermögen. Eine Vollstreckungsbegrenzung tritt ferner ein, soweit das Gericht den Eigentümer nur als solchen verurteilt hat, also bei der Hypothek oder Grundschuld. Eine Vollstreckungsbegrenzung ergibt sich schließlich bei Liegenschaften aus der Art des Titels, § 866 III. Gegen Kopfschuldner nach § 100 Rn 29 darf und muß man entsprechend der Haftung vollstrecken. Gesamtschuldner nach § 100 Rn 27 haften auf das Ganze auch in der Zwangsvollstreckung.

12 **6) Wahlrecht des Gläubigers.** Bei einer Wahlschuld nach §§ 262 ff BGB darf der Gläubiger bis zum Beginn der Zwangsvollstreckung nach Grdz 51 vor § 704 wählen oder sein Wahlrecht durch das Vollstreckungsorgan ausüben.

13 **7) Wahlrecht des Schuldners.** Maßgebend ist die Forderungsart.

A. Zwischen übertragbaren und unübertragbaren Forderungen. Es reicht bis zum Beginn der Zwangsvollstreckung, Grdz 51 vor § 704. Hat der Schuldner es bis dann nicht ausgeübt, darf der Gläubiger nach seiner eigenen Wahl in eine der freistehenden Vermögensarten vollstrecken. Der Schuldner darf dann nicht mehr wörtlich wählen. Er darf sich aber durch die von ihm nunmehr gewählte tatsächliche Leistung befreien, § 264 I BGB. Genügt diese Leistung nicht zur vollen Befriedigung des Gläubigers wegen des Hauptanspruchs und der Zinsen und Kosten, darf der Gläubiger auf den Rest weitervollstrecken.

14 **B. Zwischen übertragbaren Forderungen.** Die Pfändung findet im ganzen statt, der Gläubiger wählt.

15 **8) Wahlrecht des Drittschuldners.** Es besteht keinerlei Zwang vor der Wahl. Der Drittschuldner muß eine Beschränkung der Zwangsvollstreckung durch die Ausübung eines etwaigen eigenen Wahlrechts nach § 767 geltend machen.

Titel 1. Zwangsvollstreckung in das bewegliche Vermögen

Übersicht

Schrifttum: *Behr,* Taktik in der Mobiliarvollstreckung, 1987; *Behr,* Mobiliarvollstreckung usw, 1996; *Beler,* 2. Zwangsvollstreckungsnovelle: Änderungen der Mobiliarvollstreckung usw, 1998; *Blöcker,* Mobiliarzwangsvollstreckungsrecht, 1990; *Herde,* Probleme der Pfandverfolgung, 1978; *Hintzen,* Taktik in der Zwangsvollstreckung, III (Sachpfändung usw), 4. Aufl 1999; *Hintzen,* Vollstreckung durch den Gerichtsvollzieher. Sachpfändung usw, 2. Aufl 2003; *Hintzen/Wolf,* Handbuch der Mobiliarvollstreckung, 2. Aufl 1999; *Jungbauer/Okon,* Mobiliarzwangsvollstreckung, 2006; *Nies,* Praxis der Mobiliarvollstreckung, 1998; *Röder (Hrsg),* ABC der pfändbaren und unpfändbaren beweglichen Sachen, seit 1992 (Loseblattausgabe); *Stamm/Stich/Mock,* Mobiliarvollstreckung, 2. Aufl 2005; *Steinert/Theede,* Zwangsvollstreckung in das bewegliche Vermögen, 8. Aufl 2006 (Bespr *Becker* NJW **06**, 2311, *Joachim* NZM **06**, 651); *Stoikos,* Die Zwangsvollstreckung wegen Geldforderungen in das bewegliche Vermögen im deutschen und griechischen Recht, Diss Tüb 1987; *Stratmann,* Die Zwangsvollstreckung in anfechtbar veräußerte Gegenstände und insbesondere in anfechtbar abgetretene Forderungen, Diss Bonn 1998; *Winterstein,* Die Sachpfändung durch den Gerichtsvollzieher, 2005.

Gliederung

1 **1) Systematik.** Vgl zunächst Grdz 1 vor § 803. §§ 803–863 gliedern sich in: Untertitel 1: Allgemeine Vorschriften, §§ 803–807; Untertitel 2: Zwangsvollstreckung an körperliche Sachen, §§ 808–827; Untertitel 3: Zwangsvollstreckung in Forderungen und andere Vermögensrechte, §§ 828–863. Die Zwangsvollstreckung in Fahrnis geschieht durch eine Pfändung nach §§ 803 ff und durch die anschließende Pfandverwertung, §§ 835 ff. Sie ist auch auf dingliche Titel statthaft, BGH **103**, 33.

2 **2) Regelungszweck.** Zweck ist natürlich wie bei jeder Vollstreckung die Befriedigung des Gläubigers. Die Verwertung selbst führt zu ihr aber nur mittelbar durch die Ablieferung des Erlöses und lediglich ausnahmsweise unmittelbar, etwa bei der Überweisung einer Forderung an Zahlungs Statt. Zur Erhaltung der Lebensmöglichkeit des Schuldners dienen Einschränkungen wie das Verbot der Einzelvollstreckung nach § 89 InsO, der Pfändung nach §§ 811 ff oder einer Überpfändung nach § 803 Rn 8. Man muß sie von Amts wegen beachten, Grdz 39 vor § 128.

Drittschutz ist ein aus dem Gesetzestext nicht stets deutlich ableitbares, aber selbstverständliches weiteres Ziel der Vorschriften, Art 20 GG. Gerade bei der Vollstreckung in das bewegliche Hab und Gut bleiben die wahren Eigentums- und Besitzverhältnisse oft selbst für einen erfahrenen vorsichtigen Gerichtsvollzieher im sehr Unklaren. Er muß meist ganz dem Anschein und den Angaben der Anwesenden vertrauen. Danach kann im weiteren Verlauf der Rechtsverlust des wahren Eigentümers drohen. Andererseits kann man nur anhand der äußerlichen Lage überhaupt zugreifen. Umso ruhiger darf und muß das Gericht später abwägen, solange man überhaupt noch etwas retten kann.

Gibt bei einer Lohnforderung das Urteil den abziehbaren Steuerbetrag nicht an, liegt ein sog *Bruttolohnurteil* vor. Es ist grundsätzlich zulässig, BAG DB **80**, 1593, Ffm DB **90**, 1291, strenger LAG Hann DB **92**, 1148. Dann kann der Schuldner die Abführung von Steuern und Sozialversicherungsbeiträgen geltend machen. Im Vollstreckungsverfahren erfolgt keine Überprüfung der unstreitig abgeführten derartigen Beträge, Ffm DB **90**, 1291. Im übrigen muß man den ganzen Betrag beitreiben, sofern nicht der Arbeitgeber durch Steuerquittungen usw die Abführung der Lohnsteuer und der Sozialbeiträge nachweist. Dann gilt insoweit § 775 Z 4, LG Köln DGVZ **83**, 157. Andernfalls erfolgt eine Aushändigung an den Arbeitnehmer und eine Benachrichtigung des Finanzamts durch den Gerichtsvollzieher, § 86 GVollzO, Lepke DB **78**, 840. Dergleichen ist bei einer Verurteilung des Arbeitnehmers oder Gehaltsempfängers auf eine Rückzahlung zuviel empfangener Bruttobeträge zur Zwangsvollstreckung ungeeignet. Was zum beweglichen Vermögen gehört, ergibt sich durch einen Rückschluß aus § 865. Über den Einfluß von Preisvorschriften auf die Verwertung § 817 a Rn 1. Vgl ferner §§ 281 ff AO.

3) Pfändung. Man muß drei Gegenstände unterscheiden. 3

A. Körperliche Sache, dazu *Behr* NJW **92**, 2738 (ausf): Der Gerichtsvollzieher pfändet sie nach einer Berechnung oder Überprüfung der Berechnung der Forderung nach § 130 GVGA einschließlich der Nebenforderungen und Kosten und nach einer vergeblichen Aufforderung des Schuldners zu einer freiwilligen Leistung, § 105 Z 2 GVGA. Die Pfändung erfolgt durch eine Besitzergreifung, § 808 I, 831. Eine sog Taschenpfändung ist mangels besonderer Umstände nur sehr bedingt statthaft, Artt 1, 2 GG, LG Detm DGVZ **94**, 119. Beläßt der Gerichtsvollzieher die Pfandsache im Gewahrsam des Schuldners oder eines Dritten, muß er die Pfändung durch Siegel oder sonstwie ersichtlich machen, §§ 808 II. Er muß die Pfandstücke öffentlich meistbietend in bestimmten Formen versteigern, §§ 814 ff. Ihren Erlös oder gepfändetes Geld liefert der Gerichtsvollzieher nach dem Abzug der Kosten dem Gläubiger ab. Die Pfändung schon gepfändeter Sachen geschieht in vereinfachter Form durch eine bloße Beurkundung als eine sog Anschlußpfändung, § 826.

Bei der Vollstreckung in *Software* nach Grdz 102 vor § 704 „Software" muß man versuchen, anhand der insofern überalterten Vorschriften der ZPO unter einer Beachtung des auch immateriellen „informationellen" Bestandteils eine brauchbare Lösung zu entwickeln, Grdz 68 vor § 704 „Computer", § 811 Rn 33, 41, Koch KTS **88**, 81 (fordert eine Gesetzesanpassung), Paulus DGVZ **90**, 156 (ausf).

B. Forderung und sonstiges Vermögensrecht. Hier erläßt das Vollstreckungsgericht einen Pfändungsbeschluß, §§ 829, 857. Bei einer Geldforderung verbietet es dem Drittschuldner, an den Schuldner zu zahlen, und es verbietet dem Schuldner, über die Forderung zu verfügen. Die Zustellung des Beschlusses durch den Gläubiger an den Drittschuldner macht die Pfändung wirksam, § 829. Bei einer Briefhypothek ist eine Übergabe des Hypothekenbriefs an den Gläubiger notwendig, bei einer Buchhypothek eine grundbuchliche Eintragung, bei einer Schiffshypothek eine Eintragung ins Schiffsregister, § 830 a, entsprechend nach § 99 I LuftfzRG. Eine Forderung aus einem indossablen Papier pfändet der Gerichtsvollzieher, indem er das Papier in seinen Besitz nimmt, § 831. Das Gericht muß die gepfändete Forderung dem Gläubiger nach seiner Wahl zur Einziehung oder an Zahlungs Statt überweisen, § 835. Die Überweisung zur Einziehung ermächtigt den Gläubiger zu dieser Maßnahme. Der Schuldner muß ihm zur Hand gehen, § 836. Verweigert der Drittschuldner die Zahlung, muß ihn der Gläubiger verklagen und dem Schuldner den Streit verkünden, § 841. 4

C. Anspruch auf Herausgabe oder Leistung körperlicher Sachen. Man muß ihn regelmäßig wie eine Forderung pfänden. Jedoch muß der Schuldner eine bewegliche Sache dem Gerichtsvollzieher, ein Schiff oder ein Luftfahrzeug einem Treuhänder, eine unbewegliche Sache einem Sequester herausgeben, §§ 847 ff. Die bewegliche Sache muß man dann so verwerten, als wäre sie gepfändet. Eine unbewegliche unterliegt den Vorschriften der Zwangsvollstreckung in Liegenschaften. Eine Überweisung an Zahlungs Statt ist hier unzulässig, § 849. 5

4) Doppelwirkung der Pfändung 6

Schrifttum: *Fahland,* Das Verfügungsverbot nach §§ 135, 136 BGB in der Zwangsvollstreckung und seine Beziehung zu den anderen Pfändungsfolgen, 1976; *Schmalhofer,* Die Rechtfertigung der Theorie der Doppelpfändung bei der Pfändung des Anwartschaftsrechts, Diss Regensb 1994.

A. Beschlagnahme, Verstrickung. Die Pfändung bewirkt zunächst eine staatliche Beschlagnahme, Verstrickung, also Sicherstellung der Pfandsache. Derartige Eingriffe kennt das Recht vielfach, zB in §§ 98 StPO, 20 ZVG, 1123 II BGB. Immer bewirkt die Beschlagnahme eine Unterstellung der Pfandsache unter die staatliche Macht im gesetzlichen Vollstreckungsverfahren und zugleich eine Verfügungsbeschränkung des Schuldners nach §§ 135, 136 BGB, § 136 StGB zugunsten eines anderen, hier des Gläubigers, zum Zweck seiner Sicherung und zur Vorbereitung seiner Befriedigung durch die anschließende Verwertung. Der Schuldner darf über die Pfandsache nicht verfügen, soweit er damit den Vollstreckungsanspruch des Gläubigers beeinträchtigt.

B. Pfändungspfandrecht. Die Pfändung bewirkt ferner das Entstehen eines Pfändungspfandrechts für den Gläubiger, § 804 I. 7

Hier unterscheiden manche: Die Beschlagnahme als Staatsakt soll wirksam sein, wenn sie formell ordnungsgemäß geschehen ist. Ein Pfandrecht aber soll nur dann entstehen, wenn die allgemeinen Prozeßvoraussetzungen nach Grdz 12 vor § 253 und die förmlichen Voraussetzungen der Zwangsvollstreckung vorliegen, Grdz 14 vor § 704, also zB nicht nach der Eröffnung des Insolvenzverfahrens, § 89 InsO, Behr JB **99**, 68.

Diese Unterscheidung ist willkürlich. Sie schafft für den Gläubiger eine empfindliche Unsicherheit. Natürlich könnte sich die ZPO wie das ZVG mit der Beschlagnahme begnügen. Wenn aber § 804 dem Gläubiger ausdrücklich ein Pfandrecht einräumt, kann das nur den Sinn haben, ihm einen gewissen Rang zu sichern. Denn ein sachlichrechtliches Pfandrecht entsteht nicht.

Baur/Stürner ZwV § 25 vertreten eine *gemischt-öffentlichrechtliche* Theorie, Bruns/Peters § 19 III 2a bezeichnen das Pfändungspfandrecht als die dritte Art des *bürgerlichrechtlichen* Pfandrechts neben dem vertragsmäßigen, § 1204 BGB, und gesetzlichen, § 1257 BGB. § 804 II soll auf die Normen des bürgerlichen Rechts zur entsprechenden Anwendung verweisen.

Übersicht über die Theorien und ihre praktischen Auswirkungen bei *Jauernig/Berger* ZwV § 16 III; *Marotzke* NJW **78**, 133; *Noack* JB **78**, 19.

8 **C. Wesen des Pfändungspfandrechts.** Das Pfändungspfandrecht ist *rein öffentliches Recht.* Es ist mit der Beschlagnahme unlöslich verknüpft. Es ist nichts als eine Folge eben der Beschlagnahme, nicht anders als bei Liegenschaften das Recht des Gläubigers, die Zwangsversteigerung unter der Einräumung eines gewissen Ranges zu verlangen. Wenn die Beschlagnahme fehlt, fehlt das Pfandrecht. Wenn sie wirksam ist, entsteht ein wirksames, *unabhängiges* Pfandrecht nach § 804 Rn 3, das Pfändungspfandrecht, StJM § 803 Rn 3, ThP § 803 Rn 9, aM RoGSch § 50 III 3a, ZöStö § 804 Rn 2 (sie wenden auf das Pfändungspfandrecht ergänzend die Normen des BGB an und lassen demgemäß ein solches trotz einer Pfandverstrickung nicht entstehen, wenn die Zwangsvollstreckung unzulässig ist oder wenn die allgemeinen Voraussetzungen des Pfandrechts fehlen, Marotzke ZZP **98**, 459. Pesch JR **93**, 360 meint, die hoheitliche Deutung verstoße gegen Art 14 GG).

Darum ist auch die *Pfandverwertung* nach §§ 814 ff nicht eine bloße Folge der Pfändung, so daß sie ordnungsgemäß sein könnte, wenn kein Pfändungspfandrecht entsteht. § 806 beweist für diese Ansicht nichts. „Auf Grund der Pfändung" geschieht die Pfandveräußerung selbstverständlich. Denn das Pfandrecht beruht seinerseits auf ihr.

9 *Die Sache liegt vielmehr so:* Entweder war die Pfändung ordnungsmäßig oder nicht und das Gericht hat sie erst später auf Grund eines Rechtsbehelfs aufgehoben, Grdz 58 vor § 704. Dann ist ein mindestens auflösend bedingtes Pfändungspfandrecht entstanden und die Verwertung rechtmäßig, solange die Bedingung nicht eingetreten ist. Oder die Pfändung war ganz unwirksam. Dann entsteht kein Pfandrecht und hat die Verwertung keinerlei Rechtsgrundlage. Sie verpflichtet zur Herausgabe der Bereicherung, auch den „Drittschuldner", § 816 II BGB, BGH NJW **86**, 2430. Außerdem verpflichtet sie bei einem Verschulden des Gläubigers zum Ersatz, Einf 4 vor §§ 771–774.

Untertitel 1. Allgemeine Vorschriften

803 *Pfändung.* **I [1] Die Zwangsvollstreckung in das bewegliche Vermögen erfolgt durch Pfändung. [2] Sie darf nicht weiter ausgedehnt werden, als es zur Befriedigung des Gläubigers und zur Deckung der Kosten der Zwangsvollstreckung erforderlich ist.**

II Die Pfändung hat zu unterbleiben, wenn sich von der Verwertung der zu pfändenden Gegenstände ein Überschuss über die Kosten der Zwangsvollstreckung nicht erwarten lässt.

Schrifttum: *Herde,* Probleme der Pfandverfolgung, 1978; *Winterstein,* Das Pfändungsverfahren des Gerichtsvollziehers, 1994.

Gliederung

1 **1) Systematik, I, II.** Der Unterabschnitt §§ 803–807 enthält die bei jeder Vollstreckung in das bewegliche Vermögen nach §§ 808–863 zu beachtenden allgemeinen Vorschriften. Ergänzend gelten zu § 807 für das Verfahren §§ 899–915 h.

2 **2) Regelungszweck, I, II.** Natürlich läßt sich das Ziel der Befriedigung für den Gläubiger nicht schon durch die bloße Pfändung erreichen, sondern erst durch die anschließend erlaubte Verwertung. Sie erfolgt je nach der Art des gepfändeten beweglichen Vermögensstücks durch die in §§ 808–863 genannten einzelnen Verwertungsarten. Damit wird zwar die Zwangsvollstreckung auch in das bewegliche Vermögen oft mühsam, langwierig und teuer. Indessen muß man auch hier bei der Auslegung nicht nur die sog Kahlpfändung verhindern, sondern auch im übrigen den Verhältnismäßigkeitsgrundsatz beachten, Grdz 34 vor § 704, Paulus DGVZ **93**, 131.

Illusion ist oft die Vorstellung, beim Schuldner sei überhaupt Pfändbares zu finden. Jeder Gerichtsvollzieher kann dazu aus reicher bitterer Erfahrung berichten. Das kann auf einer wirklichen Not des Schuldners beruhen, aber auch auf einer immer weiter hinausgesteigerten Pfändungsbefreiung durch das Gesetz wie durch die Rechtsprechung. Es ist eine ungemein schwierige Aufgabe der Justiz, durch ihre richtige Handhabung und Auslegung Extreme zu vermeiden und solche Lösungen zu erlauben, die sowohl dem Bedürfnis des redlichen Gläubigers als auch den beruflichen, familiären und ganz persönlichen Bedürfnissen eines redlichen Schuldners einigermaßen gerecht werden. Einen Komfort darf man dem Schuldner nicht belassen. Seine Hoffnungslosigkeit darf man dem Schuldner aber auch nicht zumuten.

Eine *Bestrafung* des Schuldners ist jedenfalls *nicht* ein Zweck der Vorschrift, LG Augsb DGVZ **99**, 185.

3) Bewegliches Vermögen, I. Zum beweglichen Vermögen gehört alles, was nicht nach §§ 864 ff zum unbeweglichen Vermögen gehört. Zum beweglichen Vermögen zählen also die folgenden Werte. 3

A. Bewegliche Sachen. Hierher gehören grundsätzlich sämtliche beweglichen Sachen, auch Früchte auf dem Halm unter den Voraussetzungen des § 810, ferner ein nicht eingetragenes Schiff, § 929 a I BGB, ein Wertpapier, § 821, ein indossables Wertpapier, zB ein Wechsel, § 831. Das Zubehör eines Grundstücks oder eines eingetragenen Schiffes unterliegt nur der Liegenschaftszwangsvollstreckung, § 865 II, sofern es nicht durch eine Veräußerung usw vor der Beschlagnahme nach §§ 1121, 1122 BGB von der Haftung frei geworden ist. Die Erzeugnisse und sonstigen vom Grundstück getrennten Bestandteile zählen ebenfalls ausnahmsweise nicht zum beweglichen Vermögen, soweit sie in der Liegenschaftszwangsvollstreckung beschlagnahmt worden sind, § 1120 BGB. Pachtinventar unterliegt hier keiner Sondervorschrift, PachtkreditG (über die Versteigerung § 817 Rn 3). Ein eingetragenes Schiff oder Luftfahrzeug oder ein eintragungsfähiges Schiffsbauwerk steht einer unbeweglichen Sache gleich, § 870 a, § 99 I LuftfzRG. Ein massiver Lagerschuppen behält bei einer festen Verbindung mit dem Grundstück seine Beweglichkeit nicht schon infolge einer mietvertraglichen Abrede, aM LG Stgt DGVZ **03**, 152 (aber das Schuldrecht beseitigt nicht einfach Sachenrecht).

B. Forderungen und sonstige Rechte. Hierher zählen auch eine Geldforderung, ein Anspruch auf die Herausgabe oder auf die Leistung einer Sache und ein sonstiges Recht. Hierher zählt *nicht* die *Freistellung* von der Verpflichtung zur Erfüllung einer Geldschuld, § 887 Rn 1. 4

4) Pfändung. I. Man muß drei Zeiträume unterscheiden. 5

A. Voraussetzungen. Zum Begriff und zur Wirkung der Pfändung Üb 6 vor § 803. Voraussetzungen der Pfändung ist neben der Zuständigkeit des Vollstreckungsorgans nach Grdz 35 vor § 704 und den besonderen Bedingungen der §§ 808 ff natürlich die Erfüllung der allgemeinen Voraussetzungen der Zwangsvollstreckung, Grdz 14 ff vor § 704. Dort und Üb 6–9 vor § 803 auch über die Folgen eines Verstoßes. Eine inhaltlich falsche Entscheidung eines Vollstreckungsorgans im Rahmen seiner Zuständigkeit etwa über das Vorliegen eines Gewahrsams bleibt wirksam. Unwirksam ist eine Pfändung in einen Teil des Insolvenzvermögens nach der Verfahrenseröffnung, § 89 I InsO. Ein Veräußerungsverbot nach § 21 InsO wirkt als ein bedingtes Verbot nicht stärker als das Verbot der §§ 772 ff. Die Pfändung ist keine Rechtshandlung, keine Verfügung, kein Vertrag. Darum ist sie nicht nach dem AnfG oder nach § 131 InsO anfechtbar, wohl aber nach § 130 InsO. Denn sie gewährt eine unberechtigte Sicherung. Die Verbindung eines auch stillschweigenden Pfändungsauftrags mit einem Haftauftrag ist zulässig, AG Büdingen DGVZ **85**, 78. Wenn der Pfändung ein gesetzliches Hindernis entgegensteht, muß das Vollstreckungsorgan die Vornahme der Pfändung ablehnen.

B. Erlöschen. Das Pfandrecht und damit die Verstrickung nach Üb 6 vor § 803 endet, wenn die Verwertung beendet ist. Hierher zählen auch alle Arten der Erfüllung, zB die Annahme an Erfüllungs Statt, § 364 I BGB. 6

Das Pfandrecht endet auch dann, wenn das Vollstreckungsorgan die Pfändung *aufhebt,* § 776. Es ist unerheblich, ob diese Entstrickung zu Recht oder zu Unrecht geschehen ist.

Das Pfandrecht endet auch dann, wenn der Gläubiger auf das Pfandrecht *und* die Verstrickung verzichtet, Schneider DGVZ **84**, 133. Die *Freigabe* ist eine rein prozessuale Erklärung, eine Parteiprozeßhandlung, Grdz 47 vor § 128. Sie ähnelt der Klagerücknahme nach § 269. Die Freigabe erfolgt bei einer beweglichen Sache durch eine Erklärung des Gläubigers gegenüber dem Schuldner oder gegenüber dem Gerichtsvollzieher. Der Gerichtsvollzieher muß anschließend die Pfändung aufheben. Zu den Einzelheiten dieses Verfahrens Schneider DGVZ **84**, 133.

Der bloße *Verzicht des Gläubigers* auf die Pfändung hebt diese noch nicht auf. Die Aufhebung kann aber stillschweigend geschehen, etwa dadurch, daß der Gerichtsvollzieher nichts mehr gegen den Schuldner unternimmt. Bei einem Recht ist die Zustellung der Freigabeerklärung des Gläubigers an den Schuldner erforderlich, § 843. Wenn der Gläubiger die Freigabe schriftlich erklärt, muß der Gerichtsvollzieher die Echtheit der Erklärung sorgfältig prüfen und notfalls den Gläubiger befragen. Die Freigabe des Gläubigers liegt regelmäßig in der Rückgabe der Pfandsache durch ihn. Mit dem Pfandrecht erlischt notwendig die Pfändung. Es bleibt nicht etwa die Beschlagnahme nach Üb 6 vor § 803 bestehen.

Das Pfandrecht endet auch, wenn die gepfändete Sache *untergeht* oder nach §§ 946, 950 BGB verbunden oder verarbeitet wird oder sobald ein Dritter sie lastenfrei gutgläubig erwirbt, §§ 135 II, 136, 935, 936 BGB.

C. Fortbestand. Das Pfandrecht erlischt nicht schon dadurch, daß der Besitzer der Pfandsache und insbesondere der Gerichtsvollzieher den Besitz unfreiwillig verliert, § 808 Rn 8. Das Pfandrecht erlischt auch nicht schon dadurch, daß jemand das Pfandzeichen unbefugt entfernt. Das Pfandrecht erlischt schließlich auch nicht schon dadurch, daß das Gericht den Vollstreckungstitel aufhebt oder daß es die Zwangsvollstreckung für unzulässig erklärt, § 775 Z 1, solange keine Aufhebung nach § 776 erfolgt. 7

5) Überpfändung, I. Ein einfacher Grundgedanke bringt Probleme. 8

A. Grenze der Pfändbarkeit. Die Pfändung darf im Interesse des Schuldners bei jeder Pfändungsart lediglich so weit gehen, daß sie den Gläubiger wegen seines Anspruchs und der Kosten nach dem pflichtgemäßen Ermessen des Gerichtsvollziehers voraussichtlich befriedigt. Das gilt grundsätzlich auch für eine Forderungspfändung und für die Pfändung eines sonstigen Rechts. Dabei muß man den voraussichtlichen Erlös schätzen. Der Gerichtsvollzieher tut das nach § 132 Z 8 GVGA. Dabei muß er etwa vorgehende Rechte mitberücksichtigen, §§ 771, 805. Diese Grenze der Pfändbarkeit läßt sich dort aber nur im Weg einer Erinnerung nach § 766 erzwingen, BGH NJW **75**, 738. Denn dem Gericht fehlt meist jeder Maßstab für den Wert einer Forderung. Der Gläubiger könnte diesen Wert auch kaum nachweisen. Deshalb beschränkt das amtliche Formular die Pfändung zu Unrecht auf die Höhe der Schuld. Wenn der Gerichtsvollzieher das Formular ausfüllt, ist die Forderung nur entsprechend gepfändet. Maßgeblich ist die durch den Vollstreckungstitel ausgewiesene Forderung, nicht die ihr zugrunde liegende Forderung.

9 **B. Wirtschaftliche Prüfung.** Man muß eine wirtschaftliche Betrachtungsweise anwenden, BGH DB **82**, 2684, LG Kblz DGVZ **97**, 89 (Risiko der Verkehrswertschätzung). Ist nur ein einzelner pfändbarer Gegenstand vorhanden, darf der Gerichtsvollzieher auch dann pfänden, wenn sein Wert die Vollstreckungsforderung nebst Kosten weit übersteigt, AG Neubrdb DGVZ **05**, 14. Eine Überpfändung liegt nur dann vor, wenn die bereits vorher getroffenen Vollstreckungsmaßnahmen mit einiger Sicherheit ausreichen, BGH DB **82**, 2684. Das ist zB dann nicht so, wenn man den Wert des gepfändeten Rechts nicht wenigstens realistisch schätzen kann, Drsd JB **07**, 100, oder wenn der Gläubiger bisher nur eine solche zukünftige Forderung gepfändet hat, die mit dem erkennbaren Risiko der Nichtentstehung oder eines vorzeitigen Wegfalls belastet ist, BGH DB **82**, 2684, oder wenn sich zB Verwahrungskosten noch nicht abschätzen lassen, AG Rheinsberg DGVZ **95**, 94. Einer teilweisen Befriedigung braucht nicht von Amts wegen jeweils sogleich eine entsprechende Teilfreigabe zu folgen, Mümmler JB **76**, 25. Wenn der Gläubiger die Pfändung mehrerer Forderungen beantragt, deren jede dem Nennwert nach zur Befriedigung ausreicht, muß er für die Notwendigkeit dieser Maßnahme ausreichende Gründe darlegen. Dasselbe gilt dann, wenn der Gläubiger eine Forderungspfändung nach § 829 beantragt, obwohl eine Sachpfändung nach §§ 808 ff anscheinend ausreicht. Der Gläubiger kann zB darlegen, daß ihm gegenüber der Sachpfändung eine Widerspruchsklage nach § 771 drohe.

10 **C. Gesamtschuld usw.** Ebenso darf der Gläubiger bei sämtlichen Gesamtschuldnern in voller Höhe pfänden, ohne einen Vollstreckungstitel gegen alle Gesamtschuldner vorlegen zu müssen. Dem einzelnen Gesamtschuldner steht der Weg der Vollstreckungsabwehrklage nach § 767 offen, sobald der Gläubiger bei auch nur einem der übrigen Gesamtschuldner eine volle Befriedigung erhalten hat, LG Hann DGVZ **92**, 12, LG Stgt Rpfleger **83**, 161, ZöStö 7, aM AG Günzburg DGVZ **83**, 168, AG Mönchengladb DGVZ **82**, 79, AG Wolfratshausen DGVZ **81**, 159 (aber jede weitere Vollstreckung wäre dann rechtswidrig und obendrein evtl arglistig, Grdz 44 vor § 704). Überhaupt ist das Verbot der Überpfändung trotz des Wortlauts eine bloße Sollvorschrift. Eine weitergehende Pfändung ist daher zunächst voll wirksam, BGH NJW **85**, 1157. Weder der Gerichtsvollzieher noch das Vollstreckungsgericht können sie von Amts wegen aufheben. Einzelheiten Mümmler JB **76**, 25.

11 **D. Verstoß.** Der Schuldner muß eine Erinnerung erheben, § 766, AG Günzbg DGVZ **83**, 61. Auf die Erinnerung hin muß man die Pfändung entsprechend beschränken. Dabei muß der Schuldner nachweisen, daß aus dem Rest mit großer Wahrscheinlichkeit eine Befriedigung des Gläubigers erfolgen wird. Wenn der Gläubiger trotz einer Aufforderung keinen entsprechenden Teil freigibt, kann in diesem Verhalten eine unerlaubte Handlung nach § 823 BGB liegen. Er darf aber vor der Freigabe andere Werte pfänden. Der Gerichtsvollzieher kann eines Amtsvergehens schuldig sein, wenn er eine Überpfändung vornimmt. Für ihn haftet der Staat, Art 34 GG, § 839 BGB. Das Verbot der Überpfändung ist ein Schutzgesetz für den Schuldner nach § 823 II BGB (s auch die GVGA), BGH NJW **85**, 1157. Der Gerichtsvollzieher darf nicht nachträglich freigeben, vgl § 776.

12 **6) Nachpfändung.** Dem Verbot einer Überpfändung steht das Gebot einer Nachpfändung zur Seite. Man muß sie von der Anschlußpfändung nach § 826 unterscheiden. Wenn der Gerichtsvollzieher nachträglich erkennt, daß der Wert der gepfändeten Sachen aus irgendeinem Grund die Forderung des Gläubigers nicht deckt, etwa wegen eines Preissturzes, muß der Gerichtsvollzieher auf Grund des ursprünglichen Antrags von Amts wegen eine Nachpfändung vornehmen, § 132 Z 9 GVGA. Das kann auch durch die Wegschaffung weiterer Sachen geschehen, Karlsr MDR **79**, 237. Wenn er sie versäumt, begeht er eine Amtspflichtsverletzung. Für sie haftet der Staat, Art 34 GG, § 839 BGB.

13 **7) Zwecklose Pfändung, II.** Ein einfacher Grundsatz zeigt in der Praxis Probleme.

A. Erlös über Kosten. Wenn der Gerichtsvollzieher einen Überschuß über die gesamten Kosten der Zwangsvollstreckung nach § 788 bei einer Verwertung der Pfandsachen nicht erwarten kann, muß er schon die weitere Pfändung unterlassen. Ebenso muß er dann nach § 818 später die Versteigerung unter denselben Voraussetzungen einstellen. Das gilt auch bei einer Berücksichtigung der voraussichtlichen Transport-, Lager- oder Versteigerungskosten, auch zB nach §§ 825, 885, LG Ravensb DGVZ **01**, 85, AG Bad Hersfeld DGVZ **93**, 158, AG Wiesb DGVZ **06**, 117. Auch bei einer bloßen Pfändung kommt es auf die voraussichtlichen Gesamtkosten „der Vollstreckung" an, LG Lübeck DGVZ **02**, 185, AG Düss DGVZ **88**, 156, aM LG Düss DGVZ **88**, 156 (aber der Wortlaut und Sinn von II sind eindeutig, Einl III 39). Das Vollstsrekkungsorgan übt ein pflichtgemäßes Ermessen bei einer überschlägigen Berechnung aus, LG Augsb DGVZ **99**, 185, LG Coburg DGVZ **90**, 89, LG Köln DGVZ **83**, 44.

14 **B. Stellung Dritter.** Dabei muß der Gerichtsvollzieher die offensichtlich berechtigten Ansprüche eines Dritten berücksichtigen, soweit der Dritte nicht anderweit gedeckt ist. Eine solche Gefahr läßt sich durch die Ankündigung des Gläubigers beseitigen, er werde selbst mitbieten oder nach § 825 bieten und dabei ein solches Gebot abgeben, das die voraussichtlichen Vollstreckungskosten übersteige, AG Sinzig RR **87**, 508, AG Walsrode DGVZ **85**, 157, Drumann JB **03**, 550. Er muß aber ein deutlich höheres Gebot abgeben, LG Köln DGVZ **88**, 61. Das alles gilt auch bei einer Austauschpfändung nach § 811 b, AG Düss DGVZ **95**, 28. Wegen einer Anschlußpfändung § 826 Rn 1.

15 **C. Geringer Überschuß.** Der Umstand, daß vielleicht nur ein geringer Erlös möglich sein wird, reicht nicht dazu aus, von einer Pfändung abzusehen (vgl aber für Hausrat § 812), LG Itzehoe DGVZ **88**, 120, AG Goßlar DGVZ **99**, 12, aM LG Hann DGVZ **90**, 60 (aber II setzt eindeutig schärfere Voraussetzungen, Einl III 39). Dagegen muß man die Pfändung dann unterlassen, wenn die infrage kommenden Sachen ersichtlich keinen Verkaufswert haben, AG Neubrdb DGVZ **05**, 14 (Kfz-Kennzeichen), AG Bad Sobernheim DGVZ **98**, 173. Der Gerichtsvollzieher muß zwar ein Inventar fertigen, AG Recklingh JB **95**, 159. Er braucht aber nicht jede einzelne vorgefundene Sache anzugeben, LG Köln DGVZ **83**, 44. Vgl freilich § 762 Rn 3.

16 **C. Zwingende Regelung.** II ist keine bloße Sollvorschrift. §§ 851 a II, 851 b II verbieten eine Pfändung als zwecklos, weil sie offensichtlich sonst aufhebbar wäre. Einzelheiten LG Bln DGVZ **83**, 41 (abl Maaß) wegen einer Pfändung für mehrere Gläubiger, AG Ffm DGVZ **75**, 95 wegen einer Taschenpfändung, Wieser

DGVZ **85**, 37. II ist bei einer endgültig zwecklosen Zwangsversteigerung entsprechend anwendbar, Düss Rpfleger **89**, 470, LG Regensb RR **88**, 447, Wieser ZZP **98**, 440, aM BGH Rpfleger **04**, 302, LG Detm Rpfleger **98**, 35, LG Kblz JB **98**, 328 (aber die ZPO bleibt mangels einer eindeutig abweichenden Regelung des ZVG anwendbar, Üb 4 vor § 864).

Auf eine *Zwangsverwaltung* ist II entsprechend anwendbar, LG Ffm Rpfleger **89**, 35, LG Freibg Rpfleger **89**, 469, aM BGH **151**, 386, LG Ffm NZM **98**, 635 (aber jede Sinnlosigkeit führt zum Rechtsmißbrauch. Er ist stets unstatthaft, Einl III 54, Grdz 44 vor § 704).

8) Rechtsbehelfe, I, II. Vgl Rn 11. 17

804 *Pfändungspfandrecht.* **I Durch die Pfändung erwirbt der Gläubiger ein Pfandrecht an dem gepfändeten Gegenstande.**

II Das Pfandrecht gewährt dem Gläubiger im Verhältnis zu anderen Gläubigern dieselben Rechte wie ein durch Vertrag erworbenes Faustpfandrecht; es geht Pfand- und Vorzugsrechten vor, die für den Fall eines Insolvenzverfahrens den Faustpfandrechten nicht gleichgestellt sind.

III Das durch eine frühere Pfändung begründete Pfandrecht geht demjenigen vor, das durch eine spätere Pfändung begründet wird.

Schrifttum: *Becker,* First in time, first in right. Das Prioritätsprinzip im deutschen und US-amerikanischen Zwangsvollstreckungsrecht, 2000; *Binder,* Die Anschlußpfändung, Diss Ffm 1975; *Deren-Yildirim,* Gedanken über die Verteilungsprinzipien im Zwangsvollstreckungsrecht, Festschrift für *Gaul* (1997) 109; *Gerlach,* Ungerechtfertigte Zwangsvollstreckung und ungerechtfertigte Bereicherung, 1986; *Herde,* Probleme der Pfandverfolgung, 1978; *Siebert,* Das Prioritätsprinzip in der Einzelzwangsvollstreckung, Diss Gött 1988; *Welbers,* Vollstreckungsrechtliches Prioritätsprinzip und verfassungsrechtlicher Gleichheitssatz, Diss Bonn 1991.

Gliederung

1) Systematik, I–III. Die Vorschrift regelt die Rechtsfolgen einer wirksam nach § 803 erfolgten Pfändung und die Rangfolge bei mehreren zeitlich aufeinander folgenden Pfändungen. Die ZPO läßt überflüssigerweise durch die Pfändung an der Pfandsache ein Pfandrecht des Gläubigers entstehen. Sie wollte den Gläubiger dadurch verstärkt sichern, daß sie die früheren landesrechtlichen Grundsätze über das Pfandrecht heranzog. Sie hat damit nur erreicht, daß man unnütz und zweckwidrig Sätze des sachlichrechtlichen Pfandrechts auf das Pfändungspfandrecht überträgt, die zu ihm nicht passen. Das Pfandrecht ist unlöslich an die Sache geknüpft und von der Beschlagnahme nicht trennbar, Üb 6 vor § 803. 1

2) Regelungszweck, I–III. Das Pfändungspfandrecht ist als ein Zwischenstadium zwischen dem Zugriff und der Befriedigung unentbehrlich. Man darf es nicht durch übertriebene Anforderungen noch komplizierter ausgestalten, als das ohnehin schon nach dem Gesetz geschehen ist. Die Rangregelung ist keineswegs die einzig denkbare Lösung. Aber sie ist einprägsam und läßt sich verhältnismäßig einfach handhaben. So sollte man sie auch auslegen, trotz der Härten für denjenigen, der den Erlös vielleicht am dringendsten und ehesten braucht, aber um Minuten später als andere zugreifen läßt. Mag das ein Gerichtsvollzieher ihm gegenüber verantworten. Im übrigen findet ja evtl ein Verteilungsverfahren zwecks eines auch sozialen Ausgleichs zwischen den Gläubigern statt, §§ 872 ff. 2

3) Unabhängigkeit des Pfandrechts, I–III. Das Pfändungspfandrecht ist nicht abhängig (akzessorisch), StJM 8, ThP 4, aM RoGSch § 50 III 3c (vgl aber Rn 1). Das Pfändungspfandrecht setzt also keine zu sichernde Forderung voraus, wie sie beim Vertragspfandrecht des § 1204 BGB notwendig wäre. Es ist auch nicht mit dem Schicksal der Forderung verbunden. Allerdings gibt nur eine wirksame oder auflösend bedingt nach Grdz 57, 58 vor § 704 wirksame Pfändung ein Pfandrecht. Der gute Glaube allein reicht zu diesem Pfandrecht nicht aus. Das Pfandrecht an der Forderung ergreift kraft Gesetzes die Hypothek. 3

Der Umstand, daß das Pfandrecht denjenigen Anspruch des Gläubigers *sichern* soll, beweist nichts für eine Abhängigkeit. Die Sicherung des Gläubigers ist nur der Beweggrund für den staatlichen Eingriff, nicht sein Inhalt. Sie deckt denjenigen Anspruch, dessentwegen mit Recht oder zu Unrecht die Pfändung erfolgt ist. Wenn der Hypothekengläubiger kraft dinglichen Rechts die ihm haftenden Gegenstände pfändet, erlangt er ein Pfändungspfandrecht. Das Recht, die Pfandverwertung zu betreiben, bestreiten dem Gläubiger auch diejenigen nicht, die die Entstehung eines Pfändungspfandrechts bei einem Mangel der Voraussetzungen leugnen.

4) Pfandrecht und Pfändungspfandrecht, I–III. Besteht an einer Sache für denselben Gläubiger neben einem vertraglichen oder gesetzlichen Pfandrecht ein Pfändungspfandrecht, darf er wahlweise nach der ZPO 4 oder nach dem BGB oder dem HGB verwerten. Er muß nur im letzteren Fall das Pfändungspfandrecht aufgeben, Ffm MDR **75**, 228.

5 **5) Erlöschen des Pfandrechts, I–III.** Das Pfandrecht erlischt zwar mit der Entstrickung nach § 803 Rn 6. Es erlischt aber niemals ohne sie. Das ergibt sich aus seiner unabhängigen Natur. Es kommt nicht in Betracht, daß das Pfandrecht bei einer fortdauernden Beschlagnahme erlöschen könnte, Üb 8 vor § 803, aM RoGSch § 50 III 3 c mit Rücksicht auf seine grundsätzlich andere Auffassung des Pfändungspfandrechts (vgl aber Rn 1). Vor allem beseitigt ein gutgläubiger Erwerb der Pfandsache durch einen Dritten nicht nur das Pfandrecht, sondern auch die Verstrickung. Denn die Beschlagnahme wirkt nur ähnlich einem richterlichen Veräußerungsverbot, § 23 ZVG. Die Beschlagnahme verhindert daher einen gutgläubigen Erwerb nicht. Ein Verzicht auf das Pfandrecht trotz einer Aufrechterhaltung der Verstrickung ist nicht möglich. Vgl § 803 Rn 6.

6 **6) Pfändung schuldnerfremder Sachen, I.** Sie ist weitgehend möglich.

A. Grundsatz: Pfändbarkeit. Ob die Pfandsache zum Vermögen des Schuldners gehört, ist unerheblich. Denn das Pfändungspfandrecht ist unabhängig, Üb 8 vor § 803. Wenn man dann nur eine Verstrickung entstehen läßt, müßte eine Befriedigung des Gläubigers aus der Sache unzulässig sein. Das wäre aber eine unerträgliche Folge, aM Marotzke ZZP **98**, 459. Die Pfändung einer solchen Sache, die nicht im Eigentum des Schuldners steht, ermöglicht eine Widerspruchsklage nach §§ 771, 805 und nach deren Versäumung wegen Grdz 51 vor § 704 evtl eine Bereicherungsklage nach §§ 812 ff BGB, Einf 4 vor §§ 771–774, § 819 Rn 5. Vgl aber auch Oldb OLGZ **92**, 488.

7 **B. Pfändbarkeit eigener Sachen des Gläubigers.** Der Gläubiger darf seine eigene Sache pfänden. Das widerspricht freilich dem Aufbau des Fahrnispfandrechts des BGB. Es widerspricht aber nicht der Regelung der ZPO. Die Pfändung der eigenen Sache kann einen guten Sinn haben. Das gilt vor allem dann, wenn an ihr ein fremder Gewahrsam besteht. Ein Faustpfandrecht kann freilich nicht entstehen. Zulässig ist zB eine Pfändung der unter einem Eigentumsvorbehalt verkauften oder in einem Sicherungseigentum gewonnenen Sachen, § 811 Rn 67. Eine solche Pfändung läßt sich nicht als einen Verzicht des Gläubigers auf sein Eigentum auffassen. Die Sachpfändung erfaßt nicht ein Anwartschaftsrecht des Gläubigers mit. Man muß es nach § 857 Rn 1 pfänden.

8 **7) Rechte aus dem Pfandrecht, II.** Sie folgen dem Vollstreckungszweck.

A. Besitz und Verwertung. Das Pfändungspfandrecht gibt dem Gläubiger den Besitz der Pfandsache, §§ 861, 862, 869 BGB. Er berechtigt ihn zu ihrer Verwertung nach der ZPO, zB §§ 814, 815 I, 825, 835. Im Verhältnis zu anderen Gläubigern stellt es den Gläubiger so, als ob er ein vertragliches Faustpfandrecht erworben hätte, §§ 1204 ff, 1273 ff BGB, oder im Insolvenzverfahren ein Absonderungsrecht erhalten hätte, Rn 11. Der Gläubiger erlangt also nicht etwa ein Faustpfandrecht. Er erhält nur die Stellung des Faustpfandgläubigers im Verhältnis zu anderen Gläubigern.

9 **B. Einzelfragen.** Die Regeln des BGB über das Faustpfandrecht sind nur insoweit sinngemäß anwendbar, als sich das mit der Eigenart des Pfändungspfandrechts vereinbaren läßt. Das Pfand haftet in Höhe der Vollstreckungsforderung einschließlich der Zinsen und der Vollstreckungskosten bis zur Befriedigung nach § 1210 I 1 BGB. Das Pfandrecht ergreift Ersatzstücke (Surrogate), also den Versteigerungserlös und die hinterlegte Sicherheit oder das Rückforderungsrecht bei einer Hinterlegung, auch wegen der Hinterlegungszinsen. Das Pfandrecht umfaßt die vom Pfand getrennten Erzeugnisse, § 1212 BGB sinngemäß. Es ist mit dem Schicksal der gesicherten Forderung nicht verbunden, Rn 3. Wenn die Forderung erlischt, bleibt die Pfändung bestehen, solange man sie nicht aufgehoben und die Pfandsache also freigegeben hat.

10 Eine *Übertragung* des Pfandrechts auf einen anderen Anspruch ist nicht möglich. Das Pfandrecht geht nicht mit der Forderung über, außer bei einer Erbfolge, § 1922 BGB, ThP 4, aM ZöStö 12 (auch bei einer Einzelrechtsnachfolge). Das Pfandrecht ist ohne die Forderung übertragbar. Ein neuer Gläubiger muß sich durch einen auf ihn nach § 727 umgeschriebenen Vollstreckungstitel ausweisen. Der Pfandgläubiger ist nicht zur Verwahrung der Pfandsache verpflichtet. § 1215 BGB ist unanwendbar, schon weil der Gläubiger keinen unmittelbaren Besitz hat. Auch eine Sicherungsverwertung nach § 1219 BGB kommt nicht in Betracht. § 1227 BGB ist entsprechend anwendbar. Die Vorschrift gesteht dem Pfandgläubiger bei einer Beeinträchtigung seiner Rechte die Ansprüche eines Eigentümers zu. Der Pfandgläubiger darf die Herausgabe der Pfandsache an den Gerichtsvollzieher verlangen und einen Ersatz wegen einer Beschädigung oder einer Entziehung der Pfandstücke fordern, § 823 I BGB. Denn es handelt sich um ein sonstiges Recht nach dieser Vorschrift.

11 **8) Rang, II, III.** Er hat erhebliche Bedeutung.

A. Vorrang vor anderen Pfandrechten usw. Jedes Pfändungspfandrecht geht allen denjenigen Pfand- und Vorzugsrechten vor, die nicht im Insolvenzverfahren den Faustpfandrechten gleichstehen. Man muß §§ 50, 51 InsO beachten.

12 **B. Vorrang des früheren Pfändungspfandrechts.** Die Parteien können einen vom Gesetz abweichenden Rang vereinbaren, Grdz 25 vor § 704. Andernfalls geht das frühere Pfändungspfandrecht dem späteren vor. Es gilt der Grundsatz des Zeitvorrangs (der Priorität) und des Zuerstkommens (der Prävention): *Wer zuerst kommt, mahlt zuerst.* Der Grundsatz ist verfassungsrechtlich unbedenklich, Brehm DGVZ **86**, 99, Schlosser ZZP **97**, 121, Stürner, zit bei Marotzke JZ **86**, 746. Man darf ihn nicht aushöhlen, Einl III 54, Knoche/Biersack NJW **03**, 481. Der Grundsatz des Zeitvorrangs gilt auch bei einer sicherungsübereigneten Sache und beim Zusammentreffen einer Sach- und einer Forderungspfändung, LG Bonn DGVZ **83**, 153. Beim Streit der Gläubiger über die Verteilung des Erlöses ist ein Verteilungsverfahren nach §§ 872 ff notwendig, §§ 827 II, 853, 854 II. Eine Sicherungsmaßnahme nebst einem Veräußerungsverbot im Insolvenz- (auch Eröffnungs-)Verfahren ergreift die frühere Pfändung nicht und umgekehrt, BGH **135**, 142 (abl Häsemeyer ZZP **111**, 83, zustm Marotzke JR **98**, 28), AG Wiesb DGVZ **95**, 93, aM AG Siegen DGVZ **95**, 93 (aber man muß den Grundsatz folgerichtig einhalten).

C. Stellung des späteren Pfandgläubigers. Der spätere Pfandgläubiger kann aber den Rang des früheren bekämpfen, § 805. Der spätere Pfandgläubiger kann den Vollstreckungstitel selbst bekämpfen, wenn es sich um solche Einwendungen handelt, die der Schuldner nicht verloren hat. Er kann auch gegen die Gültigkeit des früheren Pfandrechts vorgehen. Er kann zB geltend machen, dieses frühere Pfandrecht sei schon in demjenigen Zeitpunkt erloschen gewesen, in dem der frühere Gläubiger bei einer vollen Ausnutzung der Pfändbarkeit befriedigt gewesen wäre, § 878 Rn 9, BAG NJW **75**, 1576 (krit Brommann SchlHA **86**, 66), oder der andere Gläubiger habe das frühere Pfändungspfandrecht rechtsmißbräuchlich erworben, Einl III 54. Wegen eines Ablösungsrechts vgl § 268 BGB. Bei einem gesetzlichen Gleichrang zB nach § 850 d II ist eine Anpassung nach § 850 d zulässig, Rn 4. Verfassungsrechtlich krit Schlosser ZZP **97**, 121. 13

D. Vorrang sontiger Rechte. Das frühere Vertragspfandrecht geht dem späteren Pfändungspfandrecht auch bei einem Pfandrecht an einem Miterbenanteil vor, BGH **93**, 74. Wegen der Vorrangigkeit einer Aufrechnungsvereinbarung zwischen dem Arbeitgeber und dem Arbeitnehmer wegen der Verrechnung eines Darlehens auf einen späteren Lohn LAG Hamm DB **93**, 1247. Der Nachrangige kann seine Stellung durch einen Antrag auf eine Zusammenrechnung begrenzt verbessern, BAG NJW **97**, 479. Sämtlichen Pfändungspfandrechten, auch den älteren, geht ein gutgläubig erworbenes Vertragspfandrecht vor, § 1208 BGB. Wenn die Pfändung erkennbar ist, ist ein guter Glaube nicht mehr möglich. Für den Erwerb eines Pfändungspfandrechts ist ein guter Glaube unerheblich. Denn §§ 1207 ff BGB sind unanwendbar. Es geht ferner vor ein Anspruch an Früchten, und zwar ein Anspruch auf alle an ihn bestehenden dinglichen Rechte, etwa das Früchtepfandrecht, § 810 Rn 1. 14

E. Gleichrang bei Gleichaltrigkeit. Es kommt nicht auf den Antragseingang beim Vollstreckungsorgan an, sondern auf den Zeitpunkt der Pfändung, § 168 Z 1 GVGA. Gleichaltrige Pfändungspfandrechte und gleichstehende Rechte geben denselben Rang. Der Erlös wird in dem Verhältnis der Forderungen verteilt, notfalls im Verfahren nach §§ 872 ff, §§ 827 II, 853, 854 II, Hantke DGVZ **78**, 106. Über den Rang des Arrestpfandrechts § 931 Rn 3. Ein Zurückbehaltungsrecht an einer der in § 952 BGB bezeichneten Urkunden geht niemals vor. Im Insolvenzverfahren gibt das Pfändungspfandrecht ein Recht auf eine abgesonderte Befriedigung nach § 50 I InsO, soweit die Pfändung vor dem Zeitpunkt der Verfahrenseröffnung wirksam geworden ist. Eine spätere Pfändung ist den Insolvenzgläubigern gegenüber unwirksam, § 89 I InsO. 15

F. Verlust. Der Rang geht mit dem Verlust des Pfändungspfandrechts verloren. Daher rücken dann die nachrangigen Gläubiger in ihrer bisherigen Reihenfolge auf. 16

G. Freiwillige Zahlung. Der Schuldner kann bestimmen, an wen er wieviel zahlt. 17

805 *Klage auf vorzugsweise Befriedigung.* **I Der Pfändung einer Sache kann ein Dritter, der sich nicht im Besitz der Sache befindet, auf Grund eines Pfand- oder Vorzugsrechts nicht widersprechen; er kann jedoch seinen Anspruch auf vorzugsweise Befriedigung aus dem Erlös im Wege der Klage geltend machen, ohne Rücksicht darauf, ob seine Forderung fällig ist oder nicht.**

II Die Klage ist bei dem Vollstreckungsgericht und, wenn der Streitgegenstand zur Zuständigkeit der Amtsgerichte nicht gehört, bei dem Landgericht zu erheben, in dessen Bezirk das Vollstreckungsgericht seinen Sitz hat.

III Wird die Klage gegen den Gläubiger und den Schuldner gerichtet, so sind diese als Streitgenossen anzusehen.

IV 1 Wird der Anspruch glaubhaft gemacht, so hat das Gericht die Hinterlegung des Erlöses anzuordnen. 2 Die Vorschriften der §§ 769, 770 sind hierbei entsprechend anzuwenden.

Schrifttum: *Burgstaller,* Das Pfandrecht in der Exekution, Wien 1988.

Gliederung

1) Systematik, I–IV. Derjenige Dritte, der ein Pfandrecht oder ein Vorzugsrecht an einer Pfandsache hat, kann als der Besitzer sein Recht durch eine Widerspruchsklage nach § 771 geltend machen. Unter Besitz darf man auch einen bloß mittelbaren Besitz oder das Verfügungsrecht nach einem Traditionspapier (Konnossement, Ladeschein usw) verstehen. Geschützt ist aber nur der Besitz einer beweglichen Sache, nicht der Besitz eines Grundstücks, § 771 Rn 15 „Besitz“, ferner nicht der „Besitz“ eines Rechts, etwa eines Erbanteils, Eickmann DGVZ **84**, 70. Der besitzende Dritte kann sich auch statt der Klage aus § 771 mit einer Klage nach § 805 begnügen, Schmidt JZ **87**, 892. Diese sog Vorzugsklage führt allerdings im Gegensatz zur Widerspruchsklage nicht zu einer Unzulässigkeit der Zwangsvollstreckung, sondern gerade zu deren weiterer Durchführung. Sie kann zwar nicht den Besitz an der Pfandsache sichern oder wiederverschaffen. Sie gewährt dem Gläubiger aber eine vorzugsweise Befriedigung aus dem Erlös. Sie ist also eine mindere Widerspruchsklage, BGH NJW **86**, 2427. 1

2) Regelungszweck, I–IV. Die Vorzugsklage dient ebenso wie die Drittwiderspruchsklage der sachlichrechtlichen Gerechtigkeit, Einl III 9, 36. Wenn sich der Dritte mit dem minderen Grad von Befriedigung 2 gegenüber § 771 abgibt, verdient er eine nicht zu strenge Auslegung der Voraussetzungen eines Wegs, der wegen der Notwendigkeit einer auch hier zwingenden gesonderten Klage ohnehin riskant genug bleibt. Daher sollte man § 805 auch möglichst zugunsten des Klägers auslegen.

3 **3) Geltungsbereich: Nicht besitzender Dritter, I–IV.** Dem nicht besitzenden Pfand- oder Vorzugsgläubiger steht nur die Klage aus § 805 offen. Das Pfandrecht darf allerdings noch nicht erloschen sein, etwa nach § 1253 I BGB. Über Pfand- und Vorzugsrechte §§ 50, 51 InsO. Hierher gehören von ihnen die folgenden Rechte.

A. Gesetzliches Pfandrecht. Hierher zählt das gesetzliche Pfandrecht nach § 1257 BGB, insbesondere dasjenige des Vermieters, Celle DB **77**, 1839, des Verpächters, des Gastwirts, des Frachtführers usw, bevor sich diese Personen in den Besitz gesetzt haben, §§ 562 b, 581, 704 BGB, auch nach der Fortschaffung von dem Grundstück durch den Gerichtsvollzieher, § 562 a BGB, ferner das kaufmännische Zurückbehaltungsrecht nach §§ 369 ff HGB, Hbg MDR **88**, 235 (Vorrang gegenüber einem Schiffshypothekenrecht). Das Pfandrecht des Vermieters ist durch §§ 562, 562 a, 562 d BGB beschränkt. Es erlischt nicht durch die Fortschaffung seitens des Gerichtsvollziehers, Ffm MDR **75**, 228. Der Vermieter muß das Eigentum des Mieters an den Möbeln beweisen. Für ein solches Eigentum spricht aber ein Anscheinsbeweis, Anh § 286 Rn 15.

4 **B. Vertragliches Pfandrecht.** Hierher zählt ferner ein Vertragspfandrecht nach §§ 1205 ff BGB, Hamm RR **90**, 233, und ein Pfändungspfandrecht, wenn der Gläubiger oder der Gerichtsvollzieher den Gewahrsam verloren hat. Auch das Recht des Hypothekengläubigers auf eine vorzugsweise Befriedigung aus den Gutserzeugnissen gehört hierher, ebenso ein Schiffshypothekenrecht, Hbg MDR **88**, 235 (Nachrang gegenüber §§ 369 ff HGB), ferner ein nach dem französischen Recht entstandenes Registerpfandrecht. Ein späterer Pfändungspfandgläubiger kann einen Vorrang nur im Verteilungsverfahren geltend machen. Der Pfändungspfandgläubiger des Anwartschaftsrechts auf die Übertragung des Eigentums hat kein Recht auf eine vorzugsweise Befriedigung, § 771 Rn 17, StJM § 771 Rn 17, ThP 9, ZöStö 2, aM MüKoSchi 3 (aber man muß zwischen einer Rechtspfändung und der Sachpfändung streng unterscheiden).

5 **C. Pfandrecht eines Kreditinstituts.** Hierher zählt ferner das Pfandrecht des Kreditinstituts bei einer Pachtinventarverpfändung durch Niederlegung nach §§ 11, 12 PachtkreditG, wenn ein Dritter vollstreckt, oder für den Dritten, wenn das Institut oder der Verpächter vollstreckt.

6 **D. Früchtepfandrecht.** Hierher zählt schließlich das Früchtepfandrecht, § 810 Rn 1.

7 **4) Rechtsnatur der Klage, I–III.** Die Vorzugsklage ist eine mindere Widerspruchsklage, Rn 1. Sie ist also eine prozessuale Gestaltungsklage, Grdz 10 vor § 253. Sie ist ein schwächeres Gegenstück zu § 771. Sie verfolgt das Ziel, daß der Kläger an der Zwangsvollstreckung teilnehmen kann, sobald das Gericht sein Urteil nach §§ 708 ff für vorläufig vollstreckbar erklärt hat, und daß er dann vor dem Bekl den Vorrang hat, Einf 1 vor §§ 771–774.

8 **5) Voraussetzungen der Klage, I–III.** Es müssen fünf Bedingungen zusammenkommen.

A. Sachpfändung. Es muß sich um die Pfändung einer körperlichen Sache handeln, § 808 Rn 4. Die Rechtspfändung gehört nicht hierher.

9 **B. Fortdauer der Vollstreckung.** Die Zwangsvollstreckung darf noch nicht beendet sein, Grdz 52 vor § 704. Nach der Auszahlung des Erlöses bleibt nur eine Klage aus einer ungerechtfertigten Bereicherung nach §§ 812 ff BGB oder aus einer unerlaubten Handlung nach § 823 BGB im entsprechenden ordentlichen Gerichtsstand möglich, §§ 12 ff, 32. Den Vermieter usw bindet die Frist des § 562 b II 2 BGB nicht.

10 **C. Beweis des Vorrechts.** Der Kläger muß ein Pfandrecht oder ein Vorzugsrecht und ferner seinen Anspruch und seinen Rang nach den Regeln § 804 Rn 11 beweisen. Das gilt aber nur wegen der Entstehung. Demgegenüber muß der Schuldner das Erlöschen usw beweisen, BGH NJW **86**, 2427. Der Kläger muß sich ein etwaiges rechtskräftiges Urteil zwischen einem Dritten und dem Schuldner über das Pfandrecht entgegenhalten lassen.

11 **D. Geldforderung.** Es muß sich um eine Geldforderung handeln, Grdz 1 vor § 803. Die Art der Verwertung ist unerheblich. Auch eine aufschiebend bedingte oder jedenfalls noch nicht fällige Forderung ermöglicht die Klage. Man muß aber einen Zwischenzins entsprechend §§ 1133, 1217 II BGB abziehen und den Erlösanteil evtl bis zur Fälligkeit usw hinterlegen.

12 **E. Allgemeine Prozeßvoraussetzungen.** Schließlich müssen die allgemeinen Prozeßvoraussetzungen vorliegen, Grdz 12 ff vor § 253.

13 **6) Verfahren, I–III.** Ausschließlich zuständig ist das AG des Bezirks als Vollstreckungsgericht, §§ 764 II, 802. Bei einem höheren Streitwert nach §§ 23, 71 GVG ist das zugehörige LG zuständig. Als Bekl kommt neben dem Pfändungspfandgläubiger auch der einer Auszahlung an den Kläger widersprechende Schuldner in Betracht, und zwar als Streitgenosse, III, § 59. Einen Antrag darf und muß man wie stets auslegen, BGH NJW **86**, 2427. Der Antrag und das Urteil lauten zweckmäßig: „Der Kläger ist vor dem Beklagten aus dem Reinerlös des folgenden Gegenstands ... wegen einer Forderung des Klägers in Höhe von ... EUR nebst ... Zinsen bis zum Tag der Auszahlung zu befriedigen".

Kosten: §§ 91 ff. Vorläufige Vollstreckbarkeit: §§ 708 ff. Wert: Derjenige der niedrigeren Forderung ohne Zinsen und Kosten oder des etwa geringeren Pfandstücks.

14 Die *Auszahlung* erfolgt durch den Gerichtsvollzieher, § 827 Rn 6, oder durch die Hinterlegungsstelle, § 13 Z 2 HO. Es erfolgt keine Zwangsvollstreckung gegen die Partei. Nur der Reinerlös kommt infrage. Daher muß man alle Kosten vorher abziehen. Dabei ist es unerheblich, ob die Veräußerung zwangsweise oder freiwillig erfolgte. Derjenige Gläubiger, der auf eine Aufforderung in eine vorzugsweise Befriedigung eingewilligt hat, hat kein Rechtsschutzbedürfnis, Grdz 33 vor § 253. Er hat auch keinen Klaganlaß gegeben, § 93. Vgl im übrigen bei § 771.

15 **7) Hinterlegung, IV.** Da die Klage voraussetzt, daß die Zwangsvollstreckung stattfindet, kommt eine Einstellung nach der Art des § 771 III hier nicht infrage. Dagegen muß das Gericht von Amts wegen eine

Hinterlegung des Verwertungserlöses zugunsten der Parteien durch den Gerichtsvollzieher dann anordnen, wenn der Kläger seinen Anspruch, also das Pfand- oder Vorzugsrecht des I und dessen Vorrang, nach § 294 glaubhaft gemacht hat. Dabei muß man §§ 769, 770, 788 entsprechend anwenden. Eine einstweilige Verfügung nach §§ 935 ff darf also nicht ergehen. Für die Anordnung ist in einem dringenden Fall nach § 769 II, dort Rn 8, das Vollstreckungsgericht zuständig. Es entscheidet durch den Rpfl, § 20 Z 17 RPflG. Das Gericht muß seinen Beschluß schriftlich begründen, § 329 Rn 4. Es genügt nicht eine bloße Mitteilung, die Niederschrift stehe bevor. Wegen der Rechtsbehelfe § 769 Rn 11.

806 *Keine Gewährleistung bei Pfandveräußerung.* **Wird ein Gegenstand auf Grund der Pfändung veräußert, so steht dem Erwerber wegen eines Mangels im Recht oder wegen eines Mangels der veräußerten Sache ein Anspruch auf Gewährleistung nicht zu.**

1) Systematik. Die Vorschrift hat einen rein sachlichrechtlichen Inhalt. Sie entspricht § 56 S 3 ZVG, Mü DGVZ **80**, 123. 1

2) Regelungszweck. § 806 dient der Rechtssicherheit, Einl III 43. Der ordungsgemäße Erwerber muß bei dieser ja wesentlich von den staatlichen Vollstreckungsorganen angeordneten, begleiteten, abgewickelten Erwerbsart auf die Korrektheit und Endgültigkeit des Erwerbs vertrauen dürfen. In diesem Sinn muß man die Vorschrift auslegen. Ein Rechtsmißbrauch nach Einl III 54 wäre natürlich auch hier beachtlich, Grdz 44 vor § 704. 2

3) Geltungsbereich. Die Vorschrift setzt eine wirksame Pfändung voraus, jedenfalls die Fortschaffung der Sache durch den Gerichtsvollzieher, Karlsr MDR **79**, 237. Sie gilt für den Gläubiger und für den Schuldner. Sie bezieht sich auf sämtliche Sach- und Rechtsmängel der veräußerten Pfandsache, §§ 435, 437 ff BGB, Mü DGVZ **80**, 123. Das gilt auch bei einer zugesicherten Eigenschaft, LG Aachen DGVZ **86**, 185. Es ist unerheblich, ob eine Haftung für ein Verschulden besteht. Unter § 806 fällt jede Verwertung nach §§ 814 ff, zB die Versteigerung, LG Aachen DGVZ **86**, 185, auch der freihändige Verkauf nach §§ 817 a III, 821, 825 ua, nicht aber der Selbsthilfeverkauf durch den Gerichtsvollzieher, §§ 385 BGB, 373 HGB. Der Gerichtsvollzieher braucht die Pfandsache grundsätzlich nicht auf Mängel zu untersuchen und braucht auf solche nicht hinzuweisen, LG Aachen DGVZ **86**, 185. Etwas anderes würde bei einer Arglist gelten, Rn 2. 3

4) Ersatzanspruch usw. Der Erwerber hat einen Gewährleistungsanspruch gegen den Gläubiger und/ oder Schuldner auf Grund eines etwaigen Gewährleistungsvertrags oder nach §§ 823, 826 BGB, im übrigen nur gegen den Staat, Art 34 GG, § 839 BGB. Ferner kommt ein Anspruch gegen den Schuldner aus einer ungerechtfertigten Bereicherung nach §§ 812 ff BGB in Betracht. 4

806a *Mitteilungen und Befragung durch den Gerichtsvollzieher.* **[I] [1] Erhält der Gerichtsvollzieher anlässlich der Zwangsvollstreckung durch Befragung des Schuldners oder durch Einsicht in Dokumente Kenntnis von Geldforderungen des Schuldners gegen Dritte und konnte eine Pfändung nicht bewirkt werden oder wird eine bewirkte Pfändung voraussichtlich nicht zur vollständigen Befriedigung des Gläubigers führen, so teilt er Namen und Anschriften der Drittschuldner sowie den Grund der Forderungen und für diese bestehende Sicherheiten dem Gläubiger mit.**

[II] [1] Trifft der Gerichtsvollzieher den Schuldner in der Wohnung nicht an und konnte eine Pfändung nicht bewirkt werden oder wird eine bewirkte Pfändung voraussichtlich nicht zur vollständigen Befriedigung des Gläubigers führen, so kann der Gerichtsvollzieher die zum Hausstand des Schuldners gehörenden erwachsenen Personen nach dem Arbeitgeber des Schuldners befragen. [2] Diese sind zu einer Auskunft nicht verpflichtet und vom Gerichtsvollzieher auf die Freiwilligkeit ihrer Angaben hinzuweisen. [3] Seine Erkenntnisse teilt der Gerichtsvollzieher dem Gläubiger mit.

Schrifttum: *Krauthausen,* DGVZ **95**, 68 (Üb); *Schilken,* Reform der Zwangsvollstreckung, in: Vorträge zur Rechtsentwicklung der achtziger Jahre (1991) 307; *Triller,* Aufklärungsmöglichkeiten in der Zwangsvollstreckung zur Auffindung von Schuldnervermögen, 2001 (rechtsvergleichend).

Gliederung

1 **1) Systematik, I, II.** Die Vorschrift stellt eine Ergänzung zu §§ 807 ff dar. Man kann in ihr auch eine Ergänzung zu § 845 sehen. Sie knüpft an Befugnisse an, wie sie dem Gerichtsvollzieher in § 758 zustehen. Freilich hat der Gesetzgeber sie nicht eindeutig unter denjenigen Richtervorbehalt gestellt, den Rechtsprechung und Lehre zu § 758 mit Recht herausgearbeitet haben, § 758 Rn 4. Die Vorschrift setzt ja in I voraus, daß sich der Gerichtsvollzieher bereits „anläßlich" der Zwangsvollstreckung in der Wohnung des Schuldners befindet.

2 **2) Regelungszweck, I, II.** Die Vorschrift dient der Vermeidung kostspieliger, zeitraubender und im Erfolg ungewisser weiterer Versuche des Gläubigers, doch noch zu einem Vollstreckungserfolg zu kommen. Das ist aus seiner Sicht oft dringend notwendig. Aus der Sicht des Schuldners und vor allem der vom Gerichtsvollzieher befragten Dritten ist es aber problematisch. § 806 a versucht beiden gerecht zu werden. Immerhin gehen die Befugnisse des Gerichtsvollziehers teilweise sehr weit. Es bleibt abzuwarten, ob die Vorschrift in allen Teilen verfassungsgemäß ist. Die Durchsicht von Schriftstücken nebst einer Mitteilung ihres Inhalts an den Gläubiger kann zu solchen Mißgriffen führen, die sich schon rein technisch kaum vermeiden lassen und keineswegs mehr den Rahmen einer zivilprozessualen Vollstreckung wahren können. Deshalb ist zumindest I schon vom Ansatz her problematisch. Jedenfalls sollte man unter einer Berücksichtigung solcher Gefahren bei der Anwendung und Auslegung der Vorschrift behutsam vorgehen.

3 **3) Anläßlich der Zwangsvollstreckung, I, II.** Die Vollstreckung muß gerade durch eine Beauftragung dieses Gerichtsvollziehers stattfinden. Es genügt also nicht, daß er anläßlich einer anderen Zwangsvollstrekkung Kenntnis usw erhält. Daher darf er weder nach I noch nach II vorgehen, der die Worte „anläßlich der Zwangsvollstreckung" aus I als selbstverständlich ebenfalls voraussetzt. Das gilt jedenfalls dann, wenn er eine Kenntnis usw nur beim Vollstreckungsversuch im Auftrag eines weiteren Gläubigers erhält. Andernfalls wäre im Gesetz statt des Worts „der" das Wort „einer" (Zwangsvollstreckung) notwendig gewesen.

4 **4) Befragung des Schuldners, I.** Der Gerichtsvollzieher darf den Schuldner befragen. Das gilt nicht erst dann, wenn er bei dieser Vollstreckungshandlung keinen vollen Erfolg erzielt. Denn die Worte „... und konnte eine Pfändung nicht bewirkt werden" usw sind nach ihrer Stellung in I nur eine Voraussetzung für die Befugnis zur Mitteilung an den Gläubiger, nicht auch schon eine Voraussetzung für das Recht zur Befragung.

„Befragung" heißt nicht „Vernehmung". Der Gerichtsvollzieher führt auch keine Beweisaufnahme durch, AG Blieskastel DGVZ **00**, 94. Er darf aber doch direkt und gezielt fragen. Zwar stellt II 2 klar, daß kein Dritter eine Auskunft geben muß und daß der Gerichtsvollzieher daher jeden Dritten von Amts wegen und natürlich von vornherein auf die Freiwilligkeit einer Angabe hinweisen muß. Demgegenüber enthält I gegenüber dem Schuldner keine solche Pflicht. Das bedeutet aber nicht, daß der Schuldner zur Auskunft schon an dieser Stelle und diesem Vollstreckungsorgan gegenüber verpflichtet wäre oder daß er gar zusätzliche Nachteile hätte, wenn er schweigt. Er braucht nicht zu antworten. Zur Auskunft ist er erst im Verfahren nach § 807 verpflichtet, AG Blieskastel DGVZ, **00**, 94. Eine falsche, unrichtige, pflichtwidrig verspätete und daher zunächst unterlassene irreführende Antwort kann freilich als ein zumindest versuchter Vollstrekkungsbetrug strafbar sein.

5 **5) Einsicht in Dokumente, I.** Der Gerichtsvollzieher darf auch neben oder anstelle einer Befragung eine Einsicht in schriftliche oder elektronische Dokumente des Schuldners nehmen. Auch das hängt wie bei der Befragung nach Rn 4 nicht vom mindestens teilweisen Mißerfolg der bisherigen Vollstreckung ab.

„Einsicht" heißt nicht „Durchsuchung" oder „Ermittlung". Sie darf ja ohnehin nur anläßlich einer Vollstreckung stattfinden. I meint das beiläufige oder vom Gerichtsvollzieher erbetene und vom Schuldner genehmigte Einblicknehmen in solche Unterlagen, die der Gerichtsvollzieher ohnehin prüfen muß oder die doch nahezu unvermeidbar mit zur Kenntnis des Gerichtsvollziehers kommen. I meint aber nicht ein würdeloses Herumschnüffeln in den Schubladen oder im Computer des Schuldners nach Art einer amtlichen Durchsuchung, AG Altötting DGVZ **97**, 91. Der Schuldner kann die Auskunft oder Durchsicht verweigern, soweit er ihr überhaupt widersprechen kann, AG Altötting DGVZ **97**, 91. Er ist zur aktiven Mitdurchsicht oder zum Herbeischaffen nicht verpflichtet. Er ist vor allem weder zur Herstellung oder Genehmigung von Kopien noch zur Herausgabe verpflichtet, jedenfalls nicht in diesem Stadium und soweit es sich nicht um eine Herausgabeforderung handelt.

6 **6) Kenntnis von Geldforderungen des Schuldners gegen Dritte, I.** Der Gerichtsvollzieher muß von einer solchen Forderung auf den Wegen Rn 4 oder 5 eine direkte Kenntnis erhalten haben. Eine bloß vage Möglichkeit oder Vermutung des Bestehens berechtigt ihn also nicht zur Maßnahme nach I. Die Abgrenzung solcher Erkenntnisstufen ist schwierig. Man kann oft den wahren Umfang oder die Rechtsgrundlage einer Forderung ebenso wenig erkennen wie die etwaigen Einwände des Drittschuldners und deren Berechtigung. In diesem Sinn muß eine gewisse Wahrscheinlichkeit des Bestehens der Forderung genügen. Der Gerichtsvollzieher darf sich nun aber nicht nach Art eines Detektivs auf kleinste Spuren stürzen, nur um seinem Auftraggeber etwaige weitere Vollstreckungschancen zu eröffnen.

7 **7) Unmöglichkeit einer Pfändung, I.** Schließlich muß aus der Sicht des Gerichtsvollziehers entweder eine Pfändung unzulässig oder sinnlos sein oder eine von ihm jetzt oder früher bewirkte Pfändung voraussichtlich nicht zur vollständigen Befriedigung des Gläubigers führen. Ob auch diese Voraussetzungen vorliegen, muß er wie bei § 807 I 1 klären, § 807 Rn 3.

8 **8) Mitteilung an den Gläubiger, I.** Unter den Voraussetzungen Rn 3–7 ist der Gerichtsvollzieher berechtigt und kraft Gesetzes auch ohne einen Antrag des Gläubigers dazu verpflichtet, diesem den Namen und die Anschrift eines jeden derart ermittelten Drittschuldners sowie den Grund der Forderungen und die für diese etwa bestehenden Sicherheiten unverzüglich mitzuteilen. Der Gerichtsvollzieher trifft dazu keine weiteren Ermittlungen. Seine Mitteilung beschränkt sich auf dasjenige, was er durch die Befragung und Einsicht erfahren, zur Kenntnis erhalten hat. Soweit er sich nicht sicher ist, teilt er auch das dem Gläubiger mit. Er darf sich Aktenzeichen, Daten, Adressen usw notieren, soweit der Schuldner ihm Kopien oder die Herausgabe verweigert. Er muß sich strikt auf diejenigen Merkmale beschränken, die I nennt. Der Gerichtsvollzieher muß ohnehin den Datenschutz wahren, ebenso das Grundrecht des Schuldners auf seine infor-

mationelle Selbstbestimmung, etwaige Geschäfts- oder Betriebsgeheimnisse usw. Er darf natürlich auch nicht etwa das Finanzamt informieren, solange nicht gerade diese Behörde der Gläubiger ist.

Es kann *größter Schaden* durch eine zu unvorsichtige Handlungsweise des Gerichtsvollziehers entstehen. Für ihn kann der Staat haften und bei ihm Rückgriff nehmen wollen. Der Zweck des ganzen Verfahrens nach Rn 2 eröffnet und begrenzt die Befugnisse des Gerichtsvollziehers. Im Zweifel sollte er sich auf allgemeine vorsichtige Wendungen beschränken und es dem Gläubiger überlassen, mit der Erinnerung nach § 766 mehr an Mitteilung zu fordern. Selbst bloße Andeutungen sind aber unzulässig, wenn der Gerichtsvollzieher nicht wenigstens eine Kenntnis nach Rn 6 gewonnen hat. Notfalls mag der Gläubiger nach § 807 vorgehen, LG Lpz JB **96**, 45.

9) Ablichtung oder Abschrift an den Schuldner, I. §§ 762, 763 gelten auch für das gesamte Verfahren 9
nach I. Der Schuldner sollte stets eine Kopie der Mitteilung erhalten.

10) Schuldnerabwesenheit, II 1. Die Vorschrift gilt, wenn der Schuldner nicht zuhause ist. Sie ist schon 10
nach ihrem klaren Wortlaut nicht anwendbar, soweit der Vollstreckungsversuch außerhalb der Wohnung stattfindet. „Wohnung" ist dasselbe wie bei § 758 Rn 11, 14. Die Anwesenheit eines Familienmitglieds des Schuldners erlaubt dessen Befragung nach II nur, wenn der Schuldner persönlich abwesend ist. Die Dauer und der Grund seiner Abwesenheit sind unerheblich. Eine völlig unerhebliche Dauer etwa von voraussichtlich nur 5 oder 10 Minuten ist keine Abwesenheit.

11) Kein bisheriger Vollstreckungserfolg, II 1. Eine weitere Voraussetzung nach II ist, daß der 11
Gerichtsvollzieher nichts pfänden konnte oder daß eine bewirkte Pfändung voraussichtlich nicht zur vollständigen Befriedigung dieses Gläubigers führen wird. Man muß diese Bedingung nach den Regeln wie I beurteilen, Rn 7.

12) Befragung, II 1. Das Wort „kann" stellt, wie so oft, sowohl in die Zuständigkeit als auch in das 12
pflichtgemäße Ermessen des Gerichtsvollziehers. Wenn er sich von der Befragung etwa eines zum Haushalt zählenden schwerhörigen entfernten Verwandten nichts verspricht, darf er von dessen Befragung absehen. „Befragung" ist dasselbe wie in Rn 4. „Erwachsene Person" versteht sich ebenso wie in § 178, dort Rn 15. Dasselbe gilt für „zum Hausstand des Schuldners gehören", § 178 Rn 10 (zum etwas engeren Begriff des Familienangehörigen im Hause).

13) Keine Auskunftspflicht; Hinweispflicht, II 2. Die vom Gerichtsvollzieher nach II 1 Befragten 13
„sind zu einer Auskunft nicht verpflichtet und vom Gerichtsvollzieher auf die Freiwilligkeit ihrer Angaben hinzuweisen". Sie können für schuldhaft falsche Angaben demjenigen haften, den sie dadurch schädigen. Der Gerichtsvollzieher darf auf sie keinerlei auch nur indirekten Druck ausüben. Er sollte den Hinweis auf ihr Auskunftsverweigerungsrecht unbedingt in das Vollstreckungsprotokoll aufnehmen. Er darf eine ohne ordnungsgemäßen Hinweis erlangte Auskunft nicht protokollieren und erst recht nicht weitergeben. Er ist aber nicht zu einer Belehrung etwa nach §§ 383 ff, 395 verpflichtet.

14) Mitteilung an den Gläubiger, II 3. Unter den Voraussetzungen Rn 10–13 ist der Gerichtsvoll- 14
zieher zur Mitteilung seiner „Erkenntnisse" an dem Gläubiger berechtigt und verpflichtet. Es gelten dieselben Regeln wie bei einer Mitteilung nach I, Rn 8.

15) Ablichtung oder Abschrift an den Schuldner, II 3. Es gelten dieselben Regeln wie bei I, Rn 9. 15

16) Rechtsbehelfe, I, II. Gegen eine Maßnahme des Gerichtsvollziehers oder deren Unterlassung hat 16
der davon Betroffene die Erinnerung nach § 766. Soweit ein Dritter betroffen ist, kann er gegen die infolge der Maßnahme eingeleitete oder erweiterte Zwangsvollstreckung eine Widerspruchsklage unter den Voraussetzungen der §§ 771 ff erheben. Wegen einer unberechtigten Handlungsweise des Gerichtsvollziehers kann der Staat haften, § 753 Rn 10.

806b *Gütliche und zügige Erledigung.* [1] **Der Gerichtsvollzieher soll in jeder Lage des Zwangsvollstreckungsverfahrens auf eine gütliche und zügige Erledigung hinwirken.** [2] **Findet er pfändbare Gegenstände nicht vor, versichert der Schuldner aber glaubhaft, die Schuld kurzfristig in Teilbeträgen zu tilgen, so zieht der Gerichtsvollzieher die Teilbeträge ein, wenn der Gläubiger hiermit einverstanden ist.** [3] **Die Tilgung soll in der Regel innerhalb von sechs Monaten erfolgt sein.**

Schrifttum: *Harnacke* DGVZ **99**, 81; *Schilken* DGVZ **98**, 145 (je: Üb).

1) Systematik, S 1–3. S 1 enthält für den Gerichtsvollzieher eine Übernahme des im Erkenntnisverfah- 1
ren für den Richter nach § 278 I 1 geltenden Gedankens einer Hinwirkung auf eine gütliche Erledigung und verstärkt ihn durch die Verpflichtung, auch zügig zu arbeiten. S 2, 3 enthalten Regelungen, die sich ähnlich auch in § 813 a finden. Zur Abgrenzung Rn 3 sowie Helwich DGVZ **00**, 105 (ausf).

2) Regelungszweck, S 1–3. Beide Ziele Rn 1 sind an sich selbstverständlich. Indessen bleibt für eine 2
gütliche Erledigung im Vollstreckungsverfahren naturgemäß weniger Platz, zumal der Gläubiger nun endlich auch wirklich zu seinem Recht kommen soll. Das letztere darf der Gerichtsvollzieher weder beim Tempo noch bei der sachlichen Art und Weise der Erledigung vernachlässigen. Es handelt sich um eine bloße Sollvorschrift. Das muß man bei der Auslegung mitbeachten.

Machtzuwachs kennzeichnet die Vorschrift. Der ohnehin aus der Sicht so manches unglücklichen Schuldners ziemlich allmächtig ausgestattete Gerichtsvollzieher erhält in S 2 ein weites Ermessen. Denn zunächst entscheidet ja er allein, ob er dem Schuldner glaubt. Das erforderliche Einverständnis des Gläubigers tritt erst hinzu (oder nicht). Pflichtgemäß muß der Gerichtsvollzieher trotzdem auch an dieser Stelle der Vollstrekkung vorgehen. Er muß daher oft über eine etwaige eidesstattliche Versicherung der Ratenzahlungsbereitschaft und -fähigkeit trotz § 294 kritisch anhand der Gesamtumstände ohne eine Bevorzugung der einen oder anderen Partei nachdenken. Es ist für ihn ratsam, seine Erwägungen stets aktenkundig zu machen.

3 **3) Geltungsbereich, S 1–3.** Die Sollvorschrift S 1 gilt im Gesamtbereich der Zwangsvollstreckung, Harnacke DGVZ **99**, 81, aM Schilken DGVZ **98**, 146 (aber der Wortlaut und Sinn sind eindeutig, Einl III 39. Daran ändert auch die Stellung zu diesem Unterabschnitt nichts). Sie gilt auch im WEG-Verfahren. S 2, 3 gelten erst dann, wenn der Gerichtsvollzieher überhaupt nichts Pfändbares vorgefunden hat. Demgegenüber greift § 813 a dann ein, wenn immerhin schon eine Pfändung stattgefunden hat.

4 **4) Gütliche, zügige Erledigung, S 1.** Vgl § 279 Rn 4. „Erledigung" erstreckt sich auf alle schon und noch derzeit in Betracht kommenden Maßnahmen. Das Wort „zügig" meint unverzüglich, also ohne schuldhaftes Zögern, § 121 I 1 BGB. „Soll" ist weniger als „muß", aber immerhin eine Anordnung und daher auch eine Befugnis. Der Gerichtsvollzieher muß das Gläubigerinteresse mit dem Schuldnerinteresse abwägen. Er darf keineswegs von vornherein eines dieser Interessen zurückstellen. Er braucht keine Auskunft etwa des Einwohnermeldeamts einzuholen, AG Aalen DGVZ **07**, 174 (Gläubigersache).

5 **5) Einzug von Teilbeträgen, S 2, 3.** Voraussetzung ist, daß der Gerichtsvollzieher überhaupt keine pfändbaren Gegenstände vorfindet, Rn 3, AG Bad Schwalbach DGVZ **08**, 30. Eine weitere Voraussetzung ist, daß der Schuldner nach § 294 glaubhaft versichert, daß er die gesamte Schuld „kurzfristig" tilgen könne und wolle, wenn auch nur „in Teilbeträgen". Kurzfristig meint, wie aus S 3 ersichtlich, in der Regel binnen sechs Monaten, erst recht auf Gläubigerverlangen, AG Bad Schwalbach DGVZ **08**, 30, ausnahmsweise auch ein wenig später, aber nicht erst viel später, Harnacke DGVZ **99**, 83. Der Gerichtsvollzieher kann bindend festlegen, welcher von mehreren Gläubigern Ratenzahlungen erhalten soll, LG Wiesb DGVZ **02**, 74. Dritte Voraussetzung ist das Einverständnis des Gläubigers, aM AG Kleve DGVZ **04**, 173 (aber der Wortlaut und Sinn sind eindeutig, Einl III 39). Es ist eine Parteiprozeßhandlung, Grdz 47 vor § 128, LG Kblz DGVZ **05**, 171. Es braucht nicht ausdrücklich zu erfolgen. Es muß aber eindeutig vorliegen. Der Gerichtsvollzieher muß das Einverständnis notfalls vor weiteren Entscheidungen unter den obigen weiteren Voraussetzungen erfragen. Das gilt auch beim isolierten Vollstreckungsauftrag, aM Harnacke DGVZ **99**, 83 (aber S 2 gilt uneingeschränkt).

6 *Schweigen* auf eine Anfrage kann eine Zustimmung, aber auch eine Ablehnung oder eine Nichterklärung (= Ablehnung) bedeuten. Das muß man abwägen. Die richtige Ausdeutung ist auch von der Fragestellung abhängig. Zweckmäßig erklärt der Gerichtsvollziehr, er werde mangels einer abweichenden Antwort binnen einer angemessenen Frist von zB 2 Wochen vom Einverständnis ausgehen. Eine Fristsetzung braucht eine förmliche Zustellung. Die Anfrage kann auch telefonisch, elektronisch oder per Telefax erfolgen. Der Gerichtsvollzieher muß sie aktenkundig machen. Der Gläubiger kann ein Einverständnis schon im Vollstreckungsauftrag erklären. Er kann es bis zu dem nach S 2 maßgebenden Zeitpunkt widerrufen. Ein Widerruf braucht keine Begründung. Er muß aber zugehen, § 130 BGB.

7 **6) Verstoß, S 1–3.** Ein Verstoß gegen S 1 ist zB bei einer Trödelei mit der Erinnerung nach § 766 und mit einer Dienstaufsichtsbeschwerde angreifbar. Ein Verstoß gegen S 2, 3 ist mit der Erinnerung nach § 766 angreifbar, LG Wiesb DGVZ **02**, 74.

807 *Eidesstattliche Versicherung.* [I] **Der Schuldner ist nach Erteilung des Auftrags nach § 900 Abs. 1 verpflichtet, ein Verzeichnis seines Vermögens vorzulegen und für seine Forderungen den Grund und die Beweismittel zu bezeichnen, wenn**

1. **die Pfändung zu einer vollständigen Befriedigung des Gläubigers nicht geführt hat,**
2. **der Gläubiger glaubhaft macht, dass er durch die Pfändung seine Befriedigung nicht vollständig erlangen könne,**
3. **der Schuldner die Durchsuchung (§ 758) verweigert hat oder**
4. **der Gerichtsvollzieher den Schuldner wiederholt in seiner Wohnung nicht angetroffen hat, nachdem er einmal die Vollstreckung mindestens zwei Wochen vorher angekündigt hatte; dies gilt nicht, wenn der Schuldner seine Abwesenheit genügend entschuldigt und den Grund glaubhaft macht.**

[II 1] **Aus dem Vermögensverzeichnis müssen auch ersichtlich sein**

1. **die in den letzten zwei Jahren vor dem ersten zur Abgabe der eidesstattlichen Versicherung anberaumten Termin vorgenommenen entgeltlichen Veräußerungen des Schuldners an eine nahestehende Person (§ 138 der Insolvenzordnung);**
2. **die in den letzten vier Jahren vor dem ersten zur Abgabe der eidesstattlichen Versicherung anberaumten Termin von dem Schuldner vorgenommenen unentgeltlichen Leistungen, sofern sie sich nicht auf gebräuchliche Gelegenheitsgeschenke geringen Werts richteten.**

[2] **Sachen, die nach § 811 Abs. 1 Nr. 1, 2 der Pfändung offensichtlich nicht unterworfen sind, brauchen in dem Vermögensverzeichnis nicht angegeben zu werden, es sei denn, dass eine Austauschpfändung in Betracht kommt.**

[III 1] **Der Schuldner hat zu Protokoll an Eides statt zu versichern, dass er die von ihm verlangten Angaben nach bestem Wissen und Gewissen richtig und vollständig gemacht habe.** [2] **Die Vorschriften der §§ 478 bis 480, 483 gelten entsprechend.**

Schrifttum: *Hintzen,* Taktik in der Zwangsvollstreckung, III (... eidesstattliche Versicherung usw) 4. Aufl 1999; *Hippler/Winterstein,* Vermögensoffenbarung, eidesstattliche Versicherung und Verhaftung, 3. Aufl 2005; *Keller,* Die eidesstattliche Versicherung nach §§ 887, 899 ZPO, 2. Aufl 1999; *Keller,* Taktik in der Vollstreckung (III): Sachpfändung, eidesstattliche Versicherung, 2002; *Suda,* Mitwirkungspflichten des Vollstreckungsschuldners nach dem 8. Buch der ZPO usw, Diss Bonn 2000; *Triller,* Aufklärungsmöglichkeiten in der Zwangsvollstreckung zur Auffindung von Schuldnervermögen, 2001 (rechtsvergleichend); rechtspolitisch Gaul ZZP **108**, 3.

Gliederung

1) Systematik, I–III. Die eidesstattliche Versicherung zwecks Offenbarung, der frühere Offenbarungseid, kann eine sachlichrechtliche oder eine prozessuale Natur haben. Die sachlichrechtliche eidesstattliche Versicherung bei einer Verpflichtung zu einer Rechnungslegung ist zB in §§ 259 II, 260 II, 2006, 2028, 2057 BGB und für das Verfahren zB in § 889 ZPO geregelt. § 807 betrifft nur die prozessuale eidesstattliche Versicherung. Ihr Verfahren ordnen §§ 899 ff weiter. Weitere Fälle einer prozessualen Offenbarungsversicherung regeln §§ 883 II ZPO, 98 I InsO. § 7 JBeitrO, Ffm Rpfleger **77**, 145, § 284 AO. § 21 II Z 3 InsO hindert nicht das Offenbarungsverfahren, LG Würzb RR **00**, 781, AG Westerburg DGVZ **06**, 120, aM LG Darmst RR **03**, 1493 (aber § 21 II Z 3 InsO bringt nur eine einstweilige Regelung, und § 807 dient nur der Klärung der Vermögensverhältnisse). Dasselbe gilt bei § 95 AO, BGH NJW **04**, 2905. Andere Beweismittel kann die eidesstattliche Versicherung nicht ersetzen. Sie ist auch selbst kein Beweismittel, LG Düss Rpfleger **81**, 151. Man darf sie nicht mit einer eidesstattlichen Versicherung zwecks Glaubhaftmachung nach § 294 verwechseln, obwohl die letztere auch bei § 807 eine Bedeutung hat. Wegen eines Auslandsbezugs Heß Rpfleger **96**, 89 (ausf). Die Regelung ist mit dem GG vereinbar, Mü VersR **92**, 875. 1

2) Regelungszweck, I–III. Der Gläubiger weiß oft nicht, wo sich welches vollstreckbare Schuldnervermögen befindet. § 807 soll ihm die Fortführung der Vollstreckung zwecks seiner Befriedigung in einer dem Schuldner wegen seiner Verurteilung usw trotz Artt 1, 2 GG zumutbaren Weise ermöglichen, BayObLG NJW **03**, 2181, LG Lüb JB **97**, 440. Der Sinn ist zwar eine möglichst weitgehende Ermittlung von Zugriffsmöglichkeiten, LG Gött JB **06**, 661, aber keine umfassende Ausforschung, LG Konst JB **96**, 330, LG Mainz JB **96**, 327. Notfalls ist vielmehr § 903 anwendbar, LG Tüb Rpfleger **95**, 221. Das Druckmittel im Hintergrund ist § 156 StGB. Da diese Strafbewehrung nur beim Verfahren vor dem Gerichtsvollzieher wirkt, kommt eine eidesstattliche Versicherung vor einem Notar kaum in Betracht, LG Flensb DGVZ **00**, 89. 2

Zweifelhaft bleibt das Abstellen auf eine solche Versicherung ohnehin. Sie eröffnet zahlreiche Schlupflöcher wegen der großen Zahl von Streitfragen, Rn 17 ff, § 903. Die Zahl überführter Straftäter nach § 156 StGB in Verbindung mit §§ 807, 899 ff ist nicht eben groß. Die Übertragung des Abnahmeverfahrens auf den mit den Schuldnerverhältnissen besser vertrauten Gerichtsvollzieher mag eine Besserung gebracht haben. Sie läßt aber trotzdem viele Fragen offen. Das Verfahren ist auch einigermaßen kompliziert. Man sollte es nicht durch allzusehr um eine Einzelfallgerechtigkeit bemühte immer weitere Verästelungen bei der Auslegung erschweren.

3) Geltungsbereich, I–III. § 807 gilt in allen Verfahrensarten nach der ZPO, auch im WEG-Verfahren. Er gilt auch im Verfahren nach § 66 IV SGB X, nicht aber im Verwaltungszwangsverfahren, soweit dort trotz einer formell entsprechenden Anwendbarkeit der ZPO das jeweilige Landesverwaltungsvollstreckungsgesetz gilt, LG Darmst DGVZ **00**, 76, AG Burgdorf DGVZ **06**, 79. 3

4) Zulässigkeit der Vollstreckung, Auftrag, I–III. Es gibt einen einfachen Grundsatz. 4

A. Amtsprüfung. Die Individual-Zwangsvollstreckung in das offenlegbare Vermögen muß zulässig sein, Grdz 2 vor § 704. Der Gerichtsvollzieher muß die Verfahrensvoraussetzungen von Amts wegen prüfen.

B. Beispiele zur Frage einer Zulässigkeit, I–III 5

Arrest: Ein Arresttitel nach § 922 reicht aus, Düss NJW **80**, 2717, Treyse Rpfleger **81**, 340.

Auftrag: Ein Auftrag gerade auch zur Abnahme der Offenbarungsversicherung ist nach § 900 I 1 eine weitere Voraussetzung. Das Verfahren findet also nicht von Amts wegen statt.

Ein Auftrag bloß zur Sachpfändung reicht *nicht* aus, § 900 Rn 3.

Beschränkte Haftung: Wer nach dem sachlichen Recht beschränkt haftet, braucht nur die haftende Masse anzugeben.

S auch „Erbe", „Hypothek".

Dinglicher Titel: S „Unterwerfung".

Duldung: Bei einer verwalteten Vermögensmasse ist ein Duldungsitel notwendig.
S auch „Unterwerfung".
Ehegatte: Wegen des mitbesitzenden Ehegatten § 739 Rn 11. Der allein verwaltende Ehegatte in Gütergemeinschaft muß sein gesamtes Vermögen einschließlich des Gesamtguts offenlegen, § 740 Rn 9.
Einstweilige Verfügung: Diejenige auf eine Zahlung nach §§ 935, 940 reicht aus, § 928.
Erbe: Der Erbe und derjenige, der sonst nach § 786 beschränkt haftet, muß das eigene Vermögen und den Nachlaß darlegen, solange die Beschränkung nicht rechtskräftig feststeht, §§ 781, 785.
Forderungsberechnung: Der Gläubiger muß seine Forderung nachvollziehbar berechnen, LG Deggendorf DGVZ **06**, 116.
Hinterlegung: Ein Hinterlegungstitel reicht aus.
Hypothek: Bei einer Entscheidung aus ihr braucht der Schuldner nur die haftende Masse anzugeben.
Insolvenz: Im Insolvenzverfahren ist wegen der Unzulässigkeit der Einzelvollstreckung nach § 89 InsO auch das Offenbarungsverfahren unzulässig. Das gilt schon vom Erlaß eines allgemeinen Veräußerungsverbots nach § 21 II 2 InsO an, LG Heilbr Rpfleger **08**, 89, LG Köln Rpfleger **88**, 423, StJM 22, aM LG Hann Rpfleger **97**, 490, AG Hainichen JB **02**, 605, AG Rostock Rpfleger **00**, 182 (aber eine Einzelvollstreckung tritt nach dem Sinn der InsO schon in diesem Stadium eben zurück).
Kosten: Ein bloßer Kostentitel reicht aus. Die Kostenforderungen müssen auch ohne Schlüsselzahlen usw nachvollziehbar sein, LG Kaisersl Rpfleger **93**, 30.
S auch „Kostenfestsetzung".
Kostenfestsetzung: Sie kann nach § 104 notwendig werden, LG Hann DGVZ **89**, 42.
Mehrheit von Gläubigern: Jeder darf grds sein eigenes Verfahren betreiben, Birkmann Rpfleger **90**, 335 (ausf).
Namensänderung: Nach ihr ist zB eine beglaubigte Ablichtung oder Abschrift der Heiratsurkunde nötig und eine bloße Meldebestätigung unzureichend, LG Frankenth JB **95**, 272.
Partei kraft Amts: Diejenige nach Grdz 8 vor § 50 braucht nur das verwaltete Vermögen offenzulegen, *nicht* das eigene Vermögen.
Prozeßfähigkeit des Schuldners: Der Gerichtsvollzieher muß sie von Amts wegen prüfen, Grdz 40 vor § 704, AG Strausberg DGVZ **06**, 79.
Rechtsschutzbedürfnis: Es muß wie stets vorliegen, § 900 Rn 7.
Sicherungsvollstreckung: Ein Vollstreckungstitel nach § 720 a reicht aus, dort Rn 3, 4.
Unterwerfung: Ein rein dinglicher Titel ohne eine Unterwerfungsklausel, wie ein Grundschuldbrief, reicht nicht.
S auch „Duldung".
Vergütungsfestsetzung: Ein Beschluß nach § 11 RVG reicht aus, selbst wenn ihn der Urkundsbeamte eines VG erlassen hat, VG Bln NJW **81**, 884, aM OVG Münst NJW **80**, 2373.
Vollstreckungstitel: Es ist ein solcher nach Grdz 18 vor § 704 notwendig.

6 **5) Erfolglosigkeit der Pfändung, I Z 1.** Ein Vermögensverzeichnis nach I, II ist schon, aber auch erst dann erforderlich, wenn die folgenden Voraussetzungen vorliegen.

A. Nachweis. Der Gläubiger muß eine halbwegs aussichtsreiche Pfändung zB auch wegen einer ihm bekannten Forderung versucht haben, LG Darmst DGVZ **05**, 27. Die Pfändung darf nicht zu einer vollen Befriedigung des Gläubigers geführt haben. Der Gläubiger muß sie also erfolglos nur in das bewegliche Vermögen in der letzten Zeit vergeblich versucht haben, LG Chemnitz JB **98**, 660, AG Pirna DGVZ **01**, 126, AG Villingen-Schwenningen DGVZ **01**, 125. Denn er kennt durchweg nicht Forderungen oder andere solche Vermögensrechte des Schuldners, in die er hätte gemäß §§ 828 ff zu vollstrecken versuchen können, LG Hbg DGVZ **06**, 73, AG Rotenbg DGVZ **02**, 78, ZöStö 15, aM LG Heilbr MDR **93**, 273, LG Kblz DGVZ **98**, 43 (Kenntnis einer anderen Forderung. Aber ist sie sicher?), AG Bln-Schöneb MDR **93**, 273 (Möglichkeit einer sog Taschenpfändung. Aber gerade sie ist oft ungewiß).

B. Beispiele zur Frage eines Nachweises, I Z 1
Anderer Vollstreckungsversuch: Er ist nur in einem zumutbaren Umfang nötig, Köln MDR **76**, 53, LG Bre MDR **99**, 255 (keine Ermittlungspflicht wegen etwaiger anderer Schuldnerräume), LG Wuppert JB **00**, 493 (mehrere Wohnungen usw). Es können Versuche in der Wohnung und im Geschäftsraum notwendig sein, AG Pirna DGVZ **05**, 186.
Aussichtslosigkeit: Bei einer völligen Aussichtslosigkeit kann eine Glaubhaftmachung genügen, s dort, Ffm Rpfleger **77**, 144.
Gerichtskasse: Auch sie muß als Gläubigerin diesen Nachweis erbringen, Köln Rpfleger **90**, 468.
Glaubhaftmachung: Eine Glaubhaftmachung nach § 294 genügt bei I Z 1 grundsätzlich nicht, auch nicht zugunsten des Finanzamts, LG Potsd Rpfleger **00**, 558. Sie genügt vielmehr nur bei I Z 2, 4, so schon LG Arnsberg JB **96**, 441 (keine Überspannung). Bei einer völligen Aussichtslosigkeit der Vollstreckung kann allerdings ausnahmsweise auch deren Glaubhaftmachung genügen, Ffm Rpfleger **77**, 144. Andere Vollstreckungsversuche sind nur in einem zumutbaren Umfang nötig, Köln MDR **76**, 53, LG Bre MDR **99**, 255 (keine Ermittlungspflicht wegen etwaiger anderer Schuldnerräume), LG Wuppert JB **00**, 493 (mehrere Wohnungen usw). Bei einer Mitteilung von Wohnung und Geschäftslokal ist ein Vollstreckungsversuch an beiden Orten nötig, AG Pirna DGVZ **05**, 186. Bei einer Unbekanntheit der Wohnung kann ein Vollstrekkungsversuch im Geschäftslokal ausreichen, AG Brake JB **00**, 599. Zur Glaubhaftmachung Jenisch Rpfleger **88**, 461 (ausf).
Kosten: S „Zeitablauf".
Ratenbefriedigung: Eine vollständige Befriedigung in Raten reicht *nicht*, AG Korbach DGVZ **03**, 62.
Unbekanntheit der Wohnung: Dann kann ein Versuch im Geschäftsraum ausreichen, AG Brake JB **00**, 599.
Zeitablauf: Da der Gerichtsvollzieher unnötige Kosten vermeiden soll, braucht er die Pfändung nicht erneut zu versuchen, wenn er soeben erst einen erfolglosen Pfändungsversuch vorgenommen hatte, LG

Lüb DGVZ **91**, 190, AG Kassel DGVZ **85**, 123. Es darf aber kein längerer Zeitraum (6 Monate) verstrichen sein, LG Ffm JB **99**, 213 (Haftbefehl älter als 1 Jahr), LG Kassel DGVZ **85**, 123. Ein Nachweis ist auch dann nötig, wenn ein Pfändungsauftrag erst nach einiger Zeit durchführbar war, LG Neubrdb MDR **94**, 305.

C. Notwendigkeit einer Fruchtlosigkeitsbescheinigung. Der Gläubiger kann den Nachweis der 7
vergeblichen Pfändung grundsätzlich durch eine Bescheinigung des Gerichtsvollziehers oder der Gerichtskasse erbringen, also durch eine sog Fruchtlosigkeitsbescheinigung oder Unpfändbarkeitsbescheinigung, § 63 Z 1 GVGA, Köln Rpfleger **90**, 468, Stgt Rpfleger **81**, 152, LG Hann DGVZ **85**, 76. Der Gläubiger kann ihre Beibringung nicht durch den Hinweis auf schlechte Beitreibungserfolge in anderen Fällen umgehen, Köln DGVZ **83**, 56, Dressel DGVZ **88**, 23. Zur Erteilung der Bescheinigung ist jeder Gerichtsvollzieher zuständig, in dessen Bezirk auch nur evtl ein pfändbares Vermögen vorhanden ist, Stgt BB **77**, 414, ohne stets eine etwa neue Anschrift prüfen zu müssen, AG Hbg DGVZ **91**, 14. Der Gläubiger braucht also das Pfändungsprotokoll nach § 762 nicht unbedingt vorzulegen, LG Aachen Rpfleger **81**, 444, LG Essen DGVZ **79**, 9. Er darf aber auch diesen Weg wählen, Stgt Rpfleger **81**, 152. Bei einer Erweiterung wegen einer weiteren Forderung kann insoweit die Bescheinigung fehlen, LG Bonn JB **98**, 402. Eine bloße Versicherung des Finanzamts genügt nicht, LG Potsd Rpfleger **00**, 558. Ein bloßes Ratenzahlungsangebot des Schuldners reicht für § 807 nicht, AG Aalen DGVZ **06**, 124.

D. Alter der Fruchtlosigkeitsbescheinigung. Wie alt die Fruchtlosigkeitsbescheinigung sein kann, das 8
richtet sich nach den gesamten Umständen, KG JB **98**, 42, Schlesw SchlHA **77**, 61 (maßgeblich ist das Alter der Bescheinigung im Zeitpunkt der erneuten Antragstellung), Behr Rpfleger **88**, 5.

Feste Zeitgrenzen sind *nicht* möglich. Beispiele: LG Aschaffenb DGVZ **93**, 76 (vier Monate seien aber fast zu viel), LG Düss JB **00**, 598 (nach einigen Monaten neue Bescheinigung nur bei einem zwischenzeitlichen Vermögenserwerb), LG Hann DGVZ **84**, 90 (es erwägt einen Mindestzeitraum von 3 Monaten), LG Frankenth MDR **87**, 65 (bei 6–8 Monaten), LG Hagen MDR **75**, 497 (es fordert bei einer mehr als 6 Monate alten Unpfändbarkeitsbescheinigung einen neuen Vollstreckungsversuch), LG Hbg DGVZ **02**, 124, LG Kiel MDR **77**, 586 (je: zeitliche Grenze bei etwa 1 Jahr), LG Konst JB **96**, 661 (fast 3 Jahre: zu lang), LG Oldb MDR **79**, 1032, Dempewolf BB **77**, 1631 (sie lassen eine bis zu 3 Jahre alte Bescheinigung ausreichen). Maßgeblich sind insbesondere die *Höhe* der Forderung und die *wirtschaftlichen Möglichkeiten* des Schuldners.

E. Beispiele zur Frage einer Fruchtlosigkeitsbescheinigung, I Z 1 9

Abzahlungen: Allmähliche Abzahlungen beseitigen das Rechtsschutzbedürfnis insbesondere dann nicht, wenn sie immer erst einer Vorführungsandrohung folgen, aM LG Darmst DGVZ **87**, 75 (aber damit könnte der Schuldner den Gläubiger gezielt hinhalten). Solche Abzahlungen rechtfertigen nicht dauernd neue Fruchtlosigkeitsbescheinigungen.

Alter: Rn 8.

Andere Gläubiger: S „Dritter", Rn 10 „Parallelverfahren".

Arbeitgeber: Die Angabe des Arbeitgebers des Schuldners hindert den Fortgang eines Verfahrens nach § 807 nur dann, wenn der Gläubiger den Arbeitgeber vor dem Antrag auf die Abnahme der eidesstattlichen Versicherung zwecks Offenbarung bereits kannte, LG Bln Rpfleger **75**, 373.

S auch Rn 10 „Kenntnis einer Forderung".

Auslandsvollstreckung: Die Aussichten einer Zwangsvollstreckung im Ausland sind unbeachtlich, Ffm JB **78**, 131. Zum Auslandsbegriff § 917 Rn 17 (Streitfrage, bitte dort nachlesen).

Aussetzung: Eine zeitweise Aussetzung der Vollstreckung nach § 813 a reicht *nicht* als ein Ersatz der Fruchtlosigkeitsbescheinigung aus.

Dritter: Der Umstand, daß ein Dritter einen Anspruch nach § 771 oder § 805 an einem Pfandstück erhebt, reicht *nicht* zum Ersatz einer Fruchtlosigkeitsbescheinigung aus.

Etwas anderes gilt, wenn der Gläubiger ein Pfandstück bereits freigeben mußte oder wenn ein Vorrecht an diesem Pfandstück bereits glaubhaft ist, § 771 III.

Durchsuchung: Rn 12.

Geschäftslokal: S „Wohnung". 10

Kenntnis einer Forderung: Wenn der Gläubiger eine Forderung des Schuldners kennt, muß er zwar grds zunächst diese pfänden oder glaubhaft machen, daß eine Vollstreckung insoweit keinen Erfolg verspricht oder daß sie ihm keine alsbaldige Befriedigung verschafft, LG Bln MDR **75**, 498. Das ist aber dann nicht nötig, wenn es sich bei der bekannten Forderung um eine Sozialleistung handelt, LG Kassel JB **93**, 26.

S auch Rn 9 „Arbeitgeber".

Parallelverfahren: Ein Haftbefehl oder eine Fruchtlosigkeitsbescheinigung in einem Parallelverfahren zugunsten eines anderen Gläubigers ersetzen den Nachweis jetzt *nicht,* LG Bln Rpfleger **84**, 362, LG Kassel DGVZ **03**, 190, Dressel DGVZ **88**, 23, aM LG Paderb JB **97**, 441 (bei einem nicht zu alten Parallelhaftbefehl. Aber schon der Datenschutz und die Schweigepflicht setzen Grenzen. Jeder Zivilprozeß nebst Zwangsvollstreckung ist ein eigenständiges Verfahren, solange keine Verbindung erfolgt).

Rechtsmißbrauch: Er führt auch hier zur Unzulässigkeit, Einl III 54, Grdz 44 vor § 704, Köln MDR **90**, 346, LG Itzehoe Rpfleger **85**, 153. Freilich steht die Vermögenslosigkeit kaum je vorher fest.

Sozialhilfe: Rn 10 „Kenntnis einer Forderung".

Verwertung: Wenn der Gläubiger gepfändet hat und wenn die Verwertung noch aussteht, muß der Gläubiger glaubhaft machen, daß die Verwertung unter keinen Umständen zu einer vollen Befriedigung führen kann. Eine gepfändete Forderung bleibt wegen der meist vorhandenen Ungewißheit ihrer Verwertbarkeit außer Ansatz, außer bei einer Gehaltsforderung. Der Gerichtsvollzieher darf die Erteilung der Fruchtlosigkeitsbescheinigung davon abhängig machen, daß ein Verwertungsversuch nach § 825 erfolgt, falls ein solcher Versuch wahrscheinlich zur vollen Befriedigung des Gläubigers führen kann. Wenn der Gerichtsvollzieher diesen Weg ablehnt, ist die Erinnerung nach § 766 zulässig.

Vorrecht: Rn 9 „Dritter".

Weiteres Verfahren: Rn 10 „Parallelverfahren“.
Wohnung: Rn 12–14.

11 **6) Sinnlosigkeit der Pfändung, I Z 2.** Für die Notwendigkeit eines Vermögensverzeichnisses nach I, II reicht es statt des Nachweises der Erfolglosigkeit bisheriger Pfändungsversuche nach Rn 6–10 auch aus, daß der Gläubiger durch eine Pfändung doch keine volle Befriedigung erlangen könnte.

A. Eigene Bedeutung. Diese Voraussetzung steht nämlich selbständig neben den weiteren von I Z 1, 3 und 4. Das zeigt das Wort „oder“ am Ende von I Z 3. Freilich liegt I Z 3 mangels der Lage nach I Z 2 kaum vor, AG Hbg-Harbg DGVZ **00**, 124. Bei I Z 2 genügt eine Glaubhaftmachung nach § 294, LG Mü JB **07**, 326, AG Oberhausen JB **06**, 46, AG Verden JB **06**, 441.

B. Beispiele zur Frage einer Sinnlosigkeit, I Z 2

Alter der Bescheinigung: Das Gericht wertet es nach § 286 frei aus, LG Hagen MDR **75**, 497.

Andere Gläubiger: Es kann ausreichen, daß andere Gläubiger bereits fruchtlos gepfändet haben, AG Ekkelenz JB **08**, 326.

Aufgabe der Wohnung usw: Sie kann ausreichen, AG Magdeb JB **01**, 112.

Benutzungsrecht: Der Gläubiger muß die bei ihm befindlichen Möbel usw des Schudners dann pfänden lassen, wenn er selbst ein Benutzungsrecht an diesen Schuldnersachen hat.

Drittschuldner: Es reicht aus, daß der Drittschuldner nach der Zustellung des Pfändungs- und Überweisungsbeschlusses dem Gläubiger außergerichtlich keine Auskunft nach § 840 I gegeben hat, LG Itzehoe SchlHA **85**, 107.

Eigentumsvorbehalt: Der Gläubiger braucht eine noch unter seinem Eigentumsvorbehalt stehende Sache wegen des Restkaufpreises nicht pfänden zu lassen.

Haftbefehl: Er kann ausreichen, auch derjenige eines anderen Gerichts, LG Oldb JB **04**, 157, AG Bremerh JB **06**, 608, AG Oberhausen JB **06**, 46, aM LG Heilbr Rpfleger **93**, 356 (beim Kleinbetrag; zustm Hintzen), LG Mü JB **07**, 326, AG Strausberg DGVZ **05**, 187 (aber fast jeder Haftbefehl weist auf eine Vermögenslosigkeit hin. Sonst wäre es kaum zu solch harter Maßnahme gekommen). Ein anderer Haftbefehl darf freilich nicht zu alt sein, LG Brschw Rpfleger **98**, 77 (offen bei 6 Monaten), AG Verden JB **06**, 449 (Grenze: 6 Monate), LG Fulda JB **97**, 608 (1 Jahr reicht noch), AG HannMünden DGVZ **02**, 94 (8 Monate reichen noch).

Hohe Forderung: Auch bei einer hohen Forderung widerspricht es keineswegs der Lebenserfahrung, daß eine Befriedigung in der Wohnung des Schuldners möglich wäre, aM AG Heilbr JB **96**, 211 (aber mancher Schuldner verwahrt enorme Barbeträge „unter dem Kopfkissen“). Es kommt stets auf die Gesamtverhältnisse des Schuldners an.

Kontenpfändung: Sie reicht nicht aus, AG Neresheim DGVZ **04**, 156, AG Rheinberg DGVZ **04**, 157. Denn I Z 2 setzt eine Sachpfändung voraus.

Schuldnerverzeichnis: Eine Eintragung im Verzeichnis nach § 915 reicht grds, LG Magdeb JB **99**, 104, AG Öhringen JB **05**, 327, aM AG Brake DGVZ **03**, 45, AG Erding DGVZ **03**, 45, AG Waiblingen DGVZ **03**, 125 (aber eine solche Eintragung ist schon ein erheblicher Hinweis). Eine versehentlich erfolgte Löschung nach § 915 beseitigt das Rechtsschutzbedürfnis des Gläubigers nicht, LG Darmst DGVZ **87**, 1761.

Umzug: Ein Umzug des Schuldners darf nicht zur Verweigerung des Verfahrens nur wegen Zeitablaufs führen, AG Lindau DGVZ **01**, 127.

12 **7) Durchsuchungsverweigerung, I Z 3.** Ein Vermögensverzeichnis nach I, II ist auch dann grundsätzlich notwendig, wenn der Schuldner eine Durchsuchung nach § 758 verweigert hat, AG Osterholz-Scharmbeck DGVZ **00**, 155, Kessel DGVZ **03**, 86. Verweigern mag auch sein gesetzlicher Vertreter oder evtl eine ihm sonstwie zuzurechnende „Ersatz“-Person, LG Aachen DGVZ **01**, 61, LG Köln DGVZ **01**, 44 (Ehefrau), LG Weiden DGVZ **06**, 60. Die Verweigerung durch die Ehefrau des Schuldners usw reicht freilich nicht stets, LG Essen DGVZ **02**, 92, AG Schwelm DGVZ **00**, 155, Harnacke DGVZ **01**, 58, 60. Es kommt also auf die Gesamtumstände an, zB auf den Kenntnisstand des Vertreters, strenger AG Strausberg DGVZ **01**, 92, AG St Wendel DGVZ **01**, 124 (je: stets müsse der Schuldner selbst verweigern). Auch diese Voraussetzung steht nämlich selbständig neben den weiteren von I Z 1, 2 und 4. Das zeigt das Wort „oder“ am Ende von I Z 3.

Ob eine *Verweigerung* vorliegt, richtet sich zunächst danach, ob die Durchsuchung gesetzmäßig gewesen wäre, ob der Gerichtsvollzieher sie also überhaupt und außerdem nach ihrer Art, ihrem Ort und ihrem Zeitpunkt dem § 758 gemäß vorbereitet hatte. Weiterhin muß aber im Gegensatz zu der in I Z 4 genannten Lage der Schuldner anwesend gewesen sein und eindeutig erkennbar den Zutritt oder doch die eigentliche Durchsuchung verboten haben, aus welchen rechtlichen oder sonstigen Erwägungen oder mitgeteilten Gründen auch immer. Sie dürfen natürlich nicht auch noch berechtigt gewesen sein. Denn dann wäre ja die weitere Durchsuchung nicht mehr oder noch nicht zulässig gewesen. Im Gegensatz zur Lage bei I Z 4 braucht der Gerichtsvollzieher bei I Z 3 weder mehrfach angekündigt zu haben noch eine Frist einzuhalten. Freilich gehört zu der ordnungsgemäß bevorstehenden Durchsuchung nach dem in I Z 3 nur genannten § 758 auch die Beachtung des Verfahrens nach § 758 a. Einzelfragen: Rn 14.

13 **8) Wohnungsabwesenheit, I Z 4.** Ein Vermögensverzeichnis nach I, II ist schließlich auch dann notwendig, wenn der Gerichtsvollzieher nach der Zustellung des Vollstreckungstitels, AG Bln-Schöneb DGVZ **02**, 141, nach I Z 4 vorgehen darf, AG Burgdorf DGVZ **06**, 79 (evtl nicht nach Landesrecht), und wenn er in einer nach I Z 4 ausreichenden Weise den Schuldner wiederholt bei einer geplanten Wohnungsdurchsuchung nicht angetroffen hat, Kessel DGVZ **03**, 86. Auch diese Voraussetzung steht nämlich selbständig neben den weiteren von I Z 1–3. Das zeigt das Wort „oder“ am Ende von I Z 3. Nicht antreffen ist nicht dasselbe wie Verweigern, AG Schwelm DGVZ **00**, 155. Der Gerichtsvollzieher ist zu einem Vorgehen auch nach Z 4 verpflichtet, LG Kassel DGVZ **00**, 170, LG Weiden DGVZ **06**, 60, aM AG Schwelm DGVZ **00**, 155 (aber Z 4 zeigt keine erkennbaren Abweichungen, Einl III 39).

Bei I Z 4 muß der Gerichtsvollzieher zunächst den Auftrag nicht nur zur Sachpfändung erhalten haben, sondern auch zur Abnahme der Offenbarungsversicherung, LG Essen DGVZ **02**, 92, AG Herborn DGVZ **02**, 158, AG Osterholz-Scharnbeck DGVZ **02**, 158. Er muß dann und nur dann außerdem die Vollstreckung durch Durchsuchung mindestens zwei Wochen vor dem geplanten Termin dem Schuldner *angekündigt* haben, LG Lüneb DGVZ **00**, 25, LG Ravensb DGVZ **01**, 46, LG Stgt DGVZ **99**, 140. Eine Ankündigung während eines Zeitraums von zB zwei Stunden war ausreichend genau, AG Klm DGVZ **04**, 15, auch von 5,5 Stunden, AG Gött DGVZ **06**, 182. Da er die Einhaltung der Frist von Amts wegen beachten muß, ist entweder eine mündliche oder fernmündliche oder elektronische Ankündigung oder eine solche per Telefax erforderlich (sein Absender kann nachweisen, wann es zuging), oder der Gerichtsvollzieher muß die Ankündigung durch eine Zustellungsurkunde vornehmen (lassen) oder beim Einschreiben mit Rückschein abwarten, bis zwei Wochen seit der Postdatierung des Rückscheins verstrichen sind. Die Frist ist keine Notfrist, § 224 I 2. Sie errechnet sich nach § 222, Hascher DGVZ **01**, 107. Die Ankündigung nebst Frist braucht nur „einmal", also nicht wiederholt, zu erfolgen (nur den Zutrittsversuch muß der Gerichtsvollzieher wiederholen). Stets muß der Gerichtsvollzieher nach § 750 auch den Vollsteckungstitel zustellen, Hascher DGVZ **01**, 108.

Außerdem ist bei I Z 4 erforderlich, daß der Gerichtsvollzieher „wiederholt", also mindestens zweimal, den Schuldner in seiner Wohnung *nicht angetroffen* hat, nachdem er einmal die im vorstehenden Absatz genannte Ankündigung vorgenommen hatte, LG Stgt DGVZ **99**, 140. Es ist nicht notwendig, die Zutrittsversuche der Ankündigung zeitlich folgen zu lassen. Vielmehr reicht die Folge Erster Versuch – Ankündigung nebst Frist – Zweiter Versuch aus. So läuft sie in der Praxis ja auch meist ab. Das gilt bei einer Wohnungsmehrheit insgesamt. Daher ist nicht für jede dieser Wohnungen das ganze Verfahren notwendig, LG Bln JB **00**, 375.

Schließlich ist nur bei I Z 4 ein Vermögensverzeichnis noch nicht erforderlich, wenn der Schuldner seine jeweilige Abwesenheit genügend *entschuldigt,* LG Stgt DGVZ **01**, 121 (unrichtig zitierend), und wenn er deren Grund auch nach § 294 glaubhaft macht. Dann muß das Verfahren nach I Z 4 von vorn anlaufen. Einzelfragen: Rn 14.

9) Einzelfragen, I Z 3, 4. Ein Pfändungsversuch nur in der Wohnung und nicht auch im Geschäftslokal reicht nicht aus, Köln MDR **76**, 53, LG Bochum Rpfleger **96**, 519, AG Hbg-Harbg DGVZ **00**, 124. Wenn der Schuldner mehrere Wohnungen hat, muß der Gerichtsvollzieher eine Pfändung in allen Wohnungen versucht haben, ZöStö 14, aM Ffm Rpfleger **77**, 415 (aber Z 4 meint ersichtlich auch eine etwaige Wohnungsmehrheit. Denn der Schuldner behält die Wahl des Aufenthaltsorts). Dasselbe gilt bei einer Mehrheit von Geschäftslokalen, Köln Rpfleger **00**, 283. Jedoch braucht der Gläubiger neben einem Geschäftsraum eine Wohnung nur in einem zumutbaren Umfang zu ermitteln, Köln MDR **76**, 53, LG Essen MDR **76**, 53, AG Gladbeck JB **02**, 441, aM LG Oldb JB **92**, 570, Behr Rpfleger **88**, 6, ThP 13 (ein Pfändungsversuch am Hauptwohnsitz reiche. Aber auch hier bleibt dem Schuldner ein gewisses Wahlrecht zum Aufenthalt). Nicht jeder Wohnungswechsel zwingt zum erneuten Pfändungsversuch, Dressel DGVZ **88**, 24. 14

Es reicht auch aus, daß die Durchsuchung zB wegen einer *Erkrankung* der Ehefrau des Schuldners auf absehbare Zeit nicht möglich sein wird, LG Hann DGVZ **84**, 116. Freilich ist vor der Beendigung des Verfahrens nach § 758 im Rechtsmittelzug eine Zurückhaltung ratsam, LG Hann DGVZ **85**, 76, großzügiger Behr Rpfleger **88**, 5.

10) Vermögensverzeichnis, I, II, dazu *Schmidt* DGVZ **07**, 65, *Stöber* Rpfleger **94**, 321 (je: Üb): Ein klarer Grundsatz bringt zahlreiche Probleme. 15

A. Grundsatz: Gesamtes Istvermögen. Der Gläubiger soll zwar keine umfassende Ausforschung betreiben dürfen, Rn 21 „Formular". Er soll aber voll überblicken können, welche weiteren Möglichkeiten einer Zwangsvollstreckung bestehen, BVerfG **61**, 126, LG Ffm JB **02**, 608, LG Gött JB **06**, 661. Deshalb muß der Schuldner im Vermögensverzeichnis sein gesamtes Istvermögen angeben, soweit es der Zwangsvollstreckung nach dem Vollstreckungstitel allgemein unterliegt. Dazu gehören unter Umständen auch pfändungsfreie Vermögensteile, LG Köln MDR **88**, 327, sowie Liegenschaften, selbst wenn sie unter einer Zwangsverwaltung stehen, überhaupt alle Vermögensrechte, zB eine betagte Forderung oder eine anfechtbare Veräußerung, II 1 Z 1–3. Nicht hierher gehören grundsätzlich frühere oder noch nicht absehbare künftige Vermögenswerte, Celle MDR **95**, 1056.

Wenn eine *Haftungsbeschränkung* auf eine bestimmte Vermögensmasse vorliegt, etwa auf einen Nachlaß, braucht der Schuldner das Vermögensverzeichnis nur für diese Masse anzufertigen. Der Schuldner braucht eine nach § 811 I Z 1, 2 offensichtlich unpfändbare Sache nur nach II 2 aufzuführen. Die nach § 811 I Z 3 ff unpfändbaren Sachen muß er aber angeben (Umkehrschluß). Er darf eine wertlose Sache als einen bloßen Ballast des Verzeichnisses weglassen. Zweifelhafte oder bestrittene Vermögenswerte sind aber nicht völlig wertlos. Eine erdichtete Forderung macht das Verzeichnis unrichtig.

B. Genauigkeit, Vollständigkeit. Die Angaben müssen so genau und vollständig sein, daß der Gläubiger anhand des Vermögensverzeichnisses sofort die seinen Zugriff erschwerenden Umstände erkennen und Maßnahmen zu seiner Befriedigung treffen kann, LG Gött JB **06**, 661, LG Lpz JB **96**, 45, LG Stade JB **97**, 325. 16

Der Schuldner muß daher auch die *Rechtsform* eines ihm zustehenden Vermögensrechts angeben, zB bei der Erbauseinandersetzung. Er muß die Ansprüche genau bezeichnen, LG Hbg MDR **81**, 61, LG Osnabr Rpfleger **92**, 259. Unzulässig ist eine Angabe mit Nichtwissen, auch durch den gesetzlichen Vertreter nach Rn 52, § 138 Rn 45–49, LG Mü Rpfleger **83**, 449, Behr Rpfleger **88**, 4. Unzulässig ist auch der bloße Vermerk „nicht bekannt", Behr Rpfleger **88**, 4, aM LG Mü Rpfleger **83**, 449 (aber der Schuldner muß seine Verhältnisse in dem ohnehin nur zumutbaren Umfang angeben können). Wenn der Schuldner seine Angaben unvollständig macht, liegt eine Pflichtverletzung vor, aM AG Strausberg DGVZ **05**, 44 (aber die Unterlassung einer Angabe kann vielerlei bedeuten). Das gilt freilich nur, solange sich der Schuldner nicht durch eine wahrheitsgemäße Angabe einer Straftat bezichtigen muß, Rn 31 „Schwarzarbeit" usw.

17 **C. Beispiele zur Frage der Notwendigkeit einer Angabe, I Z 2, 3**

Abtretung: Der Schuldner muß auch zu ihr umfassend Auskunft geben, LG Stade JB **97**, 325.

Amtliches Formular: Rn 21 „Formular".

Anfechtung: Der Schuldner braucht eine solche Sache *nicht* anzugeben, die er durch ein ernstgemeintes, aber anfechtbares Rechtsgeschäft veräußert hat, vgl freilich auch Rn 36, 38.

Angehöriger: Bei einer angeblichen Unterstützung des Schuldners durch einen Angehörigen kann der Schuldner über den Namen, den Verwandtschaftsgrad und die Höhe der Zuwendungen Angaben machen müssen, LG Bln JB **00**, 45, LG Kblz DGVZ **06**, 59, AG Ellwangen DGVZ **03**, 46 (je: streng).

S auch Rn 20 „Ehegatte".

Anwalt: Rn 30 „Rechtsanwalt".

Anwartschaftsrecht: Rn 30 „Rente".

Arbeitslosenhilfe: Der Schuldner braucht die Stamm-Nr des Arbeitsamts *nicht* mit anzugeben.

S auch „Arbeitslosigkeit", Rn 22 „Gelegenheitsarbeit"

Arbeitslosigkeit: Der Schuldner muß sie angeben, und zwar in ihrer genauen zeitlichen Ausdehnung.

S auch „Arbeitslosenhilfe", Rn 22 „Gelegenheitsarbeit", Rn 26 „Lohnsteuer-Jahresausgleich".

Arbeitsrecht: S bei den einzelnen Auswirkungen.

Arbeitszeit: Der Schuldner muß die tägliche und wöchentliche Arbeitszeit beim Verschleierungsverdacht angeben, LG Stgt DGVZ **03**, 154.

Arzt: Es gelten dieselben Anforderungen wie beim Anwalt, Rn 30, BGH **162**, 191, Köln MDR **93**, 1007, LG Mainz DGVZ **01**, 78 (Privatpatient), aM LG Memmingen NJW **96**, 794 (aber dann wären alle Geheimnisträger von vornherein außerhalb des eigentlichen Geheimnisbereichs privilegiert).

S auch Rn 32 „Steuerberater".

Auftraggeber: Rn 25 „Kunde".

Ausforschung: Rn 21 „Formular".

Auskunft, dazu *Steder* MDR **00**, 438: *Entbehrlich* ist eine Auskunft nach § 836 III auch im Rahmen von § 807. Der Gerichtsvollzieher kann jedenfalls keine weitergehende Konkretisierung fordern, Stöber MDR **01**, 305. Der Schuldner kann auf Grund der Insolvenz eines Dritten zur Auskunft außerstande sein, aM LG Rostock Rpfleger **03**, 93 (aber das ist ganz eine Fallfrage).

18 **Bankrecht:** Angeben muß der Schuldner die Kontenverhältnisse des Schuldners einschließlich eines Debets, LG Kaisersl JB **99**, 325, oder einer Kreditlinie, aM LG Heilbr Rpfleger **90**, 431 (angeben müsse man nur ein Guthaben; abl Behr), auch eines sog Kontoverleihers, LG Stgt Rpfleger **97**, 175, oder eines verdeckten Kontos, AG Stgt JB **05**, 49. Daran ändert auch der Umstand nichts, daß sich ein Konto rasch ändern kann, aM AG Augsb DGVZ **08**, 127 (aber es zeigt meist wenigstens die derzeitige Lage im Kern). Es muß auch evtl angeben, ob zB sein Wohngeld auf das Konto eines Dritten gezahlt wird, und er muß diesen benennen, LG Kassel JB **07**, 48.

Bedingung: Angeben muß der Schuldner auch einen aufschiebend oder gar nur auflösend bedingten Anspruch, etwa auf eine Eigentumsübertragung nach der Zahlung.

Bekannter: Rn 21 „Freund".

Besitz: Der Schuldner muß die im Eigenbesitz befindlichen Sachen auch dann angeben, wenn sie ihm nicht gehören. Dabei muß er auch den Aufbewahrungsort im Zweifel genau bezeichnen, Ffm Rpfleger **75**, 412. Der Schuldner muß ferner die im Besitz eines Dritten befindlichen Sachen des Schuldners angeben.

Angaben zum Leasingbesitz sind aber *entbehrlich,* LG Bln Rpfleger **76**, 145, AG Reinbek DGVZ **03**, 173, aM ThP 22 (aber dann liegt kein Eigenbesitz vor).

Betreuung: Eine vom Betreuer dem FamG vorgelegte Vermögensaufstellung ersetzt die Angaben nach I nicht, LG Brschw FamRZ **00**, 613.

Bruttobetrag: Seine Angabe ist zusätzlich zu derjenigen des Nettobetrags nötig, LG Köln MDR **88**, 327.

19 **Darlehen:** Angeben muß der Schuldner bei einer angeblich erfolgten Rückzahlung an einen nahen Angehörigen Einzelheiten, LG Duisb JB **99**, 271.

Dingliches Recht: Angeben muß der Schuldner auch ein beschränktes dingliches Recht. Dasselbe gilt von sonstigen auf einem Grundvermögen des Schuldners ruhenden Belastungen usw, LG Aachen Rpfleger **91**, 327 links (abl Kather), und wegen des Verbleibs der zugehörigen Briefe usw. Zur Valutierung sind evtl ergänzende Angaben nötig, LG Detm DGVZ **00**, 169, AG Dippoldiswalde JB **03**, 276.

Dritter: Seine unterstützende Leistung muß der Schuldner angeben, LG Freibg JB **98**, 272. Dabei muß er auch dessen Namen und dessen Anschrift mitteilen, AG Ettlingen DGVZ **00**, 78, evtl auch dessen Konto, LG Kassel JB **07**, 48, LG Wiesb DGVZ **06**, 201, aM LG Bln DGVZ **06**, 201.

Drittrecht: Der Schuldner muß es nur insoweit angeben, als es einwandfrei feststeht, LG Detm DGVZ **96**, 121.

Drittschuldner: Angeben muß der Schuldner eine vollständige Bezeichnung des Drittschuldners nebst dessen voller Anschrift, LG Augsb JB **95**, 442, LG Gött JB **06**, 661, LG Münst MDR **90**, 61 (zuletzt belieferter Kunde), AG Hbg JB **00**, 598 (Restaurant-Angabe reicht nicht). Das gilt auch im Ergänzungsverfahren, LG Hbg JB **04**, 334.

S aber auch Rn 34 „Verwandschaft".

Entbehrlich sind Angaben zur Zahlungsfähigkeit oder -willigkeit des im übrigen ordnungsgemäß bezeichneten Drittschuldners, Hbg MDR **81**, 61.

20 **Ehegatte:** Der Schuldner muß grds dessen Namen und die Anschrift angeben, Mü JB **99**, 605, LG Dessau JB **02**, 161, LG Kblz DGVZ **05**, 169 (nicht bei dessen Vermögenslosigkeit). Das gilt auch beim Getrenntleben.

Er muß aber *grds nicht* auch die Einkünfte des Ehegatten angeben, LG Konst DGVZ **07**, 42, LG Meiningen DGVZ **02**, 156, LG Stgt DGVZ **03**, 58, aM BGH NJW **04**, 2452, LG Dessau JB **02**, 161, LG Nürnb-Fürth DGVZ **05**, 165 (aber das würde selbst wegen der Möglichkeit einer Taschenpfändung zu einer grds unzulässigen Ausforschung der Finanzverhältnisse eines Dritten führen. Ausnahme: Der Schuldner lebt von den Einkünften des Ehegatten, LG Karlsr DGVZ **93**, 92). Daher braucht der Schuldner auch das Konto des Ehegatten selbst dann nicht anzugeben, wenn sein eigener Lohn dorthin fließt,

AG Günzburg DGVZ **06**, 122. Eine „Gutmütigkeit" des Ehegatten reicht nicht, LG Chemnitz DGVZ **05**, 167. Daher braucht der Schuldner auch keine Angaben zur Art und zum Umfang des Berufs des Ehegatten zu machen, aM LG Stgt DGVZ **07**, 94.

Beim *mitarbeitenden* Ehegatten muß der Schuldner zwecks Überprüfbarkeit nach § 850b II auch den Umfang der Mitarbeit usw angeben, LG Bln Rpfleger **96**, 360, LG Mü Rpfleger **88**, 491. Angeben muß der Schuldner auch Darlehen zwischen den Eheleuten, LG Flensb DGVZ **95**, 119. Bei einer Gütertrennung muß jeder Ehegattenschuldner sein eigenes Vermögen angeben. Bei einer Gütergemeinschaft muß der allein verwaltungsberechtigte Schuldner sein eigenes Vermögen und das Gesamtgut angeben, der nicht verwaltungsberechtigte sein Vorbehaltsgut. Wenn aber der in der Gütergemeinschaft lebende Ehegatte selbständig ein Erwerbsgeschäft betreibt, muß er dieses angeben, auch wenn er das Gesamtgut nicht verwaltet, falls nicht eine der Ausnahmen des § 741 vorliegt.

S auch Rn 23 „Hausmann", Rn 32 „Taschengeldanspruch".

Eigentumsvorbehalt: Angeben muß der Schuldner auch einen solchen Gegenstand, den der Schuldner unter dem Eigentumsvorbehalt des Verkäufers erworben hat, LG Bln Rpfleger **76**, 145.

S auch Rn 18 „Bedingung", „Besitz":

Erbengemeinschaft: Angeben muß der Schuldner auch einen Erbanteil.

Erwerbsmöglichkeit: *Entbehrlich* sind Angaben zu einer bloßen Erwerbsmöglichkeit, soweit sie keinerlei gegenwärtigen Vermögenswert hat und noch nicht pfändbar ist, BGH NJW **91**, 2844. Man darf auch als Gläubiger keine solche Ausforschung betreiben, LG Bonn JB **00**, 101.

S aber auch Rn 25 „Künftiges Recht".

Fälligkeit: Rn 25 „Künftiges Recht". **21**

Familienunterhalt: Wegen des Anspruchs auf ihn LG Mannh Rpfleger **80**, 237.

Firmenwagen: Rn 25 „Kraftfahrzeug".

Formular: Amtliche Formulare sind leider oft ungenau oder falsch, zB § 117 Rn 33. Sie geben zwar einen Anhalt dafür, welche Angaben notwendig sind, aber keine Pflicht des Gläubigers, weitere Fragen zu begründen, aM LG Augsb DGVZ **93**, 136. Der Umfang der Auskunftspflicht hängt vielmehr von den Gesamtumständen ab, § 900 Rn 15, LG Deggendorf JB **03**, 159, LG Kblz DGVZ **06**, 137, LG Oldb DGVZ **06**, 139, gegenüber dem Gläubiger strenger AG Oberndorf DGVZ **08**, 14.

Ein umfassendes Ausforschungsformular des Gerichts oder des Gläubigers ist *unzulässig*, LG Kblz DGVZ **06**, 137, AG Reinbeck DGVZ **04**, 190, AG Verden DGVZ **03**, 61.

Fortbestand: Der Schuldner muß seinen Zweifel am Fortbestand eines Dauerverhältnisses darstellen und begründen. Das gilt zB beim Arbeitsverhältnis.

Fragenkatalog: S „Formular".

Freund(in): Es gelten dieselben Regeln wie Rn 20 „Ehegatte", und zwar eher eingeschränkt, da keine Pfändung eines Taschengeldanspruchs in Betracht kommt, aM LG Ffm JB **00**, 102, LG Köln JB **96**, 50 (aber das wäre eine Ausforschung). Angeben muß der Schuldner also zB solche Leistungen, die über die Haushaltsführung hinausgehen, LG Bonn JB **00**, 329.

Früherer Arbeitsvertrag: Soweit kein Gehaltsanspruch mehr aus ihm besteht, braucht der Schuldner ihn *nicht* mehr anzugeben, LG Frankenth Rpfleger **81**, 363.

Gelegenheitsarbeit: Der Schuldner muß sämtliche Arbeitgeber des letzten Jahres angeben, LG Bielef JB **22** **04**, 103, LG Verden DGVZ **06**, 138, LG Wiesb JB **04**, 103, großzügiger AG Münst DGVZ **04**, 63 (nur der letzten 6 Monate). Außerdem muß er mindestens den Durchschnittslohn bezeichnen, LG Bielef JB **04**, 103, LG Frankenth Rpfleger **85**, 73, sowie den „Regel"-Arbeitgeber und den dort gezahlten Lohn, LG Ffm Rpfleger **88**, 112, LG Landau JB **90**, 1054, LG Stgt DGVZ **93**, 115.

S auch Rn 17 „Arbeitslosigkeit".

Gesellschaft: Angeben muß der Schuldner eine Beteiligung an einer Gesellschaft, solange sie nicht offensichtlich völlig wertlos ist, und überhaupt eine Tätigkeit für die Gesellschaft, LG Duisb JB **99**, 271, nicht aber die Gesamtheit der Gesellschaftsbeziehungen, LG Gött JB **98**, 271.

S auch Rn 20 „Erbengemeinschaft", Rn 27 „Mitgliedschaft".

Gläubigereigentum: Der Schuldner muß auch die in seinem Besitz befindlichen Sachen des Gläubigers mitangeben, aM AG Wuppert DGVZ **02**, 173 (aber dann würde man § 808 I entwerten).

Goodwill: *Entbehrlich* sind Angaben zum Wirkungsbereich des Unternehmens (goodwill), zB die Kundenliste.

Grundschuld: Rn 19 „Dingliches Recht".

Güterrecht: Rn 20 „Ehegatte".

Handelsvertreter: Es genügt, daß er die Fixprovision als Arbeitseinkommen angibt, ohne im Formular **23** Zusatzangaben in der Spalte „Selbständige Erwerbstätigkeit" zu machen, BayObLG NJW **03**, 2182.

Handy: Auch zu seiner Art, dem Preis und dem Kaufzeitpunkt sind Angaben nötig, AG Bre JB **07**, 439.

Hausmann: Bei ihm muß der Schuldner den Namen derjenigen Frau angeben, für die er die Hausarbeit leistet, LG Mü MDR **84**, 764, LG Münst Rpfleger **94**, 33, sowie den Umfang der Hausarbeit, LG Frankenth JB **07**, 499, LG Hann DGVZ **97**, 152.

Eine Pflicht zur Nachbesserung der Angaben *entfällt*, soweit das Gericht schätzen kann und daher muß, LG Lüneb DGVZ **00**, 154.

S auch Rn 20 „Ehegatte".

Insolvenz: Vor dem Beginn des Insolvenzverfahrens ist der Schuldner offenbarungspflichtig, AG Heilbr **24** DGVZ **99**, 187. Er ist auch wegen einer nach der Insolvenzeröffnung entstandenen Forderung offenbarungspflichtig, AG Cloppenb DGVZ **06**, 184.

Inventar: Der Schuldner muß das gesamte Geschäftsinventar angeben, und zwar genau, LG Oldb Rpfleger **83**, 163 („diverse Möbel" reicht also nicht).

Konto: Rn 18 „Bankrecht". **25**

Kraftfahrzeug: Der Schuldner muß als Halter eines Kraftfahrzeugs seine rechtlichen Beziehungen zum Inhaber des Fahrzeugbriefs angeben, AG Groß Gerau Rpfleger **82**, 75. Er muß angeben, ob er einen Firmenwagen auch privat nutzt, LG Augsb JB **04**, 104, LG Landsberg DGVZ **03**, 154.

Kreditwürdigkeit: Ihre Gefährdung beseitigt nicht die Pflicht zur Versicherung, Mü VersR **92**, 875.

Kunde: Ein selbständiger Schuldner muß sämtliche derzeitigen Geschäftsbeziehungen und diejenigen der letzten 12 Monate angeben, Mü DGVZ **02**, 73, LG Gera JB **03**, 658, LG Mü JB **98**, 434.

S auch Rn 19 „Drittschuldner", Rn 22 „Goodwill".

Künftiges Recht: Der Schuldner muß es bereits jetzt angeben, soweit es bereits jetzt pfändbar ist, § 829 Rn 4, LG Münst MDR **90**, 61, LG Wuppert JB **98**, 100, etwa eine künftige Rente, Grdz 103 vor § 704 „Sozialleistung", oder einen künftig fälligen Gehaltsanspruch, auch wenn der Arbeitsvertrag erst demnächst zu laufen beginnt (aber natürlich schon geschlossen worden ist), oder eine künftige Maklerprovision, BGH NJW **91**, 2844.

S auch Rn 20 „Erwerbsmöglichkeit", Rn 22 „Goodwill", Rn 29 „Provision", Rn 30 „Rente".

26 **Leasing:** Rn 18 „Besitz".

Lebensgefährte: Der Schuldner ist grds *nicht* verpflichtet, etwas zum Lebensgefährten anzugeben, Stöber Festschrift für Schneider (1997) 222, aM LG Dortm JB **02**, 159, AG Leer JB **06**, 549, AG Plön JB **06**, 551 (aber der bloße Lebensgefährte teilt, anders als der eingetragene Lebenspartner, grds nicht auch rechtlich das Leben des anderen).

S aber auch Rn 17 „Angehöriger".

Lebenspartner: Es gelten beim gleichgeschlechtlichen Verhältnis nach dem LPartG dieselben Regeln wie bei Rn 20 „Ehegatte", Viertelhausen DGVZ, **01**, 131.

Lebensversicherung: Rn 34 „Versicherungsrecht".

Lohnsteuer-Jahresausgleich: Angeben muß der Schuldner die Dauer einer Arbeitslosigkeit oder Krankheit, soweit davon der Lohnsteuer-Jahresausgleich abhängt, LG Köln MDR **76**, 150, LG Passau JB **96**, 329, aM LG Essen MDR **75**, 673, LG Hbg Rpfleger **82**, 387 (aber auch der Anspruch auf einen solchen Ausgleich ist ein pfändbarer Vermögenswert, § 829 Rn 13 „Steuererstattung").

S auch Rn 17 „Arbeitslosigkeit".

Lohnzeitraum: Den Zeitraum, für den der Arbeitgeber den Lohn gezahlt hat, muß der Schuldner ebenfalls angeben, LG Lüb Rpfleger **86**, 99.

S auch Rn 19 „Bruttobetrag".

27 **Makler:** Er muß die Aufträge im einzelnen offenbaren, BGH MDR **91**, 783. Man darf ihn aber nicht einem Gelegenheitsarbeiter gleichstellen, LG Bln Rpfleger **97**, 73.

S auch Rn 25 „Künftiges Recht", Rn 29 „Provision".

Marke: Der Schuldner muß wegen der Pfändbarkeit nach § 857 Rn 8 „Marke" auch zu ihr Angaben machen.

Miete: Der Schuldner muß evtl nähere Angaben machen, zB evtl zum Namen des Vermieters, zur Wohnungsgröße, zur Miethöhe usw, LG Bielef JB **05**, 164, AG Hann JB **02**, 324 (streng).

Das gilt aber *keineswegs stets,* zB nicht mangels Ansprüchen aus dem Mietverhältnis, AG Mettmann DGVZ **04**, 188.

Mieterkaution: Der Schuldner muß zu ihr Angaben machen, soweit der Gläubiger glaubhaft macht, daß der Schuldner sie hinterlegt hat, LG Aurich JB **97**, 213, LG Duisb JB **99**, 271, LG Mü JB **98**, 434, aM LG Neuruppin JB **98**, 435 (aber auch dann kann ein pfändbarer Vermögenswert bestehen).

Mitgliedschaft: Angeben muß der Schuldner jede Art eines geldwertem Mitgliedschaftsrechts. Das gilt bei jeder Art von Verein, Gemeinschaft, Gesellschaft usw.

28 **Nettobetrag:** Seine Angabe ist zusätzlich zum Bruttobetrag erforderlich, LG Regensb JB **93**, 31.

Niedrigeinkommen: Angeben muß der Schuldner wegen § 850 h II nähere Einzelheiten zu der Art und dem Umfang der Tätigkeit, § 850 h Rn 12, LG Ravensb JB **04**, 104, AG Brake JB **06**, 551, AG Herne JB **04**, 450.

Notar: Es gelten dieselben Anforderungen wie beim Anwalt, Rn 30. Eine notarielle Offenlegung entbindet nicht von derjenigen nach § 807, AG Neuss JB **00**, 438.

S auch Rn 17 „Arzt", Rn 32 „Steuerberater".

29 **Personalien:** Angeben muß der Schuldner die genauen Personalien *seines* angeblichen Schuldners, LG Memmingen AnwBl **88**, 589.

S auch Rn 17 „Arzt", Rn 27 „Notar", Rn 30 „Rechtsanwalt".

Pfändung: Angeben muß der Schuldner dasjenige, was der Gläubiger zur Prüfung der Erfolgsaussicht einer Pfändung braucht, LG Duisb JB **99**, 271. Dazu gehört auch ein solcher Gegenstand, den ein Dritter gepfändet hat, ferner der Name des Dritten und die genaue Höhe der Restschuld, LG Mannh MDR **92**, 75 (Erkundigungspflicht des Schuldners).

S auch Rn 18 „Auskunft".

Pkw: Angeben muß der Schuldner die Eigentumsverhältnisse am von ihm genutzten Pkw, LG Passau JB **96**, 329, und die Finanzierung des einem Dritten gehörenden Pkw, AG Verden JB **05**, 553.

Provision: Namen und Anschriften der Auftraggeber zumindest des letzten Jahres muß der Schuldner angeben, LG Kiel JB **91**, 1409. Die Provisionsforderung muß er auch dann angeben, wenn sie sich auf einen erst künftigen Warenverkauf bezieht, aber ihrerseits schon pfändbar ist, Hamm MDR **80**, 149. Eine bereits verdiente Maklerprovision muß er angeben, BGH NJW **91**, 2845.

S auch Rn 25 „Künftiges Recht".

30 **Rechtsanwalt:** Er muß die Personalien seiner Honorarschuldner (Mandanten) genau angeben, BGH MDR **91**, 783, KG JR **85**, 162, Köln MDR **93**, 1007. Er muß ferner die Höhe der Forderungen bezeichnen, LG Ffm AnwBl **85**, 258.

S auch Rn 17 „Arzt", Rn 32 „Steuerberater".

Rente: Der Schuldner muß sie grds genauso angeben, und zwar nach ihrer Art, Höhe, Fälligkeit (auch künftiger, schon pfändbarer), LG Darmst JB **00**, 101, AG Albstadt JB **07**, 500 (Trägerwechsel), AG Borna DGVZ **04**, 77. Er muß auch Dauer und Schuldner angeben. Ffm Rpfleger **89**, 116, LG Kiel JB **98**, 606 (nicht die Versicherungs-Nr), LG Tüb JB **01**, 157 (Rechtsgrundlage und Leistungsträger).

Auch hier muß man freilich den *Verhältnismäßigkeitsgrundsatz* nach Grdz 34 vor § 704 beachten. Es braucht zB ein 24jähriger (aM AG Nienb JB **97**, 326), ein 33jähriger oder auch ein etwa 40jähriger *keine*

Angaben zur künftigen Altersrente zu machen, wenn der Gläubiger nur wegen (jetzt ca) 800 EUR vollstreckt, LG Hann MDR **93**, 175, LG Siegen Rpfleger **95**, 425, aM LG Ravensb JB **97**, 441. Anders verhält es sich bei einem 57jährigen und einer Forderung von über (jetzt ca) 2500 EUR, LG Hann RR **93**, 190.

S auch Rn 25 „Künftiges Recht", Rn 31 „Sozialleistung".

Scheinvertrag: Beim Verdacht seines Vorliegens können ergänzende Angaben zB zu der Art und dem Umfang der Tätigkeit nötig sein, AG Bln-Wedding JB **00**, 544. 31

Schwarzarbeit: Der Schuldner braucht solche Einkünfte *nicht* anzugeben, wenn er damit eine Straftat offenbaren müßte. Denn das brauchte er nicht einmal als Angeklagter zu tun. Überdies wäre dergleichen im Zivilprozeß unverwertbar, LG Hbg JB **96**, 331, LG Marb DGVZ **00**, 152, strenger Kblz MDR **76**, 587, LG Saarbr DGVZ **98**, 77, LG Wuppert DGVZ **99**, 120.

Selbständiger: Er muß umfassende Angaben machen, AG Bre JB **07**, 498 (Nachbesserung). Er muß zB seine häufigeren Auftraggeber angeben, und zwar genau, LG Nürnb JB **00**, 328, AG Freudenstadt JB **05**, 49, AG Nürtingen JB **04**, 106 (je: letzte 12 Monate), aM Bre JB **00**, 154 (aber dann könnte der Schuldner finanziell bequem „untertauchen"). Das gilt auch beim Anwalt, LG Lpz JB **04**, 501. Evtl muß er auch die Leistungsarten und die Nennsätze des letzten Jahres angeben, LG Bochum JB **00**, 44 (streng), AG Brake JB **04**, 502, AG Liebenwerda JB **06**, 157. Hat er angeblich weder Aufträge noch Forderungen, muß er angeben, wovon er lebt, LG Chemnitz DGVZ **02**, 154, AG Bruchsal DGVZ **04**, 190.

Sicherungsübereignung: Der Schuldner muß einen Anspruch auf eine Rückübertragung eines zur Sicherung übereigneten Gegenstands nach dem Erlöschen des fremden Rechts angeben, außer wenn die Rückübertragung nicht mehr in Betracht kommt, weil ein überschießender Wert nach der Übereignung nicht mehr vorhanden ist. Der Schuldner muß den Grund der Sicherungsübereignung ebenfalls angeben, LG Kref Rpfleger **79**, 146. Angeben muß er auch, wie hoch ein Darlehen noch valutiert, LG Darmst JB **99**, 104.

Sozialleistung: Ansprüche gegen die Träger von Sozialleistungen und erhaltene, noch nicht verbrauchte Beträge jeglicher Art muß der Schuldner ähnlich wie bei einer Rente angeben, Rn 30 „Rente". Das gilt schon wegen § 54 III SGB I, Kblz MDR **77**, 323, LG Bln Rpfleger **95**, 307, LG Oldb Rpfleger **83**, 163.

Die Angabe, eine Sozialhilfe zu beziehen, gibt selbst dann *nicht* zur Forderung nach einer Ergänzung Anlaß, wenn der Schuldner einen solchen Betrag nennt, der unter der Sozialhilfe liegt, aM LG Stgt DGVZ **00**, 153 (aber es kann ein bloßer Berechnungs- oder Bezeichnungsfehler vorliegen, und bei einer bloßen Hilfe zum Lebensunterhalt muß auch das Resteinkommen gering sein).

S auch Rn 25 „Künftiges Recht".

Sozialversicherung: Der Schuldner muß seine Sozialversicherungs-Nr angeben und evtl nachliefern, wenn der Rentenversicherungsträger sie braucht, LG Kassel DGVZ **04**, 185.

Steuerberater: Es gilt dasselbe wie beim Anwalt, Rn 30, Köln MDR **93**, 1007, LG Kassel JB **97**, 47. 32

S auch Rn 17 „Arzt".

Straftat: Rn 31 „Schwarzarbeit".

Tätigkeitsart, -umfang: Der Schuldner muß beides beim Verschleierungsverdacht angeben, LG Stgt DGVZ **03**, 154.

Taschengeldanspruch, dazu *Scherer* DGVZ **95**, 81 (ausf): Notwendig sind wegen seiner bedingten Pfändbarkeit nach § 850 b Rn 6 alle zur Berechnung erforderlichen Angaben, KG NJW **00**, 149, Köln NJW **93**, 3335, LG Aschaffenb JB **99**, 105, also zB der Name, Beruf, die Angabe weiterer Kinder mit einem eigenen Einkommen, die Höhe derjenigen Verbindlichkeiten des Schuldners, die der Ehegatte tilgt, LG Ellwangen JB **93**, 173, auch der Beruf und die Beschäftigungsstelle des Ehegatten, falls der Schuldner dessen Einkünftshöhe nicht kennt, Köln NJW **93**, 3335.

Nicht erforderlich ist aber die Angabe des Einkommens des Ehegatten, Rn 20 „Ehegatte", LG Augsb DGVZ **94**, 88, LG Hildesh DGVZ **94**, 88, aM BGH NJW **04**, 2452 (zustm Haertlein LMK **04**, 185).

S auch Rn 33 „Unterhaltsforderung".

Umschulung: Der Schuldner muß den Betrieb angeben, LG Neuruppin JB **98**, 435. 33

Uneinbringlichkeit: Angeben muß der Schuldner auch einen tatsächlich oder rechtlich unsicheren und vielleicht uneinbringlichen Anspruch, Rn 14.

Unentgeltliche Dienstleistung: Angeben muß der Schuldner auch Einnahmen nach § 850 h II, Hamm MDR **75**, 161.

Unpfändbarkeit: *Entbehrlich* sind Angaben zu einer offensichtlich unpfändbaren Sache, selbst wenn der Schuldner keinen Antrag nach § 811 I Z I, 2 gestellt hat, sofern keine Austauschpfändung in Betracht kommt, §§ 811 a, b, Arnold MDR **79**, 358. Dabei muß man die Offensichtlichkeitsfrage objektiv beurteilen, Müller NJW **79**, 905. Das Vollstreckungsgericht muß sie nachprüfen. Da es die Offensichtlichkeit anders als der Schuldner beurteilen mag, ist für ihn Vorsicht ratsam. Im Zweifel sollte er lieber Angaben machen.

Unterhaltsforderung: Der Schuldner muß sie so genau wie möglich angeben, BGH NJW **04**, 2980, LG Lüb JB **97**, 440, LG Meiningen DGVZ **02**, 156, schon wegen der bedingten Pfändbarkeit des Taschengeldanspruchs, § 850 b Rn 6, LG Ellwangen JB **93**, 173, LG Kleve JB **92**, 269, LG Osnabr Rpfleger **92**, 259. Wegen § 850 c IV muß der Schuldner auch das ihm bekannte Einkommen des Empfängers seiner Leistungen angeben, LG Karlsr DGVZ **99**, 174, AG Lpz JB **02**, 47, Hintzen NJW **95**, 1861, aM ZöStö 23, 27.

Nicht angeben muß er, ob er tatsächlich einen Unterhalt zahlt, LG Osnabr JB **98**, 491.

S auch Rn 32 „Taschengeldanspruch".

Unternehmen: Rn 27 „Marke".

Unterstützung: Bei einem sehr geringen Einkommen kann der Schuldner verpflichtet sein anzugeben, wer ihn zusätzlich unterstützt, AG Lampertheim DGVZ **00**, 123.

Verein: Rn 27 „Mitgliedschaft". 34

Verhältnismäßigkeitsgrundsatz, Grdz 34 vor § 704: Er steht grds nicht entgegen, Mü VersR **92**, 875. Freilich muß man ihn stets mitbeachten.

Verschleiertes Einkommen: Der Schuldner kann verpflichtet sein, das Verzeichnis so zu ergänzen, daß man erkennen kann, welche Tatsachen seinen bisherigen Angaben zugrundeliegen, Rn 45, AG Drsd JB **06**, 157, AG Jülich JB **06**, 550.

Versicherungsrecht: Der Schuldner muß auch Angaben zur Kranken- oder Rechtsschutzversicherung machen, LG Stgt DGVZ **96**, 122, aM LG Saarbr DGVZ **98**, 77 (aber auch daraus kann sich ein pfändbarer Vermögenswert ergeben). Bei einer Lebensversicherung muß er die Prämien- und Restvalutahöhe, LG Landshut JB **95**, 217, und zum Anspruch mit dem Bezugsrecht eines Dritten angeben, ob man für den Dritten eine Unwiderruflichkeit vereinbart hat, LG Münst JB **97**, 662.

35 **Verwandtschaft:** Der Schuldner muß nur das Bestehen einer Unterhaltspflicht eines Verwandten angeben, jedoch nicht den Beruf und das Einkommen, LG Bre Rpfleger **93**, 119, AG Osterholz-Scharnbeck JB **03**, 443 (aber das läuft *doch* auf Ausforschung hinaus).

S aber auch Rn 19 „Drittschuldner".

Vollstreckungstitel: Der Schuldner muß einen in einer anderen Sache erstrittenen genau bezeichnen, LG Lpz DGVZ **06**, 29 (krit Schmidt 55).

Vorpfändung: Der Schuldner muß sie angeben, LG Bre JB **05**, 605.

36 **D. Entgeltliche Veräußerung, II 1 Z 1.** Angeben muß der Schuldner ferner die in Z 1 genannten Veräußerungen des Schuldners an nahestehende Personen nach § 138 InsO.

Es kommt dabei *nicht* auf eine etwaige *Absicht der Benachteiligung* des Gläubigers an. Das Verzeichnis soll den Gläubiger dazu instandsetzen, von seinem etwaigen Anfechtungsrecht nach dem AnfG usw Gebrauch zu machen, ebenso den Insolvenzverwalter, §§ 129 ff InsO. Der Schuldner ist schon nach I 2 verpflichtet, alle diejenigen Vermögensstücke anzugeben, die noch nicht aus dem Vermögen ausgeschieden sind, Ehlke DB **85**, 800. Der Schuldner muß also auch eine solche Ware angeben, die er schon verkauft hat, aber noch nicht geliefert hat oder die er schon geliefert hat, auf der aber noch ein Eigentumsvorbehalt zu seinen Gunsten lastet. Daher handelt es sich bei den entgeltlichen Veräußerungen nur um solche Gegenstände, die bereits aus seinem Vermögen ausgeschieden sind. Die Art des Rechtsgeschäfts ist unerheblich. Das setzt voraus, daß das Rechtsgeschäft überhaupt entgeltlich ist. Dabei ist unbeachtlich, wer das Entgelt erhalten hat. Eine objektive Gleichwertigkeit braucht nicht vorzuliegen. Wohl aber ist es erforderlich, daß der Erwerb von einer ausgleichenden Zuwendung abhängig ist. Auch die Veräußerung eines Gegenstands an eine den nahen Verwandten gehörende GmbH kann unter II 1 Z 1 fallen.

37 *Betroffen sind* die in den letzten zwei Jahren vor dem ersten Offenbarungstermin abgeschlossenen entgeltlichen Veräußerungsgeschäfte. Entscheidend ist diejenige Handlung, die den Rechtserwerb vollendet. Wenn mehrere solche Handlungen erforderlich waren, kommt es auf die letzte noch erforderliche Handlung an. II 1 Z 1 umschreibt den Personenkreis abschließend. Die Ehe braucht zur Zeit der Veräußerung noch nicht bestanden zu haben, wenn es zu einer Veräußerung gekommen ist und wenn der Schuldner sein Verzeichnis dann anschließend vorlegt. Für ein Verwandtschaftsverhältnis oder für eine Ehe mit dem nahen Verwandten ist im übrigen der Zeitpunkt des Veräußerungsakts maßgebend. Es ist unerheblich, ob die Ehe in dem einen oder anderen Fall noch besteht.

38 **E. Unentgeltliche Leistung, II 1 Z 2.** Der Schuldner muß eine unentgeltliche Leistung ohne eine Begrenzung des Personenkreises angeben, soweit die Leistung nicht mehr als vier Jahre zurückliegt. Zur Entgeltlichkeit Rn 36. Als unentgeltlich muß man insbesondere eine vollzogene Schenkung ansehen. Eine nachträgliche Belohnung von Diensten kann, muß aber nicht eine unentgeltliche Zuwendung sein. Die Überlassung zur Nutzung, auch in der Form einer Leihe, kann eine unentgeltliche Zuwendung sein. Die Erfüllung einer klaglosen Schuld ist nicht unentgeltlich. Unentgeltlich ist aber eine Zahlung auf eine bei einem Dritten uneinbringliche Schuld ohne einen eigenen Verpflichtungsgrund.

39 Anders als bei einer Schenkung verlangt eine unentgeltliche Leistung *keine Bereicherung* des Empfängers. Bei einer gemischten Schenkung muß man nach der erkennbaren Parteiabsicht trennen. Der Regelung des II 1 Z 2 unterfällt nur der unentgeltliche Teil der Schenkung. Es kommt auf den Zeitraum bis zu vier Jahren vor dem zur ersten eidesstattlichen Versicherung anberaumten Termin an. Zur Berechnung Rn 36. Ausgenommen sind gebräuchliche Gelegenheitsgeschenke geringen Werts. Es entscheidet die Vermögenslage im Zeitpunkt der Schenkung, nicht die spätere Vermögenslage, es sei denn, sie ist vorhersehbar.

Eine Verfügung auf Grund einer begründeten Verbindlichkeit ist *in keinem Fall* unentgeltlich. Das gilt zB für die Zahlung einer Rente durch den Erzeuger an die Kindesmutter für das Kind. Dann liegt das Entgelt in der Befreiung von der Verbindlichkeit. Ebensowenig entgeltlich ist die Ausstattung im Rahmen des Angemessenen.

40 **F. Offensichtliche Unpfändbarkeit, II 2.** Nicht notwendig ist die Angabe derjenigen Sachen, die nach § 811 I Z 1 und 2 offensichtlich unpfändbar sind und für die auch keine Austauschpfändung in Betracht kommt.

Offensichtlich unpfändbar sind nur solche Sachen des *persönlichen Gebrauchs* usw, also auch die zur Beschaffung erforderliche Summe (bar oder Bankguthaben), BayObLG (St) MDR **91**, 1079, die nach der Ansicht nicht bloß des Schuldners oder seines gesetzlichen Vertreters, sondern jedes vernünftigen, sachkundigen Dritten unter § 811 I Z 1, 2 fallen, § 291 Rn 1, § 811 Rn 15 ff. Auch der Gerichtsvollzieher muß also dieser Meinung sein. Der Schuldner muß unverändert das amtliche Formular ausfüllen. Dieses soll in Zukunft so gestaltet werden, daß es alle pfändbaren Sachen erfaßt und daß der Schuldner auch die für eine Austauschpfändung in Betracht kommenden Sachen angeben muß.

Der Gerichtsvollzieher muß *im Termin* zur Abgabe der eidesstattlichen Versicherung zur Offenbarung nach § 900 das *Verzeichnis* mit dem Schuldner *durchgehen*. Der Gläubiger kann am Termin teilnehmen. Der Gerichtsvollzieher muß darauf achten, daß man ein für die Vollstreckung geeignetes Vermögensstück nicht übersieht. Im Zweifel und insbesondere bei der Verwendung älterer Formulare muß der Schuldner eine Sache mit angeben, Müller NJW **79**, 905. Ein Hinweis etwa dahin, der Schuldner habe „offensichtlich unpfändbare Sachen nicht aufgeführt", ist aber nicht notwendig. Weder der Schuldner noch der Gerichtsvollzieher haben einen Ermessensspielraum zu der Frage, ob die fragliche Sache unpfändbar sei. Der

Gerichtsvollzieher muß vielmehr notfalls von Amts wegen klären, ob eine „offensichtliche" Unpfändbarkeit vorliegt, Grdz 38 vor § 128. Es handelt sich hier um einen unbestimmten Rechtsbegriff. Wegen der Ergänzung des mangelhaften Verzeichnisses Rn 45. Wegen der Formel der eidesstattlichen Versicherung Rn 50.

Eine *Austauschpfändung* nach §§ 811 a, b zwingt zu der Angabe auch einer offensichtlich unpfändbaren Sache nicht erst dann, wenn der Gläubiger die Austauschpfändung beantragt hat, sondern schon, sobald die Austauschpfändung überhaupt in Betracht kommt. Auch diese Voraussetzung darf man weder vom Standpunkt nur des Schuldners noch von demjenigen nur des Gläubigers prüfen, sondern man muß das vom Standpunkt eines vernünftigen, sachkundigen Dritten aus tun, also vor allem vom Standpunkt des Gerichtsvollziehers. Eine Austauschpfändung „kommt in Betracht", wenn sie nicht bloß „denkbar" ist. Sie braucht aber nicht „wahrscheinlich" zu sein. Eine nicht ganz geringe Möglichkeit genügt. Diese Möglichkeit darf man freilich keineswegs durchweg bejahen, §§ 811 a ff. Wenn man eine offensichtliche Unpfändbarkeit im Sinn von Rn 40 nicht annehmen kann, muß der Gerichtsvollzieher die Sache herausgeben, selbst wenn keine Austauschpfändung in Betracht kommt. **41**

In einer *Steuersache* gilt der mit II 2 gleichlautende § 284 II AO. **42**

G. Auskunftspflicht im einzelnen. Der Schuldner muß im Verzeichnis den Grund und die Beweismittel für seine Forderungen und anderen Rechte bezeichnen, § 828. Er muß überhaupt über den Verbleib seiner Vermögensstücke Auskunft geben. Bei einer körperlichen Sache muß er mitteilen, wo sie sich befindet, Ffm MDR **76**, 320. Der Gläubiger darf freilich nicht verlangen, daß der Schuldner die Beweismittel vorlegt, LG Hbg MDR **81**, 61. Der Schuldner muß aber neben dem Namen und der Anschrift des Drittschuldners zB angeben, ob über seine Forderung bereits ein Vollstreckungstitel besteht. Die Angabe des Aktenzeichens des Verfahrens genügt nicht, LG Hbg MDR **81**, 61. Der Schuldner muß als Arzt oder Anwalt den Namen und die Schuld seines Patienten oder Mandanten mitteilen, Rn 30 „Rechtsanwalt". Denn seine Geheimhaltungspflicht umfaßt nicht die Namen, LG Wiesb Rpfleger **77**, 179. Wenn der Schuldner verschweigt, daß er Werte vorübergehend verschoben hat, gibt er eine falsche eidesstattliche Versicherung ab. Denn die verschobenen Stücke gehören ja in Wahrheit zu seinem Vermögen. Der Schuldner darf solche Vereinbarungen, die er mit dem Arbeitgeber getroffen hat, um dem Gläubiger den Zugriff zu erschweren, nicht unrichtig angeben. **43**

Der Schuldner braucht aber *nicht* über jede sonstige *Vermögensverschiebung* eine Auskunft zu geben, soweit sie nicht unter II 1 Z 1–3 fällt. Der Schuldner braucht auch nicht schon nach § 807 bei der Pfändung des Lohnsteuer-Jahresausgleichsanspruchs eine Auskunft über seine Arbeitslosigkeit zu geben. Zu einer solchen Auskunft ist er vielmehr nur nach § 836 III verpflichtet, LG Essen MDR **75**, 673, aM LG Kblz MDR **85**, 63, LG Kref MDR **85**, 63 (§ 903 sei anwendbar). Der Schuldner braucht über die Zahlungsfähigkeit und Zahlungswilligkeit eines Drittschuldners keine Angaben zu machen, LG Hbg MDR **81**, 61.

H. Schriftform. Der Schuldner muß sein Verzeichnis schriftlich vorlegen. Der Gläubiger kann schrifliche Fragen stellen, LG Heilbr FamRZ **95**, 1066 (nach deren vollständiger Beantwortung ist ein Nachschieben von Fragen unzulässig). Es hat aber kein Ausforschungsrecht, LG Bln Rpfleger **96**, 34. Der Schuldner kann die Angaben nicht zum Protokoll erklären. Eine Unterschrift des Schuldners ist nicht erforderlich. Für einen minderjährigen Schuldner müssen die gesetzlichen Vertreter das Verzeichnis anfertigen, Rn 52. **44**

I. Ergänzungspflicht. Der Schuldner muß ein unvollständiges, ungenaues, unrichtiges oder sonstwie mangelhaftes Verzeichnis ergänzen, Oldb JB **05**, 605, LG Kleve JB **08**, 102, AG Hattingen JB **08**, 384. Das gilt freilich nur, soweit er es gerade diesem Gläubiger gegenüber erbracht hatte, LG Bln MDR **90**, 731. Die Ergänzung erfolgt bezogen auf den Zeitpunkt der ersten eidesstattlichen Versicherung, soweit der Gläubiger nach § 294 glaubhaft macht, daß er an der Ergänzung ein rechtliches Interesse hat, LG Frankenth Rpfleger **81**, 363, aM LG Kleve JB **08**, 102 (ursprünglicher Zeitpunkt), LG Mainz JB **96**, 326 (der Gläubiger ist aber nicht voll beweispflichtig). Derjenige Gerichtsvollzieher, der auf Grund eines mangelhaften Verzeichnisses die eidesstattliche Versicherung abnimmt, handelt pflichtwidrig, Köln MDR **75**, 498, Behr Rpfleger **88**, 6. §§ 900 ff sind auch auf die Ergänzung anwendbar. Mit § 903 hat dieses Verfahren freilich nichts zu tun. Evtl sind mehrere Ergänzungsaufträge desselben Gläubigers zulässig, LG Hann MDR **79**, 237. **45**

J. Beispiele zur Frage einer Ergänzungspflicht, I, II **46**

Anderer Gläubiger: Eine Ergänzungspflicht gerade gegenüber dem Gläubiger A besteht unabhängig von einem entsprechenden Auftrag eines Gläubigers B, LG Osnabr JB **96**, 328, AG Verden JB **08**, 449.

Auslassung: Sie kann einen formellen Mangel bedeuten.

Einkommenshöhe: Ein auffällig niedriges Einkommen kann zum Verdacht der Mangelhaftigkeit des bisherigen Verzeichnisses führen, LG Lpz DGVZ **07**, 189, LG Regensb DGVZ **03**, 92, LG Stgt DGVZ **07**, 127, aM AG Hbg-Harb DGVZ **03**, 126.

Fehlen einer Angabe: Dann besteht ein formeller Mangel, Ffm Rpfleger **75**, 442 (Sparbuch) und MDR **76**, 320 (andere Sachen).

Frühere Versicherung: Beim Verdacht nach Rn 45 darf der Gläubiger eine Ergänzung unabhängig von einer früheren eidesstattlichen Versicherung des Schuldners fordern.

Girokonto: Der Verdacht eines Kontos kann ausreichen, AG Emmerich JB **08**, 441, erst recht der Verdacht eines zusätzlichen verdeckten Kontos, AG Bln-Schöneb DGVZ **08**, 13, AG Stgt JB **05**, 49.

Kein formeller Fehler liegt beim Erlöschen eines Kontos vor, § 903 Rn 16 „Kontenauflösung".

Kind: *Keine* Ergänzungspflicht entsteht schon durch das Älterwerden eines Kindes, LG Wuppert DGVZ **06**, 74.

Lebenserfahrung: Sie kann zum erforderlichen Mangelverdacht ausreichen, s „Einkommenshöhe".

Lückenausfüllung: Wenn der Schuldner glaubhaft eine Lücke nicht ausfüllen kann, muß der Gerichtsvollzieher ihm die Offenbarungserklärung abnehmen, § 902 Rn 3.

Mangel: S bei den einzelnen Objekten.

Neue Versicherung: Der Gläubiger darf bei einem formellen Mangel auch eine neue eidesstattliche Versicherung fordern, Ffm Rpfleger **75**, 443, LG Kblz MDR **76**, 150, 587. Er darf sogar dann eine neue

Versicherung fordern, wenn er den Mangel des bisherigen Verzeichnisses bisher nicht gerügt hatte. Das neue Verfahren setzt das alte fort. Daher bleibt für das neue Verfahren der bisherige Gerichtsvollzieher zuständig, so schon Behr JB **77**, 898. Daher muß auch noch ein gewisser zeitlicher Zusammenhang bestehen, etwa sechs Monate, AG Münst DGVZ **04**, 63. Es ist dann keine neue Fruchtlosigkeitsbescheinigung nach Rn 6–8 nötig, Finkelnburg DGVZ **77**, 5. Es entstehen keine neuen Gebühren, LG Frankenth Rpfleger **84**, 194.

Sparbuch: Ein formeller Mangel besteht beim Fehlen von Angaben über den Verbleib eines Sparbuchs, Ffm Rpfleger **75**, 442.

Strich: Er kann einen formellen Mangel bedeuten.

Umschreibung: Eine zu allgemeine Umschreibung kann einen formellen Mangel bedeuten, LG Oldb Rpfleger **83**, 163, AG Lpz JB **01**, 326.

Verdacht eines Mangels: Es muß ein begründeter Verdacht eines formellen Mangels des bisherigen Vermögensverzeichnisses bestehen, LG Münst Rpfleger **02**, 631, AG Bre JB **04**, 674, AG Kassel DGVZ **06**, 183.

Versicherungs-Nr: Ihr Fehlen kann einen formellen Mangel bedeuten, LG Kassel DGVZ **04**, 185.

Versteck: Wenn der Schuldner angibt, er habe Geld versteckt, muß der Gerichtsvollzieher ihn nach dem Ort fragen.

Weigerung: Eine Weigerung des Schuldners zur Abgabe eines Vermögensverzeichnisses ist rechtlich eine Verweigerung der Offenbarungserklärung.

Widerspruch: Er kann einen formellen Mangel bedeuten.

47 **K. Einsichtsrecht anderer Gläubiger.** Jeder andere Gläubiger hat das Recht auf eine Einsicht in das Verzeichnis in demselben Umfang wie die Partei, § 903 Rn 7, aM LG Hechingen Rpfleger **92**, 31, LG Oldb Rpfleger **92**, 31 (aber man sollte prozeßwirtschaftlich vorgehen, Grdz 14 vor § 128, auch wegen eines Datenschutzes, der einem weiteren Gläubiger ohnedies wenig helfen könnte). Jeder andere Gläubiger kann nämlich ein vollständiges Verzeichnis fordern. Statt einer Aktenversendung genügen Ablichtungen, LG Hechingen Rpfleger **92**, 31, LG Oldb Rpfleger **92**, 31.

48 **11) Verfahren, III.** Es verläuft recht kompliziert.

A. Grundsatz: Abnahme durch den Gerichtsvollzieher. Das Verfahren verläuft nach §§ 899 ff. Die eidesstattliche Versicherung erfolgt vor dem Gerichtsvollzieher, § 899 I. Eine solche vor dem Notar kommt kaum in Betracht, Rn 1. Ein Gegenbeweisantritt ist unbeschränkt zulässig. Die Ergänzung eines eidesstattlich auf seine Richtigkeit versicherten Verzeichnisses erfolgt nur in der Form einer neuen eidesstattlichen Versicherung.

49 **B. Auftrag an Gerichtsvollzieher.** Notwendig ist ein Auftrag des Gläubigers nach § 753 Rn 12, § 754 Rn 1, § 900 I 1 an den Gerichtsvollzieher. Das klärt § 807 I 1. Erst ab dem Auftragseingang entsteht die Schuldnerpflicht zur Offenbarung. Der Gläubiger darf den Auftrag auf einen Teil der nach § 807 eigentlich erforderlichen Angaben beschränken. Er darf auch auf die Ableistung der eidesstattlichen Versicherung des Schuldners vorübergehend oder dauernd verzichten. Mangels einer klaren Auftragsbeschränkung bleibt es aber beim pflichtgemäßen Ermessen des Gerichtsvollziehers, wie er innerhalb von I Z 1–4 vorgeht, AG Dorsten DGVZ **01**, 15, AG Lobenstein DGVZ **01**, 14. Denn der Gläubiger kann die Zwangsvollstreckung als der Herr des sachlichrechtlichen Anspruchs nach Grdz 37 vor § 704 jederzeit anhalten oder beenden. Wenn der Gläubiger zuverlässig sämtliche Vermögensverhältnisse oder -stücke des Schuldners kennt, braucht der Schuldner die eidesstattliche Versicherung nicht mehr abzuleisten. Denn es fehlt dann ein Rechtsschutzbedürfnis des Gläubigers, Grdz 33 vor § 253, § 900 Rn 7. Der Gläubiger muß bei einer Teilvollstreckung dieselben Angaben wie in § 754 Rn 4 machen, LG Darmst Rpfleger **85**, 120. Er braucht keine Angaben über § 807 hinaus etwa zu der Frage zu machen, ob der Schuldner minderjährige Kinder hat, AG Oldb DGVZ **80**, 93 links. Der Gläubiger muß den Auftrag handschriftlich unterschreiben, § 129 Rn 9, LG Aurich Rpfleger **84**, 323. Einen Ergänzungsauftrag kann auch ein Dritter erteilen, LG Hildesh JB **91**, 729.

50 **C. Inhalt.** Die Formel des Gesetzestextes ist zwingend. Vgl auch § 481. Die eidesstattliche Versicherung bezieht sich auf das Vermögensverzeichnis in seinen sämtlichen Bestandteilen, freilich nur im gesetzlich „verlangten" Umfang, BayObLG (St) MDR **91**, 1079. Sie umfaßt die Vollständigkeit und die Richtigkeit der Angaben im Rahmen des I. Die Versicherung umfaßt also auch eine solche Tatsache, die für die gegenwärtige Rechtsform eines Vermögensrechts wesentlich ist, das dem Schuldner zusteht, und die für die Zwangsvollstreckung in dieses Recht maßgeblich ist. Insoweit umfaßt die eidesstattliche Versicherung auch die Angaben zur Person des Schuldners. Sie umfaßt aber nicht eine Angabe von Erwerbsmöglichkeiten, und zwar selbst dann nicht, wenn der Schuldner diese Angabe auf ein Befragen des Gerichtsvollziehers gemacht hat. Der Geschäftsführer einer GmbH darf nicht bloß erklären, er wisse nichts über die Verhältnisse der GmbH, LG Mü Rpfleger **83**, 448 (abl Limberger).

51 **D. Grundsatz: Persönliche Erklärung des Pflichtigen.** Die eidesstattliche Versicherung muß persönlich erfolgen, §§ 478, 479 entsprechend. Nur der Vollstreckungsschuldner muß die eidesstattliche Versicherung abgeben. Der Gerichtsvollzieher muß die Frage, wer für den Schuldner erklären muß, von Amts wegen klären, Grdz 39 vor § 128 Hamm OLGZ **86**, 345. Der Versichernde muß prozeßfähig sein, § 51, BayObLG **90**, 323, Limberger DGVZ **84**, 129. Das muß der Gerichtsvollzieher ohne eine Bindung an eine solche Prüfung während des Erkenntnisverfahrens jetzt erneut prüfen, Behr Rpfleger **88**, 3.

52 **E. Gesetzlicher Vertreter.** Ein Minderjähriger kann im Rahmen des § 112 BGB, oder des § 113 BGB verpflichtet sein. Im übrigen muß der gesetzliche Vertreter nach § 51 Rn 18 die eidesstattliche Versicherung im Namen des Vertretenen abgeben, BayObLG **90**, 325, Köln Rpfleger **00**, 399, Behr Rpfleger **88**, 3. Erklärungspflichtig ist derjenige gesetzliche Vertreter, der im Zeitpunkt des Zugangs der Terminsladung diese Eigenschaft hat, mag er auch noch nicht oder nicht mehr eingetragen sein, Stgt MDR **84**, 239 (Abberufung), Sommer Rpfleger **78**, 407 (die öffentliche Hand), aM Hamm DB **84**, 1927 (Zeitpunkt der Auftragserteilung), Köln Rpfleger **00**, 399, LG Aschaffenb DGVZ **98**, 75, Schneider OLGZ **86**, 343 (Zeitpunkt des

Termins. Aber beide Varianten übersehen, daß sich die Verhältnisse bis zur Abgabe der Versicherung ändern können. Es kommt allerdings strafrechtlich auf den Tatzeitpunkt an). Bei einer Abgabepflicht beider gesetzlicher Vertreter bestimmt der Gerichtsvollzieher nach seinem pflichtgemäßen Ermessen, wer von ihnen die Versicherung abgeben soll, AG Wilhelmsh DGVZ **05**, 14.

F. Beispiele zur Frage der Person des Versichernden, III 53

Abberufung: Rn 57 „Niederlegung der Vertretung".

Abwicklung: Für eine in Abwicklung befindliche Gesellschaft oder Europäische Interessenvereinigung versichern die Abwickler und die Gesellschafter, Hamm MDR **88**, 153, LG Freibg Rpfleger **80**, 117, Limberger DGVZ **84**, 131.

Betreuer: Ein Betreuer muß die eidesstattliche Versicherung nur dann abgeben, wenn er das Schuldnervermögen verwaltet, LG Osnabr DGVZ **05**, 129, AG Haßfurt DGVZ **03**, 47. Das muß man von Amts wegen beachten, § 56 Rn 3, 4, BayObLG **90**, 324, LG Ffm Rpfleger **88**, 528.

Erbe: Wegen seiner Haftungsbeschränkung § 781 Rn 1.

Gesamtschuldner: Von Gesamtschuldnern müssen alle diejenigen versichern, bei denen die Voraussetzun- 54
gen vorliegen.

Gesetzlicher Vertreter: Rn 52, 56 „Löschung".

GmbH, dazu *Riecke* DGVZ **03**, 33 (Üb): Für eine aktive GmbH versichert der jetzige Geschäftsführer, nicht der frühere, Hamm DB **84**, 1927, LG Aschaffenb DGVZ **98**, 75, LG Saarbr DGVZ **04**, 75, aM LG Nürnb-Fürth DGVZ **96**, 139 (aber ein jetziger ist derzeitiger Vertreter). Maßgebend ist die Abberufung usw, nicht die Eintragung, LG Saarbr DGVZ **04**, 75. Der frühere kommt aber mangels eines Nachfolgers infrage, LG Bochum Rpfleger **01**, 442, AG Dachau JB **06**, 552. Das gilt freilich nur, wenn der Gläubiger behauptet, die gelöschte GmbH habe noch Vermögen, Rn 56 „Löschung", AG Werl DGVZ **02**, 173.

Haftbefehl: Rn 57 „Niederlegung der Vertretung".

Insolvenz: Im Insolvenzverfahren versichert der Verwalter, Hamm MDR **88**, 153. Jedoch muß der Schuldner die Angaben über das insolvenzfreie Vermögen machen. Eine Versicherung nach § 98 InsO befreit von der Pflicht nach § 807 nicht.

Juristische Person: Verpflichtet ist der gesetzliche Vertreter, Rn 52.

Keine Eintragung: Für eine nicht eingetragene Gesellschaft versichert der als Geschäftsführer Auftretende, 55
LG Dortm DGVZ **89**, 121.

Kommanditgesellschaft: Verpflichtet und zu laden ist der gesetzliche Vertreter, AG Bochum DGVZ **01**, 13.

Leistung und Duldung: Wenn die Zwangsvollstreckung aus einem Leistungs- und Duldungstitel erfolgt, müssen beide Verurteilte die eidesstattliche Versicherung abgeben.

Liquidator: Rn 53 „Abwicklung".

Löschung, dazu *Hess,* Rechtsfragen der Liquidation von Treuhandunternehmen usw, 1993: Für eine 56
gelöschte Gesellschaft versichert unter Umständen der frühere Geschäftsführer, wenn evtl noch ein Vermögen vorhanden ist, Köln Rpfleger **01**, 241, LG Brschw RR **99**, 1265, AG Werl DGVZ **02**, 173. Das Gericht braucht also dafür keinen Liquidator zu bestellen, LG Brschw RR **99**, 1265. Ein vorhandener Liquidator kann allerdings zur Abgabe verpflichtet sein, KG RR **91**, 934, Köln OLGZ **91**, 214, ZöStö 8, aM Stgt RR **94**, 1064 (nur der letztere), Behr Rpfleger **88**, 3 (ein nach § 57 zu bestellender Vertreter), Schneider MDR **83**, 725 (nur der letztere). Freilich braucht der frühere Geschäftsführer nach der Löschung der Gesellschaft nicht mehr zu versichern, wenn bei ihr noch ein weiterer vorhanden war, LG Hann DGVZ **88**, 120.

Mehrheit von Vertretern: Von mehreren gesetzlichen Vertretern versichert derjenige, der die Verwaltung durchführen muß. Wenn mehrere das Vermögen verwalten, müssen sie alle die eidesstattliche Versicherung abgeben, Ffm RR **88**, 807, ZöStö 10, aM LG Ffm Rpfleger **93**, 502 (das Gericht entscheide, wer erklären müsse), LG Mainz Rpfleger **00**, 284, Behr Rpfleger **88**, 4 (§§ 455, 449 seien entsprechend anwendbar. Aber beide Varianten übersehen, daß nun einmal mehrere Verwalter da sind).

Minderjähriger: Rn 52. 57

Niederlegung der Vertretung: Eine Niederlegung der Vertretung zB in der bloßen Absicht, sich der Pflicht zur Ableistung der eidesstattlichen Versicherung zu entziehen, ist unbeachtlich, solange ein neuer Vertreter fehlt, BGH DGVZ **07**, 8, Zweibr DGVZ **90**, 41, LG Mü JB **07**, 46, aM Schlesw Rpfleger **79**, 73 (aber das könnte fast eine natürlich ungewollte Erleichterung von etwaigem Rechtsmißbrauch werden, Grdz 44 vor § 704). Das gilt auch dann, wenn die Abberufung des bisherigen Geschäftsführers nach dem Erlaß eines gegen ihn gerichteten Haftbefehls erfolgt, Stgt ZIP **84**, 113, LG Hann DGVZ **81**, 60, ZöStö 8, aM Köln MDR **83**, 676.

Offene Handelsgesellschaft: Für sie versichert der gesetzliche Vertreter.

S auch Rn 53 „Abwicklung", Rn 57 „Mehrheit von Vertretern".

Partei kraft Amts: Eine Partei kraft Amts versichert im eigenen Namen für die verwaltete Masse.

Privatvermögen: Ein Einzelkaufmann ist auch wegen seines Privatvermögens zur eidesstattlichen Versicherung verpflichtet.

Prozeßpfleger: Ein Prozeßpfleger braucht eine Versicherung *nicht* abzulegen, § 57, Behr Rpfleger **88**, 4.

Rechtskraft: Die bloße Rechtskraftwirkung begründet *keine* Pflicht zur eidesstattlichen Versicherung. 58

Verein: Für den Verein gibt der Vorstand die eidesstattliche Versicherung ab, später der Liquidator, § 48 BGB.

Zeitpunkt: Rn 52.

Zwangsverwaltung: Bei einer Zwangsverwaltung muß der Schuldner die Angaben über das bewegliche und das nicht mitbeschlagnahmte unbewegliche Vermögen machen.

G. Form. Die eidesstattliche Versicherung erfolgt zum Protokoll des nach § 899 I, II zuständigen 59
Gerichtsvollziehers, §§ 159 ff, also nicht vor dem Rpfl und nicht vor dem Notar, Rn 60. Sie geht nach Rn 14 dahin, daß die Angaben zur Person, soweit sie den Gläubiger interessieren können, und im Vermö-

gensverzeichnis vollständig und richtig sind. Wenn der Schuldner verhindert ist oder zu weit entfernt wohnt, kann er die eidesstattliche Versicherung zum Protokoll eines Gerichtsvollziehers bei dem ersuchten AG abgeben, III 2, §§ 478, 479 entsprechend. Der Schuldner kann einen derartigen Auftrag erteilen. Wenn der Auftrag berechtigt ist, muß der nach § 899 zuständige Gerichtsvollzieher ihm stattgeben. Wenn er einen solchen Auftrag ablehnt, kann der Schuldner die Erinnerung einlegen, § 766. Der Gerichtsvollzieher muß den Schuldner über die Bedeutung der eidesstattlichen Versicherung vor ihrer Abgabe belehren, § 480 entsprechend.

60 **H. Weigerung, Umgehung.** Wegen der Weigerung zur Abgabe der eidesstattlichen Versicherung aus religiösen Motiven § 391 Rn 10, § 384 entsprechend. Der Schuldner kann die Abgabe der eidesstattlichen Versicherung vor dem Gerichtsvollzieher grundsätzlich nicht dadurch umgehen, daß er seine Vermögensverhältnisse vor einem Notar offenbart und die Vollständigkeit und Richtigkeit seiner dortigen Angaben an Eides Statt versichert, LG Detm Rpfleger **87**, 165, LG Frankenth Rpfleger **85**, 34. Er darf auch nicht einfach behaupten, der Gläubiger kenne seine Vermögensverhältnisse schon, LG Bln Rpfleger **92**, 169. Solange nicht feststeht, daß der Gläubiger nähere und vollständige Kenntnis hat, bleibt die Offenbarungspflicht vielmehr bestehen, LG Verden Rpfleger **86**, 186.

Untertitel 2. Zwangsvollstreckung in körperliche Sachen

808 *Pfändung beim Schuldner.* **[I] Die Pfändung der im Gewahrsam des Schuldners befindlichen körperlichen Sachen wird dadurch bewirkt, dass der Gerichtsvollzieher sie in Besitz nimmt.**

[II] [1] Andere Sachen als Geld, Kostbarkeiten und Wertpapiere sind im Gewahrsam des Schuldners zu belassen, sofern nicht hierdurch die Befriedigung des Gläubigers gefährdet wird. [2] Werden die Sachen im Gewahrsam des Schuldners belassen, so ist die Wirksamkeit der Pfändung dadurch bedingt, dass durch Anlegung von Siegeln oder auf sonstige Weise die Pfändung ersichtlich gemacht ist.

[III] Der Gerichtsvollzieher hat den Schuldner von der erfolgten Pfändung in Kenntnis zu setzen.

Schrifttum: *David,* Die Sachpfändung usw, 2. Aufl 1998; *Groß,* Die Zulässigkeit der zivilprozessualen Zwangsvollstreckung wegen einer Geldforderung bei einem in einer Wohngemeinschaft lebenden Schuldner, Diss Bonn 1985; *Marotzke,* Wie pfändet man Miteigentumsanteile an beweglichen Sachen?, Erlanger Festschrift für *Schwab* (1990) 277; *Winterstein,* Das Pfändungsverfahren des Gerichtsvollziehers, 1994.

Gliederung

1 **1) Systematik, I–III.** Die Vorschrift wird durch § 809 ergänzt. Sie regelt die Pfändung in einer Ergänzung von § 803 auf Grund folgender Erwägungen: Der Gläubiger darf zwar in das eigene Eigentum vollstrecken, AG Balingen DGVZ **95**, 28, Geißler KTS **89**, 805, ferner natürlich vor allem in dasjenige des Schuldners, nicht aber in dasjenige eines Dritten. Das bedeutet freilich nicht, daß die Pfändung einer dem Schuldner nicht gehörenden Sache unwirksam wäre. Die Pfändung ist vielmehr wirksam. Allerdings hat der Dritte ein stärkeres oder schwächeres Widerspruchsrecht. Er muß dieses Recht mangels einer Freigabe des Gläubigers durch eine Klage geltend machen, §§ 771, 805, BGH **80**, 299.

Der Gerichtsvollzieher darf sich also bei der Pfändung nach § 808 grundsätzlich *nicht* darum kümmern, ob eine Sache im fremden Eigentum steht, LG Aschaffenb DGVZ **95**, 57, LG Dortm RR **86**, 1498 (Leasinggut), AG Wiesb DGVZ **97**, 60. Das gilt sogar dann, wenn der Schuldner behauptet, nur für einen Dritten zu besitzen, § 119 Z 1 GVGA, zB beim Sicherungseigentum, LG Bonn MDR **87**, 770. Der Gerichtsvollzieher ist nicht zu einer Prüfung der Eigentumsverhältnisse zuständig. Er kann auch nicht eine Zugehörigkeit zur Insolvenzmasse prüfen, aM LG Stendal DGVZ **08**, 79. Er muß nur bei einer Partei kraft Amts nach Grdz 8 vor § 50 die Zugehörigkeit zum verwalteten Sondervermögen prüfen, Rn 5. Er darf auch nicht nach etwaigen pfändbaren Sachen außerhalb desjenigen Wohn- oder Betriebsgeländes des Schuldners forschen, auf dem sich der Gerichtsvollzieher befindet. Mag der Gläubiger nach § 807 vorgehen, LG Bielef DGVZ **99**, 61, oder mag er den Pfändungsauftrag auf einen anderen Ort erweitern.

2 Wenn freilich das Eigentum eines Dritten klar auf der Hand liegt, wäre es unsinnig, ja eine *Pflichtverletzung,* wenn der Gerichtsvollzieher trotzdem pfänden würde, § 119 Z 2, 3 GVGA, LG Bonn MDR **87**, 770, AG Waldbröl DGVZ **90**, 30, aM AG Kassel DGVZ **06**, 183. Das gilt etwa dann, wenn der Gerichtsvollzieher einen solchen Klagewechsel pfänden würde, der sich in den Handakten des ProzBev des Schuldners befindet,

oder wenn der Gerichtsvollzieher in einer Reparaturwerkstatt offensichtlich den Kunden gehörende Sachen pfänden würde, zB dessen Kraftwagen. Wenn der Dritte seinen Widerspruch fallen läßt oder wenn der Gläubiger die Pfändung trotz eines Widerspruchs in einem nicht ganz klar liegenden Fall fordert, muß der Gerichtsvollzieher die Pfändung vornehmen, § 119 Z 3 GVGA. Der Umstand, daß der Dritte einen Widerspruchsprozeß erfolgreich durchgeführt hat, beweist sein Eigentum noch nicht, Einf 1 vor § 771. Die Vermutung des § 1006 BGB kommt dem Gläubiger nicht zugute. Der Gerichtsvollzieher darf aber keine unpfändbare Sache pfänden. Über die Pfändung eigener Sachen des Gläubigers § 804 Rn 7.

2) Regelungszweck, I–III. Die bloße Anbringung des „Kuckuck", des Pfandsiegels, ist eine solche Form der Pfändung, die den Schuldner einerseits derzeit noch schont, andererseits vor Gästen, Freunden, Mitarbeitern oder Kunden bloßstellt. Denn die Pfandmarke muß ja sichtbar sein, um voll wirken zu können. Im übrigen ist eine Entfernung des Siegels usw nur bei einem nachweisbaren Vorsatz strafbar, § 136 StGB, nicht bei einer bloßen Möglichkeit, daß sie sich von selbst beim ja erlaubten Weitergebrauch des Pfandstücks losgelöst habe. Deshalb sind die Entscheidungen des Gerichtsvollziehers dazu, wie er im einzelnen verfahren will, von seiner Erfahrung abhängig, von seinem Verständnis für den Schuldner, aber auch von seinem Verantwortungsbewußtsein. Er hat dabei ein Ermessen. Das gilt besonders bei einem Warenlager und dergleichen. Die Auslegung erfordert auch bei der gerichtlichen Nachprüfung eine Rücksicht auf eine solche Ermessensfreiheit des Gerichtsvollziehers. 3

3) Geltungsbereich: Körperliche, pfändbare Sache, I–III. § 808 bezieht sich nur auf körperliche bewegliche Sachen, Üb 3 vor § 803, soweit nicht § 865 oder andere Sondervorschriften eingreifen. Zu ihnen zählen auch: Wrackteile eines Flugzeugs; Scheinbestandteile, § 95 BGB, AG Pirna DGVZ **99**, 63, Noack ZMR **82**, 97; Wertpapiere und indossable Papiere, §§ 821, 831. Der Gerichtsvollzieher pfändet eine Sachgesamtheit als eine rein äußerliche Mehrheit einzelner Gegenstände. Einen Bruchteil pfändet er nach § 857. 4

Ein solches Ausweispapier (Legitimationsurkunde), das nicht selbst Träger des Rechts ist, unterliegt der sog *Hilfspfändung,* Paschold DGVZ **02**, 131. Sie ist eine vorläufige Inbesitznahme zwecks einer Vorbereitung und Sicherung der Forderungspfändung. Man muß sie von einer sog Anschlußpfändung unterscheiden. Zu ihr § 826. Der Hilfspfändung unterliegen zB, Paschold DGVZ **02**, 131 (Üb): Ein Sparbuch; ein Kfz-Papier, KG OLGZ **94**, 114; ein Flugschein, LG Ffm DGVZ **90**, 170; ein Hypothekenbrief; ein Pfandschein; ein Depotschein; eine Versicherungspolice; ein solcher Grundschuld- oder Rentenschuldbrief, der nicht auf den Inhaber lautet. Ihr geht die Forderungspfändung voraus oder folgt ihr nach, § 836 III 2. Bei der Pfändung eines Kraftfahrzeugs und seines Anhängers muß der Gerichtsvollzieher den Fahrzeugschein, den Anhängerschein, den Fahrzeugbrief, den Anhängerbrief wegnehmen, § 952 I 2 BGB entsprechend. Wegen des Waffenrechts Winterstein DGVZ **89**, 56. Wegen der Computerprobleme Grdz 68, 102 vor § 704 „Computer", „Software". Einen Miteigentumsanteil pfändet er nach §§ 828, 857 I, aM Marotzke Erlanger Festschrift für Schwab (1990) 299 (vgl aber § 857 Rn 3).

Natürlich darf die Sache nicht nach §§ 811 ff *unpfändbar* sein.

4) Pfändung, I. Der Besitz entscheidet. 5

A. Inbesitznahme. Eine körperliche Sache kann im Gewahrsam des Schuldners stehen, Rn 10. Der Gerichtsvollzieher pfändet sie nach einer vergeblichen Aufforderung zur freiwilligen Leistung nach § 105 Z 2 GVGA durch die Inbesitznahme, §§ 130–140 GVGA. Der Schuldner muß der Vollstreckungsschuldner sein. Er muß also nach dem Vollstreckungstitel mit der fraglichen Vermögensmasse haften. Der Gerichtsvollzieher muß vor der Pfändung prüfen, ob das zutrifft, § 118 Z 4 GVGA. Diese Prüfung muß er zB beim Ehegatten vornehmen, vgl aber § 739, ferner bei der Partei kraft Amts, Grdz 8 vor § 50, zB beim Insolvenzverwalter, beim Zwangsverwalter, beim Testamentsvollstrecker oder beim gesetzlichen Vertreter, Köln MDR **76**, 937, beim Gesellschafter der Offenen Handelsgesellschaft, beim Gesellschafter einer GmbH, auch wenn diese eine Einmanngesellschaft ist. Deren Zustimmung ist erforderlich.

Der Gerichtsvollzieher kann aber grundsätzlich davon ausgehen, daß *alle* im Gewahrsam des Schuldners stehenden Gegenstände pfändbar sind. Das gilt auch dann, wenn er auf einen Widerspruch stößt. Etwas anderes gilt nur dann, wenn der Gerichtsvollzieher vernünftigerweise an der Berechtigung eines Dritten keinen Zweifel haben kann, § 119 Z 1 GVGA. Der Gerichtsvollzieher darf eine etwaige beschränkte Erbenhaftung oder eine beschränkte Haftung nach § 786 nicht beachten, § 781. Wegen der Pfändung einer solchen Sache, die sich innerhalb einer Anlage der Streitkräfte befindet, Art 10 II, SchlAnh III. 6

B. Tatsächliche Gewalt. Erst die Inbesitznahme bewirkt die Pfändung und damit die Beschlagnahme (Verstrickung) und das Pfändungspfandrecht, Üb 6 vor § 803. Die bloße Erklärung der Pfändung genügt nicht. Der Gerichtsvollzieher muß vielmehr eine möglichst tatsächliche Gewalt über die Sache erlangen. Zu diesem Zweck muß er entweder die Sache mitnehmen, LG Kiel SchlHA **89**, 44, oder er muß nach II die Pfändung kenntlich machen. Deshalb genügt es nicht, das Pfandstück in einem verschlossenen Raum des Schuldners zurückzulassen. Das gilt selbst dann, wenn der Gerichtsvollzieher sämtliche Schlüssel zu dem Raum mitnimmt. Er muß vielmehr mindestens die Schlösser versiegeln. Wenn der Gerichtsvollzieher ein ganzes Warenlager in der Weise pfändet, daß der Schuldner über die einzelnen Stücke frei verfügen darf, ist die Pfändung wegen des Fehlens einer Besitzergreifung des Gerichtsvollziehers unwirksam. Der Gerichtsvollzieher muß einen derartigen Auftrag des Gläubigers ablehnen, LG Kiel SchlHA **89**, 44. 7

C. Besitzaufgabe. Wenn der Gerichtsvollzieher den Besitz freiwillig aufgibt, beendet er dadurch das Pfandrecht. Denn durch die Besitzaufgabe geht das Wesen des Pfandrechts verloren. Ein unfreiwilliger Besitzverlust des Gerichtsvollziehers schadet der Pfändung allerdings nicht. Das gilt zB dann, wenn gepfändetes Getreide mit ungepfändetem vermischt wird. Der Gläubiger kann dann verlangen, daß der Schuldner dem Gerichtsvollzieher den Besitz wiedereinräumt, evtl an einer entsprechenden Menge. Vgl auch § 803 Rn 4, 5. Der Gerichtsvollzieher darf den Besitz nicht eigenmächtig aufgeben. Denn mit einer solchen Aufgabe würde er die Sache freigeben, § 776 Rn 4. Eine solche Freigabe würde er auch dann vornehmen, wenn er dem Schuldner die unbeschränkte Verfügung einräumt. 8

9 **D. Besitz-Einzelfragen.** Der Staat wird unmittelbarer Besitzer. Denn der Gerichtsvollzieher vertritt nur den Staat, wenn auch formell im eigenen Namen, § 885 Rn 29, BGH DGVZ **84**, 38 (zum Lagervertrag), Holch DGVZ **92**, 130, ZöStö 17, aM Brdb DGVZ **98**, 170, Schilken DGVZ **86**, 145, StJM 26 (nur im eigenen Namen. Aber es handelt als ein öffentlichrechtlicher Beamter, BGH **142**, **80**, § 753 Rn 3). Der Gläubiger wird mittelbarer Besitzer, Schlesw SchlHA **75**, 48. Wenn der Gerichtsvollzieher nach II ein Pfandstück im Gewahrsam des Schuldners beläßt, räumt er dem Schuldner den unmittelbaren Besitz wieder ein. Der Schuldner vermittelt den Besitz dann in erster Stufe für den Gerichtsvollzieher oder den Staat, VG Köln NJW **77**, 825, und in zweiter Stufe für den Gläubiger, § 868 BGB. Der Gläubiger hat keine Verwahrungspflicht. Er kann ja den Besitz gar nicht ausüben. Mit der Pfändung einer auf Abzahlung gekauften Sache zugunsten des Verkäufers löst der Gerichtsvollzieher noch nicht den Rücktritt des Verkäufers vom Kaufvertrag aus. Das gilt selbst dann, wenn der Gerichtsvollzieher die Sache dem Käufer wegnimmt.

10 **5) Gewahrsam, I.** Seine Abgrenzung ist praktisch nicht stets einfach.

A. Grundsatz: Wirksamkeitsvoraussetzung. Gewahrsam ist eine teilweise Abweichung vom Besitzbegriff des BGB, LG Ffm MDR **88**, 504. Er ist die tatsächliche Gewalt, Düss MDR **97**, 143, LG Karlsr DGVZ **93**, 141, der unmittelbare Eigen- oder Fremdbesitz. Man kann ihn äußerlich leicht erkennbar zuordnen, LG Ffm MDR **88**, 504. Eine nur vorübergehende Verhinderung ist unschädlich, § 856 II BGB. Ein mittelbarer Besitz nach § 868 BGB oder ein bloßer unqualifizierter Mitbesitz nach § 866 BGB genügt nicht. Erst recht nicht genügt eine bloße Besitzdienerschaft nach § 855 BGB, § 118 Z 3 GVGA. Das gilt unabhängig von der räumlichen Entfernung zum Besitzherrn. Ferner genügt nicht der nicht ausgeübte Erbenbesitz nach § 857 BGB, ZöStö 7, aM MüKoSchi 6, StJM 7 (aber der ist weit von einer tatsächlichen Gewalt entfernt). Ein Traditionspapier gibt keinen Gewahrsam an der Sache. Am Grabstein hat rechtlich merkwürdigerweise angeblich nur die Friedhofsverwaltung einen Gewahrsam. Vgl aber § 811 Rn 53. Ein qualifizierter Mitbesitz etwa an einer gemeinschaftlichen Wohnung oder an einem Bankschließfach verlangt zu seiner Pfändbarkeit die Zustimmung der anderen Mitbesitzer, § 809, LG Mü DGVZ **82**, 126, AG Siegen DGVZ **93**, 61, Brück DGVZ **83**, 135.

Wenn sie die *Zustimmung verweigern,* erfolgt die Pfändung des Anteils des Schuldners nach § 857. Es ist unerheblich, ob sich die Sache im Raum eines Dritten befindet, Hbg NJW **84**, 2900, LG Mannh DB **83**, 1481, LG Oldb DGVZ **83**, 58. Die rechtlichen Verhältnisse weichen oft von dem äußeren Anschein ab. Ihn muß aber der Gerichtsvollzieher zunächst beachten. Er darf und muß sich mit dieser formellen Prüfung begnügen, LG Heidelb DGVZ **07**, 30. Der Betroffene kann dann die Erinnerung nach § 766 oder eine Widerspruchsklage einlegen, § 771. Der Gerichtsvollzieher muß prüfen, ob eine Scheinübertragung den Gewahrsam des Schuldners verschleiert. Es entscheidet der Gewahrsam zur Zeit der Pfändung.

11 **B. Beispiele zur Frage eines Gewahrsams, I**

Automatenaufstellung: Rn 13 „Geschäftsraum".

Ehegatte: Bei einer Zugewinngemeinschaft, bei der Gütertrennung und bei der Zwangsvollstreckung in das Vorbehaltsgut bei einer Gütergemeinschäft hindert der Gewahrsam des nicht getrennt lebenden anderen Ehegatten die Vollstreckung im Rahmen der Vermutung des § 1362 BGB *nicht,* § 739, Rn 5. Dasselbe gilt bei einer Gütergemeinschaft, wenn ein Ehegatte verwaltungsberechtigt ist und der andere einen Mitgewahrsam hat, § 740 Rn 9. Wenn beide Ehegatten gemeinsam verwalten, muß gegen beide ein Leistungstitel vorliegen, § 740 Rn 9.

S auch Rn 14 „Hausgenosse".

12 **Frachtgut:** Der Spediteur oder Frachtführer hat am übernommenen Frachtgut einen Gewahrsam.

Ein Ladeschein, Lagerschein, Konnossement ohne unmittelbare Gewalt über das Gut begründen für sich allein *keinen* Gewahrsam.

13 **Gaststätte:** Rn 13 „Geschäftsraum".

Geschäftsraum: Der Geschäftsinhaber oder sein Besitzdiener, zB der Geschäftsführer für ihn, hat einen Gewahrsam, Noack JB **78**, 974. Das gilt auch im Stadium der Abwicklung, LG Kassel DGVZ **78**, 114. Es kommt darauf an, für wen der Mitarbeiter den Gewahrsam im Pfändungszeitpunkt ausübt. Wenn mehrere Gesellschaften den Geschäftsraum gemeinsam nutzen, ohne daß tatsächliche Anzeichen für einen Allein- oder Mitbesitz vorliegen, müssen alle zustimmen. Bei einer Gesellschaft hat ihr Vertretungsorgan den Gewahrsam. Bei der Kommanditgesellschaft ist allenfalls der Komplementär Besitzer, aM wegen eines Kraftfahrzeugs KG NJW **77**, 1160 (aber man muß dicht an den tatsächlichen Verhältnissen und daher meist bei der Begrenzung auf den Komplementär bleiben).

Der *Gastwirt* hat an den von den Kellnern einkassierten Geldern und erst recht an seinem etwaigen anteiligen Trinkgeld einen Gewahrsam, AG Stgt DGVZ **82**, 191, ebenso an einem fremden Automaten (der Aufsteller hat nicht einmal einen Mitgewahrsam), aM Hamm ZMR **91**, 385 (Mitbesitz von Aufsteller und Gastwirt), LG Aurich MDR **90**, 932 (der Gläubiger könne jedenfalls das Geld im Automaten pfänden. Er müsse aber das Zugangsrecht mitpfänden), Weyland, Automatenaufstellung usw (1989) 143 (trotz Mitgewahrsams von Aufsteller und Gastwirt sei eine Pfändung möglich, wenn man nicht dem Gerichtsvollzieher ein Aufstellvertrag vorlege. Aber alle diese Varianten orientieren sich am gewünschten Ergebnis statt an den tatsächlichen Verhältnissen. Das gilt selbst bei getrennten Schlüsseln. Denn der Gastwirt kann den ganzen Automaten entfernen). Auch die Gewerbefrau hat einen Gewahrsam, Rn 11 „Ehegatte".

Gesetzlicher Vertreter: Ein Gewahrsam des gesetzlichen Vertreters gilt als ein Gewahrsam des Schuldners, § 118 Z 1 GVGA, Köln JB **96**, 217, LG Mannh DB **83**, 1481.

Das gilt aber *nicht,* wenn der Vertreter eindeutig den Gewahrsam nicht für den Vertretenen, sondern nur noch für sich selbst hat, LG Bln DGVZ **98**, 28, AG Hbg DGVZ **95**, 12.

Haft: Während ihrer Dauer kann etwa am Pkw die Lebensgefährtin Gewahrsam haben, AG Weilburg DGVZ **04**, 30.

14 **Hausgenosse:** Hier muß man drei Situationen unterscheiden.

a) Haushaltungsvorstand. Grundsätzlich hat der Haushaltungsvorstand, das sind meist beide Eheleute oder eingetragene Lebenspartner gemeinsam, Gewahrsam an allen Sachen, die sich im Haushalt befinden, auch an den Sachen der Familienangehörigen, auch der erwachsenen, oder der Gäste (vgl aber „Ehegatte").

Etwas anderes gilt nur bei Sachen zum persönlichen Gebrauch, § 1362 II BGB in Verbindung mit § 739, LG Bln MDR **75**, 939.

An dem Gewahrsam des Haushaltungsvorstands ändert sich auch dadurch nichts, daß er einen Raum einem anderen zu einem ausschließlichen Gebrauch überlassen hat.

b) Lebensgefährte. Er ist ein Dritter nach § 809, Hamm MDR **89**, 271, LG Ffm DGVZ **82**, 115, aM AG Mönchengladb DGVZ **86**, 158 (aber der Lebensgefährte ist kein eingetragener Lebenspartner).

c) Fremder. Ein Fremder wie eine Hausangestellte oder ein Wohnbesuch oder ein Auszubildender hat an seinen eingebrachten Sachen einen Gewahrsam, aber *nicht* an denjenigen Sachen, die sich sonst in den ihm zugewiesenen Räumen befinden.

Juristische Person: Den Gewahrsam hat der gesetzliche Vertreter, zB der Geschäftsführer, Köln JB **96**, 217.

Kleidung: Der Schuldner hat einen Gewahrsam an der Kleidung und demjenigen, was er sonst an sich trägt. 15

Kraftfahrzeug: Der jeweilige Führer hat einen Gewahrsam. Der Mieter hat einen Gewahrsam an dem in der Tiefgarage abgestellten Pkw, LG Ffm MDR **88**, 504.

Seine Gesellschafterin hat *nicht* schon wegen Besitzes der Papiere und Schlüssel einen Gewahrsam am dort stehenden Pkw, LG Ffm MDR **88**, 504. Das bloße Vorhandensein in der Nähe der Wohnung des Schuldners, noch gar mit einem anderen Kennzeichen, begründet schon wegen der heutigen Verkehrsdichte *keinen* Gewahrsam des Schuldners, Düss MDR **97**, 143, aM LG Karlsr DGVZ **93**, 141.

Mieter: Der Mieter eines Wohnraums hat einen Gewahrsam an denjenigen eigenen oder mitgemieteten 16
Sachen, die sich in seinem Raum befinden. Der Vermieter hat an den Sachen des Mieters in anderen Räumen oder Grundstücksteilen, einen Gewahrsam, § 118 Z 1 GVGA, LG Oldb DGVZ **83**, 58. Der Vermieter hat dann einen Mitgewahrsam, wenn er das fragliche Zimmer mitbenutzt.

Im Gasthof ist *kein* solcher Gewahrsam vorhanden, evtl auch nicht bei einer bloßen Zimmermiete, StJM 8, aM ZöStö 6 (aber faktisch überlagert der Zentralschlüssel des Wirts den Zimmerschlüssel des Gasts).

Soldat: Er hat in der Gemeinschaftsunterkunft regelmäßig einen Alleingewahrsam an den ihm gehörenden 17
Sachen in diesem Wohnraum.

Er hat *keinen* Gewahrsam an den Sachen in anderen militärischen Räumen, außer wenn er sie so aufbewahrt, daß sie nur seinem Zugriff unterliegen, Z 30 f Erlaß, SchlAnh II.

Sondervermögen-Insolvenz: Vgl App DGVZ **03**, 83 (Üb).

6) Ausführung der Pfändung, II. Man muß zahlreiche Punkte beachten. 18

A. Geld, Wertpapiere und Kostbarkeiten. Der Gerichtsvollzieher muß solche Sachen wegnehmen und wegschaffen, soweit nicht der Gläubiger das Gegenteil wünscht, AG Brake JB **07**, 550. Er muß eine weggeschaffte Sache grundsätzlich in seine eigene sichere Verwahrung nehmen, meist in der sog Pfandkammer oder in einem notfalls zu mietenden Banksafe, LG Kblz DGVZ **86**, 29. Er muß ein nach § 811 c überhaupt pfändbares und auch gepfändetes Tier versorgen. Er wird dadurch aber weder Tierhalter nach § 833 BGB noch Tierhüter nach § 834 BGB, Hamm MDR **95**, 161. Wegen eines Verwahrungsvertrags § 753 Rn 1, 7, § 885 Rn 29. Für ihn haftet der Staat, Art 34 GG, BGH **142**, 81, Hamm MDR **95**, 161. Der Gerichtsvollzieher muß Geld grundsätzlich an den Gläubiger abliefern, § 815 I (wegen der Ausnahmen § 815 II). Näheres darüber besagen §§ 130–140 GVGA.

Wenn der Gerichtsvollzieher eine Sache im *Gewahrsam eines Dritten* belassen will, müssen der Gläubiger und der Schuldner zustimmen. Der Gläubiger haftet nicht. Zum Begriff des Gelds § 815 Rn 3, § 757, zum Begriff des Wertpapiers §§ 821, 831, zum Begriff der Kostbarkeit § 813 Rn 4. Oft ist die Wegschaffung der Sache mit einer großen Gefahr für ihre Erhaltung und damit für alle Beteiligten verbunden. Das gilt zB bei einer wertvollen Gemäldesammlung. Dann muß der Gerichtsvollzieher vor der Wegschaffung die Entscheidung des Gläubigers einholen, um sich vor einer eigenen Haftung zu schützen, Gilleßen/Kernenbach DGVZ **00**, 74. Der Gerichtsvollzieher darf die Sache auch beim Schuldner belassen, soweit der Gläubiger dieser Lösung zustimmt.

B. Andere Sachen. Bei ihnen muß der Gerichtsvollzieher zwar ihren Besitz ergreifen und diese Besitzer- 19
greifung kenntlich machen, II 2. Das gilt zB bei Kleidung, Möbeln, sonstigen Einrichtungsgegenständen, Geräten, dem Kraftwagen, Drumann JB **03**, 550, strenger AG Lampertheim DGVZ **98**, 173, ferner zB bei Tieren. Er muß aber die Sachen im Gewahrsam des Schuldners belassen, wenn das nicht die Befriedigung des Gläubigers gefährdet, II 1. Ein entgegenstehender Wille des Gläubigers oder ein Widerspruch eines Dritten sind unbeachtlich. Wenn die Interessen des Gläubigers gefährdet sind, etwa beim Kfz nach §§ 157 ff GVGA, muß der Gerichtsvollzieher die Sachen wie bei Rn 18 in seinen Besitz nehmen. Das reicht dann zur Pfändung aus, Karlsr MDR **79**, 237. Er muß sie anschließend wegschaffen, und zwar evtl auch nachträglich. Ob eine solche Gefährdung vorliegt, muß der Gerichtsvollzieher ohne einen eigenen Ermessensspielraum nachprüfen, LG Coburg DGVZ **90**, 90, AG Gotha DGVZ **95**, 119.

Er muß dabei vor allem prüfen, ob der Schuldner die Sache *verbrauchen* oder veräußern könnte oder ob der Schuldner für die Erhaltung der Sache nicht genügend sorgen kann oder will. Die Notwendigkeit einer zwangsweisen Öffnung ergibt nicht stets eine Gefährdung der Befriedigung des Gläubigers, LG Kblz DGVZ **87**, 59. Der Gerichtsvollzieher ist nicht zur Mitwirkung bei der Stillegung eines gepfändeten Kfz verpflichtet, Holch DGVZ **92**, 130. Der Kfz-Brief muß nicht bei der Pfändung vorliegen, AG Lindau DGVZ **03**, 157.

Auf eine *Erinnerung* des Betroffenen nach § 766 muß daher das Vollstreckungsgericht voll nachprüfen, ob eine solche Gefährdung vorliegt, LG Kblz DGVZ **87**, 59. Wenn der Gläubiger damit einverstanden ist, daß die Sache beim Schuldner bleibt, muß der Gerichtsvollzieher so verfahren.

C. Spätere Abholung. Wenn die Gefährdung erst später eintritt oder wenn der Gerichtsvollzieher sie 20
erst später bemerkt, muß er die Sache abholen. Eine Gefährdung liegt zB in folgenden Fällen vor: Wenn die Gefahr besteht, daß der Schuldner die Sache beiseite schafft; wenn der Schuldner keine geeignete Gelegen-

heit zur Aufbewahrung der Sache hat; wenn an den Waren eines Lagers Siegelmarken fehlen, weil der Schuldner wegen zahlreicher weiterer Pfändungen verschiedener Gläubiger bestimmte Maßnahmen getroffen hat. Die Zurückschaffung einer weggeschafften Sache erfolgt nur auf eine gerichtliche Anordnung. Eine Einstellung der Zwangsvollstreckung ist kein Hindernis für die Wegschaffung. Diese Wegschaffung erfordert dann aber einen besonderen Grund.

21 **D. Kenntlichmachung: Wirksamkeitsvoraussetzung.** Beläßt der Gerichtsvollzieher die Pfandsache dem Schuldner auch nur vorübergehend, muß er die Pfändung kenntlich machen, II 2. Er hat diese Pflicht nicht nur gegenüber dem Gläubiger, sondern auch gegenüber dem Schuldner. Die Kennzeichnung ist wesentlich. Ein Verstoß gegen diese Pflicht macht die Pfändung völlig und unheilbar unwirksam, Rn 5, Grdz 57 vor § 704. Einen solchen Verstoß kann weder eine Besitzergreifung noch eine Verwertung heilen. Wenn an die Stelle der Pfandsache eine andere Sache tritt, zB an die Stelle von Trauben der Most, muß der Gerichtsvollzieher die Pfändung erneut kenntlich machen. Die Wegschaffung einer solchen weiteren Sache kann eine Pfändung bedeuten, Karlsr MDR **79**, 237. Ein Einverständnis des Schuldners bindet diesen. Denn der Schuldner kann ja auch den Gläubiger befriedigen. Ein Einverständnis des Schuldners ist für einen Dritten aber unerheblich.

22 **E. Art der Kenntlichmachung.** Die Kenntlichmachung erfolgt möglichst unmittelbar an der Pfandsache, LG Ffm DGVZ **90**, 59. Sie geschieht entweder durch die Anlegung eines Siegels, LG Darmst DGVZ **99**, 92 (Kfz), oder auf eine sonstige Weise, LG Bayreuth DGVZ **85**, 42. Beide Wege stehen dem Gerichtsvollzieher zur Wahl. Die Pfändung muß aber haltbar und unbedingt für jedermann bei einer verkehrsüblichen Sorgfalt deutlich und mühelos erkennbar sein. Sie braucht freilich auch nicht unbedingt jedem sofort ins Auge zu fallen. Die Gerichte verlangen allerdings teilweise Unmögliches, etwa: Jedes Stück müsse ein Pfandzeichen tragen; kein Stück dürfe ohne eine Zerstörung des Pfandzeichens einem Vorrat entnehmbar sein. Dagegen genügt bei der Pfändung von 60 Kisten Konserven im Stapel eine Pfandanzeige in der Mitte durch einen Zettel mit einer genauen Angabe, dem Siegel und der Unterschrift des Gerichtsvollziehers. Wenn man bei der Pfändung von Tuchballen Siegelmarken genügen läßt oder wenn man Pfandanzeigen an den Gestellen mit der Angabe der Stückzahl, der Tuchart und der ungefähren Länge ausreichen läßt, muß die Angabe der Stückzahl mit der tatsächlichen Stückzahl übereinstimmen. Bei einem Möbel genügt regelmäßig eine Siegelmarke auf der Rückseite. Denn ein Erwerber eines Möbelstücks pflegt es von allen Seiten zu betrachten. Etwas anderes mag zB bei einem an der Wand stehenden Schrank gelten.

23 **F. Gründlichkeit und Umfang.** Der Gerichtsvollzieher muß äußerst vorsichtig vorgehen. Das ist wegen des Schwankens der Rechtsprechung und wegen der unheilvollen Folgen eines Fehlgriffs notwendig. Der Gerichtsvollzieher sollte zur Kenntlichmachung der Pfändung lieber zuviel als zuwenig tun.

Es reicht zB nicht aus: An den Raum eine Anzeige zu heften und mit dem Dienstsiegel zu versehen, aM ThP 14, ZöStö 20; nur eine Lagerakte mit dem Pfandsiegel zu versehen, LG Ffm DGVZ **90**, 58; das Siegel im Innern des Pfandstücks anzuheften; das Siegel am Vieh oder am Pfosten des Stalls anzukleben. Denn das Ankleben am Vieh gewährleistet nicht den Bestand des Zeichens, das Befestigen am Pfosten gewährleistet nicht die Nämlichkeit des Pfandstücks. Gesichtspunkte der an sich notwendigen Schonung des Schuldners und der Pfandsache müssen evtl hinter der Notwendigkeit einer eindeutigen Kenntlichmachung zurücktreten.

24 **G. Beeinträchtigung des Pfandzeichens.** Eine spätere unbefugte Beseitigung des Pfandzeichens oder sein Herunterfallen berühren die Wirksamkeit der Pfändung grundsätzlich nicht, LG Darmst DGVZ **99**, 92 (Kfz). Denn der Besitzverlust des Gerichtsvollziehers ist unfreiwillig erfolgt. Der Gerichtsvollzieher muß freilich das Siegel unverzüglich erneuern usw. Wenn aber der Gläubiger zustimmt, sei es auch unter dem Vorbehalt seines Pfandrechts, gibt er den Besitz und damit das Pfandrecht freiwillig auf. Dasselbe gilt dann, wenn die Sache später zum Schuldner zurückkommt. Das Pfandzeichen muß auch noch dann vorhanden und erkennbar sein, wenn der Gerichtsvollzieher diejenige Sache dem Schuldner zurückgibt, die er in seinen Gewahrsam genommen hatte.

25 **7) Benachrichtigung, III.** Der Gerichtsvollzieher muß den Schuldner von der Durchführung der Pfändung benachrichtigen. III ist aber trotz des scheinbar zwingenden Wortlauts nur eine Ordnungsvorschrift. Daher berührt ein Verstoß die Wirksamkeit der Pfändung nicht. Der Gerichtsvollzieher muß den Schuldner darüber belehren, daß dieser jede Handlung unterlassen muß, die den Besitz des Gerichtsvollziehers beeinträchtigen könnte, wenn der Schuldner das Pfandstück in seinem Gewahrsam behält, § 132 Z 5 GVGA.

Keine Pflicht nach III besteht gegenüber dem Dritten. Ihn mag nur der Schuldner benachrichtigen müssen, Seip DGVZ **07**, 171.

26 **8) Verstoß, I–III.** Ein Verstoß gegen § 808 nimmt der Amtshandlung des Gerichtsvollziehers ihre Rechtmäßigkeit und macht die Pfändung unheilbar unwirksam, Grdz 57 vor § 704. Das gilt aber nur für einen Verstoß gegen die Form, Rn 7. Wenn der Gerichtsvollzieher gegen die Voraussetzungen der Pfändung verstoßen hat, wenn nämlich kein Gewahrsam des Schuldners vorlag, ist der Schuldner auf eine Erinnerung nach § 766 angewiesen. Die Pfändung ist nach § 136 StGB strafrechtlich geschützt. Auch im Anschluß an eine vorangegangene rechtswidrige, wirkungslose Pfändung kann eine nachfolgende Pfändung der noch im Gewahrsam des Gerichtsvollziehers befindlichen Sache wirksam sein, LG Regensb DGVZ **95**, 186.

27 **9) Rechtsbehelfe, I–III.** Gegen die Entscheidung des Gerichtsvollziehers können der Gläubiger und der Schuldner die Erinnerung nach § 766 einlegen. Mit der Entscheidung des Vollstreckungsgerichts dahin, daß die Zwangsvollstreckung unzulässig ist, erlischt das Pfändungspfandrecht, soweit nicht das Gericht die Vollziehung bis zur Rechtskraft ausgesetzt hat, § 570.

Kosten: § 788, KVGv 205, 700 ff.

Ein *Dritter* hat statt eines Rechtsbehelfs die Klage nach § 771 oder § 805, BGH **80**, 299.

809 *Pfändung beim Gläubiger oder bei Dritten.* **Die vorstehenden Vorschriften sind auf die Pfändung von Sachen, die sich im Gewahrsam des Gläubigers oder eines zur Herausgabe bereiten Dritten befinden, entsprechend anzuwenden.**

Schrifttum: *Herde,* Probleme der Pfandverfolgung, 1978; *Knoche* ZZP **114**, 399 (Üb); *Rottmann,* Der Schutz des Dritten in der europäischen Mobiliarzwangsvollstreckung (rechtsvergleichend), 2007.

1) Systematik. Die Vorschrift ergänzt § 808 aus den dort genannten Gründen, § 808 Rn 1. 1

2) Regelungszweck. Der Gerichtsvollzieher darf eine solche Sache pfänden, die im Gewahrsam des 2 Gläubigers steht, § 808 Rn 10. Das versteht sich von selbst, StJM 1, ZöStö 2, 6, aM Schilken DGVZ **86**, 145 (aber das ist nun einmal der einfache Kerngedanke). Wenn ein Dritter den Allein- oder Mitgewahrsam im Zeitpunkt der Pfändung an einer solchen Sache hat, die gerade dem Schuldner gehört (später kann Gutglaubensschutz nach § 936 BGB eintreten), ist eine Pfändung nach den Regeln des § 808 nur unter den folgenden Voraussetzungen statthaft. Ein solcher Dritter würde nämlich sonst arglistig handeln, und eine Arglist ist auch in der Zwangsvollstreckung unstatthaft, Einl III 54, Grdz 44 vor § 704, LG Wiesb DGVZ **81**, 61. Der Dritte muß also zur Herausgabe der Sache bereit sein oder der Dritte muß die Sache sachlichrechtlich unzweifelhaft an den Gläubiger oder an den Schuldner herauszugeben haben, LG Tüb DGVZ **92**, 138, AG Dortm DGVZ **94**, 12, ZöStö 3, aM LG Oldb DGVZ **84**, 92 (aber dann wäre Arglist begünstigt, § 808 Rn 11). In diesen Grenzen tritt also ein Interesse des Dritten gegenüber dem Interesse des Gläubigers zurück. Man muß diese gesetzliche Rangfolge natürlich auch bei der Auslegung stets respektieren.

3) Geltungsbereich: Dritter als Gewahrsamsinhaber. Ganz sicher ist eine Pfändung derjenigen Sache 3 wirksam, die im Gewahrsam eines Dritten steht, wenn der Dritte nur dem Schuldner helfen will, die Sache dem Zugriff des Gläubigers zu entziehen, § 808 Rn 11 ff, AG Dortm DGVZ **94**, 12, Werner DGVZ **86**, 53, ZöStö 5, aM Pawlowski DGVZ **76**, 35, StJM 4, ThP 4 (aber Rechtsmißbrauch ist auch in der Zwangsvollstreckung unstatthaft, Grdz 44 vor § 704). Vgl aber auch Rn 6.

Dritter ist hier jeder, der weder der Vollstreckungsschuldner noch der Gläubiger ist. Ein Gastwirt ist für denjenigen Spielautomaten, den der Schuldner dort aufgestellt hat, auch wegen des Geldinhalts ein Dritter, AG Wiesloch DGVZ **02**, 61. Bei Eheleuten muß man § 739 beachten. Wegen des eingetragenen Lebenspartners § 808 Rn 14 „Hausgenosse: a) Haushaltsvorstand". Der „Lebensgefährte" ist ein Dritter, § 808 Rn 14 „Hausgenosse. b) Lebensgefährte". Derjenige Erbe, gegen den der Gläubiger die Zwangsvollstrekkung nach § 799 fortsetzt, ist Vollstreckungsschuldner. Auch der Gerichtsvollzieher kann ein Dritter sein, LG Kleve DGVZ **77**, 173, AG Homb/S DGVZ **93**, 117, StJM 2, aM Gerlach ZZP **89**, 321, RoGSchi § 51 I 3 (aber das wäre nicht folgerichtig).

Der Gerichtsvollzieher muß aber natürlich dann auch *prüfen,* ob die Sache zu derjenigen Vermögensmasse gehört, in die er vollstrecken darf, § 754 Rn 4, § 808 Rn 6, LG Mannh DB **83**, 1481, AG Homb/S DGVZ **93**, 117, Paschold DGVZ **94**, 110 (zu § 756).

4) Weitere Prüfungen. Der Gerichtsvollzieher darf und muß feststellen, ob und welche pfändbaren 4 Gegenstände des Schuldners vorhanden sind, schon um dem Gläubiger ein Vorgehen nach § 847 zu ermöglichen, LG Wiesb DGVZ **81**, 61. Wenn der Gerichtsvollzieher Möbel gepfändet und nach § 808 Rn 7 im Gewahrsam des Schuldners belassen hat, hindert eine inzwischen vorgenommene Untervermietung an einen die Pfändung Kennenden die Vollstreckung nicht. Der Gerichtsvollzieher muß die Formen des § 808 einhalten. Er muß also die Sache entweder in seinen Besitz nehmen oder sie wegschaffen oder sie beim Dritten belassen. Der Gerichtsvollzieher darf die Sache beim Gläubiger nur mit dessen Zustimmung belassen. Denn kein Privater ist verpflichtet, eine staatlich beschlagnahmte Pfandsache zu verwahren.

5) Verstoß. Ein Verstoß gegen § 809 beeinträchtigt die Wirksamkeit einer im übrigen korrekten Pfän- 5 dung grundsätzlich nicht.

6) Herausgabebereitschaft. Der Dritte kann seine Herausgabebereitschaft ausdrücklich oder stillschwei- 6 gend erklären. Er kann aber nicht wirksam einen Vorbehalt machen oder eine Bedingung stellen, etwa diejenige, er müsse den Besitz behalten oder die Herausgabe dürfe nur an einzelne von mehreren pfändenden Gläubigern erfolgen, ThP 3, aM Schilken DGVZ **86**, 147 (aber dann entstünden Unklarheiten wegen §§ 824, 847, Rn 6). Denn ein Dritter darf nicht das Maß und die Richtung einer Zwangsvollstreckung bestimmen. Die Herausgabebereitschaft muß sich auf die Herausgabe und damit auf die Verwertung erstrekken, BGH RR **04**, 353 (zustm Sturhahn LMK **04**, 56, abl Paulus DGVZ **04**, 65). Sie darf sich also nicht nur auf die Pfändung beschränken. Eine nachträgliche Einwilligung genügt, wenn sie den erforderlichen Inhalt hat. Der Gerichtsvollzieher muß eine Herausgabebereitschaft protokollieren, § 137 GVGA. Wer herausgabebereit ist, verliert sein Widerspruchsrecht nach § 771, BGH JZ **78**, 200, es sei denn, er hätte nur irrtümlich herausgegeben, BGH JZ **78**, 200, oder er wäre dazu unbefugt gewesen. Er behält die Möglichkeit, eine Klage nach § 805 einzulegen, Gerlach ZZP **89**, 328.

Eine Herausgabepflicht nach Rn 1 darf den Gerichtsvollzieher nur dann zu einer Pfändung veranlassen, 7 wenn die Herausgabepflicht unstreitig oder offensichtlich ist. Sobald die Pfändung erfolgt ist, ist die Bereitschaft oder die Einwilligung unwiderruflich und für eine Anschlußpfändung nach § 826 notwendig. Wenn der Schuldner im Zeitpunkt der Pfändung an der Sache einen Gewahrsam hat, kommt es nicht darauf an, ob der Gewahrsam später auf einen anderen übergegangen ist. § 758 ist unanwendbar.

7) Herausgabeverweigerung. Verweigert der Dritte die Herausgabe, sei es auch ohne jeden Grund, 8 muß der Gerichtsvollzieher die Verweigerung protokollieren und von der Pfändung absehen, LG Oldb DGVZ **83**, 58, Gerhardt Festschrift für Lüke (1997) 133. Dann ist grundsätzlich der Gläubiger bei einer Verweigerung vor der Pfändung darauf angewiesen, den Herausgabeanspruch nach §§ 846 ff zu pfänden, Brück DGVZ **83**, 135. Etwas anderes gilt nur bei einer Herausgabepflicht, Rn 1. Dann kann der Gerichtsvollzieher die Sache trotz der fehlenden Herausgabebereitschaft beim Dritten pfänden, AG Stgt DGVZ **82**, 191. Soweit der Dritte die Herausgabe auch nach der Pfändung verweigert, muß der Gläubiger ihn verklagen und nach § 883 vollstrecken. Erst anschließend kann der Gerichtsvollzieher dann bei ihm pfänden, BGH RR **04**, 352 (zustm Sturhahn LMK **04**, 56, abl Paulus DGVZ **04**, 65).

9 **8) Rechtsbehelf.** Der Schuldner hat keinen Rechtsbehelf. Der Dritte und ein sonst Benachteiligter sind auf die Einlegung einer Erinnerung nach § 766 angewiesen. Unter Umständen mag auch eine Klage nach § 771 zulässig sein, BGH **80**, 299, oder eine Klage nach § 805 oder aus unerlaubter Handlung nach §§ 823 ff BGB.

810 *Pfändung ungetrennter Früchte.* [I] [1] **Früchte, die von dem Boden noch nicht getrennt sind, können gepfändet werden, solange nicht ihre Beschlagnahme im Wege der Zwangsvollstreckung in das unbewegliche Vermögen erfolgt ist.** [2] **Die Pfändung darf nicht früher als einen Monat vor der gewöhnlichen Zeit der Reife erfolgen.**

[II] **Ein Gläubiger, der ein Recht auf Befriedigung aus dem Grundstück hat, kann der Pfändung nach Maßgabe des § 771 widersprechen, sofern nicht die Pfändung für einen im Falle der Zwangsvollstreckung in das Grundstück vorgehenden Anspruch erfolgt ist.**

Gliederung

1 **1) Systematik, I, II.** § 810 bestimmt etwas Regelwidriges. Ungetrennte Früchte, also Früchte auf dem Halm, stehende Früchte, sind keine selbständigen Sachen, § 94 BGB, § 864. Trotzdem läßt § 810 ein Pfändungspfandrecht an ihnen zu. Mit der Pfändung verlieren die Früchte ihre Natur als Bestandteile des Grundstücks, soweit die Rechtsbeziehungen zum Gläubiger infrage stehen. Die Pfändungsbeschränkung des § 811 I Z 2 gilt auch dann. Nach der Trennung der Früchte erfolgt die Zwangsvollstreckung wie gewöhnlich. Die Verwertung erfolgt nach § 824. Der Liegenschaftsgläubiger hat ein Widerspruchsrecht, § 771.

2 **2) Regelungszweck, I, II.** Die Regelung erfolgt aus praktischen Erwägungen und damit zwecks Prozeßwirtschaftlichkeit, Grdz 14 vor § 128. Ihre Durchführung erweist sich aber als oft ziemlich schwierig. Wann kommt es zur gewöhnlichen Reifezeit? Das ist nur eine von mehreren kniffligen Fragen. Die Handhabung muß oft auch eine zeitgleiche Beschlagnahme nach §§ 864 ff in Verbindung mit dem ZVG etwa für einen anderen Gläubiger mit aller Aufmerksamkeit beachten. Das gilt unabhängig vom nicht erst seit „Buddenbrooks" berüchtigten Hagelschlag mit seinen wirtschaftlich verheerenden Folgen. Behutsame, aber auch rasche Entscheidungen sind erforderlich. Man sollte sie später wenn schon vom grünen Richtertisch aus, dann zurückhaltend verständnisvoll überprüfen.

3 **3) Geltungsbereich: Ungetrennte Früchte, I, II.** Das sind nicht diejenigen des § 99 I BGB, sondern wiederkehrende Früchte in einem engeren Sinn, also Obst, Getreide, Kartoffeln, Gemüse, Hackfrüchte, Gras und sonstige pflanzliche Erzeugnisse, auch im Haus, nicht aber Holz, Kohle, Steine oder Mineralien oder Rechtsfrüchte.

4) Pfändung, I. Art, Wirkung und Zeitpunkt sind gleichermaßen beachtlich.

4 **A. Grundsatz: Gewahrsam oder Herausgabebereitschaft.** Die Pfändung erfolgt nach §§ 808 ff. Der Schuldner muß also am Grundstück zwar nicht das Eigentum haben, wohl aber einen Gewahrsam nach § 808 Rn 10, oder es muß ein unmittelbar besitzender Dritter zur Herausgabe bereit sein. Der Gläubiger kann aus einem Vollstreckungstitel gegen den Grundeigentümer nicht gegen den Widerspruch des Pächters pfänden. Der Pächter kann vielmehr notfalls nach § 771 eine Widerspruchsklage erheben. Dagegen kann der Gläubiger auf Grund eines Vollstreckungstitels gegen den Pächter bei diesem pfänden. Denn der Pächter übt den Besitz und Gewahrsam aus. Dasselbe gilt bei einem Nießbraucher. Der Verpächter darf sein gesetzliches Pfandrecht nach § 805 geltend machen. Es würde gegen die Logik und ein praktisches Bedürfnis verstoßen, die Früchte auf dem Halm nur zugunsten des Gläubigers als eine bewegliche Sache zu behandeln. Dagegen hat der Eigentümer kein Widerspruchsrecht, Kupisch JZ **76**, 427.

5 Die *Pfändung* erfolgt dadurch, daß der Gerichtsvollzieher den Besitz ergreift und die Pfändung kenntlich macht. Zur Kenntlichmachung genügt es, eine ausreichende Zahl von Tafeln aufzustellen, §§ 151, 152 GVGA, unter Umständen das Gebiet einzuzäunen, einen Wächter zu bestellen usw. § 813 III, IV verlangt evtl die Hinzuziehung eines landwirtschaftlichen Sachverständigen, § 153 Z 3 GVGA.

6 **B. Beschlagnahme.** Die Pfändung ist unzulässig, sobald die Früchte in der Liegenschaftszwangsvollstreckung beschlagnahmt worden sind. Sie ergreift bei einer Zwangsverwaltung und bei einer Zwangsversteigerung die Früchte als Bestandteile des Grundstücks, §§ 20 II, 21 I, 148 ZVG. Ausgenommen sind die dem Pächter zustehenden. Sie bleiben darum nach § 810 pfändbar, §§ 21 III ZVG, 956 BGB. Andere Berechtigte wie Nießbraucher darf man nicht entsprechend behandeln.

7 Ein *Verstoß* gibt dem Schuldner, dem dinglichen Gläubiger und dem Zwangsverwalter die Erinnerung aus § 766 und nach der Verwertung die Bereicherungsklage, §§ 812 ff BGB. Eine Beschlagnahme nach der Pfändung zwingt den Gläubiger zur Anmeldung aus § 37 Z 4 ZVG. Für den dinglichen Gläubiger gilt II.

8 **C. Pfändungszeitpunkt.** Die Pfändung darf frühestens einen Monat vor der gewöhnlichen Reifezeit stattfinden. Die gewöhnliche Reifezeit bestimmt sich nach der Fruchtart und nach der Durchschnittserfahrung für die Gegend und für die Lage. Unerheblich ist die Frage, wann die Früchte im Pfändungsjahr

voraussichtlich reif sein werden, BGH NJW **93**, 1793. Man muß die Frist nach § 222 berechnen. Die Versteigerung erfolgt erst nach der Reife, § 824. Ein Verstoß gegen I 2 berührt eine im übrigen wirksame Pfändung nicht. Der Schuldner und ein betroffener Dritter können allerdings die Erinnerung einlegen, § 766. Der Eintritt der Reifezeit macht eine Erinnerung gegenstandslos.

5) Widerspruchsklage, II. Der dingliche Gläubiger, dem §§ 10–12 ZVG ein Recht auf die Befriedigung aus dem Grundstück gibt, darf einer statthaften Pfändung durch eine Klage nach § 771 widersprechen. Denn ihm haften die Früchte als Grundstücksbestandteile. Etwas anderes gilt dann, wenn der Pfandgläubiger ein besonderes Recht nach § 10 ZVG nachweist. Diesen Nachweis kann er nur als ein dinglicher Gläubiger führen, nicht als ein persönlicher Gläubiger. Das gilt noch nach der Aberntung der Früchte. Wenn gegen den besitzenden Pächter gepfändet worden ist, ist eine Widerspruchsklage nach § 771 unzulässig. Denn die Früchte fallen dem besitzenden Pächter stets zu, § 21 III ZVG, § 956 BGB. Statt einer Klage nach § 771 steht auch eine mildere Klage nach § 805 offen, § 805 Rn 1. 9

6) Rechtsbehelf, I, II. Soweit der Gerichtsvollzieher die Pfändung ablehnt, hat der Gläubiger die Erinnerung nach § 766. Soweit die Voraussetzungen der Pfändung fehlen, ist für den Schuldner die Erinnerung zulässig. Die Pfändung bleibt bis zur Aufhebung nach § 776 wirksam. 10

811 *Unpfändbare Sachen.* **I Folgende Sachen sind der Pfändung nicht unterworfen:**

1. die dem persönlichen Gebrauch oder dem Haushalt dienenden Sachen, insbesondere Kleidungsstücke, Wäsche, Betten, Haus- und Küchengerät, soweit der Schuldner ihrer zu einer seiner Berufstätigkeit und seiner Verschuldung angemessenen, bescheidenen Lebens- und Haushaltsführung bedarf; ferner Gartenhäuser, Wohnlauben und ähnliche Wohnzwecken dienende Einrichtungen, die der Zwangsvollstreckung in das bewegliche Vermögen unterliegen und deren der Schuldner oder seine Familie zur ständigen Unterkunft bedarf;

2. die für den Schuldner, seine Familie und seine Hausangehörigen, die ihm im Haushalt helfen, auf vier Wochen erforderlichen Nahrungs-, Feuerungs- und Beleuchtungsmittel oder, soweit für diesen Zeitraum solche Vorräte nicht vorhanden und ihre Beschaffung auf anderem Wege nicht gesichert ist, der zur Beschaffung erforderliche Geldbetrag;

3. Kleintiere in beschränkter Zahl sowie eine Milchkuh oder nach Wahl des Schuldners statt einer solchen insgesamt zwei Schweine, Ziegen oder Schafe, wenn diese Tiere für die Ernährung des Schuldners, seiner Familie oder Hausangehörigen, die ihm im Haushalt, in der Landwirtschaft oder im Gewerbe helfen, erforderlich sind; ferner die zur Fütterung und zur Streu auf vier Wochen erforderlichen Vorräte oder, soweit solche Vorräte nicht vorhanden sind und ihre Beschaffung für diesen Zeitraum auf anderem Wege nicht gesichert ist, der zu ihrer Beschaffung erforderliche Geldbetrag;

4. bei Personen, die Landwirtschaft betreiben, das zum Wirtschaftsbetrieb erforderliche Gerät und Vieh nebst dem nötigen Dünger sowie die landwirtschaftlichen Erzeugnisse, soweit sie zur Sicherung des Unterhalts des Schuldners, seiner Familie und seiner Arbeitnehmer oder zur Fortführung der Wirtschaft bis zur nächsten Ernte gleicher oder ähnlicher Erzeugnisse erforderlich sind;

4a. bei Arbeitnehmern in landwirtschaftlichen Betrieben die ihnen als Vergütung gelieferten Naturalien, soweit der Schuldner ihrer zu seinem und seiner Familie Unterhalt bedarf;

5. bei Personen, die aus ihrer körperlichen oder geistigen Arbeit oder sonstigen persönlichen Leistungen ihren Erwerb ziehen, die zur Fortsetzung dieser Erwerbstätigkeit erforderlichen Gegenstände;

6. bei den Witwen und minderjährigen Erben der unter Nummer 5 bezeichneten Personen, wenn sie die Erwerbstätigkeit für ihre Rechnung durch einen Stellvertreter fortführen, die zur Fortführung dieser Erwerbstätigkeit erforderlichen Gegenstände;

7. Dienstkleidungsstücke sowie Dienstausrüstungsgegenstände, soweit sie zum Gebrauch des Schuldners bestimmt sind, sowie bei Beamten, Geistlichen, Rechtsanwälten, Notaren, Ärzten und Hebammen die zur Ausübung des Berufes erforderlichen Gegenstände einschließlich angemessener Kleidung;

8. bei Personen, die wiederkehrende Einkünfte der in den §§ 850 bis 850b bezeichneten Art beziehen, ein Geldbetrag, der dem der Pfändung nicht unterworfenen Teil der Einkünfte für die Zeit von der Pfändung bis zu dem nächsten Zahlungstermin entspricht;

9. die zum Betrieb einer Apotheke unentbehrlichen Geräte, Gefäße und Waren;

10. die Bücher, die zum Gebrauch des Schuldners und seiner Familie in der Kirche oder Schule oder einer sonstigen Unterrichtsanstalt oder bei der häuslichen Andacht bestimmt sind;

11. die in Gebrauch genommenen Haushaltungs- und Geschäftsbücher, die Familienpapiere sowie die Trauringe, Orden und Ehrenzeichen;

12. künstliche Gliedmaßen, Brillen und andere wegen körperlicher Gebrechen notwendige Hilfsmittel, soweit diese Gegenstände zum Gebrauch des Schuldners und seiner Familie bestimmt sind;

13. die zur unmittelbaren Verwendung für die Bestattung bestimmten Gegenstände.

II [1] **Eine in Absatz 1 Nr. 1, 4, 5 bis 7 bezeichnete Sache kann gepfändet werden, wenn der Verkäufer wegen einer durch Eigentumsvorbehalt gesicherten Geldforderung aus ihrem Verkauf vollstreckt.** [2] **Die Vereinbarung des Eigentumsvorbehaltes ist durch Urkunden nachzuweisen.**

Schrifttum: *Alisch,* Wege zur interessengerechteren Auslegung vollstreckungsrechtlicher Normen, 1981; *Lippross*, Grundlagen und System des Vollstreckungsschutzes, 1983; *Röder,* ABC der pfändbaren und unpfändbaren beweglichen Sachen (Loseblattsammlung); *Weyland,* Der Verhältnismäßigkeitsgrundsatz in der Zwangsvollstreckung, 1987; *Wolf/Hintzen,* Pfändbare Gegenstände von A–Z, 2. Aufl 2003.

Gliederung

1 **1) Systematik, I, II.** § 811 leitet eine Gruppe von Vorschriften ein, die einen gesetzlichen Pfändungsschutz bieten. Sie sind mit §§ 850 ff vergleichbar. Sie begrenzen die an sich grundsätzlich volle Zugriffsmöglichkeit des Gläubigers auf das gesamte Vermögen des Schuldners. § 811 verbietet eine Kahlpfändung, AG Ffm DGVZ **90**, 77.

2 **2) Regelungszweck, I, II.** Die Vorschrift dient damit nicht nur dem Schutz des Schuldners, Artt 1, 2 GG, (jetzt) KJHG, BGH NJW **98**, 1058 (kein bloßes Leistungsverweigerungsrecht), auch einer juristischen Person, soweit Z 1 ff nichts anderes bestimmen. Sie dient auch dem Schutz des Gläubigers, BAG MDR **80**, 522 (zu §§ 850 ff). Sie dient darüber hinaus auch dem Schutz der Allgemeinheit, also einem sozialpolitischen Zweck, AG Neuss DGVZ **86**, 45, LAG Hamm DB **95**, 2123. Deshalb ist § 811 zwingendes Recht. Der Gerichtsvollzieher muß die Vorschrift von Amts wegen sorgfältig beachten, Geißler DGVZ **90**, 83. Er muß im Zweifel pfänden, soweit nicht ausreichende andere Vollstreckungsmöglichkeiten bestehen, § 120 Z 1 GVGA.

Bei der *Auslegung* muß man auf den „Zeitgeist" achten und das Sozialstaatsprinzip berücksichtigen, Artt 20, 28 GG, Schneider/Becher DGVZ **80**, 184 (auch zu zahlreichen Einzelfolgerungen). Eine längere Freiheitsstrafe kann zB bei einem Fernseh- oder Rundfunkgerät sogar zum Ausschluß der Unpfändbarkeitsvorschriften führen, Köln DGVZ **82**, 63. Dieser Schuldnerschutz darf andererseits keine so ausschließliche Beachtung finden, daß man das schließlich auch noch schutzwürdige Interesse des Gläubigers daran völlig übergeht, wenigstens durch die Zwangsvollstreckung befriedigt zu werden. Auch kann § 765 a helfen. Wegen seines Verhältnisses zu §§ 811 ff Bloedhorn DGVZ **76**, 104.

3 **3) Schuldnerrechte, I, II.** Der Schuldner kann bis zum Zeitpunkt der Beendigung der Zwangsvollstrekkung nach Grdz 52 vor § 704 eine Erinnerung nach § 766 einlegen, um sich von dem Pfandrecht zu befreien. Wenn er diese Möglichkeit versäumt hat, hat er zwar grundsätzlich noch einen Anspruch aus einer ungerechtfertigten Bereicherung nach §§ 812 ff BGB, aM ZöStö 9 (aber die ZPO schneidet grundsätzlich ein sachliches Recht nicht ab, sondern dient ihm, Einl III 9, 36). Indessen kann § 811 erstmals im Beschwerdeverfahren anwendbar sein, Rn 10. Der Gläubiger kann aber gegen einen solchen Anspruch mit seiner Forderung aufrechnen. Wenn der Gläubiger schuldhaft handelte, hat der Schuldner allerdings auch einen Ersatzanspruch nach §§ 823 II, 826 BGB. Soweit der Gläubiger vorsätzlich gehandelt hat, kann er nicht gegen diesen Anspruch aufrechnen, § 393 BGB, Grdz 56 vor § 704.

4 **4) Verstoß, I, II.** Es gibt zwei Grundsätze und eine Ausnahme.

A. Grundsatz: Keine Nichtigkeit, I. Eine Zwangsvollstreckung in einen unpfändbaren Gegenstand ist nicht nichtig. Sie ist vielmehr zunächst voll wirksam, Üb 6, 8 vor § 803. Das gilt solange, bis das Gericht sie auf Grund eines Rechtsmittels für unzulässig erklärt oder nach § 726 aufhebt oder bis der Schuldner ihr gleichzeitig oder später zustimmt, § 811 c. Diese Zustimmung kann man dem Schuldner um so weniger verwehren, als er ja die Sache auch veräußern könnte, sie insbesondere dem Gläubiger in Zahlung geben könnte.

5 **B. Weitere Regel: Schuldnerschutz trotz seines Verzichts, I.** Nichtig ist aber ein vor, bei oder nach der Pfändung ausgesprochener völliger Verzicht des Schuldners auf jeglichen Pfändungsschutz, Grdz 26 vor

§ 704, LG Oldb DGVZ **80**, 39, AG Essen DGVZ **78**, 175, ZöStö 10, aM Bbg MDR **81**, 50, AG Sinzig RR **87**, 758, ThP 5 (der sozialpolitische Charakter der Vorschrift verbiete einen solchen Verzicht. Sie geben aber dem Gläubiger die Gegeneinrede der Arglist gegen die Geltendmachung der Nichtigkeit desjenigen Verzichts, der in einer Schädigungsabsicht erklärt worden sei, Einl III 54, Grdz 44 vor § 704. Das ist allerdings ein vermeidbarer Umweg zu dem obigen Ergebnis).

Der Verzicht kann in den verbleibenden Fällen wirksam sein. Er kann dann sogar stillschweigend erfolgen. Das gilt zB bei einer *Sicherungsübereignung* unpfändbarer Sachen, LG Stgt DGVZ **80**, 91, aM LG Hildesh DGVZ **89**, 173. Der Verzicht setzt aber die Kenntnis der Schutzvorschrift voraus, AG Essen DGVZ **78**, 175. Man kann eine Prüfung der Wirksamkeit des Verzichts bei einer Sicherungsübereignung deswegen für unnötig halten, weil der Verzicht wegen des Eigentumsübergangs begrifflich ausgeschlossen sei.

C. Ausnahme: Kein Schuldnerschutz, II, dazu *Münzberg* DGVZ **98**, 81 (Üb): Der Schutz versagt dann, wenn der Gläubiger die Sache als der Eigentümer herausverlangen kann, AG Bad Neuenahr DGVZ **04**, 159, AG Plön JB **02**, 607. Das gilt aber nur, sofern das Eigentum klar zu Tag liegt (Einwand der Arglist, Grdz 44 vor § 704), aM LG Bln DGVZ **79**, 9 (aber eine Ausnahme braucht eine enge Auslegung, Einl III 36). Ebenso verhält es sich bei I Z 1, 4, 5–7 mit der Pfändung einer solchen Sache, die der Veräußerer dem Erwerber unter seinem Eigentumsvorbehalt überlassen hat, AG Eschwege DGVZ **02**, 127. Denn eine Arglist ist niemals statthaft, Grdz 44 vor § 704. Die frühere Streitfrage ist durch II erledigt, LG Köln DGVZ **99**, 42. Der Gläubiger muß eine Vereinbarung des Eigentumsvorbehalts nicht nur glaubhaft machen, sondern „nachweisen", und zwar „durch Urkunden", §§ 415 ff. Andernfalls bleibt die Unpfändbarkeit bestehen. Es findet keine Amtsermittlung nach Grdz 38 vor § 128 dazu statt. Der Vollstreckungstitel kann vor dem 1. 1. 99 ergangen sein, AG Nürnb JB **99**, 550. Bei einer Sicherungsübereignung gilt § 771, AG Saarlouis DGVZ **97**, 142. 6

Wenn die Sache freilich auf *Abzahlung* gekauft wurde, ist die Berufung auf die Unpfändbarkeit der Sache wegen der nach dem BGB gegebenen Pflicht zur Rückgewähr auch der bisherigen Leistungen des Schuldners nur dann arglistig, wenn der Schuldneranspruch ohne weiteres feststellbar ist, so schon Ffm Rpfleger **80**, 303, ZöStö 7, aM Hadamus Rpfleger **80**, 421 (je zum alten Recht). Wegen der Pfändung demnächst pfändbar werdender Sachen § 811 c. 7

5) Austauschpfändung, I, II. §§ 811 a ff. 8

6) Entsprechende Anwendbarkeit, I, II. Die Vorschrift und ihre Ergänzungen nach Rn 54 sind außerhalb der einzelnen Ziffern wegen ihrer Rechtsnatur als Ausnahmevorschriften nicht entsprechend anwendbar. Das bedeutet aber nicht, daß diese Vorschriften noch heute ebenso auslegbar wären wie vor Jahren. Deshalb darf man ältere Entscheidungen nur vorsichtig verwerten. 9

7) Geldforderung, I, II. § 811 ist auf die Zwangsvollstreckung wegen aller Geldforderungen durch eine Pfändung nach §§ 808 ff unabhängig von der Art und Höhe der Gläubigerforderung anwendbar, aber auch auf eine Arrestpfändung nach §§ 930, 935 und auf jede einzelne Pfändung bei einer Anschlußpfändung nach § 826. Dagegen ist § 811 nicht anwendbar auf die Pfändung eines Herausgabeanspruchs nach § 947 I und nicht auf die Herausgabe einer Sache, §§ 883 ff. Es ist grundsätzlich unerheblich, wem der Gegenstand gehört. Vgl freilich bei einem Eigentumsvorbehalt Rn 6. Es ist unerheblich, ob sich die zu pfändende Sache im Gewahrsam des Schuldners, des Gläubigers oder eines herausgabebereiten Dritten befindet, §§ 808, 809. Maßgeblich ist der Zeitpunkt der Entscheidung über die Erinnerung. Vgl aber Rn 13. 10

Wenn die Voraussetzungen einer Unpfändbarkeit nach § 811 *nachträglich* entstehen, ist die Vorschrift evtl auch im Beschwerdeverfahren erstmals anwendbar. Wenn die Unpfändbarkeit nachträglich wegfällt, ist der Rechtsbehelf damit gegenstandslos geworden. Bei einem Erben entscheidet dessen Bedürfnis. Der Erbe kann sich seiner Pflicht, den Nachlaß nach § 1990 BGB herauszugeben, nicht mithilfe des § 811 entziehen. Der Schuldner kann sich gegenüber einem nach dem AnfG erworbenen Vollstreckungstitel nicht auf eine Unpfändbarkeit berufen. Der Wert der Sache begrenzt bei § 811 c II die Unpfändbarkeit. Bei I Z 1, 5 und 6 kann der Wert der Sache auch zu einer Austauschpfändung führen, §§ 811 a, b. Im übrigen ist der Wert der Sache bedeutungslos.

8) Geldersatz, I, II. Ein in Geld geleisteter Ersatz (Surrogat) für die Sache tritt nicht an die Stelle der Sache. So tritt zB eine Versicherungsentschädigung nach einem Brand oder Einbruch nicht an die Stelle der zerstörten oder geraubten Sachen. Dann sind Z 2 und 3 anwendbar. Vgl aber die Übertragungsbeschränkung in § 15 VVG. Der Anspruch des Schuldners auf die Herausgabe einer unpfändbaren Sache ist unpfändbar. Das gilt auch für den Anspruch auf eine Eigentumsbeschaffung beim Eigentumsvorbehalt. Eine unpfändbare Sache gehört nicht zur Insolvenzmasse, § 35 InsO. Ausnahmen gelten bei Z 4, 9, für Geschäftsbücher auch bei I Z 11, § 36 II Z 1, 2, III InsO, und Rn 54. § 811 schützt einen Ausländer ebenso wie einen Inländer. 11

9) Verfahren, I, II. Man muß drei Zeitabschnitte unterscheiden. 12

A. Prüfung von Amts wegen. Der Gerichtsvollzieher muß sorgfältig von Amts wegen untersuchen, ob die Sache unpfändbar ist, Rn 1. Er muß eine zweifelsfrei unzulässige Pfändung trotz eines Auftrags des Gläubigers und trotz einer vorherigen Zustimmung des Schuldners ablehnen. Wenn der Gerichtsvollzieher gepfändet hat, darf er die Sache nicht eigenmächtig freigeben. Er muß aber den Schuldner über Rechtsbehelfe belehren und den Gläubiger zur Freigabe auffordern.

B. Entscheidung. Das Gericht entscheidet auf Grund einer Erinnerung wie bei § 766 Rn 45. Die Unpfändbarkeit muß grundsätzlich im Zeitpunkt der Pfändung nach §§ 808 ff vorliegen, LG Bochum DGVZ **80**, 38, LG Wiesb DGVZ **97**, 59 (vorübergehende Sonderlage unschädlich), AG Sinzig DGVZ **90**, 95, aM ThP 3 (aber der Pfändungszeitpunkt ist nun wirklich der mit Abstand richtigste). Freilich kommt es auf den Zeitpunkt der Entscheidung über die Erinnerung an, soweit der Gerichtsvollzieher die Pfändung abgelehnt hatte. Bei einer Anschlußpfändung nach § 826 muß die Unpfändbarkeit also im Zeitpunkt der Anschlußpfändung vorliegen. Eine nachträglich eintretende Unpfändbarkeit nimmt dem Gläubiger sein Pfandrecht nicht, § 811 d Rn 1, LG Bln Rpfleger **77**, 262, LG Bochum DGVZ **80**, 38. Wegen der Pfändung einer Sache, die demnächst pfändbar wird, § 811 d. 13

14 **C. Rechtsbehelfe.** Man muß wie folgt unterscheiden.

Der *Schuldner* kann gegen die Pfändung einer unpfändbaren Sache unabhängig von seinem Eigentum die Erinnerung einlegen, solange er Nutzer ist, § 766. Er muß die Unpfändbarkeit darlegen und notfalls beweisen. Wenn die Sache schon verwertet wurde, hat er die Möglichkeit einer Bereicherungs- oder Ersatzklage, aM StJM 22 (er habe dann keine Ansprüche mehr. Vgl aber Rn 3).

Der *Gläubiger* kann gegen die Ablehnung seines Antrags auf eine Pfändung überhaupt oder doch auf die Pfändung eines bestimmten Gegenstands die Erinnerung nach § 766 II einlegen. Er muß die Pfändbarkeit darlegen und notfalls beweisen, LG Augsb DGVZ **89**, 139.

Ein *Dritter* hat grundsätzlich keinen Rechtsbehelf. Das gilt zB für einen Unternehmer bei I Z 5 anstelle des Beschäftigten. Die Möglichkeit der Erinnerung nach § 766 kommt für den Dritten aber zB dann infrage, wenn sich eine Unpfändbarkeit unmittelbar bei ihm auswirkt, etwa für die Familie und für Hausangehörige des Schuldners. Wenn die Pfändung gegen I Z 4 verstößt, kann auch der dingliche Gläubiger die Erinnerung nach § 766 einlegen.

15 **10) Sache des persönlichen Gebrauchs, I Z 1.** Man muß behutsam abwägen.

A. Grundsatz: Sicherung des Mindestbedarfs. Der Zweck ist die Sicherung des häuslichen Lebens. I Z 1 soll dem Schuldner alle diejenigen Gegenstände des persönlichen Gebrauchs oder des Hausstands belassen, die der Schuldner zur Führung eines seinem Beruf und seinen Verhältnissen und insbesondere seinen Schulden angemessenen bescheidenen Lebens oder Haushalts braucht. Es kommt auf die Zweckbestimmung an. Die Sachen brauchen daher nicht in einem strengen Sinn unentbehrlich zu sein, LG Bochum DGVZ **83**, 12. Der Hausstand muß bestehen und nicht etwa erst bevorstehen. Er kann auch nach einer Zwangsräumung bestehen, solange der Schuldner irgendwo vorübergehend lebt, LG Mü DGVZ **83**, 94. Zum Hausstand gehören alle Familienmitglieder, die mit dem Schuldner in seiner Wohnung oder in der Wohnung seiner Ehefrau oder des eingetragenen Lebenspartners zusammenleben und wirtschaftlich vom Schuldner abhängen. Es ist unerheblich, ob der Schuldner die Familienmitglieder unterhalten muß. Zum Hausstand gehören ferner Pflegekinder und Hausangestellte, Auszubildende, Handlungsgehilfen, soweit der Schuldner sie in die Wohnung aufgenommen hat. Es ist nach Rn 10 unerheblich, ob der Schuldner Eigentümer ist, soweit die Sache ungestört benutzbar ist.

16 **B. Angemessenheit des Hausstands: Abwägung.** Ob der Hausstand angemessen ist, das kann man nur von Fall zu Fall entscheiden, VGH Mannh NJW **95**, 2804. Die Regelung des notwendigen Lebensunterhalts zB (jetzt) im SGB verfolgt nicht stets denselben Zweck, BVerwG NJW **89**, 925. Entscheidend sind die Berufstätigkeit und die Verschuldung, also deren Höhe und die Möglichkeit, die Schuld abzutragen. Unerheblich ist, ob der Hausstand standesgemäß ausgestattet ist. Der Hausstand darf nur bescheiden sein. Das bedeutet aber nicht, daß Z 1 nur eine völlige Ärmlichkeit schützen würde, LG Wiesb DGVZ **89**, 141, AG Mü DGVZ **81**, 94, FG Brdb JB **98**, 664. Andererseits darf kein Überfluß vorliegen. Das gilt auch für die Sachen des persönlichen Gebrauchs. Man muß eine ungestört mitbenutzte fremde Sache mitberücksichtigen. Eine zeitweise Vermietung beweist nichts gegen das „Bedürfen". Eine vorübergehende Einschränkung ist erträglicher als ein dauerndes Entbehren.

Im allgemeinen ist aber der *Besitz* eine Voraussetzung dafür, daß der Schuldner die Sache braucht. Etwas anderes gilt allerdings dann, wenn der Schuldner den Besitz wegen des Verlassens der Wohnung aufgegeben hat oder wenn das Gericht die Sache dem Schuldner im Hausratsverfahren zugewiesen hat, wenn er sie aber noch nicht in seinen Besitz genommen hat. Die Möglichkeit einer späteren Neuanschaffung muß außer Betracht bleiben. Einzelheiten sind einigermaßen wertlos. Denn alle Fälle liegen verschieden. Auch bei mehreren Wohnungen des Schuldners ist eine Fallabwägung erforderlich. Er mag den einen unentbehrlichen Gegenstand gerade in der einen Wohnung verwahren, den anderen in der anderen, aM AG Korbach DGVZ **84**, 154 (die weniger benutzte Wohnung habe keinen Pfändungsschutz. Aber gerade dort kann zB ein wertvolles Gerät stehen, das der Schuldner nicht ständig braucht, aber um so intensiver benutzen muß, *wenn* er sich dorthin begibt, auch beruflich).

17 **C. Beispiele zur Frage der Unpfändbarkeit nach I Z 1**

Behelfsheim: Rn 24.

Bett: Ein Bett ist sowohl als Möbel als auch als Wäschebestandteil einschließlich der Bettfedern, Matratzen grds nach Z 1 unpfändbar, auch soweit man es nicht täglich benutzt.

Bettvorleger: Anders als das Bett ist ein Bettvorleger *grds nicht* nach Z 1 unpfändbar.

CD-Gerät: Neben einem unpfändbaren Fernsehgerät ist ein CD-Gerät *meist pfändbar,* VGH Mannh NJW **95**, 2804.

Eigentumsvorbehalt: Rn 6, 7.

Einbauküche: Sie ist mangels Raumteilereigenschaft *grds pfändbar,* AG Nördlingen JB **02**, 211.

Fahrrad: Es ist grds nach Z 1 unpfändbar. Freilich kann ein Luxusstück nach § 811 a austauschbar sein.

Ferienhaus: Rn 24.

18 **Fernsehgerät:** Ein Fernsehgerät kann nach Z 1 unpfändbar sein, zB VGH Kassel NJW **93**, 551. Das gilt sogar für ein Farbfernsehgerät, zumindest dann, wenn es das einzige tontechnische Informationsmittel für den Schuldner ist, LG Itzehoe DGVZ **88**, 120, VG Oldb NJW **91**, 2921.

19 Evtl ist unpfändbar sogar ein Fernsehgerät *neben* einem vorhandenen *Rundfunkgerät,* BFH NJW **90**, 1871, LG Gera DGVZ **01**, 9, AG Lichtenberg DGVZ **07**, 174, aM Ffm DGVZ **94**, 43, LG Wiesb DGVZ **97**, 60, ThP 8 (aber das Fernsehen hat heute die weitaus zentralere Bedeutung für die jedem zustehende allgemeine Information).

Ein Farbfernsehgerät ist gegen ein einfacheres Schwarzweiß-Gerät *austauschbar,* LG Bochum DGVZ **83**, 13. Ein Farb- oder Schwarzweiß-Fernsehgerät ist nur ausnahmsweise auch gegen ein einfaches Rundfunkgerät austauschbar, Köln DGVZ **82**, 63, AG Ibbenbüren DGVZ **81**, 175, aM LG Lahn-Gießen NJW **79**, 769 (aber man muß ganz auf den Einzelfall abstellen, Rn 16).

S auch Rn 23 „Rundfunkgerät".

Fotoapparat: Ein einfacher Fotoapparat ist evtl nach Z 1 unpfändbar. Ein teurer ist aber nach § 811 a *austauschbar.* 20
Frack: Rn 21 „Kleidung".
Gartenhaus: Rn 24.
Geschirrspülmaschine: Sie ist *nicht* nach Z 1 unpfändbar.
Glasvitrine: Eine Glasvitrine ist *nicht* nach Z 1 unpfändbar, LG Heidelb MDR **92**, 1001.
S aber auch Rn 22 „Möbel".
Haushaltswäsche: Rn 23 „Wäsche".
Hausratsentschädigung: Sie ist *nicht* nach Z 1 unpfändbar.
Heißwassergerät: Ein Heißwassergerät ist nach Z 1 unpfändbar.
Heizkissen: Ein Heizkissen ist nach Z 1 unpfändbar.
Kaffeemühle: Eine elektrische Kaffeemühle ist nach Z 1 unpfändbar. 21
Kassettengerät: Neben einem unpfändbaren Fernsehgerät ist ein Kassettengerät *meist pfändbar,* VGH Mannh NJW **95**, 2804.
Kinderbett: Ein Kinderbett ist grds nach Z 1 unpfändbar.
Kinderwagen: Ein Kinderwagen ist grds nach Z 1 unpfändbar.
Klavier: Es ist nur dann unpfändbar, wenn es dem Erwerb dient, AG Essen DGVZ **98**, 30.
Kleidung: Kleidung ist meist nach Z 1 unpfändbar, soweit es sich nicht um wenigstens nach § 811 a austauschbare Luxusstücke (zB Pelze) handelt. Bei einem Frack usw kommt es auf die Berufstätigkeit des Trägers und auf seine Sozialstellung an.
Koffer: Ein Koffer kann nach Z 1 unpfändbar sein. Es kommt natürlich auf die Umstände an.
Kühlschrank: Ein Kühlschrank ist nach Z 1 unpfändbar, soweit kein geeigneter Kellerraum vorhanden ist und die Vorräte wegen einer arbeitsbedingten Abwesenheit aller Familienmitglieder kühl bleiben müssen. Eine Unpfändbarkeit liegt ferner dann vor, wenn es sich um eine zahlreiche Familie handelt, aM Schneider/Becher DGVZ **80**, 181 (aber auch Z 1 enthält unverkennbar einen starken sozialen Aspekt). 22
S aber auch Rn 23 „Tiefkühlgerät".
Möbel: Möbel sind oft nach Z 1 unpfändbar. Das gilt zB für: Einen Kleiderschrank; ein Sofa usw, LG Wiesb DGVZ **89**, 141; einen Eßtisch mit vier Stühlen; ein Sideboard; eine Polstergruppe, unabhängig vom Wert, LG Heilbr MDR **92**, 1001, AG Itzehoe DGVZ **98**, 63, aM AG Mü DGVZ **95**, 11, FG Brdb JB **98**, 664; einen Teppich.
S aber auch Rn 20 „Glasvitrine".
Nähmaschine: Eine Nähmaschine ist grds nach Z 1 unpfändbar. Man kann auch nicht argumentieren, daß der Schuldner sich die Bekleidung kaufen könne. Denn eine Ausbesserung ist meistens billiger.
Rundfunkgerät: Ein Rundfunkgerät kann nach Z 1 unpfändbar sein. Das gilt freilich *nicht* für eine Stereokompaktanlage, LG Bochum DGVZ **83**, 13, noch gar neben einem Farbfernsehgerät, LG Duisb MDR **86**, 682, AG Essen DGVZ **98**, 94, vgl freilich auch Rn 18 „Fernsehgerät". Ein Ersatzstück, das einen Inlandsempfang ermöglicht, muß bei einem deutschen Schuldner ausreichen, § 811 a. 23
S auch Rn 18, 19 „Fernsehgerät".
Staubsauger: Ein Staubsauger ist grds nach Z 1 unpfändbar, insbesondere beim Vorhandensein eines Teppichbodens, aM AG Wiesb DGVZ **93**, 258 (bei nur 20 qm), AG Jülich DGVZ **83**, 62 (aber Raumpflege dient wesentlich auch der Gesundheit).
Stereoanlage: Neben einem unpfändbaren Fernsehgerät ist eine Stereoanlage *meist pfändbar,* VGH Mannh NJW **95**, 2804.
S auch Rn 18, 19 „Fernsehgerät", Rn 23 „Rundfunkgerät".
Telekommunikationsendgerät: Es kann nach Z 1 unpfändbar sein, Schnittmann DGVZ **94**, 51.
Tiefkühlgerät: Ein Tiefkühlgerät ist *grds nicht* nach Z 1 unpfändbar, LG Kiel DGVZ **78**, 115, AG Itzehoe DGVZ **84**, 30. Das gilt selbst dann, wenn der Schuldner gehbehindert ist, jedoch einen Kühlschrank besitzt, AG Paderb DGVZ **79**, 27.
S aber auch Rn 22 „Kühlschrank".
Uhr: Eine Uhr ist meist nach Z 1 unpfändbar. Das gilt auch für eine kostbare Armbanduhr, Mü DGVZ **83**, 140 (freilich kommt dann eine Austauschpfändung in Betracht).
Videogerät. Es ist nur dann unpfändbar, wenn es dem Erwerb dient, AG Essen DGVZ **98**, 30.
Waschmaschine: Eine Waschmaschine ist grds nach Z 1 unpfändbar, weil sie heute zum Bestandteil wohl jedes Haushalts gehört. Das gilt auch aus hygienischen Gründen, LG Bln RR **92**, 1038, Schneider DGVZ **80**, 177, ZöStö 15, aM AG Bln-Schöneb DGVZ **90**, 15 (beim 2-Personen-Haushalt könne der Schuldner eine Wäscherei oder einen Waschsalon benutzen. Das wird aber meist nicht nur teuer und zeitraubender, sondern kann weniger hygienisch sein usw).
Wäsche: Haushaltswäsche ist grds nach Z 1 unpfändbar, auch soweit der Schuldner sie nicht ständig benutzt.
Wäscheschleuder: Eine Wäscheschleuder ist nach Z 1 unpfändbar, soweit es sich um eine zahlreiche Familie handelt und soweit sonst nur beschränkte Trocknungsmöglichkeiten bestehen. Zum Problem Schneider/Becher DGVZ **80**, 180.
Wasserenthärtungsanlage: Eine Wasserenthärtungsanlage ist grds nach Z 1 unpfändbar, AG Schlesw DGVZ **77**, 63 (großzügig).
Wochenendhaus: Rn 24.
Wohnboot: Rn 24.
Wohnlaube: Rn 24.
Wohnwagen: Rn 24.

D. Erweiterung von I Z 1. In einer Erweiterung von Z 1 sind folgende Sachen unpfändbar: Ein Gartenhaus; eine Wohnlaube und eine ähnliche Wohnzwecken dienende Einrichtung wie ein Behelfsheim, ein Wohnwagen oder ein Wohnboot. Voraussetzung der Unpfändbarkeit ist dann, daß diese Einrichtung der 24

Zwangsvollstreckung in das bewegliche Vermögen unterliegt, daß sie also nicht ein Grundstücksbestandteil nach § 864 Rn 3 ist. Der Schuldner und seine Familie muß die Einrichtung nicht nur benutzen, sondern er muß sie zu seiner ständigen Unterkunft auch benötigen, Zweibr Rpfleger **76**, 329 (der Wert ist dann unerheblich, ZöStö 16, aM LG Brschw DGVZ **75**, 25). Ein solcher Raum, den der Schuldner nur gelegentlich neben einer anderen Unterkunft benutzt, etwa ein bloßes Wochenend- oder Ferienhaus, ist pfändbar. Stets kann eine Austauschpfändung nach §§ 811 a, b in Betracht kommen.

25 **11) Nahrungsmittel usw, I Z 2.** Zum Begriff der Familie Rn 15. Hierher gehören nur solche Hausangehörige, die im Haushalt helfen, also auch zB Pflegekinder und Hausangestellte, unabhängig von einer Unterhaltspflicht des Schuldners, weder ein Hauslehrer noch ein Auszubildender noch ein kaufmännisches Personal. Nahrungs-, Heizungs- und Beleuchtungsmittel sind für 4 Wochen unpfändbar. Wenn sie fehlen, muß der Gerichtsvollzieher dem Schuldner einen entsprechenden Geldbetrag belassen. Die Möglichkeit einer Beschaffung auf einem anderen Weg ist dann gesichert, wenn eine bestimmte Zahlung von Lohn, Gehalt usw unmittelbar bevorsteht und zur Beschaffung ausreicht. Die Bedürfnisse eines Gewerbebetriebs scheiden bei der Bemessung der Menge aus. Wegen der lebenden Tiere Z 3. Ungeerntete Früchte fallen unter § 810. Z 2 gilt auch dann. Zum Holz Z 4. Ein Anspruch auf die Lieferung einer gattungsmäßig bestimmten Sache, etwa von „Lebensmitteln", fällt nicht unter Z 2. Ebensowenig gehören Miete und Kleidung hierher. Wegen der Besonderheiten für Landwirte Z 4, für landwirtschaftliche Arbeitnehmer Z 4 a.

26 **12) Kleintier, Milchkuh usw, I Z 3.** Kleintiere sind Kaninchen, Geflügel, Milchkuh ist eine Kuh, die regelmäßig Milch gibt, wenn auch nicht gerade jetzt. Statt der Milchkuh kann der Schuldner zwei Schweine, zwei Ziegen oder zwei Schafe wählen. Leihvieh kann das eigene Vieh pfändbar machen. Wenn er nicht wählt, wählt für ihn der Gerichtsvollzieher. Wegen des Geldbetrags usw Rn 25. Die Tiere müssen für die Ernährung des Schuldners usw erforderlich sein. Auch die Futter- und Streuvorräte müssen erforderlich sein. Die Praxis versteht unter dem Betriff der Erforderlichkeit einen geringen Grad der Unentbehrlichkeit. Eine bloße Zweckbestimmung reicht aber nicht aus. Zum Begriff der Familie Rn 15. Anders als bei Z 2 gehören zu Z 3 nicht nur diejenigen Hausangehörigen, die im Haushalt helfen, sondern auch diejenigen, die in der Landwirtschaft oder im Gewerbe mitarbeiten, also zB auch ein Auszubildender, ein Handwerksgeselle usw. Der Schuldner braucht aber nicht Landwirt zu sein. Wegen Hunde und anderer Haustiere § 811 c. Zur Abgrenzung von Z 3 und 4 LG Rottweil MDR **85**, 1035.

27 **13) Landwirt, I Z 4.** Die Abgrenzung folgt dem Schutzzweck.

A. Zweck, dazu *Noack* JB **79**, 649: Grundgedanke von Z 4 ist, die Wirtschaft als Ganzes zu erhalten, LG Rottweil MDR **85**, 1035, unabhängig davon, ob der Schuldner sie im Hauptberuf oder im Nebenberuf betreibt. Auf dieser Basis muß man beurteilen, welches Gerät, Vieh und welcher Dünger zum Wirtschaftsbetrieb erforderlich sind. Eine im Zeitpunkt der Pfändung bestehende Betriebsweise gibt die Richtschnur. Der Gerichtsvollzieher darf dem Schuldner nur dasjenige belassen, was der Schuldner unmittelbar im Betrieb verwendet. Der Schuldner darf an landwirtschaftlichen Erzeugnissen auch das behalten, was er braucht, um sich, seine Familie nach Rn 15 und seine Arbeitnehmer zu unterhalten. Der Schuldner darf ferner den Verkaufserlös aus den für die Aufrechterhaltung einer geordneten Wirtschaftsführung unentbehrlichen landwirtschaftlichen Erzeugnissen behalten, § 851 a. Was der Schuldner allerdings ohne eine solche Zweckbindung des Erlöses ohnehin verkaufen will, kann pfändbar sein, LG Kleve DGVZ **80**, 39, AG Worms DGVZ **84**, 127. Das sachlichrechtliche Pfandrecht des Verpächters erstreckt sich bei der Landpacht nur auf die in Z 4 genannten unter den sonst unpfändbaren Sachen, § 592 S 3 BGB. Eine Sache nach Z 4 gehört zur Insolvenzmasse, § 36 II Z 2 InsO.

28 **B. Begriffe.** Landwirt ist derjenige, der zur Zeit der Vollstreckung tatsächlich ausschließlich oder nebenbei eine Landwirtschaft betreibt, AG Schopfheim DGVZ **76**, 62, auch als Nießbraucher oder Pächter, geschäftlich oder zum Vergnügen. Landwirtschaft ist jede erwerbsmäßige Bearbeitung eigenen oder fremden Bodens, LG Oldb DGVZ **80**, 170. Z 4 schützt auch den ausländischen Landwirt. Das Pfandrecht des Verpächters ist nicht an die Grenze der Z 4 gebunden, § 585 BGB. Z 4 ist auch gegenüber einem Früchtepfandrecht nach § 810 Rn 1, 2 beachtlich. Doch muß der Gerichtsvollzieher diese Einschränkung nicht von Amts wegen beachten. Wenn der Landwirt sein Anwesen verkauft hat, schützt Z 4 ihn nicht mehr. Der Schutz dauert aber dann fort, wenn der Landwirt den Verkauf nur zu dem Zweck vorgenommen hat, um sich alsbald eine andere Landwirtschaft zu kaufen. Zum Vieh gehört auch das Zucht-, Milch-, Federvieh, AG Kirchheim/Teck DGVZ **83**, 62, ferner das Mastvieh. Auch ein schlachtreifes Vieh kann zur Fortführung der Wirtschaft notwendig sein. Landwirtschaftserzeugnisse sind die Feldfrüchte, mögen sie abgeerntet sein oder noch auf dem Feld stehen, aber auch forstwirtschaftliche Früchte oder Heizvorräte.

29 Was zur Fortführung der Wirtschaft und zum Unterhalt *notwendig* ist, das richtet sich nach objektiven Gesichtspunkten und nicht nach dem Bedürfnis des Schuldners. Eine Hochdruckheupresse kann unpfändbar sein, LG Oldb DGVZ **80**, 39. Es kommt auf die Betriebsgröße an. Hierher gehören auch diejenigen Erzeugnisse, die der Ernährung der Arbeitskräfte und des Viehs dienen. Man muß von einer vernünftigen landwirtschaftlichen Vorratswirtschaft ausgehen. Der bloße Verkaufszweck bietet auch dann keinen Schutz, wenn der Erlös der Wirtschaftsführung dient, LG Kleve DGVZ **80**, 38. Es muß aber Saatgut und Viehfutter bis zur nächsten Ernte verbleiben, AG Worms DGVZ **84**, 127. Oft muß aber auch an Nahrung genug bis zur neuen Ernte verbleiben. Die Gegenstände der Z 4 sind nach § 98 Z 2 BGB Zubehör des Grundstücks, soweit es sich nicht um Früchte handelt, die für den Wirtschaftsbetrieb nicht erforderlich sind. Deshalb sind diese Gegenstände durch § 865 II schlechthin unpfändbar, soweit sie im Eigentum des Grundstückseigentümers stehen.

30 **C. Beispiele zur Frage der Anwendbarkeit von I Z 4**

Ackerbau: Er gehört zu Z 4, LG Oldb DGVZ **80**, 170.

Ausländer: Auch er kann zu Z 4 gehören.

Baumschule: Sie gehört zu Z 4, AG Elmshorn DGVZ **95**, 12.

Bienenzucht: Sie gehört *grds nicht* zu Z 4, da sie weniger auf der Nutzung von Grund und Boden beruht, LG Oldb DGVZ **80**, 170.
Brennerei: Rn 31 „Technischer Betrieb".
Fischzucht: Sie gehört zu Z 4, Röder DGVZ **95**, 38.
Forstwirtschaft: Sie gehört zu Z 4, LG Oldb DGVZ **80**, 170.
Fuchsfarm: Sie gehört *grds nicht* zu Z 4, da sie weniger auf der Nutzung von Grund und Boden beruht.
Gartenbau: Er gehört zu Z 4, LG Oldb DGVZ **80**, 170.
Geflügelfarm: Sie gehört grds zu Z 4, LG Oldb DGVZ **80**, 170.
Gemüsebau: Er gehört zu Z 4.
Geschäftsmäßiger Betrieb: Ein solcher Betrieb, der nicht auf der Nutzung von Grund und Boden beruht, gehört *nicht* zu Z 4. Vgl bei den einzelnen Stichwörtern.
Hundezucht: Sie gehört *grds nicht* zu Z 4, da sie weniger auf der Nutzung von Grund und Boden beruht.
Legehennenintensivhaltung: Sie gehört *grds nicht* zu Z 4, da sie weniger auf der Nutzung von Grund und Boden beruht.
Mastviehhaltung: Sie gehört *grds nicht* zu Z 4, da sie weniger auf der Nutzung von Grund und Boden 31
beruht.
Molkerei: Sie gehört *grds nicht* zu Z 4, da diese Stufe der Verarbeitung weniger zur Nutzung von Grund und Boden gehört.
Obstbau: Er gehört zu Z 4, LG Oldenb DGVZ **80**, 170.
Pelztierfarm: Sie gehört *grds nicht* zu Z 4, da sie weniger auf der Nutzung von Grund und Boden beruht.
Pferdezucht: Sie gehört *grds nicht* zu Z 4, da sie weniger auf der Nutzung von Grund und Boden beruht, LG Frankenth MDR **89**, 364, LG Oldb DGVZ **80**, 170.
Soweit der Züchter freilich auch das *Futter* anbaut, ist Z 4 anwendbar, LG Kblz DGVZ **97**, 89.
Tabakbau: Er gehört zu Z 4.
Technischer Betrieb: Er gehört *grds nicht* zu Z 4, da er weniger auf der Nutzung von Grund und Boden beruht, etwa eine Brennerei oder Ziegelei.
Viehzucht: Sie gehört grds zu Z 4, LG Bonn DGVZ **83**, 153, LG Oldb DGVZ **80**, 170 (jedoch das zum Wirtschaftsbetrieb erforderliche Vieh), AG Kirchheim DGVZ **83**, 62 (auch das Einzeltier der Herde).
Vgl Rn 30 „Bienenzucht", „Legehennenintensivhaltung", Rn 31 „Mastviehzucht", „Pferdezucht".
Weiden-, Wiesenbau: Er gehört zu Z 4.
Weinbau: Er gehört zu Z 4, LG Oldb DGVZ **80**, 170.
Ziegelei: S „Technischer Betrieb".

14) Landwirtschaftlicher Arbeitnehmer, I Z 4 a. Zum Begriff des landwirtschaftlichen Betriebs 32
Rn 28 ff. Doch ist es unerheblich, ob ein technischer Nebenbetrieb vorliegt. Es ist nur beachtlich, ob der Beschäftigte eine Naturalvergütung erhält. Sie braucht nicht aus landwirtschaftlichen Erzeugnissen zu bestehen und nicht aus dem Betrieb des Arbeitgebers zu kommen. Sie ist ohne Rücksicht auf seinen Bedarf unpfändbar, soweit sie seine Arbeitsvergütung darstellt. Unpfändbar ist auch dasjenige Vieh, das der Schuldner von seiner Naturalvergütung ernährt, soweit dieses Vieh ebenfalls dem Unterhalt des Schuldners und seiner Familie dient, Rn 15. Es ist unerheblich, wo sich die Vergütung und das Vieh befinden. Es kommt nur darauf an, ob die Vergütung und das Vieh dem Beschäftigten gehören und nicht etwa im Eigentum des Dienstherrn oder eines Dritten stehen. Der Anspruch auf Vergütung fällt unter § 850 e Z 3.

15) Persönliche Leistung, I Z 5, dazu *Ising*, Pfändungsschutz für Arbeitsmittel und Vergütungsforde- 33
rungen bei selbständiger Erwerbstätigkeit nach § 811 Abs. 1 Nrn. 5, 7 ZPO usw, 2007 (Bespr *Wolf* Rpfleger **08**, 104): Die Praxis verfährt oft zu streng.

A. Zweck. Z 5 schützt alle diejenigen Personen, die durch ihre persönliche selbständige oder abhängige Leistung ihren Erwerb finden, mag diese Leistung körperlich oder geistig sein, mag der Schuldner sie allein oder mit einigen Helfern erbringen, AG Köln RR **03**, 988. Der Gegensatz zur persönlichen Leistung ist eine Arbeitsweise durch den Einsatz eines Kapitals, LG Ffm RR **88**, 1471, AG Dortm DGVZ **88**, 158, AG Sinzig RR **87**, 757, zB grundsätzlich beim Vollkaufmann, § 4 HGB, zB bei einer GmbH, AG Düss DGVZ **91**, 175 (selbst wenn der Geschäftsführer und Alleingesellschafter mitarbeitet), es sei denn, daß es sich um einen im wesentlichen allein arbeitenden Handelsvertreter handelt. Kapitaleinsatz kann auch dann vorherrschen, wenn auch eine Arbeitsleistung hinzutritt, LG Düss DGVZ **85**, 74, LG Lübeck DGVZ **82**, 78, LG Oldb DGVZ **80**, 170. Z 5 schützt den Kopf- und Handwerker jeder Art. Z 5 schützt auch den Selbständigen, AG Köln RR **03**, 988. Z 5 schützt auch denjenigen, der mit einem Kapital arbeitet, soweit seine persönliche Arbeit und nicht die Ausnutzung des Kapitals die Hauptsache ist, LG Hbg DGVZ **84**, 26, AG Schweinf JB **77**, 1287.

B. Unerheblichkeiten. Es ist unerheblich, ob der Schuldner den Betrieb einschränken könnte. Denn 34
jeder Betrieb läßt sich einschränken. Unerheblich ist, ob der Schuldner die persönliche Leistung im Haupt- oder *Nebenberuf* erbringt, LG Rottweil DGVZ **93**, 58, AG Karlsr DGVZ **89**, 141, aM LG Regensb DGVZ **78**, 45.

Es ist ferner unerheblich, ob der Betrieb schon *Einnahmen* erbringt, soweit er schon besteht oder baldige Einnahmen verspricht, AG Ibbenbüren DGVZ **01**, 30. Es ist unerheblich, ob der Beruf oder das Geschäft vorübergehend schlecht gehen, AG Neuwied DGVZ **98**, 174, oder ob sie ruhen, LG Wiesb DGVZ **97**, 59, solange keine längere Pause eintritt, etwa durch eine Krankheit oder Haft. Die Mitarbeit eines Gehilfen macht die Arbeit des Chefs nicht zu einer kapitalistischen. Bei mehreren Mitarbeitern kann der Schutz aufhören, Hbg DGVZ **84**, 57. Ein Maler braucht ein Modell, ein Schriftsteller evtl doch noch eine Schreibhilfe. Z 5 schützt auch den Erwerber, zB den Vermögensübernehmer, wenn die Voraussetzungen der Z 5 auch bei ihm persönlich vorliegen. Wenn allerdings ein kaufmännischer Warenvertrieb zB beim mittleren oder größeren Einzelhändler überwiegt, ist Z 5 unanwendbar, LG Ffm RR **88**, 1471. Wegen eines kleineren Einzelhändlers Rn 35. Das gilt auch dann, wenn der Schuldner ihn auf einen Handwerksbetrieb umstellen will oder muß, solange das noch nicht geschehen ist.

35 **C. Beispiele zur Frage des persönlichen Geltungsbereiches von I Z 5**

Anwalt: Er fällt unter Z 5.

Architekt: Er fällt unter Z 5, LG Ffm DGVZ **90**, 58.

Arzt: Er fällt unter Z 5, AG Köln RR **03**, 988.

Auszubildender: Er fällt unter Z 5, AG Heidelb DGVZ **89**, 15.

Bauunternehmer: Er fällt unter Z 5, soweit seine persönliche Arbeit die Hauptsache ist, Rn 33.

Buchführungshelfer: Er kann zwar unter Z 5 fallen, muß aber nachvollziehbar darlegen und glaubhaft machen, für wen er tätig ist usw, LG Hagen DGVZ **95**, 41.

Drucker: Er fällt unter Z 5, soweit seine persönliche Arbeit die Hauptsache ist, Rn 33, LG Hbg DGVZ **84**, 26.

Fabrikarbeiter: Er fällt unter Z 5.

Förster: Er fällt unter Z 5, Schlesw DGVZ **78**, 11.

Fotograph: Er fällt unter Z 5, AG Melsungen DGVZ **78**, 92.

Frachtführer: S „Minderkaufmann".

Gärtner: Er fällt unter Z 5, Schlesw DGVZ **78**, 11.

Gastwirt: Er fällt unter Z 5, soweit er wesentlich selbst bedient, AG Horbach DGVZ **89**, 78, AG Karlsr DGVZ **89**, 141. Bei einem nur geringen Umsatz ist aber nur *ein* Pkw zur Speisenauslieferung unpfändbar, AG Osterrode DGVZ **03**, 28.

Gehilfe: Rn 34.

Gelehrter: Er fällt unter Z 5.

Geschäftsausstattung: Sie fällt *nicht* unter Z 5, AG Plön JB **02**, 607.

Geselle: Er fällt unter Z 5.

Gesellschaft: Sie fällt unabhängig von ihrer Rechtsform unter Z 5, soweit die persönliche Leistung der Gesellschafter den Umsatz bestimmt, insbesondere bei einem Gewerbebetrieb, AG Günzburg DGVZ **76**, 95. Das gilt zB: Bei der BGB-Gesellschaft; bei der Offenen Handelsgesellschaft, Kommanditgesellschaft, GmbH, App DGVZ **85**, 97.

Handwerker: Er fällt unabhängig von einer Eintragung in der Handwerksrolle unter Z 5, soweit er selbst körperlich mitarbeitet.

Journalist: Er fällt unter Z 5.

Kellner: Er fällt unter Z 5.

Künstler: Er fällt unter Z 5.

Ladeneinrichtung: Sie kann bei einem kleinen Geschäft ausnahmsweise unter Z 5 fallen, LG Lübeck DGVZ **02**, 185.

Minderkaufmann: Er fällt unter Z 5, soweit er selbst arbeitet, etwa im Laden, AG Köln **92**, 47, oder als Frachtführer oder Hausierer.

Notar: Er fällt unter Z 5.

Rechtsanwalt: S „Anwalt".

Referendar: Er fällt unter Z 5.

Schausteller: Er fällt unter Z 5, AG Hann DGVZ **75**, 15 (auch zu den Grenzen).

Schmuckhändler: Der Schmuck ist *pfändbar,* die Ladeneinrichtung nicht, AG Gießen DGVZ **98**, 30.

Schriftsteller: Er fällt unter Z 5.

Schrotthändler: Er fällt unter Z 5, soweit seine persönliche Arbeit die Hauptursache ist, Rn 33, AG SchweinfJB **77**, 1287.

Schüler: Er fällt unter Z 5, AG Heidelb DGVZ **89**, 15.

Steuerberater: Er fällt unter Z 5, AG Essen DGVZ **98**, 94.

Student: Er fällt unter Z 5, AG Heidelb DGVZ **89**, 15.

Taxibesitzer: Er fällt unter Z 5, auch wenn er einen Gehilfen hat, solange er auch noch selbst fährt, vgl Hbg DGVZ **84**, 57 (nicht mehr bei mehreren Fahrern).

Techniker: Er fällt unter Z 5.

Transportunternehmer: Er fällt unter Z 5, soweit seine persönliche Arbeit die Hauptsache ist, Rn 33.

Warenbestand: Er fällt *grds nicht* unter Z 5, LG Kassel JB **96**, 215, AG Plön, JB **02**, 607. Eine Ausnahme kann bei einem kleinen Ladengeschäft bestehen, LG Lübeck DGVZ **02**, 185.

Werkmeister: Er fällt unter Z 5.

Wechselgeld: Es fällt unter Z 5 zumindest bei einem kleinen Ladengeschäft, LG Lübeck DGVZ **02**, 185.

Zahntechniker: Er fällt unter Z 5.

Zimmervermieter: Er fällt unter Z 5, soweit er persönliche Arbeit beim Bedienen und Reinigen usw leistet, LG Bln DGVZ **76**, 71, aM ThP 22.

36 **D. Erforderlichkeit zur Erwerbstätigkeit.** Unpfändbar sind alle diejenigen Sachen, die zur Fortsetzung der Erwerbstätigkeit erforderlich sind, sofern diese dem Schuldner rechtlich zustehen, AG Köln RR **03**, 988. Eine Unentbehrlichkeit in einem strengen Sinn braucht nicht vorzuliegen, Rn 15, AG Brühl DGVZ **00**, 127, FG Köln DGVZ **01**, 11, zu streng AG Düss DGVZ **88**, 125. Der Gerichtsvollzieher darf dem Schuldner nichts Überflüssiges belassen. Er darf dem Schuldner aber auch nicht nur den kümmerlichsten Bedarf lassen. „Zur Fortsetzung dieser Erwerbstätigkeit" bedeutet: so, wie der Schuldner diese Erwerbstätigkeit bisher ausgeübt hat, einschließlich einiger Gehilfen und so, daß eine ausreichende Ertragsmöglichkeit bestehen bleibt, LG Regensb DGVZ **78**, 45, und zwar auch eine Konkurrenzfähigkeit, LG Ffm DGVZ **90**, 58. Der Gerichtsvollzieher muß die Branche berücksichtigen, ferner die technische Entwicklung, AG Bersenbrück DGVZ **90**, 78, zu eng AG Heidelb DGVZ **89**, 15 (ein Computer zur Examensvorbereitung sei pfändbar; abl auch Paulus DGVZ **90**, 152), eine Behinderung des Schuldners, LG Kiel SchlHA **84**, 75, und eine Konkurrenz, LG Bochum DGVZ **82**, 44, LG Hbg DGVZ **84**, 26, AG Melsungen DGVZ **78**, 92. Ein Gelehrter von Rang und Ruf braucht im allgemeinen eine andere Bibliothek (einschließlich der Möbel, LG Hildesh DGVZ **76**, 27) als ein Unterhaltungsschriftsteller.

E. Veränderungsgefahr. Es ist erforderlich, daß ein Wegfall der Sachen den bisherigen Betrieb nach der 37
Art seiner bisherigen Ausübung grundlegend verändern würde, AG Heidelb DGVZ **89**, 15 (aber das wäre gerade dort die Folge). Es genügt nur ausnahmsweise, daß die Sachen nur für einen Gehilfen unentbehrlich sind. Es schadet nicht, daß der Schuldner eine Maschine nur mit fremder Hilfe betreiben kann. Bei einer Gütergemeinschaft gehört der Erwerb des anderen Ehegatten zum Gesamtgut. Deshalb muß man den Erwerb des anderen Ehegatten auch bei einer solchen Pfändung berücksichtigen, die sich gegen den verwaltenden Ehegatten richtet. Wenn der Schuldner seinen Gewerbebetrieb vorher nicht persönlich betrieben hat, muß ihm der Gerichtsvollzieher so viel belassen, daß der Schuldner den Gewerbebetrieb in Zukunft persönlich betreiben kann, falls er dazu überhaupt in der Lage und bereit ist.

F. Entscheidungszeitpunkt. Zur Fortsetzung der Erwerbstätigkeit muß nach dem Gesetzeszweck auch 38
dasjenige gehören, was zu einer unmittelbar bevorstehenden Aufnahme eines unter Z 5 fallenden Berufes notwendig ist. Maßgeblich ist der Entscheidungszeitpunkt, LG Bad Kreuzn DGVZ **00**, 140. Wenn der Schuldner bereits eine Erwerbsquelle hat, ist alles das pfändbar, was nur zu einem zusätzlichen Einkommen führt, LG Regensb DGVZ **78**, 46 (der Schuldner besitzt neben einer Gastwirtschaft ein Weinhaus). Andererseits kann auch bei bloßem Nebenerwerb eine Unpfändbarkeit eintreten, AG Itzehohe DGVZ **96**, 44. Der Wert der Sachen ist unerheblich. Der Gerichtsvollzieher und nicht der Schuldner wählt aus, welche Sachen der Schuldner behalten darf.

G. Beispiele zur Frage der Unpfändbarkeit nach I Z 5. Man bedenke, daß jeder Fall anders liegt. Bei 39
der Verwertung ist Vorsicht ratsam.

Anrufbeantworter: Ein Anrufbeantworter kann nach Z 5 unpfändbar sein, soweit er für einen reibungslosen Betriebsablauf wichtig ist, LG Düss DGVZ **86**, 45.

S aber auch Rn 44 „Wählapparat".

Arbeitskleidung: Kleidung dürfte meist nach Z 5 unpfändbar sein, soweit sie zur Arbeit notwendig oder doch ratsam und zweckmäßig ist.

Ausstellungsstück: Ein Ausstellungsstück kann nach Z 5 unpfändbar sein, zB bei einem Küchenstudio, soweit es auch der Beratung und Planung dient, LG Saarbr DVGZ **88**, 158.

Bauwerk: Soweit überhaupt eine Mobiliarpfändung statthaft ist, kann ein Bauwerk nach Z 5 unpfändbar sein, soweit sich in ihm ein Geschäftsraum befindet und daher mangels Wohnzwecks Z 1 nicht hilft.

Bräunungsgerät: Rn 42 „Sonnenbank".

Buch: Die Bücher einer Mietbücherei können *pfändbar* sein.

Computer dazu *Roy/Palm* NJW **95**, 690 (Üb): Ein Computer (Hard- wie Software) kann nach Z 5 unpfändbar sein, soweit man ihn persönlich benötigt, zB zum Studium, AG Essen DGVZ **98**, 94, und zum Examen, Paulus DGVZ **90**, 152, aM AG Heidelb DGVZ **89**, 15, AG Kiel JB **04**, 334, oder zum Beruf, LG Heilbr MDR **94**, 405, AG Bersenbrück DGVZ **90**, 78.

Pfändbarkeit kommt in Betracht, soweit der persönliche Einsatz des Schuldners hinter demjenigen anderer Arbeitskräfte an diesem Gerät zurücktritt, Hbg DGVZ **84**, 57, LG Kblz JB **92**, 265, AG Steinfurt DGVZ **90**, 62, aM LG Hildesh DGVZ **90**, 31, AG Holzminden DGVZ **90**, 30. Maßgeblich ist der Entscheidungszeitpunkt, LG Bad Kreuznach DGVZ **00**, 140.

Diktiergerät: Ein Diktiergerät kann nach Z 5 unpfändbar sein, zB bei einem Anwalt oder bei einem sonstigen Freiberufler. Das gilt natürlich auch für das zugehörige Taschen-Aufnahmegerät und für das Abspielgerät der Sekretärin.

Drehsessel: Ein Spezial-Drehsessel eines Behinderten ist grds nach Z 5 unpfändbar, LG Kiel SchlHA **84**, 76.

Ehegatte: Unpfändbar ist dasjenige, was der Ehepartner des Schuldners für die ihm abgetretene Firma braucht, LG Augsb DGVZ **03**, 103.

Eigentumsvorbehalt: Rn 6, 7.

Fahrrad: Ein Fahrrad kann nach Z 5 unpfändbar sein, soweit der Schuldner es zum Erreichen der Arbeits- 40
stelle oder zum Aufsuchen von Kundschaft braucht.

Falzautomat: Er kann nach Z 5 unpfändbar sein, zB bei einem Drucker, LG Hbg DGVZ **84**, 26.

Fernsehgerät: Ein Fernsehgerät kann nach Z 5 unpfändbar sein, zB in einer solchen Gastwirtschaft, die gerade wegen dieses Geräts einen gewissen Zulauf hat.

Fotogerät: Ein oder mehrere Vergrößerungsgeräte sowie der übliche Vorrat an Fotopapier können bei einem Fotografen nach Z 5 unpfändbar sein, AG Melsungen DGVZ **78**, 92.

S aber auch „Kinovorführgerät".

Halbfertigerzeugnis: Ein Halbfertigprodukt kann nach Z 5 unpfändbar sein, Noack DB **77**, 195.

S auch Rn 42 „Rohmaterial", Rn 44 „Ware".

Hochdruckreiniger: Ein Hochdruckreiniger kann nach Z 5 unpfändbar sein, zB in einer Kraftfahrzeugwerkstatt, LG Bochum DGVZ **82**, 44, oder in einer Firma für Gebäudereinigungen.

Hochwertiges Gerät: Soweit es sich um besonders hochwertiges Gerät handelt, kommt eine Pfändbarkeit nach Z 5 eher als bei einfachem in Betracht, schon wegen der etwaigen Austauschbarkeit nach §§ 811 a, b. Das gilt zB bei einem Schausteller, AG Hann DGVZ **75**, 75.

Hundezucht: Die Zuchthunde können auch dann unpfändbar sein, wenn die Zucht Nebenerwerb ist, AG Itzehohe DGVZ **96**, 44.

Kassenpfändung: Rn 44 „Wechselgeld".

Kinovorführgerät: Das Vorführgerät in einem Kino kann *pfändbar* sein, soweit das investierte Kapital die persönliche Leistung (wie meist) überwiegt.

Klavier: Ein Klavier kann nach Z 5 unpfändbar sein, zB in einem Kabarett oder in einer Gastwirtschaft, soweit der Besitzer oder Wirt den persönlichen Schutz genießt, Rn 35. Es ist dann unerheblich, ob der Schuldner das Klavier selbst spielt.

S auch Rn 42 „Musikinstrument".

Kleidung: Rn 39 „Arbeitskleidung".

Kopierapparat: Ein Kopiergerät kann nach Z 5 unpfändbar sein, zB bei einem Architekten, LG Ffm DGVZ **90**, 58, oder bei einem sonstigen Freiberufler.

41 **Kraftfahrzeug:** Es kann nach Z 5 unpfändbar sein, LG Hagen DGVZ **95**, 121, LG Stgt DGVZ **05**, 42, AG Waldbröhl DGVZ **98**, 158, und zwar einschließlich der Kennzeichen, AG Bad Sobernheim DGVZ **98**, 173. Es können auch ein Pkw *und* ein Kleinbus usw danach unpfändbar sein, AG Brühl DGVZ **00**, 127.

Das gilt zB: Bei Lohnfahrten eines unter Z 5 fallenden Schuldners, Rn 35, AG Karlsr DGVZ **89**, 141; bei Kundenbesuchen des Handelsvertreters; bei Warenlieferungen, etwa des Gastwirts, AG Bersenbrück DGVZ **92**, 140, AG Mönchengladb DGVZ **77**, 95, oder des Gärtners, Schlesw DGVZ **78**, 11; beim Kfz der Alleinerziehenden, das sie braucht, um ein Kind zum Kinderheim zu bringen, LG Tüb DGVZ **92**, 137; beim Leichenwagen des Bestatters, BGH BB **93**, 324.

Pfändbar sein kann ein Pkw zB dann, wenn der Schuldner zumutbar auch ein öffentliches Verkehrsmittel benutzen kann, LG Stgt DGVZ **96**, 121, oder wenn es um den unbrauchbar gewordenen Wagen eines Reisenden geht, selbst wenn dieser seinen Erlös zum Ankauf eines anderen Wagens verwenden will. Pfändbar ist ferner zB: Pkw des Ehegatten des Schuldners, aM Hamm MDR **84**, 855, LG Siegen DGVZ **85**, 154 (aber nur Z 1 schützt die Familie); ein Pkw, der nur einer bloßen Trainingsmaßnahme des Arbeitsamts dient, AG Dülmen MDR **01**, 772 (freilich Grenzfall); ein Pkw, der nur geringfügiger Gelegenheitsarbeit dient, AG Mannh DGVZ **03**, 124.

S auch Rn 44 „Werkstatt".

42 **Lkw:** Rn 41 „Kraftfahrzeug".

Motorrad: Es gelten dieselben Regeln wie beim Fahrrad, Rn 40.

Musikinstrument: Ein beruflich benötigtes Musikinstrument kann nach Z 5 unpfändbar sein.

S auch Rn 40 „Klavier".

Pferdezucht: Rn 44 „Zuchtstute".

Pkw: Rn 41 „Kraftfahrzeug".

Röntgenanlage: Eine Röntgenanlage kann nach Z 5 unpfändbar sein, zB beim Zahnarzt, wenn er keine Gelegenheit hat, Aufnahmen ohne besondere Umstände an demselben Ort machen zu lassen. Es wäre auch ein rufschädliches Aufsehen bei den Patienten durchweg unzumutbar.

Rohmaterial: Rohmaterial kann nach Z 5 unpfändbar sein, LG Düss DGVZ **85**, 74.

S auch Rn 40 „Halbfertigerzeugnis", Rn 44 „Ware".

Schnellwaage: Die Schnellwaage usw eines Kleingewerbetreibenden kann nach Z 5 unpfändbar sein.

Schreibmaschine: Eine Schreibmaschine kann nach Z 5 unpfändbar sein, zB bei einem Schriftsteller oder bei einem Agenten mit einem größeren Kundenkreis.

Sonnenbank: Eine Sonnenbank kann *pfändbar* sein, zB im Betrieb eines Bräunungsstudios, LG Oldb DGVZ **93**, 12.

Stutenzucht: Rn 44 „Zuchtstute".

Telekommunikationsendgerät: Es kann nach Z 5 unpfändbar sein, Schmittmann DGVZ **94**, 51.

S auch Rn 39 „Anrufbeantworter", Rn 43 „Wählapparat".

Teppich: Ein oder mehrere Orientteppiche sind im Büro eines Anlageberaters *meist pfändbar,* AG Mü DGVZ **95**, 11.

Tier: Vgl § 811 c.

43 **Tonaufzeichnungsgerät:** Ein Tonbandgerät usw kann nach Z 5 unpfändbar sein, zB in einem Tonstudio.

Vergrößerungsgerät: Rn 40 „Fotogerät".

Videogerät: Ein Videorecorder kann *pfändbar* sein, zB im Wohnzimmer eines Kfz-Sachverständigen, der auch nicht mit einer Videokamera arbeitet, AG Düss DGVZ **88**, 125. Videokassetten können pfändbar sein, etwa der Vorrat bei Video-Einzelhändler, LG Augsb DGVZ **89**, 138, LG Ffm RR **88**, 1471, AG Dortm DGVZ **88**, 158.

S aber auch Rn 44 „Ware".

Vorrat: Rn 43 „Ware".

Wählapparat: Ein Wählapparat kann *pfändbar* sein, AG Neuss DGVZ **86**, 44.

S aber auch Rn 39 „Anrufbeantworter".

44 **Ware:** Die Ware, also auch ihr Vorrat, können nach Z 5 unpfändbar sein, Celle DGVZ **99**, 26, LG Lüb DGVZ **82**, 79, Winterstein DGVZ **85**, 87, zB beim Hausierer, der die Ware der Kundschaft zeigt; beim kleinen Gastwirt (besonderer Biervorrat).

Pfändbar sein können aber zB: Der Materialvorrat eines Malers, soweit er einen begrenzten Mindestbedarf überschreitet; das Warenlager eines größeren Einzelhändlers, LG Cottbus JB **02**, 548, LG Düss DGVZ **85**, 74, LG Gött DGVZ **94**, 90.

S auch Rn 40 „Halbfertigerzeugnis", Rn 42 „Rohmaterial", aber auch Rn 43 „Videogerät".

Wechselgeld: Wechselgeld kann nach Z 5 unpfändbar sein, Bln DGVZ **79**, 43, Winterstein DGVZ **85**, 87, strenger LG Cottbus JB **02**, 548 (aber das Wechselgeld ist in einem vernünftigen Umfang nun wirklich unentbehrlich). Zum Problem der Kassenpfändung auch AG Horbach DGVZ **89**, 78.

Werkstatt: Die Betriebsmittel können unpfändbar sein, soweit der Wert der Arbeitsleistung ihren Nutzwert übersteigt, LG Augsb DGVZ **97**, 28.

Zeichengerät: Das Zeichengerät eines Architekten kann nach Z 5 unpfändbar sein.

Zirkus: Die zum Betrieb notwendige Ausstattung ist unpfändbar, AG Oberhausen DGVZ **96**, 159.

Zuchthund: Rn 40 „Hundezucht".

Zuchtstute: Eine Zuchtstute kann *pfändbar* sein, LG Oldb DGVZ **80**, 170.

45 **16) Witwe usw des persönlich Arbeitenden, I Z 6.** Hierher gehören nur Witwen und minderjährige Erben der von Z 5 geschützten Personen. Die Erwerbstätigkeit muß ein Stellvertreter für die Rechnung dieser Personen fortführen und nicht etwa neu begründen. Es ist allerdings nicht erforderlich, daß er die Erwerbstätigkeit ganz in der bisherigen Weise fortführt. Die Zwangsvollstreckung muß sich gegen die Witwe und gegen die Erben richten. Dann tritt an die Stelle des Schuldners der Stellvertreter. Es gelten dann

Rn 33–44 entsprechend. Wenn die Hinterbliebenen selbst oder durch ihren Vormund die Erwerbstätigkeit betreiben, dann kann Z 5 anwendbar sein.

17) Dienstkleidungsstück usw, I Z 7, dazu *Ising* (bei Rn 33): Die Vorschrift bezweckt eine Sicherung des öffentlichen Dienstes. Sie schützt auch einen Ausländer, jedenfalls aber ein Mitglied der Streitkräfte, Art 10 III Truppenvertrag, SchlAnh III. 46

A. Sachlicher Geltungsbereich. Bei den geschützten Personen müssen die Sachen zur Ausübung des Berufs erforderlich sein, aM ThP 27 (es reiche aus, daß sie erlaubt seien. Aber der Wortlaut und Sinn sind eindeutig, Einl III 39). Hierhin kann auch ein Beförderungsmittel gehören, etwa der Pkw eines Arztes, soweit er Hausbesuche macht, aM FG Bre (in der Großstadt könne er öffentliche Verkehrsmittel oder eine Taxe benutzen. Aber es kann zB beim Infarkt um Minuten gehen), oder das Fotokopiergerät des Anwalts, aM LG Bln DGVZ **85**, 142 (aber es ist praktisch unentbehrlich). Eine Gesellschaftskleidung ist nur dann eine angemessene Kleidung, wenn ihr Träger zur Wahrung seiner Stellung im Beruf an Gesellschaften teilnehmen muß. Übrigens fallen diese Personen jetzt regelmäßig auch unter Z 5. Einzelheiten Weimar DGVZ **78**, 184.

B. Persönlicher Geltungsbereich. Z 6 schützt solche Personen, die eine Dienstkleidung und Ausrüstungsgegenstände haben, also zB Polizeibeamte, Zollbeamte, Justiz- und Gefängniswachtmeister. Nicht geschützt wird etwa ein Privatkraftwagenführer. Freilich mag ihn Z 5 schützen. Nach dem Zweck der Vorschrift müssen die Dienstkleidungsstücke in dem Sinn notwendig sein, daß ihr Träger als Angehöriger eines bestimmten Berufes zum Besitz des Kleidungsstücks und des Ausrüstungsgegenstands verpflichtet ist. Andernfalls sind die Gegenstände pfändbar. Der Gerichtsvollzieher darf dem Schuldner nur das „Erforderliche" belassen. Z 6 schützt ferner die nicht uniformierten öffentlichen Beamten, § 376 Rn 1, 2, ferner Lehrer, soweit sie an einer öffentlichen oder öffentlich anerkannten Schule unterrichten; Geistliche einer anerkannten Religionsgemeinschaft; Richter; Rechtsanwälte, denen Kammerrechtsbeistände nach §§ 1 II 1, 3 I Z 1 EGRDG. § 209 BRAO gleichstehen, § 25 EGZPO; Patentanwälte; Notare, unabhängig davon, ob sie als Beamte oder als Freiberufler tätig sind; in Deutschland approbierte Ärzte, Weimar DGVZ **78**, 184 (ausf), Zahnärzte (nicht wegen ihres Pkw, AG Sinzig RR **87**, 508) und Tierärzte; Hebammen. Dentisten und Naturheilkundige fallen unter Z 5. 47

18) Person mit wiederkehrenden Einkünften, I Z 8. Die Vorschrift schützt das in bar ausgezahlte Geld, nicht freilich viel spätere Nachzahlungen, AG Neuwied DGVZ **96**, 127. § 850k schützt demgegenüber ein Kontenguthaben, Gilleßen-Jakobs DGVZ **78**, 130. Dort weitere Einzelheiten. Außerdem muß man §§ 51–55 SGB I beachten, Grdz 103 vor § 704 „Sozialleistung". Z 6 schützt sämtliche Gehalts-, Lohn- und Rentenempfänger der §§ 850ff, auch solche im Nebenberuf. Der Zweck besteht darin, die Existenz dieser Personen zu sichern. In §§ 850ff ist bestimmt, welcher Teil des Einkommens unpfändbar ist. Nach diesen Vorschriften muß man den nach Z 8 unpfändbaren Teil im Zusammenhang mit dem nächsten Zahlungstermin berechnen, LG Karlsr DGVZ **88**, 43. 48

Soweit sich die Pfändungsgrenze nach den *Lohnpfändungsbestimmungen* vermindert, besteht auch kein Schutz nach Z 8. Der Gläubiger kann also einen dem Gehalts- oder Lohnempfänger ausgezahlten Betrag sofort bei diesem pfänden. Dem Schuldner muß man aber genau soviel belassen, als ob der Anspruch gepfändet gewesen wäre. Es gibt vereinzelt Zweifel an der Verfassungsmäßigkeit von Z 8, Hofmann Rpfleger **01**, 113.

Die Vorschrift bezieht sich nur auf Geld. Der *Anspruch* selbst fällt unter die §§ 850ff. Das Geld braucht kein Gehalt oder Lohn zu sein. Z 8 schützt auch: Eine Rente, §§ 51–55 SGB I, aM LG Regensb Rpfleger **79**, 467 (aber auch sie ist wiederkehrendes Einkommen); eine Zahlung aus einer Ausbildungsförderung, § 19 III BAföG; eine Zahlung aus einer Graduiertenförderung, § 10 III GFG; eine Arbeitslosenunterstützung. Ein Fürsorgedarlehen nach §§ 25, 26 GVG gehört nicht hierher. Vgl § 850i Rn 9. Wohngeld ist als Sozialleistung weitgehend geschützt, Grdz 115 vor § 704.

19) Apothekengerät usw, I Z 9. Bei ihnen greift mit Rücksicht auf das Interesse der Bevölkerung an einer Apotheke auch die privatrechtliche Erwägung eines besonderen Schutzes des liefernden Eigentümers nicht durch, aM Kotzur DGVZ **89**, 169. Es kommt daher auch nicht auf die Rechtsform des Betriebs an. Apothekengeräte gehören trotz ihrer grundsätzlichen Unpfändbarkeit zur Insolvenzmasse, § 36 II Z 2 InsO. Der Warenvorrat ist zum Teil unpfändbar, Noack DB **77**, 195. 49

20) Buch, I Z 10. Hierzu zählt stets zB die Bibel, AG Hann DGVZ **87**, 31. Das Buch braucht nicht erforderlich zu sein. Die bloße Zweckbestimmung reicht aus, auch bei einer Schmuckausgabe, AG Bre DGVZ **84**, 157. Der Ort der Benutzung ist unter den übrigen Voraussetzungen nicht entscheidend. Zur Kirche zählt jede nicht verbotene Religionsgemeinschaft. Zur Schule zählen: Jede öffentliche oder private Lehranstalt; eine Fachschule, Hochschule; eine Universität; eine Fortbildungsschule; ein Konservatorium usw. Einen Gebetsteppich zählt AG Hann DGVZ **87**, 31 nicht hierher, aM Wacke DGVZ **86**, 164. 50

21) Geschäftsbuch usw, I Z 11. Geschäftsbücher sind alles, was Aufzeichnungen über das Geschäft enthält, zB Konto- und Beibücher, Arbeitsbücher usw, aber auch abgeschlossene Bücher oder Kundenkarteien usw, Ffm BB **79**, 137. Z 11 schützt nicht nur die Geschäftsbücher eines Kaufmanns, wie der Schutz der Haushaltungsbücher mit Aufzeichnungen über den Haushalt zeigt. Quittungen, Briefwechsel usw stehen den Geschäftsbüchern gleich, soweit diese Urkunden nur Beweisurkunden ohne selbständigen Vermögenswert darstellen. Solches zählt trotz Unpfändbarkeit zur Insolvenzmasse, § 36 II Z 1 InsO. 51

Zu den *Familienpapieren* gehören die Urkunden über die persönlichen Verhältnisse des Schuldners und seiner Familie, grundsätzlich auch Familienbilder, es sei denn, daß sie sehr entfernte Angehörige zeigen und einerseits einen besonderen Wert, andererseits kein besonderes Familieninteresse haben, ThP 35, aM ZöStö 35. Ein Trauring gilt auch dann als solcher, wenn der Schuldner ihn gerade nicht trägt und wenn die Ehe bereits nicht mehr besteht. Ein Verlobungsring ist nicht geschützt, ZöStö 35, aM StJM 68. Als Orden und Ehrenzeichen gelten inländische und ausländische staatliche Auszeichnungen, auch soweit sie nach dem Tod des Geehrten bestimmungsgemäß seiner Familie verbleiben. Z 11 schützt nur das Original, nicht eine Verkleinerung, eine Nachbildung oder ein Doppelstück.

52 **22) Künstliche Gliedmaßen usw, I Z 12.** Die Vorschrift schützt alle Hilfsmittel der Krankenpflege, soweit sie erforderlich sind, also nicht in einer übermäßigen Zahl und nicht mehr nach ihrer Ausmusterung. Z 12 schützt auch den Rollstuhl des Gebrechlichen; einen Drehsessel, LG Kiel SchlHA **84**, 75; einen Blindenhund usw; evtl sogar einen Pkw, BGH DGVZ **04**, 72, LG Hann DGVZ **85**, 121, strenger Köln Rpfleger **86**, 57, LG Düss DGVZ **89**, 14, AG Neuwied DGVZ **98**, 31 (aber eine soziale Gerechtigkeit kann die Unpfändbarkeit fordern).

53 **23) Bestattungsbedarf, I Z 13.** Die Vorschrift schützt nur denjenigen Bedarf, der im Haus des Schuldners wegen eines solchen Todesfalls eintritt, der dem Schuldner die Bestattung auferlegt. Z 13 schützt auch den Grabstein vor und nach der Beerdigung. Es wäre eine schlechte Auslegung des Gesetzeswortlauts, den Schutz auf die Zeit vor der Bestattung zu beschränken. Das aufgestellte Grabmal ist auch gegen die Forderung des Steinmetzen geschützt, LG Kassel DGVZ **05**, 41, LG Mü DGVZ **03**, 122, AG Mönchengladb DGVZ **96**, 78, aM BGH FamRZ **06**, 409 (zustm Looff Rpfleger **08**, 57, Röder DGVZ **07**, 17, krit Pauly DGVZ **06**, 103), LG Brschw Rpfleger **00**, 462, LG Kassel (3. ZK) DGVZ **06**, 91 (aber die Pietät des aufgestellten Denkmals im Rahmen der Friedhofsruhe geht vor).

Nicht geschützt sind Gegenstände des *Beerdigungsinstituts* oder von Herstellerfirmen.

54 **24) Weitere Fälle der Unpfändbarkeit.** Es gibt zahlreiche solche Situationen.

A. Andere Gesetze. Fälle der Unpfändbarkeit finden sich in vielen Gesetzen. Unpfändbar sind vor allem: Die dem Schuldner bei einer Anschlußpfändung überlassene Summe, § 811 a III; die Barmittel aus einer Miet- oder Pachtforderung gemäß § 851 b I 2; die Fahrbetriebsmittel der Eisenbahn bis zum Ausscheiden aus dem Bestand, G v 3. 5. 1886, RGBl 131, und G v 7. 3. 34, RGBl II 91, und für ausländische Eisenbahnen, Art 55 CIM (etwas anderes gilt bei Insolvenz); solche Originalwerke, die einen Urheberrechtsschutz erhalten, wenn nicht der Urheber oder seine Erben der Pfändung zustimmen, ferner solche Formen, Platten usw, die zur Vervielfältigung eines geschützten Werks der bildenden Künste oder der Photographie dienen, §§ 113, 114, 118, 119 UrhG; Hochseekabel mit Zubehör, § 31 KabelpfdG v 31. 3. 25, RGBl 37 (etwas anderes gilt bei Insolvenz); Postsendungen, solange sie sich im Postgewahrsam befinden, § 23 PostG; ins Hypothekenregister eingetragene Hypotheken und Wertpapiere, es sei denn, daß der Vollstreckungstitel auf Grund eines Anspruchs aus einem Hypothekenpfandbrief ergangen wäre, § 34 a HypBankG. Das gilt auch bei einem solchen Geldbetrag, den ein Treuhänder verwahrt. S auch § 5 G v 21. 12. 27, RGBl 492, und § 35 SchiffsbankG, beide idF v 8. 5. 63, BGBl 301, 309. Wegen eines Gartenzwergs Wieser NJW **90**, 1972.

55 **B. Unverwertbarkeit.** Eine tatsächliche Erweiterung der Unpfändbarkeit liegt vor, soweit eine Verwertungsmöglichkeit fehlt. Das ist zB dann so, wenn eine Veräußerung gesetzwidrig oder verboten wäre, § 126 GVGA, etwa bei einer Aschenurne, Leiche, bei gesundheitsschädlichen Lebensmitteln, verbotenen Lotterielosen.

811a

Austauschpfändung. **I Die Pfändung einer nach § 811 Abs. 1 Nr. 1, 5 und 6 unpfändbaren Sache kann zugelassen werden, wenn der Gläubiger dem Schuldner vor der Wegnahme der Sache ein Ersatzstück, das dem geschützten Verwendungszweck genügt, oder den zur Beschaffung eines solchen Ersatzstückes erforderlichen Geldbetrag überlässt; ist dem Gläubiger die rechtzeitige Ersatzbeschaffung nicht möglich oder nicht zuzumuten, so kann die Pfändung mit der Maßgabe zugelassen werden, dass dem Schuldner der zur Ersatzbeschaffung erforderliche Geldbetrag aus dem Vollstreckungserlös überlassen wird (Austauschpfändung).**

II 1 Über die Zulässigkeit der Austauschpfändung entscheidet das Vollstreckungsgericht auf Antrag des Gläubigers durch Beschluss. 2 Das Gericht soll die Austauschpfändung nur zulassen, wenn sie nach Lage der Verhältnisse angemessen ist, insbesondere wenn zu erwarten ist, dass der Vollstreckungserlös den Wert des Ersatzstückes erheblich übersteigen werde. 3 Das Gericht setzt den Wert eines vom Gläubiger angebotenen Ersatzstückes oder den zur Ersatzbeschaffung erforderlichen Betrag fest. 4 Bei der Austauschpfändung nach Absatz 1 Halbsatz 1 ist der festgesetzte Betrag dem Gläubiger aus dem Vollstreckungserlös zu erstatten; er gehört zu den Kosten der Zwangsvollstreckung.

III Der dem Schuldner überlassene Geldbetrag ist unpfändbar.

IV Bei der Austauschpfändung nach Absatz 1 Halbsatz 2 ist die Wegnahme der gepfändeten Sache erst nach Rechtskraft des Zulassungsbeschlusses zulässig.

Gliederung

1 **1) Systematik, I–IV.** Die Vorschrift wird ergänzt von § 811 b. Sie ist ein Teil der Gruppe §§ 811–812. Sie schränkt die Unpfändbarkeit nach § 811 I wieder ein und stellt daher eine bedingte Rückkehr zum Prinzip der Zugriffsmöglichkeit des Gläubigers auf das gesamte Schuldnervermögen dar, Grdz 23 vor § 704. Grundsätzlich ist der Wert einer unpfändbaren Sache bedeutungslos. Denn diese Sache erhält nur wegen ihres Verwen-

dungszwecks einen Schutz. § 811 b regelt eine besondere Art der Austauschpfändung, § 811 c regelt die sog Vorwegpfändung. Eine Austauschpfändung ist nur bei einer Sache der in § 811 I Z 1, 5 oder 6 genannten Art zulässig, also zB nicht bei einer nach § 811 I Z 10 geschützten Sache, AG Bre DGVZ **84**, 157. Soweit eine Sache zwar unter § 811 I Z 1, 5 oder 6 fällt, zugleich aber auch unter eine weitere Ziffer des § 811 I fällt, bleibt sie unpfändbar, aM Köln RR **86**, 488 (aber Wortlaut und Sinn von I 1 sind klar begrenzt, Einl III 39).

2) Regelungszweck, I–IV. Er besteht in einer bedingten Stärkung des Gläubigers trotz einer eigentlich 2
vorhandener Unpfändbarkeit. Um Unbilligkeiten zu vermeiden, kann der Gläubiger durch eine Austauschpfändung eine wertvollere an sich unpfändbare Sache ausnahmsweise pfändbar machen, LG Mainz RR **88**, 1150, Pardey DGVZ **89**, 54. Die Vorschrift läßt aber den Funktionsschutz des Schuldnerguts bestehen. Sie beseitigt nur einen überhöhten Wertschutz. Auch beim Wert der zum Austausch dem Schuldner zur Verfügung zu stellenden Sache darf man nicht einfach aus einer Kostbarkeit ein wahres Schundstück machen. Denn seine Brauchbarkeit kann geringer sein als dieser Schuldner sie trotz aller Zwangsvollstreckung gegen sich dann doch verständigerweise braucht. Das gilt vielleicht auch deshalb, weil er seine Schulden bei gerade auch diesem Gläubiger dann eher nach und nach ganz abzahlen kann. Auch § 811 a verlangt und erlaubt keine Verelendung.

3) Geltungsbereich, I–IV. Es müssen die folgenden Voraussetzungen im Zeitpunkt der Pfändung 3
vorliegen.

A. Ersatzstück, I, IV. Der Gläubiger muß dem Schuldner ein solches neues oder gebrauchtes Ersatzstück überlassen, das den geschützten Verwendungszweck erfüllt. Wenn das Stück nicht von derselben Art ist, reicht es aus, daß es den Zweck des bisher unpfändbaren Stücks erfüllt. Dabei muß man aber darauf Rücksicht nehmen, daß der Schuldner von den in § 811 I Z 1 genannten Stücken nur solche fordern kann, die zu einer bescheidenen, der Verschuldung angemessenen Lebens- und Haushaltsführung erforderlich sind, daß also auch der erwerbstätige Schuldner eine Einbuße an Bequemlichkeit in der zukünftigen Fortführung seiner Tätigkeit hinnehmen muß.

In Betracht kommt eine Austauschpfändung zB dahin, daß der Gläubiger dem Schuldner statt des gepfändeten Farbfernsehgeräts ein *Schwarzweißgerät* zur Verfügung stellt, LG Bochum DGVZ **83**, 301, AG Mü DGVZ **81**, 94. Dieses darf sogar einen kleineren Bildschirm haben, wenn das dem Schuldner nach seinen Wohnverhältnissen und seiner Sehkraft usw zumutbar ist. Es kommt sogar ein einfaches Rundfunkgerät als Austauschobjekt in Betracht, Köln DGVZ **82**, 63, aM LG Lahn-Gießen NJW **79**, 769. Man kann auch einen großen oder teuren Rundfunkapparat gegen einen kleinen, einfachen austauschen. Eine Austauschpfändung kommt auch zB bei einer kostbaren Armbanduhr in Betracht, Mü DGVZ **83**, 140, ferner zB bei einem Bett gegen eine Couch. Austauschbar kann ein großer oder teurer Pkw gegen einen kleinen, einfachen sein, evtl sogar gegen ein Motorrad, aber verständigerweise nicht gegen ein Fahrrad.

B. Angemessenheit, II. Eine Austauschpfändung darf nur dann erfolgen, wenn sie nach der Gesamtlage 4
angemessen ist. Man muß insbesondere prüfen, ob der voraussichtliche Erlös der Zwangsvollstreckung bei einer strengen Prüfung den Wert des Ersatzstückes erheblich übersteigt, LG Mainz RR **88**, 1150 (krit Pardey DGVZ **89**, 55). Denn eine Austauschpfändung ist nur dann gerechtfertigt, wenn ein solches Gläubigerinteresse vorliegt, das in einem vernünftigen Verhältnis zu demjenigen Nachteil steht, der dem Schuldner droht, vgl auch § 812 Rn 2. Eine Austauschpfändung ist also dann unzulässig, wenn andere Besitzstände des Schuldners eine ausreichende Befriedigung versprechen oder wenn unsicher ist, ob sich überhaupt ein Bieter finden wird. Berücksichtigen muß man auch einen ideellen Wert etwa eines Familienstücks oder eines der wenigen Stücke, die jemand aus einer Katastrophe gerettet hat. Freilich braucht der voraussichtliche Versteigerungserlös zur Befriedigung des Gläubigers nicht auszureichen.

C. Überlassung, I, Hs 1 Fall 1, III. Der Gläubiger muß das Ersatzstück dem Schuldner grundsätzlich 5
spätestens bei der Wegnahme des bisher unpfändbaren Stücks überlassen, I Hs 1 Fall 1. Denn der Schuldner soll in dem Gebrauch seiner an sich unpfändbaren Sachen nicht gestört werden. Die Überlassung des Ersatzstücks muß zu Eigentum geschehen. Wegen etwaiger Mängel Rn 3. Wenn der Schuldner ein ihm angebotenes und objektiv ausreichendes Ersatzstück ablehnt, handelt er arglistig und muß die Folgen selbst tragen.

D. Geldbetrag, I Hs 1 Fall 2, III. Der Gläubiger kann aber dem Schuldner auch die Ersatzbeschaffung 6
überlassen und dem Schuldner den dazu erforderlichen *Geldbetrag* geben, I Hs 1 Fall 2. Ausnahmsweise kann der Gläubiger schließlich die bisher unpfändbare Sache dem Schuldner wegnehmen lassen, bevor der Schuldner das Ersatzstück erhält. Das gilt dann, wenn der Gläubiger kein Ersatzstück beschaffen kann, oder wenn ihm die Beschaffung zwar technisch möglich, jedoch wirtschaftlich nicht zumutbar ist, I Hs 2. Das kann etwa dann vorliegen, wenn sich der Gläubiger in einer größeren Notlage als der Schuldner befindet oder wenn der Anspruch des Gläubigers aus einer vorsätzlichen unerlaubten Handlung des Schuldners herrührt. Dann erhält der Schuldner das Geld erst aus dem Vollstreckungserlös. Dieser Geldbetrag ist in demselben Umfang wie dasjenige Geld unpfändbar, das der Gläubiger gegeben hat, III.

4) Verfahren, I–IV. Es verläuft einfach. 7

A. Antrag, Zuständigkeit, I, II 1. Über die Zulässigkeit einer Austauschpfändung entscheidet nicht der Gerichtsvollzieher (eine Ausnahme gilt bei § 811 b), sondern allein das Vollstreckungsgericht, §§ 764, 802, und zwar grundsätzlich vor der Pfändung, Rn 4, vgl aber auch § 811 b. Es entscheidet durch den Rpfl, § 20 Z 17 RPflG. Es ist ein Antrag des Gläubigers erforderlich. Dieser ist eine Parteiprozeßhandlung, Grdz 47 vor § 128. Es besteht kein Anwaltszwang, § 78 III Hs 2. Der Gläubiger muß die Ersatzleistung bestimmt bezeichnen. Er braucht den etwa erforderlichen Ersatzbetrag aber nicht zu beziffern. Das Gericht darf über den Antrag nicht hinausgehen, § 308 I entsprechend. Die Voraussetzungen der Zwangsvollstreckung müssen vorliegen. Der Gläubiger hat eine Darlegungs- oder gar Beweislast nur in den Grenzen des Amtsverfahrens, Grdz 37 vor § 704. Insoweit ist auch § 294 nur bedingt beachtlich. §§ 286, 287 sind anwendbar. Das Vollstreckungsgericht darf keine unverhältnismäßigen Schätzungskosten verursachen, Grdz 34 vor § 704, § 21 GKG.

Eine *mündliche Verhandlung* ist *nicht* erforderlich, § 764 III. Allerdings muß der Schuldner ein rechtliches Gehör erhalten, Artt 2 I, 20 III GG (Rpfl), BVerfG **101**, 404, Art 103 I GG (Richter). Eine Entscheidung ohne eine Anhörung läßt sich nicht rechtfertigen, zumal § 758 a nicht so weit auslegbar ist, aM ZöStö 8.

8 **B. Entscheidung, II 1–4.** Die Entscheidung ergeht durch einen Beschluß, § 329. Dieser muß dann, wenn das Gericht eine Austauschpfändung für zulässig hält, das an sich pfändbare Stück, zumindest bei einem fabrikneuen dessen Gattung, und ferner das Ersatzstück und seinen Wert bezeichnen. Soweit das Gericht zwar die Austauschpfändung für zulässig hält, das angebotene Ersatzstück aber für ungeeignet, muß der Beschluß den zur Ersatzbeschaffung erforderlichen Betrag einschließlich der Nebenkosten der Beschaffung und des Transports angeben. Der Rpfl kann auch die Wahl zwischen dem eben bezeichneten Ersatzstück oder dem Ersatzbetrag dem Gläubiger überlassen. Ist eine Austauschpfändung unzulässig, weist der Rpfl den Antrag zurück. Er muß den Beschluß begründen, § 329 Rn 4. Kosten: § 788 I, IV. Der Rpfl muß seinen Beschluß dem Benachteiligten förmlich zustellen, § 329 III, und dem Gegner formlos mitteilen, § 329 II 1.

9 **C. Folgen.** Wenn der Gläubiger dem Schuldner das Ersatzstück überlassen hat, darf der Gerichtsvollzieher das bisher unpfändbare Stück dem Schuldner sofort wegnehmen. Der Gläubiger haftet bei der Lieferung eines Ersatzstücks nach § 434 BGB entsprechend, allerdings nur auf eine Minderung. Der Gläubiger erhält den verauslagten und vom Gericht festgesetzten Betrag aus dem Vollstreckungserlös zurück. Der Betrag gehört zu den Vollstreckungskosten, § 788 I, IV. Wenn der Schuldner das Ersatzstück noch nicht erhalten hat und wenn er nun den Betrag zur Beschaffung des Ersatzstücks erst aus dem Vollstreckungserlös bekommt, muß der Gerichtsvollzieher die formelle Rechtskraft des Beschlusses des Rpfl abwarten, bevor er das Stück dem Schuldner wegnehmen kann, IV. Die Ersatzleistung ist natürlich unpfändbar.

10 **5) Rechtsmittel, I–IV.** Es kommt darauf an, wer entschieden hat.

A. Verfahren des Gerichtsvollziehers. Zulässig ist die Erinnerung, § 766 Rn 17 „Gerichtsvollzieher". Daran kann sich die sofortige Beschwerde anschließen, §§ 567 I Z 1, 793.

11 **B. Verfahren des Rechtspflegers.** Vgl § 793 Rn 11.

811b

Vorläufige Austauschpfändung. I 1 **Ohne vorgängige Entscheidung des Gerichts ist eine vorläufige Austauschpfändung zulässig, wenn eine Zulassung durch das Gericht zu erwarten ist.** 2 **Der Gerichtsvollzieher soll die Austauschpfändung nur vornehmen, wenn zu erwarten ist, dass der Vollstreckungserlös den Wert des Ersatzstückes erheblich übersteigen wird.**

II **Die Pfändung ist aufzuheben, wenn der Gläubiger nicht binnen einer Frist von zwei Wochen nach Benachrichtigung von der Pfändung einen Antrag nach § 811 a Abs. 2 bei dem Vollstreckungsgericht gestellt hat oder wenn ein solcher Antrag rechtskräftig zurückgewiesen ist.**

III **Bei der Benachrichtigung ist dem Gläubiger unter Hinweis auf die Antragsfrist und die Folgen ihrer Versäumung mitzuteilen, dass die Pfändung als Austauschpfändung erfolgt ist.**

IV 1 **Die Übergabe des Ersatzstückes oder des zu seiner Beschaffung erforderlichen Geldbetrages an den Schuldner und die Fortsetzung der Zwangsvollstreckung erfolgen erst nach Erlass des Beschlusses gemäß § 811 a Abs. 2 auf Anweisung des Gläubigers.** 2 **§ 811 a Abs. 4 gilt entsprechend.**

Gliederung

1 **1) Systematik, Regelungszweck, I–IV.** Vgl zunächst § 811 Rn 1, 2, § 811 a Rn 1, 2. § 811 b ändert nichts an dem Grundsatz, daß zur Entscheidung über eine Austauschpfändung das Vollstreckungsgericht zuständig ist, § 811 a II. Das ergibt sich aus II. Die Vorschrift enthält aber im Interesse des Gläubigers die Möglichkeit einer vorläufigen Regelung durch den Gerichtsvollzieher ohne eine vorherige Entscheidung des Vollstreckungsgericht, I 1. § 811 d regelt die sog Vorwegpfändung, tritt aber wohl meist gegenüber § 811 b zurück.

2 **2) Geltungsbereich, I.** Es müssen die folgenden Voraussetzungen zusammentreffen.

A. Wahrscheinlichkeit der Zulassung, I 1. Der Gerichtsvollzieher muß damit rechnen, daß das Vollstreckungsgericht nach § 811 b eine Austauschpfändung zulassen wird, zB bei einer kostbaren Armbanduhr, Mü DGVZ **83**, 140, oder bei einem Fernsehgerät im Wert von (jetzt ca) 250 EUR, LG Bln DGVZ **91**, 91, nicht aber schon bei einem Farbfernseher im Wert von nur 75 EUR, aM LG Düss DGVZ **95**, 43.

3 **B. Höherer Erlös, I 2.** Der Gerichtsvollzieher findet bei einer Pfändung eine solche Sache vor, für die die Voraussetzungen einer Austauschpfändung nach § 811 a I vorliegen. Er muß davon überzeugt sein, wie I 2 überflüssigerweise wiederholt, daß der Vollstreckungserlös den Wert des erforderlich werdenden Ersatz-

stückes erheblich übersteigen wird, AG Bad Segeb DGVZ **92**, 127. Der Gerichtsvollzieher kann diese Schätzung auf Grund seiner Kenntnisse des Interesses etwaiger Bieter und damit der derzeitigen Möglichkeiten eines Versteigerungserlöses vornehmen. Ein Überschuß von nur höchstens (jetzt) 75 EUR reicht nicht, LG Düss DGVZ **95**, 43.

3) Verfahren, I–IV. Man muß vier Hauptaufgaben beachten. 4

A. Amtspflicht zur vorläufigen Maßnahme, I. Der Gerichtsvollzieher nimmt nur eine vorläufige Austauschpfändung vor. Dazu braucht er keine Erlaubnis des Vollstreckungsgerichts, Rn 1. Es braucht auch kein Antrag des Gläubigers vorzuliegen. Der Gerichtsvollzieher geht vielmehr von sich aus derart vor. Er ist unter den Voraussetzungen einer vorläufigen Austauschpfändung zu einem solchen Schritt verpflichtet. Die vorläufige Austauschpfändung steht also nicht in seinem Belieben. Denn der Gerichtsvollzieher muß im Interesse des Gläubigers jede nach dem Gesetz zulässige Vollstreckungshandlung vornehmen („ist … zulässig").

B. Benachrichtigungspflicht, II, III. Der Gerichtsvollzieher muß den Gläubiger sofort davon benachrichtigen, daß er die Pfändung als eine vorläufige Austauschpfändung vorgenommen hat. Er muß den Gläubiger darauf hinweisen, daß die Pfändung als Austauschpfändung erfolgt ist und daß der Gläubiger binnen 2 Wochen einen Antrag auf die Zulassung der endgültigen Austauschpfändung beim Vollstreckungsgericht stellen muß, um eine Aufhebung der Pfändung zu vermeiden. Die Benachrichtigung ist formlos möglich. Denn § 329 II 2 setzt eine hier fehlende Entscheidung (Beschluß, Verfügung) voraus, und § 270 S 2 ist nicht direkt, wohl aber entsprechend anwendbar. Denn es besteht die gleiche Interessenlage. Eine Wiedereinsetzung nach § 233 kommt nicht in Betracht. Denn es handelt sich nicht um eine Notfrist, § 224 I 2. Wenn der Gerichtsvollzieher diesen Hinweis unterläßt, bleibt die Benachrichtigung im übrigen wirksam. Er muß daher unter Umständen 2 Wochen später trotz des Fehlens des Hinweises die Pfändung aufheben, II. Der weitere Bestand der Pfändung hängt also von den folgenden Umständen ab. 5

C. Antrag usw, II, III. Der Gläubiger muß eine endgültige Austauschpfändung beantragen. Er muß also insbesondere nach § 811 a I Hs 1 in der Regel dazu bereit sein, ein Ersatzstück zu beschaffen und den dazu erforderlichen Geldbetrag aufzuwenden. Dieser Entschluß steht in seinem Belieben. Denn die vorläufige Austauschpfändung soll nur die Möglichkeit einer endgültigen Austauschpfändung sichern. Der Gläubiger muß aber binnen 2 Wochen seit einer Benachrichtigung durch den Gerichtsvollzieher den Antrag auf die Zulassung der endgültigen Austauschpfändung beim Vollstreckungsgericht stellen, Rn 5. Er muß dem Gerichtsvollzieher wegen II in den Grenzen des Amtsverfahrens nach Grdz 37 vor § 704 im Ergebnis doch wohl nachweisen, daß er diesen Antrag rechtzeitig gestellt hat. Der Gläubiger braucht das Ersatzstück dem Schuldner aber vorläufig noch nicht zu überlassen. Notfalls muß der Gläubiger darlegen, daß ihm eine sofortige Beschaffung dieses Ersatzstücks oder des dafür erforderlichen Geldbetrags nicht möglich ist, § 811 a I Hs 2. 6

D. Zulassung, I–III. Das Vollstreckungsgericht muß die endgültige Austauschpfändung durch einen Beschluß zulassen, § 329. Es muß seinen Beschluß begründen, § 329 Rn 4. Kosten: § 788 I, IV. Es muß den Beschluß dem Gläubiger und dem Schuldner zustellen, § 329 III. Wenn der Gläubiger den Antrag nicht oder nicht fristgemäß stellt, muß der Gerichtsvollzieher die Pfändung aufheben. Er muß sie auch dann aufheben, wenn das Gericht den Antrag rechtskräftig zurückgewiesen hat, II. 7

E. Übergabe, IV. Wenn das Vollstreckungsgericht die Austauschpfändung nach § 811 a Rn 7 zuläßt, müssen der Gläubiger oder in seinem Auftrag der Gerichtsvollzieher jetzt dem Schuldner das Ersatzstück oder den erforderlichen Geldbetrag übergeben, sofern das Gericht ihm nicht erlaubt hat, den für die Beschaffung des Ersatzstückes erforderlichen Geldbetrag dem Schuldner erst aus dem Vollstreckungserlös zu überweisen, § 811 a I Hs 2. Erst anschließend darf der Gerichtsvollzieher das Pfandstück dem Schuldner nach § 808 I wegnehmen. Er darf es auch erst auf Grund einer besonderen Anweisung des Gläubigers verwerten, zB versteigern, IV 1. Wenn der Schuldner den zur Beschaffung des Ersatzstückes erforderlichen Geldbetrag erst aus dem Vollstreckungserlös erhält, darf der Gerichtsvollzieher das Pfandstück dem Schuldner erst nach der formellen Rechtskraft des Zulassungsbeschlusses des Vollstreckungsgerichts wegnehmen, § 811 a IV. Auch zu dieser Fortsetzung der Vollstreckung ist eine besondere Anweisung des Gläubigers erforderlich, IV 1. Die Kosten sind Kosten der Zwangsvollstreckung. Das Gericht kann sie unter Umständen aber auch dem Gläubiger nach § 788 III auferlegen. 8

4) Übergabezeitpunkt, IV. Der Gerichtsvollzieher muß die gepfändete Sache zunächst im Gewahrsam des Schuldners belassen. Denn die Wegnahme der Sache nach § 808 I wird erst dann zulässig, wenn das Vollstreckungsgericht die Austauschpfändung zugelassen hat. 9

5) Rechtsmittel, I–IV. Zulässig ist die Erinnerung, § 766 Rn 17 „Gerichtsvollzieher", AG Bad Segeb DGVZ **92**, 127. 10

811c

Unpfändbarkeit von Haustieren. **I Tiere, die im häuslichen Bereich und nicht zu Erwerbszwecken gehalten werden, sind der Pfändung nicht unterworfen.**

II Auf Antrag des Gläubigers lässt das Vollstreckungsgericht eine Pfändung wegen des hohen Wertes des Tieres zu, wenn die Unpfändbarkeit für den Gläubiger eine Härte bedeuten würde, die auch unter Würdigung der Belange des Tierschutzes und der berechtigten Interessen des Schuldners nicht zu rechtfertigen ist.

Schrifttum: *Dietz* DGVZ **01**, 81 (Üb); *Grunsky,* Sachen, Tiere – Bemerkungen zu einem Gesetzentwurf, Festschrift für *Jauch* (1990) 93; *Herfs,* Im häuslichen Bereich und nicht zu Erwerbszwecken gehaltene Tiere usw, Diss Köln 1998; *Schaal,* Tiere in der Zwangsvollstreckung, 2000.

1 **1) Systematik, I, II.** Die Vorschrift ergänzt § 811 und enthält eine vorrangige Sonderregelung. Vgl aber Rn 3. Sie erfaßt nicht den Anspruch des Schuldners auf einen bloßen Übererlös. Noch weitergehenden Schutz kann § 765 a geben, dort Rn 24 „Tier". Ergänzend gilt § 811 d.

2 **2) Regelungszweck, I, II.** Die Vorschrift nimmt Rücksicht auf Artt 1, 2, 20 a GG mit ihren Auswirkungen auf die Schutzwürdigkeit der Tierliebe sowie Rücksicht auf die nach § 90 a BGB eigenständige Rechtsstellung des Tieres, Dietz DGVZ **03**, 82. Man muß § 811 c als eine Ausnahme von der Pfändbarkeit eng auslegen. Demgegenüber erfordert II wegen seiner gewissen Rückkehr zum Pfändbarkeitsgrundsatz des § 803 I 1 eine weitere Auslegung. Der Verhältnismäßigkeitsgrundsatz ist stets mitbeachtlich, Grdz 34 (B) vor § 704. Er hat bei einer Tierpfändung oft eine enorme emotionale Bedeutung. Der Staat kann nicht daran interessiert sein, daß ein Bürger wegen der Zwangsentwendung des geliebten Haustieres so durcheinandergerät, daß alle möglichen aufwendigen Sozialleistungen erforderlich werden, nur damit ein einzelner Gläubiger besser zu seinem Geld kommen kann.

3 **3) Geltungsbereich: Haustier, I, II.** Geschützt ist ein Tier ohne einen Erwerbszweck. Auf seinen Wert kommt es nur im Rahmen von II an, Rn 3. „Im häuslichen Bereich" erfordert eine räumliche Nähe zum Eigentümer, Lorz MDR **90**, 1060 (mit hübschen Beispielen). Der Begriff erfaßt freilich auch die Gartenbude, den Wohnwagen, die Zweitwohnung, das Zelt des Campers, den privaten Teil des gemischtgenutzten Mietobjekts. Ein naturbedingtes gewisses freies Herumstreunen ist unschädlich, Lorz MDR **90**, 1060. „Gehalten" wird das Tier auch dort, wo es sich vorübergehend befindet, soweit sein Stammplatz eben in einem häuslichen Bereich gerade dieses Schuldners liegt. Ein bloß vom Schuldner in eine vorübergehende Pflege genommenes fremdes Tier ist bei ihm nicht geschützt, StJM 3, aM ZöStö 2 (er überliest, daß hier nur „zum Halterbegriff" eine Verweisung auf § 833 BGB erfolgt). Vgl im übrigen zum Halterbegriff § 833 BGB, zur Abgrenzung vom Aufseherbegriff § 834 BGB.

I schützt nicht ein auch oder nur zum Erwerbszweck gehaltenes Nutztier, Lorz MDR **90**, 1060. Dort können freilich § 811 I Z 4–7, 12 anwendbar sein.

4 **4) „Ausnahme": Zulassung der Pfändung aus Billigkeitserwägungen, II.** Nur auf einen Gläubigerantrag muß das Vollstreckungsgericht bei einer Bejahung der Voraussetzungen von II die Pfändung doch zulassen und damit zum allgemeinen Pfändbarkeitsgrundsatz zurückkehren, Rn 1. Erste Voraussetzung ist ein „hoher Wert" des Tiers. Er sollte im Zeitpunkt der Entscheidung mindestens (jetzt ca) 250 EUR übersteigen. Es kommt also nur auf den materiellen Wert an. Die ideellen, wichtigen, aber nicht allein maßgeblichen Interessen des Schuldners muß man bei der nach II erforderlichen Abwägung als „berechtigte Interessen" des Schuldners mitberücksichtigen. Weitere Abwägungsmaßstäbe sind die Interessen des Gläubigers und diejenigen eines nicht übertriebenen, aber doch ernstgenommenen „Tierschutzes".

Die Abwägung muß zu der eindeutigen *Bejahung* der „nicht zu rechtfertigenden Härte" zulasten des Gläubigers führen, bevor das Vollstreckungsgericht die Pfändung zulassen darf. Damit gelten bei II ähnliche Gesichtspunkte wie mit dem umgekehrten Ziel bei § 765 a. Im Zweifel kann es trotz der in Rn 1 genannen Auslegbarkeit aber doch nicht selten bei der Unpfändbarkeit nach I bleiben. So verneint AG Paderb DGVZ **96**, 44 die Pfändbarkeit eines 20jährigen Pferdes, das vom Schuldner ein „Gnadenbrot" erhält.

5 **5) Verfahren, II.** Die ausschließliche Zuständigkeit nach § 802 liegt bei demjenigen Vollstreckungsgericht nach § 764 I, in dessen Bezirk die Pfändung stattfinden soll oder stattgefunden hat, § 764 II. Es entscheidet zunächst durch den Rpfl, § 20 Z 17 RpflG. Es ist ein Antrag des Gläubigers notwendig. Es besteht kein Anwaltszwang, § 78 III Hs 2. Eine mündliche Verhandlung ist freigestellt, § 764 III. Der Rpfl muß den Schuldner anhören, Artt 2 I, 20 III GG, BVerfG **101**, 404. Zum Verfahren im übrigen Grdz 37 ff vor § 704.

6 **6) Entscheidung, II.** Der Rpfl entscheidet durch einen Beschluß. Er enthält keine Kostenentscheidung, § 788 I. Denn § 788 IV nennt den § 811 c nicht mit. Der Rpfl muß seinen Beschluß begründen, § 329 Rn 4. Er muß ihn dem Gläubiger förmlich zustellen, soweit er den Zulassungsantrag zurückweist, § 329 III Hs 2, Rn 8. Er kann ihn dem Gläubiger formlos mitteilen, soweit er dem Antrag stattgibt, § 329 I 1. Denn der Beschluß „bildet" nicht einen Vollstreckungstitel nach § 329 III Hs 1, sondern setzt ihn ja gerade voraus. Dem Schuldner teilt der Rpfl den zurückweisenden Beschluß formlos mit, § 329 II 1. Den stattgebenden stellt er ihm förmlich zu, § 329 III.

Wirksam, also vollstreckbar, wird die Entscheidung mit ihrem ordnungsgemäßen Erlaß durch die Zustellung oder Mitteilung. Das gilt aber nur zugunsten desjenigen Gläubigers oder Rechtsnachfolgers nach § 727, der diese Entscheidung erwirkt hat. Ein weiterer Gläubiger muß gesondert vorgehen, Grdz 22 vor § 704.

7 **7) Einstweilige Anordnung, Vorwegpfändung, I, II.** Eine dem § 765 a II entsprechende Regelung ergibt sich aus § 766 I 2. Eine Vorwegpfändung nach § 811 d bleibt möglich, Rn 1.

8 **8) Rechtsbehelfe, I, II.** Gegen eine trotz I erfolgte Pfändung hat der Schuldner die Erinnerung nach § 766 I 1. Der Gläubiger kann nach § 766 II Hs 1 vorgehen, soweit der Gerichtsvollzieher zu Unrecht ein Tier nach I für unpfändbar erklärt. Daran kann sich jeweils die sofortige Beschwerde anschließen, §§ 567 I Z 1, 793. Gegen den Beschluß des Rpfl nach II ist für den Benachteiligten die sofortige Beschwerde nach § 11 I RPflG in Verbindung mit §§ 567 I Z 1, 793 statthaft. Soweit der Richter entschieden hat, ist die sofortige Beschwerde nach §§ 567 I Z 1, 793 statthaft.

811d

Vorwegpfändung. **I 1 Ist zu erwarten, dass eine Sache demnächst pfändbar wird, so kann sie gepfändet werden, ist aber im Gewahrsam des Schuldners zu belassen. 2 Die Vollstreckung darf erst fortgesetzt werden, wenn die Sache pfändbar geworden ist.**

II Die Pfändung ist aufzuheben, wenn die Sache nicht binnen eines Jahres pfändbar geworden ist.

1) Systematik, I, II. Es handelt sich in einer Ergänzung von §§ 811–811 c um eine Ausweitung der zeitlichen Möglichkeit des Gläubigers. Das Gesetz sieht nicht vor, daß eine schon wirksam gepfändete Sache erst anschließend unpfändbar wird. Der Gläubiger behält sein Pfandrecht vielmehr auch dann, § 811 Rn 13. Die Vorschrift erfaßt auch nicht eine solche Sache, die nur in einem aufschiebend bedingten Eigentum des Schuldners steht. Bei einer Austauschpfändung tritt § 811 d wohl meist gegenüber § 811 b zurück. 1

2) Regelungszweck. Die Vorwegpfändung soll den Gläubiger im voraus sichern, auch zur Reihenfolge bei etwaigen weiteren Gläubigern. Das ist eine konsequente Fortsetzung des generellen Zeitvorrangs nach § 804 III. Daher muß man § 811 d zugunsten des Gläubigers auslegen. Der Schuldner darf die Sache zwar nicht verkaufen, aber doch fast uneingeschränkt weiternutzen. 2

3) Geltungsbereich, I, II. Es müssen die folgenden Voraussetzungen zusammentreffen. 3

A. Derzeit Unpfändbarkeit. Eine Sache muß noch unpfändbar sein.

B. Demnächst Pfändbarkeit. Man muß objektiv erwarten können, daß die zur Zeit noch unpfändbare Sache demnächst pfändbar wird, daß also § 811 demnächst unanwendbar sein wird, etwa infolge eines Berufswechsels des Schuldners oder einer Einstellung seines Betriebs, oder daß man bei § 811 c I demnächst mit einer Zulassung nach § 811 c II rechnen kann, wenn also der dazu notwendige Antrag vorliegt und schlüssig begründet wurde. Das muß der Gläubiger dem Gerichtsvollzieher jeweils nachvollziehbar darlegen, aber nicht nach § 294 glaubhaft machen. Der Gerichtsvollzieher ermittelt dazu nicht von Amts wegen, sondern teilt etwaige Bedenken vor einer Ablehnung mit, Grdz 39 vor § 128. 4

4) Verfahren, I, II. Es gelten die folgenden Regeln. 5

A. Pfändung, I. Der Gerichtsvollzieher pfändet die noch unpfändbare Sache, ohne daß das Vollstreckungsgericht durch den Rpfl tätig wird. Der Gerichtsvollzieher muß sie aber abweichend vom Grundsatz des § 808 I stets im Gewahrsam des Schuldners belassen. Die Fortsetzung der Vollstreckung, insbesondere also die Wegschaffung der Sache und ihre Versteigerung, darf erst dann erfolgen, wenn die Sache endgültig pfändbar geworden ist.

B. Aufhebung der Pfändung, II. Wenn die Pfändbarkeit nicht innerhalb eines Jahres seit der Pfändung eingetreten ist, muß der Gerichtsvollzieher sie aufheben, § 122 Z 1 GVGA. Denn es darf nicht auf eine ungewisse Zeit hinaus unbestimmt bleiben, ob eine wirksame Pfändung erfolgt ist. 6

5) Rechtsmittel, I, II. Zulässig ist die Erinnerung, § 766 Rn 17 „Gerichtsvollzieher". Daran kann sich die sofortige Beschwerde anschließen, §§ 567 I Z 1, 793. 7

812

Pfändung von Hausrat. **Gegenstände, die zum gewöhnlichen Hausrat gehören und im Haushalt des Schuldners gebraucht werden, sollen nicht gepfändet werden, wenn ohne weiteres ersichtlich ist, dass durch ihre Verwertung nur ein Erlös erzielt werden würde, der zu dem Wert außer allem Verhältnis steht.**

1) Systematik. Die Vorschrift ergänzt §§ 811–811 b. § 812 ist dem Wortlaut nach eine bloße Sollvorschrift. Da der Gerichtsvollzieher die Bestimmung aber genau so von Amts wegen beachten muß wie das Gebot des § 811 und da das Vollstreckungsgericht dann entscheidet, wenn ein Beteiligter einen Fehler des Gerichtsvollziehers rügt, besteht sachlich keine Abweichung von einer Mußvorschrift. Es kommt hinzu, daß auch die Gegenstände des § 812 nicht in die Insolvenzmasse fallen, § 36 III InsO. Die Regelung ist praktisch nur insoweit bedeutsam, als § 811 I Z 1 nicht anwendbar ist. Das Vermieterpfandrecht nach § 559 S 3 BGB erstreckt sich darauf nicht mit. 1

2) Regelungszweck. Die Vorschrift liegt im Grunde im Interesse beider Parteien. Es sollen solche unnützen Aufwendungen und Wertverluste unterbleiben, die noch nicht zur leidlichen Befriedigung führen. Damit dient § 812 dem Grundsatz der Verhältnismäßigkeit, Grdz 34 (B) vor § 704. Der Wertverlust infolge einer Zwangsvollstreckung ist ohnehin meist fast erschreckend hoch. Das kommt weder diesem Gläubiger noch etwaigen weiteren Gläubigern zugute, sondern meist einem Dritten, dem Erwerber. Das mag volkswirtschaftlich erfreulich sein. Aber die Zwangsvollstreckung dient nicht der Volkswirtschaft. Aus allen solchen Miterwägungen empfiehlt es sich, eine Unverhältnismäßigkeit nicht erst im allzu krassen Fall anzunehmen. 2

3) Geltungsbereich. Unpfändbar sind nach § 812 Sachen, bei denen die folgenden Voraussetzungen zusammentreffen. 3

A. Hausrat. Es muß sich um Gegenstände des gewöhnlichen Hausrats handeln, also des täglichen Bedarfs im Haushalt, nicht im Gewerbe. Hierzu zählen: Möbel, zB Betten, Tische, Schränke; Küchengerät; Geschirr; Wäsche; Kleidung; ein Fernsehgerät, soweit es nicht unter § 811 I 2 fällt (dazu dort Rn 18), aM LG Itzehoe DGVZ **88**, 120; ein Videogerät, LG Hann DGVZ **90**, 60. Ein Luxusgegenstand oder eine Sache mit Alterswert gehören nicht hierher.

B. Benutzung. Der Schuldner muß die Gegenstände auch in seinem Haushalt tatsächlich brauchen, also benutzen, also nicht zB im Gewerbebetrieb. Ihre Zahl oder deren Notwendigkeit ist unerheblich. 4

C. Schlechte Verwertbarkeit. Es muß sich um einen ersichtlich schlecht verwertbaren Gegenstand handeln. Der Gerichtsvollzieher muß den Wert der Sache für den Schuldner mit demjenigen für andere vergleichen, OVG Saarlouis NVwZ-RR **06**, 757. Keine von beiden Größen darf allein den Ausschlag geben. 5

4) Rechtsbehelf. Der Schuldner, der Gläubiger dann, wenn die Pfändung unterbleibt, oder ein betroffener Dritter, zB die Ehefrau, können die Erinnerung nach § 766 einlegen. Daran kann sich die sofortige Beschwerde anschließen, §§ 567 I Z 1, 793. 6

813 *Schätzung.* **I [1] Die gepfändeten Sachen sollen bei der Pfändung auf ihren gewöhnlichen Verkaufswert geschätzt werden. [2] Die Schätzung des Wertes von Kostbarkeiten soll einem Sachverständigen übertragen werden. [3] In anderen Fällen kann das Vollstreckungsgericht auf Antrag des Gläubigers oder des Schuldners die Schätzung durch einen Sachverständigen anordnen.**

II [1] Ist die Schätzung des Wertes bei der Pfändung nicht möglich, so soll sie unverzüglich nachgeholt und ihr Ergebnis nachträglich in dem Pfändungsprotokoll vermerkt werden. [2] Werden die Akten des Gerichtsvollziehers elektronisch geführt, so ist das Ergebnis der Schätzung in einem gesonderten elektronischen Dokument zu vermerken. [3] Das Dokument ist mit dem Pfändungsprotokoll untrennbar zu verbinden.

III Zur Pfändung von Früchten, die von dem Boden noch nicht getrennt sind, und zur Pfändung von Gegenständen der in § 811 Abs. 1 Nr. 4 bezeichneten Art bei Personen, die Landwirtschaft betreiben, soll ein landwirtschaftlicher Sachverständiger zugezogen werden, sofern anzunehmen ist, dass der Wert der zu pfändenden Gegenstände den Betrag von 500 Euro übersteigt.

IV Die Landesjustizverwaltung kann bestimmen, dass auch in anderen Fällen ein Sachverständiger zugezogen werden soll.

Schrifttum: *Schilken* DGVZ **98**, 145 (Üb).

Gliederung

1 **1) Systematik, I–IV.** § 813 enthält eine Sollvorschrift. Der Gerichtsvollzieher muß die Bestimmung trotz der Sollfassung von Amts wegen beachten (Amtspflicht, § 839 BGB in Verbindung mit Art 34 GG), BGH NJW **92**, 50.

2 **2) Regelungszweck, I–IV.** Die Schätzung soll zwar nicht direkt eine zwecklose Pfändung verhindern, § 803 II. Denn die Schätzung erfolgt nicht „vor", sondern „bei" der Pfändung. Die Schätzung soll aber einer Überpfändung nach § 803 I 2 entgegenwirken. Sie soll im übrigen allen Beteiligten frühzeitig einen Anhaltspunkt dafür geben, ob man den wahren Wert notfalls im Rechtsmittelweg alsbald klären muß. Darüber hinaus soll die Schätzung dem Gläubiger wie dem Gerichtsvollzieher helfen zu erkennen, ob weitere Vollstreckungsmaßnahmen in andere Vermögenswerte sinnvoll, notwendig, vertretbar sind. Ein weiterer Zweck der Regelung besteht darin, die Einhaltung der gesetzlichen Beschränkungen bei der Pfändung und beim Zuschlag nach §§ 803 I 2, 817, 817 a zu sichern, Schultes DGVZ **94**, 161 (ausf), sowie eine anderweitige Verwertung nach § 825 zu erleichtern.

Psychisch hat jede solche Schätzung eine ganz erhebliche Bedeutung. Sie ist immerhin ein maßgeblicher Ausgangspunkt für so manches Gebot und für so manche Bereitschaft zum Erwerb wie für deren Begrenzung. Alle Beteiligten tragen deshalb schon in diesem Stadium eine hohe Verantwortung. Man sollte sich nicht scheuen, zB bei der Auswahl und Überprüfung eines Sachverständigen entsprechend strenge Maßstäbe anzulegen, auch ein Zweitgutachten anzufordern und sich die Sachkenntnis des Schätzers durchaus näher nachprüfbar darlegen zu lassen. Das gilt insbesondere dann, wenn es um einen hohen Wert geht.

3 **3) Schätzung, I–IV.** Man muß zahlreiche Aspekte beachten.

A. Gewöhnlicher Verkaufswert, I 1. Der Gerichtsvollzieher muß eine gepfändete Sache auf ihren gewöhnlichen Verkaufswert schätzen, Paschold DGVZ **95**, 52 (ausf). Das geschieht bei der Pfändung oder nach II 1 gleich danach zum Protokoll, § 762 II 2, § 132 Z 8 GVGA. Bei einer elektronischen Aktenführung fertigt der Gerichtsvollzieher nach II 2, 3 einen Vermerk in einem gesonderten elektronischen Dokument, das der Gerichtsvollzieher mit dem Pfändungsprotokoll elektronisch untrennbar verbinden muß, ähnlich wie das Gericht bei § 105 I 2, 3 usw. Der Gerichtsvollzieher muß sein Ergebnis den Beteiligten mitteilen. Gewöhnlicher Verkaufswert ist der Verkehrswert, derjenige Preis, den man im freien Verkehr am Ort für eine Sache gleicher Art und Güte erfahrungsgemäß derzeit am Markt durchschnittlich erzielen kann, Stgt RR **96**, 563. Wenn es sich um ein an der Börse gehandeltes Papier handelt, mag es amtlich notiert sein oder im Freiverkehr kursieren, gilt als gewöhnlicher Verkaufspreis der jetzige Börsenpreis, also die Notierung für Geld (Nachfrage), nicht für Brief (Angebot). Marktpreis ist der am maßgebenden Handelsplatz festgestellte laufende Preis. Der Gerichtsvollzieher muß einen Höchstpreis und einen etwaigen Festpreis ermitteln, § 817 a Rn 1. Wegen § 817 a III muß er auch den Gold- oder Silberwert eines derartigen Stücks schätzen, § 132 Z 8 GVGA. Regelmäßig schätzt der Gerichtsvollzieher selbst, § 753 I. Er muß dabei den Zustand der Pfandsache berücksichtigen, AG Itzehoe DGVZ **85**, 124. Er darf auf Grund eines Gutachtens neu schätzen, AG Bln-Charl DGVZ **94**, 156.

4 **B. Kostbarkeit, I 2.** Die Hinzuziehung eines Sachverständigen ist notwendig bei Kostbarkeiten, § 808 II 1. Das sind solche Gegenstände, die im Verhältnis zu ihrem Umfang, ihrer Größe und zu ihrem Gewicht einen besonders hohen Wert haben, Drumann JB **03**, 550. Hierzu zählen zB: Briefmarken; Münzen, § 815 Rn 1; Edelsteine; Schmuckstücke, Manuskripte; Noten; Edelpelze; Antiquitäten; Kunstwerke; Edelmetalle; echte Orientteppiche, KG RR **86**, 201, AG Schwäbisch Hall DGVZ **90**, 79, StJM 6, aM ZöStö 4 (aber ein echter Orientteppich hat meist einen erheblichen Wert, soweit er nicht schäbig geworden ist). Der Gerichts-

vollzieher muß die allgemeine Anschauung berücksichtigen. Bei Gold- und Silbersachen muß man wegen § 817 a III auch den Metallwert schätzen. Der Gerichtsvollzieher bestimmt die Person des Sachverständigen und teilt das Schätzungsergebnis den Beteiligten mit, § 132 Z 8 GVGA.

C. Ermessen des Gerichtsvollziehers, I 2. Die Zuziehung erfolgt nach dem pflichtgemäßen Ermessen des Gerichtsvollziehers immer dann, wenn er die Mitwirkung eines Sachverständigen pflichtgemäß für notwendig oder doch für sachdienlich hält, Köln Rpfleger **98**, 353, AG Schwäbisch Hall DGVZ **90**, 79, Pawlowski ZZP **90**, 367, aM LG Bayreuth DGVZ **85**, 42, LG Konst DGVZ **94**, 140, Schilken AcP **181**, 366 (aber das sind die naheliegenden Merkmale eines ordnungsgemäßen Ermessens). Eine Schätzung kann etwa dann notwendig sein, wenn der Gerichtsvollzieher für ein Wertpapier keinen Börsenpreis ermitteln kann. Man kann einem benachteiligten Dritten evtl einen zivilrechtlichen Anspruch gegen den Gerichtsvollzieher zubilligen, KG RR **86**, 202. Natürlich kommt es auf den Zeitpunkt der Beauftragung des Sachverständigen und nicht auf eine rückblickende Beurteilung nach dem Gutachten an, AG Schwäbisch Hall DGVZ **90**, 79. Der Gerichtsvollzieher bestimmt die Person des Sachverständigen, § 753 I. 5

D. Anordnung des Vollstreckungsgerichts, I 3. Die Hinzuziehung des Sachverständigen kann auch auf eine Anordnung des Vollstreckungsgerichts erfolgen, also des Rpfl, § 20 Z 17 RPflG. Er erläßt diese Entscheidung nur auf einen Antrag des Gläubigers oder des Schuldners, also nicht auf einen Antrag des Gerichtsvollziehers oder eines Dritten, LG Bln DGVZ **78**, 112. Der Rpfl entscheidet nach seinem pflichtgemäßen Ermessen auf Grund derselben Merkmale wie bei Rn 5. Die Anordnung ist auch dann noch zulässig, wenn der Gerichtsvollzieher die Sache bereits geschätzt hat. Sie ersetzt dann jene frühere Schätzung. Das Vollstreckungsgericht, nicht der Gerichtsvollzieher, bestimmt dann die Person des Sachverständigen. 6

E. Sachverständiger, III. Man muß einen landwirtschaftlichen Sachverständigen nach III dann zur Schätzung hinzuziehen, wenn es um eine Pfändung von Früchten auf dem Halm nach § 810 geht oder wenn es um die Pfändung von Betriebsgegenständen und Früchten eines landwirtschaftlichen Betriebs nach § 811 I Z 4 geht. In beiden Fällen kommt der Sachverständige grundsätzlich aber nur dann hinzu, wenn der Versteigerungswert und nicht der Überschuß nach der Schätzung des Gerichtsvollziehers 500 EUR übersteigen werden. Auf Verlangen des Schuldners muß der Gerichtsvollzieher den landwirtschaftlichen Sachverständigen allerdings ausnahmsweise auch bei einem voraussichtlich geringeren Versteigerungswert hinzuziehen, § 150 Z 1 GVGA. Der Sachverständige muß die Gegenstände der §§ 810, 811 I Z 4 einschließlich der unpfändbaren Sachen zusammenrechnen. Der Gerichtsvollzieher wählt nach § 753 I einen oder mehrere Sachverständige aus dem Kreis der mit den örtlichen Verhältnissen und mit dem Landwirtschaftsbetrieb vertrauten Personen aus. 7

F. Freiwilligkeit, III. Der aufgeforderte Sachverständige ist zur Begutachtung nicht verpflichtet. Der Gerichtsvollzieher hat nicht das Recht, den Sachverständigen zu beeidigen oder eine eidesstattliche Versicherung von ihm entgegenzunehmen. Die Vergütung des Sachverständigen gehört zu den Auslagen des Gerichtsvollziehers, KVGv 703. Der Sachverständige muß sich darüber äußern, ob die Voraussetzungen des § 811 I Z 4 oder des § 1120 BGB (hypothekarische Haftung) vorliegen und ob bei Früchten auf dem Halm die Reife vorliegt und ob sie zur Fortführung der Wirtschaft unentbehrlich sind. Er muß auch den gewöhnlichen Verkaufswert vor der Versteigerung schätzen. Das Gutachten bindet den Gerichtsvollzieher nur insoweit, Mü DGVZ **80**, 123, Schilken AcP **181**, 366, nicht im übrigen. 9

G. Schätzungszeitpunkt, I–IV. Man sollte die Schätzung möglichst auch bei III immer im Zeitpunkt der Pfändung oder gleich danach vornehmen. Ein landwirtschaftlicher Sachverständiger nach III muß das schon mit Rücksicht auf den doppelten Zweck tun, Rn 7. Das Ergebnis auch dieser Schätzung gehört ins Protokoll, § 762 II Z 2, § 132 Z 8 GVGA. Wenn eine Schätzung im Zeitpunkt der Pfändung nicht möglich ist, etwa weil der Gerichtsvollzieher einen Sachverständigen heranziehen will, muß der Gerichtsvollzieher die Schätzung unverzüglich nachholen und ihr Ergebnis den Beteiligten mitteilen und ebenfalls im Pfändungsprotokoll vermerken, II. Bei einer zwischenzeitlichen erheblichen Veränderung der Verhältnisse kann eine erneute Schätzung notwendig werden. Das gilt zB dann, wenn die Verwertung nicht alsbald möglich war. 9

Eine *Veränderung* der Verhältnisse ergibt sich aber nocht nicht stets deshalb, weil ein Verwertungsversuch erfolglos war. Bei I 3 ist eine Nachschätzung ebenfalls nur auf gerichtliche Anordnung möglich. Die Schätzung muß wegen § 817 a I 2 jedenfalls der Versteigerung vorangehen. Die Schätzung des Sachverständigen bindet den Gerichtsvollzieher, solange sie nicht offensichtlich unrichtig ist, Mü DGVZ **80**, 123, AG Mü DGVZ **89**, 31. Der Gerichtsvollzieher kann aber auch einen anderen Sachverständigen mit einer weiteren Schätzung beauftragen. Wenn das Vollstreckungsgericht eine Schätzung nach I 3 anordnet, geht diese Schätzung allen anderen vor. § 319 ist entsprechend anwendbar.

H. Bestimmung der Justizverwaltung, IV. Die Hinzuziehung erfolgt dann, wenn die Landesjustizverwaltung die Mitwirkung eines Sachverständigen bestimmt hat, §§ 150 Z 2, 152 Z 3 GVGA. Der Gerichtsvollzieher bestimmt die Person des Sachverständigen, § 753 I. 10

4) Verstoß, I–IV. Wenn der Gerichtsvollzieher gegen § 813 verstößt, bleibt die Zwangsvollstreckung trotz der Amtspflicht nach Rn 1 voll wirksam, OVG Saarlouis NVwZ-RR **06**, 757. Das gilt unabhängig davon, ob die GVGA eine entsprechende Mußvorschrift enthält. 11

5) Rechtsmittel, I–IV. Es kommt auf die Person des Entscheidenden an. 12

A. Gegen Gerichtsvollzieher. Sowohl der Schuldner als auch der Gläubiger können die Erinnerung nach § 766 einlegen, wenn man entweder sie selbst nicht hinzugezogen hatte oder wenn man ihren Gegner unbegründet hinzugezogen hatte oder wenn der Gerichtsvollzieher bei der Hinzuziehung oder Nichthinzuziehung oder Schätzung einen Fehler begangen hat, KG RR **86**, 202, StJM 13, aM LG Aachen JB **86**, 1256, AG Limbg DGVZ **88**, 159, ZöStö 10 (es sei statt § 766 nur I 3 zulässig. Aber diese Vorschrift ist kein Rechtsbehelf, sondern eine weitere Möglichkeit für den Schuldner). Daran kann sich die sofortige Beschwerde anschließen, §§ 567 I Z 1, 793.

13 **B. Gegen Rechtspfleger.** Gegen einen ablehnenden Beschluß des Rpfl ist die sofortige Beschwerde nach § 11 I RPflG, §§ 567 I Z 1, 793 zulässig, dort Rn 11. Denn eine Erinnerung nach § 766 lag schon im Antrag auf eine Anordnung durch das Vollstreckungsgericht.

813a *Aufschub der Verwertung.* **I [1] Hat der Gläubiger eine Zahlung in Teilbeträgen nicht ausgeschlossen, kann der Gerichtsvollzieher die Verwertung gepfändeter Sachen aufschieben, wenn sich der Schuldner verpflichtet, den Betrag, der zur Befriedigung des Gläubigers und zur Deckung der Kosten der Zwangsvollstreckung erforderlich ist, innerhalb eines Jahres zu zahlen; hierfür kann der Gerichtsvollzieher Raten nach Höhe und Zeitpunkt festsetzen. [2] Einen Termin zur Verwertung kann der Gerichtsvollzieher auf einen Zeitpunkt bestimmen, der nach dem nächsten Zahlungstermin liegt; einen bereits bestimmten Termin kann er auf diesen Zeitpunkt verlegen.**

II [1] Hat der Gläubiger einer Zahlung in Teilbeträgen nicht bereits bei Erteilung des Vollstreckungsauftrags zugestimmt, hat ihn der Gerichtsvollzieher unverzüglich über den Aufschub der Verwertung und über die festgesetzten Raten zu unterrichten. [2] In diesem Fall kann der Gläubiger dem Verwertungsaufschub widersprechen. [3] Der Gerichtsvollzieher unterrichtet den Schuldner über den Widerspruch; mit der Unterrichtung endet der Aufschub. [4] Dieselbe Wirkung tritt ein, wenn der Schuldner mit einer Zahlung ganz oder teilweise in Verzug kommt.

Schrifttum: *Harnacke* DGVZ **99**, 81 (Üb).

Gliederung

1 **1) Systematik, I, II.** Die Vorschrift gehört zu einer Gruppe solcher Bestimmungen, die dem Gerichtsvollzieher erhebliche Möglichkeiten zur Steuerung des Ob, Wann und Wie der Vollziehung eines Vollstreckungsauftrags einräumen. Sie setzt im Gegensatz zu § 806 a eine Pfändbarkeit voraus, §§ 811 ff. Zur Abgrenzung Helwich DGVZ **00**, 105. Die Vorschrift läßt die Möglichkeiten eines freihändigen Verkaufs usw nach § 825 offen. Auch der Schuldnerschutz nach § 765 a bleibt unberührt, ebenso die Möglichkeit und Notwendigkeit, bei einer Stundung seitens des Gläubigers die Vollstreckung einzustellen oder zu beschränken, § 775 Z 4. Auch das Verbot der Arglist in der Vollstreckung nach Grdz 44 vor § 704 bleibt bestehen, sei es zugunsten des Gläubigers, sei es zugunsten des Schuldners. § 813 b, der sich an das Vollstreckungsgericht wendet, steht selbständig neben § 813 a.

2 **2) Regelungszweck, I, II.** Die Vorschrift bezweckt die Vermeidung der immer noch als Regel notwendigen Verwertungsart Versteigerung, §§ 814 ff. Damit stellt sie eine Ausnahme dar und ist demgemäß eng auslegbar. Daran ändert auch der Umstand nichts, daß neben dem Schuldnerschutz durch die Vermeidung einer Wertverschleuderung auch Interessen der Allgemeinheit Schutz erhalten und daß es auch im wohlverstandenen Interesse des Gläubigers liegen kann, daß er sein Geld zwar nicht so bald, dafür aber mit höherer Chance überhaupt leidlich vollständig erhält, wenn es zu Teilzahlungen kommt. Immerhin läßt § 813 a formell die Stellung des Gläubigers als des Herrn der Zwangsvollstreckung bestehen, Grdz 8 vor § 704. Tatsächlich dehnt die Vorschrift die Macht des Gerichtsvollziehers freilich bis an die Grenze des Zulässigen aus. Man darf sie nicht durch eine zu großzügige Handhabung der Vorschrift noch mehr erweitern.

3 **3) Geltungsbereich, I, II.** Die Vorschrift gilt bei jeder Vollstreckung in körperlichen Sachen, §§ 808–827, ferner bei § 847 II. Sie setzt voraus, daß bereits Sachen gepfändet sind. Bei einer Unpfändbarkeit gilt § 806 a, Rn 1. Eine Verwertung muß nicht zur Befriedigung des Gläubigers führen können.

4 **4) Zulässigkeit eines Verwertungsaufschubs, I, II.** Es muß eine endgültige Verwertung möglich sein, nicht nur eine vorläufige Sicherung nach § 720 a oder ein bloßer Arrestvollzug nach §§ 924, 930 oder eine bloße Hilfsvollstreckung. Es empfiehlt sich im übrigen, die Zulässigkeit in der folgenden Reihenfolge zu prüfen.

A. Keine Stundung, § 775 Z 4. Der Gläubiger darf nicht nach § 775 Z 4 eine Stundung gewährt haben, dort Rn 18–21. Infolge dieses zulässigen Vollstreckungsvertrags nach Grdz 27 vor § 704 „Zeit" liegt dann derzeit noch ein gänzlicher Ausschluß der Vollstreckung vor. Er erlaubt dem Gerichtsvollzieher keinerlei Vollstreckungshandlungen über eine etwaige bloße Sicherung hinaus.

B. Kein ausdrücklicher Teilzahlungsausschluß, I 1. Kein Gläubiger darf auch eine Zahlung in Teilbeträgen ausdrücklich ausgeschlossen haben. Denn beim Ausschluß verbleibt dem Gerichtsvollzieher jedenfalls nach § 813a keine Befugnis mehr, von sich aus auch nur vorläufig eine irgendwie geartete Teilzahlung zu gestatten. Da der Gläubiger der Herr der Zwangsvollstreckung bleibt, darf und muß der Gerichtsvollzieher die Verwertung nach §§ 814ff unverzüglich durchführen und haftet dann, wenn er eine Teilzahlung gestattet, dem Gläubiger (indirekt, § 753 Rn 10). 5

Das Verhalten des Gläubigers ist wie stets *auslegbar,* §§ 133, 157 BGB. Er braucht das Wort „Ausschluß von Teilzahlung" nicht zu benutzen und kann dennoch dergleichen der Sache nach eindeutig mitgeteilt haben. Der Gläubiger muß den Ausschluß dem Gerichtsvollzieher gegenüber erklären, § 130 BGB. Freilich mag der Gläubiger den Schuldner oder dessen Bevollmächtigten oder einen sonstigen Dritten aufgefordert haben, den Ausschluß dem Gerichtsvollzieher mitzuteilen. Wenn der letztere davon zuverlässig erfährt, gilt das als eine Erklärung ihm gegenüber. Der Gläubiger kann Bedingungen stellen, etwa den Erhalt einer ersten Rate. Auch das ändert nichts an der Auslegbarkeit zumindest wegen des Rests, aM ZöStö 4 (aber jede Parteiprozeßhandlung ist auslegbar, Grdz 52 vor § 128).

Man muß den Ausschluß von einer *Stundung* nach Rn 4 unterscheiden. Der Gläubiger mag ihn auf einen bestimmten oder bestimmbaren Zeitraum beschränken oder unter einer Bedingung erklären, §§ 158ff BGB.

C. Kein stillschweigender Teilzahlungsausschluß, I 1. Kein Gläubiger darf auch eine Zahlung in Teilbeträgen stillschweigend ausgeschlossen haben. Denn auch diese Form ist ein den Gerichtsvollzieher wie bei Rn 5 bindender Entschluß des Herrn der Zwangsvollstreckung. Er ist bei einer ja nach Rn 5 wie stets nach Grdz 52 vor § 128 auslegbaren Parteiprozeßhandlung durchaus möglich. Die Auslegungsregeln gelten wie bei Rn 5. Der Gerichtsvollzieher muß dabei sämtliche Umstände berücksichtigen. Er darf weder den bloßen Willen des Gläubigers noch die bloße tatsächliche Auffassung des Gerichtsvollziehers zugrundelegen. Er muß vielmehr wie bei der Auslegung jeder empfangsbedürftigen Willenserklärung die Situation eines vernünftigen Empfängers und dessen Verständnismöglichkeit beachten. 6

Im Zweifel liegt ein *Ausschluß* vor. Denn man muß § 813a wegen seines Ausnahmecharakters eng auslegen, Rn 2. Das sollte man in der Praxis keineswegs vergessen. Schon der Wortlaut von I 1 „... hat nicht ausgeschlossen" zeigt, daß die Zulässigkeit von Verwertungsaufschub eben erst beginnt, wenn das Fehlen eines Ausschlusses feststeht.

D. Keine Notwendigkeit anfänglicher Gläubigerzustimmung, I 1. Der Beginn eines Aufschubs der Verwertung nach I 1 hängt nicht davon ab, daß der Gläubiger einer Teilzahlung bereits vorher zugestimmt hat. Das ergibt sich aus der dann nachfolgenden Regelung von II. Es reicht also für I 1 aus, daß eben keine der Situationen Rn 4–6 vorliegt. Deshalb empfiehlt es sich für den Gläubiger dringend, bereits im Vollstreckungsauftrag klarzustellen, ob und unter welchen Voraussetzungen er einer Teilzahlung zustimmt oder nicht. Bleibt diese Frage dann auch nur halbwegs offen, riskiert der Gläubiger trotz Rn 6, daß der Gerichtsvollzieher erst einmal einen Aufschub gestattet, so daß der Gläubiger das Widerspruchsverfahren nach II 2, 3 durchführen muß. 7

E. Zahlungsverpflichtung des Schuldners, I 1 Hs 1. Soweit die Voraussetzungen Rn 4–7 vorliegen, muß als weitere Voraussetzung eines Verwertungsaufschubs die Verpflichtung des Schuldners hinzutreten, den der zur Befriedigung des Gläubigers und zur Deckung der Vollstreckungskosten erforderlichen Gesamtbetrag binnen eines Jahres zu zahlen. Diese Verpflichtung darf man nicht etwa erst zusammen mit der Gewährung eines Aufschubs oder gar erst nach seinem Ausspruch klären, sondern sie ist eine Bedingung der Gewährung. Soweit der Gerichtsvollzieher vor ihrem Vorliegen einen Aufschub gibt, handelt er pflichtwidrig und löst evtl eine Staatshaftung aus. 8

F. Endgültige Bereitschaft, I 1 Hs 1. Verpflichtung heißt: Endgültige Bereitschaft des Schuldners. Er muß also eine empfangsbedürftige Willenserklärung gegenüber dem Gerichtsvollzieher abgeben. Denn dieser und nicht der Gläubiger muß zunächst über einen Verwertungsaufschub entscheiden. Andernfalls könnte freilich sogar ein Stundungsvertrag nach Rn 4 vorliegen. Natürlich mag der Schuldner die Verpflichtung derart erklären, daß er sie zunächst dem Gläubiger oder einem sonstigen Dritten zukommen läßt und daß dieser sie an den Gerichtsvollzieher weiterleitet, wie bei Rn 5. Maßgeblich ist aber erst der Eingang beim Gerichtsvollzieher. Die Schuldnererklärung ist wie sonst auslegbar, §§ 133, 157 BGB. Es kommt also auf die Verständnismöglichkeit des Gerichtsvollziehers an. Ein Vertreter muß seine Vollmacht vorlegen, § 80 I. Der Gerichtsvollzieher prüft die Vollmacht eines Anwalts nicht von Amts wegen, sondern nur auf Grund einer Rüge, § 88 II. 9

Ein *formloses* Angebot reicht aus. Es kann sogar stillschweigend erfolgen (Vorsicht!). Der Gläubiger kann die Schuldnererklärung dem Vollstreckungsauftrag beifügen. Seine bloße Bezugnahme auf eine angebliche Schuldnererklärung reicht aber nicht aus. Eine „Antrags"-Frist besteht nicht. Erforderlich ist nur eine Bereitschaft zur Einhaltung der Jahres-Zahlungsfrist. Die Erklärung der Zahlungsverpflichtung kann daher bis zur Versteigerung usw erfolgen. Im Zweifel liegt keine ausreichende Verpflichtungserklärung vor. Man darf daher dann keinen Aufschub gewähren. Ob der Gerichtsvollzieher eine Klärung herbeiführt, ist eine andere Frage.

G. Jahresfrist, I 1 Hs 1. Innerhalb eines Jahres muß der Schuldner alles bezahlen wollen. Das Jahr beginnt mit der Mitteilung des etwa gewährten Aufschubs an den Schuldner, Harnacke DGVZ **99**, 85. Die Frist berechnet sich nach § 222. Es handelt sich nicht um eine Notfrist nach § 224 I 2. 10

H. Befriedigung, I 1 Hs 1. Zur Befriedigung erforderlich heißt: Nach den jetzigen Schätzmöglichkeiten voraussichtlich ausreichend. Dabei ist dem Schuldner meist kaum zumutbar, auch die Vollstreckungskosten abzuschätzen. Daher muß der Gerichtsvollzieher sie ihm entweder mitteilen oder sie mit dem in der Verpflichtungserklärung des Schuldners versprochenen Betrag vergleichen und evtl durch eine Rückfrage binnen einer erforderlichen Frist eine Zusatzverpflichtung herbeiführen, bevor er auch nur dem 11

Grunde nach die Verwertung aufschieben darf. Bietet der Schuldner nicht die Bereitschaft zur Zahlung des in I 1 Hs 1 genannten Gesamtbetrags, kommt keineswegs ein teilweiser Aufschub in Betracht. Erst die Bereitschaft zur Gesamtzahlung binnen eines Jahres eröffnet die Zulässigkeit irgendeines Verwertungsaufschubs nach I 1.

12 **5) Verfahren, I.** Der Gerichtsvollzieher muß das folgende Verfahren einhalten.

A. Von Amts wegen, I 1. Er wartet keinen Antrag ab, sondern klärt die Voraussetzungen Rn 4–11 von Amts wegen, und zwar bei oder unverzüglich nach der Pfändung, wenn nicht schon nach dem Vollstreckungsauftrag. Ein Antrag ist eine Anregung. Ob die Voraussetzungen Rn 4–11 vorliegen, steht nicht im Ermessen des Gerichtsvollziehers. Denn „kann" stellt in diesem Teil von I 1 Hs 1 (anders Rn 14 und Hs 2) wie so oft nur in die Zuständigkeit. Soweit erforderlich, zB bei Rn 11, darf und muß der Gerichtsvollzieher rückfragen und eine fristschaffende Anfrage dem Schuldner förmlich zustellen, § 329 II 2. Die Frist muß ausreichend sein. Zwei Wochen dürften meist genügen.

13 **B. Keine Rückfrage beim Gläubiger, I 1.** Im Gegensatz zu der Situation nach II hat der Gerichtsvollzieher grundsätzlich keine Pflicht zu einer Rückfrage beim Gläubiger, es sei denn zur Schätzung der voraussichtlichen Vollstreckungskosten, soweit sie direkt dem Gläubiger entstehen. Der Gläubiger erhält erst bei II rechtliches Gehör, es sei denn, der Gerichtsvollzieher will einen Aufschub nach I nicht ohne eine Stellungnahme des Gläubigers vornehmen, weil Zweifelsfragen auftauchen. Daher ist ein Aufschub auch schon sofort nach der Pfändung zulässig.

14 **6) Aufschub, I.** Der Gerichtsvollzieher entscheidet durch eine mit Tenor und Gründen zu versehende Maßnahme (dies überliest ZöStö 7) in der Form einer Verfügung nach § 329, dort insbesondere Rn 4, aM ZöStö 4 (aber eine Begründung ist schon zwecks ihrer Überprüfbarkeit notwendig). Er kann inhaltlich wie folgt vorgehen, und zwar innerhalb der Jahresfrist des I 1 auch wiederholt.

A. Aufschub ohne Raten, I 1 Hs 1. Der Gerichtsvollzieher kann sich darauf beschränken, einen Verwertungsaufschub zu gewähren, ohne Raten und deren Zeitpunkte festzusetzen. Der Aufschub versteht sich auf mindestens das in I 1 genannte Jahr. Der Gerichtsvollzieher darf bei einer ratenlosen Bewilligung keinen kürzeren Aufschub gewähren. Ob er ratenlos bewilligt, steht in diesem Teil von I 1 Hs 1 anders als bei Rn 12 in seinem pflichtgemäßen Ermessen, Rn 15.

15 **B. Aufschub mit Raten, I 1 Hs 2.** Der Gerichtsvollzieher kann auch zugleich mit dem Aufschub eine oder mehrere Raten anordnen. Er muß dann gleichzeitig deren Höhe und Fälligkeitszeitpunkte festsetzen. Er hat insoweit ein pflichtgemäßes Ermessen. Denn „kann" in I 1 Hs 2 stellt anders als in Hs 1 nicht bloß in seine Zuständigkeit. Anders wäre nämlich Hs 2 neben Hs 1 widersprüchlich. Der Gerichtsvollzieher wägt unter Beachtung von § 308 I dabei die etwaigen Bedingungen und bei ihrem Fehlen das Interesse des Gläubigers an wenigstens teilweiser alsbaldiger Befriedigung mit den zumutbaren Möglichkeiten des Schuldners und mit dem Ziel ab, auch eine Werteverschleuderung zu verhindern, Rn 2. Die Raten können je nach der voraussichtlichen Finanzentwicklung und dem Finanzbedarf der Parteien unterschiedlich hoch sein. Die jeweiligen Fälligkeiten können aus denselben Gründen einen unterschiedlichen Rhythmus erhalten. Der Gerichtsvollzieher sollte sie zB auf Gehalts- oder Honorarfälligkeiten usw abstellen. Der Gerichtsvollzieher kann die Raten und Zeitpunkte entsprechend den zu § 120 genannten Regeln ändern, obwohl I 1 keine dem § 120 IV entsprechende ausdrückliche Bestimmung enthält. Dabei darf er aber keinen Beteiligten überfordern.

16 **C. Festsetzung des Verwertungstermins, I 2.** Der Gerichtsvollzieher hat auch hier ein pflichtgemäßes Ermessen, Rn 15. Denn „kann" stellt auch in I 2 auf das Ermessen ab. Danach kann er bereits zugleich mit einer Anordnung nach Rn 14 oder Rn 15 den Termin zur Verwertung bei einer Nichteinhaltung der Schuldnerobliegenheiten festsetzen. Damit entsteht ein Druckmittel gegenüber dem Schuldner. Man sollte es nicht unterschätzen. Deshalb wird der Gerichtsvollzieher das Ermessen meist auch nur im Sinn einer sofortigen Festsetzung des späteren Termins ausüben können. Er muß dabei einen bestimmten Zeitpunkt ankündigen. Dieser darf frühestens „nach dem nächsten Zahlungstermin" liegen, also nach der nächsten Ratenfälligkeit oder mangels Raten nach dem Ablauf des in I 1 Hs 1 genannten Jahres. Soweit zB infolge einer Fälligkeitsänderung nach Rn 15 der bisher festgesetzte Termin nicht mehr zulässig oder sonstwie nicht mehr sinnvoll ist, darf und muß der Gerichtsvollzieher ihn nach I 2 Hs 2 verlegen, § 227 I.

17 **7) Unterrichtung der Beteiligten, I, II 1.** Der Gerichtsvollzieher hat zwei Pflichten.

A. Mitteilung an Schuldner, I. Es versteht sich von selbst, daß der Gerichtsvollzieher den Schuldner von der Entscheidung unverzüglich nach § 121 I 1 BGB unterrichtet. Das gilt zunächst bei einer Ablehnung eines Aufschubs, erst recht eines etwa vom Schuldner angeregten. Es gilt ferner bei einer Bewilligung mit oder ohne Raten und Zeitpunkte. Da die letzteren Fristen bis zur jeweiligen Fälligkeit auslösen, muß der Gerichtsvollzieher seine Entscheidung dem Schuldner förmlich zustellen, § 329 II 2, aM ZöStö 8 (aber der Wortlaut und Sinn der Vorschrift sind eindeutig, Einl III 39).

18 **B. Mitteilung an Gläubiger, I, II 1.** Der Gerichtsvollzieher muß natürlich auch den Gläubiger von der Entscheidung in Kenntnis setzen. Das gilt unabhängig davon, ob der Gläubiger einen Verwertungsaufschub etwa gar verboten hatte (so daß der Aufschub rechtswidrig wäre) oder ob der Gläubiger mit einem Aufschub bedingungslos oder nur gegen Raten usw einverstanden war. Denn der Gläubiger ist infolge eines Aufschubs formell stets ein von einer Maßnahme des Vollstreckungsorgans Betroffener und muß sein etwaiges Widerspruchsrecht prüfen können, Rn 20.

19 Soweit der Gläubiger einer Zahlung in Teilbeträgen nicht bereits *bei* der Erteilung des *Vollstreckungsauftrags* zugestimmt hatte, muß der Gerichtsvollzieher ihn nach II 1 über den Verwertungsaufschub und über die festgesetzten Raten und natürlich auch über deren Fälligkeiten unterrichten, und zwar „unverzüglich", Rn 17. Diese Unterrichtung braucht keine Form. Denn sie kann einen unbefristeten Widerspruch auslösen, II 2, keinen befristeten. Sie muß aber vollständige und nachprüfbare Angaben erhalten. Der Gerichtsvollzieher sollte sie daher zumindest schriftlich bestätigen. Sie dient dazu, dem Gläubiger eine Prüfung der

Erfolgschance eines etwaigen Widerspruchs wie eine Kontrolle der Zahlungsmoral des Schuldners bei den Raten zu ermöglichen.

8) Widerspruch des Gläubigers, II 2. Soweit der Gerichtsvollzieher einen Verwertungsaufschub ohne eine vorherige Zustimmung des Gläubigers bewilligt hat, kann der Gläubiger dem Aufschub widersprechen. Das gilt unabhängig davon, ob ihn der Gerichtsvollzieher auch nach II 1 unterrichtet hat: „in diesem Fall" in II 2 meint nicht die Unterrichtung nach II 1, sondern den Aufschub ohne eine vorherige Zustimmung. Der Widerspruch tritt zu der nach § 766 möglichen Erinnerung hinzu. Er hat vor ihr den Vorrang. Im Zweifel meint der Gläubiger zunächst nur einen Widerspruch. 20

Der Gläubiger braucht das Wort „Widerspruch" nicht zu benutzen. Es ist erforderlich und ausreichend, daß er *erkennbar* macht, daß er mit dem Aufschub entweder überhaupt nicht oder doch jedenfalls nicht zu den vom Gerichtsvollzieher festgesetzten Bedingungen einverstanden ist. Zwar macht der Widerspruch den Gläubiger wieder zum auch zeitlichen Herrn der weiteren Vollstreckung, II 3. Indessen zeigt die Notwendigkeit, sich mit einem Widerspruch zu melden, daß der Gläubiger zur Vermeidung dieses ganzen Widerspruchsverfahrens gut tut, sein etwaiges Verbot eines Verwertungsaufschubs von vornherein im Vollstreckungsauftrag klarzustellen, Rn 5. Der Widerspruch ist form- und fristfrei. Er richtet sich an den Gerichtsvollzieher, nicht an den Schuldner. Er mag diesem letzteren aber natürlich zusätzlich zugehen.

9) Widerspruchsfolgen, II 3. Sobald der Gläubiger dem Gerichtsvollzieher gegenüber nach Rn 20 widersprochen hat, gilt folgendes. 21

A. Unterrichtung des Schuldners, II 3 Hs 1. Der Gerichtsvollzieher muß den Schuldner unverzüglich über den Widerspruch des Gläubigers unterrichten. Das braucht nicht durch die Übersendung einer Ablichtung oder Abschrift des etwa schriftlichen Widerspruchs zu geschehen. Eine mündliche, telefonische oder per Telefax usw erfolgte Mitteilung des Eingangs eines Widerspruchs genügt. Es ist also keine förmliche Zustellung notwendig.

B. Ende des Aufschubs, II 3 Hs 2. Zwar nicht schon mit dem Widerspruchseingang, wohl aber mit der Unterrichtung des Schuldners nach Rn 21 endet der Aufschub kraft Gesetzes vollständig. Es erfolgt also keine Aufhebung des Aufschubs durch den Gerichtsvollzieher. Eine etwa erfolgte derartige Aufhebung hat nur einen klarstellenden Wert. Seit der Absendung der Unterrichtung und nicht erst seit deren formlosem, für den Gerichtsvollzieher so gar nicht zeitlich präzise einschätzbaren Zugang hat der Gerichtsvollzieher wieder dieselben Rechte und Pflichten wie dann, wenn es § 813 a gar nicht gäbe. Natürlich darf er auch dann nicht einfach untätig bleiben, wenn die Unterrichtung etwa wegen einer Erkrankung des Schuldners nicht sogleich gelingt, sondern muß in Wahrheit schon seit dem Erhalt des Widerspruchs weiter vollstrecken. II 3 Hs 2 enthält insofern eine durchaus falsche Beschreibung des Beendigungszeitpunkts (gesetzgeberisches Redaktionsversehen). Der Gerichtsvollzieher darf nun auch keineswegs erneut ein Verfahren nach § 813 a einleiten. Es wäre ja jetzt schon wegen des Aufschubverbots unzulässig, das im Widerspruch des Gläubigers liegt. 22

10) Zahlungsverzug, II 4. Wenn der Schuldner mit einer vom Gerichtsvollzieher festgesetzten Zahlung einer Rate oder des Gesamtbetrags ganz oder teilweise „in Verzug kommt", endet sein Verwertungsaufschub ebenso wie bei Rn 22 kraft Gesetzes. Verzug heißt: Nichtzahlung binnen der in § 286 III 1 BGB genannten Frist von 30 Tagen. Denn es handelt sich um eine Geldforderung und zumindest um eine „gleichwertige Zahlungsaufforderung" nach dieser Vorschrift. Darüber hinaus gilt: Eine Mahnung nach der Fälligkeit ist wegen § 286 II Z 1 BGB in der Regel schon deshalb nicht nötig, weil der Gerichtsvollzieher die Fälligkeit durchweg nach dem Kalender genau bestimmt haben wird. Eine irgendwie geartete Unpünktlichkeit auch nur bei einer einzigen Rate bringt also die gesamte Vergünstigung des Verwertungsaufschubs nach § 813 a endgültig zu Fall. Maßgeblich ist der Zahlungseingang beim Gläubiger oder Gerichtsvollzieher, Harnacke DGVZ **99**, 86. Einen Scheck usw muß man wie sonst bei einer Zahlungsverpflichtung beurteilen. Eine Zahlung nach dem Verzugseintritt ändert nichts mehr an dem Ende des Aufschubs. Das darf man freilich nicht mit einer pünktlichen und nur zu spät bemerkten Zahlung verwechseln. Die Zwangsvollstreckung erhält ab dem Verzug von Amts wegen ihren Fortgang, Grdz 37 vor § 704. Dabei muß der Gerichtsvollzieher freilich auch den Verhältnismäßigkeitsgrundsatz beachten, Grdz 37 vor § 704. Im übrigen kann der Gläubiger als der Herr der Zwangsvollstreckung nach Grdz 37 vor § 704 die Fortsetzung der Vollstreckung auch jetzt noch beenden. 23

11) Verstoß, I, II. Soweit der Gerichtsvollzieher gegen I oder II verstößt, tritt die in § 754 Rn 7 geschilderte Haftung ein. 24

12) Rechtsbehelf, I, II. Abgesehen von dem in II 2, Rn 20, erläuterten Widerspruch des Gläubigers haben er und der Schuldner gegen das Verfahren und die Entscheidungen des Gerichtsvollziehers die Erinnerung nach § 766. Dort auch zum weiteren Verfahren. 25

813b

Aussetzung der Verwertung. I 1 **Das Vollstreckungsgericht kann auf Antrag des Schuldners die Verwertung gepfändeter Sachen unter Anordnung von Zahlungsfristen zeitweilig aussetzen, wenn dies nach der Persönlichkeit und den wirtschaftlichen Verhältnissen des Schuldners sowie nach der Art der Schuld angemessen erscheint und nicht überwiegende Belange des Gläubigers entgegenstehen.** 2 **Es ist befugt, die in § 732 Abs. 2 bezeichneten Anordnungen zu erlassen.**

II 1 **Wird der Antrag nicht binnen einer Frist von zwei Wochen gestellt, so ist er ohne sachliche Prüfung zurückzuweisen, wenn das Vollstreckungsgericht der Überzeugung ist, dass der Schuldner den Antrag in der Absicht der Verschleppung oder aus grober Nachlässigkeit nicht früher gestellt hat.** 2 **Die Frist beginnt im Falle eines Verwertungsaufschubs nach § 813 a mit dessen Ende, im Übrigen mit der Pfändung.**

III Anordnungen nach Absatz 1 können mehrmals ergehen und, soweit es nach Lage der Verhältnisse, insbesondere wegen nicht ordnungsmäßiger Erfüllung der Zahlungsauflagen, geboten ist, auf Antrag aufgehoben oder abgeändert werden.

IV Die Verwertung darf durch Anordnungen nach Absatz 1 und Absatz 3 nicht länger als insgesamt ein Jahr nach der Pfändung hinausgeschoben werden.

V 1 Vor den in Absatz 1 und in Absatz 3 bezeichneten Entscheidungen ist, soweit dies ohne erhebliche Verzögerung möglich ist, der Gegner zu hören. 2 Die für die Entscheidung wesentlichen tatsächlichen Verhältnisse sind glaubhaft zu machen. 3 Das Gericht soll in geeigneten Fällen auf eine gütliche Abwicklung der Verbindlichkeiten hinwirken und kann hierzu eine mündliche Verhandlung anordnen. 4 Die Entscheidungen nach den Absätzen 1, 2 und 3 sind unanfechtbar.

VI In Wechselsachen findet eine Aussetzung der Verwertung gepfändeter Sachen nicht statt.

Schrifttum: *Alisch,* Wege zur interessengerechteren Auslegung vollstreckungsrechtlicher Normen, 1981.

Gliederung

1 **1) Systematik, I–VI.** § 813b steht selbständig neben §§ 765a, 813a. Bei § 813b wendet sich der Schuldner an das Vollstreckungsgericht auch ohne eine Zustimmung des Gläubigers zwecks Gewährung eines Aufschubs der Vollstreckung. Die Vorschrift verbietet weder die Pfändung, noch läßt die Vorschrift ihre Aufhebung zu.

2 **2) Regelungszweck, I–VI.** Es geht um den weiteren Schuldnerschutz. Eine Verwertung soll nach Möglichkeit ohne einen übermäßigen Nachteil für den Schuldner stattfinden. Freilich soll § 813b nur einem vertrauenswürdigen Schuldner helfen, zB dann, wenn er im wesentlichen bereits gezahlt hat, AG Hbg-Altona Rpfleger **93**, 503. Die Vorschrift stellt also auf die Person des Schuldners und auf die Umstände ab. § 813b kann vor allem bei kleinen Unternehmen dazu dienen, eine geregelte Abzahlung aller Schulden herbeizuführen. Dadurch kann man evtl ein Insolvenzverfahren vermeiden. Das alles veranlaßt zu einer sorgfältigen Abwägung ohne eine deutliche Bevorzugung einer Partei, aber doch unter einer Beachtung der weitgehenden sozialen Komponente der Vorschrift.

3 **3) Geltungsbereich, I–VI.** § 813b regelt die „Verwertung gepfändeter Sachen". Daher setzt die Vorschrift voraus, daß eine Zwangsvollstreckung in eine bewegliche Sache beliebiger Art wegen einer Geldforderung zulässig ist und auch nach §§ 808ff vorliegt, auch eine Austauschpfändung nach § 811a, nicht aber eine Geldpfändung. Eine mehrfache Pfändung hindert die Anwendung des § 813b nicht. Die Vorschrift hilft allen Arten von Schuldnern, Inländern und Ausländern, Personengesellschaften und auch juristischen Personen.

Unanwendbar ist die Vorschrift zB in folgenden Fällen: Beim bloßen Bevorstehen einer Pfändung; bei einem Herausgabeanspruch; bei einer bloßen Sicherungsvollstreckung, § 720a, weil sie keine Verwertung bedeutet; bei einer Forderungspfändung, §§ 829ff (Ausnahme: § 847 II); bei der Zwangsvollstreckung zur Erwirkung der Herausgabe von Sachen, § 883, oder von Handlungen, §§ 887ff, oder Unterlassungen, § 890; bei einer Arrestpfändung, § 930, weil dann keine Verwertung stattfindet; kraft ausdrücklicher Vorschrift in einer Wechselsache, VI, auch bei einer im ordentlichen Verfahren durchgeführten; dementsprechend in einer Schecksache, obwohl VI sie nicht miterwähnt, denn die Verfahrensarten und Interessenlagen sind sehr ähnlich, ZöStö 10, aM MüKoSchi § 813a Rn 8, StJM 813a Rn 7. § 813b ist ferner zB grundsätzlich auch dann unanwendbar, wenn eine Geldstrafe oder Geldbuße zu vollstrecken ist; die Festsetzungsbehörde ist für einen Ausstand zuständig. § 813b ist ferner im Verfahren auf die Abgabe einer Offenbarungsversicherung nach §§ 807, 900 unanwendbar. Wegen der Unanwendbarkeit bei einem gesetzlichen Pfandrecht an Früchten auf dem Halm § 810 Rn 1.

4 **4) Zahlungsfristen, I, IV.** Man muß drei Punkte prüfen.

A. Voraussetzung: Angemessenheit. Eine Aussetzung der weiteren Vollstreckung nach § 813b muß im Gegensatz zu derjenigen nach § 813a nach der Persönlichkeit und nach den wirtschaftlichen Verhältnissen des Schuldners und nach der Art seiner Schuld objektiv angemessen sein. Dabei ist eine Gesamtabwägung erforderlich. Eine unerlaubte Handlung nach §§ 823ff BGB als Anspruchsgrund hindert nicht von vornherein.

Die Aussetzung der Vollstreckung ist *unangemessen,* soweit wenn der Schuldner vorwerfbar nicht leistet oder sonstwie nicht schutzwürdig ist. Er hat sich zB durch eine schlechte Wirtschaftsführung in einen Vermögensverfall gebracht, oder er will gar böswillig nicht leisten. Hierhin gehört auch der Fall, daß man nicht mit einer Besserung der wirtschaftlichen Verhältnisse des Schuldners rechnen kann. Denn dann würde eine Frist nach § 813b nur den Gläubiger schädigen. Eine Zahlungsfrist ist auch dann unzulässig, wenn die Schuld keinen weiteren Aufschub duldet. Das mag etwa bei einer Unterhaltsforderung oder dann so sein, wenn es um Heizungskosten geht. Die Aussetzung der Vollstreckung ist auch unangemessen, soweit überwiegende Belange des Gläubigers entgegenstehen. Das kann so sein, wenn die Pfandsache verderblich ist oder wenn ein Aufschub den Gläubiger mehr schädigt als dem Schuldner nützt oder wenn man ein Vermieterpfandrecht unterlaufen würde oder wenn der Gläubiger das Geld unbedingt braucht.

B. Befristete Aussetzung. Das Gericht gibt dem Schuldner durch die Bestimmung einer Zahlungsfrist und durch eine zeitweilige befristete Aussetzung der Verwertung unter einem Fortbestand der Pfändung nach §§ 775 Z 2, 776 die Gelegenheit, seine Schuld zu bezahlen. Der Gerichtsvollzieher darf eine solche Maßnahme nicht von sich aus anordnen. Er würde pflichtwidrig handeln, wenn er einen solchen Aufschub gewähren würde, aM Hörmann DGVZ **91**, 81 (aber er kann nach § 813a vorgehen). Die Frist beginnt mit der Pfändung. Sie ist keine Notfrist, § 224 I 2. Das Gericht muß die Frist so bemessen, daß die Interessen des Gläubigers nach Rn 4 ausreichend Beachtung finden und daß der Schuldner voraussichtlich vor dem Ablauf der Frist zahlen oder leisten kann oder daß bis zum Ablauf der Frist seine Unfähigkeit zu einer Leistung in einer angemessenen Zeit feststeht, keinesfalls länger als ein Jahr nach der Pfändung, IV. Das gilt selbst bei einer freiwilligen Gewährung der Aussetzung durch den Gläubiger, ZöStö 14, aM ThP 9 (aber der Wortlaut und Sinn sind eindeutig, Einl III 39). 5

C. Raten. Zweckmäßig ist der Hinweis, der Schuldner solle evtl in Raten leisten. Das Gericht kann auch eine Ratenzahlung in bestimmten Abständen anordnen. Das empfiehlt sich oft. Dann kann sich das Gericht vorbehalten, beim Schuldnerverzug mit einer Rate auf einen Antrag des Gläubigers die Bewilligung der weiteren Fristen aufzuheben, III. Im übrigen tritt die Aussetzung mit dem Fristablauf ohnehin außer Kraft. Das Gericht darf aber nicht schon die Wirksamkeit seiner Anordnung von der Einhaltung der Zahlungsfristen abhängig machen. Denn deren Überprüfung ist dem Gerichtsvollzieher oft nicht zumutbar, ThP 11, aM StJM 21 (aber das Verfahren ist für den Gerichtsvollzieher schon kompliziert genug). 6

Eine *„einstweilige Aussetzung"* ist keine Aussetzung nach der ZPO. Eine solche sieht das Zwangsvollstreckungsrecht nicht vor, Grdz 38, 49 vor § 704. In Wahrheit handelt es sich dann um eine einstweilige Einstellung. Nach einem fruchtlosen Ablauf der Frist muß das Vollstreckungsgericht den Fortgang der Zwangsvollstreckung anordnen. Der Gerichtsvollzieher darf die Zwangsvollstreckung nicht vor einem ausdrücklichen Aufhebungsbeschluß des Vollstreckungsgerichts fortsetzen.

D. Antrag usw, I 1. Die Anordnung darf nur auf einen Antrag ergehen. Er ist eine Parteiprozeßhandlung, Grdz 47 vor § 128. Zum Antrag ist nur der Schuldner berechtigt. Die Anordnung ist erst nach der Pfändung zulässig. Der Schuldner kann die Art der Vergünstigung genau bezeichnen, sodaß er das Vollstreckungsgericht daran bindet, soweit es überhaupt aussetzen will, § 308 I. Der Schuldner kann aber auch dergleichen dem pflichtgemäßen Ermessen des Vollstreckungsgerichts überlassen. Das Gericht kann die eigentliche Pfändung nicht durch seine Entscheidung abwenden. Der Beschluß läßt die Pfändung bestehen. Daher gilt das Verbot einer Überpfändung weiter. 7

5) Verspäteter Antrag, II. Der Schuldner muß den Antrag innerhalb von 2 Wochen seit einem etwa nach § 813a bewilligten Verwertungsaufschub oder seit der Pfändung stellen, also beim Gericht einreichen, oder nach einer bloßen Sicherungsvollstreckung seit der Verwertungsreife, II 2. Der Posteingangsstempel genügt. Man berechnet die Frist nach § 222. Eine Wiedereinsetzung ist unzulässig. §§ 224 I 2, 233. Ein Anwaltszwang besteht nicht, § 78 III Hs 2. Der Schuldner braucht keinen bestimmten Vorschlag zu machen. Das Gericht muß einen verspäteten Antrag berücksichtigen, soweit es nicht nach seinem pflichtgemäßen Ermessen feststellt, daß der Schuldner in Wahrheit nur die weitere Zwangsvollstreckung hinzögern will oder daß er die Antragsfrist aus grober Nachlässigkeit versäumt hatte, II 1, also wie bei § 296 II. Wenn das Gericht zu dieser Überzeugung kommt, muß es den Antrag des Schuldners ohne eine weitere Sachprüfung zurückweisen. 8

6) Mehrmalige Anordnung usw, III, IV. Das Vollstreckungsgericht kann die weitere Vollstreckung mehrmals einstellen und mehrere Fristen setzen. Die Fristen dürfen insgesamt aber nicht länger als ein Jahr seit der Pfändung betragen. Zu einer mehrfachen Anordnung gehört jeweils ein neuer Antrag des Schuldners. Für diesen neuen Antrag gilt entsprechend II eine Frist. Sie beginnt mit der Benachrichtigung des Schuldners von der Fortsetzung der Zwangsvollstreckung. Das Gericht kann auch seine Anordnung vor dem Ablauf der Frist dann ändern oder aufheben, wenn der Gläubiger oder der Schuldner es beantragen. Ein Aufhebungsgrund ist zB: Der Schuldner hält die zugebilligten Raten nicht ein; der Gläubiger gerät in Not; den Schuldner trifft ein unverschuldetes Unglück. Es ist aber nicht unbedingt eine Änderung der Verhältnisse erforderlich, um die bisherige Anordnung zu ändern oder aufzuheben. Das Gericht kann die bisherigen Verhältnisse auch anders würdigen. Freilich wäre eine bloße Bezugnahme auf die vor der Ablehnung vorgetragenen Gründe mißbräuchlich, Einl III 54, Grdz 44 vor § 704. 9

7) Verfahren, I 2, V. Der Antrag ist der Sache nach eine Erinnerung nach § 766. Das Vollstreckungsgericht ist ausschließlich zuständig, §§ 764, 802. Eine mündliche Verhandlung ist nicht erforderlich, § 764 III. Das Verfahren verläuft vor dem Rpfl, § 20 Z 17 RPflG. Eine Anhörung des Antragsgegners ist grundsätzlich erforderlich, V 1, Artt 2 I, 20 III GG (Rpfl), BVerfG **101**, 404, Art 103 I GG (Richter). Sie ist nur dann ausnahmsweise entbehrlich, wenn durch sie eine erhebliche Verzögerung eintreten würde. Das gilt etwa dann, wenn sich etwa der Antragsgegner im Ausland aufhält und auch brieflich schwer erreichbar ist. Der Antragsteller braucht seine Angaben nicht zu beweisen, Grdz 37 vor § 704 (Amtsverfahren). Eine Glaubhaftmachung aller für die begehrte Vergünstigung beachtlichen tatsächlichen Umstände ohne eine Beschränkung auf eine bloß floskelhafte Wiederholung des Gesetzestextes ist nach § 294 notwendig und reicht jedenfalls nach V 2 aus. Das Gericht ordnet evtl nach I 2 eine einstweilige Maßnahme nach § 732 II mit oder ohne eine vorläufige Zahlungsanordnung an. Das Gericht soll nach V 3 Hs 1 eine gütliche Einigung versuchen. Es kann zu diesem Zweck nach V 3 Hs 2 eine mündliche Verhandlung bestimmen, Grdz 37 vor § 704. Diese ist eine freiwillige Verhandlung nach § 128 Rn 10. 10

8) Entscheidung, V. Das Gericht entscheidet durch einen Beschluß, § 329. 11

A. Hauptinhalt. Der Beschluß lautet auf eine Zurückweisung des Antrags als unzulässig oder unbegründet oder dahin, daß das Gericht die Verwertung der genau bezeichneten Sache bis zu einem bestimmten Zeitpunkt unter einer Beachtung von IV und unter genau bezeichneten Ratenauflagen aussetzt. Es ist also unzulässig, nur einen Endtermin ohne zeitlich und der Höhe nach bestimmte Raten anzuordnen, ZöStö 14, aM StJM 16. Ebensowenig darf das Gericht nur eine einmalige Stundung gewähren, ZöStö 14, aM MüKo-Schi 13 (aber beide Varianten verfehlen den Sinn von § 813b, Rn 1). Der Beschluß darf nicht über den Antrag hinausgehen, § 308 I. Er muß dessen teilweise Zurückweisung aussprechen, soweit er hinter dem Antrag zurückbleibt, etwa wegen höherer Raten oder kürzerer Fristen. Weitere Auflagen etwa wegen anderer Schulden sind unzulässig, ThP 9, aM StJM 16, ZöStö 14 (aber das wäre ebenfalls eine das Gesetzesziel verfehlende und diesmal überspannende Eigenmächtigkeit).

14 **B. Nebenentscheidungen, Mitteilung.** Das Gericht muß den Beschluß grundsätzlich *begründen*, § 329 Rn 4, und zwar schon wegen seiner grundsätzlichen Anfechtbarkeit, Rn 13, 14. Es muß seinen Beschluß nach einer mündlichen Verhandlung nach § 329 I verkünden und sonst dem Gläubiger und dem Schuldner zustellen. Denn er setzt eine Frist in Lauf, § 329 II 2. Erst das Rechtsmittelgericht darf ja prüfen, ob auch eine Beschwer vorliegt. Das übersieht ZöStö 16. Das Gericht muß im Beschluß über die Kosten des Verfahrens entscheiden. Besondere Gründe im Verhalten des Gläubigers können dazu führen, daß das Gericht ihm die Kosten ganz oder teilweise auferlegen muß, § 788 IV. Die Kosten dieses Verfahrens fallen nicht unter die gewöhnlichen Kosten der Zwangsvollstreckung. Sie sind auch nicht erstattungsfähig. Die Ausfertigung des Beschlusses ist dem Gerichtsvollzieher gegenüber ein Ausweis nach § 775.

Gebühren: Des Gerichts: KV 2112, des Anwalts: VV 3309, 3310. Streitwert: § 3, oft der Unterschied zwischen dem Wiederbeschaffungswert und dem zu schätzenden Versteigerungserlös.

13 **9) Rechtsmittel, V 4.** Es gelten die folgenden Regeln:

A. Gegen Rechtspfleger. Gegen den Beschluß des Rpfl ist die sofortige Erinnerung zulässig, § 11 II 1 RPflG, § 793 Rn 11.

14 **B. Gegen Richter.** Die Entscheidung des Richters über die sofortige Erinnerung ist grundsätzlich unanfechtbar, § 11 II 3 RPflG. Gegen die Entscheidung des Richters ist ausnahmsweise die sofortige Beschwerde nach §§ 567 I Z 1, 793 zulässig, soweit er die Grenzen seines Ermessens verkannt hat, § 707 Rn 17. Das LG verweist evtl zurück, § 572 III.

15 **C. Gegen einstweilige Einstellung.** Eine einstweilige Einstellung nach I 2 durch den Rpfl ist wie bei § 732 II anfechtbar, dort Rn 10–13.

Einführung vor §§ 814–825

Verwertung gepfändeter Sachen

Gliederung

1 **1) Systematik.** Die Pfandverwertung setzt eine wirksame Pfändung und die Zulässigkeit einer weiteren Zwangsvollstreckung voraus, auch nach einer Vorwegpfändung, § 811 d I 2, II. Die Pfandverwertung ist kein Pfandverkauf nach §§ 1233 ff BGB. Zwar dient auch sie der Durchführung des Pfändungspfandrechts und nicht der Durchführung der Pfändung, Üb 8, 9 vor § 803. Die Pfandverwertung beruht aber auf der öffentlichrechtlichen Pfändung. Auch das Pfändungspfandrecht ist ja nicht ein Pfandrecht des BGB, § 804 Rn 9. Deshalb lassen sich die Vorschriften des BGB über die Pfandverwertung nur mit größter Vorsicht zur Ergänzung von Lücken heranziehen. Der Erwerber ist nicht ein Käufer nach dem BGB. Als Veräußerer tritt nicht der Gläubiger auf, sondern der Staat. Diesen vertritt der Gerichtsvollzieher, § 814 Rn 3, Alisch DGVZ **79**, 83. Wenn der Schuldner nicht der Eigentümer war, erwirbt der Ersteher trotzdem das Eigentum ohne Rücksicht darauf, ob er gutgläubig war. § 1244 BGB ist unanwendbar. Denn der Gerichtsvollzieher überträgt das Eigentum kraft seiner öffentlichen Gewalt auf den Ersteher, KG RR **86**, 202, StJM § 817 Rn 24, aM Marotzke NJW **78**, 134 (aber das wäre eine Verkennung des Hauptgedankens der Verwertung des staatlich gepfändeten Vollstreckungsguts, Rn 2).

2 **2) Regelungszweck.** Endgültiger Rechtsübergang auf Dritte ist die Methode, dem Gläubiger durch die Aushändigung des Erlöses endlich seine Befriedigung zu verschaffen. Eine solche Versilberung ist ein oft kostspieliger, verlustreicher Weg. Natürlich muß ihn derjenige riskieren, der es gegen sich zur Vollstreckung kommen läßt, falls er die Verschuldung übersehen und vermeiden konnte. Für den Gläubiger kann sich die Chance, genug Erlös herauszubekommen, als ein Trugschluß erweisen, nachdem er für den Prozeß und den Beginn der Zwangsvollstreckung schon reichlich Zeit, Mühe und Geld zusätzlich vorgeschossen und dann im Ergebnis auch noch endgültig geopfert hat. Die beiderseitigen Interessen sind oft so extrem unterschiedlich, daß nur eine ebenso entschlossene wie behutsame Handhabung erträgliche Lösungen schaffen kann.

3 **3) Grundsatz: Versteigerung.** Der Regelfall der Verwertung eines Pfandstücks ist seine öffentliche Versteigerung zwecks Erzielung eines im Interesse aller Beteiligten der Zwangsvollstreckung möglichst hohen Erlöses, §§ 814, 816–819. Das Gesetz verwendet den Ausdruck Zwangsversteigerung nur bei der Liegenschaftszwangsvollstreckung, § 866 I.

4 **4) Ausnahmen.** Von dem Regelfall gelten die folgenden Ausnahmen.

A. Geldablieferung. Der Gerichtsvollzieher muß gepfändetes Geld dem Gläubiger abliefern, § 815 I.

B. Arrestpfändung, Sicherungsvollstreckung usw. Eine Arrestpfändung soll den Gläubiger lediglich sichern. Sie läßt darum keine Verwertung der Pfandsache zu, § 930. Dasselbe gilt bei der Sicherungsvollstreckung vor der Sicherheitsleistung, § 720 a I 2. Wegen der Beschränkung auf bloße Sicherungsmaßregeln der EuGVVO SchlAnh V C 2. 5

C. Veräußerungsverbot. Die Pfandsache ist nicht verwertbar, wenn ein Veräußerungsverbot vorliegt. 6

D. Vorerbschaft. Die Pfandsache ist auch dann nicht verwertbar, wenn sie zu einer Vorerbschaft gehört, §§ 772 ff. 7

E. Einstellung. Eine Verwertung ist nicht zulässig, sobald das Gericht die Zwangsvollstreckung nach §§ 707, 719, 765 a, 769 oder nach § 775 Z 2, 4, 5, § 776 endgültig eingestellt hat. 8

F. Freihändiger Verkauf. Ein freihändiger Verkauf findet bei §§ 817 a III, 821, 825 statt. Wegen Eröffnung eines Insolvenzverfahrens Grdz 32 vor § 704. 9

G. Zeitweilige Aussetzung der Verwertung. Soweit eine derartige Maßnahme erfolgt ist und wirkt, findet keine Versteigerung statt, §§ 813 a, b. 10

5) Geschäftsanweisung für Gerichtsvollzieher. §§ 142–146 GVGA geben wegen der Versteigerung Ergänzungen zur ZPO. 11

6) Verstoß. Bei einem Verstoß gegen die Vorschriften der Pfandverwertung bleibt die Zwangsvollstreckung dann wirksam, wenn sich der Gerichtsvollzieher mindestens in den Grenzen seiner sachlichen Zuständigkeit gehalten hat, Grdz 57, 58 vor § 704, aM ThP § 814 Rn 5. Dazu gehört, daß er das Eigentum nur gegen eine Barzahlung übertragen hat, § 817 II, und nur zum Mindestgebot, § 817 a I, dort Rn 6. Die Vorschriften des BGB über einen Verstoß oder über einen Erwerb im guten Glauben nach §§ 1243 ff BGB sind unanwendbar, § 817 Rn 8. 12

7) Rechtsmittel. Gegen eine fehlerhafte Maßnahme des Gerichtsvollziehers hat der Betroffene die Möglichkeit der Erinnerung nach § 766. An sie kann sich die sofortige Beschwerde nach § 793 anschließen. 13

814 *Öffentliche Versteigerung.* **Die gepfändeten Sachen sind von dem Gerichtsvollzieher öffentlich zu versteigern; Kostbarkeiten sind vor der Versteigerung durch einen Sachverständigen abzuschätzen.***

Schrifttum: *Tiedtke,* Gutgläubiger Erwerb im bürgerlichen Recht, im Handels- und Wertpapierrecht sowie in der Zwangsvollstreckung, 1986.

1) Systematik. Vgl Einf 1 vor §§ 814–825. 1

2) Regelungszweck. Vgl zunächst Einf 2 vor §§ 814–825. Versteigerung ist ein keineswegs immer erfolgversprechender, dem Sachzustand keineswegs sonderlich dienender, den Schuldner evtl demütigender, weil öffentlicher Weg der Verwertung. Man sollte andere Wege nach § 825 sorgfältig mitbedenken. Das kommt im Text des § 814 nicht ausreichend zum Ausdruck. Andererseits hat der Gläubiger das Recht, eine Versteigerung zu fordern. Er kann es dem Schuldner überlassen, ob dieser einen Antrag auf eine andere Verwertung stellt. Bis zu einer entsprechenden Entscheidung des Gerichtsvollziehers oder des Gerichts darf man am Recht und an der Amtspflicht zur Versteigerung nicht herumdeuteln. 2

3) Versteigerung. Zuständig ist grundsätzlich der Gerichtsvollzieher. Ein öffentlich bestellter Auktionator kommt nach § 825 in Betracht. Zum Auktionator Birmanns DGVZ **93**, 107. Zum e-bay Schnabl NJW **05**, 941 (auch rechtspolitisch). Soweit der Gerichtsvollzieher versteigert, ist derjenige zuständig, der die Pfändung vorgenommen hat, § 816 Rn 6, im Fall einer bei § 826 vorrangigen Pfändung das nach § 308 AO zuständige Vollstreckungsorgan. Besonderheiten zur Zuständigkeit gelten bei § 827. Wegen der Ausnahmen § 816 Rn 8. Der Gerichtsvollzieher muß das Pfandstück grundsätzlich auch ohne einen besonderen Auftrag nach § 755 öffentlich versteigern, §§ 816–819. Ausnahme: § 811 b IV. Er ist bei der Versteigerung ebenso wie bei einer freihändigen Verwertung weder ein Vertreter des Gläubigers noch ein Vertreter des Schuldners. Der Gerichtsvollzieher handelt vielmehr kraft seiner Amtsgewalt, Einf 3 vor §§ 814–825. Ihn binden aber bei der Versteigerung wie überhaupt beim weiteren Fortgang der Zwangsvollstreckung im Rahmen des Gesetzes die etwaigen Weisungen des Gläubigers, § 753 Rn 6. Das kann auch zur Aussetzung der Versteigerung führen, ebenso zur Terminsverlegung, Wieser DGVZ **87**, 49, oder zur Aufhebung des Versteigerungsverfahrens. 3

4) Öffentlichkeit. Öffentliche Versteigerung bedeutet: Der Gerichtsvollzieher muß während der Versteigerung einen unbeschränkten Kreis von Personen als Bieter zulassen, soweit es die Umstände erlauben, Polzius DGVZ **87**, 22, 33. Dabei muß er Sicherheitserwägungen und -bestimmungen beachten. Eine geringe Raumgröße gibt kein Recht, die Öffentlichkeit praktisch auszuschließen. Ein gesetzliches Verbot einer öffentlichen Versteigerung zur Reinhaltung des Handels berührt eine solche Versteigerung nicht. Ein Recht eines Dritten kann aber einer öffentlichen Versteigerung der Sache entgegenstehen. 4
Gebühren: KVGv 300.

5) Rechtsbehelf. Gegen eine fehlerhafte Maßnahme des Gerichtsvollziehers hat jeder Betroffene die Möglichkeit der Erinnerung nach §§ 567 I Z 1, 793. An sie kann sich die sofortige Beschwerde nach §§ 567 I Z 1, 793 anschließen. 5

*** Amtl. Anm.: § 814 Halbsatz 2 gemäß Artikel 5 Nr. 1 des Gesetzes vom 20. August 1953 (BGBl. I S. 952) außer Kraft, soweit er sich nicht auf das Verwaltungszwangsverfahren bezieht.**

815 *Gepfändetes Geld.* [I] **Gepfändetes Geld ist dem Gläubiger abzuliefern.**

[II] [1] Wird dem Gerichtsvollzieher glaubhaft gemacht, dass an gepfändetem Geld ein die Veräußerung hinderndes Recht eines Dritten bestehe, so ist das Geld zu hinterlegen. [2] Die Zwangsvollstreckung ist fortzusetzen, wenn nicht binnen einer Frist von zwei Wochen seit dem Tag der Pfändung eine Entscheidung des nach § 771 Abs. 1 zuständigen Gerichts über die Einstellung der Zwangsvollstreckung beigebracht wird.

[III] Die Wegnahme des Geldes durch den Gerichtsvollzieher gilt als Zahlung von Seiten des Schuldners, sofern nicht nach Absatz 2 oder nach § 720 die Hinterlegung zu erfolgen hat.

Schrifttum: *Gerlach,* Ungerechtfertigte Zwangsvollstreckung und ungerechtfertigte Bereicherung, 1986.

Gliederung

1 **1) Systematik, I–III.** Die Vorschrift regelt den einfachsten Fall der Pfandverwertung. III ähnelt dem § 819.

2 **2) Regelungszweck, I–III.** Die Vorschrift bezweckt in I, daß man das Pfandstück gar nicht erst zu Geld machen muß, um den Gläubiger zu befriedigen. I dient damit der Prozeßwirtschaftlichkeit, Grdz 14 vor § 128. Immerhin zeigt II, daß auch dann Probleme entstehen. Der Zweck von II liegt darin, demjenigen Dritten sein Recht zu erhalten, der eine Widerspruchsklage erheben könnte. Durch die Ablieferung des Geldes wäre ja eine Zwangsvollstreckung beendet und daher die Möglichkeit einer Klage nach § 771 ausgeschlossen. II dient also der sachlichrechtlichen Gerechtigkeit, Einl III 9, 36. In der Unterstellung durch III kommt das Ziel zum Ausdruck, den frühestmöglichen Zeitpunkt zugunsten des Schuldners zugrundezulegen, von dem ab auch die Gefahr des Untergangs jedenfalls nicht mehr auf dem Schuldner lasten kann.

3 **3) Geltungsbereich: Geld, I.** Man muß zwei Aspekte klären.

A. Begriff. Geld nimmt der Gerichtsvollzieher dem Schuldner bei der Pfändung weg und übergibt es nach der Vorwegentnahme seiner Kosten nach § 6 GvKostG demjenigen, der als Gläubiger nach dem BGB gilt, aM Scheld DGVZ **83**, 164 (aber wem denn sonst?). Geld ist hier jedes geltende Zahlungsmittel, das den Gläubiger ohne eine Versteigerung befriedigen kann. Hierher zählen also Geld der zumindest auch in Deutschland amtlichen Währung in Banknoten wie Münzen, Stempel-, Kosten-, Versicherungs-, Briefmarken usw. Alle diese Gegenstände kann der Gerichtsvollzieher in Geld umwechseln. Er muß dann das Bargeld an den Gläubiger abliefern. Ein nur ausländisches Zahlungsmittel beliebiger Art fällt nicht unter § 815. Der Gerichtsvollzieher wechselt es aber ebenfalls um, § 821. Eine Sammlung von (wenn auch teilweise evtl gültigen) Münzen kann als eine Kostbarkeit gelten, § 813 I 2, Köln NJW **92**, 50.

4 **B. Ablieferung.** Das ist der hoheitliche Akt der Übergabe, auch im bargeldlosen Zahlungsverkehr, § 73 GVO. Er bewirkt den Eigentumsübergang, Rn 8. Das gilt unabhängig davon, ob das Geld dem Schuldner gehörte. Er duldet keine Bedingung. §§ 929–936 BGB sind unanwendbar, Rn 8. Ein Vertreter des Gläubigers muß eine Original-Empfangsvollmacht vorlegen, § 80 I ZPO, § 172 I BGB, LG Aachen DGVZ **91**, 173 (keine Telefaxkopie), LG Bielef DGVZ **93**, 28 (keine beglaubigte Kopie), LG Ingolst DGVZ **94**, 92 (keine allgemeine Inkassovollmacht), aM LG Bre DGVZ **02**, 168 (auch beglaubigte Abschrift. Vgl aber § 80 Rn 11). Die Prozeßvollmacht genügt nur für die Prozeßkosten, § 81 letzter Hs, aber im übrigen nicht, Rn 8, § 81 Rn 19 „Streitgegenstand", AG Brake DGVZ **94**, 77.

5 **4) Hinterlegung, II.** Man muß die Voraussetzung, das Verfahren und die Folgen unterscheiden.

A. Notwendigkeit der Regelung. Der Gerichtsvollzieher muß gepfändetes Geld hinterlegen, wenn ihm bis zur Ablieferung nach Rn 1 irgendjemand nach § 294 glaubhaft macht, daß ein Dritter an dem Geld ein die Veräußerung hinderndes Recht habe, § 771 Rn 2, 3. Solche Glaubhaftmachung ist auch schon und gerade vor der Erhebung einer Drittwiderspruchsklage usw zulässig und ratsam. Der Gerichtsvollzieher muß Geld auch dann hinterlegen, wenn ein Erbe behauptet, die Zwangsvollstreckung treffe sein Vermögen statt den Nachlaß, § 781, oder wenn ein Dritter behauptet, er hafte nicht mit der betreffenden Vermögensmasse, § 786. Hierher gehören weiter die Rechte auf eine vorzugsweise Befriedigung aus § 805, § 136 Z 4 GVGA. Denn eine Klage nach dieser Vorschrift ist einer Klage aus § 771 gleichwertig. Eine dem Gerichtsvollzieher gegenüber abgegebene falsche eidesstattliche Versicherung ist als solche nicht strafbar, allenfalls unter dem Gesichtspunkt eines Betrugs. Daher steht eine eidesstattliche Versicherung einer bloßen Behauptung gleich. Schmidt-von Rhein DGVZ **88**, 67 wendet II entsprechend an, wenn bereits ein Gläubiger des jetzt Vollstreckenden die Forderung gepfändet hatte. Auf §§ 883 ff, 897 ist II unanwendbar, Müller DGVZ **75**, 104. Ein Vermieterpfandrecht erlischt nur nach § 560 BGB.

B. Verfahren. Der Gerichtsvollzieher muß die ihm vorgetragenen Behauptungen frei würdigen, wie das 6
Gericht bei § 286. Die Glaubhaftmachung erfolgt nach § 294 I. Eine eidesstattliche Versicherung ist auch zum Protokoll des Gerichtvollziehers zulässig, § 762. Vgl dazu aber Rn 5. § 294 II ist unanwendbar. Der Gerichtsvollzieher darf beliebige Auskünfte einziehen. Er kann aber keine Aussage erzwingen. Er darf seine Entscheidung durch solche Erkundigungen nicht wesentlich hinauszögern. Hat man ihm das fremde Recht glaubhaft gemacht, hinterlegt er nach §§ 5 ff HO. Dann besteht das Pfändungspfandrecht nebst der Verstrikkung fort, § 7 HO, § 233 BGB. Wenn ihm das behauptete fremde Recht unglaubhaft scheint, muß er das Geld an den Gläubiger abliefern. Der Dritte hat dann lediglich einen Bereicherungs- oder Ersatzanspruch, Einf 4 vor §§ 771–774. Wenn dem Gerichtsvollzieher aber das fremde Recht glaubhaft scheint, muß er das Geld hinterlegen. Er braucht freilich einen Überweisungsauftrag nicht stets zu widerrufen.

C. Fortsetzung der Vollstreckung. Der Gerichtsvollzieher muß die Zwangsvollstreckung von Amts 7
wegen fortsetzen, wenn ihm nicht der Dritte binnen 2 Wochen seit der Pfändung die Ausfertigung einer Entscheidung nach § 775 Z 2 des für die Widerspruchsklage zuständigen Prozeßgerichts nach § 771 Rn 7 vorlegt, wonach die Zwangsvollstreckung eingestellt worden ist. Die Frist ist keine Notfrist, § 224 I 2. Sie läßt sich nach § 222 berechnen. Das Vollstreckungsgericht darf die Bescheinigung nicht erteilen. § 769 II ist nämlich bewußt nicht anwendbar. Der Gerichtsvollzieher ermittelt nicht von Amts wegen, ob die Einstellung erfolgt ist. Nach einem ergebnislosen Ablauf der Frist muß der Gerichtsvollzieher die Hinterlegungsstelle zur Rückgabe des Geldes an ihn veranlassen und die Zwangsvollstreckung fortsetzen. Darum muß sich der Gerichtsvollzieher bei der Hinterlegung das Recht zu einer unbedingten Rücknahme nach dem Ablauf von 2 Wochen vorbehalten, aM ZöStö 5 (eine dienstliche Versicherung genüge. Aber sie wäre für die Hinterlegungsstelle nicht verbindlich. Denn sie ist an die HO gebunden). Die Hinterlegungsstelle muß dem Gerichtsvollzieher von einer etwa bei ihr eingegangenen Einstellung unverzüglich Kenntnis geben.

5) Wirkung im Fall einer Ablieferung, III. Die Vorschrift regelt abweichend von § 270 BGB den 8
Übergang der Leistungsgefahr, Scherer DGVZ **94**, 131.

A. Vollstreckung: Befriedigung, dazu *Schünemann* JZ **85**, 49 (ausf): Soweit man das Geld nicht hinterlegen muß, gilt der Gläubiger mit der Wegnahme nach § 362 I BGB als befriedigt, auch wenn das Geld noch auf das Konto des Gerichtsvollziehers kommt, BGH JZ **84**, 151. Die Zinszahlungspflicht endet, LG Mönchengladb DGVZ **95**, 151 (bei der Leistung durch einen Scheck ist der Tag der Gutschrift für das Zinsende maßgeblich). Insoweit geht die Gefahr auf den Gläubiger über, LG Brschw DGVZ **77**, 23, Braun AcP **184**, 163. Der Vollstreckungstitel ist verbraucht. Der Gerichtsvollzieher muß ihn daher nach § 757 dem Schuldner aushändigen, soweit er nicht hinterlegen muß, Rn 11. Wenn der Gerichtsvollzieher das Geld unterschlägt, kann der Gläubiger zwar nicht mehr den Schuldner, wohl aber natürlich das Land haftbar machen, Üb 4 vor § 154 GVG.

Der Gläubiger erwirbt das Eigentum an dem Geld aber erst durch die *Ablieferung,* die Übergabe an ihn, Rn 1, 5, LG Brschw DGVZ **77**, 23. Denn erst diese Übergabe stellt die Verwertung dar. Bis zur Übergabe hat der Gläubiger also nur ein Pfändungspfandrecht und besteht die Verstrickung fort, Üb 6 vor § 803. Für die schuldbefreiende Wirkung ist das Eigentum des Schuldners am Geld unerheblich. Dieses Eigentum hat ja überhaupt für die Durchführung der Zwangsvollstreckung keine Bedeutung. Eine Prozeßvollmacht ermächtigt nur zum Empfang der Prozeßkosten, Rn 4. Deshalb muß ja der ProzBev dem Gerichtsvollzieher seine Vollmacht zum Geldempfang besonders nachweisen, Rn 4.

B. Beendigung der Vollstreckung. Die Ablieferung des Geldes führt zur Beendigung der Zwangsvoll- 9
streckung, Grdz 52 vor § 704, LG Brschw DGVZ **77**, 23. Bis zur Ablieferung sind also eine Anschlußpfändung, eine Gläubigeranfechtung nach § 130 InsO oder nach dem AnfG, eine Einstellung usw statthaft, StJM 15, ZöStö 3, großzügiger BGH **136**, 311 – zustm Münzberg JZ **98**, 308 (auch noch später. Aber die Inbesitznahme ist ein entscheidender Vorgang, und eine etwaige Unausgewogenheit mit einem anderen Sachverhalt ist kein durchschlagendes Argument). § 815 bezieht sich nur auf „gepfändetes“ Geld, also auf solches, das der Gerichtsvollzieher weggenommen hat.

C. Freiwillige Leistung. Leistet der Schuldner freiwillig unter dem Druck einer bevorstehenden 10
Zwangsvollstreckung, ist die Leistung erst mit der Übergabe an den Gläubiger erbracht, III ist unanwendbar, Scherer DGVZ **94**, 130. Denn der Gerichtsvollzieher ist nicht ein Vertreter des Gläubigers, LG Gießen DGVZ **91**, 173, Geißler DGVZ **91**, 168, aM ThP 4 (vgl aber § 753 Rn 1). Der Schuldner trägt also bis zur Übergabe an den Gläubiger die Gefahr, Rn 6, Wieser DGVZ **88**, 133, aM Guntau DGVZ **84**, 21 (inkonsequent). Die Hingabe des Geldes auf Grund eines vorläufig vollstreckbaren Titels gilt überhaupt nicht als eine Zahlung, Einf 3 vor §§ 708–720.

6) Wirkung im Fall der Hinterlegung, III. Wenn man das Geld hinterlegen muß, gilt die Wegnahme 11
des Geldes nicht als eine Zahlung. Das bedeutet: Die gesetzliche Unterstellung entfällt, wenn ein Dritter später ein Recht nach §§ 294, 771 glaubhaft macht oder wenn eine solche andere Tatsache eintritt, die eine Hinterlegung notwendig macht. Das gilt bei einer Hinterlegung nach § 815 II, ferner bei einer Erlaubnis zur Abwendung der Zwangsvollstreckung nach § 720, schließlich bei §§ 720 a, 769, 771 III, 805 IV, 827 II, III, 854 II, 930 III, 936. Die Unterstellung greift wieder ein, sobald die Hinterlegungsstelle nach dem Wegfall des Hinterlegungsgrundes das Geld dem Gerichtsvollzieher zurückgibt. Wenn der Anspruch des Gläubigers überhaupt nur auf eine Hinterlegung geht, ist der Gläubiger mit ihr befriedigt.

7) Rechte am Hinterlegten, I–III. Es kommt auf den Hinterlegungszweck an. 12

A. Sachliches Recht. Die ZPO legt die Rechte am Hinterlegten nicht fest. Man muß diese Rechte unter einer entsprechenden Anwendung des sachlichen Rechts bestimmen.

B. Hinterlegung zur Vollstreckungsabwendung. Bei einer Hinterlegung zur Abwendung der 13
Zwangsvollstreckung nach §§ 711, 712 I erlangt der Gläubiger bei Geld und Wertpapieren ein Pfandrecht am Hinterlegten. Ein gesetzliches oder ein gesetzlich zugelassenes Zahlungsmittel werden Eigentum des Landes, § 7 HO. Der Gläubiger erlangt ein Pfandrecht an dem Rückforderungsanspruch des Schuldners

gegen die Staatskasse. Eine Erfüllung ist hier wegen des Fehlens eines entsprechenden Willens nicht eingetreten. Der Schuldner kann aber der weiteren Durchführung der Zwangsvollstreckung die Verweisung auf das Hinterlegte entgegensetzen, § 777. Wenn der Schuldner den herauszugebenden Streitgegenstand hinterlegt hat, will er erfüllen, kann es aber infolge der Hinterlegung nicht. Deshalb erlangt der Gläubiger ein auflösend bedingtes Eigentum und ist der Schuldner nach § 873 BGB befreit. Manche nehmen allerdings an, dann sei das Eigentum aufschiebend bedingt. Mit dem Eintritt der Rechtskraft einer Entscheidung, die das Urteil aufhebt, ist die Bedingung eingetreten. Bei einer Vollstreckung auf die Vornahme einer Handlung oder auf eine Unterlassung haftet das Hinterlegte nur als eine Sicherheit für die Erfüllung.

14 **C. Andere Hinterlegungsarten.** Bei einer Hinterlegung gepfändeten Gelds oder bei einer Hinterlegung des Erlöses von Pfandstücken nach §§ 720, 805 IV, 815, 827 II, III, 854 II, 930 III oder bei einer Hinterlegung des geschuldeten Betrags durch den Drittschuldner nach §§ 839, 853 dauert das Pfandrecht des Gläubigers am Hinterlegten fort oder geht auf den Rückforderungsanspruch über.

15 **D. Hinterlegung zur Sicherheit.** Ist nur zur Sicherheit hinterlegt worden, sei es vom Gläubiger, vom Schuldner nach § 720a oder von einem Dritten, erlangt der Gegner ein Pfandrecht am Hinterlegten oder am Rückforderungsanspruch, §§ 233, 234 BGB. Das Pfandrecht am Hinterlegten steht anstelle eines Pfändungspfandrechts. Man muß es daher wie ein Pfändungspfandrecht behandeln, § 804. Das Pfandrecht erlischt vor allem erst dann, wenn eine besondere Aufhebung erfolgt.

16 **8) Rechtsbehelfe, I–III.** Es kommt auf die Enscheidungsart an.

A. Gegen Ablieferung. Der Schuldner und ein betroffener Dritter können bis zur Beendigung der Zwangsvollstreckung durch die Ablieferung die Erinnerung nach § 766 einlegen. Daran kann sich die sofortige Beschwerde anschließen, §§ 567 I Z 1, 793.

17 **B. Gegen Hinterlegung.** Der Gläubiger kann gegen die Hinterlegung lediglich die Erinnerung nach § 766 mit der Begründung einlegen, der Gerichtsvollzieher sei fehlerhaft verfahren. Daran kann sich die sofortige Beschwerde anschließen, §§ 567 I Z 1, 793.

18 **C. Gegen Verweigerung einer Ablieferung oder Hinterlegung.** Der Gläubiger kann gegen die Verweigerung einer Ablieferung oder Hinterlegung gegen den Gerichtsvollzieher die Erinnerung nach § 766 einlegen, LG Bielef DGVZ **93**, 28. Daran kann sich die sofortige Beschwerde anschließen, §§ 567 I Z 1, 793.

816 *Zeit und Ort der Versteigerung.* **I Die Versteigerung der gepfändeten Sachen darf nicht vor Ablauf einer Woche seit dem Tag der Pfändung geschehen, sofern nicht der Gläubiger und der Schuldner über eine frühere Versteigerung sich einigen oder diese erforderlich ist, um die Gefahr einer beträchtlichen Wertverringerung der zu versteigernden Sache abzuwenden oder um unverhältnismäßige Kosten einer längeren Aufbewahrung zu vermeiden.**

II Die Versteigerung erfolgt in der Gemeinde, in der die Pfändung geschehen ist, oder an einem anderen Ort im Bezirk des Vollstreckungsgerichts, sofern nicht der Gläubiger und der Schuldner über einen dritten Ort sich einigen.

III Zeit und Ort der Versteigerung sind unter allgemeiner Bezeichnung der zu versteigernden Sachen öffentlich bekannt zu machen.

IV Bei der Versteigerung gelten die Vorschriften des § 1239 Abs. 1 Satz 1, Abs. 2 des Bürgerlichen Gesetzbuchs entsprechend.

Gliederung

1 **1) Systematik, I–IV.** Die Vorschrift regelt den in der Praxis wohl wichtigsten Fall der Pfandverwertung. Sie ergänzt den § 814 und wird ihrerseits durch §§ 817–819 ergänzt.

2 **2) Regelungszweck, I–IV.** Die Vorschrift dient dem in Einf 2 vor §§ 814–825 genannten Zweck. Sie berücksichtigt aber auch die Schuldnerinteressen durch die grundsätzlich notwendige Wartefrist, wie man sie auch sonst verschiedentlich in der Zwangsvollstreckung beachten muß. Fristen muß man aus Gründen der Rechtssicherheit nach Einl III 43 stets strikt handhaben. Das gilt natürlich auch für I. Daher muß man auch die dort genannte Gefahr und die dort vorausgesetzte Unverhältnismäßigkeit streng prüfen, bevor man die Wartefrist kürzen darf. III erfordert natürlich Rechtzeitigkeit, also genug Zeit zur Information und Prüfung, ob man mitbieten will.

3 **3) Wartefrist, I.** Der Gerichtsvollzieher muß den Versteigerungstermin grundsätzlich unverzüglich nach der Pfändung bestimmen, § 121 I 1 BGB. Dabei muß er aber folgendes beachten. Soweit wenigstens der Gläubiger es beantragt, darf der Gerichtsvollzieher den Terminstag hinausschieben. Denn der Gläubiger ist der Herr der Zwangsvollstreckung, und hier überschreitet er die Grenzen der Parteiherrschaft nicht, Grdz 7

vor § 704. Zum anderen mag eine alsbaldige Versteigerung unratsam sein, etwa wegen eines Sonnabends, Sonntags oder Feiertags nach § 758 a IV oder wegen eines etwas später wahrscheinlich besseren Ergebnisses.

A. Grundsatz: 1 Woche. Zwischen dem Tag der Pfändung nach §§ 808 ff und dem Tag der Versteigerung muß grundsätzlich mindestens 1 Woche und darf in der Regel nicht mehr als 1 Monat liegen, § 142 Z 3 GVGA. Der Zweck der Regelung besteht darin, dem Gläubiger eine Gelegenheit zur Information von Bietlustigen zu geben, dem Schuldner eine Gelegenheit zur Befriedigung des Gläubigers usw oder wenigstens ebenfalls zur Information eines besseren Bieters und einem Dritten eine Gelegenheit zur Widerspruchsklage nach § 771 usw, BGH DGVZ **07**, 136. Wenn die Versteigerung auf Grund einer Anschlußpfändung erfolgen soll, beginnt die Frist mit der Anschlußpfändung. Die Frist ist keine Notfrist, § 224 I 2. Ihre Berechnung erfolgt nach § 222. Wenn der Gerichtsvollzieher dem Gläubiger zu einem Antrag auf eine Übereignung nach § 825 rät, darf er nicht sofort einen Versteigerungstermin anberaumen, LG Bln DGVZ **82**, 41. 4

B. Ausnahmen. Die Versteigerung darf zu einem früheren Zeitpunkt nur dann stattfinden, wenn einer der folgenden Fälle vorliegt: Der Gläubiger und der Schuldner müssen sich insofern einig geworden sein. Diese Einigung ist ein Prozeßvertrag, Grdz 48 vor § 128. Sie bindet den Gerichtsvollzieher. Oder: Es muß eine erhebliche Wertverringerung drohen, Fleischmann/Rupp Rpfleger **87**, 8 (ausf), oder es müssen unverhältnismäßig hohe Verwahrungskosten bevorstehen, Grdz 34 vor § 704. 5

C. Verstoß. Ein Verstoß gegen die Wartefrist läßt die weitere Zwangsvollstreckung wirksam. Er ist aber eine Amtspflichtverletzung des Gerichtsvollziehers. Gegen einen Verstoß können sich der Gläubiger und der Schuldner mit der Erinnerung nach § 766 wenden, Fleischmann/Rupp Rpfleger **87**, 11. 6

4) Ort, II. Auch hier stehen einem Grundsatz Ausnahmen gegenüber. 7

A. Grundsatz: Pfändungsort. Der Gerichtsvollzieher darf die Versteigerung grundsätzlich nicht am Aufbewahrungsort vornehmen. Er muß sie vielmehr an demjenigen Ort durchführen, an dem die Pfändung erfolgte. Das ist der Ort desjenigen Vollstreckungsgerichts nach §§ 764, 802, das den Pfändungsbeschluß erlassen hat, Eickmann DGVZ **84**, 67. Daher kommt es auf ein Einverständnis des Schuldners mit diesem Ort selbst dann nicht an, wenn er sich auf seinem Grundstück oder in seinen Räumen befindet, Hamm NJW **85**, 75, LG Bayreuth DGVZ **85**, 42, AG Bayreuth DGVZ **84**, 75, aM ZöStö (wegen § 758 a I. Aber diese Vorschrift erfaßt nur eine Durchsuchung). Freilich muß der Gerichtsvollzieher Art 13 I, III GG beachten. Bei § 824 (vor der Trennung) ist die Zustimmung jedenfalls entbehrlich, LG Bayreuth DGVZ **85**, 42. Der Gerichtsvollzieher kann auch im übrigen im Rahmen eines pflichtgemäßen Ermessens unter einer Abwägung der berechtigten Interessen der Parteien, der Bieter, der Vorführmöglichkeiten, auch des Kostenpunkts die Versteigerung an einem anderen Ort im Bezirk des Vollstreckungsgerichts durchführen. Es ist auch eine Versteigerung durch Internet möglich, allerdings nur bei einer sehr großzügigen Handhabung des § 825, dort Rn 7, AG Bad Berleburg Rpfleger **01**, 560 (hält mit Recht eine Gesetzeserweiterung für ratsam, wenn nicht notwendig).

B. Ausnahmen. Außerhalb dieses Bereichs darf der Gerichtsvollzieher die Versteigerung nur dann durchführen, wenn einer der folgenden Fälle vorliegt: Der Gläubiger und der Schuldner müssen insofern eine Einigung getroffen haben. Diese ist ein Prozeßvertrag, Grdz 48 vor § 128. Er bindet den Gerichtsvollzieher, soweit sein Amtsbezirk reicht. Das Gericht muß eine Anordnung nach § 825 getroffen haben. Sie bindet den Gerichtsvollzieher, Eickmann DGVZ **84**, 66. Er soll auf die Möglichkeit eines Antrags nach § 825 hinweisen, § 142 Z 2 GVGA. Er muß die Sache evtl an den örtlich zuständig werdenden Kollegen abgeben, §§ 29, 30 GVO. Ein Umzug des Schuldners beeinträchtigt den Pfändungsort nicht, solange die Pfandsache am Ort bleibt. Andernfalls muß der Gerichtsvollzieher das weitere Verfahren an den Gerichtsvollzieher des neuen Wohnorts abgeben, § 32 GVO. Dazu ist kein Verfahren nach § 825 I erforderlich. Wegen des Internets Rn 7. 8

C. Verstoß. Bei einem Verstoß bleibt die Zwangsvollstreckung wirksam. Es liegt aber eine Amtspflichtverletzung vor. Gegen einen Verstoß können der Gläubiger und der Schuldner die Erinnerung nach § 766 einlegen. 9

5) Bekanntmachung, III. Sie erfordert Sorgfalt. 10

A. Notwendigkeit. Jeder Versteigerung muß eine öffentliche Bekanntmachung vorausgehen. Die Bekanntmachung muß den Zeitpunkt und den Ort der Versteigerung sowie eine allgemeine Bezeichnung des Pfandstücks enthalten, die einen Aufschluß über seine Art und Beschaffenheit gibt, um einen möglichst guten Versteigerungserlös zu erzielen, § 143 Z 3 GVGA. Daher muß die Bekanntgabe angemessen rechtzeitig erfolgen. 1 Tag vor dem Termin, § 143 Z 1 GVGA, kann zu spät sein. 4 Tage können ausreichen, LG Mainz RR **98**, 1294.

B. Ausführung. Über die Art der Bekanntgabe entscheidet der Gerichtsvollzieher nach seinem pflichtgemäßen Ermessen unter einer Beachtung aller Umstände, § 143 Z 3 GVGA. Bei einer Versteigerung eines Erbanteils muß er klarstellen, daß nicht einzelne Gegenstände, sondern eben der ideelle Anteil am Gesamtnachlaß Versteigerungsgegenstand ist, Eickmann DGVZ **84**, 67. Eine solche Bekanntmachung muß auch vor einem etwaigen späteren Termin erfolgen. Das Gesetz schreibt nicht ausdrücklich vor, daß der Gerichtsvollzieher den Gläubiger, den Schuldner und den Drittberechtigten von dem Versteigerungstermin benachrichtigen müsse. Eine solche Pflicht ergibt sich für den Gerichtsvollzieher aber aus § 142 Z 4 GVGA, soweit der Beteiligte nicht ohnehin bereits eindeutig eine Terminsnachricht erhalten hat, etwa durch den Zugang des Pfändungsprotokolls nebst einer Terminsanberaumung, LG Detm DGVZ **96**, 120. Die Grenzen dieser Pflicht ergeben sich aus § 763 Rn 4. Trotzdem ist eine rechtzeitige Benachrichtigung auch eine im Grunde selbstverständliche Pflicht des Gerichtsvollziehers. 11

Bei jeder *Terminsänderung* gelten die vorstehenden Regeln entsprechend, § 143 Z 6 GVGA, auch zB für die Bekanntgabe der Aufhebung des bisherigen Termins. Zur Besichtigung der Pfandsache § 144 GVGA.

C. Verstoß. Wenn der Gerichtsvollzieher eine in der GVGA vorgeschriebene Benachrichtigung unterläßt, handelt er pflichtwidrig und kann sich neben der Haftung des Staats nach Art 34 GG schadensersatzpflichtig machen, § 839 BGB. Die GVGA kann nicht das Gericht in der Auswahl der Bekanntmachungsblät- 12 ter binden, wohl aber den Gerichtsvollzieher. Ein Verstoß beeinträchtigt die Wirksamkeit der weiteren Zwangsvollstreckung nicht.

13 **6) Entsprechende Anwendbarkeit, IV.** Sie sind begrenzt möglich.

A. Grundsatz: Auch Gläubiger und Eigentümer als Bieter. § 1239 I 1, II BGB ist entsprechend anwendbar. Nach dieser Vorschrift sind als Bieter auch der Gläubiger und der Eigentümer befugt. Der Gerichtsvollzieher darf und muß den Eigentümer zurückweisen, wenn dieser den Ersteigerungserlös nicht sogleich in bar erlegt. Dasselbe gilt für ein Gebot des Schuldners, § 145 Z 2 b GVGA, insbesondere, soweit das gepfändete Stück für eine fremde Schuld haftet. Der Gerichtsvollzieher darf nicht selbst mitbieten. Das gilt wegen des selbstverständlichen Gebots seiner Unparteilichkeit als Amtsträger bei einem Hoheitsakt unabhängig vom hier wegen der Grenzen der Parteiherrschaft unbeachtlichen Einverständnis eines Beteiligten, Grdz 7, 8, 37 vor § 704. Ebensowenig darf ein Gehilfe des Gerichtsvollziehers mitbieten, § 450 BGB, auch nicht ein Angehöriger, § 141 Z 4 S 2 GVGA, und zwar weder persönlich, noch durch einen anderen, noch für einen anderen. Ein Zweiterwerb vom berechtigten Bieter und Ersteher kann eine Umgehung des § 450 BGB darstellen.

14 **B. Verstoß.** Ein Verstoß gegen diese Vorschriften hindert einen wirksamen Eigentumserwerb. Er heilt aber durch eine Genehmigung aller Beteiligten.

15 **7) Rechtsbehelfe, I–IV.** Gegen einen Verstoß können der Schuldner und der Gläubiger die Erinnerung nach § 766 einlegen. Daran kann sich die sofortige Beschwerde anschließen, §§ 567 I Z 1, 793.

817 *Zuschlag und Ablieferung.* **[I] Dem Zuschlag an den Meistbietenden soll ein dreimaliger Aufruf vorausgehen; die Vorschriften des § 156 des Bürgerlichen Gesetzbuchs sind anzuwenden.**

[II] Die Ablieferung einer zugeschlagenen Sache darf nur gegen bare Zahlung geschehen.

[III] [1] Hat der Meistbietende nicht zu der in den Versteigerungsbedingungen bestimmten Zeit oder in Ermangelung einer solchen Bestimmung nicht vor dem Schluss des Versteigerungstermins die Ablieferung gegen Zahlung des Kaufgeldes verlangt, so wird die Sache anderweit versteigert. [2] Der Meistbietende wird zu einem weiteren Gebot nicht zugelassen; er haftet für den Ausfall, auf den Mehrerlös hat er keinen Anspruch.

[IV] [1] Wird der Zuschlag dem Gläubiger erteilt, so ist dieser von der Verpflichtung zur baren Zahlung so weit befreit, als der Erlös nach Abzug der Kosten der Zwangsvollstreckung zu seiner Befriedigung zu verwenden ist, sofern nicht dem Schuldner nachgelassen ist, durch Sicherheitsleistung oder durch Hinterlegung die Vollstreckung abzuwenden. [2] Soweit der Gläubiger von der Verpflichtung zur baren Zahlung befreit ist, gilt der Betrag als von dem Schuldner an den Gläubiger gezahlt.

Schrifttum: *Gerlach,* Ungerechtfertigte Zwangsvollstreckung und ungerechtfertigte Bereicherung, 1986; *Nikolaou,* Der Schutz des Eigentums an beweglichen Sachen Dritter bei Vollstreckungsversteigerungen, 1993; *Tiedtke,* Gutgläubiger Erwerb ... in der Zwangsvollstreckung, 1985.

Gliederung

1 **1) Systematik, I–IV.** Die Vorschrift ergänzt §§ 814, 816. Sie wird ihrerseits durch §§ 817 a, 818 ergänzt. Das privatrechtliche Pfandrecht gibt dem Gläubiger ein Recht zum Verkauf des Pfandes nach dem BGB. Die Vorschriften des BGB sind aber auf die Verwertung eines Pfands aus einem Pfändungspfandrecht unanwendbar. Denn die Pfandverwertung in der Zwangsvollstreckung gehört ganz zum öffentlichen Recht. Hier handelt das Vollstreckungsorgan als staatliche Behörde, Grdz 35 (B) vor § 704, § 753 Rn 1, wenn auch zum Nutzen des Gläubigers, Geißler DGVZ **94**, 34. Unrichtig ist die Ansicht, eine Verwertung sei die Folge der Pfändung und nicht des Pfandrechts, Üb 8, 9 vor § 803.

2 **2) Regelungszweck, I–IV.** Das Versteigerungsverfahren dient den wohlverstandenen Interessen aller Beteiligten einschließlich des Gerichtsvollziehers. III macht mit dem Meistbietenden kurzen Prozeß, wenn er nicht zu seinem Vorteil in der dort genannten Art tätig wird. Man braucht ihn nach dem Wortlaut nicht auf seine Obliegenheit hinzuweisen. Es dürfte aber nach dem auch hier mitbeachtlichen Grundgedanken des § 139 I 2, II 1 ratsam sein, ihn vorsorglich rechtzeitig aufmerksam zu machen. Auf solche Unterlassung dürfte er sich indes allenfalls schadensersatzrechtlich berufen können, nicht eigentumsrechtlich. IV dient der Vereinfachung. Das muß man bei der Auslegung mitbeachten.

3 **3) Geltungsbereich, I–IV.** Die ZPO regelt nur den schuldrechtlichen Vertrag, den der Ersteher mit dem Staat schließt. Er gibt ihm einen Übereignungsanspruch, nämlich denjenigen auf die Ablieferung an ihn, Rn 6.

§ 145 GVGA regelt die Versteigerung näher. Wenn bei einer Versteigerung solches Pachtinventar versteigert wird, das durch eine Niederlegung des Verpfändungsvertrags verpfändet und auf Grund eines vollstreckbaren Titels gepfändet worden ist, sind §§ 1241–1249 BGB nach §§ 10, 11 PachtkreditG anwendbar.

4) Zuschlag, I. Er hat eine zentrale Bedeutung. § 156 BGB ist infolge Verweisung in I Hs 2 anwendbar. 4

A. Meistbietender. Der Zuschlag ist eine hoheitliche Maßnahme, Rn 1. Der Gerichtsvollzieher muß ihn dem Meistbietenden erteilen. Er wird mit seiner Verkündung wirksam. § 156 S 1 BGB. Es ist unerheblich, ob der Bieter noch anwesend ist. Der Gläubiger ist als Ersteher zugelassen, IV. Das gilt selbst dann, wenn er die Sache auf Abzahlung verkauft hat. Dann findet anders als bei § 825 Rn 7 keine auch nur summarische Prüfung des BGB und insofern auch keine Erinnerung statt. Denn eine derartige Abwägung ist nicht die Aufgabe des Gerichtsvollziehers. Anwendbar sind aber §§ 767, 769. Der dreimalige Aufruf ist eine Sollvorschrift. Ein Verstoß ist für den Zuschlag unerheblich. Der Zuschlag soll zügig, aber nicht überstürzt erfolgen, § 4 GVGA.

Versagen muß der Gerichtsvollzieher den Zuschlag bei einem Hindernis der weiteren Zwangsvollstreckung. Dazu können zB zählen: Die Einstellung, etwa nach § 775; eine vollständige Befriedigung des Gläubigers einschließlich einer Zahlung aller Kosten; das Verhalten des Gläubigers. Er kann die Fortsetzung der Versteigerung, sogar noch die Erteilung des Zuschlags bis zu dessen Wirksamkeit versagen. Denn er kann das Verfahren ja als der Herr der Zwangsvollstreckung jederzeit beenden, Grdz 37 vor § 704. Mit einer solchen Untersagung stundet der Gläubiger allerdings. Er verzichtet sogar je nach der Sachlage auf eine Verwertung des Pfands und damit auf sein Pfandrecht.

B. Erstehervertrag. Durch den Zuschlag kommt ein öffentlichrechtlicher Vertrag zwischen dem Ersteher und dem Staat, vertreten durch den Gerichtsvollzieher, zustande, Mü DGVZ **80**, 123, MüKoSchi 3, ThP 2, aM Geißler DGVZ **94**, 34, StJM 4, ZöStö 7 (es handle sich um einen sonstigen rein öffentlichrechtlichen Vorgang. Aber das öffentliche Recht kennt auch und oft die Vertragsform. Sie paßt hier durchaus). Wie die Verweisung auf § 156 BGB klarstellt, ist das Gebot ein Antrag zum Abschluß des Vertrags und eine Prozeßhandlung, Grdz 46 vor § 128, Eickmann DGVZ **84**, 71. Dieses Gebot duldet keine Bedingung. Es ist nur bei einer Einhaltung des Mindestbetrags nach § 817 a beachtlich. Der Bieter muß es grundsätzlich im Termin abgeben, LG Itzehoe DGVZ **78**, 122. Das Gebot gibt aber dem Bieter anders als bei § 81 I ZVG kein Recht auf den Zuschlag. Allerdings ist die Versagung des Zuschlags ohne einen gesetzlichen Grund und ohne eine Ermächtigung des Gläubigers eine Amtspflichtverletzung. 5

Unerheblich ist aber ein erst nach der Wirksamkeit des Zuschlags eingetretenes Hindernis, etwa nach § 775. Denn die Zwangsvollstreckung endet zwar erst mit der Übergabe, Rn 7. Der Erstehervertrag bindet aber grundsätzlich alle Beteiligten (Ausnahme: III 1), aM ZöStö 10 (aber dann käme gar keine Verbindlichkeit zustande. Das wäre genau *nicht* der Sinn des ganzen Vorgangs).

C. Erlöschen des Gebots. Ein Gebot bindet aber nach § 145 BGB. Eine Irrtums- oder Täuschungsanfechtung nach §§ 119 ff BGB ist bis zur Wirksamkeit des Zuschlags möglich, ZöStö 50, aM MüKoSchi 5, StJM 8 (aber auch im Recht des öffentlichrechtlichen Vertrags haben bürgerlichrechtliche Grundgedanken einen Anspruch auf eine Mitbeachtung). Das Gebot erlischt dann, wenn einer der folgenden Fälle eintritt: Ein anderer Bieter muß ein Übergebot abgegeben haben, also ein Gebot zu einem höheren Nennbetrag, § 156 S 2 Hs 1 BGB; der Gerichtsvollzieher muß die Versteigerung geschlossen haben, ohne einen Zuschlag erteilt zu haben, § 156 S 2 Hs 2 BGB; er muß ein Gebot zurückgewiesen haben, § 146 BGB. Die Entfernung des Bieters ist unerheblich, Rn 4. Der Gerichtsvollzieher muß ein nicht ordnungsgemäßes Gebot zurückweisen. Das geschieht zB etwa mangels Ernstlichkeit nach § 118 BGB oder mangels Geschäftsfähigkeit nach §§ 104, 105 BGB oder wegen des Fehlens der Einwilligung des gesetzlichen Vertreters nach §§ 106 ff, 1902 BGB oder mangels Überbietens des bisherigen Gebots oder bei einem weiteren Gebot des Meistbietenden, III 2 Hs 1. Zu weiteren Einzelheiten § 145 Z 3, 4 GVGA. Bis zur Erteilung des Zuschlags darf der Gerichtsvollzieher die Zwangsvollstreckung einstellen, später nur auf Veranlassung des Gläubigers. 6

Ein *Verstoß* gegen sie hat prozessual keine Folgen. Er stellt aber eine Amtspflichtverletzung dar.

5) Ablieferung, II. Grundsatz und Ausnahmen stehen sich gegenüber. 7

A. Übergabe. Der Gerichtsvollzieher muß die versteigerte Sache durch einen weiteren selbständigen Vollstreckungsvorgang an den Meistbietenden abliefern. Die Ablieferung darf freilich nur Zug um Zug nach § 756 Rn 3 gegen eine Barzahlung geschehen, es sei denn, daß der Gläubiger und der Schuldner einer abweichenden Lösung zustimmen, Eickmann DGVZ **84**, 68. Erst mit der Ablieferung geht das Eigentum auf den Ersteher über, abweichend von § 90 I ZVG. Denn man muß die Zahlung abwarten. Die Ablieferung ist eine körperliche Übergabe, die Übertragung des unmittelbaren Besitzes mit Übereignungswillen, nur insofern ähnlich wie bei § 929 BGB. Sie ist keine bloße Erklärung. Sie erfolgt also nicht nach §§ 930, 931 BGB, es sei denn, daß die versteigerte Sache anderswo lagert oder daß zB der Gläubiger zugleich dasjenige Grundstück ersteigert, zu dem das nach II gehörende Sache gehört, Köln DGVZ **96**, 59. Der Gerichtsvollzieher muß den Erlös an den Gläubiger abführen. Damit endet diese Zwangsvollstreckung. Der Staat haftet ab der Übergabe an den Ersteigerer grundsätzlich nicht mehr für die Verwahrung des ersteigerten Gegenstands, LG Heidelb DGVZ **91**, 138.

B. Grundsatz: Erwerb unabhängig vom bisherigen Eigentümer. Die Zwangsvollstreckung läßt für die Möglichkeit eines Erwerbes durch einen guten Glauben grundsätzlich keinen Raum, BGH **119**, 76, StJM 24, ZöStö 8, aM BGH **104**, 303, Pesch JR **93**, 365 (aber dieser Teil des bürgerlichen Rechts paßt nicht zum Kerngedanken der öffentlichrechtlichen Versteigerung). §§ 1243 ff BGB sind unanwendbar. Das Eigentum des Schuldners an der Pfandsache ist ja grundsätzlich überhaupt für die Rechtmäßigkeit der Zwangsvollstrekkung unerheblich. Vgl aber auch Rn 10 sowie § 772 Rn 5. Wenn die Pfändung sowie die Versteigerung und Ablieferung wirksam erfolgt war, erwirbt der Empfänger der ersteigerten Sache das Eigentum kraft hoheitlicher Gewalt. Das gilt grundsätzlich unabhängig davon, ob dem Schuldner die Sache wirklich gehört hat. Daher sind §§ 929–936 BGB auch nicht entsprechend anwendbar, BGH **119**, 75, Geißler DGVZ **94**, 36. 8

9 **C. Stellung des Betroffenen.** Der durch einen solchen Rechtsübergang geschädigte *wahre* Eigentümer muß daher nach §§ 812ff BGB, 771 ZPO vorgehen, Gaul NJW **89**, 2515. Da der Ersteher das Eigentum nicht vom Schuldner erwirbt, erwirbt er es lastenfrei. Das Recht eines Dritten erlischt. Das gilt auch für eine Anwartschaft, BGH **119**, 75. Die Pfandverstrickung nach Üb 6 vor § 803 endet. An die Stelle der Sache tritt der Erlös, § 819. Ein Dritter ist auf diesen Erlös verwiesen, § 805. Trotzdem ist der Dritte ein Rechtsnachfolger des Schuldners nach §§ 265, 325.

10 **D. Ausnahmen.** Die Übereignung kann allerdings ausnahmsweise ganz unwirksam sein. Das gilt etwa in folgenden Fällen: Die Versteigerung ist durch jemanden erfolgt, der kein Gerichtsvollzieher war; die Sache war in Wahrheit überhaupt nicht wirksam gepfändet worden, Eickmann DGVZ **84**, 66; die Pfändung blieb nicht bis zur Übergabe wirksam. Dann wäre nicht bloß eine Ordnungsvorschrift mißachtet, zB III, Grdz 57 vor § 704. Dann kann ein schlechtgläubiger Ersteher das Eigentum ohnehin nicht erwerben, ein gutgläubiger schon deshalb nicht, weil der Gerichtsvollzieher als eine Amtsperson und nicht als ein Eigentümer veräußert hat. Eine Ablieferung der Sache ohne den Empfang der Barzahlung wäre eine Überschreitung der sachlichen Zuständigkeit des Gerichtsvollziehers. Dann geht das Eigentum nicht wirksam über, Einf 5 vor §§ 814–825.

11 **6) Anderweitige Versteigerung, III.** Sie erfolgt selten.

A. Voraussetzungen, III 1. Eine Barzahlung muß zu dem in den Versteigerungsbedingungen vorgesehenen Zeitpunkt und mangels einer solchen Bestimmung vor dem Schluß des Versteigerungstermins erfolgen. Wenn der Ersteher den Preis in bar bezahlt, kann er die Übergabe der Sache Zug um Zug gegen die Zahlung verlangen. Wenn der Ersteher seine Verpflichtung nicht erfüllt, wird der Zuschlag hinfällig. Der Gerichtsvollzieher muß die Sache dann ohne die Notwendigkeit eines neuen Gläubigerauftrags sofort noch im bisherigen Termin oder später zu einem dann wiederum nach § 816 III bekanntzugebenden neuen Termin anderweit versteigern.

12 **B. Stellung des früheren Erstehers, III 2.** Der Gerichtsvollzieher darf diesen früheren Ersteher nicht wieder zu einem Gebot zulassen, III 2 Hs 1. Wenn eine neue Versteigerung einen höheren Erlös bringt, nützt das dem ersten Ersteher nichts, sondern nur dem Gläubiger und beim Übererlös dem Schuldner. Er haftet aber dann, wenn eine neue Versteigerung nur einen geringeren Erlös bringt, für den Ausfall, den auch Kosten verursachen können, III 2 Hs 2. Diese Haftung muß der Gläubiger oder der Schuldner gegenüber dem ersten Ersteher durch eine Klage geltend machen.

13 **7) Gläubiger als Ersteher, IV.** Meist verrechnet er einfach.

A. Grundsatz: Verrechnung. Der Gläubiger braucht nur die Kosten der Zwangsvollstreckung nach § 788 einschließlich der Kosten der Versteigerung und den etwaigen Mehrbetrag seines Gebots gegenüber seinem Anspruch und bei einer Austauschpfändung den aus dem Erlös dem Schuldner nach § 811a I zu überlassenden Betrag in bar zu entrichten, IV 1 Hs 1. Im übrigen verrechnet das Gesetz seine Schuld als Ersteher auf seine Forderung als Gläubiger, IV 2, LG Itzehoe DGVZ **78**, 122.

14 **B. Ausnahmen.** Der Gerichtsvollzieher mag den Erlös hinterlegen müssen, sei es deshalb, weil das Gesetz oder das Gericht erlaubt hatten, die Zwangsvollstreckung durch eine Hinterlegung abzuwenden, §§ 711, 712 I 1, 720, oder wegen einer Mehrpfändung oder einer Anschlußpfändung, §§ 804 III, 826, 827 II, III. Dann muß der Gläubiger voll in bar bezahlen, IV 1 Hs 2. Das gilt aber nur, wenn der Hinterlegungsbeschluß schriftlich vorliegt und nicht nur in Aussicht steht. Ein infolge der Verrechnung entreicherter Dritteigentümer muß gegen den Gläubiger nach §§ 812ff BGB klagen, BGH NJW **87**, 1880.

15 **8) Rechtsbehelfe, I–IV.** Bis zur Ablieferung ist die Erinnerung nach § 766 statthaft, soweit es um das bisherige Verfahren geht. Daran kann sich die sofortige Beschwerde anschließen, §§ 567 I Z 1, 793. Nach der Ablieferung ist wegen der mit ihr verbundenen Eigentumsübergangswirkung nach § 815 Rn 4 die Erinnerung nur noch wegen der Erlösverteilung zulässig.

817a

Mindestgebot. **I 1 Der Zuschlag darf nur auf ein Gebot erteilt werden, das mindestens die Hälfte des gewöhnlichen Verkaufswertes der Sache erreicht (Mindestgebot). 2 Der gewöhnliche Verkaufswert und das Mindestgebot sollen bei dem Ausbieten bekannt gegeben werden.**

II 1 Wird der Zuschlag nicht erteilt, weil ein das Mindestgebot erreichendes Gebot nicht abgegeben ist, so bleibt das Pfandrecht des Gläubigers bestehen. 2 Er kann jederzeit die Anberaumung eines neuen Versteigerungstermins oder die Anordnung anderweitiger Verwertung der gepfändeten Sache nach § 825 beantragen. 3 Wird die anderweitige Verwertung angeordnet, so gilt Absatz 1 entsprechend.

III 1 Gold- und Silbersachen dürfen auch nicht unter ihrem Gold- oder Silberwert zugeschlagen werden. 2 Wird ein den Zuschlag gestattendes Gebot nicht abgegeben, so kann der Gerichtsvollzieher den Verkauf aus freier Hand zu dem Preise bewirken, der den Gold- oder Silberwert erreicht, jedoch nicht unter der Hälfte des gewöhnlichen Verkaufswertes.

Gliederung

1) Systematik, I–III. § 817 regelt den Hergang bei der Versteigerung im allgemeinen. Demgegenüber stellt § 817a Grenzen der Zulässigkeit dieser Pfandverwertungsart dar. Ähnliche Regelungen enthalten § 74a ZVG und § 300 AO, Düss RR **92**, 1246. 1

2) Regelungszweck, I–III. Der Gerichtsvollzieher darf den Zuschlag grundsätzlich nur dann erteilen, wenn er das Mindestgebot erreicht. Das dient dem Schutz des Gläubigers wie des Schuldners vor seiner Vermögensverschleuderung, Art 14 I GG, BVerfG **46**, 332, ThP 1, ZöStö 1, aM Düss RR **92**, 1246 (auch zum Schutz der Allgemeinheit. Aber die Interessen der Parteien stehen ganz im Mittelpunkt). Dieser Schutz erstreckt sich auch auf jeden etwaigen weiteren Versteigerungstermin. Er geht daher erheblich weiter als bei § 74a ZVG. Das muß man bei der Auslegung mitbeachten. 2

Sozialstaatlichkeit ist nach Art 20 I GG ein wesentlicher Bestandteil der auch im Zivilprozeß während aller Phasen bis zur Beendigung der zugehörigen Vollstreckung anzustrebenden Rechtsstaatlichkeit, Einl III 23. Wie bei § 812 Rn 2 darf auch hier nicht nur eine volkswirtschaftliche Betrachtungsweise stattfinden. Allerdings schützt § 817a den Schuldner vielleicht reichlich lange. Indessen darf man diesen Umstand nicht dazu benutzen, das Mindestgebot auf dem Umweg über eine bewußt zu geringe Schätzung des „gewöhnlichen Kaufpreises“ ruinös herabzusetzen. Natürlich darf man bei alledem auch nicht stets nur auf den armen Schuldner schauen.

3) Geltungsbereich, I–III. Die Vorschrift hat eine wesentliche, nicht unproblematische Bedeutung. 3

A. Mindestgebot. Mindestgebot ist grundsätzlich dasjenige Gebot, das mindestens die Hälfte des gewöhnlichen Verkaufswerts beträgt, I 1, Ffm VersR **80**, 50. Der Gerichtsvollzieher muß den gewöhnlichen Verkaufswert durch eine Schätzung nach § 813 ermitteln, dort Rn 3ff, LG Bayreuth DGVZ **85**, 42, und zwar in dem nach § 813 III maßgebenden Zeitpunkt, dort Rn 8, also evtl nachträglich oder wiederholt. Vor einer Herabsetzung des Mindestgebots muß der Gerichtsvollzieher die Beteiligten anhören, Artt 2 I, 20 III GG, BVerfG **101**, 404 entsprechend, § 145 Z 2f GVGA, LG Essen DGVZ **93**, 138 (Art 103 I GG). Daher ist evtl eine Vertagung notwendig. Soweit ein Preis feststeht, etwa bei einem Buch, darf das Mindestgebot nicht unter diesem (halben) Preis liegen, § 813 Rn 3. Der Gerichtsvollzieher muß ein danach unzulässiges Gebot von Amts wegen zurückweisen. Allerdings können die Beteiligten nach Rn 1 auf die Einhaltung des Mindestgebots verzichten, § 145 Z 2c GVGA. Wenn mehrere gleichhohe Gebote vorliegen, muß das Los entscheiden. Für solche Wertpapiere, die einen Börsen- oder Marktpreis haben, gilt § 821. Insofern findet also keine Versteigerung statt.

B. Bekanntgabe. Der Gerichtsvollzieher muß den gewöhnlichen Verkaufswert und das Mindestgebot beim Ausbieten bekanntgeben, I 2. Das Wort „sollen“ bedeutet nämlich wegen des Schutzzwecks nach Rn 1 einen Teil der Amtspflichten des Gerichtsvollziehers, Rn 6. Wegen der Besonderheiten für die Festsetzung des Mindestgebots für Ersatzteile, auf die sich ein Registerpfandrecht an einem Luftfahrzeug nach § 71 LuftfzRG erstreckt, § 100 LuftfzRG. Auf eine Rechtsversteigerung, etwa die Versteigerung eines Erbanteils, ist § 817a nicht entsprechend anwendbar, § 844 Rn 9. 4

C. Unanwendbarkeit. I wird dann unanwendbar, wenn ein Verfahren nach II nicht stattfinden kann. Das gilt, wenn die Gefahr einer beträchtlichen Wertminderung oder die Gefahr einer Ansammlung von unverhältnismäßig hohen Verwaltungskosten besteht, so daß eine sofortige Versteigerung notwendig wird, Rn 7, 8, Grdz 34 vor § 704 „B. Vollstreckungsschutz“, § 816 I, § 145 Z 2c GVGA. 5

D. Verstoß. Wenn der Gerichtsvollzieher gegen diese Vorschriften verstößt, ist die Versteigerung zumindest bei einem Zuschlag unter dem Mindestgebot meist ungültig, Einf 5 vor §§ 814–825, StJM 7, aM Geißler DGVZ **94**, 37, ThP 3, ZöStö 6 (aber dann liegt ein Elementarfehler vor. Ihn darf man nicht einfach hinnehmen). Bei einem andersartigen Verstoß bleibt die Versteigerung wirksam. Der Gerichtsvollzieher hat im übrigen bei jedem Verstoß eine Amtspflichtverletzung begangen, Ffm VersR **80**, 50, KG RR **86**, 202. Sie kann die Staatshaftung auslösen, Art 34 GG, § 839 BGB, Ammermann MDR **75**, 458. Gegen den Ersteher und den Gläubiger besteht aber evtl kein Anspruch. Ein Dritter hat evtl einen zivilrechtlichen Anspruch gegen den Gerichtsvollzieher, KG RR **86**, 202. 6

4) Nichterreichung, II, dazu *Raue,* Die Zwangsvollstreckung als Nagelprobe für den modernen Enteignungsbegriff usw, 2006: Das Verfahren verläuft einfach. 7

A. Zuschlagserteilung, II 1. Läßt sich das Mindestgebot nicht erreichen, darf der Gerichtsvollzieher dem Bieter den Zuschlag nur dann erteilen, wenn der Gläubiger und der Schuldner mit dem Zuschlag einverstanden sind, § 145 Z 2c GVGA. Die Rechtslage ist insofern anders als bei einer Unpfändbarkeit nach § 811. § 817a kann dann auch überhaupt unanwendbar sein, Rn 2. Das Pfandrecht des Gläubigers bleibt dann mangels Zuschlags bestehen.

B. Neuer Versteigerungstermin usw, II 2, 3. Auf einen Antrag des Gläubigers muß der Gerichtsvollzieher einen neuen Verwertungsversuch unternehmen, II 2. Für diesen weiteren Versuch ist im sehr wesentlichen Gegensatz zu § 74a IV ZVG (kein Mindestwert mehr beachtbar) wiederum I anwendbar. I gilt entsprechend, wenn der Gläubiger eine anderweitige Verwertung nach § 825 beantragt, II 3. 8

C. Aufhebung der Pfändung. Wenn man annehmen muß, daß auch ein dritter Versuch der Versteigerung oder ein neuer Versuch einer anderweitigen Verwertung ergebnislos bleiben werden, muß das Vollstreckungsgericht die Pfändung in einer singgemäßen Anwendung von § 803 II auf Grund einer Erinnerung des Schuldners nach § 766 aufheben. Der Gerichtsvollzieher hebt die Pfändung aber nicht von Amts wegen auf, aM § 145 Nr 2c I GVGA, ThP 2, ZöStö 4 (aber im Erinnerungsverfahren wird das Vollstreckungsgericht zuständig). Der Gläubiger muß vor der Aufhebung in einer angemessenen Frist eine Gelegenheit zur Stellungnahme erhalten, Rn 2, § 145 Z 2c GVGA. 9

5) Gold- und Silbersachen, III. Sie erfordern Sonderregeln. 10

A. Besonderheiten. Für sie gelten Besonderheiten. Soweit es sich um Kostbarkeiten handelt, muß ein Sachverständiger eine Schätzung vornehmen, § 813 Rn 4. Für die Verwertung ist entscheidend, ob der Metallwert oder der halbe Verkaufswert höher sind, III 1. Unter dem höheren Wert darf der Gerichtsvollzieher den Zuschlag nicht erteilen. Unter diesem höheren Wert darf er die Sache auch nicht freihändig verkaufen, falls kein entsprechend höheres Gebot vorliegt und deswegen der Zuschlag nicht möglich war, III 2. Andere Edelmetalle muß der Gerichtsvollzieher entsprechend III behandeln.

11 **B. Verstoß.** Ein Verstoß gegen diese Regeln bedeutet eine Überschreitung der sachlichen Zuständigkeit des Gerichtsvollziehers. Das macht den Verkauf unwirksam, aM LG Essen DGVZ **93**, 138 (Amtshaftung), ZöStö 6 (Wirksamkeit. Vgl aber Einf 5 vor §§ 814–825).

12 **6) Rechtsbehelf, I–III.** § 817 Rn 15.

818 *Einstellung der Versteigerung.* **Die Versteigerung wird eingestellt, sobald der Erlös zur Befriedigung des Gläubigers und zur Deckung der Kosten der Zwangsvollstreckung hinreicht.**

1 **1) Systematik.** Die Vorschrift ist eine Übernahme des in § 803 II für den vorangegangenen Vollstrekkungsabschnitt aufgestellten Grundsatzes.

2 **2) Regelungszweck.** Schuldnerschutz ist das eindeutige Ziel der Vorschrift. Das bedeutet: Man darf und muß den Begriff des „Hinreichens" des Erlöses eher zugunsten des Schuldners auslegen. Der Gerichtsvollzieher darf und muß die Versteigerung also bereits dann einstellen, wenn der Erlös mit großer Wahrscheinlichkeit ziemlich vollständig ausreichen wird. Das gilt vor allem bei der Schätzung der Kosten. Sie ist ja ohnehin oft nur sehr bedingt vorweg möglich. Diese Schwierigkeit darf gerade nicht dazu dienen, die Vollstreckung erst einmal ungerührt weiterzuführen.

3 **3) Einstellung.** Der Gerichtsvollzieher muß die Versteigerung mehrerer Sachen einstellen, sobald der Erlös eines Teils dieser Sachen den gesamten Anspruch des Gläubigers einschließlich aller Kosten der Zwangsvollstreckung deckt, § 788, also auch aller Kosten der Versteigerung. Wenn der Gerichtsvollzieher mehrere Pfandstücke versteigert, muß er also ständig prüfen, ob die Deckung vorhanden ist. Der Gerichtsvollzieher darf das Recht eines Dritten nach §§ 771, 805 nur dann beachten, wenn ein solches Recht rechtskräftig feststeht oder wenn alle Beteiligten in seine Beachtung aktenkundig einwilligen. Der Gerichtsvollzieher muß eine Anschlußpfändung nach §§ 826, 827 berücksichtigen. Sie findet aber nur dann statt, wenn die Frist des § 816 I verstrichen ist oder wenn Gläubiger und Schuldner einverstanden sind. Die nicht mehr versteigerbaren restlichen Pfandsachen und den etwaigen Überschuß des Erlöses muß der Gerichtsvollzieher dem Schuldner aushändigen.

4 **4) Verstoß.** Wenn der Gerichtsvollzieher gegen § 818 verstößt, begeht er eine Amtspflichtverletzung. Über das Erlöschen des Pfandrechts § 804 Rn 16.

5 **5) Rechtsbehelf.** § 817 Rn 15.

819 *Wirkung des Erlösempfanges.* **Die Empfangnahme des Erlöses durch den Gerichtsvollzieher gilt als Zahlung von Seiten des Schuldners, sofern nicht dem Schuldner nachgelassen ist, durch Sicherheitsleistung oder durch Hinterlegung die Vollstreckung abzuwenden.**

Schrifttum: *Gerlach,* Ungerechtfertigte Zwangsvollstreckung und ungerechtfertigte Bereicherung, 1986.

1 **1) Systematik.** Die Vorschrift regelt den Zeitpunkt, in dem die Befriedigung und damit das Ziel der Vollstreckung eintritt. Die Vorschrift ähnelt dem § 815 III.

2 **2) Regelungszweck.** § 819 dient der Rechtssicherheit nach Einl III 43. Man muß sie entsprechend streng auslegen. Es soll allseits zum frühestmöglichen Zeitpunkt im Verhältnis zwischen dem Gläubiger und dem Schuldner wenigstens dieser Teil einer vielleicht umfangreicheren Zwangsvollstreckung beendet sein. Denn der Gläubiger muß ja mit der alsbaldigen Weiterleitung des Erlöses vom Gerichtsvollzieher an ihn rechnen dürfen.

3 **3) Rechte des Erstehers.** Sobald der Gerichtsvollzieher den Versteigerungserlös empfangen hat, gilt die Zahlung des Schuldners als erfolgt. Der Empfang wirkt also wie die Wegnahme von Geld, § 815 Rn 8. Daher geht die Gefahr mit diesem Zeitpunkt grundsätzlich auf den Gläubiger über (Ausnahme: Vollstrekkungsnachlaß). Der Gläubiger erlangt aber dadurch, daß der Gerichtsvollzieher den Erlös vom Ersteher empfängt, an diesem Erlös noch kein Eigentum, und die Zwangsvollstreckung ist noch nicht beendet. Das Pfändungspfandrecht und die Verstrickung nach Üb 6 vor § 803 ergreifen den Erlös, sog Surrogation. Sie erlöschen erst dann, wenn der Gerichtsvollzieher den Erlös an den Gläubiger abführt, ihn also dem Gläubiger übergibt, LG Bln DGVZ **83**, 93. Erst dieser Vorgang bewirkt den Eigentumsübergang, § 815 Rn 4. Der Gerichtsvollzieher hat die öffentlichrechtliche Amtspflicht, den Erlös nach dem Abzug der Kosten der Zwangsvollstreckung nach § 121 I BGB unverzüglich an den Gläubiger abzuführen, §§ 169, 170 GVGA, § 815 Rn 1, Alisch DGVZ **79**, 85. Das gilt, soweit er den Erlös nicht nach § 720 hinterlegen muß, soweit er nicht das Recht eines Dritten aus §§ 771, § 805 IV auf Grund eines Urteils oder Rechte aus einer Mehrpfändung oder Anschlußpfändung nach §§ 826, 827 II, III berücksichtigen muß, LG Bln DGVZ **83**, 93, und soweit nicht §§ 854 II, 930 III anwendbar sind.

4 **4) Erlösverrechnung.** Die Verrechnung des Erlöses auf den Hauptanspruch, auf die Zinsen und auf die Kosten erfolgt nach § 367 BGB, soweit nicht das Gesetz eine andere Folge anordnet. Eine anderweitige Bestimmung durch den Schuldner ist wirkungslos. Wegen der Anschlußpfändung auch bei einem Übererlös § 826 Rn 3, 4. Den Überschuß erhalten der Schuldner oder der Eigentümer. Wegen des sog Folgerechts nach § 26 UrhG Münzberg DGVZ **98**, 17.

5 **5) Rechte des wahren bisherigen Eigentümers.** Wenn in Wahrheit ein anderer der Eigentümer der Sache war, hat dieser andere einen Anspruch aus ungerechtfertigter Bereicherung, §§ 812 ff BGB, Schmidt

JZ **87**, 891. Dieser Anspruch besteht aber abweichend vom Grundsatz Einf 4 vor §§ 771–774 hier nicht gegenüber dem Ersteher nach § 817 Rn 8 und auch nicht gegenüber dem empfangenden Gläubiger, sondern gegenüber dem Schuldner, Gloede JR **73**, 99, Günther AcP **178**, 456, aM ThP 7 (der Bereicherungsanspruch bestehe sowohl gegenüber dem Gläubiger als auch gegenüber dem Schuldner). Über eine Sicherheitsleistung oder Hinterlegung § 815 Rn 11.

6) Rechtsbehelfe. Da die Ablieferungspflicht öffentlichrechtlich ist, haben der Gläubiger, der Schuldner und ein berechtigter Dritter bei einem Verstoß des Gerichtsvollziehers die Möglichkeit der Erinnerung, § 766. Daran kann sich die sofortige Beschwerde anschließen, §§ 567 I Z 1, 793. Der Schuldner kann evtl auch oder nur aus § 767 klagen. Ein berechtigter Dritter hat vor dem Zeitpunkt der Abführung des Erlöses auch die Möglichkeit einer Klage nach §§ 771, 805 und hinterher die Möglichkeit einer Bereicherungs- oder Ersatzklage, §§ 812 ff BGB, LG Dortm BB **86**, 1538 (zustm Ziebe). 6

820 (weggefallen)

821 *Verwertung von Wertpapieren.* **Gepfändete Wertpapiere sind, wenn sie einen Börsen- oder Marktpreis haben, von dem Gerichtsvollzieher aus freier Hand zum Tageskurs zu verkaufen und, wenn sie einen solchen Preis nicht haben, nach den allgemeinen Bestimmungen zu versteigern.**

Schrifttum: *Hezel* Rpfleger **06**, 105 (Üb); *Kunst,* Zwangsvollstreckung in Wertpapiere, 2004; *Schmalz,* Die Zwangsvollstreckung in Blankowechsel, Diss Ffm 1961.

Gliederung

1) Systematik. Die Vorschrift regelt, ergänzt durch §§ 822, 823, die Verwertung einer besonderen Art gepfändeter Sachen. Sie stellt den grundsätzlichen Vorrang des freihändigen Verkaufs fest. Sie eröffnet damit eine Verwertungsart, wie sie auch bei § 825 möglich ist, dort aber von einem Antrag abhängt, während man sie bei § 821 von Amts wegen beachten muß, Hezel Rpfleger **06**, 108. 1

2) Regelungszweck. Die hilfsweise Rückverweisung auf §§ 814–819 zeigt auch den Zweck des § 821. Im Interesse sowohl des Gläubigers als auch des Schuldners soll eine Verwertung unter dem wahren Wert unterbleiben, wie sie ja in den Grenzen von § 817 a I 1, II möglich wäre. Damit dient § 821 der Gerechtigkeit, Einl III 9, 36. Man muß die Vorschrift entsprechend auslegen. 2

3) Geltungsbereich, dazu *Weimar* JB **82**, 357: Wertpapiere nach der ZPO sind nur solche im engeren Sinn. Das sind solche, bei denen die Ausübung des verbrieften Rechts von der Inhaberschaft der Urkunde abhängt, bei denen also das Recht aus dem Papier dem Recht an dem Papier folgt. Es ist unerheblich, ob es sich um ein Namenspapier oder um ein Inhaberpapier handelt. 3

4) Beispiele zur Frage einer Anwendbarkeit 4

Aktie: Rn 4 „Inhaberaktie".
Ausländische Banknote: Auf sie ist § 821 anwendbar.
Ausweispapier: Auf dieses ist § 821 *unanwendbar.* Gemeint ist ein solches Papier, das nicht das Recht verkörpert, sondern nur den Inhaber als den Betroffenen nach § 808 BGB ausweist, etwa ein Sparbuch (bei einem Postsparbuch vgl § 831 Rn 1).
Bahncard: Auf sie ist § 821 anwendbar, s „Fahrkarte", aM Ffm VersR **95**, 1356, ZöStö 6 (aber das ist sogar ein typischer Anwendungsfall).
Beweisurkunde: Auf eine reine Beweisurkunde ist § 821 *unanwendbar.* Das gilt zB für einen Schuldschein. Denn bei ihm ist das Recht vom Papier unabhängig. Insoweit erfolgt die Verwertung nach § 835. Vgl § 156 GVGA.
Biermarke: Auf sie ist § 821 anwendbar.
Börsen- und Marktpreis: § 813 Rn 3.
Depotschein: Auf ihn ist § 821 *unanwendbar.* 5
Eintrittskarte: Auf sie ist § 821 anwendbar.
Fahrkarte: Auf sie ist § 821 anwendbar.
Flugschein: Auf ihn ist § 821 anwendbar, s „Fahrkarte", aM LG Ffm DGHZ **90**, 169, StJM 5, ZöStö 6 (aber das ist sogar ein typischer Anwendungsfall).
Genußschein: Auf ihn ist § 821 anwendbar.
Grundschuldbrief: Rn 6 „Inhaberschuldverschreibung".
Hypothekenbrief: Er ist nicht selbständig pfändbar, § 830 Rn 1. 6
Indossables Papier: Auf dieses ist § 821 anwendbar, soweit es kein Forderungsrecht verbrieft. Es gilt dann wie eine Namensaktie. Für andere indossable Papiere gilt § 831.
Inhaberaktie: Auf sie ist § 821 anwendbar, Bauer JB **76**, 869.

Inhaberschuldverschreibung: Auf sie ist § 821 anwendbar. Das gilt zB: Für einen Pfandbrief; für eine Kommunalschuldverschreibung; für einen Grundschuld- oder Rentenschuldbrief.

Inländische Banknote: Soweit sie Geld ist, gilt *§ 815 I.* Nicht gültige Banknoten muß man nach § 821 behandeln.

Investmentanteilschein: Auf ihn ist § 821 anwendbar.

7 **Kux:** Auf ihn ist § 821 anwendbar.

Legitimationspapier: Rn 4 „Ausweispapier".

Lotterielos: Auf dieses ist § 821 anwendbar.

Namensaktie: Auf sie ist § 821 anwendbar.

Pfandbrief: Rn 6 „Inhaberschuldverschreibung".

Pfandschein: Auf ihn ist § 821 *unanwendbar.*

Rentenschuldbrief: Rn 6 „Inhaberschuldverschreibung".

Scheck: Auf ihn ist § 821 anwendbar. Das gilt auch für einen Verrechnungsscheck, LG Gött NJW **83**, 635.

Sparbuch: Rn 4 „Ausweispapier".

Steuergutschein: Auf ihn ist § 821 anwendbar.

Theaterkarte: Rn 5 „Eintrittskarte".

Versicherungsschein: Auf ihn ist § 821 *unanwendbar,* Hamm RR **95**, 1434.

Vinkulierte Aktie: Auf sie ist § 821 anwendbar. Zur Verwertung Bork Festschrift für Henckel (1995) 23.

Wechsel: Auf ihn ist § 821 anwendbar, aM ZöStö 6 (aber das ist sogar ein typischer Anwendungsfall).

Zwischenschein: Auf ihn ist § 821 anwendbar.

8 **5) Pfändung.** In der Zwangsvollstreckung gilt ein solches Wertpapier als eine körperliche Sache. Die Pfändung erfolgt also nach §§ 808 ff. Das gilt auch bei einem indossablen Papier. Der Gerichtsvollzieher muß es zwar wie Geld pfänden, aber wie eine Forderung verwerten, § 831. Die Pfändung des Wertpapiers erstreckt sich auf das verbriefte Recht. Bei einem Traditionspapier, wie einem Konnossement, einem Lagerschein, einem Ladeschein, ergreift die Pfändung des Papiers nicht das Gut. Denn eine dingliche Wirkung setzt die Übergabe des Papiers voraus. Bei einem Ausweispapier ist eine Hilfspfändung möglich, § 808 Rn 4.

9 **6) Verwertung.** Es kommt auf die Wertpapierart an.

A. Börsen- oder Marktpreis. Der Gerichtsvollzieher verwertet ein solches Wertpapier, das am Ort der Zwangsvollstreckung oder am Ort des Börsen- oder Handelsbezirks börsen- oder marktgängig ist, nach § 121 I 1 BGB unverzüglich (keine abwartende, wenn auch gutgemeinte, Spekulation!) durch einen freihändigen Verkauf zum Tageskurs gegen Barzahlung nach § 817 II. Wenn das Papier einen Börsen- oder Marktpreis nur an einem anderen Ort hat, muß der Gerichtsvollzieher nach § 825 verfahren. Der Gerichtsvollzieher muß sich unverzüglich und zuverlässig informieren. Er kann die Presse benutzen. Er darf eine Mittelsperson hinzuziehen, etwa eine Bank oder einen Börsenmakler.

10 **B. Anderes Wertpapier.** Der Gerichtsvollzieher verwertet ein anderes Wertpapier durch eine gewöhnliche öffentliche Versteigerung, §§ 813, 814, 817, 817 a. Einen Scheck, auch einen Verrechnungsscheck, legt der Gerichtsvollzieher der bezogenen Bank vor. Er händigt den Erlös dem Gläubiger aus, LG Gött NJW **83**, 635.

822 *Umschreibung von Namenspapieren.* **Lautet ein Wertpapier auf Namen, so kann der Gerichtsvollzieher durch das Vollstreckungsgericht ermächtigt werden, die Umschreibung auf den Namen des Käufers zu erwirken und die hierzu erforderlichen Erklärungen an Stelle des Schuldners abzugeben.**

1 **1) Systematik, Regelungszweck.** Es handelt sich um eine Ergänzung zu § 821 mit einem Vorrang in ihrem Geltungsbereich zwecks Vereinfachung und Verbilligung der Verwertung im wohlverstandenen Interesse beider Parteien. § 823 hat als eine nochmals speziellere Vorschrift den Vorrang.

2 **2) Geltungsbereich: Namenspapier.** Der Gerichtsvollzieher muß ein Wertpapier auf den Namen, zB eine Namensaktie, ein Immobilien-Zertifikat, auf den Namen des Käufers umschreiben, nachdem das Vollstreckungsgericht eine Ermächtigung dazu erteilt hat, § 155 Z 3 S 1 GVGA, Bauer JB **76**, 873. Zuständig zu dieser Ermächtigung ist der Rpfl, § 20 Z 17 RPflG. Antragsberechtigt sind: Der Gerichtsvollzieher; der Gläubiger; der Erwerber; der Schuldner, ZöStö 1, aM ThP 1 (nur auf Antrag des Gerichtsvollziehers oder des Gläubigers. Aber auch die eben genannten weiteren Beteiligten haben ein schutzwürdiges Interesse). Das Gericht muß eine solche Ermächtigung erteilen. Denn „kann" bezeichnet nur den Machtbereich. Zum Antrag gehört die Beifügung des Vollstreckungstitels und des Pfändungsprotokolls. Das Gericht muß prüfen, ob die geplante Maßnahme gesetzmäßig sein dürfte. Freilich ist die Rechtmäßigkeit der bisherigen Zwangsvollstreckung kaum noch überprüfbar. Denn sie ist ja bereits erfolgt, wenn auch noch nicht beendet.

§ 822 ist anwendbar, wenn eine *Umschreibung* in einem Verzeichnis oder auf dem Papier selbst durch ein Indossament erforderlich ist und soweit nicht § 831 anwendbar ist. Im ersteren Fall muß der Gerichtsvollzieher die Umschreibung auf dem Papier vermerken und das Papier dem Käufer übergeben. Vgl ferner § 823.

Kosten des Gerichts: § 788 I; des Anwalts: VV 3309, 3310; des Gerichtsvollziehers: Gebührenfrei, Auslagen KVGv 700 ff.

823 *Außer Kurs gesetzte Inhaberpapiere.* **Ist ein Inhaberpapier durch Einschreibung auf den Namen oder in anderer Weise außer Kurs gesetzt, so kann der Gerichtsvollzieher durch das Vollstreckungsgericht ermächtigt werden, die Wiederinkurssetzung zu erwirken und die hierzu erforderlichen Erklärungen an Stelle des Schuldners abzugeben.**

1) Systematik, Regelungszweck. Neben § 822 enthält § 823 Sonderregeln gegenüber § 821 und geht auch dem § 822 nochmals vor, und zwar aus denselben Gründen wie § 822, dort Rn 1. 1

2) Geltungsbereich: Außer Kurs gesetztes Papier. Ein Außerkurssetzen von Wertpapieren kennt das jetzige Recht nicht, Art 176 EG BGB. § 823 gilt aber entsprechend für die Beseitigung der Umwandlung eines Inhaberpapiers in ein Namenspapier durch eine Wiederumschreibung, §§ 806 BGB, 24 II AktG, vgl § 155 Z 3 GVGA. Zuständig ist der Rpfl, § 20 Z 17 RPflG. Wegen des Antragsrechts § 822 Rn 2. 2

824 *Verwertung ungetrennter Früchte.* [1] **Die Versteigerung gepfändeter, von dem Boden noch nicht getrennter Früchte ist erst nach der Reife zulässig.** [2] **Sie kann vor oder nach der Trennung der Früchte erfolgen; im letzteren Fall hat der Gerichtsvollzieher die Aberntung bewirken zu lassen.**

1) Systematik, S 1, 2. § 824 ergänzt den § 810. 1

2) Regelungszweck, S 1, 2. Die Vorschrift dient der Prozeßwirtschaftlichkeit, Grdz 14 vor § 128, ebenso wie § 810. Das gilt freilich nur in den Grenzen der Vernünftigkeit ab der Reife und damit unter einer Beachtung des Grundsatzes der Verhältnismäßigkeit, Grdz 34 vor § 704. Man muß ihn wegen der sachenrechtlichen Abweichung von BGB strikt mitbeachten. 2

3) Vor der Trennung, S 1, 2 Hs 1. Die Versteigerung kann zunächst schon vor der Trennung vom Halm erfolgen, also vor der Ernte. Es kommt darauf an, wann man den besten Erlös erwarten kann. Mit der Pfändung nach § 810 verlieren die Früchte nämlich ihre Natur als Bestandteile des Grundstücks. Darum setzt auch der Erwerb des Eigentums an den Früchten keine Trennung vom Halm voraus. Ein Einverständnis des Schuldners mit der Versteigerung am Aufwuchsort ist nicht erforderlich, LG Bayreuth DGVZ **85**, 42. Der Ersteher muß innerhalb einer in den Versteigerungsbedingungen zu bestimmenden Frist abernten, § 153 Z 3 GVGA. Der Gerichtsvollzieher darf den Erlös erst nach dem Fristablauf oder nach der Wegschaffung der Früchte auszahlen, § 153 Z 3 GVGA. Denn eine Beschlagnahme bleibt bis zur Trennung, § 21 I ZVG. Eine Ausnahme besteht bei einer Pacht, § 21 III ZVG. Das Eigentum geht abweichend von § 93 BGB nicht erst mit der Trennung über, sondern durch die Übergabe der Früchte wie bei einer Fahrnis, LG Bayreuth DGVZ **85**, 42. Diese Versteigerung erfolgt am besten an Ort und Stelle. 3

4) Nach der Trennung, S 1, 2 Hs 2. Die Versteigerung kann auch nach der Trennung vom Halm erfolgen. Der Gerichtsvollzieher läßt die Früchte abernten, evtl auch durch den Schuldner. Der Gerichtsvollzieher muß die Ernte überwachen und die Früchte verwahren lassen, § 153 Z 2 GVGA. Dafür muß der Gläubiger einen Vorschuß zahlen. Das Pfandrecht entsteht mit der Pfändung und nicht mit der Trennung vom Halm, § 810 Rn 1. Der Ersteher wird mit der Ablieferung an ihn zum Eigentümer. 4

5) Versteigerung, S 1, 2. Sie ist immer erst nach dem Zeitpunkt der wirklich eingetretenen Reife zulässig. Insofern liegt eine Abweichung von § 810 vor, wo die allgemeine Zeit der Reife maßgeblich ist. Der Gerichtsvollzieher muß sich fortlaufend über den Reifegrad usw informieren. Er bestimmt sodann rechtzeitig vor einer Überreife nach seinem pflichtgemäßen Ermessen evtl unter einer Anhörung eines Sachverständigen nach § 153 Z 1 GVGA den für den Erlös bestmöglichen Versteigerungszeitpunkt. Eine Abweichung vom wirklichen Reifezeitpunkt ist nur dann zulässig, wenn der Gläubiger und der Schuldner einverstanden sind oder wenn der Gerichtsvollzieher eine Anordnung nach § 825 I erlassen hat. 5

6) Verstoß, S 1, 2. Ein Verstoß gegen die Vorschrift ist prozessual belanglos. Er stellt aber eine Amtspflichtverletzung dar. 6

7) Rechtsbehelf, S 1, 2. Jeder Betroffene kann die Erinnerung nach § 766 einlegen. Daran kann sich eine sofortige Beschwerde anschließen, §§ 567 I Z 1, 793. 7

825 *Andere Verwertungsart.* I [1] **Auf Antrag des Gläubigers oder des Schuldners kann der Gerichtsvollzieher eine gepfändete Sache in anderer Weise oder an einem anderen Ort verwerten, als in den vorstehenden Paragraphen bestimmt ist.** [2] **Über die beabsichtigte Verwertung hat der Gerichtsvollzieher den Antragsgegner zu unterrichten.** [3] **Ohne Zustimmung des Antragsgegners darf er die Sache nicht vor Ablauf von zwei Wochen nach Zustellung der Unterrichtung verwerten.**

II **Die Versteigerung einer gepfändeten Sache durch eine andere Person als den Gerichtsvollzieher kann das Vollstreckungsgericht auf Antrag des Gläubigers oder des Schuldners anordnen.**

Schrifttum: *Freels,* Andere Verwertungsarten in der Mobiliar-Zwangsvollstreckung, 1998; *Gilleßen/Coenen* DGVZ **98**, 169 (ausf); *Tiedtke,* Gutgläubiger Erwerb im bürgerlichen Recht, im Handels- und Wertpapierrecht sowie in der Zwangsvollstreckung, 1986.

Gliederung

1 **1) Systematik, I, II.** Die bedingt mit §§ 817 a, 821, 844 vergleichbare Vorschrift schafft bemerkenswert vielgestaltige Möglichkeiten der Pfandverwertung mit einem Vorrang vor allen anderen. Die Vorschriften über die Pfandverwertung sind ja grundsätzlich ein Bestandteil des zwingenden öffentlichen Rechts, wenn man von einer möglichen Einigung über den Ort und die Zeit der Versteigerung nach § 816 I und sonst absieht. Stets müssen eine wirksame Pfändung und das Fortbestehen der Zulässigkeit der Zwangsvollstreckung vorliegen. Wenn der Gerichtsvollzieher gegen diese Vorschriften verstößt, begeht er zwar eine Amtspflichtverletzung, Art 34 GG, § 839 BGB. Seine Veräußerung bleibt aber in der Regel wirksam (vgl bei den einzelnen Vorschriften). Soweit aber § 825 anwendbar ist, muß das Vollstreckungsorgan zwar ebenfalls das dortige Verfahren strikt einhalten. Es ist aber wegen der Art der Pfandverwertung von seiner Verantwortung frei.

2 **2) Regelungszweck, I, II.** Der Zweck der Vorschrift liegt darin, dann ausnahmsweise eine Verwertung der Pfandsache zu ermöglichen, wenn eine grundsätzlich erforderliche Versteigerung keinen dem wahren Sachwert entsprechenden Erlös erwarten läßt, BGH **119**, 77, LG Freibg DGVZ **82**, 186, Steines KTS **89**, 309. Damit dient § 825 der Parteiherrschaft im Rahmen des Zulässigen nach Grdz 6 ff vor § 704 und damit der Gerechtigkeit, Einl III 9, 36.

Schuldnerschutz ist ein weiterer Zweck. Denn auch der Schuldner kann ja ein erhebliches Interesse am freihändigen Verkauf usw statt einer öffentlichen Versteigerung haben. Deshalb hat auch der Schuldner ein Antragsrecht, und deshalb ist die Vorschrift unabhängig davon, wer einen Antrag stellt, weder einseitig zugunsten der einen noch zugunsten der anderen Partei auslegbar. Stets sollte man prüfen, ob die Anwendung der § 825 auch dem gegnerischen Interesse entspricht.

3 **3) Geltungsbereich, I, II.** Die Vorschrift gilt im Gesamtbereich der Zwangsvollstreckung in körperliche Sachen, §§ 808–827. Sie gilt auch im WEG-Verfahren.

4 **4) Verwertung durch den Gerichtsvollzieher, I.** Der Gerichtsvollzieher darf das Pfandstück ohne eine Anordnung des Vollstreckungsgerichts und ohne die Notwendigkeit eines vorangehenden Versteigerungsversuchs ausnahmsweise dann anderweitig verwerten, wenn einer der folgenden Fälle vorliegt.

A. Einigung. Eine besondere Verwertung ist zulässig, soweit der Gläubiger und der Schuldner sich entsprechend geeinigt haben. Denn der Gläubiger kann jederzeit anordnen, die weitere Zwangsvollstreckung abzubrechen. Der Schuldner kann den Gläubiger aber auch nach der Pfändung jederzeit dadurch befriedigen, daß er das Pfandstück an Erfüllungs Statt hingibt. Die Einigung der Parteien über einen freihändigen Verkauf ist ein Prozeßvertrag nach Grdz 48 vor § 128 und ein Vollstreckungsvertrag nach Grdz 24 vor § 704. Man muß sie als einen übereinstimmenden Antrag auf eine dann dennoch notwendige Entscheidung nach Rn 9 bewerten.

5 **B. Antrag.** Eine besondere Verwertung ist ferner zulässig, soweit ein Antrag des Gläubigers oder des Schuldners vorliegt, LG Essen DGVZ **96**, 120. Bei einer Personenmehrheit genügt der Antrag des einzelnen. Der Antrag eines Dritten ist unbeachtlich. Der Gerichtsvollzieher darf nicht von Amts wegen von den gesetzlichen Verwertungsbestimmungen abweichen. Er muß aber einen solchen Antrag anregen. Der Antrag ist eine Parteiprozeßhandlung, Grdz 47 vor § 128. Er ist schriftlich statthaft. Er ist auch zum Protokoll des Gerichtsvollziehers nach § 762 oder sonst mündlich möglich. Es besteht kein Anwaltszwang, § 78 III Hs 2. Der Antragsteller muß die begehrte Verwertung hinreichend genau bezeichnen. Das bindet den Gerichtsvollzieher. Der Antragsteller kann aber eine andere Verwertungsart vorschlagen. Der Antrag ist bis zum Zuschlag usw möglich und bis zur Beendigung der beantragten Verwertung rücknehmbar.

6 **5) Verfahren, I.** Der Gerichtsvollzieher muß zahlreiche Punkte beachten.

A. Zuständigkeit, I 1. Es ist derjenige Gerichtsvollzieher zuständig, in dessen Bezirk sich das Pfandstück befindet, auch wenn die besondere Verwertung an einem anderen Ort stattfinden soll.

7 **B. Anhörung, I 2.** Der Gerichtsvollzieher muß den Antragsgegner über die beabsichtigte Verwertung „unterrichten". Das klingt nach einer bloßen Mitteilung, nicht nach einer Notwendigkeit des rechtlichen Gehörs. Die letztere ergibt sich aber nicht nur aus Artt 2 I, 14, 20 III GG (Rpfl), BVerfG **101**, 404, oder aus einer entsprechenden Anwendung dieser Entscheidung auf den Gerichtsvollzieher sowie aus Art 103 I GG (Richter), sondern auch aus I 3, Rn 7. Der Gerichtsvollzieher muß die „beabsichtigte" Verwertung nennen. Er darf also nicht nur mitteilen, er wolle „eine Verwertung nach § 825" vornehmen, sondern muß dem Schuldner die Gelegenheit geben, zu dem bestimmten Verwertungsplan Stellung zu nehmen. Wegen I 3 muß er die Mitteilung förmlich zustellen, § 329 II 2.

Soweit der Schuldner einen *Gegenantrag* auf eine andere Verwertungsart stellt, muß der Gerichtsvollzieher den Gläubiger entsprechend I 2 anhören.

8 **C. Frist, I 3.** Der Schuldner kann einer früheren Verwertung zustimmen. Das kann formlos und auch stillschweigend geschehen. Es muß aber eindeutig erfolgen. Mangels einer Zustimmung darf der Gerichtsvollzieher die besondere Verwertung erst nach dem Ablauf von zwei Wochen nach der Zustellung der

Mitteilung nach Rn 6 vornehmen. Es handelt sich nicht um eine Notfrist, § 224 I 2. Man berechnet die Frist nach § 222.

D. Maßnahme, I 1–3. Der Gerichtsvollzieher muß zwar nach seinem pflichtgemäßen Ermessen prüfen, 9
ob die Voraussetzungen einer besonderen Verwertung vorliegen. Falls ja, ist er zu der besonderen Verwertung auch verpflichtet. Das Wort „kann" im Gesetzeswortlaut bedeutet nur, daß die Bestimmung der Maßnahme in dem Machtbereich des Gerichtsvollziehers liegt, Mümmler JB **77**, 1657, aM LG Nürnb-Fürth Rpfleger **78**, 34, aM ZöStö 8, 13 (Ermessen. Aber der Gläubiger ist der Herr der Zwangsvollstreckung, bei I sogar im weitesten Sinn, § 754 Rn 3). Eine besondere Verwertung ist dann erforderlich, wenn sie eine bessere Verwertung des Pfandstücks wahrscheinlich macht. Wenn eine solche bessere Verwertbarkeit ungewiß ist, sollte sich der Gerichtsvollzieher zurückhalten.

Denn I stellt eine *Ausnahme* dar, LG Freibg DGVZ **82**, 187. Man darf die regelmäßige Verwertung des Pfandstücks nicht durch diese Vorschrift ausschalten, insbesondere dann nicht, wenn mehrere Bieter vorhanden sind, LG Bochum DGVZ **77**, 89. Der Gerichtsvollzieher muß also das Ob der besonderen Gründe für eine Verwertung nach I und auch das Interesse des Schuldners daran abwägen, das Pfandstück nicht zu verschleudern. Der Gerichtsvollzieher muß eine solche Abwägung in seiner Maßnahmebegründung darlegen, § 329 Rn 4. Kosten: § 788 I.

E. Kreditgeschäft, I 1–3. Eine besondere Verwertung darf nicht zu einer Umgehung der Verbraucher- 10
schutzvorschriften des BGB führen. Eine solche Umgehung liegt allerdings im allgemeinen nicht schon darin, daß der Gerichtsvollzieher das Pfandstück an den Kreditgeber übereignet, so schon Mümmler JB **77**, 1659.

Er muß den *Preis* unter einer Beachtung von § 817 a festsetzen, Rn 14, LG Ffm DGVZ **93**, 112, aM AG Norden Rpfleger **87**, 28 (aber diese Vorschrift nennt einen Kerngedanken der ordnungsgemäßen Bewertung). Er muß eine Bewertung durch einen Sachverständigen erwägen. Die Kosten des Sachverständigen sind Kosten der Zwangsvollstreckung nach § 788. Der Gerichtsvollzieher muß bei einem Kreditgeschäft wenigstens eine summarische Abwägung des Anspruchs nach dem BGB vornehmen. Er muß also prüfen, ob die bisherige Abnutzung des Pfandstücks eine Rückzahlung der Anzahlung ausschließt, aM (zum alten Recht) Mümmler JB **77**, 1667. Eine umfassende Prüfung kann allerdings nur im Verfahren nach § 767 oder § 769 stattfinden. Evtl ist § 765 a anwendbar. Der Verkäufer muß einen Anspruch nach den Verbraucherschutzvorschriften des BGB durch eine neue Klage geltend machen, (zum alten Recht) AG Norden Rpfleger **87**, 28. Er ist auf Grund einer Aufforderung des Schuldners zur Herausgabe des Zahlungstitels verpflichtet.

F. Weitere Einzelfragen, I 1–3. Eine Verwertung ohne eine Anhörung des Schuldners ist grundsätzlich 11
trotzdem wirksam. Wegen des Eigentumsübergangs Rn 10. Der Gerichtsvollzieher darf seine Entscheidung nur auf Grund einer neuen Sachlage ändern, § 329 Rn 18, LG Nürnb-Fürth Rpfleger **78**, 333. Eine Aufhebung oder Änderung berührt aber die Wirksamkeit der Übereignung usw nicht mehr.

6) Verwertung in anderer Weise, I 1. Das Gericht darf nicht gegen zwingende öffentlichrechtliche 12
Vollstreckungsgrundsätze verstoßen, etwa über das Mindest- und das Meistgebot oder über den zugelassenen Bieterkreis oder über den Zuschlag an den Meistbietenden bei einer Versteigerung. Es sind zB die folgenden Anordnungen statthaft.

A. Stundung. Der Gerichtsvollzieher kann eine Stundung der Zahlung zulassen, abweichend von § 817 II. Das kann sich auch vereinbarungsgemäß auf den Zeitpunkt des Eigentumsübergangs auswirken.

B. Verkauf. Der Gerichtsvollzieher kann das Pfandstück in einer Abweichung von § 814 freihändig 13
verkaufen. Dieser Verkauf ist nicht ein Verkauf nach dem sachlichen Recht. Denn auch hier verkauft der Gerichtsvollzieher nicht als ein Eigentümer oder für den Eigentümer, sondern kraft seiner staatlichen Zwangsgewalt. Der Verkauf bleibt eine Pfandverwertung. Er unterliegt den Vorschriften über die Zwangsvollstreckung, BGH **119**, 78. Es tritt aber anstelle des Erstehervertrags der Versteigerung ein andersartiger Vertrag. Die Übergabe des unmittelbaren Besitzes (also nicht die Übergabe nach §§ 930, 931 BGB) hat dieselben Wirkungen wie die Ablieferung, § 817. Die Zahlung des Preises wirkt wie eine Zahlung der Zuschlagssumme. Diese Folge ist zwingend. Denn es handelt sich um einen Verkauf in der Zwangsvollstrekkung. Der Gerichtsvollzieher muß den Erlös nach § 819 behandeln. Es gibt keinen Gewährleistungsanspruch nach § 806, §§ 148, 149 GVGA. Zum urheberrechtlich geschützten Original-Kunstwerk Münzberg DGVZ **98**, 17 (ausf).

C. Bedingungen. Der Gerichtsvollzieher kann beliebige Bedingungen aufstellen. Er darf aber nicht 14
einen solchen Preis festlegen, der das Mindestgebot unterschreitet, Rn 10. Dabei muß er notfalls eine Schätzung nachholen, § 813 Rn 8. Beim Fehlen einer Preisbestimmung muß er ebenfalls § 817 a I beachten. Das gilt auch bei einer nichtkörperlichen Sache, etwa bei einem Erbteil, §§ 857, 844. Der Gerichtsvollzieher muß eine etwaige gesetzliche Veräußerungsbeschränkung beachten. Bei einem Kreditgeschäft muß er darauf achten, daß durch seine Anordnungen keine Umgehung des Schuldnerschutzes eintritt, Rn 9.

D. Überweisung an den Gläubiger. Der Gerichtsvollzieher kann die Pfandsache dem Gläubiger zu 15
einem bestimmten Preis zwangsweise überweisen, LG Kblz MDR **81**, 236, Hadamus Rpfleger **80**, 420 (dort weitere Einzelheiten zum Verfahren). Manche sprechen dabei von einer Zuweisung, LG Essen DGVZ **96**, 120. Andere sprechen von einer Übereignung, ThP 8 (vgl aber Rn 13, 16). Wegen einer Überweisung an den Kreditverkäufer Rn 9. Das Eigentum geht auch dann erst mit der Übertragung des unmittelbaren Besitzes auf den Erwerber nach § 817 Rn 6 über. Das gilt, zumal die Aushändigung der Sache eine Wiederansichnahme nach Rn 3 ist und deshalb eine Rücktrittswirkung auslöst.

E. Befriedigungswirkung. Die Überleitung ist ein staatlicher Hoheitsakt. Daher ist es unerheblich, ob 16
der Erwerber gutgläubig ist. Insofern gilt dasselbe wie bei einer gewöhnlichen Verwertung, § 817 Rn 6–9, Gaul NJW **89**, 2515, aM BGH **104**, 302 (aber das wäre eine Verkennung eines Kernmerkmals der Verwertung in der Zwangsvollstreckung). Diese Regelung ist anders als bei § 1244 BGB. Der Gerichtsvollzieher

muß nicht zur Durchführung der Übereignung jemanden am Wegnahmeort beauftragen, den Gegenstand für den Gläubiger in Empfang zu nehmen und dem Gläubiger zu übersenden, LG Nürnb-Fürth DGVZ **92**, 136. Der Gläubiger ist mit dem Erhalt der ihm zwangsweise zugewiesenen Sache in Höhe des angerechneten Werts der Sache befriedigt, § 817 IV. Die Zwangsvollstreckung endet insoweit, Grdz 52 vor § 704. Der Gläubiger muß einen etwa überschießenden Wert an den Schuldner zahlen.

17 **F. Keine Zwangsüberweisung.** Eine Überweisung darf nicht gegen den Willen des Gläubigers und auch nicht abweichend von seinen Bedingungen stattfinden, § 308 I, LG Essen DGVZ **96**, 120. Denn der Gerichtsvollzieher darf dem Gläubiger keine Sache als Erfüllung aufzwingen, LG Köln DGVZ **88**, 61, Mümmler JB **77**, 1657, Pawlowski ZZP **90**, 367. Bietet also der Gläubiger zu wenig, muß der Gerichtsvollzieher seinen Antrag ablehnen, LG Essen DGVZ **96**, 120. Denn eine Zuweisung kommt nur dann in Betracht, wenn eine Versteigerung oder ein freihändiger Verkauf keinen höheren Erlös verspricht, Rn 1, LG Bochum DGVZ **77**, 89.

18 **G. Überweisung an den Schuldner.** Der Gerichtsvollzieher kann die Sache zumindest auf einen Schuldnerantrag dem Schuldner überweisen. Einzelheiten und Einschränkungen Steines KTS **89**, 320.

19 **H. Überweisung an einen Dritten.** Auch sie kommt in Betracht. Der Gerichtsvollzieher muß zunächst die Versendung nach auswärts an den Erwerber vornehmen. Freilich ist mangels einer abweichenden Anordnung des Gerichts eine Barzahlung Zug um Zug gegen die Ablieferung erforderlich.

20 **7) Verwertung zu anderer Zeit, I 1.** Hier genügt an sich eine Einigung zwischen den Parteien, § 816 I. Etwas anderes gilt für eine Verwertung an einem Sonnabend, Sonn- oder Feiertag oder zur Nachtzeit, § 758 a IV.

21 **8) Verwertung an anderem Ort, I 1.** Wenn sich die Parteien über diese von § 816 II abweichende Lösung verständigen, braucht der Gerichtsvollzieher sie nicht besonders anzuordnen. Eine Versteigerung in der Wohnung des Schuldners ist wegen Art 13 I GG von seiner Zustimmung abhängig, Hamm NJW **85**, 75. Hierher zählt auch eine Versteigerung im Internet, § 816 Rn 7.

22 **9) Versteigerung durch andere Person als den Gerichtsvollzieher, II.** Es sind drei Aspekte beachtlich.

A. Voraussetzungen. Das Vollstreckungsgericht und nicht der Gerichtsvollzieher kann die Versteigerung einer gepfändeten Sache und nicht eine der anderen in I genannten Verwertungsarten bei einer besseren Erfolgsaussicht unter einer Beachtung aller Interessen durch eine andere Person als den sonst zuständigen Gerichtsvollzieher unter folgenden Voraussetzungen anordnen, BGH NJW **07**, 1276, zustm Vollkommer (es kann auf einen Antrag anordnen, die Versteigerung zu beenden, sobald der Erlös zur Befriedigung einschließlich der Kosten reicht). Als Verkäufer kommt etwa ein Kunsthändler in Betracht, als Versteigerer kommen etwa ein Notar oder ein gewerbsmäßiger Versteigerer infrage, Birmanns DGVZ **93**, 107. Diese Personen treten jeweils dann grundsätzlich an die Stelle des Gerichtsvollziehers. Sie sind an die für den Gerichtsvollzieher geltenden Vorschriften gebunden, nicht jedoch an die GVGA. Das gilt, soweit nicht eine abweichende Anordnung vorliegt. Freilich können der private Verkäufer oder Versteigerer nicht mit hoheitlicher Gewalt handeln. Daher muß man zB einen solchen Verkauf nach §§ 156, 433 ff, 929 ff, 1227 BGB beurteilen, AG Cham DGVZ **95**, 189, anders als den Verkauf durch den Gerichtsvollzieher, Rn 13, BGH **119**, 78.

23 **B. Gutglaubensschutz.** Gutgläubiger Erwerb ist bei II zwar nach § 932 BGB möglich. Aber das Vertrauen auf die Wirksamkeit der Verstrickung und der Anordnung nach II reichen nicht, BGH NJW **92**, 2570. Den Erlös muß auf Grund entsprechender gerichtlicher Anordnung der Verwertende verteilen, sonst der Gerichtsvollzieher.

24 **C. Kein Zwang.** Das Gericht kann keine Privatperson zur Betätigung *zwingen*. Daher kann sie ihre Bedingungen stellen. Diese muß das Gericht abwägen und evtl seine Entscheidung aufheben oder ändern. Der Gerichtsvollzieher muß auch dann, wenn ein anderer die Sache verkauft oder versteigert, den Erlös abliefern oder hinterlegen, soweit das Gericht nichts anderes angeordnet hat. § 819 gilt dann wiederum.

25 **D. Verfahren.** Auch bei II ist ein Antrag des Gläubigers oder des Schuldners erforderlich, Rn 4. Es besteht kein Anwaltszwang, § 78 III Hs 2. Der Antrag kann zum Protokoll oder elektronisch oder per Telefax oder schriftlich erfolgen. Der Antragsteller darf eine bestimmte Person vorschlagen, nicht bindend bestimmen. Er braucht keinen Vorschlag zu machen. Er kann freilich den ganzen Antrag nach II unter die Bedingung der gerichtlichen Bestimmung einer bestimmten Person stellen, bei mehreren zur Auswahl in anzugebender Reihenfolge. Für den Antragszeitraum und die Antragsrücknahme gilt Rn 4 entsprechend. Das Verfahren richtet sich im wesentlichen nach denselben Regeln wie jedes andere Verfahren des Vollstreckungsgerichts. Ausschließlich zuständig ist nach § 802 dasjenige Vollstreckungsgericht, in dessen Bezirk sich das Pfandstück befindet, § 764 II. Das gilt auch dann, wenn die Versteigerung an einem anderen Ort stattfinden soll. Das Gericht entscheidet durch den Rpfl, § 20 Z 17 RPflG. Es muß ein Rechtsschutzbedürfnis vorliegen, Grdz 33 vor § 253. Dieses liegt grundsätzlich im Fehlen einer Einigung nach Rn 3.

Der Rpfl muß die Beteiligten in aller Regel *anhören,* auch wenn das hier nicht ausdrücklich vorgeschrieben wurde, Artt 2 I, 20 III GG, BVerfG **101**, 404, ferner § 139, Ffm Rpfleger **80**, 303. Eine mündliche Verhandlung ist aber nicht notwendig, § 764 III. Der Rpfl kann eine einstweilige Anordnung treffen, §§ 732 II, 766 I 2.

26 **E. Entscheidung.** Auch in II stellt das Wort „kann" nur zum *Ob* ins Ermessen, zum *Wenn* aber nur in die Zuständigkeit wie bei Rn 8. Der Rpfl muß daher unter den Voraussetzungen von II eine derartige Anordnung treffen. Auch er muß freilich die Grenzen Rn 9 beachten. Er entscheidet durch einen Beschluß. Er muß ihn begründen, § 329 Rn 4. Er bezeichnet die mit der Verwertung betraute Person. Kosten: § 788 I, bei einer Abweisung §§ 91 ff. Der Rpfl muß seinen Beschluß nach § 329 III Hs 1 förmlich zustellen,

soweit er einem Antrag stattgibt, und nach Hs 2 zustellen, soweit er den Antrag abweist. Eine bloße Parteizustellung führt nicht zum Beginn der Rechtsmittelfrist, LG Bln Rpfleger **75**, 103. Der Beschluß bindet die Parteien und den Gerichtsvollzieher. Daher darf dieser nach einer stattgebenden Anordnung nicht mehr versteigern, LG Nürnb-Fürth Rpfleger **78**, 332. Nach einer Änderung der Sachlage bleibt dem Vollstreckungsgericht aber eine Anpassung möglich, LG Nürnb-Fürth Rpfleger **78**, 332.

10) Rechtsbehelfe, I, II. Es kommt auf die Entscheidungsrichtung an. 27

A. Maßnahme, I. Gegen eine Vornahme der besonderen Verwertung wie gegen deren Ablehnung durch den Gerichtsvollzieher ist die einfache unbefristete Erinnerung statthaft, § 766 I. Das gilt auch nach einer „Unterrichtung" nach I 2. Denn es verbleibt stets bei einer Situation nach § 766 I. Wegen des weiteren Verfahrens vgl bei § 766.

B. Stattgeben ohne Anhörung, II. Wenn der Rpfl dem Antrag des Gläubigers ohne eine Anhörung des Schuldners durch eine bloße Maßnahme stattgegeben hat, kann der Schuldner die Erinnerung nach § 766 einlegen. Die Erinnerung ist unbefristet. Der Rpfl darf dieser Erinnerung abhelfen. Er muß daher prüfen, ob er das tun will, § 766 Rn 39. Er muß eine Nichtabhilfe begründen, § 329 Rn 4. Er muß die Sache dann dem Richter vorlegen. Der Richter entscheidet über die Erinnerung ab einer derartigen, ordnungsgemäßen Vorlage nunmehr in seiner eigenen Zuständigkeit. Das gilt unabhängig davon, ob er die Erinnerung für zulässig oder unzulässig, für begründet oder unbegründet hält, § 20 Z 17 a RPflG, § 766 Rn 27. Gegen seine Entscheidung ist die sofortige Beschwerde nach §§ 567 I Z 1, 793 statthaft. 28

C. Ablehnung; Stattgeben nach Anhörung, II. Wenn der Rpfl den Antrag des Gläubigers nach einer Anhörung des Schuldners durch eine echte Entscheidung abgelehnt hat oder wenn der Rpfl nach einer Anhörung des Schuldners entschieden hat, kann der Betroffene binnen einer Notfrist nach § 224 I 2 von 2 Wochen die sofortige Beschwerde einlegen, § 11 I RPflG in Verbindung mit §§ 567 I 1, 793, LG Nürnb-Fürth Rpfleger **78**, 332. Vgl zum weiteren Verfahren wie bei § 104 Rn 69 ff. 29

Gebühren: Des Gerichts: KV 1811, des Anwalts: VV 3309, 3310, 3500; des Gerichtsvollziehers KVGv 310.

826

Anschlusspfändung. [I] **Zur Pfändung bereits gepfändeter Sachen genügt die in das Protokoll aufzunehmende Erklärung des Gerichtsvollziehers, dass er die Sachen für seinen Auftraggeber pfände.**

[II] **Ist die erste Pfändung durch einen anderen Gerichtsvollzieher bewirkt, so ist diesem eine Abschrift des Protokolls zuzustellen.**

[III] **Der Schuldner ist von den weiteren Pfändungen in Kenntnis zu setzen.**

Schrifttum: *Binder,* Die Anschlußpfändung, Diss Ffm 1975; *Herde,* Probleme der Pfandverfolgung, 1978.

Gliederung

1) Systematik, I–III. Die Anschlußpfändung ist die Pfändung einer schon gepfändeten Sache einschließlich Geld. Man nennt sie bisweilen auch eine Nachpfändung. Dieser Ausdruck ist aber mehrdeutig. Denn er kann auch eine erneute Pfändung nach einer unwirksamen früheren Pfändung bedeuten, § 803 Rn 12. Die Anschlußpfändung verschafft dem Gläubiger ein selbständiges Pfandrecht mit dem Rang hinter dem bestehenden Pfandrecht, § 804 Rn 12, 13. Sie ist zugleich eine bedingte Erstpfändung. Denn sie tritt mit dem Wegfall des vorgehenden Pfandrechts oder bei dessen Unwirksamkeit ohne dieses zu heilen an dessen Stelle. Deshalb ist die Anschlußpfändung ohne Rücksicht auf einen zu erwartenden Überschuß zulässig, LG Marbg Rpfleger **84**, 406, AG Bersenbrück DGVZ **89**, 76, StJM § 803 Rn 29, aM Wieser DGVZ **85**, 40, Wunner DGVZ **85**, 37, ZöStö 2 (aber es geht nur noch um eine andere Bedingung, Rn 2 ff). Vgl freilich auch § 803 Rn 12 sowie § 7 GvKostG, LG Ffm DGVZ **89**, 92. Man muß eine Anschlußpfändung von einer sog Hilfspfändung unterscheiden. Zu ihr § 808 Rn 3. Zu den Grenzen der Zweckmäßigkeit einer bloßen Anschlußpfändung Rn 5. 1

2) Regelungszweck, I–III. Die Anschlußpfändung bezweckt eine Vereinfachung und Straffung der Zwangsvollstreckung. Denn bei ihr entfällt wegen des Fortbestehens der Verstrickung die Notwendigkeit einer neuen Beschlagnahme. Damit dient sie der Prozeßwirtschaftlichkeit, Grdz 14 vor § 128. Eine solche Zweckrichtung erlaubt und verlangt eine Handhabung und Auslegung zugunsten der Wirksamkeit der Anschlußpfändung. Natürlich darf das nicht zur Rechtsunsicherheit nach Einl III 43 führen, etwa durch eine allzu großzügige Umdeutung einer in Wahrheit unklaren Erklärung des Gerichtsvollziehers. 2

3) Voraussetzungen, I. Maßgebend ist die Erstpfändung. 3

A. Wirksamkeit der Erstpfändung. Eine Anschlußpfändung ist nur gegen denselben Schuldner statthaft, LG Bln DGVZ **83**, 93, StJM 1, ZöStö 2 (er fordert sogar die Nämlichkeit der haftenden Vermögen), aM Gerlach ZZP **89**, 314 (aber das wäre inkonsequent, Rn 1, 2). Nach einer ersten Pfändung derselben Sache gegen einen anderen Schuldner ist die jetzige weitere Pfändung keine Anschluß-, sondern eine sog Doppelpfändung, § 167 Z 1 GVGA, aM Gerlach ZP **89**, 294. Sie erfolgt wie eine erste Pfändung. Eine Anschlußpfändung darf für denselben Gläubiger wegen einer weiteren Forderung stattfinden, aber auch für einen neuen Gläubiger, LG Bln DGVZ **83**, 93. Sie setzt eine Erstpfändung nach den Regeln der ZPO voraus, nicht eine

Pfändung im Zwangsversteigerungsverfahren oder im Verwaltungsverfahren zB der Finanzbehörde, § 307 II AO, aM StJM 3, ThP 5, ZöStö 6 (aber das wäre inkonsequent, Rn 1, 2). Vgl § 167 Z 10 GVGA.

4 Die *Erstpfändung* muß äußerlich wirksam sein. Die Verstrickung nach Üb 6 vor § 803 muß fortbestehen, wenn auch evtl nur noch am Erlös, LG Bln DGVZ **83**, 93. Eine sachliche Wirksamkeit der Erstpfändung ist aber nicht die Voraussetzung für eine Anschlußpfändung. Wenn der Gerichtsvollzieher daher die äußeren Merkmale einer wirksamen Erstpfändung vorfindet, wenn zB die Pfandsache ein Pfandsiegel trägt, darf der Gerichtsvollzieher die Anschlußpfändung vornehmen. Wenn die Erstpfändung fortbesteht, aber nicht mehr erkennbar ist, wird die Anschlußpfändung nicht schon dadurch unwirksam. Eine Anschlußpfändung ist auch an gepfändetem Geld bis zu demjenigen Zeitpunkt zulässig, in dem der Gerichtsvollzieher es abliefert, § 815 Rn 8. Sie ist ebenso an dem noch nicht ausgezahlten Erlös statthaft, § 819 Rn 1, oder am Übererlös, LG Bln DGVZ **83**, 93.

Die *Voraussetzungen* der Zwangsvollstreckung nach Grdz 14 vor § 704 müssen auch im Zeitpunkt der Anschlußpfändung vorliegen. Insbesondere darf keine Zwecklosigkeit nach § 803 II drohen. Ein Dritter braucht aber nicht zur Herausgabe bereit zu sein. Denn die Anschlußpfändung beeinträchtigt seinen Besitz nicht, Schilken DGVZ **86**, 150. Die bloße Anfechtbarkeit der Erstpfändung beeinträchtigt die Wirksamkeit der Anschlußpfändung nicht. War die erstgepfändete Sache im Besitz eines Dritten, muß er der Anschlußpfändung zustimmen, § 809, Schilken DGVZ **86**, 149.

5 **B. Folgen der Unwirksamkeit der Erstpfändung.** Wenn die Erstpfändung unwirksam war, muß der Gerichtsvollzieher nunmehr eine Erstpfändung vornehmen. Eine Erstpfändung ist immer zulässig. Sie ist dann ratsam, wenn der Gerichtsvollzieher über die Wirksamkeit einer vorangehenden Pfändung Zweifel hat, § 167 Z 4 GVGA. Eine Erstpfändung verursacht ja auch keine höheren Kosten als eine Anschlußpfändung. Wenn die Erstpfändung wirksam ist, wirkt eine zweite „Erstpfändung" nur als eine Anschlußpfändung. Wenn sich die Erstpfändung hinterher als unwirksam herausstellt, muß der Gerichtsvollzieher sofort eine wirksame Erstpfändung ausführen.

6 **4) Vornahme, I–III.** Sie erfolgt unkompliziert.

A. Protokollangabe, I. Es genügt eine Angabe des Gerichtsvollziehers im Pfändungsprotokoll nach § 762, daß er die schon gepfändete Sache für den jetzigen Antragsteller pfände, BVerfG **76**, 84. Er braucht insofern nicht eine Erklärung gegenüber einer Person auszusprechen, auch nicht gegenüber demjenigen Gerichtsvollzieher, der die Erstpfändung vorgenommen hatte. Wenn die Angabe der Anschlußpfändung im Protokoll fehlt, ist die Anschlußpfändung nicht wirksam. Die Anschlußpfändung braucht nicht wegen der Pfandsache zu geschehen. Das gilt, obwohl der Gerichtsvollzieher nach § 167 Z 3 GVGA zur Besichtigung der Pfandsache verpflichtet ist, BVerfG **76**, 84, AG Fürth DGVZ **77**, 14, ZöStö 3, aM AG Elmshorn DGVZ **92**, 46 (aber das wäre eine Förmelei, Einl III 10). Der Gerichtsvollzieher muß im Pfändungsprotokoll angeben, für wen und für welchen Anspruch er nun im Anschluß pfändet.

7 **B. Benachrichtigung, II, III.** Den Gerichtsvollziehern früherer Pfändungen muß der Gerichtsvollzieher der Anschlußpfändung eine Protokollablichtung oder -abschrift zugehen lassen. Das ist schon wegen der Verteilung des Erlöses wichtig. Eine bloße Sollvorschrift ist der dem § 808 II entsprechende § 826 III. Dem Schuldner muß der Gerichtsvollzieher die Mitteilung machen, III. Wenn der Gerichtsvollzieher gegen II oder III verstößt, begeht er eine Amtspflichtverletzung, Rn 7. Die Anschlußpfändung bleibt aber wirksam. Einen nach § 771 vorgegangenen Dritten muß der Gerichtsvollzieher wegen § 816 Rn 4 ebenfalls benachrichtigen, BGH DGVZ **07**, 135.

8 **5) Wirkung, I–III.** Jeder Anschlußgläubiger ist von den anderen Pfändungspfandgläubigern unabhängig. Ihre Handlungen berühren seine Rechtsstellung nicht. Eine Einstellung der Zwangsvollstreckung wirkt nur gegenüber dem jeweiligen Gläubiger. Der Gerichtsvollzieher muß für den Anschlußgläubiger erneut prüfen, ob er es verantworten kann, das Pfandstück beim Schuldner zu belassen, § 808. Der Anschlußgläubiger kann die Pfandverwertung selbständig betreiben, § 804 I, und zwar mit dem Rang nach § 804 III. Soweit der Gerichtsvollzieher eine unwirksam gewesene Erstpfändung zugleich mit der „Anschluß"-Pfändung nachholt, entsteht ein Gleichrang. §§ 816 ff, 827 sind anwendbar. Wenn der Gerichtsvollzieher bei der Pfandverwertung das Erstpfandrecht übersehen hat, erlischt es durch die Verwertung. Es bleibt dann nur ein Bereicherungs- oder Ersatzanspruch gegen den Anschlußgläubiger nach §§ 812 ff BGB und ein Anspruch auf eine Staatshaftung wegen der Amtspflichtverletzung des Gerichtsvollziehers nach Art 34 GG, § 839 BGB übrig.

9 **6) Rechtsbehelf, I–III.** Gegen die Tätigkeit des Gerichtsvollziehers können der Gläubiger und der Schuldner sowie jeder benachteiligte Dritte die Erinnerung nach § 766 einlegen. Daran kann sich eine sofortige Beschwerde ausschließen, §§ 567 I Z 1, 793.

827 *Verfahren bei mehrfacher Pfändung.* I 1 **Auf den Gerichtsvollzieher, von dem die erste Pfändung bewirkt ist, geht der Auftrag des zweiten Gläubigers kraft Gesetzes über, sofern nicht das Vollstreckungsgericht auf Antrag eines beteiligten Gläubigers oder des Schuldners anordnet, dass die Verrichtungen jenes Gerichtsvollziehers von einem anderen zu übernehmen seien.** 2 **Die Versteigerung erfolgt für alle beteiligten Gläubiger.**

II 1 **Ist der Erlös zur Deckung der Forderungen nicht ausreichend und verlangt der Gläubiger, für den die zweite oder eine spätere Pfändung erfolgt ist, ohne Zustimmung der übrigen beteiligten Gläubiger eine andere Verteilung als nach der Reihenfolge der Pfändungen, so hat der Gerichtsvollzieher die Sachlage unter Hinterlegung des Erlöses dem Vollstreckungsgericht anzuzeigen.** 2 **Dieser Anzeige sind die auf das Verfahren sich beziehenden Dokumente beizufügen.**

III **In gleicher Weise ist zu verfahren, wenn die Pfändung für mehrere Gläubiger gleichzeitig bewirkt ist.**

Gliederung

1) Systematik, I–III. Die Vorschrift regelt die Zuständigkeit und einige Besonderheiten bei der Abwicklung mehrerer Pfändungen für mehrere Gläubiger in dieselbe Sache. Soweit auch noch eine andere Sache betroffen ist, greift § 827 nur ein, wenn auch sie für mehrere gepfändet ist. 1

2) Regelungszweck, I–III. Die Vorschrift dient der Klarstellung und damit der Rechtssicherheit, Einl III 43. Sie ist wie alle Zuständigkeitsregeln in I strikt auslegbar. Eine Anordnung nach I 1 Hs 2 steht freilich im pflichtgemäßen Ermessen des Gerichts. Es muß die Gesamtumstände abwägen und sollte sich auch nicht scheuen, zwecks Vereinfachung oder auch zwecks Vermeidung sich abzeichnender Reibungspunkte einen anderen Gerichtsvollzieher zu bestimmen. 2

3) Geltungsbereich, I–III. Wenn mehrere Gerichtsvollzieher Erstpfändungen oder Erst- und Anschlußpfändungen nach §§ 808, 826 vorgenommen haben, geht der Auftrag des späteren Gläubigers nach § 754 Rn 1 kraft Gesetzes grundsätzlich auf den ersten Gerichtsvollzieher über, I 1 Hs 1. Dieser erste Gerichtsvollzieher steht dann so, als müsse er die Vollstreckungsaufträge sämtlicher Gläubiger erledigen. Deshalb kann eine Amtspflichtverletzung des späteren Gerichtsvollziehers nach Art 34 GG, § 839 BGB nur in einem Verstoß bei der späteren Pfändung liegen. Denn mit ihr ist seine Tätigkeit beendet. 3

Wenn der Gerichtsvollzieher die Verwertung für den *ersten* Gläubiger vornimmt, betrifft das auch den späteren Gläubiger. Der spätere Gläubiger muß nur dann einen eigenen Verwertungsantrag stellen, wenn der Gerichtsvollzieher die Pfandsache nicht für den früheren Gläubiger verwertet. Eine Pfändung nach der ZPO und eine Pfändung nach der AO haben hier eine gleiche Bedeutung, § 359 AO. Das Verteilungsverfahren steht immer unter der Leitung des AG. Einzelheiten Hantke DGVZ **78**, 105. Die späteren Gerichtsvollzieher müssen die in ihrem Besitz befindlichen Urkunden dem ersten Gerichtsvollzieher herausgeben, § 167 Z 6 GVGA. 4

Die Vorschrift *gilt nicht,* soweit die bisherige Zuständigkeit des Gerichtsvollziehers nur wegen eines Ortswechsels des Schuldners wechselt.

4) Anderer Gerichtsvollzieher, I–III. Das Vollstreckungsgericht des § 764, also der Rpfl, § 20 Z 17 RPflG, kann auf einen Antrag des Schuldners oder eines Gläubigers anordnen, daß ein anderer Gerichtsvollzieher als der zuerst tätig gewordene alle Pfändungen erledigen solle, I 1 Hs 2. Das kann auch ein bisher in dieser Sache überhaupt noch nicht beteiligter Gerichtsvollzieher sein. Das Vollstreckungsgericht kann auch anordnen, daß eine andere Person als ein Gerichtsvollzieher die Pfandsache nach § 825 veräußern soll. Auch dann muß das Gericht aber einen Gerichtsvollzieher zur Verteilung des Erlöses bestimmen. Für die Anordnungen ist das Vollstreckungsgericht desjenigen Orts zuständig, an dem die Erstpfändung erfolgt ist, § 764 II. Alle Gläubiger und der Schuldner können sich auch auf einen anderen Gerichtsvollzieher einigen. Das Verfahren verläuft wie bei § 825 II. 5

Gebühren: Des Gerichts keine; des Anwalts: VV 3309, 3310.

5) Versteigerung, I, II. Es gelten die Grundsätze der Erstverwertung. 6

A. Überblick. Die Versteigerung geschieht für sämtliche beteiligten Gläubiger, I 2. Soweit für einen Gläubiger ein Hindernis besteht, etwa wegen einer Einstellung, bleiben die übrigen beteiligt. Soweit ein Einverständnis des Gläubigers notwendig ist, müssen alle beteiligten Gläubiger zustimmen. Der Gerichtsvollzieher verteilt den Erlös nach dem Zeitvorrang unter die Gläubiger. Er geht also nach der Reihenfolge der Pfändungen vor, § 804 Rn 12, §§ 167 ff GVGA. Wenn mehrere Pfändungen zu demselben Zeitpunkt stattgefunden haben, verteilt er insoweit den Erlös nach dem Verhältnis der Forderungen. Der Gerichtsvollzieher muß die Kosten der Verwertung vorweg abziehen, also sämtliche Versteigerungskosten bis zur Erlösverteilung, nicht nur die Gebühren des § 15 GvKostG und des KVGv 300, ThP 5, aM ZöStö 5. Die sonstigen Zwangsvollstreckungskosten der einzelnen Gläubiger teilen den Rang ihrer Forderung. Eine Anrechnung erfolgt nach § 367 BGB oder nach einer etwa vorrangigen anderen Reihenfolge. Die noch beteiligten Gläubiger können sich auf eine andere Verteilung einigen. Diese bindet den Gerichtsvollzieher, II. Mehrere Forderungen desselben Gläubigers haben denselben Rang, aM ZöStö 5 (aber § 804 II, III hat hier keine Bedeutung, weil es sich um denselben Gläubiger handelt).

B. Unzulänglichkeit des Erlöses. Wenn ein nachstehender oder gleichrangiger Gläubiger bei einem unzulänglichen Erlös gegen den Willen der anderen Gläubiger eine andere Art der Verteilung verlangt, muß derjenige Gerichtsvollzieher den Erlös nach der HO hinterlegen, dem die Verwertung nach I jetzt zusteht. Er muß sodann dem Vollstreckungsgericht der Erstpfändung nach § 764 II eine Anzeige von der Hinterlegung machen und bei diesem Gericht alle in seinem Besitz befindlichen Dokumente einreichen. Es tritt dann ein Verteilungsverfahren nach §§ 872 ff ein. Das alles gilt auch, soweit das Gericht das Verfahren eines solchen anderen Gläubigers vorläufig eingestellt hat. Die Auszahlung kann selbst beim abweichenden Willen aller Beteiligten dann nur über den Gerichtsvollzieher erfolgen. Er muß dazu die Auszahlung zunächst an sich selbst bei der Hinterlegungsstelle beantragen. Die Pfandrechte dauern am Hinterlegten fort, § 804 Rn 9, § 805 Rn 9. 7

C. Verstoß. Ein Verstoß gegen II führt dann zur Unwirksamkeit seiner Verwertung, wenn der Gerichtsvollzieher sachlich nach Grdz 57 vor § 704 unzuständig war. Eine bloß falsche Verteilung ist prozessual belanglos. Sie gibt dem Betroffenen nur einen Bereicherungs- oder Ersatzanspruch nach §§ 812 ff, 823 BGB. 8

9 **6) Mehrpfändung, III.** Wenn mehrere Gläubiger dem Gerichtsvollzieher vor der Pfändung einen Pfändungsauftrag erteilt haben, muß er für alle Gläubiger unabhängig von den Eingangszeiten der Vollstreckungsanträge gleichzeitig pfänden, § 168 Z 1 GVGA, LG Hbg DGVZ **82**, 45. Wenn nur einer der Gläubiger eine erforderliche Durchsuchungsanordnung erwirkt hatte, ist aber kein längeres Verweilen erlaubt als für diesen nötig, § 758 Rn 16. Dann muß er die Gläubiger als gleichberechtigt nach dem Verhältnis ihrer Forderungen befriedigen, LG Hbg DGVZ **82**, 45. Das gilt, falls nicht einer der Gläubiger ein Vorzugsrecht nach § 804 II hat, Hantke DGVZ **78**, 106. Das Pfändungsprotokoll muß die Mehrpfändung ergeben, § 168 Z 3 GVGA. Das Verfahren verläuft im übrigen ebenso wie bei Rn 6 vor allem wegen der Hinterlegung und der Wirkung eines Verstoßes. Eine Mehrpfändung liegt auch dann vor, wenn der Gerichtsvollzieher auf Grund mehrerer Aufträge desselben Gläubigers gleichzeitig pfändet. Er muß dann den Erlös entsprechend verteilen. Zum Problem Stolte DGVZ **88**, 145 (ausf).

10 **7) Rechtsbehelfe, I–III.** Zulässig ist die Erinnerung, § 766. Sie bezweckt eine Hinterlegung nach II mit der Folge eines Verteilungsverfahrens nach §§ 872 ff oder einen Herausgabeantrag des Gerichtsvollziehers bei der Hinterlegungsstelle. Der Erinnerung kann die sofortige Beschwerde nachfolgen, §§ 567 I Z 1, 793.

Untertitel 3. Zwangsvollstreckung in Forderungen und andere Vermögensrechte

828 *Zuständigkeit des Vollstreckungsgerichts.* [I] **Die gerichtlichen Handlungen, welche die Zwangsvollstreckung in Forderungen und andere Vermögensrechte zum Gegenstand haben, erfolgen durch das Vollstreckungsgericht.**

[II] **Als Vollstreckungsgericht ist das Amtsgericht, bei dem der Schuldner im Inland seinen allgemeinen Gerichtsstand hat, und sonst das Amtsgericht zuständig, bei dem nach § 23 gegen den Schuldner Klage erhoben werden kann.**

[III] [1] **Ist das angegangene Gericht nicht zuständig, gibt es die Sache auf Antrag des Gläubigers an das zuständige Gericht ab.** [2] **Die Abgabe ist nicht bindend.**

Gliederung

Schrifttum: *Behr,* Taktik in der Mobiliarvollstreckung (III), Kontenpfändung, Pfändung besonderer Geldforderungen usw, 1989; *Borggräfe,* Die Zwangsvollstreckung in bewegliches Leasinggut, 1976; *Keller,* Taktik in der Vollstreckung (III): Sachpfändung ..., 2002; *Marquordt,* Das Recht der internationalen Forderungspfändung, Diss Köln 1975; s auch vor §§ 829, 850.

1 **1) Systematik, I–III.** § 828 ist eine gegenüber § 764 I, II vorrangige, die Ausschließlichkeit nach § 802 indes übernehmende Spezialvorschrift. Sie regelt in ihrem Geltungsbereich die Zuständigkeit des Vollstreckungsgerichts auch im Rahmen von § 930 I 3, BVerfG **64**, 18. Die Vorschrift ist nur dann anwendbar, wenn der Schuldner und der Drittschuldner der deutschen Gerichtsbarkeit unterliegen. § 828 ist deshalb bei einem Exterritorialen unanwendbar, § 18 GVG. Wegen der Vollstreckung gegenüber einem Mitglied der ausländischen Streitkräfte in der Bundesrepublik Artt 34 III, 35 ZAbkNTrSt, SchlAnh III. Gegen einen im Ausland wohnenden Drittschuldner kann das Vollstreckungsgericht zwar einen Beschluß erlassen. Dieser Beschluß läßt sich aber oft nicht zustellen. Eine Ausnahme mögen nur diejenigen Fälle bilden, in denen der Schuldner im Inland ein Vermögen besitzt, § 23. Denn die ausländische Justizverwaltung verweigert oft die nach § 183 erforderliche Weitergabe des Zustellungsersuchens. Ein ausländisches Gericht kann in die deutsche Gerichtsbarkeit nicht durch eine Pfändung wirksam eingreifen, BAG DB **96**, 688 = **97**, 183. Einzelheiten Schack Rpfleger **80**, 175.

2 **2) Regelungszweck, I–III.** Die ganze Regelung dient wie jede Zuständigkeitsregel der Rechtssicherheit, Einl III 43. Man muß sie von Amts wegen beachten, LG Düss JB **97**, 103. Man muß sie ebenso wie §§ 764 I, II, 802 auslegen. Der von II in Bezug genommene § 23 ist natürlich auch hier ebenso auslegbar wie bei § 23 Rn 2.

3 **3) Sachliche Zuständigkeit, I.** Sachlich nach § 802 ausschließlich zuständig ist das Vollstreckungsgericht, also das AG nach § 764 und bei der Pfändung auf Grund eines Arrestbefehls das Arrestgericht nach § 930 I 3, evtl auch das Insolvenzgericht, BGH MDR **08**, 828. Bei der Pfändung auf Grund einer einstweiligen Verfügung ist jedoch wiederum das Vollstreckungsgericht zuständig, § 936 Rn 13 „§ 930, Vollzug in Fahrnis". Dieses ist auch dann zuständig, wenn es um den Vollstreckungstitel eines FamG geht, BGH NJW **79**, 1048, oder um denjenigen eines ArbG. Das gilt auch für ein Erinnerungsverfahren nach § 766. Im Rechtsmittelverfahren nach §§ 567 I Z 1, 793 bleibt das Rechtsmittelgericht zuständig, soweit es nicht nach § 572 III zurückverweist. Bei einer Pfändung zwecks Beitreibung eines Zwangsgelds ist dasjenige Gericht zuständig, das das Zwangsgeld verhängt hat, BayObLG **90**, 255. Der Rpfl ist für sämtliche vom Vollstreckungsgericht nach §§ 828–863 oder von einem anderen Gericht nach §§ 848, 854 ff zu treffenden Entscheidungen und Anordnungen zuständig, § 20 Z 17 RPflG. Wegen der geplanten Übertragung auf den Gerichtsvollzieher App DGVZ **06**, 53. Wegen des Arrestvollzugs § 20 Z 16 RPflG.

4 **4) Örtliche Zuständigkeit, II.** Örtlich nach § 802 ausschließlich zuständig sind die folgenden Gerichte.

A. Allgemeiner Gerichtsstand. Grundsätzlich ist das AG des allgemeinen deutschen Gerichtsstands des Schuldners zuständig, §§ 13–19, AG Ffm DGVZ **93**, 29. Das gilt auch bei einer Partei kraft Amts nach

Grdz 8 vor § 50 und beim Nachlaßpfleger, § 780 II. Beim Soldaten muß man § 9 BGB beachten. Bei einem Streit zB wegen einer Forderung mehrerer Schuldner muß das gemeinsame obere Gericht das örtlich zuständige AG nach § 36 I Z 3 bestimmen, BGH NJW **83**, 1859, BayObLG MDR **04**, 1262.

B. Hilfsweise Vermögensgerichtsstand. Hilfsweise ist das AG des Gerichtsstands des Vermögens des Schuldners zuständig, § 23, BVerfG **64**, 18 (auch zur völkerrechtlichen Problematik). Bei einer Forderung kann also insofern das AG des Wohnsitzes des Drittschuldners oder das AG des Verbleibs der Pfandsache örtlich zuständig sein. 5

C. Einzelfragen. Für alle Einzelmaßnahmen im Rahmen desselben Verfahrens bleibt es bei der einmal begründeten Zuständigkeit, BGH Rpfleger **90**, 308, Mü Rpfleger **85**, 155, AG Bln-Schönebg DGVZ **88**, 188. Unter mehreren zuständigen Gerichten darf der Gläubiger wählen, § 35. Diese Wahl ist unwiderruflich, Zweibr JB **99**, 553. § 858 II bringt für eine Schiffspart eine Ausnahme von II. 6

5) Verstoß, I–III. Es kommt auf die Verstoßart an. 7

A. Sachliche Unzuständigkeit. Bei einem Verstoß gegen die sachliche Zuständigkeit ist die Erinnerung nach § 766 zulässig. Jeder Beteiligte kann die sachliche Unzuständigkeit geltend machen, auch ein Drittschuldner oder ein nachstehender Pfandgläubiger. Wegen einer Abänderungsbefugnis des Rpfl § 766 Rn 39. Ein Pfändungsbeschluß eines funktionell nicht zuständigen Beamten, zB des Gerichtsvollziehers, ist nichtig.

B. Örtliche Unzuständigkeit. Der Betroffene kann eine örtliche Unzuständigkeit mit der Erinnerung nach § 766 rügen. Die Zwangsvollstreckung bleibt aber bis zur Aufhebung der angefochtenen Maßnahme wirksam, Grdz 58 vor § 704. Eine Überschreitung der örtlichen Zuständigkeit läßt zwar nicht die Verstrikkung entstehen, wohl aber ein Pfandrecht zustande kommen. 8

C. Abgabe. Soweit eine Unzuständigkeit vorliegt, darf und muß das fälschlich angegangene Gericht die Sache auf einen evtl von Amts wegen anregbaren Antrag und nicht ohne ihn formlos ohne eine Schuldneranhörung an das nach seiner Meinung zuständige Gericht abgeben. Das abgebende Gericht unterrichtet die Beteiligten formlos. Es findet also kein Verweisungsverfahren nach § 281 statt, Zweibr JB **99**, 553. Das neue Gericht kann bei einer in Wahrheit auch dort vorliegenden Unzuständigkeit formlos weiter abgeben. §§ 36, 37 sind entsprechend anwendbar. 9

Keine Abgabe erfolgt, soweit der Gläubiger eine nach II wirksame Gerichtsstandswahl getroffen hat, Zweibr JB **99**, 553.

829 *Pfändung einer Geldforderung.* I [1] **Soll eine Geldforderung gepfändet werden, so hat das Gericht dem Drittschuldner zu verbieten, an den Schuldner zu zahlen.** [2] **Zugleich hat das Gericht an den Schuldner das Gebot zu erlassen, sich jeder Verfügung über die Forderung, insbesondere ihrer Einziehung, zu enthalten.** [3] **Die Pfändung mehrerer Geldforderungen gegen verschiedene Drittschuldner soll auf Antrag des Gläubigers durch einheitlichen Beschluss ausgesprochen werden, soweit dies für Zwecke der Vollstreckung geboten erscheint und kein Grund zu der Annahme besteht, dass schutzwürdige Interessen der Drittschuldner entgegenstehen.**

II [1] **Der Gläubiger hat den Beschluss dem Drittschuldner zustellen zu lassen.** [2] **Der Gerichtsvollzieher hat den Beschluss mit einer Abschrift der Zustellungsurkunde dem Schuldner sofort zuzustellen, sofern nicht eine öffentliche Zustellung erforderlich wird.** [3] **An Stelle einer an den Schuldner im Ausland zu bewirkenden Zustellung erfolgt die Zustellung durch Aufgabe zur Post.**

III **Mit der Zustellung des Beschlusses an den Drittschuldner ist die Pfändung als bewirkt anzusehen.**

IV [1] **Das Bundesministerium der Justiz wird ermächtigt, durch Rechtsverordnung mit Zustimmung des Bundesrates Formulare für den Antrag auf Erlass eines Pfändungs- und Überweisungsbeschlusses einzuführen.** [2] **Soweit nach Satz 1 Formulare eingeführt sind, muss sich der Antragsteller ihrer bedienen.** [3] **Für Verfahren bei Gerichten, die die Verfahren elektronisch bearbeiten, und für Verfahren bei Gerichten, die die Verfahren nicht elektronisch bearbeiten, können unterschiedliche Formulare eingeführt werden.**

Schrifttum: *Alisch,* Aktuelle Rechtsfragen zur Forderungspfändung, 1986; *Boewer,* Handbuch Lohnpfändung, 2004 (Bespr *Hintzen* Rpfleger **05**, 284); *Brändel,* Rechtsfragen bei der Abtretung oder Pfändung von Erstattungsansprüchen wegen der verbotenen Rückgewähr „kapitalersetzender" Darlehen, Festschrift für *Fleck* (1988) 1; *Danzer,* Die Pfändbarkeit künftiger Rentenleistungen usw, Diss Trier 1998; *Depré/Bachmann,* Lohnpfändungstabellen, 6. Aufl 2005; *Diephold/Hintzen,* Musteranträge für Pfändung und Überweisung, 8. Aufl 2006; *Gierlach,* Die Pfändung dem Schuldner derzeit nicht zustehender Forderungen, 1997; *Hadatsch,* Die Bearbeitung von Pfändungsbeschluß und Drittschuldnererklärung, 6. Aufl 2000; *Heymer,* Pfändung von Forderungen und anderen Vermögensrechten, 2. Aufl 2004; *Hintzen,* Taktik in der Zwangsvollstreckung (II): Forderungspfändung, 4. Aufl 1998; *Hintzen,* Forderungspfändung, 3. Aufl 2008; *Hintzen,* Lohnpfändung, 24. Aufl 2005; *Hintzen/Wolf,* Musteranträge für Pfändung und Überweisung, 8. Aufl 2006 (Bespr *Weidner* Rpfleger **06**, 343); *Honold,* Die Pfändung des Arbeitseinkommens, 1998; *Kerameus,* Geldvollstreckungsarten in vorgleichender Betrachtung, in: Festschrift für *Zeuner* (1994); *Liebscher,* Datenschutz bei der Datenübermittlung im Zivilverfahren, 1994; *Lüke,* Die Rechtsprechung des Bundesgerichtshofes zur Forderungspfändung, Festgabe *50 Jahre Bundesgerichtshof* (2000) III 441; *Marquordt,* Das Recht der internationalen Forderungspfändung, Diss Köln 1975; *Neumann,* Die Zulässigkeit der Verwendung von Sammelbezeichnungen im Rahmen der Forderungspfändung, 2003; *Papadelli,* Der Interessenausgleich im griechischen und deutschen Recht der Forderungspfändung, 2004; *Schilken,* Zum Umfang der Pfändung und Überweisung von Geldforderungen, Festschrift für *Lüke* (1997) 701; *Spieß,* Gesetzliche Pfandrechte für die Lohnforderung, Festschrift für *Wiese* (1998) 573; *Stöber,* Forderungspfändung, 14. Aufl 2005 (Bespr *Wax* FamRZ **05**, 1811); *Stratmann,* Die Zwangsvollstreckung in ... anfechtbar abgetretene Forderungen, Diss Bonn 1998; *Sühr,* Die Bearbeitung von Pfändungsbeschluß und Drittschuldnererklärung, 4. Aufl 1993; *Werner,* Umgehung von Aufrechnungshindernissen durch Zwangsvollstreckung in eigene Schulden, 2000. Vgl ferner die Angaben in Einf 1 vor §§ 850–852.

Gliederung

1 **1) Systematik, I–IV.** § 829 betrifft die Pfändung einer Geldforderung nach Üb 6 vor § 803. Die Pfändung ist eine einseitige Zwangsvollstreckungsmaßnahme, BGH BB **05**, 735. Die komplizierte Gesamtregelung erstreckt sich auf den Abschnitt bis § 863. Zur grenzüberschreitenden Pfändung Hök MDR **05**, 306 (ausf).

2 **2) Regelungszweck, I–IV.** Der in § 829 genannte Pfändungsbeschluß hat dasselbe Ziel wie die Gesamtregelung, nämlich eine nach Artt 1, 2, 20 I GG ausgerichtete möglichst abgewogene Durchführung der Vollstreckung in einen besonders empflindlichen Teil des Schuldnervermögens, oft in den allein halbwegs pfändbaren. Diese Durchführung muß einigermaßen praktikabel bleiben. Auch das muß man bei der Auslegung mitbeachten.

3 *Künftige Forderungen* bilden in der Praxis einen wichtigen Zugriffswunsch und zahlreiche Probleme, Rn 4. Auch und gerade bei ihnen treten die Interessengegensätze natürlich besonders zutage. Es ist die schwierige Aufgabe des Rpfl, eine auch vom Drittschuldner erfüllbare Lösung zu schaffen. Das Erfordernis des bereits gegenwärtigen Bestehens einer Rechtsbeziehung zwischen Schuldner und Drittschuldner ist eine Klippe mit erheblichen Gefahren. Eine zu strenge Auslegung schadet dem Gläubiger mit der Folge immer neuer späterer Versuche. Eine zu großzügige Auslegung ist ein manchmal schwer drückender Mühlstein um den Hals des Schuldners, der auch irgendwann einmal wieder alles ausbezahlt bekommen möchte. Der Pfändungsfreibetrag läßt sich ohnehin nur schwer auf längere Zeit vorausberechnen. Das alles führt zur Notwendigkeit einer wohl eher behutsamen Haltung gegenüber künftigen Forderungen.

4 **3) Geltungsbereich, I–IV.** Eine scheinbar einfache Regel zeigt zahlreiche Probleme.

A. Geldforderung. Gegenstand der Pfändung muß eine Geldforderung des Schuldners sein. Das ist eine Forderung auf eine Zahlung in Geld gleich welcher Währung, § 815 Rn 1. Hierher gehören auch eine betagte Forderung, ebenso eine bedingte, eine nach § 163 BGB zeitbestimmte, eine von einer Gegenleistung abhängige, eine künftige Forderung, Grdz 103 vor § 704 „Sozialleistung", BFH BB **05**, 1488 (Grenzen bei folgender Insolvenz), LG Gött JB **01**, 492, David MDR **03**, 793 (Üb), Hasse VersR **05**, 17 (Lebensversicherung). Die letztere muß allerdings bestimmt genug bezeichnet oder hinreichend bestimmbar sein, Jena VersR **00**, 1006, LG Augsb FamRZ **04**, 1223 (nicht schon beim 24jährigen), LG Dortm JB **98**, 101 (nicht schon bei Rente allenfalls nach 30 Jahren), LG Heilbr JB **01**, 268 (nicht schon beim Jugendlichen), LG

Ravensb JB **98**, 102, (Zeitgrenze: etwa 5 Jahre im voraus), LG Wuppert JB **98**, 100 (schon bei 34jährigem), AG Münst JB **99**, 105 (Wartezeit voraussichtlich erfüllt), strenger LG Tüb JB **00**, 43 (erst ab dem 60. Lebensjahr, abl Behr). Einschränkungen gelten beim Konto, Rn 8 „Girokonto". Der Gläubiger muß dafür sorgen, daß dabei keine Verjährung eintritt, Meyer JB **06**, 524.

B. Rechtsbeziehung. Es muß also bereits eine solche Rechtsbeziehung zwischen dem Schuldner und dem Drittschuldner bestehen, aus der man die künftige Forderung nach ihrer Art und nach der Person des Drittschuldners bestimmen kann, BGH NJW **03**, 3774 (zustm Spring JB **04**, 101), LG Aschaffenb JB **01**, 108, LG Kblz Rpfleger **00**, 340. Denn die Pfändung muß natürlich bestimmt sein, nur ihr Inhalt ist bedingt, BGH NJW **79**, 2038, Köln OLGZ **94**, 478, LG Wuppert Rpfleger **92**, 120, strenger LG Münst Rpfleger **91**, 379 (der Schuldner müsse schon Forderungsinhaber sein), großzügiger LG Aschaffenb JB **97**, 609. Eine bloße Hoffnung oder Chance reicht nicht aus, LG Kblz Rpfleger **00**, 340, Schuschke LMK **03**, 114. 5

C. Maßgeblichkeit des Pfändungszeitpunkts. Die Forderung muß *im Zeitpunkt der Pfändung* im Vermögen gerade des Vollstreckungsschuldners stehen, BGH NJW **02**, 756, aM Köln WertpMitt **78**, 383 (aber nur in das Schuldnervermögen kann der Gläubiger vollstrecken). Maßgebend ist der Zeitpunkt der Zustellung des Pfändungsbeschlusses an den Drittschuldner, Rn 38. Die Vermögenszugehörigkeit muß in diesem Zeitpunkt schon und noch bestehen, LG Köln RR **86**, 1058. Die Sachlage ist hier anders als bei einer Pfändung körperlicher Sachen, Ffm NJW **78**, 2398. Ob die Forderung im Vermögen des Schuldners steht, richtet sich nach dem sachlichen Recht, BGH NJW **88**, 495. Eine Sicherungsabtretung ist unschädlich, BGH NJW **02**, 756. Für die zusätzliche Pfändung einer Rentenanwartschaft besteht kein Rechtsschutzbedürfnis, LG Osnabr Rpfleger **99**, 31 (Umdeutung in Pfändung künftiger Rente). 6

D. Beispiele zur Frage des Geltungsbereichs, I. Vgl Grdz 59 ff vor § 704. 7

Abtretung: Die Pfändung einer solchen Forderung ist auch nach ihrer Abtretung an diesen Gläubiger denkbar, Köln WertpMitt **78**, 383. Sie ist aber dann *nichtig,* wenn sie der Schuldner bereits an einen Dritten abgetreten hat, sei es auch nur zur Sicherung, BAG WertpMitt **80**, 661. Das gilt auch dann, wenn der neue Gläubiger die Forderung nachträglich auf den Schuldner zurückübertragen hat, aM Köln OLGZ **94**, 478 (aber § 185 II 1 BGB paßt nicht einmal entsprechend. Denn die Beschlagnahme läßt sich nicht mit einer Verfügung vergleichen, Schmidt ZZP **87**, 331).

Nicht ausreichend als Abtretung ist eine bloße Anzeige des Forderungsübergangs, LG Brschw Rpfleger **00**, 284.

Anwaltsvergütung: Pfändbar ist der derzeitige Anspruch eines Anwalts gegen die Staatskasse auf die Erstattung einer Vergütung im Prozeßkostenhilfeverfahren, LG Nürnb Rpfleger **98**, 118.

Unpfändbar ist der Anspruch eines Anwalts aus einer erst künftigen Beiordnung. Denn es fehlt ja noch eine solche Rechtsbeziehung, aM LG Nürnb Rpfleger **98**, 118 (zustm Zimmermann). Überhaupt ist die Mitvollstreckung wegen der Vergütung des nicht beigeordneten Anwalts problematisch, Lappe Rpfleger **83**, 248.

Arbeitnehmersparzulage: Eine Arbeitnehmersparzulage ist grds pfändbar, Grdz 64 vor § 704 „Arbeitnehmersparzulage".

Aufrechnung: Es kann sich um eine Forderung des Schuldners an den Gläubiger handeln, solange dieser nicht wirksam aufgerechnet hat, Stgt Rpfleger **83**, 409, LG Bln Rpfleger **75**, 374. Es kann sich auch um einen Ersatz für eine sonst unzulässige Aufrechnung handeln, Hbg BB **78**, 63 (krit Kremers). Pfändbar ist im übrigen eine Forderung des Schuldners gegen den Gläubiger jedenfalls insoweit, als einer Aufrechnung nur solche Hindernisse entgegenstehen, die das Vollstreckungsgericht beseitigen kann, Stgt Rpfleger **83**, 409.

Ausländischer Staat: Seine öffentlichrechtliche Forderung ist nicht nach § 829 pfändbar, BGH RR **06**, 199.

Bankkonto: „Girokonto", Rn 14 „Treuhand". 8

Dingliche Sicherung: § 829 gilt für eine persönliche wie für eine dinglich gesicherte Forderung, für die letztere auch zugunsten des Absonderungsberechtigten bei einer Insolvenz, LG Chemnitz Rpfleger **04**, 234.

S auch Rn 9 „Hypothek", Rn 12 „Schiffspfandrecht".

Dritter: Pfändbar ist eine Forderung aus der Leistung an einen Dritten.

Fälligkeit: Rn 3–5.

Gehalt: Pfändbar ist ein künftiges Gehalt, auch ein solches, das die derzeitige Abtretung nicht mehr erfaßt.

S auch Rn 11 „Öffentlichrechtliche Forderung", Rn 12 „Rente".

Gegenseitiger Vertrag: Bei einer Forderung aus einem gegenseitigen Vertrag wird der Gläubiger nicht zur gegnerischen Partei.

Gesamthand: Bei einer Forderung zur gesamten Hand muß ein Vollstreckungstitel gegen sämtliche Berechtigten vorliegen.

Girokonto: Wegen eines Kontenguthabens § 850 k und BGH **80**, 172. Ein Konto muß grds schon bestehen, Lieseke WertpMitt **75**, 317. Wer Gläubiger eines Bankguthabens ist, richtet sich nicht allein danach, wen die Kontobezeichnung nennt, sondern danach, wer bei der Kontoerrichtung als Forderungsberechtigter auftritt oder sich so bezeichnet, BGH RR **90**, 178.

Unzulässig ist die Pfändung wegen „künftig fällig werdender Unterhaltsrückstände", LM Münst Rpfleger **00**, 506, aM BGH NJW **04**, 370 – zustm Walker LMK **04**, 33 – (sogar eine Dauerpfändung sei erlaubt. Aber das sprengt bei einer so allgemeinen Formulierung die Grenze des Bestimmbaren. Diese Bestimmbarkeit ist unerläßlich).

S auch Rn 14 „Treuhand".

Herausgabe: § 829 gilt entsprechend bei der Pfändung eines Herausgabeanspruchs, §§ 846, 847, BGH NJW **00**, 3219. 9

Hypothek: Die Pfändung von Miete und Pacht durch einen Hypothekengläubiger auf Grund eines dinglichen Vollstreckungstitels wirkt wie eine Beschlagnahme in der Zwangsverwaltung. Einzelheiten Lauer MDR **84**, 977. Für eine Hypothekenforderung vgl §§ 830, 837 III.

S auch Rn 8 „Dingliche Sicherung", Rn 11 „Nießbrauch".

Insolvenzausfallgeld: Zur grundsätzlichen Pfändbarkeit Grdz 86 vor § 704 „Insolvenzausfallgeld". Die Pfändbarkeit besteht vom Eintritt der Zahlungsunfähigkeit an, LG Würzb Rpfleger **78**, 388.

Konto: Rn 8 „Girokonto".

Lebensversicherung: Die Rechte aus ihr sind grds pfändbar, Hasse VersR **05**, 17 (ausf).

Liegenschaftsvollstreckung: Eine solche Forderung, die der Liegenschaftszwangsvollstreckung nach § 865 II 2 unterliegt, gehört *nicht* hierher.

Lohnsteuerjahresausgleich: Rn 13 „Steuererstattung".

10 **Maklerlohn:** *Nicht* ausreichend ist die Pfändung eines künftigen Maklerlohns, den man nur evtl auf einem Notar-Anderkonto hinterlegen müßte, Köln MDR **87**, 66.

Mehrheit von Forderungen: Mehrere Forderungen, zB gegen dieselbe Bank, LG Oldb Rpfleger **82**, 112, sind zugleich wahlweise bis zur Höhe der Forderungen des Gläubigers oder jeweils voll pfändbar. Der Gläubiger braucht den Erlös in keinem dieser Fälle zu verteilen. Das Gericht kann einen oder mehrere Pfändungsbeschlüsse erlassen, KG Rpfleger **76**, 327. Es muß aber natürlich den Umfang der jeweiligen Pfändung genau bezeichnen. Die Klärung darf und muß für jede tatsächlich und rechtlich selbständige Forderung gesondert erfolgen, BGH RR **06**, 199.

Miete, Pacht: Rn 8. „Dingliche Sicherung", Rn 9 „Hypothek", Rn 11 „Nießbrauch".

Möglichkeit einer Forderung: Es reicht für die Pfändbarkeit aus, daß die zu pfändende Forderung dem Schuldner zustehen kann. Das gilt zB dann, wenn er als Rechtsschutzversicherer diejenigen Kosten selbst zahlt, von denen er zunächst nur eine Freitellung fordern kann, Hamm DB **84**, 1345.

11 **Nebenanspruch:** Ein Auskunfts- und Rechnunglegungsanspruch zB wegen eines Versicherungsverhältnisses kann mitpfändbar sein, LG Düss JB **08**, 268, AG Calw JB **01**, 109.

Nießbrauch: Ausreichend ist die Forderung des Nießbrauchers, etwa wegen einer Mietforderung, um dem Hypothekengläubiger zuvorzukommen.

Notar: *Nicht* ausreichend ist ein Anspruch gegen den Notar auf die Auszahlung eines bei ihm hinterlegten Geldbetrags, Hamm DNotZ **83**, 62 (insofern ist § 857 I anwendbar), aM BGH **105**, 64 (es müsse die Pfändung der Forderung gegen den Hinterleger hinzutreten. Aber § 875 paßt besser und ist die elegantere Lösung), Celle DNotZ **84**, 257 (abl Göbel). Wegen eines Anderkontos BayObLG RR **00**, 945 (Notar ist Gläubiger).

S auch Rn 10 „Maklerlohn".

Öffentlichrechtliche Forderung: § 829 gilt auch für eine inländische öffentlichrechtliche Forderung, Vollhard DNotZ **87**, 545, zB für eine Forderung auf die Zahlung eines Beamtengehalts, Celle DNotZ **84**, 257 (vgl aber auch „Notar"), oder auf die Erstattung eines Beitrags zur gesetzlichen Versicherung, sehr großzügig KG Rpfleger **86**, 230, LG Bln Rpfleger **75**, 444. Die Möglichkeit einer Verwaltungsvollstrekkung hindert nicht, AG Bonn Rpfleger **81**, 315. Die Ausübung des Erstattungsrechts erfolgt aber höchstpersönlich. Für Steuersachen Rn 13 „Steuererstattung".

S aber auch Rn 7 „Ausländischer Staat".

Ortskrankenkasse: Pfändbar ist die künftige Forderung eines Apothekers an eine Ortskrankenkasse aus einer Leistung für ihre Mitglieder oder an die gesetzliche Rentenversicherung, Oldb RR **92**, 512, aM LG Heidelb NJW **92**, 2774.

S auch Rn 12 „Rente".

12 **Pfändbarkeitsgrenze:** Rn 14 „Unpfändbare Forderung".

Postsparbuch und -guthaben: § 829 ist anwendbar, § 831 Rn 2, Röder DGVZ **98**, 86 (ausf).

Prozeßkostenhilfe: Rn 7 „Anwaltsvergütung".

Rechtsanwalt: Rn 7 „Anwaltsvergütung".

Rechtsnatur: Für die Pfändbarkeit ist die Rechtsnatur der zu pfändenden Forderung grds unerheblich. Vgl freilich bei den einzelnen Forderungsarten.

Rechtsschutzversicherer: Rn 10 „Möglichkeit einer Forderung".

Rente: Pfändbar sein kann der künftige Teil einer Rente, Rn 3–5, Grdz 103 vor § 704 (ausf zum Streit).

S auch Rn 8 „Gehalt".

Schiffspfandrecht: Die Pfändung einer in das Deckungsregister eingetragenen und durch ein Schiffspfandrecht gesicherten Darlehensforderung ist nur für einen Anspruch aus dem Schiffspfandbrief zulässig, § 35 SchiffsbankG.

Schuldnerforderung: Auch ihre Pfändung kann zulässig sein, LG Kassel JB **05**, 440.

Sparbuch: Rn 8 „Girokonto".

13 **Steuererstattung,** dazu *Riedel* Rpfleger **96**, 275: Der Anspruch auf die Erstattung von Steuer ist wegen *§ 46 VI 1 AO* mit dem GG vereinbar, Ffm NJW **78**, 2397, Hamm MDR **79**, 149, Schlesw Rpfleger **78**, 387. Das gilt zB bei der Lohnsteuer einschließlich Kirchensteuer und Umsatzsteuer, BFH Rpfleger **01**, 604, Behr JB **97**, 349, David MDR **93**, 412. Der Erstattungsanspruch läßt sich auch theoretisch von den Zivilgerichten geltend machen, LAG Ffm BB **89**, 296. Das Finanzamt ist Drittsschuldner nach § 46 VII AO, BGH Rpfleger **06**, 133.

Aus den Gründen § 836 Rn 10 „Lohnsteuerkarte" läßt sich aber *praktisch* eine Vollstreckung *allenfalls nach § 888* durchführen, BFH NJW **99**, 1056, Urban DGVZ **99**, 104 (ausf). Die älteren Streitfragen dürften damit überholt sein.

14 **Teilbetrag:** Wegen eines Teilbetrags § 754 Rn 3, 4.

S auch „Unpfändbare Forderung".

Treuhand: Zur Pfändung eines Treuhand-Giro-(Ander-)Kontos genügt ein Vollstreckungstitel gegen den Treugeber *nicht.* Der Gläubiger kann nur den Anspruch auf eine Rückübertragung pfänden.

Umschulung: *Unpfändbar* ist Lohn, solange nur eine Umschulung erfolgt.

Unpfändbare Forderung: Die Pfändung einer unpfändbaren Forderung schafft zunächst zweifelhafte Ansprüche, Einf 1 vor §§ 850–852. Wenn man die Pfändungsgrenze überschreitet, wird die Pfändung insoweit voll wirksam. Eine nachträgliche Genehmigung heilt für die Zukunft.

Verband: Man kann bei Großzügigkeit eine Pfändung sämtlicher laufenden Forderungen an einen Verband zulassen.

Vermögensrecht: § 829 gilt entsprechend bei der Pfändung eines Vermögensrechts nach § 857 I.
Vorwegleistungspflicht: Bei einer Vorwegleistungspflicht ist evtl § 321 BGB anwendbar.
Wertpapier: Bei einer Forderung aus einem indossablen Papier gilt § 831. Sonst gilt § 821.

4) Pfändungsantrag, I, III, IV. Der Gläubiger muß schriftlich oder elektronisch oder per Telefax oder zum Protokoll der Geschäftsstelle einen Pfändungsantrag stellen, § 496. 15

A. Form. Es besteht im Umfang von IV ein Formularzwang, Rn 90. Außerhalb eines Formularzwangs darf man einen privaten Vordruck oder ein privates Formular benutzen, (je zum alten Recht) BGH NJW **04**, 2097, LG Aurich DB **02**, 661. Es besteht kein Anwaltszwang, § 78 III Hs 2.

B. Beispiele zur Frage des Antragsinhalts 16

Angeblichkeit der Forderung: Sie reicht zum Auftrag. Das Gericht darf den Gläubiger nicht überfordern, vgl „Bezeichnung der Forderung“. Er darf aber auch keine Ausforschung versuchen, Rn 17 „Rechtsmißbrauch“.

Anschrift: Der Gläubiger muß grds die ladungsfähige Anschrift des Schuldners wie des Drittschuldners angeben.

S auch „Bezeichnung“.

Ausforschung: Rn 17 „Rechtsmißbrauch“.

Bezeichnung der Beteiligten: Der Gläubiger muß sich selbst mindestens so bezeichnen, daß seine Nämlichkeit klar ist, wie bei einer Klage nach § 253 Rn 22, KG MDR **94**, 513. Auch den Schuldner muß er entsprechend bezeichnen, ebenso den Drittschuldner, BGH Rpfleger **06**, LAG Köln BB **94**, 944. Dabei kann eine Auslegbarkeit reichen, LG Lpz DGVZ **98**, 91.

Bezeichnung der Forderung: Der Gläubiger muß die zu pfändende angebliche Forderung so genau bezeichnen, daß ihre Nämlichkeit nach der Person des Schuldners und des Drittschuldners und nach der Schuld bei einer verständigen Auslegung nach § 133 BGB eindeutig feststeht wie bei § 253 Rn 30, BGH **86**, 338, Ffm NJW **81**, 468. Das gilt auch bei einem Antrag auf die Vollstreckung einer bloßen Teilforderung, LG Bautzen JB **08**, 103, AG Hoyerswerda JB **08**, 102. Die Erkennbarkeit muß für einen Dritten bestehen, zB für einen weiteren Gläubiger, Rn 15.

Einigung: Eine Einigung über den Inhalt des Pfändungsbeschlusses wäre unwirksam.

Faksimile: Rn 17 „Unterschrift“.

Nebenforderung: Der Gläubiger muß bei ihrem Hinzutritt seine Gesamtforderung vollständig und fehlerfrei vorrechnen, LG Bln Rpfleger **92**, 30.

Neue Pfändung: Rn 17 „Rechtsschutzbedürfnis“.

Pfändungsfreigrenze: Rn 17 „Rechtsschutzbedürfnis“.

Pfändungsumfang: Rn 17 „Rechtsschutzbedürfnis“.

Rechtsmißbrauch: Er ist wie stets unstatthaft, Einl III 54. Es ist zB jede Ausforschung verboten. Sie führt zur Zurückweisung des Pfändungsauftrags. Freilich ist die Grenze zwischen einer Ausforschung und der Behauptung der „Angeblichkeit“ oft kaum erkennbar. 17

Rechtsschutzbedürfnis: Es muß wie stets bestehen. Das Gericht muß es nach Grdz 33 vor § 253 von Amts wegen prüfen, LG Ellwangen DGVZ **03**, 90, LG Hann Pfleger **78**, 388. Es kann trotz § 3 Z 1 PflVG dann bestehen, wenn der Gläubiger den Befreiungsanspruch gegen den Pflichtversicherer pfändet. Es kann für eine neue Pfändung dann vorliegen, wenn der Umfang der bisheigen zweifelhaft ist. Es kann auch bei einer nur noch geringen Restforderung vorliegen, LG Bochum Rpfleger **94**, 117. Es kann auch dann vorhanden sein, wenn das Schuldnereinkommen derzeit die Pfändungsfreigrenze nicht überschreitet, LG Ellwangen DGVZ **03**, 90, Schmidt DGVZ **03**, 84.

Es kann zB dann *fehlen*, wenn die zu pfändende Forderung eindeutig erkennbar nicht besteht, Ffm OLGZ **78**, 363, LG Aurich JB **02**, 661, oder wenn man nicht in absehbarer Zeit mit einer Erhöhung des bisher unpfändbaren Bezugs rechnen kann.

Restforderung: S „Rechtsschutzbedürfnis“.

Schreibfehler: Er ist nur dann unschädlich, wenn man ihn eindeutig erkennen kann. Das ist zB dann nicht so, wenn der Gläubiger die Forderungshöhe nur in Buchstaben statt in Zahlen mitteilt und wenn dabei Unklarheiten verbleiben, Ffm MDR **77**, 676.

Teilzahlung: Der Gläubiger braucht nicht anzugeben, *in welchen Teilen* sich die aus dem Vollstreckungstitel ersichtliche Forderung etwa durch eine Teilzahlung ermäßigt hat. Denn das Gericht prüft solche Fragen ohnehin nur dann, wenn der Schuldner sie einwendet, Grdz 42 vor § 704.

Überforderung: Das Gericht darf seine Anforderungen nicht überspannen. Denn der Gläubiger kennt die Verhältnisse beim Schuldner verständlicherweise meist nur oberflächlich, BGH NJW **04**, 2097 (zustm Hess 2350), BAG Rpfleger **75**, 220, Ffm NJW **81**, 468. Das Verfahren ist ohnehin nur summarisch, BAG NJW **77**, 75.

Unterschrift: Zur Notwendigkeit einer Unterschrift an sich § 129 Rn 8 ff, LG Bln MDR **76**, 148. Freilich verfährt die Praxis bei diesem Massenvorgang oft aus Prozeßwirtschaftlichkeit nach Grdz 14 vor § 128 hinnehmbar großzügiger. Dempewolf MDR **77**, 803 läßt eine Faksimile-Unterschrift ausreichen, Vollkommer Rpfleger **75**, 490, ZöStö 3 würdigt das völlige Fehlen der Unterschrift frei. Bei einem elektronischen Auftrag ist eine qualifizierte elektronische Signatur nach § 130 a I 2 notwendig.

Vollstreckungstitel: Der Gläubiger muß dem Gericht eine Ausfertigung des Vollstreckungstitels und einen Zustellungsnachweis vorlegen, den letzteren freilich nicht bei einer Parteizustellung nach § 929 III.

Vorauszahlung: Eine Vorauszahlungspflicht besteht nach § 12 V GKG, Hartmann Teil I.

Zustellungsnachweis: S „Vollstreckungstitel“.

5) Verfahren und Entscheidung, I. Es kann zu Oberflächlichkeit führen. 18

A. Allgemeines, I 1–3. Wegen der Zuständigkeit § 828. Das Rechtsschutzbedürfnis muß stets vorliegen. Es fehlt nicht schon wegen einer eidesstattlichen Versicherung des Schuldners, BGH FamRZ **03**, 1652. Das Gericht könnte zwar sogar nach § 764 III eine mündliche Verhandlung durchführen. Es entscheidet aber durchweg ohne eine vorherige Anhörung des Schuldners nach § 834, BAG NJW **77**, 75, es sei denn, der Gläubiger hätte die Anhörung des Schuldners beantragt oder anheimgestellt, LG Brschw Rpfleger **81**, 489 (zustm Hornung). Diese Regelung ist vereinbar mit Artt 2 I, 20 III GG (Rpfl), BVerfG **101**, 404, Art 103 I GG (Richter). Der nach § 20 Z 17 RPflG zuständige Rpfl muß seine Entscheidung also auf die bloßen Behauptungen des Gläubigers hin treffen. Er nimmt also in Wahrheit nur eine Maßnahme vor, § 766 Rn 6. Er verbindet den Pfändungsbeschluß meist mit einem Überweisungsbeschluß nach § 835. Kosten: § 788, dort evtl IV (Billigkeitshaftung, Kostenverteilung).

Der Rpfl muß seinen Beschluß grundsätzlich wenigstens ganz knapp *begründen,* § 329 Rn 4, LG Düss Rpfleger **83**, 255, LG Wiesb Rpfleger **81**, 491, aM LG Brschw Rpfleger **81**, 489 (nur nach einer Anhörung oder bei einer Ablehnung). Freilich reicht der ohnehin notwendige Inhalt des Beschlusses meist als Begründung aus.

19 **B. Mehrheit von Drittschuldnern, I 3.** Die Pfändung mehrerer Geldforderungen des Schuldners gegen verschiedene Drittschuldner durch denselben Beschluß ist zulässig, soweit ein entsprechender Gläubigerantrag vorliegt und soweit kein Grund zu der Annahme besteht, daß schutzwürdige Interessen der Drittschuldner entgegenstehen. Zwar erfordert das Grundrecht auf eine informationelle Selbstbestimmung nach Artt 1 I, 2 I GG die Beachtung des Datenschutzes. Es ist aber nicht schrankenlos. Das Allgemeininteresse kann überwiegen. Das gilt auch nach dem Verhältnismäßigkeitsgrundsatz, Grdz 34 vor § 704. Es besteht oft ein überwiegendes Interesse daran, daß sich zB mehrere Drittschuldner wegen § 850e Z 2, 2a untereinander verständigen. Dann „soll" der Rpfl einen einheitlichen Beschluß fassen. Da er das nicht tun „muß", hat er insofern ein pflichtgemäßes Ermessen. Er kann im Massenbetrieb des § 829 dergleichen freilich in der Praxis kaum abwägen. Im Zweifel sollte er vor dem Erlaß eines einheitlichen Beschlusses zurückhaltend verfahren. Die Mehrkosten getrennter Pfändungen sind nur bei einer Notwendigkeit getrennter Anträge erstattungsfähig, KG Rpfleger **76**, 327. Allerdings darf keine Pfändung ins Blaue stattfinden, Oldb MDR **98**, 165 (BfA und LVA).

20 **C. Forderung, I 1–3.** Der Rpfl darf Behauptungen des Gläubigers grundsätzlich als wahr unterstellen. Er muß sie nur dahin prüfen, ob sie die behauptete Forderung *begründen können,* BGH MDR **08**, 530 rechts, Ffm Rpfleger **78**, 229, Hamm MDR **79**, 149, KG FamRZ **80**, 614 (Schlüssigkeitsprüfung), aM LG Wuppertal Rpfleger **80**, 198 (es dürfe noch nicht einmal eine Schlüssigkeitsprüfung erfolgen. Aber das in der Praxis so geläufige Wort „angeblich" steht in Wahrheit gar nicht im Gesetzestext. Es spricht schlicht von einer „Forderung". Das ist mehr. Es zwingt wenigstens zur gewissen Schlüssigkeitsprüfung). Deshalb pfändet das Gericht nur bei einer reichlich laschen Handhabung nur eine „angebliche" Forderung. Immerhin bleibt zunächst offen, ob die Pfändung wirksam werden kann.

21 **D. Fehlen einer Forderung.** Wenn das Gericht freilich bereits weiß, daß die behauptete Forderung in Wahrheit nicht bestehen oder nicht pfändbar sein kann, muß das Gericht den Erlaß des Pfändungsbeschlusses ablehnen, BGH MDR **08**, 530 rechts, KG FamRZ **80**, 614, LG Hann DGVZ **85**, 44. Das kann auch bei einer Ausforschungspfändung so sein, LG Hann DGVZ **85**, 44, Alisch DGVZ **85**, 107, Hess NJW **04**, 2350, aM Schulz DGVZ **85**, 105 (vgl aber Rn 20). Die Ablehnung erfolgt aber bei einem behebbaren Mangel erst nach dem Ablauf einer Äußerungsfrist. Es findet freilich keine Amtsermittlung nach Grdz 38 vor § 128 statt. Das Gericht übersendet eine Ablichtung oder Abschrift des Pfändungsbeschlusses formlos an den Gläubiger, § 329 II 1. Es stellt ihm eine Ablehnung förmlich zu, § 329 III, Rn 84. Kosten: § 782.

Gebühren: des Gerichts KV 2110; des Anwalts: VV 3309, 3310, 3500. Wert: § 3 Anh Rn 89 „Pfändung".

22 **6) Ausspruch der Pfändung, I.** Der Pfändungsbeschluß enthält drei Teile. Von diesen bildet der Ausspruch der Pfändung den ersten.

A. Genauigkeit. Gegenstand ist die zu pfändende nach der Praxis Rn 20 „angebliche" Forderung, Bbg FamRZ **88**, 949. Das Gericht muß sie nach ihrem Gläubiger, dem Schuldner, dem Rechtsgrund, dem Drittschuldner und dem Betrag so genau bezeichnen, daß der Gegenstand der Zwangsvollstreckung eindeutig festliegt wie bei § 253 Rn 31, BGH NJW **00**, 3219, BayObLG RR **00**, 945, Boecker MDR **07**, 1234. Dabei ist eine gewisse Auslegung statthaft, BayObLG RR **00**, 945. Es kann eine Bezugnahme auf angeheftete Anlagen reichen, BGH MDR **08**, 826. Aber Vorsicht! Bei einer zumindest auch künftigen Forderung muß das Gericht gerade auch insofern eindeutig formulieren, Diepenbroek NZS **04**, 587.

Der Vollstreckungsgegenstand muß auch für einen *Dritten* erkennbar sein, Rn 15–17, BGH Rpfleger **91**, 382, BFH NJW **90**, 2645, Ffm NJW **05**, 1961.

23 **B. Keine Überspannung.** In diesem Rahmen genügt grundsätzlich eine Bezeichnung der Forderung in allgemeinen Umrissen, BGH FamRZ **07**, 1008 links oben, Jena Rpfleger **00**, 225, Kblz Rpfleger **88**, 72. Freilich reichen bloße Vermutungen nicht, Mü DB **90**, 1916 (gleichzeitige Pfändung bei 264 Frankfurter Banken).

Man kann bei einer Erkennbarkeit für den Drittschuldner sogar einen *Alternativantrag* des Gläubigers zulassen, AG Heidelb MDR **85**, 680. Rückständige Zinsen hat das Gericht nur bei einer ausdrücklichen Bezeichnung auch im Pfändungs- und Überweisungsbeschluß wirksam mitgepfändet, Düss Rpfleger **84**, 473. Das Gericht muß etwaige gesetzliche Pfändungsbeschränkungen angeben, zB nach § 850c.

24 **C. Beispiele zur Frage des Ausreichens, I**

Alle denkbaren Forderungen und Unterlagen: *Nicht ausreichend* ist eine formularmäßige Darstellung einer Vielzahl von Bezeichnungen zur Pfändung „aller denkbaren Forderungen", LG Düss JB **81**, 1260, LG Trier Rpfleger **89**, 419, oder „alle denkbaren Steuerunterlagen", LG Augsb Rpfleger **95**, 372.

S auch Rn 32 „Sämtliche Forderungen", Rn 33 „Sozialversicherung".

Anlage: Die Bezugnahme auf eine Anlage reicht aus, soweit das Gericht die Anlage mit dem Beschluß fest verbindet und zusammen mit ihm ausfertigt und zustellt, Vollkommer Rpfleger **81**, 458.

Anspruchsmehrheit: Rn 30 „Mehrheit von Ansprüchen".

Anwaltsvertrag: Rn 26 „Drittschuldner".

Arbeitsamt: *Nicht ausreichend* ist die Bezeichnung der Forderung als einer solchen auf „alle Leistungen des Arbeitsamts", Düss Rpfleger **78**, 265.

Arbeitsförderungsgesetz: *Nicht ausreichend* sind: Die Bezeichnung der Forderung als einer solchen „gemäß §§ 35–55 AFG", LG Bln Rpfleger **84**, 426; die Bezeichnung „sämtliche laufenden Leistungen nach AFG gemäß § 54 SGB", BSG ZIP **82**, 1124, KG OLGZ **82**, 443.

Auskunft: Der Anspruch auf sie ist *nicht* isoliert pfändbar, AG Halle-Saarkreis JB **05**, 383.

Bankverbindung: *Nicht ausreichend* sind: Die Bezeichnung der Forderung lediglich als einer solchen „aus Bankverbindung mit der X-Bank", Ffm NJW **81**, 468; die Angabe „aus Sparkonten, Wertpapierdepots, Kreditzusagen oder Bankstahlfächern", LG Aurich Rpfleger **93**, 357, oder „aus offenen Kreditlinien", LG Essen RR **02**, 553. Beim Oder-Konto muß der Gläubiger zwecks Vermeidung der Verfügung eines weiteren Oder-Kunden auch dessen Rechte wenn möglich mitpfänden lassen, Drsd MDR **01**, 580. 25

Berufsunfähigkeitsrente: Rn 31 „Rente".

Bezugnahme: Rn 24 „Anlage".

Blankettpfändung: Ausreichend sein kann die Bezugnahme auf die Tabellen des § 850 c, BGH RR **05**, 870 (reichlich großzügig, besser Vorsicht!), aM ZöStö § 850 b Rn 16.

Bohrarbeiten: Ausreichend kann „wegen Bohrarbeiten" sein, BGH **86**, 338.

Bruttolohn: Ein solcher Titel kann reichen, § 253 Rn 46, LG Mainz Rpfleger **98**, 530.

Derzeitiges und künftiges Arbeitseinkommen: *Nicht ausreichend* kann diese Angabe sein, wenn es um die Zeit vor und in dem Pfändungsmonat geht, LAG Bre DB **02**, 104 (streng). 26

Drittschuldner: Der Gläubiger muß auch den Drittschuldner ebenso klar bezeichnen wie die Forderung, Brdb JB **03**, 48 (besondes bei einer Gesellschaft bürgerlichen Rechts). Bei einem Anspruch auf eine Auszahlung gegen den Anwalt eines Drittschuldners ist die Bezeichnung als „Verwahrung, Verwaltung, Geschäftsbesorgung" ausreichend, LG Bln Rpfleger **93**, 168. Eine Geschäfts- oder Betriebsbezeichnung ohne eine Angabe der Rechtsform oder des Inhabers kann reichen, LG Mü Rpfleger **06**, 664. Liebscher (vor Rn 1) hält die Erwähnung mehrerer Drittschuldner auf demselben Pfändungs- und Überweisungsbeschluß aus Gründen des Datenschutzes für verfassungswidrig. Wegen des Fehlens einer Passivlegitimation des Drittschuldners darf der Rpfl einen Pfändungsbeschluß nur dann ablehnen, wenn die Forderung in diesem Rechtsverhältnis unter keinen Umständen bestehen kann, AG Mayen Rpfleger **08**, 318.

Falsche Bezeichnung: Ausreichend ist eine falsche Bezeichnung, soweit das Gemeinte richtig erkennbar ist, wenn auch nur für die Beteiligten, LG Heilbr JB **95**, 665. 27

Das gilt zB: Bei der Angabe „Stadtbauamt" statt „Stadtgemeinde"; bei der Angabe „Miterbenanteil" (welcher?), LG Heilbr JB **95**, 665; bei der Angabe eines bestimmten Finanzamts, Hamm MDR **75**, 852; bei einer ungenauen oder falschen Angabe des Gläubigers; bei einer ungenauen oder falschen Angabe des Drittschuldners (bei einer Angabe der allein zur Vertretung der drittschuldenden Arbeitsgemeinschaft befugten Firma), AG Moers MDR **76**, 410 (vgl aber wegen einer ungenauen Bezeichnung auch Hamm MDR **75**, 852); bei der Angabe des Sohnes anstatt des Vaters als Schuldner.

Nicht ausreichend ist zB: Die Bezeichnung der Forderung als solchen auf die Lieferung von „Garagentoren" (Kaufvertrag) statt von „Garagen" (Werklieferungsvertrag).

Formular: Es muß individuell ausgefüllt werden, LG Aurich Rpfleger **97**, 394.

Geburtsdatum: Rn 31 „Rente".

GmbH: *Nicht ausreichend* ist die Pfändung der Forderung einer nicht im Handelsregister eingetragenen GmbH, Ffm Rpfleger **83**, 322.

Grundschuld: Ausreichend ist die Bezeichnung der Forderung als „aller aus der Teilung der Grundschuld zustehender oder anwachsender Ansprüche", BGH Rpfleger **91**, 382.

Nicht ausreichend ist es, wenn bei mehreren infrage kommenden Grundschulden die nähere Bezeichnung der zu pfändenden fehlt.

Handelsregister: Rn 27 „GmbH". 28

Hauptanspruch: Die Pfändung eines Anspruchs auf einen Schadensersatz wegen einer Nichterfüllung ergreift *nicht* den Hauptanspruch, BGH BB **00**, 432 (Kauf).

Haushaltsführung: Ausreichend ist die Bezeichnung als Anspruch aus einer nichtehelicher Haushaltsführung, LG Ellwangen JB **97**, 274 (großzügig).

Haushaltsmittel: *Nicht ausreichend* ist die Bezeichnung des Anspruchs als eines solchen „aus Haushaltsmitteln".

Hinterlegung: *Nicht ausreichend* ist die Bezeichnung des Anspruchs als eines solchen auf die Herausgabe „aus sämtlichen den Schuldner betreffenden Hinterlegungsgeschäften", KG Rpfleger **81**, 240, oder die bloße Angabe „sämtliche in Sonderverwahrung hinterlegten Wertpapiere", LG Münst Rpfleger **00**, 506.

Hypothek: Ausreichend ist eine falsche Bezeichnung des Hypothekenschuldners, solange der Gläubiger die Hypothek grundbuchmäßig richtig bezeichnet hat.

Jeder Rechtsgrund: *Nicht ausreichend* ist die Bezeichnung der Forderung als einer solchen „aus jedem Rechtsgrund". Das gilt selbst dann, wenn der Schuldner nur eine einzige Forderung gegen den Drittschuldner hat. 29

Kaufvertrag: Rn 28 „Hauptanspruch".

Konto: S „Kontoführende Stelle", „Laufende Geschäftsverbindung", Rn 32 „Sämtliche Forderungen", „Sämtliche Konten".

Kontoführende Stelle: Es reicht die Angabe der kontoführenden Stelle, Lieseke WertpMitt **75**, 318.

Laufende Geschäftsverbindung: Ausreichend ist die Bezeichnung der Forderung als einer solchen „aus laufender Geschäftsverbindung auf Auszahlung der gegenwärtigen und künftigen Guthaben nach erfolgter Abrechnung", BGH NJW **82**, 2195 rechte Spalte, Köln RR **99**, 1224, LG Oldb Rpfleger **82**, 12 („die Angabe der Konto-Nummern ist nicht notwendig"). Festgeld gehört hierher, Köln RR **99**, 1224, aM Karlsr RR **98**, 991 (aber man sollte wirtschaftlich denken).

Lebensversicherung: *Nicht ausreichend* ist die Bezeichnung „Forderung aus Lebensversicherung des Schuldners bei der Bundesknappschaft" (statt: Rente), AG Groß Gerau MDR **85**, 681.

Leistungsanspruch: Rn 28 „Hauptanspruch".

Lieferung und sonstige Leistung: *Nicht ausreichend* ist solche Fassung, Karlsr MDR **97**, 975.

30 **Mehrheit von Ansprüchen:** Ausreichend ist die Angabe näher bezeichneter Ansprüche des Schuldners gegen nicht mehr als drei bestimmte Geldinstitute am Wohnort des Schuldners, BGH NJW **04**, 2097 (Grenze: Ausforschung).

Nicht ausreichend ist die Bezeichnung „aus Anspruch" bei objektiv mehreren Ansprüchen, LG Ffm RR **89**, 1466 (es ist keine Nachbesserung zulässig).

S auch Rn 24 „Alle denkbaren Forderungen".

Mehrheit von Rechtsverhältnissen: Rn 28 „Sämtliche Forderungen".

Nebenanspruch: Man kann seine Mitpfändung nach Rn 11 bekräftigend in den Pfändungsbeschluß aufnehmen, LG Düss JB **08**, 268.

Nichterfüllung: Rn 28 „Hauptanspruch".

Notaranderkonto: *Nicht ausreichend* ist die bloße Kontoangabe ohne Kennzeichnung der Kontoart, BayObLG RR **00**, 945.

Pfändungsfreigrenze: Ihre Änderung wirkt automatisch beim einzelnen Beschluß, LG Heilbr Rpfleger **05**, 679, aM LGe Rottweil, Trier Rpfleger **05**, 680.

Primäranspruch: Rn 28 „Hauptanspruch".

31 **Rechtshängigkeit:** *Nicht ausreichend* ist die Bezeichnung der Forderung als einer solchen, etwa auf Schmerzensgeld, „soweit sie rechtshängig ist", aM LG Kassel Rpfleger **90**, 83 (aber dann müßte der Rpfl gerade diejenige Aufklärung betreiben, die er lt LG Kassel gerade nicht vornehmen soll).

Rente, dazu *Danzer* (vor Rn 1): Ausreichen kann die Angabe „gegenwärtige und künftige Altersrente", Celle Rpfleger **99**, 283, LG Brschw Rpfleger **00**, 508, aM LG Düss JB **03**, 655, LG Karlsr JB **03**, 656 (vgl aber Rn 1). Bei der Pfändung einer Rente nach § 54 III SGB I ist eine Angabe der Versicherungsnummer oder des Geburtsdatums grds nicht nötig, LG Heilbr JB **01**, 268, LSG Saarbr Breithaupt **87**, 614 (zustm von Einem DGVZ **88**, 2).

Nicht ausreichend ist bei der Pfändung einer Rentenabfindung die Angabe „gesamte Rentenbezüge", BSG BB **86**, 2132, oder eine Bündelung gegen mehrere künftige etwaige Rententräger in demselben Antrag, LG Bln Rpfleger **97**, 267.

S auch Rn 29 „Lebensversicherung", Rn 33 „Sozialgesetzbuch".

Restforderung: Der Gläubiger braucht nur sie anzugeben, LG Stendal JB **00**, 491.

„Rückübertragung von Forderungen für Sicherheiten": *Nicht ausreichend* ist die vorstehende Bezeichnung, LG Landshut JB **94**, 307.

S auch Rn 33 „Sicherheit".

32 **Sämtliche Forderungen:** Ausreichend ist die Bezeichnung als „alle Forderungen, insbesondere das Guthaben auf dem Konto Nr. ...", AG Groß Gerau MDR **81**, 1025.

Nicht ausreichend ist die Angabe „aus sämtlichen Ansprüchen" bei Dutzenden von Rechtsverhältnissen verschiedener Art, LG Münst MDR **89**, 464.

S auch Rn 24 „Alle denkbaren Forderungen", Rn 32 „Sämtliche Konten", Rn 31 „Rente", Rn 33 „Sozialversicherung".

Sämtliche Konten: Ausreichend ist die Bezeichnung der Forderung als „alle Guthaben sämtlicher Konten", BGH NJW **88**, 2544, Köln RR **99**, 1224, LG Siegen **98**, 605.

S auch „Sämtliche Forderungen".

Schadensersatz: Rn 28 „Hauptanspruch".

Schmerzensgeld: Rn 31 „Rechtshängigkeit".

Sekundäranspruch: Rn 28 „Hauptanspruch".

33 **Sicherheit:** Ausreichend ist die Bezeichnung der Forderung als einer solchen auf die „Rückübertragung aller gegebenen Sicherheiten", LG Bielef Rpfleger **87**, 116, strenger Kblz Rpfleger **88**, 72, LG Aachen Rpfleger **91**, 326, LG Trier Rpfleger **89**, 419.

Nicht ausreichend ist die Bezeichnung der Forderung als einer solchen auf die „Rückübertragung und Rückgabe von Sicherheiten", LG Aachen Rpfleger **90**, 215, LG Limbg NJW **86**, 3148, aM LG Bln Rpfleger **91**, 28, oder „der Überschüsse aus der Verwertung von Sicherheiten und von Teilen hiervon", AG Pforzheim JB **92**, 501 (aber welcher Teile?), oder „alle Sicherheiten", Fink MDR **98**, 751.

Sonstiger Rechtsgrund: *Nicht ausreichend* ist die Bezeichnung der Forderung als einer solchen „aus Verträgen oder sonstigen Rechtsgründen".

Sozialgesetzbuch: *Nicht ausreichend* ist die Bezeichnung der Forderung als einer solchen „gemäß § 19 SGB" oder „gemäß §§ 19, 25 SGB, soweit Pfändbarkeit gemäß § 54 SGB vorliegt", KG Rpfleger **82**, 74, aM Hamm Rpfleger **79**, 114. Den zur Zeit der Pfändung zuständigen Versicherungsträger muß man – nicht alternativ – angeben, LG Kblz Rpfleger **98**, 119.

S auch Rn 24 „Arbeitsförderungsgesetz", Rn 31 „Rente".

Sozialversicherung: *Nicht ausreichend* ist die Bezeichnung als „aus der Sozialversicherung", Köln OLGZ **79**, 484, oder als „alle Forderungen aus Sozialversicherung", Köln OLGZ **79**, 484, Kohte KTS **90**, 559.

Steuererstattung: Vgl zunächst Rn 13 „Steuererstattung". „Für das abgelaufene Kalenderjahr und alle früheren Kalenderjahre" reicht, BFH Rpfleger **99**, 501. Eine letzte Bestimmtheit ist wegen Auslegbarkeit nicht erforderlich, eine allzu großzügige Auslegung ist aber *unzulässig,* BFH Rpfleger **01**, 604 (ausf).

34 **Taschengeld:** *Nicht ausreichend* ist die Bezeichnung Taschengeld ohne nähere Angabe seiner jeweiligen Höhe, Hamm FamRZ **90**, 547, LG Aachen FER **97**, 234, AG Geilenkirchen DGVZ **97**, 43.

Teilleistung: *Nicht ausreichend* ist eine erkennbar unvollständige und widersprüchliche Aufstellung des Forderungsrests, LG Kassel DGVZ **08**, 46.

Unterhalt: Ausreichend sein kann der Prozentsatz des Minderunterhalts abzüglich Kindergeldanteil, (zum alten Recht), Jena Rpfleger **00**, 225.

Urkunde: Der Rpfl muß eine herauszugebende Urkunde, zB eine Verdienstabrechnung, im Beschluß genau bezeichnen, AG Köln DGVZ **94**, 157. Notfalls muß der Rpfl einen Ergänzungsbeschluß erlassen, § 836 III, LG Hann Rpfleger **94**, 221.

Versicherungsnummer: Rn 31 „Rente".

Wertpapier: Ausreichend ist die Bezeichnung der Fordrung als einer solchen auf die „Herausgabe von Wertpapieren aus Sonder- oder Drittverwahrung samt dem Miteigentumsanteil von Stücken im Sammelbestand", AG Pforzheim JB **92**, 703.

Nicht ausreichend ist die bloße Angabe „sämtliche in Sonderverwaltung hinterlegten Wertpapiere", LG Münst Rpfleger **00**, 506.

D. Verstoß. Kleine Ungenauigkeiten schaden also nicht, BGH **86**, 338, LG Aachen Rpfleger **83**, 119. **35**
Wesentliche Ungenauigkeiten machen die Pfändung unwirksam, BGH NJW **02**, 756, LG Freib JB **08**, 275 (je: keine Forderung), BAG NJW **89**, 2148, Ffm Rpfleger **83**, 322. § 185 II BGB ist unanwendbar, BGH NJW **02**, 757. Es entscheidet das bei einer sachgemäßen Auslegung Gemeinte, § 133 BGB, BGH **93**, 83. Man muß den Pfändungsbeschluß überhaupt in jeder Instanz in einer freien Würdigung aller Umstände nach dem objektiven Sinn auslegen, BGH NJW **88**, 2544 (zustm Schmidt JuS **89**, 65). Bei unterschiedlichen Bezeichnungen einer Forderung in Zahlen einerseits, Buchstaben andererseits gilt der geringere Betrag, ZöStö 9, aM Ffm **77**, 676 (die Pfändung sei dann nichtig. Aber es kommt auf die Gesamtumstände an). Dabei muß man freilich berücksichtigen, daß der Pfändungsbeschluß auch für einen weiteren Gläubiger des Schuldners deutlich sein muß, BGH NJW **83**, 886. Eine Tatsache außerhalb des Pfändungsbeschlusses kann seiner Auslegung oder gar nachbessernden Ergänzung nicht dienen. Sie würde nämlich den Pfändungsbeschluß ergänzen, Ffm Rpfleger **83**, 322, LG Ffm RR **89**, 1466. Das beachtet Köln RR **89**, 190 zu wenig.

E. Teilpfändung. Die Pfändung erfaßt in der Regel die volle Forderung, nicht nur einen dem Anspruch **36**
des Gläubigers entsprechender Teil der Forderung. Denn der Bestand und die Höhe der Forderung wären sonst zweifelhaft. Vgl auch Rn 57, 58 und § 803 Rn 8–10. Immerhin ist eine Teilpfändung möglich, sofern sie ausdrücklich erfolgt, BGH NJW **75**, 738, einschließlich der Rangfolge der Teile. Bei einer gesamtschuldnerischen Haftung muß man diese angeben, auch bei § 128 HGB, LG Bln Rpfleger **76**, 223. Zinsen, andere Nebenleistungen, Prozeß- und Vollstreckungskosten einschließlich derjenigen des Pfändungsbeschlusses muß man mit angeben, LG Gött JB **84**, 141, ZöStö 7, aM Lappe Rpfleger **83**, 248 (aber es muß Klarheit auch über diese oft ja keineswegs unerheblichen Teile der Gesamtforderung bestehen).

7) Verbot an den Drittschuldner, I. Den zweiten Teil des Pfändungsbeschlusses bildet das Verbot an **37**
den Drittschuldner.

A. Inhalt. Das Gericht muß dem auch nach § 18 Rn 5 ff genau zu bezeichnenden Drittschuldner verbieten, dem Schuldner etwas zu zahlen (sog Arrestatorium). Drittschuldner ist der Schuldner des Vollstreckungsschuldners. Wer wiederum dies ist, das ergibt sich aus dem sachlichen Recht.

B. Beispiele zur Frage der Stellung des Drittschuldners, I **38**

Anderkonto: Eine Zahlung des Drittschuldners auf das mit dem Schuldner vereinbarte Anderkonto des Notars befreit den Dritttschuldner, wenn man sie dem Anderkonto vor der Pfändung gutschreibt, BGH NJW **89**, 230, sonst nicht, aM Brdb RR **99**, 1371 (aber erst die Gutschrift bringt die Forderung frühestens zum Erlöschen). Bei der Pfändung des Anspruchs auf eine Auskehrung des Hinterlegungsbetrags ist der Notar und nicht die Bank der Drittschuldner, BayObLG BB **00**, 588.

Arbeitnehmersparzulage: Bei der Pfändung der Arbeitnehmersparzulage ist an sich der Staat der Drittschuldner. Trotzdem muß man praktisch den Arbeitgeber als den Drittschuldner behandeln, BAG NJW **77**, 75.

Aufrechnung: Ein gesetzliches Aufrechnungsverbot steht der Wirksamkeit der Pfändung nicht entgegen.

Auslandszustellung: Rn 41 „Zustellungsproblem".

Eigene Forderung: Rn 40 „Schuldner". **39**

Fehlen eines Drittschuldners: Hier gilt § 857 II.

Finanzamt: Es gilt evtl nach § 46 VII AO als Drittschuldner, BGH Rpfleger **06**, 133.

Gerichtsvollzieher: S zunächst Rn 40 „Partei kraft Amts". Der Gerichtsvollzieher kann nicht der Drittschuldner sein, wenn er für den Schuldner bei dessen Schuldner pfändet.

Gläubiger: Auch der Gläubiger kann der Drittschuldner sein. Dieser Umstand kann vor allem dann eine Bedeutung haben, wenn der Gläubiger keine Aufrechnung vornehmen darf, Rn 38 „Aufrechnung".

S auch Rn 40 „Schuldner".

Hinterlegung: Bei der Pfändung, die auch eine hinterlegte Sache betrifft, ist die Hinterlegungsstelle die Drittschuldnerin, BGH DB **84**, 1392.

S auch Rn 38 „Anderkonto", Rn 41 „Verwahrung".

Partei kraft Amts: Auch eine Partei kraft Amts kann die Drittschuldnerin sein. **40**

S aber auch Rn 39 „Gerichtsvollzieher".

Pfändungspfandrecht: Bei der Pfändung einer Forderung, zu deren Gunsten ein Pfändungspfandrecht besteht, darf der Rpfl den Schuldner des Drittschuldners in den Pfändungsbeschluß aufnehmen, LG Ffm Rpfleger **76**, 26.

Schuldner: Auch der Schuldner kann der Drittschuldner sein, wenn der Gläubiger eine eigene Forderung pfändet. Das kann nämlich seine Stellung gelegentlich verbessern, Rn 13.

S auch Rn 39 „Gläubiger".

Sozialleistung: Bei ihrer Pfändung ist zunächst der zuständige Sozialversicherungsträger der Drittschuldner. Bei der Kontenpfändung wird dann die Bank die Drittschuldnerin. Sie braucht § 55 IV SGB nicht zu beachten, § 850 i Rn 4.

Verwahrung: Bei der Pfändung, die auch eine verwahrte Sache mitbetrifft, ist die verwahrende Stelle die **41**
Drittschuldnerin.

S auch Rn 39 „Hinterlegung".

Zustellungsproblem, dazu *Münzberg,* Anfechtung und Aufhebung von Zustellungen?, Festschrift für *Zöllner* (1999) 1203 (auch zur InsO): Ein voraussichtliches Zustellungsproblem etwa wegen einer Auslandszustellung darf das Gericht nicht daran hindern, den Pfändungsbeschluß zu erlassen, Ffm MDR **76**, 321. Ein Zahlungsverbot eines ausländischen Vollstreckungsorgans an einen ausländischen Arbeitgeber wegen eines inländischen, hier ansässigen Schuldners ist unbeachtlich, BAG BB **97**, 1642. Das Verbot ist für die Wirksamkeit der Pfändung wesentlich. Der Gerichtsvollzieher muß die Nämlichkeit des Schuldners bei der Zustellung wenigstens nach dessen Anschrift klären, aM AG Rastatt JB **02**, 440 (aber wo liegen die Grenzen?). Ein Verstoß macht die Pfändung unwirksam.

Vgl im übrigen Rn 84.

42 **8) Gebot an den Schuldner, I.** Den dritten Teil des Pfändungsbeschlusses bildet das Gebot an den Schuldner. Das Gericht muß dem Schuldner gebieten, sich jeder Verfügung über die Forderung zu enthalten, insbesondere ihrer Einziehung (sog Inhibitorium). Es handelt sich um ein relatives Verfügungsverbot, Mü NJW **78**, 1439, aM Fahland, Das Verfügungsverbot nach §§ 135, 136 BGB in der Zwangsvollstreckung usw, Diss Bln 1976 (es handle sich um eine bloße Sollvorschrift, aM Peters ZZP **90**, 309). Derjenige Pfändungsbeschluß, den der Gerichtsvollzieher dem Gesellschafter einer Offenen Handelsgesellschaft zugestellt hat, wirkt nicht gegen die OHG und umgekehrt. Das Gebot ist für die Wirksamkeit der Pfändung nicht wesentlich, Rn 84 ff. Auch (jetzt) § 21 II Nr 2 InsO bildet ein Verfügungsverbot, BGH **135**, 142 (abl Häsemeyer ZZP **111**, 83, zustm Marotzke JR **98**, 28).

43 **9) Pfändung einer gepfändeten Forderung, I.** Über diesen Fall fehlen Vorschriften. Eine solche Pfändung geschieht wie eine Erstpfändung. Bei einer Wechselforderung usw ist eine Anschlußpfändung möglich, § 831, sonst nicht. Der Rang der Pfandrechte richtet sich auch hier nach dem Zeitvorrang, § 804 III, BGH **82**, 32. Das gilt aber nur im Verhältnis der Gläubiger zueinander. Eine Überweisung zur Einziehung läßt den Rang unberührt. Daher ist ihr Zeitpunkt unerheblich. Eine Überweisung an Zahlungs Statt bringt die Forderung des Gläubigers zum Erlöschen. Das gilt aber nur vorbehaltlich entstandener Rechte. Eine Hinterlegung durch den Drittschuldner richtet sich nach § 853.

44 **10) Berichtigung; Änderung, I.** Eine Berichtigung ist im Rahmen von §§ 319, 329 jederzeit von Amts wegen statthaft und notwendig. Eine darüber hinausgehende Änderung ist unzulässig, §§ 318, 329.

45 **11) Grundsatz: Parteizustellung, II 1, 2.** Der Gläubiger muß den Pfändungsbeschluß zustellen lassen, §§ 166–207. Deshalb muß das Gericht den Beschluß dem Gläubiger formlos übermitteln, § 329 II 1. Der Pfändungsbeschluß entsteht mit seiner Hinausgabe, § 329 Rn 23, Schlesw Rpfleger **78**, 388. Durch diese Hinausgabe wird aus dem Pfändungsbeschluß aber noch nicht automatisch eine wirksame Pfändung, Boekker MDR **07**, 1235.

46 **12) Zustellung an den Drittschuldner, II 1.** Mit ihr tritt die Rechtswirkung der Pfändung ein, BGH BB **05**, 735. Sie hat klare Anforderungen.

A. Gläubigerobliegenheit. Der Gläubiger muß den Pfändungsbeschluß zwingend jedem Drittschuldner zustellen, III, BayObLG Rpfleger **85**, 58, LG Kassel MDR **97**, 1033, AG Nordhorn DGVZ **99**, 127, also dem Schuldner des zu pfändenden Rechts. Diese Zustellung erfolgt im Parteibetrieb, II 1, §§ 191 ff, auch § 193, BGH NJW **81**, 2256, AG Haßfurt DGVZ **08**, 81, AG Regensb DGVZ **08**, 83. Freilich kann der Gläubiger die Vermittlung der Geschäftsstelle beanspruchen, § 192 III, AG Nordhorn DGVZ **99**, 127 (aber nicht nach § 195). Diese Zustellung ist für die Wirksamkeit der Pfändung wesentlich, BFH NJW **91**, 1975 (Herausgabe zwecks Zustellung), Celle JB **97**, 495, SG Speyer MDR **87**, 171. Sie reicht bei einer künftigen Forderung und folgender Insolvenz evtl nicht aus, BFH BB **05**, 1488 (evtl Unwirksamkeit). Eine Ersatzzustellung nach §§ 180 ff ist statthaft, AG Itzehoe DGVZ **94**, 126, AG Köln DGVZ **88**, 123, auch an den Drittschuldner für den Schuldner, LG Siegen JB **95**, 161, aber nicht an den Schuldner für den Drittschuldner. Eine öffentliche Zustellung ist statthaft. Denn § 185 verlangt nur eine „Person", nicht eine Partei. Rechtshandlungen, die man in Unkenntnis der Ersatzzustellung vornimmt, wirken entsprechend §§ 1275, 407 BGB gegen den Gläubiger.

47 **B. Einzelfragen.** Bei einer Gesellschaft bürgerlichen Rechts reicht die Zustellung an den einen Gesellschafter privat, AG Miesbach JB **06**, 441. Bei einer Anwaltssozietät ist eine Zustellung an jeden Sozius notwendig. Denn § 84 ist hier unanwendbar (der Drittschuldner ist kein „Bevollmächtigter" einer Partei), AG Köln DGVZ **88**, 123. Bei einer Gütergemeinschaft muß der Gläubiger den Pfändungsbeschluß wegen einer Gesamtgutsverbindlichkeit dem verwaltenden Ehegatten zustellen, evtl also beiden Ehegatten. Wenn der Schuldner ein Erbe ist, braucht der Gläubiger den Pfändungsbeschluß dem Testamentsvollstrecker nicht zuzustellen, § 2213 BGB. Bei einer Erbengemeinschaft muß der Gläubiger die Pfändung eines Anteils allen zustellen, nicht nur dem Nachlaßpfleger, LG Kassel MDR **97**, 1033.

48 *Beim Fiskus* als Schuldner muß der Gläubiger den Pfändungsbeschluß der zur Vertretung des Fiskus berufenen Stelle zustellen, § 18 Rn 5–8, und bei der Pfändung einer Sozialleistung der Bundesagentur für Arbeit, nicht der lokalen Arbeitsagentur, LG Mosbach Rpfleger **82**, 297. Vielfach ist in den hierauf bezüglichen Bestimmungen eine besondere Stelle für die Vertretung bei derartigen Zustellungen vorhanden. Maßgeblich ist natürlich der Eingang auf der Posteinlaufstelle der Behörde, nicht erst derjenige beim Sachbearbeiter, aM LAG Hamm MDR **83**, 964 (aber das widerspricht einem allgemein anerkannten Zugangsgrundsatz). Es wäre meist eine sinnlose Förmelei nach Einl III 37, wenn sich derjenige Gläubiger, der zugleich der Drittschuldner ist, den Pfändungsbeschluß selbst zustellen müßte, aM Ahrens ZZP **103**, 47 (wegen einer seltenen Ausnahme). Dann reicht vielmehr die Kenntnis des Gläubigers aus. Weitere Einzelheiten Noack DGVZ **81**, 33.

49 **C. Verstoß.** Eine etwa vorgenommene Amtszustellung nach §§ 166 ff wäre wirkungslos. Eine Zustellung an den Schuldner ersetzt diejenige an den Drittschuldner nicht, Rn 38. Ein Verstoß gegen die Vorschrift ist nach § 189 heilbar, so schon BGH Rpfleger **80**, 183. Diejenige Zustellung einer beglaubigten Ablichtung oder Abschrift, die anstelle der Unterschrift des Rpfl nur ein Fragezeichen aufweist, bewirkt aber keine Pfändung beim Drittschuldner, BGH NJW **81**, 2256.

13) Zustellung an den Schuldner, II 2. Auch sie erfordert Sorgfalt. 50

A. Gerichtsvollzieherpflicht. Der Gerichtsvollzieher muß den Pfändungsbeschluß im Parteibetrieb nach §§ 191 ff jedem Schuldner zustellen, BGH MDR **98**, 1049, AG Haßfurt DGVZ **08**, 81, Seip DGVZ **08**, 76, aM AG Regensb DGVZ **08**, 83 (Amtszustellung). Das geschieht grundsätzlich sofort und ohne einen weiteren Antrag zusammen mit einer Ablichtung oder Abschrift der Urkunde über die Zustellung an den Drittschuldner. Auf ein ausdrückliches Verlangen des Schuldners muß die Zustellung an ihn schon vor derjenigen an den Drittschuldner erfolgen, § 157 Z 1 GVGA, damit er sich alsbald wehren kann. Diese Maßnahme gehört zu den Amtspflichten des Gerichtsvollziehers zum Schutz des Schuldners, Art 34 GG, § 839 BGB, LG Stgt DGVZ **90**, 15. Der Gläubiger kann also diese Aufgabe des Gerichtsvollziehers grundsätzlich nicht durch irgendwelche Weisungen ändern, LG Stgt DGVZ **90**, 15 (auch bei § 845). Er kann auch die Zustellung an den Schuldner nicht selbst wirksam vornehmen. Wenn der Gläubiger eine Forderung des Schuldners an den Gläubiger pfändet, muß der Gerichtsvollzieher den Pfändungsbeschluß dem Gläubiger zustellen, § 857 II ist unanwendbar, aM ZöStö 14. Wenn die Geschäftsstelle die Zustellung an den Drittschuldner vermittelt hatte, muß sie auch die Zustellung an den Schuldner vermitteln.

B. Einzelfragen. Zur Zustellung an den Schuldner im Ausland genügt die Aufgabe zur Post, §§ 184, 193, Hornung DGVZ **04**, 87 (ausf). Wegen der Zustellung an den Drittschuldner § 828 Rn 1. Auch eine Zustellung im Ausland kommt unproblematisch in Betracht (bevorstehende Änderung von §§ 28 II, 59 III Z 1 ZRHO). Bei einer BGB-Gesellschaft kann die Zustellung an nur einen Gesellschafter genügen, Celle Rpfleger **04**, 508. Wenn eine öffentliche Zustellung nach §§ 185 ff erforderlich werden würde, darf die Zustellung ganz unterbleiben, II 2. Wenn der Schuldner einen ProzBev hatte, muß der Gerichtsvollzieher den Pfändungsbeschluß dem ProzBev zustellen, §§ 81, 172. Etwas anderes gilt, wenn der Rechtsstreit schon lange Zeit zurückliegt und wenn zwischen dem Anwalt und dem Schuldner keine Verbindung mehr besteht. 51

C. Verstoß. Die Zustellung an den Schuldner ist für die Wirksamkeit der Pfändung nicht wesentlich. Weitere Einzelheiten Noack DGVZ **81**, 33. 52

14) Vollendung der Pfändung, III. Sie hat zentrale Bedeutung. 53

A. Zustellung. Bewirkt ist die Pfändung einer bereits *bestehenden* Forderung mit der Zustellung des Pfändungsbeschlusses an den Drittschuldner, BGH **157**, 354, bei mehreren Gesamthandschuldnern erst mit der Zustellung an den letzten, BGH MDR **98**, 1049, vgl freilich § 170 III, Ahrens ZZP **103**, 51. Das gilt auch dann, wenn der Gläubiger selbst der Drittschuldner ist. Der Gläubiger kann trotz § 173 Z 2 GVGA bestimmen, daß das Gericht jedem für einen Drittschuldner zuständigen Gerichtsvollzieher eine Ausfertigung zur Zustellung erteilt und daß nur einer von ihnen nach dem Erhalt aller dieser Zustellungsurkunden dann dem Schuldner zustellt, Zimmermann DGVZ **97**, 87. Die Pfändung muß man von der Überweisung nach § 835 unterscheiden. Die Zustellung an den Schuldner ist für die Wirksamkeit der Pfändung unerheblich.

Bei einer *künftigen* Forderung entsteht das Pfändungspfandrecht erst mit der Forderung, BGH **157**, 354. Das ist bei einer sog Kreditlinie der Abruf des Bankkunden, BGH **157**, 354.

B. Wirkung. Die Pfändung bewirkt genau wie bei einer körperlichen Sache folgendes: Die Forderung wird beschlagnahmt (Verstrickung), Üb 6 vor § 803, BGH **100**, 43. Der Gläubiger erhält ein Pfändungspfandrecht, Üb 7 vor § 803, Boecker MDR **07**, 1237. Beides ist auch hier untrennbar miteinander verbunden. Das Pfändungspfandrecht ist nicht abhängig, Üb 7, 8 vor § 803, § 804 Rn 3. Die Verstrickung und das Pfändungspfandrecht können nur dann wirksam entstehen, wenn die „angebliche" Forderung wirklich besteht und auch zum Vermögen des Schuldners gehört, Rn 20. Die Grundsätze des sachlichen Rechts über das Pfandrecht sind auch hier nur mit großer Zurückhaltung anwandbar. Ihre sinngemäße Anwendung ist aber häufig unentbehrlich. 54

C. Beispiele zur Frage einer Wirkung, III 55

Abtretung: Eine vorherige Abtretung macht die folgende Pfändung wirkungslos, BGH **100**, 42, Schlesw FGPrax **97**, 54, LAG Hamm MDR **92**, 786 (zustm Tiedtke JZ **93**, 76). Das gilt auch bei einer bloßen Sicherungsabtretung, LG Bln KTS **89**, 207. Daran ändert sich auch durch eine erfolgreiche Anfechtung der Abtretung nichts, BGH **100**, 42, aM LAG Hamm MDR **92**, 786, Schmidt JZ **87**, 895 (aber die Pfändung ging zumindest zunächst ins Leere).

Beweisurkunde: Die Verstrickung und das Pfändungspfandrecht erfassen auch jede Beweisurkunde wie einen Schuldschein nach § 952 BGB oder ein solches Pfandrecht, das für diese Forderung besteht, oder eine solche Hypothek, die für die Forderung später entsteht. Dann muß das Grundbuchamt auf einen Antrag ein Pfandrecht an der Hypothek eintragen, sobald es den Nachweis der Pfändung hat.

Hypothek: S „Beweisurkunde" Rn 58 „Teilpfändung".

Mehrere Forderungen: Bei ihrer Pfändung berührt die Unwirksamkeit der Pfändung der einen Forderung die Wirksamkeit der Pfändungen der anderen Forderung(en) nicht stets, KG Rpfleger **76**, 327. 56
S auch Rn 58 „Zweifel".

Nebenrecht: Rn 58 „Zinsen".

Restforderung: Natürlich begrenzt der Pfändungsbeschluß den Pfändungsumfang. Es kann daher ein pfandfreier Restbetrag der Forderung verbleiben.

Schuldschein: Rn 55 „Beweisurkunde". 57

Sicherungsabtretung: Rn 55 „Abtretung".

Teilpfändung: Eine Pfändung „in Höhe des Anspruchs" hat bei einer den Betrag des gepfändeten Rechts nicht erreichenden Forderung regelmäßig die Bedeutung einer Teilpfändung. Die Hypothek zerfällt also in einen gepfändeten und in einen pfändungsfreien Teil. Daher bestimmt sich die Verfügungsbefugnis des Schuldners über den pfandfreien Teil in ihrer Höhe nach dem Stand derjenigen Forderung, um deren Beitreibung es geht, im Zeitpunkt der Verfügung. Bei einer gleichzeitigen Zinspfändung ist der gepfändete Betrag unbestimmt. Dann ist die Pfändung eines Teilbetrags nicht eintragungsfähig. Es empfiehlt sich deshalb dringend, bei einer Hypothek die Pfändung „in voller Höhe" zu beantragen.

58 **Unmöglichkeit:** Eine nach der Pfändung eintretende Unmöglichkeit der Leistung wirkt auch gegenüber dem Gläubiger.

Verfügung des Schuldners: Eine solche nach der Zustellung des Pfändungsbeschlusses an den Drittschuldner ist dem Gläubiger gegenüber unwirksam, Stgt Rpfleger **75**, 408 (das Gericht nennt freilich auch die Zustellung an den Schuldner. Vgl aber Rn 50–52).

Zeitpunkt: Die Pfändung ergreift die Forderung nur in demjenigen Umfang, in dem eine Forderung gerade dieses Schuldners im Zeitpunkt der Zustellung des Pfändungsbeschlusses an den Drittschuldner besteht, BGH NJW **88**, 495, Celle JB **97**, 495, Köln BB **98**, 2131, aM Schilken Festschrift für Lüke (1997) 714 (aber das Verhältnismäßigkeitsgebot nach Einl III 23, § 803 Rn 1 gilt auch hier).

Zinsen: Die Beschlagnahme und das Pfändungspfandrecht ergreifen außer der Hauptforderung auch die zugehörigen Forderungen auf *Zinsen,* insbesondere Verzugszinsen, und unselbständige Nebenrechte, BGH NJW **06**, 217, Boecker MDR **07**, 1234, mit Ausnahme rückständiger, Düss WertpMitt **84**, 1431, und später entstehender, §§ 832, 833 I. Das ergibt sich aus § 401 BGB (einschließlich einer Vormerkung, Ffm Rpfleger **75**, 177), § 1289 BGB. Etwas anderes gilt bei einer Hypothek, § 830 III. Bei der Pfändung einer Forderung „zuzüglich Zinsen und Kosten" erfolgt die Wirkung zugunsten des jeweils fälligen Betrags.

Zweifel: Im Zweifel ist die gesamte Forderung gepfändet, BGH NJW **75**, 738. Das gilt auch bei mehreren zu pfändenden Forderungen bis zur Gesamthöhe der Vollstreckungssumme, BGH NJW **75**, 738, StJM 74, ZöStö 11, aM Paulus DGVZ **93**, 132 (aber das wäre wenig lebensnah).

59 **15) Stellung des Gläubigers nach der Pfändung, I–III**

A. Inhalt. Der Gläubiger steht im wesentlichen wie ein Faustpfandgläubiger vor dem Verfall nach dem BGB da. Der Gläubiger darf alles tun, um sein Pfandrecht zu erhalten. Der Gläubiger darf vor der Überweisung nach § 835 Rn 5 nicht über die Forderung verfügen. Soweit danach ein Zusammenwirken des Gläubigers und des Schuldners zu einer ordnungsgemäßen Wahrung der Rechte aus der Pfändung oder zur Erhaltung der Forderung nötig ist, sind beide einander zur Mitwirkung verpflichtet. Der Gläubiger kann gegenüber dem Schuldner formlos auf die Rechte aus der Pfändung verzichten.

60 **B. Beispiele zur Frage der Stellung des Gläubigers, I**

Abtretung: Vor der Überweisung nach § 835 Rn 5 darf der Gläubiger die Forderung nicht abtreten. Bei einer zur Sicherung abgetretenen Forderung kann der Gläubiger nur die Rückabtretung an den Vollstreckungsschuldner fordern, nicht aber die Abtretung nunmehr an sich selbst, Ffm MDR **84**, 228, strenger Düss VersR **99**, 1009 (nicht einmal das erstere). Die Pfändung des Anspruchs auf den Rückkaufswert einer sicherheitshalber abgetretenen Lebensversicherung geht ins Leere. Denn sie umfaßt nicht auch den Anspruch auf die Rückabtretung, Düss NVersZ **00**, 218. Eine Abtretung der Forderung auf künftige Bezüge kann wegen einer vorangegangenen Pfändung unwirksam sein, BGH NJW **07**, 81 (zu § 114 InsO).

Anfechtung: Vor der Überweisung nach § 835 Rn 5 darf der Gläubiger bei einem gepfändetem Anspruch auf ein Altersruhegeld nicht den Verrechnungsbescheid eines Versicherungsträgers anfechten, BSG BB **90**, 2049.

Arrest: Der Gläubiger darf einen Arrest gegen den Drittschuldner erwirken, LG Bln MDR **89**, 76.

Aufrechnung: Vor der Überweisung nach § 835 Rn 5 darf der Gläubiger nicht mit der Forderung aufrechnen.

61 **Einmischungskläger:** Der Gläubiger kann nicht zum Einmischungskläger werden, § 64.

Einziehung: Vor der Überweisung nach § 835 Rn 5 darf der Gläubiger die Forderung nicht einziehen.

Erfüllungsklage: Der Gläubiger darf gegen den Drittschuldner auf die Erfüllung klagen, § 835 Rn 5 ff, VGH Kassel NJW **92**, 1253 (und zwar auf demjenigen Rechtsweg, den der Schuldner einschlagen müßte). S auch Rn 63 „Künftige Leistung".

Erlaß: Vor der Überweisung nach § 835 Rn 5 darf der Gläubiger die Forderung dem Schuldner nicht erlassen.

Familiensache: Für einen Antrag des Gläubigers bleibt das FamG zuständig, Hamm FamRZ **78**, 602.

Feststellungsklage: Der Gläubiger darf gegen den Drittschuldner auf die Feststellung des Bestehens seiner Forderung und gegen einen sonstigen Dritten auf die Feststellung des Fehlens einer Forderung dieses Dritten klagen, LG Bln MDR **89**, 76.

Hinterlegung: Der Gläubiger darf eine Hinterlegung fordern.

62 **Insolvenz:** Der Gläubiger darf die Forderung zur Tabelle anmelden, LG Bln MDR **89**, 76. Eine Pfändung vor der Insolvenzeröffnung oder eine Zwangshypothek ergeben ein Absonderungsrecht mit einer Kostenbeteiligungspflicht. Eine Pfändung im letzten Monat vor dem Insolvenzantrag mit einer Eröffnung ist unwirksam, Helwich DGVZ **98**, 51, 53. Die Pfändung von Arbeitseinkommen verliert grds mit der Insolvenzeröffnung ihre Wirkung (Ausnahme: Unterhalts- und Deliktsgläubiger), Helwich DGVZ **98**, 52.

Kontokorrent: Die Bank kann den „Zustellungssaldo" nicht nach ihren Allgemeinen Geschäftsbedingungen mit einer Wirkung gegenüber dem Pfändungsgläubiger wegen einer nach der Pfändung erworbenen Forderung gegen ihn verringern, BGH NJW **97**, 2323.

63 **Kündigung:** Vor einer Überweisung nach § 835 Rn 5 darf der Gläubiger nicht ohne den Schuldner kündigen.

Künftige Leistung: Der Gläubiger darf gegen den Drittschuldner auf die Abführung des pfändbaren Teils des künftigen Arbeitsentgelts des Schuldners klagen, soweit die Voraussetzungen des § 259 vorliegen, meist also schon bei einem Verstoß des Drittschuldners gegen § 840, LAG Hamm BB **92**, 784.

Leistung an Gläubiger und Schuldner: Der Gläubiger darf auf eine solche Leistungsart klagen.

Leistung nur an Dritten: Der Gläubiger darf auf eine Leistung auch dann klagen, wenn der Schuldner sie nach dem Vollstreckungstitel nur an einen solchen Dritten erbringen muß, der noch keine Einziehung verfügt hat, Köln Rpfleger **90**, 412, LG Aachen Rpfleger **90**, 411. Die Klage erfordert eine Streitverkündung, § 841.

Rechtsgestaltung: Vor der Überweisung nach § 835 Rn 5 darf der Gläubiger keine rechtsgestaltende Erklärung anstelle des Schuldners abgeben. **64**

Rückabtretung: Rn 60 „Abtretung".

Sicherungsmaßnahme: Der Gläubiger darf eine Sicherungsmaßnahme gegen den Drittschuldner erwirken, LG Bln MDR **89**, 76 (Arrest).

Streithilfe: Der Gläubiger kann Streithelfer werden, wenn die Forderung rechtshängig ist. Denn dann wird er nach § 265 der Rechtsnachfolger des Schuldners.

Überweisung: Der Gläubiger darf nach ihr auf eine Leistung an ihn allein klagen, BGH NJW **78**, 1914.

Umschreibung: Vor der Überweisung nach § 835 Rn 5 darf der Gläubiger die Vollstreckungsklausel nicht auf sich allein umschreiben lassen.

Verfügung: Vor der Überweisung nach § 835 Rn 5 darf der Gläubiger nicht irgendwie über die Forderung verfügen. Vgl bei den einzelnen Verfügungsarten.

Verjährung: Der Gläubiger darf die Verjährung hemmen, BGH NJW **78**, 1914, LG Bln MDR **89**, 76. **65**

Vertragsübernahme: Die Pfändung kann wegen § 184 I BGB rückwirken, Karlsr JB **07**, 606.

Verzicht: Vor der Überweisung nach § 835 Rn 5 darf der Gläubiger nicht auf die Forderung verzichten.

Wechselprotest: Der Gläubiger darf einen Wechsel protestieren, LG Bln MDR **89**, 76.

16) Stellung des Schuldners nach der Pfändung, I–III **66**

Schrifttum: *Fahland,* Das Verfügungsverbot nach §§ 135, 136 BGB in der Zwangsvollstreckung und seine Rechtsbeziehung zu anderen Pfändungsfolgen (1976) 66 ff.

A. Inhalt. Die gepfändete Forderung bleibt bis zur Überweisung im Vermögen des Schuldners, BGH NJW **86**, 423, Oldb MDR **98**, 61 rechts. Die Pfändung beschränkt den Schuldner aber nur zugunsten des Gläubigers in der Verfügung, I 2, §§ 135, 136 BGB, Köln RR **94**, 1519, Oldb MDR **98**, 61 rechts, Hasse VersR **05**, 19. Der Schuldner muß sich daher nicht „jeder Verfügung über die Forderung enthalten", wie I zu weit sagt. Er darf vielmehr verfügen, soweit er das Pfandrecht nicht beeinträchtigt, BGH **100**, 42, Oldb MDR **98**, 61 rechts, BFH Rpfleger **07**, 672, aM Köln RR **94**, 1519 (zur Überpfändung). Er darf auch Sicherungsmaßnahmen wie der Gläubiger vornehmen, Oldb MDR **98**, 61 rechts. Wenn der Gläubiger und der Schuldner dieselben Rechte haben, wirkt ein Urteil wegen des einen nicht wegen des anderen. Etwas anderes gilt dann, wenn die Pfändung der Rechtshängigkeit nachfolgt und wenn das Urteil auf eine Zahlung an den Gläubiger lautet oder wenn das Gericht die Klage abweist, weil die Forderung nicht besteht.

Wenn der Gläubiger und der Schuldner *gemeinsam* klagen, sind sie gewöhnliche Streitgenossen, § 59. In dem zugrunde liegenden Rechtsverhältnis beschränkt eine Pfändung den Schuldner nicht. Der Schuldner darf sein Dienstverhältnis kündigen. Er darf auch einen Mietvertrag kündigen, soweit das nicht nur zum Schein geschieht und soweit keine wirkliche sachliche Änderung eintritt, sofern also der Schuldner etwa sofort neue Räume statt der alten gewährt. Eine Verfügung in der Zwangsvollstreckung steht einer Verfügung des Schuldners gleich.

Bei einem *Verstoß* gelten §§ 135, 136 BGB.

B. Beispiele zur Frage der Stellung des Schuldners, I **67**

Antragsumstellung: Rn 69 „Leistungsklage".

Arrest: Vor der Überweisung nach § 835 Rn 5 darf der Schuldner einen Arrest erwirken, hinterher nicht mehr, aM Oldb MDR **98**, 61 rechts.

Aufrechnung: Vor der Überweisung nach § 835 Rn 5 darf der Schuldner keine Aufrechnung erklären (später erst recht nicht).

Auskunftsanspruch: Vor der Überweisung nach § 835 Rn 5 darf der Schuldner einen titulierten Auskunftsanspruch gegen den Drittschuldner vollstrecken, und zwar einschließlich eines Vorschusses nach § 887, Rn 70 „Vertretbare Leistung".

Ausschlagung: Rn 68 „Grundverhältnis".

Einstweilige Verfügung: Vor der Überweisung nach § 835 Rn 5 darf der Schuldner eine einstweilige Verfügung erwirken.

Einziehung: Vor der Überweisung nach § 835 Rn 5 darf der Schuldner die Einziehung weder gewähren noch irgendwie mitbewirken helfen; später erst recht nicht. Auch eine satzungsgemäße Einziehung des Gesellschafteranteils dürfte unzulässig sein, falls das Entgelt zur Befriedigung des Gläubigers nicht ausreicht oder unter dem Verkehrswert liegt.

Erlaß: Vor der Überweisung nach § 835 Rn 5 darf der Schuldner keinen Schulderlaß herbeiführen, später erst recht nicht.

Feststellungsklage: Vor der Überweisung nach § 835 Rn 5 darf der Schuldner auf eine Feststellung klagen. **68**

Gesellschafteranteil: Rn 67 „Einziehung".

Grundverhältnis: Vor der Überweisung nach § 835 Rn 5 darf der Schuldner über das der Forderung zugrunde liegende Rechtsverhältnis verfügen, zB den Mietvertrag kündigen oder eine Erbschaft ausschlagen, soweit ein solcher Schritt nicht die gepfändete Forderung beeinträchtigt.

Hinterlegung: Vor der Überweisung nach § 835 Rn 5 darf der Schuldner eine vorläufig vollstreckbare Forderung zur Hinterlegung beitreiben, Münzberg DGVZ **85**, 145.

Hypothek: Rn 69 „Kündigung".

Insolvenz: Vor der Überweisung nach § 835 Rn 5 darf der Schuldner die Forderung zur Tabelle anmelden. **69**

Kündigung: Vor der Überweisung nach § 835 Rn 5 darf der Schuldner kündigen. Dabei benötigt er eine Zustimmung des Gläubigers nur im Rahmen des § 1283 BGB, also insbesondere bei einer Hypohek.

Der Gläubiger darf auch eine Kündigung zurücknehmen, aM ZöStö 18 (aber das wäre inkonsequent).

S auch Rn 68 „Grundverhältnis".

Leistungsklage: Vor der Überweisung nach § 835 Rn 5 darf der Schuldner auf eine Leistung oder Zahlung an den Gläubiger und sich selbst gemeinsam klagen oder die Anträge entsprechend umstellen.

Der Schuldner darf aber *nicht* auf eine Leistung an ihn selbst „vorbehaltlich der Rechte des Pfandgläubigers" klagen. Denn gerade diese Rechte zwingen zur Hinterlegung oder Leistung an beide.

70 **Mietvertrag:** Rn 68 „Grundverhältnis".

Minderung: Vor der Überweisung nach § 835 Rn 5 darf der Schuldner keine Minderung vornehmen, später erst recht nicht.

Stundung: Vor der Überweisung nach § 835 Rn 5 darf der Schulner keine Stundung gewähren, später erst recht nicht.

Vertretbare Leistung: Vor der Überweisung nach § 835 Rn 5 darf der Schuldner einen Anspruch auf die Zahlung eines Vorschusses nachh § 887 vollstrecken, Zweibr OLGZ **89**, 334.

Wahlrecht: Die Pfändung erfaßt es mit, BFH Rpfleger **07**, 672.

Zahlungsklage: Rn 69 „Leistungsklage".

Zurückbehaltungsrecht: Vor der Überweisung nach § 835 Rn 5 darf der Schuldner ein Zurückbehaltungsrecht gegenüber einem Gegenanspruch des Drittschuldners geltend machen, BGH DB **84**, 1392.

71 **17) Stellung des Drittschuldners nach der Pfändung, I–III**

Schrifttum: *Gaul,* Zur Rechtsstellung der Kreditinstitute als Drittschuldner in der Zwangsvollstreckung (1978) 75; *Groß,* Einwendungen des Drittschuldners, 1997; *Spickhoff,* Nichtige Überweisungsbeschlüsse und Drittschuldnerschutz, Festschrift für *Schumann* (2001) 443; *Reetz,* Die Rechtsstellung des Arbeitgebers als Drittschuldners in der Zwangsvollstreckung, 1985. Vgl auch bei § 840.

A. Zahlungsverbot. Der Drittschuldner darf nicht mehr an den Schuldner allein zahlen, und zwar nirgendwo im In- oder Ausland und auch dann nicht, wenn der Schuldner für die Schuld einen Wechsel gegeben hat. Er darf allenfalls an den Schuldner und den Gläubiger zahlen. Eine Zahlung befreit den Drittschuldner nur insofern, als er nachweislich die Pfändung nicht gekannt hat, als ihm also der Pfändungsbeschluß nur im Weg einer Ersatzzustellung zukam. Der Drittschuldner muß auf Verlangen und darf immer mit befreiender Wirkung hinterlegen, §§ 372, 1281 BGB. Der Drittschuldner mag behaupten, die Forderung sei bereits vor dem Zeitpunkt der Pfändung abgetreten worden, BGH **100**, 42, LAG Hamm MDR **92**, 786. Dann muß er die Abtretung beweisen. Eine Leistung des Drittschuldners nach § 409 BGB an den Schuldner bleibt trotz der Pfändung zulässig. Man darf allerdings §§ 408, 409 BGB nicht über den Wortlaut hinaus auslegen, BGH **100**, 46. Ein solcher Drittschuldner, der sowohl die Pfändung als auch die Abtretung kennt, hat daher mit seinem Vertrauen auf den zeitlichen Vorrang der Abtretung keinen Schutz, BGH **100**, 47.

72 **B. Bereicherungsfragen.** Die Leistung des Drittschuldners auf Grund einer unwirksamen Pfändung gibt dem Drittschuldner die Möglichkeit einer Bereicherungsklage, BGH **82**, 33, Schmidt JuS **89**, 65. Er kann diese Klage gegen den Gläubiger statt gegen den Schuldner einlegen. Ein Bereicherungsanspruch besteht aber nicht, soweit das Gericht den Pfändungs- und Überweisungsbeschluß erst nach der Zahlung des Drittschuldners aufhebt, Köln MDR **84**, 60, Gaul Festschrift für die Sparkassenakademie (1978) 75 ff. Nach einer einstweiligen Einstellung der Zwangsvollstreckung darf der Drittschuldner nur noch an den Gläubiger und den Schuldner gemeinsam leisten oder zugunsten beider hinterlegen, BGH **140**, 256.

73 **C. Keine Sachbefugnis.** Der Drittschuldner kann einwenden, der Gläubiger habe keine Sachbefugnis nach Grdz 23 vor § 50, weil eine wirksame Pfändung fehle, BGH **70**, 317, BAG NJW **89**, 2148, BFH NJW **88**, 1999. Diese Einwendung muß man zulassen, soweit die Pfändung völlig unwirksam ist, BAG NJW **89**, 2148, nicht dagegen, soweit die Pfändung auflösend bedingt wirksam ist, Grdz 8 vor § 704, aM StJM 107 ff (immer dann, wenn trotz einer Beschlagnahme kein Pfändungspfandrecht entstanden sei). Bei einer Unpfändbarkeit nach §§ 850 ff ist grundsätzlich nur eine Erinnerung des Schuldners nach § 766 zulässig. Denn ein Pfändungspfandrecht ist zwar entstanden, aber fehlerhaft, BGH NJW **79**, 2046, SG Düss Rpfleger **92**, 787. Zum Problem Vollkommer Rpfleger **81**, 458.

74 Wenn das Gericht den Schuldner vor seiner Entscheidung *angehört* hatte, ist eine sofortige Erinnerung zulässig, § 793 Rn 3, 4. Sie ist auch dann statthaft, wenn das Gericht den Drittschuldner nicht angehört hatte, Bbg NJW **78**, 1389.

75 **D. Keine Forderung.** Der Drittschuldner kann einwenden, die Forderung habe im Zeitpunkt der Zustellung des Pfändungsbeschlusses nicht bestanden, BFH NJW **88**, 1999, LG Münst MDR **90**, 932, Oeske DGVZ **93**, 148. Dann hat der Drittschuldner alle diejenigen Einwendungen, die ihm gegenüber dem Schuldner zustehen, BGH **70**, 320, Oeske DGVZ **93**, 148, Volhard DNotZ **87**, 541.

76 **E. Beispiele zur Frage des Fehlens einer Forderung**

Abtretung: Der Drittschuldner kann dem Gläubiger bei einem an diesen abgetretenen Anspruch auch entgegenhalten, der frühere Inhaber des titulierten Anspruchs sei verpflichtet, ihn von der gepfändeten und zur Einziehung überwiesenen Forderung freizustellen, BGH NJW **85**, 1768. Der Drittschuldner kann auch eine Unabtretbarkeit geltend machen, BGH Rpfleger **78**, 249.

77 **Anfechtung:** Eine Anfechtbarkeit er Pfändung hilft dem Drittschuldner nicht, BGH NJW **76**, 1453 (mangelhafte Zustellung des Vollstreckungstitels), aM Hamm RR **92**, 665 (der Drittschuldner könne eine im sachlichen Recht begründete Unpfändbarkeit einwenden. Aber diese geht ihn gar nichts an).

Arrestpfändung: Wenn der Drittschuldner auf Grund eines wirksamen Pfändungs- und Überweisungsbeschlusses an den Gläubiger gezahlt hat, obwohl zugunsten eines anderen Gläubigers eine vorrangige Arrestpfändung bestand, existiert kein Anspruch aus §§ 812 ff BGB, Mü NJW **78**, 1439. Wegen Rn 74–77 steht dem Drittschuldner auch der Weg einer verneinenden Feststellungsklage gegen den Gläubiger offen, soweit für eine solche Klage ein Rechtsschutzbedürfnis besteht, Grdz 33 vor § 253, Boecker MDR **07**, 1237. Diese fehlt aber, soweit eine Erinnerung nach § 766 ausreichen würde oder soweit der Drittschuldner nach §§ 840, 843 vorgehen kann, BGH **69**, 147. Zur Problematik Denck ZZP **92**, 71.

Aufrechnung: Wegen Rn 75 behält der Drittschuldner grds die Möglichkeit, bei einer Aufrechenbarkeit zur Zeit der Zustellung des Pfändungsbeschlusses aufzurechnen, BGH BB **76**, 853, Oeske DGVZ **93**, 148. Dabei ist eine Aufrechnungsvereinbarung zwischen dem Schuldner und dem Drittschuldner aus der Zeit vor der Pfändung nur insoweit beachtlich, als sie nicht wegen § 392 BGB unstatthaft ist. Wenn der Drittschuldner nach der Pfändung an den Schuldner gezahlt hat, kann der Drittschuldner trotzdem gegenüber dem Gläubiger aufrechnen, soweit die Aufrechnung nach § 392 BGB statthaft ist, BGH NJW **80**, 585, aM Saarbr NJW **78**, 2055 (das sei nur bei einer Zwangslage zulässig), Denck NJW **79**, 2378 (stellt darauf ab, ob „ein Gegenleistungsinteresse aus demselben Vertrag auf dem Spiel steht". Andernfalls müsse der Drittschuldner das Erlöschen seiner Gegenforderung auch im Verhältnis zum Schuldner in Kauf nehmen. Aber beide Varianten entwerten § 392 BGB. Diese Vorschrift schützt den Drittschuldner mehr als den Gläubiger). Wegen der Aufrechnungsprobleme bei einer Gesamtschuldnerschaft Tiedtke NJW **80**, 2496.

Die Möglichkeit einer Aufrechnung nach der Zustellung des Pfändungsbeschlusses *entfällt* dann, wenn zB der Schuldner auf Grund eines früheren Einverständnisses des Drittschuldners seine Provision von einer einkassierten Anzahlung kürzt. Etwas anderes gilt auch dann, wenn die Einwendungen der Beziehungen zwischen dem Gläubiger und dem Drittschuldner, versagen.

Fälligkeit: Der Drittschuldner darf ihr Fehlen geltend machen SG Speyer MDR **87**, 171. 78

Gegenleistung: Der Drittschuldner darf die Abhängigkeit von einer Gegenleistung geltend machen.

Tilgung: Der Drittschuldner darf sie geltend machen.

Treuhand: Der Drittschuldner darf eine Treuhandbindung geltend machen, BGH DNotZ **85**, 634.

Verjährung: Der Drittschuldner darf sie geltend machen.

Vollstreckungsabwehrklage: Der Drittschuldner kann keine solche Einwendung erheben, die dem Schuldner nach § 767 möglich wäre, Oeske DGVZ **93**, 148.

F. Leistung nach § 409 BGB. Der Drittschuldner kann einwenden, die Leistung sei nach § 409 BGB 79 erfolgt. Diese Einwendung ist grundsätzlich unabhängig davon zulässig, ob die Abtretung in Wahrheit wirksam ist. Eine Ausnahme besteht im Fall der Arglist, Oeske DGVZ **93**, 148. Eine Rückabtretung ist grundsätzlich unerheblich.

G. Keine Kenntnis des Drittschuldners. Der Drittschuldner kann einwenden, er habe ohne seine 80 Schuld von der Pfändung keine Kenntnis gehabt. Maßgeblich ist der Zeitpunkt der zur Erfüllung notwendigen Leistungshandlung, BGH **105**, 360 (zustm Brehm JZ **89**, 300). Der Drittschuldner muß aber diesen Umstand beweisen. Der Drittschuldner braucht freilich nicht nach einer vor der Kenntnis der Pfändung vorgenommenen Handlung den Eintritt ihres Erfolgs aktiv zu verhindern. Er braucht also zB nicht eine Abbuchung zu widerrufen, BGH **105**, 360 (zustm Brehm JZ **89**, 300), aM StJM 101 (aber vor seiner Kenntnis handelte er korrekt. Daraus kann nicht eine spätere Rechtspflicht zum Tun folgen). Unklarheiten und die Notwendigkeit von Ermittlungen helfen keineswegs stets, SG Speyer MDR **87**, 171.

H. Aufhebung des Titels usw. Der Drittschuldner kann schließlich einwenden, das Gericht habe 81 den Vollstreckungstitel oder den Pfändungs- und Überweisungsbeschluß nach dem Zeitpunkt der Verurteilung des Drittschuldners zur Leistung an den Gläubiger aufgehoben, BSG MDR **84**, 701.

18) Stellung eines Dritten nach der Pfändung, I–III. Man muß zwei Fallgruppen unterscheiden. 82

A. Früherer Erwerb. Soweit sein *Recht älter* ist als das Pfändungspfandrecht, bleibt dieses Recht *unberührt*, BGH NJW **88**, 495, Düss RR **97**, 1051. Das gilt auch bei einer älteren Abtretung einer künftigen Forderung, BAG WertpMitt **80**, 661 (Sicherungsabtretung), oder bei einer Rückabtretung an den Schuldner, der vor der Pfändung abgetreten hatte. Wenn eine Anzeige an den Drittschuldner unterblieb, ändert sich nichts. Bei einer solchen Forderung, auf die sich eine Hypothek erstreckt, gelten §§ 1124, 1126, 1128, 1129 BGB. Die Pfändung ist eine Verfügung über die Forderung. Bis zur Eintragung der Pfändung in das Grundbuch bei einer durch eine Buchhypothek gesicherten Forderung ist die Pfändung unwirksam. Der Pfändungsbeschluß und der Überweisungsbeschluß dürfen deshalb nicht zusammen ergehen, BGH NJW **94**, 3225.

B. Späterer Erwerb. Er geht im Rang nach, soweit nicht die Pfändung als eine Verfügung des Schuldners 83 nach Rn 66 dem späteren Erwerber gegenüber unwirksam ist. Öffentliche Lasten eines Grundstücks ergreifen die Miet- und Pachtzinsforderungen. Wegen der Wirkung der Pfändung G v 9. 3. 34, RGBl 181, das für jene eine dem § 1124 BGB entsprechende Regelung trifft. Gegenüber dem Erwerber oder dem Ersteher eines Miet- oder Pachtgrundstücks wirkt die Pfändung des Miet- oder Pachtzinses für den laufenden Kalendermonat und evtl auch für den folgenden, falls er in den Vertrag eintritt. Denn die Pfändung ist eine Verfügung, §§ 573 BGB, 57, 57 b ZVG.

19) Rechtsbehelfe, I–III. Es kommt auf die Entscheidungsrichtung an. 84

A. Ablehnung oder Aufhebung der Pfändung. Soweit der Rpfl durch eine bloße Maßnahme nach § 834 den Erlaß eines Pfändungsbeschlusses ablehnt oder die Pfändung aufhebt, ohne den Schuldner anzuhören, ist die Erinnerung nach § 766 zulässig, dort Rn 6, 7. Nach einer Anhörung des Schuldners ohne eine mündliche Verhandlung etwa schriftlich oder elektronisch oder telefonisch oder per Telefax kann der Gläubiger gegen eine dann ergehende wirkliche Entscheidung des Rpfl unter den Voraussetzungen der §§ 567 ff, 793 die sofortige Beschwerde einlegen, § 11 I RPflG, LG Stgt JB **00**, 158 (eine Erinnerung kann umdeutbar sein). Wenn sich der Gerichtsvollzieher weigert, die Zustellungen nach II auszuführen, gilt § 766 Rn 23 „Gläubiger", Midderhoff DGVZ **82**, 23. Das erforderliche Rechtsschutzinteresse des Gläubigers nach Grdz 33 vor § 253 kann fehlen, wenn der Drittschuldner ihn inzwischen befriedigt hat, Köln Rpfleger **84**, 29. Es ist eine Beschwer erforderlich, Kblz Rpfleger **78**, 226.

Wäre gegen eine richterliche Entscheidung kein Rechtsmittel zulässig, vgl unten, ist gegen die wirkliche 85 Entscheidung des Rpfl nach § 11 II 1 RPflG die *sofortige Erinnerung* statthaft. Zum Verfahren § 104 Rn 69 ff.

Hat dagegen sogleich der *Richter* des Vollstreckungsgerichts entschieden, kann der Gläubiger grundsätzlich die sofortige Beschwerde nach §§ 567 I Z 1, 793 einlegen. Sie ist zulässig, obwohl eine neue Pfändung notwendig wird, Rn 89. Denn das Beschwerdegericht kann diese aussprechen. Sie ist freilich ausnahmsweise dann unzulässig, wenn zB in einer Kostenbeschwerde der Beschwerdewert nach (jetzt) § 567 II (200 EUR) nicht vorhanden ist, Köln JB **93**, 243 (auch zum weiteren Verfahren). Ein solches Rechtsmittel setzt ein Rechtsschutzbedürfnis voraus. Es fehlt, soweit bei einer Beschwerde zur Hauptsache in Wahrheit nur der Kostenpunkt beschwert, Köln RR **86**, 1509.

86 **B. Pfändung.** Der äußerlich wirksame Pfändungs- und Überweisungsbeschluß ist als ein Staatsakt bis zur Aufhebung durch das zuständige Gericht wirksam, auch wenn er fehlerhaft ist, Üb 20 vor § 300, Kblz RR **99**, 508, SG Düss Rpfleger **92**, 787. Soweit wegen § 834 keine Anhörung stattfand, kann der Schuldner die Erinnerung nach § 766 einlegen, dort Rn 6, 7, Köln JB **00**, 48, LG Zweibr Rpfleger **94**, 245, aM Wieser ZZP **115**, 157 (stets sofortige Beschwerde. Aber es liegt dann eben noch keine echte Entscheidung vor, §§ 793 Rn 3). Zur Erinnerung ist auch der Drittschuldner berechtigt, BGH Rpfleger **04**, 233, Ffm JB **81**, 458). Der Schuldner kann nach einer Kontopfändung auch einen Antrag nach § 850 k I stellen. Evtl ist das Arrestgericht zuständig, § 930 Rn 4.

87 Wenn der Rpfl aber erst *nach* einer *Anhörung* des Schuldners entschieden hatte, muß man eine sofortige Erinnerung einlegen, § 793 Rn 11, § 11 II 1 RPflG, Köln JB **00**, 48 (sofortige Beschwerde, § 11 I RPflG), LG Zweibr Rpfleger **94**, 245, Wieser ZZP **115**, 157, aM ZöStö 31 (aber nun ist der eben genannte Weg der einzige verbleibende Rechtsbehelf). Dasselbe kann dann gelten, wenn der Rpfl vor der Pfändung einer Sozialleistung nach Grdz 103 vor § 704 die Interessen abgewogen hatte, Schmeken ZIP **82**, 1295. Die Notfrist nach § 224 I 2 von zwei Wochen läuft dann ab der Zustellung des Pfändungs- und Überweisungsbeschlusses im Parteibetrieb nach II, Köln Rpfleger **91**, 361. Das weitere Verfahren richtet sich nach § 11 II 2–4 RPflG, § 104 Rn 69 ff. Zur Möglichkeit des Drittschuldners, Erinnerung einzulegen, Rn 73 ff. Es kommt auch eine verneinende Feststellungsklage unter den Voraussetzungen des § 256 in Betracht. Auch nach einer Klarheit über das Nichtbestehen einer Forderung kann der Drittschuldner ein Rechtsschutzbedürfnis an der Aufhebung des Pfändungsbeschlusses haben, Saarbr IPRax **01**, 456.

88 **C. Änderung der Pfändung.** Wenn der Rpfl den Pfändungsbeschluß abändert, gilt derselbe Rechtsbehelf wie Rn 86, 87, § 850 f Rn 13. Im Zweifel gilt die Abänderung nicht rückwirkend.

89 **20) Rechte des Dritten, I–III.** Die Pfändung kann das Recht eines Dritten nicht beeinträchtigen, Rn 82. Ein Dritter hat evtl die Möglichkeit einer Klage nach § 771 oder nach § 805. Wenn das Vollstreckungsgericht den Pfändungsbeschluß aufhebt, das Beschwerdegericht aber wiederum den Beschluß des Vollstreckungsgerichts aufhebt, muß das Vollstreckungsgericht auf Grund des fortdauernden Pfändungsantrags den Pfändungsbeschluß unverzüglich neu erlassen, Hamm DB **78**, 2118. Eine solche Pfändung wirkt allerdings nur für die Zukunft, Köln Rpfleger **86**, 488.

90 **21) Formularzwang.** IV 1 gibt ähnlich wie §§ 117 III, 758 a VI 1 eine Ermächtigung, keine Anweisung. Eine Rechtsverordnung braucht eine Zustimmung des Bundesrats. VI 2 schafft ähnlich wie §§ 117 IV, 858 a VI 2 einen Benutzungszwang. In einer Abweichung von § 117 III, IV, aber in Übereinstimmung mit § 758 a VI 3 sind nach § 829 IV 3 unterschiedliche Formulare für elektronische und andere Gerichtsverfahren einführbar.

Rechtsverordnungen des Bundesjustizministeriums sind bisher nicht ergangen.

830 *Pfändung einer Hypothekenforderung.*

I [1] **Zur Pfändung einer Forderung, für die eine Hypothek besteht, ist außer dem Pfändungsbeschluss die Übergabe des Hypothekenbriefes an den Gläubiger erforderlich.** [2] **Wird die Übergabe im Wege der Zwangsvollstreckung erwirkt, so gilt sie als erfolgt, wenn der Gerichtsvollzieher den Brief zum Zwecke der Ablieferung an den Gläubiger wegnimmt.** [3] **Ist die Erteilung des Hypothekenbriefes ausgeschlossen, so ist die Eintragung der Pfändung in das Grundbuch erforderlich; die Eintragung erfolgt auf Grund des Pfändungsbeschlusses.**

II Wird der Pfändungsbeschluss vor der Übergabe des Hypothekenbriefes oder der Eintragung der Pfändung dem Drittschuldner zugestellt, so gilt die Pfändung diesem gegenüber mit der Zustellung als bewirkt.

III [1] **Diese Vorschriften sind nicht anzuwenden, soweit es sich um die Pfändung der Ansprüche auf die im § 1159 des Bürgerlichen Gesetzbuchs bezeichneten Leistungen handelt.** [2] **Das Gleiche gilt bei einer Sicherungshypothek im Falle des § 1187 des Bürgerlichen Gesetzbuchs von der Pfändung der Hauptforderung.**

Gliederung

1 **1) Systematik, I–III.** Nach dem sachlichen Recht haftet die Hypothek der Forderung an. Für die Abtretung sind beide untrennbar, § 1153 II BGB. Darum läßt die ZPO auch keine getrennte Pfändung zu. Die Pfändung der Hypothek ohne die Forderung ist undenkbar. Die Pfändung der Forderung vor der nach dem BGB klärbaren Entstehung der Hypothek erfolgt nach § 829, Hamm Rpfleger **80**, 483. Die Pfändung

der Forderung ohne die schon bestehende Hypothek wäre wirkungslos, außer bei einer der Höchstbetragshypothek nach § 1190 BGB. Eine nach dem Zeitpunkt der Pfändung für die Forderung bestellte Hypothek unterfällt ohne weiteres der Pfändung, § 829 Rn 54–57. Den Hypothekenbrief allein kann man nur im Wege der Hilfspfändung pfänden, § 808 Rn 4.

Die Vorschrift gilt *entsprechend* bei einer Reallast, Grund- oder Rentenschuld, § 857 Rn 20. Dagegen erfolgt die Pfändung bei einer Hypothekenvormerkung nach § 883 BGB gemäß § 829. Dasselbe gilt beim Anspruch aus einer durch den Versteigerungszuschlag erloschenen Hypothek wegen des Erlöses sowie dann, wenn die Hypothek in Wahrheit eine Eigentümergrundschuld ist, zB weil der Gläubiger den Brief noch nicht erhalten hatte, Hamm DNotZ **82**, 257. Man kann wegen § 1117 II BGB dann auch eine Pfändung nach § 830 vornehmen. Die Verwertung erfolgt durch eine Überweisung nach § 837 oder sonstwie.

2) Regelungszweck, I–III. Das Gesetz bringt die Erfordernisse der Eindeutigkeit nach Einl III 43 und der Durchführbarkeit nach Grdz 14 vor § 128 einigermaßen in Einklang. Wegen der hier meist erheblichen Werte darf die Rechtssicherheit aber keineswegs zurückstehen. Deshalb muß man bei beiden Hypothekenarten eine um Genauigkeit des Pfändungsvorgangs bemühte Auslegung vorziehen, falls es um formelle Unkorrektheiten geht. 2

3) Hypothekenpfändung, I. Man muß drei Aspekte beachten. 3

A. Grundsatz: Maßgeblichkeit des § 829. Den Pfändungsantrag stellt der Gläubiger meist falsch. Der Pfändungsbeschluß ergeht nach § 829, nicht nach §§ 846, 847. Das Vollstreckungsgericht bezeichnet zweckmäßig außer der Forderung nebst Zinsen die Hypothek nebst deren Zinsen im Pfändungsbeschluß nach § 174 Z 3 GVGA am besten nach dem Grundbuchblatt, mindestens nach der Postanschrift, BGH NJW **75**, 980. Eine Teilpfändung ist zulässig, soweit sich ein Teilhypothekenbrief bilden ließe, wenn eine Briefhypothek vorläge. Auf die Bildung des Teilbriefs hat der Gläubiger dann einen Anspruch. Der Gläubiger kann eine vom Gesetz abweichende Rangregelung im Pfändungsbeschluß beantragen. Andernfalls besteht zwischen dem gepfändeten Teil und dem Rest derselbe Rang. Über die Pfändung „in Höhe des Anspruchs" § 829 Rn 57. Bei §§ 1164, 1173 II, 1174, 1182 BGB entsteht eine Hypothek für die Ersatzforderung. Der Gläubiger kann diese aber nur nach § 830 pfänden.

Wenn eine *Gesamthypothek* besteht, kann der Gläubiger diese pfänden. Zulässig ist aber auch eine Reihe von Einzelpfändungen. Eine Hypothek in einer fremden Währung ist wegen einer Forderung in EUR pfändbar. Bei einer Teilpfändung muß der Gläubiger seine Forderung aber in die fremde Währung umrechnen. Wenn die Hypothek bewilligt, aber noch nicht eingetragen worden ist, muß der Gläubiger die Forderung allein pfänden. Wenn der Pfändungsbeschluß nur die Forderung oder nur die Hypothek aufführt, gilt er für beide.

Drittschuldner sind sowohl der persönliche Schuldner als auch der Eigentümer. Eine ungenaue Bezeichnung des Drittschuldners schadet nicht. Denn die Zustellung an ihn ist zwar wegen § 407 BGB und wegen II ratsam. Aber sie ist keine wesentliche Voraussetzung der Entstehung des Pfandrechts. Wenn der Pfändungsbeschluß freilich überhaupt keinen Drittschuldner nennt, fehlt ein wesentliches Erfordernis einer wirksamen Forderungspfändung.

B. Kein Gutglaubensschutz. Der öffentliche Glaube des Grundbuchs schützt den Pfändungspfandgläubiger nicht. Denn es liegt keine rechtsgeschäftliche Übertragung vor. Eine Geschäftsunfähigkeit des Schuldners steht der wirksamen Entstehung des Pfandrechts nicht entgegen. 4

C. Vorpfändung. Sie ist zulässig, § 845 Rn 1. Sie wird mit der Zustellung an den Drittschuldner wirksam. Weitere Einzelheiten § 845 Rn 15. 5

4) Briefhypothek, I. Man muß mehrere Gesichtspunkte beachten. 6

A. Grundsatz: Pfändungsbeschluß und Briefübergabe. Notwendig sind ein wirksamer Pfändungsbeschluß und die Übergabe des Hypothekenbriefs an den Gläubiger, so daß der Gläubiger am Brief den unmittelbaren Besitz erhält. Die Eintragung im Grundbuch ist zwar zulässig, §§ 135 II, 892 BGB. Sie kann aber die Übertragung nicht ersetzen. Denn die Eintragung dient nur der Berichtigung des Grundbuchs. Aber auch die Pfändung und die Überweisung des Anspruchs auf die Herausgabe des Briefs ersetzen die Pfändung der Hypothek nicht. Auch dann muß der Gläubiger erst die Herausgabe erzwingen. Schließlich hat auch die Übergabe eines Ausschlußurteils keine ersetzende Wirkung. Auch dann muß man einen neuen Brief bilden und übergeben.

B. Vor Übergabe. Vor der Übergabe entsteht kein Pfandrecht, Düss RR **88**, 266. Es genügt aber eine Hinterlegung des Briefs und deren Annahme. Die Hinterlegungsstelle vermittelt dann den Besitz. Wenn der Gläubiger den Brief mit dem Willen des Schuldners besitzt, reicht das aus, soweit nicht auch der Schuldner einfacher Mitbesitzer nach § 866 BGB ist. Ein sog qualifizierter Mitbesitz des Gläubigers durch die Einräumung eines Mitverschlusses reicht aus. Die Pfändung erfolgt durch die Aushändigung des Beschlusses an den Gläubiger, ohne daß eine Zustellung des Beschlusses nötig ist. 7

C. Übergabe. Besitzt der Schuldner oder ein Dritter den Brief, kann die Übergabe freiwillig geschehen. Es ist ein Besitz für die ganze Pfändungsdauer erforderlich. Wenn der Brief verlorengegangen ist, muß man ihn für kraftlos erklären und einen neuen bilden. Der Gläubiger kann diese Wirkung auf Grund seines Vollstreckungstitels erreichen. Ein Pfändungspfandrecht und eine Verstrickung bestehen für die Dauer des Besitzes des Gläubigers oder des Gerichtsvollziehers am Brief. Wenn der Brief mit dem Willen des Gläubigers an den Schuldner zurückgelangt, erlischt das Pfandrecht. Ein unfreiwilliger Verlust beeinträchtigt das Pfandrecht nicht. Die Pfändung des bloßen Herausgabeanspruches nach §§ 846, 847 schafft eine Verstrickung mit einem Rang vor späteren Pfändungsgläubigern und Zessionaren, BGH NJW **79**, 2045, § 804 III. 8

Pfändet ein *zweiter* Gläubiger vor dem Zeitpunkt der Übergabe des Briefes, liegt eine Mehrpfändung vor. Sie gibt allen Gläubigern denselben Rang. Der Gerichtsvollzieher muß den Brief für alle wegnehmen. Wenn die Pfändung nach der Übergabe des Briefs erfolgt, muß der erste Hypothekengläubiger dem späteren den Mitbesitz einräumen, oder der spätere Gläubiger muß die Anschlußhilfspfändung des Briefs aus § 826 erwirken, § 808 Rn 4. Die Pfändung des Anspruchs auf die Herausgabe nach der Befriedigung des ersten Gläubigers auf den Überschuß einer Zahlung oder Hinterlegung ist ein unbefriedigender Weg. Bei einer Teilhypothek gelten die vorstehenden Regeln bis zur Bildung eines Teilhypothekenbriefs nach Rn 3 entsprechend.

9 **D. Hilfspfändung.** Übergibt der Schuldner denjenigen Brief nicht freiwillig, den er besitzt, muß der Gerichtsvollzieher den Brief dem Schuldner nach §§ 883 ff wegnehmen, um den Brief dem Gläubiger zu übergeben (Hilfspfändung). Der Pfändungsbeschluß nach § 829 bildet für diese Maßnahme des Gerichtsvollziehers den Vollstreckungstitel, BGH NJW **79**, 2046. Der Pfändungsbeschluß braucht keine Vollstreckungsklausel zu enthalten. Man muß ihn aber nach § 750 I dem Schuldner zustellen. Das gilt auch bei einer Arrestpfändung nach § 829. Auch eine Beschlagnahme nach § 94 StPO verschafft den Besitz. Natürlich muß dem Gerichtsvollzieher vor der Wegnahme auch der eigentliche Schuldtitel vorliegen, § 174 Z 2 GVGA.

10 **E. Pfändungsvollzug.** Mit der Wegnahme des Briefs ist die Pfändung vollzogen und entsteht das Pfandrecht an der Forderung und an der Hypothek, Hamm Rpfleger **80**, 483. Für die Entstehung dieses Pfandrechts ist es unerheblich, ob und wann der Gerichtsvollzieher den Brief auch an den Gläubiger abliefert. Wenn der Gerichtsvollzieher den Hypothekenbrief nicht vorfindet, muß der Schuldner vor Gericht die eidesstattliche Versicherung zur Offenbarung nach § 807 abgeben, aM ZöStö 5 (§ 883 II. Aber diese Vorschrift gilt nur bei der Vollstreckung auf die Herausgabe einer Hauptsache).

Wenn das Grundbuchamt noch den Brief *verwahrt,* hat der Schuldner die Hypothek noch nicht erworben. Der Gläubiger muß dann den Anspruch auf die Abtretung der Eigentümergrundschuld pfänden. Wenn der Brief nach der Entstehung des Pfandrechts dem Grundbuchamt vorliegt, ist dieses Dritter. Dann ist auch wie sonst beim Gewahrsam eines Dritten § 886 anwendbar. Wenn ein Dritter den Briefbesitz nicht freiwillig aufgibt, können §§ 1274 I, 1205 II, 1206 BGB entsprechend anwendbar sein, ZöStö 6, aM StJM 10 (aber man darf solche Einzelvorschriften durchaus derart mitbenutzen). Grundsätzlich ist dann freilich die Pfändung des Herausgabeanspruchs erforderlich.

Wenn das Grundbuchamt entgegen einer abweichenden Bestimmung nach § 60 II GBO den Brief freiwillig an den vom Gläubiger beauftragten Gerichtsvollzieher *herausgegeben* hat und wenn der Pfändungsbeschluß demjenigen Eigentümer zugegangen ist, zu dessen Gunsten die Grundschuld besteht, liegt eine wirksame Pfändung der Grundschuld vor. Eine Rückforderung des Briefs ist dann nicht zulässig. Denn das Pfändungspfandrecht ist bereits durch die Aushändigung des Briefs entstanden. Bei der Pfändung einer Teilhypothek nimmt der Gerichtsvollzieher den Teilbrief weg. Wenn der Teilbrief noch fehlt, nimmt er den Stammbrief weg. Der Mitbesitz des Gläubigers am ungeteilten Brief reicht meist nicht, BGH **85**, 263 (für den Fall einer Abtretung).

Wenn nicht der Schuldner, sondern ein *Dritter* der Hypothekengläubiger ist, entsteht weder ein Pfändungspfandrecht noch eine Verstrickung.

11 **5) Buchhypothek, I.** Auch hier muß man mehrere Aspekte beachten.

A. Voraussetzungen. Zur Pfändung einer Buchhypothek, auch einer Sicherungshypothek nach §§ 1184, 1185 I BGB (wegen derjenigen nach § 1187 BGB vgl Rn 15) oder einer Zwangs- und Arrest-Sicherungshypothek nach §§ 866 I, 932 sind ein Pfändungsbeschluß und die Eintragung der Pfändung in das Grundbuch erforderlich, Mü Rpfleger **89**, 18. Bei einer Gesamthypothek nach § 1132 BGB entsteht das Pfandrecht erst mit der letzten Eintragung. Die Eintragung steht der Wegnahme nach Rn 8 gleich. Dadurch wird das Grundbuchamt freilich nicht zum Vollstreckungsgericht, § 828 II. Die Eintragung erfolgt auf einen formlosen Antrag des Gläubigers nach § 13 GBO. Ein Ersuchen des Vollstreckungsgerichts erfolgt nicht. Der Gläubiger muß eine einfache Ausfertigung des Pfändungsbeschlusses vorlegen. Der Pfändungsbeschluß ersetzt die Eintragungsbewilligung, § 19 GBO. Seine Zustellung ist nicht nötig, um die Eintragung herbeizuführen. Eine Vorlage auch des Schuldtitels ist beim Grundbuchamt nicht notwendig. Eine Eintragung erfolgt nicht schon auf ein Ersuchen des Vollstreckungsgerichts. Denn es besteht der Parteibetrieb. Bei einer Teilpfändung muß man den Teil nach § 47 GBO bezeichnen.

Wenn der Schuldner im Grundbuch *nicht eingetragen* ist, muß das Grundbuchamt zunächst nach §§ 14, 22 GBO berichtigen. Zumindest ist in einer grundbuchmäßigen Form des § 29 GBO ein Nachweis darüber nötig, daß für den eingetragenen Eigentümer eine Eigentümergrundschuld entstanden ist, Hbg Rpfleger **76**, 371. Eine Vormerkung ist unzulässig. Mangels eines privatrechtlichen Anspruchs ist § 883 BGB unanwendbar. Die Pfändung eines Berichtigungsanspruchs etwa bei einer Eigentümergrundschuld kann eine Eintragung nicht ersetzen. Bei einer Abtretung muß man das Grundbuch berichtigen, notfalls auf Grund einer solchen Erinnerung, über die der Grundbuch-Rpfl entscheidet, Mü Rpfleger **89**, 18. Über die Höchstbetragshypothek s § 837 III.

12 **B. Mängel, Bedingungen des Pfändungsbeschlusses.** Der Pfändungsbeschluß kann ganz unwirksam sein, etwa dann, wenn die sachliche Zuständigkeit fehlte oder wenn ein Formmangel besteht, Grdz 57 vor § 704. Dann entsteht trotz einer Eintragung im Grundbuch kein wirksames Pfandrecht. Wenn der Beschluß auflösend bedingt wirksam ist, entsteht ein auflösend bedingtes Pfandrecht. Deshalb gibt eine Eintragung im ersteren Fall keinen Rang, im letzteren einen nur auflösend bedingten Rang.

13 **6) Zustellung, II.** Die Vorschrift ergänzt I, Köln Rpfleger **91**, 241. Abweichend von § 829 ist die Wirksamkeit der Pfändung von einer Zustellung an den Drittschuldner unabhängig. Trotzdem hat die Zustellung ihre Bedeutung. Sie begründet nämlich zugunsten des Gläubigers eine Verfügungsbeschränkung des Drittschuldners. Der Drittschuldner kann nicht die Forderung erfüllen oder mit Wirkung gegenüber dem Pfändungsgläubiger eine Verfügung des Vollstreckungsschuldners über die Forderung mit diesem vereinbaren, etwa einen Erlaß der Forderung oder deren Stundung. Bei einer Buchhypothek ist für ihren Rang allein die Eintragung maßgeblich, nicht die Zustellung, Köln Rpfleger **91**, 241 (zustm Hintzen).

Wenn der Gläubiger *vor der Übergabe* des Briefs oder vor der Eintragung zustellt, darf der Drittschuldner nur noch an den Gläubiger und an den Schuldner gemeinsam zahlen. Ferner gilt die Pfändung mit der Zustellung als bewirkt. In Wahrheit ist diese Regelung keine Abänderung von I, sondern eine Zurückbeziehung der Pfändung: Wenn die Pfändung wirksam wird, wirkt sie wegen des Drittschuldners auf den Tag der Zustellung zurück. Die Zustellung allein macht die Pfändung nicht wirksam. Dem Schuldner und Dritten gegenüber hat die Zustellung ohnehin keine Wirkung.

7) Unterbleiben einer Pfändung, III. Wegen der sachlichrechtlichen Sonderbehandlung ist in den 14
folgenden Fällen keine Pfändung nach § 830 möglich.

A. § 1159 BGB. Es handelt sich um einen Anspruch auf eine Leistung nach § 1159 BGB, also auf die Zahlung des im Zeitpunkt der Wirksamkeit der Pfändung nach § 829 III fälligen, also rückständigen gesetzlichen oder vertraglichen Zinses, auf andere Nebenleistungen, § 1115 BGB; es geht um eine Kostenerstattung nach § 1118 BGB, also auf Grund einer Kündigung oder auf Grund einer solchen Rechtsverfolgung, die eine Befriedigung aus dem Grundstück bezweckt, § 10 II ZVG. Daher sind in diesen Fällen eine Eintragung oder eine Übergabe weder erforderlich noch ausreichend. Selbst bei einer gleichzeitigen Pfändung der Hypothek wird die Pfändung erst nach § 829 mit der Zustellung an den Drittschuldner wirksam. Dagegen sind die noch nicht fälligen Zinsen nur wie die Hypothek pfändbar.

B. § 1187 BGB. Es geht um eine Sicherungshypothek nach § 1187 BGB, die sog Wertpapierhypothek, 15
also für eine Forderung aus einer Schuldverschreibung auf den Inhaber oder aus einem indossablen Papier, vor allem aus einem Wechsel. In diesen Fällen muß der Gläubiger je nach der Sachlage nach § 821 oder nach § 831 pfänden. Eine Eintragung im Grundbuch ist unzulässig.

8) Verstoß, I–III. Ein Verstoß gegen § 830 führt als ein Formverstoß dazu, daß die Pfändung insgesamt 16
unwirksam ist. Das gilt unabhängig davon, ob das Bestehen der Hypothek bekannt war.

9) Rechtsbehelfe, I–III. Es gilt grundsätzlich dasselbe wie bei § 829, dort Rn 84–88. Gegen die 17
Entscheidung des Grundbuchamts ist die einfache Beschwerde nach § 71 GBO zulässig, wahlweise auch der jeweilige Weg nach § 11 RPflG.

830a *Pfändung einer Schiffshypothekenforderung.* **[I] Zur Pfändung einer Forderung, für die eine Schiffshypothek besteht, ist die Eintragung der Pfändung in das Schiffsregister oder in das Schiffsbauregister erforderlich; die Eintragung erfolgt auf Grund des Pfändungsbeschlusses.**

[II] Wird der Pfändungsbeschluss vor der Eintragung der Pfändung dem Drittschuldner zugestellt, so gilt die Pfändung diesem gegenüber mit der Zustellung als bewirkt.

[III] [1] Diese Vorschriften sind nicht anzuwenden, soweit es sich um die Pfändung der Ansprüche auf die im § 53 des Gesetzes über Rechte an eingetragenen Schiffen und Schiffsbauwerken vom 15. November 1940 (RGBl. I S. 1499) bezeichneten Leistungen handelt. [2] Das Gleiche gilt, wenn bei einer Schiffshypothek für eine Forderung aus einer Schuldverschreibung auf den Inhaber, aus einem Wechsel oder aus einem anderen durch Indossament übertragbaren Papier die Hauptforderung gepfändet wird.

1) Systematik, Regelungszweck, I–III. § 830a regelt die Pfändung einer Schiffshypothek ebenso wie 1
die Pfändung einer Buchhypothek, § 830. Denn die Schiffshypothek steht einer Sicherungshypothek in ihrer praktischen Bedeutung gleich, § 8 SchiffsG.

2) Anwendbarkeit, I, II. Einer Schiffshypothek stellt § 99 I LuftfzRG wiederum das Registerpfandrecht 2
an einem Luftfahrzeug gleich. Es sind also ein Pfändungsbeschluß sowie die Eintragung der Pfändung im Register notwendig. Wenn das Schiff nicht eingetragen ist, ist eine Schiffshypothek nicht zulässig. Die Eintragung erfolgt auf einen formlosen Antrag des Gläubigers. Der Gläubiger muß eine einfache Ausfertigung des Pfändungsbeschlusses beifügen. Eine Zustellung des Pfändungsbeschlusses an den Drittschuldner ist für die Wirksamkeit der Pfändung nicht erheblich. Die Zustellung begründet aber dann, wenn sie vor dem Zeitpunkt der Eintragung erfolgte, eine Verfügungsbeschränkung des Drittschuldners. Auch insofern ist § 830a dem § 830 nachgebildet.

3) Unanwendbarkeit, III. § 53 SchiffsG betrifft Forderungen auf die Zahlung von rückständigen Zinsen 3
und anderen Nebenleistungen, die Kosten der Kündigung und die Kosten einer Rechtsverfolgung, Erstattungsansprüche des Gläubigers aus einer Entrichtung von Versicherungsprämien und anderen Zahlungen an den Versicherer. Dann erfolgt die Pfändung ebenso wie bei § 830 III nach § 829. Es ist zur Wirksamkeit der Pfändung keine Eintragung im Schiffsregister erforderlich. Eine Eintragung kann auch dann unterbleiben, wenn der Gläubiger die Hauptforderung bei einer Schiffshypothek auf Grund einer Schuldverschreibung auf den Inhaber, auf Grund eines Wechsels oder auf Grund eines sonstigen Orderpapiers gepfändet hat. Dann genügt zur Pfändung der Schiffshypothek die Pfändung der Hauptforderung nach §§ 831 oder 821.

831 *Pfändung indossabler Papiere.* **Die Pfändung von Forderungen aus Wechseln und anderen Papieren, die durch Indossament übertragen werden können, wird dadurch bewirkt, dass der Gerichtsvollzieher diese Papiere in Besitz nimmt.**

1) Systematik, Regelungszweck. Indossable Papiere sind Wertpapiere, Träger des Rechts, § 821 Rn 1. 1
Daher pfändet man indossable Papiere dann wie Wertpapiere, wenn der Schuldner der ausgewiesene Inhaber ist, § 821. Infolgedessen wäre § 831 überflüssig, wenn nicht seine Stellung im Untertitel 3 ergeben würde, daß die Verwertung bei solchen Papieren nicht nach § 821 geschieht, sondern nach §§ 835 ff. Dabei muß

der Gläubiger und nicht der Gerichtsvollzieher den Überweisungsbeschluß beantragen. Das gilt auch für blanko indossierte Wechsel. Jede andere Verwertung ist ungültig. Daher darf der Gerichtsvollzieher die Papiere vor einer Anordnung nach §§ 835 oder 844 nicht an den Gläubiger aushändigen.

2 **2) Geltungsbereich.** Die Vorschrift gilt für jedes indossable Papier. Es ist unerheblich, ob das Papier auf ein ausländisches Zahlungsmittel lautet. Über die Verwertung § 815 Rn 1. Weitere Einzelheiten Geißler DGVZ **86**, 110, Weimar JB **82**, 357. Bei der Pfändung der Einlage eines Postsparers gilt § 829, Röder DGVZ **98**, 86 (ausf).

Nicht indossable Wertpapiere wie kaufmännische Papiere, die nicht an Order lauten, § 363 HGB, gebundene Namensaktien, § 67 AktG, Verrechnungsschecks fallen *nicht* unter § 831, sondern unter §§ 808 ff, LG Gött NJW **83**, 635, aM Bauer JB **76**, 873, ThP 3 (aber der Wortlaut und Sinn sind eindeutig auf die Möglichkeit eines Indossaments begrenzt, Einl III 39).

3 **3) Pfändung.** Die Pfändung erfolgt nicht nach § 829, sondern ohne einen Beschluß des Vollstreckungsgerichts dadurch, daß der Gerichtsvollzieher das Papier in seinen Besitz nimmt, § 808 I, § 175 GVGA, BGH DB **80**, 1937, Hilger KTS **88**, 630. Sofern der Schuldner nach dem Inhalt des Wertpapiers nicht sein Berechtigter ist, unterbleibt die Wegnahme. §§ 809, 826 sind anwendbar. Evtl muß der Gläubiger den Herausgabeanspruch pfänden, §§ 846, 847, Hilger KTS **88**, 630. Der Gerichtsvollzieher darf das Papier nicht im Gewahrsam des Schuldners belassen. Mit der Wegnahme erfolgt ohne weiteres auch die Forderungspfändung. Daraus ergeben sich die Wirkungen des § 829. Bei einem Traditionspapier, einem Lagerschein usw ergreift die Pfändung das herauszugebende Gut erst in demjenigen Zeitpunkt, in dem der Schuldner es nach § 847 an den Gerichtsvollzieher herausgibt. Ein Pfändungsbeschluß ist dann unnötig und unwirksam, ZöStö 2, aM BGH DB **80**, 1938, ThP 2 (aber § 831 hat als eine Spezialvorschrift den Vorrang). Für die Entscheidungen ist das in § 828 II bestimmte Gericht zuständig. Es entscheidet durch den Rpfl, § 20 Z 17 RPflG.

4 **4) Rechtsbehelf.** Vgl zunächst beim Verstoß des Gerichtsvollziehers und bei einem solchen des Rpfl oder des Richters § 829 Rn 84–88. Zuständig ist bei einem Verstoß des Gerichtsvollziehers das Vollstreckungsgericht des § 764 und bei einem Verstoß im Überweisungsbeschluß das Gericht des § 828.

832 ***Pfändungsumfang bei fortlaufenden Bezügen.*** **Das Pfandrecht, das durch die Pfändung einer Gehaltsforderung oder einer ähnlichen in fortlaufenden Bezügen bestehenden Forderung erworben wird, erstreckt sich auch auf die nach der Pfändung fällig werdenden Beträge.**

1 **1) Systematik.** Die Pfändung einer solchen Forderung, die der Schuldner durch die Zahlung fortlaufender Raten erfüllen muß, ergreift die künftigen Raten grundsätzlich nur dann, wenn der Pfändungsbeschluß ausdrücklich auch diese zukünftigen Raten erfaßt. § 832 macht von dieser Regel eine Ausnahme. Die Vorschrift setzt nicht voraus, daß im Zeitpunkt der Pfändung bereits eine Rate fällig geworden war. In Betracht kommt auch ein solches zukünftiges Rechtsverhältnis, dessen Bezüge der Gläubiger bereits für wenigstens eine Rate gepfändet hat.

2 **2) Regelungszweck.** Die Vorschrift dient einer Vereinfachung und damit der Prozeßwirtschaftlichkeit, Grdz 14 vor § 128. Es geht darum, eine Vielzahl von Einzelpfändungen zu vermeiden. Allerdings sieht § 832 dem Wortlaut überhaupt keine zeitliche Begrenzung vor einer Befriedigung des Gläubigers vor. Immerhin liegt das bei § 829 erforderliche gegenwärtige Rechtsverhältnis zwischen dem Schuldner und dem Drittschuldner bei § 832 schon stets vor. Insofern bringt die Vorschrift weniger Risiken für den Schuldner. Man darf sie daher zugunsten des Gläubigers handhaben. Er will nicht dauernd neue Verfahrensbemühungen anstellen müssen, wenn es schon nötig ist, laufende Bezüge zu pfänden.

3 **3) Geltungsbereich.** § 832 verlangt einen einheitlichen Schuldgrund, eine gewisse Stetigkeit der Bezüge und einen Gehaltsanspruch oder einen ähnlichen Anspruch auf die Zahlung oder sonstige Leistung fortlaufender Bezüge für eine persönliche Dienstleistung. Gehalt ist eine Unterhaltsgewährung in regelmäßigen Raten. Daraus folgt aber keineswegs, daß die „ähnliche" Forderung auch auf die Zahlung eines Unterhalts gehen müsse. Die Ähnlichkeit liegt vielmehr in der Stetigkeit und der annähernden Gleichmäßigkeit der Zahlung. Freilich ist § 832 als eine Ausnahmevorschrift trotz des Begriffs der „ähnlichen" Forderung nicht allzu weit ausdehnbar.

4 Eine kurze *Unterbrechung* schadet nicht, insbesondere dann nicht, wenn sie saisonbedingt ist, oder gar beim Versuch, Gläubiger abzuschütteln, Düss DB **85**, 1336. Möglich ist eine solche Lage auch dann, wenn es um den Bezug aus mehreren aufeinanderfolgenden Arbeitsverträgen geht. Die Verkehrsauffassung entscheidet über die erforderliche Einheitlichkeit, BAG NJW **93**, 2702, Düss DB **85**, 1336. Der Pfändungsbeschluß muß zwar nicht, darf aber und sollte einen Hinweis auf die erst künftigen Ansprüche enthalten, Behr Rpfleger **90**, 243. Wegen der Pfändung des Gehalts der bei den alliierten Streitkräften angestellten Personen SchlAnh III Art 34 III, 35 mit AusfBest (aaO).

5 **4) Beispiele zur Frage der Anwendbarkeit**

Anwalt: Rn 7 „Rechtsanwalt".

Arbeitseinkommen: § 832 ist anwendbar auf eine Forderung auf Lohn oder Provision bei einer Daueranstellung, also auf das Arbeitseinkommen, § 850. Das gilt auch bei einem nach § 850 b nur bedingt pfändbaren Arbeitseinkommen. Dabei kann eine Daueranstellung trotz einer nur tageweisen Entlohnung vorliegen.

Arbeitsplatzwechsel: § 832 ist *unanwendbar* auf die Bezüge nach einem echten Wechsel des Arbeitsverhältnisses. Es ist eine wirtschaftliche Betrachtung notwendig, Rn 3, 4. Hierher gehört auch eine solche Wiedereinstellung, die im Zeitpunkt der vorherigen Entlassung nicht geplant oder vorhersehbar war. Hierher zählt auch eine Entlassung aus einem wichtigen Grund.

Arzt: § 832 ist *grds unanwendbar* auf sein Honorar. Eine Ausnahme kann bei einem Kassenarzt bestehen, Nürnb JB **02**, 603, oder bei einem Kassendentisten gelten, die in einem ständigen Vertragsverhältnis stehen.
Dentist: S „Arzt".
Entlassung: Rn 5 „Arbeitsplatzwechsel". 6
Handlungsagent: § 832 ist anwendbar auf die Forderung eines Handlungsagenten, der dauernd für denselben Geschäftsherrn arbeitet, oder für mehrere tätigen Handlungsagenten wie zB meist beim ständigen Reisevertreter.
Mietzins: § 832 ist anwendbar auf eine Forderung auf Mietzins oder Pacht, ThP 1, StJM 4, aM ZöStö 2 (aber das ist sogar ein typischer Anwendungsfall).
Notar: § 832 ist *unanwendbar* auf sein Honorar. 7
Rechtsanwalt: § 832 ist *unanwendbar* auf sein Honorar.
Rente: § 832 ist anwendbar auf eine Forderung auf Zahlung von Ruhegehalt oder Rente.
Ruhegehalt: S „Rente".
Selbständiger: § 832 ist *unanwendbar* auf sein Einkommen. 8
Sozialleistung: § 832 ist anwendbar auf eine Sozialleistung, BSG BB **88**, 2180. Das gilt auch dann, wenn sie auf Grund einer neuen Arbeitslosigkeit erfolgt, falls der bisherige Anspruch erloschen ist, BSG BB **82**, 1614, aM AG Bottrop Rpfleger **86**, 488 (keine Erstreckung bei einer neuen Anwartschaft. Aber man muß prozeßwirtschaftlich denken, Grdz 14 vor § 128).
Trinkgeld: § 832 ist angeblich anwendbar auf das Bedienungsgeld eines Kellners, wenn der Gast es für denjenigen (zum alten Recht) Wirt gezahlt hat, der vom Kellner die Herausgabe verlangen kann, es dem Kellner aber aus dem eingenommenen Bedienungsgeld erstatten muß. Diese Zahlung erfolgt dann meist so, daß der Kellner der Sache nach eine Aufrechnung erklärt. Eine Beschlagnahme hat aber vor diesem Vorgang den Vorrang. Daher muß der Arbeitgeber den Kellner notfalls fristlos entlassen. Der Arbeitgeber kann sich auch nicht deswegen auf ein Zurückbehaltungsrecht nach § 320 I 1 BGB berufen, weil der Kellner das Bedienungsgeld einbehält. 9

Diese ganze Konstruktion ist lebensfemd: Kein Gast will das Trinkgeld auch nur zunächst dem Wirt zukommen lassen. Es soll vielmehr sogleich und endgültig gerade nur dem Kellner zukommen, zumal es für ihn steuerfrei ist. Das ändert aber nichts an der Pfändbarkeit. Dasjenige Trinkgeld, das der Gast so zahlt, fällt *nicht* unter § 832, sondern unter § 850, dort Rn 3.
Zinsforderung: § 832 ist anwendbar auf jede regelmäßige Zinsforderung. 10
Vgl auch Rn 6 „Mietzins".
Zwischenmeister: § 832 ist anwendbar auf die künftige Forderung eines Zwischenmeisters aus einem festen Geschäftsverhältnis.

833 *Pfändungsumfang bei Arbeits- und Diensteinkommen.* I 1 **Durch die Pfändung eines Diensteinkommens wird auch das Einkommen betroffen, das der Schuldner infolge der Versetzung in ein anderes Amt, der Übertragung eines neuen Amtes oder einer Gehaltserhöhung zu beziehen hat.** 2 **Diese Vorschrift ist auf den Fall der Änderung des Dienstherrn nicht anzuwenden.**

II **Endet das Arbeits- oder Dienstverhältnis und begründen Schuldner und Drittschuldner innerhalb von neun Monaten ein solches neu, so erstreckt sich die Pfändung auf die Forderung aus dem neuen Arbeits- oder Dienstverhältnis.**

1) Systematik, I, II. § 833 enthält einen allgemeinen Rechtsgedanken, § 829 Rn 4–6, § 850 Rn 3, 4. Sie enthält aber zugleich eine in ihrem Geltungsbereich vorrangige Sonderregelung. 1

2) Regelungszweck, I, II. Ziel ist wie bei § 832 eine möglichst umfassende Vollstreckung ohne ständig neue Zusatzmaßnahmen der Pfändung, solange die Nämlichkeit des Drittschuldners, des Dienstherrn bestehenbleibt. Damit dient auch § 833 der Prozeßwirtschaftlichkeit nach Grdz 14 vor § 128 wie der Rechtssicherheit, Einl III 43. II geht natürlich sehr weit und verlangt auch vom Drittschuldner reichlich viel Aufmerksamkeit. Man darf ihn dabei nicht überfordern. Er wird ja kaum das alte Dienstverhältnis beendet, aber das neue begründet haben, um dem Schuldner bei irgendeiner Art von „Abtauchen" vor dem Gläubiger zu helfen. Es bleibt daher praktisch in erster Linie eine Aufgabe des Gläubigers, den Drittschuldner an § 833 zu erinnern. 2

3) Anwendbarkeit, I 1. Die Pfändung eines Diensteinkommens ergreift jedes spätere Diensteinkommen nach § 850 Rn 3, 4, das derselbe Dienstherr dem Schuldner zahlt. Das gilt auch bei einem Privatangestellten oder bei einem Arbeiter dann, wenn sich diese Personen in einer dauernden Stellung befinden. Die Regelung gilt ferner dann, wenn der Schuldner von dem einen Dienstzweig in den anderen übertritt. Sie gilt ferner dann, wenn er in den Ruhestand tritt oder wenn ein Abgebauter wiedereintritt. Amt ist jede Arbeitsstelle. Wegen einer Unterbrechung Rn 5. 3

4) Unanwendbarkeit, I 2. Die Regelung gilt nicht, wenn der Dienstherr wechselt. Dann ist also ein neuer Pfändungs- und Überweisungsbeschluß notwendig, aM LAG Ffm DB **99**, 2476 (aber I 2 ist nach seinem Wortlaut und Sinn eindeutig, Einl III 39). Es besteht zB keine Nämlichkeit zwischen einer Gemeinde und einem Land oder einer GmbH im Eigentum der Gemeinde. Dienstherr ist derjenige, der den Lohn oder das Gehalt auszahlt, § 611 BGB. Der Dienstherr kann derselbe bleiben, auch wenn seine Rechtsform wechselt, etwa bei der Umwandlung einer Gesellschaft oder des Betriebsübergangs durch ein Rechtsgeschäft nach § 613 a BGB, LAG Hamm DB **76**, 440. Wegen Art 131 GG vgl § 59 G v 13. 10. 65, BGBl 1686. Wegen des Rechtswegs VGH Kassel NJW **92**, 1253. 4

5) Unterbrechung, II. Soweit das Arbeits- oder Dienstverhältnis zwischen denselben Vertragspartnern nur vorübergehend etwa saisonbedingt endet und binnen neun Monaten wieder auflebt, wenn es auch 5 formell neu zustandekommt, erstreckt sich die Pfändung auf eine Forderung aus dem neuen Arbeits- oder Dienstverhältnis. Für den Fristablauf, der sich nach § 222 berechnet, sind die rechtlichen Zeitpunkte des Endes oder des Neubeginns maßgebend, nicht die tatsächlichen Zeitpunkte. Beim Wechsel des Arbeitgebers oder -nehmers gilt stets nur I 2, Rn 4.

834 *Keine Anhörung des Schuldners.* **Vor der Pfändung ist der Schuldner über das Pfändungsgesuch nicht zu hören.**

1 **1) Systematik.** Die Vorschrift tritt stets zu §§ 829 ff ergänzend hinzu. Sie ist grundsätzlich zwingend. Vgl freilich Rn 4 ff.

2 **2) Regelungszweck.** An sich erfordern Artt 2 I, 20 III GG (Rpfl), BVerfG **101**, 404, Art 103 I GG (Richter) in gewissen Grenzen die Anhörung einer Partei vor einer ihr nachteiligen Entscheidung, Einl III 16. Die Pfändung ist aber keine Entscheidung, sondern ein Vollstreckungsteilakt auf Grund einer längst vorher getroffenen Entscheidung, nämlich des Vollstreckungstitels. Müßte man den Schuldner vor jedem solchen Teilakt unbedingt anhören, würde man das rechtliche Gehör maßlos überspannen und die Durchführung dieser so wichtigen Vollstreckungsart nahezu unmöglich machen. Außerdem soll der Schuldner eine Pfändung nicht vereiteln dürfen, Einl III 54, Köln MDR **88**, 682, LG Frankenth Rpfleger **82**, 231, Hoeren NJW **91**, 410. Der Sinn der Vorschrift erschöpft sich aber darin, den Gläubiger zu schützen. Der Gläubiger kann gelegentlich ein Interesse an der Anhörung des Schuldners haben. Deshalb muß man jedenfalls bei Rn 4 ff doch vorsorglich abwägen, ob eine Anhörung ausnahmsweise notwendig ist. Man muß seine Haltung zumindest aktenkundig machen.

3 **3) Grundsatz: Keine Anhörung.** Das Gericht darf den Schuldner aus den Gründen Rn 1 grundsätzlich vor der Pfändung nicht hören, BGH NJW **83**, 1859, BayObLG Rpfleger **86**, 98, LG Stgt Rpfleger **05**, 38. Die Vorschrift macht die eigentlich nach § 128 Rn 10 freigestellte mündliche Verhandlung praktisch unzulässig. Das Verbot des § 834 erfaßt eine mündliche wie schriftliche Anhörung. Die Regelung ist mit Art 103 I GG vereinbar, BVerfG **8**, 98, BayObLG Rpfleger **86**, 99, aM Hager KTS **92**, 327, Maunz/Dürig/Aßmann Art 103 GG Rn 83 (aber es gibt eben manche Lage, in der ein wirksamer Rechtsschutz nur ohne eine vorherige Anhörung funktionieren kann. Man denke nur an §§ 916 ff, 935 ff und die zugehörige absolut übereinstimmende Praxis). Wegen der Ausnahmen Rn 4 ff.

4 **4) Ausnahme: Anhörung.** Man muß fünf Punkte beachten.

A. Antrag des Gläubigers. Aus den Gründen Rn 2 muß das Gericht den Schuldner ausnahmsweise dann vor seiner Entscheidung anhören, wenn der Gläubiger die Anhörung beantragt oder wenn der Gläubiger dem Gericht anheimstellt, den Schuldner anzuhören, LG Brschw Rpfleger **81**, 489 (zustm Hornung). Schon ein eindeutig erkennbares stillschweigendes Einverständnis des Gläubigers genügt, um das Gericht zur Anhörung des Schuldners zu zwingen.

5 **B. Sozialleistung usw.** Wegen der Anhörung des Schuldners § 54 V 1 SGB I, §§ 850 b Rn 20, 850 e Z 2 a S 2–5, 850 f Rn 12, LG Frankenth Rpfleger **89**, 274, LG Zweibr MDR **80**, 62.

6 **C. Gesonderte Überweisung.** Vor einer besonderen Überweisung darf das Gericht den Schuldner hören, Münzberg Rpfleger **82**, 329. Wenn es aber den Pfändungsbeschluß und den Überweisungsbeschluß miteinander verbindet, ist die Anhörung des Schuldners grundsätzlich nach den obigen Regeln unzulässig, Münzberg Rpfleger **82**, 329, aM Hoeren NJW **91**, 410 (wegen Art 103 I GG. Vgl aber Rn 3).

7 **D. Rechtsmittelzug.** Nach dem Wortlaut und Sinn des § 834, Rn 1, 2 ist eine Anhörung des Schuldners auch insoweit zulässig, als nur der Gläubiger gegen eine ablehnende Entscheidung die Erinnerung oder sofortige Beschwerde eingelegt hat und eine der Ausnahmen Rn 3, 4 vorliegt, KG NJW **80**, 1341, Köln MDR **88**, 683, LG Frankenth RR **89**, 1352.

8 **E. Begründungspflicht nach Anhörung.** Zumindest nach einer Anhörung des Schuldners muß der Rpfl den Pfändungsbeschluß begründen, § 329 Rn 4, LG Düss Rpfleger **83**, 255.

9 **5) Verstoß.** Wenn der Rpfl den Schuldner entgegen § 834 angehört hat, hat das prozessual keine Folgen. Es kommt allerdings eine Staatshaftung nach Art 34 GG, § 839 BGB in Betracht.

10 **6) Rechtsbehelf.** Wenn das Gericht ein nach den vorstehenden Regeln notwendiges Gehör des Schuldners unterlassen hatte, ist die Erinnerung nach § 766 zulässig, § 766 Rn 6, Köln JB **00**, 48 (auch zum Verfahren nach fälschlicher sofortiger Beschwerde usw), andernfalls gilt § 829 Rn 84–88.

835 *Überweisung einer Geldforderung.* **[I] Die gepfändete Geldforderung ist dem Gläubiger nach seiner Wahl zur Einziehung oder an Zahlungs statt zum Nennwert zu überweisen.**

[II] Im letzteren Fall geht die Forderung auf den Gläubiger mit der Wirkung über, dass er, soweit die Forderung besteht, wegen seiner Forderung an den Schuldner als befriedigt anzusehen ist.

[III] [1] Die Vorschriften des § 829 Abs. 2, 3 sind auf die Überweisung entsprechend anzuwenden. [2] Wird ein bei einem Geldinstitut gepfändetes Guthaben eines Schuldners, der eine natürliche Person ist, dem Gläubiger überwiesen, so darf erst zwei Wochen nach der Zustellung des Überweisungsbeschlusses an den Drittschuldner aus dem Guthaben an den Gläubiger geleistet oder der Betrag hinterlegt werden.

Schrifttum: *Diepholz/Hintzen,* Musteranträge für Pfändung und Überweisung, 7. Aufl 2002; *Schilken,* Zum Umfang der Pfändung und Überweisung von Geldforderungen, Festschrift für *Lüke* (1997) 701; *Sonnabend,* Der Einziehungsprozess nach Forderungspfändung im internationalen Rechtsverkehr, 2007.

Gliederung

1) Systematik, I–III. Die Pfandverwertung ist das Ziel der Vollstreckung. Sie erfolgt bei einer Forderung normalerweise dadurch, daß das Gericht die Forderung dem Gläubiger nach §§ 835 ff überweist und daß dieser anschließend zur Vermeidung einer Schadensersatzpflicht die Forderung nach § 842 unverzüglich beitreibt, soweit er nicht aus irgendwelchen Gründen auf diese Verwertungsart nach § 843 verzichtet. Wegen anderer Verwertungsarten § 844. Im allgemeinen läßt sich die Überweisung mit der Pfändung in demselben Beschluß verbinden, Kahlke NJW **91**, 2690, aM Hoeren NJW **91**, 410 (Verstoß gegen Art 103 I GG. Vgl aber § 834 Rn 3). Bisweilen, etwa bei einer Wechselforderung oder bei einer Hypothekenforderung, ist wegen § 831 ein besonderer Überweisungsbeschluß erforderlich. Die Wirksamkeit einer Überweisung hängt immer von der Wirksamkeit der Pfändung ab. Denn die Überweisung verschafft kein Recht, sondern bringt nur die Möglichkeit dazu, ein Recht durchzuführen, BGH NJW **94**, 3226, aM Stöber NJW **96**, 1185, Schur KTS **01**, 74 (aber mangels einer Wirksamkeit der Pfändung gibt es auch kein wirksames Einziehungsrecht). Wenn die Überweisung selbständig erfolgt, muß das Vollstreckungsgericht seine Zuständigkeit für diesen Vorgang selbständig prüfen. 1

Bei einer *Teilüberweisung* bleibt der Rest der gepfändeten Forderung gepfändet. Eine Sicherungsvollstreckung nach § 720 a I und ein Arrest lassen keine Überweisung zu, wohl aber ein zugehöriger Kostenfestsetzungsbeschluß, Ffm Rpfleger **82**, 480. Über Hypotheken und Schiffshypotheken §§ 837, 837 a. Wegen einer durch eine Buchhypothek gesicherten Forderung § 829 Rn 83. Die Pfändung ist nicht schon deshalb unwirksam, weil etwa die Überweisung unwirksam ist. Wenn aber die Pfändung unwirksam ist, ist auch die Überweisung unwirksam. Die Heilung eines Mangels bei der Pfändung hat zur Folge, daß auch die Überweisung mitheilt. Das gilt insbesondere dann, wenn das Gericht einen Betrag überwiesen hat, der über den gepfändeten Betrag hinausgehenden Betrag überwiesen hat. Wegen III 2 vgl auch Rn 26. 2

2) Regelungszweck, I–III. Der Gläubiger soll zwischen mehreren Methoden wählen können, um endlich seine Befriedigung zu erhalten. Dabei hat die Einziehung wohl die weitaus größere Bedeutung. Sie ist freilich auch mühevoller. Es muß ja immer ein Drittschuldner mitwirken. Man sollte es dem Gläubiger daher nicht durch eine allzu strenge Auslegung noch schwerer machen, aus der Pfändung und Überweisung nun auch Bargeld zu machen. 3

III 2 bezweckt, daß der Schuldner neben den Möglichkeiten der §§ 51–55 SGB I nach Grdz 103 vor § 704 „Sozialleistung“ die allerdings mit diesen Vorschriften und mit III mangelhaft aufeinander abgestimmten Möglichkeiten des § 850 k soll nutzen können, dort Rn 1. Freilich erhalten dort nur die wiederkehrenden Einkünfte nach §§ 850–850 b einen Schutz, während III 2 die Guthaben jeder beliebigen Art und Herkunft erfaßt, Hornung Rpfleger **78**, 360, zB ein Guthaben aus einem einmaligen Zahlungseingang, aM Stöber Forderungspfändung Rn 1286. Der Gesetzgeber meinte nämlich den Geldinstituten keine weitergehenden Pflichten zumuten zu können als die Prüfung, ob der Kontoinhaber eine natürliche Person sei, Arnold BB **78**, 1320, Hornung Rpfleger **78**, 360, Meyer ter Vehn NJW **78**, 1240. 4

3) Überweisung im allgemeinen, I. Von ihr hängt der Erfolg am ehesten ab. 5

A. Zur Einziehung oder an Zahlungs Statt. Der Gläubiger kann wählen, ob das Vollstreckungsgericht ihm die Forderung zur Einziehung oder an Zahlungs Statt überweisen soll. Zulässig ist auch eine Überweisung zunächst zur Einziehung und dann an Zahlungs Statt. Die umgekehrte Reihenfolge ist nicht zulässig. Wenn der Gläubiger schlechthin die Überweisung beantragt, meint er meist eine Überweisung zur Einziehung. Denn diese Lösung ist die Regel. Eine Überweisung findet nur auf einen Antrag des Gläubigers statt.

B. Verfahren. Zuständig ist im Vollstreckungsgericht des § 828 der Rpfl, § 20 Z 17 RPflG, Karlsr JB **05**, 553. Er wird nur auf einen Antrag des Gläubigers tätig. Es besteht kein Anwaltszwang, § 13 RPflG. Man kann die Pfändung und eine Überweisung zusammen oder getrennt beantragen. Vgl aber Rn 1. Das Verfahren verläuft auch im übrigen wie bei einer Pfändung, § 829. Es wird auch eine Überweisung mit der Zustellung des Überweisungsbeschlusses an den Drittschuldner im Parteibetrieb nach §§ 191 ff wirksam. Der Rpfl muß seinen Überweisungsbeschluß begründen. § 339 Rn 4. Er muß eindeutig die Verwertungsart angeben. Der Beschluß muß bei § 839 die Hinterlegungsanordnung enthalten. Kosten: § 788. Der Gläubiger erhält den Beschluß formlos ausgehändigt, § 329 II 1. Über eine Anhörung des Schuldners § 834 Rn 4, 8. Bei einem indossablen Papier darf der Beschluß auf dem Papier stehen. Erforderlich ist das aber nicht. 6

Das *Recht aus der Überweisung* ist pfändbar, aM Stgt Rpfleger **83**, 409 (aber auch dieses Recht ist ein verwertbarer Vermögensbestandteil). Wer sich dieses Recht nach § 857 pfänden und überweisen läßt, erlangt den Überweisungsanspruch seines Schuldners. Ein Verzicht des Gläubigers auf die Rechte aus der Pfändung und Überweisung läßt seinen Anspruch unberührt, § 843 Rn 1.

Gebühren: Des Gerichts § 12 V GKG (Vorauszahlungspflicht), KV 2110; des Anwalts VV 3309, 3310.

7 **C. Rechtsmittel.** Vgl zunächst § 829 Rn 84–88. Der Gläubiger und der Schuldner sowie der Drittschuldner können gegen eine sie beeinträchtigende bloße Maßnahme ohne eine Entscheidung die Erinnerung nach § 766 einlegen, Düss ZIP **82**, 366, Spickhoff (vor Rn 1) 462, ZöStö 13, aM bei einer Überweisung an Zahlungs Statt LG Düss Rpfleger **82**, 112, Münzberg Rpfleger **82**, 329, ThP 11 (aber die Befriedigungswirkung setzt gerade die Feststellung voraus, daß die Forderung besteht, Rn 8, und diese fehlte dort).

8 **D. Mehrheit von Gläubigern.** Bei einer Überweisung für mehrere Gläubiger gilt folgendes: Die erste Überweisung an Zahlungs Statt befriedigt den Gläubiger, soweit die Forderung wirklich besteht. Sie nimmt daher die Forderung aus dem Vermögen des Schuldners heraus. Gegenüber einer späteren Pfändung und Überweisung hat der erste Gläubiger die Möglichkeit einer Klage nach § 771. Bei einer Überweisung zur Einziehung bestimmt sich der Rang der Gläubiger ausschließlich nach der Pfändung, § 804 III. Der Drittschuldner darf einen späteren Gläubiger nicht vor dem früheren befriedigen. Andernfalls muß er nunmehr auch an den vorrangigen zahlen, kann aber gegen den nachrangigen aus §§ 812 ff BGB vorgehen, BGH **82**, 28.

9 **4) Überweisung zur Einziehung, I–III.** Diese Überweisungsart ist innerhalb der Verwertungsarten des § 835 die normale und bei § 839 die allein zulässige. Sie bewirkt keinen Vermögensübergang, BGH **82**, 31, LG Augsb Rpfleger **97**, 120. Sie ermächtigt den Gläubiger vielmehr nur dazu, das Recht des Schuldners im eigenen Namen geltend zu machen, § 836, BGH **82**, 31, BFH NJW **90**, 2645, und zwar in einer Familiensache vor dem FamG, Hamm FamRZ **78**, 602. Eine einstweilige Einstellung der Zwangsvollstreckung nach §§ 707, 719, 769 macht eine spätere Überweisung zur Einziehung rechtswidrig. Eine dauernde Einstellung der Zwangsvollstreckung zieht eine Aufhebung der Pfändung und Überweisung nach sich, § 776. Die Zwangsvollstreckung endet erst dann nach Grdz 52 vor § 704, wenn der Gläubiger durch die Zahlung des Drittschuldners oder sonstwie befriedigt ist. Der Gläubiger kann sich mit dem Drittschuldner wegen der Forderung vergleichen oder die Forderung abtreten, wenn der Schuldner in Höhe dieser Forderung befreit wird.

10 **5) Stellung des Gläubigers, I–III.** Sie zeigt viele Probleme.

A. Grundsatz: Recht zur Befriedigung. Die wirksame Überweisung gibt dem Pfändungsgläubiger die Stellung eines Pfandgläubigers nach § 1275 BGB, BGH NJW **01**, 288. Sie ermächtigt den Gläubiger zu allen denjenigen Maßnahmen, die sich aus dem Recht des Schuldners ergeben und die der Befriedigung des Gläubigers dienen, BGH RR **89**, 287, VGH Kassel NJW **92**, 1254.

11 **B. Beispiele zur Frage der Stellung des Gläubigers**

Abtretung: Rn 14 „Nebenrecht".

Annahme der Leistung: Der Gläubiger darf die Leistung mit einer Erfüllungswirkung annehmen.

Anwalt: Rn 17 „Zahlung".

Arrest: Der Gläubiger darf einen Arrest erwirken.

Aufrechnung: Der Gläubiger darf eine Aufrechnung erklären, BGH **82**, 31. Das gilt auch gegenüber einer Verbindlichkeit des Gläubigers gegenüber dem Drittschuldner, BGH NJW **78**, 1914.

Auskunft: *Steder* MDR **00**, 438 (Üb).

Auszahlung: Rn 17 „Zustimmung".

Befriedigung: Vgl zunächst Rn 10.

S ferner „Annahme der Leistung", Rn 12 „Erlaß", Rn 13 „Leistung", Rn 15 „Rente", Rn 16 „Vergleich".

12 **Einstweilige Anordnung, Verfügung:** Der Gläubiger darf eine einstweilige Anordnung oder Verfügung erwirken.

Einwilligung: Rn 15 „Streithilfe", Rn 17 „Zustimmung".

Einziehung, dazu *Schur* KTS **01**, 73 (Üb): Der Gläubiger darf die Forderung einziehen, BGH NJW **01**, 674.

Er darf *nicht* einen Mehrbetrag einziehen, auch nicht vorbehaltlich der sofortigen Erstattung an den Schuldner.

Erfüllung: Rn 11 „Annahme der Leistung".

Erlaß: Der Gläubiger darf *nicht* einen Schulderlaß aussprechen, es sei denn, daß er sich für befriedigt erklärt.

Gegenleistung: Der Gläubiger darf eine erforderliche Gegenleistung bewirken. Diese Gegenleistung ist ein Teil der Vollstreckungskosten. Ein Widerspruch des Schuldners ist unbeachtlich.

Genehmigung: Rn 15 „Streithilfe", Rn 17 „Zustimmung".

Gesellschaft: Der Gläubiger darf kündigen und dann die Auseinandersetzung betreiben, § 859 Rn 5.

Guthaben: Der Gläubiger darf auch ohne eine Kündigung, ein zins- oder prämienbegünstigtes Guthaben abheben, freilich nicht vor dem Ablauf der Festlegungsfrist, Muth DB **79**, 1121. Die Zwangsvollstreckung geht einem Zins- oder Prämienverlust vor.

13 **Herausgabe:** Rn 14 „Nebenrecht".

Insolvenz: Der Gläubiger darf den Antrag auf die Eröffnung eines Insolvenzverfahrens stellen. Er darf die Forderung im Insolvenzverfahren des Drittschuldners anmelden. Er darf das Stimmrecht zusammen mit dem Schuldner ausüben und die Verteilungssumme einziehen.

Klagebefugnis: Der Gläubiger darf *nicht* eine Klage erheben, soweit der Schuldner nicht klagen könnte, aM StJM 25 (aber das würde über das Ursprungsrecht hinausgehen).

S auch Rn 16 „Verein".

Kündigung: Der Gläubiger darf eine Kündigung wirksam erklären, § 859 Rn 5, BGH **82**, 31, LG Hbg Rpfleger **02**, 532. Zur Problematik bei einer gemischten Lebensversicherung LG Darmst RR **00**, 329, krit Prahl NVersZ **01**, 151.

Leistung: Rn 11 „Annahme der Leistung", Rn 12 „Gegenleistung", Rn 17 „Zahlung".

Leistungsklage: Der Gläubiger darf auf eine Leistung an sich selbst klagen, BGH **82**, 31, Ffm MDR **93**, 799, Stgt FamRZ **88**, 166. Dabei ist bei einem Arbeitseinkommen das ArbG zuständig, beim Steuererstattungsanspruch das FG, BFH NJW **88**, 1408, aM Hamm DB **89**, 488 (das ArbG sei zuständig), beim Diensteinkommen das VG, VGH Kassel NJW **92**, 1254.

S auch Rn 12 „Gegenleistung".

Lohnsteuer: Der Gläubiger darf *keine* Erstattung beantragen, BFH NJW **99**, 1056, Viertelhausen DGVZ **03**, 136 (ausf), aM Wolf/Müller NJW **04**, 1779 (Verfassungsrecht. Aber das überzieht den Vollstrekkungsanspruch schon wegen des verfassungsrechtlich geschützten Steuergeheimnisses). Der Gläubiger darf dergleichen auch nicht bei einer Zusammenveranlagung tun, BFH NJW **01**, 462. **14**

S auch § 836 Rn 10 „Lohnsteuerkarte".

Löschungsfähige Quittung: S „Quittung".

Mehrbetrag: Rn 11 „Einziehung".

Nachlaß: Der Gläubiger darf *nicht* einen Schuldnachlaß bewilligen, es sei denn, daß er die finanziellen Folgen selbst trägt, BGH NJW **78**, 1914.

Nebenrecht: Im Rahmen des Überweisungsbeschlusses darf der Gläubiger auch etwaige Nebenrechte ausüben, zB nach § 401 BGB. Der Gläubiger darf deshalb zB die Herausgabe eines Pfandstücks und die Übertragung eines Sicherungseigentums fordern, soweit nicht eine Vereinbarung entgegensteht.

Der Gläubiger darf aber *nicht* ohne weiteres die gepfändete Forderung abtreten, es sei denn, daß er sich für befriedigt erklärt.

Offenbarungsversicherung: Der bisherige Gläubiger behält das Auftragsrecht nach § 900 I nur bei der Überweisung zur Einziehung, *nicht* bei derjenigen an Zahlung statt, LG Augsb Rpfleger **97**, 120.

Prämienbegünstigung, -verlust: Rn 12 „Guthaben". **15**

Quittung: Der Gläubiger darf eine Quittung erteilen, auch eine löschungsfähige.

Ratenzahlungen: Der Gläubiger darf *nicht* Ratenzahlungen bewilligen, es sei denn, daß er die finanziellen Folgen selbst trägt, BGH NJW **78**, 1914.

Rente: Der Gläubiger darf die Rente beantragen, LG Wiesb RR **96**, 59.

Rechtsbehelfe: Der Gläubiger hat gegen den nicht leistenden Drittschuldner dieselben Rechtsbehelfe wie bisher der Schuldner. Infrage kommt also je nach der Sachlage eine Klage im Urkundenprozeß usw. Der Drittschuldner darf evtl erst nach 2 Wochen leisten, III 2.

Sachbefugnis: Der Gläubiger weist seine Sachbefugnis durch den Überweisungsbeschluß nach.

Sicherungseigentum: Rn 14 „Nebenrecht".

Steuererstattung: Der Gläubiger darf nicht nach §§ 887, 888 so wie der Schuldner vorgehen, BGH NJW **08**, 1675 (zustm Timme), Rn 14 „Lohnsteuer".

Streithilfe: Der Gläubiger darf einen rechtshängigen Prozeß des Schuldners *nicht* ohne dessen Einwilligung übernehmen. Er darf aber dem Prozeß als ein Streithelfer beitreten. Der Gläubiger kann auf diese bloße Streithilfe angewiesen sein.

Stundung: Der Gläubiger darf *nicht* eine Stundung bewilligen, es sei denn, daß er die finanziellen Folgen selbst trägt, BGH NJW **78**, 1914.

Überweisungsbeschluß: Der Gläubiger darf alle in diesem ABC genannten Rechte nur im Rahmen des Überweisungsbeschlusses ausüben. **16**

Umschreibung: Der Gläubiger darf einen Vollstreckungstitel auf sich umschreiben lassen, § 727.

Urkundenprozeß: Rn 15 „Rechtsbehelfe".

Verein: Wenn der Schuldner ein nicht rechtsfähiger Verein ist, hat der Gläubiger ein Klagerecht. Denn auch die Gesamtheit der Mitglieder könnte eine Klage erheben. Der Gläubiger weist seine Sachbefugnis durch den Überweisungsbeschluß nach.

S auch Rn 13 „Klagebefugnis".

Vergleich: Der Gläubiger darf mit dem Drittschuldner wegen der gepfändeten Forderung einen Vergleich schließen, soweit der Schuldner dadurch befriedigt würde.

Vollstreckungstitel: 16 „Umschreibung".

Zahlung: Der Gläubiger darf eine Zahlstelle angeben. Er darf inbesondere anordnen, daß eine Zahlung an seinen Anwalt zu leisten sei. **17**

Zinsbegünstigung, -verlust: Rn 12 „Guthaben".

Zustimmung: Der Gläubiger darf eine etwa erforderliche Zustimmung zu einer Auszahlung verlangen, Düss RR **89**, 599.

S auch Rn 15 „Streithilfe".

Zwangsgeld: Der Gläubiger darf *nicht* ein Zwangsgeld für sich statt für die Staatskasse nach § 888 beitreiben.

C. Verzögerung. Der Gläubiger ist dem Schuldner gegenüber zur unverzüglichen Einziehung der Forderung verpflichtet. Eine vorwerfbare Verzögerung macht den Gläubiger schadensersatzpflichtig, § 842. Wenn der Gläubiger eine Klage erhebt, muß er dem Schuldner den Streit verkünden, §§ 72, 841. Die Kosten der Einziehung sind Kosten der Zwangsvollstreckung, § 788 Rn 22 „Drittschuldner". Der Gläubiger kann die Kosten bei einer Zahlung des Drittschuldners mit verrechnen. Wenn der Gläubiger eine Klage erhebt, sind die Kosten im Verhältnis zum Drittschuldner Prozeßkosten, §§ 91, 103 ff. Dann muß man im Verhältnis zwischen dem Gläubiger und dem Schuldner prüfen, ob die Klage und die Aufwendung der einzelnen Posten nötig waren. Solche Kosten, die das Urteil dem Gläubiger auferlegt, trägt der Schuldner nicht. Denn ein erfolgloses Vorgehen war nicht notwendig. Es geht vielmehr zulasten des Gläubigers. Der Gläubiger nimmt die Einziehung auf seine eigene Gefahr vor. Soweit die Einziehung den Gläubiger nicht befriedigt, darf er die Zwangsvollstreckung fortsetzen. **18**

6) Stellung des Schuldners, I–III. Sie läßt sich ziemlich klar bestimmen. **19**

A. Inhalt. Die Überweisung ändert nicht die Natur des Schuldverhältnisses, BFH NJW **88**, 1408. Sie nimmt die Forderung nicht aus dem Vermögen des Schuldners, BGH **82**, 31, BFH NJW **88**, 1408 und 1999, LG Bln MDR **89**, 76. Die Verstrickung nach Üb 6 vor § 803 bleibt bestehen. Der Schuldner bleibt mit den Einschränkungen der §§ 135, 136 BGB verfügungsberechtigt, BGH **82**, 31, LG Bln MDR **89**, 76. Er ist lediglich nicht mehr ein berechtigter Zahlungsempfänger, BGH **82**, 31, LG Bln MDR **86**, 327. Er darf nicht mehr zum Nachteil des Gläubigers verfügen, BFH NJW **88**, 1999. Die Forderung bleibt einem fremden Angriff ausgesetzt, vor allem einer Anschlußpfändung.

20 **B. Beispiele zur Frage der Stellung des Schuldners**

Arrest: Der Schuldner darf eine Sicherungsmaßnahme gegen den Drittschuldner betreiben. Er darf zB einen Arrest erwirken, LG Bln MDR **89**, 76.

Der Schuldner darf aber *keine* Klage auf eine Leistung an sich selbst erheben, auch nicht eine solche „unbeschadet der Rechte des Gläubigers", Münzberg DGVZ **85**, 145, und auch nicht eine Klage auf eine Leistung an sich und an den Gläubiger.

S auch „Hinterlegung".

Einziehung: Der Schuldner darf während der Dauer der Pfändung die Forderung *nicht* mehr einziehen, LG Bln MDR **86**, 327.

Feststellungsklage: Der Schuldner darf eine Feststellungsklage gegen den Drittschuldner erheben.

21 **Hinterlegung:** S zunächst Rn 22 „Leistungsklage". Die Einziehung einer Nachlaßforderung erfolgt zwecks Hinterlegung für alle Miterben, auch wenn der Nachlaßgläubiger und der Schuldner der Nachlaßforderung dieselbe Person sind. Demgemäß erfolgt auch die Pfändung und Überweisung einer Forderung gegen den Gläubiger selbst.

Der Schuldner darf *keine* Klage auf eine Hinterlegung erheben, Münzberg DGVZ **85**, 146.

Insolvenz: Der Schuldner darf das Recht zur Tabelle anmelden. Er darf das Stimmrecht aber nur gemeinsam mit dem Gläubiger ausüben.

22 **Leistungsklage:** Der Schuldner darf auf eine Leistung an den Gläubiger klagen. Denn die Erfüllung berührt den Schuldner wesentlich. Der Gläubiger muß die Forderung einziehen. Der Drittschuldner kann sich durch eine Streitverkündung gegen eine doppelte Beanspruchung schützen.

Prozeßführungsrecht: Dem Schuldner *fehlt* die Prozeßführungsbefugnis im Hinblick auf das Recht, das jetzt dem Gläubiger zusteht. Daher ist die Klage des Schuldners unzulässig.

Sicherungsmaßnahme: Rn 20 „Arrest".

Steuererklärung: Der Schuldner kann sie als eine Nebenpflicht abgeben müssen, Wolf/Müller NJW **04**, 1779.

Urteil: Ein zwischen dem Gläubiger und dem Drittschuldner ergehendes Urteil schafft keine innere Rechtskraft für den Schuldner, und umgekehrt, Köln VersR **02**, 1106.

Vollstreckungsabwehrklage: Der Schuldner darf sich mit einer Klage nach § 767 jedenfalls gegen eine über Sicherungsmaßnahmen hinausgehende Zwangsvollstreckung wehren, LG Bln MDR **89**, 76.

23 **7) Stellung des Drittschuldners, I–III,** dazu *Spickhoff,* Nichtige Überweisungsbeschlüsse und Drittschuldnerschutz, Festschrift für *Schumann* (2001) 443.

A. Inhalt. Für den Drittschuldner ist nur noch der Gläubiger maßgeblich, BGH **82**, 31, BFH NJW **88**, 1408.

S auch § 766 Rn 20 „Drittschuldner", § 829 Rn 73.

24 **B. Beispiele zur Frage der Stellung des Drittschuldners**

Abtretung: Der Drittschuldner hat alle Einwendungen gegenüber dem Gläubiger und dem Schuldner nach § 404 BGB wie vor dem Zeitpunkt der Überweisung, Oldb Rpfleger **94**, 266. Er muß gegenüber dem Gläubiger beweisen, daß der Schuldner die Forderung vor der Zustellung des Pfändungs- und Überweisungsbeschlusses abgetreten hatte, Nürnb JB **01**, 952.

Aufrechnung: Der Drittschuldner darf gegenüber dem Gläubiger eine Aufrechnung erklären, und zwar nach § 406 BGB auch mit einer gegen den Schuldner bestehenden Forderung, BGH NJW **80**, 584.

Er darf aber *nicht* mit einer erst nach der Beschlagnahme erworbenen Forderung aufrechnen, § 392 BGB, und nicht mit einer solchen Forderung, die der Schuldner gegen den Gläubiger besitzt, AG Langen MDR **81**, 237, ferner nicht mit einer gar nicht aufrechnungsfähigen Forderung, BGH NJW **01**, 288.

Bearbeitungskosten: Bei einer Lohnpfändung kann der Drittschuldner als Arbeitgeber vom Schuldner als Arbeitnehmer die Erstattung seiner Bearbeitungs- und Überweisungskosten fordern, Brill DB **76**, 2400.

Doppelzahlung: Ein Anspruch nach §§ 812 ff BGB kann gegen den Schuldner nach einer Doppel- oder Überzahlung des Drittschuldners entstehen. Es können dann auch §§ 670, 683 BGB anwendbar sein, Seibert WertpMitt **84**, 521.

Einrede der Nichterfüllung: Bei ihr muß der Drittschuldner erst Zug um Zug gegen die Bewirkung der Gegenleistung durch den Gläubiger leisten.

Einstellung der Vollstreckung: Dann braucht der Drittschuldner nicht mehr an den Gläubiger zu leisten.

Einwendung gegen Anspruch: Der Drittschuldner kann keine Einwendung gegen den Anspruch selbst erheben, also gegen die Forderung des Gläubigers, BAG NJW **89**, 1053, StJM § 829 Rn 115, ThP § 836 Rn 7, aM Denck ZZP **92**, 71 (beim Arbeitslohn).

Erinnerung: Der Drittschuldner darf die Mangelhaftigkeit oder die Unwirksamkeit des Pfändungs- und Überweisungsbeschlusses im Prozeß oder nach § 766 geltend machen, Spickhoff (bei Rn 23) 462, aM LAG Düss DB **01**, 1424 (nur nach § 766).

Falscher Gläubiger: Nur die Zahlung an den objektiv richtigen Gläubiger befreit den Drittschuldner voll, §§ 815 III, 819, BGH NJW **88**, 495. Soweit der Drittschuldner an einen objektiv nicht richtigen Gläubiger gezahlt hat, kann er einen Anspruch nach §§ 812 ff BGB haben, BGH **82**, 33, Lieb ZIP **82**, 1153, aM Mü NJW **78**, 1438, ThP § 826 Rn 6 (aber § 835 beeinträchtigt nicht einen etwaigen sachlichrechtlichen Anspruch).

Falscher Schuldner: Der Gerichtsvollzieher muß klären, ob der Gläubiger überhaupt eine Forderung gerade dieses Schudners gepfändet hat, Brdb JB **07**, 157.

Falsche Zahlung: S „Unkenntnis".

Forderungsinhaber: Der Drittschuldner muß klären, ob der Gläubiger überhaupt eine Forderung gerade dieses Schudners gepfändet hat, Brdb JB **07**, 157.

25 **Hinterlegung:** Der Drittschuldner darf bei einem Zweifel nach § 372 BGB hinterlegen.

Mangelhaftigkeit: Der Drittschuldner darf die Mangelhaftigkeit oder die Unwirksamkeit des Pfändungs- und Überweisungsbeschlusses im Prozeß oder nach § 766 geltend machen, Spickhoff (bei Rn 23) 462, aM LAG Düss DB **01**, 1424 (nur nach § 766).

Nichterfüllung: Bei einer solchen Einrede muß der Drittschuldner zunächst Zug um Zug gegen die Bewirkung der Gegenleistung durch den Gläubiger leisten. Der Schuldner kann die Erfüllung seiner eigenen Verbindlichkeit gegenüber dem Drittschuldner dahin verweigern, daß der Drittschuldner Zug um Zug an den Gläubiger zahlen muß.

Rechtmäßigkeit der Pfändung: Der Drittschuldner braucht sie grds nicht nachzuprüfen, § 836 II, BGH NJW **91**, 705.

Schuldbefreiung: Nur die Zahlung an den objektiv richtigen Gläubiger befreit den Drittschuldner grds voll, §§ 815 III, 819, BGH NJW **88**, 495.

Vgl aber auch Rn 24 „Abtretung".

Überzahlung: Ein Anspruch aus §§ 812 ff BGB kann zB gegen den Schuldner bei einer Doppel- oder Überzahlung des Drittschuldners bestehen. Es können dann auch §§ 670, 683 BGB anwendbar sein, Seibert WertpMitt **84**, 521. Der Drittschuldner hat allerdings keine Einwendungen gegen den Anspruch selbst, also gegen die Schuld des Schuldners, BAG NJW **89**, 1053, StJM § 829 Rn 115, ThP § 836 Rn 7, aM Denck ZZP **92**, 71 (beim Arbeitslohn).

Unkenntnis: Eine Zahlung des Drittschuldners an den Schuldner kann den ersteren dann befreien, wenn er den Pfändungs- und Überweisungsbeschluß nicht kannte, § 407 BGB. § 408 BGB ist anwendbar. Der Drittschuldner braucht die Rechtmäßigkeit des Pfändungs- und Überweisungsbeschlusses nicht nachzuprüfen, § 836 II, BGH NJW **91**, 705.

Unwirksamkeit: S „Mangelhaftigkeit".

Verweigerung des Schuldners: Der Schuldner kann die Erfüllung einer eigenen Verbindlichkeit gegenüber dem Drittschuldner dahin verweigern, daß der Drittschuldner Zug um Zug an den Pfändungsgläubiger zahlen muß.

Zug um Zug: S „Nichterfüllung".

8) Kontenguthaben, III 2. Man muß wie folgt unterscheiden. **26**

A. Grundsatz. Vgl zunächst Rn 1. Wenn der Gläubiger das Kontenguthaben einer natürlichen Person nach § 1 BGB bei einem Geldinstitut nach § 829 wirksam gepfändet und überwiesen erhalten hat, darf dieser Drittschuldner aus dem Guthaben erst dann eine Zahlung an den Gläubiger leisten oder einen Betrag nach § 839 hinterlegen oder aufrechnen, wenn seit der Zustellung des Überweisungsbeschlusses (nicht: des etwa gesonderten Pfändungsbeschlusses) an den Drittschuldner 2 Wochen vergangen sind. Die Frist berechnet sich nach § 222. Sie ist zwingend. Auf den Zeitpunkt der Zustellung des freilich meist gleichzeitigen Pfändungsbeschlusses an den Drittschuldner kommt es nicht an.

B. Einzelfragen. Geldinstitut ist jede Bank, Sparkasse oder jedes Postgiroamt, LG Bad Kreuzn Rpfleger **90**, 216, oder eine sonst geschäftsmäßig tätige zugelassene Stelle, LG Bln Rpfleger **92**, 129. Das gilt unabhängig von deren Rechtsform und Größe. Es gilt auch dann, wenn dieses Geldinstitut der Arbeitgeber ist, etwa derjenige eines Bankangestellten. Eine Zahlstelle der Haftanstalt zählt nicht hierher, LG Bln Rpfleger **92**, 129. Eine Überweisung an Zahlungs Statt genügt. Soweit das Gericht dann die Pfändung aufgehoben hat, fällt die Forderung an den Schuldner zurück. Für die 2-Wochen-Frist ist eine Zustellung an einen anderen als den Drittschuldner unerheblich. Der Drittschuldner darf aus einem anderen als dem gepfändeten Guthaben leisten, selbst wenn zwischen den Beteiligten Identität vorliegt. Wenn der Gläubiger mehrere Guthaben desselben Schuldners gepfändet hat, muß man die Rechte und Pflichten für jedes Konto gesondert beurteilen. **27**

Eine *vorzeitige* Leistung ist nach §§ 134 ff BGB jedenfalls den Benachteiligten gegenüber unwirksam. Deshalb muß das Geldinstitut dann nochmals zahlen oder eine Rückgutschrift vornehmen. Allerdings bleiben die Pfändung und die Wirkung der Überweisung während der 2-Wochen-Sperre bestehen. Nur die Verfügungsbefugnis und -pflicht des Drittschuldners ist aufgeschoben, Hartmann NJW **78**, 610. III 2 gilt nach § 314 III AO entsprechend.

C. Verstoß. Sofern der Schuldner den Antrag nach § 850 k rechtzeitig gestellt hat, kann ein Verstoß des Drittschuldners seine Schadensersatzpflicht nach § 823 II BGB auslösen. **28**

9) Überweisung an Zahlungs Statt, I–III. Sie hat nicht sehr große Bedeutung. **29**

A. Antrag. Eine Überweisung an Zahlungs Statt geschieht nur auf einen ausdrücklichen Antrag des Gläubigers und nur bei einer Geldforderung, Üb 4 vor § 803. Eine solche Überweisungsart ist bei §§ 839, 849, 851 II und dann unzulässig, wenn die Forderung von einer Gegenleistung abhängig ist. Denn dann fehlt der bestimmte Nennwert. Bei einer Vollstreckung auf Grund eines vorläufig vollstreckbaren Titels ist eine Überweisung an Zahlungs Statt zulässig. Sie fügt dort dem Rechtsübergang eine auflösende Bedingung bei. Wenn das Gericht den vorläufig vollstreckbaren Titel aufhebt, muß man das Geleistete nach § 717 II, III zurückgeben. Wenn die gepfändete Forderung in Wahrheit überhaupt nicht besteht oder wenn der Drittschuldner die Forderung mit einer Einrede nach den §§ 404 ff BGB tilgt, darf der Gläubiger anderweit vollstrecken. Bei wiederkehrenden Bezügen darf man nur die einzelnen Raten überweisen, nicht das Recht selbst.

B. Wirkung. Die Überweisung darf nur zum Nennwert geschehen und nur in der Höhe des Anspruchs des Gläubigers einschließlich der Kosten der Zwangsvollstreckung. Die Überweisung wirkt wie eine Abtretung der gepfändeten Forderung nach §§ 398 ff BGB, Hasse VersR **05**, 20. Sie befriedigt daher den Gläubiger einer wirklich bestehenden Forderung mit dem Augenblick der Zustellung des Überweisungsbeschlusses an den Drittschuldner. Es ist unerheblich, ob sich die Forderung beitreiben läßt. Der Anspruch des Gläubigers lebt auch dann nicht wieder auf, wenn man die Forderung in Wahrheit nicht beitreiben kann. Da der Gläubiger außerdem wegen der Kosten einer vergeblichen Rechtsverfolgung keinen Ersatzanspruch hat, ist diese Art der Überweisung unbeliebt und selten. Wenn der Gläubiger die Forderung in voller Höhe gepfändet hat und wenn die Vollstreckungsschuld aber in Wahrheit niedriger ist, wird der nicht überwiesene Restbetrag frei. **30**

836 *Wirkung der Überweisung.* **[I] Die Überweisung ersetzt die förmlichen Erklärungen des Schuldners, von denen nach den Vorschriften des bürgerlichen Rechts die Berechtigung zur Einziehung der Forderung abhängig ist.**

[II] Der Überweisungsbeschluss gilt, auch wenn er mit Unrecht erlassen ist, zugunsten des Drittschuldners dem Schuldner gegenüber so lange als rechtsbeständig, bis er aufgehoben wird und die Aufhebung zur Kenntnis des Drittschuldners gelangt.

[III 1] Der Schuldner ist verpflichtet, dem Gläubiger die zur Geltendmachung der Forderung nötige Auskunft zu erteilen und ihm die über die Forderung vorhandenen Urkunden herauszugeben. [2] Erteilt der Schuldner die Auskunft nicht, so ist er auf Antrag des Gläubigers verpflichtet, sie zu Protokoll zu geben und seine Angaben an Eides statt zu versichern. [3] Die Herausgabe der Urkunden kann von dem Gläubiger im Wege der Zwangsvollstreckung erwirkt werden.

Schrifttum: *Becker,* Schutz des Drittschuldners vor ungerechtfertigter Inanspruchnahme, Festschrift für *Musielak* (2004) 51; *Fischer,* Der Schutz des Drittschuldners nach § 836 Abs. 2 ZPO, 1997; *Kleinheisterkamp,* Prozeßführung über gepfändete Geldforderungen, 2001; *Spickhoff,* Nichtige Überweisungsbeschlüsse und Drittschuldnerschutz, Festschrift für *Schumann* (2001) 443; *Sude,* Mitwirkungspflichten des Vollstreckungsschuldners nach dem 8. Buch der ZPO usw, Diss Bonn 2000.

Gliederung

1 **1) Systematik, I–III.** Die Überweisung ändert nicht die Natur des Schuldverhältnisses, BFH NJW **88**, 1408. Sie wirkt vielmehr im Rahmen des § 835 rechtsübertragend, BFH NJW **88**, 1408, auch wenn das sachliche Recht für die Übertragung eine besondere Form verlangt. Die Überweisung ersetzt zB eine schriftliche Abtretung nach § 1154 I BGB und ein Inkassoindossement nach Art 18 WG, nicht aber ein Vollindossament. Der Schuldner soll nämlich nicht einem wechselmäßigen Rückgriff ausgesetzt sein. III hat oft den Vorrang vor § 185 I GVGA, AG Korbach DGVZ **03**, 45.

2 **2) Regelungszweck, I–III,** dazu *Derleder* JB **95**, 122: *I* dient der Vereinfachung und Beschleunigung des Verfahrens. Es wäre kaum erträglich, wenn der Gläubiger nun noch auf die Abgabe solcher erforderlichen Erklärungen warten, klagen und nach § 894 die formelle Rechtskraft nach § 705 abwarten müßte. Dieser Teil der Vorschrift ist also zugunsten des Gläubigers auslegbar.

II soll denjenigen Drittschuldner schützen, der im Vertrauen auf die Wirksamkeit des Überweisungsbeschlusses gehandelt hat, BGH **140**, 254, BAG NJW **90**, 2643, LG Köln RR **99**, 650 (auch zu den Schutzgrenzen). Dieser Teil der Vorschrift ist daher zugunsten des Drittschuldners auslegbar.

III führt leider immer wieder zu Auslegungsstreit, etwa bei der Lohnsteuerkarte, Rn 10. Man sollte die Vorschrift nach der Grundsatzentscheidung des BFH NJW **99**, 1056 auch vor den übrigen Gerichten wie vor dem Gerichtsvollzieher nicht anders auslegen, um trotz ihrer wenig praktischer Folgen doch wenigstens die Rechtssicherheit zu wahren, Einl III 43.

3 **3) Geltungsbereich, I–III.** Es gibt einfache Regeln.

A. Ähnlichkeit zur Abtretungsanzeige. II ist dem § 409 BGB nachgebildet. Die Vorschrift ist auf einen nichtigen Überweisungsbeschluß unanwendbar, BGH **121**, 104, aM BGH ZZP **108**, 250, Lüke NJW **96**, 3265, Spickhoff (vor Rn 1) 463 (grundsätzlich anwendbar, es sei denn, der Drittschuldner habe sich nicht gewehrt. Aber das ist zu unscharf).

4 **B. Beispiele zur Frage einer Anwendbarkeit, I–III**

Aufhebung: Die Unterstellung nach II endet dann, wenn der Drittschuldner eine Kenntnis von der Aufhebung des Überweisungsbeschlusses erhält. Dazu genügt eine formlose Mitteilung oder die Vorlegung einer beglaubigten Ablichtung oder Abschrift des Gerichtsbeschlusses oder die Zustellung des aufhebenden Beschlusses. Der Schuldner oder dessen Pfändungsgläubiger muß diese Voraussetzungen beweisen, BGH **66**, 398. Wenn das Gericht den Pfändungsbeschluß aufhebt, kann der Drittschuldner wieder mit einer befreienden Wirkung an den Schuldner leisten. Das gilt selbst dann, wenn der Aufhebungsbeschluß nicht rechtskräftig ist und wenn dann durch eine Aufhebung des Aufhebungsbeschlusses die frühere Pfändung wiederaufhebt. Die Möglichkeit zur Leistung mit einer befreienden Wirkung dauert dann solange an, bis der Drittschuldner von der Aufhebung des Aufhebungsbeschlusses eine sichere Kenntnis hat, aM ZöStö 7 (aber sonst wäre eine für ihn kaum erträgliche Unsicherheit vorhanden). Der Schuldner braucht irgendwelchen Zweifeln wegen der Wirksamkeit des Widerrufs der die Forderungsanzeige betreffenden Anzeige nicht nachzugehen. Der Drittschuldner braucht einem etwaigen Zweifel an der Wirksamkeit des Aufhebungsbeschlusses nicht nachzugehen. II ist bei einer Verwertung nach § 844 entsprechend anwendbar.

Bösgläubigkeit: Der Schutz entfällt dann, wenn wegen einer klaren entgegenstehenden Rechtslage kein guter Glaube entstehen konnte, BAG NJW **77**, 77, Becker (vor Rn 1) 75, oder wenn ein solcher guter Glaube weggefallen ist, etwa wenn das Prozeßgericht die Zwangsvollstreckung zB nach §§ 707, 719, 769 einstweilen eingestellt hatte oder wenn eine gerichtliche Rangänderung erfolgt ist, (zum alten Recht) BAG DB **91**, 1528 (sie wirkt auf den Pfändungszeitpunkt zurück).

Drittschuldner – Pfändungsgläubiger: Man muß II auch entsprechend auf das Verhältnis zwischen dem Drittschuldner und dem Pfändungsgläubiger des wahren Schuldners anwenden. Denn der Pfändungsgläubiger ist an die Stelle des Schuldners getreten, BGH **66**, 396, BAG NJW **90**, 2643. Die Unterstellung wird an sich im Zeitpunkt der Zustellung des Überweisungsbeschlusses an den Drittschuldner wirksam, BGH **66**, 397. Die Unterstellung erstreckt sich aber auf denjenigen Rang der Forderungsüberweisung zurück, den der Zeitpunkt der Pfändung bestimmt, BGH **66**, 397, BAG NJW **90**, 2643. Der Drittschuldner ist allerdings nur im Rahmen von § 835 III 2 geschützt. Die entsprechende Anwendung von II setzt keine Pfändung der Hypothekenforderung voraus, KG JB **93**, 32.

Drittschuldner – Schuldner: Die Unterstellung nach II gilt direkt nur im Verhältnis zwischen dem Drittschuldner und dem Schuldner, BGH **66**, 396.

Einstellung: S „Bösgläubigkeit".

Falscher Gläubiger: Wenn die Forderung in Wahrheit einem anderen zusteht, befreit eine Zahlung an den Pfändungsgläubiger den Drittschuldner dem wahren Gläubiger gegenüber nicht, BGH NJW **88**, 496.

Mangel: II wirkt nicht zulasten des Drittschuldners. Er darf einen Mangel des Überweisungsbeschlusses geltend machen, § 835 Rn 25.

Nichtigkeit: Unanwendbar ist § 836 auf einen nichtigen Überweisungsbeschluß, BGH **121**, 104, aM BGH ZZP **108**, 250, Lüke NJW **96**, 3265, Spickhoff (vor Rn 1) 463 (grds anwendbar, es sei denn, der Drittschuldner habe sich nicht gewehrt. Aber das ist zu unscharf).

Rangänderung: S „Bösgläubigkeit".

Unpfändbarkeit: II gilt bei einer Unpfändbarkeit.

4) Hilfspflicht des Schuldners, III. Der Schuldner ist dem Gläubiger gegenüber wie folgt verpflichtet, und zwar unabhängig von den Pflichten des Drittschuldners nach § 840, LG Ravensb Rpfleger **90**, 266. 5

A. Auskunft, dazu Kreutzkam DGVZ **08**, 231, *Wertenbruch* DGVZ **01**, 65 (je: Üb): Der Schuldner muß dem Gläubiger nur diejenige Auskunft geben, die der Gläubiger benötigt, um die Forderung geltend machen zu können, Rn 1 (Vorrang vor § 1851 GVGA), LG Frankenth DGVZ **07**, 37, LG Nürnb-Fürth ZZP **96**, 119, aM LG Köln MDR **76**, 150 (aber das ginge über den Sinn der Regelung hinaus). Die Auskunftspflicht des Schuldners entspricht derjenigen des § 402 BGB. Sie umfaßt zB Angaben darüber, welche Tätigkeit der Schuldner für seinen Auftraggeber ausführt und wie viele Wochenstunden hindurch er für ihn tätig ist, LG Köln DGVZ **02**, 186. Sie erstreckt sich auch auf erst nach der Pfändung eingetretenen Tatsachen, LG Bochum JB **00**, 437. Der Gläubiger kann und muß notfalls ähnlich wie bei § 883 II ein Verfahren nach §§ 899 ff bis zum Haftbefehl beantragen, und zwar beim Gerichtsvollzieher, § 899 I, David MDR **00**, 195. Die diesbezügliche Streitfrage ist durch III 2 erledigt. Der Schuldner braucht zB nicht seine Steuerklasse anzugeben, wohl aber eine Abtretung, LG Hildesh DGVZ **01**, 88. Wenn der Schuldner diese Auskunfts- und Offenbarungspflicht verletzt, macht er sich dem Gläubiger schadensersatzpflichtig, § 286 I BGB, Mü MDR **90**, 932.

B. Herausgabe von Urkunden im Schuldnerbesitz. Der Schuldner muß dem Gläubiger diejenigen Urkunden herausgeben, die er über die Forderung besitzt und die den Bestand der Forderung beweisen, LG Hof DGVZ **91**, 138 (nicht aber im Weg der Ausforschung auch alle nur evtl in seinem Besitz befindlichen anderen Urkunden, LG Kassel DGVZ **94**, 116, AG Hünfeld DGVZ **05**, 110). Das gilt freilich nur bei einer bloßen Hilfspfändung, § 803 Rn 3, also nicht vor der Pfändung des Hauptanspruchs, LG Kaisersl Rpfleger **84**, 473. 6

C. Beispiele zur Frage einer Herausgabepflicht nach III 7

Abtretungsurkunde: Sie fällt unter III bei einer früheren Abtretung, BGH FamRZ **06**, 1272.

Arbeitslosengeld II: Der Drittschuldner muß zumindest Fotokopien der Leistungsbescheide herausgeben, AG Dortm JB **08**, 100.

Beweisurkunde: Sie fällt unter III.

Brief: Er fällt unter III.

EC-Karte: Sie fällt *nicht* unter III, BGH NJW **03**, 1256 (zustm Walker LMK **03**, 115).

Euroscheck: Er fällt *nicht* unter III, LG Münst Rpfleger **00**, 506, LG Stgt Rpfleger **94**, 472.

Kontoauszug: Er fällt *nicht* unter III, LG Stgt Rpfleger **08**, 211, AG Göpp DGVZ **89**, 29 (der Gläubiger kann dazu vom Drittschuldner eine Auskunft nach § 840 fordern), aM LG Wuppert DGVZ **07**, 90 (auch beim Passivsaldo), AG Wuppert DGVZ **06**, 93 (nur bei einem Guthabensaldo). 8

Kraftfahrzeugpapiere: Sie fallen unter III, KG OLGZ **94**, 114.

Leistungsbescheid: Der Leistungsbescheid der Arbeitsagentur fällt unter III, LG Regensb Rpfleger **02**, 468, aM LG Hann Rpfleger **86**, 143 (aber § 840 schließt III nicht aus).

Lohnabrechnung: Sie fällt *nicht* unter III, Saarbr DGVZ **95**, 149, Zweibr Rpfleger **96**, 36, LG Hann DGVZ **94**, 56, aM BGH NJW **07**, 606, LG Köln DGVZ **02**, 186, LG Stgt Rpfleger **98**, 167 (aber das ginge weit über den Beschluß nach §§ 829 ff hinaus). 9

Lohn- oder Rentenabtretung: Eine Urkunde über eine solche Abtretung fällt unter III, Brschw Rpfleger **05**, 150, LG Paderb JB **02**, 159, LG Verden JB **04**, 498 und 499 (je zustm Behr), aM LG Hof DGVZ **91**, 138, StJBre 14, ZöStö 9 (aber der Gläubiger muß die Vermögenslage des Schuldners voll prüfen können).

Lohnsteuerkarte, dazu *Behr* JB **97**, 349 (Üb): Insbesondere bei der Pfändung des Steuererstattungsanspruchs nach § 835 Rn 14 „Lohnsteuer" fällt die Lohnsteuerkarte *nicht* unter III. Denn der Erstattungsanspruch ist wegen der Unübertragbarkeit der Rechtstellung des Schuldners im Steuerfestsetzungsverfahren, zu der sein Antragsrecht nach § 46 II Z 8 EStG zählt, allenfalls nach § 888 verwertbar, BFH NJW **99**, 1056 (für die Steuerverwaltung verbindlich), LG Münst Rpfl **02**, 632, Viertelhausen DGVZ **04**, 163, aM BGH **157**, 196 (III bei einer Benötigung für ein eigenes Steuerverfahren; zustm Walker/Reichenbach LMK **04**, 77 mit der Forderung nach einer Entscheidung des Gemeinsamen Senats der Obersten Gerichtshöfe). Dadurch dürfte die bisherige Streitfrage weitgehend geklärt sein. Der Gläubiger kann auch keine Zusammenveranlagung beantragen, § 835 Rn 14 „Lohnsteuer". Er kann aber die Ausfüllung eines eigenen Fragebogens zur Steuererstattung fordern, AG Detm DGVZ **07**, 190. 10

Mietkaution: Sie fällt zB bei einer Zwangsverwaltung *keineswegs stets* unter III, LG Heilbr Rpfleger **07**, 620, LG Tüb DGVZ **04**, 142.

11 **Pfandschein:** Er fällt unter III.

Pfändungs- und Überweisungsbeschluß: Ein früherer fällt unter III. Denn der Gläubiger ist auf die Information angewiesen, BGH FamRZ **06**, 1272, LG Mühlhausen JB **04**, 449, LG Stgt Rpfleger **98**, 167, aM LG Münst Rpfleger **02**, 321 (abl Hintzen).

Rentenauskunft: Eine solche nach § 109 SGB VI fällt wegen ihres weitreichenden Inhalts und wegen § 35 SGB I, §§ 67 ff SGB X unter III, AG Bln-Köpenick JB **98**, 159, AG Diepholz JB **98**, 160, AG Heidelb JB **98**, 160, aM Celle JB **98**, 156, LG Lpz Rpfleger **05**, 96 (zustm Schmidt), LG Siegen JB **99**, 158 (aber der Gläubiger muß die Vermögenslage des Schuldners voll prüfen können).

Rentenbescheid: Er fällt unter III, LG Lpz Rpfleger **05**, 96 (zustm Schmidt), AG Dortm JB **07**, 499.

Schuldschein: Es fällt unter III.

Sparbuch: Es fällt unter III, AG Bre JB **98**, 606. Allerdings braucht der Schuldner die zugehörige Sicherungskarte *nicht* mit herauszugeben, Algner DGVZ **78**, 5.

Steuerbeleg: Solche Unterlagen, die eine Steuerminderung ergeben, fallen unter III, AG Hoyerswerda JB **95**, 663.

12 **Verdienstabrechnung:** Sie fällt unter III, LG Hann Rpfleger **94**, 221.

S auch Rn 10 „Lohnsteuerkarte".

Vergleichsurkunde: Sie fällt unter III.

Versicherungsschein: Der Versicherungsschein einer freiwilligen Versicherung fällt unter III, Ffm Rpfleger **77**, 221, LG Darmst DGVZ **91**, 10, Hasse VersR **05**, 19.

Vertragsurkunde: Sie fällt unter III.

Vollstreckungstitel: Derjenige über eine Schuldnerforderung in einer anderen Sache fällt unter III, LG Lpz DGVZ **06**, 29 (krit Schmidt 55).

Weiterer Pfändungsbeschluß: Er fällt unter III, LG Bielef JB **95**, 384.

13 **D. Vollstreckung.** Der Gläubiger darf sich auf Grund einer Ausfertigung des ursprünglichen Schuldtitels und einer einfachen Ausfertigung des Überweisungsbeschlusses diese Urkunden im Weg der Zwangsvollstreckung beschaffen, ohne daß eine besondere Herausgabeanordnung nötig ist, LG Darmst DGVZ **91**, 10. Der Rpfl muß im Überweisungsbeschluß die Urkunden genau bezeichnen, AG Köln DGVZ **94**, 157. Andernfalls muß der Gläubiger einen keine Vollstreckungsklausel brauchenden Ergänzungsbeschluß herbeiführen, der die Urkunden genau aufführt, LG Limbg DGVZ **75**, 11, AG Dortm DGVZ **80**, 29. Eine Formulierung, es seien die „Nachweise über die Dauer der Nichtbeschäftigung, zB Meldekarten, Atteste usw" herauszugeben, ist ausreichend, § 829 Rn 15–17, aM LG Bln Rpfleger **75**, 229 (aber der Beschluß muß wie ein Vollstreckungstitel aus sich heraus verständlich und vollständig sein). Eine Glaubhaftmachung gegenüber dem Finanzamt genügt, FG Düss BB **75**, 1334.

14 Der Gläubiger muß den Beschluß nach § 750 zustellen, StJM 15, ZöStö 9, aM AG Bad Schwartau DGVZ **81**, 63. Anschließend sucht der *Gerichtsvollzieher* beim Schuldner nach den Urkunden und nimmt sie ihm mit einer Hilfspfändung nach § 808 Rn 3 weg, LG Kaisersl Rpfleger **84**, 473. Er muß auch beim Drittschuldner so vorgehen, aM Ffm Rpfleger **77**, 221 (§§ 883 ff. Aber diese Vorschrift betrifft die Herausgabe einer Hauptsache).

15 Bei einer *Teilüberweisung* muß der Schuldner die Urkunden über die gesamte Forderung herausgeben. Der Beschluß muß die Pflicht des Gläubigers zur Rückgabe der Urkunden nach dem Ausgebrauch aussprechen. Aus dem Beschluß ist die Zwangsvollstreckung zulässig. Wenn sich die Urkunden im Besitz eines zur Herausgabe nicht bereiten Dritten befinden, berechtigt der Überweisungs- oder Ergänzungsbeschluß den Gläubiger zu einer Klage auf die Herausgabe, LAG Düss MDR **83**, 85, AG Duisb MDR **82**, 856, ZöStö 9, aM ThP 16 (man müsse zunächst nach § 886 vorgehen. Aber diese Vorschrift betrifft die Herausgabe einer Hauptsache).

16 **E. Rechtsbehelf.** Gegenüber einer Maßnahme des Gerichtsvollziehers kann der Betroffene die Erinnerung nach § 766 einlegen, Noack DGVZ **75**, 98, ThP 16, aM AG Neustadt/R DGVZ **76**, 75 (aber eine bloße Maßnahme ist keine echte Entscheidung, § 793 Rn 4). Beim Rpfl gilt nach einer bloßen Maßnahme § 766. Nach einer Entscheidung vgl § 829 Rn 84–88. Wegen der Rechtsbehelfe im Verfahren nach III 2 in Verbindung mit §§ 899 ff vgl dort.

837 *Überweisung einer Hypothekenforderung.*

[I 1] **Zur Überweisung einer gepfändeten Forderung, für die eine Hypothek besteht, genügt die Aushändigung des Überweisungsbeschlusses an den Gläubiger.** [2] **Ist die Erteilung des Hypothekenbriefes ausgeschlossen, so ist zur Überweisung an Zahlungs statt die Eintragung der Überweisung in das Grundbuch erforderlich; die Eintragung erfolgt auf Grund des Überweisungsbeschlusses.**

[II 1] **Diese Vorschriften sind nicht anzuwenden, soweit es sich um die Überweisung der Ansprüche auf die im § 1159 des Bürgerlichen Gesetzbuchs bezeichneten Leistungen handelt.** [2] **Das Gleiche gilt bei einer Sicherungshypothek im Falle des § 1187 des Bürgerlichen Gesetzbuchs von der Überweisung der Hauptforderung.**

[III] **Bei einer Sicherungshypothek der im § 1190 des Bürgerlichen Gesetzbuchs bezeichneten Art kann die Hauptforderung nach den allgemeinen Vorschriften gepfändet und überwiesen werden, wenn der Gläubiger die Überweisung der Forderung ohne die Hypothek an Zahlungs statt beantragt.**

1 **1) Systematik, I–III.** Die Vorschrift ergänzt §§ 835, 836 in ihrem Geltungsbereich als eine vorrangige Spezialregelung. Ihr geht die noch speziellere Regelung bei einer Schiffshypothek in § 837 a vor.

2) Regelungszweck, I–III. Ziel ist eine den Eigenarten des Grundpfandrechts angepaßte praktikable Durchführung der Vollstreckung unter einer Einbeziehung des gerade im Recht der unbeweglichen Sachen so besonders wichtigen Gesichtspunkts der Rechtssicherheit, Einl III 43. Das muß man bei der Auslegung mitbeachten. 2

3) Briefhypothek, I, II. Bei der Briefhypothek genügt die formlose Aushändigung des Überweisungsbeschlusses an den Gläubiger, wenn der Gläubiger den Brief schon auf Grund der Pfändung im Besitz hat. Wenn der Rpfl die Pfändung und Überweisung durch denselben Beschluß ausgesprochen hatte, kann eine solche Situation nicht eintreten. Dann wird die Überweisung gleichzeitig mit der Pfändung wirksam, also mit der Übergabe oder mit der Wegnahme des Briefs. Der Schuldner bleibt der Inhaber der Hypothek. Sie läßt sich daher nicht auf den Gläubiger umschreiben. Bei einer Überweisung an Zahlungs Statt ersetzt der Überweisungsbeschluß die Abtretungserklärung, § 836 I, § 1155 BGB. Daher läßt sich das Grundbuch berichtigen. 3

4) Buchhypothek, I, II. Bei der Buchhypothek muß man die folgenden Voraussetzungen beachten. 4

A. Einziehung. Bei einer Überweisung zur Einziehung gilt dasselbe wie bei Rn 1. Dabei tritt an die Stelle der Übergabe des Briefs die Eintragung der Pfändung im Grundbuch, BGH NJW **94**, 3226. Die Eintragung der Überweisung im Grundbuch wäre nicht einmal zulässig. Denn die Forderung geht nicht auf den Pfandgläubiger über.

B. An Zahlungs Statt. Bei einer Überweisung an Zahlungs Statt muß eine Aushändigung des Beschlusses und eine Umschreibung im Grundbuch stattfinden. Diese Umschreibung ist eine Maßnahme der Zwangsvollstreckung, § 830 Rn 11. Sie erfolgt auf Grund eines auch formlosen Antrags des Gläubigers und nach der Vorlage des Überweisungsbeschlusses. Er braucht keine Vollstreckungsklausel aufzuweisen. Die Eintragung ist nicht vor der Wirksamkeit der Pfändung zulässig. Wenn der Rpfl die Pfändung und die Überweisung in demselben Beschluß ausgesprochen hatte, werden beide mit der Umschreibung wirksam. 5

5) Weitere Einzelfragen, I, II. Zur Wirkung der Überweisung § 835. Allein der Gläubiger kann eine löschungsfähige Quittung erteilen, sofern die Überweisung an Zahlungs Statt erfolgte. 6

6) Unanwendbarkeit, I, II. Das Verfahren nach I ist bei den in § 830 III genannten Forderungen unanwendbar, § 830 Rn 14 ff. In diesen Fällen muß die Pfändung nach § 829 erfolgen. Die Überweisung erfolgt dann nach § 821 oder nach § 835. Infolgedessen wirkt die Überweisung dann erst mit der Zustellung an den Drittschuldner. 7

7) Sicherungshypothek, § 1190 BGB, III. Bei der Höchstbetragshypothek läßt sich die Forderung von der Hypothek trennen, § 1190 IV BGB. Daher gilt dann folgendes: Eine Pfändung und Überweisung ist wie bei einer Buchhypothek zulässig. Der Gläubiger kann die Forderung dann, wenn er die Forderung ohne die Hypothek erwerben will, allein nach §§ 829, 835 gleichzeitig pfänden und sich nur an Zahlungs Statt überweisen lassen. Die Pfändung und Überweisung wird mit der Zustellung an den Drittschuldner wirksam. 8

8) Reallast, Grundschuld, Rentenschuld, I–III entsprechend. § 837 ist entsprechend anwendbar. 9

837a

Überweisung einer Schiffshypothekenforderung. **I [1] Zur Überweisung einer gepfändeten Forderung, für die eine Schiffshypothek besteht, genügt, wenn die Forderung zur Einziehung überwiesen wird, die Aushändigung des Überweisungsbeschlusses an den Gläubiger. [2] Zur Überweisung an Zahlungs statt ist die Eintragung der Überweisung in das Schiffsregister oder in das Schiffsbauregister erforderlich; die Eintragung erfolgt auf Grund des Überweisungsbeschlusses.**

II [1] Diese Vorschriften sind nicht anzuwenden, soweit es sich um die Überweisung der Ansprüche auf die im § 53 des Gesetzes über Rechte an eingetragenen Schiffen und Schiffsbauwerken vom 15. November 1940 (RGBl. I S. 1499) bezeichneten Leistungen handelt. [2] Das Gleiche gilt, wenn bei einer Schiffshypothek für eine Forderung aus einer Schuldverschreibung auf den Inhaber, aus einem Wechsel oder aus einem anderen durch Indossament übertragbaren Papier die Hauptforderung überwiesen wird.

III Bei einer Schiffshypothek für einen Höchstbetrag (§ 75 des im Absatz 2 genannten Gesetzes) gilt § 837 Abs. 3 entsprechend.

1) Systematik, Regelungszweck, I–III. Die Vorschrift hat den Vorrang vor § 837, auch wenn sie jener Bestimmung inhaltlich weitgehend entspricht. Sie ergänzt §§ 835, 836. Das Ziel ist dasselbe wie bei § 837, dort Rn 2. 1

2) Geltungsbereich, I–III. Die Überweisung einer gepfändeten Schiffshypothek erfolgt wie diejenige einer Buchhypothek, § 837. Eine entsprechende Regelung gilt für das Registerpfandrecht an einem Luftfahrzeug, § 99 I LuftfzRG. II entspricht als eine Ausnahmevorschrift derjenigen des § 830 a III, dort Rn 2. Die Höchstbetragsschiffshypothek nach § 75 SchiffsG entspricht einer Sicherungshypothek aus § 1190 BGB. § 837 a behandelt die Höchstbetragsschiffshypothek daher wie eine Sicherungshypothek. 2

838

Einrede des Schuldners bei Faustpfand. **Wird eine durch ein Pfandrecht an einer beweglichen Sache gesicherte Forderung überwiesen, so kann der Schuldner die Herausgabe des Pfandes an den Gläubiger verweigern, bis ihm Sicherheit für die Haftung geleistet wird, die für ihn aus einer Verletzung der dem Gläubiger dem Verpfänder gegenüber obliegenden Verpflichtungen entstehen kann.**

1 **1) Systematik, Regelungszweck.** Man muß das Pfandrecht (BGB) und das Pfändungspfandrecht (ZPO) sorgsam unterscheiden. Beides kann aber bei einer Zwangsvollstreckung zusammentreffen. Einen Teil der dabei entstehenden Fragen regelt vorrangig § 838. Den Rest regeln die allgemeinen Vorschriften der §§ 829 ff. Ziel ist hier wie dort das in § 829 Rn 2 Ausgeführte.

2 **2) Geltungsbereich: Faustpfandforderung.** Die Vorschrift gilt für eine solche Forderung des Schuldners gegenüber einem Dritten, die durch ein Pfandrecht an einer beweglichen Sache nach dem BGB eine Sicherung erhält. Die Pfändung und Überweisung einer Faustpfandforderung ergreift das Pfandrecht, § 829 Rn 54, 55. Nach der Überweisung kann der Gläubiger an sich ohne weiteres die Herausgabe des Pfands verlangen, § 1251 I BGB. Der Schuldner haftet dann wie ein selbstschuldnerischer Bürge für die Verpflichtungen des Gläubigers gegenüber dem Drittschuldner, § 1251 II 2 BGB. Darum gibt § 838 dem Schuldner eine aufschiebende Einrede nach Üb 7, 8 vor § 253 bis zum Zeitpunkt einer Sicherheitsleistung.

3 **3) Verfahren.** Der Gerichtsvollzieher nimmt das Pfand weg. Das geschieht unabhängig davon, ob der Schuldner die Einrede geltend macht. Der Gerichtsvollzieher geht dabei entsprechend § 836 III vor. Er darf das Pfand dem Gläubiger erst nach der Sicherheitsleistung des Gläubigers herausgeben. Das Vollstreckungsgericht muß die Höhe der Sicherheit festsetzen, aM StJM 1, ThP 1, ZöStö 2 (es sei eine besondere Klage auf eine Herausgabe erforderlich. Bei einer Nichtleistung müsse das Gericht sie abweisen. Nach anderen sind eine besondere Klage und ein Urteil auf die Herausgabe des Pfands gegen eine Sicherheitsleistung erforderlich. Aber keine dieser Meinungen beachtet den Grundsatz der Prozeßwirtschaftlichkeit nach Grdz 14 vor § 128 ausreichend). Da § 838 einen rein sachlichrechtlichen Inhalt hat, muß der Gläubiger die Sicherheit nach § 232 BGB leisten und sie nach den sachlichrechtlichen Grundsätzen zurückgeben, also nicht nach §§ 108, 109.

839 *Überweisung bei Abwendungsbefugnis.* **Darf der Schuldner nach § 711 Satz 1, § 712 Abs. 1 Satz 1 die Vollstreckung durch Sicherheitsleistung oder Hinterlegung abwenden, so findet die Überweisung gepfändeter Geldforderungen nur zur Einziehung und nur mit der Wirkung statt, dass der Drittschuldner den Schuldbetrag zu hinterlegen hat.**

1 **1) Systematik, Regelungszweck.** Die Vorschrift ergänzt und begrenzt § 835 in ihrem Geltungsbereich durch eine vorrangige Sonderregelung im Interesse der Beibehaltung des ohnehin ja genug komplizierten Gefüges der §§ 709 ff bis zur endgültigen Vollstreckbarkeit infolge der formellen Rechtskraft. Sie dient also dem vorläufigen Schuldnerschutz. Sie ist entsprechend auslegbar.

2 **2) Geltungsbereich.** Die Vorschrift ist auf die in ihr nicht genannten Fälle einer Einstellung oder Beschränkung der Zwangsvollstreckung nicht entsprechend anwendbar.

3 **3) Verfahren.** Wenn das Gericht dem Schuldner erlaubt hat, die Zwangsvollstreckung durch eine Sicherheitsleistung oder durch eine Hinterlegung nach §§ 711 S 1, 712 I 1, 720, 815 III, 819 abzuwenden, darf das Gericht die Forderung dem Gläubiger nur zur Einziehung überweisen. Der Drittschuldner braucht dann nicht zu zahlen, sondern nur zu hinterlegen. Das muß der Rpfl in dem Überweisungsbeschluß klarstellen. Andernfalls ist § 836 II anwendbar. Diese Hinterlegung befreit den Schuldner. Der Gläubiger erwirbt ein Pfandrecht am Hinterlegten oder dann, wenn das Hinterlegte zum Staatseigentum geworden ist, einen Anspruch auf die Rückgewähr, § 233 BGB, Düss FamRZ **88**, 299. Der Schuldner erwirbt die Forderung gegen die Hinterlegungsstelle. Es kann sich jeweils um eine Familiensache handeln, Düss FamRZ **88**, 299. Die Auszahlung des Hinterlegten erfolgt auf einen Antrag beim Nachweis der Berechtigung, § 13 I HO.

Gebühren: Des Gerichts § 12 V GKG (Vorauszahlungspflicht), KV 2110; des Anwalts VV 3309, 3310.

840 *Erklärungspflicht des Drittschuldners.* **I Auf Verlangen des Gläubigers hat der Drittschuldner binnen zwei Wochen, von der Zustellung des Pfändungsbeschlusses an gerechnet, dem Gläubiger zu erklären:**

1. ob und inwieweit er die Forderung als begründet anerkenne und Zahlung zu leisten bereit sei;
2. ob und welche Ansprüche andere Personen an die Forderung machen;
3. ob und wegen welcher Ansprüche die Forderung bereits für andere Gläubiger gepfändet sei.

II 1 Die Aufforderung zur Abgabe dieser Erklärungen muss in die Zustellungsurkunde aufgenommen werden. 2 Der Drittschuldner haftet dem Gläubiger für den aus der Nichterfüllung seiner Verpflichtung entstehenden Schaden.

III 1 Die Erklärungen des Drittschuldners können bei Zustellung des Pfändungsbeschlusses oder innerhalb der im ersten Absatz bestimmten Frist an den Gerichtsvollzieher erfolgen. 2 Im ersteren Fall sind sie in die Zustellungsurkunde aufzunehmen und von dem Drittschuldner zu unterschreiben.

Schrifttum: *Bach-Heuker,* Pfändung in die Ansprüche aus Bankverbindung und Drittschuldnererklärung der Kreditinstitute, 1993; *Groß,* Einwendungen des Drittschuldners, 1997; *Hadatsch,* Die Bearbeitung von Pfändungsbeschluß und Drittschuldnererklärung, 6. Aufl 2000; *Jurgeleit,* Die Haftung des Drittschuldners, 2. Aufl 2004 (Bespr *Siegfried* Rpfleger **05**, 335); *Liebscher,* Datenschutz bei der Datenübermittlung im Zivilverfahren, 1994; *Lindgen,* Die Drittschuldner-Haftung: die Erklärungspflicht des Drittschuldners und die Folgen ihrer Verletzung (§ 840 ZPO), 1991; *Reetz,* Die Rechtsstellung des Arbeitgebers als Drittschuldners in der Zwangsvollstreckung, 1985; *Scherl,* Nichtvermögensrechtliche Positionen Dritter in der Zwangsvollstreckung, 1998; *Stöber,* Ehegatte und Lebensgefährte als Drittschuldner, Festschrift für *Schneider* (1997) 213; *Sühr,* Die Bearbeitung von Pfändungsbeschluß und Drittschuldnererklärung, 4. Aufl 1993; *Willikonsky,* Lohnpfändung und Drittschuldnerklage, 2. Aufl 2004 (Bespr *Hintzen* Rpfleger **04**, 383).

Gliederung

1) Systematik, I–III. Die Vorschrift tritt zu §§ 829, 835 hinzu. §§ 841, 842 ergänzen sie. Sie zieht den Schuldner des Schuldners, den sog Drittschuldner, mit gewissen Pflichten in das Vollstreckungsverfahren hinein und bürdet ihm damit Zeit und solche Kosten auf, die er nur bedingt erstattet fordern kann. Die Regelung ist verfassungsgemäß, BGH NJW **00**, 652. Es findet kein obligatorisches Güteverfahren statt, Rn 23. 1

2) Regelungszweck, I–III. Die Erweiterung des Prozeßrechtsverhältnisses nach Grdz 4 vor § 128 in seinem Abwicklungsstadium dient nicht dem Interesse des Vollstreckungsschuldners, sondern dem Interesse des Gläubigers und der Allgemeinheit, BGH NJW **00**, 652. Es geht darum solche Angaben zu erhalten, die den Gläubiger wenigstens in groben Zügen darüber informieren, ob der Drittschuldner die gepfändete Forderung als begründet anerkennt und erfüllen wird oder ob sie einem Dritten zusteht oder ob der Drittschuldner sie bestreitet und ob der Gläubiger sie deshalb dem Drittschuldner gegenüber nicht oder nur im Erkenntnis- oder Vollstreckungsverfahren durchsetzen kann, BGH NJW **00**, 652, LAG Stgt JB **94**, 135, Foerste NJW **99**, 904. § 840 dient auch dem wohlverstandenen Interesse des Drittschuldners, eigenen Schaden zu vermeiden. Seine Aufgaben sind ihm daher als eine staatsbürgerliche Pflicht ähnlich der Zeugenpflicht zumutbar, BGH NJW **00**, 652, obwohl sie ja eigentlich alles andere als selbstverständlich sind. 2

Soweit der Drittschuldner solche Information *nicht gibt,* darf der Gläubiger von der Beitreibbarkeit des gepfändeten Anspruchs ausgehen, LAG Hbg RR **86**, 743. Er darf diesen Anspruch dann ohne ein Kostenrisiko einklagen, BGH **91**, 129, Schmidt JB **06**, 346. Soweit die Erklärung des Drittschuldners ergibt, daß die Forderung nicht besteht oder nicht durchsetzbar ist, kann der Gläubiger die Abgabe einer Offenbarungsversicherung nach § 807 vom Schuldner im Verfahren nach §§ 900 ff fordern oder unter den Voraussetzungen II zum Schadensersatzanspruch übergehen, BGH **91**, 129, LAG Stgt JB **94**, 135. Bei einer Gesamtschuld gilt § 840 für jeden Drittschuldner. Die Vorschrift gilt auch für den zur Prozeßführung befugten Ehegatten. § 43 a BRAO tritt zurück, Wirges JB **97**, 298.

3) Aufforderung zur Erklärung, I, II. Es ist zunächst erforderlich, daß der Gläubiger den Drittschuldner nach Rn 1 zu einer Erklärung nach I auffordert. 3

A. Keine Klagbarkeit. Der Drittschuldner kann von sich aus gegenüber dem Gläubiger die Erklärung abgeben, daß der Schuldner keine Forderung habe. Der Drittschuldner kann dem Gläubiger gleichzeitig nach § 843 eine Frist setzen, BGH **69**, 150. Der Gläubiger kann den Drittschuldner bei der Zustellung des Pfändungsbeschlusses oder gesondert zur Erteilung einer Auskunft auffordern. Der Drittschuldner hat dann eine rein prozessuale Pflicht zur Abgabe der gewünschten Erklärung, Schumann NJW **82**, 1272, ZöStö 5, aM Köln MDR **78**, 941 (aber § 840 gehört in diesem Teil ganz zum Prozeßrecht). Der Gerichtsvollzieher hat keinen Auskunftsanspruch, auch nicht im Namen der Staatskasse, LG Mü DGVZ **95**, 122, Seip DGVZ **95**, 112 (auch rechtspolitisch). Auch der Gläubiger hat keinen einklagbaren Anspruch gegen den Drittschuldner, BGH **91**, 129, Waldner JR **84**, 468), LG Nürnb-Fürth ZZP **96**, 118, aM Köln MDR **78**, 941. Lediglich der Schuldner kann den Drittschuldner auf eine Erfüllung an den Gläubiger verklagen, BGH **147**, 230 (abl Berger JZ **02**, 48).

Der Gläubiger hat aber einen Anspruch gegen den Vollstreckungsschuldner auf die Erteilung einer entsprechenden *Auskunft* usw, § 836 Rn 5, LAG Stgt JB **94**, 135. Das Gericht kann freilich die Erklärung ebensowenig wie der Gläubiger erzwingen, BGH **91**, 131, Mü NJW **75**, 175, LG Bln Rpfleger **78**, 65, aM Köln MDR **78**, 941, Feiber DB **78**, 477, Linke ZZP **87**, 293 (aber II 2 beschreibt die Verstoßfolgen abschließend).

Einer Klage auf die Abgabe der Erklärung fehlt daher das *Rechtsschutzbedürfnis,* Grdz 33 vor § 253, BGH DB **80**, 830, aM Köln MDR **78**, 941. Das ArbG ist keineswegs zuständig, BAG NJW **85**, 1182. Zur Sonderlage auf Grund von Vollstreckungsgesetzen der Länder Henneke JZ **87**, 751.

B. Zustellung des Pfändungsbeschlusses. Voraussetzung für diese Pflicht ist eine wirksame Zustellung des Pfändungsbeschlusses, BGH **68**, 291, Köln DGVZ **02**, 43, Schlesw RR **90**, 448. Erforderlich ist eine Zustellung gerade an den Drittschuldner, § 178 Rn 2, 3, § 829 Rn 46–49. Wegen des Zustellungsorts § 754 Rn 3. Eine Vorpfändung nach § 845 reicht nicht aus, BGH **91**, 129, Gaul Festschrift für die Sparkassenakademie (1978) 106. Eine Überweisung braucht aber nicht erfolgt zu sein, BGH **68**, 291. Daher genügen: Eine Sicherungsvollstreckung, § 720 a; eine Arrestpfändung, § 930. Es ist auch unerheblich, ob die Forderung wirklich besteht, Schlesw RR **90**, 448. Denn die Auskunft dient ja unter anderem gerade dieser Klärung, Rn 1. 4

C. Zustellung der Aufforderung. Der Gläubiger muß die Aufforderung in die Zustellungsurkunde aufnehmen, Köln DGVZ **02**, 43, oder bei einer nicht mit dem Pfändungs- und Überweisungsbeschluß verbundenen Aufforderung durch den Gerichtsvollzieher und nicht durch die Post allein zustellen lassen. Sonst entfällt jede Haftung, sofern der Drittschuldner nicht etwa freiwillig eine falsche Auskunft erteilt und den Anschein erweckt, er wolle seine Pflicht nach § 840 damit erfüllen. Natürlich darf die Post die Auskunft nicht etwa dann aufnehmen, wenn sie die Aufforderung dem Drittschuldner zustellt. Denn dann ist III undurchführbar. Eine Ersatzzustellung der Aufforderung nach §§ 178 ff ist zulässig. Eine öffentliche Zu- 5 stellung nach §§ 185 ff ist nicht zulässig. Wegen einer Zustellung im Ausland § 828 Rn 1. Wenn die Zustellungsurkunde keine Aufforderung enthielt, kann der Gläubiger die Aufforderung dem Drittschuldner nachträglich zustellen lassen. Die 2-Wochen-Frist beginnt dann erst mit dieser nachträglichen Zustellung. Eine einstweilige Einstellung der Zwangsvollstreckung zB nach §§ 707, 719, 769 läßt die Erklärungspflicht des Drittschuldners unberührt. Wegen einer Mehrheit von Drittschuldnern § 173 Z 2 GVGA.

6 **D. Weitere Einzelfragen.** Der Gläubiger muß bedenken, daß er sofort auf die Leistung klagen kann. Dann treffen den Drittschuldner allerdings dann, wenn er vorher geschwiegen hat, selbst für denjenigen Fall die Kosten, daß er den Gläubiger durch einen Nachweis des Fehlens einer Forderung zu einer Erledigterklärung veranlaßt. Er muß ferner bedenken, daß bei einem Arrest eine Auskunft nicht weiterhelfen würde, BGH **68**, 292.

7 **4) Erklärung, I–III.** Sie bringt zahlreiche Probleme.

A. Form und Frist. Der Drittschuldner muß seine Erklärung binnen 2 Wochen seit der Zustellung des Pfändungsbeschlusses an ihn abgeben. Die Frist ist keine Notfrist, § 224 I 2. Man berechnet sie nach § 222. Der Drittschudlner muß seine Erklärung entweder dem Gläubiger gegenüber schriftlich oder dem Gerichtsvollzieher gegenüber mündlich im Zeitpunkt der Zustellung des Pfändungsbeschlusses oder elektronisch oder schriftlich oder zum Protokoll des Gerichtsvollziehers nach der Zustellung abgeben. Der Gerichtsvollzieher braucht den Drittschuldner nicht zwecks einer Entgegennahme von dessen Erklärung aufzusuchen, AG Bayreuth DGVZ **95**, 78. Für die Fristwahrung kommt es auf die mündliche Erklärung oder den Zugang der schriftlichen oder sonstigen Erklärung beim Adressaten an, BGH **79**, 275, Düss WertpMitt **80**, 203, ThP 8, aM MüKoSm 9, ZöStö 9 (maßgeblich sei die Absendung. Aber es kommt bei einer empfangsbedürftigen Erklärung stets auf den Zugang an). Der Drittschuldner muß die Fristwahrung beweisen.

8 **B. Beteiligung des Gerichtsvollziehers.** Auch bei der Entgegennahme der Erklärung des Drittschuldners handelt der Gerichtsvollzieher als eine Amtsperson und nicht als ein Vertreter des Gläubigers, § 753 Rn 1. Der Gerichtsvollzieher muß die mündliche Erklärung des Drittschuldners beurkunden und sie sich vom Drittschuldner unterschreiben lassen, § 129 Rn 9, Ffm DGVZ **78**, 157. Wenn der Drittschuldner die Erklärung bereits im Zeitpunkt der Zustellung des Pfändungsbeschlusses abgibt, läßt sich der Gerichtsvollzieher die Unterschrift auf der Zustellungsurkunde geben. Andernfalls muß der Gerichtsvollzieher eine besondere Urkunde zur Unterschrift vorlegen. Der Gerichtsvollzieher braucht den Drittschuldner aber nur dann zum Zweck seiner Unterschrift aufzusuchen, wenn er den Pfändungsbeschluß dem Drittschuldner selbst zugestellt hatte, Ffm DGVZ **78**, 157, Hamm DGVZ **77**, 188, aM ThP 9 (aber die Amtsperson ist kein Laufbursche des Drittschuldners). Der Drittschuldner darf seine Erklärung durch einen Vertreter abgeben, zB durch einen Anwalt. Es besteht aber natürlich kein Anwaltszwang, § 78 Rn 1. Wenn der Drittschuldner die Unterschrift verweigert, gilt das grundsätzlich als eine Verweigerung der Erklärung.

9 **C. Inhaltsgrundsätze**, dazu *Brüne/Liebscher* BB **96**, 743, *Foerste* NJW **99**, 904 (je ausf): Der Drittschuldner muß seine Erklärung auf alle diejenigen Punkte erstrecken, die in der Aufforderung des Gläubigers enthalten sind. Der Drittschuldner braucht sich aber grundsätzlich nicht über solche Fragen zu äußern, die I Z 1–3 nicht nennt, BGH DB **80**, 830, aM Bauer JB **75**, 437 (aber eine Ausforschung ist auch hier unzulässig, Grdz 44 vor § 704). Der Drittschuldner hat keineswegs umfassende Auskunftspflichten, etwa über den Personenstand, die Steuerklasse, die Höhe des Lohns oder Einkommens des Schuldners usw, Scherer Rpfleger **95**, 450. Die Erklärung des Drittschuldners soll zwar eine gewisse Hilfe bei der Entscheidung des Gläubigers geben, wie er weiter vorgehen will, Foerste NJW **99**, 908. Der Drittschuldner ist aber eben auch nicht ein kostenloser umfassender Vollstreckungsförderer, LAG Düss DGVZ **95**, 117, aM Foerste NJW **99**, 906 (aber die Aufgaben dieses eigentlichen Dritten gehen ohnehin sehr weit).

Allerdings kann zB eine *Bank* eine erweiterte Darlegungslast haben, § 253 Rn 32, BGH **86**, 29. Auch diese zwingt aber nicht zur Wiederholung oder Ergänzung einer schon ausreichend erteilten Auskunft, BGH **86**, 29. Sie zwingt auch nicht zur laufenden Information über das Girokonto des Schuldners, Köln ZIP **81**, 964, LG Ffm Rpfleger **86**, 186, schon gar bei einer anderen Filiale, AG Lpz RR **98**, 1345. Der Drittschuldner braucht auch keine Belege herauszugeben, BGH **86**, 23. Bei einem Anhaltspunkt für die Unrichtigkeit der erhaltenen „Auskunft" kann der Gläubiger grundsätzlich nur nach II vorgehen, BGH **86**, 31. Der Gläubiger kann seine Fragen innerhalb I Z 1–3 auch beschränken.

10 **D. Anerkennung, I Z 1.** Die Anerkennung der Forderung „als begründet" ist eine rein tatsächliche Auskunft, eine Wissenserklärung ohne einen selbständigen Verpflichtungswillen, BGH **83**, 308, Drsd FamRZ **03**, 1944, LAG Bln DB **91**, 1336, aM Brschw NJW **77**, 1888, Mü NJW **75**, 174 (deklaratorisches Schuldanerkenntnis), PalTh § 781 BGB Rn 7 (konstitutives. Aber der Drittschuldner hat gar keine Veranlassung, über seine bisherige sachlichrechtliche Pflicht hinauszugehen). Die Zahlung durch den Drittschuldner ist gegenüber dem Pfändungs- und Überweisungsvorgang eine selbständige Rechtshandlung, BGH MDR **00**, 783.

Man kann diese Auskunft nur, aber eben auch, als ein *Indiz* verwerten, durch das der Gläubiger im Prozeß gegen den Drittschuldner auch seine Darlegungslast nach § 253 Rn 32 und seine Beweislast erfüllt, Anh § 286, LAG Bln DB **91**, 1336. Deshalb verliert der Drittschuldner sein Aufrechnungsrecht nicht. Der Drittschuldner muß den anerkannten Betrag nennen. Er braucht keine Belege vorzulegen, soweit er nicht anerkennt, BGH **86**, 23. Die Bemerkung, der Gläubiger könne vorerst nicht mit einer Zahlung rechnen, genügt für I Z 1 nicht. Es ist aber keine erschöpfende Mitteilung aller rechtlich oder wirtschaftlich evtl für den Gläubiger miterheblichen Umstände notwendig, StJM 9, strenger Foerste NJW **99**, 906 (aber es gibt auch Z 2, 3).

Widerruf der Erklärung ist dem Drittschuldner erlaubt. Er muß aber dann beweisen, daß die Voraussetzungen einer Anerkennung nicht vorgelegen haben, BGH **69**, 332, aM LAG Köln DB **85**, 1647 (der Gläubiger sei für die Nichtigkeit einer ihm vorgehenden Lohnabtretung beweispflichtig), Flieger MDR **78**, 798 (er sei nur dann beweispflichtig, wenn er erst während des Prozesses widerrufe oder wenn der Vollstreckungsgläubiger auf die Erklärung vertraut habe. Aber beide Varianten weichen ohne einen Grund von allgemeinen Regeln der Beweislast ab). Ein Anerkenntnis gegenüber dem Gläubiger nach § 307 hemmt die Verjährung, falls das Anerkenntnis nach demjenigen Zeitpunkt erfolgte, in dem das Vollstreckungsgericht die

Forderung dem Gläubiger wirksam zur Einziehung überwiesen hatte, BGH NJW **78**, 1914. Der Drittschuldner kann sich nicht auf ein Pfändungsverbot oder auf eine Pfändungsbeschränkung berufen, BGH FamRZ **98**, 608. Er darf nach einer vorläufigen Einstellung nach § 775 Z 2 nur noch an den Gläubiger und den Schuldner gemeinsam leisten oder hinterlegen, BGH NJW **99**, 953. Er kann das irrig Geleistete evtl zurückfordern, § 812 I 1 BGB, BGH NJW **02**, 2871.

E. Ansprüche anderer, I Z 2. Der Drittschuldner muß auch zu solchen Ansprüchen eine Erklärung abgeben, etwa dann, wenn andere sich auf eine Abtretung berufen oder auf eine treuhänderische Zweckbindung, BGH NJW **98**, 746, auf einen Übergang kraft Gesetzes oder auf eine Verpfändung. Er muß den oder die weiteren Gläubiger nach ihren Namen und Anschriften und nach der Höhe ihrer Forderungen bezeichnen. Eine Angabe des Grunds der anderen Forderung ist entbehrlich, aM ZöStö 6 (aber der Drittschuldner ist nicht dazu da, dem Gläubiger sämtliche Einzelheiten anderer Vollstreckungschancen mundgerecht vorzulegen). Angeben muß der Drittschuldner freilich auch die anderen Pfändungsbeschlüsse nach dem Gericht, dem Aktenzeichen und dem Datum. Die Auskunft ist auch bei einer Ungewißheit oder Zweifelhaftigkeit solcher weiteren Ansprüche nötig, daher auch bei einem etwaigen Nachrang. 11

F. Pfändung für andere, I Z 3. Eine bloße Angabe der Gesamtsumme reicht nicht aus. Maßgeblich ist das Interesse des Gläubigers. Daher reicht die Angabe des noch nicht gedeckten Rests der vorher gepfändeten Forderung(en) meist aus. Mag der Gläubiger klären, ob andere vorher zuviel gepfändet haben. 12

G. Kostenerstattung. Der Gläubiger muß dem Drittschuldner die Kosten der Erklärung vergüten. Das gilt mit Ausnahme von Anwaltskosten, § 91 Rn 72 „Arbeitsgerichtsverfahren“. Es sind unter anderem §§ 261 III, 268 II, 811 II BGB entsprechend anwendbar. Zur Vergütungspflicht Düss MDR **90**, 730 (zu § 788), LG Saarbr RR **89**, 63, AG Düss JB **00**, 601, aM BGH NJW **00**, 652 (ohne Auseinandersetzung mit Rspr und Lehre), BVerwG Rpfleger **95**, 261, ZöStö 11 (aber eine staatsbürgerliche Pflicht bedeutet keineswegs zwingend deren Unentgeltlichkeit. Das zeigen zB auch §§ 1, 19 ff JVEG). Nur mit dieser Basis sind (jetzt) §§ 305 ff BGB mitbeachtlich, aM BGH NJW **00**, 652 (aber diese allgemeinen Rechtsgedanken können begrenzt ein Bestandteil der Gesamtstellung auch des Drittschuldners sein). 13

Der Drittschuldner hat aber wegen dieser Kosten *kein Zurückbehaltungsrecht,* Gutzmann BB **76**, 700, Linke ZZP **87**, 289. Der Gläubiger kann die dem Drittschuldner erstatteten Erklärungskosten als einen Teil der Kosten der Zwangsvollstreckung vom Schuldner beitreiben, § 788 Rn 22 „Drittschuldner“, BGH **91**, 129 („ohne Kostenrisiko“), Hansens JB **87**, 1785. Der Drittschuldner hat allerdings keinen Anspruch gegen den Gläubiger auf die Erstattung derjenigen Kosten, die beim Drittschuldner durch die Bearbeitung einer Lohnpfändung entstehen, Gutzmann BB **76**, 700. 14

Beim *Verstoß gegen I* muß der Drittschuldner die Anwaltskosten des Gläubigers ihm gegenüber auch dann nach dem Wert der verständigerweise möglich gewesenen Klage erstatten, wenn sie erfolglos geblieben wäre, AG Meißen JB **05**, 216.

Dem *Schuldner* gegenüber hat der Gläubiger jedenfalls weder nach § 840 noch nach § 788 einen Erstattungsanspruch, auch nicht aus einer Schlechterfüllung, BGH **141**, 384.

5) Ersatzpflicht, II. Sie hat erhebliche Bedeutung. 15

A. Grundsatz: Drittschuldnerhaftung bei Verschulden. Der Gläubiger kann gegen den Drittschuldner keine Klage auf die Erteilung einer Auskunft erheben, Rn 1, Boecker MDR **07**, 1237. Der Gläubiger kann den Drittschuldner erst recht nicht im Weg der Zwangsvollstreckung zu einer Auskunft zwingen. Der Drittschuldner haftet aber dem Gläubiger dann, wenn er die erforderliche Erklärung nicht gesetzmäßig abgibt, auf einen Schadensersatz nach §§ 249 ff BGB, sofern der Drittschuldner schuldhaft handelte, § 276 BGB, BGH **98**, 294 (zustm Brehm JZ **87**, 47, krit Smid JR **87**, 297). Düss VersR **97**, 706, AG Geilenkirchen JB **03**, 661. Auch eine schuldhaft verspätete, unrichtige, irreführende oder unvollständige Auskunft macht den Drittschuldner ersatzpflichtig, BGH MDR **83**, 308, LG Memmingen RR **06**, 999, AG Wipperfürth JB **02**, 439. Das gilt auch zum Grund der Nichtanerkennung, aM Mü JB **76**, 972 (aber das wäre inkonsequent).

Es gilt, soweit die Auskunft *freiwillig* erfolgt. Die richtige Auskunft macht natürlich nicht ersatzpflichtig, Hamm MDR **87**, 770. Eine Schadensersatzpflicht kann dann fehlen, wenn eine Pfändung ins Leere gehen würde, LAG Hamm DB **90**, 2228. Der Gläubiger braucht nur zu beweisen, daß bei einer rechtzeitigen vollständigen Auskunft der Prozeß voraussichtlich vermeidbar gewesen wäre, LG Stgt Rpfleger **90**, 265. Der Drittschuldner ist dafür beweispflichtig, daß ihn an der Nichterfüllung seiner Auskunftspflicht kein Verschulden trifft, BGH **79**, 275. Vorsicht mit einem Ausforschungsbeweis nach Einf 27 vor § 284, BAG NJW **06**, 255 (dort verneint).

B. Ausnahme: Mitverschulden des Gläubigers. Der Gläubiger muß aber seinen Schaden auch evtl selbst teilweise oder ganz tragen, § 254 BGB. Das gilt, wenn er seine Interessen nicht ausreichend verfolgt, etwa wegen eines Verzichts auf eine weitere Vollstreckungsmaßnahme, BGH MDR **83**, 308, Benöhr NJW **76**, 175. 16

C. Beispiele zur Frage einer Ersatzpflicht nach II 17

Amtlich bestellter Vertreter: Rn 18 „Berufsverbot“.

Anderer Vollstreckungstitel: Rn 21 „Unterlassung der Pfändung“.

Arrest: Die Kosten eines Rechtsstreits zur Hauptsache im Anschluß an ein Arrestverfahren gehören *nicht* zum Schaden nach II 2, BGH **68**, 294.

S auch Rn 19 „Kostenerstattung“.

Aufrechnung: Der Gläubiger kann gegen die Forderung des Drittschuldners auf die Erstattung seiner Prozeßkosten in jenem Rechtsstreit aufrechnen, § 145 Rn 8 ff, aM BGH **79**, 276.

Auskunftsanspruch: Der Gläubiger kann auch die Kosten eines Auskunftsanspruchs ersetzt fordern, AG Köln JB **02**, 327. Das gilt aber nicht für die Anwaltskosten einer weiteren Aufforderung des Gläubigers, BGH BB **06**, 1656.

Berufsverbot: Der amtlich bestellte Vertreter eines mit einem Berufsverbot belegten Anwalts haftet als Drittschuldner nur mit dem für die Kanzlei des Vertretenen erwirtschafteten Gewinn, AG Neumünster AnwBl **89**, 100. 18

Bezifferung: Soweit der Gläubiger eine Zahlungsklage erhebt, Rn 22 „Zahlungsklage", auch durch eine Klagänderung nach Rn 19 „Klagänderung", muß er seinen Schaden genau beziffern, § 253 Rn 49 ff, LAG Hamm MDR **82**, 695.

Einrede: *Nicht* zur Ersatzpflicht nach II gehört ein solcher Schaden, den der Gläubiger dadurch erleidet, daß die Forderung mit einer Einrede behaftet ist, BGH **69**, 332, Rixecker JB **82**, 1761.

Fehlen einer Forderung: *Nicht* zur Ersatzpflicht nach II gehört ein solcher Schaden, den der Gläubiger dadurch erleidet, daß die Forderung in Wahrheit nicht besteht, BGH **69**, 332, Rixecker JB **82**, 1762.

19 **Klagänderung:** Der Gläubiger kann auch im Prozeß den Schaden infolge einer mangelhaften Auskunftserteilung des Drittschuldner durch eine Klagänderung geltend machen, BGH **79**, 276, BSG NJW **99**, 895, Düss RR **88**, 574.

S auch Rn 22 „Zahlungsklage".

Kostenerstattung: S zunächst Rn 13 ff und sodann Rn 17 „Aufrechnung".

Derjenige Anwalt, der in einer eigenen Sache nach der Erwirkung einer Arrestpfändung ein Gespräch mit dem Drittschuldner führt, um seine Zugriffsmöglichkeiten gegenüber dem Arrestschuldner zu klären, hat aber *keinen* Erstattungsanspruch, BGH VersR **83**, 981.

20 **Schadensersatz:** Rn 22 „Zahlungsklage"; „Zeitversäumnis".

Sittenwidrigkeit: Es kann eine erweiterte Haftung aus § 826 BGB (neben derjenigen nach II) entstehen, BGH NJW **87**, 64 (zustm Brehm JZ **87**, 47, krit Smid JR **87**, 197).

21 **Unterlassung der Pfändung:** *Nicht* zur Ersatzpflicht nach II gehört ein solcher Schaden, den der Gläubiger durch die Unterlassung der Pfändung aus einem anderen Vollstreckungstitel erleidet, BGH **98**, 293.

Ursächlichkeit: *Nicht* zur Ersatzpflicht nach II gehört ein solcher Schaden, der dem Gläubiger dadurch entsteht, daß er ihn unabhängig von seiner Bemühung um die Befriedigung aus dem Vollstreckungsanspruch erleidet, LG Detm ZIP **80**, 1080.

Vergeblichkeit der Pfändung: *Nicht* zur Ersatzpflicht nach II gehört ein solcher Schaden, den der Gläubiger dadurch erleidet, daß die Pfändung ins Leere geht, AG Bielef JB **91**, 132.

Vollstreckung gegen Drittschuldner: Über sie muß er den Gläubiger informieren und ihm notfalls den Streit verkünden, LG Memmingen RR **06**, 999.

22 **Weiterer Vollstreckungstitel:** Rn 21 „Unterlassung der Pfändung".

Zahlungsklage: Der Gläubiger braucht nicht auf eine Auskunft zu klagen, sondern kann mangels solcher sogleich auf eine Zahlung des Schadensersatzes klagen, Stgt Rpfleger **90**, 265. Er kann auch mit einer Klagänderung vorgehen, Rn 19 „Klagänderung".

S auch Rn 18 „Bezifferung".

Zeitversäumnis: Der Schadensersatz kann auch eine Zeitversäumnis umfassen.

23 **D. Verfahren.** Ein obligatorisches Güteverfahren findet nicht statt, § 15 a II 1 Z 6 EGZPO, Hartmann NJW **99**, 3748. Für die Ersatzklage ist grundsätzlich das ordentliche Gericht zuständig, BAG NJW **85**, 1181, AG Geilenkirchen JB **03**, 661, aM ArbG Passau JB **06**, 552, jedoch das ArbG dann, wenn es zu einer Umstellung der dort erhobenen Auskunftsklage kommt, LAG Köln AnwBl **90**, 277, Linke ZZP **87**, 308, aM StJM 33, und in einer entsprechenden Lage das SG, BSG NJW **99**, 895. Der Drittschuldner hat eine erweiterte Darlegungslast, § 253 Rn 32, BGH **86**, 23, LAG Bln DB **91**, 1336 (vgl aber Rn 10). Der Gläubiger kann auch die Hauptsache nach § 91 a für erledigt erklären, sobald sich die Aussichtslosigkeit ergibt. Er kann den Antrag stellen, dem etwa schuldhaft handelnden Drittschuldner die Kosten aufzuerlegen, aM BGH **79**, 276 (er hält eine Klage auf die Feststellung der Verpflichtung des Drittschuldners zum Ersatz des dem Gläubiger entstandenen Schadens für zulässig, LAG Hamm MDR **82**, 695. Aber II 2 ist nach seinem Wortlaut und Sinn eindeutig, Einl III 39).

24 **E. Notfalls Gläubigerklage.** Notfalls muß der Gläubiger seinen Schaden in einem besonderen Rechtsstreit oder mit einer Klagänderung geltend machen, Rn 19 „Klagänderung". Der Gläubiger muß in einer Klage die Art der vom Schuldner ausgeübten Berufstätigkeit darlegen und die gepfändeten Lohnteile im Rahmen des angenommenen Erfolgs der Pfändung berechnen, soweit der Drittschuldner das alles nicht bereits kennt, LAG Hbg RR **86**, 743. Wer als Drittschuldner eine Erklärung unterläßt, gibt dem Gläubiger einen Anlaß zur Erhebung der Klage, § 93, BGH WertpMitt **81**, 388. Man darf aber daraus, daß der Drittschuldner seine Erklärung unterläßt oder nur mangelhaft abgibt, keine Folgerungen tatsächlicher Art ziehen.

841 ***Pflicht zur Streitverkündung.*** **Der Gläubiger, der die Forderung einklagt, ist verpflichtet, dem Schuldner gerichtlich den Streit zu verkünden, sofern nicht eine Zustellung im Ausland oder eine öffentliche Zustellung erforderlich wird.**

1 **1) Systematik, Regelungszweck.** Die Vorschrift erweitert §§ 72 ff vor einem Streiverkündungs*recht* zu einer Pflicht. Sie ergänzt ebenso wie § 842 den § 840. § 841 beruht auf der Sorgfaltspflicht des Pfändungspfandgläubigers. Die Vorschrift dient also dem Interesse des Schuldners. Demgegenüber begründet ein Urteil im Prozeß des Gläubigers gegen den Drittschuldner keine innere Rechtskraft nach § 322 wegen des Schuldners nach 265. Daraus zieht § 841 die notwendigen Folgerungen.

2 **2) Geltungsbereich.** Wenn der Gläubiger auf Grund eines Pfändungs- oder Überweisungsbeschlusses nach § 829 den Drittschuldner auf die Feststellung von dessen Leistungspflicht oder auf die Leistung verklagt, darf nicht nur, sondern muß der Gläubiger dem Schuldner den Streit nach §§ 72, 73 verkünden, sofern man nicht die Streitverkündung öffentlich nach § 185 oder im Ausland zustellen müßte, §§ 183, 184. Das gilt auch bei einer Überweisung an Zahlungs Statt und im arbeitsgerichtlichen Verfahren. Aus der Sachlage folgt, daß der Gläubiger aber nicht dazu berechtigt ist, zweckdienliche Maßnahmen des beigetretenen Schuldners zu durchkreuzen. Der Gläubiger darf zB nicht auf ein Beweismittel verzichten. Soweit der Gläubiger die Streitverkündung vornimmt, treten die Wirkungen der §§ 68, 74 ein. Vgl ferner § 316 III AO.

3) Verstoß. Ein Verstoß gegen § 841 oder gegen die eben aufgestellte Regel verpflichtet den Gläubiger 3
zum Schadensersatz gegenüber dem Schuldner. Ein etwaiges Verschulden seines Anwalts gilt wie stets im Prozeß als ein Verschulden der Partei, § 85 II. Wenn der Gläubiger dem Schuldner den Streit nicht nach § 72 verkündet hatte, muß er beweisen, daß er den Prozeß auch bei einer ordnungsgemäßen Streitverkündung und dann verloren hätte, wenn infolgedessen ein weiteres Vorbringen möglich gewesen wäre. Wenn der Gläubiger Maßnahmen des Schuldners durchkreuzt, muß der Schuldner die Ursächlichkeit dieser Störungen für seinen Schaden beweisen. In keinem Fall kann der Drittschuldner aus solchen Vorgängen etwas für sich herleiten.

842 *Schadenersatz bei verzögerter Beitreibung.* **Der Gläubiger, der die Beitreibung einer ihm zur Einziehung überwiesenen Forderung verzögert, haftet dem Schuldner für den daraus entstehenden Schaden.**

1) Systematik. Wer sich eine Forderung zur Einziehung überweisen läßt, der muß die Forderung unver- 1
züglich und daher ohne ein schuldhaftes Zögern nach §§ 121 I 1, 276 BGB beitreiben. Er muß sie also außergerichtlich oder gerichtlich geltend machen und vollstrecken.

2) Regelungszweck. Die Regelung dient dem Interesse des Schuldners am Unterbleiben eines solchen 2
zeitlich unzumutbaren Schwebezustands, der seine eigenen Rechte lähmen könnte. Das würde auch den Verhältnismäßigkeitsgrundsatz verletzen, Grdz 35 (B) vor § 704. Es würde ferner zu einem ungerechten Ergebnis führen, Einl III 9, 36. Deshalb sollte man die Vorschrift zugunsten des Schuldners auslegen und folglich die Gläubigerhaftung nicht allzu erschweren. Natürlich braucht der Gläubiger sich nicht würdelos zu hetzen.

3) Geltungsbereich: Einziehung nur zur Überweisung. Die Vorschrift gilt nur bei einer Pfändung 3
gerade zur Einziehung, § 835 I Hs 1. Bei einer Überweisung an Zahlungs Statt nach § 835 I Hs 2 ist § 842 nicht anwendbar. Denn die Überweisung an Zahlungs Statt befriedigt den Gläubiger. Eine Verzögerung schädigt daher nur ihn.

4) Verzögerungsfolge: Schadensersatzpflicht. Eine Verzögerung begründet eine Ersatzpflicht, 4
§§ 249 ff BGB. Ein Mitverschulden des Schuldners ist nach § 254 BGB beachtlich. Vgl ferner § 316 IV AO.

843 *Verzicht des Pfandgläubigers.* [1] **Der Gläubiger kann auf die durch Pfändung und Überweisung zur Einziehung erworbenen Rechte unbeschadet seines Anspruchs verzichten.** [2] **Die Verzichtleistung erfolgt durch eine dem Schuldner zuzustellende Erklärung.** [3] **Die Erklärung ist auch dem Drittschuldner zuzustellen.**

1) Systematik, S 1–3. Die Vorschrift gilt in einer Ergänzung zu § 835. Der Gläubiger darf auf die 1
Rechte aus einem Pfändungs- oder Überweisungsbeschluß ohne die Notwendigkeit einer Mitwirkung des Vollstreckungsgerichts jederzeit verzichten. Dieser Verzicht ist eine Parteiprozeßhandlung, Grdz 47 vor § 128. Ein Verzicht auf das Recht aus der Pfändung vernichtet ohne weiteres das Recht aus der Überweisung, § 835 Rn 1. Ein Verzicht auf das Recht aus der Überweisung beseitigt aber nicht automatisch das Recht aus der Pfändung.

2) Regelungszweck, S 1–3. Im Rahmen der in der Zwangsvollstreckung freilich begrenzten Parteiherr- 2
schaft nach Grdz 6 ff vor § 704 mag der Gläubiger nach einer Pfändung und Überweisung aus vielerlei Gründen eine andere Vollstreckungsart bevorzugen oder zB derzeit auf eine Vollstreckung verzichten wollen, ohne den mühsam erkämpften Anspruch aus dem Vollstreckungstitel preiszugeben. Dann hilft ihm § 843. S 1 ist daher auch zugunsten des Gläubigers auslegbar. Natürlich muß die Verzichtserklärung trotz einer solchen wohlwollenden Handhabung der Sache nach eindeutig sein. S 2, 3 dienen der Rechtssicherheit nach Einl III 43. Man sollte sie entsprechend strikt handhaben.

3) Geltungsbereich, S 1–3. Die Vorschrift gilt nur bei einer Überweisung zur Einziehung, § 835 I 3
Hs 1. Bei einer Überweisung an Zahlungs Statt nach § 835 I Hs 2 kommt ein Verzicht wegen ihrer Befriedigungswirkung nach § 835 Rn 30 nicht in Betracht. Vgl auch § 316 IV AO.

4) Verzichtserklärung, S 2. Der Gläubiger muß seine Verzichtserklärung grundsätzlich schriftlich ab- 4
fassen. Denn er muß sie im Interesse der Rechtssicherheit nach Rn 2 gemäß S 2, 3 dem Schuldner und dem Drittschuldner im Parteibetrieb zustellen, §§ 191 ff. Der Verzicht wird grundsätzlich schon und erst im Zeitpunkt der Zustellung dieser Erklärung an den Schuldner wirksam. Die bloße Zustellung an den Drittschuldner läßt die Wirksamkeit der Pfändung unberührt. Der Drittschuldner hat bis zur Kenntnis des Wirksamwerdens des Verzichts nach § 836 II einen Schutz. Die Rücknahme des Antrags steht nicht dem Verzicht gleich. Denn der Gläubiger kann ihn wiederholen, § 269 VI, aM Köln JB **95**, 387 (aber dort steht ein allgemeiner Rechtsgedanke).

5) Verzichtsfolgen, S 1, 3. Mit dem Verzicht erlöschen nur die Rechte aus dem bisherigen Vollstrek- 5
kungstitel. Eine neue Vollstreckung oder Pfändung bleibt zulässig. Sie hat freilich meist einen schlechteren Rang, § 804 III. Eine förmliche Aufhebung des Beschlusses ist zwar entbehrlich. Sie ist aber auf einen Antrag des Gläubigers, Schuldners oder Drittschuldners doch zulässig, BGH MDR **02**, 967. Sie ist auch wünschenswert. Denn sie schafft klare Verhältnisse, StJM 5, ZöStö 3, aM ThP 3 (Unzulässigkeit mangels Rechtsschutzbedürfnisses. Aber Unklarheit schafft stets ein Rechtsschutzbedürfnis). Evtl kann auch ein sachlichrechtlicher Verzicht in der Form einer einfachen Erklärung genügen. § 843 zeigt nur den unbedingt richtigen Weg, BGH NJW **83**, 886, aM Brommann SchlHA **86**, 65 (aber die Vorschrift deutet eine Ausschließlichkeit ihrer Regelung nicht an).

Im Umfang des Verzichts verliert der klagende Gläubiger seine bisherige *Sachbefugnis* nach Grdz 23 vor § 50. Es rücken nachrangige Gläubiger auf. Es ist auch ein Teilverzicht statthaft, BAG NJW **75**, 1575. Es ist auch eine Stundung zulässig. Der Gläubiger darf sie aber nicht auf Kosten eines nachrangigen Gläubigers erklären, Grdz 24 vor § 704, § 804 Rn 12, 13. Ein bedingter Verzicht ist zulässig. Ein Rangrücktritt ist weniger als ein Verzicht.

6 **6) Untätigkeit des Gläubigers, S 1–3.** Wenn der Gläubiger trotz einer Aufforderung des Drittschuldners nach § 840 Rn 1 den Verzicht nicht innerhalb einer angemessenen Frist über den Drittschuldner erklärt, kann der Drittschuldner eine diesbezügliche verneinende Feststellungsklage erheben, § 256, BGH **69**, 152.

844 *Andere Verwertungsart.* [I] **Ist die gepfändete Forderung bedingt oder betagt oder ist ihre Einziehung wegen der Abhängigkeit von einer Gegenleistung oder aus anderen Gründen mit Schwierigkeiten verbunden, so kann das Gericht auf Antrag an Stelle der Überweisung eine andere Art der Verwertung anordnen.**

[II] **Vor dem Beschluss, durch welchen dem Antrag stattgegeben wird, ist der Gegner zu hören, sofern nicht eine Zustellung im Ausland oder eine öffentliche Zustellung erforderlich wird.**

Gliederung

1 **1) Systematik, I, II.** § 844 läßt eine anderweitige Verwertung einer gepfändeten Forderung als eine Ausnahme von § 835 nur auf Grund einer Anordnung des Gerichts zu, wie sie zB auch bei §§ 817 a II 2, 821, 825 vorkommt.

2 **2) Regelungszweck, I, II.** § 844 dient wie die eben genannten vergleichbaren Vorschriften den wohlverstandenen Interessen beider Parteien an der Verhinderung einer Wertverschleuderung usw, Düss DB **00**, 1119. Man sollte die Vorschrift in diesen Grenzen entsprechend großzügig auslegen. Auch der Schuldner hat meist im Grunde ein Interesse daran, daß die Vollstreckung eher ein Ende mit Schrecken als einen Schrecken ohne Ende findet. Der Gläubiger mag sich mit einem geringeren Erlös lieber zufriedengeben wollen als mit langandauernden Problemen bei einem Drittschuldner rechnen zu müssen, der vielleicht infolge Firmenwechsels usw zusätzlich Sorgen bereitet.

3 **3) Geltungsbereich, I, II.** Das Gericht muß jede der folgenden Voraussetzungen beachten.

A. Bestimmtheit, Bedingung, Betagung. Die Forderung muß bestimmt oder bestimmbar sein, LG Gießen JB **99**, 49. Sie muß außerdem betagt oder bedingt sein, etwa dann, wenn sie erst künftig fällig wird.

4 **B. Abhängigkeit von Gegenleistung.** Statt Rn 3 reicht es auch, daß die Forderung von einer Gegenleistung abhängig ist.

5 **C. Schwierigkeit der Einziehung.** Statt Rn 3 oder 4 reicht es auch, daß die Einziehung der Forderung aus anderen Gründen ungewöhnlich schwierig ist. Das gilt etwa wegen einer Insolvenz des Drittschuldners oder dann, wenn es sich um einen Anteil an einer Gesellschaft handelt, zB einer GmbH, LG Bln MDR **87**, 592, LG Köln Rpfleger **89**, 511, oder um den Anteil an einer Gemeinschaft, zB einer Erbengemeinschaft, Eickmann DGVZ **84**, 65. Man kann hierbei auch die Vollstreckung in sammelverwahrte „Wertrechte" rechnen, Erk MDR **91**, 237. Das Gericht muß die Interessen des Schuldners mitbeachten. Eine Vereinbarung zwischen dem Gläubiger und dem Schuldner ist kein ausreichender Grund zu einer anderweitigen Verwertung.

6 **D. Weitere Einzelfragen.** Eine freiwillige Verpfändung steht im allgemeinen einer Pfändung gleich. Es wäre nicht sinnvoll, erneut zu pfänden. Bei einer Hypothek muß aber ein solcher Vollstreckungstitel vorliegen, der die Pflicht des Schuldners enthält, die Zwangsvollstreckung zu dulden. Ein bloßes Zahlungsurteil reicht nicht aus. Die Anordnung einer anderweitigen Art der Verwertung ersetzt den Überweisungsbeschluß. Die Anordnung darf daher unter anderem nur dann ergehen, wenn die Voraussetzungen des Überweisungsbeschlusses noch vorliegen. Die Anordnung des Gerichts ist noch nach einer Überweisung zur Einziehung zulässig, nicht aber nach einer Überweisung nur an Zahlungs Statt. Das Gericht darf seine Anordnung nur in derjenigen Höhe treffen, in der die Pfändung wirksam erfolgte. Eine Anordnung nach § 844 darf die Rechtsstellung des Gläubigers nicht über §§ 829 ff hinaus beliebig ausdehnen.

7 **4) Verwertung, I.** Sie folgt einer komplizierten anderen Vorschrift.

A. Grundsatz: Anwendbarkeit des § 825. Es gelten grundsätzlich dieselben Regeln wie bei § 825, dort Rn 9–15. Vor allem sind die Anordnung eines freihändigen Verkaufs oder die Anordnung der Versteigerung der Forderung oder des Rechts statthaft, AG Elmsh DGVZ **93**, 190. Beide Maßnahmen nimmt entweder der Gerichtsvollzieher oder ein solcher anderer vor, den das Gericht bestimmen muß. Diese

Personen müssen die vom Gericht erlassenen Vorschriften beachten, § 172 Z 2 GVGA. Wenn solche Vorschriften fehlen, geht der Gerichtsvollzieher entsprechend §§ 816 ff vor, Eickmann DGVZ **84**, 65, im übrigen nach dem BGB. Ein Mindestgebot ist mangels einer gerichtlichen Anordnung nicht erforderlich, LG Kref Rpfleger **79**, 147. Man muß aber eine Wertverschleuderung vermeiden. Daher ist evtl eine Abweisung nötig, wenn die sonstige Verwertung dann zunächst scheitern könnte, Düss DB **00**, 1119. Bei einem freihändigen Verkauf erlangt der Erwerber das Eigentum an der Sache auf Grund eines Vertrags nach dem bürgerlichen Recht. Der private Versteigerer verkauft die Forderung dem Erwerber, § 156 BGB. Es handelt sich also um ein Privatrechtsgeschäft. Daher sind bei einer Hypothek §§ 892 ff BGB anwendbar. Der Gläubiger kann mitbieten.

B. Einzelfragen. Bei einem indossablen Papier und vor allem bei einem Wechsel genügen zum Erwerb 8
die Erteilung des Zuschlags und die Übergabe des Wechsels ohne ein Indossament. Bei der Versteigerung einer Hypothek ersetzt der Zuschlag die Abtretungserklärung. Bei einer Teilversteigerung ist ein Teilhypothekenbrief erforderlich. Der Gläubiger darf mitbieten. Der Erlös wird entsprechend § 819 abgeführt. Eine erlaubte freihändige Veräußerung der Hypothek ermöglicht einen gutgläubigen Erwerb ebenso wie ein Beschluß auf eine Überweisung an Zahlungs Statt an den Veräußerer. Es ist auch eine Überweisung an Zahlungs Statt zum Schätzungswert unter oder über dem Nennwert zulässig. Diese Überweisung befriedigt den Gläubiger in Höhe dieses Schätzwerts. In Betracht kommt auch zB eine Verwaltung oder Verpachtung.

5) Verfahren, II. Es erfordert schon wegen Rn 7 Sorgfalt. 9

A. Allgemeines. Der Gläubiger oder der Schuldner muß einen Antrag stellen. Wenn ein im Anschluß pfändender Gläubiger den Antrag stellt, kann der frühere Gläubiger nicht nach § 771 eine Widerspruchsklage erheben. Er kann vielmehr die Erinnerung nach § 766 einlegen. Der Drittschuldner ist nicht antragsberechtigt. Der Antragsteller muß nachweisen, daß eine Pfändung stattgefunden hat. Zur Entscheidung über den Antrag ist der Rpfl des Vollstreckungsgerichts des Gerichtsstands des Schuldners zur Zeit der Antragstellung ausschließlich zuständig, §§ 802, 828, § 20 Z 17 RPflG. Eine sachliche Unzuständigkeit des Vollstreckungsgerichts macht die Anordnung und die Verwertung unrechtmäßig. Zur Anordnung besteht dann, wenn sie nach dem pflichtgemäßen Ermessen des Gerichts ratsam ist, eine Amtspflicht, § 825 Rn 4, 9.

Das Gericht darf und muß den Wert selbst schätzen und dazu evtl einen *Sachverständigen* hinzuziehen, LG Kref Rpfleger **79**, 147, AG Elmsh DGVZ **93**, 191, aM Boecker MDR **07**, 1237, Eickmann DGVZ **84**, 67 (§ 817 a sei entsprechend anwendbar).

B. Anhörung des Gegners. Das Vollstreckungsgericht muß den Antragsgegner, also je nach der Sachlage 10
den Gläubiger, auch einen vorrangigen, oder den Schuldner evtl anhören, Artt 2 I, 20 III GG (Rpfl), BVerfG **101**, 404, Art 103 I GG (Richter). Das gilt dann, wenn es dazu neigt, dem Antrag stattzugeben. Selbst dann ist eine Anhörung nicht erforderlich, wenn das Gericht die Entscheidung nach §§ 183, 184 im Ausland oder nach §§ 185 ff öffentlich zustellen müßte. Eine Anhörung des Drittschuldners ist nicht notwendig. Es ist allerdings immer zweckmäßig, alle Beteiligten anzuhören, um einen unberechtigten Eingriff zu vermeiden. Die Anhörung erfolgt mündlich oder elektronisch oder schriftlich, § 764 III. Wegen der Anhörung und wegen § 834 kommt eine Entscheidung erst nach einer Pfändung in Betracht.

C. Entscheidung. Der Rpfl entscheidet durch einen Beschluß, §§ 329, 764 III. Er muß seinen Beschluß 11
begründen, § 329 Rn 4. Er stellt einen ablehnenden Beschluß dem Antragsteller förmlich zu, § 329 III. Einen anordnenden Beschluß stellt der Rpfl dem Gläubiger und dem Schuldner förmlich zu, § 329 III. Er sollte ihn zweckmäßigerweise dem Drittschuldner formlos mitteilen, aM Boecker MDR **07**, 1236 (förmliche Zustellung ratsam). Kosten: § 788.

Gebühren: des Gerichts: keine; des Anwalts: VV 3309, 3310; des Gerichtsvollziehers: KVGv 300.

6) Rechtsbehelfe, I, II. Sie hängen von der Anhörungsfrage ab. 12

A. Nach Anhörung. Jeder nach Grdz 13 vor § 511 Beschwerte, auch der Drittschuldner, Ffm BB **76**, 1147, kann nach § 11 I RPflG, §§ 767 I Z 1, 793, vorgehen, soweit der Rpfl seine Entscheidung nach einer Anhörung des Antragsgegners getroffen hat (nicht notwendig nach einer mündlichen Verhandlung), LG Limbg DGVZ **76**, 88. Zum weiteren Verfahren § 104 Rn 41 ff.

B. Mangels Anhörung. Wenn der Rpfl eine bloße Maßnahme ohne eine Anhörung getroffen hatte, ist 13
die einfache Erinnerung nach § 766 zulässig, § 793 Rn 1, AG Bln-Schöneb DGVZ **88**, 188.

845 *Vorpfändung.*

I [1] Schon vor der Pfändung kann der Gläubiger auf Grund eines vollstreckbaren Schuldtitels durch den Gerichtsvollzieher dem Drittschuldner und dem Schuldner die Benachrichtigung, dass die Pfändung bevorstehe, zustellen lassen mit der Aufforderung an den Drittschuldner, nicht an den Schuldner zu zahlen, und mit der Aufforderung an den Schuldner, sich jeder Verfügung über die Forderung, insbesondere ihrer Einziehung, zu enthalten. [2] Der Gerichtsvollzieher hat die Benachrichtigung mit den Aufforderungen selbst anzufertigen, wenn er von dem Gläubiger hierzu ausdrücklich beauftragt worden ist. [3] Der vorherigen Erteilung einer vollstreckbaren Ausfertigung und der Zustellung des Schuldtitels bedarf es nicht. [4] An Stelle einer an den Schuldner im Ausland zu bewirkenden Zustellung erfolgt die Zustellung durch Aufgabe zur Post.

II [1] Die Benachrichtigung an den Drittschuldner hat die Wirkung eines Arrestes (§ 930), sofern die Pfändung der Forderung innerhalb eines Monats bewirkt wird. [2] Die Frist beginnt mit dem Tag, an dem die Benachrichtigung zugestellt ist.

Vorbem. I 4 angefügt dch Art 10 Z 10 des 2. JuMoG v 22. 12. 06, BGBl 3416, in Kraft seit 31. 12. 06, Art 28 I des 2. JuMoG, ÜbergangsR Einl III 78.

Gliederung

1 **1) Systematik, I, II.** Die Vorschrift betrifft den Zeitraum vor einer Pfändung nach §§ 829 ff. Sie eröffnet eine zusätzliche Möglichkeit, rasch eine Sicherung herbeizuführen, bevor eine Verwertung möglich ist. Die Vorschrift ist nicht anwendbar, wenn nicht das Gericht pfändet, sondern der Gerichtsvollzieher, also bei einem indossablen Papier nach § 831. Dagegen ist § 845 auch auf die Pfändung eines Herausgabeanspruchs sowie dann anwendbar, wenn ein Drittschuldner fehlt, ferner dann, wenn es um eine Hypothekenforderung geht, Rn 15. Die Ankündigung einer künftigen Anfechtung nach § 4 AnfG ist der Vorpfändung ähnlich. Sie hat aber doch andere nicht so weitreichende Wirkungen, BGH **87**, 168. Zur InsO Viertelhausen KTS **99**, 442.

2 **2) Regelungszweck, I, II.** Der Gedanke des zeitlichen Vorrangs nach § 804 III schlägt auch bei der Verwertung mittels einer Pfändung usw durch. Deshalb hat § 845 in der Praxis eine berechtigt hohe Bedeutung. Der Gläubiger muß sich freilich sputen und gleich zweimal rechtzeitig vorgehen, II 1.

3 *Die Verweisung* in II auf § 930 ist zwar alles andere als elegant gelungen. Denn § 930 ist seinerseits alles andere als leicht verständlich. Indessen sind die Sicherungszwecke ähnlich. § 845 soll ähnlich wie § 929 III 1 dem Gläubiger bei der Zwangsvollstreckung wegen einer Geldforderung nach Grdz 1 vor § 803 einen Rang sichern. Das gilt auch bei derjenigen in eine Forderung und in ein sonstiges Recht, soweit nicht § 865 anwendbar ist. Die Vorschrift soll dem Gläubiger dadurch trotz der Möglichkeiten des § 842 einen solchen Schaden ersparen, der ihm durch die Verzögerung einer gerichtlichen Pfändung entstehen könnte, BayObLG Rpfleger **85**, 59, Ffm MDR **94**, 843, LAG Köln MDR **95**, 423.

4 **3) Geltungsbereich, I, II.** Zugunsten des Gläubigers muß ein vorläufig vollstreckbarer Schuldtitel bestehen. Ein körperlicher Besitz des Titels ist nicht erforderlich, LG Ffm Rpfleger **83**, 32. Ein Arrestbefehl nach § 922 oder eine einstweilige Verfügung nach §§ 935 ff genügen, ferner eine Sicherungspfändung, § 720 a Rn 4. Eine sofortige Zwangsvollstreckung muß statthaft sein. Infolgedessen muß ein befristeter Kalendertag abgelaufen sein, § 751 I. Bei einer bedingten Vollstreckbarkeit muß man § 726 I beachten. Der Gläubiger braucht allerdings eine etwa erforderliche Sicherheit wegen § 720 a Rn 2 nicht zu leisten. Die Wartefrist des § 750 III gilt hier nicht, dort Rn 21. Bei einer Verurteilung Zug um Zug nach § 756 muß das bisherige Verfahren nach § 765 abgelaufen sein, Mümmler JB **75**, 1415. Eine vollstreckbare Ausfertigung des Vollstreckungstitels oder gar der Vollstreckungsklausel braucht nicht vorzuliegen, AG Gelnhausen JB **99**, 101, auch nicht bei §§ 728, 729 und bei einer Rechtsnachfolge.

5 Der Gläubiger braucht den Vollstreckungstitel und die nach § 750 III zuzustellenden Urkunden *noch nicht zugestellt* zu haben, KG MDR **81**, 412, LG Ffm Rpfleger **83**, 32, ZöStö 2, aM Gilleßen/Jakobs DGVZ **79**, 106 (aber es geht noch nicht um die „eigentliche" Vollstreckung). Bei einem Anspruch auf eine Kostenerstattung genügt der Kostenfestsetzungsbeschluß nach § 104, nicht aber das zugrunde liegende Urteil. Bei einer Vorpfändung gegen einen Rechtsnachfolger ist eine Umschreibung des Vollstreckungstitels auf den Nachfolger nach § 727 entbehrlich. Die vorpfändbare Forderung muß im Zeitpunkt der Zustellung der Vorpfändung an den Drittschuldner bereits pfändbar sein. § 46 VII AO erlaubt grundsätzlich eine Vorpfändung. Die Vorpfändung eines Anspruchs auf eine Steuererstattung ist vor dem Ende des Steuerjahres kaum sinnvoll, § 829 Rn 13, Wilke NJW **78**, 2381. Zur Problematik auch Buciek DB **85**, 1428. Beim Oder-Konto erfaßt die Pfändung nicht das Recht eines weiteren Oder-Kunden vor *dessen* Mitpfändung, Drsd MDR **01**, 580.

6 **4) Vornahme, I 1.** Für eine wirksame Vorpfändung sind die folgenden Maßnahmen notwendig.

A. Benachrichtigung. Der Gläubiger muß den Drittschuldner nach § 829 Rn 71 und den Schuldner von der bevorstehenden Pfändung benachrichtigen lassen. Die Benachrichtigung muß gerade „durch den Gerichtsvollzieher" erfolgen. Sie muß den vollstreckbaren Titel angeben. Sie muß die Forderung eindeutig kennzeichnen, BGH NJW **01**, 2976, zumindest in allgemeinen Umrissen, BGH Rpfleger **05**, 450 (ziemlich großzügig). Sie muß ferner angeben, daß die Voraussetzungen Rn 1–5 erfüllt seien. Ein Nachweis ist dann nicht erforderlich. Es reicht aus, daß eine Nachprüfung möglich ist. Ungenauigkeiten bei der Bezeichnung der Forderung schaden hier ebenso viel oder wenig wie bei einer Pfändung, § 829 Rn 15 ff, aM ZöStö 3 (eine Auslegung könne nur aus der Urkunde heraus stattfinden. Aber eine Parteiprozeßhandlung ist stets nach den Gesamtumständen auslegbar, Grdz 52 vor § 128).

7 **B. Aufforderung.** Der Drittschuldner muß die Aufforderung erhalten, nicht an den Schuldner zu zahlen, sog Arrestatorium, § 829 Rn 37. Schon wegen der Rechtsbehelfsmöglichkeit ist außerdem eine Aufforderung an den Schuldner nötig, sich jeder Verfügung über die Forderung zu enthalten, sog Inhibitorium, § 829 Rn 42, Mümmler JB **75**, 1414. Diese Aufforderung ist zwar für die Wirksamkeit der Vorpfändung ebenso unwesentlich wie für die Wirksamkeit der Pfändung, § 829 Rn 41. Wenn der Gläubiger die Aufforderung versäumt, kann er sich indessen ersatzpflichtig machen.

8 **C. Zustellung.** Der Gläubiger kann diese Erklärungen dem Gerichtsvollzieher auch durch ein Telefax übermitteln, Müller DGVZ **96**, 88. Dieser muß sie im Parteibetrieb nach §§ 191 ff dem Drittschuldner und dem Schuldner zustellen, LG Marbg DGVZ **83**, 121, und zwar auch eine Ablichtung oder Abschrift der Urkunde über die an den Drittschuldner bewirkte Zustellung, § 829 Rn 50, LG Stgt DGVZ **90**, 15. Der Gerichtsvollzieher prüft dabei die Voraussetzungen nach Rn 1–5 nicht. Eine Ersatzzustellung nach §§ 178 ff ist zulässig. Anstelle einer Zustellung im Ausland erfolgt nach I 4 eine Aufgabe zur Post. Eine öffentliche Zustellung nach §§ 185 ff ist grundsätzlich wirkungslos. Wegen einer Ausnahme bei § 857 II AG Flensb JB **81**, 464. Die Zustellung an den Drittschuldner ist wesentlich, § 829 Rn 46. Sie bestimmt auch den Zeitpunkt des Wirksamwerdens der Vorpfändung. Die Zustellung an den Schuldner hat nur für einen etwaigen schlechten Glauben des Schuldners eine Bedeutung, § 829 Rn 45, 53.

9 **D. Verzicht.** Ein Verzicht auf eine Vorpfändung ist im Rahmen von § 843 zulässig.

10 **E. Verstoß.** Wenn ein wesentliches Merkmal fehlt, etwa bei einer bloßen Benachrichtigung des Drittschuldners ohne den Gerichtsvollzieher, ist die Vorpfändung unwirksam, LG Hechingen DGVZ **86**, 188. Freilich kann eine Mängelheilung eintreten, § 189, Grdz 58 vor § 704, so schon AG Biedenkopf MDR **83**, 588.

11 **5) Anfertigung durch den Gerichtsvollzieher, I 2.** Sie ist unproblematisch.

A. Grundsatz: Zulässigkeit. Der Gerichtsvollzieher darf die Benachrichtigung mit den Aufforderungen selbst anfertigen und zustellen, Arnold MDR **79**, 358. Denn er hat oft am ehesten und besten eine Kenntnis der pfändbaren Forderungen des Schuldners. Er kann die Zwangsvollstreckung durch einen schnelleren Zugriff auf die Forderungen wirksamer gestalten. Bei § 857 ist I 2 unanwendbar, § 857 VII. Denn der Gerichtsvollzieher wäre dann mit der Klärung von Rechtsfragen überfordert, und man muß eine Amtshaftung vermeiden. Auf eine hohe Erfolgsaussicht kommt es nicht an, LG Wiesb DGVZ **03**, 156, strenger AG Darmst DGVZ **03**, 159 (aber auch der Gerichtsvollzieher ist kein Hellseher).

12 **B. Antrag.** Der Gerichtsvollzieher darf aber die Benachrichtigung und die Aufforderungen nur auf Grund eines ausdrücklichen mündlichen oder nach dem vorrangigen § 130 a auch elektronischen oder eines schriftlichen Auftrags des Gläubigers vornehmen. Der Gerichtsvollzieher darf also nicht schon im bloß angenommenen Einverständnis des Gläubigers vorgehen, ebensowenig auf Grund eines nach seiner Meinung stillschweigenden Auftrags. Die Anfertigung der Benachrichtigung durch den Gerichtsvollzieher ist also keineswegs mehr ohne einen ausdrücklichen Auftrag des Gläubigers zulässig. Der Gläubiger kann diesen ausdrücklichen Auftrag aber mit einem allgemeinen Vollstreckungsauftrag verbinden. Die Gesamterklärung ist wie sonst auslegbar, Grdz 52 vor § 128.

13 **C. Verstoß**, dazu *Müller* NJW **79**, 905, *Münzberg* DGVZ **79**, 161: Ein Verstoß gegen diese Vorschrift mag freilich die Zwangsvollstreckung als einen Staatsakt trotzdem zunächst wirksam lassen, Grdz 58 vor § 704, Münzberg ZZP **98**, 360. Trotz eines Auftrags des Gläubigers erfolgen bei einer Zwangsvollstreckung im Rahmen des § 857 keine Maßnahmen nach I 2. Das stellt § 857 VII klar.

14 **6) Wirkung, II.** Man muß fünf Auswirkungsarten beachten.

A. Fristabhängigkeit. Die Vorpfändung wirkt vom Zeitpunkt der Zustellung an den Drittschuldner nach § 829 III an wie eine Arrestpfändung nach § 930. Sie wirkt also wie ein vollzogener Arrest, wie eine Beschlagnahme, Üb 6 vor § 803, BGH **87**, 168. Das gilt auch bei einer Sicherungspfändung, BGH **93**, 74. Der Adressat muß im Rahmen des Zumutbaren handeln, LG Hann NVwZ-RR **05**, 764. Diese Arrestwirkung tritt aber nur dann ein, wenn die Pfändung binnen 1 Monat nachfolgt, LG Karlsr Rpfleger **97**, 268. Man nimmt am besten ein auf*lösend* bedingtes Pfandrecht an, LAG Ffm DB **89**, 1732. Die Annahme, es sei ein auf*schiebend* bedingtes Pfandrecht, hilft nicht weiter. Denn das Gesetz hält die Vorpfändung nicht mehr für anfechtbar, außer wenn es sich um ihre rangsichernde Wirkung handelt, Meyer-Reim NJW **93**, 3042. Die Bedingung entfällt mit einer fristgemäßen Pfändung, also mit der Zustellung des Pfändungsbeschlusses an den Drittschuldner. Das Pfandrecht hat also den Rang der Vorpfändungszeit.

15 Eine *Verfügung* über die Sache nach dem Zeitpunkt der Vorpfändung und vor der Pfändung ist dem Gläubiger gegenüber unwirksam. § 408 II BGB ist unanwendbar, LG Hildesh NJW **88**, 1917. Die Eröffnung des Insolvenzverfahrens macht eine Vorpfändung unwirksam, Hintzen Rpfleger **99**, 424. Für eine Anfechtung der Pfändung im Insolvenzverfahren ist der Zeitpunkt der Vorpfändung maßgebend, StJBre 17, 23, ZöStö 5, aM BGH NJW **06**, 1872 (evtl § 131 InsO). Bei einer Hypothekenforderung nach §§ 830, 830 a ist weder eine Übergabe des Hypothekenbriefs noch eine Eintragung erforderlich. Die Eintragung ist aber zulässig. Diese Maßnahmen sind erst zur endgültigen Pfändung notwendig. Die Vorpfändung erfordert aber natürlich diese nachfolgende Pfändung in der Monatsfrist. Ein Wegnahmeauftrag an den Gerichtsvollzieher oder ein Eintragungsantrag beim Grundbuchamt reichen zur Fristwahrung ebensowenig wie die Zustellung der Vorpfändung beim Drittschuldner.

16 **B. Frist von 1 Monat.** Sie beginnt im Zeitpunkt der Zustellung der Vorpfändung an den Drittschuldner. Sie ist keine Notfrist, § 224 I 2. Sie berechnet sich nach §§ 222 ZPO, 187 I BGB, § 222 Rn 3. Man kann sie nicht wie bei § 224 I 1 verlängern. Wenn der Gläubiger die Vorpfändung wiederholt, läuft eine neue Frist. Diese Frist beginnt mit der neuen Zustellung. Sie begründet ein auflösend bedingtes Pfandrecht, Rn 14. Ein ProzBev muß bei einer nachfolgend beabsichtigten Pfändung evtl das Vollstreckungsgericht auf den Fristablauf hinweisen, § 85 II, Hamm MDR **98**, 503.

17 **C. Pfändung.** Sie ist im Grunde nichts anderes als der Ausspruch, das durch die Vorpfändung begründete Pfandrecht bestehe zu Recht, LG Kblz MDR **83**, 588, Meyer-Reim NJW **93**, 3042. Sie wirkt rechtsbestätigend. Sie muß sich auf dieselbe Forderung beziehen wie die Vorpfändung. Sie braucht aber nicht auf die Vorpfändung zu verweisen. Sie erstreckt sich auf zwischenzeitliche Erhöhungen der Vorpfändung etwa bei einem Kontokorrent. Wenn freilich die Vollpfändung wegen eines geringeren Betrags als die Vorpfändung erfolgt, bleibt die Vorpfändungswirkung nur wegen des geringeren Betrags bestehen, BGH NJW **01**, 2976. Alle anschließenden Veränderungen stören die Wirksamkeit der Vorpfändung und den dadurch nach § 804 III

begründeten Rang nicht, soweit sie nicht die Pfändung ausschließen und dadurch den Fristablauf herbeiführen. Es sind zB eine Veräußerung des Grundstücks und der Zuschlag in der Zwangsversteigerung bei einer Mietvorpfändung unbeachtlich. Wenn die Pfändung aber wegen der Eröffnung des Insolvenzverfahrens oder der Anordnung der Beschlagnahme in der Liegenschaftsvollstreckung unzulässig wird, verliert auch die Vorpfändung ihre Wirkung, LG Detm Rpfleger **07**, 274, aM Meyer-Reim NJW **93**, 3042 (aber die Vorpfändung stößt dann ins Leere). Das gilt auch bei einer dauernden und nicht nur zeitweiligen Einstellung der Zwangsvollstreckung. Die Überweisung verlangt immer eine endgültige Pfändung. Eine akzeptierte Zahlung des Drittschuldners läßt das Rechtsschutzbedürfnis für eine Pfändung entfallen, LG Frankenth Rpfleger **85**, 245.

18 **D. Bedingter Arrest.** Die Vorpfändung wirkt wie ein bedingter Arrest. Daher ist sie eine Vollstreckungsmaßnahme, Düss NJW **75**, 2210, LG Detm KTS **77**, 127, LAG Ffm DB **89**, 1732. Deshalb ist auch die Vorpfändung während eines Insolvenzverfahrens über das Vermögen des Schuldners unzulässig. Die Eigenart der Vorpfändung liegt darin, daß sie als eine private Maßnahme gleichwohl eine öffentlichrechtliche Wirkung hat, Hornung Rpfleger **79**, 284, aM Münzberg DGVZ **79**, 164, ZöStö 7 (aber beide Merkmale ergeben sich aus § 845 ganz unverkennbar). Die Wartefrist des § 798 gilt bei der Vorpfändung nicht, BGH NJW **82**, 1150, KG MDR **81**, 412, LG Ffm Rpfleger **83**, 32, aM Münzberg DGVZ **79**, 165 (aber das würde sich nicht mit dem Schutzzweck nach Rn 2, 3 vertragen). Eine Aufforderung zur Erklärung nach § 840 ist im Fall einer Vorpfändung bis zur rechtzeitig nachfolgenden Vollpfändung unzulässig.

19 **E. Kosten.** Kosten einer zulässigen Vorpfändung: Des Gerichts und des Anwalts wie bei § 788, KG VersR **87**, 940; des Gerichtsvollziehers: KVGv 100, 101, 200; Auslagen KVGv 700 ff. Der Gerichtsvollzieher darf die Festgebühr unabhängig von der Zahl der Benachrichtigungen und der Aufforderungen nur einmal erheben. Läßt der Gläubiger die Frist nach II verstreichen, entsteht kein Erstattungsanspruch, LG Ravensb DGVZ **98**, 172, LAG Köln JB **93**, 622.

20 **7) Rechtsbehelfe, I, II.** Es stehen mehrere Wege offen.

A. Möglichkeiten. Die Vorpfändung ist eine Maßnahme der Zwangsvollstreckung, Rn 11, Düss RR **93**, 831. Daher ist die Erinnerung nach § 766 statthaft, Düss RR **93**, 831, LG Marbg DGVZ **83**, 120. Es ist auch eine Widerspruchsklage nach § 771 zulässig. Das gilt auch gegenüber dem Gerichtsvollzieher. Der Schuldner muß wegen § 828 seine richtige Anschrift nennen, LG Düss JB **97**, 103. Der Gerichtsvollzieher hat gegen eine Anweisung des Vollstreckungsgerichts grundsätzlich kein Beschwerderecht, solange sie nicht seine persönlichen Belange betrifft. Man kann die Erinnerung nur auf einen solchen Mangel stützen, den der nachfolgende Pfändungsbeschluß nicht hat.

21 **B. Grenzen.** Eine auf Grund einer Erinnerung aufgehobene Vorpfändung kann auch bei einer erfolgreichen sofortigen Beschwerde nach §§ 567 I Z 1, 793 nicht wieder aufleben. Soweit der Pfändungsbeschluß nicht rechtzeitig erging, entfällt das Rechtsschutzinteresse schon deshalb, weil die Vorpfändung ja wirkungslos geworden ist, Köln Rpfleger **91**, 261. Wegen der Anfechtbarkeit des rechtzeitig erwirkten Pfändungsbeschlusses kommt die Anfechtung der Vorpfändung anschließend nur noch bei einem über die Kostenfrage hinausgehenden Interesses an ihrem Wegfall in Betracht, Köln Rpfleger **91**, 261.

846 ***Zwangsvollstreckung in Herausgabeansprüche.*** **Die Zwangsvollstreckung in Ansprüche, welche die Herausgabe oder Leistung körperlicher Sachen zum Gegenstand haben, erfolgt nach den §§ 829 bis 845 unter Berücksichtigung der nachstehenden Vorschriften.**

Schrifttum: *Bork,* Vinkulierte Namensaktien in Zwangsvollstreckung und Insolvenz des Aktionärs, Festschrift für *Henckel* (1995) 23; *Küls,* Die Zwangsvollstreckung nach §§ 846, 847 ZPO in Ansprüche auf Herausgabe oder Leistung einer beweglichen Sache, Diss Bonn 1996; *Münzberg,* Abschied von der Pfändung der Auflassungsanwartschaft?, Festschrift für *Schiedermair* (1976) 439.

1 **1) Systematik.** §§ 846–849 stehen in ihrem Geltungsbereich als vorrangige Sondervorschriften zur Verfügung. Die Verweisung auf §§ 829–845 erfolgt ja nur hilfsweise. Denn so muß man die Worte „unter Berücksichtigung der nachstehenden Vorschriften" in Wahrheit lesen. Die Sondervorschriften beruhen auf den Besonderheiten der von den Herausgabeansprüchen jeweils betroffenen Objekte. Man darf die Vollstreckung *in* einen Herausgabeanspruch nicht mit der Vollstreckung *auf Grund* eines Herausgabeanspruchs verwechseln. Die letztere regeln §§ 883–886.

2 **2) Regelungszweck.** Die Ziele der §§ 846–849 sind dieselben wie bei §§ 829–845. Vgl die dortigen Rn 1 bzw 2.

3 **3) Geltungsbereich.** Ein Anspruch, der „die Herausgabe oder Leistung körperlicher Sachen zum Gegenstand" hat, ist ein schuldrechtlicher Anspruch oder ein dinglicher Anspruch auf eine Besitz- oder Eigentumsübertragung an Fahrnis und Liegenschaften. Der Pfändungsbeschluß muß die Sache unverwechselbar bezeichnen, ThP 1, aM LG Bln MDR **77**, 59 (vgl aber § 829 Rn 21 ff).

Hierher gehört zB: Der Anspruch auf die Herausgabe eines Wertpapiers nach § 808 oder eines Automaten, oder auf eine Auflassung; der Anspruch auf die Rückübereignung einer zur Sicherung übereigneten Sache; der Fall, daß ein Dritter eine Sache des Schuldners nicht an den Gerichtsvollzieher herausgibt.

Nicht hierher gehört zB: Ein Anspruch auf eine Vorlegung oder auf ein sonstiges Tun oder Unterlassen; eine Lohnabrechnung, LG Mainz Rpfleger **94**, 309.

4 **4) Durchführung.** Eine Veräußerung der herauszugebenden Sache nach der Pfändung des Herausgabeanspruchs läßt den Zahlungsanspruch an die Stelle des Herausgabeanspruchs treten. Eine Pfändung des Herausgabeanspruchs ist keine Pfändung der Sache. Die Sachpfändung tritt erst mit der Herausgabe der Sache an den Gerichtsvollzieher ein. Dabei bestimmt sich der Rang nach der Reihenfolge der Pfändungen. Es gibt hier also zwei Vollstreckungen, in den Herausgabeanspruch und in die Sache.

5 **5) Kosten.** Gebühren des Gerichts § 12 V GKG (Vorauszahlungspflicht), KV 12110; des Anwalts VV 3309, 3310.

847 *Herausgabeanspruch auf eine bewegliche Sache.* **I Bei der Pfändung eines Anspruchs, der eine bewegliche körperliche Sache betrifft, ist anzuordnen, dass die Sache an einen vom Gläubiger zu beauftragenden Gerichtsvollzieher herauszugeben sei.**

II Auf die Verwertung der Sache sind die Vorschriften über die Verwertung gepfändeter Sachen anzuwenden.

Gliederung

1) Systematik, I, II. Vgl zunächst § 846 Rn 1. Auch bei § 847 muß man zwischen der hier allein geregelten Vollstreckung *in* einen Herausgabeanspruch und derjenigen *auf Grund* eines Herausgabeanspruchs unterscheiden. 1

2) Regelungszweck, I, II. Die komplizierte Regelung dient einer komplizierten Rechtslage. Die Vorschrift soll in einer für alle Beteiligten einigermaßen klar verfolgbaren Art und Weise dazu beitragen, daß am Ende aus einem bloßen Herausgabeanspruch eine Befriedigung in bar werden kann. Die Handhabung sollte sich an diesem Endziel orientieren und seine Erreichbarkeit erleichtern, statt formalistisch zu bremsen. Natürlich darf man dabei keine Unklarheiten bestehen lassen, Einl III 43. 2

3) Geltungsbereich, I, II. § 847 betrifft die Zwangsvollstreckung in einen solchen Anspruch, den der Schuldner gegen einen Dritten auf die Herausgabe einer pfändbaren beweglichen körperlichen Sache nach § 846 Rn 1 hat, auch wenn dieser Anspruch von einer Gegenleistung abhängt. Die Vorschrift betrifft ferner alle solchen Ansprüche, die dem in § 829 Rn 1 genannten entsprechen. Es schadet nicht, daß man die Sache erst von einem Grundstück trennen muß. Wenn eine Hilfspfändung nach § 808 Rn 4 zulässig ist wie bei einem Hypothekenbrief oder bei einem Sparbuch, ist eine Vollstreckung nach § 847 nicht erforderlich. 3

Unanwendbar ist § 847, soweit es um eine von der Staatsanwaltschaft beschlagnahmte Sache geht. Denn dann kann der Gläubiger sie direkt nach § 829 pfänden, Ffm NJW **05**, 1961. § 847 ist auch auf eine bloße Beweisurkunde unanwendbar, etwa auf einen Kfz-Brief oder auf einen Grundpfandbrief. Bei § 831 ist § 847 ebenfalls unanwendbar. Die Vorschrift gilt ferner nicht für einen unpfändbaren, nicht abtretbaren oder auf die Herausgabe einer unpfändbaren Sache gerichteten Anspruch, BFH BB **76**, 1350, Saarbr DGVZ **95**, 149, LG Mainz Rpfleger **94**, 309 (Lohnabrechnung).

4) Pfändung, I. Man muß vier Punkte beachten. 4

A. Pfändungsbeschluß und Zustellung. Zuständig ist der Rpfl des Vollstreckungsgerichts, § 20 Z 17 RPflG, §§ 802, 828. Der Pfändungsbeschluß muß den zu pfändenden Anspruch und daher hier auch die zu leistende Sache unverwechselbar bezeichnen, BGH NJW **00**, 3219, Ffm NJW **05**, 1961, LG Köln ZIP **80**, 114, aM LG Bln MDR **77**, 59 (vgl aber § 823 Rn 22 ff). Drittschuldner ist der Herausgabeschuldner. Der Rpfl erläßt den Pfändungsbeschluß nach denselben Regeln wie bei § 829. Der Gerichtsvollzieher stellt ihn dem Drittschuldner im Parteibetrieb nach §§ 191 ff zu. Wesentlich sind also die Pfändung und das Verbot an den Drittschuldner, die Sache an den Schuldner zu leisten oder herauszugeben. Dagegen ist es für die Pfändung nicht erforderlich, daß das Gericht dem Schuldner untersagt, über die Sache zu verfügen, § 829 Rn 37. Ebenso steht es mit der in I vorgesehenen Anordnung, die Sache an einen vom Gläubiger zu beauftragenden Gerichtsvollzieher herauszugeben. Diese Anordnung hat mit der Wirksamkeit der Pfändung des Anspruchs nichts zu tun. Die Anordnung läßt sich auch in einem besonderen Beschluß nachholen, LG Bln MDR **77**, 59.

Die Eröffnung eines Insolvenzverfahrens nach der Pfändung ist unbeachtlich. Eine Vorpfändung nach § 845 ist zulässig. Die Benennung eines bestimmten Gerichtsvollziehers ist geradezu unzulässig. Ein Antrag des Gläubigers ermächtigt den Gerichtsvollzieher und weist ihn aus. Wenn der Anspruch mehreren nach Bruchteilen zusteht, muß man den Gerichtsvollzieher zusammen mit den anderen Berechtigten ermächtigen. Der Vollstreckungsschuldner darf keinen Gerichtsvollzieher beauftragen. 5

B. Pfändungspfandrecht. Mit der Zustellung des Pfändungsbeschlusses an den Drittschuldner entsteht das Pfändungspfandrecht des Gläubigers nebst einer Verstrickung an dem Anspruch, § 829 III. Das gilt unabhängig vom Eigentum des Schuldners an der Sache. Wenn es um ein indossables Papier geht, entsteht das Pfändungspfandrecht mit der Wegnahme des Papiers, § 831, BGH DB **80**, 1937. Das Pfändungspfandrecht entspricht inhaltlich ganz demjenigen des § 829. Ein Veräußerungsverbot besteht nur für den Schuldner gegenüber dem Anspruch, nicht für den Drittschuldner gegenüber der Sache. Deshalb gehen die vor der Herausgabe an der Sache entstandenen Pfändungspfandrechte dem erst mit der Herausgabe entstehenden Pfandrecht des Gläubigers vor. Der Drittschuldner hat entsprechend §§ 372, 383 BGB ein Recht zur Hinterlegung oder zur Leistung an den Gläubiger und den Schuldner gemeinsam, aM StJM 8, ThP 2, ZöStö 4 (aber diese Gegenmeinung bringt den Drittschuldner in eine bedenkliche Lage). 6

C. Herausgabe. Mit der Herausgabe erwirbt der Schuldner das Eigentum, sofern er einen Anspruch auf eine Eigentumsübertragung hat. Dabei vertritt ihn der Gerichtsvollzieher, § 848 II 1. Der Gläubiger erwirbt kraft Gesetzes und ohne eine weitere Pfändung ein Pfändungspfandrecht an der Sache, BGH **72**, 334. Das geschieht ohne die Notwendigkeit einer Sachpfändung nach § 808 und mit einer Wirkung für die Zukunft, BGH **67**, 378. Das gilt auch dann, wenn die Zwangsvollstreckung nach § 831 hätte erfolgen müssen, BGH MDR **80**, 1016. Bei der Pfändung eines Herausgabeanspruchs für mehrere Gläubiger 7 nacheinander gilt die Rangordnung entsprechend § 804 III. Unter Umständen ist eine Hinterlegung erforderlich, § 854, vgl auch § 827. Nach der Herausgabe kommt nur noch eine Anschlußpfändung nach § 826 in Betracht, § 176 Z 7 GVGA. Soweit der Schuldner die Sache freiwillig an einen anderen Vollstreckungsgläubiger herausgibt, tritt dadurch keine Beendigung der Zwangsvollstreckung ein, Grdz 51 vor § 704, BGH NJW **79**, 373.

8 **D. Verweigerung der Herausgabe.** Wenn der Drittschuldner die Sache nicht freiwillig herausgibt, darf der Gläubiger nicht in die Sache vollstrecken. Der Gerichtsvollzieher darf die Sache dem Drittschuldner daher zunächst noch nicht wegnehmen. Der Gläubiger muß dann vielmehr den Drittschuldner auf eine Herausgabe an den Gerichtsvollzieher verklagen. Dann muß der Gläubiger entsprechend § 841 dem Schuldner den Streit verkünden. Der Schuldner darf die Herausgabeklage auch selbst erheben. Der Gerichtsvollzieher darf nicht so vorgehen. Die Zwangsvollstreckung aus dem daraufhin ergehenden Urteil erfolgt nach §§ 883, 884. Wenn der Gläubiger durch eine verspätete Herausgabe einen Rangverlust hat, ist der Drittschuldner dem Gläubiger schadensersatzpflichtig, falls der Drittschuldner schuldhaft handelte.

9 **5) Verwertung, II.** Die Verwertung erfolgt wie bei einer gepfändeten Sache nach §§ 814 ff, also durch eine Versteigerung der Sache durch den Gerichtsvollzieher. Das gilt aber nur dann, wenn der Gläubiger ein Verwertungsrecht hat. Das bloße Pfandrecht oder eine bloße Sicherungsvollstreckung nach § 720 a geben dem Gläubiger noch kein Verwertungsrecht. Es läßt eine Verwertung nur nach § 930 III bei einer besonderen Gefährdung zu. Wenn der Gläubiger im übrigen verwerten will, muß er sich den Anspruch auf die Herausgabe zur Einziehung überweisen lassen, § 835. Durch die Überweisung scheidet der Anspruch noch nicht aus dem Vermögen des Schuldners aus. Jedoch beschränkt die Überweisung die Verfügungsmacht des Schuldners im Interesse des Gläubigers. Die Überweisung gibt dem Gläubiger einen Anspruch auf den Erlös. Eine Überweisung an Zahlungs Statt ist mangels eines Nennwerts unzulässig. Bei § 839 muß man hinterlegen.

10 **6) Kosten, I, II.** Gebühren: des Gerichts § 12 V GKG (Vorauszahlungspflicht), KV 2110; des Anwalts VV 3309, 3310.

11 **7) Rechtsbehelfe, I, II.** Es gilt dieselbe Regelung wie bei § 829 Rn 84–88. Ein Dritter kann sein Recht vom Zeitpunkt der Pfändung ab durch eine Herausgabeklage oder durch eine Widerspruchsklage nach §§ 771, 805 geltend machen, BGH **67**, 383.

847a

Herausgabeanspruch auf ein Schiff. **I 1 Bei der Pfändung eines Anspruchs, der ein eingetragenes Schiff betrifft, ist anzuordnen, dass das Schiff an einen vom Vollstreckungsgericht zu bestellenden Treuhänder herauszugeben ist.**

II 1 Ist der Anspruch auf Übertragung des Eigentums gerichtet, so vertritt der Treuhänder den Schuldner bei der Übertragung des Eigentums. 2 Mit dem Übergang des Eigentums auf den Schuldner erlangt der Gläubiger eine Schiffshypothek für seine Forderung. 3 Der Treuhänder hat die Eintragung der Schiffshypothek in das Schiffsregister zu bewilligen.

III Die Zwangsvollstreckung in das Schiff wird nach den für die Zwangsvollstreckung in unbewegliche Sachen geltenden Vorschriften bewirkt.

IV Die vorstehenden Vorschriften gelten entsprechend, wenn der Anspruch ein Schiffsbauwerk betrifft, das im Schiffsbauregister eingetragen ist oder in dieses Register eingetragen werden kann.

1 **1) Systematik, Regelungszweck, I–IV.** Die dem § 847 vorgehende, dem § 848 ähnelnde Vorschrift ist wie die ganze Gruppe der §§ 846–849 ein Teil der Vollstreckung wegen einer Geldforderung *in* den Anspruch des Schuldners gegen einen Dritten und nicht etwa ein Teil der Vollstreckung *wegen* eines Herausgabeanspruchs. Letztere ist in §§ 883–886 geregelt.

2 **2) Geltungsbereich, I–IV.** Die Vorschrift regelt die Pfändung eines Herausgabeanspruchs des Schuldners gegen einen Dritten nach Rn 1 bei einem eingetragenen Schiff ebenso wie die Pfändung eines entsprechenden Herausgabeanspruchs von Liegenschaften. § 847 a gilt sinngemäß auch bei einem in die Luftfahrzeugrolle eingetragenen Luftfahrzeug, § 99 I LuftfzRG. Der Schiffshypothek entspricht dann ein Registerpfandrecht an dem Luftfahrzeug. Der vorgesehene Treuhänder ist der Sequester des § 848 Rn 3. Ein Schiffsbauwerk fällt unter § 847 a, wenn man es ins Schiffsbauregister eintragen kann, § 66 SchiffsregisterO v 26. 5. 51, BGBl 366, oder wenn es dort eingetragen ist.

848

Herausgabeanspruch auf eine unbewegliche Sache. **I 1 Bei Pfändung eines Anspruchs, der eine unbewegliche Sache betrifft, ist anzuordnen, dass die Sache an einen auf Antrag des Gläubigers vom Amtsgericht der belegenen Sache zu bestellenden Sequester herauszugeben sei.**

II 1 Ist der Anspruch auf Übertragung des Eigentums gerichtet, so hat die Auflassung an den Sequester als Vertreter des Schuldners zu erfolgen. 2 Mit dem Übergang des Eigentums auf den Schuldner erlangt der Gläubiger eine Sicherungshypothek für seine Forderung. 3 Der Sequester hat die Eintragung der Sicherungshypothek zu bewilligen.

III Die Zwangsvollstreckung in die herausgegebene Sache wird nach den für die Zwangsvollstreckung in unbewegliche Sachen geltenden Vorschriften bewirkt.

Schrifttum: *Münzberg,* Abschied von der Pfändung der Auflassungsanwartschaft?, Festschrift für *Schiedermair* (1976) 439.

Gliederung

1) Systematik, I–III. Auch § 848, dem § 847 a vergleichbar, ist ein Teil der Vollstreckung wegen einer Geldforderung *in* den Anspruch des Schuldners gegen einen Dritten auf eine Herausgabe und nicht etwa ein Teil der Vollstreckung *wegen* eines Herausgabeanspruchs. Die letztere regeln §§ 883–886. Die Pfändung des Anspruchs auf die Herausgabe eines Grundstücks, Grundstücksanteils, Wohnungseigentums, Zubehörs, § 865, eines Erbbaurechts und sonstigen grundstücksgleichen Rechts ist eine Zwangsvollstreckung in das nach §§ 864 ff bewegliche Vermögen. Deshalb gilt die Beschränkung der Sicherungshypothek aus § 866 III dann nicht. Erst die Zwangsvollstreckung in das herausgegebene Grundstück ist eine Liegenschaftszwangsvollstreckung nach §§ 864 ff. 1

2) Regelungszweck, I–III. Die Sequestration bezweckt eine dem § 938 II ähnliche vorläufige Sicherung des Vollstreckungsobjekts bis zur Durchführung eines der Verwertungsverfahren der §§ 864 ff. Das dient dem Schutzbedürfnis des Gläubigers, aber auch der Rechtssicherheit nach Einl III 43. Es dient sogar dem wohlverstandenen Interesse auch des Schuldners. Er erhält Schutz vor dem Zugriff weiterer Gläubiger auf dieses Objekt und kommt damit etwas besser von den Gefahren unklarer Dreier-, Vierer- oder Fünfer-Rechtsbeziehungen frei. Demgemäß muß man die wie § 847 komplizierte Vorschrift einerseits mit einer Bemühung um Klarheit handhaben. Andererseits sollte man sie in solchen Grenzen auch so praktikabel wie möglich auslegen. 2

3) Verfahren, I. Man muß zwei Zeitabschnitte unterscheiden. 3

A. Grundsatz: Herausgabe an Sequester. Das Verfahren entspricht demjenigen des § 847 I. Im Gegensatz zur dortigen Regelung muß der Schuldner die Sache nicht an den Gerichtsvollzieher herausgeben, sondern auch ohne einen Gläubigerantrag „an einen auf Antrag des Gläubigers vom Gericht zu bestellenden" Treuhänder, den Sequester, § 847 a. Auch dann ist die Wirksamkeit der Pfändung nach § 829 Rn 53, 54 eine Voraussetzung der Wirksamkeit der auf ihr beruhenden Rechtsänderungen. Bei einer mehrfachen Pfändung ist § 855 anwendbar. Das AG des Orts der belegenen Sache ist als Vollstreckungsgericht zur Bestellung des Sequesters zuständig. Es entscheidet durch den Rpfl, § 20 Z 17 RPflG. Er entscheidet durch einen Beschluß, § 329. Der Rpfl muß ihn begründen, § 329 Rn 4. Der Beschluß wird im Parteibetrieb dem Drittschuldner zugestellt, §§ 191 ff, 829 II. Der Beschluß muß das Grundstück unverwechselbar bezeichnen, auch § 28 GBO. Die Bestellung des Sequesters im Pfändungsbeschluß setzt voraus, daß dasselbe Gericht für die Pfändung und für die Bestellung des Sequesters zuständig ist.

B. Einzelfragen. Unter mehreren zuständigen Gerichten darf der Gläubiger wählen. Wenn es um mehrere Grundstücke in verschiedenen Gerichtsbezirken geht, muß jedes AG einen Sequester bestellen. Der Gläubiger muß die Ernennung des Sequesters betreiben. Wenn der Gläubiger insofern verzögerlich vorgeht, darf der Drittschuldner nach § 303 BGB verfahren. Auch eine juristische Person, eine Offene Handelsgesellschaft oder eine Kommanditgesellschaft kann ein Sequester werden, zB § 265 AktG für einen Abwickler. Auch eine Treuhandgesellschaft kann ein Sequester sein. Ein Vorschlag des Gläubigers bindet den Rpfl nicht. Der Sequester muß das Amt nicht übernehmen. Das Vollstreckungsgericht setzt seine Vergütung entsprechend § 153 ZVG nach seinem pflichtgemäßen Ermessen fest, BGH Rpfleger **05**, 549. Zuständig ist auch hierfür der Rpfl und nicht etwa der Urkundsbeamte der Geschäftsstelle. Die Kosten der Sequestration sind Kosten der Zwangsvollstreckung, § 788 Rn 37 „Sequestration". 4

C. Aufgabe des Sequesters. Sie beschränkt sich auf die Entgegennahme der Auflassung, deren Genehmigung und die Bewilligung der Eintragung der Hypothek, Jena Rpfleger **96**, 101. Wenn der Drittschuldner die Sache nicht freiwillig herausgibt, muß der Gläubiger den Drittschuldner auf eine Herausgabe entsprechend § 847 Rn 4 verklagen. Die Zwangsvollstreckung aus einem daraufhin ergehenden Urteil erfolgt nach §§ 883 ff. Mit der Herausgabe an den Sequester endet die Zwangsvollstreckung auf Grund der bloßen Pfändung, die zum Zweck der Besitzentziehung gegenüber dem Drittschuldner oder zu dem Zweck des Wegfalls seiner Herausgabepflicht gegenüber dem Schuldner sinnvoll sein kann. Es entsteht weder ein Pfandrecht noch eine Sicherungshypothek oder ein Verwaltungsrecht am Grundstück. 5

D. Kosten. Gebühren der Bestellung des Sequesters: Des Gerichts § 12 V GKG (Vorauszahlungspflicht), KV 2110; des Anwalts VV 3309, 3310. 6

4) Anspruch auf Eigentumsübertragung, II. Man muß drei Punkte beachten. 7

A. Pfändung dieses Anspruchs, dazu *Hintzen* Rpfleger **89**, 439, *Medicus* DNotZ **90**, 283 (je ausf): Man muß zwischen der Pfändung des Anwartschaftsrechts und der in II geregelten Pfändung des Übereignungsanspruchs unterscheiden, Medicus DNotZ **90**, 283, aM Hamm FGPrax **08**, 10. Der Gläubiger kann den Anspruch auf eine Eigentumsübertragung pfänden, Ffm Rpfleger **97**, 152 (auch nach der Auflassung, aber auch zu den Grenzen, zB nicht nach einer Abtretung der Rechte aus einer Auflassungsvormerkung, aM BayObLG DNotZ **97**, 338). Dann muß die Auflassung gegenüber dem Sequester als dem Vertreter des Schuldners erfolgen. Bei einer Weigerung des Drittschuldners zur Übereignung nach §§ 873 I, 925 BGB an den durch den Sequester vertretenen Schuldner muß der Gläubiger selbst die Klage auf die Abgabe der Auflassungserklärung an den Sequester zur Schuldnereintragung erheben, nicht der Sequester. Eine Mitwirkung des Schuldners an der Auflassung ist dann nicht erforderlich, BGH WertpMitt **78**, 12. Die Zwangsvollstreckung aus dem daraufhin ergehenden Urteil erfolgt nach §§ 894, 895. Die Pfändung des Anspruchs auf die Übertragung des Eigentums ist noch nach der Auflassung an den Schuldner zulässig. Der Sequester muß dann eine Umschreibung auf den Schuldner beantragen. Mit der Zurückweisung des Umschreibungsantrags fällt nur ein Anwartschaftsrecht und die Wirkung seiner Pfändung weg, BGH Rpfleger **75**, 432.

8 **B. Sicherungshypothek kraft Gesetzes.** Maßgeblich ist der Augenblick des Eigentumsübergangs, also der Eintragung des Schuldners in das Grundbuch, BayObLG DB **92**, 1880. Außerdem muß die Pfändung wirksam sein, § 829 Rn 53, 54, Kerbusch Rpfleger **88**, 475. Unter diesen Voraussetzungen erwirbt der Gläubiger unabhängig vom Eigentumsübergang auf den Schuldner kraft Gesetzes eine Sicherungshypothek für seine Vollstreckungsforderung, Jena Rpfleger **96**, 101, LG Düss Rpfleger **85**, 306 (krit Münzberg). Das geschieht unabhängig von deren Höhe und einschließlich der Vollstreckungskosten. § 866 III ist unanwendbar. Die Sicherungshypothek steht an der aussichtsreichsten Stelle, Rn 9, Krammer/Riedel Rpfleger **89**, 146 (zu einem Anspruch aus dem Meistgebot). Es kann sich um eine Gesamthypothek handeln, Düss Rpfleger **81**, 200.

9 **C. Rang.** Die Sicherungshypothek braucht regelwidrig keine Eintragung ins Grundbuch, LG Fulda Rpfleger **88**, 252. Die Eintragung ist eine bloße Berichtigung des Grundbuchs. Sie erfolgt auf einen Antrag des Gläubigers oder des Sequesters im Verfahren der GBO, Jena Rpfleger **96**, 101, LG Fulda Rpfleger **88**, 252 (zustm Kerbusch Rpfleger **88**, 476). Bei einer Pfändung für mehrere Gläubiger entstehen in der Reihenfolge der Pfändungen Sicherungshypotheken. Der Sicherungshypothek geht ein schon vorher entstandenes Grundpfandrecht nur dann vor, wenn der Eigentümer dieses frühere Grundpfandrecht aus Anlaß des Grunderwerbs zugunsten des Veräußerers bestellt hatte, zB eine Kaufgeldhypothek oder eine Grunddienstbarkeit, LG Frankenth Rpfleger **85**, 232, LG Fulda Rpfleger **88**, 252 (zustm Kerbusch Rpfleger **88**, 476). Andere vorher entstandene Grundpfandrechte gehen der Sicherungshypothek also nicht vor, LG Fulda Rpfleger **88**, 252 (zustm Kerbusch Rpfleger **88**, 476, abl Böttcher). Eine Auflassungsvormerkung zugunsten desjenigen Dritten, an den der Erwerber weiterverkauft hat, geht der Sicherungshypothek auch dann nach, wenn man die Eintragung der Vormerkung vor der Pfändung beantragt hatte, Jena Rpfleger **96**, 101. Zum Rangverhältnis zu § 1287 S 2 BGB, Just JZ **98**, 123.

10 **D. Weitere Einzelfragen.** Gegenüber einer nicht eingetragenen Sicherungshypothek greift ein guter Glaube bei einem rechtsgeschäftlichen Erwerb durch, § 892 BGB, LG Fulda Rpfleger **88**, 252 (im Ergebnis abl Böttcher). Deshalb muß der Sequester gleichzeitig mit dem Antrag auf die Eintragung des Schuldners als des Eigentümers den Antrag auf die Eintragung der Sicherungshypothek stellen und diese Eintragungen bewilligen, Jena Rpfleger **96**, 101. Wenn er beide Anträge stellt, ist mangels einer abweichenden Bitte eine einheitliche Erledigung als gewollt annehmbar. Mit einer Zustimmung des Sequesters kann auch der Schuldner den Eintragungsantrag stellen. Vgl auch Grdz 60 vor § 704 „Anwartschaft".

11 **5) Verwertung, III.** Der gepfändete Anspruch bleibt auch nach seiner Überweisung an den Gläubiger zur Einziehung im Vermögen des Schuldners. Der Schuldner darf über diesen Anspruch aber nicht mehr zum Nachteil des Gläubigers verfügen. Die Verwertung des Grundstücks geschieht ganz selbständig. Sie beruht nicht auf dem Pfändungsbeschluß, sondern auf dem eigentlichen Schuldtitel. Sie findet in der Liegenschaftszwangsvollstreckung statt. Es finden also eine Zwangsverwaltung oder eine Zwangsversteigerung statt, § 866 I. Die Zwangsvollstreckung beginnt mit der Beschlagnahme in einem dieser Verfahren. Wenn ein Arresttitel vorliegt, ist eine Zwangsversteigerung unzulässig.

12 **6) Rechtsbehelfe, I–III.** Es kommt auf die Person des Entscheidenden an.

A. Sequester. Gegen die Ernennung des Sequesters kann jeder Betroffene die Erinnerung nach § 766 einlegen. Gegen die Ablehnung des Antrags, evtl auch desjenigen auf eine bestimmte Person, hat der Gläubiger die Wege nach § 11 RPflG, § 793. Wegen des weiteren Verfahrens § 104 Rn 41 ff.

13 **B. Sonstige Fälle.** Es gelten dieselben Regeln wie bei § 829 Rn 84–88. Außerdem kommt im Verfahren nach der GBO die Beschwerde in Betracht, § 71 GBO.

849 *Keine Überweisung an Zahlungs statt.* **Eine Überweisung der im § 846 bezeichneten Ansprüche an Zahlungs statt ist unzulässig.**

1 **1) Systematik, Regelungszweck.** Vgl zunächst § 846 Rn 1, 2. Auch § 849 bezieht sich nur auf die Vollstreckung wegen einer Geldforderung *in* den Anspruch des Schuldners gegen einen Dritten und nicht etwa auf die Vollstreckung *wegen* eines Herausgabeanspruchs. Letztere ist in §§ 883–886 geregelt.

2 **2) Geltungsbereich.** Bei der Pfändung eines Anspruchs auf die Herausgabe einer beweglichen oder einer unbeweglichen Sache ist eine Überweisung an Zahlungs Statt nach § 835 Rn 29 deshalb nicht möglich, weil es keinen Nennwert gibt. Dagegen ist eine Überweisung zur Einziehung nach § 835 Rn 9 zulässig. Das gilt auch beim Anwartschaftsrecht des Auflassungsempfängers.

Einführung vor §§ 850–852

Unpfändbarkeit von Forderungen

Schrifttum: *Bengelsdorf,* Pfändung und Abtretung von Lohn, 2. Aufl 2002; *Boewer,* Handbuch Lohnpfändung, 2004; *Brehm,* Zur Reformbedürftigkeit des Lohnpfändungsrechts, Festschrift für *Henckel* (1995) 41; *David,* Ratgeber Lohnpfändung usw, 4. Aufl 1997; *Depré/Bachmann,* Lohnpfändungstabellen, 6. Aufl 2005; *Diephold/Hintzen,* Musteranträge für Pfändung und Überweisung, 8. Aufl 2006; *Dörndorfer,* Die Lohnpfändung, 1997; *Gottwald,* Die Lohnpfändung, 1996; *Helwich/Frankenberg,* Pfändung des Arbeitseinkommens und Verbraucherinsolvenz, 4. Aufl 2002; *Hintzen,* Taktik in der Zwangsvollstreckung II (Forderungspfändung usw, 5. Aufl 2007 (Bespr Riedel Rpfleger **07**, 691); *Hintzen,* Forderungspfändung usw, 3. Aufl 2008; *Hintzen,*

Pfändung und Vollstreckung im Grundbuch usw, 3. Aufl 2008; *Hintzen,* Lohnpfändung 2007/2008, 2007; *Hock,* Handbuch der Lohnpfändung usw, 2002; *Honold,* Die Pfändung des Arbeitseinkommens, 1998; *Keller,* Taktik in der Vollstreckung: 2. Forderungspfändung, 2001; *Keip,* Umfang und Grenzen eines sozialen Schuldnerschutzes in der Zwangsvollstreckung, 2000; *Kniebes/Holdt/Voß,* Die Pfändung des Arbeitseinkommens, 2. Aufl 1996; *Ludwig,* Der Pfändungsschutz für Lohneinkommen usw, 2001; *Lüke,* Die Rechtsprechung des Bundesgerichtshofes zur Forderungspfändung, Festgabe *50 Jahre Bundesgerichtshof* (2000) III 441; *Mössle,* Internationale Forderungspfändung, 1991; *Riedel,* Lohnpfändung in der Personalpraxis, 3. Aufl 2005; *Schoele/Schneider,* Die Lohnpfändung, 5. Aufl 1992; *Stöber,* Forderungspfändung, 14. Aufl 2005 (Bespr *App* DGVZ **06,** 16); *Wehrfritz,* Die Lohnpfändung, Frankreich und Deutschland im Vergleich, 1996; *von Zwehl,* Lohnpfändung, 15. Aufl 1996.

Gliederung

1) Systematik. Vgl zunächst § 811 Rn 1, § 829 Rn 1. Eine Unpfändbarkeit ist kein bloßes Leistungsverweigerungsrecht, BGH NJW **98,** 1058. Zunächst liegt eine Unpfändbarkeit dann vor, wenn kein rechtlicher Anspruch besteht. Im übrigen ist allein das Gesetz maßgebend. Die Auffassung des Prozeßgerichts über den unpfändbaren Betrag ist bedeutungslos. §§ 850 ff beseitigen nicht die Verpflichtungsfreiheit, Karlsr FER **98,** 147. 1

2) Regelungszweck. Das aus Artt 1, 20 I GG folgende Gebot einer Sozialverträglichkeit der Individualvollstreckung hat unter anderem die äußerst komplizierte Regelung der §§ 850 ff zum Ergebnis. In ihr spiegeln sich sozialpolitische Ansichten, die zumindest in Einzelheiten wohl immer diskutabel bleiben müssen. Eine Ausgewogenheit bei der Beachtung der naturgemäß sehr unterschiedlichen Interessen des Gläubigers, des Schuldners, auch des Drittschuldners und nicht zuletzt der Allgemeinheit ist die Voraussetzung einer haltbaren, vertretbaren, wenn auch kaum je alle Beteiligten gleichermaßen befriedigenden Auslegung. 2

3) Geltungsbereich. §§ 850 ff gelten grundsätzlich in allen Fällen einer Vollstreckung nach der ZPO, auch im WEG-Verfahren. §§ 850–850 i gelten auch bei der Arrestvollziehung nach §§ 928, 930 und im Insolvenzverfahren, §§ 4, 36 I 2, IV InsO (letztere Vorschrift verweist auf §§ 850, 850 a, 850 c, 850 e, 850 f I, 850 g), Köln Rpfleger **01,** 92, AG Gött Rpfleger **02,** 170 (je: zuständig ist dann das Insolvenzgericht, dazu jetzt § 36 IV 1 InsO). Nur der pfändbare Teil zählt zur Insolvenzmasse, LAG Kiel NZA-RR **06,** 309. §§ 850 ff sind sinngemäß anwendbar auch in der Vollstreckung nach § 6 I Z 1 JBeitrO, Hartmann Teil IX A. 3

4) Grundregeln. Man muß vier Hauptregeln beachten. 4

A. Berücksichtigung von Amts wegen. Das Gericht darf eine solche Pfändung nicht anordnen, deren Unzulässigkeit sich aus dem Vorbringen des Gläubigers ergibt. Es findet insoweit eine Berücksichtigung von Amts wegen statt, Grdz 39 vor § 128. Nachforschen darf und muß das Gericht nicht. Grdz 38 vor § 128 ist also unanwendbar. Es entscheidet der Zeitpunkt der Pfändung, § 811 Rn 13. Die Unpfändbarkeit geht nicht dadurch verloren, daß die Forderung im Vollstreckungsverfahren ihre Rechtsnatur wechselt. Die gelegentliche Gegenmeinung vereitelt den Zweck des Gesetzes. Es wird also eine Unterhaltsforderung dann nicht pfändbar, wenn der Schuldner an den Anwalt des Gläubigers zahlt oder wenn der Gerichtsvollzieher beitreibt, AG Bln-Charlottenb DGVZ **76,** 77. Der Arbeitslohn bleibt auch dann unpfändbar, wenn der Gläubiger nach der Pfändung ein Urteil gegen den Unternehmer erwirkt hat.

B. Kontogutschrift. Auf ein Konto eines Geldinstituts überwiesene laufende Einkünfte des Schuldners sind im Rahmen von § 850 k unpfändbar. Unpfändbar sind ferner kraft Gesetzes für die Dauer von 7 Tagen Kontoguthaben aus der Zahlung von Förderungsmitteln, § 19 II BAföG, nicht aus gezahltem Wohngeld, § 850 b Rn 5. Darum ist auch die Abrede nichtig, das Diensteinkommen unwiderruflich an eine Bank zu deren Befriedigung zu überweisen. Aus denselben Gründen werden Unterhaltsgelder durch ihre Einzahlung auf ein Sperrkonto nicht pfändbar. Die Pfändung fortlaufender Bezüge nach § 829 ist nicht schon deshalb unzulässig, weil sie zur Zeit nicht über die Pfändungsgrenze hinausgeht, sondern nur dann, wenn man mit einem Mehr in absehbarer Zeit nicht rechnen kann. 5

C. Vereinnahmtes Geld. Davon abgesehen ist das vom Schuldner auf die unpfändbare Forderung vereinnahmte Geld pfändbar, soweit nicht § 811 entgegensteht. Nach § 811 I Z 8 muß dem Schuldner ein solcher Betrag bleiben, der den unpfändbaren Teil für die Zeit zwischen der Pfändung und dem nächsten Zahlungstermin sichert. Ansprüche auf eine Kapitalabfindung für Rentenansprüche fallen nur bedingt unter den Pfändungsschutz. Ist eine herauszugebende Sache unpfändbar, ist es auch der Anspruch auf ihre Herausgabe. Hat der Drittschuldner hinterlegt, tritt der Herausgabeanspruch an die Stelle der Forderung, LG Düss MDR **77,** 586. 6

D. Abtretungs- und Aufrechnungsverbot. Unpfändbare Ansprüche lassen bei einer Meidung der Nichtigkeit weder eine Abtretung noch eine Aufrechnung zu, §§ 400, 394 BGB, Bbg FamRZ **96,** 1487, LG Bonn FamRZ **96,** 1487 (keine Umgehung), auch nicht einen Aufrechnungsvertrag, auch nicht eine Abtretung nur der Einziehungsbefugnis. Ein Zurückbehaltungsrecht versagt, wenn es wirtschaftlich auf eine Aufrechnung hinausläuft, etwa bei Allgemeinen Geschäftsbedingungen der Banken, Schmeling BB **76,** 191. Gegenüber Forderungen aus einer vorsätzlichen unerlaubten Handlung beseitigt dann die Einrede der Arglist nach Einl III 54 diejenige der Unzulässigkeit der Aufrechnung. Daher darf der Dienstherr gegen den Gehaltsanspruch des Angestellten mit einem Anspruch aus einem Betrug aufrechnen. Überhaupt entscheiden Treu und Glauben auch hier, Grdz 44 vor § 704, LG Bonn FamRZ **96,** 1487. 7

8 **5) Verstoß.** Ein Verstoß zieht nicht die Nichtigkeit der Pfändung nach sich. Die Pfändung ist zwar mit einem Mangel behaftet. Sie ist aber bis zur Aufhebung auf einen Rechtsbehelf voll wirksam, Grdz 58 vor § 704, § 811 Rn 34, § 829 Rn 73, Düss NJW **78**, 2603, Hamm MDR **79**, 149. Ein Verzicht des Schuldners vor der Pfändung ist wegen der öffentlichrechtlichen Natur der Schutzvorschriften grundsätzlich wirkungslos. Daher ist eine Forderungspfändung in unzähligen Fällen ihrem Bestand nach ungewiß. Sie ist unanfechtbar, soweit die Pfändungsgrenze nicht überschritten ist, im übrigen anfechtbar. Aber wo liegt die Grenze?

9 **6) Rechtsbehelfe.** Der Schuldner muß die Unpfändbarkeit mit der Erinnerung nach § 766 geltend machen und beweisen. Dasselbe können der Drittschuldner und der im Einzelfall als Begünstigter Genannte tun. Auch derjenige Gläubiger, der die Unrechtmäßigkeit der Ablehnung behauptet, hat die Erinnerung. Auch einem Dritten steht evtl ein Erinnerungsrecht nach § 766 zu. Das gilt etwa beim Übersehen der Gleichberechtigung mehrerer Unterhaltsberechtigter. Jeder andere Rechtsbehelf ist unzulässig. Vgl aber auch § 766 Rn 28 „Drittschuldner" und § 850 g. Der Drittschuldner kann die Unpfändbarkeit dem Pfändungsgläubiger jedenfalls insoweit entgegenhalten, als sie den sachlichen Anspruch berührt. Nach der Durchführung der Verwertung bleibt dem Schuldner die Bereicherungs- oder Ersatzklage, § 811 Rn 3.

850 *Pfändungsschutz für Arbeitseinkommen.* **I Arbeitseinkommen, das in Geld zahlbar ist, kann nur nach Maßgabe der §§ 850 a bis 850 i gepfändet werden.**

II Arbeitseinkommen im Sinne dieser Vorschrift sind die Dienst- und Versorgungsbezüge der Beamten, Arbeits- und Dienstlöhne, Ruhegelder und ähnliche nach dem einstweiligen oder dauernden Ausscheiden aus dem Dienst- oder Arbeitsverhältnis gewährte fortlaufende Einkünfte, ferner Hinterbliebenenbezüge sowie sonstige Vergütungen für Dienstleistungen aller Art, die die Erwerbstätigkeit des Schuldners vollständig oder zu einem wesentlichen Teil in Anspruch nehmen.

III Arbeitseinkommen sind auch die folgenden Bezüge, soweit sie in Geld zahlbar sind:

a) Bezüge, die ein Arbeitnehmer zum Ausgleich für Wettbewerbsbeschränkungen für die Zeit nach Beendigung seines Dienstverhältnisses beanspruchen kann;

b) Renten, die auf Grund von Versicherungsverträgen gewährt werden, wenn diese Verträge zur Versorgung des Versicherungsnehmers oder seiner unterhaltsberechtigten Angehörigen eingegangen sind.

IV Die Pfändung des in Geld zahlbaren Arbeitseinkommens erfasst alle Vergütungen, die dem Schuldner aus der Arbeits- oder Dienstleistung zustehen, ohne Rücksicht auf ihre Benennung oder Berechnungsart.

Gliederung

1 **1) Systematik, I–IV.** Vgl zunächst Einf 1 vor §§ 850–852. §§ 850 ff behandeln nur das in Geld zahlbare Arbeitseinkommen. Die Pfändung eines Naturaleinkommens hat außer bei einem landwirtschaftlichen Arbeitnehmer nach § 811 I Z 4 a keine besondere Regelung. Eine selbständige Pfändung ist kaum möglich. Denn die Leistung ist zweckgebunden, § 851. Bei der Berechnung des Einkommens muß man die Naturalbezüge mitberücksichtigen, § 850 e Z 3. § 850 stellt die Hauptregeln zur Pfändbarkeit und ihren Grenzen auf. Die folgenden Vorschriften wirken ergänzend.

2 **2) Regelungszweck, I–IV.** Die Vorschrift sichert dem Schuldner die Existenzgrundlage aus einer Erwerbstätigkeit, BGH NJW **06**, 2488, Düss FamRZ **07**, 138 (zu II, auch zu den Grenzen). Man kann an sich darüber streiten, ob ein Arbeitseinkommen überhaupt pfändbar sein soll. Denn der Lohn für eine Arbeit ist eine zentrale Antriebskraft für die Gestaltung des Lebens auch der ganzen Familie und damit von solchen Menschen, die persönlich nicht Schuldner dieses Gläubigers sind, die infolge der Lohnpfändung aber mitleiden müssen. Indessen wären die Chancen des Gläubigers ohne eine Lohnpfändung wohl meist nur sehr gering, jemals zu seinem Geld zu kommen. Das bedingt den weiten Bereich der grundsätzlichen Pfändbarkeit und damit auch die Notwendigkeit, die Vorschrift ziemlich weit auszulegen. Die folgenden Pfändungsfreigrenzen und sonstigen -beschränkungen enthalten genügend Korrekturmöglichkeiten.

3 **3) Arbeitseinkommen, II, III.** Ein einfacher Grundsatz zeigt viele Anwendungsarten.

A. Begriff im weiteren Sinn. Zum Arbeitseinkommen gehören alle Bezüge aus einer jetzigen oder früheren Arbeit, auch wenn kein Arbeitsvertrag zugrunde liegt, wie bei einem Vorstandsmitglied einer Gesellschaft, BGH MDR **81**, 733. Zum Arbeitseinkommen zählt auch alles dasjenige, was der Lohnsteuer unterliegt. II gibt jedoch nur Beispiele und ist daher weit auslegbar, BAG NJW **77**, 76, LAG Ffm DB **88**, 1456. Die Bezeichnung und die Berechnung der Bezüge sind unerheblich. Ebenso ist es unerheblich, ob es sich um eine geistige oder eine körperliche Arbeit, um eine selbständige oder um eine unselbständige Tätigkeit handelt. Maßgeblich ist nur, ob die Bezüge wiederkehren. Unter II fallen zB auch: Ein Anspruch des Kassenarztes auf einen Abschlag, Nürnb JB **02**, 603; der Lohn des Auszubildenden; ein Bedienungsgeld

(Trinkgeld) des Kellners, Rn 6, auch wenn es nicht unter § 832 II fällt, dort Rn 9 „Trinkgeld"; ein Zuschuß zum Einkommensausgleich beim vorzeitigen Ausscheiden, LAG Ffm DB **88**, 1456.

Einkünfte *anderer* Art zB aus selbständiger Tätigkeit gehören nicht hierher, AG Hadamar DGVZ **89**, 189. BAG MDR **98**, 722 verneint Arbeitseinkommen, soweit der Arbeitgeber eine Versicherung des Arbeitnehmers übernimmt oder bezahlt (?).

B. Dienst- und Versorgungsbezüge der Beamten. Beamte sind Personen des öffentlichen Dienstes, 4
§ 376 Rn 5, ebenso Geistliche der öffentlichrechtlichen Religionsgemeinschaften. Wenn man die letzteren nicht als Beamte ansieht, muß man sie als Angestellte einstufen. Der Betriff der Dienstbezüge umfaßt alles dasjenige, was dem Beamten aus den Beamten- oder Versorgungsgesetzen zusteht, sofern nicht versorgungsrechtliche Sonderbestimmungen bestehen, Einf 8 vor §§ 850–852. Richter sind Beamte nach dieser Bestimmung. Da ein Referendar ein Beamter im Vorbereitungsdienst ist, fällt auch ein etwaiger bloßer Unterhaltszuschuß unter diese Vorschrift. Aufwandsentschädigungen gehören zu § 850 a Z 3. Den Wehrsold nach dem WSG muß man entsprechend behandeln. Ebenso wie die Bezüge der Beamten ist der Wehrsold kein Arbeitseinkommen, sondern ein vom Staat gewährter Unterhalt. Dementsprechend sind §§ 850 c–f anwendbar. Wegen der Bewertung der Sachbezüge § 850 e Rn 11. Auch der Grenzschutzsold, ein Dienstgeld sind pfändbar. Wer jeweils als Vertreter des Drittschuldners gilt, ist in § 18 Rn 5 ff dargestellt.

C. Arbeits- und Dienstlöhne. Es kommt nicht darauf an, wie die Beteiligten sie nennen. Der Dienst- 5
verpflichtete muß einen Vergütungsanspruch haben. Dieser Anspruch muß ihm aus einem solchen dauernden Rechtsverhältnis zustehen, das ihn in einer persönlichen und in einer wirtschaftlichen Abhängigkeit vom Dienstberechtigten hält, BAG Rpfleger **75**, 220, LG Bln Rpfleger **92**, 128. Auf das Maß der Beanspruchung der Arbeitskraft kommt es hier nicht an. Insofern kann auch ein Anspruch auf ein Pflegegeld ausnahmsweise pfändbar sein.

D. Beispiele zur Frage von Arbeits- und Dienstlohn 6

Abfindung: Eine Abfindung etwa beim Vertragsende gehört zu II, BAG NZA **06**, 261, AG Bochum DGVZ **91**, 174, LAG Hamm MDR **04**, 714.

Arbeitnehmererfindung: Es gelten dieselben Regeln wie bei Rn 8 „Lizenz", BGH **93**, 86.

Arbeitnehmersparzulage: Sie gehört *nicht* zu II, ist vielmehr selbständig pfändbar, BAG NJW **77**, 76, LAG Hamm DB **75**, 1944.

Aufteilung: Wenn die Vergütung auch für eine andere Leistung erfolgt, muß man jeden Teil für sich behandeln. Eine solche Aufteilung ist zB dann erforderlich, wenn es um eine Lizenz geht, Rn 8 „Lizenz".

Auslagenersatz: Er gehört *nicht* zu II. Dann greifen freilich meist §§ 850 a Z 3, 85 I ein.

Auslösung: *Nicht* zu II gehört ein Auslösungsanspruch des auswärts Arbeitenden, § 850 a Z 2, 3.

Bedienungsgeld: Es gehört zu II, § 832 Rn 9 „Trinkgeld", aM Stgt Rpfleger **01**, 608.

Eigengeld: Rn 7 „Gefangener".

Ein-EUR-Job: Die Entschädigung zählt zu § 850 a Z 3, LG Görlitz FamRZ **07**, 299.

Ersatzanspruch: Ein Ersatzanspruch für geleistete Arbeit fällt meist unter *§ 850 i,* BAG DB **80**, 359.

Familienzulage: Sie gehört zu II.

Gefangener: Vom Arbeitsentgelt des Untersuchungs- oder Strafgefangenen ist grundsätzlich nur das Eigen- 7
geld pfändbar, das nach dem Abzug des nach Grdz 77 vor § 704 unpfändbaren Hausgeld verbleibt und das nach dem Abzug auch der Haftkostenbeiträge, der Unterhaltsbeiträge oder des Überbrückungsgelds verbleibt, § 52 StVollzG. Das gilt in den Grenzen des § 51 IV, V StrVollzG ohne die Schutzgrenze des § 850 c, BVerfG NJW **82**, 1583, BGH **160**, 116, aM Ffm Rpfleger **84**, 425, LG Kblz Rpfleger **89**, 124 (beläßt dem Untersuchungsgefangenen wöchentlich [jetzt ca] 25 EUR), LG Weiden **00**, 103 (beläßt 20% des Sozialhilferegelsatzes). Zur Problematik Kenter Rpfleger **91**, 488.

Das *Überbrückungsgeld* ist nur nach § 51 IV, V StVollzG pfändbar, Hamm OLGZ **84**, 457, LG Hann Rpfleger **95**, 264, LG Karlsr RR **89**, 1536 (das Entlassungsgeld sei Arbeitseinkommen nach §§ 850 ff). Zur Problematik auch BGH NJW **90**, 3159. Also ist der Anspruch auf die Auszahlung *unpfändbar.* Ein ausgezahlter Betrag ist binnen 4 Wochen seit der Entlassung nur bedingt pfändbar, § 75 III StVollzG aM Stgt Rpfleger **76**, 146 (er sei unpfändbar).

S ferner Einf 9 vor §§ 850–852.

Gewinnanteil: Er gehört zu II.

Güterbeförderung: Rn 8 „Werklohn".

Hausgeld: S „Gefangener".

Kinderzuschlag, -zuschuß, -zulage: Grdz 80 vor § 704 „Kindergeld".

Lizenz: Eine Aufteilung nach Rn 6 ist zB dann erforderlich, wenn es um eine Lizenz, ein Patent und um 8
eine gleichzeitige Verpflichtung zu einer ständigen Mitarbeit geht.

Bei einer *urheberrechtlichen* Lizenz steht dagegen die Vergütung für die Verwertung des fertigen Erzeugnisses der geistigen Leistung im Vordergrund. Daher ist II dann *unanwendbar,* Sikinger GRUR **85**, 786, aM Stöber Forderungspfändung Rn 881.

Provision: Sie gehört zu II. Das gilt auch für eine Provision vom Umsatz.

Reisekosten: Sie gehören zu II, soweit man bei angemessener Handhabung Ersparnisse machen kann.

Schauspielergeld: Das Gehalt und das sog Spielgeld des Schauspielers gehören zu II.

Sozialplanabfindung: Sie gehört im Ergebnis zu II, BAG MDR **02**, 764.

Strafgefangener: Rn 7 „Gefangener".

Stücklohn: Er gehört zu II.

Überbrückungsgeld: Rn 7 „Gefangener".

Teuerungszulage: Sie gehört zu II.

Trinkgeld: Rn 6 „Bedienungsgeld".

Untersuchungsgefangener: Rn 7 „Gefangener".

Urlaub: *Nicht* zu II gehören das Urlaubsgeld, § 850 a Z 2, 3, sowie das während des Urlaubs weitergezahlte Arbeitsentgelt.

Werklohn: Er gehört zu II, BAG Rpfleger **75**, 220 (für laufend ausgeführe Arbeiten). Das gilt etwa bei einer Güterbeförderung.

9 **E. Ruhegelder usw.** Es muß sich um solche staatliche oder private fortlaufend gewährte Einkünfte nach dem Ausscheiden aus dem Dienst handeln, die eine nachträgliche Vergütung der Dienste darstellen. Also zählt auch eine betriebliche Altersversorgung hierher. Denn sie ist aus dem Arbeitsverhältnis entstanden, BGH AnwBl **07**, 720, LAG Hamm DB **95**, 2122. Wegen der Invalidenrenten § 850 i Rn 12. Es ist unerheblich, wer den Betrag auszahlt. Auch das Mitglied einer Landesregierung kann unter diese Vorschrift fallen, ebenso ein Abgeordneter, AG Bremerhaven MDR **80**, 504.

10 **F. Hinterbliebenenbezüge.** Hinterbliebene sind diejenigen Personen, die nach den einschlägigen gesetzlichen oder vertraglichen Bestimmungen als Hinterbliebene auf Grund des Dienstverhältnisses des Verstorbenen zu Bezügen berechtigt sind, LG Köln RR **90**, 14. Nur die bloßen Unterstützungsgelder für Notfälle zählen zu den von § 850 b I Z 4 vorrangig geregelten Beträgen, LG Köln RR **90**, 14. Über Sterbegelder und Gnadenbezüge § 850 a Z 7.

11 **G. Sonstige Vergütungen usw.** Notwendig ist hier, daß die zu vergütenden Leistungen die Erwerbstätigkeit des Schuldners vollständig oder zu einem wesentlichen Teil beanspruchen, BGH **96**, 326 (krit Brehm JZ **86**, 501). Das setzt eine gewisse Abhängigkeit vom Dienstberechtigten oder Unternehmer voraus. Es kommt aber nicht darauf an, ob die Arbeit selbständig oder unselbständig ist, Rn 3. Die Abhängigkeit äußert sich vor allem darin, daß die Ergebnisse der Arbeit dem Dienstberechtigten ganz oder teilweise zugute kommen. Der Rechtsgrund der Arbeit und die Art der Leistung sind belanglos.

Hierher gehören zB: Ein gegen eine feste Vergütung angestellter Postagent; der Kassenarzt wegen seiner Ansprüche aus dem Kassenarztverhältnis; ein Vertragsspieler eines Sportvereins; der Vorstand einer Aktiengesellschaft, BGH NJW **81**, 2466; der Gesellschafter einer Gesellschaft des bürgerlichen Rechts wegen einer vom Gewinn unabhängigen Vergütung; eine Hausangestellte; ein Heimarbeiter; der Handelsvertreter wegen seines Festgehalts und seines Provisionsanspruchs, BGH Rpfleger **78**, 54; der Versicherungsvertreter wegen der monatlich an ihn zu zahlenden Garantiesumme.

Nicht hierher gehört zB der selbständige Gewerbetreibende.

12 **H. Wesentlichkeit der Beanspruchung.** Ob die Arbeitskraft wesentlich beansprucht wird, das richtet sich nach den nackten Tatsachen. Sie kann zB dann wesentlich beansprucht werden, wenn jemand zwar wenig arbeitet, aber nur für *einen* Dienstberechtigten, oder wenn jemand zwar viel für sich, aber noch mehr für den Dienstberechtigten arbeitet. Die Höhe der Einnahme aus der einen oder aus der anderen Tätigkeit entscheidet nicht. Vielmehr sind das Maß und die Zeit der Arbeitsleistung wesentlich. Es kommt nicht auf die Dauer des Arbeitsverhältnisses an. Hierher gehören sogar jederzeit kündbare Verhältnisse. Berücksichtigen muß man nur den Arbeitsverdienst des Schuldners, nicht denjenigen eines Angehörigen, nicht die Ersparnis von Ausgaben oder die Unterstützung von einer dritten Seite ohne eine rechtliche Verpflichtung, § 850 b Rn 10. Solche Vergütungen, die nicht wiederkehrend zahlbar sind, etwa die Einnahmen eines Kassenarztes aus seiner Privatpraxis oder der Anspruch eines bei einer Prozeßkostenhilfe beigeordneten Anwalts gegen die Staatskasse, gehören nicht hierher, sondern nach § 850 i I.

13 **I. Wettbewerbsbeschränkungen, III a.** Hierher gehört vor allem diejenige Entschädigung, die der Unternehmer dem Handlungsgehilfen nach § 74 II HGB für dessen Beschränkung zahlt. Auch das Wartegeld nach § 133 f GewO zählt hierher. Unter Z 1 fallen aber auch ähnliche einem wirtschaftlich Abhängigen gewährte Wettbewerbsbezüge, zB eine Karenzentschädigung eines Geschäftsführers wegen eines Wettbewerbsverbots, Rostock RR **95**, 174. Bei einer Kapitalisierung gilt § 850 i I.

14 **J. Versicherungsrenten, III b.** Es ist notwendig, daß der Versicherungsvertrag der Versorgung des Versicherungsnehmers oder seiner unterhaltsberechtigten Angehörigen dient, daß er also ein Ruhegeld oder ein Hinterbliebenengeld ersetzt, und daß ferner eine Zahlung in der Form einer Rente erfolgt. Eine Kapitalzahlung gehört nicht hierher und fällt auch nicht unter § 850 i I, Hasse VersR **06**, 148. Denn sie ist eine grundsätzlich andersartige Leistung, BFH NJW **92**, 527, Hasse VersR **05**, 18 (je: Kapitallebensversicherung). Wohl aber zählt eine Berufsunfähigkeitsrente hierher, Mü VersR **96**, 319, aM KG VersR **03**, 491 (§ 850 b I), Saarbr VersR **95**, 1228, Hülsmann NJW **95**, 1522 (aber gerade auch sie dient eindeutig der Versorgung, Einl III 39). Der weitgehende Pfändungsschutz von Versicherungsrenten nach § 850 i Rn 12 verstößt nicht gegen das Grundgesetz, BVerfG NJW **60**, 1899. Die Beschränkung des Pfändungsschutzes auf Renten aus einem Versicherungsvertrag eines Arbeitnehmers und nicht auch eines Selbständigen oder Nichtberufstätigen läßt sich ebenfalls nicht beanstanden, BGH FamRZ **08**, 259, Ffm VersR **96**, 614, LG Ffo Rpfleger **02**, 322, aM StJBre 48.

15 **4) Umfang der Pfändung, IV.** Die Pfändung erfaßt sämtliche Vergütungen, die dem Schuldner aus der Arbeits- oder Dienstleistung zustehen. Das gilt ohne Rücksicht auf ihre Bezeichnung und ihre Art. Sie umfaßt auch einen Zuschuß des Arbeitgebers zum Krankengeld. Die Pfändung erfaßt ferner den Anspruch auf die Erstattung von Lohnsteuer, § 829 Rn 3. Wegen des Kindergelds usw Grdz 80 vor § 704 „Kindergeld".

16 *Nicht hierher zählen zB:* ein Anspruch auf eine vermögenswirksame Leistung, Grdz 111 vor § 704; Ansprüche aus einem anderen Rechtsverhältnis als einem Arbeitsverhältnis, LG Brschw Rpfleger **98**, 78, aM StJBre 49; der Anspruch eines Anwalts aus der laufenden Bearbeitung der Sachen für dieselbe Partei.

Wenn die *Bezüge anwachsen,* weitet sich die Wirkung der Pfändung entsprechend § 833 ebenfalls aus. Diese Vorschrift enthält nämlich einen allgemeinen Rechtsgedanken. Wenn der Schuldner in ein anderes Amt oder in den Ruhestand übertritt, bleibt die Pfändung unberührt, sofern das Dienstverhältnis in seiner Nämlichkeit erhalten bleibt. Seine Umwandlung in eine andere Rechtsform schadet also nicht. Demgegenüber ist eine Neupfändung dann notwendig, wenn an die Stelle des bisherigen Dienstverhältnisses ein andersartiges Dienstverhältnis tritt, etwa wenn der Dienstberechtigte wechselt, aber nicht bei § 613 a BGB, LAG Hamm DB **76**, 440. Maßgebend ist der Zeitpunkt der Pfändung, § 829 Rn 53. Es ist also möglich, daß im Zeitpunkt der Pfändung bereits eine gültige Abtretungserklärung des Arbeitseinkommens vorliegt und damit den Umfang der Pfändung einschränkt. Wenn der Arbeitgeber, der Drittschuldner, das erst nachträglich erfährt, muß er seine Erklärung nach § 840 berichtigen.

850a *Unpfändbare Bezüge.* **Unpfändbar sind**

1. zur Hälfte die für die Leistung von Mehrarbeitsstunden gezahlten Teile des Arbeitseinkommens;
2. die für die Dauer eines Urlaubs über das Arbeitseinkommen hinaus gewährten Bezüge, Zuwendungen aus Anlass eines besonderen Betriebsereignisses und Treugelder, soweit sie den Rahmen des Üblichen nicht übersteigen;
3. Aufwandsentschädigungen, Auslösungsgelder und sonstige soziale Zulagen für auswärtige Beschäftigungen, das Entgelt für selbstgestelltes Arbeitsmaterial, Gefahrenzulagen sowie Schmutz- und Erschwerniszulagen, soweit diese Bezüge den Rahmen des Üblichen nicht übersteigen;
4. Weihnachtsvergütungen bis zum Betrag der Hälfte des monatlichen Arbeitseinkommens, höchstens aber bis zum Betrag von 500 Euro;
5. Heirats- und Geburtsbeihilfen, sofern die Vollstreckung wegen anderer als der aus Anlass der Heirat oder der Geburt entstandenen Ansprüche betrieben wird;
6. Erziehungsgelder, Studienbeihilfen und ähnliche Bezüge;
7. Sterbe- und Gnadenbezüge aus Arbeits- oder Dienstverhältnissen;
8. Blindenzulagen.

Gliederung

1) Systematik, Z 1–8. Vgl zunächst Einf 1 vor §§ 850–852. Die Vorschrift eröffnet die Gruppe der den 1
§ 850 ergänzenden und im jeweiligen Geltungsbereich vorrangigen Sonderregeln. § 850 a enthält die unbedingt unpfändbaren Bezüge. § 850 b zählt die bedingt unpfändbaren Bezüge auf. Die Bezüge des § 850 a sind weder für sich allein noch im Zusammenhang mit anderen Bezügen pfändbar. Man muß diese Bezüge bei der Berechnung des Arbeitseinkommens unberücksichtigt lassen. § 850 a enthält keine erschöpfende Regelung der Unpfändbarkeit, Sibben DGVZ **88**, 6. Es gibt entsprechende Vorschriften in Sondergesetzen. Man darf § 850 a aber auch nicht ausdehnend auslegen, Sibben DGVZ **88**, 8. Wegen der Pfändbarkeit der Bezüge von Mitgliedern der Streitkräfte Art 10 V Truppenvertrag, SchlAnh III.

2) Regelungszweck, Z 1–8. Wegen der grundsätzlichen Pfändbarkeit des Lohns nach § 850 bringt 2
§ 850 a einen Teil der aus vielen Gründen notwendigen Begrenzungen der Pfändbarkeit. Allen hier geregelten Fällen ist der Sozialgedanke gemeinsam. Darüber hinaus soll eine Pfändung aber auch die Lebensfreude des Schuldners und seiner Familie nicht allzu stark kappen. Schließlich soll ein besonderer Arbeitseinsatz wenigstens teilweise den verdienten Lohn trotz aller Gläubigerforderungen erhalten und behalten dürfen. Es handelt sich also um einen vielgestaltigen Schuldnerschutz, wenn auch durchaus in Grenzen. Dieses Ziel in seiner Begrenzung ist auch bei der Auslegung wichtig.

3) Überstundenvergütung, Z 1. Es muß eine zusätzliche Vergütung für eine solche Arbeit vorliegen, 3
die über die im Betrieb gewöhnlich eingehaltene Arbeitszeit hinausging. Es muß ein Rechtsanspruch auf diese Vergütung bestehen. Man kann hierher auch denjenigen regelmäßigen Nebenverdienst rechnen, der aus einer solchen Arbeit entsteht, die der Schuldner außerhalb der üblichen Arbeitszeit geleistet hat. Die Zusammenrechnung erfolgt nach § 850 e Z 2. Unpfändbar ist nur die Hälfte der Gesamtvergütung für die Überstunden, nicht nur der Zuschläge. Der Arbeitgeber muß wegen einer Aufrechnung darlegen, um welchen Nettobetrag sich das Arbeitsentgelt durch Überstunden erhöht hat, BAG NJW **03**, 2190.

4) Urlaubsgelder usw, Z 2. Diese Bezüge sind im Grunde schon nach § 851 unpfändbar. Zweck ist es, 4
dem Berechtigten die zum Unterhalt bestimmten Mittel unverkürzt und rechtzeitig zukommen zu lassen, AG Groß Gerau FamRZ **95**, 297 (auch zu den Grenzen einer Aufrechnungsmöglichkeit).

A. Nur Zusatzgeld. Z 2 schützt nur Zuwendungen für die Dauer eines Urlaubs, soweit sie über das Arbeitseinkommen hinausgehen und den Rahmen des Üblichen nicht übersteigen, Henze Rpfleger **80**, 456. Diese letztere Bedingung bezieht sich auf alle Fälle der Z 2. Eine Zuwendung aus Anlaß eines besonderen Betriebsereignisses ist zB eine Zuwendung wegen eines besonders günstigen Betriebserfolgs, Sibben DGVZ **88**, 8.

Tantiemen gehören *nicht* zu Z 2, sondern zu § 850. Sie sind daher nach § 850 c pfändbar, auch wenn sie für ein längeres als ein dreijähriges Verbleiben im Betrieb anfallen und dann alljährlich wiederkehren. Eine Schenkung gehört nicht zum Arbeitseinkommen. Die Unpfändbarkeit nach Z 2 entsteht in voller Höhe, bei gleichartigen Unternehmen in der üblichen Höhe.

B. Nicht Normalentgelt. Dasjenige Arbeitseinkommen, das der Arbeitnehmer während seines Urlaubs 5
in der gewöhnlichen Höhe erhält, also das Urlaubsentgelt, gehört ebenfalls *nicht* zu Z 2. Es ist vielmehr trotz der grundsätzlichen Einheit des Anspruchs auf die Freistellung von Arbeit und des Anspruchs auf die Zahlung einer Vergütung übertragbar, BGH **59**, 109 (Angestellte), BGH **59**, 154 (Beamte). Das Urlaubsentgelt ist also nach § 851 I pfändbar. Es ist zumindest wegen § 851 II in den Grenzen des § 850 c pfändbar:

„Geld bleibt Geld“. Dasselbe gilt bei einer Urlaubsabgeltung, also bei einer Geldzahlung anstelle der Freistellung von der Arbeit. Für diese Urlaubsabgeltung ist wegen des Verbots einer ausdehnenden Auslegung nach Rn 1 weder Z 1 noch Z 2 anwendbar. Geschützt ist nur ein „gewährter“ Bezug, nicht ein bereits gezahlter Bezug, etwa ein schon überwiesener Betrag. Das gilt selbst dann, wenn der Arbeitgeber ihn als eine vermögenswirksame Leistung überwiesen hat. Insofern gilt § 850 k.

6 **5) Aufwandsentschädigungen usw, Z 3.** Hierher zählen die folgenden Entschädigungen.

A. Aufwandsentschädigung. Hierher gehören: Eine Aufwandsentschädigung, zB für Reisekosten, Umzugskosten, Tagegelder, Bürogelder, für eine Tätigkeit in einem Gemeinderat, Hamm FamRZ **80**, 997, für Repräsentationskosten; der Auslagenersatz eines Provisionsreisenden; das Kilometergeld für einen Angestellten zum Besuch von Baustellen im eigenen Pkw; ein Erstattungsanspruch nach § 40 I BetrVG, LAG Bln AnwBl **87**, 240. Man muß mehrere Aufwandsentschädigungen zusammenrechnen, soweit sie denselben Zweck dienen und das Übliche nicht übersteigen, BezG Ffo Rpfleger **93**, 457. Man muß aber in allen diesen Fällen prüfen, ob nicht ein verkappter Lohn vorliegt. Diesen muß man dann annehmen, wenn die Entschädigung den normalen Aufwand übersteigt oder wenn sie dem Lebensunterhalt bei einer Vollzeittätigkeit dient, VG Ansbach Rpfleger **06**, 419. Das gilt erst recht, soweit der „Aufwandschuldner“ Steuern und Sozialmittel abführt. Das Wohnungsgeld und ein Kinderzuschlag gehören zum Gehalt. Es ist unerheblich, ob daneben ein Vergütungsanspruch besteht. Auch Schöffen und andere Laienrichter erhalten eine Aufwandsentschädigung, ebenso Volkszähler, Düss NJW **88**, 977, LG Düss Rpfleger **88**, 31. Auch das Vorstandsmitglied eines Anwaltsvereins übt eine auf Dauer angelegte Tätigkeit aus und kann daher hierher zählen, aM AG Lpz NJW **04**, 375.

7 **B. Auslösung usw.** Hierher gehören auch ein Auslösungsgeld und eine sonstige soziale Zulage für eine auswärtige Beschäftigung, also eine Vergütung für die damit verbundenen Mehrkosten.

8 **C. Materialentgelt.** Hierher gehört ferner das Entgelt für ein selbstgestelltes Arbeitsmaterial.

9 **D. Gefahrzulage.** Hierher gehört ferner die Gefahrenzulage, etwa eine Giftzulage.

10 **E. Schmutzzulage usw.** Hierher gehört schließlich eine Schmutz- oder Erschwerniszulage. Sie muß gerade diejenige Erschwernis abgelten, die durch die Eigentümlichkeit der Arbeits*art* entsteht, nicht schon durch schlechte Lage der Arbeits*zeit*, LAG Ffm DB **89**, 1732.

11 **F. Einzelfragen.** Bei Rn 6–10 ist Voraussetzung, daß die Vergütung entweder gesetzlich oder auf Grund eines Tarifs, einer Betriebs- oder einer Dienstordnung anfällt oder sich im Rahmen desjenigen hält, was bei gleichartigen Unternehmen üblich ist.

Der *Wehrsold* nach § 850 Rn 4 ist keine Aufwandsentschädigung, Rn 1. Auf den Anspruch des Kassenarztes gegen die Kasse ist Z 3 unanwendbar, BGH **96**, 329 (krit Brehm JZ **86**, 501).

12 **6) Weihnachtsvergütungen, Z 4.** Die Vorschrift erfaßt diese Vergütung nur, soweit sie nicht ein Geschenk darstellt, sondern auf einem Rechtsanspruch beruht. Das muß der Schuldner brutto darlegen, LG Hann JB **08**, 327. Das gilt auch dann, wenn der Arbeitgeber die Weihnachtsvergütung für ein bestimmtes Jahr zwar verbindlich, jedoch unter dem Vorbehalt zugesagt hat, daß für das kommende Jahr aus der jetzigen Zusage kein Rechtsanspruch entstehe. Eine solche Vergütung ist zur Hälfte des monatlichen Nettoarbeitseinkommens und höchstens mit 500 EUR unpfändbar, ThP 1, aM LG Mönchengladb JB **07**, 219 (Bruttoprinzip). Soweit sie pfändbar ist, muß man sie dem Lohn für Dezember hinzurechnen. Man kann eine Unpfändbarkeit auch nicht durch eine Vereinbarung, § 399, herbeiführen.

13 **7) Heirats- und Geburtsbeihilfen, Z 5.** Eine solche Beihilfe ist in voller Höhe unpfändbar. Sie ist aber wegen eines solchen Anspruchs pfändbar, der gerade aus dem Anlaß der Heirat oder der Geburt entstanden ist.

14 **8) Erziehungsgelder usw, Z 6.** Ein solcher Bezug ist voll unpfändbar. Das besagt auch § 54 V SGB I, LG Oldb Rpfleger **87**, 28, Meierkamp Rpfleger **87**, 352, aM Hamm Rpfleger **88**, 31, Köln FamRZ **90**, 190 (aber der Wortlaut und Sinn sind eindeutig, Einl III 39). Das gilt unabhängig davon, wer ihn gewährt hat und ob er einem Waisen zukommt.

Nicht hierher gehört der Kinderzuschlag. Er ist allerdings nach § 54 IV SGB I nur eingeschränkt pfändbar, Grdz 80 vor § 704 „Kindergeld“. Nicht hierher gehören ferner: Das Entlassungsgeld nach dem Ausscheiden aus dem Wehr- oder Zivildienst, LG Detm Rpfleger **97**, 448; der Unterhaltszuschuß eines Referendars.

15 **9) Sterbe- und Gnadenbezüge, Z 7.** Ein solcher Bezug ist im allgemeinen ohne Rücksicht auf seine Höhe voll unpfändbar. Er steht den Hinterbliebenen als solchen zu, nicht als Erben. Zu den nach Z 7 erfaßten Bezügen gehören auch diejenigen für das sog Gnadenvierteljahr. Vgl im übrigen § 122 BBG. Der Verstorbene braucht aber kein Beamter gewesen zu sein. Ein Sterbegeld nach § 48 II SVG ist unpfändbar.

16 **10) Blindenzulagen, Z 8.** Die Vorschrift dient der Klarstellung. Die Unpfändbarkeit folgt schon aus § 851. Solche Bezüge sind voll unpfändbar.

17 **11) Verstoß, Z 1–8.** Bei einem Verstoß gegen die Vorschrift kann der Betroffene die Erinnerung nach § 766 einlegen. Das gilt auch zugunsten des Drittschuldners, Einf 7 vor §§ 850–852.

850b *Bedingt pfändbare Bezüge.* **I Unpfändbar sind ferner**

1. Renten, die wegen einer Verletzung des Körpers oder der Gesundheit zu entrichten sind;
2. Unterhaltsrenten, die auf gesetzlicher Vorschrift beruhen, sowie die wegen Entziehung einer solchen Forderung zu entrichtenden Renten;
3. fortlaufende Einkünfte, die ein Schuldner aus Stiftungen oder sonst auf Grund der Fürsorge und Freigebigkeit eines Dritten oder auf Grund eines Altenteils oder Auszugsvertrags bezieht;

4. Bezüge aus Witwen-, Waisen-, Hilfs- und Krankenkassen, die ausschließlich oder zu einem wesentlichen Teil zu Unterstützungszwecken gewährt werden, ferner Ansprüche aus Lebensversicherungen, die nur auf den Todesfall des Versicherungsnehmers abgeschlossen sind, wenn die Versicherungssumme 3579 Euro nicht übersteigt.

II Diese Bezüge können nach den für Arbeitseinkommen geltenden Vorschriften gepfändet werden, wenn die Vollstreckung in das sonstige bewegliche Vermögen des Schuldners zu einer vollständigen Befriedigung des Gläubigers nicht geführt hat oder voraussichtlich nicht führen wird und wenn nach den Umständen des Falles, insbesondere nach der Art des beizutreibenden Anspruchs und der Höhe der Bezüge, die Pfändung der Billigkeit entspricht.

III Das Vollstreckungsgericht soll vor seiner Entscheidung die Beteiligten hören.

Schrifttum: *Bohn,* Die Zwangsvollstreckung in Rechte des Versicherungsnehmers aus dem Versicherungsvertrag usw, Festschrift für *Schiedermair* (1976) 33.

Gliederung

1) Systematik, I–III. Vgl zunächst Einf 1 vor §§ 850–852, § 850 a Rn 1. Die Bezüge des § 850 b sind regelmäßig voll unpfändbar. Man darf sie dem pfändbaren Teil des Arbeitseinkommens nicht zurechnen. Wegen der Unpfändbarkeit der Sozialleistungen Grdz 80 vor § 704 „Kindergeld", „Sozialleistungen" und unten Rn 16. § 850 b ist zwingendes Recht. II läßt aber Ausnahmen zu, Schlesw Rpfleger **02**, 87. Nicht hierher, sondern unter § 850 i IV gehören Renten nach dem BVG. 1

2) Regelungszweck, I–III. Während § 850 a schlechthin zur Unpfändbarkeit führt, läßt § 850 b II eine bedingte Pfändbarkeit zu. Ob die Grenzziehung zwischen solcher erst- und zweitklassigen Unpfändbarkeit sonderlich geglückt ist, mag dahinstehen. Jedenfalls hat das Gericht es mit einer Bejahung der „Billigkeit" einer Pfändbarkeit wahrhaftig nicht leicht. Natürlich darf man das Interesse des Gläubigers nicht von vornherein geringer oder auch höher ansetzen als dasjenige des Schuldners. Der letztere wird aber doch oft eher in arge Bedrängnis geraten. Mitbeachtlich wird sein, ob er sich leichtfertig verschuldet hatte. Im Zweifel wohl eher zu seinen Gunsten. 2

3) Verletzungsrenten, I Z 1. Unpfändbar ist eine Rente wegen der Verletzung des Körpers oder der Gesundheit, Mü VersR **97**, 1520. Die Unpfändbarkeit besteht aber grundsätzlich nur in Höhe des gesetzlichen Anspruchs. Eine Kapitalabfindung ist ungeschützt. Unpfändbar ist aber auch ein rückständiger oder kapitalisierter Betrag, BGH NJW **88**, 820, und zwar bis zur Höhe des etwaigen Rentenhöchstbetrags. 3

Hierher zählen zB: Ein solcher Anspruch nach § 843 BGB; ein solcher Anspruch, den ein anderes Gesetz der Regelung des § 843 BGB unterstellt, wie die Rente des Handlungsgehilfen wegen der Verletzung einer Fürsorgepflicht des Unternehmers, § 62 III HGB; eine solche Rente, die der Haftpflichtversicherer des Unfallgegners zahlt, BGH NJW **88**, 820; eine solche Rente nach § 38 LuftVG, nach § 60 BSeuchenG; ausnahmsweise ein rein vertraglicher oder letztwillig verfügter Rentenanspruch, da der Zusatz in § 805 g Z 1 aF „nach § 843 BGB" nicht übernommen worden ist, BGH **70**, 208.

Nicht hierher zählt zB: Die Erstattung von Auslagen wegen einer zeitweiligen Vermehrung der Bedürfnisse; eine Berufsunfähigkeitsrente, § 850 Rn 14, OVG Saarlouis NJW **06**, 2873, aM KG VersR **03**, 491 (aber § 850 III b paßt besser).

Eine *Aufrechnung* mit einem Ausgleichsanspruch ändert an der Unpfändbarkeit nichts. Ein Aufrechnungs- und Pfändungsverbot wirkt nicht zulasten desjenigen Sozialversicherungsträgers, auf den der Anspruch übergegangen ist, BAG DB **79**, 1850 (dort auch wegen einer Ausnahme).

4) Gesetzliche Unterhaltsforderungen und Renten nach § 844 BGB, I Z 2. Voll unpfändbar sind die folgenden Bezüge, aM Foerste NJW **06**, 2947 (I Z 2 verstoße gegen Artt 14 I, 20 III GG). 4

A. Grundsatz: Nur gesetzliche Forderung. Eine Forderung hat grundsätzlich nur einen Schutz, soweit sie gerade zumindest auch auf einer gesetzlichen Vorschrift beruht, BGH MDR **07**, 178, wie diejenige des Ehegatten von der Trennung ab, LG Bln Rpfleger **78**, 334, oder diejenige des früheren Ehegatten, eines Verwandten, eines nichtehelichen Kindes.

B. Beispiele zur Frage einer Forderung nach I Z 2 5

Abtretung: Wegen begrenzter Abtretbarkeit Bre FamRZ **02**, 1189. Wegen des abgetretenen Anspruchs Stgt Rpfleger **85**, 407, LG Mannh Rpfleger **87**, 465.

Arglist: Sie ist stets unstatthaft, Einl III 54. Daher kann ein Aufrechnungsschutz versagen, soweit dem Verbot des § 394 BGB der Einwand der Arglist entgegensteht.

Aufrechnung: Eine Pfändung kann auch evtl zwecks einer Aufrechnung erfolgen, Hamm FamRZ **05**, 996.

Auslagenersatz: Anwendbar ist I Z 2 auf einen solchen Anspruch.

Dritter: *Unanwendbar* ist I Z 2 auf einen Anspruch auf die Erstattung eines für einen Dritten geleisteten Unterhalts.

Ehegattenunterhalt: Anwendbar ist I Z 2 auf den „Unterhalts-"Anspruch des Ehegatten gegen den anderen in einer intakten Ehe, LG Frankenth FamRZ **83**, 256.

Einmaligkeit: Anwendbar ist I Z 2 auch auf einen einmaligen Anspruch, BGH RR **02**, 1514.

Fälligkeit: Sie ist unerheblich.

Freistellung: Anwendbar ist I Z 2 auch auf einen Freistellungsanspruch, LG Münst Rpfleger **05**, 271.

Gesetz – Vertrag: Anwendbar ist I Z 2 auf einen solchen ursprünglich gesetzlichen Anspruch, den die Parteien ganz auf eine vertragliche Grundlage „umgestellt" haben, BGH RR **02**, 1515.

Kindergeld: Grdz 80 vor § 704 „Kindergeld".

Künftiger Anspruch: Es ist unerheblich, ob es sich um einen künftigen Anspruch handelt.

Mindestbetrag: Dem Unterhaltsberechtigten muß auch bei einer Aufrechnung ein Existenzminimum verbleiben, BGH **123**, 57, strenger AG Eschwege FamRZ **01**, 840 (überhaupt keine Aufrechenbarkeit).

Prozeßbevollmächtigter: *Unanwendbar* ist I Z 2 auf einen Anspruch gegen den ProzBev auf eine Auszahlung des vom Prozeßgegner an diesen ProzBev gezahlten Unterhalts, LG Bln DGVZ **76**, 155, LG Düss Rpfleger **77**, 183.

Prozeßkostenvorschuß: Anwendbar ist I Z 2 auf einen Erstattungsanspruch auf Grund eines Verfahrens auf die Zahlung eines Prozeßkostenvorschusses, Karlsr FamRZ **84**, 1091.

Vgl auch Rn 7.

Rückstand: Er ist allenfalls im Rahmen von II, III pfädbar, KG FamRZ **99**, 406, LG Bonn FamRZ **96**, 1487.

Schadensersatz: Anwendbar ist I Z 2 auf einen solchen Anspruch.

Sonderbedarf: Anwendbar ist I Z 2 auf einen Unterhaltsanspruch wegen eines einmaligen Sonderbedarfs im Rahmen der Zweckbindung zugunsten desjenigen Gläubigers, der dem Schuldner diejenige Leistung erbracht hat, die die Grundlage für den Unterhaltsanspruch gegenüber dem Drittschuldner ist, LG Frankenth RR **89**, 1352.

Splitting: Anwendbar ist I Z 2 auf einen Steuererstattungsanspruch infolge Splittings, BGH NJW **97**, 1441.

Überleitung: Eine Aufrechnung des Unterhaltsgläubigers nach § 394 BGB entfällt, soweit sein Anspruch auf einen Sozialhilfeträger übergegangen ist, Düss FamRZ **06**, 1533, aM LG Heilbr RR **90**, 197.

6 **C. Taschengeld**, dazu krit auch rechtspolitisch *Braun* NJW **00**, 97, *Itschert*, Der Taschengeldanspruch unter Ehegatten und seine Pfändbarkeit, 2003, *Növekamp*, Der Taschengeldanspruch unter Ehegatten und seine Pfändbarkeit, 2003: Zwischen Ehegatten besteht grundsätzlich ein Anspruch auf die Zahlung eines Taschengelds, BVerfG FamRZ **86**, 773, KG NJW **00**, 149, LG Konst Rpfleger **08**, 38, aM AG Rendsb NJW **00**, 3653, Braun NJW **00**, 97 (aber ein Taschengeld dient den von §1360 a I BGB begünstigten persönlichen Bedürfnissen). Dieser Anspruch ist im Rahmen der Z 2 pfändbar, BVerfG FamRZ **86**, 773, BGH NJW **04**, 2450 (zustm Balthasar FamRZ **05**, 88, krit Smid JZ **04**, 1134, Sturhahn LMK **04**, 184), LG Stg JB **04**, 617, aM Brdb MDR **02**, 356, LG Kleve JB **02**, 550, LG Kblz FamRZ **05**, 469 links (je: nur bei Billigkeit, daher im Durchschnittsfall nicht. Aber warum „im Durchschnitt" Unbilligkeit?), Stgt Rpfleger **01**, 558, LG Saarbr JB **01**, 605 (je: nur bei Überschreitung des § 850 c. Aber das ist ohnehin eine Grenze für jeden Gläubiger bei jeder Zwangsvollstrekkung). Zur Höhe Rn 17, Ffm FamRZ **91**, 727, Hamm RR **90**, 1224, LG Heilbr Rpfleger **99**, 550. Das gilt ohne einen Verstoß gegen Art 6 GG, BVerfG FamRZ **86**, 773 (Nichtannahmebeschluß ohne Gesetzeskraft, Otto Rpfleger **89**, 207). Ein nichtehelicher Partner mit einem gesetzlichen Unterhaltsanspruch hat ebenfalls einen pfändbaren Taschengeldanspruch, LG Tüb JB **01**, 46, AG Neustadt/Aisch JB **03**, 158, Bauer JB **01**, 16.

7 **D. Prozeßkostenvorschuß.** Der Prozeßkostenvorschuß nach §§ 1360 a IV BGB, 127 a ist unpfändbar, § 851 Rn 11. Durch die Zahlung des Unterhalts auf ein Bankkonto oder an eine andere Durchgangsstelle geht das Vorrecht der Z 2 nicht verloren, Einf 1 vor §§ 850–852. Pfändbar ist aber die auf ein Bankkonto gezahlte Abfindungssumme für eine Unterhaltsrente. Vgl auch Rn 5 „Prozeßkostenvorschuß".

8 **E. Rente.** Unpfändbar ist eine Rente wegen der Entziehung des Unterhaltsanspruchs, zB wegen der Tötung des Unterhaltspflichtigen, § 844 BGB. Ein Rentenanspruch der Hinterbliebenen nach §§ 7 HaftpflG, 13 StVG steht diesen Renten gleich.

9 **5) Fortlaufende Einkünfte usw, I Z 3.** Unpfändbar in voller Höhe ohne Rücksicht auf den Bedarf sind fortlaufende Einkünfte in den folgenden Fällen.

A. Einkünfte aus einer Stiftung oder auf Grund der Fürsorglichkeit oder Freigebigkeit eines Dritten haben einen Schutz, und zwar Einkünfte in Geld oder in Naturalien aus einem Vertrag oder auf Grund einer Verfügung von Todes wegen, Ffm RR **01**, 368 (Fallfrage), etwa auf Grund eines Vermächtnisses. Die Fürsorglichkeit und die Freigebigkeit müssen zusammentreffen. Die Einkünfte müssen also unentgeltlich sein, um den Schuldner vor einer Not zu schützen, Stgt Rpfleger **85**, 407.

In Betracht kommen: Eine Häftlingshilfe nach § 18 HHG; eine Zahlung seitens der Unterstützungseinrichtung der Rennställe und Trainingsanstalten, Köln FamRZ **90**, 190.

10 *Nicht hierher gehören:* Ein entgeltlicher Erwerb; eine Kapitalleistung, soweit man nicht nur die Einkünfte auszahlen muß; ein Ruhegehalt, denn es stellt ein Entgelt dar; ein Unterhaltsanspruch, Stgt Rpfleger **85**, 407; Einkünfte des Vorerben aus dem Nachlaß, LG Gießen Rpfleger **00**, 169. Das gesetzliche Erbrecht schließt den Bezug von Einkünften im Sinn dieser Regel nicht aus, § 863; die Einzahlung eines Dritten für eine Selbstverpflegung des Beschuldigten in der Untersuchungshaftanstalt. Denn der Beschuldigte ist nicht fürsorgebedürftig, § 851 Rn 7 „Gefangener".

11 **B. Anspruch aus einem Altenteil.** Es handelt sich um die aus Anlaß einer Grundstücksübergabe zur Altersversorgung des Schuldners und seiner Angehörigen zugewendeten Nutzungen und wiederkehrenden Leistungen, Hamm FamRZ **88**, 746. Maßgeblich ist begrifflich Art 96 EGBGB, BGH RR **07**, 1390. Ein derartiger Anspruch oder ein Anspruch auf Grund eines Auszugs sind ebenfalls geschützt. Es ist unerheblich, ob die Beteiligten einen solchen Anspruch dinglich gesichert oder nur schuldrechtlich vereinbart haben. Etwas anderes gilt bei einer lediglich schuldrechtlichen Vereinbarung, wenn es sich um beiderseits gleich-

wertige Leistungen handelt. Zum Problem LG Oldb Rpfleger **82**, 298 (krit Hornung). Denn dann ist der Auszugsanspruch oder Altenteilsanspruch rechtlich betrachtet das Entgelt für die Gutsüberlassung, wirtschaftlich betrachtet ein Unterhaltsanspruch. Ein Altenteilsanspruch ist auch bei der Überlassung eines städtischen Grundstücks möglich.

Das trifft aber dann nicht zu, wenn die Parteien eine Leibrente als Kaufpreis oder als Teil des Kaufpreises **12**
ausbedungen haben, ohne miteinander verwandt zu sein. Ebensowenig handelt es sich um einen Altenteilsanspruch mit einer Geldrente auf Lebenszeit, selbst wenn der Berechtigte sie zum Lebensunterhalt verwendet. Hamm FamRZ **88**, 746 wendet Z 3 auf eine im Hausratsverfahren angeordnete Ausgleichszahlung entsprechend an.

6) Bezüge aus Witwenkassen usw, I Z 4. Die Vorschrift ist verfasssungsgemäß, BVerfG NJW **04**, 2585 **13**
(Lebensversicherung). Ein solcher Bezug ist voll unpfändbar, aM LG Köln RR **04**, 552 (nur bedingte Unpfändbarkeit. Aber Z 4 ist eindeutig, Einl III 39). Hierher gehört auch eine Leistung aus öffentlichen oder privaten Kassen ohne Rücksicht auf ihre Höhe. Es ist entscheidend, ob die Leistung lediglich eine Unterstützung für den Notfall und nicht einen allgemeinen, von dem nachrangigen § 850 II geregelten Hinterbliebenenbezug darstellt, LG Köln RR **90**, 14. Das läßt sich nur aus den Gesamtumständen beurteilen. Z 4 erfaßt auch eine einmalige Leistung, KG Rpfleger **85**, 73.

Eine Forderung verliert ihren Charakter durch eine *Überleitung* auf den wirklich Berechtigten nicht. Das ist **14**
bei einer Familienversicherung wichtig. Der Gläubiger des mitversicherten Familienmitglieds hat also nach der Abtretung der Rente an dieses Familienmitglied oder nach ihrer Pfändung die Möglichkeit eines Zugriffs nur im Rahmen von II. Die Versicherungszahlung einer Versicherungsgesellschaft, vgl auch § 850 III b, gehört nur dann zu Z 4, wenn die Versicherungssumme 3579 EUR (bei mehreren insgesamt 3579 EUR) nicht übersteigt, aM BGH FamRZ **08**, 605, AG Fürth VersR **82**, 59 (aber Wortlaut und Sinn von I Z 4 sind eindeutig, Einl III 39). Eine weitere Voraussetzung ist, daß die Versicherung auf den Todesfall lautet, AG Fürth VersR **82**, 59. Eine solche Zahlung soll in der Regel in erster Linie zur Deckung der Bestattungskosten dienen, AG Fürth VersR **82**, 59. Wegen einer privaten Zusatzversicherung Grdz 112 vor § 704 „Versicherungsanspruch".

Sondergesetze gehen vor, zB bei dem Krankengeld § 54 SGB I, Grdz 92 vor § 704, Köln NJW **89**, 2956 (insofern ist § 850 b nur auf solche Krankenkassen anwendbar, die nicht Träger der gesetzlichen Sozialversicherung sind), also auf private Krankenkassen wegen schon erfolgter und nicht nur zukünftiger Behandlung, BGH RR **07**, 1510.

7) Bedingte Pfändbarkeit, II, III. Ein Bezug nach I ist wie ein Arbeitseinkommen dann pfändbar, **15**
wenn die folgenden Voraussetzungen zusammentreffen.

A. Vergeblichkeit der Vollstreckung. Die Zwangsvollstreckung in das sonstige bewegliche Vermögen des Schuldners muß ergebnislos gewesen oder aussichtslos sein. Ein bloßer Versuch einer Fahrnisvollstrekkung in körperliche Sachen genügt nicht. Es ist aber kein Versuch einer Liegenschaftszwangsvollstreckung notwendig. Eine Glaubhaftmachung der Ergebnislosigkeit oder Aussichtslosigkeit genügt, § 807.

B. Billigkeit der Pfändung. Die Pfändung muß außerdem der Billigkeit entsprechen, BGH NJW **04**, **16**
2450 (Taschengeld). Ob diese Voraussetzung zutrifft, muß man insbesondere bei § 54 SGG I, Grdz 80 vor § 704, nach den gesamten Tatumständen beurteilen, KG MDR **81**, 505. Dabei ist die Zweckbestimmung der Sozialleistung besonders beachtlich, Celle NJW **77**, 1641.

C. Beispiele zur Frage einer Billigkeit **17**

Abwägung: Das Gericht muß die Verhältnisse des Gläubigers und des Schuldners abwägen und dabei insbesondere auf die Art des Anspruchs und die Höhe der Bezüge des Schuldners achten, LG Stgt JB **01**, 45, LG Tüb JB **01**, 46.

Anwaltsstundung: Man kann eine Forderung auf eine Anwaltsgebühr dann eher für pfändbar halten, wenn der Anwalt sie zunächst gestunde hatte, LG Köln JB **75**, 1381.

Kostenforderung: Der Gläubiger kann eher wegen einer Kostenforderung aus einem solchen Unterhalts- **18**
prozeß pfänden, den der Schuldner zum Teil gegen den Gläubiger verloren hat, LG Bln Rpfleger **75**, 374.

Lebensunterhalt: Das Gericht muß einen Anspruch aus einer Lieferung zum Lebensunterhalt begünstigen.

Schönheitsreparatur: Man kann die Pfändung wegen der Unterlassung einer Schönheitsreparatur für **19**
zulässig ansehen, LG Bln MDR **77**, 147.

Stiftung: Ein hoher Anspruch aus einer Stiftung kann durchaus pfändbar sein.

Taschengeld: Auch bei ihm gilt der Billigkeitsgrundsatz, BGH NJW **04**, 2450, LG Heilbr JB **00**, 156 (hohe Forderung, kleines Taschengeld), FG Bln NJW **92**, 528 (kleine Forderung, hohes Taschengeld). Der Gläubiger darf nicht ins Blaue behaupten, auch nicht zum Taschengeldanspruch, Köln Rpfleger **95**, 76, LG Dortm Rpfleger **89**, 467, Otto Rpfleger **89**, 209, aM LG Kleve MDR **78**, 585, Hornung Rpfleger **81**, 423 (aber eine Ausforschung ist stets unstatthaft, Grdz 44 vor § 704. Vgl freilich Rn 18). Beim Taschengeldanspruch ist nur so viel pfändbar, daß man die Pfändungsgrenze nach § 850 c nicht überschreitet, LG Heilbr Rpfleger **99**, 550. Auf die tatsächlich gezahlte Höhe kommt es nur bedingt an, LG Stgt JB **01**, 45, LG Tüb JB **01**, 46 (je: Maßgeblichkeit der Einkommens- und Vermögensverhältnisse).

Überspannung: Das Gericht darf an die Darlegungen des Gläubigers keine übertriebenen Anforderungen stellen, Hamm Rpfleger **81**, 447 (abl Hornung 423 ausf), Stöber Rpfleger **79**, 160.

Unerlaubte Handlung: Das Gericht muß einen Anspruch wegen einer vorsätzlichen unerlaubten Handlung gegen den Gläubiger begünstigen.

Witwenrente: Man kann die Pfändung einer Witwenrente zugunsten eines Anwalts für eher unzulässig halten, Celle MDR **99**, 1088.

8) Verfahren, I–III. Abweichend von der Regel des § 834 muß das nach Rn 15 allein zuständige **20**
Vollstreckungsgericht hier nicht nur den Gläubiger hören, sondern auch den Schuldner, Artt 2 I, 20 III GG (Rpfl), BVerfG **101**, 404, Art 103 I GG (Richter), AG Cloppenb JB **07**, 382. Das gilt auf Grund des § 850 e Z 2 a S 2 zwar im dortigen Geltungsbereich bereits kraft ausdrücklicher gesetzlicher Regelung. Bei § 850 b fehlt eine solche allerdings noch. Umso mehr Gewicht hat die entsprechende Auffassung durch die Neure-

gelung des § 850 e, Hamm Rpfleger **81**, 447, LG Verden Rpfleger **86**, 100, ZöStö § 834 (bei § 54 VI SGB I), aM Stgt OLGZ **81**, 253, Hornung Rpfleger **81**, 427 (je zum alten Recht). Das Gericht braucht den Drittschuldner bei § 54 SGB nicht zwingend anzuhören, LG Bln Rpfleger **78**, 65. Das Gericht muß einen Ausgleich anstreben, etwa im Weg einer Verpflichtung zur Ratenzahlung.

21 **9) Entscheidung, I–III.** Das Vollstreckungsgericht entscheidet auch bei einer Abtretung unpfändbarer Forderungen, aber natürlich nur innerhalb eines Vollstreckungsverfahrens, LG Hbg MDR **84**, 1035. Der Rpfl muß eine klare Entscheidung treffen, vor allem zur etwaigen Pfändung des Taschengeldanspruchs, so daß der Drittschuldner den abzuführenden Betrag erkennen kann, Köln FamRZ **91**, 588, LG Augsb Rpfleger **99**, 404, Otto Rpfleger **89**, 209. Der Rpfl muß seinen Beschluß begründen, § 329 Rn 4.

22 **10) Rechtsbehelfe, I–III.** Wenn der Rpfl die Pfändung durch eine echte Entscheidung abgelehnt hat, gelten § 829 Rn 84–88. Wenn das Gericht eine gleichlautende Entscheidung getroffen hat, kann der Gläubiger die sofortige Beschwerde einlegen, §§ 567 I Z 1, 793, Kblz MDR **75**, 939. Wenn der Rpfl oder das Gericht den Betroffenen nicht angehört hat, kann er die Erinnerung nach § 766 einlegen. Gegen den Pfändungsbeschluß sind dieselben Möglichkeiten gegeben, Ffm Rpfleger **75**, 263.

850c *Pfändungsgrenzen für Arbeitseinkommen.** **I** [1] **Arbeitseinkommen ist unpfändbar, wenn es, je nach dem Zeitraum, für den es gezahlt wird, nicht mehr als**
*******930/985,15* **Euro monatlich,**
217,50/226,72 **Euro wöchentlich oder**
43,50/45,34 **Euro täglich,**
beträgt. [2] **Gewährt der Schuldner auf Grund einer gesetzlichen Verpflichtung seinem Ehegatten, einem früheren Ehegatten, seinem Lebenspartner, einem früheren Lebenspartner oder einem Verwandten oder nach §§ 1615 l, 1615 n des Bürgerlichen Gesetzbuchs einem Elternteil Unterhalt, so erhöht sich der Betrag, bis zu dessen Höhe Arbeitseinkommen unpfändbar ist, auf bis zu**
2060/2182,15 **Euro monatlich,**
478,50/502,20 **Euro wöchentlich oder**
96,50/100,44 **Euro täglich,**
und zwar um
350/370,76 **Euro monatlich,**
81/85,32 **Euro wöchentlich oder**
17/17,06 **Euro täglich,**
für die erste Person, der Unterhalt gewährt wird, und um je
195/206,56 **Euro monatlich,**
45/47,54 **Euro wöchentlich oder**
9/9,51 **Euro täglich**
für die zweite bis fünfte Person.

II [1] **Übersteigt das Arbeitseinkommen den Betrag, bis zu dessen Höhe es je nach der Zahl der Personen, denen der Schuldner Unterhalt gewährt, nach Absatz 1 unpfändbar ist, so ist es hinsichtlich des überschießenden Betrages zu einem Teil unpfändbar, und zwar in Höhe von drei Zehnteln, wenn der Schuldner keiner der in Absatz 1 genannten Personen Unterhalt gewährt, zwei weiteren Zehnteln für die erste Person, der Unterhalt gewährt wird, und je einem weiteren Zehntel für die zweite bis fünfte Person.** [2] **Der Teil des Arbeitseinkommens, der *2851/3020,06* Euro monatlich (*658/695,03* Euro wöchentlich, *131,58/139,01* Euro täglich) übersteigt, bleibt bei der Berechnung des unpfändbaren Betrages unberücksichtigt.**

IIa [1] **Die unpfändbaren Beträge nach Absatz 1 und Absatz 2 Satz 2 ändern sich jeweils zum 1. Juli eines jeden zweiten Jahres, erstmalig zum 1. Juli 2003, entsprechend der im Vergleich zum jeweiligen Vorjahreszeitraum sich ergebenden prozentualen Entwicklung des Grundfreibetrages nach § 32 a Abs. 1 Nr. 1 des Einkommensteuergesetzes; der Berechnung ist die am 1. Januar des jeweiligen Jahres geltende Fasssung des § 32 a Abs. 1 Nr. 1 des Einkommensteuergesetzes zugrunde zu legen.** [2] **Das Bundesministerium der Justiz gibt die maßgebenden Beträge rechtzeitig im Bundesgesetzblatt bekannt.**

III [1] **Bei der Berechnung des nach Absatz 2 pfändbaren Teils des Arbeitseinkommens ist das Arbeitseinkommen, gegebenenfalls nach Abzug des nach Absatz 2 Satz 2 pfändbaren Betrages, wie aus der Tabelle ersichtlich, die diesem Gesetz als Anlage beigefügt ist, nach unten abzurunden, und zwar bei Auszahlung für Monate auf einen durch 10 Euro, bei Auszahlung für Wochen auf einen durch 2,50 Euro oder bei Auszahlung für Tage auf einen durch 50 Cent teilbaren Betrag.** [2] **Im Pfändungsbeschluss genügt die Bezugnahme auf die Tabelle.**

IV Hat eine Person, welcher der Schuldner auf Grund gesetzlicher Verpflichtung Unterhalt gewährt, eigene Einkünfte, so kann das Vollstreckungsgericht auf Antrag des Gläubigers nach billigem Ermessen bestimmen, dass diese Person bei der Berechnung des unpfändbaren Teils des Arbeitseinkommens ganz oder teilweise unberücksichtigt bleibt; soll die Person nur teilweise berücksichtigt werden, so ist Absatz 3 Satz 2 nicht anzuwenden.

---

* **Amtl. Anm.: Die unpfändbaren Beträge nach Absatz 1 und Absatz 2 Satz 2 sind durch Bekanntmachung zu § 850 c der Zivilprozessordnung (Pfändungsfreigrenzenbekanntmachung 2005) vom 25. Februar 2005 (BGBl. I S. 493) geändert worden.**
Diese neuen Zahlen sind oben bereits eingearbeitet. Sie sind maßgebend, BGH NJW **06**, 777.
** **Hinweis:** Vgl bitte bei allen folgenden Zahlen die Vorbem hinter der Anlage.

Anlage* zu § 850 c (Vgl dazu die Vorbem hinter der Anlage!)

Monatssätze

	Pfändbarer Betrag bei Unterhaltspflicht für ... Personen					
Nettolohn monatlich	0	1	2	3	4	5 und mehr
	in Euro					
bis 989,99	–	–	–	–	–	–
990,00 bis 999,99	3,40	–	–	–	–	–
1 000,00 bis 1 009,99	10,40	–	–	–	–	–
1 010,00 bis 1 019,99	17,40	–	–	–	–	–
1 020,00 bis 1 029,99	24,40	–	–	–	–	–
1 030,00 bis 1 039,99	31,40	–	–	–	–	–
1 040,00 bis 1 049,99	38,40	–	–	–	–	–
1 050,00 bis 1 059,99	45,40	–	–	–	–	–
1 060,00 bis 1 069,99	52,40	–	–	–	–	–
1 070,00 bis 1 079,99	59,40	–	–	–	–	–
1 080,00 bis 1 089,99	66,40	–	–	–	–	–
1 090,00 bis 1 099,99	73,40	–	–	–	–	–
1 100,00 bis 1 109,99	80,40	–	–	–	–	–
1 110,00 bis 1 119,99	87,40	–	–	–	–	–
1 120,00 bis 1 129,99	94,40	–	–	–	–	–
1 130,00 bis 1 139,99	101,40	–	–	–	–	–
1 140,00 bis 1 149,99	108,40	–	–	–	–	–
1 150,00 bis 1 159,99	115,40	–	–	–	–	–
1 160,00 bis 1 169,99	122,40	–	–	–	–	–
1 170,00 bis 1 179,99	129,40	–	–	–	–	–
1 180,00 bis 1 189,99	136,40	–	–	–	–	–
1 190,00 bis 1 199,99	143,40	–	–	–	–	–
1 200,00 bis 1 209,99	150,40	–	–	–	–	–
1 210,00 bis 1 219,99	157,40	–	–	–	–	–
1 220,00 bis 1 229,99	164,40	–	–	–	–	–
1 230,00 bis 1 239,99	171,40	–	–	–	–	–
1 240,00 bis 1 249,99	178,40	–	–	–	–	–
1 250,00 bis 1 259,99	185,40	–	–	–	–	–
1 260,00 bis 1 269,99	192,40	–	–	–	–	–
1 270,00 bis 1 279,99	199,40	–	–	–	–	–
1 280,00 bis 1 289,99	206,40	–	–	–	–	–
1 290,00 bis 1 299,99	213,40	–	–	–	–	–
1 300,00 bis 1 309,99	220,40	–	–	–	–	–
1 310,00 bis 1 319,99	227,40	–	–	–	–	–
1 320,00 bis 1 329,99	234,40	–	–	–	–	–
1 330,00 bis 1 339,99	241,40	–	–	–	–	–
1 340,00 bis 1 349,99	248,40	–	–	–	–	–
1 350,00 bis 1 359,99	255,40	–	–	–	–	–
1 360,00 bis 1 369,99	262,40	2,05	–	–	–	–

Nettolohn monatlich	Pfändbarer Betrag bei Unterhaltspflicht für … Personen					
	0	1	2	3	4	5 und mehr
	in Euro					
1 370,00 bis 1 379,99	269,40	7,05	–	–	–	–
1 380,00 bis 1 389,99	276,40	12,05	–	–	–	–
1 390,00 bis 1 399,99	283,40	17,05	–	–	–	–
1 400,00 bis 1 409,99	290,40	22,05	–	–	–	–
1 410,00 bis 1 419,99	297,40	27,05	–	–	–	–
1 420,00 bis 1 429,99	304,40	32,05	–	–	–	–
1 430,00 bis 1 439,99	311,40	37,05	–	–	–	–
1 440,00 bis 1 449,99	318,40	42,05	–	–	–	–
1 450,00 bis 1 459,99	325,40	47,05	–	–	–	–
1 460,00 bis 1 469,99	332,40	52,05	–	–	–	–
1 470,00 bis 1 479,99	339,40	57,05	–	–	–	–
1 480,00 bis 1 489,99	346,40	62,05	–	–	–	–
1 490,00 bis 1 499,99	353,40	67,05	–	–	–	–
1 500,00 bis 1 509,99	360,40	72,05	–	–	–	–
1 510,00 bis 1 519,99	367,40	77,05	–	–	–	–
1 520,00 bis 1 529,99	374,40	82,05	–	–	–	–
1 530,00 bis 1 539,99	381,40	87,05	–	–	–	–
1 540,00 bis 1 549,99	388,40	92,05	–	–	–	–
1 550,00 bis 1 559,99	395,40	97,05	–	–	–	–
1 560,00 bis 1 569,99	402,40	102,05	–	–	–	–
1 570,00 bis 1 579,99	409,40	107,05	3,01	–	–	–
1 580,00 bis 1 589,99	416,40	112,05	7,01	–	–	–
1 590,00 bis 1 599,99	423,40	117,05	11,01	–	–	–
1 600,00 bis 1 609,99	430,40	122,05	15,01	–	–	–
1 610,00 bis 1 619,99	437,40	127,05	19,01	–	–	–
1 620,00 bis 1 629,99	444,40	132,05	23,01	–	–	–
1 630,00 bis 1 639,99	451,40	137,05	27,01	–	–	–
1 640,00 bis 1 649,99	458,40	142,05	31,01	–	–	–
1 650,00 bis 1 659,99	465,40	147,05	35,01	–	–	–
1 660,00 bis 1 669,99	472,40	152,05	39,01	–	–	–
1 670,00 bis 1 679,99	479,40	157,05	43,01	–	–	–
1 680,00 bis 1 689,99	486,40	162,05	47,01	–	–	–
1 690,00 bis 1 699,99	493,40	167,05	51,01	–	–	–
1 700,00 bis 1 709,99	500,40	172,05	55,01	–	–	–
1 710,00 bis 1 719,99	507,40	177,05	59,01	–	–	–
1 720,00 bis 1 729,99	514,40	182,05	63,01	–	–	–
1 730,00 bis 1 739,99	521,40	187,05	67,01	–	–	–
1 740,00 bis 1 749,99	528,40	192,05	71,01	–	–	–
1 750,00 bis 1 759,99	535,40	197,05	75,01	–	–	–
1 760,00 bis 1 769,99	542,40	202,05	79,01	–	–	–
1 770,00 bis 1 779,99	549,40	207,05	83,01	0,29	–	–
1 780,00 bis 1 789,99	556,40	212,05	87,01	3,29	–	–

Nettolohn monatlich	Pfändbarer Betrag bei Unterhaltspflicht für ... Personen					
	0	1	2	3	4	5 und mehr
	in Euro					
1 790,00 bis 1 799,99	563,40	217,05	91,01	6,29	–	–
1 800,00 bis 1 809,99	570,40	222,05	95,01	9,29	–	–
1 810,00 bis 1 819,99	577,40	227,05	99,01	12,29	–	–
1 820,00 bis 1 829,99	584,40	232,05	103,01	15,29	–	–
1 830,00 bis 1 839,99	591,40	237,05	107,01	18,29	–	–
1 840,00 bis 1 849,99	598,40	242,05	111,01	21,29	–	–
1 850,00 bis 1 859,99	605,40	247,05	115,01	24,29	–	–
1 860,00 bis 1 869,99	612,40	252,05	119,01	27,29	–	–
1 870,00 bis 1 879,99	619,40	257,05	123,01	30,29	–	–
1 880,00 bis 1 889,99	626,40	262,05	127,01	33,29	–	–
1 890,00 bis 1 899,99	633,40	267,05	131,01	36,29	–	–
1 900,00 bis 1 909,99	640,40	272,05	135,01	39,29	–	–
1 910,00 bis 1 919,99	647,40	277,05	139,01	42,29	–	–
1 920,00 bis 1 929,99	654,40	282,05	143,01	45,29	–	–
1 930,00 bis 1 939,99	661,40	287,05	147,01	48,29	–	–
1 940,00 bis 1 949,99	668,40	292,05	151,01	51,29	–	–
1 950,00 bis 1 959,99	675,40	297,05	155,01	54,29	–	–
1 960,00 bis 1 969,99	682,40	302,05	159,01	57,29	–	–
1 970,00 bis 1 979,99	689,40	307,05	163,01	60,29	–	–
1 980,00 bis 1 989,99	696,40	312,05	167,01	63,29	0,88	–
1 990,00 bis 1 999,99	703,40	317,05	171,01	66,29	2,88	–
2 000,00 bis 2 009,99	710,40	322,05	175,01	69,29	4,88	–
2 010,00 bis 2 019,99	717,40	327,05	179,01	72,29	6,88	–
2 020,00 bis 2 029,99	724,40	332,05	183,01	75,29	8,88	–
2 030,00 bis 2 039,99	731,40	337,05	187,01	78,29	10,88	–
2 040,00 bis 2 049,99	738,40	342,05	191,01	81,29	12,88	–
2 050,00 bis 2 059,99	745,40	347,05	195,01	84,29	14,88	–
2 060,00 bis 2 069,99	752,40	352,05	199,01	87,29	16,88	–
2 070,00 bis 2 079,99	759,40	357,05	203,01	90,29	18,88	–
2 080,00 bis 2 089,99	766,40	362,05	207,01	93,29	20,88	–
2 090,00 bis 2 099,99	773,40	367,05	211,01	96,29	22,88	–
2 100,00 bis 2 109,99	780,40	372,05	215,01	99,29	24,88	–
2 110,00 bis 2 119,99	787,40	377,05	219,01	102,29	26,88	–
2 120,00 bis 2 129,99	794,40	382,05	223,01	105,29	28,88	–
2 130,00 bis 2 139,99	801,40	387,05	227,01	108,29	30,88	–
2 140,00 bis 2 149,99	808,40	392,05	231,01	111,29	32,88	–
2 150,00 bis 2 159,99	815,40	397,05	235,01	114,29	34,88	–
2 160,00 bis 2 169,99	822,40	402,05	239,01	117,29	36,88	–
2 170,00 bis 2 179,99	829,40	407,05	243,01	120,29	38,88	–
2 180,00 bis 2 189,99	836,40	412,05	247,01	123,29	40,88	–
2 190,00 bis 2 199,99	843,40	417,05	251,01	126,29	42,88	0,79
2 200,00 bis 2 209,99	850,40	422,05	255,01	129,29	44,88	1,79

Nettolohn monatlich	Pfändbarer Betrag bei Unterhaltspflicht für … Personen					
	0	1	2	3	4	5 und mehr
in Euro						
2 210,00 bis 2 219,99	857,40	427,05	259,01	132,29	46,88	2,79
2 220,00 bis 2 229,99	864,40	432,05	263,01	135,29	48,88	3,79
2 230,00 bis 2 239,99	871,40	437,05	267,01	138,29	50,88	4,79
2 240,00 bis 2 249,99	878,40	442,05	271,01	141,29	52,88	5,79
2 250,00 bis 2 259,99	885,40	447,05	275,01	144,29	54,88	6,79
2 260,00 bis 2 269,99	892,40	452,05	279,01	147,29	56,88	7,79
2 270,00 bis 2 279,99	899,40	457,05	283,01	150,29	58,88	8,79
2 280,00 bis 2 289,99	906,40	462,05	287,01	153,29	60,88	9,79
2 290,00 bis 2 299,99	913,40	467,05	291,01	156,29	62,88	10,79
2 300,00 bis 2 309,99	920,40	472,05	295,01	159,29	64,88	11,79
2 310,00 bis 2 319,99	927,40	477,05	299,01	162,29	66,88	12,79
2 320,00 bis 2 329,99	934,40	482,05	303,01	165,29	68,88	13,79
2 330,00 bis 2 339,99	941,40	487,05	307,01	168,29	70,88	14,79
2 340,00 bis 2 349,99	948,40	492,05	311,01	171,29	72,88	15,79
2 350,00 bis 2 359,99	955,40	497,05	315,01	174,29	74,88	16,79
2 360,00 bis 2 369,99	962,40	502,05	319,01	177,29	76,88	17,79
2 370,00 bis 2 379,99	969,40	507,05	323,01	180,29	78,88	18,79
2 380,00 bis 2 389,99	976,40	512,05	327,01	183,29	80,88	19,79
2 390,00 bis 2 399,99	983,40	517,05	331,01	186,29	82,88	20,79
2 400,00 bis 2 409,99	990,40	522,05	335,01	189,29	84,88	21,79
2 410,00 bis 2 419,99	997,40	527,05	339,01	192,29	86,88	22,79
2 420,00 bis 2 429,99	1 004,40	532,05	343,01	195,29	88,88	23,79
2 430,00 bis 2 439,99	1 011,40	537,05	347,01	198,29	90,88	24,79
2 440,00 bis 2 449,99	1 018,40	542,05	351,01	201,29	92,88	25,79
2 450,00 bis 2 459,99	1 025,40	547,05	355,01	204,29	94,88	26,79
2 460,00 bis 2 469,99	1 032,40	552,05	359,01	207,29	96,88	27,79
2 470,00 bis 2 479,99	1 039,40	557,05	363,01	210,29	98,88	28,79
2 480,00 bis 2 489,99	1 046,40	562,05	367,01	213,29	100,88	29,79
2 490,00 bis 2 499,99	1 053,40	567,05	371,01	216,29	102,88	30,79
2 500,00 bis 2 509,99	1 060,40	572,05	375,01	219,29	104,88	31,79
2 510,00 bis 2 519,99	1 067,40	577,05	379,01	222,29	106,88	32,79
2 520,00 bis 2 529,99	1 074,40	582,05	383,01	225,29	108,88	33,79
2 530,00 bis 2 539,99	1 081,40	587,05	387,01	228,29	110,88	34,79
2 540,00 bis 2 549,99	1 088,40	592,05	391,01	231,29	112,88	35,79
2 550,00 bis 2 559,99	1 095,40	597,05	395,01	234,29	114,88	36,79
2 560,00 bis 2 569,99	1 102,40	602,05	399,01	237,29	116,88	37,79
2 570,00 bis 2 579,99	1 109,40	607,05	403,01	240,29	118,88	38,79
2 580,00 bis 2 589,99	1 116,40	612,05	407,01	243,29	120,88	39,79
2 590,00 bis 2 599,99	1 123,40	617,05	411,01	246,29	122,88	40,79
2 600,00 bis 2 609,99	1 130,40	622,05	415,01	249,29	124,88	41,79
2 610,00 bis 2 619,99	1 137,40	627,05	419,01	252,29	126,88	42,79
2 620,00 bis 2 629,99	1 144,40	632,05	423,01	255,29	128,88	43,79

Nettolohn monatlich	Pfändbarer Betrag bei Unterhaltspflicht für … Personen					
	0	1	2	3	4	5 und mehr
	in Euro					
2 630,00 bis 2 639,99	1 151,40	637,05	427,01	258,29	130,88	44,79
2 640,00 bis 2 649,99	1 158,40	642,05	431,01	261,29	132,88	45,79
2 650,00 bis 2 659,99	1 165,40	647,05	435,01	264,29	134,88	46,79
2 660,00 bis 2 669,99	1 172,40	652,05	439,01	267,29	136,88	47,79
2 670,00 bis 2 679,99	1 179,40	657,05	443,01	270,29	138,88	48,79
2 680,00 bis 2 689,99	1 186,40	662,05	447,01	273,29	140,88	49,79
2 690,00 bis 2 699,99	1 193,40	667,05	451,01	276,29	142,88	50,79
2 700,00 bis 2 709,99	1 200,40	672,05	455,01	279,29	144,88	51,79
2 710,00 bis 2 719,99	1 207,40	677,05	459,01	282,29	146,88	52,79
2 720,00 bis 2 729,99	1 214,40	682,05	463,01	285,29	148,88	53,79
2 730,00 bis 2 739,99	1 221,40	687,05	467,01	288,29	150,88	54,79
2 740,00 bis 2 749,99	1 228,40	692,05	471,01	291,29	152,88	55,79
2 750,00 bis 2 759,99	1 235,40	697,05	475,01	294,29	154,88	56,79
2 760,00 bis 2 769,99	1 242,40	702,05	479,01	297,29	156,88	57,79
2 770,00 bis 2 779,99	1 249,40	707,05	483,01	300,29	158,88	58,79
2 780,00 bis 2 789,99	1 256,40	712,05	487,01	303,29	160,88	59,79
2 790,00 bis 2 799,99	1 263,40	717,05	491,01	306,29	162,88	60,79
2 800,00 bis 2 809,99	1 270,40	722,05	495,01	309,29	164,88	61,79
2 810,00 bis 2 819,99	1 277,40	727,05	499,01	312,29	166,88	62,79
2 820,00 bis 2 829,99	1 284,40	732,05	503,01	315,29	168,88	63,79
2 830,00 bis 2 839,99	1 291,40	737,05	507,01	318,29	170,88	64,79
2 840,00 bis 2 849,99	1 298,40	742,05	511,01	321,29	172,88	65,79
2 850,00 bis 2 859,99	1 305,40	747,05	515,01	324,29	174,88	66,79
2 860,00 bis 2 869,99	1 312,40	752,05	519,01	327,29	176,88	67,79
2 870,00 bis 2 879,99	1 319,40	757,05	523,01	330,29	178,88	68,79
2 880,00 bis 2 889,99	1 326,40	762,05	527,01	333,29	180,88	69,79
2 890,00 bis 2 899,99	1 333,40	767,05	531,01	336,29	182,88	70,79
2 900,00 bis 2 909,99	1 340,40	772,05	535,01	339,29	184,88	71,79
2 910,00 bis 2 919,99	1 347,40	777,05	539,01	342,29	186,88	72,79
2 920,00 bis 2 929,99	1 354,40	782,05	543,01	345,29	188,88	73,79
2 930,00 bis 2 939,99	1 361,40	787,05	547,01	348,29	190,88	74,79
2 940,00 bis 2 949,99	1 368,40	792,05	551,01	351,29	192,88	75,79
2 950,00 bis 2 959,99	1 375,40	797,05	555,01	354,29	194,88	76,79
2 960,00 bis 2 969,99	1 382,40	802,05	559,01	357,29	196,88	77,79
2 970,00 bis 2 979,99	1 389,40	807,05	563,01	360,29	198,88	78,79
2 980,00 bis 2 989,99	1 396,40	812,05	567,01	363,29	200,88	79,79
2 990,00 bis 2 999,99	1 403,40	817,05	571,01	366,29	202,88	80,79
3 000,00 bis 3 009,99	1 410,40	822,05	575,01	369,29	204,88	81,79
3 010,00 bis 3 019,99	1 417,40	827,05	579,01	372,29	206,88	82,79
3 020,00 bis 3 020,06	1 424,40	832,05	583,01	375,29	208,88	83,79
Der Mehrbetrag über 3 020,06 Euro ist voll pfändbar.						

Wochensätze

Nettolohn wöchentlich	Pfändbarer Betrag bei Unterhaltspflicht für … Personen					
	0	1	2	3	4	5 und mehr
in Euro						
bis 227,49	–	–	–	–	–	–
227,50 bis 229,99	0,55	–	–	–	–	–
230,00 bis 232,49	2,30	–	–	–	–	–
232,50 bis 234,99	4,05	–	–	–	–	–
235,00 bis 237,49	5,80	–	–	–	–	–
237,50 bis 239,99	7,55	–	–	–	–	–
240,00 bis 242,49	9,30	–	–	–	–	–
242,50 bis 244,99	11,05	–	–	–	–	–
245,00 bis 247,49	12,80	–	–	–	–	–
247,50 bis 249,99	14,55	–	–	–	–	–
250,00 bis 252,49	16,30	–	–	–	–	–
252,50 bis 254,99	18,05	–	–	–	–	–
255,00 bis 257,49	19,80	–	–	–	–	–
257,50 bis 259,99	21,55	–	–	–	–	–
260,00 bis 262,49	23,30	–	–	–	–	–
262,50 bis 264,99	25,05	–	–	–	–	–
265,00 bis 267,49	26,80	–	–	–	–	–
267,50 bis 269,99	28,55	–	–	–	–	–
270,00 bis 272,49	30,30	–	–	–	–	–
272,50 bis 274,99	32,05	–	–	–	–	–
275,00 bis 277,49	33,80	–	–	–	–	–
277,50 bis 279,99	35,55	–	–	–	–	–
280,00 bis 282,49	37,30	–	–	–	–	–
282,50 bis 284,99	39,05	–	–	–	–	–
285,00 bis 287,49	40,80	–	–	–	–	–
287,50 bis 289,99	42,55	–	–	–	–	–
290,00 bis 292,49	44,30	–	–	–	–	–
292,50 bis 294,99	46,05	–	–	–	–	–
295,00 bis 297,49	47,80	–	–	–	–	–
297,50 bis 299,99	49,55	–	–	–	–	–
300,00 bis 302,49	51,30	–	–	–	–	–
302,50 bis 304,99	53,05	–	–	–	–	–
305,00 bis 307,49	54,80	–	–	–	–	–
307,50 bis 309,99	56,55	–	–	–	–	–
310,00 bis 312,49	58,30	–	–	–	–	–
312,50 bis 314,99	60,05	0,23	–	–	–	–
315,00 bis 317,49	61,80	1,48	–	–	–	–
317,50 bis 319,99	63,55	2,73	–	–	–	–
320,00 bis 322,49	65,30	3,98	–	–	–	–
322,50 bis 324,99	67,05	5,23	–	–	–	–
325,00 bis 327,49	68,80	6,48	–	–	–	–
327,50 bis 329,99	70,55	7,73	–	–	–	–

Nettolohn wöchentlich	Pfändbarer Betrag bei Unterhaltspflicht für ... Personen					
	0	1	2	3	4	5 und mehr
	in Euro					
330,00 bis 332,49	72,30	8,98	–	–	–	–
332,50 bis 334,99	74,05	10,23	–	–	–	–
335,00 bis 337,49	75,80	11,48	–	–	–	–
337,50 bis 339,99	77,55	12,73	–	–	–	–
340,00 bis 342,49	79,30	13,98	–	–	–	–
342,50 bis 344,99	81,05	15,23	–	–	–	–
345,00 bis 347,49	82,80	16,48	–	–	–	–
347,50 bis 349,99	84,55	17,73	–	–	–	–
350,00 bis 352,49	86,30	18,98	–	–	–	–
352,50 bis 354,99	88,05	20,23	–	–	–	–
355,00 bis 357,49	89,80	21,48	–	–	–	–
357,50 bis 359,99	91,55	22,73	–	–	–	–
360,00 bis 362,49	93,30	23,98	0,17	–	–	–
362,50 bis 364,99	95,05	25,23	1,17	–	–	–
365,00 bis 367,49	96,80	26,48	2,17	–	–	–
367,50 bis 369,99	98,55	27,73	3,17	–	–	–
370,00 bis 372,49	100,30	28,98	4,17	–	–	–
372,50 bis 374,99	102,05	30,23	5,17	–	–	–
375,00 bis 377,49	103,80	31,48	6,17	–	–	–
377,50 bis 379,99	105,55	32,73	7,17	–	–	–
380,00 bis 382,49	107,30	33,98	8,17	–	–	–
382,50 bis 384,99	109,05	35,23	9,17	–	–	–
385,00 bis 387,49	110,80	36,48	10,17	–	–	–
387,50 bis 389,99	112,55	37,73	11,17	–	–	–
390,00 bis 392,49	114,30	38,98	12,17	–	–	–
392,50 bis 394,99	116,05	40,23	13,17	–	–	–
395,00 bis 397,49	117,80	41,48	14,17	–	–	–
397,50 bis 399,99	119,55	42,73	15,17	–	–	–
400,00 bis 402,49	121,30	43,98	16,17	–	–	–
402,50 bis 404,99	123,05	45,23	17,17	–	–	–
405,00 bis 407,49	124,80	46,48	18,17	–	–	–
407,50 bis 409,99	126,55	47,73	19,17	0,11	–	–
410,00 bis 412,49	128,30	48,98	20,17	0,86	–	–
412,50 bis 414,99	130,05	50,23	21,17	1,61	–	–
415,00 bis 417,49	131,80	51,48	22,17	2,36	–	–
417,50 bis 419,99	133,55	52,73	23,17	3,11	–	–
420,00 bis 422,49	135,30	53,98	24,17	3,86	–	–
422,50 bis 424,99	137,05	55,23	25,17	4,61	–	–
425,00 bis 427,49	138,80	56,48	26,17	5,36	–	–
427,50 bis 429,99	140,55	57,73	27,17	6,11	–	–
430,00 bis 432,49	142,30	58,98	28,17	6,86	–	–
432,50 bis 434,99	144,05	60,23	29,17	7,61	–	–
435,00 bis 437,49	145,80	61,48	30,17	8,36	–	–

Nettolohn wöchentlich	Pfändbarer Betrag bei Unterhaltspflicht für … Personen					
	0	1	2	3	4	5 und mehr
in Euro						
437,50 bis 439,99	147,55	62,73	31,17	9,11	–	–
440,00 bis 442,49	149,30	63,98	32,17	9,86	–	–
442,50 bis 444,99	151,05	65,23	33,17	10,61	–	–
445,00 bis 447,49	152,80	66,48	34,17	11,36	–	–
447,50 bis 449,99	154,55	67,73	35,17	12,11	–	–
450,00 bis 452,49	156,30	68,98	36,17	12,86	–	–
452,50 bis 454,99	158,05	70,23	37,17	13,61	–	–
455,00 bis 457,49	159,80	71,48	38,17	14,36	0,07	–
457,50 bis 459,99	161,55	72,73	39,17	15,11	0,57	–
460,00 bis 462,49	163,30	73,98	40,17	15,86	1,07	–
462,50 bis 464,99	165,05	75,23	41,17	16,61	1,57	–
465,00 bis 467,49	166,80	76,48	42,17	17,36	2,07	–
467,50 bis 469,99	168,55	77,73	43,17	18,11	2,57	–
470,00 bis 472,49	170,30	78,98	44,17	18,86	3,07	–
472,50 bis 474,99	172,05	80,23	45,17	19,61	3,57	–
475,00 bis 477,49	173,80	81,48	46,17	20,36	4,07	–
477,50 bis 479,99	175,55	82,73	47,17	21,11	4,57	–
480,00 bis 482,49	177,30	83,98	48,17	21,86	5,07	–
482,50 bis 484,99	179,05	85,23	49,17	22,61	5,57	–
485,00 bis 487,49	180,80	86,48	50,17	23,36	6,07	–
487,50 bis 489,99	182,55	87,73	51,17	24,11	6,57	–
490,00 bis 492,49	184,30	88,98	52,17	24,86	7,07	–
492,50 bis 494,99	186,05	90,23	53,17	25,61	7,57	–
495,00 bis 497,49	187,80	91,48	54,17	26,36	8,07	–
497,50 bis 499,99	189,55	92,73	55,17	27,11	8,57	–
500,00 bis 502,49	191,30	93,98	56,17	27,86	9,07	–
502,50 bis 504,99	193,05	95,23	57,17	28,61	9,57	0,03
505,00 bis 507,49	194,80	96,48	58,17	29,36	10,07	0,28
507,50 bis 509,99	196,55	97,73	59,17	30,11	10,57	0,53
510,00 bis 512,49	198,30	98,98	60,17	30,86	11,07	0,78
512,50 bis 514,99	200,05	100,23	61,17	31,61	11,57	1,03
515,00 bis 517,49	201,80	101,48	62,17	32,36	12,07	1,28
517,50 bis 519,99	203,55	102,73	63,17	33,11	12,57	1,53
520,00 bis 522,49	205,30	103,98	64,17	33,86	13,07	1,78
522,50 bis 524,99	207,05	105,23	65,17	34,61	13,57	2,03
525,00 bis 527,49	208,80	106,48	66,17	35,36	14,07	2,28
527,50 bis 529,99	210,55	107,73	67,17	36,11	14,57	2,53
530,00 bis 532,49	212,30	108,98	68,17	36,86	15,07	2,78
532,50 bis 534,99	214,05	110,23	69,17	37,61	15,57	3,03
535,00 bis 537,49	215,80	111,48	70,17	38,36	16,07	3,28
537,50 bis 539,99	217,55	112,73	71,17	39,11	16,57	3,53
540,00 bis 542,49	219,30	113,98	72,17	39,86	17,07	3,78
542,50 bis 544,99	221,05	115,23	73,17	40,61	17,57	4,03

Nettolohn wöchentlich	Pfändbarer Betrag bei Unterhaltspflicht für ... Personen 0	1	2	3	4	5 und mehr
	in Euro					
545,00 bis 547,49	222,80	116,48	74,17	41,36	18,07	4,28
547,50 bis 549,99	224,55	117,73	75,17	42,11	18,57	4,53
550,00 bis 552,49	226,30	118,98	76,17	42,86	19,07	4,78
552,50 bis 554,99	228,05	120,23	77,17	43,61	19,57	5,03
555,00 bis 557,49	229,80	121,48	78,17	44,36	20,07	5,28
557,50 bis 559,99	231,55	122,73	79,17	45,11	20,57	5,53
560,00 bis 562,49	233,30	123,98	80,17	45,86	21,07	5,78
562,50 bis 564,99	235,05	125,23	81,17	46,61	21,57	6,03
565,00 bis 567,49	236,80	126,48	82,17	47,36	22,07	6,28
567,50 bis 569,99	238,55	127,73	83,17	48,11	22,57	6,53
570,00 bis 572,49	240,30	128,98	84,17	48,86	23,07	6,78
572,50 bis 574,99	242,05	130,23	85,17	49,61	23,57	7,03
575,00 bis 577,49	243,80	131,48	86,17	50,36	24,07	7,28
577,50 bis 579,99	245,55	132,73	87,17	51,11	24,57	7,53
580,00 bis 582,49	247,30	133,98	88,17	51,86	25,07	7,78
582,50 bis 584,99	249,05	135,23	89,17	52,61	25,57	8,03
585,00 bis 587,49	250,80	136,48	90,17	53,36	26,07	8,28
587,50 bis 589,99	252,55	137,73	91,17	54,11	26,57	8,53
590,00 bis 592,49	254,30	138,98	92,17	54,86	27,07	8,78
592,50 bis 594,99	256,05	140,23	93,17	55,61	27,57	9,03
595,00 bis 597,49	257,80	141,48	94,17	56,36	28,07	9,28
597,50 bis 599,99	259,55	142,73	95,17	57,11	28,57	9,53
600,00 bis 602,49	261,30	143,98	96,17	57,86	29,07	9,78
602,50 bis 604,99	263,05	145,23	97,17	58,61	29,57	10,03
605,00 bis 607,49	264,80	146,48	98,17	59,36	30,07	10,28
607,50 bis 609,99	266,55	147,73	99,17	60,11	30,57	10,53
610,00 bis 612,49	268,30	148,98	100,17	60,86	31,07	10,78
612,50 bis 614,99	270,05	150,23	101,17	61,61	31,57	11,03
615,00 bis 617,49	271,80	151,48	102,17	62,36	32,07	11,28
617,50 bis 619,99	273,55	152,73	103,17	63,11	32,57	11,53
620,00 bis 622,49	275,30	153,98	104,17	63,86	33,07	11,78
622,50 bis 624,99	277,05	155,23	105,17	64,61	33,57	12,03
625,00 bis 627,49	278,80	156,48	106,17	65,36	34,07	12,28
627,50 bis 629,99	280,55	157,73	107,17	66,11	34,57	12,53
630,00 bis 632,49	282,30	158,98	108,17	66,86	35,07	12,78
632,50 bis 634,99	284,05	160,23	109,17	67,61	35,57	13,03
635,00 bis 637,49	285,80	161,48	110,17	68,36	36,07	13,28
637,50 bis 639,99	287,55	162,73	111,17	69,11	36,57	13,53
640,00 bis 642,49	289,30	163,98	112,17	69,86	37,07	13,78
642,50 bis 644,99	291,05	165,23	113,17	70,61	37,57	14,03
645,00 bis 647,49	292,80	166,48	114,17	71,36	38,07	14,28
647,50 bis 649,99	294,55	167,73	115,17	72,11	38,57	14,53

Nettolohn wöchentlich	Pfändbarer Betrag bei Unterhaltspflicht für … Personen					
	0	1	2	3	4	5 und mehr
in Euro						
650,00 bis 652,49	296,30	168,98	116,17	72,86	39,07	14,78
652,50 bis 654,99	298,05	170,23	117,17	73,61	39,57	15,03
655,00 bis 657,49	299,80	171,48	118,17	74,36	40,07	15,28
657,50 bis 659,99	301,55	172,73	119,17	75,11	40,57	15,53
660,00 bis 662,49	303,30	173,98	120,17	75,86	41,07	15,78
662,50 bis 664,99	305,05	175,23	121,17	76,61	41,57	16,03
665,00 bis 667,49	306,80	176,48	122,17	77,36	42,07	16,28
667,50 bis 669,99	308,55	177,73	123,17	78,11	42,57	16,53
670,00 bis 672,49	310,30	178,98	124,17	78,86	43,07	16,78
672,50 bis 674,99	312,05	180,23	125,17	79,61	43,57	17,03
675,00 bis 677,49	313,80	181,48	126,17	80,36	44,07	17,28
677,50 bis 679,99	315,55	182,73	127,17	81,11	44,57	17,53
680,00 bis 682,49	317,30	183,98	128,17	81,86	45,07	17,78
682,50 bis 684,99	319,05	185,23	129,17	82,61	45,57	18,03
685,00 bis 687,49	320,80	186,48	130,17	83,36	46,07	18,28
687,50 bis 689,99	322,55	187,73	131,17	84,11	46,57	18,53
690,00 bis 692,49	324,30	188,98	132,17	84,86	47,07	18,78
692,50 bis 694,99	326,05	190,23	133,17	85,61	47,57	19,03
695,00 bis 695,03	327,80	191,48	134,17	86,36	48,07	19,28
Der Mehrbetrag über 695,03 Euro ist voll pfändbar.						

Tagessätze

Nettolohn täglich			Pfändbarer Betrag bei Unterhaltspflicht für ... Personen					
			0	1	2	3	4	5 und mehr
			in Euro					
	bis	45,49	–	–	–	–	–	–
45,50	bis	45,99	0,11	–	–	–	–	–
46,00	bis	46,49	0,46	–	–	–	–	–
46,50	bis	46,99	0,81	–	–	–	–	–
47,00	bis	47,49	1,16	–	–	–	–	–
47,50	bis	47,99	1,51	–	–	–	–	–
48,00	bis	48,49	1,86	–	–	–	–	–
48,50	bis	48,99	2,21	–	–	–	–	–
49,00	bis	49,49	2,56	–	–	–	–	–
49,50	bis	49,99	2,91	–	–	–	–	–
50,00	bis	50,49	3,26	–	–	–	–	–
50,50	bis	50,99	3,61	–	–	–	–	–
51,00	bis	51,49	3,96	–	–	–	–	–
51,50	bis	51,99	4,31	–	–	–	–	–
52,00	bis	52,49	4,66	–	–	–	–	–
52,50	bis	52,99	5,01	–	–	–	–	–
53,00	bis	53,49	5,36	–	–	–	–	–
53,50	bis	53,99	5,71	–	–	–	–	–
54,00	bis	54,49	6,06	–	–	–	–	–
54,50	bis	54,99	6,41	–	–	–	–	–
55,00	bis	55,49	6,76	–	–	–	–	–
55,50	bis	55,99	7,11	–	–	–	–	–
56,00	bis	56,49	7,46	–	–	–	–	–
56,50	bis	56,99	7,81	–	–	–	–	–
57,00	bis	57,49	8,16	–	–	–	–	–
57,50	bis	57,99	8,51	–	–	–	–	–
58,00	bis	58,49	8,86	–	–	–	–	–
58,50	bis	58,99	9,21	–	–	–	–	–
59,00	bis	59,49	9,56	–	–	–	–	–
59,50	bis	59,99	9,91	–	–	–	–	–
60,00	bis	60,49	10,26	–	–	–	–	–
60,50	bis	60,99	10,61	–	–	–	–	–
61,00	bis	61,49	10,96	–	–	–	–	–
61,50	bis	61,99	11,31	–	–	–	–	–
62,00	bis	62,49	11,66	–	–	–	–	–
62,50	bis	62,99	12,01	0,05	–	–	–	–
63,00	bis	63,49	12,36	0,30	–	–	–	–
63,50	bis	63,99	12,71	0,55	–	–	–	–
64,00	bis	64,49	13,06	0,80	–	–	–	–
64,50	bis	64,99	13,41	1,05	–	–	–	–
65,00	bis	65,49	13,76	1,30	–	–	–	–

Nettolohn täglich	Pfändbarer Betrag bei Unterhaltspflicht für … Personen					
	0	1	2	3	4	5 und mehr
	in Euro					
65,50 bis 65,99	14,11	1,55	–	–	–	–
66,00 bis 66,49	14,46	1,80	–	–	–	–
66,50 bis 66,99	14,81	2,05	–	–	–	–
67,00 bis 67,49	15,16	2,30	–	–	–	–
67,50 bis 67,99	15,51	2,55	–	–	–	–
68,00 bis 68,49	15,86	2,80	–	–	–	–
68,50 bis 68,99	16,21	3,05	–	–	–	–
69,00 bis 69,49	16,56	3,30	–	–	–	–
69,50 bis 69,99	16,91	3,55	–	–	–	–
70,00 bis 70,49	17,26	3,80	–	–	–	–
70,50 bis 70,99	17,61	4,05	–	–	–	–
71,00 bis 71,49	17,96	4,30	–	–	–	–
71,50 bis 71,99	18,31	4,55	–	–	–	–
72,00 bis 72,49	18,66	4,80	0,04	–	–	–
72,50 bis 72,99	19,01	5,05	0,24	–	–	–
73,00 bis 73,49	19,36	5,30	0,44	–	–	–
73,50 bis 73,99	19,71	5,55	0,64	–	–	–
74,00 bis 74,49	20,06	5,80	0,84	–	–	–
74,50 bis 74,99	20,41	6,05	1,04	–	–	–
75,00 bis 75,49	20,76	6,30	1,24	–	–	–
75,50 bis 75,99	21,11	6,55	1,44	–	–	–
76,00 bis 76,49	21,46	6,80	1,64	–	–	–
76,50 bis 76,99	21,81	7,05	1,84	–	–	–
77,00 bis 77,49	22,16	7,30	2,04	–	–	–
77,50 bis 77,99	22,51	7,55	2,24	–	–	–
78,00 bis 78,49	22,86	7,80	2,44	–	–	–
78,50 bis 78,99	23,21	8,05	2,64	–	–	–
79,00 bis 79,49	23,56	8,30	2,84	–	–	–
79,50 bis 79,99	23,91	8,55	3,04	–	–	–
80,00 bis 80,49	24,26	8,80	3,24	–	–	–
80,50 bis 80,99	24,61	9,05	3,44	–	–	–
81,00 bis 81,49	24,96	9,30	3,64	–	–	–
81,50 bis 81,99	25,31	9,55	3,84	0,02	–	–
82,00 bis 82,49	25,66	9,80	4,04	0,17	–	–
82,50 bis 82,99	26,01	10,05	4,24	0,32	–	–
83,00 bis 83,49	26,36	10,30	4,44	0,47	–	–
83,50 bis 83,99	26,71	10,55	4,64	0,62	–	–
84,00 bis 84,49	27,06	10,80	4,84	0,77	–	–
84,50 bis 84,99	27,41	11,05	5,04	0,92	–	–
85,00 bis 85,49	27,76	11,30	5,24	1,07	–	–
85,50 bis 85,99	28,11	11,55	5,44	1,22	–	–
86,00 bis 86,49	28,46	11,80	5,64	1,37	–	–

Nettolohn täglich			Pfändbarer Betrag bei Unterhaltspflicht für ... Personen					
			0	1	2	3	4	5 und mehr
			in Euro					
86,50	bis	86,99	28,81	12,05	5,84	1,52	–	–
87,00	bis	87,49	29,16	12,30	6,04	1,67	–	–
87,50	bis	87,99	29,51	12,55	6,24	1,82	–	–
88,00	bis	88,49	29,86	12,80	6,44	1,97	–	–
88,50	bis	88,99	30,21	13,05	6,64	2,12	–	–
89,00	bis	89,49	30,56	13,30	6,84	2,27	–	–
89,50	bis	89,99	30,91	13,55	7,04	2,42	–	–
90,00	bis	90,49	31,26	13,80	7,24	2,57	–	–
90,50	bis	90,99	31,61	14,05	7,44	2,72	–	–
91,00	bis	91,49	31,96	14,30	7,64	2,87	0,01	–
91,50	bis	91,99	32,31	14,55	7,84	3,02	0,11	–
92,00	bis	92,49	32,66	14,80	8,04	3,17	0,21	–
92,50	bis	92,99	33,01	15,05	8,24	3,32	0,31	–
93,00	bis	93,49	33,36	15,30	8,44	3,47	0,41	–
93,50	bis	93,99	33,71	15,55	8,64	3,62	0,51	–
94,00	bis	94,49	34,06	15,80	8,84	3,77	0,61	–
94,50	bis	94,99	34,41	16,05	9,04	3,92	0,71	–
95,00	bis	95,49	34,76	16,30	9,24	4,07	0,81	–
95,50	bis	95,99	35,11	16,55	9,44	4,22	0,91	–
96,00	bis	96,49	35,46	16,80	9,64	4,37	1,01	–
96,50	bis	96,99	35,81	17,05	9,84	4,52	1,11	–
97,00	bis	97,49	36,16	17,30	10,04	4,67	1,21	–
97,50	bis	97,99	36,51	17,55	10,24	4,82	1,31	–
98,00	bis	98,49	36,86	17,80	10,44	4,97	1,41	–
98,50	bis	98,99	37,21	18,05	10,64	5,12	1,51	–
99,00	bis	99,49	37,56	18,30	10,84	5,27	1,61	–
99,50	bis	99,99	37,91	18,55	11,04	5,42	1,71	–
100,00	bis	100,49	38,26	18,80	11,24	5,57	1,81	–
100,50	bis	100,99	38,61	19,05	11,44	5,72	1,91	0,01
101,00	bis	101,49	38,96	19,30	11,64	5,87	2,01	0,06
101,50	bis	101,99	39,31	19,55	11,84	6,02	2,11	0,11
102,00	bis	102,49	39,66	19,80	12,04	6,17	2,21	0,16
102,50	bis	102,99	40,01	20,05	12,24	6,32	2,31	0,21
103,00	bis	103,49	40,36	20,30	12,44	6,47	2,41	0,26
103,50	bis	103,99	40,71	20,55	12,64	6,62	2,51	0,31
104,00	bis	104,49	41,06	20,80	12,84	6,77	2,61	0,36
104,50	bis	104,99	41,41	21,05	13,04	6,92	2,71	0,41
105,00	bis	105,49	41,76	21,30	13,24	7,07	2,81	0,46
105,50	bis	105,99	42,11	21,55	13,44	7,22	2,91	0,51
106,00	bis	106,49	42,46	21,80	13,64	7,37	3,01	0,56
106,50	bis	106,99	42,81	22,05	13,84	7,52	3,11	0,61
107,00	bis	107,49	43,16	22,30	14,04	7,67	3,21	0,66

Nettolohn täglich	Pfändbarer Betrag bei Unterhaltspflicht für ... Personen					
	0	1	2	3	4	5 und mehr
	in Euro					
107,50 bis 107,99	43,51	22,55	14,24	7,82	3,31	0,71
108,00 bis 108,49	43,86	22,80	14,44	7,97	3,41	0,76
108,50 bis 108,99	44,21	23,05	14,64	8,12	3,51	0,81
109,00 bis 109,49	44,56	23,30	14,84	8,27	3,61	0,86
109,50 bis 109,99	44,91	23,55	15,04	8,42	3,71	0,91
110,00 bis 110,49	45,26	23,80	15,24	8,57	3,81	0,96
110,50 bis 110,99	45,61	24,05	15,44	8,72	3,91	1,01
111,00 bis 111,49	45,96	24,30	15,64	8,87	4,01	1,06
111,50 bis 111,99	46,31	24,55	15,84	9,02	4,11	1,11
112,00 bis 112,49	46,66	24,80	16,04	9,17	4,21	1,16
112,50 bis 112,99	47,01	25,05	16,24	9,32	4,31	1,21
113,00 bis 113,49	47,36	25,30	16,44	9,47	4,41	1,26
113,50 bis 113,99	47,71	25,55	16,64	9,62	4,51	1,31
114,00 bis 114,49	48,06	25,80	16,84	9,77	4,61	1,36
114,50 bis 114,99	48,41	26,05	17,04	9,92	4,71	1,41
115,00 bis 115,49	48,76	26,30	17,24	10,07	4,81	1,46
115,50 bis 115,99	49,11	26,55	17,44	10,22	4,91	1,51
116,00 bis 116,49	49,46	26,80	17,64	10,37	5,01	1,56
116,50 bis 116,99	49,81	27,05	17,84	10,52	5,11	1,61
117,00 bis 117,49	50,16	27,30	18,04	10,67	5,21	1,66
117,50 bis 117,99	50,51	27,55	18,24	10,82	5,31	1,71
118,00 bis 118,49	50,86	27,80	18,44	10,97	5,41	1,76
118,50 bis 118,99	51,21	28,05	18,64	11,12	5,51	1,81
119,00 bis 119,49	51,56	28,30	18,84	11,27	5,61	1,86
119,50 bis 119,99	51,91	28,55	19,04	11,42	5,71	1,91
120,00 bis 120,49	52,26	28,80	19,24	11,57	5,81	1,96
120,50 bis 120,99	52,61	29,05	19,44	11,72	5,91	2,01
121,00 bis 121,49	52,96	29,30	19,64	11,87	6,01	2,06
121,50 bis 121,99	53,31	29,55	19,84	12,02	6,11	2,11
122,00 bis 122,49	53,66	29,80	20,04	12,17	6,21	2,16
122,50 bis 122,99	54,01	30,05	20,24	12,32	6,31	2,21
123,00 bis 123,49	54,36	30,30	20,44	12,47	6,41	2,26
123,50 bis 123,99	54,71	30,55	20,64	12,62	6,51	2,31
124,00 bis 124,49	55,06	30,80	20,84	12,77	6,61	2,36
124,50 bis 124,99	55,41	31,05	21,04	12,92	6,71	2,41
125,00 bis 125,49	55,76	31,30	21,24	13,07	6,81	2,46
125,50 bis 125,99	56,11	31,55	21,44	13,22	6,91	2,51
126,00 bis 126,49	56,46	31,80	21,64	13,37	7,01	2,56
126,50 bis 126,99	56,81	32,05	21,84	13,52	7,11	2,61
127,00 bis 127,49	57,16	32,30	22,04	13,67	7,21	2,66
127,50 bis 127,99	57,51	32,55	22,24	13,82	7,31	2,71
128,00 bis 128,49	57,86	32,80	22,44	13,97	7,41	2,76

Nettolohn täglich	Pfändbarer Betrag bei Unterhaltspflicht für ... Personen					
	0	1	2	3	4	5 und mehr
	in Euro					
128,50 bis 128,99	58,21	33,05	22,64	14,12	7,51	2,81
129,00 bis 129,49	58,56	33,30	22,84	14,27	7,61	2,86
129,50 bis 129,99	58,91	33,55	23,04	14,42	7,71	2,91
130,00 bis 130,49	59,26	33,80	23,24	14,57	7,81	2,96
130,50 bis 130,99	59,61	34,05	23,44	14,72	7,91	3,01
131,00 bis 131,49	59,96	34,30	23,64	14,87	8,01	3,06
131,50 bis 131,99	60,31	34,55	23,84	15,02	8,11	3,11
132,00 bis 132,49	60,66	34,80	24,04	15,17	8,21	3,16
132,50 bis 132,99	61,01	35,05	24,24	15,32	8,31	3,21
133,00 bis 133,49	61,36	35,30	24,44	15,47	8,41	3,26
133,50 bis 133,99	61,71	35,55	24,64	15,62	8,51	3,31
134,00 bis 134,49	62,06	35,80	24,84	15,77	8,61	3,36
134,50 bis 134,99	62,41	36,05	25,04	15,92	8,71	3,41
135,00 bis 135,49	62,76	36,30	25,24	16,07	8,81	3,46
135,50 bis 135,99	63,11	36,55	25,44	16,22	8,91	3,51
136,00 bis 136,49	63,46	36,80	25,64	16,37	9,01	3,56
136,50 bis 136,99	63,81	37,05	25,84	16,52	9,11	3,61
137,00 bis 137,49	64,16	37,30	26,04	16,67	9,21	3,66
137,50 bis 137,99	64,51	37,55	26,24	16,82	9,31	3,71
138,00 bis 138,49	64,86	37,80	26,44	16,97	9,41	3,76
138,50 bis 138,99	65,21	38,05	26,64	17,12	9,51	3,81
139,00 bis 139,01	65,56	38,30	26,84	17,27	9,61	3,86
Der Mehrbetrag über 139,01 Euro ist voll pfändbar.						

*** Amtl. Anm.: Diese Anlage ist durch Bekanntmachung zu § 850 c der Zivilprozessordnung (Pfändungsfreigrenzenbekanntmachung 2005) vom 25. Februar 2005 (BGBl. I S. 493) geändert worden.**

Vorbem. Vgl zu II a 2 die Bek v 25. 2. 05, BGBl 493, in Kraft seit 1. 7. 05, vgl dort. Die amtliche Bek der Neufassung der ZPO v 5. 12. 05, BGBl 3202, erwähnt die neuen Zahlen der Bek v 25. 2. 05 nur in zwei amtlichen Fußnoten zu § 850 c und zur amtlichen Anlage und nennt im Haupttext und den amtlichen Tabellen die noch nicht angepaßten früheren Zahlen, vermutlich wegen der Streitfragen, LG Heilbr Rpfleger **05**, 679, strenger LG Gießen Rpfleger **06**, 88, LG Lpz JB **05**, 602 (krit Schmidt Rpfleger **05**, 683). Indessen sind die in dieser Auflage abgedruckten Zahlen der Bek v 25. 2. 05 richtig, BGH NJW **06**, 777. Die Pfändungsfreigrenzenbekanntmachung 2007 v 22. 1. 07, BGBl 64, hat die bisher unpfändbaren Beträge nach I, II für die Zeit vom 1. 7. 07 bis zum 30. 6. 09 als unverändert erklärt.

Gliederung

1) Systematik, I–IV. Vgl zunächst Einf 1 vor §§ 850–852, § 850 a Rn 1. § 850 c ist nicht schon bei der 1
Feststellung der Leistungsfähigkeit im Erkenntnisverfahren anwendbar, Celle RR **89**, 1134, aM LG Lüb NJW **89**, 959 (aber es handelt sich um eine „erst" im Buch 8 stehende und nur auf die Zwangsvollstreckung zugeschnittene Pfändungsvorrechtsschrift).

I gibt die unpfändbaren Grundbeträge an, und zwar unter einer Berücksichtigung der gesetzlichen Unterhaltspflichten des Schuldners. *II und III* nennen die unpfändbaren Teile höherer Arbeitseinkommen. *IV* regelt zum Schutz des Gläubigers die Frage, inwieweit ein Unterhaltsberechtigter wegen eines eigenen Einkommens bei der Berechnung der Freibeträge unberücksichtigt bleiben muß.

Das Vollstreckungsgericht der §§ 764, 802 ist auch bei einer Sozialleistung zuständig, LSG Celle NJW **88**, 2696. Es muß immer vom *Nettoarbeitseinkommen* ausgehen, § 850 e Z 1. Wegen der Naturaleinkommen dort Z 3. In erster Linie ist das Geldeinkommen pfändbar. Eine besondere Regelung gilt für Unterhaltsansprüche nach § 850 d und für Ansprüche auf Grund einer vorsätzlichen unerlaubten Handlung.

2 **2) Regelungszweck, I–IV.** Die Vorschrift soll einerseits verhindern, daß der Staat mit Sozialleistungen einspringen muß. Das soll der Schuldner auch nicht durch eine nur den Gläubiger benachteiligende Wahl der Steuerklasse unterlaufen, LG Darmst JB **06**, 268. Sie soll andererseits dem Schuldner, dem jetzigen oder früheren Lebenspartner und seiner Familie den erforderlichen Mindestbetrag zum Leben sichern, Düss FamRZ **07**, 138 (auch zu den Grenzen), Karlsr FamRZ **98**, 1436, LG Kassel JB **07**, 664. Daraus folgt, daß sie nicht im Verhältnis zwischen dem unterhaltsberechtigten Angehörigen und dem Schuldner gilt, sondern nur im Verhältnis eines nicht derart bevorzugten Gläubigers zum Schuldner, AG Kleve FamRZ **84**, 1094, AG Münst FamRZ **02**, 407, Kohte Rpfleger **90**, 12. Sie beschränkt nicht die Verpflichtungsfreiheit des Schuldners, Karlsr FamRZ **98**, 1436.

Problematisch ist die nicht endende Tendenz des Gesetzgebers, immer noch viel zu viele winzige und halbkrumme Tabellenzahlen anzuhäufen, obwohl die jetzigen Fassungen schon einen Fortschritt hin zur dringendst nötigen Einfachheit gebracht haben. Umso mehr sollte man sich bemühen, die verbleibenden Beurteilungsspielräume ohne allzu viel Akribie zu bewältigen. Ein bißchen Vergröberung zwecks Vereinfachung kann für *alle* wohltuend wirken.

3 **3) Geltungsbereich I–IV.** Die Vorschrift gilt umfassend. Sie gilt auch zB im Steuervollstreckungsrecht, FG Karlsr NZM **00**, 407. Nach § 400 BGB ist eine Abtretung unwirksam, soweit die Forderung unpfändbar ist, BAG NJW **01**, 1443 (Unwirksamkeit entgegenstehender Vereinbarung). Auch eine zulässig vorgenommene *Lohn- oder Gehaltsabtretung* läßt die Berechnung des pfändbaren Teils unberührt, LG Hagen RR **88**, 1232. Eine in Allgemeinen Geschäftsbedingungen enthaltene Klausel, wonach ein Bürge den pfändbaren Teil seiner Rente an den Kreditgeber zur Sicherung abtritt, kann allerdings unwirksam sein, SG Düss RR **89**, 756. Ein öffentlichrechtlicher Versorgungsanspruch kann trotz einer Unabtretbarkeit in den Grenzen des § 850 c pfändbar sein, BGH NJW **04**, 3771. Das Vollstreckungsgericht muß alle Umstände abwägen und darf nicht nur nach festen Berechnungsgrößen vorgehen, BGH FamRZ **05**, 439 (krit Schmidt Rpfleger **05**, 203). Für die Berechnung des pfändungsfreien Teils muß das Vollstreckungsgericht von demjenigen Auszahlungszeitraum ausgehen, für den die Lohnzahlung erfolgt, also von einer monatlichen oder wöchentlichen oder täglichen Auszahlung, BSG NJW **93**, 811.

Wenn die Auszahlung zB *wöchentlich* erfolgt, wenn der Schuldner nun aber aus irgendeinem Grund tatsächlich nicht in der ganzen Woche gearbeitet hatte, sondern nur an drei Tagen, und wenn er demgemäß weniger erhielt, etwa infolge einer Krankheit, bleiben diese Umstände ebenso außer Betracht, wie wenn man den Lohn für die einzelnen Wochentage nach Stunden berechnet (Berechnungsgrundlage) und wenn er deshalb für die einzelnen Tage unterschiedlich hoch ist. Das Gericht muß auch dann und bei II–IV den vom Gesetz für eine Woche festgesetzten Betrag ansetzen. Scheidet ein Empfänger von Monatslohn vor dem Monatsende aus, bleibt die Monatstabelle anwendbar, ArbG Ffm JB **99**, 101.

Der Rpfl muß eine *Nachzahlung* demjenigen Auszahlungszeitraum zuschlagen, für den sie erfolgt. Wenn Auszahlungszeiträume mit einer vollen Beschäftigung und solche mit einer geringeren Beschäftigung aufeinander folgen, muß das Gericht eine Durchschnittsberechnung anstellen. Es muß eine Jahresgewinnbeteiligung verteilen. Wenn ein Angestellter zum Teil von Spesen lebt, muß das Gericht diesen Umstand berücksichtigen. Wenn der Schuldner sich in eine zu günstige falsche Steuerklasse einstufen ließ, kann das Gericht ihn als richtig eingestuft behandeln, Köln JB **00**, 218, AG Bochum DGVZ **00**, 40. Vgl Rn 9.

4 **4) Unpfändbare Grundbeträge, I.** Die Ermittlung folgt einem klaren Grundsatz. Die gesetzlichen Freibeträge gelten auch bei einem im Ausland billiger lebenden Schuldner, LG Heilbr Rpfleger **06**, 330. Rechenbeispiele bei Behr Rpfleger **05**, 498, Sturm JB **02**, 345.

A. Grundsatz: Nur bei gesetzlicher Unterhaltspflicht. In Betracht kommt nur eine im Einzelfall bestehende gesetzliche Unterhaltspflicht, BAG BB **87**, 550, einschließlich derjenigen aus §§ 1615 l, n BGB oder aus § 5 LPartG. Die Höhe eines unpfändbaren Grundbetrags richtet sich zunächst danach, ob der Schuldner überhaupt eine Unterhaltsverpflichtung hat, LG Bayreuth MDR **94**, 621 (das gilt zugunsten jedes Gesamtschuldners), LG Bre JB **98**, 211, LSG Essen Rpfleger **84**, 278. Leider gibt es keinen Erfahrungssatz, daß jeder Unterhaltsschuldner zur Zahlung des Mindestbetrags an seine minderjährigen Kinder imstande ist, aM Schlesw FamRZ **05**, 1110. Erst nach der Klärung dieser Vorfrage darf der Rpfl anschließend prüfen, in welchem Umfang eine solche Unterhaltspflicht besteht, IV.

5 **B. Beispiele zur Frage einer gesetzlichen Unterhaltspflicht, I**

Adoptivkind: Vgl zunächst „Verwandter". Der Rpfl muß eine Unterhaltspflicht gegenüber einem Adoptivkind beachten.

Gefangener: Zu seinem Arbeitsentgelt § 850 Rn 7.

Haushaltsgemeinschaft: Der Selbstbehalt kann bei einer kostensparenden Haushaltsgemeinschaft sinken, Nürnb NJW **03**, 3138.

Kindergeld: Zu ihm Grdz 80 vor § 704 „Kindergeld".

Lohnersatzanspruch: Zu ihm LG Hbg Rpfleger **85**, 34.

Mitverdiener: Ein Ehegatte oder Lebenspartner muß auch den folgenden etwaigen Umstand berücksichtigen: Ein Ehegatte oder Lebenspartner gehört zur ersten Stufe, LG Augsb JB **04**, 156. Er muß sich je nach den Verhältnissen auch gegenüber dem mitverdienenden anderen Ehegatten oder Lebenspartner an der Bezahlung der persönlichen Bedürfnisse beteiligen, soweit die Beteiligten nicht getrennt leben, Viertelhausen DGVZ **01**, 130. Daher ist der eine dem anderen also insoweit unterhaltspflichtig, § 850 b Rn 4, BAG FamRZ **83**, 901, LG Osnabr JB **02**, 440, AG Delmenhorst JB **03**, 859 (je: bei gleichem Einkommen ca je 50%), LAG Bln DB **76**, 1114. Freilich gilt auch IV, BAG FamRZ **83**, 901.

Nichteheliche Gemeinschaft: *Unanwendbar* ist I bei ihr, LG Osnabr JB **99**, 45.

Pflegekind: Es gilt dasselbe wie beim „Verwandten".

Rangfolge: Die gesetzliche Rangfolge nach (jetzt) § 1609 BGB ist natürlich mitbeachtlich.

SGB I: Zu § 48 I SGB I BSG FamRZ **84**, 288. Zu § 54 III Z 2 SGB I KG JB **78**, 1888 (ausf), Köln NJW **90**, 2696, LG Düss JB **90**, 1056.

SGB VI: Zur Kindererziehungsleistung nach § 294 SGB VI AG Bln-Wedding JB **02**, 48 (Zusammenrechnung mit Rente).

Sozialhilfe: Die Tabelle garantiert nicht stets einen über der Sozialhilfe liegenden Standard, BFH NJW **92**, 855, Ffm Rpfleger **91**, 378. Vgl aber § 850 f Rn 3, 4.

Stornoreserve: Zu ihr § 850 i Rn 1.

Tatsächliche Zahlung: Der Schuldner muß auch tatsächlich an den oder die Unterhaltsberechtigten zahlen, BAG FamRZ **83**, 901, Kblz FamRZ **05**, 651, LG Drsd JB **07**, 442.

Untervermietung: Bei der Berechnung des Sozialhilfebedarfs können Einnahmen aus einer Untervermietung mitbeachtbar sein, LG Bln Rpfleger **94**, 221.

Verwandter: Eine Unterhaltspflicht gegenüber einem solchen an sich berechtigten Verwandten, der sich selbst unterhalten kann, bleibt insbesondere bei einer Gefährdung des Schuldnerunterhalts außer Betracht, BAG BB **87**, 550.

B. Pfändungsfreiheit. Pfändungsfrei bleiben für den Schuldner stets mindestens 985,15 EUR monatlich, 6
226,72 EUR wöchentlich, 45,34 EUR täglich, OVG Münst NZM **99**, 773. Eine Reduzierung unter die Pauschbeträge ist unstatthaft, BGH FamRZ **07**, 1009. Der Schuldner verdient um so mehr Schutz, je unsteter oder kurzfristiger er arbeitet und Lohn erhält, BSG NJW **93**, 811. Ein arglistiger Scheinvertrag über eine in Wahrheit längere, scheinbar aber kürzere Abrechnungsperiode zur Erschleichung eines höheren monatlichen effektiven Freibetrags wäre unbeachtlich, Einl III 54, Grdz 44 vor § 704. Er wäre ein evtl strafbarer Betrug(sversuch) auch des Drittschuldners. Von dem Mehrbetrag, also von dem Unterschiedsbetrag zwischen dem pfändungsfreien Grundbetrag und dem Arbeitseinkommen, bleiben ferner folgende Beträge unpfändbar: Für die erste Person, der der Schuldner Unterhalt gewähren muß, nicht nur dem Ehegatten, LG Heilbr Rpfleger **04**, 301, und zwar weitere 370,76 EUR monatlich oder 85,32 EUR wöchentlich oder 17,06 EUR täglich; für die zweite bis fünfte Person je 206,56 EUR monatlich oder 47,54 EUR wöchentlich oder 9,51 EUR täglich, höchstens aber 2182,15 EUR monatlich, 502,20 EUR wöchentlich, 100,44 EUR täglich. Ein Kind kann auch dann „erste" Person sein, wenn es keinen Ehegatten gibt oder wenn dieser unberücksichtigt bleibt, BGH RR **04**, 1371, LG Bre JB **03**, 378, aM LG Verden JB **02**, 660, AG Traunstein JB **03**, 276 (aber es kommt auf die tatsächlichen Verhältnisse an, I 2).

5) Pfändungsfreie Teile des Netto-Mehreinkommens, II–IV. Es muß irgendein Arbeitseinkommen 7
vorliegen, FG Karlsr NZM **00**, 407. Es gilt eine Wertgrenze.

A. Nettoeinkommen bis 3020,06 EUR monatlich usw. Übersteigt das Arbeitseinkommen den pfändungsfreien Betrag und ist das Nettoeinkommen nach Rn 1 nicht höher als 3020,06 EUR monatlich, 695,03 EUR wöchentlich, 139,01 EUR täglich, ist der die Freibeträge von I übersteigende Betrag für den Schuldner zu 30% pfändungsfrei. Zugunsten des ersten nach I gesetzlich Unterhaltsberechtigten bleiben weitere 20% dieses Überschußbetrags unpfändbar. Zugunsten des zweiten bis fünften nach I gesetzlich Unterhaltsberechtigten bleiben je weitere 10% unpfändbar. Man muß diese Unpfändbarkeit ohne den jeweiligen Mindestbetrag berechnen. Der jeweils pfändungsfreie Betrag ergibt sich aus der Tabelle, die ein Teil des Gesetzes ist, BGBl **84** I 336. Die Tabelle berücksichtigt bereits die nach III vorgeschriebene Abrundung des Arbeitseinkommens auf 10 EUR monatlich, 2,50 EUR wöchentlich, 0,50 EUR täglich. Vgl ferner § 850 f III.

B. Nettoeinkommen mehr als 3020,06 EUR monatlich usw. Ist das Nettoeinkommen höher als 8
3020,06 EUR monatlich, 695,03 EUR wöchentlich, 139,01 EUR täglich, ist die diese Beträge übersteigende Spitze, stets voll pfändbar, II 2. Vgl im übrigen Rn 7.

C. Tabelle. Der Rpfl kann im Pfändungsbeschluß grundsätzlich auf die amtliche Tabelle Bezug nehmen, 9
etwa mit den Worten: es werde „der Betrag gepfändet, der sich aus der amtlichen Tabelle zu § 850 c ZPO ergibt", II 2, KG Rpfleger **78**, 335, Hornung Rpfleger **78**, 354. Dann überläßt der Rpfl dem Drittschuldner die Aufgabe, den Betrag entsprechend dem Auszahlungszeitraum und entsprechend derjenigen Personenzahl einzusetzen. Er muß dazu den Schuldner befragen, haftet aber erst bei einer Kenntnis der Unrichtigkeit der Angaben, Liese DB **90**, 2070. Mangels ausreichender Anhaltspunkte für ein Wahlrecht des Schuldners wegen seiner Steuerklasse muß der Drittschuldner die normale zugrunde legen, AG Bonn JB **97**, 659. Der Drittschuldner darf davon ausgehen, daß der Schuldner den in der Lohnsteuerkarte genannten Personen auch tatsächlich einen Unterhalt zahlt, Rn 4, 5.

Die *Bezugnahme* auf die Tabelle mit ihrer Angabe im einzelnen bei einer Unterhaltspflicht des Schuldners bis zu fünf und mehr Personen enthebt also den Gläubiger der für ihn oft nur unter einem erheblichen Zeitverlust und nicht genau möglichen Angabe der Zahl der unterhaltsberechtigten Personen. Eine Anordnung des Rpfl darüber, welche der drei Tabellen der Drittschuldner anwenden muß, kann je nach Sachlage ratsam sein, Rn 2, aM LG Bochum Rpfleger **85**, 370 (sie sei unzulässig). Die lange vor der Pfändung gewählte Steuerklasse ist auch dann nicht rechtsmißbräuchlich, wenn sie dem Gläubiger ungünstig ist, LG Osnabr DGVZ **98**, 190. Eine spätere, für den Gläubiger ungünstigere Wahl des Schuldners führt zur Anwendung der Steuerklasse III, Rn 3, AG Mü JB **01**, 154, oder der Klasse IV, LG Stgt JB **01**, 111. Vgl Rn 3.

D. Eigene Einkünfte, IV. Die Vorschrift erfaßt solche Einkünfte beliebiger Art, LG Mü JB **01**, 657 10
(staatliche Leistung). Sie erfaßt auch Leistungen eines weiteren Unterhaltspflichtigen, LG Kblz FamRZ **05**, 469 rechts (Ehegatte), LG Konst JB **03**, 326, LG Lpz JB **03**, 325 (zustm Kokol). Sie meint Einkünfte

derjenigen Personen, die der Schuldner kraft Gesetzes und nicht bloß auf Grund eines Vertrags unterhalten muß, LG Tüb Rpfleger **08**, 514 (beim Kind Berücksichtigung zur Hälfte). Der Rpfl darf solche Einkünfte derart beachten, daß der Gläubiger beim Schuldner mehr pfänden kann, als nach der Tabelle eigentlich zulässig wäre, Köln FamRZ **96**, 811, LG Konst JB **96**, 666, LG Osnabr JB **96**, 271, aM LG Ffm Rpfleger **96**, 298 (aber das ist der Sinn des Unternehmens). Dieser Weg ist nicht von Amts wegen möglich, sondern nur auf einen Antrag des Gläubigers, LG Bielef DGVZ **00**, 87, LG Wuppert JB **08**, 270. Der Gläubiger kann den Antrag stillschweigend stellen, LG Marbg Rpfleger **92**, 168. Der Rpfl übt auch hier ein pflichtgemäßes Ermessen aus, LG Marbg Rpfleger **92**, 168, LG Rostock JB **03**, 326. Trotzdem hat er die Amtspflicht zur Berücksichtigung aller erheblichen Gesichtspunkte, BGH FamRZ **06**, 203, LG Kblz FamRZ **05**, 469 rechts. Er führt freilich keine Amtsermittlung nach Grdz 38 vor § 128 durch. Er unterliegt keinen starren Regeln. Er darf auch nicht einmal an sich erlaubte feste Berechnungsgrößen unterschiedslos anwenden, BGH Rpfleger **05**, 371. Der Rpfl muß vor seiner Entscheidung den Schuldner und evtl die selbstverdienenden Unterhaltsberechtigten anhören, Artt 2 I, 20 III GG, BVerfG **101**, 404, aM LG Stade JB **00**, 379, Henze Rpfleger **81**, 52 (aber in einer so komplizierten Lage erfordert ein faires Verfahren eine Gelegenheit zur Stellungnahme).

11 **B. Beispiele zur Frage eigener Einkünfte, IV**

Auszubildender: Anwendbar ist IV bei einem in der Ausbildung mitverdienenden Kind. Wenn sich der Schuldner nicht äußert, kann die Behauptung des Gläubigers glaubhaft sein, ein Sohn des Schuldners erhalte jetzt eine Ausbildungshilfe von zB 300 EUR, LG Münst JB **90**, 1363.

Ehegatte: Anwendbar ist IV bei einer beschäftigten Ehefrau, BAG DB **84**, 2467, LG Heilbr JB **00**, 598, LG Kblz Rpfleger **08**, 513 (bei angemessener Höhe). Wenn sich der Schuldner nicht äußert, kann die Behauptung des Gläubigers glaubhaft sein, die Ehefrau des Schuldners arbeite zB nach einem (damals) 400-EUR-Vertrag, LG Kassel Rpfleger **01**, 143. Bei etwa gleichhohen Einkünften der Eheleute bleiben die unterhaltsberechtigten Kinder zur Häfte unberücksichtigt, AG Ulm JB **03**, 216.

Frühere Pfändung: Eine frühere Pfändung eines anderen Unterhaltsgläubigers darf nicht zu dessen Ausschluß nach IV führen, LG Bochum Rpfleger **98**, 210 (zustm Hintzen).

Kontenschutz: Anwendbar ist IV auch bei § 850 k, LG Münst Rpfleger **89**, 294.

Lebenspartner: Anwendbar ist IV beim mitverdienenden Lebenspartner nach dem LPartG.

Naturalien: Zu den eigenen Einkünften können auch Naturalleistungen des Arbeitgebers zählen, zB Wohnung und Verpflegung, AG Verden JB **08**, 216 (660 EUR/mtl).

Sozialhlife + X: Der Rpfl muß beachten, daß ein arbeitender Mensch einen erhöhten Bedarf hat, Henze Rpfleger **81**, 52. Deshalb benötigt zB ein solches Kind, das das Elternhaus verläßt, meist auch in der Folgezeit zunächst noch einen gewissen Unterhaltszuschuß vom Vater. Das gilt selbst dann, wenn es schon so viel verdient, wie der Vater bisher für dieses Kind insgesamt aufbringen mußte. Der Rpfl sollte den Bedarf mindestens etwa mit dem Sozialhilfebedarf + x% ansetzen, LG Kiel JB **08**, 161, ähnlich LG Flensb JB **02**, 662, LG Heilbr JB **03**, 660, LG Lpz JB **02**, 97 (je: + 20%), ähnlich LG Ellwangen Rpfleger **06**, 88 (+ 30 – 50%), LG Kblz JB **03**, 377 (mtl 559 EUR), aM LG Detm Rpfleger **98**, 256, LG Traunstein JB **03**, 548 (aber der Rpfl darf nicht zu streng sein, Rn 11). Das gilt auch bei der im Haushalt lebenden Ehefrau des Schuldners, LG Lpz JB **02**, 211. Wenn der Rpfl einen derartigen Unterhaltsberechtigten nur teilweise berücksichtigen will, darf er nicht auf die amtliche Tabelle Bezug nehmen, IV Hs 2 in Verbindung mit III 2.

Tatsächliche Zahlung: Auch bei IV kommt es auf sie an, LG Konst Rpfleger **02**, 631, LG Stgt JB **03**, 156, VG Gießen Rpfleger **06**, 91. Dazu reicht eine Geburtsurkunde nicht aus, LG Kref JB **02**, 661.

Überspannung: Man darf keine überspannten Anforderungen stellen, LG Ffm Rpfleger **88**, 74, LG Kassel Rpfleger **01**, 143, LG Stade JB **00**, 379.

Volljähriger: Anwendbar ist IV beim volljährigen Kind, LG Nürnberg-Fürth JB **01**, 549, LG Regensb JB **00**, 547, LG Rottweil JB **00**, 47.

Wegfall: Wenn sich der Schuldner nicht äußert, kann die Behauptung des Gläubigers glaubhaft sein, ein Unterhaltsberechtigter sei weggefallen, LG Detm JB **01**, 604 (zustm Kokol).

12 **F. Entscheidung, IV.** Ein Beschluß nach IV ist erst nach dem Erlaß des Pfändungsbeschlusses statthaft, LG Hann JB **92**, 265. Er begründet kein neues oder für alle Pfändungsgläubiger erweitertes Pfandrecht. Er erweitert vielmehr nur für diesen Gläubiger das bestehende Pfändungsrecht, BAG DB **84**, 2467, LG Konst Rpfleger **03**, 517, LG Mönchengladb JB **03**, 490, aM Hein Rpfleger **84**, 260 (aber die erstere Lösung entspricht der natürlichen Betrachtungsweise eher). Der Beschluß wird mit der Zustellung an den Drittschuldner wirksam, und zwar ohne weiteres, LG Mönchengladb JB **03**, 490.

13 **G. Rechtsbehelfe.** Bei einer Unstimmigkeit ist die Erinnerung nach § 766 zulässig, KG Rpfleger **78**, 335, LG Marbg Rpfleger **02**, 471. Das gilt auch durch den nach IV unberücksichtigt gebliebenen Unterhaltsberechtigten, Oldb Rpfleger **91**, 261, Stgt Rpfleger **87**, 255, Romeyko FamRZ **02**, 1499, aM ThP 11, ZöStö 16 (vgl aber § 850 g S 2). Der Rpfl darf bei einer nur teilweisen Berücksichtigung eines Unterhaltsberechtigten mit einem eigenen Einkommen nicht auf die Tabelle Bezug nehmen, IV Hs 2. Bei einem Verstoß ist auch insofern die Erinnerung nach § 766 zulässig. Der Betroffene kann gegen die nach einer Anhörung der Beteiligten getroffene Entscheidung des Rpfl nach § 11 RPflG vorgehen. Zum Verfahren § 104 Rn 41 ff. Der Betroffene kann gegen eine Erstentscheidung des Gerichts die sofortige Beschwerde nach §§ 567 I Z 1, 793 einlegen. Ein bloßer Treuhänder im vereinfachten Verbraucherinsolvenzverfahren hat kein Rechtsmittel, BayObLG MDR **01**, 1191.

14 **6) Zweijährige Änderung der Freibeträge, II a.** Die alle zwei Jahre zum 1. 7. der Höhe nach anzupassende Berechnungsmethode ist in II a S 1 bestimmt. Für die Praxis reicht die zweijährige Neubekanntmachung, erstmals durch VO v 25. 2. 05, BGBl 493. Danach haben sich die unpfändbaren Beträge für die Zeit seit 1. 7. 05 erhöht, wie jetzt aus I 1, 2, II 2 ersichtlich. Diese Tabelle ist gesetzmäßig, BGH NJW **06**, 777. Zur VO vgl die Vorbem hinter den Tabellen vor Rn 1.

850d ***Pfändbarkeit bei Unterhaltsansprüchen.*** **I 1 Wegen der Unterhaltsansprüche, die kraft Gesetzes einem Verwandten, dem Ehegatten, einem früheren Ehegatten, dem Lebenspartner, einem früheren Lebenspartner oder nach §§ 1615 l, 1615 n des Bürgerlichen Gesetzbuchs einem Elternteil zustehen, sind das Arbeitseinkommen und die in § 850 a Nr. 1, 2 und 4 genannten Bezüge ohne die in § 850 c bezeichneten Beschränkungen pfändbar. 2 Dem Schuldner ist jedoch so viel zu belassen, als er für seinen notwendigen Unterhalt und zur Erfüllung seiner laufenden gesetzlichen Unterhaltspflichten gegenüber den dem Gläubiger vorgehenden Berechtigten oder zur gleichmäßigen Befriedigung der dem Gläubiger gleichstehenden Berechtigten bedarf; von den in § 850 a Nr. 1, 2 und 4 genannten Bezügen hat ihm mindestens die Hälfte des nach § 850 a unpfändbaren Betrages zu verbleiben. 3 Der dem Schuldner hiernach verbleibende Teil seines Arbeitseinkommens darf den Betrag nicht übersteigen, der ihm nach den Vorschriften des § 850 c gegenüber nicht bevorrechtigten Gläubigern zu verbleiben hätte. 4 Für die Pfändung wegen der Rückstände, die länger als ein Jahr vor dem Antrag auf Erlass des Pfändungsbeschlusses fällig geworden sind, gelten die Vorschriften dieses Absatzes insoweit nicht, als nach Lage der Verhältnisse nicht anzunehmen ist, dass der Schuldner sich seiner Zahlungspflicht absichtlich entzogen hat.**

II Mehrere nach Absatz 1 Berechtigte sind mit ihren Ansprüchen in der Reihenfolge nach § 1609 des Bürgerlichen Gesetzbuchs und § 16 des Lebenspartnerschaftsgesetzes zu berücksichtigen, wobei mehrere gleich nahe Berechtigte untereinander gleichen Rang haben.

III Bei der Vollstreckung wegen der in Absatz 1 bezeichneten Ansprüche sowie wegen der aus Anlass einer Verletzung des Körpers oder der Gesundheit zu zahlenden Renten kann zugleich mit der Pfändung wegen fälliger Ansprüche auch künftig fällig werdendes Arbeitseinkommen wegen der dann jeweils fällig werdenden Ansprüche gepfändet und überwiesen werden.

Vorbem. II idF Art 3 III Z 8 G v 21. 12. 07, BGBl 3189, in Kraft seit 1. 1. 08, Art 4 Hs 1 G, ÜbergangsR § 36 EGZPO.

Schrifttum: *Büttner* FamRZ **94**, 1433 (ausf).

Gliederung

1) Systematik, I–III. Vgl zunächst Einf 1 vor §§ 850–852, § 850 a Rn 1. § 850 d bildet die unterste Grenzen des Sozialschutzes, LAG Hamm DB **95**, 2124. Die Vorschrift bevorrechtigt aus sozialen Erwägungen zugunsten des wirtschaftlich Schwächeren, Abhängigen gewisse Unterhaltsberechtigte bei der Pfändung, nämlich die Verwandten, den Ehegatten, den früheren Ehegatten, den Lebenspartner, einen früheren Lebenspartner sowie einen Elternteil des Kindes nicht miteinander verheirateter Eltern. Das Pfändungsvorrecht ist höchstpersönlich. Denn der Anspruch wechselt bei einer Übertragung auf eine andere Person seinen Charakter. Allerdings gilt das nicht beim Übergang auf einen anderen Unterhaltspflichtigen, §§ 1607 II, 1608 BGB. Denn dieser andere Unterhaltspflichtige befriedigt jetzt den gesetzlichen Unterhaltsanspruch, selbst wenn dieser Anspruch erst in zweiter Linie gegen ihn selbst besteht. 1

Der Anspruch *wechselt* aber auch durch einen Übergang auf den Träger der Sozialhilfe seinen *Charakter.* Denn es handelt sich nach diesem Übergang um eine andere Anspruchsart, selbst wenn sie durch das Versagen des Unterhaltspflichtigen entstand, LG Erfurt JB **96**, 494, Bethke FamRZ **91**, 399, aM LG Aachen FamRZ **01**, 178, LG Erfurt JB **97**, 46, LG Stgt Rpfleger **96**, 119 (aber der Zahlungsgrund ist nicht mehr die privatrechtliche Unterhaltspflicht, sondern eine öffentlichrechtliche Sozialleistungspflicht).

2) Regelungszweck, I–III. Der zum Unterhalt auf Geld vom Schuldner angewiesene Gläubiger verdient von allen Gläubigern am nachdrücklichsten eine Förderung, wenn er es schon bis zur Zwangsvollstreckung kommen lassen mußte. Andererseits kann auch der Schuldner infolge eben dieser Förderung des Gegners in Unterhaltsnot für sich oder die Seinen kommen. Man muß auch das schon zwecks Rechtssicherheit verhindern, soweit irgend möglich, LG Neuruppin FamRZ **03**, 699, AG Münst FamRZ **02**, 407. § 850 d soll den Spagat ermöglichen, hier den sozialerträglichen Ausgleich zu finden. Die dabei notwendigen Rechenaufgaben sind das Gegenteil von leicht. Es erfordert ein wirkliches Fingerspitzengefühl, hier die allseits akzeptable Mischung herauszufinden, zumal im Massenbetrieb. Ein erheblicher Rest von Unbehagen dürfte stets verbleiben. Jedenfalls sind Patentlösungen eine Illusion. Umso verantwortungsbewußter und damit behutsamer muß man abwägen. 2

3 **3) Geltungsbereich: Gesetzlicher Unterhaltsanspruch, I–III.** Es gibt einen einfachen Grundsatz.

A. Nur dieser Anspruch. Die Vorschrift erfaßt nur einen gesetzlichen Unterhaltsanspruch, BGH MDR **07**, 177.

B. Beispiele zur Frage eines gesetzlichen Unterhaltsanspruchs

Abfindung: *Unanwendbar* ist § 850 d auf eine Kapitalabfindung.

Altenteil: *Unanwendbar* ist § 850 d auf eine Altenteilsleistung.

Insolvenz: Eine Ausnahme vom Vollstreckungsverbot im Insolvenzverfahren nach § 89 II 2 InsO gilt nur für einen solchen Neugläubiger eines Unterhalts- oder Deliktsanspruchs, der nicht am Insolvenzverfahren teilnehmen kann, BGH FamRZ **08**, 684.

S auch „Verbraucherinsolvenz".

Kostenforderung: *Unanwendbar* ist § 850 d auf eine Kostenforderung. Das gilt selbst dann, wenn sie mit einer Unterhaltspflicht zusammenhängt.

Krankengeld: *Unanwendbar* ist § 850 d bei enem Krankengeld wegen eines Prozeßkostenvorschusses.

Prozeßkostenvorschuß: Anwendbar ist § 850 d auf einen Prozeßkostenvorschuß der Ehegatten nach §§ 1360 a IV BGGB, oder des Lebenspartners, § 8 II LPartG in Verbindung mit § 1360 a IV BGB, oder auf einen Prozeßkostenvorschuß der Eltern für ein Kind, sofern es sich um einen lebenswichtigen Vorgang handelt.

S auch „Krankengeld".

Rückstand: Neben dem laufenden Unterhalt darf und muß der Rpfl auch die Rückstände aus der Periode vor dem Zeitpunkt des Eingangs des Pfändungsantrags berücksichtigen, LG Bln Rpfleger **95**, 222, insbesondere die sog überjährigen, KG MDR **86**, 767. Kabath Rpfleger **91**, 294.

Das *Pfändungsprivileg entfällt* nach dem klaren Wortlaut von I 4 vielmehr allenfalls für solche überjährigen Rückstände, bei denen man nach der Lage der Verhältnisse nicht annehmen kann, daß der Schuldner sich seiner Zahlungspflicht absichtlich entzogen hat. Das letztere muß natürlich nicht der Gläubiger darlegen und beweisen, sondern allenfalls das Gegenteil der Schuldner, BGH FamRZ **05**, 440 rechts. Das zeigt die Fassung I letzter Hs, aM Köln RR **93**, 1157, LG Konst Rpfleger **03**, 677, Landmann Rpfleger **05**, 78 (aber der Wortlaut und Sinn sind eindeutig, Einl III 39). Immerhin darf der Rpfl dem Schuldner nicht ohne weiteres unterstellen, daß er sich der Zahlungspflicht absichtlich entziehen wollte. Maßgebend ist, ob ein bevorrechtigter Unterhalt vorliegt. Die Entziehungsabsicht besteht beim zahlungsfähigen, aber nicht zahlenden Schuldner, KG MDR **86**, 767. Der Rpfl muß die diesbezüglichen tatsächlichen Feststellungen im Vollstreckungstitel berücksichtigen. Wenn sie fehlen oder unklar sind, geht er wie bei § 850 f Rn 9 ff vor, Ffm Rpfleger **80**, 198.

Schadensersatz: Anwendbar ist § 850 d auf eine Schadensersatzforderung wegen eines rechtswidrig entzogenen Unterhaltsanspruchs oder nach § 844 III BGB, BGH MDR **07**, 177, aM Ruppe/Fleischmann Rpfleger **83**, 380 (aber der Schadensersatzanspruch hat seine Grundlage in der Unterhaltspflicht).

Verbraucherinsolvenz: Sie mag nicht stören, Brdb JB **08**, 49.

Versorgungsausgleich: *Unanwendbar* ist § 850 d bei einem Anspruch auf einen schuldrechtlichen Versorgungsausgleich, BGH FamRZ **05**, 1564.

Vertragsunterhalt: Anwendbar ist § 850 d, soweit der Vertrag nur eine gesetzliche Unterhaltspflicht festlegt, Welzel MDR **83**, 723.

Unanwendbar ist die Vorschrift, soweit der Schuldner freiwillig einen Unterhalt über seine gesetzliche Pflicht hinaus zahlt, zB auch an ein nichteheliches Kind seiner Ehefrau.

Wirtschaftsgeld: Anwendbar ist § 850 d auf das Wirtschaftsgeld der Ehefrau oder des Lebenspartners nach dem LPartG.

4 **4) Reihenfolge der Berechtigten, II,** dazu *Reinken* FPR **08**, 9, Schürmann FamRZ **08**, 313 (je: Üb): Die gesetzliche Reihenfolge entspricht teilweise der Reihenfolge des § 1609 I BGB. Sie ist für jeden Nachrangigen verbindlich, Nehlsen-von Stryk FamRZ **88**, 231, Wolf/Hintzen Rpfleger **08**, 337. Das gilt auch beim rückständigen Unterhalt, LG Bln Rpfleger **95**, 222. Gleichberechtigte haben unter sich einen gleichen Rang. Die Gleichrangigkeit bedeutet nicht, daß jeder dieselbe Quote erhält. Vielmehr muß der Rpfl dann die Quote eines jeden nach seinem Bedarf ausrechnen.

A. Minderjährige unverheiratete Kinder, Kinder nach § 1603 II 2 BGB. Den ersten Rang nehmen diese beiden Personengruppen ein, *§ 1609 Z 1 BGB.* Dabei nennt § 1603 II 2 BGB diejenigen volljährigen unverheirateten Kinder bis zur Vollendung des 21. Lebensjahrs, die noch oder schon wieder im Haushalt der Eltern oder eines Elternteils leben und die sich noch in der allgemeinen Schulausbildung befinden.

5 **B. Unterhaltsberechtigte, § 1609 Z 2 BGB.** Den zweiten Rang nehmen diejenigen Elternteile ein, die wegen der Betreuung eines Kindes unterhaltsberechtigt sind oder bei einer Scheidung unterhaltsberechtigt wären, sowie Ehegatten und geschiedene Ehegatten bei einer Ehe „von langer Dauer". Was dies letztere bedeutet, hat der Gesetzgeber in Hs 1 in einer Zurückhaltung nicht mitformuliert, über deren Weisheit man trefflich streiten wird. Nach Hs 2 sind jedenfalls auch Nachteile nach § 1578 b I 2, 3 BGB mitbeachtbar. Vorschlag: Mindestens 10 Jahre, eine nach dem Grundgedanken der Lebenslänglichkeit nicht gerade sonderlich lange Zeit. Man mag sie auch erheblich länger bemessen.

6 **C. Restliche Ehegatten, § 1609 Z 3 BGB.** Den dritten Rang belegen diejenigen Ehegatten auch geschiedene Ehegatten, die nicht unter Rn 5 fallen.

7 **D. Restliche Kinder, § 1609 Z 4 BGB.** Den vierten Rang nehmen diejenigen Kinder ein, die nicht unter Rn 4 fallen.

8 **E. Enkel, weitere Abkömmlinge, § 1609 Z 5 BGB.** Sie belegen Rang 5.

F. (Restliche) Eltern, § 1609 Z 6 BGB. Während Rn 5 bestimmte „Elternteile" höher einstuft, nennt diese Vorschrift für den Rang 6 schlicht „Eltern". In Wahrheit erfaßt sie also auch diejenigen Elternteile, die eben nicht in den Rang Rn 5 fallen. 9

G. Weitere aufsteigende Verwandten, § 1609 Z 7 BGB. Den letzten, siebenten Rang nehmen diese Personen ein. Dabei läßt Hs 2 unter ihnen die Näheren den Entfernteren vorgehen. 10

H. Einzelfragen, § 1609 Z 1–7 BGB. Das Vollstreckungsgericht der §§ 764, 802 kann bei Rn 1, 2 das Rangverhältnis auf einen Antrag des Schuldners oder eines Berechtigten nach seinem pflichtgemäßen Ermessen anders festsetzen. Die Anordnung eines anderen Rangs wirkt auf den Zeitpunkt der Pfändung zurück, BAG DB **91**, 1528. Zugunsten des früheren Ehegatten muß der Rpfl eine lange Dauer jener Ehe beachten, LG Frankenth Rpfleger **84**, 107. Dasselbe gilt beim früheren Lebenspartner. Der Rpfl darf aber nicht das Unterhaltsurteil unterlaufen, LG Frankenth Rpfleger **84**, 107. Wenn mehrere gleichberechtigte Pfändungen einander folgen, gilt zunächst der Zeitvorrang des § 804 III. Freilich kommt eine Anpassung nach § 850 g in Betracht, BGH **161**, 74, LG Bbg MDR **86**, 245. 11

Das Vollstreckungsgericht darf und muß aber oft eine *Anpassung nach § 850 g* vornehmen. Das darf jedoch nur im Vorrechtsbereich geschehen. Infolgedessen gilt wegen eines Mehreinkommens über die Grenzen des § 850 c hinaus wieder die Rangfolge des § 804 III, aM Henze Rpfleger **80**, 458. Der Rpfl muß auch die zeitlichen Grenzen der Bevorzugung der Ansprüche beachten, Rn 7. Wenn mehrere Pfändungen zusammentreffen, gilt § 850 e Rn 12, 13. Wenn ein besser- oder gleichberechtigter Unterhaltsgläubiger hinzutritt, muß der Rpfl den Freibetrag im Pfändungsbeschluß erhöhen. Er muß dann den bisherigen Pfändungsbeschluß also abändern.

5) Maß der Pfändbarkeit, I–III. Die Berechnung ist kompliziert. 12

A. Anwendungsbereich. § 850 d ergreift das Arbeitseinkommen nach § 850 und von den Bezügen des § 850 a diejenigen Bezüge, die dort Z 1, 2, 4 regeln, also die Überstundenvergütung, ein Urlaubsgeld, die Weihnachtsvergütung, Treugelder. Bei den Bezügen aus § 850 a Z 1, 2, 4 muß der Rpfl dem Schuldner aber mindestens die Hälfte der an sich unpfändbaren Bezüge belassen. Für die Bezüge nach § 850 b gilt dessen II. Sonstige unpfändbare Bezüge bleiben wie sonst unpfändbar, aM StJM 29 (aber die allgemeinen Regeln bleiben bestehen).

B. Notwendiger Unterhalt: Grundsatz, dazu *Rudolph* Rpfleger **96**, 490 (ausf): Grundsätzlich entfallen die Möglichkeit einer Beschränkung der Pfändung oder die Unpfändbarkeit. Indessen ist der Schuldner auch dann nicht darauf angewiesen, in einem Unterhaltsprozeß die Einrede des Notbedarfs geltend zu machen. Der Rpfl muß eine andere Verbindlichkeit des Schuldners mitbeachten, Naumb FamRZ **03**, 1215. Der Schuldner braucht nicht zur Verbesserung seiner Lage ein Insolvenzverfahren mit einer Restschuldbefreiung einzuleiten, Naumb FamRZ **03**, 1216, aM Stgt FamRZ **03**, 1217 (aber das verstößt gegen den Verhältnismäßigkeitsgrundsatz nach Grdz 34 vor § 704). Der Rpfl muß dem Schuldner vielmehr so viel als einen sog notwendigen Selbstbehalt belassen, daß er seinen notwendigen Unterhalt bestreiten und außerdem seine laufenden gesetzlichen Unterhaltspflichten gegenüber vorgehenden Unterhaltsberechtigten erfüllen kann, LG Köln FamRZ **05**, 51, LG Neuruppin FamRZ **03**, 699. 13

Er muß auch *gleichstehende* Unterhaltsberechtigte gleichmäßig befriedigen können, Köln RR **93**, 1156 (gleichmäßig heißt: bei einem Gleichrang anteilig), LG Konst FamRZ **98**, 1448 (Verhältnisse beachten). Dabei bleibt das Einkommen der Ehefrau oder des Lebenspartners des Schuldners unberücksichtigt, Rn 14, aM LG Hanau JB **04**, 619. Für Kinder ist kein vom Alter unabhängiger Pauschsatz zulässig, Köln Rpfleger **93**, 412. Auch ein solches Kind ist unterhaltsberechtigt, das für die Vergangenheit pfändet, LG Münst Rpfleger **01**, 608. Der Schuldner erhält nur insoweit einen Schutz, als der Lohn zur Befriedigung der dem Gläubiger gleichstehenden Unterhaltsberechtigten nicht reicht.

Zweckmäßigerweise beläßt der Rpfl dem Schuldner auch ein geringfügiges *Taschengeld,* damit der Schuldner nicht jede Freude an der Arbeit verliert. Der Rpfl darf den dem Schuldner belassenen Betrag wegen notwendiger besonderer Aufwendungen erhöhen, § 850 f. Ein wohlhabender Stiefvater entlastet einen unterhaltspflichtigen Vater nicht. Der weitere Umfang der Pfändbarkeit kommt den Unterhaltsforderungen zugute. Der Rpfl muß darüber hinaus vorhandene Beträge zwischen den sonst noch vorhandenen Schulden und dem geschuldeten Unterhalt angemessen verteilen.

C. Obergrenze des dem Schuldner Verbleibenden: Nicht mehr als nach § 850 c. Keinesfalls darf der Schuldner mehr behalten, als ihm nach § 850 c zukommen würde, LG Drsd MDR **99**, 118. Dabei muß der Rpfl Einnahmen aus anderen Quellen berücksichtigen. Er muß also beim Unterhalt eines Kindes auch das Kindergeld beachten, Grdz 80 vor § 704 „Kindergeld", § 851 Rn 3 ferner zB übliche Trinkgelder, LG Osnabr JB **99**, 214. Hat der Schuldner in einer Kenntnis seiner titulierten Unterhaltspflicht wesentliche Teile des Arbeitseinkommens an einen Dritten abgetreten, kann der Rpfl ihn so behandeln, als hätte er nichts abgetreten, LG Saarbr Rpfleger **86**, 23 (abl Lorenschat Rpfleger **86**, 309). 14

D. Notwendiger Unterhalt: Fallfrage. Vgl zunächst Rn 12, 13. „Notwendiger Unterhalt" ist etwas mehr als dasjenige, was § 1611 BGB nennt, immerhin weniger als der „angemessene Unterhalt", § 1610 BGB, § 5 S 1 LPartG, LG Detm Rpfleger **00**, 340, ZöStö 11, strenger MüKoSm 25, MusBe 7. Der Begriff ist gleitend, BSG FamRZ **85**, 380. Bei einem Beamten umfaßt er seine angemessene Kleidung. Die Kosten einer Eigentumswohnung müssen grundsätzlich unbeachtet bleiben, LG Kassel JB **05**, 379, freilich nur, soweit sie Mietkosten übersteigen. Die frühere gehobene Lebensstellung des Schuldners darf aber bei der Bemessung des notwendigen Unterhalts keine Beachtung mehr finden. Ein Eigenverdienst des einen Beteiligten dient nicht dazu, den Gläubiger des anderen zu befriedigen. Der Rpfl darf diesen Eigenverdienst also nur insoweit berücksichtigen, als er die Unterhaltspflicht des einen Beteiligten dem anderen gegenüber verringert. 15

E. Maßgeblichkeit der Schuldnerstellung. Eine Gehaltsabtretung zugunsten eines Unterhaltsberechtigten bezieht sich im Zweifel auf alle pfändbaren Gehaltsteile, Walker Festschrift für Musielak (2004) 664. Maßgeblich ist, was dem Schuldner verbleiben muß, nicht, was der Gläubiger erhalten muß. Richtsätze, KG 16

MDR **87**, 152, oder landesrechtliche Regelsätze auf Grund des Sozialrechts sind für den Rpfl nur Anhaltspunkte für eine Entscheidung, die er immer auf die Umstände abstellen muß, BGH **156**, 36, BAG MDR **97**, 848 (je: kein Absinken auf Sozialhilfe), LG Memmingen FamRZ **06**, 806, aM LG Halle Rpfleger **00**, 558 ([jetzt:] ca 450 EUR), LG Köln FamRZ **05**, 51, LG Memmingen FamRZ **04**, 1393 (je: Sozialhilfe), LG Mönchengladb Rpfleger **06**, 28 (1,5facher Regelsatz), LG Bln Rpfleger **06**, 664, LG Nürnb-Fürth FamRZ **06**, 486 (je: grds Grundsicherung nach SGB), LG Oldb FamRZ **00**, 1592, LG Osnabr FamRZ **01**, 841 (je: doppelter Mindestsatz), LG Kblz FamRZ **05**, 470 (20% des jetzt notwendigen Unterhalts. Aber alle diese Varianten verengen die notwendige Gesamtabwägung erfahrungsgemäß dann doch allmählich zu sehr). Der Zuschlag nach § 24 II SGB II fällt nicht unter den Selbstbehalt, LG Münst Rpfleger **05**, 550. Zum pauschalen Mehrbedarfszuschlag LG Mönchengladb JB **06**, 154 links unten (ausf).

17 Bei einer *privaten Krankenversicherung* soll nur die Berücksichtigung solcher Mehrkosten an Beiträgen unterbleiben, die durch einen gegenüber der Sozialversicherung günstigeren Versicherungsschutz entstehen würden, KG Rpfleger **85**, 154. „Erkaufte" höhere Leistungen muß der Gläubiger zumindest gut nachvollziehbar darlegen, LG Kleve JB **99**, 45. Solche Richtsätze ändern sich außerdem bei einer Änderung der Lebenshaltungskosten. Schon deshalb darf der Rpfl nicht unbedingt von ihnen ausgehen, aM AG Limbg DGVZ **76**, 76. Auch der niedrigste gesetzliche Lohn kann einen Anhaltspunkt bieten. Wegen der Abgrenzung zu § 48 SGB I BSG FamRZ **85**, 379. Die durch Art 11 GG geschützte Freizügigkeit kann zu einer Erhöhung des Betrags des notwendigen Unterhalts führen, LG Hbg MDR **88**, 154 (Umzug in Großstadt). Abzahlungen auf rückständige Steuern des Schuldners kommen ihm nicht zugute, Karlsr MDR **99**, 1403. Ein Insolvenz-Schuldner ist nicht stets leistungsunfähig, Kblz FamRZ **02**, 32.

18 **E. Verfahren.** Das Vollstreckungsgericht muß die Entscheidung darüber treffen, welchen Betrag es dem Schuldner als den für seinen Unterhalt notwendigen Betrag belassen muß. Der Rpfl darf aber die etwaige Festsetzung dieses Betrags durch das Prozeßgericht nicht ohne weiteres übergehen.

19 **F. Rechtsbehelf des Drittschuldners.** Andererseits kann sich der Drittschuldner gegenüber einer Festsetzung des notwendigen Unterhaltsbetrags durch den Rpfl ohne eine Anhörung im Einziehungserkenntnisverfahren vor dem Prozeßgericht nicht darauf berufen, das Vollstreckungsgericht habe wesentliche Umstände zu seinen Lasten übersehen. Vielmehr kann der Drittschuldner dann nur die Erinnerung nach § 766 oder die sofortige Beschwerde nach §§ 567 I Z 1, 793 einlegen, LAG Ffm DB **90**, 639. Der Beschluß, durch den das Gericht die Maßnahme des Rpfl auf Grund einer Erinnerung abändert, tritt an die Stelle des bisherigen Beschlusses. Dieser neue Beschluß wirkt aber nur insoweit zurück, als der Drittschuldner die Beträge nicht schon gezahlt hat. Gegen eine echte Entscheidung des Rpfl gilt § 11 RPflG.

20 **G. Bezifferung des Notbedarfs.** Das Vollstreckungsgericht sollte im Beschluß den Notbedarf beziffern, etwa so: „Dem Schuldner müssen aber X EUR im Monat (Woche, Tag) verbleiben". Das Gericht darf auch einen eindeutig bestimmbaren gleitenden Freibetrag bestimmen, etwa gemessen an den jeweiligen amtlichen Heimpflegekosten.

21 **6) Vorratspfändung, III.** Die Pfändung des künftigen Arbeitseinkommens ist zugleich mit der Pfändung des derzeitigen Arbeitseinkommens dann zulässig, wenn es sich um eine Zwangsvollstreckung wegen einer Unterhaltsrente oder wegen einer Rente auf Grund einer Körperverletzung handelt, § 850 b I Z 1. Wegen anderer Ansprüche § 751 Rn 3. Die Dauerpfändung ist jeweils 1 Tag nach Fälligkeit statthaft, § 751, LG Flensb FamRZ **04**, 1224, AG Norden RR **04**, 1692, aM LG Bln Rpfleger **82**, 434, LG Münst Rpfleger **04**, 506.

22 **A. Zulässigkeit.** Die Vorratspfändung ist nur insoweit zulässig, als gleichzeitig eine Pfändung wegen eines fälligen derartigen Anspruchs notwendig ist. Eine Vorratspfändung ist also dann nicht zulässig, wenn eine Pfändung nur wegen zukünftiger Ansprüche infrage kommt, LG Wuppert MDR **90**, 640. Ob noch ein fälliger Anspruch vorhanden ist, entscheidet sich nach dem Zeitpunkt des Erlasses des Pfändungs- und Überweisungsbeschlusses, § 329 Rn 23, LG Wuppert MDR **90**, 640. Pfändbar sind die Einkommen nach §§ 850, 850 a Z 1, 2, 4, 850 b, Rn 10. Eine zusätzliche Gefahr künftigen Schuldnerverzugs ist nicht erforderlich, aM Naumb DGVZ **95**, 57 (zu streng).

23 **B. Notwendigkeit.** Die Pfändung wird mit der Zustellung des Pfändungsbeschlusses auch wegen der künftigen Ansprüche wirksam. Die Worte „dann jeweils" beschränken nur die Höhe und den Zugriff. Die Pfändung wirkt für die Dauer des Vollstreckungstitels, falls der Gläubiger sie nicht beschränkt. Das Wort „kann" im Gesetzestext stellt nur in den Machtbereich, nicht in das Ermessen des Vollstreckungsgerichts. Der Rpfl muß daher den Pfändungsbeschluß erlassen, wenn dessen Voraussetzungen vorliegen. Die Pfändung wirkt schon von demjenigen Zeitpunkt an, in dem der Pfändungsbeschluß wirksam wird, nicht etwa erst ab der Fälligkeit der Rate. Wenn die Vorratspfändung noch nach dem früheren Recht erfolgt ist, muß der Rpfl ihr Ausmaß auf einen Antrag des Schuldners den neuen Bestimmungen anpassen, Vorbem vor § 850 c. Eine Tilgung der Rückstände rechtfertigt nur dann eine Aufhebung der Vorratspfändung, wenn man erwarten kann, daß der Schuldner auch künftig pünktlich zahlen wird, Bbg FamRZ **94**, 1540.

850e ***Berechnung des pfändbaren Arbeitseinkommens.*** **Für die Berechnung des pfändbaren Arbeitseinkommens gilt folgendes:**

1. [1] Nicht mitzurechnen sind die nach § 850 a der Pfändung entzogenen Bezüge, ferner Beträge, die unmittelbar auf Grund steuerrechtlicher oder sozialrechtlicher Vorschriften zur Erfüllung gesetzlicher Verpflichtungen des Schuldners abzuführen sind. [2] Diesen Beträgen stehen gleich die auf den Auszahlungszeitraum entfallenden Beträge, die der Schuldner

a) nach den Vorschriften der Sozialversicherungsgesetze zur Weiterversicherung entrichtet oder

b) an eine Ersatzkasse oder an ein Unternehmen der privaten Krankenversicherung leistet, soweit sie den Rahmen des Üblichen nicht übersteigen.

2. [1] Mehrere Arbeitseinkommen sind auf Antrag vom Vollstreckungsgericht bei der Pfändung zusammenzurechnen. [2] Der unpfändbare Grundbetrag ist in erster Linie dem Arbeitseinkommen zu entnehmen, das die wesentliche Grundlage der Lebenshaltung des Schuldners bildet.

2 a. [1] Mit Arbeitseinkommen sind auf Antrag auch Ansprüche auf laufende Geldleistungen nach dem Sozialgesetzbuch zusammenzurechnen, soweit diese der Pfändung unterworfen sind. [2] Der unpfändbare Grundbetrag ist, soweit die Pfändung nicht wegen gesetzlicher Unterhaltsansprüche erfolgt, in erster Linie den laufenden Geldleistungen nach dem Sozialgesetzbuch zu entnehmen. [3] Ansprüche auf Geldleistungen für Kinder dürfen mit Arbeitseinkommen nur zusammengerechnet werden, soweit sie nach § 76 des Einkommensteuergesetzes oder nach § 54 Abs. 5 des Ersten Buches Sozialgesetzbuch gepfändet werden können.

3. [1] Erhält der Schuldner neben seinem in Geld zahlbaren Einkommen auch Naturalleistungen, so sind Geld- und Naturalleistungen zusammenzurechnen. [2] In diesem Fall ist der in Geld zahlbare Betrag insoweit pfändbar, als der nach § 850 c unpfändbare Teil des Gesamteinkommens durch den Wert der dem Schuldner verbleibenden Naturalleistungen gedeckt ist.

4. [1] Trifft eine Pfändung, eine Abtretung oder eine sonstige Verfügung wegen eines der in § 850 d bezeichneten Ansprüche mit einer Pfändung wegen eines sonstigen Anspruchs zusammen, so sind auf die Unterhaltsansprüche zunächst die gemäß § 850 d der Pfändung in erweitertem Umfang unterliegenden Teile des Arbeitseinkommens zu verrechnen. [2] Die Verrechnung nimmt auf Antrag eines Beteiligten das Vollstreckungsgericht vor. [3] Der Drittschuldner kann, solange ihm eine Entscheidung des Vollstreckungsgerichts nicht zugestellt ist, nach dem Inhalt der ihm bekannten Pfändungsbeschlüsse, Abtretungen und sonstigen Verfügungen mit befreiender Wirkung leisten.

Gliederung

1) Systematik, Regelungszweck, Z 1–4. Vgl zunächst Einf 1 vor §§ 850–852. § 850 e enthält unterschiedlich geartete, dem Ziel einer sozialen Ausgewogenheit bei der Frage der Pfändbarkeit von Arbeitseinkommen jedoch gleichermaßen zugeordnete Spezialregeln der Berechnung. Die Vorschrift gilt nur in der Zwangsvollstreckung, BGH NZA **04**, 120 (also nicht bei einer Abtretung; dort Zuständigkeit des Prozeßgerichts). Der Grundsatz getrennter Betrachtung eines jeden von mehreren Einkommen des Schuldners dient dem Schutz des Arbeitgebers als Drittschuldner, BAG NJW **02**, 3122. Denn er kennt meist nur eines der Einkommen genau. 1

2) Nettoberechnung, Z 1. Zuständig ist das Vollstreckungsgericht, im eröffneten Insolvenzverfahren evtl das Insolvenzgericht, LG Rostock Rpfleger **01**, 564. Es muß den pfändbaren Teil des Arbeitseinkommens jeweils netto berechnen. Nicht abgerechnete Abschlagszahlungen und Vorschüsse sind bei einer nachfolgenden Pfändung auf den pfändungsfreien Betrag anrechenbar, BAG DB **87**, 1306, aM StJM 15 (aber sie dürfen nicht „unter den Tisch fallen"). Rechenbeispiele bei Napierala Rpfleger **92**, 49. Man muß die folgenden Beträge abziehen, und zwar auch gegenüber Unterhaltsberechtigten. 2

A. Unpfändbarkeit, § 850 a. Abziehen muß man zunächst die nach § 850 a unpfändbaren Bezüge, soweit die Lohnpfändung sie ergreift, Köln FamRZ **90**, 190, zB den Überstundenlohn zu einem Drittel, im Falle des § 850 d in dem dort Rn 6 ff genannten Umfang.

B. Steuerrecht, Sozialrecht. Abziehen muß man ferner diejenigen Beträge, die der Arbeitgeber nach dem Steuer- oder Sozialrecht einbehalten und unmittelbar abführen muß, BAG NJW **86**, 2208, zB die Lohnsteuer in voller Höhe, ferner die Sozialversicherungsabgaben, soweit sie nicht unter Rn 4 fallen. Es ist unerheblich, ob der Schuldner gegen Krankheit usw gesetzlich oder freiwillig versichert ist. Die gesetzlichen Beträge dürften aber die Obergrenze desjenigen darstellen, was man abziehen muß, LG Bln Rpfleger **94**, 426. Bei Versorgungsbezügen ist der letzte Arbeitgeber der Drittschuldner. Beim Ruhen wegen eines Wehrdienstes usw, bei einer Beschäftigung nur als eine Aushilfskraft ohne eine Lohnsteuerkarte, ferner bei einer Abtretung des Rückzahlungsanspruchs und schließlich bei einer Forderung des Erben eines Arbeitnehmers ist jeweils das Finanzamt der Drittschuldner. Auf andere als unmittelbar vom Arbeitgeber geschuldete Steuern usw ist Z 1 S 1 unanwendbar, BAG NJW **86**, 2208 (dem Auslandsfiskus geschuldete Steuer). Insofern kann aber § 850 f I anwendbar sein. Deshalb ist § 850 e Z 1 verfassungsgemäß, BAG NJW **86**, 2208. 3

Unzulässig ist ein doppelter Abzug, etwa beim Urlaubsgeld, ArbG Aachen FamRZ **07**, 63.

C. Sozialversicherung usw. Abziehen muß man schließlich diejenigen Beträge, die der Schuldner nach dem Sozialversicherungsrecht zu einer Weiterversicherung entrichtet, ferner Beträge, die an eine Ersatzkasse oder an eine private Krankenversicherung gelangen, sofern sich solche Beträge im Rahmen des Üblichen halten. Dabei darf man nicht einfach pauschalieren, LG Düss JB **06**, 156. Nicht abzugsfähig sind zB Abzüge zu einem privaten Pensionsfonds. Man muß Teilzahlungen und Vorschüsse auf den pfandfreien Teil verrechnen, nur mit dem Überschuß auf den Rest. Etwas anderes gilt dann, wenn der Vorschuß ein Darlehen darstellen würde. Das muß man regelmäßig dann annehmen, wenn es sich um einen „Vorschuß" auf mehrere 4

Lohnzahlungen handelt, wenn es also um einen solchen Bedarf geht, zu dem man auch sonst Kreditmittel in Anspruch nimmt, während es sich bei einem Vorschuß um die Befriedigung des normalen Lebensbedarfs handelt. Der Drittschuldner kann den pfändbaren Teil mit einer Wirkung gegenüber dem Gläubiger zur Aufrechnung stellen, § 392 BGB. Der Drittschuldner kann ebenso bei einem Anspruch auf eine vereinbarungsgemäße Einbehaltung einer Kaution vorgehen.

5 **3) Zusammenrechnung, Z 2, 2 a.** Sie bereitet erhebliche Probleme.

A. Arbeitseinkommen, Z 2. Die Vorschrift ist zwingend. Man muß sämtliche pfändbaren Arbeitseinkommen des Schuldners zusammenrechnen. Das gilt ohne Rücksicht auf die Art der Pfändung, LG Ffm Rpfleger **83**, 449, Mertes Rpfleger **84**, 453, aM Behr Rpfleger **81**, 390 (die Zusammenrechnung sei nur bei der Pfändung des nicht bevorrechtigten Gläubigers zulässig. Aber Z 2 spricht schlicht von „mehreren Arbeitseinkommen", Einl III 39). Evtl darf man auch eine Rente und einen Arbeitsverdienst zusammenrechnen, BAG NJW **02**, 3122.

6 **B. Beispiele zum Arbeitseinkommen, Z 2**

Abtretung: Der Zusammenrechnungsbeschluß kann keine weitere Abtretbarkeit begründen, BAG NJW **97**, 479.

Altersversorgung: Man muß sie mit einem Arbeitgeberzuschuß zusammenrechnen, auch wenn sie aus einer selbständigen Pensionskasse stammt, BAG VersR **91**, 1199.

Andere Einkommensarten: Eine Zusammenrechnung des Arbeitseinkommens mit anderen Einkommensarten wie zB aus selbständiger Tätigkeit findet schon nach dem klaren Wortlaut von II nicht statt, LG Hann JB **90**, 1059, AG Adamar DGVZ **89**, 189.

Arbeitgeberzuschuß: S „Krankengeld".

Aufrechnung: Der Zusammenrechnungsbeschluß kann keine weitere Aufrechenbarkeit begründen, BAG NJW **97**, 479.

Drittschuldner: Die Existenz mehrerer Drittschuldner hindert eine Zusammenrechnung nicht.

Ehegatte: Man darf das Arbeitseinkommen des Ehegatten des Schuldners nicht mit dem Arbeitseinkommen des Schuldners zusammenrechnen, LG Marbg Rpfleger **92**, 167. Das gilt auch dann, wenn die Ehefrau zum Unterhalt des Schuldners beitragen muß. Es entfällt aber der Freibetrag für die Ehefrau dann, wenn sie sich selbst voll unterhalten kann, § 850 d Rn 15.

Frühere Pfändung: Einen schon gepfändeten Betrag darf der Rpfl nicht nochmals zusammenrechnen.

Grundbetrag: Der Rpfl muß den unpfändbaren Grundbetrag in erster Linie demjenigen Arbeitseinkommen entnehmen, das die wesentliche Grundlage der Lebenshaltung des Schuldners ist, Stgt Rpfleger **79**, 223, LG Trier MDR **81**, 327. Das ist regelmäßig das höhere Einkommen. Es kann aber auch anders liegen. Das gilt etwa dann, wenn ein Beamter neben seinem Gehalt aus einer Nebenbeschäftigung solche höheren Nebeneinnahmen hat, die nicht dauernd wiederkehren. Im einzelnen hat das Gericht freie Hand, LG Itzehoe SchlHA **78**, 216. Man sollte aber an dem Grundsatz festhalten, daß eine Zusammenrechnung den Schuldner nicht besser stellen darf, als wenn er ein einheitliches Arbeitseinkommen in Höhe der Gesamtbezüge haben würde.

7 **Kindergeld:** Grdz 80 vor § 704 und unten Rn 8.

Krankengeld: Man muß es mit einem Arbeitgeberzuschuß zusammenrechnen. Denn er gehört zum Arbeitseinkommen.

Nebenbeschäftigung: S „Grundbetrag".

Pfändung: Wenn ein Gläubiger die mehreren Bezüge gepfändet hat, muß das Vollstreckungsgericht im Beschluß sagen, welcher Drittschuldner den unpfändbaren Betrag oder auch den entsprechenden Anteil berücksichtigen muß. Wenn mehrere Gläubiger pfänden und jeder das Einkommen des Schuldners aus einer anderen Quelle pfändet, muß man den pfändungsfreien Betrag stets solange berücksichtigen, bis eine solche Anordnung nach Z 2 ergeht, bis das Gericht also den pfändungsfreien Betrag einem der Einkommen entnimmt. Der Rpfl muß die pfändungsfreien Zehntel des Mehrbetrags nach § 850 c Rn 7 dann auf die übrigen Einkommen verteilen. Sie gehen jeweils zulasten desjenigen Gläubigers, der gerade dieses Einkommen gepfändet hat.

Schlechtwettergeld: Ein solches nach dem AFG ist unpfändbar. Daher darf der Rpfleger insofern nicht zusammenrechnen.

Sozialrente: Man darf sie nur nach Z 2 a zusammenrechnen, Rn 8.

Wohngeld: Man darf und muß es mitrechnen, Grdz 115 vor § 704 „Wohngeld", LG Landshut JB **00**, 436.

8 **C. Sozialleistungen, Z 2 a.** Zusammenrechenbar sind Renten- und Arbeitsverdienstansprüche, BAG NJW **02**, 3122, sowie Ansprüche auf eine laufende Geldleistung nach dem SGB (also nicht andere, zB ausländische, LG Aachen MDR **92**, 521, AG Nienb JB **04**, 559) mit dem Arbeitseinkommen. Freilich ist dazu wie bei Z 2 nur das Vollstreckungsgericht befugt, nicht das Prozeßgericht, BAG NJW **02**, 3122. Es müssen im übrigen die folgenden Voraussetzungen vorliegen.

Es muß zunächst ein *Antrag* des Gläubigers vorliegen, Mü Rpfleger **79**, 224, LG Münst WoM **02**, 96. Ein solcher des Schuldners, der nach dem Gesetzeswortlaut ebenfalls ausreichen könnte, ist mangels eines Rechtsschutzbedürfnisses nach Grdz 33 vor § 253 kaum zulässig. Zwar könnte er durch eine Zusammenrechnung zunächst seinen Freibetrag erhöhen. Der Schuldner müßte aber insgesamt natürlich mehr abführen. Der Anspruch muß auch überhaupt pfändbar sein. Das gilt zB nicht bei einer Sozialhilfe, Grdz 102 vor § 704 „Sozialhilfe", LG Bln MDR **78**, 323. Wegen des Erziehungsgelds, Kindergelds, Mutterschaftsgeld usw Grdz 80 vor § 704 „Kindergeld". Wegen des Wohngelds Grdz 115 vor § 704. Zum Abtretungsproblem BGH NJW **97**, 2823.

9 Soweit es um einen solchen Anspruch nach § 54 V 1 in Verbindung mit § 48 I 2 *SGB I* geht, darf man eine Zusammenrechnung nach Z 2 a S 3 nur vornehmen, soweit eine Pfändung nach § 76 EStG oder nach § 54 V SGB I überhaupt zulässig ist, Grdz 80 vor § 704 „Kindergeld", BGH RR **05**, 1010. Soweit es um eine Pfändung nicht wegen gesetzlicher Unterhaltsansprüche geht, muß man den unpfändbaren Grundbetrag nach Z 2 a S 2 den laufenden Leistungen nach dem SGB entnehmen, LG Marbg Rpfleger **02**, 216. Der

Drittschuldner kann mangels einer Beschwer nicht geltend machen, die eine Geldquelle sei unpfändbar, wenn er nur die andere beliefern muß, AG Halle JB **05**, 274.

Für die *verbleibenden restlichen Fälle* ist Z 2 entsprechend anwendbar. Das gilt freilich mit der Einschrän- **10**
kung, daß die nachfolgenden Belege unbrauchbar sind, soweit sie sich auch auf die vorstehende Neuregelung für Kindergeld usw beziehen. Der Rpfl muß den unpfändbaren Grundbetrag derjenigen Leistung entnehmen, die die wesentliche Grundlage der Lebenshaltung des Schuldners bildet, Stgt Rpfleger **82**, 350, LG Freibg Rpfleger **81**, 452, aM Karlsr FamRZ **81**, 986, LG Hildesh Rpfleger **81**, 450 (aber man sollte möglichst lebensnah prozeßwirtschaftlich denken, Grdz 14 vor § 128). Zum Problem Hornung Rpfleger **88**, 221.

Zur Pfändung einer Kriegsschadensrente in Form einer *Unterhaltsbeihilfe* BSG RR **87**, 571. Zur Pfändung der Grundrente eines Schwerkriegsbeschädigten Hamm Rpfleger **83**, 410. Wegen des Wohngelds LG Marbg Rpfleger **86**, 395, LG Tüb Rpfleger **84**, 280.

4) Naturalbezüge, Z 3. Zusammenrechenbar sind nur Naturalbezüge aus Dienstleistungen, Ffm JB **91**, **11**
724, nicht solche vom Lebensgefährten, LG Regensb JB **95**, 218 (auch keine Trinkgelder). Wenn der Schuldner nur Naturalbezüge hat, sind §§ 850 ff unanwendbar, § 850 Rn 1. Wenn der Schuldner einen Naturalbezug neben einer Geldleistung bezieht, muß man den Naturalbezug seinem Geldwert nach dem Bargeldbezug zurechnen, LAG Hamm BB **91**, 1496, also nicht mit demjenigen Wert, der für die Lohnsteuer und für die Sozialbeiträge festgesetzt wird. Das gilt auch dann, wenn der Schuldner von dem einen Drittschuldner nur Geld bezieht, von dem anderen Drittschuldner aber nur einen Naturalbezug. § 850 e beläßt aber die Naturalbezüge stets dem Schuldner, Meyer JB **01**, 187. Denn die Vorschrift besagt, daß man den Wert der Naturalleistung zunächst auf den unpfändbaren Grundbetrag des § 850 c verrechnen muß. Das Gericht muß die Verrechnung von Amts wegen vornehmen. Das gilt auch: Für einen Wehrsold, § 850 Rn 4; für die Bewertung der Sachbezüge nach dem jeweiligen Erlaß des BMin für Verteidigung, Kreutzer AnwBl **74**, 173 (er weist auch darauf hin, daß die Truppe eine abweichende Bewertung hinnehme); für den Lebenskostenbeitrag des Strafgefangenen, Ffm Rpfleger **84**, 425.

5) Zusammentreffen, Z 4. Das Arbeitseinkommen zerfällt in drei Teile: Denjenigen Teil, der dem **12**
Schuldner unbedingt verbleiben muß; ferner denjenigen Teil, der einem Unterhaltsberechtigten für eine Pfändung freisteht; schließlich denjenigen Teil, der jedem Gläubiger offensteht. Z 4 soll diejenigen Schwierigkeiten beseitigen, die dann entstehen, wenn verschieden berechtigte Gläubiger Pfändungen vornehmen. Wenn ein Unterhaltsberechtigter oder ein sonst nach § 850 d Bevorzugter pfändet, ergreift seine Pfändung zunächst denjenigen Teil des Arbeitseinkommens, der nur seiner Pfändung freisteht. Erst in zweiter Linie ergreift seine Pfändung denjenigen Teil des Arbeitseinkommens, der jedem Gläubiger offensteht.

Wenn der Schuldner einen Bevorrechtigten durch die *Abtretung* eines Teils seines Einkommens gesichert **13**
hat, wirkt diese Maßnahme gegenüber einem nicht Bevorrechtigten, soweit eine Pfändung gewirkt hätte. Es erfolgt also eine Verrechnung auf denjenigen Teil, der nur dem Bevorrechtigten offensteht. Der nicht bevorrechtigte Gläubiger oder sonstige Beteiligte, der nicht ein Drittschuldner ist, kann verlangen, daß das Vollstreckungsgericht eine entsprechende Verrechnung vornimmt, ThP 8, ZöStö 32, aM LG Gießen Rpfleger **85**, 370, StJM 86 (aber wer sonst sollte diese notwendige Arbeit tun?). Wegen des Zusammentreffens mit einem Gläubiger nach § 850 f II dort Rn 11 ff. Hat das Vollstreckungsgericht zugunsten eines durch eine Prozeßkostenhilfe begünstigten Pfändungsgläubigers, eine Anordnung nach Z 4 und nach § 850 d getroffen, kommt eine Verrechnung von daraufhin geleisteten Zahlungen des Drittschuldners auf die Kosten nicht in Betracht, LG Bln AnwBl **83**, 573.

Das Vollstreckungsgericht der §§ 764, 802 *entscheidet* durch den Rpfl, § 20 Z 17 RPflG. Er entscheidet durch einen Beschluß, § 329. Der Rpfl muß ihn begründen, § 329 Rn 4. Bis zur Zustellung dieses Beschlusses an den Drittschuldner darf der Drittschuldner befreiend nach einer Abtretung, gemäß einem anderen Pfändungsbeschluß und nach anderen Verfügungen leisten. Man kann auch einen Antrag des Abtretungsgläubigers genügen lassen, Denck MDR **79**, 450, Grunsky ZIP **83**, 909, aM Walker Festschrift für Musielak (2004) 659 (aber die Prozeßwirtschaftlichkeit ist stets mitbeachtlich, Grdz 14 vor § 128).

850f ***Änderung des unpfändbaren Betrages.*** **I Das Vollstreckungsgericht kann dem Schuldner auf Antrag von dem nach den Bestimmungen der §§ 850 c, 850 d und 850 i pfändbaren Teil seines Arbeitseinkommens einen Teil belassen, wenn**

a) der Schuldner nachweist, dass bei Anwendung der Pfändungsfreigrenzen entsprechend der Anlage zu diesem Gesetz (zu § 850 c) der notwendige Lebensunterhalt im Sinne des Dritten und Elften Kapitels des Zwölften Buches Sozialgesetzbuch oder nach Kapitel 3 Abschnitt 2 des Zweiten Buches Sozialgesetzbuch für sich und für die Personen, denen er Unterhalt zu gewähren hat, nicht gedeckt ist,

b) besondere Bedürfnisse des Schuldners aus persönlichen oder beruflichen Gründen oder

c) der besondere Umfang der gesetzlichen Unterhaltspflichten des Schuldners, insbesondere die Zahl der Unterhaltsberechtigten, dies erfordern

und überwiegende Belange des Gläubigers nicht entgegenstehen.

II Wird die Zwangsvollstreckung wegen einer Forderung aus einer vorsätzlich begangenen unerlaubten Handlung betrieben, so kann das Vollstreckungsgericht auf Antrag des Gläubigers den pfändbaren Teil des Arbeitseinkommens ohne Rücksicht auf die in § 850 c vorgesehenen Beschränkungen bestimmen; dem Schuldner ist jedoch so viel zu belassen, wie er für seinen notwendigen Unterhalt und zur Erfüllung seiner laufenden gesetzlichen Unterhaltspflichten bedarf.

III 1 Wird die Zwangsvollstreckung wegen anderer als der in Absatz 2 und in § 850 d bezeichneten Forderungen betrieben, so kann das Vollstreckungsgericht in den Fällen, in denen sich das

Arbeitseinkommen des Schuldners auf mehr als* monatlich 2985 Euro (wöchentlich 678,70 Euro, täglich 131,25 Euro) beläuft, über die Beträge hinaus, die nach § 850 c pfändbar wären, auf Antrag des Gläubigers die Pfändbarkeit unter Berücksichtigung der Belange des Gläubigers und des Schuldners nach freiem Ermessen festsetzen. [2] Dem Schuldner ist jedoch mindestens so viel zu belassen, wie sich bei einem Arbeitseinkommen von monatlich 2985 Euro (wöchentlich 678,70 Euro, täglich 131,25 Euro) aus § 850 c ergeben würde. [3] Die Beträge nach den Sätzen 1 und 2 werden entsprechend der in § 850 c Abs. 2 a getroffenen Regelung jeweils zum 1. Juli eines jeden zweiten Jahres, erstmalig zum 1. Juli 2003, geändert.

Vorbem. Wegen der Zahlen in III gilt dasselbe wie in der Vorbem hinter § 850 c. Vgl ferner die Berichtigung der amtlichen Anmerkung (Fußnote), unten abgedruckt.

Gliederung

1 **1) Systematik, I–III.** § 850 f ist keine auf eine Überprüfung des bisherigen Pfändungsbeschlusses gerichtete Erinnerung, Köln RR **89**, 189. Daher reichen auch nicht allgemeine Billigkeitserwägungen zur Schlüssigkeit, LG Frankenth Rpfleger **84**, 362. Die Vorschrift ist ein Teil einer Gesamtregelung, AG Bad Waldsee FamRZ **00**, 1593. Die Vorschrift gilt auch bei der Vollstreckung einer Steuerforderung, § 319 AO, Buciek DB **88**, 882 (ausf). § 54 II SGB I geht vor, BFH DB **79**, 1332. Zu den Auswirkungen beim Kindergeld Hornung Rpfleger **88**, 223. I ist auf eine Abtretung anwendbar, BGH Rpfleger **03**, 516 (auch zum Verfahren), LG Heilbr Rpfleger **01**, 191, Winter Rpfleger **00**, 151, aM Köln RR **98**, 1690, Walker Festschrift für Musielak (2004) 668 (aber die Sachfrage bleibt unverändert). Wegen des Insolvenzverfahrens AG Gött Rpfleger **03**, 467, AG Köln Rpfleger **01**, 197. I ist auf das Restschuldbefreiungsverfahren unanwendbar, Möhlen Rpfleger **00**, 6 (hält allenfalls § 765 a für anwendbar). Rechtspolitisch Christmann Rpfleger **90**, 403. Auf den Selbständigen ist nicht I anwendbar, AG Gött Rpfleger **05**, 693, sondern allenfalls § 765 a, LG Ffo Rpfleger **02**, 322, aM BGH NJW **08**, 229 (aber I meint auch bei § 250 i nur „Arbeit", nicht „Dienste" zB des selbständigen Arztes).

2 **2) Regelungszweck, I–III.** Die Vorschrift bezweckt eine Neuregelung auf Grund von neu geltend gemachten Tatsachen, Hamm Rpfleger **77**, 224. Sie soll dazu beitragen, in bestimmten Fällen Härten zu vermeiden, Köln FamRZ **91**, 1462, LG Hann Rpfleger **85**, 154, Hornung Rpfleger **84**, 126. I enthält eine Schutzvorschrift für den Schuldner, BAG NJW **86**, 2208. Das gilt auch im Rahmen einer Lohnabtretung nach § 400 BGB, AG Bad Waldsee FamRZ **00**, 1593. II, III enthalten Schutzvorschriften für den Gläubiger, BGH NJW **05**, 1663. Demgemäß sind die einzelnen Teile der Vorschrift bald zugunsten des Gläubigers auslegbar, bald zugunsten des Schuldners. An sich verdient der Schuldner bei II kaum Schutz. II Hs 2 nimmt auf das öffentliche Interesse daran Rücksicht, nicht auf Steuerzahlerkosten einspringen zu müssen, Rn 3, LG Stgt FamRZ **05**, 1104. Zugleich soll natürlich die schuldlose Schar der Unterhaltsberechtigten ihren Zahler einigermaßen behalten. So muß man diesen Teil der Bestimmung auslegen.

3 **3) Schutz des Schuldners, I.** Es ist behutsame Abwägung nötig.

A. Keine Deckung des Lebensunterhalts, I a. Die Vorschrift ist auch bei einer Unterhaltsvollstreckung anwendbar, BGH FamRZ **04**, 620 und 622, Ffm Rpfleger **99**, 553, aM LG Bln Rpfleger **93**, 120 (aber das Gesetz enthält keinerlei Anzeichen solcher Beschränkung, Einl III 39). Sie greift ein, wenn die Tabellen der Anlage zu § 850 c, abgedruckt hinter § 850 c, dem Schuldner weniger pfändungsfrei belassen, als er zur Deckung des notwendigen Lebensunterhalts nach dem SGB für sich und für die ihm gegenüber Unterhaltsberechtigten benötigt, § 850 c Rn 5. Dabei geht es nicht nur um gesetzlich Unterhaltsberechtigte, LG Limburg Rpfleger **03**, 141. Es soll also kein Absinken unter den Sozialhilfesatz erfolgen, BGH FamRZ **04**, 620 und 622, LG Bln JB **00**, 46, Hauß MDR **02**, 1167. Bei einer Erwerbstätigkeit des Schuldners ist ein Besserstellungszuschlag bis zu 50% des Sozialhilferegelsatzes denkbar, Ffm Rpfleger **01**, 38. Mit alledem erfüllt I a eine Forderung zum Zweck der Verhütung einer Hilfsbedürftigkeit des Schuldners wie auch der Verlagerung der Sozialkosten auf den Staat, Rn 2, LG Duisb Rpfleger **98**, 355, Schilken FamRZ **93**, 1227. Der Gläubiger soll nicht kahlpfänden dürfen. Er soll also nicht das Existenzminimum gefährden, Ffm RR **01**, 189. Die Verweisung auf das SGB führt zu einer Abhängigkeit der Härteklausel des I a vom SGB. Beachten muß

*** Amtl. Anm.: Die Beträge haben sich infolge Bekanntmachung zu § 850 c der Zivilprozessordnung (Pfändungsfreigrenzenbekanntmachung 2005) vom 25. Februar 2005 (BGBl. I S. 493) geändert: [1)] 2985 Euro; [2)] 678,70 Euro; [3)] 131,25 Euro.**

Diese Fassung ist diejenige der Berichtigung des BMJ v 14. 2. 06, BGBl 431.

Diese neuen Zahlen sind oben bereits eingearbeitet. Vgl auch die Vorbem hinter der Anlage zu § 850 c.

man nach I a unter anderem §§ 29–35 SGB II sowie §§ 27–40, 82–96 SGB XII. Im Härtefall kommt ein Freibetrag über § 850 d I 3 hinaus in Betracht, Ffm Rpfleger **99**, 553.

B. Verfahren, I a. Das Vollstreckungsgericht beachtet alles das nicht von Amts wegen, sondern nur auf einen *Schuldnerantrag, I.* Das übersieht LG Ffm FamRZ **96**, 244. Der Schuldner muß grundsätzlich sogar voll nachweisen, daß seine restlichen Mittel zum Absinken unter die SGB-Grenzen führen würden, LG Bochum Rpfleger **98**, 531. Er braucht aber einen Pauschbetrag oder Bedarf nach (jetzt) § 28 SGB XII ausnahmsweise nicht nachzuweisen, LG Stgt FamRZ **05**, 1103 (zum alten Recht). Im Zweifel ist eine Maßnahme nach I a nicht zulässig, LG Mü JB **98**, 377. Damit bürdet die Vorschrift dem Schuldner die Ermittlung der jeweiligen Grenzen nach dem SGB auf. Die Vereinbarkeit dieser Beweislast mit dem Gebot des Sozialstaats nach Art 20 I GG ist zweifelhaft. Das Vollstreckungsgericht darf dem Schuldner bei der Errechnung helfen und dürfte in einem zumutbaren Umfang dazu auch verpflichtet sein, bevor es ihn für beweisfällig erklärt. Eine Bescheinigung der Sozialbehörde über eine hypothetisch zahlbare Sozialhilfe usw bindet das Vollstreckungsgericht nicht, Köln Rpfleger **99**, 584, LG Köln JB **95**, 103, LG Wiesb JB **00**, 380. Der Wohnbedarf gehört zum notwendigen Lebensunterhalt, LG Bre Rpfleger **99**, 189. Bei der Berechnung wegen einer hohen Miete muß der Rpfl den Freibetrag am Wohngeldrecht orientieren, LG Heidelb JB **98**, 46. Eine Begünstigung nur des sozialen Leistungsträgers, nicht auch des Schuldners, reicht nicht aus, LG Detm Rpfleger **00**, 341, AG Hechingen Rpfleger **89**, 294. Denn das ginge über den Schuldnerschutz nach Rn 2 hinaus. 4

C. Besondere Bedürfnisse, I b. Die Vorschrift greift dann ein, wenn ein besonderes Bedürfnis des Schuldners zu der Notwendigkeit führt, ihm einen solchen Teil des Arbeitseinkommens pfändungsfrei zu belassen, der über die gesetzliche Höhe der Pfändungsfreigrenze hinausgeht. Die besonderen Bedürfnisse können persönliche sein. Es können auch berufliche Bedürfnisse vorhanden sein. 5

D. Beispiele zur Frage besonderer Bedürfnisse, I b 6

Berufsaufwand: Anwendbar ist I b bei einem solchen berufsbedingten Aufwand, für den der Schuldner keine besondere Entschädigung erhält, BAG NJW **86**, 2208, Stgt Rpfleger **96**, 360, LG Hbg Rpfleger **00**, 170 (50% des damaligen Regelbedarfs als abschließende Pauschale).

Darlehen: *Unanwendbar* ist I b bei einem Darlehen ohne einen fortbestehenden besonderen Bedarf, Hamm Rpfleger **77**, 110.

Essen: Anwendbar sein kann I b bei einer besonderen Ernährung zur Erhaltung oder Wiederherstellung der Gesundheit, LGe Essen, Ffm, Mainz je Rpfleger **90**, 470.

Fahrtkosten: *Unanwendbar* ist I b bei Fahrtkosten des Unterhaltsschuldners zwecks Ausübung des Umgangsrechts.

S aber auch „Umgangsrecht".

Garantiebescheinigung: *Unanwendbar* ist I b bei einer sog „Garantiebescheinigung" des Sozialamts, LG Stgt Rpfleger **90**, 173.

Geringes Einkommen: S „Sozialbehörde".

Haushaltshilfe: Anwendbar sein kann I b bei der Notwendigkeit einer Haushaltshilfe, LG Essen JB **99**, 326.

Miete: *Unanwendbar* ist I b bei einem Mietrückstand oder bei einer hohen Miete, AG Kassel JB **97**, 442.

Sozialbehörde: Man kann darauf abstellen, ob eine Erhöhung auch dem Schuldner selbst und nicht nur zB der Sozialbehörde zugute käme, Rn 4. Anwendbar sein kann I b dann, wenn das Sozialamt den Schuldner wegen der geringen Höhe seines Einkommens zusätzlich unterstützen muß, LG Hann Rpfleger **85**, 154, Kohte Rpfleger **91**, 514.

Steuerschuld: Nur ausnahmsweise ist I b bei einer schon vorhandenen Steuerschuld anwendbar, BAG NJW **86**, 2208, Buciek DB **88**, 885.

Transporte: Anwendbar ist I b dann, wenn Leistungen für die Durchführung von Transporten die Erwerbstätigkeit des Schuldners voll beanspruchen, LG Hann JB **92**, 265 (zum alten Recht).

Umgangrecht: *Unanwendbar* ist I b bei Fahrtkosten des Unterhaltsschuldners zwecks Ausübung eines Umgangsrechts, BGH FamRZ **04**, 873.

E. Unterhaltspflicht, I c. Die Vorschrift greift dann ein, wenn der Schuldner besonders umfangreiche gesetzliche Unterhaltspflichten erfüllen muß. Diese Unterhaltspflichten müssen also den Durchschnitt beachtlich übersteigen, entweder wegen der Zahl der Berechtigten oder wegen der Höhe der notwendigen Aufwendungen, etwa infolge einer Krankheit, infolge der Beendigung einer Ausbildung usw. Ein Unterhalt bis zu fünf Personen ist als ein solcher keine besondere Belastung. Denn diese Belastung ist bereits in § 850 c berücksichtigt. Unbeachtlich ist eine vertragliche oder gar rein tatsächliche freiwillige Unterhaltsleistung ohne eine gesetzliche Pflicht, etwa an den Sohn, LG Kblz RR **86**, 680, oder an die „Lebensgefährtin", LG Schweinf NJW **84**, 375. 7

F. Überwiegen der Belange des Gläubigers, I a–c. Bei Rn 3–7 dürfen jeweils keine überwiegenden Belange des Gläubigers entgegenstehen, LG Hbg Rpfleger **91**, 515. Die Anwendbarkeit dieses Merkmals auf alle drei Situationen I a–c ergibt sich aus der Stellung von I letzter Hs im BGBl (er beginnt am Zeilenanfang, also auf derselben Ebene wie I a–c). Solche Belange können in der Person des Gläubigers liegen, etwa in seiner Gebrechlichkeit oder in seinen Verpflichtungen. Wenn der Gläubiger durch eine Ermäßigung in eine Notlage kommt, muß das Vollstreckungsgericht einen gerechten Ausgleich suchen, Köln FamRZ **91**, 1462, LG Hbg Rpfleger **91**, 517. Weder der Gläubiger noch der Schuldner haben ein grundsätzliches Vorrecht, Celle Rpfleger **90**, 376. Der Rpfl muß allerdings die Interessen des Gläubigers hier besonders sorgfältig nachprüfen. Die Zustimmung wirkt nur gegen den Zustimmenden, Siegel BB **97**, 103. 8

4) Begünstigung des Gläubigers, II, III 9

Schrifttum: *Behr* Rpfleger **05**, 498 (Rechenbeispiele), *Neugebauer* MDR **04**, 1223 (Üb); *Schulte-Beckhausen,* Die Zwangsvollstreckung gemäß § 850 f Abs. 2 ZPO aus einem hierfür ungeeigneten Titel, 1994; *Stöber,* Forderungsnachweis für „privilegierte" Zwangsvollstreckung, Festgabe für *Vollkommer* (2006) 363.

A. Zwangsvollstreckung wegen einer vorsätzlichen unerlaubten Handlung, II. Die Vorschrift begünstigt den Gläubiger dann, wenn der Schuldner ihm gegenüber eine auch nur bedingt vorsätzliche Handlung begangen hat, Hamm Rpfleger **02**, 161. Ein Insolvenzgläubiger gehört bedingt dazu, Zweibr DGVZ **02**, 119, LG Heilbr Rpfleger **05**, 98, LG Schwerin VersR **07**, 400. Eine einfache oder auch grobe Fahrlässigkeit des Schuldners reicht nicht aus. Für solche Schuldformen gelten die allgemeinen Regeln, auch wegen der Zinsen und Prozeßkosten, LG Ellwangen JB **03**, 660, LG Saarbr JB **06**, 380, LG Stgt Rpfleger **05**, 38, aM LG Dortm Rpfleger **89**, 75 (aber Hs 1 meint mit „Forderung" ersichtlich nicht nur eine Hauptforderung, Einl III 39). Die allgemeinen Regeln gelten auch für die Kosten eines Anwalts für die Tätigkeit gegen den Schuldner im zugehörigen Strafverfahren, LG Hann Rpfleger **82**, 232. Die Schutzklausel ist grundsätzlich bei einer Zwangsvollstreckung auf Grund jedes Vollstreckungstitels anwendbar, auch beim Steuerverstoß, BFH NJW **97**, 1725, aM BAG DB **89**, 1631 (aber „unerlaubte Handlung" ist solche jeder Art, Einl III 39).

10 **B. Festgestellter oder unstreitiger Vorsatz.** Maßgeblich sind jedenfalls diejenigen Feststellungen zum Vorsatz des Schuldners, die sich im Urteil oder in einem sonstigen diesbezüglichen Titel befinden, sofern es solche Feststellungen enthält, BGH **152**, 168, LG Mü JB **04**, 673 (Vollstreckungsbescheid), Peters KTS **06**, 128, aM BGH (9. ZS) NJW **06**, 2923 (krit Klostermann FamRZ **07**, 1939). Ein Anerkenntnisurteil dürfte meist reichen, aM LG Frankenth Rpfleger **06**, 29 (abl Lehmann 210). Maßgeblich sind ferner diejenigen Feststellungen zum Vorsatz, die sich zwar nicht in dem vorgenannten Vollstreckungstitel befinden, die aber doch unstreitig sind, LG Kref JB **00**, 217, LG Stgt MDR **85**, 150, aM BGH **152**, 168 (zustm Meller-Hannich LMK **03**, 74, krit Ahrens NJW **03**, 1371. Aber die Entstehungsgeschichte ist meist nur bedingt brauchbar, Einl III 42. Eine Auslegung wird nicht dadurch zu weit, daß sie zum Gläubigerschutz erfolgt. *Ihn* bezwecken II, III, Rn 11). Der Gläubiger sollte das Prozeßgericht nach Möglichkeit dazu veranlassen, solche Feststellungen in seine Entscheidung aufzunehmen, Künzl JR **91**, 95. Er kann auch insoweit die Feststellung beantragen, § 256 Rn 81, 102.

Wenn die Zwangsvollstreckung aus einem *Vollstreckungsbescheid* nach § 700 oder aus einem Versäumnisurteil nach §§ 331 ff erfolgt, ist die etwaige Anspruchsbegründung maßgeblich, LG Darmst Rpfleger **85**, 155, LG Münst JB **96**, 385. Eine formularmäßige Behauptung reicht wegen des Fehlens der Notwendigkeit der Schlüssigkeitsprüfung beim Vollstreckungsbescheid nicht mehr aus, BGH NJW **05**, 1663 (krit Smid JZ **06**, 393), LG Düss RR **87**, 758, Ahrens JB **03**, 406, aM LG Mü JB **04**, 548, LG Stgt JB **97**, 548, Smid JR **90**, 219.

Den Rpfl *bindet* die Rechtskraft nach §§ 322, 705, BGH NJW **05**, 1663, Künzl JR **91**, 91, Smid ZZP **103**, 359, aM BGH (9. ZS) NJW **06**, 2923. Ein Insolvenzgläubiger ist nicht nach II bevorrechtigt, Zweibr Rpfleger **01**, 449.

11 **C. Nicht festgestellter Vorsatz.** Wenn in dem Urteil, in dem sonstigen Vollstreckungstitel oder in der Anspruchsbegründung keine Feststellungen zur Schuldform stehen oder wenn das Prozeßgericht dort dahingestellt gelassen hat, ob der Schuldner vorsätzlich handelte, darf und muß das Vollstreckungsgericht selbständig prüfen, ob der Schuldner vorsätzlich gehandelt hat, LG Heilbr Rpfleger **05**, 98, LG Münst Rpfleger **02**, 470, Stöber (Rn 9) 381, aM BGH MDR **07**, 177, AG Bielef JB **06**, 330 (aber weder der Wortlaut noch die Entstehungsgeschichte noch der Sinn von II verbieten eine Auslegung als eine im gesamten Recht übliche Art der Rechtserkenntnis, Gaul NJW **05**, 2896, Hintzen Rpfleger **04**, 187). Der Wortlaut von II setzt nur das Vorhandensein einer Forderung aus einer unerlaubten Handlung und das Betreiben der Zwangsvollstreckung aus ihr voraus. Folglich ist eine Auslegung des Vollstreckungstitels statthaft und daher auch evtl notwendig. Auch ist gar keine enge Auslegung notwendig. Denn II enthält keine Ausnahme von I, sondern ein eigenständiges weiteres Prinzip infolge eines gesteigerten Unrechts des Schuldners. Daher entfällt auch ein besonderer Schuldnerschutz, Rn 10. Der Rpfl darf daher auch keine Beweisaufnahme durchführen, Stgt Rpfleger **00**, 403, Zweibr Rpfleger **00**, 226. Es darf auch keine Gefahr laufen, den Titel inhaltlich zu ändern, LG Augsb DGVZ **95**, 26, aM LG Landshut JB **96**, 555 (aber das wäre ein schwerer Verstoß gegen die Grenzen der Zuständigkeit des Vollstreckungsgerichts).

Wenn das Vollstreckungsverfahren zum Nachweis des Vorsatzes *ungeeignet* ist, muß der Gläubiger vor dem Prozeßgericht insoweit eine Feststellungsklage nach § 256, § 32 Rn 15 „Zwangsvollstreckung", erheben, BGH NJW **05**, 1663, LG Saarbr JB **06**, 380, LG Stgt JB **97**, 549, aM LG Kref MDR **83**, 325 (das Vollstreckungsgericht müsse stets von Amts wegen prüfen, ob der Schuldner vorsätzlich gehandelt habe. Aber für eine Feststellungsklage besteht durchaus ein Rechtsschutzbedürfnis, Grdz 33 vor § 253, BGH **109**, 278. Das gilt zumindest dann, wenn die Feststellung des Vorsatzes des Schuldners über das jeweilige Vollstreckungsverfahren hinausreichen würde).

12 **D. Vorsatzfolgen.** Wenn feststeht, daß der Schuldner vorsätzlich handelte, kann das Vollstreckungsgericht auf einen Antrag des Gläubigers den pfändbaren Teil des Arbeitseinkommens ohne eine Rücksicht auf die Beschränkungen des § 850 c bestimmen. Das gilt auch bei der Pfändung von Taschengeld, Hamm Rpfleger **02**, 161. Der Rpfl übt insofern ein pflichtgemäßes Ermessen aus. Er muß auf den Unrechtsgehalt abstellen, ferner auf den Vorteil des Schuldners, die Schwere der Verletzung des Gläubigers oder seiner Interessen, ferner auf die beiderseitige wirtschaftliche Lage und auf die Unterhaltsverpflichtungen des Schuldners. Zwar muß der Rpfl dabei die Gesichtspunkte des I heranziehen. Er muß aber einen etwa gleichzeitig nach I gestellten Antrag des Schuldners regelmäßig ablehnen. Denn II enthält eine Annäherung an § 850 d I, aber insofern immer noch eine Besserstellung des Schuldners, als die Vorschrift nicht auf die Bezüge aus § 850 a zurückgreift.

13 **E. Einzelfragen.** Das Vollstreckungsgericht muß dem Schuldner stets denjenigen Betrag belassen, den der Schuldner zu seinem eigenen Unterhalt benötigt, LG Frankenth JB **95**, 664, und den er zur Erfüllung seiner Unterhaltspflichten braucht, AG Groß Gerau Rpfleger **83**, 450, auch zur Erfüllung von Mietzahlungspflichten unabhängig davon, ob er sie bisher pünktlich zahlte, LG Stgt Rpfleger **05**, 38. Allerdings kann der danach dem Schuldner verbleibende Betrag im Ergebnis unter Umständen dadurch noch geringer werden, daß der Schuldner eine Geldstrafe abtragen muß. Denn dieser Umstand darf nicht zulasten der Zahlungen an

den Gläubiger gehen, LG Frankenth JB **95**, 664, AG Freudenstadt JB **04**, 448. Das gilt vor allem dann, wenn dieser Gläubiger vielleicht gerade der vom Schuldner durch die Straftat Geschädigt ist. Als Richtwert des Unpfändbaren nimmt LG Erfurt JB **96**, 554 das Doppelte des Regelsatzes nach dem Sozialrecht, AG Zwikkau JB **04**, 158, oder 20% davon, AG Karlsr JB **07**, 495, AG Wuppert JB **07**, 496. Untergrenze ist § 850 c, LG Bochum Rpfleger **97**, 395, LG Münst JB **02**, 96, oder § 850 d, LG Hann JB **07**, 100 rechts.

Wegen des *Kindergelds* Grdz 80 vor § 704 „Kindergeld". Eine Zuckerkrankheit des Schuldners rechtfertigt nicht stets einen erhöhten Pfändungsschutz. Ebensowenig ist eine allgemeine Diätnotwendigkeit ausreichend, LG Kblz RR **86**, 680. Ein Anspruch aus § 850 d geht der Regelung nach II vor. Ein Lohnabtretungsverbot ist nach einer Anordnung aus II unbeachtlich, BAG BB **84**, 145. Bei wechselnden Einkünften kann es ratsam sein, nicht den pfändbaren Betrag zu bestimmen, sondern den pfandfreien zu nennen, LG Ffm MDR **85**, 150. 14

D. Andere Fälle, III. Bei den in III in Verbindung mit der amtlichen Anmerkung (Fußnote) genanntes jeweiliges Arbeitseinkommen kann der Gläubiger beantragen, daß der Rpfl den pfändbaren Betrag ohne eine Berücksichtigung der im § 850 c gezogenen Grenzen festsetzt. Der Rpfl muß dabei die Interessen beider Seiten berücksichtigen, also die wirtschaftlichen Auswirkungen, die Unterhaltsverpflichtungen, eine Böswilligkeit des Schuldners usw. Er setzt den Betrag nach seinem pflichtgemäßen Ermessen fest. Er muß dem Schuldner jedenfalls soviel belassen, wie sich aus der Tabelle zu § 850 c bei dem jeweiligen Arbeitseinkommen für ihn unter einer Berücksichtigung seiner Unterhaltspflichten ergibt. § 850 II a gilt entsprechend, § 850 f III 3. Daher werden die Freibeträge alle 2 Jahre zum 1. 7. angepaßt, BGH NJW **06**, 777. Vgl dazu § 850 c Rn 13. 15

III ist bei einer Unterhaltsforderung *unanwendbar*, § 850 d. Die Vorschrift ist ferner bei einer vorsätzlich begangenen unerlaubten Handlung unanwendbar. Denn in diesem Fall hat schon das Gesetz die Lage des Gläubigers begünstigt. Ein Lohnabtretungsverbot ist nach einer Anordnung aus III unbeachtlich, BAG BB **84**, 145.

5) Verfahren, I–III. Ein abstraktes Schuldversprechen gibt weitere Möglichkeiten, LG Bonn MDR **98**, 1247. 16

A. Zuständigkeit, Antrag. Zuständig ist grundsätzlich der Rpfl des Vollstreckungsgerichts nach §§ 764, 802, obwohl es sich hier um eine Ermessensentscheidung in einem Härtefall handelt, § 20 Z 17 RPflG, BAG NJW **91**, 2039. Es kann auch der Rpfl des Insolvenzgerichts zuständig sein, AG Gött Rpfleger **01**, 45. Im Streit zwischen einem Arbeitnehmer und einem Abtretungsgläubiger kann auch das Prozeßgericht zuständig sein, BAG NJW **91**, 2039. Örtlich bleibt auch beim Wohnsitzwechsel nach dem Erlaß des Pfändungsbeschlusses die Zuständigkeit bestehen, Mü Rpfleger **85**, 154. Der Rpfl entscheidet nur auf einen Antrag des Gläubigers, nicht von Amts wegen. Der Antrag ist grundsätzlich nicht in eine Erinnerung nach § 766 umdeutbar, Rn 1, Köln RR **89**, 189. Freilich ist das eine Fallfrage. Der Gläubiger kann den Antrag auch während der Pfändungszeit stellen.

B. Weiteres Verfahren. Eine mündliche Verhandlung ist freigestellt, § 128 Rn 10, § 764 III. Bei I entscheidet der Rpfl auch auf den Antrag eines solchen Dritten, dem die Vergünstigung zugute kommen würde, etwa eines Unterhaltsberechtigten. Der Drittschuldner hat aber kein Antragsrecht. Der Antragsteller muß ein Rechtsschutzbedürfnis haben, Grdz 33 vor § 253. Der Rpfl muß den Schuldner trotz § 834 anhören, Artt 2 I, 20 III GG, BVerfG **101**, 404, soweit er eine Prüfung der wirtschaftlichen Verhältnisse des Schuldners vornehmen muß, aM LG Bochum Rpfleger **97**, 395 (aber dann erfordert ein faires Verfahren die Möglichkeit einer Stellungnahme). Der Rpfl setzt in seinem Beschluß nach § 329 die Unpfändbarkeitsgrenze nach I herauf oder nach II oder III herab. Er muß den Beschluß begründen, § 329 Rn 4. Er muß ihn förmlich zustellen lassen, § 329 III. 17

C. Aufhebung der Anordnung nach I. Wenn das Gericht auf Grund eines Rechtsbehelfs oder nach § 850 g eine Anordnung nach I aufhebt, lebt das Recht aus der ursprünglichen Pfändung im vollen Umfang (bei einer Abänderung entsprechend) und mit dem früheren Rang wieder auf, es sei denn, die Freigrenzen wären inzwischen höher, Köln FamRZ **92**, 845. Dasselbe gilt bei einer Erweiterung der Pfändungsgrenze zulasten des Schuldners nach II oder III. Diese Wirkung tritt auch bei einem Überweisungsbeschluß ein. Bei einer Aufhebung oder Abänderung zulasten des Gläubigers nach II oder III entfällt die bisherige Regelung von der Wirksamkeit des abändernden Beschlusses an. 18

6) Rechtsbehelfe, I–III. Soweit wegen der notwendigen Prüfung der wirtschaftlichen Verhältnisse des Schuldners eine echte Entscheidung vorliegt, ist gegen den Beschluß des Rpfl § 11 RPflG anwendbar. Es ist also grundsätzlich die sofortige Beschwerde statthaft, §§ 567 I Z 1, 793, (teils zum alten Recht) Köln Rpfleger **00**, 45, LG Stgt Rpfleger **94**, 175, ThP 11. Das gilt zumindest dann, wenn der Rpfl den Antrag teilweise abgelehnt hat. Vgl im übrigen § 104 Rn 41 ff, § 829 Rn 63–65. 19

850g

Änderung der Unpfändbarkeitsvoraussetzungen. **[1] Ändern sich die Voraussetzungen für die Bemessung des unpfändbaren Teils des Arbeitseinkommens, so hat das Vollstreckungsgericht auf Antrag des Schuldners oder des Gläubigers den Pfändungsbeschluss entsprechend zu ändern. [2] Antragsberechtigt ist auch ein Dritter, dem der Schuldner kraft Gesetzes Unterhalt zu gewähren hat. [3] Der Drittschuldner kann nach dem Inhalt des früheren Pfändungsbeschlusses mit befreiender Wirkung leisten, bis ihm der Änderungsbeschluss zugestellt wird.**

1) Systematik, S 1–3. Es handelt sich um ein Gegenstück zu §§ 323, 767. 1

2) Regelungszweck, S 1–3. Eine solche Regelung ist auch dann notwendig, wenn es um einen auch in die Zukunft gerichteten Pfändungs- und Überweisungsbeschluß geht. Denn er könnte zu unhaltbaren Ungerechtigkeiten beim Zugriff führen, sei es zulasten des Gläubigers, sei es zulasten des Schuldners oder nicht zuletzt zulasten des unterhaltsberechtigten Dritten. Die Pfändung kann ja in eine nicht ganz nahe Zukunft reichen. Die Vorschrift dient also der Gerechtigkeit nach Einl III 9, 36. Man muß sie entsprechend 2 sorgfältig beachten. Natürlich darf nicht jede noch so winzige Veränderung der Verhältnisse zu einer womöglich bald ganzen Reihe von Anpassungsverfahren führen. Das wäre mit der Prozeßwirtschaftlichkeit nach Grdz 14 vor § 128 unvereinbar. Auch das muß man bei der Auslegung mitbedenken, Rn 2.

3 **3) Geltungsbereich: Änderung der Verhältnisse, S 1, 2.** Man kann die Grundsätze § 323 Rn 17 ff auch bei § 850 g heranziehen. Zwar fordert § 323 I eine „wesentliche" Änderung, § 850 g S 1 nur eine „Änderung". Trotzdem sollte man eine solche aus den Erwägungen Rn 2 erst ab etwa 10% annehmen. Das Gesetz will kein dauerndes Hin- und Herschwanken. Eine Änderung kann zB wegen des Todes des Schuldners eintreten, LG Wuppert JB **02**, 95. Eine Änderung der Maßstäbe kann sich aus einer neuen Grundsatzentscheidung ergeben, BGH **161**, 76, Stgt MDR **05**, 414.

4 **4) Verfahren, S 1–3.** Das Änderungsverfahren setzt das alte Verfahren fort, BGH **161**, 76. Es ist dazu aber ein Antrag des Betroffenen erforderlich, AG Ffm JB **98**, 274. Das kann auch der Gläubiger dann sein, wenn sich die Verhältnisse des Schuldners oder seiner Erben gebessert haben, § 779, LG Wuppert JB **02**, 95. Zuständig ist grundsätzlich dasjenige Vollstreckungsgericht nach § 764, das den Pfändungsbeschluß erlassen hatte, BGH Rpfleger **90**, 308, im Insolvenzverfahren das Insolvenzgericht, Köln Rpfleger **01**, 92. Zum Antrag können der Gläubiger, der Schuldner und auch ein solcher Dritter berechtigt sein, dem der Schuldner einen gesetzlichen Unterhalt leisten muß, etwa ein Abkömmling. Der Antragsteller muß aber stets ein Rechtsschutzbedürfnis haben, Grdz 33 vor § 253. Dieses besteht dann, wenn ihm die begehrte Änderung zugute kommt. Der Antrag ist so, wie ihn das Gesetz behandelt, keine Erinnerung nach § 766, Mü Rpfleger **85**, 154. Deshalb ist zur Entscheidung über den Antrag auch der Rpfl zuständig, § 20 Z 17 RPflG, Köln Rpfleger **01**, 92.

5 **5) Entscheidung, S 1–3.** Er ändert den Pfändungsbeschluß auch dann, wenn zuvor das Gericht entschieden hatte. Denn es müssen ja neue Unterlagen vorliegen. Der Rpfl muß seinen Beschluß begründen, § 329 Rn 4.

6 **6) Wirkung, S 1–3.** Die Zustellung des abändernden Beschlusses nach § 329 erfolgt wie beim Pfändungsbeschluß, also an den Drittschuldner im Parteibetrieb, §§ 191 ff. Bis zur Zustellung kann sich der Drittschuldner an den bisherigen Beschluß halten, LAG Ffm DB **90**, 639. Das gilt selbst dann, wenn er den abändernden Beschluß bereits kennt. Der abändernde Beschluss hat also grundsätzlich keine Rückwirkung, Köln Rpfleger **88**, 419, LG Rostock JB **03**, 327. Er bindet nach §§ 318, 329, Köln FamRZ **94**, 1273, ArbG Halle JB **03**, 492. Wenn der Schuldner die Unrichtigkeit derjenigen Tatsachen behauptet, die der Gläubiger vorträgt und die das Gericht dem alten Beschluß zugrundegelegt hatte, dann handelt es sich um eine Erinnerung nach § 766, Einf 7 vor §§ 850–852, LG Düss Rpfleger **82**, 301.

850h *Verschleiertes Arbeitseinkommen.* **I 1 Hat sich der Empfänger der vom Schuldner geleisteten Arbeiten oder Dienste verpflichtet, Leistungen an einen Dritten zu bewirken, die nach Lage der Verhältnisse ganz oder teilweise eine Vergütung für die Leistung des Schuldners darstellen, so kann der Anspruch des Drittberechtigten insoweit auf Grund des Schuldtitels gegen den Schuldner gepfändet werden, wie wenn der Anspruch dem Schuldner zustände. 2 Die Pfändung des Vergütungsanspruchs des Schuldners umfasst ohne weiteres den Anspruch des Drittberechtigten. 3 Der Pfändungsbeschluss ist dem Drittberechtigten ebenso wie dem Schuldner zuzustellen.**

II 1 Leistet der Schuldner einem Dritten in einem ständigen Verhältnis Arbeiten oder Dienste, die nach Art und Umfang üblicherweise vergütet werden, unentgeltlich oder gegen eine unverhältnismäßig geringe Vergütung, so gilt im Verhältnis des Gläubigers zu dem Empfänger der Arbeits- und Dienstleistungen eine angemessene Vergütung als geschuldet. 2 Bei der Prüfung, ob diese Voraussetzungen vorliegen, sowie bei der Bemessung der Vergütung ist auf alle Umstände des Einzelfalles, insbesondere die Art der Arbeits- und Dienstleistung, die verwandtschaftlichen oder sonstigen Beziehungen zwischen dem Dienstberechtigten und dem Dienstverpflichteten und die wirtschaftliche Leistungsfähigkeit des Dienstberechtigten Rücksicht zu nehmen.

Schrifttum: *Grunsky,* Gedanken zum Anwendungsbereich von § 850 h Abs. 2 ZPO, Festschrift für *Baur* (1981) 403.

Gliederung

1 **1) Systematik, I, II.** *I* betrifft einen solchen Vertrag, der den Arbeitgeber verpflichtet, die Vergütung ganz oder jedenfalls in derjenigen Höhe an einen Dritten zu zahlen, in der sie die Unpfändbarkeitsgrenze überstieg, meist an die Ehefrau des Schuldners. Die güterrechtliche Regelung der Schuldenhaftung berührt den § 850 h nicht. Wegen einer unwahren Lohnzahlungsperiode § 850 c Rn 6. §§ 850 a–c sind anwendbar, BAG NZA **08**, 783.

2 **2) Regelungszweck, I, II.** § 850 h soll es einem faulen Schuldner unmöglich machen, sich durch eine Lohnschiebung der Zwangsvollstreckung zu entziehen, BGH NJW **79**, 1601. *II* soll verhindern, daß der

Schuldner eine gewinnbringende Arbeit ohne jede Vergütung oder nur gegen eine unverhältnismäßig geringe Vergütung leistet, Düss RR **89**, 390, etwa gegen ein Taschengeld. Dieser Vorgang findet sich häufig bei Eheleuten im Geschäft des Ehegatten, bei Kindern in dem Geschäft der Eltern. Das Gesetz hilft mit einer Unterstellung (Fiktion) der Vereinbarung einer angemessenen Vergütung, BGH NJW **79**, 1601. Dem Zweck des Gesetzes nach muß man stets den Grund und den Sinn des Vorgangs sorgfältig prüfen. Nicht jede gänzliche oder teilweise Unentgeltlichkeit erfolgt auch nur im Ansatz aus einer Gleichgültigkeit gegenüber dem Gläubiger. Vielmehr steht oft einfach das nahe persönliche Verhältnis oder gar halbe Not dahinter, auch einfach eine Arbeitsfreude oder eine Art Beschäftigungstherapie für einen solchen Angehörigen, der zu Haus am ehesten zu Kraft und Gesundheit zurückfindet. Das sollte man dem Schuldner nicht zusätzlich anlasten.

3) Lohnbegrenzungsvertrag, I. Es müssen zwei Bedingungen zusammentreffen. 3

A. Schuldnerleistung. Es muß ein Vertragsschuldner Arbeiten oder Dienste leisten, BAG MDR **96**, 1155. Es ist nicht erforderlich, daß ein festes Dienstverhältnis, ein Arbeits- und ein Dienstlohn oder eine wiederkehrende Vergütung vorliegen. Jeder Anspruch auf eine Vergütung für irgendeine Arbeits- oder Dienstleistung genügt, auch eine einmalige Vergütung etwa für die Anfertigung eines Auszugs.

B. Vergütungspflicht. Ein Dienstempfänger muß sich verpflichtet haben, einem Dritten eine Vergütung 4
zu bezahlen. Die Abtretung des Anspruchs gehört nicht hierher. Eine solche Abtretung kann eine Gläubigeranfechtung begründen. Als Vergütung muß man jede Vermögenszuwendung für die Arbeit ansehen. Es genügt, daß nur ein Teil der Zuwendung eine solche Vergütung darstellt. Entscheidend ist, ob die Leistung „nach Lage der Umstände" als eine solche Vergütung gilt. Man muß diese Frage objektiv in einer freien Würdigung der Umstände beurteilen, allerdings erst auf Grund einer Erinnerung, Rn 13. Die Auffassung der Beteiligten ist nicht wesentlich. Es braucht also keine gewollte Schiebung vorzuliegen.

C. Umfang der Pfändung. Die Pfändung des Anspruchs des Schuldners gegen den Drittschuldner 5
umfaßt unter den Voraussetzungen Rn 3, 4 kraft Gesetzes den Anspruch des Dritten gegen den Drittschuldner, LG Lüb Rpfleger **86**, 100. Der Gläubiger kann aber auch ohne einen Vollstreckungstitel gegenüber dem Drittberechtigten und ohne eine vorherige Zustellung an ihn dessen Anspruch pfänden. Das Vollstrekkungsgericht prüft dann nicht, ob die Voraussetzungen des § 850 h vorliegen, sondern es legt seinem Beschluß die Angaben des Gläubigers zugrunde, § 829 Rn 20. Eine vorherige Zustellung des Vollstrekkungstitels an den Dritten ist nicht erforderlich. Denn der Dritte ist nicht der Vollstreckungsschuldner. Der Rpfl muß seinen Pfändungsbeschluß begründen, § 329 Rn 4. Er stellt ihn dem Schuldner und dem Dritten zu. Allerdings sind diese Einzelheiten prozessual unerheblich. Die Pfändung wird mit der Zustellung an den Drittschuldner wirksam. Die Pfändungsbeschränkungen gelten auch hier. Der Dritte kann den Anspruch dem Zugriff des Gläubigers nicht durch eine Abtretung entziehen. Ein anderer kann eine solche Wirkung nicht durch eine Pfändung beim Dritten erreichen. Denn niemand kann mehr Rechte erwerben, als sie der Veräußernde hatte. Andernfalls wäre § 850 h ein Schlag ins Wasser.

4) Verschleierter Arbeitsvertrag, II. Es müssen die Vorgänge Rn 6, 7 zusammentreffen. Das Gericht 6
muß alle Einzelumstände beachten, LG Ingolst JB **04**, 336.

A. Arbeits- und Dienstleistung. Der Schuldner muß in einem ständigen Verhältnis arbeiten oder Dienste leisten, LAG Ffm DB **91**, 1388. Es muß nicht unbedingt ein Dienstverhältnis vorliegen. Die Tätigkeit kann auf Grund eines Vertrags oder ohne einen Vertrag erfolgen. Eine tatsächliche Arbeit genügt, Hamm FamRZ **84**, 1103. Eine einmalige Leistung gehört aber nicht hierhin. Vielmehr muß die Tätigkeit eine gewisse Regelmäßigkeit und Dauer aufweisen. Dann reicht auch eine Teilzeitarbeit, LAG Hamm BB **88**, 488 (zustm Smid BB **88**, 1755). Eine Abtretung muß den tatsächlich bestehenden Lohnanspruch erfassen, LAG Ffm DB **91**, 1308 (auch wegen einer sog Mantelzession).

B. Vergütungspflicht. Die Arbeiten oder Dienste müssen üblicherweise nach ihrer Art und nach ihrem 7
Umfang nur gegen eine Vergütung geschehen. Das muß man aus der Sicht eines unbeteiligten Dritten beurteilen, BAG NJW **78**, 343, und zwar bei einer Abwägung aller Umstände, LAG Hamm JB **97**, 273. In diesem Zusammenhang muß man die allgemeinen Verhältnisse am Leistungsort berücksichtigen. Dabei muß man von einer Vergütung nach einem etwaigen Tarif ausgehen, jedenfalls aber von demjenigen Mindestentgelt, das dem Schuldner danach zustehen würde, LAG Hamm BB **93**, 795 (keine Abweichung aus mehr als 30% vom Tariflohn). Ferner muß man die persönlichen Verhältnisse der Beteiligten berücksichtigen, Düss RR **89**, 390, etwa den Wunsch der schon betagten Eltern, sich ihre Existenzgrundlage zu erhalten. Auch die wirtschaftliche Leistungsfähigkeit des Dienstberechtigten ist beachtlich, Düss RR **89**, 390, Hamm FamRZ **81**, 955. Man kann eine Berücksichtigung auch der Interessen des Schuldners und des Drittschuldners fordern, Grunsky Festschrift für Baur (1981) 408. Die „Lebensgefährtin" erhält für Haushaltsleistungen vom Partner nicht „üblicherweise" eine Vergütung, Hamm FER **98**, 195, AG Dortm FamRZ **94**, 1117, aM Nürnb RR **96**, 1413 (aber solche Formen des Zusammenlebens zeigen oft gerade einen wirtschaftlichen Egoismus, wenn auch keineswegs stets).

C. Hausmann usw. Manche wollen aus II herauslesen, daß ein fingierter Arbeitsverdienst auch dann 8
vorliege, obwohl S 2 auch die verwandtschaftlichen Beziehungen besonders erwähnt, AG Plön JB **08**, 160, ArbG Dortm DB **91**, 2600. § 1356 II BGB gibt aber zumindest einen Anhalt dafür, inwiefern eine Vergütung üblich ist. Es kann sich aber auch um vergütete Dienste handeln. Ein Hausmann kann einer Putzfrau oder Zugehfrau gleichstehen, § 807 Rn 23 „Hausmann". Es kann auch eine Gesellschaft vorliegen. Die Inhaberschaft kann auch verschleiert sein, etwa dann, wenn die Ehefrau des in Insolvenz geratenen Ehemannes das Geschäft unter seiner Leitung fortführt oder wenn der verschuldete Ehemann im Geschäft der Ehefrau arbeitet, LG Halle JB **06**, 382. Es entscheidet, was der Schuldner gerade bei diesem Betrieb fordern könnte, zB bei einer Geschäftsführung generell, AG Ahrensb MDR **93**, 130, LAG Hamm JB **97**, 273, oder speziell durch den Liebhaber der Inhaberin, bei einem kleinen oder kleinsten Betrieb, Hamm MDR **75**, 161, LAG Hamm BB **88**, 488, Smid BB **88**, 1755 (kein Anscheinsbeweis für eine vollschichtige Mitarbeit des Ehemanns).

Es kommt darauf an, ob man eine *normal beschäftigte* Arbeitskraft anstelle des mitarbeitenden Schuldners beschäftigen müßte, wenn dieser nicht mitarbeiten würde. Eine Absicht der Gläubigerbenachteiligung ist bei II nicht erforderlich, BGH NJW **79**, 1602, aM Grunsky Festschrift für Baur (1981) 411 (aber II deutet ein solches Merkmal nicht an, Einl III 39). Auch wenn der Schuldner gutgläubig handelt, kann eine grobe Unbilligkeit vorliegen, BGH NJW **79**, 1602.

9 **D. Weitere Sonderfälle.** Wenn der Schuldner keine Dienste leistet und trotzdem den Lebensunterhalt und eine Vergütung erhält, ist II unanwendbar. Dann kann zwar ein Ersatzanspruch nach § 826 BGB entstanden sein. Das gilt etwa dann, wenn eine Ehefrau ihrem Ehemann, einem Schlachter, freie Station gewährt, ohne ihn in ihrer gutgehenden Schlachterei zu beschäftigen. Wenn der Schuldner eine eigene Schuld abarbeitet, fällt dieser Vorgang nicht unter § 850 h. Es liegen dann vielmehr die Vereinbarung einer Vergütung und eine Aufrechnung gegen diese Vergütung vor. Wenn dagegen der Dienstberechtigte eine solche Forderung hat, deren Abarbeitung die Partner nicht vereinbart hatten, gilt Rn 9. Man kann auch die Wahl einer ungünstigen Steuerklasse als ein verschleiertes Arbeitseinkommen beurteilen, Hamm FamRZ **02**, 693, LG Kblz JB **04**, 335, LG Münst Rpfleger **03**, 254 (nur bei einer Manipulation).

10 **E. Pfändbarer Anspruch.** Als geschuldet gilt zugunsten des Gläubigers eine angemessene Vergütung. Sie ist nach der Leistung des Schuldners und der Leistungsfähigkeit des Dienstberechtigten bemessen. Die Pfändung kann sich eine Wirkung für die Vergangenheit beilegen, StJBr 35, aM BAG NJW **08**, 2606, LAG Hamm DB **90**, 1340, Geißler Rpfleger **87**, 6 (aber gerade auch eine solche Rückwirkung kann aus dem Wort „gilt“ in II folgen). Man muß einen Vorschuß auf den unpfändbaren Betrag verrechnen und, soweit der Vorschuß höher ist, auf den Restbetrag. Eine Verrechnung darf nicht auf die unterstellte Vergütung erfolgen. Ein Vorschuß ist bei der Vergütung anrechenbar, § 850 e Rn 1.

11 **F. Rang.** Wenn mehrere Gläubiger in demselben Prozeß vorgehen, gilt das Vorrangsprinzip der §§ 804 III, 832, 850 h I 2 uneingeschränkt, BGH **113**, 29, BAG Rpfleger **95**, 166, ZöStö 9, aM LAG Köln DB **88**, 2060, ArbG Lüb MDR **84**, 174 (aber II läßt nicht erkennen, daß die genannten Regeln hier nicht ebenfalls gelten sollten). Man muß eine bewirkte Leistung auf die Vergütung anrechnen. Die Pfändung ist nur in den Grenzen der §§ 850 ff zulässig. Der Drittschuldner kann sich im Prozeß mit dem Gläubiger auf diese Einschränkung berufen.

12 **G. Verfahren.** Wenn der Gläubiger einen unter II fallenden Sachverhalt vorträgt, muß das Vollstreckungsgericht der §§ 764, 802 durch den Rpfl den angeblichen Anspruch des Schuldners pfänden, ohne das Bestehen und die Höhe des angeblichen Anspruchs selbst zu prüfen, BAG NJW **08**, 2606. Wenn der Drittschuldner den Anspruch bestreitet, muß der Gläubiger die Voraussetzungen von II darlegen und beweisen, LAG Düss MDR **94**, 1020 (keine zu hohen Anforderungen), LAG Hamm DB **93**, 1428, ZöStö 7, aM Oldb JB **95**, 102 (zustm Sitz MDR **95**, 345. Aber es gilt keinen erkennbaren Anlaß zur generellen Abweichung von den allgemeinen Regeln hierzu). Das Prozeßgericht muß dann auf dieser Basis das Bestehen und die Höhe des Anspruchs selbst prüfen, LG Frankenth Rpfleger **84**, 426, aM LG Bre JB **03**, 215 (aber auch in der Zwangsvollstreckung muß der Gläubiger besondere Voraussetzungen wenigstens im Prinzip darlegen). Der Schuldner muß freilich bei einem angeblich extrem geringen Einkommen die Art und den Umfang seiner Tätigkeit näher darlegen, LG Ingolst JB **04**, 336, LG Regensb DGVZ **99**, 60, Schmidt DGVZ **99**, 54. Vorsicht mit einem Ausforschungsbeweis nach Einf 27 vor § 284, BAG NJW **06**, 255 (dort verneint).

Die Beschränkungen der *§§ 850 a ff* gelten auch dann. Das Prozeßgericht muß also unpfändbare Bezüge absetzen. Die Pfändung eines nicht bestehenden Vergütungsanspruchs ist aber unter Umständen als eine Pfändung nach II auslegbar und wirksam. Die Pfändung ergreift das gesamte Bezugsrecht. Dieses dauert an, solange das Rechtsverhältnis zwischen dem Schuldner und dem Dritten im wesentlichen dasselbe ist. Das Rangprinzip des § 804 III gilt auch hier zugunsten anderer Gläubiger, § 807 Rn 34, BAG Rpfleger **95**, 166.

13 **5) Rechtsbehelfe, I, II.** Der Schuldner und der Drittschuldner haben gegen eine Maßnahme die Erinnerung nach § 766. Nach einer wirklichen Entscheidung des Rpfl nach § 766 Rn 46 gilt § 11 RPflG. Zum weiteren Verfahren § 104 Rn 41 ff. Der die Lage I leugnende Dritte kann die Widerspruchsklage nach § 771 einlegen. Wenn der Gläubiger gegen den Drittschuldner auf eine Zahlung klagt oder wenn der Drittschuldner gegen den Gläubiger eine Klage auf die Feststellung des Nichtbestehens des Anspruchs erhebt, hat er die Darlegungslast nach § 253 Rn 32 und die Beweislast nach Anh § 286 für die Tatsachen einer fingierten Vergütung, LG Lüb Rpfleger **86**, 100, LAG Hamm DB **93**, 1428. Dann muß das Prozeßgericht prüfen, ob ein Anspruch des Schuldners nach II besteht. Der Schuldner selbst hat kein Klagerecht. Im Prozeß sind Einwendungen gegen die Wirksamkeit der Pfändung zulässig. Da das Gesetz ein Arbeitsverhältnis unterstellt, ist meist das ArbG zuständig, LAG Stgt JB **97**, 327, StJM 44, aM BGH **68**, 128 (aber das wäre inkonsequent).

850i

Pfändungsschutz bei sonstigen Vergütungen. [1] [1] **Ist eine nicht wiederkehrend zahlbare Vergütung für persönlich geleistete Arbeiten oder Dienste gepfändet, so hat das Gericht dem Schuldner auf Antrag so viel zu belassen, als er während eines angemessenen Zeitraums für seinen notwendigen Unterhalt und den seines Ehegatten, eines früheren Ehegatten, seines Lebenspartners, eines früheren Lebenspartners, seiner unterhaltsberechtigten Verwandten oder eines Elternteils nach §§ 1615 l, 1615 n des Bürgerlichen Gesetzbuchs bedarf.** [2] **Bei der Entscheidung sind die wirtschaftlichen Verhältnisse des Schuldners, insbesondere seine sonstigen Verdienstmöglichkeiten, frei zu würdigen.** [3] **Dem Schuldner ist nicht mehr zu belassen, als ihm nach freier Schätzung des Gerichts verbleiben würde, wenn sein Arbeitseinkommen aus laufendem Arbeits- oder Dienstlohn bestände.** [4] **Der Antrag des Schuldners ist insoweit abzulehnen, als überwiegende Belange des Gläubigers entgegenstehen.**

II Die Vorschriften des Absatzes 1 gelten entsprechend für Vergütungen, die für die Gewährung von Wohngelegenheit oder eine sonstige Sachbenutzung geschuldet werden, wenn die Vergütung zu einem nicht unwesentlichen Teil als Entgelt für neben der Sachbenutzung gewährte Dienstleistungen anzusehen ist.

III Die Vorschriften des § 27 des Heimarbeitsgesetzes vom 14. März 1951 (BGBl. I S. 191) bleiben unberührt.

IV Die Bestimmungen der Versicherungs-, Versorgungs- und sonstigen gesetzlichen Vorschriften über die Pfändung von Ansprüchen bestimmter Art bleiben unberührt.

HeimarbG § 27. Pfändungsschutz. **Für das Entgelt, das den in Heimarbeit Beschäftigten oder den Gleichgestellten gewährt wird, gelten die Vorschriften über den Pfändungsschutz für Vergütungen, die auf Grund eines Arbeits- oder Dienstverhältnisses geschuldet werden, entsprechend.**

Schrifttum: *Ising,* Pfändungsschutz für Arbeitsmittel und Vergütungsforderungen bei selbständiger Erwerbstätigkeit nach § 811 Abs. 1 Nrn. 5, 7 ZPO und § 850 i Abs. 1 ZPO, 2007 (Bespr *Wolf* Rpfleger 08, 107).

Gliederung

1) Systematik, I–IV. Vgl zunächst Einf 1 vor §§ 850–852. II–IV enthalten Schutzregeln für eine Sachbenutzung und andere ergänzende technische Klarstellungen. 1

2) Regelungszweck, I–IV. Das Gesetz soll auch dem freiberuflich Tätigen den notwendigen Unterhalt gegen einen Zugriff des Gläubigers schützen. Das gilt auch bei einer Schuldnerinsolvenz, BGH NJW **03**, 2170. Gerade die von § 850 i erfaßten unregelmäßigen Vergütungen haben oft eine sehr wichtige immaterielle Zusatzfunktion. Sie können erste Anerkennungen jahrelanger künstlerischer, wissenschaftlicher, handwerklicher, journalistischer einsamer Bemühungen darstellen. Über eine solche Zahlung wäre wohl ein van Gogh glücklich gewesen. Nimmt man dem vielleicht ziemlich ohne ein eigenes schuldhaftes Zutun verschuldeten Menschen den Lohn der Arbeit gleich wieder weg, kann das katastrophale Folgen haben. Alles das muß man vielleicht gar nicht so selten mitabwägen. Dadurch würde man keineswegs einem lustigen Schuldenmachen Vorschub leisten. 2

3) Nicht wiederkehrende Leistung, I. Dieser Teil der Vorschrift betrifft die Vergütung für eine solche persönliche Arbeits- oder Dienstleistung, die nicht unter § 850 fällt, weil sie nicht wiederkehrend zahlbar ist. Der Rechtsgrund und die Art der Arbeit und der Dienste sind unerheblich. Eine einmalige Tätigkeit kann genügen, sofern sie nicht nebenbei ohne einen besonderen Zeitaufwand erfolgt ist. 3

Hierher gehören zB: Dienste und Leistungen eines Freiberuflers, LG Lpz JB **05**, 103, zB des Anwalts, des Arztes, BGH NJW **08**, 229, des Zahnarztes, Hamm NJW **05**, 2788, VGH Mü NVwZ-RR **06**, 550, des Dentisten (s aber für die drei letzten Gruppen § 850 Rn 11), der Hebamme, des gewerbsmäßigen Versteigerers, des Schriftstellers, des Künstlers (also auch des Komponisten wegen der von der GEMA eingezogenen Beträge), eines Lizenzgebers, BGH RR **04**, 645, des Handlungsagenten, des Insolvenzverwalters, des Handwerkers aus einem Dienst-, Werk- oder Kaufvertrag, aber nur, soweit sie der Verpflichtete persönlich leistet, des Außendienstmitarbeiters wegen einer Stornoreserve, LAG Hamm BB **92**, 2224, eines selbständigen Unternehmensberaters, LG Lpz JB **05**, 103.

4) Pfändung, I. Sie erfordert vorsichtige Abwägung. 4

A. Voraussetzungen. Der Vollstreckungsschutz tritt hier abweichend von der Regel nur auf Grund eines Antrags ein, BGH NJW **08**, 229. Der Arbeitgeber braucht den Arbeitnehmer grundsätzlich nicht über diese Vollstreckungsschutzmöglichkeit zu belehren, BAG BB **92**, 359. Der Drittschuldner muß nicht auch § 55 IV SGB I beachten, BGH NJW **04**, 3263, aM Landmann Rpfleger **00**, 446. Deshalb darf der Rpfl dem Drittgläubiger auch keine derartige Anweisung geben, BGH NJW **04**, 3263. Der Antrag ist dann nicht mehr zulässig, wenn der Drittschuldner bereits an den Gläubiger geleistet hat. Der Rpfl muß dem Schuldner dann eine solche Summe belassen, die für eine angemessene Zeit den Unterhalt des Schuldners sichert, ebenso denjenigen seines jetzigen oder früheren Ehegatten oder Lebenspartners, Viertelhausen DGVZ **01**, 131, seiner unterhaltsberechtigten Verwandten und einem Elternteil des Kindes nicht miteinander verheirateter Eltern. Maßgebend für die Höhe des zu belassenden Betrags sind etwa die Sätze der laufenden Hilfe zum Lebensunterhalt nach dem SGB, LG Heilbr JB **03**, 157, LG Rostock Rpfleger **01**, 439, AG Langen JB **02**, 606 (zustm Ernst).

B. Zeitraum. Der Rpfl muß unter einer Berücksichtigung aller persönlichen und allgemeinen Verhältnisse prüfen, welcher *Zeitraum* angemessen ist. Dabei mag man oft etwa 6 Wochen zugrundelegen, Drsd Rpfleger **99**, 283, aber auch einmal 3 Monate, AG Michelstadt JB **02**, 549, oder sogar 6 Monate, LG Mainz JB **00**, 157. Wer erst nach längerer Zeit eine Zahlung erwarten kann, wie oft ein Schriftsteller, dem muß man einen entsprechend hohen Betrag für eine längere Zeit belassen als demjenigen, dem baldige Einnahmen winken. Der Fall liegt etwa so, als ob sich die voraussichtlichen Einnahmen des Jahres auf Monate verteilen würden. Unklarheiten über den tatsächlichen Verdienst eines Journalisten können zulasten des Schuldners 5 gehen. Auch Vorsorgeaufwendungen können schutzwürdig sein, BGH NJW **08**, 229. Keineswegs darf der Schuldner besser stehen, als wenn er unter die allgemeine Regelung fallen würde.

6 **C. Abwägung.** Es können freilich *überwiegende Belange des Gläubigers* entgegenstehen, wenn der Gläubiger zB als Unterhaltsberechtigter das Geld dringend zum Leben braucht. Dann muß der Rpfl den Antrag ablehnen. Er muß überhaupt auch die Gesichtspunkte der §§ 850 d und f II heranziehen, hier allerdings einen Antrag vorausgesetzt. Er muß die beiderseitigen wirtschaftlichen Verhältnisse in die Abwägung einbeziehen. Unter I fällt auch der Fall, daß der Arbeitgeber einen zunächst einbehaltenen Teil des Lohns nachträglich auszahlt, aM ArbG Wetzlar BB **88**, 2320 (zum Zahlungsverzug. Durch ihn ändert sich aber nicht der Charakter der Lohnzahlungen als wiederkehrende Leistung). Daher zählt auch der Anspruch aus dem Lohnsteuerjahresausgleich hierher. Diesen Anspruch muß der Gläubiger evtl beim Finanzamt pfänden.

7 Ferner zählt hierher der Anspruch auf eine *Abfindung*, BAG NZA **92**, 382, AG Düss JB **06**, 270, LAG Kiel NZA-RR **06**, 371, auch nach zB §§ 112, 113 BetrVG oder nach den §§ 9, 10 KSchG, § 850 Rn 5, BAG BB **92**, 359, LG Münst Rpfleger **02**, 578, AG Langen JB **02**, 606 (zustm Ernst). Wenn mit einem Einkommen nach § 850 i ein Einkommen nach § 850 c zusammentrifft, muß der Rpfl zunächst nach § 850 c verfahren, LG Halle Rpfleger **01**, 439. Wenn der Unterhalt des Schuldners im Rahmen der dortigen Freigrenzen gesichert ist, kann sich der Schuldner für das an sich nach § 850 i zu beurteilende Einkommen nicht auf diese Vorschrift berufen, LG Bln Rpfleger **95**, 170.

8 **D. Verfahren.** Antragsberechtigt sind außer dem Schuldner auch diejenigen Angehörigen, die aus der Vergütung ihren notwendigen Unterhalt beziehen. Der Drittschuldner hat kein Antragsrecht. Es versteht sich von selbst, daß der Rpfl vor einer solchen meist recht schwierigen Entscheidung trotz § 834 doch um eines fairen Verfahrens willen durchweg den Gläubiger anhören muß, Artt 2 I, 20 III GG, BVerfG **101**, 404. Deshalb ist auch eine mündliche Verhandlung zulässig, § 128 Rn 10, § 764 III. Der widersprechende Gläubiger muß andere Verdienstmöglichkeiten darlegen. Erst anschließend braucht sich der Schuldner zu solchen angeblichen anderweitigen Verdienstmöglichkeiten zu äußern. Der Rpfl ist deshalb zur Entscheidung zuständig, weil es sich um eine Ergänzung der bisherigen Festsetzung auf Grund neuer Tatsachen handelt, LG Bln Rpfleger **95**, 170.

9 **E. Entscheidung.** Der Rpfl entscheidet durch einen Beschluß, § 329. Es muß ihn begründen, § 329 Rn 4. Er muß seinen Beschluß förmlich zustellen, § 329 III.

10 **F. Rechtsbehelf.** Jeder Betroffene kann nach § 11 RPflG vorgehen. Vgl im übrigen § 829 Rn 63–65.

11 **5) Sachbenutzung, II.** Unter II fällt eine Vergütung für die Gewährung einer Wohngelegenheit oder für eine andere Sachbenutzung dann, wenn die Vergütung zu einem nicht unwesentlichen Teil solche Dienste abgilt, die neben der Sachbenutzung erfolgten. Der Schuldner muß die Dienste persönlich oder durch Hausgenossen geleistet haben. Hierher gehört zB die Zimmervermieterin. Nicht hierher gehört derjenige Gastwirt, der seine Dienste durch Angestellte leistet. „Nicht unwesentlich" ist nicht dasselbe wie wesentlich. Den Gegensatz bilden belanglose Dienste. Die Art des Vertragsverhältnisses ist unerheblich. Verfahren: Rn 5.

12 **6) Heimarbeit, III.** § 27 HeimarbG unterwirft das Entgelt des Heimarbeiters dem Pfändungsschutz für Vergütungen auf Grund eines Arbeits- oder Dienstverhältnisses. Danach sind entweder §§ 850 c und ff oder § 850 i anwendbar, je nachdem, ob es sich um ein ständiges solches Verhältnis handelt oder nicht.

13 **7) Versorgungsvorschriften usw, IV.** IV besagt nur, daß § 850 i die sonst bestehenden Sondervorschriften über eine Unpfändbarkeit nicht aufhebt. In Betracht kommen etwa § 54 II–V SGB I, Grdz 80 vor § 704 „Kindergeld" und § 850 b Rn 13 (Krankengeld), Stgt NJW **93**, 605, LG Kblz MDR **77**, 323. Auf diese nimmt auch § 25 des G zur Neuregelung der Altershilfe für Landwirte Bezug. Daher ist das Altersruhegeld eines Landwirts nur unter den Voraussetzungen des § 54 SGB I pfändbar, LG Kassel NJW **77**, 302, LG Mü NJW **77**, 722. In Betracht kommen ferner die sonstigen in Einf 8 vor § 850 genannten Vorschriften. Wegen einer Lebensversicherung Grdz 93 vor § 704 „Lebensversicherung". Wegen der Zusammenrechnung einer laufenden Geldleistung nach dem SGB mit dem Arbeitseinkommen, § 850 e Rn 8.

850k *Pfändungsschutz für Kontoguthaben aus Arbeitseinkommen.* **I Werden wiederkehrende Einkünfte der in den §§ 850 bis 850 b oder § 851 c bezeichneten Art auf das Konto des Schuldners bei einem Geldinstitut überwiesen, so ist eine Pfändung des Guthabens auf Antrag des Schuldners vom Vollstreckungsgericht insoweit aufzuheben, als das Guthaben dem der Pfändung nicht unterworfenen Teil der Einkünfte für die Zeit von der Pfändung bis zu dem nächsten Zahlungstermin entspricht.**

II 1 Das Vollstreckungsgericht hebt die Pfändung des Guthabens für den Teil vorab auf, dessen der Schuldner bis zum nächsten Zahlungstermin dringend bedarf, um seinen notwendigen Unterhalt zu bestreiten und seine laufenden gesetzlichen Unterhaltspflichten gegenüber den dem Gläubiger vorgehenden Berechtigten zu erfüllen oder die dem Gläubiger gleichstehenden Unterhaltsberechtigten gleichmäßig zu befriedigen. 2 Der vorab freigegebene Teil des Guthabens darf den Betrag nicht übersteigen, der dem Schuldner voraussichtlich nach Absatz 1 zu belassen ist. 3 Der Schuldner hat glaubhaft zu machen, dass wiederkehrende Einkünfte der in den §§ 850 bis 850 b oder § 851 c bezeichneten Art auf das Konto überwiesen worden sind und dass die Voraussetzungen des Satzes 1 vorliegen. 4 Die Anhörung des Gläubigers unterbleibt, wenn der damit verbundene Aufschub dem Schuldner nicht zuzumuten ist.

III Im Übrigen ist das Vollstreckungsgericht befugt, die in § 732 Abs. 2 bezeichneten Anordnungen zu erlassen.

Gliederung

Vorbem. I, II 3 ergänzt dch Art 1 Z 1 a G v 26. 3. 07, BGBl 368, in Kraft seit 31. 3. 07, Art 4 G, ÜbergangsR Einl III 78.

1) Systematik, I–III. Zum Verhältnis zu § 55 SGB I BGH NJW **07**, 604, LG Gießen JB **06**, 661, LG Konst Rpfleger **07**, 90. Die letzteren Vorschriften können also das Rechtsschutzbedürfnis nach Grdz 33 vor § 253 für ein Vorgehen nach § 850 k beseitigen, aM LG Münst FamRZ **05**, 1763. Im übrigen sind alle diese Vorschriften mangelhaft aufeinander abgestimmt. Vgl §§ 19 BAföG, 10 GFG, Einf 3 vor §§ 850–852, Hartmann NJW **78**, 610, aM Arnold BB **78**, 1320, Hornung Rpfleger **78**, 360, Meyer ter Vehn NJW **78**, 1240. Soweit Gesetze oder Verordnungen auf §§ 850–850 h verweisen, bezieht sich diese Verweisung nun auch auf § 850 k, Art 3 G v 28. 2. 78, BGBl 333. Zu den Auswirkungen beim Kindergeld LG Kassel Rpfleger **06**, 209, Hornung Rpfleger **88**, 222. § 850 k gilt auch bei einer Vorpfändung, Behr Rpfleger **89**, 53. Es gibt vereinzelt Zweifel an der Verfassungsmäßigkeit der Vorschrift, Hofmann Rpfleger **01**, 113, vgl aber dazu BVerfG NJW **03**, 279. 1

2) Regelungszweck, I–III. Das Gesetz schützt den Schuldner auch vor der Pfändung während desjenigen Zeitraums, in dem der Drittschuldner dem Schuldner den Lohn, das Gehalt usw schon auf ein Konto bei einem Geldinstitut § 835 Rn 27 überwiesen und der Schuldner das Konto auch nicht überzogen hat, AG/LG Bielef MDR **99**, 494. Der Überweisung steht die Übergabe eines Barschecks und desssen Gutschrift auf dem Konto gleich, LG Regensb Rpfleger **07**, 89. Der Schuldner darf das Guthaben dort aber noch nicht abgehoben haben. Es darf auch kein Saldo zu seinen Lasten bestehen. Die Regelung gilt freilich wegen der Berechnung *vor* der Freigabe grundsätzlich nur bis zum nächsten Zahlungstermin, BGH FamRZ **91**, 296, LG Bad Kreuzn Rpfleger **90**, 216 (wegen des Zustands *nach* der Freigabe Rn 3, 4). Diesem Zweck dienen auch § 835 III sowie die vorrangigen §§ 51–55 SGB I, Grdz 103 vor § 704 „Sozialleistung", LG Heilbr Rpfleger **94**, 117, AG Osnabr JB **04**, 393. Die Regelung steht an einer Schnittstelle zwischen der Forderung nach einem relativ bequemen Gläubigerzugriff und einem meist nur von der Hand bis zum Mund reichenden Schuldnerbedarf. Die Erhaltung seiner Arbeitskraft steht im Interesse der Allgemeinheit (keine Fürsorgepflicht) wie bei länger nötiger Zugriffsdauer auch im Interesse des Gläubigers. Das muß man bei der Änderung mitbeachten. 2

Kein Pfändungsschutz besteht wegen eines solchen Guthabens, das weder aus einem Einkommen noch aus Sozialleistungen stammt, auch nicht bei einem sog „Und"-Konto, LG Deggendorf Rpfleger **05**, 372. Eine kontokorrentmäßige Verrechnung durch die Bank bleibt statthaft, Celle RR **07**, 1351.

3) Wiederkehrende Einkünfte, I. Es ist nicht notwendig, daß der Drittschuldner nur eine Einkunftsart nach §§ 850–850 b oder § 851 c überweist, LG Oldb Rpfleger **83**, 33. Ebensowenig ist es notwendig, daß die Eingänge schon eine längere Zeit hindurch regelmäßig fließen. Ein zweimaliger Eingang im üblichen Abstand reicht aus. So mag es zB bei Mieteinnahmen liegen, LG Kassel Rpfleger **00**, 118. Eine einmalige Überweisung reicht nicht aus. Dann kommt § 765 a in Betracht, BGH VersR **88**, 946, StJM 10, ZöStö 5, aM LG Oldb Rpfleger **83**, 33 (aber der Wortlaut und Sinn von I sind eindeutig, Einl III 39). Das Konto muß bei einem Geldinstitut bestehen, § 835 Rn 27. Die Bank kann kontokorrentmäßig verrechnen, BGH **162**, 351 (zustm Einsele JZ **06**, 51, Jürgens/Behren Rpfleger **06**, 1). § 850 k schützt die Lohngutschrift direkt, nicht nur entsprechend, aM LG Heidelb RR **99**, 1426 (unnötig kompliziert). Die Vorschrift schützt nur den Kontoinhaber, LG Nürnb-Fürth NJW **02**, 974 (zum Gemeinschaftskonto). 3

4) Schutzumfang, I. Schutz hat auch, wer alle möglichen Eingänge auf einem seiner zahlreichen Konten verzeichnet, zB einen Kaufpreis, einen Erbschaftsanteil oder einen Spielgewinn. Schutz hat ferner, wer jedem seiner Konten gelegentlich Eingänge nach §§ 850–850 b zuführt, nur um einen Antrag nach I, II stellen zu können. Schutz hat schließlich, wer über ein einzelnes Konto alle anfallenden Eingänge verbucht und neben einem vielleicht nur geringen Lohn Restbestände älterer Eingänge anderer Art als Guthaben besitzt. Das Gesetz schützt nicht „dieses" Guthaben (damit wäre allenfalls das Guthaben aus dem Empfang wiederkehrender Einkünfte gemeint), sondern „das" Guthaben, also das gesamte Guthaben auf diesem Konto, LG Dortm Rpfleger **01**, 558, Jürgens/Behren Rpfleger **06**, 7, und zwar ab dessen Freigabe vom Gläubigerzugriff, Hamm Rpfleger **01**, 506, Arnold BB **78**, 1320. Freilich kann derjenige, der über andere Einkünfte als diejenigen der §§ 850–850 b verfügt, die Voraussetzungen der Rn 5 meist nur schwer erfüllen. Eine Erschleichung ist auch in der Zwangsvollstreckung unzulässig, Grdz 44 vor § 704, Arnold BB **78**, 1320. Eine Aufhebung der Pfändung auch zukünftiger Guthaben aus wiederkehrenden Leistungen ist zwar sinnvoll. Sie braucht aber eine Gesetzesänderung, aM KG Rpfleger **92**, 307, LG Gött JB **07**, 663 (aber „bis zum nächsten Zahlungstermin" ist eindeutig enger). Eine Verrechnung zu viel freigegebener Beträge ist unstatthaft, aM AG Mönchengladb JB **07**, 218 (vgl aber Üb 10 vor § 300). 4

Kein Schutz besteht mangels eines Rechtsschutzbedürfnis, solange das Schuldnerkonto weit im Soll steht und stehen wird, AG Osnabr JB **04**, 393.

5) Kontenschutz, I–III. Die Regelung ist alles andere als einfach. 5

A. Grundsatz: Mehrheit von Wegen. Es gibt drei Wege des Kontenschutzes. Sie stehen dem Schuldner unter Umständen nebeneinander offen. Das ist zum Schuldnerschutz notwendig. Stets entscheidet der Rpfl des nach §§ 764, 802 zuständigen Vollstreckungsgerichts, § 20 Z 17 RPflG, LG Ffm Rpfleger **92**, 168 (also nicht eine Vollstreckungsbehörde), Meinhold Rpfleger **04**, 88. Bei einer öffentlichrechlichen Forderung des Gläubigers verweist Hamm Rpfleger **95**, 170 auf den Verwaltungsrechtsweg. Der Rpfl führt zwar keine Amtsermittlung nach Grdz 38 vor § 128 durch. Er muß aber von Amts wegen das Interesse des Gläubigers und dasjenige des Schuldners sorgfältig abwägen, LG Ffm Rpfleger **92**, 168, aM LG Kblz JB **98**, 47 (aber eine solche Abwägung ist eine selbstverständliche Pflicht bei der Rechtsanwendung). Dabei muß er berücksichtigen, daß der Schuldner nicht einen Antrag auf eine Sozialhilfe soll stellen müssen, Behr Rpfleger **89**, 53, Hartmann NJW **78**, 611. Der Rpfl muß freilich auch bedenken, daß der Gläubiger es bis zu diesem Punkt der Durchsetzung seiner Ansprüche ohnehin meist schwer hatte.

6 **B. Bezifferung.** Der Rpfl muß die Höhe des pfandfreien Betrags in der Entscheidung beziffern, LG Augsb Rpfleger **97**, 489. Das muß je Pfändung geschehen, AG Wuppert JB **07**, 383. Ein sog Blankettbeschluß ist unzulässig, und zwar auch bei der Pfändung eines künftigen Arbeitseinkommens, § 829 Rn 1, LG Augsb Rpfleger **97**, 490, LG Osnabr Rpfleger **89**, 249, und zwar in der Höhe der regelmäßigen Eingänge, LG Bielef JB **07**, 444. Für jede Zahlungsperiode ist ein entsprechender Betrag auch dann frei, wenn alle künftigen Guthaben gepfändet sind, LG Düss JB **00**, 325. Der Rpfl muß seinen Beschluß begründen, § 329 Rn 4. Er muß eine Änderung der Höhe der pfändbaren Beträge ebenfalls beziffern, LG Darmst Rpfleger **88**, 419.

Kosten: § 788 I, IV. Gebühren: Des Gerichts KV 1811 (Verwerfung oder Zurückweisung einer sofortigen Beschwerde); des Anwalts VV 3309, 3310.

7 **C. Aufhebung der Pfändung des Kontenguthabens, I.** Der Rpfl ist zuständig, auch bei einem Antrag auf Kontenschutz bei einer Vorpfändung, Behr Rpfleger **89**, 53 (auch zu einer Gegenmeinung). Stets ist ein Antrag des Schuldners auf eine Aufhebung der Pfändung des Kontenguthabens notwendig, LG Kassel Rpfleger **00**, 118. Freilich erfaßt I nicht auch Einkünfte des Ehegatten des Schuldners auf dem Schuldnerkonto, LG Konst Rpfleger **07**, 91. Der Rpfl muß dem Antrag stattgeben, soweit das Guthaben den der Pfändung nicht unterworfenen Teil der Einkünfte des Schuldners vom Zeitpunkt der Pfändung bis zum nächsten Zahlungstermin nicht übersteigt.

Beispiel: Unpfändbar sind monatlich 600 EUR. Das Guthaben beträgt 800 EUR. Es ist voll gepfändet worden. Die Aufhebung wird am 15. des Monats beantragt. Der nächste Zahlungstermin ist der 30. des Monats. Die Pfändung des Kontenguthabens erfolgt in Höhe von 500 EUR.

8 Maßgeblich ist der *Soll*-Eingangstag oder der Soll-Gutschriftstag. Denn der Schuldner soll bis zu der nächsten voraussichtlichen Verfügbarkeit über Wasser bleiben. Die bloße Fälligkeit, etwa eine vorzeitige Zahlung, eine Stundung usw ist nur in diesem Rahmen beachtlich. Ein „Guthaben" sollte auch bei einer Gutschrift auf einem im Soll stehenden Konto vorliegen, Behr Rpfleger **89**, 53 (er schlägt eine Gesetzesergänzung vor), aM LG Konst Rpfleger **07**, 90, LG Landshut MDR **01**, 1469 (zustm Singer).

9 **D. Vorab-Aufhebung der Pfändung des Kontenguthabens, II.** Sie ist zulässig und notwendig, sobald der Schuldner nach § 294 glaubhaft macht, daß wiederkehrende Einkünfte nach §§ 850–850 b, 851 c auf dieses Konto stehen und daß er sie bis zum nächsten Zahlungstermin dringend braucht, um sowohl den eigenen Unterhalt als auch denjenigen solcher Unterhaltsgläubiger zu decken, die dem Pfändungsgläubiger vorgehen, oder um solche Gläubiger gleichmäßig zu befriedigen, die dem Pfändungsgläubiger gleichrangig sind, Brdb Rpfleger **02**, 86. Der Rpfl darf den Begriff des dringenden Bedarfs weder zu großzügig bejahen noch zu streng prüfen, Brdb Rpfleger **02**, 86 (weist auch auf § 250 d hin). Im Zweifel muß der Rpfl zugunsten des Gläubigers entscheiden. Den Schuldner trifft freilich keine Beweislast. Der Rpfl hat vielmehr die Amtspflicht zur Prüfung aller Gesichtspunkte von Amts wegen, Rn 5. Außerdem darf der vorab freigegebene Betrag nicht denjenigen Betrag übersteigen, den der Rpfl bei einem Antrag nach I dem Schuldner belassen müßte, II 2.

Der Rpfl muß davon absehen, den Gläubiger zum Antrag des Schuldners *anzuhören,* wenn die Anhörung dem Schuldner zeitlich nicht mehr zumutbar ist, II 4. Insofern muß der Rpfl allerdings strenge Maßstäbe anlegen, Hornung Rpfleger **78**, 361. Nach dem Ablauf der 7-Tage-Schonfrist für Sozialleistungen kommt nur noch eine Erinnerung § 766 in Betracht, LG Kref Rpfleger **01**, 39.

10 **E. Einstweilige Anordnung, III.** Sie bleibt zulässig. Das stellt III klar, § 732 Rn 9, 12.

11 **6) Verstoß, I–III.** Er führt nicht zur Nichtigkeit, sondern nur zur Anfechtbarkeit eines Pfändungsbeschlusses, AG Düss JB **08**, 441.

12 **7) Rechtsbehelf, I–III.** Wenn der Rpfl ohne eine Anhörung des Antragsgegners entschieden hat, hat der Betroffene die Erinnerung nach § 766, LG Brschw Rpfleger **98**, 297, LG Memmingen Rpfleger **06**, 421. Gegen eine echte Entscheidung des Rpfl nach einer Anhörung gilt § 11 RPflG. Zum Verfahren § 104 Rn 41 ff. Im Fall des III vgl § 732 Rn 12. Vgl auch § 765 a, BGH NJW **08**, 1678.

851 *Nicht übertragbare Forderungen.* [I] **Eine Forderung ist in Ermangelung besonderer Vorschriften der Pfändung nur insoweit unterworfen, als sie übertragbar ist.**

[II] **Eine nach § 399 des Bürgerlichen Gesetzbuchs nicht übertragbare Forderung kann insoweit gepfändet und zur Einziehung überwiesen werden, als der geschuldete Gegenstand der Pfändung unterworfen ist.**

Schrifttum: *Abel,* Pfändungsschutz nach § 851 ZPO: Speziell die Pfändung zweckgebundener Forderungen, 2005; *Walker,* Die Bedeutung der Pfändbarkeit für die Abtretbarkeit von Geldforderungen nach § 400 BGB, Festschrift für *Musielak* (2004) 655.

Gliederung

1) Systematik, I, II. Vgl zunächst Einf 1 vor §§ 850–852. Nach § 400 BGB ist eine unpfändbare Forderung zwingend unübertragbar, BGH NJW **88**, 820. Nach § 851 ZPO ist eine unübertragbare Forderung unpfändbar. Unpfändbar ist also jede Forderung, die das Prozeßrecht für unpfändbar oder das sachliche Recht für unübertragbar erklärt. Dabei betrifft I die gesetzliche Unpfändbarkeit und II die vertraglich infolge einer Unabtretbarkeit eintretende Unpfändbarkeit, LG Oldb Rpfleger **85**, 449. Wenn die Abtretung unzulässig ist, trifft das alle diejenigen Befugnisse, die aus der Forderung folgen, zB eine Einziehung. § 89 I InsO begründet kein Abtretungshindernis, BGH Rpfleger **94**, 379. Soweit das Landesrecht eine Unübertragbarkeit anordnen darf, braucht das nicht mit zur Unpfändbarkeit zu führen, AG Lpz NJW **03**, 2754. Im Zweifel gilt freilich die Verbindung zwischen der Unpfändbarkeit und der Unübertragbarkeit auch dort. Eine vorübergehende oder teilweise Übertragbarkeit genügt. Das ergeben die Worte „nur insoweit" in I. Vgl auch den Zwangsvollstreckungsschlüssel Grdz 59 vor § 704. 1

2) Regelungszweck, I, II. Die Unpfändbarkeit einer Forderung und ihre Unübertragbarkeit stehen in einer Wechselwirkung zueinander. Das stellt § 851 zwecks Rechtssicherheit klar, Einl III 43. Der Ausschluß der Pfändbarkeit ist bei § 399 Hs 1 BGB verständlich, bei § 399 Hs 2 BGB dagegen weitaus weniger überzeugend, aber eben hinnehmbar. Im übrigen bleibt nach den Beispielen Rn 5 ff erstaunlich viel Spielraum bei der Eingruppierung. Man sollte sie ohne eine prinzipielle Bevorzugung der einen oder anderen Partei des Vollstreckungsverfahrens vornehmen. 2

3) Unübertragbarkeit, I. Ein klarer Grundsatz bringt manche Probleme. 3

A. Einschlägige Vorschriften. Unübertragbar sind vor allem Ansprüche auf Grund der §§ 399, 664 II, 717 BGB. Wegen § 49 b BRAO, § 851 fordert Diepold MDR **95**, 23 eine Gesetzesänderung.

B. Zweckgebundener Anspruch. Man muß zwischen bloßer Zweck*bestimmung* zB des Eigengelds eines Inhaftierten, LG Ffm Rpfleger **89**, 33, und einer wirklichen Zweck*bindung* unterscheiden, LG Ffm Rpfleger **89**, 33. Nur der letztere Anspruch ist grundsätzlich unübertragbar, BGH NJW **06**, 2040, Düss NJW **88**, 1677, LG Ffm Rpfleger **89**, 33. Vgl freilich § 887 Rn 17. Er läßt eine Pfändung nur im Rahmen der Zweckbestimmung zu. 4

C. Beispiele zur Frage der Anwendbarkeit von I 5

Anteilsrecht: Unübertragbar ist es vor der Eintragung der Aktiengesellschaft, § 41 IV AktG.

Arbeitsrecht: Rn 7 „Gefahrgeneigte Arbeit".

Architekt: Rn 8 „Honorar", Rn 14 „Vorschuß".

Baugeldanspruch: Unpfändbar ist wegen Zweckbindung der Baugeldanspruch, Grdz 66 vor § 704 „Baugeldanspruch":

Bausparvertrag: § 851 ist *unanwendbar* auf den Anspruch auf die Auszahlung eines Bauspardarlehens und den Anspruch auf die Rückzahlung des Bausparguthabens nach der Zuteilung oder Kündigung, wenn auch nur eine eingeschränkte Pfändbarkeit besteht.

Befreiungsanspruch: Rn 12 „Schuldbefreiung".

Beihilfe: § 851 ist *unanwendbar* auf den Anspruch auf eine Beihilfe, soweit ihn derjenige (zB der Arzt) pfändet, dem die dem Patienten zu zahlende Beihilfe wirtschaftlich zugute kommen soll, etwa als Honorar, LG Hann AnwBl **93**, 355, aM BGH Rpfleger **08**, 152, BVerwG NJW **97**, 3257, (aber § 399 BGB steht keineswegs entgegen, zumal Beihilfe zweckgebunden ist und oft auch einem Dritten Angehörigen zugutekommt).

Bergmannsprämie: Unübertragbar ist der Anspruch auf eine Bergmannsprämie, § 5 G v 12. 5. 69, BGBl 434 (anders der Erstattungsanspruch des Arbeitgebers an das Finanzamt, § 3 I 3 G).

Buße: *Unübertragbar* ist ein Anspruch auf eine noch nicht zugesprochene Buße.

Erfüllungsgehilfe: Rn 14 „Vorschuß". 6

Gefahrgeneigte Arbeit: Unpfändbar ist wegen der Zweckbindung der Freistellungsanspruch des Arbeitnehmers gegenüber dem Arbeitgeber nach der Schädigung eines Dritten und dergleichen, aM Hardt DB **00**, 1816. 7

Gefangener: Wegen seines Arbeitsentgelts § 850 Rn 7, 8. § 851 ist *unanwendbar* auf den Anspruch des Untersuchungsgefangenen auf die Auszahlung der für ihn eingezahlten Selbstverpflegungskosten, Hillebrand Rpfleger **86**, 466. Man darf auch nicht verkennen, daß es sich hier um solche Gelder handelt, die der Staat zwar zu einem bestimmten Zweck gezahlt, aber nicht gebunden hat, und daß auch ein Fürsorgefall nach § 850 d I Z 3 nicht vorliegen kann, da die ordentliche Verpflegung vor Not schützt.

Gemeinschaft: Unübertragbar ist der Anspruch auf die Aufhebung einer Gemeinschaft.

Getrenntleben: Unpfändbar ist wegen der Zweckbindung der Anspruch des getrennt lebenden Ehegatten auf die Überlassung von Haushaltsgegenständen, § 1361 a I 2 BGB.

Haftentschädigung: Der Anspruch auf sie kann vor der Rechtskraft des Entschädigungsurteils unpfändbar sein, Kblz RR **99**, 508. 8

Haftpflichtversicherung: Der Anspruch des Versicherten ist nur dergestalt abtretbar und daher *pfändbar*, daß der Abtretungsnehmer anstelle des Versicherten eine Befriedigung des Berechtigten verlangen kann.

Hausrat: Rn 7 „Getrenntleben".

Honorar: Beim Honoraranspruch des Anwalts oder Architekten besteht eine *grundsätzliche Pfändbarkeit*, BGH FamRZ **05**, 980. Das gilt jedenfalls insoweit, als der Auftraggeber einer Abtretung oder Preisgabe von geschützten Daten zustimmt, Diepold MDR **93**, 835 unter Bezug auf BGH **115**, 123, AG Karlsr MDR **07**, 496. Das gilt nur, soweit die Abtretung zulässig wäre. Zur Problematik beim Anwalt BGH NJW **07**, 1196, BFH NJW **05**, 1308, LG Stgt AnwBl **07**, 455 (je grds für Abtretbarkeit), aM BGH NJW **95**, 2026, LG Mü BB **04**, 1075.

Kontokorrent: Unübertragbar ist ein einzelner Posten eines Kontokorrents, § 355 HGB, Grdz 87 vor § 704 „Kontokorrent", Mü JB **76**, 969 (zum Teil unklar), LG Stgt Rpfleger **81**, 24. Unübertragbar ist auch der Rechnungslegungsanspruch des Kunden gegen seine Bank, LG Stgt Rpfleger **94**, 472. 9

Leasing: Unpfändbar ist wegen der Zweckbindung der Nutzungsanspruch des Leasingnehmers, Düss NJW **88**, 1677 (dann ist § 857 III anwendbar, dort Rn 7).

Lohnsteuerjahresausgleich: Der Anspruch auf ihn ist grds *pfändbar,* § 829 Rn 13 „Steuererstattung".

10 **Mietgebrauch:** Unpfändbar ist wegen der Zweckbindung der Anspruch des Mieters auf die Überlassung der Mietsache zum vertragsgemäßen Gebrauch.

Mietnebenkosten: Unpfändbar ist wegen der Zweckbindung der Anspruch des Vermieters auf eine Erstattung von Nebenkosten, LG Celle ZMR **99**, 698, LG Ffm Rpfleger **89**, 294, ZöStö 5, aM Schmidt ZMR **00**, 144.

Mitwirkung: Rn 12 „Steuererklärung".

Prozeßkostenvorschuß: Unpfändbar ist wegen Zweckbindung ein Prozeßkostenvorschuß, BGH **94**, 322.

11 **Rangvorbehalt:** Unübertragbar ist ein Rangvorbehalt.

Rechnungslegung: Rn 9 „Kontokorrent".

Rechtsschutzversicherung: Unpfändbar ist der durch eine sog Direktzahlung des Versicherers an den Versicherungsnehmer gezahlte Betrag (Fortdauer der Zweckbestimmung: Befreiung des Versicherers), LG Stgt VersR **96**, 449.

Rentenanspruch: § 851 ist auf einen Anspruch gegen ein anwaltliches Versorgungswerk grds anwendbar, LG Ravensb NJW **04**, 1538.

Die Vorschrift kann aber ausnahmsweise *unanwendbar* sein, AG Lpz NJW **03**, 2754.

12 **Schmerzensgeld:** § 851 ist *unanwendbar* auf einen Anspruch auf Schmerzensgeld, Grdz 101 vor § 704 „Schmerzensgeld".

Schuldbefreiung: Unpfändbar ist ein derartiger Anspruch, obwohl man ihn nur an einen Drittgläubiger abtreten kann, BGH MDR **01**, 1259.

Sozialleistung: Unpfändbar ist wegen der Zweckbindung der Anspruch auf Dienst- und Sachleistungen im Sinn von § 53 I SGB I.

Stammeinlage: § 851 ist *unanwendbar* auf den Anspruch der GmbH auf die Leistung der Stammeinlage, soweit sie ihre Zweckbindung nach § 19 GmbHG verloren hat, Köln RR **96**, 939.

Steuerberater: Sein Honorar ist grds *pfändbar,* BGH NJW **99**, 1545.

Steuererklärung: Der Anspruch auf eine Mitwirkung an der gemeinsamen Steuererklärung ist unpfändbar, AG Hechingen FamRZ **90**, 1127.

S auch Rn 9 „Lohnsteuerjahresausgleich".

Subvention: Unpfändbar ist wegen der Zweckbindung eine staatliche Subvention, OVG Weimar NVwZ-RR **04**, 782. Das gilt also auch für eine Ausgleichszahlung für Erzeugnisse eines Landwirts wegen der Preisvorschriften der EU. Es gilt aber nicht dann, wenn sie innerhalb des landwirtschaftlichen Zwecks liegt. Eine Unpfändbarkeit ist allerdings selbst dann nach § 851 a möglich.

Treuhand: § 851 ist anwendbar auf eine treuhänderische Zweckbindung, BGH NJW **00**, 1270.

13 **Unterhalt:** Unpfändbar ist wegen der Zweckbindung grds jeder Unterhalt, BGH NJW **06**, 2040, LG Frankenth MDR **00**, 1017 (Ausnahme evtl bei Sonderbedarf). Das gilt auch für den Beitrag der Ehefrau aus ihrer Arbeit zum Familienunterhalt.

Unterhaltssicherung: Grdz 108 vor § 704 „Unterhaltssicherung".

Untermietzins: § 851 ist *unanwendbar* auf die Forderung auf Untermietzins. Vgl aber § 850 i Rn 10.

14 **Verlängerung:** Der Schuldner muß sie nach § 766 beantragen, LG Verden Rpfleger **08**, 514.

Vermögenswirksame Leistung: Grdz III vor § 704 „Vermögenswirksame Leistung".

Versorgungswerk: Ein Anspruch gegen eine solche Einrichtung ist trotz einer Unabtretbarkeit wie ein Arbeitseinkommen *pfändbar,* BGH FamRZ **07**, 1013 links.

Vertragliche Zweckbestimmung: § 851 ist *grds unanwendbar* auf eine bloße Zweck*bestimmung* und *nicht* Zweck*bindung* durch eine einfache Abrede zwischen dem Schuldner und dem Drittschuldner, Rn 4.

S aber auch Rn 12 „Treuhand".

Vertraglicher Ausschluß: Ein solches Recht, für das die Übertragbarkeit nur vertraglich ausgeschlossen worden ist, ist *pfändbar.*

Vormerkung: Grdz 113 vor § 704 „Vormerkung".

Vorschuß: Unpfändbar ist wegen der Zweckbindung ein treuhänderisch gebundener Vorschuß auf ein Architektenhonorar, BGH Rpfleger **78**, 249. Dasselbe gilt bei einem Vorschuß zur Entlohnung eines Unterangestellten oder sonstigen Erfüllungsgehilfen eines Angestellten.

S auch Rn 10 „Prozeßkostenhilfevorschuß".

15 **Wiederkaufsrecht:** Rn 14 „Vertraglicher Ausschluß".

Wohnbesitz: Er ist nur auf den berechtigten Erwerber sowie bei einer Verpfändung, bei einer Zwangsvollstreckung in die durch den Wohnbesitz verbürgten Rechte und bei einer Insolvenz des Wohnbesitzberechtigten übertragbar und damit *pfändbar,* § 62 des 2. WoBauG.

16 **4) Anspruch nach § 399 BGB, II.** Die Vorschrift macht eine Ausnahme von der Regel, daß eine Unübertragbarkeit auch die Unpfändbarkeit nach sich zieht. II gilt dann, wenn der geschuldete Gegenstand seiner Art nach pfändbar ist. Hierhin kann Geld zählen, Köln RR **93**, 1031. Hierher kann auch eine solche Forderung gehören, deren Abtretung den Inhalt der Leistung verändert oder deren Abtretung die Partner vertraglich ausgeschlossen haben, Ffm ZMR **91**, 341, Mü MDR **91**, 453, LG Oldb Rpfleger **85**, 449. Hierher gehört in Verbindung mit § 857 auch der Anspruch auf eine Zustimmung nach (jetzt) § 7 II ErbbauRG, LG Köln NZM **01**, 1102. Dazu gehört nicht schon eine wegen eines Geheimnisschutzes unabtretbare Forderung, Stgt NJW **94**, 2838 (Steuerberater). II soll verhindern, daß der Schuldner und der Drittschuldner die Zwangsvollstreckung durch eine Abrede untereinander völlig vereiteln können. Die Vorschrift gestattet daher auch nur eine Einziehung, nicht eine Überweisung an Zahlungs Statt.

Wenn der Gläubiger der Forderung seine Ansprüche *abredewidrig* abgetreten hat und der Schuldner diesen Vorgang genehmigt, wirkt die Genehmigung nicht zurück. II gilt beim zweckgebundenen Anspruch nicht, Köln RR **93**, 1031. Die Unübertragbarkeit läßt sich nicht einseitig herstellen. Eine höchstpersönliche Forderung ist schon wegen ihrer Unübertragbarkeit unpfändbar, Rn 3. Der Anspruch gegenüber einer

Versicherungsgesellschaft ist grundsätzlich pfändbar, LG Ffm VersR **78**, 1059, AG Sinzig RR **86**, 1929. Das gilt aber nicht, soweit die Versicherung einen Ersatz wegen einer unpfändbaren Sache leisten soll, LG Detm Rpfleger **88**, 154. Wegen des Urlaubsgelds, des Urlaubsentgelts und der Urlaubsabgeltung § 850 a Rn 5. Wenn II anwendbar ist, darf der Rpfl keine Interessenabwägung vornehmen, BGH Rpfleger **78**, 248.

851a

Pfändungsschutz für Landwirte. [I] **Die Pfändung von Forderungen, die einem die Landwirtschaft betreibenden Schuldner aus dem Verkauf von landwirtschaftlichen Erzeugnissen zustehen, ist auf seinen Antrag vom Vollstreckungsgericht insoweit aufzuheben, als die Einkünfte zum Unterhalt des Schuldners, seiner Familie und seiner Arbeitnehmer oder zur Aufrechterhaltung einer geordneten Wirtschaftsführung unentbehrlich sind.**

[II] **Die Pfändung soll unterbleiben, wenn offenkundig ist, dass die Voraussetzungen für die Aufhebung der Zwangsvollstreckung nach Absatz 1 vorliegen.**

1) Systematik, Regelungszweck, I, II. Vgl zunächst Einf 1 vor §§ 850–852. Die Vorschrift soll Landwirte zusätzlich zu § 811 I Z 4 schützen. Während jene Vorschrift die landwirtschaftlichen Erzeugnisse selbst in einem gewissen Umfang der Pfändung entzieht, erstreckt § 851 a den Schutz auf die Forderungen aus dem Verkauf solcher Erzeugnisse, zB auf das Milchgeld, LG Bonn DGVZ **83**, 153, oder die sog Bullenprämie, LG Kblz JB **03**, 382. Dieser Schutz geht auch über § 98 Z 2 BGB hinaus, § 865 II, § 851 Rn 4, 5. 1

2) Voraussetzungen für die Aufhebung der Pfändung, I. Zum Begriff des landwirtschaftlichen Betriebs § 811 Rn 27. Vgl die dortigen Ausführungen auch wegen derjenigen landwirtschaftlichen Erzeugnisse, die zur Aufrechterhaltung einer geordneten Wirtschaftsführung erforderlich sind, also zu deren Fortführung. Das Vollstreckungsgericht muß insofern notfalls einen Sachverständigen hinzuziehen. Zur Familie gehören außer dem Schuldner und seiner Ehefrau alle diejenigen Familienmitglieder, die mit dem Schuldner zusammen wohnen und von ihm einen Unterhalt beziehen. Es soll eine geordnete Fortführung des Betriebs möglich bleiben. Das gilt auch, soweit die Vorschrift den Unterhalt für den Schuldner und seine Familie sowie seine Arbeitnehmer sichert. Wegen der sonstigen Unterhaltssicherung für Landwirte § 811 I Z 4. Die Regelung geht also über diejenige des § 811 I Z 2 hinaus. Sie begrenzt aber die pfändungsfreien Forderungen auf den für den geordneten Betrieb und den damit zusammenhängenden Unterhalt unentbehrlichen Betrag. Das ist erheblich weniger als das Angemessene. Es muß aber zur Erhaltung der Arbeitskraft sowie dazu ausreichen, daß die Wirtschaft nicht ins Stocken kommt. Soweit der Landwirt üblicherweise etwa für Dünger Kredit in Anspruch nimmt, verbleiben ihm keine besonderen Geldmittel. 2

3) Verfahren, I, II. Es bringt keine besonderen Probleme. 3

A. Antrag. Die Aufhebung der Pfändung erfordert einen Antrag. Sie geschieht also nicht von Amts wegen. Zur Aufhebung ist das Vollstreckungsgericht zuständig, §§ 764, 802. Es entscheidet zunächst durch den Rpfl. Für die Aufhebung ist der Zeitpunkt der Entscheidung maßgeblich. Das ergibt sich aus den Worten „insoweit aufzuheben, als ... unentbehrlich sind". Der Zeitpunkt des Pfändungsbeschlusses nach § 829 ist also nicht maßgebend. Insofern gilt etwas anderes als bei § 811 Rn 13. Der Rpfl darf keine besonderen Untersuchungen anstellen. Wenn die Voraussetzungen des I für das Vollstreckungsgericht offenkundig vorliegen, muß es eine Pfändung unterlassen, II. Bei einer Pfändungskonkurrenz zwischen zwei Gläubigern nach §§ 811 I Z 4, 851 a ist § 804 III anwendbar, LG Bonn DGVZ **83**, 153.

B. Kosten. S § 788 I, IV. Gebühren: Des Gerichts: keine; des Anwalts: VV 3309, 3310. 4

4) Rechtsbehelfe. Der Schuldner kann nach einer Pfändung ohne eine Anhörung beantragen, sie aufzuheben. Dieser Antrag ist in Wahrheit eine Form der Erinnerung nach § 766. Über diesen Antrag entscheidet also der Richter, § 766 Rn 38. Gegen eine ablehnende Entscheidung des Rpfl gilt § 11 RPflG. Gegen eine solche des Richters ist die sofortige Beschwerde zulässig, §§ 567 I Z 1, 793. Der Gläubiger kann gegen die Aufhebung der Pfändung durch den Rpfl nach einer Anhörung gemäß § 11 RPflG vorgehen. Vgl im übrigen § 829 Rn 84, § 766 Rn 46 ff. 5

851b

Pfändungsschutz bei Miet- und Pachtzinsen. [I] [1] **Die Pfändung von Miete und Pacht ist auf Antrag des Schuldners vom Vollstreckungsgericht insoweit aufzuheben, als diese Einkünfte für den Schuldner zur laufenden Unterhaltung des Grundstücks, zur Vornahme notwendiger Instandsetzungsarbeiten und zur Befriedigung von Ansprüchen unentbehrlich sind, die bei einer Zwangsvollstreckung in das Grundstück dem Anspruch des Gläubigers nach § 10 des Gesetzes über die Zwangsversteigerung und die Zwangsverwaltung vorgehen würden.** [2] **Das Gleiche gilt von der Pfändung von Barmitteln und Guthaben, die aus Miet- oder Pachtzahlungen herrühren und zu den in Satz 1 bezeichneten Zwecken unentbehrlich sind.**

[II] [1] **Die Vorschriften des § 813 b Abs. 2, 3 und Abs. 5 Satz 1 und 2 gelten entsprechend.** [2] **Die Pfändung soll unterbleiben, wenn offenkundig ist, dass die Voraussetzungen für die Aufhebung der Zwangsvollstreckung nach Absatz 1 vorliegen.**

Schrifttum: *Ernst* JB **05**, 231 (Üb).

1) Systematik, I, II. Vgl Einf 1 vor §§ 850–852. 1

2) Regelungszweck, I, II. § 851 b soll erreichen, daß die Miete und Pacht einem ihrer Hauptzwecke erhalten bleiben, nämlich der Unterhaltung des Grundstücks. Nur der Überschuß soll pfändbar sein, Köln Rpfleger **91**, 427. Die Vorschrift dient insofern dem Schutz des Grundbesitzes. Sie dient darüber hinaus aber auch den Interessen der Mieter am Erhalt der Haus- und Grundstücksqualität und damit evtl auch dem Interesse des Gläubigers daran, auf Dauer bis zur Befriedigung wenigstens teilweise zugreifen zu können. Sie 2 gilt für den Inländer wie für den Ausländer. Der Schutz ist unabhängig davon, ob der Schuldner vorwerfbar handelte. Soweit der Schuldner aber andere Einkommens- und Vermögensquellen zur Verfügung hat, ist § 851 b unanwendbar, Köln Rpfleger **91**, 427. Andererseits entfällt der Schutzzweck nicht schon deshalb, weil der Schuldner eine Teilungsversteigerung betreibt, Köln Rpfleger **91**, 427.

3 **3) Pfändungsbeschränkung wegen Unentbehrlichkeit, I, II.** § 851 b enthält kein unbedingtes Gebot, sondern stellt auf die Verhältnisse des Schuldners ab. Die Pfändung soll von vornherein dann unterbleiben, wenn feststeht, daß die Einkünfte unentbehrlich sind, Ernst JB **05**, 232. Dafür ist die bloße Kostenmiete ein Indiz. Der Schuldner soll zu den folgenden Maßnahmen imstande bleiben.

A. Laufende Unterhaltung. Der Schuldner muß das Grundstück laufend unterhalten können. Er muß also dazu imstande sein, alle notwendigen sachlichen und persönlichen Ausgaben hierzu zu machen. Frühere Aufwendungen, Rückstände, gehören nicht hierher. Die Aufwendungen müssen gerade wegen dieses Grundstücks notwendig sein, nicht für den Schuldner und seine Familie, anders als bei § 851 a. Eine Hausverwaltung ist nicht stets eine Haus-Unterhaltung, AG Bln-Schöneb JB **01**, 327. Sie kann aber dazu gehören.

4 **B. Instandsetzung.** Der Schuldner muß die notwendigen Instandsetzungsarbeiten vornehmen können. Er muß auch das für diesen Zweck das erforderliche Kapital ansammeln können. Eine Hausverwaltung ist nicht stets eine Instandsetzung, AG Bln-Schöneb JB **01**, 327. Sie kann aber dazu gehören.

5 **C. Vorrangsicherung.** Der Schuldner muß diejenigen Ansprüche befriedigen können, die bei einer Zwangsversteigerung dem Anspruch des Gläubigers nach § 10 ZVG vorgehen. Das darf man nach dem Sinn der Vorschrift nicht auf ein Hypotheken- oder Grundschuldkapital beziehen, LG Bln Rpfleger **90**, 377. Es gehen nur die aus den letzten zwei Jahren rückständigen Leistungen und die laufend wiederkehrenden Leistungen vor. Wenn gerade ein bevorrechtigter Gläubiger pfändet, gilt die Rangfolge der §§ 10, 11 I, 155 II ZVG.

6 **4) Pfändungsbeschränkung trotz Entbehrlichkeit, I, II.** Die Pfändung soll in den folgenden Fällen unterbleiben.

A. Miet- und Pachtzins. Es geht um Mietforderungen und Pachtforderungen.

7 **B. Bargeld und Guthaben.** Es geht um diejenigen Barmittel und Guthaben, die aus einer Miet- oder Pachtzahlung herrühren. Dann will das Gesetz eine Umgehung verhindern. Wenn das Vollstreckungsgericht die Pfändung ausgesprochen hat, muß es die Pfändung aufheben, soweit diese das zulässige Maß überschritten hat.

8 **5) Verfahren, I, II.** Es ist ein Antrag des Schuldners erforderlich. Das Vollstreckungsgericht der §§ 764, 802 handelt also weder auf einen Antrag anderer Personen noch von Amts wegen. Der Antrag ist eine Erinnerung nach § 766. Daher sind die nach § 766 I zulässigen einstweiligen Maßnahmen statthaft. Die Anwendbarkeit des § 813 b II, III, V 1 und 2 ergibt: Das Gericht darf und muß den Antrag nach dem Ablauf der in § 813 b II genannten Zweiwochenfrist ohne eine weitere sachliche Prüfung dann zurückweisen, wenn eine Verschleppungsabsicht oder eine grob nachlässige Verspätung vorliegen, § 813 b II. Das Gericht darf mehrmals Anordnungen treffen, die eine Abänderung oder eine Aufhebung auf einen Antrag enthalten, § 813 b III.

Das Gericht muß den Antragsgegner *anhören,* Artt 2 I, 20 III GG (Rpfl), BVerfG **101**, 404, Art 103 I GG (Richter). Es muß eine Glaubhaftmachung nach § 294 Rn 1 abwarten, § 813 V 1 und 2. Sie genügt, Köln Rpfleger **91**, 427. Wenn der Gläubiger die Zinsforderungen gegen mehrere Mieter desselben Grundstücks gepfändet hat, hebt das Gericht die Pfändung bis zur Höhe des erforderlichen Gesamtbetrags anteilsmäßig auf. Das Vollstreckungsgericht entscheidet durch den Rpfl, da § 813 b nicht dem Richter vorbehalten ist und insofern für die Zuständigkeit dem § 766 vorgeht, § 20 Z 17 RPflG, obwohl der Sache nach eine Erinnerung vorliegt.

9 **6) Rechtsbehelfe, I, II.** Jeder Betroffene hat wegen Rn 7 gegen die Entscheidung des Rpfl die Möglichkeiten nach § 11 RPflG, § 829 Rn 63. Die Beendigung der Vollstreckungsmaßnahmen infolge der Aufhebung der Pfändung steht einem Rechtsbehelf des Gläubigers nicht entgegen.

10 **7) Kosten, I, II.** S § 788 I, IV. Gebühren: Des Gerichts KV keine; des Anwalts VV 3309, 3310.

851c ***Pfändungsschutz bei Altersrenten.*** **[I] Ansprüche auf Leistungen, die auf Grund von Verträgen gewährt werden, dürfen nur wie Arbeitseinkommen gepfändet werden, wenn**

1. die Leistung in regelmäßigen Zeitabständen lebenslang und nicht vor Vollendung des 60. Lebensjahres oder nur bei Eintritt der Berufsunfähigkeit gewährt wird,

2. über die Ansprüche aus dem Vertrag nicht verfügt werden darf,

3. die Bestimmung von Dritten mit Ausnahme von Hinterbliebenen als Berechtigte ausgeschlossen ist und

4. die Zahlung einer Kapitalleistung, ausgenommen eine Zahlung für den Todesfall, nicht vereinbart wurde.

[II 1] Um dem Schuldner den Aufbau einer angemessenen Alterssicherung zu ermöglichen, kann er unter Berücksichtigung der Entwicklung auf dem Kapitalmarkt, des Sterblichkeitsrisikos und der Höhe der Pfändungsfreigrenze, nach seinem Lebensalter gestaffelt, jährlich einen bestimmten Betrag unpfändbar auf der Grundlage eines in Absatz 1 bezeichneten Vertrags bis zu einer Gesamtsumme von 238.000 Euro ansammeln. [2] Der Schuldner darf vom 18. bis zum vollendeten 29. Lebensjahr 2.000 Euro, vom 30. bis zum vollendeten 39. Lebensjahr 4.000 Euro, vom 40. bis zum vollendeten 47. Lebensjahr 4.500 Euro, vom 48. bis zum vollendeten 53. Lebensjahr 6.000 Euro, vom 54. bis zum vollendeten 59. Lebensjahr 8.000 Euro und vom 60. bis zum vollendeten

65. Lebensjahr 9.000 Euro jährlich ansammeln. [3] Übersteigt der Rückkaufwert der Alterssicherung den unpfändbaren Betrag, sind drei Zehntel des überschießenden Betrags unpfändbar. [4] Satz 3 gilt nicht für den Teil des Rückkaufwerts, der den dreifachen Wert des in Satz 1 genannten Betrags übersteigt.

III § 850 e Nr. 2 und 2 a gilt entsprechend.

Vorbem. Eingeführt durch Art 1 Z 2 G v 26. 3. 07, BGBl 368, in Kraft seit 31. 3. 07, Art 4 G, ÜbergangsR Einl III 78.

Schrifttum: *Hasse* VersR **07**, 870; *Helwich* JB **07**, 286 (je: Üb).

Gliederung

1) Systematik, I–III. In der Reihe der Bestimmungen über einen Pfändungsschutz für bestimmte Berufsgruppen nach §§ 851 a, b bilden §§ 851 c, d weitere Vergünstigungen. Sie kommen nach ihrem Wortlaut jedermann unter den dortigen sachlichen Voraussetzungen zugute. Sie schützen in erster Linie denjenigen Freiberufler, dessen finanzielle Alterssicherung sich nicht voll aus einem Arbeitsverhältnis ergibt. Sie können aber auch denjenigen begünstigen, der sich einen zusätzlichen Altersvorsorgeschutz neben einer arbeitsbedingten Rente aufbaut. § 851 d schränkt § 851 c wieder ein. 1

2) Regelungszweck, I–III. Eine Entlastung der Staatskasse auf Kosten des Gläubigers ist der wahre Zweck. Die Allgemeinheit soll bei einer Verschuldung des Freiberuflers weniger leisten müssen. Nur deshalb belohnt das Gesetz ihn bei einer Kapitalbildung auf Kosten des Gläubigers. Diesen nicht unproblematischen Hintergrund muß man bei der Auslegung mitbeachten. Das führt zu einer nicht allzu schuldnerfreundlichen Auslegung. Andererseits soll die Vorschrift natürlich eine weitsichtige Eigenvorsorge stützen. Das darf man nicht durch eine zu strenge Handhabung ihrer Anforderungen unterlaufen. Es ist daher im Ergebnis eine behutsame Abwägung notwendig. Krit Kogel FamRZ **07**, 870. 2

3) Geltungsbereich, I–III. Die Vorschrift erfaßt nur diejenigen Ansprüche, die nicht unter § 851 d in Verbindung mit dem dort mitabgedruckten § 1 I 1 Z 4 AltZertG fallen. Man muß also zunächst klären, ob diese letztere Regelung eingreift. 3

4) Nicht arbeitsbedingte vertragliche Altersrente, I. Es muß sich um einen Vertragsanspruch und nicht um einen gesetzlichen handeln. Er darf nicht gerade aus einer Arbeitsleistung entstehen. Er darf freilich neben dem Arbeitsentgelt im weitesten Sinn bestehen. Er darf aber eben nicht auch nur teilweise ein Arbeitseinkommen sein. 4

Zu dieser *Grundabgrenzung* müssen die in I Z 1–4 aufgezählten Voraussetzungen sämtlich hinzutreten. Es reicht also nicht, daß nur ein Teil von ihnen vorliegt.

A. Regelmäßiger Zeitabstand, lebenslang, ab 60. Geburtstag oder ab Berufsunfähigkeit, I Z 1. Die Vorschrift enthält zwei nebeneinander zwingende und zwei alternativ zwingende Bedingungen. Eine Regelmäßigkeit liegt auch bei einer einigermaßen regelmäßigen Leistung vor. Eine Berufsunfähigkeit liegt noch nicht bei einer wenigstens noch teilweise und nicht nur völlig unerheblichen Fähigkeit zur Ausübung gerade des erlernten oder beherrschten Berufs oder einer zumutbaren anderen Erwerbsfähigkeit vor. 5

B. Keine vertragliche Verfügbarkeit, I Z 2. Der Schuldner darf nicht wirksam über die Ansprüche ganz oder teilweise verfügen dürfen. Es muß also ein Abtretungsverbot bestehen, auch ein Verzichtsverbot, ein Schenkungsverbot, jedes sachenrechtlich erhebliche Geschäft. 6

C. Kein Bestimmungsrecht Dritter (Ausnahme: Hinterbliebene), I Z 3. Nach dem Vertrag muß ein Dritter mit Ausnahme eines Hinterbliebenen als Verfügungsberechtigter ausgeschlossen sein. Ein testamentarisch Bedachter ist kein Hinterbliebener. Zu seinem Kreis zählt ein Verwandter nach dem BGB. Der Verwandtschaftsgrad ist unerheblich. Auch ein aufsteigender Verwandter kann ein Hinterbliebener sein. Allerdings kann auch der überlebende Ehegatte oder Lebensgefährte ein Hinterbliebener sein. 7

D. Keine Kapitalleistung (Ausnahme: Todesfall), I Z 4. Es darf nur für den Todesfall eine Kapitalisierung zulässig sein. Sie darf auch nicht in einer verdeckten Form möglich sein, etwa in der Form von nur zwei oder drei „Renten" in Höhe der Gesamtleistung. 8

5) Ansammlungshöhe, II. Die Vorschrift begrenzt die Höhe der nach I nur wie ein Arbeitseinkommen pfändbaren Rücklagen im Interesse des Gläubigers. Sie gilt insbesondere beim sog Rückkaufwert, II 3, 4. Jeder Betrag, um den die Ansammlung im jeweiligen Zeitraum des II 1 den dortigen Freibetrag übersteigt, ist ohne den Schutz des § 851 c nach den sonstigen Gesetzesvorschriften pfändbar. Maßgeblich ist der Gutschriftstag. 9

6) Zusammenrechnung bei mehreren Verträgen, III. Hat der Schuldner mehrere Verträge der in I genannten Art geschlossen, erfolgt bei II eine Zusammenrechnung in einer entsprechenden Anwendung von § 850 e Z 2, 2 a, dort Rn 5–10. 10

851d *Pfändungsschutz bei steuerlich gefördertem Altersvorsorgevermögen.* **Monatliche Leistungen in Form einer lebenslangen Rente oder monatlicher Ratenzahlungen im Rahmen eines Auszahlungsplans nach § 1 Abs. 1 Satz 1 Nr. 4 des Altersvorsorgeverträge-Zertifizierungsgesetzes aus steuerlich gefördertem Altersvorsorgevermögen sind wie Arbeitseinkommen pfändbar.**

AltZertG. § 1. Begriffsbestimmungen. **I 1 Ein Altersvorsorgevertrag im Sinne dieses Gesetzes liegt vor, wenn zwischen dem Anbieter und einer natürlichen Person (Vertragspartner) eine Vereinbarung in deutscher Sprache geschlossen wird,**

1.–3. . . .,

4. die monatliche Leistungen für den Vertragspartner in Form einer
a) lebenslangen Leibrente oder Ratenzahlungen im Rahmen eines Auszahlungsplans mit einer anschließenden Teilkapitalverrentung ab dem 85. Lebensjahr vorsieht; die Leistungen müssen während der gesamten Auszahlungsphase gleich bleiben oder steigen; Anbieter und Vertragspartner können vereinbaren, dass bis zu zwölf Monatsleistungen in einer Auszahlung zusammengefasst werden oder eine Kleinbetragsrente nach § 93 Abs. 3 des Einkommensteuergesetzes abgefunden wird; bis zu 30 vom Hundert des zu Beginn der Auszahlungsphase zur Verfügung stehenden Kapitals kann an den Vertragspartner außerhalb der monatlichen Leistungen ausgezahlt werden; die gesonderte Auszahlung der in der Auszahlungsphase anfallenden Zinsen und Erträge ist zulässig.
b) . . .

Vorbem. § 851 d eingefügt dch Art Z 2 G v 26. 3. 07, BGBl 368, in Kraft seit 31. 3. 07, Art 4 G, ÜbergangsR Einl III 78. § 1 I 1 Z 4 a AltZertG (Art 7 AVmG v 26. 6. 01, BGBl 1310) idF Art 2 Z 1 a aa aaa EigRentG v 29. 7. 08, BGBl 1509, in Kraft seit 1. 8. 08, Art 9 EigRentG..

1 **1) Systematik, Regelungszweck.** Die Vorschrift hat in ihrem Geltungsbereich den Vorrang vor § 851 c. Sie läßt sich nur schwer von dieser letzteren Bestimmung abgrenzen. Denn auch sie spricht von Vorgängen, die einer Altersvorsorge dienen. § 851 d setzt aber enger als § 851 c gerade einen Altersvorsorgevertrag nach § 1 I 1 Z 4 AltZertG voraus. Auf die auch nicht gerade einfach gefaßten Bedingungen dieser oben mitabgedruckten letzteren Vorschrift muß hier verwiesen werden.

852 *Beschränkt pfändbare Forderungen.* **I Der Pflichtteilsanspruch ist der Pfändung nur unterworfen, wenn er durch Vertrag anerkannt oder rechtshängig geworden ist.**

II Das Gleiche gilt für den nach § 528 des Bürgerlichen Gesetzbuchs dem Schenker zustehenden Anspruch auf Herausgabe des Geschenkes sowie für den Anspruch eines Ehegatten auf den Ausgleich des Zugewinns.

Schrifttum: *Hannich,* Die Pfändungsbeschränkung des § 852 ZPO usw, 1998; *Zeranski,* Der Rückforderungsanspruch des verarmten Schenkers, 1998.

1 **1) Systematik, I, II.** Vgl zunächst Einf 1 vor §§ 850–852. Die Vorschrift schließt die Gruppe der §§ 850–852 mit einer vorrangigen Spezialregelung in ihrem Geltungsbereich unter einer Abstimmung mit den zugehörigen sachlichrechtlichen Vorschriften des BGB ab. Der Pflichtteilsanspruch und der Anspruch des Ehegatten auf einen Ausgleich des Zugewinns sind nach §§ 2317 II, 1378 III BGB unbeschränkt übertragbar. Der Herausgabeanspruch des verarmten Schenkers nach § 528 BGB ist wegen § 399 Hs 1 BGB (Zweckbindung) nur an die in § 528 I 1 BGB genannten Unterhaltsberechtigten abtretbar, Wüllenkemper JR **88**, 357, aM Düss FamRZ **84**, 889 (aber der Wortlaut und Sinn sind eindeutig, Einl III 39). Ein Rückforderungsanspruch nach der Scheidung oder dem Tod läßt sich entsprechend § 852 beurteilen, Berringer DNotZ **04**, 258. Er ist nur nach II pfändbar oder unpfändbar, BGH NJW **07**, 61.

2 **2) Regelungszweck, I, II.** Er besteht bei I im Schutz des Pflichtteilsberechtigten vor einer Entziehung seiner Befugnis zur Entscheidung darüber, ob er den Pflichtteilsanspruch geltend machen will, Brdb FamRZ **99**, 1436, LG Münst RR **06**, 1021, Kreft KTS **04**, 214. II dient der auch moralisch und ethisch mitbestimmten Vorzugsstellung des Schenkers oder des anderen Ehegatten in einer schwierigen enttäuschenden oder seelisch sonstwie stark belastenden Lage, Berringer DNotZ **04**, 256. Allerdings kommt die Vorschrift auch demjenigen zugute, der gerade aus einer Ehe ausgebrochen ist. Dann ist sein besonderer Schutz kaum überzeugend. Das mag bei der Auslegung sehr begrenzt mitbeachtlich sein können.

3 **3) Geltungsbereich, I, II.** Trotz der Erwägungen Rn 1 läßt § 852 nach seinem klaren Wortlaut, den BGH **123**, 185 nicht genug mitbedenkt, eine Pfändung zu, genauer: eine Verwertung, BGH NJW **97**, 2384, Brdb FamRZ **99**, 1436, LG Münst DGVZ **06**, 1021. Daraus folgt der Ausschluß eines gesetzlichen Forderungsübergangs nach §§ 400, 412 BGB, Karlsr RR **04**, 729. Das gilt allerdings nur in den folgenden Fällen.

A. Anerkennung. Der Schuldner muß den Anspruch vertraglich anerkannt haben. Damit meint I nicht ein Anerkenntnis nach § 781 BGB, Düss FER **99**, 247. Es genügt vielmehr jede solche Vereinbarung, die den Willen des Berechtigten erkennen läßt, den Anspruch geltend zu machen, also auch eine bloße Abtretung. Die Vereinbarung muß zwischen dem Pflichtteilsberechtigten und dem Erben bestehen, eine solche zwischen dem Gläubiger und dem Erben reicht nicht, Düss FER **99**, 247.

4 **B. Rechtshängigkeit.** Der Anspruch muß nach § 261 rechtshängig geworden sein. Das gilt auch dann, wenn die Rechtshängigkeit zur Zeit der Pfändung nicht mehr andauert. Eine bloße Anhängigkeit des Anspruchs genügt nicht.

Der *Pfändungsbeschluß* muß ergeben, daß eine Voraussetzung Rn 3 oder Rn 4 vorliegt. Es ist also nicht ausreichend, daß der Eintritt dieser Voraussetzungen nur möglich ist. Eine Pfändung für den Fall des künftigen Eintritts der Voraussetzungen ist unzulässig, Kuchinke NJW **94**, 1770.

4) Gleichstehende Fälle, I, II. Den in § 852 genannten Ansprüchen stehen die folgenden Fälle gleich. 5
Ihnen stellen manche den Rückforderungsanspruch nach einer ehebedingten Zuwendung und Scheidung gleich, BGH **130**, 314, Münch FamRZ **04**, 1337.

A. Abkömmlinge. Es geht um den Anspruch der von der fortgesetzten Gütergemeinschaft ausgeschlossenen Abkömmlinge, § 1511 II BGB. Hierher zählt aber nicht ein Vermächtnis zugunsten des Pflichtteilsberechtigten.

B. Schmerzensgeld. Es geht um den Anspruch auf die Zahlung eines Schmerzensgeldes, § 847 BGB. 6

5) Rechtsbehelf, I, II. Einf 9 vor §§ 850–852. 7

853 *Mehrfache Pfändung einer Geldforderung.* **Ist eine Geldforderung für mehrere Gläubiger gepfändet, so ist der Drittschuldner berechtigt und auf Verlangen eines Gläubigers, dem die Forderung überwiesen wurde, verpflichtet, unter Anzeige der Sachlage und unter Aushändigung der ihm zugestellten Beschlüsse an das Amtsgericht, dessen Beschluss ihm zuerst zugestellt ist, den Schuldbetrag zu hinterlegen.**

1) Systematik. Die Vorschrift ist eine Ergänzung zu § 840 in den Fällen des § 827. §§ 854 ff enthalten 1
ähnliche Regelungen für die dortigen Geltungsbereiche. § 856 nennt die zugehörigen prozessualen Folgemöglichkeiten.

2) Regelungszweck. Wenn der Pfändung die Überweisung nachfolgt, kommt der Drittschuldner in die 2
Gefahr, an einen nicht oder schlechter Berechtigten zu leisten und deshalb zweimal leisten zu müssen. § 853 soll den Drittschuldner vor dieser Gefahr schützen. Die Vorschrift ist deshalb zu seinen Gunsten auslegbar. Es hat schon genug gekostet, Zeit, Organisation, Geld und Ärger aufzubringen, um Gläubiger seines Mitarbeiters zufriedenzustellen.

3) Geltungsbereich. § 853 setzt die Pfändung einer Geldforderung nach § 829 Rn 1 für mehrere 3
Gläubiger voraus. Die Vorschrift ist dann unanwendbar, wenn eine Teilpfändung und eine Teilabtretung vorliegen. Dann verläuft das Verfahren nach § 372 BGB, LG Bln Rpfleger **81**, 453. Bei einer Hinterlegung für den Abtretungsnehmer erfaßt § 853 nur denjenigen Teil der Forderung, den die Abtretung nicht erfaßt hat. Wenn der Drittschuldner schon früher nach dem BGB hinterlegt hatte, braucht er nicht mehr nach § 853 zu hinterlegen. Wenn er aber nun zahlt, tut er das auf seine Gefahr.

4) Verfahren des Drittschuldners. Man muß zahlreiche Aspekte beachten. 4

A. Hinterlegungsbefugnis. Drittschuldner ist bei einer entsprechenden Anwendung nach § 857 I evtl der Gerichtsvollzieher, Eickmann DGVZ **84**, 70. Der Drittschuldner darf auf Grund der bloßen Tatsache einer mehrfachen Pfändung hinterlegen. Er darf natürlich auch sämtliche Gläubiger dann befriedigen, wenn das Gericht die Forderung ihnen allen überwiesen hat. Er darf schließlich an den Bestberechtigten dann zahlen, wenn das Gericht die Forderung diesem überwiesen hat und wenn derjenige Betrag, über den der Drittschuldner verfügen kann, nicht zur Befriedigung sämtlicher Gläubiger ausreicht.

B. Hinterlegungspflicht. Der Drittschuldner muß dann hinterlegen, wenn ein Überweisungsgläubiger 5
die Hinterlegung verlangt. Die Forderung eines bloßen Pfandgläubigers reicht nicht aus. Das gilt unabhängig davon, in welcher Weise dieser sein Recht erlangt hat, selbst wenn es sich um den Bestberechtigten handeln mag. Freilich darf der Drittschuldner dann an den Bestberechtigten zahlen. Der Drittschuldner muß diese Berechtigung aber beweisen. Der Gläubiger kann sein Verlangen formlos stellen. Zweckmäßig ist es aber, die Forderung schriftlich zuzustellen. Die Pflicht des Drittschuldners, an den Schuldner dann zu leisten, wenn nicht gepfändet wäre, ist eine Voraussetzung der Hinterlegungspflicht des Drittschuldners. Daher muß der Gläubiger dem Drittschuldner zB den Wechsel aushändigen, Art 39 WG.

Der Drittschuldner hat aber *keine Prüfungspflicht*. Er muß den Betrag für die beteiligten Gläubiger hinter- 6
legen. §§ 372, 1281 BGB sind dann unanwendbar. Jeder Gläubiger kann den Anspruch gegen den Drittschuldner auf dessen Hinterlegung einklagen, § 856. Bei einer früheren Pfändung darf der Gläubiger auf eine Hinterlegung oder auf eine Zahlung an sich und an den Besserberechtigten klagen. Die spätere Pfändung durch einen anderen Gläubiger hindert keinen weiteren Gläubiger daran, die Zahlung zu verlangen. Auch bei einer Klage des Bestberechtigten kann der Drittschuldner verlangen, daß das Gericht ihn nur zur Hinterlegung verurteilt. Der Gläubiger kann den Einwand dadurch ausräumen, daß er das Einverständnis des früheren Gläubigers mit der Zahlung an ihn nachweist.

C. Hinterlegungswirkung. Die Hinterlegung ist eine Erfüllung. Der Betrag scheidet im Zeitpunkt der 7
Hinterlegung aus dem Vermögen des Drittschuldners aus. Eine Hinterlegung mit dem Recht der Rücknahme könnte keine Grundlage des Verteilungsverfahrens sein. Daher ist die Rücknahme des hinterlegten Betrags auch ohne einen Verzicht auf das Recht der Rücknahme unzulässig. Wenn der hinterlegte Betrag nicht zur Befriedigung aller Gläubiger ausreicht, muß das Gericht den Erlös nach §§ 872 ff verteilen.

D. Kosten. Die Kosten der Hinterlegung sind Kosten der Zwangsvollstreckung, § 788. Der Drittschuld- 8
ner darf sie bei der Hinterlegung abziehen. Das Gericht muß die Kosten notfalls in einem etwa anschließenden Verteilungsverfahren berücksichtigen. Wenn ein solches Verteilungsverfahren nicht stattfindet, muß der Berechtigte sie im Klageweg geltend machen, Ffm Rpfleger **77**, 184.

E. Anzeigepflicht. Der Drittschuldner muß die Sachlage dem AG bei jeder Hinterlegung anzeigen, LG 9
Bln Rpfleger **81**, 453. Er muß dem Gericht also eine vollständige Auskunft über die Schuld, die Pfändungen und seine Hinterlegung geben und die zugestellten Pfändungs- und Überweisungsbeschlüsse einreichen.

10 **F. Weiteres Verfahren.** Es findet auf Grund der Anzeige von Amts wegen ein Verteilungsverfahren nach §§ 872ff statt, LG Bln Rpfleger **81**, 453. Nach § 802 ist der Rpfl desjenigen AG ausschließlich zuständig, dessen Beschluß zuerst zugestellt worden ist, mag der Beschluß auch unwirksam gewesen sein. Wenn der Rpfl die Annahme ohne eine Anhörung des Antragsgegners durch eine bloße Maßnahme ablehnt, ist die Erinnerung nach § 766 statthaft. Gegen eine echte Entscheidung des Rpfl haben der Drittschuldner und sämtliche Pfändungsgläubiger die Möglichkeiten nach § 11 RPflG. Zum Verfahren § 104 Rn 41ff. Wenn der zuerst zugestellte Pfändungsbeschluß in einem Arrestverfahren von einem LG oder einem OLG ergangen war, kann der Drittschuldner seine Anzeige diesem Gericht gegenüber erstatten. Dieses Gericht muß die Sache aber an das AG weitergeben. Denn es handelt sich um eine Verteilungssache. Daher kann der Drittschuldner die Anzeige auch dem AG unmittelbar zuleiten. Ein Verstoß gegen die Anzeigepflicht macht die Hinterlegung unrechtmäßig und daher unwirksam. Eine Anzeige an den Gläubiger ist nicht vorgeschrieben. § 374 II BGB ist unanwendbar.

854 *Mehrfache Pfändung eines Anspruchs auf bewegliche Sachen.*

I 1 Ist ein Anspruch, der eine bewegliche körperliche Sache betrifft, für mehrere Gläubiger gepfändet, so ist der Drittschuldner berechtigt und auf Verlangen eines Gläubigers, dem der Anspruch überwiesen wurde, verpflichtet, die Sache unter Anzeige der Sachlage und unter Aushändigung der ihm zugestellten Beschlüsse dem Gerichtsvollzieher herauszugeben, der nach dem ihm zuerst zugestellten Beschluss zur Empfangnahme der Sache ermächtigt ist. 2 Hat der Gläubiger einen solchen Gerichtsvollzieher nicht bezeichnet, so wird dieser auf Antrag des Drittschuldners von dem Amtsgericht des Ortes ernannt, wo die Sache herauszugeben ist.

II 1 Ist der Erlös zur Deckung der Forderungen nicht ausreichend und verlangt der Gläubiger, für den die zweite oder eine spätere Pfändung erfolgt ist, ohne Zustimmung der übrigen beteiligten Gläubiger eine andere Verteilung als nach der Reihenfolge der Pfändungen, so hat der Gerichtsvollzieher die Sachlage unter Hinterlegung des Erlöses dem Amtsgericht anzuzeigen, dessen Beschluss dem Drittschuldner zuerst zugestellt ist. 2 Dieser Anzeige sind die Dokumente beizufügen, die sich auf das Verfahren beziehen.

III In gleicher Weise ist zu verfahren, wenn die Pfändung für mehrere Gläubiger gleichzeitig bewirkt ist.

1 **1) Systematik, Regelungszweck, I–III.** § 854 schließt sich eng an § 853 an. Die Zielsetzung ist ebenfalls vergleichbar, § 853 Rn 2.

2 **2) Herausgabe, I–III.** Der Drittschuldner darf oder muß die Sache allerdings statt einer Hinterlegung an den Gerichtsvollzieher herausgeben. Er muß auch dem Gerichtsvollzieher seine Anzeige machen und die Dokumente aushändigen. Derjenige Gerichtsvollzieher ist zuständig, den der zuerst zugestellte Beschluß bezeichnet hat. Wenn der Beschluß keinen Gerichtsvollzieher bezeichnet, muß das AG desjenigen Orts auf einen Antrag des Drittschuldners einen Gerichtsvollzieher bestimmen, an den man die Sache herausgeben muß. Bei einer gleichzeitigen Zustellung mehrerer Beschlüsse kann der Drittschuldner unter denjenigen Gerichtsvollziehern wählen, die diese Beschlüssen nennen. Das AG handelt durch den Rpfl, § 20 Z 17 RPflG.

3 **3) Wirkung, I–III.** Mit der Herausgabe der Sache gehen die Pfandrechte an dem Anspruch auf die Sache über, und zwar in der Reihenfolge der Anspruchspfändungen. Der Gerichtsvollzieher verteilt den Erlös. Wenn der Erlös nicht für alle Gläubiger ausreicht und wenn ein späterer Gläubiger einen besseren Rang verlangt, ist eine Hinterlegung nach § 827 II notwendig, und es findet ein Verteilungsverfahren statt. Dasselbe gilt bei einer Mehrpfändung nach § 827 III.

855 *Mehrfache Pfändung eines Anspruchs auf eine unbewegliche Sache.*

Betrifft der Anspruch eine unbewegliche Sache, so ist der Drittschuldner berechtigt und auf Verlangen eines Gläubigers, dem der Anspruch überwiesen wurde, verpflichtet, die Sache unter Anzeige der Sachlage und unter Aushändigung der ihm zugestellten Beschlüsse an den von dem Amtsgericht der belegenen Sache ernannten oder auf seinen Antrag zu ernennenden Sequester herauszugeben.

1 **1) Systematik, Regelungszweck.** Die Regelung der Mehrpfändung des Anspruchs auf die Herausgabe eines Grundstücks schließt sich eng an § 853 an. Die Zielsetzung ist vergleichbar, § 853 Rn 2.

2 **2) Treuhänder.** Der Drittschuldner muß eine unbewegliche Sache an einen Treuhänder (Sequester) herausgeben. Das AG der belegenen Sache ernennt den Treuhänder durch den Rpfl, § 20 Z 17 RPflG, falls es ihn nicht schon vorher ernannt hatte. Über die Stellung des Treuhänders § 848 Rn 2. In der Reihenfolge der Pfändungen entstehen Sicherungshypotheken, § 848 Rn 9. Man kann einen beanspruchten Vorrang durch einen Widerspruch sichern. Wenn der Gläubiger bei einer Mitberechtigung anderer Gläubiger nur den Anteil des Schuldners gepfändet hat, muß der Drittschuldner die Sache an den Sequester und an die anderen Berechtigten gemeinsam herausgeben.

Gebühren: Des Gerichts keine; des Anwalts VV 3309, 3310.

855a *Mehrfache Pfändung eines Anspruchs auf ein Schiff.*

I Betrifft der Anspruch ein eingetragenes Schiff, so ist der Drittschuldner berechtigt und auf Verlangen eines Gläubigers, dem der Anspruch überwiesen wurde, verpflichtet, das Schiff unter Anzeige der Sachlage

und unter Aushändigung der Beschlüsse dem Treuhänder herauszugeben, der in dem ihm zuerst zugestellten Beschluss bestellt ist.

II Absatz 1 gilt sinngemäß, wenn der Anspruch ein Schiffsbauwerk betrifft, das im Schiffsbauregister eingetragen ist oder in dieses Register eingetragen werden kann.

1) Geltungsbereich, I, II. I ist ganz dem § 855 nachgebildet. II stellt ein Schiffsbauwerk einem 1 eingetragenen Schiff dann gleich, wenn das Schiffsbauwerk eingetragen ist oder eingetragen werden kann, s § 66 SchiffsregisterO. § 855a gilt für ein in der Luftfahrzeugrolle eingetragenes Luftfahrzeug sinngemäß, § 99 I LuftfzRG.

856 *Klage bei mehrfacher Pfändung.* **I Jeder Gläubiger, dem der Anspruch überwiesen wurde, ist berechtigt, gegen den Drittschuldner Klage auf Erfüllung der nach den Vorschriften der §§ 853 bis 855 diesem obliegenden Verpflichtungen zu erheben.**

II Jeder Gläubiger, für den der Anspruch gepfändet ist, kann sich dem Kläger in jeder Lage des Rechtsstreits als Streitgenosse anschließen.

III Der Drittschuldner hat bei dem Prozessgericht zu beantragen, dass die Gläubiger, welche die Klage nicht erhoben und dem Kläger sich nicht angeschlossen haben, zum Termin zur mündlichen Verhandlung geladen werden.

IV Die Entscheidung, die in dem Rechtsstreit über den in der Klage erhobenen Anspruch erlassen wird, ist für und gegen sämtliche Gläubiger wirksam.

V Der Drittschuldner kann sich gegenüber einem Gläubiger auf die ihm günstige Entscheidung nicht berufen, wenn der Gläubiger zum Termin zur mündlichen Verhandlung nicht geladen worden ist.

1) Systematik, I–V. Die Vorschrift enthält die prozessualen Möglichkeiten des bei §§ 853–855 betroffenen Beteiligten. 1

2) Regelungszweck, I–V. Das notgedrungen ziemlich aufwendige System I–V soll zur Klärung der 2 durch die Hinterlegung usw eingetretenen Unsicherheiten führen. Es soll damit letztendlich die Fortsetzung der ins Stocken geratenen Vollstreckung in demjenigen Umfang ermöglichen, der sich am Ende der Zwischenverfahren nach § 856 als noch zulässig erweist.

3) Klage, I. Jeder Überweisungsgläubiger kann gegen den Schuldner die rein prozessuale Leistungsklage 3 des § 856 auf die Erfüllung der Verpflichtungen nach §§ 853, 855 erheben. Der bloße Pfändungsgläubiger hat diese Möglichkeit nicht. Er ist vielmehr darauf angewiesen, dem Rechtsstreit beizutreten, II. Der klagende Gläubiger braucht die anderen Gläubiger nicht beizuladen. Er muß aber dem Schuldner nach § 841 den Streit verkünden. Mehrere klagende Überweisungsgläubiger sind notwendige Streitgenossen, § 62. § 856 beseitigt nicht das Recht eines Gläubigers, auf die Leistung zu klagen.

4) Beitritt, II. Jeder Pfändungsgläubiger darf unabhängig davon, ob er auch ein Überweisungsgläubiger 4 ist oder nicht, einem klagenden Überweisungsgläubiger in dessen Prozeß gegenüber dem Schuldner jederzeit beitreten. Er wird dann ein notwendiger Streitgenosse, § 62. Der Beitritt ist mündlich statthaft. Denn er stellt keine Streithilfe nach § 66 dar. Nur der Erstkläger hat ein selbständiges Klagerecht. Spätere Klagen sind wegen der Möglichkeit eines Beitritts mangels eines Rechtsschutzbedürfnisses unzulässig, Grdz 14 vor § 253, StJM 2 (der Bekl habe eine der Rüge der Rechtshängigkeit ähnliche Einrede).

5) Beiladung, III. Der Drittschuldner muß bei dem Prozeßgericht beantragen, sämtliche Pfändungsgläu- 5 biger beizuladen, die nicht geklagt und sich auch nicht nach II angeschlossen haben, selbst wenn sie später gepfändet haben. Die Beiladung muß in der Form der Streitverkündung nach § 73 erfolgen, obwohl die Beiladung keine Streitverkündung ist. Die Ladung braucht nur zum ersten streitigen Verhandlungstermin jeder Instanz zu erfolgen. Das gilt auch dann, wenn eine öffentliche Zustellung nach §§ 185 ff oder eine Zustellung im Ausland nach §§ 183, 184 erforderlich wird. Man reicht beim Gericht einen Schriftsatz ein. Das Gericht teilt ihn dem Gegner formlos mit.

6) Einwendungen, IV, V. Der Drittschuldner kann im Prozeß die folgenden Einwendungen erheben. 6

A. Sachlichrechtliches Bedenken. Er kann sich gegen den Anspruch eines jeden Gläubigers auf Grund sachlichrechtlicher Bedenken wenden. Er kann zB vortragen, er habe bereits an einen Besserberechtigten erfüllt oder er habe eine Aufrechnung erklärt. Ein Vergleich, ein Erlaß der Forderung, eine Stundung durch einen Pfändungsgläubiger sind nur dann zulässig, wenn das Gericht die Forderung diesem Pfändungsgläubiger an Zahlungs Statt überwiesen hatte oder wenn es bei einer Überweisung zur Einziehung den vollen Betrag der überwiesenen Forderung auf die beizutreibende Forderung verrechnet hatte.

B. Einwand gegen einzelne Gläubiger. Der Schuldner kann sich gegen einen einzelnen Gläubiger 7 etwa mit der Begründung wenden, ihm gegenüber bestehe weder eine Hinterlegungspflicht noch eine Herausgabepflicht. Solche Einwendungen sind aber solange unerheblich, als noch mindestens zwei Gläubiger verbleiben, die von den Einwendungen nicht betroffen werden.

7) Urteil, IV, V. Das Urteil wirkt immer für sämtliche Gläubiger. Es wirkt nur gegen diejenigen 8 Gläubiger, die sich am Verfahren beteiligt haben oder die das Gericht beigeladen hatte. Die Wirkung erstreckt sich nur auf den „in der Klage erhobenen Anspruch", also auf den Anspruch auf eine Hinterlegung in Höhe des Gesamtbetrags der Pfändungen. Das Urteil erwächst gegenüber dem Schuldner nicht in Rechtskraft. Die Zwangsvollstreckung findet aus dem Urteil für alle Gläubiger statt, Saarbr RR **90**, 1472. Wer am Verfahren nicht teilgenommen hat, muß das Urteil nach § 727 auf sich umschreiben lassen, Saarbr RR **90**, 1472.

857 *Zwangsvollstreckung in andere Vermögensrechte.* **[I] Für die Zwangsvollstreckung in andere Vermögensrechte, die nicht Gegenstand der Zwangsvollstreckung in das unbewegliche Vermögen sind, gelten die vorstehenden Vorschriften entsprechend.**

[II] Ist ein Drittschuldner nicht vorhanden, so ist die Pfändung mit dem Zeitpunkt als bewirkt anzusehen, in welchem dem Schuldner das Gebot, sich jeder Verfügung über das Recht zu enthalten, zugestellt ist.

[III] Ein unveräußerliches Recht ist in Ermangelung besonderer Vorschriften der Pfändung insoweit unterworfen, als die Ausübung einem anderen überlassen werden kann.

[IV] [1] Das Gericht kann bei der Zwangsvollstreckung in unveräußerliche Rechte, deren Ausübung einem anderen überlassen werden kann, besondere Anordnungen erlassen. [2] Es kann insbesondere bei der Zwangsvollstreckung in Nutzungsrechte eine Verwaltung anordnen; in diesem Fall wird die Pfändung durch Übergabe der zu benutzenden Sache an den Verwalter bewirkt, sofern sie nicht durch Zustellung des Beschlusses bereits vorher bewirkt ist.

[V] Ist die Veräußerung des Rechts selbst zulässig, so kann auch diese Veräußerung von dem Gericht angeordnet werden.

[VI] Auf die Zwangsvollstreckung in eine Reallast, eine Grundschuld oder eine Rentenschuld sind die Vorschriften über die Zwangsvollstreckung in eine Forderung, für die eine Hypothek besteht, entsprechend anzuwenden.

[VII] Die Vorschrift des § 845 Abs. 1 Satz 2 ist nicht anzuwenden.

Schrifttum: *Banke,* Das Anwartschaftsrecht aus Eigentumsvorbehalt in der Einzelzwangsvollstreckung, 1991; *Behr,* Taktik in der Mobiliarvollstreckung (III), Kontenpfändung, ... Pfändung von sonstigen Vermögensrechten, 1989; *Behr/Eickmann,* Pfändung von Grundpfandrechten und ihre Auswirkungen auf die Zwangsversteigerung, 1989; *Bork,* Vinkulierte Namensaktien in Zwangsvollstreckung und Insolvenz des Aktionärs, Festschrift für *Henckel (1995) 23*; *Ehlenz/Diefenbach,* Pfändung in Bankkonten und andere Vermögensrechte, 3. Aufl 1990; *Gottgetreu,* Gestaltungsrechte als Vollstreckungsgegenstände, 2001; *Maasz,* Zwangsvollstreckung in Vermögensrechte an Identitätsmerkmalen im Rechtsvergleich Deutschland–USA, 2006 (Bespr *Haedicke* ZZP **121**, 130); *Marotzke,* Das Anwartschaftsrecht usw, 1977; *Schüller,* Die Zwangsvollstreckung in den Nießbrauch, 1978; *Zimmermann,* Immaterialgüterrechte und ihre Zwangsvollstreckung, 1998. Vgl auch Grdz 87 vor § 704 „Kontokorrent“, 96 „Notar“.

Gliederung

1 **1) Systematik, I–VII.** §§ 857–863 regeln die gesamte Zwangsvollstreckung in das bewegliche Vermögen, soweit die Zwangsvollstreckung nicht körperliche Sachen nach § 803 Rn 1, Geldforderungen nach § 829 Rn 1 oder Ansprüche auf die Herausgabe von Sachen betrifft, § 846, Bre MDR **83**, 677, Hamm DNotZ **83**, 63. Dabei bleiben die Ziele der Regelung dieselben wie bei jeder Vollstreckung in das bewegliche Vermögen, Üb 1, 2 vor § 803. § 857 stellt die Regel auf, nach der §§ 828–856 anwendbar sind. §§ 858–863 enthalten Sondervorschriften. Die Abgrenzung ist manchmal schwierig.

2 **2) Regelungszweck, I–VII.** Das gesamte Vermögen soll grundsätzlich dem Zugriff des Gläubigers offenstehen. Diesem Ziel dient § 857 als Sammel- und Auffangvorschrift. Insofern ist eine weite Auslegung zugunsten des Gläubigers erforderlich. Erst bei einer Verwertbarkeit alles irgendwie Geldwerten mag eine volle Befriedigung und damit Gerechtigkeit entstehen können, Einl III 9, 36. Erst dadurch kann es auch wieder zum Rechtsfrieden kommen. Freilich nennen II–VII neben technischen Durchführungsregeln auch gewisse Vollstreckungsgrenzen. Man muß sie aber eng ziehen.

3 **3) Anderes Vermögensrecht, I.** Es handelt sich um einen gesetzlichen Hilfs- oder Auffangbegriff zwecks Erfassung der in §§ 828–856 nicht bereits geregelten Vermögenswerte, Rn 2. Vermögensrecht ist dasjenige, was einen solchen Geldwert darstellt, der sich zur Befriedigung des Gläubigers eignet, LG Aurich Rpfleger **97**, 268.

Den *Gegensatz* zu Vermögensrechten bilden folgende Fälle: Ein tatsächlicher oder wirtschaftlicher Zustand, etwa eine Stellung als der Alleinerbe; ein Persönlichkeitsrecht, etwa der Erfindungsgedanke, BGH GRUR **78**, 585. Man darf hier den Ausdruck aber nur im engsten Sinne verstehen. Über Marken Rn 2; eine Handlungsmöglichkeit, AG Sinzig RR **86**, 967, wie das Kündigungsrecht, Hanloser CR **01**, 456, oder das Recht, eine Mietaufhebung zu verlangen, oder das Abtretungsrecht. Über das Recht aus einer Vollmacht Grdz 113 vor § 704 „Vollmacht“; ein unselbständiges Recht. Beispiele: Das Recht auf die Herausgabe des Hypothekenbriefs oder des Kraftfahrzeugbriefs, BFH BB **76**, 1351; ein Kfz-Schein, KG OLGZ **94**, 114; die Hypothek ohne eine Forderung; das Pfändungspfandrecht, Nürnb MDR **01**, 1133. Ein solches unselbständiges Recht ist nicht für sich pfändbar, sondern nur zusammen mit dem Hauptrecht, LG Bln Rpfleger **78**, 332. Eine Nebenforderung, etwa der Anspruch auf Zinsen, ist selbständig pfändbar.

In allen vorstehenden Fällen ist eine *Pfändung nicht möglich*. Dasselbe gilt bei einem Rangvorbehalt. Es ist nicht erforderlich, daß die Zwangsvollstreckung unmittelbar zu einer Befriedigung des Gläubigers führen kann, § 848. Ferner sind alle öffentlichrechtlichen Befugnisse unpfändbar, etwa: Das Wahlrecht; der „Anspruch" auf ein Handeln einer staatlichen Stelle, etwa ein Urteil auf eine Eintragung in das Grundbuch. Der Berichtigungsanspruch nach § 894 BGB ist ein privatrechtlicher Anspruch gegen den Eingetragenen. 4

4) Beispiele zur Frage eines anderen Vermögensrechts, I 5

Abtretung, Übertragung: I ist anwendbar auf die Zwangsvollstreckung in einen Anspruch auf die Abtretung, Rückabtretung, Übertragung oder Rückübertragung eines Rechts, BGH **154**, 67 (zustm Schuschke), LG Bln MDR **77**, 59 und 412, LG Verden Rpfleger **86**, 394.

S auch „Anwartschaftsrecht", „Auseinandersetzung".

Anwartschaftsrecht: I ist anwendbar auf die Zwangsvollstreckung in ein Anwartschaftsrecht, Düss Rpfleger **81**, 199 (abl Eickmann), LG Bonn Rpfleger **89**, 449 (der Nachweis der Auflassung durch eine öffentliche oder öffentlich beglaubigte Urkunde ist notwendig). Zum Problem Geißler DGVZ **90**, 81 (ausf).

S auch „Abtretung, Übertragung".

Arzneimittelrecht: I ist anwendbar auf die Zwangsvollstreckung in die Befugnis, ein Arzneimittel in den Verkehr zu bringen und nur zusammen mit ihr die öffentlichrechtliche Zulassung zu erwerben, BGH NJW **90**, 2932.

Auseinandersetzung: I ist anwendbar auf die Zwangsvollstreckung in einen Anspruch auf ein Auseinandersetzungsguthaben, auch ein künftiges, BGH KTS **85**, 321 (auch wegen des Anspruchs auf die Rückgewähr einer valutierenden Grundschuld), aM StJM 3.

Bereicherung: I ist anwendbar auf die Zwangsvollstreckung in den Anspruch auf den Ausgleich einer Bereicherung nach dem Wegfall ihres Sicherungszwecks (Rückgewähranspruch), BGH NJW **89**, 2538, Ffm VersR **85**, 71, LG Münst Rpfleger **91**, 379.

Berichtigung: Rn 7 „Grundbuch". 6

Computer: Grdz 68 „Computer" vor § 704.

Dienstleistungsmarke: I ist anwendbar auf eine Dienstleistungsmarke oder auf eine international registrierte Marke (IR-Marke) mit deutscher Basismarke, Repenn NJW **94**, 175.

Domain: Rn 8 „Internet-Domain".

Dreidimensionales Zeichen: I ist anwendbar jetzt auch auf ein solches Zeichen, Repenn NJW **94**, 175.

Eigentum: S „Erbteil", Rn 8 „Miteigentum".

Eintragung: Rn 7 „Grundbuch".

Einziehungsrecht: I ist anwendbar auf ein solches aus einem Pfändungs- und Überweisungsbeschluß, aM LG Lpz Rpfleger **00**, 401 (aber auch dieses Recht hat einen Vermögenswert).

Emissionsberechtigung: I ist anwendbar, Wagner JZ **07**, 975.

Erbbaurecht, dazu *Helwich* JB **08**, 346 (Üb): I ist in Verbindung mit § 851 II anwendbar auf den Zustimmungsanspruch nach (jetzt) § 7 II ErbbauRG, LG Köln, NZM **01**, 1102.

Erbteil: I ist anwendbar auf die Zwangsvollstreckung in einen Erbteil, auch wenn er aus einem Grundstücksanteil besteht.

S auch Rn 8 „Miteigentum".

Erfinderrecht: § 257 ist auf seine vermögensrechtlichen Teile anwendbar, Zimmermann GRUR **99**, 128.

Geschmacksmuster: Das Recht an ihm kann Gegenstand der Zwangsvollstreckung sein, § 30 I Z 2 GeschmMG.

Gesellschaftsanteil: § 859 Rn 3, Anh § 859.

Grundbuch, dazu *Linderhaus,* Die Zwangsvollstreckung in den sachenrechtlichen Anspruch auf Zustimmung zur Berichtigung des Grundbuches (§ 894 BGB), Diss Konst 1999: I ist anwendbar auf die Zwangsvollstreckung in den Anspruch auf eine Berichtigung, Düss Rpfleger **98**, 436, oder auf die Eintragung eines Grundpfandrechts, Bre NJW **84**, 2478 (nur das „Stammrecht" der Verwendung des Grundtücks zur dinglichen Sicherung ist weder abtretbar noch pfändbar, dazu krit Dubischar NJW **84**, 2440). 7

S auch „Grundschuld".

Grundschuld: I ist anwendbar auf die Zwangsvollstreckung in einen Anspruch auf die Rückgewähr einer nicht valutierenden Grundschuld, BGH KTS **85**, 321, LG Detm DGVZ **00**, 169, aM StJM 3, oder auf einen Verzicht auf die Grundschuld, Rn 26.

S auch „Grundbuch", Grdz 76 „Grundschuld" vor § 704.

Hinterlegung: I ist anwendbar auf die Zwangsvollstreckung in den Anspruch gegen einen Notar auf die Auszahlung eines bei ihm hinterlegten Geldbetrags, Ffm FGPrax **98**, 80, Hamm DNotZ **83**, 63, Rupp/Fleischmann NJW **83**, 2369.

Internet-Domain, dazu *Berger* Rpfleger **02**, 181; *Bettinger* (Hrsg), Handbuch des Domainrechts, 2007; *Birner,* Die Internet-Domain als Vermögensrecht, 2005; *Boecker* MDR **07**, 1234 (ausf); *Brock,* Die Zwangsvollstreckung in Internet-Domains usw, 2005; *Herberg,* Domains in der Zwangsvollstreckung usw (rechtsvergleichend), 2006; *Herrmann,* Die Zwangsvollstreckung in die Domain usw, 2004; *Keespies* GRUR **02**, 764 (je: Üb): *Kopf,* Die Internetdomain in der Einzelzwangsvollstreckung usw, 2005: I ist auf dieses abtretbare, handelbare Recht anwendbar, BGH NJW **05**, 3353, LG Düss JB **01**, 548, LG Mönchengladb MDR **05**, 118, aM LG Mü JB **00**, 595 (nicht beim Familiennamen) und JB **01**, 323 (nicht beim Firmennamen. Aber fast alles hat einen Vermögenswert). Zum Problem auch Hanloser Medienrecht **01**, 345, Schmittmann JB **00**, 596 und JB **01**, 324. 8

Leasing: Rn 14.

Marke: Grdz 95 vor § 704. Zuständig ist das Vollstreckungsgericht, LG Düss Rpfleger **98**, 356.

Milchkontingent: I ist auf eine derartige Referenzmenge *unanwendbar,* LG Aurich Rpfleger **97**, 268, aM BGH MDR **07**, 485.

Miteigentum: I ist anwendbar auf die Zwangsvollstreckung in einen Miteigentumsanteil, BGH NJW **06**, 849 (selbst dann, wenn er praktisch das Gesamtvermögen umfaßt), BayObLG DB **92**, 1880, Staudinger/Huber[12] § 747 BGB Rn 45, aM Marotzke Erlanger Festschrift für Schwab (1990) 299 (§§ 808 ff entsprechend). Das gilt auch für einen isolierten Miteigentumsanteil ohne Sondereigentum und ohne Anwartschaft nach dem WEG, Hamm RR **91**, 335.

S auch Rn 6 „Erbteil".

9 **Nießbrauch:** I ist auf ihn anwendbar, Rn 15, BGH NJW **06**, 1124, auch IV 2, BGH NJW **07**, 149, Düss Rpfleger **97**, 315.

Notar: Rn 7 „Hinterlegung".

Nutzungsrecht: Grdz 97 „Nutzungsrecht" vor § 704.

Persönlichkeitsrecht: Vgl *Botsch,* Die Zwangsvollstreckung in das Allgemeine Persönlichkeitsrecht, Diss Bayreuth 2007.

Pfändungspfandrecht: I ist auf dieses Recht *unanwendbar.* Denn es folgt der Forderung, Nürnb MDR **01**, 1133.

Rückabtretung, Rückübertragung: Rn 5 „Abtretung, Übertragung", „Bereicherung".

Rückgewährsanspruch: I ist auf ihn anwendbar, Schlesw FGPrax **97**, 54.

S auch Rn 5 „Absetzung, Übertragung".

Sammeldepot: I kann auf einen Miteigentumsanteil anwendbar sein, BGH MDR **08**, 338.

Sicherungsübereignung: Grdz 102 „Sicherungsübereignung" vor § 704.

Software: Grdz 102 „Software" vor § 704.

Sondernutzungsrecht: I ist in einem beschränkten Rahmen anwendbar, Schuschke NZM **99**, 832, aM Stgt NZM **02**, 884 (aber pfändbar ist alles Vermögen. Ohne einen Vermögenswert käme es gar kaum zu einem solchen Recht).

Sport: Soweit das Recht zur Teilnahme am sportlichen Wettbewerb übertragbar ist und einen Vermögenswert hat, ist es pfändbar, BGH NJW **02**, 144.

10 **Teilungsversteigerung:** I ist anwendbar, Jena Rpfleger **01**, 445.

Übertragung: Rn 5 „Abtretung".

Ungerechtfertigte Bereicherung: Rn 5 „Bereicherung".

Wohnbesitz: I ist anwendbar auf die Zwangsvollstreckung in den Anspruch auf einen Wohnbesitz, Schopp Rpfleger **76**, 384.

Zwangsversteigerung: I ist anwendbar auf die Zwangsvollstreckung in den Anspruch aus dem Meistgebot auf die Erteilung des Zuschlags. Es entsteht nach § 848 II 2 eine Sicherungshypothek, Krammer/Riedel Rpfleger **89**, 146.

S auch Rn 9 „Teilungsversteigerung".

11 **5) Pfändung, II.** Wenn ein Drittschuldner vorhanden ist, wird die Pfändung nach §§ 828 ff mit der Zustellung des Pfändungsbeschlusses an den Drittschuldner wirksam, § 829 III. Wenn ein Drittschuldner fehlt, wird die Pfändung mit der Zustellung des Verfügungsverbots an den Schuldner wirksam. Dieses Verfügungsverbot ist dann unentbehrlich. Man muß den Begriff Drittschuldner hier im weitesten Sinne verstehen, noch weiter als bei § 829. Drittschuldner ist jeder, dessen Recht die Pfändung berührt.

Das trifft zB zu für: Einen Miterben; einen Miteigentümer; denjenigen, der unter einem Eigentumsvorbehalt veräußert hat. Die Pfändung des Anwartschaftsrechts erfolgt bei ihm entsprechend § 829 III. Nach einem Erlöschen gemäß § 91 ZVG ist zunächst kein Drittschuldner wegen des Anspruchs auf den Anteil am Erlös vorhanden. Daher reicht zur Pfändung dieses Anspruchs eine Zustellung an den Schuldner nach II aus. Diese Zustellung ist auch notwendig. Demgegenüber ist seit dem Zeitpunkt einer Hinterlegung nach §§ 120, 124 ZVG die Zustellung an die Hinterlegungsstelle als der Drittschuldnerin nach § 829 III maßgeblich. Die Pfändung des Alleinnacherbrechts berührt das andersartige Recht des Vorerben nicht. Der Gläubiger muß vorsichtig sein. Er sollte lieber zuviel tun. Zu wenige Maßnahmen machten die Pfändung unter Umständen unwirksam.

12 Wenn der Gläubiger das *Anwartschaftsrecht* des Vorbehaltskäufers oder auch des Sicherungsgebers gepfändet hat, muß er auch die Sache selbst nach § 808 pfänden. Denn der Gläubiger erlangt nur so den Besitz. Er kann nur so zu seiner Befriedigung kommen, aM Fenn AcP **170**, 460 (es handle sich um eine reine Rechtspfändung. Aber das trifft nur die eine Hälfte der Sache). Der Gläubiger kann dann freilich einen späteren Abtretungsnehmer des Anspruchs gegen den Vorbehaltsverkäufer oder den Sicherungsnehmer ausschalten, Grdz 60 vor § 704 „Anwartschaft".

13 Wenn die Zwangsvollstreckung in das *Nutzungsrecht* an einer Sache erfolgt ist, etwa in einen Nießbrauch, und wenn das Gericht eine Verwaltung angeordnet hat, kann eine Übergabe der noch zu benutzenden Sache an den Verwalter die Pfändung ersetzen. Die Pfändung eines rechtstragenden Wertpapiers erfolgt nach § 831. Das Pfandrecht entsteht immer an dem gepfändeten Recht selbst, mag man es dem Schuldner auch nur zur Ausübung überlassen haben. Eine solche Belastung des Rechts, die im Zeitpunkt der Pfändung bestand, wirkt auch gegenüber dem Gläubiger. Das gilt für eine Löschungsvormerkung bei einer Eigentümerhypothek. Im Zeitpunkt des Erlöschens des Rechts geht das Pfandrecht unter.

Gebühren: Des Gerichts § 12 V GKG (Vorauszahlungspflicht), KV 2110; des Anwalts VV 3309, 3310.

14 **6) Unveräußerliches Recht, III.** Ein solches Recht ist in seinem Bestand nach § 851 unpfändbar, dort Rn 3. Bei einer Anwendung des § 851 II auf ein solches Recht muß man folgendes beachten. Ein höchstpersönliches Recht ist zB das Wohnrecht aus einem Altenteilsvertrag. Eine vertragliche Ausschließung der Übertragbarkeit ist bei einem Recht durch § 137 BGB unzulässig. Das Firmenrecht hat einen Vermögenswert. Da es aber nur zusammen mit dem Übernehmen übertragbar ist und da das Unternehmen praktisch nach Grdz 73 vor § 704 „Firma" unpfändbar ist, ist eine Pfändung unmöglich. III läßt die Pfändung der Ausübung nach zu, soweit man die Ausübung des Rechts einem anderen überlassen kann. Das ist zB bei dem Gebrauchsrecht des Mieters möglich, sofern der Vermieter dem Mieter gestattet hat, die Mietsache einem Dritten zu überlassen, § 540 I 1 BGB. Zu einer solchen Überlassung ist also eine Vereinbarung zwischen

dem Vermieter und dem Mieter notwendig. Entsprechendes gilt beim Leasingvertrag wegen des Nutzungsrechts usw. Die Sache selbst ist nach §§ 808 ff pfändbar, Düss NJW **88**, 1676, AG Neuwied DGVZ **96**, 142, Teubner/Lelley ZMR **99**, 151 (ausf).

Der Grundstückseigentümer kann demgemäß ein *dingliches Wohnrecht* seines Schuldners am Grundstück 15
des Eigentümers (Gläubigers) nur dann pfänden, wenn er dem Berechtigten gestattet hatte, die Ausübung des Wohnungsrechts einem Dritten zu überlassen, AG Köln WoM **03**, 341, und wenn diese Erlaubnis im Grundbuch eingetragen worden war, großzügiger BGH Rpfleger **07**, 34, LG Detm Rpfleger **88**, 372, strenger BGH WoM **07**, 30, (grundsätzliche Unpfändbarkeit), Schlesw Rpfleger **97**, 256 (pfändbar sei nur ein Wertersatzanspruch nach Zwangsversteigerung), großzügiger AG Köln WoM **03**, 341 (keine Eintragung nötig. Aber ein dingliches Recht hängt von der Eintragung ab). Manche wenden III auch auf den Anspruch des Miteigentümers eines Grundstücks auf die Aufhebung der Bruchteilsgemeinschaft nach § 749 BGB an, AG Siegen Rpfleger **88**, 250, Gramentz, Die Aufhebung der Gemeinschaft nach Bruchteilen durch den Gläubiger eines Teilhabers (1989) 502. Vgl aber auch § 864 Rn 6.

Die Pfändung des *Nießbrauchs* ist zulässig, Grdz 97 vor § 704 „Nutzungsrecht", LG Lübeck Rpfleger **93**, 360, Schüller, Die Zwangsvollstreckung in den Nießbrauch, Diss Bonn 1978. Eine Pfändung ist der Ausübung nach auch immer dann zulässig, wenn sich die Rechtsausübung nicht unbedingt an die Person des Berechtigten knüpft. Deshalb mag der Gläubiger die Ausnutzung des schriftstellerischen Urheberrechts pfänden können, Grdz 109 vor § 704 „Urheberrecht". Das Recht auf die Erteilung eines Patents und das Recht aus einem Patent sind pfändbar, Grdz 99 vor § 704 „Patent". Wegen einer Marke Rn 8 „Marke".

7) Verwertung, IV, V. Es gibt mehrere Möglichkeiten. 16

A. Überweisung zur Einziehung. Diese Form der Überweisung ist dann statthaft, wenn der Gläubiger an die Stelle des Schuldners treten kann. Wenn nur bestimmte Personen dazu imstande sind, muß der Gläubiger zu ihrem Kreis zählen. Dann kann der Gläubiger auf Grund der Überweisung dasjenige erreichen, das der Schuldner ohne eine Pfändung erreichen würde. Der Gläubiger darf etwa bei einer Grundbuchberichtigung die Eintragung auf den Namen des Schuldners verlangen, nicht aber die Eintragung auf seinen eigenen Namen.

B. Überweisung zum Nennwert. Diese Form der Überweisung kommt nur bei einem Recht mit 17
einem bestimmten Nennwert infrage, etwa bei einer Eigentümergrundschuld.

C. Andere Art der Verwertung. Wenn die Verwertung durch eine Einziehung unmöglich oder schwie- 18
rig ist, kann das Vollstreckungsgericht eine andere Art der Verwertung anordnen, je nach der Art des Rechts, § 844, etwa bei einem veräußerlichen Recht die Veräußerung des Rechts durch eine Versteigerung oder durch einen freihändigen Verkauf, zB bei einem Erbteil oder bei einer Eigentümergrundschuld. Die Überweisung an Zahlungs Statt kann zum Schätzungswert infrage kommen, etwa wenn man dadurch eine Erbauseinandersetzung vermeiden kann und wenn der Wert ersichtlich angemessen ist, § 844 Rn 8.

D. Nutzungsrecht. Beim Nutzungsrecht nach Rn 14, 15 kann das Gericht eine besondere Anordnung 19
treffen. Es kann etwa eine Verwaltung anordnen, BGH NJW **07**, 149, aber auch 150. Dann muß der Schuldner die genutzte Sache dem Verwalter übergeben, BGH NJW **07**, 149. Er liefert dem Gläubiger die Erträge ab, sofern nicht der Drittschuldner nach § 839 hinterlegen müßte. Das Vollstreckungsgericht trifft alle näheren Anordnungen, LG Lübeck Rpfleger **93**, 360. Bei einem Nutzungsrecht an dem Grundstück ist entsprechend § 848 das Gericht der belegenen Sache zuständig. Auch dieses Gericht entscheidet durch den Rpfl, § 848 Rn 3. Das Gericht kann auch die Ausübung zugunsten des Gläubigers einem Dritten oder dem Gläubiger übertragen, zB an einem Patent durch die Erteilung einer Lizenz. Wegen des Nießbrauchs Rn 15 und Grdz 97 vor § 704 „Nutzungsrecht".

8) Reallast usw, VI. Die an sich einfache Regelung zeigt manche Tücken. 20

A. Allgemeines. Eine Reallast, eine Grundschuld oder eine Rentenschuld lassen sich wie eine Hypothek pfänden und überweisen, §§ 830, 837. Der Grundschuldbrief oder der Rentenschuldbrief sind nur dann nach § 808 pfändbar und nach § 821 verwertbar, wenn das Grundbuchamt sie auf den Inhaber ausgestellt hat. Eine Reallast steht einer Buchhypothek gleich. Sie ist nur pfändbar, soweit nicht der Anspruch auf die einzelne Leistung unpfändbar ist, § 1111 II BGB, oder die Reallast zugunsten des jeweiligen Eigentümers besteht, § 1110 BGB. Ein Zinsrückstand und eine rückständige Reallastleistung ist wie ein Hypothekenzins selbständig pfändbar. Die Pfändung der Grundschuld usw ergreift diesen Rückstand usw nicht. Wenn der Schuldner die Grundschuld sicherungshalber an einen Dritten abgetreten hat, insbesondere an ein Kreditinstitut, kann man nur den Anspruch auf die Rückübertragung und einen Verzicht auf sie nach § 829 pfänden. Wenn es sich um eine Briefgrundschuld handelt, ist die Wirksamkeit der Pfändung nicht vom Briefbesitz abhängig. Nach der Überweisung entsteht ein Anspruch des Pfandgläubigers auf eine Rückübertragung der Grundschuld auf den Grundstückseigentümer im Zeitpunkt der Fälligkeit. Er selbst erwirbt ein Ersatzpfandrecht entsprechend § 848 II an der Grundschuld.

Wenn der Gläubiger den Anspruch des Grundeigentümers auf eine *Rückübertragung* des nichtvalutierten 21
Teils der Grundschuld gegenüber dem Grundschuldgläubiger gepfändet hat und wenn die Grundschuld in der Zwangsversteigerung erloschen ist, bleibt das Pfandrecht an einem entsprechenden Teil des Versteigerungserlöses bestehen. Man kann den Löschungsanspruch durch eine Hilfspfändung erfassen, § 808 Rn 4.

B. Eigentümerhypothek. Wenn die Hypothek dem Eigentümer mit der Forderung nach §§ 1143, 1177 22
II BGB zusteht, findet die Pfändung und Überweisung wie bei der gewöhnlichen Hypothek statt, § 830.

C. Eigentümergrundschuld. Wenn die Forderung dem Eigentümer wie bei § 1163 BGB nicht zusteht, 23
ist die Hypothek sachlichrechtlich eine Grundschuld, § 1177 BGB. Der Gläubiger pfändet sie dann wie eine Grundschuld nach § 830, ZöStö 20, aM Peters JZ **85**, 177, StJM 59 ff (die Zustellung des Pfändungsbeschlusses an den Schuldner reiche aus. Aber § 930 hat als eine Spezialvorschrift den Vorrang). Diese Lösung hat praktisch sehr viel für sich. Deshalb ist bei einer Briefhypothek ein Besitz am Hypothekenbrief erforderlich, BGH Rpfleger **89**, 248, evtl an dem zu bildenden Teilhypothekenbrief. Bei einer Buchhypothek

muß eine Eintragung erfolgen. § 1197 I BGB steht einer Vollstreckung durch den Pfändungsgläubiger nicht entgegen, BGH **103**, 37.

24 Wenn ein *Dritter* eine Sicherungsgrundschuld *tilgt,* muß man bei der Pfändung des getilgten Teils beim Antrag auf die Bildung eines Teilgrundschuldbriefs nachweisen, daß der getilgte Grundschuldteil nicht auf den Dritten übergegangen ist. Der Pfändungsbeschluß muß die Eigentümergrundschuld als solche bezeichnen. Man muß die Rechtsnatur dem Grundbuchamt nachweisen. Das kann schwierig werden. Eine Zustellung des Verbots an den Eigentümer genügt. Denn ein Drittschuldner fehlt. Es ist auch die Pfändung einer zukünftigen Eigentümergrundschuld zulässig, § 829 Rn 1. Allerdings müssen diejenigen Voraussetzungen eindeutig klar sein, unter denen die Grundschuld entstehen soll. Dementsprechend kann man auch die Anwartschaft auf den Erwerb derjenigen Eigentümergrundschuld pfänden, die bei einem Ausschlußurteil entsteht, nebst dem Recht, das Aufgebot gegenüber unbekannten Hypothekengläubigern zu betreiben, § 1170 BGB.

25 Wenn die Eigentümergrundschuld in der Zwangsversteigerung *infolge eines Zuschlags erloschen* ist, ist der Anspruch auf den an die Stelle der Eigentümergrundschuld getretenen Erlös nach § 829 pfändbar. Dasselbe gilt bei einer nicht valutierten Grundschuld. Wenn bei einer Briefhypothek dem Eigentümer nur ein Teil der Hypothek zusteht, muß man folgendes pfänden und überweisen: Das Miteigentum am Brief, § 952 BGB; den Anspruch auf die Aufhebung der Gemeinschaft am Brief, § 749 BGB; den Anspruch auf eine Berichtigung des Grundbuchs nach § 894 BGB; den Anspruch auf die Vorlegung des Briefs beim Grundbuchamt zwecks Bildung eines Teilhypothekenbriefs, § 896 BGB; die Teilhypothek. Mit der Übergabe des Teilbriefs entsteht dann das Pfandrecht an der Hypothek. Dieser Weg ist allerdings außerordentlich umständlich. Wenn bei einer Buchhypothek der Gläubiger noch eingetragen ist, muß der Gläubiger den Anspruch auf die Berichtigung des Grundbuchs pfänden und sich überweisen lassen. Daraufhin kann der Gläubiger nach § 836 III eine Auskunft und die Herausgabe der Urkunden erzwingen sowie einen Widerspruch nach § 899 BGB eintragen lassen. Vor einer Umschreibung auf den Eigentümer ist die Eintragung des Pfandrechts wegen § 39 GBO unmöglich. Andernfalls könnten ein Gläubiger des Eigentümers und ein Gläubiger des Hypothekengläubigers gleichzeitig eine Eintragung vornehmen lassen.

26 **D. Höchstbetragshypothek.** Eine Höchstbetragshypothek nach § 1190 BGB gibt eine auflösend bedingte Eigentümergrundschuld in Höhe des nicht verbrauchten Teils des Kredits nach § 1163 BGB und nicht nur eine dingliche Anwartschaft. Eine Umschreibung auf den Eigentümer ist jedenfalls erst nach einer endgültigen Feststellung der Forderung zulässig. Demgemäß ist die vorläufige Eigentümergrundschuld zwar pfändbar und überweisbar. Die Pfändung ist aber durch die Eintragung aufschiebend bedingt. Mit der Eintragung tritt eine Rückwirkung auf den Tag der Zustellung des Pfändungsbeschlusses an den Eigentümer ein, § 830 II. Daher wären seitdem erfolgte Pfändungen dem Gläubiger gegenüber unwirksam. § 39 GBO läßt eine solche Eintragung aber erst nach einer Umschreibung in eine Eigentümergrundschuld zu. Man muß von Fall zu Fall prüfen, welche Bedeutung eine vorher vollzogene Eintragung hat. Denn nicht jeder Verstoß gegen § 39 GBO macht die Eintragung unwirksam. Die Befugnis des Eigentümers zur Ausnutzung des nicht verbrauchten Teils des Kredits, also seine Befugnis, insofern weitere Schulden zu machen, läßt sich nur durch eine einstweilige Verfügung oder durch den Antrag auf die Eröffnung des Insolvenzverfahrens über das Vermögen des Schuldners unterbinden. Da ein Berichtigungsanspruch nicht vor demjenigen Zeitpunkt entstehen kann, in dem der Betrag feststeht, kann man keinen solchen Anspruch pfänden.

27 **9) Vorpfändung, VII.** Der Gerichtsvollzieher darf die Benachrichtigung mit den Aufforderungen nicht selbst anfertigen. Das stellt VII durch den Ausschluß des § 845 I 2 klar. Das gilt, soweit die Zwangsvollstreckung nach I–VI erfolgt. Selbst ein ausdrücklicher Auftrag des Gläubigers ermächtigt den Gerichtsvollzieher dann nicht zur Anfertigung der Benachrichtigung usw. Wenn er dennoch nach § 845 I 2 verfahren ist, ist seine Maßnahme als ein Staatsakt der Zwangsvollstreckung zunächst wirksam, Grdz 56–58 vor § 704.

858 *Zwangsvollstreckung in Schiffspart.* **I Für die Zwangsvollstreckung in die Schiffspart (§§ 489 ff. des Handelsgesetzbuchs) gilt § 857 mit folgenden Abweichungen.**

II Als Vollstreckungsgericht ist das Amtsgericht zuständig, bei dem das Register für das Schiff geführt wird.

III 1 Die Pfändung bedarf der Eintragung in das Schiffsregister; die Eintragung erfolgt auf Grund des Pfändungsbeschlusses. 2 Der Pfändungsbeschluss soll dem Korrespondentreeder zugestellt werden; wird der Beschluss diesem vor der Eintragung zugestellt, so gilt die Pfändung ihm gegenüber mit der Zustellung als bewirkt.

IV 1 Verwertet wird die gepfändete Schiffspart im Wege der Veräußerung. 2 Dem Antrag auf Anordnung der Veräußerung ist ein Auszug aus dem Schiffsregister beizufügen, der alle das Schiff und die Schiffspart betreffenden Eintragungen enthält; der Auszug darf nicht älter als eine Woche sein.

V 1 Ergibt der Auszug aus dem Schiffsregister, dass die Schiffspart mit einem Pfandrecht belastet ist, das einem andern als dem betreibenden Gläubiger zusteht, so ist die Hinterlegung des Erlöses anzuordnen. 2 Der Erlös wird in diesem Fall nach den Vorschriften der §§ 873 bis 882 verteilt; Forderungen, für die ein Pfandrecht an der Schiffspart eingetragen ist, sind nach dem Inhalt des Schiffsregisters in den Teilungsplan aufzunehmen.

Schrifttum: *Röder* DGVZ **02**, 17 (Üb).

1 **1) Systematik, Regelungszweck, I–V.** Die Vorschrift ergänzt § 857 zwecks einer auch verfahrenstechnischen Klarstellung der aus der Natur der Schiffspart sich ergebenden notwendigen Besonderheiten

der Vollstreckung in einen solchen Vermögenswert. Obwohl ein eingetragenes Schiff der Liegenschaftszwangsvollstreckung unterliegt, behandelt § 858 den Miteigentumsanteil, die (See-, LG Würzb JB **77**, 1289) Schiffspart, § 491 HGB, als eine bewegliche Sache, anders als bei einem Bruchteilseigentum am Schiff, § 864 II. Die Schiffspart macht zum Mitreeder. Wer die Schiffspart auf Grund der Pfändung erwirbt, hat folglich am Gewinn oder Verlust des bisherigen Mitreeders einen Anteil, § 504 III HGB. Zwischen dem Pfandrecht an dem ganzen Schiff und dem Pfandrecht an der Schiffspart besteht kein Rangverhältnis. Wenn das Schiff als Ganzes versteigert wird, kann das Pfandrecht an der Schiffspart gegenstandslos werden.

2) Pfändung, I–V. Sie erfolgt ohne besondere Probleme. 2

A. Zuständigkeit. Das AG des Schiffsregisters ist das Vollstreckungsgericht. Es ist ausschließlich zuständig, § 802.

B. Eintragung. Das Registergericht muß die Pfändung auf Grund des Pfändungsbeschlusses in das 3 Schiffsregister eintragen. Eine Eintragung ist für die Wirksamkeit der Pfändung unentbehrlich. Denn die Pfändung „bedarf der Eintragung". Das Pfandrecht entsteht erst mit der Eintragung. Die Zustellung des Pfändungsbeschlusses an den Schuldner ist für die Entstehung des Pfandrechts unerheblich, § 857 II ist nicht anwendbar.

C. Zustellung. Der Gläubiger soll den Beschluß dem Korrespondentreeder nach § 492 HGB als dem 4 Vertreter der Reederei zustellen. Das ist eine Ordnungsvorschrift. Eine Zustellung vor dem Zeitpunkt der Eintragung macht aber die Pfändung gegenüber dem Korrespondentreeder wirksam.

D. Verwertung. Die Verwertung erfolgt nur durch eine Veräußerung der Schiffspart nach § 844. Dabei 5 muß man § 503 II HGB beachten. Eine Überweisung ist unzulässig.

E. Weitere Einzelfragen. Dem Antrag muß man einen Auszug aus dem Schiffsregister beifügen. 6 Wenn dieser Auszug ein Pfandrecht eines Dritten ausweist, muß das Vollstreckungsgericht eine Hinterlegung anordnen. Der Hinterlegung folgt dann ein Verteilungsverfahren. Das Pfändungspfandrecht hat immer den Rang hinter der Schiffshypothek. Durch die Zwangsveräußerung der Schiffspart erlöschen Rechte an ihr.

Gebühren: Des Gerichts KV 2110; des Anwalts VV 3309, 3310.

859 *Pfändung von Gesamthandanteilen.* **I 1 Der Anteil eines Gesellschafters an dem Gesellschaftsvermögen einer nach § 705 des Bürgerlichen Gesetzbuchs eingegangenen Gesellschaft ist der Pfändung unterworfen. 2 Der Anteil eines Gesellschafters an den einzelnen zu dem Gesellschaftsvermögen gehörenden Gegenständen ist der Pfändung nicht unterworfen.**

II Die gleichen Vorschriften gelten für den Anteil eines Miterben an dem Nachlass und an den einzelnen Nachlassgegenständen.

Schrifttum: *Anders,* Die Zwangsvollstreckung in Gesellschaftsanteile und die materiellrechtlichen und prozessualen Mittel zu ihrer Durchsetzung (rechtsvergleichend dt-amerik), 2001; *Fischer,* Der Anteil an einer Personengesellschaft als Gegenstand der Zwangsvollstreckung usw, 2001; *Paschke,* Zwangsvollstreckung in den Anteil eines Gesellschafters am Gesellschaftsvermögen einer Personengesellschaft, Diss Bln 1982; *Schünemann,* Grundprobleme der Gesamthandsgesellschaft unter besonderer Berücksichtigung des Vollstreckungsrechts, 1975; *Schwab,* Das Prozeßrecht gesellschaftsinterner Streitigkeiten, 2004; *Wertenbruch,* Die Haftung von Gesellschaften und Gesellschaftsanteilen in der Zwangsvollstreckung, 2000; *Wössner,* Die Pfändung von Gesellschaftsanteilen bei den Personengesellschaften, 2000.

Gliederung

1) Systematik, I, II. Die Vorschrift enthält eine unvollständige Regelung der Frage der Pfändbarkeit eines 1 Anteils an einer Gesellschaft. Zur Lage bei den Handelsgesellschaftsarten Anh nach § 859. Die Erbengemeinschaft weist vergleichbare Rechtslagen auf. II behandelt sie daher entsprechend einer Gesellschaft.

2) Regelungszweck, I, II. Der Grundsatz, daß der Gläubiger in das gesamte Schuldnervermögen 2 vollstrecken darf, muß auch bei einem Gesellschaftsanteil gelten. Es würde aber zu uferlosen Problemen führen, wollte man auch eine Vollstreckung in den einzelnen zum Gesellschaftsvermögen zählenden Gegenstand zulassen, selbst wenn er noch so wertvoll wäre. Denn er gehört ja nicht dem Schuldner allein. Auf diesen letzteren Gesichtspunkt sollte man bei der Auslegung abstellen. Im Gesamtbereich der Zwangsvollstreckung besteht ja eine weitgehende Zulässigkeitsgrenze dann, wenn man das Recht eines Dritten antasten müßte, zB bei §§ 771 ff. Außerdem darf und muß man auch bei der Vollstreckung Zweckmäßigkeitsüberlegungen miteinbeziehen, Grdz 14 vor § 128.

3) Gesellschaftsanteil, I. Der Gesellschafter einer BGB-Gesellschaft ist am Gesellschaftsvermögen zur 3 gesamten Hand beteiligt. Er darf weder über diesen Anteil noch über den Anteil an den einzelnen Gegenständen des Gesellschaftsvermögens verfügen, § 719 I BGB. Der Anteil an den Gegenständen ist schlechthin unpfändbar, Düss Rpfleger **04**, 418, Hamm DB **87**, 574, Zweibr Rpfleger **82**, 413. Dagegen erlaubt § 859 die Pfändung des Gesellschaftsanteils, BGH **97**, 393, Düss Rpfleger **04**, 418, Köln RR **94**, 1518.

Die Pfändung des Gesellschaftsanteils erfolgt durch eine Zustellung an den Geschäftsführer der Gesellschaft, § 171, Köln RR **94**, 1518, nach § 857, Rupp/Fleischmann Rpfleger **84**, 225, aM LG Hbg Rpfleger **89**, 519 (sie erfolge nach § 859), Schmidt JR **77**, 180 (sie erfolge nach § 829. Beide Varianten übersehen die Spezialvorschrift). Die übrigen Gesellschafter brauchen nicht zuzustimmen, Köln RR **94**, 1518. Drittschuldner ist (jetzt) die Gesellschaft, BGH **146**, 341, so schon Schmidt JR **77**, 179. Es genügt eine Zustellung an die geschäftsführenden Gesellschafter, BGH **97**, 395, Schmidt JR **77**, 179, aM Staudinger/Keßler[12] § 725 BGB Rn 6. Die Zwangsvollstreckung nach § 736 schließt den § 859 nicht aus. Beim „Und-Konto“ liegt nicht stets eine Gesamthandsgemeinschaft vor, LG Oldb Rpfleger **83**, 79. Eine Eintragung ins Grundbuch erfolgt nicht, Düss Rpfleger **04**, 418 (keine Verfügungsbeschränkung, anders als bei einer Verpfändung).

4 **4) Wirkung der Pfändung, I.** Sie besteht im wesentlichen in zwei Punkten.

A. Gewinnanspruch. Der Gläubiger erlangt denjenigen Anspruch auf einen Gewinnanteil und auf ein Auseinandersetzungsguthaben, der einem Gesellschafter nach § 717 BGB zusteht, Düss Rpfleger **04**, 418, Schmidt AcP **182**, 495. Der Gläubiger darf aber vor einer Kündigung die übrigen gesellschaftlichen Mitgliedsrechte nicht ausüben, BGH **97**, 395, LG Hbg MDR **82**, 1028. Er kann zB nicht das Stimmrecht ausüben, und zwar auch nicht bei einer Überweisung, § 725 II BGB. Winnefeld DB **77**, 901 hält den Kapital-Entnahmeanspruch nach § 122 I HGB für pfändbar.

5 **B. Kündigungsrecht.** Der Gläubiger darf die Gesellschaft fristlos aufkündigen, BGH **97**, 395, Düss Rpfleger **04**, 418, LG Hbg Rpfleger **02**, 532. Das darf er freilich nur auf Grund eines rechtskräftigen Vollstrekkungstitels tun, § 725 I BGB, Zweibr Rpfleger **82**, 413. Wenn er das tut, ergreift das Pfandrecht ohne weiteres alles, was der Gesellschafter bei der Auseinandersetzung erhält. Der Gläubiger darf die Auseinandersetzung anstelle des Schuldners betreiben, BGH NJW **92**, 832, LG Hbg Rpfleger **02**, 532. Der Gläubiger darf also auch die Teilungsversteigerung beantragen, BGH NJW **92**, 832, (zumindest dann, wenn nur noch ein einziger Vermögensgegenstand vorhanden ist, zustm Hintzen Rpfleger **92**, 264), LG Hbg Rpfleger **02**, 532, aM StJM 7 (er hält eine Klage gegen den Schuldner mit dem Ziel für notwendig, daß der Schuldner die Auseinandersetzung betreibe. Aber man sollte prozeßwirtschaftlicher vorgehen, Grdz 14 vor § 128).

Die Pfändung des *Anteils* an einer bereits aufgelösten Gesellschaft erfaßt die Abfindungsforderung. Denn die Gesellschaft besteht bis zur Vollbeendigung fort, § 730 II BGB. Es schadet nicht, daß ein Grundstück zum Anteil gehört. Die Eintragung der Pfändung in das Grundbuch ist aber unzulässig, Hamm DB **87**, 574, LG Frankenth Rpfleger **02**, 73, Schmidt AcP **182**, 495. Der Anspruch des Gesellschafters auf eine Auskunft ist unpfändbar. Denn andernfalls würde der Gläubiger einen gefährlichen Einblick in die Verhältnisse Dritter erhalten.

6 **5) Miterbenanteil, II.** § 2033 BGB erlaubt dem Miterben die Veräußerung seines Anteils an der Erbschaft. Der Miterbe kann aber über den Anteil an den einzelnen Erbschaftsgegenständen nicht verfügen. Deshalb ist der Anteil an diesen einzelnen Erbschaftsgegenständen unpfändbar und auch nicht etwa bedingt pfändbar, BayObLG DB **83**, 708, Ffm Rpfleger **79**, 205. Auch der Anspruch auf die Durchführung der Erbauseinandersetzung ist nicht selbständig pfändbar, § 857 Rn 2. Dagegen ist der Miterbenanteil insgesamt pfändbar, BGH **72**, 41, BayObLG DB **83**, 708, LG Stendal Rpfleger **98**, 122. Die Pfändung dieses Miterbenanteils erfolgt nach § 857, Ffm Rpfleger **79**, 205. Die anderen Erben sind die Drittschuldner, Ffm Rpfleger **79**, 205, Stöber Rpfleger **76**, 197. Der Miterbe kann aber trotz der Pfändung seines Miterbenanteils eine Nachlaßforderung mit dem Antrag geltend machen, für alle Erben zu hinterlegen. Eine ungenaue Bezeichnung etwa als „Forderung am Nachlaß“ schadet nicht. Unschädlich sind auch eine Testamentsvollstreckung, BayObLG DB **83**, 708 (sie bleibt unverändert), eine Nachlaßverwaltung oder eine Nacherbschaft. Nach der Durchführung der Erbauseinandersetzung ist die Pfändung des Miterbenanteils nicht mehr möglich. Man muß zwischen dem Pfändungs- und dem Grundpfandrecht unterscheiden, BGH RR **99**, 504.

7 **6) Wirkung des Pfandrechts, II.** Das Pfandrecht ergreift den Miterbenanteil als einen Inbegriff von Rechten und Pflichten, BayObLG DB **83**, 708, Ffm Rpfleger **79**, 205. Das Pfandrecht verschafft dem Gläubiger aber nicht die Stellung eines Miterben, BayObLG DB **83**, 708. Die Eintragung ins Grundbuch ist als eine Verfügungsbeschränkung zulässig. Das gilt auch unter einer vorherigen Eintragung sämtlicher Miterben (das letztere ist notwendig, Ffm Rpfleger **79**, 206), selbst ohne deren Zustimmung, Stöber Rpfleger **76**, 201, aM Zweibr Rpfleger **76**, 214 (aber dann könnte jeder von ihnen blockieren, Grdz 44 vor § 704). Der Gläubiger kann die Erbauseinandersetzung betreiben, sogar wenn der Erblasser sie ausgeschlossen hatte, BayObLG DB **83**, 708. Das gilt auch auf Grund eines nur vorläufig vollstreckbaren Titels. Der Gläubiger hat zu diesem Zweck alle Rechtsbehelfe anstelle des Schuldners.

8 *Er kann zB:* Eine Teilungsklage erheben; den Auskunftsanspruch geltend machen: im Erbscheinsverfahren die Beschwerde einlegen. Der Gläubiger erlangt an der Gesamtheit derjenigen Sachen, die auf seinen Miterbenanteil entfallen, kraft Gesetzes ein Pfandrecht. Eine Erbauseinandersetzung ohne den Gläubiger ist wegen der Verfügungsbeschränkung der Erben ihm gegenüber unwirksam. Der Gläubiger kann aber nicht eine Zwangsvollstreckung in einzelne Vermögensstücke der Erbschaft betreiben. Ein älteres Vertragspfandrecht bleibt auch am Auseinandersetzungserlös vorrangig. Der Schuldner kann nach § 180 II 1 ZVG vorgehen, LG Stendal Rpfleger **98**, 122.

9 **7) Verwertung, II.** Sie findet vielmehr folgendermaßen statt.

A. Nach § 844. Entweder erfolgt eine Verwertung der Erbschaft im ganzen auf Grund einer gerichtlichen Anordnung nach § 844. Die Verwertung kann durch eine Versteigerung des Miterbenanteils durch den Gerichtsvollzieher geschehen.

10 **B. Einziehung.** Oder das Gericht überweist dem Gläubiger den Miterbenanteil zur Einziehung, also zur Beitreibung des Auseinandersetzungsguthabens. Wenn eine Nacherbschaft besteht, kann der Gläubiger den Miterbenanteil veräußern. Zweckmäßiger ist allerdings meist die Anordnung einer Verwaltung nach § 857 IV.

Anhang nach § 859

Zwangsvollstreckung in die Gesellschafteranteile von Handelsgesellschaften

Schrifttum: S bei § 859.

1) Offene Handelsgesellschaft, Partnerschaftsgesellschaft, Europäische wirtschaftliche Interessenvereinigung, Kommanditgesellschaft. Man muß zwei Aspekte beachten. 1

A. Titel. Vgl zunächst § 50 Rn 8. Eine Zwangsvollstreckung in das Vermögen des einzelnen Gesellschafters setzt einen Vollstreckungstitel gegen diesen voraus. Ein Titel gegen die Gesellschaft genügt nicht. Ein solcher Titel läßt sich auch nach dem Erlöschen der Gesellschaft nicht auf oder gegen die einzelnen Gesellschafter umschreiben. Eine Feststellung zur Tabelle in einem Insolvenzverfahren gegen die OHG wirkt nicht gegen die Gesellschafter. Wegen der Rechtsscheinhaftung einer angeblichen OHG oder KG § 736 Rn 2.

B. Durchführung. Für sie gelten § 859 I, dort Rn 2, BFH NJW **87**, 2703, und §§ 105 III, 161 II HGB. 2
Die Gesellschaft ist der Drittschuldner. Die Pfändung des Anteils ist durch § 135 HGB nicht eingeschränkt. Abweichend wirkt die Einengung der Kündigung durch § 135 HGB. Diese verlangt die Pfändung und eine Überweisung des Anspruchs auf das Auseinandersetzungsguthaben. Das gilt aber nur dann, wenn ein rechtskräftiger Vollstreckungstitel vorliegt, wenn binnen 6 Monaten eine Zwangsvollstreckung in das bewegliche Vermögen ergebnislos voraufgegangen war, und nur unter der Einhaltung einer Frist von 6 Monaten zum Schluß des Geschäftsjahrs. Eine kürzere Frist ist dann zulässig, wenn der Gesellschafter selbst vertraglich kürzer aufkündigen darf. Neben dieser Kündigung ist eine Kündigung nach § 725 BGB nicht möglich. Nach einer wirksamen Kündigung beginnt die Abwicklung der Gesellschaft. Der Gläubiger kann die Gesellschaft auf die Vornahme dieser Abwicklung verklagen. Der Gläubiger wird nicht Abwickler. Er gehört aber zu den „Beteiligten" der §§ 146, 147, 152 HGB.

2) Aktiengesellschaft. Die Pfändung der Aktien erfolgt nach § 808. Die Verwertung erfolgt nach § 821. 3
Eine nach § 68 AktG gebundene Namensaktie wird nach § 857 verwertet, ein Bezugsrecht wird nach § 857 verwertet. Denn man kann es vom Aktienbesitz abtrennen. Nach der Eintragung der Gesellschaft sind die Mitgliedsrechte auch vor der Ausgabe der Aktien pfändbar. Eine etwa notwendige Zustimmung zu der Übertragung hindert eine Pfändung und eine Veräußerung nicht.

3) Gesellschaft mit beschränkter Haftung 4

Schrifttum: *Eickhoff,* Die Gesellschaftsklage im GmbH-Recht, 1988.

A. Pfändung und Veräußerung der Geschäftsanteile, dazu *Behr* NJW **00**, 1137, *Röder* DGVZ **07**, 81 (je: Üb): Die Pfändung und die Veräußerung der Geschäftsanteile erfolgen immer nach § 857, BGH **104**, 353 (zustm Münzberg JZ **89**, 254), LG Bln MDR **87**, 592, LG Köln Rpfleger **89**, 511, und zwar auch ohne eine Einwilligung der Gesellschaft, selbst wenn sie sonst in eine Übertragung einwilligen müßte. Wegen der Zweckgebundenheit der Stammeinlage nach § 19 II 1 GmbHG ist die Forderung auf deren Einzahlung nur insoweit pfändbar, als der Gläubiger ihr eine volle Gegenleistung erbringt, Ffm GmbHRdsch **77**, 249, LG Augsb Rpfleger **87**, 116, oder wenn die Erhaltung der Kapitalgrundlage nicht mehr nötig ist, BGH NJW **80**, 2253, LG Augsb Rpfleger **87**, 116. Die Gesellschaft ist der Drittschuldner.

Die *Verwertung* erfolgt nach § 844, BGH **104**, 353, LG Bln MDR **87**, 592, LG Köln Rpfleger **89**, 511. § 817 gilt entsprechend. Die Schätzung erfolgt nach § 813 I 3. Außerdem erfolgt evtl eine Hilfspfändung des Auskunftsanspruchs. Der Gläubiger kann außerdem eine Auskunftsklage erheben. Die Pfändung der Anteilscheine ist nur als eine Hilfspfändung möglich, § 808 Rn 4, nicht als eine Pfändung von Wertpapieren. Die Pfändung des Geschäftsanteils berechtigt im übrigen nicht zur Ausübung der Verwaltungsrechte. Sie berechtigt insbesondere nicht zur Ausübung des Stimmrechts. Zur Verwertung des gepfändeten Anteils und zu dessen Einziehung unter seinem Wert durch die anderen Gesellschafter BGH **65**, 22 (zustm Mettenheimer BB **75**, 1177), Ffm BB **76**, 1147. Eine Vorausabtretung des Anspruchs des Gesellschafters auf die Abfindung oder das Auseinandersetzungsguthaben gibt dem neuen Gläubiger gegenüber einem Pfändungsgläubiger des Gesellschafters nur dann ein mit dem Pfändungspfandrecht belastetes Recht, wenn die Pfändung zwar der Abtretung folgte, aber der Entstehung des vorausabgetretenen Anspruchs vorausging, BGH **104**, 353 (zustm Münzberg JZ **89**, 254).

B. Pfändung des Anspruchs auf die Stammeinlage. Der Anspruch der GmbH auf eine Leistung der 5
Stammeinlage ist pfändbar. Doch darf sich dadurch der Vermögensstand der Gesellschaft nicht verringern, § 19 GmbHG. Deshalb muß der Anspruch des Gläubigers gegen die Gesellschaft dem gepfändeten Anspruch beim Wirksamwerden des Überweisungsbeschlusses gleichwertig sein. Eine Einforderung durch einen Gesellschafterbeschluß ist dann nicht erforderlich. Der Anspruch auf die Leistung der Stammeinlage ist auch gegenüber dem späteren Erwerber des Geschäftsanteils pfändbar. Allerdings sind dann andere Einreden möglich. Bei der Einforderung, auch durch einen Gläubiger, muß man § 19 I GmbHG beachten.

4) Andere Gesellschaften. In Betracht kommen drei Gesellschaftsformen. 6

A. Stille Gesellschaft. Die Pfändung des Auseinandersetzungsguthabens erfolgt nach § 859, aM Schmidt Rn 1.

B. Kommanditgesellschaft auf Aktien. Die Pfändung erfolgt nach § 808. Die Verwertung erfolgt nach 7
§ 821. Der Gläubiger eines Kommanditisten darf die Gesellschaft aber nicht aufkündigen, § 289 IV AktG.

C. Erwerbs- und Wirtschaftsgenossenschaft. Die Pfändung erfolgt wie bei der Offenen Handels- 8
gesellschaft, Rn 1. Der Anspruch auf Einzahlung der Geschäftsanteile und der anteiligen Fehlbeträge ist unpfändbar. Eine Aufnahmegebühr ist pfändbar. Die Dividende ist pfändbar. Jedoch muß der Gläubiger auch das Geschäftsguthaben pfänden, wenn das Statut die Dividende dem Geschäftsguthaben zuschreibt. Wegen der Liquidation § 88 a GenG. Die Kündigung nach § 66 GenG erfolgt mit der Wirkung des Austritts des Genossen. Sein Auseinandersetzungsguthaben ist pfändbar, LG Stgt JB **07**, 47.

9 **5) Umwandlung.** Nach einer Umwandlung ist die Zwangsvollstreckung im allgemeinen nur noch gegen den Übernehmer möglich. Denn es liegt meist ein gesetzlicher und kein vertraglicher Vermögensübergang vor. Maßgeblich ist im allgemeinen die Eintragung im Handelsregister, §§ 4, 5 UmwandlG.

860 ***Pfändung von Gesamtgutanteilen.*** **I 1 Bei dem Güterstand der Gütergemeinschaft ist der Anteil eines Ehegatten an dem Gesamtgut und an den einzelnen dazu gehörenden Gegenständen der Pfändung nicht unterworfen. 2 Das Gleiche gilt bei der fortgesetzten Gütergemeinschaft von den Anteilen des überlebenden Ehegatten und der Abkömmlinge.**

II Nach der Beendigung der Gemeinschaft ist der Anteil an dem Gesamtgut zugunsten der Gläubiger des Anteilsberechtigten der Pfändung unterworfen.

Schrifttum: *Mansel,* Substitution im deutschen Zwangsvollstreckungsrecht, in: Festschrift für *Lorenz* (1992) 689 (711 ff).

1 **1) Systematik, Regelungszweck, I, II.** Es gelten dieselben Erwägungen wie bei dem vergleichbaren § 859, dort Rn 1, 2.

2 **2) Bestehen der Gütergemeinschaft, I.** Der Anteil eines Ehegatten am Gesamtgut und der Anteil an den einzelnen zum Gesamtgut gehörenden Gegenständen sind bei der Gütergemeinschaft und bei der fortgesetzten Gütergemeinschaft unpfändbar. Unzulässig ist auch die Pfändung des dem Schuldner nach der Beendigung der Gemeinschaft zufallenden Anteils. Die praktische Bedeutung des Verbots beschränkt sich außer bei einer gemeinschaftlichen Verwaltung auf die Gläubiger des nicht verwaltenden Ehegatten und der Abkömmlinge, §§ 740 I, 745 I. Diese Gläubiger müssen sich einen nach diesen Bestimmungen vollstreckbaren Titel beschaffen. Der Anspruch des einen Ehegatten gegen den anderen auf die Auseinandersetzung der ehelichen Gütergemeinschaft ist während des Bestehens dieser Gemeinschaft als einer der wichtigsten Bestandteile des mit dem Gesamtgut unlösbar verbundenen Anteils ebenfalls unpfändbar, LG Frankenth Rpfleger **81**, 241.

3 **3) Beendigung der Gemeinschaft, II.** Nach der Beendigung der Gemeinschaft ist der Anteil am Gesamtgut pfändbar. Damit entsteht für denjenigen Gläubiger eine Möglichkeit zur Vornahme einer Pfändung, der keinen Vollstreckungstitel nach § 743 erlangen konnte, weil seine Forderung nach der Beendigung der Gemeinschaft entstanden war. Man muß den Beschluß dem anderen Ehegatten zustellen. Der Gläubiger kann nach § 99 I FGG die Auseinandersetzung betreiben. Die Verwertung erfolgt durch eine Überweisung zur Einziehung. Eine Veräußerung nach § 844 kann nicht stattfinden, §§ 1471 II, 1419 BGB, vgl § 857 V.

861, 862 (weggefallen)

863 ***Pfändungsbeschränkungen bei Erbschaftsnutzungen.*** **I 1 Ist der Schuldner als Erbe nach § 2338 des Bürgerlichen Gesetzbuchs durch die Einsetzung eines Nacherben beschränkt, so sind die Nutzungen der Erbschaft der Pfändung nicht unterworfen, soweit sie zur Erfüllung der dem Schuldner, seinem Ehegatten, seinem früheren Ehegatten, seinem Lebenspartner, einem früheren Lebenspartner oder seinen Verwandten gegenüber gesetzlich obliegenden Unterhaltspflicht und zur Bestreitung seines standesmäßigen Unterhalts erforderlich sind. 2 Das Gleiche gilt, wenn der Schuldner nach § 2338 des Bürgerlichen Gesetzbuchs durch die Ernennung eines Testamentsvollstreckers beschränkt ist, für seinen Anspruch auf den jährlichen Reinertrag.**

II Die Pfändung ist unbeschränkt zulässig, wenn der Anspruch eines Nachlassgläubigers oder ein auch dem Nacherben oder dem Testamentsvollstrecker gegenüber wirksames Recht geltend gemacht wird.

III Diese Vorschriften gelten entsprechend, wenn der Anteil eines Abkömmlings an dem Gesamtgut der fortgesetzten Gütergemeinschaft nach § 1513 Abs. 2 des Bürgerlichen Gesetzbuchs einer Beschränkung der im Absatz 1 bezeichneten Art unterliegt.

1 **1) Systematik, Regelungszweck, I–III.** Die Vorschrift löst die im Interesse aller Beteiligten liegende schwierige Aufgabe, eine Ausgewogenheit der berechtigten Ansprüche des Gläubigers und derjenigen der übrigen Beteiligten herbeizuführen. Ob diese Lösung gelungen ist, das ist eine sicher sehr unterschiedlich zu beantwortende Frage. Sie entbindet nicht von einer ebenfalls um eine Ausgewogenheit bemühten Auslegung zwecks einer einigermaßen gerechten Handhabung.

2 **2) Geltungsbereich, I–III.** Die Nutzungen des Vorerben sind dem Zugriff der persönlichen Gläubiger und der Nachlaßgläubiger ausgesetzt. Von dieser Gefahr macht § 863 dann eine Ausnahme, wenn das Testament einen Nacherben oder einen Testamentsvollstrecker zur Sicherung des Erbes eines Verschwenders oder eines Überschuldeten einsetzt, § 2338 BGB, Bre FamRZ **84**, 213, oder wenn eine entsprechende Beschränkung für den Abkömmling im Fall einer fortgesetzten Gütergemeinschaft eintritt, § 1513 II BGB, also bei einer Enterbung in einer guten Absicht. Der Grund der Beschränkung muß im Zeitpunkt der Errichtung des Testaments bestehen. Das Testament muß diesen Grund angeben. Es braucht aber § 2338 BGB nicht zu erwähnen, Bre FamRZ **84**, 213. Die Beschränkung wirkt nicht gegenüber dem Nachlaßgläubiger nach § 1967 BGB und nicht gegenüber demjenigen Gläubiger, dessen Recht gegen den Nacherben oder gegen den Testamentsvollstrecker wirkt, §§ 2115 S 2, 2213 BGB, 326 II ZPO. Sie wirkt anders gesagt nur gegenüber dem persönlichen Gläubiger des Erben, Bre FamRZ **84**, 213.

Titel 2
Zwangsvollstreckung in das unbewegliche Vermögen

Übersicht

Schrifttum: *Balser/Bögner/Ludwig,* Vollstreckung im Grundbuch, 10. Aufl 1994; *Behr/Eickmann,* Pfändung von Grundpfandrechten und ihre Auswirkungen auf die Zwangsversteigerung, 2. Aufl 1989; *Böttcher,* Zwangsversteigerungsgesetz, 4. Aufl 2005; *Böttcher,* Zwangsvollstreckung im Grundbuch, 2. Aufl 2002; *Buß,* Das Nacherbenrecht in der Immobiliar-Zwangsversteigerung, 2004; *Classen-Kövel/Keilkäuber,* Zwangsversteigerung von Immobilien, 1992; *Dassler/Schiffhauer/Hintzen/Engels/Rellermeyer,* Zwangsversteigerungsgesetz, 13. Aufl 2008; *Depré/Mayer,* Praxis der Zwangsverwaltung, 2. Aufl 2004 (Bespr *Alff* Rpfleger **05**, 58); Die Teilungsversteigerung usw, 3. Aufl 1993; *Eickmann,* Die Teilungsversteigerung usw, 3. Aufl 1993; *Eickmann,* Zwangsversteigerungs- und Zwangsverwaltungsrecht, 2. Aufl 2004; *Eickmann,* ZVG (Komm), 2005; *Eickmann,* Die in der Zwangsversteigerung bestehenbleibende Grundschuld, in: Festschrift für *Merz* (1992); *Eickmann,* Immobiliarvollstreckung und Insolvenz, 1998; *Eickmann/Hagemann/Storz/Teufel,* Zwangsversteigerung und Zwangsverwaltung, 9. Aufl: Bd 1 (§§ 1–104 ZVG) 1984; Bd 2 (§§ 105–185 ZVG) 1986; *Fackler,* Praxis des Versteigerungsrechts, 1991; *Glotzbach,* Immobiliarvollstreckung aus Sicht der kommunalen Vollstreckungsbehörden, 4. Aufl 2007 (Bespr *Hintzen* Rpfleger **08**, 51); *Gramentz,* Die Aufhebung der Gemeinschaft nach Bruchteilen durch den Gläubiger eines Teilhabers, 1989; *Haarmeyer/Wutzke/Förster/Hintzen,* Zwangsverwaltung, 4. Aufl 2007 (Bespr *Klawikowski* Rpfleger **07**, 435); *Hennings,* Zwangsversteigerung und Zwangsverwaltungsrecht, 4. Aufl 2000; *Hintzen,* Handbuch der Immobilienvollstreckung, 3. Aufl 1999; *Hintzen,* Taktik in der Zwangsvollstreckung I (Vollstreckung in das Grundvermögen), 3. Aufl 1995; *Hintzen,* Zwangsversteigerung von Immobilien, 2000; *Hintzen,* Rpfleger **07**, 642 (Üb); *Hintzen/Wolf,* Zwangsvollstreckung, Zwangsversteigerung und Zwangsverwaltung, 2006; *Hock/Mayer/Hilbert,* Immobiliarvollstrekkung, 4. Aufl 2008; *Keller,* Grundstücke in Vollstreckung usw, 1998; *Knees,* Zwangsversteigerung und Zwangsverwaltung, 5. Aufl 2007 (Bespr *Schmidberger* Rpfleger **08**, 164); *Makowski,* Die Rechtsstellung des (Zeit-)Charterers in der Schiffs-Vollstreckung usw, Diss Hbg 1989; *Mohrbutter/Drischler,* Die Zwangsversteigerungs- und Zwangsverwaltungspraxis: Bd 1 (Gang des Zwangsversteigerungsverfahrens bis einschließlich der Zuschlagserteilung) 7. Aufl 1986; Bd 2 (Verteilungsverfahren, Zwangsverwaltung usw), 7. Aufl 1990; *Ott,* Der Schutz des Schuldners ... im Zwangsversteigerungsverfahren, 1998; *Peters,* Die Immobiliarvollstreckung – eine Fundgrube für die Dogmatik der Zwangsvollstreckung, Festschrift für *Henckel* (1995) 655; *Söllner,* Der Zwangsverwalter nach dem ZVG zwischen Unternehmer und Vollstreckungsorgan, 1992; *Stadlhofer-Wissinger,* Das Gebot in der Zwangsversteigerung – eine nicht anfechtbare Prozeßhandlung, 1993; *Steiner/Riedel,* s oben bei *Eickmann pp; Stöber,* Zwangsvollstreckung in das unbewegliche Vermögen, 8. Aufl 2007 (Bespr *Hasselblatt* NJW **08**, 37); *Stöber,* Zwangsversteigerungsgesetz, 18. Aufl 2006; *Stöber,* Zwangsvollstreckung in das unbewegliche Vermögen, 8. Aufl 2007; *Storz,* Praxis der Teilungsversteigerung, 3. Aufl 2004 (Bespr *Siegfried* Rpfleger **05**, 491); *Storz/Kiderlen,* Praxis des Zwangsversteigerungsverfahrens, 4. Aufl 2008; *Storz/Kiderlen,* Praxis der Teilungsversteigerung, 4. Aufl 2008; *Teufel,* Zwangsversteigerung und Zwangsverwaltung, 4. Aufl 2005 (Bespr *Köster* Rpfleger **05**, 704); *Voßen,* Die aussichtslose Immobiliarvollstreckung, 1999; *Weinbörner,* Zwangs- und Teilungsversteigerung bei Grundbesitz, 2. Aufl 2000; *Wolff/Hennings,* Zwangsversteigerungs- und Zwangsverwaltungsrecht, 4. Aufl 2000.

Gliederung

1) Systematik. §§ 864 ff enthalten eine durch ein ganzes Sondergesetz, das ZVG, ergänzte Regelung mit einem komplizierten Nebeneinander von Beschlagnahme- und Verwertungsmöglichkeiten. Es gibt dem Gläubiger eine als stark erscheinende, in Wahrheit aber durch mancherlei Einstellungsmöglichkeiten etwa nach §§ 30 ff ZVG doch wiederum wesentlich zugunsten des Schuldners abgeschwächte Stellung. 1

2) Regelungszweck. Der Grundsatz, daß der Gläubiger auf das Gesamtvermögen des Schuldners zugreifen kann, führt zur Notwendigkeit einer Regelung der Vollstreckung auch in das unbewegliche Vermögen. Ein Leitgedanke ist die Verhinderung der Verschleuderung von großen Sachwerten nur auf Grund einer oder mehrerer noch so berechtigter Einzelvollstreckungen. Damit ist Art 20 I GG mit seinem Sozialstaatsgebot ebenso wie der im Gesamtbereich der Zwangsvollstreckung geltende Grundsatz der Verhältnismäßigkeit nach Grdz 34 vor § 704 beachtlich. Man muß beides bei der Auslegung mitbeachten. Man darf freilich auch nicht den Gläubiger durch eine allzu sozial scheinende Anwendung dieser Vollstreckungsart seinerseits am Ende in eine sozial ebenso unvertretbare Notlage aussichtsloser Vollstreckungsversuche mit oft dem hohen Wert der unbeweglichen Vermögens entsprechend hohen Kosten treiben. 2

3) Geltungsbereich. Man muß drei Gruppen von jeweils maßgebenden Vorschriften unterscheiden. 3

A. Zwangsversteigerungsgesetz. Die Zwangsvollstreckung in Liegenschaften regelt das ZVG. Die ZPO beschränkt sich auf einige allgemeine Vorschriften und die Ordnung der Zwangshypothek, § 867. Sie greift aber auch überall dann ein, wenn das ZVG keine Sondervorschriften enthält. §§ 864 ff setzen ebenso wie das ZVG die Anlegung des Grundbuchs voraus.

4 **B. Zivilprozeßordnung.** Der Regelung der §§ 864ff unterliegen folgende Fälle: Grundstücke, § 864 Rn 1, und grundstücksähnliche Berechtigungen, § 865 Rn 1, 2; im Schiffsregister eingetragene Schiffe und Schiffsbauwerke, ebenda; in die Luftfahrzeugrolle eingetragene Luftfahrzeuge, § 99 I LuftfzRG; Hochseekabel, § 24 Gesetz vom 31. 3. 25, RGBl 37; alles, was eine Hypothek, Schiffshypothek oder ein Registerpfandrecht mitumfaßt, also zB das Zubehör, getrennte Früchte, Miet- und Pachtforderungen. Soweit Liegenschaften dem Landesrecht unterstehen, ist Titel 2 unanwendbar, zB für Bahneinheiten, Art 112 EG BGB. Das folgt aus §§ 2 EG ZVG, 871 ZPO.

5 **C. Beschränkungen der Liegenschaftszwangsvollstreckung.** Solche Beschränkungen ergeben sich zB aus § 864 II und aus Sondergesetzen. S § 8 ErbbauRG. Zum Einfluß des Insolvenzverfahrens Hintzen Rpfleger **99**, 256 (Üb).

6 **4) Art der Zwangsvollstreckung.** Die Zwangsvollstreckung geschieht auf folgenden Arten.

A. Zwangshypothek. In Betracht kommt die Eintragung einer Zwangshypothek, § 867. Sie ist eine Sicherungshypothek und verwandelt sich in eine Eigentümergrundschuld, sobald der Schuldtitel oder seine Vollstreckbarkeit aufgehoben, die Zwangsvollstreckung eingestellt oder eine zugelassene Abwendungssicherheit geleistet ist, § 868.

7 **B. Zwangsverwaltung.** In Betracht kommt auch eine Zwangsverwaltung, § 869, ZVG.

8 **C. Zwangsversteigerung.** In Betracht kommt schließlich eine Zwangsversteigerung, § 869, ZVG.

864 *Gegenstand der Immobiliarvollstreckung.* **I Der Zwangsvollstreckung in das unbewegliche Vermögen unterliegen außer den Grundstücken die Berechtigungen, für welche die sich auf Grundstücke beziehenden Vorschriften gelten, die im Schiffsregister eingetragenen Schiffe und die Schiffsbauwerke, die im Schiffsbauregister eingetragen sind oder in dieses Register eingetragen werden können.**

II Die Zwangsvollstreckung in den Bruchteil eines Grundstücks, einer Berechtigung der im Absatz 1 bezeichneten Art oder eines Schiffes oder Schiffsbauwerks ist nur zulässig, wenn der Bruchteil in dem Anteil eines Miteigentümers besteht oder wenn sich der Anspruch des Gläubigers auf ein Recht gründet, mit dem der Bruchteil als solcher belastet ist.

Schrifttum: *Mansel,* Substitution im deutschen Zwangsvollstreckungsrecht, in: Festschrift für *Lorenz* (1992) 689 (711 ff); *Stieper,* Die Scheinbestandteile, § 95 BGB im System des Sachen- und Vollstreckungsrechts, 2002.

Gliederung

1 **1) Systematik, Regelungszweck, I, II.** Die Vorschrift nennt in I den Geltungsbereich der Vollstrekkung in das unbewegliche Vermögen nach Üb 2 vor § 864 und in II eine Grenze der Vollstreckbarkeit bei einem der Art nach an sich dem Zugriff unterliegenden Vermögenswert. Der in Üb 2 vor § 864 dargestellten Zielsetzung entsprechend darf man § 864 weder zugunsten noch zulasten einer Partei allzu weit oder eng auslegen.

2 **2) Grundstück, I, II.** Nach § 864 unterliegen der Zwangsvollstreckung Grundstücke. Das sind begrenzte Teile der Erdoberfläche. Ein selbständiges Grundstück ist derjenige Teil, der im Grundbuch unter einer besonderen Nummer oder auf einem besonderen Blatt eingetragen steht. Die wirtschaftliche Einheit entscheidet nicht. Eine Vereinigung oder eine Zuschreibung nach §§ 890 BGB, 5 GBO hebt die Selbständigkeit auf. Ein Grundstücksbruchteil ist kein selbständiges Grundstück.

3 **3) Wesentlicher Bestandteil eines Grundstücks, I, II.** Alle wesentlichen Bestandteile unterliegen der Liegenschaftszwangsvollstreckung. Wesentliche Bestandteile nach §§ 93, 94, 96 BGB sind:

A. Wesensveränderung. Ein Bestandteil ist dann wesentlich, wenn dessen Trennung den Bestandteil oder das Grundstück in seinem Wesen verändert, § 93 BGB.

Beispiele: Ein Gebäude, nicht allerdings eine Baracke, meist auch nicht eine Wohnlaube oder ein Gartenhaus; auf einem bebauten Grundstück in aller Regel eine Wasser-, Gas- oder Elektrizitätsanlage. Eine Maschine in einem Fabrikgebäude kann ein Bestandteil des Gebäudes sein. Dazu ist eine unmittelbare stärkere oder schwächere Verbindung erforderlich, so daß das Grundstück und die Maschine nach der Verkehrsanschauung eine einheitliche Sache, eben „die Fabrik" bilden. Die Maschine kann dann Zubehör sein, wenn sie ihre eigentümliche Selbständigkeit als eine bewegliche Sache bewahrt, BGH BB **79**, 1740. Man darf dann keinen Bestandteil oder Zubehör annehmen, wenn sich die Maschine in einem solchen Gebäude befindet, das objektiv betrachtet nicht dauernd zum Betrieb eines Gewerbes eingerichtet ist, BGH **62**, 49. Eine serienmäßige Einbauküche ist nicht stets Zubehör, § 865 Rn 6.

4 **B. Feste Verbindung.** Ein Bestandteil ist dann wesentlich, wenn er mit dem Grund und Boden fest verbunden ist, etwa der Pflanzenaufwuchs (nicht bei einer Baumschule, LG Bayreuth DGVZ **85**, 42) oder ein Gebäude.

C. Einfügung. Ein wesentlicher Bestandteil ist eine zur Herstellung des Gebäudes in das Gebäude 5
eingefügte Sache, etwa ein Fenster oder eine Badewanne.

D. Recht. Wesentlicher Bestandteil ist ein solches Recht, das mit dem Grundstück verbunden ist. Eine 6
solche Sache, die man nur zu einem vorübergehenden Zweck mit dem Grundstück verbunden oder in das Grundstück eingefügt hat, § 95 BGB, ist nicht einmal ein unwesentlicher Bestandteil. Solche Sachen und Früchte auf dem Halm sind wie bewegliche Sachen pfändbar, § 810.

4) Grundstücksähnliche Berechtigung, I, II. Auch sie unterliegt der Liegenschaftsvollstreckung. 7
Hierher zählen zB: Das Erbbaurecht, LG Köln NZM **01**, 1102; das Bergwerkseigentum, Rellermeyer Rpfleger **08**, 462 (Üb); eine landesrechtliche Jagd- und Fischereigerechtigkeit oder Kohlenabbaugerechtigkeit usw, Artt 67–69, 196 EG BGB; eine Salzabbaugerechtigkeit, Rellermeyer Rpfleger **08**, 462 (Üb). Bei einem Erbbaurecht ist das Gebäude dann ein Bestandteil des Grundstücks, wenn der Eigentümer es nach der Bestellung des Erbbaurechts errichtet hat, und dann ein Bestandteil des Erbbaurechts, wenn der Erbbauberechtigte das Gebäude errichtet hat oder wenn es im Zeitpunkt der Bestellung des Erbbaurechts bereits vorhanden war, §§ 93 BGB, 12 ErbbauRG.

5) Schiff, Luftfahrzeug, I, II. Ein im Schiffsregister eingetragenes Seeschiff oder Binnenschiff oder ein 8
im Schiffsbauregister eingetragenes Schiffsbauwerk unterliegen der Liegenschaftszwangsvollstreckung. Das gilt auch dann, wenn das Objekt noch nicht eingetragen worden war, aber bereits hätte eingetragen werden können, § 66 SchiffsregisterO. Dasselbe gilt für ein in der Luftfahrzeugrolle eingetragenes Luftfahrzeug, § 99 I LuftfzRG. Ein im Register nicht eingetragenes Schiff oder Schiffsbauwerk gilt für die Zwangsvollstreckung als eine bewegliche Sache. Wegen eines ausländischen Schiffs § 171 ZVG. Wegen eines „ausgeflaggten" Seeschiffs Drischler KTS **80**, 111. Bei einem eingetragenen Schiff ist eine Arrestpfändung zulässig, § 931. Die Zwangsvollstreckung erfolgt im übrigen durch die Eintragung einer Zwangshypothek oder durch eine Zwangsversteigerung, § 870 a, Grdz 101 vor § 704 „Schiff und Schiffsbauwerk". Wegen der Zuständigkeit des AG im Verfahren über die Zwangsversteigerung in *Baden-Württemberg* VO v 23. 2. 87, GBl 74.

6) Bruchteil, II. Er bringt keine besonderen Probleme. 9

A. Grundsatz: Pfändbarkeit nur des Erlöses. Ein Bruchteil eines Grundstücks, AG Siegen Rpfleger **88**, 249 (zustm Tröster), einer grundstücksähnlichen Berechtigung, eines eingetragenen Schiffs oder eines Schiffsbauwerks der in I bezeichneten Art ist nicht beweglich. Wegen der Pfändung einer Schiffspart vgl § 858. Bruchteile eines in die Luftfahrzeugrolle eingetragenen Luftfahrzeugs gelten ebenfalls als nicht beweglich. Denn dann ist II sinngemäß anwendbar, § 99 I LuftfzRG. Der Gläubiger kann solche Bruchteile nicht pfänden. Er kann vielmehr nur den Anspruch auf den Erlös bei einer Auseinandersetzung pfänden.

B. Voraussetzungen. Die Zwangsvollstreckung in einen Bruchteil setzt folgendes voraus. Entweder 10
besteht der Bruchteil in einem Anteil des Miteigentümers, § 1008 BGB, Ffm RR **88**, 463. Dieser Anteil muß sich aus dem Grundbuch ergeben, § 47 GBO. Man muß das Grundbuch daher evtl vorher berichtigen. Oder es besteht eine Belastung des Bruchteils als eines solchen mit einem Recht des Gläubigers, Ffm RR **88**, 463. Das kann nur dann vorliegen, wenn der jetzige Alleineigentümer im Zeitpunkt der Belastung eines Bruchteils mit dem Recht des Gläubigers nur ein Bruchteilseigentümer war.

In beiden Fällen gilt: Wenn der Alleineigentümer den Bruchteil in einer nach dem AnfG anfechtbaren 11
Weise erworben hatte, muß der Alleineigentümer die Zwangsvollstreckung so dulden, als ob der Bruchteil noch dem Veräußerer gehören würde, Ffm RR **88**, 463. Bei einer Gemeinschaft zur gesamten Hand ist eine Zwangsvollstreckung höchstens in den Anteil an der ganzen Masse zulässig, §§ 859, 860, Bärmann Rpfleger **77**, 239 (WEG). Die Zwangsvollstreckung in den Bruchteil des Alleineigentümers ist unzulässig, Kblz MDR **78**, 670. Zur Vereinigung mehrerer Anteile infolge eines Erbfalls Oldb JB **96**, 273. Zum ausländischen Güterrecht Rauscher Rpfleger **88**, 90.

865 *Verhältnis zur Mobiliarvollstreckung.*

I Die Zwangsvollstreckung in das unbewegliche Vermögen umfasst auch die Gegenstände, auf die sich bei Grundstücken und Berechtigungen die Hypothek, bei Schiffen oder Schiffsbauwerken die Schiffshypothek erstreckt.

II 1 Diese Gegenstände können, soweit sie Zubehör sind, nicht gepfändet werden. 2 Im Übrigen unterliegen sie der Zwangsvollstreckung in das bewegliche Vermögen, solange nicht ihre Beschlagnahme im Wege der Zwangsvollstreckung in das unbewegliche Vermögen erfolgt ist.

Schrifttum: *Schmidt,* Unternehmensexekution, Zubehörbegriff und Zwangsvollstreckung, Festschrift für *Gaul* (1997) 691.

Gliederung

1 **1) Systematik, I, II.** § 865 ergänzt die Vorschriften des BGB über die Grundstückshaftung. Die Bestimmung entscheidet auch in der Fahrniszwangsvollstreckung über die Eigenschaft einer Sache als beweglich oder als unbeweglich.

2 **2) Regelungszweck, I, II.** Die Vorschrift soll dem Einzelzugriff dasjenige entziehen, was bereits eine Zwangsverwaltung oder eine Zwangsversteigerung erfaßt und was rechtlich und wirtschaftlich zu deren Masse gehört. Darum muß man die Vorschrift ausdehnend dahin auslegen, daß die Liegenschaftszwangsvollstreckung diejenigen Gegenstände ergreift, die eine Hypothek oder eine Schiffshypothek erfaßt. Dabei ist es wenig ratsam, von der Begriffsbildung und Funktionsbewertung zum BGB ohne einen ganz erheblichen Grund abzuweichen, soweit überhaupt methodisch zulässig.

3 **3) Geltungsbereich, I, II.** Die Vorschrift gilt für alle Grundstücke, Begriff § 865 Rn 1. Bei einer grundstücksähnlichen Berechtigung, einem eingetragenen Schiff, einem Schiffsbauwerk nach § 864 Rn 5 und einem in die Luftfahrzeugrolle eingetragenen Luftfahrzeug nach § 99 I LuftfzRG, Rn 11 gilt dasselbe wie bei einem Grundstück. Das Landesrecht kann allerdings eine abweichende Regelung treffen. Bei einem Erbbaurecht erlischt die Haftung eines solchen Bauwerks, das im Zeitpunkt der Bestellung des Erbbaurechts bereits vorhanden war, mit der Eintragung des Erbbaurechts, § 12 ErbbauRG.

4 **4) Hypothek, I.** Man muß zahlreiche Fragen klären.

A. Vom Boden getrennte Erzeugnisse. Die Hypothek erfaßt nach §§ 1120 ff BGB die vom Boden getrennten Erzeugnisse und die sonstigen Bestandteile, soweit diese nicht mit der Trennung das Eigentum eines anderen werden, etwa des Pächters, wie es bei Früchten geschieht, AG Oldb DGVZ **88**, 79 links. Die Erzeugnisse und sonstigen Bestandteile sind frei pfändbar, wenn man sie vor dem Zeitpunkt der Beschlagnahme entweder veräußert und vom Grundstück entfernt hatte oder sie vorher veräußert hatte und wenn nachher der Erwerber sie entfernt hatte. Dann vermutet das Gesetz unwiderleglich wegen der Beschlagnahme bei § 23 II ZVG eine Bösgläubigkeit vom Zeitpunkt der Eintragung des Versteigerungsvermerks an. Die freie Pfändbarkeit liegt auch dann vor, wenn die Erzeugnisse usw in den Grenzen einer ordnungsgemäßen Wirtschaft vom Grundstück wegkamen. Das darf allerdings weder zu einem bloß vorübergehenden Zweck noch im Rahmen einer wirtschaftlich notwendigen Betriebseinstellung geschehen sein, LG Darmst KTS **77**, 125 (Zubehör). Diese Regel gilt auch bei einer Entfernung auf Grund einer Pfändung, §§ 1121 ff BGB. Wenn die Hypothek infolge eines Zuschlags nach § 91 I ZVG erlischt, geht das Hypothekenrecht nicht an denjenigen Früchten unter, die von der Zwangsversteigerung ausgeschlossen sind.

5 **B. Zubehör.** Die Hypothek erfaßt auch das Zubehör außer solchem, das nicht in das Eigentum des Grundstückseigentümers gelangt ist, § 1120 BGB. Es ist unerheblich, ob das Zubehör vor oder nach dem Zeitpunkt der Hypothekenbestellung entstanden ist. Zum Begriff des Zubehörs §§ 97 ff BGB. Das Zubehör muß dem wirtschaftlichen Zweck der Hauptsache dienen, BGH BB **79**, 1740. Es ist nicht erforderlich, daß sich dieser Zweck erreichen ließ oder daß das Zubehör dem Zweck auch wirklich zu dienen geeignet ist. Ebensowenig ist es erforderlich, daß das Zubehör für die Hauptsache unentbehrlich ist, LG Bln DGVZ **77**, 156. Grundsätzlich kann nur eine bewegliche Sache Zubehör sein, BGH BB **79**, 1740. Das Zubehör muß in einer solchen räumlichen Beziehung zu der Hauptsache stehen, die der Zweckbindung entspricht, BGH BB **79**, 1740. Eine bloß vorübergehende Trennung ist unschädlich. Man muß eine anderweitige Verkehrsanschauung beachten. Zum Scheinbestandteil DGVZ **85**, 161 (Üb).

6 **C. Beispiele zur Frage von Zubehör**

Anwartschaftsrecht: Es ist Zubehör, PalBass § 1120 BGB Rn 8.

Ausstellungsstück: Es ist *kein* Zubehör zB eines Möbelgeschäfts, AG Viechtach DGVZ **89**, 30.

Bau: Er kann, wenn nur für die Mietzeit errichtet, nach § 808 behandelbar sein, AG Pirna DGVZ **99**, 63.

Baumaterial: Es ist auf dem Baugrundstück dessen Zubehör.

Bügelmaschine: Sie ist Zubehör zB einer Bäckerei und Konditorei, AG Elmshorn DGVZ **85**, 191.

Büroausstattung: Sie ist Zubehör, LG Mannh MDR **77**, 49.

Einbauküche, dazu *Holch* DGVZ **98**, 65 (Üb): Sie ist evtl Zubehör, BGH RR **90**, 586 (regionale Unterschiede!?), Nürnb MDR **02**, 815, LG Lüneb DGVZ **80**, 95, aM Düss RR **94**, 1039 (zustm Jaeger NJW **95**, 432), LG Kref DGVZ **04**, 2409.

S auch § 620 Rn 22.

Entschädigungsanspruch: Ein solcher nach dem BBergG kann Zubehör sein, LG Saarbr Rpfleger **98**, 552.

Erdtank: Er kann Zubehör sein, wenn er zB das Eigentum des Lieferanten bleiben soll, LG Gießen RR **99**, 1538.

Fertighaus: Ein demontierbares Fertighaus ist Zubehör, LG Bochum DGVZ **88**, 156. Etwas anderes gilt bei einem festen Fundament, BGH **104**, 303. Zur Problematik Gaul NJW **89**, 2509.

S auch „Wochenendhaus".

Fuhrpark: Er ist *kein* Zubehör zB eines Transportunternehmens, BGH Rpfleger **83**, 167.

Gastank: S „Erdtank".

Glocke: Sie ist nebst ihrem Läutewerk Zubehör eines Kapellengebäudes, BGH MDR **85**, 131 (im Ergebnis zustm Gerhardt JR **85**, 103).

Heizöl: Im Haustank ist es Zubehör, AG Saarlouis DGVZ **99**, 187.

Huhn: Es ist *kein* Zubehör zB einer Geflügelfarm.

Inventar: Es ist Zubehör, zB bei einer Apotheke oder bei einem Gasthof, aM LG Kiel Rpfleger **83**, 167.

Maschine: § 804 Rn 4.

Mastvieh: Es ist beim Landgut nach § 98 Z 2 BGB solange Zubehör, wie es ein verständiger Landwirt weiter füttert, AG Itzehoe DGVZ **93**, 61.

Öltank: S „Erdtank".

Rohrnetz: Es ist *kein* Zubehör zB einer Gasanstalt.

Rohstoff: Er ist *kein* Zubehör zB einer Fabrik.

Satellitenantenne: Die fest installierte ist Zubehör eines Wohngrundstücks, LG Nürnb-Fürth DGVZ **96**, 123.

Sauna: Eine fest installierte kann Zubehör sein, AG Aschaffenb DGVZ **98**, 158. Sie kann aber auch pfändbar sein, Kblz JB **04**, 506, LG Lübek JB **04**, 505, Schmidt JB **04**, 468.

S aber auch „Schwimmbecken".

Schwimmbecken: Es ist nebst Heiz- und Filteranlage Zubehör zB in einem Saunaclub, AG Betzdorf DGVZ **89**, 189.

S aber auch „Sauna".

Waschmaschine, Wäschetrockner: Sie sind Zubehör zB einer Bäckerei und Konditorei, AG Elmshorn DGVZ **85**, 191.

Wasserenthärtungsanlage: § 811 Rn 17.

Wochenendhaus: Wegen eines solchen Hauses auf einem Pachtgrundstück LG Hagen DGVZ **78**, 12.

S auch „Fertighaus".

Ziegeleiwaren: Sie sind *kein* Zubehör einer Ziegelei.

Zuchthengst: Er ist auf dem Reiterhof dessen Zubehör, AG Oldb DGVZ **80**, 93 rechte Spalte.

D. Haftungsbefreiung des Zubehörs. Zubehör wird haftfrei nach denselben Regeln wie bei Erzeugnissen nach Rn 4 und außerdem dann, wenn das Zubehör nach einer ordnungsgemäßen Wirtschaft die Eigenschaft als Zubehör verliert, § 1122 II BGB. Es wird also nicht schon dann haftfrei, wenn eine Betriebseinstellung wirtschaftlich notwendig ist, LG Darmst KTS **77**, 125. Wenn ein Gerichtsvollzieher die Sache im Zug einer objektiv unberechtigten Pfändung von dem Grundstück entfernt, erlischt die Zubehöreigenschaft auflösend bedingt durch eine Aufhebung dieser Pfändung, Grdz 58 vor § 704. Eine Entfernung durch den Gerichtsvollzieher ist regelmäßig keine bloß vorübergehende Entfernung nach § 1122 BGB. Etwas anderes gilt dann, wenn man nachweislich mit einer baldigen Einlösung rechnen kann. 7

E. Miete und Pacht, § 1123 BGB. Sie wird in den folgenden Fällen frei. 8

Ein Jahr *nach der Fälligkeit,* wenn nicht ein Hypothekengläubiger sie vorher beschlagnahmt hat, sei es durch eine Pfändung auf Grund eines dinglichen Vollstreckungstitels, sei es in einer Zwangsverwaltung, §§ 21, 148 ZVG. Wenn die Miete oder Pacht im voraus zahlbar ist, wirkt die Befreiung nur für den jeweils laufenden Kalendermonat, bei einer Beschlagnahme nach dem 15. des Monats auch für den folgenden Kalendermonat, § 1123 II 2 BGB. Wenn jemand über sie vor der Beschlagnahme verfügt hat, etwa infolge einer Einziehung, einer Abtretung, einer Pfändung oder eines Erlasses, gilt dieselbe Beschränkung wie bei § 1124 BGB.

Bei einer *mehrfachen* Pfändung entscheidet der Rang. Daher geht eine spätere Pfändung des vorstehenden Hypothekengläubigers der früheren Pfändung des nachstehenden Hypothekengläubigers vor, soweit nicht die Befreiung wirkt. Die Pfändung eines persönlichen Gläubigers bewirkt ein Freiwerden nur für die Zeit der Befreiung. Diese Pfändung wirkt dann dem Zeitvorrang nach. Die Bestellung des Nießbrauchs ist keine Verfügung über die Miete. Deshalb geht eine spätere Pfändung für den rangbesseren Hypothekengläubiger der Bestellung eines Nießbrauchs für die Zeit der Befreiung vor.

F. Recht auf eine wiederkehrende Leistung. Ein mit dem Eigentum an dem Grundstück nach § 1126 BGB verbundenes Recht, zB eine Reallast, erhält im wesentlichen dieselbe Behandlung wie eine Miete oder Pacht, §§ 1126 BGB, 21, 148 ZVG. 9

G. Versicherungsforderung. Die Hypothek erfaßt sie mit, §§ 1127–1129 BGB. Gemeint ist ein Anspruch aus einem Versicherungsvertrag gegenüber dem Versicherer über einen der Hypothek unterworfenen Gegenstand. Über eine entsprechende Behandlung des Entschädigungsanspruchs wegen einer Enteignung Art 52 f EG BGB. 10

5) Sonderfälle, I, II. Es gibt zwei Fallgruppen. 11

A. Schiffshypothek. Die Schiffshypothek erfaßt nach §§ 31 ff SchiffsG das Zubehör des Schiffs außer denjenigen Stücken, die nicht im Eigentum des Schiffseigentümers stehen. Die Schiffshypothek umfaßt ferner die Versicherungsforderung, wenn der Eigentümer oder ein anderer für ihn das Schiff versichert haben. Das Zubehör wird frei bei der Aufhebung der Zubehöreigenschaft nach einer ordnungsmäßigen Wirtschaft oder mit der Entfernung vom Schiff vor dem Zeitpunkt der Beschlagnahme, § 31 II SchiffsG.

B. Luftfahrzeug. Das Registerpfandrecht an einem Luftfahrzeug erfaßt auch das Zubehör, ferner die Versicherungsforderung, §§ 31, 32 LuftfzRG, nicht aber das Ersatzteillager, § 99 I LuftfzRG in Verbindung mit § 71. 12

6) Zwangsvollstreckung, II. Zubehör ist schlechthin unpfändbar. Das gilt, soweit das Zubehör der Hypothekenhaftung unterliegt, Rn 4. Auch dann darf der Insolvenzverwalter das Zubehör nicht gesondert verwerten. Eine trotzdem vorgenommene Pfändung ist unwirksam. Sie kann auch nicht heilen, und zwar auch nicht dadurch, daß man das Grundstück ohne das Zubehör verkauft. Im übrigen ist die Fahrniszwangsvollstreckung bis zur Beschlagnahme der Liegenschaftszwangsvollstreckung für einen persönlichen und für einen dinglichen Gläubiger statthaft. Das Vieh ist nach den Regeln der Fahrniszwangsvollstreckung pfändbar, wenn es zum Verkauf und nicht zur Nahrungsmittel- oder Düngerverwertung dient. 13

Die *Beschlagnahme ergreift* bei einer Zwangsverwaltung alle Sachen und Rechte der Rn 1, 2. Bei einer Zwangsversteigerung ergreift die Beschlagnahme nicht die bereits getrennten Erzeugnisse und ferner nicht die Miet- und Pachtzinsen, die Versicherungsforderungen und die wiederkehrenden Leistungen, §§ 21, 148 ZVG. Als eine Beschlagnahme gilt auch die Pfändung auf Grund eines dinglichen Vollstreckungstitels für den Hypothekengläubiger. Die Pfändung ist nach dem Zeitpunkt der Beschlagnahme unzulässig. Eine spätere Beschlagnahme berührt die Wirksamkeit der früheren Pfändung nicht. Sie nötigt aber zu einer Anmeldung, § 37 ZVG.

Ein *dinglicher Gläubiger* kann auf Grund seines dinglichen Titels wie ein persönlicher Gläubiger pfänden. Er kann auch sein besseres Recht nach § 805 geltend machen. Wenn er bereits gepfändet hat, kann er sein besseres Recht auch im Verteilungsverfahren geltend machen. Gegenüber der Pfändung der Miete und Pacht kann es sich empfehlen, daß der Hypothekengläubiger einen Antrag auf die Anordnung der Zwangsverwaltung stellt. Köln Rpfleger **74**, 273 hält die Pfändung der Miete aus einer Heimstätte zugunsten des persönlichen Gläubigers für unzulässig.

14 **7) Rechtsbehelfe, I, II.** Eine unzulässige Pfändung ist auflösend bedingt wirksam, Grdz 56, 58 vor § 704. Die Durchführung einer solchen Pfändung ohne eine Anhörung kann dem Benachteiligten aber die Erinnerung nach § 766 geben, AG Viechtach DGVZ **89**, 29. Sie kann außerdem einen Anspruch aus einer ungerechtfertigten Bereicherung oder einen Ersatzanspruch geben, Gaul NJW **89**, 2515. Der Schuldner (Eigentümer), der dingliche Gläubiger, der Zwangsverwalter können die Unzulässigkeit der Pfändung durch die Erinnerung nach § 766 geltend machen. Die Praxis eröffnet dem dinglichen Gläubiger außerdem den Weg einer Widerspruchsklage nach § 771. Diese Lösung läßt sich aber nicht rechtfertigen. Denn der dingliche Gläubiger hat kein solches Recht, das die Veräußerung hindern könnte.

866 *Arten der Vollstreckung.* **I Die Zwangsvollstreckung in ein Grundstück erfolgt durch Eintragung einer Sicherungshypothek für die Forderung, durch Zwangsversteigerung und durch Zwangsverwaltung.**

II Der Gläubiger kann verlangen, dass eine dieser Maßregeln allein oder neben den übrigen ausgeführt werde.

III 1 Eine Sicherungshypothek (Absatz 1) darf nur für einen Betrag von mehr als 750 Euro eingetragen werden; Zinsen bleiben dabei unberücksichtigt, soweit sie als Nebenforderung geltend gemacht sind. 2 Auf Grund mehrerer demselben Gläubiger zustehender Schuldtitel kann eine einheitliche Sicherungshypothek eingetragen werden.

1 **1) Systematik, I–III.** § 866 wird ergänzt durch §§ 867 ff, beim Schiff eingeschränkt durch § 870 a. § 866 läßt dem Gläubiger eines persönlichen oder eines dinglichen Vollstreckungstitels in einer Abwägung der in Üb 1 vor § 864 genannten Erwägungen die Wahl nur zwischen den folgenden Wegen, Saarbr Rpfleger **93**, 81. Er kann eine Zwangsversteigerung betreiben, § 869. Ihr Erlös befriedigt ihn. Er kann auch die Zwangsverwaltung betreiben, § 869. Sie befriedigt ihn aus ihren Erträgnissen. Er kann schließlich eine Sicherungshypothek als Zwangshypothek eintragen lassen, § 867. Sie gibt dem Gläubiger nur eine Sicherung und wahrt ihm seinen Rang.

2 **2) Regelungszweck, I–III.** Ein Grundstück läßt sich nach *I* auf verschiedene Arten auswerten. Von ihnen lassen zwei Arten die Eigentümerstellung bestehen. Nach dem Grundsatz der Zugriffsmöglichkeit auf das gesamte Schuldnervermögen kommt jede dieser drei Arten auch zwangsweise infrage. Das stellt *II* zugunsten des Gläubigers sicher. Das kann für ihn vorteilhaft sein. Denn schon die Zwangshypothek wahrt dem Gläubiger den Rang für den Fall, daß das Gericht das Zwangsversteigerungsverfahren aufhebt. Um die Zwangsversteigerung mit dem Rang der Hypothek zu betreiben, braucht der Gläubiger allerdings keinen besonderen Duldungstitel mehr, § 867 III. *III* dient der Beachtung des Verhältnismäßigkeitsgebots nach Grdz 34 vor § 704 und der Vereinfachung, also der Prozeßwirtschaftlichkeit, Grdz 14 vor § 128. Diesen unterschiedlichen Zwecken sollte die Auslegung der Teile der Vorschrift entsprechen.

3 **3) Geltungsbereich; Wahlrecht, I, II.** Der Gläubiger darf zwei, auch alle drei Maßnahmen miteinander verbinden. Gläubiger kann auch eine BGB-Gesellschaft sein, KG Rpfleger **08**, 476. Wenn der Justizfiskus wegen rückständiger Kosten aus einer Sicherungshypothek die Zwangsversteigerung betreibt, muß er nach § 7 JBeitrO, Hartmann Teil IX A, nur einen Antrag stellen, Ffm JB **98**, 49. Eine Zwangshypothek ist auch dann zulässig, wenn der Vollstreckungstitel auf eine Hinterlegung lautet.

4 Der Gläubiger kann auf Grund eines nach § 890 festgesetzten *Ordnungsgelds* keine Liegenschaftszwangsvollstreckung betreiben. Denn das Ordnungsgeld gehört nicht dem Gläubiger, sondern der Staatskasse. In einer Steuersache des Bundes ist die Möglichkeit einer Zwangsvollstreckung in eine Kleinsiedlung beschränkt, § 372 III AO, aber nicht durch den Grundsatz der Verhältnismäßigkeit, Grdz 34 vor § 704. Denn das ZVG und die ZPO allerdings auch mit § 765 a gehen diesem Grundsatz vor. Eine landesrechtliche Abweichung von § 866 ist im Rahmen der Art 64 ff, 197 EG BGB zulässig. Über die Folgen eines Verstoßes § 865 Rn 13. Nach einem Verstoß gegen § 765 kann eine rückwirkende Heilung eintreten, § 879 II BGB.

5 **4) Mindestbetrag der Zwangshypothek, III.** Er ist nicht ganz genug. Das dient der Prozeßwirtschaftlichkeit, Grdz 14 vor § 128.

A. Grundsatz: Mindestens 750 EUR. Die Eintragung einer Zwangshypothek ist nur für einen Betrag von mehr als 750 EUR zulässig, BayObLG Rpfleger **82**, 466. Die Vorschrift soll nicht etwa den Schuldner schützen. Sie soll nur das Grundbuch von verwirrenden kleinen Eintragungen freihalten, LG Ellwangen BadWüNotZ **88**, 68, LG Stgt KTS **82**, 500. Bei der Berechnung der Mindestsumme bleiben Zinsen dann unberücksichtigt, wenn sie der Gläubiger als eine Nebenforderung geltend gemacht hat, § 4 Rn 10, 15, Schlesw Rpfleger **82**, 301 (zustm Hellwig). Zinsen neben einer Hauptforderung von über 750 EUR sind also immer eintragungsfähig, BayObLG Rpfleger **82**, 466. Ohne eine solche Hauptforderung sind Zinsen dann eintragungsfähig, wenn der Gläubiger sie für einen bestimmten Zeitraum kapitalisiert geltend macht und wenn dieser Betrag allein bereits mehr als 750 EUR ausmacht, LG Bonn Rpfleger **82**, 75. Kosten darf und muß man hinzurechnen, BayObLG Rpfleger **82**, 466.

Wenn das Grundbuchamt versehentlich nur einen *Teil* eingetragen oder pflichtwidrig statt einer Zwischenverfügung zurückgewiesen hat, muß man auch einen Rest unter 750 EUR eintragen, LG Ellwangen BadWüNotZ **88**, 68 (zustm Böhringer). Die Wertgrenze gilt auch für eine Arresthypothek. Sie gilt ferner für eine Steuerhypothek und für eine auf Grund eines öffentlichrechtlichen Vollstreckungstitels eingetragene Zwangshypothek. Wegen § 867 II dort Rn 16.

6 **B. Ausnahmen.** Die Wertgrenze nach Rn 5 gilt in folgenden Lagen nicht: Bei einer bewilligten Sicherungshypothek, wie der Bauhandwerkerhypothek des § 648 BGB; bei einer Sicherungshypothek aus

§ 848; bei einer solchen Sicherungshypothek, die das Grundbuchamt auf Grund einer einstweiligen Verfügung eingetragen hat, wenn die einstweilige Verfügung nicht auf eine Geldzahlung lautet.

C. Mehrere Schuldtitel. Der Gläubiger darf mehrere zu seinen Gunsten ergangene Vollstreckungstitel 7
zusammenrechnen. Es genügt also, daß ihre Hauptforderungen und Kosten zusammen 750 EUR übersteigen. Das reicht aber nur dann aus, wenn der Gläubiger einen einheitlichen Antrag stellt. Der Gläubiger muß die Zusammenrechnung selbst vornehmen.

867 *Zwangshypothek.* **I [1] Die Sicherungshypothek wird auf Antrag des Gläubigers in das Grundbuch eingetragen; die Eintragung ist auf dem vollstreckbaren Titel zu vermerken. [2] Mit der Eintragung entsteht die Hypothek. [3] Das Grundstück haftet auch für die dem Schuldner zur Last fallenden Kosten der Eintragung.**

II [1] Sollen mehrere Grundstücke des Schuldners mit der Hypothek belastet werden, so ist der Betrag der Forderung auf die einzelnen Grundstücke zu verteilen. [2] Die Größe der Teile bestimmt der Gläubiger; für die Teile gilt § 866 Abs. 3 Satz 1 entsprechend.

III Zur Befriedigung aus dem Grundstück durch Zwangsversteigerung genügt der vollstreckbare Titel, auf dem die Eintragung vermerkt ist.

Schrifttum: *Balser/Bögner/Ludwig,* Vollstreckung im Grundbuch, 8. Aufl 1987; *Haarmeyer/Wutzke/Förster/Hintzen,* Handbuch zur Zwangsverwaltung usw, 3. Aufl 2004; *Habermeier,* Die Zwangshypotheken der Zivilprozeßordnung, 1989; *Haselbach,* Die prozessuale Verteidigung gegen die Sicherungsgrundschuld, Diss Bielef 1984; *Hintzen,* Pfändung und Vollstreckung im Grundbuch, 2. Aufl 2003.

Gliederung

1) Systematik, I–III. Von den drei in § 866 dem Gläubiger zur Wahl gestellten Arten der Vollstreckung 1
in das unbewegliche Vermögen regelt § 867, ergänzt durch § 868, den einen, nämlich die Eintragung einer Sicherungshypothek. § 867 verstößt nicht gegen Art 14 I GG, Ffm JB **98**, 49.

2) Regelungszweck, I–III. Durch die Eintragung einer Sicherungshypothek ist der Gläubiger freilich 2
noch nicht am Vollstreckungsziel der Befriedigung. Er erhält nur ein dingliches Grundpfandrecht mit einem oft nur zweifelhaften Rang. Aus ihm muß er dann in einem weiteren Schritt bis zur Befriedigung vorgehen, Rn 3, 17, 23. Damit erweist sich diese Wahl als ein mühsamer und oft im Ergebnis für den Gläubiger trotz § 788 kostspieliger unsicherer Weg, solange nicht der Druck der Zwangshypothek den Schuldner zur Zahlung veranlaßt. Das sollte man bei der Auslegung mitbeachten.

3) Eintragung: Doppelnatur, I. Die Eintragung der Zwangshypothek hat eine rechtliche Doppelnatur, 3
Saarbr Rpfleger **03**, 416, LG Neubrdb MDR **95**, 526, LG Wuppert Rpfleger **88**, 153.

A. Vollstreckungsmaßnahme. Die Eintragung ist zum einen eine Vollstreckungsmaßnahme. Das ergibt sich eindeutig aus § 866 I, BGH **148**, 394, BayObLG Rpfleger **95**, 107 (zu § 720 a), Köln Rpfleger **90**, 65. Deshalb müssen alle förmlichen Voraussetzungen der Zwangsvollstreckung vorliegen, Grdz 14 vor § 704, BayObLG FGPrax **05**, 58, Hamm Rpfleger **05**, 532. Es muß also ein vollstreckbarer Zahlungstitel nach Grdz 15 vor § 704 in einer vollstreckbaren Ausfertigung vorhanden sein, BayObLG FGPrax **05**, 58, LG Hbg Rpfleger **03**, 309, Alff Rpfleger **03**, 285 (je: ein etwaiger Duldungstitel ist ebenfalls nötig, genügt aber nicht allein). Ferner müssen die Voraussetzungen des Beginns der Zwangsvollstreckung nach § 750 vorliegen, Grdz 51 vor § 704, BayObLG FGPrax **05**, 58. Es darf kein Vollstreckungshindernis vorhanden sein, Grdz 32 vor § 704, wie die Eröffnung des Insolvenzverfahrens es darstellen würde. Eine Eintragung ist nur wegen eines fälligen Betrags möglich, etwa bei einer Rente. Andernfalls ist nur eine Arresthypothek zulässig, also eine Höchstbetragshypothek.

B. Bloße Sicherung. Die Zwangshypothek ist nur eine Sicherungsmaßnahme, ähnlich wie eine Arres- 4
thypothek. Sie zielt auf eine Fortführung der Vollstreckung durch eine Zwangsverwaltung oder meist durch eine Zwangsversteigerung nach III, Rn 18. Es hindert auch eine aufschiebende Einrede des Erben nach § 782 die Eintragung nicht. Künftige Zinsen als eine Nebenforderung sind eintragungsfähig. Wenn der Schuldner nach § 756 nur Zug um Zug leisten muß, ist § 765 anwendbar, Celle Rpfleger **90**, 113 (krit Münzberg Rpfleger **90**, 253), LG Wuppert Rpfleger **88**, 153.

C. Vollstreckungsgrenzen. Die Einstellung der Zwangsvollstreckung usw nach §§ 769, 775, 781, 785 5
führt dazu, daß das Grundbuchamt keine Zwangshypothek mehr eintragen darf, Ffm JB **97**, 664. Hatte es sie bereits vorher eingetragen, ist § 868 II anwendbar. Das Grundstück muß zu derjenigen Vermögensmasse

gehören, in die der Gläubiger vollstrecken darf. Zugunsten eines nicht rechtsfähigen Vereins ist keine Eintragung statthaft. Die Zwangsvollstreckung auf Grund eines Anspruchs einer Berufsgenossenschaft setzt eine vollstreckbare Ausfertigung des Auszugs aus der Heberolle voraus. Man darf die Zulässigkeit des Vollstrekkungstitels und der Vollstreckungsklausel in diesem Verfahrensstadium nicht nachprüfen.

6 **D. Maßnahme der freiwilligen Gerichtsbarkeit.** Die Eintragung ist außerdem eine Maßnahme der freiwilligen Gerichtsbarkeit, BayObLG JB **98**, 381. Denn die Eintragung kann nur nach den förmlichen Vorschriften des Grundbuchrechts geschehen, BGH **148**, 394, Köln Rpfleger **90**, 65, LG Bonn MDR **95**, 747. Deshalb muß der Schuldner als der Eigentümer im Grundbuch stehen, BayObLG Rpfleger **82**, 466, oder er muß nach § 40 GBO der Erbe des eingetragenen Eigentümers sein. Andernfalls muß der Gläubiger zunächst eine Berichtigung nach § 14 GBO herbeiführen, sofern nicht das Grundbuchamt die Berichtigung nach § 82 GBO von Amts wegen veranlaßt. Der Gläubiger muß notfalls einen Erbschein usw nach § 792 erwirken. Im schlimmsten Fall kann der Gläubiger den Anspruch des Schuldners auf eine Berichtigung des Grundbuchs pfänden und sich überweisen lassen. Der Vollstreckungstitel ersetzt die Eintragungsbewilligung. Bei der Zwangsvollstreckung in ein Erbbaurecht nach Rn 8 ersetzt erst die Pfändung und Überweisung des Anspruchs des Erbbauberechtigten gegen den Eigentümer dessen Zustimmung, Hamm MDR **93**, 686.

7 **E. Eintragungsantrag,** dazu *App* JB **03**, 452 (Üb): Stets muß der Gläubiger den Antrag auf die Eintragung der Zwangshypothek stellen, BayObLG Rpfleger **82**, 467, Hintzen Rpfleger **91**, 287. Gläubiger ist hier der Titelinhaber nach § 750, BayObLG **04**, 386.

8 **F. Beispiele zur Frage eines Eintragungsantrags**

Antragsrücknahme: Sie braucht die in § 29 S 1 GBO vorgeschriebene Form, Düss Rpfleger **00**, 62, Hamm Rpfleger **85**, 231.

Befreiung von Verbindlichkeit: Hier mag der Gläubiger auch zB seine Bank als Empfängerin eintragen lassen müssen, Drsd Rpfleger **98**, 158.

Beglaubigung: Eine öffentliche Beglaubigung ist nicht erforderlich, § 30 GBO. Das gilt auch dann, wenn der Gläubiger die Eintragung der Zwangshypothek nur wegen eines Teilbetrags verlangt oder wenn man den Betrag der Forderung nach II verteilen muß.

Bezugnahme: Der Eigentümer darf auf den Schuldtitel Bezug nehmen.

BGB-Gesellschaft: Sie ist trotz ihrer Rechtsfähigkeit nach BGH **146**, 341 doch nicht als Gläubigerin grundbuchfähig, LG Bln Rpfleger **04**, 283.

Dritter: Lautet der Titel auf einen Dritten, muß das Grundbuchamt auch ihn eintragen, BayObLG **04**, 386, LG Darmst Rpfleger **07**, 659 (Insolvenzverwalter).

Insolvenzverwalter: S „Dritter".

Kosten: Gebühren: Des Gerichts nach der KostO, nicht nach dem GKG, Rn 13, Köln Rpfleger **90**, 65 (Kostenfreiheit bei § 64 II 1 SGB X) und auch nicht nach dem ja nur in einer Familiensache geltenden FamGKG; und auch nicht nach dem ja nur in einer Familiensache geltenden FamGKG; des Anwalts VV 3311, 3312.

Prozeßstandschaft: Wer in einer Prozeßstandschaft nach Grdz 26 vor § 50 einen Titel erwirkt hat, kann die Eintragung auf seinen Namen fordern, LG Bochum Rpfleger **85**, 438.

Prozeßvollmacht: Sie ermächtigt zum Eintragungsantrag, § 81. Eine Beglaubigung ist nicht erforderlich. Da die Eintragung zugleich auch eine Maßnahme der freiwilligen Gerichtsbarkeit ist, muß der Antragsteller seine Vollmacht nachweisen.

Schuldner: Er ist *nicht* antragsberechtigt.

Vollstreckungsgericht: Es ist *nicht* antragsberechtigt, aM Düss Rpfleger **89**, 339 (ZVG).

Wechsel: Wenn die Zwangsvollstreckung auf Grund eines Wechsels oder eines sonstigen indossablen Papiers erfolgt, muß der Antragsteller das Papier vorlegen, §§ 726, 756, 765, § 43 GBO, soweit der Gläubiger wegen der durch das Wechselurteil selbst Titulierten Forderung vollstreckt, Ffm DGVZ **81**, 85 (bei der Zwangsvollstreckung aus einem Kostenfestsetzungsbeschluß auf Grund eines Wechselurteils ist die Wechselvorlage unnötig).

Wohnungseigentum: Bei einer WEG als Gläubigerin kann die Lage und Hausnummer reichen, LG Bre Rpfleger **07**, 316.

Zinsen: Man muß sie als Nebenleistungen angeben.

Zwangsgeld: Bei einer Zwangssicherungshypothek für ein Zwangsgeld nach § 888 muß das Grundbuchamt den Kläger als Gläubiger, die Gerichtskasse als Zahlungsempfänger eintragen, BayObLG Rpfleger **85**, 102, AG Hbg Rpfleger **82**, 32.

9 **G. Prüfung beim Grundbuchamt.** Das Grundbuchamt muß grundsätzlich eine Reihe von Prüfungen vornehmen, BFH BStBl **90** II 44, Hamm Rpfleger **85**, 231, Köln Rpfleger **90**, 65. Zunächst muß das Grundbuchamt klären: Liegen die *förmlichen* Voraussetzungen der Zwangsvollstreckung vor?, Grdz 12 vor § 704, Ffm NZM **04**, 503, Jena FGPrax **02**, 100, Saarbr Rpfleger **03**, 416. Der Schuldner muß schon und noch als der Eigentümer eingetragen sein, BGH FamRZ **07**, 1093.

10 Das Grundbuchamt muß ferner prüfen: Liegen die *grundbuchmäßigen* Voraussetzungen der Eintragung vor?, Rn 3, BGH NJW **01**, 3628, Ffm NZM **04**, 503, Saarbr Rpfleger **03**, 416 (je: Bestimmtheitserfordernis).

11 **H. Beispiele zur Frage einer Prüfung beim Grundbuchamt**

BauGB: Eine Genehmigung nach dem BauGB ist nicht erforderlich, AG Eschweiler Rpfleger **78**, 187.

Erbbaurecht: Beim Eigentümererbbaurecht ist ein in der Form des § 29 GBO notwendiger Nachweis einer Zustimmung des Eigentümers oder deren Ersetzung nach § 7 III ErbbauRG erforderlich, Hamm DB **85**, 1376. Bei einem Erbbaurecht ist evtl die Zustimmung des Grundeigentümers zur Eintragung der Sicherungshypothek erforderlich, BayObLG Rpfleger **96**, 447.

Fälligkeit: Rn 14 „Verfallklausel".

Fassung der Eintragung: Sie richtet sich nach dem Grundbuchrecht, BayObLG Rpfleger **88**, 310 (auch zum Namen).

Finanzamt: Das Finanzamt braucht bei einem Steuerrückstand wegen § 322 III 2, 3 AO den vollstreckbaren Titel und den Zustellungsnachweis nicht vorzulegen, BFH BStBl **90** II 45.

Gläubiger: Als den Gläubiger trägt das Grundbuchamt den Vollstreckungsgläubiger ein, BayObLG RR **05**, 665. 12

Grundstückswert: Keine Prüfung erfolgt zum Grundstückswert, schon gar nicht bei einer Anschlußpfändung nach § 826, LG Marbg Rpfleger **84,** 406. Eine Ausnahme gilt allenfalls zwecks Klärung des Kostenwerts.

Prozeßstandschaft: Rn 13 „Sachlichrechtlicher Anspruch".

Rang: Der Rang richtet sich nach dem Zeitpunkt des Eingangs des Antrags beim Grundbuchamt. Das gilt auch dann, wenn die Eintragung fehlerhaft war und der Fehler erst nachträglich heilt, Schlesw RR **88**, 700 (Zustellung der Vollstreckungsklausel bei § 720 a), aM LG Mainz Rpfleger **91**, 302 (ein Vollstrekkungshindernis sei rangstörend). Erst die Eintragung begründet aber das Recht am Grundstück. Der Antrag gibt kein Recht auf die Eintragung für den Fall einer späteren Verfügungsbeschränkung. § 878 BGB betrifft nur rechtsgeschäftliche Eintragungen, aM Wacke ZZP **82**, 395 (aber das ist eine rein sachlichrechtliche Vorschrift). 13

SachenRBerG: Bei § 78 SachenRBerG ist die Eintragung einer Zwangshypothek weder allein am Grundstück noch allein am Gebäudeeigentum noch an beidem zulässig, LG Chemnitz Rpfleger **95**, 456.

Sachlichrechtlicher Anspruch: Keine Prüfung erfolgt dazu, ob der Anspruch sachlichrechtlich besteht, BGH **148**, 395, Ffm NZM **04**, 503, Köln Rpfleger **91**, 149. Das gilt auch bei einer Prozeßstandschaft, Grdz 26 vor § 50, BGH NJW **01**, 3628, KG Rpfleger **01**, 341, LG Konst Rpfleger **01**, 345, aM Celle Rpfleger **86**, 484, Köln Rpfleger **88**, 526, LG Ffm Rpfleger **93**, 238 (aber das Grundbuchamt kann nicht wie ein Prozeßgericht arbeiten. Es braucht eine formelle alsbaldige Klarheit).

S auch „Verwaltungszwangsverfahren".

Verfallklausel: Keine Prüfung erfolgt dazu, ob eine Verfallklausel vorhanden ist und ob ihre Voraussetzungen vorliegen, ob zB der gesamte Restbetrag infolge des Verzugs mit einer Rate fällig geworden ist. Denn diese Prüfung erfolgt bereits im Verfahren zur Erteilung der Vollstreckungsklausel, § 726 I. Dort konnte der Schuldner seine etwaigen Einwendungen wegen des Nichtvorliegens des Verfalls nach § 732 vorbringen.

Verwaltungszwangsverfahren: Soweit in ihm ein Antrag oder ein Ersuchen der Behörde an die Stelle des Schuldtitels tritt, darf das Grundbuchamt nicht prüfen, ob der Schuldner auch sachlichrechtlich zu der Leistung verpflichtet ist, BayObLG Rpfleger **82**, 99.

Vormerkung: Ihre Eintragung ist unstatthaft. Denn der Gläubiger hat keinen privatrechtlichen Anspruch auf die Eintragung einer Vormerkung.

Zwangshypothek: Die Eintragung soll die Natur der Hypothek als einer *Zwangshypothek* kenntlich machen. Wenn ein solcher Hinweis aber fehlt, ist die Eintragung trotzdem nicht schon deshalb ungültig. Die Zwangshypothek unterscheidet sich von einer vertraglichen Sicherungshypothek, LG Mü Rpfleger **89**, 96. Denn die Zwangshypothek haftet ohne weiteres für die Kosten der Zwangsvollstreckung mit, § 788, LG Köln NZM **01**, 1102, und sie wird auch anders übertragen, § 868. Man muß § 1115 BGB beachten, BGH **148**, 395, BayObLG Rpfleger **85**, 102, Hamm MDR **88**, 865 (nicht der Nachlaßverwalter, sondern der Erbe wird als Berechtigter eingetragen).

I. Auflage des Grundbuchamts. Das Grundbuchamt hat die Amtspflicht, bei einer Auflage oder bei einer Zurückverweisung sämtliche Beanstandungsgründe zu bezeichnen, soweit der Antragsteller diese Beanstandungen beheben kann, LG Mainz Rpfleger **91**, 302. Auf diese Weise soll die Gefahr einer nochmaligen Ablehnung aus anderen Gründen ausscheiden. Eine Zwischenverfügung nach § 18 I GBO ist dann unzulässig, wenn wesentliche Voraussetzungen der Zwangsvollstreckung fehlen, BayObLG FGPrax **05**, 58. Andernfalls würde man dem Gläubiger einen solchen Rang vorbehalten, der ihm objektiv nicht zukommt. Die Zwangsvollstreckung würde infolgedessen vorzeitig beginnen können. Demgegenüber behält der Gläubiger bei einer fehlerhaften Eintragung seinen Rang, Rn 17. Der Zufall läßt sich ja nicht ausschalten, und wenn der Brief des früher beantragenden Gläubigers verlorengeht, kommt ihm auch ein anderer zuvor. Nach der Eintragung der Zwangshypothek gibt das Grundbuchamt den Vollstreckungstitel dem Gläubiger mit dem Vermerk der Eintragung zurück, I 1 Hs 2, III, mit seinem Einverständnis auch an einen anderen, Saum JZ **81**, 697. 14

4) Zwangshypothek, I. Man muß zahlreiche Aspekte beachten. 15

A. Buchhypothek. Die Zwangshypothek entsteht mit ihrer Eintragung, BayObLG Rpfleger **80**, 294, Düss RR **93**, 1430, Hamm Rpfleger **05**, 533. Sie entsteht als eine Buchhypothek. Das Grundbuchamt vermerkt von Amts wegen zugleich notfalls nachträglich nach Rn 16 die Eintragung auf dem vollstreckbaren Titel, I 1 Hs 2, III, LG Mü Rpfleger **89**, 96. Das soll den Schuldner schützen. Es soll auch verhindern, daß wegen derselben Forderung an einem anderen Grundstück eine weitere Zwangshypothek entsteht, LG Mü Rpfleger **89**, 96. Ferner soll die mit dem Vermerk direkt nach III statthafte Zwangsversteigerung möglich werden. Das Grundbuchamt darf dem Gläubiger keinen Hypothekenbrief erteilen. Der Gläubiger kann sich nicht zum Beweis seiner Forderung auf die Eintragung berufen, aM BGH NJW **88**, 829 (aber es liegt allenfalls ein halber Anscheinsbeweis vor. Den Vollbeweis erbringt erst der Vollstreckungstitel). Der Eigentümer hat alle sachlichrechtlichen Einwendungen gegen die Forderung, auch wenn der Eigentümer das Grundstück erst später erworben hat. Der Eigentümer ist bei diesen Möglichkeiten durch die Rechtskraftwirkung des Titels und durch § 767 beschränkt. Die bloße Eintragung im Grundbuch bringt kein Recht zum Entstehen, auch nicht bei einer Zwangshypothek, Hamm Rpfleger **83**, 393. Dann wird aber das Grundbuchamt auch als ein Vollstreckungsorgan tätig, Rn 3.

B. Prozessualer Mangel. Deshalb liegt bei einem prozessualen Mangel, etwa beim Fehlen der Voraussetzungen der Zwangsvollstreckung, Grdz 12 vor § 704, keine Nichtigkeit vor. Es entsteht vielmehr ein 16 auflösend bedingtes Recht, Hamm FGPrax **97**, 87, ZöStö 21, aM BFH BStBl **90** II 45, Schlesw RR **88**, 700, Streuer Rpfleger **88**, 514 (eine unter Verletzung vollstreckungsrechtlicher Vorschriften über den Beginn der Zwangsvollstreckung eingetragene Zwangshypothek entstehe nicht, so daß mit der Eintragung das Grundbuch unrichtig werde. § 53 I 1 GBO hat aber strengere Voraussetzungen einer Unrichtigkeit). Dieses Recht wahrt dann den Rang, wenn die Bedingung nicht eintritt, nämlich wenn die Eintragung nicht auf Grund eines Rechtsbehelfs wegfällt, Grdz 58 vor § 704. Bei einem behebbaren Mangel ist eine Heilung für die Zukunft möglich. Vgl aber § 879 II BGB, Hamm Rpfleger **05**, 533, Hagemann Rpfleger **82**, 169 (entsprechende Anwendbarkeit). Wenn sich die „Nichtigkeit der Eintragung" aus der Eintragung selbst ergibt wie bei einem Verstoß gegen II, muß das Grundbuchamt die Eintragung löschen, BayObLG Rpfleger **86**, 372, aM BayObLG Rpfleger **76**, 68, LG Saarbr Rpfleger **75**, 329 (aber dann gilt eindeutig § 53 I 2 GBO, Einl III 39). Wenn ein grundbuchmäßiger Mangel vorliegt, entsteht kein Recht.

17 **C. Wirkung.** Die Zwangshypothek steht rechtlich im wesentlichen einer vertraglich bestellten Sicherungshypothek gleich, Köln FGPrax **96**, 14. Vgl freilich Rn 1. Die Zwangshypothek gibt dem Gläubiger nur die Erhaltung des Rechts und keine Befriedigung, BGH NJW **08**, 1600 (deshalb braucht man zur Befriedigung einen dinglichen Titel). Deshalb beendet die Zwangshypothek die Zwangsvollstreckung nicht, Grdz 52 vor § 704, (teilweise überholt) BGH **130**, 350, aM Stgt Rpfleger **81**, 158. Deshalb bleiben auch die Möglichkeiten einer Widerspruchsklage nach § 771 oder einer Vollstreckungsabwehrklage nach § 767 sogar noch nach dem Zeitpunkt der Eintragung bestehen, BGH NJW **88**, 829. Das Grundbuchamt trägt die Zwangshypothek mit dem Rang vor einer bereits bestehenden Hypothek ein, falls deren Inhaber zustimmt. Eine Einwilligung des Schuldners ist entbehrlich. Andernfalls erhält die Zwangshypothek den Rang der nächstbereiten Stelle. Der Gläubiger kann einen Rangvorbehalt des Schuldners nicht ohne die Zustimmungen der Inhaber der belasteten Rechte ausnutzen.

18 Zur *Zwangsversteigerung* mit dem Rang der Hypothek ist nach III kein besonderer Duldungstitel mehr erforderlich. Es reicht vielmehr ein Eintragungsvermerk nach I 1 Hs 2 aus, Rn 23. Zur Zwangsvollstreckung wegen eines erst nach §§ 281, 325 BGB entstandenen Schadensersatzanspruchs ist ein neuer Titel erforderlich. Gegen den erhobenen Hypothekenanspruch ist die Vollstreckungsabwehrklage nach § 767 möglich, Düss RR **93**, 1431. Derjenige Eigentümer, der das Grundstück vom Titelschuldner mit der Zwangshypothek belastet erworben hat, kann das Erlöschen der Titelforderung nach § 771 bekämpfen, Düss RR **93**, 1431. Eine vertragliche Sicherstellung beschränkt das Recht des Gläubigers auf die Durchführung der Zwangsvollstreckung nicht. Der Gläubiger darf die Zwangshypothek auch dann eintragen lassen, wenn er wegen derselben Forderung an einem anderen Grundstück des Schuldners bereits eine Vertragsgrundschuld erhalten hat, BayObLG Rpfleger **91**, 53, LG Lüb Rpfleger **85**, 287, oder eine Vertragshypothek. Im letzteren Fall entsteht keine Gesamthypothek. Indessen ist die Eintragung einer zweiten (Ausfall-)Zwangshypothek auf demselben Grundstück ebenso unzulässig wie eine Gesamthypothek. Rn 15, Köln FGPrax **96**, 14. Wegen der Vereinigung von Anteilen infolge eines Erbfalls Oldb JB **96**, 273. Bei Streitgenossen mit einem gemeinsamen Anwalt liegt im Zweifel eine Gesamtgläubigerschaft vor, LG Saarbr Rpfleger **03**, 498.

19 **C. Kosten der Eintragung.** Das Grundstück haftet für die Eintragungskosten ohne weiteres. Deshalb darf das Grundbuchamt diese Eintragungskosten nicht eintragen. Das gilt unabhängig davon, ob es sich um Partei-, Gerichts- oder Anwaltskosten handelt. Die Kosten errechnen sich bei der Zwangsverwaltung oder bei der Zwangsversteigerung nach der KostO, Rn 8, Köln Rpfleger **90**, 65. Die Kosten des Prozesses oder die Kosten einer früheren ergebnislosen Zwangsvollstreckung sind eintragungsfähig. Die Kosten einer früheren Vollstreckung brauchen keine gerichtliche Festsetzung. Vielmehr muß sie das Grundbuchamt als Vollstreckungsorgan auf ihre Entstehung und auf ihre Notwendigkeit überprüfen. Der Gläubiger muß sie in öffentlich beglaubigter Form nach § 29 GBO nachweisen.

20 **5) Mehrheit von Grundstücken, II.** Die Vorschrift gilt nicht bei § 78 I 1, 2 SachenRBerG, Brdb Rpfleger **97**, 61, Jena Rpfleger **97**, 432, LG Lpz Rpfleger **96**, 285, aM LG Ffo Rpfleger **97**, 212.

A. Forderungsverteilung. Wenn der Gläubiger mehrere Grundstücke des Schuldners mit der Zwangshypothek belasten will, muß er die Forderung auf diese mehreren Grundstücke genau verteilen, BGH DB **91**, 1117, Zweibr Rpfleger **01**, 586, LG Ffo Rpfleger **97**, 212. Er darf die Größe der Teile frei bestimmen, BGH DB **91**, 1117, ohne daß der Schuldner zustimmen müßte, Ffm MDR **89**, 365. Eine Gesamthypothek ist aber unzulässig. Das gilt im Gegensatz zu der nachträglichen Eintragung einer Sicherungshypothek auf einem weiteren Grundstück des Schuldners, BGH DB **91**, 117, BayObLG Rpfleger **86**, 372, LG Hechingen Rpfleger **93**, 169. Zum Begriff des Grundstücks § 864 Rn 1. Eine Gesamthypothek ist auch dann unzulässig, wenn der Gläubiger die mehreren Grundstücke nacheinander belasten will, Düss MDR **90**, 62.

21 **B. Verfahren.** Die Verteilung braucht *keine Form*, Köln Rpfleger **86**, 91, Schneider MDR **86**, 817, aM ZöStö 3. Wenn der Gläubiger überhaupt keine Verteilung vorgenommen hat, muß das Grundbuchamt den Eintragungsantrag grundsätzlich sofort zurückweisen, LG Mannh Rpfleger **81**, 406. Denn eine völlig klare Verteilung der Forderung ist als eine Voraussetzung für den Beginn der Zwangsvollstreckung nach Grdz 12, 51 vor § 704 ein notwendiger Bestandteil des Antrags, BGH DB **91**, 1117, Zweibr Rpfleger **01**, 586. Das gilt erst recht dann, wenn mehrere Forderungen zugrundeliegen, Zweibr Rpfleger **01**, 586. Der Gläubiger braucht aber über die Angabe hinaus, wie das Grundbuchamt verteilen soll, nicht zusätzlich eine Rangfolge dieser Teile für die Befriedigung anzugeben. Evtl ist § 366 BGB insoweit anwendbar, BGH DB **91**, 1117. Das Grundbuchamt darf auch keine Zwischenverfügung nach § 18 I 1 GBO zur Rangsicherung erlassen. Denn eine Zwangsvollstreckung ist vor der Eintragung ja überhaupt noch nicht zulässig, Düss MDR **90**, 62, Meyer-Stolte Rpfleger **85**, 43. Das Grundbuchamt kann dem Antragsteller vor einer Zurückweisung des Antrags lediglich durch einen Hinweis die Gelegenheit zur Verteilung geben. Es muß den Antrag spätestens dann zurückweisen, wenn ein weiterer Antrag beim Grundbuchamt eingeht. Die Mindestsumme nach § 866 III 1 ist bei der Verteilung jetzt nach II 2 Hs 2 ebenfalls verbindlich. Der Gläubiger darf die Zinsen einem der Grundstücke zuteilen.

C. Wirkung. Durch die Verteilung der Forderung entstehen entsprechend dem Verteilungsschlüssel des Gläubigers auf den einzelnen Grundstücken Einzelsicherungshypotheken. Eine Gesamthypothek wäre grundbuchrechtlich zulässig. Sie ist aber nach II unzulässig. Deshalb muß man eine etwa doch eingetragene Gesamthypothek auf Grund einer Beschwerde in Einzelhypotheken mit dem Rang der Gesamthypothek zerlegen. Wenn das Grundbuchamt unzulässigerweise gleichzeitig auf mehreren Grundstücken desselben Schuldners eine Zwangshypothek eingetragen hat, ist diese Zwangshypothek inhaltlich unzulässig. Eine nicht gleichzeitige Eintragung läßt die zuerst erfolgte wirksam, LG Mannh Rpfleger **81**, 406. Wenn mehrere gesamtschuldnerisch haften, darf der Gläubiger die Einzelgrundstücke sämtlicher Schuldner mit der ganzen Forderung belasten. 22

Wenn einer der Schuldner *mehrere* Grundstücke besitzt, muß der Gläubiger die Forderung auf diese Grundstücke verteilen. Wenn der Gläubiger mehrere Grundstücke des Schuldners hintereinander belastet, muß das Grundbuchamt die Eintragung ablehnen, sofern die volle Forderung bereits auf einem anderen Grundstück eingetragen steht und sofern nicht der Gläubiger auf einen Teil der früheren Zwangshypothek verzichtet. Der Schuldner kann die Eintragung einer solchen bedingten Sicherungshypothek, die gegen einen Ausfall einer Zwangshypothek auf einem anderen Grundstück sichern soll (Ausfallshypothek), zwar freiwillig bestellen. Der Gläubiger hat aber keinen derartigen Anspruch.

6) Entbehrlichkeit besonderen Duldungstitels, III. Zur Zwangsversteigerung ist ein solcher vollstreckbarer Titel des alleinigen Erkenntnisverfahrens ausreichend, auf dem der Gläubiger hat vormerken lassen, daß die Zwangshypothek im Grundbuch steht. Es ist also nach der Eintragung zur weiteren Vollstrekkung zwecks Befriedigung kein zusätzlicher Prozeß mit dem Ziel der Erwirkung eines Duldungstitels notwendig. Ihm fehlt daher das Rechtsschutzbedürfnis, Grdz 33 vor § 253. Der Vermerk der Eintragung erfolgt von Amts wegen nach I 1 Hs 2, Rn 8, 15. 23

7) Rechtsbehelfe, I–III. Manche meinen, es ergingen keine Entscheidungen des Grundbuchamts im Zwangsvollstreckungsverfahren. Seine Maßnahmen unterlägen daher allgemein nur der einfachen Beschwerde nach § 71 GBO, BGH **64**, 164, Ffm JB **98**, 382. Diese Ansicht trägt aber der Doppelnatur der Eintragung nach Rn 1 keine Rechnung. Das Grundbuchamt handelt nämlich sowohl als ein Vollstrekkungsorgan nach Rn 2 als auch als ein Organ der freiwilligen Gerichtsbarkeit, Rn 6, KG RR **87**, 592. Das Verfahren hat entgegen BayObLG Rpfleger **76**, 67 seine Grundlage in der ZPO. Das gilt sogar auch seit dem FamFG. Deshalb ist nach einer Entscheidung des Richters der jeweilige Weg nach § 11 RPflG zulässig, Dümig Rpfleger **04**, 16. Nur eine nicht rangwahrende Zwischenentscheidung des Grundbuchamts nach §§ 18 II GBO, 139 ZPO ist unanfechtbar, BayObLG FGPrax **05**, 58. 24

Nach einer Erstentscheidung des Richters ist sowohl eine *sofortige Beschwerde* nach §§ 567 I Z 1, 793 als auch jeweils eine einfache Beschwerde nach der GBO zulässig, aM KG RR **87**, 592, Streuer Rpfleger **88**, 514 (nur Beschwerde nach 71 II 2 GBO. Aber eine Auslegung des Parteiwillens kann auch sonst notwendig sein). Wenn beide Rechtsbehelfe zusammentreffen, wie etwa nach einer angeblich zu Unrecht vorgenommenen Eintragung, ist allerdings die grundbuchmäßige Beschwerde mit dem Weisungsrecht nach § 71 II GBO als der umfassendere Rechtsbehelf zulässig, BayObLG Rpfleger **76**, 67, aM BGH **64**, 195.

Demgemäß sind gegenüber einer Eintragung folgende *Rechtsbehelfe* statthaft: Zum einen der sachlichrechtliche Widerspruch. Das Grundbuchamt kann ihn nach § 53 GBO auch von Amts wegen eintragen; zum anderen eine einfache Beschwerde mit dem Antrag, das Grundbuchamt zu einer Löschung oder zur Eintragung eines Widerspruchs anzuweisen, § 71 II GBO, BayObLG Rpfleger **95**, 106. Eine Erinnerung nach § 766 ist unzulässig, KG RR **87**, 592. Das Grundbuchamt darf eine Löschung nur auf Grund eines Amtswiderspruchs vornehmen. 25

868 *Erwerb der Zwangshypothek durch den Eigentümer.* [I] **Wird durch eine vollstreckbare Entscheidung die zu vollstreckende Entscheidung oder ihre vorläufige Vollstreckbarkeit aufgehoben oder die Zwangsvollstreckung für unzulässig erklärt oder deren Einstellung angeordnet, so erwirbt der Eigentümer des Grundstücks die Hypothek.**

[II] **Das Gleiche gilt, wenn durch eine gerichtliche Entscheidung die einstweilige Einstellung der Vollstreckung und zugleich die Aufhebung der erfolgten Vollstreckungsmaßregeln angeordnet wird oder wenn die zur Abwendung der Vollstreckung nachgelassene Sicherheitsleistung oder Hinterlegung erfolgt.**

1) Systematik, Regelungszweck, I, II. Die Vorschrift entspricht § 775 Z 1, auch im Regelungszweck. Sie ergänzt § 867 durch die in ihrem Geltungsbereich vorrangigen Sonderregeln, § 867 Rn 1. 1

2) Geltungsbereich, I, II. Die Zwangshypothek hängt in ihrem Bestand von dem Vollstreckungstitel ab. Sie geht kraft Gesetzes auf den Eigentümer über, wenn eine der folgenden Voraussetzungen vorliegt. Bei § 88 InsO kommt eine entsprechende Anwendbarkeit des § 868 in Betracht, Düss FGPrax **03**, 248 und Rpfleger **04**, 39 (auch zu den Grenzen). 2

A. Aufhebung des Titels usw. Den Vollstreckungstitel oder dessen vorläufige Vollstreckbarkeit muß ein rechtskräftiges oder seinerseits vorläufig vollstreckbares Urteil aufgehoben haben. Die Aufhebung muß endgültig erfolgt sein. Es darf also nicht nur eine bloße Zurückverweisung ohne eine endgültige Aufhebung in der Sache vorliegen, Brdb Rpfleger **01**, 487. Bei einem Vollstreckungstitel nach § 794 I Z 3 muß ein entsprechender Beschluß vorliegen, § 329. Wegen der Aufhebung einer Arresthypothek § 925 Rn 13, Ffm KTS **84**, 165. Es ist nicht erforderlich, den Vollstreckungstitel vorzulegen.

B. Unzulässigkeit der Zwangsvollstreckung. Das Vollstreckungsgericht muß die Zwangsvollstreckung für unzulässig erklärt oder eingestellt haben, §§ 732, 767 ff, 771 ff (nicht § 766). 3

C. Einstellung der Zwangsvollstreckung. Das Vollstreckungsgericht muß die Zwangsvollstreckung aus einem anderen Grund als bei Rn 3 eingestellt haben. Gleichzeitig muß es die bereits getroffenen Vollstrekkungsmaßnahmen aufgehoben haben. 4

5 **D. Sicherheitsleistung.** Eine nach § 711 erlaubte Sicherheit oder Hinterlegung muß erfolgt sein. Wenn der Schuldner diejenige Bank wählen durfte, bei der er hinterlegen muß, und wenn er seine Wahl nicht bis zum Zeitpunkt der Anordnung der Eintragung getroffen hat, übten bei der Zwangsversteigerung der Schuldner oder der Gläubiger das Wahlrecht aus.

6 **3) Unanwendbarkeit, I, II.** § 868 ist unanwendbar, wenn die Zwangshypothek von vornherein ganz unwirksam ist oder wenn sie von Anfang an in Wahrheit dem Eigentümer zusteht, weil nämlich die Forderung nach § 1163 BGB nicht mehr bestand, oder wenn der Gläubiger durch einen Vergleich auf die Zwangsvollstreckung verzichtet, BayObLG Rpfleger **98**, 437. Ferner erwirbt der Eigentümer die Hypothek nach dem sachlichen Recht, wenn die Forderung erlischt. Das gilt insbesondere dann, wenn der Gläubiger außerhalb der Liegenschaftszwangsvollstreckung nach § 1163 BGB seine Befriedigung erhält oder wenn der Gläubiger auf die Forderung verzichtet, § 1168 BGB. Bei einer Zwangshypothek auf Grund eines Kostenfestsetzungsbeschlusses geht die Hypothek mit der Aufhebung des Haupttitels auf den Eigentümer über.

7 **4) Übergang auf den Eigentümer, I, II.** Derjenige erwirbt, der im Zeitpunkt des Eintritts der Voraussetzungen der wahre Eigentümer ist, auch wenn er nicht der Schuldner ist, KG Rpfleger **06**, 602 (evtl §§ 771). Der Übergang macht die Zwangshypothek zu einer Eigentümergrundschuld. Wenn das Gericht den Vollstreckungstitel wiederherstellt, lebt die Zwangshypothek nicht wieder von sich aus auf, BGH NJW **06**, 1287, Ffm Rpfleger **81**, 119. Der Gläubiger muß dann eine Zwangsvollstreckung in die Eigentümergrundschuld vornehmen. Gegenüber dem Erwerber besteht kein Bereicherungsanspruch. Wenn die Eigentümergrundschuld dem Vollstreckungsschuldner dann nicht mehr gehört, geht der Gläubiger leer aus. Die Umschreibung erfolgt nach dem Grundbuchrecht. Der Eigentümer trägt die Kosten, ohne beim Gläubiger Rückgriff nehmen zu können.

869 *Zwangsversteigerung und Zwangsverwaltung.* **Die Zwangsversteigerung und die Zwangsverwaltung werden durch ein besonderes Gesetz geregelt.**

Schrifttum: S vor Üb 1 vor § 364.

1 **1) Systematik.** Von den drei in § 866 dem Gläubiger zur Wahl gestellten Arten der Vollstreckung in unbewegliches Vermögen regelt § 869 nach derjenigen der Zwangshypothek nach §§ 867, 868 die beiden weiteren, nämlich diejenigen einer Zwangsversteigerung oder Zwangsverwaltung mit deren sehr unterschiedlichen Methoden zur Erzielung desselben Ergebnisses einer Befriedigung.

2 **2) Regelungszweck.** Die ZPO bedient sich der Gesamtverweisungstechnik zwecks einer Vereinfachung. Denn die Zwangsverwaltung wie -versteigerung führen trotz der „Mutter ZPO" doch ein umfangreiches prozessuales Eigenleben. Das dient der Prozeßwirtschaftlichkeit nach Grdz 14 vor § 128 und verdient eine entsprechend großzügige Auslegung zugunsten des ZVG. Dieses muß man freilich dann teilweise sehr streng auslegen.

3 **3) Geltungsbereich.** Das ZVG ist zwar formell ein selbständiges Gesetz, das auch zB selbständige Änderungen erfährt. Der Sache nach muß man es freilich als einen Teil der ZPO beurteilen, als ihr Ausführungsgesetz, Karlsr Rpfleger **95**, 427, Kblz Rpfleger **92**, 169, AG Mühldorf Rpfleger **01**, 562. Deshalb gelten vor allem die allgemeinen Vorschriften über die Zwangsvollstreckung nach Grdz 1 ff vor § 704 auch in einem Verfahren nach dem ZVG, Ffm Rpfleger **83**, 36, AG Duisb NJW **06**, 3577. Es ist zB § 888 und nicht Art 6 I EGStGB anwendbar, AG Mühldorf Rpfleger **01**, 562. Freilich geht zB § 95 ZVG dem § 766 vor, Stgt Rpfleger **00**, 227. Die Einzelzwangsvollstreckung nach der ZPO ist in ein vom Zwangsverwalter ausgegliedertes Vermögensstück zulässig, zB in die Einnahmen eines von ihm verpachteten Betriebs, LG Oldb DGVZ **84**, 90. Nach einer einstweiligen Einstellung nach dem ZVG oder der ZPO bleibt die Beschlagnahme des Zubehörs bestehen. Nach einer Aufhebung der Zwangsverwaltung oder -versteigerung kann der Gläubiger auf das Zubehör allenfalls im Wege der Mobiliarvollstreckung zugreifen, Hamm Rpfleger **94**, 176.

870 *Grundstücksgleiche Rechte.* **Auf die Zwangsvollstreckung in eine Berechtigung, für welche die sich auf Grundstücke beziehenden Vorschriften gelten, sind die Vorschriften über die Zwangsvollstreckung in Grundstücke entsprechend anzuwenden.**

1 **1) Systematik, Regelungszweck.** Die Vorschrift enthält eine vorrangige Sondervorschrift für ihren Geltungsbereich. Sie hat jedoch kaum praktische Bedeutung. Denn § 870 erklärt §§ 864–869 für entsprechend anwendbar.

2 **2) Geltungsbereich.** Zum Begriff der grundstücksähnlichen Berechtigung § 864 Rn 4. Bei ihr sind grundsätzlich sämtliche Arten der Zwangsvollstreckung zulässig. Es bestehen aber mehrere Sondervorschriften.

870a *Zwangsvollstreckung in ein Schiff oder Schiffsbauwerk.* [I] **Die Zwangsvollstreckung in ein eingetragenes Schiff oder in ein Schiffsbauwerk, das im Schiffsbauregister eingetragen ist oder in dieses Register eingetragen werden kann, erfolgt durch Eintragung einer Schiffshypothek für die Forderung oder durch Zwangsversteigerung.**

[II] **§ 866 Abs. 2, 3, § 867 gelten entsprechend.**

[III 1] **Wird durch eine vollstreckbare Entscheidung die zu vollstreckende Entscheidung oder ihre vorläufige Vollstreckbarkeit aufgehoben oder die Zwangsvollstreckung für unzulässig erklärt oder**

deren Einstellung angeordnet, so erlischt die Schiffshypothek; § 57 Abs. 3 des Gesetzes über Rechte an eingetragenen Schiffen und Schiffsbauwerken vom 15. November 1940 (RGBl. I S. 1499) ist anzuwenden. [2]Das Gleiche gilt, wenn durch eine gerichtliche Entscheidung die einstweilige Einstellung der Zwangsvollstreckung und zugleich die Aufhebung der erfolgten Vollstreckungsmaßregeln angeordnet wird oder wenn die zur Abwendung der Vollstreckung nachgelassene Sicherheitsleistung oder Hinterlegung erfolgt.

Schrifttum: *Albert,* Die Zwangsversteigerung von Seeschiffen im internationalen Rechtsverkehr, 1983.

1) Systematik, I–III. Die Vorschrift schränkt als eine vorrangige Sonderregelung § 866 in ihrem Geltungsbereich ein. Die Bewachung und die Verwahrung eines Schiffs nach § 165 ZVG sind nur eine Sicherungsmaßnahme und keine Zwangsverwaltung. Die Zwangsvollstreckung in ein eingetragenes Schiff oder in ein eingetragenes oder eintragungsfähiges Schiffsbauwerk nach § 66 SchiffsregisterO geschieht nur entweder durch die Eintragung einer Schiffshypothek, BayObLG KTS **91**, 625, oder durch eine Zwangsversteigerung nach dem ZVG. Eine Zwangsverwaltung ist also unzulässig. Man muß die Zwangsschiffshypothek ganz so wie eine Zwangshypothek behandeln, II, BayObLG KTS **91**, 625. § 868 ist aber unanwendbar. Der dem § 868 nachgebildete § 870 a III läßt bei § 868 keine Eigentümerschiffshypothek entstehen, sondern die Schiffshypothek erlöschen. Das Registergericht muß sie im Schiffsregister löschen. Dem Eigentümer steht das Recht aus § 57 III SchiffsG zu, bis zur Löschung eine entsprechende neue Schiffshypothek zu bestellen. 1

2) Regelungszweck, I–III. Man kann durchaus meinen, gerade bei einem Schiff sei auch die Zwangsverwaltung eine geeignete Vollstreckungsart, sogar eine sehr gute, evtl erheblichen Erfolg versprechende. Das gilt, zumal man den meist hohen Schiffswert nicht gleich schon wegen einer evtl nur verhältnismäßig kleinen Forderung in andere Hände übergehen und auch nicht registerkundig belasten sollte. Indessen hat sich der Gesetzgeber anders entschieden. Daran darf man auch nicht irgendwie auslegend herumdeuteln. 2

3) Geltungsbereich, I–III. Die Vorschrift gilt grundsätzlich für jedes Schiff. Über eine Zwangsvollstreckung in ein Schiff während der Reise § 482 HGB. Wegen des Arrestes in ein Seeschiff Grdz 2 vor § 916, § 931 Rn 1. Wegen des Verteilungsverfahrens Üb 1 vor § 872. § 870 a gilt bis auf III 1 Hs 2 sinngemäß auch für ein Luftfahrzeug, das in der Luftfahrzeugrolle steht, § 99 I LuftfzRG. Wenn noch ein Vollstreckungstitel fehlt, vgl § 938 Rn 13. 3

Gebühren: Des Anwalts VV 3311, 3312.

871 *Landesrechtlicher Vorbehalt bei Eisenbahnen.* **Unberührt bleiben die landesgesetzlichen Vorschriften, nach denen, wenn ein anderer als der Eigentümer einer Eisenbahn oder Kleinbahn den Betrieb der Bahn kraft eigenen Nutzungsrechts ausübt, das Nutzungsrecht und gewisse dem Betriebe gewidmete Gegenstände in Ansehung der Zwangsvollstreckung zum unbeweglichen Vermögen gehören und die Zwangsvollstreckung abweichend von den Vorschriften des Bundesrechts geregelt ist.**

1) Systematik, Regelungszweck. Berichtigung am 24. 7. 07, BGBl 1781. Über die landesgesetzlichen Vorschriften vgl Art 112 EG BGB. Vgl ferner für das frühere preußische Gebiet das G über Bahneinheiten v 7. 8. 02 und das G v 26. 9. 34, RGBl II 811, nebst Änderungen, BGBl **51**, 225, § 3 des G v 7. 3. 34, RGBl II 91. 1

Titel 3
Verteilungsverfahren

Übersicht

1) Systematik. Vor dem nach §§ 858 II, 873 zuständigen AG als dem für das Verteilungsverfahren mitzuständigen Vollstreckungsgericht nach §§ 764, 802 findet ein Verteilungsverfahren dann statt, wenn bei einer Zwangsvollstreckung nur ein solcher Geldbetrag hinterlegt worden ist, der nicht zur Befriedigung aller beteiligten Gläubiger ausreicht. Das gilt auch bei einer Liegenschaftsvollstreckung, § 115 ZVG. Dann gelten freilich Abweichungen zB für den Teilungsplan. Das Verfahren findet nur dann statt, wenn und soweit sich die Gläubiger nicht untereinander verständigen. Das Verfahren unterliegt dem Amtsbetrieb, Grdz 38 vor § 128. 1

2) Regelungszweck. Es ist trotz des Grundsatzes notwendig, einen Pfändungspfandgläubiger nach dem Zeitvorrang zu befriedigen, § 804 III. Denn man kann die Übernahme der Gefahr einer unrichtigen Verteilung weder dem Gerichtsvollzieher noch dem Drittschuldner zumuten. Die Vorschriften dienen also gleichermaßen der Rechtssicherheit nach Einl III 43 wie vor allem der Gerechtigkeit nach Einl III 9, 36 in einem auch innerhalb der Gläubigergruppe sozial mitausgerichteten Sinn. So sind sie auch am besten auslegbar. Natürlich kann und soll das Verteilungsverfahren nicht einfach den Rang nach § 804 III beseitigen. Der Anspruch des Gläubigers an die Verteilungsmasse ist nur zusammen mit seiner Forderung pfändbar und überweisbar. 2

3) Geltungsbereich. §§ 872 ff gelten grundsätzlich bei jeder Verteilung. Haftungsbeschränkungen des Reeders usw nach §§ 486 ff HGB, 4 ff BinnenschiffahrtsG führen zu einem Verteilungsverfahren nach der Schiffahrtsrechtlichen Verteilungsordnung. Danach ist auf dieses Verfahren die ZPO hilfsweise entsprechend anwendbar. 3

Gebühren: Des Gerichts KV 2116; des Anwalts VV 3311, 3312.

872 *Voraussetzungen.* **Das Verteilungsverfahren tritt ein, wenn bei der Zwangsvollstreckung in das bewegliche Vermögen ein Geldbetrag hinterlegt ist, der zur Befriedigung der beteiligten Gläubiger nicht hinreicht.**

SVertO § 2. Zuständigkeit. **I Betrifft das Verteilungsverfahren ein Schiff, das in einem Schiffsregister im Geltungsbereich dieses Gesetzes eingetragen ist, so ist das Amtsgericht ausschließlich zuständig, bei dem das Schiffsregister geführt wird.**

II 1 Betrifft das Verteilungsverfahren

1. ein Schiff, das nicht in einem Schiffsregister im Geltungsbereich dieses Gesetzes eingetragen ist, oder

2. Ansprüche gegen die in § 1 Abs. 3 Satz 1 Nr. 3, 3 a bezeichneten Personen,

so ist das Amtsgericht ausschließlich zuständig, in dessen Bezirk der Antragsteller seine gewerbliche Niederlassung oder in Ermangelung einer solchen seinen gewöhnlichen Aufenthalt hat. 2 Hat der Antragsteller weder eine gewerbliche Niederlassung noch einen gewöhnlichen Aufenthalt im Geltungsbereich dieses Gesetzes, so ist das Amtsgericht ausschließlich zuständig, in dessen Bezirk ein Gericht seinen Sitz hat, das im ersten Rechtszug für eine Klage gegen den Antragsteller wegen eines Anspruchs, für den dieser seine Haftung beschränken kann, zuständig ist, oder in dessen Bezirk die Zwangsvollstreckung gegen den Antragsteller wegen eines solchen Anspruchs betrieben wird. 3 Sind mehrere Gerichte zuständig, so schließt das Gericht, bei welchem zuerst die Eröffnung des Verfahrens beantragt worden ist, die übrigen aus.

III 1 Die Landesregierungen werden ermächtigt, durch Rechtsverordnung die Verteilungsverfahren für die Bezirke mehrerer Amtsgerichte einem von ihnen zuzuweisen, sofern die Zusammenfassung für eine sachdienliche Förderung oder schnellere Erledigung der Verfahren zweckmäßig ist. 2 Die Landesregierungen können die Ermächtigung auf die Landesjustizverwaltungen übertragen.

IV Die Länder können vereinbaren, daß die Verteilungsverfahren eines Landes den Gerichten eines anderen Landes zugewiesen werden.

Bem. § 2 SVertO, dessen II (überflüssigerweise) am 9. 2. 00 „berichtigt" worden ist, BGBl 149, gilt für das Seerechtliche Verteilungsverfahren. Für das Binnenschiffahrtsrechtliche Verteilungsverfahren enthält § 34 SVertO eine fast wörtlich gleichlautende Regelung.

Das Amtsgericht Hamburg ist im Schiffahrtsrechtlichen Verteilungsverfahren als zuständig vereinbart. Das ergab sich bereits aus dem Abk v 3. 11. 72, SaBl **73**, 697. Dieses ist ersetzt worden durch das Abk v 6. 11. 91, SaBl **92**, 1080, in Kraft seit 1. 3. 93, Bek v 15. 7. 93, HbgGVBl 50. Es ergibt sich insoweit folgende Rechtslage.
Baden-Württemberg: G v 25. 2. 92, GBl 126;
Bayern: Bek v 17. 7. 73, GVBl 448;
Berlin: G v 3. 3. 92, GBl 45;
Brandenburg: G v 2. 7. 92, GVBl 217 und v 16. 10. 92, GVBl 424;
Bremen: G v 17. 9. 92, GVBl 243;
Hamburg: G v 5. 5. 92, GVBl 91;
Hessen: G v 4. 4. 73, GVBl 123;
Mecklenburg-Vorpommern: G v 21. 6. 92, GVBl 366;
Niedersachsen: G v 17. 9. 92, GVBl 243;
Nordrhein-Westfalen: Bek v 27. 2. 92, GVBl 95;
Rheinland-Pfalz: G v 30. 5. 73, GVBl 115, Bek v 24. 8. 73, GVBl 260;
Saarland: G v 21. 3. 73, ABl 265;
Schleswig-Holstein: G v 19. 3. 92, GVBl 207;
Thüringen: G v 20. 3. 92, GVBl 75.

SVertO § 3. Anwendbarkeit der Zivilprozeßordnung. **I 1 Auf das Verteilungsverfahren finden, soweit dieses Gesetz nichts anderes bestimmt, die Vorschriften der Zivilprozeßordnung entsprechende Anwendung. 2 Die Entscheidungen können ohne mündliche Verhandlung ergehen. 3 Die Zustellungen erfolgen von Amts wegen.**

II 1 Gegen die Entscheidungen im Verteilungsverfahren findet die sofortige Beschwerde statt, soweit nicht in §§ 12, 33 etwas anderes bestimmt ist. 2 Die Frist zur Einlegung der sofortigen Beschwerde beträgt einen Monat. 3 Gegen Entscheidungen des Beschwerdegerichts findet die Rechtsbeschwerde statt.

Bem. § 3 SVertO gilt für das Schiffahrtsrechtliche Verteilungsverfahren. Wegen des Binnenschiffahrtsrechtlichen Verfahrens verweist § 34 II 1 auf § 3 SVertO.

1 **1) Systematik, Regelungszweck.** Vgl zunächst Üb 1, 2 vor § 872. Die Vorschrift nennt die Voraussetzung des Verteilungsverfahrens. §§ 873 ff regeln seinen mehrstufigen Ablauf.

2 **2) Geltungsbereich.** Man muß vier Hauptfragen klären.

A. Fahrnisvollstreckung. Es muß sich um eine Zwangsvollstreckung in Fahrnis handeln. Eine Arrestvollziehung genügt. Eine Überweisung ist nicht notwendig.

3 **B. Hinterlegung.** Ferner muß eine Hinterlegung nach §§ 827, 853, 854 stattgefunden haben, also auf Grund einer Zwangsvollstreckung, LG Bln Rpfleger **81**, 453, auch auf Grund einer Arrestvollziehung, § 929.

Fälle: Der Gerichtsvollzieher hinterlegt den Erlös wegen einer mehrfachen Pfändung oder einer Mehrpfändung einer beweglichen körperlichen Sache; der Gerichtsvollzieher hinterlegt den Erlös wegen einer mehrfachen Pfändung des Anspruchs auf die Herausgabe einer beweglichen körperlichen Sache; der Drittschuldner hinterlegt wegen einer mehrfachen Pfändung einer Geldforderung; es findet eine Hinterlegung nach § 858 V bei der Schiffspart statt.

Der Gläubiger kann die Hinterlegung beim Gerichtsvollzieher und beim Drittschuldner *erzwingen,* §§ 766, 856. Es genügt auch, daß die Hinterlegung ursprünglich nach §§ 769, 805 IV erfolgt war, wenn hinterher ein Grund zur Hinterlegung in einem der oben genannten Fälle eingetreten ist. Eine Hinterlegung nach dem sachlichen Recht genügt dann nicht. Sie genügt auch dann nicht, wenn ein Pfändungspfandrecht und ein Abtretungsrecht zusammentreffen, Hornung Rpfleger **75**, 239. Ein Gläubiger mit einem gesetzlichen oder vertragsmäßigen Pfandrecht nimmt am Verteilungsverfahren nicht teil. Wenn die Pfändung der Finanzbehörde mit einer anderen Pfändung zusammentrifft, gelten §§ 873 ff, 360 IV AO.

C. Mehrheit von Pfändungspfandgläubigern. Ferner muß eine Mehrheit von Pfändungspfandgläubigern vorliegen, LG Münst Rpfleger **95**, 78, anders als bei der Liegenschaftsvollstreckung, § 9 ZVG. Wenn sich eine Anschlußpfändung nach § 826 nur auf einen Teil der Erstpfändung erstreckte, findet das Verteilungsverfahren nur insoweit statt, als sich die Pfändungen decken. Ein Pfand- und ein Vorzugsberechtigter nach § 805 oder ein Dritter im Besitz eines die Veräußerung hindernden Rechts müssen nach §§ 805, 771 klagen. Sie gehören nicht in das Verteilungsverfahren. Das gilt zB für den Abtretungsnehmer des Schuldners, LG Münst Rpfleger **95**, 78. 4

D. Unzulänglichkeit des Betrags. Schließlich muß der hinterlegte Betrag unzulänglich sein. Es müssen also nicht alle Gläubiger aus ihm ihre Befriedigung erhalten können. Dieses Erfordernis kann bei § 853 fehlen. Denn der Drittschuldner darf auch dann hinterlegen, wenn der Betrag zur Befriedigung aller Gläubiger ausreicht. Dann erfolgt die Verteilung aber ohne ein Verteilungsverfahren, Rn 5. Das Verteilungsverfahren bei der Liegenschaftsvollstreckung findet nach jeder Versteigerung statt. Es erfaßt alle Gläubiger. Die „Anordnung" des Verfahrens ist nur eine Äußerung des AG darüber, ob die Voraussetzungen des Verteilungsverfahrens vorliegen. Die Anordnung ist also nur die Einleitung des Verfahrens. Sie hat rechtlich keine besondere Bedeutung. 5

3) Verfahren. Wenn eine der in Rn 2–5 genannten Voraussetzungen fehlt, darf kein Verteilungsverfahren stattfinden. Erst wenn sämtliche Voraussetzungen vorliegen, tritt das Verteilungsverfahren kraft Gesetzes ein. Seine Bestimmungen sind dann auch allein für die Entscheidung über den Rang maßgeblich, §§ 878 ff, Kblz DGVZ **84**, 59, Münzberg Rpfleger **86**, 254. Daher wären eine anderweitig erhobene Klage und eine daraufhin ergangene Entscheidung unerheblich, LG Kblz MDR **83**, 676. Das Verfahren wahrt nur die Belange der an ihm beteiligten Gläubiger. Deshalb erübrigt sich das Verteilungsverfahren dann, wenn sich alle beteiligten Gläubiger einigen. Wenn sich herausstellt, daß die Masse zur Befriedigung sämtlicher beteiligten Gläubiger ausreicht, befriedigt das AG die Gläubiger außerhalb des Verteilungsverfahrens. Das Gericht braucht das Verteilungsverfahren dann nicht einzustellen. 6

4) Rechtsbehelfe. Wenn der Rpfl die Anordnung des Verteilungsverfahrens abgelehnt hat, kann der Gläubiger die Erinnerung einlegen, § 829 Rn 84, § 873 Rn 5, Ffm Rpfleger **77**, 184. Wenn der Richter entschieden hat, kann der Gläubiger die sofortige Beschwerde nach §§ 567 I Z 1, 793 einlegen. Der hinterlegende Dritte ist befreit und deshalb nicht beschwert, es sei denn, daß das Vollstreckungsgericht sich weigert, die Anzeige entgegenzunehmen, aM Ffm Rpfleger **77**, 184 (aber eine Beschwer ist stets eine Voraussetzung eines Rechtsbehelfs). Eine Rechtsbeschwerde kommt unter den Voraussetzungen des § 574 in Betracht. Gegen die Anordnung des Verteilungsverfahrens ist kein Rechtsbehelf statthaft, Wieser ZZP **103**, 177. 7

873 *Aufforderung des Verteilungsgerichts.* **Das zuständige Amtsgericht (§§ 827, 853, 854) hat nach Eingang der Anzeige über die Sachlage an jeden der beteiligten Gläubiger die Aufforderung zu erlassen, binnen zwei Wochen eine Berechnung der Forderung an Kapital, Zinsen, Kosten und sonstigen Nebenforderungen einzureichen.**

Vorbem. Berichtigung am 24. 7. 07, BGBl 1781.

1) Systematik. Vgl zunächst Üb 1 vor § 872. § 873 eröffnet die Gruppe der Vorschriften zu dem eigenartig mehrstufigen Verteilungsverfahren. Vgl auch § 872 Rn 6. 1

2) Regelungszweck. Man muß sowohl die Zuständigkeit als auch die verfahrenseinleitende Aufforderung des Gerichts um der Rechtssicherheit willen in einer strengen Auslegung prüfen, Einl III 43. 2

3) Zuständigkeit. Für das Verteilungsverfahren ist dasjenige AG zuständig, das für die Anzeige nach §§ 827, 853, 854 zuständig ist. Ferner ist dasjenige AG zuständig, das sich aus § 858 II ergibt. Das als Vollstreckungsgericht nach §§ 764, 802 ausschließlich tätige AG entscheidet durch den Rpfl, § 20 Z 17 RPflG, § 872 Rn 6. Die Zuständigkeit für die Pfändung ist in diesem Zusammenhang unbeachtlich. Das Vollstreckungsgericht bleibt auch nach dem Wegfall der Erstpfändung das Vollstreckungsgericht. Der Anzeige muß die Hinterlegungsurkunde beiliegen. 3

4) Aufforderung. Sofort nach dem Eingang der Anzeige erläßt das Gericht von Amts wegen die Aufforderung an alle beteiligten Gläubiger nach § 872 Rn 4, binnen 2 Wochen eine Berechnung ihrer Forderungen nach deren Kapital, Zinsen und Kosten einzureichen. Sie leitet das Verteilungsverfahren ein, Wieser ZZP **103**, 172. Das Verfahren ist von dieser Einleitung an ein Amtsverfahren, Grdz 38 vor § 128. Daher unterliegt das Verfahren der Parteiherrschaft nach Grdz 18 vor § 128, Grdz 37 vor § 704 nicht. Der 4

Gläubiger kann seinen Rang noch im Verteilungstermin darlegen. Das Gericht muß den Rang aber auch von Amts wegen prüfen und beachten.

Die *Zweiwochenfrist* ist eine gesetzliche Frist. Sie ist aber keine Notfrist, § 224 I 2. Man berechnet sie nach § 222. Das Gericht kann sie weder verlängern noch abkürzen, § 224 I 1. Gegen ihre Versäumung ist keine Wiedereinsetzung in den vorigen Stand zulässig, § 233. Die Berechnung der Forderungen läßt sich bis zum Erlaß des Teilungsplans nachholen, § 874 III. Die Berechnung muß schriftlich, elektronisch oder zum Protokoll der Geschäftsstelle erfolgen. Sie muß alle notwendigen Angaben enthalten. Der Gläubiger muß die etwa erforderlichen Unterlagen beifügen.

5 **5) Rechtsbehelf.** Jeder Beteiligte kann gegen die Aufforderung des Gerichts ohne eine Anhörung des Gegners die Erinnerung nach § 766 einlegen. Gegen eine echte Entscheidung des Rpfl nach einer Anhörung gibt es die Möglichkeiten nach § 11 RPflG. Zum Verfahren § 104 Rn 41 ff.

874 *Teilungsplan.* **[I] Nach Ablauf der zweiwöchigen Fristen wird von dem Gericht ein Teilungsplan angefertigt.**

[II] Der Betrag der Kosten des Verfahrens ist von dem Bestand der Masse vorweg in Abzug zu bringen.

[III] [1] Die Forderung eines Gläubigers, der bis zur Anfertigung des Teilungsplanes der an ihn gerichteten Aufforderung nicht nachgekommen ist, wird nach der Anzeige und deren Unterlagen berechnet. [2] Eine nachträgliche Ergänzung der Forderung findet nicht statt.

1 **1) Systematik, I–III.** Vgl zunächst Üb 1 vor § 872. § 874 regelt die Grundlage der endgültigen Verteilung, den amtlichen Plan. Er hat eine gewisse entfernte Ähnlichkeit mit der Insolvenztabelle.

2 **2) Regelungszweck, I–III.** Auch wenn der Teilungsplan nach §§ 875–877 der Kontrolle jedes Beteiligten unterliegt, hat doch das Gericht wegen seiner jedenfalls zunächst alleinigen vollständigen Aktenkenntnis eine so erhebliche Verantwortung für die richtige Anlage des Plans, daß man die Vorschrift streng auslegen muß.

3 **3) Verfahren des Teilungsplans, I.** Nach dem Ablauf der Zweiwochenfrist des § 873 fertigt das Gericht von Amts wegen ohne eine mündliche Verhandlung einen Teilungsplan an. Grundlage des Teilungsplans sind die Pfändungs- und Hinterlegungsprotokolle und die Rechnungen der einzelnen Gläubiger sowie andere eingereichte Unterlagen. Das Gericht beschafft nichts von Amts wegen. Es stellt auch dann einen Teilungsplan auf, wenn die ganze Masse dem ersten Gläubiger zufließt. Denn es können ja Änderungen eintreten. Das Gericht prüft zwar nicht die sachliche Berechtigung nach, wohl aber die Wirksamkeit des Pfandrechts. Für den Rang entscheidet der Zeitvorrang, soweit nicht ein Vorzugsrecht besteht, § 804 Rn 12–14. Zum Problem Wieser ZZP **103**, 174.

4 **4) Inhalt des Teilungsplans, I.** Der Teilungsplan muß die nach dem Abzug der Kosten verbleibende Masse bezeichnen. Er muß ferner die Forderung eines jeden Gläubigers und den auf jeden Gläubiger entfallenden Betrag aufweisen. Der Rpfl kann einen Rechnungsbeamten als Rechnungssachverständigen hinzuziehen, etwa einen Urkundsbeamten der Geschäftsstelle. Er muß eine Arrestforderung nach §§ 916 ff vorläufig in den Teilungsplan aufnehmen. Der auf diese Arrestforderung entfallende Betrag muß hinterlegt werden. Es empfiehlt sich, für den Fall des Wegfalls einer Arrestforderung einen Hilfsplan aufzustellen. Wenn das Gericht den Arrest nach § 925 aufgehoben hat oder wenn es die Zwangsvollstreckung aus ihm nach § 775 dauernd eingestellt hat, ist die Pfändung unbeachtlich. Das gilt unabhängig davon, wer den Beschluß vorgelegt hat. Bei einem fortlaufenden Bezug muß der Rpfl den Teilungsplan vorbehaltlich späterer Änderungen nach § 832 aufstellen. Er muß dann über die Zahlungsart entscheiden.

5 **5) Kosten, II.** Abziehen muß man die folgenden Kosten.

A. Gemeinsame Kosten. Abziehen muß man die gemeinsamen Kosten, vor allem diejenigen der Versteigerung, auch die Kosten der Überführung zum Versteigerungsort, die Kosten der Hinterlegung und die Kosten des Verteilungsverfahrens selbst. Ferner muß man dasjenige abziehen, was ein einzelner Gläubiger zur Erhaltung der Masse aufgewendet hat.

6 **B. Besondere Kosten.** Abziehen muß man ferner die besonderen Kosten der Beteiligung des einzelnen Gläubigers mit dem Rang seiner Hauptforderung.

7 **6) Säumiger Gläubiger, III.** Wenn ein Gläubiger auf die Aufforderung nach § 873 keine Berechnung oder nur eine unzureichende Berechnung eingereicht hat, berechnet das Gericht die Forderung dieses Gläubigers auf Grund seiner Anzeige und der zugehörigen Unterlagen. Der Gläubiger darf seine Berechnung solange nachholen, ergänzen und berichtigen, bis der Rpfl den Teilungsplan hinausgegeben hat, § 329 Rn 23, aM StJM 5 (bis zur Anfertigung des Teilungsplans. Aber die bloße Anfertigung ist erst ein innerer Vorgang. Er bringt den Beschluß des Rpfl noch nicht zum Entstehen, zur Wirksamkeit, § 329 Rn 23). Der Gläubiger darf seine Forderung später nur dann ergänzen, wenn sämtliche Beteiligte zustimmen.

875 *Terminsbestimmung.* **[I] [1] Das Gericht hat zur Erklärung über den Teilungsplan sowie zur Ausführung der Verteilung einen Termin zu bestimmen. [2] Der Teilungsplan muss spätestens drei Tage vor dem Termin auf der Geschäftsstelle zur Einsicht der Beteiligten niedergelegt werden.**

[II] Die Ladung des Schuldners zu dem Termin ist nicht erforderlich, wenn sie durch Zustellung im Ausland oder durch öffentliche Zustellung erfolgen müsste.

B. Frist. Die Frist ist eine gesetzliche Frist, Üb 10 vor § 214. Sie ist aber keine Notfrist, § 224 I 2, (zum alten Recht) AG Hann Rpfleger **93**, 296. Man berechnet sie nach § 222. Sie beginnt mit dem Terminstag. Das gilt auch dann, wenn früher ein Widerspruch stattfand, oder dann, wenn das Gericht den Widerspruch auf Grund einer Beschwerde berücksichtigt. Das Gericht darf die Frist weder verlängern, AG Hann Rpfleger **93**, 296, noch abkürzen, § 224 II Hs 2. Der Gläubiger kann die Frist nur durch den Nachweis der Klagerhebung wahren, nicht schon durch die Klagerhebung selbst. Eine Rückbeziehung nach §§ 167, 495 ist zulässig. Denn die Klagezustellung erfolgt von Amts wegen, (jetzt) §§ 166 ff, Bre MDR **82**, 762. 4

C. Fristversäumung. Wenn der Gläubiger die Frist versäumt, muß der Rpfl die Masse ohne eine Berücksichtigung des Widerspruchs von Amts wegen verteilen. Gegen die Fristversäumung ist keine Wiedereinsetzung in den vorigen Stand zulässig, §§ 224 I 2, 233, (zum alten Recht) AG Hann Rpfleger **93**, 296. Die Wahrung der Frist hat aber nur für das Verteilungsverfahren eine Bedeutung. Die Klageberechtigung hängt von der Fristwahrung nicht ab. Der Gläubiger kann seine Klage vielmehr bis zum Zeitpunkt der Durchführung des Teilungsplans erheben, BGH RR **87**, 891, LG Aachen ZMR **02**, 156. 5

Nach diesem Zeitpunkt ist die Klage wegen Fehlens des Rechtsschutzbedürfnisses nicht mehr zulässig, Grdz 33 vor § 253, LG Aachen ZMR **02**, 156. Denn die Widerspruchsklage steht mit dem anhängigen Verteilungsverfahren in engstem Zusammenhang. Wenn das Gericht die Verteilung unterläßt, muß das Beschwerdegericht auf eine sofortige Beschwerde hin den Rpfl zur Verteilung anhalten. Wenn die Auszahlung erst nach der Klagerhebung stattfindet, muß man die Widerspruchsklage in eine Bereicherungsklage aus dem besseren Recht überleiten. Darin liegt keine Klagänderung. Die Zuständigkeit des Gerichts bleibt bestehen, § 261 III Z 2. Wenn das AG keine Verteilung vorgenommen hat, muß es ein Urteil berücksichtigen, das im Widerspruchsverfahren ergeht. 6

4) Rechtsnatur der Widerspruchsklage, I. Die Widerspruchsklage ist eine rein prozessuale Gestaltungsklage, Grdz 10 vor § 253, § 767 Rn 1. Denn sie verlangt nicht nur eine Feststellung des besseren Rechts, Düss RR **89**, 599, sondern auch die Anordnung einer anderen Verteilung, § 880. Die Widerspruchsklage ist aber eine gewöhnliche Klage. Sie läßt eine Anspruchshäufung nach § 260 zu, etwa eine Verbindung mit einer Zahlungsklage. Der Rechtsweg ist stets frei, § 13 GVG. Ein Prozeß über den sachlichrechtlichen Anspruch hat mit der Widerspruchsklage nichts zu tun. Er gibt dem Bekl nicht die Rüge der Rechtshängigkeit. 7

5) Parteien der Widerspruchsklage, I. Klageberechtigt ist der widersprechende Gläubiger, LG Aachen ZMR **02**, 156. Richtige Bekl sind sämtliche beteiligten Gläubiger, § 877 Rn 2, Celle FamRZ **96**, 1231, LG Aachen ZMR **02**, 156. Sie sind gewöhnliche Streitgenossen, § 59. Auch der klageberechtigte Gläubiger muß also ein Beteiligter nach § 9 ZVG sein. Wenn er diese Stellung nicht hat, ist seine Widerspruchsklage nicht unzulässig, sondern wegen des Fehlens seiner Aktivlegitimation unbegründet. Eine Klage gegen einzelne Gläubiger ist zulässig. Sie hilft dem Kläger aber nicht. Eine Umkehrung der Parteirollen ist zulässig. Die Prozeßvollmacht für den Hauptprozeß nach § 81 genügt auch für die Widerspruchsklage dahin, § 81. Das Gericht muß die Klage entweder dem ProzBev des Hauptprozesses nach § 172 oder dem Bekl selbst zustellen. Bei einer fristgemäßen Klagerhebung fehlt das Feststellungsinteresse nach § 256 Rn 21 für eine Feststellungsklage dahin, daß der Widerspruch unbegründet sei. Es fehlt auch das Rechtsschutzbedürfnis nach Grdz 33 vor § 253 für eine Klage auf die Einwilligung in die Auszahlung des hinterlegten Betrages. Denn die Auszahlung erfolgt von Amts wegen. 8

6) Beschränkung der Klagegründe, I. Die Klage darf sich nur auf solche Tatsachen stützen, die bis zum Schluß des Verteilungstermins nach §§ 136 IV, 296 a eingetreten waren. Andernfalls wäre der Gegner benachteiligt, BGH **113**, 174, aM Pieper AcP **166**, 536, StJM 29 f (aber der Verhandlungsschluß ist in jedem Klageverfahren eine wesentliche Zeitgrenze). Der Kläger kann auf viererlei Art vorgehen. 9

A. Kein Pfändungspfandrecht. Für den Gegner sei kein Pfändungspfandrecht entstanden. Dieser Einwand spielt bei der nicht überzeugenden Auffassung vom Entstehen eines wirksamen Pfandrechts nach Grdz 55, 56 vor § 704, Üb 6 vor § 803, § 804 Rn 1 eine große Rolle. Vor allem gehört wegen der vielfach behaupteten abhängigen Natur des Pfändungspfandrechts das Nichtbestehen der Forderung hierher. Was das Gericht aber gegenüber dem Schuldner bereits nach § 322 rechtskräftig festgestellt hat, das muß der widersprechende Gläubiger selbst dann gegen sich gelten lassen, wenn er an jenem Verfahren nicht teilgenommen hat. Denn andernfalls würde er ein fremdes Recht geltend machen, Grdz 16 vor § 704, Batsch ZZP **87**, 9, Krückmann ZZP **47**, 62 (es handelt sich um eine „Vollstreckungsbefangenheit"), aM StJM 25 (der Widersprechende sei im früheren Prozeß ein Dritter gewesen und habe alle Einwendungen, auch wenn das Gericht in dem früheren Rechtsstreit des Schuldners darüber rechtskräftig entschieden habe, mit Ausnahme der Einwendungen, die eine Willenserklärung des Schuldners erfordern würden, zB eine Anfechtung, eine Willenserklärung anstelle des Schuldners, etwa eine Aufrechnung. Das ist ziemlich kompliziert und vermeidbar). Unzulässig ist der Einwand, die Vollstreckungsforderung stehe einem anderen zu. Denn dieser Einwand kann die Stellung des Gläubigers nicht verbessern. Eine Drittwirkung der Rechtskraft nach § 325 Rn 3 kann beachtlich sein.

B. Keine Pfändung. Es fehle überhaupt eine wirksame Pfändung, etwa weil ein sachlich unzuständiger Gerichtsvollzieher gepfändet habe. 10

C. Vorrang. Der widersprechende Gläubiger habe den Vorrang, sei es wegen eines besseren Pfandrechts, sei es aus schuldrechtlichen Gründen, etwa wegen der Einräumung eines Vorrechts oder deshalb, weil der andere Gläubiger den Vorrang nur infolge eines Rechtsmißbrauchs erlangt habe, Einl III 54, Grdz 44 vor § 704. Der Kläger kann das Recht des Bekl auch wegen einer Gläubigerbenachteiligung anfechten. 11

D. Vorrang erloschen. Ein Vorrecht des Bekl sei vor dem Beginn des Prozesses erloschen (nicht: es sei verjährt), BGH **63**, 61. 12

7) Beweislast, I. Der Kläger muß nachweisen, daß er ein Recht auf die Befriedigung hat und daß die Zuteilung des Erlöses an den Bekl dieses Recht beeinträchtigt. Er muß ferner beweisen, daß das Recht des 13

Bekl mangelhaft ist. Die Beendigung des Verteilungsverfahrens nach § 876 Rn 9 macht die Klage gegenstandslos. Sie läßt aber den Übergang zur Bereicherungsklage zu, Rn 4, 13. Der Bekl kann einwenden, daß das Pfandrecht des Klägers nicht bestehe oder daß der Kläger mit seinem Rang zurücktreten müsse, Karlsr VersR **87**, 152. Der Bekl kann auch eine Anfechtung erklären.

14 **8) Entscheidung, I.** Das Urteil lautet entweder dahin, daß der Widerspruch unbegründet sei, oder dahin, daß der Widerspruch begründet sei. Im letzteren Fall muß das Urteil die Anweisung zur Auszahlung in einer bestimmten Weise enthalten. Das Urteil kann anstelle einer solchen Anweisung auch die Anfertigung eines neuen Teilungsplans anordnen. Das Urteil schafft nur zwischen den beteiligten Gläubigern eine Rechtskraft, § 325 Rn 4. Die Entscheidung ist aber ein Anzeichen für das Bestehen der rechtskräftig festgestellten Forderung des Bekl an seinen Schuldner gegenüber dem Kläger.

15 **9) Bereicherungsklage, II.** Wer die Klagefrist versäumt hat, hat damit nicht sein besseres sachliches Recht eingebüßt. Er kann die Bereicherung von demjenigen herausverlangen, der auf Grund des Teilungsplans etwas auf Kosten des Klägers erlangt hat, BGH RR **87**, 891, LG Hbg ZMR **01**, 396. Er muß die Klage im ordentlichen Gerichtsstand erheben, BGH RR **87**, 891. Dasselbe gilt dann, wenn das Gericht den Widerspruch durch ein Prozeßurteil zurückgewiesen hatte, Grdz 14 vor § 253, Üb 5 vor § 300. Es gilt auch dann, wenn der widersprechende Gläubiger solche Tatsachen vorbringen kann, die erst nach dem Verteilungstermin entstanden sind. Wenn der Gläubiger seinen Widerspruch tatsächlich oder kraft einer Unterstellung nach § 877 versäumt hat, hat er trotzdem seinen Bereicherungsanspruch nicht verloren, § 877 Rn 1. Während der Hinterlegung des Erlöses muß er die Klage auf eine Einwilligung in die Auszahlung richten.

879

Zuständigkeit für die Widerspruchsklage. [I] **Die Klage ist bei dem Verteilungsgericht und, wenn der Streitgegenstand zur Zuständigkeit der Amtsgerichte nicht gehört, bei dem Landgericht zu erheben, in dessen Bezirk das Verteilungsgericht seinen Sitz hat.**

[II] **Das Landgericht ist für sämtliche Klagen zuständig, wenn seine Zuständigkeit nach dem Inhalt der erhobenen und in dem Termin nicht zur Erledigung gelangten Widersprüche auch nur bei einer Klage begründet ist, sofern nicht die sämtlichen beteiligten Gläubiger vereinbaren, dass das Verteilungsgericht über alle Widersprüche entscheiden solle.**

1 **1) Systematik, Regelungszweck, I, II.** Vgl zunächst § 878 Rn 1. § 879 bezieht sich nur auf die Widerspruchsklage des § 878 I, nicht auf die Bereicherungsklage des § 878 II.

2 **2) Zuständigkeit nach I.** Nach §§ 764, 802 ist nach § 879 das nach § 873 berufene Verteilungsgericht ausschließlich zuständig. Das ist also dasjenige AG, bei dem das Verteilungsverfahren schwebt, ohne Rücksicht auf die wahre Zuständigkeit, bei einem höheren Streitwert das LG des Bezirks, LG Aachen ZMR **02**, 156. Der Streitwert der §§ 3 ff richtet sich nach demjenigen Betrag, für den der Kläger eine bessere Berücksichtigung verlangt. Eine spätere Veränderung ist unerheblich. Ebenso unerheblich ist die Frage, ob sich die Parteirollen umgekehrt haben. Schließlich ist es unerheblich, ob der Kläger dem Verteilungsgericht den Nachweis nach § 878 I geführt hat. Dagegen gilt § 879 dann nicht, wenn ein Gläubiger unter einer Umgehung des Verteilungsverfahrens klagt. Die Kammer für Handelssachen nach §§ 95 ff GVG ist unzuständig.

3 **3) Zuständigkeit nach II.** Um alle Widerspruchsprozesse möglichst in einer Hand zu vereinigen, macht II das LG zuständig, sofern der Streitwert bei auch nur einem der Widersprüche 5000 EUR übersteigt. Dann ist es unerheblich, ob der Kläger eine höhere oder eine geringere Forderung hat. Wenn mehrere klagen, muß das Gericht die Prozesse nach § 147 verbinden. Eine abweichende Übertragung der Zuständigkeit auf das Verteilungsgericht ist nur dann statthaft, wenn sämtliche Gläubiger zustimmen, die bei irgendeinem Widerspruch beteiligt sind, § 877 Rn 2. Die umgekehrte Vereinbarung der Zuständigkeit des LG statt der Zuständigkeit des Verteilungsgerichts ist unter denselben Voraussetzungen statthaft, § 10, § 802 Rn 3.

880

Inhalt des Urteils. [1] **In dem Urteil, durch das über einen erhobenen Widerspruch entschieden wird, ist zugleich zu bestimmen, an welche Gläubiger und in welchen Beträgen der streitige Teil der Masse auszuzahlen sei.** [2] **Wird dies nicht für angemessen erachtet, so ist die Anfertigung eines neuen Planes und ein anderweites Verteilungsverfahren in dem Urteil anzuordnen.**

1 **1) Systematik, Regelungszweck, S 1, 2.** Vgl zunächst § 878 Rn 1. Die Vorschrift entspricht der Eigenart des Verteilungsverfahrens. Sie ist entfernt dem § 590 mit seiner Wiederaufnahme-Entscheidung vergleichbar. Sie regelt die möglichen Inhalte des jeweiligen Klageverfahrens. Sie wird ergänzt durch § 881. Für die Auslegung gelten die bei jedem Urteil anerkannten Regeln, Üb 10 ff vor § 300.

2 **2) Urteilsinhalt, S 1, 2.** Das Urteil erklärt entweder den Widerspruch für unbegründet. Dann muß man den Teilungsplan so ausführen, als ob kein Widerspruch vorliegt. Oder es erklärt den Widerspruch für begründet. Dann muß man einen etwaigen Hilfsplan zum Verteilungsplan ausführen, soweit nicht auch der Hilfsplan angegriffen worden war. Andernfalls muß das Prozeßgericht selbst bestimmen, an wen man auszahlen muß, oder es muß zweckmäßigerweise einen neuen Teilungsplan anordnen. Dazu kann es bestimmte Weisungen geben. Wenn das Prozeßgericht solche Weisungen versäumt hat, muß das Verteilungsgericht trotzdem einen neuen Teilungsplan aufstellen und dabei das Urteil so gut wie möglich beachten. Gegen den neuen Teilungsplan kann der Benachteiligte wiederum einen Widerspruch einlegen. Zu diesem Widerspruch ist aber nur noch derjenige Gläubiger berechtigt, der am neuen Teilungsplan beteiligt ist, also nicht derjenige, der zum früheren Teilungsplan geschwiegen hatte. Man kann den neuen Widerspruch nur mit der Begründung einlegen, der neue Teilungsplan entspreche dem Urteil nicht.

881 *Versäumnisurteil.* **Das Versäumnisurteil gegen einen widersprechenden Gläubiger ist dahin zu erlassen, dass der Widerspruch als zurückgenommen anzusehen sei.**

1) Systematik, Regelungszweck. Die Vorschrift ergänzt § 880 mit einer in § 635 wiederkehrenden Unterstellungswirkung im Interesse der Prozeßwirtschaftlichkeit (Endgültigkeit), Grdz 14 vor § 128. 1

2) Geltungsbereich. Ein Versäumnisurteil nach §§ 330 ff ergeht in diesem Verfahren gegen den Bekl wie sonst, gegen den Kläger nicht dahin, daß das Gericht die Klage abweist, sondern nur dahin, daß der Widerspruch als zurückgenommen gilt. Mit der formellen Rechtskraft des Versäumnisurteils nach § 705 bricht der Widerspruch zusammen. Mit dieser Rechtskraft entfällt auch die Möglichkeit einer Bereicherungsklage nach § 878 II. 2

882 *Verfahren nach dem Urteil.* **Auf Grund des erlassenen Urteils wird die Auszahlung oder das anderweite Verteilungsverfahren von dem Verteilungsgericht angeordnet.**

1) Systematik, Regelungszweck. Erst nach der formellen Rechtskraft des Urteils nach § 705 ersucht das Verteilungsgericht die Hinterlegungsstelle von Amts wegen um eine Auszahlung. Dieses Ersuchen darf also nicht schon dann erfolgen, wenn das Urteil nur nach §§ 708 ff vorläufig vollstreckbar ist. Der Gläubiger muß die Rechtskraft nachweisen. Ein anderweitiges Verteilungsverfahren ist nur nach einer rechtskräftigen Erledigung sämtlicher Widersprüche statthaft. Es handelt sich dann um ein neues selbständiges Verteilungsverfahren. Die befriedigten Gläubiger oder die sonst ausgeschiedenen Gläubiger nehmen an ihm nicht teil. Neue Berechnungen sind dann nicht mehr notwendig. Jenes Verfahren verläuft im übrigen wie nach den §§ 874 ff. 1

Titel 4
Zwangsvollstreckung gegen juristische Personen des öffentlichen Rechts

882a *Zwangsvollstreckung wegen einer Geldforderung.* I [1] **Die Zwangsvollstreckung gegen den Bund oder ein Land wegen einer Geldforderung darf, soweit nicht dingliche Rechte verfolgt werden, erst vier Wochen nach dem Zeitpunkt beginnen, in dem der Gläubiger seine Absicht, die Zwangsvollstreckung zu betreiben, der zur Vertretung des Schuldners berufenen Behörde und, sofern die Zwangsvollstreckung in ein von einer anderen Behörde verwaltetes Vermögen erfolgen soll, auch dem zuständigen Minister der Finanzen angezeigt hat.** [2] **Dem Gläubiger ist auf Verlangen der Empfang der Anzeige zu bescheinigen.** [3] **Soweit in solchen Fällen die Zwangsvollstreckung durch den Gerichtsvollzieher zu erfolgen hat, ist der Gerichtsvollzieher auf Antrag des Gläubigers vom Vollstreckungsgericht zu bestimmen.**

II [1] **Die Zwangsvollstreckung ist unzulässig in Sachen, die für die Erfüllung öffentlicher Aufgaben des Schuldners unentbehrlich sind oder deren Veräußerung ein öffentliches Interesse entgegensteht.** [2] **Darüber, ob die Voraussetzungen des Satzes 1 vorliegen, ist im Streitfall nach § 766 zu entscheiden.** [3] **Vor der Entscheidung ist der zuständige Minister zu hören.**

III [1] **Die Vorschriften der Absätze 1 und 2 sind auf die Zwangsvollstreckung gegen Körperschaften, Anstalten und Stiftungen des öffentlichen Rechtes mit der Maßgabe anzuwenden, dass an die Stelle der Behörde im Sinne des Absatzes 1 die gesetzlichen Vertreter treten.** [2] **Für öffentlich-rechtliche Bank- und Kreditanstalten gelten die Beschränkungen der Absätze 1 und 2 nicht.**

IV (weggefallen)

V **Der Ankündigung der Zwangsvollstreckung und der Einhaltung einer Wartefrist nach Maßgabe der Absätze 1 und 3 bedarf es nicht, wenn es sich um den Vollzug einer einstweiligen Verfügung handelt.**

Vorbem: IV aufgehoben durch Art 6 XXXVIII ENeuOG vom 27. 12. 93, BGBl 2378, mit Wirkung vom 1. 1. 94, Art 11 I 1 ENeuOG. Der Gesetzgeber hat auch bei den Berücksichtigungen vom 24. 7. 07, BGBl 1781, wiederum versäumt anzuordnen, daß daher V zu IV werde.

Schrifttum: *Bank,* Zwangsvollstreckung gegen Behörden usw, 1982; *Busl,* Ausländische Staatsunternehmen im deutschen Vollstreckungsverfahren usw, 1992; *Goerlich,* Zwangsvollstreckung und Kirchengut, Gedächtnisschrift für *Martens* (1987) 559; *Genuhn,* Zwangsvollstreckung gegen Gemeinden und deren wirtschaftliche Unternehmen in der Bundesrepublik Deutschland, Österreich usw, 1997.

Gliederung

1) Systematik, I–III, V. § 882 a ähnelt dem § 910. § 882 a bringt eine Erweiterung des Vollstreckungsschutzes der §§ 811 ff, Schneider MDR **85**, 641. Die Vorschrift schafft für den Bund und die Länder ein einheitliches Recht. Das Landesrecht gilt mit Vorrang, Düss MDR **90**, 733, freilich jetzt nur noch für 1

Gemeindeverbände und Gemeinden, § 15 Z 3 EGZPO, BVerfG **60**, 156, Kblz JB **90**, 998 (betr § 64 LKO Rheinland-Pfalz), Nürnb BayVBl **89**, 506, Schmitt-Timmermanns/Schäfer BayVBl **89**, 489 (betr Art 77 I BayGO).

2 **2) Regelungszweck, I–III, V.** Die deutliche Bevorzugung der öffentlichen Hand als Vollstreckungsschuldner ist nur teilweise berechtigt. Man kann überhaupt nicht einsehen, weshalb ausgerechnet sie mehr Zeit zur Abwendung einer immerhin meist zäh bekämpften vollstreckbaren Verurteilung haben soll. Der Fiskus pflegt unter Berufung auf die Pflicht zur Wahrnehmung auch der Steuerinteressen der Bürger auch im Zivilprozeß mit besonderer Hartnäckigkeit und nur selten mit einer Vergleichsbereitschaft aufzutreten. Ist er gleichwohl unterlegen, leistet er erfahrungsgemäß keineswegs stets schon aus Achtung vor der Dritten Gewalt, obwohl sie doch wie er Staat ist. Muß der Gläubiger es deshalb auch noch zur Zwangsvollstreckung kommen lassen, verdient der Fiskus nun wirklich keine besondere Schonung mehr. II enthält schon genügend Rücksicht auf das öffentliche Interesse. Darum sollte man I nicht zu großzügig zugunsten des Schuldners auslegen.

3 **3) Geltungsbereich, I–III, V.** Man muß zwei Aspekte prüfen.

A. Grundsatz: Schuldner öffentliche Hand. Es muß sich um eine Zwangsvollstreckung gegen folgende juristische Personen des öffentlichen Rechts handeln: Den Bund, die Länder, ferner die Körperschaften, BVerfG **66**, 23, Anstalten, Stiftungen des öffentlichen Rechts, also auch die kirchlichen Körperschaften, LG Freibg DGVZ **93**, 12, die Versicherungsträger der Sozialversicherung. Ausgenommen ist das Sondervermögen Bundeseisenbahnvermögen, Art 1 § 1 ENeuOG (Vorbem), das infolge seiner weitgehenden Privatisierung nicht mehr begünstigt ist; § 39 BBahnG ist aufgehoben, Art 8 § 1 Z 2, § 3 ENeuOG. Ausgenommen sind ferner die öffentlichrechtlichen Bank- und Kreditanstalten. Gegen sie findet die Zwangsvollstreckung wie gegen jeden Schuldner statt, III 2. Wegen der Gemeinden § 3 EGZPO und Willenbruch ZIP **98**, 817.

4 **B. Besonderheiten.** Besonderheiten der Zwangsvollstreckung ergeben sich nur bei einer Vollstreckung wegen einer Geldforderung, §§ 803 ff, I. Auch das gilt dann nicht, wenn der Gläubiger ein dingliches Recht verfolgt, I. Dann haben die juristischen Personen des öffentlichen Rechts keine gegenüber anderen Schuldnern bevorzugte Stellung, ebensowenig bei §§ 887, 888, aM LG Freibg DGVZ **93**, 12. Es ist unerheblich, um welche Art von Vollstreckungstitel es sich handelt. Die in I vorgesehene Anzeige und die Einhaltung der Wartefrist entfallen stets dann, wenn es um den Vollzug einer einstweiligen Verfügung geht V, §§ 936, 929, § 936 Rn 14. Soweit § 882 a keine eng auslegbaren Sonderregeln enthält, gelten die allgemeinen Vollstrekkungsregeln. Es gelten auch die Insolvenzregeln, Rn 11, 12, BVerwG NJW **87**, 3018.

5 **4) Verfahren, I–III.** Man muß zahlreiche Fragen klären.

A. Notwendigkeit einer Anzeige. Der Gläubiger muß die Zwangsvollstreckung vorab anzeigen. Wenn er in das Vermögen des Bundes oder eines Landes vollstrecken will, das eine nach § 18 Rn 5 ff zur Vertretung berufenen Behörde verwaltet, genügt eine Anzeige der Vollstreckungsabsicht an diese Behörde. Wenn dagegen diese Behörde dasjenige Vermögen nicht verwaltet, in das die Vollstreckung stattfinden soll, muß der Gläubiger außerdem eine Anzeige auch dem Finanzminister des Bundes oder des Landes übersenden. Dann ist eine Anzeige gegenüber der verwaltenden Behörde allerdings nicht erforderlich.

6 **B. Einzelfragen.** Es genügt eine formlose Anzeige, auch eine elektronische oder eine solche per Telefax oder eine telefonische, Schneider MDR **85**, 641. Der Gläubiger muß sie evtl an den nach § 172 bestellten ProzBev richten, Schneider MDR **88**, 807. Die Anzeige ist eine Parteiprozeßhandlung, Grdz 47 vor § 128. Sie braucht nur eine allgemeine Ankündigung der bevorstehenden Zwangsvollstreckung aus dem natürlich kurz zu bezeichnenden Vollstreckungstitel zu enthalten. Der Gläubiger kann sich den Empfang der Anzeige von der Behörde bescheinigen lassen, auch beim Vorhandensein eines ProzBev zusätzlich. Diese Bescheinigung ist zweckmäßig. Denn der Gläubiger kann dem Gerichtsvollzieher dann im Zeitpunkt seiner Beauftragung den Fristablauf nachweisen. Wenn der Gläubiger nach III gegen eine Körperschaft, gegen eine Anstalt oder gegen eine Stiftung des öffentlichen Rechts vollstrecken will, muß er die Anzeige an den gesetzlichen Vertreter dieser Institution schicken. Es ist nicht notwendig, den Schuldner vor der Anzeige auf etwaige Bearbeitungsfehler usw hinzuweisen, LAG Hamm AnwBl **84**, 162, oder gar mit der Absendung der Anzeige vier Wochen zu warten, Rn 8. § 882 a verlangt eine Zulassung der Vollstreckung durch eine Aufsichtsbehörde als Bundesrecht gerade nicht allgemein, aM AG Wiesb DGVZ **97**, 189 (vgl aber Rn 2).

7 **C. Allgemeine Voraussetzungen.** Außerdem müssen alle sonst notwendigen Voraussetzungen der Zwangsvollstreckung vorliegen, Grdz 14 vor § 704, Ffm Rpfleger **81**, 158, AG Hamm JMBl NRW **76**, 138. Das Gericht muß zB eine Vollstreckungsklausel nach §§ 724 ff erteilt haben, Ffm Rpfleger **81**, 158.

8 **D. Wartefrist.** Der Gläubiger muß vier Wochen abwarten. Die Frist ist keine Notfrist, § 224 I 2. Sie rechnet von dem Tag des Eingangs der Anzeige bei der Behörde oder der gesetzlichen Vertretung der Behörde an, aber auch vom Zeitpunkt einer Anzeige an den nach § 172 bestellten ProzBev an, Schneider MDR **85**, 641. Sein etwaiges Verschulden ändert nichts am Fristlauf, § 85 II, Schneider MDR **85**, 641. Wenn mehrere Anzeigen erforderlich waren, beginnt die Frist erst mit dem Eingang der letzten Anzeige. Der Gläubiger muß aber nicht etwa schon mit der Absendung der Anzeige warten, sondern nur nach ihr bis zur Vollstreckung, LAG Hamm AnwBl **84**, 161.

9 **E. Kosten.** Auf die Kosten der Anzeige ist § 788 anwendbar, dort Rn 19 „Anzeige".
Gebühren: Des Anwalts VV 3309, 3310.

10 **F. Vollstreckung durch den Gerichtsvollzieher.** Soweit die Zwangsvollstreckung durch den Gerichtsvollzieher erfolgt, muß das Vollstreckungsgericht nach §§ 764, 802, 828 den zuständigen Gerichtsvollzieher auf einen Antrag des Gläubigers bestimmen, I 3. Der Gerichtsvollzieher muß insbesondere prüfen, ob die Voraussetzungen nach Rn 3–7 vorliegen.

11 **G. Unzulässigkeit, II.** Die Zwangsvollstreckung ist in die folgenden körperlichen Sachen nach § 808 unzulässig: *Entweder* muß es sich um Sachen handeln, die für die Erfüllung öffentlicher Aufgaben des Schuldners unentbehrlich sind. Hier muß man einen scharfen Maßstab anlegen. Eine andere Art der

Aufgabenerfüllung muß objektiv gänzlich unmöglich oder völlig unzumutbar sein. Die Unentbehrlichkeit fehlt zB oft bei einem einzelnen von mehreren verfügbaren Behördenwagen, Schneider MDR **85**, 642. *Oder* es muß sich um Sachen handeln, deren Veräußerung ein öffentliches Interesse entgegensteht. Das gilt zB bei einem Kunstschatz; bei einem Archiv; bei einer Bibliothek. Dann kommt es auf eine etwaige Unentbehrlichkeit zur Erfüllung öffentlicher Aufgaben nicht an. Zum Kirchenvermögen BVerfG **66**, 23.

Nicht hierher gehören: Das Finanzvermögen, BVerfG **64**, 44, und Forderungen sowie andere unkörperliche Gegenstände, BVerfG **64**, 44. Wegen einer Rundfunkanstalt BVerwG NJW **87**, 3018.

Über die Zulässigkeit der Zwangsvollstreckung *entscheidet* auch insofern das nach §§ 764, 802, 828 zuständige Vollstreckungsgericht durch den Rpfl, § 20 Z 17 RPflG. Er entscheidet ohne eine mündliche Verhandlung, § 764 III. Er muß vor seiner Entscheidung denjenigen Minister anhören, dem dasjenige Vermögen untersteht, in das die Zwangsvollstreckung erfolgen soll, Artt 2 I, 20 III GG, BVerfG **101**, 404. Er entscheidet durch einen Beschluß, § 329. Er muß seinen Beschluß begründen, § 329 Rn 4. Er teilt formlos nach § 329 II 1 mit, soweit er die Zwangsvollstreckung für unzulässig erklärt. Denn dann ist der Beschluß gerade kein Vollstreckungstitel. Andernfalls muß der Rpfl seinen Beschluß förmlich zustellen, § 329 III Hs 1. 12

5) Einstweilige Verfügung, V. Beim Vollzug einer einstweiligen Verfügung braucht der Gläubiger weder eine Anzeige noch eine Wartefrist zu beachten, Rn 4. Das gilt aber nicht beim Vollzug eines Arrests nach §§ 829 ff. 13

6) Rechtsbehelf, I–III, V. Gegen eine bloße Maßnahme des Rpfl ohne eine Anhörung ist die Erinnerung nach § 766 zulässig. Über diese entscheidet der Richter, § 20 Z 17 a RPflG. Gegen eine echte Entscheidung des Rpfl nach einer Anhörung ist der jeweilige Weg nach § 11 RPflG statthaft, gegen eine Erstentscheidung des Richters grundsätzlich die sofortige Beschwerde nach §§ 567 I Z 1, 793. 14

Abschnitt 3
Zwangsvollstreckung zur Erwirkung der Herausgabe von Sachen und zur Erwirkung von Handlungen oder Unterlassungen

Übersicht

Schrifttum: *Dietrich,* Die Individualvollstreckung: Materielle und methodische Probleme der Zwangsvollstreckung nach den §§ 883–898 ZPO, 1976; *Erdmann,* Die Kostentragung bei Maßnahmen des unmittelbaren Zwangs, 1987; *Knoll,* Die Herausgabevollstreckung beweglicher Sachen bei Ehegatten, Patnern einer nichtehelichen Lebensgemeinschaft und Mitgliedern einer Wohngemeinschaft, 1999; *Müller,* Das Verhältnis der Herausgabe- zur Handlungsvollstreckung usw, 1978.

1) Systematik. Abschnitt 3 regelt die Zwangsvollstreckung in persönliche Leistungen, soweit solche Leistungen überhaupt erzwingbar sind. Die Zwangsvollstreckung findet gegen den Fiskus und gegen andere Personen des öffentlichen Rechts genau so statt wie gegen andere Schuldner, § 882 a, § 15 Z 3 EGZPO. Die allgemeinen Vollstreckungsregeln nach §§ 704–802 sind anwendbar. § 95 I Z 2 FamFG macht §§ 83 ff entsprechend anwendbar. 1

2) Regelungszweck. Die Vorschriften zeigen das manchmal elegante, manchmal aber auch fast verzweifelte Bemühen des Gesetzgebers, auch bei eigentlich gar nicht erzwingbaren Vorgängen irgendwie Druck auf den Schuldner auszuüben, sei es durch Ordnungsmittel, durch eine kostenpflichtige Ersatzvornahme oder durch eine Unterstellung (Fiktion). Insbesondere §§ 885, 887, 888, 890 bergen eine dort jeweils beschriebene solche Fülle von Problemen, daß man den Gläubiger nicht noch durch eine allzu schuldnerfreundliche Auslegung quälen darf. Freilich setzt Art 20 I GG Grenzen. Ferner muß man die Menschenwürde und das Persönlichkeitsrecht des Schuldners und vor allem seiner zB von einer Räumung mitbetroffenen Personen wahren, Artt 1, 2 GG. Das Ermessen des Gerichts geht teilweise außerordentlich weit. Es gilt, eine richtige Mitte zwischen sozialer Verantwortung und Durchsetzungskraft wie Druckwirkung zu erzielen. 2

3) Geltungsbereich. Man muß vier Fallgruppen unterscheiden. 3

A. Herausgabe. Es geht zunächst um die Erzwingung der Herausgabe oder Leistung einer beweglichen oder unbeweglichen körperlichen Sache, §§ 883 ff. Man muß diese Zwangsvollstreckung von der Zwangsvollstreckung in den Anspruch auf die Herausgabe nach §§ 846–849 unterscheiden.

B. Andere Handlung. Es geht ferner um die Erzwingung einer Handlung anderer Art. Dabei behandelt die ZPO vertretbare und unvertretbare Handlungen verschieden, §§ 887 ff. Bei einer vertretbaren Handlung nach § 887 tritt eine Ersatzhandlung ein. Bei einer unvertretbaren Handlung nach §§ 888–889 muß ein unmittelbarer Zwang gegen den Schuldner erfolgen. 4

C. Unterlassung, Duldung. Es geht ferner um die Verpflichtung zur Unterlassung oder Duldung einer Handlung, § 890. Die Zuwiderhandlung wird mit Ordnungsmitteln geahndet. 5

D. Willenserklärung. Es geht schließlich um eine Willenserklärung, §§ 894 ff. Man kann sie nicht erzwingen. Die ZPO unterstellt daher einfach ihre Abgabe. 6

883 *Herausgabe bestimmter beweglicher Sachen.* [I] **Hat der Schuldner eine bewegliche Sache oder eine Menge bestimmter beweglicher Sachen herauszugeben, so sind sie von dem Gerichtsvollzieher ihm wegzunehmen und dem Gläubiger zu übergeben.**

[II] **Wird die herauszugebende Sache nicht vorgefunden, so ist der Schuldner verpflichtet, auf Antrag des Gläubigers zu Protokoll an Eides statt zu versichern, dass er die Sache nicht besitze, auch nicht wisse, wo die Sache sich befinde.**

III **Das Gericht kann eine der Sachlage entsprechende Änderung der eidesstattlichen Versicherung beschließen.**

IV **Die Vorschriften der §§ 478 bis 480, 483 gelten entsprechend.**

Schrifttum: S vor Üb 1 vor § 883.

Gliederung

1 **1) Systematik, I–IV.** Die Vorschrift wird ergänzt durch §§ 884, 886. Sie regelt die Vollstreckung auf Grund eines Herausgabetitels des Gläubigers. Demgegenüber betreffen §§ 846–849 die Vollstreckung in einen Herausgabeanspruch des Schuldners. Bei II, III führt noch nicht § 883 zur Befriedigung, sondern erst ein sich an §§ 807, 900 ff anschließendes Verfahren. In einer FamFG-Sache gibt § 95 IV FamFG erweiterte Befugnisse.

2 **2) Regelungszweck, I–IV.** Die Gesamtregelung ist so einfach wie möglich, aber leider in II–IV immer noch notgedrungen kompliziert. Diesen Umstand sollte man bei der Auslegung nicht noch zusätzlich zu Lasten des Gläubigers erschweren, Üb 2 vor § 883. Ziel muß auch bei II–IV bleiben, dem Gläubiger möglichst bald den möglichst vollständigen rechtlich wie tatsächlich einwandfreien Zugriff auf den unmittelbaren Besitz und Gewahrsam der möglichst unveränderten funktionsfähigen Sache zu ermögliche. Er hat schon lange genug auf sie warten müssen. Man kann in aller Regel vom Schuldner erwarten, daß er alles ihm Zumutbare tut, um statt der Sache wenigstens die Wege zu ihr preiszugeben.

3 **3) Geltungsbereich, I–IV.** § 883 ist im nachstehend beschriebenen Umfang direkt anwendbar, in dem in Rn 13 genannten Umfang entsprechend anwendbar, bei Rn 18–20 unanwendbar.

A. Bewegliche Sache. § 883 ist dann anwendbar, wenn der Schuldner entweder eine bestimmte bewegliche Sache § 90 BGB körperlich hingeben muß, Köln MDR **93**, 83, oder wenn er eine bestimmte Menge beweglicher Sachen aus einer greifbar bestimmten Gesamtheit herausgeben muß. Maßgeblich ist nur der sachliche Inhalt der Leistungsverpflichtung, LG Bre DGVZ **06**, 51. Als eine bewegliche Sache kann man hier nur eine körperliche Sache ansehen. Denn der Gerichtsvollzieher kann nur eine körperliche Sache wegnehmen.

4 **B. Beispiele zur Frage einer beweglichen Sache**

Abtrennbarkeit: Anwendbar ist § 883 auch auf eine solche Sache, die erst durch ihre Wegnahme beweglich wird, falls der Gerichtsvollzieher sie abtrennen kann.

Arbeitspapiere: § 887 Rn 20.

Auskunft: Anwendbar ist § 883 dann, wenn die Herausgabe nur zu einer vorübergehenden Überlassung ohne eine Besitzaufgabe erfolgen muß, zB zu einer Einsicht oder Vorlegung ohne eine weitergehende Auskunft, Köln DGVZ **88**, 41.

Unanwendbar ist § 883 dann, wenn die Herausgabe zu einer weitergehenden Auskunft gehört, BayObLG **75**, 329 (dann gilt § 888).

Befreiung: Rn 5 „Wahlrecht".

Behörde: S „Dritter", Rn 5 „Urkunde".

Bruchteil: Der rechnerische Sachbruchteil ist *keine* Sache.

Dritter: Anwendbar ist § 883 auch dann, wenn der Schuldner die Sache an einen Dritten herausgeben muß, zB an eine Behörde oder an einen Sequester, LG Heidelb DGVZ **77**, 44, Schilken DGVZ **88**, 52, oder an den Zwangsverwalter, s dort.

Einsichtnahme: S „Auskunft".

Hinterlegung: Anwendbar ist § 883 auch dann, wenn der Schuldner die Sache hinterlegen muß.

Insolvenz: § 89 InsO hindert nicht, LG Hann DGVZ **90**, 170.

Mehrere Sachen: Eine greifbar bestimmte Gesamtheit kann sich aus bestimmten beweglichen Sachen zusammensetzen, auch aus Geld, BGH DGVZ **07**, 7, LG Heilbr Rpfleger **07**, 620 (je: Mietkaution, zustm Beier/Haut 36). Das kann etwa bei einer Bücherei oder Ladeneinrichtung oder beim Hausrat so sein. Vgl aber auch Köln MDR **93**, 83 (Urkundenmehrheit), LG Essen JB **75**, 962. Die greifbar bestimmte Gesamtheit kann auch aus vertretbaren Sachen bestehen, Schilken DGVZ **88**, 51. Es muß aber die Pflicht bestehen, aus einem bestimmten Bestand herauszugeben, etwa 5000 l Heizöl der Qualität X.

Montagepflicht: *Unanwendbar* ist § 883 dann, wenn der Schuldner die Sache auch montieren oder aufstellen muß, zB eine Maschine. Dann gilt § 887.

5 **Recht an Sache:** Es ist *keine* Sache.

Sequester: Rn 4 „Dritter".

Strom: Der elektrische Strom ist *keine* Sache.

884 *Leistung einer bestimmten Menge vertretbarer Sachen.* **Hat der Schuldner eine bestimmte Menge vertretbarer Sachen oder Wertpapiere zu leisten, so gilt die Vorschrift des § 883 Abs. 1 entsprechend.**

1) Systematik, Regelungszweck. Vgl zunächst Üb 1 vor § 883. Zur Abgrenzung des § 884 gegen den § 883 dort Rn 3 und Jahnke ZZP **93**, 57, aM Schilken DGVZ **88**, 51. Ergänzend gilt § 886. 1

2) Geltungsbereich. Unter § 884 fällt vor allem ein Anspruch auf eine solche bewegliche Sache, die der Schuldner erst noch anschaffen oder herstellen muß. Hierher gehört auch ein Anspruch auf eine solche Sache, die der Schuldner an einen Spediteur oder dgl liefern muß. Zum Begriff der vertretbaren Sache § 91 BGB, zum Begriff des Wertpapiers § 821 Rn 3. Hierher gehört auch ein Posten Aktien in Sammelverwahrung, BGH NJW **04**, 3341 (beim Gewahrsam eines Dritten gilt § 886). 2

3) Durchführung. Der Gerichtsvollzieher darf nur eine solche Sache wegnehmen, die sich im Besitz des Schuldners befindet. Ob das zutrifft, muß der Gerichtsvollzieher notfalls unter der Hinzuziehung eines Sachverständigen feststellen. Die Kosten des Sachverständigen sind Kosten der Zwangsvollstreckung. Wenn der Schuldner eine derartige Sache nicht im Besitz hat, ist nicht etwa § 883 II, III entsprechend anwendbar, auf den § 884 nicht mit verweist. Vielmehr bleibt dem Gläubiger dann nur eine Klage auf das Interesse nach § 893 übrig, soweit nicht § 886 hilft, Jordan VersR **78**, 692, Schilken DGVZ **88**, 51. Der Gläubiger kann den Schuldner also nicht durch die Androhung eines Ordnungs- oder Zwangsmittels zur Anschaffung der Sache oder zu einem Tauschangebot zwingen, ganz abgesehen davon, daß man den Anspruch im Urteil auch nicht genügend genau bezeichnen könnte. Auch §§ 887, 888 sind unanwendbar, § 887 III. Die Wegnahme beschränkt die Leistungspflicht auf die weggenommenen Stücke, §§ 243 II BGB, 897 ZPO. Die Abgabe einer eidesstattlichen Versicherung nach § 883 II, III kommt dann nicht infrage. 3

885 *Fassung 1. 9. 2009:* ***Herausgabe von Grundstücken oder Schiffen.*** **I [1] Hat der Schuldner eine unbewegliche Sache oder ein eingetragenes Schiff oder Schiffsbauwerk herauszugeben, zu überlassen oder zu räumen, so hat der Gerichtsvollzieher den Schuldner aus dem Besitz zu setzen und den Gläubiger in den Besitz einzuweisen. [2] Der Gerichtsvollzieher hat den Schuldner aufzufordern, eine Anschrift zum Zweck von Zustellungen oder einen Zustellungsbevollmächtigten zu benennen.**

II Bewegliche Sachen, die nicht Gegenstand der Zwangsvollstreckung sind, werden von dem Gerichtsvollzieher weggeschafft und dem Schuldner oder, wenn dieser abwesend ist, einem Bevollmächtigten des Schuldners oder einer zu seiner Familie gehörigen oder in dieser Familie dienenden erwachsenen Person übergeben oder zur Verfügung gestellt.

III [1] Ist weder der Schuldner noch eine der bezeichneten Personen anwesend, so hat der Gerichtsvollzieher die Sachen auf Kosten des Schuldners in das Pfandlokal zu schaffen oder anderweit in Verwahrung zu bringen. [2] Unpfändbare Sachen und solche Sachen, bei denen ein Verwertungserlös nicht zu erwarten ist, sind auf Verlangen des Schuldners ohne weiteres herauszugeben.

IV [1] Fordert der Schuldner nicht binnen einer Frist von zwei Monaten nach der Räumung ab oder fordert er ab, ohne die Kosten zu zahlen, verkauft der Gerichtsvollzieher die Sachen und hinterlegt den Erlös; Absatz 3 Satz 2 bleibt unberührt. [2] Sachen, die nicht verwertet werden können, sollen vernichtet werden.

Vorbem. I 3, 4 aufgehoben, Art 29 Z 23 FGG-RG, in Kraft seit 1. 9. 09, Art 112 I Hs 1 FGG-RG, ÜbergangsR Art 111 FGG-RG, Einf 4 vor § 1 FamFG.

Bisherige Fassung I 3, 4: **[3] Bei einer einstweiligen Anordnung nach dem § 620 Nr. 7, 9 oder dem § 621 g Satz 1, soweit Gegenstand des Verfahrens Regelungen nach der Verordnung über die Behandlung der Ehewohnung und des Hausrats sind, ist die mehrfache Vollziehung während der Geltungsdauer möglich. [4] Einer erneuten Zustellung an den Schuldner bedarf es nicht.**

Schrifttum: *Barthelmess* (Hrsg), Der Räumungsprozess, 2005; *Erchinger,* Probleme bei der Zwangsvollstreckung gegen die Partner einer eheähnlichen Gemeinschaft und einzelne Mitglieder einer Wohngemeinschaft, Diss Tüb 1987; *Fischer,* Schuldnerschutz bei der Räumungsvollstreckung (§ 885 ZPO), in: Festschrift für *Blank* (2006); *Gilleßen* DGVZ **06**, 145, 165 und 185 (je: Üb); *Honsel,* Die Räumungsvollstreckung gegen Personenmehrheiten, 1992; *Hüermann* NZM **04**, 326 (Üb); *Kaemmerer,* Die Aufnahme eines Dritten in die Mietwohnung, Diss Mainz 1991; *Kleffmann,* Unbekannt als Parteibezeichnung, zivilprozessuale Möglichkeiten und Grenzen, dargestellt am Beispiel einer auf Räumung gerichteten einstweiligen Verfügung gegen Hausbesetzer, 1983; *Münzberg,* Räumung gegen Familienmitglieder ohne entsprechenden Vollstreckungstitel?, Festschrift für *Gernhuber* (1993) 781; *Nies* MDR **99**, 1113 (Üb); *Riecke,* Die „Hamburger" Räumung als kreative Alternative oder positives „Minus" gegenüber der „preußischen Standard-Zwangsräumung", in: Festschrift für *Blank* (2006); *Riecke* NZM **06**, 919 (Bespr *Hansens* JB **07**, 183); *Schilken,* Grundrechtlicher Wohnungsschutz und Vollstreckung, Festschrift für *Beys* (Athen 2004) 1447.

Gliederung

1 **1) Systematik, I–IV.** §§ 883, 884 betreffen bewegliche Sachen. Demgegenüber regelt § 885, ergänzt durch § 886, die Vollstreckung auf Grund eines Herausgabeanspruchs des *Gläubigers* wegen einer unbeweglichen Sache, BGH RR **07**, 1091 (also nicht § 888). Das darf man nicht mit den in §§ 846–849 geregelten Vollstreckung in einen Herausgabeanspruch des *Schuldners* verwechseln. Daher bleibt auch eine Zwangsräumung nach §§ 21 II Z 3, 89 I InsO trotz einer Insolvenz des Räumungsschuldners zulässig, AG Offenbach DGVZ **05**, 15. Es findet kein obligatorisches Güteverfahren statt, § 15 a II 1 Z 6 EGZPO, Hartmann NJW **99**, 3748. Der Gerichtsvollzieher kann sich nicht um das Vergaberecht kümmern, zum Problem Mohr DGVZ **05**, 161. § 95 I Z 2 FamFG macht § 885 entsprechend anwendbar. Vgl auch § 96 FamFG. In einer FamFG-Sache gibt § 95 IV FamFG erweiterte Befugnisse.

2 **2) Regelungszweck, I–IV.** Die Räumung führt zu zahlreichen auch sozialen Begleitproblemen. Sie finden teilweise in §§ 721, 765 a usw Spezialregelungen. Man muß sie aber im übrigen durch eine solche Auslegung lösen, die den berechtigten Wunsch des Räumungsgläubigers oft nach der selbst dringend benötigten Wohnung beachtet. Es gibt ja ein verfassungsrechtlich geschütztes Befriedigungsrecht des Gläubigers, BGH NJW **04**, 3771. Freilich gibt es auch den aus Artt 1, 2, 13, 14, 20 I GG ableitbaren Schutz des Räumungsschuldners und vor allem seiner Angehörigen. Dabei muß man auch den behördlichen Obdachlosenschutz in die Überlegungen einbeziehen, Rn 7. Man muß auch die oft erheblichen Kosten zB eines Transports und einer Zwischenlagerung immerhin mitbedenken. Das alles kann nur unter einer Abwägung aller Umstände behutsam geschehen.

3 **3) Unbewegliche Sache, I.** Die Vorschrift verstößt nicht gegen Art 13, 14 GG, BVerfG WoM **91**, 466.

A. Räumung. Hierher gehört die Herausgabe, Räumung und Überlassung des Allein- oder Mitbesitzes, AG Mainz DGVZ **01**, 63. Den Gegensatz bildet das evtl nur nach §§ 887, 888 beurteilbare bloße Verlassen eines Raumes, das bloße „Ausziehen", LG BadBad DGVZ **03**, 24, AG Gladbek FamRZ **92**, 589, AG Mainz DGVZ **01**, 63. Überlassung ist die Herausgabe zur ungehinderten Benutzung, LG Hbg WoM **02**, 55. Räumung ist die Entsetzung des Schuldners aus dem Besitz mit der folgenden Einweisung des Gläubigers in den Besitz, § 854 BGB, Ffm MDR **03**, 655, LG Wiesb DGVZ **00**, 24. Das geschieht meist durch eine Schlüsselübergabe evtl nach einer Auswechslung der Schlösser. Beim Grundstück ohne einen verschließbaren Raum kann die Erklärung des Gerichtsvollziehers zu seinem Protokoll reichen.

Wegen einer *symbolischen* Räumung Rn 21, wegen der sog Hamburger Räumung Nies DGVZ **00**, 33, Riecke (vor Rn 1) und DGVZ **05**, 84 sowie NZM **06**, 919. Räumungspflicht bedeutet stets auch Herausgabepflicht, AG Ehingen DGVZ **79**, 77. Das gilt auch bei einer freiwilligen Räumung, AG Emmendingen DGVZ **02**, 191 (Übergabe an Gläubiger). Eine Übereignung fällt unter § 894. § 885 enthält keine Ermächtigung an den Gläubiger, die auf dem Grundstück befindlichen Gegenstände zu entfernen, AG Leverkusen DGVZ **96**, 44. Sie erlaubt auch keinen Abbruch usw, Ffm MDR **03**, 655 (§ 887).

4 **B. Sachbegriff.** Anders als bei § 864 umfaßt der Begriff der unbeweglichen Sache hier nur ein Grundstück oder einen körperlichen Teil eines solchen Grundstücks, zB eine Wohnung, einen Geschäftsraum, Schilken DGVZ **88**, 56, oder ein vom Schuldner errichtetes Gebäude, also einen nicht bloß gedachten Teil. Die Einräumung eines nur gedachten Teils ist nach §§ 887 ff vollstreckbar, StJM 3, aM Eickmann DGVZ **79**, 179 (differenzierend).

Unter § 885 fallen ferner: Ein eingetragenes Schiff, und zwar unabhängig davon, ob jemand es bewohnt oder nicht; ein eingetragenes Schiffsbauwerk. Ein nicht eingetragenes Schiff sowie ein nicht eingetragenes Schiffsbauwerk fallen unter § 883, selbst wenn diese schon eintragungsfähig sein mögen. § 885 betrifft insbesondere die Räumung des Grundstücks oder des Schiffs oder einzelner Räume (dazu §§ 721, 794 a) oder die Räumung eines Pachtgrundstücks. Man muß die Räumung einer beweglichen Sache entsprechend behandeln, etwa die Räumung eines Wohnwagens oder Behelfsheimes oder diejenige eines nicht eingetragenen bewohnten Schiffs. Wenn der Schuldner ein bewegliches Zubehör nach § 865 Rn 4, 6 mit dem Grundstück usw herausgeben muß, fällt es unter § 885, § 180 Z 3 GVGA.

5 **C. Weitere Voraussetzungen.** Die allgemeinen Voraussetzungen der Zwangsvollstreckung nach Grdz 14 vor § 704 müssen vorliegen, insbesondere ein Vollstreckungstitel, AG Aalen DGVZ **06**, 123 (Insolvenzeröffnungsbeschluß). Er ist wie stets auslegbar, LG Bonn DGVZ **98**, 142. Er braucht neben einer Räumung nicht auf eine Herausgabe zu lauten, Rn 2, Mü DGVZ **99**, 56. Vorliegen kann auch ein Zuschlagsbeschluß, § 93 I ZVG, LG Darmst DGVZ **96**, 72, LG Lüb DGVZ **90**, 91, AG Bad Segeberg DGVZ **92**,125 (freilich nicht gegenüber dem Mieter usw des bisherigen Eigentümers). Vorliegen mag auch ein Räumungsbeschluß bei einer Zwangsverwaltung, § 149 II ZVG. Es ist unerheblich, ob der Vollstreckungstitel dinglich oder persönlich ist. Er muß aber gegen den Gewahrsamsinhaber lauten, notfalls auch gegen den Untermieter, Rn 17. Gewahrsam ist die tatsächliche Sachherrschaft, Celle DGVZ **88**, 171, AG Essen DGVZ **98**, 44, Fallak ZMR **03**, 803. Zur Verwirkung Rn 8 und § 767 Rn 34 sowie AG Nürnb DGVZ **06**, 181 (Gläubiger ist schon im Besitz).

Nicht ausreichend ist ein Nießbrauch, BGH NJW **06**, 1124. Mehrere Antragsrücknahmen wegen Rückstandszahlungen können zum Titelverbrauch führen, AG Dorsten DGVZ **07**, 142.

Besitzt ein *Dritter* außerhalb des Kreises der in Rn 9 ff Genannten, ist grundsätzlich schon wegen § 750 I ein neuer Titel nötig, LG Darmst DGVZ **96**, 72 (auch keine automatische Umschreibung der Klausel), LG Memmingen DGVZ **07**, 126. Freilich ist eine arglistige Besitzübertragung auf ihn zwecks einer Räumungsverhinderung unbeachtlich, AG/LG Hbg DGVZ **05**, 164. Wegen unbekannter Hausbesetzer § 750 Rn 6. Eine „Verpflichtung zum Auszug" bedeutet trotz Rn 3 oft eine Räumungspflicht, AG Bensheim DGVZ **78**, 122 (sehr streng). Ein Prozeßvergleich nach Anh § 307 ist auslegbar, AG Bln-Schönebg DGVZ **91**, 93. Eine Formulierung, der Schuldner werde die Wohnung „zur alleinigen Nutzung überlassen" oder er „werde räumen", kann ausreichen, KG FamRZ **87**, 129 (für die Zeit vor der Rechtskraft der Scheidung), AG Bruchsal DGVZ **78**, 121, Geißler DGVZ **87**, 66, aM Hbg FamRZ **83**, 1151, LG Itzehoe FamRZ **87**, 176 (aber solche Formulierungen geben das Wesentliche durchaus klar her).

4) Unmittelbarer Zwang, I. Es besteht eine Fülle von Streitfragen. 6

A. Grundsatz: Zulässigkeit bei möglichster Schonung. Vgl §§ 180, 181 GVGA. Üb Dorn Rpfleger **89**, 262. Die Zwangsvollstreckung in die Herausgabe, die Überlassung und die Räumung geschehen natürlich nicht durch eine verbotene Eigenmacht des Vermieters, Celle WoM **95**, 188. Sie dürfen vielmehr nur durch den Gerichtsvollzieher erfolgen, LG Lpz DGVZ **96**, 40 (allgemein), AG Leverkusen DGVZ **96**, 44 (speziell). Er muß möglichst schonend handeln, Geißler DGVZ **87**, 66, jedoch notfalls durch einen unmittelbaren Zwang, § 758 III, BVerfG DGVZ **02**, 118 (Klinik). Das gilt grundsätzlich einschließlich der Räumung der beweglichen Sachen des Schuldners (Ausnahmen: Rn 18), aber ohne einen Eingriff in die zu räumende Sache selbst. Der Gerichtsvollzieher darf also nicht etwa eine Mauer niederreißen. Demgemäß reicht ein Vollstreckungstitel auf die Räumung eines Grundstücks auch nicht zur „Räumung" desjenigen bebauten Grundstücksteils aus, auf dem sich ein festes Wohnhaus des Schuldners befindet.

Dann kann der Gläubiger nur nach § 887 vorgehen, falls auch die *Beseitigung* mit unter die „Räumung" nach dem Urteil fällt. Im übrigen ergeben die Sachlage und das sachliche Recht das Notwendige. Stets beinhaltet aber der Räumungstitel die Befugnis des Gerichtsvollziehers, den Schuldner aus demjenigen Gebäude zu entfernen, das der Schuldner auf dem Grundstück erbaut hat.

Der Gerichtsvollzieher muß die *Frist* des § 181 Z 1 S 1 GVGA *abwarten.* Er kann den viel früher gestellten Räumungsantrag evtl derzeit zurückweisen, AG Oberkirch DGVZ **95**, 92. Besser läßt er ihn bis zum Fristablauf liegen. Er muß den Räumungstermin dem Gläubiger stets mitteilen, dem Schuldner in der Regel, § 180 Z 2 GVGA. Die Mitteilung muß so rechtzeitig geschehen, daß der Schuldner sich auf die Räumung einrichten kann, AG Ffm WoM **83**, 87. Freilich darf der Schuldner grundsätzlich keine wochenlange Zwischenfrist beanspruchen. Der Gerichtsvollzieher braucht auch nicht ein Räumungsfristverfahren nach § 721 abzuwarten, solange das Gericht keine andere einstweilige Anordnung nach §§ 721 IV 4, 732 II getroffen hat. Der Schuldner kann nach §§ 765 a, 766 vorgehen.

B. Obdachlosigkeit. Eine Haft oder eine drohende Obdachlosigkeit des Schuldners und seiner Familie 7
dürfen zwar grundsätzlich die Räumung durch den Gerichtsvollzieher nicht beeinträchtigen, AG Bad Mergentheim DGVZ **00**, 28. Der Gerichtsvollzieher muß nur die zuständigen Behörden nach § 181 Z 2 GVGA benachrichtigen. Zur Praxis polizeilicher Zwangseinweisung des Räumungsschuldners in die zu räumende Wohnung mit Recht krit Pawlowski DGVZ **92**, 97, Schlink NJW **88**, 1689. Wegen der Räumungskosten bei einer Beschlagnahme Nies ZMR **02**, 20. Zur behördlichen Räumungsverfügung gegen den zunächst wieder Eingewiesenen BGH DGVZ **96**, 112. Zu ihrem Verhältnis zu § 765 a VG Kblz WoM **93**, 474.

Indes muß der Gerichtsvollzieher prüfen, ob eine vom Schuldner beantragte Gerichtsentscheidung zB nach *§ 765 a* direkt bevorsteht. Der Gerichtsvollzieher kann begrenzt auch selbst nach § 765 a II einen Aufschub geben. Nach dem Ablauf der ordnungsbehördlichen Einweisungsfrist darf und muß der Gerichtsvollzieher auf Grund des nicht verbrauchten Vollstreckungstitels weiter vollstrecken, LG Darmst DGVZ **93**, 154, LG Ellwangen DGVZ **93**, 11, LG Heilbr MDR **92**, 910, aM Pawlowski DGVZ **92**, 100 (das öffentlichrechtliche Beschlagnahmeverhältnis müsse beendet sein, notfalls im Verwaltungsrechtsweg. Damit würde man aber die ZPO im Ergebnis aushebeln).

Freilich kann die *sofortige Vollziehbarkeit* einer Einweisungsverfügung auch bei deren Verlängerung fortgelten, LG Gießen DGVZ **90**, 74. Will die Obdachlosenbehörde den Schuldner aus der Wohnung setzen lassen, ist eine solche rechtskräftige oder sofort vollziehbare Verfügung notwendig, in der sie die Räumungsverpflichtung ausdrücklich ausspricht, AG Reutlingen DGVZ **90**, 79. Der Schuldner kann den Einwand des Abschlusses eines neuen Nutzungsverhältnisses nur nach § 767 geltend machen, LG Freibg DGVZ **89**, 156. Die Obdachlosenbehörde haftet für Kosten des Gläubigers infolge einer verspäteten Ankündigung der Wiedereinweisung, LG Lünebg DGVZ **91**, 75.

C. Verwirkung. Zum Rechtsmißbrauch Einl III 54 und Grdz 44 vor § 704, LG Hann MDR **79**, 495 8
und 589, AG Hbg- St Georg DGVZ **07**, 63. Nach 2,5 Jahren nebst Raten kann eine Verwirkung vorliegen, AG Kronach DGVZ **05**, 188, ebenso nach einer wiederholten Forderung zur Mietzahlung statt zur Räumung, AG Mü DGVZ **06**, 123. Die Anwesenheit des Gläubigers ist zwar nicht erforderlich, oft aber zweckmäßig. Der Gläubiger hat wegen der Art und Weise der Durchführung der Räumung kein Weisungs- oder Mitbestimmungsrecht, AG Itzehoe DGVZ **83**, 142. Die Anwesenheit des Schuldners ist nicht erforderlich, § 180 Z 2 GVGA. Wegen der Einzelheiten enthält I 2–4 nähere Anweisungen.

5) Familienangehöriger usw, I, dazu *Hüermann* WoM **04**, 135, *Riecke* DGVZ **06**, 81, *Schuschke* NZM **05**, 9
681 (Üb): Es ergeben sich zahlreiche Gruppierungen mit unterschiedlichen Rechtsfolgen.

A. Eigenes Nutzungsrecht. Ein Angehöriger des Schulders kann ein eigenes Nutzungsrecht an Gewerberaum haben, AG Essen DGVZ **98**, 44. Er kann auch ein eigenes Wohnrecht haben, etwa auf Grund eines eigenen Mietvertrags über eine eigene abgeschlossene Wohnung. Dann muß der Gläubiger auch gegen ihn einen Räumungstitel erwirken, LG Köln DGVZ **94**, 46, AG Bergisch Gladb DGVZ **94**, 46. Das gilt auch zB beim volljährigen Kind, das Kost und Logis bezahlt, LG Heilbr Rpfleger **05**, 154, AG Fürth DGVZ **03**, 29, oder das der Kündigung schriftlich widersprach, AG Lichtenberg DGVZ **05**, 188, oder beim Lebensgefährten, LG Trier NZM **05**, 599. Vgl ferner § 96 FamFG (Gewaltschutz, Wohnungszuweisung).

10 **B. Sonst: Grundsatz der Miträumung.** Grundsätzlich muß der Gerichtsvollzieher aber für den Vermieter neben oder nach dem Schuldner trotz § 750 I auch dessen Familienangehörigen entfernen, soweit sie kraft Gesetzes den Wohnsitz des Schuldners oder seines Ehegatten teilen, AG Aalen DGVZ **06**, 123. § 739 ist also unanwendbar, BVerfG RR **91**, 1101, AG Augsb RR **05**, 480, AG Bln-Mitte NZM **07**, 264 (je: bis zur Rechtskraft minderjähriges Kind), Schuschke NZM **04**, 207, aM BGH NJW **08**, 1959 – krit Schuschke – (bloßer Mitbesitz stehe schon entgegen), Düss DGVZ **98**, 140, AG Bln-Lichtenberg NZM **06**, 120 (aber eine bloße Nichterwähnung im Titel läßt gerade seine vernünftige und erforderliche Auslegbarkeit unberührt. Eine Auslegung ist entgegen Köln WoM **94**, 286 fast stets zulässig, Einl III 35 ff), LG Heilbr Rpfleger **03**, 431 (der Gerichtsvollzieher müsse alle, die hinter der Wohnungstür als Mitbesitzer und nicht als bloße Besitzdiener lebten, vollstreckungsrechtlich gleichbehandeln. Das Abstellen nur auf einen Mitbesitz zB bei BGH NJW **08**, 1959 (krit Schuschke), ist indessen ein glatter Verstoß gegen Art 13 GG und gegen § 325 I 1 Hs 1. Außerdem kann der Gerichtsvollzieher solche Rechtsfragen gar nicht vor Ort beurteilen). Der Gerichtsvollzieher muß auch die etwaigen Hausangestellten hinausweisen. Beim Zuschlagsbeschluß darf der Gerichtsvollzieher aber nur den dortigen Schuldner entfernen, AG Limburg DGVZ **04**, 127.

11 **C. Getrennter Alleinmieter.** Wenn ein Ehegatte oder eingetragener Lebenspartner der Alleinmieter ist, muß der Gerichtsvollzieher auch denjenigen anderen entsetzen, der seine Wohnung mit dem Schuldner teilt, Karlsr WoM **92**, 494, LG Saarbr NZM **02**, 939, AG Westerburg DGVZ **05**, 46, aM BGH **159**, 384 (abl Schuschke LMK **04**, 214) und NZM **05**, 10, Ffm WoM **03**, 640, Jena WoM **02**, 221 (ein Vollstreckungstitel nur gegen einen Ehegatten oder Lebenspartner reiche bei einer ungestörten Ehe weder gegen diesen noch gegen den anderen Ehegatten), LG Mü WoM **97**, 633 (maßgeblich sei die tatsächliche Sachherrschaft), Wunderlich ZMR MDR **90**, 130 (es sei auch dann ein Titel auch gegen den anderen Ehegatten notwendig. Aber alle diese Varianten machen die Räumung oft genug praktisch nahezu undurchführbar. So sollte man daher den Titel nicht durch eine „Auslegung" behandeln). Man sollte auch nicht den eher aufs Tatsächliche bezogenen Gewahrsamsbegriff mit dem jedenfalls auch aufs Rechtliche abstellenden Besitzbegriff durcheinanderwerfen. Ebensowenig sollte man Pflichten des familienrechtlichen Innenverhältnisses nach § 1353 I BGB mit einem schuldrechtlichen Mietvertrags-Außenverhältnis nach §§ 535 ff BGB verwechseln oder gar bewußt gleichsetzen, wie es BGH **159**, 384 wohl tut. Was soll der Vermieter als Räumungsgrundlage gegenüber dem nicht mitunterzeichnet habenden, vielleicht erst später „eingeheirateten" Ehe- oder Lebenspartner heranziehen, die dort gerade zum Mitbesitz oder -gewahrsam berechtigt gewesen seien?

12 **D. Getrennter Alleinbesitzer.** Wenn die Ehefrau usw vom Ehemann getrennt lebt und die Wohnung allein innehat und umgekehrt, ist ein Räumungstitel gegen sie oder ihn erforderlich. Denn jetzt ist sie die Alleinbesitzerin, LG Münst DGVZ **88**, 77, LG Regensb WoM **98**, 235, LG Stgt Rpfleger **03**, 255, aM LG Mönchengladb DGVZ **00**, 118, AG Dortm DGVZ **96**, 77 (aber ein Alleinbesitz schafft eigentlich sogar einen Anscheinsbeweis dafür, daß der Vollstreckungstitel jedenfalls hier nicht auch diesen Alleinbewohner meint). Indessen genügt die Umschreibung des gegen den Ehemann ergangenen Räumungstitels nach §§ 727, 325, wenn der Alleinbesitz der Ehefrau erst nach dem Eintritt der Rechtshängigkeit eingetreten ist.

Entsprechendes gilt dann, wenn der *Ehemann* usw von der Ehefrau *getrennt* lebt und die Wohnung allein innehat und wenn ein Vollstreckungstitel gegen die Ehefrau ergangen war, auch wenn sie räumte, AG Ffm DGVZ **98**, 14. Hat das FamG einem Ehegatten die Wohnung allein zugewiesen und den anderen zur Räumung verpflichtet, kann gegen den letzteren die Zwangsvollstreckung erfolgen, AG Karlsr-Durlach DGVZ **93**, 62, AG Tüb DGVZ **94**, 14 (der Gerichtsvollzieher entfernt nur die persönliche Habe des Räumungsschuldners).

13 **E. Mehrere Mitmieter.** Wenn beide damaligen oder späteren *Ehegatten* usw den Mietvertrag unterzeichnet hatten, erfolgt die Räumung nur auf Grund eines Vollstreckungstitels gegen beide, Oldb ZMR **91**, 268, LG Oldb DGVZ **98**, 10, Scholz WoM **90**, 100.

Wenn der Mietvertrag beide Vertragspartner aufführt, wenn aber *nur einer unterschrieben* hat, kann er zugleich den anderen vertreten haben, Düss WoM **89**, 363. Wenn Ehegatten usw als Miteigentümer des Grundstücks die Wohnung bewohnen, ist ein Titel gegen beide erforderlich, AG Oldb DGVZ **89**, 189.

14 **F. Anderer Mitbewohner,** dazu *Pauly* DGVZ **00**, 17: Der Gerichtsvollzieher darf gegen solche anderen als die oben genannten Familienangehörigen, die die Wohnung mit dem Schuldner teilen, grundsätzlich nur auf Grund eines besonderen Vollstreckungstitels vorgehen, KG MDR **94**, 163, AG Halle-Saalkreis WoM **02**, 429, Scherer DGVZ **93**, 163 (anders aber Rpfleger **97**, 278), aM LG Detm DGVZ **99**, 27, AG Wesel DGVZ **02**, 188, Artzt/Schmidt ZMR **94**, 93 (maßgeblich sei die tatsächliche Sachherrschaft. Aber der bisherige Vollstreckungstitel läßt sich meist nicht derart weit auslegen). Ein besonderer Vollstreckungstitel ist gegenüber einem Dritten nur bei dem ja nie geschützten Rechtsmißbrauch des Vollstrecksungsschuldners entbehrlich, Einl III 54, AG Ludwigsh ZMR **02**, 925.

15 **G. Lebensgefährte.** Ein besonderer Vollstreckungstitel ist ferner gegenüber einem außerehelichen Lebensgefährten erforderlich, BGH NJW **08**, 1959 (krit Schuschke), Köln WoM **97**, 281, LG Detm DGVZ **99**, 27, AG Mönchengladb DGVZ **99**, 140, aM LG Wuppert DGVZ **07**, 39 (Fallfrage. Für den Gerichtsvollzieher praktisch undurchführbare Schätzungsanforderungen), AG Hildesh DGVZ **03**, 94, MüKoSchi 9, 11 (aber noch erfaßt der bisherige Vollstreckungstitel allenfalls den eingetragenen Lebenspartner mit, Rn 10–14. Ein Lebensgefährte ist auch kein bloßer Besucher nach Rn 17). Zum Problem Ernst JB **04**, 407 (Üb). Der Geschiedene, aber noch dort mit dem früheren Ehegatten vertragslos Zusammenwohnende erfordert ebenfalls einen Vollstreckungstitel gegen sich, AG Münst DGVZ **06**, 117.

16 **H. Verlobter.** Ein besonderer Vollstreckungstitel ist ferner gegenüber der *Verlobten* ohne einen eigenen Mietvertrag notwendig, AG Sobernheim DGVZ **95**, 47, AG Stgt DGVZ **83**, 190, ZöStö 5.

17 **I. Untermieter.** Ein besonderer Vollstreckungstitel ist ferner grundsätzlich gegenüber einem *Untermieter* notwendig, BGH WoM **03**, 577, Köln WoM **94**, 286, LG Landsberg DGVZ **07**, 73, aM AG Ansbach DGVZ **07**, 73, AG Lübeck DGVZ **95**, 92, Fallak ZMR **03**, 806 (aber der Untermieter muß einen eigenen Räumungsschutz behalten. Man würde ihn sonst unzumutbar in ein von ihm gar nicht beherrschbares ganz anderes Rechtsverhältnis hineinziehen). Das gilt ausnahmsweise dann nicht, wenn der Haupt- und der

Untermieter ihre Lage dem Vermieter längere Zeit hindurch verschwiegen haben, KG NZM **03**, 105, überhaupt beim Rechtsmißbrauch, Einl III 54, AG Hbg-St Georg DGVZ **07**, 63.

Notfalls ist eine *Umschreibung* des Titels nach § 727 notwendig, soweit zulässig, § 325 Rn 34, aM Schilken DGVZ **88**, 56 (nur bei einer Alleinbesitznachfolge. Aber Rechtsnachfolger ist ein ganz anderer und weiterer Begriff). § 885 und nicht § 888 ist auch dann anwendbar, wenn es um die Vollstreckung einer Wohnungszuweisung an einen Ehepartner durch das FamG geht, aM (zum alten Recht) Köln FamRZ **83**, 1231.

Einen bloßen *Besucher* des Schuldners entsetzt der Gerichtsvollzieher mit aus dem „Besitz". Hbg NJW **92**, 3308 gibt dem Gerichtsvollzieher eine solche Befugnis auch gegenüber demjenigen, der ohne oder gegen den Willen des Vermieters einen Mitbesitz begründet und ihn wider Treu und Glauben über einen erheblichen Zeitraum hinweg gegenüber dem Vermieter verheimlicht hat (Vorsicht! Wo liegen die Grenzen?).

J. Weitere Einzelfragen, dazu *Pauly* DGVZ **00**, 17: Das Inventar einer Gaststätte und andere Sachen, an 18
denen der Gläubiger ein nach §§ 562, 562 b BGB vorrangiges Vermieterpfandrecht geltend gemacht hat, können bei der Räumung an Ort und Stelle verbleiben, LG Darmst DGVZ **77**, 89, AG Offenb DGVZ **77**, 46, Schneider MDR **82**, 984. Bei einer Räumungsvollstreckung Zug um Zug gegen eine Gegenleistung geht der Gerichtsvollzieher nach § 756 vor, AG Neustadt DGVZ **76**, 73.

6) Bewegliche Sache, II, III, dazu *Knoll,* Die Herausgabevollstreckung beweglicher Sachen bei Ehe- 19
gatten, Partnern einer nichtehelichen Lebensgemeinschaft und Mitgliedern einer Wohngemeinschaft, 1999: Man muß zahlreiche schwierige Punkte beachten.

A. Grundsatz: Wegschaffung, Übergabe. Wenn sich auf dem Grundstück oder auf dem Schiff solche Fahrnis befindet, die nicht Gegenstand der Zwangsvollstreckung ist, also nicht als Zubehör des Grundstücks oder des Schiffs gelten kann, muß der Gerichtsvollzieher diese Fahrnis grundsätzlich wegschaffen. Er muß sie dem Schuldner, seinem Bevollmächtigten, seinen Familienangehörigen, den erwachsenen Hausangestellten nach § 178 Rn 13 übergeben oder zur Verfügung stellen, AG Hann ZMR **87**, 27. Der ProzBev nach § 81 ist nicht ohne weiteres ein derart Bevollmächtigter. Wenn der Gerichtsvollzieher nicht so vorgehen kann oder wenn der Vermieter oder wenn der Verpächter auf Grund eines gesetzlichen Pfandrechts dieser Maßnahme widersprechen oder der Schuldner die (Wieder-)Entgegennahme der mit der Räumung entfernten Habe verweigert, muß der Gerichtsvollzieher die Fahrnis grundsätzlich in die Pfandkammer schaffen oder sie an einer anderen Stelle verwahren, Köln DGVZ **94**, 171, LG Ffm DGVZ **83**, 173, LG Freibg WoM **89**, 445, aM LG Köln DGVZ **96**, 75 (Zurücklassung). Der Gläubiger muß sein Pfandrecht im einzelnen darlegen, AG Hanau DGVZ **05**, 185. Er kann auch den Auftrag auf die Wohnungsherausgabe beschränken, BGH NJW **06**, 849 links, LG Mönchengladb DGVZ **06**, 200, LG Osnabr NZM **06**, 80 („Berliner Modell"), aM LG Potsd DGVZ **06**, 15, AG Lörrach DGVZ **05**, 109, Flatow NJW **06**, 1398 (aber die Parteiherrschaft gilt insoweit auch bei der Räumung, Grdz 37 vor § 704).

Der Gerichtsvollzieher darf die Fahrnis auch dem *Gläubiger* in dessen Verwahrung geben und sie dann an Ort und Stelle lassen, LG Darmst DGVZ **77**, 90, AG Bln-Schöneb DGVZ **86**, 156, AG Düss DGVZ **94**, 141 (später dann kein Entfernungsanspruch des Gläubigers mehr), aM AG Königswinter MDR **82**, 1029, Christmann DGVZ **86**, 178 (aber die Verwahrungspflicht des Gerichtsvollziehers erfolgt im Rahmen seines ziemlich weiten Ermessens. Es ist unvermeidbar, Rn 21).

B. Leerung. Jedenfalls hat der Gerichtsvollzieher den Schuldner grundsätzlich erst dann aus dem Besitz 20
der Wohnung gesetzt, wenn der Gerichtsvollzieher die sämtlichen Möbel des Schuldners auf die vorstehende Art und Weise behandelt hat, Karlsr FamRZ **94**, 1125 (Ausnahme evtl bei einer einstweiligen Anordnung), AG Bln-Wedding DGVZ **86**, 124, AG Hanau DGVZ **05**, 185, aM LG Arnsb DGVZ **84**, 31 (aber der Raum muß wirklich ganz leer sein, Einl III 39). Daher ist der Vollstreckungstitel auch erst dann verbraucht. Der Gerichtsvollzieher muß die Durchführung der Räumung bis zu ihrem Abschluß überwachen. Er darf und muß freilich auch auf eine Kostensparsamkeit achten, LG Hbg DGVZ **99**, 185. Andernfalls darf er Kosten evtl nicht erheben, § 7 GvKostG, so schon LG Hbg DGVZ **99**, 185. I 2–4 schaffen Sonderregeln, auch für eine einstweilige Anordnung beim Hausrat.

C. Öffentliche Ordnung. Der Gerichtsvollzieher darf die öffentliche Ordnung nicht stören. Zu seinen 21
Sonderrechten im Straßenverkehr Grohmann DGVZ **97**, 177. Er darf die aus der Wohnung entfernten Sachen zB nicht auf der Straße stehen lassen. Der Gerichtsvollzieher darf schon aus Haftungsgründen den Abtransport nicht ohne weiteres dem Gläubiger überlassen, AG Brakel DGVZ **84**, 158, AG Lörrach DGVZ **05**, 109. Wenn eine solche Gefahr aber nicht droht, darf der Gerichtsvollzieher jedenfalls nicht gegen den Willen des Gläubigers nach III vorgehen, Hamm DGVZ **81**, 186. Er darf und muß vielmehr dann die Sachen auch mithilfe des unten erörterten und etwa auch gezahlten Vorschusses des Gläubigers in die neue Wohnung des Schuldners bringen, Hamm DGVZ **80**, 187.

Freilich besteht *keine* derartige *Vorschußpflicht* des Gläubigers. Mangels eines Gläubigerauftrags haftet der Gläubiger auch nicht für die Kosten dieser Verbringung in die Ersatzwohnung des Schuldners. Eine nur symbolische Räumung durch die Entfernung nur einzelner Möbelstücke wegen einer sofortigen polizeilichen Einweisung verbraucht den Vollstreckungstitel nicht, Rn 19, LG Freibg DGVZ **89**, 155, LG Heilbr MDR **92**, 910, Nies DGVZ **00**, 33 (auch zur sog Hamburgischen Räumung), aM AG Langen DGVZ **88**, 47, Pawlowski ZZP **102**, 448 (aber dann müßte der Gläubiger oft endlos weiter kämpfen, Tenbieg DGVZ **88**, 187).

Der Gläubiger kann nach dem Ablauf der Einweisungsfrist von der *Einweisungsbehörde* die Entfernung des zwangseingewiesenen Schuldners fordern, VGH Mannh DGVZ **88**, 191.

D. Beispiele zur Frage einer Räumung 22

Aufschüttung: Die Entfernung einer Aufschüttung usw von einem zu räumenden Grundstück kann unter § 885 fallen, aM Düss DGVZ **99**, 155 (§ 887).

Ausfallbetrag: Rn 23 „Gläubigerhaftung".

Bauwagen: Zu seiner Räumung als Wohnung gehören auch das Ausräumen, das Verpacken des Inhalts, der Abtransport usw, LG Kassel DGVZ **05**, 10.

Beitreibung: Die notwendigen Kosten werden nach § 788 beigetrieben, Rn 25 „Kostensparsamkeit", LG Heilbr MDR **92**, 910 (Aufhebung einer Zwangseinweisung), LG Kleve DGVZ **87**, 90, LG Limburg DGVZ **83**, 127. Das gilt auch für die Kosten der Bereitstellung eines Spediteurs, Rn 27 „Spediteur", oder für die Kosten einer Einlagerung bzw Verwahrung.

S auch Rn 23 „Gläubigerhaftung", Rn 24 „Kostenfestsetzung".

Bepflanzung: Ihre Entfernung fällt meist unter § 887, BGH JB **04**, 446.

S auch „Aufschüttung".

Bereitstellungskosten: Der Gläubiger muß für die voraussichtlichen Bereitstellungskosten aufkommen, LG Siegen DGVZ **94**, 76, AG Ettlingen DGVZ **98**, 15.

S auch Rn 30 „Vorschuß".

Besitz: Rn 29 „Verwahrungsvertrag".

23 **Dritter:** Ein Dritter kann auf Grund eines die Veräußerung hindernden Rechts nicht aus § 771 vorgehen. Denn die verwahrten Sachen sind nicht mehr ein Gegenstand der Zwangsvollstreckung, AG Essen DGVZ **00**, 125. Der Dritte ist vielmehr auf eine Erinnerung nach § 766 angewiesen, KG DGVZ **75**, 22, aM AG Essen DGVZ **00**, 125. Der Gerichtsvollzieher darf die Schuldnersachen einem Dritten nur mit einer Einwilligung des Schuldners herausgeben, AG Bln-Wedding DGVZ **75**, 159, AG Essen DGVZ **00**, 125.

Einlagerung: Gläubigerhaftung", Rn 29 „Verwahrungsvertrag", Rn 30 „Vorschuß".

Einzelsache: Der Gerichtsvollzieher braucht sie grds nicht mühsam aus dem übrigen Räumungsgut herauszusuchen, LG Wuppert DGVZ **05**, 108. Freilich kann eine Ausnahme unter besonderen Umständen gelten.

S auch Rn 24 „Kostbarkeit".

Geschäftsunterlagen: Rn 29.

Getrenntleben: Es ist nicht die Aufgabe des Vollstreckungsgerichts oder des Gerichtsvollziehers, das Eigentum aufzuteilen, AG Siegb DGVZ **98**, 191.

Gewalt: Rn 31 „Widerstand". Vgl auch § 96 FamFG (Gewaltschutz).

Gläubigerhaftung: Neben dem Schuldner haftet der Gläubiger für die infolge seines Auftrags notwendigerweise entstehenden Kosten, § 13 GvKostG, LG Bln JB **00**, 548, LG Kblz DGVZ **92**, 30, AG Lahnstein DGVZ **92**, 30. Der Gläubiger haftet also auch für die Kosten der Räumung und dafür, daß die dabei herausgeholten Gegenstände und Tiere eine geeignete Verwahrung bekommen, I–III, Rn 27 „Tier", Jena JB **99**, 436, AG Bln-Tempelhof DGVZ **92**, 141, AG Brake DGVZ **95**, 44, aM LG Oldb DGVZ **95**, 45 (aber Tiere brauchen schon wegen § 90 a BGB erst recht Fürsorge), AG Bln-Tempelhof DGVZ **92**, 141. Denn erst anschließend ist die Räumung vollendet, Brossette NJW **89**, 965.

Der Gläubiger haftet *aber nicht* für die Kosten der an diese Überführung anschließenden eigentlichen *Einlagerung*. Denn das ordnet III eindeutig nicht mit an. Es ergibt sich auch nicht nach IV, LG Mannh DGVZ **97**, 186, AG Ffm DGVZ **87**, 159, ZöStö 13, aM Hamm DGVZ **01**, 7, LG Kblz DGVZ **06**, 78, AG Erkelenz DGVZ **00**, 159 (aber das wäre eine Überdehnung der Auslegungsmöglichkeiten).

„Hamburger Räumung": vor Rn 1; Rn 3, 21.

Haustier: S „Gläubigerhaftung", Rn 27 „Tier".

24 **Kostbarkeit:** Soweit zum Räumungsgut eine Kostbarkeit gehört, muß der Gerichtsvollzieher natürlich auch einen Hinweis des Schuldners auf die Notwendigkeit einer besonderen Vorsicht zur Vermeidung mindestens einer Staatshaftung beachten.

Kosten: S „Kostensparsamkeit".

S im übrigen bei den einzelnen Spezialstichwörtern.

Kostenabzug: Nur der Gerichtsvollzieher und nicht der Gläubiger können vom Verkaufserlös des IV offene Kosten der Räumung vor der Hinterlegung des Erlöses abziehen.

Kostenfestsetzung: Es kann eine Festsetzung der notwendigen Kosten erfolgen, Rn 25 „Kostensparsamkeit", §§ 104 ff, 788, auch zB unter einer Einbeziehung der Spediteurkosten, LG Hann DGVZ **89**, 42.

S auch Rn 23 „Gläubigerhaftung".

Kostensparsamkeit: Man muß auch in der Zwangsvollstreckung jeden unnötigen Aufwand vermeiden, wie stets, § 91 Rn 34, § 788 Rn 4. Daher muß der Gerichtsvollzieher auch bei der Räumung die Kosten möglichst gering halten, §§ 104 I 2, 140 Z 1 GVGA, Hbg MDR **00**, 602, Mü MDR **00**, 602, AG Ffm NZM **04**, 359.

S auch Rn 27 „Spediteur".

25 **Müll:** Rn 28 „Unrat".

Nachschuß: Rn 30 „Vorschuß".

Obdachlosenbehörde: Rn 30 „Vorschuß".

Öffnungskosten: Der Gläubiger muß für die voraussichtlichen aufkommen, LG Siegen DGV **94**, 76.

S auch Rn 30 „Vorschuß".

26 **Polizeieinsatz:** Rn 31 „Widerstand". Vgl auch § 96 FamFG (Gewaltschutz).

Rückschaffung: Soweit das Gericht die bereits in Gang befindliche Räumung einstellt, läßt AG Bochum DGVZ **92**, 31 den Gläubiger nicht für die Kosten der Rückschaffung des Räumungsguts haften.

Schuldnerrechte: Der Schuldner kann gegenüber dem Gläubiger weder nach §§ 811, 812 noch nach §§ 765 a, 813 vorgehen.

S auch Rn 35.

Schuldnerpapiere: Rn 29 „Verwahrungsvertrag".

27 **Spediteur,** dazu *Horst* MDR **06**, 249 (Kostenverringerung): Der Gerichtsvollzieher darf einen Spediteur hinzuziehen, LG Kblz DGVZ **93**, 94, AG Montabaur DGVZ **93**, 73. Der Gerichtsvollzieher wählt den Spediteur grds selbst aus, LG Kblz DGVZ **97**, 30, LG Stgt DGVZ **90**, 173, AG Rastatt DGVZ **02**, 46. Er muß einen Wunsch des Gläubigers nur bei durchgreifenden Gründen beachten, LG Hann DGVZ **85**, 76, AG Mönchengladb ZMR **89**, 312. Er braucht bei marktüblichen Preisen kein Vergleichsangebot einzuholen, sondern darf einen ihm als zuverlässig bekannten Spediteur auswählen, LG Kblz DGVZ **97**, 30, LG Saarbr DGVZ **85**, 92, AG Hbg-St Georg DGVZ **04**, 189, strenger LG Mannh DGVZ **97**, 154 (Beamtenpflichten bei Auftragsvergabe. Aber das ist meist schon zeitlich undurchführbar). Er darf freilich

nicht vermeidbar hohe Kosten entstehen lassen, Rn 24 „Kostensparsamkeit". In Betracht kommen auch die Kosten eines bloßen Beförderungsversuchs, BVerwG DGVZ **82**, 156, AG Ettlingen DGVZ **98**, 15, auch evtl Bereitstellungskosten, LG Ffm DGVZ **06**, 115, LG Kassel DGVZ **03**, 140, AG Emmendingen DGVZ **02**, 191, und zwar einschließlich Umsatzsteuer, FG Kassel DGVZ **01**, 89, dazu aM LG Kassel DGVZ **03**, 140 (aber auch die Bereitstellung ist eine Leistung).

Nicht hierher gehören aber sonstige bloße Vorbereitungskosten, LG Kblz DGVZ **87**, 58, AG Itzehoe DGVZ **84**, 123. Der Spediteur haftet nicht nach Art 34 GG, § 839 BGB, LG Bln DGVZ **97**, 168.

S aber auch Rn 24 „Kostbarkeit", Rn 25 „Kostensparsamkeit".

Sperrmüll: Rn 28 „Unrat".

Tier, dazu *Rigol* MDR **99**, 1363 (Üb): Geißler DGVZ **95**, 148 hält den Gerichtsvollzieher nicht für verpflichtet, für ein Haustier des Schuldners zu sorgen. Dasselbe meint AG Eschwege DGVZ **08**, 140 beim Gläubiger. Das kann aber eine evtl sogar strafbare Tierquälerei sein. Zumindest darf der Tierschutz nicht wegen seiner Kosten scheitern, Sues DGVZ **08**, 135. Es kann außerdem auf einen Verstoß gegen die öffentliche Ordnung nach Rn 21 hinauslaufen. Deshalb ist es eine Fallfrage, wieweit der Gerichtsvollzieher vorsorgen muß. Er kann die Gemeinde bitten, für die Tiere zu sorgen, AG Gött DGVZ **96**, 14 (mangels Anweisung kein Erinnerungsrecht der Gemeinde), aM Karlsr NJW **97**, 1789 (bloße Mitteilung an die Polizei, die für das Tier sorgen müsse, krit Stollenwerk JB **97**, 621, abl Braun JZ **97**, 574), VGH Mannh DGVZ **98**, 90 (keine Unterbringungspflicht der Behörde). Zum Drittschutz Loritz DGVZ **97**, 150.

Transportkosten: Der Gläubiger muß für die voraussichtlichen Transportkosten aufkommen, LG Kassel DGVZ **03**, 42, LG Mannh NZM **99**, 956, LG Siegen DGVZ **94**, 76. Um das zu vermeiden, muß er eine freiwillige Räumung rechtzeitig ankündigen, also etwa 5–6 Tage vor dem Räumungstermin, LG Mannh NZM **99**, 956.

S auch „Spediteur", Rn 30 „Vorschuß".

Überführung: Der Gläubiger muß für die voraussichtlichen Kosten einer Überführung des Räumungsguts zwecks der Einlagerung aufkommen, LG Siegen DGVZ **94**, 76.

S auch Rn 23 „Einlagerung".

Unpfändbare Sache: Es gelten dieselben Regeln wie beim „Unrat", III 2, IV 2, LG Bln DGVZ **05**, 140. **28**

Unrat: Der Gerichtsvollzieher darf und muß im Rahmen der Räumung auch Unrat, Müll und wertloses Gerümpel aus dem Raum entfernen und vernichten, Zweibr DGVZ **98**, 9, LG Ffm DGVZ **02**, 77, AG Leverkusen DGVZ **96**, 44, aM BGH DGVZ **05**, 71, LG Limburg DGVZ **05**, 70 (je bei großer Menge § 887), LG Mü WoM **98**, 500 (aber vor der Entfernung aller Sachen liegt keine vollständige Besitzaufgabe = Räumung vor, Rn 20). Das gilt sogar entgegen einer Dienstanweisung des Vorgesetzten, LG Bln DGVZ **80**, 155 (dort auch zu weiteren Einzelheiten), LG Karlsr DGVZ **80**, 14. Der Gerichtsvollzieher muß den Unrat dem Schuldner auf dessen Verlangen nach III 2 „ohne weiteres" herausgeben, also ohne einen Kostenvorschuß und ohne ein Zurückbehaltungsrecht. Er muß den Unrat nach dem Ablauf der 2-Monats-Frist des IV 1 vernichten, IV 2.

Vermieterpfandrecht: An sich muß der Gerichtsvollzieher gerade wegen der Grenzen des Vermieterpfandrechts vollständig räumen, AG Bln-Lichtenberg DGVZ **05**, 11. Ein Vermieterpfandrecht erstreckt sich aber nicht auf eine unpfändbare Sache, LG Aachen DGVZ **07**, 126, LG Bln DGVZ **05**, 140, AG Lörrach DGVZ **05**, 109 (die Prüfung dazu liegt beim Gerichtsvollzieher). Der Gläubiger kann sein Vermieterpfandrecht auch dadurch behalten, daß er den Gerichtsvollzieher anweist, die eindeutig zugehörigen Sachen nicht mit zu entfernen, BGH DGVZ **03**, 89, aM LG Bln DGVZ **05**, 140. Der Gläubiger bestimmt allein den Umfang der Ausübung des Vermieterpfandrechts, AG Phillipsburg DGVZ **05**, 12 (notfalls muß der Schuldner klagen). Er kann sich auf eine Herausgabe beschränken, BGH NJW **06**, 3273 (auch zu Einzelheiten; zustm Flatow).

S auch Rn 33.

Verwahrungsvertrag: Der Gerichtsvollzieher handelt in den Grenzen gesetzlicher Aufbewahrungsfristen, AG Hbg-Harbg DGVZ **04**, 173. In diesen Grenzen handelt er nach seinem pflichtgemäßen Ermessen, AG Rastatt DGVZ **02**, 46. Es braucht nicht den Gläubiger verwahren zu lassen, zumindest dann nicht, wenn keine sichere Verwahrung usw feststeht, AG Siegb DGVZ **99**, 13. Er schließt den Verwahrungsvertrag nicht als Vertreter des Gläubigers ab, selbst wenn der Gläubiger mit der Verwahrung einverstanden ist. Der Gerichtsvollzieher schließt den Verwahrungsvertrag auch nicht als Vertreter des Schuldners ab. Er handelt vielmehr kraft öffentlichen Rechts für den Staat, wenn auch formell scheinbar oft im eigenen Namen, § 753 Rn 1, 7, § 808 Rn 18, BGH **142**, 80, Köln DGVZ **94**, 171, LG Essen DGVZ **89**, 154, aM Brdb DGVZ **97**, 123. Der Gerichtsvollzieher muß mindestens den mittelbaren Besitz der verwahrten Sachen behalten. Wenn er die Gegenstände in einem solchen Raum verwahrt, zu dem nur er den Schlüssel hat, ist der Gerichtsvollzieher wegen eines kraft Gesetzes entstandenen Verwahrungsverhältnisses zwischen ihm und dem Schuldner der unmittelbare Besitzer. **29**

Der Gerichtsvollzieher braucht *lose Schuldnerpapiere* nicht besonders zu ordnen und zu verpacken, AG Siegen DGVZ **89**, 44. Freilich darf er auch nicht alles vermeidbar achtlos wüst durcheinanderwerfen. Erst recht darf er auch nach dem Fristablauf nicht alles ganz ungeprüft vernichten, aM Schwörer DGVZ **08**, 138 (aber der Verhältnismäßigkeitsgrundsatz nach Grdz 34 vor § 704 kann entgegenstehen). Jedenfalls braucht er keine diesbezüglichen besonderen Kosten aufzuwenden. Soweit der Gerichtsvollzieher Geschäftsunterlagen über den Zeitraum von IV hinaus verwahren muß, ist der Gläubiger zur Zahlung der Verwahrkosten verpflichtet, LG Kblz DGVZ **06**, 28, AG Bad Schwalbach DGVZ **02**, 189, aM LG Bln DGVZ **04**, 140.

S auch Rn 23 „Dritter".

Vorschuß: Der Gläubiger muß mit Ausnahme der in III 2, IV 1 Hs 1 genannten Situation (Unrat, Rn 28) einen nach § 4 GvKostG auf Grund der Gesamtumstände grds zur vollständigen Räumung nach dem pflichtgemäßen Ermessen des Gerichtsvollziehers zu berechnenden Vorschuß zahlen, LG Bln DGVZ **05**, 140, LG Kassel DGVZ **05**, 10, AG Bln-Lichtenberg DGVZ **05**, 11. Das gilt selbst dann, wenn sich der Gläubiger erbietet, den Transport durchzuführen, LG Köln DGVZ **02**, 169, AG Stockach DGVZ **93**, 31, **30**

Brossette NJW **89**, 965, oder wenn man eine Wiedereinweisung des Schuldners durch die Obdachlosenbehörde erwarten kann oder muß, AG Schönau DGVZ **89**, 45. Wenn der Gerichtsvollzieher aber diesen Vorschuß verbraucht hat, braucht der Gläubiger keine weiteren Vorschüsse nachzuschießen. Freilich muß der Gläubiger evtl am Schluß einen Rest nachzahlen, AG Bln-Pankow DGVZ **97**, 92. Der Gläubiger kann keine Vorschußminderung wegen eines gar nicht bestehenden Vermieterpfandrechts fordern, LG BadBad DGVZ **03**, 24, Riecke DGVZ **04**, 148, aM AG Bln-Wedding DGVZ **04**, 158. Das gilt ebenso, wenn er einen eigenen, aber nur dem Gerichtsvollzieher zugänglichen Lagerraum mit Schadenhaftung anbietet, AG Ffm NZM **04**, 359.

31 **Widerstand:** Wird wegen eines Widerstands des Schuldners ein Polizeieinsatz notwendig und entstehen dadurch Schäden am Haus, können sie nach § 788 notwendige Kosten verursachen, AG Kenzingen DGVZ **92**, 93 (aber Vorsicht: da*durch* ist mehr als da*bei*!).

Wiedereinweisung: „Vorschuß".

Wohnungszuweisung: Vgl § 96 FamFG.

Zubehör: S „Zwangsverwaltung".

Zurückbehaltungsrecht: Rn 28 „Unrat".

Zwangsverwaltung: Der Gerichtsvollzieher braucht nicht das Zubehör festzustellen und dem Zwangsverwalter darüber eine Aufstellung zu übergeben, AG Osterholz-Scharmbeck DGVZ **00**, 79.

32 **7) Verzögerung der Abforderung, IV.** Es sind zwei Möglichkeiten vorhanden.

A. Verkauf und Hinterlegung; Herausgabe, IV 1. Wenn der Schuldner oder ein Dritter als Eigentümer die Abforderung seiner beweglichen Habe nicht binnen zwei Monaten seit der Beendigung der Räumung erklärt, darf und muß der Gerichtsvollzieher die Sachen verwerten, IV 1 Hs 1, LG Bln Rpfleger **04**, 431. Das gilt auch dann, wenn der Schuldner oder der Dritte die Sachen zwar fristgerecht abfordert, jedoch nicht die zur Übergabe notwendigen Kosten zahlt, LG Aschaffenb DGVZ **97**, 155. Der Gerichtsvollzieher verwertet unter einer Abwägung der Lagerkosten, des etwaigen Versteigerungserlöses und des Wiederbeschaffungswerts für den Schuldner, AG Bln-Tempelhof DGVZ **77**, 30 (je zum alten Recht). Das geschieht durch einen Verkauf aus freier Hand oder durch eine Versteigerung nebst einer Hinterlegung des Erlöses von Amts wegen. Alles das erfolgt natürlich erst recht auf einen Antrag oder eine Anregung des Gläubigers nach IV 1 Hs 1. Der Rpfl des Vollstreckungsgerichts ist nicht mehr zuständig. Der Gerichtsvollzieher braucht den Verkauf nicht anzudrohen und den Schuldner nicht anzuhören.

Die *Zweimonatsfrist* ist keine Notfrist nach § 224 I 2. Man berechnet sie nach § 222. Der Schuldner kann nicht fordern, ihm das Räumungsgut zu überbringen, § 697 BGB entsprechend, LG Wuppert DGVZ **90**, 189. Unpfändbare Sachen behandelt der Gerichtsvollzieher auch bei IV wegen seiner Verweisung auf III 2 wie dort, Rn 28.

33 **B. Vernichtung, IV 2.** Der Gerichtsvollzieher darf und „soll" sogar, muß also in Wahrheit schon aus Kostengründen unverkäufliches und daher unverwertbares Räumungsgut vernichten, IV 2, Rn 28 „Unrat". Das gilt zB dann, wenn es sich um bloßes Gerümpel handelt, Rn 28, LG Karlsr DGVZ **90**, 11, LG Lampertheim DGVZ **88**, 125. Höchstpersönliche, im übrigen aber wertlose Sachen gehen trotz IV 2 besser per Post an den Schuldner, Rn 22, 23, LG Lampertheim DGVZ **88**, 125, Geißler DGVZ **87**, 68. Auch zu einer Vernichtung ist der Rpfl des Vollstreckungsgerichts nicht mehr zuständig. Art 14 I GG ist durch die Wartefrist ausreichend beachtet.

34 **C. Weitere Einzelfragen, IV 1, 2.** Der Gerichtsvollzieher benachrichtigt die Beteiligten formlos von seinen Maßnahmen nach IV, aM Heinze DGVZ **04**, 164 (aber IV enthält eine Frist ab der Räumung, nicht ab deren Ankündigung oder Mitteilung). Eine Maßnahme kann nach IV unzulässig sein, etwa wegen gesetzlicher Aufbewahrungspflichten des Schuldners. Diese muß der Gerichtsvollzieher wegen seines unbekannten Aufenthalts beachten. Dann verwahrt die Geschäftsstelle des Vollstreckungsgerichts der §§ 764, 802 die Sachen auf Kosten der Landeskasse, AG Bad Oldesloe DGVZ **82**, 14. Das gilt bei Geschäftsunterlagen evtl nicht, LG Ffm DGVZ **02**, 77. Eine Maßnahme nach IV ist auch dann nicht mehr statthaft, wenn der Schuldner die bisherigen Lagerkosten zahlt und die weitere Verwahrung übernimmt. Dazu ist aber ein Vertrag zwischen ihm und dem Einlagerer und nicht nur eine einseitige Bereitschaftserklärung erforderlich, LG Karlsr DGVZ MDR **90**, 11.

35 **8) Rechtsbehelfe, I–IV.** Vgl zunächst § 883 Rn 20. Der Betroffene kann gegen die Maßnahme des Gerichtsvollziehers nach IV die Erinnerung einlegen, § 766, AG Dortm DGVZ **03**, 94. Zum weiteren Erinnerungsverfahren § 766 Rn 24. Wenn der Richter über die Erinnerung entschieden hatte, ist die sofortige Beschwerde nach §§ 567 I Z 1, 793 statthaft. Wegen der Rechte eines Dritten Rn 23 „Dritter".

Gebühren: Des Gerichts KV 1811; des Anwalts VV 3500.

886

Herausgabe bei Gewahrsam eines Dritten. **Befindet sich eine herauszugebende Sache im Gewahrsam eines Dritten, so ist dem Gläubiger auf dessen Antrag der Anspruch des Schuldners auf Herausgabe der Sache nach den Vorschriften zu überweisen, welche die Pfändung und Überweisung einer Geldforderung betreffen.**

1 **1) Systematik, Regelungszweck.** Die Vorschrift ergänzt sowohl §§ 883, 884 als auch § 885 durch eine in ihrem Geltungsbereich vorrangige Sonderregelung. Sie bedient sich der Verweisungstechnik. Daher muß man die in Bezug genommenen Vorschriften nach den bei ihnen erläuterten Maßstäben auslegen. In einer FamFG-Sache gibt § 95 IV FamFG erweiterte Befugnisse.

2 **2) Geltungsbereich: Herausgabebereitschaft oder Prozeßeintritt.** Ein Dritter kann den Alleingewahrsam an der herauszugebenden beweglichen oder unbeweglichen Sache haben, BGH NJW **04**, 3341 (Bank-Sammeldepot), Schlesw ZMR **83**, 16, Braun AcP **196**, 592 (zum Gewahrsamsbegriff § 808 Rn 10), aM Schilken DGVZ **88**, 50 (auch Mitgewahrsam). Dann ist eine Zwangsvollstreckung nach §§ 883–885 nur unter folgenden Voraussetzungen zulässig: Entweder ist der Dritte zur Herausgabe der Sache bereit, § 809 Rn 6, Schilken DGVZ **88**, 50. Oder der benannte mittelbare Besitzer tritt in den Prozeß ein, § 76 IV. Wenn

der Rpfl den Vollstreckungstitel nach § 727 auf den Besitzer umgeschrieben hat, ist der Besitzer kein Dritter mehr.

3) Durchführung der Zwangsvollstreckung. Zulässig ist nur die Überweisung des Anspruchs auf die Herausgabe zur Einziehung. Eine Überweisung an Zahlungs Statt ist deshalb unzulässig, weil ein Nennwert fehlt. Es kommt nicht darauf an, ob die Sache etwa unpfändbar ist. § 886 gilt auch für die Herausgabe einer bestimmten Menge vertretbarer Sachen oder Wertpapiere, § 884. Die Vorschrift gilt ferner dann, wenn der Vollstreckungstitel auf eine Verschaffung lautet. Sie gilt ferner bei der Pfändung einer Briefhypothek wegen des Hypothekenbriefes. Daher erhält der Gläubiger den Brief auch tatsächlich notfalls im Klageweg. 3

Die Pfändung und die Überweisung des *Anspruchs auf die Herausgabe* erfolgt nach §§ 829, 835. Das gilt auch dann, wenn der Anspruch bedingt, betagt oder erst künftig ist. Die Zwangsvollstreckung richtet sich dann nicht nach der Vollstreckung in einen Anspruch auf die Herausgabe. §§ 846–848 sind also unanwendbar. Deshalb braucht man die Sache nicht an den Gerichtsvollzieher oder an einen Sequester herauszugeben, sondern nur an den Gläubiger. Dieser kann dementsprechend gegenüber dem Drittschuldner einen Herausgabetitel erstreiten und dann erst nach §§ 883–885 vollstrecken.

Wie bei §§ 829, 835 *entscheidet der Rechtspfleger* des Vollstreckungsgerichts, §§ 764, 802, § 20 Z 17 RPflG. Ein Antrag ist erforderlich. Er ist schriftlich, elektronisch oder zum Protokoll der Geschäftsstelle zulässig. Es findet keine mündliche Verhandlung statt, § 764 III. Es besteht kein Anwaltszwang, § 78 III Hs 2. Der Rpfl entscheidet durch einen Beschluß, § 329. Er muß seinen Beschluß begründen, § 329 Rn 4. Er muß ihn förmlich zustellen, § 329 III.

4) Rechtsbehelfe. Gegen eine Maßnahme des Rpfl ohne eine Anhörung des Gegners ist die Erinnerung nach § 766 statthaft. Gegen eine echte Entscheidung des Rpfl ist der jeweilige Weg nach § 11 RPflG statthaft, § 829 Rn 84. 4

Gebühren: Des Gerichts § 12 V GKG (Vorauszahlungspflicht), KV 2110; des Anwalts VV 3309, 3310.

887 *Vertretbare Handlungen.*

[I] Erfüllt der Schuldner die Verpflichtung nicht, eine Handlung vorzunehmen, deren Vornahme durch einen Dritten erfolgen kann, so ist der Gläubiger von dem Prozessgericht des ersten Rechtszuges auf Antrag zu ermächtigen, auf Kosten des Schuldners die Handlung vornehmen zu lassen.

[II] Der Gläubiger kann zugleich beantragen, den Schuldner zur Vorauszahlung der Kosten zu verurteilen, die durch die Vornahme der Handlung entstehen werden, unbeschadet des Rechts auf eine Nachforderung, wenn die Vornahme der Handlung einen größeren Kostenaufwand verursacht.

[III] Auf die Zwangsvollstreckung zur Erwirkung der Herausgabe oder Leistung von Sachen sind die vorstehenden Vorschriften nicht anzuwenden.

Schrifttum: *Gerhardt,* Die Handlungsvollstreckung – eine Bestandsaufnahme über Befund und Entwicklungstendenzen, Festgabe *50 Jahre Bundesgerichtshof* (2000) III 463; *Lüke,* Die Vollstreckung des Anspruchs auf Arbeitsleistung, Festschrift für *Wolf* (1985) 459; *Schilken,* Die Geltendmachung des Erfüllungseinwands usw, Festschrift für *Gaul* (1997) 667.

Gliederung

1) Systematik, §§ 887–893. Vgl zunächst Üb 1 vor § 883. §§ 887–893 behandeln die Zwangsvollstreckung zur Erzwingung einer Handlung oder einer Unterlassung auf Grund eines vollstreckbaren rechtskräftigen Titels, also nach dem Abschluß des Erkenntnisverfahrens, Celle NJW **90**, 262. § 95 I Z 3 FamFG macht § 887 entsprechend anwendbar. In einer FamFG-Sache gibt § 95 IV FamFG erweiterte Befugnisse. 1

Zu §§ 887–890 *rechnet nicht* die Herausgabe von Sachen, §§ 883, 885, 886, LG Bln DGVZ **80**, 156, also auch nicht die Entfernung von Unrat, Müll und wertlosem Gerümpel anläßlich einer Räumung. Hierher rechnet auch nicht die Herausgabe von Personen, § 883 Rn 17. Ebensowenig zählen hierher die Leistung einer bestimmten Menge vertretbarer Sachen nach § 884 oder die Leistung einer bestimmten Menge solcher unvertretbarer Sachen, die der Schuldner erst beschaffen muß, III. Bei solchen Sachen erfolgt also keine Ermächtigung zur Vornahme, sondern es ist eine Ersatzklage notwendig, § 893, es sei denn, daß die Vornahme der Handlung im Vordergrund steht.

Eine Zwangsvollstreckung auf eine *Zahlung* oder auf eine Hinterlegung von Geld regeln §§ 803 ff, 887 III. Die Zwangsvollstreckung in die Abgabe einer Willenserklärung erfolgt nach § 894. Der Anspruch auf die Befreiung von einer Geldschuld wird nach § 887 vollstreckt, ebenso wie der Anspruch auf eine Befreiung von einer anderen Verbindlichkeit, Rn 22 „Befreiung von einer Schuld“. Die ZPO erzwingt eine Handlung unterschiedlich. Das geschieht nämlich dann, wenn sie vertretbar ist, nach § 887. Wenn sie aber unvertretbar ist, erfolgt die Vollstreckung nach § 888, Rn 20. Die Erzwingung einer Unterlassung erfolgt nach § 890. Es ist unzulässig, das Begehrte durch die Festsetzung einer Geldstrafe auf Grund einer Parteivereinbarung zu erwirken. Denn § 887 ist zwingendes Recht, Grdz 24 vor § 704, Oldb MDR **85**, 855, Schneider MDR **75**, 279. Bei § 510 b sind nach § 888 a die §§ 887–888 unanwendbar.

2 **2) Regelungszweck, I–III.** Die systematischen Abgrenzungsfragen erweisen sich in der Praxis als oft ungemein schwierig. Man muß versuchen, eine praktikable Lösung dadurch zu erreichen, daß man auf den Kern der zu erbringenden Leistung des Schuldners als das Wesentliche abstellt und sich nicht durch scheinbar ganz andersartige bloße Nebenpflichten verwirren läßt, LG Gött DGVZ **02**, 121 (Räumung eines Altenheims).

Vornahme der geschuldeten Handlung ist das Ziel auch einer sachgerechten Abgrenzung und Auslegung. Die Erfolgswirkung läßt sich eigentlich nur bei § 887 herstellen, nicht bei § 888. Was also irgend durch einen Dritten in gleicher Qualität, Brauchbarkeit und Haltbarkeit herstellbar ist, das sollte man nach § 887 behandeln. Natürlich kann man nicht Goethe durch Schiller ersetzen (und umgekehrt!). Aber der Anwendungsbereich des § 888 sollte so klein wie irgend möglich bleiben.

3 **3) Geltungsbereich, I–III.** Vgl zunächst zur Abgrenzung Rn 1, 2. § 887 gilt auch im WEG-Verfahren, Ffm NZM **08**, 210.

A. Allgemeine Voraussetzungen. Stets müssen auch bei §§ 887–890 die Voraussetzungen einer Zwangsvollstreckung vorliegen, Grdz 14 vor § 704. Das gilt unter anderem für die Prozeßfähigkeit des Schuldners nach Grdz 40 vor § 704, Ffm Rpfleger **75**, 441. Es gilt ferner für die ausreichende Bestimmtheit des zu vollstreckenden Anspruchs, Grdz 21 vor § 704, Mü FamRZ **99**, 944, Saarbr JB **93**, 27, LAG Mainz MDR **05**, 1060. Das Urteil darf nicht zu zwei einander ausschließenden Handlungen verpflichten, KG MDR **03**, 955. Das Prozeßgericht muß vor allem prüfen, ob die Zustellung der Vollstreckungsklausel und der nötigen Urkunden erfolgte, soweit § 750 das vorsieht, dort Rn 12, Düss OLGZ **76**, 377. Der Aktenvermerk der Geschäftsstelle über die Erteilung einer vollstreckbaren Ausfertigung nach § 724 genügt nicht. Denn er beweist nicht, daß die Zustellung auch der Vollstreckungsklausel erfolgt ist.

4 **B. Nichtvornahme einer Handlung.** § 887 setzt voraus, daß der Schuldner eine solche vertretbare Handlung nicht vornimmt, die er auf Grund eines vollstreckbaren Titels im Inland vornehmen müßte. Es reicht also nicht, daß der Gläubiger die vertretbare Schuldnerhandlung schon selbst vorgenommen hat, BGH DGVZ **06**, 186. Der Gläubiger muß die Nichterfüllung trotz einer objektiven Möglichkeit einer Erfüllung behaupten. Das Gericht prüft nur nach, ob die Voraussetzungen der Zwangsvollstreckung vorliegen, Rn 2, Bbg RR **98**, 717, und ob der Schuldner zeitlich imstande war, die Verpflichtung zu erfüllen. Der Schuldner mag zB nicht ohne eine Mitwirkung der Wohnungseigentümergemeinschaft zur Erfüllung etwa eines Außenhautschadens imstande sein. Er muß freilich die Mitwirkung der WEG energisch zu erreichen versuchen, Düss WoM **02**, 272 (noch zu großzügig. Die Vollstreckbarkeit muß sicher sein). Eine bloße Erklärung des Schuldners über seine jetzige Erfüllungsbereitschaft ist unbeachtlich, wenn er längst hätte erfüllen können, Düss MDR **82**, 62, Ffm RR **89**, 59, LG Hbg WoM **89**, 587. Er darf auch jetzt weder eine Unzumutbarkeit noch eine angebliche Unerfüllbarkeit mehr geltend machen, BGH WoM **05**, 529.

5 **C. Erfüllung.** Wenn die Erfüllung unstreitig ist, muß das Gericht sie natürlich beachten, Rostock WoM **03**, 640, LG Mü Rpfleger **04**, 716, VGH Kassel NVwZ-RR **04**, 796. Wenn der Schuldner die Erfüllung behauptet, dazu Schilken (vor Rn 1), und der Gläubiger diese nach § 138 Rn 27 ausreichend bestreitet, muß das Gericht allerdings statt einer Verweisung auf § 767 selbst nachprüfen, ob der Schuldner tatsächlich erfüllt hat. Denn der Wortlaut und die Prozeßwirtschaftlichkeit nach Grdz 14 vor § 128 sprechen für diese Lösung, BGH **161**, 71 (zustm Becker-Eberhardt LMK **05**, 31), Bbg RR **08**, 1423, Karlsr RR **02**, 220, aM KG WoM **02**, 694, Mü MDR **08**, 291 links, Rostock WoM **03**, 640 (aber der Sinn der Vorschrift ist ebenfalls ziemlich eindeutig. § 887 ist so ganz gut anwendbar).

Dann *muß* der *Schuldner* allerdings die erforderlichen Tatsachen *beweisen,* Karlsr MDR **01**, 1191, Nürnb OLGZ **94**, 598, VGH Kassel NVwZ-RR **04**, 796, aM Düss OLGZ **76**, 379, Köln MDR **03**, 114 (wegen § 888. Aber schon der Wortlaut von I „Erfüllt der Schuldner ... nicht" spricht für seine Beweislast, Einl III 39). Eine Arglist ist wie stets schädlich, Einl III 54, Grdz 44 vor § 704, Düss MDR **96**, 848.

6 **D. Vertretbarkeit der Handlung.** Vertretbar ist eine solche Handlung, bei der es rechtlich und wirtschaftlich für den Gläubiger bei einer vernünftigen Betrachtungsweise unerheblich ist, ob der Schuldner oder ein Dritter erfüllt, Bbg DGVZ **99**, 136, Zweibr JB **01**, 48, LG Hbg ZMR **85**, 303. Es muß auch für den Gläubiger unerheblich sein, ob der Schuldner die Handlung auch vornehmen darf. Die Verteuerung für den Schuldner ist eine Folge seines Ungehorsams. Sie bleibt außer Betracht. Die Abgrenzung gegenüber der unvertretbaren Handlung nach § 888 Rn 1 ist oft schwierig. Maßgeblich ist nur der sachliche Inhalt der Leistungsverpflichtung, LG Bre DGVZ **06**, 51. Ob eine vertretbare oder eine unvertretbare Handlung vorliegt, kann von der allgemeinen Wirtschaftslage abhängen, etwa zB von einer auftretenden Schwierigkeit, Rohstoffe zu beschaffen, durch die eine andere Situation als bei normalen Verhältnissen eintreten mag.

Eine an sich vertretbare Handlung kann *unvertretbar* sein, soweit der Gläubiger einen Wert darauf legen darf und ersichtlich auch darauf legt, daß der Schuldner die Verpflichtung in seiner eigenen Person und nicht durch einen Dritten erfüllt, Bbg RR **04**, 476, Köln BB **81**, 393, Schmidt MDR **89**, 1068. Es ist unerheblich, ob das Urteil auf § 887 oder auf § 888 verweist. Wenn es zweifelhaft ist, ob man die Handlung als vertretbar oder als unvertretbar beurteilen soll, etwa bei einer Verurteilung zu einer Bilanzierung, muß das Gericht zunächst nach § 887 verfahren. Denn diese Vorschrift bedrückt den Schuldner weniger, LG Hbg ZMR **85**, 303. Wenn sich dann die Notwendigkeit einer Mitwirkung des Schuldners herausstellt, ist nunmehr § 888 anwendbar, LG Hbg ZMR **85**, 303. Einzelfälle sind in Rn 20 ff aufgezählt.

7 **4) Ermächtigung, I.** Erteilung und Wirkung haben erhebliche Bedeutung.

A. Auf Kosten des Schuldners, dazu *Mümmler* JB **78**, 1132: Das Gericht ermächtigt den Gläubiger durch einen Beschluß nach § 329 dazu, die Handlung auf Kosten des Schuldners vornehmen zu lassen oder selbst vorzunehmen. Das Gericht braucht diese Wahl nicht selbst zu treffen, Rimmelspacher JR **76**, 91. Wenn der Beschluß eine allgemeine Ermächtigung ausspricht, hat der Gläubiger noch hinterher ein Wahlrecht. Das Gericht braucht erst recht nicht einen bestimmten Dritten zu benennen. Es wäre sogar zweckwidrig, eine solche Benennung vorzunehmen.

B. Bestimmtheit. Das Gericht bezeichnet im Beschluß grundsätzlich die vorzunehmende Handlung entsprechend dem Gläubigerantrag nach Rn 12 im einzelnen genau, Kblz RR **98**, 1770, ZöStö 7, aM Hamm MDR **83**, 850 (aber eine ausreichende Bestimmtheit ist eine Hauptvoraussetzung eines jeden Vollstreckungstitels). Das Gericht kann zB nähere Vorschriften über seine Ausführung erlassen, Köln NJW **85**, 275. Eine Strafandrohung ist unzulässig. Der Beschluß ist der Beginn der Zwangsvollstreckung, Grdz 51 vor § 704, Kannowski DGVZ **08**, 118. Die Ermächtigung ergeht auf Kosten des Schuldners, § 788 I. Sie berührt die Pflicht des Schuldners und sein Recht zur Erfüllung nicht. Etwas anderes gilt allenfalls dann, wenn der Gläubiger an der Durchführung der Ermächtigung ein berechtigtes Interesse haben würde. Der Gläubiger schließt zur Ausführung des Beschlusses die erforderlichen Verträge mit Dritten im eigenen Namen. Er haftet für das etwaige Verschulden eines Dritten nach § 831 BGB. Ein Mitverschulden des Gläubigers wirkt kostenmindernd, BGH NJW **97**, 2335.Eine sachlichrechtliche Befugnis etwa infolge eines Vergleichs zählt nicht hierher. 8

Die den Gläubiger treffenden *Kosten* sind nach § 891 S 3 in Verbindung mit §§ 91–93, 95–100 beitreibbar. Eine Kostenfestsetzung ist zulässig, KG Rpfleger **94**, 31, Mü MDR **97**, 1069, Nürnb JB **93**, 240. Der Schuldner trägt allerdings nur die notwendigen Kosten, § 891 S 3 in Verbindung mit § 91, dort Rn 28 ff. Die durch sachwidrige Maßnahmen eines Dritten entstandenen Kosten, brauchen weder der Gläubiger noch der Schuldner zu tragen. Man muß evtl einen Kostentitel erstreiten.

C. Duldungspflicht. Der Schuldner muß die Ausführung dulden. Das gilt zumindest dann, wenn der Schuldner das Vertrauen des Gläubigers auf eine ordnungsgemäße und zuverlässige Vornahme der Handlung erschüttert hat, Düss MDR **82**, 62. Der Schuldner muß dem Gläubiger daher auch gestatten, seine Räume im erforderlichen Umfang zu betreten. Das Gericht kann in seinem Beschluß dieses Zutrittsrecht und weitere Einzelheiten darüber anordnen, in welchem Umfang der Schuldner die Ausführung dulden muß, um dem Gläubiger die Vornahme der Handlung zu ermöglichen oder zu erleichtern, Hamm NJW **85**, 275, Leppin GRUR **84**, 712. Das Gericht kann demgegenüber keinen Dritten in dieser Weise unmittelbar verpflichten. Der Gläubiger muß sich eine zur Ausführung etwa erforderliche behördliche Erlaubnis selbst beschaffen, etwa eine Baugenehmigung. 9

Das Gericht darf eine Anordnung nach § 887 nur dann *ablehnen,* wenn zB die Behörde eine etwa notwendige behördliche Erlaubnis bereits versagt hat, also nicht schon dann, wenn sie die Erlaubnis zwar noch nicht erteilt hat, aber immerhin noch erteilen kann. Das Zutrittsrecht läßt sich nicht etwa nach § 890 vollstrecken, Kannowski DGVZ **08**, 113, aM Köln RR **88**, 832, LG Kblz DGVZ **08**, 119 (aber das ist nicht überzeugend. Denn der Schuldner muß mehr tun als dulden. Er muß öffnen). Die bloße Behauptung des Gläubigers, der Schuldner habe nicht geöffnet, reicht nicht zur Annahme einer Zutrittsverweigerung, Kblz WoM **02**, 222.

Einen *Widerstand* des Schuldners muß der Gerichtsvollzieher nach § 892 brechen, Köln RR **88**, 832, LG Weiden DGVZ **08**, 120, AG Montabaur DGVZ **08**, 121. Der Schuldner kann zulässigerweise zB die Erfüllung in einer ernstlichen Erklärung übernehmen, nachdem der zur Ausführung der Handlung ermächtigte Gläubiger bereits diesbezügliche Aufwendungen gemacht hatte, BGH NJW **95**, 3190. Dann muß der Schuldner diese Aufwendungen dem Gläubiger ersetzen und den Gläubiger von seinen noch bestehenden Verbindlichkeiten befreien. Wegen der Nachprüfung der Erfüllung Rn 5. Wenn der Schuldner nach § 52, Grdz 40 vor § 704 prozeßunfähig ist, ändert sich am vorstehenden Verfahren grundsätzlich nichts. Es genügt dann, daß der gesetzliche Vertreter des Schuldners nach § 51 Rn 12 die Erfüllung verweigert.

5) Verfahren, I. Es bereitet der Praxis oft Probleme. 10

A. Zuständigkeit. Das Prozeßgericht der ersten Instanz ist nach § 802 ausschließlich zuständig. Es muß nicht unbedingt diejenige Stelle nach § 887 entscheiden, die im Erkenntnisverfahren entschieden hat, Düss FamRZ **81**, 577.

B. Beispiele zur Frage einer Zuständigkeit 11

ArbGG: Zuständig ist das ArbG, auch sein Vorsitzender, § 53 I ArbGG.

Auslandsurteil: Nach ihm ist dasjenige Gericht zuständig, das diesen Vollstreckungstitel für im Inland vollstreckbar erklärt hat oder das nach einer gesetzlichen Vorschrift im Inland zuständig geworden ist, zB nach §§ 722, 723.

Einstweilige Verfügung: Nach einer Entscheidung nach §§ 935 ff ist stets das Erstgericht zuständig, KG RR **03**, 1529. Das gilt auch dann, wenn die Entscheidung beim Berufungsgericht ergangen war oder wenn dort ein Prozeßvergleich zustandekam, BGH NJW **02**, 755. Wenn die Zivilkammer das Eilverfahren nach einem Widerspruch mit dem Hauptprozeß verbunden und dem Einzelrichter übertragen hat, bleibt er auch bei § 891 zuständig, aM Kblz RR **02**, 1724 (verwechselt § 348 mit § 348 a und arbeitet zu formell, Einl III 10). Wenn das AG eine Anordnung nach § 942 getroffen hatte, ist das Gericht der Hauptsache zuständig. Denn das AG ist nur aushilfsweise zuständig.

Einzelrichter: Funktionell zuständig ist evtl der Einzelrichter wie sonst, Ffm FamRZ **87**, 1293, Mü MDR **83**, 499.

Familiensache: Nach einer Entscheidung nach dem FamFG ist das FamG zuständig, (je zum alten Recht) Düss FamRZ **81**, 577, Ffm FamRZ **87**, 1293, Hbg FamRZ **83**, 1252. Das FamG ist auch dann zuständig, wenn das OLG eine einstweilge Anordnung erlassen hatte.

Handelssache: Funktionell zuständig ist evtl die Kammer für Handelssachen wie sonst, §§ 95 ff GVG.

Höhere Instanz: Es ist unerheblich, ob der Streit inzwischen in einer höheren Instanz anhängig ist. Das Urteil selbst darf noch keine Ermächtigung geben. Die Ermächtigung gehört nämlich zur Zwangsvollstreckung.

Rechtspfleger: Er ist *nicht* zuständig. Denn § 20 Z 17 RPflG hat ihm keine derartige Funktion des Prozeßgerichts übertragen.

Schiedsspruch: Nach ihm ist dasjenige Gericht zuständig, das ihn für vollstreckbar erklärt hat.

Vergleich: Nach einem vor der Gütestelle nach § 794 I Z 1 geschlossenen Vergleich ist das nach § 795 zuständige Gericht der Vollstreckungsklausel zuständig.

Wohnungseigentumssache: In einer WEG-Sache ist dasjenige Gericht zuständig, das im ersten Rechtszug entschieden hat, (je zum alten Recht) BayObLG MDR **88**, 498, Ffm OLGZ **80**, 163.

12 **C. Antrag.** Unentbehrlich ist ein Antrag des Gläubigers. Soweit das AG nach Rn 10, 11 sachlich zuständig ist, ist der Antrag auch zum Protokoll der Geschäftsstelle zulässig. Daher besteht kein Anwaltszwang, § 78 III Hs 2. § 432 BGB ist anwendbar, LG Hbg WoM **99**, 415. Ein Anwaltszwang besteht im übrigen wie sonst, § 891 Rn 3. Haben mehrere Gläubiger den Titel erstritten, kann jeder den Antrag stellen, AG Hbg-Altona ZMR **03**, 962 (WEG).

Der Gläubiger muß die notwendige Handlung in seinem Antrag grundsätzlich genau bezeichnen, Bbg DGVZ **99**, 136, Düss MDR **02**, 1394, Stgt RR **99**, 792. Das gilt auch dann, wenn der Schuldner wählen könnte, wie er erfüllt. Dann muß das Gericht seinen Gegenvorschlag von Amts wegen prüfen, Stgt RR **99**, 792.

Freilich braucht der Gläubiger *nicht jeden* einzelnen *Arbeitsschritt* anzugeben, Stgt RR **99**, 792. Notfalls ist eine neue Klage notwendig, Schneider MDR **75**, 279. Der Gläubiger kann zwar, braucht aber im Antrag nicht eine bestimmte Person vorzuschlagen. Er muß freilich darlegen, daß der Vorgeschlagene überhaupt imstande wäre, die Handlung vorzunehmen. Erst die Bestandskraft der Versagung einer zur Vornahme erforderlichen öffentlichrechtlichen Genehmigung kann der Ermächtigung zur Ersatzvornahme entgegenstehen, Düss MDR **02**, 1394. Weitere Voraussetzung ist auch hier ein Rechtsschutzbedürfnis, Grdz 33 vor § 253, LG Frankenth Rpfleger **84**, 29. Eine Abnahmepflicht nach Rn 20 „Abnahme" ermächtigt nur zur Abnahme, nicht zur Versteigerung. Die letztere kommt erst bei Nichtzahlung des nach II festgesetzten Vorschusses in Betracht, Rn 19.

Die *Erfüllung* durch den Schuldner beseitigt das Rechtsschutzbedürfnis an einer Ermächtigung, Mü NJW **78**, 1029, Kannowski/Distler NJW **05**, 868, Schneider MDR **75**, 279. Es fehlt natürlich, soweit der Gläubiger die Ersatzvornahme schon getätigt hat. Ein Antrag nach § 888 ist in einen solchen nach § 887 umdeutbar, soweit erkennbar ist, daß das dem Willen des Gläubigers entspricht, Hamm NJW **85**, 274. Das Gericht muß ihn notfalls fragen, § 139. Der Schuldner ist für die Erfüllung beweispflichtig, Kannowski/Distler NJW **05**, 868. Wenn sich der Gläubiger die Erfüllung ohne weiteres kostenlos selbst verschaffen kann und wenn der Gläubiger entsprechend gehandelt hat, ist sein Antrag unzulässig. Das gilt etwa dann, wenn er die Urkunden selbst besorgen kann, die ihm der Schuldner liefern soll. Bei solchen Selbstvornahme hat der Gläubiger zumindest vor einer Ermächtigung nach I keinen Bereicherungsanspruch, aM PalTh § 812 BGB Rn 27, Schneider MDR **75**, 281. Der Gläubiger kann den Antrag bis zur formellen Rechtskraft des Beschlusses nach §§ 329, 705 zurücknehmen. Die etwa erforderliche Zustimmung eines Dritten zur Ersatzvornahme muß bis zum Ermächtigungsbeschluß vorliegen.

13 **C. Weiteres Verfahren.** Die während der Durchführung nach I notwendigerweise entstandenen Kosten sind grundsätzlich solche der Zwangsvollstreckung, § 788, Zweibr MDR **94**, 1044. Sie können aber ausnahmsweise unter §§ 91 ff fallen, § 891 Rn 7. Entsprechendes gilt auch für diejenigen Kosten, die der Gläubiger für den vom Schuldner erbetenen Transport der Sache in dessen Herrschaftsbereich zwecks einer Vornahme der Handlung aufwendet, Ffm MDR **81**, 1025. Wenn der Schuldner einwendet, er habe alles ihm bisher Mögliche zur Erfüllung getan, leugnet er das Verstreichen einer angemessenen Frist, Rn 5. Über diese Frage muß das Gericht im Verfahren nach § 887 entscheiden, LG Frankenth Rpfleger **84**, 29. Wenn der Schuldner die Art der angeordneten Sicherheitsleistung nicht bestimmt hatte, muß der Gläubiger seine Wahl im Antrag treffen. Bei § 775 Z 1–3, ist der Antrag unzulässig. Das Verfahren verläuft im übrigen nach § 891.

14 **6) Rechtsbehelfe, I–III.** Es gelten die folgenden Regeln.

A. Sofortige Beschwerde. Der Gläubiger und der Schuldner können gegen eine Entscheidung des Gerichts die sofortige Beschwerde einlegen, §§ 567 I Z 1, 793, Bbg RR **98**, 716, BayObLG **83**, 17. Ein Anwaltszwang besteht wie sonst, (jetzt) § 569 III, Kblz JB **01**, 437. Eine Aussetzung der Vollziehung erfolgt nach § 570 II, III. Eine Rechtsbeschwerde kommt unter den Voraussetzungen des § 574 ZPO, §§ 70 ff FamFG in Betracht.

15 **B. Erinnerung.** Gegen eine Maßnahme oder Verfahrensweise des Gerichtsvollziehers ist die Erinnerung nach § 766 zulässig.

16 **C. Vollstreckungsabwehrklage.** Der Schuldner kann mit der Behauptung einer Erfüllung stets eine Vollstreckungsabwehrklage nach § 767 erheben, Hamm RR **88**, 1088 (wegen § 888), Köln JB **93**, 242, Mü MDR **00**, 907. Er muß diesen Weg gehen, sobald das Verfahren nach § 887 formell rechtskräftig beendet ist, Bbg Rpfleger **83**, 79, Ffm Rpfleger **81**, 152, LG Erfurt RR **98**, 428. Vorher kann er schon aus den Gründen Rn 14 nicht so vorgehen, aM Mü MDR **00**, 907 (aber dann besteht noch kein Rechtsschutzbedürfnis nach Grdz 33 vor § 253 für diesen komplizierten Weg). Der Schuldner kann natürlich auch im Hauptsacheverfahren vorgehen, solange dieses noch nicht nach §§ 329, 705 formell rechtskräftig beendet ist, Ffm Rpfleger **81**, 152. Eine Entscheidung im Vollstreckungsverfahren bindet den Richter der Vollstreckungsabwehrklage nicht.

Der Einwand des Schuldners, ihm sei die *Erfüllung unmöglich* geworden, gehört grundsätzlich in das Verfahren nach § 767, Hamm RR **88**, 1088, aM Zweibr JB **98**, 382 (aber das ist sogar eine für § 767 typische Einwendung). Dann fehlt nämlich das Rechtsschutzbedürfnis, Grdz 33 vor § 253. Bei einer wiederkehrenden Leistung muß der Gläubiger deren urteilsmäßige Voraussetzungen jedesmal nachweisen. Eine gerichtliche Aufforderung an den Schuldner zur Erfüllung und eine Fristsetzung sind unzulässig. Wenn der Schuldner nach § 769 eine Einstellung der Zwangsvollstreckung beantragt, muß das Gericht zwar unter den weiteren Voraussetzungen des § 887 einen Beschluß nach dieser Vorschrift erlassen. Es muß die Vollstrekkung aber unter Umständen aussetzen. Eine bloße Einwendung gegen eine Anordnung nach II gehört aber nicht nach § 767, BGH NJW **93**, 1395.

17 **D. Schadensersatzklage.** Unberührt bleibt nach § 893 die Möglichkeit, Schadensersatz zu fordern.

Gebühren: Des Gerichts KV 1811 (Beschwerdegebühr); des Anwalts VV 3309, 3310.

18 **7) Kostenvorschuß, II**, dazu *Mümmler* JB **78**, 1132: Der Gläubiger kann beantragen, den Schuldner dazu anzuhalten, dem Gläubiger die voraussichtlichen Kosten vorzuschießen. Der Gläubiger braucht diesen Antrag nicht „zugleich" mit dem Antrag auf seine Ermächtigung zu stellen. Das Gericht entscheidet durch einen

Beschluß, § 329. Es muß ihn nachprüfbar begründen, § 329 Rn 4, Ffm JB **76**, 398. Die Anordnung ist eine Vollstreckungsmaßnahme, BGH NJW **93**, 1395. Eine Vollstreckungsabwehrklage nach § 767 ist insoweit unzulässig, BGH NJW **93**, 1395. Wenn der Gläubiger mehrmals einen Vorschuß beantragt, müssen unter Umständen mehrere Entscheidungen ergehen. Das Gericht muß den Schuldner auch in diesem Verfahren anhören, § 891. Der Schuldner darf gegenüber demjenigen Betrag, zu dessen Vorschußleistung ihn der Beschluß anhält, eine Aufrechnung erklären, § 145 Rn 9, Rostock WoM **04**, 558, aM Celle RR **05**, 1013. Das Gericht darf den Antrag des Gläubigers aber nicht zurückweisen, soweit er sich aus einer Gegenforderung des Schuldners noch nicht befriedigen kann, Hamm MDR **84**, 591. Wegen der Tilgung der Forderung kann er nach §§ 767, 769 vorgehen. Nach der Vornahme der Handlung kommt kein weiterer Vorschuß mehr in Betracht.

Die *Höhe* des Vorschusses steht im pflichtgemäßen *Ermessen* des Gerichts. Es darf über den Antrag nicht **19**
hinausgehen, § 308 I. Es muß ein Mitverschulden des Gläubigers vorschußmindernd beachten, BGH NJW **97**, 2335. Wenn es den Gläubiger zur Vornahme einer solchen Handlung ermächtigt, für die er eine Gegenleistung schuldet, etwa bei einer Handwerkerarbeit, BGH **90**, 360, kann er als Vorschuß nur die Mehrkosten der Ersatzvornahme fordern, LG Würzb Rpfleger **80**, 160, ThP 9, ZöStö 10, aM Naumb JB **02**, 552 (aber das liefe im Ergebnis auf eine Umgehung des Grundgedankens auch des § 756 hinaus). Der Gläubiger muß diese Mehrkosten möglichst genau darlegen, Köln JB **97**, 159 (zB durch einen Voranschlag; keine Ermittlung durch das Gericht). Das Gericht muß die Zuschußpflicht des Auftraggebers bei einer entsprechenden Zug-um-Zug-Verurteilung berücksichtigen, BGH **90**, 360. Zu den Kosten können diejenigen einer Finanzierung zählen, Düss MDR **84**, 323. Das gilt zB für diejenigen einer vorbereitenden Schätzung durch einen Sachverständigen, Ffm VersR **83**, 90.

Die *Zwangsvollstreckung* aus dem Beschluß erfolgt nach § 794 I Z 3, §§ 803 ff, Köln FamRZ **83**, 710, Schmidt MDR **89**, 1068. Der Schuldner muß notfalls gegen den Gläubiger auf eine Rückerstattung des etwa nicht verbrauchten Vorschußteils klagen. Wenn der Gläubiger einen Mehrbedarf hat, kann er ihn im Verfahren nach II mit einem neuen Antrag nachfordern, Ffm JB **76**, 398, Hbg FamRZ **83**, 1253. Wenn das Verfahren nach § 887 beendet ist, darf das Gericht auch keinen Vorschuß nach II mehr festsetzen. Vielmehr ist die Prüfung der Notwendigkeit solcher Kosten dann im Verfahren nach § 788 notwendig, Hamm MDR **84**, 591, aM LG Kblz MDR **84**, 592.

Der Gläubiger muß den Schuldner notfalls *verklagen,* Schneider MDR **75**, 279. Eine Klage ist vor der Beendigung des Verfahrens nach II grundsätzlich unzulässig, Oldb MDR **85**, 855. KG WoM **88**, 143 billigt dem nach § 538 II BGB zur Selbsthilfe berechtigten Mieter ein klagbares Recht auf einen Vorschuß schon vor dem Verfahren nach § 887 II zu.

Gebühren: Des Gerichts § 12 V GKG (Vorauszahlungspflicht), KV 2110; des Anwalts VV 3309, 3310.

8) Beispiele zur Frage der Vertretbarkeit oder Unvertretbarkeit, §§ 887, 888. Bei einer vertret- **20**
baren Handlung erfolgt die Zwangsvollstreckung nach § 887, bei einer unvertretbaren Handlung erfolgt die Zwangsvollstreckung nach § 888 Rn 6, 7 sowie Zwangsvollstreckungsschlüssel in Grdz 59 vor § 704.

Abbruch: Solche Leistung ist vertretbar, Ffm MDR **03**, 655 (Unanwendbarkeit des § 885), Köln JB **92**, 703.

Ablösungsverpflichtung: Rn 36 „Stellplatzverpflichtung".

Abnahme der Kaufsache: Sie ist trotz der zu ihrer Vornahme erforderlichen Willenserklärung, auf die an sich § 894 anwendbar wäre, wegen der weitergehenden Pflicht zur Befreiung des Gläubigers vom Besitz vertretbar, Köln MDR **75**, 686.

Abrechnung: Sie kann vertretbar sein, LAG Bre NZA-RR **06**, 655.

Akteneinsicht: Sie ist grds *unvertretbar,*, evtl auch entsprechend § 883 II, III vollstreckbar, BFH BB **01**, 84.

Anmeldung zum Insolvenzverfahren und dgl: Sie ist vertretbar.

Annahme als Erfüllung: Sie ist *unvertretbar.* Denn zu ihr gehört eine Prüfung der Ware.

Arbeitsleistung, dazu *Lüke,* Die Vollstreckung des Anspruchs auf Arbeitsleistung, Festschrift für *Wolf* (1985) 459; *Pallasch,* Der Beschäftigungs- bzw Weiterbeschäftigungsanspruch usw (1993) 98, 114:

Sie ist grds vertretbar. Vgl freilich auch Rn 24 „Dienste". Die Beschäftigung eines Arbeitnehmers oder der Anspruch auf sie kann *unvertretbar* sein, LAG Bln BB **86**, 1368, LAG Mü BB **94**, 1083, Pallasch 98, 114 (auch bei einer einstweiligen Verfügung). Die vergleichsweise Pflicht, unter bestimmten Voraussetzungen einem Mitarbeiter oder Vertreter zu kündigen, kann *unvertretbar* sein.

S auch Rn 40 „Weiterbeschäftigung".

Arbeitspapiere: Soweit der Arbeitgeber sie bereits vollständig ausgefüllt oder auch nur angeblich an den Mitarbeiter übersandt hat, erfolgt die Vollstreckung nach § 883, LAG Ffm NZA-RR **05**, 381, andernfalls nach *§ 888,* LAG Erfurt BB **01**, 943, LAG Hamm DB **81**, 535.

Auskunft, Einsicht, Rechnungslegung: Sie ist *unvertretbar,* soweit sie nur der Schuldner erbringen kann, **21**
BGH NJW **08**, 2920, Brdb FamRZ **07**, 285 (wegen § 1379 I BGB), Hamm FamRZ **02**, 103 (je: wegen §§ 1587 e I, 1580 BGB zu Lebzeiten des Verpflichteten), Bre NJW **00**, 964, Hamm NJW **01**, 1871 (je: Erzeugername), Celle RR **05**, 1374, Mü MDR **04**, 399 (je: Pflichtteil, nur im verlangten Umfang). Die Auskunft usw ist auch sonst unvertretbar, BAG NZA **04**, 866, Köln MDR **02**, 294, Nies NZM **99**, 832 (WEG). Denn mit jeder Rechnungslegung erklärt der Schuldner deren Richtigkeit und Vollständigkeit. Er muß sie notfalls im Weg einer eidesstattlichen Versicherung zur Offenbarung bekräftigen, LG Kiel DGVZ **83**, 155. Das übersieht Düss ZMR **99**, 426. Wenn der Schuldner die Rechnung gelegt hat, kann er evtl die Beseitigung des Titels fordern, Bbg FamRZ **99**, 111. Wenn der Gläubiger die Rechnungslegung aber als unvollständig angesehen hat, weil der Schuldner angeblich nicht alles ihm Zumutbare geleistet habe, kann das Gericht nach § 888 prüfen, ob es den Schuldner anhalten muß, die Rechnung besser und vollständiger zu legen, BGH GRUR **94**, 632, Hbg RR **02**, 1292, Köln GRUR-RR **06**, 31. Ein Urteil auf eine Rechnungslegung muß dann aber auch in diese Richtung gehen.

Unerheblich ist, daß streng genommen nur die Abgabe der Erklärung höchstpersönliche Natur hat, nicht auch deren Übermittlung, aM Zweibr FamRZ **00**, 1222 (aber der Erklärende muß für den Gesamtvorgang geradestehen).

Wenn der Gläubiger die *Unrichtigkeit* der abgelegten Rechnung behauptet, muß er eine entsprechende Klage erheben. Der Rechnungspflichtige braucht die zugehörigen Belege dem Anwalt des Gegners nicht zu treuen Händen zu überlassen, BayObLG **88**, 417, Zweibr RR **98**, 714, aM Köln RR **96**, 382. Vgl auch § 132 IV 2 AktG. Der Schuldner darf und muß notfalls eine Hilfskraft zuziehen, BayObLG **88**, 417 (Sachverständiger, der nicht alle Erkenntnisse preisgeben darf), Ffm BB **96**, 2433 (Sozius ohne EDV-Paßwort und ohne Mitwirkung der anderen), Karlsr RR **02**, 220. Notfalls muß er ohne die Hilfskraft so gut wie möglich Auskunft geben, BayObLG NJW **75**, 741. Der Schuldner darf sich nicht mehr nach dem Rückerhalt der erforderlichen Unterlagen auch von Gläubiger auf eine Unmöglichkeit berufen, Saarbr NZM **99**, 1008. Bei einer zwecks Auskunft erforderlichen Vorlegung kommt § 883 entsprechend in Betracht, § 883 Rn 13, Ffm RR **92**, 171, Köln DGVZ **88**, 41, aM Mü RR **94**, 724 (nicht vollstreckbar?).

Vgl Rn 38 „Vermieter", Rn 39 „Versorgungsausgleich", „Vorlegung".

22 **Bankbürgschaft:** Rn 36 „Sicherheitsleistung".

Baumangel: Rn 28 „Handwerksmäßige Leistung".

Beendigung der Zuwiderhandlung: Sie macht § 888 unanwendbar, Karlsr RR **89**, 190.

Befreiung von einer Schuld, etwa einer Bürgschaft, dazu *Gerhardt,* Der Befreiungsanspruch, 1966; *Görmer,* Die Durchsetzung von Befreiungsansprüchen im zivilprozessualen Erkenntnis- und Vollstreckungsverfahren, 1992:

Sie ist vertretbar, soweit die Schuld der Höhe nach genau feststeht, § 253 Rn 65 „Freistellung", KG MDR **99**, 118, Saarbr FamRZ **99**, 110, Stgt JB **98**, 324, und soweit auch ein Dritter sie gleichwertig erfüllen kann, BGH JR **83**, 499, BAG KTS **76**, 143, Hamm DB **84**, 1824. Zur Durchsetzung Köln FamRZ **05**, 471 (auch zu den Grenzen), Rimmelspacher JR **76**, 183.

Beglaubigung, öffentliche, einer Urkunde des Schuldners: Sie ist *unvertretbar,* BayObLG **97**, 91.

Bilanzierung: Sie ist vertretbar, wenn ein Sachverständiger die Bilanz anhand der Geschäftsbücher und Geschäftspapiere zuverlässig fertigen kann.

Sie ist jedoch *unvertretbar,* wenn der Unternehmer mitwirken muß, Köln VersR **97**, 723, Zweibr JB **98**, 105.

23 **Buchauszug:** Die Erteilung eines Buchauszugs ist vertretbar, BGH BB **07**, 1302 rechts unten, Bbg RR **08**, 1423. Denn jeder Buchsachverständige, der die Unterlagen einsieht, kann einen brauchbaren Buchauszug fertigen, Düss MDR **00**, 168, Kblz MDR **94**, 199, Köln VersR **04**, 1414. Bei einem Handelsvertreter werden die Ersatzvornahme seines Anspruchs auf die Erteilung eines Buchauszugs und die Mitteilung der näheren Vertragsumstände nach § 87 c II und III HGB zwar nicht durch das Recht auf die eigene Bucheinsicht oder durch die Vornahme durch einen Wirtschaftsprüfer oder einen vereidigten Buchsachverständigen nach § 87 c IV HGB unzulässig. Jedoch erfolgt eine Ersatzvornahme nicht schon wegen eines jeden Mangels des bereits erteilten Auszugs. Sie erfolgt vielmehr erst dann, wenn der erteilte Auszug gänzlich unbrauchbar ist, Mü RR **88**, 290, Nürnb JB **98**, 666. Das muß der Gläubiger darlegen, Köln VersR **04**, 1415. Zur Beweislast vgl freilich Rn 5.

Das Vollstreckungsgericht prüft, ob der Auszug völlig *unbrauchbar* ist, Zweibr MDR **86**, 1034. Insofern findet also kein Verfahren nach § 767 statt. Die erforderlichen Auskünfte nach § 87 c III HGB nennt grds schon das Urteil näher. Der Kläger muß sie aber spätestens zu Beginn der Zwangsvollstreckung bestimmen. Denn das Gericht müßte den Antrag sonst mangels ausreichender Bestimmtheit zurückweisen.

Bürgschaft: Rn 36 „Sicherheitsleistung".

24 **Dienste:** Dienste höherer Art sind *unvertretbar.* Andere Dienste sind regelmäßig vertretbar, etwa: Eine Transportleistung; ein Beheizen, Dietrich (Üb vor § 883) 133, aM Peters ZZP **91**, 340 (§ 890); das Beleuchten; der Abbruch eines Behelfsheims. Dann ist regelmäßig § 887 anwendbar. Vgl § 888 Rn 22, auch wegen des Beschäftigungsanspruchs.

Duldung: § 890, AG Peine DGVZ **99**, 140.

Drucklegung: Sie ist dann vertretbar, wenn sie keine Einbuße in ihrem Wesen erleidet, falls sie ein anderer Verlag vornimmt. So muß man auch im Zweifel verfahren, Rn 6. Die Befreiung eines Gesamtschuldners vom Befreiungsanspruch des anderen ist vertretbar, Rn 27 „Gegendarstellung".

Andernfalls handelt es sich um eine *unvertretbare* Handlung.

25 **Einsicht und Auskunft** wegen einer Gehaltsliste: Sie sind *unvertretbar.* Wegen der Einsicht in Geschäftsunterlagen usw § 883 Rn 16.

S auch Rn 20 „Akteneinsicht".

Eintragung ins Grundbuch: Die Bewirkung ist vertretbar.

Einzelhandelsgeschäft: Sein Betrieb ist vertretbar, aM ThP § 888 Rn 2 (aber jeder andere Tüchtige hat dieselbe Chance). Vgl aber auch § 893.

Entfernung: Die Entfernung eines Gegenstands, zB aus einem Geschäftsraum oder eines Pkw, ist vertretbar, AG Erkelenz DGVZ **94**, 13, AG Wuppert DGVZ **98**, 159.

Erbvertrag: § 888 Rn 22.

26 **Fernsehen:** Rn 35 „Rundfunk".

Fotomaterial: Seine Vernichtung kann unter § 887 fallen, Ffm GRUR-RR **07**, 30, aber auch unter § 888, aM Ffm GLUR-RR **07**, 30.

Freistellungsanspruch: Rn 22 „Befreiung von einer Schuld".

Fristeinhaltung: Vgl §§ 510 b, 888 a (§§ 887–888 sind dann unanwendbar).

27 **Gaststätte:** Ihr Betrieb ist oft *unvertretbar,* aM Düss RR **97**, 648 (§ 890), Naumb RR **98**, 873 (weder § 887 noch § 888), Peters ZMR **99**, 371 (§ 890. Aber es kommt auf den Stil des Chefs an).

Gegendarstellung: Der Abdruck ist *unvertretbar,* LG Ffm RR **88**, 1022.

Geistige Leistung: Die geistige, künstlerische, wissenschaftliche, schriftstellerische Leistung ist regelmäßig *unvertretbar.* Das übersieht LG Erfurt RR **98**, 428. Eine geistige Leistung kann aber dann vertretbar sein, wenn genügend sachlich oder allgemein gebildete Personen zur Leistung vorhanden sind. Das kann zB je nach der Sachlage auch dann gelten, wenn es etwa um die Inhaltsangabe eines wissenschaftlichen Werks oder um die Anfertigung eines Sachregisters oder eines Warenverzeichnisses geht. Die Übersetzung einer Urkunde ist vertretbar. Die Tätigkeit des Verlegers kann vertretbar sein, Schneider MDR **75**, 279.

Sie kann auch nach den Gesamtumständen *unvertretbar* sein. Die Übersetzung eines Werks ist *unvertretbar,* § 888 Rn 6, 7. § 888 kann auch zB in folgender Lage unanwendbar sein: Es geht darum, daß mehrere zusammen leisten müssen, daß die Zwangsvollstreckung aber nur gegen einen einzelnen geht und daß die anderen ihre Mitwirkung verweigern; es geht darum, daß besondere Fähigkeiten notwendig sind. Denn dann läßt sich nicht feststellen, daß sie der Schuldner gerade jetzt oder überhaupt hat. Ein Schriftsteller oder ein Tonsetzer kann zB nicht jederzeit auf Verlangen ein bedeutendes Werk schreiben; es geht um die Aufführung einer Oper an einer bestimmten Bühne.

Geschäftsbetrieb: Die Pflicht zu seiner Vornahme kann *unvertretbar* sein, selbst wenn man dazu zB Lieferantenverträge abschließen muß, Celle RR **96**, 585.

Gesellschaft: Die Ermittlung des Auseinandersetzungsguthabens ist vertretbar, Köln RR **03**, 33.

Grundstückslast: Ihre Beseitigung ist grds vertretbar, Saarbr MDR **05**, 1253.

Sie ist aber ausnahmsweise *unvertretbar,* wenn die nötige Summe nicht feststeht, Stgt MDR **05**, 777.

Handwerksmäßige Leistung: Eine solche Leistung ist vertretbar, wenn sie keine besondere geistige oder 28
körperliche Befähigung verlangt. Das gilt im allgemeinen für die Arbeit eines Handwerkers, KG WoM **02**, 692 (Feuchtigkeit), Stgt RR **99**, 792 (Schallschutz), AG Hbg-Altona ZMR **03**, 962 (Rückbau). Vertretbar ist ferner eine gärtnerische Arbeit, auch wenn sie der Grundeigentümer durchführen kann oder soll, Karlsr OLGZ **91**, 450, Zweibr JB **82**, 939, AG Mönchengladb DGVZ **98**, 92. Vertretbar ist auch eine handwerksmäßige Leistung etwa am Bau oder am oder im Haus, LG Mü NZM **04**, 280, Stgt RR **99**, 792, auf Grund eines Werk(lieferungs)vertrags, BGH NJW **93**, 1395, Quadbeck MDR **00**, 574, oder auf Grund eines Mietvertrags, LG Bln WoM **94**, 552 (selbst wenn mehrere technische Durchführungsarten möglich sind). Das gilt zB bei einer Schönheitsreparatur, AG Hbg-Altona WoM **00**, 419, Hummel ZMR **90**, 366, oder auf Grund eines Dienstvertrags. Das gilt auch dann, wenn ein Sachverständiger mitwirken muß. § 888 II betrifft nur unvertretbare Dienstleistungen. Die Errichtung eines schlüsselfertigen Hauses durch einen Architekten kann eine vertretbare Handlung sein. Dasselbe gilt für die Herstellung einer Straße.

Soweit eine an sich vertretbare Handlung gegen den früheren Eigentümer einer solchen Wohnung zu vollstrecken ist, deren neuer Eigentümer oder derzeitiger Mieter nicht einverstanden ist, kann *§ 888* anwendbar sein, § 888 Rn 3, BayObLG **88**, 442, LG Mü NZM **04**, 279 (auch zu den Grenzen).

Haustier, Beseitigung: Die Handlung ist im allgemeinen vertretbar und nur *unter besonderen Umständen unvertretbar,* LG Hbg ZMR **85**, 303, AG Meschede DGVZ **97**, 91. Eine Verurteilung zur „Verhinderung von Geruchsbelästigungen" kann besonders dann nach *§ 888* (und nicht nach § 890) vollstreckbar sein, wenn die Urteilsgründe von einer „Störungsbeseitigung" sprechen, Mü OLGZ **82**, 101.

Herausgabe: § 883 Rn 6–11. §§ 887 oder 888 sind jedenfalls beim Zusammentreffen einer Herausgabe- und einer Handlungspflicht anwendbar, Zweibr JB **01**, 48.

Hinterlegung von Geld: Sie ist vertretbar, Rn 3.

Sie ist aber wegen der Berechnung dann *unvertretbar,* wenn der Betrag nicht ziffernmäßig feststeht. Das kann zB bei dem Erlös aus der Aberntung eines Ackers so sein.

Immission: Rn 43 „Zuführung". 29

Instandsetzung: Rn 38 „Vermieter".

Internet: Der Antrag auf die Freigabe eines Domain-Namens läßt sich nicht nach § 894 vollstrecken, sondern geht auf die Vornahme einer Handlung, Nürnb JB **00**, 318, und zwar wohl durchweg einer *unvertretbaren.*

Kaufverpflichtung nach einer Liste: Sie ist vertretbar, Köln MDR **75**, 586. 30

Klage: Ihre Erhebung und Durchführung ist *unvertretbar.*

Komplexe Handlungen: Wenn bei ihnen mehrere zusammenwirken müssen und Eingriffe in sonstige Rechtsgüter unvermeidbar sind, kann schon deshalb eine *Unvertretbarkeit* vorliegen, Mü RR **92**, 768.

Kontoüberziehung: Die Ausnutzung des Anspruchs auf eine Überziehung des Kreditrahmens ist *unvertretbar,* Grunsky ZZP **95**, 280.

Kraftfahrzeug-Serviceheft: Auf seine Herausgabe durch den Verkäufer ist § 887 anwendbar, AG Dülmen MDR **01**, 715.

Lieferung von elektrischer Kraft und dgl: Sie ist vertretbar. 31

Lohnabrechnung: Sie ist grds vertretbar, LAG Köln MDR **91**, 651, LAG Mainz MDR **06**, 55.

Unvertretbar ist sie nur beim Kleinstbetrieb, der nur flüchtige Notizen als Unterlagen hat, LAG Hamm DB **83**, 2257.

Löschung der Hypothek oder Grundschuld eines Dritten: Sie ist vertretbar, Düss MDR **80**, 410. Die Beibringung einer Löschungsbewilligung ist allenfalls nach § 887 vollstreckbar, Naumb JB **03**, 51 (oft auch so nicht).

Mieter: Rn 28 „Handwerksmäßige Leistung", Rn 38 „Vermieter". 32

Mitwirkung: Sie kann *unvertretbar* sein, KG FamRZ **84**, 1122, LG Zweibr MDR **76**, 145 (Steuerklasse). Wenn ein Dritter mitwirken muß, ist die Leistung für den Schuldner im allgemeinen *unvertretbar,* Stgt MDR **06**, 294. Das gilt zB dann, wenn die Leistung ausschließlich vom Willen des Schuldners abhängt. Mag er versuchen, die Mitwirkung des Dritten zu erreichen, Stgt MDR **06**, 294. Wenn der Dritte nicht zur Mitwirkung verpflichtet und auch nicht dazu bereit ist, ist auch § 888 unanwendbar, § 888 Rn 3, Ffm MDR **83**, 141. Der Schuldner muß den Ausfall des Dritten behaupten, Schilken JR **76**, 322.

Nachbarrecht: Rn 37 „Überbau, Überhang, Überwuchs", „Unterlassung".

Nachbesserung: Rn 28 „Handwerksmäßige Leistung".

Nachlaßverzeichnis, Herstellung: Sie ist *unvertretbar,* Hamm JMBl NRW **77**, 67. Dasselbe gilt für eine 33
Urkundenvorlage an den Pflichtteilsberechtigten, BGH NJW **75**, 1777.

Namensrecht: Die Verpflichtung, den früheren Familiennamen wieder anzunehmen, ist *unvertretbar.* Das gilt auch vergleichsweise bei der Scheidung.

S auch Rn 21 „Auskunft, Einsicht, Rechnungslegung".

Nebenkostenabrechnung: Rn 38 „Vermieter".

34 **Person, Entfernung:** S zunächst § 885 Rn 9–17. Im übrigen ist sie *unvertretbar.*

Presse: Rn 24 „Drucklegung", Rn 27 „Gegendarstellung".

Postfiliale: Ihr Betrieb ist nach *§ 888* vollstreckbar, LG Mainz RR **01**, 637.

Provisionsabrechnung: Sie ist durchweg vertretbar, Köln MDR **95**, 1065, LAG Hamm DB **83**, 2257. Sie kann aber ausnahmsweise *unvertretbar* sein, ZweibrJB **98**, 327.

Prozeß: Die Einleitung und die Führung des Rechtsstreits sind wegen der grundlegenden Bedeutung der persönlichen Einwirkung grds *unvertretbar* und nur ausnahmsweise vertretbar.

35 **Räumung:** §§ 885, 886 haben den Vorrang, BGH RR **07**, 1091. Vertretbar ist die Beseitigung von Bauwerken, Anpflanzungen usw, BGH JB **04**, 446.

Zur Räumung kann zB eine *unvertretbare* Betriebsabwicklung gehören und der eigentlichen Räumung vorausgehen müssen, LG Gött DGVZ **02**, 120.

Rechnungslegung: Rn 21 „Auskunft".

Rechtsgeschäft: Rn 41 „Willenserklärung".

Reparatur: Rn 28 „Handwerksmäßige Leistung".

Rundfunk: Die Ausstrahlung eines Werbespots ist *unvertretbar,* LG Hann NJW **94**, 2237.

Sachverständiger: Seine Leistung ist grds vertretbar, weil er auswechselbar ist, Hamm JMBl NRW **77**, 67. Seine Leistung kann bei ungewöhnlichen Fachkenntnissen *unvertretbar* sein.

Schönheitsreparatur: Rn 28 „Handwerksmäßige Leistung".

36 **Sicherheitsleistung:** Die Verpflichtung zur Leistung einer Sicherheit zB durch eine Bankbürgschaft usw ist vertretbar, Düss FamRZ **84**, 704, Hbg FamRZ **82**, 284, Karlsr MDR **91**, 454, 169, aM Schmidt MDR **89**, 1068 (aber jedes Kreditinstitut nach § 108 I 2 kommt als Bürge infrage). Das Gericht darf und muß den Schuldner auch verurteilen, diejenigen Kosten vorauszuzahlen, die der Gläubiger aufwenden muß, um seinerseits die von der Bank verlangte Sicherheit zu erbringen, Köln MDR **89**, 169. Bei einer Sicherheitsleistung nach § 232 BGB darf der Gläubiger sofort aus einer Bürgschaft vollstrecken. Denn § 232 I BGB dient nur seinem Schutz, Zweibr MDR **86**, 1034. Zu den Kosten gehört die Vergütung des Bürgen.

S auch Rn 39 „Versorgungsausgleich".

Sperrung von Energiezufuhr usw: Sie ist eine vertretbare Handlung, LG Mainz DGVZ **02**, 138.

Stellplatzverpflichtung: Eine Ablösepflicht nach einer LBauO ist vertretbar, wenn der Gläubiger eine öffentlichrechtliche entsprechende Baulast übernommen hat, Zweibr OLGZ **92**, 79.

Steuererklärung, Steuerkarte: Die Mitwirkung des anderen Ehegatten ist *meist unvertretbar,* LG Zweibr MDR **76**, 145. Freilich ist grds der vorrangige § 894 anwendbar, Ffm FamRZ **89**, 1321. Einzelheiten Tiedtke FamRZ **77**, 689. Eine Eintragung in einer Steuer- oder Versicherungskarte ist grds vertretbar, aM LAG Düss MDR **90**, 1044.

37 **Überbau, Überhang, Überwuchs:** Seine Beseitigung ist vertretbar, BGH NZM **04**, 154, Karlsr OLGZ **91**, 450, Köln NJW **85**, 274.

Umgangsrecht: Es ist *unvertretbar,* Kblz FamRZ **78**, 605, Zweibr FamRZ **79**, 842.

Unterhaltsleistung: Sie ist bei der Erfüllung durch eine Geldzahlung stets, bei der Erfüllung durch eine Naturalleistung meist vertretbar, Hbg FamRZ **83**, 212, aM BayObLG **96**, 132. Es kommt ganz auf die Fallumstände an.

Unterlassung: Eine Unterlassungspflicht muß man auch dann nach § 890 vollstrecken, wenn der Schuldner dazu etwas tun muß, wenn er zB Maßnahmen gegenüber einem Dritten ergreifen muß, BayObLG NZM **99**, 769, Kblz ZMR **99**, 253, Köln OLGZ **94**, 602, aM AG Bre WoM **07**, 144 (§ 887 bei einer Unterlassung der Tierhaltung).

Unterzeichnung eines Wechsels und dgl: Sie ist *unvertretbar.*

Urkunde: Rn 21 „Auskunft", Rn 39 „Vorlegung".

Urteil: Die Veröffentlichung eines Urteils gegen den Bekl ist seinerseits *unvertretbar.*

38 **Veräußerungsverpflichtung:** Sie ist *unvertretbar.* Denn man muß die Bedingungen im einzelnen aushandeln und muß einen Kaufvertrag abschließen.

Vermieter, Handlungen des: Grundsätzlich muß man bei einer Notwendigkeit der Mitwirkung eines Dritten *§ 888* anwenden, Hamm WoM **96**, 568, KG ZMR **90**, 338, Köln MDR **03**, 114. § 888 ist auch beim Zutrittsanspruch des Mieters nebst Schlüsseln anwendbar, KG MDR **07**, 617.

Ein zugehöriger Auskunftsanspruch gerade gegen den Vermieter auf Offenlegung der Unterlagen ist *unvertretbar,* LG Wuppert WoM **02**, 273. Denn diese Untrlagen besitzt meist nur der Vermieter. Meist ergibt sich daher für den Erstellungsanspruch doch nur eine Vollstreckbarkeit nach *§ 888.* Eine an sich vertretbare Handlung kann dadurch *unvertretbar* werden, daß der Schuldner die Fläche an einen Dritten vermietet oder ihm sonstwie überlassen hat, BayObLG NZM **00**, 304 links, Köln NZM **00**, 1019, LG Gött DGVZ **02**, 120. Die Vorschrift gilt auch bei einer verbotenen Raumüberlassung an einen Dritten statt an den Mieter, LG Bln WoM **95**, 123. Das Gebot dafür zu sorgen, daß ein Mieter seine Arzttätigkeit zwecks Konkurrenzschutzes eines anderen Mieters begrenze, ist unvertretbar, BGH RR **96**, 460.

Das *Inbetriebsetzen* des Fahrstuhls, der Licht- oder der Staubsaugeranlage ist vertretbar. Dasselbe gilt bei der Treppenhausreinigung, aM LG Bln WoM **94**, 552 rechts (aber das kann nun wirklich fast jeder tun), oder bei der Verhinderung oder Beseitigung von Feuchtigkeitsschäden, Drsd WoM **02**, 34, Ffm RR **90**, 20. Wegen einer WEG in solchem Fall Rn 4. Die Instandsetzung und der Betrieb der Sammelheizung sind grds vertretbar, aM Hamm WoM **96**, 568 (Vermieter einer Eigentumswohnung), LG Bln WoM **94**, 552 (auch bei mehreren Arten von Durchführungsmöglichkeiten), ZöStö 3 (sie wenden zum Teil § 888, zum Teil § 890 an, weil eine Dauerverpflichtung vorliege und weil mit dieser Dauerverpflichtung die Schwierigkeiten der Wartung zusammenhingen. Damit verkehrt man aber § 890 evtl fast in sein Gegenteil. Denn die Maschinerie dieser Vorschrift arbeitet viel zu langsam, und der Gläubiger wird hier der Dauerschikane des Schuldners überantwortet, während er nach § 887 selbst energisch eingreifen könnte. Der Schuldner muß sich die entstehenden Mehrkosten selbst zuschreiben).

Der Gerichtsvollzieher bricht einen *Widerstand des Schuldners* beim Betreten des Grundstücks, Rn 9. Es ist aber auch möglich, nach § 890 vorzugehen, um den Vermieter zu veranlassen, seinen Widerstand gegen das Betreten und evtl gegen das Offenhalten der fraglichen Räume aufzugeben. Eine Nebenkostenabrechnung ist wohl *meist unvertretbar,* BGH NJW **06**, 2705, Brschw NZM **99**, 752, Timme NJW **06**, 2670, aM Rostock NZM **03**, 40, LG Münst ZMR **00**, 227, LG Wuppert ZMR **01**, 200 (aber nur der Vermieter kann praktisch zuverlässig alle erforderlichen Angaben machen, auch zB zu anderen Wohnungen im Haus, deren Daten nicht einfach einem Dritten zugänglich werden sollten).

Vernichtung: Die Vernichtung einer schutzrechtsverletzenden Ware ist vertretbar, Retzer Festschrift für Piper (1996) 437.

Versicherungsrecht: Die Benennung des Begünstigten einer Lebensversicherung ist *unvertretbar,* Köln MDR **75**, 586. Wegen der Eintragung in einer Versicherungskarte Rn 36 „Steuererklärung, Steuerkarte".

Versorgungsausgleich: Die Zwangsvollstreckung aus einem Beschluß des FamG wegen einer Auskunft **39** über die Voraussetzungen des Versorgungsausgleichs erfolgt wegen § 95 I Z 3 FamFG Fall 2 nach *§ 888,* (je zum alten Recht) Ffm (3. FamS) FamRZ **80**, 899 und (1. FamS) FamRZ **81**, 181, Hamm FamRZ **80**, 899, aM Ffm (4. FamS) FamRZ **80**, 266. Der Anspruch auf eine Sicherheitsleistung nach § 1389 BGB ist wegen § 95 I Z 3 Fall 2 FamRZ nach § 888 vollstreckbar, Düss FamRZ **84**, 704. Der durch die Ausübung des Wahlrechts des Gläubigers entstandene Anspruch auf eine Hinterlegung von Geld ist sodann wie eine Geldforderung vollstreckbar, Grdz 3 vor § 803, Düss FamRZ **84**, 704.

Versorgungsleistung: Der Anspruch auf sie ist vertretbar, AG Flensb WoM **04**, 32.

Vertrag: Sein schriftlicher Abschluß ist *unvertretbar,* BayObLG NZM **01**, 675 (WEG), Bbg MDR **83**, 499. Allerdings kann auch § 888 unanwendbar sein, § 888 Rn 1, ferner oben Rn 30 „Kaufverpflichtung", unten Rn 41 „Willenserklärung", auch wegen der Vollmacht. Vgl auch § 893, Bbg MDR **83**, 500.

Vollmacht: Rn 41 „Willenserklärung".

Vorlegung: Sie ist zwar grds entsprechend § 883 vollstreckbar, Köln DGVZ **88**, 41, aM Mü RR **94**, 724 (nicht vollstreckbar –?–). Sie kann aber im Rahmen einer Pflicht zur Auskunft und Rechnungslegung nach *§ 888 unvertretbar* sein, Rn 21, etwa bei einer Übersendung von Belegen, Brdb JB **03**, 612 (der Vollstreckungstitel muß ergeben, was der Schuldner vorlegen soll), Düss MDR **01**, 772, Köln RR **96**, 382.

Wechsel: Seine Ausstellung ist *unvertretbar.* **40**

Weiterbeschäftigung: Die Vollstreckung des Anspruchs auf die Weiterbeschäftigung ist nach *§ 888* statthaft, jedoch naturgemäß nur bis zur Rechtskraft, LAG Köln DB **88**, 660, und nicht bei einer Unmöglichkeit, LAG Kiel NZA-RR **04**, 408, LAG Köln MDR **99**, 303. Das letztere muß der Arbeitgeber überzeugend darlegen, LAG Kiel NZA-RR **04**, 408. „Weiterbeschäftigung als Lagerleiter" kann vollstrekkungsunfähig unscharf sein, LAG Mainz MDR **05**, 1060.

S auch Rn 20 „Arbeitsleistung".

Wertermittlung: Rn 43 „Zugewinnausgleich".

Widerruf: Er ist *unvertretbar,* die Zwangsvollstreckung erfolgt nach § 888 und nicht nach § 894, BVerfG NJW **70**, 652, Ffm (16. ZS) MDR **98**, 986, ThP § 894 Rn 5, aM Ffm (13. ZS) NJW **82**, 113, Hamm OLGZ **92**, 66, ZöStö § 894 Rn 2 (aber die Erforderlichkeit und die Zumutbarkeit müssen nach I prüfbar sein).

Willenserklärung: Es kann der vorrangige § 894 anwendbar sein, zB bei der Zustimmung zu einer **41** Zusammenveranlagung zur Steuer, Ffm FamRZ **89**, 1321. Im übrigen ist ihre Abgabe oder Entgegennahme vertretbar, wenn die Parteien auf den Inhalt überhaupt keinen oder nahezu keinen Einfluß haben, Köln MDR **75**, 586.

Auch kann *§ 888* anwendbar sein, BGH NJW **95**, 464 (Vollmacht nur auf eine noch auszuwählende Person), Karlsr Rpfleger **05**, 95, Kblz DGVZ **86**, 138, aM StJM 13. Andernfalls ist eine neue Klage erforderlich, aM Köln MDR **75**, 586, ZöStö 3 (Abnahme der Kaufsache).

Beispiel: Eine Auflassung, auch an einen Sequester, aM Köln MDR **75**, 586.

Eine richterliche *Ermächtigung* ersetzt die fehlende Befugnis. Der Umstand, daß zur Abgabe der Willenserklärung eine Vollmacht des Schuldners erforderlich ist, macht die Abgabe nicht zu einer unvertretbaren Handlung. Die Ermächtigung ersetzt auch die Vollmacht, aM StJM 13, ZöStö 2 (aber dadurch ändert sich nicht ihre Rechtsnatur). Das gilt bei der Verschaffung des Eigentums, wenn der Eigentümer zur Veräußerung an den Gläubiger unter angemessenen Bedingungen bereit ist. Vgl aber § 894 Rn 1, 2. Die Anpassung einer betrieblichen Altersversorgung muß durch ein Urteil geschehen, BAG DB **77**, 117, aM Lieb/Westhoff DB **76**, 1971 (es handle sich um eine unvertretbare Handlung).

S auch Rn 38 „Versicherungsvertrag".

Wohnungszuweisung: § 885 Rn 7, § 96 FamFG. Die Vollstreckung einer einstweiligen Anordnung auf eine Überlassung der Ehewohnung erfolgt mangels einer Anwendbarkeit des FamFG nach *§ 888,* LG Aachen DGVZ **94**, 175.

Zeugnis: Seine Ausstellung ist *unvertretbar,* BAG MDR **04**, 1425, LAG Düss NZA-RR **04**, 206, LAG Ffm **42** NZA-RR **04**, 382. Zu der Frage, ob eine Zwangsvollstreckung möglich ist oder ob eine neue Klage erforderlich ist, LAG Ffm NZA-RR **04**, 382.

Zuführung (Immission): Der Gläubiger muß in seinem Antrag diejenigen Maßnahmen genau angeben, die **43** der Schuldner vornehmen soll, sofern das Gericht diese Maßnahmen nicht schon im Urteil festgelegt hat, ZöStö 2, aM Düss RR **88**, 63. Die Zwangsvollstreckung erfolgt je nach der Sachlage entweder nach § 887, Düss MDR **77**, 931, Hamm MDR **83**, 850 (nur nach dieser Vorschrift), Saarbr MDR **00**, 784, oder nach *§ 888,* Düss RR **88**, 63. Sie erfolgt grds jedoch nicht nach § 890, Ffm Rpfleger **75**, 445 (Untätigkeit des Schuldners gegenüber einer Beseitigungspflicht), Saarbr MDR **00**, 784, aM Düss OLGZ **76**, 378 (aber es kommt auf die Gesamtumstände an).

§ 890 gilt aber zB bei einer Verpflichtung zur Unterlassung eines vermeidbaren ruhestörenden Lärms, auch durch quakende Frösche, LG Lüneb RR **86**, 502. Wer den Rechtsfrieden gebrochen hat, der darf

nicht dem Geschädigten die oft fast unlösbare Aufgabe zumuten, im einzelnen aufzuzeigen, wie eine Schadensbeseitigung erfolgen soll. Oft weiß nur der Schuldner den richtigen Weg. Das gilt etwa dann, wenn es um eine große Fabrik mit verwickelten technischen Einrichtungen geht. Die Beseitigung von Zuführungen wird noch nicht dadurch zu einer unvertretbaren Handlung, daß der Gläubiger und seine Hilfspersonen das Grundstück des Schuldners betreten müssen, um die erforderlichen Maßnahmen zu treffen. Notfalls gilt § 892. Wenn es sich allerdings um größere Änderungen handelt, die den ganzen Betrieb oder wesentliche Teile betreffen, ist doch wieder *§ 888* anwendbar.

Zugewinnausgleich: Der Anspruch aus § 1379 I 2 BGB ist auch bei einer Anwendbarkeit des FamFG wegen § 95 I Z 3 FamFG nach § 887 vollstreckbar, (zum alten Recht) Bbg FamRZ **99**, 312.

Zug-um-Zug-Leistung: Soweit sie vertretbar ist, muß der Schuldner bei der Verweigerung zB einer Nachbesserung die Vollstreckung nach § 887 dulden, soweit der Gläubiger die Gegenleistung nach § 756 anbietet, BGH **90**, 360.

Zutritt: Eine Sperrung der Zufahrt auf dem Schuldnergrundstück ist vertretbar, Bbg DGVZ **99**, 136.

Der Zutritt zu einem bewohnten Haus ist meist *unvertretbar,* Zweibr JB **04**, 160, AG Montabaur DGVZ **08**, 121.

S auch Rn 38 „Vermieter" und Rn 6.

888

Fassung 1. 9. 2009: ***Nicht vertretbare Handlungen.*** **I** [1] **Kann eine Handlung durch einen Dritten nicht vorgenommen werden, so ist, wenn sie ausschließlich von dem Willen des Schuldners abhängt, auf Antrag von dem Prozessgericht des ersten Rechtszuges zu erkennen, dass der Schuldner zur Vornahme der Handlung durch Zwangsgeld und für den Fall, dass dieses nicht beigetrieben werden kann, durch Zwangshaft oder durch Zwangshaft anzuhalten sei.** [2] **Das einzelne Zwangsgeld darf den Betrag von 25 000 Euro nicht übersteigen.** [3] **Für die Zwangshaft gelten die Vorschriften des Vierten Abschnitts über die Haft entsprechend.**

II Eine Androhung der Zwangsmittel findet nicht statt.

III Diese Vorschriften kommen im Falle der Verurteilung zur Leistung von Diensten aus einem Dienstvertrag nicht zur Anwendung.

Vorbem. III geändert dch Art 29 Z 24 FFG-RG, in Kraft seit 1. 9. 09, Art 112 I Hs 1 FGG-RG, ÜbergangsR Art 111 FGG-RG, Einf 4 vor § 1 FamFG.

Bisherige Fassung III: **III Diese Vorschriften kommen im Falle der Verurteilung zur Eingehung einer Ehe, im Falle der Verurteilung zur Herstellung des ehelichen Lebens und im Falle der Verurteilung zur Leistung von Diensten aus einem Dienstvertrag nicht zur Anwendung.**

Schrifttum: *Bier,* „Willensabhängigkeit" unvertretbarer Handlungen und Beugezwang (§ 888 Abs. 1 ZPO), Diss Bonn 1987; *Brückner,* Die Vollstreckbarkeit des Auskunftsanspruchs des Kindes gegen seine Mutter auf Nennung des leiblichen Vaters usw, 2003; *Gerhardt,* Die Handlungsvollstreckung – eine Bestandsaufnahme über Befund und Entwicklungstendenzen, Festgabe *50 Jahre Bundesgerichtshof* (2000) 463; *Peters,* Restriktive Auslegung des § 888 I ZPO?, Gedächtnisschrift für *Bruns* (1980) 285; *Remien,* Rechtsverwirklichung durch Zwangsgeld, 1991 (auch rechtsvergleichend); *Smid,* Zur Dogmatik der Klage auf Schutz des „räumlich gegenständlichen Bereichs" der Ehe usw, 1983; *Suda,* Mitwirkungspflichten des Vollstreckungsschuldner nach dem 8. Buch der ZPO usw, Diss Bonn 2000; *Winter,* Vollzug der Zivilhaft, 1987.

Gliederung

1 **1) Systematik, I–III.** Vgl zunächst § 887 Rn 1. Das Verfahren nach § 888 ist ein selbständiges Nebenverfahren, BayObLG DB **96**, 977. §§ 885, 886 haben den Vorrang, BGH RR **07**, 1091. § 95 I Z 3 FamFG macht § 888 entsprechend anwendbar. Den früheren III ersetzt § 120 III FamFG.

2 **2) Regelungszweck, I–III.** Vgl zunächst § 887 Rn 2. Der Schuldner soll die Handlung, etwa die Auskunft, vollständig und ernsthaft vornehmen, Ffm GRUR-RR **02**, 120 (die Überprüfung der Richtigkeit und Vollständigkeit ist aber nicht eine Aufgabe des Gerichts). Auch hier gilt zur richtigen Einordnung das Gebot der Konzentration auf den Kern und auf das Wesentliche der vom Schuldner zu erbringenden Leistung. Die Höhe eines Zwangsmittels kann gerade bei einer unvertretbaren Leistung ein Druck sein. Er

kann erst recht zur Lähmung der Schaffenskraft führen. Der Gläubiger will die Handlung. Das Zwangsgeld bekommt ohnehin nicht er, sondern der Staat. Freilich mag ein Star einen zu geringen Betrag aus der Portokasse zahlen können. Das Gericht hat also auch hier eine solche Aufgabe, die oft mehr Mühe erfordert als allgemein üblich. III ist als eine Sondervorschrift eng auslegbar, vgl aber Rn 21.

3) Geltungsbereich, I–III. Die Vorschrift gilt wegen § 869 Rn 1, 2 auch zB gegenüber dem Zwangs- 3
verwalter. Die Abgrenzung zwischen §§ 887, 888 ist im übrigen schwierig. Sie ist aber unentbehrlich.

A. Abhängigkeit vom Schuldnerwillen. § 888 setzt eine solche Handlung des Schuldners voraus, die im Zeitpunkt eines Beschlusses nach I ausschließlich vom Willen des Schuldners abhängt, Düss FamRZ **97**, 830, Kblz FamRZ **03**, 1486, Naumb JB **03**, 51. Es muß sich um eine derartige Maßnahme handeln, die ein Dritter bei einer vernünftigen Betrachtung nicht vornehmen kann oder darf, jedenfalls nicht so, wie es dem Schuldner möglich ist, Naumb RR **98**, 874, Zweibr JB **01**, 48. Wegen des bei § 888 im Inland auszuübenden Zwanges reicht auch eine im Ausland notwendige unvertretbare Handlung. Die Abgrenzung zwischen einer vertretbaren und einer unvertretbaren Handlung ist schwierig und umstritten, § 887 Rn 4, 20. Der Beugezwang nach I ist sinnvoll und rechtens, solange der Schuldner seine Möglichkeiten nicht ausgeschöpft hat. Die Handlung darf nicht etwa eine Geldzahlung oder eine Hinterlegung oder eine Herausgabe von Personen oder Sachen betreffen, § 887 Rn 1. Die Handlung darf auch nicht etwa auf eine Willenserklärung hinauslaufen, außer wenn der vorrangige § 894 unanwendbar ist, § 887 Rn 41 „Willenserklärung". Es darf sich auch nicht um eine bloße Unterlassung handeln, § 890. Entscheidend ist der Inhalt und nicht die Fassung des Urteils, Mü OLGZ **82**, 102. Man muß ihn durch eine Auslegung ermitteln, Mü OLGZ **82**, 101, Stgt OLGZ **90**, 354. Ein Zwang ist nur im Rahmen des § 888 statthaft. Der Titel muß vollstreckungsfähig genau sein, Grdz 22, 23 vor § 704, BGH **98**, 129, Bbg FamRZ **94**, 1048, Karlsr FamRZ **83**, 631.

B. Unanwendbarkeit. Darüber hinaus und auch bei solchen Handlungen, die nicht ausschließlich im 4
Willen des Schuldners liegen, bleibt dem Gläubiger nur übrig, nach § 893 eine Klage auf das Interesse zu erheben, etwa bei einer Verurteilung zum Abschluß eines Vertrags oder bei einer Verurteilung zum Betrieb eines Einzelhandelsgeschäfts. Wenn das Verfahren nach § 888 zur Beseitigung von Zweifeln bei der Urteilsauslegung nicht ausreicht, können der Gläubiger sowie der Schuldner eine Feststellungsklage erheben. Soweit das Gericht einen Sachverhalt beurteilen soll, der über die bisherige Verurteilung hinausgeht, ist eine ganz neue Klage erforderlich.

§ 888 istferner dann unanwendbar, wenn es um § 510 b geht. Das bestimmt § 888 a. § 888 ist ferner dann unanwendbar, wenn der Vollstreckungstitel trotz der nach Rn 1 statthaften Auslegung nicht nach Rn 2 vollstreckungsfähig genau ist, Zweibr FamRZ **04**, 1224. Sie darf sich freilich nicht mehr auf die rechtliche Zulässigkeit der fraglichen Handlung erstrecken. § 888 ist ferner dann unanwendbar, wenn die Handlung dem Schuldner schon oder noch unmöglich ist, Brdb FamRZ **07**, 64, Celle MDR **98**, 923, Düss FamRZ **00**, 1168 (je: strenger Maßstab), oder wenn sie von einem fremden Willen abhängt, wenn also der ernstlich gewollten Vornahme unüberwindliche Hindernisse entgegenstehen, mögen sie auf einem Verschulden des Schuldners beruhen oder nicht, BayObLG **88**, 442, Hamm RR **88**, 1088, LG Hann WoM **93**, 476, aM ThP 3 (aber Unmöglichkeit bleibt Unmöglichkeit und fordert andere Wege). Der Schuldner muß natürlich alles ihm Zumutbare zur Erfüllung getan haben, Karlsr FamRZ **99**, 1436. Er darf sich nicht nach dem Rückerhalt der erforderlichen Unterlagen auf die Unmöglichkeit einer Auskunft berufen, § 887 Rn 21.

C. Parteiaufgaben. Der Schuldner muß seine Behauptung darlegen und beweisen, er könne die Hand- 5
lung im Rahmen des ihm Zumutbaren wirklich *nicht mehr selbst* vornehmen, KG NZM **02**, 671, Köln GRUR-RR **06**, 31, Stgt MDR **05**, 777. Dem kann der Gläubiger mit einem Gegenbeweis entgegentreten, Hamm FamRZ **97**, 1095. Der Schuldner kann auch nach § 767 klagen, dort Rn 31 „Unmöglichkeit". Ein zum Abdruck einer Gegendarstellung verurteilter verantwortlicher Redakteur kann aber in dieser Stellung nicht einfach behaupten, er könne den Abdruck mit Rücksicht auf seine Stellung nicht durchsetzen. Ein „Redaktionsschwanz" entwertet die Gegendarstellung und eröffnet eine weitere, LG Ffm RR **88**, 1022.

D. Hilfskraft. Der Schuldner darf und muß evtl Hilfskräfte hinzuziehen, Brdb FamRZ **98**, 179 und 180, 6
Kblz VersR **93**, 379. Er muß ihre Hinzuziehung zumindest versuchen, Ffm RR **92**, 172, Kblz VersR **93**, 379, Köln ZMR **91**, 437. Der Schuldner muß also dann, wenn er über seine Einkommens- und Vermögensverhältnisse eine Auskunft geben muß, einen Sachverständigen hinzuziehen. Er mag auch einen Steuerberater um seine Hilfe bitten, Hamm FamRZ **97**, 1095, oder das Finanzamt um dessen Hilfe bitten, soweit diese zulässig ist, LG Lahn-Gießen MDR **79**, 64. Wenn die Rechnungslegung davon abhängt, daß ein Dritter Bücher vorlegt, kann sich der Gläubiger den Anspruch des Schuldners gegen den Dritten abtreten lassen. Trotzdem kann § 888 in solchen Fällen anwendbar bleiben, Köln BB **81**, 393.

Der *Gläubiger muß* abgesehen von Rn 5 *beweisen,* daß die weiteren Voraussetzungen des § 888 vorliegen, § 887 Rn 5, Hamm FamRZ **97**, 1095, aM Schilken JR **76**, 322 (aber es bleibt bei den allgemeinen Beweisregeln, Anh § 286 Rn 10). § 139 III PatG ist nur insofern anwendbar, als der Schuldner nachvollziehbar darlegen muß, sich korrekt verhalten zu haben, Ffm GRUR-RR **02**, 120. Maßgeblich ist der Zeitpunkt der Zwangsvollstreckung. Der Schuldner muß also auch die geschuldete Handlung unterlassen oder verweigert haben. Das Gericht muß eine Beweiserhebung beschließen, wenn ein Beweis erforderlich war und wenn der zugehörige Beweisantritt vorliegt.

E. Beispiele zur Frage einer Anwendbarkeit. Vgl das ABC in § 887 Rn 20 ff. 7

4) Vollstreckung, I, II. Sie verläuft kompliziert. 8

A. Zuständigkeit. Vgl zunächst Rn 1. Zuständig ist nach § 802 abweichend von § 764 das Prozeßgericht der ersten Instanz, § 887 Rn 10, KG NJW **91**, 989, Saarbr OLGZ **90**, 486, Schlesw SchlHA **81**, 190. Zuständig ist also das Gericht desjenigen Verfahrens, in dem der Vollstreckungstitel ergangen ist, BGH Rpfleger **80**, 182, BayObLG **88**, 415. In einer FamFG-Sache ist das FamG zuständig, § 95 I Z 3 FamFG, (je zum alten Recht) Düss FamRZ **78**, 130, Ffm OLGZ **91**, 340, Saarbr OLGZ **90**, 486. Dabei bedeutet auch eine nicht gehörige Erfüllung eine Nichterfüllung, § 887 Rn 41 „Willenserklärung", Düss GRUR **79**, 276, Hamm RR **92**, 1029. Ein sachlichrechtlicher Einwand ist im Verfahren nach § 888 unbeachtlich, Köln

GRUR **00**, 920, aM Jauernig FamRZ **77**, 763 (aber es liegt eine Rechtskraft oder doch eine vorläufige Vollstreckbarkeit vor). Wenn der Einzelrichter den Vollstreckungstitel erlassen hatte, ist er zuständig, (jetzt) §§ 348, 348 a, Ffm MDR **81**, 504. Nach einem früheren FGG-Erkenntnisverfahren ist dennoch grundsätzlich jetzt das ordentliche Gericht zuständig, BayObLG **88**, 415.

9 **B. Weiteres Verfahren.** Der Erfüllungseinwand ist wie bei § 887 Rn 5 zulässig, KG MDR **08**, 349, Köln MDR **03**, 894, LAG Ffm NZA-RR **04**, 382. Das Gericht kann beim angeblichen Fehlen der Erfüllung statt einer Verweisung auf den anwendbaren § 767 verweisen, BayObLG NZM **02**, 491, aM Kblz RR **05**, 160. Es kann aber diesen Einwand auch selbst in jeder Lage des Verfahrens von Amts wegen beachten, § 887 Rn 4, 5, BayObLG NZM **02**, 491, Karlsr RR **02**, 220, Zweibr JB **03**, 494, aM Drsd FamRZ **01**, 178, Mü OLGZ **94**, 486, Reischl JR **97**, 407 (aber ein Verstoß ist eine Voraussetzung einer Zwangsmaßnahme).

Das Gericht wird nur auf einen *Antrag des Gläubigers* tätig, Celle FamRZ **06**, 1689, Schmaltz/Kuczera GRUR **06**, 98. Es gilt insoweit § 887 Rn 12. Er braucht weder das Zwangsmittel noch das Zwangsmaß anzugeben, Köln MDR **82**, 589. Ein auch diesbezüglicher „Antrag" ist nur eine Anregung, aM ZöStö 4 (er wendet § 308 I an. Vgl aber Rn 15). Ein Antrag nach „§ 890" läßt sich evtl umdeuten, Mü MDR **03**, 53. Ein Anwaltszwang besteht wie sonst, § 891 Rn 1. Bei einer entsprechenden Anwendung durch das Vollstreckungsgericht nach § 889 II besteht kein Anwaltszwang. Das Verfahren verläuft nach § 891. Die allgemeinen Voraussetzungen der Zwangsvollstreckung nach Grdz 14 vor § 704 müssen vorliegen. Die etwaige Prozeßunfähigkeit des Schuldners nach §§ 51, 52 hindert den Fortgang des Verfahrens nicht. Die Entscheidung ergeht dann gegen den Prozeßunfähigen, vertreten durch seinen gesetzlichen Vertreter, Dietrich Üb vor § 883, 185, Peters ZZP **91**, 341 (evtl ist die Entscheidung also auch gegen einen minderjährigen Schuldner vollstreckbar).

10 **C. Entscheidung.** Das Prozeßgericht entscheidet nach einer freigestellten mündlichen Verhandlung, § 128 IV. Es entscheidet stets durch einen Beschluß, §§ 329, 891 S 1. Es muß den Antrag zurückweisen oder den Schuldner zur Vornahme der Handlung anhalten, Rn 12. Zu diesem Zweck verhängt das Gericht entweder ein Zwangsgeld. Dann muß das Gericht zugleich ersatzweise eine Zwangshaft anordnen, nämlich für den Fall der Nichtbeitreibbarkeit, AG Bln-Charlottenb DGVZ **79**, 28, LAG Ffm DB **93**, 1248, Geißler DGVZ **88**, 20. Oder das Gericht verhängt sogleich eine Zwangshaft, falls nämlich die Anordnung eines Zwangsgelds in der Verbindung mit einer nur ersatzweisen Zwangshaft unzureichend wäre. Welchen dieser Wege das Gericht wählt, steht in seinem pflichtgemäßen Ermessen, Köln MDR **82**, 589. Das Gericht muß seinen Beschluß begründen, § 329 Rn 4. Die Festsetzung kann der Beginn der Zwangsvollstreckung sein, Grdz 51 vor § 704, LG Bln Rpfleger **75**, 374. Auch in diesem Stadium muß ein Rechtsschutzbedürfnis des Gläubigers vorliegen, Grdz 33 vor § 253. Es fehlt dann, wenn sich der Gläubiger selbst helfen kann, etwa nach § 792 und bei einer Wahlschuld. Denn bei einer solchen Schuldart kann der Gläubiger die Wahl nach § 264 BGB selbst treffen. Eine wiederholte Festsetzung setzt die volle Durchführung der bisherigen Zwangsmittel voraus, Brdb FamRZ **98**, 180, Celle FamRZ **06**, 1689.

11 Das Gericht entscheidet über die *Kosten* jetzt wegen § 891 S 3 nach §§ 91 ff. Das gilt auch bei einer Antragsrücknahme und bei einer Zurückweisung. Wert: Anh § 3 Rn 144.

12 **D. Anhalten: Sogleich Festsetzung.** Das „Anhalten" darf nicht so erfolgen, daß das Gericht für den Fall des ergebnislosen Fristablaufs die Zwangsmittel nur androht, II. Vielmehr darf und muß das Gericht sofort ein Zwangsmittel festsetzen. Das Verfahren ist nämlich schon schleppend genug, Kblz RR **97**, 1337. Der Schuldner kann die Vollstreckung ja durch seine Erfüllung abwenden, Rn 18.

Das Gericht darf natürlich nicht nur das *Höchstmaß* festsetzen. Eine Klage auf eine Rechnungslegung ist unzulässig, wenn das Vollstreckungsgericht den Antrag auf eine Erzwingung rechtskräftig abgewiesen hat.

13 Im Festsetzungsbeschluß darf das Gericht evtl eine *Frist zur Vornahme* der Handlung setzen, zB wenn der Schuldner eine angemessene Zeit für eine streitig gewesene Rechnungslegung braucht. Länger darf er aber auch nicht trödeln, Schmaltz/Kuczera GRUR **06**, 98. Durch die Frist wahrt das Gericht auch den Verhältnismäßigkeitsgrundsatz, Grdz 34 vor § 704. Ein fälschlich ergangener bloßer Androhungsbeschluß ist nicht in eine Festsetzung umdeutbar.

14 **E. Rechtsbehelfe bei Festsetzung.** Der Schuldner kann gegen eine Festsetzung die sofortige Beschwerde nach §§ 567, 793 I einlegen, Köln RR **03**, 716 (Aussetzung der Vollziehung nur durch Einstellung der Zwangsvollstreckung). In einer FamFG-Sache gelten wegen § 87 IV FamFG §§ 567–572. Vgl ferner § 893. Kosten: § 97. Ab einer Unanfechtbarkeit kommt nur noch § 767 infrage, Karlsr FamRZ **06**, 284.

Gegen eine fälschlich ergangenen bloßen *Androhungsbeschluß* ist ebenfalls die sofortige Beschwerde statthaft.

Gebühren: Des Gerichts § 12 V GKG (Vorauszahlungspflicht), KV 2110; des Anwalts VV 3309, 3310. Wert: § 3 Anh Rn 144.

15 **5) Zwangsmittel, I, II.** Seine Anordnung erfordert große Aufmerksamkeit.

A. Allgemeines. Wenn der Schuldner entweder nicht innerhalb der ihm gesetzten Frist erfüllt hat oder mangels einer solchen Frist nicht innerhalb einer angemessenen Frist, muß das Prozeßgericht ein Zwangsmittel festsetzen. Der Gläubiger kann zwar ein bestimmtes Zwangsmittel anregen. Das Gericht muß seine Wahl aber nach seinem pflichtgemäßen Ermessen selbst ausüben. Die Parteien können auch nicht vereinbaren, daß ein Zwangsmittel des § 888 bei einer vertretbaren Handlung erfolgen solle.

Das Gericht hat zunächst die Möglichkeit, dem Schuldner ein *Zwangsgeld* aufzuerlegen. Das Gericht muß es nach Rn 10 stets mit einer ersatzweisen *Zwangshaft* verbinden. Es hat auch die Möglichkeit, sogleich eine Zwangshaft zu verhängen. Neben einem Zwangsgeld ist eine Zwangshaft zunächst immer nur ersatzweise zulässig. Das Gericht kann aber zunächst ein Zwangsgeld, ersatzweise eine Zwangshaft festsetzen, dann eine Haft. Es kann auch umgekehrt vorgehen. Es kann auch ohne einen Verstoß gegen Art 103 III GG jede Art von Zwangsmitteln wiederholt verhängen, Hamm DGVZ **77**, 41, also zB zunächst Zwangsgeld, ersatzweise Zwangshaft, dann mangels Zahlung oder bisheriger Beitreibbarkeit erneut Zwangsgeld, ersatzweise Zwangshaft und so fort, Karlsr FamRZ **94**, 1275. Freilich erfordert eine Wiederholung von Zwangsgeld, daß das Gericht zuvor zumindest versucht hat, ein früher festgesetztes Zwangsgeld zu vollstrekken oder die gerichtliche Anordnung durchzusetzen, Celle MDR **05**, 768, strenger LAG Kiel NZA **06**, 540 (erst nach erfolgter Vollstreckung). Es kann auch eine Ersatzhaft oder Zwangshaft nachträglich gesondert festsetzen.

Eine mehrmalige Anordnung wegen desselben Ungehorsams ist nur dann zulässig, wenn der Ungehorsam trotz der früheren Anordnung fortdauert, wenn der Schuldner also eine neue Zuwiderhandlung begangen hat. Das Gesamtmaß der Zwangshaft darf 6 Monate nicht übersteigen, I 3, § 913. Zweckmäßig ist es, einfach „Zwangshaft" zu verhängen. Sie dauert dann bis zu 6 Monaten.

Das *Zwangsgeld* muß auf eine bestimmte Höhe lauten, wenn das Gericht es endgültig festsetzt. Das Gericht muß den Verhältnismäßigkeitsgrundsatz nach Grdz 34 vor § 704 auch hier beachten, Brdb FamRZ **07**, 64, Karlsr MDR **00**, 229. Es darf zB nicht das Zehnfache des Vertretbaren anordnen, LAG Ffm DB **93**, 1248. Es muß sich am Interesse des Gläubigers an der Durchsetzung der titulierten Forderung zumindest mitorientieren, Brdb FamRZ **07**, 64, LAG Ffm DB **93**, 1248, ebenso an der Hartnäckigkeit der Verweigerung des Schuldners, Karlsr MDR **00**, 229. Man kann sich am Streitwert orientieren, Karlsr MDR **00**, 229. Der Mindestbetrag des Zwangsgeldes ist 5 EUR, Art 6 I EGStGB. Nur der einzelne Höchstbetrag ist 25 000 EUR, I 2, BGH Rpfleger **05**, 469 (also nicht mehrere). Es können zB (jetzt ca) 10 000 EUR bei einer verweigernder „Verschleppung" einer Auskunft über die Verbreitung von Videobändern gerechtfertigt sein, Mü RR **92**, 704. Die Haft steht nicht im Widerspruch zur MRK. Gegen ein Mitglied der alliierten Streitkräfte ist keine Zwangshaft zulässig, Art 34 II ZAbkNTrSt, SchlAnh III. Wegen der Erzwingung dort Art 12.

B. Keine Schuldprüfung. Das Zwangsgeld und die Zwangshaft sind reine Zwangs- und Beugemittel, **16**
Ffm MDR MDR **90**, 452, Hamm RR **88**, 1088, OVG Bln JB **99**, 441. Sie sind keine Strafen oder ähnliche Ahndungen, sondern andersartige Rechtsnachteile, Art 5 EGStGB. Sie sollen nur die Erfüllung herbeiführen, Ffm Rpfleger **81**, 152, Mü OLGZ **82**, 102. Daraus folgt: Hier gelten keine strafrechtlichen Grundsätze. Es braucht also abgesehen vom Fall Rn 3 (Unmöglichkeit) weder eine vorsätzliche noch eine fahrlässige Verhaltensweise des Schuldners vorzuliegen, Hamm RR **87**, 766, Köln VersR **97**, 723. Ein Zwangsmittel darf nicht mehr ergehen, wenn der Gläubiger kein Durchsetzungsinteresse mehr hat, OVG Bln JB **99**, 441 (Zeitablauf).

C. Keine Stundung usw. Das Gericht darf dem Schuldner weder eine Stundung noch eine Raten- **17**
zahlung gewähren. Denn Art 7 EGStGB nennt nur das Ordnungsgeld, nicht ein Zwangsgeld. Deshalb sind auch dessen Art 8, 9 EGStGB unanwendbar.

D. Vollstreckung. Die Vollstreckung des *Zwangsgelds* erfolgt von Amts wegen, § 1 I Z 3 JBeitrO, Mü **18**
NJW **83**, 947, LG Kblz MDR **83**, 851, ThP 15, aM BGH NJW **83**, 1859, Stgt FamRZ **97**, 1495, ZöStö 14 (sie erfolge auf einen Antrag des Gläubigers nach den allgemeinen Vorschriften der §§ 803 ff. Aber die JBeitrO gilt keineswegs nur für eine von Amts wegen vollstreckbare Strafe. Man sollte das Wort „Zwangsgeld" in I beachten, das in § 1 I Z 3 JBeitrO wiederkehrt).

Eine *Vollstreckungsklausel* nach §§ 724 ff ist entbehrlich, LG Kiel DGVZ **83**, 156, AG Lindau DGVZ **97**, 44. Das Zwangsgeld fällt der Staatskasse zu, BGH NJW **83**, 1859. Bis zur Beitreibung darf der Schuldner das Zwangsgeld durch eine Erfüllung abwenden, Hbg FamRZ **88**, 1213, LG Oldb Rpfleger **82**, 351 (krit Uhlenbruck), Schockenhoff NJW **90**, 154.

Eine Vollstreckung der nur ersatzweise verhängten *Zwangshaft* ist natürlich erst dann zulässig, wenn feststeht, daß das zunächst festgesetzte Zwangsgeld nicht beitreibbar ist. An diesen Nachweis darf man aber keine zu strengen Anforderungen stellen, um nicht den Gläubiger praktisch fast schutzlos zu machen, Zweibr JB **03**, 494. Deshalb kann es zB beim ausländischen Schuldner ausreichen, daß eine Taschenpfändung erfolglos war und daß nun eine Vollstreckung des Zwangsgelds im Ausland notwendig würde, Köln FamRZ **02**, 895.

Das Gericht muß den Schuldner nach dessen Erfüllung sofort aus der Zwangshaft *entlassen*, Ffm JB **91**, 1557. Man muß die Geldvollstreckung dann sofort einstellen, Ffm Rpfleger **81**, 152. Das Gericht darf den Schuldner nicht begnadigen. Denn der Gläubiger könnte jederzeit von der weiteren Vollstreckung absehen. *Er* ist der Herr der Zwangsvollstreckung, Grdz 37 vor § 704. Das Gericht darf den Gläubiger nicht zunächst darauf verweisen, zum Zweck der Herbeiführung einer eidesstattlichen Versicherung eine Zwangshaft durchführen zu lassen, selbst wenn der Gläubiger einen dementsprechenden Vollstreckungstitel besitzt. Die Haftvollstreckung erfolgt nach § 909, AG Kref MDR **77**, 322. Bei einem nach §§ 51, 52 Prozeßunfähigen oder einer juristischen Person muß man ein Zwangsgeld in sein Vermögen vollstrecken, eine Zwangshaft aber gegen den gesetzlichen Vertreter nach § 51 Rn 12 durchführen, § 890 Rn 30, Drsd FamRZ **00**, 298.

E. Rechtsbehelfe bei Ablehnung usw. Der Gläubiger hat gegen eine die Vollstreckung ablehnende **19**
Entscheidung die sofortige Beschwerde, §§ 567 I Z 1, 793 entsprechend, 6 I Z 1 JBeitrO (Hartmann Teil IX A), Mü NJW **83**, 947. In einer FamFG-Sache gelten wegen § 87 IV FamFG §§ 567–572. Jeder Betroffene kann gegen die Art der Vollstreckung die Erinnerung nach § 766 einlegen. Vgl §§ 767, 893. Bei einer Verjährung des Zwangsgelds kommt eine Klage nach § 767 in Betracht, BayObLG ZMR **00**, 189. Für eine solche Klage fehlt nach der Erfüllung das Rechtsschutzbedürfnis nach Grdz 33 vor § 253, Zweibr FamRZ **98**, 384.

F. Aufhebung des Titels. Wenn das Gericht den Vollstreckungstitel aufhebt oder die Zwangsvollstrek- **20**
kung einstellt, werden die Festsetzung der Zwangsmittel und die weitere Vollstreckung unzulässig, LAG Ffm DB **85**, 1139. Wenn die Zwangsvollstreckung anschließend wieder ihren Fortgang nimmt, kann das auch die Zwangsmittel erfassen. Ein aufgehobener Beschluß lebt nicht wieder auf. Die Aufhebung des Vollstrekkungstitels stellt fest, daß die seiner Durchführung dienende Festsetzung unrechtmäßig erfolgt war. Deshalb hat der Schuldner insoweit gegen den Gläubiger einen Anspruch nach § 717 II. Der Schuldner hat auch einen Anspruch gegen den Staat auf die Zurückzahlung eines bereits beigetriebenen Zwangsgelds. Denn der Staat ist trotz der öffentlichrechtlichen Elemente des Gesamtvorgangs nun ohne einen Rechtsgrund bereichert, § 812 BGB entsprechend, BAG NJW **90**, 2580, Ffm JB **91**, 1556.

6) Nicht erzwingbare Handlung, III. I, II sind mit Rücksicht auch auf Artt 1, 2 GG, MüKoSchi 10, in **21**
drei Fallgruppen unanwendbar.

A. Religiöses Verhalten. Es muß um ein kultisches oder religiöses Verhalten gehen. Die Unanwendbarkeit von I, II resultiert hier aus Art 4 GG, BVerfG **33**, 28, Ffm Rpfleger **80**, 117.

22 **B. Unvertretbarer Dienst.** Es muß um die Ableistung von unvertretbaren Diensten auf Grund eines Dienstvertrags gehen, BGH **78**, 86 (Geschäftsführer einer KG). Auch der Arbeitsvertrag zählt hierher, BAG NZA **04**, 732. Bei vertretbaren Diensten gilt § 887. Es kann sich auch um unvertretbare Dienste aus einem Vertrag über eine entgeltliche Geschäftsbesorgung nach § 675 BGB oder um einen Auftrag nach § 662 BGB handeln. Über das Unterlassen der Dienstleistung bei anderen § 890 Rn 3. Die Wettbewerbsklausel im Dienstvertrag enthält keine Verpflichtung zu einer wirklichen Leistung. Ihre Einhaltung ist erzwingbar, und zwar auch im Weg einer einstweiligen Verfügung. Der Beschäftigungs- oder Weiterbeschäftigungsanspruch des Arbeitnehmers ist nach I, II vollstreckbar, LAG Bln BB **79**, 1404, LAG Hamm BB **80**, 160, ArbG Münst BB **81**, 243. Der Arbeitgeber kann sich der Verpflichtung nicht durch eine weitere vorsorgliche Kündigung entziehen. Er ist vielmehr auf eine Vollstreckungsabwehrklage nach § 767 angewiesen, ArbG Münster BB **81**, 243.

23 **C. Sonstige Fälle.** III ist entsprechend anwendbar auf den Abschluß eines Erbvertrags, Ffm Rpfleger **80**, 117.

24 **7) Zulässigkeit der Verurteilung, III.** Die Vorschrift verbietet nur die Erzwingung, also nicht die Verurteilung. Deshalb ist eine Klage auf die Ableistung der vertraglichen Dienste zulässig. Die Klage kann nämlich trotz III als eine vorläufige Entscheidung dem Gläubiger wertvoll sein. Deshalb ist auch eine einstweilige Verfügung auf die Leistung der vertraglichen Dienste zulässig. Allerdings darf das Gericht in der einstweiligen Verfügung kein Zwangsmittel androhen, wenn III anwendbar ist. Die einstweilige Verfügung ist insofern auch nicht vollstreckbar. Die Zustellung zum Zweck der Vollziehung ist keine Zwangsvollstreckung, Grdz 19 vor § 916.

888a *Keine Handlungsvollstreckung bei Entschädigungspflicht.*

Ist im Falle des § 510 b der Beklagte zur Zahlung einer Entschädigung verurteilt, so ist die Zwangsvollstreckung auf Grund der Vorschriften der §§ 887, 888 ausgeschlossen.

1 **1) Systematik, Regelungszweck.** Es handelt sich um eine Klarstellung im Interesse der Vermeidung einer doppelten Vollstreckung, Einl III 9, 36.

2 **2) Geltungsbereich.** Über die Anwendbarkeit des § 888 a vgl § 510 b Rn 2, 7. Dort ist auch § 889 II unanwendbar. Denn die Erzwingung der eidesstattlichen Versicherung nach § 889 II ist ein Unterfall von § 888. Im Fall einer Arbeitssache gilt § 61 II ArbGG.

3 **3) Rechtsbehelf.** Bei einer Zwangsvollstreckung aus §§ 887–889 hat der Betroffene die Möglichkeit der sofortigen Beschwerde nach §§ 567 I Z 1, 793.

889 *Eidesstattliche Versicherung nach bürgerlichem Recht.*

I [1] Ist der Schuldner auf Grund der Vorschriften des bürgerlichen Rechts zur Abgabe einer eidesstattlichen Versicherung verurteilt, so wird die Versicherung vor dem Amtsgericht als Vollstreckungsgericht abgegeben, in dessen Bezirk der Schuldner im Inland seinen Wohnsitz oder in Ermangelung eines solchen seinen Aufenthaltsort hat, sonst vor dem Amtsgericht als Vollstreckungsgericht, in dessen Bezirk das Prozessgericht des ersten Rechtszuges seinen Sitz hat. [2] Die Vorschriften der §§ 478 bis 480, 483 gelten entsprechend.

II Erscheint der Schuldner in dem zur Abgabe der eidesstattlichen Versicherung bestimmten Termin nicht oder verweigert er die Abgabe der eidesstattlichen Versicherung, so verfährt das Vollstreckungsgericht nach § 888.

Gliederung

1 **1) Systematik, I, II.** Die eidesstattliche Versicherung des sachlichen Rechts, vor allem diejenige bei einer Verpflichtung zur Erteilung einer Auskunft und einer Rechnungslegung, ist eine unvertretbare Handlung. Sie hat mit der prozessualen eidesstattlichen Versicherung nichts gemeinsam, Düss MDR **94**, 306. Wenn das Gericht dem Schuldner die Abgabe der eidesstattlichen Versicherung in einem Urteil auferlegt hat, ist nur eine Zwangsvollstreckung nach § 889 statthaft. Es ist allerdings zulässig, daß sich die Parteien dahin einigen, daß der Schuldner auch dann die eidesstattliche Versicherung vor dem Gericht der freiwilligen Gerichtsbarkeit abgeben solle.

Das Verfahren gehört *nicht mehr* zum *Erkenntnisverfahren* nach §§ 253 ff. Es ist ein besonderes Verfahren der Zwangsvollstreckung. Das gilt zwar noch nicht von Anfang an, Rn 4 (Terminsbestimmung), wohl aber im weiteren Verlauf. Deshalb sind die Kosten dieses Verfahrens Kosten der Zwangsvollstreckung nach § 788, falls der Schuldner die eidesstattliche Versicherung nicht freiwillig leistet. Andernfalls ist § 261 III BGB anwendbar.

2 **2) Regelungszweck, I, II.** Man sollte die Umständlichkeit des Verfahrens nach § 889 nicht durch eine allzu schuldnerfreundliche Auslegung steigern, Üb 2 vor § 883. Entgegen §§ 899 ff enthält II eine verhält-

nismäßig ziemlich scharfe Rechtsfolge des Ungehorsams. Die in § 888 Rn 2 angesprochenen Gefahren zu hoher Zwangsmittel entstehen bei II kaum. Deshalb darf und sollte man hier getrost schärfer durchgreifen.

3) Titelfassung, I. Oft gibt das Urteil keine Fassung der eidesstattlichen Versicherung, obwohl es sie geben sollte. Dann muß das Gericht die erforderliche Fassung der eidesstattlichen Versicherung im Vollstreckungsverfahren durch einen Beschluß festlegen. Es darf auch eine Nachbesserung fordern, BGH MDR **04**, 1444. Auch ein nach §§ 708ff nur vorläufig vollstreckbares Urteil darf eine eidesstattliche Versicherung auferlegen. Dieser Weg ist aber nicht zulässig, wenn das Gericht lediglich eine einstweilige Verfügung erläßt, §§ 935ff. 3

Soweit ein dem Urteil gleichstehender *Prozeßvergleich* usw nach Anh § 307, § 794 I Z 1 vorliegt, kommt es nicht darauf an, ob er vor dem eigentlich zuständigen Gericht zustande kam. Denn es reicht sein Abschluß vor „einem" deutschen Gericht. Daher sind insofern §§ 40 II, 764, 802 unbeachtlich. Natürlich muß der Inhalt vollstreckungsfähig sein. Die „Verpflichtung zur Abgabe der eidesstattlichen Versicherung vor einem Gericht bis zum ..." kann nach dem Fristablauf nach § 894 ausreichend sein (Fallfrage).

4) Abgabe der eidesstattlichen Versicherung, I. Die Vorschrift ähnelt dem § 807. 4

A. Verfahren. Es besteht eine ausschließliche Zuständigkeit, § 802. Sachlich zuständig ist stets das AG als Vollstreckungsgericht, § 764. Funktionell zuständig ist also nicht etwa der Gerichtsvollzieher (§ 899 I nennt § 889 nicht mit), sondern der Rpfl, § 20 Z 17 RPflG, Düss FamRZ **97**, 1496, LG Bochum Rpfleger **99**, 404. Das gilt auch in einer FamFG-Sache, § 764 Rn 4, Ffm FamRZ **04**, 129, und auch bei einem arbeitsgerichtlichen Titel, § 62 II 1 ArbGG. Denn das AG wird eben „als Vollstreckungsgericht" tätig, I 1, § 764 Rn 3. Örtlich ist das AG des inländischen Wohnsitzes zuständig, hilfsweise das AG des Aufenthaltsorts, § 13 Rn 1–3, § 16 Rn 1, bei einer juristischen Person das AG des Sitzes, § 17 Rn 2. Ganz hilfsweise ist dasjenige AG zuständig, in dessen Bezirk das Prozeßgericht des ersten Rechtszuges seinen Sitz hat, also zB das AG am Ort des LG.

Das Verfahren *beginnt* mit einem Antrag des Gläubigers. Die Terminsbestimmung nach § 216 ist noch keine Maßnahme der Zwangsvollstreckung, Düss MDR **94**, 306, LG Heilbr DGVZ **94**, 140. Sie steht einer Aufforderung zur Erfüllung gleich, Düss MDR **94**, 306, LG Heilbr DGVZ **94**, 140. Deshalb braucht der Gläubiger die Voraussetzungen der Zwangsvollstreckung erst im Termin nachzuweisen, so vor allem die Zustellung nach § 750.

Für einen nach §§ 51, 52 *Prozeßunfähigen* muß derjenige gesetzliche Vertreter nach § 51 Rn 12 die eidesstattliche Versicherung abgeben, der für das Vermögen sorgen muß, § 807 Rn 52. Das gilt auch dann, wenn das Gericht ihn im Urteil nicht benannt hat. Der Termin gilt nur der Abgabe der eidesstattlichen Versicherung, LG Bln Rpfleger **75**, 374. Eine Berichtigung der Fassung kann in einem Beschluß erfolgen, § 329. Das Gericht muß ihn begründen, § 329 Rn 4. Eine sachliche Änderung kann nur dann erfolgen, wenn das Gericht ein späteres Ereignis berücksichtigen muß, etwa den Eintritt eines gesetzlichen Vertreters. Der Schuldner muß eine etwaige Einwendung gegen den Anspruch nach § 767 geltend machen. Er kann mangels eines Beginns der Zwangsvollstreckung nach Grdz 51 vor § 704 nicht nach § 766 vorgehen, solange der Gläubiger keinen Antrag auch nach § 888 gestellt hat, LG Heilbr DGVZ **94**, 140. Die Vollstreckungsklausel besagt im einzelnen, wer die eidesstattliche Versicherung abgeben muß. Ein Streit über diese Frage gehört nicht in dieses Verfahren. 5

Gebühren: Des Gerichts KV 1813 (Beschwerdegebühr); des Anwalts VV 3309, 3310.

B. Pflicht zur persönlichen Abgabe. Es besteht eine Pflicht zur persönlichen Abgabe der eidesstattlichen Versicherung zum Protokoll des Rpfl des Vollstreckungsgerichts, I 2. Wenn der Schuldner verhindert ist, dort zu erscheinen, oder wenn er sich an einem entfernten Ort aufhält, kann er beantragen, daß der Rpfl des für seinen Aufenthaltsort zuständigen AG ihm die eidesstattliche Versicherung abnimmt, §§ 478, 479 entsprechend. Wenn dieser Antrag berechtigt ist, muß das Vollstreckungsgericht ihm stattgeben. Wenn es diesen Antrag zurückweist, kann der Schuldner wie bei § 793 Rn 11, 14 vorgehen. Der die eidesstattliche Versicherung abnehmende Rpfl muß den Schuldner über die Bedeutung dieser Versicherung belehren, § 480 entsprechend. Bei einem Stummen gilt § 483 entsprechend. 6

5) Säumnis und Weigerung, II. Man muß drei Aspekte beachten. 7

A. Allgemeines. Eine Vertagung ist zulässig, § 227 I. § 900 II, III ist wegen der Besonderheit des Verfahrens nach Rn 1 unanwendbar, Düss MDR **94**, 306. Wenn der Gläubiger im Termin ausbleibt, ist das unerheblich. Wenn der Schuldner ausbleibt oder wenn der Schuldner objektiv unberechtigt die Abgabe der eidesstattlichen Versicherung verweigert, muß das Gericht auf Grund eines Antrags des Gläubigers nach § 888 I verfahren, dort Rn 8, 15, Düss FamRZ **97**, 1496, LG Heilbr DGVZ **94**, 140. Das Gericht darf und muß den Gläubiger dazu anregen, diesen Antrag zu stellen. Schon im Zeitpunkt der Androhung und auch im Zeitpunkt der Festsetzung eines Zwangsgeldes muß das Gericht zugleich ersatzweise eine Zwangshaft vorschreiben.

B. Zuständigkeit. Da diese Zwangshaft aber trotz ihres Charakters als eines reinen Zwangsmittels eine Freiheitsentziehung ist, darf der Rpfl diese Maßnahme nicht vornehmen. Vielmehr muß dazu der Richter tätig werden. Das ergibt sich aus §§ 3 Z 4c, 31 III RPflG. Der Richter muß erst recht dann entscheiden, wenn er sich nach diesen Vorschriften die Vollstreckung ohnehin vorbehalten hat, § 31 III letzter Hs RPflG. Wegen des Richtervorbehalts des § 4 II Z 2a RPflG muß also der Rpfl die Sache stets schon vor der ersten Androhung eines Zwangsgeldes nach § 4 III RPflG dem Richter vorlegen, Brehm NJW **75**, 250. Der Richter ist erst recht dann zuständig, wenn er auf Grund der vorgenannten Bestimmung eine Zwangshaft androhen oder anordnen muß, wenn er also bei der Ausübung seines Ermessens eine Zwangshaft sogleich und nicht nur ersatzweise für notwendig hält. 8

C. Einzelfragen. Der Schuldner darf sich nicht darauf berufen, er könne die von seinem Steuerberater gefertigte Auskunft nicht überprüfen, LG Köln RR **86**, 360. Wenn er eine Zwangsmaßnahme dieser Art verweigert, hat der Betroffene die in § 793 Rn 11, 14 genannten Möglichkeiten. Der Rpfl darf und muß daher evtl eine richterliche Haftanordnung dann aufheben, wenn sich die Sachlage geändert hat, soweit sich 9 nicht der Richter die Vollstreckung insgesamt vorbehalten hat. Der Schuldner darf jederzeit die Abnahme der eidesstattlichen Versicherung beim AG des Haftorts verlangen, § 902. Das Gericht hat dem Schuldner das rechtliche Gehör schon dadurch gegeben, daß es ihn zum Termin zwecks Abgabe der eidesstattlichen Versicherung geladen hat.

890 *Erzwingung von Unterlassungen und Duldungen.* **I 1 Handelt der Schuldner der Verpflichtung zuwider, eine Handlung zu unterlassen oder die Vornahme einer Handlung zu dulden, so ist er wegen einer jeden Zuwiderhandlung auf Antrag des Gläubigers von dem Prozessgericht des ersten Rechtszuges zu einem Ordnungsgeld und für den Fall, dass dieses nicht beigetrieben werden kann, zur Ordnungshaft oder zur Ordnungshaft bis zu sechs Monaten zu verurteilen. 2 Das einzelne Ordnungsgeld darf den Betrag von 250 000 Euro, die Ordnungshaft insgesamt zwei Jahre nicht übersteigen.**

II Der Verurteilung muss eine entsprechende Androhung vorausgehen, die, wenn sie in dem die Verpflichtung aussprechenden Urteil nicht enthalten ist, auf Antrag von dem Prozessgericht des ersten Rechtszuges erlassen wird.

III Auch kann der Schuldner auf Antrag des Gläubigers zur Bestellung einer Sicherheit für den durch fernere Zuwiderhandlungen entstehenden Schaden auf bestimmte Zeit verurteilt werden.

Schrifttum: *Ahrens/Spätgens,* Einstweiliger Rechtsschutz und Vollstreckung in UWG-Sachen, 4. Aufl 2001; *Backsmeier,* Das „minus" beim unterlassungsrechtlichen Globalantrag, 2000; *Damm/Rehbock,* Widerruf, Unterlassung und Schadensersatz in Presse und Rundfunk, 2. Aufl 2001; *Gerhardt,* Die Handlungsvollstrekkung – eine Bestandsaufnahme über Befund und Entwicklungstendenzen, Festgabe *50 Jahre Bundesgerichtshof* (2000) III 463; *Kramer,* Der richterliche Unterlassungstitel im Wettbewerbsrecht, 1982; *Lindacher,* Internationale Unterlassungsvollstreckung, Festschrift für *Gaul* (1997) 399; *Lührig,* Die Behandlung von Mehrfachverstößen gegen strafbewehrte Unterlassungserklärungen, in: Festschrift für *Helm* (2002); *Oppermann,* Unterlassungsanspruch und materielle Gerechtigkeit im Wettbewerbsprozeß, 1993; *Pastor,* Die Unterlassungsvollstreckung nach § 890 ZPO, 3. Aufl 1982; *Pastor/Ahrens,* Der Wettbewerbsprozeß usw, 5. Aufl 2005; *Ritter,* Zur Unterlassungsklage: Urteilstenor und Klageantrag, 1994; *Rüßmann,* Die Bindungswirkung rechtskräftiger Unterlassungsurteile, Festschrift für *Lüke* (1997) 675; *Scharen,* „Catnic" versus Kerntheorie?, in: Festschrift für *Erdmann* (2002); *Schilken,* Die Geltendmachung des Erfüllungseinwands usw, Festschrift für *Gaul* (1997) 667; *Teplitzky,* Wettbewerbsrechtliche Ansprüche und Verfahren usw, 8. Aufl 2002; *Wilke/Jungeblut,* Abmahnung, Schutzschrift und Unterlassungserklärung im gewerblichen Rechtsschutz, 2. Aufl 1995; *Winter,* Vollzug der Zivilhaft, 1987.

Gliederung

1 **1) Systematik, I–III.** Vgl zunächst Üb 1 vor § 883. § 890 betrifft den Fall, daß der Schuldner nach dem Vollstreckungstitel eine Handlung unterlassen oder dulden muß, BVerfG RR **00**, 1589, zB nach §§ 823, 1004 BGB, Köln ZMR **94**, 325 (Gegensatz: Vornahme der Handlung), LG Bln NJW **88**, 346, AG Peine DGVZ **99**, 140 (Entfernung eines Zählers). Ein solcher Vollstreckungstitel ist zulässig auch gegenüber einer juristischen Person, einer Offenen Handelsgesellschaft oder einer Kommanditgesellschaft, Hamm MDR **86**, 1035, auch gegenüber einer Vor-GmbH, Stgt RR **89**, 638. Auf diese Weise kann der Gläubiger auch eine Verpflichtung aus dem Gesellschaftsvertrag erzwingen. Man muß durch eine Auslegung der Urteilsformel ermitteln, ob es sich um dergleichen handelt, § 888 Rn 1, BGH NJW **94**, 246, Ffm Rpfleger **75**, 445, Mü OLGZ **82**, 102. Wenn der Schuldner eine greifbare Handlung vornehmen muß, gelten §§ 887, 888, Ffm Rpfleger **75**, 446, Mü OLGZ **82**, 102. Man kann die Unterlassung einer Äußerung und gar einer sog verdeckten Tatsachenbehauptung wegen Art 5 I, II GG nur im Umfang des unbedingt Notwendigen erreichen, BVerfG NJW **04**, 1942. In einer FamFG-Sache macht § 95 I Z 4 FamFG § 890 entsprechend anwendbar.

Dieselbe Handlung kann grundsätzlich nicht gleichzeitig einerseits unter § 890 und andererseits unter *§ 887 oder unter § 888* fallen, BGH **120**, 76, Köln ZMR **94**, 325, Gerhardt (vor Rn 1). Das gesamte Verhalten des Schuldners kann aber eine Maßnahme nach §§ 887 ff rechtfertigen, BGH WoM **07**, 210.

Hauptanwendungsfall des § 890 ist eine Verurteilung auf Grund einer Abwehrklage nach § 1004 BGB zu einer Unterlassung in einem Eigentums-, Wettbewerbs-, Patent- oder Urheberprozeß und dgl. Es kann aber auch dann eine Beseitigungspflicht nach §§ 887 ff infragekommen. Zur Problematik Lindacher GRUR **85**, 425. Zumindest II ist in Verbindung mit § 198 SGG auch gegenüber einer bundesunmittelbaren Körperschaft anwendbar, BSG NJW **89**, 798. Beim Unterlassungstitel kommt eine Zwangsvollstreckung im engeren Sinn nicht in Betracht. § 890 sieht nur einen mittelbaren psychischen Zwang vor, das Ordnungsmittel, Bork WRP **89**, 360. Die Vorschrift gilt auch bei Wohnungseigentum, (zum alten Recht) Schlesw NZM **00**, 557.

2) Regelungszweck, I–III. Die ganze Regelung des § 890 ist so kompliziert, daß man sie nicht auch 2
noch durch eine allzu schuldnerfreundliche Auslegung zusätzlich erschweren sollte. Insbesondere darf nicht der Schuldner durch eine Umgehung versuchen, sich dem Verbot zu entziehen, Rn 3 ff. Bei einem Unterlassungsvertrag läßt sich § 890 zur Auslegung heranziehen, BGH NJW **01**, 2623.

Schwere wirtschaftliche Schäden können insbesondere im Gewerblichen Rechtsschutz und Urheberrecht durch pflichtwidrige Verstöße gegen Unterlassungsgebote entstehen. Finden solche Verstöße nicht ihre sehr fühlbaren Rechtsfolgen, besteht die Wahrscheinlichkeit ihrer ungerührten Fortsetzung. Vielfach wählt das Gericht innerhalb des ja beachtlichen Rahmens ein Ordnungsmittel in einer geradezu lächerlich geringen Höhe. Zumindest beim auch nur bedingt vorsätzlichen Verstoß über einen nicht nur ganz geringen Zeitraum und/oder in einem nicht nur ganz unbedeutenden Ausmaß wäre eine derartige Nachgiebigkeit wahrhaft unangebracht. Sie würde das Ziel der Vollstreckung, eben die Unterlassung, zu spät oder gar nicht erreichen. Der Bagatellverstoß darf nicht zum Ruin des Schuldners führen. Sein beharrlicher gewinnträchtiger Verstoß verdient aber sehr unangenehm fühlbare Folgen. Auf ihre Höhe achtet auch mancher Gläubigervertreter nicht annähernd genau genug.

3) Verbotsurteil, I. Seine Anforderungen sind praktisch nicht gering. 3

A. Verständlichkeit, Auslegbarkeit. Das Verbotsurteil muß zur Vollstreckung geeignet sein, Grdz 28 vor § 704, BAG NZA **04**, 1240, Bbg MDR **98**, 1370, BayObLG RR **87**, 1040. Es muß aus sich heraus klar und für jedermann verständlich sein, § 253 Rn 89 „Unterlassungsklage", BAG NZA **04**, 1240, Zweibr GRUR **87**, 854. Seine Fassung darf also nicht so kompliziert sein, daß sie nur die Parteien verstehen können, Düss Rpfleger **98**, 530. Es reicht nur ganz ausnahmsweise aus, daß das Gericht in dem Vollstreckungstitel auf ein Schriftstück außerhalb des Titels verweist, etwa dann, wenn eine Wortbeschreibung zu umständlich wäre. Das Verbotsurteil verbietet alles, was sich aus seiner Formel ergibt. Verboten ist also nicht nur etwas Identisches, sondern alles das, was man im Verkehr als gleichwertig ansieht, krit Schubert ZZP **85**, 51.

Die Entscheidungsgründe des Urteils können und müssen notfalls zur *Auslegung* seiner Formel und auch zur Ermittlung etwaiger Umgehungstatbestände mitdienen, wie bei § 322 Rn 9 ff, BGH NJW **94**, 246, Düss Rpfleger **98**, 530, AG Hann WoM **00**, 189 (Hundehaltung). Freilich kann das Urteil auch klare Verbotsgrenzen ergeben, Mü GRUR **04**, 63. Bei der Unterlassung einer Äußerung muß der Verbotsumfang ganz klar sein, BVerfG NJW **04**, 1942.

B. Sog Kerntheorie. Der Verletzer kann sich also nicht durch jede Änderung der Verletzungsform dem 4
Verbotsurteil entziehen. Eine solche Änderung, die den Kern der Verletzungsform unberührt läßt, unterfällt ebenso wie bei § 253 Rn 89 „Unterlassungsklage" dem Verbotsurteil mit, sog Kerntheorie, § 2 Rn 4, § 322 Rn 67 „Unterlassungsanspruch", BGH NJW **08**, 1593 (zustm Wanckel), Köln GRUR-RR **01**, 24 (Änderung der Homepage), LG Hbg NJW **03**, 1196 (0190-Nr). Dabei ist eine gewisse Verallgemeinerung zulässig, Nürnb GRUR-RR **04**, 62, LG Hbg GRUR-RR **02**, 43 (Internet-Werbung), LG Paderb RR **01**, 1223 (e-mail-Werbung), aM Ffm GRUR **78**, 532 (glattes Äquivalent), Götz GRUR **08**, 401 (ausf), Kramer, Der richterliche Unterlassungstitel im Wettbewerbsrecht, 1982 (aber ohne gewisse Verallgemeinerung würde man der Umgehung Tür und Tor öffnen). Die Kerntheorie ist keineswegs ein bloßes Instrument der Zwangsvollstreckung.

Man darf den Zusammenhang mit der *Rechtskraft* nicht so auflockern, daß man im Ergebnis dem Gläubiger evtl ein Wahlrecht zwischen einer neuen Klage und einem Vorgehen nach § 890 gibt, § 322 Rn 67 „Unterlassungsanspruch", aM Düss GRUR **94**, 82, Stgt WettbR **97**, 59. Schubert ZZP **85**, 51 hält die Kerntheorie für verfassungswidrig. Das gefährdet den ehernen Grundsatz der Prozeßwirtschaftlichkeit nach Grdz 14 vor § 128 ebenso wie denjenigen der Rechtssicherheit, um den es natürlich ebenso geht. Im Ergebnis sollte eine besonnene Abwägung auch verfassungsrechtlich unbedenklich sein.

Die Kerntheorie gilt auch bei einer *Vertragsstrafe* nach § 339 BGB, Ffm GRUR **88**, 563. Ein Verbotsurteil 5
ist auch dann genügend bestimmt, wenn sich das Verbot auf solche Waren bezieht, die beim Bundeskartellamt angemeldet sind und die man daher auf diesem Weg feststellen kann. Ausreichend ist auch zB ein solches Urteil, das dem Bekl aufgibt, in dort genannten Zeiten geeignete Maßnahmen gegen störende Geräusche (Hundegebell) zu treffen, § 253 Rn 89 „Unterlassungsklage". Dagegen ist ein solches Verbotsurteil nicht vollstreckbar, das lediglich eine Verpflichtung zur Unterlassung „ähnlicher Handlungen" ausspricht, ebensowenig ein Titel auf „Wahrung des Hausfriedens" ohne nähere Bestimmung, AG Münst WM **87**, 235. Es ist ratsam, im Urteil auch den Versuch ausdrücklich zu verbieten und unter eine Ordnungsmittelandrohung stellen zu lassen, Rn 19.

C. Unerzwingbarkeit der Handlung. Eine Maßnahme nach I wird nicht dadurch unzulässig, daß die 6
Handlung selbst unerzwingbar wäre. Man kann zwar einen Angestellten nicht dazu zwingen, seine Arbeitskraft brachliegen zu lassen. Trotzdem ist ein Wettbewerbsverbot des Inhalts zulässig, daß er nicht bei bestimmten Firmen arbeiten darf. Über die Zwangsvollstreckung bei einer Sammelheizung und bei Zuführungen (Immissionen) § 887 Rn 32 „Zuführung".

D. Vergleich. § 890 ist auch bei einer Zwangsvollstreckung auf Grund eines Vergleichs nach § 779 BGB 7
anwendbar, BAG DB **03**, 1068, Köln OLGZ **92**, 378, AG Münst WoM **87**, 235. Er muß aber bereits vollstreckungsfähig bestimmt sein, BAG DB **03**, 1068. Der Vergleich kann grundsätzlich keine wirksame Androhung eines Ordnungsmittels enthalten, sondern nur die Androhung einer Vertragsstrafe, Hamm MDR **88**, 506, LG Münst VersR **00**, 385, AG Münst WoM **87**, 235. Das gilt auch bei einem Prozeßvergleich, Anh § 307. Denn die Androhung eines Ordnungsmittels ist der Parteiherrschaft nach Grdz 18 vor § 128

entzogen. Man muß sie ja als die Vorbereitung einer hoheitlichen Maßnahme nach Rn 10, 30 ansehen. Daran ändert auch der Umstand nichts, daß das Gericht ein Ordnungsmittel nur auf Grund eines Antrags androhen und festsetzen darf, LG Münst VersR **00**, 385. Vgl zum Problem Anh § 307 Rn 8, 9, Hamm FamRZ **80**, 933 (zum isolierten Verfahren vor dem FamG nach altem Recht), LG Wuppert MDR **78**, 236, aM Hamm GRUR **85**, 82 (aber die Zugehörigkeit zur Zwangsvollstreckung ist unerheblich). Beim gerichtlich genehmigten Vergleich kann § 890 anwendbar sein, Ffm RR **06**, 1441.

Eine sonstige Verpflichtung wie etwa eine *Erklärung zum Protokoll* während des Rechtsstreits genügt dann nicht. Vielmehr muß trotz einer im Vergleich enthaltenen Unterwerfungsklausel nach § 794 I Z 5 ein besonderer gerichtlicher Androhungsbeschluß ergehen, strenger Hamm MDR **88**, 506. Deshalb empfiehlt es sich dringend, den Androhungsbeschluß alsbald nach dem Vergleich zu erwirken und nicht abzuwarten, bis der Schuldner eine Zuwiderhandlung begangen hat.

8 **4) Zuwiderhandlung, I.** Ihre Rechtsnatur ist umstritten.

A. Begriff. § 890 setzt nur eine einzige Zuwiderhandlung gerade des Schuldners gegen das Verbot voraus, Hamm MDR **86**, 418, also nicht stets nur eine Zuwiderhandlung eines Dritten, sei es auch eines nicht genug beaufsichtigten Vertriebspartners, LG Düss GRUR **08**, 111, oder eines Angehörigen, LG Freibg/Br FamRZ **92**, 1208, aM Hbg WettbR **97**, 135 (aber der Wortlaut und Sinn von I 1 sind eindeutig, Einl III 39. Der Fall Rn 9 stellt eine Zuwiderhandlung zumindest auch des Schuldners dar). Die Zuwiderhandlung kann schon darin liegen, daß der nur zu einer Unterlassung verurteilte Schuldner den urteilswidrigen Zustand nicht durch eine positive Handlung beseitigt, BGH Rpfleger **03**, 413 rechts oben, Hbg GRUR **89**, 150 (Rückruf von Werbematerial), KG GRUR **89**, 707 (Zeitungswerbung). Das gilt jedenfalls, soweit die positive Handlung noch vom Willen des Schuldners abhängig ist. Der Schuldner muß auch auf seine Abnehmer ernsthaft einwirken, Köln MDR **08**, 1066.

9 Es kann unabhängig von strafrechtlichen Betrachtungsweisen ein *Fortsetzungszusammenhang* und damit nur *eine* Zuwiderhandlung vorliegen, KG MDR **98**, 676, Zweibr OLGZ **89**, 362 (sogar bei bloßer Fahrlässigkeit), aM Nürnb MDR **98**, 1498 (aber das ist eine jedenfalls zivilrechtlich zulässige und lebensnahe Sicht). Das hängt freilich von den Gesamtumständen ab, Ffm GRUR **90**, 638, Hamm GRUR **91**, 708 (Unterbrechung durch Ordnungsbeschluß). Der Schuldner kann das Verbot auch nicht dadurch umgehen, daß er einen Dritten einschaltet. Der Schuldner haftet für den Dritten, soweit sein eigenes Verhalten für das Verhalten des Dritten ursächlich ist. Dann liegt nämlich auch eine eigene Zuwiderhandlung vor, Rn 8. Der Schuldner muß zB seinem Mitarbeiter gegenüber alle nur irgendwie zumutbaren Maßnahmen treffen, um einen Verstoß zu verhindern, Düss GRUR **93**, 854 (er muß darlegen, was er zur Vermeidung eines Verstoßes unternommen hat), Ffm MDR **90**, 452, Hbg RR **93**, 1392. Freilich gilt das nur für eine solche Handlung, die beim Verstoß im Geschäftsverkehr auch diesem Schuldner zur Kenntnis kommen kann, Hbg GRUR **90**, 637 links. Der Schuldner hat keine Überlegungsfrist, Köln BB **77**, 220. Er hat jedoch evtl eine sogenannte Aufbrauchsfrist. Er darf auch eine vom Gläubiger geschuldete Sicherheitsleistung abwarten, Rn 25.

Keine Zuwiderhandlung liegt zB vor, wenn der zur Unterlassung Verurteilte später auf diesen Umstand hinweist, Ffm RR **01**, 188. Freilich kommt es auch insoweit stets auf die Gesamtumstände an.

10 **B. Rechtsnatur.** Eine Zuwiderhandlung ist nur ein Verstoß gegen ein zivilprozessuales Verbot, das das Gericht durch die Androhung eines Ordnungsmittels als eines Beugemittels verstärkt hatte, Rn 21. Die ganz herrschende Meinung nach Rn 22 spricht von einem Doppelcharakter (es handle sich um eine Strafe oder strafähnliche Maßnahme und zugleich um eine Zwangsmaßnahme), BVerfG RR **07**, 860, BGH **138**, 69 (krit Windel JR **98**, 377), VerfGH Bln RR **07**, 67. Vertragsstrafe und § 890 haben aber nichts gemeinsam, BGH NJW **98**, 1139, Köln GRUR **86**, 688.

11 **C. Rechtsnachfolge.** Wer als eine Einzelperson zu einer Unterlassung verurteilt wurde und nun als ein Organ einer Handelsgesellschaft oder einer juristischen Person als der Rechtsnachfolgerin einen Verstoß begeht, der haftet selbst, Ffm DB **94**, 1614, Zweibr RR **88**, 1341. Es ist auch eine Haftung sowohl der GmbH als auch des Geschäftsführers persönlich denkbar, Ffm DB **94**, 1614, Hbg GRUR **89**, 458. Wenn die Inhaber einer verurteilten GmbH eine neue GmbH gründen, mag die neue nicht nach § 890 mithaften, Ffm DB **94**, 1614 (vgl aber Einl III 54).

12 **5) Ordnungsmittel, I.** Man muß zahlreiche Bedingungen klären.

A. Antrag des Gläubigers. Das Gericht darf ein Ordnungsmittel nur auf Grund eines Antrags des Gläubigers festsetzen, Düss RR **88**, 1216. Ein Anwaltszwang besteht wie sonst, § 78 Rn 1, Düss MDR **87**, 506. Das gilt auch dann, wenn der Vollstreckungstitel als eine Eilmaßnahme ohne eine mündliche Verhandlung ergangen war, Düss MDR **87**, 506, aM ThP § 891 Rn 2 (aber jetzt sind die Besonderheiten des Erkenntnis-Eilverfahrens vorbei). Der Gläubiger darf die Art und/oder die Höhe des Ordnungsmittels anregen. Das Gericht entscheidet jedoch stets nach seinem eigenen pflichtgemäßen Ermessen, Ffm GRUR **87**, 940. Der Antrag ist ein Zwangsvollstreckungsauftrag, jedenfalls wenn er dem Unterlassungstitel nachfolgt, Bork WRP **89**, 361. Die Festsetzung ist eine Zwangsvollstreckungsmaßnahme, Bork WRP **89**, 361, aM Borck WRP **77**, 561 (aber es erfolgt sogar ein sehr spürbarer Zwang in Form von Ordnungsmitteln).

Deshalb müssen die *Voraussetzungen der Zwangsvollstreckung* vorliegen, Grdz 14 vor § 704, § 887 Rn 3, Düss RR **88**, 1216, Karlsr NJW **08**, 450, Stgt RR **89**, 836. Es ist ratsam, den Antrag zu stellen, sobald er zulässig ist, damit der Gläubiger schon eine solche Zuwiderhandlung des Schuldners ahnden lassen kann, die der Schuldner etwa alsbald nach der Entstehung des Vollstreckungstitels begeht. Der Antrag bleibt solange zulässig, wie der Vollstreckungstitel wirksam ist, Köln GRUR **87**, 652. Der Gläubiger kann nach § 890 oder nach § 892 vorgehen, LG Karlsr DGVZ **84**, 12, aM AG Bln-Wedding DGVZ **87**, 63 (zunächst müsse man nach § 890 vorgehen. Aber keine der beiden Vorschriften schreibt das vor). Ein Antrag nach § 888 ist evtl in einen solchen nach § 890 umdeutbar, BayObLG NZM **99**, 769. Ein Ordnungsmittel ist neben einer echten Strafe statthaft, Schlesw FamRZ **07**, 300 (letztere mitbeachtbar).

13 Der Antrag ist bei einem *Rechtsmißbrauch* unstatthaft, Einl III 54, Grdz 44 vor § 704, Stgt WettbR **98**, 20, LG Essen MDR **82**, 587. Der Gläubiger kann ihn solange nach Grdz 37 vor § 704 zurücknehmen, bis der

Ordnungsmittelbeschluß rechtskräftig ist, Hamm NJW **77**, 1204. Die Rücknahme des Antrags schließt eine Vollstreckung für den bisherigen Gläubiger aus, nicht aber für weitere Gläubiger, Hamm NJW **77**, 1204. Mangels eines Rechtsmißbrauchs kann der Gläubiger im Anschluß an die Rücknahme eines Antrags auf Grund desselben Vollstreckungstitels einen neuen Antrag stellen. Das gilt auch dann, wenn der Schuldner inzwischen keine erste oder weitere Zuwiderhandlung begangen hat.

B. Zuständigkeit usw. Das Verfahren verläuft nach § 891. Ausschließlich nach § 802 zuständig ist das Prozeßgericht der ersten Instanz, wie bei § 887 Rn 10, BPatG GRUR **96**, 402, Schlesw FamRZ **07**, 300 (also evtl das FamG. Vgl jetzt Rn 1), Schockenhoff NJW **90**, 155. Wenn der Einzelrichter den Vollstreckungstitel erlassen hatte, ist er zuständig, Ffm MDR **81**, 504. Das Gericht nimmt keine Amtsermittlung nach Grdz 38 vor § 128 vor. In einer WEG-Sache war das WEG-Gericht zuständig, (je zum alten Recht) BayObLG ZMR **00**, 779, Schlesw NZM **00**, 557 (evtl als Vollstreckungsgericht?). Das Gericht prüft das Rechtsschutzbedürfnis, Grdz 33 vor § 253, Ffm MDR **90**, 452, Saarbr NJW **80**, 461, aM Bbg MDR **79**, 680, Karlsr MDR **94**, 728 (aber diese Prozeßvoraussetzung gilt in allen Verfahrensstadien). 14

Es ist erforderlich und ausreichend, daß der Gläubiger *im Zeitpunkt der Zuwiderhandlung* ein Interesse an der Anordnung eines Ordnungsmittels hat, Ffm NJW **77**, 1204, Karlsr GRUR **92**, 207, aM Peters ZZP **91**, 338 (maßgeblich sei nicht der Zeitpunkt der Zuwiderhandlung, sondern derjenige der Entscheidung. Aber verboten war und bleibt eine Auflehnung gegen das Interesse des Gläubigers zum Zeitpunkt der Zuwiderhandlung). Der Gläubiger muß etwaige Beweise wie in einem Erkenntnisverfahren antreten. Vgl im übrigen Rn 8, 9. 15

Das Rechtsschutzbedürfnis kann bei einer strafbewehrten Unterlassungserklärung des Schuldners fehlen, aber auch bis zur Erfolglosigkeit einer Vornahme durch den Gläubiger selbst, AG Lahnst DGVZ **07**, 151. Es entsteht aber dann neu, wenn der Schuldner sich schon bei der ersten Gelegenheit nicht mehr an sie hält, selbst wenn er anschließend ein höher strafbewehrtes Gelöbnis ablegt, Nürnb GRUR **83**, 399. Hamm Rpfleger **86**, 488 verhängt nur ein einheitliches Ordnungsmittel wegen eines Verstoßes gegen das Titelgebot gegen die KG, ihre GmbH und deren Geschäftsführer. 16

Gebühren: Des Gerichts § 12 V GKG (Vorauszahlungspflicht), KV 1811 (Beschwerdegebühr); des Anwalts 3309, 3310.

C. Ordnungsgeld. Das Gericht ist unter den gesetzlichen Voraussetzungen dem Grunde nach zur Verhängung eines Ordnungsgelds oder zu einer Ordnungshaft Rn 18 von Amts wegen verpflichtet. Das ergibt sich schon aus dem Wortlaut von I 1 („... so *ist* er ... zu verurteilen"), BGH RR **92**, 1454, Düss RR **88**, 1216. Bei der Bemessung der Art und Höhe nach wählt das Gericht dann im Rahmen seines pflichtgemäßen Ermessens, Düss RR **88**, 1216. Dabei beachtet es den Unwertgehalt der Verletzungshandlung und ihrer Gefährlichkeit sowie den Zweck, die Verbotsbeachtung zu erreichen, Hbg ZMR **98**, 585. Das Gericht entscheidet ohne jede schematische Abhängigkeit vom Streitwert des Unterlassungsprozesses, BGH NJW **94**, 46. Es entscheidet zwischen den folgenden Möglichkeiten. 17

Es kann ein *Ordnungsgeld* verhängen. Das gilt je Zuwiderhandlung ohne einen Rabatt nach Art einer Gesamtstrafe, Köln GRUR-RR **07**, 31. Der Mindestbetrag ist 5 EUR, Art 6 I EGStGB. Der Höchstbetrag ist je Zuwiderhandlung 250 000 EUR, I 2. (Jetzt) 200 000 EUR können durchaus angemessen sein, Düss GRUR-RR **02**, 151. Das Gericht muß bei jeder Festsetzung eines Ordnungsgelds zugleich von Amts wegen eine Ordnungshaft für den Fall mitfestsetzen, daß das Ordnungsgeld nicht beitreibbar ist, BGH RR **92**, 1454. Wegen eines Verstoßes Rn 34. Die Festsetzung der Ordnungshaft erfolgt also „ersatzweise". Die Ordnungshaft beträgt mindestens 1 Tag, Art 6 II EGStGB, höchstens je Zuwiderhandlung sechs Wochen, Art 6 II 1 EGStGB. Die Worte „bis zu sechs Monaten" in I 1 beziehen sich nur auf eine solche Verurteilung, die von Anfang an sogleich nur eine Ordnungshaft verhängt. Es gibt keine gesetzliche Vorschrift dazu, auf wieviele EUR man 1 Tag Haft verhängen muß. Die Dauer der Ordnungshaft darf nicht zu krass von der Höhe des Ordnungsgelds abweichen, Ffm GRUR **87**, 940 (3 Tage bei [jetzt ca] 3750 EUR). Freilich sind die Tagessatzgrundsätze des Strafrechts unanwendbar, Ffm GRUR **87**, 940.

Wegen der *Einzelheiten* der Festsetzung, der Möglichkeit zur Gewährung einer Stundung oder zur Zubilligung von Raten, auch der nachträglichen Anordnung oder Änderung solcher Entscheidungen gilt dasselbe wie bei § 380, dort Rn 10, 11. Eine titulierte Vertragsstrafe kann auch insoweit beachtlich sein, als der Schuldner sie an einen Dritten leisten muß, Düss RR **88**, 1216.

D. Ordnungshaft. Das Gericht kann auch anstelle eines Ordnungsgeldes nach Rn 17 sogleich und nicht nur ersatzweise eine Ordnungshaft verhängen. Sie beträgt mindestens 1 Tag, Art 6 II 1 EGStGB, höchstens je Zuwiderhandlung sechs Monate, I 1. Sie beträgt insgesamt jedoch auf Grund desselben Vollstreckungstitels höchstens zwei Jahre, I 2. In diesen Fällen sind Artt 7, 8 EGStGB nicht anwendbar. Die Verjährung richtet sich nach Art 9 EGStGB, aM Ott NJW **77**, 288 betr ein Pressedelikt (er geht von einer Verjährungsfrist von sechs Monaten seit dem ersten Verbreitungsakt aus. Aber das ist inkonsequent). Das Gericht muß die Person des zu Verhaftenden eindeutig bezeichnen, Düss MDR **92**, 411. Gegen ein Mitglied der alliierten Streitkräfte darf es eine Ordnungshaft weder sogleich noch ersatzweise verhängen, Art 34 II ZAbkNTrSt, SchlAnh III. Die Zwangsvollstreckung erfolgt dann nach Art 34 I ZAbkNTrSt. 18

E. Zuwiderhandlung nach Androhung. Die Androhung darf, nicht muß, schon im Urteil erfolgen, LAG Kiel NZA-RR **08**, 414. Sie erfordert keine schon erfolgte Zuwiderhandlung, BayObLG NZM **99**, 770 rechts, Hamm MDR **88**, 506. Die Zuwiderhandlung muß der Androhung der jeweiligen Maßnahmenart vielmehr nachfolgen, Hamm OLGZ **93**, 450. Es reicht aus, daß der Schuldner auch nur ein Tatbestandsmerkmal nach demjenigen Zeitpunkt verwirklicht hat, in dem die Androhung ihm gegenüber wirksam wurde, falls er die weiteren Tatbestandsmerkmale nach dem Erlaß des Urteils erfüllt hat. Ein bloßer Versuch reicht nur, falls schon er verboten war. Weil die Androhung also der Zuwiderhandlung vorangehen muß, ist es ratsam, den Antrag auf den Erlaß des Androhungsbeschlusses zu stellen, sobald die in Grdz 14 ff vor § 704 genannten Voraussetzungen der Zwangsvollstreckung vorliegen, Rn 8, 9, BayObLG NZM **99**, 770 rechts. 19

Das Gericht muß sein Urteil zwar *zugestellt* haben, bevor es das Ordnungsmittel festsetzen kann, aM Bork WRP **89**, 366 (das Verfügungsurteil auf eine Unterlassung sei schon ab seiner Verkündung im Hinblick auf eine Zuwiderhandlung wirksam. Aber Zuwiderhandeln kann man erst ab einer Verbotskenntnis). Für die bloße Androhung des Ordnungsmittels ist die Zustellung des Urteils aber nicht erforderlich. Es genügt vielmehr, daß die Zuwiderhandlung nach der Verkündung des Urteils nach § 311 und nach dem Zeitpunkt der Wirksamkeit des Androhungsbeschlusses erfolgt ist, Hbg RR **86**, 1501, also unter Umständen alsbald nach der Verkündung des Urteils, Hamm GRUR-RR **07**, 407, aM Hamm BB **78**, 1283, LG Ffm BB **80**, 1553, Bork WRP **89**, 361 (aber mit der Verkündung ist rechtlich eine Kenntnis eingetreten).

Es mag überhaupt *keine* Verkündung des Vollstreckungstitels vorliegen, etwa dann, wenn das Gericht ihn in einer einstweiligen Verfügung ohne eine mündliche Verhandlung durch einen Beschluß erlassen hatte, §§ 936 Rn 3 „§ 922, Beschluß oder Urteil“, LG Flensb SchlHA **79**, 215. Dann muß zunächst die Zustellung der Androhung der Zuwiderhandlung vorangehen, Bork WRP **89**, 363.

20 **F. Beweisaufnahme.** Die objektive Zuwiderhandlung muß nach § 286 Rn 16 zur Gewißheit des Gerichts feststehen, Ffm GRUR **94**, 918, LG Landau RR **02**, 214, Bischoff NJW **88**, 1958. Sie darf also nicht nur nach § 294 glaubhaft sein, KG GRUR **91**, 707. Das gilt auch nach einem Eilverfahren, LG Landau RR **02**, 214, ZöStö 13, aM Bre MDR **03**, 233, Dahm MDR **96**, 1100 (aber § 294 gilt nicht im Vollstrekkungsverfahren. Denn dort geht es nicht um eine vorläufige Erkenntnis, sondern meist um eine endgültige Vollstreckung). Alle prozeßrechtlich zulässigen Beweismittel sind erlaubt, auch eine Parteivernehmung, §§ 445 ff. Die Grundsätze des § 244 StPO sind auch hier beachtlich, § 286 Rn 27. Man kann einen Anscheinsbeweis des Verstoßes grundsätzlich ablehnen, KG GRUR **91**, 707. Wenn aber alle Anzeichen für einen Verstoß sprechen und nur der Schuldner sein Fehlen nachweisen kann, mag er dazu beweispflichtig werden, Ffm GRUR **99**, 372. Eine Unterbrechung des Verfahrens zwecks einer Prüfung der Zurechnungsfähigkeit des Schuldners ist unzulässig.

21 **G. Schuld.** Zwar ist weder eine Strafe noch eine Ordnungsstrafe des früheren Rechts ohne eine Schuld zulässig, BVerfG **20**, 331. Aber man muß zwischen der Strafe und einem bloßen Zwangsmittel unterscheiden, BVerfG **20**, 332. Wie Art 6 I EGStGB zeigt, liegen bei I noch nicht einmal Zwangsmittel vor, sondern bloße Ordnungsmittel, „Rechtsnachteile, die nicht bei Straftaten angedroht werden“, Art 5 EGStGB. Indessen scheint BVerfG **20**, 331 alle diejenigen staatlichen Maßnahmen dem Schuldprinzip zu unterstellen, die auf eine „Repression und Vergeltung für ein rechtlich verbotenes Verhalten“ abzielen, durch die „dem Täter ein Rechtsverstoß vorgehalten und zum Vorwurf gemacht“ wird. Auch in I reagiert der Staat auf eine Zuwiderhandlung gegen sein Verbot, also auf einen Rechtsverstoß. In diesem Zusammenhang ist es auch unerheblich, daß das Gericht ein Ordnungsmittel nur auf einen Antrag des Gläubigers verhängt. Freilich hat das EGStGB so klar die Tendenz, die Ordnungs- und Zwangsmittel noch nicht einmal als Ordnungswidrigkeitsfolgen einzustufen, daß aus denselben Gründen wie bei §§ 380, 888 keinerlei auch nur strafähnlicher Charakter mehr vorliegt, Rn 10, Bbg MDR **79**, 680, Zweibr OLGZ **89**, 362, LAG Hamm MDR **75**, 696. Das spräche an sich eher gegen eine Schuldprüfung.

22 Indessen ist nach der *ganz herrschenden Meinung* (Musielak NJW **86**, 1739, zum Begriff Einl III 47, Zasius DGVZ **87**, 80) wegen des in Rn 10 erläuterten Doppelcharakters eine *Schuldprüfung* mit einer unterschiedlichen Begründung teilweise wegen eines zumindest auch strafähnlichen Charakters *erforderlich*, BVerfG RR **07**, 860, BGH JR **91**, 69, Brdb FamRZ **06**, 1860 rechts, LG Mönchengladb MDR **07**, 357 (Beweislast auch noch beim Schuldner für seine Schuldunfähigkeit!?). Eine einfache Fahrlässigkeit genügt, Brdb FamRZ **06**, 1860 rechts.

23 Eine *Folge* ist: Es besteht für den Betriebsinhaber dann eine Entlastungsmöglichkeit, wenn nur sein Personal objektiv eine Zuwiderhandlung begangen hat, BVerfG **58**, 162, AG Wiesb WoM **81**, 214 (mit strengen Anforderungen). Ein Verbotsirrtum ist beachtlich. Die Verhängung eines Ordnungsmittels nach I unterbleibt, soweit der Schuldner nach der Zuwiderhandlung eine „Entschuldigung“ vorgebracht hat.

24 Ein nach §§ 51, 52 *Prozeßunfähiger* kann nur nach prozessualen Grundsätzen haften. Sonst wäre der Vollstreckungszweck unerreichbar, Grdz 40 vor § 704. Infolgedessen erfolgt die Zwangsvollstreckung wegen des Ordnungsgelds in das Vermögen auch des Prozeßunfähigen, die Zwangsvollstreckung wegen einer Ordnungshaft gegen den gesetzlichen Vertreter, § 51 Rn 12, BVerfG **20**, 335, BGH NJW **92**, 750 (zulässig auch die Androhung, an „einem“ von mehreren Vertretern zu vollziehen), StJM 61, aM KG GRUR **83**, 796 (inkonsequent). Wenn Zwangsmaßnahmen gegen eine Personalgesellschaft und gegen die Gesellschafter notwendig werden, kann man eine Haft natürlich nur gegen die Gesellschafter vollziehen. Dasselbe gilt bei Ordnungsmitteln gegen eine Kommanditgesellschaft. Eine weitere Auswirkung besteht darin, daß der strafrechtliche Grundsatz „ne bis in idem“ das Gericht bindet, aM Ffm GRUR **83**, 687, Tetzner GRUR **81**, 811 (je: inkonsequent). Das Rechtsschutzbedürfnis für mehrere Ordnungsmaßnahmen wegen desselben Verstoßes kann auch dann fehlen, wenn mehrere Gläubiger sie beantragen.

25 **H. Wirksamkeitszeitpunkt von Urteil und Androhung.** Das Urteil und der Androhungsbeschluß müssen im Zeitpunkt der Festsetzung des Ordnungsmittels wirksam sein. Die Wirksamkeit tritt mit der Zustellung ein, aM StJM 20 (ausreichend sei die Verkündung). Ein Wegfall des sachlichrechtlichen Anspruchs nach der Zuwiderhandlung, aber ohne eine Titelaufhebung, ist unbeachtlich, Rüßmann (vor Rn 1) 692, aM Kblz RR **90**, 1086 (aber die Zwangsvollstreckung kann nicht einfach von der sachlichrechtlichen Entwicklung ohne eine Titeländerung abhängen). Der Grund der Festsetzung des Ordnungsmittels ist ein Ungehorsam gegenüber dem staatlichen Verbot, Hamm MDR **86**, 156, aM Bbg MDR **79**, 680 (auch allgemein abschreckender Charakter der Festsetzung), Hamm NJW **80**, 1399, LG Essen MDR **83**, 501 (Kombination von Beugemittel und Ahndung. Aber beide Varianten setzen den Schwerpunkt nicht klar genug).

26 **I. Beispiele zur Frage der Zulässigkeit eines Ordnungsmittels**

Abänderungsklage: S „Aufhebung“.

Ablauf der Verbotszeit: Rn 29 „Zeitablauf“.

Antragsrücknahme: Ab dem Eingang einer wirksamen Zurücknahme des Antrags des Gläubigers auf die Festsetzung eines Ordnungsmittels ist seine Verhängung *unzulässig.*

Arrest, einstweilige Verfügung: Der Gläubiger muß den Titel im Zeitpunkt der Zuwiderhandlung bereits im Parteibetrieb zugestellt haben, von der Groeben GRUR **99**, 675. Vgl im übrigen Rn 28 „Sicherheitsleistung".

Aufhebung: Ein Ordnungsmittel ist insoweit *unzulässig,* als das Gericht den Vollstreckungstitel aufgehoben hat, Brschw WoM **95**, 197, Hamm JR **90**, 469 (Erlöschen), zB auf Grund eines Rechtsbehelfs, KG RR **04**, 69, Stgt WettbR **97**, 24, oder wegen einer Veränderung der Verhältnisse etwa auf Grund einer Klage nach § 323 oder nach § 767, Köln GRUR **87**, 652. Hebt das Gericht den aufhebenden Titel seinerseits wieder auf und erläßt den ursprünglichen Titel erneut, will Mü WettbR **00**, 147 den Schuldner dann doch „bestrafen" (?, Rn 22).

Ein bereits ergangener Ordnungsmittelbeschluß wird aber *keineswegs automatisch* wegen einer Aufhebung der Hauptsacheentscheidung wirkungslos, Üb 19 vor § 300, BGH RR **88**, 1530. Vor seiner Aufhebung kommt eine Rückzahlung von Ordnungsmitteln nicht in Betracht, BGH RR **88**, 1530. Nach der Rechtskraft des Anordnungsbeschlusses erfolgt keine Aufhebung mehr, LG Kblz JB **97**, 50.

Domain: Der Unterlassungsschuldner ist *nicht* dafür verantwortlich, daß Suchmaschinen oder Provider noch gewisse Zeit auf die Domain verweisen, Köln RR **02**, 215. Er muß sich aber um die Beendigung solcher Verweise bemühen.

Einstweilige Einstellung: Eine nur einstweilige Einstellung der Zwangsvollstreckung *verhindert* zunächst 27
die Festsetzung eines Ordnungsmittels. Das Gericht darf es dann erst nach dem Wegfall der Einstellung festsetzen. Das Verfahren zur Festsetzung eines Ordnungsmittels läuft auch dann weiter, wenn das Gericht den aufgehobenen Vollstreckungstitel wiederherstellt.

Endgültige Einstellung: Ein Ordnungsmittel ist *unzulässig,* soweit das Gericht die Zwangsvollstreckung aus diesem Vollstreckungstitel dauernd einstellt.

S auch „Einstweilige Einstellung".

Erledigung: Wenn beide Parteien die Hauptsache wirksam für erledigt erklären, wird eine ergangene noch nicht rechtskräftige Entscheidung zur Hauptsache rückwirkend wirkungslos. Daher wird dann ein Ordnungsmittel *unzulässig,* § 91 a Rn 108, BGH **156**, 342 (krit Ruess NJW **04**, 488), KG GRUR **99**, 191, Köln OLGZ **92**, 452 (setzt ziemlich kühn den Titelverzicht gleich), aM Düss GRUR-RR **03**, 128, Ffm OLGZ **94**, 603, Melullis GRUR **93**, 246 (er stellt auf den Umfang der Erledigterklärung des Gläubigers ab), ThP 10 (aber die Rechtsfolge wirksamer Erledigterklärungen ist der Wegfall der Rechtshängigkeit, § 91 a Rn 108). Wenn nur der Kläger die Hauptsache für erledigt erklärt, fehlt meist das Rechtsschutzbedürfnis. Wegen einer Ausnahme s „Rechtsschutzbedürfnis".

Erlöschen: Ein Ordnungsmittel ist *unzulässig,* soweit der Vollstreckungstitel erloschen ist, Brschw WoM **95**, 197, Hamm JR **90**, 469.

S auch Rn 26 „Aufhebung", Rn 29 „Wegfall".

Juristische Person: Das Ordnungsmittel ergeht gegen ihren gesetzlichen Vertreter, Karlsr RR **98**, 1571 (evtl stellvertretender Geschäftsführer?), Kblz VersR **97**, 1557 (AG, Vorstand). Das gilt auch dann, wenn er nach der Festsetzung ausgeschieden ist, Nürnb MDR **03**, 293.

Rechtsbehelf: Rn 29 „Wegfall des Titels".

Rechtsmißbrauch: Das Gericht muß jeden Rechtsmißbrauch wie stets nach Einl III 54 und Grdz 44 vor § 704 auch in der Zwangsvollstreckung von Amts wegen beachten, Körner GRUR **85**, 915, Völp GRUR **84**, 490.

Rechtsschutzbedürfnis: Ein Ordnungsmittel ist nur zulässig, soweit und solange der Gläubiger ein Rechtsschutzbedürfnis hat, Hamm MDR **86**, 418. Es kann freilich auch noch nach der Abgabe einer einseitigen Erledigterklärung ausnahmsweise vorliegen, falls der Gläubiger den Ordnungsmittelantrag aufrecht erhält.

Rechtsstreit: Ein Ordnungsmittel ist *unzulässig,* soweit der Schuldner eine ihm verbotene Behauptung im späteren Prozeß mit einem Dritten zur Rechtsverfolgung erneut aufstellt, LG Hann MDR **98**, 987.

Sachlichrechtlicher Anspruch: Rn 29 „Wegfall des Anspruchs". 28

Schutzschrift: Nach ihrer Erwirkung verlangt Ffm WettbR **00**, 148, daß sich der Einreicher für eine Nachricht über den Eingang einer einstweiligen Verfügung erreichbar macht.

Sicherheitsleistung: Ein Ordnungsmittel ist *unzulässig,* solange der Gläubiger eine Sicherheitsleistung nach § 709 noch nicht erbracht hat, BGH **131**, 235, oder soweit der Schuldner nach § 711 eine Sicherheitsleistung erbracht hat, während der Gläubiger die „Gegen-Sicherheitsleistung" noch nicht erbrachte, Ffm GRUR **89**, 458, Mü GRUR **90**, 638.

Keine solche Lage liegt vor, soweit das Gericht im Widerspruchsverfahren nach § 924 die Vollziehung von einer Sicherheitsleistung abhängig macht, Hamm RR **86**, 679.

Veränderung der Verhältnisse: Rn 26 „Aufhebung".

Verbotsirrtum: Er fehlt jedenfalls dann, wenn der Schuldner ohne einen Anwalt meint, vor der Rechtskraft trete keine Vollziehbarkeit einer einstweiligen Verfügung ein, Naumb GRUR-RR **05**, 368.

Verbotszeit: Rn 29 „Zeitablauf".

Vergleich: Rn 29 „Wegfall".

Verjährung: Die Verjährung und deren Ruhen richtet sich nach Art 9 I EGStGB, soweit es um die Vollstreckung des Ordnungsmittels geht, BGH **161**, 63 (kein Eintritt der Verfolgungsverjährung ab Festsetzung des Ordnungsmittels), BayObLG WoM **95**, 443, Hamm BB **78**, 574. Die Verjährung beginnt nicht, solange der Schuldner das Verbot beachtet, sei es auch Jahre hindurch.

Vollstreckungsabwehrklage: Rn 26 „Aufhebung".

Wegfall des Anspruchs: Das Gericht prüft grds nicht, ob der sachlichrechtliche Anspruch weggefallen ist, 29
Nürnb WRP **85**, 177, Völp GRUR **84**, 490.

S aber auch Rn 27 „Rechtsmißbrauch".

Wegfall des Titels: Ein Ordnungsmittel ist *unzulässig,* soweit der Vollstreckungstitel rückwirkend weggefallen ist, Ffm NJW **82**, 1056, Köln GRUR **92**, 476, Peters ZZP **91**, 338, aM BayObLG **95**, 114 (inkonsequent). Das gilt zB auf Grund eines Rechtsbehelfs oder eines Vergleichs, Stgt RR **86**, 1255.

S auch Rn 26 „Aufhebung", Rn 27 „Erlöschen".

Wiederholung des Verbots: Es liegt keine ein Ordnungsmittel unzulässig machende Aufhebung des Titels vor, soweit das Gericht im Urteil des Hauptprozesses ein Verbot wiederholt, das im Weg einer einstweiligen Verfügung ergangen war.

Zeitablauf: Ein Ordnungsmittel ist *unzulässig,* soweit die Verbotszeit abgelaufen ist. Denn dann liegt keinerlei Sinn und Notwendigkeit eines Ordnungsmittels mehr vor, Düss DB **92**, 1084, Köln JB **95**, 269, LAG Hbg MDR **90**, 365, aM Bbg MDR **79**, 680, Hamm RR **90**, 1086, LG Essen MDR **83**, 501 (aber das Fehlen des Rechtsschutzbedürfnisses ist stets beachtlich, Rn 27 „Rechtsschutzbedürfnis").

Zeugenaussage: Sie geht als eine staatsbürgerliche Pflicht auch einem Unterlassungstitel vor. Sie kann daher *kein* Ordnungsmittel auslösen, Einf 2 vor §§ 383–389, Ffm RR **01**, 1364.

Zurücknahme des Antrags: Rn 26 „Antragsrücknahme".

30 **6) Vollstreckung, I.** Sie folgt zwei Gesichtspunkten.

A. Von Amts wegen. Die Vollstreckung des Ordnungsmittels erfolgt von Amts wegen. Sie ist sofort zulässig, § 794 I Z 3, BGH **161**, 63. Zur Vollstreckung ist grundsätzlich der Rpfl zuständig, soweit sich nicht der Richter im Einzelfall die Vollstreckung ganz oder teilweise vorbehalten hat, § 31 III RPflG, BayObLG Rpfleger **02**, 254. Der Rpfl ist insoweit auch ausnahmsweise zur Androhung oder Anordnung einer Ordnungshaft zuständig, § 4 II Z 2a RPflG. Zuständig ist der Rpfl des Prozeßgerichts, nicht der Staatsanwaltschaft, BayObLG Rpfleger **02**, 254, Köln OLGZ **89**, 476, Mü MDR **88**, 784.

Eine *Rücknahme* des Antrags nach I oder ein Wegfall des sachlichrechtlichen Anspruchs sind unbeachtlich. Das gilt insbesondere infolge einer Erfüllung, erst recht nach dem Eintritt der Rechtskraft des Ordnungsmittelbeschlusses, Schockenhoff NJW **90**, 154, aM Karlsr MDR **79**, 150 (aber die Rechtskraft beendet nun wirklich derartige Möglichkeiten). Eine solche Rücknahme oder ein derartiger Wegfall führen deshalb anders als bei § 888 Rn 20 weder zur Aufhebung des Beschlusses noch zu einer Rückzahlung des Ordnungsgelds, Ffm Rpfleger **80**, 200, Nürnb MDR **06**, 945, noch zu einem Schadensersatzanspruch. §§ 717, 945 sind unanwendbar. Das gilt schon deshalb, weil jedenfalls ein Ungehorsam das Ordnungsmittel begründet. Eine Begnadigung ist unstatthaft, Brehm NJW **75**, 250. Die Vollstreckung ist auch gegenüber einem Minderjährigen grundsätzlich zulässig. Das Gericht muß Art 7, 8 EGStGB beachten, Köln OLGZ **89**, 476.

31 **B. Staatskasse als Empfänger.** Das Ordnungsgeld fließt in die Staatskasse. Die Beitreibung des Ordnungsgelds erfolgt nach § 1 Z 3, 4 JBeitrO, Karlsr RR **97**, 1567, Mü MDR **88**, 784. Es sind jetzt keinerlei strafprozessuale Grundsätze mehr beachtlich, Rn 21. Deshalb ist es zulässig, den Festsetzungsbeschluß nach der Zahlung des Ordnungsgeldes aufzuheben, LG Ffm NJW **77**, 302. Deshalb sind auch wegen desselben Verstoßes mehrere Ordnungsmittel auf Grund der Anträge mehrerer Gläubiger vollstreckbar, zB in Wettbewerbssachen, aM Hamm NJW **77**, 1204. Die Vollstreckungsverjährung und deren Ruhen richtet sich nach Art 9 II EGStGB.

32 **7) Androhung, II.** Man muß vier Aspekte beachten.

A. Zeitliche Reihenfolge. Der Festsetzung eines Ordnungsmittels muß unbedingt eine entsprechende Androhung vorausgehen, BGH **156**, 340 (zustm Teplitzky LMK **04**, 54), BayObLG ZMR **99**, 777, Hamm RR **87**, 766. Die Androhung ist ein wesentlicher Bestandteil des Verfahrens. Deshalb können weder der Gläubiger noch der Schuldner auf die Androhung wirksam verzichten. Die Androhung soll möglichst frühzeitig einen Druck auf den Schuldner ausüben, VGH Mannh JB **91**, 114. Sie kann bereits im Urteil erfolgen, wenn der Gläubiger einen entsprechenden Antrag gestellt hat, Ffm RR **92**, 400. Das Gericht muß freilich die Androhung auch bereits so früh für ratsam halten, BGH NJW **93**, 1077, Mü GRUR **90**, 678, VGH Mannh JB **91**, 114. Sie ist dann noch keine Vollstreckungshandlung, BGH NJW **93**, 1077, Mü GRUR **90**, 678. Sie setzt dann nur die Unterlassungspflicht und die bloße Möglichkeit einer Zwangsvollstreckung voraus, BPatG GRUR **96**, 402, Mü GRUR **90**, 678. Die Androhung braucht also noch nicht rechtskräftig zu sein, BayObLG ZMR **99**, 777.

In einem *Prozeßvergleich* ist eine Androhung unzulässig, KG RR **87**, 507, LG Oldb VersR **00**, 385, Pfeilschiffer WoM **86**, 201. Wenn sie dort gleichwohl erfolgt ist, ist sie insofern unwirksam, Rn 7. Wenn die Androhung noch nicht im Urteil erfolgt ist, spricht das Gericht sie auf Grund eines Antrags des Gläubigers in einem besonderen Beschluß aus, BGH NJW **93**, 1077, BayObLG WoM **92**, 163. Der Antrag unterliegt dem Anwaltszwang wie sonst, § 78 Rn 1. Erst dieser Beschluß nach § 329 stellt eine Vollstreckungshandlung dar, BayObLG WoM **96**, 375, Köln VersR **92**, 723, Mü GRUR **90**, 678. Dann müssen auch die Voraussetzungen der Zwangsvollstreckung vorliegen, Grdz 14 vor § 704, zB nach §§ 724, 750, Köln VersR **92**, 723, VGH Mannh JB **91**, 114.

33 **B. Verfahren.** Für das Verfahren ist das Prozeßgericht der ersten Instanz zuständig, § 887 Rn 10. Das Verfahren richtet sich nach § 891. Der Antrag auf ein Zwangsmittel und auf eine Vertragsstrafe auf Grund eines gerichtlichen Vergleichs schließen sich zwar grundsätzlich nicht gegenseitig aus. Daher ist ein Antrag nach § 890 auch nach der früheren Vereinbarung einer Vertragsstrafe noch zulässig, Saarbr NJW **80**, 461. Das gilt schon deshalb, weil die Vertragsstrafe auch der Schadloshaltung des Gläubigers dient, BVerfG **20**, 332. Der Gläubiger kann allerdings nur zwischen beiden Möglichkeiten wählen. Er kann also nicht beide nebeneinander ausüben, LG Saarbr MDR **92**, 362, aM Köln GRUR **86**, 588, Saarbr NJW **80**, 461 (aber das käme einem Rechtsmißbrauch nach Grdz 44 vor § 704 nahe). Er kann bei § 890 I, II den Antrag auf eine Ordnungshaft wegen Grdz 7 vor § 704 nicht wirksam auf deren bloße Ersatzfunktion beschränken.

Natürlich kann der Gläubiger schlechthin auf die Möglichkeit eines Weges nach § 890 *verzichten.* Diesen Verzicht muß man von dem Verzicht auf eine besondere Androhung für den Fall unterscheiden, daß der Gläubiger nach § 890 vorgehen will. Der gänzliche Verzicht auf die Möglichkeit eines Ordnungsmittels liegt aber noch nicht darin, daß die Parteien eine Vertragsstrafe vereinbart haben, auch wenn man im Ergebnis nicht beide Möglichkeiten erschöpfen kann. Vielmehr muß der Gläubiger den völligen Verzicht ausdrücklich erklären, Saarbr NJW **80**, 461.

Das *Rechtsschutzbedürfnis* für einen Ordnungsmittelantrag nach Grdz 33 vor § 253 muß vorliegen, § 329 Rn 4. Es ergibt sich grundsätzlich schon aus dem titutierten Duldungsanspruch und der ständigen Möglichkeit einer Zuwiderhandlung des Schuldners, VGH Kassel NVwZ-RR **06**, 535. Das Gericht braucht daher nicht die Erfolgsaussicht einer Zwangsvollstreckung zu prüfen, Zweibr MDR **90**, 258. Das Rechtsschutzbedürfnis entfällt nicht schon wegen des höheren Alters des Vollstreckungstitels, KG RR **87**, 507. Jedes Verfahren verläuft bis zu einer etwaigen Verbindung nach § 147 selbständig, aM Düss GRUR-RR **03**, 130 (gibt eine Art Mengenrabatt, eine zweifelhafte Besserstellung des besonders hartnäckigen Schuldners).

C. Entscheidung. Der Androhungsbeschluß nach §§ 329, 891 S 1 braucht das Ordnungsmittel weder nach seiner Art noch nach seiner Höhe bestimmt anzugeben. Es reicht aus, daß das Gericht auf den gesetzlichen Rahmen Bezug nimmt. Das ist sogar ratsam, Hamm RR **88**, 960 (keine Einengung von vornherein), aM BGH NJW **95**, 3181 (mit der nicht näher begründeten und zeitlich nicht überzeugenden Ansicht, das Gericht müsse schon im Änderungsbeschluß die Art und das Höchstmaß des Ordnungsmittels „konkretisieren". Vgl freilich auch unten). Das Gericht muß aber die generelle Art des angedrohten Ordnungsmittels angeben. Es muß also bestimmen, ob es ein Ordnungsgeld mit einer ersatzweisen Ordnungshaft oder sogleich eine Ordnungshaft androht. Freilich kann das Gericht auch nach einer fälschlichen Androhung nur eines Ordnungsgelds ohne eine Ersatz-Ordnungshaft später das angedrohte Ordnungsgeld festsetzen, Hamm MDR **92**, 411. Das Gericht muß ferner das gesetzliche Höchstmaß nennen, BGH NJW **95**, 3181, Hamm NJW **80**, 1289. 34

Wenn das Gericht das Ordnungsmittel nach seiner Art und Höhe angedroht hat, bindet dieser Rahmen es bei einer anschließenden *Festsetzung* des Ordnungsmittels. Das Gericht darf also insbesondere nicht eine andere als die angedrohte Art des Ordnungsmittels verhängen. II soll nämlich nicht nur den Schuldner schützen, sondern es soll auch dem Gläubiger diejenigen Maßnahmen zur Verfügung stellen, die für die Durchsetzung seiner Ansprüche notwendig sind. Die Parteien können die Kosten in einem etwa zugrundeliegenden Vergleich mitgeregelt haben. Andernfalls folgen die Kosten der übrigen Kostenregelung im Vergleich, wenn im Zeitpunkt des Vergleichsabschlusses bereits ein Antrag nach II vorlag. Andernfalls ist § 788 anwendbar, § 891 Rn 7. Soweit die Androhung ein ungesetzlich überhöhtes Ordnungsmittel nannte, bleibt eine Festsetzung in gesetzlicher Höhe zulässig, Hamm GRUR **83**, 607.

Gebühren: Des Anwalts VV 3309, 3310.

D. Abänderung. Das Gericht darf die Androhung jederzeit wegen veränderter Umstände abändern. Die Androhung ist schon vor der ersten Zuwiderhandlung statthaft. Das ergibt sich aus der Möglichkeit der Aufnahme der Androhung in das Urteil, BGH NJW **79**, 217. Die Androhung setzt nicht voraus, daß das Urteil bereits formell rechtskräftig geworden ist. Die Androhung wird mit der Zustellung an den Schuldner wirksam. Eine einmalige Androhung genügt für alle Zukunft, KG GRUR **83**, 796. Wenn das Gericht das Ordnungsmittel in einem besonderen Beschluß androht, also auch im Anschluß an einen Prozeßvergleich nach Anh § 307, ist die Zustellung dieses Beschlusses nach § 750 I der Beginn der Zwangsvollstreckung, Grdz 51 vor § 704, BGH NJW **79**, 217. 35

Wenn das Gericht die Androhung in das *Urteil* aufgenommen hat, ist die Urteilszustellung nach § 750 I der Beginn der Zwangsvollstreckung, Borck WRP **77**, 558, aM BGH NJW **79**, 217 (die Zwangsvollstrekkung beginne dann erst mit der Festsetzung des Ordnungsmittels), Bork WRP **89**, 361 (aber für einen solchen Unterschied ist kein Grund ersichtlich). Deshalb müssen im Zeitpunkt der Zustellung der Androhung die Voraussetzungen der Zwangsvollstreckung nach § 750, Grdz 14 vor § 704 vorliegen. Das gilt auch bei einer Androhung auf Grund einer einstweiligen Verfügung nach §§ 935 ff. Die Zustellung der einstweiligen Verfügung ist ihr Vollzug, nicht ihre Vollstreckung, Grdz 19, 20 vor § 916, § 936. §§ 775 Z 1, 776 bleiben beachtlich, LAG Mainz BB **99**, 1767.

8) Sicherheitsleistung, III. Auf Grund eines Antrags des Gläubigers mit einem Anwaltszwang wie sonst nach § 78 Rn 1 kann das Prozeßgericht der ersten Instanz nach § 887 Rn 10 nach seinem pflichtgemäßen Ermessen dem Schuldner eine Sicherheitsleistung zur Absicherung desjenigen Schadens auferlegen, der durch eine fernere Zuwiderhandlung drohen mag. Voraussetzung ist zwar nicht, daß das Gericht bereits vorher ein Ordnungsmittel festgesetzt hatte. Der Schuldner muß aber bereits mindestens einmal nach dem Wirksamwerden der Androhung eines Ordnungsmittels eine Zuwiderhandlung begangen haben. Das Urteil braucht allerdings keine Sicherheitsleistung auferlegt zu haben, Ffm Rpfleger **78**, 267. S aber auch Rn 28 „Sicherheitsleistung". Zur Art und Höhe der Sicherheit § 108. Die Sicherheit haftet dem Gläubiger für etwaige Schäden und Kosten weiterer Zuwiderhandlungen, Ffm Rpfleger **78**, 267. Sie haftet ihm aber nicht dafür, daß der Schuldner das Ordnungsgeld zahlt. Der Gläubiger muß seinen etwaigen Schaden nach § 893 einklagen, Ffm Rpfleger **78**, 267. Die Rückgabe der Sicherheit richtet sich nach § 109. Das gilt auch beim Ablauf der etwa im Beschluß bestimmten Zeitspanne. 36

Gebühren: Des Gerichts KV 2110; des Anwalts VV 3309, 3310.

9) Rechtsbehelfe, I–III. Beim Rpfl gilt nach einer echten Entscheidung § 11 RPflG. Zum Verfahren § 104 Rn 41 ff. Im übrigen: 37

A. Sofortige Beschwerde. Die sofortige Beschwerde ist nach §§ 567 I Z 1, 793 zulässig, BVerfG NJW **82**, 1635, KG NJW **91**, 989, wenn das Gericht ein Ordnungsmittel durch einen besonderen Beschluß *angedroht* hat, Hamm RR **88**, 960. Wenn die Androhung bereits im Urteil enthalten war, kann der Schuldner gegen diese Entscheidung nur das gegen das Urteil zulässige Rechtsmittel einlegen, §§ 511 ff, 542 ff, LAG Hamm MDR **77**, 699, aM Hamm RR **88**, 960 (sofortige Beschwerde. Aber dann war die Androhung ein Urteilsbestandteil). Die Festsetzung eines Ordnungsmittels führt nicht dazu, daß die sofortige Beschwerde gegen den Androhungsbeschluß erledigt wäre.

Die sofortige Beschwerde ist *ferner* dann *zulässig,* wenn das Gericht vor oder nach der Rechtskraft des Verbotstitels durch einen Beschluß ein Ordnungsmittel festgesetzt hat, Hamm GRUR **83**, 607, Mü MDR **84**, 592. In diesem Fall kann der Gläubiger die sofortige Beschwerde dann einlegen, wenn das Gericht das Ordnungsmittel seiner Meinung nach zu niedrig bemessen hat. Denn er hat ein schutzwürdiges Interesse daran, daß das Gericht eine genügend wirksame Art und Höhe festsetzt, Ffm GRUR **87**, 940, Hamm RR **88**, 960. Der Schuldner kann die sofortige Beschwerde gegen eine zu hohe Bemessung einlegen, Hamm 38

GRUR **83**, 607, oder gegen Versagung einer Ratenherabsetzung, Karlsr RR **97**, 1567, aM KG Rpfleger **08**, 37 (§ 7 IV EGStGB. Aber das ist keine „allgemeine" Vorschrift, sondern eine spezielle).

39 Die sofortige Beschwerde ist ferner dann zulässig, wenn das Gericht über einen Antrag des Gläubigers auf eine *Sicherheitsleistung* nach III entschieden hat. Dann kann sich der Gläubiger gegen die Zurückweisung des Antrags beschweren. In einer FamFG-Sache macht § 87 IV FamFG §§ 567–572 entsprechend anwendbar.

40 Wenn gleichzeitig gegen eine *einstweilige Anordnung,* gegen die Anordnung eines Ordnungsmittels und gegen eine Festsetzung Rechtsbehelfe vorliegen, muß das Rechtsmittelgericht sie in dieser Reihenfolge prüfen. § 570 I ist anwendbar, aM Köln FamRZ **05**, 223 (vgl aber Einl III 39).

41 **B. Erinnerung.** Gegen eine fehlerhafte Art und Weise der Durchführung der Vollstreckung ist die Erinnerung nach § 766 statthaft, Art 7 IV EGStGB, Brehm NJW **75**, 250.

42 **C. Sonstige Fälle.** Gegen die ablehnende Entscheidung über einen Antrag des Schuldners, ein rechtskräftig festgesetztes Ordnungsgeld entfallen zu lassen, ist kein Rechtsmittel zulässig, Mü MDR **84**, 592.

43 **10) Kosten, I–III.** § 891 Rn 7.

891 *Verfahren; Anhörung des Schuldners; Kostenentscheidung.* [1] **Die nach den §§ 887 bis 890 zu erlassenden Entscheidungen ergehen durch Beschluss.** [2] **Vor der Entscheidung ist der Schuldner zu hören.** [3] **Für die Kostenentscheidung gelten die §§ 91 bis 93, 95 bis 100, 106, 107 entsprechend.**

Gliederung

1 **1) Systematik, S 1–3.** Die Vorschrift ergänzt die in ihr genannten Vorschriften. Sie wird ihrerseits durch §§ 892, 893 ergänzt. Im FamFG-Verfahren gilt evtl § 891 entsprechend, § 5 IV 2 FamFG.

2 **2) Regelungszweck, S 1–3.** Die Vorschrift enthält einerseits zur Beschleunigung und Vereinfachung und daher im Interesse der Prozeßwirtschaftlichkeit nach Grdz 14 vor § 128 eine erhebliche Erleichterung (kein Verhandlungszwang, Rn 3). Sie enthält andererseits in S 2 durch das Anhörungsgebot nach Rn 4 eine zwecks der Rechtsstaatlichkeit des Verfahrens notwendige Mindestanforderung. Die Auslegung sollte alledem folgen. S 2 ist zu oft unbekannt. Auch die Notwendigkeit einer Begründung des Beschlusses ist nicht immer geläufig. Die Begründung muß sogar nachvollziehbar zu erkennen geben, daß das Gericht die zahlreichen bei §§ 887–889 angeschnittenen Probleme gesehen und in seine Abwägung einbezogen hat. Auch das sollte man zur Vermeidung einer Zurückverweisung mitbedenken.

3 **3) Geltungsbereich; Verfahren, S 1–3.** Es ist dem Erkenntnisverfahren bedingt vergleichbar.

A. Kein Verhandlungszwang, S 1. Entscheidungen nach §§ 887, 888, 890 ergehen durch das Prozeßgericht, § 887 Rn 10, 11. Sie erfordern keine mündliche Verhandlung, § 128 IV. Wenn das Gericht einen Termin nach § 889 bestimmt, handelt es sich nicht um eine Vollstreckungsmaßnahme. Wenn das Gericht nach § 216 eine mündliche Verhandlung anordnet, muß es die Beteiligten laden, §§ 166 ff. Ein Anwaltszwang besteht wie sonst, § 78 Rn 1, Kblz RR **88**, 1279, Köln FamRZ **95**, 312, StJM 2, aM LG Bln WPR **76**, 194 (aber hier handelt es sich oft um schwierige, vor dem Prozeßgericht zu verhandelnde Fragen). Eine Zustellung muß an den etwa bestellten ProzBev erfolgen, § 172. Das Gericht muß aber eine Aufforderung zum Haftantritt der Partei persönlich zustellen.

4 **B. Anhörung des Schuldners, S 2.** Das Gericht muß den Schuldner vor seiner Entscheidung anhören, S 2, Art 103 I GG, Bre RR **07**, 662, Schockenhoff NJW **90**, 155. Es muß also dem Schuldner eine Gelegenheit zur mündlichen oder schriftlichen Äußerung geben. Es genügt, daß der Vorsitzende dem Schuldner eine ausreichende Frist setzt. Wenn die Äußerung des Schuldners erst nach dem Fristablauf eingeht, muß das Gericht sie grundsätzlich berücksichtigen, falls seine Entscheidung bei ihrem Eingang noch nicht herausgegangen war. Freilich kann und muß das Gericht einen verspäteten Vortrag evtl entsprechend §§ 282, 296 zurückweisen, KG OLGZ **79**, 367, aM Mü MDR **81**, 1025 (vgl aber § 296 Rn 4 ff). § 138 III ist anwendbar, AG Aachen JB **05**, 498. Das Gericht muß den Schuldner auch vor einer Androhung anhören, soweit die Androhung in einem besonderen Beschluß ergehen soll. Wenn die Androhung bereits in einem Urteil enthalten war, hat der Schuldner das Gehör im Verfahren bis zum Urteil erhalten. Wenn die Androhung in einer einstweiligen Verfügung enthalten war und wenn diese auf Grund einer mündlichen Verhandlung durch ein Urteil erging, gilt dasselbe. Soll die einstweilige Verfügung wegen ihrer besonderen Eilbedürftigkeit ohne eine mündliche Verhandlung und ohne eine Anhörung des Schuldners nach § 937 II ergehen, braucht das Gericht ihn nicht bloß wegen der in ihr beabsichtigten Androhung anzuhören.

5 **C. Weiteres Verfahren, S 1–3.** Es ist immer ein voller Beweis notwendig, § 286 Rn 16, Schlesw NZM **00**, 557. Eine Glaubhaftmachung nach § 294 genügt nicht, und zwar auch nicht dann, wenn ein Arrest oder eine einstweilige Verfügung nach §§ 916 ff, 935 ff die Grundlage der Zwangsvollstreckung bilden, MüKoSchi § 890 Rn 19, StJBr 2, ZöStö 1, aM Dahm MDR **96**, 1101 (aber die Vollstreckung hat andere Regeln als das Eil-Erkenntnisverfahren). In der Beschwerdeinstanz gelten § 572 und nicht § 891 S 2, § 890 Rn 34, 35.

4) Entscheidung, S 1–3. Man muß jetzt zwei Arten beachten. 6

A. Sachentscheidung, S 1, 2. Das Gericht entscheidet stets durch einen Beschluß, S 1, § 329. Es muß den Pflichtigen wenigstens jetzt benennen, KG MDR **97**, 195. Es muß den Beschluß grundsätzlich begründen, § 329 Rn 4. Es verkündet den Beschluß nach § 329 I 1 oder teilt ihn dem Sieger formlos nach § 329 II 1 mit, während es ihn dem Verlierer von Amts wegen zustellt, § 329 III. Streitwert: Anh § 3 Rn 144. Eine Rechtsmittelbelehrung ist unnötig, § 231, § 890 Rn 34, Hamm MDR **75**, 409 (zum alten Recht).

B. Kostenentscheidung, S 3. Infolge der Verweisung in S 3 auf die dort genannten Vorschriften und 7
insbesondere auch auf § 91 ist eine Kostengrundentscheidung nach §§ 91 ff, Üb 35 vor § 91, stets notwendig, KG WoM **06**, 531, und zwar von Amts wegen, wie bei § 308 II, Grdz 37, 38 vor § 704, BayObLG NZM **02**, 491. Danach trägt der Schuldner die Kosten nur, soweit sie notwendig waren, § 91 I 1. Dazu braucht man nicht § 788. Das Gericht muß die Kosten dann dem Gläubiger nach §§ 91 ff auferlegen, wenn der Schuldner solche Kosten erlitten hat, die durch objektiv nicht notwendige Vollstreckungsmaßnahmen des Gläubigers entstanden sind, KG Rpfleger **81**, 319, Saarbr JB **93**, 27, Zweibr MDR **90**, 258.

Das kann zB in *folgenden Fällen* geschehen: Das Gericht mußte auf Grund einer sofortigen Beschwerde des Schuldners eine Vollstreckungsmaßnahme aufheben; der Gläubiger hat seinen Antrag zurückgenommen, § 269 III 3, IV, Ffm MDR **78**, 411, ZöStö § 887 Rn 9 (anders bei der bloßen Feststellung nach § 269 III 2, IV, aM Ffm MDR **78**, 411 zu § 271 aF); das Gericht hat einen Antrag nach §§ 887, 888, 890 zurückgewiesen; die Hauptsache des Verfahrens nach §§ 887 ff hat sich erledigt, KG WoM **06**, 531, zB nach einem unberechtigtem Vollstreckungsantrag, Mü MDR **91**, 357, Zweibr MDR **90**, 258. Wert: § 3 Anh Rn 144, 145. Ferner kommen Kostenteilungen usw nach §§ 92 ff in Betracht, soweit zB ein Vollstreckungsantrag nur teilweise einen Erfolg hat, etwa wegen einer Titelerfüllung oder wegen eines nur einmaligen Verstoßes. Vgl bei den einzelnen in S 3 in Bezug genommenen Vorschriften. § 97 II ist anwendbar, Mü FamRZ **98**, 180. Das Gericht muß eine Kostenentscheidung kurz begründen, § 329 Rn 4.

5) Rechtsbehelfe, S 1–3. Gegen die Entscheidung ist nur eine sofortige Beschwerde nach §§ 567 I Z 1, 8
793 statthaft, BVerfG NJW **82**, 1635, Schlesw NZM **00**, 557 (WEG-Sache). In einer FamFG-Sache macht § 87 IV FamFG §§ 567–572 entsprechend anwendbar. Eine Erinnerung nach § 766 ist unstatthaft. Das gilt auch dann, wenn das Gericht fälschlich statt eines Beschlusses ein Urteil erlassen hat oder wenn es gegen S 2 verstoßen oder eine falsche Kostenentscheidung getroffen hat, Hamm MDR **85**, 590. Die Entscheidung hat keine aufschiebende Wirkung. Eine Aussetzung erfolgt nach § 570. § 571 II, III ist anwendbar. Das Gericht muß dem Betroffenen vor einer Aufhebung des angefochtenen Beschlusses das rechtliche Gehör gewähren, Art 103 I GG, BVerfG **30**, 408.

Eine *Rechtsbeschwerde* ist unter den Voraussetzungen der §§ 574 ZPO, 70 ff FamFG denkbar. Wegen einer Anschlußbeschwerde § 567 III. Die Rechtskraft hat nach § 322 zur Folge, daß der Schuldner nicht mehr zu leisten und daher zB keine bessere Rechnung mehr zu legen braucht, Zweibr JB **96**, 449.

892

Widerstand des Schuldners. **Leistet der Schuldner Widerstand gegen die Vornahme einer Handlung, die er nach den Vorschriften der §§ 887, 890 zu dulden hat, so kann der Gläubiger zur Beseitigung des Widerstandes einen Gerichtsvollzieher zuziehen, der nach den Vorschriften des § 758 Abs. 3 und des § 759 zu verfahren hat.**

1) Systematik. Die Vorschrift ergänzt §§ 890, 891 in einer praktisch wichtigen, wenn auch nicht sehr 1
häufig vorkommenden Frage. Im FamFG-Verfahren gilt evtl § 892 entsprechend, § 35 IV 2 FamFG.

2) Regelungszweck. Die Vorschrift dient der Rechtssicherheit nach Einl III 43, zumal hinter ihr § 113 2
StGB mit seiner Strafbarkeit eines Widerstands gegen Vollstreckungsbeamte steht. Deshalb muß man sie strikt auslegen. Ein rein passives Verhalten reicht nicht, Kannowski DGVZ **08**, 115. Eine erste Abwesenheit zur mitgeteilten Stunde reicht evtl nicht, zu streng LG Weiden DGVZ **08**, 120. Andererseits ist „Widerstand" nicht selten ein nur kurze Zeit währendes Aufbegehren. Ihm kann durchaus Einsicht folgen. Das sollte man mitbedenken. Deshalb sollte man vielleicht doch noch ein wenig mit Gewalt warten, jedenfalls als Gerichtsvollzieher. Solche letzte Bedenkfrist für den Schuldner etwa von 1 Stunde ist nicht verboten. Sie ist für den Rechtsfrieden wichtig.

3) Geltungsbereich. Wenn der Schuldner gegen eine solche Handlung einen Widerstand leistet, die er 3
nach §§ 887, 890 dulden muß, darf der Gläubiger nur im Rahmen des § 229 BGB zu einer Selbsthilfe greifen. Im übrigen darf und muß der Gläubiger einen Gerichtsvollzieher ohne eine Anrufung des Gerichts von sich aus direkt hinzuziehen, Hbg OLGZ **91**, 441.

4) Verhalten des Gerichtsvollziehers. Der Gerichtsvollzieher darf zwar nur insoweit tätig werden, als 4
überhaupt eine Zwangsvollstreckung schon und noch zulässig ist, Grdz 14 vor § 704, § 185 GVGA, LG Paderb DGVZ **06**, 75. Er darf keinen Rechtsmißbrauch betreiben, Grdz 44 vor § 704, LG Paderb DGVZ **06**, 75. Er darf dann aber nicht verlangen, daß der Gläubiger ihm einen Widerstand des Schuldners nachweist, LG Bln DGVZ **92**, 92, LG Brschw DGVZ **88**, 141, AG Münst DGVZ **79**, 29. Der Gerichtsvollzieher verfährt nach §§ 758 III, 758 a, 759, Hbg OLGZ **91**, 442, oder wenn es nur um eine Besichtigung durch einen Bietinteressenten in der Zwangsversteigerung geht, LG Ellwangen DGVZ **95**, 125. Der Gerichtsvollzieher darf trotz des Fehlens der Verweisung auch auf § 758 II dennoch auch Türen öffnen lassen, LG Brschw DGVZ **88**, 142. Eine zusätzliche Durchsuchungsanordnung ist nicht erforderlich, BGH NJW **06**, 3353 links, AG Heidelb DGVZ **86**, 190. Der Gerichtsvollzieher darf das zur Beseitigung des Widerstands erforderliche Maß nicht überschreiten, AG Meschede DGVZ **97**, 91. Er ist für den Schutz der besichtigenden Personen vor Angriffen Dritter nicht zuständig, Hbg OLGZ **91**, 442. Er nimmt ein Protokoll wie bei jeder Vollstreckungsmaßnahme auf, § 762. Seine Kosten nach KVGv 250 sind Kosten der Zwangsvollstreckung, § 788. Der Schuldner muß sie ersetzen, soweit die Hinzuziehung des Gerichtsvollziehers objektiv notwendig war, LG Brschw DGVZ **88**, 141, AG Münst DGVZ **79**, 29.

Der Gläubiger kann nach § 890 *oder* nach § 892 vorgehen, LG Brschw DGVZ **88**, 140, LG Karlsr DGVZ **84**, 12, LG Mainz DGVZ **02**, 138, aM AG Bln-Wedding DGVZ **87**, 63 (zunächst müsse man nach § 890 vorgehen. Aber keine der beiden Vorschriften nennt solche Rangfolge). Mit der einmaligen Vornahme ist der Titel grundsätzlich verbraucht, AG Offenbach DGVZ **04**, 157.

5 **5) Rechtsbehelf.** Gegen die Ablehnung des Gerichtsvollziehers kann der Gläubiger, gegen eine Maßnahme des Gerichtsvollziehers kann der Schuldner die Erinnerung nach § 766 einlegen. Anschließend kommt die sofortige Beschwerde nach §§ 567 I Z 1, 793 in Betracht. Ein Mitbewohner muß evtl dulden, AG Waldbröl DGVZ **08**, 122. In einer FamFG-Sache macht § 87 IV FamFG §§ 567–572 entsprechend anwendbar. Einem statt solcher Rechtsbehelfe sogleich gestellten Antrag, die Hinzuziehung des Gerichtsvollziehers zu gestatten usw, fehlt daher das Rechtsschutzbedürfnis, Grdz 33 vor § 253. Das Gericht muß ihn deshalb insofern notfalls auf Kosten des Gläubigers durch einen Beschluß zurückweisen, § 329. Zuständig dafür ist bei einer Anrufung des Prozeßgerichts der Richter, bei einer Anrufung des Vollstreckungsgerichts dessen Rpfl, § 764 Rn 6. Im Zweifel muß man hier wohl meist das Prozeßgericht anrufen.

892a

Fassung 1. 9. 2009: (aufgehoben. Abdruck und Kommentierung dieser Altvorschrift im Ergänzungsband zur 67. Aufl 2009)

893

Klage auf Leistung des Interesses. **I Durch die Vorschriften dieses Abschnitts wird das Recht des Gläubigers nicht berührt, die Leistung des Interesses zu verlangen.**

II Den Anspruch auf Leistung des Interesses hat der Gläubiger im Wege der Klage bei dem Prozessgericht des ersten Rechtszuges geltend zu machen.

1 **1) Systematik, I, II.** I läßt einen etwa nach dem sachlichen Recht bestehenden Ersatzanspruch bei §§ 883–892 unberührt, Celle NZM **07**, 839. Die Vorschrift begründet nicht etwa einen prozessualen Anspruch, wenn kein sachlichrechtlicher Anspruch besteht, Kblz FamRZ **82**, 508. Der Fall des § 894 fällt nicht unter § 893. Für einen Ersatzanspruch gelten §§ 280 ff, 325 BGB. Nach diesen Vorschriften richtet sich auch die Frage, wann der Gläubiger zu einer Schadensersatzforderung übergehen darf. Er darf zB dann so vorgehen, wenn der Schuldner eine Sache nicht herausgeben kann oder wenn der Gläubiger diejenige Handlung nicht erzwingen kann, zu der das Gericht den Schuldner verurteilt hat. Der Anspruch ist nicht von der vorherigen Durchführung oder von der Durchführbarkeit der Zwangsvollstreckung abhängig, Celle NZM **07**, 839. Ein nachträgliches Angebot der Leistung beseitigt den bereits entstandenen Schadensersatzanspruch nicht. Der Anspruch läßt sich auch durch eine Einrede geltend machen, etwa im Weg einer Aufrechnung, § 145 Rn 9. Die Aufrechnung begründet aber den Gerichtsstand nach II nicht.

2 **2) Regelungszweck, I, II.** Die Vorschrift dient der Klarstellung und damit der Rechtssicherheit, Einl III 43. Wegen der gerade dann auftretenden Schwierigkeiten der Schadensberechnung muß eine weitherzige Anwendung des § 287 helfen. Bei einer Klage nach II sollte man dem Gläubiger nicht allzu viel abverlangen. Er hat schon lange genug kämpfen müssen. Eine weitere Klagenotwendigkeit bringt ihm zusätzliche Belastung und Zeitverlust.

3 **3) Zuständigkeit, II.** Für die Ersatzklage ist das Prozeßgericht der ersten Instanz örtlich und auch international zuständig, BGH NJW **97**, 2245. Es ist auch sachlich zuständig, § 887 Rn 10. Das ist also dasjenige Gericht, das früher entschieden hat. Es handelt sich um eine ausschließliche Zuständigkeit, § 802, Schlesw RR **03**, 1013. §§ 11, 513 II sind anwendbar. Für eine Klage auf einen Schadensersatz statt der ursprünglich geschuldeten Herausgabe von Hausrat ist das Prozeßgericht und nicht das FamG zuständig, Düss FamRZ **85**, 406, Kblz FamRZ **82**, 507, StJBr 2, aM Karlsr FamRZ **00**, 1168, Schlesw RR **03**, 1013, Zweibr FamRZ **06**, 431 (aber jetzt liegt keine FamS mehr vor). Eine Voraussetzung der Anwendbarkeit von II ist, daß der Kläger statt der Leistung einen Schadensersatz fordert. Wenn der Kläger den Schadensersatz neben der Leistung begehrt, sind die gewöhnlichen Gerichtsstände anwendbar. Das gilt auch dann, wenn der Kläger zunächst ein Urteil auf eine Leistung erwirkt hat, nun aber daneben einen Ersatz fordert. Es gilt schließlich auch dann, wenn der Kläger zunächst eine Unterlassung verlangt hat und dann wegen einer vor dem Erlaß des Urteils begangenen Handlung einen Schadensersatz fordert.

894

Fassung 1. 9. 2009: ***Fiktion der Abgabe einer Willenserklärung.*** **[1] Ist der Schuldner zur Abgabe einer Willenserklärung verurteilt, so gilt die Erklärung als abgegeben, sobald das Urteil die Rechtskraft erlangt hat. [2] Ist die Willenserklärung von einer Gegenleistung abhängig gemacht, so tritt diese Wirkung ein, sobald nach den Vorschriften der §§ 726, 730 eine vollstreckbare Ausfertigung des rechtskräftigen Urteils erteilt ist.**

SachenRBerG § 106. Entscheidung. **II [1] Im Urteil sind die Rechte und Pflichten der Parteien festzustellen. [2] Die rechtskräftige Feststellung ist für die Parteien in gleicher Weise verbindlich wie eine vertragsmäßige Vereinbarung.**

III [1] Das Gericht kann auf Antrag einer Partei im Urteil einen Notar und eine andere geeignete Person im Namen der Parteien beauftragen, die zur Erfüllung notwendigen Rechtshandlungen vorzunehmen, sobald die hierfür erforderlichen Voraussetzungen vorliegen. [2] Die Beauftragten sind für beide Parteien vertretungsberechtigt.

IV 1 **Der Urkundsbeamte der Geschäftsstelle teilt dem Notar, der das Vermittlungsverfahren durchgeführt hat, nach Eintritt der Rechtskraft den Inhalt der Entscheidung mit.** 2 **Der Notar hat entsprechend § 98 Abs. 2 Satz 2 zu verfahren.**

Vorbem. Früherer II des § 894 aufgehoben, Art 29 Z 26 FGG-RG, in Kraft seit 1. 9. 09, Art 112 I Hs 1 FGG-RG, ÜbergangsR Art 111 FGG-RG, Einf 4 vor § 1 FamFG.

Bisherige Fassung § 894 II: **II Die Vorschrift des ersten Absatzes ist im Falle der Verurteilung zur Eingehung einer Ehe nicht anzuwenden.**

Schrifttum: *Grau,* Die Bedeutung der §§ 894, 895 ZPO für die Vollstreckung von Willenserklärungen, 2001; *Frhr vom Holtz,* Die Erzwingung von Willenserklärungen im einstweiligen Rechtsschutz, 1995; *Wieser,* Das Urteil auf Abgabe einer Willenserklärung – ein Vollstreckungsakt?, Freundesgabe für *Söllner* (1990) 629.

Gliederung

1) Systematik, S 1, 2. § 894, ergänzt durch §§ 895–897, betrifft die Zwangsvollstreckung auf Grund eines solchen Urteils, das den Schuldner lediglich dazu verurteilt, eine Willenserklärung abzugeben, Köln MDR **92**, 184. Das Urteil muß einen ganz bestimmten Inhalt haben, Bbg MDR **83**, 500, BayObLG NZM **99**, 768, KG FamRZ **84**, 1123. Das gilt nach der Person des Bevollmächtigten, BGH NJW **95**, 464, wie nach der Sache. Es richtet sich nicht nach der Form, sondern nach dem Inhalt des Urteils, ob eine derartige Entscheidung vorliegt, von Gerkan ZGR **85**, 182. Es ist unerheblich, ob zu der Willenserklärung eine Leistung des Schuldners hinzutreten muß, etwa die Übergabe einer Sache. 1

2) Regelungszweck, S 1, 2. Man kann nicht ohne Folter oder ähnlich grausame Drohungen einen Menschen zum Reden zwingen. Gerade die Äußerung ist aber hier das alleinige Ziel des ganzen Zivilprozesses. Also bleibt nur das Mittel der Unterstellung dieser Äußerung, der Fiktion. Das ist ein großartiger Trick und eine überall im Recht beliebte, einfach funktionierende Methode. Dieses Mittel ist freilich auch eine persönliche Entmündigung im wörtlichen Sinn und damit an sich ein Verstoß gegen die Menschenwürde, Artt 1, 2 GG. Er will wohlüberlegt sein. Auch die Abgrenzung zu §§ 887, 888 kann schwierig sein. Man sollte wie auch bei jenen Vorschriften auf den Kern der Verurteilung achten, auf die wesentliche Leistung, die der Schuldner erbringen muß. Natürlich kann auch eine teilweise nach § 894 und teilweise nach anderen Vorschriften bewertbare Verurteilung vorliegen. 2

3) Geltungsbereich, S 1, 2. Unter § 894 fällt nicht nur eine sachlichrechtliche, rechtsgeschäftliche Willenserklärung, Köln RR **00**, 880. Bei einer BGB-Gesellschaft muß die Nämlichkeit der im Grundbuch eingetragenen Gesellschafter mit der Gesellschaft feststehen, LG Bln Rpfleger **08**, 482. Hierher zählt vielmehr auch eine Willenserklärung gegenüber einer deutschen Behörde, BGH **120**, 248, auch gegenüber einer Registerbehörde, BayObLG Rpfleger **83**, 480, Köln OLGZ **83**, 268. Der Empfänger der Erklärung ist unerheblich. § 894 gilt auch dann, wenn der Schuldner die Willenserklärung gegenüber einem Dritten oder wenn er sie im Ausland abgeben muß. Wenn das Urteil im Ausland nicht anerkannt wird, muß der Gläubiger den Schuldner nach § 888 zur Abgabe einer entsprechenden Erklärung anhalten. In einer WEG-Sache ist § 894 anwendbar, (je zum alten Recht) BayObLG NZM **01**, 671 (gibt sich eine Anpassungsbefugnis zwecks Vollstreckbarkeit), KG OLGZ **91**, 436, Zweibr FGPrax **06**, 17. In einer FamFG-Sache macht § 95 I Z 5 FamFG § 894 entsprechend anwendbar. Wegen des SachenRBerG vgl dessen § 106 II–IV, abgedruckt vor Rn 1. 3

4) Inhaltsbestimmtheit, S 1, 2. Das Urteil muß eindeutig ergeben, *welche* Erklärung der Schuldner abgeben soll, Karlsr Rpfleger **05**, 95, Rostock Rpfleger **00**, 496. Man muß notfalls die Entscheidungsgründe des Urteils zur Auslegung hinzuziehen, wie bei § 322 Rn 9 ff. Wenn auch sie keine Klarheit verschaffen, bleibt nur übrig, im Vollstreckungsverfahren nach § 888 eine Klärung herbeizuführen. Wenn die Klärung auch in jenem Verfahren nicht möglich ist, muß der Gläubiger eine neue Klage erheben, BGH **98**, 128, Kblz OLGZ **76**, 381. Ein Antrag mit dem Inhalt, den Bekl zu verurteilen, alle für die Übertragung des Geschäfts des Bekl notwendigen Rechtsgeschäfte mit dem Kläger abzuschließen, ist zu unbestimmt. Dasselbe gilt bei der Verpflichtung, ein Drittel des Grundbesitzes auf den Gläubiger zu übertragen, Kblz OLGZ **76**, 381, oder einem erst noch bevorstehenden Angebot schon jetzt zuzustimmen, Rn 10 „Vertragsangebot“. 4

Dasjenige Urteil, das den Schuldner zur Abgabe einer Willenserklärung verurteilt, ist ein *Leistungsurteil,* Grdz 8 vor § 253. Denn nicht das Urteil gestaltet, sondern die unterstellte Willenserklärung, BayObLG RR **89**, 1172. 5

5) Beispiele zur Frage der Anwendbarkeit von S 1, 2 6

Abnahmepflicht: I ist auf das Angebot des Geschäftsnachfolgers an die Brauerei anwendbar, wenn er mit dem bisherigen Gastwirt den Eintritt in dessen Abnahmepflicht vereinbart hat.

Angebot: Rn 10 „Vertragsangebot“.

Arbeitnehmererfindung: S „Einwilligung“.

Arrest, einstweilige Verfügung: § 940 Rn 46 „Willenserklärung“.

Auflassung: Rn 7 „Grundbuchmäßige Erklärung".

Bruchteilsgemeinschaft: Bei der Aufhebung einer Bruchteilsgemeinschaft wendet Schmidt JR **79**, 317 zugunsten eines Gläubigers unmittelbar § 751 S 2 BGB an.

Drittwiderspruchsklage: I ist *unanwendbar,* soweit ein Urteil im Prozeß nach § 771 objektiv unrichtig zu einer Freigabe verurteilt.

Eherecht: I ist wegen § 95 I Z 5 FamFG entsprechend anwendbar auf die Zustimmung des Ehegatten nach §§ 1477 II 2, 1478 BGB, BGH RR **86**, 1066, oder auf ein Realsplitting, Rn 9 „Realsplitting", oder auf die Mitwirkung nach § 1561 BGB, Köln OLGZ **83**, 480.

Eidesstattliche Versicherung: I ist auf ihre Abgabe anwendbar, SG Ffm RR **02**, 1214.

Eintragung: Rn 7 „Grundbuchmäßige Erklärung", Rn 9 „Registermäßige Erklärung".

Entlastung: I ist auf eine Entlastung des Vorstands zB einer Aktiengesellschaft anwendbar.

Einwilligung: I ist auf eine Einwilligung anwendbar, BGH GRUR **05**, 324 (aber kein Gestaltungsurteil). Das gilt zB nach § 12 IV ArbEG.

7 **Genehmigung:** I ist auf die Verweigerung einer Genehmigung anwendbar, zB bei einer bisher schwebenden Unwirksamkeit, Schmidt AcP **189**, 18. I ist auch auf eine Genehmigung nach § 177 I BGB anwendbar, auch auf eine solche vor dem Notar, Köln RR **00**, 880.

Geschäftsgrundlage: I ist bei ihrem Fortfall auf die Klage nach § 313 I BGB anwendbar, Dauner-Lieb/Dötsch NJW **03**, 927.

Gesellschafterbeschluß: I ist auf die Zustimmung zu einem Gesellschafterbeschluß anwendbar, BGH RR **87**, 285.

Grundbuchmäßige Erklärung: I ist auf jede grundbuchmäßige Erklärung anwendbar, zB auf: Die Eintragung, BayObLG Rpfleger **99**, 271; die Löschung, BayObLG Rpfleger **83**, 480, Rostock Rpfleger **00**, 496; die Auflassung, BayObLG Rpfleger **05**, 488, Stgt DNotZ **08**, 457, LG Kblz DGVZ **89**, 43; die Eintragungsbewilligung wegen eines Teilgrundstücks vor dem Zeitpunkt der grundbuchlich vollzogenen Teilung, wenn schon ein solcher Veränderungsnachweis vorliegt, auf den das Urteil Bezug nehmen kann, BGH NJW **86**, 1868 (andernfalls wäre aber die Erklärung noch zu unbestimmt, BGH Rpfleger **82**, 153).

Handlung: I ist *unanwendbar,* soweit der Schuldner eine Handlung vornehmen muß, zB eine Unterschrift etwa unter eine Vollmachtsurkunde, § 887 Rn 37 „Unterzeichnung".

S aber wegen der zugehörigen Erklärung Rn 10 „Vollmacht".

Klagerücknahme: Rn 8 „Öffentlichrechtliche Erklärung".

Künftige Leistung: I ist *unanwendbar.* Denn eine Vollstreckung und daher auch die Wirkung nach I dürfen trotz der Rechtskraft erst ab (künftiger) Fälligkeit stattfinden, Kblz NJW **04**, 1744.

Löschung: S „Grundbuchmäßige Erklärung", Rn 9 „Registermäßige Erklärung".

8 **Mehrwertsteuer:** I ist *unanwendbar,* soweit es um die Erteilung einer Rechnung mit einem gesonderten Ausweis der Mehrwertsteuer geht, BFH BStBl II **82**, 310, OFD Saarbr BB **87**, 1657.

Mieterhöhung: I ist auf die Zustimmung zur Mieterhöhung nach §§ 558 ff BGB anwendbar, BayObLG RR **89**, 1173, LG Mannh WoM **77**, 124 (auch zur Abgrenzung).

Notarielle Erklärung: Rn 7 „Genehmigung".

Öffentlichrechtliche Erklärung: I ist auf eine im Zivilprozeß erzwingbare öffentlichrechtliche Erklärung anwendbar, etwa auf die Zustimmung zu einer steuerlichen Zusammenveranlagung, Ffm FamRZ **89**, 1321, oder auf die Rücknahme eines Strafantrags bei einem solchen Delikt, das nur auf Grund eines Antrags des Verletzten verfolgt wird, oder auf die Rücknahme einer Privatklage, oder auf die Klagerücknahme, § 269.

Privatklage: S „Öffentlichrechtliche Erklärung".

9 **Realsplitting:** I ist auf eine Zustimmung zum Realsplitting anwendbar, BFH NJW **89**, 1504, KG FamRZ **84**, 1122.

Rechnung: Rn 8 „Mehrwertsteuer".

Rechtsgeschäft: I ist auf jede rechtsgeschäftliche Erklärung anwendbar, Köln MDR **92**, 184. Vgl bei den einzelnen Stichwörtern.

Registermäßige Erklärung: I ist wegen § 95 I Z 5 FamFG entsprechend auf jede registermäßige Erklärung anwendbar, zB auf § 1355 V 2 BGB, LG Mü FamRZ **00**, 1168, oder auf die Mitwirkung nach § 1561 BGB, Köln OLGZ **83**, 268.

Stimmrechtsbindung: I ist auf eine Stimmrechtsbindung anwendbar, Köln RR **89**, 352, Zöllner ZHR **91**, 186, Zutt ZHR **91**, 196 (ausf).

Strafantrag: Rn 8 „Öffentlichrechtliche Erklärung".

Teilgrundstück: Rn 7 „Grundbuchmäßige Erklärung".

Umsatzsteuer: Rn 8 „Mehrwertsteuer".

Unterschrift: Rn 7 „Handlung".

10 **Vertragsangebot:** I ist auf ein Angebot anwendbar, zB auf den Abschluß eines Hauptvertrags oder auf dessen Annahme, BGH NJW **84**, 479, Karlsr RR **96**, 997, LAG Düss NZA-RR **04**, 236, oder auf ein Darlehen, BGH NJW **75**, 444. Vgl aber auch § 726 Rn 11.

I ist *unanwendbar,* wenn man einem erst abzugebenden Angebot schon jetzt zustimmen soll, BayObLG NZM **99**, 768.

Vertragsänderung: I ist auf die zur Änderung des Vertrags erfolgende Erklärung anwendbar, zB beim Gesellschaftsvertrag.

Vertragsaufhebung: I ist auf die Zustimmung zu einer Vertragsaufhebung anwendbar, BAG VersR **89**, 767.

Vollmacht: I ist auf eine Vollmacht anwendbar, soweit die Person des Bevollmächtigten und die Sache ganz genau feststeht, Rn 1, BGH NJW **95**, 464. Andernfalls kann § 888 anwendbar sein, BGH NJW **95**, 464.

S auch wegen der Unterschrift Rn 7 „Handlung".

Vormerkung: I ist *unanwendbar,* soweit der Hinweis auf eine Vormerkung fehlt, deren Rang der Gläubiger ausnutzen will, LG Ffm Rpfleger **77**, 301.

11 **Widerruf:** I ist *unanwendbar,* soweit das Gericht den Schuldner zum Widerruf einer nachteiligen Behauptung verurteilt hat, § 887 Rn 40 „Widerruf" (Streitfrage, bitte dort nachlesen).

Wiedereinstellung: I ist auf ein Urteil auf eine Wiedereinstellung Zug um Zug gegen die Rückzahlung einer Abfindung anwendbar, BAG NJW **01**, 1297.

Zustimmung: I ist auf ein Urteil auf eine Zustimmung etwa zu einer gemeinsamen (Steuer-)Erklärung anwendbar, Kblz FamRZ **05**, 224, ebenso im Arbeitsrecht, BAG NJW **08**, 936, und im WEG-Verfahren, Zweibr FGPrax **06**, 17.

6) Vollstreckungswirkung, S 1, 2. Man sollte drei Aspekte beachten. 12

A. Abgabe der Erklärung. § 894 ersetzt den Zwang durch eine reine Unterstellung. Die Erklärung gilt vom Zeitpunkt des Eintritts der formellen Rechtskraft des Urteils nach § 705 an als abgegeben, BAG NJW **07**, 1613. In einer FamFG-Sache gilt § 40 FamFG. Diese Unterstellung ist eine wirkliche echte Vollstreckungswirkung, BGH GRUR **05**, 324 (kein Gestaltungsurteil). Soweit § 894 anwendbar ist, ist jede weitere Zwangsvollstreckung unzulässig, etwa diejenige nach § 756, LG Kblz DGVZ **89**, 43, oder diejenige nach §§ 887 ff, Meyer-Stolte Rpfleger **76**, 7. Das letztere gilt grundsätzlich auch vor dem Eintritt der Rechtskraft des Urteils nach § 705. Eine vorläufige Vollstreckbarkeit aus dem Urteil nach §§ 708 ff ist nur wegen der Kosten des Rechtsstreits zulässig. Ein Recht aus dem Urteil ist nicht übertragbar.

B. Unanwendbarkeit. Da die Wirkung erst im Zeitpunkt der Rechtskraft eintritt, Rn 12, ist § 894 nicht anwendbar, soweit die Rechtskraft gar nicht eintreten kann, also beim Prozeßvergleich, Anh § 307, § 322 Rn 69 „Vergleich", BGH **98**, 127, Ffm Rpfleger **80**, 291. § 894 ist ferner unanwendbar bei einer vollstreckbaren Urkunde, § 794 I Z 1, 5. In diesen Fällen findet die Zwangsvollstreckung nach §§ 887 ff statt, dort Rn 41 „Willenserklärung". Am besten nimmt man die Willenserklärung gleich in den Text des Vergleichs oder der vollstreckbaren Urkunde mit auf. Dabei muß man die Nämlichkeit und die Verfügungsfähigkeit der Erklärenden prüfen. 13

C. Wirkung mit Rechtskraft. Die Erklärung gilt nach den allgemeinen Rechtsgrundsätzen als abgegeben. Vgl freilich auch Rn 7 „Künftige Leistung". Wenn das Urteil erst im Zeitpunkt seiner Zustellung rechtskräftig wird, gilt die Erklärung als in diesem Zeitpunkt abgegeben. Wenn die formelle Rechtskraft nach § 705 Rn 3 bereits mit der Verkündung des Urteils eintritt, muß der Empfänger von dem Inhalt der Verurteilung eine volle Kenntnis haben, damit man die Erklärung als abgegeben ansehen kann. Die Empfangsbedürftigkeit der Erklärung ist unerheblich, soweit zumindest auch der Gläubiger ihr Empfänger ist, Hbg MDR **98**, 1051. Wenn nur ein Dritter der Empfänger der Erklärung ist, zB eine Behörde, muß der Gläubiger die Erklärung dem Dritten zuleiten. Er muß ihm also das rechtskräftige Urteil vorlegen, BayObLG Rpfleger **83**, 480. Bei einer ausländischen Entscheidung und bei einem Schiedsspruch tritt die Wirkung der Abgabe der Erklärung erst dann ein, wenn die zugehörige Vollstreckbarerklärung rechtskräftig wird, §§ 722, 1059. Denn es handelt sich um eine Vollstreckungswirkung. 14

D. Keine vorherige Wirkung. Die Erklärung gilt in keinem Fall auf Grund eines nach §§ 708 ff bloß *vorläufig* vollstreckbaren Urteils als abgegeben. Das gilt auch dann, wenn auf Grund des Urteils eine Sicherheitsleistung stattgefunden hat, § 895. Wegen der Situation bei einer einstweiligen Verfügung § 938 Rn 11. Die Erklärung gilt nicht als abgegeben, solange das Urteil nach § 780 nur unter dem Vorbehalt der beschränkten Erbenhaftung ergangen ist. Denn dann würde man den Vorbehalt durch die Erklärung praktisch entwerten. Dort und bei einer Umschreibung der Vollstreckungsklausel auf die Erben des Verurteilten muß die Zwangsvollstreckung nach § 888 erfolgen. 15

E. Wahlrecht. Gibt das Urteil die Wahl zwischen mehreren Willenserklärungen oder zwischen der Erklärung und der Leistung, kann die Unterstellung erst im Zeitpunkt der Ausübung des Wahlrechts eintreten. Wenn der Gläubiger wählen darf und wenn er sein Wahlrecht nicht etwa schon früher ausgeübt oder nach § 264 II BGB verloren hatte, darf er die Wahl schon nach einem lediglich vorläufig vollstreckbaren Urteil ausüben. Die Wirkung tritt aber erst beim Eintritt der formellen Rechtskraft des Urteils nach § 705 ein. Wenn der Schuldner die Wahl hat, muß er sie bis zum Beginn der Zwangsvollstreckung ausüben, Grdz 51 vor § 704. Andernfalls darf der Gläubiger die Wahl treffen, § 264 BGB. Der Gläubiger muß dem Schuldner gegenüber erklären, daß er nunmehr sein Wahlrecht ausübe. Mit dieser Erklärung tritt die Vollstreckungswirkung ein, Grdz 52, 53 vor § 704. 16

7) Unterstellung, S 1. Ihre Abgrenzung gelingt praktisch nicht stets befriedigend. 17

A. Rechtswirkung. Beim Eintritt der formellen Rechtskraft des Urteils nach § 705 gilt die Erklärung als abgegeben, BGH NJW **05**, 2311, BAG NZA-RR **07**, 478, BayObLG Rpfleger **05**, 488, aM LAG Hamm NZA-RR **05**, 405 (evtl wirke die Unterstellung der Erklärung sogar zurück, wenn das der sachlichrechtlichen Lage entspreche. Aber das kann zur Uferlosigkeit und zu einer erheblichen Rechtsunsicherheit führen). Mit der Rechtswirkung endet die Zwangsvollstreckung, Grdz 52 vor § 704, Hbg MDR **98**, 1051, LAG Düss NZA-RR **04**, 236. Es treten dieselben Folgen wie dann ein, wenn der Verurteilte im Zeitpunkt der Rechtskraft und nicht etwa schon vorher bedingt die Erklärung formgerecht und wirksam abgegeben hätte, BAG BB **77**, 896. Ein Zahlungsverzug tritt erst ab Rechtskraft und nicht rückwirkend ein, BGH NJW **05**, 2311. Die Rechtskraft ersetzt jede beliebige sachlichrechtlich notwendige Form der Erklärung. Das gilt grundsätzlich bei einer Erklärung des Schuldners, BayObLG Rpfleger **83**, 391 (zustm Meyer-Stolte). Es gilt ausnahmsweise auch bei einer Erklärung auch des Gläubigers, zB bei einer Zug-um-Zug-Leistung, § 756, LG Kblz DGVZ **89**, 43. Es gilt zB eine Auflassung als vor dem zuständigen Notar erklärt, BayObLG Rpfleger **83**, 391 (zustm Meyer-Stolte), LG Kblz DGVZ **89**, 43. Eine löschungsfähige Quittung gilt als in öffentlicher Form erteilt. Die Verurteilung zur Abgabe einer öffentlich beglaubigten Erklärung ersetzt auch die Beglaubigung.

B. Wirkungsgrenzen. Demgegenüber ist die Verurteilung dahin, nur die Beglaubigung vornehmen zu lassen, lediglich nach § 888 erzwingbar. Zweckmäßiger und einfacher ist aber eine Verurteilung zur Abgabe der Erklärung. Denn diese Verurteilung ersetzt mit dem Eintritt ihrer Rechtskraft auch die Beglaubigung. Es ersetzt ja auch ein Urteil auf die Wiederholung der Abtretung der Hypothek die formgerechte Eintragungsbewilligung in einer grundbuchmäßigen Form. Das gilt auch zulasten des Gläubigers. Es gilt ferner gegenüber einem Dritten. Mit der Rechtskraft des Urteils gilt die Erklärung auch dem etwa mitbetroffenen oder 18 sogar allein betroffenen Dritten gegenüber als abgegeben. Eine etwaige Prozeßunfähigkeit des Schuldners nach §§ 51, 52 beim Eintritt der Rechtskraft des Urteils ist unschädlich. Bei einer juristischen Person gilt der nach § 51 Rn 12 Vertretungsberechtigte, als der Erklärende. Das gilt selbst dann, wenn beim Eintritt der Rechtskraft des Urteils ein Vertretungsberechtigter in Wahrheit fehlt.

19 **C. Kein Ersatz weiterer Erfordernisse.** Weder die formelle Rechtskraft noch § 705 noch die mit ihr auch eintretende innere Rechtskraft nach § 322 kann allerdings die etwaigen weiteren Erfordernisse ersetzen. Sie kann zB nicht eine etwa notwendige Erklärung des Gläubigers oder eines Dritten ersetzen, BayObLG Rpfleger **83**, 391 (zustm Meyer-Stolte), KG WoM **86**, 108. Der Gläubiger muß zB bei einem Urteil auf die Auflassung seinerseits die Einigung erklären, und zwar anschließend an die Rechtskraft, nicht vorher, BayObLG Rpfleger **83**, 391 (zustm Meyer-Stolte). Wenn die Auflassung einem Dritten gegenüber erfolgen soll, muß der Dritte die Einigung erklären und der Gläubiger muß das rechtskräftige Urteil dem Grundbuchamt vorlegen. Der Dritte kann das Urteil nicht vorlegen. Denn das Urteil wirkt ihm gegenüber nicht. Wenn es um die Zustimmung nur eines oder mehrerer Gesellschafter geht, ist damit noch nicht stets der erforderliche Gesellschaftsbeschluß herbeigeführt, BGH RR **89**, 1056. Wenn es sich um eine Zustimmung zu einer Änderung des Gesellschaftsvertrags einer BGB-Gesellschaft handelt, braucht keine Gesellschaftsversammlung stattzufinden.

20 Es ist *unerheblich,* ob auch eine *Handlung des Schuldners* hinzutreten muß. Denn nur für die Erklärung gilt § 894, BGH KTS **86**, 671. Für die etwa außerdem notwendige Handlung des Schuldners gelten §§ 883–888. Freilich muß das Gericht sein Urteil insofern klar gefaßt haben, BGH KTS **86**, 671. Wenn beide geschuldeten Vorgänge rechtlich eine einheitliche Verpflichtung und Maßnahme bilden, etwa bei einer Indossierung eines Wechsels, ist § 888 anwendbar. Eine an sich nach dem sachlichen Recht notwendige gerichtliche Genehmigung ist entbehrlich, ZöStö 7, aM StJM 24. Eine sonst etwa notwendige behördliche Genehmigung bleibt erforderlich, etwa diejenige nach § 15 StFG.

21 **D. Notwendig bleibende Handlung.** Alle weiterhin notwendigen Handlungen bleiben dem Gläubiger überlassen. Was der Verwertung der Willenserklärung dient, steht außerhalb der Zwangsvollstreckung und braucht den Nachweis ihrer Voraussetzungen nach Grdz 14 vor § 704 nicht. Das gilt etwa für eine grundbuchmäßige Eintragung. Anders ist die Lage dann, wenn ein Rechtsnachfolger des Gläubigers oder des Schuldners beteiligt ist. Dann ist ein Nachweis der erfolgten Umschreibung erforderlich, BayObLG Rpfleger **83**, 481. Der Schuldner kann die Eintragung nicht schon auf Grund einer Vollstreckungsabwehrklage oder auf Grund einer Wiederaufnahmeklage nach §§ 769, 707 unterbinden. Die Eintragung ist nämlich keine Vollstreckungsmaßnahme. Deshalb bleibt der Schuldner darauf angewiesen, eine einstweilige Verfügung zu erwirken, §§ 935 ff. Bei einer Wiedereinsetzung gegen den Ablauf der Rechtsmittelfrist nach §§ 233 ff fällt die Unterstellung rückwirkend weg.

22 **8) Gegenleistung, S 2.** Wenn das Urteil die Abgabe der Willenserklärung von einer Gegenleistung abhängig macht, wird die Unterstellung entsprechend § 726 II erst in demjenigen Zeitpunkt wirksam, in dem der Schuldner eine vollstreckbare Ausfertigung des Urteils nach § 724 I in Händen hat, BFH NJW **89**, 1504 (Sicherheitsleistung des Gläubigers), BayObLG Rpfleger **83**, 481, Kblz FamRZ **05**, 224, aM Ffm JB **95**, 159 (aber das wäre eine Erklärung zulasten eines Dritten). Das Gericht darf eine solche Ausfertigung erst dann erteilen, wenn der Nachweis der Erfüllung oder der Nachweis des Annahmeverzugs des Gläubigers vorliegt. Dann tritt die Vollstreckungswirkung genau in demjenigen Augenblick ein, in dem der Urkundsbeamte der Geschäftsstelle die vollstreckbare Ausfertigung hinausgibt, § 329 Rn 23. Wenn der Gläubiger zunächst nach § 731 auf die Erteilung der Vollstreckungsklausel klagen muß, tritt die Unterstellung beim Eintritt der formellen Rechtskraft desjenigen Urteils ein, das die Erteilung der Vollstreckungsklausel anordnet.

895 ***Willenserklärung zwecks Eintragung bei vorläufig vollstreckbarem Urteil.*** [1] **Ist durch ein vorläufig vollstreckbares Urteil der Schuldner zur Abgabe einer Willenserklärung verurteilt, auf Grund deren eine Eintragung in das Grundbuch, das Schiffsregister oder das Schiffsbauregister erfolgen soll, so gilt die Eintragung einer Vormerkung oder eines Widerspruchs als bewilligt.** [2] **Die Vormerkung oder der Widerspruch erlischt, wenn das Urteil durch eine vollstreckbare Entscheidung aufgehoben wird.**

Schrifttum: S bei § 894.

1 **1) Systematik, S 1, 2.** Die Vorschrift ergänzt den § 894 durch eine in ihrem Geltungsbereich nach Rn 3 vorrangige Sonderregelung.

2 **2) Regelungszweck, S 1, 2.** Zweck ist eine Überbrückung des für den Gläubiger sonst zu gefährlichen Zeitraums zwischen dem Erlaß eines Urteils auf eine Willenserklärung und dem Eintritt der formellen Rechtskraft nach § 705, mit dem ja erst die Unterstellung der Abgabe dieser Willenserklärung erfolgt. Zwar darf das Gericht ein Urteil nach § 894 grundsätzlich überhaupt nicht für vorläufig vollstreckbar erklären, Einf 5 vor §§ 708–720. Indessen ergibt sich aus § 895 eine Ausnahme. Dem Charakter einer nur vorläufigen Vollstreckbarkeit entspricht die Vormerkung oder der Widerspruch als eine bloße Rangsicherungsmaßnahme. Das Urteil wahrt dem Gläubiger seinen Rang. Das Grundbuchamt wird als ein Vollstreckungsorgan tätig, um einer Durchkreuzung des ausgeurteilten Anspruchs durch eine Verfügung des eingetragenen Titelschuldners vorzubeugen, KG Rpfleger **81**, 22. Das alles dient auch der beim Grundbuch notwendigen Rechtssicherheit nach Einl III 43. Man sollte die Vorschrift entsprechend strikt auslegen.

3 **3) Geltungsbereich, S 1, 2.** Im allgemeinen hat ein nur vorläufig vollstreckbares Urteil auf die Abgabe einer Willenserklärung keine Vollstreckungswirkung im engeren Sinn, Rn 2. Es ist lediglich wegen der Kosten vollstreckbar, Einf 5 vor §§ 708–720. Von diesem Grundsatz macht § 895 eine Ausnahme für ein solches Urteil, das zu einer Eintragung im Grundbuch, im Schiffsregister oder im Schiffsbauregister verurteilt. Eine entsprechende Regelung gilt dann, wenn ein Urteil zur Eintragung eines Registerpfandrechts an

einem Luftfahrzeug in die Luftfahrzeugrolle verurteilt, § 99 I LuftfzRG. Zwar entsteht auch dann nicht die Wirkung, daß die Erklärung als abgegeben gilt. Unter § 895 fallen alle Arten von Anträgen und Bewilligungen auf eine Eintragung. Die Vorschrift ist aber als eine Sonderregelung nicht etwa auf andere Register ausdehnend anwendbar, Rn 2. Es ist unerheblich, ob das Urteil unmittelbar oder nur mittelbar vorläufig vollstreckbar ist, etwa weil ein solches Urteil vorläufig vollstreckbar ist, das den Einspruch zurückweist. Unter § 895 fällt auch ein vorläufig vollstreckbares Feststellungsurteil nach § 256, das den Inhalt und die Tragweite eines rechtskräftigen Urteils auf die Abgabe einer Willenserklärung feststellt. Man kann S 1 bei einer Verurteilung zur Bewilligung einer bloßen Vormerkung für unanwendbar halten, BayObLG Rpfleger **97**, 525.

§ 895 ist dann *unanwendbar,* wenn die Verurteilung des Schuldners nicht durch ein Urteil erfolgt ist, sondern durch einen Beschluß auf den Erlaß einer einstweiligen Verfügung ohne eine mündliche Verhandlung, § 937 II, Ffm FGPrax **95**, 180.

4) Unterstellung, S 1. Mit der Verkündung eines solchen Urteils nach § 311, das den Bekl zur Abgabe 4
einer Willenserklärung nach § 894 Rn 1 verurteilt und vorläufig vollstreckbar ist, gilt die Eintragung einer Vormerkung oder eines Widerspruchs als bewilligt, Kblz Rpfleger **92**, 102. Zur Eintragung genügt daher die Vorlage einer Ausfertigung des vorläufig vollstreckbaren Urteils, LG Bln Rpfleger **08**, 482. Die Vorlage einer vollstreckbaren Ausfertigung des Urteils ist nicht erforderlich. Das Grundbuchamt prüft wie andere Vollstrekkungsorgane nicht, ob das Urteil sachlichrechtlich richtig ist oder ob eine Vollstreckungsabwehrklage nach § 767 einen Erfolg haben müßte, KG Rpfleger **81**, 23. Der Schuldner kann aber eine Eintragung dadurch verhindern, daß er eine Sicherheit leistet.

Das Urteil kann nun allerdings auch die vorläufige Vollstreckbarkeit von einer *Sicherheitsleistung des Gläubigers* abhängig machen, §§ 709 ff, Zawar JZ **75**, 168. Dann tritt die Vollstreckungswirkung nicht vor der Leistung der Sicherheit ein. Der Gläubiger muß also vor der Eintragung nachweisen, daß er die Sicherheit geleistet hat. Es richtet sich nach der Art des Anspruchs, ob das Grundbuchamt eine Vormerkung oder einen Widerspruch eintragen muß. Die Vormerkung sichert einen persönlichen Anspruch, der Widerspruch sichert einen dinglichen Anspruch, §§ 883, 899 BGB.

Die Eintragung erfolgt nur auf Grund eines *Antrags des Gläubigers.* Der Gläubiger kann den Antrag allerdings auch zugunsten eines Dritten stellen, KG ZMR **79**, 219. Der Gläubiger muß das Urteil vorlegen, § 894 Rn 14, 21. Auch dann ist die Eintragung keine Maßnahme der Zwangsvollstreckung. Deshalb ist eine Beschwerde nur nach dem Grundbuchrecht zulässig, KG ZMR **79**, 218.

5) Abändernde Entscheidung, S 1, 2. Es sind drei Möglichkeiten vorhanden. 5

A. Rechtskraft des Urteils. Wenn das Urteil nach § 705 formell rechtskräftig wird, muß das Grundbuchamt auf Grund eines Antrags des Gläubigers die Eintragung in eine endgültige umwandeln.

B. Aufhebung. Wenn das Gericht ein Urteil oder seine Vollstreckbarkeit durch eine vollstreckbare 6
Entscheidung aufhebt, erlöschen die Vormerkung oder der Widerspruch. Das Grundbuchamt muß die Eintragung dann auf Grund des einseitigen Antrags des Schuldners durch eine Grundbuchberichtigung löschen, § 25 GBO. Auch dann prüft das Grundbuchamt nur den prozessualen Vorgang, nicht seine sachlichrechtliche Richtigkeit, KG Rpfleger **81**, 23. Der Schuldner hat dann einen Ersatzanspruch nach § 717. Wenn das Gericht das aufgehobene Urteil anschließend wiederherstellt, läßt sich der zuvor verlorene Rang der Grundbucheintragung nicht wiederherstellen.

C. Einstellung der Zwangsvollstreckung. Eine bloße Einstellung der Zwangsvollstreckung läßt aller- 7
dings die Eintragung unberührt. Denn die Eintragung ist keine Maßnahme der Zwangsvollstreckung im engeren Sinn, § 894 Rn 21. Solange das Gericht den Vollstreckungstitel nicht aufgehoben hat, braucht eine Löschung des Widerspruchs auch dann eine Bewilligung des berechtigten Gläubigers oder seiner Erben, wenn der ausgeurteilte Anspruch nicht vererblich ist und der Schuldner den Tod des eingetragenen Berechtigten nachweist, KG Rpfleger **81**, 23.

896 *Erteilung von Urkunden an Gläubiger.* **Soll auf Grund eines Urteils, das eine Willenserklärung des Schuldners ersetzt, eine Eintragung in ein öffentliches Buch oder Register vorgenommen werden, so kann der Gläubiger an Stelle des Schuldners die Erteilung der im § 792 bezeichneten Urkunden verlangen, soweit er dieser Urkunden zur Herbeiführung der Eintragung bedarf.**

1) Systematik. § 896 ergänzt § 894 neben § 895 durch eine im Geltungsbereich nach Rn 3 vorrangige 1
weitere Sonderregelung. Sie wiederholt die Regelung des § 792. Denn die Eintragung in das Grundbuch oder in ein öffentliches Register nach §§ 894 ff ist keine Maßnahme der Zwangsvollstreckung, § 894 Rn 21.

2) Regelungszweck. Die Vorschrift bezweckt eine Beschleunigung und Erleichterung für den Gläubiger. 2
Man sollte sie entsprechend gläubigerfreundlich auslegen.

3) Geltungsbereich. § 896 wird vor allem dann erheblich, wenn der Schuldner nicht als ein Berechtigter 3
eingetragen ist. Gegen den Schuldner ist kein Zwang zur Beschaffung der Urkunden zulässig. Vgl im übrigen bei § 792, auch zu den Rechtsbehelfen, zB eines Vermächtnisnehmers, BayObLG RR **99**, 446.

897 *Übereignung; Verschaffung von Grundpfandrechten.* **I Ist der Schuldner zur Übertragung des Eigentums oder zur Bestellung eines Rechts an einer beweglichen Sache verurteilt, so gilt die Übergabe der Sache als erfolgt, wenn der Gerichtsvollzieher die Sache zum Zwecke der Ablieferung an den Gläubiger wegnimmt.**

II Das Gleiche gilt, wenn der Schuldner zur Bestellung einer Hypothek, Grundschuld oder Rentenschuld oder zur Abtretung oder Belastung einer Hypothekenforderung, Grundschuld oder

Rentenschuld verurteilt ist, für die Übergabe des Hypotheken-, Grundschuld- oder Rentenschuldbriefs.

1 **1) Systematik, I, II.** Auch diese Vorschrift ergänzt § 894 durch eine in ihrem Geltungsbereich vorrangige Sonderregelung. Ihr gegenüber hat wiederum § 898 den Vorrang.

2 **2) Regelungszweck, I, II.** Das Ziel ist auch hier eine Klärung des Befriedigungszeitpunkts im Interesse aller Beteiligten. Die Vorschrift dient also wesentlich auch der Rechtssicherheit, Einl III 43. Man sollte sie entsprechend strikt auslegen.

3 **3) Geltungsbereich, I, II.** Man erwirbt das Eigentum oder ein dingliches Recht an einer beweglichen Sache auch auf Grund eines Urteils durch eine Einigung und durch die Übergabe der Sache, §§ 929, 1032, 1205 BGB. Die Einigung vollzieht sich nach § 894. Das Urteil unterstellt die Erklärung des Schuldners als im Zeitpunkt des Eintritts der formellen Rechtskraft des Urteils nach § 705 abgegeben. Wenn das Urteil zur Erklärung nur Zug um Zug gegen eine Gegenleistung des Gläubigers verurteilt, gilt die Erklärung des Schuldners als in demjenigen Zeitpunkt abgegeben, in dem der Gläubiger die Vollstreckungsklausel erwirkt. Der Gläubiger braucht daher nun nur noch die seinerseits etwa notwendige Erklärung abzugeben. § 897 ersetzt die nun noch erforderliche Übergabe durch eine Wegnahme. Diese nimmt der Gerichtsvollzieher vor, § 808 Rn 18. Dann darf der Gerichtsvollzieher die Sache nicht im Gewahrsam des Schuldners belassen. Der Gerichtsvollzieher wäre nicht zum Abschluß einer Besitzabrede (Konstitut) befugt. Auch hier handelt der Gerichtsvollzieher nicht als ein Vertreter des Gläubigers, sondern als eine Amtsperson in einer Ausübung staatlicher Hoheitsrechte, § 753 Rn 3. Das gilt auch dann, wenn der Schuldner die Sache dem Gerichtsvollzieher freiwillig übergibt. Denn die Ermächtigung des Gerichtsvollziehers zur Annahme der Sache beruht nicht auf dem „Auftrag" des Gläubigers, sondern auf dem Gesetz, § 754.

4 **4) Maßgeblicher Zeitpunkt, I.** Die Sache gilt in demjenigen Augenblick als dem Gläubiger übergeben, in dem sie der Gerichtsvollzieher dem Schuldner wegnimmt oder sie vom Schuldner empfängt. Der Gläubiger trägt von diesem Augenblick an die Gefahr. Der Schuldner ist von diesem Zeitpunkt an befreit. Das Eigentum erst bei Ablieferung der Sache an den Gläubiger übergehen zu lassen, widerspricht dem Gesetz.

5 **5) Bestellung einer Hypothek usw, II.** Der Erwerb, die Abtretung und die Verpfändung einer Hypothek, einer Briefgrundschuld oder einer Briefrentenschuld, erfolgen durch eine Einigung und durch die Übergabe des Briefs, §§ 1117, 1154, 1192, 1199, 1274 BGB. Deshalb gilt I dann entsprechend. Wenn das Gericht den Schuldner überflüssigerweise auch dazu verurteilt hat, in die Aushändigung des noch zu bildenden Hypothekenbriefs nach § 1117 II BGB einzuwilligen, ist eine Wegnahme unnötig, BayObLG Rpfleger **98**, 32.

898 *Gutgläubiger Erwerb.* **Auf einen Erwerb, der sich nach den §§ 894, 897 vollzieht, sind die Vorschriften des bürgerlichen Rechts zugunsten derjenigen, die Rechte von einem Nichtberechtigten herleiten, anzuwenden.**

1 **1) Systematik.** Die Vorschrift ergänzt §§ 894, 897 durch eine in ihrem Geltungsbereich vorrangige Sonderregelung in einem Bereich der Vollstreckung, von dessen Rechtswirkungen Dritte andernfalls schuldlos nachteilig mitbetroffen sein könnten.

2 **2) Regelungszweck.** Der Sinn ist der Schutz des guten Glaubens. Damit dient die Vorschrift der Rechtssicherheit, Einl III 43. Diesen Schutzzweck muß man bei der Auslegung mitbeachten. Im allgemeinen nutzt zwar ein guter Glaube in der Zwangsvollstreckung nichts. Etwas anderes gilt aber dann, wenn ein rechtskräftiges Urteil eine Willenserklärung ersetzt. Sie steht im Hinblick auf einen guten Glauben einer rechtsgeschäftlich abgegebenen Willenserklärung gleich. Daher muß man einen Erwerb auf Grund einer solchen Erklärung wie einen rechtsgeschäftlichen Erwerb behandeln.

3 **3) Geltungsbereich.** Bei einer Wegnahme nach § 897 handelt der Gerichtsvollzieher als eine Amtsperson, § 753 Rn 3. Daher entscheidet nicht sein persönlicher guter oder schlechter Glaube, sondern allein derjenige des Gläubigers. Das gilt auch dann, wenn der Schuldner die Sache dem Gerichtsvollzieher freiwillig übergibt, § 897 Rn 3, aM, StJM 4 (wie hier nur, soweit der Gerichtsvollzieher bloßer Besitzmittler sei. Das geht am Kern vorbei, der Rechtsstellung des Gerichtsvollziehers als einer Amtsperson). Bei einer Fahrnis muß der gute Glaube im Zeitpunkt der Einigung vorliegen, also dann, wenn dasjenige Urteil nach § 705 formell rechtskräftig wird, das zur Abgabe der Willenserklärung verurteilt. Der gute Glaube muß außerdem noch im Zeitpunkt der Übergabe vorhanden sein, also im Zeitpunkt der Wegnahme nach § 897. Beide Zeitpunkte ergeben sich aus § 932 BGB. Auf § 895 ist § 898 nicht anwendbar.

Abschnitt 4
Eidesstattliche Versicherung und Haft

Übersicht

Schrifttum: *Behr* JB **00**, 178 (Üb); *Hintzen,* Vollstreckung durch den Gerichtsvollzieher. Sachpfändung, eidesstattliche Verzinsung usw, 2000; *Hippler/Winterstein,* Die eidesstattliche Versicherung durch den Gerichtsvollzieher, 2000; *Keller,* Die eidesstattliche Versicherung nach §§ 807, 899 ZPO, 2. Aufl 2000; *Keller,* Taktik in der Vollstreckung (III): Sachpfändung, eidesstattliche Versicherung, 2002; *Röder* DGVZ **00**, 65 (Üb).

Gliederung

1) Systematik. Die Pflicht zur Abgabe einer eidesstattlichen Versicherung kann sich aus bürgerlichrechtlichen, insolvenzrechtlichen oder prozeßrechtlichen Gründen ergeben. § 889 betrifft die bürgerlichrechtliche eidesstattliche Versicherung. § 807 betrifft die öffentlichrechtliche eidesstattliche Versicherung bei einer ergebnislosen Pfändung, die sog Offenbarungsversicherung. § 883 betrifft die öffentlichrechtliche eidesstattliche Versicherung bei dem ergebnislosen Versuch der Wegnahme einer solchen Sache, die der Schuldner herausgeben soll. § 98 InsO betrifft die eidesstattliche Versicherung des Schuldners nach der Eröffnung des Insolvenzverfahrens. § 95 I Z 1–5 FamFG machen in ihren Fällen §§ 899 ff entsprechend anwendbar. Bei einer Personenherausgabe gilt § 94 FamFG. Nach § 90 III OWiG sind ferner §§ 883 II–IV, 899, 900 I, III, V, 901, 902, 904–910, 913 entsprechend anwendbar, wenn auf Grund eines Bußgeldbescheids eine Einziehung erfolgt. Dagegen sind §§ 899 ff auf eine Erzwingungshaft nach § 96 OWiG unanwendbar. § 97 OWiG, LG Tüb NJW **82**, 836 (zustm Weber). (Jetzt) § 758 a ist anwendbar, LG Brschw DGVZ **87**, 58. Neben §§ 899 ff sind (hilfsweise) §§ 916 ff anwendbar, Mü RR **88**, 382. 1

2) Regelungszweck. Der in § 807 Rn 1 dargestellte Regelungszweck beherrscht natürlich auch das Verfahren der §§ 900 ff. Wegen seiner teilweise einschneidenden und durch Art 2 II 3 GG gedeckten Freiheitsbeschränkungen ist allerdings trotz aller notwendigen Prozeßwirtschaftlichkeit nach Grdz 14 vor § 128 doch auch bei §§ 899 ff eine behutsame Auslegung ratsam. So wenig der trödelnde unehrliche Schuldner schutzwürdig ist, so sehr ist es der evtl sehr gefährlich bedrohte. Es gilt also das Verbot einer Unverhältnismäßigkeit, Grdz 34 vor § 704. 2

3) Geltungsbereich. §§ 899 ff regeln das Verfahren bei §§ 807, 883. §§ 899 ff sind entgegen der insoweit ungenauen Überschrift des Abschnitts 4 nicht auf die freigestellte eidesstattliche Versicherung als eines Mittels der Glaubhaftmachung im Erkenntnis- oder Vollstreckungsverfahren anwendbar. Insofern gilt § 294 evtl in Verbindung mit §§ 704 ff. §§ 899 ff sind auch bei § 836 III 2 anwendbar. Im Steuerverfahren gelten §§ 284 ff AO, Köln OLGZ **94**, 372, LG Stendal DGVZ **03**, 188. Daneben sind §§ 904–913 anwendbar, Bowitz DGVZ **78**, 177. Wegen eines Auslandsbezugs Heß Rpfleger **96**, 89 (ausf). 3

4) Haftarten. Die ZPO und die InsO unterscheiden zwei Haftarten. 4

A. Zwangshaft. Sie ist eine bloße Freiheitsentziehung zur Erzwingung eines vom Gesetz befohlenen Verhaltens. Hierher zählen: Die Haft zur Erzwingung einer unvertretbaren Handlung nach § 888 I; die Haft zur Erzwingung einer eidesstattlichen Versicherung nach §§ 889 I, 901; der Vollzug eines persönlichen Arrests nach §§ 918, 933; die Haft gegen den Schuldner nach §§ 4, 21 III, 98 III InsO.

B. Ordnungshaft. Sie ist eine Freiheitsentziehung als eine Ahndung eines Verstoßes gegen die Rechtsordnung. Hierher gehören folgende Fälle: Ein Zeuge ist unentschuldigt ausgeblieben oder hat das Zeugnis unentschuldigt verweigert. Dann darf das Gericht die Ordnungshaft nur dann festsetzen, wenn ein zunächst festgesetztes Ordnungsgeld nicht beitreibbar ist, §§ 380, 390 II, 653 II. Oder: Es handelt sich um die Zwangsvollstreckung wegen der Pflicht zu einer Unterlassung oder zu einer Duldung, § 890. Dann mag das Gericht die Ordnungshaft nur ersatzweise verhängt oder sogleich festgesetzt haben. §§ 904 ff gelten nur für die Zwangshaft, nicht für die Ordnungshaft. Vgl aber auch Rn 1. 5

899

Zuständigkeit. [I] **Für die Abnahme der eidesstattlichen Versicherung in den Fällen der §§ 807, 836 und 883 ist der Gerichtsvollzieher bei dem Amtsgericht zuständig, in dessen Bezirk der Schuldner im Zeitpunkt der Auftragserteilung seinen Wohnsitz oder in Ermangelung eines solchen seinen Aufenthaltsort hat.**

[II] [1] **Ist das angegangene Gericht nicht zuständig, gibt es die Sache auf Antrag des Gläubigers an das zuständige Gericht ab.** [2] **Die Abgabe ist nicht bindend.**

Schrifttum: *Gilleßen/Polzius* DGVZ **98**, 97 (Üb). Vgl auch vor Üb 1 vor § 899.

1) Systematik, I, II. Die Vorschrift regelt die sachliche und örtliche Zuständigkeit zur Abnahme einer eidesstattlichen Versicherung nach §§ 807, 836, 883 grundsätzlich, teilweise auch nach § 98 I InsO. Die Zuständigkeit ist ausschließlich, § 802, Mü MDR **91**, 796. Man muß § 899 wie jede Zuständigkeitsvorschrift von Amts wegen klären und streng auslegen. Für § 889 enthält jene Vorschrift ihre eigene Zuständigkeitsregelung. Für die Zuständigkeit ist der Zeitpunkt der Erteilung (Eingang) des Auftrags an den Gerichtsvollzieher maßgeblich, I. Funktionell zuständig ist bei §§ 807, 836, 883 grundsätzlich (vgl freilich Rn 5) der Gerichtsvollzieher, Steder Rpfleger **98**, 409 (Üb), und zwar beim AG des inländischen Wohnsitzes des Schuldners, bei mehreren nach der Wahl des Gläubigers, § 35, hilfsweise des inländischen Aufenthaltsorts, I, § 13 Rn 1, 2, § 16 Rn 2, 3. 1

Man kann ein *Zusammenlaufen der Interessen* fordern, derentwegen sich der Schuldner von seinem Wohnsitz entfernt, Ffm JB **78**, 131. Soweit I nicht den Gerichtsvollzieher als funktionell zuständig bestimmt, ist der Richter oder der Rpfl als Vollstreckungsgericht funktionell zuständig, Rn 4. Im folgenden wird jeweils nur auf die funktionelle Zuständigkeit des Gerichtsvollziehers nach I abgestellt.

2) Regelungszweck, I, II. I nennt andere Anknüpfungspunkte als § 764 II. Man kann über die Zweckmäßigkeit solcher Unterscheidungen verschieden denken. Man muß aber den klaren Wortlaut und Sinn des Gesetzes respektieren, Einl III 39. Dabei können dieselben Probleme wie bei §§ 13, 16 entstehen. Man sollte das ohnehin alles andere als erfreuliche, aber eben unvermeidbare Zwischenverfahren der §§ 899 ff nicht 2 durch eine allzu große Strenge bei der Zuständigkeitsfrage noch mehr erschweren und in die Länge ziehen. Wesentlich sein sollte weniger das Wo als das Wann, Wer und Wie umfangreich des Verfahrens vor einer ja oft sehr ungewissen Chance des eigentlichen Zugriffs.

3 **3) Geltungesbereich: Örtliche Zuständigkeit, I, II.** Je nach dem Ergebnis muß man unterschiedlich verfahren.

A. Bejahung, I. Die Zuständigkeitsregelung nach I, II gilt auch bei einem nach §§ 51, 52 Prozeßunfähigen. Auch dann entscheidet wie sonst auch nicht der Wohnsitz usw des gesetzlichen Vertreters nach § 51 Rn 12, sondern der Wohnsitz usw des Vertretenen. Maßgebend ist der Zeitpunkt der Auftragserteilung an den Gerichtsvollzieher, LG Mönchengladb Rpfleger **02**, 529. Spätere Änderungen sind entsprechend § 261 III Z 2 unbeachtlich, Pinnel/Rodemann DGVZ **05**, 97. Bei einer juristischen Person oder bei einer Gesellschaft tritt an die Stelle des Wohnsitzes der Sitz, § 17 Rn 2, Stgt Rpfleger **77**, 220, AG Magdeb JB **01**, 112, also nicht der Wohnsitz des Organs, aM LG Bochum Rpfleger **01**, 442 (aber § 17 I ist nach seinem Wortlaut und Sinn eindeutig, Einl III 39). Das kann auch zur inländischen Zuständigkeit bei einer hiesigen Niederlassung führen, LG Zwickau Rpfleger **95**, 371. Das gilt auch dann, wenn ein Abwickler die eidesstattliche Versicherung abgeben soll. Eine Abmeldung ist nur ein Beweisanzeichen für die Aufgabe des Wohnsitzes, LG Mönchengladb Rpfleger **02**, 529. Die frühere Anschrift kann reichen, wenn ein Angehöriger erklärt, der Schuldner lasse sich seine Post von dort zukommen, LG Kempten JB **06**, 101. Der letzte Wohnsitz kommt hilfsweise infrage, Stgt OLGZ **77**, 378, AG Magdeb JB **01**, 112. Im Verfahren gegen die unbekannten Erben ist der Gerichtsvollzieher desjenigen Gerichts zuständig, das die Nachlaßpflegschaft angeordnet hat, aM ZöStö 2 (das Wohnsitzgericht des Nachlaßpflegers). Wegen einer etwaigen Amtshilfe Pinnel/Rodemann DGVZ **05**, 97. Im Zuständigkeitsstreit gilt § 900 IV.

4 Der Gerichtsvollzieher handelt als ein Organ des *Vollstreckungsgerichts,* § 764, BVerfG NJW **02**, 285 (dort als ein „zumindest vertretbar und daher weder willkürlich noch auf grundsätzlich unrichtiger Anschauung beruhend" bezeichnet), aM Caliebe NJW **00**, 1623 (aber der Gerichtsvollzieher ist trotz einer gewissen Selbständigkeit „bei" dem Gericht tätig). Teilweise kann auch der Rpfl zuständig sein, § 20 Z 17 S 1 RPflG. Nur der Erlaß des Haftbefehls nach § 901 ist dem Richter vorbehalten, § 4 II Z 2 RPflG. Eine eidesstattliche Versicherung vor dem verordneten Gerichtsvollzieher ist nach § 899 statthaft, AG Reinbek DGVZ **01**, 47. Ein Notar ist keine zur Aufnahme zuständige Stelle nach § 156 StGB, § 22 BNotO, Eckardt DNotZ **86**, 511. In einer Steuersache ist zunächst das Finanzamt zuständig. Jedoch ist der Richter des AG für den Haftbefehl zuständig, § 284 VII AO.

5 **B. Verneinung, II.** Soweit das angegangene Gericht nicht zuständig ist, muß es die Sache unverzüglich von Amts wegen ohne die Notwendigkeit einer Anhörung der Betroffenen formlos an das zuständige Gericht abgeben, II 1, und den Beteiligten davon formlos Mitteilung machen. Die Abgabe erfolgt durch eine Verfügung oder einen Beschluß des Rpfl, Hintzen Rpfleger **99**, 44, Zi 4 (also ausnahmsweise nicht etwa des Gerichtsvollziehers), mit kurzer Begründung, § 329 Rn 4. Sie ist nicht bindend, II 2. Eine weitere Abgabe ist zulässig. §§ 36, 37 sind entsprechend anwendbar, soweit wirklich unvermeidbar.

6 **4) Verstoß, I, II.** Man muß zwei Zeitabschnitte unterscheiden.

A. Vor Abgabe der Versicherung. Wenn der Gläubiger den nach Rn 1 unzuständigen Gerichtsvollzieher beauftragt, muß dieser evtl nach einem Hinweis gemäß Art 103 I GG den Auftrag ablehnen oder auf Grund eines etwaigen Hilfsauftrags das Verfahren an seinen Rpfl leiten, ThP 4, aM Hintzen Rpfleger **98**, 544 (aber der Gerichtsvollzieher ist nicht allein für das gesamte weitere Verfahren der Abgabe zuständig). Der Rpfl muß dann das Verfahren an das zuständige Gericht abgeben, II 1. § 281 gilt entsprechend, auch wegen der Bindungswirkung und ihrer Grenzen, II 2, BayObLG MDR **80**, 583, Düss Rpfleger **75**, 102, Behr Rpfleger **88**, 1 (Verletzung des Rechts auf rechtliches Gehör).

7 **B. Nach Abgabe der Versicherung.** Wenn der Schuldner die eidesstattliche Versicherung vor einem nach Rn 1 unzuständigen Gerichtsvollzieher abgegeben hat, ist sie trotzdem wirksam, Behr Rpfleger **88**, 1. Wenn sich die Unzuständigkeit erst nach der Abgabe der eidesstattlichen Versicherung herausstellt, muß das unzuständige Gericht das zuständige benachrichtigen. Das zuständige Gericht muß dann die Eintragung in der Schuldnerliste nach § 915 vornehmen.

8 **5) Rechtsbehelfe, I, II.** Es ist die Erinnerung nach § 766 statthaft. (Jetzt) § 513 II ist nicht entsprechend anwendbar, aM LG Verden NdsRpfl **76**, 116, ThP 3 (aber diese Vorschrift paßt nicht zum Vollstrekkungsverfahren).

900 ***Verfahren zur Abnahme der eidesstattlichen Versicherung.*** **I [1] Das Verfahren beginnt mit dem Auftrag des Gläubigers zur Bestimmung eines Termins zur Abgabe der eidesstattlichen Versicherung. [2] Der Gerichtsvollzieher hat für die Ladung des Schuldners zu dem Termin Sorge zu tragen. [3] Er hat ihm die Ladung zuzustellen, auch wenn dieser einen Prozessbevollmächtigten bestellt hat; einer Mitteilung an den Prozessbevollmächtigten bedarf es nicht. [4] Dem Gläubiger ist die Terminsbestimmung nach Maßgabe des § 357 Abs. 2 mitzuteilen.**

II [1] Der Gerichtsvollzieher kann die eidesstattliche Versicherung abweichend von Absatz 1 sofort abnehmen, wenn die Voraussetzungen des § 807 Abs. 1 vorliegen. [2] Der Schuldner und der Gläubiger können der sofortigen Abnahme widersprechen. [3] In diesem Fall setzt der Gerichtsvollzieher einen Termin und den Ort zur Abnahme der eidesstattlichen Versicherung fest. [4] Der Termin soll nicht vor Ablauf von zwei Wochen und nicht über vier Wochen hinaus angesetzt werden. [5] Für die Ladung des Schuldners und die Benachrichtigung des Gläubigers gilt Absatz 1 entsprechend.

III [1] Macht der Schuldner glaubhaft, dass er die Forderung des Gläubigers binnen einer Frist von sechs Monaten tilgen werde, so setzt der Gerichtsvollzieher den Termin zur Abgabe der eidesstattlichen Versicherung abweichend von Absatz 2 unverzüglich nach Ablauf dieser Frist an oder vertagt

bis zu sechs Monaten und zieht Teilbeträge ein, wenn der Gläubiger hiermit einverstanden ist. [2] Weist der Schuldner in dem neuen Termin nach, dass er die Forderung mindestens zu drei Vierteln getilgt hat, so kann der Gerichtsvollzieher den Termin nochmals bis zu zwei Monaten vertagen.

IV [1] Bestreitet der Schuldner im Termin die Verpflichtung zur Abgabe der eidesstattlichen Versicherung, so hat das Gericht durch Beschluss zu entscheiden. [2] Die Abgabe der eidesstattlichen Versicherung erfolgt nach dem Eintritt der Rechtskraft der Entscheidung; das Vollstreckungsgericht kann jedoch die Abgabe der eidesstattlichen Versicherung vor Eintritt der Rechtskraft anordnen, wenn bereits ein früherer Widerspruch rechtskräftig verworfen ist, wenn nach Vertagung nach Absatz 3 der Widerspruch auf Tatsachen gestützt wird, die zur Zeit des ersten Antrags auf Vertagung bereits eingetreten waren, oder wenn der Schuldner den Widerspruch auf Einwendungen stützt, die den Anspruch selbst betreffen.

V Der Gerichtsvollzieher hat die von ihm abgenommene eidesstattliche Versicherung unverzüglich bei dem Vollstreckungsgericht zu hinterlegen und dem Gläubiger eine Abschrift zuzuleiten.

Schrifttum: Vgl bei § 807 sowie *Harnacke* DGVZ **99**, 81 (Üb zu III).

Gliederung

1) Systematik, I–V. Das Verfahren zur Abnahme der eidesstattlichen Versicherung nach §§ 807, 836 1
III 2, 883 II ist eigenartig geregelt. Es verlangt weder für beide Parteien eine mündliche Verhandlung nach § 764 III, noch ist es auf eine freigestellte mündliche Verhandlung nach § 128 Rn 10 zugeschnitten. Die Verhandlung ist vielmehr für den Schuldner notwendig mündlich, § 128 Rn 4, für den Gläubiger aber freigestellt, § 128 IV. Im übrigen enthält der durch die Rechtsprechung und Lehre erheblich weiter ausgeformte § 900 eine auf Abwägung bedachte Fülle von Einzelanweisungen bald an den Gläubiger, bald an den Schuldner, bald an den Gerichtsvollzieher oder an das Gericht. Dieses amtiert wiederum infolge der funktionellen Zuständigkeit bald des Gerichtsvollziehers, bald des Rpfl, § 20 Z 17 S 1 RPflG, bald des Richters auch nicht gerade übersichtlich. § 765 a bleibt anwendbar, LG Düss DGVZ **00**, 119.

2) Regelungszweck, I–V. Man darf den komplizierten und für den Gerichtsvollzieher oft mühsamen 2
Ablauf des Verfahrens nicht durch eine allzu schuldnerfreundliche Auslegung noch weiter erschweren. Das ganze Offenbarungsverfahren stellt ja nur einen weiteren Zwischenschritt zwecks Befriedigung dar. Mitbeachtlich bei der Auslegung sollte der Gläubigerschutz sein. Der Schuldner hat es immerhin zu einer obendrein bisher erfolglosen Zwangsvollstreckung kommen lassen. Man kann ihm meist durchaus zumuten, dann wenigstens *einmal* seine Verhältnisse so darzulegen, daß den Beteiligten eine endlose weitere kostspielige und zeitraubende Suche nach Verwertbarem erspart bleibt oder doch erleichtert wird. Natürlich muß man dabei die Würde wahren. Das gilt vor allem gegenüber Dritten, etwa Angehörigen.

3) Geltungsbereich: Abnahmeverfahren, I–V. Der Auftrag hat eine zentrale Bedeutung. 3

A. Beginn: Auftrag, I 1, dazu *Nies* MDR **99**, 527 (Üb): Das Verfahren beginnt sowohl bei I als auch bei II mit dem Auftrag des Gläubigers an den Gerichtsvollzieher nach § 754 zur Bestimmung eines Termins zur

Abnahme der eidesstattlichen Versicherung, LG Arnsberg Rpfleger **97**, 207. Er ist eine Parteiprozeßhandlung, Grdz 47 vor § 128. Er kann sich aus den Umständen mitergeben. Er liegt aber nicht automatisch mit vor, strenger AG Wiesb DGVZ **00**, 31 (der Gläubiger müsse ihn ausdrücklich stellen). Er unterliegt keinem Anwaltszwang. Zwar ist § 78 III Hs 2 nicht anwendbar. Denn der Gerichtsvollzieher ist kein Urkundsbeamter der Geschäftsstelle, und der Auftrag an ihn ist kein „Antrag", § 754 Rn 2. Indessen nennt § 78 I–VI den Auftrag nicht als eine anwaltspflichtige Handlung. Zumindest ist § 78 III Hs 2 entsprechend anwendbar. Der Gläubiger kann den Auftrag entweder mithilfe des vorrangigen § 130 a elektronisch oder schriftlich oder zum Protokoll des Gerichtsvollziehers oder sonst mündlich nach § 754 erteilen. Er kann ihn aber auch beim Gericht des § 899 I einreichen. Dieses muß den Auftrag unverzüglich an den Gerichtsvollzieher weiterleiten.

4 **B. Beispiele zur Frage eines Auftrags, I 1**

Ablichtung, Abschrift: § 133 (Beifügung von Ablichtungen oder Abschriften) ist anwendbar, Grdz 37 vor § 704, AG Lahr DGVZ **00**, 124. Das gilt zB vom Protokoll des Gerichtsvollziehers nach §§ 760, 762.

Ausbleiben: S „Haftantrag".

Drittgläubiger: Er hat dieselben Aufgaben wie der Gläubiger, LG Kiel JB **97**, 271.

Erfolglosigkeit der Pfändung: Der Gläubiger muß nachweisen, daß bei § 807 diese Voraussetzung vorliegt, § 807 Rn 6.

Faksimile: Eine Faksimile-Unterschrift reicht nicht aus, BFH DB **75**, 88 links, LG Aurich Rpfleger **84**, 323, StJM 15, aM LG Bln MDR **76**, 407, Dempewolf MDR **77**, 803, ZöStö 2 (freie Würdigung. Vgl aber § 129 Rn 34 „Namensstempel").

Forderung: Der Gläubiger muß die Forderung grds angeben, LG Landau DGVZ **88**, 28, AG Wetzlar DGVZ **87**, 46. Das gilt auch für das Finanzamt. Eine besondere Forderungsaufstellung braucht freilich grundsätzlich nicht beizuliegen, LG Oldb Rpfleger **80**, 353, StJM 18, ThP 7, aM LG Aurich DGVZ **04**, 15, LG Essen MDR **76**, 1026, ZöStö 2 (aber es gilt etwa der Genauigkeitsgrad des § 829 als ausreichend, dort Rn 22 ff).
S auch „Maschineller Ausdruck", „Teilbetrag".

Haftantrag: Der Gläubiger darf schon jetzt einen Haftantrag nach § 90 I für den Fall stellen, daß der Schuldner im Termin ausbleibe oder daß er sich grundlos weigere, die eidesstattliche Versicherung abzuleisten.

Herausgabe einer Sache: Der Gläubiger muß nachweisen, daß bei § 883 die Sache unauffindbar ist, § 883 Rn 11.

Inkasso: Ein Inkassounternehmen kann je nach dem Inhalt seiner Genehmigung nach § 900 auftragsberechtigt sein (Fallfrage), LG Wuppert DGVZ **07**, 188, AG Rheinberg DGVZ **00**, 92, AG Zerbst MDR **00**, 1338, aM LG Bre MDR **01**, 352, AG Kempten und Landau JB **00**, 6, Riecke DGVZ **02**, 90 (man sollte aber im Massenbetrieb auch prozeßwirtschaftlich vorgehen, Grdz 14 vor § 128). Es ist aber nicht auch nach § 901 antragsberechtigt, soweit es hier zum außergerichtlichen Forderungseinzug berechtigt ist, § 901 Rn 6.

Insolvenzverfahren: Bei einer eidesstattlichen Versicherung nach der InsO ist auch ein Neugläubiger antragsberechtigt, AG Gött DGVZ **08**, 27, aM AG Worms DGVZ **08**, 28 (zu § 766). Es ist dann kein Forderungsnachweis mehr erforderlich.

Maschineller Ausdruck: Die Forderung darf maschinell ausgedruckt sein, soweit sie einen Klartext und nicht bloß Schlüsselzahlen usw enthält, AG Kassel Rpfleger **79**, 272.

Maschinelle Unterschrift: Sie kann bei einer Behörde ausreichen, BGH **75**, 340, LG Köln JB **91**, 1410.

Mehrere Aufträge: Sie leiten gesonderte Verfahren ein, Hornung DGVZ **99**, 36, Viertelhausen DGVZ **02**, 54 (Üb). Vgl freilich § 903.

Sachpfändungsauftrag: Ein bloßer solcher Auftrag reicht hier nicht aus, LG Tüb DGVZ **00**, 120.

Schuldnerbezeichnung: Der Auftraggeber muß den Schuldner nach seiner Person und nach seiner Anschrift *ausreichend bezeichnen.* Er muß auch den gesetzlichen Vertreter angeben, § 51 Rn 12. Der Gerichtsvollzieher muß allerdings auch diesen Punkt von Amts wegen überprüfen, Grdz 39 vor § 128, Ffm Rpfleger **76**, 27.

Sinnlosigkeit einer Pfändung: Der Gläubiger muß nachweisen, daß bei § 807 eine Pfändung sinnlos wäre, § 807 Rn 12.

Teilbetrag: Der Auftrag kann auch dahin gehen, die eidesstattliche Versicherung solle sich nur auf einen Teilbetrag der vollstreckbaren Forderung erstrecken, § 754 Rn 4, Schlesw Rpfleger **76**, 225, LG Hanau DGVZ **93**, 113, LG Stade DGVZ **88**, 29.

Telefax: Es reicht aus, § 129 Rn 44.

Terminsantrag: In ihm liegt meist auch der Antrag zur Abnahme der Offenbarungsversicherung.

Überweisung: § 835 Rn 10 „Offenbarungsversicherung".

Urkunden: Der Auftraggeber muß diejenigen Urkunden außer der vollstreckbaren Ausfertigung des Vollstreckungstitels beilegen, die zum Beginn der Zwangsvollstreckung notwendig sind, §§ 750 ff, also zB den Nachweis der Sicherheitsleistung nach § 751 II und den Nachweis der Befriedigung usw bei einer Leistung Zug um Zug, §§ 756, 765.

Vollmacht: Ein Bevollmächtigter muß seine Vollmacht beifügen, soweit sie sich nicht schon aus dem Vollstreckungstitel ergibt, §§ 80 I, 88 II.

Vollstreckbare Ausfertigung: S „Vollstreckungstitel".

Vollstreckungstitel: Dem Auftrag muß nach § 754 der Vollstreckungstitel in einer vollstreckbaren Ausfertigung beiliegen, § 724, LG Ffm Rpfleger **87**, 424, berichtigt 513.

Weigerung: S „Haftantrag".

Zug um Zug: S „Urkunden".

Zusatzfragen: Der Gläubiger muß etwaige Zusatzfragen über die Formularangaben des Schuldners hinaus genau angeben, LG Kempten DGVZ **07**, 141.

5 **C. Ende.** Das Offenbarungsverfahren endet in folgenden Fällen: Der Schuldner gibt die eidesstattliche Versicherung ab, LG Bln Rpfleger **99**, 188, MüKoEi § 902 Rn 14, StJM § 901 Rn 11, aM AG Oberhausen DGVZ **99**, 31, ZöStö § 901 Rn 10 (aber das Ende des Offenbarungsverfahrens bedeutet keineswegs ein Ende der Zwangsvollstreckung); der Schuldner hat die Haft verbüßt oder es sind 6 Monate seit seiner

Einlieferung vergangen, § 913 S 2; der Gläubiger nimmt den Auftrag zurück, was ihm jederzeit bis zur Rechtskraft eines Haftbefehls oder bis zur Abgabe der eidesstattlichen Versicherung freisteht, KG OLGZ **91**, 103, ThP 8, aM StJM 20 (nur bis zur Widerspruchsbegründung. Aber der Gläubiger bleibt der Herr der Zwangsvollstreckung, Grdz 37 vor § 704, § 754 Rn 3); die Zwangsvollstreckung endet insgesamt nach Grdz 52 vor § 704, also vor allem dann, wenn der Gerichtsvollzieher die Schuldsumme an den Gläubiger abführt und dem Schuldner den Vollstreckungstitel und den Haftbefehl aushändigt. Der Erlaß des Haftbefehls hat nur die Wirkung § 901 Rn 7.

Keine Beendigung liegt im Erlaß des Haftbefehls, § 901 Rn 6, 7.

4) Terminsbestimmung und Ladung, I, II. Schon dieser Abschnitt enthält viele Probleme, Riecke DGVZ **02**, 112 (Üb). 6

A. Allgemeine Voraussetzungen. Nicht der Schuldner, sondern der Gerichtsvollzieher bestimmt in den Grenzen seines Auftrags den Verfahrensgang, LG Stade DGVZ **99**, 10. Nach dem Eingang des Auftrags prüft der Gerichtsvollzieher dessen Zulässigkeit und Vollständigkeit. Es müssen die förmlichen Voraussetzungen und die Prozeßvoraussetzungen der Zwangsvollstreckung vorliegen, Grdz 14, 39 vor § 704, LG Stendal DGVZ **03**, 188. Ferner müssen die Voraussetzungen der Pflicht zur Abgabe der eidesstattlichen Versicherung vorliegen, § 807 Rn 2ff, LG Stendal DGVZ **03**, 188. Unter anderem muß der Nachweis vorliegen, daß der Gläubiger keine Befriedigung erhalten hat, § 807 Rn 4. Das alles gilt bei einem Ersuchen nach § 284 AO nur eingeschränkt, § 901 Rn 6. § 147 ist anwendbar, LG Stgt Rpfleger **96**, 167. Mangels einer Vollständigkeit des Auftrags nach Rn 3, 4 fordert der Gerichtsvollzieher das Fehlende nach und veranlaßt bis dahin nichts weiter. Das ist keine Aussetzung, AG Bln-Tiergarten DGVZ **02**, 77 (bei einem Verstoß keine Erhebung von Verhaftungskosten), AG Lahr DGVZ **00**, 124.

B. Rechtsschutzbedürfnis. Ferner muß das Rechtsschutzbedürfnis nach Grdz 33 vor § 253 vorliegen. 7
Es ist auch nach einem notariellen Verzeichnis nebst einer eidesstattlichen Versicherung nötig und möglich, LG Detm DGVZ **07**, 72. Es kann auch bei einer kleinen Forderung bestehen, Rn 9, LG Düss JB **97**, 325. Es fehlt, wenn der Gläubiger das gesamte Vermögen des Schuldners schon zuverlässig kennt, LG Frankenth Rpfleger **81**, 363, LG Köln Rpfleger **87**, 511. Das gilt zB dann, wenn der Gläubiger bestimmt weiß, daß die bisherigen Angaben des Schuldners über sein Vermögen vollständig und richtig sind oder daß der Schuldner kein Vermögen hat, BVerfG **48**, 401, LG Köln MDR **87**, 944, oder auch dann, wenn der Gläubiger seine Befriedigung auf einem einfacheren Weg erreichen könnte. Wenn der Schuldner im Handelsregister gelöscht wurde, besteht wohl meist eine widerlegbare Vermutung dafür, daß er kein Vermögen hat, Ffm Rpfleger **76**, 329. Das Rechtsschutzbedürfnis kann wegen III auch dann bestehen, wenn der Gläubiger durch einen Druck auf den Schuldner mit der Ladung zum Offenbarungstermin eine Teilleistung erzielen will.

Das Gericht und sein Gerichtsvollzieher sind freilich *keine Beitreibungsstelle*, LG Köln JB **77**, 414, aM LG Nürnb-Fürth Rpfleger **85**, 309 (abl Limberger), Pawlowski DGVZ **92**, 178 (aber ein Rechtsmißbrauch nach Einl III 54 kann bei jeder Art von Zwangsvollstreckung vorliegen, Grdz 44 vor § 704). Das Rechtsschutzbedürfnis fehlt nicht schon deshalb, weil der Gläubiger aus dem Prozeß oder dem Prozeßkostenhilfeverfahren nach §§ 114ff das Vermögen des Schuldners kennen müßte, LG Verden Rpfleger **86**, 186, Behr Rpfleger **88**, 2, oder wenn wegen einer Teilforderung ein Haftbefehl bestand, den der Gerichtsvollzieher dem Schuldner nach dessen Zahlung ausgehändigt hat, LG Darmst DGVZ **87**, 74.

C. Bisherige Versicherung. Zu denjenigen Tatsachen, die der Gerichtsvollzieher nach § 903 von Amts 8
wegen beachten und aus Listen nach Grdz 38 vor § 128 ermitteln muß, gehört der Umstand, ob der Schuldner innerhalb der letzten drei Jahre eine eidesstattliche Versicherung geleistet hatte. Das Verfahren findet dann nur statt, wenn der Gläubiger die Fortsetzung beantragt. Er kann die Fortsetzung dann aber nur unter den besonderen Voraussetzungen des § 903 Rn 9 verlangen, oder er kann nach § 914 verfahren.

D. Unfähigkeit zur Versicherungsabgabe. Das Verfahren darf ferner dann nicht stattfinden, soweit und 9
solange der Schuldner körperlich oder seelisch unfähig ist, derzeit die eidesstattliche Versicherung abzugeben, BVerfG DGVZ **08**, 124, Ffm JB **77**, 1463, Rn 19. Evtl muß der Gerichtsvollzieher einen Dolmetscher nach § 185 GVG hinzuziehen, LG Amberg DGVZ **06**, 181 (auch zum Vorschuß). Zur Pflegerbestellung § 807 Rn 53. Ein Rechtsmißbrauch nach Einl III 54, Grdz 44 vor § 704 führt ebenfalls zur Unzulässigkeit des Verfahrens. Wenn der Gläubiger den Auftrag aber erteilt, obwohl seine Forderung nur klein ist, bedeutet dieses Vorgehen keineswegs stets einen Rechtsmißbrauch, Rn 7, BVerfG **48**, 401. Der Gerichtsvollzieher oder der Rpfl nach § 899 Rn 5 oder gar der Richter muß den Schuldner schon vor einer etwaigen Abgabe des Verfahrens an ein anderes Gericht anhören, Artt 2 I, 20 III GG (Rpfl), BVerfG **101**, 404, Art 103 I GG (Richter), Düss Rpfleger **75**, 102.

E. Vorwegleistung. Die Abnahme oder Erteilung von Ablichtungen oder Abschriften usw soll von der 10
Zahlung eines Vorschusses nach § 4 GvKostG und der Zustellungsauslagen nach KVGv 701, 713 abhängig werden, Hartmann Teil XI.

F. Unzulässigkeit des Auftrags. Soweit der Auftrag unzulässig ist, muß ihn der Gerichtsvollzieher evtl 11
nach einer vergeblichen Aufforderung zur Mangelbeseitigung nebst einer angemessenen Frist durch einen Beschluß oder eine Verfügung zurückweisen oder bei seiner Unzuständigkeit an den Rpfl verweisen, § 899 Rn 5. Er muß einen zurückweisenden Beschluß usw begründen, § 329 Rn 4. Er muß ihn dem Gläubiger oder dessen Vertreter oder Bevollmächtigten formlos mitteilen, § 329 II 1.

G. Sofortige Abnahme, II. Der Gerichtsvollzieher „kann", also muß nach seinem pflichtgemäßen 12
Ermessen grundsätzlich auch ohne einen ausdrücklichen diesbezüglichen Auftrag unter den ohnehin zu prüfenden Voraussetzungen des § 807 I (überflüssig in II 1 erwähnt) die eidesstattliche Versicherung dem Schuldner „sofort" abnehmen, also nicht nur unverzüglich, sondern wirklich sogleich nach dem Eingang des Auftrags nach I, zB anläßlich eines Vollstreckungsversuchs, solange nicht der Gläubiger und/oder der Schuldner widersprechen, II 2. Der Widerspruch braucht keine Begründung. Er braucht nicht ausdrücklich zu erfolgen, muß aber der Sache nach eindeutig sein. Ob er vorliegt, muß man wie bei jeder Parteiprozeßhandlung durch eine Auslegung klären, Grdz 47ff vor § 128. Er kann zB darin liegen, daß der Gläubiger

zweckmäßigerweise schon im Auftrag nach I miterklärt, er wünsche eine Abnahme erst in einem nur nach I stattfindenden Termin.

13 *Ab einem Widerspruch* erlischt die Befugnis zur sofortigen Abnahme und tritt das Verfahren nach II 3 und nur in diesem Rahmen das in II 5 in Bezug genommene Verfahren nach I 2–4 ein, Rn 15, 16. Der Gerichtsvollzieher „soll" wiederum nach seinem pflichtgemäßen Ermessen gemäß II 4 eine Mindestfrist von 2 Wochen und eine Höchstfrist von 4 Wochen beachten, je seit der Zustellung der Ladung. Die Unterschreitung der Mindestfrist wäre bei einem Ermessensmißbrauch ein Verstoß gegen Artt 2 I, 20 III GG entsprechend, BVerfG **101**, 404 (Rpfl). Die Überschreitung der Höchstfrist wäre zumindest eine mit der Erinnerung anfechtbare Fehlhandlung des Gerichtsvollziehers. In beiden Fällen eines Fristverstoßes kommt außerdem eine Dienstaufsichtsbeschwerde in Betracht. Der Gerichtsvollzieher tut daher gut daran, eine Abweichung von vorstehenden Fristen zumindest in seinen Akten nachprüfbar zu begründen.

Hatte er *schon nach I terminiert,* ist II nicht mehr anwendbar. Beim Verstoß gilt Rn 13 entsprechend. Der Ladung braucht der Gerichtsvollzieher für den nicht deutschkundigen Schuldner keine Übersetzung beizufügen, AG Ffm JB **00**, 63. Im übrigen bleiben §§ 6 III, 7 JBeitrO unberührt (bei einer Vollstreckung durch den Vollziehungsbeamten der Gerichtskasse zunächst nur eine Mobiliarvollstreckung), Hartmann Teil IX, AG Ffm DGVZ **00**, 41.

14 **H. Sogleich Terminsbestimmung, Ladung I 2, 3.** Wenn der Auftrag nach Rn 3, 4, 6 zulässig und vollständig ist und wenn der Gerichtsvollzieher nicht nach Rn 12 vorgeht oder wegen Rn 13, 14 nicht mehr weiter nach Rn 12 vorgehen darf, muß der Gerichtsvollzieher einen Termin nach I anberaumen, und zwar hier im Gegensatz zu II 1 nicht sofort, wohl aber nach § 216 unverzüglich auch für die Zeit vom 1. 7 bis 31. 8. ohne eine nachträgliche Verlegungsmöglichkeit, Rn 11. Er lädt den Schuldner. Das alles gilt unabhängig von einem schon vorhandenen Haftbefehl.

15 **I. Beispiele zur Frage einer Ladung, I 2, 3**

Anschrift: Das ist grds die bei der Meldebehörde genannte, AG Köln DGVZ **99**, 159.

Auftragskopie: Der Gerichtsvollzieher teilt dem Schuldner eine Kopie des Auftrags mit. Denn der Schuldner muß über denjenigen Vollstreckungstitel Klarheit erhalten, aus dem der Gläubiger die eidesstattliche Offenbarungsversicherung verlangt, Ffm Rpfleger **77**, 417, strenger AG Mainz JB **00**, 665. Diese Mitteilung ist ratsam, aber nicht zwingend, LG Hbg DGVZ **05**, 77.

Behinderung: Rn 16 „Terminsort".

Ersatzzustellung: Rn 16 „Zustellung".

Forderungsaufstellung: Es gilt dasselbe wie bei „Auftragskopie", LG Hbg DGVZ **05**, 77.

Geschäftsstelle: Die Ladung nebst Zustellung ist *keine* Aufgabe der Geschäftsstelle, Schilken DGVZ **98**, 129. Denn das erledigt jetzt der Gerichtsvollzieher nach der amtlichen Vorbemerkung II vor KVGv 100 in Verbindung mit der zugehörigen amtlichen Überschrift auf Betreiben der Parteien, Rn 16 „Parteizustellung".

Gesetzlicher Vertreter: Rn 16 „Zustellung".

Gläubigernachricht: Dem Gläubiger teilt der Gerichtsvollzieher den Termin formlos mit. Er kann freilich auch die Zustellung anordnen, I 4 in Verbindung mit § 357 II, dort auch zu den Einzelheiten der Unterstellung des Zugangszeitpunkts. Der Gläubiger hat ja ein Anwesenheits- und Fragerecht.

Krankheit: Rn 16 „Terminsort".

Ladungsfrist: Sie beträgt 3 Tage, § 217.

Öffentliche Zustellung: Sie ist nach §§ 185 ff zulässig.

16 **Parteizustellung:** Es handelt sich jedenfalls um eine Zustellung *„auf Betreiben der Parteien"* nach § 191, Schwörer DGVZ **03**, 153. Zunächst hängt das ganze Verfahren von einem „Auftrag" des Gläubigers ab, I 1. Außerdem zählt die amtliche Vorbemerkung II vor KVGv 100 jetzt die Zustellung der Ladung zum Offenbarungstermin ebenso wie diejenige des Pfändungs- und Überweisungsbeschlusses ausdrücklich zu den in der zugehörigen amtlichen Überschrift genannten Zustellungen „auf Betreiben der Parteien". Daher entsteht die Zustellgebühr KVGv 100, Schwörer DGVZ **03**, 153. Die frühere Streitfrage ist überholt.

Persönliches Erscheinen: Der Gerichtsvollzieher darf nicht das persönliche Erscheinen des Schuldners nach § 141 II anordnen, LG Landshut Rpfleger **75**, 330.

Persönliche Zustellung: Auch eine persönliche Zustellung durch den Gerichtsvollzieher kann sinnvoll sein und reicht stets aus, AG Bonn DGVZ **06**, 124, AG HannMünden DGVZ **02**, 95. Weigert sich der Schuldner, die Ladung entgegenzunehmen, kann der Gerichtsvollzieher sie vor der Wohnung ablegen, LG Stade DGVZ **06**, 76. Eine bloß mündliche Ladung ist aber unzulässig, LG Karlsr DGVZ **00**, 90.

Prozeßbevollmächtigter: S „Zustellung".

Terminsnachricht: S „Zustellung".

Terminsort: Er kann auch im Krankenhaus oder in der Wohnung des Schuldners liegen, § 219, Ffm JB **77**, 1463. Das gilt zB bei einer erheblichen Gehbehinderung, LG Nürnb-Fürth JB **82**, 140. Bei einer ernsthaften Erkrankung kann auch ein Termin am häuslichen oder stationären Krankenbett erfolgen.

Vermögensverzeichnis: Zweckmäßigerweise verbindet der Gerichtsvollzieher mit der Ladung eine Aufforderung an den Schuldner zur Vorlage eines Vermögensverzeichnisses nach § 807. Er legt ihm das zugehörige Formular bei. Dessen Fehlen macht die Ladung freilich nicht unwirksam, Karlsr DGVZ **79**, 72.

Zustellung: Die Zustellung erfolgt immer an den Schuldner persönlich, I 3. Das gilt selbst dann, wenn eine Ersatzzustellung nach §§ 178 ff notwendig wird, Ffm Rpfleger **75**, 67 (wegen einer längeren Abwesenheit des Schuldners § 181 Rn 5–7), LG Bln Rpfleger **78**, 30. Die Zustellung erfolgt also wegen I 3 Hs 1 entgegen § 172 nicht an einen ProzBev. Der Gerichtsvollzieher braucht den etwaigen ProzBev überhaupt nicht von dem Termin zu benachrichtigen, I 3 Hs 2. Es ist vielmehr die Aufgabe des Schuldners, seinen ProzBev zum Termin hinzuzuziehen. Wenn ein gesetzlicher Vertreter nach § 51 Rn 12, § 807 Rn 52 die eidesstattliche Versicherung abgeben soll, muß der Gerichtsvollzieher natürlich ihn laden, LG Bln Rpfleger **78**, 30, LG Köln DGVZ **78**, 28, AG Bochum DGVZ **01**, 13. Auch dann ist eine Ersatzzustellung zulässig, LG Bln Rpfleger **78**, 30.

Vgl auch Rn 15 „Öffentliche Zustellung".

Zustellungsurkunde: Der Gerichtsvollzieher lädt den Schuldner nach I 2 grds mit einer Zustellungsurkunde, AG Karlsr-Durlach JB **00**, 62, Hornung DGVZ **99**, 34.

J. Terminsänderung. Eine Terminsänderung ist grundsätzlich in einer Abweichung von der Regelung des § 227 nur zulässig, soweit der Gläubiger zustimmt oder sie gar beantragt, LG Lüb DGVZ **99**, 174. Denn der Gläubiger bleibt der Herr der Zwangsvollstreckung, § 754 Rn 3, LG Ffm DGVZ **00**, 171. Eine Ausnahme gilt nur nach III, AG Ansbach DGVZ **03**, 175, AG Forchheim DGVZ **00**, 43. Auch ein wiederholter Antrag des Gläubigers auf eine Terminsaufhebung rechtfertigt keine Aufhebung des ganzen Verfahrens, LG Kaisersl JB **00**, 46, soweit man den Antrag nicht auch im letzteren Sinn auslegen muß. Eine Terminsänderung ist nur aus erheblichen Gründen möglich. Dabei sind die zu § 227 I 2 Z 1, 2 entwickelten Regeln schon wegen der Ähnlichkeit der Vorschriften mit III 4 mitbeachtbar. Insgesamt muß der Gerichtsvollzieher nach seinem pflichtgemäßen Ermessen abwägen, ob er das Verfahren durch eine Terminsänderung eher fördert oder nur weiter verzögert, AG Neuruppin DGVZ **05**, 43. Er muß dabei auch prüfen, ob der Gläubiger das Verfahren als ein bloßes Druckmittel mißbraucht, Einl III 54, Grdz 44 vor § 704. 17

Ein *Urlaub des Schuldners* kann eine Vertagung notwendig machen, Rn 37. Einzelheiten Rn 21, 22. Dasselbe gilt bei einer mit einem Attest nachgewiesenen Erkrankung, LG Saarbr DGVZ **04**, 29, AG Neuruppin DGVZ **05**, 43, oder deren Gefahr (Schlaganfall), BVerfG DGVZ **08**, 124. Bei erheblichen Teilzahlungen und beim Einverständnis des Gläubigers kann eine mehrfache Terminsänderung zulässig sein, LG Detm Rpfleger **91**, 212 (zustm Schauf). Wenn der Schuldner im Termin nicht erscheint und wenn der Gerichtsvollzieher den Termin daraufhin vertagt, muß der Gerichtsvollzieher den Schuldner neu laden, AG Neuruppin DGVZ **05**, 43. Das gilt selbst dann, wenn er den neuen Termin mündlich verkündet. Denn § 218 ist auf den Prozeßbetrieb zugeschnitten und daher hier nicht anwendbar, Nürnb Rpfleger **77**, 417, LG Würzb Rpfleger **80**, 160, ZöStö 10, aM LG Landshut Rpfleger **75**, 330, ThP 18 (vgl aber Grdz 37 vor § 704). Wenn der Schuldner erschienen war und wenn der Gerichtsvollzieher eine Vertagung verkündet hatte, braucht der Gerichtsvollzieher den Schuldner zu dem verkündeten Termin natürlich nicht nochmals zu laden, Rn 30.

K. Rechtshilfe. Der Gerichtsvollzieher darf anstelle einer Terminsbestimmung insoweit, als nicht § 899 II anwendbar ist (Abgabe wegen Unzuständigkeit), auch den Gerichtsvollzieher am auswärtigen Wohnort des Schuldners um die Abnahme der eidesstattlichen Versicherung ersuchen, § 479 entsprechend, §§ 156, 157 I GVG. Das kommt aber nur dann in Betracht, wenn es zweckmäßig oder notwendig ist, etwa wegen einer Erkrankung des auswärts befindlichen Schuldners. Der Gerichtsvollzieher benachrichtigt den Gläubiger und den Schuldner formlos von seinem Ersuchen. Der ersuchte Gerichtsvollzieher beraumt den Termin an, lädt und hält den Termin ab, und zwar grundsätzlich ohne eine Prüfung der Voraussetzungen der Zwangsvollstreckung, § 158 GVG. 18

L. Rechtsbehelfe wegen Terminsbestimmung usw. Gegen die Terminsbestimmung ist kein Rechtsbehelf statthaft, sondern nur der Weg nach IV, Zweibr DGVZ **01**, 118, LG Stgt DGVZ **03**, 91. Gegen die Ablehnung der Terminsbestimmung kann der Gläubiger die Erinnerung nach § 766 einlegen. Über sie entscheidet der Richter. Denn das Gericht handelt als Vollstreckungsgericht, § 766, § 20 Z 17 S 2 RPflG. Gegen seine Entscheidung ist eine sofortige Beschwerde statthaft, §§ 567 I Z 1, 793. Gegen ein Ersuchen an ein auswärtiges Gericht können der Gläubiger und der Schuldner die Erinnerung nach § 766 einlegen. Der ersuchte Gerichtsvollzieher kann nur nach § 158 II GVG vorgehen. 19

5) Termin, III. Er enthält viele Tücken. 20

A. Person des Pflichtigen. An den einschlägigen Stellen dieses Kommentars, zB § 807 Rn 51 ff, ist jeweils vermerkt, wer die eidesstattliche Versicherung abgeben muß, wer also der Schuldner ist. Kein gesetzlicher Vertreter kann sich einer Pflicht zur Abgabe der Versicherung dadurch entziehen, daß er sein Amt eigens aus diesem Anlaß niederlegt. Als gesetzlicher Vertreter einer juristischen Person oder einer Handelsgesellschaft gilt derjenige, der im Zeitpunkt der Zustellung der Ladung der gesetzliche Vertreter ist, § 51 Rn 12, KG Rpfleger **96**, 253 (zustm Gleißner), Stgt MDR **84**, 239, aM Schlesw Rpfleger **79**, 73 (maßgeblich sei der Terminstag. Aber dann könnte sich der Geladene durch eine Amtsniederlegung entziehen). Der Gerichtsvollzieher muß den Schuldner nach den allgemeinen Vorschriften ordnungsgemäß laden, LG Aschaffenb DGVZ **91**, 13.

B. Terminsablauf. Das Verfahren ist nicht öffentlich. Denn es findet zwar „bei" Gericht statt, zB LG Detm Rpfleger **87**, 165, LG Frankenth Rpfleger **85**, 33, aber vor seinem Gerichtsvollzieher als einem Organ des Vollstreckungsgerichts, § 899 Rn 3. Es findet also nicht vor dem „erkennenden Gericht" statt, § 169 GVG, und erst recht nicht vor dem Notar, LG Detm Rpfleger **87**, 165. 21

Deshalb sind die Vorschriften über die mündliche Verhandlung grundsätzlich *unanwendbar*, LG Düss Rpfleger **80**, 484, AG Obernburg Rpfleger **79**, 112, ZöStö 11, aM LG Arnsberg Rpfleger **97**, 207, ThP 16. Natürlich lassen sich ihre Regeln ergänzend beachten. Eine Entscheidung ist auch durch ihre Verkündung mitteilbar. Der Gläubiger kann sich durch einen Bevollmächtigten vertreten lassen. Der Gläubiger kann dem Termin aber auch ganz fernbleiben. Er muß dann freilich die Rechtsfolgen tragen, LG Detm DGVZ **01**, 88, LG Düss Rpfleger **80**, 484. Der Schuldner braucht nicht länger als eine Stunde auf den Gläubiger und dessen Fragen zu warten, LG Oldb DGVZ **03**, 156. Er muß grundsätzlich persönlich erscheinen, §§ 478, 807 II, 836 III 2, 883 IV. Er darf sich im übrigen im Termin dann vertreten lassen, wenn er einen Widerspruch erhebt, nicht aber dann, wenn er die eidesstattliche Versicherung abgeben will, § 478 in Verbindung mit § 807 II 2, 836 III 2; § 883 IV. Der ProzBev des Schuldners nach § 81 darf immer anwesend sein. Er ist aber nciht zur Anwesenheit verpflichtet. Wenn der Schuldner wegen einer Erkrankung nicht vor dem Gerichtsvollzieher erscheinen kann, darf und muß der Gerichtsvollzieher dem Schuldner die eidesstattliche Versicherung notfalls in der Wohnung des Schuldners oder im Krankenhaus abnehmen, Rn 10. Der Schuldner muß dem Gläubiger die Anwesenheit gestatten, § 219 Rn 7.

22 **C. Gläubigerfragen.** Der Gläubiger kann alle diejenigen *Fragen* stellen, die zur Klärung des Vermögens, des Einkommens und der Lebensumstände dienen, LG Freibg DGVZ **94**, 118, LG Gött NJW **94**, 1164, AG Bochum DGVZ **06**, 120. Freilich braucht er nicht zu erscheinen. Er kann die vom Schuldner im Termin zu beantwortenden Fragen aber vorher schriftsätzlich stellen, LG Arnsberg Rpfleger **97**, 207. Ihn bindet ein etwa eingeführtes Formular dazu nicht, LG Gött NJW **94**, 1164, AG Bochum DGVZ **06**, 120, Sprung NJW **94**, 1108. Der Gerichtsvollzieher darf einen Fragenkatalog nicht schon vor dem Termin zurückweisen, LG Brschw JB **99**, 46. Mangels einer ordnungsgemäßen Beteiligungsmöglichkeit des Gläubigers muß der Gerichtsvollzieher den Termin wiederholen, AG Bochum DGVZ **06**, 120.

23 **D. Protokoll.** Über den Ablauf des Termins muß der Gerichtsvollzieher ein Protokoll führen, §§ 159 ff entsprechend, LG Düss Rpfleger **80**, 484. Zu den dort aufzunehmenden rechtserheblichen Erklärungen des Schuldners zählen diejenigen von ihm vorgebrachten Gründe, aus denen er die eidesstattliche Versicherung nicht abgeben will, LG Düss Rpfleger **80**, 484. Ein im Termin ergehender Beschluß gehört ins Protokoll. Einen nicht verkündeten Beschluß teilt der Gerichtsvollzieher formlos mit, §§ 329 II 1, 766. Auch Vorhalte des Gerichtsvollzieher oder des Gläubigers gehören ins Protokoll, § 160 II. Es ist ein Bestandteil des Vermögensverzeichnisses, AG Westerburg MDR **99**, 1226.

24 **6) Einwendungsmöglichkeiten des Schuldners, I–IV.** Es sind folgende Einwendungen möglich.

A. Unzulässigkeit der Zwangsvollstreckung. Der Schuldner kann die Zulässigkeit der Zwangsvollstreckung überhaupt bestreiten. Er behauptet etwa: Die Vollstreckungsklausel nach §§ 724 ff fehle; der Vollstreckungstitel sei nicht ordnungsgemäß nach § 750 zugestellt worden, Düss Rpfleger **93**, 412 (zur öffentlichen Zustellung, aM StJSchu § 204 Rn 6), OVG Lüneb DGVZ **02**, 168; es fehle eine ordnungsgemäße Ladung, OVG Lüneb DGVZ **02**, 168; das Gericht habe den Termin aufgehoben, zB im Rechtsmittelverfahren; es liege ein Mangel der Prozeßfähigkeit vor, § 51, Grdz 40 vor § 704; das Gericht habe die Zwangsvollstreckung dauernd eingestellt oder abgewendet, § 775 Z 1–3.

25 **B. Unzulässigkeit des Offenbarungsverfahrens.** Der Schuldner kann die Zulässigkeit des Verfahrens zur Abgabe der eidesstattlichen Versicherung bestreiten. Er behauptet etwa: Der Gläubiger habe auf die Möglichkeit verzichtet, dem Schuldner die eidesstattliche Versicherung abnehmen zu lassen; die Bescheinigung über die Fruchtlosigkeit der Pfändung nach § 807 Rn 6 ff sei unzulässig gewesen, LG Lüb DGVZ **91**, 191; das Rechtsschutzbedürfnis des Gläubigers fehle, Rn 7, LG Limburg Rpfleger **82**, 435; es fehle überhaupt an einer Prozeßvoraussetzung, Grdz 12 vor § 253, der Gerichtsvollzieher habe etwa eine Minderjährigkeit übersehen; die Pfändung sei erfolgreich verlaufen; der Schuldner habe die Sache herausgegeben oder doch aufgefunden; die Voraussetzungen einer Maßnahme nach § 765 a seien eingetreten, dort Rn 7–12, LG Lüb DGVZ **80**, 26, LG Kblz JB **97**, 547; es sei eine Übersicherung eingetreten, § 777, LG Detm Rpfleger **90**, 433; LG Stgt Rpfleger **02**, 28.

Nicht ausreichend ist das Vorliegen einer bloßen Sicherungsvollstreckung nach § 720 a Rn 4, LG Stgt DGVZ **03**, 91.

26 **C. Unzulässigkeit derzeit.** Der Schuldner kann vortragen, das Verfahren sei jedenfalls im Augenblick unzulässig. Er stützt das zB auf folgendes: Der Gläubiger habe ihm die Schuld gestundet (vgl aber Rn 27); es liege ein die Zwangsvollstreckung einschränkender Vertrag vor, Grdz 24 vor § 704; das Gericht habe die Zwangsvollstreckung einstweilig eingestellt, §§ 707, 719, 769, 775; es liege bereits ein rechtskräftiger Beschluß vor, wonach ein früherer Widerspruch Erfolg gehabt habe; der Schuldner habe bereits zu einem früheren Zeitpunkt eine eidesstattliche Versicherung abgegeben, § 903. Dann muß der Gerichtsvollzieher zunächst den etwa abwesenden Gläubiger zu dieser letzteren Frage hören. Wenn der Schuldner allerdings wegen eines Meineids verurteilt worden ist, kann er nicht derart vorgehen. Denn § 452 IV ist dann nicht anwendbar, und der Schuldner wäre sonst besser als andere gestellt.

27 **D. Kein Anspruch; keine Klausel.** Der Schuldner kann scheinbar auch bestreiten, daß der sachlichrechtliche Anspruch bestehe oder daß der Rpfl die Vollstreckungsklausel nach §§ 724 ff korrekt erteilt habe, LG Limburg Rpfleger **82**, 435. Diese beiden Einwendungen sind allerdings bei einer genauen Betrachtung nicht statthaft. Der Schuldner kann sich nämlich auf solche Umstände grundsätzlich nur im Rahmen der §§ 732, 767 ff, 785 berufen, Ffm JB **77**, 1463, Hamm FamRZ **81**, 200, LG Saarbr DGVZ **04**, 29. Etwas anderes gilt ausnahmsweise bei § 775. Bei einer genauen Prüfung ist grundsätzlich auch der Einwand unzulässig, die Forderung sei nicht fällig. Denn diese Frage hatte der Rpfl bereits im Verfahren zum Zweck der Erteilung der Vollstreckungsklausel prüfen müssen. Eine Ausnahme gilt bei § 751.

28 **E. Unfähigkeit.** Der Schuldner kann erklären, er sei körperlich oder seelisch unfähig, die eidesstattliche Versicherung abzugeben, Rn 8. Allerdings darf man eine Haftunfähigkeit nach § 906 nicht mit der Unfähigkeit zur Abgabe der eidesstattlichen Versicherung gleichsetzen. Die eidesstattliche Versicherung darf aber nicht dazu führen, daß die Gesundheit oder gar das Leben des Schuldners in Gefahr kommen. § 906 Rn 3 ff, BVerfG DGVZ **08**, 124. Immerhin muß der Gerichtsvollzieher an den Nachweis der Unfähigkeit des Schuldners zur Abgabe der eidesstattlichen Versicherung erhebliche Anforderungen stellen, Rn 46, 47, Köln MDR **78**, 59, Schneider DGVZ **77**, 1673. Wenn zB eine seelische Erregtheit des Schuldners ihre Ursache in einer bestimmten Einstellung des Schuldners zur Umwelt hat, mag diese Begründung nicht zur Annahme der Unfähigkeit des Schuldners ausreichen.

29 **F. Berufsgeheimnis.** Der Schuldner mag erklären, er dürfe die eidesstattliche Versicherung nicht abgeben, da er dann ein Berufsgeheimnis preisgeben müsse, ähnlich dem § 384 Z 3. Das Berufsgeheimnis kann in der Tat vorrangig sein. Das gilt evtl sogar dann, wenn ein Arzt auch nur den Namen eines Patienten preisgeben müßte.

30 **7) Vertagung, I–III,** dazu *Helwich* DGVZ **00**, 105 (zur Abgrenzung gegen §§ 806 b, 813 a); *Schilken* DGVZ **98**, 145 (Üb): Es müssen mehrere Bedingungen zusammentreffen.

A. Zahlungsbereitschaft. Der Gerichtsvollzieher kann nach III 1 einen Anlaß zu einer Vertagung nach Rn 11 haben, wenn der Schuldner seine Bereitschaft erklärt, die Schuld alsbald abzuleisten. Die Vertagung ist allerdings zunächst nur bis zu sechs Monaten und nur dann zulässig, wenn der Schuldner in seinem Vertagungsantrag oder im Termin nach § 294 glaubhaft macht, daß er die Schuld innerhalb dieser sechs Monate tilgen wolle und könne, gerechnet von dem Terminstag an. Insofern kann es ausreichen, daß der Schuldner die Zahlungszusicherung eines Dritten einreicht. Das gilt ungeachtet eines Widerspruchs des Gläubigers nach § 806b, AG Lindau DGVZ **00**, 172.

Nicht ausreichend wäre aber irgendeine unsichere und nicht ihrerseits glaubhafte derartige Zusicherung, LG Frankenth Rpfleger **81**, 363. Bei IV reicht auch nicht eine Bereitschaft des Schuldners, sich in einem neuen Termin zu stellen, falls er eine Rate nicht zahlt. Wenn der Schuldner außerdem einen Widerspruchsgrund hat, sollte er ihn zweckmäßigerweise ebenfalls geltend machen, um dem Verdacht einer Verschleppung zu entgehen, Rn 39.

B. Weiterer Aufschub. Der Schuldner kann nach dem Ablauf dieser Frist einen einmaligen weiteren 31
Aufschub bis zu zwei Monaten verlangen, wenn er in dem neuen Termin eine Tilgung der Schuld, also der Vollstreckungsforderung in der Hauptsache einschließlich der Zinsen, weiteren Nebenleistungen und der Kosten in Höhe von wenigstens drei Vierteln nachweist. Hier reicht also eine Glaubhaftmachung nicht mehr aus, III 2. Der Gerichtsvollzieher darf den endgültigen Termin zur Abgabe der eidesstattlichen Versicherung keineswegs nochmals weiter hinausschieben als um diese eben genannten zwei Monate. Es können aber die Voraussetzungen des § 765a vorliegen. Das gilt zB dann, wenn der Schuldner die Forderung bis auf einen kleinen Rest erfüllt hat und wenn er andererseits durch die Abgabe einer eidesstattlichen Versicherung einen unverhältnismäßig hohen Schaden erleiden würde, Morgenstern NJW **79**, 2278.

C. Erheblicher Grund, § 227 I. III dient nicht so sehr dem Schutz vor einer Verzögerung von 32
Zahlungen, sondern eher dem Schutz des Gläubigers vor einer immerwährenden Hinausschiebung des Verfahrens. Trotzdem ist auch hier eine Vertagung nach § 227 I nicht völlig unstatthaft. Sie kommt etwa dann in Betracht, wenn der Schuldner erkrankt ist, LG Düss Rpfleger **89**, 73, LG Lübeck DGVZ **06**, 139, LG Saarbr DGVZ **04**, 29, oder wenn man ihm wegen einer objektiv mangelhaften Ausfüllung des Vermögensverzeichnisses keinen Vorwurf machen kann, LG Düss Rpfleger **89**, 73. Dann darf und muß der Gerichtsvollzieher den Termin unter Umständen auch gegen den Willen des Gläubigers ändern, ZöStö 9, aM Karlsr DGVZ **79**, 72 (aber das Verfahren muß menschenwürdig bleiben, Artt 1, 2 GG, Einl III 16). Eine Urlaubsabwesenheit usw ist zwar nicht schlechthin unbeachtlich, § 233 Rn 28 „Partei", Hamm Rpfleger **77**, 111. Der Gerichtsvollzieher darf sie aber nur mit aller Zurückhaltung als einen Verlegungsgrund bejahen, Rn 33. Es reicht nicht aus, daß ein ärztliches Gutachten vor der Anwendung von Zwang warnt, weil Kurzschlußreaktionen des Schuldners möglich seien, zB eine Tätlichkeit gegenüber dem Gerichtsvollzieher, LG Düss Rpfleger **89**, 73. Schon gar nicht reicht ein einfaches Ausbleiben, LG Detm DGVZ **01**, 88.

D. Verfahren. Der Gerichtsvollzieher muß bei der Entscheidung über eine Vertagung sein pflichtgemäßes 33
Ermessen ausüben. Er sollte nicht zu rasch vertagen, Rn 34. Der Gläubiger mußte schon lange genug kämpfen, Rn 23. Zur Entscheidung ist der Gerichtsvollzieher beim Vollstreckungsgericht zuständig, §§ 764, 802, 899 I, nicht derjenige beim ersuchten Gericht. Denn es handelt sich der Sache nach um die Bewilligung eines Schuldnerschutzes. Der Gerichtsvollzieher muß einen neuen Termin sofort bestimmen, § 216. Er darf ihn um höchstens drei Monate hinausschieben. Er darf keineswegs einfach aussetzen, AG Dillenburg JB **00**, 62. Freilich kann darin mit Mühe mittels einer Umdeutung eine Vertagung nebst einem noch gesondert notwendigem neuen Termin liegen, Münzberg JB **00**, 55.

E. Entscheidung. Der Gerichtsvollzieher entscheidet durch einen Beschluß oder eine Verfügung, 34
§§ 227 II, 329. Er verkündet die Entscheidung, § 329 I 1. Er muß sie schriftlich begründen, § 329 Rn 4. Er darf einen neuen Termin nicht von einem weiteren Antrag des Gläubigers abhängig machen. Er darf den neuen Termin auch nicht mehr von einer Vorwegleistung abhängen lassen, Rn 8. Der anwesende Schuldner ist nach § 218 geladen. Den abwesenden muß der Gerichtsvollzieher von Amts wegen förmlich laden, § 329 II 2, Nürnb Rpfleger **77**, 417.

F. Rechtsbehelfe wegen Vertagung. Die Entscheidung des Gerichtsvollziehers ist mit der Erinnerung 35
anfechtbar, § 766. Über sie entscheidet der Richter, § 20 Z 17 S 2 RPflG. Seine Entscheidung ist mit einer sofortigen Beschwerde anfechtbar, §§ 567 I Z 1, 793.

8) Keine Einwendungen im Termin, IV. Wenn der Schuldner keine Einwendungen macht, nimmt der 36
Gerichtsvollzieher ihm oder seinem gesetzlichen Vertreter nach § 51 Rn 12 nach einer angemessenen Belehrung gemäß § 480 in Verbindung mit § 807 II, 836 III 2, § 883 II und nach der vollständigen Ausfüllung des Vermögensverzeichnisses die eidesstattliche Versicherung ab, sofern er von Amts wegen keine Bedenken hat. Der Gerichtsvollzieher muß das Vermögensverzeichnis intensiv mit dem Schuldner durchsprechen, § 807 Rn 45, Behr Rpfleger **88**, 7. Er muß dem Gläubiger unter allen Umständen die Möglichkeit geben, Fragen zu stellen und dem Schuldner Vorhaltungen zu machen, Rn 15. Der Gerichtsvollzieher entscheidet auch erst im Termin über die etwaige Notwendigkeit ergänzender Fragen, LG Bln Rpfleger **95**, 75. Die übereilte Abnahme der eidesstattlichen Versicherung wäre gegenüber allen Beteiligten ein Unrecht. Ein vom Gerichtsvollzieher mangelhaft aufgenommenes Vermögensverzeichnis kann eine Amtshaftung auslösen, LG Gött NJW **94**, 1164, Sprung NJW **94**, 1108. Wenn für den Schuldner nur dessen ProzBev nach § 81 erscheint und keinen Widerspruch erhebt oder wenn der Gerichtsvollzieher den Widerspruch zurückweist, ist der Schuldner säumig, Rn 14. Dann muß der Gerichtsvollzieher die Akten auf einen Gläubigerantrag unverzüglich dem Richter zum Zweck eines Haftbefehls vorlegen, § 901. Freilich muß er IV 2 beachten. Im übrigen ist das Offenbarungsverfahren mit der ordnungsgemäßen Abgabe der eidesstattlichen Versicherung beendet.

9) Einwendungen im Termin, IV. Ihre Begründung hat eine zentrale Bedeutung. 37

A. Notwendigkeit einer Begründung. Wenn der Schuldner im streitmäßigen Verfahren im Termin nach IV 1 die Verpflichtung zur Offenlegung nach § 807 oder die Verpflichtung zur Abgabe der eidesstattlichen Versicherung bestreitet, muß das „Gericht" auch ohne einen Widerspruch des Schuldners über seine Einwendungen entscheiden, IV 1. Zuständig ist der Rpfl, § 20 Z 17 S 1 RPflG. Ihm muß daher der Gerichtsvollzieher die Akten vorlegen. Ein Bestreiten ist freilich nur dann beachtlich, wenn der Schuldner dafür einen Grund angibt, § 901 S 1 Hs 2. Das Gericht darf bei dieser Prüfung großzügig sein, LG Wuppert Rpfleger **81**, 25.

Einen *Grund* gibt der Schuldner dann an, wenn er solche Umstände vorbringt, die nach seiner Meinung seine Verpflichtung zur Abgabe der eidesstattlichen Versicherung aufheben oder ihr entgegenstehen, sofern das nicht bei einer vernünftigen, dem Schuldner zumutbaren Erwägung abwegig ist, LG Düss Rpfleger **80**, 484. In Betracht kommen die Einwendungen Rn 24 ff, vor allem die von ihm freilich darzulegende und zu beweisende Übersicherung, § 777, Rn 28. Das Bestreiten nach IV 1 ist eine Parteiprozeßhandlung, Grdz 47 vor § 128. Mangels eines Eintrags ins Schuldnerverzeichnis des jetzt zuständigen Vollstreckungsgerichts kann der Schuldner eine Mitwirkungs-Obliegenheit haben, LG Rostock JB **02**, 664 (spricht zu streng von einer „Pflicht"). Ein pauschaler Einwand, die Voraussetzungen des § 807 lägen nicht vor, ist kein Bestreiten, Ffm DGVZ **04**, 92 (krit Abramenko).

38 **B. Bloße schriftliche Begründung.** Ein Vertagungsantrag nach Rn 30 gehört nicht hierher. Ein nur vor dem Termin eingereichtes schriftliches Bestreiten ist beachtbar, soweit es auf von Amts wegen beachtliche Verfahrensmängel hinweist oder hinausläuft, Rn 36. Im übrigen ist es aber unbeachtlich, LG Kblz JB **97**, 547, LG Lübeck DGVZ **06**, 139, LG Mönchengladb Rpfleger **02**, 529. Denn der Schuldner kann nur im Termin mündlich wirksam bestreiten, IV 1, LG Hann DGVZ **99**, 90, OVG Lüneb DGVZ **02**, 168 (also keine Erinnerung nach § 766). Der Rpfl ist zuständig, Rn 37. Denn IV 1 ist keine Erinnerung nach § 20 Z 17 S 2 RPflG. Er muß den daraufhin ergehenden Beschluß von Amts wegen zustellen, §§ 168 I 1, 329 III. Der verordnete Rpfl darf aber nur den Widerspruch beurkunden und nicht über ihn entscheiden.

39 **C. Nachholung einer Begründung.** Wenn der Schuldner nicht nach IV 1 bestreitet, sondern überhaupt schweigt, sollte man ihn nicht anders behandeln, als wenn er nur zu einzelnen Gründen schweigt, § 901 Rn 17. Das Gesetz hat die Möglichkeiten des Schuldners durch IV 1 besonders geordnet. Daher ist § 570 dann unanwendbar. Nach einem Haftbefehl ist kein Raum mehr für eine Einwendung nach IV vorhanden, LG Rostock JB **03**, 107.

40 **D. Entscheidung.** Hat der Schuldner einen Grund nach Rn 37 angegeben, muß der Rpfl nach Rn 38 über das Bestreiten verhandeln. Ihn bindet die Rechtsansicht des Gerichtsvollziehers nicht, LG Wuppert DGVZ **07**, 31. Er muß durch einen Beschluß entscheiden, § 329, Düss Rpfleger **96**, 359. Das gilt, falls nicht der Gläubiger das Ruhen des Verfahrens beantragt, LG Oldb Rpfleger **81**, 363. Der Rpfl muß seinen Beschluß grundsätzlich begründen, § 329 Rn 4. Er muß ihn verkünden, § 329 I 1, und/oder schriftlich abfassen. Er muß ihn von Amts wegen in einer Ausfertigung oder beglaubigten Ablichtung oder Abschrift zustellen, §§ 168 I 1, 329 III, Ffm Rpfleger **91**, 449. Die bloße Protokollübersendung genügt nicht, Ffm Rpfleger **91**, 449. Das gilt insbesondere dann, wenn die Entscheidung nur im Ankreuzen eines Formulars bestand, Ffm Rpfleger **91**, 449.

Der Rpfl muß über *sämtliche* vorgebrachten Gründe entscheiden, mögen sie zulässig oder unzulässig sein, LG Wuppert Rpfleger **81**, 25. Eine Einwendung gegen den sachlichrechtlichen Anspruch ist aber nur in einem Verfahren nach §§ 767, 785, 786, 732 zulässig. Auch bei einem geringen Restbetrag der Schuld reicht ein bloßes Zahlungsversprechen nicht zur Angabe eines Grundes aus, LG Wuppert Rpfleger **81**, 25. Der Rpfl kann bei einem nur teilweisen Bestreitens entsprechend § 145 verfahren, LG Oldb Rpfleger **81**, 363.

Die Entscheidung über das Bestreiten kann wie folgt lauten. *Entweder:* Das Gericht gibt dem Bestreiten statt. Dann darf der Gläubiger die Abgabe der eidesstattlichen Versicherung nur auf Grund neuer Tatsachen verlangen, § 322. *Oder:* Das Gericht verwirft das Bestreiten.

41 **E. Folgen erfolglosen Bestreitens.** Mit der Rechtskraft der das Bestreiten verwerfenden Entscheidung nach §§ 322, 705 steht fest, daß der Schuldner die eidesstattliche Versicherung seit dem Termin oder dem Erlaß der Beschwerdeentscheidung abgeben muß. Alle Einwendungen, die der Schuldner bis zum Schluß der mündlichen Verhandlung erheben konnte, sind jetzt unzulässig. Der Rpfl gibt die Akten dem Gerichtsvollzieher. Der Gerichtsvollzieher muß nun von Amts wegen einen neuen Termin zur Abgabe der eidesstattlichen Versicherung bestimmen, IV 2 Hs 1, § 216. Er muß den Schuldner dazu erneut laden, § 168 I 1. Der Schuldner mag im neuen Termin erneut die Pflicht bestreiten und das nur mit solchen Tatsachen begründen, die nach dem Schluß des letzten Termins entstanden. Er mag auch das erneute Bestreiten auf solche Einwendungen stützen, die den Anspruch selbst betreffen, § 767. Dann muß zunächst der Rpfl auch über diesen neuen Widerspruch entscheiden. Das Gericht kann dann anordnen, daß der Schuldner die eidesstattliche Versicherung vor der Rechtskraft des neuen Beschlusses abgeben muß, IV 2 Hs 2.

42 **F. Rechtsbehelfe wegen Einwendungen.** Gegen denjenigen Beschluß, durch den der Rpfl über ein Bestreiten entscheidet, ist die sofortige Beschwerde statthaft, §§ 567 I Z 1, 793, Düss JB **00**, 100, Mü Rpfleger **00**, 28, Hintzen Rpfleger **99**, 244. Die Frist beginnt mit der Verkündung oder mit der Zustellung des Beschlusses, § 329 III.

43 **10) Verweigerung ohne Grundangabe, IV.** Der Schuldner mag die eidesstattliche Versicherung verweigern, ohne dafür einen Grund anzugeben und obwohl der Gerichtsvollzieher seine Fragepflicht nach § 139 ausgeübt hat, LG Düss Rpfleger **80**, 484. Dann muß der Amtsrichter auf Grund eines Antrags des Gläubigers einen Haftbefehl erlassen, § 901. Zu diesem Zweck muß der Gerichtsvollzieher die Akten dem Amtsrichter vorlegen.

44 **11) Kosten, IV.** Die Kosten des Verfahrens vor dem Gerichtsvollzieher richten sich nach KVGv 260, 700 ff, Hartmann Teil XI. Die Kosten des etwa anschließenden Verfahrens vor Gericht zählen grundsätzlich zu den Kosten der Zwangsvollstreckung, § 788 I, KG DGVZ **91**, 170, LG Bln DGVZ **92**, 28. Das Gericht muß sie evtl nach § 788 IV dem Gläubiger auferlegen, etwa dann, wenn § 765 a anwendbar ist, Rn 16. Der Gläubiger kann den Auftrag jederzeit zurücknehmen, Rn 5. Dann verfährt das Gericht wie bei einer

Klagerücknahme entsprechend § 269 III, StJM 68, aM ThP § 788 Rn 6, ZöStö 24 (sie wenden § 788 an. Aber § 269 paßt besser). Streitwert: Anh § 3 Rn 33 „Eidesstattliche Versicherung".

Gebühren: Des Gerichtsvollziehers: KVGv 260; des Gerichts: keine; des Anwalts VV 3309, 3310.

12) Säumnisverfahren, IV. Es kommt auf die Person des Säumigen an. 45

A. Säumnis des Gläubigers. Wenn eine von Amts wegen beachtbare Voraussetzung zB nach Grdz 14 vor § 704, Rn 6 fehlt, muß der Gerichtsvollzieher den Auftrag ablehnen. Andernfalls muß er dem Schuldner die eidesstattliche Versicherung dann abnehmen, wenn der im Termin erschienene Schuldner dazu bereit ist. Wenn der Schuldner widerspricht, muß der Rpfl entscheiden, Rn 37. Das geschieht auf Grund der mündlichen Angaben des Schuldners vor dem Gerichtsvollzieher und der etwaigen schriftlichen Angaben des Gläubigers. Die Entscheidung über den Widerspruch ergeht durch einen Beschluß oder eine Verfügung, § 329. Eine Vertagung ist nur nach III 1, 2 zulässig. Der Rpfl muß seine Entscheidung grundsätzlich begründen, § 329 Rn 4. Er muß sie nach § 329 I 1 verkünden oder nach § 329 III förmlich zustellen. Gegen die Entscheidung ist ein Rechtsbehelf wie bei Rn 42 zulässig, §§ 567 I Z 2, 793.

B. Säumnis des Schuldners. Der Gerichtsvollzieher muß die Akten seinem Gericht übersenden und der Amtsrichter nach § 901 muß dann einen Haftbefehl erlassen, wenn folgende Voraussetzungen vorliegen: Der Gerichtsvollzieher hatte den Schuldner ordnungsgemäß geladen, Rn 10; der Gläubiger hat einen Haftantrag gestellt, § 901; die von Amts wegen beachtbaren Voraussetzungen liegen vor, Hamm Rpfleger **87**, 362; es liegen also auch keine nach Rn 24–29 beachtlichen Entscheidungen des Schuldners vor; es liegt kein Vertagungsgrund vor, Rn 30; ein etwaiger ProzBev des Schuldners hat keinen mit einer Begründung versehenen Widerspruch erhoben. 46

Für den Erlaß des Haftbefehls ist der *Amtsrichter* zuständig, § 4 II Z 2 RPflG. Ein schriftlicher Vertagungsantrag oder Widerspruch ist beachtbar, soweit er auf von Amts wegen beachtliche Verfahrensmängel hinweist oder hinausläuft, Hamm Rpfleger **83**, 362. Er ist im übrigen aber unbeachtlich, Rn 28 ff, Hamm Rpfleger **83**, 362, LG Lübeck SchlHA **85**, 193. Als eine etwaige Entschuldigung des Schuldners für sein Ausbleiben kommt abgesehen von III 1, 2 nur ein dem § 337 entsprechender Fall in Betracht, § 337 Rn 3–6, Ffm JB **77**, 1463, Hamm Rpfleger **77**, 111 (Urlaub des Schuldners), KG OLGZ **93**, 360. Eine Arbeitsunfähigkeitsbescheinigung reicht nicht stets zur Annahme der Unfähigkeit zur Abgabe der Offenbarungsversicherung, LG Heilbr DGVZ **06**, 116, LG Stgt DGVZ **04**, 44, LG Wuppert DGVZ **06**, 114. Eine Erkrankung reicht als Entschuldigung nur dann aus, wenn sie dem Schuldner das Erscheinen im Termin unzumutbar macht, Ffm Rpfleger **77**, 146, AG Göpp JB **05**, 552, aM ZöStö 20 (großzügiger), LG Bln Rpfleger **97**, 34, AG Kiel DGVZ **79**, 78 (strenger. Aber beide Varianten sind zu schematisch. Das Abstellen auf eine Zumutbarkeit erlaubt eine bessere Abwägung). In diesem Zusammenhang muß man berücksichtigen, daß der Gerichtsvollzieher den Termin unter Umständen in der Wohnung des Schuldners durchführen darf und muß, § 219. Wenn der Schuldner sich vorwerfbar weigern würde, wenigstens einem zumutbaren solchen Verfahren zuzustimmen, würde er säumig sein. Eine Entscheidung nach Aktenlage ist wegen IV nicht statthaft. 47

C. Säumnis beider Parteien. Der Gerichtsvollzieher verständigt dann den Gläubiger vom Ausbleiben des Schuldners und wartet dann bis zum Eingang eines neuen Auftrags des Gläubigers. §§ 251, 251 a sind dann unanwendbar, LG Paderb Rpfleger **93**, 254, ThP 27, aM ZöStö 11 (anders ZöStö 23). Der Gerichtsvollzieher verkündet eine etwa im Termin ergehende Entscheidung, § 329 I 1. 48

13) Eidesstattliche Versicherung vor der Rechtskraft, IV 2 Hs 2. Sie bringt kaum Probleme. 49

A. Allgemeines. Eine Erinnerung nach § 766 hat eine aufschiebende Wirkung. Zuständig ist der Richter des Vollstreckungsgerichts, § 20 Z 17 S 2 RPflG. Er kann im Rahmen seiner Entscheidung über eine Erinnerung nach IV 2 Hs 2 anordnen, daß der Schuldner die eidesstattliche Versicherung dann schon vor dem Eintritt der formellen Rechtskraft der Entscheidung über die Erinnerung abgeben muß, wenn das Gericht schon einen früheren Widerspruch rechtskräftig verworfen hatte oder wenn eine Vertagung nach III erfolgt war, Rn 30. Das setzt ferner voraus, daß der Schuldner die seinen Widerspruch begründenden Tatsachen schon im ersten Vertagungsantrag hätte geltend machen können. Es würde auch ausreichen, daß der Schuldner den Widerspruch auf solche Einwendungen stützt, die den Anspruch selbst betreffen. Der Richter kann eine solche Anordnung auch dann treffen, wenn ein Rechtsmißbrauch vorliegt, Einl III 54, Grdz 44 vor § 704, AG Groß Gerau Rpfleger **85**, 246. Die Voraussetzungen jedes dieser Fälle müssen aber in demselben Verfahren gegenüber demselben Gläubiger eingetreten sein. Der Richter kann im Termin oder außerhalb des Termins mit oder ohne eine mündliche Verhandlung entscheiden.

B. Rechtsbehelf wegen Anordnung vor Rechtskraft. Der Betroffene kann gegen eine Maßnahme des Gerichtsvollziehers die Erinnerung nach § 766 einlegen, aM LG Bln DGVZ **07**, 44 (nur IV. Aber dieser Absatz hat ein anderes Anwendungsgebiet). Über sie entscheidet nach Rn 49 der Richter, § 20 Z 17 S 2 RPflG. Gegen seine Entscheidung ist die sofortige Beschwerde nach §§ 567 I, 793 statthaft. 50

14) Hinterlegung der Versicherung, V. Die Vorschrift stellt klar, daß der Gerichtsvollzieher die eidesstattliche Versicherung zwar in Kopie in seinen Handakten behalten darf. Er sollte sie aber im Original ohne ein schuldhaftes Zögern wie bei § 121 I 1 BGB im Vollstreckungsgericht hinterlegen. Er muß dem Gläubiger von Amts wegen eine Ablichtung oder Abschrift zuleiten, dem Schuldner nur auf dessen Antrag. Auslagenersatz: KVGv 700 ff. 51

901 *Erlass eines Haftbefehls.* [1] **Gegen den Schuldner, der in dem zur Abgabe der eidesstattlichen Versicherung bestimmten Termin nicht erscheint oder die Abgabe der eidesstattlichen Versicherung ohne Grund verweigert, hat das Gericht zur Erzwingung der Abgabe auf**

Antrag einen Haftbefehl zu erlassen. [2] In dem Haftbefehl sind der Gläubiger, der Schuldner und der Grund der Verhaftung zu bezeichnen. [3] Einer Zustellung des Haftbefehls vor seiner Vollziehung bedarf es nicht.

Schrifttum: *Fischer/Weinert* DGVZ **06**, 33 (Üb).

Gliederung

1 **1) Systematik, S 1–3.** Es handelt sich um die räumlich erste einer ganzen Reihe von Vorschriften, §§ 902, 904–914. Sie alle klären, unter welchen Voraussetzungen und mit welchen Folgen das Gericht für den Gläubiger die von diesem benötigte Zwischenauskunft des Schuldners wenigstens indirekt auf dem Weg über physischen wie psychischen Druck zwar nicht erzwingen, wohl aber eher herbeiführen kann, Wiedemann DGVZ **04**, 131. Die Vorschrift ist zumindest in ihrer ersten Alternative mit dem GG vereinbar, BVerfG **61**, 134, Mü VersR **92**, 875, Fischer/Weinert DGVZ **06**, 39. Zum Problem Bittmann Rpfleger **83**, 261.

2 **2) Regelungszweck, S 1–3.** Als eine freiheitsbeschränkende Maßnahme erhält der Haftbefehl seine Deckung durch die EMRK, LG Kblz DGVZ **08**, 105, und durch Art 2 II 3 GG, Karlsr MDR **99**, 567. Der Richter muß jede Haftanordnung streng prüfen. Richter wie Rpfl dürfen jede Haftaufhebung an sich großzügiger handhaben. Dabei darf man aber das durch den Vollstreckungstitel eröffnete, in diesem Haftstadium aber meist noch weit entfernte Ziel der Gläubigerbefriedigung nicht nahezu ganz aus den Augen verlieren.

3 **3) Geltungsbereich, S 1–3.** Die Vorschrift gilt in allen Arten von Verfahren zwecks Offenbarungsversicherung nach der ZPO, auch im WEG-Verfahren. Im FamFG-Verfahren gilt evtl S 2 entsprechend, § 35 III 3 FamFG entsprechend. Ein Antrag auf die Eröffnung des Insolvenzverfahrens hindert nicht, § 775 Rn 7.

4 **4) Voraussetzungen, S 1.** Der Amtsrichter muß gegen den Schuldner einen Haftbefehl erlassen (die frühere Unterscheidung zwischen Haftanordnung und Haftbefehl ist entfallen), wenn eine der beiden folgenden Voraussetzungen vorliegt. LG Bln DGVZ **08**, 106 hält sogar wissentlich falsche Angaben für ausreichend.

A. Nichterscheinen, Nichtverhandeln. Ein Haftbefehl ergeht, wenn der Schuldner in dem ersten Termin zur Abgabe der eidesstattlichen Versicherung trotz seiner ordnungsmäßigen Ladung nach § 218 unentschuldigt nicht erschienen ist oder nicht verhandelt hat, KG Rpfleger **96**, 253 (zustm Gleußner). Zur Ordnungsmäßigkeit der Ladung gehört die ordnungsgemäße förmliche Zustellung, LG Karlsr DGVZ **00**, 90, LG Stendal DGVZ **03**, 188. Ein nur vor dem Termin eingereichter schriftlicher Widerspruch ist grundsätzlich unerheblich, § 900 Rn 32. Der Richter darf eine Haftunfähigkeit erst im Rahmen von § 906 Rn 2 beachten. Eine Entschuldigung des Schuldners wirkt nur nach den in § 900 Rn 46, 47 genannten Grundsätzen. Dabei kommt es auf die Lage im Zeitpunkt der Entscheidung über den Haftantrag an. Allerdings muß das Gericht alle von Amts wegen beachtlichen Voraussetzungen prüfen, § 900 Rn 6, Zweibr RR **88**, 696, LG Stendal DGVZ **03**, 188, Jelinsky Rpfleger **91**, 410. Es muß zB das Rechtsschutzinteresse prüfen, Grdz 33 vor § 253.

Es muß auch den Grundsatz der *Verhältnismäßigkeit* beachten, Grdz 34 vor § 704, BVerfG **61**, 134, Morgenstern NJW **79**, 2277. Bei einer feststehenden Leistungsunfähigkeit des Schuldners darf das Gericht keinen Haftbefehl erlassen. Wohl aber darf und muß ein Haftbefehl bei einer Ungewißheit über seine Vermögensverhältnisse ergehen, BVerfG **61**, 134 (zustm Bittmann Rpfleger **83**, 261). Das Gericht muß notfalls durch eine Beweiserhebung nach §§ 355 ff feststellen, ob ein Entschuldigungsgrund des Schuldners zutrifft. Der Schuldner braucht ihn nicht nach § 294 glaubhaft zu machen. Ein Widerspruch des Schuldners in einem früheren Termin ist dann unbeachtlich, wenn der Schuldner im nächsten Termin unentschuldigt ausbleibt.

5 **B. Verweigerung.** Ein Haftbefehl ergeht auch dann, wenn der Schuldner im Termin die eidesstattliche Versicherung demgemäß grundlos verweigert, LG Bln Rpfleger **91**, 467 (abl Jelinsky Rpfleger **92**, 75). Das ist dann so, wenn der Schuldner keinen Widerspruch eingelegt oder diesen nicht oder nur unzulänglich begründet hat, LG Bln Rpfleger **98**, 167 (Gefälligkeitsattest), LG Wuppert Rpfleger **81**, 25. Grundlos ist eine Verweigerung ferner dann, wenn das Gericht einen Widerspruch nach §§ 322, 705 rechtskräftig verworfen hat oder wenn der Rpfl oder der Richter nach § 900 IV 2 die Abgabe der eidesstattlichen Versicherung vor der Rechtskraft der Entscheidung über den Widerspruch des Schuldners angeordnet hat, § 900 Rn 49. Nicht ausreichend ist eine Verweigerung nur vor oder nach dem Termin.

So oft der Schuldner einen *neuen Verweigerungsgrund* vorbringt, muß das Gericht über diesen neuen Grund entscheiden. Wenn der Schuldner aber einfach sein bisheriges Vorbringen wiederholt oder wenn man den vom Schuldner vorgebrachten Grund nicht ernstnehmen darf, braucht über den Widerspruch keine weitere Entscheidung zu erfolgen. Vielmehr muß der Amtsrichter dann den Haftbefehl erlassen. Eine Weigerung des

Schuldners, ein Vermögensverzeichnis vorzulegen, steht bei § 807 der Verweigerung der eidesstattlichen Versicherung gleich.

5) Haftbefehl, S 2, 3. Man muß zahlreiche Fragen klären. Ein sog Zwischen-Vorführungsbefehl ist unzulässig, LG Paderb Rpfleger **05**, 209 (zustm Schneider). 6

A. Antrag. Der Amtsrichter muß auf Grund eines Antrags des Gläubigers jedenfalls die in Rn 7, 8 genannten Voraussetzungen eines Haftbefehls prüfen. Denn sie gehören zu den Bedingungen des Erlasses des Haftbefehls, LG Lübeck DGVZ **05**, 141, LG Potsd Rpfleger **00**, 558, aM AG Heinsberg DGVZ **99**, 159 (zuständig sei der Rpfl, mit Recht abl Schriftleitung). Nur eine natürliche Person ist haftfähig, LG Lüb DGVZ **07**, 140. Liegen die Voraussetzungen vor, muß der Richter einen Haftbefehl gegen den Schuldner erlassen. Örtlich zuständig ist und bleibt der Richter desjenigen AG, in dessen Bezirk der Schuldner beim Eingang des Gläubigerauftrags zur Abnahme der eidesstattlichen Versicherung wohnte, LG Köln Rpfleger **99**, 549. Der nur gegen den Schuldner verhängte Haftbefehl gilt nicht auch gegen seinen Pfleger, Köln RR **88**, 698. Ein Antrag auf eine Haft nach Rn 1 genügt auch für den Fall Rn 3.

Der Antrag ist eine *Parteiprozeßhandlung,* Grdz 47 vor § 128. Der Gläubiger kann den Antrag als einen Hilfsantrag schon vor dem Termin schriftlich stellen. Freilich genügt der Verfahrensauftrag nach § 900 I 1 nicht. Der Gläubiger kann den Haftantrag auch im oder nach dem Termin stellen. Es besteht kein Anwaltszwang. Denn § 78 nennt diese Situation nicht anwaltspflichtig. Das Hauptzollamt hat als Gläubiger keine stärkere Stellung als ein anderer Gläubiger, aM LG Bochum DGVZ **98**, 63 (aber warum eigentlich?). Ein nur zum außergerichtlichen Forderungseinzug befugtes Inkassounternehmen ist nicht vor dem Richter antragsberechtigt, LG Köln DGVZ **02**, 153.

B. Verfahren. Für die Frage, ob der Haftbefehl ergehen muß, ist neben der nach Rn 6 klärbaren Zuständigkeit jeweils die Sachlage im Termin maßgeblich, Ffm Rpfleger **91**, 449, LG Bln Rpfleger **91**, 467. Wenn der Richter aber eine solche Tatsache kennt, die nach dem Schluß des Termins eingetreten ist und die einem Haftbefehl entgegensteht, darf er ihn nicht erlassen. (Jetzt) § 758 a ist anwendbar, LG Brschw DGVZ **87**, 58. In einer Steuersache ist ebenfalls der Richter des Vollstreckungsgerichts für den Haftbefehl zuständig, § 284 VII, VIII AO, Köln Rpfleger **00**, 461. Das gilt auf Grund der Durchschrift der Anordnung der Vollstreckungsbehörde, LG Kassel DGVZ **96**, 27. 7

Er *prüft* nicht sämtliche Voraussetzungen der Zwangsvollstreckung, sondern nur die *formelle Zulässigkeit* des Haftantrags, LG Lübeck DGVZ **05**, 141, und die Einhaltung des Grundsatzes der Verhältnismäßigkeit, Grdz 34 vor § 704, LG Cottbus DGVZ **07**, 140 (nur noch steitige Kosten), LG Detm Rpfleger **01**, 507, LG Ffm Rpfleger **79**, 74, aM Köln Rpfleger **00**, 461, LG Brschw Rpfleger **01**, 506, LG Gött JB **03**, 658 (aber das stellt eine Überforderung dar). Der Richter darf einen in anderer Zwangsvollstreckungssache verhafteten Schuldner nachverhaften, einen in Untersuchungs- oder Strafhaft befindlichen nicht derart, AG Essen DGVZ **95**, 28, aM AG Bln-Tiergarten JB **00**, 63 (aber man darf grundsätzlich nicht zwei ganz unterschiedliche Verfahrensordnungen derart vermengen). Der Gerichtsvollzieher muß den Schuldner zum ersten Termin förmlich geladen haben, § 900 Rn 14.

Mit dem Erlaß des Haftbefehls *endet* das Verfahren auf die Offenbarungsversicherung nur insofern, als der Gläubiger danach keinen neuen Termin beantragen kann, LG Bln Rpfleger **99**, 188 (abl Juling), LG Saarbr DGVZ **99**, 91, aM Hornung DGVZ **99**, 35 (aber der Haftbefehl bezweckt die Abgabe gerade der bisher beantragten Versicherung). Das Offenbarungsverfahren läuft bis zur Beendigung des Haftverfahrens wegen dessen Vorrang nicht weiter. Es ist in diesem weiteren Sinn „unterbrochen" und nicht etwa erledigt. 8

C. Antragszurückweisung. Eine Antragszurückweisung kann auch und muß grundsätzlich nach wie vor durch das „Gericht" erfolgen, also wie bei § 900 Rn 37 durch den Rpfl, § 20 Z 17 S 1 RPflG. Denn die Zurückweisung ist keine dem Richter vorbehaltene Freiheitsentziehung. Der Gerichtsvollzieher kann nicht irgendwie über einen Haftantrag auch nur abweisend entscheiden. 9

D. Stattgabe. Der Haftbefehl erfolgt nur durch den Richter, § 4 II Z 2 RPflG, und zwar durch einen Beschluß, § 329. Der Haftbefehl muß den in S 2 bezeichneten Inhalt haben, LG Bonn DGVZ **80**, 87. Er enthält evtl auch die Namen der gesetzlichen Vertreter, § 51 Rn 12. Das gilt insbesondere dann, wenn er die Verhaftung des gesetzlichen Vertreters anordnet, LG Freibg Rpfleger **80**, 117, AG Bbg DGVZ **79**, 31. Der Haftbefehl muß auch die Namen der ProzBev enthalten, § 81, § 750 Rn 3. Er muß auch den Vollstreckungstitel angeben, AG Westerburg DGVZ **04**, 174, MüKoEi 3, ThP 2, aM StJM 3 (aber dieser ist die Grundlage der ganzen Zwangsvollstreckung, Grdz 15 vor § 704). Der Haftbefehl muß ferner den Haftgrund angeben. Dagegen ist die Angabe einer sog Lösungssumme, durch die der Schuldner die Vollstreckung abwenden könnte, weder notwendig noch sinnvoll, aM ZöStö 2 (aber §§ 901 ff sehen desgleichen hier nicht vor). Der Richter muß seinen Haftbefehl grundsätzlich begründen, § 329 Rn 4. Vorsicht mit Textbausteinen, noch dazu durch ein Blanko-Formular, Köln MDR **90**, 346. Der Richter muß den Haftbefehl in einem etwaigen Termin auch dann nach § 329 I 1 verkünden, wenn die eine oder die andere oder beide Parteien abwesend sind. 10

Der Gläubiger erhält die *Urschrift.* Das Protokoll braucht den Erlaß des Haftbefehls nicht zu erwähnen, wenn der Haftbefehl als eine Anlage zum Protokoll gekommen ist, § 160 III Z 6, 7, V. Eine vollstreckbare Ausfertigung des Haftbefehls oder eine Vollstreckungsklausel nach § 725 ist nicht erforderlich. Bei einer Anordnung nach § 807 genügt als Haftgrund die Verweisung auf diese Vorschrift. Der Haftbefehl muß ergeben, ob die eidesstattliche Versicherung nach § 807 oder nach § 903 erfolgen soll, LG Bonn DGVZ **80**, 88. Bei § 902 muß der Haftbefehl den Inhalt der eidesstattlichen Versicherung angeben. 11

E. Mitteilung. Wenn der Richter seinen Haftbefehl *nicht verkündet,* teilt er ihn dem Gläubiger nach § 329 II 1 und dem Schuldner überhaupt nicht mit, S 3. Der Gläubiger kann aber auch beantragen, den Haftbefehl dem Schuldner zuzustellen, § 909 Rn 7. Diese Zustellung tritt dann an die Stelle der in § 909 I 2 genannten Übergabe des Haftbefehls. Sie setzt die Beschwerdefrist in Gang, LG Düss Rpfleger **80**, 75, Rn 16. Der Erlaß des Haftbefehls schließt das Verfahren in dieser Instanz ab, § 900 Rn 5. Der Schuldner darf seine Pflicht zur Abgabe der eidesstattlichen Versicherung weder auf Grund älterer noch mithilfe jüngerer 12

Gründe anders als durch eine sofortige Beschwerde bemängeln. Der Gläubiger kann also auch nicht etwa einen neuen Termin zur Abnahme der eidesstattlichen Versicherung beantragen. Im Haftbefehl darf der Richter trotz § 913 keine Zeitdauer für die Haft bestimmen.

13 **F. Erledigung.** Der Haftbefehl ist nicht schon dann erledigt, wenn der Gerichtsvollzieher den Schuldner zur eidesstattlichen Versicherung vorführt. Er ist nämlich erst dann erledigt, wenn der Schuldner die eidesstattliche Versicherung abgibt oder wenn er zahlt, AG Kirchheim DGVZ **83**, 63, aM LG Kblz Rpfleger **87**, 255 (aber die Vorführung bringt noch keineswegs das Ziel, die Versicherung). Dann händigt der Gerichtsvollzieher den Haftbefehl als eine behördliche Anordnung nicht etwa dem Schuldner aus, sondern reicht ihn dem Vollstreckungsgericht als nicht mehr ausführbar zurück.

14 **G. Aufhebung, Verbrauch.** Das Vollstreckungsgericht muß den Haftbefehl dann aufheben, wenn ein Rechtsbehelf des Schuldners Erfolg hat oder wenn er leistet oder wenn der Gläubiger mit der Aufhebung des Haftbefehls einverstanden ist oder wenn er auf das weitere Verfahren verzichtet oder den Antrag zurücknimmt, LG Frankenth Rpfleger **86**, 268. Eine Aufhebung kommt ferner aus den in § 900 Rn 46, 47 genannten Gründen in Betracht, Hamm MDR **75**, 939, LG Kblz MDR **85**, 418, LG Nürnb-Fürth DGVZ **06**, 74. Sie erfolgt auch noch nach dem Eintritt der formellen Rechtskraft nach § 705. Diese Aufhebung erfolgt durch den Rpfl, Rn 9, AG Neuruppin Rpfleger **04**, 617. Er hebt den Haftbefehl aber nicht schon dann auf, wenn der Schuldner in einer anderen Sache eine eidesstattliche Versicherung abgibt. Das gilt unabhängig davon, ob er diese Versicherung vor oder nach dem Erlaß des hier fraglichen Haftbefehls abgegeben hat. Ein solcher Umstand hindert nur die weitere Vollziehung des hier erlassenen Haftbefehls, LG Bln Rpfleger **77**, 35. Keine Aufhebung erfolgt schon dann, wenn der Schuldner eine Teilzahlung anbietet oder erbringt, LG Ffm DGVZ **03**, 41.

Ein *Verbrauch* des Haftbefehls kann infolge der Zahlung jenes Teils der Gesamtforderung eintreten, auf den der Gläubiger das Verfahren nach § 753 Rn 6 zulässigerweise beschränkt hatte, LG Freib/Br DGVZ **92**, 15, LG Lüb DGVZ **89**, 72, AG Kenzingen DGVZ **92**, 15, aM LG Aurich DGVZ **88**, 1469, LG Stade DGVZ **88**, 28 (aber der Gläubiger bleibt der Herr der Zwangsvollstreckung, Grdz 7 vor § 704, § 753 Rn 3). Wegen der Löschung in der Schuldnerliste § 915 Rn 4. Wegen der Unanwendbarkeit des § 901 bei einer Erzwingungshaft nach dem OWiG Üb 1 vor § 899.

Gebühren: Keine besonderen, § 900 Rn 34.

15 **6) Sofortige Beschwerde oder Erinnerung, S 1–3.** Soweit der Rpfl eine Entscheidung getroffen hat, gilt § 11 RPflG, zum Verfahren § 104 Rn 41 ff.

A. Zulässigkeit. Der Gläubiger kann gegen eine Ablehnung eines Haftbefehls durch den Richter wie bei einer Ablehnung durch den Rpfl die sofortige Beschwerde nach §§ 567 I Z 2, 793 einlegen. Der Schuldner kann gegen den Haftbefehl die sofortige Beschwerde nach §§ 567 I Z 1, 793 einlegen. Denn er hat vorher bei einem ordnungsmäßigen Verfahren das rechtliche Gehör nach Artt 2 I, 20 III GG (Rpfl), BVerfG **101**, 404, Art 103 I GG (Richter) grundsätzlich erhalten, Ffm DGVZ **04**, 92, Jena RR **02**, 626, aM Mü DGVZ **87**, 73, Wieser Rpfleger **90**, 102, ZöStö 11 (Erinnerung nach § 766). Ein Rechtsbedürfnis (Beschwer) ist wie stets erforderlich, Grdz 38 vor § 704, Düss MDR **95**, 313. Beim Auslandsbezug kann das OLG zuständig sein, § 119 I Z 1 b GVG, Ffm DGVZ **04**, 92.

16 **B. Frist.** Die Einlegungsfrist nach § 569 I 1 ist eine Notfrist, § 224 I 2. Sie beginnt mit der Verkündung der Entscheidung nach § 329 I 1. Das gilt auch dann, wenn der ordnungsgemäß geladene und belehrte Schuldner abwesend war. Wenn das Gericht seine Entscheidung nicht verkündet hatte, beginnt die Beschwerdefrist mit der Übergabe des Haftbefehls nach § 909 I 2. Denn der Haftbefehl wird dem Schuldner in der Regel nicht förmlich zugestellt, II. Wenn aber der Gläubiger den Haftbefehl dem Schuldner zustellen läßt, beginnt die Beschwerdefrist für den Schuldner mit der Zustellung, § 569 I 2, 3 und zwar evtl an seinen ProzBev, §§ 172, 81, LG Kaisersl Rpfleger **89**, 116.

17 **C. Begründung.** Es sind bis zur Rechtskraft nach § 900 Rn 17 folgende Begründungen denkbar. Der Schuldner kann zunächst angeben, der Haftbefehl sei nach § 901 unzulässig gewesen, Hamm Rpfleger **77**, 111, etwa weil der Gerichtsvollzieher den ausgebliebenen Schuldner nicht korrekt geladen habe oder weil sich der im Weg einer Ersatzzustellung geladene Schuldner im Ausland aufgehalten habe oder weil man dem Schuldner die Ladung verheimlicht habe, Ffm Rpfleger **75**, 68.

Der Schuldner kann ferner angeben, er sei zur Abgabe der eidesstattlichen Versicherung nach § 807 *nicht verpflichtet.* Dieser Einwand ist insoweit unzulässig, als ihn der Schuldner im Termin durch einen Widerspruch gegenüber dem Antrag des Gläubigers auf die Abgabe der eidesstattlichen Versicherung hätte geltend machen können, aM Ffm Rpfleger **76**, 27, LG Hann Rpfleger **86**, 187 (vgl aber § 900 Rn 37). Der Einwand ist natürlich auch insoweit unzulässig, als das Gericht den Widerspruch inzwischen verworfen hat, § 900 Rn 40, 41.

Der Schuldner kann schließlich angeben, es seien nach dem Widerspruchstermin *neue* Tatsachen eingetreten, die eine Einwendung begründen könnten.

18 **D. Einzelfragen.** Wenn der Schuldner die eidesstattliche Versicherung mittlerweile abgegeben hat, fehlt von nun an seine Beschwer, aM Hamm Rpfleger **77**, 111, Stgt OLGZ **79**, 116, LG Limbg DGVZ **85**, 44 (aber der Gläubiger hat sein Zwischenziel erreicht, § 900 Rn 2, und daher endete dieses Verfahren, § 900 Rn 5). Die Unkenntnis des ordnungsgemäß verkündeten Haftbefehls ist kein Grund zu einer Wiedereinsetzung in den vorigen Stand nach § 233. Das Gericht muß von Amts wegen beachten, ob der Schuldner die eidesstattliche Versicherung schon früher abgegeben hatte, § 900 Rn 8. Wenn das Gericht den Schuldner versehentlich entlassen hat, muß es auf Grund eines Antrags des Gläubigers einen neuen Haftbefehl erlassen. Eine Schuldnerinsolvenz ist für die Zulässigkeit des Rechtsmittels unschädlich, LG Frankenth MDR **86**, 64.

19 **7) Vollstreckungsabwehrklage, S 1–3.** Soweit der Gläubiger sich weigert, die Aufhebung des Haftbefehls zu bewilligen, obwohl der Schuldner an ihn geleistet hat, kommt für den Schuldner nur die Vollstreckungsabwehrklage nach § 767 in Betracht.

902 ***Eidesstattliche Versicherung des Verhafteten.*** **I 1 Der verhaftete Schuldner kann zu jeder Zeit bei dem zuständigen Gerichtsvollzieher des Amtsgerichts des Haftortes verlangen, ihm die eidesstattliche Versicherung abzunehmen. 2 Dem Verlangen ist ohne Verzug stattzugeben. 3 Dem Gläubiger ist die Teilnahme zu ermöglichen, wenn er dies beantragt hat und die Versicherung gleichwohl ohne Verzug abgenommen werden kann.**

II Nach Abgabe der eidesstattlichen Versicherung wird der Schuldner aus der Haft entlassen und der Gläubiger hiervon in Kenntnis gesetzt.

III 1 Kann der Schuldner vollständige Angaben nicht machen, weil er die dazu notwendigen Unterlagen nicht bei sich hat, so kann der Gerichtsvollzieher einen neuen Termin bestimmen und die Vollziehung des Haftbefehls bis zu diesem Termin aussetzen. 2 § 900 Abs. 1 Satz 2 bis 4 gilt entsprechend.

Gliederung

1) Systematik, I–III. Die Vorschrift stellt eine Ergänzung und ein Gegenstück zu § 90 dar. 1

2) Regelungszweck, I–III. Die Haft ist noch weniger als der ganze Zivilprozeß ein Selbstzweck, Einl III 10, Wiedemann DGVZ **04**, 130. Sie dient ausschließlich der Herbeiführung der ernsthaften Bereitschaft zur Abgabe der vom Gläubiger benötigten Auskunft des Schuldners in strafbewehrter Form, Wiedemann DGVZ **04**, 130. Demgemäß muß man auch § 902 auslegen. Jede Freiheitsentziehung braucht als ein Eingriff in ein Grundrecht für jeden Tag und jede Minute eine eindeutige und ausreichende Rechtfertigung. Daher ist eine große Sorgfalt, höchstmögliche Beschleunigung bis zur Entlassung und eine gewissenhafte Protokollierung des Gesamtvorgangs ratsam, zumindest in Form eines ausführlichen Aktenvermerks unter Nennung der Daten, Uhrzeiten, vorübergehend vorrangigen etwaigen anderen Pflichten usw. Jede Art bloßer Erzwingungshaft bleibt ja problematisch, so unentbehrlich dieses in der Praxis gottlob ja meist bloße Druckmittel natürlich ist. 2

3) Verhafteter Schuldner, I–III. Man muß drei Situationen unterscheiden. 3

A. Abnahmeverlangen, I 1, 2. Nur der Schuldner kann jederzeit die Abnahme der Offenbarungsversicherung verlangen, § 187 Z 3 GVGA. Dem Gläubiger steht kein Antrag gerade nach I 1 zu, AG Essen DGVZ **95**, 28. Dem Schuldner muß der nach der Geschäftsverteilung zuständige Gerichtsvollzieher beim AG des Haftorts nach I 1 (Ort der Verhaftung oder nach einer Einlieferung Ort der Haftanstalt) auf einen Schuldnerantrag die Versicherung abnehmen, Seip DGVZ **04**, 182. Bei einer nach § 284 AO erforderlichen Versicherung ist der Gerichtsvollzieher beim Finanzamt zulässig, § 187 Z 4 GVGA. Das muß unverzüglich geschehen, I 2.

B. Fragerecht des Gläubigers. Der Gläubiger hat ein umfassendes Fragerecht. Deshalb muß der Gerichtsvollzieher den Gläubiger auf dessen Wunsch wenn möglich vom Termin verständigen und ihm auf dessen auch stillschweigenden, aber keineswegs stets unterstellbaren Antrag die Teilnahme am Termin nach I 3 ermöglichen. Das gilt, sofern eine Benachrichtigung des Gläubigers ohne Verzögerungen erfolgen kann, sofern der Gerichtsvollzieher ihn also zB telefonisch benachrichtigen kann, KG MDR **81**, 413, Behr Rpfleger **88**, 6, und soweit die Abnahme der Offenbarungsversicherung ohne ein schuldhaftes Zögern erfolgen kann, wie bei § 121 I 1 BGB. Der Gerichtsvollzieher braucht freilich nun auch nicht alles stehen und liegen zu lassen, um dem Gläubiger die Teilnahme zu ermöglichen. Der Gerichtsvollzieher muß dazu aber in einem zumutbaren Umfang tätig werden, AG Kronach DGVZ **03**, 158. 4

Der Gerichtsvollzieher muß dem Gläubiger jedenfalls dann eine Gelegenheit zur Ausübung des Fragerechts nach den vorstehenden Regeln geben, wenn der Schuldner seine Versicherung wegen Unklarheiten oder wegen einer Unvollständigkeit in einem weiteren Termin *ergänzen* muß, KG MDR **81**, 413. Wenn der Gerichtsvollzieher eine nach dieser Regel erforderliche Teilnahmemöglichkeit des Gläubigers unterläßt, kann darin unter Umständen eine Amtspflichtverletzung liegen. Freilich erlaubt der Verhältnismäßigkeitsgrundsatz nach Grdz 34 vor § 704 nur eine angemessene Wartezeit, KG MDR **81**, 413. Zur Ermöglichung einer gesetzmäßigen Ausfüllung des Vermögensverzeichnisses müssen die Beteiligten die erforderlichen Unterlagen herbeischaffen, Finkelnburg DGVZ **77**, 1.

C. Entlassung, II. Wenn der Schuldner die eidesstattliche Versicherung abgelegt hat, sei es auch auf den Antrag eines anderen Gläubigers, muß ihn der Gerichtsvollzieher sofort entlassen, II, LG Bln Rpfleger **77**, 35. Außerdem muß dann der Gerichtsvollzieher den nichterschienenen Gläubiger von dem Vorgang verständigen. Wenn das Vermögensverzeichnis nach § 807 unzulänglich ist, darf der Gerichtsvollzieher die eidesstattliche Versicherung nicht abnehmen und muß die Haft fortdauern lassen und das Protokoll evtl an das nach § 899 zuständige Gericht senden. Der Gläubiger darf dann bei dem nach § 899 zuständigen Gerichtsvollzieher die erneute Abnahme der eidesstattlichen Versicherung oder die Ergänzung der bisherigen nach § 807 Rn 45 beantragen. War der Schuldner noch nicht entlassen, muß er auch nach der Vorführung zunächst noch die Ergänzung vornehmen, Finkelnburg DGVZ **77**, 5. 5

Über einen *Widerspruch* entscheidet der Gerichtsvollzieher des AG des Haftorts nicht. Er kann aber wegen begründet erscheinender Einwendungen den Vollzug aussetzen, §§ 572 II, 576 entsprechend. Der Gerichtsvollzieher des AG des Haftorts muß nach § 807 ein ausreichendes Vermögensverzeichnis anfordern. Er übersendet das Protokoll über die Abnahme der eidesstattlichen Versicherung dem Vollstreckungsgericht. Der Haftbefehl wird auch ohne die Notwendigkeit seiner förmlichen Aufhebung wirkungslos, LG Kblz MDR **87**, 944. Er verbleibt in den Händen des Beamten der Vollzugsanstalt oder des Gerichts. Denn er ist verbraucht, LG Kblz MDR **87**, 944, AG Rotenbg/Wümme DGVZ **79**, 47. 6

7 **D. Aussetzung, III.** Soweit der Schuldner wegen seiner Verhaftung oder aus sonstigen Gründen schuldlos keine vollständigen Angaben machen „kann", weil er eben die notwendigen Unterlagen schuldlos nicht bei sich hat, ist der Gerichtsvollzieher berechtigt und im allgemeinen auch verpflichtet, einen neuen Termin zu bestimmen und die Weitervollziehung des Haftbefehls auszusetzen, III 1. Den Zeitpunkt des neuen Termins bestimmt der Gerichtsvollzieher nach seinem pflichtgemäßen Ermessen unter einer Beachtung der vom Schuldner verständigerweise benötigten Zeit zur Beschaffung seiner Unterlagen usw. Weder der Schuldner noch der Gerichtsvollzieher dürfen dabei trödeln. Im neuen Termin hat der Gläubiger dasselbe Teilnahmerecht wie im vorangegangenen. Notfalls muß der Gerichtsvollzieher das Verfahren mehrfach aussetzen usw oder den neuen Termin verlegen. Im Verfahren gelten nach III 2 die Regeln des § 900 I 2–4 entsprechend.

8 **4) Noch nicht verhafteter Schuldner, I–III.** Der jedenfalls in dieser Sache noch nicht verhaftete Schuldner kann die Vollstreckung dieses Haftbefehls dadurch abwenden, daß er die eidesstattliche Versicherung abgibt, AG Hildesh DGVZ **05**, 30, Wiedemann DGVZ **04**, 132, sei es auch auf das Verlangen eines anderen Gläubigers, LG Bln Rpfleger **77**, 35. Der Schuldner kann den Offenbarungstermin jederzeit beim Gerichtsvollzieher nach § 899 beantragen. Der Gerichtsvollzieher muß zu diesem Termin den Gläubiger laden, § 900 I 4, aM Finkelnburg DGVZ **77**, 1 (aber der Gläubiger hat grundsätzlich stets ein Anwesenheits- und Fragerecht, § 900 Rn 21, 22). Wenn der Gerichtsvollzieher den Gläubiger nicht hinzugezogen hat, kann der Gläubiger verlangen, dem Schuldner die eidesstattliche Versicherung erneut abzunehmen. Der Gläubiger kann dann aber nicht die Verhaftung des Schuldners verlangen.

9 **5) Rechtsbehelf, I–III.** Der Gläubiger und der Schuldner haben grundsätzlich die Erinnerung, § 766. Der Gläubiger hat jedoch gegen die Entlassung des Schuldners keinen Rechtsbehelf. Die Entlassung ist eine prozeßleitende Verfügung.

903 *Wiederholte eidesstattliche Versicherung.* [1] **Ein Schuldner, der die in § 807 dieses Gesetzes oder in § 284 der Abgabenordnung bezeichnete eidesstattliche Versicherung abgegeben hat, ist, wenn die Abgabe der eidesstattlichen Versicherung in dem Schuldnerverzeichnis noch nicht gelöscht ist, in den ersten drei Jahren nach ihrer Abgabe zur nochmaligen eidesstattlichen Versicherung einem Gläubiger gegenüber nur verpflichtet, wenn glaubhaft gemacht wird, dass der Schuldner später Vermögen erworben hat oder dass ein bisher bestehendes Arbeitsverhältnis mit dem Schuldner aufgelöst ist.** [2] **Der in § 807 Abs. 1 genannten Voraussetzungen bedarf es nicht.**

Gliederung

1 **1) Systematik, S 1, 2** dazu *Zimmermann* Rpfleger **96**, 441: Die Vorschrift ergänzt den § 807 durch eine in ihrem Geltungsbereich nach Rn 3 vorrangige Sonderregelung. Auf diese sind wiederum für das Verfahren neben § 807 die §§ 900 ff anwendbar.

2 **2) Regelungszweck, S 1, 2.** Die Regelung hat den Zweck, dem Gläubiger eine weitere Vollstreckung zu erleichtern oder zu ermöglichen, LG Potsd DGVZ **01**, 87. Diesem Zweck sollte eine nicht allzu schuldnerfreundliche Auslegung entsprechen, LG Augsb JB **98**, 325. Sie darf freilich nicht dazu führen, daß der Gläubiger den Schuldner und mit diesem das Gericht aus Anlaß irgendwelcher vager neuer Annahmen mit immer neuen Verfahren nach § 903 quälen kann. Das gilt auch beim Selbständigen, AG Bad Wildungen DGVZ **01**, 135.

Rezession und andere wirtschaftliche Engpässe oder Antriebslosigkeiten haben natürlich Einfluß auf die zu § 903 auftretenden Fragen. Wenn in Zeiten hochschießender Konjunktur eine „Arbeitslosigkeit" Mißtrauen erwecken und Anlaß zum Verfahren nach dieser Vorschrift geben mag, ist in Zeiten allgemeiner Wirtschaftsflaute ohne zusätzliche Verdachtsmomente überhaupt kein solcher Anlaß erkennbar. Wieder einmal sind Einfühlungsvermögen und Fingerspitzengefühl erforderlich, um eine überzeugende Auslegung und Handhabung der empfindlichen Vorschrift zu erreichen. Natürlich darf man dabei auch nicht übersehen, daß der Schuldner es immerhin zur Zwangsvollstreckung hat kommen lassen und daß diese bisher erfolglos verlaufen ist, wenn es nun um eine schon wiederholte eidesstattliche Versicherung geht. Irgendwann soll der Gläubiger endlich zu seinem Geld kommen, und die Anforderungen an eine weitere eidesstattliche Erklärung sind für den redlichen Schuldner trotz persönlicher etwaiger Not meist nicht unzumutbar. Nur bitte mit einer redlichen Begründung seitens des Gerichts.

3) Geltungsbereich, S 1, 2. Er enthält viele Abgrenzungsprobleme. 3

A. Anwendbarkeit bei nochmaliger Versicherung. § 903 geht davon aus, daß eine abgegebene eidesstattliche Versicherung gegen alle Gläubiger wirkt, LG Bonn Rpfleger **93**, 354. Darum bestimmt die Vorschrift, daß ein Gläubiger die nochmalige Abgabe der eidesstattlichen Versicherung nach § 807 oder nach § 284 AO nur dann verlangen kann, wenn er nach § 294 glaubhaft macht, daß der Schuldner nach der Abgabe der ersten eidesstattlichen Versicherung Vermögen erworben hat oder daß das Arbeitsverhältnis des Schuldners nach der Abgabe der ersten eidesstattlichen Versicherung endete, LG Oldb Rpfleger **81**, 70. Es kommt also darauf an, ob der Schuldner inzwischen im Besitz von pfändbaren Vermögensstücken ist, LG Kref BB **80**, 602, LG Schweinf Rpfleger **95**, 425.

Wenn der Gläubiger eine nochmalige eidesstattliche Versicherung fordern kann und sie auch unbeschränkt *fordert* und nicht zulässig auf einzelne Angaben beschränkt, wenn er also einen neuen Auftrag erteilt oder wenn ein anderer Gläubiger den Auftrag erteilt, beginnt ein neues Verfahren zu ihrer Abnahme nach § 900, LG Stgt Rpfleger **89**, 379, LG Tüb Rpfleger **84**, 70. Man muß seine Voraussetzungen von Amts wegen vor einer Terminsbestimmung prüfen, und zwar gegenüber allen Gläubigern. Der Gläubiger muß den Vollstrekkungstitel und die zur erneuten eidesstattlichen Versicherung nötigen Urkunden vorlegen, LG Stgt Rpfleger **89**, 379. Der Schuldner braucht aber kein neues vollständiges Vermögensverzeichnis nach § 807 usw auszufüllen, I 2. § 903 schützt nur vor einer nochmaligen eidesstattlichen Versicherung, nicht vor anderen Vollstreckungsmaßnahmen, AG Königstein DGVZ **87**, 94, Hintzen Rpfleger **99**, 424.

B. Unanwendbarkeit bei ergänzender Versicherung. Eine bloße Ergänzung der eidesstattlichen Versicherung fällt nicht unter § 903, BGH Rpfleger **08**, 319, LG Kblz MDR **85**, 63, Schneider MDR **76**, 535. Das Verfahren zur Ergänzung einer vorhandenen eidesstattlichen Versicherung setzt vielmehr nur das alte Abnahmeverfahren fort, LG Aachen Rpfleger **91**, 327 rechts, LG Bielef Rpfleger **91**, 327 (je zur Zuständigkeit bei § 284 IV AO), LG Verden JB **02**, 159. Diese Fortsetzung kommt auf Grund eines Antrags des bisherigen Gläubigers oder eines weiteren Gläubigers in Gang, LG BadBad JB **90**, 1348, LG Karlsr DGVZ **99**, 157, LG Verden JB **05**, 164. Voraussetzung ist, daß sich das bisherige Vermögensverzeichnis als formell unvollständig oder ungenau, widersprüchlich oder falsch erweist, LG Cottbus JB **00**, 326, LG Heilbr JB **03**, 104, AG Leer JB **06**, 549, aM LG Waldshut-Tiengen JB **03**, 547 (neues Verfahren. Das ist dann aber prozeßunwirtschaftlich). Dazu hat der Gläubiger, auch ein weiterer, ein Partei-Akteneinsichtsrecht, § 299 Rn 9, LG BadBad JB **90**, 1348, LG Kref JB **90**, 1347. Für die Nachbesserung gibt es keinen zeitlichen Mindestabstand, AG Brake JB **04**, 502 (zustm Buschmann). 4

C. Beispiele zur Frage einer nochmaligen Versicherung 5

Ausforschung: Sie ist wie stets unstatthaft, Einl III 54, LG Mainz JB **96**, 327.

Einwendung: Der Schuldner darf keine Einwendung nach § 903 erheben. Eine Verweisung auf eine frühere Offenbarungsversicherung reicht gerade nicht. Sie kann allenfalls vereinfachend wirken, Rn 7.

Falsche Angaben: *Unanwendbar* ist § 903, soweit herauskommt, daß der Schuldner falsche Angaben gemacht hatte, aM KG MDR **90**, 1124, Köln MDR **75**, 488, LG Kblz MDR **90**, 1124 (aber dann kommen andere Rechtsfolgen in Betracht, zB nach § 156 StGB). Vgl Rn 4.

Glaubhaftmachung: Der Antragsteller muß die Voraussetzungen nach § 903 darlegen und evtl nach § 294 glaubhaft machen, LG Mainz JB **96**, 327.

Mehrheit von Verfahren: Es können mehrere Verfahren nach § 903 nacheinander notwendig werden, LG Freib MDR **81**, 151, LG Hann MDR **79**, 237. Das gilt freilich nur bei einer jetzt anderen Art von Unvollständigkeit, LG Kassel Rpfleger **91**, 118.

Prüfungspflicht: Der Gerichtsvollzieher muß jede Ergänzungsfrage auf ihre Zulässigkeit prüfen, LG Cottbus JB **00**, 327. 6

Rechtsschutzbedürfnis: Es bleibt wie stets erforderlich, Grdz 33 vor § 253, AG Hagen DGVZ **96**, 15. Es hängt nicht davon ab, ob und in welchem Umfang der Schuldner den Gläubiger über zwischenzeitliche Veränderungen seiner Lage informiert hat, AG Schwäb-Hall JB **01**, 326. Freilich gibt es keine gerichtliche Ausforschung, s dort.

Das Rechtsschutzbedürfnis nach Grdz 33 vor § 253 kann bei einer Kenntnis des Gläubigers von dem „Fehlenden" *fehlen*, LG Bln Rpfleger **79**, 112. Eine Nichtrüge über 2 Jahre kann das Rechtsschutzbedürfnis nehmen, LG Bonn DGVZ **06**, 93.

Terminsanberaumung: Der Gerichtsvollzieher beraumt einen Termin zur Ergänzung der Angaben an. Er darf den Gläubiger nicht darauf verweisen, er könne den Schuldner auf Grund des bisherigen Haftbefehls vorführen lassen, zumal der Haftbefehl ja meist verbraucht ist, § 902 Rn 6, LG Kblz MDR **87**, 944.

Unpfändbarkeitsbescheinigung: Unnötig ist eine neue solche jüngere Bescheinigung, Schneider MDR **76**, 536.

Unwahrscheinlichkeit: *Unanwendbar* ist § 903 dann, wenn die bisherigen Angaben formell vollständig sind und wenn lediglich ihre Richtigkeit unwahrscheinlich ist, Ffm MDR **76**, 320, LG Oldb Rpfleger **83**, 163, aM LG Aschaffenb JB **98**, 552, LG Aurich JB **98**, 553, LG Düss JB **98**, 553 (aber auch dann geht es nicht um zwischenzeitliche Änderungen, sondern nur um die Vervollständigung zu den Ausgangsumständen).

Weiterer Gläubiger: Antragsberechtigt ist auch ein bisher unbeteiligter anderer Gläubiger, LG Saarbr DGVZ **98**, 77.

Zuständigkeit: Der Gerichtsvollzieher des bisherigen Verfahrens bleibt bei § 903 zuständig, Rn 3, LG Ffm Rpfleger **02**, 273, LG Stgt JB **02**, 495, AG Kirchheim DGVZ **02**, 78. Das gilt auch dann, wenn der Schuldner die beanstandete eidesstattliche Versicherung vor dem Gerichtsvollzieher des Haftorts nach § 902 oder vor einem ersuchten Gerichtsvollzieher abgegeben hatte oder wenn ein anderer Gläubiger zulässigerweise die Ergänzung beantragt, Ffm MDR **76**, 320, Behr Rpfleger **88**, 2, aM Köln Rpfleger **75**, 180 (aber Rn 3 nennt eine allgemeine Zuständigkeitsregel). Es gilt auch bei § 284 AO, AG Neuruppin DGVZ **02**, 175.

7 **4) Frühere Versicherung, S 1, 2.** Sie kann vereinfachend wirken.

A. Erklärung nach § 807. Es muß sich um eine Erklärung nach § 807 handeln. § 903 bezieht sich also nicht auf eine eidesstattliche Versicherung nach § 98 I InsO. Der Schuldner kann sich nicht auf diese Erklärung berufen. Der Gerichtsvollzieher muß eine frühere eidesstattliche Versicherung des Schuldners von Amts wegen beachten. Das gilt selbst dann, wenn sie der Schuldner im Termin nicht durch einen Widerspruch geltend macht oder wenn er nicht erscheint. Wenn der Schuldner den Einwand aus Böswilligkeit erst in der zweiten Instanz erhebt, muß er die Kosten dieser Instanz tragen, § 97 II. Er darf sich nicht auf eine frühere Versicherung berufen.

Die Abgabepflicht des Schuldners kann dann *entfallen,* wenn er in dem früheren Verfahren ein ausreichendes Vermögensverzeichnis vorgelegt hatte, selbst wenn der Gläubiger damals keinen Mangel gerügt hatte. Um das feststellen zu können, darf auch ein anderer Gläubiger die früheren Akten einsehen. Denn er ist kein Dritter, weil das Verfahren auch gegen ihn eine Wirkung hat, § 299 Rn 20 (dort zu dieser Streitfrage). Der Schuldner muß seine eidesstattliche Versicherung vor einem deutschen Gerichtsvollzieher geleistet haben. Die Abgabe in einem anderen Verfahren reicht, AG Osnabr DGVZ **05**, 46. Über eine Ableistung vor einem unzuständigen Gerichtsvollzieher § 899 Rn 4.

8 **B. Keine Löschung.** Das Gericht darf die frühere eidesstattliche Versicherung im Schuldnerverzeichnis noch nicht gelöscht haben, § 915 II. Der Gerichtsvollzieher muß von Amts wegen in dem Verzeichnis nachprüfen, ob die frühere Erklärung dort noch steht, Beler JB **98**, 233, Steder Rpfleger **98**, 413, aM Hintzen Rpfleger **99**, 424, MusVo § 900 Rn 8 (aber er muß ein gesetzwidriges Verfahren verhindern).

9 **5) Nochmalige Versicherung bei Vermögenserwerb, S 1, 2.** Der Gläubiger kann eine nochmalige eidesstattliche Versicherung des Schuldners fordern, wenn der Schuldner nach der Abgabe der früheren Versicherung Vermögen erworben hat, AG Hbg DGVZ **99**, 158 (zustm Schmidt).

A. Notwendigkeit der Pfändbarkeit. Als Vermögen kommt nur ein pfändbares Vermögen infrage, LG Kref BB **80**, 602. Wenn es um einen Unterhaltsanspruch geht, muß man aber die erweiterte Pfändbarkeit nach §§ 850 ff beachten. Dieses Vermögen muß auch gerade dem Schuldner gehören. Der Gerichtsvollzieher muß eine Glaubhaftmachung nach § 294 von Amts wegen prüfen. Er darf die Anforderungen an die Glaubhaftmachung nicht überspannen, LG Kref BB **80**, 602.

10 **B. Gläubigerangaben,** dazu *Goebel* DGVZ **01**, 49 (ausf): Eine nochmalige Fruchtlosigkeits- oder Unpfändbarkeitsbescheinigung ist nur im 3-Jahres-Zeitraum des S 1 nicht nötig, S 2, LG Kblz DGVZ **98**, 11, AG Günzburg DGVZ **01**, 154. Es genügt, daß der Gläubiger einen solchen Umstand nach § 294 glaubhaft macht, der nach der Lebenserfahrung auf einen Erwerb pfändbaren Vermögens des Schuldners schließen läßt, Stgt DGVZ **01**, 117, AG Günzburg DGVZ **04**, 189, AG Lübeck JB **04**, 43.

Es genügt zur Glaubhaftmachung auch nicht, daß seit der letzten eidesstattlichen Versicherung *mehr als zwei Jahre vergangen* sind, aM LG Konst JB **96**, 661, LG Kref BB **80**, 602. Der Gläubiger kann seine Pflicht zur Glaubhaftmachung einer Verbesserung der Verhältnisse des Schuldners auch nicht dadurch erfüllen, daß er auf eine Vernehmung des Schuldners Bezug nimmt.

11 **C. Schuldnerangaben.** Der Schuldner darf sich nicht auf einen Schutz vor etwaiger Strafbarkeit berufen, LG Kblz JB **98**, 212, AG Hbg JB **98**, 212. Er muß beweisen, daß er das Erworbene bereits wieder verbraucht hat. Dieser Verbrauch kann aber nach der Lebenserfahrung glaubhaft sein. Was gerade zum Lebensunterhalt dient, also zu einem Leben von der Hand in den Mund, das ist kein neues Vermögen. Ob der Schuldner mit demjenigen auskommt, was er ehrlich und vollständig angegeben hat, ist hier unerheblich, LG Potsd DGVZ **01**, 87, AG Heilbr DGVZ **01**, 93, strenger LG Bln DGVZ **01**, 87. „Mein Vater ist (jetzt) in der Arbeit!" kann aus dem Mund eines Sechsjährigen reichen, AG Forchheim MDR **07**, 430.

12 **D. Beispiele zur Frage eines Vermögenserwerbs**

Arbeitslosenende: *Unanwendbar* ist § 903 dann, wenn der Gläubiger nur erklärt, der Schuldner sei möglicherweise nicht mehr arbeitslos.

Außenstände: Anwendbar ist § 903 bei inzwischen vorhandenen erheblichen Außenständen des Schuldners, LG Köln DGVZ **05**, 182 (Zahnarzt).

Unanwendbar ist § 903, soweit der Schuldner einen Außenstand schon wieder verbraucht hat.

Bankkonto: *Unanwendbar* ist § 903, solange nur eine Auflösung des Girokontos des Schuldners nach seiner Offenbarungsversicherung feststeht, LG Kassel JB **97**, 48, AG Wiesloch DGVZ **01**, 13, Hug JB **07**, 327, oder wenn der Schuldner angeblich überhaupt kein Konto hat, AG Bln-Schöneb DGVZ **08**, 13 (so etwas ist allerdings selten).

Bargeld: *Anwendbar* ist § 903 dann, wenn der Schuldner zu erkennen gibt, daß er noch über weiteres Bargeld verfüge, AG Ludwigsb DGVZ **01**, 31.

Erbschaft: Anwendbar ist § 903 meist nach einer Erbschaft des Schuldners, AG Lindau DGVZ **03**, 173.

Gelegenheitsarbeit: Anwendbar ist § 903 dann, wenn der Schuldner jetzt nach eigenen Angaben Gelegenheitsarbeiten ausführt, LG Osnabr JB **96**, 213.

Geringes Einkommen: Ein weit unterdurchschnittliches Einkommen rechtfertigt noch *nicht stets* eine Nachbesserung, LG Nürnb-Fürth DGVZ **07**, 71.

Gewerbefortsetzung: *Unanwendbar* ist § 903, solange der Schuldner nur nach der Offenbarungsversicherung sein Gewerbe fortsetzt, AG Pirma DGVZ **00**, 142.

Hartz IV: Anwendbar sein kann § 903 sogar dann, wenn der Schuldner jetzt immerhin etwas in Form von Hartz IV-Leistungen erhält, (zum alten Recht) LG Heilbr JB **00**, 492, LG Kblz MDR **77**, 323. Freilich wird dabei praktisch kaum etwas zugunsten des Gläubigers herauskommen.

Hausverkauf: Anwendbar sein kann § 903 dann, wenn der Schuldner sein Haus verkauft und dabei Bargeld bekommen hat.

Heirat: *Unanwendbar* ist § 903 dann, wenn der Schuldner „nur" nach der Offenbarungsversicherung geheiratet hat, AG Emmendingen DGVZ **05**, 45.

Rente: *Unanwendbar* ist § 903 dann, wenn es nur um eine noch gar nicht fällige Rente geht, LG Hildesh JB **90**, 1055.
Saisonwechsel: Anwendbar ist § 93 nach einem Saisonwechsel nach einer schlechten Saison.
Schwarzarbeit: *Unanwendbar* ist § 93, solange es nur häufig dazu kommt, daß die Berufsgruppe des Schuldners Schwarzarbeit leistet, Köln Rpfleger **95**, 469, LG Landshut JB **00**, 376 (abl Behr).
Schweigen des Schuldners: S „Vernehmung des Schuldners".
Selbständigkeit: Anwendbar sein kann § 93, wenn der Schuldner jetzt vermutlich als ein selbständiger Unternehmer tätig ist, LG Kblz JB **97**, 272, LG Passau DGVZ **89**, 44, oder soweit er jetzt sonstwie freiberuflich tätig ist, LG Frankenth Rpfleger **85**, 450, AG Hbg DGVZ **99**, 158 (zustm Schmidt). Das gilt aber nicht schon nach nur einem Jahr, AG Bergisch-Gladb DGVZ **02**, 79, wohl freilich nach 2 Jahren, AG Hbg DGVZ **02**, 79.
Sicherungsgut: Anwendbar sein kann § 903 sogar dann, wenn der Sicherungsnehmer erklärt, das Sicherungsgut befinde sich nicht mehr in seinem Eigentum oder Besitz, LG Bielef MDR **87**, 416 (?).
Vernehmung des Schuldners: *Unanwendbar* ist § 903, solange der Gläubiger zur angeblichen Verbesserung der Vermögenslage des Schuldners nur dessen Vernehmung beantragt. Denn § 903 macht eine Pflicht des Schuldners zur Abgabe einer vollständigen weiteren eidesstattlichen Versicherung gerade davon abhängig, daß der Gläubiger auf andere Weise eine wirtschaftliche Veränderung beim Schuldner glaubhaft machen kann. Das bloße Schweigen des Arbeitgebers des Schuldners genügt nicht.
Wechsel des Arbeitgebers: Anwendbar sein kann § 903 schon bei einem solchen Wechsel, LG Potsd JB **97**, 490.
Wirtschaftslage: *Unanwendbar* ist § 903, solange der Gläubiger nur erklärt, die allgemeine Entwicklung der Wirtschaftslage lasse auf einen neuen Vermögenserwerb schließen, LG Ffm DGVZ **04**, 44, AG Günzburg DGVZ **04**, 189, aM LG Köln JB **01**, 659, LG Weiden DGVZ **05**, 140, AG Lpz JB **04**, 557 (aber die derzeitige Wirtschaftslage gibt leider heutzutage selbst bei einem jungen Menschen keineswegs eine solche Lebenserfahrung).

6) Nochmalige Versicherung bei Wechsel des Arbeitsplatzes, S 1, 2. Der Gläubiger kann unabhängig von der Lage Rn 9–12 auch dann eine nochmalige eidesstattliche Versicherung des Schuldners fordern, wenn eine Auflösung desjenigen Arbeitsverhältnisses des Schuldners vorliegt, das im Zeitpunkt der Ableistung der eidesstattlichen Versicherung bestand, LG Bonn RR **03**, 72, LG Ellwangen JB **01**, 269, LG Freibg DGVZ **05**, 166, und wenn infolgedessen auch ein neues Arbeitsverhältnis wahrscheinlich ist, LG Bln JB **08**, 215. Das gilt sogar dann, wenn der Schuldner den Gläubiger darüber bereits informiert hat, LG Bonn RR **03**, 72, LG Mosbach JB **02**, 549. 13

A. Grundsatz: Keine enge Auslegung. Arbeitsverhältnis ist jede nachhaltige Erwerbstätigkeit durch den Einsatz der Arbeitskraft, § 850 Rn 3, LG Bln Rpfleger **91**, 118, LG Darmst JB **96**, 274, LG Schweinf DGVZ **02**, 155. Vgl aber auch Rn 16 „Nebentätigkeit". Man darf die Vorschrift nicht eng auslegen, Hamm Rpfleger **83**, 323, LG Mü JB **90**, 1522, LG Schweinf DGVZ **02**, 155. Das Gesetz sieht den Wechsel des Arbeitsplatzes als einen neuen Vermögenswert an. Außerdem liegt in der Möglichkeit, dann einen Antrag auf eine weitere eidesstattliche Versicherung zu stellen, ein geeignetes Mittel, um den neuen Arbeitsplatz des Schuldners zu erfahren, den er oft verschweigt, LG Schweinf DGVZ **02**, 155, AG Pforzheim JB **02**, 323. Natürlich darf die Auslegung nicht dazu führen, daß eine bloße Ausforschungsbehauptung des Gläubigers reicht, LG Gießen DGVZ **95**, 42. Vgl aber auch Rn 17 „Wahrscheinlichkeit".

B. Beispiele zur Frage eines Arbeitsplatzwechsels 14
Abhängigkeit: Rn 16 „Selbständigkeit".
Alter: Es reicht *nicht* allein zur Ergänzungspflicht, LG Stgt DGVZ **02**, 93, AG Flensb DGVZ **99**, 45.
Angehöriger: Von einem Wechsel des Arbeitsplatzes darf man ausgehen, wenn ein naher Angehöriger des Schuldners erklärt, der Schuldner sei wieder in Arbeit, LG Kassel MDR **85**, 63.
Arbeitslosenunterstützung: Ist nach § 294 glaubhaft, daß der bei der Abgabe der eidesstattlichen Versicherung arbeitslos gewesene Schuldner keine Arbeitslosenunterstützung mehr erhält, LG Paderb JB **91**, 1707, oder daß er sie gar nicht beantragt hat, kann man annehmen, daß er wieder einen Arbeitsplatz gefunden hat, LG Bochum DGVZ **02**, 76, LG Stgt JB **00**, 438, AG Flensb DGVZ **99**, 45, aM LG Bln Rpfleger **91**, 118 (aber irgendwie muß der Schuldner ja offenbar wieder verdienen). 15

Nicht ausreichend sind: Das Fehlen der Angabe der Stamm-Nr bei der Arbeitsagentur, AG Flensb DGVZ **99**, 44; ein bloßer Zeitablauf, Rn 16; die bloße Angabe des Schuldners, er werde Arbeitslosenunterstützung beantragen, LG Stgt DGVZ **02**, 93.
Arbeitsmarkt: Man muß die Lage am Arbeitsmarkt mitbeachten, insbesondere seine Chancen, aber auch seine Risiken, LG Detm DGVZ **90**, 90, LG Kblz JB **98**, 44, AG Warendorf DGVZ **01**, 126.
Ausforschung: Sie ist wegen Rechtsmißbrauchs *unzulässig*, Einl III 54, LG Rostock Rpfleger **01**, 310.
Aushilfskraft: Bei einem ständigen Wechsel der Arbeitgeber, zB bei einem Aushilfskellner, kann eine bloße Ergänzung des Vermögensverzeichnisses notwendig und ausreichend sein, LG Heilbr MDR **92**, 711, LG Mü Rpfleger **82**, 231. Dasselbe gilt dann, wenn eine Aushilfe im neuen Geschäft des Ehegatten erfolgt, LG Kblz JB **98**, 212.
Bankkonto: Seine Auflösung reicht *nicht* zur Ergänzungspflicht aus, BGH Rpfleger **07**, 407, LG Marbg DGVZ **06**, 180, AGe Lahnstein, Reinbek DGVZ **07**, 141, aM LG Gött DGVZ **03**, 41, LG Wuppert DGVZ **04**, 186, AG Brschw DGVZ **05**, 190 (aber gerade die Auflösung kann sogar heute bedeuten, daß man jedenfalls nicht *mehr* pfändbares Vermögen als vorher hat). Dasselbe gilt von der bloßen Nichtangabe eines Kontos, AG Neust/Aisch DGVZ **05**, 110, aM AG Hann JB **06**, 609.
Beamter: Wenn der Schuldner aus einem Beamtenverhältnis vor der Pensionierung und ohne eine Arbeitsunfähigkeit ausscheidet, ist § 903 entsprechend anwendbar, Hamm Rpfleger **83**, 323.
Dauer der Arbeitslosigkeit: Sie reicht *nicht* allein zur Ergänzungspflicht, AG Bre-Blumenthal DGVZ **01**, 93, AG Flensb DGVZ **99**, 45, AG Pirna DGVZ **01**, 93, aM LG Bre JB **02**, 210, LG Hechingen JB **02**, 383 (aber auch ein sehr geringes Einkommen usw kann jahrelang anhalten). 16

Ehegatte: Eine Änderung der Verhältnisse nur bei ihm reicht grds *nicht* aus, AG Saarbr DGVZ **00**, 42. Es kommt freilich auf die Gesamtumstände beim Schuldner an. Sie können sich ja mitgeändert haben. Ein Arbeitsverhältnis zwischen dem Schuldner und dessen Ehegatten verpflichtet zur Ergänzung der Angaben, AG Aachen JB **02**, 270.

Fortdauer der Tätigkeit: Sie läßt *nicht stets* auf einen neuen Vermögenserwerb schließen, Ffm JB **02**, 442, LG Köln DGVZ **04**, 172, AG Ludwigsb DGVZ **01**, 47. Letzterer kann aber natürlich naheliegen, zumindest bei einer beharrlichen Fortdauer zB eines Gewerbebetriebs.

Geringfügigkeit der Einkünfte: Sie kann zur Ergänzungspflicht ausreichen, LG Bielef JB **04**, 503, LG Chemnitz JB **02**, 384. Aber Vorsicht. Man sollte den Schuldner nicht quälen.

Gewerbeanmeldung: Auf sie kommt es nicht an, LG Lüneb DGVZ **06**, 92, LG Stgt DGVZ **05**, 75.

Handelsvertreter: Um ein Arbeitsverhältnis mit einem Arbeitseinkommen nach § 850 II handelt es sich dann, wenn es um einen Handelsvertreter geht. Das gilt unabhängig davon, ob er in einer selbständigen Weise tätig war, Bre JB **78**, 608, oder in einer abhängigen Stellung.

S auch „Selbständigkeit".

Hotelschließung: Ein Wechsel des Arbeitsplatzes dürfte vorliegen, wenn ein Hotelier sein Hotel schließt. Denn das Arbeitsverhältnis ist in diesem Zusammenhang nicht im arbeitsrechtlichen Sinn vorhanden.

Kontoauflösung: S „Bankkonto".

Krankengeld: Eine solche Leistung statt einer (damaligen) Arbeitslosenhilfe rechtfertigte *nicht stets* eine ergänzende Versicherung, Mü DGVZ **01**, 85.

Leasing: Der Abschluß eines solchen Vertrags kann reichen, LG Wiesb DGVZ **07**, 189.

Löschung: Nach der Löschung einer GmbH, deren Alleingesellschafter und Geschäftsführer der Schuldner war, muß der Schuldner ein vollständig neues Vermögensverzeichnis vorlegen, LG Hbg Rpfleger **90**, 31.

Lohnsteuerjahresausgleich: § 807 Rn 43.

Nebentätigkeit: Ein Wechsel des Arbeitgebers *fehlt,* wenn ein Arbeitnehmer nur eine Nebentätigkeit von beschränktem Umfang aufgibt, strenger LG Schweinf DGVZ **02**, 155 (aber man darf nun auch nicht jede kleine Nebenbeschäftigung schon wegen ihrer formellen Zugehörigkeit zum Begriff des Arbeitsverhältnisses nach Rn 13 zum Anlaß einer nochmaligen Erklärungspflicht nehmen).

Selbständigkeit, dazu *Schmidt* DGVZ **07**, 18 (ausf): Ein Wechsel des Arbeitsplatzes liegt vor, wenn ein bisher selbständiger Unternehmer diese Selbständigkeit aufgegeben hat und daher vermutlich jetzt in einer anderen selbständigen oder mehr oder minder abhängigen Stellung arbeitet, LG Freibg DGVZ **05**, 166, zB als Handelsvertreter, Ffm Rpfleger **90**, 174, LG Ffm Rpfleger **98**, 167. Man kann den Wechsel mit einem neuen Erwerb nach frühestens 6 Monaten schon vor dem Ablauf von drei Jahren vermuten, LG Heilbr JB **00**, 154, AG Halle-Saarkreis JB **05**, 378 (Vorsicht!), jedenfalls nach 18 Monaten, AG Bergisch-Gladb JB **05**, 378. Es gibt aber keine allgemeine Vermutung, daß die Aufgabe des bisherigen Erwerbs auf einen neuen schließen läßt, Stgt DGVZ **01**, 116, aM AG Melsungen JB **02**, 442 (derzeit zu optimistisch).

Nicht ausreichend ist eine bloße Fortsetzung der selbständigen Tätigkeit, AG Ludwigsb DGVZ **03**, 29.

17 **Überhaupt Arbeit:** Der Gläubiger muß angesichts der hohen Arbeitslosigkeit jetzt glaubhaft machen, daß der Schuldner überhaupt eine neue Arbeit habe. Das kann aber auch ausreichen, LG Dresd JB **98**, 214, LG Heilbr JB **01**, 153, LG Kblz JB **98**, 44.

Überspannung: Man darf an die Glaubhaftmachung nach § 294 keine überspannten Anforderungen stellen, Karlsr DGVZ **92**, 28, LG Kref MDR **88**, 418, Jelinsky Rpfleger **91**, 411.

Umschulung: Wenn nur eine Umschulung beendet wurde, liegt *nicht* die Auflösung eines Arbeitsverhältnisses vor, AG Hbg Rpfleger **85**, 499.

Umzug: S „Wohnungswechsel".

Unterstützung durch Dritte: Macht der Schuldner zwar solche Angaben, gibt aber keinerlei Einzelheiten bekannt, mag eine Nachbesserung der eidesstattlichen Versicherung notwendig sein, LG Ffm Rpfleger **02**, 273, LG Ingolst JB **04**, 336, LG Landshut JB **02**, 271. Nennt er aber Einzelheiten, besteht keineswegs stets solche Notwendigkeit, aM LG Weiden DGVZ **05**, 140.

Verschleierung: Bei einer Verschleierung des Arbeitseinkommens oder eines Vermögens kann eine bloße Ergänzung des Vermögensverzeichnisses notwendig und ausreichend sein, LG Bielef JB **96**, 441, LG Heilbr MDR **92**, 711, AG Königswinter JB **08**, 158, aM AG Heinsberg DGVZ **07**, 190 (§ 903. Aber man sollte prozeßwirtschaftlich sein, Grdz 14 vor § 128).

Wahrscheinlichkeit: Eine nach den Gesamtumständen ganz erhebliche Wahrscheinlichkeit für einen zwischenzeitlichen neuen Arbeitsplatz kann ausreichen, LG Chemnitz Rpfleger **95**, 512.

Wechsel der Tätigkeit: Ein Wechsel des Arbeitgebers *fehlt,* wenn ein Arbeitnehmer lediglich eine andere Tätigkeit bei demselben Arbeitgeber ausführt, LG Bln Rpfleger **79**, 149.

S auch Rn 16 „Nebentätigkeit".

Witwenpension: Bei ihrem Verlust ist § 903 entsprechend anwendbar, Hamm Rpfleger **83**, 323.

Wohngeld: Gibt der Schuldner an, Wohngeld beantragt zu haben, ohne einen Bewilligungsbescheid vorzulegen, mag nach 3 Monaten § 903 anwendbar sein, AG Lpz JB **02**, 98 rechts (streng).

Wohnungswechsel: Er läßt *keineswegs* stets auf einen Arbeitsplatzwechsel schließen, LG Ffm DGVZ **04**, 44, AG Heidelb DGVZ **06**, 70, aM LG Kassel Rpfleger **05**, 39, LG Wiesb DGVZ **07**, 189, AG Warburg DGVZ **01**, 11 (aber es kann neben solchem Grund zahlreiche weitere geben).

Zahlungsbereitschaft: Sie kann reichen, LG Wiesb DGVZ **07**, 189.

18 **7) Nochmalige Versicherung bei Zeitablauf usw, S 1, 2.** Der Gläubiger kann unabhängig von den Lagen Rn 9–12 und Rn 13–17 auch dann eine nochmalige eidesstattliche Versicherung des Schuldners fordern, wenn der Gerichtsvollzieher ihn nicht nach Rn 22 beteiligt hatte, AG Bochum DGVZ **06**, 121, oder wenn beim Antragseingang nach § 900 I 1 drei Jahre seit dem Zeitpunkt der ersten tatsächlichen Abgabe der früheren eidesstattlichen Versicherung vergangen sind, also nicht seit dem Schluß des Jahres der

Abgabe, LG Mönchengladb JB **79**, 612, AG Meißen JB **06**, 330, und auch nicht nach nur 2 Jahren, aM LG Konst JB **96**, 661, LG Kref BB **80**, 602.

Auf eine *schon erfolgte* Ergänzungsversicherung kommt es für den Fristablauf nicht an, LG Ellwangen DGVZ **06**, 72 und 73 (zustm Schmidt 67), LG Lübeck Rpfleger **91**, 119, aM AG Dortm DGVZ **02**, 175, AG Mettmann DGVZ **04**, 127 (aber zumindest die Bezugnahme auf die frühere Versicherung hindert den Neubeginn einer Dreijahresfrist, weil der Schuldner ja dann selbst nur an den früheren Vorgang anknüpft). Die Frist ist eine uneigentliche, Üb 11 vor § 214. Sie ist keine Notfrist, § 224 I 2. Man berechnet sie nach § 222. Der Antrag leitet ein neues Verfahren ein. Ein Nachbesserungsantrag ist keineswegs stets in einen neuen Antrag umdeutbar, AG Flensb JB **08**, 160. Der Gerichtsvollzieher muß vor der Bestimmung eines Termins von Amts wegen feststellen, ob 3 Jahre verstrichen sind, § 900 II. Wenn gegen den Schuldner bereits zur Erzwingung einer eidesstattlichen Versicherung eine sechsmonatige Haft stattgefunden hatte, darf der Richter eine neue Haft erst 3 Jahre nach der Beendigung der früheren Vollstreckung anordnen, § 914.

8) Rechtsbehelfe, S 1, 2. Der Schuldner, der die Pflicht zur nochmaligen eidesstattlichen Versicherung 19
oder zur ergänzenden Auskunft bestreitet, hat den Widerspruch nach § 900 IV. Vgl auch im übrigen bei § 900. Einen vom Richter irrig erlassenen Haftbefehl hebt der nach Rn 14 zuständige Rpfl auf, AG Neuruppin Rpfleger **04**, 617. Den Gerichtsvollzieher weist der Rpfl nach § 766 an, LG Chemnitz DGVZ **05**, 167.

904 *Unzulässigkeit der Haft.* Die Haft ist unstatthaft:

1. gegen Mitglieder des Bundestages, eines Landtages oder einer zweiten Kammer während der Tagung, sofern nicht die Versammlung die Vollstreckung genehmigt;
2. (weggefallen)
3. gegen den Kapitän, die Schiffsmannschaft und alle übrigen auf einem Seeschiff angestellten Personen, wenn sich das Schiff auf der Reise befindet und nicht in einem Hafen liegt.

1) Systematik, Regelungszweck, Z 1, 3. Die Einzelvollstreckung findet eine Grenze im Verhältnis- 1
mäßigkeitsgebot, Grdz 34 vor § 704. Eine Ausprägung dieses Gebots ist § 904. Immerhin handelt es sich um eine notwendige Einschränkung einer Vollstreckung, deren Ziel die Befriedigung des Gläubigers ist. Ausnahmevorschriften sind stets eng auslegbar. Im FamFG-Verfahren gelten evtl §§ 904–906, 910, 913 entsprechend, § 35 III 3 FamFG.

2) Geltungsbereich, Z 1, 3. § 904 betrifft nur die Zwangshaft, Üb 4 vor § 899, und nur deren Vollstrek- 2
kung, nicht den Erlaß des Haftbefehls, § 901.

Z 1: Wegen der 2. Kammer vgl § 382. Die Verhaftung eines Bundestagsabgeordneten darf nur mit einer Genehmigung des Bundestags erfolgen, Art 46 III GG. Wegen der Landtagsabgeordneten vgl die Landesverfassungen. Fremde Konsuln sind nach Art 41 II Wiener Übk v 24. 4. 63, BGBl **69** II 1587, vgl Üb 27 vor § 373, grundsätzlich nicht vor einer Haft geschützt. Vgl im übrigen § 18 GVG. Ein Mitglied der alliierten Streitkräfte oder dessen Angehörigen dürfen nicht verhaftet werden, Art 34 II ZAbkNTrSt, SchlAnh III. Im letzteren Fall wird die eidesstattliche Versicherung nach Art 34 I des Abkommens erzwungen. Wegen der Personalhaft gegen einen Ausländer Art 26 HZPrÜbk, Anh § 918. §§ 904–906, 909, 910 sind auf eine Ersatzzwangshaft gegen einen Steuerberater anwendbar, § 159 VIII StBG. Vgl ferner § 334 III AO.

Z 3: Die Vorschrift gilt nicht für diejenigen Personen, die auf einem Flußschiff angestellt sind, wohl aber für die Angehörigen der Marine, wenn die Voraussetzungen des Erlasses SchlAnh II vorliegen. Eine Segelfertigkeit ist nur noch dann erforderlich, wenn das Schiff den Heimathafen trotz der Reisevorbereitungen noch nicht verlassen hat.

3) Rechtsbehelf, Z 1, 3. Der Betroffene hat die Erinnerung nach § 766. 3

905 *Haftunterbrechung.* Die Haft wird unterbrochen:

1. gegen Mitglieder des Bundestages, eines Landtages oder einer zweiten Kammer für die Dauer der Tagung, wenn die Versammlung die Freilassung verlangt;
2. (weggefallen).

1) Systematik, Regelungszweck. Es gelten dieselben Erwägungen wie bei § 904. Vgl daher dort Rn 1. 1
Wegen des FamFG vgl § 904 Rn 1.

2) Geltungsbereich. Auch insoweit gelten dieselben Regeln wie bei § 904. Vgl daher zunächst dort 2
Rn 2. Das AG des Haftortes muß bei Z 1 dem Ersuchen sofort und ohne eine vorherige Anhörung des Gläubigers nachkommen. Entsprechende Bestimmungen gelten für die Bundestagsabgeordneten, jedoch ohne eine zeitliche Beschränkung, Art 46 IV GG.

906 *Haftaufschub.* Gegen einen Schuldner, dessen Gesundheit durch die Vollstreckung der Haft einer nahen und erheblichen Gefahr ausgesetzt wird, darf, solange dieser Zustand dauert, die Haft nicht vollstreckt werden.

Gliederung

1 **1) Systematik.** Die Vorschrift ergänzt §§ 901–904 und steht wenigstens gleichrangig neben, besser: vorrangig vor § 765 a. Wegen des FamFG vgl § 904 Rn 1.

2 **2) Regelungszweck.** Die Einzelvollstreckung findet Grenzen nicht nur im Verhältnismäßigkeitsgebot nach Grdz 34 vor § 704, sondern auch im Grundrecht der Menschenwürde, Art 1 GG. Zu dessen Beachtung gehört auch der Schutz des Schuldners vor einer ernsthaften Gefährdung eines im Rang über den Vermögensinteressen des vollstreckenden Gläubigers stehenden Rechtsguts, der Gesundheit. Es reicht schon, daß die Freiheit des Schuldners im an sich kaum noch zeitgemäßen Schuldturm theoretisch vorübergehend fehlen kann.

Andererseits darf § 906 aber nun auch nicht zusammen mit rasch erteilten Attesten zu einer bequemen immer neuen Blockierung des genügend mühsamen Wegs des Gläubigers in diesem bloßen Zwischenstadium einer Vollstreckungsbemühung werden. Auch das muß man bei der Auslegung mitbeachten. Man sollte sich daher um eine gelassene Abwägung bemühen.

3 **3) Geltungsbereich.** Einem Grundsatz steht eine wichtige Ausnahme gegenüber.

A. Grundsatz: Keine besondere Schonung. Vgl wegen einer Gesundheitsgefährdung beim Offenbarungstermin § 900 Rn 47. § 906 nimmt Rücksicht auf Art 2 GG, BVerfG DGVZ **08**, 124. Die Vorschrift regelt bei einer Gesundheitsgefährdung des Schuldners den Vollzug der Haft. Sie begrenzt aber nicht etwa die Pflicht des Schuldners zur Abgabe der eidesstattlichen Versicherung, Jena Rpfleger **97**, 446, AG Göpp JB **05**, 552. Sie begrenzt auch nicht den Erlaß des Haftbefehls, Karlsr MDR **99**, 567. Auch eine erhebliche seelische Schädigung kann eine Gesundheitsgefährdung bedeuten, Mü NJW **77**, 1822. Der Gerichtsvollzieher wie das Gericht dürfen den Schuldner aber nicht besonders schonen, AG Bln-Schöneb DGVZ **82**, 14. Sie dürfen die Vorschrift auch nicht ausdehnend auslegen, Jena Rpfleger **97**, 446, ThP 2, aM AG Bln-Schöneb DGVZ **82**, 14 (aber man muß eine Ausnahmevorschrift streng auslegen, Einl III 36). Das gilt etwa dann, wenn der Schuldner Familienangehörige versorgen muß. Denn der Schuldner kann sich ja anders als bei § 456 StPO jederzeit der Gefahr einer Haft dadurch entziehen, daß er die eidesstattliche Versicherung abgibt. Deshalb ist § 765 a auch nur in den seltensten Fällen anwendbar, Mü NJW **77**, 1822 (es wendet § 910 entsprechend an).

4 **B. Ausnahme: Gesundheitsgefährdung.** Der Gerichtsvollzieher muß allerdings eine Gesundheitsgefährdung des Schuldners von Amts wegen beachten, Grdz 39 vor § 128, BVerfG DGVZ **08**, 124. Wenn sie nachweisbar oder auf Grund eines Augenscheins offensichtlich ist, darf der Gerichtsvollzieher die Verhaftung nicht ausführen, Karlsr DGVZ **93**, 9, LG Brschw DGVZ **89**, 29, ZöStö 2, aM LG Hann DGVZ **82**, 119 (vgl aber Rn 2).

5 **C. Beispiele zur Frage eines Haftaufschubs**

Allgemeinarzt: Sein Attest kann durchaus reichen, AG Bensheim DGVZ **04**, 76.

Altersleiden: Allgemeine Altersbeschwerden eines Hochbetagten können ausreichen, AG Kblz DGVZ **86**, 126.

Amtsarzt: Ein amtsärztliches Attest ist grds nicht erforderlich, LG Hann DGVZ **82**, 119, AG Fürth/Odw DGVZ **93**, 191, aM Midderhoff DGVZ **82**, 83, ThP 2 (aber man darf nicht schon grds ein „einfaches" Arztattest für unzureichend halten).

S auch „Arzt", „Attest".

Anstaltskrankenhaus: Das Verbot einer Verhaftung besteht auch dann, wenn der Haftvollzug etwa in einem Anstaltskrankenhaus erfolgen müßte, Jena Rpfleger **97**, 446, Karlsr DGVZ **93**, 9.

Arzt: Der Gerichtsvollzieher braucht mangels ausreichender Anhaltspunkte nach Rn 6 „Ermessen" oder mangels eines Attests den Schuldner weder von Amts wegen noch auf einen Antrag einem Arzt vorzuführen, AG Hochheim DGVZ **81**, 15, Midderhoff DGVZ **82**, 83.

S auch „Amtsarzt", „Attest".

Attest: Ungeachtet der Notwendigkeit einer strengen Prüfung nach Rn 8 „Strenge Prüfung" kann zumindest ein Amtsarztattest ausreichen, BVerfG DGVZ **08**, 124. Das gilt auch nach einem Jahr, LG Aachen DGVZ **99**, 43. Auch ein privatärztliches Attest kann ausreichen, LG Brschw DGVZ **89**, 29, LG Hann DGVZ **90**, 59 (notfalls weitere Atteste anfordern), AG Wolfenbüttel DGVZ **89**, 29, strenger AG Mönchengladb DGVZ **86**, 127. Ein Gefälligkeitsattest (Vorsicht!) reicht nicht, LG Lübeck DGVZ **08**, 126. Der Schuldner muß die Kosten eines Attests selbst tragen, Schneider JR **78**, 183, aM AG Bln-Schöneb DGVZ **82**, 15 (vgl aber § 788 Rn 19 „Arzt").

S auch „Amtsarzt", „Arzt".

Äußere Anzeichen: Eine Gesundheitsgefährdung nach § 906 ist grds erst dann offensichtlich, wenn äußere Anzeichen auch für einen Laien zwingend einen Haftaufschub erfordern, AG Eschwege DGVZ **92**, 139, AG Hochheim DGVZ **81**, 15.

S auch Rn 8 „Strenge Prüfung".

Bluthochdruck: Er kann bei einer Lebensbedrohung ausreichen, selbst wenn es dem Schuldner nur darum geht, die eidesstattliche Versicherung zu vermeiden, Düss DGVZ **96**, 27.

6 **Dialyse:** Ihre Notwendigkeit dreimal wöchentlich kann ausreichen, AG Pirmasens DGVZ **83**, 127.

Ermessen: Ungeachtet der Notwendigkeit bestimmter tatsächlicher Feststellungen zur Haftunfähigkeit, s „Feststellungen", handelt der Gerichtsvollzieher doch praktisch nach seinem pflichtgemäßen Ermessen, LG Gött DGVZ **81**, 10, LG Hann DGVZ **82**, 119, AG Hochheim DGVZ **81**, 15, aM Köln DGVZ **95**, 8, StJM 6, ZöStö 4 (es handle sich um unbestimmte Rechtsbegriffe. Aber das ändert nichts an der Notwendigkeit, sie vor Ort abzuwägen, und zwar durch einen medizinischen Nichtfachmann).

Feststellungen: Der Gerichtsvollzieher muß zur Haftunfähigkeit schriftliche bestimmte Feststellungen treffen, LG Bln DGVZ **75**, 167.

S auch „Ermessen".

Gleichheitsgrundsatz: Der Gerichtsvollzieher muß stets den Gleichheitsgrundsatz beachten, Art 3 GG, Schneider JB **77**, 1674.

7 **Haustermin:** Rn 9 „Wohnung".

Herzerkrankung: Eine schwere Herzkrankheit kann ausreichen, Bbg DGVZ **90**, 39, noch gar bei einem 81jährigen, AG Bln-Schöneb DGVZ **82**, 14.
Menschenwürde: Der Gerichtsvollzieher muß stets die Menschenwürde beachten, Art 1 GG, Schneider JB **77**, 1674.
Physische Erkrankung: Der Gerichtsvollzieher muß sie ebenso beachten wie eine psychische, Mü OLGZ **77**, 21.
Psychische Erkrankung: Der Gerichtsvollzieher muß sie ebenso beachten wie eine physische, Mü DGVZ **77**, 21.
Strenge Prüfung: Ob eine Haftunfähigkeit vorliegt, muß der Gerichtsvollzieher nach einem strengen Maßstab prüfen, Hamm DGVZ **83**, 138, Jena Rpfleger **97**, 446, AG Wolfenbüttel DGVZ **89**, 29. 8
S auch Rn 5 „Äußere Anzeichen“, aber auch „Attest“.
Vorführung: Der Gerichtsvollzieher darf einen nach seiner pflichtgemäßen Ermessensentscheidung haftunfähigen Schuldner *nicht mehr* zur Ableistung der eidesstattlichen Versicherung bei (jetzt:) sich selbst vorführen, (je zum alten Recht) Bbg DGVZ **90**, 39, Hamm DGVZ **83**, 138, ZöStö 2, aM AG Mü MDR **93**, 471. 9
S aber auch „Wohnung“.
Wohnung: Der Gerichtsvollzieher muß demjenigen Schuldner, der zum Erscheinen beim Gerichtsvollzieher nicht fähig ist, die eidesstattliche Versicherung aber in seiner Wohnung abgeben kann und will, sie dort abnehmen, § 219, Köln DGVZ **95**, 8.

4) Rechtsbehelfe. Der Betroffene kann die Erinnerung nach § 766 einlegen, LG Düss DGVZ **81**, 171, AG Bln-Schöneb DGVZ **82**, 14, AG Fürth/Odw DGVZ **93**, 191. Über sie entscheidet der Richter des Vollstreckungsgerichts, §§ 764, 802, § 20 Z 17 S 2 RPflG. Der Schuldner kann die Erinnerung schon dann einlegen, wenn ihm die Vollstreckung nur unmittelbar droht, Hamm DGVZ **83**, 137. Das Gericht nimmt eine freie Beweiswürdigung vor. Das Fehlen der Überprüfungsmöglichkeit geht nicht zulasten des Schuldners, LG Hann DGVZ **82**, 119. Das Gericht darf den Haftbefehl nicht aufheben. Es darf vielmehr nur dessen Vollstreckung aussetzen. Wenn das Hindernis weggefallen ist, wird das Haftverfahren von Amts wegen fortgesetzt. Gegen die Entscheidung des Richters ist die sofortige Beschwerde statthaft, §§ 567 I, 793. 10

907, 908 (weggefallen)

909

Verhaftung. [I] [1]**Die Verhaftung des Schuldners erfolgt durch einen Gerichtsvollzieher.** [2]**Dem Schuldner ist der Haftbefehl bei der Verhaftung in beglaubigter Abschrift zu übergeben.**

[II] **Die Vollziehung des Haftbefehls ist unstatthaft, wenn seit dem Tage, an dem der Haftbefehl erlassen wurde, drei Jahre vergangen sind.**

Gliederung

1) Systematik, I, II. Die Vorschrift ergänzt zusammen mit § 910 den § 906. Man muß sie vom Erlaß des Haftbefehls nach § 901 durch den Richter klar unterscheiden. Die Verhaftung setzt einen Haftbefehl ja gerade voraus. Der Pfändungs- und der Verhaftungsauftrag sind verbindbar, Rn 4, LG Kblz JB **98**, 214. II ist dem § 929 II nachgebildet, BGH NJW **06**, 1290. Wegen des FamFG vgl § 904 Rn 1. 1

2) Regelungszweck, I, II. Die Vorschrift nennt in I 1 eine funktionelle Zuständigkeit. Sie dient in I 2, II der Verringerung des Risikos irgendwelcher Irrtümer bei einer Freiheitsbeschränkung. Dasselbe geschieht entsprechend zB § 114 a StPO bei der Bekanntgabe eines Haftbefehls. Man muß diesen Teil der Vorschrift daher streng auslegen. Auch bei II sollte man bedenken, daß die nicht mehr gerechtfertigte Verhaftung zur strafbaren Freiheitsentziehung werden kann. Daher ist eine große Sorgfalt bei der Fristberechnung und eine genaue Protokollierung des Vorgangs ratsam. 2

3) Verhaftung, I 1. Vorbereitung und Durchführung erfordern eine große Sorgfalt. 3

A. Antrag; Zuständigkeit. Derjenige Gerichtsvollzieher muß den Schuldner verhaften, bei dem der Gläubiger eigens erstmalig oder wiederholt einen entsprechenden Antrag stellt, Celle DGVZ **99**, 74, Schilken DGVZ **89**, 33. Ein solcher Antrag kann auch darin liegen, daß der Gläubiger den Gerichtsvollzieher nach § 900 I 1 beauftragt, wenn der Gläubiger zugleich einen Haftkostenvorschuß bezahlt, so schon Schlesw Rpfleger **76**, 224 (es hält eine Beschränkung des Antrags auf einen Teil des Vollstreckungstitels für zulässig; zum Problem Schilken DGVZ **89**, 35 ausf). Ein Haftkostenvorschuß kommt freilich allenfalls nach § 68 GKG, KV 9010, § 4 GvKostG in Betracht. Die Verbindung eines auch stillschweigenden Pfändungsauftrags mit dem Haftauftrag ist zulässig, Rn 1, § 803 Rn 3.

Der Gerichtsvollzieher ist auch dann zuständig, wenn es um den Haftbefehl auf Grund des Antrags eines *Finanzamts* geht, § 284 AO, LG Duisb DGVZ **81**, 184, LG Kassel DGVZ **93**, 189, AG Bad Segeberg DGVZ **94**, 11 (Vorführung beim Hauptzollamt), aM AG Bln-Schöneb DGVZ **89**, 190 (zuständig sei der Voll- 4 ziehungsbeamte der Vollstreckungsbehörde des Finanzamts. Aber das Verfahren läuft beim Gericht, § 899 Rn 4). Der Gerichtsvollzieher amtiert ferner beim Vollzug einer Zwangshaft wegen einer Nichtauskunft nach dem BAföG, AG Waiblingen DGVZ **97**, 78, oder beim Vollzug nach der JBeitrO, AG Rastatt DGVZ **97**, 190. Im übrigen ist eine Rechtshilfe nicht erforderlich und auch nicht statthaft. Das gilt auch bei einem Soldaten, SchlAnh II. Soweit sich der Schuldner bereits in einer Untersuchungs- oder Strafhaft befindet, ist eine Zwangshaft nach § 909 unzulässig, LG Bln DGVZ **95**, 89, AG Bln-Charlottenb DGVZ **94**, 11.

5 **B. Prüfungsumfang.** Der Gerichtsvollzieher muß das Vorliegen aller Voraussetzungen der Verhaftung von Amts wegen prüfen, soweit er dazu überhaupt imstande ist. Wenn sich der Schuldner darauf beruft, er habe bereits in einem früheren Zeitpunkt eine eidesstattliche Versicherung nach § 903 abgeleistet, muß der Gerichtsvollzieher zunächst den Gläubiger hiervon benachrichtigen, bevor er den Schuldner verhaftet. Wenn der Schuldner auch nur denjenigen Teilbetrag zahlt, bei dessen Begleichung der Gläubiger den restlichen Haftauftrag zurücknehmen will, ist der Haftbefehl verbraucht und unterbleibt die Verhaftung, LG Bielef DGVZ **88**, 14, AG Augsb DGVZ **03**, 191, AG Wiesb DGVZ **97**, 141, aM LG Ffm DGVZ **01**, 171, LG Stade JB **88**, 927, AG Blomberg JB **93**, 32 (aber dann ist insoweit eine Erfüllung eingetreten und deshalb die Vollstreckung beendet, Grdz 52 vor § 704). Der Gerichtsvollzieher muß ferner prüfen, ob die Vollziehung wegen des Zeitablaufs unzulässig geworden ist, Rn 6.

6 **C. Weiteres Verfahren.** Die Verhaftung erfolgt nach §§ 758, 758 a, dort Rn 20, ferner nach §§ 759, 762. Vgl im übrigen § 187 GVGA. Weisungen des Gläubigers sind nur begrenzt beachtlich, AG Kassel DGVZ **73**, 29 (abl Seip). Der Gerichtsvollzieher darf dem Schuldner anheimgeben, in seinem Geschäftszimmer zu erscheinen, um Aufsehen zu vermeiden, AG Augsb DGVZ **03**, 191. Er darf und muß die Verhaftung nämlich möglichst schonend vornehmen. Er muß dabei die öffentliche Sicherheit beachten. Er muß zB veranlassen, daß sich das Jugendamt um ein kleines Kind der Schuldnerin kümmert, Mü NJW **77**, 1822, AG Mü DGVZ **84**, 30. Wegen der Verhaftung in der Wohnung eines den Zutritt nicht erlaubenden Dritten Christmann DGVZ **88**, 91. Der Gerichtsvollzieher muß zum Transport nicht den eigenen Wagen benutzen. Er kann nach § 4 GvKostG einen Vorschuß fordern, AG Ffm DGVZ **98**, 15.

Mit der Verhaftung ist die Aufgabe des Gerichtsvollziehers *zunächst beendet.* Der Gerichtsvollzieher ist nicht dazu verpflichtet, den Schuldner zwecks Nachforschungen in seine Wohnung zurückzuführen und den Schuldner anschließend erneut bei sich vorzuführen. Wenn der Schuldner Geschäftsbücher usw einsehen muß, muß er sie herbeischaffen lassen. Wenn das nicht möglich ist oder wenn der Schuldner offenbarungsbereit ist, muß der Gerichtsvollzieher den Schuldner bei sich vorführen, aM Finkelnburg DGVZ **77**, 3 (man müsse abwarten, ob der Gläubiger dann eine Ergänzung des Vermögensverzeichnisses fordere. Aber das läßt sich regelmäßig als ziemlich selbstverständlich unterstellen, Grdz 52 vor § 128).

7 **4) Haftbefehlsübergabe, I 2.** Der Gerichtsvollzieher muß dem Schuldner im Zeitpunkt der Verhaftung den Haftbefehl von Amts wegen in einer beglaubigten Ablichtung oder Abschrift übergeben, und zwar auch ohne einen Antrag des Schuldners. Ein bloßes Vorzeigen reicht keineswegs mehr. Die Übergabe ist für die Rechtmäßigkeit der Verhaftung wesentlich. Denn die Übergabe ersetzt die förmliche Zustellung des Haftbefehls. Eine förmliche zusätzliche Zustellung ist also nicht notwendig, Winterstein DGVZ **04**, 55. Sie ist aber zulässig. Der Gerichtsvollzieher läßt sie dann von Amts wegen vornehmen, §§ 166 ff, § 900 Rn 15, AG Northeim DGVZ **03**, 15, AG Westerburg DGVZ **03**, 142, Kessel DGVZ **04**, 54, aM Blaskowitz DGVZ **04**, 56, Schwörer DGVZ **03**, 14, Winter DGVZ **03**, 139 (je: Parteizustellung. Aber die Entstehungsgeschichte interessiert weniger, Einl III 42, und § 901 S 3 besagt nichts über die Art der zulässig bleibenden Zustellung). Sie erfolgt evtl an den ProzBev, (jetzt) § 172, LG Kaisersl Rpfleger **89**, 116. I 2 ist eine Sondervorschrift gegenüber § 329 III. Das ergibt schon sein Wortlaut. Die Vorschrift bezieht sich nicht nur auf die Zwangsvollstreckung, aM LG Düss Rpfleger **80**, 75, LG Lübeck Rpfleger **81**, 153 (aber dann könnte der Schuldner leicht fliehen).

8 Der Gerichtsvollzieher muß im Zeitpunkt der Verhaftung eine *vollstreckbare Ausfertigung* des Vollstrekkungstitels *in Händen* haben, LG Ludwigsh DGVZ **77**, 191, AG Würzb DGVZ **78**, 139, Birmanns DGVZ **80**, 119. Der Gerichtsvollzieher muß auch die Übergabe des Haftbefehls protokollieren, § 762 I, II Z 2, § 186 Z 2 GVGA. Der Gerichtsvollzieher muß dem Schuldner auch erklären, was nun geschehen werde, notfalls durch die Einschaltung eines Dolmetschers, § 185 GVG, LG Wuppert DGVZ **83**, 60. Eine Rechtsbehelfsbelehrung usw ist aber nicht notwendig, aM LG Wuppert DGVZ **83**, 60 (vgl aber § 139 Rn 20).

9 **5) Unzulässigkeit wegen Zeitablaufs, II.** Die Vollziehung des Haftbefehls ist unzulässig, wenn seit dem Tag seines Erlasses nach § 901 Rn 10 ff drei Jahre vergangen sind, aM AG Gelsenk JB **99**, 214 (aber II lautet eindeutig anders, Einl III 39). Damit beugt II der Gefahr zeitlich endloser Drohungen vor und nimmt den überall im Recht geltenden Verwirkungsgedanken auf, Grdz 13 vor § 704. Jedes Vollstreckungsorgan muß diese Unzulässigkeit von Amts wegen beachten. „Erlassen" ist der Haftbefehl mit der Unterschrift des Richters. Der Eingang des Verhaftungsantrags reicht ebensowenig wie bei § 929 II, dort Rn 11, aM BGH NJW **06**, 1290. Sie gilt als an demjenigen Tag erfolgt, unter dem er unterzeichnet hat und der auf der vollstreckbaren Ausfertigung steht. Der Nachweis einer unrichtigen Datierung oder eines Abschreibfehlers usw ist nur nach § 418 II statthaft, dort Rn 8 ff. Die 3-Jahres-Frist errechnet sich nach § 222.

10 **6) Rechtsbehelf, I, II.** Jeder Betroffene hat die Erinnerung nach § 766, LG Rostock JB **03**, 107, AG Hann DGVZ **97**, 76. Das gilt für den Schuldner auch beim Vorliegen eines Vollstreckungshindernisses nach §§ 765 a, 903, 904, 906, Mü MDR **77**, 413. Über die Erinnerung entscheidet der Richter, § 20 Z 17 S 2 RPflG. Gegen seine Entscheidung ist die sofortige Beschwerde statthaft, §§ 567 I, 793.

910 ***Anzeige vor der Verhaftung.*** [1] **Vor der Verhaftung eines Beamten, eines Geistlichen oder eines Lehrers an öffentlichen Unterrichtsanstalten ist der vorgesetzten Dienstbehörde von dem Gerichtsvollzieher Anzeige zu machen.** [2] **Die Verhaftung darf erst erfolgen, nachdem die vorgesetzte Behörde für die dienstliche Vertretung des Schuldners gesorgt hat.** [3] **Die Behörde**

ist verpflichtet, ohne Verzug die erforderlichen Anordnungen zu treffen und den Gerichtsvollzieher hiervon in Kenntnis zu setzen.

1) Systematik, S 1–3. Die Vorschrift ähnelt § 882 a. Die dortige Problematik tritt auch hier zumindest im Kern bei S 2 entsprechend auf. Vgl daher § 882 a Rn 2. Die Anordnung der Haft ist auch gegenüber einem Beamten nach § 376 Rn 4 oder gegenüber dem Lehrer an einer öffentlichen Unterrichtsanstalt im Gegensatz zur privaten Unterrichtsanstalt nicht beschränkt. Ebensowenig ist es unzulässig, gegen solche Personen einen Haftbefehl zu erlassen. 1

2) Regelungszweck, S 1–3. Die Vorschrift dient dem möglichst ungestörten Weiterfunktionieren derjenigen Institution, aus der der verhaftete Schuldner vorübergehend tatsächlich ausscheiden muß. Das liegt im öffentlichen Interesse. Deshalb ist eine Auslegung eher zugunsten des Schuldners notwendig, in Wahrheit also zugunsten der öffentlichen Hand, soweit sie überhaupt den Schuldner derzeit als Beamten usw braucht. Letzteres muß man freilich in aller Regel unterstellen. 2

3) Voraussetzungen, S 1–3. Der Gerichtsvollzieher darf einen solchen Schuldner erst dann verhaften, wenn alle folgenden Voraussetzungen vorliegen. 3

A. Anzeige. Der Gerichtsvollzieher muß der vorgesetzten Dienstbehörde von der bevorstehenden Verhaftung eine Anzeige gemacht haben.

B. Dienstvertretung. Die Behörde muß für eine ausreichende Vertretung des Schuldners im Dienst gesorgt haben. 4

C. Vertretungsanzeige. Die Behörde muß den Gerichtsvollzieher davon in Kenntnis gesetzt haben, daß sie die zur Vertretung erforderlichen Anordnungen getroffen habe. Der Gerichtsvollzieher kann nicht überprüfen, ob diese Vorsorge tatsächlich erfolgt ist. Er muß aber rückfragen und evtl abwarten, wenn ihm zB der Schuldner Umstände darlegt, die gegen die ordnungsmäßige Vertretungsanordnung sprechen. 5

D. Weitere Einzelfragen. Die Regelung ist bei einem Soldaten entsprechend anwendbar. Der Gerichtsvollzieher muß dann dem Vorgesetzten die Anzeige von der bevorstehenden Verhaftung machen. Der Vorgesetzte muß für eine Vertretung sorgen, SchlAnh II. Man kann § 910 wegen Art 6 GG für entsprechend auf die Mutter eines kleinen Kindes anwendbar halten, Mü NJW **77**, 1822 (der Gerichtsvollzieher muß das Jugendamt von der bevorstehenden Verhaftung benachrichtigen, § 187 Z 1 III GVGA). 6

4) Verstoß, S 1–3. Ein Verstoß gegen § 910 macht die Verhaftung nicht rechtswidrig. Er ist aber eine Verletzung der Amtspflicht, Art 34 GG, § 839 BGB. 7

5) Rechtsbehelf, S 1–3. Es gilt dasselbe wie bei § 909 Rn 10. 8

911 *Erneuerung der Haft nach Entlassung.* **Gegen den Schuldner, der ohne sein Zutun auf Antrag des Gläubigers aus der Haft entlassen ist, findet auf Antrag desselben Gläubigers eine Erneuerung der Haft nicht statt.**

1) Systematik, Regelungszweck. Der Gläubiger darf mit dem Schuldner nicht Katz und Maus spielen, Grdz 44 vor § 704. Das gilt erst recht im so empfindlichen Bereich einer Freiheitsbeschränkung nur wegen einer Einzelvollstreckung aus einem meist nur vermögensrechtlichen Gläubigerinteresse. Diesem Ziel dient die vorrangige Sondervorschrift des § 911. Sie zieht aus der auch in der Vollstreckung begrenzt geltenden Parteiherrschaft nach Grdz 37 vor § 704 die Konsequenz. Demgegenüber behandelt § 914 einen anderen Fall. 1

2) Unzulässigkeit. Das Gericht darf gegen einen Schuldner nach seiner Haftentlassung keine erneute Haft zulassen, wenn die folgenden Voraussetzungen vorliegen. 2

A. Entlassung ohne Zutun des Schuldners. Das Gericht muß den Schuldner aus der bisherigen Haft ohne sein Zutun entlassen haben. Es darf die Entlassung also nicht etwa wegen einer Haftunfähigkeit nach § 906 oder zB wegen eines Erfüllungsversprechens des Schuldners erfolgt sein.

B. Entlassung auf Gläubigerantrag. Die Entlassung muß vielmehr auf einem Antrag des Gläubigers beruhen. 3

C. Neuer Haftantrag. Nunmehr muß derselbe Gläubiger eine neue Haft beantragt haben. 4

3) Zulässigkeit. Die Hafterneuerung ist also statthaft, wenn das Gericht den Schuldner auf seinen Antrag oder von Amts wegen entlassen hatte, AG Kirchheim/Teck DGVZ **83**, 63, oder wenn ein weiterer Gläubiger die erneute Verhaftung beantragt. Natürlich ist eine weitere Verhaftung auch dann statthaft, wenn ein ganz neuer Haftgrund vorliegt. Dann reicht auch ein Antrag des bisherigen Gläubigers aus. Denn dann liegt ja bei einer genauen Betrachtung keine Erneuerung der Haft vor. Vielmehr beginnt dann ein ganz neues Verfahren. Bei § 903 liegt keine Hafterneuerung vor, LG Freibg MDR **81**, 151. 5

4) Kein Haftkostenvorschuß mehr. § 911 enthält keine Regelung eines Haftkostenvorschusses mehr. 6

912 (weggefallen)

913 *Haftdauer.* [1] **Die Haft darf die Dauer von sechs Monaten nicht übersteigen.** [2] **Nach Ablauf der sechs Monate wird der Schuldner von Amts wegen aus der Haft entlassen.**

1) Systematik, Regelungszweck, S 1, 2. Der Verhältnismäßigkeitsgrundsatz nach Grdz 34 vor § 704 zwingt zur Begrenzung einer Haft nicht nur beim Ob, sondern auch beim Wie, genauer: Beim Wie lange. 6 Monate sind eine lange Zeit als Beugemittel. Der Richter sollte diese Höchstzeit nur bei hohen Werten verhängen. In der Praxis dauert der Freiheitsentzug übrigens meist nur wenige Stunden, nämlich vom 1

Auftritt des Gerichtsvollziehers nach § 909 bis zur Offenbarungsversicherung des nun auskunftsbereiten Schuldners. Wegen des FamFG vgl § 904 Rn 1.

2 **2) Höchstdauer, S 1, 2.** Der Schuldner darf auf Grund desselben Schuldtitels höchstens sechs Monate inhaftiert bleiben, KG JB **00**, 60. Bei einer Mehrheit von Schuldtiteln kommt wegen eines jeden die Haft von 6 Monaten in Betracht (freilich § 914), KG JB **00**, 60, aM LG Lüneb DGVZ **99**, 43 (unvollständig zitierend. Das Gesetz gibt aber keinen Mengenrabatt, und es liegt auch keine Art Tateinheit vor). Selbst nach einer Unterbrechung durch eine Untersuchungshaft braucht das Gericht bei mehreren zivilprozessualen Haftanordnungen nicht die Gesamtdauer nach 6 Monaten zu überprüfen, KG JB **00**, 60. Bei einem Zeugniszwang gilt § 390 II, § 913 ist dann unanwendbar, Üb 2 von § 899.

3 **3) Rechtsbehelf, S 1, 2.** Es gilt dasselbe wie bei § 909 Rn 7.

914 *Wiederholte Verhaftung.* [I] **Ein Schuldner, gegen den wegen Verweigerung der Abgabe der eidesstattlichen Versicherung nach § 807 dieses Gesetzes oder nach § 284 der Abgabenordnung eine Haft von sechs Monaten vollstreckt ist, kann auch auf Antrag eines anderen Gläubigers von neuem zur Abgabe einer solchen eidesstattlichen Versicherung durch Haft nur angehalten werden, wenn glaubhaft gemacht wird, dass der Schuldner später Vermögen erworben hat oder dass ein bisher bestehendes Arbeitsverhältnis mit dem Schuldner aufgelöst ist.**

[II] **Diese Vorschrift ist nicht anzuwenden, wenn seit der Beendigung der Haft drei Jahre verstrichen sind.**

1 **1) Systematik, Regelungszweck, I, II.** Zwar muß sich der Gläubiger wegen § 911 überlegen, ob er den Schuldner aus der Haft entläßt. Hat eine Haft jedoch nicht zur Befriedigung des Gläubigers beitragen können, kommt bei veränderten Umständen evtl eine weitere Haft in Betracht. Die Vorschrift hat eine gewisse entfernte Ähnlichkeit mit § 323. Sie dient der späten Gerechtigkeit, Einl III 9, 36. Man sollte sie entsprechend gläubigerfreundlich auslegen.

2 **2) Neue Haft, I.** Die Vorschrift gibt dem Schuldner eine Schonfrist. Sie ergänzt den § 903. Eine neue Haft nach § 901 oder eine Vollstreckung auf Grund eines früheren Haftbefehls ist erst dann zulässig, wenn der Schuldner eine vorangegangene sechsmonatige Haft verbüßt hat. Sie erfordert ein neues Verfahren nach § 900. Das gilt auch dann, wenn es sich um denselben Gläubiger handelt. Selbst wenn nun ein anderer Gläubiger den Haftantrag stellt, muß dieser neue Gläubiger nach § 294 glaubhaft machen, daß der Schuldner entweder nach der Haftentlassung irgendwelches Vermögen nach § 903 Rn 9 erworben hat oder daß der Schuldner ein Arbeitsverhältnis vor oder nach der Haftentlassung aufgelöst hat, § 903 Rn 13.

3 **3) Zeitablauf, II.** Nach dem Ablauf von drei Jahren darf der Richter auch dann keine neue Haft mehr anordnen, wenn die Voraussetzungen Rn 2 vorliegen. Die Frist berechnet sich nach § 222. Ein neuer Antrag ist schon vor dem Fristablauf zulässig. Auch das weitere Verfahren kann schon vor dem Fristablauf stattfinden, nur eben nicht die Entscheidung.

4 **4) Rechtsbehelfe, I, II.** Vgl § 901 Rn 13. Bei einer Verhaftung auf Grund eines früheren Haftbefehls gilt dasselbe wie bei § 909 Rn 10.

Übersicht vor §§ 915–915 h

1 **1) Systematik.** Die Vorschriften enthalten in einer Verknüpfung von Justizverwaltungs- und Verfahrensrecht die Regeln zur Einrichtung und Benutzung der sog Schwarzen Liste. Zu ihnen gehören die in den Verordnungen des Bundes und der Länder auf Grund von § 915 h enthaltenen näheren Bestimmungen. Als Akte der gerichtlichen Verwaltung unterliegen die Maßnahmen nach §§ 915 ff der Überprüfung ungeachtet der Unstatthaftigkeit einer sofortigen Beschwerde nach §§ 567 ff, wie § 915 c sie festlegt. Dem § 299 gehen §§ 915–915 h als Spezialregeln vor. Die erstere Vorschrift kann hilfsweise anwendbar sein.

2 *Kostenrechtlich* gelten nicht etwa stets KV 2114, 2115. Denn diese Vorschriften regeln nur den Antrag eines Drittgläubigers auf die Erteilung einer Ablichtung der eidesstattlichen Versicherung und auf eine Einsicht in das Vermögensverzeichnis nach § 807. Theoretisch gilt auch nicht die JVKostO. Denn das Prozeßrecht regelt die Materie. Es besteht vielmehr mangels einer ausdrücklichen Bestimmung eine Gebührenfreiheit, § 1 I GKG, nicht aber auch Auslagenfreiheit. Es sind nämlich KV 9000 ff anwendbar. Freilich sieht § 915 h landesrechtliche Regelungen durch Kostenvorschriften indirekt mit vor, Hartmann Teil VIII Vorbem 3 ff, 8 vor § 1 JVKostV.

3 **2) Regelungszweck.** Viele am Rechtsverkehr Beteiligte haben ein wirtschaftlich und auch rechtlich schutzwürdiges Interesse daran, rechtzeitig einigermaßen zuverlässig die Bonität eines künftigen oder gegenwärtigen Partners oder Schuldners zu erkennen. Sie möchten sich verständlicherweise vor schwarzen Schafen und faulen Schuldnern schützen. Auch der Staat hat ein Interesse daran, einen wirtschaftlichen Leerlauf der Bürger untereinander und wirtschaftlich sinnlose Prozesse sowie Vollstreckungsversuche usw vermeiden zu helfen.

4 *Schuldnerschutz* ist aber ein weiteres Ziel der §§ 915–915 h. Nicht nur aus der Menschenwürde nach Art 1 GG und aus dem Grundrecht auf die informationelle Selbstbestimmung nach Art 2 GG, LG Magdeb Rpfleger **96**, 365, sowie aus dem Grundrecht der Berufsfreiheit nach Art 12 I GG ergeben sich Grenzen gegenüber dem Bestreben, den zahlungsschwachen Bürger als einen gläsernen Schuldner an einen modernen Pranger zu stellen, der ihn und mittelbar seine Familie, Firma usw bundesweit bloßstellen kann.

5 Die Vorschriften lassen das Bestreben erkennen, eine beide Interessengruppen berücksichtigende *Mittellösung* zu finden. Das muß man bei der Auslegung stets mitbeachten. Diese Abwägung sollte vor einer einseitigen Gesetzesanwendung bewahren.

6 **3) Kritik.** Ob die gesetzliche Regelung überzeugt, läßt sich sehr bezweifeln. Was in deutscher Perfektion theoretisch gut ausgewogen scheint, dürfte in der Praxis vor allem der Abdrucke zum laufenden Bezug

nach §§ 915 d–g vielfach kaum so steuerbar sein, wie sich der Gesetzgeber das gedacht hat. Befehle wie derjenige in § 915 g II 3 zum unverzüglichen Löschen gegenüber Beziehern von laufenden Abdrucken sind juristische Feigenblätter. Das gilt selbst dann, wenn man Verstöße streng ahnden kann. Bezieherkreise, die so vage umschrieben sind wie in § 915 e I c, und Verwendungszwecke, die so weit gefaßt sind wie in § 915 II 1 „... um wirtschaftliche Nachteile abzuwenden ...", sind besonders dann problematisch, wenn der Urkundsbeamte oder der Rpfl zunächst allein über die Befugnis entscheiden müssen.

Auch der von aller staatlichen Gewalt zu beachtende Grundsatz der *Verhältnismäßigkeit* nach Grdz 34 vor 7
§ 704 dürfte kaum noch zuverlässig funktionieren, wenn zumindest praktisch die Mißbrauchgefahr nach Einl III 54, Grdz 44 vor § 704 vor allem bei Massenbeziehern derart auf der Hand liegt, daß auch die relativ kleine Schuld auf die bundesweite Bühne der Durchleuchtung führt. Man muß abwarten, ob und in welchem Umfang sich §§ 915–915 h verfassungskonform auslegen lassen. Die nach § 915 h zulässigen Verordnungen dürfen weder im Gläubiger- noch im Schuldnerinteresse ihren Ermächtigungsbereich verlassen.

Zumindest sollte man im Bereich der zulässigen *Ahndungen* von Verstößen den Mut zum harten Durch- 8
greifen haben, auch wenn „nur" die zu erwartenden Nachlässigkeiten eintreten, sei es bei Mitteilungen an Unbefugte, sei es bei Unterlassung gebotener Löschungen usw.

915 *Schuldnerverzeichnis.* **I [1] Das Vollstreckungsgericht führt ein Verzeichnis der Personen, die in einem bei ihm anhängigen Verfahren die eidesstattliche Versicherung nach § 807 abgegeben haben oder gegen die nach § 901 die Haft angeordnet ist. [2] In dieses Schuldnerverzeichnis sind auch die Personen aufzunehmen, die eine eidesstattliche Versicherung nach § 284 der Abgabenordnung oder vor einer Verwaltungsvollstreckungsbehörde abgegeben haben. [3] Die Vollstreckung einer Haft ist in dem Verzeichnis zu vermerken, wenn sie sechs Monate gedauert hat. [4] Geburtsdaten der Personen sind, soweit bekannt, einzutragen.**

II Wer die eidesstattliche Versicherung vor dem Gerichtsvollzieher eines anderen Amtsgerichts abgegeben hat, wird auch in das Verzeichnis dieses Gerichts eingetragen, wenn er im Zeitpunkt der Versicherung in dessen Bezirk seinen Wohnsitz hatte.

III [1] Personenbezogene Informationen aus dem Schuldnerverzeichnis dürfen nur für Zwecke der Zwangsvollstreckung verwendet werden, sowie um gesetzliche Pflichten zur Prüfung der wirtschaftlichen Zuverlässigkeit zu erfüllen, um Voraussetzungen für die Gewährung von öffentlichen Leistungen zu prüfen oder um wirtschaftliche Nachteile abzuwenden, die daraus entstehen können, dass Schuldner ihren Zahlungsverpflichtungen nicht nachkommen, oder soweit dies zur Verfolgung von Straftaten erforderlich ist. [2] Die Informationen dürfen nur für den Zweck verwendet werden, für den sie übermittelt worden sind. [3] Nichtöffentliche Stellen sind darauf bei der Übermittlung hinzuweisen.

Schrifttum: *Hornung* Rpfleger **95**, 233, *Lappe* NJW **95**, 1657 (je: Üb); *Liebscher,* Datenschutz bei der Datenübermittlung im Zivilverfahren, 1994; *Wagner* ZZP **108**, 193 (ausf).

Gliederung

1) Systematik, I–III. Vgl zunächst Üb 1–8 vor § 915. 1

2) Regelungszweck, I–III. Die Grundidee der Schwarzen Liste ist alt. Sie ist zwar nicht begeisternd, 2
aber kaum entbehrlich. Das Schuldnerverzeichnis dient öffentlichen Interessen, LG Freibg Rpfleger **86**, 187. Es dient vor allem dem Schutz des Geschäftsverkehrs vor unzuverlässigen Schuldnern, LG Arnsb Rpfleger **94**, 76. Es dient aber auch dem Schuldner, §§ 900 II, 903, 914. Die eigentlichen Probleme treten bei der Durchführung in §§ 915 a ff auf. Gleichwohl sollte man schon II streng auslegen.

3) Schwarze Liste, I, II. Zuständig ist das Vollstreckungsgericht nach §§ 764, 802, 899, evtl das andere 3
AG nach II zusätzlich, nicht etwa die Justizverwaltung. Das Vollstreckungsgericht führt von Amts wegen ein Schuldnerverzeichnis nach den Regeln der SchuVVO, § 915 h Rn 1. Man darf dieses Verzeichnis nicht mit dem Vermögensverzeichnis nach § 807 verwechseln, Hamm NJW **89**, 533, KG NJW **89**, 534. Zur Eintragung ist wegen des Schutzzwecks nach Rn 2 kein Antrag des Gläubigers erforderlich. Er ist nicht verpflichtet, eine Eintragung etwa wegen einer inzwischen erfolgten Befriedigung zu verhindern. Seine Einwilligung mit dem Unterbleiben einer Eintragung ist bis zu einem Schulderlaß unerheblich, LG Freibg Rpfleger **86**, 187. Das Verzeichnis enthält die folgende Angaben.

A. Gläubiger: abgegebene Erklärung. Das Verzeichnis nennt den oder die Gläubiger, LG Arnsb Rpfleger **94**, 76, Brinkmann Rpfleger **94**, 93. Es nennt ferner diejenigen Personen, die eine eidesstattliche Versicherung nach § 807 oder nach § 284 AO oder vor einer Verwaltungsvollstreckungsbehörde geleistet haben (Manifestanten). Erklärungen nach §§ 883 II, 889 ZPO, 98 I InsO bleiben hier außer Betracht. Aufgenommen werden nur die Vertretenen, nicht die gesetzlichen Vertreter oder zB Pfleger, LG Brschw NdsRpfl **82**, 139, LG Frankenth Rpfleger **87**, 380, LG Ffm Rpfleger **88**, 529. Es reicht auch die Abgabe vor dem Gericht des Haftorts nach § 902.

4 **B. Haftanordnung.** Das Verzeichnis nennt auch diejenigen Personen, gegen die das Gericht eine Haft angeordnet hatte, selbst wenn es keine Haftvollstreckung gegeben hat, § 901.

5 **C. Sechsmonatsvollstreckung.** Das Verzeichnis nennt schließlich auch diejenigen Haftvollstreckungen, die sechs Monate angedauert haben.

6 **D. Einzelfragen.** Vgl die VOen nach § 915 h Z 1, II, dort Rn 1, 2. § 17 AktO, die ergänzend als Verwaltungsvorschrift gilt, ist bundeseinheitlich durch Ländervorschriften angepaßt worden, zB in Schleswig-Holstein durch Erlaß des JM vom 15. 12. 94 – V 120 a/1454 – 236 SH –. Das Bundesrecht ist freilich vorrangig.

Nach fünf Jahren seit dem Schluß des Eintragungsjahres werden das Heft oder die Karten vernichtet, § 17 Zusatzbestimmung Z 4 S 2 AktenO, I Z 4 III RV JMNW vom 8. 8. 66 (1454–I B 96). Diese 5-Jahres-Frist paßt nicht einwandfrei zum vorrangigen § 915 a. Die technische Führung der Listen erfolgt durch den Urkundsbeamten der Geschäftsstelle in seiner Ausübung der öffentlichen Gewalt, § 915 b I 1. Über Anträge auf eine vorzeitige Löschung, Einsichtsanträge usw entscheidet aber der Rpfl. Der Staat haftet bei einer unrichtigen Eintragung. Wegen des Umfangs eines drohenden Schadens ist also Vorsicht ratsam. Die Liste hat keinen öffentlichen Glauben. Ein Irrtum ist leicht möglich. Wer es unterläßt, den Inhalt der Liste nachzuprüfen, obwohl ihm die Nachprüfung zumutbar wäre, trägt an den Folgen einer unrichtigen Eintragung deshalb ein Mitverschulden, § 254 BGB.

7 **4) Verwendungszweck, III.** Die Vorschrift zählt abschließend „nur" diejenigen Zwecke auf, zu denen man personenbezogene Informationen verwenden darf. Sie dient dem verbleibenden Schuldnerschutz. Das muß man bei ihrer Auslegung mitbeachten. Die Aufzählung der erlaubten Zwecke ist schon weit genug.

8 **A. Zwangsvollstreckung, III 1.** Zum Zweck aller Arten von Vollstreckung und während aller Stadien von ihrem Beginn bis zu ihrem Ende nach Grdz 52 vor § 704 ist die Verwendung statthaft. Die Zwangsvollstreckung muß nicht gerade vom Antragsteller ausgehen. Er muß aber ein gerade vollstreckungsbedingtes Verwendungsinteresse haben.

9 **B. Wirtschaftliche Zuverlässigkeit, III 1.** Die Verwendung ist ebenfalls statthaft zum Zweck der Erfüllung einer gesetzlichen und nicht nur vertraglichen Pflicht und nicht nur Befugnis oder Absicht, eine wirtschaftliche Zuverlässigkeit, gemeint gerade des Eingetragenen, zu prüfen. Hier arbeitet das Gesetz mit gefährlich vagen Umschreibungen. Man muß sie zwecks Verfassungstreue ziemlich eng auslegen, Üb 4, 6 ff vor §§ 915–915 h. Es muß zB feststehen, daß sich die gesetzliche Pflicht gerade auch auf die wirtschaftliche Prüfung erstreckt und dort gerade auch die Zuverlässigkeit und nicht nur die allgemeine Zahlungsfähigkeit erfassen soll. Es reicht nicht aus zu klären, ob jemand Geld hat, sondern es muß kraft Gesetzes nötig sein zu klären, ob er auch zahlungswillig ist. Aber auch solche Eingrenzungsversuche helfen kaum vor der Gefahr einer zu weiten Auslegung, mag mancher Verband auch noch so harmlos auftreten.

10 **C. Abwendung wirtschaftlicher Nachteile, III 1.** Die Verwendung ist ferner zulässig, um wirtschaftliche Nachteile abzuwenden, die gerade daraus entstehen können, daß Schuldner ihren Zahlungspflichten nicht nachkommen. Die Verwendung der Mehrzahl läßt erkennen, daß das Gesetz offenbar gar nicht nur den Eingetragenen meint oder daß zumindest beim laufenden Listenbezug nach § 915 f jeder Eingetragene als fauler Schuldner verdächtig sein kann.

11 Noch stärker als bei Rn 9 wird hier die *Unschärfe* und damit Gefährlichkeit gesetzlicher Formulierungen deutlich, hinter denen eine mächtige Lobby erkennbar wird. Es ist dringend ratsam, zwecks Vereinbarkeit solcher Vorschriften mit dem GG eine deutlich zurückhaltende Auslegung der Verwendbarkeit vorzunehmen und den Verhältnismäßigkeitsgrundsatz nach Üb 7 vor §§ 915–915 h mitzubeachten. Man kann nicht auf dem Weg der Zulassung des laufenden Listenbezugs, der bei einer Bejahung der Verwendbarkeit nach II ja jedem Auskunftsberechtigten unter den Voraussetzungen des § 915 f offensteht, das ganze Volk der in der Schwarzen Liste Eingetragenen zu Menschen mit schlechter Zahlungsmoral machen (im Zweifel *gegen* den Verdächtigten!), nur weil sie einmal die Offenbarungsversicherung ableisten mußten. Es kann genug Gründe für eine vorübergehende Zahlungsschwäche geben, ohne daß man deshalb pauschal von einem drohenden Verstoß gegen spätere Zahlungspflichten sprechen kann. Die Vereinbarkeit dieses Teils der Vorschrift mit dem GG erscheint als ziemlich problematisch.

12 **D. Verfolgung von Straftat, III 1.** Die Verwendung ist schließlich zulässig, soweit das zur Verfolgung von Straftaten erforderlich ist. Es reicht nicht aus, wirtschaftsrechtliche Ordnungswidrigkeiten zu verfolgen. Es reicht auch nicht aus, daß die Verwendung nur wünschenswert, förderlich oder nützlich wäre. Selbst bei einer solchen Eingrenzung der Verwendbarkeit bleiben aber auch bei dieser Bestimmung erhebliche Zweifel bestehen. Natürlich mag es erforderlich sein, die zivilprozessuale Vorgeschichte eines Beschuldigten bis in seine Eintragung in der Schwarzen Liste mitermitteln zu können, um die strafrechtliche Beurteilung einer gleichzeitigen oder späteren Verhaltensweise präziser gestalten zu können. Ob dergleichen Durchleuchtung aber wiederum mit dem GG vereinbar ist und ob nicht in Wahrheit eine Art Anscheinsbeweis gegen einen Beschuldigten im Strafrecht erzeugt oder begünstigt wird, ist immerhin offen.

13 **E. Nur gemäß Übermittlung, III 2, 3.** Man darf jede Information nach II 1 nur in denjenigen Grenzen verwenden, für die sie erfolgte. Damit stellt II 2 klar, daß das Gericht einen Austausch selbst innerhalb an sich gesetzlich zulässiger Verwendungszwecke zuvor genehmigen muß. Das zwingt den Urkundsbeamten oder Rpfl, den jeweils nach II 1 erlaubten Teilzweck genau zu bestimmen. Das dürfte in der Praxis selten mit der erforderlichen Präzision geschehen. Im Zweifel hat das Gericht keinen weiteren Zweck als den eindeutig angekündigten genehmigt. Das verleitet zur allgemeinen Beantragung nach II 1. Alles das zeigt auch an dieser Stelle die Unschärfe und Gefährlichkeit des Gesetzes.

915a *Löschung.* [I 1] **Eine Eintragung im Schuldnerverzeichnis wird nach Ablauf von drei Jahren seit dem Ende des Jahres gelöscht, in dem die eidesstattliche Versicherung abgegeben, die Haft angeordnet oder die sechsmonatige Haftvollstreckung beendet worden ist.** [2] **Im Falle des § 915 Abs. 2 ist die Eintragung auch im Verzeichnis des anderen Gerichtes zu löschen.**

II Eine Eintragung im Schuldnerverzeichnis wird vorzeitig gelöscht, wenn
1. die Befriedigung des Gläubigers, der gegen den Schuldner das Verfahren zur Abnahme der eidesstattlichen Versicherung betrieben hat, nachgewiesen worden ist oder
2. der Wegfall des Eintragungsgrundes dem Vollstreckungsgericht bekannt geworden ist.

1) Systematik, Regelungszweck, I, II. Vgl zunächst Üb 1–8 vor § 915. Eine zeitliche Begrenzung der Eintragung ist schon zwecks Beachtung des Verhältnismäßigkeitsgebots nach Grdz 34 vor § 704 notwendig. Man muß zwei Gruppen von Löschungsvoraussetzngen unterscheiden. Die Löschung findet statt, sobald drei Jahre seit einem der in I genannten Ereignisse verstrichen sind. Sie findet unabhängig davon auch dann statt, wenn eines der in II genannten Ereignisse vorliegt. § 915 f I verweist auf § 915 a I. 1

2) Löschung von Amts wegen, I, II. Eine Löschung erfolgt beim Vorliegen der Voraussetzungen stets von Amts wegen: Die Eintragung „wird ... gelöscht". Ein Antrag ist also nicht erforderlich. Er ist aber natürlich als eine Anregung statthaft. Er zwingt zur unverzüglichen Prüfung der Löschungsvoraussetzungen, obwohl diese Prüfung ohnehin erforderlich wäre. Der Antrag kann in Zweifelsfällen ratsam sein. Evtl muß man nach I 2 auch beim „anderen Gericht" nach § 915 II löschen. 2

3) Dreijahresablauf, I. Das Gericht muß die Dreijahresfrist nach der Methode § 915 b Rn 7 berechnen, also nicht so, daß sie immer erst am folgenden 31. 12. ablaufen würde. Im Insolvenzverfahren gilt eine Fünfjahresfrist, § 26 II 2 Hs 2 InsO. 3

A. Seit eidesstattlicher Versicherung, I Hs 1. Bei einer bloß ergänzenden Versicherung läuft keine neue Dreijahresfrist. Denn die bloße Ergänzung fällt nicht unter § 903, dort Rn 3, 18. Bei der nochmaligen Versicherung nach § 903 Rn 9 gilt im Ergebnis dasselbe, § 903 Rn 18. Einzelheiten der Abgabe § 915 Rn 2.

B. Seit Haftanordnung, I Hs 2. Es reicht auch der Ablauf der Dreijahresfrist seit der Anordnung einer Haft, § 901, selbst wenn sie nicht vollstreckt worden ist, § 915 Rn 4. 4

C. Seit Haftvollstreckung, I Hs 3. Es reicht schließlich auch der Ablauf der Dreijahresfrist seit der Beendigung einer sechsmonatigen Haftvollstreckung, § 915 Rn 5. 5

4) Vorzeitige Löschung, II. Die Vorschrift nennt zwei Fallgruppen. Eine Löschung nach II ist vom Zeitablauf nach I unabhängig. Wegen vorzeitiger Listenlöschung § 915 f Rn 2. 6

A. Befriedigungsnachweis, II Z 1. Eine vorzeitige Löschung von Amts wegen nach Rn 2 erfolgt in einer Abweichung von § 26 II 1 InsO, AG Köln RR **03**, 1421. Sie erfolgt nämlich dann, wenn der Schuldner die Befriedigung desjenigen Gläubigers nachweist, der gegen den Schuldner das Verfahren zur Abnahme der eidesstattlichen Versicherung betrieben hat, AG Nordenham DGVZ **93**, 63. Der Nachweis erfolgt nach § 775 Z 4, 5, insbesondere durch eine Quittung. Die bloße Behauptung, man besitze eine Quittung usw, reicht nicht aus, auch nicht eine Glaubhaftmachung. Denn sie macht nach § 294 nur überwiegend wahrscheinlich, statt wie erforderich voll nachzuweisen. 7

Es muß eine *volle Befriedigung* vorliegen. Bloße Teilleistungen reichen selbst dann nicht aus, wenn der Rest gering ist. Bei einer absolut verschwindend geringen Restschuld mag die Verweigerung der Quittung als eine prozessuale Arglist unbeachtlich sein, Einl III 54, Grdz 44 vor § 704. Aber Vorsicht, Grdz 48 vor § 704! 8

B. Bekanntwerden eines Wegfalls, II Z 2. Statt der Voraussetzungen Rn 7, 8 reicht es zur vorzeitigen Löschung von Amts wegen nach Rn 2 auch aus, daß der Wegfall des Eintragungsgrundes dem Vollstreckungsgericht des § 764 bekanntgeworden ist. 9

C. Beispiele zur Frage eines Wegfalls, II Z 2 10

Aufhebung des Haftbefehls: Anwendbar ist II Z 2 bei einer Aufhebung des Haftbefehls durch das Vollstreckungs- oder das Beschwerdegericht, vgl schon Düss MDR **95**, 313.

Aufhebung des Vollstreckungstitels: Anwendbar ist II Z 2 bei einer Aufhebung des Titels dann, wenn sie der Schuldner durch die Vorlage einer vollstreckbaren Entscheidung nach § 775 Z 1 nachweist, Ffm Rpfleger **81**, 118, LG Bln Rpfleger **89**, 206 (je zum alten Recht).

Einstellung, Beschränkung, Aufhebung der Vollsteckung: Anwendbar ist II Z 2 dann, wenn es zu einer der Situationen nach §§ 775 Z 1, 776 S 1 kommt, LG Münst Rpfleger **96**, 168.

Einverständnis des Gläubigers: S „Stundung".

Haftfortdauer: *Unanwendbar* ist II Z 2 bei einer bloßen Haftfortdauer.

Insolvenz: § 26 II InsO.

Schulderlaß: Anwendbar ist II Z 2, soweit der Gläubiger dem Schuldner die (Rest-)Schuld erläßt und soweit es dabei auch gerade um denjenigen Vollstreckungstitel geht, dessentwegen der Gläubiger dieses Offenbarungsverfahren betrieben hat, LG Freib Rpfleger **86**, 187.

Stundung: *Unanwendbar* ist II Z 2 bei einer bloßen Stundung. Das gilt selbst dann, wenn der Gläubiger mit einer vorzeitigen Löschung einverstanden ist. Denn das Schuldnerverzeichnis dient auch öffentlichen Interessen, § 915 Rn 1, LG Freib Rpfleger **86**, 187, LG Tüb Rpfleger **86**, 25 (je zum alten Recht).

Unzulässigkeit der Vollstreckung: Anwendbar ist II Z 2 dann, wenn das Prozeßgericht die Zwangsvollstreckung auf Grund einer Vollstreckungsabwehrklage nach § 767 für dauernd unzulässig erklärt hat.

Widerspruch: Anwendbar ist II Z 2 dann, wenn das Gericht einen Widerspruch erst nach der Offenbarungsversicherung nach § 900 V 2 Hs 2 für gerechtfertigt erklärt hat.

5) Verstoß, I, II. Vgl § 915 b Rn 9. 11

915b ***Auskunft; Löschungsfiktion.*** **I 1 Der Urkundsbeamte der Geschäftsstelle erteilt auf Antrag Auskunft, welche Angaben über eine bestimmte Person in dem Schuldnerverzeichnis eingetragen sind, wenn dargelegt wird, dass die Auskunft für einen der in § 915 Abs. 3**

bezeichneten Zwecke erforderlich ist. [2] Ist eine Eintragung vorhanden, so ist auch das Datum des in Absatz 2 genannten Ereignisses mitzuteilen.

[II] Sind seit dem Tage der Abgabe der eidesstattlichen Versicherung, der Anordnung der Haft oder der Beendigung der sechsmonatigen Haftvollstreckung drei Jahre verstrichen, so gilt die entsprechende Eintragung als gelöscht.

1 **1) Systematik, Regelungszweck, I, II.** Vgl zunächst Üb 1–8 vor § 915. § 915 b nennt eine Zuständigkeit für eine Auskunft. Man muß die Vorschrift wie jede Zuständigkeitsregel streng auslegen, Rn 2. Ob es sonderlich glücklich war, statt des Rpfl dem Urkundsbeamten zu betrauen, das mag man unterschiedlich beurteilen können.

2 **2) Zuständigkeit des Urkundsbeamten, I 1.** Funktionell zuständig ist der Urkundsbeamte der nach der Geschäftsverteilung zuständigen Geschäftsstelle, AG Blieskastel DGVZ **00**, 95. Er wird in der Eigenschaft des Urkundsbeamten und nicht in derjenigen eines Rpfl tätig. Das ergibt sich aus dem zwingenden klaren Wortlaut von I 1. Er entscheidet zunächst sowohl über die Frage, ob überhaupt die Voraussetzungen einer Auskunft vorliegen, als auch über die anschließende Frage, in welchem Umfang und mit welchen zusätzlichen Hinweisen er eine Auskunft erteilen muß.

3 **3) Darlegung eines ausreichenden Verwendungszwecks, I 1.** Zwingende Voraussetzung einer Auskunft ist die Darlegung, daß die Auskunft für einen der in § 915 III bezeichneten Zwecke erforderlich und nicht nur förderlich oder nützlich ist. Über die daher darzulegenden Verwendungszwecke § 915 Rn 7–13. Die dortigen Anmerkungen zeigen, wie schwierig und heikel es sein kann, einen der in § 915 II genannten Zwecke zu bejahen. Eine solche Entscheidung jedenfalls zunächst dem Urkundsbeamten aufzuerlegen ist eine der weniger überzeugenden Regelungen in §§ 915–915 h. Er dürfte oft insoweit doch evtl überfordert sein. Das dürfte entweder zu einer allzu strengen Auskunftsablehnung oder zu einer praktisch kaum noch kontrollierten Auskunftserteilung führen. Beides ist mit dem Gesetzeszweck nach § 915 Rn 4 kaum vereinbar.

4 Eine bloße *Darlegung genügt* nach dem klaren Wortlaut von I 1. Eine Glaubhaftmachung nach § 294 ist also nicht erforderlich, Brdb RR **01**, 1631. Damit entfällt auch eine strafrechtlich wenigstens theoretisch mögliche Absicherung über § 156 StGB. Das verstärkt die Bedenken Rn 3. Bei der Weite der in § 915 II genannten Zwecke muß sich der Urkundsbeamte überdies praktisch ohne jede Überprüfungsmöglichkeit mit der Behauptung des Antragstellers begnügen, die Auskunft sei auch gerade „erforderlich".

Andererseits ist die frühere Möglichkeit, daß jedermann *ohne jede Grundangabe* eine Auskunft fordern konnte, immerhin eindeutig entfallen. Auch ein allgemeines wirtschaftliches oder rechtliches Interesse genügt nicht mehr, soweit nicht gerade einer der Zwecke nach § 915 II den Erhalt der Auskunft erfordert. Bedenkt man freilich, daß §§ 915 d–f in weitem Umfang Auskünfte nach der Art des laufenden Bezugs einer Zeitung usw ermöglichen, überzeugt die scheinbare Eingrenzung des Kreises der Auskunftsberechtigten in I 1 praktisch kaum.

5 **4) Voraussichtliches Löschdatum, I 2.** Der Urkundsbeamte muß von Amts wegen einer Auskunft das Datum desjenigen Ereignisses beifügen, anläßlich dessen eine Eintragung nach II als gelöscht gilt, sodaß niemand sie mehr benutzen darf. Ob der Auskunftsempfänger sich freilich an solche zeitlichen Verwendungsgrenzen halten wird, läßt sich mithilfe von I 2 nicht annähernd sicher voraussagen. Der Empfänger ist nicht etwa verpflichtet, vom voraussichtlichen Löschdatum schriftlich quittiert Kenntnis zu nehmen oder gar zu versichern, er werde von diesem Datum ab keine Verwendung nehmen oder gestatten.

6 Es empfiehlt sich für den Urkundsbeamten dringend, über die Art und den Umfang der Auskunft und Mitteilung nach I 1, 2 in den Akten *Notizen* zu machen. Denn andernfalls könnten er und zunächst für ihn der Staat bei einer unberechtigt späten Verwendung usw haften, Rn 9.

7 **5) Unterstellte Löschung, II.** Unter den Voraussetzungen II gilt eine Eintragung als gelöscht. Niemand darf sie also mehr verwenden. Der Dreijahreszeitraum endet mit dem Ablauf desjenigen Tages, der durch seine Benennung oder Zahl dem Tag entspricht, auf den der in II genannte Vorgang fiel, weil er im Lauf jenes früheren Tages erfolgte, §§ 187 I, 188 II Hs 1 BGB. Beispiel: Abgabe der eidesstattlichen Versicherung am 28. 2. eines Nicht-Schaltjahres; Ende der Dreijahresfrist am 28. 2. des Schaltjahres um 24 Uhr. Denn § 188 III BGB gilt ohnehin nicht bei einer Jahresfrist. Bei der Haftanordnung ist derjenige Tag maßgebend, unter dem sie erfolgt ist, solange dieses Datum nicht nachweislich falsch war. Beendigung der Haftvollstrekkung meint die tatsächliche endgültige Haftentlassung.

8 **6) Abschriften usw, I, II.** § 915 b erwähnt eine Abschrift, Kopie, ein Telefax usw nicht. §§ 915 d–f erwähnen nur Abdrucke zum laufenden Bezug und zugehörige Listen. Man muß daher die Zulässigkeit einer bloßen Abschrift oder Kopie usw nach dem Sinn und Zweck der §§ 915–915 h beurteilen. Eine Kopie zugunsten eines Auskunftsberechtigten kann kaum unzulässig sein, wenn das Gesetz in ganz anderem Ausmaß einen laufenden Bezug von Abdrucken und Listen gestattet. Im einzelnen ist § 299 unter einer Beachtung der vorstehenden Umstände entsprechend anwendbar, LG Stgt Rpfleger **96**, 167.

9 **7) Verstoß, I, II.** Soweit der Urkundsbeamte gegen I, II verstößt, gelten die allgemeinen Regeln, auch zur Amtshaftung, Üb 3 vor § 153 GVG, § 153 GVG Rn 3, 4. Wegen der Rechtsbehelfe § 915 c Rn 2.

10 **8) Kosten, I, II.** Gebühren des Gerichts: Für die Einsicht keine, § 1 GKG, Üb 2 vor § 915, Meyer JB **99**, 408. Auslagen des Gerichts: KV 9000. Gebühren des Anwalts: VV 3309, 3310.

915c *Ausschluss der Beschwerde.* **Gegen Entscheidungen über Eintragungen, Löschungen und Auskunftsersuchen findet die Beschwerde nicht statt.**

1 **1) Systematik, Regelungszweck.** Vgl zunächst Üb 1–8 vor § 915. Es handelt sich um eine vorrangige Spezialregelung zwecks Prozeßwirtschaftlichkeit bei diesem Nebenverfahren, Grdz 14 vor § 128. Entspre-

chend weit darf und muß man die in § 915 e genannten Begriffe auslegen, zumal eine zweite Instanz verfassungsrechtlich nicht notwendig ist. *Ein* rechtliches Gehör reicht.

2) **Rechtsbehelfe.** Es kommt auf die Entscheidungsrichtung an. 2

A. Gegen Eintragung, Löschung. Die Eintragung und die Löschung in der schwarzen Liste sind keine Maßnahmen der Zwangsvollstreckung. Denn sie berühren die Durchführung des Anspruchs des Gläubigers nicht, OVG Münst NJW **84**, 2485. Sie dienen vielmehr lediglich der allgemeinen Sicherheit im Geschäftsverkehr, Wieser Rpfleger **90**, 98, aM Oldb Rpfleger **78**, 267, ThP 11. Deshalb sind die Rechtsbehelfe des Buchs 8 unanwendbar. Das gilt insbesondere für §§ 766, 793. Es handelt sich zwar um einen Akt der gerichtlichen Verwaltung, OVG Münst NJW **84**, 2485. Das Gesetz hat ihn aber dem Vollstreckungsgericht übertragen.

Deshalb ist bei einer Ablehnung der Eintragung durch den Urkundsbeamten die *befristete Erinnerung* nach 3
§ 573 I zulässig. Gegen die Entscheidung durch den Rpfl ist nur sofortige Erinnerung zulässig, § 11 II 1 RPflG. Zum Verfahren § 104 Rn 41 ff. Jedenfalls ist gegen die Entscheidung des Richters wegen des Vorrangs von § 915 c vor § 573 II keine sofortige Beschwerde statthaft.

B. Gegen Einsichtsverweigerung. Wenn der Rpfl eine Einsicht in die schwarze Liste oder eine Aus- 4
kunft über ihren Inhalt verweigert, ist § 11 II RPflG anwendbar, wie bei Rn 3. Soweit der Urkundsbeamte entschieden hat, ist die befristete Erinnerung an sein Gericht statthaft, § 573 I.

915d *Erteilung von Abdrucken.* [I] [1] **Aus dem Schuldnerverzeichnis können nach Maßgabe des § 915 e auf Antrag Abdrucke zum laufenden Bezug erteilt werden, auch durch Übermittlung in einer nur maschinell lesbaren Form.** [2] **Bei der Übermittlung in einer nur maschinell lesbaren Form gelten die von der Landesjustizverwaltung festgelegten Datenübertragungsregeln.**

[II] **Die Abdrucke sind vertraulich zu behandeln und dürfen Dritten nicht zugänglich gemacht werden.**

[III] **Nach der Beendigung des laufenden Bezugs sind die Abdrucke unverzüglich zu vernichten; Auskünfte dürfen nicht mehr erteilt werden.**

1) **Systematik, Regelungszweck, I–III.** Vgl zunächst Üb 1–8 vor § 915. Die Vorschrift regelt in I die 1
grundsätzliche Zulässigkeit von sog Abdrucken des Schuldnerverzeichnisses. Demgegenüber bestimmt § 915 e den Kreis der diesbezüglichen Antragsberechtigten und regelt in seinem III die Sonderform einer Zusammenfassung von Abdrucken in solchen Listen, die das Gericht nach § 915 f zum laufenden Bezug versenden darf.

2) **Begriff des Abdrucks, I–III.** Der Begriff Abdruck meint im Gegensatz zur Abschrift oder Kopie ein 2
von vornherein für größere Stückzahlen hergestelltes Doppel, sei es in herkömmlicher, sei es in einer nur maschinell lesbaren Form, I 1. Wegen des Inhalts des Abdrucks und seiner Übersendung §§ 9, 10 SchuVVO, § 915 h Rn 1. Damit trägt das Gesetz der zunehmend erforderlichen Massenproduktion in Verfahren beliebiger technischer Art Rechnung. Kostenmäßig ist die Art der Herstellung unerheblich. Es entstehen Antragsprüfungsgebühren, zB nach § 9 I des Hbg LJKostG, und eine Dokumentenpauschale, § 137 Z 2, 3 KostO, oder nach dem Länderrecht, zB nach § 9 II des Hbg LJKostG.

3) **Begrenzung der Antragsberechtigung, I 1.** Nur der Kreis der in § 915 e Genannten darf Abdrucke 3
zum laufenden Bezug erhalten. Wegen der Zuständigkeit vgl § 3 SchuVVO, § 915 h Rn 1. Wegen der Einzelheiten des Antrags vgl §§ 4, 5 SchuVVO. Wegen der Einzelheiten der Bewilligung und des einstweiligen Ausschlusses vom Bezug §§ 6–8, 11 SchuVVO.

4) **Datenübertragungsregeln, I 2.** Soweit eine Übermittlung der Abdrucke in einer nur maschinell 4
lesbaren Form erfolgt, muß die Landesjustizverwaltung festgelegten Datenübertragungsregeln einhalten. Beachten muß man in

Baden-Württemberg:
Bayern:
Berlin:
Brandenburg:
Bremen:
Hamburg:
Hessen:
Mecklenburg-Vorpommern:
Niedersachsen:
Nordrhein-Westfalen:
Rheinland-Pfalz:
Saarland:
Sachsen:
Sachsen-Anhalt:
Schleswig-Holstein:
Thüringen:

5) **Vertrauliche Behandlung usw, II.** Jeder Bezieher und/oder Verwender eines Abdrucks ist kraft 5
Gesetzes verpflichtet, ihn vertraulich zu behandeln und nicht Dritten zugänglich zu machen, II. Was das heißen soll, ist umso schwerer verständlich, als die nach § 915 e Antragsberechtigten die Abdrucke ja gerade zum Zweck einer praktisch unbegrenzten Benutzung erwerben können, zumindest die in § 915 e I a Genannten. I 2 meint danach allenfalls: Der Berechtigte darf nicht über den gesetzlichen Nutzungszweck hinaus eine Auskunft oder Einsicht erteilen. Zwar kann das Gericht theoretisch nach § 915 e IV 1, 2 in Verbindung mit § 30 BDSG eine Aufsicht ausüben. Ob sie aber auch praktisch funktioniert, bleibt abzuwarten. Beim Verstoß gelten im übrigen nur die allgemeinen Regeln zum Bruch von Vertraulichkeitspflichten im Zivil-, Standes- und Strafrecht usw. Wegen der Einzelheiten der Aufbewahrung usw § 10 SchuVVO, § 915 h Rn 1.

6) **Vernichtung usw, III.** Die gesetzliche Pflicht, Abdrucke unverzüglich zu vernichten und von 6
weiteren Auskünften abzusehen, beginnt mit der Beendigung eines laufenden Bezugs. Soweit man dazu Kündigungsfristen beachten muß, ist das Ende der Frist maßgeblich. Bei einer vorzeitigen Vertragsbeendi-

gung ist dieser Zeitpunkt maßgeblich. Auf den etwaigen Fortbestand der Eintragung im Originalverzeichnis kommt es nur insofern an, daß nach der dortigen Löschung auch der laufende Bezieher nicht mehr verwenden darf.

7 **7) Verstoß, I–III.** Es gelten die Regeln des BDSG.

8 **8) Rechtsbehelf, I–III.** Gegen die Entscheidung des Präsidenten des AG usw ist der Weg nach §§ 23 ff EGGVG statthaft. Das folgt auch aus § 20 SchuVVO, § 915 h Rn 1.

915e *Empfänger von Abdrucken; Auskünfte aus Abdrucken; Listen; Datenschutz.*

I Abdrucke erhalten

a) Industrie- und Handelskammern sowie Körperschaften des öffentlichen Rechts, in denen Angehörige eines Berufes kraft Gesetzes zusammengeschlossen sind (Kammern),

b) Antragsteller, die Abdrucke zur Errichtung und Führung zentraler bundesweiter oder regionaler Schuldnerverzeichnisse verwenden, oder

c) Antragsteller, deren berechtigtem Interesse durch Einzelauskünfte, insbesondere aus einem Verzeichnis nach Buchstabe b, oder durch den Bezug von Listen (§ 915 f) nicht hinreichend Rechnung getragen werden kann.

II [1] Die Kammern dürfen ihren Mitgliedern oder den Mitgliedern einer anderen Kammer Auskünfte erteilen. [2] Andere Bezieher von Abdrucken dürfen Auskunfte erteilen, soweit dies zu ihrer ordnungsgemäßen Tätigkeit gehört. [3] § 915 d gilt entsprechend. [4] Die Auskünfte dürfen auch im automatisierten Abrufverfahren erteilt werden, soweit diese Form der Datenübermittlung unter Berücksichtigung der schutzwürdigen Interessen der Betroffenen wegen der Vielzahl der Übermittlungen oder wegen ihrer besonderen Eilbedürftigkeit angemessen ist.

III [1] Die Kammern dürfen die Abdrucke in Listen zusammenfassen oder hiermit Dritte beauftragen. [2] Sie haben diese bei der Durchführung des Auftrages zu beaufsichtigen.

IV [1] In den Fällen des Absatzes 1 Satz 1 Buchstabe b und c gilt für nichtöffentliche Stellen § 38 des Bundesdatenschutzgesetzes mit der Maßgabe, dass die Aufsichtsbehörde auch die Verarbeitung und Nutzung dieser personenbezogenen Daten in oder aus Akten überwacht und auch überprüfen kann, wenn ihr keine hinreichenden Anhaltspunkte dafür vorliegen, dass eine Vorschrift über den Datenschutz verletzt ist. [2] Entsprechendes gilt für nichtöffentliche Stellen, die von den in Absatz 1 genannten Stellen Auskünfte erhalten haben.

1 **1) Systematik, Regelungszweck, I–IV.** Vgl zunächst Üb 1–8 vor § 915. Der Kreis der Antragsberechtigten erweckt Bedenken. Denn praktisch ist er kaum noch kontrollierbar. Das dürfte zumindest den Verhältnismäßigkeitsgrundsatz nach Grdz 34 vor § 704 gefährden. Man sollte das nicht auch noch durch eine allzu gläubigerfreundliche Auslegung verstärken.

2 **2) Antragsberechtigung, I.** Zum Bezug von Abdrucken, auch zum laufenden, sind die in II a–c Genannten berechtigt. Sie erhalten Abdrucke jedoch nicht von Amts wegen, sondern natürlich nur auf einen Antrag. Das stellt § 915 d I 1 klar. Deshalb entsteht auch die Auslagenverpflichtung, KV 9000.

A. Kammern, I 1 a. Die bezugsberechtigten Kammern müssen Körperschaften des öffentlichen Rechts sein und außerdem einen Zusammenschluß von Angehörigen eines Berufes kraft Gesetzes darstellen. *Beispiele:* Apothekerkammern, Architektenkammern, Ärztekammern, Handwerkskammern, Rechtsanwaltskammern, Zahnärztekammern.

3 **B. Führer von privaten Schuldnerverzeichnissen, I 1 b.** Es muß sich um einen Antragsteller handeln, der Abdrucke gerade zur Errichtung und Führung eines privaten Schuldnerverzeichnisses verwenden will und verwendet, mag dieses Verzeichnis bundesweit oder zumindest zunächst regional wie immer beschränkt geplant oder angelegt sein.
Beispiel: Die sog Schufa und vergleichbare Einrichtungen.

4 **C. Berechtigtes sonstiges Interesse nach Abdrucken, I 1 c.** Es reicht schließlich ein berechtigtes, nicht nur wirtschaftliches, aber nicht notwendig rechtliches Interesse aus. Zu diesen ineinander übergehenden Begriffen § 299 Rn 23 ff. Das Interesse muß sich durch Einzelauskünfte usw oder durch einen bloßen Listenbezug nach § 915 f nicht hinreichend befriedigen lassen. Das ist wiederum eine der gefährlich vage gefaßten Umschreibungen in §§ 915–915 h, zum Problem § 915 Rn 6–8. Der Listenbezug mag deshalb unzureichend sein, weil der Listenbezieher eine Auskunft nur dem in § 915 f II abschließend genannten Interessentenkreis erteilen darf. Gerade jenen Schutzzweck kann man aber über § 915 e I 1 c praktisch weitgehend umgehen.

5 **3) Auskunftsbefugnisse, automatisiertes Abrufverfahren, II.** Die Vorschrift grenzt die Auskunftsbefugnis der Abdrucksbezieher nach I a nur personell ein, Hamm JB **06**, 442, nicht sachlich. Insofern gilt ergänzend § 915 II. Damit verlagert sich indes im Bereich von § 915 e II die Kontrollbefugnis vom Urkundsbeamten oder Rpfl auf denjenigen Mitarbeiter einer Kammer, der die dort eingehenden Auskunftsanträge bearbeitet. Das ist insbesondere dort enorm „großzügig“, wo das automatisierte Abrufverfahren nach II 2 praktisch überhaupt keine Kontrolle seitens der Kammern mehr zuläßt, von der einmal anfangs erfolgten Prüfung der vagen Voraussetzungen von II 2 abgesehen. Wie soll aber zB die dort vorausgesetzte besondere Eilbedürftigkeit automatisch funktionieren? Vgl daher auch insoweit zum Problem § 915 Rn 6–8. Zu den Einzelheiten des automatisierten Abrufverfahrens §§ 17 ff SchuVVO, § 915 h Rn 1.

6 **4) Listenbefugnis, III.** Nur Kammern im Sinn von I a dürfen Abdrucke in Listen zusammenfassen oder damit Dritte beauftragen. Sie müssen Dritte zwar beaufsichtigen, III 2. Das ändert aber nichts an der

erheblichen Problematik dieser Befugnis zur Einschaltung irgendwelcher privater Dritter. Denn bei ihnen kann man einen etwaigen Mißbrauch nun praktisch überhaupt kaum noch überprüfen, zumal der in IV 1 in Bezug genommene, bei Sartorius Nr 245 abgedruckte § 38 BDSG für die Kammern und ihre Befugnisse nach III nach dem klaren Wortlaut von IV 1 nicht mitgilt (Bezugnahme nur auf I b, c).

5) Aufsicht der Datenschutzbehörde, IV. In den von IV 1 und § 915 f IV (Verweisung auf § 915 e IV) 7 begrenzten Fällen nach Rn 6 ist die nach § 38 BDSG bestellte Aufsichtsbehörde in dem erheblichen Umfang jener Vorschrift berechtigt. Sie ist auch verpflichtet, eine Mißbrauchsverhütung durch Aufsicht zu versuchen. Ob sie dazu praktisch wegen der Weite der Befugnisse der Verwender und Unterverwender nach §§ 915–915 h imstande sein wird, bleibt kritisch abzuwarten. Der Betroffene kann sich immerhin antragstellend an sie wenden, obwohl sie von Amts wegen tätig werden muß. Die in § 38 VI BDSG landesrechtlich bestimmten Aufsichtsbehörden sind:

Baden-Württemberg:
Bayern:
Berlin:
Brandenburg:
Bremen:
Hamburg:
Hessen:
Mecklenburg-Vorpommern:
Niedersachsen:
Nordrhein-Westfalen:
Rheinland-Pfalz:
Saarland:
Sachsen:
Sachsen-Anhalt:
Schleswig-Holstein:
Thüringen:

6) Verstoß, I–IV. Es gelten die Regeln des gesamten BDSG. 8

915f *Überlassung von Listen; Datenschutz.* **I 1 Die nach § 915 e Abs. 3 erstellten Listen dürfen den Mitgliedern von Kammern auf Antrag zum laufenden Bezug überlassen werden. 2 Für den Bezug der Listen gelten die §§ 915 d und 915 e Abs. 1 Buchstabe c entsprechend.**

II Die Bezieher der Listen dürfen Auskünfte nur jemandem erteilen, dessen Belange sie kraft Gesetzes oder Vertrags wahrzunehmen haben.

III Listen sind unverzüglich zu vernichten, soweit sie durch neue ersetzt werden.

IV § 915 e Abs. 4 gilt entsprechend.

1) Systematik, Regelungszweck, I–IV. Vgl zunächst Üb 1–8 vor § 915. Es gelten die Ausführungen 1 § 915 e Rn 1 hier verstärkt.

2) Geltungsbereich, I. Die Vorschrift stellt kar, daß die in § 915 e I 1 a, III genannten Kammern die in 2 Listen zusammengefaßten Abdrucke zum laufenden Bezug anfordern dürfen und daß für ein solches Abonnementsverhältnis die Vorschriften gelten, die auch für Abdrucke vorhanden sind, die nicht in Listen zusammengestellt sind. Zu den Einzelheiten des Inhalts der Listen, ihrer Anfertigung, Erteilung und Verwendung usw §§ 12 ff SchuVVO, § 915 h Rn 1.

3) Auskünfte, II. In Abweichung von § 915 e II sind die Bezieher von Listen zu Auskünften nur 3 gegenüber demjenigen berechtigt, dessen Belange sie kraft Gesetzes oder Vertrags wahrnehmen müssen. Da sie Verträge der letzteren Art jederzeit schließen können, verpufft die mit der ersten Alternative beabsichtigte Schutzwirkung praktisch fast völlig.

4) Vernichtung, III. Die Vernichtung der bisherigen Liste beim Eingang der nächsten gilt nur, soweit 4 die nächste die bisherige „ersetzt". Ob das auch dann der Fall ist, wenn die nächste räumlich enger gefaßt ist, ist zweifelhaft.

5) Aufsicht, IV. Vgl § 915 e Rn 7. 5

915g *Löschung in Abdrucken, Listen und Aufzeichnungen.* **I Für Abdrucke, Listen und Aufzeichnungen über eine Eintragung im Schuldnerverzeichnis, die auf der Verarbeitung von Abdrucken oder Listen oder auf Auskünften über Eintragungen im Schuldnerverzeichnis beruhen, gilt § 915 a Abs. 1 entsprechend.**

II 1 Über vorzeitige Löschungen (§ 915 a Abs. 2) sind die Bezieher von Abdrucken innerhalb eines Monats zu unterrichten. 2 Sie unterrichten unverzüglich die Bezieher von Listen (§ 915 f Abs. 1 Satz 1). 3 In den auf Grund der Abdrucke und Listen erstellten Aufzeichnungen sind die Eintragungen unverzüglich zu löschen.

1) Systematik, Regelungszweck, I, II. Vgl zunächst Üb 1–8 vor § 915. Wegen der Gefahren infolge 1 eines übergroßen Kreises von praktisch Einsichts- oder Auskunftsberechtigten darf man I großzügig und muß man II streng auslegen.

2) Löschung, I. Die Vorschrift verweist für Listen usw auf die Löschungsregeln für Eintragungen in 2 § 915 a I, dort Rn 1–5.

3) Vorzeitige Löschung, II. Die Vorschrift zwingt den Versender von Abdrucken zur Unterrichtung 3 der Bezieher über vorzeitige Löschungen nach § 915 a II. Sie zwingt den letzteren zur unverzüglichen Unterrichtung seiner Listenbezieher. Sie zwingt alle Beteiligten zur unverzüglichen Löschung in ihren Abdrucken und Listen. Ob alles das in der Praxis funktioniert und sich ausreichend überwachen läßt, bleibt abzuwarten. Vgl zum Problem § 915 Rn 6–8.

915h *Verordnungsermächtigungen.* [I] **Das Bundesministerium der Justiz wird ermächtigt, durch Rechtsverordnung mit Zustimmung des Bundesrates**

1. **Vorschriften über den Inhalt des Schuldnerverzeichnisses, über den Bezug von Abdrucken nach den §§ 915 d, 915 e und das Bewilligungsverfahren sowie den Bezug von Listen nach § 915 f Abs. 1 zu erlassen,**
2. **Einzelheiten der Einrichtung und Ausgestaltung automatisierter Abrufverfahren nach § 915 e Abs. 2 Satz 4, insbesondere der Protokollierung der Abrufe für Zwecke der Datenschutzkontrolle, zu regeln,**
3. **die Erteilung und Aufbewahrung von Abdrucken aus dem Schuldnerverzeichnis, die Anfertigung, Verwendung und Weitergabe von Listen, die Mitteilung und den Vollzug von Löschungen und den Ausschluss vom Bezug von Abdrucken und Listen näher zu regeln, um die ordnungsgemäße Behandlung der Mitteilungen, den Schutz vor unbefugter Verwendung und die rechtzeitige Löschung von Eintragungen sicherzustellen,**
4. **zur Durchsetzung der Vernichtungs- und Löschungspflichten im Falle des Widerrufs der Bewilligung die Verhängung von Zwangsgeldern vorzusehen; das einzelne Zwangsgeld darf den Betrag von 25 000 Euro nicht übersteigen.**

[II 1] **Die Landesregierungen werden ermächtigt, durch Rechtsverordnung zu bestimmen, dass**

1. **anstelle des Schuldnerverzeichnisses bei den einzelnen Vollstreckungsgerichten oder neben diesen ein zentrales Schuldnerverzeichnis für die Bezirke mehrerer Amtsgerichte bei einem Amtsgericht geführt wird und die betroffenen Vollstreckungsgerichte diesem Amtsgericht die erforderlichen Daten mitzuteilen haben;**
2. **bei solchen Verzeichnissen automatisierte Abrufverfahren eingeführt werden, soweit dies unter Berücksichtigung der schutzwürdigen Belange des betroffenen Schuldners und der beteiligten Stellen angemessen ist; die Rechtsverordnung hat Maßnahmen zur Datenschutzkontrolle und Datensicherung vorzusehen.**

[2] **Sie werden ermächtigt, diese Befugnisse auf die Landesjustizverwaltungen zu übertragen.**

1 **1) Schuldnerverzeichnisverordnung (SchuVVO) des Bundes** v 15. 12. 94, BGBl 3822. Sie ist im Schönfelder Nr 102 abgedruckt.

Abschnitt 5
Arrest und einstweilige Verfügung

Grundzüge

Schrifttum: *Ahrens,* Rechtspolitische Überlegungen zum summarischen Rechtsschutz, in: Festschrift für *Nakamura* (1996); *Ahrens/Spätgens,* Einstweiliger Rechtsschutz und Vollstreckung in UWG-Sachen, 4. Aufl 2001; *Albrecht,* Das EuGVÜ und der einstweilige Rechtsschutz in England und in der Bundesrepublik Deutschland, 1991; *Bandel,* Einstweiliger Rechtsschutz im Schiedsverfahren, 2000; *Berger* (Hrsg), Einstweiliger Rechtsschutz im Zivilrecht, 2006; *Bergmann,* Der einstweilige Rechtsschutz (rechtsvergleichend: Spanien), 2007; *Berneke,* Die einstweilige Verfügung in Wettbewerbssachen, 2. Aufl 2003 (Bespr Donle GRUR **04**, 578); *Beys,* Einstweilige Verfügungen an der Grenze der akademischen Freiheit, Festschrift für *Schumann* (2001) 43; *Blankenburg/Leipold/Wollschläger,* Neue Methoden im Zivilverfahren, 1991 (rechtspolitisch); *Bopp,* Die einstweilige Verfügung in Patentsachen, in: Festschrift für *Helm* (2002); *Clemenz* NZA **07**, 64 (Arbeitsrecht: Üb); *Compensis,* Die einstweilige Verfügung auf Unterhaltsleistung, 1991; *Crückeberg,* Vorläufiger Rechtsschutz, 3. Aufl 2006; *Dose,* Einstweiliger Rechtsschutz in Familiensachen usw, 2. Aufl 2005 (Bespr *Gießler* FamRZ **05**, 1228); *Dinstühler,* Rechtsnachfolge und einstweiliger Rechtsschutz, 1995; *Dunkl/Moeller/Baur/Feldmeier,* Handbuch des vorläufigen Rechtsschutzes, 3. Aufl 1999; *Ebert,* Einstweiliger Rechtsschutz in Familiensachen, 2. Aufl 2005; *Ebmeier/Schöne,* Der einstweilige Rechtsschutz, Handbuch zu Arrest und einstweiliger Verfügung, 1997; *Ehrenzeller,* Der vorläufige Rechtsschutz im internationalen Verhältnis, 2005; *Eilers,* Maßnahmen des einstweiligen Rechtsschutzes im Europäischen Zivilrechtsverkehr, 1991; *van Els,* Das Kind im einstweiligen Rechtsschutz im Familienrecht, 2000; *Enders/Börstinghaus,* Einstweiliger Rechtsschutz, 2003; *Eschmann,* Der Einstweilige Rechtsschutz des Akkreditiv-Auftragsgebers in Deutschland, England und der Schweiz, 1994; *Finkelnburg/Dombert/Küßmann,* Vorläufiger Rechtsschutz im Verwaltungsstreitverfahren, 5. Aufl 2008; *Flessner,* Ausländischer Konkurs und inländischer Arrest, in: Festschrift für *Merz* (1992); *Ganslmayer,* Die einstweilige Verfügung im Zivilverfahren, 1991; *Gießler,* Vorläufiger Rechtsschutz in Ehe-, Familien- und Kindschaftssachen, 4. Aufl 2005; *Gloge,* Die Darlegung und Sachverhaltsuntersuchung im einstweiligen Rechtsschutzverfahren, 1991; *Gottwald,* Einstweiliger Rechtsschutz in Verfahren nach der ZPO, Kommentierung der §§ 916–945, 1998; *Gronstedt,* Grenzüberschreitender einstweiliger Rechtsschutz, 1994; *Heinze,* Einstweiliger und vorläufiger Rechtsschutz in Streitfällen des Arbeits-, Sozial- und Wirtschaftsrechts, in: Festschrift für *Zeuner* (1994); *Heinze,* Die Leistungsverfügung, Festgabe *50 Jahre Bundesgerichtshof* (2000) III 569; *Heinze,* Einstweiliger Rechtsschutz im europäischen Immaterialgüterrecht, 2007; *Frhr von Holtz,* Die Erzwingung von Willenserklärungen im einstweiligen Rechtsschutz, 1995; *Jeong-Ha,* Einstweilige Maßnahmen der Schiedsgerichtsbarkeit, 1991; *Kargados,* Zur Verfassungsmäßigkeit von gesetzlichen Verboten einstweiligen Rechtsschutzes usw, Festschrift für *Gaul* (1997) 265; *Kirchheim,* Der einstweilige Rechtschutz im Unterhaltsrecht, Diss Münst 2001; *Klevemann* (Hrsg), Anwalts-Handbuch Einstweiliger Rechtschutz, 2008; *Knothe,* Einstweiliger Rechtsschutz im spanischen und deutschen Zivilprozeß, 1999; *Kofmel Ehrenzeller,* Der vorläufige Rechtsschutz im internationalen Verhältnis, 2005; *Korinth,* Einstweiliger Rechtsschutz im Arbeitsgerichtsverfahren (Komm), 2000; *Kuchinke,* Zur Sicherung des erbvertraglich oder letztwillig bindend Bedachten durch … Gewährung einstweiligen Rechtsschutzes, Festschrift für

Henckel (1995) 475; *Kurtz,* Grenzüberschreitender einstweiliger Rechtsschutz im Immaterialgüterrecht, 2004; *Leicht,* Die einstweilige Verfügung, 2003; *Littbarski,* Einstweiliger Rechtsschutz im Gesellschaftsrecht, 1997; *Lücke,* Inwiefern dürfen Parlamente, Gerichte und Behörden vorläufige Staatsakte erlassen?, 1991; *Mädrich,* Das Verhältnis der Rechtsbehelfe des Antragsgegners im einstweiligen Verfügungsverfahren, 1980; *Mankowski* JZ **05**, 1144 (Üb); *Morbach,* Einstweiliger Rechtsschutz in Zivilsachen, 1988 (rechtsvergleichend; *Müller-Christmann,* Arrest und einstweilige Verfügung, Rechtspfleger-Studien (1991) 97; *Nieschulz,* Der Arrest in Seeschiffe (rechtsvergleichend), 1997; *Nirk/Kurtze,* Wettbewerbsstreitigkeiten, 2. Aufl 1992; *Pansch,* Die einstweilige Verfügung zum Schutze des geistigen Eigentums im grenzüberschreitenden Verkehr, 2003; *Pastor/Ahrens,* Der Wettbewerbsprozeß usw, 5. Aufl 2005; *Rhode,* Vorläufiger Rechtsschutz unter dem Einfluß des Gemeinschaftsrechts, 1997; *Saenger,* Einstweiliger Rechtsschutz und materiellrechtliche Selbsterfüllung, 1998; *Scheef,* Der einstweilige Rechtsschutz usw (rechtsvergleichend), 2000; *Scherer* (Hrsg), Einstweiliger Rechtsschutz im internationalen Sport?, 1999; *Schilken,* Die Befriedigungsverfügung, 1976; *Schlosser,* Die Durchsetzung von Schiedssprüchen und ausländischen Urteilen ... mittels eines inländischen Arrests, Festschrift für *Schwab* (1990) 435; *Schlosser,* Einstweiliger Rechtsschutz und materielles Zwischenrecht – ein Gegensatz?, Festschrift für *Henckel,* (1995) 737; *Schlosser,* Auf dem Wege zu neuen Dimensionen des Einstweiligen Rechtsschutzes, in: Festschrift für *Odersky,* 1996; *Schmidt-Diemitz,* Einstweiliger Rechtsschutz gegen rechtswidrige Gesellschafterbeschlüsse, Diss Tüb 1993; *Schrader,* Einstweiliger Rechtsschutz von Zahlungsansprüchen des Wirtschaftsverkehrs im spanischen und deutschen Zivilprozeß, 1999; *Schuschke/Walker,* Vollstreckung und Vorläufiger Rechtsschutz (Kommentar), 4. Aufl 2008; *Schwarze,* Vorläufiger Rechtsschutz im Widerstreit von Gemeinschaftsrecht und nationalem Verwaltungsverfahrens- und Prozeßrecht, 1993; *Stickler,* Das Zusammenwirken von Art. 24 EuGVÜ und §§ 916 ff ZPO, 1992; *Stock,* Einstweiliger Rechtsschutz bezüglich des Anspruchs auf Zugewinnausgleich und bezüglich dessen Kautionsanspruchs, Diss Münst 2001/02; *Stürner,* Einstweilige Verfügung auf Durchführung von Austauschverträgen, in: Festschrift für *Zeuner* (1994); *Stürner,* Der einstweilige Rechtschutz in Europa, in: Festschrift für *Geiß* (2000); *Tempel,* Mustertexte zum Zivilprozeß, Bd. II: Arrest, einstweilige Verfügung usw, 5. Aufl 2003; *Teplitzky,* Wettbewerbsrechtliche Ansprüche und Verfahren, 8. Aufl 2002; *Vogg,* Einstweiliger Rechtsschutz und vorläufige Vollstreckbarkeit: Gemeinsamkeiten und Wertungswidersprüche, 1991; *Walker,* Der einstweilige Rechtsschutz im Zivilprozeß und im arbeitsgerichtlichen Verfahren, 1993; *Weber,* Die Verdrängung des Hauptsacheverfahrens durch den einstweiligen Rechtsschutz in Deutschland und Frankreich usw, Diss Freibg/Br 1992; *Weinert,* Vollstreckungsbegleitender einstweiliger Rechtsschutz, 2007; *Werner/Pastor,* Der Bauprozeß, 12. Aufl 2008.

Gliederung

1) Systematik. Der Abschnitt „Arrest und einstweilige Verfügung" gehört nicht ins Buch 8, BVerfG **46**, 182. Zur Zwangsvollstreckung zählt nur die Arrestvollstreckung genau so wie diejenige eines Urteils. Das Arrestverfahren, der Arrestprozeß, das Anordnungsverfahren nach §§ 916–927 ist ein besonders geregeltes abgekürztes und vorläufiges Erkenntnisverfahren. Es rechnet zu den besonderen Verfahrensarten. Seine Selbständigkeit gegenüber dem Hauptsacheverfahren kann eine Verfassungsbeschwerde zulässig machen, BVerfG **42**, 167. Das gilt sogar gegenüber dem gleichzeitigen Hauptsacheverfahren, Ffm MDR **84**, 58, Köln GRUR **88**, 646. Zur Vorlage nach Art 100 I GG BVerfG **46**, 51. Freilich ordnet § 928 grundsätzlich die entsprechende Anwendbarkeit der Vorschriften zur Zwangsvollstreckung an, aber eben nur für die Vollziehung nach §§ 929 ff, nicht für das Verfahren auf den Erlaß. Für dieses letztere Erkenntnisverfahren sind zumindest die Vorschriften des Buchs 1 anwendbar, teilweise auch diejenigen des Buchs 2, soweit eben nicht das Eilverfahren vorrangige Sonderregeln enthält. §§ 49 ff, 119, 214, 226, 247, 248 FamFG regeln als vorrangige Spezialvorschriften die einstweilige „Anordnung" in den dort jeweils genannten FamFG-Sachen. Das gilt auch in den in § 95 I Z 1–5 FamFG genannten Fällen. Denn diese Vorschrift macht nicht „Buch 8" der ZPO anwendbar, sondern nur die ZPO-Vorschriften „über die Zwangsvollstreckung". §§ 916 ff zählen eben nicht zur Zwangsvollstreckung, s oben. 1

Europarecht kann auch beim vorläufigen Rechtsschutz den Vorrang haben. Das nationale Gericht darf solchen Schutz beim Gemeinschaftsrecht nur unter besonderen Voraussetzungen gewähren, Rodríguez Iglesias NJW **00**, 1893 (Üb).

2) Regelungszweck. Jede der beiden Arten dient eigenen Zwecken, Gaul KTS **07**, 137 (Üb). 2
Gemeinsam ist die Vorläufigkeit der Prüfung und der daraus folgenden Anordnung. Das rechtliche Gehör ist trotz seiner grundlegenden Bedeutung nach Art 103 I GG stark eingeschränkt, um ein Eilbedürfnis des Antragstellers zu befriedigen. Die Rechtsfolgen können existenzgefährdend sein. Ein Schadensersatzanspruch nach § 945 ändert daran eventuell gar nichts. Deshalb fordert das Eilverfahren nicht nur eine für den Richter wie für den ProzBev ganz ungewöhnliche Tempobereitschaft, etwa wenn das Schiff schon

abzulegen beginnt (vgl freilich § 916 Rn 3 aE), sondern auch ein präzises Handwerk im Verfahrensablauf wie bei der summarischen Abwägung der Interessen zur Vermeidung zu forscher wie zu lascher Eilentscheidungen. Vorläufigkeit entbindet keineswegs von exakter Begründbarkeit, von Einfühlungsvermögen wie von Distanz zum Antragsteller. Er will immer sofort ohne jede Verhandlung und am liebsten ohne jede Sicherheitsleistung wenn möglich schon das Ziel eines Hauptprozesses erreichen. An dieser Stelle bedeutet zu viel Großzügigkeit in Wahrheit eine unverantwortliche Gedankenlosigkeit. Das sollte Looks TranspR **06**, 136 mitbedenken. Die Handhabung sollte sich stets der Grenzen eines Eilverfahrens bewußt bleiben, Rn 9.

A. Arrest. Der Arrest sichert eine künftige Zwangsvollstreckung in das bewegliche und unbewegliche Vermögen wegen einer im ordentlichen Rechtsweg durchsetzbaren Geldforderung, Grdz 1 vor § 803, Düss FamRZ **94**, 113 (vgl wegen des dort erörterten Unterhalts vor allem Rn 7). Es reicht auch ein solcher Anspruch, der in eine entsprechende Geldforderung übergehen kann, § 916, also ein Vermögenswert. Unerheblich ist dabei, ob ein sachlichrechtlicher Anspruch auf eine Sicherheitsleistung besteht und was zB bei § 1051 BGB eine Klage erfordert. Nicht etwa bezweckt der Arrest die Aufklärung der Vermögensverhältnisse des Schuldners, BGH **68**, 293.

3 **B. Einstweilige Verfügung.** Die einstweilige Verfügung dient zwei ganz verschiedenen Zwecken. Sie dient nämlich einerseits der Sicherung des Anspruchs auf eine gegenständliche Leistung, § 935 (Sicherungsverfügung), LG Ffm NJW **81**, 56. Sie dient andererseits der Regelung eines einstweiligen Zustands in bezug auf ein streitiges Rechtsverhältnis, § 940 (Regelungsverfügung), Jauernig ZZP **79**, 325. Für den Hauptanspruch muß der ordentliche Rechtsweg offenstehen, § 13 GVG. Soweit der Arrest zulässig ist, ist eine einstweilige Verfügung unzulässig, Düss FamRZ **80**, 1116, außer bei einem solchen Anspruch, der zwar in eine Geldforderung übergehen kann, aber noch nicht übergegangen ist. Eine Umdeutbarkeit ist nur ausnahmsweise zulässig, § 916 Rn 3. Wegen des Verfahrensübergangs durch eine sofortige Beschwerde § 916 Rn 3.

4 **3) Geltungsbereich.** §§ 916 ff gelten umfassend, auch neben §§ 1025 ff, Wolf DB **99**, 1101, auch im WEG-Verfahren. Abschnitt 5 gilt auch im arbeitsgerichtlichen Verfahren, §§ 62 II, 85 II ArbGG, LAG Hamm DB **77**, 1420, Clemenz NZA **07**, 64 (Üb). Zuständig ist das ArbG. In einem dringenden Fall nach § 942 und als Gericht des Verbleibs nach § 919 ist daneben das AG zuständig. Ein ähnliches Verfahren kennt für Steuersachen §§ 324 ff AO, BGH **114**, 325 (Schriftform nötig), BFH DB **83**, 1854, Bruschke BB **96**, 81. § 89 I InsO verbietet nur den Arrestvollzug nach Rn 1, nicht schon den Erlaß des Arrests während des Insolvenzverfahrens. Dasselbe gilt für eine einstweilige Verfügung auf die Eintragung einer Vormerkung. Vgl freilich § 174 InsO. Wegen der einstweiligen Anordnung des BVerfG § 32 BVerfGG. Wegen einer FamFG-Sache Rn 1. Wegen des Patentverfahrens Bopp (vor Rn 1).

Arrest in Seeschiffe, dazu *Looks* TranspR **06**, 133 (Üb); *Nieschulz,* Der Arrest in Seeschiffe (rechtsvergleichend), 1997: Es gilt das Internationale Übk v 10. 5. 52, BGBl 72 II 655, insbesondere Art 6 II, in Kraft seit 6. 4. 73, Bek v 8. 3. 73, BGBl II 172, für Polen gemäß Bek v 22. 9. 76, BGBl II 1702, Tonga, Bek v 19. 12. 78, BGBl **79** II 20, Italien, Bek v 10. 1. 80, BGBl II 52, Salomonen, Bek v 30. 12. 81, BGBl **82** II 69, Togo, Bek v 10. 3. 82, BGBl II 295, Niederlande (einschließl Niederländische Antillen), Bek v 21. 3. 83, BGBl II 240, Kuba, Bek v 14. 2. 84, BGBl II 209, berichtigt 276, Côte d'Ivoire, Bek v 26. 6. 89, BGBl II 624, Dänemark (ohne Faröer und Grönland), Irland, Luxemburg, Marokko, St. Lucia, Bek v 4. 11. 91, BGBl II 1129, Slowenien, Bek v 7. 3. 94, BGBl II 399, Guinea, Rumänien, Bek v 11. 1. 96, BGBl II 239, Finnland, Bek v 4. 3. 96, BGBl II 376, Norwegen, Bek v 6. 5. 96, BGBl II 935, Russische Föderation, Bek v 12. 4. 01, BGBl II 532, Namibia, Bek v 6. 6. 02, BGBl II 1682, Litauen, Bek v 9. 10. 02, BGBl II 2802. Vgl ferner § 35 Schiffahrtsrechtl VertO v 21. 6. 72, BGBl 953, in Kraft seit 6. 4. 73, Bek v 21. 3. 73, BGBl 267. Danach sind §§ 916 ff grundsätzlich anwendbar, aM Looks TranspR **06**, 136 (Vorrang vor § 917 II. Vgl aber oben Rn 2).

Wegen *Eisenbahnen* Artt 56 CIM, 52 CIV, vgl Einl IV 3 E. Bei der Deutschen Genossenschaftsbank besteht eine Arrestbeschränkung wie Einf 9 vor § 850. §§ 916 ff sind unanwendbar in SGG-Sachen, § 198 II SGG (vielmehr gilt evtl § 123 VwGO entsprechend, BVerfG **46**, 181).

5 **4) Abgrenzung zum Hauptprozeß.** Ein Grundsatz hat eine gewichtige Ausnahme.

A. Grundsatz: Vorläufigkeit. Es handelt sich grundsätzlich nur um eine vorläufige Regelung, LAG Düss DB **78**, 211. Das gilt jedenfalls dann, wenn man von der hauchfeinen Unterscheidung von Einstweiligkeit (Offenhalten der Entscheidungsfähigkeit in der Hauptsache) und Vorläufigkeit (Verbleiben von Aufhebbarkeit oder Abänderbarkeit) bei MüKoHe § 916 Rn 15 ff absieht. Diese vorläufige Regelung muß sich innerhalb des erreichbaren Zwecks halten. Der Antragsteller muß sie auch binnen Monatsfrist vollziehen, § 929 II. Es geht also grundsätzlich um ein Weniger gegenüber dem ordentlichen Verfahren. Es geht aber auch um ein aliud, also um etwas anderes als den Hauptanspruch. Denn der Kläger kann im Hauptprozeß zB keine Verhaftung wie bei § 918 erreichen. Das Rechtsschutzbedürfnis nach Grdz 33 vor § 253 kann unabhängig vom Hauptprozeß oder seinem Fehlen vorliegen, Grdz 38 vor § 253 „Arrest, einstweilige Verfügung". Vorläufige Maßnahmen lassen sich auf einen Widerspruch nach § 924 und wegen veränderter Umstände nach § 927 und bei der einstweiligen Verfügung nach § 936 aufheben. Unter den Voraussetzungen des § 945 verpflichten sie diejenige Partei, die die Maßnahmen veranlaßt hat, zum Schadensersatz.

Die gerichtliche Maßnahme im Eilverfahren bedeutet also *grundsätzlich kein endgültiges* Ergebnis, BGH **68**, 292, Hbg GRUR-RR **07**, 29. Sie darf daher die Erledigung der Hauptsache grundsätzlich nicht vorwegnehmen, Köln BB **98**, 2131. Sie darf dem Antragsteller schon gar nicht mehr geben, als sich im Hauptprozeß erreichen ließe, ArbG Düss DB **83**, 2093 Kesseler/Klages FamRZ **01**, 1193 (Üb). Man muß einen Übergang vom vorläufigen Verfahren in den Hauptsacheprozeß wie eine Klagänderung nach §§ 263, 264 beurteilen, Hamm NJW **78**, 58, Karlsr Just **77**, 98, StJGr § 920 Rn 3, aM Ffm FamRZ **89**, 297, StJGr 46 vor § 916, ZöV 3 vor § 916 (je: der Übergang sei stets zulässig. Aber es gibt keinen Grund zu solcher Ungleichbehandlung von Eil- und Hauptsacheverfahren).

B. Ausnahmen bei der Leistungsverfügung (Befriedigungs- oder Regelungsverfügung), dazu *Gaul* FamRZ **03**, 1143 und Festgabe für *Vollkommer* (2006) 61; *Heinze, Schilken* (vor Rn 1): Trotz dieses vorläufigen Charakters auch der einstweiligen Verfügung haben die Gerichte weitgehend aus einer praktischen Notwendigkeit heraus ganz ausnahmsweise die vorläufige Regelung der Befriedigung des Gläubigers zugelassen. Sie haben also ein summarisches Erkenntnisverfahren entwickelt, wenn andere erfolgversprechende Maßnahmen nicht zumutbar oder nicht rechtzeitig erlangbar sind, Düss RR **96**, 124 (Messestand), Brdb GRUR-RR **02**, 399, KG RR **03**, 1528 (Belieferung), Köln MDR **05**, 290 (Krankentagegeld). Die Nachteile des Abwartens müssen freilich im Vergleich zu den Nachteilen des Gegners unverhältnismäßig groß, ja irreparabel sein, Brdb GRUR-RR **02**, 399. Es muß eine besonders schwere und existentielle Rechtsbeeinträchtigung drohen, Ffm NJW **07**, 851, Hbg GRUR-RR **07**, 29. 6

Eine solche *Befriedigungsverfügung* dient vor allem vorläufige Regelungen des nicht unter das FamFG fallenden vertraglichen *Unterhalts,* soweit es sich dabei um die Befriedigung dringender Lebensbedürfnisse handelt, § 940 Rn 22 „Ehe, Familie", (je zum alten Recht) Brdb RR **02**, 1127, Düss FamRZ **94**, 113, *Gaul* FamRZ **03**, 1143, aM Hbg FamRZ **81**, 161 (das OLG billigt für eine Übergangszeit den vollen angemessenen Unterhaltsbetrag zu. Aber das geht über das im Eilverfahren bestenfalls Erzielbare doch wohl hinaus). 7

Es geht insofern auch um *Unterlassungsansprüche,* § 940 Rn 31–33 „Gewerblicher Rechtsschutz" (Leistungsverfügungen, Jauernig ZZP **79**, 321, eine besondere Art der Regelungsverfügung, die mit dem Sicherungszweck nichts mehr zu tun haben), § 936 Rn 14, § 938 Rn 1, ArbG Bielef BB **85**, 666. Zwar handelt es sich auch hier um eine vorläufige Befriedigung, ArbG Bielef BB **85**, 666. Sie soll der endgültigen Entscheidung nicht vorgreifen. Sie hat bei einer Aufhebung für Geldleistungen unter den Voraussetzungen des § 945 die Rückzahlung zur Folge. Der Antragsgegner erreicht eine solche Rückzahlung freilich nur in den seltensten Fällen. 8

C. Dann scharfe Anforderungen. In solchen Fällen bleibt also nur der Ersatzanspruch aus § 945. Daher muß man bei der Leistungsverfügung an den Nachweis des Verfügungsgrundes, die Schlüssigkeit und die Glaubhaftmachung stets scharfe Anforderungen stellen, Brdb GRUR-RR **02**, 399, Hamm RR **90**, 1236, Heinze (vor Rn 1) 588. Das gilt auch und keineswegs zuletzt im Bereich des Gewerblichen Rechtsschutzes und Urheberrechts, wo es von Anträgen auf einstweilige Verfügungen nicht selten nur so wimmelt. So dringlich gerade dort ein rascher Zugriff ist, so wenig ist bei einer genauen Betrachtung selbst dann eine solche zeitlich unbefristete Eilregelung wirklich notwendig, die praktisch die Hauptsache vorwegnimmt, und zwar ohne ein volles oder wenigstens halbes rechtliches Gehör, das alles bei einem oft sehr hohen Streit- und Gegenstandswert. § 938 gibt keinen unbegrenzten zeitlichen Ermessensraum. Auch die Vermeidung eines Hauptprozesses ist systematisch kein ausschlaggebendes Argument. Eine Prozeßwirtschaftlichkeit oder Attraktivität des Gerichts(orts) steht nicht höher als das Gebot, die natürlichen Grenzen eines bloßen Eilverfahrens zu achten und auch stets zu verdeutlichen. 9

Kaum ausreichend ist zB die eidesstattliche Versicherung der Partei, sie komme sonst in Bedrängnis. Nicht ausreichend ist das Bestreben, ein in den Händen des Prozeßgegners befindliche Beweismittel schon vor dem Beginn des Hauptprozesses einzusehen, LG Karlsr VersR **82**, 1165. Ähnliches gilt bei einer angeordneten Duldung und beim Beseitigungsanspruch. Hier und bei einem Unterlassungsanspruch oder Duldungsanspruch muß das Gericht stets besonders prüfen, ob nicht geringere Maßnahmen genügen, LG Gött MDR **80**, 324. Denn die Wirkung des Eilverfahrens soll hinter derjenigen eines Hauptprozesses durchaus zurückbleiben. Dafür gibt § 938 dem Richter eine ziemlich freie Hand. Würde die einstweilige Verfügung einer endgültigen Regelung allzu nahe kommen, fehlt die Vorläufigkeit. Eine solche einstweilige Verfügung erweist sich dann als unzulässig. Das kann bei einem nicht auf Besitzstörung beruhenden Herausgabeanspruch so sein, zu großzügig Köln RR **97**, 58, oder bei der Gestaltung eines Rechtsverhältnisses. Daher darf das Gericht nicht zB einen Gesellschafter durch eine einstweilige Verfügung ausschließen. Denn es würde zu seiner Wiederaufnahme in die Gesellschaft ein neuer Vertrag nötig. Demgegenüber darf ihm das Gericht die Geschäftsführungsbefugnis vorläufig entziehen. Es mag auch einen sehr zeitgebundenen sonstigen Anspruch einmal im Eilverfahren endgültig behandeln dürfen, LG Lüb RR **88**, 124.

5) Andersartige vorläufige Regelungen. Keine einstweiligen Verfügungen, sondern Anordnungen im Prozeß sind die Einstellung der Zwangsvollstreckung nach Grdz 49 vor § 704 und die einstweiligen Anordnungen in einem FamFG-Verfahren, Rn 1. Soweit eine solche einstweilige Anordnung zulässig ist, fehlt wegen ihres Vorrangs als Sonderregel meist das stets für einen Arrest wie für eine einstweilige Verfügung nach der Grdz 33 vor § 253 erforderliche Rechtsschutzbedürfnis, § 940 Rn 7. 10

6) Streitgegenstand. Streitgegenstand nach § 2 Rn 4 ist nicht der sachlichrechtliche Anspruch. Er wird deshalb auch nicht rechtshängig, § 920 Rn 8, 9. Er nimmt auch nicht an einer inneren Rechtskraft einer Entscheidung in diesem Verfahren teil, § 322 Rn 29, 30. Vielmehr ist Streitgegenstand die Zulässigkeit einer auch zwangsweisen einstweiligen Regelung oder Sicherung des sachlichrechtlichen Anspruchs, Ffm FamRZ **89**, 297, Hamm MDR **87**, 589, Menne FamRZ **04**, 8. Deshalb bezieht sich ein Anerkenntnis nach § 307 im Zweifel nur auf diesen Streitgegenstand, Hamm Rpfleger **86**, 310, Mü MDR **86**, 681. Dieselbe Begrenzung gilt für eine Erledigterklärung nach § 91 a, Hamm MDR **87**, 589. Deshalb ist auch ein vorläufiges Verfahren nach der Rechtskraft der Entscheidung des Hauptprozesses nicht mehr zulässig. 11

7) Arrest- und Verfügungsverfahren. Es hat ganz eigenes Gepräge. 12

A. Verfahrensgrundsätze. Man kann das Arrest- wie das Verfügungsverfahren unter dem Begriff vorläufiges, summarisches Verfahren zusammenfassen. Hauptkennzeichen dieses Verfahrens sind die Entbehrlichkeit einer mündlichen Verhandlung im Beschlußverfahren nach §§ 128 IV, 937 II und die Entbehrlichkeit der vollen Beweisführung. An ihre Stelle tritt die bloße Glaubhaftmachung nach § 294, § 920 II, § 936 Rn 2 „§ 920, Gesuch". Es ergeht eine vorläufige Entscheidung. Sie kann durch einen Beschluß erfolgen,

§ 329, § 922 I 1 Hs 2 (ohne Verhandlung), § 936 Rn 1 „§ 922, Urteil oder Beschluß". Sie kann auch durch ein Urteil erfolgen, § 300, § 922 I 1 Hs 1 (nach einer Verhandlung), § 936 Rn 1 „§ 922, Urteil oder Beschluß". Sie ergeht jeweils nach einer beschleunigten bloß vorläufigen Prüfung. Davon abgesehen unterliegt das Eilverfahren den für den Hauptprozeß geltenden Vorschriften, §§ 128 ff, 253 ff.

Das gilt freilich nur mit einem Vorrang derjenigen *Abweichungen,* die Abschnitt 5 vorschreibt, Jestaedt GRUR **81**, 153, oder die sich aus der Natur des Verfahrens ergeben, Düss NJW **82**, 2452. Die Prozeßvoraussetzungen müssen wie in einem Hauptprozeß vorliegen, Grdz 12 vor § 253, Hamm MDR **97**, 972. Der Arrestgrund ist keine Prozeß-, sondern eine Sachurteilsvoraussetzung. Das Arrestgericht muß den Eilantrag also beim Fehlen des Arrestgrundes als unbegründet und nicht etwa nach den Regeln Grdz 14 vor § 253 als unzulässig abweisen, Ffm NJW **02**, 903, aM ThP § 916 Rn 1. In einer Handelssache ist die Kammer für Handelssachen zuständig, LG Oldb RR **02**, 1724. Ist das ArbG für die Hauptsache zuständig, so auch für das vorläufige Verfahren.

13 **B. Aussetzung.** Mit Rücksicht auf den Eilcharakter dieses Verfahrens verbietet sich sowohl im Anordnungs- als auch im Aufhebungsverfahren nach § 927 Rn 9 grundsätzlich eine Aussetzung, Einf 6 vor §§ 148–155, § 148 Rn 35, § 153 Rn 2, Ffm OLGZ **94**, 245, Hamm FamRZ **87**, 1189, ZöV 7 vor § 916, aM Düss NJW **85**, 1967, RoSGo § 127 II 4 (aber damit könnte man den Zweck des ganzen Eilverfahrens unterlaufen).

14 Das ist auch dann nicht anders, wenn die Aussetzung im Hauptprozeß nicht eine Ermessensfrage ist, sondern wenn sie gesetzlich notwendig ist, § 96 GWB. Der *kartellrechtliche* Einwand des Antragsgegners ist dann unbeachtlich. Das Arrestgericht muß es dem Antragsgegner vielmehr überlassen, seinerseits eine einstweilige Anordnung der Kartellbehörde mit dem Inhalt des § 17 GWB zu erwirken, § 56 GWB, nachdem er den Antragsteller zur Klage gezwungen hat, §§ 936, 926, die dann wegen § 96 II GWB zur Aussetzung führt, aM StJGr Rn 26 vor § 916 (das Arrestgericht müsse in einer entsprechenden Anwendung von § 926 dem Gläubiger die Einholung einer Entscheidung des Kartellamts aufgeben und andernfalls den Arrest aufheben. Aber das paßt eben nicht zum Eilverfahren). Mit Rücksicht auf die Eilbedürftigkeit einstweiliger Verfügungen muß man auch eine Vorlagepflicht nach Art 177 III EWGVertrag verneinen, Ffm OLGZ **94**, 245, Mankowski JR **93**, 406 (ausf), StJGr Rn 27 vor § 916 und wegen Art 85 EWGVertrag Ffm RR **90**, 191. Zudem handelt es sich hier meist nicht um Entscheidungen, die man mit den Rechtsmitteln des innerstaatlichen Rechts nicht mehr anfechten kann. Immerhin kann eine Aussetzung zB bei einer Anwendbarkeit von Völkerrecht notwendig sein, Ffm Rpfleger **82**, 302. Eine Vorlage nach Art 100 I GG ist zulässig, BVerfG **63**, 140. Zum EG-Recht auch Brinker NJW **96**, 2851.

15 **C. Entscheidung.** Die Entscheidung im vorläufigen Verfahren ergeht meistens durch einen Beschluß, Rn 12. Hat das Arrestgericht indessen eine mündliche Verhandlung angeordnet, ergeht die Entscheidung durch ein Urteil, § 922. Die stattgebende Entscheidung gibt einen Vollstreckungstitel, § 794 Rn 45 „Arrest, einstweilige Verfügung". Über die innere Rechtskraftwirkung § 322 Rn 29 „Arrest und Einstweilige Anordnung oder Verfügung".

Gebühren: Des Gerichts: KV 1410 ff; des Anwalts: 3100 ff. Wert: Anh § 3 Rn 11 „Arrest".

16 **D. Außenwirtschaft.** Nach § 32 I AWG brauchen ein Arrest und eine einstweilige Verfügung, die lediglich der Sicherung dienen, keinen Vorbehalt. Vgl SchlAnh IV.

17 **8) Rechtsbehelfe.** Gegen die Entscheidung sind die folgenden Rechtsbehelfe statthaft.

A. Gläubiger. Gegen einen zurückweisenden Beschluß hat der Gläubiger die sofortige Beschwerde, § 567 I Z 2. Gegen ein den Arrest ablehnendes Urteil ist die Berufung des Gläubigers statthaft, §§ 511 ff. Das gilt auch dann, wenn das AG einen stattgebenden Beschluß aufhebt.

18 **B. Schuldner.** Gegen den ohne eine mündliche Verhandlung stattgebenden Beschluß ist der Widerspruch des Schuldners zulässig, § 924. Er führt ähnlich wie ein Einspruch gegen ein Versäumnisurteil usw zur Nachprüfung der gesamten Grundlagen. Stets kann der Schuldner einen Antrag auf die Aufhebung wegen einer Versäumung der Klagefrist stellen, § 926. Stets kann der Schuldner einen Antrag auf die Aufhebung wegen veränderter Umstände stellen, wegen einer Sicherheitsleistung oder wegen der Nichtvollziehung oder aus anderen erheblichen Gründen, § 927. Ein solcher Antrag ist noch nach der Bestätigung zulässig. Er führt zur Prüfung der Aufhebungsgründe. Gegen ein den Arrest anordnendes oder bestätigendes Urteil ist die Berufung statthaft, §§ 511 ff. Dem Schuldner ist eine sofortige Beschwerde stets versagt. Eine Revision ist im vorläufigen Verfahren zum Schaden der Rechtseinheit unstatthaft, § 545. Eine Verfassungsbeschwerde ist zwar von der Erschöpfung des Rechtswegs abhängig, Einl III 17. Sie ist aber nicht von einer Anordnung nach §§ 926 I, 936 abhängig, BVerfG **42**, 167.

19 **9) Arrestvollzug und Arrestvollstreckung.** Man muß beide sorgfältig unterscheiden.

A. Arrestvollzug. Man muß zunächst zwischen dem Anordnungsverfahren einerseits und sodann andererseits zwischen dem Arrestvollzug und der Arrestvollstreckung unterscheiden, Hamm MDR **82**, 763, Bennert Rpfleger **96**, 485 (auch zur Unterbrechung der Verjährung), aM Borck MDR **83**, 181, StJGr 37 vor § 916 (aber gerade hier ist eine dogmatische Sauberkeit erforderlich). Der Arrestvollzug hat nämlich nur die Bedeutung, den Arrest oder die einstweilige Verfügung dem Schuldner gegenüber wirksam zu machen. Bis zum Vollzug gibt der Arrest oder die einstweilige Verfügung dem Gläubiger nur die Möglichkeit, nach dem Ablauf der Vollzugsfrist auch das nicht mehr, § 929 II.

20 **B. Arrestvollstreckung.** Sie gibt dem Gläubiger erst die gewünschte Sicherung. Beide Stadien fallen meist zusammen, aber keineswegs immer. So ist eine einstweilige Verfügung auf eine Eintragung ins Grundbuch vollzogen, sobald der Eintragungsantrag beim Grundbuchamt vorliegt, §§ 936, 932 III. Vollstreckt ist sie aber erst mit der Eintragung. Weiter ist eine einstweilige Verfügung auf ein Verbot schon mit der Zustellung vollzogen, §§ 929, 936 Rn 8 ff. Die Zwangsvollstreckung beginnt aber auch dann erst in den bei § 890 Rn 35 genannten Zeitpunkten. Die Zwangsvollstreckung läßt die Verjährung neu beginnen. Über den Arrestvollzug §§ 928, 936.

916 *Arrestanspruch.* [I] **Der Arrest findet zur Sicherung der Zwangsvollstreckung in das bewegliche oder unbewegliche Vermögen wegen einer Geldforderung oder wegen eines Anspruchs statt, der in eine Geldforderung übergehen kann.**

[II] **Die Zulässigkeit des Arrestes wird nicht dadurch ausgeschlossen, dass der Anspruch betagt oder bedingt ist, es sei denn, dass der bedingte Anspruch wegen der entfernten Möglichkeit des Eintritts der Bedingung einen gegenwärtigen Vermögenswert nicht hat.**

Gliederung

1) Systematik, §§ 916–918. Vgl zunächst Grdz 1–3 vor § 916. Man muß auch im Arrestverfahren zwischen der Zulässigkeit und der Begründetheit des Antrags unterscheiden. Zur Zulässigkeit gehören zunächst die allgemeinen Prozeßvoraussetzungen, Grdz 12 vor § 253. §§ 916–918 enthalten die besonderen Voraussetzungen des Arrests, nämlich den Arrestanspruch nach § 916 und den Arrestgrund, §§ 917–918. Der Gläubiger muß deren Vorliegen behaupten, Teplitzky DRiZ **82**, 41. Das Gericht muß von Amts wegen unter einer Würdigung aller Umstände prüfen, ob der Antragsteller diese besonderen Voraussetzungen nach §§ 294, 920 II glaubhaft gemacht hat. Wenn das so ist, muß das Gericht den damit auch begründeten Arrest erlassen. Über den Unterschied zwischen dem Arrest und der einstweiligen Verfügung Grdz 3, 4 vor § 916. 1

2) Regelungszweck, §§ 916–918. Man kann den Sicherungszweck oft nur durch ein ziemlich blitzschnelles Handeln erreichen. Der Rechtsverlust steht nicht selten wirklich unmittelbar bevor, wenn nicht ein dinglicher Arrest ergeht. Andererseits ergibt ein besonders bewegter Vortrag zu solchen angeblichen Gefahren auch nicht ganz selten bei einer etwas näheren Prüfung, daß der Antragsteller entweder solche Gefahr maßlos übertreibt oder daß er gar keinen sicherungsfähigen Anspruch haben dürfte. Er sollte sich mit seinem etwaigen ProzBev intensiv von Anfang an um einen ausreichenden Vortrag nebst etwaiger Sofort-Glaubhaftmachung nach § 294 bemühen. Das Gericht darf und muß evtl alles andere zurückstellen, um das auch im Eilfall unerläßliche erste „Kopfgutachten" sofort ausreichend sorgfältig zu erstellen und danach sofort und vor allem für die durchführenden Stellen unmißverständlich zu entscheiden. Die Begründung mag zunächst nur stichwortartig ausfallen können. 2

3) Geltungsbereich, §§ 916–918. Eine einstweilige Verfügung zur Sicherung der Zwangsvollstreckung wegen einer Geldforderung etwa durch die Anordnung einer Arresthypothek oder einer Vormerkung ist unzulässig, Düss NJW **77**, 1828, StJGr 44 vor § 916. Der Antragsteller kann einen Anspruch auf eine gegenständliche Leistung aber mit einem Hilfsanspruch auf die Zahlung einer Geldsumme als Schadensersatz verbinden. Bei einer Anfechtung mag der Gläubiger zB in erster Linie die Rückgewähr der Sache verlangen, hilfsweise aber einen Schadensersatz in Geld. In diesen Fällen läßt sich die Hauptleistung durch eine einstweilige Verfügung sichern, die Hilfsleistung durch einen Arrest. 3

Das Gericht muß einen *Übergang* vom Arrestverfahren zum Verfahren der einstweiligen Verfügung und umgekehrt wie eine Klagänderung behandeln, Grdz 5 vor § 916. Wenn für den Hauptprozeß der ordentliche Rechtsweg nach § 13 GVG unzulässig ist, ist er auch für den Arrest unzulässig. Wenn die Parteien freilich für die Hauptsache ein Verfahren nach §§ 1025 ff vereinbart haben, ist das Staatsgericht noch für die Anordnung eines Arrests zuständig. Wegen des Insolvenzverfahrens Grdz 4 vor § 916. Unzulässig ist ein Arrest ferner in ein „segelfertiges Schiff" (Ausnahme § 482 II HGB) sowie während der Abwicklung eines Sondervermögens eines Kreditinstituts usw, §§ 13, 27 G v 21. 3. 72, BGBl 465.

4) Prozeßführungsrecht, §§ 916–918. Das Prozeßführungsrecht im Arrestverfahren entspricht demjenigen des ordentlichen Prozesses, Grdz 21 vor § 50. Ein Pfändungspfandgläubiger nach Üb 7 vor § 803 kann einen Arrest auch ohne eine Überweisung ausbringen. Dieselbe Befugnis hat der Miterbe schon vor einer Auseinandersetzung. Gegen den Erben ist ein Arrest erst nach der Annahme der Erbschaft statthaft, § 1958 BGB. Vorher muß das Nachlaßgericht dem Miterben einen Nachlaßpfleger bestellen. Ein Arrest kann auch gegen einen Ausländer ergehen, § 917 Rn 16. 4

5) Arrestanspruch im allgemeinen, I. Ein Arrest setzt voraus, daß der Gläubiger eine Geldforderung nach Grdz 1 vor § 803 oder einen solchen Anspruch hat, der in eine Geldforderung übergehen kann, Celle FamRZ **96**, 1429, Hbg FamRZ **82**, 284. Das trifft bei allen vermögensrechtlichen Ansprüchen nach Grdz 10 vor § 1 zu. Hierher gehören zB: Ein Anspruch auf Sicherheitsleistung wegen § 887 II, Celle FamRZ **96**, 1429; ein gegenständlicher Anspruch, wenn man hilfsweise eine Geldersatzforderung sichern muß, Rn 1. Bei einem Anspruch gegen den Begünstigten wegen einer Gläubigerbenachteiligung läßt sich die Forderung auf eine Rückgewähr durch eine einstweilige Verfügung sichern, die Forderung auf einen hilfsweisen Ersatzanspruch durch einen Arrest. Wegen eines Anfechtungsanspruchs Düss NJW **77**, 1828. Ein Arrest wird grundsätzlich nicht dadurch unstatthaft, daß der Gläubiger seine Gegenleistung bei einem zweiseitigen Vertrag noch nicht oder nur unvollständig erbracht hat. Ein betagter Anspruch reicht, Drsd JB **07**, 220. 5

Der Anspruch auf die *Duldung der Zwangsvollstreckung* gilt auch hier als ein Anspruch auf eine Zahlung in bar. Ein dinglicher Gläubiger kann einen Arrest gegen den dinglichen Schuldner ausbringen. Dieser Weg kann ihm nützen. Denn damit erhält er einen Pfändungstitel für seine Miete usw. 6

Unzulässig ist ein Arrest gegen den Erben vor der Annahme der Erbschaft. Der Gläubiger kann aber gegen einen Nachlaßpfleger vorgehen. Unzulässig ist auch ein Arrest wegen einer familienrechtlichen Leistung (vgl aber Rn 8), oder wegen einer unschätzbaren Leistung. Zulässig ist er aber wegen einer vermögensrechtlichen Leistung, die auf einer familienrechtlichen Grundlage beruht.

7 **6) Betagter und bedingter Anspruch, II.** Beide folgen teils unterschiedlichen Regeln.

A. Betagter Anspruch. Er ist entstanden, wird aber erst durch einen Zeitablauf oder infolge einer Kündigung fällig. Er läßt stets einen Arrest zu, KG FamRZ **85**, 731, Karlsr FamRZ **07**, 1029, selbst wenn der Gläubiger schon einen Vollstreckungstitel hat, weil die Zwangsvollstreckung aus ihm nach § 751 noch nicht zulässig ist.

8 **B. Bedingter Anspruch.** Ein auflösend bedingter Anspruch läßt stets einen Arrest zu. Ein aufschiebend bedingter Anspruch reicht nur dann aus, wenn die Möglichkeit des Eintritts der Bedingung nicht so weit entfernt ist, daß gegenwärtig kein Vermögenswert besteht. Der Schuldner muß notfalls nach §§ 294, 920 II glaubhaft machen, daß der gegenwärtige Vermögenswert fehle. Das ergeben die Worte des Gesetzes „es sei denn". Man muß alle Fallumstände zur Beurteilung dieser Frage heranziehen.

9 **C. Beispiele.** Einen Arrest lassen zu: Künftige Teilbeträge einer Rente oder eines (jetzt) vertraglichen Unterhalts, auch auf zehn Jahre im voraus, ähnlich wie bei § 829 Rn 1, KG FamRZ **85**, 731, Meller-Hannich ZZP **115**, 182 (je: sehr großzügig); der Anspruch auf eine Kostenerstattung beim etwaigen künftigen Unterliegen des Gegners; der Anspruch der Staatskasse auf eine Erstattung der Kosten eines Strafprozesses; ein Anspruch auf eine Leistung Zug um Zug; der Anspruch auf eine Rückzahlung eines solchen Betrags, den der Gläubiger auf Grund eines vorläufig vollstreckbaren Urteils oder eines Vorbehaltsurteils beigetrieben hat oder den der Versicherer auf Grund vorgetäuschter Angaben des Versicherungsnehmers geleistet hat, Hamm VersR **83**, 1174; ein solcher Anspruch, bei dem die Bedingung bereits eingetreten, der Erfolg aber noch unbekannt ist; ein drohender Anspruch, den man nach § 287 bereits schätzen kann. Wegen der Problematik beim Wechsel Beisswingert/Vossius BB **86**, 2364 (ausf).

10 **D. Künftiger Anspruch.** Er läßt einen Arrest dann zu, sobald er einklagbar ist, ähnlich wie bei §§ 257–259, § 829 Rn 1, Hbg FamRZ **82**, 284, Karlsr FamRZ **95**, 823, Schlesw RR **92**, 318. Das gilt etwa: Für einen (jetzt) vertraglichen Unterhaltsanspruch, Düss FamRZ **81**, 69; für eine begangene Straftat beim Verdacht einer Fortsetzung zwecks Vermögensvorteils, Ffm GRUR-RR **04**, 198.

In anderen Fällen ist ein Arrest *nicht zulässig.* Das folgt daraus, daß eine Erfüllung des § 926 unmöglich ist, Hbg FamRZ **82**, 284, ThP 5, aM MüKoHe 12, StJGr 10, ZöV 8 (der Arrest sei zulässig, soweit eine Feststellungsklage möglich sei und ein schutzwertes Interesse vorliege. Aber man darf grundsätzlich nicht von der Einklagbarkeit gerade eines bezifferten Leistungsanspruchs abgehen). Eine Feststellungsklage nach § 256 genügt nur ausnahmsweise, soweit eine Leistungsklage nach Grdz 8 vor § 253 nicht möglich ist, § 926 Rn 9. Zum Schutz der Leibesfrucht läßt § 1615 o BGB eine einstweilige Verfügung zu, Grdz 6, 7 vor § 916, § 940 Rn 22 „Ehe, Familie".

917 *Arrestgrund bei dinglichem Arrest.* [I] **Der dingliche Arrest findet statt, wenn zu besorgen ist, dass ohne dessen Verhängung die Vollstreckung des Urteils vereitelt oder wesentlich erschwert werden würde.**

[II] **Als ein zureichender Arrestgrund ist es anzusehen, wenn das Urteil im Ausland vollstreckt werden müsste und die Gegenseitigkeit nicht verbürgt ist.**

Schrifttum: *Hoefler,* Die drohende Konkurrenz anderer Gläubiger als Arrestgrund, Diss Erlangen/Nürnb 1992; *Kropholler/Hartmann,* Die Europäisierung des Arrestgrundes der Auslandsvollstreckung, Festschrift für *Drobnig* (1998) 337; *Looks* TranspR **06**, 133 (Üb); *Nieschulz,* Der Arrest in Seeschiffe (rechtsvergleichend), 1997; *Prévault,* Zwangsvollstreckung in den Staaten der Europäischen Union, in: Festschrift für *Deutsch* (1999); *Wolf,* Sind auch ausländische Urteile Urteile im Sinne von § 917 Abs. 1 ZPO?, Festschrift für *Schütze* (1999) 983.

Gliederung

1 **1) Systematik, I, II.** Vgl zunächst Grdz 1, 2 vor §§ 916–918. Zum Arrestanspruch nach § 916 muß ein Arrestgrund als eigentliche Voraussetzung eines Arrests treten. Ihn regelt § 917.

2 **2) Regelungszweck, I, II.** Da der Arrest in einem Verfahren ohne eine stets notwendige Verhandlung und oft ohne ein rechtliches Gehör des Schuldners ergehen kann, ist er nur unter einer strengen Prüfung der Voraussetzungen vor allem beim Arrestgrund möglich. Dabei enthält II 1 eine gesetzliche unwiderlegbare Rechtsvermutung nach § 292 Rn 5, und zwar eben als Vermutung des Vorliegens eines Arrestgrundes und nicht etwa als eine Ausnahme von der Notwendigkeit seines Vorliegens. Die Vorschrift bringt freilich eine Erleichterung für den Antragsteller. Das Gericht darf sie daher nicht zu eng auslegen. Einerseits muß das Gericht das Gebot der Rechtssicherheit nach Einl III 43 gerade im Eilverfahren noch gar ohne eine münd-

liche Verhandlung beachten. Andererseits erfordert die für den Rechtsstaat unentbehrliche Schnelligkeit eines jedenfalls zunächst wirksamen vorläufigen Rechtsschutzes und damit die Prozeßwirtschaftlichkeit nach Grdz 14 vor § 128 eine auch nicht zu formalistisch enge Auslegung. Das Arrestgericht muß beides manchmal binnen weniger Minuten abwägen. Das alles gilt auch bei II 2 mit seiner formellen Rückkehr zum uneingeschränkten Prüfungsgebot nach I.

Vereitelung und wesentliche Erschwerung sind gefährlich dehnbare Begriffe. Man darf sie weder zu rasch noch zu zaghaft bejahen. Da das Arrestgericht oft ohne jede Anhörung des Gegners entscheiden soll und auch besser so vorgehen sollte, ist eine Abwägung auf Grund einer bloß vermutbaren Einlassung des Antragsgegners unvermeidbar. Es kann um erhebliche Werte gehen, die über die wenn auch evtl bereits hohe Forderung des Antragstellers weit hinausgehen und viele Dritte mitbeeinträchtigen. Das gilt etwa beim Startverbot eines Passagierflugzeugs oder beim An-die-Kette-Legen eines noch nicht ganz auslaufbereiten Seeschiffs mit einer verderblichen Kühlladung. Sorgfalt muß in den beim Eilverfahren erlaubten und notwendigen Grenzen den Vorrang vor Fixigkeit behalten. Eine rasche Entschlossenheit soll der Richter hier freilich so sehr zeigen wie sonst kaum. 3

3) Geltungsbereich, I, II. Die Vorschrift gilt mit ihren unten dargestellten Differenzierungen in allen Eilverfahren nach der ZPO, §§ 917, 928, 930–932, 934 I gelten nach § 111 o II StPO bei einem dringenden Verdacht der Verhängung einer Vermögensstrafe entsprechend. Ein Insolvenzverfahren unterbricht das Verfahren nach § 917 nicht, Düss FamRZ **06**, 287. 4

4) Besorgnis der Vereitelung oder wesentlichen Erschwerung, I. Neben dem Arrestanspruch nach § 916 muß ein Arrestgrund vorliegen. Für einen dinglichen Arrest reicht im Bereich etwaiger Zwangsvollstreckung im Inland die Besorgnis einer direkt bevorstehenden Vereitelung oder wesentlichen Erschwerung der Zwangsvollstreckung, Drsd JB **07**, 220, Ffm FamRZ **96**, 748, Kblz JB **02**, 209. Die Basis muß ein noch nicht ohne eine Sicherheitsleistung vollstreckbarer oder ein demnächst ergehender Vollstreckungstitel sein. Soweit er fehlt, muß das Arrestgericht den Antrag als unbegründet abweisen, nicht als unzulässig, Grdz 12 vor § 916. 5

A. Berurteilungsmaßstab. Es entscheidet der sachliche Maßstab eines ruhigen verständigen und gewissenhaft prüfenden Menschen, BFH BB **78**, 1203, Drsd JB **07**, 220, Karlsr FamRZ **07**, 1030. Maßgebend ist also nicht schon die persönliche Meinung oder Vermutung des Gläubigers, Düss MDR **05**, 1140. Eine Rechtswidrigkeit ist nicht erforderlich, Karlsr FamRZ **97**, 623. Erst recht ist kein Verschulden des Schuldners nötig, BFH BB **78**, 1203. Eine Tatsache der Vergangenheit genügt nur dann, wenn gerade sie die Besorgnis einer künftigen Vereitelung usw begründet, BGH VersR **75**, 764. 6

B. Beispiele zur Frage des Vorliegens eines Arrestgrunds, I 7

Andere Gläubiger: Ein Arrestgrund liegt *nicht* schon wegen des Ansturms anderer Gläubiger vor. Denn der Arrest darf den Gläubiger nicht besser stellen, als ihn eine sofortige Zwangsvollstreckung stellen würde, Düss Rpfleger **91**, 217. Der Arrest soll dem Gläubiger insbesondere keinen Vorrang vor einem anderen Gläubiger sichern. Es muß vielmehr eine besondere Verschlechterung der Vermögenslage oder eine wesentliche Erschwerung des Zugriffs bevorstehen, BGH **131**, 105, Düss Rpfleger **91**, 217, Karlsr FamRZ **93**, 508, aM MüKoHei 8, StJGr 1 (aber damit verwässert man die strengen Voraussetzungen eines solchen Eilverfahrens mit seiner eingeschränkten Anhörung des Antragsgegners nach Art 103 I GG wesentlich).

Auskunft: Ein Arrestgrund liegt vor, soweit der auf einen Zugewinnausgleich in Anspruch genommene Ehegatte wissentlich eine grob falsche Auskunft über sein Endvermögen gibt und dadurch den anderen Ehegatten von einer Klage auf den Zugewinnausgleich abhält, Ffm FamRZ **96**, 748.

Nicht ausreichend ist die bloße, auch längerfristige Auskunftsverweigerung beim Anspruch auf einen künftigen Unterhalt, Mü FamRZ **00**, 965.

Auswanderung: Vgl zunächst Rn 16–23. Für die danach verbleibenden Fälle gilt: Ein Arrestgrund liegt vor, wenn der Schuldner Vorbereitungen zu einer Auswanderung oder zum Wegzug ins Ausland trifft, KG FamRZ **85**, 731.

Ein Arrestgrund *fehlt,* soweit nur der Drittschuldner im Ausland wohnt, Ffm MDR **76**, 321.

S auch Rn 13 „Wohnsitz" sowie Rn 16 ff.

Drittschuldner: Rn 7 „Ausland". 8

Durchsetzbarkeit: Rn 12 „Verkauf".

Erbteil: Ein Arrestgrund liegt vor, wenn der Schuldner durch eine Übertragung seines Erbteils seines einzigen wesentlichen Vermögensgegenstands aufgibt, AG Steinfurt FamRZ **88**, 1083.

Erschwerung des Zugriffs: Rn 7 „Andere Gläubiger".

Firma: Ein Arrestgrund *fehlt,* wenn der Gläubiger seine Absicht, eine Firma aufzulösen, monatelang nicht durchgeführt hat, KG MDR **79**, 64.

Geschäftsführung: Ein Arrestgrund liegt vor, wenn man befürchten muß, daß der Schuldner jeden Zugriff auf sein persönliches Vermögen mit derselben Entschlossenheit und Zielstrebigkeit zu verhindern versuchen wird, wie er es wegen des Vermögens einer Firma als Geschäftsführer tat, Ffm GRUR **84**, 373.

Gläubigerkonkurrenz: Rn 7 „Andere Gläubiger".

Gläubigerrisiko: Ein Arrestgrund kann *fehlen,* wenn sich der Gläubiger bewußt mit einem unsicheren Schuldner eingelassen hat.

Grundeigentum: Ein Arrestgrund liegt vor, wenn der Schuldner sein Grundeigentum auffallend stark belastet oder es vor der Eintragung einer bereits zugesicherten Sicherungshypothek veräußert. Bei einem gesetzlichen Anspruch auf die Eintragung besteht ein Arrestgrund aber nur unter zusätzlichen Umständen, Hamm MDR **75**, 587, aM ZöV 8 (aber dann besteht kaum eine Gefährdung des Anspruchs).

Nicht ausreichend ist die Absicht des Ehegatten zum Verkauf eigenen Grundeigentums, Düss FamRZ **06**, 356.

Haft: Ein Arrestgrund liegt *nicht* schon deshalb vor, weil der Schuldner inhaftiert ist, Köln MDR **86**, 595. 9

Konnossement: Ein Arrestgrund liegt *nicht* schon deshalb vor, weil der Schuldner ein Konnossement vorsätzlich falsch ausgestellt hat, Hbg VersR **82**, 341.

S aber auch Rn 11 „Straftat".

Leichtfertigkeit: Ein Arrestgrund liegt vor, wenn der Schuldner seine Geschäfte leichtfertig führt.

S auch Rn 8 „Gläubigerrisiko", Rn 12 „Verschwendung".

Naturereignis: Ein Arrestgrund kann vorliegen, wenn der Schuldner infolge eines Naturereignisses einen großen Schaden erleidet.

Prozeßverschleppung: Es gelten dieselben Regeln wie bei Rn 7 „Andere Gläubiger".

Religiöses Verhalten: Ein Arrestgrund liegt vor, wenn der Verdacht besteht, der Schuldner werde seine letzten Vermögenswerte einer religiösen Bewegung usw zuwenden, zB derjenigen von Hare-Krishna, Mü NJW **83**, 2578.

10 **Scheckrecht:** Ein Arrestgrund liegt *nicht* schon deshalb vor, weil der Schuldner zwei Schecks nicht eingelöst hat, KG OLGZ **78**, 452.

Schenkung: Rn 9 „Religiöses Verhalten", Rn 12 „Verschwendung".

Schlechte Vermögenslage: Ein Arrestgrund liegt *nicht* schon wegen derzeit schlechter Vermögenslage des Schuldners vor, auch nicht wegen seiner dadurch mitbedingten unregelmäßigen Zahlungsweise, Köln FamRZ **83**, 1260.

S aber auch Rn 7 „Andere Gläubiger".

Schweigepflicht: Ein Arrestgrund *fehlt* evtl, wenn der Gläubiger dazu seine Schweigepflicht massiv brechen müßte, Everts NJW **02**, 3139. Das dürfte aber beim Streit um ein Anwaltshonorar keineswegs stets so sein, aM Everts NJW **02**, 3139 (aber die Voraussetzungen eines Arrests sind ohnehin streng. Auch ein Anwalt oder Arzt usw verdient in einer solchen Notlage denselben Schutz wie andere Berufstätige. Man sollte im Einzelfall abwägen und dabei natürlich den Persönlichkeitsschutz des Mandanten, Patienten usw hoch einschätzen).

Seeschiff: Vgl zunächst Grdz 4 vor § 916.

Sicherung des Gläubigers: Ein Arrestgrund *fehlt,* wenn der Gläubiger schon hinreichend gesichert ist. Ein solcher Vollstreckungstitel, der nur gegen eine klägerische Sicherheitsleistung vorläufig vollstreckbar ist, sichert den Gläubiger bis zu demjenigen Zeitpunkt, in dem er die Sicherheit erbracht hat, nicht genügend, LG Augsb NJW **75**, 2350 sieht ein Vermieterpfandrecht trotz § 562 b BGB nicht als eine ausreichende Sicherheit an, Rn 12.

11 **Straftat:** Ein Arrestgrund liegt grds vor, soweit der Schuldner das Vermögen des Gläubigers vorsätzlich durch eine Straftat schädigt, BGH WertpMitt **83**, 614, Drsd MDR **98**, 795, Köln MDR **08**, 232 (die bloße Behauptung reicht aber nicht, § 920 II), aM Düss RR **99**, 1592, Hamm RR **07**, 388 (aber die vorsätzliche Schädigung erbringt praktisch sehr wohl einen Anscheinsbeweis nach Anh § 286 Rn 15 für das nach I maßgebliche künftige Verhalten, der auch in der Zwangsvollstreckung mitbeachtlich sein dürfte). Zumindest sind dann keine allzu scharfen Prüfungen mehr nötig. Was soll der Antragsteller eigentlich noch abwarten? Alles das gilt zumindest dann, wenn die Vermögensverhältnisse des Schuldners unklar sind, aM Düss RR **86**, 1192, Schlesw MDR **83**, 141 (fordert eine glaubhafte Wiederholungsgefahr). Freilich mag eine solche bloße Behauptung unzureichend sein, Kblz JB **02**, 209.

Ein Arrestgrund *fehlt* trotz des Verdachts eines Eingehungsbetrugs, soweit die Parteien jahrelang über die Erfüllung der streitigen Forderung verhandelt haben, Saarbr RR **99**, 143. Er kann auch insoweit fehlen, als die Staatsanwaltschaft eine Beschlagnahme als eine sog Rückgewinnungshilfe nach §§ 111 c ff StPO angeordnet hat, Köper NJW **04**, 2487 (Abwägung nötig).

S aber auch Rn 9 „Konnossement".

Umzug, Wegzug: Rn 7 „Ausland".

Unbekannter Aufenthalt: Seine bloße Behauptung reicht *kaum,* Kblz JB **02**, 209.

Unlauterkeit: Rn 12 „Verschleuderung", „Verschwendung".

12 **Verfügungsbeschränkung:** Eine Verfügungsbeschränkung beseitigt einen Arrestgrund keineswegs automatisch, Baer-Henney NJW **75**, 1368, aM LG Düss NJW **75**, 1367 (aber sie ändert kaum etwas an einer Gefährdungslage).

Verkauf: Ein Arrestgrund liegt vor, soweit der Verdacht besteht, der Schuldner werde seine letzten Vermögenswerte verkaufen, Drsd JB **07**, 220, Karlsr FamRZ **07**, 1030, Mü FamRZ **07**, 1101.

Ein Arrestgrund *fehlt,* soweit der Schuldner zwar im Begriff steht, die Sache zu verkaufen, der Gläubiger oder zB der Bauhandwerker aber die Forderung auf die Zahlung höchstwahrscheinlich demnächst durchsetzen kann, Thümer MDR **96**, 334, oder soweit ein Ehepartner nur einzelne Sachen verkaufen könnte (Ausgleichsanspruch nur auf den Zugewinn insgesamt), Düss MDR **05**, 1140.

Vermögensnachteil: Ein Arrestgrund liegt bei jeder für den Gläubiger nachteiligen Einwirkung auf das Vermögen des Schuldners vor, Mü FamRZ **00**, 965 (Verschiebung), auch auf Grund einer vergangenen Tatsache, Düss FamRZ **80**, 1116, mag sie vom Schuldner, einem Dritten oder vom Zufall ausgehen.

S auch bei den weiteren Stichwörtern dieses ABC.

Vermögensübernahme: Ein Arrestgrund liegt bei ihrer Vortäuschung vor, LG Lüneb MDR **98**, 241, Thümer MDR **98**, 199.

Verschleuderung: Ein Arrestgrund liegt vor, wenn der Schuldner aus Unlauterkeit wesentliche Vermögensstücke verschiebt oder verschleudert oder dergleichen auch nur ernsthaft androht.

S auch „Verkauf".

Vermutung: Sie allein reicht *nicht,* Düss MDR **05**, 1140.

Verschwendung: Ein Arrestgrund liegt vor, wenn der Schuldner verschwenderisch ist.

S auch Rn 9 „Leichtfertigkeit".

Vorsatz: Eine Böswilligkeit oder direkte Schädigungsabsicht des Schuldners ist keineswegs stets Voraussetzung eines Arrestgrundes.

Wiederholungsgefahr: Ein Arrestgrund liegt vor, wenn sich der Schuldner derart vertragswidrig verhält, daß eine Wiederholungsgefahr und damit eine Gefahr für die Vollstreckbarkeit droht. 13

S auch Rn 11 „Straftat".

Wohnsitz: Ein Arrestgrund liegt vor, wenn der Schuldner seinen inländischen Wohnsitz aufgibt, ohne einen neuen zu begründen, Düss Rpfleger **91**, 217, oder wenn er einen unsteten Wohnsitz hat, Karlsr FamRZ **85**, 508, oder gar einen unsteten Aufenthalt.

Ein Arrestgrund *fehlt*, wenn nur der Drittschuldner im Ausland wohnt, Ffm MDR **76**, 321.

Zahlungsunfähigkeit: Eine solche eines ausländischen Staats steht noch nicht dem Arrest entgegen, sondern allenfalls dessen Vollstreckung, LG Ffm JZ **03**, 1010 (krit Reinisch 1013).

Zahlungsweise: Rn 10 „Schlechte Vermögenslage".

C. Sicherungsbedürfnis. Ein besonderes Rechtsschutzbedürfnis nach Grdz 33 vor § 253 kann fehlen. Es entscheidet vielmehr das Sicherungsbedürfnis, also die Frage, ob ein Arrestgrund besteht oder nicht, Düss FamRZ **81**, 45. Es kann beim Anspruch auf einen Zugewinnausgleich trotz §§ 935 ff vorliegen, Hbg RR **03**, 238. 14

Das Sicherungsbedürfnis *fehlt* grundsätzlich, soweit der Gläubiger bereits eine genügende Sicherheit in Händen hat, zB durch einen Eigentumsvorbehalt oder ein Pfandrecht, § 777. Dann muß man aber prüfen, ob diese Sicherheit mindestens denselben Schutz gewährt wie ein Arrest. Eine Sicherheit wie zB eine Hypothek muß in ihrer Verwertbarkeit einer Sicherung durch einen Arrest im wesentlichen gleichkommen. Das Sicherungsbedürfnis fehlt grundsätzlich ferner, soweit der Gläubiger schon einen solchen ohne eine Sicherheitsleistung vorläufig oder endgültig vollstreckbaren Titel besitzt, der ihm praktisch mindestens dasselbe gewährt. Ein nach § 709 S 1, 2 nur gegen eine Sicherheitsleistung des Gläubigers vollstreckbares Urteil steht einem Arrest ohne eine Sicherheitsleistung nicht entgegen, Hamm GRUR **90**, 1536, ZöV 13, aM Maurer FamRZ **89**, 245, RoGSch § 75 II 2, StJGr 24 (aber auch in einer solchen Lage kann die Sicherung des Gläubigers höchst fraglich sein). Das gilt auch dann, wenn der Gläubiger die Sicherheitsleistung nicht erbringen kann.

Auch ein solcher *Unterhaltstitel,* der keinen bestimmten Betrag nennt, steht dem Arrest nach seiner Titulierung nicht entgegen, AG Steinfurt FamRZ **88**, 1083. Das Sicherungsbedürfnis fehlt, soweit der Gläubiger bereits einen dem jetzigen Antrag entsprechenden Arrest erwirkt und vollzogen oder vollziehen lassen hat. Das Sicherungsbedürfnis fehlt ferner, soweit eine Vorratspfändung nach § 850 d III möglich ist, AG Ludwigslust FamRZ **06**, 286. Es fehlt schließlich, soweit ein Veräußerungsverbot besteht und der Arrest nicht vollziehbar ist. Das Sicherungsbedürfnis kann aber zB dann vorhanden sein, wenn der Gläubiger trotz des Besitzes eines Vollstreckungstitels die Zwangsvollstreckung insbesondere aus einem rechtlichen Grund derzeit noch nicht durchführen kann, Düss FamRZ **81**, 45. Das Sicherungsbedürfnis fällt auch nicht dadurch fort, daß der Gläubiger durch die Maßnahme einer anderen Behörde oder der freiwilligen Gerichtsbarkeit eine ausreichende Sicherung erhalten könnte. 15

5) Vollstreckung außerhalb Deutschlands, II, dazu *Kropholler/Hartmann* (vor Rn 1): Zwecks Umsetzung des in Art 6 EGV angeordneten und von EuGH NJW **94**, 1271 bestätigten Diskriminierungsverbots innerhalb der EU, das den deutschen Richter schon wegen der Notwendigkeit einer Anrufung des EuGH nach Art 177 III EGV vor einer Abweichung praktisch band, war zunächst II 2 aF vorhanden. Nunmehr gilt II mit einer erweiterten Einbeziehung aller zwischenstaatlichen Anerkennungsregeln mit der Folge, daß solche Regeln im Ergebnis zur Beurteilung nach I auch bei einer Auslandsvollstreckung führen. Dann gelten die Erfordernisse nach I also uneingeschränkt im Anwendungsbereich von II. 16

A. Urteil. II setzt zunächst ein „Urteil" voraus, mag es bereits vorliegen oder bevorstehen. Der Urteilsbegriff ist hier nicht näher gesetzlich festgelegt. Natürlich zählt ein Urteil nach §§ 300 ff hierher, Looks TranspR **06**, 134. II erfaßt aber jeden Vollstreckungstitel. Denn es kommt ja bei der ganzen Regelung auf die Vollstreckbarkeit an, Rn 18. Daher kommt auch zB jeder weitere Vollstreckungstitel nach §§ 794 ff in Betracht. 17

Auch ein Titel aus einem Vertragsstaat der *EuGVVO* oder des *LugÜ* usw reicht aus, LG Hbg RIW **97**, 68. Das ergibt sich aus dem vom EuGH NJW **94**, 1271 mitbetonten auch nur versteckten Benachteiligungsverbot, Kropholler/Hartmann (vor Rn 1) 344 ff (ausf, auch zum bisherigen Meinungsstand). Das gilt unabhängig davon, ob die Vollstreckung nach II oder I erfolgen müßte.

Ein Titel aus dem danach verbleibenden *restlichen „Ausland"* reicht jetzt ebenfalls aus. Denn II stellt jetzt schlechthin auf das Vorhandensein oder Fehlen der Gegenseitigkeit der Vollstreckbarkeit ab, Looks TranspR **06**, 134.

B. Notwendigkeit einer Vollstreckung. II setzt ferner voraus, daß der Gläubiger die in Rn 16 erörterte Entscheidung im Ausland vollstrecken „müßte" (nicht: könnte). Eine inländische Vollstreckung muß also ganz oder teilweise erfolglos gewesen sein oder zu werden drohen, und zwar im Zeitpunkt der Entscheidung über den Arrestantrag und bei einer vernünftigen Abwägung durch den Richter unter einer Beachtung des regelmäßigen Fortgangs der Entwicklung, Kropholler/Hartmann (vor Rn 1) 342 (zu Drittstaaten). 18

6) Vollstreckung im Ausland, II Hs 1. Die Bedeutung des Hs 1 ist seit der Anfügung von Hs 2 erheblich gesunken. Sie ist aber keineswegs ganz entwertet. Trotz der scheinbar auch für die Prüfungsreihenfolge maßgeblichen Stellung des Hs 1 vor Hs 2 hat Hs 1 zumindest praktisch wahrscheinlich oft nur eine bloße Auffangfunktion. Erst wenn kein Fall nach Hs 2 vorliegt, wird Hs 1 erheblich. Daher muß man die Vorschrift bei einem in den Anwendungsbereich der in Hs 2 genannten Verträge fallenden Urteil bei einer genauen Betrachtung so lesen: Ein zureichender Arrestgrund liegt vor, wenn man das Urteil „außerhalb eines die Gegenseitigkeit verfügenden Auslandsstaats vollstrecken müßte". In diesem Sinn könnte man auch vom „restlichen Ausland" oder von einem „Drittstaat" sprechen. Dabei kommt es auf den Zeitpunkt der Entscheidung über den Arrestantrag an. Denn in diesem Zeitpunkt muß der Richter seine abschließende Prognose über die Vollstreckbarkeit stellen. Ihr Beginn kann ja noch 19 ungewiß sein, mag er auch schon wegen des ohnehin erforderlichen Sicherungsbedürfnisses nach Rn 8 meist alsbald bevorstehen.

20 **A. Nur Auslandsvermögen.** Nur für die verbliebenden Fälle der Vollstreckung in einem solchen *Drittstaat* gilt unverändert: Das Gericht darf nicht prüfen, ob im Inland oder Ausland eine besondere Gefahr besteht. Das gilt auch dann, wenn der Schuldner ein Ausländer ist und sich in seinem Heimatland aufhält oder dorthin übersiedeln will oder wenn er schon im Zeitpunkt der Begründung des Schuldverhältnisses im Ausland war oder wenn diese Gesichtspunkte für den Gläubiger oder für beide Teile zutreffen, so schon (zum alten Recht) Ffm AWD **80**, 800, ThP 3, aM StJGr 13 (aber man kann dem Gesetz nicht entnehmen, daß ein im Ausland befindlicher Ausländer keinen Arrest im Inland ausbringen könnte, wenn im Inland Vermögen vorhanden ist, § 23). Das gilt zumindest dann, wenn bei der Verwirklichung des Anspruchs schon weitere Schwierigkeiten aufgetreten oder absehbar sind, so schon Ffm MDR **81**, 62. Freilich muß überhaupt ein vollstreckbarer Haupttitel möglich sein, so schon LG Köln KTS **89**, 723 (zustm Werres 728). Ein Arrestgrund kann beim Vorliegen ausreichender, wenn auch im Ausland befindlicher Sicherheiten fehlen.

21 **B. Auch Inlandsvermögen.** Mit den Einschränkungen Rn 19 gilt ferner (nachfolgende Belege durchweg noch zum alten Recht): Ein Vermögen im Inland steht dem Arrest entgegen, falls es ausreicht und falls keine Gefahr besteht, daß der Schuldner den Zugriff des Gläubigers vereiteln könnte, Düss NJW **77**, 2034, Stgt RR **96**, 775, Dittmar NJW **78**, 1722.

Beispiele: Der ausländische Schädiger hat eine grüne Versicherungskarte; er hält sich jeweils vorhersehbar im Inland auf, wenn auch nur kurzfristig, Mü RR **88**, 1023.

22 Ein Arrest darf aber *nicht etwa nur dann* erfolgen, wenn Vermögen im Inland vorhanden ist, Düss FamRZ **81**, 45, Dittmar NJW **78**, 1722, Schütze BB **79**, 349. Wenn eine ausländische Reederei mit einem eigenen Schiff innerhalb eines Liniendienstes voraussichtlich einigermaßen regelmäßig weiterhin einen deutschen Hafen anlaufen wird, liegen die Voraussetzungen nach Hs 1 selbst dann nicht vor, wenn der Gläubiger im Inland kein Inkasso vornehmen kann, AG Hbg VersR **87**, 1237. Dasselbe gilt dann, wenn sie ständig wiederkehrende Forderungen gegen ihre inländische Agentin hat, Hbg VersR **82**, 341. Im Zweifel liegt aber doch eine Vollstreckungsgefährdung vor, Grdz 1 vor § 916, AG Hbg VersR **87**, 1237. Die bloße Ausländereigenschaft ist kein Arrestgrund.

23 **C. Weitere Einzelheiten.** Ebenfalls mit den Einschränkungen Rn 19 gilt schließlich: Es stellt keine Vollstreckung im Ausland dar, wenn dort nur der Drittschuldner wohnt, Ffm MDR **76**, 321. Es ist jetzt wesentlich, ob bei einer Zwangsvollstreckung im Ausland die Rechtshilfe verbürgt ist. Es genügt bereits, daß der Gläubiger wahrscheinlich im Ausland vollstrecken müßte, etwa deswegen, weil der Schuldner schon einen großen Teil seines Vermögens ins Ausland geschafft hat oder weil er Anstalten trifft, in das Ausland zu verziehen, es sei denn, er behält ein ausreichendes Inlandsvermögen, Rn 18.

24 **7) Fehlen der Gegenseitigkeit, II Hs 2.** Wegen der Systematik vgl zunächst Rn 19. Die Notwendigkeit einer Vollstreckung im Ausland reicht nach Hs 2 nur dann, wenn die Gegenseitigkeit *nicht* verbürgt ist, wenn also ein sog Drittstaat vorliegt, krit Looks TranspR **06**, 134, Mankowski RiW **04**, 590. Das in Grdz 2 vor § 916 genannte Internationale Übk hat keinen Vorrang, aM Looks TranspR **06**, 136 (vgl aber Grdz 2 vor § 916). Soweit eine Gegenseitigkeit dagegen vorliegt, hängt der dingliche Arrest von den Bedingungen I ab. Dann gilt also uneingeschränkt I mit seiner Notwendigkeit, die dort genannte Besorgnis darzulegen und glaubhaft zu machen, § 920 II.

Die Frage der Gegenseitigkeit stellt sich jetzt bei *allen* Auslandsstaaten, also nicht nur im Bereich der EuGVVO, des LugÜ oder zB der VO (EG) Nr 44/2001 (sog Brüssel – I – VO) v 22. 12. 00, ABl (EG) 2001 Nr L 12 S 1.

Verbürgung der Gegenseitigkeit muß fehlen. Das ist dieselbe Formulierung wie in § 328 I Z 5, Looks TranspR **06**, 134, freilich bezogen auf die Vollstreckbarkeit eines dinglichen Arrests, insoweit also enger gefaßt. Trotzdem sind die Rechtsprechung und Lehre zur eben genannten vergleichbaren Vorschrift mitverwendbar. Vgl daher § 328 Rn 46, 47. Es ist vor allem ebenso wie dort eine differenzierende und großzügige Auffassung des Begriffs der Gegenseitigkeit notwendig. Das gilt schon wegen der ohnehin stets auch im Eilverfahren verstärkt auftretenden Probleme der Klärung, ob eine Verbürgung vorliegt, Looks TranspR **06**, 134. Ein Gutachten dazu ist schon zeitlich kaum erreichbar, Kblz RIW **93**, 939. Gleichwohl darf man nicht allzu großzügig sein, Grdz 2 vor § 916.

918 ***Arrestgrund bei persönlichem Arrest.*** **Der persönliche Sicherheitsarrest findet nur statt, wenn er erforderlich ist, um die gefährdete Zwangsvollstreckung in das Vermögen des Schuldners zu sichern.**

Schrifttum: *Gaul,* Zur Problematik des persönlichen Arrestes, Festschrift für *Beys* (Athen 2004) 327; *Schuschke* DGVZ **99**, 129 (Üb).

1 **1) Systematik.** Vgl zunächst Grdz 1–3 vor § 916. Der persönliche Arrest ist ein hilfsweiser Rechtsbehelf, Mü RR **88**, 383. Er ist nur dann zulässig, wenn der Schuldner überhaupt noch pfändbares Vermögen hat. Der „Schuldturm" ist keine Ersatzvollstreckung. Der persönliche Arrest ist außerdem nur dann zulässig, wenn andere Mittel zur Sicherung der Zwangsvollstreckung bisher versagen, zB ein dinglicher Arrest, §§ 916, 917. Der persönliche Arrest ist auch gegen einen im Inland aufhältlichen Ausländer statthaft, Anh § 918. Ritter ZZP **88**, 155 hat vor allem gegen eine Anordnung des persönlichen Arrests ohne eine mündliche Verhandlung verfassungsrechtliche Bedenken und fordert stets die Beachtung des Art 104 IV GG. Vgl aber auch § 921 Rn 4.

2 **2) Regelungszweck.** Der „Schuldturm" erscheint als ein Fossil aus grauer Vorzeit, völlig überholt. Tatsächlich landet wohl auch kaum je noch ein Schuldner wirklich dort. Aber die Gefahr der Einlieferung in

ein solches Gemäuer dürfte denn doch auch heutzutage ihre Wirkung nicht verfehlen. Genau darin liegt natürlich der Abschreckungszweck. Demgemäß sollte man die Vorschrift auch durchaus ernsthaft und energisch handhaben. Der Schuldner wird reden und handeln, sobald der Vollzug nach § 933 tatsächlich bevorsteht. Jedenfalls gilt der Verhältnismäßigkeitsgrundsatz, Grdz 34 vor § 704, Karlsr FamRZ **96**, 1430, Mü RR **88**, 383.

3) Arrestgrund. Neben dem Arrestanspruch nach § 916 muß auch beim persönlichen Arrest ein Arrestgrund vorliegen. Er ist im wesentlichen derselbe wie beim dinglichen Arrest, § 917. Der Zweck des § 918 besteht nicht darin, den Schuldner dazu zu zwingen, Vermögensstücke zu beschaffen, Ritter ZZP **88**, 138, oder sie aus dem Ausland herbeizuschaffen. Der Zweck liegt vielmehr nur darin, eine Verschiebung derjenigen glaubhafterweise bereits vorhandenen inländischen Vermögensstücke des Schuldners zu verhindern, deren Pfändung im Weg des dinglichen Arrests möglich werden soll. 3

Beispiele: Der Schuldner steht im Begriff, mit seinem Vermögen in das Ausland zu ziehen, Kblz JB **92**, 191; man kann nicht ermitteln, wo das Vermögen des Schuldners geblieben ist, Karlsr FamRZ **96**, 1429; der Schuldner will sich der Abgabe einer eidesstattlichen Versicherung zwecks Offenbarung entziehen, Mü RR **88**, 382 (natürlich müssen auch die Voraussetzungen des § 916 vorliegen). Das Vermögen mag sich im Ausland befinden. Es reicht aus, daß der Gläubiger glaubhaft macht, daß der Schuldner ein pfändbares Vermögen in einer beliebigen Höhe besitzt. Der Gläubiger kann aber nicht schon zum Zweck der Glaubhaftmachung seiner Behauptungen nach §§ 294, 920 II verlangen, daß der Schuldner eine eidesstattliche Versicherung zwecks Offenbarung abgibt. Der Schuldner kann seinerseits nicht zum Zweck der Widerlegung der Glaubhaftmachung des Gläubigers anbieten, die eidesstattliche Versicherung abzuleisten. Vgl im übrigen § 917. 4

4) Entscheidung. Das Arrestgericht muß zur Vermeidung der Unvollziehbarkeit wegen Unbestimmtheit mangels Auslegbarkeit die Art und Weise des Arrests im Arrestbeschluß genau festlegen, § 933 Rn 2, Schuschke DGVZ **99**, 131. Wegen des etwa zusätzlich nötigen Haftbefehls § 933 Rn 1. Das Gericht muß seinen Beschluß begründen, § 329 Rn 4. 5

5) Vollzug. Der Vollzug des persönlichen Arrests erfolgt nach § 933. Das Arrestgericht des § 919 muß die Vollzugsart bereits im Haftbefehl angeben oder später durch einen Beschluß ergänzend anordnen. 6

Anhang nach § 918

Persönlicher Arrest nach zwischenstaatlichem Recht

1) Geltungsbereich. Für den persönlichen Arrest ist es unerheblich, ob der Schuldner *Inländer oder Ausländer* ist. Art 26 HRPrÜbk verbietet nur die Schlechterstellung von Angehörigen der Verbandsstaaten, die in Deutschland nicht eintritt. Er lautet: 1

VI. Personalhaft

HZPrÜbk Art 26. [1] **In Zivil- oder Handelssachen darf die Personalhaft als Mittel der Zwangsvollstreckung oder auch nur als Sicherungsmaßnahme gegen die einem Vertragsstaat angehörenden Ausländer nur in den Fällen angewendet werden, in denen sie auch gegen eigene Staatsangehörige anwendbar sein würde.** [2] **Ein Grund, aus dem ein im Inland wohnhafter eigener Staatsangehöriger die Aufhebung der Personalhaft beantragen kann, berechtigt auch den Angehörigen eines Vertragsstaates zu einem solchen Antrag, selbst wenn der Grund im Ausland eingetreten ist.**

919

Arrestgericht. **Für die Anordnung des Arrestes ist sowohl das Gericht der Hauptsache als** auch **das Amtsgericht zuständig, in dessen Bezirk der mit Arrest zu belegende Gegenstand oder die in ihrer persönlichen Freiheit zu beschränkende Person sich befindet.**

Vorbem. Wegen des vom Gesetzgeber auch bei den Berichtigungen vom 24. 7. 07, BGBl 1781, wiederum vergessenen Worts „auch" vgl Rn 9.

Schrifttum: *Schmitt,* Die Einrede des Schiedsvertrages im Verfahren des einstweiligen Rechtsschutzes, Diss Gießen 1987.

Gliederung

1) Systematik. § 919 regelt die Zuständigkeit des Gerichts für die Anordnung des Arrests. Die Zuständigkeit für die Vollstreckung ist mit der Ausnahme des § 930 I dieselbe wie bei jeder anderen Zwangsvollstreckung. §§ 930 III, 943 I, II regeln Ausnahmen von § 919. Die beiden Gerichtsstände des § 919, derjenige der Hauptsache und derjenige des Verbleibs, stehen dem Gläubiger zur Wahl, Ffm FamRZ **88**, 184. Beide sind ausschließlich, § 802. In einem dringenden Fall darf der Vorsitzende ohne eine mündliche Verhandlung entscheiden, § 944. Wegen des Einzelrichters §§ 348, 348 a. Das Gericht muß seine Zuständigkeit von Amts wegen prüfen, Grdz 39 vor § 128. Wenn freilich die Hauptsache im Zeitpunkt des Eingangs 1 des Arrestgesuchs bereits nach Rn 4 anhängig ist, erstreckt sich die Zuständigkeitsprüfung nur auf die Anhängigkeit.

2 **2) Regelungszweck.** Die Vorschrift dient der Rechtssicherheit, Einl III 43. Daher muß man sie strikt auslegen. Dabei bringt die Feststellung des Gerichts „der Hauptsache" nach I Hs 1 oft Probleme mit sich, solange nicht etwa beim sog fliegenden Gerichtsstand nach § 32 so gut wie jedes Gericht zB des gesamten Verbreitungsgebiets einer etwa wettbewerbswidrigen Handlung zur Verfügung stehen muß, Rn 5. Das Eilverfahren ist aber nicht dazu bestimmt, schwierige Rechtsfragen ohne eine Anhörung beider Parteien zum auch nur eventuellen vorläufigen Nachteil einer von ihnen werden zu lassen. Deshalb sollte der Antragsteller gut überlegen, ob er ein solches Gericht angeht, das nur als Hauptsachegericht nach § 919 zuständig sein könnte.

3 **3) Geltungsbereich.** Eine einmal begründete Zuständigkeit dauert fort. Sie umfaßt das Widerspruchsverfahren nach § 925 und die Arrestaufhebung nach §§ 926, 927 I mit Ausnahme von § 927 II. Sie umfaßt ferner die Anordnung der Rückgabe einer Sicherheit nach § 109 mit Ausnahme von § 943 II, die Klage auf die Erteilung der Vollstreckungsklausel nach §§ 731, 929 I und die Pfändung von Forderungen und anderen Rechten, §§ 930 I 3, 934. Die Zuständigkeit braucht nur im Zeitpunkt der Entscheidung über den Widerspruch nach § 925 zu bestehen. Der Arrest eines unzuständigen Gerichts bleibt bis zu seiner Aufhebung auf Grund eines Rechtsbehelfs voll wirksam. Dasselbe gilt für eine aus ihm vorgenommene Zwangsvollstreckung.

Die *internationale* Unzuständigkeit eines inländischen Gerichts für die Hauptsache nach Üb 6 vor § 12 ist unschädlich, vgl freilich ohnehin § 23, LG Ffm NJW **90**, 652, Geimer WertpMitt **75**, 912. Ein Inlandsbezug ist hier ebensowenig wie bei § 23 notwendig, Looks TranspR **06**, 136. Wegen des LugÜ SchlAnh V D 1, Karlsr MDR **02**, 231 (Art 24). Wegen (jetzt) der EuGVVO SchlAnh V C 2, besonders Art 24, BGH **74**, 279, Kblz IPRax **91**, 241, Hanisch IPRax **91**, 225, aM Kblz NJW **76**, 2082 (abl Schlafen).

4 **4) Gerichtsstand der Hauptsache.** Man muß vier Hauptaspekte beachten.

A. Hauptsache. Das ist nach § 919 der zu sichernde Anspruch selbst, bei § 940 das zu regelnde Rechtsverhältnis, Düss FamRZ **79**, 155. Bei einer Anspruchshäufung nach § 260 ist entscheidend, welchen Anspruch der Arrest unmittelbar sichern soll, LG Stgt MDR **77**, 676. Es kann sich um einen solchen Anspruch handeln, der den Klaganspruch nur vorbereitet oder nachbereitet, etwa um einen Antrag auf einen Prozeßkostenvorschuß oder um einen Ersatzanspruch bei einer Nichterfüllung des Klaganspruchs. Die Parteirollen nach Grdz 1 vor § 50 entscheiden nicht. Im Zusammenhang mit einer Sicherung des Bekl in der Hauptsache muß der Bekl zuvor eine Widerklage erhoben haben, Anh § 253. Denn sonst fehlt der besondere Gerichtsstand hierfür, § 33. Eine Einrede macht den Anspruch nicht anhängig, ebensowenig eine Aufrechnung, § 145 Rn 9. Deshalb bestimmen weder eine Einrede noch eine Aufrechnung ein Gericht zum Gericht der Hauptsache. Eine verneinende Feststellungsklage genügt, Ffm WRP **96**, 97, aM LG Düss GRUR **00**, 611 (aber die Rechtskraftwirkung ist umfassend, § 322 Rn 41).

5 **B. Anhängigkeit des Arrestanspruchs.** Es kommt darauf an, bei welchem Gericht der zu sichernde Anspruch nach § 261 Rn 1 anhängig ist oder anhängig werden kann. Der Gläubiger darf zwischen mehreren zuständigen Gerichten wählen, Rn 2. Wenn die Parteien nach § 1025 eine Schiedsvereinbarung getroffen hatten, ist dasjenige Staatsgericht zuständig, das ohne die Schiedsvereinbarung zuständig wäre, § 943, § 1034 Rn 8 „Arrest", ZöV 3, aM Hbg NJW **97**, 749, Schmitt 75, StJGr 25 vor § 916 (aber die Schiedsvereinbarung ist nicht einfach auf den staatlichen Prozeß übertragbar, den die Parteien ja gerade vermeiden wollen). Die Zuständigkeit des Staatsgerichts ist dann zwingend. Andernfalls würde man die Partei dieses Rechtsschutzes gänzlich berauben, LG Ffm NJW **83**, 762, Vollkommer NJW **83**, 727, rechtsvergleichend krit Schlosser ZZP **99**, 268. Eine zulässige Vereinbarung der Parteien über die Zuständigkeit in der Hauptsache nach § 38 wirkt auch für das vorläufige Verfahren. Wenn für die Hauptsache die Kammer für Handelssachen nach §§ 95 ff GVG zuständig ist, ist sie es auch für einen Arrest, den der Gläubiger beantragt, § 96 GVG.

Wenn das *Familiengericht* für die Hauptsache nach dem FamFG zuständig ist, ist es auch für den zugehörigen etwaigen Arrest zuständig, BGH NJW **80**, 191, Ffm FamRZ **88**, 184 (der Antragsteller kann auch den Gerichtsstand des Verbleibs wählen), StJGr 29 vor § 916, ThP 5, aM Hamm NJW **78**, 57 (inkonsequent). Das AG ist in keinem Fall neben einem ArbG zuständig, s aber Rn 8.

6 **C. Anhängigkeit der Hauptsache.** Wenn die Hauptsache schon nach § 261 Rn 1 anhängig ist, ist entscheidend, bei welchem Gericht sie zur Zeit des Eingangs des Arrestantrags schwebt, Zweibr JZ **89**, 103. Es ist nicht erforderlich, daß die Hauptsache bereits rechtshängig ist, § 261 Rn 1, § 922 Rn 4, Zweibr JZ **89**, 103, LG Düss GRUR **00**, 611. Es genügt deshalb, daß die Hauptsache im Mahnverfahren nach § 261 Rn 1 anhängig ist, selbst wenn sie die Zuständigkeit des AG überschreitet. Hauptsachegericht ist also auch dann dasjenige AG, dessen Rpfl oder Urkundsbeamte nach Grdz 4 vor § 688 den Mahnantrag nach § 689 bearbeiten muß. Wegen des FamG BGH Rpfleger **80**, 14. Wenn die Hauptsache in der zweiten Instanz schwebt, ist für den Arrest das Berufungsgericht zuständig, § 943 I Hs 2. Seine Zuständigkeit endet und die Zuständigkeit des Erstgerichts beginnt wieder im Zeitpunkt des Eintritts der formellen Rechtskraft des Berufungsurteils nach § 705 oder im Zeitpunkt der Einlegung der Revision, § 552, BGH Rpfleger **76**, 178, Köln GRUR **77**, 221.

7 Wenn bei einer *Berufung gegen* eine *Vorabentscheidung* nach § 304 das Verfahren über den Betrag in der ersten Instanz schwebt, ist das Erstgericht für den Arrest zuständig. Denn man muß dann die Zuständigkeit des Berufungsgerichts einschränkend auslegen, RoGSch § 77 I 1 a, StJGr 6, aM MüKoHe 10, ZöV 7 (es seien dann die Gerichte beider Instanzen zuständig. Aber man sollte nicht den Rechtszug verkürzen). Dasselbe gilt bei einem Zwischenurteil nach § 280 II. Während eines Wiederaufnahmeverfahrens nach §§ 578 ff gegen ein Urteil des OLG ist das OLG für einen Arrest zuständig. Bei einem Teilurteil nach § 301 entscheidet der zu sichernde Teil des Anspruchs. Vgl ferner § 929 Rn 8, 9.

8 **D. Zuständigkeitsprüfung.** Das Gericht der Hauptsache darf zwar prüfen, ob die Hauptsache anhängig ist. Es darf aber grundsätzlich seine Zuständigkeit für die Hauptsache nicht prüfen, Hbg MDR **81**, 1027, es sei denn, der ordentliche Rechtsweg fehlt, §§ 13 ff, 17 a, b GVG, KG GRUR-RR **02**, 247, ZöV 8, aM Otte ZIP **91**, 1048 (aber Rechtswegfragen gehören stets zu den von Amts wegen zu prüfenden Prozeßvoraus-

setzungen, Grdz 16 vor § 253). Solange die Unzuständigkeit nicht rechtskräftig feststeht, ist das Gericht der Hauptsache auch für den Arrestantrag zuständig. Diese Zuständigkeit bleibt auch dann bestehen, wenn das Gericht der Hauptsache die Klage wegen Unzuständigkeit abweist oder den Rechtsstreit wegen der Hauptsache an ein anderes Gericht verweist, § 261 III Z 2. Es kommt dann § 927 in Betracht. Die nachträgliche Erhebung der Hauptklage nach §§ 253, 261 macht das Gericht für den Arrestantrag zuständig. Eine Verweisung nach §§ 281, 506 ist zulässig. Keinesfalls kann eine solche spätere Unzuständigkeit schaden, die auf einer Klagänderung nach §§ 263, 264 oder auf einer Widerklage nach Anh § 253 usw beruht. Maßgeblich ist der Zeitpunkt des Eingangs des Arrestgesuchs, § 920 Rn 5. Es ist nicht erforderlich, daß dieselbe Abteilung oder Kammer wie im Hauptprozeß entscheidet.

5) Gerichtsstand des Verbleibs oder der Arrestbereitschaft. Für den Arrestantrag muß man natürlich 9
im Gesetzestext hinter dessen Wort „als" das offensichtlich auch bei der Neufassung 2005 wieder vergessene Wort „auch" nach heutigem Sprachgebrauch ergänzen. Daraus folgt: Nach der Wahl des Gläubigers ist auch dasjenige AG zuständig, in dessen Bezirk sich der vom Arrest betroffene Gegenstand oder die vom Arrest betroffene Person bereits befinden, aM Braun VersR **88**, 879 (es müsse zB beim Lkw genügen, daß er sich dort demnächst befinden werde. Aber das Eilverfahren ist schon gefährlich genug). Diese Zuständigkeit gilt ohne Rücksicht auf den Streitwert, auf die Anhängigkeit der Hauptsache und beim Arrest auch ohne Rücksicht auf die Dringlichkeit, insofern anders als bei der einstweiligen Verfügung, § 942 I. Dieses AG ist auch dann zuständig, wenn für die Hauptsache kein inländisches Gericht zuständig wäre.

„Gegenstand" ist hier auch eine Forderung. Sie befindet sich am Wohnsitz des Drittschuldners und am Ort der Pfandsache, § 23 S 2. Man kann weder aus dem Gesetzestext noch aus der Natur der Sache ableiten, daß der Arrest nur diejenigen Gegenstände oder Personen ergreife, die sich im Bezirk dieses AG befinden. Vielmehr ist eine gegenteilige Auslegung vernünftig und entsprechend § 23 S 1 möglich, Thümmel NJW **85**, 472, StJGr § 922 Rn 31, ZöV § 926 Rn 2, aM RoGSch § 77 I 4 d. Diese Zuständigkeit gilt auch in einer Arbeitsgerichtssache, LG Fulda NJW **96**, 266, aM RoGSch § 77 I 1 b. Maßgeblich ist der Zeitpunkt des Eingangs des Arrestgesuchs. Ein späterer Wechsel des Verbleibs der Sachen ist unerheblich, aM ThP 7 (ausreichend sei auch ein Verbleib im Zeitpunkt der Entscheidung im Bezirk des AG. Aber das paßt nicht zum Grundgedanken des § 261 III Z 2, Rn 8).

920 *Arrestgesuch.* **I Das Gesuch soll die Bezeichnung des Anspruchs unter Angabe des Geldbetrages oder des Geldwertes sowie die Bezeichnung des Arrestgrundes enthalten.**

II Der Anspruch und der Arrestgrund sind glaubhaft zu machen.

III Das Gesuch kann vor der Geschäftsstelle zu Protokoll erklärt werden.

Schrifttum: *Fuchs,* Die Darlegungs- und Glaubhaftmachungslast im zivilprozessualen Eilverfahren, Diss Bonn 1993; *Hilgard,* Die Schutzschrift im Arrest- und Einstweiligen-Verfügungs-Verfahren, 1983; *Maurer,* Verjährungshemmung durch vorläufigen Rechtsschutz, in: Festschrift für *Erdmann,* (2002); *Scherer,* Das Beweismaß bei der Glaubhaftmachung, 1996; *Walter,* Die Darlegungs- und Glaubhaftmachungslast in den Verfahren von Arrest und einstweiliger Verfügung nach §§ 716 ff ZPO 1992.

Gliederung

1) Systematik, I–III. § 920 regelt den das Arrestverfahren einleitenden Antrag. Er entspricht einer 1
Klageschrift nach § 253 nicht dem vollen Inhalt nach, wohl aber der Funktion nach im Kern. Ergänzend sind die Regelungen über bestimmende Schriftsätze anwendbar, §§ 129 ff.

2) Regelungszweck, I–III. Die Vorschrift dient in I wie § 253 der Klarstellung, was Streitgegenstand 2
des Eilverfahrens ist. Sie dient damit der Abgrenzung auch der Rechtskraft und des Vollstreckungsumfangs, also der Rechtssicherheit, Einl III 43. Gerade sie braucht im Eilverfahren eine besondere Aufmerksamkeit. Daher darf man I trotz allen verständlichen Eilbedürfnisses keineswegs allzu großzügig behandeln. Daran ändert im Parallelfall eines Antrags auf eine einstweilige Verfügung nach §§ 935 ff auch § 938 nichts. Das Gericht kann eine sorgfältig durchdachte nachvollziehbare Fassung des Eilantrags verlangen, besonders wegen seiner Dauer. Denn es besteht oft eine erhebliche Gefahr der Vorwegnahme der Hauptsache. Antragsteller wie Gericht bedenken sie oft zu wenig, § 916 Rn 2, 9. Die Beschränkung in II auf eine bloße Glaubhaftmachung statt eines Vollbeweises entspricht dem Zweck, so rasch wie irgend möglich im Eilverfahren voranzukommen, also der Prozeßwirtschaftlichkeit zu dienen, Grdz 14 vor § 128.

3) Gesuch, I. Das Verfahren beginnt mit dem Eingang eines Gesuchs, eines Antrags des Gläubigers. Er 3
kann ihn mithilfe des vorrangigen § 130 a auch elektronisch stellen. Das Wort „soll" in I bedeutet nur die Zulässigkeit einer Ergänzung im weiteren Verfahren. Der Antrag muß also eigentlich bereits die folgenden Einzelheiten enthalten. Das Gericht muß dem Gläubiger in einem nicht ganz aussichtslosen Fall nach § 139 eine Ergänzung seiner etwa unvollständigen Angaben anheimstellen oder eine mündliche Verhandlung anordnen, § 128 Rn 4.

4 **A. Arrestanspruch.** Der Gläubiger muß den Anspruch bezeichnen, §§ 253 II Z 2, 916. Dabei muß der Gläubiger den Geldbetrag oder den Geldwert angeben, auch wegen § 923. Grundsätzlich gelten dieselben Anforderungen an die Bestimmtheit des Antrags wie bei der Klageschrift, § 253 Rn 39 ff. Das gilt insbesondere beim Unterlassungsbegehren, Hamm MDR **00**, 386. Indessen darf man die Anforderungen wegen des vorläufigen Charakters des Eilverfahrens auch nicht überspannen, Hamm MDR **00**, 386.

5 **B. Gläubiger, Schuldner.** Außerdem muß der Gläubiger natürlich sich selbst und den Schuldner ausreichend bezeichnen, BGH MDR **92**, 1178, Ffm NJW **92**, 1178. Dazu genügen ausreichende Umschreibungen der Identität, wenn der Gläubiger den wahren Namen des Schuldners nicht zumutbar ermitteln kann, Raeschke-Kessler NJW **81**, 663 (Hausbesetzer). Vgl aber auch § 253 Rn 24, 25.

6 **C. Arrestgrund.** Der Gläubiger muß den Arrestgrund angeben, §§ 917 ff. Ein Anwalt darf solche ihm anvertrauten Tatsachen nicht angeben, die er zur Darlegung seines Vergütungsanspruchs in einem Hauptprozeß nicht offenbaren dürfte. Andernfalls tritt ihre Unverwertbarkeit ein, Üb 11 ff vor § 371, KG NJW **94**, 462.

7 **D. Arrestgegenstand.** I erwähnt den Arrestgegenstand nicht. Da der Arrest immer „in das Vermögen" des Schuldners ergehen muß, braucht der Gläubiger den Gegenstand nur dann anzugeben, wenn erst dessen Verbleib nach § 919 Rn 6 die Zuständigkeit des angerufenen Gerichts begründet oder wenn der Gläubiger einen persönlichen Arrest beantragt. Wegen einer Verbindung mit einer Forderungspfändung § 930 Rn 4, 5.

8 **E. Rechtshängigkeit.** Der Eingang des Gesuchs macht nur das Arrestverfahren anhängig. Er macht es in einer Abweichung vom Klageverfahren hier über die bloße Anhängigkeit hinaus auch bereits rechtshängig, § 91 Rn 192 „Schutzschrift", Grdz 7 vor § 128, BGH JZ **95**, 316, Hbg RR **07**, 791, LG Brschw WoM **02**, 221. Wegen des Hauptsacheprozesses bleibt es bei § 261 Rn 1.

Rechtsgrund dieser Abweichung von einer grundsätzlich nach §§ 253 I, 261 I notwendigen Zustellung ist die im Eilverfahren eintretende Prozeßtreuhänderstellung des Gerichts als eine Folge seiner Fürsorgepflicht, Einl III 27. Sie begründet hier bereits auch für den Antragsgegner das Prozeßrechtsverhältnis nach Grdz 4 vor § 128, § 261 Rn 8. Die Rechtshängigkeit steht einem neuen Gesuch mit demselben Ziel entgegen, Kblz GRUR **81**, 93, s aber auch § 322 Rn 29, 30 „Arrest und Einstweilige Anordnung oder Verfügung". Es treten grundsätzlich alle prozessualen Wirkungen der Rechtshängigkeit ein, § 91 a, § 261 Rn 3, Düss NJW **81**, 2824, Kblz GRUR **81**, 93, Mü NJW **93**, 1604.

9 *Die sachlichrechtlichen Wirkungen* der Rechtshängigkeit treten nur ein, soweit das sachliche Recht diese Wirkungen an das Arrestgesuch oder an jede gerichtliche Geltendmachung knüpft, wie bei § 941 BGB. Man kann vom Arrestverfahren zum Hauptprozeß nur nach den Regeln der Klagänderung nach §§ 263, 264 übergehen, Grdz 5 vor § 916. Unzulässig, da auch nicht durch eine Klage-„Änderung" durchführbar, ist ein Übergang vom Hauptprozeß zum Arrestverfahren, schon gar in der höheren Instanz, Düss FamRZ **81**, 70. Wegen der Kosten § 91 a Rn 32, Bülow ZZP **98**, 274.

10 **F. Einzelfragen.** Ein Schiedsverfahren braucht anders als vor einer Klagerhebung nach § 253 Rn 7 dann nicht vorangegangen zu sein, wenn der Gläubiger ein Recht oder ein Rechtsverhältnis nach § 37 IV ArbNEG geltend macht. Den evtl nach § 923 festzustellenden Betrag braucht der Gläubiger nicht anzugeben. Denn das Gericht muß ihn von Amts wegen ermitteln, § 923 Rn 1. Der Gläubiger kann ihn insofern nur anregen, aM ThP 1 (er müsse ihn angeben).

11 **4) Glaubhaftmachung, II.** Sie ist oft streitentscheidend, LAG Bln NZA-RR **05**, 220. Sie erfolgt nach § 294, BayObLG Rpfleger **95**, 476 (StPO), Hirtz NJW **86**, 111, strenger Scherer (vor Rn 1. Aber § 294 gilt hier nach dem Wortlaut und Sinn von II voll, Einl III 39). Die im Hauptprozeß geltenden Regeln zur Beweislast nach Anh § 286 gelten also im übrigen nicht, auch nicht bei einer mündlichen Verhandlung, Düss FamRZ **80**, 158, StJGr 10, aM Brdb RR **02**, 1128, Ffm DB **90**, 2260 (aber StJGr erörtert aaO nur die Beweislast), ZöV 9 (aber II bezweckt wegen des Eilcharakters gerade eine Erleichterung). An derjenigen Intensität, mit der das Gericht die rechtliche Prüfung des Sachverhalts vornehmen muß, ändert die Zulässigkeit der bloßen Glaubhaftmachung einer Tatsache nichts, § 922 Rn 5, Kblz NJW **01**, 1364.

12 **A. Erforderlichkeit bei Arrestanspruch, Arrestgrund.** Die Glaubhaftmachung muß sich grundsätzlich auf den Arrestanspruch nach § 916 und auf den Arrestgrund erstrecken, § 917, Hamm FamRZ **86**, 696 (strenge Anforderungen beim Notunterhalt), Köln RR **00**, 2000. Wegen einer Ausnahme Rn 9. Je unwahrscheinlicher der Bestand des zu sichernden sachlichrechtlichen Anspruchs ist, desto höhere Anforderungen muß man an die Wahrscheinlichkeit einer dem Antragsteller drohenden Gefahr stellen, Jestaedt GRUR **81**, 155. Das gilt besonders bei einer sog Leistungsverfügung, Celle FamRZ **94**, 386 (Unterhalt). Sie genügt zur Begründung des Gesuchs, Dittmar NJW **78**, 1721. Wenn das Arrestgericht ein Gesuch rechtskräftig abgewiesen hatte, kann der Gläubiger ein neues Gesuch einreichen und durch eine neue Glaubhaftmachung nunmehr ausreichend begründen.

13 **B. Prozeßvoraussetzungen.** Er muß auch die Prozeßvoraussetzungen nach Grdz 12 vor § 253 von vornherein glaubhaft machen, Hamm FamRZ **98**, 687, Thümmel NJW **96**, 1931, vor allem die Zuständigkeit nach § 919. Gegenüber einem Vollbeweis des Gläubigers nach § 286 Rn 16 reicht eine eidesstattliche Versicherung nicht als Gegenbeweis nach Einf 12 vor § 284 aus, Köln FamRZ **81**, 780. Im übrigen darf das Gericht aber überhaupt in keinem Punkt einen vollen Beweis verlangen, Ffm MDR **81**, 238, auch nicht in einer mündlichen Verhandlung. Es ist überhaupt keine allzu große Strenge ratsam, Hbg GRUR **89**, 1164. Das Gericht prüft von Amts wegen, ob eine erforderliche Vollmacht vorliegt und ausreicht, §§ 88 II, 80. Eine Prozeßvollmacht für den Hauptprozeß genügt, wenn der Antragsteller sie im Hauptprozeß nachgewiesen hat, § 82. § 1585 a BGB hat das Erfordernis der Glaubhaftmachung nicht beseitigt, Düss FamRZ **80**, 1116.

14 **C. Eidesstattliche Versicherung.** Grundsätzlich kann sich der Gläubiger zur Glaubhaftmachung auf seine eigene eidesstattliche Versicherung beziehen, § 294 I Hs 2, Celle RR **87**, 448. Indessen muß das Arrestgericht gerade eine solche eidesstattliche Versicherung mit äußerster Vorsicht bewerten. Das gilt insbesondere deshalb, weil eine falsche eidesstattliche Versicherung der Partei zum Teil straflos sein kann,

Blomeyer JR **76**, 441. Zum Problem des Telefax BayObLG (4. StS) JR **96**, 292 (krit Vormbaum/Zwiehoff). Zum Gebot einer ebenso zurückhaltenden Bewertung der bloßen Bezugnahme auf einen Anwaltsschriftsatz in der eigenen eidesstattlichen Versicherung § 294 Rn 7, Ffm FamRZ **84**, 313.

D. Weitere Beweismittel. Der Gläubiger kann sich aber zur Glaubhaftmachung auch der freilich oft 15
ebenfalls zurückhaltend bewertbaren eidesstattlichen Versicherung eines Dritten und aller anderen Beweismittel bedienen, § 294 I, sofern er sie nur sogleich beifügt oder in einer etwaigen Verhandlung zur Verfügung stellt, § 294 II. Der Antragsteller kann daher zB einen Sachverständigen gestellen, Nürnb MDR **77**, 849. Er kann später dessen Kosten als Prozeßkosten nach § 91 geltend machen, Düss DB **81**, 785. Auch ein ausländisches Urteil kann ausreichen, Schlosser Festschrift für Schwab (1990) 445, ebenso ein in- oder ausländischer Schiedsspruch. Ein gerichtliches Geständnis nach § 288 reicht zur Glaubhaftmachung in aller Regel aus. Wenn der Gläubiger seine Behauptungen nicht glaubhaft machen kann, darf er eine Sicherheitsleistung nach § 108 anbieten. Sie mag dem Gericht nach § 921 II genügen.

Zur Glaubhaftmachung kann auch eine *Verweisung auf die Akten* des Hauptprozesses und seiner Beiakten genügen, zB auf ein dort bereits ergangenes Urteil. Zur Glaubhaftmachung bei einer wettbewerbsrechtlichen Abnehmerverwarnung Brandi-Dohrn GRUR **81**, 684. Die Glaubhaftmachung erstreckt sich wie stets nur auf Tatsachen, Hirtz NJW **86**, 111. Sie erspart dem Arrestgericht nicht die volle rechtliche Prüfung, aM Hbg GRUR **89**, 1164 (zum ausländischen Recht. Aber dort enthalten § 293 Rn 5 Regeln einer vollen rechtlichen Prüfung, nur eben in einem von vornherein auch im Hauptprozeß eingeschränkten Rahmen). Es gibt keine Nachfrist, § 294 II, Hamm FamRZ **98**, 687.

E. Entbehrlichkeit beim Arrestgrund. Der Gläubiger braucht bei §§ 691 II, 698 III HGB, 12 II 16
UWG sowie § 921 II, dort Rn 6, den Arrestgrund nicht glaubhaft zu machen.

5) Form, III. Der Gläubiger kann sein Gesuch schriftlich oder elektronisch nach § 130 a oder zum 17
Protokoll der Geschäftsstelle erklären. Deshalb besteht (nur) für das Gesuch kein Anwaltszwang, (jetzt) § 78 III Hs 2, Ffm MDR **99**, 186, Hamm MDR **08**, 708, Saarbr RR **98**, 1012, Stgt RR **94**, 624. Der Gläubiger kann das Gesuch mit einer Klageschrift nach § 253 verbinden. Das ist allerdings unzweckmäßig. Ein lediglich mündlicher Antrag in einem Verhandlungstermin ist unzulässig. Der Gläubiger kann auch seine etwaigen zur Wirksamkeit des Arrests notwendigen Nebenanträge ohne einen Anwaltszwang stellen. Das gilt zB für den Antrag auf eine öffentliche Zustellung nach §§ 185 ff oder für den Antrag auf die Zulassung einer anderen Sicherheit. Ein Anwaltszwang besteht aber für das an das Gesuch anschließende Verfahren wie sonst, § 78 Rn 1, Hamm MDR **08**, 708, Köln FamRZ **88**, 1274. Er besteht daher zB auch für andere Anträge, Ffm MDR **89**, 460, oder für einen Widerspruch nach § 924 beim LG und beim OLG, Düss OLGZ **83**, 358, Ffm JB **95**, 490 (spricht irrig von „Beschwerde"), Hamm GRUR **92**, 887, oder für eine sofortige Beschwerde im Anwaltsprozeß, Hamm MDR **08**, 708. Ein Anwaltszwang besteht ferner für das zugehörige Vollstreckungsverfahren, §§ 929 ff, Ffm MDR **89**, 460.

6) Antragsrücknahme, I–III. Der Gläubiger kann das Gesuch jederzeit einseitig zurücknehmen, Ull- 18
mann BB **75**, 236. Das gilt auch noch nach einem Widerspruch des Schuldners nach § 924, beim LG dann unter einem Anwaltszwang, § 78 Rn 1. Es gilt auch noch nach einer mündlichen Verhandlung bis zur Rechtskraft. Denn § 269 I ist insoweit unanwendbar, BGH RR **93**, 1470, Düss NJW **82**, 2452. Der Antragsteller kann ja auch den Antrag erneuern. Die Rücknahme löst freilich stets auf Grund eines Antrags des Schuldners diejenigen Wirkungen aus, die sich aus einer entsprechenden Anwendung des § 269 III 2 ergeben, § 269 Rn 6, Düss FamRZ **92**, 962, Mü Rpfleger **82**, 115. § 269 III 3 paßt nicht, § 921 Rn 6.

921 *Entscheidung über das Arrestgesuch.* [1] **Das Gericht kann, auch wenn der Anspruch oder der Arrestgrund nicht glaubhaft gemacht ist, den Arrest anordnen, sofern wegen der dem Gegner drohenden Nachteile Sicherheit geleistet wird.** [2] **Es kann die Anordnung des Arrestes von einer Sicherheitsleistung abhängig machen, selbst wenn der Anspruch und der Arrestgrund glaubhaft gemacht sind.**

Schrifttum: *Ahrens,* Ausländersicherheit im einstweiligen Verfügungsverfahren, in: Festschrift für *Nagel* (1978); *Baumgärtel,* Die Verteilung der Glaubhaftmachungslast in Verfahren des einstweiligen Rechtsschutzes nach der ZPO, Festschrift für *Gaul* (1997) 27; *Hilgard,* Die Schutzschrift im Arrest- und Einstweiligen-Verfügungs-Verfahren, 1983.

Gliederung

1) Systematik, S 1, 2. Im Anschluß an die Zuständigkeit nach § 919 und den Antrag nach § 920 regelt 1
§ 921 in Verbindung mit § 922 I 1 den weiteren Gang des Arrestverfahrens bis zur Entscheidung. Darüber hinaus regelt die Vorschrift auch schon einen Teil der Entscheidungsinhalte.

2) Regelungszweck, S 1, 2. Die Befreiung vom Verhandlungszwang dient dem Tempo des oft außeror- 2
dentlich eilbedürftigen Verfahrens, bei dem es um Stunden oder sogar im Extremfall um Minuten gehen

kann. Die Vorschrift dient also nicht nur der Prozeßwirtschaftlichkeit nach Grdz 14 vor § 128, sondern auch der evtl nur so erzielbaren vorläufigen Gerechtigkeit, Einl III 9, 36. Aus „kann" mag also durch eine Auslegung oft ein „muß" werden. Die Vorschrift schließt an das komplizierte System der §§ 709 ff an. Sie ermöglicht eine oft schwierige und nicht leichtfertig zu leistende und trotzdem dem Zeitdruck mitunterworfene Abwägung, die den § 945 mitbeachten darf und muß.

Weites Ermessen kennzeichnet die Entscheidungsfreiheit des Gerichts. Es darf nicht dazu führen, daß es aus Bequemlichkeit gar nichts zum Stichwort Sicherheitsleistung bedenkt, geschweige denn entscheidet. Eine Sicherheitsleistung kann als eine Pflicht den Antragsteller lähmen und den Antragsgegner frohlocken lassen. Andererseits mag die wirtschaftliche Lage des Antragstellers wegen oder ohne Zutun des Gegners so schlecht sein, daß ein Schadensersatzanspruch nach § 945 ins Leere laufen würde. Das Gericht erfährt meist von der Lage des Antragstellers dazu gar nichts. Zum Hinterfragen bleibt nicht viel Zeit. Allerdings darf sich der ProzBev des Antragstellers grundsätzlich auch dazu nicht mit einem bloßen Nichtwissen erklären. Denn er hätte sich kundig machen können und müssen, § 138 Rn 53. Im Ergebnis muß das Gericht wieder einmal schätzen und abwägen. Man darf es dabei nicht überfordern.

3 **3) Mündliche Verhandlung, S 1, 2.** Sie zeigt eine begrenzte Ähnlichkeit zum Hauptprozeß.

A. Ermessen. Im Arrestverfahren entscheidet das Gericht anders als bei der einstweiligen Verfügung nach § 937 II stets nach seinem pflichtgemäßen Ermessen darüber, ob eine mündliche Verhandlung überhaupt stattfinden soll, § 128 Rn 4, LG Zweibr RR **87**, 1199. Die Entscheidung steht dem gesamten Gericht und nicht dem Vorsitzenden zu. § 944 gibt dem Vorsitzenden nur ein beschränktes Recht zur eigenen Entscheidung. Das Gericht entscheidet dann, wenn keine mündliche Verhandlung stattgefunden hat, durch einen Beschluß, § 922 I 1 Hs 2. Die Zustellung des Antrags hemmt die Verjährung, § 204 I Z 9 Hs 1 BGB. Mangels einer Zustellung vor dem Erlaß des Arrests reicht die Antragseinreichung dann, wenn der Arrestbefehl innerhalb eines Monats seit der Verkündung oder seit der Zustellung an den Gläubiger jedenfalls auch dem Schuldner zugeht, § 204 I Z 9 Hs 2 BGB. Bei der Fristberechnung muß man § 204 III BGB beachten. Der Vorsitzende muß einen etwaigen Termin unverzüglich bestimmen. Das muß auch für die Zeit vom 1. 7. bis 31. 8. ohne eine spätere Verlegungsmöglichkeit erfolgen, § 227 III 2 Hs 1 Z 1.

Der Gläubiger kann zu der Frage, ob eine *mündliche Verhandlung* stattfinden soll oder nicht, nur eine Anregung geben. Schon wegen der Gefahr eines sachlichrechtlich unrichtigen Vollstreckungstitels und wegen der Risiken der bloßen Glaubhaftmachung sollte das Gericht trotz der Möglichkeiten des § 921 durchaus eine mündliche Verhandlung anberaumen, um auch das rechtliche Gehör im echten Sinn zu gewähren, Einl III 16. Eine Verhandlung sollte nur dann unterbleiben, wenn sie durch die mit ihr verbundene längere Verfahrensdauer den Zweck des Arrests vereiteln würde, § 937 Rn 4, BVerfG **57**, 358, Kblz RR **87**, 511, Ritter ZZP **88**, 121. Das Gericht muß die Ladungsfrist einhalten, § 217 Rn 3.

4 **B. Kein Verhandlungsverbot.** Ein Arrestgesuch nur für denjenigen Fall, daß das Gericht ohne eine mündliche Verhandlung entscheidet, stellt eine *unwirksame Einschränkung* des richterlichen Ermessens dar. Denn es enthält eine bedingte Rücknahme des Gesuchs für den Fall der Notwendigkeit einer mündlichen Verhandlung. Eine solche Bedingung ist unzulässig, ThP 1, ZöV 1, aM StJGr 2 (aber hier liegt eine klare Grenze der Parteiherrschaft nach Grdz 18 vor § 128). Das Gericht braucht aber deshalb das Gesuch nicht unbedingt gänzlich zurückzuweisen, aM ZöV 1 (aber jede Parteiprozeßhandlung ist auslegbar, Grdz 52 vor § 128). Es kann vielmehr zu einer Auslegung dahin kommen, daß der Antragsteller eine derart unzulässige Bedingung vernünftigerweise nicht aufrechterhalten werde. Zweckmäßig ist allerdings eine Rückfrage beim Antragsteller. Er kann beantragen, ihm vor einer Zurückweisung des bedingten Gesuchs die Gelegenheit zur Beseitigung der gerichtlichen Bedenken zu geben. Freilich kann dadurch das Eilbedürfnis schwinden.

5 **C. Weiteres Verfahren.** Über die Anordnung einer mündlichen Verhandlung und über das weitere Verfahren nach einer solchen Anordnung § 922 Rn 15, 16. Zu weit gehen LAG Mü DB **78**, 260, Ritter ZZP **88**, 170, nach denen die mündliche Verhandlung wegen Art 103 I GG nur dann entbehrlich sei, wenn der Gläubiger an einer Entscheidung ohne eine mündliche Verhandlung ein ganz besonderes Interesse habe.

6 **D. Entscheidung.** Das Gericht darf das Arrestgesuch auch ohne eine mündliche Verhandlung als unzulässig oder als unbegründet zurückweisen, Mü FamRZ **00**, 853. Das ergibt sich (jetzt) auch aus § 937 II. Wegen der Entscheidung über das Gesuch selbst § 922 Rn 26, 29–34. Nach einer Antragsrücknahme nach § 920 Rn 12 muß das Gericht auf Grund eines Antrags des Schuldners durch einen Beschluß aussprechen, daß der Gläubiger verpflichtet ist, die Kosten des Verfahrens zu tragen, soweit nicht das Gericht bereits rechtskräftig über sie erkannt hat, § 269 III 2, IV entsprechend, § 920 Rn 18. Der Schuldner kann diesen Feststellungsantrag auch dann stellen, wenn das Gericht das Arrestgesuch dem Schuldner im Zeitpunkt der Rücknahme des Arrestgesuchs noch nicht zugestellt hatte, Düss NJW **81**, 2824, Hbg NJW **77**, 813, oder wenn das Arrestgesuch zwar bereits zugestellt worden war, das Gericht aber noch keinen Verhandlungstermin angesetzt hatte. § 269 III 3 paßt aus den Gründen § 920 Rn 8, 9 nicht. Vgl im übrigen § 326 III AO.

7 **E. Rechtsbehelfe wegen Verhandlung.** Gegen die Anordnung der mündlichen Verhandlung besteht kein Rechtsbehelf. Gegen die Zurückweisung des Antrags auf eine Terminsbestimmung besteht anders als bei einer notwendigen mündlichen Verhandlung ebenfalls kein Rechtsbehelf. Gegen die Wahl des Termins ist grundsätzlich nur die Dienstaufsichtsbeschwerde statthaft, § 216 Rn 28.

8 **4) Sicherheitsleistung, S 1, 2.** Das Gericht kann den Arrest ohne eine Sicherheitsleistung erlassen. Es kann vom Antragsteller freilich nicht schon nach § 110, wohl aber in den folgenden Fällen eine Sicherheitsleistung verlangen.

A. Ersatz der Glaubhaftmachung. Das Gericht kann verlangen, daß der Gläubiger einen Ersatz dafür biete, daß er den Arrestgrund oder den Arrestanspruch oder beide Voraussetzungen nicht genügend nach §§ 294, 920 II glaubhaft gemacht hat. Deshalb muß das Gericht vor einer Zurückweisung des Arrestgesuchs prüfen, ob es dem Gesuch nicht wenigstens unter der Auflage einer Sicherheitsleistung des Gläubigers entsprechen kann. Dann muß das Gericht die Fähigkeit und den Willen des Gläubigers berücksichtigen, eine ausreichende Sicherheit zu leisten. Es ist nicht erforderlich, daß der Gläubiger von sich aus eine Sicherheitsleistung angeboten hat. Das Gericht sollte vor einer Entscheidung stets insoweit beim Gläubiger anfragen. Wenn schon nach dem bloßen Tatsachenvortrag des Gläubigers der Arrestgrund oder der Arrestanspruch fehlen, dann fehlen die Voraussetzungen eines Arrests, und das Gericht muß den Arrestantrag unabhängig davon zurückweisen, ob der Gläubiger eine Sicherheit leisten kann und will, Düss VersR **80**, 50.

Die Sicherheitsleistung des Gläubigers kann *nicht* jede *Glaubhaftmachung ersetzen.* Sie kann schon gar nicht die Notwendigkeit der Angabe der zum Arrestanspruch nach § 916 und zum Arrestgrund nach § 917 erforderlichen Tatsachen ersetzen, also der Schlüssigkeitstatsachen. Sie kann nur einen schwachen Teil seiner Darlegungen verstärken. Sie wirkt also nur ergänzend. Wegen der möglichen schweren Folgen eines Arrests muß das Gericht die Höhe der Sicherheitsleistung eher zu hoch als zu niedrig bemessen. Dabei muß das Gericht auch die Kosten berücksichtigen. 9

B. Zusatz zur Glaubhaftmachung. Das Gericht kann auch eine Sicherheit trotz einer ausreichenden Glaubhaftmachung für erforderlich halten. Dieser Weg empfiehlt sich vor allem dann, wenn der endgültige Ausgang des Arrestverfahrens ungewiß ist und wenn dem Schuldner durch den Erlaß des Arrests ein erheblicher Schaden droht, Köln MDR **89**, 920, oder wenn der Gläubiger wegen einer schlechten Vermögenslage einen Schadensersatzanspruch möglicherweise nicht erfüllen kann. Ein solches Vorgehen ist aber auch dann ratsam, wenn das Gericht die Glaubhaftmachung nur mühsam bejahen kann oder wenn umstrittene Rechtsfragen entscheidungserheblich sind. 10

C. Sicherheitsleistung als Bedingung. Das Gericht kann die Anordnung des Arrests von einer Sicherheitsleistung des Gläubigers abhängig machen, Mü GRUR **88**, 711 (spricht nur von der Vollziehbarkeit). Diese Entscheidung kann auch nach einer mündlichen Verhandlung ergehen. Das Gericht erläßt den Arrest in diesen Fällen erst dann, wenn der Gläubiger die Sicherheitsleistung nachgewiesen hat. Die Entscheidung über die Sicherheitsleistung ergeht durch einen Beschluß, §§ 329, 922 I Hs 2. Das Gericht muß ihn begründen, § 329 Rn 4. Es muß seinen Beschluß dem Gläubiger von Amts wegen formlos mitteilen, § 329 II 1, nicht aber dem Schuldner, § 922 III. Der Nachweis der Sicherheitsleistung gibt dem Gläubiger indes keinen Anspruch auf den Arrest. Das Gericht sollte freilich nicht einen Arrest trotz der Sicherheitsleistung des Gläubigers nur deshalb zurückweisen, weil der Antrag in einem solchen Punkt mangelhaft ist, der schon vor der Anordnung der Sicherheitsleistung bestanden hatte. 11

D. Arrest nebst Sicherheitsleistung. Das Gericht kann auch zwar den Arrestbefehl erlassen, aber zugleich eine Sicherheitsleistung des Gläubigers anordnen. Hier dient die Sicherheit nicht dem Erlaß des Arrests, sondern seiner Vollziehung und seiner Vollstreckung, Hamm GRUR **84**, 603. Manche lassen nur entweder die Möglichkeit Rn 11 oder nur den Weg Rn 12 zu. Jedenfalls verdient die Lösung Rn 11 den Vorzug. Denn der Schuldner erleidet dann durch die bloße Anordnung keinen Schaden. Wegen des Beschwerdeverfahrens vgl freilich § 922 Rn 28. Jedenfalls ist § 710 unanwendbar, Köln MDR **89**, 920. Das Gericht muß die Art und die Höhe der Sicherheitsleistung nach § 108 bestimmen. In Betracht kommen auch ein Pfand oder eine Bürgschaft, § 108 Rn 7, 10. Die Höhe soll den etwaigen Schadensersatzanspruch nach § 945 absichern, nicht die Höhe des Hauptanspruchs, § 923 Rn 1. 12

E. Frist vor der Vollziehung. Wenn das Gericht die Sicherheitsleistung vor der Vollziehung des Arrestbefehls anordnet, braucht es keine Frist zu setzen. Denn die Vollziehungsfrist läuft nach § 929 II. Sie gilt ohne weiteres auch für den Nachweis der Sicherheitsleistung. Diesen Nachweis muß der Gläubiger dem Schuldner in der Frist des § 929 III zustellen. 13

F. Frist nach der Vollziehung. Wenn das Gericht die Sicherheitsleistung nach der Vollziehung des Arrestbefehls anordnet, steht der Arrest unter der auflösenden Bedingung, daß der Nachweis der Sicherheitsleistung nicht in derjenigen Frist erfolgt, die das Gericht nunmehr setzen muß. Das Ende der Frist muß einwandfrei feststehen. Wenn das Gericht dieses Ende nicht kalendermäßig bestimmt hat, muß es den Anfangstag festsetzen. Wenn das Gericht die Frist entweder überhaupt nicht gesetzt oder ungenau bestimmt hat, ist der Betroffene auf eine Berufung oder auf einen Antrag nach § 321 angewiesen. Die Fristen des § 929 sind in diesem Zusammenhang unerheblich, KG RR **86**, 1127. Wenn die Frist ergebnislos verstrichen ist, muß das Gericht den Arrest auf Grund eines Antrags des Schuldners wegen der Unzulässigkeit seiner Vollziehung aufheben, § 927. 14

G. Rechtsbehelfe wegen Sicherheitsleistung. Gegen die Anordnung einer Sicherheitsleistung im Arrestbefehl kann der Gläubiger die sofortige Beschwerde nach § 567 I Z 2 einlegen. Denn es liegt eine teilweise Zurückweisung seines Gesuchs vor. Das gilt selbst dann, wenn der Gläubiger von sich aus eine Sicherheitsleistung angeboten hatte. Wegen des Beschwerdeverfahrens § 922 Rn 14 entsprechend. Es muß wie stets eine Beschwer vorliegen. Gegen eine Änderung der Höhe der Sicherheitsleistung nach dem rechtskräftigen Ende des Arrestverfahrens ist ebenfalls evtl die sofortige Beschwerde zulässig. Der Schuldner kann nur einen Widerspruch nach § 924 einlegen, § 922 Rn 28. 15

922 *Arresturteil und Arrestbeschluss.* I [1] **Die Entscheidung über das Gesuch ergeht im Falle einer mündlichen Verhandlung durch Endurteil, andernfalls durch Beschluss.** [2] **Die Entscheidung, durch die der Arrest angeordnet wird, ist zu begründen, wenn sie im Ausland geltend gemacht werden soll.**

II **Den Beschluss, durch den ein Arrest angeordnet wird, hat die Partei, die den Arrest erwirkt hat, zustellen zu lassen.**

III **Der Beschluss, durch den das Arrestgesuch zurückgewiesen oder vorherige Sicherheitsleistung für erforderlich erklärt wird, ist dem Gegner nicht mitzuteilen.**

Schrifttum: *Fritze,* Fehlerhafte Zustellung von Arresten und einstweiligen Verfügungen, Festschrift für *Schiedermair* (1976) 141; *Irmen,* Die Zurückweisung verspäteten Vorbringens im einstweiligen Verfügungs- und Arrestverfahren, Diss Köln 1990; *Nink,* Die Kostenentscheidung nach § 93 ZPO im Urteilsverfahren des einstweiligen Rechtsschutzes, Diss Gießen 1991; *Vogg,* Einstweiliger Rechtsschutz und vorläufige Vollstreckbarkeit, 1991; *Werner,* Rechtskraft und Innenbindung zivilprozessualer Beschlüsse im Erkenntnis- und summarischen Verfahren (1983) 123 ff.

Gliederung

1 **1) Systematik, I–III.** Die Vorschrift regelt zusammen mit den ergänzenden §§ 921, 923 die im Arrestverfahren möglichen Entscheidungen der ersten Phase vor einem etwaigen Widerspruch. Natürlich gelten zusätzlich die allgemeinen Vorschriften über das Urteil nach §§ 300 ff oder den Beschluß nach § 329 und die sonstigen allgemeinen Vorschriften über die Kosten, §§ 91 ff. Sie gelten freilich teilweise nur hilfsweise, zB zur Frage eines Begründungszwangs.

2 **2) Regelungszweck, I–III.** Die Möglichkeit, einen Arrestbeschluß ohne eine Anhörung des Gegners zu erlassen, ohne eine Verhandlung und sogar ohne eine Begründung, mag zunächst kaum noch hinnehmbar scheinen. Sie ergibt sich aber aus der oft wirklich besonderen Eilbedürftigkeit. Immerhin gibt es ja zumindest den Widerspruch nach §§ 924, 925 und die Möglichkeit, den Gläubiger nach § 926 zur Klagerhebung zu zwingen, um vorläufige Unhaltbarkeiten eines Arrestbeschlusses zu korrigieren.

Verführerisch, aber unhaltbar wäre es, von einer an sich möglichen Verhandlung nur um einer bequemeren Form der Entscheidung willen abzusehen. Andererseits zwingt die Situation oft einfach dazu, von einer Terminsanberaumung selbst dann abzusehen, wenn sich die Ladungen telefonisch und sehr kurzfristig durchführen lassen würden. Ein besonderes Eilbedürfnis mag etwa bei einem Messeverstoß vorliegen. Man sollte es als eine Rechts-, mindestens aber Anstandspflicht (nobile officium) betrachten, auch im reinen Inlandsfall dann auch dem „bloßen" Beschluß eine nachvollziehbare Kurzbegründung beizufügen, und sei es nur in wenigen Kernsätzen.

3 **3) Entscheidungsform, I.** Es stehen zwei Wege zur Verfügung.

A. Beschluß. Wenn das Gericht nach seinem pflichtgemäßen Ermessen nach § 921 Rn 3, 4 ohne eine mündliche Verhandlung entscheidet, erläßt es einen Beschluß, § 329. Das ist auch im Wettbewerbsrecht durchaus üblich und statthaft, Dankwerts GRUR **08**, 767. Es ist zumindest ratsam, ihn auch im Inlandsfall wenigstens kurz zu begründen, § 329 Rn 4, auch beim Stattgeben, Rn 26, Nürnb NJW **76**, 1101, Lippold NJW **94**, 1110, aM Herr NJW **93**, 2287, ThP 2, ZöV 10 (aber gerade das Eilverfahren ohne jede Anhörung des Gegners erfordert eine gewisse Begründung zumindest gegenüber dem Verlierer als eine Anstandspflicht, wenn nicht Rechtspflicht). Wegen eines Auslandsfalls Rn 3. Eine vorherige schriftliche Anhörung des Gegners unterliegt keinem Anwaltszwang, § 571 IV 2 entsprechend. Sie ist zwar nicht ausdrücklich unzulässig, schon gar nicht nach III. Sie ist aber dann unzweckmäßig, wenn das Gericht den Arrestzweck durch die Anhörung vereiteln und den Gläubiger durch die Anhörung schädigen würde. Sie ist deshalb auch trotz Art 103 I GG nicht notwendig, III, § 937 Rn 3. Ein Beschluß fällt unter das Spruchrichterprivileg des § 839 II 1 BGB, BGH NJW **05**, 436 (zustm Hübner/Suh LMK **05**, 70, Meyer 865).

4 **B. Urteil.** Wenn das Gericht auf Grund einer mündlichen Verhandlung entscheidet, fällt es ein Urteil, § 300.

5 **C. Gemeinsames.** In beiden Fällen muß das Gericht den Streitstoff rechtlich erschöpfend prüfen, § 286 Rn 13. Das vorläufige Verfahren erleichtert nämlich nur die Stellung des Gläubigers, nicht aber die Stellung des Gerichts, § 920 Rn 11, KG MDR **80**, 677. Gegen die meist zur Glaubhaftmachung verwendeten eidesstattlichen Versicherungen entweder der Parteien oder von Zeugen ist ein gesundes Mißtrauen am Platz, § 294 Rn 5. Das Gericht muß die Prozeßvoraussetzungen klären, Grdz 12 vor § 253. Es muß also den Arrestanspruch nach § 916, den Arrestgrund nach § 917 und die Glaubhaftmachung prüfen, §§ 294, 920 II.

4) Entscheidungsinhalt, I. Er hängt davon ab, ob eine mündliche Verhandlung stattgefunden hat. 6

A. Ohne Verhandlung. Wenn das Gericht bisher ohne eine mündliche Verhandlung entschieden hat, kann es das Arrestgesuch zurückweisen, Mü FamRZ **00**, 853. Das Gericht kann auch eine mündliche Verhandlung anordnen. Es kann auch den Arrest ohne eine Sicherheitsleistung anordnen. Es kann einen Arrest auch nur gegen eine Sicherheitsleistung anordnen, wenn es das für notwendig hält.

B. Nach Verhandlung. Wenn das Gericht eine mündliche Verhandlung durchgeführt hat, bestehen drei 7
Möglichkeiten. Es kann das Arrestgesuch zurückweisen. Es kann den Arrest ohne eine Sicherheitsleistung anordnen. Es kann den Arrest auch (nur) gegen eine Sicherheitsleistung anordnen.

5) Arrestanordnung im einzelnen, I. Jede Arrestanordnung muß die folgenden Punkte enthalten. 8

A. Anspruch. Sie muß den Anspruch enthalten, also die Geldforderung nach ihrem Grund und Betrag. Falls es beantragt wurde: Ein Kostenpauschquantum zur Sicherung der Kosten im Arrest- und im Hauptprozeß. Eine Festsetzung des nach § 923 zu hinterlegenden Betrags kann die Angabe nach Rn 8 nicht ersetzen.

B. Arrestart. Sie muß die Arrestart enthalten, also die Entscheidung darüber, ob das Gericht einen 9
dinglichen oder einen persönlichen Arrest anordnet, §§ 917, 918.

C. Lösungssumme. Sie muß von Amts wegen eine Summe nennen, durch deren Hinterlegung der 10
Schuldner die Vollziehung des Arrests und einen Antrag auf die Aufhebung des vollzogenen Arrests stellen kann, § 923.

D. Begründung. Soweit der Gläubiger einen angeordneten Arrest im Ausland geltend machen will oder 11
muß, ist eine Begründung notwendig, I 2, AVAG, SchlAnh V D. Sie ist dann mindestens ratsam, Rn 3, 26.

E. Kosten. Die Arrestanordnung muß die Entscheidung über die Kosten enthalten, § 91 Rn 74 „Arrest, 12
einstweilige Verfügung", § 91 a Rn 6. § 788 ist unanwendbar. Die Kostenentscheidung ist vollstreckbar, obwohl der Arrest den Hauptanspruch nur sichert, Ffm DGVZ **82**, 60. Soweit das Gericht den Arrest ablehnt, ist die Kostenentscheidung des Beschlusses aus denselben Gründen kraft Gesetzes vorläufig vollstreckbar, außerdem nach § 794 I Z 3. Dasselbe gilt an sich auch im Urteilsfall. Hier ergibt sich aber die Notwendigkeit einer besonderen Vollstreckbarerklärung aus § 708 Z 6.

F. Vorläufige Vollstreckbarkeit. Sie ergibt sich aus der Natur des Verfahrens, soweit das Gericht den 13
Arrest anordnet, § 708 Rn 8. Das Arrestgericht braucht die vorläufige Vollstreckbarkeit deshalb in der Entscheidungsformel nicht zu erwähnen, § 929 Rn 1. Natürlich ist ein bestätigender einfacher Ausspruch unschädlich.

G. Einzelfragen. Eine Entscheidung ohne Rn 8, 9 ist keine wirksame Arrestanordnung. Sie ist nicht 14
vollziehbar. Das Gericht muß sie nach § 927 oder auf Grund eines Rechtsbehelfs aufheben. Das Gericht kann seine Entscheidung im Rahmen des § 321 ergänzen. Das gilt auch wegen der Lösungssumme nach § 923 Rn 1 und wegen der Kosten, wegen der letzteren auch auf Grund einer sofortigen Kostenbeschwerde nach § 567. Es gilt auch dann, wenn das Gericht durch einen Beschluß zur Sache entschieden hat. Die Angabe bestimmter Gegenstände, in die der Arrest erlassen sein soll, ist aber unwirksam. Das gilt auch dann, wenn das AG des Verbleibs der Sache den Arrest anordnet, § 919 Rn 8. Wenn die Haftung des Schuldners beschränkt ist, etwa weil er der Erbe ist, muß das Gericht in der Arrestanordnung die haftende Masse bezeichnen. Wegen der Rechtskraft § 322 Rn 29 „Arrest und Einstweilige Anordnung oder Verfügung".

6) Mündliche Verhandlung, I. Sie ähnelt derjenigen des Erkenntnisverfahrens. 15

A. Ermessen. Das Gericht ordnet auf Grund seines pflichtgemäßen Ermessens dann eine mündliche Verhandlung an, wenn es sie für ratsam hält. Diese Anordnung hat zur Folge, daß die Entscheidung über das Arrestgesuch durch ein Urteil ergehen muß. Das gilt auch dann, wenn das Beschwerdegericht entscheiden muß. Insofern liegt eine Abweichung von der Regel vor, daß die Anordnung einer dem Gericht freigestellten mündlichen Verhandlung auf die Form seiner anschließenden Entscheidung keinen Einfluß habe, § 128 Rn 12. Wegen dieser Abweichung gelten für die einmal angeordnete mündliche Verhandlung auch alle Grundsätze einer notwendigen mündlichen Verhandlung im normalen Erkenntnisverfahren, §§ 128 ff, Klute GRUR **03**, 35.

B. Neue Tatsachen und Beweismittel. Beide Parteien dürfen bis zum Schluß der mündlichen Ver- 16
handlung nach §§ 136 IV, 296 a grundsätzlich neue Tatsachen und Beweismittel vorbringen, Hbg RR **87**, 36, Kblz RR **87**, 510. Das gilt für solche Tatsachen und Beweismittel, die schon vor der mündlichen Verhandlung vorhanden waren, wie auch für solche, die jetzt erst entstanden oder bekannt geworden sind. Keine Partei hat auf Grund solcher neuen Tatsachen oder Beweismittel einen Anspruch auf eine Vertagung, Rn 16. Allerdings hat auch keine Partei ein Recht darauf, den Gegner zu überrumpeln, wie mancher es insbesondere in Wettbewerbsstreitigkeiten immer wieder versucht und was schwere Folgen haben könnte. Das Gericht kann wegen eines offenbar unlauteren Verhaltens entweder nach § 227 vertagen oder den Vortrag nach § 296 zurückweisen, § 296 Rn 28, Schneider MDR **88**, 1025. Das Gericht sollte allerdings von § 296 nicht zu scharf Gebrauch machen, Klute GRUR **03**, 37. Es darf aber auch nicht ängstlich vor dessen Anwendung zurückschrecken, aM Hbg RR **87**, 36 (aber es ist meist wirklich eine Eile notwendig). Vgl im übrigen §§ 920 II, 936, 294 II.

C. Beispiele zur Frage einer mündlichen Verhandlung 17

Antragszustellung: Das Gericht muß den Antrag dem Antragsgegner zustellen, und zwar mit den zugehörigen Unterlagen, am besten mit einer Kopie des Gesuchs. Denn sonst darf kein Versäumnisurteil gegen den Antragsgegner ergehen, § 335 I Z 3, Noack JB **77**, 165.

Anwaltszwang: Er besteht wie sonst nach § 78. Beim Anwaltszwang muß das Gericht den Schuldner nach § 215 zur Anwaltsbestellung auffordern, falls der Schuldner nicht schon im zugehörigen und nicht gesondert laufenden Hauptprozeß einen Anwalt hat, §§ 82, 172.

Einlassungsfrist: Das Gericht braucht keine Einlassungsfrist zu beachten, § 274 Rn 8.

Einzelrichter: Eine Übertragung auf den obligatorischen Einzelrichter nach § 348a ist statthaft, soweit nicht ohnehin schon der originäre Einzelrichter nach § 348 zuständig ist.

Fragepflicht: § 139 gilt auch im Arrestverfahren.

Gegenantrag: Ein solcher des Schuldners ist wegen der Besonderheiten des Eilverfahrens beim Fehlen einer Rechtshängigkeit des Hauptanspruchs unstatthaft, § 920 Rn 8.

Glaubhaftmachung: Sie ist beiden Parteien nach § 294 möglich. Der Antragsteller kann so zum Arrestanspruch nach § 916 wie zum Arrestgrund nach § 917 vorgehen, der Antragsgegner wegen seiner Einwendungen.

Ladung: Das Gericht muß zur angeordneten mündlichen Verhandlung beide Parteien von Amts wegen nach §§ 166ff laden. Dabei muß es nur die Ladungsfrist des § 217 einhalten. Wegen ihrer Abkürzung § 226.

18 **Parteibetrieb:** Ein Parteibetrieb nach Grdz 20ff vor § 128 besteht auch im Arrestverfahren. Das Gericht darf daher von Amts wegen weder einen Augenschein noch einen Sachverständigenbeweis erheben, falls diese Art der Beweisaufnahme nicht sofort möglich ist, §§ 294 II, 920 II (ggenüber dem Gericht zumindest entsprechend).

Vertagung: Sie ist wegen des Eilcharakters des Verfahrens grds unstatthaft, Hbg RR **87**, 36, Kblz RR **87**, 510, Klute GRUR **03**, 35. Das gilt auch bei einer Erkrankung eines Zeugen, es sei denn, daß ohnehin ein neuer Termin nötig wird, etwa weil die Anträge im ersten nicht ordnungsgemäß erfolgt waren.

Verweisung: Sie ist nach §§ 281, 506 statthaft.

Vollbeweis: Ein solcher nach § 286 ist nicht erforderlich und darf wegen der Eilbedürftigkeit auch nicht stattfinden, § 286 Rn 16. Eine Glaubhaftmachung nach § 294 reicht.

Vorwegzahlung: Der Antragsteller braucht keine Verfahrensgebühr nach § 12 GKG vorwegzuzahlen, Anh § 271, Hartmann Teil I A § 12 GKG Rn 3.

Widerklage: Eine solche nach Anh § 253 ist wegen der Besonderheiten des Eilverfahrens beim Fehlen einer Rechtshängigkeit des Hauptanspruchs unstatthaft, § 920 Rn 8.

Zeuge: S „Vertagung".

Zwischenklage: Eine solche nach § 280 ist wegen der Besonderheiten des Eilverfahrens beim Fehlen einer Rechtshängigkeit des Hauptanspruchs unstatthaft, § 920 Rn 8.

19 **7) Endurteil, I.** Man muß sechs Situationen unterscheiden.

A. Streitige Entscheidung. Das streitige Endurteil ergeht nur über den Arrestanspruch nach § 916. Es ergeht also nicht über den Hauptanspruch, den sachlichrechtlichen Anspruch. Die Entscheidung ergeht ganz nach den für ein Endurteil geltenden Vorschriften der §§ 300ff. Das Gericht erklärt sein Urteil nur dann ausdrücklich für vorläufig vollstreckbar, soweit es das Arrestgesuch zurückweisen muß, § 708 Z 6. Soweit das Gericht den Arrest anordnet, versteht sich die vorläufige Vollstreckbarkeit von selbst, Rn 13, § 929 Rn 1. Das Urteil wirkt rechtsgestaltend, Üb 6 vor § 300. Seine Wirkung ist aber nur vorläufig. Sie ist durch eine endgültige Regelung bedingt. Das Gericht muß das Urteil von Amts wegen beiden Parteien zustellen lassen, § 317 I. Diese Regelung ist also anders als bei einer Entscheidung ohne eine mündliche Verhandlung durch einen Beschluß, Rn 25, Hamm GRUR **78**, 612, Bischof NJW **80**, 2236. Diese Zustellung bedeutet noch nicht den Vollzug, § 929 Rn 14. Die Wirksamkeit dieser Zustellung ist nicht von einer gleichzeitigen Zustellung der Antragsschrift abhängig, LG Köln GRUR **89**, 77. §§ 172, 189 sind anwendbar, so schon Brdb RR **00**, 326.

Gebühren: Des Gerichts KV 1410ff; des Anwalts VV 3100ff. Wert: Anh § 3 Rn 11 „Arrest".

Das *Berufungsgericht* erklärt sein Endurteil in keinem Fall für vollstreckbar. Denn das Urteil wird mit seinem Erlaß rechtskräftig, § 542 II 1.

20 **B. Versäumnisverfahren.** Das Versäumnisverfahren ist wie sonst zulässig, §§ 330ff. Wenn der Antragsteller säumig ist, muß das Gericht das Arrestgesuch durch ein Versäumnisurteil abweisen, § 330. Wenn der Antragsgegner säumig ist, muß das Gericht prüfen, ob die vom Antragsteller vorgebrachten und dem Antragsgegner rechtzeitig mitgeteilten Tatsachen den Arrestanspruch rechtfertigen, § 331 I 1, II Hs 1. Diese Tatsachen gelten als glaubhaft zugestanden, LG Ravensb NJW **87**, 139, nicht etwa als bewiesen, § 331 entsprechend. Je nach dem Ergebnis dieser Prüfung weist das Gericht das Arrestgesuch entweder ab oder ordnet den Arrest an. Das Gericht muß auch das anordnende Versäumnisurteil begründen, soweit der Antragsteller den Arrest im Ausland geltend machen will, I 2, § 313b Rn 7. Ein Einspruch gegen die Versäumnisentscheidung ist wie sonst zulässig, §§ 338ff. Eine Entscheidung nach der Aktenlage gemäß §§ 251a, 331a ist zwar gedanklich möglich. Sie wird sich in der Praxis aber kaum je ergeben.

21 **C. Anerkenntnis; Verzicht.** Beide Erklärungen sind wie im sonstigen Erkenntnisverfahren zulässig und haben dieselben Rechtsfolgen, §§ 306, 307.

22 **D. Berufung.** Sie ist nach den allgemeinen Grundsätzen zulässig, §§ 511ff. Wenn das Erstgericht ein Urteil erlassen hat, muß auch das Berufungsgericht durch ein Urteil entscheiden. Wenn das Erstgericht einen Beschluß erlassen hat, darf das Berufungsgericht eine mündliche Verhandlung anordnen. Es muß dann aber durch ein nach § 542 II unanfechtbares Urteil entscheiden, Hamm MDR **87**, 942, Zweibr FamRZ **85**, 928. Wegen der Begründung der Berufung § 520. Eine Einstellung der Zwangsvollstreckung nach § 924 III 2, § 707 Rn 22 ist in der Berufungsinstanz wie sonst zulässig, §§ 719, 570 II, III.

23 Das *Verfahren* in der Berufungsinstanz verläuft wie sonst, §§ 517ff. Allerdings muß das Berufungsgericht die Besonderheiten des Arrestverfahrens berücksichtigen. Es darf daher das Verfahren nicht nach § 538 an das Erstgericht zurückverweisen, Karlsr GRUR **78**, 116. Wenn der Arrest unvollziehbar geworden ist, muß das Berufungsgericht der Berufung des Antragsgegners stattgeben und den Arrest aufheben. Dasselbe gilt dann, wenn die Hauptsache des Arrestverfahrens erledigt ist. Dann muß der Antragsteller den Arrestantrag zurücknehmen. Für die Frage, wer die Kosten nach §§ 91ff, 97 tragen muß, ist maßgebend, ob der Arrestantrag begründet war. Unerheblich ist also dafür, ob auch die Klage begründet war oder sein könnte.

Wenn das Erstgericht *statt* eines *Beschlusses* ein *Urteil* erlassen hat, ist als Rechtsmittel nach dem Meistbegünstigungsgrundsatz nach Grdz 28 vor § 511 zumindest auch die Berufung statthaft. Wenn es statt eines Urteils einen Arrestbeschluß erlassen hat, ist daher der Widerspruch zulässig, aM Karlsr NJW **87**, 509 (inkonsequent). Wenn das Gericht den Arrestantrag statt durch ein Urteil durch einen Beschluß abgewiesen hat, ist die sofortige Beschwerde statthaft, aM StJGr IV 3 (er gibt in beiden Fällen wahlweise auch die Möglichkeit der Berufung). Gegen ein Urteil des OLG als Berufungsgericht der Hauptsache nach § 943 I, ist nach § 542 II kein Rechtsmittel statthaft.

Gebühren: Des Gerichts KV 1410 ff; des Anwalts VV 3100 ff. Wert: Anh § 3 Rn 11 „Arrest".

E. Revision. Sie ist unzulässig, § 542 II 1. Das gilt auch dann, wenn erst das Berufungsgericht ein Urteil **24**
erlassen hatte oder wenn es nach der Erledigung der Hauptsache nach § 91 a entschied. Die Revision ist ebenfalls dann unzulässig, wenn das Berufungsgericht die Berufung als unzulässig verworfen hatte, §§ 522 I, 542 II 1.

F. Wiederaufnahme. Die Wiederaufnahmeklage gegen ein solches Urteil, das den Arrest aufgehoben **25**
hat, ist nach §§ 578 ff statthaft.

8) Beschluß, I. Die Begründung kommt oft zu kurz. **26**

A. Begründung. Das Gesetz schreibt zwar in I 1 für das Verfahren ohne einen Auslandsbezug nicht ausdrücklich vor, daß das Gericht seine Entscheidung begründen müsse, Rn 1, Nürnb NJW **76**, 1101, Noack JB **77**, 164. Vgl aber die in § 329 Rn 4 dargelegten Pflichten, Ffm DGVZ **81**, 77, Nägele NJW **93**, 1047, aM Hess Rpfleger **93**, 2287 (aber es gibt auch eine Anstandspflicht des Gerichts). Das Gericht muß seinen Beschluß aber doch zumindest dann begründen, wenn es den Arrestantrag zurückweist, Roelleke JZ **75**, 245. Denn der Beschluß wäre sonst nicht nachprüfbar, Gießler FamRZ **99**, 695. Soweit das Gericht zur Begründung anstelle besonderer Ausführungen auf die Antragsschrift usw Bezug nimmt, empfiehlt sich eine gleichzeitige Zustellung dieser Schriftstücke, wenn sie noch nicht erfolgt war, Bischof NJW **80**, 2236. Notwendig ist diese Zustellung aber nicht, § 317 Rn 4.

Soweit der Beschluß weder eine besondere *Begründung* noch eine Verweisung auf die Antragsschrift enthält, ist deren Zustellung nur dann entbehrlich, wenn der Beschluß aus sich heraus verständlich ist, Ffm DGVZ **81**, 77. Der Beschluß muß eine Kostenentscheidung enthalten, Rn 12. Wenn sie fehlt, sind die Kosten des Verfahrens ein Teil der Kosten des etwaigen Hauptprozesses. Wenn es nicht zu einem solchen Hauptprozeß kommt, muß man zunächst das Verfahren nach § 321 durchführen. Falls das Gericht in jenem Verfahren eine Ergänzung des Beschlusses nach Rn 14 ablehnt, muß der Gläubiger eine besondere Klage erheben.

B. Widerspruch gegen Arrest. Wenn das Gericht den Arrest ohne oder gegen eine Sicherheitsleistung **27**
durch einen Beschluß angeordnet hat, ist für den Schuldner gegen den Arrest nur der Widerspruch nach § 924 statthaft. Das gilt selbst dann, wenn im Zeitpunkt der Entscheidung wesentliche Prozeßvoraussetzungen fehlten. Gegen eine Sicherheitsleistungsanordnung kann der Gläubiger eine sofortige Beschwerde nach § 567 I Z 2 einlegen. Denn infolge der Anordnung der Sicherheitsleistung hat das Gericht seinen natürlich auf einen Arrest ohne eine eigene Sicherheitsleistung gerichteten Antrag teilweise zurückgewiesen. Wegen einer Kostenbeschwerde Rn 4.

C. Sofortige Beschwerde gegen Abweisung. Wenn das Gericht den Arrestantrag durch einen Be- **28**
schluß zurückgewiesen hat, kann der Antragsteller grundsätzlich die sofortige Beschwerde nach § 567 I Z 2 einlegen. Denn der zurückweisende Beschluß ist keine Maßnahme der Zwangsvollstreckung, Hamm FamRZ **86**, 75, Karlsr FamRZ **88**, 87, Zweibr FamRZ **85**, 928. Für die Einlegung der sofortigen Beschwerde besteht noch kein Anwaltszwang, §§ 569 III Z 1, 920 III, so schon BGH NJW **84**, 2413, Drsd WettbR **97**, 184, Karlsr GRUR **93**, 697, aM Hamm MDR **97**, 395, ZöV 13 (aber auch die sofortige Beschwerde ist eilbedürftig).

Die *Berufungssumme* des § 511 II Z 1 ist *nicht* erforderlich, so schon LG Zweibr RR **87**, 1199, ZöV 13, aM LG Köln MDR **03**, 831, LG Konst RR **95**, 1102 (aber es liegt keine Berufung vor, und §§ 567 ff enthalten andere diesbezügliche Regeln). Wegen des Anwaltszwangs im weiteren Verlauf des Beschwerdeverfahrens Ffm GRUR **87**, 574. Das Rechtsschutzbedürfnis fehlt nach einem ergebnislosem Ablauf der Vollzugsfrist, Mü OLGZ **78**, 1781.

Das Erstgericht darf und muß daher evtl der sofortigen Beschwerde *abhelfen,* § 572 I 1 Hs 1. Es darf **29**
aber auf Grund einer sofortigen Beschwerde keine mündliche Verhandlung anordnen. Denn eine solche Maßnahme wäre keine Abhilfe, sondern die Vorbereitung einer im Ergebnis ungewissen neuen andersartigen Entscheidung. Eine solche Entscheidung ist aber infolge der Anfallswirkung nach Grdz 3 vor § 511 (entsprechend) unstatthaft. Das Beschwerdegericht braucht den Beschwerdegegner nicht anzuhören, wenn es die sofortige Beschwerde als gänzlich aussichtslos zurückweist, Ffm Rpfleger **80**, 396. Es darf ihn aber stets schriftlich anhören und ihm zu diesem Zweck natürlich auch den angefochtenen Beschluß mitteilen, anders als vorher, Rn 17, 18. Das Beschwerdegericht kann auch eine mündliche Verhandlung anordnen, Mü FamRZ **00**, 853. Es muß dann durch ein Urteil entscheiden, § 300, Rn 19, Mü FamRZ **00**, 853. Es kann auch ein Versäumnisurteil erlassen, §§ 330 ff, Ffm FamRZ **87**, 1164.

D. Widerspruch gegen Abänderung. Wenn das Beschwerdegericht in einer Abänderung des angefoch- **30**
tenen Beschlusses den Arrest ohne eine mündliche Verhandlung durch einen Beschluß anordnet, kann der Antragsgegner einen Widerspruch einlegen, § 924.

E. Kein Rechtsbehelf gegen Anweisung. Wenn das Beschwerdegericht das Erstgericht nach § 572 III **31**
zu einer anderweitigen Entscheidung anweist, ist kein Rechtsbehelf zulässig.

F. Rechtsbeschwerde gegen Beschluß des OLG. Eine Rechtsbeschwerde kommt unter den Voraus- **32**
setzungen des § 574 in Betracht. Sie stehen nämlich durchaus eigenständig da, aM BGH NJW **03**, 1531.

33 **9) Mitteilung, II, III.** Es kommt auf die Entscheidungsrichtung an.

A. Anordnender Beschluß, II. Das Gericht muß den Arrestbeschluß dem Antrag*steller* von Amts wegen zwecks Wirksamkeit in einer Ausfertigung zustellen, §§ 929 II, 329 II 2, BayObLG Rpfleger **04**, 94, Bischof NJW **80**, 2236. Eine formlose Aushändigung des Beschlusses an den Antragsteller macht den Beschluß nicht unwirksam. Die Vollzugsfrist nach § 929 läßt sich dann vom Zugang an berechnen. Das Gericht stellt den Arrestbeschluß dem Antrags*gegner* nicht von Amts wegen zu. Vielmehr ist es die Aufgabe des Antragstellers, den Arrestbeschluß in einer beglaubigten Ablichtung oder Abschrift durch die Vermittlung des Gerichtsvollziehers im Parteibetrieb dem Antragsgegner zuzustellen, §§ 191 ff, BayObLG Rpfleger **04**, 94, Düss GRUR **84**, 79. Denn II hat gegenüber § 317 I 1 den Vorrang, Hamm FamRZ **81**, 583, Kblz GRUR **84**, 611.

34 Die *Zustellung im Parteibetrieb* erfolgt an den Antragsgegner oder an seinen etwaigen ProzBev im Arrestverfahren nach § 172, Stgt WettbR **96**, 281. Sie erfolgt aber auch an den ProzBev des etwaigen Hauptprozesses, § 82 Rn 1. Anlagen, auf die der Beschluß Bezug nimmt, braucht man nur dann nicht zustellen, wenn der Beschluß auch ohne sie verständlich ist und wenn er die Art sowie den Umfang des Gebots oder Verbots zweifelsfrei vermittelt, Düss GRUR **84**, 78. Eine öffentliche Zustellung nach §§ 185 ff und eine Zustellung im Ausland nach §§ 183, 184 erfolgen wie sonst. § 829 II 4 ist unanwendbar. Wenn das Gericht einen Arrestbeschluß und einen Pfändungsbeschluß nach § 930 verbunden hat, kann man § 829 III auf den Arrestbeschluß nicht anwenden. Bei einem Veräußerungsverbot ist die Grundbucheintragung entsprechend § 929 III bewertbar, BayObLG Rpfleger **04**, 94.

35 **B. Zurückweisender Beschluß, III.** Das Gericht gibt einen zurückweisenden Beschluß dem Antrags*gegner* nicht bekannt. Es teilt den zurückweisenden Beschluß lediglich wegen dessen Anfechtbarkeit durch eine fristgebundene sofortige Beschwerde nach § 567 I Z 2 dem Antragsteller förmlich durch seine Zustellung mit, § 329 III. Das gilt auch für einen solchen Beschluß, durch den das Gericht eine Sicherheitsleistung fordert. Denn damit weist es ja den Arrestantrag der Sache nach teilweise zurück. Eine Mitteilung an den Antragsgegner ist auch dann nicht erforderlich, wenn das Gericht ihn angehört hatte, Bischof NJW **80**, 2236, aM StJGr 6, ZöV 12 (aber er ist nicht beschwert).

36 **10) Rechtsbehelfe, I–III.** Vgl Rn 13, 14, 27, 28, 32. Eine Rechtsbeschwerde ist nach § 574 I 2 in Verbindung mit § 542 II unstatthaft.

923 *Abwendungsbefugnis.* **In dem Arrestbefehl ist ein Geldbetrag festzustellen, durch dessen Hinterlegung die Vollziehung des Arrestes gehemmt und der Schuldner zu dem Antrag auf Aufhebung des vollzogenen Arrestes berechtigt wird.**

1 **1) Systematik.** Die Vorschrift ergänzt § 922. Während § 921 die Anordnung einer Sicherheitsleistung zulasten des *Gläubigers* ermöglicht, zwingt § 923 zur Anordnung einer Möglichkeit (nicht Pflicht) des *Schuldners,* die Arrestanordnung oder deren Folgen unabhängig davon zu bekämpfen, ob er überhaupt einen Widerspruch nach § 924 einlegt oder eine Klage des Gegners erzwingt, § 926.

Der Arrestbefehl (nicht eine einstweilige Verfügung, § 939) muß *von Amts wegen* diejenige Sicherheit angeben, deren Hinterlegung nach der HO auch durch einen Dritten die Vollziehung des Arrests hemmt und den Antrag auf eine Aufhebung des Arrests begründet (sog Lösungssumme, Köln DGVZ **00**, 75). Das Gericht muß die Art und die Höhe der Sicherheitsleistung nach § 108 bestimmen. Es wäre eine sachlich ungerechtfertigte Wortauslegung, nur einen Geldbetrag als Sicherheitsleistung ausreichen zu lassen. Vielmehr ist zB die Bürgschaft einer Großbank grundsätzlich zulässig, § 108 Rn 10 ff. Diese Form der Sicherheitsleistung reicht jedoch unter Umständen dann nicht aus, wenn der Arrest die Eintragung einer Vormerkung zwecks Sicherung des Rangs für eine Bauhandwerkerhypothek nach § 648 BGB bezweckt.

2 **2) Regelungszweck.** Der Zweck der Regelung besteht darin, dem Antragsgegner eine Möglichkeit zu verschaffen, den Antragsteller anderweitig sicherzustellen. Deshalb ist auch jede Einigung der Parteien über eine bestimmte Art oder Höhe der Sicherheitsleistung wirksam. Die Lösungssumme muß eine volle Sicherheit für die Arrestforderung und ihre Nebenforderungen einschließlich der Zinsen und Kosten geben. Der Wert der von der Vollziehung ergriffenen Gegenstände ist aber unerheblich. Wenn der Antragsteller schon anderweitig abgesichert ist, muß das Gericht diesen Umstand berücksichtigen. Die Sicherung kann auch durch einen Dritten erfolgen.

Vergeßlichkeit ist oft der Grund dafür, daß die Entscheidung keinen Ausspruch nach § 923 enthält, obwohl dazu eine Pflicht besteht („... ist festzustellen ..."). Unabhängig von der Frage, ob dann § 321 anwendbar wird, ist es wegen des Sicherungszwecks dringend ratsam, sich den § 923 von vornherein als eine notwendige Maßnahme bei allen Arrestanordnungen so einzuprägen, daß man ihn im Einzelfall nicht in der Eile des Augenblicks übersieht. Ob die Lösungssumme überhaupt aufbringbar wäre, spielt in diesem Zusammenhang noch keine Rolle.

3 **3) Pfandrecht.** Am Hinterlegten oder an dem Anspruch auf die Rückgewähr der Sicherheit entsteht dem Antragsteller ein Pfandrecht für die gesamte Forderung, § 233 BGB. Das gilt auch dann, wenn sich der Gläubiger aus dem Arrestgegenstand nicht voll hätte befriedigen können. Das Pfandrecht entsteht schließlich auch dann, wenn ein Dritter die Sicherheit geleistet hat. Bis zur Arrestaufhebung auch durch eine nur vorläufig vollstreckbare Entscheidung können nur der Gläubiger und der Schuldner gemeinsam die Rückzahlung fordern. Anschließend ist der Schuldner auch dann zur Rückforderung berechtigt, wenn der Gläubiger eine Berufung einlegt oder bereits zur Hauptsache klagt, Düss RR **87**, 512. § 109 ist anwendbar, Düss RR **87**, 512.

4 **4) Wirkung der Hinterlegung.** Die Hinterlegung hat zwei Wirkungen.

A. Hemmung der Vollziehung. Die Hinterlegung hemmt die Vollziehung, Karlsr MDR **83**, 678. Ihr Nachweis erfolgt im Verfahren nach § 766 durch eine öffentliche Urkunde, §§ 775 Z 3, 928. Die Kostenfestsetzung nach §§ 103 ff und der Vollzug der Kostenentscheidung nach § 929 bleiben immer möglich. Die Lösungssumme vermindert sich nicht etwa um den Wert einer im Vollzug gepfändeten Sache.

B. Aufhebungsrecht. Die Hinterlegung berechtigt zu einem Antrag nach § 766 auf die Aufhebung der Vollziehung des Arrests, sobald die Vollziehung erfolgt ist, § 934. Der Arrestbefehl selbst bleibt solange bestehen, bis das Gericht ihn auf Grund eines Rechtsbehelfs aufhebt, §§ 926, 927. Seine Aufhebung ist die Voraussetzung dafür, daß der Schuldner die Sicherheit zurückerhalten kann. Es kommt auch eine Änderung der Lösungssumme in Betracht, Köln DGVZ **00**, 75 (maßgeblich ist dann der letzte, geänderte Betrag auch für die Kosten). 5

5) Rechtsbehelfe. Gegen die Bestimmung der Art und Höhe der Sicherheitsleistung sind für beide Parteien die gegen den Arrestbefehl zulässigen Rechtsbehelfe vorhanden, §§ 924 ff. Das Fehlen einer Lösungssumme macht den Arrestbefehl nicht unwirksam. Das Gericht darf die Lösungssumme im Weg einer Ergänzung nach §§ 321, 329 oder auf Grund eines Rechtsbehelfs des Schuldners hinzufügen. 6

924 *Widerspruch.* I **Gegen den Beschluss, durch den ein Arrest angeordnet wird, findet Widerspruch statt.**

II 1 **Die widersprechende Partei hat in dem Widerspruch die Gründe darzulegen, die sie für die Aufhebung des Arrestes geltend machen will.** 2 **Das Gericht hat Termin zur mündlichen Verhandlung von Amts wegen zu bestimmen.** 3 **Ist das Arrestgericht ein Amtsgericht, so ist der Widerspruch unter Angabe der Gründe, die für die Aufhebung des Arrestes geltend gemacht werden sollen, schriftlich oder zum Protokoll der Geschäftsstelle zu erheben.**

III 1 **Durch Erhebung des Widerspruchs wird die Vollziehung des Arrestes nicht gehemmt.** 2 **Das Gericht kann aber eine einstweilige Anordnung nach § 707 treffen; § 707 Abs. 1 Satz 2 ist nicht anzuwenden.**

Schrifttum: *Mädrich,* Das Verhältnis der Rechtsbehelfe des Antragsgegners im einstweiligen Verfügungsverfahren, 1980; *Werner,* Rechtskraft und Innenbindung zivilprozessualer Beschlüsse im Erkenntnis- und summerischen Verfahren (1983) 123 ff.

Gliederung

1) Systematik, I–III. §§ 924, 925 regeln nur eine der Möglichkeiten des Schuldners, einen Arrestbeschluß (nicht ein Arresturteil) zu bekämpfen. § 924 ähnelt entfernt dem § 339 mit seinem Einspruch gegen ein Versäumnisurteil. Das zeigt sich auch vor allem darin, daß der bisherige Richter (judex a quo) zuständig bleibt, Rn 6. Der Widerspruch ist also kein Rechtsmittel. Es entsteht keine sog Anfallwirkung, Grdz 3 vor § 511. Der Widerspruch ist vielmehr ein Rechtsbehelf, § 99 Rn 28, Hamm OLGZ **89**, 340, Kblz MDR **96**, 1293. 1

2) Regelungszweck, I–III. Der Widerspruch zum bisherigen Gericht ist im Interesse der gerade bei dieser Verfahrensart notwendigen Beschleunigung durchaus sinnvoll, Kblz MDR **96**, 1293 (Kostenwiderspruch). Es muß sich jedenfalls zunächst nicht ein weiteres Gericht einarbeiten usw. Das Gericht sollte die jetzt notwendige Verhandlung nach II 2 entsprechend rasch anberaumen und zügig durchführen. Die Verhandlung bringt meist den ersten Kontakt zum Antragsgegner. Das kann Überraschungen zum Tatsachenablauf und zur rechtlichen Beurteilung bedeuten und erfordert vom Gericht eine wirkliche Freiheit von der infolge des Beschlusses natürlich vorhandenen gewissen „Befangenheit" in der bisherigen Beurteilung. Das gilt auch beim bloßen Kostenwiderspruch. 2

Man sollte *III 2* wegen der Nichtanwendbarkeit des § 707 I 2 nicht zulasten des Schuldners auslegen.

3) Geltungsbereich, I–III. Das Gericht darf und muß einen ohne eine mündliche Verhandlung erlassenen Arrestbeschluß unter den folgenden Voraussetzungen aufheben. 3

A. Widerspruch. Der Schuldner mag einen Widerspruch eingelegt haben, und es ergibt sich auf Grund einer nochmaligen genauen Prüfung, daß der Arrestantrag entweder von Anfang an unbegründet war oder jedenfalls im Zeitpunkt des Schlusses der mündlichen Verhandlung über den Widerspruch nach §§ 136 IV, 296 a nicht mehr begründet ist. Wenn das Gericht den Arrest nach § 922 I 1 Hs 2 durch einen Beschluß erlassen hatte, ist der Widerspruch der alleinige Rechtsbehelf, Hamm OLGZ **89**, 340. Das gilt ohne Rücksicht darauf, in welcher Instanz der Arrest erfolgte.

B. Fristablauf. Der Schuldner mag beantragt haben, den Arrestbeschluß aufzuheben, weil der Gläubiger trotz einer Auflage nicht fristgemäß eine Klage erhoben habe, § 926 II. 4

C. Wichtiger Grund usw. Der Schuldner mag beantragt haben, den Arrestbeschluß aufzuheben, weil sich die Umstände seit dessen Anordnung verändert hätten oder weil ein sonstiger wichtiger Grund vorliege, § 927. 5

D. Weitere Einzelfragen. Alle drei Wege sind gleichzeitig nebeneinander zulässig, LG Freibg RR **88**, 250 (zu § 926 II). Das gilt freilich nur dann, wenn ein nach Grdz 33 vor § 253 notwendiges Rechtsschutzbedürfnis für den gewählten Weg vorliegt, Hamm GRUR **78**, 612, Kblz GRUR **89**, 374. Das Rechtsschutz- 6 bedürfnis kann für den Weg nach § 927 dann fehlen, wenn bereits ein Widerspruchs- oder Berufungsverfahren anhängig ist, Kblz GRUR **89**, 374. Es endet zB dann, wenn die Hauptsache des Arrestverfahrens erledigt ist oder wenn das Gericht den Arrest oder die einstweilige Verfügung endgültig aufhebt, Hbg MDR **77**, 148. Das gilt unanhängig davon, ob diese Aufhebung rückwirkend erfolgt. Der Arrestschuldner kann sich insbesondere im Widerspruchsverfahren nach § 927 mit Einreden verteidigen, ThP § 927 Rn 12, aM Teplitzky DRiZ **82**, 45 (aber der Widerspruch hat eine dem § 342 vergleichbare Wirkung, Rn 8 ff).

7 Es hängt von den *Umständen* und insbesondere von den evtl unterschiedlichen Kostenfolgen ab, welcher der Wege Rn 1 am empfehlenswertesten ist. Man sollte beachten, daß eine Aufhebung nach Rn 3 dem Schuldner keinen Ersatzanspruch eröffnet, § 945. Andererseits können die Möglichkeiten Rn 4, 5 mit einer Berufung gegen ein Arresturteil zusammentreffen. Denn diese Möglichkeiten sind sowohl gegenüber einem Beschluß als auch gegenüber einem Urteil vorhanden. Mit dem Eintritt der formellen Rechtskraft einer Aufhebung des Arrests nach § 705 endet natürlich das Wahlrecht. Vgl im übrigen § 322 Rn 29 „Arrest, Einstweilige Anordnung und Verfügung". Ein Dritter kann nur nach § 766 oder § 771 vorgehen.

Eine *Vollstreckungsabwehrklage* nach § 767 ist ebensowenig wie eine andere Klage etwa nach § 323 oder eine Wiederaufnahmeklage nach §§ 578 ff außer gegen ein arrestaufhebendes Urteil zu dem Zweck zulässig, die Aufhebung des Arrests zu erreichen. Denn §§ 926, 927 treffen Sonderregelungen, Karlsr GRUR **79**, 571.

8 **4) Widerspruch, I, II.** Man muß zahlreiche Aspekte beachten.

A. Nur mangels Verhandlung. Der Widerspruch ist nur dann statthaft, wenn das Gericht den Arrest nach § 922 I 1 Hs 2 ohne eine mündliche Verhandlung erlassen hat, Kblz MDR **96**, 1293. Der Widerspruch ist kein Rechtsmittel, Rn 1. Deshalb entstehen weder die Hemmungswirkung noch die Anfallswirkung, Grdz 2, 3 vor § 511. Der Widerspruch richtet sich grundsätzlich gegen die Anordnung des Arrests, nicht gegen seine Vollziehung. Gegen die Vollziehung richtet sich vielmehr § 923.

9 **B. Kostenwiderspruch.** Der Schuldner kann den Widerspruch ausnahmsweise auch auf die Kostenentscheidung beschränken. Das ist ein sog „Kostenwiderspruch". Diese Möglichkeit besteht schon wegen § 93, BGH NJW **86**, 1815, Hbg RR **02**, 215, Kblz MDR **96**, 1293. § 99 I steht dieser Lösung nicht entgegen. Denn in jener Vorschrift ist eine auf Grund einer mündlichen Verhandlung ergangene streitige Entscheidung die Grundlage. Die Beschränkung auf die Kostenfrage stellt der Sache nach ein Anerkenntnis des Arrest- bzw Verfügungsanspruchs dar, Ffm RR **96**, 1535. Sie muß aber von vornherein erfolgen und eindeutig sein, Düss RR **86**, 87, Hbg MDR **89**, 1002, Schlesw SchlHA **90**, 8. Es darf also keine Verbindung mit einem Aufhebungsantrag erfolgen, LG Brschw WRP **84**, 363. Der Schuldner muß mit dem Kostenwiderspruch eine Unterwerfungserklärung abgeben, Düss MDR **91**, 257, Stgt WRP **81**, 116. Man muß notfalls durch eine Auslegung ermitteln, ob ein derartiger bloßer „Kostenwiderspruch" vorliegt, Grdz 52 vor § 128, KG MDR **82**, 853. Die bloße Ankündigung eines Anerkenntnisses nach § 307 bedeutet keineswegs stets eine Beschränkung auf die Kostenfrage, Hamm MDR **89**, 1001, Rn 13. In einer solchen Beschränkung kann freilich ein Verzicht auf das Recht aus § 926 liegen, dort Rn 5 aE. Die spätere Erweiterung des Kostenwiderspruchs auf einen Vollwiderspruch ist daher unzulässig, Hbg RR **00**, 1238, Hamm MDR **91**, 357. In einer erst im Lauf des Widerspruchsverfahrens erfolgten Beschränkung auf den Kostenpunkt liegt eine teilweise Widerspruchsrücknahme. Auf sie ist § 99 II unanwendbar, Mü WettbR **96**, 140.

10 **C. Verwirkung usw.** Der Widerspruch ist auch dann statthaft, wenn das Gericht nach § 85 II ArbGG ohne eine Anhörung des Gegners entschieden hat. Eine Verwirkung ist denkbar, Schlesw MDR **79**, 764, Nieder WRP **79**, 350. Die Rücknahme ist bis zur Rechtskraft der Widerspruchsentscheidung zulässig. Einwendungen gegen die Vollziehung des Widerspruchs sind im Weg der Erinnerung nach § 766 möglich. Einwendungen gegen den Arrestanspruch selbst müssen nach § 927 erfolgen. Wenn der Schuldner den Widerspruch zurücknimmt, trifft das Gericht eine Kostenentscheidung entsprechend §§ 516 III, 346, Mü JB **77**, 93.

11 **D. Zuständigkeit.** Grundsätzlich ist das Gericht des Arrestbeschlusses nach § 919 zur Entscheidung über den Widerspruch des Schuldners örtlich und sachlich ausschließlich zuständig, § 802, Jacobs NJW **88**, 1365. Wenn allerdings das Beschwerdegericht und nicht das Berufungsgericht der Hauptsache nach § 943 den Arrestbeschluß erlassen oder das Erstgericht zu seinem Erlaß angewiesen hat, geht der Widerspruch ausnahmsweise an das Erstgericht. Denn das Beschwerdegericht hat nur anstelle des Erstgerichts entschieden, und die Partei würde sonst auch grundlos eine Instanz verlieren, Drsd JB **00**, 139, Hamm OLGZ **87**, 493, ZöV 6, aM KG RR **04**, 1666 bei reinen Rechtsfragen (aber auch dann gibt es einen Anspruch auf den vollen Instanzenzug). Deshalb tritt auch zunächst keine Bindungswirkung ein. Wenn das angerufene Gericht unzuständig ist, darf und muß es auf Grund eines evtl nach § 139 herbeigeführten Antrags das Verfahren an das zuständige Gericht verweisen, §§ 281, 506, Hamm OLGZ **89**, 340, ZöV 6, aM Bernaerts MDR **79**, 98 (aber diese Vorschriften gelten allgemein).

12 **E. Widerspruchsberechtigte.** Zum Widerspruch berechtigt sind lediglich der Schuldner oder dessen Rechtsnachfolger, § 727 Rn 3. Der Insolvenzverwalter ist auch auf Grund derjenigen Rechte widerspruchsberechtigt, die dem Schuldner auf Grund der Eröffnung des Insolvenzverfahrens zustehen. Der Gläubiger ist in keinem Fall zum Widerspruch berechtigt. Ein Dritter muß nach §§ 766, 771 vorgehen und evtl eine Anfechtungsklage erheben.

13 **F. Form.** Der Schuldner muß den Widerspruch bei demjenigen Gericht einlegen, das den Arrestbeschluß nach § 922 erlassen hat, aM Hamm BB **79**, 1378 (betr einen von zwei Streitgenossen. Aber die Zuständigkeit folgt uneingeschränkt der Rechtsnatur des Widerspruchs, Rn 6, 10). Wenn das Arrestgericht ein LG ist, muß das schriftlich durch einen Anwalt geschehen, § 78 Rn 1, § 920 Rn 17. War das LG Beschwerdegericht beim Erlaß nach Rn 11, ist das nun wieder zuständige AG maßgeblich. In diesem Fall und dann, wenn das AG den Arrest erlassen hatte, kann man den Widerspruch auch bei jedem AG zum Protokoll der Geschäftsstelle einlegen, II 2, § 129 a. Insoweit besteht kein Anwaltszwang, (jetzt) § 78 III Hs 2, Kblz NJW **80**, 2588. Der Schuldner braucht das Wort Widerspruch nicht zu benutzen. Es genügt vielmehr eine Äußerung seines Willens, eine Entscheidung desselben Gerichts über die Berechtigung des Arrests herbeizuführen, Grdz 52 vor § 128. Vgl auch Rn 8–10. Eine Begründung ist ratsam. Sie ist aber nicht formell zwingend notwendig.

G. Frist. Ein Widerspruch ist ab dem Erlaß des Arrestbefehls zulässig, § 329 Rn 26. Er ist also schon vor seiner Zustellung und vor dem Vollzugsbeginn nach § 929 möglich. Er ist solange zulässig, wie der Arrestbeschluß wirksam besteht, also unter Umständen auch noch nach dem Ablauf der Vollziehungsfrist des § 929 II oder nach der Erledigung der Hauptsache gemäß § 91 a oder nach der Freigabe der gepfändeten Sachen. Jedoch gilt das in § 567 Rn 17 Ausgeführte auch hier. Es ist durchaus gerechtfertigt und mit dem Zweck des Arrests vereinbar, wenn man den Hauptprozeß abwartet, selbst wenn dieser recht lange dauert, aM Saarbr RR **89**, 1513 (aber es kommt auf eine Gesamtabwägung an). Das evtl vorrangige fristschaffende WTO-Recht bleibt beachtlich, von Bogdandy NJW **99**, 2088. 14

H. Rücknahme: Verzicht. Der Schuldner kann den Widerspruch zurücknehmen. Er kann auch auf den Widerspruch wie auf die Anträge nach §§ 926, 927 verzichten. Der Gläubiger kann dem Schuldner durch ein sog Abschlußschreiben nach § 93 Rn 77 dazu eine angemessene Frist setzen, zB einen Monat, KG WRP **78**, 451. Der Verzicht führt zum Wegfall eines Rechtsschutzbedürfnisses für eine Klage in der Hauptsache, Grdz 33 vor § 253, Hamm WRP **76**, 252. Die Kosten ergeben sich dann meist aus § 93. 15

5) Verfahren, II. Das Gericht bestimmt unverzüglich nach dem Eingang des vollen Widerspruchs einen Termin zur mündlichen Verhandlung nach § 216. Es lädt dazu beide Parteien von Amts wegen, §§ 166 ff, 274. Beim bloßen Kostenwiderspruch nach Rn 9 ist die mündliche Verhandlung freigestellt, § 128 III, § 925 Rn 4. Es gibt keine Ladung durch die Partei. Das Gericht muß die Ladungsfrist nach § 217 beachten. Der Schuldner soll die Gründe seines Widerspruchs mitteilen. Er ist zu dieser Mitteilung aber nicht gezwungen. Er darf in der mündlichen Verhandlung weitere Gründe nachschieben, § 922 Rn 15. Der Vorsitzende darf die Bestimmung des Verhandlungstermins nicht etwa deswegen ablehnen, weil der Schuldner den Widerspruch nicht begründet hätte. 16

6) Einfluß auf die Vollziehung, III. Der Widerspruch hemmt die Vollziehung und die Vollstreckung des Arrests nicht. Insofern hat er eine andere Wirkung als eine Hinterlegung nach § 923. Das Gericht kann aber nach § 707 eine einstweilige Anordnung treffen, LG Ffm GRUR-RR **06**, 32. Es ist dabei nicht an die Beschränkungen des § 707 I 2 gebunden. Das gilt freilich nur, wenn dadurch nicht der Arrest seinen Sinn verliert, Ffm GRUR **89**, 932. Das Gericht kann also auch ohne besondere Voraussetzungen davon absehen, eine Sicherheitsleistung zu verlangen. Vgl aber auch § 936 Rn 6 „§ 924, Widerspruch". Die einstweilige Anordnung ist keine einstweilige Verfügung. Wenn der Widerspruch nicht statthaft ist, bleibt dem Schuldner nur die Möglichkeit einer Aufhebungsklage übrig. Sie läßt eine Einstellung zu, § 927 Rn 13. Eine Vollstreckungsabwehrklage nach § 767 ist nicht statthaft, Rn 6. III gilt auch für die dem Schuldner im Arrestbeschluß auferlegten Kosten. 17

925 *Entscheidung nach Widerspruch.* **I Wird Widerspruch erhoben, so ist über die Rechtmäßigkeit des Arrestes durch Endurteil zu entscheiden.**

II Das Gericht kann den Arrest ganz oder teilweise bestätigen, abändern oder aufheben, auch die Bestätigung, Abänderung oder Aufhebung von einer Sicherheitsleistung abhängig machen.

Gliederung

1) Systematik, I, II. Die Vorschrift ergänzt § 924. Vgl daher zunächst § 924 Rn 1. Der Widerspruch und auch der bloße sog „Kostenwiderspruch" nach § 924 Rn 9 leitet ein streitiges Urteilsverfahren wie nach §§ 253 ff ein, Roelleke JZ **75**, 245. Daran ändert beim Kostenwiderspruch auch § 128 III nichts. Denn diese Vorschrift macht nur eine mündliche Verhandlung entbehrlich, nicht auch eine gleichwohl vorgeschriebene Urteilsform. Auch § 128 IV ändert dann nichts. Denn diese Bestimmung besagt nicht etwa, daß eine ohne eine mündliche Verhandlung mögliche Entscheidung auch nicht in Urteilsform ergehen müsse oder könne. Sie setzt vielmehr gerade umgekehrt voraus, daß keine Urteilsform in Betracht kommt. 1

Der *Gläubiger* wird zum Arrestkläger, der Schuldner wird zum Arrestbekl, Hamm JB **76**, 917. Eine Vertauschung dieser Rollen kann nicht eintreten. Deshalb muß ein Versäumnisurteil gegenüber dem Gläubiger nach § 330 ergehen, ein solches gegenüber dem Schuldner nach § 331. Wenn der Gläubiger seinen Antrag zurücknimmt, entspricht das der Klagerücknahme oder dem Verzicht, §§ 269, 306. Beide Parteien können ihre Anträge nach §§ 263, 264 erweitern oder beschränken, Ffm RR **88**, 319. Das gilt auch in einer Wettbewerbssache. Vgl aber § 922 Rn 17, 18. Eine Verbindung des Widerspruchs mit Anträgen nach §§ 926 II, 927 ist zulässig. Der Widerspruch hemmt den Arrestvollzug nicht, § 924 III. Allerdings kann der Arrestkläger jetzt den bisherigen Anspruch anders als einzelne von dessen Grundlagen nicht mehr wirksam gegen einen neuen austauschen, Ffm RR **88**, 319. 2

2) Regelungszweck, I, II. Die Urteilsform und damit vorangehend die mündliche Verhandlung sollen klarstellen, daß man auch das Eilverfahren mit aller Ernsthaftigkeit betreiben muß, soweit sich der Antragsgegner gegen den Anordnungsbeschluß gewehrt hat. Daher muß das Gericht auch alle in §§ 300 ff genannten Urteilsvorschriften beachten. Ferner soll das Urteil den Zugang zur Berufungsinstanz ohne die einer Beschwerde manchmal eigenen Beschränkungen eröffnen. Natürlich bleibt die Eigenart des Eilverfahrens auch im Widerspruchsverfahren erhalten, nämlich ihr grundsätzlich nur vorläufiger und deshalb auch zeitlich 3 begrenzter Charakter. Auch hier gilt daher das so oft übersehene oder für entbehrlich gehaltene grundsätzliche Verbot einer Vorwegnahme der Hauptsache, von den Ausnahmen der sog Leistungsverfügung abgesehen, Grdz 6 vor § 916. In diesen Grenzen sind aber die Regeln des erstinstanzlichen Erkenntnisverfahrens in diesem Abschnitt voll wirksam, auch zur Auslegung.

4 **3) Verfahrenshauptregeln, I, II.** Zuständig ist das Erstgericht auch nach einem Erlaß durch das Beschwerdegericht, KG GRUR-RR **08**, 142. Grundsätzlich ist nach § 128 Rn 4 grundsätzlich eine mündliche Verhandlung notwendig, Brdb RR **00**, 325 und 327. Sie verläuft wie bei §§ 279, 922 I. Beim bloßen Kostenwiderspruch nach § 924 Rn 9 ist allerdings nach § 128 III ausnahmsweise eine mündliche Verhandlung entbehrlich, obwohl es bei der Notwendigkeit eines Urteils wegen Rn 1 bleibt, Ffm GRUR-RR **07**, 63. Denn auch dann ist wegen der Beschränkung auf die Kostenfrage schon nach dem eindeutigen Wortlaut diese Vorschrift des Allgemeinen Teils anwendbar, Einl III 39, KG Rpfleger **08**, 100. Das gilt, zumal §§ 916ff ein Erkenntnisverfahren regeln, Grdz 1 vor § 916. Auch im Widerspruchsverfahren handelt es sich nur um den Arrestanspruch, nicht um den Hauptanspruch, Rn 2. Der Gläubiger kann also nicht etwa im Weg einer Klagänderung auf eine Leistung klagen, § 920 Rn 9. Denn es liegt eine ganz andere Verfahrensart vor. Etwas anderes gilt allenfalls dann, wenn beide Parteien mit der Klagänderung einverstanden sind. Es genügt immer, die streitigen Behauptungen nach § 294 glaubhaft zu machen. Das Gericht darf an keiner Stelle einen vollen Beweis nach § 286 Rn 16 verlangen, solange das Verfahren nicht in einen Hauptprozeß übergeht. In der zweiten Instanz ist es zulässig, verspätetes neues Vorbringen nach § 530 zurückzuweisen. Gegen die Nachteile einer Überrumpelung kann auch eine Sicherheitsleistung schützen. Maßgebender Zeitpunkt ist derjenige der mündlichen Verhandlung.

Das Gericht muß prüfen, ob der Arrest am *Schluß der mündlichen Verhandlung* nach §§ 136 IV, 296a noch rechtmäßig ist. Das gilt nach dem umfassend formulierten Wortlaut von I auch beim bloßen Kostenwiderspruch. Zwar hat der Antragsgegner dann den Arrestanspruch der Sache nach anerkannt, § 924 Rn 9. Nach § 93 dürfte das Gericht über die Rechtmäßigkeit des Klaganspruches nicht mehr mitentscheiden. Auch steht § 93 im für das Arrestverfahren teilweise mitgeltenden Buch 1 der ZPO. Indessen darf und muß das Gericht auf Grund einer Einrede die erst seit dem Erlaß des Arrests eingetretenen Umstände prüfen, § 927 Rn 9. Jedoch tritt keine Bindung wegen des Arrestgrunds des § 917 ein, selbst wenn der Erlaß des Arrests vertretbar gewesen war. Sonst wäre der Widerspruch weitgehend sinnlos.

5 **4) Einzelfragen zum Verfahren, I.** Ein etwaiges Anerkenntnis nach § 307 bezieht sich nur auf den Arrestanspruch nach § 916 und nicht auf den Hauptanspruch. Ein Verzicht auf die Vollziehung des Arrests ist kein Verzicht auf den Hauptanspruch nach § 306. Ein solcher Verzicht zwingt aber dazu, den Arrest nach § 927 aufzuheben. Der Schuldner kann den Verzicht im Widerspruchsverfahren geltend machen, ebenso den Aufhebungsgrund nach § 926 II. Wenn der Gläubiger einen Vollstreckungstitel erwirkt und aus ihm die Zwangsvollstreckung betreibt, ist das im Arrestverfahren kein Erledigungsgrund nach § 91a. Eine Klage nach § 927 wirkt aber als eine Erledigung. Vgl allerdings § 927 Rn 4.

Eine *Aussetzung* des Arrestverfahrens bis zur Erledigung der Hauptsache ist mit dem Eilcharakter des Arrestverfahrens unvereinbar, Grdz 13, 14 vor § 916. Das Gericht muß auch eine Aussetzung aus anderen Gründen nach § 148 vermeiden. Denn auch eine solche Aussetzung stünde mit dem Eilcharakter des Arrestverfahrens nicht im Einklang. Ab der Eröffnung des Insolvenzverfahrens über das Vermögen des Schuldners darf das Gericht auf Grund eines Widerspruchs des Insolvenzverwalters den Arrest bestätigen oder abändern, falls der Gläubiger bereits gepfändet oder falls der Schuldner hinterlegt hatte, Grdz 4 vor § 916.

Wenn der Gläubiger aber mit dem *Vollzug* des Arrestbefehls bisher *noch nicht begonnen* hatte, kann der Arrest auch für die Zukunft keine Wirkung mehr haben und ist für die Vergangenheit bedeutungslos. Deshalb muß das Gericht den Arrest auf Grund eines Widerspruchs des Insolvenzverwalters dann aufheben. § 406 ist unanwendbar, § 487 Rn 8, aM Nürnb **78**, 954.

6 **5) Endurteil, I, II.** Es gibt Gemeinsamkeiten und je nach der Entscheidungsrichtung auch Unterschiede.

A. Abschließende Inhaltsregelung. Das Gericht muß auf Grund des vollen Widerspruchs des Schuldners nach einer mündlichen Verhandlung über den Arrest durch ein Endurteil nach §§ 300ff entscheiden. Ein Urteil ist auch beim sog Kostenwiderspruch nach § 924 Rn 9 notwendig, auch wenn dann eine Verhandlung nach Rn 4 ähnlich wie bei § 341 II freisteht, Kblz MDR **96**, 1293 (zum alten Recht). II regelt den möglichen Inhalt des Endurteils abschließend abgesehen von der Frage der Zulässigkeit der mündlichen Verhandlung und dem Angriff auf die Kostenentscheidung. Dieses Endurteil kann wie folgt lauten.

7 **B. Unzulässigkeit.** Das Gericht verweist auf Grund eines Antrags des Arrestklägers bei einer bloßen Unzuständigkeit das Arrestverfahren an das zuständige Gericht, ohne den Arrest aufzuheben, LAG Hamm MDR **06**, 592, ThP 1, aM LG Arnsberg RR **93**, 318, Teplitzky DRiZ **82**, 41 (sie heben zuvor auf). Mangels eines Antrags oder bei einem anderen Unzulässigkeitsgrund verwirft das Gericht den Widerspruch als unzulässig, Grdz 14 vor § 253, Celle GRUR **80**, 946.

8 **C. Zulässigkeit.** Ein zulässiger Widerspruch bindet das Gericht nicht an seinen Arrestbeschluß. Es darf und muß vielmehr im Umfang des Widerspruchs vollständig neu entscheiden, Brdb RR **00**, 325 und 327. Es kann den Arrestbeschluß bestätigen. Das Gericht kann den Arrestbeschluß auch abändern, ihn also teilweise bestätigen und teilweise aufheben. Es kann dem Arrest auch einen gänzlich oder teilweise anderen Inhalt geben. Eine Abänderung ist auch in einer Wettbewerbssache grundsätzlich zulässig, § 938 Rn 1. Sie ist jedoch nicht zulässig, sofern das Gericht den Parteien dadurch die Instanz entziehen würde. Maßgeblich ist der Schluß der mündlichen Verhandlung, §§ 136 IV, 296a, Brdb RR **00**, 325 und 327, LG Düss NJW **75**, 1367. Wenn der Arrestgrund in diesem Zeitpunkt nicht oder nicht mehr besteht, muß das Gericht den Arrestbeschluß und nicht nur seine Vollziehung aufheben.

9 *In zweiter Instanz* gilt dasselbe, wenn seit dem Zeitpunkt der Bestätigung des Ersturteils veränderte Umstände vorliegen. Wenn andererseits gegen ein den Arrest aufhebendes Urteil eine Berufung erfolgreich war, muß das Berufungsgericht den aufgehobenen Arrest unter einer Abänderung des aufhebenden Urteils bestätigen und darf ihn nicht neu erlassen, Düss BB **81**, 394. Eine andere Frage ist diejenige, welche Wirkung die vorläufige

Aufhebung durch eine nach §§ 708 ff vorläufig vollstreckbare Entscheidung des Erstgerichts hat, Hbg MDR **77**, 148. Das Gericht kann den Arrestbeschluß auch aufheben. Es muß dann zugleich den Arrestantrag zurückweisen. Das Gericht kann die Bestätigung, die Änderung oder die Aufhebung des Arrests davon abhängig machen, daß der Gläubiger oder der Schuldner erstmals oder zusätzlich eine Sicherheit nach § 108 leisten.

D. Wirkung. Das Urteil wirkt rechtsgestaltend, Grdz 10 vor § 253, § 922 Rn 8, Köln MDR **03**, 352. 10
Ein aufhebendes Urteil schafft den Arrest oder die einstweilige Verfügung aus der Welt, wie bei Rn 15. Wegen der vorläufigen Vollstreckbarkeit Rn 9. Das Gericht muß von Amts wegen klären, ob eine Sicherheitsleistung notwendig ist, KG DB **80**, 301. Das Gericht muß die Art und die Höhe einer erforderlichen Sicherheitsleistung nach § 108 bestimmen. Wenn der Schuldner die verlangte Sicherheit geleistet hat, kann er nach § 766 die Aufhebung der Vollziehungsmaßnahmen fordern. Man darf aber dabei nicht das zB in § 929 I zum Ausdruck kommende besondere Schutzbedürfnis des Gläubigers verkennen. Wenn das Prozeßgericht den Anspruch des Gläubigers im Hauptprozeß rechtskräftig abgewiesen hat, muß das Arrestgericht den Arrest zwangsläufig aufheben.

Wenn der Gläubiger im *Hauptprozeß gewinnt*, dauert oft das Sicherungsbedürfnis im Arrestverfahren fort. 11
Das gilt vor allem dann, wenn der im Hauptprozeß erstrittene Titel nicht vollstreckbar oder nur unter wesentlich schlechteren Voraussetzungen vollstreckbar ist, § 927 Rn 4. Wenn solche Gefahren nicht bestehen und wenn der Gläubiger auf Grund einer Aufforderung des Schuldners auf den Arrestanspruch unverzüglich verzichtet, da sich der Arrest erledigt habe, muß das Arrestgericht die Kosten des Arrestverfahrens demjenigen auferlegen, der ohne diese Erledigtwirkung unterlegen wäre, § 93 Rn 33, 34. Bei beiderseitigen Erledigterklärungen ist § 91 a anwendbar, dort Rn 96. Wenn die Erledigung durch eine Zahlung des Schuldners eingetreten ist und wenn dieser gleichwohl der Erledigterklärung des Gläubigers widerspricht, kommt es darauf an, ob der Arrest nunmehr noch berechtigt ist, aM Schlüter ZZP **80**, 452 (vgl aber § 91 a Rn 192).

E. Kosten. Eine Kostenentscheidung ist stets notwendig, §§ 91 ff, nicht § 788. Sie umfaßt die gesamten 12
Kosten des Arrestverfahrens. Das gilt auch bei der Kombination mit einem Aufhebungsverfahren, Ffm JB **92**, 422. Anders ist es beim isolierten Aufhebungsverfahren. Das Arrestgericht muß eine Kostenentscheidung evtl nach § 321 nachholen. Im Aufhebungsfall muß der Gläubiger auch die Vollzugskosten tragen. Bei einer nur teilweisen Anfechtung des Arrests ist eine Kostenentscheidung über diesen Teil des Verfahrens erforderlich. Das Gericht muß diese Kosten bei einer etwaigen späteren Anfechtung des Rests in die daraufhin ergehende Kostenentscheidung unverändert einbeziehen. Wegen der Widerspruchsrücknahme § 924 Rn 10. Eine Erledigterklärung ist möglich, Rn 7.

Gebühren: Des Gerichts KV 1410 ff; beim bloßen Kostenwiderspruch, § 924 Rn 9, KV 1312 b, Ffm RR **96**, 1535; des Anwalts VV 3100 ff. Wert: Anh § 3 Rn 11 „Arrest".

F. Versäumnisverfahren. Das Versäumnisverfahren verläuft wie bei § 922 Rn 20. 13

G. Vollstreckbarkeit. Ein den Arrest bestätigendes Urteil ist ebenso wie der Arrest ohne weiteres 14
vollstreckbar, auch wegen der Kosten. Deshalb braucht das Gericht es nicht ausdrücklich für vollstreckbar zu erklären, § 929 Rn 1. Das Gericht muß ein solches Urteil, das den Arrestbefehl aufhebt, abändert oder von einer Sicherheitsleistung abhängig macht, von Amts wegen ohne eine Sicherheitsleistung für vorläufig vollstreckbar erklären, § 708 Z 6. Jedoch tritt mit der Verkündung des aufhebenden Urteils die Vollstreckbarkeit des Arrests oder der einstweiligen Verfügung außer Kraft, § 717. Eine Einstellung der Zwangsvollstreckung ist wie bei § 719 Rn 3 zulässig, im übrigen evtl auf Grund der Vorlegung eines Urteils bei § 775 Z 1 und 3, § 776, vgl aber Rn 1. Die Zustellung des Urteils ist keine Voraussetzung der Einstellung der Zwangsvollstreckung. Wenn der Gläubiger eine Sicherheit leisten soll, stellt das Vollstreckungsgericht die Vollstreckung des Arrests ein, solange er die Sicherheit nicht erbracht hat, § 766. Wenn der Schuldner die Sicherheit leisten soll, muß er die Sicherheitsleistung nachweisen, § 775 Z 3.

6) Berufung, I, II. Vgl zunächst § 922 Rn 22, 23. Auch jetzt gelten §§ 920 II, 294 II. Wenn das Gericht 15
den Arrest aufgehoben hat und der Gläubiger die Berufung einlegt, ist es für ihn dringend ratsam, einen Antrag auf eine Einstellung der Zwangsvollstreckung wegen der Kosten aus dem Aufhebungsurteil zu stellen, §§ 719, 707. Denn eine aufgehobene Zwangsvollstreckungsmaßnahme lebt nicht wieder auf, Düss RR **02**, 138, Ffm MDR **02**, 602, Köln MDR **03**, 352, aM Ffm BB **82**, 832.

In der Berufungsinstanz kann man auch solche Tatsachen vorbringen, die *erst nach dem Erlaß* des Ersturteils eintraten. Wenn auf Grund des Widerspruchs nur wegen der Kosten ein Urteil ergangen ist, sind weder die Berufung nach § 99 I noch die sofortige Beschwerde statthaft. Das gilt schon deshalb, weil mangels einer Anfallwirkung überhaupt kein Rechtsmittel vorliegt, § 99 Rn 28, Hamm OLGZ **89**, 340, Kblz Rpfleger **86**, 408, Mü WettbR **96**, 140. Das übersehen Brdb RR **00**, 1669, Schlesw WettbR **00**, 248, StJBo § 99 Rn 77. Folglich darf man auch keine Anfechtung nach § 99 annehmen, dort Rn 5 „Arrest, einstweilige Verfügung". Darüber hinaus ist die sofortige Beschwerde auch deshalb unstatthaft, weil weder eine Erledigung nach § 91 a eingetreten ist noch ein Anerkenntnisurteil nach § 99 II vorliegt, Hamm OLGZ **89**, 340, Kblz Rpfleger **86**, 408, Mü GRUR **85**, 327, aM Ffm OLGZ **93**, 237, Kblz MDR **96**, 1293, ZöV 11.

7) Einspruch, I, II. Wegen seiner Zulässigkeit nach einem Versäumnisurteil § 922 Rn 20. 16

926 *Anordnung der Klageerhebung.* [I] **Ist die Hauptsache nicht anhängig, so hat das Arrestgericht auf Antrag ohne mündliche Verhandlung anzuordnen, dass die Partei, die den Arrestbefehl erwirkt hat, binnen einer zu bestimmenden Frist Klage zu erheben habe.**

[II] **Wird dieser Anordnung nicht Folge geleistet, so ist auf Antrag die Aufhebung des Arrestes durch Endurteil auszusprechen.**

Schrifttum: *Mädrich,* Das Verhältnis der Rechtsbehelfe des Antragsgegners im einstweiligen Verfügungsverfahren, 1980.

Gliederung

1 **1) Systematik, I, II.** Der Schuldner hat zwei Möglichkeiten. Er kann nach § 926 vorgehen. Er kann außerdem zunächst eine verneinende Feststellungsklage nach § 256 erheben, BGH NJW **78**, 2158, Kblz GRUR **86**, 95, Zweibr FamRZ **80**, 1042. Dann kann er anschließend auf Grund eines erfolgreichen Urteils nach § 927 vorgehen, Klauser MDR **81**, 716, StJGr 2, ZöV 3. Denn § 926 ändert nichts an dem Grundsatz, daß außer dem dort statthaften Weg die Feststellungsklage möglich ist. Ihr steht nicht etwa die innere Rechtskraft des Arrests nach § 322 entgegen. Denn über seine Berechtigung entscheidet das Gericht ja gerade erst auf Grund der Klage. Dieser Weg kann Vorteile bieten. Freilich kann für ihn das Feststellungsinteresse nach § 256 Rn 21 ff fehlen, Kblz GRUR **86**, 95. Vielmehr kann ein Feststellungsinteresse des Gläubigers entstehen, Mü MDR **92**, 864. Über das Zusammentreffen des § 926 und eines Widerspruchs § 924 Rn 7. Man kann gegen den Arrest nur mit dem zulässigen Rechtsbehelf vorgehen. Eine Unterlassungsklage ist unstatthaft. Denn das Verhalten des Bekl kann wegen der Existenz des Arrests nicht rechtswidrig sein. § 494 a enthält eine teilweise ähnliche Regelung, dort Rn 1. Das evtl vorrangige fristschaffende WTO-Recht bleibt beachtlich, von Bogdandy NJW **99**, 2088. Ein obligatorisches Güteverfahren findet nicht statt, § 15 a II 1 Z 6 EGZPO, Hartmann NJW **99**, 3748. § 926 hat den Vorrang vor Art 50 VI TRIPS, EuGH NJW **01**, 1267, Ffm GRUR **04**, 198, Hbg GRUR **03**, 874.

2 **2) Regelungszweck, I, II.** Das Gesetz wahrt dem Schuldner die Möglichkeit, immer eine Entscheidung zur Hauptsache nach §§ 253 ff herbeizuführen, BVerfG RR **07**, 1684, BGH **68**, 293. Es soll verhindern, daß der Gläubiger mit dem Arrest dadurch nach Einl III 54 einen Mißbrauch treibt, daß er den Titel als Druckmittel ohne eine ernsthafte Absicht weiterer Rechtsverfolgung beliebig lange aufrechterhält, Düss RR **88**, 696. Der Schuldner soll auch die Möglichkeit haben, gegen einen unbegründeten Arrest anzugehen, der ihn in den meisten Fällen überrascht hat, § 945, Mü MDR **92**, 864. Es soll aber auch verhindern, daß der Gläubiger eine zB wegen einer anderweitigen Rechtshängigkeit unzulässige Hauptsacheklage erheben müßte, § 261 Rn 24, Ffm MDR **81**, 237.

Sinn von II ist im Interesse der Gerechtigkeit nach Einl III 9, 36 wie der Prozeßwirtschaftlichkeit nach Grdz 14 vor § 128 die Herbeiführung einer Entscheidung zur Hauptsache, BGH **68**, 239, Düss RR **88**, 696, Schlüter ZZP **80**, 462, und die Verhinderung eines beliebig langen Drucks auf den Schuldner, Rn 1. Freilich müssen die Streitgegenstände übereinstimmen, § 2 Rn 4, Grdz 11 vor § 916, Düss ZMR **97**, 24.

3 **3) Anordnung, I.** Das Arrestgericht darf eine Anordnung unter den folgenden Voraussetzungen treffen.

A. Keine Anhängigkeit der Hauptsache. Die Hauptsache darf noch nicht oder nicht mehr vor einem inländischen oder vor einem solchen ausländischen Gericht nach § 261 Rn 1 anhängig sein, dessen Urteil nach § 328 anerkennungsfähig ist, Ffm MDR **89**, 272. Eine Rechtshängigkeit der Hauptsache nach § 261 Rn 1 darf natürlich erst recht nicht vorliegen, Ffm MDR **81**, 238. Schon das Mahnverfahren nach §§ 688 ff hindert, Köln OLGZ **79**, 119, ebenso das Prozeßkostenhilfeverfahren nach §§ 114 ff. Das gilt aber eben jeweils nur während deren Dauer, also zB nicht nach der Rücknahme oder Zurückweisung des Gesuchs ohne ein Rechtsmittel, Ffm MDR **89**, 272. Der Gläubiger muß die Anhängigkeit der Hauptsache nachweisen. Der Schuldner braucht nicht etwa das Gegenteil nachzuweisen, Ffm MDR **81**, 238.

4 **B. Arrest.** Es muß ein Arrest in einer Urteils- oder Beschlußform vorliegen, § 922. Er braucht weder zugestellt noch gar nach § 929 vollzogen worden zu sein. Ein bereits eingelegter Widerspruch ist unschädlich, ebenso eine zulässige oder erfolgte Abwendung nach § 923.

5 **C. Antrag.** Der Schuldner muß einen Antrag gestellt haben. Dieser Antrag ist zulässig, sobald und solange für ihn ein Rechtsschutzbedürfnis besteht, Grdz 33 vor § 253, Ffm RR **02**, 1475, Köln GRUR-RR **05**, 101, LG Freibg RR **88**, 250. § 923 beseitigt das Rechtsschutzbedürfnis natürlich nicht. ZöV 9 lassen den Antrag sogar schon vor dem Erlaß des Arrests zu.

Kein Rechtsschutzbedürfnis besteht nach einem umfassenden Gläubigerverzicht nach § 306, Karlsr WRP **80**, 713, Kblz GRUR **86**, 95, Köln GRUR-RR **05**, 101, oder bei einer Ganz- oder Teilaufhebung oder -erledigung, § 91 a Rn 200, Köln GRUR-RR **05**, 101. Das Gericht muß ein Rechtsschutzbedürfnis ferner verneinen und den Antrag nach I demgemäß zurückweisen, wenn der Schuldner inzwischen geleistet hat, Klauser MDR **81**, 716, und wenn der Gläubiger ihn von jeder künftigen Inanspruchnahme sichergestellt hat, § 927 Rn 6, LG Freibg RR **88**, 250. Das Gericht muß den Antrag auch dann zurückweisen, wenn der Verfügungsanspruch entfallen ist, Ffm RR **02**, 1475, oder wenn der Gläubiger wegen einer Erledigung des Arrestverfahrens keine Klage in der Hauptsache erhoben hat. Für sie besteht dann ebenfalls kein Rechtsschutzbedürfnis.

Deshalb gibt es auch keine Hauptsacheklage nach einer einstweiligen Verfügung auf eine *Unterlassung* oder hilfsweise auf die Feststellung einer Berechtigung des Unterlassungsanspruchs, wenn die Wiederholungsgefahr entfallen ist und damit ein Rechtsschutzbedürfnis fehlt, Grdz 33 vor § 253, Hbg GRUR **86**, 564, Karlsr RR **88**, 252. Wenn der Schuldner seine Verpflichtung erfüllt hat und wenn der Gläubiger den Schuldner von der Arrestlast befreit hat, würde der Gläubiger eine solche neue Klage erheben müssen, deren Hauptsache schon vorher erledigt ist, Saarbr RR **89**, 1514. Im Streitfall erfolgt eine Feststellung, ob eine Erledigung eingetreten ist, § 91 a Rn 173, und nicht eine Aufhebung nach II. Wenn der Schuldner nach dem Zeitpunkt der Klagerhebung nach §§ 253, 261 zahlt, muß er die Sache nach § 91 a für erledigt erklären, falls der Gläubiger ihn vor jeder weiteren Inanspruchnahme sichert. Der Schuldner muß seinen Antrag schriftlich oder nach § 130 a elektronisch stellen. Es besteht kein Anwaltszwang, § 13 RPflG, Bergerfurth Rpfleger **78**, 205, auch § 78 III Hs 2. Denn man kann den Antrag auch zum Protokoll des Urkundsbeamten der Geschäftsstelle eines jeden AG stellen, § 129a. Der Schuldner kann auf den Antrag verzichten, § 924 Rn 15. In einer Beschränkung des Widerspruchs auf die Kostenfrage nach § 924 Rn 9 kann ein Verzicht auf einen Anspruch nach § 926 liegen, Stgt WRP **80**, 102.

4) Verfahren, I. Nach § 802 ist das Arrestgericht ausschließlich zuständig, also dasjenige Gericht, das den Arrest durch einen Beschluß oder durch ein Urteil angeordnet hat, §§ 919, 922. Das gilt unabhängig davon, wo das Widerspruchs- oder Aufhebungsverfahren nach § 927 derzeit schwebt, Schlesw MDR **97**, 392 (das AG des § 942 ist nicht zuständig). Das Arrestgericht stellt den Antrag dem ProzBev des Antragstellers des Arrestverfahrens zu, § 172, so schon LG Köln GRUR **87**, 657. Die Anordnung der Klagerhebung erfolgt durch den Rpfl, § 20 Z 14 RPflG. Wenn das Beschwerdegericht oder das Berufungsgericht den Arrest angeordnet haben, ist das Erstgericht zuständig, § 924 Rn 11. Das Gericht darf grundsätzlich nur die förmliche Zulässigkeit des Antrags prüfen, also nicht etwa wie bei § 114 Rn 80 die Erfolgsaussicht der anzuordnenden Klage, Köln Rpfleger **81**, 26. Nur bei einer offenkundigen Aussichtslosigkeit der Klage mag das Gericht den Antrag zurückweisen müssen. Grundsätzlich muß der Rpfl die allgemeinen Prozeßvoraussetzungen prüfen, Grdz 12 vor § 253. Wenn die Hauptsacheklage anhängig ist, darf er allerdings nicht prüfen, ob die Prozeßvoraussetzungen vorliegen, Ffm MDR **81**, 238. Wenn sie das tun und wenn der Antragsteller nicht schon vorher eine Klage erhoben hat, darf das Gericht den Antrag nicht mehr zurückweisen. Wenn keine Klage möglich ist, sind weder ein Arrest noch eine einstweilige Verfügung zulässig. 6

5) Entscheidung, I. Die Entscheidung ergeht durch einen Beschluß, § 329. Sie erfolgt stets ohne eine mündliche Verhandlung. Die Formel des Beschlusses lautet etwa: „Der Gläubiger muß bis zum ... bei dem Gericht der Hauptsache Klage erheben" (Rn 9); „nach einem erfolglosen Fristablauf ist der Arrestbefehl aufzuheben". Im Beschluß braucht das Gericht nicht mitzuteilen, welches Gericht dasjenige der Hauptsache sei. Es sollte auch dazu keine Erläuterung geben. Der Rpfl muß seinen Beschluß begründen, § 329 Rn 4. Er stellt einen ablehnenden Beschluß dem Schuldner wegen Rn 9 förmlich zu. Den anordnenden Beschluß stellt der Rpfl dem Schuldner wegen Rn 8 förmlich zu und stellt ihn auch dem Gläubiger von Amts wegen zu, § 329 II 2. Mit dieser Zustellung beginnt der Fristlauf. Man berechnet die Frist nach § 222. Das Gericht kann sie nach § 224 II verlängern. 7

Eine *Klagerhebung* vor einem unzuständigen Gericht wahrt die Frist deshalb, weil das unzuständige Gericht die Sache nach § 281 an das zuständige Gericht verweisen darf. In einer Arbeitnehmererfindungssache ist keine besondere Fristerstreckung notwendig. Denn dann ist das nach § 252 Rn 6 im allgemeinen vorgeschaltete Schiedsverfahren nicht erforderlich, § 920 Rn 8.

Gebühren: Des Gerichts: KV 1410 ff; des Anwalts VV 3100 ff. Wegen der ausnahmsweise zulässigen isolierten Kostenentscheidung nach beiderseitigen wirksamen Erledigterklärungen Ffm Rpfleger **86**, 281.

6) Rechtsbehelfe, I. Man muß wie folgt unterscheiden. 8

A. Gläubiger. Er hat gegen den stattgebenden Beschluß wegen Rn 10 die sofortige Erinnerung nach § 11 II 1 RPflG. Denn es liegt keine Entscheidung in der Zwangsvollstreckung vor, Grdz 1 vor § 916, BGH RR **87**, 685, Köln Rpfleger **90**, 452, Stgt Rpfleger **08**, 475, aM Karlsr WRP **83**, 104 (kein Rechtsbehelf). Daher ist § 793 unanwendbar, Schlesw SchlHA **82**, 44. Wegen des weiteren Verfahrens vgl § 104 Rn 69 ff. Der Gläubiger muß die Rechtshängigkeit nach § 261 oder den Besitz eines Vollstreckungstitels in der mündlichen Verhandlung nach II einwenden. Gegen die Verweigerung einer Fristverlängerung ist nach § 225 III in Verbindung mit § 11 II 1 RPflG bei einer echten Entscheidung des Rpfl ebenfalls die sofortige Erinnerung statthaft.

B. Schuldner. Er kann gegen einen zurückweisenden Beschluß oder gegen die Gewährung einer zu langen Frist durch den Rpfl aus denselben Gründen wie bei Rn 8 die sofortige Erinnerung einlegen, Stgt Rpfleger **08**, 475. 9

C. Richterliche Entscheidung. Gegen die Entscheidung des Richters nach § 11 II 3 RPflG ist kein Rechtsmittel statthaft, § 104 Rn 92 ff. Es ist ja außerdem keine Entscheidung in der Zwangsvollstreckung ergangen. Denn § 928 gilt nur für die Vollziehung, nicht vorher. Es liegt auch keine der Voraussetzungen des § 567 vor, Rn 8, LG Gött Rpfleger **93**, 440, aM ThP 6, ZöV 19, 20. Es handelt sich auch nicht um ein das Verfahren betreffendes Gesuch. Infolgedessen wäre gegen eine richterliche Fristsetzung kein Rechtsmittel statthaft, Köln Rpfleger **90**, 452, aM Stgt Rpfleger **08**, 475 (wie hier nur bei einer Verwerfung oder Zurückweisung). 10

7) Klage, I. Sie steht unter einer gerichtlichen Frist. Ein obligatorisches Güteverfahren findet nicht statt, § 15a II 1 Z 6 EGZPO, Hartmann NJW **99**, 3748. 11

A. Klageberechtigung, Hauptsacheziel. Nur der Gläubiger oder sein Rechtsnachfolger nach § 727 Rn 1 können die Klage nach § 926 zulässig erheben. Die Klage muß die Hauptsache betreffen, also den unmittelbar gesicherten sachlichrechtlichen Anspruch, Ffm NJW **83**, 1130.

B. Beispiele zur Frage einer Klage nach I 12

Abänderungsklage: *Unstatthaft* ist eine solche nach § 323, Celle FamRZ **97**, 182.

Ausländisches Gericht: Statthaft sein kann eine Klage vor einem ausländischen Gericht dann, wenn eine Anerkennung seines Urteils nach § 328 usw sicher ist.

Erfolgsaussicht: Sie ist *unerheblich*.

Erledigung der Hauptsache: *Nicht* ausreichend ist eine einseitige Erledigterklärung des Arrestverfahrens durch den Kläger, § 91 a Rn 168.

Feststellungsklage: Die Klage darf nur mangels einer Möglichkeit zu einer Leistungsklage auf eine Feststellung gehen, § 256. Man darf aber eine Feststellungsforderung nicht allzu förmlich als unstatthaft abtun, Düss MDR **88**, 976. Das Gericht muß ein Feststellungsinteresse nach § 256 beurteilen.

Klagefrist: Die Frist kann trotz eines Widerspruchs gegen den Arrest, dessen Aufhebung und wegen eines Rechtsmittels gegen dieses Urteil laufen, LG Arnsbg MDR **86**, 328. Wenn das Gericht die Klage auch nur durch ein Prozeßurteil nach Grdz 14 vor § 253, Üb 5 vor § 300 rechtskräftig abgewiesen hat, hat der Antragsteller die Frist versäumt und muß das Gericht den Arrest aufheben, wenn nicht der Gläubiger vor dem Schluß der mündlichen Verhandlung neu geklagt hat, § 927 Rn 3, § 109 Rn 7. Wenn der Gläubiger einen vollstreckbaren Titel in Händen hat, erklärt das Gericht die Auflage in der mündlichen Verhandlung für erledigt. Wenn der Schuldner nach einer Fristversäumung keinen Aufhebungsantrag stellt oder wenn die Klage zur Hauptsache bis zum Schluß der mündlichen Verhandlung über den Aufhebungsantrag nach §§ 136 IV, 296 a mündlich erhoben oder doch zugestellt ist, schadet die Verspätung nicht, § 231 II, Rn 13, Ffm RR **90**, 190, KG WettbR **98**, 111.

Leistungsklage: Die Klage darf und muß wenn möglich auf eine Leistung lauten.
S aber auch „Feststellungsklage".

Mahnbescheidantrag: Er ist statthaft und ausreichend. Er leitet ein solches Verfahren ein, bei dem es von dem Willen der Parteien abhängt, einen rechtskräftigen Titel zu erlangen.

Prozeßkostenhilfeantrag: Ein Antrag auf die Bewilligung einer Prozeßkostenhilfe nach § 117 kaum ausreichen, Hamm FamRZ **99**, 1152, Schneider MDR **82**, 722, StJGr 11, aM Düss MDR **87**, 771, Hamm OLGZ **89**, 323, MüKoHe 17 (aber es kommt auf die Gesamtumstände an, § 117 Rn 9 „Prozeßkostenhilfe").

Rechtsschutzbedürfnis: Es muß wie stets nach Grdz 33 vor § 253 vorliegen. Es entfällt für die Hauptsacheklage natürlich nicht durch das Vorhandensein des Arrests, auch nicht des bestätigten.

Sachlichrechtliche Voraussetzungen: Natürlich müssen auch sie vorliegen.

Schiedsgericht: Statthaft ist eine Klage vor dem nach §§ 1025 ff vereinbarten Schiedsgericht. Wenn die Parteien ein Schiedsgericht erst noch nach §§ 1034 bilden müssen, muß man die Frist reichlich bemessen. Sie ist keine Notfrist, § 224 I 2. Als eine Klage gilt auch die Einleitung des Verfahrens vor einem bereits gebildeten Schiedsgericht.

Sicherungshypothek: *Unstatthaft* ist die Klage nach einer einstweiligen Verfügung auf eine Sicherungshypothek dann, wenn der Kläger jetzt ein anderes Ziel hat, Celle RR **03**, 1529, PalSprau § 648 BGB Rn 5, aM Düss RR **86**, 322, Ffm MDR **03**, 24 (aber ein schuldrechtlicher Anspruch hat eine geringere Wirkung als eine Hypothek. Schon deshalb liegt kein Formalismus vor).

Teilklage: Der Kläger muß in voller Höhe klagen, wenn er den Arrest voll aufrechterhalten will. Eine Teilklage ermöglicht nur eine teilweise Aufrechterhaltung.

Unzuständigkeit: Die Klageeinreichung vor einem unzuständigen Gericht kann die Frist nach I wahren. Es reicht auch dann aus, daß die Klage rechtzeitig eingegangen ist, wenn das Gericht die Klage nach (jetzt) § 167 demnächst zustellen läßt, Celle MDR **07**, 1280, Hamm OLGZ **89**, 323, StJGr 12, ZöV 32, aM Kblz RR **95**, 444, KG WRP **76**, 378 (aber § 167 gilt uneingeschränkt). Dieser Weg setzt allerdings voraus, daß der Kläger seinerseits alles getan hat, um eine baldige Zustellung zu ermöglichen, § 167 Rn 12 ff. Der Kläger muß bis zum Schluß der letzten mündlichen Verhandlung nach §§ 136 IV, 296 a darlegen, daß er solche Bemühungen angestellt hat.

Zielgleichheit: S „Sicherungshypothek".

Zuständigkeit mehrerer Gerichte: Dann ist statthaft eine Hauptsacheklage auch bei einem anderen Gericht als demjenigen, das auch oder nur für den Arrest zuständig war.

13 **8) Aufhebung, II.** Das Verfahren ähnelt etwas demjenigen nach einem Einspruch, §§ 339 ff. Es ist dann möglich, wenn der Gegner der Fristsetzung nach I nicht nachkommt, BVerfG RR **07**, 1684.

A. Verfahren. Es handelt sich nicht schon um einen Teil des künftigen Verfahrens zur Hauptsache, sondern noch um einen unselbständigen Teil des Eilverfahrens, gerichtet auf die beschleunigte Klärung des Fortbestands des Arrests. Es geht also nur um einen neuen Verfahrensabschnitt, nicht um ein neues Prozeßrechtsverhältnis nach Grdz 4 vor § 128, Ffm GRUR **87**, 651. Deshalb handelt es sich um eine Sommersache, § 227 III 2 Hs 1 Z 1, so schon Hamm GRUR **85**, 396. Der Schuldner muß einen Verhandlungstermin schriftlich oder beim AG auch zum Protokoll des Urkundsbeamten beantragen.

14 **B. Beispiele zur Frage eines Aufhebungsverfahrens nach II**

Anwaltszwang: Er besteht wie sonst nach § 78, Bergerfurth Rpfleger **78**, 205.

Aufhebung des Arrests: Es gilt dasselbe wie bei „Erledigung des Arrests". Die Aufhebung muß stets durch ein Urteil erfolgen, II. Das gilt also unabhängig davon, ob das Gericht den Arrest durch einen Beschluß oder durch ein Urteil angeordnet hatte.

Aufhebungsantrag: Der Aufhebungsantrag ist schon vor dem Ablauf der Rechtsmittelfrist zulässig, Hbg MDR **77**, 148, LG Freibg RR **88**, 250. Das Gericht muß dem Gläubiger den Aufhebungsantrag zustellen. Andernfalls darf keine Versäumnisentscheidung ergehen, § 335 I Z 3. Der Antrag ist auch noch in der Berufungsinstanz zulässig. Der Gläubiger muß eine rechtzeitige Klagerhebung nach §§ 253, 261 nach § 294 glaubhaft machen. Wenn das Arrestgericht ohnedies über einen Einspruch oder über einen Aufhebungsantrag nach § 927 verhandelt, darf der Schuldner den Antrag in diesem Termin stellen. Die Gegenmeinung müßte zur Aufrechterhaltung eines solchen Arrests führen, der aus einem anderen Grund unhaltbar geworden ist. Der Schuldner muß glaubhaft machen, daß die Frist nach I ergebnislos ablief. Der Gläubiger kann nach dem Fristablauf klagen, aber nur vor dem Schluß der Verhandlung der ersten Instanz, § 231 II, Rn 12, Ffm GRUR **87**, 651, Köln OLGZ **79**, 119. Später ist die Klage unzulässig, Hbg MDR **77**, 237. Evtl muß allerdings der Gläubiger entsprechend § 93 die Kosten dann tragen, wenn der Schuldner den Antrag im Termin zurücknimmt oder für erledigt erklärt, Ffm MDR **82**, 328.

Einstweilige Maßnahme: §§ 707, 719, 924 III sind entsprechend anwendbar, Ffm FamRZ **85**, 723.

Erledigung des Arrests: Nach einer Erklärung des Arrestgerichts, der Arrestantrag sei erledigt, ist ein Verfahren nach II *unstatthaft,* Ffm GRUR **87**, 651, ThP 11, ZöV 23, aM Hbg WRP **76**, 777 (aber dann besteht kein Rechtsschutzbedürfnis mehr).

Erledigung des Aufhebungsverfahrens: Sie ist nach § 91 a statthaft, Ffm AnwBl **86**, 407.

Ladung: Das Gericht lädt die Parteien von Amts wegen, §§ 166 ff, 274.

Rechtsschutzbedürfnis: Es muß wie stets nach Grdz 33 vor § 253 vorliegen, Düss RR **88**, 696. Dieses besteht auch dann, wenn der Antragsteller nur auf den Hauptsacheanspruch verzichtet hat, nicht aber auf das Recht aus dem Kostenanspruch, LG Köln RR **86**, 552, aM Düss RR **88**, 697 (aber jeder der dort genannten weiteren Wege ist komplizierter). Ein Rechtsschutzbedürfnis besteht meist wohl auch dann, wenn kein Verstoß gegen den Arrest usw mehr droht, AG Lauenb MDR **95**, 747. Das ist aber eine Fallfrage.

S auch „Erledigung des Arrets".

Säumnis: Das Versäumnisverfahren nach §§ 330 ff vrläuft wie sonst. Bleibt der Gläubiger aus, gilt die Nichtanhängigkeit der Hauptsache als zugestanden, § 331 I 1 (Angreifer ist ja bei II der Schuldner), Ffm MDR **81**, 238.

Schuldnerstellung: § 927 Rn 8.

Zuständigkeit: Zuständig ist grds das Arrestgericht, § 919. Jedoch ist das Berufungsgericht dann zuständig, wenn das Arrestverfahren bereits dort anhängig ist, Kblz RR **95**, 444.

C. Entscheidung. Das Urteil ergeht auf eine Zurückweisung des Antrags oder auf die Aufhebung des Arrests. Das aufhebende Urteil wird sofort wirksam. Man kann in diesem Verfahren keinen Schadensersatz nach § 945 verlangen. Die Aufhebung des Arrests wirkt zurück, Ffm NJW **82**, 1056. Wenn man einen neuen Arrestantrag damit begründen kann, daß man eine gegenwärtige Gefährdung glaubhaft macht, ist ein solcher neuer Antrag zulässig. Die Kostenentscheidung ergeht nach §§ 91 ff, nicht nach § 788. Sie darf und muß nur bei II grundsätzlich das gesamte Arrestverfahren betreffen. Sie darf sich nicht nur auf das Aufhebungsverfahren beschränken, Karlsr MDR **89**, 826, Mü MDR **97**, 508. Deshalb trägt der Gläubiger die Kosten, selbst wenn der Arrest im Zeitpunkt seiner Anordnung begründet war, § 921 Rn 4, Ffm GRUR **87**, 651, LG Köln RR **86**, 552. Das gilt auch bei einer einseitigen Erledigterklärung wegen der Hauptsache, § 91 a Rn 168, selbst wenn das Gericht den Aufhebungsantrag noch nicht zugestellt hatte. Nur bei einer Erledigung des Aufhebungsverfahrens nach II kommt insofern eine besondere Kostenentscheidung in Betracht. Sie führt zur Erstattungspflicht auch der dort zusätzlich entstandenen Kosten, Ffm AnwBl **86**, 407. Man muß eine Sicherheitsleistung zurückgeben, § 109 Rn 7, Köln MDR **76**, 939. Die vorläufige Vollstreckbarkeit ergibt sich bei einer Aufhebung aus § 708 Z 6, sonst nach §§ 708 Z 11, 709 S 1. 15

Gebühren: Des Gerichts KV 1410 ff; des Anwalts VV 3100 ff. Wert: Anh § 3 Rn 12 „Arrest".

D. Rechtsmittel. Gegen das Urteil ist die Berufung statthaft, §§ 511 ff. Eine Revision ist unstatthaft, § 545 II 1. 16

927 *Aufhebung wegen veränderter Umstände.*

I Auch nach der Bestätigung des Arrestes kann wegen veränderter Umstände, insbesondere wegen Erledigung des Arrestgrundes oder auf Grund des Erbietens zur Sicherheitsleistung die Aufhebung des Arrestes beantragt werden.

II Die Entscheidung ist durch Endurteil zu erlassen; sie ergeht durch das Gericht, das den Arrest angeordnet hat, und wenn die Hauptsache anhängig ist, durch das Gericht der Hauptsache.

Schrifttum: *Mädrich,* Das Verhältnis der Rechtsbehelfe des Antragsgegners im einstweiligen Verfügungsverfahren, 1980.

Gliederung

1) Systematik, I, II. § 927 ist dem § 325 AO 1977 ähnlich, BFH NJW **04**, 2184. Die Vorschrift enthält eine Ausnahme von § 318, Mü RR **87**, 762. Die Vorschrift gibt dem Schuldner die Möglichkeit, wegen einer Veränderung der Umstände die Aufhebung des Arrests herbeizuführen, da dessen Fortdauer nunmehr unbegründet wäre, da das Gericht den Arrest also nunmehr nicht mehr erlassen würde, Hbg GRUR-RR **01**, 144, KG FamRZ **07**, 1131, Mü RR **87**, 762. Nur die Fortdauer des Arrests ist also im Streit, Mü RR **87**, 762, Nürnb GRUR **85**, 238. Gegen die ursprüngliche Rechtmäßigkeit des Arrests richtet sich allenfalls ein Widerspruch nach § 924, BFH NJW **04**, 2184, aM Hbg GRUR-RR **01**, 144 (aber das ist eine dogmatische Ungenauigkeit). Wenn das Gericht diesem Widerspruch nicht stattgibt oder wenn es den Arrest nach § 922 durch ein Urteil erlassen hatte, ist gegen diese Entscheidung die Berufung nach §§ 511 ff auch mit der Begründung zulässig, die Umstände hätten sich verändert, Ffm GRUR **88**, 847, Hamm GRUR **90**, 714. Infolgedessen kann der Schuldner im Verfahren nach § 927 nicht vortragen, der Arrest sei von vornherein unbegründet gewesen. 1

Das Aufhebungsverfahren ist eine Art *Nachverfahren,* Düss RR **88**, 188. Der Antrag nach § 927 verlangt vor allem eine Veränderung nach dem Zeitpunkt der Bestätigung des Arrests, Hbg GRUR-RR **01**, 144. Das ergibt sich auch aus den Worten „auch nach der Bestätigung". Der Antrag ist also auch nach einer Durchführung des Widerspruchsverfahrens zulässig, BFH NJW **04**, 2184, Ffm MDR **90**, 452. Man kann ihn widerklagend im Verhandlungstermin zur Hauptsache stellen, Hbg RR **07**, 42. Da es sich bei § 927 lediglich um die Fortdauer des Arrests handelt, ist kein Verzicht nach § 306 möglich, aM KG RR **87**, 814, ThP 2 (aber man darf bei § 927 nicht die Grenzen des Streitgegenstands nach Grdz 11 vor § 916 verlassen). Deshalb ist der Antrag bei einer einstweiligen Verfügung dann unzulässig, wenn sie sich so vollständig erledigt hat, daß ihre formelle Aufhebung offenkundig überflüssig ist, Mü GRUR **82**, 322. Bei einem Arrest dauert freilich das Rechtsschutzbedürfnis nach Grdz 33 vor § 253 an, solange der Arrest noch äußerlich besteht.

Das *Rechtsschutzbedürfnis* kann allerdings während des Berufungsverfahrens über den Arrest entfallen, Hamm FamRZ **95**, 824. Es kann auch dann wegfallen, wenn aus dem Arrest keine weiteren Auswirkungen mehr drohen, Ffm MDR **90**, 452. Das gilt zB dann, wenn der Gläubiger darauf verzichtet, Rechte aus dem Arrest geltend zu machen, es sei denn, er hätte auf die Rechte aus dem Kostenanspruch nicht mitverzichtet, Köln GRUR **85**, 459, § 936 Rn 5 „§ 927", oder er gäbe den Titel nicht heraus, Hamm GRUR **92**, 888. Man kann das Aufhebungsverfahren sogar dann für unzulässig halten, wenn es gleichzeitig mit oder erst nach einem Widerspruch oder einer Berufung läuft, Düss RR **88**, 188, Kblz GRUR **89**, 76. Die Möglichkeit eines Aufhebungsantrags schließt die Berufung nicht aus, Düss RR **88**, 188, Hamm GRUR **89**, 931. Man muß eine anderweitige Rechtshängigkeit nach § 261 oder die formelle Rechtskraft nach § 705 wie die innere Rechtskraft nach § 322 beachten. Freilich kann eine Aufhebung auch noch nach der Bestätigung durch ein rechtskräftiges Urteil infrage kommen, Hbg GRUR-RR **07**, 154. Über das Zusammentreffen mit den §§ 924, 926 vgl § 924 Rn 7. Dort auch über die Vollstreckungsabwehrklage und über die Notwendigkeit eines Rechtsschutzinteresses. Das evtl vorrangige fristschaffende WTO-Recht bleibt beachtlich, von Bogdandy NJW **99**, 2088.

2 **2) Regelungszweck, I, II.** Das Ziel des § 927 läßt sich nicht mit einer Klage etwa aus § 323 erreichen. § 927 hat nämlich als eine Spezialvorschrift den Vorrang. Sie dient ähnlich wie § 323 der Verhinderung einer solchen Entwicklung, die sich nicht mehr verantworten läßt, weil die ursprünglichen Voraussetzungen nicht mehr vorliegen. Das muß man bei der Auslegung mitbeachten. Daher ist eine große Zurückhaltung ratsam, soweit es um einen solchen Umstand geht, der objektiv schon beim Arresterlaß vorlag, aber nicht bekannt war, Burgard/Fresemann JB **99**, 513. „Veränderte Umstände" sind ein ziemlich vager Begriff. Es sollte nicht dazu kommen, jede kleine Abwandlung der Lage schon als ausreichend anzusehen. Andererseits fällt natürlich auf, daß die Vorschrift anders als § 323 I nicht von der Notwendigkeit einer „wesentlichen" Veränderung spricht. Bei § 323 sieht man schon eine Veränderung von ca 10% als wesentlich an, dort Rn 37. Das gibt einen Anhaltspunkt dafür, daß bei § 927 schon eine geringere Veränderung ausreichen kann. Es kommt auch hier auf eine besonnene Abwägung der Gesamtumstände an.

3 **3) Geltungsbereich, I, II.** § 927 setzt voraus, daß sich die Umstände verändert haben, daß also abweichend von § 323 vor oder nach dem Erlaß oder der Bestätigung des Arrestbefehls eine solche Änderung eingetreten ist, die der Schuldner erst nach dem Erlaß erfahren hat, Kblz GRUR **86**, 95, Burgard/Fresemann DRiZ **00**, 295. Die Veränderung kann in den folgenden Punkten vorliegen.

A. Arrestanspruch. Die Veränderung ist unabhängig von § 323, LG Lüneb MDR **08**, 528. Sie kann im Arrestanspruch nach § 916 vorliegen. Das gilt zB dann, wenn das Prozeßgericht die Hauptklage abgewiesen hat. Das gilt unabhängig davon, ob diese Entscheidung rechtskräftig geworden ist, BGH GRUR **87**, 126, BayObLG Rpfleger **80**, 294, Köln GRUR **05**, 1071. Es gilt aber natürlich erst recht nach der formellen Rechtskraft der Abweisung, Hamm GRUR **92**, 888. Es kommt vor einer solchen Rechtskraft auf die Lage des Falls an, BGH WertpMitt **76**, 134, Düss RR **87**, 993, Mü MDR **86**, 681. Auch ein den Hauptanspruch nach § 256 verneinendes Feststellungsurteil genügt. Es kann auch eine Abweisung wegen des Fehlens einer Prozeßvoraussetzung genügen, Grdz 12 vor § 253, etwa wegen des Fehlens der Zuständigkeit des Gerichts. Dann bleibt allerdings die Zuständigkeit des Arrestgerichts bestehen, § 919 Rn 6, 7. Deshalb kommt es dann darauf an, daß der Gläubiger nicht neu geklagt hat.

Es kann auch der Umstand vorliegen, daß der Anspruch *erloschen* ist, Karlsr RR **88**, 1470, oder daß er verjährt ist, Bbg RR **04**, 228, Hamm BB **78**, 574, auch daß das BVerfG die anspruchstragende Vorschrift für verfassungswidrig erklärt hat, BGH NJW **89**, 107, KG GRUR **85**, 236. Auch kann eine sachlichrechtliche Verwirkung vorliegen, KG GRUR **85**, 237. Der Arrestanspruch mag auch nicht mehr glaubhaft sein, auch zB wegen einer Änderung der Gesetzgebung oder Rechtsprechung, Ffm RR **90**, 191, KG WettbR **96**, 162 (keine Änderung außerhalb von § 767 nach einem Abschlußschreiben), Köln GRUR **85**, 459. Es müssen alle Anspruchsgrundlagen weggefallen sein, Mü RR **87**, 762.

4 **B. Arrestgrund.** Es kann auch eine Veränderung im Arrestgrund nach § 917 vorliegen.

Beispiele: Der Schuldner hat fast eineinhalb Jahre hindurch den titulierten Unterhalt „freiwillig" gezahlt, Zweibr FamRZ **83**, 415 (selbst wenn er wegen des inzwischen anhängigen Scheidungsverfahrens jetzt nicht mehr zahlt); er hat jetzt ein solches Vermögen im Inland, das der Zwangsvollstreckung zugänglich ist, § 917 II; er hat bei § 918 eine eidesstattliche Versicherung abgegeben; der Gläubiger kann jetzt auf Grund eines nach § 705 formell rechtskräftigen Leistungsurteils vollstrecken, Hamm OLGZ **88**, 322 (eine vorläufige Vollstreckbarkeit genügt nicht, § 917 Rn 16, KG WRP **79**, 547); er mag freilich noch nach § 890 aus dem Arresttitel vorgehen wollen, Düss MDR **90**, 732; der Schuldner hat ein verneinendes Feststellungsurteil erhalten, BVerfG RR **07**, 1684.

Das Gericht muß jedoch auch dann beachten, ob der *Rang* des Pfandrechts erhalten bleibt, Hbg RR **88**, 1279, KG WRP **79**, 547. Das Gericht muß dann die Prinzipien der Prozeßwirtschaftlichkeit nach Grdz 14 vor § 128 und der Beschleunigung abwägen. Nur in diesen Grenzen ist es zulässig, Anspruchsgründe nachzuschieben, Ffm GRUR **97**, 484.

5 **C. Vollziehbarkeit.** Die Veränderung kann auch bei der Vollziehbarkeit vorliegen.

Beispiele: Die Vollziehungsfrist des § 929 II ist verstrichen, Ffm RR **00**, 1236, Hbg GRUR-RR **07**, 154, Kblz JB **07**, 207; der Gläubiger hat die Hauptsache nicht nach § 926 anhängig gemacht; die den Arrest bedingende Sicherheitsleistung ist nicht erfolgt, Ffm WRP **80**, 423; grundsätzlich auch, wenn über das Vermögen des Schuldners das Insolvenzverfahren eröffnet worden ist, Grdz 4 vor § 916 (jetzt noch kein

Vollzug und daher noch keine Zwangsvollstreckung, § 928, § 89 I InsO. Zum Vollzugsbeginn § 929 Rn 12), BFH NJW **04**, 2184 (Ausnahme: Absonderungsrecht). Das Gericht hebt nicht nur die Vollziehbarkeit auf, sondern den ganzen Arrest, Hbg GRUR **97**, 148.

D. Sicherheitsleistung. Die Veränderung kann auch darin liegen, daß der Schuldner jetzt eine Sicherheit nach § 108 leistet. Ein „Erbieten zur Sicherheitsleistung" genügt nur für den Antrag, nicht für die Aufhebung. Deshalb muß das Gericht die Aufhebung dann unter die aufschiebende Bedingung einer fristgemäßen Sicherheitsleistung stellen. Das Gericht muß die Art und die Höhe der Sicherheitsleistung nach § 108 bestimmen. Zur Bedeutung der Sicherheitsleistung § 923 Rn 1. **6**

E. Unanwendbarkeit. Keine veränderten Umstände liegen zB in folgenden Fällen vor: Ein neues Sachverständigengutachten kommt auf Grund unveränderter Tatsachen zu einer anderen Würdigung; die rechtliche Beurteilung ändert sich (etwas anderes gilt aber dann, wenn sich die gesamte Rechtsanschauung gewandelt hat, Rn 3); der Gläubiger kann den Arrest kann jetzt nicht mehr vollziehen, etwa weil der Schuldner erfüllt hat, Mü GRUR **94**, 83; es ist nach dem AnfG eine Anfechtung des durch die Vollziehung erlangten Pfandrechts erfolgt; es ergeht zugunsten des Antragstellers ein wenn auch nur gegen Sicherheitsleistung vorläufig vollstreckbares Urteil zur Hauptsache, Kblz RR **91**, 491; es liegt im markenrechtlichen Löschungsverfahren ein Instanzenfortschritt vor, Köln GRUR **05**, 1071. **7**

4) Verfahren, I, II. Es ähnelt entfernt demjenigen auf eine Abänderung nach § 323. Ein obligatorisches Güteverfahren findet nicht statt, § 15 a II 1 Z 6 EGZPO, Hartmann NJW **99**, 3748. **8**

A. Antrag. Antragsberechtigt, also Kläger, können nur sein: Der Schuldner; sein Gesamtrechtsnachfolger, § 727 Rn 1; der Insolvenzverwalter. Nicht antragsberechtigt sind zB: Der Erwerber einer auf Grund des Arrests gepfändeten Sache; der Gläubiger. Denn er ist hier der Bekl und kann nur auf die Vollziehung verzichten, worauf dann der Schuldner einen Antrag stellen darf; ein Dritter. Im Verfahren vor dem AG ist der Antrag auch zum Protokoll der Geschäftsstelle zulässig, auch jedes anderen AG, § 129 a. Daher besteht (nur) dann kein Anwaltszwang, § 78 III Hs 2. Sonst ist die Schriftform nötig. Das Gericht ordnet in keinem Fall von Amts wegen das Aufhebungsverfahren an.

B. Weiteres Verfahren. Ausschließlich zuständig ist das Gericht der Hauptsache, §§ 802, 943, wenn die Hauptsache anhängig ist. Das gilt unabhängig davon, wer in welcher Instanz den Arrest angeordnet hat, Hamm MDR **87**, 593. Das Berufungsgericht ist solange zuständig, bis eine Partei Revision eingelegt hat, § 919 Rn 5, aM Düss MDR **84**, 324 (der Fall sei ebenso wie bei § 924 Rn 11 zu behandeln. Aber das Revisionsrecht hat den Vorrang). Ausschließlich zuständig ist aber das Arrestgericht des § 919, falls die Hauptsache noch nicht oder nicht mehr anhängig ist, Hamm JB **91**, 1411, LAG Drsd NZA **08**, 60. Wenn das höhere Gericht die Anordnung des Arrests nach § 921 von einer Sicherheitsleistung abhängig gemacht hatte und wenn es die Sicherheit später hat wegfallen lassen, hatte es sie angeordnet. Der Gläubiger muß die Anhängigkeit nachweisen. Der Schuldner könnte auch kaum das Gegenteil beweisen. **9**

Es müssen die *allgemeinen Prozeßvoraussetzungen* vorliegen, Grdz 12 vor § 253. Es handelt sich um eine Sommersache, § 227 III 2 Z 1. Ein Anwaltszwang besteht abgesehen von Rn 8 wie sonst, § 78 Rn 1. Das Gericht muß die Ladungsfrist nach § 217 beachten. Der Schuldner hat im Verfahren nach § 927 und § 926 II anders als im Verfahren des § 925 die Stellung des Arrestklägers. Das ist für ein Versäumnisverfahren nach §§ 330 ff wichtig. Der Schuldner muß die Veränderung glaubhaft machen, §§ 920 II, 294, Ffm RR **00**, 1236. Eine Widerklage nach Anh § 253 ist infolge der besonderen Verfahrensart unstatthaft. Eine Aussetzung kommt ebensowenig wie im Anordnungsverfahren nach Grdz 13, 14 vor § 916 in Betracht, Mü MDR **86**, 681.

C. Einreden. Der Schuldner kann den Antrag auch einredeweise im Termin zur Verhandlung über den Widerspruch stellen, § 925.

D. Entscheidung. Das Gericht entscheidet über die Rechtmäßigkeit der Fortdauer des Arrests stets durch ein Endurteil, § 300. Das gilt auch dann, wenn es den Arrest nach § 922 I 1 Hs 2 durch einen Beschluß angeordnet hatte. Das Urteil kann lauten: Auf eine Zurückweisung des Antrags; auf eine Aufhebung des Arrests; auf eine Abänderung des Arrests, etwa auf die Anordnung einer Sicherheitsleistung. Eine Aufhebung hat keine Rückwirkung. Das Gericht entscheidet über die Kosten des isolierten Aufhebungsverfahrens nach §§ 91 ff anders als bei §§ 925, 926 grundsätzlich nur über die Kosten des Aufhebungsverfahrens. Denn im Streit ist nur die Fortdauer der Rechtmäßigkeit, nicht die Rechtmäßigkeit selbst, Ffm JB **92**, 422, Kblz GRUR **89**, 75, Schlesw SchlHA **89**, 74, aM Hbg GRUR **79**, 190. Wenn der Arrest jetzt unbegründet ist, muß der Gläubiger die Kosten des Aufhebungsverfahrens tragen, Hbg WRP **79**, 141. **10**

Gebühren: Des Gerichts KV 1410 ff; des Anwalts VV 3100 ff. Wert: Anh § 3 Rn 12 „Arrest"

E. Beispiele zur Frage einer Entscheidung nach II **11**

Anerkenntnis: Wenn der Gläubiger den Aufhebungsanspruch des Schuldners nach § 93 Rn 85 sofort anerkennt und wenn der Gläubiger schon vor dem Aufhebungsantrag erkennbar gemacht hatte, daß er nicht mehr vollziehen werde, muß der Schuldner die Kosten tragen, Karlsr WRP **96**, 120, Köln Rpfleger **02**, 154.

Anfängliche Aufhebungsgründe: Soweit Aufhebungsgründe rückblickend von Anfang an bestanden, muß das Gericht über die Kosten des gesamten Arrestverfahrens entscheiden, Düss RR **86**, 697, Hamm GRUR **92**, 888, Schlesw RR **95**, 896.

Erledigung: Wenn der Gläubiger den Arrest auf Grund einer Sicherheitsleistung des Schuldners sofort nach § 91 a für erledigt erklärt, fallen die Kosten dem Schuldner zur Last, aM StJGr 17 (vgl aber § 93 Rn 9 „Arrest, einstweilige Verfügung"). Wenn der Gläubiger die Sache nach der Einlegung des Widerspruchs nicht sofort für erledigt erklärt hat, treffen den Gläubiger die gesamten Kosten des Arrestverfahrens, Ffm OLGZ **80**, 258, Köln Rpfleger **82**, 154.

Freigabeerklärung: Wenn der Gläubiger sie bei der Pfändung einer beweglichen Sache unterließ, bleibt die Schuldnerklage berechtigt.

Hauptsacheabweisung: Soweit das Prozeßgericht die Klage zur Hauptsache rechtskräftig abgewiesen hat, muß der Kläger auch die Kosten des Arrestverfahrens evtl voll tragen, Hbg WRP **79**, 141.

Hinweispflicht: Wenn der Schuldner den Gläubiger nicht auf den Aufhebungsgrund hingewiesen hatte, muß der Schuldner evtl die Kosten tragen, Ffm RR **99**, 1742.

Quittung: Wenn der Gläubiger die Aufhebung des vollzogenen Arrests bewirkt und dem Schuldner eine Quittung erteilt hatte, muß der Schuldner die Kosten tragen, § 93 Rn 107, Köln Rpfleger **82**, 154, Hees MDR **94**, 438.

Säumnis: Das Versäumnisverfahren verläuft wie gewöhnlich, §§ 330 ff. Das Versäumnisurteil gegenüber dem Gläubiger (Bekl) lautet dahin, daß das Gericht dem Antrag stattgibt, wenn das tatsächliche Vorbringen den Antrag rechtfertigt, § 331 I 1, II. Ein Versäumnisurteil gegenüber dem Schuldner (Kläger) lautet auf eine Zurückweisung des Antrags, § 330. Unter den Voraussetzungen des § 331 a kommt auch eine Entscheidung nach der Aktenlage in Betracht.

Verzicht: Man kann fordern, daß der Schuldner einer auf Unterlassung lautenden einstweiligen Verfügung vor dem Aufhebungsantrag den Gläubiger zur Abgabe einer Verzichtserklärung aufgefordert haben muß, Mü GRUR **85**, 161. Wenn der Gläubiger bei einer Forderungspfändung nach § 843 einen Verzicht auf die erworbenen Rechte nicht erklärte, bleibt die Schuldnerklage berechtigt. Dasselbe gilt dann, wenn der Gläubiger nur einen Verzicht auf die Rechte aus dem Arrestbefehl erklärte und dem Schuldner nur den Arretbefehl aushändigte, Hamm GRUR **85**, 84. Denn der Gläubiger könnte sich weitere Vollstrekkungstitel beschaffen. Sie brauchen ja keine Vollstreckungsklausel, § 929 I, Schlüter ZZP **80**, 459.

Vorläufige Vollstreckbarkeit: Sie richtet sich bei einer Aufhebung des Arrests nach § 808 Z 6, sonst nach §§ 708 Z 11, 709 S 1.

12 **F. Rechtsmittel.** Die Berufung ist wie bei einem Bestätigungsurteil zulässig, § 922 Rn 22, 23. Die Revision ist unstatthaft, § 542 II 1. Man kann § 99 II entsprechend anwenden, wenn es nur noch um die Kosten geht, KG RR **87**, 381 aM Hbg WRP **79**, 141 (kein Rechtsmittel. Aber § 99 II ist eine „Ausnahme von der Ausnahme", § 99 Rn 3). Eine Rechtsbeschwerde ist nach § 574 I 2 in Verbindung mit § 542 II unstatthaft.

13 **5) Einstweilige Maßnahmen, I, II.** § 927 sieht keine Möglichkeit zum Erlaß einer einstweiligen Maßnahme vor. Der Antrag ist kein Widerspruch. § 924 III ist deshalb nicht unmittelbar anwendbar. Trotzdem darf das Gericht den Schuldner nicht bis zum Erlaß des Urteils einer Zwangsvollstreckung aus einer objektiv ungerechtfertigten Entscheidung preisgeben. Deshalb ist § 924 III entsprechend anwendbar, zumal der Antrag nichts anderes ist als ein zugelassener verspäteter Widerspruch, Zweibr FamRZ **81**, 699.

928 *Vollziehung des Arrestes.* **Auf die Vollziehung des Arrestes sind die Vorschriften über die Zwangsvollstreckung entsprechend anzuwenden, soweit nicht die nachfolgenden Paragraphen abweichende Vorschriften enthalten.**

1 **1) Systematik.** Der Arrestvollzug ist die Klippe, an der der sorglose oder vom Mißgeschick verfolgte Gläubiger scheitern kann. Da der Rechtsverlust endgültig ist, ist größte Vorsicht notwendig. §§ 929–933 enthalten die Regeln über die Vollziehung. Ergänzend gelten die Vorschriften über die Zwangsvollstreckung, §§ 704 ff. Man muß die Anordnung und die Aufhebung des Arrests scharf von seiner Vollziehung trennen. Die Vorschriften über die Anordnung nach § 922 und über die Aufhebung des Arrests nach §§ 925, 927 geben und nehmen einen bloßen Vollstreckungstitel. Über den Unterschied zwischen einem Arrestvollzug und einer Arrestvollstreckung Grdz 19 vor § 916.

2 **2) Regelungszweck.** Erst der Vollzug gibt dem Gläubiger in Verbindung mit der Vollstreckung die gewünschte Sicherung. Er gibt allerdings auch noch nicht die im Arrestverfahren grundsätzlich nicht erreichbare Befriedigung, Grdz 5 vor § 916. Die letztere ist ja nur bei der sog Leistungsverfügung ausnahmsweise erreichbar, Grdz 6 vor § 916.

3 *In der Praxis* ergeht eine Leistungsverfügung insbesondere im Gewerblichen Rechtschutz und Urheberrecht häufiger als eigentlich erlaubt vor allem durch die Unterlassung einer Zeitgrenze im Arrest oder der einstweiligen Verfügung. Umso endgültiger kann der Vollzug wirken. So sehr solche Wirkung nach einem Urteil im Hauptprozeß erwünscht ist, so problematisch bleibt sie im Eilverfahren, will man es nicht zum Hauptprozeß umfunktionieren. Das sollte man im gesamten Vollzug bei der Anwendung der von § 928 in Bezug genommenen Vorschriften mitbedenken.

4 **3) Geltungsbereich.** Eine Eröffnung des Insolvenzverfahrens nach § 89 I InsO macht die Vollziehung für den einzelnen Arrestgläubiger unzulässig. Wegen der Unzulässigkeit des Vollzugs in ein auf der Reise befindliches Seeschiff § 482 I HGB. Ein Vollzug nach dem Eintritt des Erbfalls gibt im Nachlaßinsolvenzverfahren kein Absonderungsrecht, § 321 InsO. Über die Vollziehung einer einstweiligen Verfügung § 936 Rn 6. §§ 928 ff gelten auch im WEG-Verfahren und im arbeitsgerichtlichen Verfahren. Wegen § 111 d StPO Müller DGVZ **00**, 81. Wegen einer Vermögensstrafe § 111 o II StPO.

5 **4) Verfahren.** Auf den Arrestvollzug ist das Recht der Zwangsvollstreckung nach §§ 704 ff entsprechend anwendbar. Diese Vorschriften sind also nicht unmittelbar anwendbar. Denn der Arrestvollzug ist keine Zwangsvollstreckung. Er bezweckt ja nicht die Befriedigung des Gläubigers, sondern nur seine Sicherung, Grdz 5 vor § 916. Das Gericht muß immer prüfen, ob eine Vorschrift des Zwangsvollstreckungsrechts der bloßen Sicherung dient oder darüber hinaus der Befriedigung. Nur im ersteren Fall ist sie anwendbar, BGH **121**, 101, Schultes JR **95**, 136.

6 *Anwendbar sind zB:* Die Vorschriften über die sachlichen Voraussetzungen der Zwangsvollstreckung, Grdz 14 vor § 704; die Regeln über die förmlichen Voraussetzungen mit den Abweichungen des § 929; die Vorschriften über die Arten der Zwangsvollstreckung, §§ 803 ff, AG Northeim DGVZ **02**, 126 (zB Schlüsselauswechslung). Stets ist allenfalls eine Pfändung nach § 929 erlaubt, BayObLG Rpfleger **85**, 59, nicht die Überweisung nach § 935, BGH **121**, 101, Schultes JR **95**, 136, oder eine andere Pfandverwertung. Der Gläubiger kann eine eidesstattliche Versicherung des Schuldners fordern, § 807 Rn 3. Der Gläubiger ist an einem Verteilungsverfahren als ein bedingt Berechtigter beteiligt. Für eine Liegenschaftsvollstreckung gelten §§ 931 ff.

Die *Zuständigkeit* für eine Forderungspfändung regelt § 930 I abweichend. Ihre Wirksamkeit richtet sich nach § 829 III, BayObLG Rpfleger **85**, 59. § 720 a ist nicht entsprechend anwendbar, Mü RR **88**, 1466.

5) Rechtsbehelfe. Im Vollzug gelten wegen der Verweisung von § 928 auf §§ 704 ff: Bei einer bloßen 7
Vollzugsmaßnahme ohne eine Anhörung des Gegners die Erinnerung, § 766; bei einer echten Entscheidung das Rpfl die sofortige Beschwerde nach § 11 I RPflG in Verbindung mit §§ 567 I Z 1, 793, zum Verfahren § 104 Rn 41 ff; bei einer echten Entscheidung des Richters die sofortige Beschwerde nach §§ 567 I, 793; die Widerspruchsklage, § 771; die Klage auf eine vorzugsweise Befriedigung, § 805; die Vollstreckungsabwehrklage, § 767, vgl aber § 924 Rn 1–5. Über eine Einstellung der Zwangsvollstreckung §§ 924 III, 927 Rn 13.

6) Vollzugskosten. Man muß die Vollzugskosten nach § 788 behandeln. Der Kostengläubiger muß sie 8
beim Schuldner beitreiben. Bei einer Aufhebung des Arrests sind sie weiter festsetzbar, aM Hamm NJW **76**, 1409 (inkonsequent). Sie sind auch erstattungsfähig. Ein Anspruch auf den Ersatz solcher Kosten ergibt sich evtl aus § 945.

Gebühren: des Gerichts keine; des Anwalts: VV 3309, 3310.

929 *Vollstreckungsklausel; Vollziehungsfrist.*

I Arrestbefehle bedürfen der Vollstreckungsklausel nur, wenn die Vollziehung für einen anderen als den in dem Befehl bezeichneten Gläubiger oder gegen einen anderen als den in dem Befehl bezeichneten Schuldner erfolgen soll.

II Die Vollziehung des Arrestbefehls ist unstatthaft, wenn seit dem Tag, an dem der Befehl verkündet oder der Partei, auf deren Gesuch er erging, zugestellt ist, ein Monat verstrichen ist.

III 1 Die Vollziehung ist vor der Zustellung des Arrestbefehls an den Schuldner zulässig. 2 Sie ist jedoch ohne Wirkung, wenn die Zustellung nicht innerhalb einer Woche nach der Vollziehung und vor Ablauf der für diese im vorhergehenden Absatz bestimmten Frist erfolgt.

Schrifttum: *Fritze,* Fehlerhafte Zustellung von Arresten und einstweiligen Verfügungen, Festschrift für *Schiedermair* (1976) 141; *Gleußner,* Die Vollziehung von Arrest und einstweiliger Verfügung in ihren zeitlichen Grenzen, 1999; *Griesel,* Die Notfristähnlichkeit der Vollziehungsfrist, § 929 Abs. 2 ZPO, usw, 2000; *Jelinek,* Die „Durchführung" von Einstweiligen Unterlassungs-Verfügungen, Festschrift für *Beys* (Athen 2004) 631; *Matthey,* Probleme bei der Vollziehung von Arrest und einstweiliger Verfügung gemäß § 929 Absatz 2 ZPO, Diss Bonn 1999; *Vogg,* Einstweiliger Rechtsschutz und vorläufige Vollstreckbarkeit, 1991.

Gliederung

1) Systematik, I–III. §§ 926, 929 binden die Möglichkeit des an sich noch zulässigen Vollzugs einer im 1
vorläufigen Verfahren ergangenen Entscheidung an die Einhaltung einer Monatsfrist, LG Zweibr MDR **92**, 1081, Pohlmann KTS **94**, 49 (ausf).

2) Regelungszweck, I–III. Damit soll das Gesetz zwar im Interesse der Prozeßwirtschaftlichkeit nach 2
Grdz 14 vor § 128 die alsbaldige Durchsetzung des erwirkten Arrests sicherstellen, LAG Hamm MDR **87**, 1052. Es soll aber zugleich auch den Gläubiger warnen, Hamm FamRZ **81**, 584, Zweibr OLGZ **83**, 468. Es soll ihm im Interesse der Gerechtigkeit nach Einl III 9, 36 eine Bevorratung von Vollstreckungstiteln verwehren, Mü GRUR **94**, 83, LAG Hamm MDR **87**, 1052. Es soll ferner dem Schuldner zuverlässige Kenntnis über die gegen ihn ergangenen Maßnahmen geben, Düss GRUR **89**, 542, Mü MDR **86**, 944. Es soll ihm ferner einen Ausgleich dafür geben, daß der Gläubiger in einem vereinfachten Verfahren einen Vollstrekkungstitel unter erleichterten Umständen erlangen kann, Kblz GRUR **80**, 1023, Zweibr OLGZ **83**, 469. Es soll ferner den Vollzug unter wesentlich veränderten Verhältnissen verhüten, BVerfG NJW **88**, 3141, Karlsr Rpfleger **98**, 255, Oetker GRUR **03**, 120. Auch soll es den Schuldner vor einer sehr späten Vollstreckung schützen, Celle FamRZ **84**, 1248, Karlsr Rpfleger **98**, 255. Das alles muß man bei der Auslegung mitbeachten.

Parteizustellung nach §§ 191 ff ist der notwendige Weg zur Einhaltung der Vollzugsbedingungen. Sie löst in 3
der Praxis immer wieder die unten näher dargelegten Probleme aus. An sich ist die Notwendigkeit nicht selbstverständlich, eine solche Zustellung selbst zu betreiben, statt sie dem Gericht zu überlassen. Sie ist aber ein Ausdruck der Parteiherrschaft, Grdz 18 vor § 128. Diese spielt im gesamten Zivilprozeß eine tragende Rolle. Es soll auch der Verantwortung des Gläubigers überlassen bleiben, ob er mit dem Eiltitel nun auch wirklich Ernst macht. Deshalb muß man die Anforderungen an die Parteizustellung durchaus hoch ansetzen. Bei der Fristberechnung gelten wegen der Rechtssicherheit nach Einl III 43 ohnehin die bei jeder Frist notwendigen strikten Anforderungen, Oetker GRUR **03**, 119.

3) Geltungsbereich, I–III. Die Vorschrift gilt nur für eine Entscheidung über den Arrest oder über eine 4
einstweilige Verfügung selbst. Sie gilt nicht für eine Entscheidung über die zugehörigen Kosten. Der Gläubiger kann die Kosten vielmehr auch nach dem Ablauf der Frist festsetzen lassen und beitreiben. Der Gläubiger muß die Kosten aber dem Schuldner dann zurückerstatten, wenn das Gericht den Arrest samt der Kostenentscheidung aufhebt. Dann muß der Gläubiger dem Schuldner auch den Schaden der Beitreibung erstatten, § 926 Rn 15. Die Parteien können die Kostenerstattung natürlich in einem Vergleich (mit)regeln,

Hamm Rpfleger **76**, 260. Die Vorschriften über den Vollzug begrenzen die Wirkung eines Staatshoheitsaktes, Kblz GRUR **81**, 92.

5 Die Versäumung der Vollzugsfrist macht den Arrestbefehl trotz der Rechtsfolgen Rn 16, 17 *ohne weiteres wirkungslos*, BGH NJW **99**, 3494, Düss GRUR **84**, 385, Karlsr Rpfleger **04**, 642. II zwingt also den Gläubiger dazu, sich innerhalb einer kurzen Zeit darüber klar zu werden, ob er auf einer Durchführung des Arrestbefehls besteht, Düss GRUR **84**, 77. Die Vorschriften sind mit dem GG vereinbar, BVerfG NJW **88**, 3141. Sie sind zwingendes Recht. Das Gericht muß sie von Amts wegen beachten, Grdz 39 (nicht 38) vor § 128, Karlsr Rpfleger **04**, 642, Mü FamRZ **93**, 1101, Zweibr MDR **98**, 123, aM Hamm FamRZ **97**, 1168 links (LS). Die Parteien können auf ihre Einhaltung nicht verzichten, Kblz RR **87**, 510, Köln RR **87**, 576. II gilt im Steuerprozeß entsprechend. Der Verzicht kann in keinem Fall ein Recht eines Dritten beeinträchtigen.

6 **4) Vollstreckungsklausel, I.** Jeder Arrestbefehl ist ohne weiteres vollstreckbar, § 922 Rn 13. Er braucht grundsätzlich keine Vollstreckbarerklärung. Das gilt auch für eine nach der ZPO zu vollstreckende einstweilige Anordnung nach (jetzt) §§ 49 ff FamFG, AG Ibbenbüren FamRZ **00**, 1594. Das Gericht darf dem Schuldner auch nicht etwa gestatten, die Zwangsvollstreckung durch eine Sicherheitsleistung abzuwenden, Karlsr MDR **83**, 677. Der Arrestbefehl braucht auch grundsätzlich keine Vollstreckungsklausel nach § 724. Eine Vollstreckungsklausel ist nur dann ausnahmsweise notwendig, wenn ein Arrestvollzug für oder gegen einen Dritten nach §§ 727, 729, 738, 742, 744, 745, 749 erfolgen soll oder wenn die Zwangsvollstreckung in einem ausländischen Staat stattfinden soll, zB nach der EuGVVO, SchlAnh V C 2, oder wenn im Arrestverfahren ein Prozeßvergleich zustandekommt, LAG Düss MDR **97**, 660.

7 **5) Vollzugsfrist, II**, dazu *Oetker* GRUR **03**, 119 (Üb): Die Frist hat Ähnlichkeit mit der Notfrist des § 224 I 2, Griesel (vor Rn 1). Sie ist reichlich kurz. Man darf sie voll ausnutzen, Ffm GRUR **02**, 237. Man braucht die größte Aufmerksamkeit.

A. Erklärung der Vollstreckungsabsicht. Erst durch den Vollzug bekundet der Gläubiger die Absicht, notfalls zwangsweise vorzugehen. Damit geht er auch das Risiko einer Haftung nach § 945 ein, Hbg GRUR **97**, 148. Daher reicht die notwendige Zustellung ohne eine Androhung oder einen Vollstreckungsantrag nicht aus, die Vollzugsfrist zu wahren, BGH WRP **96**, 104, Ffm Rpfleger **98**, 84, Hbg GRUR **97**, 148. Selbst eine entsprechende bloße Androhung reicht evtl nicht, Rn 11. Andererseits kann die Bekundung der Vollstreckungsabsicht einen Zustellungsfehler evtl heilen, Brdb RR **00**, 326 links.

8 **B. Fristversäumung.** Die Folgen einer Fristversäumung richten sich nach der Verfahrenswahl des Antragsgegners, Düss GRUR **84**, 385. Der Antragsteller darf den Arrestbefehl nicht mehr vollziehen, Rn 4, BAG MDR **08**, 577 links oben, Brdb FamRZ **97**, 624, Kblz RR **00**, 732, Schlesw MDR **99**, 1404. Das Gericht muß ihn grundsätzlich ohne eine nochmalige Prüfung der Begründetheit des Arrests aufheben, Düss GRUR **84**, 385, Hbg RR **07**, 986. Das geschieht auf Grund eines Widerspruchs, § 924, Ffm OLGZ **86**, 120, Mü RR **88**, 1466, LG Düss RR **99**, 383. Es geschieht auch im Berufungsverfahren, §§ 511 ff, Düss GRUR **84**, 385. Es geschieht, sofern keine Vollziehung mehr möglich ist, Schlesw FamRZ **81**, 456, LG Düss RR **99**, 383. Das gilt auch, soweit später fällig werdende Leistungen betroffen werden, Hbg FamRZ **88**, 523, aM Bbg FamRZ **85**, 509, StJGr § 938 Rn 38, ZöV 19 (aber Aufhebung ist eben Aufhebung). Das Gericht hebt den Arrestbefehl nach § 927 in demselben Fall auf, Düss GRUR **84**, 385. Vollstreckungsmaßnahmen sind unwirksam, Rn 4. Das Gericht hebt sie auf Grund einer Erinnerung nach § 766 auf, Hamm GRUR **90**, 714, Schlesw SchlHA **89**, 74.

9 Der Gläubiger trägt alle *Kosten,* Düss RR **00**, 68, Wedemeyer NJW **79**, 294. Er muß einen neuen Arrest erwirken, Düss DB **81**, 1926, Köln WRP **79**, 817, LG Wuppert RR **92**, 319. Der neue Arrest gibt ihm den verlorenen Rang nicht wieder. Für den neuen Arrest ist nur das Erstgericht zuständig, § 919, Brdb MDR **99**, 1219, Ffm MDR **86**, 768, Schlesw SchlHA **89**, 74, aM ZöV 23 (aber auch ein Eilbedürfnis kann nicht die funktionelle Zuständigkeit ändern, Art 101 I 2 GG). Dem Erlaß eines neuen Arrests vor der formellen Rechtskraft der Aufhebung steht die Rechtshängigkeit entgegen, § 261 Rn 16 (dort zur Streitfrage).

Dem Erlaß eines *neuen* Arrests nach der formellen Rechtskraft der Aufhebung braucht nicht entgegenzustehen, daß schon einmal ein Arrest ergangen war, falls auch jetzt eine Arrestforderung und ein Arrestgrund vorliegen. Allerdings kann der Gläubiger den erneuten Erlaß des Arrests nicht schon durch eine Anschlußberufung nach § 524 erreichen, Schlesw SchlHA **89**, 74, aM Celle NJW **86**, 2441, ZöV 23 (aber man sollte auf die Unterschiede der Verfahrensabschnitte und -arten achten). Der eine fristgemäße Vollziehung vereitelnde Gegner haftet nach § 826 BGB. Die Aufhebung wegen des Fristablaufs ist unzulässig, wenn das Gericht dem Schuldner im Arresturteil fälschlich gestattet hatte, die Zwangsvollstreckung durch eine dann in der Vollziehungsfrist auch erfolgte Sicherheitsleistung abzuwenden, Karlsr MDR **83**, 677.

10 **C. Vollzug nach dem Fristablauf.** Man muß einen solchen Vollzug bei einer Vollstreckungsmaßnahme wie eine solche Zwangsvollstreckung beurteilen, deren Voraussetzungen fehlen, Grdz 56 vor § 704. Die Maßnahme ist auflösend bedingt wirksam, Grdz 58 vor § 704, BGH **112**, 358 (krit Stürner JZ **91**, 406), StJGr 17, ZöV 4 (sie sei unwirksam). Das Widerspruchsverfahren nach § 924 oder das Aufhebungsverfahren wegen veränderter Umstände nach § 927 sind also auch dann erst nach der Herausgabe des Titels, nach der Erfüllung oder nach dem Verzicht in der Hauptsache erledigt, wenn inzwischen ein neuer Vollstreckungstitel vorliegt.

11 **D. Beispiele zur Frage der Vollzugsfrist, II**

Abkürzung: Rn 15 „Fristberechnung".

Von Amts wegen: Das Gericht muß den Ablauf der Monatsfrist von Amts wegen beachten, Karlsr Rpfleger **04**, 642, Kblz GRUR **81**, 92, Wedemeyer NJW **79**, 294. Das gilt auch im Berufungsverfahren, Köln FamRZ **85**, 1062.

S auch Rn 13 „Fristablauf", Rn 15 „Fristberechnung".

Androhung: Zur Wahrung der Vollzugsfrist ist die Androhung einer Vollzugsmaßnahme erforderlich, Rn 7. Sie reicht aber jedenfalls bei einer Inlandszustellung *nicht* aus, Grdz 51 vor § 704, BGH **112**, 358, aM LAG Erfurt MDR **01**, 699 (aber Androhung ist weniger als Einleitung).

S auch „Antrag", Rn 12 „Beginn des Vollzugs", Rn 18 „Zustellung".

Antrag: Zur Wahrung der Vollzugsfrist durch den Beginn des Vollzugs reicht es *nicht* aus, daß der Gläubiger nur einen Vollstreckungsantrag stellt, Kblz RR **87**, 760, Zweibr OLGZ **83**, 468, Lang AnwBl **81**, 236, aM BGH NJW **06**, 1290, Hamm FamRZ **94**, 1540, LAG Erfurt MDR **01**, 699 (aber der Schuldner muß eine Kenntnis vom Vollzugswillen haben).

S auch „Androhung", Rn 12 „Beginn des Vollzugs".

Arresthypothek: § 932 Rn 9.

Aufhebung: Mit der Rechtskraft der Aufhebung des Arrests *verliert* eine etwa im Anschluß an seinen Erlaß vorgenommene Vollzugsmaßnahme ihre Grundlage.

Auskunft: Ein Antrag nach §§ 887, 888 muß zur Fristwahrung nicht hinzutreten, Ffm RR **98**, 1007.

Auslandszustellung: Zur Fristwahrung genügt der Eingang des Zustellungsgesuches nebst einer folgenden Zustellung, Köln GRUR **99**, 67 zu § 207 I aF: (1,5 Monate genügen nach Dänemark).

Beendigung des Vollzugs: Rn 17 „Vollzugsbeendigung".

Beginn der Frist: Rn 14 „Fristbeginn".

Beginn des Vollzugs: Der Gläubiger wahrt die Vollzugsfrist durch den Beginn des Vollzugs. Das gilt grds 12
auch dann, wenn der erste Versuch zu keinem Erfolg führt, Düss MDR **98**, 1180, Hamm RR **94**, 521, ZöV 11, aM Köln FamRZ **85**, 1062 (aber der Vollzugswille ist geblieben).

S aber auch Rn 11 „Androhung", „Antrag", Rn 18 „Zustellung".

Berechnung: Rn 14 „Fristberechnung".

Berichtigung: Eine Berichtigung nach § 319 setzt *keine neue* Vollzugsfrist in Lauf, Düss DB **81**, 1926.

Beschlagnahme (StPO): II gilt auch bei § 111 d StPO, aM Schlesw Rpfleger **06**, 261. Zur Einhaltung der Vollzugsfrist ist bei § 111 b StP nicht eine Zulassung nach § 111 g II 1 StPO erforderlich, BGH **144**, 187.

Beseitigung: Eine *Wiederholung* der Vollzugsmaßnahme ist ausnahmsweise dann notwendig, wenn die ursprüngliche Vollstreckungsmaßnahme nach der Aufhebung des Arrests schon vollständig entfallen war, KG Rpfleger **81**, 119, LG Dortm Rpfleger **82**, 276.

Bestätigung nach Aufhebung: Wenn das Gericht den Arrest zunächst auf Grund eines Widerspruchs aufgehoben und das Berufungsgericht ihn dann wieder bestätigt hatte, beginnt eine *neue* Vollzugsfrist zu laufen, Düss RR **00**, 68, Ffm MDR **02**, 602, Zweibr RR **02**, 1657.

Bestätigung nach Fristablauf: Das Berufungsgericht kann den auf Grund eines Widerspruchs aufgehobenen Arrest noch dann bestätigen, wenn eine Vollziehung bis zum Ablauf der Vollzugsfrist nicht stattgefunden hat.

Mit der Bestätigung beginnt eine *neue* Vollzugsfrist zu laufen. Denn das Verfahren würde sonst auf Grund eines neuen Arrestantrags nochmals ablaufen, Kblz GRUR **81**, 92 (die Prüfung ist unzulässig, da kein Titel mehr vorhanden ist).

Bestätigung gegen Sicherheitsleistung: Wenn das Gericht den Arrest nach § 925 II gegen eine Sicherheitsleistung bestätigt hat, hat es in Wahrheit einen neuen Arrest erlassen, Ffm OLGZ **80**, 259. Das gilt auch dann, wenn sonst eine wesentliche inhaltliche Veränderung erfolgte, Schlesw RR **86**, 1128, Wedemeyer NJW **79**, 294.

Nur in diesen Fällen beginnt eine *neue* Vollzugsfrist, Hbg RR **95**, 1055, Schlesw RR **86**, 1128, LAG Düss BB **81**, 435, aM LG Münst Rpfleger **97**, 75, Grunsky ZZP **104**, 9 (die Vollzugsfrist beginne auch bei einer vollen Bestätigung des Arrests neu).

Bestätigung nach Widerspruch: Wenn das Gericht die einstweilige Verfügung auf Grund eines Widerspruchs durch ein Urteil bestätigt, jedoch dabei wesentlich inhaltlich geändert, muß man sie *erneut* vollziehen, II, Hamm Rpfleger **95**, 468, Zweibr RR **02**, 1657. Andernfalls ist *keine* neue Vollziehung nötig, Hbg GRUR-RR **07**, 154 (also auch nicht nach einer nur unwesentlichen Änderung).

Eidesstattliche Versicherung zwecks Offenbarung: Es genügt die Einreichung des Auftrags zur Abnahme 13
der eidesstattlichen Versicherung bei dem nach §§ 899, 928 zuständigen Gerichtsvollzieher, (jetzt) § 167, Treysse Rpfleger **81**, 340. Der Gläubiger muß die nötigen Nachweise beilegen. Da der Fristablauf die weitere Zwangsvollstreckung ausschließt, ist das Verfahren oft wertlos.

Einstweilige Einstellung: Eine einstweilige Einstellung der Zwangsvollstreckung unterbricht die Monatsfrist, Düss FamRZ **87**, 490.

Einstweilige Verfügung: § 936 Rn 7 ff.

Frist zur Sicherheitsleistung: Der Gläubiger muß eine etwa angeordnete Sicherheit innerhalb der Vollzugsfrist leisten, Ffm OLGZ **80**, 259, Christmann DGVZ **93**, 109.

Frist zum Vollzugsbeginn: Der Gläubiger muß den Vollzug innerhalb der Vollzugsfrist wenigstens beginnen, LG Aachen RR **90**, 1344.

Fristablauf: Nach dem Ablauf der Monatsfrist darf das Gericht *keine* neuen Vollzugsmaßnahmen mehr treffen. Das gilt selbst dann, wenn noch ein enger zeitlicher Zusammenhang vorliegt.

S auch Rn 15 „Fristberechnung".

Fristbeginn beim Arrestbeschluß: Die Monatsfrist beginnt bei einem nicht verkündeten Arrestbeschluß 14
mit der Zustellung der vollständigen Entscheidung in einer Ausfertigung nach Rn 18 an den Gläubiger, Köln RR **87**, 575. Das Gericht kann weitere Zustellungsvoraussetzungen anordnen, etwa die gleichzeitige Zustellung bestimmter Schriftstücke, Nürnb GRUR **92**, 564. Wenn eine Zustellung unterblieben ist, ist die formlose Aushändigung an den Gläubiger maßgeblich. Denn der Gläubiger kann auch dann vollziehen, Düss GRUR **84**, 76, Lang AnwBl **81**, 236, ZöV 5, aM Fritze Festschrift für Schiedermair (1976) 146, Wedemeyer NJW **79**, 294 (vgl aber jetzt § 189).

Zwecks einer einwandfreien Feststellung des Fristbeginns ist dann aber eine *Quittung* ratsam. Eine Kenntnisnahme ohne eine Besitzerlangung reicht *nicht* aus, Köln RR **87**, 576.

Fristbeginn beim Arresturteil: Die Monatsfrist beginnt bei einem Arresturteil mit seiner Verkündung nach §§ 310 ff, wenn das Gericht auf Grund einer mündlichen Verhandlung entschieden hat, § 922 I, Düss GRUR **84**, 76, Ffm RR **00**, 1236, Hamm FamRZ **91**, 583. Soweit eine Verkündung stattgefunden hat, ist nur sie maßgeblich, nicht etwa eine folgende Zustellung, LAG Bre Rpfleger **82**, 481.

Keineswegs beginnt die Frist vor der Urteilsverkündung. Das gilt selbst dann, wenn das Gericht schon vorher eine Ausfertigung herausgegeben hatte, Düss RR **03**, 354.

15 **Fristberechnung:** Die Monatsfrist ist eine gesetzliche Frist. Ihre Berechnung erfolgt nach § 222 in Verbindung mit den dort abgedruckten Vorschriften des § 187 I BGB, Köln RR **87**, 575, LG Köln RR **89**, 191, und des § 188 II, III BGB. Das Gericht darf sie nicht abgekürzen oder verlängern, Kblz GRUR **81**, 92, Lang AnwBl **81**, 36. Es handelt sich nicht um eine Notfrist, § 224 I 2, Ffm OLGZ **81**, 100, LG Brschw DGVZ **82**, 75. Deshalb darf das Gericht gegen die Versäumung der Frist keine Wiedereinsetzung in den vorigen Stand geben, Düss DB **81**, 1926, Schneider MDR **85**, 112. Eine Fristversäumung ist heilbar, § 189, Karlsr Rpfleger **04**, 642. Freilich ist ein Rechtsmißbrauch unstatthaft, Einl III 54, Grdz 44 vor § 704, Celle OLGZ **86**, 490.

S auch Rn 11 „Von Amts wegen".

Fristunterbrechung: Rn 13 „Einstweilige Einstellung".

Fristversäumung: Rn 8, 9.

Haftantrag: Er kann zur Frist genügen, Celle DGVZ **99**, 74.

Hypothek: § 932 Rn 7.

Inhaltserweiterung: Eine *Wiederholung* der Vollzugsmaßnahme ist ausnahmsweise dann notwendig, wenn das im Widerspruchsverfahren neugefaßte Verbot eine inhaltliche Erweiterung enthält, Düss GRUR **84**, 77, Hamm GRUR **89**, 931.

Neue Frist: Rn 12 „Bestätigung nach Fristablauf".

Ordnungsmittel: Es genügt zur Fristeinhaltung, daß der Gläubiger ein Ordnungsmittel beantragt, Celle DGVZ **99**, 74.

16 **Parteibetrieb:** Rn 18 „Zustellung".

Persönlicher Arrest: Notwendig ist die Durchführung der angeordneten Freiheitsbeschränkung.

Pfändung: Ein vor dem Fristablauf gestellter Pfändungsantrag reicht aus, Celle DGVZ **99**, 74. Bei einer Pfändung durch das Vollstreckungsgericht genügt ein Pfändungsbeschluß jedenfalls dann, wenn die Zustellung unverzüglich folgt, BGH NJW **91**, 496, Celle DGVZ **99**, 74, Karlsr Rpfleger **98**, 255. Eine mangelhafte, aber rechtzeitige Pfändung reicht dann aus, wenn der Mangel später heilt. Bei einer Buchhypothek genügt jedenfalls der Eingang des Umschreibungsantrags. Auch die Pfändung eines Anspruchs auf eine Herausgabe erfolgt nur innerhalb der Frist. Eine erfolglose Pfändung ist ein Vollzug. Man darf eben den Vollzug und die Vollstreckung nicht gleichstellen, Grdz 19 vor § 916.

Eine Zustellung des Arrests an den Schuldner reicht *nicht* aus.

Prozeßbevollmächtigter: Für die Zustellung ist § 172 anwendbar, dort Rn 3. Im Anwaltsprozeß nach § 78 Rn 1 ist eine Zustellung an den ProzBev des Schuldners notwendig, Hamm MDR **76**, 407. Eine Zustellung direkt an den Gegner ist grds bedenklich, Hbg GRUR-RR **07**, 296. Trotzdem kann sie ausnahmsweise ausreichen, Hbg GRUR **87**, 66. Das gilt zB bei einer unverschuldeten Unkenntnis des Umstands, daß der Gegner inzwischen einen ProzBev nach § 172 bestellt hatte, oder dann, wenn sich der Anwalt des Schuldners nicht zum ProzBev bestellt hat, Hbg MDR **06**, 1183.

S auch Rn 18 „Zustellung".

Prozeßstandschaft: Eine Wiederholung der Vollzugsmaßnahme kann dann entbehrlich sein, wenn statt des Prozeßstandschafters nun der wahre Rechtsinhaber in das Verfahren eintritt, KG WettbR **96**, 161.

Strafprozeß: Rn 12 „Beschlagnahme".

Unterbrechung: Rn 13 „Einstweilige Einstellung".

Verkündung: Rn 14 „Fristbeginn beim Arresturteil".

Verlängerung: Rn 15 „Fristberechnung".

17 **Vollzugsbeendigung:** Eine Beendigung des Vollzugs innerhalb der Vollzugsfrist ist nicht erforderlich. Denn sie ist oft unmöglich. Es reicht daher aus, daß sich der Gläubiger nach Kräften bemüht hat, daß er also nicht trödelte, LG Hbg DGVZ **91**, 11, LG Kassel DGVZ **85**, 142, aM Köln FamRZ **85**, 1065 (aber man darf nichts Unzumutbares fordern). Beendende Vollzugsmaßnahmen müssen aber mit den vor dem Fristablauf begonnenen eine Einheit darstellen, Düss MDR **83**, 239, Mü FamRZ **93**, 1101, LG Konst DGVZ **93**, 142, aM App BB **84**, 273 (auch zu § 324 III 1 AO), Schneider MDR **85**, 114 (aber eine Beendigung allein ist das Gegenteil eines Vollzugswillens).

Vormerkung: Auch bei der Eintragung einer Vormerkung bleibt zwecks eines Vollzugs die Notwendigkeit der Zustellung, Rn 18, LG Düss RR **99**, 383.

Vorpfändung: Eine Zustellung an den Drittschuldner ist notwendig und ausreichend, § 845 Rn 8, AG Bln-Charlottenb RR **88**, 639. Jedoch muß die Pfändung innerhalb der 1-Monats-Frist des § 845 II erfolgen, § 845 Rn 14, AG Bln-Charlottenb RR **88**, 639.

Wiedereinsetzung: Rn 15 „Fristberechnung".

Wiederholung: Der Gläubiger braucht eine Vollzugsmaßnahme nach der Bestätigung des Arrests grds nicht zu wiederholen, insbesondere nicht bei einem unveränderten Inhalt, Celle GRUR **87**, 66, Düss GRUR **84**, 77, Hamm RR **99**, 631.

S aber auch Rn 12 „Beseitigung", Rn 15 „Inhaltserweiterung".

18 **Zustellung:** Sie ist eine Wirksamkeitsbedingung, Hbg RR **07**, 986, LG Hbg Rpfleger **06**, 12. Zur Wahrung der Vollzugsfrist ist im Rahmen des Vollzugsbeginns die Zustellung des Arrests erforderlich, LG Düss RR **99**, 303 (auch bei Vormerkung). Sie ist eine freilich nicht stets ausreichend, Rn 5. Sie erfolgt grds durch eine Übermittlung der vollständigen Fassung eines Arrestbeschlusses, Düss RR **99**, 795, Ffm Rpfleger **93**, 31. Beim Arresturteil genügt die abgekürzte Fassung, BVerfG NJW **88**, 3141. Der Gläubiger muß zB die im Arrestbeschluß in Bezug genommenen Anlagen beifügen, Ffm Rpfleger **93**, 31 (auch zu einer Ausnahme).

Der Gläubiger muß die Zustellung grds nach §§ 191 ff *im Parteibetrieb* vornehmen. Denn die Amtszustellung nach §§ 166 ff ergibt noch nicht den jetzigen Vollzugswillen des Gläubigers eindeutig genug, Hbg GRUR-RR **07**, 296, Karlsr RR **02**, 951, Köln GRUR-RR **03**, 255, aM Celle RR **90**, 1088, Mü FGPrax **05**, 196, Stgt WRP **97**, 350 (aber der Gläubiger mag noch etwas zuwarten wollen, ob der Schuldner sich doch noch rechtzeitig vor dem Fristablauf fügt). Das alles gilt auch nach der erneuten Betätigung eines zuvor aufgehobenen Arrests, Rn 11, Düss RR **00**, 68. Nur ganz ausnahmsweise kann eine andere Handlung des Antragstellers reichen, Hbg WettbR **00**, 51, Karlsr RR **02**, 951. Keineswegs reicht aber schon ein Abschlußschreiben nebst der Androhung eines Ordnungsmittelantrags, Hbg WettbR **00**, 51.

Die Zustellung muß im übrigen *gesetzmäßig* erfolgen, also meist an den ProzBev der Instanz, § 172, so schon Brdb RR **00**, 326 links, Karlsr Rpfleger **04**, 642, Schlesw MDR **01**, 231. Sie muß an den Schutzschriftanwalt des Antragsgegners erfolgen, wenn das Gericht dem Antragsteller die Schutzschrift zusammen mit der Eilentscheidung zugestellt hatte, Köln GRUR-RR **01**, 71. Eine Zustellung nach § 195 sechs Tage vor dem Ablauf der Vollzugsfrist reicht aus. Einen farbigen Urteilsteil muß der Gerichtsvollzieher auch farbig zustellen, Hbg RR **07**, 986. Ein Empfangsbekenntnis muß wirksam unterschrieben sein, § 195 Rn 13, 16. Eine gesetzmäßige Zustellung reicht für die Wahrung der Vollzugsfrist auch dann, wenn weitere Vollstreckungsmaßnahmen hinzutreten müssen, AG Flensb DGVZ **95**, 60. § 189 ist anwendbar, Ffm NJW **03**, 2688, Karlsr Rpfleger **04**, 642. Ab beiderseitigen wirksamen Erledigterklärungen unterbleibt eine Zustellung, LG Hbg Rpfleger **06**, 12.

S auch Rn 11 „Antrag", Rn 14 „Fristbeginn", Rn 16 „Prozeßbevollmächtigter".

6) Vollzug vor der Zustellung, III. Auch diese Vorschrift erfordert eine große Sorgfalt. 19

A. Möglichkeit. Der Gläubiger kann die Vollziehung abweichend von §§ 750, 751 und ähnlich wie bei § 845 I 3 betreiben, BayObLG Rpfleger **85**, 59. Das kann sofort nach dem Erlaß des Arrests oder der Urteilsverkündung geschehen, also schon vor dem Zeitpunkt der Parteizustellung des Arrests an den Schuldner oder seinen ProzBev nach § 172. Sie kann auch an demjenigen des Hauptsacheprozesses erfolgen, Hbg RR **88**, 1277. Der Vollzug wirkt dann aber auflösend bedingt. Die Bedingung tritt dann ein, wenn nicht der Gläubiger innerhalb einer Woche seit der Vollziehung und außerdem vor dem Ablauf eines Monats seit der Verkündung des Arrests oder seiner Zustellung oder der Aushändigung an den Gläubiger nach Rn 4 ff und außerdem dem Schuldner zustellt, III 2, Celle FamRZ **88**, 525, LG Ffm NJW **90**, 652. Er muß auch dem etwaigen Drittschuldner rechtzeitig zustellen, Ffm Rpfleger **99**, 85. Die Zustellung des Protokolls mit der verkündeten Urteilsformel reicht wegen § 317 II nicht, Hamm GRUR **87**, 853.

B. Frist. Die Wochenfrist beginnt bei einer Eintragung in das Grundbuch oder in ein Register mit dem 20
Antrag nach § 932 III, § 936 Rn 13 „§ 932, Arresthypothek", Ffm Rpfleger **82**, 32, RoGSch § 79 II 1. Eine notwendige Sicherheitsleistung muß vor der Vollziehung erfolgt sein. Der Gläubiger kann die Urkunden über die Leistung innerhalb der Frist des III zustellen. Es kann notwendig sein, zugleich einer Partei und ihrem gesetzlichen Vertreter zuzustellen, § 51 Rn 12, Hbg RR **93**, 1449.

C. Öffentliche, Auslandszustellung usw. Bei einer öffentlichen Zustellung nach §§ 185 ff oder bei 21
einer Zustellung im Ausland nach §§ 183, 184 genügt der Eingang des Gesuchs vor oder nach der Vollziehung, wenn die Zustellung demnächst stattfindet, § 167, aM (je zum alten Recht) Hbg RR **88**, 1277, Köln MDR **87**, 593. Es handelt sich um eine gesetzliche Frist nach § 224 Rn 9 und nicht um eine Notfrist, § 224 I 2. Nach einem ergebnislosen Ablauf der Frist gilt für die Zwangsvollstreckung Rn 18. „Sie ist ohne Wirkung" bedeutet nur: Sie steht einer unzulässigen Zwangsvollstreckung gleich. Das Grundbuchamt muß eine Vormerkung löschen, Köln MDR **87**, 593. Der Schuldner kann auf die Einhaltung der Frist des III nicht wirksam verzichten, Ffm Rpfleger **82**, 32.

D. Verstoß. Ein Verstoß gegen II, III 2 führt zur Unwirksamkeit der jeweiligen Vollzugsmaßnahme, zB 22
einer Pfändung, Schlesw MDR **01**, 231. Der Schuldner kann nach § 766 vorgehen. Er hat außerdem die Möglichkeit eines Antrags nach § 927. Wenn die Zustellung vor der Vollziehung erfolgte oder wenn die Zustellung fehlerhaft war, ist III nicht anwendbar. Denn nach III 1 ist eine Voraussetzung seiner Anwendbarkeit der Umstand, daß überhaupt keine Zustellung erfolgte, LG Aachen RR **90**, 1344, aM StJGr 20 (aber der Wortlaut und Sinn sind im Kern eindeutig, Einl III 39). Solange und soweit noch ein Verfügungsgrund besteht, kann der Gläubiger einen neuen Eilantrag stellen, Ffm NJW **02**, 1959. Dieser führt natürlich zu einem gesonderten neuen Verfahren usw.

E. Rechtsbehelf. Der Betroffene hat bei einer bloßen Vollzugsmaßnahme ohne eine Anhörung des 23
Gegners die Erinnerung nach § 766, BGH Rpfleger **89**, 248. Er hat bei einer echten richterlichen Entscheidung des Richters die sofortige Beschwerde nach §§ 567 I Z 1, 793, 828. Er hat bei einer solchen des Rpfl deshalb die sofortige Beschwerde nach § 11 I RPflG. Zum Verfahren § 104 Rn 41 ff. Innerhalb der Monatsfrist nach II kann der Gläubiger den Vollzug wiederholen.

930 ***Vollziehung in bewegliches Vermögen und Forderungen.*** **I 1 Die Vollziehung des Arrestes in bewegliches Vermögen wird durch Pfändung bewirkt. 2 Die Pfändung erfolgt nach denselben Grundsätzen wie jede andere Pfändung und begründet ein Pfandrecht mit den im § 804 bestimmten Wirkungen. 3 Für die Pfändung einer Forderung ist das Arrestgericht als Vollstreckungsgericht zuständig.**

II Gepfändetes Geld und ein im Verteilungsverfahren auf den Gläubiger fallender Betrag des Erlöses werden hinterlegt.

III Das Vollstreckungsgericht kann auf Antrag anordnen, dass eine bewegliche körperliche Sache, wenn sie der Gefahr einer beträchtlichen Wertverringerung ausgesetzt ist oder wenn ihre Aufbewahrung unverhältnismäßige Kosten verursachen würde, versteigert und der Erlös hinterlegt werde.

Gliederung

1 **1) Systematik, I–III.** Der Arrest ist vollstreckungsfähig und -bedürftig. Das Gesetz nennt das seine Vollziehung, Zweibr FamRZ **00**, 966. Der Arrestvollzug in Fahrnis erfolgt durch eine Pfändung, §§ 803 ff. Demgegenüber erfolgt der Arrestvollzug in das unbewegliche Vermögen nach § 932. Die Pfändung bringt ein Pfändungspfandrecht nach §§ 804, 829 zum Entstehen, BayObLG Rpfleger **85**, 59. Mit dem Pfändungspfandrecht endet der Arrestvollzug.

Der Gläubiger darf *keine rechtsgestaltenden Erklärungen* abgeben. Er darf zB nicht die Begünstigung eines Dritten durch einen Versicherungsvertrag widerrufen. Ein Antrag nach § 807 ist statthaft, Behr Rpfleger **88**, 2. Der Gläubiger kann den Drittschuldner nicht auf eine Auskunft wegen einer Nichtabgabe der Erklärung nach § 840 verklagen, § 840 Rn 2, 15, BGH **68**, 289. Für die Vollzugskosten ist der Arrest die Festsetzungsgrundlage, KG Rpfleger **77**, 372. Vgl ferner § 324 III AO. Wegen einer Vermögensstrafe § 111 o II StPO.

2 **2) Regelungszweck, I–III.** Der Arrest dient grundsätzlich nur der Sicherung des Gläubigers und nicht seiner Befriedigung, Grdz 5 vor § 916. Daher darf der Gläubiger dieses Pfandrecht nicht verwerten. Er darf also grundsätzlich weder eine Versteigerung noch eine Überweisung nach § 935 betreiben, BGH **68**, 292. Eine Ausnahme gilt nach III. Die Überweisung ist ferner ausnahmsweise dann zulässig, wenn es um einen Anspruch auf die Herausgabe eines solchen Hypothekenbriefs geht, der sich im Besitz eines Dritten befindet. Denn dann ist die Überweisung ein Teil desjenigen Pfandrechts, das durch die Überweisung erst zur Entstehung kommt. Eine Überweisung mit einer Hinterlegungsanordnung ist nicht statthaft. Bei einer Pfändung des Anspruchs auf die Herausgabe einer Sache kommt ihre Herausgabe nach § 847 I an den Gerichtsvollzieher oder einen Sequester in Betracht.

3 *III* nennt Bedingungen, über deren Eintritt man sehr unterschiedlich urteilen kann. Eine „beträchtliche" Wertverringerung läßt sich genauso schwierig vorhersagen wie eine „unverhältnismäßige" Höhe von Aufbewahrungskosten. Da das ganze Eilverfahren vor allem einen Sicherungszweck hat, sollte man auch kein vermeidbares Risiko eingehen. Andererseits schafft eine Versteigerung einen endgültigen Rechtsübergang. Das geht weit über eine bloße Sicherung hinaus. Man muß daher trotz aller etwaigen Eilbedürftigkeit behutsam abwägen.

4 **3) Unterliegen des Schuldners in der Hauptsache, I.** Unterliegt der Schuldner in der Hauptsache, wird das Arrestpfandrecht kraft Gesetzes zu einem Vollstreckungspfandrecht mit dem Rang des Zeitpunkts der Arrestpfändung, BGH **66**, 394. Eine Wiederholung der Pfändung ist eine zwecklose Förmelei. Das Arrestpfandrecht läßt die Verwertung zu, sobald der Gläubiger eine vollstreckbare Ausfertigung des Urteils evtl nebst einer Hinterlegungsbescheinigung zugestellt hat. Auch dann besteht noch kein Rechtsschutzbedürfnis nach Grdz 33 vor § 253 für eine Einstellung der Zwangsvollstreckung aus dem Arrestbefehl, solange die Verurteilung in der Hauptsache wieder wegfallen kann.

5 **4) Sieg des Schuldners in der Hauptsache, I.** Wenn der Schuldner in der Hauptsache siegt, kann er die Aufhebung des Arrests nach § 927 und nach seiner Vollziehung verlangen, § 776. Das Pfandrecht gibt den Rang nach dem Tag der Arrestpfändung, BGH **68**, 292. Jede Aufhebung des Arrests läßt nur denjenigen Rang bestehen, der seit der Zustellung eines vollstreckbaren Titels in der Hauptsache besteht.

6 **5) Pfändung einer Forderung, I.** Man muß drei Aspekte beachten.

A. Verfahren. Für die Pfändung einer Forderung ist das Arrestgericht des § 919 das ausschließlich zuständige Vollstreckungsgericht, § 802, BGH **66**, 395, BayObLG Rpfleger **04**, 365, Ffm Rpfleger **80**, 485. Das gilt aber nur für diese Maßnahme, insoweit in einer Abweichung vom grundsätzlich anwendbaren § 828 II, BVerfG **64**, 18. Das Arrestgericht entscheidet durch den Rpfl, falls nicht das Gericht zulässig den Pfändungsbeschluß schon mit dem Arrestbeschluß verbunden hatte, § 20 Z 16 RPflG, Ffm Rpfleger **80**, 485, Mü MDR **04**, 1383. Eine Pfändung des Herausgabeanspruchs und anderer Vermögensrechte steht gleich, §§ 846, 857. Das Arrestgericht entscheidet nach einer bloßen Maßnahme ohne eine Anhörung des Gegners. Bei einer echten Entscheidung gilt § 11 RPflG. Das Arrestgericht entscheidet auch über die Erinnerung nach § 766, BGH **66**, 394, Ffm Rpfleger **80**, 485, jetzt durch den Richter, § 20 Z 17 a RPflG. Es erfolgt also keine Weitergabe, so schon Düss RR **93**, 831, Ffm Rpfleger **80**, 485. Falls sie dennoch erfolgt ist, wird die Sache zurückverwiesen, Düss RR **93**, 831.

Das Arrestgericht entscheidet durch den Richter auch über *weitere Anträge* wegen derselben Forderung oder wegen irgendwelcher Klarstellungen usw, Mü Rpfleger **75**, 35, aM LG Mü Rpfleger **89**, 401. Es entscheidet auch über eine Aufhebung des Pfändungsbeschlusses nach §§ 775 ff, BGH NJW **76**, 1453. Es entscheidet auch über eine Aufhebung nach § 934. Für eine Überweisung der gepfändeten Forderung nach § 835 ist immer das AG als Vollstreckungsgericht des § 764 zuständig. Ein Arrest und eine Zwangsvollstrekkung in eine im Deckungsregister eingetragene und durch ein Schiffspfandrecht gesicherte Darlehnsforderung und in Wertpapiere sind nur auf Grund von Ansprüchen aus einem Schiffspfandbrief zulässig, § 35 SchiffsbankG.

7 **B. Verbindung der Beschlüsse.** Das Arrestgericht nach Rn 6 kann den Pfändungsbeschluß nach § 930 mit dem Arrestbeschluß nach § 922 verbinden, Zweibr FamRZ **00**, 966, nicht aber mit einem Arresturteil, aM StJGr 5, ZöV 2 (aber die Entscheidungsformen müssen zueinander passen). Dann ist der Rpfl nicht zuständig, Rn 6. Wenn das Gericht den Arrest allerdings von einer Sicherheitsleistung abhängig gemacht hat, ist eine derartige Verbindung unzulässig, Düss Rpfleger **84**, 161. Die Verbindung bleibt rein äußerlich, BayObLG Rpfleger **85**, 59. Die Rechtsbehelfe und die Zustellungserfordernisse richten sich nach dem jeweiligen Einzelbeschluß. Auch die Anträge lassen sich verbinden. Ein Anwaltszwang besteht für den Pfändungsantrag ebensowenig wie für den Arrestantrag, § 920 III, § 13 RPflG, Bergerfurth Rpfleger **78**, 205. Eine einmal begründete Zuständigkeit bleibt trotz späterer Änderungen etwa nach §§ 775 ff bestehen. Freilich wird bei einer neuen Forderung oder bei einem Drittschuldner für den bloßen Pfändungsbeschluß wieder der Rpfl zuständig, Mü Rpfleger **75**, 35. Wenn ein ArbG den Arrest erlassen hat, ist es auch für den Pfändungsbeschluß zuständig.

8 **C. Stellung des Drittschuldners.** Er darf nur noch an den Pfändungsgläubiger und an den Arrestschuldner gemeinschaftlich zahlen.

6) Hinterlegung, II. Der Arrest soll den Gläubiger grundsätzlich nur sichern, Grdz 5 vor § 916. Daher muß der Gerichtsvollzieher gepfändetes Geld und den Anteil des Gläubigers an der Verteilungsmasse hinterlegen. Man muß notfalls auf die Hinterlegung klagen, § 253. Wegen der Rechte am Hinterlegten § 805 Rn 15. Wegen des Verteilungsverfahrens §§ 872 ff. 9

7) Versteigerung, III. Sie bringt keine besonderen Probleme. 10

A. Voraussetzungen. Voraussetzungen für eine solche Anordnung sind: Es muß zum einen die Gefahr einer beträchtlichen Wertverringerung bestehen. Sie muß in der Beschaffenheit der Sache liegen. Das kann zB bei einem Wertpapier zutreffen, weniger bei einem Wein, Sekt usw, LG Bln DGVZ **77**, 60. Andernfalls ist § 766 anwendbar.

Es müssen zum anderen unverhältnismäßig *hohe Verwahrkosten* drohen, LG Mönchengladb DGVZ **03**, 141. Transportkosten sind unerheblich, LG Bln DGVZ **77**, 60. Diese Gefahr besteht dann nicht, wenn der Gläubiger nur den Anspruch auf die Herausgabe gepfändet hat und wenn die Herausgabe selbst nicht erfolgt ist oder wenn zB bei einem Wert von (jetzt ca) 7500 EUR Verwahrkosten von monatlich (jetzt ca) 60 EUR entstehen, LG Kblz DGVZ **90**, 42. Man kann die Herausgabe im Klageweg erzwingen.

B. Verfahren. Nur das Vollstreckungsgericht der §§ 764 II, 802, 847 II und nicht das Arrestgericht des § 919 darf tätig werden. Nötig ist dazu ein Antrag des Gläubigers oder des Schuldners, nicht des Gerichtsvollziehers, BGH **89**, 86. Das Vollstreckungsgericht amtiert durch den Rpfl, § 20 Z 17 RPflG. Er kann ohne eine mündliche Verhandlung und nach seinem pflichtgemäßen Ermessen durch einen Beschluß nach § 329 anordnen, daß eine bewegliche körperliche Sache versteigert und ihr Erlös hinterlegt wird. Der Rpfl muß seinen Beschluß begründen, § 329 Rn 4. Er muß ihn förmlich zustellen, § 329 III. 11

C. Rechtsbehelf. Man muß die Rechtsbehelfe gegen den Arrestbeschluß und gegen die Vollziehungsanordnung unterscheiden, Zweibr FamRZ **00**, 967. Gegen eine Maßnahme des Rpfl ohne eine Anhörung des Gegners ist die Erinnerung nach § 766 zulässig. Über sie entscheidet der Richter, § 20 Z 17 S 2 RPflG. Gegen eine echte Entscheidung des Rpfl gilt § 11 I RPflG in Verbindung mit §§ 567 I Z 1, 793. Gegen einen fälschlich erfolgten anfänglichen Beschluß des Richters ist die sofortige Beschwerde zulässig, §§ 567 I Z 1, 793. 12

931 ***Vollziehung in eingetragenes Schiff oder Schiffsbauwerk.*** **I Die Vollziehung des Arrestes in ein eingetragenes Schiff oder Schiffsbauwerk wird durch Pfändung nach den Vorschriften über die Pfändung beweglicher Sachen mit folgenden Abweichungen bewirkt.**

II Die Pfändung begründet ein Pfandrecht an dem gepfändeten Schiff oder Schiffsbauwerk; das Pfandrecht gewährt dem Gläubiger im Verhältnis zu anderen Rechten dieselben Rechte wie eine Schiffshypothek.

III Die Pfändung wird auf Antrag des Gläubigers vom Arrestgericht als Vollstreckungsgericht angeordnet; das Gericht hat zugleich das Registergericht um die Eintragung einer Vormerkung zur Sicherung des Arrestpfandrechts in das Schiffsregister oder Schiffsbauregister zu ersuchen; die Vormerkung erlischt, wenn die Vollziehung des Arrestes unstatthaft wird.

IV Der Gerichtsvollzieher hat bei der Vornahme der Pfändung das Schiff oder Schiffsbauwerk in Bewachung und Verwahrung zu nehmen.

V Ist zur Zeit der Arrestvollziehung die Zwangsversteigerung des Schiffes oder Schiffsbauwerks eingeleitet, so gilt die in diesem Verfahren erfolgte Beschlagnahme des Schiffes oder Schiffsbauwerks als erste Pfändung im Sinne des § 826; die Abschrift des Pfändungsprotokolls ist dem Vollstreckungsgericht einzureichen.

VI 1 Das Arrestpfandrecht wird auf Antrag des Gläubigers in das Schiffsregister oder Schiffsbauregister eingetragen; der nach § 923 festgestellte Geldbetrag ist als der Höchstbetrag zu bezeichnen, für den das Schiff oder Schiffsbauwerk haftet. 2 Im Übrigen gelten der § 867 Abs. 1 und 2 und der § 870 a Abs. 3 entsprechend, soweit nicht vorstehend etwas anderes bestimmt ist.

1) Systematik, I–VI. Ein eingetragenes Schiff oder Schiffsbauwerk gilt für die gewöhnliche Zwangsvollstreckung als eine Liegenschaft, § 864, § 162 ZVG, für den Arrestvollzug jedoch als eine Fahrnis. Wegen eines Seeschiffs Grdz 2 vor § 916. § 931 bezieht sich nicht auf ein lediglich eintragungsfähiges Schiffsbauwerk. Man muß ein nichteingetragenes Schiff oder ein ausländisches Schiff ganz wie eine Fahrnis behandeln, LG Hbg MDR **78**, 764. Es gibt keine Arrestschiffshypothek. Der Vollzug erfolgt durch eine Pfändung. Wegen einer Vermögensstrafe § 111 o II StPO. 1

2) Regelungszweck, I–VI. Gerade beim Arrest in ein (See-)Schiff ist oft ebenso Eile wie Energie notwendig, damit ein Auslaufen und gar ein endgültiges Verlassen des deutschen Hoheitsgebiets unterbleibt. Dazu muß sich der Gerichtsvollzieher evtl der Hilfe der Wasserschutzpolizei bedienen, auch wenn er das Schiff nicht am Ruder „an die Kette gelegt" hatte. Ein Pfandbruch wäre strafbar, § 136 StGB, auch durch den Kapitän, Reeder oder Eigner. Auch das Gericht muß im Rahmen seiner Zuständigkeit in der Vollzugsphase ebenso wie zuvor bei der Arrestanordnung ganz besonders rasch arbeiten, um den Erfolg nicht zu gefährden. Es darf sich aber auch in einer zugespitzten Lage nicht die Besonnenheit einer möglichst genauen Prüfung nehmen lassen. 2

3) Pfändung, I–VI. Das Vollstreckungsgericht der §§ 764, 802 ordnet die Pfändung auf Grund eines Gläubigerantrags an, § 930 Rn 4, 5. Es wird durch den Rpfl tätig, § 20 Z 16 RPflG. Er ersucht das Grundbuchamt gleichzeitig von Amts wegen um die Eintragung einer Vormerkung nach III. Der Gerichtsvollzieher pfändet nach § 808. Er nimmt das Schiff oder das Schiffsbauwerk in seine Bewachung und Verwahrung, IV, §§ 808, 928. Das Gericht stellt die Pfändungsanordnung dem Schuldner zu, § 329 III. Eine Zustellung innerhalb der Frist des § 929 III reicht aus. Mit der Zustellung entsteht das Arrestpfandrecht, II. 3

Die Beschlagnahme in der Zwangsversteigerung wirkt nur dahin, daß die Pfändung als eine Anschlußpfändung nach § 826 oder als eine zweite Hauptpfändung nach § 808 stattfindet, V. Die Pfändung eines segelfertigen Schiffs ist nur dann statthaft, wenn die Arrestschuld gerade im Zusammenhang mit der bevorstehenden Reise entstanden ist, § 482 II HGB. Wenn das Vollstreckungsgericht die Versteigerung nach § 930 III anordnet, erfolgt die Versteigerung nach §§ 816 ff. Die eingetragenen Schiffspfandrechte bleiben unberührt.

4 **4) Arrestpfandrecht, II.** Die Pfändung gibt dem Gläubiger ein Arrestpfandrecht mit dem Inhalt und dem Rang einer Schiffshypothek. Das Arrestpfandrecht entsteht entgegen § 8 SchiffsG immer ohne eine Registereintragung. Die Eintragung findet nur auf Grund eines Antrags des Gläubigers nur zur Berichtigung des Registers statt. Die Eintragung muß den Arrestbetrag als den Höchstbetrag angeben, § 75 SchiffsG. Ohne die Eintragung hat aber das Pfandrecht gegenüber einem guten Glauben des Erwerbers des Schiffs wegen des öffentlichen Glaubens des Registers nach § 16 SchiffsG keine Wirksamkeit. §§ 867 I, II, 870 a III sind im übrigen entsprechend anwendbar. Das Schiffspfandrecht erlischt im Zeitpunkt der Aufhebung der Entscheidung oder ihrer Vollstreckbarkeit. Bei einer Zwangsvollstreckung ist der Arrestgläubiger ein Beteiligter, § 9 ZVG.

5 **5) Luftfahrzeug, I–VI.** Ähnlich ist die Vollstreckung des Arrest in ein eingetragenes Luftfahrzeug geregelt. Sie erfolgt dadurch, daß der Gerichtsvollzieher das Luftfahrzeug in seine Bewachung und Verwahrung nimmt und daß für die Forderung ein Registerpfandrecht eingetragen wird. Der Antrag auf die Eintragung des Registerpfandrechts gilt als Vollzug nach § 929 II, III, § 99 II LuftfzRG.

932 *Arresthypothek.* [I] [1] **Die Vollziehung des Arrestes in ein Grundstück oder in eine Berechtigung, für welche die sich auf Grundstücke beziehenden Vorschriften gelten, erfolgt durch Eintragung einer Sicherungshypothek für die Forderung; der nach § 923 festgestellte Geldbetrag ist als der Höchstbetrag zu bezeichnen, für den das Grundstück oder die Berechtigung haftet.** [2] **Ein Anspruch nach § 1179 a oder § 1179 b des Bürgerlichen Gesetzbuchs steht dem Gläubiger oder im Grundbuch eingetragenen Gläubiger der Sicherungshypothek nicht zu.**

[II] **Im Übrigen gelten die Vorschriften des § 866 Abs. 3 Satz 1, des § 867 Abs. 1 und 2 und des § 868.**

[III] **Der Antrag auf Eintragung der Hypothek gilt im Sinne des § 929 Abs. 2, 3 als Vollziehung des Arrestbefehls.**

Gliederung

1 **1) Systematik, I–III.** Der Arrestvollzug in ein Grundstück oder in eine grundstücksähnliche Berechtigung nach § 864 Rn 4 erfolgt ausschließlich durch die Eintragung einer Sicherungshypothek ähnlich den §§ 866, 867, der Arresthypothek. Er geschieht also nicht durch eine Zwangsverwaltung oder durch eine Vormerkung, KG OLGZ **78**, 452.

2 **2) Regelungszweck, I–III.** Die Vorschrift dient einer rangwahrenden Sicherung. Sie ist noch keine Zwangsvollstreckung, Köln Rpfleger **04**, 478. Aus ihr kann und muß man auf die Duldung der Zwangsvollstreckung klagen, BGH NJW **97**, 3233. Man kann über die Zweckmäßigkeit des Ausschlusses der Möglichkeit der Eintragung einer Vormerkung durchaus streiten. Indessen ist das Gesetz eindeutig. Man darf es nicht erweiternd auslegen, Einl III 39.

3 **3) Geltungsbereich: Arresthypothek, I–III.** Man muß mehrere Fallgruppen unterscheiden.

A. Rechtsnatur: Höchstbetragshypothek. Die Hypothek ist eine Höchstbetrags-Sicherungshypothek, BGH NJW **97**, 3233. Höchstbetrag ist der Abwendungsbetrag des § 923, also einschließlich Zinsen und Kosten, § 923 Rn 1. Liegt er nicht in EUR vor, muß man ihn auf EUR umrechnen. Bei einem Arrest zur Sicherung einer Unterhaltsrente muß der Zinsertrag den Rentenbedarf decken. Wegen einer Vermögensstrafe § 111 o II StPO. Der Gläubiger muß seine Forderung zusammen mit ihren Nebenansprüchen in *einer* Summe angeben, § 1190 II BGB. Wenn der Höchstbetrag im Arrestbefehl fehlt, muß das Grundbuchamt den Eintragungsantrag zurückweisen. Wenn die Hypothek fälschlich auf einen Betrag „mit laufenden Zinsen" eingetragen hat, ist nur die Zinseintragung unwirksam. Die Eintragung eines anderen Geldbetrags als desjenigen der Lösungssumme nach § 923 macht die Eintragung zwar unrichtig, aber nicht unzulässig.

Die *Wertgrenze* des § 866 III 1 gilt sogar bei Teilbeträgen auch hier, Hintzen Rpfleger **05**, 576. Das ergibt sich aus § 928 und dadurch, daß II auf § 866 III 1 Bezug nimmt. Der Arrestgläubiger darf eben nicht besser dastehen als ein Vollstreckungsgläubiger. Bei einer Belastung mehrerer Grundstücke muß der Gläubiger die Forderung verteilen, § 867 II. Allerdings macht eine ungeteilte Eintragung ohne eine Bezeichnung als Gesamthypothek die Eintragung nur unrichtig und nicht unzulässig. Die Arrestforderung ist ohne die Hypothek übertragbar, § 1190 BGB. Bei einer Zwangsversteigerung oder Zwangsverwaltung gelten §§ 14, 146 ZVG, beim geringsten Gebot § 48 ZVG, beim Teilungsplan §§ 114, 119, 124 ff ZVG.

4 **B. Stattgabe im Hauptprozeß.** Wenn das Gericht die Arrestforderung dem Gläubiger im Hauptprozeß durch ein Urteil zuspricht, wird nicht etwa kraft Gesetzes aus der Arresthypothek die rechtlich andersartige

Zwangshypothek des § 866. Zu einer solchen Umwandlung muß der Arrestgläubiger vielmehr einen formlos möglichen Antrag stellen. Er muß außerdem den vollstreckbaren Titel aus dem Hauptprozeß vorlegen, Ffm Rpfleger **75**, 103. Für die Zwangshypothek mit dem Rang der Arresthypothek ist der vollstreckbare Titel und nicht etwa der Arrest die Grundlage, LG Zweibr RR **95**, 512 („latente Verwertungsbefugnis"). Deshalb ist keine Umwandlung möglich, wenn nur die Lösungssumme den Betrag des § 866 III 1 übersteigt, nicht aber die Urteilssumme ihn übersteigt. Ein vorläufig vollstreckbares Urteil läßt nur die Eintragung einer Vormerkung zu, § 895. Die Umschreibung verbindet die Hypothek unlöslich mit der Forderung. Bei einer Belastung mehrerer Grundstücke darf der Gläubiger die Verteilung jetzt anders vornehmen. Eine Umschreibung ist nach der Eröffnung des Insolvenzverfahrens selbst dann unzulässig, wenn der Gläubiger einen Duldungstitel vorher erworben hatte, Ffm Rpfleger **75**, 103.

C. Abweisung im Hauptprozeß. Wenn das Gericht die Forderung im Hauptprozeß im Urteil abweist, ist § 868 II anwendbar. Der Eigentümer erwirbt also die Hypothek als eine Eigentümergrundschuld. Die Art der Aufhebung des Arrests ist unerheblich. Die Aufhebung der Vollstreckbarkeit hat keine Bedeutung. Der Eigentümer erwirbt die Hypothek schon im Zeitpunkt der Hinterlegung nach § 923. Wenn das Gericht im Urteil die Forderung im Hauptprozeß teilweise abweist, muß der Gläubiger auf einen entsprechenden Teil der Arresthypothek verzichten. Dieser Teil der Arresthypothek wird eine Eigentümergrundschuld im Rang hinter der Zwangshypothek, § 1176 BGB. Der Schuldner trägt die Kosten der Umschreibung. Denn es handelt sich der Sache nach um eine Vollstreckungsmaßnahme, § 788, § 867 Rn 19. 5

4) Eintragung, I–III. Man muß zwei Punkte beachten. 6

A. Stellung des Grundbuchamts. Das Grundbuchamt handelt hier ebenso wie bei einer Zwangshypothek teilweise als Vollstreckungsgericht, Hamm Rpfleger **02**, 541. Teilweise handelt es auch als eine Behörde der freiwilligen Gerichtsbarkeit, § 867 Rn 3–6. Das Grundbuchamt prüft die Voraussetzungen einer Eintragung deshalb sowohl nach dem Grundbuchrecht als auch nach dem Vollstreckungs- oder Vollziehungsrecht, Düss Rpfleger **78**, 216, KG MDR **91**, 66 (die Bezeichnung bestimmter haftender Gegenstände im Arrestbefehl ist weder erforderlich noch erheblich). Es muß prüfen, ob der eingetragene Eigentümer und der Arrestschuldner dieselbe Person sind. Eine im Arrestbeschluß als Gläubigerin genannte Vor-GmbH darf nicht inzwischen aufgelöst worden sein, Düss DB **93**, 1815. Das Grundbuchamt muß von Amts wegen prüfen, ob der Gläubiger die Vollzugsfrist eingehalten hat, § 929 Rn 4 ff, LG Essen Rpfleger **85**, 489. Das Grundbuchamt prüft aber nicht, ob der Gläubiger auch die Wochenfrist des § 929 III 2 eingehalten hat, aM Streuer Rpfleger **88**, 514.

B. Wahrung der Vollzugsfrist, III. Schon der Eingang des Eintragungsantrags zumindest auch beim Grundbuchamt wahrt die Vollzugsfrist nach § 929 II, III 2, Ffm NJW **03**, 2688, Hamm RR **01**, 1089, Karlsr Rpfleger **98**, 255. Das gilt aber nur dann, wenn der Eintragungsantrag sachlich und förmlich ausreicht, Düss Rpfleger **93**, 488, Ffm NJW **03**, 2688. III ist im übrigen als eine Ausnahmevorschrift eng auslegbar, Hbg FamRZ **88**, 523. Wenn das Grundbuchamt nach § 18 GBO eine Ergänzung verlangt, muß die Ergänzung innerhalb der Monatsfrist eingehen, LG Essen Rpfleger **85**, 489. Außerdem muß natürlich die Eintragung stattfinden, wenn vielleicht auch erst nach dem Ablauf der Frist. Zum Problem Streuer Rpfleger **88**, 514. Bei einer Zwischenverfügung nach § 18 GBO muß das Grundbuchamt von Amts wegen eine Vormerkung eintragen. Freilich ist eine Zwischenverfügung keineswegs stets zulässig, Düss Rpfleger **78**, 216. Bei einer rechtzeitigen Behebung des Hindernisses gilt der Arrest als mit der Behebung vollzogen. Andernfalls muß das Grundbuchamt den Eintragungsantrag zurückweisen, LG Essen Rpfleger **85**, 488. 7

Nicht ausreichend ist der Eingang nur bei demjenigen AG, zu dem das zuständige Grundbuchamt gehört, BVerfG InVo **96**, 17, Düss RR **94**, 1024, MüKoHe 7, aM BGH **147**, 363 (krit Alff Rpfleger **01**, 294), Hbg FGPrax **01**, 54, ZöV 7 (aber Vollstreckungsorgan ist eben hier nur das Grundbuchamt nach Rn 6 mit seinen bekannten minutengenauen grundbuchrechtlich notwendigen Eingangsbeurkundungen). Natürlich kommt es innerhalb des Grundbuchamts nicht auch noch auf den Zeitpunkt der Vorlage beim zuständigen Sachbearbeiter an, BGH **147**, 364 (krit Alff Rpfleger **01**, 294). 8

Da die Arresthypothek nur eine vorläufige Sicherungsmaßnahme darstellt, besteht *kein Löschungsanspruch* nach § 1179 a und b BGB, I 2. Etwas anderes gilt bei einer Zwangshypothek, §§ 866 ff. Wegen dieser Schlechterstellung des Arrestgläubigers hat Stöber Rpfleger **77**, 426 verfassungsrechtliche Bedenken. Das Grundbuchamt prüft die Zuständigkeit des Arrestgerichts nicht nach. Ebensowenig prüft es die Frage, ob nach § 750 eine Zustellung des Vollstreckungstitels und der zugehörigen Urkunden erfolgt ist. Denn diese Zustellung darf nachfolgen, § 929 III, BayObLG Rpfleger **93**, 398. § 189 ist anwendbar, Ffm NJW **03**, 2688. Der Gläubiger muß eine Sicherheitsleistung dem Grundbuchamt evtl nachweisen. Die Zustellung muß innerhalb einer Wochenfrist seit dem Eingang des Eintragungsantrags erfolgen. Wegen der mangelnden Abstimmung mit § 15 ErbbauRG muß man demjenigen Gläubiger, dem der Eigentümer die erforderliche Zustimmung zur Belastung des Erbbaurechts verweigert, eine angemessene Frist zur Durchführung eines gerichtlichen Verfahrens zur Ersetzung der Zustimmung einräumen, Celle MDR **85**, 331. 9

5) Entstehung, II. Die Arresthypothek entsteht nicht schon im Zeitpunkt des Eingangs des Antrags. Denn er wahrt nur die Vollzugsfrist, Rn 7, 8. Die Arresthypothek entsteht vielmehr erst im Zeitpunkt der Eintragung, § 867 I, II. § 932 III ist also für die grundbuchliche Wirkung unerheblich. Die Hypothek gibt dem Gläubiger nur eine vorläufige Sicherung. Sie wahrt einen Rang. Sie befriedigt den Gläubiger also nicht. Sie sichert die Forderung des Gläubigers in der Höhe ihrer endgültigen Feststellung. Der Arrestgläubiger kann aus der Arresthypothek nur auf eine Duldung der Zwangsvollstreckung klagen, § 1147 BGB. Das Mahnverfahren ist zulässig, § 688 I 2. Der Eigentümer kann die vorzeitige Befriedigung des Gläubigers wegen § 1184 BGB verhindern. Daher überschreitet man die Grenze einer bloßen Sicherung des Arrestgläubigers auch insofern nicht. 10

Wenn eine grundbuchmäßige *Voraussetzung der Eintragung fehlt,* wenn zB der Gläubiger die Vollzugsfrist nicht gewahrt hat oder wenn er nach dem Eingang des Antrags die Frist des § 929 III versäumt hat, ist keine Arresthypothek entstanden, ebensowenig ein Eigentümergrundpfandrecht, Wittmann MDR **79**, 550. Das

Grundbuch ist dann von Anfang an unrichtig, §§ 894, 899 BGB, 22 GBO. Das Grundbuchamt muß es daher von Amts wegen berichtigen. Das Grundbuchamt kann einen Widerspruch von Amts wegen eintragen, § 53 I GBO, aM ThP 4 (aber es darf und muß ja sogar berichtigen). Das Fehlen des Nachweises der Zustellung einer angeordneten Sicherheitsleistung (Bürgschaft) mag heilen können, BayObLG Rpfleger **03**, 647.

11 Wenn dagegen eine *Voraussetzung der Zwangsvollstreckung* nach Grdz 14 vor § 704 fehlt, entsteht ein auflösend bedingt wirksames Recht, Grdz 58 vor § 704, BayObLG Rpfleger **93**, 398. Wenn das Grundbuchamt eine objektiv unwirksame Arresthypothek wirksam einträgt, muß es wegen des förmlichen Grundbuchrechts zunächst die unwirksame frühere Eintragung beseitigen. Das geschieht auf Grund eines formlos möglichen Antrags des Gläubigers durch eine Löschung, §§ 29, 30 GBO, BayObLG Rpfleger **93**, 398. Der Gläubiger braucht nur die Zeitpunkte des Eingangs des ersten Eintragungsantrags und der Zustellung des Arrestbefehls nachzuweisen, Wittmann MDR **79**, 550.

933 *Vollziehung des persönlichen Arrestes.* [1] **Die Vollziehung des persönlichen Sicherheitsarrestes richtet sich, wenn sie durch Haft erfolgt, nach den Vorschriften der §§ 901, 904 bis 913 und, wenn sie durch sonstige Beschränkung der persönlichen Freiheit erfolgt, nach den vom Arrestgericht zu treffenden besonderen Anordnungen, für welche die Beschränkungen der Haft maßgebend sind.** [2] **In den Haftbefehl ist der nach § 923 festgestellte Geldbetrag aufzunehmen.**

Schrifttum: *Schuschke,* DGVZ **99**, 131 (Üb).

1 **1) Systematik, Regelungszweck, S 1, 2.** Vgl zunächst § 918 Rn 5. Der Vollzug des persönlichen Arrests ist naturgemäß nur auf die folgende Weise möglich.

A. Haft. Das Vollstreckungsgericht der §§ 764, 802 kann im Rahmen der §§ 901, 904–913 nur durch den Richter eine Haft von längstens 6 Monaten als ein Höchstmaß der Freiheitsbeschränkung verhängen. Er muß alle Umstände abwägen, Karlsr FamRZ **96**, 1430. Er muß den Abwendungsbetrag des § 923 von Amts wegen in den Haftbefehl aufnehmen. Wenn der Schuldner den Betrag zahlt, muß man ihn mit Zwangsmaßnahmen verschonen. Er hat nur dann ein Recht darauf, im Anschluß an die Abgabe der eidesstattlichen Versicherung zwecks Offenbarung nach §§ 807, 900 aus der Haft dann entlassen zu werden, wenn sie gerade die Abgabe dieser Versicherung erzwingen sollte. Man darf die Sicherungshaft und die Vollstreckungshaft nicht zusammenrechnen. Denn S 1 macht § 914 nicht mit anwendbar. Bei einer Haftanordnung ist ein zusätzlicher Haftbefehl nicht erforderlich, soweit diese Vollzugsart klar im Arrest steht.

2 **B. Andere Freiheitsbeschränkungen.** Das Gericht kann nach seinem pflichtgemäßem Ermessen sonstige geringe Freiheitsbeschränkungen verhängen, auch im Weg einer Ergänzung des Arrests, § 918 Rn 5. Es darf zB folgendes anordnen: Einen Hausarrest; eine Überwachung; die Wegnahme von Ausweispapieren oder eines Visums; eine Meldepflicht in zu bestimmenden Abständen. Der Arrestbefehl muß die Art der Vollziehung angeben. Im Zweifel hat das Gericht eine Haft verhängt, aM Schuschke DGVZ **99**, 131 (aber gerade wegen der Hilfsfunktion der Haft sollte man dieses klare Wort nicht flugs wieder verwässern, obwohl das Gericht es nun einmal benutzt hat, statt die anderen Möglichkeiten zu nennen).

3 **2) Durchführung, S 1, 2.** Der Gerichtsvollzieher vollzieht eine wirkliche Haftanordnung des Gerichts. Er muß sie genau beachten. Der Gläubiger muß die Kosten vorschießen, § 4 GvKostG. Andernfalls muß das Vollstreckungsgericht nach § 934 II verfahren. Wenn ein ArbG den Arrest erläßt, muß auch das ArbG die „besonderen Anordnungen" treffen. Wenn der Schuldner prozeßunfähig ist, erfolgt der Vollzug der Anordnungen gegen ihn oder gegen den gesetzlichen Vertreter, je nachdem, ob der Arrestgrund in der Person des einen oder des anderen liegt. Der Schuldner kann durch die Zahlung oder Hinterlegung der Lösungssumme nach § 923 den Vollzug abwenden. Soweit das Gericht mildere Maßnahmen als die Haft anordnet, gelten die für die jeweilige Art der Maßnahme vorhandenen Vorschriften, Schuschke DGVZ **99**, 132 (Üb).

4 **3) Rechtsbehelf, S 1, 2.** Gegen das Verfahren des Gerichtsvollziehers ist die Erinnerung nach § 766 an das Vollstreckungsgericht zulässig, §§ 764, 802, also nicht an das Arrestgericht des § 919. Gegen eine Entscheidung des Richters ist sofortige Beschwerde statthaft, §§ 567 I Z 1, 793.

934 *Aufhebung der Arrestvollziehung.* [I] **Wird der in dem Arrestbefehl festgestellte Geldbetrag hinterlegt, so wird der vollzogene Arrest von dem Vollstreckungsgericht aufgehoben.**

[II] **Das Vollstreckungsgericht kann die Aufhebung des Arrestes auch anordnen, wenn die Fortdauer besondere Aufwendungen erfordert und die Partei, auf deren Gesuch der Arrest verhängt wurde, den nötigen Geldbetrag nicht vorschießt.**

[III] **Die in diesem Paragraphen erwähnten Entscheidungen ergehen durch Beschluss.**

[IV] **Gegen den Beschluss, durch den der Arrest aufgehoben wird, findet sofortige Beschwerde statt.**

1 **1) Systematik, Regelungszweck, I–IV.** § 934 betrifft die Aufhebung des Arrestvollzugs, „eines vollzogenen Arrests", nicht die Aufhebung der Arrestanordnung. Für die letztere gelten §§ 924–927. Eine Aufhebung nach § 934 läßt den Arrestbefehl bestehen und macht die Zwangsvollstreckung wegen der Kosten des Arrestbefehls nicht unzulässig. Deshalb ist die Aufhebung auch vertretbar und notwendig. Denn infolge der Hinterlegung besteht kein weitergehendes Sicherungsbedürfnis mehr. Wegen einer Vermögensstrafe § 111 o II StPO.

2 **2) Voraussetzungen, I, II.** Die Aufhebung ist unter jeder der folgenden Voraussetzungen zulässig.

A. Hinterlegung. Der Schuldner oder ein Dritter müssen den Abwendungsbetrag des § 923, die Lösungssumme, hinterlegt haben. Bei einer Belastung mehrerer Grundstücke reicht je Grundstück der eingetragene Höchstbetrag. Die Gesamtsumme ist zwecks einer Aufhebung der Vollziehung wegen nur eines der Grundstücke nicht notwendig, LG Bre Rpfleger **94**, 163. Im schiffahrtsrechtlichen Verteilungsverfahren gilt § 51 SVertO.

B. Kein Vorschuß. Der Gläubiger darf den notwendigen Kostenvorschuß etwa für die Haft, für eine 3
Fütterung, für eine Lagerung oder für eine Sequestration nicht gezahlt haben.

Bei einer Arresthypothek wirkt die Aufhebung entsprechend dem § 868 II, § 932 Rn 5. Die Löschung erfolgt nach der GBO.

3) Verfahren, III, IV. Ausschließlich zuständig ist das Vollstreckungsgericht der §§ 764, 802. Im Fall I 4
wird der Rpfl tätig, § 20 Z 15 RPflG, und zwar nur auf Grund eines Antrags, ThP 2, aM ZöV 1. Zum Antrag ist nur der Schuldner berechtigt, nicht der Gerichtsvollzieher, BGH **89**, 86. Der Gläubiger braucht ja nur einen Verzicht zu erklären. Es besteht kein Anwaltszwang, § 930 Rn 7. Bei II erfolgt eine Aufhebung durch den Richter auch von Amts wegen. Eine mündliche Verhandlung ist dem Gericht freigestellt, § 128 IV. Die Entscheidung erfolgt durch einen Beschluß, III, § 329. Das Gericht muß seinen Beschluß grundsätzlich begründen, § 329 Rn 4. Er stellt ihn dem Gläubiger förmlich zu, § 329 III, und teilt ihn dem Schuldner formlos mit, § 329 I 1. Kosten: § 788.

Gebühren: Des Gerichts keine; des Anwalts VV 3309, 3310.

4) Rechtsbehelfe, I–IV. Nach einer bloßen Maßnahme ohne eine Anhörung des Gegners ist die 5
Erinnerung nach § 766 statthaft. Bei einer echten Entscheidung auf eine Aufhebung durch den Rpfl gilt nach einer Anhörung § 11 RPflG. Zum weiteren Verfahren § 104 Rn 41 ff. Gegen den aufhebenden Beschluß des Richters ist die sofortige Beschwerde statthaft, §§ 567 I Z 1, 793. Gegen den ablehnenden Beschluß des Richters ist die sofortige Beschwerde nach § 567 I Z 2 zulässig.

935

Einstweilige Verfügung bezüglich Streitgegenstand. **Einstweilige Verfügungen in Bezug auf den Streitgegenstand sind zulässig, wenn zu besorgen ist, dass durch eine Veränderung des bestehenden Zustandes die Verwirklichung des Rechts einer Partei vereitelt oder wesentlich erschwert werden könnte.**

Schrifttum: *Ahrens,* Wettbewerbsverfahrensrecht, 1983; *Ahrens,* Verfügungsanpruch und Interessenabwägung beim Erlaß einstweiliger Verfügungen, Festschrift für *von Caemmerer* (1978) 75; *Berneke,* Die einstweilige Verfügung in Wettbewerbssachen, 2. Aufl 2003 (Bespr *Donle* GRUR **04**, 578); *Leicht,* Die einstweilige Verfügung, 2003; *Pastor/Ahrens,* Der Wettbewerbsprozeß, 5. Aufl 2005. Vgl auch Grdz vor § 916.

Gliederung

1) Systematik. Vgl zunächst Grdz 1–3 vor § 916. § 935 betrifft die einstweilige Verfügung wegen einer 1
gegenständlichen Leistung, einer Individualleistung, Grdz 4 vor § 916. Der ordentliche Rechtsweg muß bestehen, § 13 GVG, KG MDR **92**, 197. Die einstweilige Verfügung nach § 935 sichert einen Streitgegenstand, § 2 Rn 4, sog Sicherungsverfügung. Das bedeutet nicht, daß ein ordentlicher Rechtsstreit schweben muß. Es genügt vielmehr ein sicherungsbedürftiger Anspruch, BVerfG **44**, 119. Hinzutreten muß ein Verfügungsgrund, LAG Düss NZA-RR **04**, 182. Er muß aus einem bestimmten Streitverhältnis stammen, LG Ffm NJW **81**, 56. Die einstweilige Verfügung kann aber auch dann zulässig sein, wenn das Revisionsgericht die Zwangsvollstreckung aus einem Unterlassungsurteil einstweilen eingestellt hat. Es ist auch denkbar, daß der Antragsgegner im Verfahren auf den Erlaß einer einstweiligen Verfügung einen Gegenantrag nach der Art einer Widerklage nach Anh § 253 stellt, wenn dafür die Voraussetzungen der §§ 935 ff ebenfalls vorliegen und wenn es sich um dasselbe Rechtsverhältnis handelt. Die allgemeinen Prozeßvoraussetzungen nach Grdz 12 vor § 253 müssen vorliegen. Wegen des besonderen Rechtsschutzbedürfnisses § 917 Rn 14, 15, § 940 Rn 8 ff. Ein obligatorisches Güteverfahren findet nicht statt, Hamm VersR **08**, 1118 (auch zu den Verstoßfolgen).

2) Regelungszweck. Für eine vorläufige Regelung nach § 935 und vor allem nach § 940 besteht ein 2
ganz erhebliches Bedürfnis. Das gilt vor allem im Miet-, Partnerschaftsrecht und im Gewerblichen Rechtsschutz nebst Urheberrecht. Dabei spielt die Frage, ob eher die eine oder die andere Vorschrift paßt, in der Praxis eine ziemlich untergeordnete Rolle. Man sollte sich mit der Dogmatik in der Tat nicht allzu quälen. Wichtig sind andere Fragen, nämlich nach dem Eilbedürfnis, nach den Zulässigkeitsgrenzen gegenüber dem verbreiteten Wunsch nach einer Vorwegnahme der Hauptsache usw. Jedenfalls ist eine kleinliche allzu strenge Prüfung der Voraussetzungen sehr oft unangebracht. Freilich darf man sich auch nicht in die Rolle des bloßen richterlichen Unterzeichners eines womöglich schon entsprechend vorbereiteten Beschlusses drängen lassen, den der Antragsteller immer fünf Minuten vor Dienstschluß mit der Behauptung allerhöchster Eilbedürftigkeit einreicht, verbunden mit dem Hinweis, für eine Verhandlung sei überhaupt keine Zeit mehr übrig. Die Erfahrung zeigt, daß ein erheblicher Teil gerade solcher Dramatik eher zum Stichwort Melodramatik gehören kann.

3) Geltungsbereich. Die Abgrenzung des § 935 gegen den § 940 ist unsicher. Vgl auch dort und Redeker 3
ZRP **83**, 150. Zur Anwendbarkeit bei (jetzt) §§ 305 ff BGB (Allgemeine Geschäftsbedingungen) Düss NJW **89**, 1487, Ffm NJW **89**, 1489, Marly NJW **89**, 1475. Wegen der Anwendbarkeit bei §§ 80 ff ArbGG ArbG Wetzlar BB **89**, 1488 (zum alten Recht). Die Vorschrift gilt auch im WEG-Verfahren. Im Verfahren nach dem

Markengesetz vor dem BPatG ist eine einstweilige Verfügung nur ausnahmsweise zur Vermeidung eines schweren und unzumutbaren, anders nicht abwendbaren Nachteils zulässig, BPatG GRUR **04**, 82. Wegen der Anwendbarkeit der §§ 935 ff in einer Patentverletzungssache Hbg GRUR **84**, 105, Karlsr GRUR-RR **02**, 278. Wegen des Verfahrens nach dem SGG LSG Stgt BB **76**, 1611. Zu Einzelbeispielen § 940 Rn 12. Wegen einer grenzüberschreitenden Lage vgl die EuGVVO, SchlAnh V C 2, so schon Stadler JZ **99**, 1089.

4 **4) Beispiele zur Frage des Vorliegens eines Verfügungsanspruchs**

Auflassungsvormerkung: Rn 13 „Vormerkung".

Augenschein: Ein Verfügungsanspruch kann *fehlen,* soweit es um einen Augenschein ohne einen derartigen sachlichrechtlichen Anspruch geht, Stgt RR **86**, 1448.

Bauhandwerkerforderung: Rn 12 „Vormerkung", Rn 14 „Widerspruch".

Bauunterlagen: Die zum Weiterbau notwendigen Unterlagen lassen sich herausverlangen, Köln RR **98**, 1097.

Bedingung, Betagung: Ein Verfügungsanspruch kann vorliegen, soweit es um einen bedingten oder betagten Anspruch geht, § 916 Rn 8. Zum Problem der Gesamthypothek Ffm MDR **75**, 578.

Besitzstörung: Sie kann ausreichen, zB beim Briefkasteneinwurf trotz dort angebrachten Verbots, aM AG Bln-Charlottenb MDR **99**, 565 (aber auch die „kleine" Beeinträchtigung kann alsbald zu beseitigen sein, etwa wegen einer diebstahlsfördernder Briefkastenverstopfung im Urlaub usw).

Kein Verfügungsanspruch besteht für den ausgegrenzten Mieter bei einer Doppelvermietung, Kblz MDR **08**, 19.

Besichtigung: Der Programmentwickler kann über § 809 BGB in Verbindung mit § 935 vorgehen, Bork NJW **97**, 1671.

Eigentumsvorbehalt: Ein Verfügungsanspruch kann vorliegen, soweit der Gläubiger vom Schuldner eine Herausgabe auf Grund eines Eigentumsvorbehalts verlangt.

Die bloße nicht übermäßige Weiterbenutzung nach Rücktritt des Vorbehaltskäufers reicht *nicht,* Köln VersR **97**, 597.

S auch Rn 6 „Leasing", Rn 9 „Sicherungsübereignung".

5 **Gefährdung:** Ein Verfügungsanspruch kann vorliegen, soweit der Gläubiger die Gefährdung eines Rechts glaubhaft machen kann, §§ 294, 920 II.

Grundbuch: S „Hypothek", Rn 8 „Rechtshängigkeit", Rn 12 „Vormerkung", „Widerspruch".

Handelsregister: Ein Verfügungsanspruch kann *fehlen,* soweit der Gläubiger eine Löschung im Handelsregister verlangt. Denn sie kann die Rechte eines Dritten berühren.

Hypothek: Ein Verfügungsanspruch kann vorliegen, soweit der Gläubiger die Herausgabe eines Hypothekenbriefs an das Grundbuchamt fordert, damit es einen Teilhypothekenbrief bilden kann. Zum Problem einer Gesamthypothek Ffm MDR **75**, 578.

6 **Kauf:** Ein Verfügungsanspruch kann vorliegen, soweit es um die Lieferung einer Kaufsache geht, auch in Form einer sog Regelungsverfügung, Köln VersR **01**, 1284.

S auch Rn 4 „Eigentumsvorbehalt".

Leasing: Ein Verfügungsanspruch kann vorliegen, soweit es um die Rückgabe eines geleasten Kraftfahrzeugs nach dem Vertragsende geht und soweit der Antragsgegner es übermäßig benutzt und in der Substanz verändert, Köln VersR **88**, 1052.

S auch Rn 4 „Eigentumsvorbehalt", Rn 7 „Mietrecht".

Löschung: Rn 5 „Handelsregister", Rn 12, 13 „Vormerkung".

7 **Mietrecht:** Ein Verfügungsanspruch kann vorliegen, soweit es um ein Vermieterpfandrecht geht. Dabei schadet ein Selbsthilferecht nach § 562 b I BGB nicht, Celle RR **87**, 447. Auch ein vertragswidriger Vermieterzugriff auf die Mieterkaution kann ausreichen, AG Bre WoM **07**, 399.

S auch Rn 6 „Leasing".

Notar: Ein Verfügungsanspruch kann *fehlen,* soweit der Gläubiger ein bestimmtes Tätigwerden eines Notars fordert, Hamm DNotZ **76**, 312.

8 **Rechtshängigkeit:** Ein Verfügungsanspruch kann vorliegen, soweit der Gläubiger die Eintragung der Rechtshängigkeit eines Anspruchs im Grundbuch verlangt, § 325 Rn 8 ff.

Rechtsnachfolge: Rn 10 „Umschreibung".

Rückauflassung, Rückgewähr: Rn 12 „Vormerkung".

9 **Sequester:** Ein Verfügungsanspruch kann vorliegen, soweit der Gläubiger die Herausgabe der Sache an einen Sequester fordert, § 938 Rn 12 ff.

Sicherungsübereignung: Ein Verfügungsanspruch kann vorliegen, soweit der Gläubiger vom Schuldner eine Herausgabe auf Grund einer Sicherungsübereignung verlangt.

S auch Rn 4 „Eigentumsvorbehalt".

Sportrecht: Ein Verfügungsanspruch kann vorliegen, soweit es um die vorläufige Zulassung eines Sportvereins zur Bundesliga geht, LG Ffm NJW **83**, 761.

Steuerberater: Ein durch § 273 III BGB eingeschränkter Verfügungsanspruch kann wegen der Kundenunterlagen bei einer Sicherheitsleistung vorliegen, LG Heidelb MDR **98**, 188.

10 **Umschreibung:** Ein Verfügungsanspruch kann vorliegen, soweit es um die Umschreibung eines Vollstreckungstitels nach §§ 727 ff geht.

Unterhalt: Ein Verfügungsanspruch kann vorliegen, wenn es um eine (jetzt) vertragliche Unterhaltsforderung geht, solange im Anfechtungsprozeß nach Art 12 § 3 II NEG usw keine rechtskräftige Entscheidung vorliegt. Eine einstweilige Anordnung nach (jetzt) §§ 49 ff FamFG schadet also nicht, aM Ffm FamRZ **80**, 478.

Unterlassung: Ein Verfügungsanspruch kann vorliegen, soweit der Gläubiger die Unterlassung einer Wettbewerbsverletzung fordert. Der Gläubiger braucht den Verfügungsgrund dann nach § 12 II UWG nicht darzulegen und nicht glaubhaft zu machen. Ein Verfügungsgrund kann ferner vorliegen, soweit der Antragsteller die Unterlassung einer bestimmten anderen Handlung fordert, etwa einer Namensführung,

Köln DtZ **91**, 28. Der Schuldner kann zwischen einer Abschlußerklärung und einer Unterwerfung wählen, Karlsr WettbR **98**, 140.

Vereitelung: Ein Verfügungsanspruch kann vorliegen, soweit der Gläubiger mit dem Antrag eine Sicherung der Zwangsvollstreckung gegen eine böswillige Vereitelung bezweckt. 11

Vermieterpfandrecht: Rn 7 „Mietrecht".

Vormerkung: Ein Verfügungsanspruch kann vorliegen, soweit der Gläubiger die Bewilligung einer Vormerkung fordert, auch wegen eines Vorvertrags, soweit die Forderung bereits einklagbar ist, § 916 Rn 10. Das gilt auch zwecks Sicherung einer Rückauflassung, Karlsr WoM **92**, 311, oder zwecks Sicherung eines Rückgewähranspruchs, etwa nach § 7 I AnfG, Kblz Rpfleger **93**, 170, oder zwecks Eintragung einer Sicherungshypothek für eine Bauhandwerkerforderung, Celle NJW **77**, 1731 (das Gericht prüft, ob sich der Schuldner im Verzug befindet), PalBass § 885 BGB Rn 5, zu eng Hamm NJW **76**, 1460, oder im Erbbau- und Wohnungsgrundbuch, und zwar dort ohne eine Zustimmung des Grundeigentümers. Denn alle diese Eintragungen sind allgemein auch gegen den Willen des Schuldners erzwingbar. 12

Ein Verfügungsanspruch kann *fehlen,* soweit der Gläubiger die Löschung einer Auflassungsvormerkung fordert, KG MDR **77**, 500. 13

S auch Rn 14 „Widerspruch".

Vorvertrag: Rn 12 „Vormerkung". 14

Widerruf: Ein Verfügungsanspruch kann *fehlen,* soweit der Gläubiger den Widerruf einer Behauptung fordert, § 940 Rn 39 „Presserecht".

Widerspruch: Ein Verfügungsanspruch kann vorliegen, soweit der Gläubier die Bewilligung eines Widerspruchs im Grundbuch fordert.

Das gilt aber *nicht* beim Widerspruch gegen eine Auflassungsvormerkung, soweit fraglich ist, ob überhaupt ein Auflassungsanspruch besteht, Düss MDR **00**, 846.

Zurückbehaltungsrecht: Ein Verfügungsanspruch kann *fehlen,* soweit es um ein Zurückbehaltungsrecht geht. Denn dieses Recht stellt keinen selbständigen Anspruch dar. 15

Zutritt: Ein Verfügungsanspruch kann zB beim demnächst fristlos zu Entlassenden möglich sein, ArbG Hagen NZA-RR **07**, 527.

5) Verfügungsgrund. Man muß zwischen § 935 und § 940 unterscheiden. 16

A. Gefährdung. § 935 setzt voraus, daß eine bevorstehende Veränderung des bestehenden Zustands die Verwirklichung eines gegenständlichen Anspruchs objektiv konkret gefährdet, Ffm GRUR **78**, 636, Kblz MDR **07**, 1307. Es braucht im allgemeinen anders als beim Arrest keine Gefährdung der Zwangsvollstreckung zu drohen. Deshalb ist eine einstweilige Verfügung auch dann zulässig, wenn der Schuldner zahlungsfähig ist. Unerheblich ist, ob der Schuldner einen Schadensersatz leisten könnte und müßte, Mü DB **86**, 2595. Eine Wiederholungsgefahr ist nicht dasselbe wie ein Verfügungsgrund, Drsd NJW **05**, 1871. Bei § 885 I 2 BGB ist keine Glaubhaftmachung der Gefährdung nötig, § 648 BGB, Kblz MDR **07**, 1307.

B. Beispiele: Ein Dritter beansprucht eine solche Sache, die der Gläubiger herausverlangt; einer schlecht verwahrten Sache droht die Vernichtung. Ein bloßer Wertverlust reicht aber nicht, Düss MDR **95**, 635; der Schuldner benutzt ein zur Sicherung übereignetes Kraftfahrzeug übermäßig, so daß sein Wert schon unter den Rest der Schuld gesunken ist. Ein bloßer Ratenverzug reicht aber nicht; der Schuldner will eine Sache verkaufen; er will ein solches Inventar wegschaffen, das er dem Recht des dinglichen Gläubigers unterworfen hat; er will eine Sache belasten, verarbeiten, zerstören; es droht ein Eingriff in ein Recht, etwa durch die Presse; ein Verzug des Schuldners ist ein Anzeichen für dessen wirtschaftlichen Zusammenbruch; ein Unternehmer beginnt einen vertragswidrigen Bau, Mü DB **86**, 2595. 17

6) Verfahren. Auch ein Antrag eines Verbandes kann zulässig sein, Hbg NJW **81**, 2420, aM Düss NJW **78**, 2512, Löwe BB **78**, 1433 (aber auch dieser Gläubiger kann ein Rechtsschutzinteresse haben, vgl auch Grdz 30 vor § 253 „Verbandsklage, Gruppenklage"). Das Gericht entscheidet nach seinem pflichtgemäßen Ermessen darüber, ob eine Gefährdung des Anspruchs vorliegt. Der Gläubiger braucht eine solche Gefährdung nicht nach § 294 glaubhaft zu machen, wenn er mit dem Antrag auf den Erlaß der einstweiligen Verfügung lediglich die Eintragung einer Vormerkung fordert, § 942 II, vgl aber Rn 2. Dasselbe gilt, wenn der Gläubiger nur die Eintragung eines Widerspruchs in das Grundbuch oder in das Schiffsregister nach den §§ 885 I 2, 899 II 2 BGB, 11 I 2, 21 II 2 SchiffsG fordert. Eine Glaubhaftmachung ist ferner bei §§ 61 VI 2 UrhG, 12 II UWG grundsätzlich entbehrlich. Vgl aber § 940 Rn 6. Man kann die Anwendbarkeit von § 12 II UWG bei §§ 69 a, c, 97 I UrhG verneinen, Hbg GRUR **99**, 91 (LS). Zur sog Schutzschrift § 91 Rn 192 „Schutzschrift", Grdz 7 vor § 128, § 920 Rn 9, 10. 18

7) Streitwert. Anh § 3 Rn 35 „Einstweilige Verfügung". 19

936 *Anwendung der Arrestvorschriften.* **Auf die Anordnung einstweiliger Verfügungen und das weitere Verfahren sind die Vorschriften über die Anordnung von Arresten und über das Arrestverfahren entsprechend anzuwenden, soweit nicht die nachfolgenden Paragraphen abweichende Vorschriften enthalten.**

Schrifttum: *Gleußner,* Die Vollziehung von Arrest und einstweiliger Verfügung in ihren zeitlichen Grenzen, 1999.

Gliederung

1 **1) Verfügungsverfahren.** Im Verfahren auf den Erlaß einer einstweiligen Verfügung sind die Vorschriften des Arrestverfahrens in dem folgenden Umfang beachtlich.

§ 916, Zulässigkeit: I ist *unanwendbar.* An seiner Stelle gelten §§ 935, 940. Auch sie fordern einen sachlichrechtlichen Anspruch, Köln VersR **96**, 734.

II ist anwendbar. Der Gläubiger kann auch einen betagten oder ein bedingten Anspruch im Weg einer einstweiligen Verfügung verfolgen, § 935 Rn 4, Hamm MDR **77**, 491.

§ 917, Begründetheit: Die Vorschrift ist *unanwendbar.* An ihrer Stelle gelten §§ 935, 940.

2 **§ 918, Persönlicher Arrest:** Die Vorschrift ist *unanwendbar.* An ihrer Stelle gelten §§ 935, 940 (evtl Haftandrohung beim Herausgabeanspruch).

§ 919, Zuständigkeit: Die Vorschrift ist *unanwendbar.* Es gelten §§ 937, 942, 944.

§ 920, Gesuch: Die Vorschrift ist anwendbar. Der Antrag muß eindeutig eine einstweilige Verfügung fordern. Der Gläubiger braucht allerdings wegen § 938 nicht unbedingt einen auch im übrigen inhaltlich bestimmten Antrag zu stellen. Er braucht nicht anzugeben, ob er § 935 und/oder § 940 für anwendbar hält. Er muß den Verfügungsanspruch und den Verfügungsgrund grundsätzlich glaubhaft machen, OVG Münst NJW **82**, 2517. Das gilt auch in einer solchen Patentsache, auf die § 12 II UWG unanwendbar ist, Düss GRUR **83**, 80. Es gilt aber nicht bei einer Unterlassungsforderung, § 12 II UWG, § 935 Rn 10 „Unterlassung". Bei § 935 ist eine Gefährdung der Verfügungsgrund. Bei § 940 ist die Notwendigkeit einer einstweiligen Regelung der Verfügungsgrund.

Zur *Glaubhaftmachung* § 920 Rn 11. Wenn das sachliche Recht ausnahmsweise nach § 935 Rn 9 keine Glaubhaftmachung des Grundes verlangt, darf das Gericht auch keine Sicherheitsleistung fordern. Denn eine Sicherheitsleistung soll ja nur eine an sich notwendige Glaubhaftmachung ersetzen. Man muß aber die Notwendigkeit der Glaubhaftmachung des Verfügungsanspruchs streng von der Glaubhaftmachung des Verfügungsgrunds unterscheiden. Wenn der Gläubiger die Unterlassung einer Handlung fordert, muß er unter anderem grundsätzlich die Wiederholungsgefahr glaubhaft machen, also die Gefahr weiterer Störungen.

Der Gläubiger braucht weder einen Geldbetrag noch einen Geldwert zu nennen. Freilich kann es erforderlich sein, den *Streitwert* anzugeben, sei es wegen der Zuständigkeitsfrage nach §§ 3 ff, sei es wegen des Kostenstreitwerts nach § 63 GKG. Man kann beim Vermieterpfandrecht insbesondere am Warenlager des Mieters hohe Anforderungen für unberechtigt halten, Köln ZMR **84**, 281. Wenn es um ein Recht oder ein Rechtsverhältnis auf Grund des ArbNEG geht, braucht kein Schiedsverfahren vorausgegangen zu sein, § 920 Rn 8. Zum Anwaltszwang gilt dasselbe wie bei § 920 III. Es besteht also zunächst kein Anwaltszwang, Ffm MDR **89**, 460, Saarbr RR **98**, 1012, Stgt RR **94**, 624. Ein Gegenantrag entsprechend einer Widerklage ist grds zulässig.

3 **§ 921, Entscheidung:** *Statt I* gilt § 937 II. Wegen der Kosten § 91 Rn 74, § 938 Rn 6. Wegen der Hemmung der Verjährung gilt dasselbe wie beim Arrest, § 921 Rn 2.

II, Sicherheit: Die Vorschrift ist anwendbar, Lidle GRUR **78**, 96. Vgl aber Rn 2 „§ 920, Gesuch". Zum Inhalt § 938.

§ 922, Urteil oder Beschluß: Die Vorschrift ist voll anwendbar, auch zur Begründungsfrage, § 922 Rn 3, 13. Allerdings geht Art 103 I GG gegenüber § 922 III vor, soweit der Gläubigerschutz bestehen bleibt, zB bei einem Antrag auf die Unterlassung einer Handlung. II ist anwendbar, BayObLG Rpfleger **78**, 306. Nach der Zurückweisung eines Antrags auf eine einstweilige Verfügung (fälschlich) durch einen Beschluß kann man mit der Beschwerde grundsätzlich keinen Arrest beantragen, § 916 Rn 3. In den Fällen des § 942 entscheidet das Gericht stets durch einen Beschluß.

§ 923, Abwendungsbefugnis: Die Vorschrift ist wegen § 939 *unanwendbar.*

4 **§ 924, Widerspruch:** Die Vorschrift ist grundsätzlich anwendbar. In den Fällen des § 942, also bei einer einstweiligen Verfügung des AG der belegenen Sache, ist sie *unanwendbar.* Es ist dann das dort bestimmte Verfahren zulässig. Das Gericht darf die Zwangsvollstreckung auch ohne eine Sicherheitsleistung einstellen, § 924 Rn 16, Karlsr MDR **75**, 324, Kblz GRUR **89**, 934. Das gilt jedoch nur dann, wenn das Gericht damit nicht den Sinn der einstweiligen Verfügung aufhebt, § 939, BGH RR **97**, 1155, KG MDR **94**, 727, ZöV § 924 Rn 18, strenger Klette GRUR **82**, 474, großzügiger Celle RR **87**, 190, StJGr § 924 Rn 23 (aber man darf nicht die Funktionsgrenzen des bloßen Eilverfahrens übersehen).

§ 925, Entscheidung auf Widerspruch: Die Vorschrift ist anwendbar. Die Möglichkeit einer Aufhebung der einstweiligen Verfügung gegen eine Sicherheitsleistung des Schuldners ist allerdings durch § 939 begrenzt. Für die Anwendbarkeit des § 93 (Kostenfreiheit des Schuldners) gelten bei einer entsprechenden Sachlage dieselben Grundsätze wie bei der Widerspruchsklage des § 771, § 93 Rn 82 „Widerspruchsklage".

5 **§ 926, Anordnung der Klagerhebung:** Die Vorschrift ist grundsätzlich anwendbar, Ffm MDR **89**, 272. Der Antrag nach § 926 II ist auch schon vor dem Eintritt der formellen Rechtskraft der Verfügung statthaft, LG Freibg RR **88**, 250. Zuständig ist der Rpfl, § 20 Z 14 RPflG. Die Vorschrift ist bei § 1615 o BGB (Leibesfrucht) deshalb *unanwendbar,* weil dann keine Klage möglich ist, sondern nur eine einstweilige Verfügung. Das Rechtsschutzbedürfnis nach Grdz 33 vor § 253 kann wegen des Zeitablaufs der einstweiligen Verfügung erloschen sein, Hamm MDR **86**, 418. Wegen einer Klage nach dem ArbNEG § 926 Rn 7.

§ 927, Aufhebung wegen veränderter Umstände: Die Vorschrift ist anwendbar, BGH NJW **78**, 2158, Düss RR **88**, 188. Wegen des Zusammentreffens mit einer Berufung § 927 Rn 1. Die Möglichkeit des Gerichts zur Aufhebung der einstweiligen Verfügung gegen eine Sicherheitsleistung ist durch § 939 eingeschränkt. § 927 ist auch bei einer einstweiligen Verfügung mit dem Ziel einer Zahlung anwendbar, Rn 14, sofern eine Aufhebung den § 323 ersetzt.

§ 927 ist aber dann *unanwendbar,* wenn es um eine einmalige Zahlung nach der Aufhebung geht (Arztkosten). Überhaupt ist die Aufhebung einer einstweiligen Verfügung durch eine weitere einstweilige Verfügung grundsätzlich nicht zulässig. Es gibt auch keine Aufhebungsklage gegen eine einstweilige Verfügung. Wenn die Parteien über den Gegenstand der einstweiligen Verfügung einen Vergleich nach

§ 779 BGB oder Anh § 307 geschlossen haben, ist § 323 anwendbar. Ein vorläufig vollstreckbares, aber anfechtbares Urteil im Hauptprozeß reicht selbst dann nicht aus, wenn es mindestens denselben Inhalt wie die einstweilige Verfügung hat, KG WRP **79**, 547. Nach dem Ablauf der Vollzugsfrist und einem Verzicht des Gläubigers auf die Rechte aus der einstweiligen Verfügung kann der Schuldner trotzdem ein Rechtsbedürfnis haben, Mü RR **86**, 998.

2) Verfügungsvollzug bei gewöhnlicher einstweiliger Verfügung. In diesem Bereich sind die Vorschriften des Arrestverfahrens in dem folgenden Umfang beachtlich. 6

§ 928, Grundsatz: Die Vorschrift ist anwendbar, BGH NJW **99**, 3123, Mü MDR **98**, 1243. § 941 bleibt beachtlich, BGH NJW **99**, 3123. Eine Pfändung von Fahrnis und eine eidesstattliche Versicherung zwecks Offenbarung nach § 807 kommen nach einer einstweiligen Verfügung kaum vor. Die Vollstreckung der Wegnahme einer Sache erfolgt nach §§ 883 ff. Eine eidesstattliche Versicherung nach § 883 sowie eine Pfändung und Überweisung nach § 886 brauchen keine neue einstweilige Verfügung. Eine solche Herausgabe macht eine Wegnahme in der Frist notwendig. Die Erzwingung einer Handlung oder Unterlassung erfolgt nach §§ 887, 888, 890, BGH **131**, 143.

Die *Zuständigkeit* des Vollstreckungsgericht ergibt sich aus § 764. Bei §§ 887 ff ist das Gericht der Hauptsache als Prozeßgericht zugleich das Vollstreckungsgericht. Einwendungen nach §§ 732, 766 sind wie sonst zulässig. Wegen der Möglichkeit einer Vollstreckungsabwehrklage nach § 767 vgl Rn 17. Wegen der Möglichkeit einer Einstellung der Zwangsvollstreckung § 924 III. Die Umstände ergeben, wann die Zwangsvollstreckung endet, Grdz 52 vor § 704. § 788 gilt für die Vollzugskosten. Sie lassen sich also beim Schuldner beitreiben. Wenn das Gericht die einstweilige Verfügung aufgehoben hat, muß der Gläubiger die Vollzugskosten erstatten.

§ 929, Vollstreckungsklausel, Vollziehungsfrist: Die Vorschrift ist grds anwendbar, Brdb FamRZ **97**, 624, Hbg RR **95**, 444, auch auf die sog Leistungsverfügung, Grdz 6 vor § 916, Köln FamRZ **92**, 77, Zweibr OLGZ **83**, 467. Die Amtszustellung nach §§ 166 ff reicht *nicht.* Denn sie läßt nicht den Vollzugswillen des Gläubigers erkennen, Düss GRUR-RR **01**, 94, Ffm RR **00**, 1236, Hamm RR **00**, 972. Das alles gilt für Urteils- wie Beschlußverfügungen, Düss GRUR-RR **01**, 94, KG RR **99**, 72, Mü MDR **98**, 1243, aM Stgt WettbR **97**, 43 (eine Urteilsverfügung nach § 890 werde mit der Verkündung der Androhung vollzogen. Aber das Erkenntnis und sein Vollzug sind zweierlei). 7

Es gilt eine *Vollzugsfrist von einem Monat* seit dem Zeitpunkt der Verkündung der einstweiligen Verfügung, Ffm RR **00**, 1236, Hbg FamRZ **88**, 522, Hamm RR **00**, 972. Man darf die Frist voll ausnutzen, Ffm GRUR **02**, 237. Wenn keine Verkündung stattfand, läuft die Vollzugsfrist seit der Zustellung der einstweiligen Verfügung, LG Kassel WoM **93**, 418, LAG Bre Rpfleger **82**, 481, aM Hamm BB **88**, 1844 (vgl aber § 929 Rn 18). Sie läuft hilfsweise seit der Aushändigung, jeweils an den Gläubiger, AG Bln-Charlottenb DGVZ **79**, 29. Die Zustellung einer vollstreckbaren statt einer einfachen Ausfertigung ist nur bei einer Rechtsnachfolge einer Partei nötig, §§ 727 ff. Zum Problem Loritz ZZP **106**, 3 (ausf). Alles das gilt auch, soweit das Gericht weniger oder etwas anderes, als beantragt, zugesprochen hat, aM Kblz RR **88**, 143 (aber auch eine hochgradige Möglichkeit eines Rechtsmittels besagt noch nicht eindeutig, daß man es auch einlegen wird). Eine Berichtigung nach §§ 319, 329 erfordert keine erneute Vollzugszustellung, Celle WettbR **98**, 19. Der Gläubiger muß ein „Bestätigungsurteil" nur nach einer inhaltlichen Änderung wiederum zwecks einer erneuten Vollziehung zustellen, Köln GRUR **99**, 90, Oetker GRUR **03**, 124.

Dazu zählen etwa, daß jetzt eine Sicherheitsleistung notwendig wird, Hamm RR **00**, 972, oder daß zunächst keine Verhandlung stattgefunden hatte, Hamm RR **00**, 972, nicht aber eine bloße Verringerung der einstweiligen Verfügung, Hamm RR **00**, 972, oder eine bloße Änderung der rechtlichen Begründung, KG WettbR **00**, 197.

– *Gebot und Verbot.* Auch eine Unterlassungsverfügung ist mittelbar durch Ordnungsmittel vollziehbar, BGH **131**, 143. Wenn die einstweilige Verfügung ein Gebot oder ein Verbot enthält, kommt es darauf an, daß der Gläubiger seinen Willen zur Durchsetzung der einstweiligen Verfügung klar zum Ausdruck bringt, Karlsr RR **88**, 1470, aM Oldb JB **92**, 495 (vgl aber § 929 Rn 7). Das kann an sich auf einem beliebigen Weg geschehen, Karlsr RR **88**, 1470. Der ProzBev muß die richtige Schuldneranschrift auch zusätzlich zu Gläubigerangaben klären, § 85 II, Heistermann MDR **01**, 791. 8

Meist ist erforderlich und genügt die fristgemäße Zustellung der einstweiligen Verfügung in einer beglaubigten Ablichtung oder Abschrift einer Ausfertigung, Hbg GRUR **98**, 175, Hamm JB **01**, 475, Oetker GRUR **03**, 121. Sie erfolgt also als sog *Parteizustellung* durch den Gläubiger an den Schuldner nach (jetzt) §§ 191 ff, BGH NJW **93**, 1076, Düss GRUR-RR **01**, 94, Hbg GRUR-RR **03**, 108, aM BGH (9. ZS) NJW **90**, 124, Karlsr FamRZ **92**, 581, Stgt WettbR **96**, 84 (§ 929 II sei auf Unterlassungsverfügungen unanwendbar. Aber der Gläubiger muß den Vollzugswillen selbst direkt erkennen lassen). Eine Urteilsverfügung und erst recht eine Beschlußverfügung sind jedenfalls bei einer Inlandszustellung erst im *Zeitpunkt der Zustellung* wirksam. Die Frist beginnt mit dem Eingang des Zustellungsantrags beim Zustellungsorgan, zB bei der Gerichtsvollzieherverteilungsstelle, Düss GRUR-RR **01**, 95. 9

Außerdem darf eine *Zwangsvollstreckung* zunächst nicht infrage stehen, Grdz 20 vor § 916. Bei § 887 ist auch ein rechtzeitiger Vollstreckungsantrag erforderlich, Hamm RR **93**, 960, Rostock MDR **06**, 1425. Bei § 888 genügt auch eine Vollstreckung nach § 890 innerhalb der Monatsfrist, Mü MDR **03**, 53, Zweibr OLGZ **83**, 470, aM Rostock MDR **06**, 1425. Ein Anerkenntnisurteil nach § 307 braucht jedenfalls dann eine Parteizustellung, wenn es sich nicht eindeutig auch auf den sachlichrechtlichen Anspruch erstreckt, Hamm Rpfleger **86**, 310. Wenn die einstweilige Verfügung ein Verbot gegenüber jeder Partei ausspricht, muß also jede Partei der anderen zustellen. Das gilt auch dann, wenn eine eigentliche Zwangsvollstreckung nicht infrage kommt. Bei § 890 soll außerdem die Androhung eines Ordnungsmittels grundsätzlich schon im Titel stehen, BGH MDR **96**, 452, aM Celle GRUR **87**, 66 (vgl aber § 890 Rn 32). 10

11 Die vorstehenden Grundsätze gelten auch dann, wenn die einstweilige Verfügung ein einzutragendes *Veräußerungsverbot* ausspricht, Ffm Rpfleger **78**, 269. Die Eintragung ist nicht an eine Frist gebunden. Soweit im übrigen eine Eintragung im Grundbuch notwendig ist, wendet die Praxis überwiegend § 932 III entsprechend an. Man wahrt die Frist aber nur dann, wenn das Eintragungsgesuch innerhalb der Frist eingeht und wenn der Eintragung am Ende der Frist keine Hindernisse mehr entgegenstehen. Dann ist es unerheblich, ob anfänglich Hindernisse vorhanden waren und ob sich diese erst durch eine Zwischenverfügung innerhalb der Frist beseitigen ließen. Ein Verschulden des Grundbuchamts hilft dem Gläubiger nicht. Wenn der Gläubiger die einstweilige Verfügung beim Eingang des Eintragungsantrags nicht zugestellt hat, muß er die Zustellung innerhalb der Frist des § 929 nachholen. Diese Frist beginnt mit dem Eingang des Eintragungsantrags, Düss FGPrax **97**, 51, aM LG Ffm Rpfleger **93**, 254 (vgl aber § 932 Rn 7). Andernfalls ist die Vollzugsmaßnahme unwirksam, § 929 Rn 22.

12 – *Andere Fälle.* In anderen Fällen muß der Gläubiger die einstweilige Verfügung innerhalb der Frist voll durchgeführt haben, aM LAG Hamm BB **87**, 1536 wegen der Entbindung vom Weiterbeschäftigungsanspruch (aber auch dann gilt § 929 voll). Wenn das Gericht also die einstweilige Verfügung von einer Sicherheitsleistung abhängig gemacht hat, muß der Gläubiger die Sicherheit im Zweifel vor der Vollziehung leisten, § 921 Rn 13, 14. Außerdem muß der Gläubiger die Bestätigung der Hinterlegungsstelle innerhalb der Frist des § 929 III 2 zustellen, § 751 II. Bei einer Grundbucheintragungs-Verfügung ist der Eingang des Eintragungsantrags beim Grundbuchamt erforderlich und ausreichend Rn 11.

Wegen der sog *Leistungsverfügung* Grdz 6 vor § 916, Rn 14. Diese Voraussetzungen lassen sich oft nicht rechtzeitig erfüllen. Dann kann jedenfalls bei einer fortlaufenden Geldleistung ein fristgemäßer Beginn der Durchführung und eine Einheit der späteren Maßnahmen damit vorliegen, § 929 Rn 4, 5. Das gilt etwa dann, wenn es um eine eidesstattliche Versicherung zwecks Offenbarung nach § 807 geht, die nach § 883 II auch im Verfahren auf den Erlaß einer einstweiligen Verfügung zulässig ist (Rn 6 „§ 928“). Wegen einer wiederkehrenden Leistungen Rn 14. Soweit der Gläubiger und der Schuldner zusammenwirken müssen, genügt statt einer Zustellung die Mitwirkung des Gläubigers, LAG Bln DB **86**, 976.

13 **§ 930, Vollzug in Fahrnis:** § 930 I 3 ist *unanwendbar,* soweit sie das Arrestgericht zur Pfändung zuständig macht. § 930 III ist anwendbar, LG Bre DGVZ **06**, 140, aM ZöV 1 (aber § 936 verweist weit).

§ 931, Vollzug in ein Schiff: Die Vorschrift ist *unanwendbar.*

§ 932, Arresthypothek: Die Anwendung der Vorschrift ist *grds nicht möglich.* Denn es fehlt ein Geldbetrag nach § 923. Allerdings wendet die Praxis mit Recht *III* (Eingang des Antrags als Vollzug) auf alle durch eine einstweilige Verfügung angeordneten Grundbuch- und Registereintragungen an, KG Rpfleger **91**, 433, KrG Bad Salzungen DtZ **91**, 148. Ein etwaiges Ersuchen nach § 941 gilt dann als der Eintragungsantrag, § 39 GBO. Wenn aber die Zustellung nicht nach Rn 7 ff „§ 929“ in der unabhängig von einer Kenntnis des Gläubigers mit dem Eingang des Ersuchens beginnenden Wochenfrist des § 929 III nachfolgt, kann man die Eintragung für unwirksam und den Gläubiger für verpflichtet halten, eine Löschungsbewilligung zu erteilen. Das Grundbuchamt prüft auch die Voraussetzungen einer Eintragung nach dem Grundbuchrecht, Düss Rpfleger **78**, 216. Ein Belastungsverbot wird erst mit der Zustellung an den Schuldner wirksam. Wenn das Grundbuchamt auf Grund einer einstweiligen Verfügung eine Vormerkung eingetragen hatte und wenn das Gericht diese Vormerkung nun durch eine vollstreckbare Entscheidung aufgehoben hat, ist damit bereits die Vormerkung ebenfalls erloschen. Die Löschung stellt nur eine Berichtigung des Grundbuchs dar.

§ 933, Persönlicher Arrest: Die Vorschrift ist anwendbar, ThP 1, aM ZöV § 933 Rn 2 (aber man kann auch eine Freiheitsbeschränkung durch eine einstweilige Verfügung anordnen).

§ 934, Aufhebung des Vollzugs: I ist *durch § 939 ersetzt.* II–IV sind ebenfalls *unanwendbar,* ThP 12, aM RoGSch § 79 II 3, ZöV 4 (aber es sind keine Besonderheiten erkennbar).

14 **3) Verfügungsvollzug bei einer Zahlungsverfügung.** Wenn die einstweilige Verfügung den Schuldner vorläufig zu einer Zahlung verurteilt, steht sie für die Zwangsvollstreckung ganz einem vorläufig vollstreckbaren Endurteil auf die Leistung gleich, Grdz 6 vor § 916, Hintzen Rpfleger **93**, 255.

A. Wiederkehrende Leistungen. Eine einstweilige Verfügung kann auf die Verurteilung zu einer nicht unter das FamFG fallenden wiederkehrenden Leistung zB eines laufenden oder künftigen Unterhalts lauten, dabei auch nicht wegen eines in der Vergangenheit entstandenen Unterhaltsanspruches, Bre FamRZ **80**, 1146, § 940 Rn 23 „Ehe, Familie“, Rn 42 „Rente“. Sie läßt sich wegen der künftigen Raten nicht innerhalb der Monatsfrist vollziehen, § 929 II kann deshalb nicht anwendbar sein. Infolgedessen erfolgt die Vollstreckung ohne die Zeitgrenze, § 929 Rn 7 ff. Man muß aber auch dann eine Bindung des Willens des Schuldners durch mehr als die bloße Anordnung verlangen.

Der Gläubiger muß die einstweilige Verfügung dem Schuldner daher nur *einmal* innerhalb eines Monats seit der Verkündung des Urteils im Parteibetrieb zustellen, §§ 191 ff, Hbg FamRZ **88**, 522, Kblz FamRZ **88**, 191, Oldb FamRZ **86**, 367, aM Celle FamRZ **88**, 524 (als eigentliche Vollzugsmaßnahme müsse hinzukommen, daß der Gläubiger innerhalb eines Monats ab der jeweiligen Fälligkeit wegen der konkreten Teilforderung zB der Monatsrente mit der Vollstreckung beginne. Aber der Vollzugswille für den Gesamtzeitraum ergibt sich durchweg schon aus der einmaligen Parteizustellung dieser Dauerverfügung, Grdz 52 vor § 128).

Wenn der Gläubiger die Zwangsvollstreckung vor der Zustellung einleitet, muß die Zustellung der ersten Vollstreckungsmaßnahme innerhalb der Wochenfrist *nachfolgen,* § 929 III.

15 **B. Weiteres Verfahren.** Mit den in Rn 14 genannten Maßnahmen ist die Vollziehung beendet. Das weitere gehört zur Vollstreckung, Grdz 20 vor § 916. Die Zwangsvollstreckung erfolgt durch eine Pfändung nach §§ 803–871 und nicht wie bei einem Gebot nach § 887. Hier bezweckt die Vollziehung nicht die Sicherung, sondern die Befriedigung des Gläubigers. Die Vollziehung ist also eine Vollstreckungspfändung und nicht eine Arrestpfändung. §§ 930–932 sind der Natur der Sache nach unanwendbar. Deshalb pfändet nicht das Arrestgericht des § 919 die Forderung. Vielmehr ist dazu das Vollstreckungsgericht der §§ 802, 828 zuständig. Es entscheidet durch seinen Rpfl, § 20 Z 17 RPflG. Deshalb ist hier auch eine Überweisung zulässig. Die Zwangsvollstreckung in ein eingetragenes Schiff und in eine Liegenschaft erfolgt nach §§ 864 ff,

nicht nach §§ 931 ff. Es gibt also keine Arresthypothek, sondern eine Zwangshypothek, ferner eine Zwangsverwaltung oder eine Zwangsversteigerung.

C. Einmalige Leistung. Wenn die einstweilige Vollstreckung den Schuldner zu einer einmaligen Geld- 16
leistung verurteilt, kann der Gläubiger die einstweilige Verfügung nur durch eine Pfändung vollziehen. Die Zahlung des Schuldners zur Abwendung der Pfändung genügt. Auch dann ist eine Überweisung zulässig. Denn eine solche einstweilige Verfügung bezweckt ausnahmsweise eine Befriedigung des Gläubigers, Grdz 6 vor § 916.

4) Vollstreckungsabwehrklage. Der Schuldner kann gegenüber einer gewöhnlichen einstweiligen Ver- 17
fügung keine Vollstreckungsabwehrklage nach § 767 erheben. Denn § 927 hilft ihm ausreichend und schließt die Anwendbarkeit anderer Vorschriften aus, § 924 Rn 6, 7. Anders verhält es sich bei einer sog Leistungsverfügung, Rn 14. Denn eine solche einstweilige Verfügung steht in ihrer Wirkung einem Leistungsurteil gleich. Außerdem ist § 927 dann nicht für fällige, aber rückständige Leistungen anwendbar. Deshalb kann der Schuldner dann nach § 767 klagen, soweit er das gewünschte Ergebnis nicht nach § 927 erreichen kann. Zum Verhältnis zwischen §§ 936 ff und § 769 Düss OLGZ **85**, 494.

937 *Zuständiges Gericht.* [I] **Für den Erlass einstweiliger Verfügungen ist das Gericht der Hauptsache zuständig.**

[II] **Die Entscheidung kann in dringenden Fällen sowie dann, wenn der Antrag auf Erlass einer einstweiligen Verfügung zurückzuweisen ist, ohne mündliche Verhandlung ergehen.**

Gliederung

1) Systematik, I, II. § 937 ersetzt in Verbindung mit § 942 den § 919 im Bereich des Verfahrens auf den 1
Erlaß einer einstweiligen Verfügung. Das bedeutet freilich nicht, daß bei einem Antrag *vor* einer Anhängigkeit der Hauptsache nach § 261 Rn 1 keine Zuständigkeitsregelung bestünde. Vielmehr ist dann als Gericht der Hauptsache wie bei § 919 Rn 4 dasjenige Gericht zuständig, das für die künftige oder etwaige Hauptsache zuständig wäre. In einem dringenden Fall können das AG des § 942 oder der Vorsitzende des Kollegialgerichts oder des AG des § 937 allein entscheiden, § 944.

2) Regelungszweck, I, II. Die Vorschrift soll allerdings im Interesse der Prozeßwirtschaftlichkeit nach 2
Grdz 14 vor § 128 insbesondere gewährleisten, daß dasjenige Gericht auch im Verfügungsverfahren entscheidet, das über eine bei ihm anhängige Klage entscheiden soll und die Sache schon kennt, Hbg MDR **81**, 1027. Deshalb ist das Hauptsachegericht abgesehen von § 942 ausschließlich zuständig, soweit die Hauptsache bei ihm schon und noch anhängig ist, Hamm OLGZ **89**, 338. Deshalb muß auch dasjenige Gericht die Rechtshängigkeit vor einem solchen etwaigen anderen Hauptsachegericht auch im Rahmen von § 937 beachten, bei dem der Kläger eine zweite Klage über denselben Anspruch erhoben hat, Hbg MDR **81**, 1027.

Entbehrlichkeit einer Verhandlung nach II ist jetzt viel eher annehmbar als nach früherem Recht. Das bedeutet aber keinen Freibrief für die Preisgabe jeglicher Anhörung des Gegners und für eine bequeme Übernahme des beantragten Tenors in einen überdies jedenfalls zunächst ohne eine Begründung hinausgehenden solchen Beschluß, mit dem man die Sache erst einmal vom Tisch hat. Das „Kopfgutachten" sollte auch im Eilverfahren zu den ziemlich zwingenden Pflichten ganz am Anfang der richterlichen Tätigkeit zum konkreten Einzelfall stehen. § 938 bietet dann genug Elastizität zum Wie der Entscheidung. Es ist nicht rühmlich, wenn sich erst im Widerspruchsverfahren herausstellt, daß man unter keinem denkbaren Gesichtspunkt überhaupt zuständig war usw.

3) Zuständigkeit: Gericht der Hauptsache, I. Das um einen einstweiligen Rechtsschutz ersuchte 3
Gericht muß die Zulässigkeit des Rechtswegs zu ihm von Amts wegen prüfen, §§ 17, 17a GVG, BGH MDR **01**, 952 (zum damaligen FGG). Das gilt auch dann, wenn es das Hauptsachegericht ist, BAG NW **00**, 2524. Für die Anordnung der einstweiligen Verfügung ist grundsätzlich das Gericht der Hauptsache zuständig, § 919 Rn 4–6, Zweibr JZ **89**, 103. Das gilt örtlich und sachlich, Hbg WettbR **96**, 78, und zwar ausschließlich, § 802, LG Düss GRUR **00**, 611. Es gilt auch (jetzt) bei der EuGVVO, Düss ZMR **01**, 180 (zum alten Recht). Wegen der Ausnahmen §§ 942, 944. Hauptsache ist dabei die zu sichernde Leistung oder das zu befriedigende Rechtsverhältnis, nicht der in einer etwa zugehörigen Klagebegründung dazu vorgetragene Streitstoff, Hbg WettbR **96**, 78.

Über die Zuständigkeit für eine einstweilige Verfügung in einer *Wettbewerbssache* §§ 13, 14 UWG. Daneben ist das AG des Tatorts zuständig, § 32 Rn 17. Für die Zwangsvollstreckung ist das Vollstreckungsgericht der §§ 764, 802 zuständig, für die Forderungspfändung nach § 936 Rn 6, 14. Beim Kollegialgericht ist sein Vorsitzender im Rahmen von § 944 zuständig. Nicht Hauptsachegericht ist das Gericht einer verneinenden Feststellungsklage, LG Düss GRUR **00**, 611, Fritze GRUR **96**, 574, Steinbeck NJW **07**, 1784, aM Ffm GRUR **97**, 485 (freilich auch zum Unterlaufen eines solchen Gerichtsstands), Schlesw SchlHA **95**, 134.

4) Verfahren, II. Keineswegs stets ist eine Verhandlung notwendig. 4

A. Grundsatz: Notwendigkeit mündlicher Verhandlung. In einer Abweichung von § 921 ist im Verfahren auf den Erlaß einer einstweiligen Verfügung grundsätzlich eine mündliche Verhandlung notwendig,

§ 128 Rn 4, KG MDR **91**, 1195, Köln RR **02**, 1596, Schockenhoff NJW **90**, 156. Das Gericht muß den Termin nach § 216 unverzüglich bestimmen, und zwar auch für die Zeit vom 1. 7. bis 31. 8. ohne eine spätere Verlegungsmöglichkeit, § 227 III 2 Hs 1 Z 1. Das Gericht muß die Ladungsfrist einhalten, § 217 Rn 3.

5 **B. Entbehrlichkeit in einem besonders dringenden Fall.** Ausnahmsweise ist eine mündliche Verhandlung zunächst dann entbehrlich, wenn ein dringender Fall vorliegt, Ffm MDR **78**, 315, Hamm FamRZ **86**, 75, LG Ffm NJW **80**, 1758. Eine Dringlichkeit macht eine mündliche Verhandlung auch dann entbehrlich, wenn in derselben Sache schon eine mündliche Verhandlung oder eine Verweisung stattgefunden hatte. Nun setzt allerdings jede einstweilige Verfügung eine Dringlichkeit voraus. Denn sonst würde der Verfügungsgrund fehlen. Deshalb meint II mit dem Ausdruck „in dringenden Fällen" eine gesteigerte, zusätzliche Dringlichkeit, Karlsr RR **87**, 1206, Köln RR **02**, 1596, Fritze GRUR **79**, 292, aM Pietzcker GRUR **78**, 526. Das Gericht prüft nach seinem pflichtgemäßen Ermessen, ob die besondere Dringlichkeit vorliegt und ob es dann von der mündlichen Verhandlung absehen will. Denn „kann" stellt nicht nur in die Zuständigkeit, KG MDR **91**, 1195.

Ein besonders dringender Fall *liegt dann vor*, wenn der Zeitverlust oder die Benachrichtigung des Gegners den Zweck der einstweiligen Verfügung gefährden könnten und deshalb nicht hinnehmbar wären, § 921 Rn 2, Karlsr RR **87**, 1206, Lempp NJW **75**, 1920, Teplitzky NJW **80**, 1666. Das mag sich auch erst im Lauf des Eilverfahrens ergeben, Köln RR **02**, 1596. Die besonders dringliche Situation muß auch bei § 12 II UWG vorliegen. Denn diese Vorschrift befreit nicht von II, KG DB **79**, 642, Teplitzky GRUR **78**, 286. Allerdings kann man die Dringlichkeit (jetzt) bei § 12 II UWG großzügiger bejahen, KG DB **79**, 672. Ein öffentliches Interesse bleibt allerdings auch hier unberücksichtigt, Drettmann GRUR **79**, 604.

6 Der Gläubiger muß die besondere Dringlichkeit als eine Voraussetzung zum Erlaß der einstweiligen Verfügung *glaubhaft* machen, § 294, Teplitzky GRUR **78**, 286 (strenge Anforderungen). Das Gericht kann auch insofern bei (jetzt) § 12 II UWG großzügiger sein, KG DB **79**, 672. Das Gericht muß das Vorliegen der besonderen Dringlichkeit in der einstweiligen Verfügung feststellen. Zur sog Schutzschrift Grdz 7 vor § 128, § 920 Rn 9. Wegen ihrer Kosten § 91 Rn 192 „Schutzschrift".

7 **C. Entbehrlichkeit bei einer Zurückweisung.** Ausnahmsweise ist eine mündliche Verhandlung ferner dann entbehrlich, wenn und soweit das Gericht den Antrag zurückweisen muß, Danckwerts GRUR **08**, 767. Das stellt II Hs 2 klar, auch dahin, daß dann keine Dringlichkeit vorliegen muß, aM LAG Drsd MDR **97**, 855 (überliest „sowie dann, wenn"). Die Zurückweisung mag wegen Unzulässigkeit oder wegen Unbegründetheit erfolgen. Das Gericht mag die Unbegründetheit vorsorglich und zulässigerweise als ein Hilfsargument darstellen, Grdz 17 vor § 253. Die Zurückweisung erfolgt mangels einer mündlichen Verhandlung durch einen nach § 329 Rn 4 zu begründenden Beschluß nebst einer Kostenentscheidung, § 329. Seine Vollstreckbarkeit richtet sich nicht nach § 708 Z 6. Diese Vorschrift nennt nämlich nur Urteile. Die Vollstreckbarkeit richtet sich vielmehr nach § 794 I Z 3.

8 **D. Einzelfragen.** Das Gericht kann die Parteien auch telefonisch oder schriftlich anhören, Danckwerts GRUR **08**, 767. Wenn der Gläubiger auf Grund einer Äußerung des Schuldners den Antrag zurücknimmt, muß der Gläubiger grundsätzlich die Kosten des Schuldners tragen, § 269 III 2, IV entsprechend. Wegen eines Gegenantrags § 935 Rn 1. Zu dem teilweise hochproblematischen Verfahren eines sog Messebereitschaftsdienstes Lidle GRUR **78**, 93.

Gebühren: Des Gerichts KV 1410 ff; des Anwalts VV 3100 ff. Wert: Anh § 3 Rn 35.

9 **5) Rechtsbehelfe, I, II.** Gegen die Anordnung einer mündlichen Verhandlung oder gegen ihre Ablehnung ist grundsätzlich kein Rechtsbehelf statthaft. Soweit das Gericht einen Antrag ohne eine mündliche Verhandlung abgewiesen hat, kommt eine sofortige Beschwerde nach § 567 I Z 2 in Betracht. Dann kann das Beschwerdegericht die Sache evtl zur erneuten Entscheidung nach einer mündlichen Verhandlung zurückverweisen, LAG Hamm BB **84**, 409. Eine sofortige Beschwerde bloß zwecks einer Erledigterklärung ist freilich unzulässig, Stgt WettbR **98**, 91. Wegen einer allzu späten Terminsanberaumung ist neben einer sofortigen Beschwerde wegen der faktischen Zurückweisung eines Verfahrensgesuches nach § 567 I Z 2 eine Dienstaufsichtsbeschwerde zulässig, § 216 Rn 28.

938 *Inhalt der einstweiligen Verfügung.* **I Das Gericht bestimmt nach freiem Ermessen, welche Anordnungen zur Erreichung des Zweckes erforderlich sind.**

II Die einstweilige Verfügung kann auch in einer Sequestration sowie darin bestehen, dass dem Gegner eine Handlung geboten oder verboten, insbesondere die Veräußerung, Belastung oder Verpfändung eines Grundstücks oder eines eingetragenen Schiffes oder Schiffsbauwerks untersagt wird.

Schrifttum: *Augustin,* Der Gerichtsvollzieher als Sequester, Diss Bonn 1995/6; *Du Mesnil de Rochemont,* Die Notwendigkeit eines bestimmten Antrags bei der Unterlassungsverfügung …, § 308 Abs. 1 ZPO contra § 938 Abs. 1 ZPO?, 1993; *Kargados,* Zur Verfassungsmäßigkeit von gesetzlichen Verboten einstweiligen Rechtsschutzes inklusive eines generellen Ausschlusses der Hauptsachevorwegnahme, Festschrift für *Gaul* (1997) 265; *Kohler,* Das Verfügungsverbot gemäß § 938 Abs. 2 ZPO im Liegenschaftsrecht, 1984.

Gliederung

1) Systematik, I, II. Die Vorschrift enthält eine dem § 721 bedingt vergleichbare Regelung, LAG Hann DB **89**, 2234. Das Gericht bestimmt nach seinem pflichtgemäßen Ermessen, welche Maßnahme notwendig werden, LG Bre DGVZ **06**, 140. Das gilt grundsätzlich auch bei der Unterlassungsverfügung, Borck WRP **77**, 457. Es gibt auch bei einer Wettbewerbssache keine gesetzliche Grundlage dafür, daß das Gericht in der Auswahl seiner Anordnungen beschränkt wäre. Freilich bringt § 12 II UWG mit seinen Erleichterungen für den Erlaß einer einstweiligen Verfügung Gefahren mit sich. Das Gericht darf sich nicht darauf beschränken, etwa allgemein die „Beseitigung der Beeinträchtigung" anzuordnen. Es muß vielmehr bestimmte Maßnahme treffen. 1

Nicht über den Antrag hinaus, ne ultra petita: § 308 I gilt auch hier, Rn 4. Denn andernfalls würde man die Parteiherrschaft nach Grdz 18 vor § 128 und damit ein Grundprinzip des Zivilprozesses mißachten und damit wohl auch gegen Artt 1, 2 GG verstoßen. Ob ein vorsichtiger Hinweis nach § 139 ratsam wäre, den Antrag besser zu erweitern, ist eine andere Frage. Ob das aber eine Ablehnungsgefahr seitens des Antragsgegners verstärken könne, ist wieder ein anderes Problem. Die Grenzen verlaufen überall fließend. Deshalb hilft eine vorsichtig abwägende und nachvollziehbar begründete Handhabung am ehesten. In aller Regel muß das Gericht von Amts wegen einen nicht allzu weit hinausschiebbaren Endzeitpunkt seiner Eilmaßnahme festsetzen, um nicht die Gefahr irreparabler Schäden herbeizuführen, insbesondere bei einer sog Leistungsverfügung, Grdz 6 vor § 916, Heinze, Die Leistungsverfügung, Festgabe *50 Jahre Bundesgerichtshof* (2000) III 591.

2) Regelungszweck, I, II. Die Vorschrift dient der Prozeßförderung nach Grdz 12, 13 vor § 128 und der Prozeßwirtschaftlichkeit, Grdz 14, 15 vor § 128. Daher darf und muß man das Ermessen in I weit auslegen. Die zulässige Auslegung darf zur Umdeutung des Antrags führen, Grdz 52 vor § 128, Mü ZMR **99**, 820, und zwar dahin, daß er auch einen Erfolg haben kann, zB im Weg einer zeitlich begrenzten und daher keine verbotene Leistungsverfügung ergebenden Anordnung. Das übersieht Mü ZMR **99**, 820. 2

3) Voraussetzungen, I. Allerdings muß das Gericht die Grenzen seiner Befugnisse nach Rn 3–5 beachten, gerade beim zeitlich unbegrenzten Antrag, Grdz 9 vor § 916. 3

A. Erforderlichkeit. Die Maßnahme muß erforderlich sein. Sie muß freilich auch ausreichen, um den Zweck der einstweiligen Verfügung zu erreichen. Sie muß hinreichend bestimmt sein, Düss MDR **86**, 328. Die einstweilige Verfügung darf aber grundsätzlich nicht eine Entscheidung in der Hauptsache vorwegnehmen. Sie soll möglichst keine endgültigen Verhältnisse schaffen. Denn die einstweilige Verfügung dient lediglich der Sicherung und grundsätzlich nicht der Befriedigung des Gläubigers Grdz 5 vor § 916, Ffm NJW **85**, 1295, KG MDR **77**, 500, Eck/Dombrowski GRUR **08**, 389. Zum Problem Schilken, Die Befriedigungsverfügung usw, 1976 (krit Grunsky ZZP **90**, 208). Freilich ist eine einstweilige Verfügung insofern zulässig, als keine Aussicht besteht, wegen der Hauptsache in einer sinnvollen nahen Zukunft eine Entscheidung zu erreichen, Grdz 6 vor § 916, Ffm NJW **75**, 393, oder soweit zB der Gläubiger den herausverlangten Gegenstand glaubhaft in einem eigenen, geeigneten Lagerraum billiger und gegen eine Sicherheitsleistung unterbringen kann, Düss MDR **84**, 411. Wegen §§ 51 a, b GmbHG Emde ZIP **01**, 824.

Das Gericht darf den Schuldner aber *nicht* schon auf Grund ungenügend geprüfter Behauptungen *unwiederbringlich schädigen,* § 940 Rn 12 ff. Demgegenüber liegt es in der Natur einer einstweiligen Verfügung auf eine Geldzahlung, auch der Befriedigung des Gläubigers zu dienen, Grdz 6 vor § 916, § 936 Rn 14. Der Schuldner ist dann auf einen Ersatzanspruch angewiesen. Das ist freilich praktisch meist wertlos.

B. Im Rahmen des Antrags. Vgl zunächst Rn 1. Die Maßnahme des Gerichts darf nicht über den Antrag des Gläubigers hinausgehen, §§ 308 I, 525, Düss GRUR **78**, 610, Karlsr GRUR **82**, 171, LAG Düss DB **78**, 212. Das Gericht kann nur innerhalb dieses Rahmens wählen. Der Gläubiger braucht innerhalb des von ihm gesetzten Rahmens keine bestimmten Maßnahmen anzuregen. Das Gericht ist an die etwa angeregten Maßnahmen innerhalb des Rahmens nicht gebunden, Köln GRUR-RR **01**, 288, LG Ffm RR **02**, 127. Die einstweilige Verfügung kann auf eine Leistung gehen. Sie kann auch eine Feststellung oder eine Gestaltung bezwecken. Wenn der Gläubiger zB die Zwangsverwaltung eines Grundstücks beantragt, wird das Gericht vielleicht eine Sequestration nach Rn 21 anordnen. Grundsätzlich ist ein bestimmter Antrag notwendig, ähnlich wie bei § 253 II Z 2, dort Rn 39, Karlsr RR **02**, 251, Köln RR **01**, 1487. Eine Verallgemeinerung im Antrag ist nur insoweit zulässig, als er einen klar bestimmten Inhalt behält, Düss GRUR **78**, 610. Der Vermieter braucht aber zB die seinem Pfandrecht unterliegenden Gegenstände nicht einzeln zu bezeichnen, AG BadBad WoM **85**, 123. 4

C. Im Rahmen des Hauptanspruchs. Die Maßnahme muß im Rahmen des Hauptanspruchs bleiben. Sie darf keineswegs mehr anordnen, ArbG Düss DB **83**, 2093. Sie soll ja grundsätzlich weniger als die Verwirklichung des Hauptanspruchs bringen, Grdz 5 vor § 916, Schockenhoff NJW **90**, 155. Die einstweilige Anordnung ist ja außerdem ein aliud. Das Gericht darf vor allem nicht in das Recht eines Dritten eingreifen, LG Mü WoM **91**, 577. Es darf dem Dritten keine Pflicht auferlegen, Düss WertpMitt **78**, 359. Eine Eintragung ins Grundbuch oder in ein Register muß sachlichrechtlich und auch grundbuchrechtlich zulässig sein. 5

D. Grenzen der Zwangsvollstreckung. Das Gericht darf mit seinen Anordnungen die Grenzen einer zulässigen Zwangsvollstreckung nicht überschreiten, Grdz 34 vor § 704, Grein DGVZ **82**, 178. Es darf zB dem Grundbuchamt nicht gebieten, einem Antrag stattzugeben. Es darf das Grundbuchamt vielmehr nur ersuchen, § 941. Es darf nicht bei einer nach § 890 vollstreckbaren Anordnung eine Maßnahme nach §§ 883–888 androhen, LAG Hamm DB **77**, 1272. Über eine einstweilige Verfügung zum Zweck einer nicht 6 erzwingbaren Leistung § 888 Rn 21. Das Betreten der Wohnung eines Dritten durch einen gerichtlichen Sachverständigen zB zwecks Schallmessungen ist grundsätzlich erst nach dessen vorheriger Anhörung statthaft, BVerfG **75**, 326. Eine Räumungsanordnung ist nur nach § 940a statthaft.

7 **E. Gebot der Zurückhaltung.** Das Gericht sollte sich mit seiner Anordnung zurückhalten, wenn die vorläufige Prüfung im Verfahren auf den Erlaß der einstweiligen Verfügung ungewöhnlich mangelhaft bleiben muß, Schockenhoff NJW **90**, 155. So liegt es oft bei einer Patentverletzung, § 940 Rn 32 „Gewerblicher Rechtsschutz". Allerdings darf das Gericht auch zB im Bereich des Gewerblichen Rechtsschutzes keineswegs von vornherein zurückhaltender verfahren als etwa im Bereich des Bürgerlichen Rechts, Jestaedt GRUR **81**, 193. Der Gläubiger darf alle Mittel der Zwangsvollstreckung ausnutzen, § 936 Rn 6. Über die Kostenverteilung bei einer teilweisen Zurückweisung § 92 Rn 6 „Arrest, einstweilige Verfügung". Die Frage, ob das Gericht einen Antrag teilweise zurückgewiesen hat, läßt sich danach beurteilen, ob der Gläubiger der Wirkung nach das Begehrte erreicht hat.

8 **4) Beispiele zur Frage der Zulässigkeit einer Anordnung, I**

Amtshandlung: S „Behörde", Rn 12 „Notar", Rn 16 „Verwaltungsvollstreckung".

Arbeitsrecht: *Unzulässig* ist die Anordnung einer Zustimmung nach § 103 BetrVG.

S auch Rn 17 „Willenserklärung".

Behörde: *Unzulässig* ist das Gebot an eine Behörde, damit sie etwa eine Amtshandlung herbeiführe oder unterlasse, KG MDR **93**, 1234 (Herausgabe nach Aufhebung einer Beschlagnahme).

S auch Rn 12 „Notar", Rn 16 „Verwaltungsvollstreckung".

Beschlagnahme: S „Behörde".

Beschlußfassung: Rn 10 „Gesellschaft".

Buchhaltungsunterlagen: Zulässig ist die Anordnung der Herausgabe von Buchhaltungsunterlagen aus dem Besitz des Steuerberaters des Schuldners an den Insolvenzverwalter und nicht an einen vorläufigen Insolvenzverwalter, § 22 InsO, Düss KTS **83**, 146.

9 **Eherecht:** *Unzulässig* ist in einer Ehe- oder Familiensache eine Maßnahme, die das FamG auch mithilfe (jetzt) des FamFG treffen kann, Schlesw SchlHA **78**, 120. Wenn das Gericht die einstweilige Verfügung vor der Anhängigkeit der Ehesache beantragt oder sogar erlassen hatte, bleibt das Rechtsschutzbedürfnis schon aus Kostengründen bestehen, Hamm FamRZ **80**, 816.

S auch Rn 14 „Steuerveranlagung", Rn 18 „Zugewinnausgleich".

Erwerbsverbot: Rn 26.

Firma: *Unzulässig* ist die Anordnung der Löschung einer Firma.

Flugzeug: Zulässig ist die Anordnung der Rückgabe eines solchen Flugzeugs, das der Schuldner dem Besitzer widerrechtlich entzogen hatte.

S auch Rn 16 „Verbotene Eigenmacht".

Gegendarstellung: Sie kann zulässig sein, § 940 Rn 40 „Presserecht: Gegendarstellung".

Geschäftsbetrieb: Rn 15 „Unterlassung".

10 **Gesellschaft:** Zulässig ist die Entziehung der Vertretung oder der Geschäftsführung eines Gesellschafters.

Unzulässig ist die Anordnung des Entzugs oder einer Beschränkung des Stimmrechts in der Hauptversammlung, § 940 Rn 29 „Gesellschaft", Kblz NJW **91**, 1119. Unzulässig ist die Anordnung im Zusammenhang mit einer Beschlußfassung in der Gesellschafterversammlung, § 940 Rn 30 „Gesellschaft".

Gewerbebetrieb: Zulässig ist ein Verbot, den Gewerbebetrieb des Gläubigers zu stören.

Grundbuch: S „Grundschuldbrief", Rn 15 „Unterlassung".

Grundschuldbrief: Zulässig ist wegen § 41 GBO die Anordnung der Herausgabe eines Grundschuldbriefs an den Gerichtsvollzieher, § 940 Rn 34 „Grundbuch". Die einstweilige Verfügung ist im Zeitpunkt der Zutellung an den Gläubiger wirksam. Eine Eintragung in das Grundbuch ist nur für den Ausschluß des guten Glaubens notwendig.

11 **Handelsregister:** Zulässig ist außerhalb der dem FamFG unterstehenden Fälle ein Gebot, einen Vorgang zum Handelsregister anzumelden, etwa den Eintritt in die Abwicklung der Firma. Eine Eintragung ist aber nur zum Ausschluß des guten Glaubens auch geradezu notwendig.

Herausgabe: S bei den herauszugebenden Gegenständen sowie Rn 8 „Behörde".

Hypothek: *Unzulässig* ist die Anordnung der Löschung einer Hypothek.

S auch Rn 16 „Vormerkung".

Insolvenz: Rn 8 „Buchhaltungsunterlagen".

Kraftfahrzeugbrief: Rn 16 „Verbotene Eigenmacht".

Lärmstörung: Ein zeitlich begrenztes Verbot ist zulässig, auch gegenüber einem fiskalischen Nachbarn, aM Mü ZMR **99**, 820 (aber auch der Fiskus muß sich an das Nachbarrecht halten, soweit er nicht selbst obrigkeitlichen Zwängen unterliegt. Sie lassen nicht schon aus „Nämlichkeit" von Obrigkeit und Fiskus ableiten).

Leasing: Zulässig ist die Anordnung der Herausgabe einer verleasten Sache an einen Sequester, Rn 12ff, LG Ravensb NJW **87**, 139.

Liquidation: S „Handelsregister".

Löschung: Rn 9 „Firma", Rn 11 „Hypothek".

12 **Mietrecht:** Zulässig sind: Die Anordnung der Rückschaffung von Sachen des Mieters in die Mieträume; ausnahmsweise auch die Anordnung der Räumung einer Wohnung, § 940a, oder die Anordnung eines Zutritts, § 554 I BGB.

Unzulässig ist die Anordnung der Besitzeinweisung bei einer Doppelvermietung, Hamm RR **04**, 521, KG WoM **07**, 207, Schlesw MDR **00**, 1428, aM Düss RR **91**, 336.

S auch Rn 16 „Verbotene Eigenmacht" sowie Grdz 6 vor § 916.

Notar: *Unzulässig* ist die Anordnung eines Gebots an einen Notar, Hamm NJW **76**, 975.

S auch Rn 8 „Behörde".

Patentrecht: *Kaum* zulässig ist eine sog Besichtigungsverfügung, Eck/Dombrowski GRUR **08**, 389.

Reisepaß: Zulässig ist die Anordnung der Herausgabe des Reisepasses des Schuldners, den er dem Gläubiger zur Sicherheit übergeben hatte und den der Schuldner nun wieder erhielt. 13

Rückgabeverbot: Es kommt zusätzlich zur Herausgabe an den Gerichtsvollzieher infrage, um einen Vernichtungsanspruch zu sichern, Ffm GRUR-RR **03**, 96.

Sequester: Rn 21 ff. 14

Sicherheitsleistung: Rn 13 „Reisepaß", Rn 19 „Zugewinnausgleich".

Steuerveranlagung: Zulässig ist ein Verbot gegenüber dem Ehegatten des Gläubigers, eine getrennte Steuerveranlagung zu beantragen, Tiedtke FamRZ **77**, 689.

Stimmrecht: Rn 10 „Gesellschaft".

Unterlassung: Zulässig ist das Gebot, einen bestimmten Wettbewerbsverstoß zu unterlassen, Grdz 8 vor § 916. Zulässig ist das Gebot, keinen Antrag auf eine Eintragung des Eigentumserwerbs beim Grundbuchamt zu stellen. Ein solches Gebot wirkt sachlichrechtlich als ein Erwerbsverbot. Das Grundbuchamt muß dieses Gebot beachten, BayObLG Rpfleger **78**, 306, KG MDR **77**, 500. Das Grundbuchamt darf das Gebot aber nicht eintragen. Eine Eintragung entgegen dem Verbot läßt kein Eigentum übergehen. 15

Unzulässig ist die Anordnung der Unterlassung oder Untersagung eines Geschäftsbetriebs, außer etwa in einem ganz krassen Verletzungsfall.

Verbotene Eigenmacht: Zulässig ist die Anordnung der Rückschaffung solcher Sachen, die der Schuldner mit einer verbotenen Eigenmacht erlangt hat, Schlesw SchlHA **75**, 49. Zulässig ist ferner die Anordnung der Herausgabe eines durch eine verbotene Eigenmacht erlangten Kfz-Briefes, LAG Bln BB **82**, 1428. 16

S auch Rn 9 „Flugzeug".

Verwaltungsvollstreckung: *Unzulässig* ist die Anordnung des Ge- oder Verbots einer Verwaltungsvollstrekkung.

S auch Rn 8 „Behörde".

Vormerkung: Zulässig ist eine Vormerkung zur Sicherung des Anspruchs auf die Eintragung einer Sicherungshypothek, BGH Rpfleger **00**, 384.

Willenserklärung: Rn 8 „Arbeitsrecht", § 940 Rn 46 „Willenserklärung". 17

Zugewinnausgleich: Zulässig ist die Anordnung einer Sicherheitsleistung nach § 1389 BGB. 18

Zustimmung: Rn 8 „Arbeitsrecht", Rn 17 „Willenserklärung".

Zutritt: Rn 12 „Mietrecht".

Zwangsverwaltung: Zulässig ist ausnahmsweise die Anordnung einer Zwangsverwaltung. Denn sie sichert den Gläubiger mit den Rechtsfolgen aus dem ZVG. Das gilt auch wegen eines Hpothekenbriefs. Der Gläubiger erwirkt die Anordnung einer bloßen Verwahrung, nicht auch einer Verwaltung und deshalb nicht einer Sequestration, Rn 12 ff. Er handelt durch den Gerichtsvollzieher, soweit diese Verwahrung mit den zulässigen Grenzen der Zwangsverwaltung vereinbar ist, Grein DGVZ **82**, 178. 19

S aber auch Rn 20 „Zwangsvollstreckung".

Zwangsvollstreckung: *Unzulässig* ist grds eine Anordnung der Zwangsvollstreckung oder ihrer Duldung oder die Einstellung der Zwangsvollstreckung dann, wenn eine andere gesetzliche Maßnahme möglich ist, zB nach §§ 767, 769, Grdz 49, 50 vor § 704, Köln RR **95**, 576. 20

S aber auch Rn 19 „Zwangsverwaltung".

5) Sequestration, II, dazu *Gleußner* DGVZ **96**, 33 (ausf): 21

A. Zulässigkeit. Die Sequestration ist grundsätzlich eine Verwahrung und eine Verwaltung durch eine hierfür bestimmte Person, BGH **146**, 20, Nies MDR **93**, 937. Sie findet regelmäßig bei einer Liegenschaft statt. Sie ist aber auch bei einer Fahrnis möglich, Drsd MDR **98**, 305, LG Brschw MDR **93**, 757, LG Heidelb DGVZ **77**, 44. Das gilt zB dann, wenn die Möglichkeit einer Hinterlegung oder einer Herausgabe an den Gerichtsvollzieher entfällt. Die Sequestration ist ferner bei einem andauernden Recht oder etwa bei einem Minderjährigen möglich. Sie ist nur dann im Grundbuch eintragbar, wenn und soweit sie eine Verfügungsbeschränkung enthält. Sie bleibt trotz eines angeblichen Besitzverlustes des Gegners zulässig, Hamm GRUR **84**, 503. Sie führt bei einem Grundstück eine Zwangsverwaltung herbei. Das Gericht des § 937 darf eine Zwangsverwaltung anordnen, Rn 7. Es ernennt dann auch den Zwangsverwalter. Auch im übrigen wendet das Gericht in der Regel das ZVG entsprechend an, soweit nicht eine Befriedigung des Gläubigers infrage kommt. KG DGVZ **86**, 183 legt eine „Sequestration" unter Umständen als eine bloße Verwahrung ohne eine Verwaltung aus.

B. Unzulässigkeit. Ein gewerbliches Unternehmen unterliegt als solches praktisch nicht einer Zwangsvollstreckung, Grdz 108 vor § 704 „Unternehmen". Daher unterliegt es auch nicht einer Sequestration, aM Mü MDR **84**, 62, StJGr 23, ZöV 7 (inkonsequent, Rn 21). Die Tätigkeit eines Sequesters ist auch insoweit unzulässig, als ein dinglicher Arrest nach §§ 916, 917 ausreicht. Etwas Entsprechendes gilt auch bei einem in die Luftfahrzeugrolle eingetragenen Luftfahrzeug, § 99 I LuftfzRG. Dann ist bei einer Unzulässigkeit eines Arrests eine einstweilige Verfügung mit dem Ziel der Eintragung einer Verfügungsbeschränkung im Register für Pfandrechte an Luftfahrzeugen beim AG Braunschweig und zugleich eine einstweilige Verfügung mit dem Ziel einer Beschlagnahme zulässig und ratsam. Gegen den Insolvenzverwalter darf keine Sequestration ergehen, Celle MDR **04**, 472. Er ist ja selbst auch eine Art Sequester. 22

C. Stellung des Sequesters. Der Sequester ist als solcher kein Beamter. Es übt keine staatliche Funktion aus, BGH Rpfleger **05**, 549. Es handelt sich nicht um eine Maßnahme der Zwangsvollstreckung, BGH **146**, 20. Er übt eine genehmigungspflichtige Nebentätigkeit im beamtenrechtlichen Sinn aus, Kblz MDR **81**, 855, VG Düss DGVZ **99**, 29 (auch zu der engen Voraussetzung einer Versagung der Genehmigung). Die Vollstreckung nach § 929 beginnt noch nicht mit dem Auftrag an ihn. Der Sequester ist keiner Weisung einer Partei unterworfen. Er braucht den Parteien über sein Amt auch keine Auskunft zu geben, LG Bre DGVZ **78**, 140 (das gilt aber nur bis zur Aufhebung der einstweiligen Verfügung). Soweit das Prozeßgericht nicht etwas anderes bestimmt, untersteht der Sequester der Aufsicht des die Sequestration anordnenden Gerichts, Düss GRUR **83**, 743, Mü MDR **84**, 62, LG Bre DGVZ **06**, 140 (§ 930 III ist anwendbar). Das 23

Gericht wendet für die Aufsicht das Betreuungs- und das Pflegschaftsrecht entsprechend an. Das Gericht muß die Rechte und Pflichten des Sequesters bestimmen, Mü MDR **84**, 62. Soweit es ihn als solchen eingesetzt hat, muß es ihn grundsätzlich auch als solchen behandeln, LG Trier DGVZ **96**, 29. Der Sequester kann zB einen Widerspruch oder ein Rechtsmittel einlegen, BGH GRUR **08**, 87, BPatG GRUR **02**, 372. Die Haftung des Sequester ist keine Amtshaftung des Staats. Sie kann vertraglicher Art sein, BGH **146**, 20.

24 **D. Vergütung.** Zu ihrer Festsetzung ist das Prozeßgericht und nicht der Rpfl zuständig, Bre DGVZ **93**, 9, Köln MDR **97**, 690, LG Saarbr DGVZ **95**, 187. Das Prozeßgericht setzt auch nach seinem pflichtgemäßen Ermessen nach § 11 InsVV die Vergütung des vorläufigen Insolvenzverwalters fest, Köln MDR **97**, 690, LG Gött DGVZ **95**, 43, LG Hagen DGVZ **03**, 139 (je: Wert und Zeitaufwand), LG Heilbr DGVZ **95**, 75 (Verantwortung), LG Nürnb-Fürth DGVZ **97**, 127 (auch beim Gerichtsvollzieher), LG Wuppert DGVZ **98**, 13 (Wert und Dauer), aM Bre DGVZ **99**, 138 (nach BGB. Aber die InsVV paßt besser). Die Vergütung des Sequesters wird den Einkünften entnommen. Der Antragsteller und der Sequester können auch die Höhe der Vergütung vereinbaren, BGH Rpfleger **05**, 549. Dann darf das Gericht die Vergütung des Sequesters nicht gegenüber dem Antragsteller festsetzen, Hbg KTS **77**, 176, Karlsr DGVZ **93**, 27. Wegen der Erstattungsfähigkeit der Kosten der Sequestration und der daraus folgenden Festsetzbarkeit gegenüber dem Schuldner § 788 Rn 37 „Sequestration". Der Festsetzungsbeschluß ist vollstreckbar, § 794 I Z 3. Der Staat haftet für die Vergütung nicht, LG Köln KTS **83**, 634, aM Hbg KTS **77**, 176 (aber der Sequester ist kein Beamter, Rn 23). Das gilt bei einer Prozeßkostenhilfe nach §§ 114 ff.

25 **E. Rechtsbehelfe.** Die Bestellung des Sequesters und die Festsetzung seiner Vergütung sind Maßnahmen der Zwangsvollstreckung. Gegen sie sind je nach dem Verfahren des Gerichts die Erinnerung nach § 766 oder die sofortige Beschwerde nach §§ 567 I, 793 zulässig, § 766 Rn 46–48, § 928 Rn 4, Köln Rpfleger **86**, 268. Auch der Sequester kann sich gegen die Festsetzung der Vergütung beschweren, Saarbr DGVZ **77**, 189. Dafür besteht kein Anwaltszwang, § 78 Rn 1. Der Betroffene kann sich gegen einzelne Maßnahmen des Sequesters mit der Erinnerung wenden, § 766, aM LG Mönchengladb DGVZ **82**, 122 (aber auch der Sequester handelt in der Zwangsvollstreckung).

26 **6) Gebot und Verbot, II.** Das Verfügungsgericht darf tatsächliche oder rechtliche Handlungen jeder Art gebieten oder verbieten. Das darf aber nur gegenüber dem Schuldner und ohne einen Eingriff in ein Recht eines Dritten geschehen. Das Gericht darf zB einen Erwerb oder eine Veräußerung verbieten, BVerfG RR **92**, 898, BayObLG **97**, 57, Heydrich MDR **97**, 796. Eine Eintragung in das Grundbuch oder in ein Register hat nur für den Ausschluß des guten Glaubens eine Bedeutung. Ein Verfügungsverbot kommt erst ab dem Erlaß des Pfändungsbeschlusses in Betracht, Düss RR **88**, 266. In der Regel sollte man eine Vormerkung vorziehen, BVerfG RR **92**, 898, oder einen Widerspruch zB nach §§ 885 I 1, 899 II 1 BGB, 21 SchiffsG. Ist die Vormerkung nicht möglich, hilft II, BGH NJW **08**, 377. Eine einstweilige Verfügung zum Nachteil des Gläubigers ist unzulässig. Der Vollzug der einstweiligen Verfügung erfolgt nach § 936 Rn 7 „§ 929, Vollstreckungsklausel, Vollziehungsfrist". Wegen der Wiederaufnahme der Arbeit und des Verbots eines anderen Arbeitsplatzes § 940 Rn 16 „Arbeitsrecht".

939 *Aufhebung gegen Sicherheitsleistung.* **Nur unter besonderen Umständen kann die Aufhebung einer einstweiligen Verfügung gegen Sicherheitsleistung gestattet werden.**

1 **1) Systematik.** Man muß drei Aspekte beachten.

A. Sonderregel. § 939 ersetzt §§ 923, 934 I, 925 II, zum Teil auch § 927. Das Gericht darf eine einstweilige Verfügung nur auf Grund eines Widerspruchs nach §§ 924, 936 oder nach § 939 aufheben, LG Aachen VersR **92**, 338. Das darf aber nicht durch eine zweite einstweilige Verfügung geschehen. Das Gericht muß nicht nur den Vollzug aufheben, sondern auch die eigentliche einstweilige Verfügung.

2 **B. Besondere Umstände,** Sie sind eine notwendige Voraussetzung jeder Aufhebung, Ffm MDR **83**, 586. Eine gewöhnliche Schädigung des Schuldners infolge der Vollstreckung der einstweiligen Verfügung genügt also nicht. Ebensowenig genügt meist eine Schuldnerbürgschaft, Hamm OLGZ **93**, 331. Das Gericht muß über das Vorliegen besonderer Umstände nach seinem pflichtgemäßen Ermessen entscheiden.

3 **C. Sicherheitsleistung.** Die Aufhebung nach § 939 darf nur gegen eine nach der Art und Höhe gemäß § 108 genau bezeichnete Sicherheitsleistung geschehen. Die Sicherheitsleistung muß nach der Art und Höhe voll gewährleisten, daß der Gläubiger den Zweck der einstweiligen Verfügung erreichen kann, Köln NJW **75**, 454, LG Aachen VersR **92**, 338. Diese Gewährleistung ist meist nicht möglich. Sie ist aber immerhin auch im Fall des § 648 BGB denkbar, Köln NJW **75**, 454. Freilich muß das Gericht die Tauglichkeit der Sicherheit prüfen. Es kann zB eine Bankbürgschaft ausreichen, § 108 Rn 10, Köln NJW **75**, 454, LG Aachen VersR **92**, 338. Das Einverständnis des Gläubigers genügt. Es fehlt aber dann, wenn der Kläger eine Abweisung und nur hilfsweise eine Aufrechterhaltung gegen eine Sicherheitsleistung beantragt.

4 **2) Regelungszweck.** Eine Geldleistung kann einen gegenständlichen Anspruch in aller Regel nicht sichern, LG Aachen VersR **92**, 338. Zumindest muß deshalb auch eine strenge Prüfung stattfinden. Das Gericht muß eine fühlbar hohe Sicherheitsleistung bestimmen, um die Risiken in vertretbaren Grenzen zu halten.

5 **3) Verfahren.** Die Sicherheitsleistung braucht im Zeitpunkt der Gestattung noch nicht vorzuliegen, Köln NJW **75**, 455. Das Gericht gestattet sie in folgender Weise: In der einstweiligen Verfügung selbst und nicht etwa in einer zweiten einstweiligen Verfügung; auf Grund eines Widerspruchs im Urteil wie bei §§ 924 ff; im Berufungsrechtszug, Ffm MDR **83**, 586. Dann ist eine mündliche Verhandlung notwendig, § 128 Rn 4, Celle OLGZ **78**, 490 (bei einem Verstoß ist kein Rechtsmittel gegeben); durch ein Urteil wegen veränderter Umstände, § 927. Der Schuldner ist dann der Kläger, § 927. Das Gericht entscheidet auf Grund einer mündlichen Verhandlung nach § 924 oder nach § 927, auch im Berufungsrechtszug, Köln NJW **75**, 454. Nach der Sicherheitsleistung erfolgt eine Einstellung der Zwangsvollstreckung nach § 775 Z 1 und 3, § 776,

ZöV 2, aM Köln NJW **75**, 455 (die Zwangsvollstreckung dürfe ohne weiteres eingestellt werden), LG Aachen VersR **92**, 339 (mit der Sicherheitsleistung erfolge die Aufhebung ohne weiteres Verfahren. Aber die Lage muß eindeutig sein).

940 *Einstweilige Verfügung zur Regelung eines einstweiligen Zustandes.* **Einstweilige Verfügungen sind auch zum Zwecke der Regelung eines einstweiligen Zustandes in Bezug auf ein streitiges Rechtsverhältnis zulässig, sofern diese Regelung, insbesondere bei dauernden Rechtsverhältnissen zur Abwendung wesentlicher Nachteile oder zur Verhinderung drohender Gewalt oder aus anderen Gründen nötig erscheint.**

Schrifttum: *Compensis,* Die einstweilige Verfügung auf Unterhaltsleistung, 1991; *Gießler,* Vorläufiger Rechtsschutz in Ehe-, Kindschafts- und Familiensachen, 2. Aufl 1993; *Kininger,* Einstweilige Verfügungen zur Sicherung von Rechtsverhältnissen, Wien 1991; *Kleffmann,* Unbekannt als Parteibezeichnung, Zivilprozessuale Möglichkeiten und Grenzen, dargestellt am Beispiel einer auf Räumung gerichteten einstweiligen Verfügung gegen Hausbesetzer, 1983; *Kopoulos,* Die Grenzen der Befriedigungsverfügung usw, 1983; *Schilken,* Die Befriedigungsverfügung usw, 1976; *Traub,* Verlust der Eilbedürftigkeit durch prozessuales Verhalten des Antragsgegners, Festschrift für *Hefermehl* (1996) 707; *Weiland,* Die Sicherung konkurrierender Sachleistungsansprüche im Wege einstweiliger Verfügung durch Vormerkung und Verfügungsverbot, 1992. Vgl auch Grdz vor § 916 sowie die Hinweise vor § 935 Rn 1.

Gliederung

1 **1) Systematik.** Die Abgrenzung gegenüber § 935 ist unsicher, Held DB **85**, 1691. Sie ist aber praktisch unerheblich. Denn beide Fälle unterliegen derselben Behandlung nach §§ 936–939, Ffm NJW **75**, 392, aM Schilken 126 (bei § 935 erfolge keine Interessenabwägung. Vgl aber § 935 Rn 18). § 940 setzt voraus, daß die einstweilige Verfügung zur Regelung eines einstweiligen Zustands notwendig scheint. Soweit ein selbständiges Beweisverfahren nach §§ 485 ff in Betracht kommt, ist ein Verfahren nach §§ 935 ff unzulässig, Köln VersR **96**, 734. Es muß ein streitiges Rechtsverhältnis vorliegen, Düss WertpMitt **78**, 359, LAG Düss NZA-RR **04**, 182. Es braucht nicht notwendig ein dauerndes Rechtsverhältnis streitig zu sein, also nicht etwa ein Besitz. Das ergibt sich schon aus dem Gesetzesausdruck „insbesondere". Das Gericht muß dabei die Gesamtheit der rechtlichen Beziehungen zwischen den Parteien beachten. Es genügt, daß der Antragsgegner das Recht des Antragstellers bestreitet. Er braucht es also nicht bereits verletzt zu haben. Es genügt auch, daß es zwar nicht bestreitet, wohl aber verletzt.

Die bloße *Besorgnis* eines unerlaubten Eingriffs reicht dann aus, wenn diese Besorgnis schon erheblich ist. Eine allgemeine Ungewißheit wie bei jedem Streit reicht also nicht aus. § 940 setzt nicht unbedingt voraus, daß der Gläubiger einen sachlichrechtlichen Anspruch *hat.* Es reicht vielmehr aus, daß er ihn im Gegensatz zum Schuldner haben *kann,* Kblz RR **86**, 1039. Der Anspruch entsteht aber nicht schon durch das Prozeßrechtsverhältnis dieses Verfahrens, Grdz 4 vor § 128, Stgt RR **86**, 1448. Der Anspruch braucht kein vermögensrechtlicher zu sein. Es reicht aus, daß der ordentliche Rechtsweg zulässig ist, § 13 GVG.

2 **2) Regelungszweck.** Die einstweilige Verfügung nach § 940 ist das bei weitem am häufigsten angestrebte Ziel aller Eilverfahren. Sie dient weniger der künftigen Verwirklichung eines Anspruchs als vielmehr der Sicherung des Rechtsfriedens nach Einl III 43 durch eine vorläufige Regelung eines Zustands durch eine sog Regelungsverfügung, AG Lörrach WoM **02**, 95, Jauernig ZZP **79**, 331. Dabei muß man die Interessen der Parteien wegen des Eilcharakters des Verfahrens und des eventuellen Fehlens der Anhörung des Antraggegners trotz der Vorläufigkeit der Entscheidung besonders sorgfältig abwägen, AG Lörrach WoM **02**, 95. Das Gesetz läßt dem Gericht ein zwar pflichtgemäßes, aber doch enorm weites Ermessen. Eine ganze Reihe von unbestimmten Rechtsbegriffen in § 940 läßt sich äußerst unterschiedlich auslegen. Das zeigt schon die lange Liste von Beispielen in Rn 12 ff.

Das gerade im Gewerblichen Rechtsschutz wegen § 12 II UWG vielfach nicht besonders zu prüfende, im übrigen aber stets zu klärende *besondere Eilbedürfnis* darf weder zu einer unüberlegten Hast noch dazu führen, von jeder Anhörung des Gegners prinzipiell abzusehen. Andererseits geht es oft genug um Stunden. Dann darf und muß der Richter zwar befugt bleiben, seine Eilentscheidung ausreichend zu durchdenken. Er sollte aber schon versuchen, jedenfalls nicht bis zum Folgetag zu warten. Er arbeitet ja auch durchweg mit einem bemerkenswerten Soforteinsatz. Der Antragsteller sollte ihm die Arbeit eher durch einen zusätzlichen Satz der Antragsbegründung erleichtern.

3 **3) Geltungsbereich.** Die einstweilige Verfügung ist grundsätzlich in allen Verfahren nach der ZPO statthaft, auch im WEG-Verfahren, Sauren NZM **07**, 859 (aber keine einstweilige Anordnung mehr). Sie ist ausnahmsweise in einer Reihe von solchen Situationen unstatthaft, in denen der Grundgedanke nicht paßt oder in denen ähnliche spezielle Sonderregeln den Vorrang haben, Rn 12 ff. Die wichtigsten werden im folgenden vorab zusammengefaßt.

4 Eine einstweilige Verfügung ist zB unstatthaft, soweit (jetzt) das FamFG anwendbar ist, Rn 20 ff, Rn 26 „Unterhalt", BGH FamRZ **80**, 175, Hamm FamRZ **01**, 358, Naumb FamRZ **04**, 478, aM Karlsr FamRZ **84**, 53 für den Fall einer bloßen Wohnungsaufteilung (vgl aber § 940 a), Kblz FamRZ **89**, 196 (für den Fall

eines erst nach dem Antrag möglichen Verfahrens nach [jetzt] dem FamFG. Aber auch so manche Klage kann ebenfalls nachträglich zB wegen Wegfalls des weiteren Rechtsschutzbedürfnisses unzulässig werden). Das Verfügungsgericht darf und muß aber den Antrag in das Zulässige umdeuten, Grdz 52 vor § 128, Brdb FamRZ **96**, 1222. Eine einstweilige Verfügung ist ferner unstatthaft, soweit eine (jetzt) sonstige FamFG-Sache vorliegt, Hamm NJW **78**, 2515.

Die einstweilige Verfügung ist wegen (jetzt) §§ 200 ff FamFG *ferner unanwendbar,* soweit die HausrVO anwendbar ist, Ffm FamRZ **79**, 516, Schlesw SchlHA **78**, 120. §§ 28 ff, 180 ZVG beseitigen nicht stets die Zulässigkeit einer einstweiligen Verfügung nach §§ 935, 940, aM Schlesw SchlHA **89**, 44 (aber die Zielrichtung kann bei §§ 935 ff weiter gehen). Trotz der Vereinbarung eines Schiedsgerichts bleibt das staatliche Gericht für eine etwa notwendige einstweilige Verfügung zuständig, sofern die jeweilige Schiedsgerichtsordnung kein entsprechendes Verfahren kennt oder soweit dieses nicht genug helfen könnte.

5 **4) Ernstliches Bedürfnis.** Für den Antrag genügt jedes ernstliche Bedürfnis des Gläubigers, Düss FamRZ **91**, 1181. Er muß bei einem Unterlassungsanspruch die Wiederholungsgefahr glaubhaft machen. Bei (jetzt) § 12 II UWG liegt eine widerlegbare Tatsachenvermutung vor, Hbg GRUR-RR **07**, 303, und genügt allerdings die bloße Behauptung der Wiederholungsgefahr, Hamm GRUR **80**, 929, AG Hbg-Wandsbek ZMR **02**, 130, Fritze GRUR **79**, 292. Die Vorschrift gilt auch im Markenrecht, Ffm BB **00**, 320 (zustm Wielf), aM Ffm (6. ZS) GRUR **02**, 1096. Eine Wiederholungsgefahr ist aber grundsätzlich nicht dasselbe wie ein Verfügungsgrund, Drsd NJW **05**, 1871.

A. Nachteilsabwendung. Als ein ernsthaftes Bedürfnis nennt § 940 als Beispiel die Abwendung wesentlicher Nachteile. Hierher gehört eine einstweilige Verfügung auf eine Zahlung. Sie enthält eine vorläufige Verurteilung, Grdz 5 vor § 916. Das Gesetz nennt ferner als bloßes Beispiel eine *drohende Gewalt.* Es sind aber auch andere Gründe möglich, LAG Düss NZA-RR **04**, 182. Sie können zB bei einem Grenzstreit vorliegen. Ein wiederholter Antrag kann nur dann ausreichen, wenn die vorausgegangene Anordnung noch nicht ausreichte, KG RR **92**, 318, sonst nicht, Ffm NJW **05**, 3222. Nach einer Rücknahme des Antrags beim Gericht A wegen dessen sofortiger Bedenken kann ein Antrag beim Gericht B durchaus noch eilbedürftig sein, Düss GRUR-RR **05**, 102, aM Ffm NJW **05**, 3222. Stets muß eine Gefährdung gerade des Gläubigers vorliegen, Ffm NW **02**, 903, KG NJW **93**, 1480. Es genügt also nicht, daß nur dem Schuldner ein Nachteil droht. Das Gericht bestimmt nach seinem pflichtgemäßen Ermessen nach § 938 welche Maßnahmen notwendig sind.

6 **B. Keine Verzögerung.** Verzögerung kann die Eilbedürftigkeit entfallen lassen, Rn 27, Hamm RR **07**, 109, LAG Nürnb NZA-RR **05**, 255, Traub (vor Rn 1 und) GRUR **96**, 707. Man darf sie aber auch nicht zu rasch annehmen, insbesondere nicht, wenn man andererseits grundsätzlich dazu neigt, eine zeitlich unbefristete Eilanordnung als zulässig anzusehen. Denn durch eine solche nach Grdz 9 vor § 916 problematische Handhabung würde man bei einer strengen Auslegung des Verzögerungsbegriffs systematisch in noch größere Probleme geraten. Es kann durchaus vernünftige Gründe für einen besonnenen Gläubiger geben, mit einem Eilantrag noch etwas zu warten, etwa weil er sich zwischenzeitlich Besserung verspricht. Ihn geradezu zu ermuntern, sehr rasch eine dann auch noch volle Leistungsverfügung zu fordern, dient kaum dem Rechtsfrieden. § 12 II UWG schafft eine Dringlichkeitsvermutung, Köln WettbR **98**, 247 (auch zu den Grenzen), § 935 Rn 18. Ein Abwarten über einige Wochen kann unschädlich sein, Hamm VersR **08**, 1118. Sie ist aber jedenfalls beim Zuwarten von 6 Wochen widerlegt, Köln WettbR **00**, 173, oder gar nach einem viermonatigen Zuwarten, LG Aachen WoM **08**, 95, oder gar nach einem Jahr, Saarbr MDR **08**, 336, oder gar nach 2 Jahren, Hbg RR **08**, 1435. Eine Verzögerung gegenüber Dritten ist unschädlich, Stgt GRUR-RR **05**, 308.

7 **C. Keine Vorwegnahme der Hauptsache.** Die einstweilige Verfügung darf also grundsätzlich nicht die Hauptsache vorwegnehmen, Grdz 5 vor § 916, Hbg GRUR-RR **07**, 29, LG Gera WoM **98**, 496. Eine sog Leistungsverfügung kommt ausnahmsweise zur Verhinderung einer Existenzgefahr in Betracht, Ffm NJW **07**, 851, Saarbr RR **07**, 1406. Das Gericht darf nicht einen *Dritten* verpflichten oder entrechten. Die Erwägung, daß der Schuldner dem Gläubiger ja den Schaden ersetzen könne, ist kein Ablehnungsgrund, Fritze GRUR **79**, 292. Wenn der Gläubiger längere Zeit hindurch abgewartet hat und nun erst den Antrag auf den Erlaß einer einstweiligen Verfügung stellt, kommt es darauf an, ob das Rechtsschutzbedürfnis nach Grdz 33 vor § 253 weggefallen ist, Oldb FamRZ **97**, 182, AG Neuss RR **91**, 1168, oder ob der sachlichrechtliche Anspruch gerade wegen dieses Abwartens erloschen ist, Ffm GRUR **76**, 664. Es kommt also zB darauf an, ob der Gläubiger sein Recht *verwirkt* hat oder ob er nunmehr arglistig handelt, ob er also einen Rechtsmißbrauch treibt, Einl III 54. Er darf auch eine einstweilige Verfügung nicht erneut beantragen, wenn er zuvor nicht nach einem Erfolg im Eilverfahren dann auch zur Hauptsache geklagt hatte, AG Groß Gerau MDR **85**, 593. Wegen §§ 51 a, b GmbHG Emde ZIP **01**, 824.

8 **D. Fristausnutzung.** Es kann für den Gläubiger schädlich sein, wenn er eine Frist zur Begründung seines Rechtsmittels voll ausnutzt, Düss WettbR **97**, 22 (Fallfrage) Mü GRUR **76**, 151, oder wenn er gar die zweimonatige Verlängerung der Rechtsmittelbegründungsfrist fast voll ausschöpft, Düss GRUR-RR **03**, 31 (keine Hinweispflicht des Gerichts?), Mü GRUR **80**, 330. Die Vollzugsfrist des § 929 II darf man aber voll ausnutzen, Ffm GRUR **02**, 237. Der Arbeitgeber darf den Gütetermin abwarten, LAG Düss DB **78**, 1283.

9 **E. Rechtsschutzbedürfnis.** Das Rechtsschutzbedürfnis nach Grdz 33 vor § 253 ist auch in diesem Verfahren stets erforderlich, Ffm NJW **75**, 393. Es fehlt, wenn der Gläubiger den mit dem Antrag auf den Erlaß der einstweiligen Verfügung verfolgten Zweck anders billiger und rascher erreichen kann, Karlsr RR **96**, 960 (schon Haupttitel), Hamm FamRz **02**, 618 (§ 769). Das Rechtsschutzbedürfnis fehlt auch dann, wenn sich eine Wiederholungsgefahr dadurch verhindern läßt, daß der Schuldner dem Gläubiger eine Vertragsstrafe verspricht. Eine derartige inhaltlich ausreichende Erklärung beseitigt jedenfalls die Wiederholungsgefahr meist unabhängig davon, ob der Gegner das Versprechen auch annimmt, Mü RR **03**, 1489. Nur für die Vertragsstrafe selbst mag die Annahme notwendig sein. Ein derartiges Versprechen nur zugunsten eines Dritten würde das Rechtsschutzbedürfnis des Gläubigers allerdings nicht beseitigen, Stgt GRUR **78**, 540. Es fehlt dann schon die Tatbestandsmäßigkeit, BGH GRUR **80**, 242, Sommerlad NJW **84**, 1490.

Wenn der Schuldner eine *Vertragsstrafe* zugunsten des Gläubigers versprochen hatte, entsteht ein Rechtsschutzbedürfnis des Gläubigers für eine einstweilige Verfügung selbst dann nicht stets, wenn der Schuldner gegen sein Versprechen verstößt. Das gilt, sofern man unverändert annehmen kann, daß er sein Versprechen an sich ernst genommen hat. Wenn der Schuldner keine Vertragsstrafe versprochen hatte, entsteht ein Rechtsschutzbedürfnis für den Gläubiger nicht schon durch jeden Verstoß des Schuldners, solange der Verstoß nur infolge des Irrtums eines Werbeträgers erfolgte. Dagegen bleibt ein Rechtsschutzbedürfnis dann bestehen, wenn ein gezielter neuer Verstoß erfolgt. Das gilt selbst dann, wenn der Geschädigte ein vorangegangenes Unterlassungsversprechen zu Unrecht zurückgewiesen hat, Hamm NJW **79**, 1573.

F. Darlegungslast. Der Gläubiger muß in seinem Antrag das zugrundeliegende Rechtsverhältnis darlegen, wie bei § 253 Rn 32. Die einstweilige Verfügung wahrt die Belange des Gläubigers. Das Gericht muß aber die Interessen des Schuldners wenigstens insoweit mitberücksichtigen, als sein Nachteil nicht außer jedem Verhältnis zum Vorteil des Gläubigers stehen darf, Grdz 34 vor § 704, Hamm RR **90**, 1236 (betr ein Mietverbot). Wenn der Schuldner eine rechtswidrige Behauptung unterlassen soll, muß er ihre Berechtigung nach §§ 294, 920 II, 936 glaubhaft machen, falls er erreichen will, daß das Gericht den Antrag des Gläubigers zurückweist. Der Schuldner muß also zB dann, wenn der Gläubiger ihm eine objektiv beleidigende Behauptung vorwirft, deren Wahrheit glaubhaft machen. Die Gegenmeinung trägt dem praktischen Bedürfnis und den prozessualen Möglichkeiten keine Rechnung. 10

G. Einzelfragen. Die einstweilige Verfügung berührt weder den sachlichrechtlichen Anspruch noch die Parteistellung im Hauptprozeß, Grdz 15 vor § 50. Das Verfahren auf den Erlaß der einstweiligen Verfügung und der *Hauptprozeß* können *gleichzeitig* zulässig sein. Die einstweilige Verfügung kann kaum der Weg sein, komplizierte tatsächliche und/oder rechtliche Fragen auch nur vorläufig zu klären, Ffm NJW **89**, 409. 11

5) Beispiele zur Frage der Zulässigkeit, vgl auch § 935 Rn 3–6: 12

Allgemeine Geschäftsbedingungen: Der Gesetzgeber hat es abgelehnt, eine dem § 12 II UWG vergleichbare Erleichterung zu schaffen, Bunte DB **80**, 484. Nach einer erfolglosen Abmahnung ist eine einstweilige Verfügung zulässig, Bunte DB **80**, 485. Eine einstweilige Verfügung ist (jetzt) auch beim UKlaG möglich, so schon (je zum alten Recht) Düss NJW **89**, 1487, Marly NJW **89**, 1473. Das Gericht muß die Dringlichkeit auch dann prüfen, Düss NJW **89**, 1487, Ffm NJW **89**, 1489, großzügiger Marly NJW **89**, 1474.

Altenheim: Das Zutrittsverbot gegen nahe Angehörige schafft ein Regelungsbedürfnis, Rn 11, Düss FamRZ **91**, 1181, Köln VersR **97**, 468.

Anfechtungsgesetz: Ein Verfügungsverbot kann zur Sicherung eines Anspruchs nach § 7 I AnfG zulässig sein, BGH FamRZ **92**, 663.

Arbeitsrecht, dazu *Clemenz* NZA **05**, 129, *Reinhard/Kliemt* NZA **05**, 545 (je: Üb); *Dorndorf/Weiss,* Warnstreiks und vorbeugender Rechtsschutz gegen Streiks, 1983: Bei einem Streit auf Grund eines Arbeitsrechtsverhältnisses ist eine einstweilige Verfügung grds zulässig, ArbG Detm BB **79**, 218, ArbG Wetzlar DB **87**, 1899 (Herausgabe des Firmenwagens). 13

Eine einstweilige Verfügung ist im allgemeinen *nicht* zulässig, wenn abgesehen von den oben erörterten Fällen unsicher ist, ob das Arbeitsrechtsverhältnis besteht.

– **(Abmahnung):** *Unzulässig* ist eine Untersagung der Erteilung einer Abmahnung, LAG Köln BB **96**, 2255.
– **(Abbruch der Betriebsratswahl):** Zulässig ist eine Maßnahme zwecks Abbruchs einer Betriebsratswahl, LAG Hamm DB **94**, 992, ArbG Hbg NZA-RR **06**, 362.
– **(Adressen, Namen):** Zulässig ist eine einstweilige Verfügung auf die Herausgabe von Adressen und Namen der nicht anders sofort erreichbaren Mitarbeiter an den Betriebsrat wegen einer Betriebsversammlung, ArbG Bln NZA-RR **04**, 642.
– **(Arbeitskampf):** Zulässig sein kann ein Verbot des Arbeitskampfs, LAG Drsd NZA **08**, 61, LAG Köln NZA **06**, 62. Zulässig ist eine einstweilige Verfügung grds zur Durchführung des Arbeitskampfs soweit er rechtmäßig ist, BAG NJW **78**, 2116, LAG Ffm NZA-RR **05**, 262, LAG Hamm BB **91**, 843 (wegen Fortführung). Zur Untersagung des Arbeitskampfs ist eine einstweilige Verfügung nur bei dessen offensichtlicher Rechtswidrigkeit statthaft, LAG Drsd NZA **08**, 01 (Interessenabwägung).

  Unzulässig sein kann ein Verbot des Warnstreiks, LAG Hamm DB **87**, 846, aM LAG Hann DB **88**, 714, oder ein Streik im Blutspendedienst, LAG Hamm NZA-RR **07**, 251.
– **(Arbeitsversäumnis):** Wegen einer Arbeitsversäumnis Dütz DB **76**, 1431.
– **(Arbeitszeit):** Zulässig ist eine Maßnahme usw wegen einer Neuregelung der Arbeitszeit, LAG Düss NZA-RR **04**, 182 (Verringerung), ArbG Münst BB **87**, 61, aM ArbG Kblz DB **86**, 487.

  Eine Arbeitszeitbeschränkung kommt *nur ausnahmsweise* infrage, etwa zur Abwendung wesentlicher Nachteile, LAG Hbg MDR **07**, 284 (Alleinerziehende), LAG Köln MDR **02**, 1257.
– **(Auskunft):** Wegen einer Auskunft des Arbeitgebers an einen Betriebsrat und an die Gewerkschaft LAG Bln DB **84**, 1937, LAG Hamm BB **77**, 1606, LAG Köln MDR **99**, 1204.

  S auch Rn 17 „Auskunft, Rechnungslegung".
– **(Bankkredit):** Rn 15 „– (Darlehen)". 14
– **(Befriedigung):** Auch im Arbeitsrecht kommt eine sog Befriedigungsverfügung *nur ausnahmsweise* in Betracht, Grdz 6 vor § 916, § 940 Rn 7, LAG Drsd MDR **01**, 882.
– **(Beschäftigungsanspruch),** dazu *Pallasch,* Der Beschäftigungsanspruch des Arbeitnehmers (1993) 115: Es ist ein Verfügungsgrund erforderlich, LAG Nürnb NZA-RR **05**, 255. Zulässig ist grds eine Maßnahme zur Sicherung des Anspruchs auf eine Beschäftigung oder Weiterbeschäftigung bis zum Zeitpunkt der Rechtskraft einer Entscheidung im Hauptprozeß (zu diesem Zeitpunkt BAG NJW **85**, 2968, Löwisch VersR **86**, 404), LAG Bln BB **91**, 1198 (Ausnahme bei erneuter vertragsgemäßer Beschäftigung), Haas NZA-RR **08**, 59, aM LAG Hamm MDR **98**, 1036 (nur in Not), KrG Schwerin-Stadt BB **91**, 843 (wegen eines früheren Stasi-Mitarbeiters). Das gilt auch gegenüber dem Betriebserwerber, LAG Hamm NZA-RR **07**, 17. Der Arbeitnehmer muß aber im Kündigungsschutzprozeß

eine Möglichkeit der Geltendmachung auch ausgeschöpft haben, LAG Köln BB **01**, 103. Man muß strenge Anforderungen stellen, LAG Köln BB **05**, 784 (finanzielle Schwierigkeiten reichen nicht), ArbG Stralsund NZA-RR **05**, 23. Man kann den Beschäftigungsanspruch des Arbeitnehmers durch dessen Freistellung ab einer etwaigen Kündigung ausschließen, LAG Hamm NZA-RR **05**, 358. Sie ist beim Betriebsratsmitglied nur erschwert zulässig, LAG Köln NZA-RR **06**, 28.

Unzulässig ist eine Anordnung der Weiterbeschäftigung an einem vom Arbeitgeber endgültig aufgegebenen Arbeitsplatz, LAG Hamm NZA-RR **04**, 247. Ein drohender Zeitablauf reicht als ein Verfügungsgrund *nicht* stets, LAG Düss MDR **05**, 1419.

– **(Beschluß- oder Urteilsverfahren):** Zu dem Problem, ob das Beschluß- oder das Urteilsverfahren stattfindet, ArbG Wetzlar BB **89**, 1488.

– **(Betriebsänderung):** *Unzulässig* ist eine Maßnahme zwecks Betriebsänderung, LAG Köln NZA-RR **05**, 199, ArbG Herne DB **91**, 2296, Bengelsdorf DB **90**, 1238 und 1282.

– **(Betriebsbedingte Entlassung):** Zulässig ist eine Maßnahme gegen eine betriebsbedingte Entlassung vor dem Abschluß der Verhandlungen über einen Interessenausgleich, ArbG Jena BB **92**, 2223, Ehler BB **94**, 2273, aM LAG Ffm BB **84**, 145.

– **(Betriebsrat):** S bei den einzelnen Arten seiner Tätigkeit.

– **(Betriebsratsmitglied):** Zulässig ist eine einstweilige Verfügung zwar gegen ein einzelnes Mitglied des Betriebsrats, LAG Mü BB **93**, 2168, oder gegen mehrere oder sämtliche Mitglieder, *nicht* aber gegen den Betriebsrat als solchen, LAG Hbg BB **77**, 846. Der Betriebsrat kann ein Verbot einer Betriebsänderung herbeiführen, ArbG Hbg NZA-RR **06**, 33.

Unzulässig ist grds ein Verbot der Ausübung des Amts, LAG Mü BB **93**, 2168.

S auch Rn 14 „– (Beschäftigungsanspruch)", Rn 16 „– (Schulungsveranstaltung)", Rn 17 „– (Wahlvorstand)", „– (Zustimmung zur Entlassung)".

– **(Betriebsratswahl):** Eine auf deren Abbruch gerichtete einstweilige Verfügung ist nur bei einer Gefahr der Nichtigkeit der Wahl zulässig, LAG Köln BB **01**, 1356. Man kann die Vorlage einer Mitarbeiterliste zwecks Aufstellung einer Wählerliste durch eine einstweilige Verfügung erzwingen, LAG Hamm NZA-RR **05**, 373.

– **(Betriebsverfassung):** Wegen *§ 2 II BetrVG* LAG Düss BB **89**, 286 (sehr großzügig); wegen *§ 87 I BetrVG* LAG Ffm BB **88**, 68, LAG Köln BB **85**, 1332; wegen *§ 102 V 2 BetrVG* ArbG Düss DB **84**, 618 (der Arbeitgeber kann und muß eine einstweilige Verfügung selbst beantragen), aM Dütz DB **78**, Beilage 13, S 9; wegen *§ 111 S 1 BetrVG* LAG Düss BB **97**, 1315, ArbG Köln BB **93**, 2311, Ehrich BB **93**, 356 (ausf); wegen *§ 112 BetrVG* ArbG Düss DB **83**, 2093; wegen *§ 112 a BetrVG* ArbG Passau BB **97**, 1315; wegen *§ 113 BetrVG* BAG DB **92**, 380, ArbG Neustrelitz BB **95**, 206.

– **(Betriebszutritt):** Man muß betriebsbedingte Grenzen einhalten, LAG Mü NZA-RR **03**, 641.

15 – **(Darlehen):** Das Gericht darf den Arbeitnehmer nicht stets auf die Möglichkeit der Aufnahme eines Darlehens (Bankkredit) verweisen.

– **(Einigungsstelle):** Eine einstweilige Verfügung gegen den Spruch der Einigungsstelle kommt nur in engen Grenzen in Betracht, BAG BB **00**, 988 (bei offensichtlicher Rechtswidrigkeit). Zulässig ist eine Maßnahme zur Durchführung, LAG Bln BB **91**, 206, zur Verhinderung, Kürtner DB **88**, 707, oder zur Aussetzung des Spruchs einer Einigungsstelle, LAG Bln BB **85**, 1199.

– **(Entlassung):** S bei den einzelnen Umständen der Entlassung.

– **(Feststellung):** *Unzulässig* ist eine einstweilige Verfügung auf eine bloße Feststellung, LAG Mü NZA-RR **05**, 354, LAG Stgt MDR **06**, 1001.

– **(Früheres Arbeitsverhältnis):** *Unzulässig* ist grds eine Maßnahme, soweit sich die Partner eines früheren Arbeitsverhältnisses nach dem Ablauf der Kündigungsfrist über deren Wirksamkeit noch streiten.

– **(Lehre):** Wegen eines Weiterbeschäftigungsanspruchs nach dem Lehrabschluß LAG Kiel BB **85**, 2412.

– **(Lohnzahlung):** Eine einstweilige Verfügung auf eine Lohnzahlung setzt als eine sog Leistungsverfügung nach Grdz 6 vor § 916 eine Notlage und eine hohe Erfolgsaussicht des Hauptanspruchs voraus, unten „– (Notlage)", LAG Ffm DB **96**, 48, ArbG Ffm DB **99**, 259 (strenge Anforderungen).

– **(Mitbestimmung):** Vgl *Schwonberg*, Die einstweilige Verfügung des Arbeitsgebers in Mitbestimmungsangelegenheiten usw, 1997.

– **Rn 13 „(Adressen, Namen").**

– **(Neuer Arbeitsplatz):** Rn 17 „– (Wiederaufnahme der Arbeit)".

– **(Notlage):** Zulässig ist eine Maßnahme gegen eine auch betriebsbedingte Entlassung, soweit sich der Arbeitnehmer dadurch in einer Notlage befindet und soweit die überwiegende Wahrscheinlichkeit dafür spricht, daß die Entlassung unwirksam ist, LAG Ffm NJW **78**, 76, LAG Kiel DB **76**, 826, ArbG Aachen BB **78**, 1415.

– **(Persönlichkeitsrecht):** Zulässig ist eine Maßnahme zur Verhinderung einer Beeinträchtigung des Persönlichkeitsrechts des Gegners, LAG Drsd MDR **99**, 812.

16 – **(Schulungsveranstaltung):** *Unzulässig* ist eine Freistellung eines Mitglieds des Betriebsrats für eine Schulungsveranstaltung, LAG Köln DB **04**, 551, ArbG Bln DB **76**, 2483.

– **(Sozialhilfe):** Das Gericht darf den Arbeitnehmer nicht auf etwaige Ansprüche nach einem Spezialgesetz verweisen.

– **(Streik):** Rn 13 „– (Arbeitskampf)".

– **(Unterlassung):** Zulässig ist eine Maßnahme mit dem Ziel, einen Unterlassungsanspruch durchzusetzen, etwa um zu verhindern, daß der Arbeitnehmer mit dem Unternehmen in einen Wettbewerb eintritt, LAG Mü NJW **80**, 957, aM ArbG Mü DB **78**, 1649 (es müsse eine offenbare Rechtswidrigkeit vorliegen oder die Existenz des Arbeitnehmers bedroht sein).

Meist unzulässig ist eine Maßnahme auf die Unterlassung einer Mehrarbeit, ArbG Bielef BB **96**, 1115.

– **(Unwirksamkeit der Entlassung):** Rn 15 „– (Notlage)".

– **(Urlaub):** *Unzulässig* ist eine Urlaubsgewährung, soweit der Urlaubsanspruch zwar wegen Zeitablaufs scheinbar zu erlöschen droht, in Wahrheit aber zu einem späteren Zeitpunkt als ein Schadensersatzanspruch möglich ist und soweit der Arbeitnehmer ihn auch in einem Hauptprozeß geltend machen kann, LAG Hamm MDR **90**, 657. Freilich mag der Arbeitnehmer aus persönlichen Gründen gerade im nahen Zeitpunkt Urlaub haben wollen, auf den er ja grds einen Anspruch zum Zeitpunkt seiner und nicht des Arbeitgebers Wahl hat, sofern nicht zwingende betriebliche Gründe entgegenstehen, LAG Mainz MDR **02**, 1130.

Unzulässig ist die Feststellung, ein vom Arbeitgeber bestimmter Zeitraum dürfe nicht als Urlaub behandelt werden, LAG Mainz BB **97**, 1643.

– **(Urteils- oder Beschlußverfahren):** Rn 14 „– (Beschluß- oder Urteilsverfahren)".

– **(Wahlordnung):** *Unzulässig* ist eine Maßnahme zwecks Herbeiführung oder Anwendung einer bestimmten Wahlordnung bei der Wahl zum Betriebsrat, LAG Düss DB **78**, 211. **17**

– **(Wahlvorstand):** Zur einstweiligen Verfügung gegen den Wahlvorstand nach der Einleitung einer Betriebsratswahl LAG Hamm BB **95**, 260, LAG Köln DB **87**, 1996, Held DB **85**, 1691.

– **(Warnstreik):** Rn 13 „– (Arbeitskampf)".

– **(Weiterbeschäftigung):** Rn 14 „– (Beschäftigungsanspruch)".

– **(Wettbewerbsverbot):** Rn 33.

– **(Wiederaufnahme der Arbeit):** *Unzulässig* ist ein Gebot zur Wiederaufnahme der Arbeit. Denn die Zwangsvollstreckung ist wegen § 888 II nicht möglich, BAG DB **02**, 2004, Jauernig ZZP **79**, 345 (er hält aber ein Verbot für zulässig, am neuen Arbeitsplatz zu arbeiten, allerdings nur nach § 940).

– **(Willkür):** Zulässig ist eine Maßnahme zugunsten des fristlos mit einer Zustimmung des Betriebsrats Entlassenen, soweit die Entlassung willkürlich war, LAG Düss DB **75**, 700.

– **(Zustimmung zur Entlassung):** *Unzulässig* ist grds eine Maßnahme mit dem Ziel, die notwendige Zustimmung des Betriebsrats zur Entlassung eines Mitglieds zu ersetzen, ArbG Hamm BB **75**, 1065.

– **(Zutritt):** Zulässig ist eine Maßnahme mit dem Ziel, dem Arbeitnehmer während des Kündigungsprozesses den Zutritt zur Arbeitsstelle zu gewähren, LAG Düss DB **77**, 1054.

Arglist: Sie ist wie stets *schädlich,* Einl III 54, § 226 BGB, Düss ZMR **01**, 23.

Augenschein: Er setzt einen sachlichrechtlichen derartigen Anspruch voraus.

Dieser entsteht *nicht* schon durch das Verfahren, Stgt RR **86**, 1448.

Auskunft, Rechnungslegung: Man kann sie grds *nicht* durch eine einstweilige Verfügung erzwingen. Denn die Auskunft oder Rechnungslegung stellt bereits die Erfüllung dar, Schlesw GRUR-RR **01**, 70. Sie führt oft zu einem dauernden Schaden für den Schuldner.

Davon kann aber eine *Ausnahme* gelten, soweit die Existenz des Gläubigers gefährdet, ein ausreichender Rechtsschutz durch eine Klage nicht erreichbar ist und die Durchsetzbarkeit des Hauptanspruchs von der Auskunft abhängt, KG GRUR **88**, 404, Schlesw GRUR-RR **01**, 70, LAG Köln MDR **99**, 1204.

Auslandsrecht: Auch ein Verstoß gegen ausländisches Recht kann einen Verfügungsgrund vor einem deutschen Gericht bilden, Hbg GRUR **04**, 880.

Bank, dazu *Heinze,* Der einstweilige Rechtsschutz im Zahlungsverkehr der Banken, 1984; *Mülbert,* Mißbrauch von Bankgarantien und einstweiliger Rechtsschutz, 1985: **18**

Das Gericht darf die Auszahlung einer Bankgarantiesumme *grds nicht* durch eine einstweilige Verfügung verbieten, Ffm NJW **81**, 1914, Stgt NJW **81**, 1913, aM LG Ffm NJW **81**, 56 (aber das wäre schon eine Erfüllung, Grdz 6 vor § 916). Sie kann aber vom Kunden eine Auskunft über sicherungsabgetretene Forderungen verlangen, Brdb MDR **05**, 950.

Es kann ein seltener *Ausnahmefall* vorliegen, LG Aachen RR **87**, 1207, etwa beim Rechtsmißbrauch, Stgt MDR **98**, 435, Graf von Westphalen, Die Bankgarantie im internationalen Handelsrecht (1990) 286 ff (wohl zustm Schweitzer KTS **90**, 692). Es kann der Bank zumutbar sein, das Konto eines politisch mißliebigen Kunden einige Monate weiterzuführen, LG Lpz NJW **01**, 82.

S auch „Bürgschaft".

Behörde: Zulässig ist eine einstweilige Verfügung zum Schutz vor einer Zwangsvollstreckung wegen einer Gebühr, BVerwG NJW **78**, 335. Zulässig ist eine einstweilige Verfügung mit dem Ziel einer vorläufigen Deckungszusage gegenüber der Behörde, Hamm VersR **76**, 724.

Die Versetzung eines Behördenangestellten läßt sich *nicht* durch eine einstweilige Verfügung regeln.

Beseitigung: Zulässig ist grds ein Anspruch auf eine Beseitigung, Naumb WettbR **96**, 155. Vgl freilich die sog Kerntheorie, § 890 Rn 3.

Besitzstörung, dazu *Münzberg,* Einstweilige Verfügungen auf Herausgabe gepfändeter Sachen bei verbotener Eigenmacht?, Festschrift für *Schneider* (1997) 223: Bei einer verbotenen Eigenmacht kann eine Herausgabeverfügung zulässig sein, Saarbr MDR **03**, 1198, Schlesw NZM **02**, 192, AG Lpz ZMR **03**, 43 und 44. Das gilt auch dann, wenn der Störer den Besitz inzwischen einem Dritten überlassen hat, Celle MDR **08**, 445. Dann braucht man die Eilbedürftigkeit nicht gesondert darzulegen, Schlesw NZM **02**, 192, LG Bre MDR **89**, 1111. Bei § 861 BGB kann das Gericht sogar evtl eine (Zurück-)Herausgabe verfügen, Köln JB **96**, 218. Eine Stromunterbrechung kann eine Besitzstörung sein, LG Cottbus NZM **00**, 1080. Wegen eines Briefkastenmißbrauchs § 935 Rn 4 „Besitzstörung".

Börse: Ein Unterlassungsausspruch gegen ein Regelwerk („Neuer Markt") kann durch eine einstweilige Verfügung durchsetzbar sein, Ffm NJW **02**, 1958.

S auch Rn 31 „– (Aktienmarkt)".

Bürgschaft: Eine einstweilige Verfügung des Schuldners gegen den Gläubiger auf die Unterlassung der Inanspruchnahme des Bürgen ist grds zulässig, Ffm DB **90**, 2259 (auch zu Grenzfällen). Zu den Grenzen einer geltungserhaltenden Reduktion des Verbots KG MDR **03**, 527. Der Hauptschuldner kann die Inanspruchnahme des „Bürgen auf erstes Anfordern" nach §§ 935 ff nur beim Rechtsmißbrauch des Gläubigers verhindern, Hamm MDR **91**, 636, Stgt RR **94**, 1204.

S auch „Bank".

Dienstleistung: Die Regelung auf Grund eines Dienstvertrags läßt sich grds durch eine einstweilige Verfügung klären. **19**

20 **Ehe, Familie.** Es gelten §§ 49ff, 119, 214, 226, 247, 248 FamFG als vorrangige Spezialregeln in den dort jeweils genannten FamFG-Sachen, Grdz 1 vor § 916.

21 **Ehre:** Der Unterlassungsanspruch wegen einer ehrverletzenden Äußerung gegenüber einem Dritten besteht evtl auch nach der ersten Äußerung fort, Ffm RR **05**, 54, Hamm VersR **08**, 1118. Er beläßt dem Schuldner seine Rechte nach § 193 StGB, Kblz OLGZ **90**, 246. Wegen einer Antragswiederholung Rn 11. Auch die Ehre des Verstorbenen kann schutzwürdig sein, Köln FamRZ **99**, 954 (Adenauer).

Eigentum: Der Antragsteller muß darlegen und glaubhaft machen, daß sein Herausgabeanspruch gefährdet ist, Drsd MDR **98**, 305 (nicht schon bei einer Abnutzung), KG NJW **93**, 1480. Eine Schikane kann schädlich sein, Einl III 54, § 226 BGB, Düss ZMR **01**, 23.

Energieversorgung: Zulässig sein kann die Forderung nach einem vorläufigen Zugang zum Netz, Grdz 6 vor § 916, Brdb GRUR-RR **02**, 399, auch Zug um Zug gegen eine Zahlung, LG Dortm GRUR-RR **01**, 44 (Gas), und nach einer Weiterversorgung, LG Bln WoM **02**, 508.

Unzulässig war eine Sperre des Versorgers wegen Kundenverzugs, Rostock MDR **07**, 1249, AG Hamm NZM **05**, 320, oder wegen des Streits um eine Preiserhöhung, LG Oldb WoM **06**, 162. Vgl freilich § 19 StromGVV v 26. 10. 06, BGBl 2391, § 19 GasGVV v 26. 10. 06, BGBl 2391 (6), § 17 NAV v 1. 11. 06, BGBl 2477, § 24 NDVA v 1. 11. 06, BGBl 2477 (85) (je: evtl Unterbrechung sogar ohne eine Androhung).

S auch Rn 36 „Miete – (Gasversorgung)".

Enteignung: Wegen eines Anspruchs öffentlichrechtlicher Art zB nach dem VermG ist mangels einer Eröffnung des ordentlichen Rechtswegs *keine* einstweilige Verfügung statthaft. KG MDR **92**, 197.

22 **Feststellung,** dazu *Starck,* Die Zulässigkeit der einstweiligen Verfügung auf Feststellung, Diss Bayreuth 2000: Eine einstweilige Verfügung mit einem feststellenden Inhalt kommt nur in ganz engen Grenzen in Betracht, Celle NJW **90**, 583, Kohler ZZP **103**, 208 (ausf), großzügiger Vogg NJW **93**, 1365 (ausf).

23 **Gas:** Rn 28 „Energieversorgung".

Gegendarstellung: Rn 40 „Presserecht".

24 **Gesellschaft,** dazu *Lutz* BB **00**, 833; *Wohlleben,* Einstweiliger Rechtsschutz im Personengesellschaftsrecht, 1990 (je ausf):

– **(Abberufung):** S „– (Abwicklung)", „– (Geschäftsführer)".

– **(Abwicklung):** *Unzulässig* ist eine Maßnahme zwecks Ernennung oder Abberufung eines Abwicklers. Denn dergleichen gehört in die freiwillige Gerichtsbarkeit, (zum alten Recht) Ffm RR **89**, 99, Kblz DB **90**, 2413, Semler BB **79**, 1536, aM Ffm RR **92**, 935, von Gerkan ZGR **85**, 190, Zutt ZHR **91**, 208 (aber das FGG hat Vorrang). Das Prozeßgericht kann lediglich die Überschreitung der Befugnisse eines Abwicklers untersagen, Ffm RR **89**, 99.

– **(Anmeldung):** S „– (Gesellschafterbeschluß)".

25 – **(Befriedigung):** Zu ihren engen Möglichkeiten Rostock MDR **96**, 1183.

– **(Dritter):** S „– (Geschäftsführer)".

– **(Entziehung):** *Unzulässig* ist eine Maßnahme, in einer Zweipersonengesellschaft dem anderen geschäftsführenden Gesellschafter die Befugnisse bis zur Entscheidung in der Hauptsache zu entziehen, soweit auch der Antragsgegner schon entsprechend vorgeht, Düss NJW **89**, 172.

26 – **(Gegenantrag):** Zulässig ist die Erzwingung der Mitteilung eines Gegenantrags nach (jetzt) § 126 II AktG, Ffm NJW **75**, 392.

– **(Geschäftsführer):** Zulässig sein können: Die Entziehung der Befugnis eines Geschäftsführers gegenüber dem bisher alleinvertretungsberechtigten Gesellschafter einer Offenen Handelsgesellschaft sowie die Übertragung dieser Befugnis auf einen Dritten, Köln BB **77**, 465, Stgt BB **85**, 879 (betr eine GmbH bzw eine KG); ein Geschäftsführungsverbot bis zur Abberufung durch die Gesellschafter, Ffm BB **98**, 2440.

Unzulässig ist es, dem Antragsgegner zu verbieten, den Antragsteller als Geschäftsführer auf einer Versammlung abzuberufen, Ffm Rpfleger **81**, 154, oder wiederzuberufen, aM Ffm RR **92**, 935 (aber das wäre eine Vorwegnahme der Hauptsache).

– **(Gesellschafterbeschluß):** Zulässig ist das Verbot, einen Gesellschafterbeschluß zu vollziehen, Kblz RR **86**, 1039, zB einen Beschluß mit dem Inhalt, eine Umwandlung beim Registergericht anzumelden.

Unzulässig ist eine Maßnahme mit dem Ziel, auf die Beschlußfassung (Willensbildung) der Gesellschafter einzuwirken, § 938 Rn 10, Kblz NJW **91**, 1119. S dazu bei den einzelnen Arten solcher Maßnahmen.

– **(Gesellschafterversammlung):** Zulässig sein kann das Verbot, eine Gesellschafterversammlung abzuhalten, Ffm Rpfleger **82**, 154.

27 – **(Letztwillige Verfügung):** S „– (Testament)".

– **(Pacht):** Zulässig ist die Untersagung der weiteren Nutzung einer solchen Sache, die ein Gesellschafter der Gesellschaft verpachtet hat, nach der Kündigung des Pachtvertrags, Karlsr NJW **94**, 3362.

– **(Prokura):** S „– (Testament)".

28 – **(Registergericht):** Rn 26 „– (Gesellschafterbeschluß)", Rn 29 „– (Testament)".

– **(Stimmrechtsausübung):** *Unzulässig* ist eine Maßnahme mit dem Ziel einer Unterbindung der Ausübung des Stimmrechts durch einen anderen Gesellschafter, Ffm BB **82**, 274, Kblz NJW **91**, 1119, ZöV 8 „Gesellschaftsrecht", aM Hbg NJW **92**, 186, Kblz NJW **86**, 1693 (aber das wäre eine Vorwegnahme der Hauptsache).

29 – **(Testament):** *Unzulässig* ist eine Eintragung des entgegen einer Testamentsauflage, aber trotzdem wirksam bestellten Prokuristen, Kblz RR **86**, 1039.

– **(Umwandlung):** Rn 26 „– (Gesellschafterbeschluß)".

30 – **(Vollzug):** Rn 26 „– (Gesellschafterbeschluß)".

– **(Wiederberufung):** Rn 26 „– (Geschäftsführer)".

– **(Willensbildung):** Rn 26 „– (Gesellschafterbeschluß)".

– **(Zweipersonengesellschaft):** Rn 25 „– (Entziehung)".

Gewaltschutz: Rn 44 „Unterlassung".

Gewerblicher Rechtsschutz, dazu *Holzapfel* GRUR **03**, 287 (Üb); *Melullis,* Handbuch des Wettbewerbsrechts, 3. Aufl 2000; *Pastor/Ahrens,* Der Wettbewerbsprozeß, 4. Aufl 1999: 31

– **(Aktienmarkt):** Zulässig sein kann eine Eilanordnung wegen der Fragen der weiteren Zulassung, freilich nur bei einer bereits bevorstehenden Gefahr, Ffm NJW **02**, 903.

S. auch Rn 18 „Börse".

– **(Allgemeine Geschäftsbedingungen):** Zulässig sein kann der Antrag eines Verbands auf die Unterlassung der Verwendung bestimmter Allgemeiner Geschäftsbedingungen, Hbg NJW **81**, 2420.

– **(Aufbrauchsfrist):** *Unzulässig* ist die Zubilligung einer Aufbrauchsfrist durch das erstinstanzliche Gericht, Düss RR **87**, 572.

– **(Aussetzung):** Zulässig ist eine Aussetzung nach § 96 II GWB, Köln GRUR **77**, 222 (läßt eine einstweilige Verfügung aber *nicht mehr* in einem Verfahren gegenüber einem Preisbrecher zu, Grdz 9 vor § 916).

Unzulässig ist eine Aussetzung nach § 148, Grdz 13 vor § 916, Düss GRUR **83**, 80 (stattdessen kommt eine Zurückweisung des Antrags in Betracht).

– **(Belieferung):** Es kann sogar eine sog Regelungsverfügung infrage kommen, wenn die Existenzgrundlage gefährdet ist, Köln VersR **01**, 1284.

S. auch Rn 32 „– (Kartellrecht)".

– **(Beseitigung):** Zulässig sein kann ein Gebot der Beseitigung, soweit diese keine endgültigen nicht wiedergutzumachenden Verhältnisse schafft, Kblz GRUR **87**, 731.

S auch „– (Folgenbeseitigung)".

– **(Bierlieferung):** S „– (Getränkelieferung)".

– **(Dringlichkeitsvermutung):** § 12 II UWG und Rn 6.

– **(Firmenrechtsverletzung):** Dann besteht grds ein Verfügungsgrund. Denn man könnte einen Schadensersatz nachträglich nur schwer geltend machen, Stgt WettbR **96**, 112.

– **(Folgenbeseitigung):** Zulässig sein kann eine Maßnahme zur Folgenbeseitigung, Ffm GRUR **89**, 74.

– **(Fristverlängerung):** Rn 33 „– (Zögern)".

– **(Gebrauchsmuster):** Rn 32 „– (Herstellungs- und Vertriebsverbot)".

– **(Getränkelieferung):** Zulässig sein kann das Verbot, Getränke und insbesondere Bier bei einem anderen als dem im Lieferungsvertrag Genannten zu beziehen, sogar für die gesamte restliche Vertragsdauer, Ffm GRUR **89**, 71.

S auch Rn 32 „– (Lieferstop)".

– **(Herstellungs- und Vertriebsverbot):** In einer solchen Patent- oder Gebrauchsmustersache, die auf ein Herstellungs- oder Vertriebsverbot abzielt, ist große Vorsicht notwendig. Das gilt insbesondere dann, wenn die einstweilige Verfügung den Betrieb des Gegners gefährden würde. Denn das Gericht kann im vorläufigen Verfahren oft den Stand der Technik und andere Voraussetzungen nicht genügend feststellen. Deshalb muß man dann eine einstweilige Verfügung im *allgemeinen* als *unzulässig* ansehen, LG Düss GRUR **80**, 990, großzügiger Karlsr GRUR **79**, 700, Schulz-Süchting GRUR **88**, 571. 32

– **(Internet):** Zulässig sein kann das Verbot, seine Internet-Domaine zu benutzen, Ffm GRUR-RR **01**, 5, LG Bln NJW **04**, 1255.

Unzulässig ist das Verbot, seine Internet-Domain reserviert zu halten, Ffm GRUR-RR **01**, 5.

– **(Kartellrecht):** Beim Belieferungsanspruch nach § 26 II GWB ist eine Zurückhaltung ratsam, § 938 Rn 6, Schockenhoff NJW **90**, 155, aM Kblz RR **87**, 292 (aber man darf nicht die Hauptsache vorwegnehmen).

S auch Rn 31 „– (Aussetzung)".

– **(Kenntnisnahme):** Zum Begriff der Kenntnisnahme vom Verstoß Ffm NJW **85**, 1295.

– **(Kundenkontakt):** Zulässig ist das Verbot, daß der Gegner mit Kunden des Antragstellers in Kontakt tritt. Das gilt selbst dann, wenn der Antragsteller sie nicht im einzelnen benennt, Kblz RR **87**, 95.

– **(Lieferstop):** *Zulässig* sein kann eine Liefersperre, auch als eine sog Regelungsverfügung (Leistungsverfügung), Grdz 6 vor § 916, LG Bln WettbR **00**, 251 (Umgehung der Buchpreisbindung), LG Cottbus NZM **00**, 1080 (Stromsperre).

Unzulässig ist eine einstweilige Verfügung, soweit der Antragsteller einen Verstoß des Antragsgegners dadurch abwenden kann, daß der Antragsteller gegenüber dem Antragsgegner einen Lieferstop verhängt, Hamm DB **77**, 2134.

S auch Rn 31 „– (Getränkelieferung)", Rn 32 „Lieferstop".

– **(Markenrecht):** Ein Auskunftsanspruch nach § 19 III MarkenG kann reichen, wenn die Rechtsverletzung offenkundig ist, Ffm GRUR-RR **03**, 32. (Jetzt) § 12 II UWG (Dringlichkeitsvermutung) ist entsprechend anwendbar, Drsd WettbR **99**, 134, aM Mü GRUR **07**, 174. Man darf die Dringlichkeit nicht schon wegen eines Zuwartens gegenüber Dritten verneinen, Stgt GRUR-RR **05**, 308.

Zur grundsätzlichen *Unzulässigkeit* einer einstweiligen Verfügung vor dem BPatG § 935 Rn 3. Zur Unzulässigkeit einer einstweiligen Verfügung auf eine Markenumschreibung BPatG GRUR **01**, 339.

– **(Messeverstoß):** Eine Leistungsverfügung nach Grdz 6 vor § 916 etwa auf die Zulassung zum Stand kann möglich sein, Düss RR **96**, 124.

S auch Rn 33 „– (Zögern)".

– **(Nachverträgliche Abrede):** Es kann grds der Verfügungsgrund fehlen, Jena GRUR-RR **08**, 143.

– **(Patent),** dazu *Marschall,* Die einstweilige Verfügung in Patentsachen, Festschrift für *Klaka* (1987) 99 (ausf): Zulässig ist ein Verbot der Verbreitung einer solchen Behauptung, die den Antragsteller einer Patentverletzung usw beschuldigt, LG Düss GRUR **80**, 989. Auch in einer Patentverletzungssache kommt eine einstweilige Verfügung in Betracht, wenn auch nur selten, Hbg GRUR-RR **02**, 245, Ffm GRUR-RR **03**, 263, LG Hbg GRUR-RR **02**, 46 (auch zur Vorlage beim EuGH) und nicht in einer rechtlich schwierigen Sache, LG Mannh GRUR-RR **06**, 349. (Jetzt) § 12 II UWG ist unanwendbar, Düss GRUR **94**, 508. Zweifel an der Rechtsbeständigkeit lassen sich grds nur nach einem Einspruch oder einer Nichtigkeitsklage klären, Düss GRUR-RR **07**, 219.

Freilich kann eine einschränkende Veränderung des Schutzbegehrens im Erteilungsverfahren das Rechtsschutzbedürfnis *beseitigen,* Ffm GRUR **88**, 686.

S auch „– (Herstellungs- und Vertriebsverbot)".

– **(Preisbrecher):** Rn 31 „– (Aussetzung)".

– **(Rechtsberatung über Hotlinie):** Zulässig sein kann eine einstweilige Verfügung auf ihre Unterlassung. Zum Problem Berger NJW **99**, 1353, *Büring/Edenfeld* MDR **99**, 534.

– **(Rückgabeempfehlung):** *Unzulässig* ist eine solche einstweilige Verfügung, die den Gegner zu einer Rückgabeempfehlung gegenüber seinen Abnehmern verpflichten soll, Hbg GRUR **86**, 564.

33 – **(Schadensersatz):** Ein Schadensersatzanspruch kann trotz der damit verbundenen Vorwegnahme der Hauptsache durchsetzbar sein, wenn ein ausreichender Rechtsschutz nur im Eilverfahren erzielbar ist, Grdz 6 vor § 916, Düss GRUR **84**, 77.

– **(Terminsverlegung):** *Unzulässig* ist eine einstweilige Verfügung wegen eines Wegfalls der Dringlichkeit nach (jetzt) § 12 II UWG dann, wenn der Antragsteller sich mit einer vom Antragsgegner erbetenen Terminsverlegung um mehrere Wochen einverstanden erklärt, Hamm WettbR **96**, 164.

– **(Unterlassung):** Besondere Schwierigkeiten ergeben sich oft bei der Angabe des Gegenstands eines Unterlassungsgebots. Der Antragsteller muß diesen Gegenstand einerseits deutlich genug machen, damit nicht etwa die eigentliche Entscheidung erst in der Vollstreckungsinstanz ergehen kann, nämlich auf die Frage, ob eine angebliche Zuwiderhandlung noch unter das Verbot fällt oder nicht.

Die Angaben des Antragstellers dürfen aber andererseits auch nicht so eng begrenzt sein, daß sich der Schuldner dem Antrag durch eine verhältnismäßig *geringfügige Änderung* seiner bisherigen Verhaltensweise entziehen kann. Deshalb gilt auch hier die sog Kerntheorie wie bei § 890 Rn 3. Zulässig kann eine weitere einstweilige Verfügung mit dem Ziel sein, denselben Erfolg auf einem anderen Weg zu erreichen, etwa die Unterlassung einer bestimmten Kennzeichnung nunmehr durch die Herausgabe der Bestände statt durch die Androhung eines Ordnungsmittels zu erreichen. Der Schuldner kann zwischen einer Abschlußerklärung und einer Unterwerfung wählen, Karlsr WettbR **98**, 140.

S aber auch „– (Zögern)".

– **(Urheberrecht):** In einer Urheberrechtssache ist § 12 II UWG unanwendbar, KG RR **03**, 1127. Ein Auskunftsanspruch nach § 101 a III UrhG kann dann reichen, wenn die Rechtsverletzung offenkundig ist, Ffm GRUR-RR **03**, 32.

Man kann aber eine Veröffentlichung des Tenors einer Unterlassungsverfügung *nicht* nach § 103 UrhG durch eine einstweilige Verfügung verfolgen, Ffm RR **96**, 423.

– **(Verband):** Rn 31 „– (Allgemeine Geschäftsbedingungen)".

– **(Veröffentlichung):** Soweit es um eine Befugnis zur Veröffentlichung geht, ist große Vorsicht ratsam. Vgl aber auch § 12 II UWG.

– **(Vertriebsverbot):** Rn 32 „– (Herstellungs- und Vertriebsverbot)".

– **(Wettbewerbsverbot):** Zulässig sein kann ein solches sogar im nachvertraglichen Zeitraum, LAG Hamm NZA-RR **06**, 427.

– **(Wiederaufleben der Dringlichkeit):** Auf diese Rechtsfigur kommt es nicht bei einer völlig neuen Verletzungslage an, Kblz WettbR **96**, 45.

– **(Zögern),** dazu *Traub* (vor Rn 1): *Unzulässig* kann eine einstweilige Verfügung dann sein, wenn der Gläubiger bis zu ihrer Beantragung zu lange gewartet hat, Hamm WettbR **96**, 164 links und rechts, Karlsr GRUR **93**, 697, Traub GRUR **96**, 707. Im einzelnen: Bis zum Versäumnisurteil: Schädlich, Hamm RR **07**, 109; *2 Tage:* Schädlich beim Messeverstoß, Ffm GRUR **84**, 693; *4 Wochen:* Unschädlich, Mü MDR **94**, 152; *1 Monat:* Schädlich, Mü GRUR **80**, 1018; *6 Wochen:* Unschädlich, Stgt GRUR **78**, 540; *2 Monate:* Gerade noch unschädlich, Düss WettbR **99**, 15, Hbg GRUR **83**, 437, KG DB **80**, 1395; *Monatelang:* Schädlich, Köln GRUR **78**, 719; *3 Monate:* Evtl unschädlich, Hamm RR **90**, 1236; schädlich, Köln GRUR **78**, 719; *Über 3 Monate:* Schädlich, Köln GRUR **78**, 719; *4 Monate:* Evtl unschädlich, LG Düss GRUR **80**, 993; *5 Monate:* Schädlich, Bre RR **91**, 44 (bei Verhandlungen); *6 Monate usw:* Schädlich, Ffm BB **79**, 238, Hbg RR **02**, 550, LG Ffm RR **91**, 45; *2 Jahre:* Schädlich, Ffm OLGZ **88**, 99; Jahrelang: Schädlich, Mü GRUR **80**, 330; *3 Jahre:* Schädlich, Naumb GRUR-RR **06**, 32.

Freilich setzen diese Fristen die Kenntnis des Gläubigers von allen *maßgeblichen Umständen* voraus, Ffm NJW **85**, 1295, Hbg RR **86**, 716. Wegen einer Verlängerung der Rechtsmittelbegründung Rn 8.

34 **Gewerkschaft:** Rn 17 „Arbeitsrecht".

Grundbuch, dazu *Foerste,* Grenzen und Durchsetzung von Verfügungsbeschränkung und Erwerbsverbot im Grundstücksrecht, 1986:

Zulässig ist eine einstweilige Verfügung dahin, dem Grundschuldgläubiger zu untersagen, über die Grundschuld zu verfügen, LG Ffm Rpfleger **83**, 250. Bei einer Briefgrundschuld sollte man nach § 938 beantragen, dem Antragsgegner aufzugeben, den Brief an den Gerichtsvollzieher herauszugeben, da das Grundbuchamt ihn vor der Eintragung der Verfügungsbeschränkung nach § 41 GBO benötigt, Meyer-Stolte Rpfleger **83**, 250. Ein gesetzliches Vorkaufsrecht stört erst ab Rechtshängigkeit, Hamm RR **94**, 1042. Eine Vormerkung kann infrage kommen, Köln RR **02**, 1596. Sie muß bei der Entscheidungsreife notwendig sein, KG MDR **94**, 1012. Die Voraussetzungen des § 867 II sind hier entbehrlich, Ffm FGPrax **95**, 138. Zulässig ist ein Rechtshängigkeitsvermerk, § 325 Rn 10, 11, BayObLG Rpfleger **04**, 691. Zulässig ist die Eintragung eines Widerspruchs nach § 899 II BGB, BVerfG NJW **03**, 1177 links oben. Zulässig ist ein Löschungsverbot, LG Hbg Rpfleger **06**, 12.

Unzulässig ist eine einstweilige Verfügung mit dem Ziel, im Grundbuch einen Vermerk der Rechtshängigkeit des Hauptprozesses eintragen zu lassen, Mü Rpfleger **00**, 107. Unzulässig ist auch eine Untersagung einer „Behinderung an der Ausübung der Grunddienstbarkeit". Denn das ist zu unbestimmt, Düss MDR **86**, 328. Vgl aber § 938.

35 **Hausbesuch:** Zulässig sein kann eine Untersagung, zB gegenüber einem Inkassobüro, AG Kamen NJW **04**, 3639.

Herausgabe: Rn 18 „Besitzstörung". Im übrigen ist große Zurückhaltung ratsam, Grdz 9 vor § 916, Saenger JZ **99**, 977.
Krankenschein: Rn 27 „Ehe, Familie".
Leasing: Zulässig ist die Anordnung der Herausgabe verleaster Sachen an einen Sequester, LG Ravensb NJW **87**, 139. Nach dem Vertragsende ist eine Herausgabe nicht schon wegen einer einfachen Weiternutzung zulässig, sondern erst wegen einer übermäßigen Abnutzung, Köln VersR **88**, 1052.
Miete, dazu *Fritsche* Rpfleger **05**, 637, *Hinz* NZM **05**, 841 und WoM **05**, 615, *Schneider* MDR **04**, 319 **36**
(je: Üb): Auch hier ist eine sog Befriedigungsverfügung nach Grdz 6 ff vor § 916 nur ganz ausnahmsweise zulässig, AG Warendorf WoM **92**, 599:
– **(Aushang):** Zulässig ist ein Verbot der Mahnung zur Mietzahlung durch einen „Aushang" am Hausbriefkasten, LG Dortm WoM **90**, 287.
– **(Auskunft):** Zulässig ist ein Auskunftsverlangen wegen einer unerlaubten Entfernung eingebrachter Sachen, Rostock WoM **04**, 471.
S auch Rn 37 „– (Mietzinszahlung)".
– **(Baumaßnahme):** Zulässig ist das Gebot an den Vermieter, unberechtigte und die Wohnqualität beeinträchtigende Baumaßnahmen rückgängig zu machen, AG Wolgast WoM **94**, 265.
Das Rechtsschutzbedürfnis für eine einstweilige Verfügung des Mieters nur zwecks Erzwingung einer Duldungsklage des Vermieters kann *fehlen*, LG Bln WoM **96**, 407.
S auch Rn 37 „– (Modernisierung)".
– **(Besichtigung):** Ob Besichtigungen durch Mietinteressenten trotz eines Widerspruchs des Mieters gegen die Vermieterkündigung zulässig sind, ist eine Fallfrage, AG Ibbenbüren WoM **91**, 360. Der Vermieteranspruch läßt nur im dringenden Fall eine einstweilige Verfügung zu, LG Duisb NZM **06**, 897.
– **(Besitz):** *Unzulässig* ist die Untersagung des Zutritts des Ersteigerers nur wegen eines etwa fortbestehenden Mieterbesitzes, Drsd RR **05**, 456.
S auch Rn 38 „– (Vorvertrag)".
– **(Betriebspflicht):** Zulässig ist ihre Durchsetzung, Hbg WoM **03**, 642, KG NZM **05**, 621.
– **(Doppelvermietung):** Es kommt auf die Gesamtumstände an, auch zeitlich, Katzenstein ZZP **116**, 490, Ulrici ZMR **02**, 885, aM Ffm ZMR **97**, 23, Schlesw MDR **00**, 1428, Kluth/Grün NZM **02**, 477 (aber nur die Gesamtumstände führen zur einigermaßen gerechten Abwägungslösung statt starrer Prinzipien). Stets kommt nur ein vorübergehender Zeitraum in Betracht, Grdz 5 vor § 916.
– **(Gasversorgung):** Zulässig ist ihre Durchsetzung, freilich nicht nach § 890, Kannowski DGVZ **08**, 113, aM LG Kblz DGVZ **08**, 119. Zulässig ist die Durchsetzung bei einer unklaren Preiserhöhung, AG Bad Kissingen WoM **05**, 594, AG Marienburg WoM **05**, 595, Mü **05**, 595.
Unzulässig ist ein Gebot an den Versorger zum zeitlich unbegrenzten Vertragsabschluß (Vorwegnahme der Hauptsache), LG Gera WoM **98**, 496.
S aber auch Rn 28 „Energieversorgung".
– **(Heizung):** Zulässig ist das Gebot, ordnungsgemäß zu heizen, LG Mannh WoM **75**, 12, AG Erfurt WoM **00**, 260. Es muß aber mehr als eine technische Störung vorliegen, LG Osnabr WoM **80**, 198. Zulässig ist grds das Gebot, Zutritt zum Heizkeller zu verschaffen, und zwar auch im Sommer, LG Mannh ZMR **78**, 140, etwa zu Renovierungen, AG Münst WoM **87**, 256, sowie das Gebot einer ordnungsgemäßen Energiebezahlung, soweit das zur Versorgung nötig ist, AG Ludwigsb NZM **99**, 122.
Unzulässig ist das Gebot, mit dem der Vermieter einen Zutritt nur zu dem Zweck erzwingen will, die Heizung dort endgültig abzustellen, Hbg WoM **78**, 170, oder auch dort Thermostatventile anzubringen, AG Köln WoM **89**, 88.
– **(Herausgabe):** Rn 38 „– (Rückgabe)".
– **(Kinderwagen):** Zulässig ist das Gebot der Duldung des Abstellens eines Kinderwagens an einer nicht störenden Stelle des Hausflurs, AG Landau WoM **88**, 52. Das gilt freilich nur vorübergehend, Grdz 9 vor § 916.
Unzulässig ist das völlige Abstellverbot im Hausflur, AG Aachen WoM **08**, 94.
– **(Kündigung):** S „– (Besichtigung)".
– **(Mahnung):** Rn 36 „– (Aushang)". **37**
– **(Mangelbeseitigung):** Ist der Mieter zur sofortigen Beseitigung eines Mangels ohne eine Mitwirkung des Vermieters berechtigt, *fehlt* es am Verfügungsgrund für die Forderung zur Beseitigung, AG Lörrach WoM **90**, 204.
– **(Mietzahlung):** *Unzulässig* ist eine einstweilige Verfügung auf die Zahlung von Miete oder Pacht, AG Brdb WoM **05**, 69 (zustm Flatow 314), oder auf eine Minderung der Miete.
S auch Rn 36 „– (Aushang)".
– **(Minderung):** S „– (Mietzahlung)".
– **(Modernisierung):** Zulässig ist das Verbot gegenüber dem Vermieter, mit einer in ihrer Berechtigung umstrittenen Modernisierung einstweilen zu beginnen, BezG Potsdam WoM **93**, 599.
Unzulässig ist eine Maßnahme nur mit dem Ziel einer nicht schon aus Sicherheitsgründen geplanten endgültigen Renovierung durch den Antragsteller, LG Hbg WoM **86**, 243, AG Görlitz WoM **93**, 390, AG Neuss RR **86**, 314, oder durch den Antragsgegner, AG Wuppert WoM **80**, 180.
S auch Rn 36 „– (Baumaßnahme)", „– (Heizung)".
– **(Plakat):** Zulässig ist das Gebot der Entfernung eines vom Mieter im Haus angebrachten und den Hausfrieden störenden Plakats, AG Ludwigsb WoM **89**, 618.
– **(Räumung):** S „Rückgabe". **38**
– **(Renovierung):** Rn 37 „– (Modernisierung)".
– **(Rechtsmißbrauch):** Er ist *unstatthaft,* wie stets, Einl III 54, KG ZMR **00**, 818 (erlaubter Abriß).
– **(Rückgabe):** Der Antragsteller kann die Rückgabe einer Sache von dem früheren Besitzer nur ganz ausnahmsweise durch eine einstweilige Verfügung erzwingen, Düss MDR **04**, 1292. Denn es handelt sich um eine Erfüllung, Grdz 6 ff vor § 916, Kluth/Grün NZM **01**, 1017. Diese kommt im Eilverfahren

nur bei einer besonderen Notlage des Antragstellers in Betracht, Celle ZMR **00**, 752. Eine einstweilige Verfügung mag etwa dann in Betracht kommen, wenn der Antragsteller die Sache durch eine verbotene Eigenmacht verloren hatte, § 940 a, LG Frankenth WoM **92**, 185, LG Freibg FamRZ **05**, 1252 (Untermieter), AG Waldshut-Tiengen FamRZ **94**, 523, oder wenn nach dem Mietende durch die Weiternutzung ein Verschleiß der Mietsache droht, Düss MDR **04**, 1292, Karlsr WoM **94**, 1986, aM Brdb MDR **01**, 1185 (aber was *während* der Mietzeit erlaubt war, ist *später* sehr wohl evtl ein wesentlicher Nachteil), oder wenn sich der Mieter eines Gewerberaums die sofortige Räumung erpresserisch „abkaufen" lassen will, Kluth/Grün NZM **01**, 1017, oder wenn der Vermieter die Räumung der Wohnung durch die Vortäuschung eines Eigenbedarfs erreicht, die Wohnung aber noch nicht weitervermietet hat, LG Hbg WoM **08**, 93.

Den Vermieter kann der Mieter *nicht* zur Mitwirkung an der Rückgabe zwingen, LG Frankenth WoM **06**, 701 (vielmehr dann Annahmeverzug des Vermieters).

– **(Schlüssel):** Zulässig ist das Gebot einer Überlassung, AG Bad Neuenahr WoM **96**, 331.
– **(Stromversorgung):** Zulässig ist ein zeitlich begrenztes Liefergebot, Rostock MDR **07**, 1249, AG Königstein NZM **03**, 106.
– **(Thermostatventil):** Rn 36 „– (Heizung)".
– **(Veräußerungsverbot):** Zulässig ist ein Veräußerungsverbot wegen des Mietgrundstücks zwecks eines Schadensersatzanspruchs nach einer unberechtigten Eigenbedarfskündigung, LG Bonn WoM **88**, 402.
– **(Verbotene Eigenmacht):** Rn 37 „– (Rückgabe)".
– **(Vermieterpfandrecht),** dazu *Katzenstein/Hüftle* MDR **05**, 1030: An die Bestimmtheit des Antrags auf eine Unterlassung der Entfernung darf man keine zu hohen Anforderungen stellen, Stgt RR **97**, 521.
– **(Verzögerung):** Ein Zuwarten von über vier Monaten *beseitigt* das Eilbedürfnis, Bre MDR **04**, 51.
– **(Videoüberwachung):** Zulässig ist ihr einstweiliges Verbot, AG Bln-Schöneb ZMR **00**, 542. Es ist aber eine Zurückhaltung ratsam, LG Bln ZMR **01**, 112 (nicht schon stets wegen Schmierereien).
– **(Vorvertrag):** *Unzulässig* ist eine einstweilige Verfügung zwecks Besitzeinräumung und Abschlusses des Hauptvertrags nur auf Grund eines Vorvertrags, Hamm RR **04**, 521, Schlesw MDR **00**, 1428, AG Bln-Schöneb ZMR **99**, 643, aM Düss RR **91**, 137, ZöV § 938 Rn 12 (aber nur der Vermieter kann entscheiden, welchen der Ansprüche er erfüllen will).
– **(Wasserversorgung):** Zulässig ist ein vorläufiges und zeitlich begrenztes Liefergebot, AG Erfurt WoM **00**, 260 (Warmwasser), AG Königstein NZM **03**, 106, AG Lpz WoM **98**, 495.

Unzulässig ist das Absperren wegen eines Zahlungsverzugs usw, Celle NZM **05**, 741, AG Greifsw WoM **03**, 265, oder ein monatelanges Zuwarten vor der Antragstellung, LG Aachen WoM **08**, 95.

– **(Zahlungsverzug):** Es gilt dasselbe wie bei „Rückgabe", Düss MDR **04**, 1292.
– **(Zutritt):** *Unzulässig* ist grds ein Eilverfahren auf den Zutritt eines Dritten, AG Neumünster WoM **04**, 221.

S auch Rn 36 „– (Heizung)".

– **(Zweckentfremdung):** *Unzulässig* ist ein Verbot einer solchen Nutzungsart, die der Vermieter nach Treu und Glauben hinnehmen muß, Düss MDR **96**, 467.

Nachbarrecht: Nächtliche Tiergeräusche können ausreichen, Ffm RR **87**, 1166. Ein Eilbedürfnis kann auch noch bei einer Wiederholungsgefahr nach zwei Wochen vorhanden sein, AG Hbg-Wandsbek ZMR **02**, 130.

S auch § 938 Rn 11 „Lärmstörung".

Nichteheliche Gemeinschaft: Zulässig sein kann die Durchsetzung des Unterlassungsanspruchs, Schuschke NZM **99**, 484.

39 **Notar:** *Unzulässig* ist die Anweisung, in bestimmter Weise mit verwahrtem Geld zu verfahren, Hamm MDR **96**, 1182.

Patentrecht: Rn 32 „Gewerblicher Rechtsschutz: Patent".

Persönlichkeitsrecht: Eine „wertneutrale Falschmeldung" kann evtl *unzureichend* sein, Köln RR **06**, 126.

Politische Partei: Eine Ordnungsmaßnahme kann beschränkt überprüfbar sein, LG Düss RR **90**, 832. Die Anordnung der Ausstrahlung eines Wahlwerbespots kann zulässig sein, Celle NJW **94**, 2237, LG Hann NJW **94**, 2236.

40 **Presserecht,** dazu *Hösl,* Die Anordnung einer einstweiligen Verfügung in Pressesachen, 1974: Die Pressefreiheit steht einer solchen einstweiligen Verfügung nicht entgegen.

– **(Beleidigung):** Zulässig ist das Verbot einer ehrenrührigen Behauptung, Brdb RR **02**, 1127, Ffm RR **05**, 54.

S auch „– (Patentverletzung)".

– **(Falschaussage):** Zulässig ist eine Maßnahme zur Verhinderung oder Beseitigung der Falschaussage eines Zeugen, Ffm MDR **78**, 315.
– **(Fotografieren):** Zulässig ist das Verbot des Fotografierens, soweit eine Wiederholungsgefahr besteht, LG Mannh ZMR **78**, 140.
– **(Gegendarstellung):** Grds zulässig ist eine einstweilige Verfügung zwecks Gegendarstellung, Brdb RR **00**, 325, Mü OLGZ **90**, 244. Das gilt zumindest dann, wenn der Ruf oder das Vermögen des Betroffenen einen schwerwiegenden Schaden hatten oder bedroht sind. Der Erlaß einer einstweiligen Verfügung auf eine Gegendarstellung erfordert grds eine mündliche Verhandlung, Mü OLGZ **90**, 245. Man sollte auf den vorläufigen Charakter der Entscheidung hinweisen, etwa mit den Worten, die Veröffentlichung erfolge auf Grund einer einstweiligen Verfügung. Die Abgabe einer Gegendarstellung erledigt den Antrag, den Gegner zur Abgabe zu verurteilen.

S auch „– (Widerruf)".

– **(Karikatur):** Zulässig ist ein Verbot der Verbreitung einer solchen Karikatur, die das Persönlichkeitsrecht verletzt.
– **(Patentverletzung):** Zulässig ist das Verbot einer solchen Behauptung, die den Antragsteller einer Patentverletzung usw beschuldigt.

S auch „– (Beleidigung)".

– **(Persönlichkeitsrecht):** S „– (Karikatur)".
– **(Preisbindung):** Ein Reimportverbot zB aus Österreich ist zulässig.
– **(Rufschädigung):** S „– (Gegendarstellung)".
– **(Verwirkung):** S „– (Zögern)".
– **(Widerruf):** Man kann einen Widerruf *nicht schon* in einer einstweiligen Verfügung ausreichend erklären. Daher ist auch eine Formulierung unzulässig, eine beanstandete Behauptung werde im gegenwärtigen Zeitpunkt nicht aufrechterhalten, aM Schneider AfP **84**, 131.
– **(Zögern):** Bei einer Tageszeitung ist die erforderliche Aktualität nach fast 3 Monaten in der Regel *nicht mehr* vorhanden. Ein Zuwarten kann umso länger unschädlich sein, je länger der Gegner auf ein Veröffentlichungsverlangen schweigt, Mü OLGZ **90**, 244. Freilich darf man auch dann nicht allzu lange warten (Verwirkung), Rn 34 „– (Zögern)".

Rechtsgeschäft: Zulässig ist eine einstweilige Verfügung mit dem Ziel der Untersagung eines solchen 41
Rechtsgeschäfts, das gegen § 1365 BGB verstößt. Beim Fixgeschäft usw ist auch eine Leistungsverfügung denkbar, LG Mü RR **87**, 958.

Unzulässig ist eine einstweilige Verfügung mit dem Ziel der Anordnung einer Abschlagszahlung auf eine Kapitalschuld. Unzulässig ist eine einstweilige Verfügung mit dem Ziel der Rückgabe einer widerrufenen Schenkung. Unzulässig ist eine solche einstweilige Verfügung, die eine vertragliche Bankgarantie beeinträchtigt, nur weil der Auftraggeber gegen den Begünstigten einen Rückforderungsanspruch haben könnte.

Rechtsmißbrauch: Er bleibt *unzulässig,* wie stets, Einl III 54, KG ZMR **00**, 818.

Rente: Grundsätzlich kann man eine Haftpflichtrente bis zur Entscheidung des Hauptprozesses auch im 42
Weg einer einstweiligen Verfügung erzwingen. Weil durch eine solche Entscheidung aber in aller Regel eine endgültige Belastung eintritt, darf das Gericht eine einstweilige Verfügung grds nur innerhalb verständiger Grenzen erlassen. Zulässig ist die Verurteilung einer Abschlagszahlung auf Grund eines fortlaufenden Anspruchs im Rahmen eines Dauerrechtsverhältnisses nur dann, wenn der notwendige Bedarf zur Abwendung einer dringenden Notlage dienen soll, LG Aachen VersR **91**, 1306. Das Verfügungsgericht prüft jedenfalls nicht abschließend, in welcher Höhe ein Unterhaltsanspruch vorliegen kann. Es berücksichtigt auch keine Rückstände, Celle FamRZ **79**, 802.

Zulässig ist eine einstweilige Verfügung mit dem Ziel der Erstattung solcher *Arztkosten* und Kurkosten, die der Antragsteller nach einem Unfall zur Abwendung ernster Gesundheitsschäden aufgewendet hat. Das gilt auch dann, wenn bereits ein vorläufig vollstreckbares Urteil ergangen war, in dem das Gericht dem Schuldner erlaubt hatte, die Vollstreckung durch eine Sicherheitsleistung abzuwenden. Zulässig ist auch eine einstweilige Verfügung zur Sicherung der Versorgung eines schwer arztgeschädigten Patienten, LG Aachen VersR **91**, 1306, oder zur Abwendung von Vermögensschäden eines besonders ernsten Ausmaßes, etwa zur Zahlung einer Patentanwaltsgebühr, damit der Antragsteller seine Berufstätigkeit nicht einstellen müsse. Überhaupt darf das Gericht einem Unfallgeschädigten auch im Weg einer einstweiligen Verfügung nur dasjenige zusprechen, was zur Abwendung eines befürchteten ernsten Dauerschadens oder zur Abwendung der Vernichtung seiner wirtschaftlichen Existenz dienen soll, Grdz 6 vor § 916, Celle VersR **90**, 212.

Schiedsgericht: Zulässig sein kann die Aufhebung seines Spruchs durch das ordentliche Gericht, Ffm RR **03**, 499.

Schikane: Rn 17 „Arglist".

Selbständiges Beweisverfahren: Soweit ein Verfahren nach §§ 485 ff in Betracht kommt, ist ein Verfahren nach §§ 935 ff *unzulässig,* Köln VersR **96**, 734.

Sozialhilfe: Rn 25 „Ehe, Familie". 43

Stalking: Zu den Möglichkeiten von Pechstaedt NJW **07**, 1233 (Üb).

Staatsanwaltschaft: Eine einstweilige Verfügung gegen die Staatsanwaltschaft zwecks Verbots der Rückgabe einer beschlagnahmten Sache kann zwar zulässig sein. Sie ist aber oft erfolglos. Denn man kann gegen den letzten vorangegangenen Gewahrsamsinhaber vorgehen, KG RR **95**, 62.

Stromversorgung: Rn 28 „Energieversorgung".

Unterhalt: Rn 20–25 „Ehe, Familie", Rn 42 „Rente". 44

Unterlassung: Außerhalb des UWG ist die Gefahr eines erheblichen wirtschaftlichen Nachteils nötig, Ffm MDR **04**, 1019 oder einer sonstigen Bedrohung usw. Das Gericht kann wegen des Grundsatzes der Verhältnismäßigkeit nach Grdz 34 vor § 704 dem Antragsgegner eine gewisse Zeit zur Befolgung einräumen, LG Hbg GRUR-RR **04**, 318 (eine Woche zur Computerprogramm-Umstellung). Auch eine verdeckte Störung ist angreifbar, Köln RR **07**, 43.

S auch Rn 33 „Gewerblicher Rechtsschutz; Unterlassung".

Urheberrecht: Die einstweilige Verfügung setzt neben einer offensichtlichen Rechtsverletzung zB nach § 101 a III UrhG die Erfüllung der allgemeinen Bedingungen der §§ 935, 940 und insbesondere eine Eilbedürftigkeit voraus, Hbg GRUR-RR **07**, 382. Sie kann manchmal *kaum* der Weg sein, komplizierte tatsächliche und/oder rechtliche Fragen auch nur vorläufig zu klären, KG BB **94**, 1596. (Jetzt) § 12 II UWG ist unanwendbar, KG NJW **97**, 331, Köln GRUR **00**, 418, Gutsche Festschrift für Nordemann (1999), 81, aM Karlsr RR **95**, 176 (aber das UrhG ist ein Spezialgesetz. Das UWG ist nicht uferlos ausdehnbar). Es reicht aber eine Glaubhaftmachung nach § 294 dahin, daß der Antragsteller den Abschluß eines Vertrags befürchten muß, durch den die Position des Antragstellers beeinträchtigt würde, Köln GRUR **00**, 418. Ausreichen kann ein Anspruch nach § 54 g II UrhG, BVerfG RR **00**, 1589.

S auch „Unterlassung".

Verbotene Eigenmacht: Rn 18 „Besitzstörung". 45

Verein: Zulässig ist eine einstweilige Verfügung zwecks Aufrechterhaltung der Mitgliedsrechte, Düss RR **88**, 1272, oder der Feststellung des Ruhens einer Mitgliedschaft. Es kann unschädlich sein, erst nach 6 Wochen den vereinsinternen Rechtsweg eingeschlagen zu haben, Köln RR **93**, 891.

Versicherung: Eine einstweilige Verfügung kann auf eine Zahlung von Krankentagegeld zulässig sein, Köln MDR **05**, 290. Sie kann als eine Leistungsverfügung bei einer glaubhaften Existenzgefahr zulässig sein, Saarbr RR **07**, 1406. Eine Kostenübernahme kommt nur im Notfall infrage, Hamm VersR **06**, 827.

Eine einstweilige Verfügung auf eine sofortige Durchführung oder Zusage einer stationären Behandlung kann wegen einer Vorwegnahme der Hauptsache *unzulässig* sein, Kblz VersR **05**, 392, Köln RR **95**, 546.

Verwahrung: Rn 39 „Notar".

Verzögerung: Rn 6, 27.

46 **Wasserversorgung:** Es gilt dasselbe wie bei Rn 28 „Energieversorgung".

Wechsel: Eine einstweilige Verfügung ist nur eingeschränkt zulässig, etwa beim Rechtsmißbrauch, Beisswingert/Vossius BB **86**, 2364 (ausf). In Betracht kommt eine Herausgabe an einen Sequester, LG Köln RR **87**, 1530, aber *nicht mehr* nach einem Protest oder nach dem Ablauf der Protestfrist, Hamm MDR **88**, 977.

Werkvertrag: Zulässig ist eine einstweilige Verfügung dann, wenn der Unternehmer mit einem vertragswidrigen Bau beginnt, Mü DB **86**, 2595.

Unzulässig ist eine einstweilige Verfügung des gekündigten Auftragnehmers dahin, daß der Auftraggeber Bauarbeiten solange nicht weiterführe, bis der Auftragnehmer seine Leistungen aufgemessen habe, Düss MDR **01**, 1288.

Wettbewerbsrecht: Rn 31 „Gewerblicher Rechtsschutz".

Willenserklärung, dazu *Frhr von Holtz,* Die Erzwingung von Willenserklärungen im einstweiligen Rechtsschutz, 1995: Eine einstweilige Verfügung ist *grds unzulässig.* Denn eine Willenserklärung nach § 894 gilt erst mit der formellen Rechtskraft nach § 705 als abgegeben, Hbg MDR **90**, 1022, Nürnb NJW **07**, 2054, LG Bochum RR **98**, 1372. Nur ganz ausnahmsweise kommt wegen einer Willenserklärung zwecks einer nur vorläufigen Regelung eine einstweilige Verfügung in Betracht, Köln RR **97**, 60 (drohende Rechtsverweigerung).

Zurückbehaltungsrecht: Eine einstweilige Verfügung auf eine Unterlassung ist zulässig, soweit beim Streit um ein Zurückbehaltungsrecht eine Androhung eines Inkassobüros mangels einer Zahlung binnen 3 Tagen oder eines Anerkenntnisses vorliegt, AG Kamen NJW **04**, 3639.

Zwangsversteigerung: Rn 36 „Miete: Besitz".

940a *Räumung von Wohnraum.* **Die Räumung von Wohnraum darf durch einstweilige Verfügung nur wegen verbotener Eigenmacht oder bei einer konkreten Gefahr für Leib oder Leben angeordnet werden.**

1 **1) Systematik.** § 940 a behandelt die Räumung jeder Art von Wohnraum, § 721 Rn 3. Das gilt unabhängig vom etwaigen Vorliegen eines Mietvertrags. Es gilt also zB auch dann, wenn die Überlassung auf einer Unterhaltspflicht beruht, LG Bln ZMR **91**, 182, LG Mannh WoM **86**, 351, aM Hamm MDR **80**, 856 (bloßer Mietraum. Aber § 940 a nennt und meint eindeutig keine solche Beschränkung, Einl III 39). Die Vorschrift ist auch dann anwendbar, wenn es um eine nichteheliche Gemeinschaft geht, LG Freibg FamRZ **02**, 405, AG Menden NZM **99**, 417, Schuschke NZM **99**, 484. Vgl freilich Rn 3. § 940 a ist unabdingbar, aM LG Wiesb RR **93**, 1293 (aber das widerspräche dem Sozialzweck der Vorschrift, Rn 2).

Neben dieser Vorschrift ermöglichen auch §§ 935, 940 eine einstweilige Verfügung, wenn der Besitz dem Besitzer durch eine verbotene Eigenmacht nach § 858 I BGB abhanden kam, LG Brschw RR **91**, 832. Wenn wegen der Wohnräume bereits eine Kündigung vorliegt, bleibt § 940 a anwendbar, solange das Vertragsverhältnis nicht beendet ist, § 940 Rn 37 „Miete". Im übrigen gelten jetzt § 1 GewSchG und § 892 a.

2 **2) Regelungszweck.** Eine Wohnungsräumung ist ein einschneidender Vorgang, auch für die ganze Familie. Man kann sie daher schon nach einem endgültigen Urteil nur bei ihrer wirklichen Unvermeidbarkeit verantworten. Umso weniger kann sie auf Grund eines bloß vorläufigen Titels infrage kommen, erst recht nicht dann, wenn der Richter womöglich ohne eine Anhörung des Schuldners entscheiden müßte. Mit Recht setzt § 940 a deshalb scharfe Voraussetzungen. Unter ihnen ist die verbotene Eigenmacht nach § 858 I BGB ein wenig scharfer Begriff, wenn man ihn genauer und mit sozialer Verantwortung betrachtet. Freilich gibt es derart unerträgliche Situationen gerade aus diesem Bereich, daß sofort wenigstens bis auf weiteres eine räumliche Trennung erfolgen muß, um Schlimmeres weniger wahrscheinlich zu machen. Wieder einmal sind also Umsicht, Einfühlungsvermögen, aber auch Entschlossenheit des Gerichts notwendig, damit es ein Ergebnis erzielen kann, daß nicht in der einen oder anderen Richtung zur Tragödie wird.

3 **3) Geltungsbereich.** Vgl zunächst Rn 1. Die Vorschrift gilt nicht, soweit es um einen anderen als um Wohnraum geht, also zB um einen gewerblich genutzten Raum, Celle ZMR **00**, 752. Sie gilt ferner nicht, soweit es um ein Verbot des Betretens des Wohnraums geht, Schuschke NZM **99**, 484, aM LG Brschw RR **91**, 832, LG Mannh WoM **86**, 351, AG Waldshut-Tiengen FamRZ **94**, 523 (aber es besteht auch bei einer Lebensgefahr kein Bedürfnis, weil ein „anderer Grund" vorliegen kann, Rn 4).

In einer Wohnungszuweisungssache nach dem FamFG gelten vorrangig §§ 49 ff, 200 ff FamFG. In einer Gewaltschutzsache gilt § 214 FamFG.

4 **4) Verbotene Eigenmacht.** Vgl zunächst Rn 2. Eine verbotene Eigenmacht kann auch vom Untermieter ausgehen, LG Freibg FamRZ **05**, 1252. Sie kann trotz der grundsätzlichen Anwendbarkeit von § 940 a beim „Lebensgefährten" nach Rn 1 fehlen, LG Bln ZMR **91**, 182, Helle NJW **91**, 212. Sie fehlt bei einer freiwilligen Besitzaufgabe, Köln MietR **97**, 227.

Eine *verbotene Eigenmacht* nach § 858 I BGB reicht nicht stets zum Erlaß der einstweiligen Verfügung aus, LG Ffm NJW **80**, 1758. Es müssen vielmehr die Voraussetzungen des § 940 vorliegen. Es muß also die Räumung zur Abwendung wesentlicher Nachteile oder zur Verhinderung einer drohenden Gewalt oder aus anderen Gründen notwendig sein, LG Hbg ZMR **03**, 494. Freilich kann eine verbotene Eigenmacht ein „anderer Grund" nach § 940 sein, Ffm BB **81**, 148, Wolf NJW **80**, 1759. Es kann evtl sogar ohne eine verbotene Eigenmacht ein „anderer Grund" vorliegen, LG Brschw RR **91**, 832, Stellwaag ZMR **91**, 289.

5 **5) Konkrete Lebens- und Leibesgefahr.** Die Vorschrift schützt auch unabhängig von einer verbotenen Eigenmacht nach Rn 4 auch vor einer konkreten Gefahr für Leib oder Leben. Erst dann erlaubt der klare

Gesetzestext eine einstweilige Verfügung, aM Schumacher FamRZ **02**, 659 (aber für diese Alternative sind der Wortlaut und Sinn eindeutig, Einl III 39). Das sind die Fälle, in denen zB ein an sich berechtigt dort aufhältlicher Abgehöriger nun zum Angriff auf Leib oder Leben eines Mitbewohners überzugehen droht. Vgl § 892a. „Konkrete Gefahr" bedeutet: Mehr als bloße kühle Drohungen. Das Messer braucht aber wahrhaftig nicht schon geblitzt zu haben. Eine behutsame Einschränkung durch das Gericht ist eine schwierige Abwägungsaufgabe. Hysterische Ängste zählen nicht, wohl aber eine verständliche Angst. Im Zweifel zählen Leib und Leben mehr als ein Wohnrecht.

941 *Ersuchen um Eintragungen im Grundbuch usw.* **Hat auf Grund der einstweiligen Verfügung eine Eintragung in das Grundbuch, das Schiffsregister oder das Schiffsbauregister zu erfolgen, so ist das Gericht befugt, das Grundbuchamt oder die Registerbehörde um die Eintragung zu ersuchen.**

Schrifttum: *Demharter* Rpfleger **98**, 133 (ausf); *Weiland,* Die Sicherung konkurrierender Sachleistungsansprüche im Wege einstweiliger Verfügung durch Vormerkung und Verfügungsverbot, 1992.

1) Systematik. Die Vorschrift stellt eine Verbindung zwischen der Anordnung durch das Verfügungsgericht und der Folge im Grundbuch usw her. Im Arrestverfahren muß der Gläubiger die etwa notwendigen Eintragungen in das Grundbuch, in das Schiffsregister oder in das Schiffsbauregister selbst herbeiführen. § 941 ermöglicht im Verfahren auf den Erlaß einer einstweiligen Verfügung dem Gericht, die entsprechenden Maßnahmen von Amts wegen einzuleiten. 1

2) Regelungszweck. Die Vorschrift dient der Beschleunigung nach Grdz 12, 14 vor § 128 und der Rechtssicherheit, Einl III 43. Daher darf und muß man die Vorschrift großzügig auslegen. Das Verfügungsgericht hat nach Rn 4 ein Ermessen und nicht nur eine Zuständigkeit zum Ersuchen nach Rn 5. Es sollte aber von seiner Befugnis grundsätzlich nur dann einen Gebrauch machen, wenn der Gläubiger einen entsprechenden ausdrücklichen Antrag stellt. Es sollte auch dann nur im Ausnahmefall selbst das Grundbuchamt usw um die Eintragung ersuchen. Das übersieht Düss VersR **88**, 861. Allerdings ist ein Antrag des Gläubigers nach dem Gesetz entbehrlich. Grundsätzlich legt die Parteiherrschaft nach Grdz 18 vor § 128 den Fortgang nach dem Erlaß der Eilanordnung weitgehend in die Hand des Gläubigers. Ob man ihn auf seine Möglichkeiten hinweisen sollte, ist eine andere Frage. Ein Ablehnungsantrag wegen eines solchen Hinweises würde meist wohl schon daran scheitern, daß der Richter die Sachentscheidung im Eilverfahren bereits getroffen hat. Allerdings könnte seine Unbefangenheit aus der Sicht des jetzigen Antragsgegners im folgenden Hauptsacheprozeß fraglich sein. Es gilt also im Ergebnis eher Zurückhaltung zu üben. 2

3) Geltungsbereich. Man darf die Vorschrift grundsätzlich nicht auf andere Register entsprechend anwenden, also nicht etwa auf das Handelsregister, obwohl das eigentlich sachlich gerechtfertigt wäre. § 941 ist aber auf das Register für ein Pfandrecht an Luftfahrzeugen entsprechend anwendbar, § 99 I LuftfzRG. § 941 setzt voraus, daß die einstweilige Verfügung nach ihrem Inhalt gerade eine Eintragung ermöglicht, zB die Eintragung einer Vormerkung, eines Veräußerungsverbots oder eines Widerspruchs gegen eine Vormerkung. 3

Die Vorschrift ist *ferner dann unanwendbar,* wenn die einstweilige Verfügung auf eine Zahlung lautet und wenn der Gläubiger seinen Zahlungsanspruch durch die Eintragung einer Sicherungshypothek vollstrecken will. § 941 ist aber dann anwendbar, wenn das Grundbuchamt usw eine Eintragung nach der Aufhebung der einstweiligen Verfügung löschen muß.

4) Ermessen. Das Gericht kann in der Ausübung eines ganz freien pflichtgemäßen grundsätzlich nicht nachprüfbaren Ermessens entscheiden, ob es das Registergericht oder das Grundbuchamt um eine Eintragung ersuchen will, Kblz NJW **80**, 949. In einem dringenden Fall können das AG des § 942 oder der Vorsitzende allein entscheiden, § 944. Der Vorsitzende muß das Ersuchen kraft seines Amts unterschreiben, also nicht als ein Vertreter des Gläubigers, Bbg JB **76**, 637, aM ThP 1 (aber das Gericht darf gar nicht nur zum Vertreter gar nur einer Partei werden). 4

Trotzdem muß der Eingang des Ersuchens nach dem Willen des Gesetzes die *Vollziehungsfrist* wahren, §§ 929 II, 932 III, Kblz NJW **80**, 949. Daher muß das Gericht den Gläubiger sofort von dem Ersuchen benachrichtigen. Denn die Zustellung der einstweiligen Verfügung ist unverändert im Parteibetrieb nach §§ 191 ff notwendig, § 929 III 2. Das Grundbuchamt kann den Nachweis der Zustellung nicht fordern. Da der Gläubiger über den Fortgang der Zwangsvollstreckung bestimmen muß, darf er ein Ersuchen des Gerichts wirksam zurücknehmen. Das Gericht verständigt den Gläubiger auch dann, wenn es von der Befugnis zum Ersuchen keinen Gebrauch macht, damit er selbst einen Eintragungsantrag stellen kann, § 13 GBO. 5

5) Eintragung. Die ersuchte Behörde darf nur die Zulässigkeit der Eintragung nach dem förmlichen Recht des Grundbuchs oder des Registers prüfen. Wenn die ersuchte Behörde die Eintragung ablehnt, dürfen der Gläubiger und das ersuchende Gericht nach § 71 GBO die Beschwerde einlegen. Wenn der Gläubiger den Antrag zurücknimmt, ist eine etwa eingelegte Beschwerde des Gerichts gegenstandslos. Eine Vormerkung verliert in der Gesamtvollstreckung ihre Wirksamkeit, BGH NJW **99**, 3123. 6

942 *Zuständigkeit des Amtsgerichts der belegenen Sache.* **I In dringenden Fällen kann das Amtsgericht, in dessen Bezirk sich der Streitgegenstand befindet, eine einstweilige Verfügung erlassen unter Bestimmung einer Frist, innerhalb der die Ladung des Gegners zur mündlichen Verhandlung über die Rechtmäßigkeit der einstweiligen Verfügung bei dem Gericht der Hauptsache zu beantragen ist.**

II 1 **Die einstweilige Verfügung, auf Grund deren eine Vormerkung oder ein Widerspruch gegen die Richtigkeit des Grundbuchs, des Schiffsregisters oder des Schiffsbauregisters eingetragen**

werden soll, kann von dem Amtsgericht erlassen werden, in dessen Bezirk das Grundstück belegen ist oder der Heimathafen oder der Heimatort des Schiffes oder der Bauort des Schiffsbauwerks sich befindet, auch wenn der Fall nicht für dringlich erachtet wird; liegt der Heimathafen des Schiffes nicht im Inland, so kann die einstweilige Verfügung vom Amtsgericht in Hamburg erlassen werden. [2] Die Bestimmung der im Absatz 1 bezeichneten Frist hat nur auf Antrag des Gegners zu erfolgen.

[III] Nach fruchtlosem Ablauf der Frist hat das Amtsgericht auf Antrag die erlassene Verfügung aufzuheben.

[IV] Die in diesem Paragraphen erwähnten Entscheidungen des Amtsgerichts ergehen durch Beschluss.

Gliederung

1 **1) Systematik, I–IV.** § 942 weicht von §§ 919, 937 I ab. Die Vorschrift macht nämlich neben dem Gericht der Hauptsache für eine einstweilige Verfügung nach § 935 oder nach § 940 in einem dringenden Fall das AG der Belegenheit als ein Notgericht der „Zwangsbereitschaft" zuständig, Wenzel BB **83**, 1226. Dieses AG ist aber nicht etwa das Verfügungsgericht des § 937 I, Schlesw MDR **97**, 392, etwa wie es bei § 919 das Arrestgericht ist. Das AG der Belegenheit ist vielmehr nur für die Anordnung, die Aufhebung wegen des erfolglosen Ablaufs einer Auflagefrist nach III und für ein Eintragungsersuchen nach § 941 zuständig, LG Saarbr DGVZ **95**, 187. Für eine Aufhebung nach §§ 924–927, 939 ist nur das Gericht der Hauptsache zuständig, auch für die Vergütung des Sequesters nach § 938, LG Saarbr DGVZ **95**, 187. Das letztere Gericht ist auch das Prozeßgericht nach §§ 887 ff. Nur das Prozeßgericht ist zur Kostenfestsetzung nach §§ 103 ff berufen, und zwar auch zur Festsetzung der vor dem AG der Belegenheit entstandenen Kosten, Wenzel BB **83**, 1226. Das AG der Belegenheit ist allerdings nach §§ 13, 14 UWG, 23 BauforderungsG erweitert zuständig. Die Zuständigkeit nach § 942 ist eine ausschließliche, § 802, Jacobs NJW **88**, 1365. Das AG der Belegenheit ist auch in einer Arbeitssache und dann funktional als ArbG zuständig, LAG Bre BB **82**, 2188, LAG Stgt BB **89**, 851, Wenzel BB **83**, 1226 (folglich Fehlen einer Erstattungsfähigkeit von Anwaltskosten).

2 **2) Regelungszweck, I–IV.** Die Vorschrift bezweckt eine Erleichterung des Zugangs zum Gericht. Das Eilbedürfnis erfordert das Unterbleiben irgendwelcher bloßer Zuständigkeitsprobleme. Die Vorschrift dient damit der Prozeßwirtschaftlichkeit, Grdz 14 vor § 128. Sie dient auch der sonst evtl wegen bloßer Zuständigkeitsprobleme nicht mehr erreichbaren vorläufigen Gerechtigkeit, Einl III 9, 36. Daß muß man bei der Auslegung mitbeachten. Freilich darf man sich nicht schon deshalb einfach nach § 942 für zuständig halten, weil die Sache drängt und weil der Antragsteller oder meist sein ProzBev sich einfach an das AG der Belegenheit gewandt hat. Bei der heutigen Übermittlungstechnik auch eines Eilantrags dürfte in fast allen Fällen das eigentlich nach § 937 zuständige Gericht genauso rasch ermittelbar und ansprechbar sein, Rn 4. Das darf und muß wegen Art 102 I 2 GG auch der Belegenheits-Amtsrichter durchaus mitbedenken, und damit muß der Antragsteller auch rechnen. Denn sein ProzBev schuldet auch im Eilverfahren den sichersten und nicht den bequemsten Weg, § 85 Rn 17.

3 **3) Geltungsbereich: Dringender Fall, I.** Neben dem Verfügungsgericht des § 937 ist in einem dringenden Fall grundsätzlich das AG des Verbleibs der Sache örtlich und sachlich zuständig. Es kommt darauf an, wo sich der Streitgegenstand befindet, § 2 Rn 4, also der Gegenstand der einstweiligen Regelung, Lempp NJW **75**, 1920. Bei einer Forderung gilt § 23 S 2 entsprechend. Wenn es um eine Handlung oder Unterlassung geht, kommt es darauf an, wo der Antragsgegner diese begangen hat oder wo er sie vornehmen soll. Maßgebender Zeitpunkt ist derjenige der Anordnung der einstweiligen Verfügung. Wenn sich die Sache nicht im Bezirk des AG befindet, ist eine von diesem AG erlassene einstweilige Verfügung fehlerhaft. Sie bleibt aber trotzdem als ein Staatsakt bis zum Zeitpunkt ihrer etwaigen Aufhebung wirksam, Üb 19 vor § 300.

4 Ein „dringender Fall" liegt hier anders als bei § 937 dann vor, wenn eine Anrufung des Gerichts der Hauptsache nach § 919 Rn 4, § 937 Rn 3 das Verfahren für den Gläubiger *nachteilig verzögern würde,* Jacobs NJW **88**, 1365, Lempp NJW **75**, 1920. Das kann auch dann so sein, wenn sich das zuständige LG am Sitz des AG befindet. Denn der Geschäftsbetrieb ist bei einem Kollegialgericht unter Umständen langsamer, und § 944 bietet praktisch keine Hilfe. Freilich muß der Gläubiger die Dringlichkeit nach §§ 294, 920 II, 936 glaubhaft machen. Er muß also auch glaubhaft machen, daß das LG auch im konkreten Einzelfall langsamer arbeiten werde. Die bloße Behauptung oder die bloße Berufung auf einen angeblichen Erfahrungssatz dürften nur in Ausnahmefällen ausreichen. Schließlich muß auch ein LG jederzeit einsatzbereit sein, Rn 3.

Wenn die *Dringlichkeit fehlt,* kann das angerufene AG das Verfahren auf Grund eines Antrags auch nach § 281 an das Gericht der Hauptsache verweisen, Jacobs NJW **88**, 1365, Lempp NJW **75**, 1920. Wenn das AG die einstweilige Verfügung trotz des Fehlens der Dringlichkeit erlassen hat, bleibt die einstweilige Verfügung als ein Staatsakt wirksam, bis sie etwa aufgehoben wird, Üb 19 vor § 300. Wenn es sich um die

Eintragung einer Vormerkung oder eines Widerspruchs in das Register für Pfandrechte an Luftfahrzeugen handelt, kann dasjenige AG die beantragte einstweilige Verfügung erlassen, in dessen Bezirk das Luftfahrt-Bundesamt seinen Sitz hat, § 99 III LuftfzRG.

4) Eintragung, II. Neben dem Verfügungsgericht des § 937 I ist für eine einstweilige Verfügung mit dem Ziel der Eintragung einer Vormerkung oder eines Widerspruchs im Grundbuch, im Schiffsregister oder im Schiffsbauregister nach §§ 885, 899 BGB, §§ 11, 21 SchiffsG örtlich und sachlich dasjenige AG zuständig, in dessen Bezirk die Sache belegen ist oder der Heimathafen nach § 480 HGB liegt oder in dessen Bezirk sich der Heimatort befindet, § 6 BinnSchG, oder der Bauort des Schiffsbauwerks liegt. Wenn der Heimathafen im Ausland liegt, ist das AG Hamburg örtlich zuständig. Dann braucht der Gläubiger weder die Gefährdung nach dem sachlichen Recht noch die Dringlichkeit glaubhaft zu machen, Jacobs NJW **88**, 1365. „Kann erlassen werden" bedeutet: Das zuständige AG hat kein freies Ermessen, sondern ist zuständig und muß daher die einstweilige Verfügung erlassen, sobald deren übrige Voraussetzungen vorliegen, Jacobs NJW **88**, 1365. Während I eine Fristbestimmung für den Antrag der Ladung vor das Gericht der Hauptsache verlangt, ist eine solche Fristbestimmung nach II nicht erforderlich. Denn dann ist ein Antrag des Gegners notwendig. Für ein Luftfahrzeug gilt Rn 4 aE entsprechend. 5

5) Verfahren, I, IV. Man muß drei Stadien unterscheiden. 6

A. Verhandlung. Eine mündliche Verhandlung ist freigestellt, also nicht erforderlich, § 128 IV. Das Gericht entscheidet auch beim Fehlen einer Dringlichkeit nach seinem pflichtgemäßen Ermessen darüber, ob es in eine mündliche Verhandlung eintreten will. Deshalb findet kein Versäumnisverfahren nach §§ 330 ff statt. Eine Glaubhaftmachung genügt, §§ 294, 920 II, 936.

B. Entscheidung. Das AG entscheidet stets durch einen Beschluß, IV, § 329. Es muß seinen Beschluß begründen, § 329 Rn 4. Die einstweilige Verfügung muß dem Gläubiger bei I von Amts wegen und bei II nur auf Antrag des Gegners eine solche Frist setzen, innerhalb der der Gläubiger die Ladung des Schuldners zu einer Verhandlung über die Rechtmäßigkeit der einstweiligen Verfügung vor das Gericht der Hauptsache nach § 919 Rn 4, § 937 Rn 3 beantragen müßte. Es handelt sich um eine richterliche Frist, § 224 Rn 7. Man berechnet sie nach § 222. Am zweckmäßigsten bestimmt das Gericht die Frist nach dem Kalender. Im Zweifel beginnt die Frist mit der Zustellung der einstweiligen Verfügung an den Gläubiger. Wenn eine solche Zustellung nicht stattgefunden hat, beginnt die Frist mit der Aushändigung der einstweiligen Verfügung an den Gläubiger. Das Gericht kann die Frist nach § 224 verlängern. Es handelt sich nicht um eine Notfrist nach § 224 I 2. Deshalb ist gegen die Versäumung der Frist keine Wiedereinsetzung in den vorigen Stand nach § 233 zulässig. Der Gläubiger wahrt die Frist durch den Eingang seines etwaigen Antrags auf die Bestimmung des Verhandlungstermins beim Gericht der Hauptsache. 7

C. Verstoß. Wenn das Gericht es *unterlassen* hat, dem Gläubiger die Frist zu setzen, bleibt die etwa ergangene einstweilige Verfügung trotzdem als ein Staatsakt wirksam, Üb 19 vor § 300. Das Gericht muß seinen Beschluß auf Grund eines Antrags nach § 321 ergänzen. Der Rpfl ist weder zur Fristsetzung in der einstweiligen Verfügung noch zur Fristsetzung bei einem nachträglichen Beschluß zuständig. Denn § 20 Z 14 RPflG nennt § 942 nicht und ist als eine Ausnahmevorschrift nach § 3 Z 3 RPflG eng auslegbar. Wenn das AG der Hauptsache nach § 937 I zuständig war, muß der Gläubiger die Frist ebenfalls einhalten. Denn die einstweilige Verfügung ist nur unter einer solchen Bedingung ergangen. 8

Gebühren: Des Gerichts KV 1410 ff; des Anwalts VV 3100 ff. Wert: Anh § 3 Rn 35 „Einstweilige Verfügung".

D. Rechtsbehelfe. Der Gläubiger kann gegen einen zurückweisenden Beschluß die sofortige Beschwerde einlegen, § 567 I Z 2, Kblz NJW **80**, 2589. Der Schuldner kann gegenüber einem stattgebenden Beschluß nach I einen Widerspruch nur zum Gericht der Hauptsache einlegen, Hamm OLGZ **89**, 340, 270, AG Düss MDR **85**, 151, ZöV 4, aM ThP 5 (kein Rechtsbehelf). Gegenüber einem stattgebenden Beschluß nach II kann der Schuldner den Antrag auf die Bestimmung eines Termins stellen, Rn 8. 9

6) Rechtfertigungsverfahren, I, II. Man muß zwei Zeitabschnitte trennen. 10

A. Ladung vor das Gericht der Hauptsache. Die Ladung erfolgt vor das Gericht der Hauptsache, Jacobs NJW **88**, 1365. Sie leitet das sog Rechtfertigungsverfahren ein. Der Antrag auf die Bestimmung des Termins enthält stillschweigend den Antrag, die einstweilige Verfügung zu bestätigen. Wenn der Schuldner bei dem Gericht des § 942 einen Widerspruch einlegt, muß dieses das Verfahren auf Grund seines etwaigen Antrags nach § 281 an das Gericht der Hauptsache verweisen, LG Ffm NJW **75**, 1933, aM Lempp NJW **75**, 1921 (aber § 281 gilt auch im Eilverfahren). Der Schuldner ist zwar nicht Kläger. Aber er betreibt das Verfahren. Er steht daher einem Kläger gleich. Die Ladung zur Hauptsache ist keine Ladung im Rechtfertigungsverfahren. Wenn die Sache nicht nach § 261 I anhängig ist, bestimmt sich die Zuständigkeit des Gerichts der Hauptsache nach dem Zeitpunkt der Ladung. Die Zustellung erfolgt an den ProzBev, § 172. Denn sie geschieht innerhalb eines anhängigen Verfahrens, aM StJGr 13 (die Zustellung erfolge nur an den für das Verfahren vor dem Gericht der Hauptsache bestellten ProzBev). Die Ladungsfrist richtet sich nach § 217. Eine Einlassungsfrist nach § 274 III ist nicht notwendig. Denn es liegt keine Klage vor.

B. Weiteres Verfahren. Das weitere Verfahren verläuft wie sonst, § 925. Für die Entscheidung ist die Sach- und Rechtslage am Schluß der mündlichen Verhandlung maßgebend, §§ 136 IV, 296 a. Daher darf das Gericht die einstweilige Verfügung nur dann bestätigen, wenn sie berechtigt ist. Die Aufhebung der einstweiligen Verfügung ist auch auf Grund veränderter Umstände oder wegen des Ablaufs der Vollzugsfrist zulässig. Das Gericht kann die Aufhebung auch gegen eine Sicherheitsleistung entsprechend § 939 aufheben. Die Aufhebung ist aber nicht schon deshalb zulässig, weil die Ladung verspätet ergangen war. Denn der Gläubiger kann die Ladung bis zum Zeitpunkt der Aufhebung wirksam nachholen, § 231 II. 11

Die Entscheidung erfolgt nur durch ein *Urteil,* § 300. Denn das Gericht muß eine mündliche Verhandlung durchführen, § 128 Rn 4. Gegen das Urteil ist wie bei § 925 die Berufung statthaft, §§ 511 ff. Wenn irrig das AG des § 942 entschieden hat, muß man das Verfahren unter Umständen auf einen Antrag an das Gericht der Hauptsache zurückverweisen, (jetzt) § 538, LG Ffm NJW **75**, 1933, Jacobs NJW **88**, 1366, StJGr 11, aM LG Karlsr NJW **80**, 1759 (aber aus der Anwendbarkeit des § 281 nach Rn 10 folgt die Anwendbarkeit auch des § 538).

12 Die *Einstellung der Zwangsvollstreckung* erfolgt nach § 924 III durch das Gericht der Hauptsache. Diese Einstellung ist unanfechtbar, § 707 II. Falls das Gericht des Verbleibs entschieden hat, ist die sofortige Beschwerde zulässig, §§ 567 I Z 1, 793. Das Gericht der Hauptsache muß die Kosten für das gesamte Verfahren nach §§ 91 ff festsetzen, auch die Kosten für das Verfahren vor dem AG des § 942, Wenzel BB **83**, 1226, aM Lempp NJW **75**, 1922 (vgl aber § 91 Rn 73, 75).

13 **7) Aufhebung, III.** Man muß zwei Verfahrensabschnitte beachten.

A. Allgemeines. Nach einem ergebnislosen Ablauf der Ladungsfrist nach I muß das AG die einstweilige Verfügung auf Grund eines Antrags des Schuldners oder auf Grund eines Verzichts des Gläubigers aufheben. Das Gericht spricht also eine Aufhebung nicht von Amts wegen aus. Die ordnungsmäßige Einreichung und demnächst nachfolgende Zustellung wahrt die Frist. Es genügt aber dann, daß der Gläubiger den Antrag verspätet eingereicht hat, wenn sein Antrag nur noch vor dem Zeitpunkt der Entscheidung eingeht, § 231 II. Es genügt ebenfalls, daß der Schuldner den Antrag eingereicht hat, Rn 10. Das Gesetz schreibt eine Anhörung des Gläubigers hier nicht ausdrücklich vor. Sie ist aber schon auf Grund des Art 103 I GG vor einer ihm nachteiligen Entscheidung notwendig. Die Entscheidung erfolgt auf Grund einer freigestellten mündlichen Verhandlung, § 128 IV. Sie ergeht stets durch einen Beschluß, IV, § 329. Das Gericht muß ihn grundsätzlich begründen, § 329 Rn 4. Der Gläubiger trägt bei einer Aufhebung die Kosten. Das Gericht muß seinen Beschluß formlos übersenden, § 329 II 1, und wegen seiner befristeten Anfechtbarkeit nach Rn 14 förmlich zustellen, § 329 III.

Gebühren: Des Gerichts: keine, des Anwalts: VV 3100 ff.

14 **B. Rechtsbehelfe.** Gegen die Zurückweisung des Aufhebungsantrags ist die sofortige Beschwerde nach § 567 I Z 2 zulässig. Gegen die Aufhebung ist die sofortige Beschwerde zulässig, § 934 IV entsprechend. Das gilt auch dann, wenn die Aufhebung fälschlich durch ein Urteil erfolgte. Denn die Aufhebung macht den Gläubiger ersatzpflichtig, § 945. Solange der Schuldner keinen Aufhebungsantrag stellt, bleibt die einstweilige Verfügung wirksam. Das AG ist zu keinerlei weiteren Entscheidungen zuständig, zB nicht zu einer Aufhebung aus anderen Gründen, Rn 10.

943 *Gericht der Hauptsache.* [I] **Als Gericht der Hauptsache im Sinne der Vorschriften dieses Abschnitts ist das Gericht des ersten Rechtszuges und, wenn die Hauptsache in der Berufungsinstanz anhängig ist, das Berufungsgericht anzusehen.**

[II] **Das Gericht der Hauptsache ist für die nach § 109 zu treffenden Anordnungen ausschließlich zuständig, wenn die Hauptsache anhängig ist oder anhängig gewesen ist.**

1 **1) Gericht der Hauptsache, I.** Vgl § 919 Rn 4, § 937 Rn 3. Die Vorschrift gilt in einer Familienstreitsache entsprechend, § 119 II 2 FamFG. Das Berufungsgericht ist funktionell nur insoweit zuständig, als der Antragsteller den Verfügungsanspruch bereits in erster Instanz geltend gemacht hatte, Hamm GRUR **89**, 457, 925 und 933. Es kann sich auch um die Berufung gegen die Aufhebung durch Urteil handeln, aM Düss RR **02**, 139 (aber die Aufhebung schuf die Eilmaßnahme nicht stets aus der Welt, § 925 Rn 10). In einem dringenden Fall hat § 944 den Vorrang.

2 **2) Rückgabe einer Sicherheit, II.** Es kommt auf die Person an.

A. Zuständigkeit. Zur Anordnung der Rückgabe der Sicherheit ist ausschließlich das Gericht der Hauptsache zuständig, § 919 Rn 4, § 937 Rn 3. Das gilt dann, wenn die Hauptsache anhängig ist oder anhängig war. Im letzteren Fall ist also immer das Erstgericht zuständig. In einem dringenden Fall kann der Vorsitzende allein entscheiden, § 944. In einer Schiedsgerichtssache nach §§ 1025 ff entscheidet dasjenige Gericht, das die Sicherheitsleistung angeordnet hat. Wer sich darauf beruft, daß die Sache anhängig sei, nicht notwendig nach § 261 Rn 1 rechtshängig, der muß die Anhängigkeit beweisen. Über den Wegfall der Veranlassung § 109 Rn 5.

3 **B. Sicherheitsleistung des Gläubigers.** Eine solche Sicherheitsleistung sichert die Ansprüche des Schuldners nach § 945. Es ergeben sich folgende Möglichkeiten: Der Arrest bleibt evtl unangefochten oder wird nicht vollzogen. Der Gläubiger kann dann die Rückgabe verlangen, weil er nicht vollzogen habe oder weil dem Schuldner trotz des Vollzugs kein Schaden entstanden sei. Der Schuldner muß das Gegenteil behaupten. Wenn das Gericht den Arrest aber nach § 705 formell rechtskräftig bestätigt hat, handelt es sich nur um eine vorläufige Entscheidung. Die endgültige Entscheidung fällt erst im Hauptprozeß. Die Veranlassung zur Sicherheitsleistung entfällt daher erst im Zeitpunkt der Rechtskraft der dem Gläubiger günstigen Entscheidung im Hauptprozeß. Eine Befriedigung des Gläubigers steht der rechtskräftigen Entscheidung gleich. Der Schuldner kann das Fehlen eines Arrestgrunds nach der formellen Rechtskraft der Bestätigung nicht mehr bemängeln. Denn die innere Rechtskraft nach § 322 bindet insoweit, § 945 Rn 14.

4 **C. Sicherheitsleistung des Schuldners.** Eine solche Sicherheitsleistung berührt die Arrestanordnung nicht. Sie dient vielmehr nur der Abwendung oder der Aufhebung des Vollzugs und der Zwangsvollstreckung. Diese Sicherheitsleistung wird dann frei, wenn der Gläubiger befriedigt worden ist oder wenn das Gericht des Hauptprozesses seinen Anspruch dort rechtskräftig als unbegründet abgewiesen hat, Mü BB **75**, 764. Auch eine Aufhebung wegen einer Versäumung der Klagefrist den § 926 wegen veränderter Umstände nach § 927 oder aus einem sonstigen Grund, zB wegen eines Widerspruchs, macht die Sicherheitsleistung frei, Düss RR **87**, 512.

944 ***Entscheidung des Vorsitzenden bei Dringlichkeit.*** **In dringenden Fällen kann der Vorsitzende über die in diesem Abschnitt erwähnten Gesuche, sofern deren Erledigung eine mündliche Verhandlung nicht erfordert, anstatt des Gerichts entscheiden.**

1) Systematik. Es handelt sich um eine gegenüber den sonstigen Zuständigkeitsregeln vorrangige Sonder- 1
vorschrift. Die Vorschrift gilt in einer Familienstreitsache entsprechend, § 119 II 2 FamFG.

2) Regelungszweck. Die Vorschrift besteht im Interesse der oft dringend notwendigen Beschleunigung 2
des Verfahrens, Grdz 12, 14 vor § 128. Man sollte sie weder zu ängstlich noch zu großzügig auslegen.

3) Geltungsbereich: Entbehrlichkeit von Verhandlung. Soweit nicht ohnehin der Einzelrichter nach 3
§§ 348, 348 a zuständig ist, darf der Kammervorsitzende im Gesamtbereich der §§ 916 ff statt des Kollegiums über jeden Antrag im vorläufigen Verfahren entscheiden, soweit nach § 128 IV keine mündliche Verhandlung notwendig ist und soweit der Fall dringlich ist. Es scheiden also §§ 924 II, 925, 926 II, 927, 942 I aus. Eine einstweilige Verfügung muß außerdem schon an sich gesteigert dringlich sein, wenn sie ohne eine mündliche Verhandlung ergehen soll, § 937 Rn 4, 5, Karlsr RR **87**, 1206. Dringlichkeit ist demgegenüber hier dasselbe wie bei § 942 Rn 3. Man muß also zu befürchten haben, daß die Entscheidung des Kollegiums nur unter einer solchen Verzögerung ergehen könnte, die für den Gläubiger nachteilig wäre. Der Vorsitzende darf auch über eine Forderungspfändung nach § 930 I entscheiden, nicht aber über eine gegen diese Forderungspfändung eingelegte Erinnerung.

Der Vorsitzende *entscheidet* durch einen Beschluß nach § 329 ohne eine stete Notwendigkeit einer 4
mündlichen Verhandlung, § 128 IV. Der Vorsitzende darf auch eine mündliche Verhandlung anordnen, auch im Rahmen von § 349, Bergerfurth NJW **75**, 334. Er entscheidet anstelle des Kollegiums. Deshalb unterliegt seine Entscheidung denselben Rechtsbehelfen wie eine Entscheidung des Kollegiums. Der Vorsitzende muß seinen Beschluß begründen, § 329 Rn 4. Die Vorschrift ist im Verfahren nach § 85 II ArbGG unanwendbar.

945 ***Schadensersatzpflicht.*** **Erweist sich die Anordnung eines Arrestes oder einer einstweiligen Verfügung als von Anfang an ungerechtfertigt oder wird die angeordnete Maßregel auf Grund des § 926 Abs. 2 oder des § 942 Abs. 3 aufgehoben, so ist die Partei, welche die Anordnung erwirkt hat, verpflichtet, dem Gegner den Schaden zu ersetzen, der ihm aus der Vollziehung der angeordneten Maßregel oder dadurch entsteht, dass er Sicherheit leistet, um die Vollziehung abzuwenden oder die Aufhebung der Maßregel zu erwirken.**

Schrifttum: *Ahrens,* Der Schadensersatzanspruch nach § 945 ZPO im Streit der Zivilsenate, Feschrift für *Piper* (1996) 31; *Fischer,* Hat das im einstweiligen Rechtsschutz ergangene rechtskräftige Urteil Bedeutung für den Schadensersatzanspruch aus § 945 ZPO?, in: Festschrift für *Merz* (1992); *Kienzle,* Schadensersatz bei einstweiliger Verfügung in England und Deutschland, 2000; *Luh,* Die Haftung des aus einer vorläufigen, auf Grund verfassungswidrigen Gesetzes ergangenen Entscheidung vollstreckenden Gläubigers, Diss Ffm 1979; *Münzberg,* Der Schutzbereich der Normen §§ 717 Abs. 2, 945 ZPO, Festschrift für *Lange* (1992) 599; *Rabback,* Die entsprechende Anwendbarkeit des den § 945 usw zugrunde liegenden Rechtsgedankens auf die einstweiligen Anordnungen der ZPO, 1999; *Schilken,* Grundfragen zum Schadensersatzanspruch nach § 945 ZPO in der Rechtsprechung des Bundesgerichtshofs, Festgabe *50 Jahre Bundesgerichtshof* (2000) III 593; *Schmitz,* Inhalt und Umfang des Schadensersatzanspruches nach § 945 ZPO usw, Diss Osnabr 1989; *Stolz,* Einstweiliger Rechtsschutz und Schadensersatzpflicht: der Schadensersatzanspruch nach § 945 der Zivilprozeßordnung, 1989.

Gliederung

1) Systematik. § 945 ist dem § 717 II nachgebildet, BGH MDR **96**, 452, ähnlich §§ 302 IV, 600 II. Die 1
Anwendung des § 945 kommt aber eher als die Anwendung der vergleichbaren anderen Vorschriften in Betracht. Denn im vorläufigen Verfahren kann notwendigerweise nur eine mangelhafte sachlichrechtliche Prüfung stattfinden, BGH **68**, 180. Der Sache nach liegt ein Anspruch auf einen Schadensersatz nach §§ 249 ff BGB auf Grund einer objektiv unerlaubten Handlung vor, BGH NJW **06**, 2769, KG WoM **91**, 315, aM Köln NJW **96**, 1292 (aber im Kern hat der Antragsteller zu Unrecht einen Vollstreckungstitel erwirkt und vollstreckt). Allerdings setzt dieser Anspruch kein Verschulden des Gegners voraus, KG RR **92**, 211, Saenger JZ **97**, 224.

2) Regelungszweck. Wer einen noch nicht endgültigen Titel erwirkt, soll das Risiko tragen, daß sich 2
sein Vorgehen nachträglich als unberechtigt erweist, BGH RR **98**, 1039. Es ist eine zurückhaltende Aus-

legung ratsam, BGH **122**, 177 und NJW **92**, 998. Denn nicht jede kleinste Abweichung des Endergebnisses kann ihren Sieger berechtigen, den Antragsteller mit einem solchen Anspruch zu überziehen, mit dem er an sich im Vertrauen auf eine gerichtliche Sorgfalt auch gegenüber seinem Eilantrag nicht rechnen mußte, Rn 17. Andererseits muß er eben grundsätzlich wissen, daß eine Eilentscheidung noch anfechtbarer ausfallen kann als ein Hauptsacheurteil. Man darf auch nicht den Abschreckungseffekt des § 945 bagatellisieren. Vgl freilich auch Rn 17.

3 **3) Geltungsbereich.** Er ist weit, aber doch begrenzt.

A. Begrenzte Anwendbarkeit. Die Vorschrift hat einen begrenzten Anwendungsbereich. Es genügt nicht schon eine Aufhebung oder eine Abänderung des Titels. Vielmehr muß die Anordnung von Anfang an ganz oder teilweise unberechtigt gewesen sein, Rn 7, oder das Gericht muß die einstweilige Verfügung nach §§ 926 II, 942 III aufgehoben haben. Der Betroffene darf auch nicht sachlichrechtlich verpflichtet gewesen sein, die ihm etwa durch die einstweilige Verfügung untersagte Handlung zu unterlassen, BGH NJW **81**, 2580, KG RR **87**, 448.

4 **B. Beispiele zur Frage einer Anwendbarkeit**

Auslandsmaßnahme: *Unanwendbar* ist § 945, soweit es um eine Eilmaßnahme im Ausland geht, Freitag IPRax **02**, 272, Sturm NJW **96**, 504.

Bardepot: Anwendbar ist § 945 entsprechend auf einen Bardepotheranziehungsbescheid.

Betriebsverfassung: *Unanwendbar* ist § 945 bei einem Verfahren nach § 102 V 2 BetrVG. § 85 II 2 ArbGG, BAG DB **79**, 653, Schmädicke NZA **04**, 296.

Einstellung der Zwangsvollstreckung: *Unanwendbar* ist § 945 bei einer solchen vorläufigen Maßnahme.

Einstweilige Anordnung: Anwendbar ist § 945 entsprechend auf eine einstweilige Anordnung zB nach § 119 I 2, II 2 FamFG. Denn sie steht in ihrer Rechtswirkung einer einstweiligen Verfügung sehr nahe, (je zum alten Recht) Olzen FamRZ **86**, 1175, aM BGH NJW **84**, 2097, Kohler ZZP **99**, 36.

Gebrauchsmuster: Anwendbar ist § 945 entsprechend auf die Verletzung eines später gelöschten Gebrauchsmusters, BGH **75**, 118, BPatG GRUR **81**, 125.

Gegendarstellung: *Unanwendbar* ist § 945 bei einer presserechtlichen Gegendarstellung, aM BGH **62**, 9, ThP 5, ZöV 4 (aber dieses Gegendarstellungsrecht folgt eigenen abweichenden Regeln).

5 **Patent:** Anwendbar ist § 945 entsprechend auf eine einstweilige Verfügung wegen der Verletzung eines später für nichtig erklärten Patents, BGH **165**, 316, aM Kroitzsch GRUR **76**, 512, Pietzcker GRUR **80**, 442 (aber objektiv war das Vorgehen eben von Anfang an unberechtigt, rückschauend betrachtet).

Prozeßvergleich: *Unanwendbar* ist § 945 bei einem Prozeßvergleich nach Anh § 307, Karlsr OLGZ **79**, 372, StJGr 3, aM Ffm FamRZ **88**, 88 (aber die Grundlage von § 945 ist eine Gerichtsentscheidung).

Rechtsmißbrauch: *Unanwendbar* ist § 945 bei einem ja stets unstatthaften Rechtsmißbrauch, Einl III 54, BGH **120**, 268.

Steuerarrest: Anwendbar ist § 945 entsprechend auf einen Steuerarrest, BGH **63**, 277 und NJW **78**, 2025 (nicht auf die Aufhebung eines vollziehbaren Steuerbescheids, aM Schwarz NJW **76**, 219).

Unterwerfung: *Unanwendbar* ist § 945, soweit eine Unterwerfungspflicht gar nicht im Urteil steht, Mü GRUR-RR **04**, 63.

Verfahrenswidrigkeit: Anwendbar ist § 945 entsprechend auf eine solche einstweilige Verfügung, deren Gesetzesgrundlage das BVerfG für verfassungswidrig erklärt hat.

Wohnungseigentum: Anwendbar ist § 945 auch im WEG-Verfahren.

6 **C. Sachliches Recht; Verjährung.** Die Haftung desjenigen Schuldners, der eine Aufhebung des Arrests oder der einstweiligen Verfügung durch eine Sicherheitsleistung erwirkt hat, richtet sich nach dem sachlichen Recht. Die Verjährung tritt nach (jetzt) § 852 S 2 BGB ein, BGH NJW **92**, 2297, Karlsr OLGZ **79**, 374. Wegen der Verjährungsfrist im einzelnen Rn 17.

7 **4) Voraussetzungen.** Man muß drei verschiedene Lagen trennen.

A. Ungerechtfertigte Anordnung, oder: Aufhebung der angeordneten Maßregel. Die Anordnung des Arrests oder der einstweiligen Verfügung muß von Anfang an objektiv sachlichrechtlich ungerechtfertigt gewesen sein, Rn 3, BGH MDR **96**, 452, Schilken (vor Rn 1) 605, oder das Gericht muß die angeordnete Verfügung nach §§ 926 II, 942 II aufgehoben haben, Rn 3. Das erstere trifft dann zu, wenn ihre Voraussetzungen am Schluß der jetzigen mündlichen Verhandlung nach §§ 136 IV, 296 a rückschauend vom Standpunkt eines damals objektiv richtig entscheidenden Arrestgerichts aus bereits im Zeitpunkt des Erlasses des Arrests tatsächlich oder rechtlich gefehlt hatten, BGH JZ **88**, 979 (zustm Stolz). Dabei mag ein sachlichrechtlicher Anspruch oder Grund oder mögen die allgemeinen Prozeßvoraussetzungen nach Grdz 12 vor § 253 gefehlt haben, zB die Glaubhaftmachung nach §§ 294, 920 II, 936, aM StJGr 22, ZöV 8 (aber es muß jeder objektive derartige Mangel ausreichen. Denn jeder führte zur Ungerechtfertigkeit). Der Arrest oder die einstweilige Verfügung waren allerdings nicht schon deshalb unberechtigt, weil sich die rein verfahrensrechtlichen Voraussetzungen des Erlasses und daher insbesondere die Gefährdung und damit die Besorgnis nach § 917 später als nicht vorhanden erwiesen. Denn es ist immer unsicher, ob später ein solches Ereignis eintritt, dessen Eintritt man zunächst verständigerweise befürchten mußte, BGH NJW **89**, 107, Kohler ZZP **99**, 35, Schilken (vor Rn 1) 608, aM Düss GRUR **87**, 573, KG GRUR **87**, 571 (eine Verfassungswidrigkeit genüge. Aber das beachtet nicht die besonderen Verfahrensbedingungen).

Inwieweit eine Bestätigung oder eine Aufhebung *binden,* ist in Rn 12, 13 dargelegt.

8 **B. Versäumung der angeordneten Klage oder Ladung.** Wenn das Gericht den Arrest nach §§ 926 II, 942 III aufheben muß, also wegen einer Versäumung der angeordneten Klage oder Ladung, muß der Gläubiger dem Schuldner unbedingt einen Schadensersatz leisten. Es nützt dem Gläubiger dann auch nichts, daß das Gericht seinen sachlichrechtlichen Anspruch festgestellt hat. Für die Ersatzpflicht des Gläubigers kommt es nicht darauf an, ob er schuldhaft handelte.

C. Verspäteter Vollzug. Vollzieht der Gläubiger verspätet, kann er auf Grund dieses Umstands ebenso wie auf Grund einer anderen objektiv rechtswidrigen Maßnahme der Zwangsvollstreckung haften. Dann ist eine Voraussetzung seiner Ersatzpflicht, daß das Gericht die fragliche Vollzugsmaßnahme auf Grund eines Rechtsbehelfs des Schuldners aufheben mußte, Grdz 58 vor § 704, MüKoHe 31, ZöV 12, aM StJGr 34 (§ 945 entsprechend. Aber die Fälle liegen verschieden. Es kann insbesondere eine objektiv fristmäßige Vollziehung unzulässig sein. Eine fristmäßige Klage ist immer zulässig, notfalls auf Grund einer Fristverlängerung). 9

5) Verfahren. Ein obligatorisches Güteverfahren findet nicht statt, § 15a II 1 Z 6 EGZPO, Hartmann NJW **99**, 3748. Es zeigen sich verschiedene Wirkungskreise. 10

A. Selbständige Prüfung der Berechtigung des Arrests usw. Das Gericht bleibt wie im Anordnungsverfahren zuständig. Es bleibt zB in einer Handelssache die Kammer für Handelssachen zuständig, LG Oldb RR **02**, 1724. Das Gericht muß von sich aus prüfen, ob die Anordnung des Arrests oder der einstweiligen Verfügung berechtigt war oder nicht. Das gilt selbst dann, wenn der Gläubiger auf den Arrest verzichtet hat. Indessen ist die Prüfungspflicht des Prozeßgerichts zur Wahrung einer einheitlichen Rechtsprechung im Rahmen von Rn 12–15 eingeschränkt.

B. Wirkung der Entscheidung des Hauptprozesses. Hat das Prozeßgericht im Hauptprozeß nach § 322 rechtskräftig entschieden, bindet jene Entscheidung das Gericht im Rahmen des § 945 zur Frage der Berechtigung des Arrests usw, BGH **122**, 175, Gehrlein MDR **00**, 689. Das gilt selbst dann, wenn sich die Rechtsauffassung inzwischen geändert hat oder wenn die zugrunde liegende Vorschrift verfassungswidrig war, BGH MDR **88**, 936. Wenn das Gericht den Hauptanspruch als im Zeitpunkt der Anordnung des Arrests unbegründet abgewiesen hat, fehlte auch ein Arrestanspruch des § 916. Daher war der Arrest unberechtigt, BGH JZ **88**, 978, Karlsr GRUR **84**, 157, Ahrens (vor Rn 1) 34. Es ist dann unerheblich, ob das Gericht den Arrest im Widerspruchsverfahren bestätigt hat. Der Arrestgrund des § 917 mag trotzdem vertretbar gewesen sein. Hat das Gericht dem Hauptanspruch im Hauptprozeß stattgegeben, steht auch der Arrestanspruch fest. Der Arrestgrund kann aber selbst dann gefehlt haben. Deshalb muß das Gericht im Verfahren nach § 945 insofern eine selbständige Prüfung vornehmen. 11

C. Wirkung bei Aufhebung des Arrests. Sie bindet grundsätzlich den Prozeßrichter, BGH NJW **92**, 2298, aM KG RR **87**, 448, MüKoHe 27, Teplitzky RR **98**, 1652 (aber § 318 bleibt grundsätzlich wirksam). 12

Das gilt freilich nur dann, wenn das Gericht den Arrest als *von Anfang an* unberechtigt aufgehoben hat, BGH VersR **85**, 335, Hbg VersR **87**, 356, aM Schilken (vor Rn 1) 611. Ob dieser Fall vorliegt, das ergibt sich aus den Entscheidungsgründen des aufhebenden Urteils, § 313 Rn 31. Ein aufhebendes Verzichts- oder Versäumnisurteil ohne Entscheidungsgründe ergibt dazu ohne eine Aktenhinzuziehung nach § 322 Rn 12 meist nichts, BGH RR **98**, 1652. Es handelt sich um eine Folge der inneren Rechtskraftwirkung des Arresturteils, § 322 Rn 29, 30. Deshalb ist ein neues Vorbringen des Gläubigers zur Rechtmäßigkeit des Arrests unbeachtlich.

Der Grund der Aufhebung des Arrests ist unerheblich. Manche wenden sich gegen die Bindung des Prozeßrichters mit dem Argument, wenn die Parteien im Aufhebungsverfahren nach § 927 die Arrestentscheidung mit allen Mitteln angreifen dürften, so umso mehr im Hauptprozeß. Wenn das Gericht durch die einstweilige Verfügung eine Unterlassung angeordnet hat, ist nunmehr eine Nachprüfung der sachlichrechtlichen Rechtslage zulässig, also der Frage, ob der Kläger verpflichtet gewesen wäre, die ihm durch die einstweilige Verfügung zunächst untersagte Handlung zu unterlassen, auch wenn das Berufungsgericht die einstweilige Verfügung aufgehoben hatte. Denn niemand kann sich auf dem Umweg über eine Schadensersatzforderung einen solchen Vorteil verschaffen, den die Rechtsordnung mißbilligt, Einl III 54. Die Rechtskraft des aufhebenden Urteils steht diesem Ergebnis nicht entgegen. Denn das aufhebende Urteil enthält nichts darüber, ob ein Schaden entstanden ist. 13

D. Wirkung bei Bestätigung des Arrests. Sie stellt bindend fest, daß der Arrestgrund des § 917 vorhanden war, BGH FamRZ **92**, 663, aM Schilken (vor Rn 1) 612, ThP 10, ZöV 9 (aber auch hier bleibt § 318 wirksam). Die Bestätigung läßt aber offen, ob der zu sichernde sachlichrechtliche Anspruch nach § 916 bestand. Denn die Bestätigung wirkt ja nur vorläufig, § 322 Rn 29 „Arrest und Einstweilige Anordnung oder Verfügung". Wenn der sachlichrechtliche Anspruch nicht bestand, durfte auch kein Arrestbefehl ergehen. Deshalb muß das Gericht im Verfahren nach § 945 das Bestehen des sachlichrechtlichen Anspruchs nachprüfen. Wenn der Hauptprozeß anhängig ist, muß das Gericht zB das Widerspruchsverfahren nach § 148 ausnahmsweise aussetzen. Denn die Entscheidung im Hauptprozeß ist für die Entscheidung im Widerspruchsverfahren vorgreiflich. Eine einseitige Erledigterklärung nach § 91a Rn 168 läßt den Anspruch unberührt. 14

E. Fehlen einer Entscheidung im Hauptprozeß. Fehlt eine Entscheidung im Hauptprozeß und fehlt auch eine aufhebende Entscheidung im Arrestprozeß, ist das Gericht ganz frei, Klauser MDR **81**, 716. Das gilt auch dann, wenn der Gläubiger die Unrechtmäßigkeit des Arrests in einem Vergleich anerkannt hat. Denn der Vergleich wirkt nicht wie ein Urteil. 15

F. Besondere Klage. Der Ersatzanspruch läßt sich nicht im vorläufigen Verfahren durchsetzen. Denn im Verfahren über den Ersatzanspruch ist ein voller Beweis statt einer bloßen Glaubhaftmachung notwendig, § 286 Rn 16. Im vorläufigen Verfahren läßt sich auch nur die Sicherung durchführen. Es ist also eine besondere Klage nach §§ 253ff erforderlich. Der Kläger muß sie vor demjenigen Gericht erheben, das nach den Regeln über die ordentlichen Gerichtsstände zuständig ist, selbst wenn im Ausgangsverfahren ein VG nach § 123 VwGO entschieden hatte, BGH MDR **81**, 132. Sie kann auch bei dem Gericht des Tatorts erfolgen, § 32 Rn 17. Der Bekl kann im Hauptsacheprozeß eine Widerklage nach Anh § 253 erheben oder die Aufrechnung erklären, § 145 Rn 9. Der Gerichtsstand ergibt sich wie bei einer unerlaubten Handlung, § 32, BGH **75**, 1. 16

6) Schadensersatz. Ein weites Ermessen hat dreierlei Grenzen. Die Rechtsfigur zeigt grundsätzliche Probleme auch bei § 945. Eigentlich müßte eher der Staat dann einen Schadensersatz leisten, wenn sein 17

Gericht eine solche Eilmaßnahme noch dazu oft ohne ein rechtliches Gehör erlassen haben, die sich dann als von Anfang an in Wahrheit gar nicht haltbar erweist. Das volle Risiko auf den Gläubiger abzuwälzen, ist nicht sonderlich überzeugend. Das sollte man bei der Handhabung wenigstens etwas mitbedenken. Freilich darf das auch nicht dazu führen, auch den Gläubiger möglichst von jeder Haftung freizustellen. Das würde den ungerecht behandelten Schuldner auch noch zusätzlich schädigen. Vgl freilich auch Rn 2.

A. Freie Würdigung. Für den Schadensersatzanspruch gilt grundsätzlich dasselbe wie bei § 717 Rn 4–10. §§ 249 ff BGB sind anwendbar, BGH NJW **06**, 2559. Das gilt auch wegen eines Mitverschuldens, Rn 23. Den Schaden und seine Verursachung durch die ungerechtfertigte Anordnung stellt das Gericht stets in einer freien Würdigung nach §§ 286, 287 fest, BGH NJW **06**, 2769, Gehrlein MDR **00**, 687 (ausf). Der Anspruch entsteht in demjenigen Zeitpunkt, in dem der Gläubiger von seinem Schaden und davon Kenntnis erlangt, daß der Hauptanspruch nicht besteht oder mit hoher Wahrscheinlichkeit nicht bestehen dürfte. In diesem Zeitpunkt beginnt auch die Verjährungsfrist nach (jetzt) § 852 S 2 BGB zu laufen, BGH NJW **03**, 2611. Das gilt auch dann, wenn die vorläufige Entscheidung noch nicht aufgehoben worden ist oder wenn die Klage in der Hauptsache bereits erfolglos war. Denn ein Schadensersatzanspruch hängt auch sonst stets vom Schadenseintritt und seiner Kenntnis ab, aM BGH **75**, 6 (Verjährungsbeginn grundsätzlich erst mit dem Abschluß des vorläufigen Verfahrens), BGH NJW **93**, 864 (grundsätzlich erst mit der formellen Rechtskraft des Urteils im Hauptprozeß nach § 705. Beides ist eine zu großzügige Auslegung, Rn 2).

Solange eine Entscheidung dazu möglich bleibt, ob die einstweilige Verfügung *von Anfang an* ungerechtfertigt war, beginnt die Verjährungsfrist nicht schon mit der Aufhebung des Vollzugs, BGH NJW **92**, 2297. Ein Dritter ist auf diejenigen Ansprüche angewiesen, die das bürgerliche Recht etwa gibt, BGH MDR **81**, 132, aM StJGr 12, ThP 13 (aber § 945 nennt und meint eindeutig nur den „Gegner", Einl III 39).

18 Wenn die Anordnung des Arrests oder der einstweiligen Verfügung *nur zum Teil* objektiv unberechtigt war oder wenn das Gericht sie nur teilweise aufgehoben hatte, braucht man nur denjenigen Schaden zu ersetzen, den die übermäßige Vollziehung verursacht hat. Wenn das Gericht den Antrag auf den Erlaß einer einstweiligen Verfügung kostenpflichtig zurückgewiesen hatte und wenn der Antragsteller dann im Hauptprozeß gesiegt hat, kann der Antragsteller die Kosten des Verfahrens auf den Erlaß der einstweiligen Verfügung trotzdem nicht ersetzt verlangen. Denn das Eilverfahren ist beendet.

Die Pflicht zum Schadensersatz ergibt sich im *Umfang* aus §§ 249 ff BGB, Düss OLGZ **90**, 226, KG WoM **91**, 315. § 287 ist anwendbar, BGH RR **89**, 1401.

19 **B. Schaden durch Vollziehung.** Man muß nur denjenigen Schaden ersetzen, den der Gegner gerade auf Grund der Vollziehung nach §§ 928 ff, 936 erlangt hat, Rn 16, also nicht den Schaden auf Grund einer bloßen Anordnung, BGH **131**, 143, und ihres Bekanntwerdens, BGH JZ **88**, 979. Daher braucht man auch nicht diejenigen Kosten zu ersetzen, die der Schuldner im Widerspruchsverfahren nach §§ 924, 936 aufwenden mußte, BGH **122**, 177, Düss GRUR **87**, 574, Kblz NJW **80**, 949, aM Löwer ZZP **75**, 232 (er weist aber auch darauf hin, daß in den nach Rn 1 ähnlich liegenden Fällen der §§ 302, 600, 717 der schließlich siegende Bekl nicht die Kosten des „Vorverfahrens" trage). Man muß aber die vom Gläubiger beigetriebenen Kosten ersetzen, ferner auch diejenigen Beträge, deren Zahlung zur Abwendung der Zwangsvollstreckung erfolgte, § 717 Rn 8.

20 Der *Beginn der Vollziehung* ist erforderlich, BGH MDR **96**, 452, Köln GRUR-RR **03**, 294. Er kann anders als bei § 929 II genügen, BGH MDR **96**, 452. Eine Androhung von Ordnungsmitteln muß dazu bereits in der Unterlassungsverfügung erfolgt sein, BGH MDR **96**, 452 (zustm Gleußner 454), aM Celle GRUR **87**, 66 (vgl aber § 890 Rn 32). Man kann den Ersatz der schon auf Grund der bloßen Anordnung des Arrests oder der einstweiligen Verfügung entstandenen Kosten nur nach §§ 823 ff BGB ersetzt fordern, Köln GRUR-RR **03**, 294, großzügiger Saarbr RR **98**, 1039. Vgl §§ 929–933, 936. Auch durch eine zu weite Fassung eines an sich berechtigten Unterlassungsgebots kann ein Schaden entstanden sein, BGH NJW **81**, 2580, strenger Hamm MDR **89**, 466. Das muß man nach den tatsächlich vorhandenen und hypothetisch im nachhinein zu bestimmenden Möglichkeiten beurteilen. Dabei kann es auf bestimmte Behauptungen des Klägers im Schadensersatzprozeß darüber, wie er sich verhalten haben würde, nicht allein und jedenfalls solange nicht ankommen, als der genaue Umfang und Inhalt eines „richtigen" Verbots nicht feststeht, BGH GRUR **85**, 397. Eine im Ausland zugestellte Beschlußverfügung ist vollzogen, Mü MDR **95**, 1167.

21 *Kein solcher Schaden* entsteht demjenigen, der sachlichrechtlich ohnehin verpflichtet war, BGH **126**, 374. Auch durch die Beitreibung eines Ordnungsgelds nach § 890 entsteht kein derartiger Schaden, KG GRUR **87**, 571. Etwas anderes gilt dann, wenn es um das Verbot eines bestimmten Verhaltens geht und wenn sich zwar der Betroffene über das Verbot hinwegsetzt, ein zur Mitwirkung verpflichteter Dritter aber dem Verlangen des Betroffenen nicht mehr folgt.

22 **C. Schaden durch Sicherheitsleistung.** Man muß auch denjenigen Schaden ersetzen, der gerade auf Grund einer Sicherheitsleistung nach §§ 923, 927, 939 entstanden ist. Der Schaden kann auch in der Entziehung eines Vermögenswerts oder in einer Kreditschädigung bestehen. Wenn es um den Ersatz eines Vermögensschadens infolge einer seelischen Beeinträchtigung geht, sollte man einen Schaden eher als bei § 717 bejahen. Denn im Verfahren auf den Erlaß eines Arrests oder einer einstweiligen Verfügung beruht das Urteil ja nicht auf einer vollen Sachprüfung, Grdz 5 vor § 916. Trotzdem darf man eine so weitgehende Haftung nur dann bejahen, wenn eine unerlaubte Handlung vorliegt, wenn der Gegner also schuldhaft handelte.

23 **D. Weitere Einzelfragen; mitwirkendes Verschulden.** Zu ersetzen sind der unmittelbare und der mittelbare Schaden, BGH **96**, 2. Beim Rückrufanspruch muß man eine Auflagenhöhe, einen Umsatzerlös usw mitbeachten, Paschke/Busch NJW **04**, 2627. Ein nach § 254 BGB usw mitwirkendes Verschulden des Schuldners ist beachtlich, BGH NJW **06**, 2559 und 2569, KG GRUR **87**, 572, Karlsr GRUR **84**, 158. Das mitwirkende Verschulden kann darin liegen, daß der Schuldner vorwerfbar einen Anlaß zum Arrest oder der

einstweiligen Verfügung gab, ähnlich wie bei § 93 Rn 28, Tilmann NJW **75**, 1918, oder daß er einen möglichen Einspruch unterließ, BGH NJW **06**, 2560, oder daß er einen Widerspruch nach §§ 924, 936 unterließ, Mü WettbR **96**, 257. Ein mitwirkendes Verschulden fehlt, wenn der Schuldner in einer objektiv zweifelhaften Rechtslage keine Vorkehrungen zur vorläufigen Befriedigung oder Sicherstellung des Gläubigers getroffen hat oder wenn der Geschädigte auf eine Verwarnung unverzüglich geantwortet hat, dabei seine Verhandlungsbereitschaft bekundet und durch die Hinterlegung einer Schutzschrift nach Grdz 7 ff vor § 128 bei dem Gericht der Hauptsache zusätzlich eine überstürzte Eilentscheidung zu verhindern versucht hat, Karlsr GRUR **84**, 158. Der Grundsatz einer Vorteilsausgleichung ist auch bei § 945 beachtlich, BGH **77**, 155.

Buch 9
Aufgebotsverfahren (aufgehoben)

Vorbem. Buch 9 aufgehoben, Art 29 Z 27 FGG-RG, in Kraft seit 1. 9. 09, Art 112 Hs 1 FGG-RG, ÜbergangsR, Art 111 FGG-RG, Einf 4 vor § 1 FamFG (Fortgeltung des Buch 9 in Altfällen), §§ 946–1024 sind jetzt im Ergänzungsband zur 67. Aufl 2009 abgedruckt und kommentiert.

Buch 10
Schiedsrichterliches Verfahren

Einführung

Schrifttum: *Aden,* Internationale Handelsschiedsgerichtsbarkeit, 2. Aufl 2003; *Berger,* Das neue deutsche Schiedsverfahrensrecht, DZWiR **98**, 45; *Böckstiegel/Berger/Bredow,* Die Beteiligung Dritter an Schiedsverfahren, 2005; *Böckstiegel/Berger/Bredow,* (Hrsg), Schiedsgerichtsbarkeit und Kartellrecht, 2006; *Ebbing,* Private Zivilgerichte, 2003; *Englert/Franke/Grieger,* Streitlösung ohne Gericht usw (Bausachen), 2006; *Flöther,* Auswirkungen des inländischen Insolvenzverfahrens auf Schiedsverfahren und Schiedsabrede, 2001; *Geimer,* Schiedsgerichtsbarkeit und Verfassung, 1994; *Gilfrich,* Schiedsverfahren im Scheidungsrecht, 2007; *Glossner/Bredow/Bühler,* Das Schiedsgericht in der Praxis, 4. Aufl 2004; *Gottwald* (Hrsg), Revision des EuGVÜ-Neues Schiedsverfahrensrecht, 2000 (Beiträge v *Schlosser, Raeschke-Kessler*); *Gottwald,* Internationale Schiedsgerichtsbarkeit, 1997; *Gottwald/Adolphsen* DStR **98**, 1017; *Greger,* Autonome Konfliktlösung innerhalb und außerhalb des Prozesses, Festgabe für *Vollkommer* (2006) 3; *Henn,* Schiedsverfahrensrecht, 3. Aufl 2000; *Höttler,* Das fingierte Schiedsverfahren, 2007; *Kreindler/Mahlich,* Das neue deutsche Schiedsverfahrensrecht aus ausländischer Sicht, NJW **98**, 563; *Kreindler/Schäfer/Wolff,* Schiedsgerichtsbarkeit usw, 2006; *Kröll* NJW **05**, 194 (Rspr-Üb); *Labes/T. Lörcher* MDR **97**, 420; *dieselben,* Nationales und internationales Schiedsverfahrensrecht, 2. Aufl 2002; *Lachmann,* Handbuch für die Schiedsgerichtspraxis, 3. Aufl 2008; *Lachmann/Lachmann* BB **00**, 1633; *Leuschner,* Das Recht der Schiedsverfahren in Spanien und Deutschland im Vergleich, 2008; *Lionett,* Handbuch der internationalen und nationalen Schiedsgerichtsbarkeit, 3. Aufl 2004; *Lörcher,* Überblick über das SchiedsVfG, DB **98**, 245; *Lörcher/Lörcher,* Das Schiedsverfahren – national/international – nach neuem Recht, 2. Aufl 2001; *Raeschke-Kessler,* Recht und Praxis des Schiedsverfahrens, 4. Aufl 2006; *Schäfer,* Einführung in die internationale Schiedsgerichtsbarkeit, JURA **04**, 153; *Schiffer,* Wirtschaftsschiedsgerichtsbarkeit, 2000; *Schmidt* ZHR **98**, 265 (Üb); *Schütze,* Schiedsgericht und Schiedsverfahren, 4. Aufl 2007 (Bespr *Kröll* NJW **08**, 136); *Schütze,* Ausgewählte Probleme des deutschen und internationalen Schiedsverfahrensrechts, 2005; *Schütze* (Hrsg), Institutionelle Schiedsgerichtsbarkeit, 2005 (Bespr *Lachmann* DRiZ **07**, 49); *Schwab/Walter,* Schiedsgerichtsbarkeit, 7. Aufl 2005; *Smid,* Kritik der Reform des 10. Buches der ZPO, DZWiR **96**, 52, 234; *Solomon,* Das vom Schiedsgericht anzuwendende Recht ..., RIW **97**, 981; *Thümmel,* Einstw Rechtsschutz ... DZWiR **97**, 133; *Torggler,* Das Schiedsverfahren in der Praxis (rechtsvergleichend) 2007; *Trittmann/Schroeder,* Der Einfluss der Reformen des Zivilprozesses auf die Schiedsgerichtsbarkeit in Deutschland, SchiedsVZ **05**, 71; *Voit,* Privatisierung der Gerichtsbarkeit, JZ **97**, 120; *Winkler/Weinand,* Deutsches internationales Schiedsverfahrensrecht, BB **98**, 597; *Zobel,* Schiedsgerichtsbarkeit und Gemeinschaftsrecht usw, 2005 (Bespr *Schütze* SchiedsVZ **07**, 98).

1) Systematik. §§ 1025 ff übernehmen im wesentlichen das von der UNO den Mitgliedsstaaten zur Annahme empfohlene UNCITRAL-Modellgesetz als innerstaatliches Recht für nationale und internationale schiedsrichterliche Verfahren. Zum Verhältnis zur EuGVVO Dutta EuZW **07**, 489. 1

2) Regelungszeck. Ziel ist ein zeitgemäßes und den internationalen Bedingungen angepaßtes sowie in wichtigen Teilen vereinfachtes Recht des schiedsrichterlichen Verfahrens. Es soll die Austragung internationaler derartiger Verfahren in Deutschland fördern. Es soll einen erhöhten Anreiz bieten, auch bei nationalen Streitigkeiten verstärkt von der Schiedsgerichtsbarkeit Gebrauch zu machen und dadurch die staatlichen Gerichte zu entlasten. Daher enthalten §§ 1025 ff vor allem Bestimmungen, die der Vereinfachung und Beschleunigung des Verfahrens sowohl der Schiedsgerichte als auch der staatlichen Gerichte dienen, zB die Konzentrierung der Zuständigkeiten bei dem OLG, § 1062. Dabei bleibt die Gestaltung des Verfahrens weitgehend den Parteien überlassen. Das alles dient in hohem Maße der Parteiherrschaft nach Grdz 18 vor § 128. 2

Abschnitt 1. Allgemeine Vorschriften

Grundzüge

Gliederung

1) Systematik, Regelungszweck. Vgl Einf 1, 2 vor Abschnitt 1. 1

2) Geltungsbereich. Es gibt die auf einer Vereinbarung der Beteiligten oder auf einer privatrechtlichen Verfügung beruhenden Schiedsgerichte nach §§ 1025 ff. Zu ihnen gehören auch die nach privaten Satzungen zuständigen Schiedsgerichte (sog echte Schiedsgerichte). Es gibt ferner die durch Gesetz, Verordnung oder öffentlichrechtliche Satzung eingesetzten Schiedsgerichte (sog unechte Schiedsgerichte). Die letzteren 2 sind besondere Gerichte. Für sie ist eine gesetzliche Grundlage und eine Gerichtsqualität nötig. §§ 1025 ff gelten dafür nicht, soweit das Gesetz nichts anderes bestimmt, § 1066 Rn 8.

Echte Schiedsgerichte sind nur solche, die auf einem Rechtsgeschäft beruhen, sei es eine Schiedsvereinbarung oder eine letztwillige oder satzungsmäßige Anordnung, § 1066. Dahin gehören nicht die Schiedsmänner, die Schlichter, die Schiedsgutachter, die Gütestellen usw, Rn 9 ff, denen keine Entscheidung zusteht. Die nicht seltenen Schiedsgerichte zur Feststellung von Verstößen gegen eine Vereinssatzung und zur Festsetzung von Ordnungsstrafen gegen Mitglieder können echte Schiedsgerichte sein, § 1066 Rn 4 ff. Dasselbe gilt für die Schiedsgerichte der politischen Parteien, § 14 PtG, § 1066 Rn 6.

3 Für das privatrechtliche schiedsrichterliche Verfahren gilt das Buch 10, soweit der *Schiedsort* in Deutschland liegt oder soweit § 1025 II infragekommt, Kröll NJW **03**, 792. Einzelbestimmungen schließen das schiedsrichterliche Verfahren aus, § 1030.

4 Die Verfahrensgarantien des *Art 6 I MRK* können auch im schiedsrichterlichen Verfahren Bedeutung gewinnen, Habscheid Festschrift für Henckel (1995) 342–352, *Klose* DRiZ **97**, 122, Matscher IPRax **92**, 335. Besonders ausgestaltet ist das zwischenstaatliche Schiedsverfahrensrecht. Es ist in § 1061 und einer Reihe von Staatsverträgen geordnet, die auch in den neuen Bundesländern gelten, Art 11 EV, Andrae IPRax **94**, 223, Mansel JR **90**, 441. Näheres Happ SchiedsVZ **05**, 21, Lörcher SchiedsVZ **05**, 11, ferner SchlAnh V, VI. Zur Bedeutung des Europarechts für gesellschaftsrechtliche Schiedsverfahren Raeschke-Kessler SchiedsVZ **03**, 145. Zur Verbreitung des schiedsrichterlichen Verfahrens Kraft SchiedsVZ **07**, 318.

5 Soweit das privatrechtliche Schiedsverfahren *auf arbeitsrechtlichem* Gebiet liegt, regeln §§ 101 ff ArbGG es abschließend für die Fälle der §§ 2 I, II, 4 ArbGG, § 14 GVG Rn 6, mit erheblichen Abweichungen vom Buch 10, das unanwendbar ist, § 101 III ArbGG, BAG NZA **98**, 220, Germelmann NZA **94**, 12, Löwisch ZZP **103**, 22. Zum vollstreckbaren Anwaltsvergleich in einer Arbeitssache §§ 796 a–796 c, Voit/Geweke NZA **98**, 400.

6 **3) Eigenart des Verfahrens.** Das schiedsrichterliche Verfahren ist kein Teil des Zivilprozesses, sondern ein selbständiges Seitenstück zu ihm.

A. Vorrang. Das schiedsrechtliche Verfahren ersetzt die Organe der Justizhoheit durch frei gewählte Privatpersonen als Schiedsrichter, BayObLG MDR **03**, 1133, Stgt Just **02**, 410, Kröll NJW **03**, 792. Es ist also sachlichrechtlich Rechtsprechung, BGH NJW **86**, 3078, bei der die staatliche Rechtspflege ausgeschaltet ist. Das ist nach dem GG zulässig, BGH **65**, 61. Es entspricht einem Bedürfnis. Wohl sämtliche Kulturstaaten dulden daher dieses Verfahren, soweit ihm nicht unverletzliche öffentlichen Belange entgegenstehen. Sie begnügen sich damit, ein einigermaßen ordnungsmäßiges Verfahren zu sichern. Öffentliche Belange berührt vor allem die Zwangsvollstreckung. Darum kann das Schiedsgericht seiner Entscheidung keine Vollstreckbarkeit geben. Sie spricht das Staatsgericht aus, Rn 8. Dabei unterliegt das Verfahren in gewissem Umfang einer Nachprüfung. Es muß aber in den Grenzen von § 1059 II auf eine endgültige Entscheidung gerade des Schiedsgerichts abzielen, Naumb SchiedsVZ **06**, 103, Kröll NJW **07**, 744.

7 **B. Vor- und Nachteile.** Das schiedsrichterliche Verfahren bietet Vor- und Nachteile gegenüber dem Verfahren vor dem Staatsgericht, Sandrock WertpMitt **94**, 405 und 445, Stumpf Festschrift für Bülow (1981) 217–227, Voit JZ **97**, 120. Der Hauptnachteil liegt darin, daß die Schiedsgerichte zuweilen nicht auf dem ganz freien Willen der Parteien beruhen und nicht immer die Gewähr einer unparteiischen Entscheidung bieten. Bedenklich kann es zB sein, daß jede Partei einen Schiedsrichter ernennt, dem dann nicht selten die nötige innere Unabhängigkeit fehlt, Franzen NJW **86**, 299, Jagenburg Festschrift für Oppenhoff (1985) 158 ff. Die staatlichen Gerichte tun aber den Schiedsgerichten Unrecht, wenn sie unnütze förmliche Schwierigkeiten machen. Sie sollten freilich mit unerbittlicher Strenge nachprüfen, ob die Schiedsvereinbarung wirklich ohne Zwang zustande kam und ob die Unparteilichkeit strengstens gewahrt war, BGH NJW **85**, 1903.

8 **C. Urteilswirkung.** Das Verfahren des Schiedsgerichts steht fast ganz in seinem pflichtgemäßen Ermessen, wenn die Schiedsvereinbarung darüber keine Bestimmung trifft, §§ 1042 ff. Die Entscheidung ergeht durch einen Schiedsspruch. Er wirkt wie ein rechtskräftiges Urteil. Er wird aber erst durch die Vollstreckbarerklärung des Staatsgerichts vollstreckbar, §§ 1060, 1061 in Verbindung mit §§ 1062 ff. Ein bloßes Gutachten kann nie durch eine bloße Parteivereinbarung zum Schiedsspruch werden.

9 **D. Abgrenzung.** Die Abgrenzung zu ähnlichen Verfahren ist machmal schwierig, Rn 2, Prütting JZ **85**, 264, Walter ZZP **103**, 141. Nur die Übertragung der Entscheidung auf Schiedsrichter anstelle der staatlichen Gerichte ist eine Schiedsvereinbarung. Von ihr muß man andere Gestaltungen nach Rn 10 ff unterscheiden. Dabei sagt die Wortwahl häufig nichts Entscheidendes über das von den Beteiligten Gewollte aus. Man muß die Bedeutung des Erklärten vielmehr durch eine Auslegung ermitteln, Grdz 52 von § 128. Zuweilen wollen sie auch eine Stufung, indem etwa nach dem Scheitern einer gütlichen Regelung die Einigungsstelle einen Schiedsspruch erlassen soll.

10 **4) Schiedspersonen und Gütestellen,** dazu § 15 a EGZPO: Diese Einrichtungen unter den verschiedensten Namen sollen den Versuch einer Einigung zwischen den Beteiligten unternehmen. Es handelt sich insofern um eine Schlichtung, Rn 11. Die erreichte Einigung vor einer durch die Landesjustizverwaltung eingerichteten oder anerkannten Gütestelle ist jedoch ein Vollstreckungstitel nach § 794 I Z 1, dort Rn 4, und nach § 797 a. Dasselbe gilt für die Einigungsstellen nach § 15 VII UWG und nach §§ 39–46 ErstrG, für die Schiedsstelle nach § 14 UrheberrechtswahrnehmungsG (VO v 20. 12. 85, BGBl 2543) usw.

11 **5) Schlichtung**

Schrifttum *Büchner* u a, Außergerichtliche Streitbeilegung, 1998; *Gängel/Gansel/Richter,* Rechtsberatung und Schlichtung, 1993; *Gottwald/Strempel,* Streitschlichtung, 1995; *Matthies,* Schiedsinstanzen im Bereich der Arzthaftung, 1984; *Morasch,* Schieds- und Schlichtungsstellen in der BRep, BAnz 66/84; *Nicklisch,* Gutachter-, Schieds- u Schlichtungsstellen, Festschrift für *Bülow* (1981) 159; *Nicklisch,* Alternative Formen der Streitbeilegung und internationale Handelsschiedsgerichtsbarkeit, Festschrift für *Schwab* (1990) 381; *Prütting,* Außergerichtliche Streitschlichtung, 2003; *Tanneberger,* Schlichtungs- und Schiedsverfahren im Produkthaftungsrecht, 1985; *Wolfram-Korn/Schmarski,* Außergerichtliche Streitschlichtung in Deutschland, 2001.

Eine Schlichtung kann in mannigfaltigen Formen stattfinden, Greger Festgabe für Vollkommer (2006) 22. Eine rein private Form stellt die sog *Mediation* dar, also ein freiwilliges außergerichtliches Verfahren der Konfliktaustragung, bei dem ein Dritter etwa als Anwalt die Beteiligten unterstützt. Schrifttum bei § 278. Das stärkt auch die Parteiherrschaft nach Grdz 18 vor § 128, selbst wenn der Gang zum staatlichen Gericht den Rechtsfrieden wohl oft noch am ehesten wiederherstellt und schon deshalb keineswegs nur die „ultima ratio" sein sollte, aM Greger Festschrift für Vollkommer (2006) 22.

Weitgehend formalisiert ist die Einrichtung von *Schieds-, Güte- und Schlichtungsstellen,* Grdz 27, 29 vor § 253. Sie haben meist die Aufgabe, ohne eine Regelungsbefugnis eine gütliche Einigung herbeizuführen, Muster von Schlichtungsverträgen: NJW **92**, 2745, Grisebach AnwBl **93**, 261. Zum Teil beruhen sie auf gesetzlichen Vorschriften, zB auf § 104 in Verbindung mit §§ 87 ff SachenRBerG, § 305 InsO. Sie haben vor allem bei Verbraucherbeschwerden und bei Streitigkeiten unter Berufskollegen Bedeutung erlangt, Eberhardt NJW **86**, 747 (Arzthaftpflicht), Prütting ZZP **99**, 93. Dazu kann zB eine Landeschiedskommission einer politischen Partei zählen, Düss RR **03**, 142. In diesen Zusammenhang gehört die zulässige Vereinbarung, daß vor einer Anrufung des staatlichen Gerichts ein Güteversuch vor Dritten stattfinden muß, BGH NJW **99**, 647, BayObLG RR **96**, 910 (zum WEG), Prütting ZZP **99**, 96. Dritter kann sein ein Organ der juristischen Person, der die Beteiligten angehören, BGH NJW **77**, 2263, eine Körperschaft, BGH NJW **84**, 669, eine Schiedsstellle, Ffm AnwBl **84**, 391, oder auch eine Einzelperson. Ob ein „Schiedsgericht" nach dem Parteiwillen in Wahrheit nur die Funktion einer Güte- oder Schlichtungsstelle hat, muß man durch eine Auslegung ermitteln, BGH KTS **84**, 333.

Eine rechtlich wirksame Güte- oder Schlichtungsvereinbarung der genannten Art führt dazu, daß das staatliche Gericht die ohne den möglichen Güteversuch erhobene *Klage als derzeit unzulässig* abweisen muß, BGH NJW **99**, 647, Walchshöfer Festschrift für Schwab (1990) 523, ebenso für den Fall, daß das Schlichtungsverfahren gewissen Mindestanforderungen genügt, Prütting ZZP **99**, 97, aM Walter ZZP **103**, 162 (entsprechende Anwendung der §§ 251, 251 a). Erforderlich ist freilich auch eine dahingehende Rüge, Köln MDR **90**, 638, Oldb MDR **87**, 414. Ihr kann der Gegeneinwand der unzulässigen Rechtsausübung entgegenstehen, zB bei einer Vereitelung des Schlichtungsverfahrens, BGH NJW **99**, 947. Soweit zumindest schließlich doch der Weg zum Staatsgericht zulässig bleiben soll, liegt keine Schiedsvereinbarung vor, sondern eine verbandsmäßige Schlichtung, BGH NJW **04**, 2226, BayObLG MDR **03**, 1132, Kröll NJW **03**, 794. Zum obligatorischen Güteverfahren nach § 15 a EGZPO als einer Zulässigkeitsvoraussetzung für bestimmte Klagen nach dem Landesrecht vgl bei dieser Vorschrift und Grdz 49 vor § 253.

6) Schiedsgutachtenverfahren 12

Schrifttum: *Greger/Stubbe,* Schiedsgutachten, 2007 (Bespr *Bischof* JB **08**, Heft 2 S V, *Risse* SchiedsVZ **08**, 39); *Luther,* Aus der Praxis deutscher Schiedsgerichte, Festschrift für *Reimer* (1979) 191–197; *Nicklisch,* Gutachter-, Schieds- und Schlichtungsstellen, Festschrift für *Bülow* (1981) 159–178; *Nicklisch,* Der Ingenieur als Schiedsgutachter und Quasi-Schiedsrichter bei internationalen Bau- und Anlagenprojekten, Festschrift für *Habscheid* (1989) 217–231; *Wagner,* Prozeßverträge (1998) 655 ff; *Wittmann,* Struktur und Grundprobleme des Schiedsgutachtenvertrages, 1978.

Bei einem Schiedsgutachten handelt es sich nicht um die Entscheidung eines Rechtsstreits anstelle des 13 staatlichen Gerichts wie beim schiedsrichterlichen Verfahren, BGH BB **82**, 1077. Das Schiedsgutachten regelt vielmehr einzelne Elemente eines Rechtsverhältnisses.

A. Leistungsbestimmung. Die Abrede, Dritte sollten die Leistung nach billigem Ermessen bestimmen (§§ 317 ff BGB), ist ein Schiedsgutachtervertrag, wenn die Bestimmung nur nach § 319 BGB erfolgen soll, also mit der Möglichkeit einer gerichtlichen Nachprüfung nach dessen I 2, BGH RR **94**, 1314. Es kann sich aber auch um eine Schiedsvereinbarung handeln, wenn sich der Parteiwille auf eine solche richtet, wenn also eine endgültige, urteilsgleiche Entscheidung unter einem Ausschluß der staatsgerichtlichen inhaltlichen Nachprüfung ergehen soll, BGH MDR **82**, 36, Wolf ZIP **81**, 235. Ein Schiedsgutachten in diesem Sinn ist die Abrede, daß der Dritte die Leistung an veränderte Verhältnisse anpassen soll, BGH NJW **84**, 43, KG ZMR **86**, 194. Man kann dem Schiedsgutachter dabei auch die Beurteilung der Vorfrage übertragen, ob sich die Verhältnisse geändert haben, BGH NJW **75**, 1556. Keine Schiedsgutachter nach § 317 BGB sind dagegen die Preisrichter bei einer Auslobung. Ihre Aufgabe nähert sich derjenigen von Schiedsrichtern, BGH **71**, 366.

B. Feststellungen. Ein Schiedsgutachten und kein Schiedsspruch soll meistens auch dann ergehen, wenn 14 der Dritte nur Tatsachen oder sonstige für die Entscheidung eines Rechtsstreits erhebliche Umstände oder eine den Vertragsparteien unbekannte, ihrem Inhalt nach aber bestimmte oder bestimmbare Leistung feststellen soll, BGH NJW **84**, 43, Döbereiner VersR **83**, 712. Unerheblich ist, ob man die Tatsachen unter gewisse Rechtsbegriffe wie etwa ein Verschulden bringen kann, BGH NJW **75**, 1556, Mü MDR **05**, 1186.

Hierhin gehören zB: Die Erstellung einer Abrechnung, BGH NJW **01**, 3776; die Feststellung eines Schadens, Döbereiner VersR **83**, 713, oder der Qualität einer Ware, der ortsüblichen Miete, des Verkehrswerts, des ursächlichen Zusammenhangs, BGH WertpMitt **75**, 1047, der Voraussetzungen einer Kündigung, der Angemessenheit einer Ersatzwohnung, der Höhe der Gebühren durch die Anwaltskammer im Verfahren nach § 14 II RVG, Mü MDR **05**, 1186. In allen diesen Fällen hat der Dritte kein Ermessen, sondern er soll Feststellungen treffen.

C. Abgrenzung. Ob in den Fällen Rn 13, 14 eine Schiedsvereinbarung oder ein Schiedsgutachtervertrag 15 vorliegt, richtet sich danach, welche Wirkungen die Parteien dem Spruch des Dritten beilegen wollen, BGH MDR **82**, 36, Mü MDR **05**, 1186, Stgt Just **02**, 410. Soll das staatliche Gericht über die Folgen entscheiden, liegt keine Schiedsvereinbarung vor, BGH NJW **01**, 3775, Mü MDR **05**, 1186, Naumb SchiedsVZ **06**, 103, aM Kurth NJW **90**, 2038 (stellt auf den Inhalt der dem Dritten übertragenen Aufgabe ab). Der maßgebliche Parteiwille läßt sich durch eine Auslegung ermitteln, Grdz 52 vor § 128, Oldb SchiedsVZ **06**, 223. Sie muß aber praktikabel bleiben Die Benutzung des Worts „Schiedsgericht" hat dabei keine entscheidende Bedeutung, BGH NJW **75**, 1556, Mü MDR **05**, 1186. Dagegen spricht die Vereinbarung, daß für das Verfahren die ZPO gelten solle, für ein Schiedsgericht, BGH WertpMitt **76**, 910. Das gilt auch bei einer Fehlbezeichnung, Stgt OLGR **06**, 685, Kröll NJW **07**, 147. Im Zweifel ist nur ein Schiedsgutachtervertrag vorhanden, Mü SchiedsVZ **06**, 286, Kröll SchiedsVZ **07**, 147.

16 **D. Rechtsnatur.** Man muß den Schiedsgutachtervertrag grundsätzlich nach dem sachlichen Recht beurteilen. Das gilt für solche Verträge, die die Bestimmung einer Leistung zum Gegenstand haben. Für sie gelten §§ 317 ff BGB, BGH WertpMitt **98**, 628. Solche Schiedsgutachterverträge, die die Feststellung von Tatsachen oder Elementen der Entscheidung zum Gegenstand haben, sollen dagegen Prozeßverträge nach Grdz 48 vor § 128 sein, KG NJW **80**, 1342, Walter ZZP **103**, 153. Der praktische Unterschied ist gering, weil auch auf sie §§ 317 ff BGB entsprechend anwendbar sind, aM Walter ZZP **103**, 153. Die Parteien können aber auch auf das freie Ermessen der Schiedsgutachter abstellen. Sie müssen dann freilich wissen, daß eine unbillige Regelung nach dem Gesetz unverbindlich wäre, und sie müssen sich ihr trotzdem unterwerfen wollen.

Für den Schiedsgutachtervertrag ist *keine Form* notwendig. Die Vereinbarung kann auch in AGB enthalten sein, die die Parteien zum Vertragsbestandteil gemacht haben, BGH NJW **92**, 433, Köln NJW **86**, 2579, LG Köln NJW **86**, 67. Dann unterliegt die Schiedsgutachterklausel der Inhaltskontrolle, BGH NJW **92**, 433 (zustm Jagenburg 3212), Düss RR **00**, 281. Zulässig ist auch eine Vereinbarung zugunsten eines Dritten, KG NJW **80**, 1342. Die Abrede kann auch stillschweigend erfolgen, zB in einem gerichtlichen Vergleich, Hamm RR **94**, 1551.

17 **E. Wirkung im Prozeß.** Auch der Schiedsgutachtervertrag schließt regelmäßig in seiner Reichweite den Prozeß aus. Denn die Parteien haben von dem Gutachten, als Grundlage die Entstehung und den Umfang ihrer privatrechtlichen Pflichten abhängig gemacht. Es hat also einen Tatsachenwert und bindet daher grundsätzlich das Staatsgericht, BGH RR **88**, 506, Ffm VersR **82**, 759. Das gilt sogar nach einem zugehörigen selbständigen Beweisverfahren, Bernuth ZIP **98**, 2086. Das meint auch nur eine Vereinbarung „unter Ausschluß des Rechtsweges". Das Fehlen des Schiedsgutachtens ist im Prozeß aber nur auf eine Einrede und nicht von Amts wegen beachtbar, Ffm VersR **82**, 759. Zur Verjährung BGH NJW **90**, 1231.

Die *Rüge der Unzulässigkeit* der Klage gibt der Schiedsgutachtervertrag *nicht,* BGH NJW **82**, 1878. Er begründet auch nicht die Unzulässigkeit des Rechtswegs, BGH WertpMitt **82**, 543. Seine Wirkung im Prozeß ist nur diejenige, daß das Gericht die einem Schiedsgutachter vorlegbaren Tatsachen oder Elemente nicht ohne weiteres selbst feststellen darf, Ffm VersR **82**, 759. Mangels Anwendbarkeit des § 319 I BGB muß es die Klage notfalls als zur Zeit unbegründet abweisen, falls die beweispflichtige Partei, nicht rechtzeitig die rechtserheblichen Tatsachen nachweist, zB Qualitätsmängel (Arbitrage), BGH RR **88**, 1405, Düss RR **00**, 1668, Walchshöfer, Festschrift für Schwab (1990) 528, Walter JZ **88**, 1083 (Abweisung als überhaupt unbegründet).

Ein *Grundurteil* ist unzulässig, BGH RR **88**, 1405. Das Gericht kann aber und wird in der Regel zuvor eine Beibringungsfrist entsprechend § 356 gewähren, BGH NJW **94**, 588, Düss RR **00**, 1668, Walchshöfer Festschrift für Schwab (1990) 529. Fällt der Einwand des Schiedsgutachtens, der zur Klagabweisung geführt hat, in der Berufungsinstanz weg, ist eine Zurückverweisung entsprechend § 538 II 1 Z 3 zulässig, Ffm MDR **85**, 150. Lehnt eine Partei ihre Ernennung eines Schiedsgutachters ab, obwohl die Voraussetzungen vorliegen, braucht die andere Partei nicht darauf zu klagen, sondern kann vor dem Staatsgericht auf die Leistung selbst klagen, BGH NJW **79**, 1544. Dasselbe gilt für den Fall, daß die Partei das schiedsgutachterliche Verfahren verzögert, BGH DB **90**, 833, Nürnb RR **95**, 544. In beiden Fällen darf sich der Säumige entsprechend § 319 I 2 Hs 2 BGB nicht mehr auf die Schiedsgutachterklausel und ihre Wirkungen berufen. Das Staatsgericht prüft auch das Schiedsgutachten auf eine offensichtliche Unrichtigkeit oder Unbilligkeit nach, BGH WertpMitt **02**, 1863.

Die Parteien können durch eine *Feststellungsklage* den Inhalt eines für die Leistungsbestimmung durch die Schiedsgutachter maßgeblichen Rechtsverhältnisses klären lassen, BGH NJW **82**, 1878. Die Frage, ob ein eingeholtes Gutachten das vertraglich vorgesehene Schiedsgutachten ist, kann nicht Gegenstand einer Zwischenfeststellungsklage nach § 256 II im Rahmen der auf Leistung gerichteten Hauptklage sein, BGH MDR **85**, 37. Das Schiedsgutachten reicht als Grundlage für einen Urkundenprozeß aus, wenn zur Anspruchsbegründung nicht noch ein Nachweis weiterer Tatsachen nötig ist, BGH WertpMitt **88**, 276.

18 **F. Schiedsgutachtervertrag.** Man kann und sollte den Vertrag der Parteien mit den Gutachtern (Schätzern, Arbitratoren), ähnlich behandeln wie den Schiedsrichtervertrag. Die Parteien dürfen in ihm die Ernennung der Gutachter nicht einem Gericht übertragen. Der nach Treu und Glauben ermittelbare Wille der Vertragsparteien läßt entsprechend § 319 BGB nur eine Haftung bei einer offenbaren Unrichtigkeit des Gutachtens eintreten. Sind mehrere Gutachter bestellt, ergibt die Vertragsauslegung, ob sie einstimmig oder durch einen Mehrheitsbeschluß entscheiden sollen. Nur im letzteren Fall muß sich der Überstimmte fügen und weiter mitwirken. Die Vereinbarung, daß das AG über die Angemessenheit eines notwendigen Ersatzraums in einem Mietstreit abgesondert entscheiden soll, Rn 14, hat keine rechtliche Wirkung. Denn eine Parteivereinbarung darf die Gerichtsbarkeit nicht erweitern. Die Parteien können den Vertrag einvernehmlich aufheben, auch durch ihr schlüssiges Verhalten, BGH BB **77**, 619. Eine Kündigung aus wichtigem Grund ist ebenfalls möglich, BGH DB **80**, 967.

19 **G. Verfahren.** Die Bestellung eines anderen Schiedsgutachters ist bis zur Erstattung des Gutachtens nur im Rahmen des Vertrags zulässig. Inwieweit ein Ablehnungsrecht nach § 1036 besteht, richtet sich nach dem erklärten oder mutmaßlichen Parteiwillen. Bei einer Ernennung ähnlich derjenigen der Schiedsrichter findet im Zweifel eine Ablehnung entsprechend § 1032 statt. Das gilt jedenfalls bei einer ausdrücklichen Abrede, aber auch ohne sie, zumindest dann, wenn Ablehnungsgründe später entstehen oder der Partei unbekannt geblieben sind. Darüber entscheiden darf man aber auch dann nicht im Verfahren nach §§ 1036, 1037, wenn die Parteien die Anwendung dieser Vorschriften vereinbart haben, Mü BB **76**, 1047, sondern nur im Prozeß über die Verbindlichkeit des Schiedsgutachtens als Vorfrage oder im Weg der Feststellungsklage, BGH NJW **77**, 801, Bulla NJW **78**, 397, Habscheid/Calavros KTS **79**, 11. In den meisten Fällen schützt das Erfordernis der Einstimmigkeit. Fällt ein Schiedsgutachter ersatzlos weg, verweigern die Schiedsgutachter das Gutachten

oder wird ihnen das Gutachten unmöglich, wird der Vertrag hinfällig. Die Bestimmung einer Leistung geht dann entsprechend § 319 I 2 Hs 2 BGB auf das Staatsgericht über, BGH NJW **01**, 3777.

Nach der Ansicht einiger sollen nur *unparteiische Dritte* Schiedsgutachter sein dürfen, also nicht die Parteien und bestimmte ihr nahestehende Personen, Nicklisch Festschrift für Bülow (1981) 159. Für gestaltende Schiedsgutachten nach Rn 13 geht diese Meinung zu weit. Der Partei nahestehende Personen können wegen §§ 315, 317 BGB nicht als ausgeschlossen gelten. Bei feststellenden Schiedsgutachten nach Rn 14 ist es wegen der grundsätzlichen Bindung des Staatsgerichts notwendig, dieselben Anforderungen zu stellen wie bei Schiedssprüchen. Das gilt vor allem dann, wenn nicht bestimmte Personen, sondern Organe oder Stellen berufen sind, zB durch AGB. Stets muß der Schiedsgutachter seine Aufgabe unabhängig und unparteiisch erfüllen, BGH RR **94**, 1314, Düss RR **00**, 281. Wegen der Folgen eines Verstoßes Rn 21 aE. 20

Auf das Verfahren sind die Vorschriften des *Buchs 10 nicht* anwendbar. Die Beteiligten müssen aber rechtliches Gehör erhalten. Das gilt jedenfalls dann, wenn die Anhörung das Gutachten beeinflussen könnte. Daher müssen die Beteiligten zB an einer Besichtigung teilnehmen dürfen. Kosten des Schiedsgutachtens sind meist keine Prozeßkosten des nachfolgenden Rechtstreits, § 91 Rn 183 „Schiedsgutachten", Düss RR **00**, 1667.

H. Wirksamkeit. Das Schiedsgutachten wird mit seiner Mitteilung an einen Beteiligten verbindlich und unwiderruflich, § 318 I BGB, BGH RR **87**, 22. Die Vertragspartner können es nach §§ 119ff BGB anfechten, § 318 II 1 BGB, Döbeneiner VersR **83**, 713 (auch zu nachvertraglichen Pflichten der Schiedsgutachter zur Aufklärung der Parteien über solche Umstände, die zur Anfechtbarkeit oder Unverbindlichkeit führen können). Die Schiedsgutachter dürfen aber offenbare Unrichtigkeiten im Sinn von § 319 berichtigen. 21

Soll der Schiedsgutachter gestaltend tätig werden, ist das Gutachten bei einer *offenbaren Unbilligkeit* seines Ergebnisses unverbindlich, § 319 BGB, BGH NJW **96**, 454. Soll er dagegen einen bestimmten Vertragsinhalt klarstellen oder Tatsachen feststellen oder eine an sich objektiv feststehende und nur den Vertragspartnern mangels Fachkenntnis nicht erkennbare oder zwischen ihnen streitige Leistung ermitteln wie die ortsübliche Miete oder den Verkehrswert, gilt dasselbe bei einer offenbaren Unrichtigkeit des Ergebnisses, BGH NJW **01**, 3776, Düss RR **00**, 281, KG NJW **80**, 1342. Dann muß es sich um eine Unrichtigkeit handeln, die sich einem sachkundigen und unbefangenen Beurteiler (nicht etwa jedermann) wenn auch möglicherweise erst nach eingehender Prüfung aufdrängt, BGH RR **88**, 506, Düss RR **00**, 281. Dabei muß man denjenigen Sach- und Streitstand zugrundelegen, den die Parteien dem Schiedsgutachter unterbreitet hatten, BGH RR **87**, 21 (auch zu den Folgen der von einer Partei übernommenen, aber unterbliebenen Information), Habscheid KTS **84**, 66. Auf das Verfahren des Gutachters und die von ihm herangezogenen Kriterien kommt es grundsätzlich nicht an, BGH NJW **96**, 454. Bei einer offenbaren Unrichtigkeit kann der Schiedsgutachter haften, BGH **81**, 237.

Eine *Beweiserhebung* über die Unrichtigkeit ist nur dann notwendig, wenn es um solche Tatsachen geht, die für das Gericht schlüssige Mängel der Bestimmung durch den Schiedsgutachter ergeben, BGH RR **93**, 1034. Dann muß man evtl ein Sachverständigengutachten einholen, BGH NJW **91**, 2699. Von einer offenbaren Unrichtigkeit des Schiedsgutachtens muß man auch dann ausgehen, wenn die Ausführungen des Sachverständigen lückenhaft sind, BGH NJW **01**, 3776, so daß selbst der Fachmann das Ergebnis aus dem Zusammenhang des Gutachtens nicht überprüfen kann, BGH NJW **91**, 2698, Düss RR **00**, 281. Nicht aber ist ein Schiedsgutachten schon deshalb offenbar unbillig, weil sich sein sachlicher Gehalt einer Bewertung entzieht, Bulla NJW **78**, 397, aM BGH NJW **77**, 801. Erstattet der Schiedsgutachter das Gutachten nicht nach Rn 20 unparteiisch und haben die Parteien die Bestellung eines Ersatzgutachters vertraglich nicht vorgesehen, muß das staatliche Gericht entsprechend § 319 I 2 Hs 2 BGB in der Sache entscheiden, BGH RR **94**, 1315.

Fehlten die vertraglichen Voraussetzungen, sollte etwa ein Arzt entscheiden, entschied aber ein Heilgehilfe, ist der Vertrag maßgebend, ob ein neues, den Bestimmungen des Vertrages entsprechendes Gutachten infragekommt oder ob das Gericht entscheiden soll. Ist eine Behörde, zB das Wohnungsamt, Schiedsgutachter, findet eine Anfechtung nicht im Verwaltungsstreitverfahren statt, sondern nur nach §§ 318f BGB vor dem Staatsgericht. 22

1025 *Anwendungsbereich.* **I Die Vorschriften dieses Buches sind anzuwenden, wenn der Ort des schiedsrichterlichen Verfahrens im Sinne des § 1043 Abs. 1 in Deutschland liegt.**

II Die Bestimmungen der §§ 1032, 1033 und 1050 sind auch dann anzuwenden, wenn der Ort des schiedsrichterlichen Verfahrens im Ausland liegt oder noch nicht bestimmt ist.

III Solange der Ort des schiedsrichterlichen Verfahrens noch nicht bestimmt ist, sind die deutschen Gerichte für die Ausübung der in den §§ 1034, 1035, 1037 und 1038 bezeichneten gerichtlichen Aufgaben zuständig, wenn der Beklagte oder der Kläger seinen Sitz oder seinen gewöhnlichen Aufenthalt in Deutschland hat.

IV Für die Anerkennung und Vollstreckung ausländischer Schiedssprüche gelten die §§ 1061 bis 1065.

1) Systematik, Regelungszweck, I–IV. Die Vorschrift bestimmt zwingend den Anwendungsbereich des gesamten Buchs 10 für sämtliche schiedsrichterlichen nationalen wie internationalen Verfahren unter einer Anknüpfung an den Ort des schiedsrichterlichen Verfahrens nach § 1043 I. Wegen des Beginns des Verfahrens § 1044. Das ist nicht der Sitz des Schiedsgerichts oder der Schiedsrichter, auch nicht der Ort ihrer Tätigkeit, Berger DZWiR **98**, 47. Vielmehr bestimmen die Parteien den Ort des schiedsrichterlichen Verfahrens selbst. Hilfsweise bestimmt ihn das Schiedsgericht, § 1043, Hbg RR **99**, 781. Das entspricht dem international verbreiteten Territorialitätsprinzip. Damit dient die Vorschrift auch internationalrechtlich der Rechtssicherheit nach Einl III 43. 1

2 **2) Ort des schiedsrichterlichen Verfahrens, I–III.** Der nach § 1043 festgelegte Schiedsort ergibt nicht nur zwingend das auf das Verfahren anwendbare Recht, § 1025. Er gilt auch für die Zuständigkeit des Staatsgerichts nach § 1062 und für die Qualifikation als ein inländischer oder ausländischer Schiedsspruch, § 1061 I. Darauf, wo das Verfahren tatsächlich abläuft, kommt es nicht an, § 1043 II, es sei denn, daß darin eine stillschweigende Verlegung des Schiedsorts liegen kann, Art I UNÜ, SchAnh VI A 1, Berger DZWiR **98**, 47.

3 **3) Inländischer Schiedsort, I.** Buch 10 ist grundsätzlich zwingend auf jedes schiedsrichterliche Verfahren anwendbar, dessen Ort nach § 1043 I in Deutschland liegt. Vgl freilich § 1042 III, Kronke RIW **98**, 260. Für die Vollstreckbarkeit des Schiedsspruchs gilt § 1060. Darauf, welches sachliche Recht das Schiedsgericht anwenden muß oder anwendet, kommt es nicht an, auch nicht auf einen Bezug zum Streitgegenstand, ZöGei 2.

4 **4) Ausländischer Schiedsort, II, IV.** Ein Grundsatz hat Ausnahmen.

A. Grundsatz. Liegt der Ort des Verfahrens nach § 1043 im Ausland, bestimmt sich das auf das Verfahren anwendbare Recht nach dem Parteiwillen, hilfsweise nach dem Willen des Schiedsgerichts. Es handelt sich dann grundsätzlich um ein ausländisches Verfahren. Freilich gilt das nicht beim Rechtsmißbrauch, Einl III 54.

5 **B. Ausnahmen.** Bei einem ausländischen Schiedsort sind im Interesse der Beteiligten folgende Vorschriften über die Zuständigkeit der deutschen Gerichte ungeachtet der Parteivereinbarungen anwendbar: §§ 1032 (Klage beim Staatsgericht), 1033 (einstweilige Maßnahmen durch das Staatsgericht), und 1050 (gerichtliche Unterstützung), *II,* ferner natürlich auch §§ 1061–1065 (Anerkennung und Vollstreckung), *IV.* Ergänzend gelten die allgemeinen Vorschriften der ZPO, soweit sie mit dem Charakter des Vollstreckbarkeitsverfahrens als einem Erkenntnisverfahren eigener Art vereinbar sind, BGH RR **02**, 933. Die sachliche und örtliche Zuständigkeit nach §§ 1032, 1050 regelt § 1062 II, IV. §§ 1062–1065 gelten nicht nur im Rahmen von IV, sondern auch in Verbindung mit den II genannten Bestimmungen, Kröll SchiedsVZ **07**, 148 (zu § 1032 II). Bei § 1033 gelten die allgemeinen Vorschriften, §§ 12 ff.

6 *Völkerrechtliche Verträge* gehen dem Buch 10 natürlich vor. Da § 1061 I auf das UNÜ, SchlAnh VI A 1, verweist, können sich Abweichungen allein aus dem EuÜbkHSch, SchlAnh VI A 2, ergeben, oder aus den Genfer Abk, dem HUnterÜbk, SchlAnh V A 2, oder aus bilateralen Verträgen, SchlAnh V B, VI B, ergeben.

7 **5) Fehlen eines Schiedsorts, II, III.** Da der Schiedsort nach Rn 2 bei der Konstituierung des Schiedsgerichts nicht festzustehen braucht, § 1043 I, sehen II, III die Anwendung einzelner Vorschriften vor der Bestimmung des Schiedsorts vor. Abgesehen von §§ 1032, 1033, 1050, *II,* sind vor der Bestimmung des Schiedsorts die deutschen Gerichte für die in §§ 1034, 1035, 1037, 1038 genannten Aufgaben international zuständig, wenn der Bekl oder der Kläger seinen Sitz oder seinen gewöhnlichen Aufenthalt in Deutschland hat, *III,* BayObLG MDR **05**, 289. „Sitz“ umfaßt sowohl den Wohnsitz nach § 13 als auch den Sitz juristischer Personen. Wegen des „gewöhnlichen“ Aufenthalts zB § 107 II 1 FamFG. Zur sachlichen und örtlichen Zuständigkeit Rn 5.

8 Hat *keine der Parteien* ihren Sitz oder gewöhnlichen Aufenthalt in Deutschland, sind vor der Bestimmung des Schiedsorts die deutschen Gerichte in den in III genannten Fällen nur dann zuständig, wenn die Parteien die Anwendung des deutschen Verfahrensrechts vereinbart haben.

1026

Umfang gerichtlicher Tätigkeit. **Ein Gericht darf in den in den §§ 1025 bis 1061 geregelten Angelegenheiten nur tätig werden, soweit dieses Buch es vorsieht.**

1 **1) Systematik, Regelungszweck.** Da im wesentlichen die Parteien und das Schiedsgericht das Verfahren gestalten, ist eine Vorschrift über die Grenzen der Staatsgerichtsbarkeit auf diesem Gebiet notwendig.

2 **2) Geltungsbereich.** Ein Staatsgericht darf in dem gesamten Bereich der Schiedsgerichtsbarkeit außerhalb der §§ 1062 ff nur tätig werden, soweit das Buch 10 es zuläßt. Entgegen dem Wortlaut gilt § 1026 auch für die in § 1066 geregelten Angelegenheiten, in denen §§ 1025–1061 entsprechend anwendbar sind. Praktisch gilt nur die abschließende Aufzählung in §§ 1050, 1062 I Z 1–4. „Gericht“ nach §§ 1026 ff ist das Staatsgericht. Seine Zuständigkeiten im schiedsrichterlichen Verfahren nennt § 1062 im einzelnen. Hinzu kommt die Zuständigkeit des Gerichts des einstweiligen Rechtsschutzes, § 1033.

3 **3) Umfang der gerichtlichen Tätigkeit.** Die Beschränkung der Staatsgerichtsbarkeit erfaßt die Zeit von der Bildung des Schiedsgerichts nach §§ 1034 ff bis zur Rechtskraft der Vollstreckbarerklärung nach §§ 1060, 1061. Eine Erweiterung der Befugnisse des Staatsgerichts durch die Rechtsprechung ist wegen § 1026 unzulässig.

1027

Verlust des Rügerechts. [1] **Ist einer Bestimmung dieses Buches, von der die Parteien abweichen können, oder einem vereinbarten Erfordernis des schiedsrichterlichen Verfahrens nicht entsprochen worden, so kann eine Partei, die den Mangel nicht unverzüglich oder innerhalb einer dafür vorgesehenen Frist rügt, diesen später nicht mehr geltend machen.** [2] **Dies gilt nicht, wenn der Partei der Mangel nicht bekannt war.**

1 **1) Systematik, Regelungszweck, S 1, 2.** Da das schiedsrichterliche Verfahren auf eine schnelle Entscheidung abzielt, begrenzt § 1027 das Rügerecht der Partei in einer Anlehnung an die Ausschließungsvorschriften im Staatsgerichtsverfahren, zB § 295. Wegen der vorrangigen Sonderregelungen Rn 6.

2 **2) Geltungsbereich, S 1, 2.** Die Vorschrift gilt nur beim inländischen Schiedsort, § 1025 I.

3) Rüge, S 1. Das Schiedsgericht braucht nicht auf sie hinzuwirken, BGH VersR **95**, 767. Man muß Voraussetzungen und Folgen beachten. 3

A. Voraussetzungen. Die Obliegenheit, Mängel des Verfahrens zu rügen, besteht in allen Fällen, in denen man eine nicht zwingende Bestimmung des Buchs 10 oder ein vereinbartes Erfordernis des schiedsrichterlichen Verfahrens beachtet hat, Naumb RR **03**, 71 (Absehen von einer mündlichen Verhandlung). § 1027 enthält seinerseits zwingendes Recht, und zwar wegen beider Alternativen. Vgl dazu § 295 Rn 16 ff. Rügeberechtigt sind beim Fehler des Schiedgerichts beide Parteien, sonst der Gegner.

B. Verfahren. Man kann eine Rüge nach S 1 sowohl in einem Schriftsatz als auch in der mündlichen Verhandlung erheben. Das muß grundsätzlich innerhalb einer vom Schiedsgericht gesetzten Frist und sonst unverzüglich geschehen, also ohne ein schuldhaftes Zögern, § 121 I 1 BGB. Schon eine einfache Fahrlässigkeit ist dabei schädlich, § 295 Rn 16, Naumb RR **03**, 71. Das Verschulden eines Vertreters genügt, §§ 51 II, 85 II. Ist zur Rüge in der Schiedsvereinbarung oder in einer Anordnung des Schiedsgerichts eine Frist vorhanden, muß man die Rüge natürlich innerhalb dieser Frist erheben. Geschieht das nicht, ist die Rüge nur dann zulässig, wenn S 2 eingreift. 4

4) Verlust des Rügerechts, S 1, 2. Der Verlust kann durch einen ausdrücklichen oder stillschweigenden Verzicht erfolgen. Er setzt eine Kenntnis des Mangels voraus. Er kann auch durch einen bloßen Frist- oder Zeitablauf eintreten. Dem Grundsatz stehen zwei Ausnahmen gegenüber. 5

A. Grundsatz. Wenn eine Partei die Rügeobliegenheit nach Rn 2 verletzt, kann sie den Mangel später nicht mehr geltend machen. Sie ist also mit der Rüge rückwirkend ausgeschlossen, § 295 Rn 10, Naumb RR **03**, 71. Das gilt auch für das Aufhebungs- und Vollstreckbarkeitsverfahren, §§ 1059, 1060, 1061, Ffm OLGR **03**, 186, Stgt RR **03**, 495.

B. Ausnahmen. Das Rügerecht geht nicht verloren, wenn die Rüge ohne ein Verschulden verspätet erfolgt, *S 1*, es sei denn, daß für die Erhebung eine Frist bestand, Rn 3. Es geht ferner dann nicht verloren, wenn der Partei der Mangel nicht bekannt war, *S 2*. Das gilt auch bei der Versäumung einer Frist. Auf ein Verschulden nach Rn 3 kommt es hierbei nicht an. Daher ist eine fahrlässige Unkenntnis anders als bei § 295 I unschädlich. Für die Kenntnis des Mangels sind § 51 II, § 85 II entsprechend anwendbar. Denn andernfalls dürfte man eine verspätete Rüge unter einer Berufung auf die kaum widerlegbare Unkenntnis meist zulassen, Gottwald/Adolphsen DStR **98**, 1024. 6

5) Sonderregelungen, S 1, 2. Für die Rüge eines Formmangels der Schiedsvereinbarung gilt § 1031 VI. Für die Rüge der Unzuständigkeit des Schiedsgerichts gilt § 1040 II. Unverzichtbar ist zB die Partei- und Prozeßfähigkeit, §§ 1034 II, 1042 I, II. Eine allgemeine Regelung über die Folgen eines verspäteten Vortrags enthält Buch 10 nicht, § 1037 Rn 6, § 1040 Rn 3. 7

1028 *Empfang schriftlicher Mitteilungen bei unbekanntem Aufenthalt.* **I Ist der Aufenthalt einer Partei oder einer zur Entgegennahme berechtigten Person unbekannt, gelten, sofern die Parteien nichts anderes vereinbart haben, schriftliche Mitteilungen an dem Tag als empfangen, an dem sie bei ordnungsgemäßer Übermittlung durch Einschreiben gegen Rückschein oder auf eine andere Weise, welche den Zugang an der letztbekannten Postanschrift oder Niederlassung oder dem letztbekannten gewöhnlichen Aufenthalt des Adressaten belegt, dort hätten empfangen werden können.**

II Absatz 1 ist auf Mitteilungen in gerichtlichen Verfahren nicht anzuwenden.

1) Systematik, Regelungszweck, I, II. Das Beschleunigungsgebot im schiedsrichterlichen Verfahren fordert die Erleichterung der Feststellung, wann eine schriftliche Mitteilung jedes Absenders und jeden Inhalts den Parteien zugegangen ist. Das gilt vor allem dann, wenn der Aufenthalt des Empfängers unbekannt ist. Bei einem bekannten Aufenthalt gilt der allgemeine Grundsatz des § 130 BGB. 1

2) Geltungsbereich, I, II. Die Vorschrift gilt nur beim inländischen Schiedsort, § 1025 I. Die Regelung in I ist auf Mitteilungen im Verfahren vor dem Staatsgericht nach § 1062 wegen II unanwendbar. Hier sind die allgemeinen Verfahrensvorschriften zB von §§ 185 ff, 270 maßgeblich, § 1063 Rn 2. Demgemäß gilt I nur für das schiedsrichterliche Verfahren, und zwar von Anfang an, § 1044. Das gilt freilich nicht, wenn die Parteien etwas anderes vereinbart haben, I. 2

3) Unbekannter Aufenthalt, I. Der Aufenthalt einer Partei oder einer zur Entgegennahme von Schriftstücken berechtigten Person ist unbekannt, wenn der Absender hierüber keine Informationen hat und wenn er sie nach zumutbaren Recherchen auch nicht erhalten kann. Die strengeren Voraussetzungen der öffentlichen Zustellung nach §§ 185 ff gelten insofern nicht. Trotzdem darf sich das Schiedsgericht meist nicht mit der bloßen Behauptung einer Partei begnügen, sondern kann notfalls selbst Ermittlungen anstellen. Es ist dazu aber nicht verpflichtet, Drsd SchiedsVZ **06**, 166. 3

4) Zugangsfiktion, I. Die Parteien können die Pflicht vereinbaren, sich gegenteilig eine Anschriftsänderung mitzuteilen, Drsd SchiedsVZ **06**, 166, Kröll SchiedsVZ **07**, 146. Sofern die Parteien nichts anderes vereinbart haben, kommt es darauf an, wann die Mitteilung bei einer ordnungsgemäßen Übermittlung unter der letztbekannten Postanschrift oder Niederlassung oder dem letztbekannten gewöhnlichen Aufenthalt des Empfängers diesen erreicht haben würde. Wegen des Begriffs der Niederlassung § 21 Rn 3 ff. Man muß die Möglichkeit eines solchen Zugangs unter einer dieser Adressen nachweisen, zB durch ein Einschreiben gegen Rückschein oder auf eine andere aussagekräftige Weise. Dann gilt die Mitteilung als an dem Tag zugegangen, an dem sie nachweislich hätte empfangen werden können. Das auf diese Weise ermittelte Datum hat vor allem für den Fristbeginn im schiedsrichterlichen Verfahren Bedeutung. Die Frist errechnet sich nach §§ 187 ff BGB. 4

Abschnitt 2. Schiedsvereinbarung

1029 *Begriffsbestimmung.* **I Schiedsvereinbarung ist eine Vereinbarung der Parteien, alle oder einzelne Streitigkeiten, die zwischen ihnen in Bezug auf ein bestimmtes Rechtsverhältnis vertraglicher oder nichtvertraglicher Art entstanden sind oder künftig entstehen, der Entscheidung durch ein Schiedsgericht zu unterwerfen.**

II Eine Schiedsvereinbarung kann in Form einer selbständigen Vereinbarung (Schiedsabrede) oder in Form einer Klausel in einem Vertrag (Schiedsklausel) geschlossen werden.

Schrifttum: *Böckstiegel/Berger/Bredow,* (Hrsg), Die Beteiligung Dritter am Schiedsverfahren, 2005; *Epping,* Die Schiedsvereinbarung im internationalen privaten Rechtsverkehr nach der Reform des deutschen Schiedsverfahrens, 1999; *Gilfrich,* Schiedsverfahren und Scheidungsrecht (rechtsvergleichend), Diss Mainz 2007; *Höttler,* Das fingierte Schiedsverfahren, 2007; *Kölbl,* Schiedsklauseln in Vereinssatzungen, 2004 (Bespr *Zimmermann* DNotz **05**, 720); *Lachmann* SchiedsVZ **03**, 28 (Klippen für die Schiedsvereinbarung); *Stolzke,* Aufrechnung und Widerklage in der Schiedsgerichtsbarkeit, 2006; *Wagner,* Prozeßverträge (1998) 578 ff.

Gliederung

1 **1) Systematik, Regelungszweck, I, II.** Die Begriffsbestimmung der Schiedsvereinbarung in I und die Unterscheidung zwischen einer Schiedsabrede und einer Schiedsklausel in II gelten nicht nur für den Abschnitt 2, sondern für das ganze Buch 10. Die Schiedsvereinbarung ist die Grundlage jedes schiedsrichterlichen Verfahren mit Ausnahme der in § 1066 genannten Fälle.

Zweck ist die gerade im schiedsrichterlichen Verfahren enorm wichtige Klärung des Zentralvorgangs der Begründung einer in Parteiherrschaft nach Grdz 18 vor § 128 entstehenden privaten evtl abschließenden Gerichtsbarkeit. Die Schiedsvereinbarung darf aber die Rechtssicherheit nach Einl III 43 keineswegs auch nur gefährden. Das muß man bei der Auslegung stets aufmerksam mitbeachten.

2 **2) Geltungsbereich, I, II.** Die Vorschrift gilt für ein Verfahren mit einem inländischen Schiedsort, § 1025 I. Zu einem Verfahren mit einem ausländischen Schiedsort nach § 1043 vgl § 1025 Rn 4. Internationalrechtlich vgl Artt 27, 28 EGBGB, Rn 10, Kronke RIW **98**, 257 (Üb).

3 **3) Schiedsvereinbarung, I.** Abweichend vom früheren Recht, das durchgehend vom „Schiedsvertrag" sprach, unterscheidet das jetzige Recht konsequent zwischen der „Schiedsvereinbarung" und dem „Vertrag", also dem in den meisten Fällen bestehenden Hauptvertrag. Beide sind voneinander unabhängige Verträge, selbst wenn die Schiedsvereinbarung in derselben Urkunde wie der Hauptvertrag steht. Das zeigt auch § 1040 I 2, Köln MDR **93**, 80.

Schiedsvereinbarung ist ein Vertrag zwischen natürlichen und/oder juristischen Personen, Kröll NJW **07**, 744, mit einer prozessualen Wirkung nach Grdz 48 vor § 128 (Prozeßvertrag). Sie liegt darin, daß ein Schiedsgericht mit einem Schiedsrichter oder mehreren Schiedsrichtern nach § 1034 über alle oder einzelnen jetzigen oder künftigen Streitigkeiten zwischen ihnen entscheiden soll, BGH NJW **87**, 651, Kblz RR **00**, 1365, Mü MDR **05**, 1186. Ein Vertrag, nach dem nur durch die Vermittlung eines Dritten eine Einigung versucht werden soll, ist keine Schiedsvereinbarung, Grdz 10 vor § 1025. Auch ein Schiedsgutachtervertrag nach Grdz 15 vor § 1025 ist keine Schiedsvereinbarung, Mü MDR **05**, 1186. Der Schiedsrichter muß unabhängig sein und unabhängig arbeiten können, BGH NJW **04**, 2226 (zustm Schlosser LMK **04**, 169), Kröll NJW **05**, 194.

4 **A. Schiedsrichter.** Schiedsrichter kann nur eine natürliche Person sein. Haben die Parteien eine juristische Person zum Schiedsrichter bestellt, muß man in der Regel ihre gesetzlichen Vertreter als berufen ansehen. Unfähig sind Geschäftsunfähige, weil sie keinen Schiedsrichtervertrag abschließen können. Minderjährige sind nur ablehnbar, § 1032 III, ebenso die ihnen gleichstehenden Personen. Beamte und Richter brauchen eine Genehmigung, § 65 I Z 2 BBG, § 40 DRiG. Fehlt sie, ist der Schiedsrichtervertrag nach § 134 BGB unwirksam, KG SchiedsVZ **03**, 185 (zustm Mecklenbrauck). Ist die vorliegende Genehmigung nur fehlerhaft, berührt das die Wirksamkeit nicht.

Eine *Behörde* als solche kann nicht Schiedsrichter sein. Durch eine Auslegung muß man ermitteln, ob eine solche Bestellung den Behördenleiter meint. Er handelt dann aber nicht als solcher, sondern als Privatperson. Entsprechendes gilt für Gerichte.

Eine besondere *Qualifikation* sieht das Gesetz nicht vor, ebensowenig allgemeine Ausschlußtatbestände, Wagner NJW **01**, 2132 (Notar als Schiedsrichter). Man darf und muß eine Fehlentscheidung mangels

Rechtskenntnis allein nach § 1059 korrigieren, Schumann NJW **92**, 2065, aM BGH NJW **92**, 575, MüKoMa 11.

Nie kann ein *Beteiligter* selbst Schiedsrichter sein. Denn niemand darf in eigener Sache entscheiden, BGH NJW **85**, 1904. Schiedsrichter kann auch nicht sein, wer eine Partei allein oder mit einem anderen zusammen gesetzlich vertritt. In solchen Fällen ist die Bestellung zum Schiedsrichter nichtig. Schiedsrichter kann danach nicht sein zB ein Vorstandsmitglied einer Gesellschaft oder eines Vereins beim Streit zwischen der Gesellschaft oder dem Verein und einem Mitglied. Anders soll es bei weitverzweigten Vereinen sein, wenn einzelne Mitglieder des Vereins (nicht des Vorstands) wegen ihrer Sachkunde als Schiedsrichter amtieren, SchwW 9 Rn 8. Unwirksam ist eine Schiedsvereinbarung, wenn Beisitzer für einen Streit zwischen Verbandsmitgliedern und Außenstehenden nur Mitglieder des Verbands sein sollen, Mü KTS **85**, 156, Habscheid KTS **76**, 3, aM Bettermann MDR **75**, 410, Kornblum ZZP **82**, 480. In einem solchen Fall entsteht auch durch die Erklärung der Parteien vor dem Schiedsgericht, sie hätten keine Bedenken gegen dessen Zuständigkeit und Zusammensetzung, keine wirksame neue Schiedsvereinbarung. Die Anforderungen an eine unparteiische Besetzung können nicht scharf genug sein. Zu entsprechenden Abreden über die Ernennung der Schiedsrichter durch Dritte § 1028 Rn 3. Ein Verbands- oder Vereinsgericht fällt keinen Schiedsspruch, BGH VersR **05**, 526. 5

Zulässig ist aber die Bestellung eines Mitglieds des Vorstands der *Anwaltskammer* zum Schiedsrichter im Streit zwischen einem Anwalt und den Erben eines anderen Anwalts. Zulässig sein kann auch die nach der Entstehung des Streitfalls erfolgende Bestellung eines nur mitzeichnungsberechtigten Organvertreters einer Partei durch beide Parteien, BGH **65**, 59, (zustm Kornblum BB **77**, 675), Habscheid/Calavros KTS **79**, 5, ZöGei 3, aM Schlosser JZ **76**, 247, SchwW 9 Rn 6 (aber die Parteiherrschaft nach Grdz 18 vor § 128 erfordert gerade hier eine gewisse Großzügigkeit). Beamte sind im Streit zwischen dem betreffenden Fiskus und Privaten ausgeschlossen, wenn sie den betreffenden Fiskus gesetzlich vertreten. Andernfalls, können sie Schiedsrichter sein. 6

Wird ein Schiedsrichter *nachträglich* Partei oder gesetzlicher Vertreter, fällt er ohne weiteres weg. Entfällt nachträglich die Eigenschaft als Partei oder gesetzlicher Vertreter, heilt das die Nichtigkeit nicht, § 138 BGB. Über eine Knebelschiedsvereinbarung Rn 34. Über den Schiedsrichtervertrag Anh § 1035.

B. Ausgangspunkt: Rechtsfragen. Die Vereinbarung muß sich auf die Entscheidung von Rechtsfragen beziehen, also auf eine Rechtsstreitigkeit nach § 1 EGZPO und § 13 GVG. Die Parteien müssen dem Schiedsgericht die Entscheidung übertragen, nicht bloß die Feststellung von Tatsachen, Grdz 9 vor § 1025. 7

Die Streitigkeit kann beim Abschluß der Schiedsvereinbarung schon bestehen oder *künftig entstehen.* Eine Schiedsvereinbarung über künftige Rechtsverhältnisse muß sich auf ein bestimmtes Rechtsverhältnis oder mehrere solche beziehen, § 40 Rn 4. Maßgebender Zeitpunkt ist der Vertragsschluß. Die spätere Gestaltung ist unerheblich. Ausreichend ist zB eine Vereinbarung für Streitigkeiten aus dem gemeinsamen Betrieb von Kommissionsgeschäften für alle Klagen aus einem bestimmten Gesellschaftsverhältnis oder für Zahlungsansprüche aus jeder Lieferung eines Sukzessiv-Lieferungsvertrages. Unzureichend ist eine Vereinbarung „für alle Streitigkeiten aus der Geschäftsverbindung" oder die Bestimmung des Kreises nur durch die Mitgliedschaft an einer Börse. Aus dem Rechtsverhältnis entspringen auch Streitigkeiten über die Aufhebung des Verhältnisses, etwa durch einen Rücktritt. Die Schiedsvereinbarung über ein künftiges Rechtsverhältnis ist aufschiebend bedingt. Die Bedingung tritt mit der Entstehung des Rechtsverhältnisses ein. Unzulässige Abreden sind schlechthin nichtig. 8

C. Schiedsfähigkeit. Die Streitigkeit muß schiedsfähig sein, § 1030. 9

D. Rechtsnatur. Die Schiedsvereinbarung ist ein privatrechtlicher Vertrag über prozessuale Beziehungen, Rn 3, aM BGH **99**, 147, StJSchl vor § 1025 Rn 2f, ZöGei 2, 15 (je: Prozeßvertrag). Jedenfalls gelten auch nach diesen Meinungen für das Zustandekommen und die Wirksamkeit der Schiedsvereinbarung die Grundsätze des bürgerlichen Rechts, Schmidt Festschrift für Nagel (1987) 374. Das gilt vor allem auch wegen eines etwaigen Dissenses, Hbg RIW **82**, 283, und wegen der Wirkung eines Willensmangels. Eine Stellvertretung ist im Rahmen des sachlichen Rechts möglich. Die Prozeßvollmacht nach § 81 ermächtigt nicht zum Abschluß einer Schiedsvereinbarung. 10

E. Maßgebliches Recht. Bei einer internationalen Schiedsvereinbarung richten sich das Zustandekommen und die rechtlichen Wirkungen im Geltungsbereich internationaler Abkommen nach SchlAnh VI vorrangig nach diesen, im übrigen nach der für den Vertrag nach dem Internationalen Privatrecht maßgeblichen Rechtsordnung, BGH RR **93**, 1520. Während für die Formwirksamkeit Art 11 EGBGB maßgeblich ist, BGH RR **93**, 1520, richtet sich das Vertragsstatut im Sinn von Artt 31, 32 EGBGB (Zustandekommen, Wirksamkeit, Auslegung und Erfüllung) nach Artt 27, 28 EGBGB. Danach kommt es auf das von den Parteien ausdrücklich oder stillschweigend gewählte Recht an, Art 27 EGBGB, Düss RIW **96**, 239, krit Sandrock Festschrift für Glossner (1994) 281. Beim Fehlen einer Rechtswahl kommt es darauf an, zu welcher Rechtsordnung die Schiedsvereinbarung die engsten Beziehungen hat, Art 28 EGBGB. Für die Beurteilung dieser Frage muß man alle Umstände des Falles heranziehen. Dabei können sich Anhaltspunkte aus dem Statut des Hauptvertrags ergeben, aus dem Sitz des vereinbarten Schiedsgerichts, BGH NJW **84**, 2764 (zum Begriff des „Sitzes" Berger RIW **93**, 8), oder aus der Verwurzelung der Schiedsrichter, vor allem des Obmanns, in einer nationalen Rechtsordnung. Entsprechendes gilt für die Bestimmung des für das Verfahren maßgeblichen Rechts, SchwW 50 Rn 19. Ob die danach in erster Linie maßgebliche Rechtswahl wirksam ist, entscheidet sich nach demjenigen Recht, das nach der Rechtswahl maßgeblich sein soll, BGH NJW **84**, 2764, sofern nicht der deutsche ordre public eingreift, Düss RIW **95**, 769. Zur Rechtswahlvereinbarung in AGB Meyer-Sparenberg RIW **89**, 347. Zur Schiedsgerichtsbarkeit bei einer Rückversicherung Busse/Taylor/Justen SchiedsVZ **08**, 1. 11

F. Auslegung. Ergibt sich aus der Schiedsvereinbarung, daß die Parteien nach Rn 14 eine Regelung durch ein Schiedsgericht wünschen, muß man eine nicht zu enge Auslegung beachten, Mü NJW **05**, 832, Hbg RIW **89**, 578, SchwW 3 Rn 19. Das gilt auch dann, wenn die Vereinbarung im übrigen Unklarheiten 12 über den Umfang der Zuständigkeit des Schiedsgerichts, über die Ernennung der Schiedsrichter usw enthält. So können unter „Streitigkeiten, die sich aus diesem Vertrag ergeben", auch solche Streitigkeiten fallen, die die Bezahlung von zeitlich getrennten Lieferungen auf Grund der vereinbarten Bezugsverpflichtung zum Gegenstand haben, SchDIS SchiedsVZ **05**, 166. Etwas anders gilt beim „Wiederkehrschuldverhältnis", bei dem der eine zwar liefern müsse, der andere aber ablehnen könne. Zum Anwendungsbereich der Klausel, daß das Schiedsgericht „jede etwaige Streitigkeit aus Anlaß dieses Vertrags" entscheiden solle, BGH NJW **80**, 2022.

Für die Schiedsvereinbarung gilt nur *Bundesrecht,* Art 55 EGBGB. Über den Gegenstand der Vereinbarung Rn 13, über ihre Zulässigkeit Rn 17 ff, über ihre Form § 1031. Ein Vorvertrag muß mindestens die Zusammensetzung des Schiedsgerichts regeln, Habscheid KTS **76**, 1, Sareika ZZP **90**, 297 (krit). Zulässig sind auch Schiedsvereinbarungen für Streitigkeiten zwischen Privatpersonen und fremden Staaten oder ihnen gleichstehenden Institutionen, § 20 GVG. Zu den Besonderheiten ihrer Wirksamkeit und Vollstreckung Herdegen RIW **89**, 329.

13 **4) Inhalt der Schiedsvereinbarung, I.** Die inhaltlichen Anforderungen sind gering, Kröll NJW **03**, 792. Es gibt „pathologische" Schiedsvereinbarungen und -ordnungen, Kröll SchiedsVZ **08**, 63. Sie basieren auch auf ungenügenden Kenntnissen der Möglichkeiten und ihrer Grenzen. Man muß also aufpassen. Natürlich ist eine Schiedsvereinbarung auslegbar, Kröll SchiedsVZ **08**, 65. Es gibt vier Hauptaspekte.

A. Grundsatz: Übertragung der Entscheidung. Die Schiedsvereinbarung überträgt den Schiedsrichtern die Entscheidung der Frage, wer im Recht ist, BGH SchiedsVZ **08**, 41, Kblz RR **00**, 1365, Kröll SchiedsVZ **08**, 63. Sie schließt also den Rechtsweg zum ordentlichen Gericht aus, BGH NJW **84**, 669, Düss RR **03**, 142, sei es alternativ, BGH NJW **76**, 852, oder nach der Wahl des Klägers, BGH SchiedsVZ **07**, 160 (abl Wolff ZZP **120**, 371). Sie muß die Folgen einer unterlassenen oder zu späten Wahl mitregeln, BGH NJW **99**, 282.

Ein *bestimmtes Rechtsverhältnis* muß Gegenstand der Schiedsvereinbarung sein, BGH RR **02**, 387. Man darf die Vereinbarung dazu weit auslegen, BGH RR **02**, 387, Mü RR **91**, 602. Sie kann befristet und bedingt sein, BGH SchiedsVZ **07**, 160, Kröll SchiedsVZ **08**, 63. Sie braucht nicht die gesamte Entscheidung zu übertragen. Es genügt die Entscheidung über einen des Teilurteils fähigen Teil oder diejenige über den Grund des Anspruchs (sie entspricht einem Feststellungsurteil und fällt nicht unter § 304) oder diejenige über dessen Höhe. Die Schiedsvereinbarung braucht keine hohen inhaltlichen Anforderungen zu enthalten, Kröll NJW **05**, 194. Sie braucht kein gegenseitiger Vertrag zu sein. Ferner ist die Vereinbarung zulässig, daß das Schiedsgericht über die Kosten des Verfahrens auch und gerade dann entscheiden soll, wenn dieses Verfahren unzulässig war, § 1040 Rn 3. Zulässig ist eine Schiedsvereinbarung auch für den Streit zwischen Gesellschaftern einer GmbH über die Wirksamkeit von Gesellschaftsbeschlüssen, BGH NJW **79**, 2569 (zustm Kornmeier DB **80**, 193). Etwas anderes gilt bei einer Anfechtungsklage, Rn 36. Zulässig ist ferner eine Schiedsvereinbarung bei § 166 III HGB, BayObLG MDR **79**, 317, Habscheid KTS **84**, 58. Eine Gerichtsstandsklausel bedeutet keineswegs stets eine Schiedsvereinbarung, BGH MDR **07**, 789.

Die Schiedsvereinbarung darf aber *nicht* die Entscheidung über bloße Tatfragen nach Grdz 14 vor § 1025 und auch nicht die Nachprüfung der Entscheidung eines Staatsgerichts dem Schiedsgericht übertragen, BGH SchiedsVZ **08**, 41. Die Übertragung der Entscheidung über eine Vollstreckungsabwehrklage nach § 767 ist nicht zulässig, aM für den Fall, daß die mit ihr geltend gemachte Einwendung der Schiedsabrede unterliegt, BGH SchiedsVZ **08**, 41, Schmidt JuS **87**, 748, Schütze EWiR **87**, 305. Die Schiedsvereinbarung kann den Schiedsrichtern aber auch solche Befugnisse geben, die die rein erkennende Tätigkeit übersteigen, indem sie Rechte gestalten, etwa ein Gesellschafterverhältnis bei der OHG neu ordnen sollen. Zulässig ist auch ein Schiedsgericht zur Bestimmung der Leistung nach §§ 317 ff BGB ohne eine vorherige Bestimmung durch einen anderen oder zur vertraglich vorgesehenen Anpassung des Vertrags an veränderte Verhältnisse, Nicklisch RIW **89**, 17. Die Schiedsvereinbarung überträgt auf die Schiedsrichter auch alle notwendigen Vorentscheidungen. Eine inhaltliche Unklarheit führt möglichst zu einer die Schiedsvereinbarung aufrechterhaltenden Auslegung, Kröll NJW **07**, 745 (auch zu deren Grenzen).

Zur *Abgrenzung* der Schiedsvereinbarung von einer Schlichtungsvereinbarung Grdz 9 ff vor § 1025. Zur Abgrenzung vom Schiedsgutachtervertrag Grdz 15, 16 vor § 1025.

14 **B. Bestimmung des Schiedsgerichts.** Die Parteien müssen die Entscheidung durch ein Schiedsgericht wünschen, und zwar durch ein bestimmtes oder doch eindeutig bestimmbares Schiedsgericht, BGH NJW **83**, 1267, Köln MDR **06**, 202, Drsd BB **95**, Beilage 5 S 18 (Anm Hochbaum Beilage 14 S 14). Die Benennung der Schiedsrichter ist nicht erforderlich, wie § 1035 zeigt, BGH WertpMitt **86**, 404. Nötig ist das Verlangen nach einer Entscheidung im schiedsrichterlichen Verfahren, nicht nach dem für das Staatsgericht vorgeschriebenen Verfahren (das Wort „Schiedsgericht" beweist natürlich nichts). Nötig ist ferner das Verlangen nach einer Entscheidung des Schiedsgerichts anstelle des Staatsgerichts, Kblz RR **00**, 1365. Darum ist kein Instanzenzug zwischen dem Schiedsgericht und dem Staatsgericht möglich, Rn 6. Haben die Parteien vereinbart, daß sie trotz eines Schiedsspruchs das Staatsgericht anrufen dürfen, ist die Schiedsvereinbarung als solche nichtig, demgemäß auch die Schiedsgerichtsabrede bei dem Zusatz „der ordentliche Rechtsweg wird hierdurch nicht ausgeschlossen". Eine solche Abrede kann aber als die Vereinbarung einer Schlichtung nach Grdz 11 vor § 1025 gelten, BGH KTS **84**, 335. Zulässig ist die Abrede, daß die Wirksamkeit des Schiedsspruchs von der Unterwerfung beider Parteien abhängig sei.

15 **C. Wahlfreiheit.** Die Schiedsvereinbarung kann auch die Anrufung des Schiedsgerichts oder des Staatsgerichts bei klarer Abgrenzung wahlweise freistellen, BGH NJW **76**, 852, Habscheid/Calavros KTS **79**, 1. Das gilt für eine solche Klausel zugunsten des Klägers, BGH NJW **92**, 575, nicht dagegen in der Regel für die Vereinbarung eines Wahlrechts auch zugunsten des Bekl. Denn sie benachteiligt den anderen Teil unangemessen, BGH NJW **99**, 282. Zur wirksamen Gestaltung einer solchen Klausel Jagenburg/Kesselring NJW **99**, 2412. Gilt nach den AGB des Lieferers eine Gerichtsstandsklausel zu seinen Gunsten, haben die Partner aber für den Einzelfall ein Schiedsgericht vereinbart, wird man meist bei einer beiderseitigen Abstandnahme von der Schiedsklausel auf die Gerichtsstandsklausel zurückgreifen können. Für die Fristsetzung zur Wahl gilt

§ 264 II BGB entsprechend. Nicht zulässig ist eine Aufteilung der Beantwortung der Fragen, die insgesamt erst den Rechtsstreit beendet, unter ein Schieds- und das Staatsgericht. Möglicherweise ist eine solche Abrede aber als eine Schiedsgutachterklausel gültig. Der Ausschluß des Rechtswegs beweist noch nicht das Vorliegen eine Schiedsvereinbarung.

D. Vertragsfreiheit. Da für die Schiedsvereinbarung eine *Vertragsfreiheit* besteht, dürfen die Parteien vorbehaltlich der im Buch 10 gemachten Einschränkungen die Zuständigkeit, Besetzung und das Verfahren frei vereinbaren, § 1042 III, IV. Den Inhalt der Schiedsvereinbarung stellt der Tatrichter fest, indem er den Willen der Parteien unter einer Beachtung aller Umstände im Weg der individuellen Auslegung ermittelt, Mü RR **91**, 603. Seine Auslegung bindet demnach auch den Revisionsrichter, soweit sich die Partei nicht etwa typischen Vertragsbedingungen unterworfen hat oder soweit der Tatrichter Auslegungsgrundsätze verletzt hat. Durch eine Auslegung des Vertragswillens muß man auch feststellen, ob Parteien, die in einem Vertrag ein Schiedsgericht vereinbart haben, auch eine spätere Neuordnung dieser vertraglichen Beziehungen unter dieses Schiedsgericht stellen wollten. Das kann auch bei einer Umschaffung des Vertrags der Fall sein, braucht es aber selbst dann nicht, wenn keine Umschaffung erfolgte, BGH KTS **84**, 335. **16**

E. Sachlichrechtliche Gültigkeit. Sie bestimmt sich nach dem Willen der Beteiligten, BGH RR **02**, 387, und in diesen Grenzen nach dem sachlichen Recht, Rn 2 ff, bei einem ausländischen Schiedsvertrag nach dem dafür maßgeblichen Recht, Rn 3. Wird sie bemängelt, kann das Schiedsgericht das Verfahren trotzdem fortsetzen, bis das Staatsgericht nach § 1059 II über die Wirksamkeit auf Grund einer Feststellungsklage entschieden hat. Sie ist auch bei einer schwebenden Schiedsvereinbarung zulässig, BGH RR **86**, 1059. Nichtigkeit wird allerdings nur bei solchen Mängeln vorliegen, die die ganze Schiedsvereinbarung ergreifen, zB bei einer Sittenwidrigkeit nach § 138 I BGB, BGH NJW **89**, 1477 (zustm Walter JZ **89**, 590), oder bei einer mißbräuchlichen Klausel zulasten eines Verbrauchers entgegen der Richtlinie 93/13/EWG v 5. 4. 93, EuGH NJW **07**, 135, oder bei einem Verstoß gegen eine zwingende Norm, etwa bei einer Verkürzung der Frist des § 612 HGB, oder bei einer Unbestimmtheit, BGH RIW **83**, 210 (das zur Entscheidung berufene Schiedsgericht ist weder eindeutig bestimmt noch bestimmbar), bei fehlender Geschäftsfähigkeit oder erfolgreicher Anfechtung wegen Willensmängeln usw oder bei einer unerträglichen Rechtswahlklausel, Mü WertpMit **06**, 1556 (abl Quinke SchiedsVZ **07**, 246), Kröll SchiedsVZ **07**, 146. Sonst wird nur die einzelne gesetzwidrige Bestimmung unwirksam sein und sich durch die entsprechende gesetzliche Regelung ersetzen lassen, Rn 26, 36. **17**

F. Verhältnis zum Hauptvertrag. Für das Verhältnis der Schiedsvereinbarung zu demjenigen Hauptvertrag, dessen Durchführung die Schiedsvereinbarung dient, gilt: Ist die Schiedsklausel nach Rn 11 unwirksam, richtet sich die Wirksamkeit des Hauptvertrags nach § 139 BGB. Ist der Hauptvertrag unwirksam, ist § 139 BGB unanwendbar, § 1040 I 2, (je zum alten Recht) BGH NJW **91**, 2216, Schütze IPRax **99**, 88. Ein Mangel des Hauptvertrags bedeutet keineswegs stets auch einen Mangel der Schiedsvereinbarung, Mü MDR **08**, 943. **18**

5) Wirkung der Schiedsvereinbarung, I. Es gibt vier Hauptauswirkungsarten. **19**

A. Sachlichrechtliche Wirkung. Die Schiedsvereinbarung verpflichtet die Parteien, zur Durchführung nach Kräften mitzuwirken, LG Gießen RR **96**, 500. Sie müssen zB die Schiedsrichter wie vorgesehen ernennen und evtl das Ihrige tun, eine Einigung über deren Person herbeizuführen, BGH RR **86**, 1060. Sie müssen auch sonst alles tun, um den Schiedsspruch zu ermöglichen, BGH RR **86**, 1060. Dazu kann auch die Anerkennung einer Änderung der Schiedsgerichtsordnung im anhängigen Verfahren gehören. Die Parteien müssen deshalb auch den Schiedsrichtern die verlangten angemessenen Vorschüsse zahlen. Eine Klage auf Erfüllung ist grundsätzlich zulässig, zB auf eine Zahlung des Vorschusses. Sie versagt aber, wenn die ZPO ein einfacheres Verfahren vorsieht. Denn dann fehlt das Rechtsschutzbedürfnis nach Grdz 33 ff vor § 253.

B. Prozeßrechtliche Wirkung: Die Schiedsvereinbarung verpflichtet die Partner, das Staatsgericht nicht anzurufen, Wiegand SchiedsVZ **03**, 58. Auch die ausländische gibt die Rüge der Unzulässigkeit der Klage. Greift die Rüge durch, muß das Staatsgericht die Klage evtl nach einem vergeblichen Hinweis nach § 139 durch ein Prozeßurteil nach Grdz 14 vor § 253 als unzulässig abweisen, § 1032. **20**

C. Sachliche Wirkung. Die Schiedsvereinbarung erstreckt sich auf die Abänderungsklage, § 323. Wer künftig wiederkehrende Leistungen der Entscheidung des Schiedsgerichts unterbreitet, der tut das für die endgültige Entscheidung, nicht nur für eine praktisch nur vorläufige. Das Schiedsgericht ist nach Maßgabe des alten Vertrags neu zu bilden. Jedoch dürfen die Schiedsrichter frei ablehnen. Die Vereinbarung erstreckt sich weiter, falls ihr Gegenstand künftige Rechtsstreitigkeiten aus einem bestimmten Vertragsverhältnis sind, § 1026, auch auf Schadenersatzansprüche aus unerlaubter Handlung, falls sich diese mit einer Vertragsverletzung deckt. Sie kann auch einen Anspruch aus ungerechtfertigter Bereicherung umfassen, BGH RR **91**, 602. Zur Erstreckung auf die Vollstreckungsabwehrklage nach § 767 vgl Rn 29. **21**

Ein *Verstoß* gegen zwingende Vorschriften des deutschen internationalen Rechts kann die Schiedsvereinbarung unwirksam machen, § 1059 Rn 6, Kröll SchiedsVZ **08**, 66.

D. Aufrechnung. Streitig ist der Fall der Aufrechnung, Lüke Festschrift für das LG Saarbr (1985) 307, *Stolzke,* Aufrechnung und Widerklage in der Schiedsgerichtsbarkeit, 2006 (Bespr *Peters* ZZP **120**, 533). Auch die Aufrechnung gegen einen dem schiedsrichterlichen Verfahren unterworfenen Anspruch mit einer nicht der Schiedsvereinbarung unterworfenen Forderung unterliegt der Entscheidung des Schiedsgerichts. Wer dem Schiedsgericht die Entscheidung über einen Anspruch überträgt, überläßt ihm notwendig auch diejenige über erhobene Einwendungen. Das Schiedsgericht darf also selbst entscheiden, Busse MDR **00**, 732, RoSGo § 172 VI 1 a, SchwW 3 Rn 12, aM Lüke Festschrift für das LG Saarbr (1985) 307, StJSchl 37, ZöGei 34. Es kann sich aber auch auf die Entscheidung über den Klaganspruch beschränken und die diejenige über die Aufrechnung dem Staatsgericht vorbehalten. Es muß den Schiedsspruch für vorbehaltlos erklären oder ihn aufheben und den Anspruch abweisen. **22**

Rechnet die Partei mit einer der Schiedsvereinbarung unterworfenen Forderung in einem Verfahren beim *Staatsgericht* auf, dazu Stolzke (vor Rn 1), wird im allgemeinen die Einrede der Schiedsvereinbarung durchgreifen. Denn in dieser Vereinbarung liegt das vertragliche Verbot, sich vor dem Staatsgericht auf die Aufrechnung mit diesem Anspruch zu berufen. Daher darf der Aufrechnende die dem Schiedsgericht unterstellte Forderung vor dem Staatsgericht überhaupt nicht erheben, BGH **60**, 89, Düss NJW **83**, 2149, Hamm RIW **83**, 698. Dann muß das Staatsgericht aber prüfen, ob die Berufung auf die Schiedsvereinbarung mit Treu und Glauben vereinbar ist. Andernfalls muß es trotz der Schiedsvereinbarung auch über die zur Aufrechnung gestellte Forderung entscheiden, falls das ratsam und ohne weiteres möglich ist, BGH WertpMitt **76**, 1333, Düss NJW **83**, 2149. Das gilt zB dann, wenn der Gegenanspruch aus einem betrügerischen Verhalten des Klägers beim Vertragsschluß entstanden ist oder wenn der Kläger entgegen der Schiedsvereinbarung das Staatsgericht angerufen hatte, Mü MDR **81**, 766, Habscheid KTS **84**, 56. Bei einer wirksamen Berufung auf die Schiedsvereinbarung muß das Staatsgericht sein Verfahren bis zur Entscheidung des Schiedsgerichts über die Gegenforderung nach § 148 aussetzen. Es muß dabei eine Frist zur Erhebung der Schiedsklage setzen. Denn hier gilt dasselbe wie bei der Aufrechnung mit einem in einen anderen Rechtsweg gehörenden Anspruch, § 13 GVG Rn 18, aM Lüke Festschrift für das LG Saarbr (1985) 308. Denkbar ist dann stattdessen auch ein Vorbehaltsurteil mit der Wirkung, daß bei einer Feststellung des Bestehens der Aufrechnungsforderung durch das Schiedsgericht das Staatsgericht dieses Urteil aufheben muß. Zu einer Schlichtungs- oder Mediationsklausel in AGB Friedrich SchiedsVZ **07**, 31.

Die Schiedsvereinbarung wirkt *nicht gegenüber einer Insolvenzanfechtung*. Denn der Schuldner konnte nicht über das Anfechtungsrecht verfügen.

23 **E. Persönliche Wirkung,** dazu *Böckstiegel/Berger/Bredow* (Hrsg), Die Beteiligung Dritter am Schiedsverfahren, 2005; *Müller/Keilmann* SchiedsVZ **07**, 113; *Niklas,* Die subjektive Reichweite von Schiedsvereinbarungen, 2008; *Offenhausen,* Mehrparteienschiedsgerichtsverfahren bei der Beteiligung einer Gesellschaft bürgerlichen Rechts, 2007; *Raeschke-Kessler/Wiegand* AnwBl **07**, 396 (Gesellschaftsstreitigkeiten, je ausf): Die Schiedsvereinbarung wirkt zwischen den Parteien. Sie wirkt grundsätzlich nicht gegen Dritte, Kröll SchiedsVZ **07**, 146, wohl aber gegen solche Dritte, Busse SchiedsVZ **05**, 118, die ein Vergleich der Parteien bände, BayObLG DB **04**, 302, oder die aus einem Vertrag zugunsten Dritter nach §§ 328 ff BGB Rechte herleiten könnten oder herleiten, KG NJW **80**, 1342. Sie wirkt aber nicht gegen denjenigen Streitverkündungsgegner nach § 68, der nicht beitritt und das Verfahren gegen sich gelten lassen will, Müller/Keilmann SchiedsVZ **07**, 119. Eine Schiedsvereinbarung zwischen Miterben über Streitigkeiten aus dem Nachlaß bindet den Testamentsvollstrecker nicht. Mitschuldner, Garanten oder Bürgen einer Vertragspartei sind nicht ohne weiteres an die Schiedsvereinbarung gebunden. Sie dürfen sich nicht auf ihn berufen, BGH VersR **83**, 776, Hbg VersR **82**, 1096. Ebensowenig ist der vollmachtlose Vertreter an die Schiedsvereinbarung in dem gescheiterten Vertrag gebunden, BGH **68**, 359.

24 **F. Rechtsnachfolger.** Eine Gesamtrechtsnachfolge läßt die Bindung bestehen, BGH RR **02**, 1462, BayObLG SchiedsVZ **04**, 163. Dasselbe gilt für eine Einzelrechtsnachfolge, etwa durch eine Abtretung oder Vertragsübernahme, BGH MDR **00**, 948, Perlau MDR **98**, 432, ferner beim Eintritt in einen Mietvertrag nach § 571 BGB, BGH MDR **00**, 948. Das gilt nicht, wenn die Schiedsvereinbarung etwas anderes ergibt, wenn sie zB auf ein besonderes Vertrauen der Parteien abstellt. Eine Bindung des Rechtsnachfolgers an die Schiedsvereinbarung tritt ferner ein durch einen Erwerb des Geschäftsanteils einer GmbH, BGH NJW **79**, 2567, oder durch die Ausübung eines rechtsgeschäftlichen Eintrittsrechts, BGH NJW **00**, 2346, in allen diesen Fällen ohne einen Beitritt in der Form des § 1031. Ob dann der bisherige Rechtsinhaber aus der Bindung entlassen ist, muß man durch eine Auslegung ermitteln, BGH RR **02**, 1462.

25 **G. Dritter.** Die Schiedsvereinbarung wirkt auch gegen einen Pfändungsgläubiger, wenn ein solcher Vertrag zwischen dem Schuldner, dessen Recht er geltend macht, und dem Drittschuldner besteht, aM BGH MDR **91**, 737. Sie wirkt ferner gegen den nach § 95 III HGB in Anspruch genommenen Makler, BGH **68**, 356. Gegen den Indossatar eines Orderpapiers kann die Schiedsvereinbarung nur dann wirken, wenn sich das aus der Urkunde ergibt, § 364 HGB. Die von einer OHG mit einem Dritten geschlossene Schiedsvereinbrung bindet die Gesellschafter, ebenso bei der KG die persönlich haftenden, BGH RR **91**, 424, Müller/Keilmann SchiedsVZ **07**, 115, SchwW 7 Rn 35, krit Schmidt DB **89**, 2318, Weber/v Schlabrendorff Festschrift für Glossner (1994) 482, und ebenso bei der Gesellschaft bürgerlichen Rechts, BGH NJW **01**, 1056, Wiegand SchiedsVZ **03**, 52, ferner bei der Partenreederei alle Mitglieder, BGH NJW **01**, 1056, Hbg RIW **89**, 577, Bredow EWiR **89**, 934. Diese Wirkung gilt nur für solche Rechtsstreitigkeiten, in denen Ansprüche gegen die Gesellschaft erhoben werden und es um die gleichgerichtete Haftung des Gesellschafters geht (Passivprozesse), BGH RR **91**, 424, und umgekehrt für Prozesse des Gesellschafters, in denen er in dieser Eigenschaft Ansprüche der Gesellschaft erhebt oder sie von ihr herleitet (Aktivprozesse), BGH RR **91**, 424 Vollkommer IPRax **92**, 208. Zwischen dem Verfrachter und konossementsmäßigen Empfängern wirkt die Schiedsvereinbarung im Chartervertrag zwischen dem Verfrachter und dem Befrachter, wenn das Konossement auf die Bestimmungen des Chartervertrags Bezug nimmt.

26 **H. Insolvenz.** Eine Insolvenz, Flötner, Auswirkungen des inländischen Insolvenzverfahrens auf Schiedsverfahren und Schiedsabrede, 2001, unterbricht das schiedsrichterliche Verfahren nicht. Denn die prozessualen Vorschriften der ZPO binden es nicht, Hamm KTS **85**, 376, Lüke ZZP **101**, 93. Der Insolvenzverwalter tritt geeignetenfalls ohne weiteres in das Verfahren und die Schiedsvereinbarung ein. Jedenfalls bindet den Verwalter außerhalb einer Anfechtungsklage auch die vor der Eröffnung getroffene Schiedsvereinbarung, BGH MDR **08**, 468 rechts (allenfalls § 1060 II). Auch andere Unterbrechungsgründe versagen im schiedsrichterlichen Verfahren.

27 **6) Erlöschen der Schiedsvereinbarung, I.** Sie erlischt mit einem äußerlich richtigen Schiedsspruch, § 1054. Er schafft Rechtskraft, § 1055, auch ohne daß das Schiedsgericht ihn für vollstreckbar erklärt hat. Wegen des Wiederauflebens bei einer Aufhebung § 1059 V. Sie erlicht ferner mit einem auch unwirksamen Vergleich, § 1053. Sie erlischt auch mit einer rechtskräftigen Entscheidung des Staatsgerichts in derselben Sache. Sie erlischt wirksam mit dem Verlust der Rüge der Unzulässigkeit der Klage. Sie erlischt ferner mit

dem Eintritt einer etwaigen auflösenden Bedingung oder Befristung, BGH SchiedsVZ **07**, 161. Sie erlischt mit einer erfolgreichen Anfechtung nach bürgerlichem Recht. Sie erlischt ferner mit ihrer vertraglichen Aufhebung, Kblz SchiedsVZ **05**, 260, Kröll NJW **07**, 744. Diese ist jederzeit formlos und auch stillschweigend zulässig, auch noch nach dem Erlaß des Schiedsspruchs, nicht mehr nach seiner Vollstreckbarerklärung. Denn diese gibt dem Schiedsspruch die volle Bedeutung eines rechtskräftigen Urteils des Staatsgerichts. Die Schiedsvereinbarung erlischt weiterhin mit einem Rücktritt nach § 326 BGB, so wenn eine Partei durch ihre Nichtmitwirkung das Verfahren vereitelt, aM Habscheid KTS **80**, 291, oder auch durch eine Kündigung aus wichtigem Grund, Habscheid KTS **80**, 285, Raeschke-Kessler NJW **88**, 3044. Diese Kündigung ist gerechtfertigt, wenn das schiedsrichterliche Verfahren undurchführbar wird, § 1032 I, so daß man der vertragstreuen Partei das Festhalten an der Schiedsvereinbarung nicht mehr zumuten kann, BGH NJW **92**, 3107. Das gilt zB dann, wenn man mit einem effektiven Rechtsschutz nicht rechnen kann, BGH **92**, 3107, Hbg RIW **96**, 511, LG Kassel EuZW **92**, 582 (Kriegszustand im ehem Jugoslawien).

Eine *Kündigung* ist zB grundsätzlich dann zulässig, wenn man einer Partei nicht zumuten kann, sich ohne eine infolge inzwischen eingetretener Verarmung nicht mehr bezahlbare anwaltliche Hilfe auf das Verfahren einzulassen, Naumb OLGR **06**, 76 (nicht beim verarmten Anwalt als Partei, Kröll NJW **07**, 744), oder wenn einer Partei ihr Schiedsrichter abspenstig gemacht wird, vorausgesetzt, daß sie dadurch in besonderem Maß materielle Nachteile hat.

Eine Kündigung ist dagegen *nicht* schon zulässig bei heftigen Auseinandersetzungen mit dem Vorwurf einer Verletzung der Wahrheitspflicht durch die andere Partei, oder aus Gründen, für die das Gesetz andere Behelfe vorsieht wie zB die Ablehnung eines Schiedsrichters, die Aufhebung des Schiedsspruchs oder die Ablehnung der Vollstreckung, Habscheid KTS **80**, 285. Keine Kündigung ist nötig, wenn das Verfahren undurchführbar wird, BGH NJW **00**, 3721, zB weil eine Partei sich hartnäckig weigert, den vom Schiedsgericht verlangten Vorschuß zu leisten, BGH NJW **85**, 1904, oder weil sie diesen Vorschuß nicht aufbringen kann, BGH RR **94**, 1215, Habscheid KTS **84**, 55, und weil der Gegner nicht bereit ist, die vollen Kosten vorzuschießen, BGH RR **94**, 1215. Er ist nicht verpflichtet, ein Verfahren gegen sich selbst zu finanzieren. Er kann dann gegenüber dem Einwand aus § 1032 die Gegeneinrede der Arglist erheben, BGH NJW **88**, 1215. Es kommt nicht darauf an, ob das schiedsrichterliche Verfahren bereits läuft oder ob die Partei die Undurchführbarkeit selbst vertreten muß, BGH NJW **92**, 3107, oder ob sie schon beim Abschluß der Schiedsvereinbarung mittellos gewesen ist, wenn sie erwarten konnte, aus der Durchführung des Hauptvertrags die erforderlichen Mittel zu erhalten, und wenn ungewiß war, ob es überhaupt zu einem Streit kommen würde, BGH **77**, 65. Die Schiedsvereinbarung erlischt schließlich mit Wegfall eines Schiedsrichters, wenn die Parteien das vereinbaren, § 1039 Rn 2.

7) Erlöschensfolge, I. Das Erlöschen der Schiedsvereinbarung macht ohne weiteres das Staatsgericht 28 zuständig. Behauptet eine Partei, es habe von Anfang an keine wirksame Schiedsvereinbarung bestanden, entscheidet darüber das Staatsgericht im Urteilsverfahren, § 1046. Behauptet die Partei das spätere Erlöschen der bestehenden Schiedsvereinbarung, läßt sich darüber nach § 1032 II entscheiden, also im Beschlußverfahren nach einer Anhörung des Gegners mit einer inneren Rechtskraftwirkung nach § 322.

8) Form der Schiedsvereinbarung, II. Die Schiedsvereinbarung nach I kann in der Form einer 29 selbständigen Vereinbarung (Schiedsabrede) oder in der Form einer Klausel im (Haupt-)Vertrag (Schiedsklausel) erfolgen. Ersteres wird oft beim Streit über ein nichtvertragliches Rechtsverhältnis so sein, letzteres ist die Regel bei Schiedsvereinbarungen im Handelsverkehr. §§ 1025 ff behandeln eine Schiedsabrede und eine Schiedsklausel gleichermaßen. Zur Unterwerfung unter ein Schiedsgericht in der Satzung eines Vereins oder einer Kapitalgesellschaft § 1066 Rn 1. Wegen der Formvorschriften im einzelnen § 1031. Wenn eine zunächst vorgesehene nähere Ausgestaltung einer Schiedsvereinbarung dann nicht erfolgt, kann trotzdem eine auslegbare Gesamtvereinbarung vorliegen, Mü MDR **07**, 854, Kröll SchiedsVZ **08**, 64.

1030

Schiedsfähigkeit. **I [1] Jeder vermögensrechtliche Anspruch kann Gegenstand einer Schiedsvereinbarung sein. [2] Eine Schiedsvereinbarung über nichtvermögensrechtliche Ansprüche hat insoweit rechtliche Wirkung, als die Parteien berechtigt sind, über den Gegenstand des Streites einen Vergleich zu schließen.**

II [1] Eine Schiedsvereinbarung über Rechtsstreitigkeiten, die den Bestand eines Mietverhältnisses über Wohnraum im Inland betreffen, ist unwirksam. [2] Dies gilt nicht, soweit es sich um Wohnraum der in § 549 Abs. 2 Nr. 1 bis 3 des Bürgerlichen Gesetzbuchs bestimmten Art handelt.

III Gesetzliche Vorschriften außerhalb dieses Buches, nach denen Streitigkeiten einem schiedsrichterlichen Verfahren nicht oder nur unter bestimmten Voraussetzungen unterworfen werden dürfen, bleiben unberührt.

Schrifttum: *Böcker,* Das neue Recht der objektiven Schiedsfähigkeit, 1998; *Holla,* Der Einsatz von Schiedsgerichten im organisierten Sport, 2005; *Papmehl,* Die Schiedsfähigkeit gesellschaftsrechtlicher Streitigkeiten, 2001; *Wagner,* Prozeßverträge (1998) 99, 583 ff.

Gliederung

1 **1) Systematik, Regelungszweck, I–III.** I und II regeln die Schiedsfähigkeit, also die Grenzen der Zulässigkeit einer Schiedsvereinbarung nach § 1029. Die Regelung ist nicht abschließend, III. Alles das dient der Parteiherrschaft nach Grdz 18 vor § 128, soweit irgend möglich. Dementsprechend sollte man I, II großzügig auslegen, III aber strikt handhaben. § 37 h WpHG erlaubt eine Schiedsvereinbarung über die in jenem Gesetz geregelten Geschäfte nur Kaufleuten oder juristischen Personen des öffentlichen Rechts, Lehmann SchiedsVZ **03**, 219.

2 **2) Geltungsbereich, I–III.** Die Vorschrift gilt nur bei einem inländischen Schiedsort, § 1025 I.

3 **3) Schiedsfähigkeit, I.** Der Inhalt einer Schiedsvereinbarung läßt sich wie jede Partei„prozeß"handlung auslegen, Grdz 52 vor § 128, Mü NJW **05**, 832. Dabei kommt es auf den Parteiwillen an. Dabei darf man die Schiedsvereinbarung grundsätzlich weit auslegen, Mü NJW **05**, 832. Soweit mehrere selbständige Vertragsverhältnisse bestehen, muß man freilich für jedes gesondert prüfen, ob es unter die Schiedsvereinbarung fällt, Mü NJW **05**, 832.

4 **A. Vermögensrechtlicher Anspruch, I 1.** Man darf und muß diesen Begriff weit auslegen, Berger DZWiR **98**, 48, Böcker, Das neue Recht der objektiven Schiedsfähigkeit (1998) 82. Jeder vermögensrechtliche Anspruch nach Grdz 11 vor § 1 kann grundsätzlich der Gegenstand einer Schiedsvereinbarung nach § 1029 sein. Das gilt unmittelbar für privatrechtliche Ansprüche und entsprechend für öffentlichrechtliche Ansprüche nach Grdz 23, 24 vor § 1025. Deshalb sind vermögensrechtliche Ansprüche gegen den Staat und andere öffentlichrechtliche Institutionen schiedsfähig, auch solche im Ausland.

Diese Regelung *erweitert* die Zulässigkeit einer Schiedsvereinbarung gegenüber dem früheren Recht erheblich, Berger DZWiR **98**, 48, Gottwald/Adolphsen DStR **98**, 1018, Trittmann ZGR **99**, 340. Für die Schiedsfähigkeit vermögensrechtlicher Ansprüche kommt es nicht mehr auf eine Vergleichsfähigkeit an. Vorschriften über Verfügungs-, Vergleichs- und Verzichtsverbote zB nach § 311 b BGB oder § 89 b HGB, §§ 50, 302 II AktG und §§ 9 b, 43 GmbHG schließen also die Schiedsfähigkeit nicht aus. Auch die ausschließliche Zuständigkeit bestimmter Staatsgerichte steht der Schiedsfähigkeit nicht entgegen, BGH NJW **96**, 1753, Hamm DB **00**, 1118, Schmidt ZGR **88**, 523. Das ist für eine vermögensrechtliche Familiensache wichtig, § 36 I FamFG, Rn 5. Ebenso hindert ein staatlicher Genehmigungsvorbehalt usw die Schiedsfähigkeit nicht. Die Schiedsfähigkeit gesellschaftsrechtlicher Anfechtungs-, Auflösungs- und Nichtigkeitsstreitigkeiten ist jedoch davon abhängig, inwieweit ein Schiedsspruch für und gegen Dritte rechtsgestaltend wirken kann, BGH NJW **96**, 1753, Karlsr ZIP **95**, 915, ThP 2, aM Kröll NJW **01**, 1177, Schmidt BB **01**, 1857 (aber das ist nur die Folge des Grundsatzes § 1029 Rn 23 ff). Schiedsfähig sind aber Streitigkeiten nach § 133 HGB oder nach § 61 GmbHG, BayObLG **84**, 47, oder nach § 166 HGB, BayObLG MDR **79**, 317, oder eine Erbauseinandersetzung, BGH NJW **79**, 2567, oder Streitigkeiten über Auskunfts- und Einsichtsrechte des GmbH-Gesellschafters nach §§ 51 a, 51 b GmbHG, Hamm GmbHR **00**, 677 (zustm Emde), ebenso Streitigkeiten über die Geschäftsführung bei einer BGB-Gesellschaft, Hamm NZG **99**, 1099 (zustm Ebbing) und Streitigkeiten zwischen einer GmbH und einem Gesellschafter wegen der Leistung der Stammeinlage, BGH NJW **04**, 2898 (zustm Schlosser JZ **05**, 156), Ffm SchiedsVZ **04**, 97. Schiedsfähig ist auch eine Kartellsache, Schmidt BB **06**, 1397 (Üb).

5 *Hierher gehören zB* auch Feststellungs-, Widerrufs- und Unterlassungsansprüche, wenn das Begehren auch der Wahrung wirtschaftlicher Belange dienen soll. Vermögensrechtlich sind auch Ansprüche in einer Familiensache nach § 621 I Z 4, 5, 6–9, 11, Huber SchiedsVZ **04**, 280, Schumacher FamRZ **04**, 1677. Dasselbe gilt für Ansprüche aus einer Vollstreckungsabwehrklage nach § 767 oder aus einer Drittwiderspruchsklage nach § 771.

6 **B. Nichtvermögensrechtlicher Anspruch, I 2,** dazu *Kloster-Harz* FamRZ **07**, 99 (zum sog Süddeutschen Familienschiedsgericht, Üb): Bei einem solchen Anspruch nach Grdz 11 ff vor § 1 hat eine Schiedsvereinbarung nur insoweit eine rechtliche Wirkung, als die Parteien berechtigt sind, über den Gegenstand des Streits nach § 36 FamFG einen Vergleich zu schließen, BGH VersR **98**, 112. Subjektiv hängt die Fähigkeit, eine wirksame Schiedsvereinbarung zu schließen, von der Vergleichsbefugnis nach dem sachlichen Recht ab. Objektiv kommt es darauf an, ob die Parteien über den Streitgegenstand verfahrensrechtlich verfügen können, § 36 I FamFG. Das ist nicht der Fall, soweit das Verfahren vor dem Staatsgericht ablaufen muß, also zB in Ehe- und Kindschaftssachen, in Lebenspartnerschaftssachen, in Sorgerechts-, Pflegschafts- und Betreuungssachen, BGH NJW **04**, 2898, Ffm SchiedsVZ **04**, 97, Wagner (vor Rn 1). Unschädlich ist ein nichtvermögensrechtlicher Anspruch als eine bloße Vorfrage, ZöGei 6 a. Freilich darf kein Rechtsmißbrauch nach Einl III 54 vorliegen.

7 *Beispiele:* Schiedsfähig sind Streitigkeiten aus dem Namensrecht, Ansprüche aus dem Persönlichkeitsrecht, zB auf einen Widerruf oder auf eine Gegendarstellung in den Medien, Streitigkeiten über den Ausschluß aus einem Idealverein.

Nicht schiedsfähig sind Verfahren über den Bestand einer Ehe und sonstige der Parteidisposition entzogene Statusstreitigkeiten in einer Ehe- und Kindschaftsache, zB eine Entscheidung über das Sorgerecht, BayObLG **99**, 268.

8 **4) Mietstreitigkeit, II.** Eine Schiedsvereinbarung über eine solche Rechtstreitigkeit, die den Bestand eines Mietverhältnisses über Wohnraum im Inland betrifft und nicht unter § 549 II Z 1–3 BGB fällt, ist nach II 1 grundsätzlich unwirksam (Ausnahme: II 2). Die Beschränkung auf Wohnraum im Inland beruht auf der Erwägung, daß der Schutz des Mieters eine Staatsgerichtsbarkeit fordert und daß er außerdem im Ausland der dortigen Gesetzgebung unterliegt.

9 **A. Grundsatz, II 1.** § 29 a macht im Interesse des gewöhnlich sozial schwächeren Mieters dasjenige AG ausschließlich zuständig, in dessen Bezirk sich der Wohnraum befindet, und schließt damit eine Parteivereinbarung über die Zuständigkeit aus. Nach II 1 sind auch Schiedsvereinbarungen unwirksam, um ein Ausweichen in die Schiedsgerichtsbarkeit zu verhindern. Jedoch decken sich § 29 a und § 1025 a nicht. Letzterer gilt nur für solche Rechtsstreitigkeiten, die direkt den *Bestand* eines Mietverhältnisses über Wohnraum betreffen. Darunter fallen Klagen, die zum Gegenstand haben, ob der Mietvertrag noch besteht, ob er weiter

besteht oder gekündigt ist, ferner solche, für die das Bestehen oder Nichtbestehen eine Vorfrage ist, wie Räumungs- und Herausgabeklagen. Das gilt auch für bestehende Mietverträge, die eine Schiedsvereinbarung enthalten, AG Münst WoM **08**, 507. Über andere Streitigkeiten kann eine Schiedsvereinbarung wirksam sein, also zB über Leistungen aus dem Mietvertrag wie die Zahlung der Miete, Schönheitsreparaturen oder ein Schadensersatz, AG Münst WoM **08**, 507.

B. Ausnahme, II 2. Kein Verbot gilt für eine Schiedsvereinbarung bei einer Vermietung zu einem nur vorübergehenden Gebrauch, bei der Vermietung möbilierter Räume in der Wohnung des Vermieters und bei der Vermietung von Wohnraum an bestimmte Organisationen zum Zweck der Unterbringung von Hilfsbedürftigen, II 2 in Verbindung mit § 549 II Z 1–3 BGB. Auf einen Schiedsgutachtervertrag nach Grdz 12 vor § 1025 bezieht sich II nicht. **10**

5) Weitere Beschränkungen, III. I, II enthalten keine abschließende Regelung. Unberührt bleiben diejenigen gesetzlichen Vorschriften außerhalb des Buchs 10, nach denen man einen Streit einem schiedsrichterlichen Verfahren nicht oder nur unter bestimmten Voraussetzungen unterwerfen darf. **11**

Hierhin gehören: Arbeitssachen, Grdz 5 vor § 1025, BAG NZA **98**, 220; Klagen auf eine Nichtigerklärung und Zurücknahme von Patenten sowie auf Erteilung von Zwangslizenzen, § 81 PatG, Pfaff Festschrift für Nagel (1987) 286–293; viele FamFG-Sachen; Klagen, die auf den Betrieb einer Zweigstelle nach § 53 I KWG Bezug haben, wenn die Zuständigkeit eines solchen Schiedsgerichts vereinbart wird, das seinen Sitz an einem anderen Ort als demjenigen der Zweigstelle hat, § 53 III KWG, BGH NJW **80**, 2024; Schiedsvereinbarungen über Börsengeschäfte unter den Voraussetzungen der §§ 28, 61, 53 BörsG, § 37 h WpHG, BGH NJW **91**, 2215, Düss RR **97**, 373, Ebburg WertpMitt **99**, 1264; Nichtigkeits- und Anfechtungsklagen gegen Beschlüsse der Hauptversammlung einer AktGes, § 246 III 1 AktGes, BGH NJW **96**, 1753, Gottwald/Adolphsen DStR **98**, 1018, oder derartige Klagen (nicht auch andere, BGH NJW **79**, 2567) gegen die Beschlüsse der Gesellschafter einer GmbH, weil ein Schiedsspruch ohne gesetzliche Grundlage nicht die notwendige Gestaltungswirkung haben kann, BGH NJW **96**, 1753, Bredow DStR **97**, 1653, Emde GmbHR **00**, 678, aM Schmidt BB **01**, 1857, StJSchl § 1025 Rn 27, Timm ZIP **96**, 445. **12**

6) Verstoß, I–III. Eine nicht schiedsfähige Schiedsvereinbarung ist nichtig und nicht heilbar. Eine genehmigungsbedürftige Schiedsvereinbarung ist bis zur Genehmigung schwebend unwirksam. **13**

1031 *Form der Schiedsvereinbarung.*

I Die Schiedsvereinbarung muss entweder in einem von den Parteien unterzeichneten Dokument oder in zwischen ihnen gewechselten Schreiben, Fernkopien, Telegrammen oder anderen Formen der Nachrichtenübermittlung, die einen Nachweis der Vereinbarung sicherstellen, enthalten sein.

II Die Form des Absatzes 1 gilt auch dann als erfüllt, wenn die Schiedsvereinbarung in einem von der einen Partei der anderen Partei oder von einem Dritten beiden Parteien übermittelten Dokument enthalten ist und der Inhalt des Dokuments im Falle eines nicht rechtzeitig erfolgten Widerspruchs nach der Verkehrssitte als Vertragsinhalt angesehen wird.

III Nimmt ein den Formerfordernissen des Absatzes 1 oder 2 entsprechender Vertrag auf ein Dokument Bezug, das eine Schiedsklausel enthält, so begründet dies eine Schiedsvereinbarung, wenn die Bezugnahme dergestalt ist, dass sie diese Klausel zu einem Bestandteil des Vertrages macht.

IV Eine Schiedsvereinbarung wird auch durch die Begebung eines Konnossements begründet, in dem ausdrücklich auf die in einem Chartervertrag enthaltene Schiedsklausel Bezug genommen wird.

V [1] Schiedsvereinbarungen, an denen ein Verbraucher beteiligt ist, müssen in einer von den Parteien eigenhändig unterzeichneten Urkunde enthalten sein. [2] Die schriftliche Form nach Satz 1 kann durch die elektronische Form nach § 126 a des Bürgerlichen Gesetzbuchs ersetzt werden. [3] Andere Vereinbarungen als solche, die sich auf das schiedsrichterliche Verfahren beziehen, darf die Urkunde oder das elektronische Dokument nicht enthalten; dies gilt nicht bei notarieller Beurkundung.

VI Der Mangel der Form wird durch die Einlassung auf die schiedsgerichtliche Verhandlung zur Hauptsache geheilt.

Gliederung

1) Systematik, Regelungszweck, I–VI. Eine Erleichterung des Abschlusses einer Schiedsvereinbarung durch eine Lockerung der Formvorschriften vor allem für den gewerblichen Verkehr dient dazu, das schiedsrichterliche Verfahren attraktiver zu machen und dadurch die Staatsgerichte zu entlasten. Man muß natürlich zwischen der Form und dem wie stets auslegbaren Inhalt einer Schiedsvereinbarung unterscheiden, BGH NJW **05**, 832. Zum Schutz der schwächeren Partei und zur Klarstellung der wesentlich durch die Schiedsvereinbarung festgelegten Verfahrensregeln ist für diese im Grundsatz die Schriftform notwendig, *I 1. Alt,* Kröll SchiedsVZ **07**, 146. Lockerungen für den gewerblichen Verkehr enthalten *I 2. Alt, II–IV.* Eine **1**

Verschärfung im Interesse des Verbrauchers sieht *V* vor. In allen Fällen heilt der Formmangel durch eine rügelose Einlassung, *VI*.

Unanwendbar ist § 1031 bei § 1066, Haas SchiedsVZ **07**, 10.

2 **2) Geltungsbereich, I–VI.** Die Geltung des § 1031 ist nicht auf ein Verfahren mit einem inländischen Schiedsort nach § 1043 beschränkt. Die Formvorschriften des deutschen Rechts sind nicht anwendbar, wenn internationale Übk eingreifen oder wenn die Parteien die Vereinbarung einem anderen Recht unterstellt haben, § 1059 II Z 1 a. Im Geltungsbereich des EuÜbkHSch, SchlAnh VI A 2, richten sich die Wirksamkeitserfordernisse allein nach dem Übk, BGH NJW **80**, 2022, Moller NZG **00**, 57. Es genügt also die Form des dortigen Art 1 II a, BGH RIW **83**, 210, Köln MDR **93**, 80. Dasselbe gilt bei einer Anwendbarkeit des UNÜ, SchlAnh VI A 1, BGH NJW **05**, 3500, für die Form des dortigen Art II Abs I, II, BayObLG RR **99**, 645, AG Neuß IPRax **87**, 369, Nolting IPRax **87**, 349.

3 **3) Form der Schiedsvereinbarung, I–IV.** Die Schiedsvereinbarung nach § 1029 braucht bei einem eindeutigen solchen Charakter nicht dieses Wort zu enthalten, aM Behme BB **08**, 688. Sie muß in einer Form erfolgen, die einen Nachweis ihres Inhalts ermöglicht, Rn 2, Kröll NJW **07**, 744. Daher reicht meist keine bloße Absichtserklärung, Köln MDR **06**, 201. Dafür stellt das Gesetz verschiedene Möglichkeiten zur Verfügung.

4 **A. Unterzeichnetes Dokument, I 1. Alt.** Die Schiedsvereinbarung kann in einem von den Parteien oder ihren Bevollmächtigten unterzeichneten Dokument mit ihrem vollständigen Inhalt erfolgen, BGH NJW **05**, 3500. Beide Parteien müssen es eigenhändig durch ihre Namensunterschriften oder mit gerichtlich oder notariell beglaubigten Handzeichen unterzeichnen, auch wenn es sich um ein notarielles Protokoll des Hauptvertrags oder dessen Anlage handelt, die ein wesentlicher Bestandteil des Notariatsaktes ist. Nötig ist die Unterzeichnung entweder auf demselben Dokument oder bei mehreren gleichlautenden Dokumente auf dem für den Partner bestimmten. Im letzteren Fall kommt unter Abwesenden eine wirksame Schiedsvereinbarung nur dann zustande, wenn sowohl der Antrag als auch die Annahmeerklärung jeweils dem anderen Vertragspartner schriftlich vorliegen, Hbg KTS **84**, 171. Die notwendige Form liegt auch dann vor, wenn die Parteien den Text nach der Unterzeichnung ergänzen, BGH NJW **94**, 2300. Wegen der stillschweigenden Zustimmung nach II Rn 6. Das Dokument darf auch andere Vereinbarungen wie zB den Hauptvertrag enthalten, arg V 2. Die notarielle Beurkundung ersetzt die Form, § 126 III BGB, V 2. Die Schiedsvereinbarung braucht nicht die für den Hauptvertrag notwendige Form, BGH **69**, 260. Die eigenhändige Unterzeichnung eines Dokuments ist bei der Beteiligung eines Verbrauchers die einzig zulässige Form, V.

Ungenügend ist die bloße Bezugnahme auf eine nicht (mit)unterzeichnete Schiedsvereinbarung, Köln MDR **06**, 201. Erst recht ungenügend ist eine bloße Mündlichkeit.

5 **B. Schriftwechsel, I 2. Alt.** Außerhalb V liegt die notwendige Form auch dann vor, wenn die von den Parteien gewechselten Dokumenten die Schiedsvereinbarung enthalten, BGH NJW **05**, 3500, zB Schreiben, Fernkopien, Telefaxe oder solche anderen Formen der Nachrichtenübermittlung, die einen Nachweis der Vereinbarung sicherstellen, zB im Internet usw. Es genügt, daß sich die Schiedsvereinbarung aus dem Gesamtinhalt des Schriftwechsels ergibt, BayObLG RR **03**, 719, auch aus einem kaufmännischen Bestätigungsschreiben, Kröll NJW **07**, 744. Die einzelnen Erklärungen müssen sicher erkennen lassen, daß sie von einer Vertragspartei herrühren. Handelt für sie ein Vertreter, muß die Vollmacht diesen Erfordernissen genügen und der anderen Partei zugehen.

6 **C. Stillschweigende Zustimmung, II.** Außerhalb V gilt die Form auch dann als gewahrt, wenn man das Schweigen der Gegenpartei nach der Verkehrssitte als ihre Zustimmung zu dem schriftlichen Abschlußangebot ansehen darf. Hauptfall ist das Schweigen auf ein kaufmännisches Bestätigungsschreiben im Handelsverkehr, BGH KTS **71**, 37. Eine Schlußnote des Maklers kann reichen, Kröll SchiedsVZ **07**, 146. Eine Schiedsklausel in einer Rechnung reicht nicht, BGH IPRax **06**, 266, Geimer IPRax **06**, 233.

7 **D. Bezugnahme auf Dokument, III.** Außerhalb V braucht ein nach I oder II formgerechter Vertrag die Schiedsvereinbarung nicht wiederzugeben. Es genügt vielmehr die Bezugnahme auf ein solches Dokument, das eine Schiedsklausel nach § 1029 II enthält, sofern die Bezugnahme die Schiedsklausel zu einem Bestandteil des Vertrags macht. Erst recht genügt unter dieser Voraussetzung die Bezugnahme auf eine Schiedsabrede nach § 1029 II, zB auf eine umfassende Schiedsordnung, BGH NJW **04**, 2899. Diese muß natürlich wirksam sein, Lachmann/Lachmann BB **00**, 1633, Spieker ZIP **91**, 2138. Hauptfall ist die im Handelsverkehr häufige Bezugnahme auf solche AGB, §§ 38 ff Rn 6 ff, die durch ihre Einbeziehung zum Vertragsbestandteil geworden sind, BGH NJW **05**, 3500. Dabei richtet sich die Schiedsklausel nach dem Recht des Hauptvertrags, Kröll SchiedsVZ **07**, 146. Es reicht nicht, daß jeder Partner nur auf *seine* AGB Bezug nimmt und daß eine von ihnen keine Schiedsvereinbarung nennt, Kröll NJW **07**, 745. AGB können auch auf der Rückseite stehen, BayObLG RR **99**, 644. Außerhalb des kaufmännischen Verkehrs sind Schiedsvereinbarungen in AGB unwirksam, Spieker ZIP **99**, 2138. Ohne eine Bezugnahme nach III kommt eine Schiedsvereinbarung nicht zustande.

Ungenügend sind ein bloßer Handelsbrauch oder eine allgemeine Verweisung auf AGB usw. Eine Kenntnis des Verlagspartners ist eine selbstverständliche Bedingung, aM Mü RR **96**, 1532.

8 **E. Sonderregel für Seehandel, IV.** Eine Schiedsvereinbarung entsteht auch durch die Begebung eines solchen Konnossements nach §§ 642 ff HGB, in dem man ausdrücklich auf die in einem Chartervertrag zwischen Verfrachter und Befrachter nach § 557 HGB enthaltene Schiedsklausel Bezug nimmt, Hbg VersR **83**, 1079, **82**, 894, Riehmer VersR **83**, 31.

Ungenügend ist eine bloße Verweisung auf den Chartervertrag, ThP 7.

9 **4) Form bei Beteiligung eines Verbrauchers, V.** Eine Verschärfung der Formvorschriften sieht das Gesetz bei der Beteiligung eines Verbrauchers nach § 13 BGB vor, also außerhalb einer gewerblichen oder selbständigen beruflichen Tätigkeit, BGH SchiedsVZ **05**, 157, Hamm MDR **07**, 1438 (Anstellung eines Vorstandsmitglieds einer AktG?). Darauf kann sich auch der Unternehmer berufen, selbst wenn die Klausel vom Verbraucher stammt, Hamm OLGR **06**, 527, aM Kröll SchiedsVY **07**, 148 (auch der

Wortlaut und Sinn von V ist eindeutig, Einl III 39). Dann muß die Schiedsvereinbarung in einer von den Parteien eigenhändig unterzeichneten Urkunde enthalten sein, *V 1.* Dann reicht also die Unterzeichnung durch einen Bevollmächtigten nicht, aM Lachmann SchiedsVZ **03**, 33. V 1 greift nicht zugunsten eines sog Existenzgründers ein. Denn bei ihm liegt ein Unternehmer- und nicht ein Verbraucherhandeln vor, BGH NJW **05**, 1273, Düss NJW **04**, 3192, Kröll NJW **07**, 746. Eine elektronische Form nach § 126a BGB ersetzt nach *V 2* die Form des V 1, § 130a. Die Urkunde oder das elektronische Dokument darf keine anderen Vereinbarungen enthalten als diejenigen, die sich auf das schiedsrichterliche Verfahren beziehen, *V 3,* zB keinen Mietvertrag oder Gesellschaftsvertrag, Kblz RR **96**, 970. Nicht nötig ist ein besonderes Blatt. Steht die Schiedsvereinbarung auf demselben Dokument wie der Hauptvertrag, muß sie sich eindeutig von ihm absetzen und besonders unterschrieben sein. Bei einer Einhaltung der Form des V ist auch ein Formularvertrag erlaubt, BGH NJW **05**, 1125, Kröll NJW **07**, 746. Das gilt nicht für eine notariell beurkundete Vereinbarung, *V 3,* und auch nicht für einen gerichtlichen Vergleich, der ja die Form des § 1031 ersetzt.

5) Gemeinsames, I–V. Die Formvorschriften sind zwingend und strikt, Kblz RR **96**, 970 (zum alten Recht). Bei einer Wahrung der Form nach § 1031 ist keine zusätzliche Beurkundung in einer für den Hauptvertrag nötigen Form erforderlich, BGH NJW **78**, 212, Lachmann SchiedsVZ **03**, 33. **10**

Mündliche Nebenabreden sind unwirksam. Änderungen der Schiedsvereinbarung brauchen die Form des § 1031, nicht aber nachträgliche Vereinbarungen über das Verfahren nach § 1042, BGH NJW **94**, 2156.

Bei der *Abtretung* eines Rechts aus einem Vertrag gehen meist auch die Rechte und Pflichten aus einer damit verbundenen Schiedsvereinbarung auf den Erwerber über, BGH **68**, 359, ohne daß sein Beitritt zur Schiedsvereinbarung in der Form des § 1031 nötig wird, BGH NJW **78**, 1585, Habscheid KTS **84**, 53. Dasselbe gilt bei einer Vertragsübernahme, BGH NJW **79**, 1166, bei einem Erwerb des Geschäftsanteils einer GmbH, BGH NJW **79**, 2567 (zustm Kornmeier DB **80**, 193), sowie bei der Ausübung eines rechtsgeschäftlichen Rechts auf den Eintritt in eine Handelsgesellschaft, BGH NJW **80**, 1797. **11**

Unnötig ist die besondere Form bei einer Schiedsklausel in einer Satzung zB einer AktG oder GmbH, § 1066 Rn 5. Nicht dahin gehört eine Schiedsklausel in einem Gesellschaftsvertrag (oHG, KG), auch wenn es sich um eine Massen- oder Publikums-KG handelt. Daher gilt insoweit § 1031, BGH NJW **80**, 1049, Becker ZZP **97**, 319, Schmidt JZ **89**, 1081. Auch für einen neu eintretenden Gesellschafter gilt I, BGH NJW **80**, 1049, LG Wiesb KTS **83**, 335, wenn nicht II eingreift, weil alle Gesellschafter Vollkaufleute sind und der Vertragsschluß für sie ein Handelsgeschäft ist, Rn 10. **12**

6) Heilung von Formmangel, VI, dazu *Wackenhut* KTS **85**, 425 (ausf): Ein Verstoß gegen § 1031 I–V führt zur Nichtigkeit der Schiedsvereinbarung. Jedoch heilt ein Mangel der Form durch die rügelose Einlassung auf die schiedsgerichtliche Verhandlung zur Hauptsache, Kröll NJW **03**, 793, und zwar rückwirkend. Für die Heilung reicht die wegen des Formmangels vorbehaltlose Einlassung zur Hauptsache in einem Schriftsatz aus, BGH RR **05**, 1660. Es reicht auch ein solcher Schriftwechsel, dem man entnehmen kann, daß beide Parteien das schiedsrichterliche Verfahren wünschen, Hbg RR **99**, 1738. **13**

Dabei kommt es *nicht* darauf an, ob die Parteien sich *bewußt* waren, durch ihre Einlassung die Zuständigkeit des Schiedsgerichts anstelle des Staatsgerichts zu begründen, Schmidt Festschrift für Nagel (1987) 377. Eine Heilung erfolgt nur im Umfang des Sachantrags. Denn er grenzt die Hauptsache ab. Sie erstreckt sich daher nicht ohne weiteres auf Vorfragen. Möglich ist aber, daß die Einlassung die Schiedsvereinbarung auf einen von ihr zunächst nicht erfaßten Streitgegenstand erstreckt. Das muß der die Vollstreckung aus dem Schiedsspruch Begehrende beweisen. Für die Heilung kommt es auf die rügelose Einlassung zur Hauptsache an. Sie tritt ein, wenn eine Partei das Schiedsgericht anruft und der Gegner sich vor dem Schiedsgericht mündlich oder schriftlich vorbehaltlos zur Hauptsache einläßt. Daher reicht die Einreichung eines entsprechenden Schriftsatzes vor der mündlichen Verhandlung aus, BGH RIW **83**, 212. **14**

Auf eine *fehlende,* unwirksame oder hinfällig gewordene Schiedsvereinbarung ist VI nicht unmittelbar anwendbar, Schmidt Festschrift für Nagel (1987) 778 ff, Wackenhuth KTS **85**, 428. Hier muß man unterscheiden. Bei einer sachlichrechtlich unwirksamen oder hinfällig gewordenen Schiedsvereinbarung gilt VI entsprechend (Rügeverlust). Daher kommt es auf ein Erklärungsbewußtsein nicht an. Fehlte eine Schiedsvereinbarung, liegt in der Klagerhebung vor dem Schiedsgericht und der rügelosen Einlassung des Gegners und erst recht in der ausdrücklichen Hinnahme des Schiedsgerichts meist der stillschweigende Abschluß einer Schiedsvereinbarung, BGH NJW **84**, 1356. Er ist zwar formfrei, setzt aber ein Erklärungsbewußtsein der Parteien voraus, Mü KTS **77**, 178, Wackenhuth KTS **85**, 428, aM Hbg RIW **82**, 285, LG Ffm NJW **83**, 762 (abl Vollkommer 727). **15**

1032

Schiedsvereinbarung und Klage vor Gericht. **I Wird vor einem Gericht Klage in einer Angelegenheit erhoben, die Gegenstand einer Schiedsvereinbarung ist, so hat das Gericht die Klage als unzulässig abzuweisen, sofern der Beklagte dies vor Beginn der mündlichen Verhandlung zur Hauptsache rügt, es sei denn, das Gericht stellt fest, dass die Schiedsvereinbarung nichtig, unwirksam oder undurchführbar ist.**

II Bei Gericht kann bis zur Bildung des Schiedsgerichts Antrag auf Feststellung der Zulässigkeit oder Unzulässigkeit eines schiedsrichterlichen Verfahrens gestellt werden.

III Ist ein Verfahren im Sinne des Absatzes 1 oder 2 anhängig, kann ein schiedsrichterliches Verfahren gleichwohl eingeleitet oder fortgesetzt werden und ein Schiedsspruch ergehen.

Schrifttum: *Huber* SchiedsVZ **03**, 73; *Illmer,* Der Arglisteinwand an der Schnittstelle von staatlicher Gerichtsbarkeit und Schiedsgerichtsbarkeit, 2007; *Kremer/Weimann* MDR **04**, 181 (je: Üb); *Stolzke,* Aufrechnung und Widerklage in der Schiedsgerichtsbarkeit, 2006.

Gliederung

1 **1) Systematik, I–III.** Die Bedeutung einer Schiedsvereinbarung nach § 1029 für ein Verfahren vor dem Staatsgericht in derselben Angelegenheit regelt § 1032 als eine vorrangige Spezialvorschrift, BGH NJW **01**, 2176, Huber SchiedsVZ **03**, 73, Kröll NJW **03**, 792. II eröffnet die Möglichkeit, die Zulässigkeit oder Unzulässigkeit des schiedsrichterlichen Verfahrens durch das Staatsgericht feststellen zu lassen. Das Verhältnis zwischen dem schiedsrichterlichen Verfahren und dem Staatsgerichtsverfahren ist der Gegenstand von III.

2 **2) Regelungszeck, I–III.** Zweck ist die Rechtssicherheit nach Einl III 43, trotz aller Parteiherrschaft nach Grdz 18 vor § 128. Beide Prinzipien haben im schiedsrichterlichen Verfahren eine besondere Bedeutung. Das erstere fordert eine strenge, das letztere eine milde Auslegung.

3 **3) Geltungsbereich, I–III.** Die Vorschrift gilt auch bei §§ 676, 771, 878, BGH NJW **87**, 651 (zustm Schmidt Jus **87**, 748). Sie gilt auch für ausländische Schiedsvereinbarungen nach § 1025 II, Düss RIW **96**, 776, Kröll SchiedsVZ **07**, 148. Art II Abs III UNÜ, SchlAnh VI A 1, verweist auf § 1032 I. Die Vorschrift gilt auch für eine Schiedsanordnung nach § 1066. I gilt auch im Urkundenprozeß, BGH SchiedsVZ **07**, 216, Celle SchiedsVZ **06**, 53, Annen/Schmidt SchiedsVZ **07**, 304, aber nicht im Wechselprozeß, BGH NJW **06**, 779, Bbg OLGR **05**, 79, Annen/Schmidt SchiedsVZ **07**, 304, aM Ffm RIW **86**, 379, Mü RIW **90**, 585, ZöGei 10. I gilt auch nicht im Eilverfahren, Rn 3, und nicht im selbständigen Beweisverfahren, § 485, aM Kblz EWiR **99**, 235.

Unanwendbar ist § 1032 beim bloßen Schiedsgutachten nach Grdz 12 vor § 1025.

4 **4) Einrede der Schiedsvereinbarung, I.** Man sollte vier Gesichtspunkte beachten.

A. Möglichkeit und Notwendigkeit. Vor dem Staatsgericht muß eine Klage in einer Angelegenheit vorliegen, die der Gegenstand einer Schiedsvereinbarung ist. Zur Prüfung der Reichweite einer Schiedsvereinbarung § 1029 Rn 12 (Auslegbarkeit), BGH RR **02**, 387, BayObLG RR **02**, 321. Der Klage steht ein Antrag gleich, mit dem beim Staatsgericht ein Verfahren besteht, das sich auf eine Streitentscheidung richtet, zB ein Verfahren nach der HausrVO oder auf eine vermögensrechtliche Folgesache im Verbund mit einer bereits anhängigen Ehesache, § 137 FamFG. In einer Arrest- und Verfügungssache versagt die Einrede der Schiedsvereinbarung, weil insoweit das Schiedsgericht und das Staatsgericht gleichermaßen zuständig sind, §§ 1033, 1041. Eine Schutzschrift nach Grdz 6 vor § 128 bleibt statthaft und kann ratsam sein, Teplitzky NJW **80**, 1667.

5 **B. Erhebung der Einrede.** Der Bekl muß bei dem Staatsgericht vor dem Beginn der mündlichen Verhandlung zur Hauptsache, nach § 137 Rn 3 und im schriftlichen Verfahren vor seiner Einlassung zur Sache rügen, daß die Angelegenheit der Gegenstand einer Schiedsvereinbarung ist, BGH SchiedsVZ **07**, 216, Ffm SchiedsVZ **07**, 217. Das gilt auch beim Rechtsnachfolger einer Partei. Die Rüge braucht also noch nicht in einer Klagerwiderung zu erfolgen, Rn 5. Das Rügerecht ist verzichtbar. Daher darf das Staatsgericht die Schiedvereinbarung nicht von Amts wegen beachten, BGH RR **96**, 1150, BAG MDR **88**, 259. Darauf, ob der Bekl auch sachlichrechtliche Einwendungen erhebt, kommt es nicht an, Düss MDR **77**, 762. Die Beweislast trifft diejenige Partei, die sich auf die Schiedsvereinbarung beruft, BGH NJW **86**, 2765. Die Berufung auf eine auch das Urkundenrechtsverhältnis erfassende Schiedsvereinbarung darf und muß schon im Vorbehaltsverfahrens erfolgen, BGH RR **02**, 387, Celle SchiedsVZ **06**, 52, Kröll NJW **07**, 746, aM Bbg OLGR **05**, 79, Düss OLGR **95**, 198. Sie ist dort ohne eine Beschränkung der Beweismittel nötig, BGH NJW **86**, 2765. Dazu, wann die Schiedsvereinbarung eine Wechselforderung erfaßt, § 1025 Rn 16. Für den Geltungsbereich des EuÜbkHSch, SchlAnh VI A 2, s dessen Art 6 I.

6 **C. Beschränkung der Einrede.** Die Einrede der Schiedsvereinbarung entfällt mit der Beendigung der Tätigkeit des Schiedsgerichts. Sie lebt im Zweifel mit der Aufhebung des Schiedsspruchs wieder auf, § 1059 V. Die Rüge greift auch dann nicht durch, wenn das Schiedsgericht eine Entscheidung endgültig ablehnt oder wenn die Schiedsvereinbarung, zB wegen einer Kündigung erlischt oder undurchführbar wird, BayObLG RR **02**, 323, zB wegen einer Mittellosigkeit des Klägers, BGH NJW **00**, 3721, KG SchiedsVZ **03**, 239, Kremer/Weimann MDR **04**, 181, ferner zB dann, wenn eine Partei einen Richter zum Schiedsrichter ernannt hat, § 40 I 1 DRiG, KG SchiedsVZ **03**, 185. Eine Kündigung ist dann nicht nötig, § 1029 Rn 27. Dabei ist international das sachliche Recht maßgebend, BGH RR **93**, 1519. Dagegen beendet ein bloß äußerlich unwirksamer Schiedsspruch, dem zB die Bekanntmachung fehlt, das schiedsrichterliche Verfahren nicht. Daher bleibt die Rüge dann noch zulässig. Sie geht auch dann nicht verloren, wenn sich die Partei in einem Vorprozeß über einen anderen Anspruch nicht auf die Schiedsvereinbarung berufen hat, BGH NJW **78**, 1586, oder wenn eine Partei Rechte auf einen Dritten überträgt, BayObLG RR **02**, 323.

Der Bekl braucht die Einrede *nicht innerhalb* der *Klagerwiderungsfrist* vorzubringen, sondern darf damit bis zum Beginn der mündlichen Verhandlung warten, Rn 4. § 276 I 2 in Verbindung mit §§ 282 III 2, 296 III ist unanwendbar. Denn § 1032 geht als eine Sonderregelung vor, BGH NJW **01**, 2176, Kröll NJW **03**, 792, MusVo 7, aM Sch/W 7 Rn 1.

Der Berufung auf die Schiedsvereinbarung kann die *Gegeneinrede der Arglist* entgegenstehen, Illmer (vor Rn 1). Das gilt zB bei einem treuwidrigen Verstoß gegen das eigene Verhalten durch die Geltendmachung der Zuständigkeit des Staatsgerichts im schiedsrichterlichen Verfahren oder nach § 1062, BGH RR **87**, 1194, Ffm IPRax **99**, 250 (zustm Hau 232), Köln JMBlNRW **85**, 261, oder bei einer Rüge aus § 1032, obwohl die Mittellosigkeit des Bekl die Durchführung des schiedsrichterlichen Verfahrens unmöglich macht,

BGH NJW **88**, 1215, oder bei einer Rüge gegenüber der Widerklage, wenn der Rügende seinerseits das Staatsgericht angerufen hat. Es gilt aber nicht schon dann, wenn der Bekl den für das schiedsrichterliche Verfahren verlangten Kostenvorschuß nicht gezahlt hat, Ffm RR **98**, 778, aM BGH **102**, 199.

D. Wirkung der Einrede. Die rechtzeitig erhobene und auch sonst zulässige Rüge führt mangels einer Aussetzung nach Rn 10 oder mangels einer Verweisung an das Schiedsgericht zur Abweisung der Klage als unzulässig, Mü NJW **05**, 832, es sei denn, das Staatsgericht stellt fest, daß die Schiedsvereinbarung nichtig, unwirksam oder undurchführbar ist. Das Letztere muß das Staatsgericht von Amts wegen prüfen. Eine nicht ordnungsgemäße Rüge bleibt unbeachtet. 7

Über die Einrede kann das staatliche Gericht in einer *abgesonderten Verhandlung* entscheiden, § 280. Dann fällt die Sache dem Rechtsmittelgericht nur in diesem Umfang an, BGH NJW **86**, 1436. Dasselbe gilt, wenn das Gericht die Klage ohne eine abgesonderte Verhandlung wegen der Einrede als unzulässig abgewiesen hat, BGH NJW **86**, 2765. Für die Gegeneinrede gelten §§ 296 III, 531 II nicht, § 282 Rn 17, aM Schröder ZZP **91**, 305. Das Staatsgericht darf vor einem Schiedsspruch weder an das Schiedsgericht nach § 281 verweisen noch sein Verfahren nach § 148 bis zur Entscheidung des Schiedsgerichts aussetzen. Denn das Schiedsgericht geht nach § 1040 I vor.

Wer mit der Rüge *durchdringt,* kann die Zuständigkeit des Schiedsgerichts nicht mehr bemängeln, weil dessen Zuständigkeit dann feststeht. Hat das Schiedsgericht unangreifbar entschieden und seine Zuständigkeit bejaht, ist die Anrufung der Staatsgerichte infolge der Rechtskraft unstatthaft, Huber SchiedVZ **03**, 74, Schlosser Festschrift für Nagel (1987) 358. Hat umgekehrt das Staatsgericht die Rüge für unbegründet erklärt, darf kein Schiedsspruch mehr ergehen, § 1059 Rn 3. Hat sich das Schiedsgericht unangreifbar für unzuständig erklärt, muß das Staatsgericht entscheiden, und zwar unter einer Bindung an die Erklärung. Nach einem Schiedsspruch muß das Staatsgericht dem Betroffenen nach § 148 die Möglichkeit geben, nach § 1059 vorzugehen, Haas Festschrift für Ruhberger (2005) 202, Schlosser Festschrift für Nagel (1987) 359. 8

Die wirksame Berufung auf die Schiedsvereinbarung gegenüber einer *Gegenforderung* macht die Aufrechnung mit dieser Forderung im Verfahren vor dem Staatsgericht meist unzulässig, § 1029 Rn 22. Für einen Schiedsgutachtervertrag nach Grdz 12 vor § 1025 gilt § 1032 nicht, BGH NJW **82**, 1878.

5) Feststellung der Zulässigkeit usw, II, dazu *Schroeter* SchiedsVZ **04**, 2887 (Üb): Die Vorschrift gibt beiden Parteien die Möglichkeit, durch das Staatsgericht die Zulässigkeit oder Unzulässigkeit des schiedsrichterlichen Verfahrens feststellen zu lassen, BGH SchiedsVZ **07**, 216, Ffm SchiedsVZ **07**, 217. Dafür besteht aber dann kein Rechtsschutzbedürfnis, wenn bereits ein Hauptsacheverfahren vor einem Staatsgericht rechtshängig ist und wenn der Bekl dort die Schiedseinrede erhoben hat, BayObLG RR **03**, 355, Busse SchiedsVZ **03**, 189, Kröll SchiedsVZ **08**, 68. Bisher ist nicht eindeutig geklärt, wie sich der Antrag nach II auf die Verjährung auswirkt, Windhorst SchiedsVZ **04**, 230. Man muß den Antrag bis zur Bildung des Schiedsgerichts nach § 1035 stellen, BayObLG RR **02**, 323, also evtl bis zur Annahme des Amtes als Obmann, BayObLG **99**, 263. Man muß also den Antrag nicht schon bis zur Erhebung der Schiedsklage stellen, BayObLG RR **02**, 323. Sein Gegenstand kann nur das schiedsrichterliche Verfahren im Ganzen sein, Jena RR **03**, 1506. Man darf die Unzulässigkeit einzelner Verfahrenshandlungen nur nach § 1059 oder § 1060 oder § 1061 geltendmachen. Zuständig ist das OLG, § 1062 I Z 2. Es muß alle Voraussetzungen nach I prüfen, BayObLG RR **02**, 323. Es entscheidet durch einen Beschluß. Er kann ohne eine mündliche Verhandlung ergehen, § 1063 I 1, BayObLG RR **02**, 323. 9

Die Parteien haben grundsätzlich zunächst die *Wahl,* ob sie die Rüge der Unzulässigkeit des schiedsrichterlichen Verfahrens mit der Klage nach II vor dem Staatsgericht erheben, BGH SchiedsVZ **07**, 216, Ffm SchiedsVZ **07**, 217, oder nach § 1040 vor dem Schiedsgericht, BayObLG RR **03**, 355, Busse SchiedsVZ **03**, 189. Nach der Bildung des Schiedsgerichts steht ihnen aber nur noch der letztere Weg offen. Eine rechtskräftige Feststellung der Unzulässigkeit des schiedsrichterlichen Verfahrens nach II macht einen mittlerweile ergangenen Schiedsspruch unwirksam.

Unanwendbar ist II, wenn sich der Antrag nur auf einen solchen Gegenstand bezieht, den die Schiedsvereinbarung nicht ausdrücklich regelt, wenn sie weitere Gegenstände nennt, die das Schiedsgericht regeln soll, Jena RR **03**, 1506.

6) Einfluß des Verfahrens vor dem Staatsgericht, III. Die Anhängigkeit eines Verfahrens nach I oder II steht der Einleitung oder Fortsetzung des schiedsrichterlichen Verfahrens nicht entgegen. Bei einer Klage vor dem Staatsgericht wird das Schiedsgericht sein Verfahren nach seinem pflichtgemäßen Ermessen evtl entsprechend § 148 aussetzen und es nur ausnahmsweise fortsetzen, zB wenn Beweismittel verlorengehen könnten und umgekehrt, Haas Festschrift für Rechberger (2005) 198. Einen Schiedsspruch zu erlassen verbietet sich immer dann, wenn ein Aufhebungsverfahren wahrscheinlich ist, weil die Unzulässigkeit des schiedsrichterlichen Verfahrens ein Aufhebungsgrund ist, § 1059 II Z 1 a, c, d. Hat sich das Staatsgericht rechtskräftig für unzuständig erklärt, darf das Schiedsgericht seine Zuständigkeit nicht mehr wegen einer angeblichen Zuständigkeit des Staatsgerichts verneinen, Windhorst SchiedsVZ **04**, 231. 10

1033 ***Schiedsvereinbarung und einstweilige gerichtliche Maßnahmen.*** **Eine Schiedsvereinbarung schließt nicht aus, dass ein Gericht vor oder nach Beginn des schiedsrichterlichen Verfahrens auf Antrag einer Partei eine vorläufige oder sichernde Maßnahme in Bezug auf den Streitgegenstand des schiedsrichterlichen Verfahrens anordnet.**

Schrifttum: *Bandel,* Einstweiliger Rechtsschutz im Schiedsverfahren, 2000; *Schroth* SchiedsVZ **03**, 104; *Schütze* BB **98**, 1650; *Wolf* DB **99**, 1101 (je: Üb).

1) Systematik. Die Vorschrift regelt die Zuständigkeit zum Erlaß einstweiliger Maßnahmen während des schiedsrichterlichen Verfahrens, § 1044. Sie gilt entsprechend auch bei § 1066. Solche Maßnahmen darf das Schiedsgericht treffen, § 1041 I, II. Unabhängig davon und entgegen § 1032 I sieht § 1033 eine ebenfalls 1 originäre gleichrangige Zuständigkeit des Staatsgerichts vor. Das Rechtsschutzbedürfnis kann für beide Verfahrensarten nebeneinander bis zur ersten Entscheidung bestehen. § 110 ist anwendbar, ZöGei 5.

2 **2) Regelungszweck.** Zweck ist eine Befriedigung des natürlich auch im schiedsrichterlichen Verfahrens auftretenden Bedürfnisses nach einer vorläufigen raschen Regelung besonders drängender Fragen in den Eilverfahren der §§ 485, 916 ff, 935 ff im schiedsrichterlichen Verfahren oder im Staatsgerichtsprozeß. § 1033 klärt die doppelte Zuständigkeit.

3 **3) Geltungsbereich.** Die Vorschrift gilt auch für ein Verfahren mit einem ausländischem Schiedsort, § 1025 II, IV. Köln OLGR **02**, 392, aM Nürnb SchiedsVZ **05**, 50 (abl Geimer). § 1033 begründet keine Gerichtsstandsvereinbarung nach § 38, Geimer SchiedsVZ **05**, 52, Schütze IPRax **06**, 442.

4 **4) Einstweiliger Rechtsschutz durch das Staatsgericht.** Eine Schiedsvereinbarung schließt nicht aus, daß das Staatsgericht sowohl vor als auch nach dem Beginn des schiedsrichterlichen Verfahrens auf einen Antrag einer Partei über den Streitgegenstand vorläufige oder sichernde Maßnahmen trifft. Insoweit gilt also § 1032 I nicht. Die Parteien können also die Zuständigkeit des Staatsgerichts nicht abbedingen, Mü RR **01**, 712, Wolf DB **99**, 1103, aM Ffm RR **00**, 1119.

5 **5) Anrufbarkeit auch des Schiedsgerichts.** Nach einer Bildung des Schiedsgerichts steht es der Partei mangels einer nach § 1042 II abweichenden Regelung frei, ob sie einen entsprechenden Antrag nach § 1041 an das Schiedsgericht oder nach § 1033 an das Staatsgericht stellt, ZöGei 2. § 917 ist dann anwendbar. Wenn es der Partei auf eine schnelle Vollstreckung ankommt, wird sie wegen § 1041 II, III den letzteren Weg einschlagen, Schütze BB **98**, 1650. *Vor* einer Bildung des Schiedsgerichts steht ihr nur dieser Weg offen.

6 **6) Mögliche Maßnahmen.** Welche vorläufigen oder sichernden Maßnahmen zulässig sind und wie das staatsgerichtliche Eilverfahren dann abläuft, bestimmt sich nach den allgemeinen Vorschriften, zB nach §§ 485 ff, Kblz MDR **99**, 502, oder nach §§ 916 ff, 935 ff und in bestimmten Fällen nach Sondervorschriften, zB in einer Unterhaltsstreitigkeit nach § 644. Nach ihnen richten sich auch die Zuständigkeit und die Rechtsmittel. Gericht der Hauptsache ist dann dasjenige Staatsgericht, in dessen Bezirk der Ort das Schiedsgericht nach § 1043 liegt, Hbg NJW **97**, 749. §§ 1062 ff gelten insoweit nicht.

7 **7) Keine Doppelentscheidungen.** Doppelentscheidungen sind danach nicht unstatthaft. Sie sollten aber unterbleiben, Vollkommer IPRax **99**, 232. Sowohl das Schiedsgericht nach § 1041 als auch das Staatsgericht sollten nach § 1033 in Verbindung mit §§ 916 ff strenge Anforderungen an das Rechtsschutzbedürfnis stellen. Die Vollziehung einer Maßnahme des Schiedsgerichts darf außerdem nur insoweit zulässig werden, als der Gläubiger nicht schon eine entsprechende Regelung beim Staatsgericht beantragt hat, § 1041 II 1, dort Rn 3. Wegen § 1026 darf das Staatsgericht nicht ein schiedsrichterliches Verfahren nach §§ 935, 940 einstellen, ZöGei § 1026 Rn 2.

Abschnitt 3. Bildung des Schiedsgerichts

1034 *Zusammensetzung des Schiedsgerichts.* I [1] **Die Parteien können die Anzahl der Schiedsrichter vereinbaren.** [2] **Fehlt eine solche Vereinbarung, so ist die Zahl der Schiedsrichter drei.**

II [1] **Gibt die Schiedsvereinbarung einer Partei bei der Zusammensetzung des Schiedsgerichts ein Übergewicht, das die andere Partei benachteiligt, so kann diese Partei bei Gericht beantragen, den oder die Schiedsrichter abweichend von der erfolgten Ernennung oder der vereinbarten Ernennungsregelung zu bestellen.** [2] **Der Antrag ist spätestens bis zum Ablauf von zwei Wochen, nachdem der Partei die Zusammensetzung des Schiedsgerichts bekannt geworden ist, zu stellen.** [3] **§ 1032 Abs. 3 gilt entsprechend.**

Schrifttum: *Aden,* Internationale Handelsschiedsgerichtsbarkeit, 2. Aufl 2003; *Geimer,* Schiedsgerichtsbarkeit und Verfassung, 1994; *Karl,* Die Gewährleistung der Unabhängigkeit und Unparteilichkeit des Schiedsrichters, 2004.

1 **1) Systematik, Regelungszweck, I, II.** Die Zusammensetzung des Schiedsgerichts hat für seine Unabhängigkeit und Unparteilichkeit größte Bedeutung, §§ 1035 V, 1036 I, II, Kröll SchiedsVZ **07**, 148. Zur Gewährleistung dieser Grundvoraussetzung des schiedsrichterlichen Verfahrens enthält § 1034 II besondere Bestimmungen. II dient der Gleichberechtigung aller Parteien des Verfahrens.

2 **2) Geltungsbereich, I, II.** Die Vorschrift gilt auch vor der Bestimmung eines deutschen Schiedsorts, § 1025 III.

3 **3) Zahl der Schiedsrichter, I.** Die Vorschrift setzt den Grundgedanken der Parteiherrschaft nach Grdz 18 vor § 128 in I 1 konsequent um. I 2 hat eine bloße Auffangfunktion.

A. Grundsatz, I 1. Die Zahl der Schiedsrichter ergibt sich aus der Schiedsvereinbarung im Rahmen der §§ 1029, 1031. Das kann auch nachträglich geschehen. Die Parteien können sich demgemäß auf einen Einzelschiedsrichter oder auf ein Schiedsgericht mit zwei, drei oder mehr Schiedsrichtern einigen. Sie können die Zahl der Schiedsrichter bis zum Schiedsspruch beliebig einverständlich ändern, sogar in AGB, Celle EWiR **00**, 411 (abl Mankowski). Sie können auch Näheres über die Bestimmung des Vorsitzenden (Obmanns) des Schiedsgerichts vereinbaren, § 1035 III. Vereinbaren sie ein institutionelles Schiedsgericht, gelten die Bestimmungen in dessen Verfahrensordnung (zB diejenigen der Internationalen Handelskammer (ICC), SchiedsVZ **03**, 34 (zustm von Schlabrendorff).

4 **B. Ausnahme, I 2.** Fehlt eine wirksame Vereinbarung der Parteien, bleibt die Schiedsvereinbarung insofern wirksam, ZöGei 13, aM Hbg MDR **75**, 409, und besteht ein Schiedsgericht aus drei Personen.

Wegen des Vorsitzenden § 1035 III 2. Das entspricht der Handhabung in den meisten internationalen und nationalen Schiedsfällen.

4) Übergewicht einer Partei, II. Die Vorschrift nennt das Prinzip und regelt seine Durchsetzbarkeit. 5

A. Gleichberechtigung, II 1. Die nötige Unparteilichkeit und Unabhängigkeit eines Schiedsgerichts ist eine wesentliche Voraussetzung, BGH **98**, 70. Sie ist nur dann sicher, wenn keine Partei bei der Zusammensetzung des Schiedsgerichts ein solches Übergewicht hat, das die andere Partei benachteiligt, Brschw SchiedsVZ **06**, 262, Ffm OLGR **04**, 548, Kröll NJW **07**, 744. II regelt diesen Fall, obwohl er systematisch zu § 1035 gehört. Er gibt der betroffenen Partei und auch dem Insolvenzverwalter bei der Schiedsrichterbenennung durch den (Insolvenz-)Schuldner, KG SchiedsVZ **05**, 100, das Recht, bei dem Staatsgericht zu beantragen, den oder die Schiedsrichter abweichend von der erfolgten Ernennung oder der vereinbarten Ernennungsregelung zu bestellen, BGH NZM **07**, 337 (deshalb keine Unwirksamkeit der Schiedsvereinbarung schon wegen dieser Frage, krit Mäsch JZ **08**, 359, Thode DNotZ **07**, 404).

Ein *Übergewicht* mag zB in folgender Lage bestehen: Das Ernennungsrecht besteht nur für *eine* Partei; nur ihr Schiedsrichter soll bei einer Stimmengleichheit entscheiden; bei § 1035 IV kann nur der Gegner den weiteren Schiedsrichter bestimmen oder darf der gegnerische Schiedsrichter allein entscheiden.

Das gilt auch beim sog *Mehrparteienschiedsverfahren,* bei dem auf einer Seite mehrere Beteiligte stehen, 6
§ 1035 Rn 8, BGH BB **96**, 1074, Berger RIW **01**, 13. Wenn sie sich nicht auf die Ernennung eines Schiedsrichters einigen, soll eine Partei die Ernennung des gesamten Schiedsgerichts beantragen können, um das drohende Ungleichgewicht zu verhindern, Berger DZWiR **98**, 50.

B. Beispiele zur Frage eines Übergewichts, II 1

Anwaltskammer: Ein Übergewicht ergibt sich noch *nicht* stets daraus, daß über einen Streit zwischen 7
einem Anwalt und den Erben eines anderen ein Vorstandsmitglied der Anwaltskammer entscheiden soll, selbst wenn der Präsident dieser Kammer es bestellt.

Auslandspartei: Ein Übergewicht ergibt sich noch *nicht* bei ihrer Beteiligung wegen der Klausel, daß der Schiedsrichter in Deutschland wohnhaft oder aufenthältlich sein müssen, Kröll SchiedsVZ **07**, 150.

Dritter Schiedsrichter: Ein Übergewicht kann sich aus dem größeren Einfluß auf die Ernennung eines Dritten Schiedsrichters ergeben, BGH NJW **89**, 1477.

Einzelschiedsrichter: Ein Übergewicht kann sich aus dem größeren Einfluß auf die Ernennung eines Einzelschiedsrichters ergeben, BGH NJW **89**, 1477.

Gesetzlicher Vertreter: Rn 8 „Partei als Schiedsrichter".

Organ als Schiedsrichter: S „Partei als Schiedsrichter". 8

Partei als Schiedsrichter: Ein Übergewicht kann sich aus der ja ohnehin kaum statthaften Bestellung einer Partei selbst, ihres gesetzlichen Vertreters oder eines Mitglieds ihres Organs in einer eigenen Sache ergeben, ThP, aM BGH **65**, 59, Schlosser JZ **76**, 247 (beim gemeinsam bestellten Mitglied des Vertretungsorgans).

Persönliche Kenntnis: Ein Übergewicht ergibt sich noch *nicht* stets daraus, daß die Parteien die Schiedsrichter persönlich kennen, Hbg MDR **75**, 409 (abl Habscheid KTS **76**, 19, aM ThP 3 (aber die Notwendigkeit der Unparteilichkeit führt noch nicht stets zur Verfänglichkeit einer jeden persönlichen Bekanntschaft. Sie kann ja auch ein durchaus erwünschtes Vertrauen bedeuten).

Schlaf: Z 1 kann anwendbar sein, wenn ein Richter geschlafen hatte.

Verbandsmitglied: Ein Übergewicht kann sich aus der Unterwerfung unter das Schiedsgericht eines 9
solchen Verbandes ergeben, dem nur die andere Partei angehört und das nur mit Verbandsmitgliedern besetzt ist. Dasselbe gilt beim Verein.

Verein: Ein Übergewicht kann sich daraus ergeben, daß der Vorstand eines Vereins alle Schiedsrichter oder doch ihr Obmann vom ernennen soll, wenn nur eine Partei Vereinsmitglied ist, Mü KTS **83**, 154.
S auch „Verbandsmitglied".

Versäumung des Ernennungsechts: Ein Übergewicht kann sich aus der Regelung der Folgen der Versäumung des Ernennungsrechts ergeben.

Vorsitzender: Z 1 ist anwendbar, wenn der Vorsitzende nicht richtig besetzt oder eingesetzt gehandelt hat, BGH **95**, 246.

Zahl der Schiedsrichter: Ein Übergewicht kann sich aus dem größeren Einfluß auf die Zahl der Schieds- 10
richter ergeben, BGH NJW **89**, 1477.

Zeitpunkt der Vereinbarung: Es ist unerheblich, ob er vor oder nach dem Eintritt des Streits lag, ThP 3, aM KTS **85**, 154.

C. Verfahren, II 2, 3. Es gibt drei Aspekte. 11

Der *Antrag* ist spätestens bis zum Ablauf von zwei Wochen nötig, nachdem die Partei die Zusammensetzung des Schiedsgerichts erfahren hat, *II 2.* Das entspricht der Frist für die Ablehnung eines Schiedsrichters, § 1037 II.

Zuständig ist das OLG, § 1062 I Z 1. Sein Verfahren regelt § 1063. Es prüft auch, ob der Streitgegenstand überhaupt unter die Schiedsvereinbarung fällt, BayObLG **99**, 255. Wegen des Anwaltszwangs § 1063 IV. Für die Entscheidung gilt § 1035 V, für die Offenlegungspflicht des als Schiedsrichter in Aussicht Genommenen § 1036 I. Die Entscheidung des OLG ist unanfechtbar, § 1065 I 2. Sie läßt aber die Ablehnung des Ernannten unberührt, §§ 1036 II, 1037.

D. Wirkung. Die Wirkung auf das schiedsrichterliche Verfahren folgt aus *II 3.* Entsprechend § 1032 III 12
kann während der Anhängigkeit eines Verfahrens nach II das schiedsrichterliche Verfahren beginnen oder fortlaufen sowie in ihm ein Schiedsspruch ergehen. Bestellt das OLG nach § 1035 V einen anderen zum Schiedsrichter, muß das schiedsrichterliche Verfahren in der neuen Besetzung von vorn beginnen. Ein etwa ergangener Schiedsspruch unterliegt der Aufhebung, § 1059 II Z 1 d.

1035 *Bestellung der Schiedsrichter.* **I Die Parteien können das Verfahren zur Bestellung des Schiedsrichters oder der Schiedsrichter vereinbaren.**

II Sofern die Parteien nichts anderes vereinbart haben, ist eine Partei an die durch sie erfolgte Bestellung eines Schiedsrichters gebunden, sobald die andere Partei die Mitteilung über die Bestellung empfangen hat.

III 1 Fehlt eine Vereinbarung der Parteien über die Bestellung der Schiedsrichter, wird ein Einzelschiedsrichter, wenn die Parteien sich über seine Bestellung nicht einigen können, auf Antrag einer Partei durch das Gericht bestellt. 2 In schiedsrichterlichen Verfahren mit drei Schiedsrichtern bestellt jede Partei einen Schiedsrichter; diese beiden Schiedsrichter bestellen den dritten Schiedsrichter, der als Vorsitzender des Schiedsgerichts tätig wird. 3 Hat eine Partei den Schiedsrichter nicht innerhalb eines Monats nach Empfang einer entsprechenden Aufforderung durch die andere Partei bestellt oder können sich die beiden Schiedsrichter nicht binnen eines Monats nach ihrer Bestellung über den dritten Schiedsrichter einigen, so ist der Schiedsrichter auf Antrag einer Partei durch das Gericht zu bestellen.

IV Haben die Parteien ein Verfahren für die Bestellung vereinbart und handelt eine Partei nicht entsprechend diesem Verfahren oder können die Parteien oder die beiden Schiedsrichter eine Einigung entsprechend diesem Verfahren nicht erzielen oder erfüllt ein Dritter eine ihm nach diesem Verfahren übertragene Aufgabe nicht, so kann jede Partei bei Gericht die Anordnung der erforderlichen Maßnahmen beantragen, sofern das vereinbarte Bestellungsverfahren zur Sicherung der Bestellung nichts anderes vorsieht.

V 1 Das Gericht hat bei der Bestellung eines Schiedsrichters alle nach der Parteivereinbarung für den Schiedsrichter vorgeschriebenen Voraussetzungen zu berücksichtigen und allen Gesichtspunkten Rechnung zu tragen, die die Bestellung eines unabhängigen und unparteiischen Schiedsrichters sicherstellen. 2 Bei der Bestellung eines Einzelschiedsrichters oder eines dritten Schiedsrichters hat das Gericht auch die Zweckmäßigkeit der Bestellung eines Schiedsrichters mit einer anderen Staatsangehörigkeit als derjenigen der Parteien in Erwägung zu ziehen.

Gliederung

1 **1) Systematik, I–V.** Die Zusammensetzung des Schiedsgerichts hat große Bedeutung für seine Unabhängigkeit und Unparteilichkeit, § 1034 Rn 1. Das bei der Bestellung der Schiedsrichter notwendige Verfahren bestimmen grundsätzlich die Parteien, I, II, V. Fehlt eine Vereinbarung, ist die Bestellung eine Aufgabe des staatlichen Gerichts, III, V.

2 **2) Regelungszweck, I–V.** Er ist natürlich auch hier die Stärkung der Parteiherrschaft nach Grdz 18 vor § 128 als des beherrschenden Grundgedankens des ganzen schiedsrichterlichen Verfahrens. Zugleich muß aber die ebenso wichtige Rechtssicherheit nach Einl III 43 unbedingt bestehenbleiben. Denn sonst könnte aus der Parteiherrschaft rasch eine Willkür des Stärkeren werden. Daher muß man II–V durchaus strikt handhaben.

3 **3) Geltungsbereich, I–V.** Die Vorschrift gilt auch vor der Bestimmung eines deutschen Schiedsorts, § 1025 III.

4 **4) Vereinbartes Bestellungsverfahren, I, II.** Es gibt drei Aspekte.

A. Vereinbarungsfreiheit, I. Die Parteien können das Verfahren für die Bestellung des Einzelschiedsrichters oder der Schiedsrichter unabhängig von Art 101 I 2 GG für ihren Einzelfall frei vereinbaren, und zwar in der Form der §§ 1029, 1031, aM ZöGei 1 (aber § 1031 gilt allgemein). Eine solche Regelung kann auch durch einen Mehrheitsbeschluß von Gesellschaftern erfolgen, Kröll SchiedsVZ **08**, 69. Die Parteien dürfen bestimmte Anforderungen an die Qualifikation der Schiedsrichter festlegen, § 1036 II. Ein Schiedsrichter braucht zB nicht schon kraft Gesetzes ein Volljurist zu sein, Kronke RIW **98**, 257. Die Parteien können auch eine zeitliche Staffelung der Ernennungen zB der Beisitzer und dann des Vorsitzenden vereinbaren. Die Parteien können das Schiedsrichteramt zeitlich beschränken, aber auch eine Verlängerung vereinbaren. Grenzen hat die Freiheit der Parteien insofern durch den Grundsatz, daß die Unabhängigkeit und Unparteilichkeit des Schiedsgerichts sicher sein müssen, BGH NJW **85**, 1904. Deshalb darf keine Partei ein die andere Partei benachteiligendes Übergewicht bei der Bestellung haben, § 1034 II. Wegen der Beschränkungen für die Berufung § 1029 Rn 4–6.

5 **B. Mitteilung, Bindung, II.** Ist die Bestellung eine Aufgabe der Parteien, muß jede Partei der anderen die eigene(n) Bestellung(en) mitteilen. Nach dem Zugang dieser Mitteilung bei der anderen Partei nach § 130 BGB ist die Partei grundsätzlich an ihre Schiedsrichterbestellung gebunden, Kröll NJW **05**, 195. Das gilt unabhängig davon, ob die andere Partei ihr Bestellungsrecht ausgeübt hat. Um den Zugang sicherzustellen und nachweisen zu können, empfiehlt sich schon wegen der Frist nach § 1034 II die Mitteilung durch ein Einschreiben gegen Rückschein. Die Partei darf die Ernennung dem Gegner gegenüber solange

widerrufen, bis die Ernennung diesem nach § 130 I BGB zugegangen ist, auch wenn der Schiedsrichter sein Amt bereits angenommen hatte. Mit dem Zugang der Anzeige ist die Ernennung dem Gegner und dem Schiedsrichter gegenüber als eine Parteiprozeßhandlung entsprechend Grdz 47 ff vor § 128 unwiderruflich.

Diese Regelung *gilt nicht,* wenn die Parteien etwas anderes vereinbart haben oder wenn der ernannte Schiedsrichte das Amt nicht übernimmt oder sich daran gehindert sieht. Eine Abweichung vom vereinbarten Bestellungsverfahren kann zur Unwirksamkeit der Bestellung führen, Kröll NJW **03**, 793.

C. Bestellung durch Dritten, I, II. Der Vertrag kann die Ernennung einem Dritten überlassen, zB dem Landgerichtspräsidenten oder dem Vorstand einer Anwaltskammer. Das ist zB bei ständigen Schiedsgerichten üblich. Dann muß man prüfen, ob nicht der Dritte von einer Partei so abhängt, daß in Wahrheit die Partei ernennt. Ist der Dritte eine Behörde oder Personenmehrheit, ernennt im Zweifel der Vorstand den Schiedsrichter. Unwirksam ist eine solche Vereinbarung, nach der alle Schiedsrichter oder der den Ausschlag gebende Obmann vom Vorstand oder dem Beauftragten eines Vereins ernannt werden, wenn nicht beide Parteien Mitglieder dieses Vereins sind, Mü KTS **85**, 156. Das gilt auch dann, wenn die Schiedsvereinbarung erst nach dem Eintritt des Konfliktfalls zustandekommt, aM Mü KTS **85**, 154. Eine Verpflichtung zur Ernennung hat der Dritte gesetzlich nie. Er handelt im Namen der Partei(en). Er schließt mit dem Schiedsrichter einen eigenen Vertrag. Er muß selbst nicht von den Parteien unabhängig sein, solange kein Übergewicht nach § 1034 II 1 entsteht. Die Ernennung ist immer eine rein private Handlung, auch bei einer Ernennung durch einen Richter. Die Nämlichkeit des Dritten muß eindeutig feststehen. Zulässig ist auch die Vereinbarung, daß von jeder Partei zu benennende Dritte den oder die Schiedsrichter ernennen, BayObLG NJW **02**, 3717. Man kann die Benennung des Dritten durch eine Klage vor dem Staatsgericht erzwingen, LG Gießen RR **96**, 500. 6

5) Fehlen einer Vereinbarung usw, III. In diesem Fall müssen sich die Parteien über die Bestellung eines Einzelschiedsrichters einigen. 7

A. Bestellung durch Staatsgericht, III 1. Gelingt das nicht, bestellt das Staatsgericht den Einzelschiedsrichter, *III 1,* BayObLG RR **99**, 1085. Bei einem Dreierschiedsgericht nach § 1034 I bestellt jede Partei einen Schiedsrichter. Diese beiden Schiedsrichter bestellen den dritten Schiedsrichter, der als Vorsitzender (Obmann) tätig wird, *III 2,* falls die Parteien nicht etwas anderes bestimmt haben.

B. Mehrparteien-Schiedsgericht, III 2. Bei Mehrparteien-Schiedsgerichten, § 1034 Rn 6, Labes/Lörcher MDR **97**, 421, müssen die in einer Verwaltungs- und Verfügungsgemeinschaft oder in einer notwendigen Streitgenossenschaft stehenden Beteiligten einen gemeinsamen Schiedsrichter ernennen, Koussoulis ZZP **94**, 201. Geschieht das nicht, kommt je Partei ein Schiedsrichter infrage, Hohner BB **79**, 582, Nicklisch BB **01**, 792. In allen anderen Fällen hat jeder Beteiligte das Recht, einen eigenen Schiedsrichter zu bestellen, Schwab Festschrift für Habscheid (1989) 293. Können sich die Erstgenannten nicht einigen, bestellt das Staatsgericht auf den Antrag einer Partei alle Schiedsrichter, § 1034 Rn 4, KG NJW **08**, 2720, Markfort, Mehrparteien-Schiedsgerichtsbarkeit im deutschen und ausländischen Recht (1994) 98 ff, aM Schwab Festschrift für Habscheid (1989) 293. Dann ist keine Streitgenossenschaft zulässig. 8

C. Monatsfrist, III 3. Für die Erfüllung dieser Verpflichtungen läuft jeweils eine Monatsfrist. Nach ihrem Ablauf muß auf den Antrag einer Partei das Staatsgericht den Schiedsrichter bestellen, *III 3,* BayObLG RR **02**, 933. Eine verspätete Bestellung gilt nur noch als eine Anregung der Partei oder als ein Angebot auf eine Ergänzung der Schiedsvereinbarung, Mü MDR **06**, 1308. Erst ein eindeutiger Verstoß beseitigt das Bestellungsrecht. Eine Wiedereinsetzung kommt nicht infrage. 9

D. Zeitverstoß, III 3. Kommt eine Partei ihrer Verpflichtung nicht nach, kann sie ihr Ersuchungsrecht verlieren, BayObLG RR **02**, 933, Mü MDR **06**, 1308, Kröll NJW **07**, 746. Daher ist freilich eine Aufforderung durch die andere Partei nötig. Ihre Zustellung ist nicht erforderlich, aber ratsam. Die Aufforderung muß mangels einer abweichenden Regelung in der Schiedsvereinbarung zunächst die Bezeichnung des Schiedsrichters des Auffordernden enthalten, KG MDR **08**, 285, und zwar so genau, daß seine Nämlichkeit feststeht und sich der Gegner nach ihm erkundigen kann. Der Schiedsrichter darf nicht ersichtlich untauglich sein. Er braucht aber das Amt weder angenommen zu haben noch auch nur über dessen Annahme befragt zu sein. Fällt er weg oder lehnt er ab, hat der Gegner das Aufforderungsrecht. Die Aufforderung muß ferner eine ausreichende Bezeichnung der Rechtsstreitigkeit enthalten. Die genaue Angabe des Anspruchs ist unnötig. Die Aufforderung sollte schließlich einen Hinweis auf die Monatsfrist enthalten. Er ist zwar nicht nötig, BGH RR **02**, 934, aber ratsam. Berechnung nach § 222, Beginn mit dem Zugang der Aufforderung. Eine Verlängerung und Abkürzung durch eine Vereinbarung sind zulässig, weil kein gerichtliches Verfahren vorliegt. 10

Trotz des Fristablaufs *endet* das Bestellungsrecht der Partei erst dann, wenn die andere Partei bei dem Staatsgericht einen Antrag auf eine Ersatzbestellung gestellt hat, BGH RR **02**, 934, oder wenn das OLG eine Bestellung vorgenommen hat, ZöGei 17, aM BayObLG RR **02**, 933, Naumb SchiedsVZ **03**, 236. Das bestellende Staatsgericht überprüft auch die Wirksamkeit der Schiedsvereinbarung, Kröll NJW **07**, 746. Die Parteien können im übrigen die Monatsfrist durch eine Vereinbarung abkürzen. Eine zu kurze Frist ist freilich unbeachtlich.

6) Erfolglosigkeit einer Bestellung, IV, V. Manchmal handelt eine der Parteien nicht entsprechend der Vereinbarung oder können die Parteien oder die beiden Schiedsrichter eine Einigung entsprechend diesem Verfahren nicht erzielen oder erfüllt ein Dritter eine ihm nach diesem Verfahren übertragene Aufgabe nicht, BayObLG **00**, 187. Dann kann jede Partei bei dem Staatsgericht die Anordnung der erforderlichen Maßnahmen beantragen, sofern das vereinbarte Verfahren zur Sicherung der Bestellung nichts anderes vorsieht, zB den zunächst zu versuchenden Übergang der Befugnis auf einen Dritten, BayObLG NJW **02**, 3717. Unstatthaft wäre der Übergang des Ernennungsrechts in einer solchen Lage einfach auf die Gegenpartei im Inlandsfall, anders im Auslandsfall, BGH NJW **88**, 3027. Hierhin gehört auch die Geltendmachung der Unwirksamkeit der Ernennung eines Schiedsrichters, Hamm SchiedsVZ **03**, 79 (zustm Kröll). Zuständig 11 ist das OLG, § 1062 I Z 1. Sein Verfahren richtet sich nach § 1063. Es besteht in der Regel kein Anwaltszwang, § 1063 IV. Was im Einzelfall „erforderlich" ist, entscheidet das OLG nach seinem pflichtgemäßen Ermessen unter einer Beachtung der zwingenden Vorschriften des Buchs 10. Wenn es selbst einen Schiedsrichter ernennt, muß es nach § 1035 I verfahren und die in V gesetzten Maßstäbe beachten. Das OLG muß einen Antrag zurückweisen, wenn nach dem Parteivortrag offensichtlich keine wirksame Schiedsvereinbarung vorliegt, BayObLG MDR **01**, 780. Die schon erfolgte gegnerische Bestellung kann hinfällig sein, ZöGei 9.

12 **7) Gerichtsentscheidung, V.** Das OLG muß bei der Bestellung eines Schiedsrichters alle nach der Parteivereinbarung für den Schiedsrichter erforderlichen Voraussetzungen berücksichtigen und alle diejenigen Gesichtspunkte Rechnung beachten, die die Bestellung eines unabhängigen und unparteiischen Schiedsrichters sicherstellen, *V 1,* BayObLG RR **99**, 1085, Naumb SchiedsVZ **03**, 235. Bei der Bestellung eines Einzelschiedsrichters oder eines dritten Schiedsrichters (Vorsitzenden) muß das OLG auch die Zweckmäßigkeit der Bestellung eines Schiedsrichters mit einer anderen Staatsangehörigkeit als derjenigen der Parteien in Erwägung ziehen, *V 2.* Dieser Gesichtspunkt hat vor allem in der internationalen Schiedsgerichtsbarkeit Bedeutung. Die in V genannten Maßstäbe lassen sich nicht durch eine Parteivereinbarung ändern. Der Wert der Gerichtsentscheidung läßt sich mit 10–100% der Hauptsache bemessen, Kröll NJW **05**, 196. Bei der Bestellung des Vorsitzenden kann man § 92 anwenden, Kröll SchiedsVZ **07**, 148. Fällt der vom OLG Bestellte weg, gilt § 1039.

13 **8) Schiedsrichtervertrag, I–V.** Den zwischen den Parteien und den Schiedsrichtern nötigen Vertrag regelt Buch 10 nicht. Zu den Einzelheiten Anh § 1035.

Anhang nach § 1035

Schiedsrichtervertrag

Schrifttum: *Calavros* Festschrift für *Habscheid* (1989) 65; *Glossner* Festschrift für *Quack* (1991) 709; *von Hoffmann* Festschrift für *Glossner* (1994) 143; *Karl,* Die Gewährleistung der Unabhängig und Unparteilichkeit des Schiedsrichters, 2004; *Real,* Der Schiedsrichtervertrag, 1983; *Schwab* Festschrift für *Schiedermair* (1976) 499.

Gliederung

1 **1) Wesen und Abschluß.** Man sollte drei Gerichtspunkte beachten.

A. Gegenstand. Schiedsrichtervertrag ist der zwischen den Parteien und dem Schiedsrichter vereinbarte Vertrag. Sein Abschluß steht dem dazu vorgesehenen Schiedsrichter frei. Man kann sich nicht wirksam selbst ernennen. Er verpflichtet den Schiedsrichter gegen oder ohne eine Vergütung zur Ausübung des Schiedsrichteramts. Merkwürdigerweise ist er nach Wesen und Wirkung streitig, obwohl die praktischen Unterschiede der verschiedenen Meinungen gering sind. Der Schiedsrichtervertrag ist jedenfalls ein gegenüber der Schiedsvereinbarung selbständiger, sie nur ergänzender privatrechtlicher Vertrag, BGH NJW **86**, 3077. Er ist mangels eines Entgelts ein Auftrag und bei einer Entgeltlichkeit im Grundsatz ein Dienstvertrag mit einer Geschäftsbesorgung, Kröll NJW **07**, 747, ThP Vorbem 5 vor § 1025, ZöGei § 1035 Rn 23 aM SchwW 11 Rn 9 (Prozeßvertrag, der auch dem bürgerlichen Recht untersteht). Die überragende Stellung des Schiedsrichters im Verfahren beweist nichts dagegen. Sie hat auf seinem Gebiet auch der Arzt, der Anwalt, der Techniker, kurz jeder Sachkundige. Auch sie müssen bei ihrer Tätigkeit keine fachlichen Weisungen entgegennehmen.

Schiedsrichterfähig ist jede gemäßigfähige natürliche Person und auch das Vertretungsorgan einer juristischen Person, im Zweifel dessen ältestes Mitglied, ZöGei § 1035 Rn 7. Eine Behörde ist als solche nicht schiedsrichterfähig, ThP § 1035 Rn 1, aM StJSchl § 1036 Rn 2, ZöGei § 1035 Rn 7, wohl aber zB ihr Vorstandsvorsitzender (Auslegungsfrage). § 79 ist zumindest nicht stets anwendbar, aber vereinbar. Ein Staatsgericht ist nicht schiedsrichterfähig. Es mögen aber §§ 38, 40 anwendbar sein. Richter und Beamte als Schiedsrichter brauchen eine Genehmigung ihrer Dienstbehörde nach den Beamtengesetzen, KG SchiedsVZ **03**, 185 (zustm Mecklenbrauck). Eine Erlaubnis nach dem RDG ist nicht erforderlich. Eine Tätigkeit ohne einen wirksamen Vertrag verstößt nicht gegen § 132 StGB, ZöGei 34.

2 **B. Maßgebliches Recht.** Für den Schiedsrichtervertrag gelten die Kollisionsnormen des deutschen IPR, Klein IPRax **86**, 53. Danach ist in erster Linie der Parteiwille maßgeblich, Art 27 EGBGB, in zweiter Linie das Recht des gewöhnlichen Aufenthalts oder der Hauptniederlassung des Schiedsrichters, Art 28 II EGBGB, es sei denn, die engere Verbindung mit einem anderen Staat ergibt sich aus den Umständen, Art 28 V EGBGB, zB aus dem vereinbarten Schiedsort und dessen Maßgeblichkeit für die Schiedsvereinbarung und das schiedsrichterliche Verfahren, v Hoffmann Festschrift für Glossner (1994) 143, Kronke RIW **98**, 258. Die Wirksamkeit des Schiedsrichtervertrags ist von derjenigen der Schiedsvereinbarung unabhängig. Sie ist auch

nicht von einer nach Rn 1 notwendigen Genehmigung abhängig, Stgt SchiedsVZ **03**, 85, aM SchwW 9 Rn 3 (§ 134 BGB).

C. Vertragspartner. Das sind meist einerseits der Schiedsrichter, andererseits beide Parteien, nicht nur eine Partei. Es ist auch eine Vereinbarung der Parteien mit zB einer Schiedsrichterorganisation denkbar, die ihrerseits die Schiedsrichter bestellt, ZöGei § 1035 Rn 23. Wer ernennt, ist unerheblich. Es können auch beide Parteien gemeinsam vorgehen. Wenn ersatzweise das Gericht ernennt, tut es das kraft seiner gesetzlichen Ermächtigung für beide Parteien. Der Vertragsschluß geschieht formlos, die Annahme des Amts auch durch eine beliebige schlüssige Handlung. Gilt die Annahme als erklärt, kommt der Schiedsrichtervertrag zustande. Der Vertrag mit der nicht ernennenden Partei kommt aber erst dann zustande, wenn die Anzeige von der Ernennung dem Gegner zugeht, § 1035 II. Erst damit ist der Schiedsrichtervertrag wirksam. Bis dahin liegt eine innere Angelegenheit des Ernennenden und des Schiedsrichters vor. Eine schriftliche Erklärung der Annahme oder Ablehnung ist aus der Urkunde auslegbar. Ein abweichender innerer Wille ist neben ihr unbeachtlich. 3

2) Inhalt. Hier sollte man sechs Aspekte sehen. 4

A. Rechtsgrundlage. Es gelten die Vorschriften des sachlichen Rechts mit den durch die Natur des Vertrags bedingten Abweichungen. §§ 615–619 BGB sind mit dem Schiedsrichtervertrag unvereinbar und darum unanwendbar.

B. Mitwirkungspflicht. Durch den Schiedsrichtervertrag verpflichtet sich der Schiedsrichter dazu, im schiedsrichterlichen Verfahren nach besten Kräften mitzuwirken und den Streitfall nach der Schiedsvereinbarung in einem geordneten rechtsstaatlichen Verfahren neutral und unabhängig einer alsbaldigen Erledigung zuzuführen, BGH NJW **86**, 3077 (mit einem ausführlichen Pflichtenkatalog). Aus dem Vertrag ergibt sich die Ermächtigung, die erforderlichen Ermittlungen anzustellen, auch Sachverständige zu beauftragen, denen gegenüber die Parteien verpflichtet sind und umgekehrt. Weigert sich der Schiedsrichter, gilt § 1038. Eine Mitwirkung wäre auch entsprechend § 888 III nicht erzwingbar. Hat er aber mitgewirkt und den Schiedsspruch (mit)gefällt, muß er ihn auch unterzeichnen, selbst wenn er überstimmt worden ist oder den anderen Schiedsrichter für parteiisch hält. Andernfalls würde er durch seine Kündigung das an sich fertige Ergebnis der bisherigen Arbeit rückwirkend zerstören. Eine auf eine Unterzeichnung gerichtete Klage ist zulässig, wenn es auf die Unterschrift nach § 1054 ankommt, für die Erzwingung gilt § 888 I, III MüKoMa § 1028 Rn 11, ThP § 1039 Rn 7, aM SchwW 12 Rn 1 ff (Erlöschen der Schiedsvereinbarung. Aber daß dann das Hauptverfahren vor dem Staatsgericht neu beginnt, ist ein den Parteien schwerlich zumutbares Ergebnis). 5

C. Unabhängigkeit. Der Schiedsrichter verdankt seine Stellung ganz dem Parteiwillen. Er übt keine staatlichen Befugnisse aus. Er ist aber von den Parteien völlig unabhängig. Er muß unparteiisch handeln. Er darf nicht als ein Vertreter derjenigen Partei amtieren, die ihn ernannt hat. Bei seiner Weigerung jeder Mitwirkung gelten §§ 627 II, 671 II BGB. Er verliert evtl nach § 628 BGB seinen Anspruch auf eine Vergütung. Er muß dann die erhaltene zurückzahlen und für einen Verzögerungsschaden aufkommen. Für ein Verschulden beim Schiedsspruch bedingt die Natur der Sache dieselbe Haftungsbeschränkung wie für den urteilenden Staatsrichter, § 839 II BGB, also keine schärfere Haftung als ein Staatsrichter, Art 3 I GG, ZöGei § 1035 Rn 30. Die dort zur Beschränkung geltenden Gründe bestehen auch hier. 6

D. Höchstpersönliches Amt. Das Amt des Schiedsrichters ist höchstpersönlich, §§ 613, 664 BGB. Der Schiedsrichter darf keinen Erfüllungsgehilfen nach § 278 BGB beschäftigen, allenfalls einen begrenzten Berater, BGH **110**, 107, soweit die Parteien nicht mehr erlauben. Der Eintritt eines Rechtsnachfolgers der Partei beendet den Schiedsrichtervertrag nicht, wenn sein Inhalt unberührt bleibt. Darum darf der Rechtsnachfolger auch nicht kündigen. 7

E. Weisungen beider Parteien. Sie binden den Schiedsrichter im Rahmen seiner Aufgabe, § 665 BGB, soweit sie mit dem Schiedsrichtervertrag vereinbar sind und nicht gegen zwingende Normen verstoßen. Weisungen nur einer der Parteien sind höchstens pflichtmäßig bewertbare Anregungen, BGH NJW **86**, 3077. Derjenige Schiedsrichter, der sich zum Schaden einer Partei nicht an das im Vertrag vorgesehene Recht hält, handelt treuwidrig. Denn er hat eine ähnliche Stellung wie der Richter des Staatsgerichts. Er haftet deshalb ebenso wie dieser, Rn 6. 8

F. Einzelpflichten. Eine Akteneinsicht wie bei § 299, eine Auskunft über den Stand des Verfahrens, eine Abrechnung über Vorschüsse, die Herausgabe für die Parteien vereinnahmter Beträge und eine Verschwiegenheit sind selbstverständliche Pflichten, BGH NJW **86**, 3078. Der Schiedsrichter kann auch verpflichtet sein, bei der Klärung von Umständen mitzuwirken, die den Bestand des Schiedsspruchs infragestellen. Das schließt aber nicht die Verpflichtung ein, sich bei begründeten Zweifeln an seinem Geisteszustand einer psychiatrischen Untersuchung zu unterziehen, BGH NJW **86**, 3077. Wegen des Verbots der Vorteilsannahme §§ 331 ff StGB, vor allem § 335 a StGB. Der Schiedsrichter ist zur Verschwiegenheit nach außen verpflichtet, also auch zu derjenigen über die Beratung, und ist insofern zur Aussageverweigerung berechtigt. Beides gilt unabhängig von einer Entbindung durch die Parteien, Düss EWiR **88**, 623, Prütting Festschrift für Schwab (1990) 418. 9

3) Vergütung, dazu *Buchwaldt* NJW **94**, 638; *Burchard* ZfBR **89**, 131; *SchwW 12 Rn 10 ff* (je: Üb): 10

A. Anspruchsgrundlage. Ein Anspruch auf eine Vergütung besteht nur bei einem Dienstvertrag mit Geschäftsbesorgung, der aber im Zweifel vorliegt, Rn 1, nicht bei einem Auftrag. Maßgebend sind §§ 612, 614, 632, 6760, 675 I BGB. Der Anspruch geht im Außenverhältnis stets gegen beide Parteien als Gesamtschuldner, § 427 BGB. Über die Höhe entscheidet der Schiedsrichtervertrag. Notfalls sollte man ihn immer durch eine der Form des § 1027 genügende Zusatzvereinbarung in der ersten mündlichen Verhandlung ergänzen, um Streit zu vermeiden. Fehlt eine Vereinbarung, muß man die am Ort der Dienstleistung übliche Vergütung leisten. Das ist vielfach die Vergütung eines Anwalts 2. Instanz, so zB nach der vom Deutschen Anwaltverein ausgearbeiteten Mustervereinbarung und nach der Schiedsgerichtsordnung für das Bauwesen, und zwar für jeden Schiedsrichter und meist mit einem Zuschlag für den Obmann, Bork NJW **08**, 1921, Buchwaldt NJW **94**, 638, Burchard ZfBR **89**, 131. Eine Einigungsgebühr ist möglich, Bork NJW **08**, 1921.

Die Beteiligten sollten eine Berechnung nach dem *RVG* vereinbaren. Denn dann stehen auch die einzelnen Gebührentatbestände fest. Dann kann keine Partei die Unangemessenheit der entsprechend berechneten Gebühren rügen. Zu den Auswirkungen einer vorzeitigen Beendigung des Verfahrens auf die Entstehung der Gebühren (nach altem Recht) Buchwaldt NJW **94**, 638. Ist eine übliche Vergütung nicht ermittelbar, bestimmt der Schiedsrichter seine Vergütung nach seinem pflichtgemäßen Ermessen, §§ 315 f BGB, Kröll NJW **07**, 747. Man kann zB die Anwaltsvergütung einer zweiten Instanz mit doppelten Terminsgebühren und beim Vorsitzenden mit einem Zuschlag von 0,2 Gebühr ansetzen, LG Mönchengladb SchiedsVZ **07**, 104, bei einer vorzeitigen Erledigung evtl weniger. Über die Angemessenheit entscheidet notfalls das Staatsgericht im Prozeß. Die Richtigkeit und Rechtsbeständigkeit des Schiedsspruchs sind dabei ebenso wie die Gültigkeit der Schiedsvereinbarung unerheblich. Das Verfahren muß aber gesetzmäßig abgeschlossen sein. Erst dann ist die Vergütung fällig. Der Schiedsrichter kann seine Vergütung von jeder Partei als Gesamtschuldnerin fordern, also auch von derjenigen, die ihn nicht bestellt hat. Bei § 1066 ist Vergütungsschuldner derjenige, der den Schiedsrichter eingesetzt hat.

Das *Schiedsgericht* darf die Vergütung seiner Mitglieder weder unmittelbar noch mittelbar selbst festsetzen, Mü SchiedsVZ **07**, 166, grundsätzlich auch nicht etwa durch seine Entscheidung über den Streitwert des Verfahrens, BGH **94**, 92, Habscheid/Calavros KTS **79**, 7 (Ausnahme bei dessen Unstreitigkeit usw, Mü SchiedsVZ **07**, 166). Es darf auch nicht im Schiedsspruch darüber entscheiden, BGH NJW **85**, 1904. Vielmehr muß im Streit das Staatsgericht entscheiden, BGH NJW **85**, 1903.

11 **B. Auslagenersatz.** Ihn muß man nach § 670 BGB gewähren, einen Auslagenvorschuß nach § 669 BGB. Die Vergütung schließt eine etwaige Umsatzsteuer (Mehrwertsteuer) ein, wenn die Parteien nichts anderes vereinbart haben.

12 **C. Vorschuß.** Die Schiedsrichter dürfen auch einen Vergütungsvorschuß verlangen, und zwar in jeder Lage des Verfahrens, BGH NJW **85**, 1904. Das Fordern und Gewähren eines Vorschusses ist derart üblich, daß man von einem Gewohnheitsrecht reden kann, Kröll NJW **07**, 747. Dazu kommt, daß die Vergütung der Tätigkeit des Schiedsrichters der Vergütung eines Anwalts ähnelt und daß man niemandem zumuten kann, eine derartige regelmäßig längere Tätigkeit vorzuleisten, weil die unterliegenden Partei, wenn nicht beide Parteien, nach der Beendigung der Sache zuweilen Schwierigkeiten machen kann. Ratsam ist immerhin, die Tätigkeit von einer vorherigen Vorschußleistung abhängig zu machen. Vorschußpflichtig sind beide Parteien als Gesamtschuldner. Sie sind zusammen „der Auftraggeber", § 669 BGB. Im Innenverhältnis besteht mangels einer abweichenden Vereinbarung eine Verpflichtung nur nach § 426 I BGB. Das gilt unabhängig von einer etwaigen Bedürftigkeit einer Partei. Bei § 1066 mag im Innenverhältnis zB jeder Miterbe hier anteilsmäßig haften. Der Obmann ist ein Treuhänder der Vorschüsse, Schlosser SchiedsVZ **03**, 21.

13 **D. Nichtleistung des Vorschusses.** Leistet eine Partei den Vorschuß nicht, kann der Schiedsrichter nicht klagen, BGH **94**, 92. Wohl aber kann das die Gegenpartei vor dem Staatsgericht tun, BGH **94**, 92. Denn die Pflicht zur Leistung des Vorschusses ergibt sich aus der Förderungspflicht der Parteien, Rn 12, BGH NJW **85**, 1904, AG Düss SchiedsVZ **03**, 240. Niemals darf das Schiedsgericht über die Zahlung des von ihm verlangten Vorschusses selbst befinden, Rn 10. Ob die Partei leisten kann, ist unerheblich. Ein Verzug gibt der Gegenpartei das Recht, von der Schiedsvereinbarung zurückzutreten, § 326 BGB, oder aus wichtigem Grund zu kündigen, § 1029 Rn 27. Wer selbst keinen Vorschuß leisten kann, darf ihn nach Treu und Glauben nicht dem Gegner zumuten. Bleibt der Vorschuß aus, dürfen die Schiedsrichter die Tätigkeit bis zur Zahlung einstellen, § 273 I BGB, BGH NJW **85**, 1904, Kröll NJW **07**, 747. Sie sind aber nicht berechtigt, wegen der Nichtzahlung des Vorschusses eine für erheblich gehaltene Beweisaufnahme zu unterlassen oder ohne eine Verwertung des Beweismittels zu entscheiden, BGH NJW **85**, 1904, Waldner JR **86**, 69. Die Schiedsrichter können den Vorschuß in jeder Lage des Verfahrens verlangen, BGH NJW **85**, 1904.

14 **4) Erlöschen.** Es gibt eine Reihe von Gründen.

A. Erlöschensgründe. Infrage kommt zunächst die Beendigung der Aufgabe, regelmäßig also der Erlaß des Schiedsspruchs. Möglich ist auch, daß sich der Zweck nicht mehr erreichen läßt. Ein weiterer Erlöschensgrund ist der Tod des Schiedsrichters oder sein Unfähigwerden zur Dienstleistung nach § 1038 oder eine wirksame Kündigung der Parteien oder der Schiedsrichter, Rn 15, §§ 626, 627, 671 BGB, oder eine zeitliche Beschränkung des Schiedsrichteramts. Eine Kündigung der Parteien ist jederzeit zulässig. Sie duldet keine Bedingung. Sie muß von beiden Parteien ausgehen. Die Kündigung oder der Widerruf nur einer Partei ist unbeachtlich. Ein Rücktritt vom Vertrag kommt neben einer Kündigung nicht infrage. Als Erlöschenszweck kommt ferner infrage eine erfolgreiche Ablehnung, §§ 1036, 1037. Ein Insolvenzverfahren über das Vermögen einer Partei beendet das Vertragsverhältnis nicht. Auch eine Insolvenz des Schiedsrichters beendet nicht. Beide Fälle sind an sich auch kein Kündigungsgrund.

15 **B. Kündigung.** Diejenige seitens des Schiedsrichters ist jederzeit zulässig (Einschränkung Rn 5), wenn die Schiedsgerichtsparteien zustimmen, also den Rücktritt genehmigen, oder wenn ein wichtiger Grund vorliegt, §§ 626, 627, 671 BGB. Ein wichtiger Grund liegt zB vor: Wenn das Vertrauen gestört ist, wenn etwa eine Partei einen Schiedsrichter ernstlich beleidigt; wenn sie den erforderten angemessenen Vorschuß nicht zahlt; wenn der Schiedsrichter mit den anderen Schiedsrichtern nicht mehr ersprießlich zusammenarbeiten kann, wozu die bloße Parteilichkeit eines andern Schiedsrichters nicht genügt; bei längerer Krankheit; beim Wegzug ins Ausland; nicht aber, wenn er überstimmt wird. Eine Kündigung ohne einen wichtigen Grund macht den Schiedsrichter für den entstehenden Schaden ersatzpflichtig. Wegen der Vergütung und einem Ersatz bei einer Kündigung § 628 BGB. Den Kündigungsgrund muß der Schiedsrichter beweisen.

16 **C. Rechtsfolgen.** Wegen der Vergütung des Schiedsrichters nach § 628 BGB vgl Rn 10, Buchwaldt NJW **94**, 638.

1036 *Ablehnung eines Schiedsrichters.* [I 1] **Eine Person, der ein Schiedsrichteramt angetragen wird, hat alle Umstände offen zu legen, die Zweifel an ihrer Unparteilichkeit oder Unabhängigkeit wecken können.** [2] **Ein Schiedsrichter ist auch nach seiner Bestellung bis zum Ende des schiedsrichterlichen Verfahrens verpflichtet, solche Umstände den Parteien unverzüglich offen zu legen, wenn er sie ihnen nicht schon vorher mitgeteilt hat.**

[II 1] **Ein Schiedsrichter kann nur abgelehnt werden, wenn Umstände vorliegen, die berechtigte Zweifel an seiner Unparteilichkeit oder Unabhängigkeit aufkommen lassen, oder wenn er die zwischen den Parteien vereinbarten Voraussetzungen nicht erfüllt.** [2] **Eine Partei kann einen Schiedsrichter, den sie bestellt oder an dessen Bestellung sie mitgewirkt hat, nur aus Gründen ablehnen, die ihr erst nach der Bestellung bekannt geworden sind.**

1) Systematik, Regelungszweck, I, II. Es handelt sich um eine vorrangige Abwandlung der §§ 42 ff, 48 und um deren erhebliche Erweiterung in I. Ergänzend gilt § 1037. Die Vorschrift soll sicherstellen, daß die unverzichtbare Unabhängigkeit und Unparteilichkeit des Schiedsgerichts besteht, §§ 1034 II, 1035 V. Das liegt trotz aller Parteiherrschaft auch im öffentlichen Interesse, BGH **98**, 72, aM ZöGei 1. Das gilt bei aller Großzügigkeit der Handhabung. Sie legt den Schiedsrichtern deshalb eine Offenlegungspflicht auf, I, und regelt ihre Ablehnung, II. §§ 1036, 1037 können beim Vorsitzenden einer betrieblichen Einigungsstelle entsprechend anwendbar sein, BAG MDR **02**, 343. 1

Unanwendbar ist § 1036 beim bloßen Schiedsgutachter, Grdz 12 ff vor § 1025, Mü BB **76**, 1047 (anders ab einer Leistungsklage).

2) Offenlegungspflicht, I, dazu *Weigel* MDR **99**, 1360 (Üb): Jede Person, die ein Schiedsrichteramt übernehmen soll, auch im gerichtlichen Bestellungsverfahren nach § 1035, muß den Parteien und evtl dem Staatsgericht alle diejenigen Umstände offenlegen, die nach dem sog parteiobjektiven Maßstab des § 42 Rn 10 Zweifel an ihrer Unparteilichkeit oder Unabhängigkeit wecken können, *I 1*, BGH NJW **95**, 1679, Ffm NJW **08**, 1325. Hierauf sollten die Parteien und das Gericht bei der entsprechenden Anfrage ausdrücklich hinweisen. Die Offenlegungspflicht besteht für den Schiedsrichter nach seiner Bestellung bis zum Ende des schiedsrichterlichen Verfahrens nach § 1056 fort. Er muß die genannten Umstände beiden Parteien unverzüglich und daher ohne schuldhaftes Zögern wie bei § 121 I 1 BGB offenlegen, wenn er sie ihnen nicht schon vorher mitgeteilt hat, *I 2*. 2

Ein *Verstoß* gegen die Verpflichtung nach I kann zur Kündigung des Schiedsrichtervertrags durch die Parteien führen, Anh 15 nach § 1035. Man muß ihn im Ablehnungsverfahren nach II zulasten des Schiedsrichters berücksichtigen, BGH NJW **99**, 2370, Ffm NJW **08**, 1326, Weigel MDR **99**, 1360, großzügiger ZöGei 9. Er kann auch zur Aufhebung des Schiedsspruchs nach § 1059 II Z 1 d kommen.

3) Ablehnung eines Schiedsrichters, II. Es gibt keinen Ausschluß nach § 41. Daher ist ein als Staatsrichter Ausgeschlossener grundsätzlich nicht schon deshalb als Schiedsrichter ablehnbar, Lachmann Festschrift für Geimer (2002) 517. Die Parteien können die Ablehnungsgründe in der Schiedsvereinbarung schärfen oder mildern. Bei einer Ablehnung gilt im übrigen: Einem Grundsatz steht eine einschränkende Ausnahme gegenüber. 3

A. Voraussetzungen, II 1. Ein Schiedsrichter ist nur innerhalb der Frist des § 1037 II 1 und nur dann ablehnbar, wenn Umstände vorliegen, die objektiv berechtigte Zweifel nach I aufkommen lassen, oder wenn er die zwischen den Parteien vereinbarten Voraussetzungen nicht erfüllt, Kröll SchiedsVZ **07**, 149. Das mag gelten zB wegen seines Alters, des Berufs oder der Qualifikation, Kröll NJW **03**, 793 (nachträglicher Verzicht darauf ist möglich). Andere Gründe scheiden aus. Die für den Staatsrichter bestehenden Ausschließungs- und Ablehnungsgründe nach §§ 41, 42, lassen meist „berechtigte Zweifel" nach I 1 aufkommen, Naumb SchiedsVZ **03**, 134 (zustm Kröll/Mallmann), Schiedsspruch SchiedsVZ **03**, 95, Kröll NJW **07**, 747, zB immer das Tätigwerden in eigener Sache im weitesten Sinn, BGH NJW **79**, 109. Solche Zweifel können aber auch auf Grund anderer Umstände begründet sein.

Beispiele, vgl auch § 42 Rn 14 ff, Mü SchiedsVZ **08**, 104, Kröll NJW **05**, 196 (erst bei Verunglimpfung. aber der Interessenkonflikt kann viel eher einsetzen), Kröll SchiedsVZ **08**, 71, Mankowski SchiedsVZ **04**, 308: Herabsetzende Äußerungen, Bre SchiedsVZ **07**, 54; Übergewicht einer Partei bei der Bildung des Schiedsgerichts, LG Bonn NJW **96**, 2169; Partei als eigener Schiedsrichter, BGH NJW **04**, 2226 (Vereinsvorstand); Anwalt als Schiedsrichter, der der regelmäßige Rechtsbeistand der Partei ist, vor allem dann, wenn er sie in einer gleichliegenden Sache vertreten hat, Gruber ZRP **97**, 216, aM Hbg SchiedsVZ **06**, 55; Verflechtung einer Partei mit allen oder einzelnen Schiedsrichtern, zumal wenn das Schiedsgericht darüber irreführende Angaben macht; wenn der Alleinschiedsrichter als von einer Partei bestellter Beisitzer in einem anderen staatsgerichtlichen oder schiedsrichterlichen Verfahren tätig wird oder wurde, Drsd SchiedsVZ **05**, 159, Kröll NJW **07**, 747; wenn der Schiedsrichter in einer gleichliegenden Sache gegen die Partei entschieden hat; wenn er einer Partei in einer einseitigen Besprechung vor der Ernennung rechtgegeben hat; wenn ein Einzelschiedsrichter eine Schiedspartei in einem solchen Prozeß vor dem Staatsgericht vertritt, in dem die andere Schiedspartei auf der Gegenseite steht, Drsd SchiedsVZ **05**, 159; wenn ein Schiedsrichter mit einer Partei allein eine Ortsbesichtigung vorgenommen hat; wenn ein Schiedsrichter eine Information nicht allen Parteien gibt, Celle OLGR **04**, 396; wenn er ein Privatgutachten für die Partei erstattet hat oder an einem solchen Privatgutachten beteiligt war; wenn er als Anwalt den Bevollmächtigten einer Schiedspartei zuvor in einem anderen Rechtsstreit persönlich angegriffen hat, LG Duisb ZIP **82**, 229; wenn der Schiedsspruch ohne eine Durchführung einer dem schiedsrichterlichen Verfahren voangegangene Güteverhandlung, Ffm SchiedsVZ **06**, 330, oder Beratung im Umlaufwege zustandekommt und der Obmann nicht als letzter unterschreibt, LG Ffm BauR **88**, 637; wenn der Schiedsrichter im Vorstand derselben Vereinigung sitzt wie der persönlich haftende Gesellschafter des Antragsgegners, Kröll NJW **03**, 793. 4

Dagegen *genügen nicht:* Eine Freundschaft usw, Ffm NJW **08**, 1326, Lachmann Festschrift für Geimer (2002) 526; eine nicht allzu enge Verbundenheit (ohne sie ohnehin meist kein Schiedsrichteramt), Kröll NJW **07**, 747; wenn ein Schiedsrichter ohne eine ausreichende Nebentätigkeitsgenehmigung amtiert, Stgt

RR **03**, 497; wenn der Schiedsrichter das Verhalten einer Partei scharf kritisiert; wenn eine Partei dem Obmann, um ihm einen Überblick zu geben, vor der Übernahme des Amts eine kurze Sachdarstellung gibt, es sei denn, daß besondere Umstände hinzu kommen, zB eine kostspielige Bewirtung; wenn er dieselbe Partei als Anwalt beraten hatte, Hbg SchiedsVZ **06**, 56. Nicht ausreichend ist ferner die Mitarbeit eines Patenkindes des Schiedsrichters bei einem ProzBev, Kröll NJW **07**, 747, oder eine Mitarbeit in einer Organisation einer Partei, Kröll SchiedsVZ **07**, 149 (Vorsicht!), oder ein Vergleichsvorschlag, Mü SchiedsVZ **08**, 104.

§ 42 ist mitbeachtlich, Rn 3. Dabei kann als eine Faustregel gelten, daß die eine Ablehnung des Staatsrichters rechtfertigenden Gründe erst recht auf den Schiedsrichter zutreffen, wenn es sich nicht um die normale Verbundenheit mit „seiner“ Partei handelt, Bre SchiedsVZ **07**, 53, Kröll SchiedsVZ **07**, 149. Gar nicht überzeugend wäre eine Zulassung der Parteilichkeit aller Schiedsrichter wegen einer dann eintretenden diesbezüglichen Balance.

5 Die *Anforderungen* an die Unparteilichkeit und Unabhängigkeit müssen für alle Schiedsrichter *gleich* sein. Daher kommt es nicht darauf an, ob es sich um einen Einzelschiedsrichter oder um den Vorsitzenden des Schiedsgerichts handelt, Lachmann Festschrift für geimer (2002) 515. Hier gilt dasselbe wie im Verfahren vor einem Staatsgericht.

6 **B. Beschränkungen, II 2.** Ein Ablehnungsrecht steht derjenigen Partei, die den Schiedsrichter bestellt oder an seiner Bestellung zB durch einen Vorschlag im Verfahren nach § 1035 III, IV mitgewirkt hat, nur aus einem solchen Grund zu, den sie erst nach der Bestellung erfahren hat. Diesen muß die Partei im Ablehnungsverfahren nach § 1037 darlegen. II 2 ist entsprechend anwendbar, wenn die Partei sich rügelos auf eine Verhandlung eingelassen hat. Der in § 43 zum Ausdruck kommende Grundsatz, daß das Ablehnungsrecht kein Instrument zur Verzögerung des Verfahrens sein darf, gilt auch und erst recht im schiedsrichterlichen Verfahren.

7 **C. Ablehnungsverfahren, II 1, 2.** Einzelheiten bei § 1037.

1037 *Ablehnungsverfahren.* **I Die Parteien können vorbehaltlich des Absatzes 3 ein Verfahren für die Ablehnung eines Schiedsrichters vereinbaren.**

II 1 Fehlt eine solche Vereinbarung, so hat die Partei, die einen Schiedsrichter ablehnen will, innerhalb von zwei Wochen, nachdem ihr die Zusammensetzung des Schiedsgerichts oder ein Umstand im Sinne des § 1036 Abs. 2 bekannt geworden ist, dem Schiedsgericht schriftlich die Ablehnungsgründe darzulegen. 2 Tritt der abgelehnte Schiedsrichter von seinem Amt nicht zurück oder stimmt die andere Partei der Ablehnung nicht zu, so entscheidet das Schiedsgericht über die Ablehnung.

III 1 Bleibt die Ablehnung nach dem von den Parteien vereinbarten Verfahren oder nach dem in Absatz 2 vorgesehenen Verfahren erfolglos, so kann die ablehnende Partei innerhalb eines Monats, nachdem sie von der Entscheidung, mit der die Ablehnung verweigert wurde, Kenntnis erlangt hat, bei Gericht eine Entscheidung über die Ablehnung beantragen; die Parteien können eine andere Frist vereinbaren. 2 Während ein solcher Antrag anhängig ist, kann das Schiedsgericht einschließlich des abgelehnten Schiedsrichters das schiedsrichterliche Verfahren fortsetzen und einen Schiedsspruch erlassen.

Schrifttum: *Kröll* ZZP **116**, 195; *Mankowski* SchiedsVZ **04**, 304 (je: Üb).

1 **1) Systematik, Regelungszweck, I–III.** Die Vorschrift ergänzt § 1036. Sie gilt ebenfalls vorrangig gegenüber §§ 42 ff. § 1037 gibt den Parteien die Befugnis, das Ablehnungsverfahren weitgehend selbst zu vereinbaren, I, und regelt das beim Fehlen einer Vereinbarung notwendige Verfahren, II. Einziger Rechtsbehelf bei einer Erfolglosigkeit des Gesuchs im Verfahren nach I oder II ist die nicht abdingbare Anrufung des Staatsgerichts, III.

Zweck ist auch hier eine möglichst weitgehende Parteiherrschaft nach Grdz 18 vor §128 bei einer gleichzeitigen Aufrechterhaltung von Mindestanforderungen der Rechtssicherheit nach Einl III 43. Beides muß man bei der Handhabung beachten.

2 **2) Geltungsbereich, I–III.** Die Vorschrift gilt auch vor der Bestimmung eines deutschen Schiedsorts, § 1025 III. Sie können auch auf ein dem schiedsrichterlichen Verfahren vorgeschaltetes Schlichtungsverfahren anwendbar sein, Kröll SchiedsVZ **07**, 148.

3 **3) Parteivereinbarung, I.** In der Regelung des Ablehnungsverfahrens sind die Parteien vorbehaltlich der Möglichkeit der Einschaltung des Staatsgerichts nach III völlig frei, Hbg SchiedsVZ **06**, 55, Kröll NJW **07**, 746. Sie können zB vereinbaren, daß über die Ablehnung ein unbeteiligter Dritter entscheidet oder daß die Ablehnung innerhalb einer Frist erfolgen muß. Fristwahrend ist evtl die Antragseinreichung auch beim unzuständigen Gericht, Naumb NZBau **02**, 448. Die Ablehnung ist im Zweifel bis zum Schiedsspruch möglich, Kröll NJW **03**, 793, also nicht mehr hinterher, Düss NJW **84**, 1209, Naumb SchiedsVZ **03**, 134. Die Kontrolle der Vereinbarung erfolgt bei einer erfolglosen Ablehnung durch das Staatsgericht, III. Natürlich kann auch eine Partei auf eine Ablehnung direkt oder stillschweigend verzichten, etwa durch eine rügelose Einlassung trotz eines ihr bekannten Ablehnungsgrunds wie bei § 43.

4 **4) Fehlen einer Parteivereinbarung, II.** Wenn die Parteien das Verfahren nicht einvernehmlich anders geregelt haben, gilt II, III, Mü SchiedsVZ **08**, 102. Dann muß die Partei innerhalb von zwei Wochen beim Schiedsgericht ein Ablehnungsgesuch erreichen und dem Schiedsgericht die Ablehnungsgründe des § 1036 II schriftlich oder elektronisch nach § 126 III BGB mitteilen. Das gilt auch beim Einmannschiedsgericht. Die Frist beginnt mit demjenigen Tag, an dem der Partei die Zusammensetzung des Schiedsgerichts oder ein Umstand nach § 1036 II bekannt geworden ist, *II 1.* Maßgebend ist die Kenntnis der Partei selbst, nicht

diejenige eines unzuständigen Mitarbeiters, Drsd SchiedsVZ **05**, 159, Mü SchiedsVZ **06**, 286, Kröll NJW **07**, 747. Das Schiedsgericht muß die Mitteilung der anderen Partei bekanntgeben, § 1047 III. Tritt daraufhin der abgelehnte Schiedsrichter von seinem Amt zurück oder stimmt die andere Partei der Ablehnung zu, kommt es nach § 1039 zur Bestellung eines anderen Schiedsrichters. Tritt der Abgelehnte aber nicht zurück oder stimmt die andere Partei der Ablehnung nicht zu, entscheidet das Schiedsgericht über die Ablehnung, *II 2*. Das geschieht unter der Mitwirkung des abgelehnten Schiedsrichters, BAG MDR **02**, 343, Rostock MDR **06**, 946, Mankowski SchiedsVZ **04**, 305. Das gilt auch beim Einzelschiedsrichter. Eine einfache Verfahrensfortführung durch den Vorsitzenden ist keine Entscheidung nach II 2, Mü SchiesVZ **06**, 286, Kröll SchiedsVZ **07**, 148. Die Entscheidung ergeht durch einen Beschluß nach § 1052. § 1054 I, II, IV ist entsprechend anwendbar. Bei der Ablehnung eines Einzelschiedsrichters gilt sein Rücktritt als eine Ablehnung, bei einem Dreierschiedsgericht gilt die Nichtübereinstimmung der beiden verbleibenden Schiedsrichter als Ablehnung, § 1052 I. In beiden Fällen muß man die Parteien unterrichten. Bei einer erfolgreichen Ablehnung endet das Amt des Abgelehnten, aber nicht rückwirkend, ZöGei 2. Seine bisherigen Handlungen bleiben daher wirksam SchwW 14 Rn 3. Die Folgen regelt § 1039. Es kommt nach dem Erlaß des Schiedsspruchs kein isoliertes Ablehnungsverfahren mehr in Betracht. Man kann aber die Aufhebung des Schiedsspruchs nach § 1059 erreichen, BGH NJW **99**, 2370, Stgt RR **03**, 495.

5) Gerichtliche Entscheidung, III. Aus einem Antragsrecht ergeben sich Folgen für das schiedsrichterliche Verfahren. 5

A. Antragsrecht, III 1. Bleibt die Ablehnung nach dem vereinbarten Verfahren gemäß I oder nach II erfolglos, kann die ablehnende Partei die Entscheidung des Staatsgerichts beantragen, und zwar innerhalb eines Monats ab Kenntnis von der die Ablehnung verweigernden Entscheidung, sofern die Parteien keine andere Frist vereinbart haben. Über den Antrag entscheidet das OLG, § 1062 I Z 1, im Verfahren nach § 1063 (Anwaltszwang erst nach der Anordnung einer mündlichen Verhandlung, § 1063 IV) durch einen Beschluß. Die Frist läßt sich auch durch den Antrag bei einem örtlich unzuständigen Gericht wahren, Mü SchiedsVZ **08**, 103. Das ist kein Rechtsmittelverfahren, sondern ein eigenständiges Gerichtsverfahren, Rostock MDR **06**, 946, zur Ablehnungsfrage unabhängig von einem Besetzungsfehler des Schiedsgerichts, Mü OLGR **06**, 272, Rostock MDR **06**, 946. Deshalb kann die Schiedsvereinbarung auch III ohne einen vorherigen Weg nach II anwendbar machen, Hbg SchiedsVZ **06**, 56. Die Entscheidung ist unanfechtbar, § 1065 I 2. Erklärt das OLG die Ablehnung für begründet, hebt es die Entscheidung des Schiedsgerichts auf. Dann regelt § 1039 die Folgen.

B. Einfluß auf das schiedsrichterliche Verfahren, III 2. Während der Anhängigkeit des Staatsgerichtsverfahrens kann das Schiedsgericht einschließlich des abgelehnten Schiedsrichters sein eigenes Verfahren fortsetzen und einen Schiedsspruch erlassen, Ffm SchiedsVZ **08**, 97. Bis zur Entscheidung nach III 1 kann die Partei auch einen neuen Ablehnungsgrund nennen, Stgt SchiedsVZ **03**, 85. Gibt das OLG nach einem Schiedsspruch dem Antrag statt, greift § 1059 II Z 1 d ein (Aufhebung des Schiedsspruchs oder Ablehnung der Vollstreckbarerklärung im Rahmen von § 1060 II). Deshalb sollte ein Schiedsspruch während des Verfahrens vor dem OLG nur in besonderen Ausnahmefällen ergehen. § 1027 ist anwendbar, aM ZöGei 6 (aber die Vorschrift gilt allgemein im Buch 10). 6

C. Erneute Ablehnung, III 1, 2. Ergeht der Schiedsspruch nach der Zustellung des die Ablehnung zurückweisenden Beschlusses, steht einer erneuten Ablehnung aus denselben Gründen die innere Rechtskraft des Beschlusses entgegen. Sie schließt auch die Geltendmachung dieser Gründe im Aufhebungs- und Vollstreckbarerklärungsverfahren aus. Dasselbe gilt dann, wenn die Partei davon absieht, einen Antrag nach III zu stellen. Denn „kann“ bedeutet die Einräumung der Befugnis zur Einlegung des einzigen Rechtsbehelfs zur Nachprüfung von Ablehnungsgründen. Daß für den absoluten Ablehnungsgrund des Tätigwerdens in eigener Sache etwas anderes gelten soll, BGH NJW **79**, 109 (zum alten Recht), ist wegen der strikten Regelung des § 1037 kaum überzeugend. Dagegen schließt III es nicht aus, einen erst nach dem Schiedsspruch bekanntgewordenen Ablehnungsgrund nach § 1059 oder § 1060 geltend zu machen, § 1059 Rn 7, BGH MDR **99**, 755. 7

1038 *Untätigkeit oder Unmöglichkeit der Aufgabenerfüllung.* **I 1 Ist ein Schiedsrichter rechtlich oder tatsächlich außerstande, seine Aufgaben zu erfüllen, oder kommt er aus anderen Gründen seinen Aufgaben in angemessener Frist nicht nach, so endet sein Amt, wenn er zurücktritt oder wenn die Parteien die Beendigung seines Amtes vereinbaren. 2 Tritt der Schiedsrichter von seinem Amt nicht zurück oder können sich die Parteien über dessen Beendigung nicht einigen, kann jede Partei bei Gericht eine Entscheidung über die Beendigung des Amtes beantragen.**

II Tritt ein Schiedsrichter in den Fällen des Absatzes 1 oder des § 1037 Abs. 2 zurück oder stimmt eine Partei der Beendigung des Schiedsrichteramtes zu, so bedeutet dies nicht die Anerkennung der in Absatz 1 oder § 1036 Abs. 2 genannten Rücktrittsgründe.

1) Systematik, Regelungszweck, I, II. Die Bestimmung regelt über die Überschrift hinausgehend die wichtigsten Gründe für die Beendigung des Amts eines Schiedsrichters. Sie hat den Vorrang vor sachlichrechtlichen BGB-Regeln. Ergänzend gelten §§ 1035 III, IV, 1040 III. Zweck ist eine ausgewogene Beachtung sowohl der das ganze schiedsrichterliche Verfahren beherrschenden Parteiherrschaft nach Grdz 18 vor § 128 als auch der natürlich unverzichtbaren Rechtssicherheit nach Einl III 43. Beide Prinzipien sollte man daher bei der Handhabung gleichwertig mitbeachten. 1

2) Geltungsbereich, I, II. Die Vorschrift gilt auch vor der Bestimmung eines deutschen Schiedsorts, § 1025 III. 2

3 **3) Ende des Schiedsrichteramts, I.** Das Amt endet außer im Fall des Rücktritts nach § 1037 II auch durch den Rücktritt des Schiedsrichters oder durch eine Parteivereinbarung aus den in *I 1* genannten Gründen. Darüber hinaus endet das Amt des Schiedsrichters durch den Rücktritt aus anderen Gründen oder durch eine auf einen solchen Grund gestützte Parteivereinbarung (Kündigung) nach § 1039. Das gilt, unabhängig davon, welche Folgen sich daraus aus dem Schiedsrichtervertrag nach Anh § 1035 ergeben. Wegen weiterer Fälle der Beendigung des Amts Anh § 1035 Rn 14, 15.

4 Die *Voraussetzungen nach I 1* sind eine entweder rechtliche oder tatsächliche Unmöglichkeit oder das Unvermögen, die Pflichten eines Schiedsrichters zu erfüllen (Verlust der Geschäftsfähigkeit, jetzt Stellung als gesetzlicher Vertreter einer Partei, Wegzug, Tod, überlange Abwesenheit oder schwere Krankheit) oder eine Pflichtverletzung des Schiedsrichters, nämlich die vorwerfbare Nichterfüllung seiner Aufgaben in angemessener Frist, sei es auch nur bei der erforderlichen Unterschrift oder Ergänzung des Schiedsspruchs, ZöGei 2. Dabei kommt es in erster Linie auf den Schiedsrichtervertrag an, ferner auf die von den Parteien vorausgesetzte Qualifikation des Schiedsrichters, BGH **125**, 7, sowie auf den Umfang und die Schwierigkeit des Falls.

Tritt in diesen Fällen der Schiedsrichter *nicht* zurück oder können sich die Parteien über die Beendigung seines Amts, also seine Abberufung, nicht einigen, ist keine Ablehnung statthaft. Vielmehr kann jede Partei beim Staatsgericht eine Entscheidung über die Beendigung des Amts beantragen, *I 2,* Mü SchiedsVZ **06**, 286, Kröll SchiedsVZ **07**, 148. Zuständig ist das OLG, § 1062 I Z 1. Wegen des Verfahrens § 1063. Ein Anwaltszwang besteht nur im Rahmen des § 1063 IV. Die Entscheidung des OLG ist unanfechtbar, § 1065 I 2. Die Parteien können nicht etwas anderes vereinbaren. Denn man kann den staatsgerichtlichen Rechtsschutz nur bei einem ausdrücklichen gesetzlichen Vorbehalt einschränken.

5 **4) Erleichterung der gütlichen Beendigung des Amts, II.** Die Vorschrift erleichtert die Beendigung des Amts durch einen Rücktritt oder eine Parteivereinbarung nach §§ 1037 I oder 1038 I 1 dadurch, daß eine solche Beendigung des Amts nicht die Anerkennung der in § 1036 II oder § 1038 genannten Gründe bedeutet. Ob ein solcher Grund vorgelegen hat, muß im Streitfall das dafür zuständige Staatsgericht frei nachprüfen, falls über die nach dem Schiedsrichtervertrag eintretenden Folgen Streit entsteht, Rn 6.

6 **5) Folgen der Beendigung des Schiedsrichteramts, I, II.** Für den ausscheidenden Schiedsrichter muß man einen Ersatzschiedsrichter bestellen, § 1039. Etwaige Ansprüche aus dem Schiedsrichtervertrag nach Anh § 1035 muß man außerhalb des schiedsrichterlichen Verfahrens bei dem dafür zuständigen Staatsgericht oder bei einem dafür vereinbarten Schiedsgericht geltendmachen.

1039 *Bestellung eines Ersatzschiedsrichters.* **I 1 Endet das Amt eines Schiedsrichters nach den §§ 1037, 1038 oder wegen seines Rücktritts vom Amt aus einem anderen Grund oder wegen der Aufhebung seines Amtes durch Vereinbarung der Parteien, so ist ein Ersatzschiedsrichter zu bestellen. 2 Die Bestellung erfolgt nach den Regeln, die auf die Bestellung des zu ersetzenden Schiedsrichters anzuwenden waren.**

II Die Parteien können eine abweichende Vereinbarung treffen.

1 **1) Systematik, Regelungszweck, I, II.** Die Vorschrift ergänzt §§ 1037, 1038. Scheidet ein Schiedsrichter aus oder fällt er weg, darf das den Ablauf des schiedsrichterlichen Verfahrens nicht beeinträchtigen. Deshalb sieht I die Bestellung eines Ersatzschiedsrichters vor, sofern die Parteien keine abweichende Vereinbarung treffen, II.

2 **2) Folgen des Ausscheidens eines Schiedsrichters, I, II.** Es gibt zwei Fallgruppen.

A. Ersatzschiedsrichter, I. Fehlt eine Parteivereinbarung, muß man in allen Fällen der Beendigung des Schiedsrichteramts nach §§ 1037, 1038 oder wegen eines Rücktritts aus einem anderen Grund oder wegen der Aufhebung des Amts durch eine Parteivereinbarung einen Ersatzschiedsrichter bestellen, *I 1.* Für seine Bestellung gelten die auf die Bestellung des bisherigen Schiedsrichters anwendbaren Bestimmungen, *I 2,* § 1035. Das gilt auch beim Wegfall eines in der Schiedsvereinbarung ernannten Schiedsrichters. Wegen des Schiedsrichtervertrags vgl § 627 BGB.

Unanwendbar ist I 1 dann, wenn ein ganz neues Schiedsgericht nötig wird, Kröll SchiedsVZ **08**, 69.

3 **B. Vereinbarung der Parteien, II.** Eine von I abweichende Bestimmung können die Parteien vereinbaren. Sie können sich in der Schiedsvereinbarung oder später darauf einigen, daß zB die Schiedsvereinbarung beim Wegfall eines Schiedsrichters erlischt oder daß dann der Vorsitzende als Einzelschiedsrichter entscheidet usw. Sie müssen dazu die Form des § 1031 einhalten. Es kommt auch eine einseitige Anordnung nach § 1066 infrage.

4 **3) Scheitern einer Ersatzbestellung, I, II.** Sie kann den Weg zum Staatsgericht mit einer Klage freimachen, Haas Festschrift für Rechberger (2005) 206. Das gilt schon wegen Art 19 IV GG.

Abschnitt 4. Zuständigkeit des Schiedsgerichts

1040 *Befugnis des Schiedsgerichts zur Entscheidung über die eigene Zuständigkeit.* **I 1 Das Schiedsgericht kann über die eigene Zuständigkeit und im Zusammenhang hiermit über das Bestehen oder die Gültigkeit der Schiedsvereinbarung entscheiden. 2 Hierbei ist eine Schiedsklausel als eine von den übrigen Vertragsbestimmungen unabhängige Vereinbarung zu behandeln.**

II 1 Die Rüge der Unzuständigkeit des Schiedsgerichts ist spätestens mit der Klagebeantwortung vorzubringen. 2 Von der Erhebung einer solchen Rüge ist eine Partei nicht dadurch ausgeschlossen, dass sie einen Schiedsrichter bestellt oder an der Bestellung eines Schiedsrichters mitgewirkt

hat. [3]**Die Rüge, das Schiedsgericht überschreite seine Befugnisse, ist zu erheben, sobald die Angelegenheit, von der dies behauptet wird, im schiedsrichterlichen Verfahren zur Erörterung kommt.** [4]**Das Schiedsgericht kann in beiden Fällen eine spätere Rüge zulassen, wenn die Partei die Verspätung genügend entschuldigt.**

III [1]**Hält das Schiedsgericht sich für zuständig, so entscheidet es über eine Rüge nach Absatz 2 in der Regel durch Zwischenentscheid.** [2]**In diesem Fall kann jede Partei innerhalb eines Monats nach schriftlicher Mitteilung des Entscheids eine gerichtliche Entscheidung beantragen.** [3]**Während ein solcher Antrag anhängig ist, kann das Schiedsgericht das schiedsrichterliche Verfahren fortsetzen und einen Schiedsspruch erlassen.**

1) Systematik, Regelungszweck, I–III. Die Vorschrift regelt die für die Praxis wichtige sog Kompetenz-Kompetenz eines Schiedsgerichts. Die Zuständigkeitsbeurteilung durch das Schiedsgericht bindet das Staatsgericht nicht, BGH NJW **05**, 1125 (zustm Hau LMK **05**, 68), Borges ZZP **111**, 491, Kröll NJW **07**, 746. 1

Zweck ist auch hier die volle Beachtung des leitenden Prinzips der Parteiherrschaft nach Grdz 18 vor § 128 im gesamten schiedsrichterlichen Verfahren. Zwar liegt sie im Bereich des § 1040 nur indirekt bei den Parteien. Sie haben aber immerhin die Befugnisse des Schiedsgerichts auch über dessen Zuständigkeit ja zunächst durch die Schiedsvereinbarung selbst bestimmt und dann eben nur auf ihre Schiedsrichter übertragen. Letztere sollten freilich nicht dazu mitbefugt sein, sich eine Entscheidungsweite zu geben, die die eigentlichen Verfahrensherren nicht vereinbart haben. Diese Grenze sollte man bei der Auslegung mitbeachten.

2) Befugnisse des Schiedsgerichts, I. Das Schiedsgericht darf und muß unabhängig von der jeweiligen Schiedsvereinbarung über seine eigene Zuständigkeit und im Zusammenhang hiermit über die Gültigkeit der Schiedsvereinbarung entscheiden, *I 1*. Dabei muß man den Hauptvertrag und die Schiedsvereinbarung nach § 1029 als zwei voneinander unabhängige Verträge behandeln, § 1029 Rn 3. Das gilt auch dann, wenn es sich um eine Schiedsklausel nach § 1029 II handelt, *I 2,* Kröll SchiedsVZ **08**, 66. Insofern kommt es auf die maßgebliche Rechtsordnung, zB § 139 BGB, nicht an. Die Aufhebung des Hauptvertrags hebt nicht automatisch auch die Schiedsvereinbarung auf, Kblz SchiedsVZ **05**, 260. Die Schiedsvereinbarung gilt nicht stets nach der Kündigung des Hauptvertrags auch für einen Folgevertrag, Mü OLGR **06**, 869, Kröll SchiedsVZ **07**, 147. Eine Schiedsvereinbarung gilt meist auch für Folgestreitigkeiten nach dem Schiedsspruch, Kröll NJW **07**, 744. Ist der Hauptvertrag unwirksam, aber die Schiedsvereinbarung wirksam, darf das Schiedsgericht über Rückabwicklungsansprüche entscheiden. Die Gültigkeit der Schiedsvereinbarung ist nach dem dafür maßgeblichen Recht und evtl nach den Kollisionsregeln des § 1059 II Z 1 a und Z 2 a beurteilbar. Eine Partei darf nicht vorprozessual eine Schiedsvereinbarung behaupten und sie dann im schiedsrichterlichen Verfahren ohne neue Tatsachen bestreiten, BGH WertpMitt **87**, 1084. 2

3) Rüge der Unzuständigkeit des Schiedsgerichts, II. Als eine Sondervorschrift geht II der Grundregel in § 1027 und den sonstigen Vorschriften des Verfahrensrechts vor. Sie hat auch den Vorrang vor einem Antrag (nicht einer Klage) nach § 1032 I, II. Die Rüge der Unzuständigkeit ist danach spätestens mit der Klagebeantwortung notwendig, *II 1*, Hausmann Festschrift für Stoll (2001) 597, Kröll SchiedsVZ **04**, 118. Der Partei steht es frei, ob sie die Unzuständigkeit rügen will und ob sie das zunächst ohne weitere Rügen tut, Handelskammer Hbg SchiedsVZ **07**, 56. Ein Hinweis auf die Rügebefugnis mag auf den ersten Blick ein Gebot fairer Verfahrensführung sein. Er kann aber ähnlich wie ein richterlicher Hinweis auf eine etwaige Verjährung auch durchaus problematisch sein, § 42 Rn 38 „Ratschlag", § 139 Rn 89 „Verjährung". Deshalb ist insoweit eine Zurückhaltung erlaubt und ratsam. Die Partei darf die Rüge auch dann erheben, wenn sie sich an der Bestellung eines Schiedsrichters beteiligt hat, *II 2*. Will eine Partei während des schiedsrichterlichen Verfahrens rügen, das Schiedsgericht überschreite seine Befugnisse, § 1059 II Z 1 c, muß sie das tun, sobald die fragliche Angelegenheit im schiedsrichterlichen Verfahren zur Erörterung kommt, *II 3,* Hausmann Festschrift für Stoll (2001) 602 (Bindung für § 1059 II Z 1 a). Eine „Erörterung" kann auch darin liegen, daß eine Partei sie beginnt, aM ZöGei 6 (die Erörterung müsse durch eine Maßnahme des Schiedsgericht beginnen. Aber das ändert nichts daran, daß jeder Beteiligte daran Anstoß nehmen kann). Zur Auslegung des Begriffs „Überschreitung der Befugnisse" Art 5 EuÜbkHSch, SchlAnh VI A 2. Für die Beurteilung ist das Schiedsvertragsstatut maßgeblich, § 1059 II Z 1 a. 3

Eine nach II 1 oder II 3 *verspätete Rüge* darf und muß das Schiedsgericht nach seinem pflichtgemäßen Ermessen zulassen, wenn die Partei die Verspätung genügend entschuldigt, *II 4*, § 296 Rn 53 ff. Versäumt eine Partei die Frist unentschuldigt, wird die Rüge sowohl im schiedsrichterlichen Verfahren als auch im Aufhebungs- und Vollstreckbarkeitsverfahren nach §§ 1059 ff unstatthaft, BGH VersR **05**, 425, Kblz SchiedsVZ **05**, 260, Kröll NJW **07**, 748.

4) Verfahren, III. Es gibt drei Stadien. 4

A. Entscheidung, III 1. Hält das Schiedsgericht sich für unzuständig, spricht es das in einem (Prozeß-) Schiedsspruch nach § 1054 aus, Kröll NJW **03**, 793, Thiel/Pörnbacher SchiedsVZ **07**, 296. Das geschieht evtl in einem Teilprozeßschiedsspruch. Die Entscheidung ist ausschließlich im Aufhebungsverfahren nach § 1059 II Z 1 a, c, 2 a angreifbar, BGH NJW **02**, 3032, Huber SchiedsVZ **03**, 74, Münch SchiedsVZ **03**, 41. Bejaht das Schiedsgericht seine Zuständigkeit, entscheidet es über die Rüge zwecks einer möglichst baldigen Klärung meist in einem Zwischenentscheid, Kröll NJW **03**, 793. Seine Möglichkeit läßt sich nicht abbedingen. Er ist noch kein Schiedsspruch nach § 1054. Er ist in jeder Verfahrenslage statthaft. Ihn muß das Schiedsgericht eindeutig als solchen bezeichnen. Es darf also nicht nur eine prozeßleitende zuständigkeitsbejahende Verfügung des Vorsitzenden vorliegen, BayObLG SchiedsVZ **04**, 164. Ausnahmsweise kann das Schiedsgericht nach seinem pflichtgemäßen Ermessen davon absehen und die positive Entscheidung erst im Schlußschiedsspruch treffen, Handelskammer Hbg SchiedsVZ **07**, 56. Das gilt dann, wenn es eine sonst drohende Verzögerung des Verfahrens verhindern will. Eine bloße Verfügung ohne einen Zwischenentscheid mag zB bei der Anforderung eines Vorschusses vorliegen, Kröll SchiedsVZ **07**, 150. Für die Zwischenentscheidung gelten §§ 1052, 1054 entsprechend. Das Schiedsgericht muß seine Entscheidung daher begründen, § 1054 Rn 3, 4. Eine nur mündliche Mitteilung reicht nicht, Kröll SchiedsVZ **07**, 150.

5 **B. Rechtsmittel, III 2.** Gegen einen Prozeßschiedsspruch nach Rn 4 ist der Weg nach § 1059 statthaft. Vgl freilich dort II. Gegen eine Zwischenentscheidung kann jede Partei innerhalb eines Monats nach ihrer schriftlichen Mitteilung entsprechend § 1054 eine Entscheidung des Staatsgerichts beantragen, BayObLG SchiedsVZ **04**, 45, Bre SchiedsVZ **07**, 52. Dabei kann die Partei auch rügen, der Klaganspruch falle nicht unter die Schiedsvereinbarung, BayObLG DB **04**, 302. III 2 ist zwingend. Die Frist ist keine Notfrist, Kröll NJW **03**, 793. Man kann so auch eine Entscheidung nach II 4 überprüfen lassen, ZöGei 8. Zuständig ist das OLG, § 1062 I Z 2. Fristwahrend ist evtl auch der Eingang beim örtlich unzuständigen Staatsgericht, Kröll NJW **03**, 793. Wegen des Verfahrens § 1063. Ein Anwaltszwang besteht erst nach der Anordnung einer mündlichen Verhandlung, § 1063 IV. Rechtsmittel: § 1065. Stellt keine Partei einen rechtzeitigen wirksamen Antrag auf eine gerichtliche Entscheidung, wird der Zwischenentscheid mit dem Ablauf der Monatsfrist verbindlich. Er schließt den Einwand der Ungültigkeit der Schiedsvereinbarung nach § 1059 II Z 1 a, Müller/Kielmann SchiedsVZ **07**, 119, oder gar ihes Fehlens für das Verfahren und für das Aufhebungs- und Vollstreckungsverfahren aus, Rn 3, Bre OLGR **06**, 263, Kröll NJW **07**, 748. Das gilt freilich nicht, wenn das Schiedsgericht seine Zuständigkeit erst im Schiedsspruch bejaht hat. Man kann den Antrag im Aufhebungs- und Vollstreckungsverfahren nach §§ 1059 ff nicht nachholen.

6 **C. Fortsetzung des schiedsrichterlichen Verfahrens, III 3.** Die Anhängigkeit eines Verfahrens vor dem Staatsgericht steht einer Fortsetzung des schiedsgerichtlichen Verfahrens und dem Erlaß eines Schiedsspruchs nicht entgegen. Da das Staatsgericht den Schiedsspruch evtl nach § 1059 II Z 1 a, d aufheben müßte, wird ein Schiedsgericht meist das Verfahren entsprechend § 148 aussetzen, § 1032 Rn 6, § 1037 Rn 5. Das Statsgericht braucht bei III 2 die Zuständigkeitsentscheidung des Schiedsgerichts nicht abzuwarten, Rn 1. Zum Wahlrecht zwischen dem schiedsrichterlichen und einem Staatsgerichtsverfahren in AGB Bre SchiedsVZ **07**, 52.

1041 *Maßnahmen des einstweiligen Rechtsschutzes.* **[I 1] Haben die Parteien nichts anderes vereinbart, so kann das Schiedsgericht auf Antrag einer Partei vorläufige oder sichernde Maßnahmen anordnen, die es in Bezug auf den Streitgegenstand für erforderlich hält. [2] Das Schiedsgericht kann von jeder Partei im Zusammenhang mit einer solchen Maßnahme angemessene Sicherheit verlangen.**

[II 1] Das Gericht kann auf Antrag einer Partei die Vollziehung einer Maßnahme nach Absatz 1 zulassen, sofern nicht schon eine entsprechende Maßnahme des einstweiligen Rechtsschutzes bei einem Gericht beantragt worden ist. [2] Es kann die Anordnung abweichend fassen, wenn dies zur Vollziehung der Maßnahme notwendig ist.

[III] Auf Antrag kann das Gericht den Beschluss nach Absatz 2 aufheben oder ändern.

[IV 1] Erweist sich die Anordnung einer Maßnahme nach Absatz 1 als von Anfang an ungerechtfertigt, so ist die Partei, welche ihre Vollziehung erwirkt hat, verpflichtet, dem Gegner den Schaden zu ersetzen, der ihm aus der Vollziehung der Maßnahme oder dadurch entsteht, dass er Sicherheit leistet, um die Vollziehung abzuwenden. [2] Der Anspruch kann im anhängigen schiedsrichterlichen Verfahren geltend gemacht werden.

Schrifttum: *Bandel,* Einstweiliger Rechtsschutz im Schiedsverfahren, 2000; *Leitzen,* Die Anordnung vorläufiger oder sichernder Maßnahmen durch Schiedsgerichte nach § 1041 ZPO, 2002.

1 **1) Systematik, I–IV.** § 1041 entscheidet die Frage, ob ein Schiedsgericht einen einstweiligen Rechtsschutz geben darf oder ob das dem Staatsgericht vorbehalten bleibt. Das geschieht bei aller formellen Gleichrangigkeit doch im Ergebnis grundsätzlich zugunsten der Schiedsgerichtsbarkeit, wenn die Parteien nichts anderes vereinbart haben. Nicht zu den nach I zulässigen Maßnahmen gehört eine Entscheidung im Urkundenprozeß nach §§ 592 ff. Denn diese Vorschriften erfassen nur Maßnahmen des einstweiligen Rechtsschutzes. Das schließt nicht aus, daß die Parteien im Rahmen von §§ 1042 III, IV ein solches schiedsrichterliches Verfahren vereinbaren, Wolf DB **99**, 1106. IV entspricht in etwa dem § 945. Das Staatsgericht darf nach §§ 935 ff zugunsten eines vom Schiedsgericht nicht berücksichtigten Dritten tätig werden, Ffm RR **03**, 498.

2 **2) Regelungszweck, I–IV.** Der Zweck ist die Klärung des Vorrangs der Parteiherrschaft nach Grdz 18 vor § 128 und damit auch des Vorrangs oder zumindest eines Gleichrangs mit § 1033 wegen dieses das ganze schiedsrichterliche Verfahrens beherrschenden Prinzips. Das unterschätzen Schütze BB **98**, 1653, ZöGei 1. Zugleich werden aber auch die Grenzen der Befugnisse des Schiedsgerichts in III klar. IV dient der Begrenzung der Gefahren eines jeden einstweiligen Verfahrens.

3 **3) Vorläufige oder sichernde Maßnahme, I.** Vorbehaltlich einer abweichenden Vereinbarung der Parteien darf das Schiedsgericht auf den Antrag einer Partei einstweilige Maßnahmen anordnen, die es für erforderlich hält, *I 1,* Schütze BB **98**, 1650, aM Wolf DB **99**, 1101. Diese Befugnis steht vorrangig oder zumindest gleichrangig neben der Zuständigkeit des Staatsgerichts nach § 1033. Daher hat die Partei ein Wahlrecht, Gottwald/Adolphsen DStR **98**, 1020, Looks TranspR **06**, 136 (zu § 917 II). Sie verbraucht das Wahlrecht durch seine Ausübung. Sie hat für den anderen Weg anschließend kein Rechtsschutzbedürfnis mehr. *„Kann"* bedeutet ein pflichtgemäßes Ermessen sowohl wegen des Grundes als auch wegen der erforderlichen Maßnahmen, Looks TranspR **06**, 136 (deshalb muß der Parteivertreter schon haftungsmäßig aufpassen).

Im schiedsrichterlichen Verfahren *zulässig* sind vorläufige oder sichernde Maßnahmen aller Art, Berger DZWiR **98**, 51, Kronke RIW **98**, 264, Schütze BB **98**, 1650, zB für die Verfahrensdauer eine einstweilige

Verfügung oder ein Arrest, §§ 916 ff, ein Arrest allerdings wegen seiner weitreichenden Auswirkungen nur ausnahmsweise, krit Thümmel DZWiR **97**, 135. Zur sog E-Disovery Hilgard SchiedsVZ **08**, 122. Unzulässig sind gegenüber Dritten wirkende Verfügungsverbote nach §§ 135, 136 BGB, Wolf DB **99**, 1102. Stets darf das Schiedsgericht im Zusammenhang mit einer einstweiligen Maßnahme eine angemessene Sicherheit verlangen, *I 2*, § 921 II 2 in Verbindung mit § 936. Es darf aber nicht selbst eine eidesstattliche Versicherung einholen, § 1050 Rn 1. Für das Verfahren gelten §§ 1042 ff. Die Entscheidung ergeht nicht durch einen auch nur vorläufigen Schiedsspruch nach § 1054, sondern durch einen gesonderten Beschluß. Er setzt ein rechtliches Gehör der Beteiligten voraus, § 1042 I 2, Wolf DB **99**, 1102, aM ZöGei 1 (aber § 12042 I 2 gilt grundsätzlich in jedem streitigen schiedsrichterlichen Verfahren. Eine ganz besondere Eilbedürfnis mag eine Ausnahme erlauben). Er ist unanfechtbar. Es findet also kein Widerspruchsverfahren nach § 924 statt. Nach einer Ablehnung mag § 1033 helfen.

4) Vollziehung einstweiliger Maßnahme, II, III. Zwangsmittel darf das Schiedsgericht weder verhängen noch androhen, § 1042 Rn 17 „Zwangsmaßnahme". Jede Vollziehungsmaßnahme setzt voraus, daß das Staatsgericht die Vollziehung auf einen Antrag der Partei durch einen Beschluß zuläßt. Ein solcher Beschluß darf nicht ergehen, wenn eine Partei schon eine entsprechende Maßnahme beim Staatsgericht nach § 1033 beantragt hat, *II 1*. Da dort nach Rn 2 nur einstweilige Verfügungen und Anordnungen sowie Arreste zulässig sind, gilt diese Beschränkung nur dann, wenn das Schiedsgericht eine entsprechende Maßnahme getroffen hat. 4

Über den *Vollziehungsantrag* entscheidet das Staatsgericht nach seinem pflichtgemäßen Ermessen unter einer Abwägung aller Umstände. Es prüft, ob das Schiedsgericht eine einstweilige Regelung treffen durfte und ob zB die Schiedsvereinbarung dem entgegensteht. Es prüft wegen § 1040 aber nicht, ob die Vereinbarung wirksam ist. Es prüft freilich auch, ob dem Schiedsgericht offentsichtliche Ermessensfehler unterlaufen sind, Ffm RR **01**, 1078, Jena OLG-NL **00**, 16, aM Wolf DB **99**, 1102 (Befugnis zur Prüfung von Aufhebungsgründen, § 1059). Das Staatsgericht kann in seiner Entscheidung die Anordnung des Schiedsgerichts redaktionell abweichend fassen, wenn das zu ihrer Vollziehung notwendig ist, *II 2*, zB wenn sie nicht bestimmt genug war, Saarbr SchiedsVZ **07**, 324, Thümmel DZWiR **97**, 136. Es darf aber nicht schon nach II 2, sondern nur nach III inhaltlich ändern, Saarbr SchiedsVZ **07**, 324. Es darf die Vollziehung zur Sicherung des streitigen Anspruchs auch dann anordnen, wenn das zu dessen Erfüllung führen wird, Ffm RR **01**, 1078.

Zuständig ist das OLG, § 1062 I Z 3. Wegen des Verfahrens § 1063. Ein Anwaltszwang besteht erst nach einer Anordnung der mündlichen Verhandlung, § 1063 IV. Das OLG kann auf den Antrag einer Partei den von ihm erlassenen Beschluß aufheben oder ändern, *III*. Anders als nach § 927 ist eine Veränderung der Umstände keine notwendige Voraussetzung. Daher reicht jeder sachliche Grund, zB die Änderung der Rechtsauffassung, § 620 b Rn 1. Im Verfahren nach II, III gibt es kein Rechtsmittel gegen die Entscheidung des OLG, § 1065 I 2. § 929 II ist unanwendbar. 5

5) Schadensersatzpflicht, IV. Die Schadensersatzpflicht derjenigen Partei, die die Vollziehung einer von Anfang an ungerechtfertigten einstweiligen Maßnahme erwirkt hat, regelt *IV 1* entsprechend § 945. Anders als nach § 945 genügt das Erwirken der einstweiligen Maßnahme nicht. Man kann den Schadensersatzanspruch im anhängigen schiedsrichterlichen Verfahren geltendmachen, *IV 2*. Das Schiedsgericht entscheidet über ihn durch seinen Schiedsspruch, § 1054. 6

Abschnitt 5. Durchführung des schiedsrichterlichen Verfahrens

1042 *Allgemeine Verfahrensregeln.* I [1] **Die Parteien sind gleich zu behandeln.** [2] **Jeder Partei ist rechtliches Gehör zu gewähren.**

II **Rechtsanwälte dürfen als Bevollmächtigte nicht ausgeschlossen werden.**

III **Im Übrigen können die Parteien vorbehaltlich der zwingenden Vorschriften dieses Buches das Verfahren selbst oder durch Bezugnahme auf eine schiedsrichterliche Verfahrensordnung regeln.**

IV [1] **Soweit eine Vereinbarung der Parteien nicht vorliegt und dieses Buch keine Regelung enthält, werden die Verfahrensregeln vom Schiedsgericht nach freiem Ermessen bestimmt.** [2] **Das Schiedsgericht ist berechtigt, über die Zulässigkeit einer Beweiserhebung zu entscheiden, diese durchzuführen und das Ergebnis frei zu würdigen.**

Schrifttum: *Stolzke,* Aufrechnung und Widerklage in der Schiedsgerichtsbarkeit, 2006.

Gliederung

1) Systematik, I–IV. Abschnitt 5 enthält Regeln für den Ablauf des schiedsrichterlichen Verfahrens. Nicht alle sind zwingendes Recht. Vielmehr bleiben weite Freiräume für eine Parteivereinbarung nach III. Danach sind für das Verfahren maßgeblich, Berger DZWiR **98**, 51: Zwingende Vorschriften des nach § 1025 I maßgeblichen Rechts; vereinbarte Verfahrensregeln; nichtzwingende Vorschriften des genannten Rechts; vom Schiedsgericht nach seinem pflichtgemäßen Ermessen festgelegte Verfahrensregeln. 1

2 **2) Regelungszweck, I–IV.** Der Zweck ist die Gewährleistung der das ganze schiedsrichterliche Verfahren durchdringenden Parteiherrschaft nach Grdz 18 vor § 128 auch und vor allem bei der eigentlichen Verfahrensabwicklung. Zugleich dient aber I 2, II auch den im staatlichen Zivilprozeß mitherrschenden Regeln, die dem Grundprinzip der Rechtssicherheit nach Einl III 43 folgen. Man muß bei der Handhabung beide Pole ganz allgemein mitbeachten, Rn 3.

3 **3) Gleichbehandlung, rechtliches Gehör, I.** Diese Grundregeln sind Eckpfeiler auch des schiedsrichterlichen Verfahrens, § 1034 Rn 1. Das Schiedsgericht muß sie in jedem Stadium des schiedsrichterlichen Verfahrens als zwingendes Recht beachten. Ihre Verletzung führt zur Aufhebung des Schiedsspruchs nach § 1059 II Z 1 b, 1 d, 2 b und schließt seine Anerkennung und Vollstreckbarkeit aus.

Deshalb ist eine *peinliche Beachtung* dieser Grundregeln unerläßlich, Rn 2. Es empfiehlt sich, die Parteien in der Schlußverhandlung zu befragen, ob sie Beanstandungen in dieser Richtung erheben wollen. Verneinen sie die Frage, vermerkt das Schiedsgericht das im Protokoll. Andernfalls geht das Schiedsgericht den Beanstandungen nach und behebt etwaige Fehler. Wegen einer Ausnahme von I 2 bei einem besonderen Eilbedürfnis § 1041 Rn 2.

A. Gleichbehandlung, Einl III 21. Das meint nicht nur die unparteiische und gleichmäßige Handhabung der Verfahrensregeln nach § 1035 Rn 6, sondern auch die Beachtung der Waffengleichheit und des Verbots der Willkür.

4 **B. Anhörung,** Einl III 16. Das Schiedsgericht muß diesen Eckstein auch des schiedsrichterlichen Verfahrens sorgfältig nach dem Grundsatz „besser zuviel als zuwenig" beachten.

Einzelheiten: Die Anhörungspflicht des Schiedsgerichts geht ebenso weit wie diejenige des Staatsgerichts, BGH **85**, 291. Es genügt also nicht, daß die Parteien einmal ihre Behauptungen vorbringen konnten. Das Schiedsgericht muß sie vielmehr hören, so oft es die Sach- und Prozeßlage verlangt, also zu allen denjenigen Tatsachen und Beweismitteln, die das Schiedsgericht seiner Entscheidung zugrunde legen will, § 1047 II, III. Zu jeder Beweisaufnahme muß das Schiedsgericht die Parteien nicht nur nach § 1047 II hinzuziehen, sondern auch hören, außer wenn der Zeuge nichts Sachdienliches gesagt hat und der Nichtgehörte das auch einräumt. Konnte eine Partei an einer Beweisaufnahme nicht teilnehmen, muß das Schiedsgericht ihr das Ergebnis schriftlich mitteilen. Eine Anhörung am Schluß des Verfahrens ist nicht unbedingt nötig. Sie ist aber dringend ratsam. Hat das Schiedsgericht einen Termin ausdrücklich nur zur Verhandlung über bestimmte Punkte bestimmt, darf es in der Abwesenheit der Parteien nichts anderes behandeln. Soll die Entscheidung rechtliche Interessen Dritter berühren oder gar unmittelbar betreffen, muß das Schiedsgericht auch sie hören, Rn 14 „Streithilfe".

5 **C. Grenzen.** Das rechtliche Gehör ist grundsätzlich erforderlich, § 1042 I 2, Einl III 16, Ffm SchiedsVZ **06**, 223. Es fehlt, soweit das Schiedsgericht bei einer Partei den Eindruck erweckt hat, es werde eine Frage in ihrem Sinn entscheiden, dann aber im Schiedsspruch ohne ein weiteres Gehör entgegengesetzt entscheidet, BGH NJW **83**, 868, Ffm BB **77**, 17. Das Schiedsgericht braucht aber den Parteien seine Rechtsansicht nicht dauernd vorläufig mitzuteilen und sie zur Äußerung hierzu aufzufordern, BGH NJW **90**, 3211. Eine Nichtbeachtung der Grundsätze der §§ 139, 278 III ist noch keine Verletzung des Anspruchs auf rechtliches Gehör, wenn die Parteien die Geltung dieser Vorschriften nicht vereinbart haben, BGH NJW **83**, 868. Ein Verstoß ist im höheren Rechtszug heilbar, Hbg RIW **91**, 154, soweit er überhaupt für den Schiedsspruch ursächlich war, Celle OLGR **04**, 396.

Kein Verstoß liegt vor, wenn das Schiedsgericht eine Frist ohne eine Anhörung aller Beteiligten verlängert, BGH NJW **88**, 390, Stgt IPRax **87**, 369, Laschet Festschrift für Nagel (1987) 182.

6 **4) Vertretung, II.** Das Schiedsgericht darf weder inländische noch ausländische Anwälte als Bevollmächtigte von vornherein ausschließen. Die Vorschrift ist zwingend. Sie erfaßt auch die Schiedsvereinbarung, § 1029. Ob das Schiedsgericht im Verfahren § 79 entsprechend anwenden darf, kann es nach seinem pflichtgemäßen Ermessen entscheiden, wenn die Parteien nichts anderes bestimmen.

Zulässig bleibt eine Vereinbarung über eine Begrenzung der Erstattbarkeit von Anwaltskosten, ZöGei 20.

7 **5) Parteivereinbarung, III,** dazu *Ahlers* AnwBl **99**, 308 (ausf): Soweit nicht zwingende Vorschriften entgegenstehen, können die Parteien das Verfahren insgesamt oder in beliebigen Teilen von vornherein oder nach der Schiedsvereinbarung ergänzend und ohne eine Zustimmung der Schiedsrichter selbständig oder durch eine Bezugnahme auf eine Schiedsgerichtsordnung regeln, zB diejenigen des ICC in Paris, abgedruckt bei SchwW Anh B 1, dazu Weigand NJW **98**, 2081, oder die „Platzusançen für den hamburgischen Warenhandel", abgedruckt bei SchwW Anh B 5, dazu Vogel in „Recht und Juristen in Hamburg", Bd II (1999), 219. Zwingend sind nicht nur I und II, sondern auch alle diejenigen Vorschriften, die nicht unter dem Vorbehalt einer anderweiten Vereinbarung stehen. Das sind insbesondere §§ 1046 I, 1047 II, III, 1048 IV 1, 1049 III.

8 **6) Ermessen des Schiedsgerichts, IV.** Soweit eine gesetzliche Regelung oder eine Parteivereinbarung fehlt, bestimmt das Schiedsgericht in den Grenzen von I sein Verfahren mit einer oder ohne eine eigene Verfahrensordnung nach seinem weiten pflichtgemäßen Ermessen, *IV 1,* Celle OLGR **04**, 396. Es ist insbesondere berechtigt, über die Zulässigkeit einer Beweisaufnahme zu entscheiden, sie durchzuführen und ihr Ergebnis frei zu würdigen, wie es zB § 286 entspricht, *IV 2.* Es muß freilich die in Einl III 14 ff dargestellten Grundregeln einhalten.

9 **7) Beispiele zur Frage der Verfahrensführung, I–IV**

Ablehnung eines Schiedsrichters: §§ 1036, 1037.

Anerkenntnis: Es bindet meist das Schiedsgericht. IV macht § 307 anwendbar, KG SchiedsVZ **07**, 277.

Antrag: Nicht notwendig schriftlich, auch stillschweigend, Verlesung unnötig. Grundsätzlich binden die Anträge. Das Schiedsgericht muß sie aber so auslegen, daß es den Streit wirtschaftlich zweckmäßig entscheidet. In diesem Sinn darf es dem Parteiwillen gemäß sogar über den abgefaßten Antrag hinausgehen. Bestimmte Klaganträge sind wie nach § 253 II Z 2 erforderlich. Möglich ist auch die Vereinbarung, daß das Schiedsgericht über die Gestaltung von Rechtsbeziehungen der Parteien entscheiden soll.

Arrest, einstweilige Verfügung: §§ 1033, 1041. Ein Ausschluß des staatlichen Gerichts muß eindeutig sein. Das wäre er mangels Ausdrücklichkeit aber kaum.

Ausländersicherheit: § 110 ist anwendbar, wenn die Parteien das deutsche Verfahrensrecht als Schiedsstatut vereinbart haben, Haase BB **95**, 1252 (auch zur rechtsmißbräuchlich erhobenen Einrede), Rabe TranspR **88**, 184.

Aussetzung: Eine solche nach § 250 ist unstatthaft, weil keine Aufnahme möglich ist. Eine Aussetzung mit der Wirkung einer Vertagung ist nach Lage des Falls zulässig. Die Parteien können jederzeit die Fortführung verlangen. Zur Aussetzung nach Art 234 EGV ist ein Schiedsgericht nicht befugt, EuGH EuZW **05**, 319, Habscheid KTS **84**, 62, Hepting IPRax **83**, 101, auch nicht zur Aussetzung nach Art 100 GG, § 1 GVG Rn 7 ff. Hier hilft § 1050, Raeschke-Kessler EuZW **90**, 147.

Beratung und Abstimmung: § 1052 (auch zum Beratungsgeheimnis), dort insbes Rn 3. 10

Beweisantrag: Es gelten die Regeln § 286 Rn 27 ff, Sandrock BB **01**, 2177.

Beweiserhebung: Sie erfolgt im Rahmen von „Ermittlungen", IV 2, BGH **94**, 92. Vgl ferner §§ 1049, 1050. Die Parteien können vereinbaren, ob ein Beweisantrag nötig ist. Die Vernehmungsart steht dem Schiedsgericht frei. Ein selbständiges Beweisverfahren nach §§ 485 ff vor dem Schiedsgericht ist möglich, wenn die Hauptsache bei ihm anhängig ist. Daneben bleibt das Staatsgericht zuständig, Nicklisch AWD **78**, 640. Die Parteien müssen teilnehmen dürfen, § 357. Das Schiedsgericht darf bei ihrer Abwesenheit die Beweisaufnahme durchführen. § 367 I. Es muß aber den Ausgebliebenen vom Ergebnis unterrichten.

Beweisregel: Eine gesetzliche bindet nicht stets.

Beweiswürdigung: Es gelten die Regeln § 286 Rn 13 ff, BGH NJW **86**, 1436, Köln SchiedsVZ **05**, 165.

Einstweilige Verfügung: Rn 9 „Arrest, einstweilige Verfügung".

Eintritt einer neuen Partei: Eine solche durch eine Einmischungsklage oder durch eine Benennung des Urhebers nach §§ 64, 75–77 ist nur mit einer Zustimmung der Parteien und des Schiedsgerichts statthaft. Sie enthält die Unterwerfung unter das schiedsrichterliche Verfahren.

Entschädigung: Das JVEG gilt nur bei seiner Vereinbarung mit dem Berechtigten. Andernfalls entscheiden die Gesamtumstände und das BGB, ob, was und wann der Zeuge, Sachverständige, Berater usw erhält. Das Schiedsgericht setzt keine Entschädigung fest, wenn nicht die Parteien ihm auch das übertragen haben.

Entscheidung: Zum Schiedsspruch § 1054. Ein Beschluß wird erst mit ihrer Mitteilung an die Parteien wirksam.

Ermittlungen: Das Schiedsgericht darf und muß den Sachverhalt im Rahmen des Nötigen von sich aus ermitteln, IV 2, Schütze SchiedsVZ **06**, 1. Damit besteht nicht der Untersuchungsgrundsatz nach Grdz 38 vor § 128, Lionnet Festschrift für Glossner (1994) 209. Es besteht aber die Aufklärungspflicht entsprechend § 139 hier in verstärktem Maß. Unterläßt das Schiedsgericht Ermittlungen, begründet das die Aufhebungsklage nicht, BGH NJW **92**, 2299, es sei denn, es steht fest, daß das Schiedsgericht die Aufklärung selbst für nötig gehalten hat, aM SchwW 15 Rn 9.

Das Schiedsgericht darf wie die Kammer für Handelssachen die allgemeinen *Fachkenntnisse* seiner Mitglieder verwerten, ebenso konkrete private Kenntnisse wegen streitiger Tatsachen. Es muß aber dazu die Parteien natürlich hören, SchwW 15 Rn 8, aM Koutsouradis KTS **84**, 573 (nur offenkundige oder gerichtsbekannte Tatsachen). Das Schiedsgericht muß Beweis erheben, soweit es das für erforderlich hält oder halten muß. Beweismittel der ZPO oder ein Beweisantritt binden das Schiedsgericht nicht. Wenn eine Partei sich weigert, den angeforderten Vergütungsvorschuß nach Anh § 1035 Rn 13 an die Schiedsrichter zu zahlen, darf das Schiedsgericht nicht deswegen von einer für erheblich gehaltenen Beweisaufnahme absehen, BGH NJW **85**, 1903.

Die Parteien können wirksam die *Beweismittel beschränken,* zB andere als Urkunden ausschließen, Holland/Hantke Festschrift für Bülow (1981) 75, oder wegen der Sachkunde der Schiedsrichter den Beweis durch Sachverständige ausschließen, Nagel Festschrift für Firsching (1985) 199. Wegen eidlicher Vernehmungen § 1050 Rn 1. Die Parteien können einen Dritten zur Vorlegung von Urkunden nur im Prozeßweg anhalten. Das Schiedsgericht kann die Beweiserhebung beliebig einem Mitglied anvertrauen. Es sollte das aber nur im Notfall tun. Konnten die Parteien an einer Beweisaufnahme nicht teilnehmen, muß das Schiedsgericht ihnen das Ergebnis schriftlich mitteilen. Sie müssen sich dazu äußern können, Rn 4. Soweit den Schiedsrichtern durch das Verfahren bare Auslagen entstehen, müssen die Parteien diese Auslagen vorschießen, Anh § 1035 Rn 11.

Exterritorialität: Im Abschluß einer Schiedsvereinbarung liegt meist ein Verzicht auf die Immunität, Einf §§ 18–20 GVG, Ebenroth/Parche RIW **90**, 343.

Frist: Eine vertragliche oder vom Schiedsgericht gesetzte Frist errechnet sich nach dem vermutlichen Parteiwillen gemäß § 222. Eine abweichende Regelung ist ebenso zulässig wie eine Verlängerung oder Verkürzung durch die Parteien. Die Parteien können auch die Anwendung der Verspätungsvorschriften nach §§ 296, 296 a bei der Versäumung schiedsrichterlicher Fristen vereinbaren. Es ist eine klare Vereinbarung ratsam, Kröll SchiedsVZ **04**, 121. 11

Geständnis: Es bindet meist das Schiedsgericht.

Gleichbehandlung: Einl III 21.

Grundentscheidung: Für eine Vorabentscheidung über den Grund nach § 304 besteht im schiedsrichterlichen Verfahren kein Bedürfnis. Eine solche Entscheidung ist für sich allein kein Schiedsspruch nach § 1055, es sei denn, die Tätigkeit des Schiedsgerichts beschränkt sich auf die Feststellung der Berechtigung dem Grunde nach.

Gutachten: Das Schiedsgericht muß ein von ihm bestelltes Gutachten den Parteien zwecks ihrer Äußerungsmöglichkeit vorlegen, ZöGei 12.

Hinweis- und Aufklärungspflicht: §§ 139, 278 III sind auf Grund ausdrücklicher Vereinbarung anwendbar, sonst nur im Rahmen von § 1027.

Informationsrecht: Es folgt aus dem Grundsatz des rechtlichen Gehörs, Rn 5.

Kartellsache: Das Schiedsgericht muß eine zwingende Norm von Amts wegen beachten, zB Artt 81, 82 EGV, §§ 1 ff GWB, Schmidt BB **06**, 1405.

Klage, dazu *Böckstiegel/Berger/Bredow* (Hrsg), Schiedsgerichtsbarkeit und Kartellrecht, 2006: Es besteht keine Bindung an Formen und Arten, auch nicht zur Klagerwiderung. Keine Einlassungsfrist nach § 274. Das Schiedsgericht schreibt zweckmäßig eine Frist zur Klagebeantwortung vor. Eine freie Klagänderung ist im Rahmen des schiedsrichterlichen Verfahrens unter den Voraussetzungen §§ 263, 264 möglich, eine Klagerücknahme ausnahmslos nur mit einer Einwilligung des Bekl. Bei einer Veräußerung der Streitsache ist ein Antrag auf eine Leistung an den Dritten möglich. Verzögert die Partei die Klage ungebührlich, kann das Schiedsgericht die Klagerhebung nicht erzwingen. Dagegen kann die Gegenpartei von der Schiedsvereinbarung zurücktreten, und die Schiedsrichter können den Schiedsrichtervertrag kündigen.

Kosten: § 1057.

12 **Ladung:** Sie erfolgt formlos, aber wegen des rechtlichen Gehörs ist eine Sicherstellung und ein Nachweis des Zugangs zweckmäßig, Rn 17 „Zustellung". Eine Ladungsfrist ist nicht formell notwendig. Nötig ist aber praktisch die Einhaltung einer angemessenen Frist.

Mündlichkeit: Das Schiedsgericht muß sie anordnen, wenn die Parteien sie vereinbart haben oder übereinstimmend beantragen, BGH NJW **94**, 2155. Ein nachträglicher Verzicht ist möglich. Im übrigen genügt ein rechtliches Gehör beliebiger Art, Rn 4. Eine gleichzeitige Anhörung der Parteien ist nicht notwendig, aber durchaus ratsam. War eine Erklärungsfrist zu knapp, hat das Schiedsgericht das rechtliche Gehör verweigert. Wenn eine mündliche Verhandlung stattfindet, darf das Schiedsgericht sie frei gestalten, sofern die Parteien nichts anderes vereinbart haben.

Nebeninvention: Rn 14 „Streithilfe".

Öffentlichkeit: Grundsätzlich besteht keine Öffentlichkeit nach § 169 GVG. Denn sie liegt regelmäßig nicht im Interesse der Parteien. Das Schiedsgericht darf im auch stillschweigenden Einverständnis der Parteien Ausnahmen machen, nicht aber ohne ein solches.

Partei- und Prozeßfähigkeit, §§ 50–53. Das Schiedsgericht muß sie von Amts wegen prüfen. Sie ist wesentlich. Im Vollstreckbarkeitsverfahren kann keine Heilung eintreten. Die Bestellung eines gesetzlichen Vertreters erfolgt nur durch das Staatsgericht des § 1050.

Parteiöffentlichkeit: § 357 ist anwendbar.

13 **Präklusion:** § 1027.

Protokoll: Es ist nicht zwingend, aber durchaus zweckmäßig, ja oft nötig. Es hat freilich nicht die Beweiskraft des § 165, BGH ZZP **89**, 431. Die Parteien, ihre ProzBev und alle Schiedsrichter sollten es unterschreiben. Ein Protokollführer ist nach dem pflichtgemäßen Ermessen des Schiedsgerichts notwendig. Eine Protokollierung aller für das Verfahren wesentlichen Punkte ist meist ratsam. Wenn nötig, muß das Schiedsgericht dabei die Form des § 1031 I einhalten. Hat zB die Aufnahmetechnik versagt, ist grds eine Wiederholung der Betriebsaufnahme nötig, ZöGei 11 a.

Prozeßkostenhilfe: Das Staatsgericht darf sie für das schiedsrichterliche Verfahren nicht bewilligen, Stgt BauR **83**, 486, LAG Düss KTS **87**, 692.

Prozeßvollmacht: Für sie gelten §§ 80 ff entsprechend.

Rechtliches Gehör: Rn 4.

Rechtshängigkeit: § 1044 Rn 4.

Rechtsmittel: Es gibt keinen Instanzenzug zwischen dem Schiedsgericht und dem Staatsgericht. Die Schiedsvereinbarung kann aber ein Oberschiedsgericht vorsehen, Weber Festschrift für Geimer (2002) 1445. Es ist im Zweifel eine weitere Tatsacheninstanz. Eine Beschwer ist nötig. Die Berufungsfrist läßt sich vertraglich bestimmen. Im Zweifel angemessen ist die Monatsfrist des § 517. Das Verfahren läßt sich im Rahmen der Schiedsvereinbarung frei gestalten. Der Schiedsspruch ist nach der ZPO „der" Schiedsspruch, § 1055. Das gilt auch für die Entscheidung, daß das Rechtsmittel unzulässig sei, Hbg RR **00**, 806. Ein Anschlußrechtsmittel ist entsprechend einer Vereinbarung oder Verfahrensordnung zulässig.

Rechtsweg: Das Schiedsgericht muß seine Zulässigkeit nach § 13 GVG von Amts wegen prüfen. Fehlt sie, ist keine Schiedsvereinbarung statthaft, also auch kein schiedsrichterliches Verfahren. Wegen öffentlich-rechtlicher Schiedsgerichte Grdz 23, 24 vor § 1025.

Rüge der Unzulässigkeit des Schiedsverfahrens: § 1040. Vgl auch Art 5 EuÜbkHSch, SchlAnh VI A 2.

Ruhen des Verfahrens: § 251 ist nur in den gerade auch dem Schiedsgericht zwecks seiner Verfahrensförderung gesetzten Grenzen anwendbar.

Schiedshängigkeit: § 1044 Rn 3.

Sicherheitsleistung: § 110 ist nicht ohne eine derartige Vereinbarung anwendbar, ZöGei 40, aM Haase BB **95**, 1252.

Sprache: § 1045.

14 **Streitgenossenschaft:** Sie ist statthaft, Koussoulis ZZP **94**, 195, Markfort, Mehrparteien-Schiedsgerichtsbarkeit im deutschen und ausländischen Recht, 1994, Schwab Festschrift für Habscheid (1989) 285. Bei einer Notwendigkeit gemeinsamer Rechtsverfolgung nach § 62 Rn 12 ff müssen sämtliche Streitgenossen dem Schiedsgericht unterstehen. Dann ist die Schiedsvereinbarung durch nur einen notwendigen Streitgenossen also unwirksam. Wegen der Ernennung der Schiedsrichter in diesem Fall § 1035 Rn 7.

Streithilfe: Sie ist denkbar, BGH **85**, 290, Stgt SchiedsVZ **03**, 85, zB durch einen nicht unmittelbar von der Entscheidung betroffenen Gesellschafter, Becker ZZP **97**, 320, Schmidt ZGR **88**, 533 (Auflösungsklage nach § 61 GmbHG). Eine Voraussetzung des Beitritts ist die Zustimmung der Parteien und des Schiedsgerichts, Stgt RR **03**, 495. Sie muß zwecks rechtlichen Gehörs nach Rn 4 ergehen, wenn die Entscheidung unmittelbar in die Rechte des Dritten eingreift. Es tritt keine Streithilfewirkung aus § 68 ein, wenn der Beitretende diese Wirkung nicht ausdrücklich übernimmt, aM Kraft/Looks BB **02**, 1171, StJSchl 28, ThP 7.

Streitverkündung: § 72, Elsing SchiedsVZ **04**, 88. Sie ist immer zulässig, aber ohne die Streithilfewirkung der §§ 74, 68., Denn die Schiedsvereinbarung und ihre Abwicklung im schiedsrichterlichen Verfahren kann auf Dritte keine Wirkung haben. Etwas anderes gilt dann, wenn der Streitverkündete beitritt und sich der Wirkung ausdrücklich unterworfen hat. MüKoMa § 1034 Rn 39 läßt ein stillschweigendes Einverständnis genügen, zB durch eine rügelose Mitwirkung.

Teilschiedsspruch: Er ist zulässig, soweit im Verfahren des Staatsgerichts ein Teilurteil ergehen darf, § 301. Wenn er in sich vollständig und nicht mehr abänderbar ist, ist er ein Schiedsspruch nach § 1055 und läßt sich für vollstreckbar erklären, §§ 1060, 1061. 15

Unterbrechung: Sie läßt sich vereinbaren, Drsd SchiedsVZ **05**, 159, Heidbrinkl/von der Groeben ZIP **06**, 265.

S aber auch Rn 9 „Aussetzung".

Urkunde: Sie darf das Schiedsgericht als ein Beweismittel von der Partei anfordern und verwenden. Es kann sie notfalls mithilfe des Staatsgerichts nach § 1050 von Beteiligten und Dritten anfordern. Die Parteien haben ein Einsichtsrecht.

Urkundenprozeß: Ein schiedsrichterliches Verfahren in der Gestaltung des Urkundenprozesses nach §§ 592 ff ist nach § 1042 III, IV zulässig, Wolf DB **99**, 1106, aM ThP 6 (aber § 1041 I enthält eine abschließende Regelung).

S aber auch „Wechsel- und Scheckprozeß".

Veräußerung des Streitgegenstandes: § 265 gilt entsprechend, Hamm RIW **83**, 698.

Verbindung: Sie ist statthaft, soweit alle Beteiligten zustimmen, Laschet IPRax **86**, 182.

Verfahrensordnung: Bis auf die zwingenden Vorschriften §§ 1025 ff können die Parteien jede Verfahrensordnung vereinbaren. Im Zweifel gilt diejenige zur Zeit der Schiedsvereinbarung, Hbg KTS **83**, 499.

Verfahrensrüge: § 1027.

Vergleich: § 1053.

Vergütung: Rn 10 „Entschädigung".

Versäumnisverfahren: § 1048.

Vertagung: Ihre Ablehnung kann gegen Art 103 I GG verstoßen. Vgl aber auch BGH EWiR **89**, 311 (zustm Bredow).

Vertretung: Rn 6.

Verzicht: Es bindet meist das Schiedsgericht.

Wahrhaftigkeitspflicht: § 138 I gilt zwingend. Denn die Vorschrift spricht einen sittlichen Grundsatz der Prozeßführung aus. Ihm kann sich niemand entziehen. Ihre Verletzung gibt aber kein Lossagungsrecht von der Schiedsvereinbarung. 16

Wechsel- und Scheckprozeß: Die Schiedsvereinbarung kann sich auf Ansprüche aus Wechseln und Schecks erstrecken. Jedoch ist ein Wechsel- oder Scheckprozeß nach §§ 602 ff im schiedsrichterliches Verfahren nicht zulässig, BGH NJW **94**, 136, Wolf DB **99**, 1104.

Widerklage, dazu *Stolzke,* Aufrechnung und Widerklage in der Schiedgerichtsbarkeit, 2006: Sie ist im Rahmen der Schiedsvereinbarung zulässig, § 1046 III, Kleinschmidt SchiedsVZ **06**, 142. Beim Zusammenhang mit der Klage können Schiedsrichter ihre Mitbehandlung nicht ablehnen, wenn nicht für die Widerklage ein anderes (Schieds-) Gericht zuständig ist. Für die Widerklage entsteht eine neue Vorschußpflicht.

Wiederaufnahme: Eine solche nach §§ 578 ff ist weder vor dem Schiedsgericht noch vor dem Staatsgericht möglich. An ihre Stelle tritt die Aufhebungsklage, § 1059.

Wiedereinsetzung: Sie ist nur bei einer notfristartigen Frist denkbar, etwa bei einer vereinbarten Berufungsfrist. Insoweit ist § 233 entsprechend anwendbar. Im übrigen gilt es eine freie Zulassung der verspäteten Prozeßhandlung.

Zuständigkeit: § 1040. 17

Zustellung: Das Gesetz schreibt sie im schiedsrichterlichen Verfahren nicht vor. Die Parteien können sie aber vereinbaren. Sonst genügt jede Art der Bekanntmachung. Es ist aber ein Einschreibebrief mit Rückschein bei wichtigeren Schriftsätzen dringend ratsam. Denn sonst ist kein Empfangsnachweis möglich, zB bei einer Klagerhebung wegen der sachlichrechtlichen Folgen und bei einer Aufforderung zur Äußerung wegen der Gewährung des rechtlichen Gehörs.

Zwangsmaßnahmen: Sie ist dem Schiedsgericht verwehrt. Es muß evtl nach § 1050 vorgehen lassen, § 1041 Rn 3 ff.

Zwischenentscheidung: Eine solche etwa über die Zuständigkeit ist zulässig, § 1040 III. Sie ist aber kein Schiedsspruch nach § 1055. Sie läßt sich nicht für vollstreckbar erklären. Soweit nichts anderes bestimmt ist, zB in § 1040 III, darf das Staatsgericht sie nur zusammen mit der Endentscheidung überprüfen, Laschet, Rechtsmittel gegen schiedsgerichtliche Zwischenentscheidungen, Festschrift für Nagel (1987) 167–188.

8) Verstoß, I–IV. Er führt bei den zwingenden Regeln zur Aufhebung des Schiedsspruchs nach § 1059 II Z 1 b, d, 2 b. 18

1043 *Ort des schiedsrichterlichen Verfahrens.* [I] [1] **Die Parteien können eine Vereinbarung über den Ort des schiedsrichterlichen Verfahrens treffen.** [2] **Fehlt eine solche Vereinbarung, so wird der Ort des schiedsrichterlichen Verfahrens vom Schiedsgericht bestimmt.** [3] **Dabei sind die Umstände des Falles einschließlich der Eignung des Ortes für die Parteien zu berücksichtigen.**

[II] **Haben die Parteien nichts anderes vereinbart, so kann das Schiedsgericht ungeachtet des Absatzes 1 an jedem ihm geeignet erscheinenden Ort zu einer mündlichen Verhandlung, zur Vernehmung von Zeugen, Sachverständigen oder der Parteien, zur Beratung zwischen seinen Mitgliedern, zur Besichtigung von Sachen oder zur Einsichtnahme in Dokumente zusammentreten.**

1) Systematik, I, II. Die Vorschrift regelt den Schiedsgerichtstand mit einem Vorrang vor §§ 12 ff. 1
Der *Ort* des schiedsrichterlichen Verfahrens (Schiedsort) hat für mehrere Fragen seine Bedeutung. Nach ihm bestimmen sich das wendbare Verfahrensrecht, § 1025 I, Kröll NJW **03**, 792, die Einstufung als

inländischer oder ausländischer Schiedsspruch, §§ 1060, 1061 I, und die örtliche Zuständigkeit des Staatsgerichts, § 1062 I. Das Schiedsgericht muß den Schiedsort im Schiedsspruch angeben, § 1054 III 1. Dessen Fehlen macht den Schiedspruch aber nicht unwirksam, § 1054 Rn 5.

2 **2) Regelungszweck, I, II.** Die Vorschrift dient der Rechtssicherheit nach Einl III 43 wie jede Gerichtsstandsregelung. Insofern muß man sie strikt handhaben. Sie dient aber zugleich ganz unverkennbar dem Grundgedanken des ganzen schiedsrichterlichen Verfahrens, der Parteiherrschft nach Grdz 18 vor § 128. Man darf und muß sie insofern großzügig auslegen. Beide Aspekte sind bei der erforderlichen Gesamtabwägung mitbeachtlich.

3 **3) Bestimmung des Schiedsorts, I.** Ihn bestimmen in erster Linie die Parteien, *I 1.* Das kann sowohl unabhängig von der Staatsangehörigkeit und von sonstigen persönlichen Merkmalen wie etwa dem Sitz oder Wohnsitz in der Schiedsvereinbarung nach § 1029 als auch in einer besonderen auch späteren Übereinkunft geschehen. Sie braucht nicht die Form des § 1031. Die Wahl „Hamburger Freundschaftliche Arbitrage" bedeutet die Bestimmung Hamburgs zum Schiedsort, SchG Hbg RR **99**, 781. Treffen die Parteien keine Bestimmung, bestimmt das Schiedsgericht seinen Schiedsort, *I 2.* Das Schiedsgericht tut das als etwa vorhandenes Kollegium. Dabei muß es die Umstände des Falls einschließlich der rechtlichen und tatsächlichen Eignung des Orts für die Parteien berücksichtigen, *I 3.* Das Schiedsgericht muß bei seiner pflichtgemäßen Ermessensentscheidung vor allem die Belange der Schiedsrichter und der Beteiligten beachten, im internationalen Verkehr aber auch die Eignung der durch den Schiedsort bestimmten Verfahrensordnung und die Auswirkungen auf die Anerkennung und Vollstreckbarkeit des Schiedsspruchs. Der Schiedsort braucht nach II nicht der reale Ort der Tätigkeit des Schiedsgerichts zu sein, insbesondere nicht der Verhandlungs- oder Beratungs- oder Verkündungsort. Es braucht auch nicht der ständige Arbeitsort etwa des Vorsitzenden zu sein, Rn 3. Die Parteien können den Schiedsort auch nachträglich ändern, StJSchl 3. Seine Festlegung ist keine „einzelne Angelegenheit" nach § 1052 III. Wegen eines Mißbrauchs § 1059 Rn 12.

4 **4) Ort der Tätigkeit des Schiedsgerichts, II.** In der Regel wird das Schiedsgericht am Schiedsort auch tätig sein. Das ist aber nicht zwingend. Wenn die Parteien nichts anderes vereinbart haben, kann das Schiedsgericht an jedem ihm geeignet erscheinenden Ort zu einer mündlichen Verhandlung, zur Vernehmung von Zeugen, Sachverständigen und Parteien, zur Besichtigung von Sachen oder zur Einsichtnahme in Schriftstücke zusammentreten. Da es bis zu einer etwa abweichenden Vereinbarung der Parteien allein auf die Ansicht der Schiedsrichter ankommt, darf das Staatsgericht die Eignung des Orts nicht nachprüfen. Es darf allenfalls bei einer Verweigerung der Bestimmung durch das Schiedsgericht insofern selbst eine Bestimmung treffen, Borges ZZP **111**, 505. Es muß aber den Parteiwillen respektieren. Im Zweifel ist Schiedsort der Ort der letzten mündlichen Verhandlung, Düss EWiR **00**, 795 (zustm Kröll), oder auch der Ort einer Beweisaufnahme, Mü SchiedsVZ **05**, 309 (weniger überzeugend).

1044 *Beginn des schiedsrichterlichen Verfahrens.* [1] **Haben die Parteien nichts anderes vereinbart, so beginnt das schiedsrichterliche Verfahren über eine bestimmte Streitigkeit mit dem Tag, an dem der Beklagte den Antrag, die Streitigkeit einem Schiedsgericht vorzulegen, empfangen hat.** [2] **Der Antrag muss die Bezeichnung der Parteien, die Angabe des Streitgegenstandes und einen Hinweis auf die Schiedsvereinbarung enthalten.**

1 **1) Systematik, Regelungszweck, S 1, 2.** Der Beginn des schiedsrichterlichen Verfahrens hat für verschiedene Fragen Bedeutung, vor allem für den Eintritt der Schiedshängigkeit, Rn 3. Den Zeitpunkt festzulegen ist in erster Linie eine Aufgabe der Parteien. Ergänzend greift § 1044 ein, um einen zügigen Beginn im Interesse der auch im schiedsrichterlichen Verfahren beachtbaren Prozeßwirtschaftlichkeit nach Grdz 14 vor § 128 zu ermöglichen.

2 **2) Beginn des Schiedsverfahrens, S 1, 2.** Wenn die Parteien nichts anderes vereinbart haben, beginnt das schiedsrichterliche Verfahren über eine bestimmte Streitigkeit an demjenigen Tag, an dem der Bekl den Antrag auf die Vorlage der Streitigkeit beim Schiedsgericht förmlich zugestellt bekommen oder formlos empfangen hat. Die Mitteilung über die Bestellung eines Schiedsrichters nach § 1035 II kann, muß aber nicht zugleich erfolgen. Die Notwendigkeit der Schriftlichkeit ergibt sich aus dem Wortlaut, der den „Empfang" voraussetzt, und aus Gründen der Rechtssicherheit. Den Nachweis des Empfangs durch geeignete Mittel wie zB durch ein Einschreiben gegen Rückschein oder durch eine förmliche Zustellung sicherzustellen ist eine Aufgabe des Klägers, wenn die Schiedsvereinbarung dazu schweigt. Das schiedsrichterliche Verfahren beginnt zu diesem Zeitpunkt nur dann, wenn der Antrag den in S 2 in Verbindung mit § 253 genannten Anforderungen entspricht. Anders als in der Schiedsklage nach § 1046 I muß der Schiedskläger die den Anspruch begründenden Tatsachen nicht angeben. Wohl aber muß er das Begehren deutlich darstellen. Denn eine Angabe des Streitgegenstands ist sonst kaum möglich. Man kann dazu eine Individualisierung wie beim Mahnantrag nach § 690 I Z 3 ausreichen lassen. Natürlich muß man die Parteien angeben. Man muß die Schiedsvereinbarung zwar nicht beifügen, aber doch als solche kennzeichnen. Man muß dasjenige angeben, was der Gegner zur Abgrenzung des Streitgegenstands nach § 2 Rn 4 braucht.

3 **3) Wirkungen, S 1, 2.** Mit dem Beginn des schiedsrichterlichen Verfahrens und nicht erst mit dem Zugang der Schiedsklage beim Gegner tritt die Schiedshängigkeit ein. Denn die Bildung des Schiedsgerichts und die Eröffnung des Streitverfahrens hängen oft von Umständen ab, auf die der Schiedskläger keinen Einfluß hat. Dieser Zeitpunkt hat vor allem für die Verjährung Bedeutung, § 204 I Z 11 BGB, Hauck, Schiedshängigkeit und Verjährungsunterbrechung, 1996, Münch Festschrift für Schlosser (2005) 613, Schütze WertpMitt **86**, 347. Stellen mehrere Beteiligte in derselben Sache einen Antrag nach S 1, 2, entscheidet mangels einer entgegenstehenden Parteiabrede der früheste Zugang über den Beginn des schiedsrichterlichen Verfahrens. Die Schiedshängigkeit begründet zwar keine direkte Rechtshängigkeit. Sie begründet aber doch entsprechend § 261 III Z 1 gegenüber einem später anhängig gemachten schiedsrichterlichen

Verfahren wegen desselben Gegenstands die Einrede der Schiedshängigkeit. Zu den sachlichrechtlichen Wirkungen Schönke Festschrift für Schütze (1999) 807, Windhorst SchiedsVZ **04**, 230.

1045 *Verfahrenssprache.* **I [1] Die Parteien können die Sprache oder die Sprachen, die im schiedsrichterlichen Verfahren zu verwenden sind, vereinbaren. [2] Fehlt eine solche Vereinbarung, so bestimmt hierüber das Schiedsgericht. [3] Die Vereinbarung der Parteien oder die Bestimmung des Schiedsgerichts ist, sofern darin nichts anderes vorgesehen wird, für schriftliche Erklärungen einer Partei, mündliche Verhandlungen, Schiedssprüche, sonstige Entscheidungen und andere Mitteilungen des Schiedsgerichts maßgebend.**

II Das Schiedsgericht kann anordnen, dass schriftliche Beweismittel mit einer Übersetzung in die Sprache oder die Sprachen versehen sein müssen, die zwischen den Parteien vereinbart oder vom Schiedsgericht bestimmt worden sind.

1) Systematik, Regelungszweck, I, II. Die Verfahrenssprache hat im internationalen Schiedsverkehr eine erhebliche Bedeutung. Sie muß für das schiedsrichterliche Verfahren klar sein. Denn § 184 GVG gilt hierfür nicht. 1

2) Bestimmung der Verfahrenssprache, I. In erster Linie ist es eine Aufgabe der Parteien, die im schiedsrichterlichen Verfahren nötige(n) Sprache(n) in der Schiedsvereinbarung oder später festzulegen, *I 1.* Fehlt eine entsprechende Vereinbarung, bestimmt das Schiedsgericht die Verfahrenssprache(n) nach seinem pflichtgemäßen Ermessen, *I 2.* Maßgeblich hierfür sind die Interessen des Schiedsgerichts und der Parteien sowie die Sprache(n) des zugrunde liegenden Vertrags. Auf die Amtssprache am tatsächlichen oder rechtlichen Schiedsort nach § 1043 kommt es nicht an. Die Verfahrenssprache(n) ist (sind) beim Fehlen einer entsprechenden Regelung durch die Parteien oder das Schiedsgericht maßgebend für schriftliche Erklärungen der Parteien, mündliche Verhandlungen, Schiedssprüche sowie sonstige Entscheidungen und andere Mitteilungen des Schiedsgerichts, *I 3.* 2

3) Übersetzung, II. Bei einer Urkunde als Beweismittel ist I nicht stets anwendbar. Das Schiedsgericht kann aber anordnen, daß die Parteien ein schriftliches Beweismittel wie zB eine Urkunde oder ein Gutachten mit einer Übersetzung in die Verfahrenssprache versehen müssen. Befolgen sie die Anordnung nicht, darf und muß das Schiedsgericht das Beweismittel als ungeeignet zurückweisen. Die Kosten einer nach II notwendigen Übersetzung sind notwendige Kosten nach § 1057 I. 1. Das gilt unabhängig davon, bei welcher Partei sie entstanden, ZöGei 3. 3

1046 *Klage und Klagebeantwortung.* **I [1] Innerhalb der von den Parteien vereinbarten oder vom Schiedsgericht bestimmten Frist hat der Kläger seinen Anspruch und die Tatsachen, auf die sich dieser Anspruch stützt, darzulegen und der Beklagte hierzu Stellung zu nehmen. [2] Die Parteien können dabei alle ihnen erheblich erscheinenden Dokumente vorlegen oder andere Beweismittel bezeichnen, derer sie sich bedienen wollen.**

II Haben die Parteien nichts anderes vereinbart, so kann jede Partei im Laufe des schiedsrichterlichen Verfahrens ihre Klage oder ihre Angriffs- und Verteidigungsmittel ändern oder ergänzen, es sei denn, das Schiedsgericht lässt dies wegen Verspätung, die nicht genügend entschuldigt wird, nicht zu.

III Die Absätze 1 und 2 gelten für die Widerklage entsprechend.

1) Systematik, Regelungszweck, I–III. Die Vorschrift regelt das schriftliche Verfahren vor dem Schiedsgericht in einer Anlehnung an das Prozeßrecht eines Staatsgerichts mit dem Ziel, das Verfahren zügig und umfassend durchzuführen. 1

2) Klage und Klagebeantwortung, I, II. Es gibt mehrere Aspekte. 2

A. Klage, I 1 Hs 1. Die Schiedsklage muß anders als der bloße Antrag des § 1044 I 2 in einer Anlehnung an die Anforderungen an eine Klageschrift vor dem Staatsgericht mehr enthalten, nämlich vor allem die genaue Bezeichnung der Parteien und einen bestimmten oder wenigstens eindeutig bestimmbaren Antrag, § 253 II Z 2. Außerdem muß der Schiedskläger seinen Anspruch und die Tatsachen darlegen, auf die er diesen Anspruch stützt. Dadurch bestimmt sich der Streitgegenstand des schiedsrichterlichen Verfahrens. Diese Vorschriften sind nach § 1042 III zwingend.

B. Klagebeantwortung, I 1 Hs 2. Mit ihr muß der Bekl zu der Klage und vor allem zum Tatsachenvortrag des Klägers Stellung zu nehmen, § 276. 3

C. Gemeinsame Vorschriften, I 1, 2. Sowohl für die Klage als auch für die Klagebeantwortung muß man Fristen einhalten, die die Vereinbarung der Parteien und hilfsweise das Schiedsgericht bestimmen, *I 1.* Für den Fristenlauf gilt mangels anderer Bestimmung § 222 entsprechend. Das Schiedsgericht kann eine Frist verlängern, § 224 II, III. Beide Parteien können innerhalb der Fristen alle ihnen erheblich erscheinenden Dokumente vorlegen oder andere Beweismittel bezeichnen, *I 2.* Die Vorlage von Ablichtungen oder Abschriften genügt. Die Klage und die Klagebeantwortung müssen ebenso wie alle sonstigen Dokumente der Gegenpartei nach § 1047 III zur Kernntnis kommen. Daher muß man sie in der jeweils erforderlichen Stückzahl einreichen, § 253 V. 4

D. Verstoß, I, II. Versäumt der Kläger oder der Bekl die nach I gesetzten Fristen, ergeben sich die Folgen aus § 1048 I, II, IV und aus § 1056 II Z 1 a. Entspricht die Klage nicht den inhaltlichen Anforderungen, muß das Schiedsgericht sein Verfahren nach dem Fristablauf evtl nach einem vergeblichen Hinweis wegen der Unzulässigkeit der Klage durch einen Beschluß beenden, § 1048 Rn 2. 5

6 **3) Klagänderung, II.** Wenn die Parteien nichts anderes vereinbart haben, darf jede Partei im Lauf des schiedsrichterlichen Verfahrens ihre Anträge oder ihre Angriffs- oder Verteidigungsmittel weitergehend als bei § 263 ändern oder ergänzen. Zum Begriff „Angriffs- und Verteidigungsmittel" Einl III 70. Die Parteien unterliegen dabei in den Grenzen der Schiedsfähigkeit nach § 1030 und der Schiedsvereinbarung nach § 1029 keinen Beschränkungen. Bei einer nicht ganz so streng wie bei §§ 282, 296 beurteilbaren Verspätung kommt es auf das Verhalten der Gegenpartei an. Willigt sie ein, ist das neue Vorbringen ohne weiteres zulässig, § 263. Widerspricht sie, darf das Schiedsgericht das neue Vorbringen nach § 282 I beurteilen und nach einer Anhörung und einem Hinweis notfalls nach seinem pflichtgemäßen Ermessen zurückweisen. Eine gegen II verstoßende Zurückweisung kann zur Aufhebung nach § 1059 II Z 1 d führen, dort Rn 12, es sei denn, die Partei entschuldigt ihre Verspätung genügend, § 1048 IV. Eine rügelose Einlassung des Bekl heilt einen überhaupt nach § 295 heilbaren Verstoß.

7 **4) Widerklage und Aufrechnung, III.** Für die Widerklage nach Anh § 253 gelten I, II entsprechend, Kleinschmidt SchiedsVZ **06**, 142. Die Parteien können sie ausschließen. Sie ist nur dann zulässig, wenn die Schiedsvereinbarung auch ihren Gegenstand mitumfaßt oder wenn ein enger Zusammenhang besteht, StJSchl 3, großzügiger ZöGei 5. Das gilt auch wegen der Besetzung des Schiedsgerichts im Fall einer Widerklage und auch für die Aufrechnung mit einer Gegenforderung, § 1029 Rn 22. Fehlt es daran, darf das Schiedsgericht eine Widerklage oder Aufrechnung nur dann berücksichtigen, wenn die Gegenpartei nicht widerspricht. Im Unterbleiben eines Widerspruchs liegt eine stillschweigende Erweiterung der Schiedsvereinbarung, § 1031 VI.

Gegen einen *Dritten* kommt eine Schiedswiderklage nur ausnahmsweise infrage. Geimer Festschrift für Hay (2005) 171, Kleinschmidt SchiedsVZ **06**, 148.

1047 *Mündliche Verhandlung und schriftliches Verfahren.* **I [1] Vorbehaltlich einer Vereinbarung der Parteien entscheidet das Schiedsgericht, ob mündlich verhandelt werden soll oder ob das Verfahren auf der Grundlage von Dokumenten und anderen Unterlagen durchzuführen ist. [2] Haben die Parteien die mündliche Verhandlung nicht ausgeschlossen, hat das Schiedsgericht eine solche Verhandlung in einem geeigneten Abschnitt des Verfahrens durchzuführen, wenn eine Partei es beantragt.**

II Die Parteien sind von jeder Verhandlung und jedem Zusammentreffen des Schiedsgerichts zu Zwecken der Beweisaufnahme rechtzeitig in Kenntnis zu setzen.

III Alle Schriftsätze, Dokumente und sonstigen Mitteilungen, die dem Schiedsgericht von einer Partei vorgelegt werden, sind der anderen Partei, Gutachten und andere schriftliche Beweismittel, auf die sich das Schiedsgericht bei seiner Entscheidung stützen kann, sind beiden Parteien zur Kenntnis zu bringen.

1 **1) Systematik, Regelungszweck, I–III.** Die Vorschrift klärt den Anspruch auf ein rechtliches Gehör, § 1042 I 2. Sie regelt das Verfahren des Schiedsgerichts unter diesem Gesichtspunkt durch einige Grundbestimmungen. Diese weichen teilweise erheblich vom staatlichen Zivilprozeß ab. Das ist eine nicht unproblematische Folge des besonders hochstehenden Grundsatzes der Parteiherrschaft nach Grdz 18 vor § 128 im schiedsrichterlichen Verfahren. Man sollte daher Art 103 I GG auch dort umso aufmerksamer mitbeachten.

2 **2) Mündliches oder schriftliches Verfahren, I.** Hierüber entscheidet in erster Linie die Parteivereinbarung. Sie läßt sich auch bei einer Wahrung des rechtlichen Gehörs nachträglich ändern oder ergänzen, BGH NJW **94**, 2155. Fehlt sie, bestimmt das Schiedsgericht, ob eine mündliche Verhandlung oder ein schriftliches Verfahren stattfindet, *I 1*. Die Parteien können aber eine mündliche Verhandlung ausschließen. Sie dürfen dabei freilich zumindest nicht das rechtliche Gehör aushebeln. Ist ein Ausschluß nicht geschehen, muß das Schiedsgericht eine solche Verhandlung in einem geeigneten Verfahrensabschnitt oder insgesamt durchführen, wenn eine Partei das beantragt, *I 2*.

3 **3) Benachrichtigung von Sitzung des Schiedsgerichts, II.** Das Schiedsgericht muß die Parteien natürlich von jeder Verhandlung und von jedem Zusammentreffen der Schiedsrichter zu einer Beweisaufnahme rechtzeitig in Kenntnis setzen, um den Beteiligten die Gelegenheit zu geben, an der Verhandlung teilzunehmen oder dem Schiedsgericht und der Gegenpartei ein neues Vorbringen mitzuteilen. Die Vorschrift ist zwingend.

4 **4) Mitteilung schriftlicher Äußerungen, III.** Daß das Schiedsgericht alle von einer Partei vorgelegten Dokumente der anderen Partei und alle schriftlichen Beweismittel und vor allem diejenigen Gutachten, auf die sich das Schiedsgericht stützen kann, beiden Parteien zur Kenntnis bringen muß, versteht sich im Hinblick auf § 1042 I von selbst. Auch ohne eine ausdrückliche Vorschrift muß das Schiedsgericht natürlich erst recht auch seine eigenen Entscheidungen, Verfügungen und Mitteilungen beiden Parteien zur Kenntnis bringen, § 1054 IV. Die Vorschrift ist zwingend.

1048 *Säumnis einer Partei.* **I Versäumt es der Kläger, seine Klage nach § 1046 Abs. 1 einzureichen, so beendet das Schiedsgericht das Verfahren.**

II Versäumt es der Beklagte, die Klage nach § 1046 Abs. 1 zu beantworten, so setzt das Schiedsgericht das Verfahren fort, ohne die Säumnis als solche als Zugeständnis der Behauptungen des Klägers zu behandeln.

III Versäumt es eine Partei, zu einer mündlichen Verhandlung zu erscheinen oder innerhalb einer festgelegten Frist ein Dokument zum Beweis vorzulegen, so kann das Schiedsgericht das Verfahren fortsetzen und den Schiedsspruch nach den vorliegenden Erkenntnissen erlassen.

IV [1] **Wird die Säumnis nach Überzeugung des Schiedsgerichts genügend entschuldigt, bleibt sie außer Betracht.** [2] **Im Übrigen können die Parteien über die Folgen der Säumnis etwas anderes vereinbaren.**

1) Systematik, Regelungszweck, I–IV. Die Folgen einer prozessualen Säumnis regelt § 1048 abschließend, vorrangig und durchaus abweichend von §§ 330 ff. Das zeigt schon IV 2. Diese Lösung ist eine evtl ziemlich radikale Folge des Prinzips der Parteiherrschaft nach Grdz 18 vor § 128. Das ist indes auch ganz folgerichtig. Je höher die Befugnis zur Entscheidung, desto höher auch die Vorantwortung und die Obliegenheit, sich dem privat vereinbarten Verfahren dann auch zu stellen. Deshalb darf man an die Vertragspartner durchaus hohe Anforderungen stellen. Vorbehaltlich IV 1 können die Parteien etwas anderes vereinbaren. 1

2) Versäumnis der Klagefrist, I, IV. Versäumt der Kläger die vereinbarte oder vom Schiedsgericht nach § 1046 I gesetzte oder wenigstens angemessene Frist, entscheidet das Schiedsgericht zunächst, ob es noch weiter zuwarten will. Andernfalls beendet das Schiedsgericht das Verfahren nach einer Anhörung des Klägers durch einen Beschluß nach § 1056 II Z 1 a. Das gilt nicht, wenn die Partei ihre Säumnis nach der Überzeugung des Schiedsgerichts genügend entschuldigt, *IV 1.* Im übrigen können die Parteien etwas anderes vereinbaren, *IV 2.* Auch mag der Kläger rechtzeitig eine Fristverlängerung beantragt haben. 2

3) Versäumnis der Klagebeantwortungsfrist, II, IV. Hält der Bekl die Frist des § 1046 I nicht ein, setzt das Schiedsgericht das Verfahren fort, ohne die Säumnis als ein Zugeständnis der Behauptungen des Klägers zu behandeln. Das Schiedsgericht muß vielmehr prüfen, ob der Bekl seine Säumnis genügend entschuldigt hat, *IV 1.* Geschieht das nicht, hat das Schiedsgericht die Wahl, ob es dem Bekl eine neue Frist setzen oder zB eine Beweisaufnahme durchführen oder den Sachverhalt sonstwie aufklären soll oder ob es nach den Umständen des Falles ein Geständnis des Bekl annehmen und einen Schiedsspruch in der Sache erlassen will. Das gilt nicht, wenn die Parteien etwas anderes vereinbaren, *IV 2,* wenn sie zB eine Sanktion ausschließen. 3

4) Andere Fälle der Säumnis, III, IV. Versäumt es die Partei, zur mündlichen Verhandlung nach § 1047 zu erscheinen oder innerhalb einer nach § 1042 IV 1 festgelegten Frist ein Dokument zum Beweis vorzulegen, § 1046 I 2, kann das Schiedsgericht das Verfahren fortsetzen und den Schiedsspruch ähnlich wie bei einer Entscheidung nach Lage der Akten gemäß den vorliegenden Erkenntnissen erlassen, SchdG Hbg RR **99**, 781. Das gilt, wenn nicht die Partei ihre Säumnis nach der Überzeugung des Schiedsgerichts nach § 1040 II 4 in Verbindung mit § 296 Rn 53 ff genügend entschuldigt, *IV 1.* Die Ladung zur mündlichen Verhandlung muß rechtzeitig nach § 1047 II gewesen sein. Eine gesetzte Frist muß angemessen gewesen sein. Die Parteien können von III abweichende Vereinbarungen treffen, *IV 2.* Sie können zB die Anwendung von §§ 330 ff vereinbaren, auch von §§ 340 ff, ZöGei 5, aM Otto IPRax **02**, 167. Sie müssen dabei den Grundsatz *IV 1* beachten. 4

In § 1048 *nicht genannte Fälle* der Versäumung einer von den Parteien oder vom Schiedsgericht gesetzten Frist bleiben folgenlos, wenn nicht die Parteien dafür Sanktionen etwa entsprechend § 296 vereinbaren. Sie müssen dabei den Grundsatz beachten, daß eine genügend entschuldigte Säumnis außer Betracht bleiben muß, *IV 1.* 5

1049 *Vom Schiedsgericht bestellter Sachverständiger.*

I [1] **Haben die Parteien nichts anderes vereinbart, so kann das Schiedsgericht einen oder mehrere Sachverständige zur Erstattung eines Gutachtens über bestimmte vom Schiedsgericht festzulegende Fragen bestellen.** [2] **Es kann ferner eine Partei auffordern, dem Sachverständigen jede sachdienliche Auskunft zu erteilen oder alle für das Verfahren erheblichen Dokumente oder Sachen zur Besichtigung vorzulegen oder zugänglich zu machen.**

II [1] **Haben die Parteien nichts anderes vereinbart, so hat der Sachverständige, wenn eine Partei dies beantragt oder das Schiedsgericht es für erforderlich hält, nach Erstattung seines schriftlichen oder mündlichen Gutachtens an einer mündlichen Verhandlung teilzunehmen.** [2] **Bei der Verhandlung können die Parteien dem Sachverständigen Fragen stellen und eigene Sachverständige zu den streitigen Fragen aussagen lassen.**

III **Auf den vom Schiedsgericht bestellten Sachverständigen sind die §§ 1036, 1037 Abs. 1 und 2 entsprechend anzuwenden.**

1) Systematik Regelungszweck, I–III. Das Schiedsgericht muß den Sachverhalt ermitteln, § 1042 Rn 10 „Ermittlungen". Den Umfang einer Beweisaufnahme bestimmt grundsätzlich die Parteivereinbarung. Zur Beteiligung der Parteien § 1047 II. Das Schiedsgericht kann Zeugen und Beteiligte uneidlich vernehmen, allerdings ohne jede Zwangsgewalt, § 1050. Wegen der Bedeutung, die Sachverständige für viele schiedsrichterliche Verfahren haben, ist dafür eine Regelung notwendig. Sie überläßt das Gesetz grundsätzlich den Parteien. Hilfsweise gilt dazu § 1049. Das Schiedsgericht geht dann bei der Auswahl und Anleitung nach §§ 402 ff vor. Es beauftragt den Sachverständigen im Namen und auf Rechnung des Beweisführers mit der Tätigkeit nach §§ 631 ff BGB. Er haftet danach dem Auftraggeber. Er muß beim Staatgericht den Parteien die Teilnahme an seinen Feststellungen ermöglichen, BGH **116**, 47. 1

2) Bestellung von Sachverständigen, I. Wegen eines Beraters § 1035 Rn 7. Wenn die Parteien nicht etwa bereits zwecks einer Kostenersparnis oder Zeitgewinns oder eigener Sachkunde etwas anderes vereinbart haben, ist das Schiedsgericht nach seinem „freien" und in Wahrheit wie stets pflichtgemäßen Ermessen nach § 1042 IV berechtigt und beim Fehlen einer eigenen Sachkunde evtl auch verpflichtet, einen oder mehrere Sachverständige zur Erstattung eines Gutachtens über bestimmte vom Schiedsgericht festzulegende Fragen zu bestellen, *I 1,* Schütze SchiedsVZ **08**, 11. Die Parteien dürfen andere Regeln aufstellen. Sie dürfen 2 zB die Bestellung von Sachverständigen ausschließen oder sie sich selbst überlassen oder nur bestimmte Personen oder Institutionen als Sachverständige zulassen oder diese Beweisart auf bestimmte Sachfragen oder Sachgebiete begrenzen usw. Hat das Schiedsgericht den Sachverständigen selbst bestellt, kann es eine oder beide Parteien auffordern, dem Sachverständigen jede sachdienliche Auskunft zu erteilen oder alle für das Verfahren erheblichen Dokumente oder Sachen zur Besichtigung vorzulegen oder zugänglich zu machen, *I 2.* Kommt die Partei einer solchen Aufforderung nicht nach, kann das Schiedsgericht das frei würdigen, zB als eine Beweisvereitelung wie bei § 444. Es kann dann nach § 1048 III oder § 1050 verfahren.

3 **3) Mündliche Verhandlung in Gegenwart der Parteien, II.** Wenn die Parteien nichts anderes vereinbart haben, muß der vom Schiedsgericht bestellte Sachverständige dem Schiedsgericht etwaige Ergänzungsfragen schriftlich beantworten. Er muß auch auf den Antrag einer Partei oder auf Grund einer vom Schiedsgericht ohne einen Antrag erlassenen Anordnung nach der Erstattung seines schriftlichen oder mündlichen Gutachtens an einer mündlichen Verhandlung zwecks Erläuterung des Gutachtens teilnehmen, *II 1.* Bei dieser Verhandlung können die Parteien dem Sachverständigen Fragen stellen und/oder eigene Sachverständige zu den streitigen Fragen aussagen lassen, *II 2,* § 411 III, IV. Das Gericht würdigt die Darstellung des Parteisachverständigen frei. Die Erstattung eines förmlichen Gegengutachtens ist dem Parteisachverständigen also verwehrt. Ein trotzdem vorgelegtes oder vorgetragenes Gegengutachten ist unbeachtlich.

4 **4) Ablehnung von Sachverständigen, III.** Da nur der vom Schiedsgericht bestellte Sachverständige unparteiisch und unabhängig sein muß, gelten nur für ihn und nicht für den Parteisachverständigen des II 2 § 1036, § 1037 I, II entsprechend. Bei einer erfolglosen Ablehnung gibt es keinen Rechtsbehelf. Denn § 1037 III ist nicht anwendbar. Insofern muß man Einwendungen im Aufhebungs- und Vollstreckbarkeitsverfahren nach §§ 1059 ff geltend machen. Diese Bestimmungen sind zwingend. Äußerungen von Parteisachverständigen muß das Schiedsgericht entgegennehmen und frei würdigen.

1050 *Gerichtliche Unterstützung bei der Beweisaufnahme und sonstige richterliche Handlungen.*

[1] **Das Schiedsgericht oder eine Partei mit Zustimmung des Schiedsgerichts kann bei Gericht Unterstützung bei der Beweisaufnahme oder die Vornahme sonstiger richterlicher Handlungen, zu denen das Schiedsgericht nicht befugt ist, beantragen.** [2] **Das Gericht erledigt den Antrag, sofern es ihn nicht für unzulässig hält, nach seinen für die Beweisaufnahme oder die sonstige richterliche Handlung geltenden Verfahrensvorschriften.** [3] **Die Schiedsrichter sind berechtigt, an einer gerichtlichen Beweisaufnahme teilzunehmen und Fragen zu stellen.**

Schrifttum: *Geimer,* Schiedsgerichtsbarkeit und Verfassung, 1994; *Zobel,* Schiedsgerichtsbarkeit und Gemeinschaftsrecht usw, 2005 (Bespr *Schütze* SchiedsVZ **07**, 98).

1 **1) Systematik Regelungszweck, S 1–3.** Die Vorschrift bildet eine notwendige Ergänzung in einem grundsätzlich ja ganz den Parteien überlassenen Verfahren. Denn auch dieses Verfahren kommt nicht ganz ohne die Machtmittel des Staats aus, Geimer DNotZ **91**, 267, 270. § 1050 greift nur dann ein, wenn das Schiedsgericht zur Vornahme einer Handlung nicht befugt ist, weil es keinen Zwang ausüben darf und kann. Beispiele: Zustellung im Ausland oder öffentliche Zustellung nach §§ 185 ff; Bestellung eines Vertreters nach § 57; Ersuchen um amtliche Auskünfte, Üb 32 vor § 373; Erscheinenszwang für Zeugen, Sachverständige und Parteien; Beeidigung; eidesstattliche Versicherung; Einholung der Genehmigung für die Aussage von Beamten, Richtern und Soldaten nach § 376; Ersuchen an eine Behörde um Vorlage einer Urkunde nach § 432; Einholung einer Entscheidung nach Art 100 GG, § 1 GVG Rn 8, oder nach Art 234 EGV, Schütze SchiedsVZ **07**, 124.

2 **2) Geltungsbereich, S 1–3.** § 1050 gilt auch für ein Verfahren mit einem *ausländischen Schiedsort* nach § 1043, § 1025 II, IV und für die Zeit vor einer Bestimmung des Schiedsorts, § 1025 III.

3 **3) Unterstützungsantrag, S 1.** Nur das Schiedsgericht oder mit seiner Zustimmung eine Partei kann nach Rn 1 beim Staatsgericht eine Unterstützung beantragen, *S 1.* Das Schiedsgericht darf seine Zustimmung versagen, wenn es die Handlung für unzulässig oder für unerheblich hält. Das Schiedsgericht oder die Partei muß den Antrag an das nach §§ 1025 II, 1062 IV zuständige AG richten. Es muß ihm die Schiedsvereinbarung und evtl die Zustimmung des Schiedsgerichts zu dem Antrag beifügen.

4 **4) Verfahren, S 2, 3.** Das nach § 1062 IV sachlich zuständige AG des Orts der beantragten Handlung amtiert ohne einen Anwaltszwang. Es sollte großzügig sein, StJSchl 6. Es darf den Antrag ablehnen, wenn es ihn für unzulässig hält, *S 2.* Sein Ablehnungsbeschluß ist unanfechtbar, § 1065 I 2. Es gibt vier Prüfschritte von Amts wegen: Zunächst das Vorliegen der allgemeinen Prozeßvoraussetzungen, Grdz § 253 Rn 13 ff; sodann das Vorliegen des Antrags; ferner die Notwendigkeit der Unterstützung (hier darf das AG keine großen Anforderungen stellen: Es genügt zB die Wahrscheinlichkeit, daß ein Zeuge nicht vor dem Schiedsgericht erscheinen werde, Mü OLG **27**, 196); schließlich die Zulässigkeit der Handlung nach der ZPO, wie bei § 158 II GVG. Es findet beim AG wegen § 1040 I 1 grundsätzlich auch keine Prüfung der Wirksamkeit der Schiedsvereinbarung statt. Denn diese Prüfung ist eine Aufgabe des OLG nach §§ 1059 II Z 1 a, c, II, 1062 I Z 2, 4.

Ist das Ersuchen *zulässig,* muß das AG nach § 1063 I, IV in Verbindung mit seinen für die beantragte Handlung geltenden Verfahrensvorschriften vorgehen, *S 2.* Es ordnet die Maßnahme nach einer Anhörung der Parteien oder der Gegenpartei durch einen Beschluß an. Es stellt ihn den Parteien zu. Für die Beweisaufnahme gelten §§ 159 ff, 350, 379 ff. Eine Prozeßkostenhilfe ist nach allgemeinen Grundsätzen für diesen begrenzten Verfahrensabschnitt zulässig, §§ 114 ff. Das AG vernimmt einen Zeugen dann, wenn nicht das Schiedsgericht dessen Beeidigung angeordnet hat, uneidlich. Es vereidigt ihn im Rahmen von §§ 391–393. Hat das Schiedsgericht Bedenken gegen die Glaubwürdigkeit, kann es sogleich um eine Beeidigung ersuchen. Unzulässig wäre ein Ersuchen um eine Beeidigung beider Parteien oder einer Partei und eines Zeugen bei einem Widerspruch. Das AG darf und wird regelmäßig einen Zeugen, den es nur beeidigen soll, immer ganz neu vernehmen. Es muß ihn dann freilich beeidigen. Die Schiedsrichter und eben auch die

Parteien sind berechtigt, an einer gerichtlichen Beweisaufnahme teilzunehmen und Fragen zu stellen, *S 3.* Das AG muß sie deshalb benachrichtigen, § 1047 II.

5) Verstoß, S 1–3. Ein Mangel des Verfahrens des Staatsgerichts kann zur Aufhebung des Schiedsspruchs nach § 1059 II Z 1 b oder zur Ablehnung der Vollstreckbarerklärung nach § 1060 II führen. Ein Verstoß des Schiedsgerichts etwa durch eine Eidesabnahme kann zugleich gegen § 132 StGB verstoßen, aM ZöGei 3 (aber das Schiedsgericht ist eben kein „Befugter" und macht den darauf beruhenden Schiedsspruch nach § 1059 II Z 1 d aufhebbar). 5

6) Rechtsmittel, S 1–3. Die Entscheidung des AG ist nach den dafür geltenden Vorschriften anfechtbar, § 1062 Rn 3. 6

Abschnitt 6. Schiedsspruch und Beendigung des Verfahrens

1051 *Anwendbares Recht.* I [1] **Das Schiedsgericht hat die Streitigkeit in Übereinstimmung mit den Rechtsvorschriften zu entscheiden, die von den Parteien als auf den Inhalt des Rechtsstreits anwendbar bezeichnet worden sind.** [2] **Die Bezeichnung des Rechts oder der Rechtsordnung eines bestimmten Staates ist, sofern die Parteien nicht ausdrücklich etwas anderes vereinbart haben, als unmittelbare Verweisung auf die Sachvorschriften dieses Staates und nicht auf sein Kollisionsrecht zu verstehen.**

II **Haben die Parteien die anzuwendenden Rechtsvorschriften nicht bestimmt, so hat das Schiedsgericht das Recht des Staates anzuwenden, mit dem der Gegenstand des Verfahrens die engsten Verbindungen aufweist.**

III [1] **Das Schiedsgericht hat nur dann nach Billigkeit zu entscheiden, wenn die Parteien es ausdrücklich dazu ermächtigt haben.** [2] **Die Ermächtigung kann bis zur Entscheidung des Schiedsgerichts erteilt werden.**

IV **In allen Fällen hat das Schiedsgericht in Übereinstimmung mit den Bestimmungen des Vertrages zu entscheiden und dabei bestehende Handelsbräuche zu berücksichtigen.**

Schrifttum: *Adolphsen/Schmalenberg* SchiedsVZ **07**, 57 (islamisches Recht); *Beulker,* Die Eingriffsnormenproblematik im internationalen Schiedsverfahren usw, 2005; *Handorn,* Das Sonderkollisionsrecht der deutschen internationalen Schiedsgerichtsbarkeit usw, 2005; *Kulpa,* Das anwendbare (materielle) Recht im internationalen Handelsschiedsgerichtsverfahren, 2005 (Bespr *Spellenberg* ZZP **120**, 382); *Nojack,* Exklusivnormen im IPR usw, 2005; *Wagner,* Rechtswahlfreiheit im Schiedsverfahren, Festschrift für *Schumann* (2001) 535.

1) Systematik, Regelungszweck, I–IV. Die Vorschrift regelt die Frage, welches sachliche Recht das Schiedsgericht seiner Entscheidung zugrundelegen muß. Es handelt sich um ein Sonder-Kollisionsrecht. Unter Beachtung des EG-Übk v 19. 6. 80 über das auf vertragliche Schuldverhältnisse anzuwendende Recht, BGBl **86** II 809, geben vorrangig Artt 27 ff EGBGB Spezialregeln, BGH WertpMitt **75**, 910, Solomon RIW **97**, 981 (eingehend). 1

Zweck ist die Wahrung der gerade in diesem Bereich ja stets gefährdeten Rechtssicherheit nach Einl III 43 durch eine möglichste Klärung von Grundvoraussetzungen des ganzen Verfahrens. Deshalb sollte man die Vorschrift strikt handhaben. Man sollte sie aber natürlich auch stets möglichst praktikabel auslegen.

2) Parteivereinbarung, I. In erster Linie entscheidet über das vom Schiedsgericht anwendbare sachliche Recht die Vereinbarung der Parteien, *I 1,* Art 27 I 1 EGBGB. Sie ist in der Schiedsvereinbarung oder später möglich und abänderbar. Sie muß nur die Grenzen der Artt 29, 34 EGBGB beachten, ZöGei 3. Die Bestimmung eines inländischen Schiedsorts nach § 1043 läßt auf die Wahl des inländischen Rechts schließen, SchdG Hbg RR **99**, 781. Die Parteien können nicht nur die Gesamtrechtsordnung eines Staats oder Teilgebiets wählen, sondern auch einzelne Bestimmungen einer Rechtsordnung oder eine Kombination von Vorschriften verschiedener (nationaler oder internationaler) Herkunft, Solomon RIW **97**, 982, Voit JZ **97**, 122. Ob sich Schranken der Rechtswahl aus Artt 6, 27 ff, 34 EGBGB ergeben, ist zweifelhaft, bejahend Wagner Festschrift für Schumann (2001) 535. Jedenfalls ergeben sich Beschränkungen aus § 1059 II Z 2. Da I 2 die „Bezeichnung" des anwendbaren Rechts verlangt, dürfte abweichend von Art 27 EGBGB eine stillschweigende Rechtswahl nicht ausreichen. Allerdings schreibt eine Schiedsvereinbarung zwischen Deutschen über einen inländischen Gegenstand wohl meist die Anwendung des deutschen Rechts vor, falls sich aus ihr nichts anderes ergibt. 2

Wenn die Parteien nicht etwas anderes vereinbart haben, ist die Bezeichnung des Rechts eines bestimmten Staats abweichend von Art 27 I 1 EGBGB eine *unmittelbare Verweisung* auf dessen sachliches Recht und nicht auf dessen Kollisionsrecht, *I 2.* Den Parteien steht es frei, ein bestimmtes Kollisionsrecht zu wählen, nach dem sich das anuwendbare sachliche Recht bestimmt. Die Parteivereinbarung läßt sich auslegen. Sie kann auch eine Ermächtigung der Schiedsrichter zur Rechtswahl enthalten, ZöGei 3.

3) Fehlen einer Parteivereinbarung, II. Hilfsweise muß das Schiedsgericht das Recht desjenigen Staats anwenden, mit dem der Gegenstand des Verfahrens die engste Verbindung aufweist, Berger DZWiR **98**, 52. Damit übernimmt II die Formulierung des Art 28 I 1 EGBGB. Auch Art 28 II–V EGBGB mit seinen Vermutungen ist damit anwendbar. Damit ergeben sich teilweise streitige Fragen, Solomon RIW **97**, 983. Deshalb empfiehlt es sich dringend, in der Schiedsvereinbarung eine ausdrückliche Rechtswahl vorzunehmen. Das Schiedsgericht darf das Recht weiterentwickeln, Einl III 40 ff, Schiffer IPRax **91**, 85. § 293 ist anwendbar, ZöGei 13. Das Schiedsgericht darf einen Gutachter hinzuziehen, § 1049, Schütze SchiedsVZ **08**, 11. 3

4 **4) Billigkeitsentscheidung, III.** Grundsätzlich muß das Schiedsgericht ebenso wie das Staatsgericht nach Recht und Gesetz entscheiden. Das gilt nur dann nicht, wenn die Parteien es ausdrücklich zu einer Billigkeitsentscheidung ermächtigen, *III 1.* Eine stillschweigende Ermächtigung ist also unstatthaft, Mü OLGR **05**, 728. Eine ausdrückliche Ermächtigung kann bis zur Entscheidung des Schiedsgerichts geschehen, *III 2.* Sie braucht also kein Bestandteil der Schiedsvereinbarung nach § 1029 zu sein. Sie muß aber in der Form des § 1031 erfolgen. Zulässig ist auch die Vereinbarung über eine Entscheidung nach kaufmännischem Gewohnheitsrecht (lex mercatoria), Labes/Lörcher MDR **97**, 424, Sprickhoff RabelsZ **92**, 134, Stein, lex mercatoria, 1995. Zur Anwendung von IV vgl Rn 5. Die Ermächtigung darf natürlich nicht zum Rechtsmißbrauch nach Einl III 54 führen, BGH WertpMitt **85**, 1487, Mü OLGR **05**, 727, Hausmann Festschrift für Stoll (2001) 601.

5 **5) Bindung an den Vertrag, Berücksichtigung von Handelsbräuchen, IV.** Wenn das Schiedsgericht bei der Bestimmung des anwendbaren Rechts an eine bestimmte Rechtsordnung anknüpft, haben deren zwingende Vorschriften den Vorrang vor dem zwischen den Parteien bestehenden Vertrag und vor etwaigen Handelsbräuchen, Ritlewski SchiedsVZ **07**, 130 (Üb). Daran ändert IV nichts, krit Solomon RIW **97**, 985. Die Vorschrift hat demgemäß eine Bedeutung vor allem dann, wenn die Parteien eine Billigkeitsentscheidung nach III vereinbart oder einzelne Bestimmungen einer Rechtsordnung als anwendbar bezeichnet haben.

6 **6) Verstoß, I–IV.** Ist die Anwendung des sachlichen Rechts vereinbart, aber keine Rechtsentscheidung ergangen, muß das nach § 1062 I Z 4 sachlich zuständige OLG den Schiedsspruch auf Grund einer Rüge der beschwerten Partei nach § 1059 II Z 1 c aufheben, BGH NJW **86**, 1437 (zustm Sandrock JZ **86**, 373). Dasselbe gilt bei der Anwendung eines anderen als des vereinbarten Rechts. Ein Verstoß gegen den ordre public ist ein Aufhebungsgrund, § 1059 Rn 13. Kein Aufhebungsgrund liegt vor, wenn die Schiedsrichter, die nach Billigkeit entscheiden sollten, eine Rechtsentscheidung gefällt haben, Gottwald Festschrift für Nagel (1987) 61.

1052 *Entscheidung durch ein Schiedsrichterkollegium.* **[I] Haben die Parteien nichts anderes vereinbart, so ist in schiedsrichterlichen Verfahren mit mehr als einem Schiedsrichter jede Entscheidung des Schiedsgerichts mit Mehrheit der Stimmen aller Mitglieder zu treffen.**

[II 1] Verweigert ein Schiedsrichter die Teilnahme an einer Abstimmung, können die übrigen Schiedsrichter ohne ihn entscheiden, sofern die Parteien nichts anderes vereinbart haben. [2] Die Absicht, ohne den verweigernden Schiedsrichter über den Schiedsspruch abzustimmen, ist den Parteien vorher mitzuteilen. [3] Bei anderen Entscheidungen sind die Parteien von der Abstimmungsverweigerung nachträglich in Kenntnis zu setzen.

[III] Über einzelne Verfahrensfragen kann der vorsitzende Schiedsrichter allein entscheiden, wenn die Parteien oder die anderen Mitglieder des Schiedsgerichts ihn dazu ermächtigt haben.

Schrifttum: *Peltzer,* Die Dissenting Opinios in der Schiedsgerichtsbarkeit, 1999; *Schütze* Festschrift für *Nakamura* (1996) 525; *Schütze* SchiedsVZ **08**, 10 (Üb).

1 **1) Systematik Regelungszweck, I–III.** Für den häufigen Fall, daß das Schiedsgericht nach § 1034 aus mehreren Personen besteht, regelt § 1052 die Entscheidungsfindung und die Stellung des Vorsitzenden. Denn es ist wegen der größeren Entscheidungsfreiheit der Parteien auch bei der Zusammensetzung und Arbeitsweise ihres Schiedsgericht im Interesse der Rechtssicherheit nach Einl III 43 dringend notwendig, die Abstimmungs- und Entscheidungsvorgänge möglichst klar und zwingend zu regeln. Deshalb erfordert die Vorschrift eine strenge Handhabung. §§ 192 ff GVG sind vielfach entsprechend anwendbar.

2 **2) Entscheidungsfindung, I.** Die Vorschrift gilt für alle Entscheidungsarten, auch für einen Zwischenentscheid, etwa über den Anspruchsgrund, ZöGei 4, oder für einen ein Teilschiedsspruch. Wenn die Parteien nichts anderes vereinbart haben, ist im Verfahren mit mehr als einem Schiedsrichter zu jeder Entscheidung die Mehrheit der Stimmen aller überhaupt als Schiedsrichter eingesetzten Mitglieder nötig, also die absolute Mehrheit, § 196 I GVG. Mangels der erforderlichen Mehrheit beendet das Schiedsgericht sein Verfahren nach § 1056 II Z 3 Hs 2, dort Rn 6. Ein Stichentscheid des Vorsitzenden ist nach dem Gesetz nicht unstatthaft und daher vereinbar. Die Parteien können ihn auch wegen II 1 vereinbaren. Bei der Entscheidung über Summen gilt § 196 II GVG entsprechend. Über die Reihenfolge der Stimmabgabe schweigt das Gesetz. Mangels einer Abrede der Parteien bietet sich die entsprechende Anwendung von § 197 GVG an, also die Schiedsrichter nach dem Lebensalter, der jüngste zuerst, der Vorsitzende zuletzt. Die Ablehnung einer Entscheidung mit der Folge einer Notwendigkeit der Anrufung des Staatsgerichts wäre selbst als Text der Schiedsvereinbarung problematisch sinnwidrig, ZöGei 17. Art 100 GG ist unanwendbar. Art 234 EGV ist nur bei einem zwingenden schiedsrichterlichen Verfahren anwendbar, EuGH EuZW **05**, 319, Schmidt BB **06**, 1401.

3 Über die *Leitung der Beratung* und Abstimmung schweigt § 1052. Aus der Natur der Sache folgt die entsprechende Anwendung von § 194 GVG, wenn die Parteien nichts anderes vereinbart haben.

4 Die Beratung kann aber auch *schriftlich* geschehen, ebenso telefonisch oder elektronisch. Wenn die Schiedsvereinbarung nicht entgegensteht, genügt die Unterzeichnung des mit Gründen versehenen Schiedsspruchs im Umlaufweg, wenn der Obmann als letzter unterzeichnet, Köln BauR **88**, 637. Ein Rechtsgutachten, das sich ein Schiedsrichter beschafft hat, darf er in der Beratung verwenden. Das Schiedsgericht darf jedenfalls dann, wenn die Schiedsvereinbarung es zuläßt, Berater hinzuziehen und einem solchen die Formulierung der vom Schiedsgericht beschlossenen Entscheidungsgründe (nur) begrenzt überlassen, BGH NJW **90**, 2199, Düss BB **76**, 251, Habscheid/Calavros KTS **79**, 6. Die Gefahr der Beeinflussung ist da geringer, als wenn der einzelne Schiedsrichter sich vorher mit einem Sachverständigen bespricht. In jedem Fall empfiehlt es sich, das Einverständnis der Parteien mit dem beabsichtigten Verfahren einzuholen.

Allerdings darf ein Oberschiedsgericht nicht denselben Berater wie das erstinstanzliche Schiedsgericht hinzuziehen, BGH **110**, 105, Düss BB **76**, 251.

Das Schiedsgericht muß das *Beratungsgeheimnis* wahren, wenn die Parteien nichts anderes vereinbart haben, Prütting Festschrift für Schwab (1990) 409. Denn der Grundgedanke des § 43 DRiG trifft auch hier zu. Deshalb gibt es keinen Anspruch auf eine Einsicht in die schriftlichen Grundlagen der Meinungsbildung des Schiedsgerichts. Das Staatsgericht darf Schiedsrichter grundsätzlich nicht zur Auslegung ihres Schiedsspruchs als Zeugen vernehmen, selbst wenn sich beide Parteien auf sie berufen. Denn das Beratungsgeheimnis besteht auch im Interesse der Schiedsrichter. Daher setzt eine Vernehmung auch ihren Verzicht auf diesen Schutz voraus. Ihre Vernehmung mag ausnahmsweise infragekommen, soweit es um einen schwerwiegenden Verfahrensverstoß geht, BGH NJW **86**, 3077. Grundsätzlich darf ein überstimmter Schiedsrichter seine abweichende Meinung nicht ohne die Erlaubnis der Parteien bekanntgeben, § 1054 Rn 4. 5

3) Weigerung eines Schiedsrichters, II. Verweigert ein Mitglied des Schiedsgerichts die Teilnahme an einer Abstimmung, können die übrigen Mitglieder ohne dieses Mitglied entscheiden, sofern die Parteien nichts anderes vereinbart haben, *II 1*. Eine Entscheidung kommt nicht zustande, wenn die absolute Mehrheit der Gesamtzahl der Schiedsrichter nicht zustandekommt, I 1. Der Schiedsrichter „verweigert" seine Mitwirkung nur dann, wenn er ohne einen zwingenden Grund an der Abstimmung nicht teilnimmt. Das muß zur Überzeugung der anderen Schiedsrichter feststehen, so auch Schütze SchiedsVZ **08**, 13. Das Schiedsgericht muß zB (jetzt) § 107 FamFG beachten. 6

Das Schiedsgericht muß seine Absicht, *ohne* den sich weigernden Schiedsrichter über den Schiedsspruch abzustimmen, den Parteien vor der Abstimmung *mitteilen, II 2*, um ihnen die Gelegenheit zu geben, auf den Schiedsrichter einzuwirken oder andere Konsequenzen zu ziehen, so auch Schütze SchiedsVZ **08**, 13. Zwischen der Mitteilung und der Abstimmung muß ein den Umständen entsprechender angemessener Zeitraum liegen. Handelt es sich nicht um den Schiedsspruch, darf das Schiedsgericht ohne den sich Weigernden abstimmen. Es muß aber die Parteien nachträglich von der Abstimmungsverweigerung unterrichten, *II 3*. Das sollte unverzüglich geschehen. 7

4) Befugnisse des Vorsitzenden, III dazu *Schlosser* SchiedsVZ **03**, 1 (Üb): Der Vorsitzende nach § 1035 III 2 ist auch beim Schiedsgericht „primus inter pares", wenn die Parteien nichts anderes vereinbaren. Er darf über einzelne Verfahrensfragen selbst entscheiden, wenn die Parteien oder beim Fehlen einer Parteivereinbarung die anderen Mitglieder des Schiedsgerichts ihn dazu ermächtigt haben. Eine solche Ermächtigung kann auch stillschweigend und sogar rückwirkend erfolgen. Sie liegt wohl meist vor. „Einzelne Verfahrensfragen" nach III sind zB: Die Anberaumung eines Termins; dessen Vorbereitung durch Auflagen an die Parteien; die Festsetzung von Fristen usw; nicht aber: Die Entscheidung über den Schiedsort nach § 1043 I; die Entscheidung über die Verfahrenssprache nach § 1045; die Wahl zwischen einem schriftlichen und mündlichen Verfahren nach § 1047; die Zuziehung eines Sachverständigen, § 1049, aM ZöGei 7 (aber das sind Grundfragen des geordneten Gesamtverfahrens). Daß der Vorsitzende die Geschäfte des Schiedsgerichts leitet, also zB den Schriftwechsel mit den Parteien führt oder die Auswahl der Räumlichkeiten für eine Zusammenkunft trifft, ist ebenso selbstverständlich wie seine Hauptaufgabe, die Leitung der mündlichen Verhandlung, Rn 3. 8

5) Verstoß, I–III. Ein Verstoß gegen II führt zur Aufhebung des Schiedsspruchs, sofern er sich ausgewirkt hat, § 1059 II Z 1 d, Saarbr SchiedsVZ **03**, 93. 9

1053 *Vergleich.* **[I 1] Vergleichen sich die Parteien während des schiedsrichterlichen Verfahrens über die Streitigkeit, so beendet das Schiedsgericht das Verfahren. [2] Auf Antrag der Parteien hält es den Vergleich in der Form eines Schiedsspruchs mit vereinbartem Wortlaut fest, sofern der Inhalt des Vergleichs nicht gegen die öffentliche Ordnung (ordre public) verstößt.**

[II 1] Ein Schiedsspruch mit vereinbartem Wortlaut ist gemäß § 1054 zu erlassen und muss angeben, dass es sich um einen Schiedsspruch handelt. [2] Ein solcher Schiedsspruch hat dieselbe Wirkung wie jeder andere Schiedsspruch zur Sache.

[III] Soweit die Wirksamkeit von Erklärungen eine notarielle Beurkundung erfordert, wird diese bei einem Schiedsspruch mit vereinbartem Wortlaut durch die Aufnahme der Erklärungen der Parteien in den Schiedsspruch ersetzt.

[IV 1] Mit Zustimmung der Parteien kann ein Schiedsspruch mit vereinbartem Wortlaut auch von einem Notar, der seinen Amtssitz im Bezirk des nach § 1062 Abs. 1, 2 für die Vollstreckbarerklärung zuständigen Gerichts hat, für vollstreckbar erklärt werden. [2] Der Notar lehnt die Vollstreckbarerklärung ab, wenn die Voraussetzungen des Absatzes 1 Satz 2 nicht vorliegen.

Schrifttum: *Frische,* Verfahrenswirkungen, Rechtskraft – internationale Anerkennung und Vollstreckung von Prozeßvergleichen und Schiedssprüchen mit vereinbartem Wortlaut, 2005; *Gottwald,* in: Konsensuale Streitbeilegung (2001) 31; *Höttler,* Das fingierte Schiedsverfahren, 2007; *Mankowski* ZZP **114**, 37; *Saenger* MDR **99**, 662 (zur Vollstreckung); *Schütze* Festschrift für *Lorenz* (2001) 277.

1) Systematik, Regelungszweck, I–IV. Die Vorschrift setzt an die Stelle des früheren Schiedsvergleichs den Schiedsspruch mit vereinbartem Wortlaut, Saenger MDR **99**, 663. Dadurch erübrigen sich besondere Bestimmungen über die Zulässigkeit und die Vollstreckbarkeit, die nach dem UNÜ gemäß § 1061 nicht vorläge. Daher wird mit § 1053 ein weltweit anerkannter Vollstreckungstitel möglich. Das ist wegen des oft auch international ausgeprägten schiedsrichterlichen Verfahrens ein außerordentlicher Gewinn. Deshalb sollte man die Vorschrift prozeßwirtschaftich großzügig auslegen, Grdz 14 vor § 128. Im übrigen kann der Vergleichsinhalt über den Streitgegenstand im Rahmen von §§ 1031, 1053 III hinausgehen, auch personell, Mankowski ZZP **114**, 62. 1

2) Geltungsbereich, I–IV. Im arbeitsrechtlichen Verfahren gelten vorrangig §§ 107, 109 ArbGG. 2

3 **3) Vergleich, I 1.** Es muß ein Vergleich vorliegen, also ein gegenseitiges Nachgeben, Mü OLGR **05**, 726, Kröll NJW **07**, 743. Vergleichen sich die Parteien während des Verfahrens nach Anh § 307, auch in der Form eines Anwaltsvergleichs nach § 796 a oder einer Mediation nach § 1056 Rn 5, beendet das Schiedsgericht das Verfahren durch einen Beschluß, § 1056 II Z 2. Ein solcher Vergleich ist ein Vollstreckungstitel, wenn er die Voraussetzungen des § 794 I Z 1 oder Z 5 oder der §§ 796 a oder 796 c erfüllt. Ein Vergleich im schiedsrichterlichen Verfahren wird nur dadurch zum Vollstreckungstitel, daß das Schiedsgericht ihn in der Form eines Schiedsspruchs mit vereinbartem Wortlaut festhält, § 1060 Rn 3, und daß das OLG ihn nach Rn 5 behandelt.

4 **4) Schiedsspruch mit vereinbartem Wortlaut, I 2, II, III.** Es gibt drei Hauptaspekte.

A. Zuläsigkeit, I 2. Das Schiedsgericht erläßt auf einen Antrag einen Schiedsspruch mit vereinbartem Wortlaut, wenn der Inhalt des Vergleichs nicht gegen die öffentliche Ordnung (ordre public) verstößt, § 1059 II Z 2 b, krit Mankowski ZZP **114**, 44. Außerdem darf ein etwa vereinbarter Widerruf nicht fristgerecht erfolgt sein, wie bei Anh § 307 Rn 42–46. Ein Verstoß gegen den ordre public nach § 328 Rn 30 liegt auch dann vor, wenn der Vergleichsgegenstand nach § 1030 nicht schiedsfähig ist, § 1059 II Z 2. Es ist in einem Mehrparteienverfahren nach § 1034 Rn 6, § 1035 Rn 8 auch ein Teilvergleich nach I 2 zwischen einzelnen Parteien denkbar, ZöGei 2. Auch ein Dritter kann den Antrag mit einer Wirkung auch gegen sich selbst stellen, Mankowski ZZP **114**, 63.

5 **B. Form und Wirkung, II.** Der Schiedsspruch mit vereinbartem Wortlaut ist eine Prozeßhandlung nur des Gerichts. Für die Form und den Inhalt des Schiedsspruchs mit vereinbartem Wortlaut gilt § 1054. In ihm muß das Schiedsgericht angeben, daß es sich um einen Schiedsspruch handelt, *II 1,* Mü MDR **07**, 854. Der vereinbarte „Wortlaut" sollte durchweg auch im Inhalt des Schiedsspruchs wiederkehren, zu großzügig ZöGei (der Text dürfe bei einer verständigen Würdigung nicht vom Vergleich abweichen. Aber I 2, II 1, III, IV 1 sprechen eben vom „Wortlaut", Einl III 39). Ein solcher Schiedsspruch hat dieselbe Wirkung wie jeder andere Schiedsspruch, *II 2,* BGH MDR **07**, 851. Er hat unter den Parteien die Wirkung eines rechtskräftigen Urteils nach § 1055. Er beendet das schiedsrichterliche Verfahren, § 1056 I. Er unterliegt nur wegen eines Verstoßes gegen die öffentliche Ordnung nach I 2 der Aufhebung, § 1059 Rn 9. Er braucht eine Vollstreckbarerklärung durch das OLG, §§ 1060, 1061. Für diese gelten die allgemeinen Vorschriften, BGH NJW **01**, 373. Sie darf grundsätzlich nicht ohne die Form nach § 1054 erfolgen, Ffm SchiedsVZ **03**, 288 (Ausnahme: ein völkerrechtlicher Vertrag, BayObLG OLGR **04**, 381).

6 **C. Anderweitige Formvorschriften, III.** Der Schiedsspruch nach § 1053 ersetzt nicht jede andere zwingende Form. Soweit für die Wirksamkeit einer Erklärung eine notarielle Beurkundung erforderlich ist, ersetzt III sie dadurch, daß das Schiedsgericht die Erklärungen der Parteien wörtlich in den Schiedsspruch aufnimmt, § 127 a BGB. Das ist freilich nur bei einer engen Auslegung dieser gewissen Systemwidrigkeit haltbar, Mü OLGR **05**, 726, Höttler (vor Rn 1), auch zur sog Geldwäsche, Schütze Festschrift für Lorenz II (2001) 281. Für Eintragungen in das Grundbuch und in andere öffentliche Register ist die Vollstreckbarerklärung des Schiedsspruchs nach §§ 1060, 1061 nötig, Saenger MDR **99**, 663, aM ZöGei 7.

7 **5) Notarielle Vollstreckbarerklärung, IV.** Die Beteiligten haben die Möglichkeit, das Staatsgerichtsverfahren der Vollstreckbarerklärung nach § 1061 dadurch zu ersetzen, daß sie sich auf die Vollstreckbarerklärung des Schiedsspruchs mit vereinbartem Wortlaut durch einen Notar einigen. Eine ähnliche Regelung gilt für einen Anwaltsvergleich, § 796 c.

8 **A. Voraussetzungen, IV 1.** Die Parteien müssen der Vollstreckbarerklärung durch den Notar zustimmen. Nötig ist die Zustimmung aller am schiedsrichterlichen Verfahren Beteiligten. Sie kann im vereinbarten Wortlaut des Schiedsspruchs oder auf andere Weise erfolgen, nämlich in schriftlicher Form oder gegenüber dem Notar. Die einmal erklärte Zustimmung ist unwiderruflich.

9 **B. Zuständigkeit, IV 1.** Die Parteien können den Notar berufen. Er muß aber seinen Amtssitz im Bezirk des nach § 1062 I, II für die Vollstreckbarerklärung zuständigen OLG haben. Eine Zuständigkeitskonzentration nach § 1062 V bleibt außer Betracht. Ein Mangel der Zuständigkeit macht die Vollstreckbarerklärung nicht unwirksam, § 796 c Rn 4.

10 **C. Vornahme, IV 1.** Der von den Parteien berufene Notar kann auf den Antrag einer Partei den Schiedsspruch für vollstreckbar erklären, wenn er nach Rn 8 zuständig ist, wenn die Zustimmung aller am schiedsrichterlichen Verfahren Beteiligten nach Rn 7 vorliegt, wenn die formalen Voraussetzungen vorliegen, II 1 und § 1054, Rn 4, und wenn aus I 2 keine Bedenken gegen seine Wirksamkeit folgen, Rn 3. Sonstige Unwirksamkeitsgründe darf der Notar nicht prüfen. „Kann" bedeutet hier „darf", aber nicht „muß", Schütze Festschrift für Lorenz II (2001) 283. Der Notar muß seine Vollstreckbarerklärung als einen Beschluß auch mit einer Kostenentscheidung entsprechend §§ 91 ff versehen. Er muß ihn den Beteiligten zustellen, § 20 I 2 BNotO, § 329 III. Der Notar erteilt auch die vollstreckbare Ausfertigung. Er haftet nur ähnlich wie der Richter nach § 839 II BGB, Schütze Festschrift für Lorenz II (2001) 283, ZöGei 14.

Die Vollstreckbarerklärung hat die *Wirkung,* daß ein Aufhebungsantrag nach § 1059 nicht mehr statthaft ist. § 1059 III 4, dort Rn 12, ist entsprechend anwendbar, aM MusVo § 1059 Rn 1 aE (aber als Aufhebungsgrund kommt ohnehin nur § 1059 II Z 2 b infrage, I 2, den der Notar prüfen muß). § 1060 II bleibt anwendbar.

11 **D. Ablehnung, IV 2.** Der Notar darf und muß die Vollstreckbarerklärung ablehnen, sofern die Voraussetzungen Rn 9 nicht vollständig vorliegen oder soweit er nach §§ 41 ff nicht tätig werden darf. Er entscheidet durch einen begründeten Beschluß, 329 Rn 4 entsprechend. Kosten: § 148 a KostO.

12 **E. Rechtsmittel, I–IV.** Lehnt der Notar die Vollstreckbarerklärung ab, kann die dadurch beschwerte Partei sie beim zuständigen OLG beantragen, § 1062 I Z 4, §§ 1063–1065. Die Vollstreckbarerklärung durch den Notar ist grundsätzlich ähnlich wie beim Urteil nach den Regeln Üb 14 ff vor § 300 wirksam und grundsätzlich auch unanfechtbar. Eine entsprechende Anwendung von § 1065 I 1 scheidet aus. Denn es handelt sich um eine die Grundregel des § 1065 I 2 durchbrechende Sondervorschrift, aM ZöGei 20.

1054 *Form und Inhalt des Schiedsspruchs.* **I 1 Der Schiedsspruch ist schriftlich zu erlassen und durch den Schiedsrichter oder die Schiedsrichter zu unterschreiben. 2 In schiedsrichterlichen Verfahren mit mehr als einem Schiedsrichter genügen die Unterschriften der Mehrheit aller Mitglieder des Schiedsgerichts, sofern der Grund für eine fehlende Unterschrift angegeben wird.**

II Der Schiedsspruch ist zu begründen, es sei denn, die Parteien haben vereinbart, dass keine Begründung gegeben werden muss, oder es handelt sich um einen Schiedsspruch mit vereinbartem Wortlaut im Sinne des § 1053.

III 1 Im Schiedsspruch sind der Tag, an dem er erlassen wurde, und der nach § 1043 Abs. 1 bestimmte Ort des schiedsrichterlichen Verfahrens anzugeben. 2 Der Schiedsspruch gilt als an diesem Tag und diesem Ort erlassen.

IV Jeder Partei ist ein von den Schiedsrichtern unterschriebener Schiedsspruch zu übermitteln.

1) Systematik, I–IV. Schiedsspruch ist die Entscheidung über den Streitgegenstand oder deren abgrenzbaren Teil. § 308 I ist anwendbar. Es kommt auch § 304 infrage. Da der Schiedsspruch nach § 1055 die Wirkungen eines rechtskräftigen Urteils hat und nach §§ 1060, 1061 zum Vollstreckungstitel werden kann, muß er bestimmten Formvorschriften genügen. Schiedsspruch in diesem Sinn ist auch die Endentscheidung, daß die Klage unzulässig ist, ebenso die Endentscheidung eines Oberschiedsgerichts, daß das Rechtsmittel unzulässig sei, Düss BB **76**, 251, Hbg RR **00**, 806. I–IV sind auf eine abschließende Regelung im Eilverfahren des Schiedsgerichts zumindest entsprechend anwendbar, ZöGei 3, nicht aber auf eine bloße Zwischenentscheidung. Eine auflösende Bedeutung stört nicht, aM ZöGei 3. 1

2) Regelungszweck, I–IV. Der Zweck ist wie bei allen Formvorschriften die Wahrung der Rechtssicherheit nach Einl III 43. Sie muß ja gerade auch in einem so weitgehend den Parteien überlassenen Verfahren schon wegen Art 20 GG stets bestehenbleiben. Man muß die Vorschrift wie jede Formbestimmung strikt auslegen. Ihre Einhaltung muß von Amts wegen erfolgen, und zwar in jeder Verfahrenslage, BGH DB **80**, 201. Man kann einen Formmangel aber nachträglich heilen, BGH **85**, 288. 2

3) Schriftform, I. Sie ist nur eine zwingende Wirksamkeitsvoraussetzung, BGH RIW **86**, 970. Das Schiedsgericht muß seinen Schiedsspruch schriftlich erlassen, und zwar in der Verfahrenssprache, § 1045. Ihn muß der Einzelschiedsrichter unterschreiben, sonst grundsätzlich alle Schiedsrichter, Düss SchiedsVZ **08**, 156, auch die überstimmten grundsätzlich ohne eine Bekanntgabe ihrer abweichenden Ansichten, *I 1.* Vgl freilich Rn 4 aE. Ein Verstoß läßt sich durch eine Klage geltendmachen und nach § 888 I ahnden. In Verfahren mit mehr als einem Schiedsrichter genügen ausnahmsweise die Unterschriften der Mehrheit aller Schiedsrichter, sofern der Schiedsspruch den Grund für eine fehlende Unterschrift nennt, *I 2,* § 315 I 2, Kröll SchiedsVZ **07**, 152. Ein Grund kann zB die Weigerung eines Schiedsrichters sein, auch diejenige des Vorsitzenden. Die Vorschriften in I sind zwingend. Daher gilt das Erfordernis der absoluten Mehrheit auch dann, wenn die Parteivereinbarung für die Abstimmung etwas anderes bestimmt, § 1052 I. Die Unterschrift bindet. Ihre Verweigerung ist nach § 888 I erzwingbar. Andernfalls gelten §§ 1038, 1039, ZöGei 6. 3

4) Inhalt und Begründung des Schiedsspruchs, II. Inhalt kann im Rahmen der Schiedsvereinbarung jede Art von endgültiger völliger oder abgrenzbarer teilweiser Regelung des Streitgegenstands nach § 2 Rn 4 sein. Wegen der Kosten des Streitgegenstands § 1057. Die Parteien können vereinbaren, daß der Schiedsspruch keine Begründung braucht. Eine solche Vereinbarung kann auch in der Klausel liegen, daß jede gerichtliche Nachprüfung entfällt, BGH NJW **86**, 1437, aM SchwW 19 Rn 13. 4

Sonst muß der Schiedsspruch eine *Begründung* erhalten, es sei denn, es handelt sich um einen Schiedsspruch mit vereinbartem Wortlaut, § 1053. Dazu gehören auch die genaue Bezeichnung der Parteien nach § 313 Rn 3 ff und eine möglichst genau formulierte Wiedergabe der Entscheidung am besten in einer Entscheidungsformel, § 313 Rn 10 ff. Ein gesonderter Tatbestand nach § 313 Rn 14 ff ist nicht nötig. Er ist aber oft zweckmäßig. Beim Fehlen der Zuständigkeit des Schiedsgerichts oder anderer nicht geheilter Verfahrensvoraussetzungen erläßt es einen abweisenden Prozeßschiedsspruch, § 1041 Rn 4.

Für die *Begründung*, ist nicht der an ein Urteil anlegbare Maßstab gültig, BGH RIW **90**, 495. Das gilt vor allem dann, wenn sie von einem nicht Rechtskundigen herrührt. Es genügt, daß sie gewissen Mindestanforderungen entspricht, BGH NJW **86**, 1437. Dazu genügt eine kurze Zusammenfassung nach § 313 III, BGH IPRax **91**, 244 (zustm Schlosser 218). Das Schiedsgericht muß zu jedem wesentlichen Angriffs- und Verteidigungsmittel nach Einl III 70 Stellung nehmen, BGH NJW **86**, 1436. Es genügt aber, daß insofern überhaupt eine Begründung erfolgt, wenn auch eine lückenhafte oder falsche. Es muß freilich eine Abwägung erkennbar sein, Kröll SchiedsVZ **05**, 145. Inhaltsleere Wendungen sind keine Gründe. Die Begründung darf auch nicht offenbar widersinnig sein oder im Widerspruch zur Entscheidung stehen, BGH NJW **86**, 1437. Andernfalls kommt § 1059 II Z 1 d infrage, dort Rn 12.

Ob dem Schiedsspruch ein *Sondervotum* („abweichende Meinung") beiliegen darf, war zum alten Recht streitig. Da § 1054 dazu schweigt, ist es eine Aufgabe der Parteien, die Frage durch eine Vereinbarung zu regeln, § 1052 Rn 2. Zum Problem Schütze SchiedsVZ **08**, 13.

5) Sonstige Angaben, III. Im Schiedsspruch notwendig ist der Tag, an dem er erging, ferner der Schiedsort nach § 1043, *III 1.* Er gilt als an diesem Tag und an diesem Ort erlassen, *III 2.* Daher kommt es nicht darauf an, ob die Angaben mit der Wirklichkeit übereinstimmen. III ist zwingend. Das Fehlen der dort genannten Angaben berührt die Wirksamkeit des Schiedsspruchs nicht. Denn es handelt sich um eine lediglich der Nämlichkeit dienende Ordnungsvorschrift im Original, BGH WertpMitt **77**, 320, Stgt RR **03**, 1438. 5

6) Bekanntmachung des Schiedsspruchs, IV. Eine Verkündung ist in einer Abweichung von § 311 II mangels einer Parteivereinbarung nicht nötig. Das Schiedsgericht muß jeder Partei oder ihrem ProzBev nach § 172 einen nach Rn 3 unterzeichneten Schiedsspruch übersenden, also keine Ausfertigung, Ablichtung oder Abschrift, aM (Ausfertigung reiche) Düss SchiedsVZ **08**, 156. Eine förmliche Zustellung ist nicht notwendig. Sie ist aber schon deshalb ratsam, weil sie das sicherste Mittel ist, den Tag des Empfangs 6 festzustellen, der für die Aufhebungsfrist nach § 1059 III 2 und für den Ausschluß von Aufhebungsgründen nach § 1060 II 3 Bedeutung hat. Den Anforderungen von IV genügt die Übersendung durch die Post am besten durch ein Einschreiben gegen Rückschein, um den Tag des Empfangs einwandfrei feststellen zu können, § 1058 II. Auch eine elektronische Übersendung ist beim Einverständnis der Beteiligten statthaft, Kröll SchiedsVZ **08**, 113, ZöGei 11. Eine Niederlegung beim Staatsgericht ist unstatthaft, ZöGei 12. Der Vorsitzende gilt als zur Übersendung ermächtigt, soweit nicht zB erst jetzt eine Befangenheit vorliegt, Düss WertpMitt **84**, 1209.

1055 *Wirkungen des Schiedsspruchs.* **Der Schiedsspruch hat unter den Parteien die Wirkungen eines rechtskräftigen gerichtlichen Urteils.**

Schrifttum: *Solomon,* Die Verbindlichkeit von Schiedssprüchen in der internationalen privaten Schiedsgerichtsbarkeit, 2006.

1 **1) Systematik, Regelungszweck.** Der inländische Schiedsspruch hat unter den Parteien die Wirkung eines rechtskräftigen Urteils mit Ausnahme der Vollstreckbarkeit, §§ 1060, 1061. Damit klärt § 1055 im Interesse der Rechtssicherheit eine Zentralbedeutung des ganzen schiedsrichterlichen Verfahrens. Der Tatbestand beurteilt sich entsprechend § 314 S 1, KG SchiedsVZ **07**, 277.

Kein endgültiger Schiedsspruch ist grundsätzlich die Anordnung einer nur vorläufigen Maßnahme nach § 1041, aM Sandrock WertpMitt **94**, 448, Schlosser ZZP **99**, 241, ZöGei § 1041 Rn 6 (aber selbst eine „Befriedigungsverfügung" nach Grdz 6 vor § 916 sollte trotz ihrer modischen Bequemlichkeit nicht einfach einem Endurteil gleichstehen).

2 **2) Wirkung des Schiedsspruchs.** Mit der Erfüllung sämtlicher wesentlicher Voraussetzungen des § 1054 erlangt der inländische Schiedsspruch unter den Parteien in den Grenzen von Rn 1, 7 die Wirkung eines rechtskräftigen gerichtlichen Urteils, BGH RR **86**, 61. Das gilt auch für den Schiedsspruch mit vereinbartem Wortlaut nach § 1053. Dazu, welche Voraussetzungen wesentlich und daher zwingend sind, § 1054 Rn 2ff. Zum Begriff des Schiedsspruchs § 1054 Rn 1.

A. Formelle Rechtskraft. Der endgültige Schiedsspruch beendet das schiedsrichterliche Verfahren, § 1056 I. Endgültig ist ein Schiedsspruch, wenn er nach der Schiedsvereinbarung keiner Prüfung oder Bestätigung durch eine andere Person oder Stelle wie zB ein Oberschiedsgericht unterliegt. Seine formelle Rechtskraft nach § 705 tritt dann mit der Erfüllung der in § 1054 vorgesehenen Förmlichkeiten ein, BGH NJW **86**, 1436. Das gilt unabhängig vom Ablauf der Frist nach § 1059 III, ZöGei 5. Haben die Parteien auch die Möglichkeit der Anrufung eines höheren weiteren Schiedsgerichts vereinbart, wird der Erstschiedsspruch erst mit dem zweitinstanzlichen rechtskräftig. Ein Rechtsmittel an das Staatsgericht ist unstatthaft. Bei einem ausländischen Schiedsspruch bestimmt sich die Rechtskraft nach dem ausländischen Recht, Loritz ZZP **105**, 2. Ob eine Vollstreckbarerklärung ergehen kann, ist unerheblich. Wegen einer Berichtigung, Auslegung oder Ergänzung § 1058. Der Schiedsspruch verlängert die Verjährungsfrist nach § 197 I Z 3 BGB auf 30 Jahre, solange das Staatsgericht ihn nicht nach § 1059 aufhebt.

3 **B. Innere Rechtskraft,** dazu *Gaul* Festschrift für *Sandrock* (2000) 326 (krit); *Loritz* ZZP **105**, 2ff: Sie kann nach § 322 nur infrage kommen, soweit nicht eine Zwischenentscheidung vorliegt, sondern ein Schiedsspruch mit einer formellen Rechtskraft nach Rn 2. Das gilt bei einem Teilschiedsspruch also nur, soweit das Schiedsgericht entschieden hat. Eine Zwischenentscheidung über den Grund des Anspruchs ist als Schiedsspruch zulässig und wird rechtskräftig. Denn in ihr liegt die Feststellung des Anspruchs nach § 256. Rechtskraftwirkung äußert auch ein unbedingter Schiedsspruch auf eine bedingte Leistung. Die Entscheidungsgründe sind zur Auslegung heranziehbar. Natürlich muß man auch das Verfahrensstatut beachten, ZöGei 17. Die Vollstreckbarerklärung hat mit der Rechtskraft nichts zu tun. Über ausländische Schiedssprüche Rn 2. § 1055 legt dem Schiedsspruch die Wirkungen eines rechtskräftigen gerichtlichen Urteils bei. Das ist nur bedingt richtig. Zwar gilt für den inländischen Schiedsspruch grundsätzlich § 322 I, II. Aber die Rechtskraftwirkung bleibt beim Schiedsspruch hinter derjenigen des Urteils zurück, Rn 7.

4 **C. Notwendigkeit einer Einrede.** Die Rechtskraft des Schiedsspruchs ist, ebenso wie die Rechtshängigkeit vor dem Schiedsgericht, nicht von Amts wegen beachtbar, sondern nur auf Grund einer Einrede, BayObLG MDR **84**, 496, ThP 2, aM Gaul Festschrift für Sandrock (2000) 326, Loritz ZZP **105**, 12, Walter RIW **88**, 946 (aber der Schiedsspruch ist kein Hoheitsakt. Daher fehlt das öffentliche Interesse). Darum dürfen die Parteien auch durch eine Vereinbarung die Rechtskraftwirkung des Schiedsspruchs beseitigen, BayObLG MDR **84**, 496, ThP 2, ZöGei 10, aM Loritz ZZP **105**, 13, Walter Festschrift für Schwab (1990) 550. Belassen sie es beim Schiedsspruch, bindet er sie auch ohne eine Vollstreckbarerklärung schuldrechtlich. Ein etwa auch beim Staatsgericht anhängiges Verfahren über denselben Streitgegenstand wird durch den Schiedsspruch nur dann unzulässig, wenn in diesem Verfahren die Einrede nach § 1032 rechtzeitig erfolgte und wenn das Statsgericht sie noch nicht durch ein Zwischenurteil nach § 280 I für unbegründet erklärt hat, Schlosser Festschrift für Nagel (1987) 358.

5 **D. Aufhebung.** Während sich ein rechtskräftiges Urteil im allgemeinen nur durch eine Wiederaufnahmeklage beseitigen läßt, unterliegt der Schiedsspruch auf eine Aufhebungsklage der Aufhebung im Vollstreckbarkeitsverfahren, §§ 1059ff, Haas Festschrift für Rechberger (2005) 210. Bis zur Aufhebungsentscheidung ist er wirksam.

6 **E. Wirkung gegen Dritte.** Der Schiedsspruch wirkt gegen Dritte nicht nach § 325, sondern allein nach der Schiedsvereinbarung, BGH BB **75**, 583, krit Gaul Festschrift für Sandrock (2000) 289. Er reicht also nur so weit, wie die Schiedsvereinbarung wirkt, zB gegen Erben oder vertragliche Rechtsnachfolger. Denn die öffentlichrechtlichen Erwägungen, die § 325 zugrunde liegen, also zB eine Rücksicht auf die Stetigkeit der

Rechtspflege und deren Ansehen, versagen hier, BGH BB **75**, 582, ThP 3, ZöGei 4, aM Loritz ZZP **105**, 14 ff, Walter Festschrift für Schwab (1990) 550. Auch außerhalb § 325 ist die Bindungswirkung des Schiedsspruchs gegenüber Dritten geringer als diejenige eines Urteils, § 1042 Rn 14 „Streithilfe" (§ 68). Zur Streitfrage der Bindung des Haftpflichtversicherers Sieg VersR **84**, 501.

F. Wirkungsgrenze. Der Schiedsspruch hat nicht alle Wirkungen eines gerichtlichen Urteils. So bildet nicht der Schiedsspruch, sondern erst die unanfechtbare Vollstreckbarerklärung im Verfahren des § 1060 nach § 894 einen Ersatz für die Abgabe einer Willenserklärung, MüKoMa § 1042 Rn 2, SchwW 28 Rn 18, Walter Festschrift für Schwab (1990) 556, ZöGei 2, aM Loritz ZZP **105**, 18, StJSchl § 1060 Rn 2. Ebenso schafft er auch nicht ohne weiteres die Grundlage für Eintragungen in das Grundbuch oder in ein anderes öffentliches Register, § 895. Auch hierzu ist vielmehr eine Vollstreckbarerklärung nach § 1060 nötig, StJSchl § 1042 Rn 2, aM Loritz ZZP **105**, 18, SchwW 28 Rn 19, Walter Festschrift für Schwab (1990) 555. Entsprechendes gilt für einen Schiedsspruch mit einer Gestaltungswirkung, BayObLG MDR **84**, 496 (abl Vollmer BB **84**, 1774), Schmidt ZGR **88**, 536, Wieser ZZP **102**, 270, aM Walter Festschrift für Schwab (1990) 554, ZöGei 2. Über die Vollstreckungsabwehrklage nach § 767 § 1060 Rn 10. Im übrigen kann die ganze Schiedsvereinbarung und mit ihr der Schiedsspruch unter einer Bedingung stehen, § 1029 Rn 13, und zwar einer aufschiebenden, Kröll SchiedsVZ **08**, 63, aM BGH SchiedsVZ **07**, 160 (auflösende). 7

G. Zwangsvollstreckung. Sie ist nur im Anschluß an eine Vollstreckbarerklärung nach § 1060 statthaft. Eine Klage auf eine Erfüllung des Schiedsspruchs ist in demselben Umfang zulässig wie bei einem Urteil. Das gilt wegen § 1061 auch bei einem ausländischen Schiedsspruch. Soweit eine Vollstreckbarerklärung möglich ist, versagt die Erfüllungsklage schon wegen der Gefahr eines doppelten Titels. § 767 II gilt entsprechend, BGH NJW **90**, 3210. 8

1056 *Beendigung des schiedsrichterlichen Verfahrens.* **I Das schiedsrichterliche Verfahren wird mit dem endgültigen Schiedsspruch oder mit einem Beschluss des Schiedsgerichts nach Absatz 2 beendet.**

II Das Schiedsgericht stellt durch Beschluss die Beendigung des schiedsrichterlichen Verfahrens fest, wenn

1. der Kläger
   a) es versäumt, seine Klage nach § 1046 Abs. 1 einzureichen und kein Fall des § 1048 Abs. 4 vorliegt, oder
   b) seine Klage zurücknimmt, es sei denn, dass der Beklagte dem widerspricht und das Schiedsgericht ein berechtigtes Interesse des Beklagten an der endgültigen Beilegung der Streitigkeit anerkennt; oder
2. die Parteien die Beendigung des Verfahrens vereinbaren; oder
3. die Parteien das schiedsrichterliche Verfahren trotz Aufforderung des Schiedsgerichts nicht weiter betreiben oder die Fortsetzung des Verfahrens aus einem anderen Grund unmöglich geworden ist.

III Vorbehaltlich des § 1057 Abs. 2 und der §§ 1058, 1059 Abs. 4 endet das Amt des Schiedsgerichts mit der Beendigung des schiedsrichterlichen Verfahrens.

1) Systematik, Regelungszweck, I–III. Die Vorschrift bestimmt zwecks Rechtssicherheit nach Einl III 43 diejenigen Fälle, in denen das schiedsrichterliche Verfahren endet. Sie regelt auch die daran geknüpften Folgen. Wegen der Folgen der Aufhebung eines Schiedsspruchs § 1059 V. Ein Insolvenzverfahren beendet oder unterbricht nicht das schiedsrichterliche Verfahren. Die Parteien können freilich eine Unterbrechung vereinbaren, § 1042 Rn 15 „Unterbrechung". 1

2) Schiedsspruch, I Hs 1. Das schiedsrichterliche Verfahren endet mit dem endgültigen Schiedsspruch. Endgültig ist ein solcher Schiedsspruch, der eine abschließende Entscheidung zu einer abgrenzbaren Teilfrage oder zum gesamten Streitgegenstand trifft und der nach der Schiedsvereinbarung keiner Nachprüfung unterliegt, § 1055 Rn 1. Der endgültige Schiedsspruch mag als ein sog Prozeßschiedsspruch nach § 1040 Rn 4 wegen einer Unzulässigkeit der Schiedsklage ergehen. Er mag auch in der Sache ergehen. Die Beendigung tritt mit der Erfüllung der Voraussetzungen des § 1054 ein, also mit der Mitteilung des Schiedsspruchs an die Parteien. III gilt auch hier. 2

3) Beschluß, I Hs 2, II. Das Verfahren endet ferner vor einem Schiedsgericht durch den Erlaß eines Beschlusses. Das Schiedsgericht stellt in folgenden Fällen durch einen Beschluß die Beendigung des schiedsrichterlichen Verfahrens fest. 3

A. Säumnis des Klägers, II Z 1 a. Das Schiedsgericht muß die Beendigung feststellen, wenn der Kläger es versäumt, seine Klage formgerecht nach § 1046 I einzureichen. Voraussetzung ist der ergebnislose Ablauf einer solchen Frist, die die Parteien oder das Schiedsgericht für die Einreichung festgesetzt haben.

Die Rechtsfolge tritt *nicht* ein, wenn der Kläger seine Säumnis genügend entschuldigt, § 1048 IV 1, oder wenn die Parteien die Folgen der Versäumung anders geregelt haben, § 1048 IV 2.

B. Rücknahme der Schiedsklage, II Z 1 b. Die Rücknahme führt zur Beendigung des Verfahrens, wenn nicht der Bekl widerspricht und wenn nicht daraufhin das Schiedsgericht sein berechtigtes Interesse an der endgültigen Beilegung der Streitigkeit anerkennt. Anders als nach § 269 kommt es auf den Zeitpunkt der Rücknahme nicht an, großzügiger ZöGei 4, strenger StJSchl 4. Darüber, ob ein berechtigtes Interesse des Bekl vorliegt, entscheidet das Schiedsgericht nach seinem pflichtgemäßen Ermessen unter einer Berücksichtigung aller Umstände durch einen Beschluß oder durch einen Schiedsspruch oder durch einen Zwischenentscheid, wenn es das berechtigte Interesse anerkennt, sonst durch einen Beschluß. Ein bloßes Kosteninteresse reicht wegen Rn 4 nicht. 4

5 **C. Vereinbarung der Parteien, II Z 2.** Da die Parteien die Herrschaft über das Verfahren nach Grdz 18 vor § 128 haben, können sie dessen Beendigung vereinbaren. Aus welchen Gründen und in welcher Form das geschieht, das hat für die Feststellung der Beendigung durch einen Beschluß keine Bedeutung. Infrage kommt auch jede Art von Vergleich nach § 1053 oder eine Mediation, Lörcher DB **99**, 789.

6 **D. Nichtbetreiben des Verfahrens oder Unmöglichkeit seiner Fortsetzung, II Z 3.** Das Schiedsgericht muß die Beendigung des Verfahrens feststellen, wenn die Parteien es trotz seiner Aufforderung nicht weiter betreiben oder wenn seine Fortsetzung aus einem anderen Grund unmöglich geworden ist, zB wegen des Erlöschens der Schiedsvereinbarung oder wegen einer Stimmengleichheit bei der Abstimmung über den Schiedsspruch. Die Unmöglichkeit muß zur Überzeugung des Schiedsgerichts feststehen. Beim Nichtbetreibens muß das Schiedsgericht aufklären, ob darin nur ein vorübergehender Stillstand liegt, zB ein Ruhen des Verfahrens nach § 251.

7 **4) Verfahren, I, II.** Das Schiedsgericht muß vor seiner Entscheidung die Parteien zu dem von ihm beabsichtigten Beschluß mit einer angemessenen Frist hören, § 1042 I 2. Es muß evtl den Sachverhalt aufklären, Rn 6. Für den Beschluß nach I gelten §§ 1052, 1054 entsprechend. Über die Kosten darf das Schiedsgericht hier nicht entscheiden. Vielmehr ist darüber ein besonderer Kostenschiedsspruch nötig, § 1057 II 2. Der Beschluß nach I ist unanfechtbar. Er steht einer Erneuerung des Verfahrens nicht entgegen, sofern die Schiedsvereinbarung nichts anderes bestimmt.

8 **5) Ende des Amts der Schiedsrichter, III.** Vorbehaltlich §§ 1057 II, 1058, 1059 IV endet das Amt der Schiedsrichter mit der Beendigung des Verfahrens nach I, also mit dem Ergehen des Schiedsspruchs oder des Beschlusses nach II oder nach der Aufhebung des Schiedsspruchs, Ffm RR **08**, 591. Die Vorschrift ist zwingend. Im Fall der Beendigung durch einen Beschluß steht es den Parteien frei, ein neues schiedsrichterliches Verfahren über den Streitgegenstand zu vereinbaren, Ffm RR **08**, 591.

1057 *Entscheidung über die Kosten.* **I 1 Sofern die Parteien nichts anderes vereinbart haben, hat das Schiedsgericht in einem Schiedsspruch darüber zu entscheiden, zu welchem Anteil die Parteien die Kosten des schiedsrichterlichen Verfahrens einschließlich der den Parteien erwachsenen und zur zweckentsprechenden Rechtsverfolgung notwendigen Kosten zu tragen haben. 2 Hierbei entscheidet das Schiedsgericht nach pflichtgemäßem Ermessen unter Berücksichtigung der Umstände des Einzelfalles, insbesondere des Ausgangs des Verfahrens.**

II 1 Soweit die Kosten des schiedsrichterlichen Verfahrens feststehen, hat das Schiedsgericht auch darüber zu entscheiden, in welcher Höhe die Parteien diese zu tragen haben. 2 Ist die Festsetzung der Kosten unterblieben oder erst nach Beendigung des schiedsrichterlichen Verfahrens möglich, wird hierüber in einem gesonderten Schiedsspruch entschieden.

1 **1) Systematik, I, II.** Zur Frage, ob das Schiedsgericht über die Verfahrenskosten entscheiden soll, und über die Verteilung der Kosten des Schiedsgerichts und ihre Erstattung können die Parteien eine vorrangige Vereinbarung treffen, Mü SchiedsVZ **07**, 166, auch in einem nachträglichen Vergleich. Für den häufigen Fall, daß das nicht geschieht, enthält § 1057 eine Regelung.

2 **2) Regelungszweck, I, II.** Der Zweck ist eine Klärung von Fragen, die erfahrungsgemäß besonders streitig werden können, wenn sie nicht einmal dem Grund nach klare gesetzliche Lösungen gefunden haben. Deshalb darf man die Vorschrift auch trotz aller Parteiherrschaft nach Grdz 18 vor § 128 getrost strikt auslegen. Wenigstens im Kostenpunkt sollte möglichst eine Rechtssicherheit bestehen, Einl III 43.

3 **3) Kostengrundentscheidung, I.** Mangels einer Parteivereinbarung muß das Schiedsgericht in einem Schiedsspruch beziffert darüber entscheiden, zu welchem Anteil die Parteien die Kosten einschließlich ihrer notwendigen Aufwendungen tragen sollen, *I 1*, Köln SchiedsVZ **04**, 269. Hierüber entscheidet das Schiedsgericht nach seinem pflichtgemäßen Ermessen unter einer Berücksichtigung der Umstände, insbesondere des Ausgangs des Verfahrens, *I 2*. Bei der Ernennung der Schiedsrichter für eine Partei trägt sie die Kosten, Kröll NJW **07**, 746. Bei der Ernennung des Vorsitzenden kommt eine Kostenteilung infrage, Drsd SchiedsVZ **05**, 210, Kröll NJW **07**, 746, Schütze SchiedsVZ **08**, 11. Das gilt auch beim Prozeßschiedsspruch nach § 1040 Rn 4, BGH NJW **02**, 3031, ZöGei 3, aM Voit Festschrift hier Musielak (2004) 615. Die Parteien können etwas anderes vereinbaren, etwa die entsprechende Anwendung der §§ 91 ff. Sonst ist das Schiedsgericht frei. Daher sind zB die Kosten eines Anwalts nicht immer erstattbar. Zumindest hängt die Erstattungsfähigkeit nach I 1 von der Notwendigkeit oder Zweckmäßigkeit einer Rechtsverfolgung ab. § 11 RVG ist nur auf Grund einer Parteivereinbarung anwendbar, KG AnwBl **99**, 55. Daß sich das Schiedsgericht an die in §§ 91 ff festgelegten Grundsätze hält, dürfte die Regel sein, Kröll SchiedsVZ **07**, 151 (auch zB §§ 91 a, 93, 98). Kosten eines vorangegangenen Staatsgerichtsverfahrens lassen sich jetzt allenfalls als Vorbereitungskosten nach § 91 Rn 270 ff mitbeachten, großzügiger Thiel/Pörnbacher SchiedsVZ **07**, 296.

4 Die Kostenentscheidung ergeht in *„einem"* Schiedsspruch. Regelmäßig ist der das Verfahren beendende Spruch nach § 1056 I auch ein Prozeßschiedsspruch, § 1040 Rn 4, BGH NJW **02**, 3032. Kommt es nicht zu einem solchen Schiedsspruch, zB bei § 1056 II, oder ist die Kostenentscheidung unterblieben, darf das Schiedsgericht entsprechend II 2 einen gesonderten Schiedsspruch über die Kosten erlassen, Stgt RR **03**, 1439. Diesen muß das Schiedsgericht bei § 1056 II mit dem Beschluß nach § 1056 I verbinden. Er unterliegt den für Schiedssprüche geltenden Regeln, insbesondere §§ 1054, 1058, 1059, 1060, 1061. Im Verfahren über seine Vollstreckbarerklärung überprüft das Staatsgericht nicht stets die Kostengrundentscheidung, Stgt RR **03**, 1439. Ein „Kostenfestsetzungsbeschluß" nur des Vorsitzenden reicht nicht, Köln SchiedsVZ **04**, 269. Der Rpfl des Staatsgerichts ist hierzu nicht befugt.

Beim *Fehlen* einer wirksamen Hauptsache-Schiedsvereinbarung sind §§ 91 ff nicht auch nur entsprechend anwendbar, BGH RR **98**, 234. Mit einer Aufhebung der Hauptsache-Schiedsspruchs fällt auch die Kostengrundentscheidung weg und entsteht nach §§ 812 ff BGB ein Rückzahlungsanspruch (nur) zwischen den Parteien, ThP 8.

4) Kostenfestsetzung, II. Das Schiedsgericht muß auch darüber entscheiden, in welcher Höhe die Parteien die bei der Beendigung des Verfahrens nach § 1056 I feststehenden Kosten tragen müssen, *II 1.* Soweit es sich um die Vergütung und die Auslagen der Schiedsrichter handelt, müssen diese bei der Beendigung des Verfahrens unstreitig feststehen oder die Parteien müssen sie vorschußweise gezahlt haben, weil das Schiedsgericht sonst in eigener Sache entscheiden würde und das ohne eine Erlaubnis der Parteien nicht tun darf, BGH **94**, 92, Drsd SchiedsVZ **04**, 44, Kröll SchiedsVZ **06**, 212. Man muß einen etwaigen Streit über zuviel gezahlte Vorschüsse außerhalb des schiedsrichterlichen Verfahrens austragen. Welche Kosten bei einer Beendigung des Verfahrens feststehen, richtet sich für die eigenen Kosten der Parteien nach deren belegten Aufwendungen und für die Anwaltskosten nach dem RVG, Bischof SchiedsVZ **04**, 252. Dabei darf das Schiedsgericht den Gegenstandswert nach §§ 22 ff RVG festsetzen, wenn nicht die Vergütung der Schiedsrichter von ihm abhängt, Anh § 1035 Rn 10. 5

Die Festsetzung *erfolgt* in einem Schiedsspruch, Rn 3. Ist die Festsetzung erst nach der Beendigung des Verfahrens möglich oder aus einem anderen Grund unterblieben, muß das Schiedsgericht hierüber in einem gesonderten Schiedsspruch entscheiden, *II 2,* zB in einem Auslegungs- oder Ergänzungsschiedsspruch nach § 1058 I Z 2, 3. 6

1058 *Berichtigung, Auslegung und Ergänzung des Schiedsspruchs.* [I] **Jede Partei kann beim Schiedsgericht beantragen,**

1. **Rechen-, Schreib- und Druckfehler oder Fehler ähnlicher Art im Schiedsspruch zu berichtigen;**
2. **bestimmte Teile des Schiedsspruchs auszulegen;**
3. **einen ergänzenden Schiedsspruch über solche Ansprüche zu erlassen, die im schiedsrichterlichen Verfahren zwar geltend gemacht, im Schiedsspruch aber nicht behandelt worden sind.**

[II] **Sofern die Parteien keine andere Frist vereinbart haben, ist der Antrag innerhalb eines Monats nach Empfang des Schiedsspruchs zu stellen.**

[III] **Das Schiedsgericht soll über die Berichtigung oder Auslegung des Schiedsspruchs innerhalb eines Monats und über die Ergänzung des Schiedsspruchs innerhalb von zwei Monaten entscheiden.**

[IV] **Eine Berichtigung des Schiedsspruchs kann das Schiedsgericht auch ohne Antrag vornehmen.**

[V] **§ 1054 ist auf die Berichtigung, Auslegung oder Ergänzung des Schiedsspruchs anzuwenden.**

Schrifttum: *Christ,* Berichtigung, Auslegung und Ergänzung des Schiedsspruchs usw, 2008.

1) Systematik, Regelungszweck, I–V. Über die für die ein Staatsgericht geltenden §§ 319 ff hinaus eröffnet die Vorschrift dem Schiedsgericht die Möglichkeit, Nachbesserungen seines Schiedsspruchs vorzunehmen und bestimmte Teile des Schiedsspruchs auszulegen. Das ist eine Folge der das ganze Verfahren beherrschenden Parteiherrschaft nach Grdz 18 vor § 128. Insofern sollte man die Vorschrift großzügig und weit handhaben. Andererseits dient sie aber unverkennbar auch der Rechtssicherheit nach Einl III 43 als einem gerade in dieser Verfahrensart ganz wichtigen Grundgebot. Es bindet das Schiedsgericht außerhalb der Möglichkeiten des § 1058 ähnlich wie § 318 das Staatsgericht. Erst eine Zurückverweisung hebt diese Bindung in dem vom höheren Schiedsgericht bestimmten Umfang auf. Das muß man durch eine gewisse Zurückhaltung vor der Zulassung allzu weitgehender angeblicher bloßer Schreibfehler usw ebenfalls mitsehen. Schon gar nicht ist eine inhaltliche Korrektur als „kleine Berufung" statthaft, aM Schroth SchiedsVZ **07**, 291. 1

2) Nachbesserung und Auslegung eines Schiedsspruchs, I, IV. Das Schiedsgericht kann, ohne daß eine abweichende Parteivereinbarung zulässig wäre, bei seinem Schiedsspruch Rechen-, Schreib- und Druckfehler sowie Fehler ähnlicher Art berichtigen, auch wenn sie nicht offensichtlich sind, und zwar auf Antrag einer Partei, *I Z 1,* oder von Amts wegen, *IV.* Es kann ferner bestimmte Teile des Schiedsspruchs auf Antrag einer Partei auslegen, *I Z 2.* Es kann also solche Teile klarstellen, um Mißverständnisse auszuräumen, freilich bei I Z 2 nicht inhaltlich ändern. Diese Befugnis umfaßt alle Teile des Schiedsspruchs, nicht nur den Tenor. Man darf ihn aber nicht völlig aushebeln, BGH **78**, 22. Berichtigen darf man zB die Parteibezeichnung, Ffm MDR **90**, 639. Das Schiedsgericht kann weiterhin auf Antrag einer Partei über geltend gemachte und in der Entscheidung übergangene Ansprüche einen ergänzenden Schiedsspruch erlassen, *I Z 3,* zB wegen §§ 305, 780, 786 über die Höhe der Kosten § 1057 Rn 5. Beim Schiedsspruch mit vereinbartem Wortlaut nach § 1053 I müssen die Parteien zustimmen, ThP 3. Auch §§ 323, 324 können anwendbar sein. 2

3) Verfahren, II–V. Für das Verfahren gelten diejenigen Regeln, die sich aus einer Parteivereinbarung und hilfsweise aus §§ 1042 ff ergeben. Abgesehen von der Berichtigung nach IV ist stets ein Antrag erforderlich. Ihn darf jede Partei stellen. Sofern die Parteien keine andere Frist vereinbart haben, muß der Antrag innerhalb eines Monats nach dem Empfang des Schiedsspruchs nach § 1054 Rn 5 beim Schiedsgericht eingehen, *II.* Eine bloße Sollfrist gilt für die Entscheidung über den Antrag, nämlich ein Monat bei einer Berichtigung oder Auslegung und zwei Monate bei einer Ergänzung, *III.* Diese Fristen beginnen mit dem Eingang des Antrags beim Schiedsgericht. Sie berechnen sich nach § 222 in Verbindung mit §§ 187, 188 BGB. Die Überschreitung der bloßen Sollfrist hat keine Rechtsfolgen, Schroth SchiedsVZ **07**, 295. Freilich kann eine solche Fristüberschreitung ein Aufhebungsverfahren neben dem Änderungsverfahren ermöglichen, Düss SchiedsVZ **08**, 156. Für die Berichtigung von Amts wegen nach *IV* laufen keine Fristen. Das Schiedsgericht hört den Antragsgegner vor einer ihm nachteiligen Entscheidung an. 3

4 Das Schiedsgericht *entscheidet* in allen Fällen mit seiner Stimmenmehrheit nach § 1052 durch einen Schiedsspruch, für den § 1054 gilt, *V.* Es weist einen unzulässigen oder unbegründeten Antrag durch einen Beschluß zurück. Wegen der Kosten ist § 1057 anwendbar. Dieser nachträgliche Schiedsspruch ist ein Bestandteil des ursprünglichen Schiedsspruchs, ZöGei 4, aM Ffm SchiedsVZ **05**, 311. Die berichtigte Fassung gilt rückwirkend, BGH NJW **85**, 742 (zu § 319). Sie ist also nur zusammen mit dem ursprünglichen Schiedsspruch nach § 1059 anfechtbar und nach § 1060 vollstreckbar, Schroth SchiedsVZ **07**, 295. Das gilt nicht für den Ergänzungsschiedsspruch nach I Z 3. Er macht den ursprünglichen Schiedsspruch zu einem Teilspruch. Ihn kann man ebenso wie jenen selbständig anfechten und für vollstreckbar erklären.

Abschnitt 7. Rechtsbehelf gegen den Schiedsspruch

Grundzüge

Schrifttum: *Uzar,* Rechtsmittel gegen Schiedssprüche nach dem deutschen und türkischen Schiedsverfahrensrecht, 2007.

1 **1) Zulässige Rechtsbehelfe.** Eine Partei hat folgende Möglichkeiten, einen Schiedsspruch zu Fall zu bringen: Sie kann ihre Einwendungen im Vollstreckbarkeitsverfahren nach §§ 1060 II, 1061 vorbringen. Bringt die Partei die Einwendungen nicht vor, verliert sie diese Möglichkeit. Sie kann ferner nach § 1059 I einen Antrag auf seine Aufhebung stellen, soweit der Schiedsspruch nicht nach § 1059 II 4 vollstreckbar ist. Das alles gilt auch beim Schiedsspruch mit vereinbartem Wortlauf nach § 1053, BGH NJW **01**, 373. Solange die Voraussetzungen des § 1054 nicht vorliegen, ist weiterhin nur eine Klage auf eine Feststellung des Nichtbestehens einer Schiedsvereinbarung zulässig. Eine Klage auf eine Feststellung der Wirksamkeit des Schiedsspruchs ist mangels eines Rechtsschutzbedürfnisses wegen § 1060 unzulässig. Das Staatsgericht muß sie evtl nach einem vergeblichen Hinweis durch ein Prozeßurteil nach Üb 5 vor § 300 abweisen. Die Klage auf eine Feststellung der Unwirksamkeit ist meist in Wahrheit eine Aufhebungsklage, Grdz 52 vor § 128.

2 **2) Verfahren.** Das Staatsgericht muß das gesamte schiedsrichterliche Verfahren nachprüfen, nicht bloß einen Ausschnitt. Eine Gegeneinrede aus dem Anfechtungsgrund gegenüber der Einrede der Rechtskraft des Schiedsspruchs ist unzulässig. Denn der Schiedsspruch ist bis zur Aufhebung rechtsbeständig. Hat der Schuldner die Aufhebungsgründe im Vollstreckbarkeitsverfahren nach § 1060 genannt, fehlt ein Rechtsschutzbedürfnis für die Aufhebungsklage. War sie schon erhoben, kann das Gericht aussetzen, § 148. Der rechtskräftige Ausspruch der Wirksamkeit oder Unwirksamkeit im Vollstreckbarkeitsverfahren erledigt den Aufhebungsprozeß. Die rechtskräftige Aufhebung im Aufhebungsprozeß bindet im Vollstreckungsverfahren. Im Verhältnis von Aufhebungs- und Vollstreckungsverfahren versagt die Berufung auf die Rechtshängigkeit. Denn die Verfahren haben verschiedene Ziele.

3 **3) Arbeitsgerichtsbarkeit.** Vgl Grdz 5 vor § 1025. Zur Aufhebung § 110 ArbGG, Röckrath NZA **94**, 678.

1059 ***Aufhebungsantrag.*** **I Gegen einen Schiedsspruch kann nur der Antrag auf gerichtliche Aufhebung nach den Absätzen 2 und 3 gestellt werden.**

II Ein Schiedsspruch kann nur aufgehoben werden,

1. wenn der Antragsteller begründet geltend macht, dass
   a) eine der Parteien, die eine Schiedsvereinbarung nach den §§ 1029, 1031 geschlossen haben, nach dem Recht, das für sie persönlich maßgebend ist, hierzu nicht fähig war, oder dass die Schiedsvereinbarung nach dem Recht, dem die Parteien sie unterstellt haben oder, falls die Parteien hierüber nichts bestimmt haben, nach deutschem Recht ungültig ist oder
   b) er von der Bestellung eines Schiedsrichters oder von dem schiedsrichterlichen Verfahren nicht gehörig in Kenntnis gesetzt worden ist oder dass er aus einem anderen Grund seine Angriffs- oder Verteidigungsmittel nicht hat geltend machen können oder
   c) der Schiedsspruch eine Streitigkeit betrifft, die in der Schiedsabrede nicht erwähnt ist oder nicht unter die Bestimmungen der Schiedsklausel fällt, oder dass er Entscheidungen enthält, welche die Grenzen der Schiedsvereinbarung überschreiten; kann jedoch der Teil des Schiedsspruchs, der sich auf Streitpunkte bezieht, die dem schiedsrichterlichen Verfahren unterworfen waren, von dem Teil, der Streitpunkte betrifft, die ihm nicht unterworfen waren, getrennt werden, so kann nur der letztgenannte Teil des Schiedsspruchs aufgehoben werden; oder
   d) die Bildung des Schiedsgerichts oder das schiedsrichterliche Verfahren einer Bestimmung dieses Buches oder einer zulässigen Vereinbarung der Parteien nicht entsprochen hat und anzunehmen ist, dass sich dies auf den Schiedsspruch ausgewirkt hat; oder

2. wenn das Gericht feststellt, dass
   a) der Gegenstand des Streites nach deutschem Recht nicht schiedsfähig ist oder
   b) die Anerkennung oder Vollstreckung des Schiedsspruchs zu einem Ergebnis führt, das der öffentlichen Ordnung (ordre public) widerspricht.

III [1] Sofern die Parteien nichts anderes vereinbaren, muss der Aufhebungsantrag innerhalb einer Frist von drei Monaten bei Gericht eingereicht werden. [2] Die Frist beginnt mit dem Tag, an dem der Antragsteller den Schiedsspruch empfangen hat. [3] Ist ein Antrag nach § 1058 gestellt worden, verlängert sich die Frist um höchstens einen Monat nach Empfang der Entscheidung über diesen Antrag. [4] Der Antrag auf Aufhebung des Schiedsspruchs kann nicht mehr gestellt werden, wenn der Schiedsspruch von einem deutschen Gericht für vollstreckbar erklärt worden ist.

IV Ist die Aufhebung beantragt worden, so kann das Gericht in geeigneten Fällen auf Antrag einer Partei unter Aufhebung des Schiedsspruchs die Sache an das Schiedsgericht zurückverweisen.

V Die Aufhebung des Schiedsspruchs hat im Zweifel zur Folge, dass wegen des Streitgegenstandes die Schiedsvereinbarung wieder auflebt.

Schrifttum: *Ecksteins-Puhl,* Prozessbetrug im Schiedsverfahren usw, 2005; *Gottwald/Adolphsen* DStR **98**, 1023 (Üb).

Gliederung

1) Systematik, Regelungszweck, I–V. Als einzigen Rechtsbehelf gegen einen inländischen Schiedsspruch außerhalb einer etwa wirksam vereinbarten Möglichkeit der Anrufung eines Oberschiedsgerichts sieht § 1059 den Antrag auf seine staatsgerichtliche Aufhebung vor. Die Regelung ist zwingend, also einer Parteivereinbarung nicht zugänglich. Sie steht mit Art 5 EGV in Einklang, Weitbrecht/Fabis EWS **97**, 1. Es kommt also weder eine Berufung entsprechend §§ 511 ff noch eine Wiederaufnahmemöglichkeit entsprechend §§ 578 ff infrage, ZöGei 47. Ein unwirksamer Schiedsspruch läßt sich grundsätzlich nicht aufheben, Mü OLGR **06**, 767, Kröll SchiedsVZ **07**, 152. 1

Das Verfahren auf eine *Vollstreckbarerklärung* nach § 1060 hat das gegenläufige Ziel. Beide Verfahren können nur in den Grenzen von § 1060 II nebeneinander verlaufen, Hbg SchiedsVZ **03**, 286, Einzelfragen: Haas Festschrift für Rechberger (2005) 189, Hausmann Festschrift für Stoll (2001) 615. Einer Klage auf die Feststellung der Unwirksamkeit des Schiedsspruchs fehlt wegen § 1059 wohl meist das rechtliche Interesse, ZöGei 24. Vgl aber Grdz 1 vor § 1059.

Zweck ist eine möglichst konsequente Fortführung des Grundgedankens des § 1055, also der Rechtskraftwirkung des Schiedsspruchs und damit einer möglichst raschen endgültigen Klärung im Interesse der Prozeßwirtschaftlichkeit nach Grdz 14 vor § 128 wie der Rechtssicherheit nach Einl III 43. Andererseits birgt ein Schiedsspruch auch eine nicht geringe Gefahr eines massiven Verstoßes gegen wichtige Regeln eines Verfahrens, bei dem man nicht fast alles der Parteiherrschaft nach Grdsz 18 vor § 128 unterstellen darf. Die Handhabung des § 1059 muß beide Aspekte abwägen. Sie darf aber nicht zu einer révision au fond führen, BGH NJW **02**, 3031, Stgt SchiedsVZ **03**, 85, aM Voit Festschrift für Musielak (2004) 595.

2) Geltungsbereich, I–V. Im arbeitsgerichtlichen Verfahren gilt § 110 ArbGG. 2

3) Aufhebung nur des Schiedsspruchs, I. Es gibt als einen Rechtsbehelf den Antrag auf die Aufhebung durch das Staatsgericht, Kröll NJW **03**, 793. Das gilt aber nur: Gegen einen inländischen Schiedsspruch nach § 1054 Rn 1; gegen einen Schiedsspruch mit vereinbartem Wortlaut nach § 1053, BGH NJW **01**, 373; gegen einen gesonderten Schiedsspruch nach § 1057 Rn 3, 5, BGH VersR **05**, 526; gegen einen Prozeßschiedsspruch nach § 1040 Rn 4; gegen einen abschließenden Grundschiedsspruch, Kremer/Weimann SchiedsVZ **07**, 245, Kröll SchiedsVZ **08**, 112, ZöGei 13, aM Ffm SchiedsVZ **07**, 279; gegen oder einen Ergänzungsschiedsspruch nach § 1058 Rn 3, Kröll SchiedsVZ **08**, 113. Ein unwirksamer Schiedsspruch reicht nicht, BGH NJW **80**, 1284. Die Aufhebung einer prozeßleitenden Maßnahme ist unstatthaft, Kröll NJW **05**, 196. Dasselbe gilt bei einer Entscheidung eines verbandsinternen Spruchkörpers unabhängig von ihrer Bezeichnung, BGH NJW **04**, 2226 (also keine Aufhebungsklage), großzügiger Ffm OLGR **04**, 9, Kröll NJW **05**, 196. Die Voraussetzungen der Aufhebung bestimmt II abschließend. Das OLG muß den Aufhebungsgrund vollständig feststellen. Er muß für den Schiedsspruch ursächlich gewesen sein. Mangels Anwendbarkeit des § 1059 bleibt der Klageweg zum Staatsgericht schon wegen Art 19 IV GG offen. Es ist auch eine Aufhebung eines abtrennbaren Teil des Schiedsspruchs denkbar, BGH **96**, 49, Bühler/von Eschen IPRax **90**, 64, etwa nur der Kostenentscheidung, Hausmann Festschrift für Stoll (2002) 611, ZöGei 6. 3

Auf den Aufhebungsantrag im Ganzen kann man *nicht im voraus* wirksam *verzichten,* BGH NJW **86**, 1436, sondern erst nach dem Erlaß des Schiedsspruchs und bei einer Kenntnis des bereits vorhandenen Aufhebungsgrunds, Ffm NJW **84**, 2768 (zustm Geimer). Anders liegt es beim Verzicht auf die Geltendmachung einzelner Gründe, wie II Z 1 zeigt: Soweit der Aufhebungsgrund allein dem Schutz der Partei dient, kann diese zu jeder Zeit darauf verzichten, ihn geltend zu machen.

4) Antrag, I. Es müssen zunächst die allgemeinen Prozeßvoraussetzungen vorliegen. Sachentscheidungsvoraussetzung ist das Vorliegen eines äußerlich wirksamen rechtskräftigen inländischen Schiedsspruchs nach § 1054, Mü OLGR **06**, 767, Kröll NJW **07**, 747, also eines im schiedsricherlichen Verfahren nach §§ 1025 ff ergangenen inländischen Schiedsspruchs, BGH NJW **04**, 2226 (krit Schroeder SchiedsVZ **05**, 244). Ob diese Voraussetzung vorliegt, muß das Staatsgericht von Amts wegen auch in der Revisionsinstanz prüfen, BGH NJW **04**, 2226 (verneint für sog Vereins- und Verbandsgerichte). Ein sog Prozeßschiedsspruch 4 etwa wegen Unzuständigkeit reicht unter den weiteren Voraussetzungen Rn 6 ff, BGH NJW **02**, 3032. Ein sog Scheinschiedsspruch kann reichen, Naumb SchiedsVZ **06**, 103, Kröll NJW, **07**, 747, Schröder SchiedsVZ **05**, 244. Der Antrag auf eine Vollstreckbarerklärung zwingt zur Anhörung des Gegners. Er erhält also immer Kenntnis. Dann sollte das Staatsgericht ein schwebendes Aufhebungsverfahren zweckmäßig aussetzen. Ein Rechtsschutzbedürfnis nach Grdz 33 vor § 253 entfällt aber nicht schon infolge eines Antrags auf eine Vollstreckbarerklärung auch für das Aufhebungsverfahren, Hamm MDR **07**, 1438, Kröll SchiedsVZ **08**, 113. Ein rechtskräftiges Urteil auf eine Aufhebung beendet das Vollstreckbarkeitsverfahren, ebenso die rechtskräftige Vollstreckbarerklärung den Aufhebungsprozeß. Eine Beschwer ist nicht nötig, aM ZöGei 3, wohl aber wie stets ein Rechtsschutzbedürfnis, § 1060 Rn 8. Es fehlt freilich nicht deshalb, weil der Schiedsspruch der Partei ihren Anspruch voll zubilligt. Denn ein anfechtbarer Schiedsspruch ist kein zuverlässiger Titel. Es kann freilich bis zum Abschluß eines Verfahrens nach §§ 1060, 1061 fehlen. Ein Antrag ist ferner bei III 4 unzulässig, Rn 18. Beim ausländischen Schiedsspruch ist die Zulässigkeit trotz § 1062 II zweifelhaft, Borges ZZP **111**, 498, ThP 5, ZöGei 14.

Der Antragsteller muß den geltend gemachten *Aufhebungsgrund angeben,* BGH NJW **02**, 3032. Dabei gelten grundsätzlich dieselben Anforderungen wie an eine Revisionsbegründung nach § 551 III, Kröll NJW **07**, 748. Der Übergang zu einem anderen Grund ist eine Klagänderung. Sie ist meist nach § 263 sachdienlich. Bekl ist derjenige, den der Schiedsspruch berechtigt, evtl also ein Dritter, Stgt SchiedsVZ **03**, 85, Schlosser Festschrift für Geimer (2002) 963. Bei einer Rechtsnachfolge kann sich die Klage auch gegen den Rechtsnachfolger richten. Der Antrag geht auf die Aufhebung des Schiedsspruchs. Ein neues tatsächliches Vorbringen ist keine Klagänderung.

5 **5) Voraussetzungen, II.** Ein Schiedsspruch läßt sich nur dann aufheben, wenn einer oder mehrere der in II grundsätzlich abschließend genannten Gründe vorliegt, BGH NJW **02**, 3032, Naumb SchiedsVZ **06**, 103, Kröll NJW **07**, 744. Bei den Gründen muß man zwischen solchen Umständen unterscheiden, die eine Partei nach II Z 1 vorbringen muß, BGH NJW **01**, 373, Kröll SchiedsVZ **08**, 115 (§ 551 III Z 2), und denjenigen, die das Gericht nach II Z 2 als besondere Prozeßvoraussetzungen von Amts wegen beachten muß, BGH VersR **05**, 526, BayObLG RR **00**, 1359, auch nach dem Ablauf der Fristen von III, § 1060 II 3, BGH NJW **01**, 373. Eine darüber hinausgehende Inhaltskontrolle des Schiedsspruchs ist unstatthaft.

6 **6) Auf Rüge zu prüfende Aufhebungsgründe, II Z 1.** Der Antragsteller muß den Grund schlüssig mit einem etwaigen Beweisangebot vortragen, Rn 5. Denn er wäre beweispflichtig, BGH WertpMitt **79**, 1006. Mehr ist aber nicht nötig, ThP 6, aM Ehricke ZZP **113**, 453 (aber das Gericht muß das Recht selbst kennen, § 293 Rn 1). Die Vorschrift nennt vier Fallgruppen.

A. Mangel der persönlichen Schiedsfähigkeit, Ungültigkeit, II Z 1 a. Eine der Parteien der Schiedsvereinbarung mag nach dem für sie persönlich maßgebenden Recht, hierzu nicht fähig gewesen sein, BGH NJW **98**, 2452 (zustm Schütze IPRax **99**, 87), oder die Schiedsvereinbarung mag nach demjenigen Recht, dem die Parteien sie nach § 1025 I unterstellt haben, hilfsweise nach deutschem Recht im Zeitpunkt der Entscheidung nach § 1063 I 1 oder nach § 1065 ungültig sein, Kröll NJW **07**, 745. Den Fall der Ungültigkeit der Schiedsvereinbarung wegen fehlender Schiedsfähigkeit ihres Gegenstands regelt II Z 2 a. Das Staatsgericht darf die Gültigkeit der Schiedsvereinbarung nicht prüfen, wenn es nach § 1032 II oder das Schiedsgericht über sie entschieden hat, § 1040, BGH WertpMitt **03**, 2433, Haas Festschrift für Rechberger (2005) 201, Schroeter SchiedsVZ **04**, 295. § 1066 ist anwendbar.

Darauf, ob die Partei den Mangel *schon im schiedsrichterlichen Verfahren* gerügt hatte, kommt es grundsätzlich nicht an. Anders liegt es, wenn man die Rüge der Unzuständigkeit nach § 1040 III versäumt hatte, dort Rn 3, Kröll SchiedsVZ **08**, 115, oder wenn man eine formlos wirksame Schiedsvereinbarung während des schiedsrichterlichen Verfahrens ausdrücklich oder stillschweigend nachgeschoben hatte, BGH **88**, 318, Mü BB **77**, 865, LG Ffm NJW **83**, 762. Gegen Treu und Glauben verstößt die Rüge der Unzulässigkeit des schiedsrichterlichen Verfahrens, wenn man dieses Verfahren selbst herbeigeführt hat, zB dadurch, daß man sich vorprozessual nachdrücklich und uneingeschränkt auf die Schiedsvereinbarung berufen hat, BGH RR **87**, 1195, oder wenn man als Bekl am schiedsrichterlichen Verfahren teilgenommen hat, Hamm SchiedsVZ **06**, 106, Kblz SchiedsVZ **05**, 260, Kröll SchiedsVZ **06**, 213. Verboten ist auch eine mißbräuchliche Klausel zulasten eines Verbandes entgegen zB der Richtlinie 93/13/EWG v 5. 4. 93, EuGH NJW **07**, 135. Unterschiedliche Parteibezeichnungen reichen zur Aufhebung nicht aus, BayObLGSchiedsVZ **04**, 163.

7 **B. Mangel der Kenntnis usw, II Z 1 b.** Das Schiedsgericht mag eine Partei von der Bestellung eines Schiedsrichters nach § 1035 oder von dem schiedsrichterlichen Verfahren nicht gehörig in Kenntnis gesetzt haben, §§ 1044, 1046, 1047 II, III, oder sie mag aus anderen Gründen außerstande gewesen sein, ihre Angriffs- und Verteidigungsmittel nach Einl III 70 anzugeben, BGH RR **01**, 1059. Der Antragsteller muß darlegen, was er bei einer Kenntnis vorgetragen hätte und welche Folgen das für den Schiedsspruch gehabt hätte, Ffm OLGR **03**, 186, Stgt SchiedsVZ **03**, 85.

8 **C. Überschreitung des Streitgegenstands, II Z 1 c.** Der Schiedsspruch mag eine solche Streitigkeit betreffen, die die Schiedsvereinbarung nach § 1029 II nicht erfaßt, oder er mag solche Entscheidungen enthalten, die die Grenzen der Schiedsvereinbarung nach der erforderlichen Auslegung überschreiten, *II Z 1 c Hs 1.* Wenn sich die vom Mangel betroffenen Teile von den anderen Teilen trennen lassen, darf das Gericht nur die betroffenen Teile aufheben, *II Z 2 c Hs 2,* Borges ZZP **111**, 492, Eberl SchiedsVZ **03**, 186. Eine unberechtigte Unzuständigkeitserklärung nach § 1040 Rn 4 gehört nicht hierher, BGH NJW **02**, 3032.

9 **D. Mangel der Gerichtsbildung usw, II Z 1 d.** Die Bildung des Schiedsgerichts nach §§ 1034 ff oder das Verfahren nach §§ 1042 ff mag einer zwingenden Bestimmung des Buchs 10 entgegenstehen, BGH NJW **86**, 1436, oder einer zulässigen Parteivereinbarung nicht entsprochen haben. Ein solcher Fehler führt nur dann zur Aufhebung des Schiedsspruchs, wenn man annehmen muß, daß er sich auf den Schiedsspruch *ausgewirkt* hat, wie bei §§ 445 I, 1065 II 1, Hbg RIW **92**, 154. Es muß wenigstens die Möglichkeit bestehen,

daß die Entscheidung ohne den Verfahrensverstoß anders ausgefallen wäre, Saarbr SchiedsVZ **03**, 94, aM Celle OLGR **04**, 396, Kröll SchiedsVZ **04**, 118. Diese Beschränkung verhindert die Aufhebung aus rein formalen Gründen und die dann nötige Durchführung eines weiteren Verfahrens mit voraussichtlich demselben Ergebnis. Aus § 1027 folgt außerdem, daß man eine solche Rüge während des schiedsrichterlichen Verfahrens rechtzeitig, aber vergeblich beim Schiedsgericht erhoben haben muß, Borges ZZP **111**, 493. Zu den Aufhebungsgründen gehört auch ein Verstoß gegen § 1054 II. Ihn kann man naturgemäß nicht im schiedsrichterlichen Verfahren rügen.

Bei der Bildung des Schiedsgerichts ist Hauptfall die Entscheidung durch andere als die vertraglich bestimm- **10**
ten Schiedsrichter. Haben die Parteien in der Schiedsvereinbarung die Schiedsgerichtsordnung eines institutionellen Schiedsgerichts in Bezug genommen, ist eine spätere Änderung der Schiedsgerichtsordnung mangels Vereinbarung meist kein Bestandteil der Schiedsvereinbarung, Hbg KTS **83**, 499, wenn dadurch der Spruchkörper eine grundlegende Änderung erhält, wohl aber dann, wenn sich insoweit bestehende Mängel durch die Änderung beheben lassen, BGH RR **86**, 1060. Eine unvorschriftsmäßige Besetzung liegt auch dann vor, wenn der Schiedsrichter geschäftsunfähig ist, BGH NJW **86**, 3079 (keine Pflicht zur psychiatrischen Untersuchung) oder wenn ein Schiedsrichter in einer eigenen Sache amtierte, BGH NJW **76**, 109. Eine bloße Minderung der geistigen Kräfte, die noch durch das Bestimmungsrecht der Parteien gedeckt ist, reicht nicht aus. Sie mag aber eine Ablehnung rechtfertigen, BGH NJW **86**, 3079 (zustm Walter JZ **87**, 156, Wierterfeld NJW **87**, 3059), aM Kornblume NJW **87**, 1105, ThP 14. Der Verlust des Ablehnungsrechts zB durch eine rügelose Einlassung wie bei § 43 führt auch zum Verlust eines Aufhebungsrechts.

Die *Ablehnung* eines Schiedsrichters nach § 1036 gibt einen Aufhebungsgrund nur, wenn das Staatsgericht **11**
sie vor oder nach dem Schiedsspruch für begründet erklärt hat, und auch dann, wenn es einer Partei nicht möglich oder zumutbar war, das Gesuch vor der Beendigung des schiedsrichterliches Verfahrens beim Staatsgericht einzureichen, BGH RR **01**, 1060 (zum alten Recht). Ein beim Staatsgericht anhängiges Ablehnungsverfahren nach § 1037 III muß auch dann fortlaufen, wenn der Schiedsspruch ergeht. Hat das Staatsgericht die Ablehnung für unbegründet erklärt, kann man den Aufhebungsantrag nicht mehr darauf stützen, Kröll SchiedsVZ **08**, 115. Die Mitwirkung eines „ausgeschlossenen" Schiedsrichters, etwa der Partei oder eines Parteivertreters, begründet die Aufhebung trotz einer Versäumung der Ablehnungsfrist, BGH MDR **99**, 755. Ausreichend ist eine Verurteilung eines Schiedsgerichts wegen Rechtsbeugung, KG NJW **76**, 1356. Ein Verstoß gegen § 40 I 2 DRiG führt nicht zur Aufhebung.

Unzulässig war das Verfahren, wenn das Schiedsgericht zu ihm nach den Vereinbarungen der Parteien oder **12**
den ergänzenden gesetzlichen Bestimmungen nicht befugt war, BGH NJW **94**, 2155. Zu den das Verfahren bestimmenden Vorschriften gehören auch die Regelungen einer institutionellen Verfahrensordnung, der sich die Parteien unterworfen haben, BGH NJW **94**, 2155.

Beispiele für ein unzulässiges Verfahren: Rechtsmißbrauch bei der Bestimmung des Schiedsorts nach § 1043 I 2, 3, Borges ZZP **111**, 505; Entscheidung in eigener Sache, zB über die Vergütung der Schiedsrichter, BGH NJW **85**, 1904; Überschreitung der Zuständigkeit; mangelnde Parteifähigkeit; Überraschungsentscheidung, Kröll SchiedsVZ **08**, 117; Verurteilung eines Dritten, Kröll SchiedsVZ **08**, 117; Zurückweisung unter einem Verstoß gegen § 1046 II; Entscheidung durch einen nicht unabhängigen Alleinschiedsrichter, BGH NJW **86**, 3027; Zusprechen über die Anträge hinaus; Abnahme eines Eids durch das Schiedsgericht; Entscheidung ohne Beweisaufnahme wegen Nichtzahlung des Vorschusses für die Schiedsrichter, BGH NJW **85**, 1904 (anders bei Anwendung einer vereinbarten Rechtzeitigkeitsklausel, Hbg RR **00**, 806); willkürliche Bestellung eines Sachverständigen oder Verwertung des Gutachtens eines Sachverständigen, dessen mangelnde Sachkunde dem Schiedsgericht nachgewiesen war; Mitwirkung desselben Beraters in beiden schiedsrichterlichen Instanzen, Düss BB **76**, 251 (unschädlich in einer Instanz, § 1038 Rn 3); Billigkeitsentscheidung statt Entscheidung nach positivem Recht, wie in der Schiedsvereinbarung vorgeschrieben, BGH NJW **86**, 1437 (krit Sandrock JZ **86**, 373), BayObLG BB **99**, 1187, Spickhoff RabelsZ **92**, 137; Entscheidung nach einem anderen als dem von den Parteien vereinbarten Recht, BGH NJW **86**, 1437 (krit Gottwald Festschrift für Nagel [1987] 62, Sandrock JZ **86**, 373), Ffm RIW **84**, 400 (zustm Aden 934), wenn das Schiedsgericht sich also in einen Widerspruch zur Schiedsvereinbarung gesetzt hat; Fehlen jeglicher Begründung des Schiedsspruchs, ZöGei 43, aM BayObLG EWiR **00**, 199 (zustm Berger), es sei denn, die Parteien haben auf eine Begründung verzichtet, BGH NJW **86**, 1438; Verhängen einer Buße strafrechtlicher Natur (anders, wenn sie als Ersatz gemeint und dem Geschädigten zu leisten ist); Fehlen von Gründen im Schiedsspruch, § 1054 Rn 4.

Weiter fallen unter Z 1 d Verstöße gegen verfahrensrechtliche Grundrechte wie den ordre public, zB gegen **13**
die Pflicht, rechtliches Gehör zu geben, §§ 1042 I, 1052 II 2, Düss SchiedsVZ **08**, 156, Ffm SchiedsVz **06**, 219, Kröll SchiedsVZ **08**, 116; ein Restitutionsgrund nach § 580, BGH NJW **01**, 373, Stgt SchiedsVZ **03**, 85, ZöGei 67, aM Kroll SchiedsVZ **04**, 119, Rüßmann Festschrift für Schlosser (2005) 799. Der Anspruch auf rechtliches Gehör erschöpft sich nicht darin, den Parteien Gelegenheit zum Vortrag zu geben. Das Schiedsgericht muß das Vorbringen vielmehr auch zur Kenntnis nehmen und in Erwägung ziehen, BGH NJW **92**, 2299, Kröll NJW **08**, 116. Davon darf man aber grundsätzlich ausgehen, BVerfG **80**, 286, Kröll NJW **07**, 748, es sei denn, der Schiedsspruch erwähnt den Vortrag überhaupt nicht und läßt keinerlei Abwägung dazu erkennen, Kröll NJW **05**, 197. Deshalb darf es das eindeutige Bestreiten einer Behauptung nicht übergehen, BGH NJW **92**, 2299 (krit Sandrock JZ **86**, 377). Dagegen ist das Übergehen eines Beweisantrags meist noch keine Versagung, BGH RR **93**, 445, Aden NJW **93**, 1964, Kröll SchiedsVZ **08**, 116, aM SchwW 15 Rn 9. Auch ein Verstoß gegen § 139 oder § 278 III gehört nicht hierher, BGH NJW **90**, 3211. Dagegen kann in der Ablehnung einer Terminsverlegung die Versagung des rechtlichen Gehörs liegen.

Nicht hierhin gehört: Widerspruch zwischen Kostenbestimmung der Schiedsvereinbarung und Kostenentscheidung des Schiedsspruchs, aM SchwW 24 Rn 26; Verstoß des Staatsgerichts bei einer Aushilfe nach § 1050; Auslegung der vom Schiedsgericht zu Recht zugrundegelegten Rechtsordnung, BGH RIW **85**, 972, Hausmann Festschrift für Stoll (2001) 601, Sandrock BB **01**, 2179.

14 Voraussetzung der Aufhebungsklage ist die *Benachteiligung* der Partei durch die Versagung des rechtlichen Gehörs. Sie entfällt also, wenn die Partei nicht alle ihr möglichen Rechtsbehelfe zB nach §§ 1034 II, 1037 III, 1038 I erschöpft hat, Ffm SchiedsVZ **06**, 222, oder wenn sie den Mangel nicht im schiedsrichterlichen Verfahren gerügt hat, ZöGei 45 a, aM BayObLG **99**, 55, Hausmann Festschrift für Stoll (2001) 605, oder wenn die Partei erklärt, nicht mehr mitwirken zu wollen. Es genügt, wenn der Schiedsspruch auf dem Verstoß beruhen *kann*, BGH RR **93**, 444. Das muß die Partei aber auch nachvollziehbar darlegen, ähnlich wie bei einer Revisionsbegründung. Es muß sich zB der Schluß aufdrängen, das Schiedsgericht habe den Sachvortrag überhaupt nicht zur Kenntnis genommen, Düss SchiedsVZ **08**, 156. Kein Verstoß liegt darin, daß sich ein Schiedsrichter ein Rechtsgutachten beschafft. Beweispflichtig für die Versagung und dafür, daß der Spruch auf einem solchen Verstoß beruhen kann, ist derjenige, der die Aufhebung verlangt. Anders liegt es nur, wenn der Bekl die Beweisführung vereitelt hat. Aufzuheben ist nur, soweit das Verfahren von dem Mangel betroffen ist, vorausgesetzt, daß wegen des bestehenbleibenden Teils ein Teilurteil möglich ist, BGH NJW **86**, 1438, jedoch nicht, wenn einwandfrei feststeht, daß das Ergebnis auch bei einer Anhörung der Partei nicht anders wäre.

Die Unzulässigkeit des Verfahrens kann sich (ausnahmsweise) auch aus *Art 6 I MRK* ergeben, Habscheid Festschrift für Henckel (1995) 342, Matscher IPRax **92**, 335.

15 **7) Von Amts wegen zu prüfende Aufhebungsgründe, II Z 2.** Das Staatsgericht darf und muß sie grundsätzlich nur im Verfahren der Vollstreckbarkeitserklärung nach § 1060 auch nach dem Ablauf der Antragsfrist nach III berücksichtigen, BGH NJW **01**, 373. Von Amts wegen kommt eine Beachtung auch nach § 1059 nur wie folgt infrage.

A. Mangel der sachlichen Schiedsfähigkeit, II Z 2 a. Der Gegenstand des Streits mag nach deutschem Recht nicht nach § 1030 schiedsfähig sein, Art V UNÜ, SchlAnh VI A 1. Maßgeblich ist also hier das deutsche Recht, Böcker (§ 1030 vor Rn 1) 248, Borges ZZP **111**, 494, Hausmann Festschrift für Stoll (2001) 605. Es handelt sich um einen Unterfall einer Ungültigkeit der Schiedsvereinbarung, der wegen seiner Bedeutung aus der allgemeinen Regelung in II Z 1 a herausfällt. II Z 2 a gilt auch dann, wenn die Parteien die Schiedsvereinbarung einem anderen als dem deutschen Recht unterstellt haben.

16 **B. Verstoß gegen die öffentliche Ordnung, II Z 2 b.** Die Anerkennung oder Vollstreckung des Schiedsspruchs mag zu einem Ergebnis führen, das im Zeitpunkt der Entscheidung über den Aufhebungsantrag der öffentlichen Ordnung (ordre public) im Sinn von § 328 I Z 4 widerspricht, Köln SchiedsVZ **08**, 153, Kröll SchiedsVZ **08**, 118, Bruns JZ **99**, 278. Dabei handelt es sich um die öffentliche Ordnung Deutschlands, die den anerkennungsfreundlichen sog ordre public international umfaßt, BGH NJW **98**, 2358, Sandrock Festschrift für Sonnenberger (2004) 615. Zur öffentlichen Ordnung gehört die Beachtung der Grundrechte, Kröll NJW **07**, 748, aber auch des § 580 Z 1–6, (zum alten Recht) BGH NJW **01**, 374, Stgt RR **03**, 495. Da es für die Anwendung von II Z 2 b nach § 328 Rn 34 allein auf das Ergebnis ankommt, darf das Gericht nur prüfen, ob der Schiedsspruch als solcher dem ordre public widerspricht. Das tut er bei einem Verstoß gegen eine solche Norm, die die Grundlagen des deutschen staatlichen und wirtschaftlichen Lebens in zwingender und der Parteiherrschaft entzogener Weise regelt und die nicht nur auf einer bloßen Zweckmäßigkeitserwägung beruht, BGH NJW **98**, 2358, Drsd SchiedsVZ **07**, 328, Mü OLGR **06**, 906, Kröll NJW **07**, 748, ähnlich wie § 328 I Z 4, dort Rn 30. Das ist durchaus nicht konturenschwach, aM ZöGei 31, sondern ziemlich streng. Es kann zB der Fall sein, wenn der Schiedsspruch auf einem nach II Z 1 d unzulässigen Verfahren beruht.

II Z 2 b *bindet* das Staatsgericht *nicht* wegen der tatsächlichen Feststellungen an den Schiedsspruch, BGH WertpMitt **83**, 1207, Gottwald Festschrift für Nagel (1987) 66, aM Köln SchiedsVZ **05**, 165, ZöGei 53. Er bindet das Staatsgericht auch nicht wegen der Vertragsauslegung und der Beurteilung der Rechtsfolgen an den Schiedsspruch, ebensowenig an die Rechtsauffassung des Schiedsgerichts oder das nach dem IPR für den Vertrag oder das Verfahren maßgebliche Recht. Unerheblich ist auch, ob die zur öffentlichen Ordnung gehörenden Normen Gegenstand des schiedsrichterlichen Verfahrens waren. Immer muß der Schiedsspruch auf dem Verstoß beruhen. Später entstandene Einwendungen muß man im Vollstreckungsverfahren geltend machen, § 1060 Rn 10. Der Antragsteller muß seine Möglichkeiten im schiedsrichterlichen Verfahren erschöpft haben, Wagner Prozeßverträge (1998) 95. Maßgebender Verstoßzeitpunkt ist derselbe wie bei § 328, dort Rn 32, Hausmann Festschrift für Stoll (2001) 607.

17 *Einzelheiten* Art V Abs II UNÜ, SchlAnh VI A 1, und § 328 Rn 30–45. Der Verstoß gegen die öffentliche Ordnung nach Z 2 b kann im entscheidenden Teil des Schiedsspruchs liegen, zB darin, daß er zu einer verbotenen oder offensichtlich sittenwidrigen Handlung verurteilt, oder im Anspruch selbst, dem er stattgibt, zB der Erfüllung eines offensichtlich nach § 138 BGB nichtigen Vertrags.

Beispiele: Verfassungswidrigkeit, Einl III 14 ff, BVerfG NJW **01**, 2532; Mitwirkung eines kraft Gesetzes ausgeschlossenen Schiedsrichters; Fehlen ordnungsgemäßer Parteivertretung; Unkenntnis der Partei vom Schiedsrichter, Köln ZZP **91**, 318; Verstoß gegen zwingende Kartellbestimmungen, EuGH EuZW **99**, 565 (Anm Spiegel) zu Art 81 EGV, BGH **88**, 319, Schmidt BB **06**, 1400; Verstoß gegen Art 85 EGV, Habscheid ZZP **84**, 208, Raeschke-Kessler EuZW **90**, 147; Erwirkung des Schiedsspruchs durch Betrug, BGH NJW **01**, 373 (mit den Einschränkungen des § 581), oder durch eine andere sittenwidrige Handlung nach § 826 BGB, BGH NJW **01**, 373, Stgt RR **03**, 495, aM ZöGei 69 (vgl aber Einf 35 vor §§ 322–327); widersinnige oder gänzlich unverständliche Entscheidung, wenn auch die Gründe keine Klarheit bringen; Verstoß gegen das Gebot überparteilicher Rechtspflege, BGH NJW **86**, 3027; Verletzung einer sonstigen Norm, die die Grundlagen des staatlichen oder wirtschaftlichen Lebens regelt, oder untragbarer Widerspruch zu inländischen Gerechtigkeitsvorstellungen, BGH NJW **98**, 2358, Schumann NJW **92**, 2065; Ausstoßen eines Vereinsmitglieds nach einem ersten leichten Verstoß entgegen der Satzung mit ihrer Notwendigkeit eines schweren Verstoßes; Bestechung, zum Problem Harbst SchiedsVZ **07**, 22 (ausf); ein schwerer Verstoß gegen den Verhältnismäßigkeitsgrundsatz nach Einl III 23, Kröll NJW **07**, 748; Verurteilung eines gar nicht beklagten Dritten, Mü NJW **07**, 2129 (Gesellschafter statt BGB-Gesellschaft); Mißachtung der Gleichstellung aller Insolvenzgläubiger, Köln SchiedsVZ **08**, 153.

Nicht hierhin gehören: Verurteilung zu einer der Zwangsvollstreckung entzogenen Leistung, zB von Diensten; offenbare Unbilligkeit des Schiedsspruchs; Verletzung einer Vorschrift des sachlichen Rechts unterhalb der Ebene der Grundrechte (anders § 110 I Z 2 ArbGG), weil das Staatsgericht über II Z 2b hinaus die Richtigkeit der Sachentscheidung nicht prüfen darf, BGH NJW **90**, 3211; ein sonstiger „normaler" Fehler im Schiedsspruch; 50% Erfolgsbeteiligung eines Prozeßfinanzierers; Bezifferung eines Kostenanspruchs; verspätete Fertigstellung des Schiedsspruchs, BGH **104**, 178; Verstoß gegen Börsenterminregeln, BGH DB **91**, 2384; Verabredung einer Vertragsstrafe, Kröll SchiedsVZ **07**, 153.

8) Verfahren, III. Ein Antrag ist stets nötig, Rn 4. Der Antrag an das nach § 1062 zuständige OLG unterliegt bis zur Anordnung der mündlichen Verhandlung nicht dem Anwaltszwang, § 1063 IV. Den Antrag kann auch ein im schiedsrichterlichen Verfahren zugelassener Streithelfer stellen, Stgt RR **03**, 496. In ihm muß der Antragsteller diejenigen in II Z 1 genannten Aufhebungsgründe nennen, auf die er seinen Antrag stützt, BGH ZZP **113**, 483, MüSchiedsVZ **05**, 309, Ehricke ZZP **113**, 457. Der Hinweis auf einen oder mehrere Gründe nach II Z 2 ist ratsam. Es gibt keine révision au fond, Rn 1. 18

Es gibt eine *Antragsfrist.* Sie beträgt drei Monate, *III 1,* wenn die Parteien nicht zulässigerweise vorrangig bis zum Ende der drei Monate etwas anderes vereinbaren, Borges ZZP **111**, 497. Die Frist beginnt mit demjenigen Tag, an dem der Antragsteller den Schiedsspruch nach § 1054 IV ordnungsgemäß empfangen hat, *III 2.* Dazu reicht ein E-mail-Empfang evtl aus, § 1054 Rn 6. Die Übersendung läßt sich im Verfahren nach §§ 1059 ff nachholen, Kröll SchiedsVZ **04**, 120. Die Antragsfrist endet nach § 222 in Verbindung mit §§ 187, 188 BGB. Die Antragsfrist verlängert sich, wenn eine Partei nach der Zustellung des Schiedsspruchs einen Antrag nach § 1058 stellt. Sie läuft dann frühestens einen Monat nach dem Empfang der Entscheidung über diesen Antrag ab. Daher kann sie sich um höchstens einen Monat verlängern, nämlich dann, wenn der Zugang am Tag des Ablaufs der Dreimonatsfrist erfolgt, *III 3.* Man kann einen Antrag nach I nicht mehr stellen, wenn ein deutsches Staatsgericht den Schiedsspruch für vollstreckbar erklärt hat, *III 4.* Dann bleibten die Möglichkeiten nach §§ 578 ff, 767. Läuft die Antragsfrist ohne einen Aufhebungsantrag ab, darf das Staatsgericht die Aufhebungsgründe nach II Z 1 auch im Vollstreckbarkeitsverfahren nicht berücksichtigen, § 1060 II 3, Hamm SchiedsVZ **03**, 81 (zustm Kröll), wohl aber solche nach § 826 BGB, vgl Einf 305 vor §§ 322–327, BGH **146**, 381, Schlosser Festschrift für Gaul (1997) 682, und ebenso die Aufhebungsgründe nach II Z 2, BGH NJW **01**, 373. Ein Aufhebungs- und ein Vollstreckbarerklärungsverfahren lassen sich verbinden, BayObLG SchiedsVZ **04**, 164, aber nicht umgekehrt, Kröll NJW **05**, 196. Ein Antrag auf eine Vollstreckbarerklärung vor einem ausländischen Gericht wirkt nicht nach § 261 III Z 1, Hbg SchiedsVZ **03**, 286.

Das *weitere Verfahren* des OLG richtet sich nach §§ 1062, 1063. Es gibt kein Säumnisverfahren, § 1063 Rn 3. Wegen der Rechtsmittel § 1065.

9) Entscheidung, IV. Liegt ein Aufhebungsgrund nach II Z 1, 2 vor, spricht das OLG die Aufhebung des Schiedsspruchs aus. Der Beschluß lautet auf eine Zurückweisung oder Aufhebung, BGH SchiedsVZ **08**, 95, nie auf eine gänzliche oder teilweise Abänderung. Betrifft der Aufhebungsgrund nur einen Teil des Schiedsspruchs, darf das OLG nur diesen Teil aufheben, falls eine in sich abgeschlossene und eines Teilurteils fähige Entscheidung übrigbleibt, BGH NJW **86**, 1438, KG NJW **76**, 1357. Die Entscheidung über einen Aufhebungsgrund ist wie bei § 280 anfechtbar, BGH MDR **02**, 51. Sie schafft keine innere Rechtskraft für andere Gründe. In geeigneten Fällen kann das OLG auf Antrag einer Partei die Sache unter einer Aufhebung des Schiedsspruchs an das Schiedsgericht zurückverweisen, etwa wegen eines Fehlers, der sich korrigieren läßt. Das Schiedsgericht muß dann unter einer Bindung an die für die Aufhebung maßgeblich getretenen Gründe, erneut einen Schiedsspruch erlassen § 563. Eine Zurückverweisung entfällt, wenn das Schiedsgericht nicht mehr amtieren darf, wenn ein zu hoher Aufwand entstünde oder wenn eine Partei einen Schiedsrichter entlassen kann, Wolff SchiedsVZ **07**, 258. 19

10) Wirkung, V. Die Aufhebung hat im Zweifel wie zB beim Fehlen einer Parteivereinbarung die Wirkung, daß der Schiedsspruch rückwirkend wegfällt und daß wegen des Streitgegenstands die Schiedsvereinbarung wieder auflebt, BGH SchiedsVZ **08**, 95. Das kann auch bei einem nach § 301 teilurteilsfähigen Teil des Schiedsspruchs geschehen, BGH VersR **82**, 92. Die Parteien brauchen dann also keine neue Vereinbarung zu treffen. Da das Amt des Schiedsgerichts mit der Beendigung des Verfahrens durch den Schiedsspruch nach § 1056 II endete, muß man das Schiedsgericht allerdings neu bilden. Das Staatsgericht wird also zumindest zunächst nicht schon wegen der Aufhebung zuständig. 20

V ist *nicht* anwendbar, wenn die Aufhebung darauf beruht, daß die Schiedsvereinbarung ungültig ist, II Z 1 a.

Abschnitt 8.
Voraussetzungen der Anerkennung und Vollstreckung von Schiedssprüchen

1060 *Inländische Schiedssprüche.* [I] **Die Zwangsvollstreckung findet statt, wenn der Schiedsspruch für vollstreckbar erklärt ist.**

[II] [1] **Der Antrag auf Vollstreckbarerklärung ist unter Aufhebung des Schiedsspruchs abzulehnen, wenn einer der in § 1059 Abs. 2 bezeichneten Aufhebungsgründe vorliegt.** [2] **Aufhebungsgründe sind nicht zu berücksichtigen, soweit im Zeitpunkt der Zustellung des Antrags auf Vollstreckbarerklärung ein auf sie gestützter Aufhebungsantrag rechtskräftig abgewiesen ist.** [3] **Aufhebungsgründe nach § 1059 Abs. 2 Nr. 1 sind auch dann nicht zu berücksichtigen, wenn die in § 1059 Abs. 3 bestimmten Fristen abgelaufen sind, ohne dass der Antragsgegner einen Antrag auf Aufhebung des Schiedsspruchs gestellt hat.**

Gliederung

1 **1) Systematik, I, II.** Die Vorschrift betrifft den inländischen Schiedsspruch, § 1061 den ausländischen. Der inländische Schiedsspruch ist nicht ein Vollstreckungstitel, Rn 2. Das gilt trotz einer etwa im Schiedsspruch erklärten „vorläufigen" oder gar endgültigen „Vollstreckbarkeit". Der Schiedsspruch enthält praktisch nur eine Feststellung. Erst ein staatlicher Ausspruch fügt rechtsgestaltend die Vollstreckbarkeit hinzu, macht den Feststellungsausspruch zum vollstreckbaren Leistungsausspruch nach § 794 I Z 4 a. Nur auf Grund der Vollstreckbarerklärung gilt eine Willenserklärung nach § 894 als abgegeben, Walter Festschrift für Schwab (1990) 557, aM ZöGei 12, oder sind Eintragungen in öffentliche Register zulässig, § 895. Eine Leistungsklage trotz eines Schiedsspruchs ist mangels besonderer Umstände unstatthaft, soweit das Verfahren nach §§ 1060, 1061 zu demselben Ergebnis führt, ZöGei 3, aM Schlosser Festschrift für Schwab (1990) 435 ff, oder für eine Klage auf Grund des Schiedsspruchs im Urkundenprozeß, § 592. Zulässig kann die Klage sein, soweit sie eine Klage trotz Vollstreckungstitels ist, evtl auch für und gegen einen Rechtsnachfolger. Ein Aufhebungsverfahren nach § 1059 kann für § 1060 unbeachtlich sein.

Beim *ausländischen* Schiedsspruch kann Art III UNÜ anwendbar sein, SchlAnh VI a 1.

2 **2) Regelungszweck, I, II.** Der Schiedspruch muß zwar keinen vollstreckbaren Inhalt haben, Kröll NJW **05**, 197. Die Vollstreckung aus einem Schiedsspruch setzt aber ähnlich wie bei einem ausländischem Urteil zB nach § 722 eine Vollstreckbarerklärung des Schiedspruchs voraus, § 794 I Z 4 a, Kröll NJW **03**, 796. Das gilt für alle Schiedssprüche unabhängig von ihrem Inhalt, BGH FamRZ **87**, 269, BayObLG RR **03**, 502, Kröll SchiedsVZ **06**, 210, aM ZöGei 2. § 1060 regelt die Vollstreckbarkeit inländischer Schiedssprüche. Ob es sich um einen inländischen Schiedsspruch handelt, bestimmt sich nach § 1025 I, dort Rn 3, BGH NJW **01**, 1730. Danach gelten alle in Deutschland ergehenden Schiedssprüche als inländische. Wegen der Vollstreckbarkeit ausländischer Schiedssprüche § 1061. Zweck der Vollstreckbarerklärung ist auch der Ausschluß eines späteren Aufhebungsverfahrens, Kröll NJW **05**, 197.

3 **3) Zwangsvollstreckung, I.** Es müssen zwei Voraussetzungen zusammentreffen.

A. Schiedsspruch. § 1060 setzt einen solchen Schiedsspruch voraus, der allen Anforderungen des § 1054 genügt, Kröll NJW **05**, 197. Nötig sind also vor allem ein endgültiger Ausspruch eines inländischen Schiedsgerichts, BayObLG MDR **03**, 1132 (zustm Plaßmeier SchiedsVZ **04**, 234), der das Verfahren ganz oder zu einem abtrennbaren Teil urteilsmäßig abschließt. Dann ist die Bezeichnung nicht allein entscheidend, Kröll SchiedsVZ **08**, 113. Auch eine Kostenentscheidung kann reichen, Kröll SchiedsVZ **08**, 114. Ausreichend ist auch ein Schiedsspruch mit vereinbartem Wortlaut nach § 1053 I 2, BGH MDR **07**, 851. Er muß aber die Form des § 1053 I 2, II 1 haben, Mü MDR **07**, 854. Wegen der Vollstreckung einer einstweiliger Maßnahme § 1041. Der Schiedsspruch muß auch insofern endgültig sein, als er nicht der Nachprüfung eines höheren Gerichts wie zB eines Oberschiedsgerichts unterliegen darf. Er darf auch nicht die Klärung einzelner Fragen dem Staatsgericht überlassen Stgt OLGR **06**, 945, Kröll SchiedsVZ **07**, 154. Andernfalls ist erst der letztinstanzliche Schiedsspruch vollstreckungsfähig. Auch ein Vergleich muß formell ein Schiedsspruch sein, um eine Vollstreckbarerklärung erhalten zu können, Ffm SchiedsVZ **03**, 288, Kröll SchiedsVZ **08**, 114.

4 Der Antragsteller muß das *Vorliegen* dieser Voraussetzungen im Vollstreckbarkeitsverfahren *nachweisen,* BGH WertpMitt **79**, 1006, BayObLG MDR **03**, 1132. Es genügt, daß sie in dem für die Entscheidung maßgebenden Zeitpunkt vorliegen, also am Ende einer mündlichen Verhandlung nach § 1043 IV. Fehlende förmliche Voraussetzungen muß der Antragsteller also nachholen. Es ist nach § 139 eine Pflicht des Staatsgerichts, auf die Nachholung hinzuwirken. Die Kosten nach § 1057 muß der Antragsgegner freilich auch dann tragen, wenn der Antragsteller den Nachweis sofort nachholt. Denn er brauchte es überhaupt nicht zum Vollstreckungsverfahren kommen zu lassen, wenn die Vollstreckung nur von einem nachholbaren Formerfordernis abhängig war. Ein „Kostenfestsetzungsbeschluß" nur des Vorsitzenden des Schiedsgerichts reicht nicht, § 1057 Rn 3.

5 **B. Vollstreckbarerklärung.** Sie ist eine Voraussetzung der Zwangsvollstreckung, nicht aber umgekehrt. Die Bedeutung der Vollstreckbarerklärung liegt nicht nur in der Ermöglichung einer Vollstreckung nach § 794 I Z 4 a, sondern ganz wesentlich auch darin, daß sie ab ihrer Rechtskraft die Unanfechtbarkeit und damit die volle Rechtswirksamkeit des Schiedsspruchs feststellt. Darum braucht auch der Schiedsspruch keinen vollstreckbaren Ausspruch zu enthalten, BayObLG RR **03**, 503, aM ZöGei 27 (Feststellung, daß kein Aufhebungsgrund vorliege). Es genügt zB ein Feststellungsausspruch oder die Feststellung der Zahlungsverpflichtung dem Grunde nach. Der Schiedsspruch läßt alle Vollstreckungswirkungen eintreten, die sich an ein rechtskräftiges Urteil knüpfen, wenn das Gericht ihn für vollstreckbar erklärt hat. Denn erst dann liegt eine vollstreckbare Entscheidung vor. Das gilt auch für die Unterstellung der Willenserklärung nach § 894, für die Bewilligung einer Grundbucheintragung nach § 895 usw, BayObLG BB **84**, 746, Wieser ZZP **102**, 270, aM ZöGei 2. Bedeutung hat die Vollstreckbarerklärung auch für die Zwangsvollstreckung wegen der Kosten, § 1057. Sie ist auch nur für die Kosten zulässig. Freilich muß das Staatsgericht trotzdem die Wirksamkeit in

der Hauptsache prüfen. Denn von ihr hängt die Wirksamkeit auch der Kostenentscheidung ab. §§ 727 ff sind entsprechend anwendbar.

4) Verfahren, I. Es gibt vier Aspekte. 6

A. Antrag. Wegen des Verfahrens §§ 1062–1065. Eine Streitverkündung und ein Beitritt als Streitgehilfe sind zulässig. Nötig und ausreichend ist der Antrag einer wenigstens teilweise siegreichen Partei oder ihres Rechtsnachfolgers, BGH MDR **07**, 851, Kröll SchiedsVZ **08**, 114, zB nach einer Abtretung. Er läßt sich meist dahin auslegen, daß er sich nur auf den dem Antragsteller günstigen Teil des Schiedsspruchs bezieht, BGH DB **80**, 873, Kröll NJW **05**, 197. Möglich ist also auch die Vollstreckbarerklärung eines klagabweisenden Schiedsspruchs, da der Bekl ein Interesse an der Feststellung der Unanfechtbarkeit des Schiedsspruchs haben kann, ebenso die Vollstreckbarerklärung eines nur eine Feststellung enthaltenden Spruchs, Rn 5. Auch der Insolvenzverwalter kann antragsberechtigt sein, BGH MDR **08**, 468 rechts. Richtiger Antragsgegner ist der Schuldner oder sein Rechtsnachfolger, Wagner Prozeßverträge (1998) 66.

Der Antrag ist *unbefristet* zulässig. Man muß ihn an das zuständige OLG nach § 1062 richten (kein 7 Anwaltszwang bis zur Anordnung einer mündlichen Verhandlung nach § 1063 IV). Zur Form des Antrags § 1064 I, zum weiteren Verfahren § 1063. Eine Vollmacht richtet sich nach § 80 I, BGH **02**, 963 (andernfalls Unzulässigkeit). Das Rechtsschutzbedürfnis ist nötig, Mü OLGR **06**, 906, Kröll SchiedsVZ **07**, 152. Es fehlt für eine Vollstreckungsabwehrklage nach § 767 grundsätzlich ab dem Antragseingang bis zur Beendigung des Verfahrens nach § 1060. Ein Insolvenzverfahren unterbricht nicht. Ein Eilverfahren ist unstatthaft, ZöGei 11, aM Schlosser ZZP **99**, 257.

B. Prüfungsumfang. Das Staatsgericht überprüft das Bestehen einer wirksamen Schiedsvereinbarung 8 tatsächlich wie rechtlich umfassend, Rostock IPRax **02**, 401, Kröll NJW **03**, 796. Es prüft von Amts wegen zunächst die allgemeinen Prozeßvoraussetzungen, Grdz 13 vor § 253, vor allem die Partei- und Prozeßfähigkeit, die Zulässigkeit des Rechtswegs, die Zuständigkeit, § 1063 Rn 2, und das Rechtsschutzbedürfnis nach Grdz 33 vor § 253. Es kann auch wegen einer künftigen Forderung vorliegen, Mü SchiedsVZ **07**, 165. Es kann auch mangels einer vollen Vollstreckbarkeit zwecks Klärung der Aufhebbarkeit vorliegen, BGH RR **06**, 995, Kröll NJW **07**, 747. Das Staatsgericht prüft ferner die besonderen Voraussetzungen dieses Verfahrens, also die Ordnungsmäßigkeit des Schiedsspruchs und des Antrags, Rn 3, 7. Fehlt eine dieser Voraussetzungen, ist eine Anhörung des Gegners nur dann nötig, wenn der Mangel behebbar ist. Bei einer Unzuständigkeit nach § 1062 I Z 4 kommt eine Verweisung nach § 281 infrage. Das Gericht prüft schließlich die Aufhebungsgründe nach § 1059 II 1, soweit es sie nach II 2 berücksichtigen muß, Rn 12, 13. Beim bloß ergänzenden Kostenschiedsspruch nach § 1057 Rn 3 ist eine nochmalige Überprüfung der Kostengrundentscheidung nicht nötig, § 1057 Rn 2. Das Gericht prüft die Vollstreckbarkeit im Verfahren auf die Erteilung der Vollstreckungsklausel, BGH RR **06**, 995, BayObLG RR **03**, 502, Mü OLGR **06**, 906.

Es gibt aber keine révision au fond, § 1059 Rn 1.

C. Einwendungen. Der Gegner muß das rechtliche Gehör erhalten, freilich nicht bis hin zu einer 9 monatelangen Aussetzung etwa wegen seines Auslandsaufenthalts, Kröll SchiedsVZ **07**, 151. Die Einwendungen des Gegners erfordern eine Darlegung wie im Revisionsverfahren, soweit das OLG sie nicht von Amts wegen beachten muß, Kröll SchiedsVZ **07**, 151. Sie können zunächst die Zulässigkeit einer Vollstreckbarerklärung betreffen. Fehlt sie, muß das Gericht den Antrag verwerfen. Fehlt die Zuständigkeit, muß das Gericht auf einen Antrag verweisen, § 281. Einwendungen können ferner den Bestand des Schiedsspruchs als solchen betreffen, wenn nämlich der Gegner einen nach II statthaften Aufhebungsgrund vorbringt, Rn 12.

D. Später entstandene Einwendungen. Einwendungen gegen den Anspruch selbst sind zulässig, (zum 10 alten Recht) BGH RR **97**, 1289, (zum neuen Recht) Drsd SchiedsVZ **05**, 213, Düss SchiedsVZ **05**, 215, Köln SchiedsVZ **05**, 165, aM BayObLG OLGR **03**, 370, Stgt MDR **01**, 595, Borris/Schmidt SchiedsVZ **04**, 273 (eingehend). Eine Aufrechnung ist unzulässig, soweit der Bekl im schiedsrichterlichen Verfahren aufrechnen konnte, Mü MDR **05**, 1245. Anders liegt es, wenn die Gründe der Einwendung erst später entstanden sind, BGH RR **97**, 1289. Aber § 767 greift ein, wenn das Schiedsgericht die Aufrechnung nicht beurteilt hatte, weil es sich für nicht zuständig hielt. Zum Problem Düss SchiedsVZ **05**, 215, Kblz SchiedsVZ **05**, 262. Die Erfüllung kann man gegenüber einem Auskunftsanspruch nicht einwenden, wenn der Schuldner inzwischen nur über einen Teil der Abschlüsse oder gewisser Gruppen eine Auskunft erteilt hat. Denn es ist nicht eine Aufgabe des Staatsgerichts, einer solchen Teilerfüllung nachzugehen, Mü SchiedsVZ **08**, 152. Für solche Umstände, die das Schiedsgericht nur zur Beurteilung der Höhe des Anspruchs herangezogen hat, ist die Vollstreckungsabwehrklage nicht statthaft. Die Klage geht an das nach allgemeinen Vorschriften zuständige Staatsgericht, Kröll SchiedsVZ **06**, 212, Linke Festschrift für Schlosser (2005) 505, aM Drsd SchiedsVZ **05**, 210 (OLG). Denn die Schiedsvereinbarung ist durch den Schiedsspruch endgültig erledigt. Etwas anderes gilt jedoch, wenn die mit der Klage geltend gemachte Einwendung der Schiedsvereinbarung unterliegt, BGH NJW **87**, 651, Mü SchiedsVZ **06**, 165, Borris/Schmidt SchiedsVZ **04**, 279. Eine Einstellung aus § 769 ist zulässig.

E. Beschluß. Über die Vollstreckbarerklärung entscheidet das Staatsgericht durch einen Beschluß nach 11 § 1063 I. Das OLG sorgt für die zwecks Zwangsvollstreckung nötige Bestimmtheit der Vollstreckbarerklärung. Bei der Kostenentscheidung kann zB § 91 a oder § 93 anwendbar sein, Kröll SchiedsVZ **08**, 115. Es muß sie ohne eine Sicherheitsleistung für vorläufig vollstreckbar erklären, § 1064 II, Rn 3. Der Beschluß erhält eine Vollstreckungsklausel wie nach §§ 724 ff, Rn 8. Rechtsmittel: § 1065. Eine Berichtigung oder Ergänzung ist wie beim Urteil nach §§ 319 ff möglich, Roth IPRax **06**, 22, aM KG SchiedsVZ **05**, 310, Kröll SchiedsVZ **05**, 147 (nicht bei Kosten). Vgl auch § 1058. Auch eine Klarstellung ist statthaft, Mü SchiedsVZ **06**, 111, Kröll SchiedsVZ **08**, 114, nicht aber eine inhaltliche Änderung, Mü OLGR **06**, 906, Kröll SchiedsVZ **08**, 114 (auch keine gar nicht beantragten Zinsen).

5) Ablehnung, II. Einem Grundsatz stehen Ausnahmen gegenüber. 12

A. Grundsatz, II 1. Liegt ein nach II beachtbarer Aufhebungsgrund nach § 1059 II vor, muß das Gericht eine Vollstreckbarerklärung ablehnen und den Schiedsspruch auch ohne einen Antrag aufheben.

Betrifft ein Aufhebungsgrund einen Teil des Schiedsspruchs, steht das der Vollstreckbarerklärung eines anderen Teils nicht entgegen, dessentwegen ein Teilurteil nach § 301 möglich wäre, Rn 6. Aufhebungsgründe darf das Gericht aber erst nach einer Erledigung der in Rn 5 genannten Voraussetzungen prüfen, und zwar von Amts wegen. Es muß eine Vollstreckbarerklärung ferner dann als unzulässig ablehnen, wenn der Schiedsspruch wirkungslos ist, weil er undurchführbar ist oder wenn es an den Voraussetzungen Rn 3, 8, fehlt. Zur Insolvenz des Antragsgeners Heidbrinck/von der Groeben ZIP **06**, 270.

13 **B. Ausnahmen, II 2, 3.** Das Staatsgericht darf Aufhebungsgründe nach § 1059 II nicht berücksichtigen, soweit es im Zeitpunkt der Zustellung des Antrags einen auf sie gestützten Aufhebungsantrag rechtskräftig abgewiesen hat, *II 2.* Es darf Aufhebungsgründe nach § 1059 II Z 1 außerdem dann nicht berücksichtigen, wenn die in § 1059 III bezeichneten Fristen abgelaufen sind, ohne daß der Antragsgegner einen Aufhebungsantrag gestellt hat, *II 3.* Dieser Ausschluß greift also anders als derjenige nach II 2 nicht bei den von Amts wegen beachtbaren Aufhebungsgründen nach § 1059 II Z 2 ein. Das hat vor allem Bedeutung für die Geltendmachung von Restitutionsgründen nach § 578, die erst nach dem Ablauf der Fristen des § 1059 III bekannt werden, wenn diese Gründe einen Verstoß gegen den ordre public nach § 1059 II Z 2 begründen, wenn zB der Einwand aus § 826 BGB greift, BGH NJW **01**, 373.

14 **C. Beschluß, II 1–3.** Die Entscheidung ergeht durch einen Beschluß, § 1063 I. Rechtsmittel: § 1065.

1061 *Ausländische Schiedssprüche.* I [1] **Die Anerkennung und Vollstreckung ausländischer Schiedssprüche richtet sich nach dem Übereinkommen vom 10. Juni 1958 über die Anerkennung und Vollstreckung ausländischer Schiedssprüche (BGBl. 1961 II S. 121).** [2] **Die Vorschriften in anderen Staatsverträgen über die Anerkennung und Vollstreckung von Schiedssprüchen bleiben unberührt.**

II **Ist die Vollstreckbarerklärung abzulehnen, stellt das Gericht fest, dass der Schiedsspruch im Inland nicht anzuerkennen ist.**

III **Wird der Schiedsspruch, nachdem er für vollstreckbar erklärt worden ist, im Ausland aufgehoben, so kann die Aufhebung der Vollstreckbarerklärung beantragt werden.**

1 **1) Systematik, Regelungszweck, I–III.** Die Vorschrift regelt die Anerkennung und Vollstreckung eines ausländischen Schiedsspruchs, Habscheid JZ **98**, 446, Kröll SchiedsVZ **08**, 119. Ob inhaltlich ein Schiedsspruch vorliegt, richtet sich nach § 1054, BGH NJW **82**, 1124, Düss SchiedsVZ **05**, 215, Rostock IPRax **02**, 401 (zustm Kröll 384). Ob es sich um einen ausländischen Schiedspruch handelt, bestimmt sich nach § 1025 I, § 1060 Rn 1, BGH NJW **01**, 1730. Ein im Ausland nach deutschem Verfahrensrecht ergehender Schiedsspruch gilt nach § 1025 als ein ausländischer Schiedsspruch. Unerheblich ist aber, weches sachliche Recht anwendbar ist. Eine ausländische Exequatur-Entscheidung gibt die Wahl zwischen einem Antrag auf ihre Vollstreckbarerklärung oder auf diejenige des Schiedsspruchs, BGH NJW **84**, 2763, BayObLG RR **03**, 502, Hbg RR **92**, 568, aM Dolinar Festschrift für Schütze (1999) 187, ZöGei 8. Man darf eine lückenhafte ausländische Vollstreckbarentscheidung nicht nach § 1061 ergänzen, Hbg RIW **91**, 154 (vielmehr ist eine Leistungsklage notwendig). Ein Teilschuldspruch für einen Verfahrensabschnitt „Partial Award on Jurisdiction" kann ausreichen, BGH MDR **07**, 864 rechts. Eine bindende Zwischenentscheidung ist evtl anerkennbar, Jena SchiedsVZ **08**, 44.

Zweck ist die Anpassung des innerdeutschen an das deutsche internationale Recht.

2 **2) Anwendung des UNÜ, I,** SchlAnh VI A 1. Einem Grundsatz stehen Ausnahmen gegenüber.

A. Grundsatz, I 1. Die Anerkennung und Vollstreckung eines ausländischen Schiedsspruches nach Rn 1, richtet sich nach den einschlägigen Artt III–VI UNÜ, BGH NJW **05**, 3500. Das gilt ohne Rücksicht darauf, ob der Schiedsort in einem Mitgliedstaat liegt. Damit sind diese Bestimmungen des UNÜ als innerstaatliches Recht auch dann anwendbar, wenn es sich um einen solchen Schiedsspruch handelt, für den das UNÜ als zwischenstaatliches Recht nicht gilt, Art I Abs I–III UNÜ. Der Schiedsspruch muß verbindlich sein, Art V Abs I e UNÜ, wenn also nach dem maßgebenden ausländischen Recht kein Rechtsbehelf mehr möglich ist, BGH WertpMitt **01**, 971. § 1059 schadet aber nicht, BGH NJW **84**, 2763.

Hauptfall ist wohl das Fehlen einer wirksamen Schiedsvereinbarung nach Art V Abs I a UNÜ, Kröll SchiedsVZ **08**, 119. Ferner gehört hierher das Fehlen einer Unterschrift, BGH NJW **08**, 2718, oder eine Verletzung des ordre public, Kroll SchiedsVZ **08**, 120. Eine rügelose Einlassung führt zum Einredeverlust, Kröll NJW **05**, 198, ebenso die Nichtausnutzung eines ausländischen Rechtsmittels, aM Kröll NJW **05**, 198. I 1 hat den Vorrang vor Art IV UNÜ, BGH RR **04**, 1505 links oben (weil anerkennungsfreundlicher). Treu und Glauben mögen mitbeachtbar sein, dann aber auch eine Unzulässigkeit solcher Einwendungen, BGH MDR **08**, 758 links.

3 **B. Ausnahmen, I 2.** Die einschlägigen Vorschriften in anderen Staatsverträgen über die Anerkennung und Vollstreckung von Schiedssprüchen bleiben unberührt, Art VII Abs I UNÜ. Soweit sie fortbestehen, gilt im Verhältnis der bilateralen Verträge zum UNÜ das Meistbegünstigungsprinzip, nach dem die für Anerkennung und Vollstreckung günstigere Norm maßgebend ist, Art VII UNÜ. Das gilt auch im Verhältnis des UNÜ zu dem EuÜbkHSch, SchlAnh VI A 2, und zum Genfer Protokoll, Moller NZG **00**, 57 zum EuÜbkHSch. Von den bilateralen Verträgen, Artt 2 §§ 3 ff SchiedsVfG, kommen die Abkommen mit Belgien, Griechenland, Großbritannien, Italien, Österreich, der Schweiz und Tunesien in Betracht, SchlAnh V B, ferner die Verträge mit den USA und den Staaten der GUS, SchlAnh VI B 1, 2. Die EuGVVO und das LugÜ, SchlAnh V C, D, gelten nach ihrem Art 1 II Z 4 nicht für die Schiedsgerichtsbarkeit.

4 **3) Verfahren, II, III.** Zuständig für die Vollstreckbarerklärung ist das OLG, § 1062 I Z 4. Wegen des erforderlichen Antrags und des Verfahrens §§ 1064 III, 1063 (Anwaltszwang erst nach der Anordnung einer mündlichen Verhandlung) sowie Art VII UNÜ, SchlAnh VI A 1. Wegen der Einwendungen gegen den

materiellen Anspruch § 1060 Rn 9. Eine révision au fond ist unstatthaft, Jena SchiedsVZ **08**, 45 (Ausnahme: Verstoß gegen den ordre public). Es darf nicht möglich gewesen sein, den Aufhebungsgrund im Ursprungsland (rechtzeitig) geltend zu machen, Karlsr SchiedsVZ **08**, 48.

A. Entscheidung. Sie ergeht durch einen Beschluß, § 1063 I. Ihn muß das OLG ohne eine Sicherheitsanordnung für vorläufig vollstreckbar erklären, § 1064 II. Die Entscheidung lautet auf eine Vollstreckbarerklärung oder auf ihre Ablehnung wie bei einem inländischen Schiedsspruch, § 1060. Lehnt das OLG die Vollstreckbarerklärung ab, stellt es fest, daß es den Schiedsspruch nicht anerkennen kann, *II,* BayObLG **99**, 57, Drsd SchiedsVZ **07**, 328. Es versagt ihm damit für das Inland die Wirkung eines rechtskräftigen Urteils, § 1055. Wird der für vollstreckbar erklärte Schiedsspruch später im Ausland aufgehoben, kann man die Aufhebung der Vollstreckbarerklärung beantragen, *III.* Dabei geht es um die Aufhebung im Ursprungsland, Borges ZZP **111**, 510. Für das Verfahren gilt Rn 4. Das OLG darf nur prüfen, ob nach dem maßgeblichen Recht eine rechtskräftige Aufhebung vorliegt. Jede weitergehende Nachprüfung ist unzulässig. Die Aufhebung der Vollstreckbarerklärung nimmt dem Schiedsspruch für das Inland die Vollstreckbarkeit, § 1060 Rn 1. 5

B. Rechtsmittel: Vgl § 1065. 6

Abschnitt 9. Gerichtliches Verfahren

1062 *Zuständigkeit.* **I Das Oberlandesgericht, das in der Schiedsvereinbarung bezeichnet ist oder, wenn eine solche Bezeichnung fehlt, in dessen Bezirk der Ort des schiedsrichterlichen Verfahrens liegt, ist zuständig für Entscheidungen über Anträge betreffend**

1. die Bestellung eines Schiedsrichters (§§ 1034, 1035), die Ablehnung eines Schiedsrichters (§ 1037) oder die Beendigung des Schiedsrichteramtes (§ 1038);
2. die Feststellung der Zulässigkeit oder Unzulässigkeit eines schiedsrichterlichen Verfahrens (§ 1032) oder die Entscheidung eines Schiedsgerichts, in der dieses seine Zuständigkeit in einem Zwischenentscheid bejaht hat (§ 1040);
3. die Vollziehung, Aufhebung oder Änderung der Anordnung vorläufiger oder sichernder Maßnahmen des Schiedsgerichts (§ 1041);
4. die Aufhebung (§ 1059) oder die Vollstreckbarerklärung des Schiedsspruchs (§§ 1060 ff.) oder die Aufhebung der Vollstreckbarerklärung (§ 1061).

II Besteht in den Fällen des Absatzes 1 Nr. 2 erste Alternative, Nr. 3 oder Nr. 4 kein deutscher Schiedsort, so ist für die Entscheidungen das Oberlandesgericht zuständig, in dessen Bezirk der Antragsgegner seinen Sitz oder gewöhnlichen Aufenthalt hat oder sich Vermögen des Antragsgegners oder der mit der Schiedsklage in Anspruch genommene oder von der Maßnahme betroffene Gegenstand befindet, hilfsweise das Kammergericht.

III In den Fällen des § 1025 Abs. 3 ist für die Entscheidung das Oberlandesgericht zuständig, in dessen Bezirk der Kläger oder der Beklagte seinen Sitz oder seinen gewöhnlichen Aufenthalt hat.

IV Für die Unterstützung bei der Beweisaufnahme und sonstige richterliche Handlungen (§ 1050) ist das Amtsgericht zuständig, in dessen Bezirk die richterliche Handlung vorzunehmen ist.

V 1 Sind in einem Land mehrere Oberlandesgerichte errichtet, so kann die Zuständigkeit von der Landesregierung durch Rechtsverordnung einem Oberlandesgericht oder dem obersten Landesgericht übertragen werden; die Landesregierung kann die Ermächtigung durch Rechtsverordnung auf die Landesjustizverwaltung übertragen. 2 Mehrere Länder können die Zuständigkeit eines Oberlandesgerichts über die Ländergrenzen hinaus vereinbaren.

1) Systematik, Regelungszweck, I–V. Die Vorschrift regelt zwecks Rechtssicherheit nach Einl III 43 die Zuständigkeit des Staatsgerichts, wenn man es nach dem Buch 10 anrufen kann. § 1026. I Z 1–4 enthält eine zwingende abschließende Regelung, der sachlichen wie der örtlichen Zuständigkeit, BayObLG RR **02**, 934. Sachlich zuständig ist grundsätzlich das OLG, Ffm SchiedsVZ **07**, 217, nur bei § 1050 (Unterstützungshandlungen) das AG. Die örtliche Zuständigkeit ergibt sich aus I, IV. Wegen des Verfahrens §§ 1063, 1064, wegen der Rechtsmittel § 1065. Die Vorschriften sind zwingend, BayObLG RR **02**, 934. Allerdings kann bei § 1053 IV der Notar zuständig sein. 1

2) Zuständigkeit des OLG, I–III, V. Für die Entscheidung nach I Z 1–4 (das sind alle infrage kommenden Fälle außer § 1050) ist erstinstanzlich das OLG sachlich zuständig, *I,* Mü SchiedsVZ **08**, 151. Das gilt auch in einer Kartellfrage, Düss MDR **02**, 44, Kröll NJW **03**, 796 (nur § 91 GWB hat den Vorrang), aM ZöGei 6. Es gibt auch bei § 767, KG JB **07**, 49. Örtlich zuständig ist das in der Schiedsvereinbarung oder entsprechend nachträglich bezeichnete OLG, BayObLG RR **02**, 934, bei einer fehlenden oder unwirksamen Bezeichnung dasjenige OLG, in dessen Bezirk der Schiedsort (§ 1043) liegt, beim Fehlen eines inländischen Schiedsorts bei I Z 2, 3 oder 4 das in *II* bezeichnete OLG, hilfsweise das KG, II, KG SchiedsVZ **07**, 109 (fordert) einen Inlandsbezug, insofern abl Kröll SchiedsVZ **07**, 154), Köln SchiedsVZ **03**, 238, Escher/Reichert SchiedsVZ **07**, 71 (Üb), bei § 1025 III das in *III* bezeichnete OLG (wegen „Sitz" und „gewöhnlichem Aufenthalt" § 1025 Rn 7). Die Zuständigkeit ist nicht ausschließlich. § 36 I Z 3 ist anwendbar, BayObLG RIW **89**, 309. Sie kann infolge einer rügelosen Einlassung nach § 39 entstehen, Stgt RR **03**, 495. Die internationale deutsche Zuständigkeit ist von einem Inlandsvermögen unabhängig, vgl § 722 Rn 8. 2

Wegen des *Verfahrens* des OLG und der Rechtsmittel Rn 1. Üb über die Spezialsenate: Kraft SchiedsVZ **08**, 144.

3 **3) Zuständigkeit des AG, IV.** Für die Unterstützung bei der Beweisaufnahme und bei einer sonstigen richterlichen Handlung nach § 1050 ist dasjenige AG zuständig, in dessen Bezirk die richterliche Handlung erforderlich wird, § 157 GVG. Das Verfahren des AG und die Rechtsmittel richten sich nach den für die richterliche Handlung geltenden Vorschriften, § 1050 S 2, 3.

4 **4) Ermächtigung, V.** Die Länder sind ermächtigt, die Zuständigkeit bei einem Obersten Landesgericht oder einem bestimmten OLG nach Maßgabe des *V 1* zu konzentrieren, auch über die Landesgrenzen hinweg (durch Staatsvertrag), *V 2.* Eine solche Konzentrierung dient dazu, die Kenntnisse und Erfahrungen nutzbar zu machen, die Richter an Zentren der Schiedsgerichtsbarkeit gesammelt haben, Schumann RIW **93**, 701. Dazu in *Bay* G v. 16. 11. 04, GVBl 471 (OLG Mü), Mü SchiedsVZ **07**, 165.

1063 *Allgemeine Vorschriften.* **I 1 Das Gericht entscheidet durch Beschluss. 2 Vor der Entscheidung ist der Gegner zu hören.**

II Das Gericht hat die mündliche Verhandlung anzuordnen, wenn die Aufhebung des Schiedsspruchs beantragt wird oder wenn bei einem Antrag auf Anerkennung oder Vollstreckbarerklärung des Schiedsspruchs Aufhebungsgründe nach § 1059 Abs. 2 in Betracht kommen.

III 1 Der Vorsitzende des Zivilsenats kann ohne vorherige Anhörung des Gegners anordnen, dass der Antragsteller bis zur Entscheidung über den Antrag die Zwangsvollstreckung aus dem Schiedsspruch betreiben oder die vorläufige oder sichernde Maßnahme des Schiedsgerichts nach § 1041 vollziehen darf. 2 Die Zwangsvollstreckung aus dem Schiedsspruch darf nicht über Maßnahmen zur Sicherung hinausgehen. 3 Der Antragsgegner ist befugt, die Zwangsvollstreckung durch Leistung einer Sicherheit in Höhe des Betrages, wegen dessen der Antragsteller vollstrecken kann, abzuwenden.

IV Solange eine mündliche Verhandlung nicht angeordnet ist, können zu Protokoll der Geschäftsstelle Anträge gestellt und Erklärungen abgegeben werden.

1 **1) Systematik, Regelungszweck, I–IV.** Die Vorschrift enthält zwecks Rechtssicherheit einige ergänzende Bestimmungen für das Verfahren des Staatsgerichts nach § 1062. Davon gelten I, IV für das OLG und das AG, II, III allein für das OLG. Ergänzende Bestimmungen für die Vollstreckbarerklärung durch das OLG enthält § 1064. Die Rechtsmittel regelt § 1065. Die Verfahrensvorschriften für das Staatsgericht sind zwingend. Eine rechtskräftige Vollstreckbarerklärung macht eine Feststellungsklage auf eine Unzulässigkeit des schiedsrichterlichen Verfahrens unstatthaft, ZöGei 1.

2 **2) Entscheidung, I.** Sie ergeht in allen Fällen des § 1062 durch einen Beschluß nach § 329, also evtl mit einer notwendigen Begründung, BGH **142**, 204, *I 1.* Vor der Entscheidung muß das OLG den Gegner hören, *I 2.* Eine mündliche Verhandlung ist nur nach II notwendig, BGH **142**, 204, BayObLG RR **00**, 807. Das OLG darf sie aber auch sonst anordnen, vgl IV. Im übrigen muß das OLG die Vorschriften der ZPO über das Verfahren erster Instanz anwenden, also die Bücher 1 und 2, BGH RR **02**, 933 (zu §§ 80 ff), Drsd SchiedsVZ **05**, 162, Kblz OLGR **04**, 232. Das gilt nicht, sofern II–IV und § 1064 besondere Vorschriften enthalten. Ein Rechtsschutzbedürfnis ist wie stets notwendig, Grdz 33 vor § 253, Mü SchiedsVZ **08**, 151, Kröll SchiedsVZ **08**, 114. Soweit § 1065 I die Rechtsbeschwerde vorsieht, muß im Hinblick auf § 559, § 1065 II die Entscheidung die für die Beurteilung erforderlichen tatsächlichen Feststellungen enthalten, wenn auch in einem klaren Fall evtl nur durch eine Bezugnahme auf den Schiedsspruch, BGH NJW **99**, 2974. Das OLG muß sie dann nach § 329 III förmlich zustellen. Für das Verfahren vor dem AG gilt neben I, IV die Regelung in § 1050. Kosten: §§ 91 ff. Streitwert: Anh § 3 Rn 97. Wegen der Rechtsmittel § 1065.

3 **3) Mündliche Verhandlung, II.** Das OLG muß sie anzuordnen, wenn der Antragsteller in dem dafür vorgesehenen Verfahren die Aufhebung des Schiedsspruchs verlangt, § 1059, oder wenn im Verfahren der Vollstreckbarerklärung nach §§ 1060, 1061 Aufhebungsgründe nach § 1059 II in Betracht kommen, § 1059 II Z 1, 2, BGH NJW **99**, 2974, BayObLG RR **00**, 807, aM Ehricke ZZP **113**, 462, Kröll SchiedsVZ **04**, 120. Wegen Art 6 I 2 MRK wird das OLG sie allerdings in beiden Verfahren vorsorglich immer anordnen, sonst je nach Lage des Fall und auf Grund eines Antrags. Es gibt keinen „Versäumnisbeschluß" etwa nach Art des § 330, BGH NJW **07**, 772, BayObLG RR **00**, 807, Kröll NJW **07**, 747, aM Hamm MDR **07**, 483, Lüke Festschrift für Schlosser (2005) 510, ZoGei 8 (Versäumnisbeschluß oder Vertagung oder Aktenlageentscheidung). §§ 148, 356 gelten nicht zwingend, BGH SchiedsVZ **08**, 43.

4 **4) Vorzeitige Vollstreckung, III,** dazu *Sessler/Schreiber* SchiedsVZ **06**, 119 (Üb): Ihre Zulassung durch das OLG nach § 1062 I Z 3, 4 entspricht einem praktischen Bedürfnis vor allem im internationalen Schiedsverkehr. Das gilt auch und gerade für die Vollziehung einstweiliger Maßnahmen des Schiedsgerichts nach § 1041, *III 1.* Zuständig ist der Vorsitzende des Zivilsenats. Er kann auf den Antrag einer Partei nach seinem pflichtgemäßen Ermessen anordnen, daß der Antragsteller bis zur Entscheidung die Zwangsvollstreckung aus dem Schiedsspruch betreiben oder eine Maßnahme des Schiedsgerichts vollziehen darf. Die Anordnung kann ohne eine Anhörung des Gegners ergehen. Sie ist unanfechtbar. Die Vollstreckung aus dem Schiedsspruch darf nicht über Maßnahmen der Sicherung hinausgehen, *III 2.* Sie darf also wie bei § 720 a nicht zur Befriedigung führen. Der Antragsgegner kann sie durch eine Sicherheitsleistung nach §§ 108, 109, 113 abwenden, *III 2.*

5 **5) Anträge zu Protokoll der Geschäftsstelle, IV.** Die Vorschrift bezieht sich vor allem auf das Verfahren vor dem OLG, für das sie den Anwaltszwang mildern soll. Der Anwaltszwang wird dadurch milder, daß man alle Anträge und Erklärungen bis zur Anordnung der mündlichen Verhandlung zum Protokoll der Geschäftsstelle abgeben darf und daß sie damit nicht dem Anwaltszwang unterliegen, § 78 III Hs 2, Kröll NJW **03**, 796. Es ist keine Sicherheitsleistung notwendig, Kröll NJW **03**, 796. Die Anordnung der mündlichen Verhandlung nach I durch eine Terminsbestimmung läßt für das weitere Verfahren uneingeschränkt

den Anwaltszwang eintreten, § 78 I. Für die Verfahren vor dem AG nach § 1062 IV gilt das im Verfahren der Rechtsmittelinstanz, § 78 I. Wegen des Nachweises der Bevollmächtigung (je zum alten Recht) BGH BB **02**, 963, Kröll NJW **03**, 796.

1064 *Besonderheiten bei der Vollstreckbarerklärung von Schiedssprüchen.* **I [1] Mit dem Antrag auf Vollstreckbarerklärung eines Schiedsspruchs ist der Schiedsspruch oder eine beglaubigte Abschrift des Schiedsspruchs vorzulegen. [2] Die Beglaubigung kann auch von dem für das gerichtliche Verfahren bevollmächtigten Rechtsanwalt vorgenommen werden.**

II Der Beschluss, durch den ein Schiedsspruch für vollstreckbar erklärt wird, ist für vorläufig vollstreckbar zu erklären.

III Auf ausländische Schiedssprüche sind die Absätze 1 und 2 anzuwenden, soweit Staatsverträge nicht ein anderes bestimmen.

1) Systematik, Regelungszweck, I–III. Die Vorschrift ergänzt § 1063 zwecks Klarstellung im Interesse der Rechtssicherheit durch besondere Bestimmungen über das Verfahren der Vollstreckbarerklärung nach § 1060 I, II, bei einem ausländischen Schiedsspruch mit dem Vorbehalt, daß Staatsverträge nicht entgegenstehen, III. 1

2) Antrag auf Vollstreckbarerklärung, I. Soweit nicht III eingreift, muß man bei §§ 1060, 1061 mit dem erforderlichen Antrag ohne einen Anwaltszwang nach § 1063 IV zwar mangels einer Anordnung nach § 142 nicht die Schiedsvereinbarung vorlegen. Man muß aber den Schiedsspruch nach § 1054 IV oder eine beglaubigte Ablichtung oder Abschrift des Schiedsspruchs einreichen, *I 1*, Mü SchiedsVZ **08**, 151. Eine bestimmte Form der Beglaubigung ist nicht notwendig. Sie muß jedoch die Unterschriften der Schiedsrichter umfassen. Auch der Anwalt kann sie im Verfahren nach § 1059 vornehmen, I 2. Das hat vor allem für einen ausländischen Schiedsspruch Bedeutung. Die Beifügung einer Übersetzung ist nicht erforderlich, aM BayObLG RIW **01**, 140 (vgl aber § 184 S 1 GVG). I 1 geht nach dem Meistbegünstigungsprinzip des Art VII Abs 1 UNÜ als eine nationale Regelung dem Art IV UNÜ vor, BGH RR **04**, 1504, Köln SchiedsVZ **05**, 163, Kröll NJW **03**, 796, aM Rostock IPRax **02**, 402. Man kann den Antrag auf einen selbständigen Teil des Schiedsspruchs beschränken, Mü SchiedsVZ **08**, 151. 2

3) Vollstreckbarerklärung, II. Der Schiedsspruch als solcher enthält praktisch nur eine Feststellung. Erst die staatliche Vollstreckbarerklärung nach §§ 1060, 1061 fügt die Vollstreckbarkeit hinzu. Da der Beschluß darüber nach § 1063 I der Rechtsbeschwerde nach § 1065 unterliegt, muß das Gericht ihn für vorläufig vollstreckbar erklären, soweit nicht III eingreift. Das Gericht setzt keine Sicherheitsleistung fest. Auch im übrigen sind §§ 708 ff im Verfahren vor dem OLG anwendbar. Denn es fehlt eine § 1065 II 2 entsprechende Vorschrift. Das Gericht stellt seinen Beschluß dem Schuldner von Amts wegen nach § 329 III Hs 1 zu. Der Gläubiger erhält eine einfache Mitteilung nach § 329 II 1. Eine Vollstreckungsklausel ist wie sonst erforderlich, §§ 724 ff. 3

4) Vorbehalt für abweichende Regelungen, III. Auf einen ausländischen Schiedsspruch sind I, II nur insoweit anwendbar, als nicht ein Staatsvertrag etwas anderes bestimmt, § 1061 Rn 3. Zu Art IV UNÜ SchlAnh VI A 1. Dabei gilt der Meistbegünstigungsgrundsatz, Grdz 28 vor § 511. Wegen der Prozeßvollmacht BGH RR **02**, 933. 4

1065 *Rechtsmittel.* **I [1] Gegen die in § 1062 Abs. 1 Nr. 2 und 4 genannten Entscheidungen findet die Rechtsbeschwerde statt. [2] Im Übrigen sind die Entscheidungen in den in § 1062 Abs. 1 bezeichneten Verfahren unanfechtbar.**

II [1] Die Rechtsbeschwerde kann auch darauf gestützt werden, dass die Entscheidung auf einer Verletzung eines Staatsvertrages beruht. [2] Die §§ 707, 717 sind entsprechend anzuwenden.

1) Systematik, Regelungszweck, I, II. Im Interesse einer Beschleunigung und Vereinfachung des Verfahrens beschränkt § 1065 die Rechtsmittel gegen einen Beschluß des OLG. Er ist nach *I 2* schlechthin unanfechtbar, wenn es sich nicht um eine Entscheidung in Verfahren nach § 1062 I Z 2, 4 handelt. In diesen Fällen ist die Rechtsbeschwerde an den BGH statthaft, Kröll NJW **03**, 797, aM BGH RR **08**, 664. Für eine Entscheidung des AG nach § 1062 IV gilt § 1065 nicht. Sie ist nach den jeweils für sie geltenden Vorschriften gemäß § 1050 anfechtbar, also nach § 159 GVG oder nach der ZPO. 1

2) Anfechtbarkeit, I. Die Rechtsbeschwerde gegen eine Entscheidung des OLG nach § 1062 I Z 2, 4 ist nach § 574 I Z 1 statthaft, wenn die Voraussetzungen des § 574 II vorliegen, *I 1*. Anfechtbar ist nicht nur eine Endentscheidung, sondern auch eine ihr gleichstehende Zwischenentscheidung zB nach § 280, BGH NJW **01**, 3787. Dabei bindet der vom OLG zugrundegelegte Sachverhalt den BGH und ist ein neuer Tatsachenvertrag grundsätzlich unstatthaft, Kröll NJW **03**, 797. Eine Ausnahme gilt bei Veränderungen erst während des Rechtsbeschwerdeverfahrens, BGH NJW **01**, 1730, und bei einer solchen Tatsache, die der BGH von Amts wegen beachten muß. Zur Frist, Form und Begründung gilt § 575. Es muß ein beim BGH zugelassener Anwalt tätig werden, BGH DB **02**, 1001. Zur Anschlußrechtsbeschwerde § 574 IV. 2

Alle *anderen* Entscheidungen in einem der in § 1062 I genannten Verfahren sind unanfechtbar, *I 2*. Das gilt sowohl für alle Entscheidungen nach § 1062 I Z 1, 3 als auch für Zwischen- und Nebenentscheidungen nach § 1062 I Z 2, 4, soweit sie nicht den Endentscheidungen gleichstehen. Allerdings kann der BGH Auslegungsregeln bilden, BGH NJW **83**, 1267.

3) Rechtsbeschwerde, II. Die Rechtsbeschwerde nach §§ 574 ff ist ein der Revision nachgebildetes Rechtsmittel. Man kann sie nur darauf stützen, daß die Entscheidung auf einer Verletzung der in § 576 I 3 genannten Vorschriften und/oder eines Staatsvertrags beruht, *I 1*, BGH NJW **99**, 2974. Für sie gelten im übrigen §§ 576 II, III, 577, BGH SchiedsVZ **08**, 43. Der BGH kann eine einstweilige Anordnung nach §§ 570 III, 575 V erlassen. Er kann den Schiedsspruch frei auslegen und rechtlich einordnen, BGH SchiedsVZ **08**, 42 (freilich ist eine révision au fond unstatthaft). Er darf neue Tatsachen nur in Ausnahmefällen berücksichtigen, BGH NJW **01**, 1730 (Entscheidung im Erlaßstaat über die Verbindlichkeit des Schiedsspruchs), BGH SchiedsVZ **08**, 42 (§ 767). Entsprechend anwendbar auf die Rechtsbeschwerde sind die in *II 2* genannten Vollstreckungsregelungen in §§ 707, 717. Der BGH entscheidet durch einen Beschluß. Der Kostenansatz richtet sich nach KV 1921 (keine Ermäßigung bei einer Rücknahme der Rechtsbeschwerde, BGH MDR **02**, 969, krit Schumacher SchiedsVZ **03**, 43).

Abschnitt 10. Außervertragliche Schiedsgerichte

1066 *Entsprechende Anwendung der Vorschriften des Buches 10.* **Für Schiedsgerichte, die in gesetzlich statthafter Weise durch letztwillige oder andere nicht auf Vereinbarung beruhende Verfügungen angeordnet werden, gelten die Vorschriften dieses Buches entsprechend.**

Schrifttum: *Harder,* Das Schiedsverfahren im Erbrecht usw, Diss Mainz 2006.

Gliederung

1 **1) Systematik, Regelungszweck.** Die ZPO läßt außervertragliche Schiedsgerichte zu, soweit das sachliche Recht sie erlaubt, auch ein ausländisches. Bei den sie anordnenden Schiedsverfügungen, Sareika ZZP **90**, 285, handelt es sich um Privatrechtsgeschäfte. § 1066 ordnet für sie die entsprechende Anwendung des Buchs 10 an. Auch § 1033 gilt entsprechend. Wegen der durch eine Rechtsvorschrift eingerichteten sog unechten Schiedsgerichte nach Grdz 1, 24 vor § 1025 vgl Rn 8. Zur Abgrenzung Düss RR **03**, 142.

2 **2) Letztwillig angeordnetes Schiedsgericht,** dazu *Schulze* MDR **00**, 314: Man kann seine Zulässigkeit unbedenklich bejahen. Statthaft ist die Einsetzung eines Schiedsgerichts zur Regelung der Streitigkeiten zwischen den Erben oder zwischen ihnen und anderen Begünstigten durch eine letztwillige Verfügung nach § 1937 BGB. Dagegen gelten für die an einem Erbvertrag Beteiligten §§ 1025 ff unmittelbar, also auch § 1031, Hamm RR **91**, 455, Schütze RIW **92**, 1880, Schulze MDR **00**, 314. Statthafter Zweck ist etwa die Erbauseinandersetzung. Unzulässig ist die Einsetzung eines Schiedsgerichts für Streitigkeiten über die Entlassung des Testamentsvollstreckers. Die Bestellung des Testamentsvollstreckers zum Schiedsrichter ist zulässig. Er handelt dann bei der Testamentsauslegung anstelle eines Richters und ist nicht Partei. Da derartige Anordnungen ganz selten sind, darf man sie nicht leicht im Auslegungsweg bejahen. Ein Recht zur authentischen Auslegung verstieße gegen § 2065 BGB.

3 **3) Anderes nicht vertragliches Schiedsgericht,** dazu *Ebbing* NZG **98**, 281; *Hilpert* BayVBl **88**, 161: Es mag auf einer Vereins-, Verbands- oder Stiftungssatzung beruhen, Schmidt JZ **89**, 1077. Das gilt auch bei einem nicht rechtsfähigen Verein, BGH WertpMitt **79**, 1428. Immer muß es sich um ein Schiedsgericht nach §§ 1025 ff handeln. Dazu gehört wenigstens im Kern eine Unabhängigkeit des Schiedsgerichts mit einem etwa gleichen Einfluß der Beteiligten auf seine Zusammensetzung, Brschw SchiedsVZ **05**, 262, Ffm OLGR **04**, 548, Kröll NJW **07**, 744. Nicht ausreichend ist ein „Organ des Vereins", Kröll NJW **07**, 744. Es muß auch in den Grenzen des § 1059 II die Endgültigkeit der Entscheidung des Schiedsgerichts das Ziel sein, Mü SchiedsVZ **06**, 286, Kröll NJW **07**, 744. Zulässig ist zB die durch eine Stiftung, eine Auslobung oder eine Satzung erfolgende Einsetzung eines Schiedsgerichts zur Entscheidung über Streitigkeiten zwischen einer juristischen Person und ihren Mitgliedern über die Rechte und Pflichten aus der Mitgliedschaft, BGH NJW **00**, 1713, Hamm OLGZ **90**, 453.

Die *Satzung* oder Gesellschaftsverträge können eine Schiedsgerichtsbarkeit nur für Streitigkeiten über ein solches Rechtsverhältnis anordnen, das der Gegenstand einer statutarischen Bindung ist, Schmidt BB **01**, 1860, ZöGei 1, aM Schütze BB **92**, 1879, nicht für ein solches über als Individualrecht ausgestaltete Rechte, Schmidt JZ **89**, 1083, strenger Haas SchiedsVZ **07**, 10 (auch dann nur bei einer nachträglichken Änderung des Gesellschaftsvertrags und auch dann nur, soweit das Mehrheitsprinzip anwendbar ist). Soll nach der Satzung einer Aktiengesellschaft ein Schiedsgericht alle Streitigkeiten zwischen Aktionären und der Gesellschaft regeln, Schmidt BB **01**, 1860, fällt die Anfechtungs- und Nichtigkeitsklage gegen Hauptversammlungsbeschlüsse nicht hierunter, § 1030 Rn 8, großzügiger BGH ZIP **04**, 1618. Dasselbe gilt für die Anfechtung von Gesellschafterbeschlüssen in einer GmbH, BGH NJW **96**, 1753, Bork ZHGR **96**, 374, Schmidt ZHR **98**, 269. Wer sich als Dritter einem Verbandsschiedsgericht stillschweigend unterwirft, muß beim Vertragsschluß die Vertragsbedingungen und die Verbandszugehörigkeit des Gegners gekannt haben. Ein neuer Gesellschafter unterwirft sich grundsätzlich einer schon bestehenden Schiedsklausel, BGH NJW **79**, 2567.

4 **A. Voraussetzungen.** Notwendig ist die Regelung des schiedsrichterlichen Verfahrens in der Verfassungsurkunde (Satzung). Die Gültigkeit einer satzungsmäßigen Schiedsklausel richtet sich nach den für die Satzung maßgeblichen Vorschriften, also zB nach den zwingenden Bestimmungen des BGB über Vereine. Daher ist die Einreichung beim Registergericht erforderlich, Mü KTS **77**, 178. Da die Satzung eines rechtsfähigen Vereins sämtliche das Vereinsleben bestimmenden Leitprinzipien und Grundsatzregelungen

enthalten muß, soweit sie nicht gesetzlich festliegen, ist eine in der Satzung enthaltene Schiedsklausel nur dann verbindlich, wenn sie die wesentlichen Punkte unmittelbar regelt, vor allem die Zusammensetzung des Schiedsgerichts und die Regeln über die Auswahl und Bestellung der Schiedsrichter, BGH NJW **04**, 2226, Hamm RR **93**, 1535.

Die *Kompetenz* einer Haupt- oder Gesellschafterversammlung unterliegt evtl betriebsverfassungsrechtlichen Beschränkungen, Raiser BB **77**, 1463. Auch kann ihre Befugnis zur Wahl der Schiedsrichter wegen § 1034 II aus der Sicht des einzelnen Mitglieds problematisch sein, BGH NJW **04**, 2226. Die wirksame Schiedsklausel gilt für alle Mitglieder oder Gesellschafter. Sie läßt sich auf dem dafür vorgesehenen Weg mit Wirkung ex nunc einführen oder ändern, Schmidt JZ **89**, 1082, und zwar in Vereinen ohne eine Aufnahmepflicht auch gegenüber einer überstimmten Minderheit, Schmidt JZ **89**, 1082, Roth Festschrift für Nagel (1987) 327. Wenn man aber einen Austritt aus dem Verein dem überstimmten Mitglied nicht zumuten will, kann man ihm die Schiedsklausel nicht entgegenhalten, BGH NJW **00**, 1713, Schmidt BB **01**, 1861. Ist die Schiedsklausel unwirksam, können die Parteien dadurch, daß sie sich bewußt und gewollt dem schiedsrichterlichen Verfahren unterwerfen und das erklären, eine echte Einzel-Schiedsvereinbarung schließen. Für deren Wirksamkeit gilt § 1031 VI, BGH NJW **84**, 1356.

Keine Form des § 1031 braucht eine Schiedsgerichtsregelung in der schriftlichen Satzung eines *rechtsfähigen* 5
Vereins, BGH NJW **00**, 1713, Haas ZGR **00**, 325, eines nichtrechtsfähigen Vereins, BGH NJW **80**, 1049, einer Aktiengesellschaft, einer GmbH, Hamm OLGZ **90**, 453, LG Mönchengladb RR **87**, 224, von Trotha DB **88**, 1367 (eingehend), aM für die Satzung einer Aktiengesellschaft EuGH NJW **92**, 1671 (vertragliche Regelung). Formbedürftig ist aber die Schiedsklausel im Gesellschaftsvertrag einer Personengesellschaft auch in der Gestalt einer sog Massen-KG, BGH NJW **80**, 1049, aM Schmidt BB **01**, 1862, Roth Festschrift für Nagel (1987) 318.

Um so schärfer muß man die Frage der *Sittenwidrigkeit* prüfen. Die Satzung des Verbands unterwirft die Mitglieder dem schiedsrichterliches Verfahren oft durch einen mittelbaren Zwang. Lehnt das Mitglied ab, verliert es alle Rechte und Möglichkeiten der Zugehörigkeit zum Verband. Darin kann eine unzulässige Knebelung nach § 138 BGB liegen. Sie kann die Schiedsklausel im Einzelfall entsprechend unwirksam machen. Daß eine Partei einen überwiegenden Einfluß auf die Bildung des Schiedsgerichts erhält, kann unzulässig sein, § 1034 Rn 3, 4. Ein außerhalb des Verbands stehender Rechtsnachfolger untersteht dem Verbandsschiedsgericht regelmäßig nicht, § 1025 Rn 23.

B. Einzelfälle. Die Sportgerichtsbarkeit ist weitgehend Verbandsschiedsgerichten und im Verhältnis zu 6
Außenstehenden Vertragsschiedsgerichten übertragen, Adolphsen SchiedsVZ **04**, 169, Haas/Hauptmann SchiedsVZ **04**, 175, Haug SchiedsVZ **04**, 190. Zur Wirksamkeit der Regelungen im Bereich des Deutschen Fußballbundes BGH SchiedsVZ **04**, 206; Ffm RR **03**, 498, Stgt RR **03**, 495.

Die auf Grund des § 14 PtG durch ihre Satzung eingerichteten Schiedsgerichte der *politischen Parteien* können echte Schiedsgerichte nach Grdz 1 vor § 1025 sein, Vollkommer Festschrift für Nagel (1987), aM Düss RR **03**, 142, KG NJW **88**, 3159, Köln NVwZ **91**, 1116. Notwendig ist die dem Buch 10 entsprechende Ausgestaltung dieser Schiedsgerichte. Voraussetzung ist die Schiedsfähigkeit des Verfahrensgegenstands nach § 1030. Sie dürfte grundsätzlich vorliegen bei einem Verfahren über den Parteiausschluß, Hasenritter ZRP **82**, 94, und bei Ordnungsmaßnahmen, nicht dagegen bei Verfahren über eine Wahlanfechtung, Vollkommer NJW **88**, 3161, einschränkend aus verfassungsrechtlichen Gründen Schiedermair AöR **104**, 210. Bei der Schiedsgerichtsbarkeit der Versorgungsanstalt des Bundes und der Länder (VBL) handelt es sich um Privatrecht, BVerfG RR **95**, 232, BGH NVwZ **88**, 104. Zu den Schiedsgerichten der Religionsgemeinschaften Ffm NJW **99**, 3720.

4) Anwendbarkeit des Buchs 10. Grundsätzlich sind diese Vorschriften entsprechend anwendbar, 7
Hamm RR **87**, 1319. Eine Einschränkung gilt natürlich für die Vorschriften über die Schiedsvereinbarung, Vollkommer NJW **88**, 3161. Vgl aber auch Rn 5. Unanwandbar ist § 1031, Haas SchiedsVZ **07**, 10.

Buch 11
Justizielle Zusammenarbeit in der Europäischen Union

Grundzüge

Schrifttum: *Gottwald* (Hrsg), Perspektiven der justiziellen Zusammenarbeit in der Europäischen Union, 2004 (Bespr *Schulz* FamRfZ **05**, 20); *Grabitz/Hilf,* Das Recht der Europäischen Union (Loseblatt-Kommentar), 33. Aufl 2007; *Herb,* Europäisches Gemeinschaftsrecht und nationaler Zivilprozess, 2007; *Junker,* Das Internationale Privat- und Verfahrensrecht im Zugriff der Europäischen Union, Festschrift für *Sonnenberger* (2004) 417; *Rauscher,* Europäisches Zivilprozessrecht, 2. Aufl 2006; *Schmidt,* Europäisches Zivilprozessrecht in der Praxis (Das 11. Buch der ZPO), 2004; *Thiele,* Europäisches Prozessrecht, 2007.

1 **1) Systematik.** Im internationalen Rechtsverkehr gewinnen seit Jahren zunehmend die Rechtssetzungen der EU mit unterschiedlich unmittelbarer Geltung in Deutschland an Bedeutung. Mehrere Verordnungen gaben den Ausschlag zur Schaffung und zum alsbaldigen Ausbau eines Buchs 11 der ZPO. Es handelt sich um die in Einf 1 vor § 1067 genannte VO (EG) Nr 1393/2007, die sog Zustellungsverordnung, ferner um die in Einf 1 vor § 1072 genannte VO (EG) Nr 1206/2000, die sog Beweisaufnahmeverordnung, sodann um die in Einf 1 vor § 1079 genannte VO (EG) Nr 805/2004, die sog Vollstreckungstitelverordnung, ferner um die in Einf 1 vor § 1087 genannte VO (EG) Nr 1896/2006 zum Europäischen Mahnverfahren und schließlich um die in Einf 1 vor § 1097 genannte VO (EG) Nr 861/2007 zu geringfügigen Forderungen. Sie alle brauchten klarstellende oder ergänzende deutsche Ausführungsbestimmungen. Der Bundesgesetzgeber hat sie nur teilweise selbst ausformuliert und die Restregelungen den Bundesländern überlassen.

Vorrang des EU-Rechts bleibt systematisch ein eindeutiges Kennzeichen der Gesamtregelung. Anwendbarkeit des für innerdeutsche Beweisaufnahmen geltenden Rechts bleibt ein weiteres Hauptmerkmal zur Ausfüllung des etwa noch Fehlenden und zur Anwendung im Zweifelsfall.

2 **2) Regelungszweck.** Natürlich bezwecken §§ 1067 ff eine Vereinfachung, Vereinheitlichung und auch Beschleunigung der jeweiligen Vorgänge innerhalb des aus- oder inländischen Prozesses. Dabei vermerken Rn 2 der jeweiligen Anmerkungen zu den einzelnen Vorschriften diejenigen Gesichtspunkte, die man zusätzlich zur eben skizzierten Gesamtrichtung beachten sollte. Eine großzügige Auslegung zugunsten möglichst praktikabler Handhabung fördert die Brauchbarkeit der deutschen Durchführungsbestimmungen am ehesten.

3 **3) Geltungsbereich.** Buch 11 gilt vor den ordentlichen Gerichten und nach § 13 a ArbGG auch vor den Gerichten für Arbeitssachen.

Abschnitt 1. Zustellung nach der Verordnung (EG) Nr. 1393/2007

Einführung

Vorbem. Fassg Art 1 Z 9 G BT-Drs 16/9639, in Kraft seit 13. 11. 08, Art 8 II Z 1 G, ÜbergangsR Einl III 78.

Schrifttum: *Karaaslan,* Internationale Zustellungen nach der EuZVO und der ZPO und ihre Auswirkungen auf die Anerkennung der Entscheidungen, Diss Münst 2007/2008; *Kengyel/Rechberger,* Europäisches Zivilverfahrensrecht, 2007; *Stroschein,* Parteizustellung im Ausland usw, Diss Köln 2007, die sog EuZVO; *Sujecki* NJW **08**, 1628 (Üb, auch krit).

1 **1) Systematik.** Seit 31. 5. 01 galt in der *EU* die VO (EG) Nr 1348/2000 des Rates v 29. 5. 00 über die Zustellung gerichtlicher und außergerichtlicher Schriftstücke in Zivil- oder Handelssachen in den Mitgliedstaaten, ABl EG L 160, 37 v 30. 6. 00; abgedruckt schon wegen der ständigen Verweisungen der §§ 1067 ff auf deren EG-Ausgangspunkt direkt vor ihnen seit der 62. Aufl dieses Buchs in Rn 3. Die VO (EG) Nr 1348/2000 ist mit dem 12. 11. 08 24 Uhr aufgehoben worden, Art 25 I der seit 13. 11. 08 geltenden NachfolgeVO Nr 1393/2007 v 13. 11. 07, ABl EU L 324/79 v 10. 12. 07, in Rn 3 ff abgedruckt. Sie hat nach ihrem nachstehend mitabgedruckten Art 20 I grundsätzlich (Ausnahmen Art 20 II) Vorrang vor den einschlägigen älteren Bestimmungen in Staatsverträgen. Dazu galt bis zum 31. 12. 03 das EG-Zustellungsdurchführungsgesetz (ZustDG) v 9. 7. 01, BGBl 1536, abgedruckt zuletzt in der 61. Aufl im Anhang nach § 183. Das EG-ZustDG ist zum 1. 1. 04 außer Kraft getreten, Art 2 Hs 2 des EG-Beweisaufnahmedurchführungsgesetzes v 4. 11. 03, BGBl 2166. Die VO (EG) Nr 1393/2007 ist von der in Einf 3 vor § 1079 abgedruckten VO (EG) Nr 805/2004 über einen europäischen Vollstreckungstitel für unbestrittene Forderungen nach deren Art 28 unberührt geblieben.

Wegen *Dänemark* Beschluß des Rates v 27. 4. 06, ABl EU L 120 v 5. 5. 06, 23. Wegen der *übrigen* Auslandszustellung § 183, Anh § 183.

2 **2) Regelungszweck.** Er liegt wie bei der Auslandszustellung in die nicht zur EU gehörigen Staaten in einer Vereinfachung, Vereinheitlichung und Beschleunigung. So ist die ganze Regelung auslegbar.

3 **3) Verordnung (EG) Nr 1393/2007** (ohne ihre amtlichen Erwägungen und ohne die Anhänge-Formulare).

Kapitel I. Allgemeine Bestimmungen

VO (EG) Art. 1. Anwendungsbereich. I [1] **Diese Verordnung ist in Zivil- oder Handelssachen anzuwenden, in denen ein gerichtliches oder außergerichtliches Schriftstück von einem in einen anderen Mitgliedstaat zum Zwecke der Zustellung zu übermitteln ist.** [2] **Sie erfasst insbe-**

sondere nicht Steuer- und Zollsachen, verwaltungsrechtliche Angelegenheiten sowie die Haftung des Staates für Handlungen oder Unterlassungen im Rahmen der Ausübung hoheitlicher Rechte („acta iure imperii").

II Diese Verordnung findet keine Anwendung, wenn die Anschrift des Empfängers des Schriftstücks unbekannt ist.

III Im Sinne dieser Verordnung bezeichnet der Begriff „Mitgliedstaat" alle Mitgliedstaaten mit Ausnahme Dänemarks.

VO (EG) Art. 2. Übermittlungs- und Empfangsstellen. **I Jeder Mitgliedstaat benennt die Amtspersonen, Behörden oder sonstigen Personen, die für die Übermittlung gerichtlicher und außergerichtlicher Schriftstücke, die in einem anderen Mitgliedstaat zuzustellen sind, zuständig sind, im Folgenden „Übermittlungsstellen" genannt.**

II Jeder Mitgliedstaat benennt die Amtspersonen, Behörden oder sonstigen Personen, die für die Entgegennahme gerichtlicher und außergerichtlicher Schriftstücke aus einem anderen Mitgliedstaat zuständig sind, im Folgenden „Empfangsstellen" genannt.

III 1 Die Mitgliedstaaten können entweder eine Übermittlungsstelle und eine Empfangsstelle oder eine Stelle für beide Aufgaben benennen. 2 Bundesstaaten, Staaten mit mehreren Rechtssystemen oder Staaten mit autonomen Gebietskörperschaften können mehrere derartige Stellen benennen. 3 Diese Benennung ist für einen Zeitraum von fünf Jahren gültig und kann alle fünf Jahre erneuert werden.

IV 1 Jeder Mitgliedstaat teilt der Kommission folgende Angaben mit:

a) die Namen und Anschriften der Empfangsstellen nach den Absätzen 2 und 3,
b) den Bereich, für den diese örtlich zuständig sind,
c) die ihnen zur Verfügung stehenden Möglichkeiten für den Empfang von Schriftstücken und
d) die Sprachen, in denen das Formblatt im Anhang I ausgefüllt werden darf.

2 Die Mitgliedstaaten teilen der Kommission jede Änderung dieser Angaben mit.

VO (EG) Art. 3. Zentralstelle. **1 Jeder Mitgliedstaat benennt eine Zentralstelle, die**

a) den Übermittlungsstellen Auskünfte erteilt;
b) nach Lösungswegen sucht, wenn bei der Übermittlung von Schriftstücken zum Zwecke der Zustellung Schwierigkeiten auftreten;
c) in Ausnahmefällen auf Ersuchen einer Übermittlungsstelle einen Zustellungsantrag an die zuständige Empfangsstelle weiterleitet.

2 Bundesstaaten, Staaten mit mehreren Rechtssystemen oder Staaten mit autonomen Gebietskörperschaften können mehrere Zentralstellen benennen.

Bem. Zentralstelle: *Bremen* VO v 14. 8. 01, GBl 261.

Kapitel II. Gerichtliche Schriftstücke

Abschnitt 1. Übermittlung und Zustellung von gerichtlichen Schriftstücken

VO (EG) Art. 4. Übermittlung von Schriftstücken. **I Gerichtliche Schriftstücke sind zwischen den nach Artikel 2 benannten Stellen unmittelbar und so schnell wie möglich zu übermitteln.**

II Die Übermittlung von Schriftstücken, Anträgen, Zeugnissen, Empfangsbestätigungen, Bescheinigungen und sonstigen Dokumenten zwischen den Übermittlungs- und Empfangsstellen kann auf jedem geeigneten Übermittlungsweg erfolgen, sofern das empfangene Dokument mit dem versandten Dokument inhaltlich genau übereinstimmt und alle darin enthaltenen Angaben mühelos lesbar sind.

III 1 Dem zu übermittelnden Schriftstück ist ein Antrag beizufügen, der nach dem Formblatt in Anhang I erstellt wird. 2 Das Formblatt ist in der Amtssprache des Empfangsmitgliedstaats oder, wenn es in diesem Mitgliedstaat mehrere Amtssprachen gibt, der Amtssprache oder einer der Amtssprachen des Ortes, an dem die Zustellung erfolgen soll, oder in einer sonstigen Sprache, die der Empfangsmitgliedstaat zugelassen hat, auszufüllen. 3 Jeder Mitgliedstaat gibt die Amtssprache oder die Amtssprachen der Organe der Europäischen Union an, die er außer seiner oder seinen eigenen Amtssprache(n) für die Ausfüllung des Formblatts zulässt.

IV Die Schriftstücke sowie alle Dokumente, die übermittelt werden, bedürfen weder der Beglaubigung noch einer anderen gleichwertigen Formalität.

V Wünscht die Übermittlungsstelle die Rücksendung einer Abschrift des Schriftstücks zusammen mit der Bescheinigung nach Artikel 10, so übermittelt sie das betreffende Schriftstück in zweifacher Ausfertigung.

1) Wahlfreiheit. Zwischen Artt 4–11 einerseits und Art 14 andererseits kann man wählen und ist die zeitlich erste erfolgte Zustellungsart maßgeblich, (zum alten Recht) EuGH NJW **06**, 975 (zustm Sujecki EuZW **07**, 44). 1

VO (EG) Art. 5. Übersetzung der Schriftstücke. **I Der Antragsteller wird von der Übermittlungsstelle, der er das Schriftstück zum Zweck der Übermittlung übergibt, davon in Kenntnis gesetzt, dass der Empfänger die Annahme des Schriftstücks verweigern darf, wenn es nicht in einer der in Artikel 8 genannten Sprachen abgefasst ist.**

II Der Antragsteller trägt etwaige vor der Übermittlung des Schriftstücks anfallende Übersetzungskosten unbeschadet einer etwaigen späteren Kostenentscheidung des zuständigen Gerichts oder der zuständigen Behörde.

VO (EG) Art. 6. Entgegennahme der Schriftstücke durch die Empfangsstelle. **I Nach Erhalt des Schriftstücks übersendet die Empfangsstelle der Übermittlungsstelle auf schnellstmöglichem Wege und so bald wie möglich, auf jeden Fall aber innerhalb von sieben Tagen nach Erhalt des Schriftstücks, eine Empfangsbestätigung unter Verwendung des Formblatts in Anhang I.**

II Kann der Zustellungsantrag aufgrund der übermittelten Angaben oder Dokumente nicht erledigt werden, so nimmt die Empfangsstelle auf schnellstmöglichem Wege Verbindung zu der Übermittlungsstelle auf, um die fehlenden Angaben oder Schriftstücke zu beschaffen.

III Fällt der Zustellungsantrag offenkundig nicht in den Anwendungsbereich dieser Verordnung oder ist die Zustellung wegen Nichtbeachtung der erforderlichen Formvorschriften nicht möglich, sind der Zustellungsantrag und die übermittelten Schriftstücke sofort nach Erhalt unter Verwendung des Formblatts in Anhang I an die Übermittlungsstelle zurückzusenden.

IV 1 Eine Empfangsstelle, die ein Schriftstück erhält, für dessen Zustellung sie örtlich nicht zuständig ist, leitet dieses Schriftstück zusammen mit dem Zustellungsantrag an die örtlich zuständige Empfangsstelle in demselben Mitgliedstaat weiter, sofern der Antrag den Voraussetzungen in Artikel 4 Absatz 3 entspricht; sie setzt die Übermittlungsstelle unter Verwendung des Formblatts in Anhang I davon in Kenntnis. 2 Die örtlich zuständige Empfangsstelle teilt der Übermittlungsstelle gemäß Absatz 1 den Eingang des Schriftstücks mit.

VO (EG) Art. 7. Zustellung der Schriftstücke. **I Die Zustellung des Schriftstücks wird von der Empfangsstelle bewirkt oder veranlasst, und zwar entweder nach dem Recht des Empfangsmitgliedstaats oder in einem von der Übermittlungsstelle gewünschten besonderen Verfahren, sofern dieses Verfahren mit dem Recht des Empfangsmitgliedstaats vereinbar ist.**

II 1 Die Empfangsstelle unternimmt alle erforderlichen Schritte, um die Zustellung des Schriftstücks so rasch wie möglich, in jedem Fall jedoch binnen einem Monat nach Eingang auszuführen. 2 Konnte die Zustellung nicht binnen einem Monat nach Eingang vorgenommen werden, verfährt die Empfangsstelle wie folgt:

a) Sie teilt dies der Übermittlungsstelle unverzüglich unter Verwendung der Bescheinigung mit, die in dem Formblatt in Anhang I vorgesehen und gemäß Artikel 10 Absatz 2 auszufüllen ist, und

b) Sie unternimmt weiterhin, sofern die Übermittlungsstelle nichts anderes angibt, alle für die Zustellung des Schriftstücks erforderlichen Schritte, falls die Zustellung innerhalb einer angemessenen Frist möglich scheint.

VO (EG) Art. 8. Verweigerung der Annahme eines Schriftstücks. **I Die Empfangsstelle setzt den Empfänger unter Verwendung des Formblatts in Anhang II davon in Kenntnis, dass er die Annahme des zuzustellenden Schriftstücks bei der Zustellung verweigern oder das Schriftstück der Empfangsstelle binnen einer Woche zurücksenden darf, wenn das Schriftstück nicht in einer der folgenden Sprachen abgefasst oder keine Übersetzung in einer der folgenden Sprachen beigefügt ist:**

a) einer Sprache, die der Empfänger versteht, oder

b) der Amtssprache des Empfangsmitgliedstaats oder, wenn es im Empfangsmitgliedstaat mehrere Amtssprachen gibt, der Amtssprache oder einer der Amtssprachen des Ortes, an dem die Zustellung erfolgen soll.

II Wird der Empfangsstelle mitgeteilt, dass der Empfänger die Annahme des Schriftstücks gemäß Absatz 1 verweigert hat, so setzt sie die Übermittlungsstelle unter Verwendung der Bescheinigung nach Artikel 10 unverzüglich davon in Kenntnis und sendet den Antrag sowie die Schriftstücke, um deren Übersetzung ersucht wird, zurück.

III 1 Hat der Empfänger die Annahme des Schriftstücks gemäß Absatz 1 verweigert, kann die Zustellung dadurch bewirkt werden, dass dem Empfänger im Einklang mit dieser Verordnung das Dokument zusammen mit einer Übersetzung des Schriftstücks in eine der in Absatz 1 vorgesehenen Sprachen zugestellt wird. 2 In diesem Fall ist das Datum der Zustellung des Schriftstücks das Datum, an dem die Zustellung des Dokuments zusammen mit der Übersetzung nach dem Recht des Empfangsmitgliedstaats bewirkt wird. 3 Muss jedoch nach dem Recht eines Mitgliedstaats ein Schriftstück innerhalb einer bestimmten Frist zugestellt werden, so ist im Verhältnis zum Antragsteller als Datum der Zustellung der nach Artikel 9 Absatz 2 ermittelte Tag maßgeblich, an dem das erste Schriftstück zugestellt worden ist.

IV Die Absätze 1, 2 und 3 gelten auch für die Übermittlung und Zustellung gerichtlicher Schriftstücke nach Abschnitt 2.

V Für die Zwecke von Absatz 1 gilt Folgendes: Erfolgt die Zustellung gemäß Artikel 13 durch diplomatische oder konsularische Vertretungen bzw. gemäß Artikel 14 durch eine Behörde oder Person, so setzen die diplomatischen oder konsularischen Vertretungen bzw. die zustellende Behörde oder Person den Empfänger davon in Kenntnis, dass er die Annahme des Schriftstücks verweigern darf und dass Schriftstücke, deren Annahme verweigert wurden, diesen Vertretungen bzw. dieser Behörde oder Person zu übermitteln sind.

1) Geltungsbreich, I. (Je zum alten Recht): Zur Auslegung EuGH NJW **08**, 1721. Zum Verweigerungsrecht BGH NJW **07**, 776, Ahrens NJW **08**, 2817. Der Mangel kann dadurch heilen, daß der Absender entweder die geforderte Übersetzung übersendet, BGH NJW **07**, 776 (Vorlage beim EuGH, dazu Sujecki EuZW **07**, 363), oder daß das nationale Gericht sein Verfahrensrecht im Geist von Art 8 anwendet, also §§ 189, 295 ZPO, EuGH NJW **06**, 491 (zustm Rauscher JZ **06**, 251, krit Rösler/Siepmann NJW **06**, 475). 1

VO (EG) Art. 9. Datum der Zustellung. **I Unbeschadet des Artikels 8 ist für das Datum der nach Artikel 7 erfolgten Zustellung eines Schriftstücks das Recht des Empfangsmitgliedstaats maßgeblich.**

II Muss jedoch nach dem Recht eines Mitgliedstaats ein Schriftstück innerhalb einer bestimmten Frist zugestellt werden, so ist im Verhältnis zum Antragsteller als Datum der Zustellung der Tag maßgeblich, der sich aus dem Recht dieses Mitgliedstaats ergibt.

III Die Absätze 1 und 2 gelten auch für die Übermittlung und Zustellung gerichtlicher Schriftstücke nach Abschnitt 2.

VO (EG) Art. 10. Bescheinigung über die Zustellung und Abschrift des zugestellten Schriftstücks. **I 1 Nach Erledigung der für die Zustellung des Schriftstücks vorzunehmenden Schritte wird nach dem Formblatt in Anhang I eine entsprechende Bescheinigung ausgestellt, die der Übermittlungsstelle übersandt wird. 2 Bei Anwendung von Artikel 4 Absatz 5 wird der Bescheinigung eine Abschrift des zugestellten Schriftstücks beigefügt.**

II 1 Die Bescheinigung ist in der Amtssprache oder in einer der Amtssprachen des Übermittlungsmitgliedstaats oder in einer sonstigen Sprache, die der Übermittlungsmitgliedstaat zugelassen hat, auszustellen. 2 Jeder Mitgliedstaat gibt die Amtssprache oder die Amtssprachen der Organe der Europäischen Union an, die er außer seiner oder seinen eigenen Amtssprache(n) für die Ausfüllung des Formblatts zulässt.

VO (EG) Art. 11. Kosten der Zustellung. **I Für die Zustellung gerichtlicher Schriftstücke aus einem anderen Mitgliedstaat darf keine Zahlung oder Erstattung von Gebühren und Auslagen für die Tätigkeit des Empfangsmitgliedstaats verlangt werden.**

II 1 Der Antragsteller hat jedoch die Auslagen zu zahlen oder zu erstatten, die dadurch entstehen,

a) dass bei der Zustellung eine Amtsperson oder eine andere nach dem Recht des Empfangsmitgliedstaats zuständige Person mitwirkt;

b) dass ein besonderes Verfahren der Zustellung gewählt wird.

2 Auslagen, die dadurch entstehen, dass bei der Zustellung eine Amtsperson oder eine andere nach dem Recht des Empfangsmitgliedstaats zuständige Person mitwirkt, müssen einer von diesem Mitgliedstaat nach den Grundsätzen der Verhältnismäßigkeit und der Nichtdiskriminierung im Voraus festgesetzten einheitlichen Festgebühr entsprechen. 3 Die Mitgliedstaaten teilen der Kommission die jeweiligen Festgebühren mit.

Abschnitt 2. Andere Arten der Übermittlung und Zustellung gerichtlicher Schriftstücke

VO (EG) Art. 12. Übermittlung auf konsularischem oder diplomatischem Weg. **Jedem Mitgliedstaat steht es in Ausnahmefällen frei, den nach Artikel 2 oder Artikel 3 benannten Stellen eines anderen Mitgliedstaats gerichtliche Schriftstücke zum Zweck der Zustellung auf konsularischem oder diplomatischem Weg zu übermitteln.**

VO (EG) Art. 13. Zustellung von Schriftstücken durch die diplomatischen oder konsularischen Vertretungen. **I Jedem Mitgliedstaat steht es frei, Personen, die ihren Wohnsitz in einem anderen Mitgliedstaat haben, gerichtliche Schriftstücke unmittelbar durch seine diplomatischen oder konsularischen Vertretungen ohne Anwendung von Zwang zustellen zu lassen.**

II Jeder Mitgliedstaat kann nach Artikel 23 Absatz 1 mitteilen, dass er eine solche Zustellung in seinem Hoheitsgebiet nicht zulässt, außer wenn das Schriftstück einem Staatsangehörigen des Übermittlungsmitgliedstaats zuzustellen ist.

VO (EG) Art. 14. Zustellung durch die Postdienste. **Jedem Mitgliedstaat steht es frei, Personen, die ihren Wohnsitz in einem anderen Mitgliedstaat haben, gerichtliche Schriftstücke unmittelbar durch Postdienste per Einschreiben mit Rückschein oder gleichwertigem Beleg zustellen zu lassen.**

1) Berechtigter. Zwischen Artt 4–11 einerseits und Art 14 andererseits kann man wählen und ist die zeitlich erste erfolgte Zustellungsart maßgeblich, (je zum alten Recht) EuGH NJW **06**, 975. Eine Zustellung nach Art 14 ist nur einem Mitgliedstaat erlaubt, nicht auch den Parteien oder ihren ProzBev, Emde NJW **04**, 1834. Natürlich ist auch das vom Mitgliedstaat bestimmte Organ berechtigt, also zB das Gericht, Emde NJW **04**, 1834. Das gilt für alle Zustellungen im EU-Raum, Emde NJW **04**, 1834. Der Empfänger kann mangels Kenntnis der Übermittlungssprache die Annahme verweigern, Düss FamRZ **06**, 131. Zur Heilung Art 8 Rn 1. 1

VO (EG) Art. 15. Unmittelbare Zustellung. **Jeder an einem gerichtlichen Verfahren Beteiligte kann gerichtliche Schriftstücke unmittelbar durch Amtspersonen, Beamte oder sonstige zuständige Personen des Empfangsmitgliedstaats zustellen lassen, wenn eine solche unmittelbare Zustellung nach dem Recht dieses Mitgliedstaats zulässig ist.**

Kapitel III. Außergerichtliche Schriftstücke

VO (EG) Art. 16. Übermittlung. Außergerichtliche Schriftstücke können zum Zweck der Zustellung in einem anderen Mitgliedstaat nach Maßgabe dieser Verordnung übermittelt werden.

Kapitel IV. Schlussbestimmungen

VO (EG) Art. 17. Durchführungsbestimmungen. Die Maßnahmen zur Änderung nicht wesentlicher Elemente dieser Verordnung wie die Aktualisierung oder technische Anpassung der Formblätter in den Anhängen I und II werden nach dem Regelungsverfahren mit Kontrolle gemäß Artikel 18 Absatz 2 erlassen.

VO (EG) Art. 18. Ausschuss. [I] Die Kommission wird von einem Ausschuss unterstützt.

[II] Wird auf diesen Absatz Bezug genommen, so gelten Artikel 5a Absätze 1 bis 4 und Artikel 7 des Beschlusses 1999/468/EG unter Beachtung von dessen Artikel 8.

VO (EG) Art. 19. Nichteinlassung des Beklagten. [I] War ein verfahrenseinleitendes Schriftstück oder ein gleichwertiges Schriftstück nach dieser Verordnung zum Zweck der Zustellung in einen anderen Mitgliedstaat zu übermitteln und hat sich der Beklagte nicht auf das Verfahren eingelassen, so hat das Gericht das Verfahren auszusetzen, bis festgestellt ist,

a) dass das Schriftstück in einem Verfahren zugestellt worden ist, das das Recht des Empfangsmitgliedstaats für die Zustellung der in seinem Hoheitsgebiet ausgestellten Schriftstücke an dort befindliche Personen vorschreibt, oder
b) dass das Schriftstück tatsächlich entweder dem Beklagten persönlich ausgehändigt oder nach einem anderen in dieser Verordnung vorgesehenen Verfahren in seiner Wohnung abgegeben worden ist,

und dass in jedem dieser Fälle das Schriftstück so rechtzeitig zugestellt oder ausgehändigt bzw. abgegeben worden ist, dass der Beklagte sich hätte verteidigen können.

[II] Jeder Mitgliedstaat kann nach Artikel 23 Absatz 1 mitteilen, dass seine Gerichte ungeachtet des Absatzes 1 den Rechtsstreit entscheiden können, auch wenn keine Bescheinigung über die Zustellung oder die Aushändigung bzw. Abgabe eingegangen ist, sofern folgende Voraussetzungen gegeben sind:

a) Das Schriftstück ist nach einem in dieser Verordnung vorgesehenen Verfahren übermittelt worden.
b) Seit der Absendung des Schriftstücks ist eine Frist von mindestens sechs Monaten verstrichen, die das Gericht nach den Umständen des Falles als angemessen erachtet.
c) Trotz aller zumutbaren Schritte bei den zuständigen Behörden oder Stellen des Empfangsmitgliedstaats war eine Bescheinigung nicht zu erlangen.

[III] Unbeschadet der Absätze 1 und 2 kann das Gericht in dringenden Fällen einstweilige Maßnahmen oder Sicherungsmaßnahmen anordnen.

[IV] [1] War ein verfahrenseinleitendes Schriftstück oder ein gleichwertiges Schriftstück nach dieser Verordnung zum Zweck der Zustellung in einen anderen Mitgliedstaat zu übermitteln und ist eine Entscheidung gegen einen Beklagten ergangen, der sich nicht auf das Verfahren eingelassen hat, so kann ihm das Gericht in Bezug auf Rechtsmittelfristen die Wiedereinsetzung in den vorigen Stand bewilligen, sofern

a) der Beklagte ohne sein Verschulden nicht so rechtzeitig Kenntnis von dem Schriftstück erlangt hat, dass er sich hätte verteidigen können, und nicht so rechtzeitig Kenntnis von der Entscheidung erlangt hat, dass er sie hätte anfechten können, und
b) die Verteidigung des Beklagten nicht von vornherein aussichtslos scheint.

[2] Ein Antrag auf Wiedereinsetzung in den vorigen Stand kann nur innerhalb einer angemessenen Frist, nachdem der Beklagte von der Entscheidung Kenntnis erhalten hat, gestellt werden. [3] Jeder Mitgliedstaat kann nach Artikel 23 Absatz 1 erklären, dass dieser Antrag nach Ablauf einer in seiner Mitteilung anzugebenden Frist unzulässig ist; diese Frist muss jedoch mindestens ein Jahr ab Erlass der Entscheidung betragen.

[V] Absatz 4 gilt nicht für Entscheidungen, die den Personenstand betreffen.

VO (EG) Art. 20. Verhältnis zu von den Mitgliedstaaten geschlossenen Übereinkünften oder Vereinbarungen. [I] Die Verordnung hat in ihrem Anwendungsbereich Vorrang vor den Bestimmungen, die in den von den Mitgliedstaaten geschlossenen bilateralen oder multilateralen Übereinkünften oder Vereinbarungen enthalten sind, insbesondere vor Artikel IV des Protokolls zum Brüsseler Übereinkommen von 1968 und vor dem Haager Übereinkommen vom 15. November 1965.

[II] Die Verordnung hindert einzelne Mitgliedstaaten nicht daran, Übereinkünfte oder Vereinbarungen zur weiteren Beschleunigung oder Vereinfachung der Übermittlung von Schriftstükken beizubehalten oder zu schließen, sofern sie mit dieser Verordnung vereinbar sind.

[III] Die Mitgliedstaaten übermitteln der Kommission:

a) eine Abschrift der zwischen den Mitgliedstaaten geschlossenen Übereinkünfte oder Vereinbarungen nach Absatz 2 sowie Entwürfe dieser von ihnen geplanten Übereinkünfte oder Vereinbarungen sowie
b) jede Kündigung oder Änderung dieser Übereinkünfte oder Vereinbarungen.

VO (EG) Art. 21. Prozesskostenhilfe. **Artikel 23 des Abkommens über den Zivilprozess vom 17. Juli 1905, Artikel 24 des Übereinkommens über den Zivilprozess vom 1. März 1954 und Artikel 13 des Abkommens über die Erleichterung des internationalen Zugangs zu den Gerichten vom 25. Oktober 1980 bleiben im Verhältnis zwischen den Mitgliedstaaten, die Vertragspartei dieser Übereinkünfte sind, von dieser Verordnung unberührt.**

VO (EG) Art. 22. Datenschutz. **I Die Empfangsstelle darf die nach dieser Verordnung übermittelten Informationen – einschließlich personenbezogener Daten – nur zu dem Zweck verwenden, zu dem sie übermittelt wurden.**

II Die Empfangsstelle stellt die Vertraulichkeit derartiger Informationen nach Maßgabe ihres nationalen Rechts sicher.

III Die Absätze 1 und 2 berühren nicht das Auskunftsrecht von Betroffenen über die Verwendung der nach dieser Verordnung übermittelten Informationen, das ihnen nach dem einschlägigen nationalen Recht zusteht.

IV Die Richtlinien 95/46/EG und 2002/58/EG bleiben von dieser Verordnung unberührt.

VO (EG) Art. 23. Mitteilung und Veröffentlichung. **I [1] Die Mitgliedstaaten teilen der Kommission die Angaben nach den Artikeln 2, 3, 4, 10, 11, 13, 15 und 19 mit. [2] Die Mitgliedstaaten teilen der Kommission mit, ob nach ihrem innerstaatlichen Recht ein Dokument gemäß Artikel 8 Absatz 3 und Artikel 9 Absatz 2 innerhalb einer bestimmten Frist zugestellt werden muss.**

II Die Kommission veröffentlicht die gemäß Absatz 1 mitgeteilten Angaben im *Amtsblatt der Europäischen Union,* mit Ausnahme der Anschriften und sonstigen Kontaktdaten der Stellen und der Zentralstellen und ihrer geografischen Zuständigkeitsgebiete.

III Die Kommission sorgt für die Erstellung und regelmäßige Aktualisierung eines Handbuchs, das die Angaben nach Absatz 1 enthält und in elektronischer Form bereitgestellt wird, insbesondere über das Europäische Justizielle Netz für Zivil- und Handelssachen.

VO (EG) Art. 24. Überprüfung. **[1] Die Kommission legt dem Europäischen Parlament, dem Rat und dem Europäischen Wirtschafts- und Sozialausschuß spätestens am 1. Juni 2011 und danach alle fünf Jahre einen Bericht über die Anwendung dieser Verordnung vor, wobei sie insbesondere auf die Effizienz der nach Artikel 2 bezeichneten Stellen und die praktische Anwendung des Artikels 3 Buchstabe c und des Artikels 9 achtet. [2] Diesem Bericht werden erforderlichenfalls Vorschläge zur Anpassung dieser Verordnung an die Entwicklung der Zustellungssysteme beigefügt.**

VO (EG) Art. 25. Aufhebung der Verordnung (EG) Nr. 1348/2000. **I Die Verordnung (EG) Nr. 1348/2000 wird mit Beginn der Geltung dieser Verordnung aufgehoben.**

II Jede Bezugnahme auf die aufgehobene Verordnung gilt als Bezugnahme auf die vorliegende Verordnung nach Maßgabe der Entsprechungstabelle in Anhang III.

VO (EG) Art. 26. Inkrafttreten. **[1] Diese Verordnung tritt am zwanzigsten Tag nach ihrer Veröffentlichung im *Amtsblatt der Europäischen Union* in Kraft. [2] Sie gilt ab dem 13. November 2008 mit Ausnahme des Artikels 23, der ab dem 13. August 2008 gilt.**

1067 ***Zustellung durch diplomatische oder konsularische Vertretungen.*** **Eine Zustellung nach Artikel 13 der Verordnung (EG) Nr. 1393/2007 des Europäischen Parlaments und des Rates vom 13. November 2007 über die Zustellung gerichtlicher und außergerichtlicher Schriftstücke in Zivil- oder Handelssachen in den Mitgliedstaaten und zur Aufhebung der Verordnung (EG) Nr. 1348/2000 (ABl. EU Nr. L 324/79 S. 79), die in der Bundesrepublik Deutschland bewirkt werden soll, ist nur zulässig, wenn der Adressat des zuzustellenden Schriftstücks Staatsangehöriger des Übermittlungsmitgliedstaates ist.**

Vorbem. Fassg Art 1 Z 10 G BT-Drs 16/9639, in Kraft seit 13. 11. 08, Art 8 II Z 1 G, ÜbergangsR Einl III 78.

1) Systematik. Art 13 I VO (EG) stellt es jedem Mitgliedstaat frei, den dort genannten Personen ein gerichtliches Schriftstück unmittelbar durch seine diplomatischen oder konsularischen Vertretungen ohne Anwendung von Zwang zustellen zu lassen. Das würde auch eine solche Art von Zustellung in Deutschland erlauben. Das entspräche den Möglichkeiten einer Zustellung außerhalb Deutschlands nach § 183 I 2, II 1. § 1067 schränkt die Möglichkeit einer aus der EU kommenden Zustellung in Deutschland ein. Das ist zulässig. Denn die vom Verfahren der VO (EG) abweichende Zustellungsart steht Deutschland eben nur „frei" und stellt für Deutschland eben keine Pflicht dar. 1

2) Regelungszweck. Eine aus der EU kommende Zustellung durch den in Deutschland residierenden EU-Diplomaten oder Konsul soll begrenzt werden, um zum einen die EU-Auslandsvertretung zu entlasten und zum anderen eine möglichst große staatliche Restregie zu behalten. Das sind durchaus unterschiedliche Ziele. Ihre Überzeugungskraft läßt sich unterschiedlich beurteilen. Sie stehen im gewissen Gegensatz zu dem in Einf 2 vor § 1067 genannten Hauptzweck der ganzen EU-Regelung. Man muß diesen gewissen Widerspruch aber respektieren. Man sollte ihn nicht durch Auslegung unterlaufen. Immerhin mag § 1067 die Rechtssicherheit stärken, Einl III 43. Das muß man mitbeachten. 2

3) Sachlicher Geltungsbereich. Die Vorschrift erfaßt nur die in Rn 1 genannte Zustellungsart, nicht zB diejenige andere „auf jedem geeigneten Übermittlungsweg" nach Art 4 II VO (EG), also nicht etwa eine Zustellung nach Art von § 183 I 2 Hs 1 durch Einschreiben mit Rückschein. 3

4 **4) Persönlicher Geltungsbereich.** Die Vorschrift erlaubt die Zustellung durch eine diplomatische oder konsularische Auslandsvertretung in Deutschland nur an einen solchen Adressaten, der Staatsangehöriger des Übermittlungsmitgliedsstaats ist. In der Fachsprache der VO (EG) unterscheidet man zwischen der Übermittlung durch Übermittlungsstellen und der Entgegennahme durch Empfangsstellen, zB Art 2 I. Folglich versteht § 1067 unter dem Begriff des Übermittlungsmitgliedsstaats den Absendestaat. Die hier genannte Zustellungsart setzt also voraus, daß der in Deutschland befindliche Adressat einem anderen EU-Staat angehört, und zwar gerade auch oder nur demjenigen, von dem das zuzustellende Schriftstück kommt.

Verboten ist jede andere personelle Situation, etwa eine konsularische Zustellung aus Italien an einen in Deutschland lebenden Franzosen, Deutschen oder Amerikaner. Denn sie alle sind nicht Angehörige gerade des EU-Übermittlungsstaats. Erst recht reicht nicht die Staatenlosigkeit des hier Befindlichen.

5 **5) Verstoß.** Es gelten die innerdeutschen Regeln, zB § 189 oder § 295. Trotz der gewissen Großzügigkeit, die man auch in diesem Teil zwischenstaatlicher Vorgänge beachten darf, ist doch gerade bei einer Zustellung die Einhaltung der Form an sich wesentlich für die Wirksamkeit. Das muß man auch hier mitbedenken.

6 **6) Rechtsmittel.** Es gelten die normalen innerdeutschen Regeln, zB §§ 252, 567 ff.

1068 *Zustellung durch die Post.* [I] **Zum Nachweis der Zustellung nach Artikel 14 der Verordnung (EG) Nr. 1393/2007 genügt der Rückschein oder der gleichwertige Beleg.**

[II] **Ein Schriftstück, dessen Zustellung eine deutsche Empfangsstelle im Rahmen von Artikel 7 Abs. 1 der Verordnung (EG) Nr. 1393/2007 zu bewirken oder zu veranlassen hat, kann ebenfalls durch Einschreiben mit Rückschein zugestellt werden.**

Vorbem. Fassg Art 1 Z 10 G BT-Drs 16/9639, in Kraft seit 13. 11. 08, Art 8 II Z 1 G, ÜbergangsR Einl III 78.

Schrifttum: *Schmidt* IPRax **04**, 14 (Üb).

Gliederung

1 **1) Systematik, I, II.** Die in der Praxis wohl meist einfachste, billigste und schnellste Zustellung durch die Post erhält in I, II jeweils eine gemeinsame Konzentration wegen der Form (Einschreiben mit Rückschein). Im übrigen regelt I eine Zustellung in ein EU-Ausland, II eine Zustellung in Deutschland. Ob überhaupt eine Zustellung durch die Post erlaubt ist, läßt sich nicht aus § 1068 ableiten, sondern nur aus §§ 1067, 1069 und aus der VO (EG) Nr 1393/2007, nachdem das EG-ZustDG zum 1. 1. 04 außer Kraft getreten ist, Einf 1 vor § 1067.

2 **2) Regelungszweck, I, II.** Die Zulassung der Postzustellung auf das Einschreiben mit Rückschein dient der Rechtssicherheit, Einl III 43.

3 **3) Geltungsbereich, I, II.** Die Vorschrift erfaßt die nach Art 14 VO (EG) jedem Mitgliedstaat freistehende Möglichkeit der Zustellung eines gerichtlichen Schriftstücks unmittelbar durch die Post. Das bestätigt § 1068.

4 **4) Zustellung im EU-Ausland, I.** Die Befugnis nach Art 14 VO (EG) erstreckt sich zugunsten eines jeden Mitgliedstaats auch auf eine Zustellung im EU-Ausland. Daher ist I mit dem EU-Recht vereinbar. Auf dieser Grundlage gelten drei Voraussetzungen der Wirksamkeit einer aus Deutschland hinausgehenden Zustellung ins EU-Ausland.

5 **A. Versandform Einschreiben mit Rückschein usw, I 1,** dazu *Schmidt* IPRax **04**, 17 (ausf): Die Zustellung ist in der Form des Einschreibens mit Rückschein oder eines gleichwertigen Belegs zulässig. Gemeint ist beim Einschreiben mit Rückschein diese Form nach dem deutschen Recht. Denn es handelt sich um eine deutsche Bestimmung. Diese Zustellungsform ist nicht nur im Amtsbetrieb erlaubt, Hess NJW **04**, 3302, aM Emde NJW **04**, 1830. Sie ist nicht so teuer und dauert nicht so lang, hat aber ihre Tücken, Hess NJW **04**, 3303. Man darf und sollte sie daher im Zweifel durch eine Zustellung nach Artt 3 ff VO (EG) ergänzen, Hess NJW **04**, 3303.

6 *Einschreiben* ist die vom Empfänger oder einem anderen Empfangsberechtigten dokumentierte Übergabe der Sendung bei einem Brief, einer Postkarte, einer Blindensendung und einer sog Blindensendung Schwer. *Rückschein* bedeutet: Die Ablieferung der Sendung wird dem Absender auf einem vorbereiteten Rückschein bestätigt, und zwar gegen Zusatzporto. Von diesen beiden zulässigen Versandformen muß man eine dritte zumindest innerdeutsch technisch mögliche Versandform unterscheiden, nämlich das „Einschreiben Einwurf", also einen von der Post dokumentierten Einwurf in einen Briefkasten oder ein Postfach des Empfängers. Er ist demnach bei I zulässig. Denn es „genügt" ebenfalls, Rn 7.

7 **B. Rückschein als Zustellungsnachweis, I.** Nach deutschem Recht ist grundsätzlich der Absender für den Zugang eines einfachen Briefs und auch eines Einschreibens ohne Rückschein beweispflichtig, Anh § 286 Rn 153, 154. Ob ein Einschreibe-Rückschein als öffentliche Urkunde nach § 418 innerdeutsch

Beweis für den Zugang und vor allem auch für den Inhalt der Sendung erbringt, ist zweifelhaft. Deshalb schafft I eine Klarstellung. Danach genügt der Rückschein für den Nachweis der Zustellung. Er ist für ihren Nachweis aber weder erforderlich noch das einzig brauchbare Beweismittel. Auch das stellt I mit dem Wort „genügt" statt der Wörter „ist erforderlich" klar. Grundsätzlich genügt auch jedes andere nach deutschem Recht zulässige Beweismittel. Das ergeben die Worte „oder der gleichwertige Beleg" in I. Ob man die etwaige Beweiskraft nach I nur nach § 419 entkräften kann, hängt davon ab, ob der Rückschein eine öffentliche Urkunde nach § 418 I ist. Er ist jedenfalls keine Zustellungsurkunde nach § 182. Zum Problem § 418 Rn 5 „Post".

5) Zustellung mithilfe deutscher Empfangsstelle, II. Die Vorschrift erfaßt eine solche Zustellung, die nach Art 7 VO (EG) mithilfe einer deutschen Empfangsstelle erfolgen muß. Art 7 VO (EG) ist in Einf 3 vor § 1067 mitabgedruckt. II stellt klar, das die deutsche Empfangsstelle die Zustellung auf dem Postweg bewirken oder veranlassen darf, nicht muß. Das stellt „kann" klar. Gemeint ist dabei ausdrücklich die Versandform des Einschreibens mit Rückschein nach Rn 5, 6. 8

Das gilt nach dem Wortlaut von II selbst dann, wenn die EU-Auslands-Übermittlungsstelle nach *Art 7 I VO (EG)* ein „besonderes Verfahren" gewünscht hat. Denn dieselbe Vorschrift schränkt einen solchen ausländischen Wunsch dahin ein, daß das besondere Verfahren auch „mit dem Recht des Empfangsmitgliedstaats vereinbar" ist. Freilich wäre auch eine förmliche Zustellungsurkunde nach § 182 ein nach Art 7 I VO (EG) besondere und mit deutschem Recht vereinbares Verfahren. Soweit die EU-Auslands-Übermittlungsstelle also direkt eine Zustellungsurkunde deutschen Rechts wünscht, dürfte dieser Wunsch wegen des Vorrangs der VO (EG) vor §§ 1067 ff trotz II verbindlich sein.

6) Maßgeblicher Zeitpunkt: Handlung der deutschen Stelle, I, II. In allen Fällen des § 1068 kommt es grundsätzlich auf die Verhältnisse im Zeitpunkt der Anordnung, Bewirkung oder Veranlassung der jeweils berufenen deutschen Stelle an. Denn nur diese Handlungszeit entspricht einer halbwegs prozeßwirtschaftlichen Behandlung, Grdz 14 vor § 128. Allenfalls könnte man im Ausnahmefall etwa auf den Zugangszeitpunkt abstellen, wenn zB der Adressat inzwischen eine andere Staatsangehörigkeit hat. Denn sonst würde der Sinn gerade für ihn infrage gestellt. 9

7) Verstoß, I, II. Es gelten dieselben Erwägungen wie bei § 1067 Rn 5. 10

8) Rechtsmittel, I, II. Es gelten dieselben Erwägungen wie bei § 1067 Rn 6. 11

1069 ***Zuständigkeiten.*** **[I] Für Zustellungen im Ausland sind als deutsche Übermittlungsstelle im Sinne von Artikel 2 Abs. 1 der Verordnung (EG) Nr. 1393/2007 zuständig:**

1. für gerichtliche Schriftstücke das die Zustellung betreibende Gericht und

2. für außergerichtliche Schriftstücke dasjenige Amtsgericht, in dessen Bezirk die Person, welche die Zustellung betreibt, ihren Wohnsitz oder gewöhnlichen Aufenthalt hat; bei notariellen Urkunden auch dasjenige Amtsgericht, in dessen Bezirk der beurkundende Notar seinen Amtssitz hat; bei juristischen Personen tritt an die Stelle des Wohnsitzes oder des gewöhnlichen Aufenthalts der Sitz; die Landesregierungen können die Aufgaben der Übermittlungsstelle einem Amtsgericht für die Bezirke mehrerer Amtsgerichte durch Rechtsverordnung zuweisen.

[II] [1] Für Zustellungen in der Bundesrepublik Deutschland ist als deutsche Empfangsstelle im Sinne von Artikel 2 Abs. 2 der Verordnung (EG) Nr. 1393/2007 dasjenige Amtsgericht zuständig, in dessen Bezirk das Schriftstück zugestellt werden soll. [2] Die Landesregierungen können die Aufgaben der Empfangsstelle einem Amtsgericht für die Bezirke mehrerer Amtsgerichte durch Rechtsverordnung zuweisen.

[III] [1] Die Landesregierungen bestimmen durch Rechtsverordnung die Stelle, die in dem jeweiligen Land als deutsche Zentralstelle im Sinne von Artikel 3 Satz 1 der Verordnung (EG) Nr. 1393/2007 zuständig ist. [2] Die Aufgaben der Zentralstelle können in jedem Land nur einer Stelle zugewiesen werden.

[IV] Die Landesregierungen können die Befugnis zum Erlass einer Rechtsverordnung nach Absatz 1 Nr. 2, Absatz 2 Satz 2 und Absatz 3 Satz 1 einer obersten Landesbehörde übertragen.

Vorbem. Überschrift und I–III geändert dch Art 1 Z 10 a, b G BT-Drs 16/9639, in Kraft seit 13. 11. 08, Art. 8 II 1 G, ÜbergangsR Einl III 78.

1) Systematik, I–IV. Die Vorschrift regelt die sachliche und die örtliche Zuständigkeit der beteiligten Stellen in Durchführung der deutschen Befugnisse nach Artt 2, 3 VO (EG). Diese letzteren vorrangigen Vorschriften geben auch im Zweifelsfall die Grenzen der Gültigkeit von § 1069 an. 1

2) Regelungszweck, I–IV. Zuständigkeitsregeln dienen stets der Rechtssicherheit, Einl III 43. Das erfordert eine strengere Auslegung. Sie dienen meist auch der Zweckmäßigkeit. Das mag im Einzelfall eine großzügigere Handhabung erlauben. Eine vernünftige Abwägung auf der ersteren Basis ermöglicht eine prozeßwirtschaftliche Anwendung, Grdz 14 nach § 128. 2

3) Geltungsbereich, I–IV. I gilt für eine deutsche Übermittlungsstelle. II gilt für eine deutsche Empfangsstelle. III, IV wenden sich an die deutsche Landesregierung mit Anweisung oder Ermächtigung zur Durchführung der Aufgaben nach I, II. 3

4) Deutsche Übermittlungsstelle, I. Für sämtliche Begriffe in I Z 1, 2 gelten die entsprechenden innerdeutschen Vorschriften, soweit nicht Artt 2, 3 VO (EG) vorrangige Sonderregeln enthalten. Vgl daher zB wegen eines Wohnsitzes nach Z 2 den § 13 ZPO, wegen eines notariellen Amtssitzes § 10 BNotO, wegen des Sitzes einer GmbH § 4 a GmbHG. 4

5 **5) Deutsche Empfangsstelle, II.** Die Vorschrift verweist auf den Zustellort. Gemeint ist die zunächst vorgesehene Zustellung. Erweist er sich als überholt, mag das zunächst angegangene AG an das jetzt örtlich zuständig gewordene AG abgeben oder verweisen dürfen und müssen, und zwar im einzelnen nach den einschlägigen innerdeutschen Regeln, soweit nicht Artt 2, 3 VO (EG) vorrangige Sonderregeln enthalten.

6 **6) Rechtsverordnungen, I Z 2 Hs 3, II 2, III, IV.** Es sind die folgenden Ländervorschriften ergangen.
Baden-Württemberg:
Bayern:
Berlin:
Brandenburg:
Bremen: VO v 14. 8. 01, GBl 261 (noch zum entsprechenden § 4 ZustDG);
Hamburg:
Hessen:
Mecklenburg-Vorpommern:
Niedersachsen:
Nordrhein-Westfalen:
Rheinland-Pfalz: VO v 20. 1. 04, GVBl 52;
Saarland:
Sachsen:
Sachsen-Anhalt:
Schleswig-Holstein:
Thüringen:

7 **7) Verstoß, I–IV.** Es gelten die innerdeutschen Regeln zur örtlichen bzw sachlichen Unzuständigkeit und zur Fehlerhaftigkeit einer Verordnung wie sonst.

8 **8) Rechtsmittel, I–IV.** Es gelten die normalen innerdeutschen Regeln, zB §§ 252, 567 ff.

1070, 1071 (aufgehoben)

Vorbem. §§ 1070, 1071 aufgehoben dch G BT-Drs 16/9639, in Kraft seit 13. 11. 08, Art 8 II 1 G, ÜbergangsR Einl III 78. Zum Wortlaut der §§ 1070, 1071 vgl die 66. Aufl.

Abschnitt 2. Beweisaufnahme nach der Verordnung (EG) Nr. 1206/2001

Einführung

Schrifttum: *Alio* NJW **04**, 2706, *Knöfel* EuZW **08**, 267 (je: Üb); *Müller*, Grenzüberschreitende Beweisaufnahme im Europäischen Justizraum, 2004.

1 **1) Systematik.** Im *EU-Raum* gilt seit 1. 1. 2004 die in Rn 3 abgedruckte VO (EG) Nr 1206/2001 vom 28. 5. 01, ABl (EG) L 174 vom 27. 6. 01, abgedruckt schon wegen der ständigen Verweisungen der §§ 1072 ff auf deren EG-Ausgangspunkt direkt vor ihnen seit der 62. Aufl dieses Buchs in Rn 3. Sie ist formell nach ihrem Art 24 I bereits am 1. 7. 01 in Kraft getreten. Der ebenfalls formell seither geltende Art 21 I legt den Vorrang vor allen inhaltlich kollidierenden bisherigen multi- oder bilateralen Übereinkünften fest. Man darf diese letzteren Übereinkünfte, abgedruckt im Anh § 363, daher seit 1. 7. 01 nur noch EU-konform auslegen.

Das ist jedenfalls der *Hauptsinn* der für deutsche Leser eigenartig formulierten Artt 21, 24 I, II VO (EG). Danach ist die VO zwar schon am 1. 7. 01 „in Kraft getreten" (Art 24 I). Aber sie „gilt" erst seit 1. 1. 2004 (Art 24 II Hs 1), „mit Ausnahme" unter anderem des Art 21. Dieser letztere Artikel verdeutlicht (also bereits seit 1. 7. 01) den Vorrang der bis 31. 12. 03 noch gar nicht „geltenden" VO vor den noch bestehenden bilateralen und multilateralen Verträgen. Das kann nur auf eine Auslegungs- und Anwendungsanweisung bereits seit 1. 7. 01 hinauslaufen.

2 **2) Regelungszweck.** Er besteht in der Vereinfachung, Vereinheitlichung und Beschleunigung. So ist die ganze Regelung auslegbar.

3 **3) Verordnung (EG) Nr 1206/2001** (ohne ihre amtlichen Erwägungen)

Kapitel I. Allgemeine Bestimmungen

VO (EG) Art. 1. Anwendungsbereich. [I] **Diese Verordnung ist in Zivil- oder Handelssachen anzuwenden, wenn das Gericht eines Mitgliedstaats nach seinen innerstaatlichen Rechtsvorschriften**
a) das zuständige Gericht eines anderen Mitgliedstaats um Beweisaufnahme ersucht, oder
b) darum ersucht, in einem anderen Mitgliedstaat unmittelbar Beweis erheben zu dürfen.

[II] **Um Beweisaufnahme darf nicht ersucht werden, wenn die Beweise nicht zur Verwendung in einem bereits eingeleiteten oder zu eröffnenden gerichtlichen Verfahren bestimmt sind.**

[III] **Im Sinne dieser Verordnung bezeichnet der Ausdruck „Mitgliedstaat" die Mitgliedstaaten mit Ausnahme Dänemarks.**

VO (EG) Art. 2. Unmittelbarer Geschäftsverkehr zwischen den Gerichten. [I] **Ersuchen nach Artikel 1 Absatz 1 Buchstabe a) (nachstehend „Ersuchen" genannt) sind von dem Gericht, bei dem das**

Verfahren eingeleitet wurde oder eröffnet werden soll (nachstehend „ersuchendes Gericht" genannt), unmittelbar dem zuständigen Gericht eines anderen Mitgliedstaats (nachstehend „ersuchtes Gericht" genannt) zur Durchführung der Beweisaufnahme zu übersenden.

II 1 Jeder Mitgliedstaat erstellt eine Liste der für die Durchführung von Beweisaufnahmen nach dieser Verordnung zuständigen Gerichte. 2 In dieser Liste ist auch der örtliche Zuständigkeitsbereich und gegebenenfalls die besondere fachliche Zuständigkeit dieser Gerichte anzugeben.

VO (EG) Art. 3. Zentralstelle. **I Jeder Mitgliedstaat bestimmt eine Zentralstelle, die**

a) den Gerichten Auskünfte erteilt;
b) nach Lösungswegen sucht, wenn bei einem Ersuchen Schwierigkeiten auftreten;
c) in Ausnahmefällen auf Ersuchen eines ersuchenden Gerichts ein Ersuchen an das zuständige Gericht weiterleitet.

II Bundesstaaten, Staaten mit mehreren Rechtssystemen oder Staaten mit autonomen Gebietskörperschaften können mehrere Zentralstellen bestimmen.

III Jeder Mitgliedstaat benennt ferner die in Absatz 1 genannte Zentralstelle oder eine oder mehrere zuständige Behörden als verantwortliche Stellen für Entscheidungen über Ersuchen nach Artikel 17.

Kapitel II. Übermittlung und Erledigung der Ersuchen

Abschnitt 1. Übermittlung des Ersuchens

VO (EG) Art. 4. Form und Inhalt des Ersuchens. **I 1 Das Ersuchen wird unter Verwendung des im Anhang enthaltenen Formblattes A oder gegebenenfalls des Formblattes I gestellt. 2 Es enthält folgende Angaben:**

a) das ersuchende und gegebenenfalls das ersuchte Gericht;
b) den Namen und die Anschrift der Parteien und gegebenenfalls ihrer Vertreter;
c) die Art und den Gegenstand der Rechtssache sowie eine gedrängte Darstellung des Sachverhalts;
d) die Bezeichnung der durchzuführenden Beweisaufnahme;
e) bei einem Ersuchen um Vernehmung einer Person:
  - **Name und Anschrift der zu vernehmenden Personen;**
  - **die Fragen, welche an die zu vernehmenden Personen gerichtet werden sollen, oder den Sachverhalt, über den sie vernommen werden sollen;**
  - **gegebenenfalls einen Hinweis auf ein nach dem Recht des Mitgliedstaats des ersuchenden Gerichts bestehendes Zeugnisverweigerungsrecht;**
  - **gegebenenfalls den Antrag, die Vernehmung unter Eid oder eidesstattlicher Versicherung durchzuführen, und gegebenenfalls die dabei zu verwendende Formel;**
  - **gegebenenfalls alle anderen Informationen, die das ersuchende Gericht für erforderlich hält;**

f) bei einem Ersuchen um eine sonstige Beweisaufnahme die Urkunden oder die anderen Gegenstände, die geprüft werden sollen;
g) gegebenenfalls Anträge nach Artikel 10 Absätze 3 und 4, Artikel 11 und Artikel 12 und für die Anwendung dieser Bestimmungen erforderliche Erläuterungen.

II Die Ersuchen sowie alle dem Ersuchen beigefügten Unterlagen bedürfen weder der Beglaubigung noch einer anderen gleichwertigen Formalität.

III Schriftstücke, deren Beifügung das ersuchende Gericht für die Erledigung des Ersuchens für notwendig hält, sind mit einer Übersetzung in die Sprache zu versehen, in der das Ersuchen abgefasst wurde.

VO (EG) Art. 5. Sprachen. **1 Das Ersuchen und die aufgrund dieser Verordnung gemachten Mitteilungen sind in der Amtssprache des ersuchten Mitgliedstaats oder, wenn es in diesem Mitgliedstaat mehrere Amtssprachen gibt, in der Amtssprache oder einer der Amtssprachen des Ortes, an dem die beantragte Beweisaufnahme durchgeführt werden soll, oder in einer anderen Sprache, die der ersuchte Mitgliedstaat zugelassen hat, abzufassen. 2 Jeder Mitgliedstaat hat die Amtssprache bzw. die Amtssprachen der Organe der Europäischen Gemeinschaft anzugeben, die er außer seiner bzw. seinen eigenen für die Ausfüllung des Formblatts zulässt.**

VO (EG) Art. 6. Übermittlung der Ersuchen und der sonstigen Mitteilungen. **1 Ersuchen und Mitteilungen nach dieser Verordnung werden auf dem schnellstmöglichen Wege übermittelt, mit dem der ersuchte Mitgliedstaat sich einverstanden erklärt hat. 2 Die Übermittlung kann auf jedem geeigneten Übermittlungsweg erfolgen, sofern das empfangene Dokument mit dem versandten Dokument inhaltlich genau übereinstimmt und alle darin enthaltenen Angaben lesbar sind.**

Abschnitt 2. Entgegennahme des Ersuchens

VO (EG) Art. 7. Entgegennahme des Ersuchens. **I Das ersuchte zuständige Gericht übersendet dem ersuchenden Gericht innerhalb von sieben Tagen nach Eingang des Ersuchens eine Empfangsbestätigung unter Verwendung des Formblatts B im Anhang; entspricht das Ersuchen**

nicht den Bedingungen der Artikel 5 und 6, so bringt das ersuchte Gericht einen entsprechenden Vermerk in der Empfangsbestätigung an.

II Fällt die Erledigung eines unter Verwendung des Formblatts A im Anhang gestellten Ersuchens, das die Bedingungen nach Artikel 5 erfüllt, nicht in die Zuständigkeit des Gerichts, an das es übermittelt wurde, so leitet dieses das Ersuchen an das zuständige Gericht seines Mitgliedstaats weiter und unterrichtet das ersuchende Gericht unter Verwendung des Formblatts A im Anhang hiervon.

VO (EG) Art. 8. Unvollständiges Ersuchen. **I Kann ein Ersuchen nicht erledigt werden, weil es nicht alle erforderlichen Angaben gemäß Artikel 4 enthält, so setzt das ersuchte Gericht unverzüglich, spätestens aber innerhalb von 30 Tagen nach Eingang des Ersuchens das ersuchende Gericht unter Verwendung des Formblatts C im Anhang davon in Kenntnis und ersucht es, ihm die fehlenden Angaben, die in möglichst genauer Weise zu bezeichnen sind, zu übermitteln.**

II 1 Kann ein Ersuchen nicht erledigt werden, weil eine Kaution oder ein Vorschuss nach Artikel 18 Absatz 3 erforderlich ist, teilt das ersuchte Gericht dem ersuchenden Gericht dies unverzüglich, spätestens 30 Tage nach Eingang des Ersuchens unter Verwendung des Formblatts C im Anhang mit; es teilt dem ersuchenden Gericht ferner mit, wie die Kaution oder der Vorschuss geleistet werden sollten. 2 Das ersuchte Gericht bestätigt den Eingang der Kaution oder des Vorschusses unverzüglich, spätestens innerhalb von 10 Tagen nach Erhalt der Kaution oder des Vorschusses unter Verwendung des Formblatts D.

VO (EG) Art. 9. Vervollständigung des Ersuchens. **I Hat das ersuchte Gericht gemäß Artikel 7 Absatz 1 auf der Empfangsbestätigung vermerkt, dass das Ersuchen nicht die Bedingungen der Artikel 5 und Artikel 6 erfüllt, oder hat es das ersuchende Gericht gemäß Artikel 8 davon unterrichtet, dass das Ersuchen nicht erledigt werden kann, weil es nicht alle erforderlichen Angaben nach Artikel 4 enthält, beginnt die Frist nach Artikel 10 Absatz 1 erst mit dem Eingang des ordnungsgemäß ausgefüllten Ersuchens beim ersuchten Gericht zu laufen.**

II Sofern das ersuchte Gericht gemäß Artikel 18 Absatz 3 um eine Kaution oder einen Vorschuss gebeten hat, beginnt diese Frist erst mit der Hinterlegung der Kaution oder dem Eingang des Vorschusses.

Abschnitt 3. Beweisaufnahme durch das ersuchte Gericht

VO (EG) Art. 10. Allgemeine Bestimmungen über die Erledigung des Ersuchens. **I Das ersuchte Gericht erledigt das Ersuchen unverzüglich, spätestens aber innerhalb von 90 Tagen nach Eingang des Ersuchens.**

II Das ersuchte Gericht erledigt das Ersuchen nach Maßgabe des Rechts seines Mitgliedstaats.

III 1 Das ersuchende Gericht kann unter Verwendung des Formblatts A im Anhang beantragen, dass das Ersuchen nach einer besonderen Form erledigt wird, die das Recht seines Mitgliedstaats vorsieht. 2 Das ersuchte Gericht entspricht einem solchen Antrag, es sei denn, dass diese Form mit dem Recht des Mitgliedstaats des ersuchten Gerichts unvereinbar oder wegen erheblicher tatsächlicher Schwierigkeiten unmöglich ist. 3 Entspricht das ersuchte Gericht aus einem der oben genannten Gründe nicht dem Antrag, so unterrichtet es das ersuchende Gericht unter Verwendung des Formblatts E im Anhang hiervon.

IV 1 Das ersuchende Gericht kann das ersuchte Gericht bitten, die Beweisaufnahme unter Verwendung von Kommunikationstechnologien, insbesondere im Wege der Videokonferenz und der Telekonferenz, durchzuführen. 2 Das ersuchte Gericht entspricht einem solchen Antrag, es sei denn, dass dies mit dem Recht des Mitgliedstaats des ersuchten Gerichts unvereinbar oder wegen erheblicher tatsächlicher Schwierigkeiten unmöglich ist. 3 Entspricht das ersuchte Gericht aus einem dieser Gründe dem Antrag nicht, so unterrichtet es das ersuchende Gericht unter Verwendung des Formblatts E im Anhang hiervon. 4 Hat das ersuchende oder das ersuchte Gericht keinen Zugang zu den oben genannten technischen Mitteln, können diese von den Gerichten im gegenseitigen Einvernehmen zur Verfügung gestellt werden.

VO (EG) Art. 11. Erledigung in Anwesenheit und unter Beteiligung der Parteien. **I Sofern im Recht des Mitgliedstaats des ersuchenden Gerichts vorgesehen, haben die Parteien und gegebenenfalls ihre Vertreter das Recht, bei der Beweisaufnahme durch das ersuchte Gericht zugegen zu sein.**

II 1 Das ersuchende Gericht teilt in seinem Ersuchen unter Verwendung des Formblatts A im Anhang dem ersuchten Gericht mit, dass die Parteien und gegebenenfalls ihre Vertreter zugegen sein werden und dass gegebenenfalls ihre Beteiligung beantragt wird. 2 Diese Mitteilung kann auch zu jedem anderen geeigneten Zeitpunkt erfolgen.

III Wird die Beteiligung der Parteien und gegebenenfalls ihrer Vertreter an der Durchführung der Beweisaufnahme beantragt, so legt das ersuchte Gericht nach Artikel 10 die Bedingungen für ihre Teilnahme fest.

IV Das ersuchte Gericht teilt den Parteien und gegebenenfalls ihren Vertretern unter Verwendung des Formblatts F im Anhang Ort und Zeitpunkt der Verhandlung und gegebenenfalls die Bedingungen mit, unter denen sie teilnehmen können.

V Die Absätze 1 bis 4 lassen die Möglichkeit des ersuchten Gerichts unberührt, die Parteien und gegebenenfalls ihre Vertreter zu bitten, der Beweisaufnahme beizuwohnen oder sich daran zu beteiligen, wenn das Recht des Mitgliedstaats des ersuchenden Gerichts dies vorsieht.

VO (EG) Art. 12. Erledigung in Anwesenheit und unter Beteiligung von Beauftragten des ersuchenden Gerichts. **I Sofern mit dem Recht des Mitgliedstaats des ersuchenden Gerichts vereinbar, haben die Beauftragten des ersuchenden Gerichts das Recht, bei der Beweisaufnahme durch das ersuchte Gericht zugegen zu sein.**

II 1 Der Begriff „Beauftragte" im Sinne dieses Artikels umfasst vom ersuchenden Gericht nach Maßgabe des Rechts seines Mitgliedstaats bestimmte Gerichtsangehörige. 2 Das ersuchende Gericht kann nach Maßgabe des Rechts seines Mitgliedstaats auch andere Personen wie etwa Sachverständige bestimmen.

III 1 Das ersuchende Gericht teilt in seinem Ersuchen unter Verwendung des Formblatts A im Anhang dem ersuchten Gericht mit, dass seine Beauftragten zugegen sein werden und gegebenenfalls, dass ihre Beteiligung beantragt wird. 2 Diese Mitteilung kann auch zu jedem anderen geeigneten Zeitpunkt erfolgen.

IV Wird die Beteiligung der Beauftragten des ersuchenden Gerichts an der Beweisaufnahme beantragt, legt das ersuchte Gericht nach Artikel 10 die Bedingungen für ihre Teilnahme fest.

V Das ersuchte Gericht teilt dem ersuchenden Gericht unter Verwendung des Formblatts F im Anhang Ort und Zeitpunkt der Verhandlung und gegebenenfalls die Bedingungen mit, unter denen die Beauftragten daran teilnehmen können.

VO (EG) Art. 13. Zwangsmaßnahmen. **Soweit erforderlich, wendet das ersuchte Gericht bei der Erledigung des Ersuchens geeignete Zwangsmaßnahmen in den Fällen und in dem Umfang an, wie sie das Recht des Mitgliedstaats des ersuchten Gerichts für die Erledigung eines zum gleichen Zweck gestellten Ersuchens inländischer Behörden oder einer beteiligten Partei vorsieht.**

VO (EG) Art. 14. Ablehnung der Erledigung. **I Ein Ersuchen um Vernehmung einer Person wird nicht erledigt, wenn sich die betreffende Person auf ein Recht zur Aussageverweigerung oder auf ein Aussageverbot beruft,**

a) das nach dem Recht des Mitgliedstaats des ersuchten Gerichts vorgesehen ist oder
b) das nach dem Recht des Mitgliedstaats des ersuchenden Gerichts vorgesehen und im Ersuchen bezeichnet oder erforderlichenfalls auf Verlangen des ersuchten Gerichts von dem ersuchenden Gericht bestätigt worden ist.

II Die Erledigung eines Ersuchens kann über die in Absatz 1 genannten Gründe hinaus nur insoweit abgelehnt werden, als

a) das Ersuchen nicht in den Anwendungsbereich dieser Verordnung nach Artikel 1 fällt oder
b) die Erledigung des Ersuchens nach dem Recht des Mitgliedstaats des ersuchten Gerichts nicht in den Bereich der Gerichtsgewalt fällt oder
c) das ersuchende Gericht der Aufforderung des ersuchten Gerichts auf Ergänzung des Ersuchens gemäß Artikel 8 nicht innerhalb von 30 Tagen, nachdem das ersuchte Gericht das ersuchende Gericht um Ergänzung des Ersuchens gebeten hat, nachkommt oder
d) eine Kaution oder ein Vorschuss, die gemäß Artikel 18 Absatz 3 verlangt wurden, nicht innerhalb von 60 Tagen nach dem entsprechenden Verlangen des ersuchenden Gerichts hinterlegt bzw. einbezahlt werden.

III Die Erledigung darf durch das ersuchte Gericht nicht allein aus dem Grund abgelehnt werden, dass nach dem Recht seines Mitgliedstaats ein Gericht dieses Mitgliedstaats eine ausschließliche Zuständigkeit für die Sache in Anspruch nimmt oder das Recht jenes Mitgliedstaats ein Verfahren nicht kennt, das dem entspricht, für welches das Ersuchen gestellt wird.

IV Wird die Erledigung des Ersuchens aus einem der in Absatz 2 genannten Gründe abgelehnt, so setzt das ersuchte Gericht unter Verwendung des Formblatts H im Anhang das ersuchende Gericht innerhalb von 60 Tagen nach Eingang des Ersuchens bei dem ersuchten Gericht davon in Kenntnis.

VO (EG) Art. 15. Mitteilung über Verzögerungen. **1 Ist das ersuchte Gericht nicht in der Lage, das Ersuchen innerhalb von 90 Tagen nach Eingang zu erledigen, setzt es das ersuchende Gericht unter Verwendung des Formblatts G im Anhang hiervon in Kenntnis. 2 Dabei sind die Gründe für die Verzögerung anzugeben sowie der Zeitraum, der nach Einschätzung des ersuchten Gerichts für die Erledigung des Ersuchens voraussichtlich benötigt wird.**

VO (EG) Art. 16. Verfahren nach Erledigung des Ersuchens. **1 Das ersuchte Gericht übermittelt dem ersuchenden Gericht unverzüglich die Schriftstücke, aus denen sich die Erledigung des Ersuchens ergibt, und sendet gegebenenfalls die Schriftstücke, die ihm von dem ersuchenden Gericht zugegangen sind, zurück. 2 Den Schriftstücken ist eine Erledigungsbestätigung unter Verwendung des Formblatts H im Anhang beizufügen.**

Abschnitt 4. Unmittelbare Beweisaufnahme durch das ersuchende Gericht

VO (EG) Art. 17. **I Beabsichtigt ein Gericht eine unmittelbare Beweisaufnahme in einem anderen Mitgliedstaat, so übermittelt es der nach Artikel 3 Absatz 3 bestimmten Zentralstelle oder zuständigen Behörde in diesem Staat unter Verwendung des Formblatts I im Anhang ein entsprechendes Ersuchen.**

II 1 Die unmittelbare Beweisaufnahme ist nur statthaft, wenn sie auf freiwilliger Grundlage und ohne Zwangsmaßnahmen erfolgen kann. 2 Macht die unmittelbare Beweisaufnahme die

Vernehmung einer Person erforderlich, so teilt das ersuchende Gericht dieser Person mit, dass die Vernehmung auf freiwilliger Grundlage erfolgt.

III Die Beweisaufnahme wird von einem nach Maßgabe des Rechts des Mitgliedstaats des ersuchenden Gerichts bestimmten Gerichtsangehörigen oder von einer anderen Person wie etwa einem Sachverständigen durchgeführt.

IV 1 Die genannte Zentralstelle oder die zuständige Behörde des ersuchten Mitgliedstaats teilt dem ersuchenden Gericht unter Verwendung des Formblatts J im Anhang innerhalb von 30 Tagen nach Eingang des Ersuchens mit, ob dem Ersuchen stattgegeben werden kann und, soweit erforderlich, unter welchen Bedingungen nach Maßgabe des Rechts ihres Mitgliedstaats die betreffende Handlung vorzunehmen ist. 2 Die Zentralstelle oder die zuständige Behörde kann insbesondere ein Gericht ihres Mitgliedstaats bestimmen, das an der Beweisaufnahme teilnimmt, um sicherzustellen, dass dieser Artikel ordnungsgemäß angewandt wird und die festgelegten Bedingungen eingehalten werden. 3 Die Zentralstelle oder die zuständige Behörde fördert den Einsatz von Kommunikationstechnologie, wie Video- und Telekonferenzen.

V Die Zentralstelle oder die zuständige Stelle kann die unmittelbare Beweisaufnahme nur insoweit ablehnen, als

a) das Ersuchen nicht in den Anwendungsbereich dieser Verordnung nach Artikel 1 fällt,
b) das Ersuchen nicht alle nach Artikel 4 erforderlichen Angaben enthält oder
c) die beantragte unmittelbare Beweisaufnahme wesentlichen Rechtsgrundsätzen ihres Mitgliedstaats zuwiderläuft.

VI Unbeschadet der nach Absatz 4 festgelegten Bedingungen erledigt das ersuchende Gericht das Ersuchen nach Maßgabe des Rechts seines Mitgliedstaats.

Abschnitt 5. Kosten

VO (EG) Art. 18. **I Für die Erledigung des Ersuchens nach Artikel 10 darf die Erstattung von Gebühren oder Auslagen nicht verlangt werden.**

II 1 Falls jedoch das ersuchte Gericht dies verlangt, stellt das ersuchende Gericht unverzüglich die Erstattung folgender Beträge sicher:

– der Aufwendungen für Sachverständige und Dolmetscher und
– der Auslagen, die durch die Anwendung von Artikel 10 Absätze 3 und 4 entstanden sind.

2 Die Pflicht der Parteien, diese Aufwendungen und Auslagen zu tragen, unterliegt dem Recht des Mitgliedstaats des ersuchenden Gerichts.

III 1 Wird die Stellungnahme eines Sachverständigen verlangt, kann das ersuchte Gericht vor der Erledigung des Ersuchens das ersuchende Gericht um eine angemessene Kaution oder einen angemessenen Vorschuss für die Sachverständigenkosten bitten. 2 In allen übrigen Fällen darf die Erledigung eines Ersuchens nicht von einer Kaution oder einem Vorschuss abhängig gemacht werden. 3 Die Kaution oder der Vorschuss wird von den Parteien hinterlegt bzw. einbezahlt, falls dies im Recht des Mitgliedstaats des ersuchenden Gerichts vorgesehen ist.

Kapitel III. Schlussbestimmungen

VO (EG) Art. 19. Durchführungsbestimmungen. **I Die Kommission sorgt für die Erstellung und regelmäßige Aktualisierung eines Handbuchs, das auch in elektronischer Form bereit gestellt wird und die von den Mitgliedstaaten nach Artikel 22 mitgeteilten Angaben sowie die in Kraft befindlichen Übereinkünfte oder Vereinbarungen nach Artikel 21 enthält.**

II Die Aktualisierung oder technische Anpassung der im Anhang wiedergegebenen Formblätter erfolgt nach dem Beratungsverfahren gemäß Artikel 20 Absatz 2.

VO (EG) Art. 20. Ausschuss. **I Die Kommission wird von einem Ausschuss unterstützt.**

II Wird auf diesen Absatz Bezug genommen, so gelten die Artikel 3 und 7 des Beschlusses 1999/468/EG.

III Der Ausschuss gibt sich eine Geschäftsordnung.

VO (EG) Art. 21. Verhältnis zu bestehenden oder künftigen Übereinkünften oder Vereinbarungen zwischen Mitgliedstaaten. **I In den Beziehungen zwischen den Mitgliedstaaten, die Vertragsparteien einschlägiger, von den Mitgliedstaaten geschlossener bilateraler oder multilateraler Übereinkünfte oder Vereinbarungen sind, insbesondere des Haager Übereinkommens vom 1. März 1954 über den Zivilprozess und des Haager Übereinkommens vom 18. März 1970 über die Beweisaufnahme im Ausland in Zivil- oder Handelssachen, hat diese Verordnung in ihrem Anwendungsbereich Vorrang vor den Bestimmungen, die in den genannten Übereinkünften oder Vereinbarungen enthalten sind.**

II Diese Verordnung hindert die Mitgliedstaaten nicht daran, dass zwei oder mehr von ihnen untereinander Übereinkünfte oder Vereinbarungen zur weiteren Vereinfachung der Beweisaufnahme schließen oder beibehalten, sofern sie mit dieser Verordnung vereinbar sind.

III Die Mitgliedstaaten übermitteln der Kommission

a) zum 1. Juli 2003 eine Abschrift der zwischen den Mitgliedstaaten beibehaltenen angeführten Übereinkünfte oder Vereinbarungen nach Absatz 2,

b) eine Abschrift der zwischen den Mitgliedstaaten geschlossenen Übereinkünfte oder Vereinbarungen nach Absatz 2 und den Entwurf von ihnen geplanter Übereinkünfte oder Vereinbarungen sowie
c) jede Kündigung oder Änderung dieser Übereinkünfte oder Vereinbarungen.

VO (EG) Art. 22. Mitteilungen. [1] **Jeder Mitgliedstaat teilt der Kommission bis zum 1. Juli 2003 Folgendes mit:**

1. die Liste nach Artikel 2 Absatz 2 sowie eine Angabe des örtlichen und gegebenenfalls fachlichen Zuständigkeitsbereichs der Gerichte;
2. den Namen und die Anschrift der Zentralstellen und zuständigen Behörden nach Artikel 3 unter Angabe ihres örtlichen Zuständigkeitsbereichs;
3. die technischen Mittel, über die die in der Liste nach Artikel 2 Absatz 2 aufgeführten Gerichte für die Entgegennahme von Ersuchen verfügen;
4. die Sprachen, die für die Ersuchen nach Artikel 5 zugelassen sind.

[2] **Die Mitgliedstaaten teilen der Kommission alle späteren Änderungen dieser Angaben mit.**

VO (EG) Art. 23. Überprüfung. **Bis zum 1. Januar 2007 und danach alle fünf Jahre legt die Kommission dem Europäischen Parlament, dem Rat und dem Wirtschafts- und Sozialausschuss einen Bericht über die Anwendung dieser Verordnung vor, wobei sie insbesondere auf die praktische Anwendung des Artikels 3 Absatz 1 Buchstabe c) und Absatz 3 und der Artikel 17 und 18 achtet.**

Bem. Vgl dazu den Bericht der Kommission v 5. 12. 07, KOM (2007) 769 endgültig. 1

VO (EG) Art. 24. Inkrafttreten. [I] **Diese Verordnung tritt am 1. Juli 2001 in Kraft.**

[II] **Diese Verordnung gilt ab dem 1. Januar 2004, mit Ausnahme der Artikel 19, 21 und 22, die ab dem 1. Juli 2001 gelten.**

Formblätter sind hier nicht abgedruckt.

1072 *Beweisaufnahme in den Mitgliedstaaten der Europäischen Union.* **Soll die Beweisaufnahme nach der Verordnung (EG) Nr. 1206/2001 des Rates vom 28. Mai 2001 über die Zusammenarbeit zwischen den Gerichten der Mitgliedstaaten auf dem Gebiet der Beweisaufnahme in Zivil- oder Handelssachen (ABl. EG Nr. L 174 S. 1) erfolgen, so kann das Gericht**

1. unmittelbar das zuständige Gericht eines anderen Mitgliedstaats um Aufnahme des Beweises ersuchen oder
2. unter den Voraussetzungen des Artikels 17 der Verordnung (EG) Nr. 1206/2001 eine unmittelbare Beweisaufnahme in einem anderen Mitgliedstaat beantragen.

Vorbem. Fassg Art 1 Z 5 G v 4. 11. 03, BGBl 2166, in Kraft seit 1. 1. 04, Art 2 Hs 1 G, ÜbergangsR Einl III 78.

Gliederung

1) Systematik, Z 1, 2. Die Vorschrift regelt in Durchführung von Art 2 VO (EG) zusammen mit § 1073 eine Beweisaufnahme für ein deutsches Gericht in einem anderen EU-Staat. Sie hat Vorrang vor anderen zwischenstaatlichen oder deutschen Regelungen, Einf 1 vor § 1072. Demgegenüber regeln §§ 1074, 1075 eine Beweisaufnahme für ein ausländisches EU-Gericht in Deutschland, also das Gegenstück zu §§ 1072, 1073. Soweit sich eine Beweisaufnahme auch in einem Nicht-EU-Auslandsstaat abspielen soll, gelten die bei §§ 363 ff erläuterten Regeln mit den dort genannten Staatsverträgen. 1

2) Regelungszweck, Z 1, 2. Die Vorschrift bezweckt eine ganz erhebliche Vereinfachung, Vereinheitlichung und Beschleunigung einer ausländischen Beweisaufnahme gegenüber den bisherigen Möglichkeiten, soweit nicht schon bisher seit 1. 7. 01 im EU-Raum die den §§ 1072 ff zugrunde liegende VO (EG) Nr 1206/2001 bereits zumindest zu der in Einf 1 vor § 1072 genannten EU-konformen Auslegung führen mußte. In jedem Fall war und bleibt eine möglichst großzügige Ermöglichung der ausländischen Beweisaufnahme im Interesse der Prozeßwirtschaftlichkeit geboten, Grdz 14 vor § 128. Das darf und muß man bei der Auslegung entschieden mitbeachten. 2

3) Geltungsbereich, Z 1, 2. Die Vorschrift gilt für ein beliebiges zivilprozessuales Beweisfahren der §§ 355 ff. Sie gilt auch für ein selbständiges Beweisverfahren nach §§ 485 ff. Das gilt auch dann, wenn derzeit noch kein Hauptprozeß anhängig ist. Denn auch das isolierte Verfahren nach §§ 485 ff ist ein Beweisverfahren. Das gilt schon wegen der vollen Verwertbarkeit seiner Ergebnisse im etwaigen späteren Hauptprozeß nach § 493. § 1072 gilt auch im Kleinverfahren nach § 495 a. Die Vorschrift gilt auch im Urkundenprozeß usw nach §§ 492 ff. 3

4 **4) Unmittelbares Beweisersuchen, Z 1.** Das deutsche Gericht darf nach seinem pflichtgemäßen Ermessen unmittelbar das zuständige Gericht eines anderen EU-Mitgliedstaats um Aufnahme des Beweises ersuchen. In solchem Fall darf und muß das ausländische Gericht die Beweisaufnahme verantwortlich anordnen, durchführen und abwickeln. Das ersuchende Gericht darf unter den Voraussetzungen des § 1073 anwesend und beteiligt sein, ohne die Leitung der Beweisaufnahme zu übernehmen.

Ersuchen heißt auch hier die Form der Bitte oder Aufforderung des deutschen Gerichts. Die Einzelheiten ergeben sich aus Art 2 ff VO (EG), abgedruckt in Einf 3 vor § 1072.

5 **5) Eigene ausländische Beweisaufnahme, Z 2.** Art 17 VO (EG) erlaubt dem deutschen Prozeßgericht unter den dortigen Voraussetzungen auch die eigene verantwortliche Beweisaufnahme im EU-Ausland. Z 2 hebt überflüssigerweise diese bereits supranationale Möglichkeit auch innerdeutsch bekräftigend hervor. Bei einer eigenen Beweisaufnahme amtiert das Prozeßgericht im EU-Ausland im einzelnen nach den Regeln des Art 17 VO (EG) auf der Basis einer freiwilligen Teilnahme der übrigen Prozeßbeteiligten ohne Zwangsmaßnahmen, wie Art 17 I 1 VO (EG) betont und wie es selbstverständlich ist. Ein ausländisches EU-Gericht ist jedenfalls nicht auch nur mitleitend beteiligt.

6 **6) Kosten, Z 1, 2.** Sie richten sich nach Art 18 VO (EG).

7 **7) Verwertbarkeit, Z 1, 2.** Die Ergebnisse sind sowohl im Fall Z 1 als auch bei Z 2 nach den Regeln des deutschen Prozeßrechts verwertbar.

8 **8) Wechsel von Z 1 zu Z 2 oder umgekehrt.** Er ist weder nach der VO (EG) noch nach § 1072 verboten. Er kann sich im Einzelfall durchaus als sinnvoll oder gar notwendig ergeben, etwa auf Grund einer zunächst im EU-Ausland oder sonstwo begonnenen, dann in Deutschland fortgesetzten und dann erst erkennbar ausweitungsbedürftigen nochmaligen Fortsetzung im EU-Ausland. Für jeden Abschnitt solcher Gesamt-Beweisaufnahne gelten dann die jeweils für ihn geschaffenen Vorschriften.

9 **9) Verstoß, Z 1, 2.** Es gelten dieselben Regeln wie bei einer innerdeutschen Beweisaufnahme.

10 **10) Rechtsmittel, Z 1, 2.** Auch insofern gelten dieselben Vorschriften wie nach einer innerdeutschen Beweisaufnahme oder deren Unterlassung, zB §§ 252, 511 ff, 567 ff.

1073 *Teilnahmerechte.*

I 1 **Das ersuchende deutsche Gericht oder ein von diesem beauftragtes Mitglied darf im Geltungsbereich der Verordnung (EG) Nr. 1206/2001 bei der Erledigung des Ersuchens auf Beweisaufnahme durch das ersuchte ausländische Gericht anwesend und beteiligt sein.** 2 **Parteien, deren Vertreter sowie Sachverständige können sich hierbei in dem Umfang beteiligen, in dem sie in dem betreffenden Verfahren an einer inländischen Beweisaufnahme beteiligt werden dürfen.**

II **Eine unmittelbare Beweisaufnahme im Ausland nach Artikel 17 Abs. 3 der Verordnung (EG) Nr. 1206/2001 dürfen Mitglieder des Gerichts sowie von diesem beauftragte Sachverständige durchführen.**

Gliederung

1 **1) Systematik, I, II.** Die Vorschrift regelt als Ergänzung zu § 1072 einen Teil der im Kern bereits in Artt 11 I, 12 I, 17 III VO (EG) genannten Teilnahmerechte im Beweisverfahren vor dem ausländischen EU-Gericht. Insoweit hat § 1073 nur bekräftigende Bedeutung, keine rechtsbegründemde Wirkung. Jedenfalls gibt die Vorschrift auch innerdeutsche prozessuale Klarstellungen. Diese erleichtern die Beurteilung, ob und inwieweit das ersuchte ausländische Gericht seine Beweisaufnahme bis zur vollen Verwertbarkeit im deutschen Hauptprozeß durchgeführt hat. Die Teilnahmerechte lassen sich dabei systematisch in Anwesenheit und weitergehende Beteiligung untergliedern.

2 **2) Regelungszweck, I, II.** Schon die nur bekräftigende Aufnahme der Teilnahmerechte auch in die ZPO verdeutlicht zusätzlich die Einflußmöglichkeiten der deutschen Prozeßbeteiligten auf eine Durchführung des Beweisersuchens durch das ausländische EU-Gericht. Sie können sämtlichen Beteiligten und nicht zuletzt dem ersuchten Gericht die Arbeit praktisch entscheidend erleichtern. Andererseits darf man die Vorschrift auch nicht zu übertriebenen Verhaltensweisen bis hin zum ständigen besserwisserischen Dazwischenreden im ausländischen Beweistermin oder -verfahren mißbrauchen, Einl III 54. Eine zwar im Prinzip großzügige, aber auch besonnene und gegenüber dem ersuchten Gericht verständnis- und rücksichtsvolle Handhabung führt am ehesten zur uneingeschränkten Verwendbarkeit der Ergebnisse bei der Beweiswürdigung vor dem deutschen Prozeßgericht.

3 **3) Geltungsbereich, I, II.** Es gelten dieselben Erwägungen wie in § 1072 Rn 3.

4 **4) Teilnahme des Prozeßgerichts, I 1.** Das ersuchende deutsche Gericht kann bei der Beweisaufnahme vor dem ersuchten ausländischen Gericht nicht nur anwesend sein und zuhören sowie zuschauen. Es kann

sich auch darüber hinaus an der Beweisaufnahme aktiv beteiligen. Beides stellt I 1 ausdrücklich klar. Damit erfüllt die Vorschrift eine Bedingung in Art 12 I VO (EG).

A. Gericht oder beauftragtes Mitglied. Art 12 I, IV VO (EG) spricht zwar nur von den Beauftragten des ersuchenden Gerichts. Damit ist aber natürlich vernünftigerweise auch das volle deutsche Prozeßgericht gemeint, also das etwa zuständige Kollegium und nicht nur sein originärer oder obligatorischem Einzelrichter. Insoweit ist der weitergehende § 1073 mit der VO voll vereinbar. Natürlich meint I 1 auch den nach § 375 beauftragten Richter mit. Dasselbe gilt für den sog Berichterstatter. 5

B. Anwesenheit, Beteiligung. Art 12 III VO (EG) regelt die formellen Bedingungen dieser Teilnahmerechte. Freilich verlangt diese Bestimmung nur den Antrag, *„dass"* eine Beteiligung stattfinde. Nicht muß das ersuchende Gericht auch im einzelnen vorweg mitteilen oder gar eine Zustimmung dazu erbitten, wie weit die Beteiligung im einzelnen gehen solle. Dazu gibt es in der VO (EG) manche weiteren, verstreuten Regeln über den Ablauf vor dem ersuchten Gericht. Kern sollte bei der Auslegung auch von I 1 eine vernünftige Handhabung wie vor einem deutschen Prozeßgericht sein. Das ersuchende Gericht leitet die ausländische Beweisaufnahme ja gerade nicht. Mag es notfalls nach Erledigung des Ersuchens nach § 1072 Rn 8 wechseln. Höflichkeit, Selbstbeherrschung, Vertrauen in den ausländischen Richter sollten selbstverständliche Begleitumstände jeder Beteiligung nach I 1 bleiben. Natürlich darf der deutsche Richter als wirklich Beteiligter auch in der Sache deutlich das ihm wichtige zu klären versuchen. Fingerspitzengefühl wird zum brauchbaren Ergebnis verhelfen. 6

5) Teilnahme anderer Personen, I 2. Auch die Parteien, deren Vertreter und Sachverständige können sich an der ausländischen Beweisaufnahme beteiligen. Auch das stellt I klar, jetzt in I 2. Damit erfüllt die Vorschrift eine Bedingung in Art 11 I VO (EG) wegen der Anwesenheit und eine Bedingung in Art 11 I, IV VO (EG) wegen Anwesenheit und weitergehender Beteiligung. 7

A. Parteien. Das sind nicht nur der Kläger bzw Antragsteller und der Bekl bzw Antragsgegner, sondern verständigerweise auch der Streithelfer. Denn er darf in den Grenzen des § 67 „alle Prozeßhandlungen wirksam vornehmen". Das gilt natürlich erst recht für den streitgenössischen Streithelfer nach § 69. Auch der Streitverkündete hat das Recht der Teilnahme ab seinem Beitritt, § 74 I. Auch der Widerkläger oder -bekl zählt zu den teilnahmeberechtigten Personen, ebenso die Partei kraft Amts, Grdz 8 vor § 50. 8

B. Parteivertreter. Das ist sowohl der gesetzliche als auch der rechtsgeschäftliche Vertreter, insbesondere der ProzBev. 9

C. Sachverständiger. Das ist natürlich zunächst ein vom deutschen Prozeßgericht bestellter deutscher oder ausländischer Sachverständiger im Sinn von §§ 402 ff. Er mag sich im Zeitpunkt der ausländischen Beweisaufnahme an sich in Deutschland oder im EU-Ausland des ersuchten Gerichts oder in einem Drittstaat innerhalb oder außerhalb der EU aufhalten oder wohnen oder residieren. Er mag Deutscher oder Angehöriger des EU-Auslands des ersuchten Gerichts oder eines Drittstaats sein. Er mag natürliche Person oder Vertreter bzw Beauftragter einer juristischen Personen sein. 10

Ein *Parteisachverständiger* sollte verständigerweise möglichst ebenfalls zugelassen sein, obwohl er nicht im engeren Sinn Parteivertreter nach Rn 9 zu sein braucht. Natürlich hat er nicht dieselbe Rechtsstellung wie ein Gerichtssachverständiger. Er mag aber durchaus sehr hilfreich sein können. 11

D. Beteiligungsumfang: Wie im deutschen Prozeß. I 2 stellt klar, daß sich der Umfang der Beteiligung nach den Möglichkeiten einer inländischen Beweisaufnahme richtet. Das gilt in jeder zeitlichen, räumlichen und artmäßigen Hinsicht. Es gilt wegen der Kosten zunächst nach Art 18 VO (EG) und hilfsweise nach der ZPO und dem JVEG. Letzthin bestimmt das ersuchte Gericht, welche Fragen, Ausführungen, Anträge und sonstige Verhaltensweisen es zuläßt. Das ergibt sich aus Art 11 IV VO (EG) und aus Art 12 IV VO (EG). 12

6) Unmittelbare deutsche Beweisaufnahme, II. Nach Art 17 VO (EG) kann auch das deutsche Prozeßgericht unter den dort genannten Voraussetzungen die Beweisaufnahme selbst oder durch einen von ihm beauftragten Sachverständigen im EU-Ausland ausführen. Dazu stellt Art 17 III VO (EG) auf das Recht des ersuchenden Mitgliedsstaats ab. Das ist die Grundlage für die Ermächtigung in III. 13

A. Ausführung durch Gericht. Die Vorschrift beschränkt die nach Art 17 III VO (EG) eröffneten Möglichkeiten auf Mitglieder des Gerichts und gerichtlich beauftragte Sachverständige. Sie nennt also die nach der VO an sich möglichen „anderen Personen" nicht mit. Sie ermöglicht also anders als im Fall Rn 11 nicht auch einen Parteisachverständigen. 14

Mitglied des Prozeßgerichts muß derjenige sein, der nach II die ausländische Beweisaufnahme leitet. Es kann sich um den Vorsitzenden oder ein beliebiges weiteres Mitglied des Spruchkörpers handeln, um den Berichterstatter oder einen vom Kollegium sonstwie zB nach §§ 361, 375, beauftragten Richter. Nicht hierher gehört der nach § 362 ersuchte Richter „eines anderen Gerichts".

B. Ausführung durch gerichtlichen Sachverständigen. Die ausländische Beweisaufnahme kann auch unter Leitung eines vom Prozeßgericht bestellten Sachverständigen erfolgen. Er kann unter solcher Bedingung jeder der in in Rn 10 (nicht Rn 11) Genannten amtieren. Die Beauftragung muß gerade zum Sachverständigen erfolgt sein. Ein sachverständiger Zeuge nach § 414 reicht solange nicht, wie er noch nicht gerade vom Prozeßgericht nun auch zum Sachverständigen gemacht wurde. Dazu darf er sich nicht selbst ernennen. Ob eine formlose nachträgliche Erweiterung der Beauftragung im Einzelfall annehmbar ist und sogar stillschweigend erfolgte, läßt sich nur bei Kenntnis der Gesamtumstände beantworten. 15

Gericht *und* Sachverständiger können auch *gemeinsam* amtieren, wie etwa im innerdeutschen Prozeß allgemein üblich. Die Rollen mögen auch während der Beweisaufnahme wechseln.

7) Kosten, I, II. Sie richten sich nach Art 18 VO (EG) und dann nach dem innerdeutschen Recht der ZPO und des JVEG. 16

8) Verstoß, I, II. Es gelten dieselben Regeln wie bei einer innerdeutschen Beweisaufnahme. 17

18 9) **Rechtsmittel, I, II.** Auch insofern gelten dieselben Vorschriften wie nach einer innerdeutschen Beweisaufnahme oder deren Unterlassung, zB §§ 252, 511 ff, 567 ff.

1074 ***Zuständigkeiten nach der Verordnung (EG) Nr. 1206/2001.*** **I Für Beweisaufnahmen in der Bundesrepublik Deutschland ist als ersuchtes Gericht im Sinne von Artikel 2 Abs. 1 der Verordnung (EG) Nr. 1206/2001 dasjenige Amtsgericht zuständig, in dessen Bezirk die Verfahrenshandlung durchgeführt werden soll.**

II Die Landesregierungen können die Aufgaben des ersuchten Gerichts einem Amtsgericht für die Bezirke mehrerer Amtsgerichte durch Rechtsverordnung zuweisen.

III 1 Die Landesregierungen bestimmen durch Rechtsverordnung die Stelle, die in dem jeweiligen Land

1. als deutsche Zentralstelle im Sinne von Artikel 3 Abs. 1 der Verordnung (EG) Nr. 1206/2001 zuständig ist,

2. als zuständige Stelle Ersuchen auf unmittelbare Beweisaufnahme im Sinne von Artikel 17 Abs. 1 der Verordnung (EG) Nr. 1206/2001 entgegennimmt.

2 Die Aufgaben nach den Nummern 1 und 2 können in jedem Land nur jeweils einer Stelle zugewiesen werden.

IV Die Landesregierungen können die Befugnis zum Erlass einer Rechtsverordnung nach den Absätzen 2 und 3 Satz 1 einer obersten Landesbehörde übertragen.

Gliederung

1 1) **Systematik, I–IV.** § 1074 regelt zusammen mit § 1075 die Durchführung der VO (EG) Nr 1206/2001 im Fall der Erledigung eines Ersuchens eines ausländischen EU-Gerichts auf Beweisaufnahme in Deutschland, also das Gegenstück zu §§ 1072, 1073. Dabei bleibt es im Grundsatz bei den ja schon ins einzelne gehenden Vorschriften der VO (EG). Zu ihnen tritt § 1074 nur ergänzend hinzu.

2 2) **Regelungszweck, I–IV.** Die Vorschrift dient der erforderlichen innerstaatlichen Vervollständigung der VO (EG), soweit letztere die Klärung aus Zweckmäßigkeitsgründen eben auch Deutschland überlassen hat. Bei der Auslegung muß man dieses Vorrangverhältnis der VO (EG) mitbeachten und darf keine ihrem Sinn widersprechende Auslegung vornehmen, andererseits aber im Zweifel eine möglichst elegante, billige und schnelle Durchführung ermöglichen.

3 3) **Geltungsbereich, I–IV.** Es gelten dieselben Erwägungen wie bei § 1072 Rn 3.

4 4) **Amtsgericht der Verfahrenshandlung, I.** Sachlich und örtlich ist dasjenige deutsche AG zuständig, in dessen Bezirk die Verfahrenshandlung durchgeführt werden soll. Es ist nämlich das „ersuchte" Gericht im Sinn von Art 2 I VO (EG), auf den § 1074 I direkt Bezug nimmt. Dabei klärt I nur die sachliche Zuständigkeit abschließend. Die örtliche Zuständigkeit findet in I eine nur grundsätzliche Regelung und in II eine mögliche Ergänzung.

Die *funktionelle* Zuständigkeit ergibt sich nicht aus § 1074. Sie wird überhaupt in der ganzen VO (EG) nur mit dem Begriff „Gericht" für deutsche Verhältnisse zu ungenau umschrieben. Indessen ergibt sich insgesamt doch eindeutig, daß für die Beweisaufnahme in Deutschland nicht nur die deutsche Sprache maßgeblich ist, sondern auch grundsätzlich das deutsche Recht. Folglich ist das deutsche RPflG anwendbar. Es überträgt dem Rpfl in § 3 Z 4 a RPflG nur die in § 29 RPflG abschließend aufgezählten Geschäfte im internationalen Rechtsverkehr. Dazu zählt die Durchführung eines ausländischen Beweisaufnahmeersuchens nicht mit. Folglich ist der Amtsrichter funktionell zuständig.

5 Ein *Proberichter* darf in demselben Umfang amtieren wie bei einer innerdeutschen Beweisaufnahme. § 348 I 2 (Grenzen des Proberichters als originärer Einzelrichter beim LG) ist nicht einmal entsprechend anwendbar.

Entgegennahme und Erledigung gehören hier grundsätzlich gleichermaßen zum Aufgabenkreis des Amtsrichters. Freilich tritt ergänzend auf Grund des Art 3 I VO (EG) die nach § 1074 III 1 Z 1 vorgesehene Zentralstelle in Funktion, Rn 6.

Verfahrenshandlung ist jede Maßnahme von der Kenntnisnahme bis zur abschließenden Abverfügung des ersuchten deutschen Amtsrichters. Sie umfaßt sämtliche Vorbereitungshandlungen, Begleitanordnungen, Zwischenverfügungen und sonstigen Entscheidungen.

6 5) **Zentrales Amtsgericht, II, IV.** Die jeweilige Landesregierung kann für ihren Bereich ein oder mehrere Amtsgericht(e) durch Rechtsverordnung bestimmen, die ihrerseits für die Bezirke mehrerer AGe nach I zentral zuständig sind. Grundlage für diese Möglichkeit der Konzentration ist wie bei I Art 2 I VO (EG). Man darf diese Konzentration nicht mit der erst in III 1 Z 1 geregelten sog Zentralstelle im Sinn von Art 3 I VO (EG) verwechseln. Nach IV kann eine Landesregierung die Befugnis zum Erlaß einer Rechtsverordnung nach II einer obersten Landesbehörde übertragen, faktisch also der Landesjustizbehörde (Ministerium, Senat). Vgl dazu die Länderübersicht in Rn 9.

7 6) **Deutsche Zentralstelle, III 1 Z 1 und S 2, IV.** Jede Landesregierung darf und muß durch Rechtsverordnung diejenige Stelle bestimmen, die in ihrem Land als deutsche Zentralstelle im Sinn von Art 3 I VO

(EG) zuständig ist. Es darf je Bundesland nur *eine* solche Stelle entstehen. Vgl dazu die Länderübersicht in Rn 9.

7) Deutsche Übermittlungsstelle, III 1 Z 2 und S 2, IV. Die Befugnis und Pflicht Rn 7 gilt ebenso für die Bestimmung der nach Art 17 I VO (EG) erforderlichen Übermittlungsstelle eines ausländischen Ersuchens auf eine unmittelbare Beweisaufnahme in Deutschland. Auch insoweit darf je Bundesland nur *eine* solche Stelle entstehen. 8

8) Länderübersicht der Rechtsverordnungen, II–IV. Die Bundesländer haben die folgenden Rechtsverordnungen erlassen: 9

Baden-Württemberg:
Bayern:
Berlin: VO v 11. 5. 04, GVBl 207;
Brandenburg:
Bremen:
Hamburg: VO v 10. 2. 04, GVBl 61: Ermächtigung zur Weiterübertragung;
Hessen:
Mecklenburg-Vorpommern:
Niedersachsen:
Nordrhein-Westfalen:
Rheinland-Pfalz: VO v 20. 1. 04, GVBl 52: Zentralstelle nach Art 3 S 1 VO (EG) 1348/00, nach Art 3 I VO (EG) 1206/01 und zuständige Stelle zur Entgegennahme nach Art 17 VO (EG) 1206/01 ist das Justizministerium;
Saarland:
Sachsen:
Sachsen-Anhalt:
Schleswig-Holstein:
Thüringen:

1075 *Sprache eingehender Ersuchen.* **Aus dem Ausland eingehende Ersuchen auf Beweisaufnahme sowie Mitteilungen nach der Verordnung (EG) Nr. 1206/2001 müssen in deutscher Sprache abgefasst oder von einer Übersetzung in die deutsche Sprache begleitet sein.**

1) Systematik. Art 5 S 1 VO (EG) ordnet die Abfassung des Beweisaufnahmeersuchens und aller zugehörigen Mitteilungen in der Amtssprache des ersuchten Mitgliedsstaats oder in einer anderen vom ersuchten Mitgliedstaat etwa zugelassenen Amtssprache an. § 1075 stellt klar, daß Deutschland keine solche Zulassung einer anderen Sprache als deutsch vornimmt. Es gestattet nur durch Zulassung einer bloßen Übersetzung *neben* dem fremdsprachigen Original eine Erleichterung. Im Ergebnis bleibt es beim Grundsatz, daß die Gerichtssprache vor dem deutschen Gericht auch dann nach § 184 GVG deutsch ist, wenn dieses Gericht im internationalen Rechtsverkehr ersucht wird. Die MRK ist dadurch weder supranational noch national verletzt. 1

2) Regelungszweck. Natürlich ist auch bei der Durchführung des Ersuchens eines ausländischen Gerichts die Benutzung zumindest auch *seiner* Sprache erlaubt, soweit sämtliche derzeit Beteiligten sprachlich mühelos folgen können. Es ist ein Gebot der Höflichkeit und Gebildetheit, schon rein terminologisch wenn möglich beim Sprachgebrauch des ersuchenden Gerichts zu bleiben. Solches Entgegenkommen sollte nicht an einer allzu strengen Auslegung von § 1075 scheitern. 2

Deutsch bleibt aber *maßgeblich*. Das ist das klare Mindestgebot. Es dient der Rechtssicherheit auch dann, wenn das ausländische materielle oder prozessuale Recht vom deutschen abweicht. Ob das ausländische Prozeßgericht das auf deutsch verfaßte Ergebnis voll verwerten kann, ist eine nicht nach § 1075 zu beantwortende Frage.

3) Geltungsbereich. Es gelten dieselben Regeln wie bei § 1072 Rn 3. 3

4) Kosten. Sie richten sich nach Art 18 VO (EG). 4

5) Verstoß. Es gelten dieselben Regeln wie bei einer innerdeutschen Beweisaufnahme. 5

Abschnitt 3. Prozesskostenhilfe nach der Richtlinie 2003/8/EG

Einführung

1) Systematik. Im EU-Raum gilt seit dem 1. 2. 2003 die in Rn 3 abgedruckte Richtlinie 2003/8/EG des Rates vom 27. 1. 2003 – EG-Prozesskostenhilferichtlinie –, ABl (EG) Nr L 26 vom 31. 1. 03, S 41, berichtigt im ABl (EG) Nr L 32 vom 7. 2. 03, S 15, abgedruckt seit der 63. Aufl dieses Buchs in Rn 4. Nach ihrem Art 21 setzten die Mitgliedstaaten die erforderlichen Rechts- und Verwaltungsvorschriften grundsätzlich bis zum 30. 11. 2004 in Kraft. Das geschah in Deutschland durch das Gesetz zur Umsetzung gemeinschaftsrechtlicher Vorschriften über die grenzüberschreitende Prozesskostenhilfe in Zivil- und Handelssachen in den Mitgliedstaaten (EG-Prozesskostenhilfegesetz) vom 15. 12. 04, BGBl 3392. Dieses ist nach seinem Art 9 am 21. 12. 04 in Kraft getreten. 1

Anpassungen der ZPO, des RPflG und des BerHG sowie weiterer vier Gesetze erfüllen die innerstaatlich notwendigen Aufgaben der Ergänzung bei der praktischen Handhabung der EU-Richtlinie. Vgl dazu die Vorbem und Rn 1 zu §§ 114 und 116 ZPO, den im Anh nach § 127 ZPO abgedruckten § 10 BerHG, ferner §§ 20 Z 6 sowie 24 a I Z 1 RPflG. 2

2) Regelungszweck. Er besteht in der Vereinfachung, Vereinheitlichung, Vervollständigung und Beschleunigung. So ist die ganze Regelung auslegbar. 3

4 **3) Richtlinie (EG) Nr. 2003/8** für Prozesskostenhilfe in grenzüberschreitenden Streitsachen. Vgl dazu zunächst Rn 1 sowie Jastrow MDR **04**, 75 (Üb).

Kapitel I. Anwendungsbereich und Begriffsbestimmungen

Art. 1. Ziele und Anwendungsbereich. [I] **Ziel dieser Richtlinie ist die Verbesserung des Zugangs zum Recht bei Streitsachen mit grenzüberschreitendem Bezug durch Festlegung gemeinsamer Mindestvorschriften für die Prozesskostenhilfe in derartigen Streitsachen.**

[II] [1] **Diese Richtlinie gilt für Streitsachen mit grenzüberschreitendem Bezug in Zivil- und Handelssachen, ohne dass es auf die Art der Gerichtsbarkeit ankommt.** [2] **Sie erfasst insbesondere keine Steuer- und Zollsachen und keine verwaltungsrechtlichen Angelegenheiten.**

[III] **Im Sinne dieser Richtlinie bezeichnet der Ausdruck „Mitgliedstaat" alle Mitgliedstaaten mit Ausnahme Dänemarks.**

Art. 2. Grenzüberschreitende Streitsachen. [I] **Eine grenzüberschreitende Streitigkeit im Sinne dieser Richtlinie liegt vor, wenn die im Rahmen dieser Richtlinie Prozesskostenhilfe beantragende Partei ihren Wohnsitz oder gewöhnlichen Aufenthalt in einem anderen Mitgliedstaat als dem Mitgliedstaat des Gerichtsstands oder dem Vollstreckungsmitgliedstaat hat.**

[II] **Der Wohnsitzmitgliedstaat einer Prozesspartei wird gem. Art. 59 der Verordnung (EG) Nr. 44/2001 des Rates vom 22. Dezember 2000 über die gerichtliche Zuständigkeit und die Anerkennung und Vollstreckung von Entscheidungen in Zivil- und Handelssachen bestimmt.**

[III] **Der maßgebliche Augenblick zur Feststellung, ob eine Streitsache mit grenzüberschreitendem Bezug vorliegt, ist der Zeitpunkt, zu dem der Antrag gemäß dieser Richtlinie eingereicht wird.**

Kapitel II. Anspruch auf Prozesskostenhilfe

Art. 3. Anspruch auf Prozesskostenhilfe. [I] **An einer Streitsache im Sinne dieser Richtlinie beteiligte natürliche Personen haben Anspruch auf eine angemessene Prozesskostenhilfe, damit ihr effektiver Zugang zum Recht nach Maßgabe dieser Richtlinie gewährleistet ist.**

[II] [1] **Die Prozesskostenhilfe gilt als angemessen, wenn sie Folgendes sicherstellt:**

a) eine vorprozessuale Rechtsberatung im Hinblick auf eine außergerichtliche Streitbeilegung;

b) den Rechtsbeistand und die rechtliche Vertretung vor Gericht sowie eine Befreiung von den Gerichtskosten oder eine Unterstützung bei den Gerichtskosten des Empfängers, einschließlich der in Art. 7 genannten Kosten und der Kosten für Personen, die vom Gericht mit der Wahrnehmung von Aufgaben während des Prozesses beauftragt werden. [2] **In Mitgliedstaaten, in denen die unterliegende Partei die Kosten der Gegenpartei übernehmen muss, umfasst die Prozesskostenhilfe im Falle einer Prozessniederlage des Empfängers auch die Kosten der Gegenpartei, sofern sie diese Kosten umfasst hätte, wenn der Empfänger seinen Wohnsitz oder gewöhnlichen Aufenthalt im Mitgliedstaat des Gerichtsstands gehabt hätte.**

[III] **Die Mitgliedstaaten sind nicht verpflichtet, einen Rechtsbeistand oder eine rechtliche Vertretung vor Gericht bei Verfahren vorzusehen, die speziell darauf ausgerichtet sind, den Prozessparteien zu ermöglichen, sich selbst zu vertreten; dies gilt nicht, wenn das Gericht oder eine andere zuständige Behörde etwas anderes zur Gewährleistung der Gleichheit der Parteien oder in Anbetracht der Komplexität der Sache beschließt.**

[IV] **Die Mitgliedstaaten können verlangen, dass sich die Empfänger der Prozesskostenhilfe angemessen an den Prozesskosten beteiligen, wobei die Voraussetzungen nach Art. 5 zu berücksichtigen sind.**

[V] **Die Mitgliedstaaten können vorsehen, dass die zuständige Behörde die Prozesskostenhilfe von den Empfängern ganz oder teilweise zurückverlangen kann, wenn sich ihre finanziellen Verhältnisse wesentlich verbessert haben, oder wenn die Entscheidung zur Gewährung der Prozesskostenhilfe aufgrund falscher Angaben des Empfängers getroffen wurde.**

Art. 4. Diskriminierungsverbot. **Die Mitgliedstaaten gewähren Unionsbürgern und Drittstaatsangehörigen, die sich rechtmäßig in einem Mitgliedstaat aufhalten, die Prozesskostenhilfe ohne jede Diskriminierung.**

Kapitel III. Voraussetzungen und Umfang der Prozesskostenhilfe

Art. 5. Voraussetzungen für die finanziellen Verhältnisse. [I] **Die Mitgliedstaaten gewähren den in Art. 3 Absatz 1 genannten Personen, die aufgrund ihrer persönlichen wirtschaftlichen Lage teilweise oder vollständig außer Stande sind, die Prozesskosten nach Art. 3 Absatz 2 zu tragen, Prozesskostenhilfe zur Gewährleistung ihres effektiven Zugangs zum Recht.**

[II] **Die wirtschaftliche Lage einer Person wird von der zuständigen Behörde des Mitgliedstaats des Gerichtsstands unter Berücksichtigung verschiedener objektiver Faktoren wie des Einkommens, des Vermögens oder der familiären Situation einschließlich einer Beurteilung der wirtschaftlichen Ressourcen von Personen, die vom Antragsteller finanziell abhängig sind, bewertet.**

III 1 Die Mitgliedstaaten können Schwellenwerte festsetzen, bei deren Überschreiten davon ausgegangen wird, dass der Antragsteller die Prozesskosten nach Art. 3 II teilweise oder vollständig tragen kann. 2 Diese Schwellenwerte werden nach den in Absatz 2 des vorliegenden Artikels genannten Kriterien festgelegt.

IV Die gemäß Absatz 3 des vorliegenden Artikels festgelegten Schwellenwerte dürfen nicht verhindern, dass Antragstellern, die die Schwellenwerte überschreiten, Prozesskostenhilfe gewährt wird, wenn sie den Nachweis erbringen, dass sie wegen der unterschiedlich hohen Lebenshaltungskosten im Mitgliedstaat ihres Wohnsitzes oder gewöhnlichen Aufenthalts und im Mitgliedstaat des Gerichtsstands die Prozesskosten nach Art. 3 II nicht tragen können.

V Prozesskostenhilfe muss nicht gewährt werden, wenn die Antragsteller im konkreten Fall effektiven Zugang zu anderen Regelungen haben, die die Prozesskosten gem. Art. 3 Absatz 2 decken.

Art. 6. Voraussetzungen für den Inhalt der Streitsache. **I Die Mitgliedstaaten können vorsehen, dass Anträge auf Prozesskostenhilfe für offensichtlich unbegründete Verfahren von den zuständigen Behörden abgelehnt werden können.**

II Wird vorprozessuale Rechtsberatung angeboten, so kann die Gewährung weiterer Prozesskostenhilfe aus Gründen, die mit dem Wesen, insbesondere den Erfolgsaussichten der Sache zusammenhängen, abgelehnt oder eingestellt werden, sofern der Zugang zum Recht gewährleistet ist.

III Bei der Entscheidung über das Wesen, insbesondere die Erfolgsaussichten, eines Antrags berücksichtigen die Mitgliedstaaten unbeschadet des Art. 5 die Bedeutung der betreffenden Rechtssache für den Antragsteller, wobei sie jedoch auch der Art der Rechtssache Rechnung tragen können, wenn der Antragsteller eine Rufschädigung geltend macht, jedoch keinen materiellen oder finanziellen Schaden erlitten hat, oder wenn der Antrag einen Rechtsanspruch betrifft, der in unmittelbarem Zusammenhang mit dem Geschäft oder der selbstständigen Erwerbstätigkeit des Antragstellers entstanden ist.

Art. 7. Durch den grenzüberschreitenden Charakter der Streitsache bedingte Kosten. **Die im Mitgliedstaat des Gerichtsstands gewährte Prozesskostenhilfe umfasst folgende unmittelbar mit dem grenzüberschreitenden Charakter der Streitsache verbundenen Kosten:**

a) Dolmetschleistungen;
b) Übersetzung der vom Gericht oder von der zuständigen Behörde verlangten und vom Empfänger vorgelegten Schriftstücke, die für die Entscheidung des Rechtsstreits erforderlich sind; und
c) Reisekosten, die vom Antragsteller zu tragen sind, wenn das Gesetz oder das Gericht dieses Mitgliedstaats die Anwesenheit der mit der Darlegung des Falls des Antragstellers befassten Personen bei Gericht verlangen und das Gericht entscheidet, dass die betreffenden Personen nicht auf andere Weise zur Zufriedenheit des Gerichts gehört werden können.

Art. 8. Vom Mitgliedstaat des Wohnsitzes oder des gewöhnlichen Aufenthalts zu übernehmende Kosten. **Der Mitgliedstaat, in dem die Person, die Prozesskostenhilfe beantragt hat, ihren Wohnsitz oder gewöhnlichen Aufenthalt hat, gewährt die erforderliche Prozesskostenhilfe gemäß Art. 3 Absatz 2 zur Deckung:**

a) der Kosten für die Unterstützung durch einen örtlichen Rechtsanwalt oder eine andere gesetzlich zur Rechtsberatung ermächtigte Person in diesem Mitgliedstaat, bis der Antrag auf Prozesskostenhilfe gemäß dieser Richtlinie im Mitgliedstaat des Gerichtsstands eingegangen ist;
b) der Kosten für die Übersetzung des Antrags und der erforderlichen Anlagen, wenn der Antrag auf Prozesskostenhilfe bei den Behörden dieses Mitgliedstaats eingereicht wird.

Art. 9. Weitergewährung der Prozesskostenhilfe. **I Die Prozesskostenhilfe wird den Empfängern in vollem Umfang oder teilweise weitergewährt, um die Kosten für die Vollstreckung eines Urteils im Mitgliedstaat des Gerichtsstands zu decken.**

II Ein Empfänger, dem im Mitgliedstaat des Gerichtsstands Prozesskostenhilfe gewährt wurde, erhält Prozesskostenhilfe gemäß dem Recht des Mitgliedstaats, in dem die Anerkennung oder Vollstreckung beantragt wird.

III Vorbehaltlich der Art. 5 und 6 wird Prozesskostenhilfe weiter gewährt, wenn ein Rechtsbehelf gegen den oder vom Empfänger eingelegt wird.

IV Die Mitgliedstaaten können in jeder Phase des Verfahrens auf der Grundlage der Art. 3 Absätze 3 und 5, Art. 5 und Art. 6 eine neuerliche Prüfung des Antrags auf Prozesskostenhilfe vorsehen; dies gilt auch für Verfahren nach den Absätzen 1 bis 3 des vorliegenden Artikels.

Art. 10. Außergerichtliche Verfahren. **Die Prozesskostenhilfe ist unter den in dieser Richtlinie festgelegten Voraussetzungen auf außergerichtliche Verfahren auszudehnen, wenn die Parteien gesetzlich verpflichtet sind, diese anzuwenden, oder den Streitparteien vom Gericht aufgetragen wird, diese in Anspruch zu nehmen.**

Art. 11. Öffentliche Urkunden. **Für die Vollstreckung öffentlicher Urkunden in einem anderen Mitgliedstaat wird unter den in dieser Richtlinie festgelegten Voraussetzungen Prozesskostenhilfe gewährt.**

Kapitel IV. Verfahren

Art. 12. Für die Gewährung der Prozesskostenhilfe zuständige Behörde. **Unbeschadet des Art. 8 wird die Prozesskostenhilfe von der zuständigen Behörde des Mitgliedstaats des Gerichtsstands gewährt oder verweigert.**

Art. 13. Einreichung und Übermittlung der Anträge auf Prozesskostenhilfe. **I Anträge auf Prozesskostenhilfe können eingereicht werden: entweder**

a) bei der zuständigen Behörde des Mitgliedstaats, in dem der Antragsteller seinen Wohnsitz oder seinen gewöhnlichen Aufenthalt hat (Übermittlungsbehörde), oder

b) bei der zuständigen Behörde des Mitgliedstaats des Gerichtsstands oder des Vollstreckungsmitgliedstaats (Empfangsbehörde).

II Anträge auf Prozesskostenhilfe sind auszufüllen und die beigefügten Anlagen zu übersetzen

a) in der bzw. die Amtssprache oder einer bzw. eine der Amtssprachen des Mitgliedstaats der zuständigen Empfangsbehörde, die zugleich einer der Amtssprachen der Europäischen Gemeinschaft entspricht; oder

b) in einer anderen bzw. eine andere Sprache, mit deren Verwendung sich dieser Mitgliedstaat gem. Art. 14 III einverstanden erklärt hat.

III [1]Die zuständigen Übermittlungsbehörden können entscheiden, die Übermittlung eines Antrags abzulehnen, wenn dieser offensichtlich

a) unbegründet ist oder

b) nicht in den Anwendungsbereich dieser Richtlinie fällt.

[2]Art. 15 Absätze 2 und 3 findet auf solche Entscheidungen Anwendung.

IV [1]Die zuständige Übermittlungsbehörde unterstützt den Antragsteller, indem sie dafür Sorge trägt, dass dem Antrag alle Anlagen beigefügt werden, die ihres Wissens zur Entscheidung über den Antrag erforderlich sind. [2]Ferner unterstützt sie den Antragsteller gem. Art. 8 Buchstabe b bei der Beschaffung der erforderlichen Übersetzung der Anlagen. [3]Die zuständige Übermittlungsbehörde leitet der zuständigen Empfangsbehörde in dem anderen Mitgliedstaat den Antrag innerhalb von 15 Tagen nach Erhalt des in einer der Amtssprachen gemäß Absatz 2 ordnungsgemäß ausgefüllten Antrags und der beigefügten, erforderlichenfalls in eine dieser Amtssprachen übersetzten Anlagen zu.

V Die nach Maßgabe dieser Richtlinie übermittelten Schriftstücke sind von der Legalisation und gleichwertigen Formalitäten befreit.

VI [1]Für die nach Absatz 4 erbrachten Leistungen dürfen die Mitgliedstaaten kein Entgelt verlangen. [2]Die Mitgliedstaaten, in denen die Person, die Prozesskostenhilfe beantragt hat, ihren Wohnsitz oder gewöhnlichen Aufenthalt hat, können festlegen, dass der Antragsteller die von der zuständigen Übermittlungsbehörde übernommenen Übersetzungskosten zurückzahlen muss, wenn der Antrag auf Prozesskostenhilfe von der zuständigen Behörde abgelehnt wird.

Art. 14. Zuständige Behörden und Sprachen. **I Die Mitgliedstaaten bezeichnen die für die Übermittlung des Antrags („Übermittlungsbehörden") bzw. den Empfang des Antrags („Empfangsbehörden") zuständige Behörde oder Behörden.**

II Jeder Mitgliedstaat übermittelt der Kommission folgende Angaben:

- **Name und Anschrift der zuständigen Empfangsbehörden oder Übermittlungsbehörden nach Absatz 1;**
- **räumlicher Zuständigkeitsbereich dieser Behörden;**
- **verfügbare Kommunikationsmittel dieser Behörden zum Empfang der Anträge; und**
- **Sprachen, in denen der Antrag ausgefüllt werden kann.**

III Die Mitgliedstaaten teilen der Kommission mit, welche Amtssprache(n) der Europäischen Gemeinschaft außer ihrer bzw. ihren eigenen Amtssprache(n) beim Ausfüllen der gemäß dieser Richtlinie eingehenden Anträge auf Prozesskostenhilfe für die zuständige Empfangsbehörde akzeptabel ist bzw. sind.

IV [1]Die Mitgliedstaaten übermitteln der Kommission die Angaben gemäß den Absätzen 2 und 3 vor dem 30. Dezember 2004. [2]Jede Änderung dieser Angaben wird der Kommission spätestens zwei Monate, bevor die Änderung in dem betreffenden Mitgliedstaat wirksam wird, mitgeteilt.

V Die Angaben gemäß den Absätzen 2 und 3 werden im Amtsblatt der Europäischen Gemeinschaften veröffentlicht.

Art. 15. Bearbeitung der Anträge. **I Die für die Entscheidung über die Anträge auf Prozesskostenhilfe zuständigen einzelstaatlichen Behörden tragen dafür Sorge, dass der Antragsteller in vollem Umfang über die Bearbeitung des Antrags unterrichtet wird.**

II Die vollständige oder teilweise Ablehnung der Anträge ist zu begründen.

III 1 Die Mitgliedstaaten sehen einen Rechtsbehelf gegen Entscheidungen vor, mit denen Anträge auf Prozesskostenhilfe abgelehnt werden. 2 Die Mitgliedstaaten können Fälle ausnehmen, bei denen ein Antrag auf Prozesskostenhilfe entweder von einem Berufungsgericht oder von einem Gericht abgelehnt wird, gegen dessen Entscheidung in der Hauptsache nach nationalem Recht kein Rechtsbehelf möglich ist.

IV Ist ein Rechtsbehelf gegen eine Entscheidung über die Ablehnung oder Einstellung der Prozesskostenhilfe aufgrund von Art. 6 verwaltungsrechtlicher Art, so unterliegt er in allen Fällen der gerichtlichen Überprüfung.

Art. 16. Standardformular. **I Zur Erleichterung der Übermittlung der Anträge wird nach dem in Art. 17 Absatz 2 genannten Verfahren ein Standardformular für Anträge auf Prozesskostenhilfe und für die Übermittlung dieser Anträge erstellt.**

II 1 Das Standardformular für die Übermittlung von Anträgen auf Prozesskostenhilfe wird spätestens am 30. Mai 2003 erstellt. 2 Das Standardformular für Anträge auf Prozesskostenhilfe wird spätestens am 30. 11. 2004 erstellt.

Kapitel V. Schlussbestimmungen

Art. 17. Ausschuss. **I Die Kommission wird von einem Ausschuss unterstützt.**

II Wird auf diesen Absatz Bezug genommen, so gelten die Art. 3 und 7 des Beschlusses 1999/468/EG.

III Der Ausschuss gibt sich eine Geschäftsordnung.

Art. 18. Information. **Die zuständigen einzelstaatlichen Behörden arbeiten zusammen, um die Information der Öffentlichkeit und der Fachkreise über die verschiedenen Systeme der Prozesskostenhilfe, insbesondere über das gemäß der Entscheidung 2001/470/EG eingerichtete Europäische Justizielle Netz zu gewährleisten.**

Art. 19. Günstigere Bestimmungen. **Diese Richtlinie hindert die Mitgliedstaaten nicht daran, günstigere Bestimmungen für Antragsteller und Empfänger von Prozesskostenhilfe vorzusehen.**

Art. 20. Verhältnis zu anderen Übereinkünften. **Diese Richtlinie hat zwischen den Mitgliedstaaten in ihrem Anwendungsbereich Vorrang vor den Bestimmungen, die in den von den Mitgliedstaaten geschlossenen bilateralen und multilateralen Übereinkünften enthalten sind, einschließlich**

a) des am 27. Januar 1977 in Straßburg unterzeichneten Europäischen Übereinkommens über die Übermittlung von Anträgen auf Bewilligung der Prozesskostenhilfe, geändert durch das 2001 in Moskau unterzeichnete Zusatzprotokoll zum Europäischen Übereinkommen über die Übermittlung von Anträgen auf Bewilligung der Prozesskostenhilfe;

b) des Haager Abkommens vom 25. Oktober 1980 über die Erleichterung des internationalen Zugangs zu den Gerichten.

Art. 21. Umsetzung in innerstaatliches Recht. **I 1 Die Mitgliedstaaten setzen die Rechts- und Verwaltungsvorschriften in Kraft, die erforderlich sind, um dieser Richtlinie spätestens am 30. November 2004 nachzukommen; dies gilt jedoch nicht für Art. 3 Absatz 2 Buchstabe a, dessen Umsetzung in nationales Recht spätestens am 30. Mai 2006 erfolgt. Sie setzen die Kommission unverzüglich davon in Kenntnis. 2 Wenn die Mitgliedstaaten diese Vorschriften erlassen, nehmen sie in den Vorschriften selbst oder durch einen Hinweis bei der amtlichen Veröffentlichung auf diese Richtlinie Bezug. 3 Die Mitgliedstaaten regeln die Einzelheiten der Bezugnahme.**

II Die Mitgliedstaaten teilen der Kommission den Wortlaut der wichtigsten innerstaatlichen Rechtsvorschriften mit, die sie auf dem unter diese Richtlinie fallenden Gebiet erlassen.

Art. 22. In-Kraft-Treten. **Diese Richtlinie tritt am Tag ihrer Veröffentlichung im Amtsblatt der Europäischen Gemeinschaften in Kraft.**

Bem. Die Richtlinie ist im ABl (EG) Nr L 26 vom 31. 1. 03, S 41, veröffentlicht und im ABl (EG) Nr L 32 vom 7. 2. 03, S 15, berichtigt worden.

Art. 23. Adressaten. **Diese Richtlinie ist gemäß dem Vertrag zur Gründung der Europäischen Gemeinschaft an die Mitgliedstaaten gerichtet.**

1076 *Anwendbare Vorschriften.* **Für die grenzüberschreitende Prozesskostenhilfe innerhalb der Europäischen Union nach der Richtlinie 2003/8/EG des Rates vom 27. Januar 2003 zur Verbesserung des Zugangs zum Recht bei Streitsachen mit grenzüberschreitendem Bezug durch Festlegung gemeinsamer Mindestvorschriften für die Prozesskostenhilfe in derartigen Streitsachen (ABl. EG Nr. L 26 S. 41, ABl. EU Nr. L 32 S. 15) gelten die §§ 114 bis 127 a, soweit nachfolgend nichts Abweichendes bestimmt ist.**

Vorbem. Angefügt dch Art 1 Z 4 EG-ProzesskostenhilfeG v 15. 12. 04, BGBl 3392, in Kraft seit 21. 12. 04, Art 9 G, ÜbergangsR Einl III 78.

1 **1) Systematik.** Die Vorschrift steht in ihrem Geltungsbereich nach Rn 3 selbständig neben §§ 114–127 a. Erst § 1076 macht die §§ 114 ff bedingt anwendbar.

2 **2) Regelungszweck.** Die Vorschrift dient mit ihrer Verweisungstechnik in Hs 1 der Vereinfachung und damit der Prozeßwirtschaftlichkeit nach Grdz 14 vor § 128. Daher darf und muß man §§ 114 ff im Bereich des § 1076 großzügig zugunsten des Antragstellers auslegen und dabei die in Einf 3 vor § 1076 abgedruckte EU-Richtlinie mit ihrer Zielsetzung durchaus mitbeachten. Hs 2 klärt den Vorrang von §§ 1077, 1078 und damit die Hilfsfunktion von Hs 1.

3 **3) Geltungsbereich.** Er ergibt sich aus der in Einf 3 vor § 1076 abgedruckten EU-Richtlinie. § 1076 klärt, daß dort nur die Mindestvorschriften EU-weit geregelt sind. Das innerdeutsche Ausführungsrecht erlaubt daher weitere Vorschriften zugunsten, aber nicht zu Lasten des Antragstellers.

4 **4) Verweisungen.** Vgl Rn 1, 2.

1077 *Ausgehende Ersuchen.* **I [1] Für die Entgegennahme und Übermittlung von Anträgen natürlicher Personen auf grenzüberschreitende Prozesskostenhilfe ist das Amtsgericht zuständig, in dessen Bezirk der Antragsteller seinen Wohnsitz oder gewöhnlichen Aufenthalt hat (Übermittlungsstelle). [2] Die Landesregierungen können die Aufgaben der Übermittlungsstelle einem Amtsgericht für die Bezirke mehrerer Amtsgerichte durch Rechtsverordnung zuweisen. [3] Sie können die Ermächtigung durch Rechtsverordnung auf die Landesjustizverwaltungen übertragen.**

II [1] Das Bundesministerium der Justiz wird ermächtigt, durch Rechtsverordnung mit Zustimmung des Bundesrates die in Artikel 16 Abs. 1 der Richtlinie 2003/8/EG vorgesehenen Standardformulare für Anträge auf grenzüberschreitende Prozesskostenhilfe und für deren Übermittlung einzuführen. [2] Soweit Standardformulare für Anträge auf grenzüberschreitende Prozesskostenhilfe und für deren Übermittlung eingeführt sind, müssen sich der Antragsteller und die Übermittlungsstelle ihrer bedienen.

III [1] Die Übermittlungsstelle kann die Übermittlung durch Beschluss vollständig oder teilweise ablehnen, wenn der Antrag offensichtlich unbegründet ist oder offensichtlich nicht in den Anwendungsbereich der Richtlinie 2003/8/EG fällt. [2] Sie kann von Amts wegen Übersetzungen von dem Antrag beigefügten fremdsprachigen Anlagen fertigen, soweit dies zur Vorbereitung einer Entscheidung nach Satz 1 erforderlich ist. [3] Gegen die ablehnende Entscheidung findet die sofortige Beschwerde nach Maßgabe des § 127 Abs. 2 Satz 2 und 3 statt.

IV [1] Die Übermittlungsstelle fertigt von Amts wegen Übersetzungen der Eintragungen im Standardformular für Anträge auf Prozesskostenhilfe sowie der beizufügenden Anlagen

a) in eine der Amtssprachen des Mitgliedstaats der zuständigen Empfangsstelle, die zugleich einer der Amtssprachen der Europäischen Union entspricht, oder

b) in eine andere von diesem Mitgliedstaat zugelassene Sprache.

[2] Die Übermittlungsstelle prüft die Vollständigkeit des Antrags und wirkt darauf hin, dass Anlagen, die nach ihrer Kenntnis zur Entscheidung über den Antrag erforderlich sind, beigefügt werden.

V [1] Die Übermittlungsstelle übersendet den Antrag und die beizufügenden Anlagen ohne Legalisation oder gleichwertige Förmlichkeiten an die zuständige Empfangsstelle des Mitgliedstaats des Gerichtsstands oder des Vollstreckungsmitgliedstaats. [2] Die Übermittlung erfolgt innerhalb von 14 Tagen nach Vorliegen der gemäß Absatz 4 zu fertigenden Übersetzungen.

VI [1] Hat die zuständige Stelle des anderen Mitgliedstaats das Ersuchen um Prozesskostenhilfe auf Grund der persönlichen und wirtschaftlichen Verhältnisses des Antragstellers abgelehnt oder eine Ablehnung angekündigt, so stellt die Übermittlungsstelle auf Antrag eine Bescheinigung der Bedürftigkeit aus, wenn der Antragsteller in einem entsprechenden deutschen Verfahren nach § 115 Abs. 1 und 2 als bedürftig anzusehen wäre. [2] Absatz 4 Satz 1 gilt für die Übersetzung der Bescheinigung entsprechend. [3] Die Übermittlungsstelle übersendet der Empfangsstelle des anderen Mitgliedstaats die Bescheinigung der Bedürftigkeit zwecks Ergänzung des ursprünglichen Ersuchens um grenzüberschreitende Prozesskostenhilfe.

Vorbem. Angefügt dch Art 1 Z 4 EG-ProzesskostenhilfeG v 15. 12. 04, BGBl 3392, in Kraft seit 21. 12. 04, Art 9 G, ÜbergangsR Einl III 78.

Gliederung

1 **1) Systematik, I–VI.** Die Vorschrift regelt ein sog Ausgehendes Ersuchen von Deutschland ins EU-Ausland. Demgegenüber behandelt § 1078 ein sog Eingehendes Ersuchen vom EU-Gebiet nach Deutschland. Beide Vorschriften stehen also gleichrangig nebeneinander.

2) Regelungszweck, I–VI. Die deutsche Übermittlungsstelle soll möglichst klare und einfache Weisungen zur Durchführung des Ersuchens erhalten, damit es vor der ausländischen Entscheidungsstelle einigermaßen Erfolg verspricht. Klarheit und Einfachheit heißt gerade auch zwischenstaatlich natürlich auch: Genauigkeit. Daher muß zB die etwa notwendige Bedürftigkeitsbescheinigung nach VI mit aller Sorgfalt entstehen. Zumindest die 14-Tage-Frist nach V 1 zwingt zugleich zu erheblichem Arbeitstempo. Damit stellt die Vorschrift an den Rpfl des AG als Übermittlungsstelle hohe Anforderungen. Man darf sie im Interesse der Funktionsfähigkeit des Ersuchens nicht verwässern. Man darf sie aber auch nicht von vornherein überspannen. Bei einer Ablehnungsankündigung nach VI 1 kann der Rpfl ja in der Bedürftigkeitsbescheinigung usw notfalls nachbessern. 2

3) Geltungsbereich, I–VI. Die Vorschrift gilt unmittelbar nur für ein deutsches Ersuchen gegenüber einem EU-Mitgliedstaat und dabei nicht gegenüber Dänemark, Erwägung XXXIV der Richtlinie, wohl aber voraussichtlich gegenüber dem Vereinigten Königreich und Irland, Erwägung XXXIII der Richtlinie. Eine entsprechende Handhabung zumindest gegenüber weiteren EU-Beitrittskandidaten mag praktikabel sein. 3

4) Zuständigkeit, I. Ähnlich wie § 10 des G zur Ausführung des Haager Zivilprozeßübereinkommens (HZPrÜbk) gegenüber anderen Staaten ist auch nach I 1 grundsätzlich das AG zuständig, in dessen Bezirk der Antragsteller seinen Wohnsitz nach § 13 oder seinen gewöhnlichen Aufenthalt nach § 16 Hs 1 hat. Bei einer juristischen Person gilt § 17. Das AG wird nach § 20 Z 6 RPflG grundsätzlich durch den Rpfl und nur im dort genannten Ausnahmefall des § 1078 durch den Richter tätig, Rellermeyer Rpfleger **05**, 61 (Üb). 4

I 2 erlaubt den Landesregierungen eine Zuweisung der Aufgaben an ein einzelnes AG für mehrere Bezirke. Sie ist bisher nicht erfolgt. I 3 erlaubt der Landesregierung die Übertragung der Ermächtigung zur Rechtsverordnung auf die Landesjustizverwaltung. Auch diese ist bisher nicht erfolgt. 5

Art 13 V Richtlinie mit seiner Befreiung von irgendwelchen Formalien des Verfahrens läßt freilich auch einen direkten Antrag an die EU-ausländische Empfangsstelle zu, Jastrow MDR **04**, 76. 6

5) Standardformular, II. Die Vorschrift setzt Art 16 Richtlinie um. II 1 enthält eine Ermächtigung zur Einführung. II 2 enthält ab Einführung einen Benutzungszwang. Dazu ist die EG-Prozesskostenhilfevordruckverordnung – EG-PKHVV – vom 21. 12. 04, BGBl 3538, ergangen und hat den Vordruckzwang in ihrem § 1 eingeführt, in Kraft seit 23. 12. 04, § 2 VO. Vom Abdruck dieses Vordrucks wird hier abgesehen. Ergänzend gelten über die Verweisung in § 1076 die Vorschriften des § 117 III, IV direkt, nicht nur entsprechend. Vgl daher dort Rn 30–34. Dagegen gilt trotz der Anwendbarkeit auch des § 117 II die innerdeutsche PKHVV, abgedruckt in § 117 Rn 30, nur hilfsweise. 7

6) Prüfung, III, IV. Die Systematik ist ziemlich verunglückt. Man hält sich am besten an die folgende Methode. 8

A. Vollständigkeit des Antrags, IV 2. Zunächst prüft der Rpfl wegen Art 13 IV 1 Richtlinie von Amts wegen die formelle Vollständigkeit des Antrags und der notwendigen Anlagen. Er wirkt auf deren Beifügung hin und setzt dazu eine wegen V 2 nur ganz kurze Frist von höchstens etwa 10 Tagen, damit er innerhalb der ihm genannten 14 Tage nach Vorliegen der Übersetzungen den Antrag absenden kann.

B. Offensichtliche Unzulässigkeit oder Unbegründetheit, III 1, 3. Im Anschluß an die Prüfung Rn 8 darf und muß der deutsche Rpfl wegen Art 13 III 1 Richtlinie prüfen, ob der Antrag ganz oder teilweise offensichtlich nicht in den Anwendungsbereich nach Rn 3 fällt oder ob er jedenfalls offensichtlich unbegründet ist. In jedem dieser Fälle darf und muß der Rpfl nämlich schon die bloße Übermittlung entsprechend ablehnen. Dadurch soll schon er jeden Rechtsmißbrauch im Sinn von Einl III 54 von vornherein verhindern. „Kann" bedeutet daher die Zuständigkeit, kein Ermessen zum Wie, sondern allenfalls ein solches zum Ob solcher Voraussetzungen. Es ist keine mündliche Verhandlung notwendig, § 128 IV. Der Rpfl muß den Antragsteller aber anhören. 9

Überforderung ist bei diesem Prüfschritt die Hauptgefahr. Der deutsche Rpfl kann kaum auch nur vorläufig die Erfolgsaussicht und das nach deutschem Recht notwendige Fehlen von Mutwillen für das ausländische Verfahren auch nur halbwegs abschätzen. Er kann allenfalls zur Bedürftigkeit mehr erkennen. Daher ist Großzügigkeit geboten. Erst bei unzweifelhaft haltlosem Antrag ist dessen Ablehnung nach III 1 erlaubt und dann freilich auch zwingend geboten. 10

Beschluß ist die wegen Artt 13 III 2, 15 II, III Richtlinie nach III 1 vorgeschriebene Ablehnungsform. Der Rpfl muß seinen Beschluß begründen, § 329 Rn 4. Der Beschluß muß über die Kosten mitentscheiden, Art 8 Richtlinie, §§ 91 ff entsprechend. Wegen der Auslagen gelten § 28 III GKG, 46 II 3 RVG. Wegen III 3 muß der Rpfl die ablehnende Entscheidung dem Antragsteller nach § 329 III Hs 1 in Verbindung mit § 127 II, 2, 3 förmlich zustellen lassen. 11

Sofortige Beschwerde ist ja nach III 3 stets statthaft, § 127 II 2 Hs 2. Die Notfrist dazu beträgt wegen der Verweisung in III 3 auch auf § 127 II 3 einen Monat seit Zustellung. Wiedereinsetzung ist statthaft, §§ 127 II 3, 233. Kostenerstattung ist auch im Beschwerdeverfahren möglich. Denn III 3 verweist nicht auch auf § 127 IV. 12

7) Übersetzungen, III 2, IV, VI 2. Der Rpfl darf und muß wegen Art 13 II, IV 1, 2, VI 1 Richtlinie von Amts wegen stets Übersetzungen der Eintragungen im Standardformular nach Rn 7 und dessen beizufügender Anlagen nach IV anfertigen lassen. Er kann nach III 2 ebenfalls von Amts wegen auch von einer dem Antrag beigefügten fremdsprachigen Anlage eine Übersetzung herstellen lassen, soweit er sie zur Vorbereitung einer Antragsablehnung nach III 1 braucht. Im letzteren Fall ist der Antragsteller nach § 28 III Alt 2 GKG Kostenschuldner. Im übrigen bleiben die Übersetzungskosten nach Art 8 a, b Richtlinie beim Wohnsitzstaat. 13

Unanwendbar wird diese Regelung natürlich, soweit der Antragsteller selbst bereits ausreichend Übersetzungen miteingereicht hat und soweit auch nicht etwa der Empfangsstaat nach VI Bedenken gegen die 14

Brauchbarkeit geltend macht oder der deutsche Rpfl erkennt, daß die Übersetzung nicht ausreicht. Eine Beglaubigung ist nicht nötig.

15 **8) Übermittlung, V.** Nach Erledigung von Rn 8–14 und mangels Ablehnung nach Rn 9–12 darf und muß der Rpfl wegen Art 13 IV 3 Richtlinie den Antrag nebst Anlagen binnen 14 Tagen nach Vorliegen der vom Antragsteller nach Rn 14 eingereichten oder von Amts wegen beschafften Übersetzungen an die zuständige Empfangsstelle des Mitgliedstaats des Gerichtsstands oder des Vollstreckungsmitgliedstaats übersenden.

Empfangsstelle wird wie bei den VOen (EG) Nr 1348/2000, Einf 3 vor § 1067, und Nr 1206/2001, Einf 3 vor § 1072, diejenige Stelle sein, die man einem Handbuch der Europäischen Kommission auch im Internet wird entnehmen können, ferner einem europaweiten Gerichtsverzeichnis in einem Europäischen Justitiellen Atlas, Jastrow MDR **04**, 76.

16 *Keinerlei Förmlichkeit* ist nach V 1 dabei erlaubt, insbesondere ist keinerlei Legalisation nach § 438 Rn 4 notwendig.

17 **9) Bedürftigkeitsbescheinigung, VI.** Nach Art 5 IV Richtlinie muß das ausländische EU-Land dem Antragsteller evtl auch dann Prozeßkostenhilfe gewähren, wenn seine Bedürftigkeit nach deutschem Recht vorliegt, aber nach dortigem Recht fehlt. In solcher Lage darf sich der Antragsteller erneut in derselben Sache an die deutsche Übermittlungsstelle mit dem Antrag auf Ausstellung einer Bescheinigung seiner Bedürftigkeit wenden. VI regelt dieses Verfahren. Dabei stellt der Rpfl auf die Entscheidungsreife über diesen Ergänzungsantrag ab.

1078 *Eingehende Ersuchen.* I [1] **Für eingehende Ersuchen um grenzüberschreitende Prozesskostenhilfe ist das Prozessgericht oder das Vollstreckungsgericht zuständig.** [2] **Die Anträge müssen in deutscher Sprache ausgefüllt und die Anlagen von einer Übersetzung in die deutsche Sprache begleitet sein.** [3] **Eine Legalisation oder gleichwertige Förmlichkeiten dürfen nicht verlangt werden.**

II [1] **Das Gericht entscheidet über das Ersuchen nach Maßgabe der §§ 114 bis 116.** [2] **Es übersendet der übermittelnden Stelle eine Abschrift seiner Entscheidung.**

III **Der Antragsteller erhält auch dann grenzüberschreitende Prozesskostenhilfe, wenn er nachweist, dass er wegen unterschiedlich hoher Lebenshaltungskosten im Mitgliedstaat seines Wohnsitzes oder gewöhnlichen Aufenthalts einerseits und im Geltungsbereich dieses Gesetzes andererseits die Kosten der Prozessführung nicht, nur zum Teil oder nur in Raten aufbringen kann.**

IV [1] **Wurde grenzüberschreitende Prozesskostenhilfe bewilligt, so gilt für jeden weiteren Rechtszug, der von dem Antragsteller oder dem Gegner eingeleitet wird, ein neuerliches Ersuchen um grenzüberschreitende Prozesskostenhilfe als gestellt.** [2] **Das Gericht hat dahin zu wirken, dass der Antragsteller die Voraussetzungen für die Bewilligung der grenzüberschreitenden Prozesskostenhilfe für den jeweiligen Rechtszug darlegt.**

Vorbem. Angefügt dch Art 1 Z 4 EG-ProzesskostenhilfeG v 15. 12. 04, BGBl 3392, in Kraft seit 21. 12. 04, Art 9 G, ÜbergangsR Einl III 78.

Gliederung

1 **1) Systematik, I–IV.** Vgl § 1077 Rn 1.

2 **2) Regelungszweck, I–IV.** Es gelten dieselben Erwägungen wie bei § 1077 Rn 2.

3 **3) Zuständigkeit, I 1.** Die Vorschrift setzt Art 14 I Richtlinie um. Zur Prüfung und Entscheidung beim Ersuchen aus einem EU-Ausland um grenzüberschreitende Prozeßkostenhilfe ist dasjenige deutsche Gericht zuständig, das in der zugehörigen Hauptsache entscheiden soll, also im Erkenntnisverfahren das Prozeßgericht, in der Zwangsvollstreckung ab ihrem Beginn nach Grdz 51 vor § 704 bis zu ihrem Ende nach Grdz 52 vor § 704 das nach § 802 ausschließlich zuständige Vollstreckungsgericht nach § 764. Diese Gerichte handeln grundsätzlich durch den Rpfl, § 20 Z 6 RPflG (dort auch zu dem ausnahmsweise zuständigen Richter). Das AG ist also nur insoweit zuständig, als es Prozeß- bzw Vollstreckungsgericht ist. Anders als nach § 1077 I 2 sieht § 1078 keine Konzentration auf ein Gericht für mehrere Bezirke vor. Ebensowenig kommt es bei I 1 von vornherein auf Wohnsitz oder Aufenthaltsort an, soweit diese nicht schon die Zuständigkeit eben des Prozeß- bzw Vollstreckungsgerichts bestimmt haben.

4 **4) Deutsche Amtssprache, keinerlei Förmlichkeit, I 2, 3.** Wegen Art 13 II a Richtlinie muß der Antrag nach I 2 in deutsch vorliegen, wie es innerdeutsch ja auch § 184 GVG fordert. Wegen Art 13 V Richtlinie darf das deutsche Gericht nach I 3 weder eine Legalisation im Sinn von § 438 Rn 4 noch irgendeine andere Förmlichkeit fordern, wie bei § 1077 V 1.

5 **5) Prüfung, II 1, III.** Die Vorschrift wiederholt den schon in § 1076 genannten Grundsatz. Danach darf und muß der Rpfl §§ 114 ff direkt anwenden. Darüber hinaus muß er III beachten. Im Prinzip gelten alle innerdeutschen Regeln uneingeschränkt zur Erfolgsaussicht und zum Fehlen von Mutwillen.

Zur Frage der Bedürftigkeit muß der Rpfl zwar zunächst ebenfalls von den innerdeutschen Regeln ausgehen. Er darf und muß aber wegen Art 5 IV Richtlinie wie beim Ausgehenden Gesuch im Fall des § 1077 VI die unterschiedlichen Lebenshaltungskosten im ausländischen Mitgliedstaat des Wohnsitzes odes des gewöhnlichen Aufenthaltsorts des Antragstellers einerseits und in Deutschland andererseits nach III mitbeachten.

Das kann dazu führen, die *Bedürftigkeit* auch dann zu bejahen, wenn sie im EU-Ausland nicht bestehen würde. Der Rpfl darf und muß also ohne genaue Kenntnis der ausländischen Verhältnisse evtl großzügig zugunsten des Antragstellers vorgehen. Natürlich darf er auch hier ebensowenig einen Rechtsmißbrauch dulden, Einl III 54. Er darf sich aber erst recht derjenigen vorläufigen Prüfung bedienen, die schon im innerdeutschen Verfahren stets erlaubt ist. Im Zweifel zugunsten des Antragstellers. Allerdings setzt das alles zumindest auch einen wirklichen Nachweis des Antragstellers im Sinn von III voraus. An *diesem* Punkt ist also im Zweifel keine Entscheidung zugunsten des Antragstellers erlaubt. Im Ergebnis bleibt es daher doch oft bei derselben Abwägung wie im innerdeutschen Verfahren. 6

6) Entscheidung, Rechtsmittel, II, III. Die Verweisung in II 1 auf §§ 114–116 bedeutet wegen § 1076 keineswegs eine Beschränkung auf die erstgenannten Vorschriften. Vielmehr gelten natürlich auch für die Entscheidung §§ 114–127 direkt. Vgl daher zu alledem dort. Lediglich klarstellend schreibt II 2 die Übersendung einer Abschrift der Entscheidung an die übermittelnde Stelle vor. Die Vorschrift schreibt keine Übersetzung dieser Abschrift vor. 7

7) Weiterer Rechtszug, IV. Wegen Art 9 IV Richtlinie bleibt grundsätzlich § 119 I 1 anwendbar. Indessen gibt § 1078 IV 1 eine Erleichterung nach einer vorinstanzlichen Bewilligung von Prozeßkostenhilfe zugunsten jedes Rechtsmittelführers: Es gilt ein „neuerliches" Ersuchen als gestellt. Ist der erstinstanzliche Prozeßgegner jetzt Rechtsmittelführer, so mag er vorinstanzlich gar keine Prozeßkostenhilfe beantragt haben. Dann könnte man auch nicht ein neuerliches Gesuch bei ihm unterstellen. Im übrigen mag der erstinstanzliche Antragsteller oder -gegner im Inland gewohnt haben usw. Daher darf man IV 1 nur dann anwenden, wenn das Gesuch nicht nur ein „neuerliches" ist, sondern auch gerade ein solches um „grenzüberschreitende" Prozeßkostenhilfe. Sie liegt nicht schon deshalb vor, weil der Gegner sie braucht, man selbst aber nicht. 8

IV 2 verpflichtet den Rpfl in Anlehnung an § 139 dazu, auf eine ausreichende *Darlegung* der Voraussetzungen für grenzüberschreitende Prozeßkostenhilfe für den weiteren Rechtszug zu sorgen. Diese Vorschrift steht in demselben Absatz wie IV 1 und bezieht sich trotz des mißverständlichen Worts „jeweiligen" daher nur auf jeden „weiteren" Rechtszug. 9

8) Kosten, I–IV. Maßgeblich sind zunächst Artt 7, 8 Richtlinie. Ergänzend gelten das GKG, evtl die KostO und stets das JVEG und das RVG. 10

Abschnitt 4. Europäische Vollstreckungstitel nach der Verordnung (EG) Nr. 805/2004

Einführung

Schrifttum: *Gerling,* Die Gleichstellung ausländischer mit inländischen Vollstreckungstiteln usw (rechtsvergleichend), 2006; *Hell* NJW **02**, 2417; *Hüßtege* Festschrift für *Jayme* (2004) 371; *Leible/Freitag,* Forderungsbeitreibung in der EU, 2008; *Rellermeyer* Rpfleger **05**, 389; *Rott* EuZW **05**, 167; *Stadler* IPRax **04**, 2 (ausf); *Stein* EuZW **04**, 679; *Strasser* Rpfleger **07**, 249; *Wagner* IPRax **05**, 189 und NJW **05**, 1157 (je: Üb).

1) Systematik. Seit 21. 10. 05 gilt in der EU die VO (EG) Nr 805/2004 des Europäischen Parlaments und des Rates zur Einführung eines europäischen Vollstreckungstitels für unbestrittene Forderungen, ABl EG L 143, 15 v 21. 4. 04, berichtigt am 15. 4. 05, ABl EG L 97, 64, abgedruckt schon wegen der ständigen Verweisungen der §§ 1079 ff auf deren EG-Ausgangspunkt direkt vor ihnen seit der 64. Aufl dieses Buchs in Rn 3. Sie berührt nach ihrem nachstehend mitabgedruckten Art 27 nicht die Möglichkeit einer Anerkennung und Vollstreckung nach der VO (EG) Nr 44/2001 und läßt nach ihrem ebenfalls mitabgedruckten Art 28 die VO (EG) Nr 1348/2000, ihrerseits abgedruckt in Einf 3 vor § 1067, unberührt. 1

2) Regelungszweck. Er liegt in einer Vereinfachung, Vereinheitlichung und Beschleunigung. So ist die ganze Regelung auslegbar. 2

3) Verordnung (EG) Nr 805/2004 (ohne ihre amtlichen Erwägungen) 3

Kapitel I. Gegenstand, Anwendungsbereich und Begriffsbestimmungen

VO (EG) Art. 1. Gegenstand. **Mit dieser Verordnung wird ein Europäischer Vollstreckungstitel für unbestrittene Forderungen eingeführt, um durch die Festlegung von Mindestvorschriften den freien Verkehr von Entscheidungen, gerichtlichen Vergleichen und öffentlichen Urkunden in allen Mitgliedstaaten zu ermöglichen, ohne dass im Vollstreckungsmitgliedstaat ein Zwischenverfahren vor der Anerkennung und Vollstreckung angestrengt werden muss.**

VO (EG) Art. 2. Anwendungsbereich. I [1] **Diese Verordnung ist in Zivil- und Handelssachen anzuwenden, ohne dass es auf die Art der Gerichtsbarkeit ankommt.** [2] **Sie erfasst insbesondere nicht Steuer- und Zollsachen, verwaltungsrechtliche Angelegenheiten sowie die Haftung des Staates für Handlungen oder Unterlassungen im Rahmen der Ausübung hoheitlicher Rechte („acta jure imperii").**

II Diese Verordnung ist nicht anzuwenden auf

a) den Personenstand, die Rechts- und Handlungsfähigkeit sowie die gesetzliche Vertretung von natürlichen Personen, die ehelichen Güterstände, das Gebiet des Erbrechts einschließlich des Testamentsrechts;
b) Konkurse, Vergleiche und ähnliche Verfahren;
c) die soziale Sicherheit;
d) die Schiedsgerichtsbarkeit.

III In dieser Verordnung bedeutet der Begriff „Mitgliedstaaten" die Mitgliedstaaten mit Ausnahme Dänemarks.

VO (EG) Art. 3. Vollstreckungstitel, die als Europäischer Vollstreckungstitel bestätigt werden. **I 1 Diese Verordnung gilt für Entscheidungen, gerichtliche Vergleiche und öffentliche Urkunden über unbestrittene Forderungen. 2 Eine Forderung gilt als „unbestritten", wenn**

a) der Schuldner ihr im gerichtlichen Verfahren ausdrücklich durch Anerkenntnis oder durch einen von einem Gericht gebilligten oder vor einem Gericht im Laufe eines Verfahrens geschlossenen Vergleich zugestimmt hat oder
b) der Schuldner ihr im gerichtlichen Verfahren zu keiner Zeit nach den maßgeblichen Verfahrensvorschriften des Rechts des Ursprungsmitgliedstaats widersprochen hat oder
c) der Schuldner zu einer Gerichtsverhandlung über die Forderung nicht erschienen oder dabei nicht vertreten worden ist, nachdem er zuvor im gerichtlichen Verfahren der Forderung widersprochen hatte, sofern ein solches Verhalten nach dem Recht des Ursprungsmitgliedstaats als stillschweigendes Zugeständnis der Forderung oder des vom Gläubiger behaupteten Sachverhalts anzusehen ist oder
d) der Schuldner die Forderung ausdrücklich in einer öffentlichen Urkunde anerkannt hat.

II Diese Verordnung gilt auch für Entscheidungen, die nach Anfechtung von als Europäischer Vollstreckungstitel bestätigten Entscheidungen, gerichtlichen Vergleichen oder öffentlichen Urkunden ergangen sind.

VO (EG) Art. 4. Begriffsbestimmungen. **Im Sinne dieser Verordnung gelten folgende Begriffsbestimmungen:**

1. **„Entscheidung": jede von einem Gericht eines Mitgliedstaats erlassene Entscheidung ohne Rücksicht auf ihre Bezeichnung wie Urteil, Beschluss, Zahlungsbefehl oder Vollstreckungsbescheid, einschließlich des Kostenfestsetzungsbeschlusses eines Gerichtsbediensteten.**
2. **„Forderung": eine Forderung auf Zahlung einer bestimmten Geldsumme, die fällig ist oder deren Fälligkeitsdatum in der Entscheidung, dem gerichtlichen Vergleich oder der öffentlichen Urkunde angegeben ist.**
3. **„Öffentliche Urkunde":**
   a) ein Schriftstück, das als öffentliche Urkunde aufgenommen oder registriert worden ist, wobei die Beurkundung
      i) sich auf die Unterschrift und den Inhalt der Urkunde bezieht und
      ii) von einer Behörde oder einer anderen von dem Ursprungsmitgliedstaat hierzu ermächtigten Stelle vorgenommen worden ist;
   oder
   b) eine vor einer Verwaltungsbehörde geschlossene oder von ihr beurkundete Unterhaltsvereinbarung oder -verpflichtung.
4. **„Ursprungsmitgliedstaat": der Mitgliedstaat, in dem eine Entscheidung ergangen ist, ein gerichtlicher Vergleich gebilligt oder geschlossen oder eine öffentliche Urkunde ausgestellt wurde und in dem diese als Europäischer Vollstreckungstitel zu bestätigen sind.**
5. **„Vollstreckungsmitgliedstaat": der Mitgliedstaat, in dem die Vollstreckung der/des als Europäischer Vollstreckungstitel bestätigten Entscheidung, gerichtlichen Vergleichs oder öffentlichen Urkunde betrieben wird.**
6. **„Ursprungsgericht": das Gericht, das mit dem Verfahren zum Zeitpunkt der Erfüllung der Voraussetzungen nach Artikel 3 Absatz 1 Buchstaben a), b), und c) befasst war.**
7. **Bei den summarischen Mahnverfahren in Schweden (betalningsföreläggande) umfasst der Begriff „Gericht" auch die schwedische kronofogdemyndighet (Amt für Beitreibung).**

Kapitel II. Der europäische Vollstreckungstitel

VO (EG) Art. 5. Abschaffung des Vollstreckbarerklärungsverfahrens. **Eine Entscheidung, die im Ursprungsmitgliedstaat als Europäischer Vollstreckungstitel bestätigt worden ist, wird in den anderen Mitgliedstaaten anerkannt und vollstreckt, ohne dass es einer Vollstreckbarerklärung bedarf und ohne dass die Anerkennung angefochten werden kann.**

VO (EG) Art. 6. Voraussetzungen für die Bestätigung als Europäischer Vollstreckungstitel. **I Eine in einem Mitgliedstaat über eine unbestrittene Forderung ergangene Entscheidung wird auf jederzeitigen Antrag an das Ursprungsgericht als Europäischer Vollstreckungstitel bestätigt, wenn**

a) die Entscheidung im Ursprungsmitgliedstaat vollstreckbar ist, und
b) die Entscheidung nicht im Widerspruch zu den Zuständigkeitsregeln in Kapitel II Abschnitte 3 und 6 der Verordnung (EG) Nr. 44/2001 steht, und

c) das gerichtliche Verfahren im Ursprungsmitgliedstaat im Fall einer unbestrittenen Forderung im Sinne von Artikel 3 Absatz 1 Buchstabe b) oder c) den Voraussetzungen des Kapitels III entsprochen hat, und

d) die Entscheidung in dem Mitgliedstaat ergangen ist, in dem der Schuldner seinen Wohnsitz im Sinne von Artikel 59 der Verordnung (EG) Nr. 44/2001 hat, sofern
   - die Forderung unbestritten im Sinne von Artikel 3 Absatz 1 Buchstabe b) oder c) ist,
   - sie einen Vertrag betrifft, den eine Person, der Verbraucher, zu einem Zweck geschlossen hat, der nicht der beruflichen oder gewerblichen Tätigkeit dieser Person zugerechnet werden kann und
   - der Schuldner der Verbraucher ist.

II Ist eine als Europäischer Vollstreckungstitel bestätigte Entscheidung nicht mehr vollstreckbar oder wurde ihre Vollstreckbarkeit ausgesetzt oder eingeschränkt, so wird auf jederzeitigen Antrag an das Ursprungsgericht unter Verwendung des Formblatts in Anhang IV eine Bestätigung der Nichtvollstreckbarkeit bzw. der Beschränkung der Vollstreckbarkeit ausgestellt.

III Ist nach Anfechtung einer Entscheidung, die als Europäischer Vollstreckungstitel gemäß Absatz 1 bestätigt worden ist, eine Entscheidung ergangen, so wird auf jederzeitigen Antrag unter Verwendung des Formblatts in Anhang V eine Ersatzbestätigung ausgestellt, wenn diese Entscheidung im Ursprungsmitgliedstaat vollstreckbar ist; Artikel 12 Absatz 2 bleibt davon unberührt.

VO (EG) Art. 7. Kosten in Verbindung mit dem gerichtlichen Verfahren. Umfasst eine Entscheidung eine vollstreckbare Entscheidung über die Höhe der mit dem gerichtlichen Verfahren verbundenen Kosten, einschließlich Zinsen, wird sie auch hinsichtlich dieser Kosten als Europäischer Vollstreckungstitel bestätigt, es sei denn, der Schuldner hat im gerichtlichen Verfahren nach den Rechtsvorschriften des Ursprungsmitgliedstaats der Verpflichtung zum Kostenersatz ausdrücklich widersprochen.

VO (EG) Art. 8. Teilbarkeit der Bestätigung als Europäischer Vollstreckungstitel. Wenn die Entscheidung die Voraussetzungen dieser Verordnung nur in Teilen erfüllt, so wird die Bestätigung als Europäischer Vollstreckungstitel nur für diese Teile ausgestellt.

VO (EG) Art. 9. Ausstellung der Bestätigung als Europäischer Vollstreckungstitel. I Die Bestätigung als Europäischer Vollstreckungstitel wird unter Verwendung des Formblatts in Anhang I ausgestellt.

II Die Bestätigung als Europäischer Vollstreckungstitel wird in der Sprache ausgestellt, in der die Entscheidung abgefasst ist.

VO (EG) Art. 10. Berichtigung oder Widerruf der Bestätigung als Europäischer Vollstreckungstitel. I Die Bestätigung als Europäischer Vollstreckungstitel wird auf Antrag an das Ursprungsgericht

a) berichtigt, wenn die Entscheidung und die Bestätigung aufgrund eines materiellen Fehlers voneinander abweichen;

b) widerrufen, wenn sie hinsichtlich der in dieser Verordnung festgelegten Voraussetzungen eindeutig zu Unrecht erteilt wurde.

II Für die Berichtigung oder den Widerruf der Bestätigung als Europäischer Vollstreckungstitel ist das Recht des Ursprungsmitgliedstaats maßgebend.

III Die Berichtigung oder der Widerruf der Bestätigung als Europäischer Vollstreckungstitel können unter Verwendung des Formblatts in Anhang VI beantragt werden.

IV Gegen die Ausstellung einer Bestätigung als Europäischer Vollstreckungstitel ist kein Rechtsbehelf möglich.

VO (EG) Art. 11. Wirkung der Bestätigung als Europäischer Vollstreckungstitel. Die Bestätigung als Europäischer Vollstreckungstitel entfaltet Wirkung nur im Rahmen der Vollstreckbarkeit der Entscheidung.

Kapitel III. Mindestvorschriften für Verfahren über unbestrittene Forderungen

VO (EG) Art. 12. Anwendungsbereich der Mindestvorschriften. I Eine Entscheidung über eine unbestrittene Forderung im Sinne von Artikel 3 Absatz 1 Buchstabe b) oder c) kann nur dann als Europäischer Vollstreckungstitel bestätigt werden, wenn das gerichtliche Verfahren im Ursprungsmitgliedstaat den verfahrensrechtlichen Erfordernissen nach diesem Kapitel genügt hat.

II Dieselben Erfordernisse gelten auch für die Ausstellung der Bestätigung als Europäischer Vollstreckungstitel oder einer Ersatzbestätigung im Sinne des Artikels 6 Absatz 3 für eine Entscheidung, die nach Anfechtung einer Entscheidung ergangen ist, wenn zum Zeitpunkt dieser Entscheidung die Bedingungen nach Artikel 3 Absatz 1 Buchstabe b) oder c) erfüllt sind.

VO (EG) Art. 13. Zustellung mit Nachweis des Empfangs durch den Schuldner. I Das verfahrenseinleitende Schriftstück oder ein gleichwertiges Schriftstück kann dem Schuldner wie folgt zugestellt worden sein:

a) durch persönliche Zustellung, bei der der Schuldner eine Empfangsbestätigung unter Angabe des Empfangsdatums unterzeichnet, oder
b) durch persönliche Zustellung, bei der die zuständige Person, die die Zustellung vorgenommen hat, ein Dokument unterzeichnet, in dem angegeben ist, dass der Schuldner das Schriftstück erhalten hat oder dessen Annahme unberechtigt verweigert hat und an welchem Datum die Zustellung erfolgt ist, oder
c) durch postalische Zustellung, bei der der Schuldner die Empfangsbestätigung unter Angabe des Empfangsdatums unterzeichnet und zurückschickt, oder
d) durch elektronische Zustellung wie beispielsweise per Fax oder E-Mail, bei der der Schuldner eine Empfangsbestätigung unter Angabe des Empfangsdatums unterzeichnet und zurückschickt.

II Eine Ladung zu einer Gerichtsverhandlung kann dem Schuldner gemäß Absatz 1 zugestellt oder mündlich in einer vorausgehenden Verhandlung über dieselbe Forderung bekannt gemacht worden sein, wobei dies im Protokoll dieser Verhandlung festgehalten sein muss.

VO (EG) Art. 14. Zustellung ohne Nachweis des Empfangs durch den Schuldner. I Das verfahrenseinleitende Schriftstück oder ein gleichwertiges Schriftstück sowie eine Ladung zu einer Gerichtsverhandlung kann dem Schuldner auch in einer der folgenden Formen zugestellt worden sein:

a) persönliche Zustellung unter der Privatanschrift des Schuldners an eine in derselben Wohnung wie der Schuldner lebende Person oder an eine dort beschäftigte Person;
b) wenn der Schuldner Selbstständiger oder eine juristische Person ist, persönliche Zustellung in den Geschäftsräumen des Schuldners an eine Person, die vom Schuldner beschäftigt wird;
c) Hinterlegung des Schriftstücks im Briefkasten des Schuldners;
d) Hinterlegung des Schriftstücks beim Postamt oder bei den zuständigen Behörden mit entsprechender schriftlicher Benachrichtigung im Briefkasten des Schuldners, sofern in der schriftlichen Benachrichtigung das Schriftstück eindeutig als gerichtliches Schriftstück bezeichnet oder darauf hingewiesen wird, dass die Zustellung durch die Benachrichtigung als erfolgt gilt und damit Fristen zu laufen beginnen;
e) postalisch ohne Nachweis gemäß Absatz 3, wenn der Schuldner seine Anschrift im Ursprungsmitgliedstaat hat;
f) elektronisch, mit automatisch erstellter Sendebestätigung, sofern sich der Schuldner vorab ausdrücklich mit dieser Art der Zustellung einverstanden erklärt hat.

II Für die Zwecke dieser Verordnung ist eine Zustellung gemäß Absatz 1 nicht zulässig, wenn die Anschrift des Schuldners nicht mit Sicherheit ermittelt werden kann.

III Die Zustellung nach Absatz 1 Buchstaben a) bis d) wird bescheinigt durch

a) ein von der zuständigen Person, die die Zustellung vorgenommen hat, unterzeichnetes Schriftstück mit den folgenden Angaben:
   i) die gewählte Form der Zustellung und
   ii) das Datum der Zustellung sowie,
   iii) falls das Schriftstück einer anderen Person als dem Schuldner zugestellt wurde, der Name dieser Person und die Angabe ihres Verhältnisses zum Schuldner,

   oder
b) eine Empfangsbestätigung der Person, der das Schriftstück zugestellt wurde, für die Zwecke von Absatz 1 Buchstaben a) und b).

VO (EG) Art. 15. Zustellung an die Vertreter des Schuldners. Die Zustellung gemäß Artikel 13 oder Artikel 14 kann auch an den Vertreter des Schuldners bewirkt worden sein.

VO (EG) Art. 16. Ordnungsgemäße Unterrichtung des Schuldners über die Forderung. Um sicherzustellen, dass der Schuldner ordnungsgemäß über die Forderung unterrichtet worden ist, muss das verfahrenseinleitende Schriftstück oder das gleichwertige Schriftstück folgende Angaben enthalten haben:

a) den Namen und die Anschrift der Parteien;
b) die Höhe der Forderung;
c) wenn Zinsen gefordert werden, den Zinssatz und den Zeitraum, für den Zinsen gefordert werden, es sei denn, die Rechtsvorschriften des Ursprungsmitgliedstaats sehen vor, dass gesetzliche Zinsen automatisch der Hauptforderung hinzugefügt werden;
d) die Bezeichnung des Forderungsgrundes.

VO (EG) Art. 17. Ordnungsgemäße Unterrichtung des Schuldners über die Verfahrensschritte zum Bestreiten der Forderung. In dem verfahrenseinleitenden Schriftstück, einem gleichwertigen Schriftstück oder einer Ladung zu einer Gerichtsverhandlung oder in einer zusammen mit diesem Schriftstück oder dieser Ladung zugestellten Belehrung muss deutlich auf Folgendes hingewiesen worden sein:

a) auf die verfahrensrechtlichen Erfordernisse für das Bestreiten der Forderung; dazu gehören insbesondere die Frist, innerhalb deren die Forderung schriftlich bestritten werden kann

bzw. gegebenenfalls der Termin der Gerichtsverhandlung, die Bezeichnung und die Anschrift der Stelle, an die die Antwort zu richten bzw. vor der gegebenenfalls zu erscheinen ist, sowie die Information darüber, ob die Vertretung durch einen Rechtsanwalt vorgeschrieben ist;

b) auf die Konsequenzen des Nichtbestreitens oder des Nichterscheinens, insbesondere die etwaige Möglichkeit einer Entscheidung oder ihrer Vollstreckung gegen den Schuldner und der Verpflichtung zum Kostenersatz.

VO (EG) Art. 18. Heilung der Nichteinhaltung von Mindestvorschriften. **I Genügte das Verfahren im Ursprungsmitgliedstaat nicht den in den Artikeln 13 bis 17 festgelegten verfahrensrechtlichen Erfordernissen, so sind eine Heilung der Verfahrensmängel und eine Bestätigung der Entscheidung als Europäischer Vollstreckungstitel möglich, wenn**

a) die Entscheidung dem Schuldner unter Einhaltung der verfahrensrechtlichen Erfordernisse nach Artikel 13 oder Artikel 14 zugestellt worden ist, und

b) der Schuldner die Möglichkeit hatte, einen eine uneingeschränkte Überprüfung umfassenden Rechtsbehelf gegen die Entscheidung einzulegen, und er in oder zusammen mit der Entscheidung ordnungsgemäß über die verfahrensrechtlichen Erfordernisse für die Einlegung eines solchen Rechtsbehelfs, einschließlich der Bezeichnung und der Anschrift der Stelle, bei der der Rechtsbehelf einzulegen ist, und gegebenenfalls der Frist unterrichtet wurde, und

c) der Schuldner es versäumt hat, einen Rechtsbehelf gegen die Entscheidung gemäß den einschlägigen verfahrensrechtlichen Erfordernissen einzulegen.

II Genügte das Verfahren im Ursprungsmitgliedstaat nicht den verfahrensrechtlichen Erfordernissen nach Artikel 13 oder Artikel 14, so ist eine Heilung dieser Verfahrensmängel möglich, wenn durch das Verhalten des Schuldners im gerichtlichen Verfahren nachgewiesen ist, dass er das zuzustellende Schriftstück so rechtzeitig persönlich bekommen hat, dass er Vorkehrungen für seine Verteidigung treffen konnte.

VO (EG) Art. 19. Mindestvorschriften für eine Überprüfung in Ausnahmefällen. **I Ergänzend zu den Artikeln 13 bis 18 kann eine Entscheidung nur dann als Europäischer Vollstreckungstitel bestätigt werden, wenn der Schuldner nach dem Recht des Ursprungsmitgliedstaats berechtigt ist, eine Überprüfung der Entscheidung zu beantragen, falls**

a) i) das verfahrenseinleitende oder ein gleichwertiges Schriftstück oder gegebenenfalls die Ladung zu einer Gerichtsverhandlung in einer der in Artikel 14 genannten Formen zugestellt wurden, und

ii) die Zustellung ohne Verschulden des Schuldners nicht so rechtzeitig erfolgt ist, dass er Vorkehrungen für seine Verteidigung hätte treffen können,

oder

b) der Schuldner aufgrund höherer Gewalt oder aufgrund außergewöhnlicher Umstände ohne eigenes Verschulden der Forderung nicht widersprechen konnte,

wobei in beiden Fällen jeweils vorausgesetzt wird, dass er unverzüglich tätig wird.

II Dieser Artikel berührt nicht die Möglichkeit der Mitgliedstaaten, eine Überprüfung der Entscheidung unter großzügigeren Bedingungen als nach Absatz 1 zu ermöglichen.

Kapitel IV. Vollstreckung

VO (EG) Art. 20. Vollstreckungsverfahren. **I [1]Unbeschadet der Bestimmungen dieses Kapitels gilt für das Vollstreckungsverfahren das Recht des Vollstreckungsmitgliedstaats. [2]Eine als Europäischer Vollstreckungstitel bestätigte Entscheidung wird unter den gleichen Bedingungen vollstreckt wie eine im Vollstreckungsmitgliedstaat ergangene Entscheidung.**

II Der Gläubiger ist verpflichtet, den zuständigen Vollstreckungsbehörden des Vollstreckungsmitgliedstaats Folgendes zu übermitteln:

a) eine Ausfertigung der Entscheidung, die die für ihre Beweiskraft erforderlichen Voraussetzungen erfüllt, und

b) eine Ausfertigung der Bestätigung als Europäischer Vollstreckungstitel, die die für ihre Beweiskraft erforderlichen Voraussetzungen erfüllt, und

c) [1]gegebenenfalls eine Transkription der Bestätigung als Europäischer Vollstreckungstitel oder eine Übersetzung dieser Bestätigung in die Amtssprache des Vollstreckungsmitgliedstaats oder – falls es in diesem Mitgliedstaat mehrere Amtssprachen gibt – nach Maßgabe der Rechtsvorschriften dieses Mitgliedstaats in die Verfahrenssprache oder eine der Verfahrenssprachen des Ortes, an dem die Vollstreckung betrieben wird, oder in eine sonstige Sprache, die der Vollstreckungsmitgliedstaat zulässt. [2]Jeder Mitgliedstaat kann angeben, welche Amtssprache oder Amtssprachen der Organe der Europäischen Gemeinschaft er neben seiner oder seinen eigenen für die Ausstellung der Bestätigung zulässt. [3]Die Übersetzung ist von einer hierzu in einem der Mitgliedstaaten befugten Person zu beglaubigen.

III Der Partei, die in einem Mitgliedstaat eine Entscheidung vollstrecken will, die in einem anderen Mitgliedstaat als Europäischer Vollstreckungstitel bestätigt wurde, darf wegen ihrer Eigenschaft als Ausländer oder wegen Fehlens eines inländischen Wohnsitzes oder Aufenthalts-

orts eine Sicherheitsleistung oder Hinterlegung, unter welcher Bezeichnung es auch sei, nicht auferlegt werden.

VO (EG) Art. 21. Verweigerung der Vollstreckung. **I Auf Antrag des Schuldners wird die Vollstreckung vom zuständigen Gericht im Vollstreckungsmitgliedstaat verweigert, wenn die als Europäischer Vollstreckungstitel bestätigte Entscheidung mit einer früheren Entscheidung unvereinbar ist, die in einem Mitgliedstaat oder einem Drittland ergangen ist, sofern**

a) die frühere Entscheidung zwischen denselben Parteien wegen desselben Streitgegenstands ergangen ist und
b) die frühere Entscheidung im Vollstreckungsmitgliedstaat ergangen ist oder die notwendigen Voraussetzungen für ihre Anerkennung im Vollstreckungsmitgliedstaat erfüllt und
c) die Unvereinbarkeit im gerichtlichen Verfahren des Ursprungsmitgliedstaats nicht geltend gemacht worden ist und nicht geltend gemacht werden konnte.

II Weder die Entscheidung noch ihre Bestätigung als Europäischer Vollstreckungstitel dürfen im Vollstreckungsmitgliedstaat in der Sache selbst nachgeprüft werden.

VO (EG) Art. 22. Vereinbarungen mit Drittländern. **1 Diese Verordnung lässt Vereinbarungen unberührt, durch die sich die Mitgliedstaaten vor Inkrafttreten der Verordnung (EG) Nr. 44/2001 im Einklang mit Artikel 59 des Brüsseler Übereinkommens über die gerichtliche Zuständigkeit und die Vollstreckung gerichtlicher Entscheidungen in Zivil- und Handelssachen verpflichtet haben. 2 Entscheidungen insbesondere der Gerichte eines anderen Vertragsstaats des genannten Übereinkommens gegen Beklagte, die ihren Wohnsitz oder gewöhnlichen Aufenthalt im Hoheitsgebiet eines Drittlands haben,** ***sind*** **nicht anzuerkennen, wenn die Entscheidungen in den Fällen des Artikels 4 des genannten Übereinkommens nur in einem der in Artikel 3 Absatz 2 des genannten Übereinkommens angeführten Gerichtsstände ergehen können.**

VO (EG) Art. 23. Aussetzung oder Beschränkung der Vollstreckung. **Hat der Schuldner**

– einen Rechtsbehelf gegen eine als Europäischer Vollstreckungstitel bestätigte Entscheidung eingelegt, wozu auch ein Antrag auf Überprüfung im Sinne des Artikels 19 gehört, oder
– die Berichtigung oder den Widerruf einer Bestätigung als Europäischer Vollstreckungstitel gemäß Artikel 10 beantragt,

so kann das zuständige Gericht oder die befugte Stelle im Vollstreckungsmitgliedstaat auf Antrag des Schuldners

a) das Vollstreckungsverfahren auf Sicherungsmaßnahmen beschränken oder
b) die Vollstreckung von der Leistung einer von dem Gericht oder der befugten Stelle zu bestimmenden Sicherheit abhängig machen oder
c) unter außergewöhnlichen Umständen das Vollstreckungsverfahren aussetzen.

Kapitel V. Gerichtliche Vergleiche und öffentliche Urkunden

VO (EG) Art. 24. Gerichtliche Vergleiche. **I Ein Vergleich über eine Forderung im Sinne von Artikel 4 Nummer 2, der von einem Gericht gebilligt oder vor einem Gericht im Laufe eines Verfahrens geschlossen wurde, und der in dem Mitgliedstaat, in dem er gebilligt oder geschlossen wurde, vollstreckbar ist, wird auf Antrag an das Gericht, das ihn gebilligt hat oder vor dem er geschlossen wurde, unter Verwendung des Formblatts in Anhang II als Europäischer Vollstreckungstitel bestätigt.**

II Ein Vergleich, der im Ursprungsmitgliedstaat als Europäischer Vollstreckungstitel bestätigt worden ist, wird in den anderen Mitgliedstaaten vollstreckt, ohne dass es einer Vollstreckbarerklärung bedarf und ohne dass seine Vollstreckbarkeit angefochten werden kann.

III Die Bestimmungen von Kapitel II (mit Ausnahme von Artikel 5, Artikel 6 Absatz 1 und Artikel 9 Absatz 1) sowie von Kapitel IV (mit Ausnahme von Artikel 21 Absatz 1 und Artikel 22) finden entsprechende Anwendung.

VO (EG) Art. 25. Öffentliche Urkunden. **I Eine öffentliche Urkunde über eine Forderung im Sinne von Artikel 4 Absatz 2, die in einem Mitgliedstaat vollstreckbar ist, wird auf Antrag an die vom Ursprungsmitgliedstaat bestimmte Stelle unter Verwendung des Formblatts in Anhang III als Europäischer Vollstreckungstitel bestätigt.**

II Eine öffentliche Urkunde, die im Ursprungsmitgliedstaat als Europäischer Vollstreckungstitel bestätigt worden ist, wird in den anderen Mitgliedstaaten vollstreckt, ohne dass es einer Vollstreckbarerklärung bedarf und ohne dass ihre Vollstreckbarkeit angefochten werden kann.

III Die Bestimmungen von Kapitel II (mit Ausnahme von Artikel 5, Artikel 6 Absatz 1 und Artikel 9 Absatz 1) sowie von Kapitel IV (mit Ausnahme von Artikel 21 Absatz 1 und Artikel 22) finden entsprechende Anwendung.

Kapitel VI. Übergangsbestimmung

VO (EG) Art. 26. Übergangsbestimmung. **Diese Verordnung gilt nur für nach ihrem Inkrafttreten ergangene Entscheidungen, gerichtlich gebilligte oder geschlossene Vergleiche und aufgenommene oder registrierte öffentliche Urkunden.**

Kapitel VII. Verhältnis zu anderen Rechtsakten der Gemeinschaft

VO (EG) Art. 27. Verhältnis zur Verordnung (EG) Nr. 44/2001. **Diese Verordnung berührt nicht die Möglichkeit, die Anerkennung und Vollstreckung einer Entscheidung über eine unbestrittene Forderung, eines gerichtlichen Vergleichs oder einer öffentlichen Urkunde gemäß der Verordnung (EG) Nr. 44/2001 zu betreiben.**

VO (EG) Art. 28. Verhältnis zur Verordnung (EG) Nr. 1348/2000. **Diese Verordnung lässt die Anwendung der Verordnung (EG) Nr. 1348/2000 unberührt.**

Kapitel VIII. Allgemeine und Schlussbestimmungen

VO (EG) Art. 29. Informationen über Vollstreckungsverfahren und -behörden. **Die Mitgliedstaaten arbeiten zusammen, um der Öffentlichkeit und den Fachkreisen folgende Informationen zur Verfügung zu stellen:**

a) Informationen über die Vollstreckungsverfahren und -methoden in den Mitgliedstaaten und

b) Informationen über die zuständigen Vollstreckungsbehörden in den Mitgliedstaaten,

insbesondere über das mit der Entscheidung 2001/470/EG des Rates[1] eingerichtete Europäische Justizielle Netz für Zivil- und Handelssachen.

VO (EG) Art. 30. Angaben zu den Rechtsbehelfen, Sprachen und Stellen. **I Die Mitgliedstaaten teilen der Kommission Folgendes mit:**

a) das in Artikel 10 Absatz 2 genannte Berichtigungs- und Widerrufsverfahren sowie das in Artikel 19 Absatz 1 genannte Überprüfungsverfahren;
b) die gemäß Artikel 20 Absatz 2 Buchstabe c) zugelassenen Sprachen;
c) die Listen der in Artikel 25 genannten Stellen;

sowie alle nachfolgenden Änderungen.

II Die Kommission macht die nach Absatz 1 mitgeteilten Informationen durch Veröffentlichung im ***Amtsblatt der Europäischen Union*** **und durch andere geeignete Mittel öffentlich zugänglich.**

VO (EG) Art. 31. Änderungen der Anhänge. **Änderungen der Formblätter in den Anhängen werden gemäß dem in Artikel 32 Absatz 2 genannten Beratungsverfahren beschlossen.**

VO (EG) Art. 32. Ausschuss. **I Die Kommission wird von dem in Artikel 75 der Verordnung (EG) Nr. 44/2001 vorgesehenen Ausschuss unterstützt.**

II Wird auf diesen Absatz Bezug genommen, so gelten die Artikel 3 und 7 des Beschlusses 1999/468/EG unter Beachtung von dessen Artikel 8.

III Der Ausschuss gibt sich eine Geschäftsordnung.

VO (EG) Art. 33. Inkrafttreten. **1 Diese Verordnung tritt am 21. Januar 2005 in Kraft. 2 Sie gilt ab dem 21. Oktober 2005 mit Ausnahme der Artikel 30, 31 und 32, die ab dem 21. Januar 2005 gelten.**

VO (EG) Anhang. (Nicht mit abgedruckte Formblätter des Vollstreckungsverfahrens usw).

Titel 1. Bestätigung inländischer Titel als Europäische Vollstreckungstitel

Übersicht

1) Systematik. Titel 1 enthält mit seinen §§ 1079–1081 Ergänzungsvorschriften zu dem Zentralvorgang der Bestätigung eines Vollstreckungstitels im Ursprungsland als Ersatz eines bisher notwendigen Vollstreckungsurteils des Vollstreckungslands. 1

2) Regelungszweck. Es geht hier also um die nach Art 5 VO (EG) Nr 805/2004 bezweckte Abschaffung des Vollstreckbarerklärungsverfahrens im Vollstreckungsland. Ob das ausländische Bestätigungsverfahren in der Praxis nun so viel rascher, billiger und einfacher ablaufen kann als das inländische Verfahren einer Vollstreckbarerklärung, bleibt durchaus abzuwarten. Die Bedingungen einer ausländischen Bestätigung ähneln ohnehin den ja schon wegen Nicht-EU-Fällen fortgeltenden Bedingungen der §§ 328, 722, 723 vielfach zumindest im Ergebnis deutlich. 2

3) Geltungsbereich. Ihn legt Art 2 VO (EG) Nr 805/2004 sowohl sachlich als auch personell fest. Hinzu treten die Bedingungen des Art 12 VO (EG) Nr 805/2004. Erst in diesem Rahmen gelten §§ 1079–1081. 3

1079 *Zuständigkeit.* **Für die Ausstellung der Bestätigungen nach**
1. Artikel 9 Abs. 1, Artikel 24 Abs. 1, Artikel 25 Abs. 1 und
2. Artikel 6 Abs. 2 und 3

[1] ABl. L 174 vom 27. 6. 2001, S. 25.

der Verordnung (EG) Nr. 805/2004 des Europäischen Parlaments und des Rates vom 21. April 2004 zur Einführung eines Europäischen Vollstreckungstitels für unbestrittene Forderungen (ABl. EU Nr. L 143 S. 15) sind die Gerichte, Behörden oder Notare zuständig, denen die Erteilung einer vollstreckbaren Ausfertigung des Titels obliegt.

Vorbem. Angefügt dch Art 1 Z 8 G v 18. 8. 05, BGBl 2477, in Kraft seit 21. 10. 05, Art 3 S 1 G, ÜbergangsR Einl III 78.

1 **1) Systematik.** § 1079 regelt zusammen mit § 1080 deutsche Einzelheiten des Verfahrens der Ausstellung einer Bestätigung als Europäischer Vollstreckungstitel durch eine deutsche Stelle zwecks Vollstreckung im EU-Ausland. Berichtigung oder Widerruf unterfallen § 1081.

2 **2) Regelungszweck.** Die Zuständigkeit für das Bestätigungsverfahren ist in Art 6 I VO (EG) Nr 805/2004 nur knapp mit dem Wort Ursprungsgericht angedeutet. § 1079 dient mit seiner Klärung der notwendigen Rechtssicherheit. Man sollte die Vorschrift daher praktisch brauchbar, aber im Zweifel eher streng auslegen.

3 **3) Geltungsbereich.** Es geht um fünf unterschiedliche Situationen. Stets muß die Entscheidung erst seit dem 21. 10. 05 ergangen sein, Mü RR **07**, 1583.

A. Bestätigung einer Entscheidung, Z 1, Art 9 I VO. Hier geht es um die Ausstellung einer Bestätigung nach Art 9 I VO (EG) Nr 805/2004. Diese letztere Vorschrift meint zunächst eine Entscheidung. Das ergibt der offensichtliche Zusammenhang mit Artt 6, 7 VO, wo man den Begriff Entscheidung findet. Diesen Begriff bestimmt Art 4 Z 1 VO. Er erfaßt also jede Art gerichtlicher Entscheidung einschließlich eines Unterlassungstitels, aM Mü RR **07**, 1583, und einschließlich der Kosten, Stgt RR **07**, 1583 (zustm Roth IPRax **08**, 237), aM Mü RR **07**, 1583, und deren Festsetzung ohne Rücksicht auf ihre Bezeichnung.

4 **B. Bestätigung eines Prozeßvergleichs, Z 1, Art 24 I VO.** Es geht auch um die Ausstellung einer Bestätigung nach Art 24 I VO (EG) Nr 805/2004. Diese letztere Vorschrift erfaßt schon nach ihrer amtlichen Überschrift, aber auch nach dem Text von ihrem I nur einen solchen „gerichtlichen" Vergleich, den entweder ein Gericht gebilligt hat oder den die Parteien mit oder ohne einen Dritten gerade „im Laufe eines Verfahrens" (gemeint: vor diesem Gericht) geschlossen haben, also einen Prozeßvergleich im Sinn von Anh 1–5 nach § 307.

Ein *außergerichtlicher* Vergleich gehört *nicht* hierher.

5 **C. Bestätigung einer öffentlichen Urkunde, Z 1, Art 25 I VO.** Es geht ferner um die Ausstellung einer Bestätigung nach Art 25 I VO (EG) Nr 805/2004. Diese letztere Vorschrift erfaßt eine solche öffentliche Urkunde, die zum einen über eine Forderung im Sinn von „Art 4 II-VO" lautet und die zum anderen auch in einem Mitgliedstaat vollstreckbar ist. Art 4 hat nun aber gar keinen Absatz 2. Gemeint ist daher in der deutschen Fassung der VO ersichtlich § 4 Z 2 mit seiner amtlichen Bestimmung des Forderungsbegriffs. Mit öffentlicher Urkunde meint Art 25 I VO die amtliche Begriffsbestimmung in Art 4 Z 3 a, b VO.

6 **D. Bestätigung der Nichtvollstreckbarkeit oder einer Beschränkung der Vollstreckbarkeit, Z 2, Art 6 II VO.** Es geht ferner um die Ausstellung einer Bestätigung nach Art 6 II VO (EG) Nr 805/2004. Diese letztere Vorschrift erfaßt die Fälle, daß eine als Europäischer Vollstreckungstitel bestätigte Entscheidung entweder nicht mehr vollstreckbar ist oder daß ihre Vollstreckbarkeit ausgesetzt oder eingeschränkt wurde.

7 **E. Ersatzbestätigung, Z 2, Art 6 III VO.** Es geht schließlich um die Ausstellung einer sog Ersatzbestätigung nach Art 6 III VO (EG) Nr 805/2004. Diese letztere Vorschrift erfaßt eine Entscheidung, die nach der Anfechtung einer bestätigten früheren Entscheidung (gemeint natürlich: zu derselben Sache) ergangen ist und die durch Anfechtung praktisch wertlos gewordene frühere Bestätigung nun durch Ersatzbestätigung erneut wirksam macht.

8 **4) Zuständigkeit.** Sie hängt von der deutschen Zuständigkeit für die Erteilung einer vollstreckbaren Ausfertigung des deutschen Vollstreckungstitels ab. Vgl dazu also §§ 724 ff, 795 ff usw. Für die Ausstellung der Bestätigung ist der Rpfl zuständig, § 20 Z 11 RPflG. Nach § 60 S 3 Z 1, 2 SGB VIII idF v 14. 12. 06, BGBl 3134, ist dasjenige Jugendamt zuständig, dem die Beurkundung der Verpflichtungserlassung übertragen ist.

9 **5) Verstoß.** Es gelten die für die Zuständigkeitsverstöße gegen §§ 724 ff, 795 ff usw bestehenden deutschen Regeln.

1080 *Entscheidung.* I [1] **Bestätigungen nach Artikel 9 Abs. 1, Artikel 24 Abs. 1, Artikel 25 Abs. 1 und Artikel 6 Abs. 3 der Verordnung (EG) Nr. 805/2004 sind ohne Anhörung des Schuldners auszustellen.** [2] **Eine Ausfertigung der Bestätigung ist dem Schuldner von Amts wegen zuzustellen.**

II **Wird der Antrag auf Ausstellung einer Bestätigung zurückgewiesen, so sind die Vorschriften über die Anfechtung der Entscheidung über die Erteilung einer Vollstreckungsklausel entsprechend anzuwenden.**

Vorbem. Angefügt dch Art 1 Z 8 G v 18. 8. 05, BGBl 2477, in Kraft seit 21. 10. 05, Art 3 S 1 G, ÜbergangsR Einl III 78.

1 **1) Systematik, I, II.** Die Vorschrift regelt das Verfahren vor der nach § 1079 zuständigen Stelle bis zur Bestätigung oder deren Ablehnung in Ergänzung zu Artt 12 ff VO (EG) Nr 805/2004.

2) Regelungszweck, I, II. I 1 dient der Beschleunigung und Vereinfachung. I 2 dient der Rechtssicherheit. II soll durch seine Verweisung wiederum eine Vereinfachung herbeiführen. 2

3) Geltungsbereich, I, II. Er ist fast derselbe wie bei § 1079. Lediglich der Fall des dort mitgenannten Art 6 III VO (EG) Nr 805/2004 fehlt in § 1080. Vgl daher im einzelnen bei § 1079 Rn 3–5, 7. 3

4) Anhörungsverbot, I 1. Die Vorschrift ist zB mit § 834 vergleichbar. Dabei ist dem deutschen Gesetzgeber in I 1 durch das Verbot einer Anhörung des Schuldners vor der Ausstellung der Bestätigung nur scheinbar ein glatter und schwerer Verstoß gegen das vorrangige EU-Recht unterlaufen: Nach Art 12 I VO darf eine Bestätigung nur dann erfolgen, wenn das gerichtliche Verfahren den Artt 13 ff genügte. Gemeint ist hier aber bei genauer Betrachtung nicht etwa das Bestätigungsverfahren, sondern nur das vorangegangene Erkenntnisverfahren zur Erlangung desjenigen Vollstreckungstitels, den es jetzt als Europäischen zu bestätigen gilt. Nur dort mußte die nach I 1 verbotene Anhörung stattfinden, Stgt Rpfleger **08**, 319 (Notwendigkeit förmlicher Ladung), zB nach Art 17 VO. 4

5) Amtszustellung, I 2. Die Bestätigungsstelle muß jedem Schuldner von Amts wegen eine vollständige Ausfertigung der Bestätigung zustellen. Die Bestätigung selbst erfolgt nach Art 9 II VO (EG) Nr 805/2004 unter Verwendung des Formblatts im Anh I der VO. Soweit der Schuldner im Erkenntnisverfahren einen gesetzlichen Vertreter oder einen ProzBev hatte, muß man prüfen, ob diese Personen auch jetzt noch diese Eigenschaft haben. Das richtet sich nach dem deutschen Recht zB des BGB und der ZPO wie sonst. 5

6) Rechtsmittel, II. Die Vorschrift regelt nur eine Anfechtung der Zurückweisung einer Bestätigung. Auf sie sind die deutschen Vorschriften einer Anfechtung der Entscheidung über eine Verweigerung der Vollstreckungsklausel entsprechend anwendbar, Stgt Rpfleger **08**, 319. Vgl also zB § 724 Rn 13, § 731, § 733 Rn 9, § 766 usw. 6

Die *Bestätigung* ist nach Art 10 IV VO (EG) Nr 805/2004 unanfechtbar, Reichel NZA **05**, 1099.

1081

Berichtigung und Widerruf. **I [1] Ein Antrag nach Artikel 10 Abs. 1 der Verordnung (EG) Nr. 805/2004 auf Berichtigung oder Widerruf einer gerichtlichen Bestätigung ist bei dem Gericht zu stellen, das die Bestätigung ausgestellt hat. [2] Über den Antrag entscheidet dieses Gericht. [3] Ein Antrag auf Berichtigung oder Widerruf einer notariellen oder behördlichen Bestätigung ist an die Stelle zu richten, die die Bestätigung ausgestellt hat. [4] Die Notare oder Behörden leiten den Antrag unverzüglich dem Amtsgericht, in dessen Bezirk sie ihren Sitz haben, zur Entscheidung zu.**

II [1] Der Antrag auf Widerruf durch den Schuldner ist nur binnen einer Frist von einem Monat zulässig. [2] Ist die Bestätigung im Ausland zuzustellen, beträgt die Frist zwei Monate. [3] Sie ist eine Notfrist und beginnt mit der Zustellung der Bestätigung, jedoch frühestens mit der Zustellung des Titels, auf den sich die Bestätigung bezieht. [4] In dem Antrag auf Widerruf sind die Gründe darzulegen, weshalb die Bestätigung eindeutig zu Unrecht erteilt worden ist.

III § 319 Abs. 2 und 3 ist auf die Berichtigung und den Widerruf entsprechend anzuwenden.

Vorbem. Angefügt dch Art 1 Z 8 G v 18. 8. 05, BGBl 2477, in Kraft seit 21. 10. 05, Art 3 S 1 G, ÜbergangsR Einl III 78.

1) Systematik, I–III. Die Vorschrift beendet die deutsche Ergänzungsregelung zum Bestätigungsverfahren. I nennt die Zuständigkeit, II die Fristen, III die Form und die Rechtsmittel. Alles basiert auf Art 10 VO (EG) Nr 805/2004. 1

8) Regelungszweck, I–III. Die Vorschrift dient der nach Art 10 II VO dem deutschen Recht überlassenen Klärung notwendiger Verfahrensfragen und damit der Rechtssicherheit. Als Ausnahme vom Grundsatz der Bestands- bzw Rechtskraft muß man I–III streng auslegen. 2

3) Geltungsbereich, I–III. Es geht um zwei ganz unterschiedliche Arten von Veränderungen einer Bestätigung als Europäischen Vollstreckungstitels. Sowohl eine Berichtigung als auch ein Widerruf können nebeneinander infragekommen. Erstere setzt voraus, daß die zugrunde liegende Entscheidung und ihre Bestätigung auf Grund eines sachlichrechtlichen Fehlers voneinander abweichen, Art 10 I a VO. Letzterer setzt voraus, daß sich herausstellt, daß die Bestätigung wegen einer in der VO festgelegten Bedingung eindeutig zu Unrecht ergangen ist, Art 10 I b VO. Die letzteren Bedingungen ergeben sich im wesentlichen aus Art 6 I a–d VO, aber auch aus Artt 7–9 VO. 3

4) Zuständigkeit, I. Man muß zwei Stadien des Berichtigungs- oder Widerrufsverfahrens unterscheiden. 4
Der *Antrag* als Bedingung der Einleitung dieses Verfahrens gehört zunächst vor diejenige Stelle, die die Bestätigung ausgestellt hatte, also nach I 1 vor das Gericht, nach I 3 vor den Notar oder die Behörde.

Die *Entscheidung* über den Berichtigungs- oder Widerrufsantrag erfolgt nach einer gerichtlichen Bestätigung gemäß I 2 durch eben dieses Gericht und dort durch den Rpfl, § 20 Z 11 RPflG. Nach einer notariellen oder behördlichen Bestätigung erfolgt sie gemäß I 4 durch das AG des Sitzes dieser jeweiligen Bestätigungsstelle. Deshalb muß sie den bei ihr eingegangenen Antrag nach I 4 dem AG ihres Sitzes zur Entscheidung zuleiten, und zwar natürlich unverzüglich im Sinn von § 121 I 1 BGB, also ohne vorwerfbares Zögern.

5) Fristen, II 1–4. Sie gelten nicht beim Berichtigungsantrag, Reichel NZA **05**, 1099, sondern nur beim Widerrufsantrag, II 1, 3. Auch dann gelten sie nur für einen solchen des Schuldners, nicht für den etwaigen Antrag des Gläubigers, der ja mindestens theoretisch denkbar ist. 5

Bei einer *Inlandszustellung* beträgt die Antragsfrist einen Monat, bei einer *Auslandszustellung* zwei Monate, II 1. Beide Fristen laufen nach II 2 als Notfristen im Sinn von § 224 I ab Zustellung der Bestätigung, aber frühestens ab Zustellung des der Bestätigung zugrunde liegenden Titels. Fristberechnungen im übrigen: §§ 222 ZPO, 187 ff BGB.

6 **6) Antragsinhalt, II 4.** (Nur) im Widerrufsantrag muß man die Gründe darlegen, weshalb die Bestätigung im Sinn von Art 10 I b VO (EG) Nr 805/2004 eindeutig zu Unrecht ergangen sein soll. Eine Glaubhaftmachung ist nach II 4 nicht vorgeschrieben, aber wohl schon wegen des Wortes „eindeutig" ratsam. Ein Beweisantritt mag unvermeidbar sein.

7 **7) Vermerk, III.** Die Vorschrift gilt schon nach ihrem Wortlaut sowohl bei einer Berichtigung als auch bei einem Widerruf der Bestätigung. Jeder solche Beschluß wird nach dem entsprechend anwendbaren § 319 II auf der der Bestätigung zugrunde liegenden Entscheidung und allen ihren Ausfertigungen von Amts wegen vermerkt, § 319 Rn 34.

8 **8) Rechtsmittel, III.** Auch diese Vorschrift gilt schon nach ihrem Wortlaut bei Berichtigung wie Widerruf. Infolge der Verweisung auf § 319 III ist ein den Eintrag zurückweisender Beschluß unanfechtbar, ein Berichtigungs- oder Widerrufsbeschluß der Rpfl mit befristeter Erinnerung nach § 11 RPflG anfechtbar, § 319 Rn 35, 36, Reichel NZA **05**, 1099. Die Unanfechtbarkeit nach Art 10 IV VO (EG) Nr 805/2004 erfaßt ja nur die ursprüngliche Bestätigung, nicht einen Beschluß nach III.

Titel 2. Zwangsvollstreckung aus Europäischen Vollstreckungstiteln im Inland

Übersicht

1 **1) Systematik.** Titel 2 enthält mit seinen §§ 1082–1086 Ergänzungsvorschriften zu Artt 20–23 VO (EG) Nr 805/2004 für das eigentliche Ziel des Bestätigungsverfahrens, nämlich die Zwangsvollstreckung des ausländischen EU-Titels in Deutschland. Für diese Vollstreckung gelten natürlich außerdem die §§ 704 ff. Das ergibt sich aus Art 20 I VO.

2 **2) Regelungszweck.** Die nur wenigen Ergänzungsregeln der §§ 1082 ff bezwecken eigentlich nur die Klärung von Zuständigkeiten und anderen Formalien. Das dient der Rechtssicherheit. Die Auslegung sollte stets das Hauptziel der ganzen VO (EG) Nr 805/2004 mitbeachten, nämlich die Vereinfachung, Vereinheitlichung und Beschleunigung der internationalen Vollstreckung.

3 **3) Geltungsbereich.** Es gilt dasselbe wie in Üb 3 vor § 1079.

1082 *Vollstreckungstitel.* **Aus einem Titel, der in einem anderen Mitgliedstaat der Europäischen Union nach der Verordnung (EG) Nr. 805/2004 als Europäischer Vollstreckungstitel bestätigt worden ist, findet die Zwangsvollstreckung im Inland statt, ohne dass es einer Vollstreckungsklausel bedarf.**

Vorbem. Angefügt dch Art 1 Z 8 G v 18. 8. 05, BGBl 2477, in Kraft seit 21. 10. 05, Art 3 S 1 G, ÜbergangsR Einl III 78.

1 **1) Systematik.** Aus einem deutschen Vollstreckungstitel findet die Vollstreckung grundsätzlich nur auf Grund einer mit Vollstreckungsklausel nach §§ 724 ff versehenen Ausfertigung statt, der sog vollstreckbaren Ausfertigung. Aus einem ausländischen Titel findet eine Vollstreckung grundsätzlich nur auf Grund eines nach §§ 722, 723 ergangenen deutschen Vollstreckungsurteils statt. Aus einem als Europäischem Vollstreckungstitel nach der VO (EG) Nr 805/2004 wirksam bestätigten ausländischen EU-Titel findet die Vollstreckung in Deutschland ohne Vollstreckungsklausel oder Vollstreckungsurteil statt.

Dieses *Hauptziel* bestätigt § 1082 in einer sogar noch über Art 20 I 2 VO hinausgehenden Weise. Denn dort befindet sich nur die Anordnung einer Vollstreckbarkeit unter den „gleichen Bedingungen" wie bei einem deutschen Titel. Dann aber wäre ja wenigstens eine Klausel eben nach §§ 724 ff eigentlich nötig.

2 **2) Regelungszweck.** Diese nach Rn 1 übereilfertige deutsche Durchführungsbestimmung dient demselben Zweck der Vereinfachung, Vereinheitlichung und Beschleunigung wie der ganze Abschnitt 4 mit den §§ 1079 ff. Man sollte § 1082 deshalb großzügig auslegen. Die Voraussetzungen einer Bestätigung nach Art 6 VO (EG) Nr 805/2004 sind bei genauer Prüfung ja keineswegs geringer als diejenigen der §§ 722, 723. Das gilt vor allem, wenn man die Mindestanforderungen der Artt 12 ff VO mit denjenigen des § 328 vergleicht.

3 **3) Geltungsbereich.** Er ist derselbe wie in § 1079 Rn 3–7 dargestellt. Es genügt also auch eine sog Ersatzbestätigung. Die Wirksamkeit der Bestätigung im Zeitpunkt des Beginns einer Zwangsvollstreckung ist selbstverständliche Voraussetzung. Mit dem Wegfall des Erfordernisses einer Vollstreckungsklausel entfallen auch die diesbezüglichen Probleme eines deutschen Vollstreckungstitels nach §§ 724 ff.

4 **4) Verstoß.** Es gelten dieselben Regeln wie dann, wenn ein deutscher Vollstreckungstitel nicht wirksam erlassen wurde. Nicht etwa kommen auf solchem Umweg die deutschen Regeln zu den Folgen bloß mangelhafter Vollstreckungsklauseln zur Anwendung. Denn eine Klausel ist ja eben ab wirksamer Bestätigung ganz entbehrlich und vor wirksamer Bestätigung nicht etwa als deren Ersatz ausreichend.

1083 *Übersetzung.* **Hat der Gläubiger nach Artikel 20 Abs. 2 Buchstabe c der Verordnung (EG) Nr. 805/2004 eine Übersetzung vorzulegen, so ist diese in deutscher Sprache zu verfassen und von einer hierzu in einem der Mitgliedstaaten der Europäischen Union befugten Person zu beglaubigen.**

Vorbem. Angefügt dch Art 1 Z 8 G v 18. 8. 05, BGBl 2477, in Kraft seit 21. 10. 05, Art 3 S 1 G, ÜbergangsR Einl III 78.

1) Systematik. Nach Art 30 I b VO (EG) Nr 805/2004 in Verbindung mit Art 20 II c VO stellt § 1083 die erforderliche deutsche Regelung der zugelassenen Sprache her. 1

2) Regelungszweck. Die Erschwerung beim ausländischen EU-Gläubiger bezweckt eine Erleichterung beim deutschen Schuldner und allen übrigen an der Vollstreckung in Deutschland Beteiligten. Diese Interessenabwägung ist als Teil der VO (EG) Nr 805/2004 zulässig. Man sollte sie nicht durch zu lasche Handhabung aushöhlen. 2

3) Geltungsbereich. § 1083 gilt nur, soweit der Gläubiger gerade nach Art 20 II c VO (EG) Nr 805/2004 entweder eine Übersetzung der Bestätigung oder eine Übersetzung der weiteren dort genannten Art vorlegen muß. 3

4) Deutsche Fassung nebst Beglaubigung. Der Gläubiger muß die gesamte Urkunde ins Deutsche übersetzen lassen. Fachausdrücke sind nicht etwa in mundartlichen Sonderfassungen nötig. Die zusätzlich notwendige Beglaubigung nicht etwa nur einer Unterschrift, sondern der gesamten Urkunde kann nur durch eine solche Person wirksam erfolgen, die in irgendeinem EU-Mitgliedstaat dazu nach dem dortigen Recht befugt ist. Ob das der Fall ist, muß man notfalls durch Ermittlung von Amts wegen klären, zB nach § 293 Rn 7. 4

5) Verstoß. Es gilt dasselbe wie bei § 1082 Rn 4. 5

1084 ***Anträge nach den Artikeln 21 und 23 der Verordnung (EG) Nr. 805/2004.*** **I 1 Für Anträge auf Verweigerung, Aussetzung oder Beschränkung der Zwangsvollstreckung nach den Artikeln 21 und 23 der Verordnung (EG) Nr. 805/2004 ist das Amtsgericht als Vollstreckungsgericht zuständig. 2 Die Vorschriften des Buches 8 über die örtliche Zuständigkeit des Vollstreckungsgerichts sind entsprechend anzuwenden. 3 Die Zuständigkeit nach den Sätzen 1 und 2 ist ausschließlich.**

II 1 Die Entscheidung über den Antrag nach Artikel 21 der Verordnung (EG) Nr. 805/2004 ergeht durch Beschluss. 2 Auf die Einstellung der Zwangsvollstreckung und die Aufhebung der bereits getroffenen Vollstreckungsmaßregeln sind § 769 Abs. 1 und 3 sowie § 770 entsprechend anzuwenden. 3 Die Aufhebung einer Vollstreckungsmaßregel ist auch ohne Sicherheitsleistung zulässig.

III 1 Über den Antrag auf Aussetzung oder Beschränkung der Vollstreckung nach Artikel 23 der Verordnung (EG) Nr. 805/2004 wird durch einstweilige Anordnung entschieden. 2 Die Entscheidung ist unanfechtbar.

Vorbem. Angefügt dch Art 1 Z 8 G v 18. 8. 05, BGBl 2477, in Kraft seit 21. 10. 05, Art 3 S 1 G, ÜbergangsR Einl III 78.

1) Systematik, I–III. Trotz einer wirksamen Bestätigung als Europäischen Vollstreckungstitels kann es nach Art 21 VO (EG) Nr 805/2004 unter den dortigen ziemlich komplizierten Voraussetzungen nötig werden, die Vollstreckung zu verweigern. Es kann auch nach Art 23 VO infragekommen, die Vollstrekkung auf Sicherungsmaßnahmen zu beschränken oder von einer Sicherheit abhängig zu machen oder das Vollstreckungsverfahren unter außergewöhnlichen Umständen ganz oder teilweise auszusetzen. § 1084 klärt die Einzelheiten der Zuständigkeit, der Form der deutschen Entscheidung und ihres Inhalts. 1

2) Regelungszweck, I–III. Die Vorschrift regelt nicht die Voraussetzungen, sondern nur die Folgen eines Schuldnerantrags nach Artt 21, 23 VO (EG) Nr 805/2004. Sie dient damit im wesentlichen „nur" der Rechtssicherheit eines solchen Verfahrens und ist entsprechend streng auslegbar. 2

3) Zuständigkeit, I. Für das nur auf Schuldnerantrag stattfindende jeweilige Verfahren ist nach I 1 das AG als Vollstreckungsgericht ausschließlich zuständig, § 764 Rn 3–5, Reichel NZA **05**, 1099 (Ausnahme: § 930). Die funktionelle Zuständigkeit liegt grundsätzlich beim Rpfl, § 20 Z 17 S 1 RPflG, § 764 Rn 6. Das folgt auch aus der Verweisung in I 2 auf Buch 8. Sie ergibt direkt zugleich die örtliche Zuständigkeit nach § 764 II bei demjenigen AG, in dessen Bezirk das Vollstreckungsverfahren stattfinden soll oder stattgefunden hat. Alle Zuständigkeiten sind nach I 3 in Übereinstimmung mit § 802 ausschließlich. 3

4) Entscheidung über Verweigerungsantrag, II. Sie ergeht nach II 1 durch einen Beschluß. Der Rpfl muß ihn wegen der Anfechtbarkeit begründen, § 329 Rn 4. Soweit er die Vollstreckung einstellt oder eine schon getroffene Vollstreckungsmaßregel aufhebt, kommt nach II 2 auf Antrag entsprechend §§ 769 I, III, 770 eine einstweilige Anordnung infrage. I 3 stellt klar, daß auch eine Aufhebung einer Vollstreckungsmaßregel, nicht der ganzen Vollstreckung, ohne Sicherheitsleistung statthaft ist. Jede Entscheidung bedarf der Verkündung bzw Zustellung an alle Beteiligten wie sonst. 4

5) Einstweilige Anordnung über Aussetzung oder Beschränkung, III. Sie erhegt nach III 1 durch eine einstweilige Anordnung. Sie erfolgt mangels Verweisung auch von III 1 auf §§ 769, 770 ebenfalls durch den Rpfl und nicht etwa durch das Prozeßgericht (es gibt ja hier gar kein deutsches). Man kann auch nicht etwa den Amtsrichter für funktionell zuständig erklären. Denn auch die einstweilige Anordnung ist ein Geschäft im Zwangsvollstreckungsverfahren nach § 20 Z 17 S 1 RPflG. Freilich gilt die in I 3 genannte Unanfechtbarkeit deshalb nur mit den Einschränkungen des § 11 II 1 RPflG. Ein Wahrheit ist daher die befristete Erinnerung statthaft usw, § 11 II 2–4 RPflG. 5

6) Verstoß, I–III. Es gelten die innerdeutschen Regeln. 6

1085 *Einstellung der Zwangsvollstreckung.* **Die Zwangsvollstreckung ist entsprechend den §§ 775 und 776 auch dann einzustellen oder zu beschränken, wenn die Ausfertigung einer Bestätigung über die Nichtvollstreckbarkeit oder über die Beschränkung der Vollstreckbarkeit nach Artikel 6 Abs. 2 der Verordnung (EG) Nr. 805/2004 vorgelegt wird.**

Vorbem. Angefügt dch Art 1 Z 8 G v 18. 8. 05, BGBl 2477, in Kraft seit 21. 10. 05, Art 3 S 1 G, ÜbergangsR Einl III 78.

1 **1) Systematik.** Die Vorschrift ergänzt Art 6 II VO (EG) Nr 805/2004. Auf andere Arten von Einstellung der Zwangsvollstreckung ist sie entgegen ihrer scheinbar umfassenden amtlichen Überschrift nicht anwendbar, insbesondere nicht auf eine Einstellung nach § 1084 II 2. Denn dort geht es nur um einen Antrag nach Art 21 VO.

2 **2) Regelungszweck.** Eine Bestätigung der Nicht(mehr)vollstreckbarkeit oder nur (noch) beschränkten Vollstreckbarkeit eines Europäischen Titels muß sich praktisch durchsetzen lassen. Diesem Zweck dient § 1084. Die Vorschrift dient also der Gerechtigkeit. Als Folge einer den Ursprungstitel ja schon ganz oder teilweise beseitigenden anderen Entscheidung darf man § 1085 daher nicht zu streng auslegen.

3 **3) Einstellung oder Beschränkung der Zwangsvollstreckung.** Es kommen die nach §§ 775, 776 zulässigen Maßnahmen in Betracht. Vgl daher dort zu den Einzelheiten.

1086 *Vollstreckungsabwehrklage.* [I 1] **Für Klagen nach § 767 ist das Gericht ausschließlich örtlich zuständig, in dessen Bezirk der Schuldner seinen Wohnsitz hat, oder, wenn er im Inland keinen Wohnsitz hat, das Gericht, in dessen Bezirk die Zwangsvollstreckung stattfinden soll oder stattgefunden hat.** [2] **Der Sitz von Gesellschaften oder juristischen Personen steht dem Wohnsitz gleich.**

[II] **§ 767 Abs. 2 ist entsprechend auf gerichtliche Vergleiche und öffentliche Urkunden anzuwenden.**

Vorbem. Angefügt dch Art 1 Z 8 G v 18. 8. 05, BGBl 2477, in Kraft seit 21. 10. 05, Art 3 S 1 G, ÜbergangsR Einl III 78.

1 **1) Systematik, I, II.** Nach Art 20 I 2 VO (EG) Nr 805/2004 erfolgt die Vollstreckung aus einem Europäischen Vollstreckungstitel unter denselben Bedingungen wie eine Vollstreckung aus einem Inlandstitel. § 1086 klärt daher zur danach auch möglichen Vollstreckungsabwehrklage nach § 767 in I nur die örtliche Zuständigkeit und in II nur die sog Präklusionswirkung des § 767 II auch für gerichtliche Vergleiche und öffentliche Urkunden.

2 **2) Regelungszweck, I, II.** Die Vorschrift dient der Rechtssicherheit. Das gilt insbesondere bei der Klarstellung nach II. Man sollte die Regelung deshalb durchaus strikt auslegen.

3 **3) Zuständigkeit, I.** Sie ist ausschließlich, § 802. Wegen der internationalen Zuständigkeit Art 22 Z 5 EuGVVO, SchlAnh V C 2. Nach I 1 liegt der Gerichtsstand beim Prozeßgericht zunächst des Schuldnerwohnsitzes, § 13, hilfsweise mangels inländischen Wohnsitzes bei demjenigen Gericht, in dessen Bezirk die Vollstreckung stattfinden soll oder stattgefunden hat. Nach I 2 steht dem Wohnsitz bei einer Gesellschaft oder juristischen Person der (Haupt-)Sitz gleich, § 17. Vgl daher dort.

4 **4) Beschränkung der Klagegründe, II.** Die sog Präklusion gilt nach § 767 II direkt bei der Abwehr eines Urteils. Sie gilt nach II entsprechend auch bei einem solchen Europäischen Vollstreckungstitel, der in Form eines Prozeßvergleichs im Sinn von Anh § 307 Rn 3 ff oder in Form einer öffentlichen Urkunde im Sinn des Art 4 Z 3 a VO (EG) Nr 805/2004 ergangen ist, soweit die dortige Begriffsbestimmung überhaupt von derjenigen der §§ 415, 417, 418 abweicht. Zwar ist die Verwendung des Begriffs in II Teil desselben deutschen Gesetzes, das diesen Begriff eben auch an der eben genannten anderen Stelle verwendet. Es geht aber bei § 1086 als einem bloßen Durchführungsgesetz der VO (EG) Nr 805/2004 ersichtlich in der Sache um diejenigen Urkunden, die in der VO aufgeführt sind. Das sollte den Ausschlag geben.

5 **5) Verstoß, I, II.** Es gelten die bei §§ 767 ff genannten Erwägungen entsprechend.

Abschnitt 5. Europäisches Mahnverfahren nach der Verordnung (EG) Nr. 1896/2006

Einführung

Schrifttum: *Einhaus* IPRax **08**, 323; *Engels* AnwBl **08**, 53; *Hess* IPRax **08**, 305; *Kormann,* Das neue Europäische Mahnverfahren usw, 2007; *Sujecki* NJW **07**, 1622 (je: Üb).

1 **1) Systematik.** Das Europäische Parlament und der Rat der EU haben auf Grund von Art 61 c EGV usw und gemäß dem Verfahren des Art 251 EGV mit einer Geltung grundsätzlich ab 12. 12. 08, teilweise schon ab 12. 6. 08, Art 33 S 2 VO (EG), die nachfolgende EuMVVO verabschiedet. Sie ist am 31. 12. 06 in Kraft getreten, Art 33 S 1 VO (EG), ABl EU L 399/1 v 30. 12. 06. Der Abdruck erfolgt schon wegen der ständigen Verweisungen der §§ 1087 ff auf deren EG-Ausgangspunkt direkt vor ihnen.

Der deutsche Gesetzgeber hat ebenso wie bei den VOen des bisherigen Buchs 11 ein *Ausführungsgesetz* erlassen, nämlich Art 1 Z 13 G BT-Drs 16/9639, in Kraft seit 12. 12. 08, Art 8 I G. Es hat §§ 1087–1096 gebracht.

2 **2) Regelungszweck.** Es geht um die europäische Vereinheitlichung und Erleichterung des überall vorhandenen Massenverfahrens mit der deutschen Bezeichnung Mahnverfahren nach §§ 688 ff ZPO. Dieses deutsche Mahnverfahren wird national unverändert bestehenbleiben. Nur grenzüberschreitend hat die VO

(EG) mit ihrem Ausführungsgesetz den Vorrang, Art 26 VO (EG). Der Umfang des Textes der VO (EG) ist auch wegen des äußerst unterschiedlichen Grads der gesetzlichen Ausprägung eines Mahnverfahrens in den Mitgliedsstaaten der EU wohl unvermeidbar.

3) Verordnung (EG) Nr 1896/2006 (ohne ihre amtlichen Erwägungen und ohne ihre umfangreichen 3
Anhänge mit Formularen):

VO (EG) Art. 1. Gegenstand. [I] **Diese Verordnung hat Folgendes zum Ziel:**

a) Vereinfachung und Beschleunigung der grenzüberschreitenden Verfahren im Zusammenhang mit unbestrittenen Geldforderungen und Verringerung der Verfahrenskosten durch Einführung eines Europäischen Mahnverfahrens,
und

b) Ermöglichung des freien Verkehrs Europäischer Zahlungsbefehle in den Mitgliedstaaten durch Festlegung von Mindestvorschriften, bei deren Einhaltung die Zwischenverfahren im Vollstreckungsmitgliedstaat, die bisher für die Anerkennung und Vollstreckung erforderlich waren, entfallen.

[II] **Diese Verordnung stellt es dem Antragsteller frei, eine Forderung im Sinne von Artikel 4 im Wege eines anderen Verfahrens nach dem Recht eines Mitgliedstaats oder nach Gemeinschaftsrecht durchzusetzen.**

VO (EG) Art. 2. Anwendungsbereich. [I] [1] **Diese Verordnung ist in grenzüberschreitenden Rechtssachen in Zivil- und Handelssachen anzuwenden, ohne dass es auf die Art der Gerichtsbarkeit ankommt.** [2] **Sie erfasst insbesondere nicht Steuer- und Zollsachen, verwaltungsrechtliche Angelegenheiten sowie die Haftung des Staates für Handlungen oder Unterlassungen im Rahmen der Ausübung hoheitlicher Rechte („acta jure imperii").**

[II] **Diese Verordnung ist nicht anzuwenden auf**

a) die ehelichen Güterstände, das Gebiet des Erbrechts einschließlich des Testamentsrechts,

b) Konkurse, Verfahren im Zusammenhang mit dem Abwickeln zahlungsunfähiger Unternehmen oder anderer juristischer Personen, gerichtliche Vergleiche, Vergleiche und ähnliche Verfahren,

c) die soziale Sicherheit,

d) Ansprüche aus außervertraglichen Schuldverhältnissen, soweit

i) diese nicht Gegenstand einer Vereinbarung zwischen den Parteien oder eines Schuldanerkenntnisses sind,
oder

ii) diese sich nicht auf bezifferte Schuldbeträge beziehen, die sich aus gemeinsamem Eigentum an unbeweglichen Sachen ergeben.

[III] **In dieser Verordnung bedeutet der Begriff „Mitgliedstaat" die Mitgliedstaaten mit Ausnahme Dänemarks.**

VO (EG) Art. 3. Grenzüberschreitende Rechtssachen. [I] **Eine grenzüberschreitende Rechtssache im Sinne dieser Verordnung liegt vor, wenn mindestens eine der Parteien ihren Wohnsitz oder gewöhnlichen Aufenthalt in einem anderen Mitgliedstaat als dem des befassten Gerichts hat.**

[II] **Der Wohnsitz wird nach den Artikeln 59 und 60 der Verordnung (EG) Nr. 44/2001 des Rates vom 22. Dezember 2000 über die gerichtliche Zuständigkeit und die Anerkennung und Vollstreckung von Entscheidungen in Zivil- und Handelssachen[1] bestimmt.**

[III] **Der maßgebliche Augenblick zur Feststellung, ob eine grenzüberschreitende Rechtssache vorliegt, ist der Zeitpunkt, zu dem der Antrag auf Erlass eines Europäischen Zahlungsbefehls nach dieser Verordnung eingreicht wird.**

VO (EG) Art. 4. Europäisches Mahnverfahren. **Das Europäische Mahnverfahren gilt für die Beitreibung bezifferter Geldforderungen, die zum Zeitpunkt der Einreichung des Antrags auf Erlass eines Europäischen Zahlungsbefehls fällig sind.**

VO (EG) Art. 5. Begriffsbestimmungen. **Im Sinne dieser Verordnung bezeichnet der Ausdruck**

1. „Ursprungsmitgliedstaat" den Mitgliedstaat, in dem ein Europäischer Zahlungsbefehl erlassen wird,

2. „Vollstreckungsmitgliedstaat" den Mitgliedstaat, in dem die Vollstreckung eines Europäischen Zahlungsbefehls betrieben wird,

3. „Gericht" alle Behörden der Mitgliedstaaten, die für einen Europäischen Zahlungsbefehl oder jede andere damit zusammenhängende Angelegenheit zuständig sind,

4. „Ursprungsgericht" das Gericht, das einen Europäischen Zahlungsbefehl erlässt.

VO (EG) Art. 6. Zuständigkeit. [I] **Für die Zwecke der Anwendung dieser Verordnung wird die Zuständigkeit nach den hierfür geltenden Vorschriften des Gemeinschaftsrechts bestimmt, insbesondere der Verordnung (EG) Nr. 44/2001.**

[II] **Betrifft die Forderung jedoch einen Vertrag, den eine Person, der Verbraucher, zu einem Zweck geschlossen hat, der nicht der beruflichen oder gewerblichen Tätigkeit dieser Person**

[1] ABl. L 12 vom 16. 1. 2001, S. 1. Zuletzt geändert durch die Verordnung (EG) Nr. 2245/2004 der Kommission (ABl. L 381 vom 28. 12. 2004, S. 10).

zugerechnet werden kann, und ist der Verbraucher Antragsgegner, so sind nur die Gerichte des Mitgliedstaats zuständig, in welchem der Antragsgegner seinen Wohnsitz im Sinne des Artikels 59 der Verordnung (EG) Nr. 44/2001 hat.

VO (EG) Art. 7. Antrag auf Erlass eines Europäischen Zahlungsbefehls. **I Der Antrag auf Erlass eines Europäischen Zahlungsbefehls ist unter Verwendung des Formblatts A gemäß Anhang I zu stellen.**

II Der Antrag muss Folgendes beinhalten:

a) die Namen und Anschriften der Verfahrensbeteiligten und gegebenenfalls ihrer Vertreter sowie des Gerichts, bei dem der Antrag eingereicht wird;
b) die Höhe der Forderung einschließlich der Hauptforderung und gegebenenfalls der Zinsen, Vertragsstrafen und Kosten;
c) bei Geltendmachung von Zinsen de*n* Zinssatz und de*n* Zeitraum, für den Zinsen verlangt werden, es sei denn, gesetzliche Zinsen werden nach dem Recht des Ursprungsmitgliedstaats automatisch zur Hauptforderung hinzugerechnet;
d) den Streitgegenstand einschließlich einer Beschreibung des Sachverhalts, der der Hauptforderung und gegebenenfalls der Zinsforderung zugrunde liegt;
e) eine Bezeichnung der Beweise, die zur Begründung der Forderung herangezogen werden;
f) die Gründe für die Zuständigkeit,
und
g) den grenzüberschreitenden Charakter der Rechtssache im Sinne von Artikel 3.

III In dem Antrag hat der Antragsteller zu erklären, dass er die Angaben nach bestem Wissen und Gewissen gemacht hat, und anerkennt, dass jede vorsätzliche falsche Auskunft angemessene Sanktionen nach dem Recht des Ursprungsmitgliedstaats nach sich ziehen kann.

IV 1 Der Antragsteller kann in einer Anlage zu dem Antrag dem Gericht gegenüber erklären, dass er die Überleitung in ein ordentliches Verfahren im Sinne des Artikels 17 für den Fall ablehnt, dass der Antragsgegner Einspruch einlegt. 2 Dies hindert den Antragsteller nicht daran, das Gericht zu einem späteren Zeitpunkt, in jedem Fall aber vor Erlass des Zahlungsbefehls, hierüber zu informieren.

V Die Einreichung des Antrags erfolgt in Papierform oder durch andere – auch elektronische – Kommunikationsmittel, die im Ursprungsmitgliedstaat zulässig sind und dem Ursprungsgericht zur Verfügung stehen.

VI 1 Der Antrag ist vom Antragsteller oder gegebenenfalls von seinem Vertreter zu unterzeichnen. 2 Wird der Antrag gemäß Absatz 5 auf elektronischem Weg eingereicht, so ist er nach Artikel 2 Nummer 2 der Richtlinie 1999/93/EG des Europäischen Parlaments und des Rates vom 13. Dezember 1999 über gemeinschaftliche Rahmenbedingungen für elektronische Signaturen[1] zu unterzeichnen. 3 Diese Signatur wird im Ursprungsmitgliedstaat anerkannt, ohne dass weitere Bedingungen festgelegt werden können.

VII 1 Eine solche elektronische Signatur ist jedoch nicht erforderlich, wenn und insoweit es bei den Gerichten des Ursprungsmitgliedstaats ein alternatives elektronisches Kommunikationssystem gibt, das einer bestimmten Gruppe von vorab registrierten und authentifizierten Nutzern zur Verfügung steht und die sichere Identifizierrung dieser Nutzer ermöglicht. 2 Die Mitgliedstaaten unterrichten die Kommission über derartige Kommunikationssysteme.

VO (EG) Art. 8. Prüfung des Antrags. **1 Das mit einem Antrag auf Erlass eines Europäischen Zahlungsbefehls befasste Gericht prüft so bald wie möglich anhand des Antragsformulars, ob die in den Artikeln 2, 3 4, 6 und 7 genannten Voraussetzungen erfüllt sind und ob die Forderung begründet erscheint. 2 Diese Prüfung kann im Rahmen eines automatisierten Verfahrens erfolgen.**

VO (EG) Art. 9. Vervollständigung und Berichtigung des Antrags. **I 1 Das Gericht räumt dem Antragsteller die Möglichkeit ein, den Antrag zu vervollständigen oder zu bereichtigen, wenn die in Artikel 7 genannten Voraussetzungen nicht erfüllt sind und die Forderung nicht offensichtlich unbegründet oder der Antrag unzulässig ist. 2 Das Gericht verwendet dazu das Formblatt B gemäß Anhang II.**

II 1 Fordert das Gericht den Antragsteller auf, den Antrag zu vervollständigen oder zu berichtigen, so legt es dafür eine Frist fest, die ihm den Umständen nach angemessen erscheint. 2 Das Gericht kann diese Frist nach eigenem Ermessen verlängern.

VO (EG) Art. 10. Änderung des Antrags. **I 1 Sind die in Artikel 8 genannten Voraussetzungen nur für einen Teil der Forderung erfüllt, so unterrichtet das Gericht den Antragsteller hiervon unter Verwendung des Formblatts C gemäß Anhang III. 2 Der Antragsteller wird aufgefordert, den Europäischen Zahlungsbefehl über den von dem Gericht angegebenen Betrag anzunehmen oder abzulehnen; er wird zugleich über die Folgen seiner Entscheidung belehrt. 3 Die Antwort des Antragstellers erfolgt durch Rücksendung des von dem Gericht übermittelten Formblatts C innerhalb der von dem Gericht gemäß Artikel 9 Absatz 2 festgelegten Frist.**

---

[1] ABl. L 13 vom 19. 1. 2000, S. 12.

II 1 Nimmt der Antragsteller den Vorschlag des Gerichts an, so erlässt das Gericht gemäß Artikel 12 einen Europäischen Zahlungsbefehl für den Teil der Forderung, dem der Antragsteller zugestimmt hat. 2 Die Folgen hinsichtlich des verbleibenden Teils der ursprünglichen Forderung unterliegen nationalem Recht.

III Antwortet der Antragsteller nicht innerhalb der von dem Gericht festgelegten Frist oder lehnt er den Vorschlag des Gerichts ab, so weist das Gericht den Antrag auf Erlass eines Europäischen Zahlungsbefehls insgesamt zurück.

VO (EG) Art. 11. Zurückweisung des Antrags. **I 1 Das Gericht weist den Antrag zurück,**

a) wenn die in den Artikeln 2, 3, 4, 6 und 7 genannten Voraussetzungen nicht erfüllt sind, oder

b) wenn die Forderung offensichtlich unbegründet ist, oder

c) wenn der Antragsteller nicht innerhalb der von dem Gericht gemäß Artikel 9 Absatz 2 gesetzten Frist seine Antwort übermittelt, oder

d) wenn der Antragsteller gemäß Artikel 10 nicht innerhalb der von dem Gericht gesetzten Frist antwortet oder den Vorschlag des Gerichts ablehnt.

2 Der Antragsteller wird anhand des Formblatts D gemäß Anhang IV von den Gründen der Zurückweisung in Kenntnis gesetzt.

II Gegen die Zurückweisung des Antrags kann kein Rechtsmittel eingelegt werden.

III Die Zurückweisung des Antrags hindert den Antragsteller nicht, die forderung mittels eines neuen Antrags auf Erlass eines Europäischen Zahlungsbefehls oder eines anderen Verfahrens nach dem Recht eines Mitgliedstaats geltend zu machen.

VO (EG) Art. 12. Erlass eines Europäischen Zahlungsbefehls. **I Sind die in Artikel 8 genannten Voraussetzungen erfüllt, so erlässt das Gericht so bald wie möglich und in der Regel binnen 30 Tagen nach Einreichung eines entsprechenden Antrags einen Europäischen Zahlungsbefehl unter Verwendung des Formblatts E gemäß Anhang V.**

Bei der Berechnung der 30-tägigen Frist wird die Zeit, die der Antragsteller zur Vervollständigung, Berichtigung oder Änderung des Antrags benötigt, nicht berücksichtigt.

II 1 Der Europäische Zahlungsbefehl wird zusammen mit einer Abschrift des Antragsformulars ausgestellt. 2 Er enthält nicht die vom Antragsteller in den Anlagen 1 und 2 des Formblatts A gemachten Angaben.

III In dem Europäischen Zahlungsbefehl wird der Antragsgegner davon in Kenntnis gesetzt, dass er

a) entweder den im Zahlungsbefehl aufgeführten Betrag an den Antragsteller zahlen kann, oder

b) gegen den Europäischen Zahlungsbefehl bei dem Ursprungsgericht Einspruch einlegen kann, indem er innerhalb von 30 Tagen ab dem Zeitpunkt der Zustellung des Zahlungsbefehls an ihn seinen Einspruch versendet.

IV In dem Europäischen Zahlungsbefehl wird der Antragsgegner davon unterrichtet, dass

a) der Zahlungsbefehl ausschließlich auf der Grundlage der Angaben des Antragstellers erlassen und vom Gericht nicht nachgeprüft wurde,

b) der Zahlungsbefehl vollstreckbar wird, wenn nicht bei dem Gericht nach Artikel 16 Einspruch eingelegt wird,

c) im Falle eines Einspruchs das Verfahren von den zuständigen Gerichten des Ursprungsmitgliedstaats gemäß den Regeln eines ordentlichen Zivilprozesses weitergeführt wird, es sei denn, der Antragsteller hat ausdrücklich beantragt, das Verfahren in diesem Fall zu beenden.

V Das Gericht stellt sicher, dass der Zahlungsbefehl dem Antragsgegner gemäß den nationalen Rechtsvorschriften in einer Weise zugestellt wird, die den Mindestvorschriften der Artikel 13, 14 und 15 genügen muss.

VO (EG) Art. 13. Zustellung mit Nachweis des Empfangs durch den Antragsgegner. **Der europäische Zahlungsbefehl kann nach dem Recht des Staats, in dem die Zustellung erfolgen soll, dem Antragsgegner in einer der folgenden formen zugestellt werden:**

a) durch persönliche Zustellung, bei der der Antragsgegner eine Empfangsbestätigung unter Angabe des Empfangsdatums unterzeichnet,

b) durch persönliche Zustellung, bei der die zuständige Person, die die Zustellung vorgenommen hat, ein Dokument unterzeichnet, in dem angegeben ist, dass der Antragsgegner das Schriftstück erhalten hat oder dessen Annahme unberechtigt verweigert hat und an welchem Datum die Zustellung erfolgt ist,

c) durch postalische Zustellung, bei der der Antragsgegner die Empfangsbestätigung unter Angabe des Empfangsdatums unterzeichnet und zurückschickt,

d) durch elektronische Zustellung wie beispielsweise per Fax oder E-Mail, bei der der Antragsgegner eine Empfangsbestätigung unter Angabe des EMpfangsdatums unterzeichnet und zurückschickt.

VO (EG) Art. 14. Zustellung ohne Nachweis des Empfangs durch den Antragsgegner. I Der Europäische Zahlungsbefehl kann nach dem Recht des Staats, in dem die Zustellung erfolgen soll, dem Antragsgegner auch in einer der folgenden Formen zugestellt werden:

a) persönliche Zustellung unter der Privatanschrift des Antragsgegners an eine in derselben Wohnung wie der Antragsgegner lebende Person oder an eine dort beschäftigte Person;
b) wenn der Antragsgegner Selbstständiger oder eine juristische Person ist, persönliche Zustellung in den Geschäftsräumen des Antragsgegners an eine Person, die vom Antragsgegner beschäftigt wird;
c) Hinterlegung des Zahlungsbefehls im Briefkasten des Antragsgegners;
d) Hinterlegung des Zahlungsbefehls beim Postamt oder bei den zuständigen Behörden mit entsprechender schriftlicher Benachrichtigung im Briefkasten des Antragsgegners, sofern in der schriftlichen Benachrichtigung das Schriftstück eindeutig als gerichtliches Schriftstück bezeichnet oder darauf hingeweisen wird, dass die Zustellung durch die Benachrichtigung als erfolgt gilt und damit Fristen zu laufen beginnen;
e) postalisch ohne Nachweis gemäß Absatz 3, wenn der Antragsgegner seine Anschrift im Ursprungsmitgliedstaat hat;
f) elektronisch, mit automatisch erstellter Sendebestätigung, sofern sich der Antragsgegner vorab ausdrücklich mit dieser Art der Zustellung einverstanden erklärt hat.

II Für die Zwecke dieser Verordnung ist eine Zustellung nach Absatz 1 nicht zulässig, wenn die Anschrift des Antragsgegners nicht mit Sicherheit ermittelt werden kann.

III Die Zustellung nach Absatz 1 Buchstaben a), b), c) und d) wird bescheinigt durch

a) ein von der zuständigen Person, die die Zustellung vorgenommen hat, unterzeichnetes Schriftstück mit den folgenden Angaben:
   i) die gewählte Form der Zustellung
      und
   ii) das Datum der Zustellung *sowie,*
      und
   iii) falls der Zahlungsbefehl einer anderen Person als dem Antragsgegner zugestellt wurde, der Name dieser Person und die Angabe ihres Verhältnisses zum Antragsgegner,

   oder
b) eine Empfangsbestätigung der Person, der der Zahlungsbefehl zugestellt wurde, für die Zwecke von Absatz 1 Buchstaben a) und b).

VO (EG) Art. 15. Zustellung an einen Vertreter. Die Zustellung nach den Artikeln 13 oder 14 kann auch an den Vertreter des Antragsgegners bewirkt werden.

VO (EG) Art. 16. Einspruch gegen den Europäischen Zahlungsbefehl. I Der Antragsgegner kann beim Ursprungsgericht Einspruch gegen den Europäischen Zahlungsbefehl unter Verwendung des Formblatts F gemäß Anhang VI einlegen, das dem Antragsgegner zusammen mit dem Europäischen Zahlungsbefehl zugestellt wird.

II Der Einspruch muss innerhalb von 30 Tagen ab dem Tag der Zustellung des Zahlungsbefehls an den Antragsgegner versandt werden.

III Der Antragsgegner gibt in dem Einspruch an, dass er die Forderung bestreitet, ohne dass er dafür eine Begründung liefern muss.

IV Der Einspruch ist in Papierform oder durch andere – auch elektronische – Kommunikationsmittel, die im Ursprungsmitgliedstaat zulässig sind und dem Ursprungsgericht zur Verfügung stehen, einzulegen.

V [1]Der Einspruch ist vom Antragsgegner oder gegebenenfalls von seinem Vertreter zu unterzeichnen. [2]Wird der Einspruch gemäß Absatz 4 auf elektronischem Weg eingelegt, so ist er nach Artikel 2 Nummer 2 der Richtlinie 1999/93/EG zu unterzeichnen. [3]Diese Signatur wird im Ursprungsmitgliedstaat anerkannt, ohne dass weitere Bedingungen festgelegt werden können.

[4]Eine solche elektronische Signatur ist jedoch nicht erforderlich, wenn und insoweit es bei den Gerichten des Ursprungsmitgliedstaats ein alternatives elektronisches Kommunikationssystem gibt, das einer bestimmten Gruppe von vorab registrierten und authentifizierten Nutzern zur Verfügung steht und die sichere Identifizierung dieser Nutzer ermöglicht. [5]Die Mitgliedstaaten unterrichten die Kommission über derartige Kommunikationssysteme.

VO (EG) Art. 17. Wirkungen der Einlegung eines Einspruchs. I [1]Wird innerhalb der in Artikel 16 Absatz 2 genannten Frist Einspruch eingelegt, so wird das Verfahren vor den zuständigen Gerichten des Ursprungsmitgliedstaats gemäß den Regeln eines ordentlichen Zivilprozesses weitergeführt, es sei denn, der Antragsteller hat ausdrücklich beantragt, das Verfahren in einem solchen Fall zu beenden.

[2]Hat der Antragsteller seine Forderung im Wege des Europäischen Mahnverfahrens geltend gemacht, so wird seine Stellung in nachfolgenden ordentlichen Zivilprozessen durch keine Maßnahme nach nationalem Recht präjudiziert.

II Die Überleitung in ein ordentliches Zivilverfahren im Sinne des Absatzes 1 erfolgt nach dem Recht des Ursprungsmitgliedstaats.

III Dem Antragsteller wird mitgeteilt, ob der Antragsgegner Einspruch eingelegt hat und ob das Verfahren als ordentlicher Zivilprozess weitergeführt wird.

VO (EG) Art. 18. Vollstreckbarkeit. **I [1]Wurde innerhalb der Frist des Artikels 16 Absatz 2 unter Berücksichtigung eines angemessenen Zeitraums für die Übermittlung kein Einspruch beim Ursprungsgericht eingelegt, so erklärt das Gericht den Europäischen Zahlungsbefehl unter Verwendung des Formblatts G gemäß Anhang VII unverzüglich für vollstreckbar. [2]Das Ursprungsgericht überprüft das Zustellungsdatum des Europäischen Zahlungsbefehls.**

II Unbeschadet des Absatzes 1 richten sich die Voraussetzungn der Zwangsvollstreckung für die Vollstreckbarkeit nach den Rechtsvorschriften des Ursprungsmitgliedstaats.

III Das Gericht übersendet dem Antragsteller den vollstreckbaren Europäischen Zahlungsbefehl.

VO (EG) Art. 19. Abschaffung des Exequaturverfahrens. **Der im Ursprungsmitgliedstaat vollstreckbar gewordene Europäische Zahlungsbefehl wird in den anderen Mitgliedstaaten anerkannt und vollstreckt, ohne dass es einer Vollstreckbarerklärung bedarf und ohne dass seine Anerkennung angefochten werden kann.**

VO (EG) Art. 20. Überprüfung in Ausnahmefällen. **I Nach Ablauf der in Artikel 16 Absatz 2 genannten Frist ist der Antragsgegner berechtigt, bei dem zuständigen Gericht des Ursprungsmitgliedstaats eine Überprüfung des Europäischen Zahlungsbefehls zu beantragen, falls**

a) i) der Zahlungsbefehl in einer der in Artikel 14 genannten Formen zugestellt wurde, und

ii) die Zustellung ohne Verschulden des Antragsgegners nicht so rechtzeitig erfolgt ist, dass er Vorkehrungen für seine Verteidigung hätte treffen können,

oder

b) der Antragsgegner aufgrund höherer Gewalt oder aufgrund außergewöhnlicher Umstände ohne eigenes Verschulden keinen Einspruch gegen die Forderung einlegen konnte,

wobei in beiden Fällen vorausgesetzt wird, dass er unverzüglich tätig wird.

II Ferner ist der Antragsgegner nach Ablauf der in Artikel 16 Absatz 2 genannten Frist berechtigt, bei dem zuständigen Gericht des Ursprungsmitgliedstaats eine Überprüfung des Europäischen Zahlungsbefehls zu beantragen, falls der Europäische Zahlungsbefehl gemessen an den in dieser Verordnung festgelegten Voraussetzungen oder aufgrund von anderen außergewöhnlichen Umständen offensichtlich zu Unrecht erlassen worden ist.

III [1]Weist das Gericht den Antrag des Antragsgegners mit der Begründung zurück, dass keine der Voraussetzungen für die Überprüfung nach den Absätzen 1 und 2 gegeben ist, bleibt der Europäische Zahlungsbefehl in Kraft.

[2]Entscheidet das Gericht, dass die Überprüfung aus einem der in den Absätzen 1 und 2 genannten Gründe gerechtfertigt ist, wird der Europäische Zahlungsbefehl für nichtig erklärt.

VO (EG) Art. 21. Vollstreckung. **I [1]Unbeschadet der Bestimmungen dieser Verordnung gilt für das Vollstreckungsverfahren das Recht des Vollstreckungsmitgliedstaats.**

[2]Ein vollstreckbar gewordener Europäischer Zahlungsbefehl wird unter den gleichen Bedingungen vollstreckt wie eine im Vollstreckungsmitgliedstaat vollstreckbar gewordene Entscheidung

II [1]Zur Vollstreckung in einem anderen Mitgliedstaat legt der Antragsteller den zuständigen Vollstreckungsbehörden dieses Mitgliedstaats folgende Dokumente vor:

a) eine Ausfertigung des von dem Ursprungsgericht für vollstreckbar erklärten Europäischen Zahlungsbefehls, die die für seine Beweiskraft erforderlichen Voraussetzungen erfüllt. und

b) [1]gegebenenfalls eine Übersetzung des Europäischen Zahlungsbefehls in die Amtssprache des Vollstreckungsmitgliedstaats oder – falls es in diesem Mitgliedstaat mehrere Amtssprachen gibt – nach Maßgabe der Rechtsvorschriften dieses Mitgliedstaats in die Verfahrenssprache oder eine der Verfahrenssprachen des Ortes, an dem die Vollstreckung betrieben wird, oder in eine sonstige Sprache, die der Vollstreckungsmitgliedstaat zulässt. [2]Jeder Mitgliedstaat kann angeben, welche Amtssprache oder Amtssprachen der Organe der Europäischen Union er neben seiner oder seinen eigenen für den Europäischen Zahlungsbefehl zulässt. [3]Die Übersetzung ist von einer hierzu in einem der Mitgliedstaaten befugten Person zu beglaubigen.

III Einem Antragsteller, der in einem Mitgliedstaat die Vollstreckung eines in einem anderen Mitgliedstaat erlassenen Europäischen Zahlungsbefehls beantragt, darf wegen seiner Eigenschaft als Ausländer oder wegen Fehlens eines inländischen Wohnsitzes oder Aufenthaltsorts im Vollstreckungsmitgliedstaat eine Sicherheitsleistung oder Hinterlegung, unter welcher Bezeichnung es auch sei, nicht auferlegt werden.

VO (EG) Art. 22. Verweigerung der Vollstreckung. **I Auf Antrag des Antragsgegners wird die Vollstreckung vom zuständigen Gericht im Vollstreckungsmitgliedstaat verweigert, wenn der Europäische Zahlungsbefehl mit einer früheren Entscheidung oder einem früheren Zahlungsbefehl unvereinbar ist, die bzw. der in einem Mitgliedstaat oder einem Drittland ergangen ist, sofern**

a) die frühere Entscheidung oder der frühere Zahlungsbefehl zwischen denselben Parteien wegen desselben Streitgegenstands ergangen ist, und

b) die frühere Entscheidung oder der frühere Zahlungsbefehl die notwendigen Voraussetzungen für die Anerkennung im Vollstreckungsmitgliedstaat erfüllt,
und
c) die Unvereinbarkeit im gerichtlichen Verfahren des Ursprungsmitgliedstaats nicht geltend gemacht werden konnte.

II Auf Antrag wird die Vollstreckung ebenfalls verweigert, sofern und insoweit der Antragsgegner den Betrag, der dem Antragsteller in einem Europäischen Zahlungsbefehl zuerkannt worden ist, an diesen entrichtet hat.

III Ein Europäischer Zahlungsbefehl darf im Vollstreckungsmitgliedstaat in der Sache selbst nicht nachgeprüft werden.

VO (EG) Art. 23. Aussetzung oder Beschränkung der Vollstreckung. Hat der Antragsgegner eine Überprüfung nach Artikel 20 beantragt, so kann das zuständige Gericht im Vollstreckungsmitgliedstaat auf Antrag des Antragsgegners
a) das Vollstreckungsverfahren auf Sicherungsmaßnahmen beschränken,
oder
b) die Vollstreckung von der Leistung einer von dem Gericht zu bestimmenden Sicherheit abhängig machen,
oder
c) unter außergewöhnlichen Umständen das Vollstreckungsverfahren aussetzen.

VO (EG) Art. 24. Rechtliche Vertretung. Die Vertretung durch einen Rechtsanwalt oder sonstigen Rechtsbeistand ist nicht zwingend
a) für den Antragsteller im Hinblick auf die Beantragung eines Europäischen Zahlungsbefehls,
b) für den Antragsgegner bei Einlegung des Einspruchs gegen einen Europäischen Zahlungsbefehl.

VO (EG) Art. 25. Gerichtsgebühren. I Die Gerichtsgebühren eines Europäischen Mahnverfahrens und eines ordentlichen Zivilprozesses, der sich an die Einlegung eines Einspruchs gegen den Europäischen Zahlungsbefehl in einem Mitgliedstaat anschließt, dürfen insgesamt nicht höher sein als die Gerichtsgebühren eines ordentlichen Zivilprozesses ohne vorausgehendes Europäisches Mahnverfahren in diesem Mitgliedstaat.

II Für die Zwecke dieser Verordnung umfassen die Gerichtsgebühren die dem Gericht zu entrichtenden Gebühren und Abgaben, deren Höhe nach dem nationalen Recht festgelegt wird.

VO (EG) Art. 26. Verhältnis zum nationalen Prozessrecht. Sämtliche verfahrensrechtlichen Fragen, die in dieser Verordnung nicht ausdrücklich geregelt sind, richten sich nach den nationalen Rechtsvorschriften.

VO (EG) Art. 27. Verhältnis zur Verordnung (EG) Nr. 1348/2000. Diese Verordnung berührt nicht die Anwendung der Verordnung (EG) Nr. 1348/2000 des Rates vom 29. Mai 2000 über die Zustellung gerichtlicher und außergerichtlicher Schriftstücke in Zivil- und Handelssachen in den Mitgliedstaaten[1].

VO (EG) Art. 28. Informationen zu den Zustellungskosten und zur Vollstreckung. Die Mitgliedstaaten arbeiten zusammen, um der Öffentlichkeit und den Fachkreisen folgende Informationen zur Verfügung zu stellen:
a) Informationen zu den Zustellungskosten,
und
b) Information darüber, welche Behörden im Zusammenhang mit der Vollstreckung für die Anwendung der Artikel 21, 22 und 23 zuständig sind,

insbesondere über das mit der Entscheidung 2001/470/EG des Rates[2] eingerichtete Europäische Justizielle Netz für Zivil- und Handelssachen.

VO (EG) Art. 29. Angaben zu den zuständigen Gerichten, den Überprüfungsverfahren, den Kommunikationsmitteln und den Sprachen. I 1 Die Mitgliedstaaten teilen der Kommission bis zum 12. Juni 2008 Folgendes mit:
a) die Gerichte, die dafür zuständig sind, einen Europäischen Zahlungsbefehl zu erlassen;
b) Informationen über das Überprüfungsverfahren und die für die Anwendung des Artikels 20 zuständigen Gerichte;
c) die Kommunikationsmittel, die im Hinblick auf das Europäische Mahnverfahren zulässig sind und den Gerichten zur Verfügung stehen;
d) die nach Artikel 21 Abatz 2 Buchstabe b zulässigen Sprachen.

2 Die Mitgliedstaaten unterrichten die Kommission über alle späteren Änderungen dieser Angaben.

II Die Kommission macht die nach Absatz 1 mitgeteilten Angaben durch Veröffentlichung im *Amtsblatt der Europäischen Union* und durch andere geeignete Mittel öffentlich zugänglich.

---

1 ABl. L 160 vom 30. 6. 2000, S. 37.
2 ABl. L 174 vom 27. 6. 2001, S. 25.

VO (EG) Art. 30. Änderung der Anhänge. **Die Formblätter in den Anhängen werden nach dem in Artikel 31 Absatz 2 vorgesehenen Verfahren aktualisiert oder in technischer Hinsicht angepasst; solche Änderungen müssen den Vorschriften dieser Verordnung vollständig entsprechen.**

VO (EG) Art. 31. Ausschuss. **I Die Kommission wird von dem nach Artikel 75 der Verordnung (EG) Nr. 44/2001 eingesetzten Ausschuss unterstützt.**

II Wird auf diesen Absatz Bezug genommen, so gelten Artikel 5 a Absätze 1 bis 4 und Artikel 7 des Beschlusses 1999/468/EG, unter Beachtung von dessen Artikel 8.

III Der Ausschuss gibt sich eine Geschäftsordnung.

VO (EG) Art. 32. Überprüfung. **1 Die Kommission legt dem Europäischen Parlament, dem Rat und dem Europäischen Wirtschafts- und Sozialausschuss bis zum 12. Dezember 2013 einen detaillierten Bericht über die Überprüfung des Funktionierens des Europäischen Mahnverfahrens vor. 2 Dieser Bericht enthält eine Bewertung des Funktionierens des Verfahrens und eine erweiterte Folgenabschätzung für jeden Mitgliedstaat. 3 Zu diesem Zeck und damit gewährleistet ist, dass die vorbildliche Praxis in der Europäischen Union gebührend berücksichtigt wird und die Grundsätze der besseren Rechtsetzung zum Tragen kommen, stellen die Mitgliedstaaten der Kommission Angaben zum grenzüberschreitenden Funktionieren des Europäischen Zahlungsbefehls zur Verfügung. 4 Diese Angaben beziehen sich auf die Gerichtsgebühren, die Schnelligkeit des Verfahrens, die Effizienz, die Benutzerfreundlichkeit und die internen Mahnverfahren der Mitgliedstaaten. 5 Dem Bericht der Kommission werden gegebenenfalls Vorschläge zur Anpassung der Verordnung beigefügt.**

VO (EG) Art. 33. Inkrafttreten. **1 Diese Verordnung tritt am Tag nach ihrer Veröffentlichung im** ***Amtsblatt der Europäischen Union*** **in Kraft.**

2 Sie gilt ab dem 12. Dezember 2008 mit Ausnahme der Artikel 28, 29, 30 und 31, die ab dem 12. Juni 2008 gelten.

Titel 1. Allgemeine Vorschriften

Übersicht

1) Systematik. Titel 1 enthält mit seinen §§ 1087–1089 vorrangige Spezialvorschriften zur Zuständigkeit, zur maschinellen Bearbeitung und zum Zustellungsverfahren. 1

2) Regelungszweck. Es geht um eine Zentralisierung, Vereinfachung und Beschleunigung des Mahnverfahrens mit seinem auch international zunehmenden Massenbetrieb. Das dient der Prozeßwirtschaftlichkeit nach Grdz 14 vor § 128. Deshalb sollte man die Regelungen großzügig auslegen, soweit nicht der Wortlaut und Sinn ohnehin eindeutig sind, Einl III 39. Das gilt trotz der Beschränkung des Vorrangs der VO (EG) auf deren „ausdrückliche" Regelung in Art 26 VO (EG). Sie setzt aber natürlich eine klare Auslegungsgrenze. 2

3) Geltungsbereich. Ihn legt Art 2 VO (EG) Nr 1896/2006 sowohl sachlich als auch personell fest. 3

1087 *Zuständigkeit.* **Für die Bearbeitung von Anträgen auf Erlass und Überprüfung sowie die Vollstreckbarerklärung eines Europäischen Zahlungsbefehls nach der Verordnung (EG) Nr. 1896/2006 des Europäischen Parlaments und des Rates vom 12. Dezember 2006 zur Einführung eines Europäischen Mahnverfahrens (ABl. EU Nr. L 399, S. 1) ist das Amtsgericht Wedding in Berlin ausschließlich zuständig.**

Vorbem. Angefügt dch Art 1 Z 13 G BT-Drs 16/9639, in Kraft seit 12. 12. 08, Art 8 I G, ÜbergangsR Einl III 78.

1) Systematik. Art 9 I VO (EG) Nr 1896/2006 überläßt die Bestimmung der Zuständigkeit dem nationalen Recht. § 1087 folgt dieser Ermächtigung. Die Vorschrift läßt den vorrangigen Gerichtsstand des Art 6 II VO beim Verbrauchvertrag bei weder beruflicher noch gewerblicher Tätigkeit unberührt. 1

2) Regelungszweck. Die Konzentration bei nur einem einzigen Gericht in dessen ausschließlicher örtlichen, sachlichen und funktionellen erstinstanzlichen Zuständigkeit dient natürlich vor allem der Vereinheitlichung eines möglicherweise bald bundesweit zunehmenden Massenverfahrens. Das ändert nichts an den Folgen eines unstatthaften oder doch im Einzelfall unzulässigen Antrags etwa nach Art 11 VO (EG) Nr 1896/2006. 2

3) Ausschließliche Zuständigkeit des AG Berlin-Wedding. Die Ausschließlichkeit besteht ebenso wie zB bei § 689 Rn 8. Sie besteht für das gesamte Verfahren einschließlich der Überprüfung des Europäischen Zahlungsbefehls nach Art 20 VO (EG) Nr 1896/2006. 3

1088 *Maschinelle Bearbeitung.* **I 1 Der Antrag auf Erlass des Europäischen Zahlungsbefehls und der Einspruch können in einer nur maschinell lesbaren Form bei Gericht eingereicht werden, wenn diese dem Gericht für seine maschinelle Bearbeitung geeignet erscheint. 2 § 130 a Abs. 3 gilt entsprechend.**

II **Der Senat des Landes Berlin bestimmt durch Rechtsverordnung, die nicht der Zustimmung des Bundesrates bedarf, den Zeitpunkt, in dem beim Amtsgericht Wedding die maschinelle Bearbeitung der Mahnverfahren eingeführt wird; er kann die Ermächtigung durch Rechtsverordnung auf die Senatsverwaltung für Justiz des Landes Berlin übertragen.**

Vorbem. Angefügt dch Art 1 Z 13 G BT-Drs 16/9639, in Kraft seit 12. 12. 08, Art 8 I G, ÜbergangsR Einl III 78.

1 **1) Systematik, I, II.** Die an 690 III erinnernde Vorschrift knüpft zunächst an Art 8 S 2 VO (EG) Nr 1896/2006 mit seiner Befugnis an, die Prüfung eines Antrags im Rahmen eines automatisierten Verfahrens vorzunehmen. In Ergänzung zu den elektronischen Möglichkeiten nach Artt 7 V, VI, 16 IV, V VO gibt *I* die bloße Möglichkeit, einen Antrag in einer nur maschinell lesbaren Form einzureichen, und begrenzt diese Möglichkeit. *II* enthält die in solchen Fällen übliche Kette von Übertragungen von Einzelregelungen auf Stellen der Zweiten Gewalt.

2 **2) Regelungszweck, I, II.** Die Regelung dient der Vereinfachung und Verbilligung. Da sie nicht zwingend ist, darf man sie großzügig handhaben.

3 **3) Maschinelle Lesbarkeit, I, II.** Es gelten dieselben Grundsätze wie bei § 130 a, auf den I 2 verweist, und bei § 689 I 2, 3.

1089

Zustellung. I 1 **Ist der Europäische Zahlungsbefehl im Inland zuzustellen, gelten die Vorschriften über das Verfahren bei Zustellungen von Amts wegen entsprechend.** 2 **Die §§ 185 bis 188 sind nicht anzuwenden.**

II **Ist der Europäische Zahlungsbefehl in einem anderen Mitgliedstaat der Europäischen Union zuzustellen, gelten die Vorschriften der Verordnung (EG) Nr. 1393/2007 sowie für die Durchführung § 1068 Abs. 1 und § 1069 Abs. 1 entsprechend.**

Vorbem. Angefügt dch Art 1 Z 13 G BT-Drs 16/9639, in Kraft seit 12. 12. 08, Art 8 I G, ÜbergangsR Einl III 78.

1 **1) Systematik, I, II.** Art 12 V VO (EG) Nr 1896/2006 verlangt, daß das Gericht sicherstellt, daß der Zahlungsbefehl dem Gegner nach dem nationalen Recht in einer solchen Weise zugeht, die die Mindestvorschriften der Artt 13–15 VO erfüllen. Diese letzteren Bestimmungen verweisen im Grundsatz auf das nationale Zustellungsrecht. § 1089 gibt dazu Spezialanweisungen.

2 **2) Regelungszweck, I, II.** Die Zustellung von Amts wegen ist die sicherste Form einer Mitteilung. Sie sichert am ehesten das natürlich auch hier notwendige rechtliche Gehör. Zustellungsregeln schaffen Fristan- und -abläufe. Schon deshalb muß man sie bekanntlich stets streng handhaben. Das gilt erst recht im grenzüberschreitenden Rechtsverkehr, selbst im Massenbetrieb.

3 **3) Anwendbarkeit von §§ 166 ff, I.** Sie gelten mit Ausnahme der nach I 2 ausdrücklich ausgeschlossenen §§ 185–188. Dieser Ausschluß beruht auf Art 14 II VO (EG) Nr 1896/2006. Diese Regelung lehnt sich auch an § 688 II Z 3 an.

4 **4) Zustellung im EU-Ausland, II.** Es gelten die hier genannten oben abgedruckten und erläuterten Vorschriften.

Titel 2. Einspruch gegen den Europäischen Zahlungsbefehl

Übersicht

1 **1) Systematik.** Titel 2 enthält mit seinen §§ 1090, 1091 die vorrangigen, freilich nach Art 26 VO (EG) auf ihre ausdrückliche Regelung beschränkten Vorschriften zum Stadium ab einem Einspruch bis zum Beginn des an das Mahnverfahren anschließenden Abschnitts. Dabei weichen die Begriffe Zahlungsbefehl und Streitverfahren teilweise von den Begriffen Mahnbescheid oder Vollstreckungsbescheid und Streitiges Verfahren nach §§ 688 ff ab, ohne in der Sache etwas wesentlich anderes zu behandeln.

2 **2) Regelungszweck.** Auch hier gelten dieselben Erwägungen wie bei §§ 1087–1089. Vgl daher dort Üb 2.

3 **3) Geltungsbereich.** Es ist derselbe wie bei §§ 1087–1089. Vgl daher dort Üb 3.

1090

Verfahren nach Einspruch. I 1 **Im Fall des Artikels 17 Abs. 1 der Verordnung (EG) Nr. 1896/2006 fordert das Gericht den Antragsteller mit der Mitteilung nach Artikel 17 Abs. 3 der Verordnung (EG) Nr. 1896/2006 auf, das Gericht zu bezeichnen, das für die Durchführung des streitigen Verfahrens zuständig ist.** 2 **Das Gericht setzt dem Antragsteller hierfür eine nach den Umständen angemessene Frist und weist ihn darauf hin, dass dem für die Durchführung des streitigen Verfahrens bezeichneten Gericht die Prüfung seiner Zuständigkeit vorbehalten bleibt.** 3 **Die Aufforderung ist dem Antragsgegner mitzuteilen.**

II 1 **Nach Eingang der Mitteilung des Antragstellers nach Absatz 1 Satz 1 gibt das Gericht, das den Europäischen Zahlungsbefehl erlassen hat, das Verfahren von Amts wegen an das vom Antragsteller bezeichnete Gericht ab.** 2 **§ 696 Abs. 1 Satz 3 bis 5, Abs. 2, 4 und 5 sowie § 698 gelten entsprechend.**

III Die Streitsache gilt als mit Zustellung des Europäischen Zahlungbefehls rechtshängig geworden, wenn sie nach Übersendung der Aufforderung nach Absatz 1 Satz 1 und unter Berücksichtigung der Frist nach Absatz 1 Satz 2 alsbald abgegeben wird.

Vorbem. Angefügt dch Art 1 Z 13 G BT-Drs. 16/9639, in Kraft seit 12. 12. 08, Art 8 II 1 G, ÜbergangsR Einl III 78.

1) Systematik, I–III. Eine Überleitung des Europäischen Mahnverfahrens nach einem hier „Einspruch" gegen den „Zahlungsbefehl" genannten Rechtsbehelf findet zunächst nach Art 17 I–III VO (EG) Nr 1896/2006 statt. § 1090 bringt zusammen mit § 1091 die deutschen Durchführungsregeln. Dabei entspricht *I 1* im Kern dem im deutschen Mahnverfahren schon im Mahnantrag notwendigen Schritt des Antragstellers, ein Gericht eines etwa folgenden streitigen Verfahrens nach § 690 I Z 5 anzugeben. *I 2, 3* nennen zugehörige Gerichtsaufgaben. *II* regelt die anschließende Abgabe. *III* klärt wie § 696 III den Zeitpunkt der Rechtshängigkeit bei einer Abgabe. Das alles ist nationalrechtlich nach Art 17 I, III statthaft und regelungsbedürftig. 1

2) Regelungszweck, I–III. In I gelten dieselben Erwägungen wie bei § 690 Rn 2, 11. In II gilt dasselbe an Zielsetzung wie in den dort in Bezug genommenen Teilen des § 696, dort Rn 2, 3. In III gelten dieselben Erwägungen wie in § 696 Rn 2, 3, 13–16. 2

3) Einspruchsfolgen, Abgabe usw, I–III. Vgl bei den dort genannten nationalen Vorschriften. 3

1091 *Einleitung des Streitverfahrens.* **§ 697 Abs. 1 bis 3 gilt entsprechend.**

Vorbem. Angefügt dch Art 1 Z 13 G BT-Drs. 16/9639, in Kraft seit 12. 12. 08, Art 8 I G, ÜbergangsR Einl III 78.

1) Systematik. Art 17 II VO (EG) Nr 1896/2006 verweist für den Verfahrensabschnitt nach einem Rechtsbehelf gegen den Europäischen Zahlungsbefehl auf das Recht des Ursprungmitgliedstaats. Damit hat der deutsche Gesetzgeber die Befugnis zu einer eigenen Regelung im streitigen Verfahren. § 1091 übt diese Befugnis durch eine schlichte Verweisung auf das bisherige nationale Recht aus. 1

2) Regelungszweck. Mit dieser schlichten Verweisung nach Rn 1 ergeht die einfachste, bekannteste und millionenfach praktizierte Überleitungsregelung. Sie ist zwar alles andere als leicht verständlich, § 697 Rn 3. Jede andere Sonderlösung würde aber vermutlich noch komplizierter. Unstimmigkeiten infolge von Abweichungen des Europäischen Mahnverfahrens vom deutschen sind unvermeidbar, aber überwindbar, wenn man das klare Ziel einer möglichst raschen Fortführung nach insgesamt praktisch bewährten bekannten nationalen Regeln bei der Auslegung stets im Auge behält. 2

3) Einleitung des Streitverfahrens. Die schlichte Verweisung auf § 697 I–III erlaubt eine schlichte Bezugnahme auf § 697 Rn 1–21. Nicht mit nennt § 1091 den § 697 IV, V. Das darf man nicht übersehen. 3

Titel 3. Überprüfung des Europäischen Zahlunsbefehls in Ausnahmefällen

1092 *Verfahren.* **I 1 Die Entscheidung über einen Antrag auf Überprüfung des Europäischen Zahlungsbefehls nach Artikel 20 Abs. 1 oder Abs. 2 der Verordnung (EG) Nr. 1896/2006 ergeht durch Beschluss. 2 Der Bescluss ist unanfechtbar.**

II Der Antragsgegner hat die Tatsachen, die eine Aufhebung des Europäischen Zahlungsbefehls begründen, glaubhaft zu machen.

III Erklärt das Gericht den Europäischen Zahlungsbefehl für nichtig, endet das Verfahren nach der Verordnung (EG) Nr. 1896/2006.

IV Eine Wiedereinsetzung in die Frist nach Artikel 16 Abs. 2 der Verordnung (EG) Nr. 1896/2006 findet nicht statt.

Vorbem. Angefügt dch Art 1 Z 13 G BT-Drs. 16/9639, in Kraft seit 12. 12. 08, Art 8 I G, ÜbergangsR Einl III 78.

1) Systematik, I–IV. Nach Art 16 VO (EG) Nr 1896/2006 kann man gegen einen Europäischen Zahlungsbefehl Einspruch mit der Folge einer Weiterführung des Verfahrens als ordentlicher Zivilprozeß nach Art 17 VO einlegen. Diese Möglichkeit entspricht einer Art Mischung des Widerspruchs gegen einen deutschen Mahnbescheid und eines Einspruchs gegen einen deutschen Vollstreckungsbescheid. 1

§ 1092 schafft dann, wenn der Antragsgegner schuldlos keinen rechtzeitigen Einspruch einlegen konnte, einen Rechtsbehelf in Form eines Antrags auf eine „Überprüfung". Dieser ähnelt einerseits etwas einem deutschen Wiedereinsetzungsantrag nach §§ 233 ff, andererseits etwas einer Gehörsrüge nach § 321 a. Das Überprüfungsverfahren kann nach Art 20 III 2 VO mit einer Nichtigerklärung des Europäischen Zahlungsbefehls enden, III. Diese Wirkung geht erheblich weiter als ein Wiedereinsetzungsverfahren. § 1092 enthält einige Durchführungsregeln. 2

2) Regelungszweck, I–IV. Schon die amtliche Überchrift des Art 20 VO (EG) Nr 1896/2006 klärt den Ausnahmecharakter des Überprüfungsverfahrens. Ausnahmen sind stets eng auslegbar. Andererseits ermöglicht allenfalls II überhaupt eine gewisse Auslegung. Insgesamt dient die Vorschrift mehr der Klarstellung von Selbstvertändlichkeiten als etwas inhaltlich Neuem. 3

4 **3) Beschluß, I.** Sowohl eine Antragsabweisung nach Art 20 III 1 VO (EG) Nr 1896/2006 als auch eine Nichtigerklärung nach Art 20 III 2 VO ergehen nach § 1092 I 1 in Beschlußform. Wegen der Unanfechtbarkeit nach I 2 ist allenfalls eine Kurzbegründung ratsam und eine formlose Mitteilung ausreichend.

5 **4) Glaubhaftmachung, III.** Sie ist nur bei denjenigen Tatsachen notwendig, die eine Aufhebung des Europäischen Zahlungsbefehls begründen können, also nicht auch bei Einwendungstatsachen des Antragstellers. Die Einwendung muß nach § 294 erfolgen.

6 **5) Nichtigerklärung, III.** Die Vorschrift klärt, daß diese Entscheidung das Ende zumindest dieses Verfahrens bedeutet. Ob eine Wiederholung infrage kommt, läßt III offen. Es findet jedenfalls auch nicht etwa eine Fortführung als „normaler" Zivilprozeß statt.

7 **6) Keine Wiedereinsetzung, IV.** Ihre Unstatthaftigkeit folgt daraus, daß die Einspruchsfrist des Art 16 II VO (EG) Nr 1896/2006 nicht als Notfrist nach § 224 I 2 bezeichnet ist und auch nicht zu den sonstigen in § 233 genannten Fristen zählt. Insofern ist IV überflüssig, aber auch nicht schon deshalb unwirksam, sondern zur Klärung geeignet.

Titel 4. Zwangsvollstreckung aus dem Europäischen Zahlungsbefehl

1093 *Vollstreckungsklausel.* **Aus einem nach der Verordnung (EG) Nr. 1896/2006 erlassenen und für vollstreckbar erklärten Europäischen Zahlungsbefehl findet die Zwangsvollstreckung im Inland statt, ohne dass es einer Vollstreckungsklausel bedarf.**

Vorbem. Angefügt dch Art 1 Z 13 G BT-Drs. 16/9639, in Kraft seit 12. 12. 08, Art 8 I G, ÜbergangsR Einl III 78.

1 **1) Systematik.** Nach Art 19 VO (EG) Nr 1896/2006 ist zur Vollstreckung eines Europäischen Zahlungsbefehls in den anderen Mitgliedstaaten keine Vollstreckbarerklärung mehr erforderlich. § 796 macht eine Vollstreckungsklausel bei einem Vollstreckungsbescheid weitgehend entbehrlich. § 1093 gleicht das Europäische Mahnverfahren bei der Zwangsvollstreckung an diese Abschaffung eines besonderen sog Exequaturverfahrens an.

2 **2) Regelungszweck.** Die Vorschrift dient wesentlich der Vereinfachung, Verbilligung und Beschleunigung des Verfahrens. Das muß man trotz aller Gefahren einer Vollstreckbarkeit ohne entsprechende Klausel im Ergebnis doch so weit wie vertretbar berücksichtigen. Der Schuldner behält ja Schutzmöglichkeiten zB nach § 1095.

3 **3) Keine Vollstreckungsklausel.** Sie entfällt beim für vollstreckbar erklärten Europäischen Zahlungsbefehl gänzlich, abweichend zB von § 796. Das gilt freilich nur bei einer Zwangsvollstreckung gerade im Inland.

Unverändert bleiben sonstige Voraussetzungen einer Zwangsvollstreckung zB nach § 750 und die Rechtsbehelfe etwa nach § 766.

1094 *Übersetzung.* **Hat der Gläubiger nach Artikel 21 Abs. 2 Buchstabe b der Verordnung (EG) Nr. 1896/2006 eine Übersetzung vorzulegen, so ist diese in deutscher Sprache zu verfassen und von einer in einem der Mitgliedstaaten der Europäischen Union hierzu befugten Person zu beglaubigen.**

Vorbem. Angefügt dch Art 1 Z 13 G BT-Drs. 16/9639, in Kraft seit 12. 12. 08, Art 8 I G, ÜbergangsR Einl III 78.

1 **1) Systematik, Regelungszweck.** Die Vorschrift stimmt mit § 1108 praktisch wörtlich überein. Die Beglaubigung ist schon nach Art 21 II b 3 VO (EG) Nr 1896/2006 notwendig. Daher ist § 1094 eigentlich überflüssig. Die Vorschrift gilt daher nur klarstellend (deklaratorisch, nicht konstitutiv).

1095 *Vollstreckungsschutz und Vollstreckungsabwehrklage gegen den im Inland erlassenen Europäischen Zahlungsbefehl.* ^I ^1 **Wird die Überprüfung eines im Inland erlassenen Europäischen Zahlungsbefehls nach Artikel 20 der Verordnung (EG) Nr. 1896/2006 beantragt, gilt § 707 entsprechend.** ^2 **Für die Entscheidung über den Antrag nach § 707 ist das Gericht zuständig, das über den Antrag nach Artikel 20 der Verordnung (EG) Nr. 1896/2006 entscheidet.**

^II **Einwendungen, die den Anspruch selbst betreffen, sind nur insoweit zulässig, als die Gründe, auf denen sie beruhen, nach Zustellung des Europäischen Zahlungsbefehls entstanden sind und durch Einspruch nach Artikel 16 der Verordnung (EG) Nr. 1896/2006 nicht mehr geltend gemacht werden können.**

Vorbem. Angefügt dch Art 1 Z 13 G BT-Drs. 16/9639, in Kraft seit 12. 12. 08, Art 8 I G, ÜbergangsR Einl III 78.

1 **1) Systematik, I, II.** Die Vorschrift ergänzt Artt 22, 23 VO (EG) Nr 1896/2007 für den Fall der Vollstreckung eines Europäischen Zahlungsbefehls in demjenigen Mitgliedstaat, in dem er ergangen war, weil die VO dazu keine Regelung enthält.

2 **2) Regelungszweck, I, II.** Es soll sicher sein, daß der Schuldner auch bei einem in Deutschland erlassenen Europäischen Zahlungsbefehl schon während des Überprüfungsverfahrens nach Art 20 VO (EG) Nr 1896/2007 eine einstweilige Einstellung der Zwangsvollstreckung erreichen kann, soweit das bei einem

nach der ZPO erlassenen sonstigen deutschen Titel statthaft wäre. Diesem Ziel sollte die Auslegung möglichst nahekommen.

3) Verweisung, I. Vgl bei § 707. 3

4) Vollstreckungsabwehr, II. Die Vorschrift entspricht dem § 796 II inhaltlich ganz. Vgl daher dort. 4

1096 ***Anträge nach den Artikeln 22 und 23 der Verordnung (EG) Nr. 1896/2006; Vollstrekkungsabwehrklage.*** **I [1] Für Anträge auf Verweigerung der Zwangsvollstreckung nach Artikel 22 Abs. 1 der Verordnung (EG) Nr. 1896/2006 gilt § 1084 Abs. 1 und 2 entsprechend. [2] Für Anträge auf Aussetzung oder Beschränkung der Zwangsvollstreckung nach Artikel 23 der Verordnung (EG) Nr. 1896/2006 ist § 1084 Abs. 1 und 3 entsprechend anzuwenden.**

II [1] Für Anträge auf Verweigerung der Zwangsvollstreckung nach Artikel 22 Abs. 2 der Verordnung (EG) Nr. 1896/2006 gilt § 1086 Abs. 1 entsprechend. [2] Für Klagen nach § 767 sind § 1086 Abs. 1 und § 1095 Abs. 2 entsprechend anzuwenden.

Vorbem. Angefügt dch Art 1 Z 13 G BT-Drs. 16/9639, in Kraft seit 12. 12. 08, Art 8 I G, ÜbergangsR Einl III 78.

1) Systematik, I, II. Artt 21, 23 VO (EG) Nr 805/2004, abgedruckt in Einf 3 vor § 1079, erlauben dem Gericht evtl die Vollstreckung aus einem nach jener VO ergangenen Titel zu verweigern, beschränken oder auszusetzen. Praktisch dieselben Möglichkeiten nennen Artt 22, 23 VO (EG) Nr 1896/2007. § 1096 verweist zur Durchführung daher auf die entsprechenden Durchführungsregeln zur VO (EG) Nr 805/2004 in §§ 1084 I, III, 1086 I, 1095 II. 1

2) Regelungszweck, I, II. Die inhaltlich fast vollständige Übereinstimmung der Regelungen der in Rn 1 genannten beiden VOen ermöglicht zwecks Vereinfachung und Vereinheitlichung die hier angewandte Verweisungstechnik. Man sollte daher die Verweisungen großzügig handhaben und auslegen. 2

3) Verweisungen, I, II. Vgl bei §§ 1084, 1086, 1095. 3

Abschnitt 6. Europäisches Verfahren für geringfügige Forderungen nach der Verordnung (EG) Nr. 861/2007

Einführung

Schrifttum: *Haibach* EuZW **08**, 137 (Üb).

1) Systematik. Am 1. 8. 07 ist in der EU die VO (EG) Nr 861/2007 des Europäischen Parlaments und des Rates zur Einführung eines europäischen Verfahrens für geringfügige Forderungen in Kraft getreten, ABl EG L 199, 1 v 31. 7. 07, abgedruckt Rn 3. Sie gilt seit 1. 1. 09, Art 29 II VO (EG), mit Ausnahme des schon seit 1. 1. 08 geltenden Art 25 VO (EG). 1

2) Regelungszweck. Er liegt auch bei dieser VO in einer Vereinfachung, Vereinheitlichung und Beschleunigung. So ist die ganze Regelung auslegbar. 2

3) Verordnung (EG) Nr 861/2007 (ohne ihre amtlichen Erwägungen und ohne die umfangreichen amtlichen Formblattanlagen). 3

Kapitel I. Gegenstand und Anwendungsbereich

Art. 1. Gegenstand. **[1] Mit dieser Verordnung wird ein europäisches Verfahren für geringfügige Forderungen eingeführt, damit Streitigkeiten in grenzüberschreitenden Rechtssachen mit geringem Streitwert einfacher und schneller beigelegt und die Kosten hierfür reduziert werden können. [2] Das europäische Verfahren für geringfügige Forderungen steht den Rechtssuchenden als eine Alternative zu den in den Mitgliedstaaten betehenden innerstaatlichen Verfahren zur Verfügung. [3] Mit dieser Verordnung wird außerdem die Notwendigkeit von Zwischenverfahren zur Anerkennung und Vollstreckung der in anderen Mitgliedstaaten im Verfahren für geringfügige Forderungen ergangenen Urteile beseitigt.**

Art. 2. Anwendungsbereich. **I [1] Diese Verordnung gilt für grenzüberschreitende Rechtssachen in Zivil- und Handelssachen, ohne dass es auf die Art der Grichtsbarkeit ankommt, wenn der Streitwert der Klage ohne Zinsen, Kosten und Auslagen zum Zeitpunkt des Eingangs beim zuständigen Gericht 2000 EUR nicht überschreitet. [2] Sie erfasst insbesondere nicht Steuer- und Zollsachen, verwaltungsrechtliche Angelegenheiten sowie die Haftung des Staates für Handlungen oder Unterlassungen im Rahmen der Ausübung hoheitlicher Rechte („acta iure imperii").**

II Diese Verordnung ist nicht anzuwenden auf:

a) den Personenstand, die Rechts- und Handlungsfähigkeit sowie die gesetzliche Vertretung von natürlichen Personen,

b) die ehelichen Güterstände, das Unterhaltsrecht und das Gebiet des Erbrechts einschließlich des Testamentsrechts,

c) Konkurse, Verfahren im Zusammenhang mit der Abwicklung zahlungsunfähiger Unternehmen oder anderer juristischer Personen, gerichtliche Vergleiche, Vergleiche und ähnliche Verfahren,

d) die soziale Sicherheit,

e) die Schiedsgerichtsbarkeit,
f) das Arbeitsrecht,
g) die Miete oder Pacht unbeweglicher Sachen, mit Ausnahme von Klagen wegen Geldforderungen, oder
h) die Verletzung der Privatsphäre oder der Persönlichkeitsrechte, einschließlich der Verletzung der Ehre.

III In dieser Verordnung bedeutet der Begriff „Mitgliedstaat" die Mitgliedstaaten mit Ausnahme Dänemarks.

Art. 3. Grenzüberschreitende Rechtssachen. **I Eine grenzüberschreitende Rechtssache im Sinne dieser Verordnung liegt vor, wenn mindestens eine der Parteien ihren Wohnsitz oder gewöhnlichen Aufenthalt in einem anderen Mitgliedstaat als dem des angerufenen Gerichts hat.**

II Der Wohnsitz bestimmt sich nach den Artikeln 59 und 60 der Verordnung (EG) Nr. 44/2001.

III Maßgeblicher Augenblick zur Feststellung, ob eine grenzüberschreitende Rechtssache vorliegt, ist der Zeitpunkt, zu dem das Klageformblatt beim zuständigen Gericht eingeht.

Kapitel II. Das europäische Verfahren für geringfügige Forderungen

Art. 4. Einleitung des Verfahrens. **I 1 Der Kläger leitet das europäische Verfahren für geringfügige Forderungen ein, indem er das in Anhang I vorgegebene Klageformblatt A ausgefüllt direkt beim zuständigen Gericht einreicht oder diesem auf dem Postweg übersendet oder auf anderem Wege übermittelt, der in dem Mitgliedstaat, in dem das Verfahren eingeleitet wird, zulässig ist, beispielsweise per Fax oder e-Mail. 2 Das Klageformblatt muss eine Beschreibung der Beweise zur Begründung der Forderung enthalten; gegebenenfalls können ihm als Beweismittel geeignete Unterlagen beigefügt werden.**

II 1 Die Die Mitgliedstaaten teilen der Kommission mit, welche Übermittlungsarten sie zulassen. 2 Diese Mitteilung wird von der Kommission bekannt gemacht.

III 1 Fällt die erhobene Klage nicht in den Anwendungsbereich dieser Verordnung, so unterrichtet das Gericht den Kläger darüber. 2 Nimmt der Kläger die Klage daraufhin nicht zurück, so verfährt das Gericht mit ihr nach Maßgabe des Verfahrensrechts des Mitgliedstaats, in dem das Verfahren durchgeführt wird.

IV 1 Sind die Angaben des Klägers nach Ansicht des Gerichts unzureichend oder nicht klar genug, oder ist das Klageformblatt nicht ordnungsgemäß ausgefüllt und ist die Klage nicht offensichtlich unbegründet oder nicht offensichtlich unzulässig, so gibt das Gericht dem Kläger Gelegenheit, das Klageformblatt zu vervollständigen oder zu berichtigen oder ergänzende Angaben zu machen oder Unterlagen vorzulegen oder die Klage zurückzunehmen, und setzt hierfür eine Frist fest. 2 Das Gericht verwendet dafür das in Anhang II vorgegebene Formblatt B. 3 Ist die Klage offensichtlich unbegründet oder offensichtlich unzulässig oder versäumt es der Kläger, das Klageformblatt fristgerecht zu vervollständigen oder zu berichtigen, so wird die Klage zurück- bzw. abgewiesen.

V Die Mitgliedstaaten sorgen dafür, dass das Klageformblatt bei allen Gerichten, in denen das europäische Verfahren für geringfügige Forderungen eingeleitet werden kann, erhältlich ist.

Art. 5. Durchführung des Verfahrens. **I 1 Das europäische Verfahren für geringfügige Forderungen wird schriftlich durchgeführt. 2 Das Gericht hält eine mündliche Verhandlung ab, wenn es diese für erforderlich hält oder wenn eine der Parteien einen entsprechenden Antrag stellt. 3 Das Gericht kann einen solchen Antrag ablehnen, wenn es der Auffassung ist, dass in Anbetracht der Umstände des Falles ein faires Verfahren offensichtlich auch ohne mündliche Verhandlung sichergestellt werden kann. 4 Die Ablehnung ist schriftlich zu begründen. 5 Gegen die Abweisung des Antrags ist kein gesondertes Rechtsmittel zulässig.**

II 1 Nach Eingang des ordnungsgemäß ausgefüllten Klageformblatts füllt das Gericht Teil I des in Anhang III vorgegebenen Standardantwortformblatts C aus. 2 Es stellt dem Beklagten gemäß Artikel 13 eine Kopie des Klageformblatts und gegebenenfalls der Beweisunterlagen zusammen mit dem entsprechend ausgefüllten Antwortformblatt zu. 3 Diese Unterlagen sind innerhalb von 14 Tagen nach Einang des ordnungsgemäß ausgefüllten Klageformblatts abzusenden.

III Der Beklagte hat innerhalb von 30 Tagen nach Zustellung des Klageformblatts und des Antwortformblatts zu antworten, indem er Teil II des Formblatts C ausfüllt und es gegebenenfalls mit als Beweismittel geeigneten Unterlagen an das Gericht zurücksendet oder indem er auf andere geeignete Weise ohne Verwendung des Antwortformblatts antwortet.

IV Innerhalb von 14 Tagen nach Eingang der Antwort des Beklagten ist eine Kopie der Antwort gegebenenfalls zusammen mit etwaigen als Beweismittel geeigneten Unterlagen an den Kläger abzusenden.

V 1 Macht der Beklagte in seiner Antwort geltend, dass der Wert einer nicht lediglich auf eine Geldzahlung gerichteten Klage die in Artikel 2 Absatz 1 festgesetzten Wertgrenze übersteigt, so entscheidet das Gericht innerhalb von 30 Tagen nach Absendung der Antwort an den Kläger, ob die Forderung in den Anwendungsbereich dieser Verordnung fällt. 2 Gegen diese Entscheidung ist ein gesondertes Rechtsmittel nicht zulässig.

[VI] [1]Etwaige Widerklagen, die mittels Formblatt A zu erheben sind, sowie etwaige Beweisunterlagen werden dem Kläger gemäß Artikel 13 zugestellt. [2]Die Unterlagen sind innerhalb von 14 Tagen nach deren Eingang bei Gericht abzusenden. [3]Der Kläger hat auf eine etwaige Widerklage innerhalb von 30 Tagen nach Zustellung zu antworten.

[VII] [1]Überschreitet die Widerklage die in Artikel 2 Absatz 1 festgesetze Wertgrenze, so werden die Klage und die Widerklage nicht nach dem europäischen Verfahren für geringfügige Forderungen, sondern nach Maßgabe des Verfahrensrechts des Mitgliedstaats, in dem das Verfahren durchgeführt wird, behandelt. [2]Artikel 2 und Artikel 4 sowie die Absätze 3, 4 und 5 des vorliegenden Artikels gelten entsprechend für Widerklagen.

Art. 6. Sprachen. **[I] Das Klageformblatt, die Antwort, etwaige Widerklagen, die etwaige Antwort auf eine Widerklage und eine etwaige Beschreibung etwaiger Beweisunterlagen sind in der Sprache oder einer der Sprachen des Gerichts vorzulegen.**

[II] Werden dem Gericht weitere Unterlagen nicht in der Verfahrenssprache vorgelegt, so kann das Gericht eine Übersetzung der betreffenden Unterlagen nur dann anfordern, wenn die Übersetzung für den Erlass des Urteils erforderlich erscheint.

[III] Hat eine Partei die Annahme eines Schriftstücks abgelehnt, weil es nicht in

a) der Amtssprache des Empfangsmitgliedstaats oder – wenn es in diesem Mitgliedstaat mehrere Amtssprachen gibt – der Amtssprache oder einer der Amtssprachen des Ortes, an dem die Zustellung erfolgen soll oder an den das Schriftstück gesandt werden soll, oder

b) einer Sprache, die der Empfänger versteht,

abgefasst ist, so setzt das Gericht die andere Partei davon in Kenntnis, damit diese eine Übersetzung des Schriftstücks vorlegt.

Art. 7. Abschluss des Verfahrens. **[I] Innerhalb von 30 Tagen, nachdem die Antworten des Beklagten oder des Klägers unter Einhaltung der Frist des Artikels 5 Absatz 3 oder Absatz 6 eingegangen sind, erlässt das Gericht ein Urteil oder verfährt wie folgt:**

a) Es fordert die Parteien innerhalb einer bestimmten Frist, die 30 Tage nicht überschreiten darf, zu weiteren die Klage betreffenden Angaben auf,

b) es führt eine Beweisaufnahme nach Artikel 9 durch,

c) es lädt die Parteien zu einer mündlichen Verhandlung vor, die innerhalb von 30 Tagen nach der Vorladung stattzufinden hat.

[II] [1]Das Gericht erlässt sein Urteil entweder innerhalb von 30 Tagen nach einer etwaigen mündlichen Verhandlung oder nach Vorliegen sämtlicher Entscheidungsgrundlagen. [2]Das Urteil wird den Parteien gemäß Artikel 13 zugestellt.

[III] Ist bei dem Gericht innerhalb der in Artikel 5 Absatz 3 oder Absatz 6 gesetzten Frist keine Antwort der betreffenden Partei eingegangen, so erlässt das Gericht zu der Klage oder der Widerklage ein Urteil.

Art. 8. Mündliche Verhandlung. **Das Gericht kann eine mündliche Verhandlung über Video-Konferenz oder unter Zuhilfenahme anderer Mittel der Kommunikationstechnologie abhalten, wenn die ensprechenden technischen Mittel verfügbar sind.**

Art. 9. Beweisaufnahme. **[I] [1]Das Gericht bestimmt die Beweismittel und den Umfang der Beweisaufnahme, die im Rahmen der für die Zulässigkeit von Beweisen geltenden Bestimmungen für sein Urteil erforderlich sind. [2]Es kann die Beweisaufnahme mittels schriftlicher Aussagen von Zeugen oder Sachverständigen oder schriftlicher Parteivernehmung zulassen. [3]Des Weiteren kann es die Beweisaufnahme über Video-Konferenz oder mit anderen Mitteln der Kommunikationstechnologie zulassen, wenn die entsprechenden technischen Mittel verfügbar sind.**

[II] [1]Das Gericht kann Sachverständigenbeweise oder mündliche Aussagen nur dann zulassen, wenn dies für sein Urteil erforderlich ist. [2]Dabei trägt es den Kosten Rechnung.

[III] Das Gericht wählt das einfachste und am wenigsten aufwändige Beweismittel.

Art. 10. Vertretung der Parteien. **Die Vertretung durch einen Rechtsanwalt oder einen sonstigen Rechtsbeistand ist nicht verpflichtend.**

Art. 11. Hilfestellung für die Parteien. **Die Mitgliedstaaten gewährleisten, dass die Parteien beim Ausfüllen der Formblätter praktische Hilfestellung erhalten können.**

Art. 12. Aufgaben des Gerichts. **[I] Das Gericht verpflichtet die Parteien nicht zu einer rechtlichen Würdigung der Klage.**

[II] Das Gericht unterrichtet die Parteien erforderlichenfalls über Verfahrensfragen.

[III] Soweit angemessen, bemüht sich das Gericht um eine gütliche Einigung der Parteien.

Art. 13. Zustellung von Unterlagen. **[I] Unterlagen werden durch Postdienste mit Empfangsbestätigung zugestellt, aus der das Datum des Empfangs hervorgeht.**

[II] Ist eine Zustellung gemäß Absatz 1 nicht möglich, so kann die Zustellung auf eine der Arten bewirkt werden, die in den Artikeln 13 und 14 der Verordnung (EG) Nr. 805/2004 festgelegt sind.

Art. 14. Fristen. I Setzt das Gericht eine Frist fest, so ist die betroffene Partei über die Folgen der Nichteinhaltung dieser Frist zu informieren.

II Das Gericht kann die Fristen nach Artikel 4 Absatz 4, Artikel 5 Absätze 3 und 6 Artikel 7 Absatz 1 ausnahmsweise verlängern, wenn dies notwendig ist, um die Rechte der Parteien zu wahren.

III Kann das Gericht die Fristen nach Artikel 5 Absätze 2 bis 6 sowie Artikel 7 ausnahmsweise nicht einhalten, veranlasst es so bald wie möglich die nach diesen Vorschriften erforderlichen Verfahrensschritte.

Art. 15. Vollstreckbarkeit des Urteils. I 1 Das Urteil ist ungeachtet eines möglichen Rechtsmittels vollstreckbar. 2 Es darf keine Sicherheitsleistung verlangt werden.

II Artikel 23 ist auch anzuwenden, wenn das Urteil in dem Mitgliedstaat zu vollstrecken ist, in dem es ergangen ist.

Art. 16. Kosten. 1 Die unterlegene Partei trägt die Kosten des Verfahrens. 2 Das Gericht spricht der obsiegenden Partei jedoch keine Erstattung für Kosten zu, soweit sie nicht notwendig waren oder in keinem Verhältnis zu der Klage stehen.

Art. 17. Rechtsmittel. I 1 Die Mitgliedstaaten teilen der Kommission mit, ob ihr Verfahrensrecht ein Rechtsmittel gegen ein im europäischen Verfahren für geringfügige Forderungen ergangenes Urteil zulässt und innerhalb welcher Frist das Rechtsmittel einzulegen ist. 2 Diese Mitteilung wird von der Kommission bekannt gemacht.

II Artikel 16 gilt auch für das Rechtsmittelverfahren.

Art. 18. Mindeststandards für die Überprüfung des Urteils. I Der Beklagte ist berechtigt, beim zuständigen Gericht des Mitgliedstaats, in dem das Urteil im europäischen Verfahren für geringfügige Forderungen ergangen ist, eine Überprüfung des Urteils zu beantragen, sofern

a) i) ihm das Klageformblatt oder die Ladung zur Verhandlung ohne persönliche Empfangsbestätigung gemäß Artikel 14 der Verordnung (EG) Nr. 805/2004 zugestellt wurde und
ii) die Zustellung ohne sein Verschulden nicht so rechtzeitig erfolgt ist, dass er Vorkehrungen für seine Verteidigung hätte treffen können,

oder

b) der Beklagte aufgrund höherer Gewalt oder aufgrund außergewöhnlicher Umstände ohne eigenes Verschulden daran gehindert war, das Bestehen der Forderung zu bestreiten,

wobei in beiden Fällen vorausgesetzt wird, dass er unverzüglich tätig wird.

II 1 Lehnt das Gericht die Überprüfung mit der Begründung ab, dass keiner der in Absatz 1 genannten Gründe zutrifft, so bleibt das Urteil in Kraft. 2 Entscheidet das Gericht, dass die Überprüfung aus einem der in Absatz 1 genannten Gründe gerechtfertigt ist, so ist das im europäischen Verfahren für geringfügige Forderungen ergangene Urteil nichtig.

Art. 19. Anwendbares Verfahrensrecht. Sofern diese Verordnung nichts anderes bestimmt, gilt für das europäische Verfahren für geringfügige Forderungen das Verfahrensrecht des Mitgliedstaats, in dem das Verfahren durchgeführt wird.

Kapitel III. Anerkennung und Vollstreckung in einem anderen Mitgliedstaat

Art. 20. Anerkennung und Vollstreckung. I Ein im europäischen Verfahren für geringfügige Forderungen ergangenes Urteil wird in einem anderen Mitgliedstaat anerkannt und vollstreckt, ohne dass es einer Vollstreckbarerklärung bedarf und ohne dass die Anerkennung angefochten werden kann.

II Auf Antrag einer Partei fertigt das Gericht eine Bestätigung unter Verwendung des in Anhang IV vorgegebenen Formblatts D zu einem im europäischen Verfahren für geringfügige Forderungen ergangenen Urteil ohne zusätzliche Kosten aus.

Art. 21. Vollstreckungsverfahren. I 1 Unbeschadet der Bestimmungen dieses Kapitels gilt für das Vollstreckungsverfahren das Recht des Vollstreckungsmitgliedstaats. 2 Jedes im europäischen Verfahren für geringfügige Forderungen ergangene Urteil wird unter den gleichen Bedingungen vollstreckt wie ein im Vollstreckungsmitgliedstaat ergangenes Urteil.

II Die Partei, die die Vollstreckung beantragt, muss Folgendes vorlegen:

a) eine Ausfertigung des Urteils, die die Voraussetzungen für den Nachweis seiner Echtheit erfüllt; und

b) eine Ausfertigung der Bestätigung im Sinne des Artikels 20 Absatz 2 sowie, falls erforderlich, eine Übersetzung davon in die Amtssprache des Vollstreckungsmitgliedstaats oder – falls es in diesem Mitgliedstaat mehrere Amtssprachen gibt – nach Maßgabe der Rechtsvorschriften dieses Mitgliedstaats in die Verfahrenssprache oder eine der Verfahrenssprachen des Ortes, an dem die Vollstreckung betrieben wird, oder in eine sonstige Sprache, die der Vollstreckungsmitgliedstaat zulässt. Jeder Mitgliedstaat kann angeben, welche Amtssprache oder Amtssprachen der Organe der Europäischen Union er neben seiner oder seinen eigenen

für das europäische Verfahren für geringfügige Forderungen zulässt. [4] Der Inhalt des Formblatts D ist von einer Person zu übersetzen, die zur Anfertigung von Übersetzungen in einem der Mitgliedstaaten befugt ist.

III Für die Vollstreckung eines Urteils, das in dem europäischen Verfahren für geringfügige Forderungen in einem anderen Mitgliedstaat erlassen worden ist, darf von der Partei, die die Vollstreckung beantragt, nicht verlangt werden, dass sie im Vollstreckungsstaat über

a) einen bevollmächtigten Vertreter oder
b) eine Postanschrift

außer bei den Vollstreckungsagenten verfügt.

IV Von einer Partei, die in einem Mitgliedstaat die Vollstreckung eines im europäischen Verfahren für geringfügige Forderungen in einem anderen Mitgliedstaat ergangenen Urteils beantragt, darf weder wegen ihrer Eigenschft als Ausländer noch wegen Fehlens eines inländischen Wohnsitzes oder Aufenthaltsorts im Vollstreckungsmitgliedstaat eine Sicherheitsleistung oder Hinterlegung, unter welcher Bezeichnung auch immer, verlangt werden.

Art. 22. Ablehnung der Vollstreckung. **I Auf Antrag der Person, gegen die die Vollstreckung gerichtet ist, wird die Vollstreckung vom zuständigen Gericht im Vollstreckungsmitgliedstaat abgelehnt, wenn das im europäischen Verfahren für geringfügige Forderungen ergangene Urteil mit einem früheren in einem Mitgliedstaat oder einem Drittland ergangenen Urteil unvereinbar ist, sofern**

a) das frühere Urteil zwischen denselben Parteien wegen desselben Streitgegenstandes ergangen ist,
b) das frühere Urteil im Vollstreckungsmitgliedstaat ergangen ist oder die Voraussetzungen für die Anerkennung im Vollstreckungsmitgliedstaat erfüllt und
c) die Unvereinbarkeit im gerichtlichen Verfahren des Mitgliedstaats, in dem das Urteil im europäischen Verfahren für geringfügige Forderungen ergangen ist, nicht geltend gemacht wurde und nicht geltend gemacht werden konnte.

II Keinesfalls darf ein im europäischen Verfahren für geringfügige Forderungen ergangenes Urteil im Vollstreckungsmitgliedstaat in der Sache selbst nachgeprüft werden.

Art. 23. Aussetzung oder Beschränkung der Vollstreckung. **Hat eine Partei ein im europäischen Verfahren für geringfügige Forderungen ergangenes Urteil angefochten oder ist eine solche Anfechtung noch möglich oder hat eine Partei eine Überprüfung nach Artikel 18 beantragt, so kann das zuständige Gericht oder die zuständige Behörde im Vollstreckungsmitgliedstaat auf Antrag der Partei, gegen die sich die Vollstreckung richtet,**

a) das Vollstreckungsverfahren auf Sicherungsmaßnahmen beschränken,
b) die Vollstreckung von der Leistung einer von dem Gericht zu bestimmenden Sicherheit abhängig machen oder
c) unter außergewöhnlichen Umständen das Vollstreckungsverfahren aussetzen.

Kapitel IV. Schlussbestimmungen

Art. 24. Information. **Die Mitgliedstaaten arbeiten insbesondere im Rahmen des gemäß der Entscheidung 2001/470/EG eingerichteten Europäischen Justiziellen Netzes für Zivil- und Handelssachen zusammen, um die Öffentlichkeit und die Fachwelt über das europäische Verfahren für geringfügige Forderungen, einschließlich der Kosten, zu informieren.**

Art. 25. Angaben zu den zuständigen Gerichten, den Kommunikationsmitteln und den Rechtsmitteln. **I [1] Die Mitgliedstaaten teilen der Kommission bis zum 1. Januar 2008 mit,**

a) welche Gerichte dafür zuständig sind, ein Urteil im europäischen Verfahren für geringfügige Forderungen zu erlassen;
b) welche Kommunikationsmittel für die Zwecke des europäischen Verfahrens für geringe Forderungen zulässig sind und den Gerichten nach Artikel 4 Absatz 1 zur Verfügung stehen;
c) ob nach ihrem Verfahrensrecht Rechtsmittel im Sinne des Artikel 17 eingelegt werden können, und bei welchem Gericht sie eingelegt werden können;
d) welche Sprachen nach Artikel 21 Absatz 2 Buchstabe b zugelassen sind; und
e) welche Behörden für die Vollstreckung zuständig sind und welche Behörden für die Zwecke der Anwendung des Artikels 23 zuständig sind.

[2] Die Mitgliedstaaten unterrichten die Kommission über alle späteren Änderungen dieser Angaben.

II Die Kommission macht die nach Absatz 1 mitgeteilten Angaben durch Veröffentlichung im *Amtsblatt der Europäischen Union* und durch alle anderen geeigneten Mittel öffentlich zugänglich.

Art. 26. Durchführungsmaßnahmen. **Die Maßnahmen zur Änderung nicht wesentlicher Bestimmungen dieser Verordnung, einschließlich durch Hinzufügung neuer nicht wesentlicher Bestimmungen, die eine Aktualisierung oder eine technische Änderung der Formblätter in den**

Anhängen bewirken, werden nach dem in Artikel 27 Absatz 2 genannten Regelungsverfahren mit Kontrolle erlassen.

Art. 27. Ausschuss. I **Die Kommission wird von einem Ausschuss unterstützt.**

II **Wird auf diesen Absatz Bezug genommen, so gelten Artikel 5 a Absätze 1 bis 4 und Artikel 7 des Beschlusses 1999/468/EG unter Beachtung von dessen Artikel 8.**

Art. 28. Überprüfung. 1 **Die Kommission legt dem Europäischen Parlament, dem Rat und dem Europäischen Wirtschafts- und Sozialausschuss bis zum 1. Januar 2014 einen detaillierten Bericht über die Überprüfung des Funktionierens des europäischen Verfahrens für geringfügige Forderungen, einschließlich der Wertgrenze einer Klage gemäß Artikel 2 Absatz 1, vor.** 2 **Dieser Bericht enthält eine Bewertung des Funktionierens des Verfahrens und eine erweiterte Folgenabschätzung für jeden Mitgliedstaat.** 3 **Zu diesem Zweck, und damit gewährleistet ist, dass die vorbildliche Praxis in der Europäischen Union gebührend berücksichtigt wird und die Grundsätze der besseren Rechtsetzung zum Tragen kommen, stellen die Mitgliedstaaten der Kommission Angaben zum grenzüberschreitenden Funktionieren des europäischen Verfahrens für geringfügige Forderungen zur Verfügung.** 4 **Diese Angaben beziehen sich auf die Gerichtsgebühren, die Schnelligkeit des Verfahrens, die Effizienz, die Benutzerfreundlichkeit und die internen Verfahren für geringfügige Forderungen der Mitgliedstaaten.** 5 **Dem Bericht der Kommission werden gegebenenfalls Vorschläge zur Anpassung der Verordnung beigefügt.**

Art. 29. Inkrafttreten. 1 **Diese Verordnung tritt am Tag nach ihrer Veröffentlichung im *Amtsblatt der Europäischen Union* in Kraft.** 2 **Sie gilt ab dem 1. Januar 2009, mit Ausnahme des Artikels 25, der ab dem 1. Januar 2008 gilt.**

Titel 1. Erkenntnisverfahren

Übersicht

1 **1) Systematik.** Titel 1 regelt das Erkenntnisverfahren. §§ 1097–1104 bringen wie die VO (EG) Nr 861/2007 keineswegs einen so hohen Grad von Handlungs- und Entscheidungsfreiheit wie etwa § 495 a mit seinem ja freilich auch geringeren Umfang an Streitwert. Vielmehr herrscht ein Formalismus in Gestalt von zwingenden Formblättern für die Parteien, aber damit natürlich infolgedessen auch für das Gericht. Andererseits darf es zB nach § 1101 I die Beweisaufnahme wesentlich freier vornehmen als im natinalen „Normal"-prozeß.

2 **2) Regelungszweck.** Die in Rn 1 genannten nur formell sehr unterschiedlichen Ausprägungen haben erkennbar doch insgesamt den in Einf 2 vor dem Text der VO (EG) Nr 861/2007 genannten Zweck der Vereinfachung, Vereinheitlichung und Beschleunigung. Deshalb darf und soll man auch §§ 1097 ff prozeßwirtschaftlich handhaben.

3 **3) Geltungsbereich.** Ihn bestimmt nicht nur Art 2 VO (EG) Nr 861/2007, sondern auch ihr Art 19. Nach dieser letzteren Bestimmung bleibt das deutsche Verfahrensrecht vor dem AG hilfsweise voll anwendbar, sowohl im Bereich des Kleinverfahrens des § 495 a als auch im übrigen Bereich der §§ 495 ff. Das gilt unabhängig davon, ob die VO etwas „ausdrücklich" anders regelt. Damit bleibt auch eine nicht gerade ausdrückliche VO-Vorschrift vorrangig. Dessen ungeachtet sollte man trotz der nach Rn 2 ratsamen prozeßwirtschaftlich weiten Auslegung der VO (EG) nun auch nicht allzu ängstlich mit der Hilfsanwendung der §§ 495 ff sein. Es ist nicht das Ziel der VO (EG), den deutschen Richter stärker als nach der ZPO einzuengen.

4 **4) Unklarheit der Verfahrenswahl.** Wegen des Verfahrens bei einer Unklarheit, ob eine Wahl nach Art 1 S 2 VO (EG) Nr 861/2007 erfolgt ist, vgl § 495 a Rn 5.

1097 *Einleitung und Durchführung des Verfahrens.* I **Die Formblätter gemäß der Verordnung (EG) Nr. 861/2007 des Europäischen Parlaments und des Rates vom 11. Juli 2007 zur Einführung eines europäischen Verfahrens für geringfügige Forderungen (ABl. EU Nr. L 199 S. 1) und andere Anträge oder Erklärungen können als Schriftsatz, als Telekopie oder nach Maßgabe des § 130 a als elektronisches Dokument bei Gericht eingereicht werden.**

II **Im Falle des Artikels 4 Abs. 3 der Verordnung (EG) Nr. 861/2007 wird das Verfahren über die Klage ohne Anwendung der Vorschriften der Verordnung (EG) Nr. 861/2007 fortgeführt.**

Vorbem. Angefügt dch Art 1 Z 14 G BT-Drs 16/9639, in Kraft seit 1. 1. 09, Art 8 II 2 G, ÜbergangsR Einl III 78.

1 **1) Systematik, I, II.** Die Vorschrift ergänzt Artt 4, 5 VO (EG) Nr 861/2007. Ein Hauptmerkmal des Europäischen Kleinverfahrens ist der Zwang zur Benutzung einer Fülle von Formularen. *I* stellt klar, daß man sie mit allen derzeitigen Mitteln der Kommunikationstechnologie nach Art 9 I 3 VO einreichen darf, also auch auf dem Weg des § 130 a. *II* füllt die Verweisung in Art 4 III 2 VO auf das nationale Recht aus.

2 **2) Regelungszweck, I, II.** Die Vorschrift dient in *I* der Modernität eines ohnehin auf Beschleunigung, Vereinfachung und Verbilligung ausgerichteten Verfahrens. *II* hat denselben Zweck, nämlich die Vermeidung

einer etwa zusätzlichen „Normal"klage. Beide Ziele sollte man durch eine prozeßwirtschaftliche Auslegung nach Grdz 14 vor § 128 unterstützen.

3) Einreichungsmöglichkeiten, I. Zwar nennt die Vorschrift nicht auch zB das Telegramm, wie es evtl zB nach § 129 erlaubt wäre. Diese Übermittlungsform ist aber ohnehin veraltet. Im Ergebnis ist praktisch jede derzeit technisch mögliche Form eines Einreichens erlaubt, Rn 2. Natürlich müssen die allgemeinen Grundregeln eines bestimmenden Schriftsatzes nach § 129 Rn 5 ff Beachtung behalten, etwa zur Unterschrift. 3

4) Fortführung, II. Statt einer Abweisung als unstatthaft darf und muß das Gericht theoretisch je nach dem nationalen Streitwert im nationalen Normal- oder Kleinverfahren den Prozeß fortführen. Praktisch kommt nur das erstere infrage. Denn der Grenzwert liegt mit derzeit 2000 EURO nach der VO (EG) Nr 861/2007 viel höher als nach § 495 a. 4

1098 *Annahmeverweigerung auf Grund der verwendeten Sprache.* **[1] Die Frist zur Erklärung der Annahmeverweigerung nach Artikel 6 Abs. 3 der Verordnung (EG) Nr. 861/2007 beträgt eine Woche. [2] Sie ist eine Notfrist und beginnt mit der Zustellung des Schriftstücks. [3] Der Empfänger ist über die Folgen einer Versäumung der Frist zu belehren.**

Vorbem. Angefügt dch Art 1 Z 14 G BT-Drs 16/9639, in Kraft seit 1. 1. 09, Art 8 II 2 G, ÜbergangsR Einl III 78.

1) Systematik, S 1–3. Art 6 III VO (EG) Nr 861/2007 verpflichtet das Gericht, den Gegner der die Annahme eines Schriftstücks aus Sprachgründen verweigernden Partei davon in Kenntnis zu setzen, damit dieser Gegner eine Übersetzung vorlegen kann. Die VO nennt dazu keine Frist. Deshalb gilt nach Art 19 VO das dazu vorhandene nationale Recht. Dieses bringt § 1098 mit dem Vorrang vor allgemeinen Fristregeln der ZPO. 1

2) Regelungszweck, S 1–3. In Anlehnung an §§ 184 ff GVG einerseits und an Grundgedanken der MRK und des GG andererseits soll sicher sein, daß ein Betroffener ein ihm zugehendes Schriftstück versteht, wie es der ganze Art 6 VO (EG) Nr 861/2007 ja auch vorsieht. Ob die nur einwöchige Notfrist von S 1, 2 dazu ausreicht, eine schriftliche Übersetzung eines rechtserheblichen Texts in Auftrag zu geben, anfertigen zu lassen, selbst evtl zu überprüfen, abzusenden und dem Empfänger im Ausland zugehen zu lassen, ist mehr als fraglich. Uneinhaltbar knappe Fristen sind evtl unwirksam. Sie bilden einen Wiedereinsetzunsgrund nach §§ 233 ff, wenn sie wie hier nach § 224 I 2 Notfristen sind. Im Ergebnis wird der Wiedereinsetzungsrichter oft über die Rechtzeitigkeit entscheiden und sie im Zweifel bejahen müssen, wenn wenigstens nach etwa 2–3 Wochen die Übersetzung zugegangen ist. 2

3) Fristsetzung, Belehrung, S 1–3. Das Gericht darf die Einwochenfrist nicht aus den Gründen Rn 2 von vornherein verlängern. Auch eine nachträgliche Verlängerung entfällt wegen § 224 II mangels „besonders bestimmter" gesetzlicher Erlaubnis. Ob die Belehrung aber eine Wiedereinsetzungschance andeuten darf oder gar sollte, ist eine andere Frage. Man sollte sie wegen Rn 2 im Zweifel eher bejahen. 3

1099 *Widerklage.* **[I] Eine Widerklage, die nicht den Vorschriften der Verordnung (EG) Nr. 861/2007 entspricht, ist außer im Fall des Artikels 5 Abs. 7 Satz 1 der Verordnung (EG) Nr. 861/2007 als unzulässig abzuweisen.**

[II 1] Im Fall des Artikels 5 Abs. 7 Satz 1 der Verordnung (EG) Nr. 861/2007 wird das Verfahren über die Klage und die Widerklage ohne Anwendung der Vorschriften der Verordnung (EG) Nr. 861/2007 fortgeführt. [2] Das Verfahren wird in der Lage übernommen, in der es sich zur Zeit der Erhebung der Widerklage befunden hat.

Vorbem. Angefügt dch Art 1 Z 14 G BT-Drs 16/9639, in Kraft seit 1. 1. 09, Art 8 II 2 G, ÜbergangsR Einl III 78.

1) Systematik, I, II. Die Vorschrift ergänzt Art 5 VI, VII VO (EG) Nr 861/2007. Diese Bestimmungen enthalten Vorrangsregelungen mit „etwas anderem" nach Art 19 VO. Sie besagen aber nichts Generelles zur Statthaftigkeit einer Widerklage. Vgl zu ihr nach dem nationalen Prozeßrecht Anh § 253, ferner § 33 (zum Gerichtsstand) und § 495 a Rn 100 (zum deutschen Kleinverfahren), schließlich § 506 (zur nachträglichen sachlichen Unzuständigkeit). 1

2) Regelungszweck, I, II. Er ist begrenzt. Es gilt teilweise, die Verweisung des Art 5 VII 1 VO (EG) Nr 861/2007 auf eine deutsche Regelung nicht leerlaufen zu lassen. Es sollen die unterschiedlichen Folgen unterschiedlicher Mängelarten einer grenzüberschreitenden Kleinverfahrenswiderklage deutlich bleiben. Der Sache nach ergibt sich aber keine wesentliche Abweichung vom deutschen sonstigen Prozeßrecht zur Widerklage. 2

3) Abweisung als unzulässig, I. Sie muß erfolgen, soweit eine Widerklage schon generell nach der VO (EG) Nr 861/2007 unstatthaft ist. Solche Unstatthaftigkeit ergibt sich aus der Verweisung in Art 5 VII 2 VO auf Artt 2, 4, 5 III–5 VO. Danach müßte auch eine Widerklage in den Anwendungsbereich nach Art 2 VO fallen, um überhaupt statthaft zu sein. Sie müßte also eine grenzüberschreitende Rechtssache der in Art 2 I VO genannten und nicht in Art 2 II ausgeschlossenen Arten von Streitigkeit beinhalten. 3

Mitteilung der Zulässigkeitsbedenken dürfte auch hier eine Bedingung sein, die das Gericht vor einer Abweisung durch ein Prozeßurteil nach Grdz 14 vor § 253 erfüllen muß, § 139 in Verbindung mit Art 19 VO. Das Gericht muß daher auch eine angemessene Frist zur Behebung etwa heilbarer Mängel setzen. Die Fristlänge sollte sich trotz aller weiten Ermessensfreiheit wegen Art 5 VII in Verbindung mit Art 5 III–V VO an den dort genannten Fristen in etwa mitausrichten. 4

5 **4) Fortführung, II.** Leidet die Widerklage nur daran, daß sie die Wertgrenze nach Art 5 VII 1 in Verbindung mit Art 2 I VO (EG) Nr 861/2007 von derzeit 2000 EUR zum Zeitpunkt des Eingangs beim zuständigen Gericht überschritten hat, darf und muß das Gericht nach dem dann maßgebenden II 1 das Verfahren ohne Anwendung der VO fortführen. Es gilt dann also das ZPO-Recht eines Verfahrens mit einem Streitwert von mehr als 2000 EUR. Daher kann sogar das LG erstinstanzlich sachlich zuständig werden. II 2 klärt Einzelheiten teilweise. Andere ergeben sich zB evtl aus § 281 in Verbindung mit Art 5 VII 1 VO, der ja den Vorrang vor Art 19 VO hat. Vgl im übrigen dann zunächst § 506.

1100 *Mündliche Verhandlung.* **I 1 Das Gericht kann den Parteien sowie ihren Bevollmächtigten und Beiständen gestatten, sich während einer Verhandlung an einem anderen Ort aufzuhalten und dort Verfahrenshandlungen vorzunehmen. 2 § 128 a Abs. 1 Satz 2 und Abs. 3 bleibt unberührt.**

II Die Bestimmung eines frühen ersten Termins zur mündlichen Verhandlung (§ 275) ist ausgeschlossen.

Vorbem. Angefügt dch Art 1 Z 14 G BT-Drs 16/9639, in Kraft seit 1. 1. 09, Art 8 II 2 G, ÜbergangsR Einl III 78.

1 **1) Systematik, I, II.** Die Vorschrift ergänzt Art 8 VO (EG) Nr 861/2007. Diese Vorschrift basiert auf Art 5 I VO. Danach besteht vom Grundsatz der Schriftlichkeit des Verfahrens nach Art 5 I 1 VO nur dann nach Art 5 I 2 VO eine Ausnahmemöglichkeit, wenn entweder das Gericht eine mündliche Verhandlung für nicht nur zweckmäßig, sondern für geradezu erforderlich hält oder wenn auch nur eine der Parteien einen entsprechenden Antrag stellt. In dieser letzteren Alternative gleicht die VO dem § 495 a S 2. Vgl daher auch dort. Indessen gibt Art 9 I I 3 VO gerade anders als § 495 a S 2 dem Gericht die Befugnis zur Ablehnung eines Verhandlungsantrags durch eine unangreifbare Zwischenentscheidung nach Art 9 I 4, 5. Eine Anwendung von § 1100 setzt die Klärung aller dieser Vorfragen voraus.

2 Auch der *Ablauf* einer nun einmal stattfindenden mündlichen Verhandlung gestaltet sich zunächst außerhalb von § 1100. Zu ihm schweigt die VO. Daher gilt über Art 19 VO die ZPO und folglich im deutschen Kleinverfahen § 495 a und oberhalb seiner Wertgrenze die Regelung der §§ 128 ff.

3 *II* hat den Vorrang vor §§ 272 II, 275, 495 a. Das ist nicht sonderlich überzeugend, seit BVerfG **75**, 310, BGH NJW **87**, 500 bestätigt haben, daß sogar im „Normalprozeß" ein früher erster Termin ein vollwertiger, möglichst abschließender Termin sein kann, wenn das Gericht ihn nur richtig vorbereitet und durchführt, § 272 Rn 2. Daran ändert auch die weitgehende Freiwilligkeit einer mündlichen Verhandlung gar nichts.

4 **2) Regelungszweck, I, II.** Die an § 128 a anknüpfende Vorschrift dient vergleichbaren Zwecken. Vgl daher dort.

5 **3) Fernverhandlung, I.** Die Vorschrift ist wegen Art 8 VO (EG) Nr 861/2007 eigentlich überflüssig. Vgl im übrigen § 1101 Rn 5 ff.

6 **4) Kein früher erster Termin, II.** Vgl Rn 3.

1101 *Beweisaufnahme.* **I Das Gericht kann die Beweise in der ihm geeignet erscheinenden Art aufnehmen, soweit Artikel 9 Abs. 2 und 3 der Verordnung (EG) Nr. 861/2007 nichts anderes bestimmt.**

II 1 Das Gericht kann einem Zeugen, Sachverständigen oder einer Partei gestatten, sich während einer Vernehmung an einem anderen Ort aufzuhalten. 2 § 128 a Abs. 2 Satz 2, 3 und Abs. 3 bleibt unberührt.

Vorbem. Angefügt dch Art 1 Z 14 G BT-Drs 16/9639, in Kraft seit 1. 1. 09, Art 8 II 2 G, ÜbergangsR Einl III 78.

1 **1) Systematik, I, II.** Die Vorschrift ergänzt Art 9 VO (EG) Nr 861/2007. Nach jener Vorschrift gilt der auch dem deutschen Recht zugrundeliegende Freibeweis, § 286. Daran ändern auch die Zulässigkeitsgrenzen des Art 9 II, III VO nichts. Sie gelten ohnehin bei richtiger Anwendung auch im deutschen Recht. Insofern nennt § 1101 der Sache nach keine Abweichungen. Das gilt auch für II, der an § 1100 I 2 anschließt.

2 **2) Regelungszweck, I, II.** Natürlich soll der Freibeweis das Europäische Kleinverfahren beschleunigen und erleichtern helfen. Die mehrfache Betonung des Gebots der Prozeßwirtschaftlichkeit nach Grdz 14 vor § 128 durch die Klärung des Vorrangs von Art 9 II, III VO (EG) Nr 861/2007 mit ihrem Zwang zur Beschränkung auf das Erforderliche und am wenigsten Aufwendige verdeutlicht einen weiteren freilich in eigentlich jedem Zivilprozeß selbstverständlichen Regelungszweck. Man sollte indessen auch im Kleinverfahren die Kostenfragen der Sachdienlichkeit und Wahrheitsfindung getrost unterordnen.

3 **3) Möglichkeiten, I, II.** Sowohl § 1101 als auch Art 9 VO (EG) Nr 861/2007 stellen das Gericht scheinbar sogar von einem Beweisantrag frei. Das bedeutet aber natürlich keine Amtsermittlung nach Grdz 38 vor § 128. Es bleibt der Grundgedanke einer Parteiherrschaft nach Grdz 18 vor § 128 auch im Europäischen Kleinverfahren wie im deutschen des § 495 a erhalten.

4 **A. Eignung nach Gerichtsansicht, I.** Es kommt zur Eignung der Beweisart nicht auf die Ansicht des Beweisführers oder des Gegners und daher auch nicht auf deren Einigung dazu an, sondern auf die Beurteilung des Gerichts. Das spitzt I gegenüber Art 9 VO noch zu. Freilich verdeutlich I auch die in der VO genannten Grenzen mit. Immerhin bringt der Freibeweis fast grenzenlose Befugnisse.

B. Fernvernehmung, II. Art I I 2 VO enthält ähnlich § 1100 I 2 schon eine gegenüber § 377 III 5
deutlich weitere Befugnis zur Zulassung einer schriftlichen Aussage eines Zeugen oder in Verbindung mit § 402 eines Sachverständigen. Art 9 I 3 VO erlaubt darüber hinaus direkt eine Videokonferenz oder andere Mittel der Kommunikationstechnologie. Die Verweisung in II 2 auf § 128 a II 2, 3, III engt diese Möglichkeiten nicht ein, sondern soll nur die technische Abwicklung klären helfen.

C. Parteiöffentlichkeit, I, II. Diese Grundbedingung nach § 357 besteht trotz oder besser: gerade 6
wegen des weiten Gerichtsermessens zur Beweisart und zum Beweisumfang natürlich auch hier, ebenso wie zB solche Grenzen wie nach § 356 (kein Zeuge N.N. usw).

D. Kosten usw, I. Sowohl zur Kostenfrage insbesondere beim Sachverständigen nach Art 9 II 2 VO als 7
auch zur Frage der Erforderlichkeit nach Art 9 II 1 VO sollte man die zu § 91 entwickelten Regeln einer Erstattungsfähigkeit von Prozeßkosten als Gericht schon bei der Entscheidung über eine Beweisaufnahme mitbeachten.

E. Verstoß, I, II. Es gelten dieselben Regeln wie beim Verstoß im innerdeutschen Beweisverfahren bis 8
hin zur etwaigen Nichterhebung von Gerichtskosten nach § 21 GKG, § 20 FamGKG.

1102 *Urteil.* [1] **Urteile bedürfen keiner Verkündung.** [2] **Die Verkündung eines Urteils wird durch die Zustellung ersetzt.**

Vorbem. Angefügt dch Art 1 Z 14 G BT-Drs 16/9639, in Kraft seit 1. 1. 09, Art 8 II 2 G, ÜbergangsR Einl III 78.

1) Systematik, S 1, 2. Die Vorschrift ergänzt Art 7 I, II VO (EG) Nr. 861/2007. Sie schafft aber 1
inhaltlich nichts zusätzlich. Die Entbehrlichkeit einer Verkündung steht im Gegensatz selbst zu einer Verkündungsnotwendigkeit bei einem Urteil nach § 341 II oder nach § 495 a. Denn auch dort ist jeweils eine Verkündung nach § 310 I 1 nötig.

2) Regelungszweck, S 1, 2. Die konsequente Schriftlichkeit des Europäischen Kleinverfahrens dient 2
natürlich der konsequenten Vereinfachung und Beschleunigung. Ihr opfert die VO (EG) Nr 861/2007 und folglich der bloße Durchführungsvorgang in § 1102 einen der Zentralgedanken des sonstigen ZPO-Erkenntnisverfahrens, nämlich die zumindet beim „Geburtsakt" der Endentscheidung zwingende Verkündung bis hin zum „Beschreien der Wände" beim bloßen Verkündungstermin, zu dem zwar doch kaum jemals jemand erscheint, der aber doch zugleich einen klaren zeitlichen Ausgangspunkt für Rechtsmittelmöglichkeiten setzt. Ob die nach Art 7 II 2 VO (EG) Nr 861/2007 in Verbindung mit § 1102 S 2 natürlich als Wirksamkeitsvoraussetzung nun nötige Zustellung mit ihren erfahrungsgemäßen Schwächen bei einer Ersatzzustellung usw die gewünschte Vereinfachung eher herbeiführt als eine Verkündung, ist durchaus zweifelhaft. Man sollte die Zustellung jedenfalls nicht auch noch durch überweite Auslegungen ihrer Bedingungen überleicht gestalten.

3) Entbehrlichkeit einer Verkündung, S 1. Sie ändert nichts an der Zulässigkeit einer Verkündung. 3
„Bedürfen nicht" bedeutet keineswegs „findet nicht statt". Freilich scheint S 2 auf das Verkündungsverbot hinzudeuten. S 2 meint aber in Wahrheit nur Rn 4.

4) Notwendigkeit einer Zustellung, S 2. Eine Zustellung bleibt mit oder ohne Verkündung stets 4
notwendig. Erst sie führt zur Wirksamkeit des Urteils.

1103 *Säumnis.* [1] **Äußert sich eine Partei binnen der für sie geltenden Frist nicht oder erscheint sie nicht zur mündlichen Verhandlung, kann das Gericht ein Urteil nach Lage der Akten erlassen.** [2] **§ 251 a ist nicht anzuwenden.**

Vorbem. Angefügt dch Art 1 Z 14 G BT-Drs 16/9639, in Kraft seit 1. 1. 09, Art 8 II 2 G, ÜbergangsR Einl III 78.

1) Systematik, S 1, 2. Die Vorschrift ergänzt Art 7 III VO (EG) Nr 861/2007. Sie schafft nur scheinbar 1
mit dem Begriff des Urteils nach Lage der Akten etwas gegenüber der VO Neues. Denn der in Art 7 III VO verwendete Begriff „Urteilserlaß" bedeutet zumindest beim Verfahren ohne eine mündliche Verhandlung der Sache nach ein Urteil eben auf Grund der Aktenlage. Das Gericht braucht seine Entscheidung aber nicht zur Wirksamkeit als eine solche gerade nach Lage der Akten zu bezeichnen. § 1104 hat den Vorrang.

2) Regelungszweck, S 1, 2. Im Grunde dient die Vorschrift weniger der ja schon nach dem ausdrück- 2
lichen Text der VO (EG) Nr 861/2007 vorhandenen Möglichkeit der Endentscheidung durch ein Urteil, sondern mehr der Abgrenzung zu der bei einer Säumnis ja nationalrechtlich zunächst oft naheliegenden Versäumnisentscheidung, die die Instanz bekanntlich wegen einer Einspruchsmöglichkeit gerade noch nicht stets beendet. Den Ausschluß eines Versäumnisurteils nennt S 1, 2 aber bedauerlicherweise nicht klärend mit. Er besteht trotzdem. Denn die VO kennt kein Versäumnisurteil. Dieses Ergebnis ändert sich auch nicht durch Art 19 VO. Denn das dort in Bezug genommene Kleinverfahren nach § 495 a kennt zwar auch ein Versäumnisurteil. Aber Art 19 VO setzt voraus, daß „diese Verordnung nichts anderes bestimmt", und Art 7 III kennt eben nur ein „Urteil".

3) Entweder: Schweigen bis Fristablauf, S 1. Eine Voraussetzung eines Urteils ist eine Nichtäußerung 3
einer Partei binnen „der" für sie geltenden Frist. Das ist nicht etwa nur die in Art 7 III VO (EG) Nr 861/2007 genannte Frist des Art 5 III oder VI, sondern in Wahrheit jede einer Partei gesetzlich oder gerichtlich bestimmte Frist. Die Gründe des Schweigens sind nach dem Text von S 1 scheinbar unerheblich. Vgl indes Rn 5.

4 **4) Oder: Nichterscheinen im etwaigen Verhandlungstermin, S 1.** Gleichberechtigt neben der Bedingung Rn 3 nennt S 1 als eine weitere mögliche Voraussetzung das Nichterscheinen in einem etwa vom Gericht anberaumten wirklichen Verhandlungstermin. Nicht ausreichend ist ein bloßer Güte-, Erörterungs-, Beweisaufnahme- oder Vergleichstermin. Auch die Gründe des Nichterscheinens scheinen nach dem Wortlaut von S 1 unerheblich. Vgl aber Rn 5.

5 **5) Stets: Keine Entschuldigung, S 1.** In beiden Fällen Rn 3, 4 muß in Wahrheit eine Entschuldigung bis zum Erlaß des Urteils fehlen. Das steht zwar weder in Art 7 III VO (EG) Nr 861/2007 noch in III. Es scheint auch § 1104 entgegenzustehen. Dessen Geltungsbereich beschränkt sich aber auf eine Entschuldigung *nach* dem Urteilserlaß, dort Rn 3. Daher muß man in Wahrheit bei einer vorherigen Entschuldigung Art 19 VO beachten. Denn die dortige Bezugnahme auf das nationale Recht erfolgt deshalb, weil die VO das Vorliegen einer Entschuldigung vor dem Urteil eben nicht mitregelt.

6 Also gilt *§ 495 a.* Diese Vorschrift erlaubt zwar bei einer Säumnis sehr wohl ebenfalls eine instanzbeendende Entscheidung. Sie setzt aber bei aller Ermessensfreiheit des Richters im Kleinverfahren doch eine im Entscheidungszeitpunkt fortbestehende wirkliche Säumnis ohne Entschuldigung voraus. Denn auch § 337 ist mitbeachtbar. Das sollte auch im grenzüberschreitenden Kleinverfahren gelten. Andernfalls würde man nicht nur Art 103 I GG mißachten, sondern eine dort zusätzlich fixierte Hauptregel des deutschen wie internationalen ordre public, eben das Gebot des rechtlichen Gehörs.

7 Das alles gilt zusätzlich bei einer Säumnis des *Klägers.* Denn diesen erwähnt nicht einmal § 1104 mit.

8 **6) Unanwendbarkeit des § 251 a, S 2.** Sein ausdrücklicher Ausschluß macht auch den Umeg des Art 19 VO (EG) Nr 861/2007 ungangbar. Der Ausschluß gilt für alle Teile des § 251 a. Vor dem Urteil braucht also zB keine mündliche Verhandlung erfolgt zu sein.

1104 *Abhilfe bei unverschuldeter Säumnis des Beklagten.*

I [1] Liegen die Voraussetzungen des Artikels 18 Abs. 1 der Verordnung (EG) Nr. 861/2007 vor, wird das Verfahren fortgeführt; es wird in die Lage zurückversetzt, in der es sich vor Erlass des Urteils befand. [2] Auf Antrag stellt das Gericht die Nichtigkeit des Urteils durch Beschluss fest.

II Der Beklagte hat die tatsächlichen Voraussetzungen des Artikels 18 Abs. 1 der Verordnung (EG) Nr. 861/2007 glaubhaft zu machen.

Vorbem. Angefügt dch Art 1 Z 14 G BT-Drs 16/9639, in Kraft seit 1. 1. 09, Art 8 II 2 G, ÜbergangsR Einl III 78.

1 **1) Systematik, I, II.** Die Vorschrift ergänzt § 1103. Sie hat den Vorrang vor Art 19 VO (EG) Nr 861/2007. Insofern hat § 1104 auch den Vorrang vor § 1103. Wegen einer unverschuldeten Säumnis des *Klägers* § 1103 Rn 7.

2 **2) Regelungszweck, I, II.** Die Vorschrift dient der auch im grenzüberschreitenden Fall notwendigen Beachtung des Art 103 I GG als eines Grundprinzips auch des deutschen ordre public. Sie ist daher mit § 337 vergleichbar und ähnlich auslegbar. Freilich darf man trotz des gegenüber § 495 a derzeit höheren Wertrahmens des grenzüberschreitenden Kleinverfahrens nun auch nicht die geringste „Entschuldigung" eilfertig zum Anlaß nehmen, eine nationalrechtlich statthafte Auslegung hier fallenzulassen.

II dient auch der Verhinderung einer unberechtigten Zwangsvollstreckung, Rn 8.

3 **3) Fortführung mangels Säumnis des Bekl, I, II.** Es ergeben sich eine ganze Reihe von Prüfungsnotwendigkeiten.

A. Anwendbarkeit des Art 18 I VO (EG) Nr 861/2007, I 1 Hs 1. Das Gericht muß zunächst klären, ob die eben genanne EG-Vorschrift anwendbar ist. Die dortige Überprüfungsmöglichkeit des Bekl besteht erst dann, wenn schon ein Urteil „ergangen ist". Art 18 gilt also nicht auch dann, wenn sich eine Entschuldigung schon vor dem Erlaß des Urteils ergibt, § 1103 Rn 5–7. In diesem letzteren Fall ist daher § 1104 mangels Einschlägigkeit auch nicht vorrangig.

4 **B. Fortführung des Verfahrens, I 1 Hs 1, 2.** Die Folge der Anwendbarkeit nach Rn 3 ist eine Fortführung des Verfahrens ähnlich §§ 321 a I 1, 342. Die Instanz geht also weiter. Alle Beteiligten bleiben berechtigt und verpflichtet, wie vor der Säumnis.

5 **C. Feststellung der Nichtigkeit, I 2.** Infolge einer im Ergebnis gerechtfertigten Überprüfung des ja zunächst ergangenen Urteils ist diese Entscheidung nach Art 18 II 2 VO (EG) Nr 861/2007 kraft Gesetzes nichtig. I 2 ermächtigt und verpflichtet das Gericht, diese Nichtigkeit klarstellend (deklaratorisch, nicht konstitutiv) auf Antrag festzustellen. Antragsberechtigt sind alle Beteiligten, nicht nur der Bekl. Die Feststellung kann durch einen Beschluß während des weiteren Verfahrens erfolgen. Ein Zwischenurteil nach § 280 ist nach der ausdrücklich angeordneten Beschlußform unstatthaft, ebenso eine Entscheidung erst in Urteilsform am Instanzende. Der Beschluß nach I 2 ist aber auch zugleich mit dem Endurteil denkbar.

6 Es ist *keine Aufhebung* des Urteils nötig. Die Feststellung seiner Nichtigkeit geht ja viel weiter und wirkt auch zurück.

7 **D. Glaubhaftmachung, II.** Zwar darf und muß das Gericht die tatsächlichen Voraussetzungen nach I und damit nach Art 18 I VO (EG) Nr 861/2007 ähnlich wie bei § 341 S 1 von Amts wegen klären, Grdz 39 vor § 128. Der Bekl muß ihr Vorliegen aber auch von sich aus darlegen und nach § 294 glaubhaft machen. Dabei sollte man zwar keine überspannten Anforderungen stellen. Es liegt aber immerhin ein bis zur Nichtigkeitsfeststellung nach I 2 existenter Staatshoheitsakt vor, Üb 10 vor § 300. Das sollte man bei der Beurteilung des Vortrags zur Glaubhaftmachung mitbeachten.

8 Es ist *kein Vollbeweis* nötig. Denn die Feststellung der Nichtigkeit ist oft zur Verhinderung einer unberechtigten Zwangsvollstreckung eilbedürftig. Insofern ähnelt II dem § 920 II.

Titel 2. Zwangsvollstreckung

1105 *Zwangsvollstreckung inländischer Titel.* **I 1 Urteile sind für vorläufig vollstreckbar ohne Sicherheitsleistung zu erklären. 2 § 712 und § 719 Abs. 1 Satz 1 in Verbindung mit § 707 sind nicht anzuwenden.**

II 1 Für Anträge auf Beschränkung der Zwangsvollstreckung nach Artikel 15 Abs. 2 in Verbindung mit Artikel 23 der Verordnung (EG) Nr. 861/2007 ist das Gericht der Hauptsache zuständig. 2 Die Entscheidung ergeht im Wege einstweiliger Anordnung. 3 Sie ist unanfechtbar. 4 Die tatsächlichen Voraussetzungen des Artikels 23 der Verordnung (EG) Nr. 861/2007 sind glaubhaft zu machen.

Vorbem. Angefügt dch Art 1 Z 14 G BT-Drs 16/9639, in Kraft seit 1. 1. 09, Art 8 II G, ÜbergangsR Einl III 78.

1) Systematik, I, II. Ein in Deutschland nach der VO (EG) Nr 861/2007 erlassenes Urteil ist nach Art 15 I VO ohne Sicherheisleistung vollstreckbar. Dazu ist anders als nach § 708 kein ausdrücklicher Ausspruch schon nach der VO nötig. *I 1* verpflichtet das Gericht trotzdem zu einer Vollstreckbarerklärung. Das ist zwar systematisch überflüssig, trotzdem statthaft. 1

I 2 stellt den Vorrang derjenigen Möglichkeiten klar, die der Schuldner vor der Rechtskraft nach der abschließenden Spezialregelung des Art 23 VO hat. §§ 712, 719 I 1 in Verbindung mit § 707 sind also unanwendbar.

II klärt die Zuständigkeit und Hauptregeln des Verfahrens Artt 15 II, 23 VO.

2) Regelungszweck, I, II. Die Regelung dient der Klärung und damit der Erleichterung des ja schon national alles andere als leicht verständlichen Verfahrens einer vorläufigen Vollstreckbarkeit und ihrer Grenzen. Eine behutsame Abwägung der Interessen hilft auch hier am ehesten zu einer praktisch brauchbaren Handhabung. 2

3) Keine Sicherheitsleistung, I. I 1 enthält nur die halbe Gesamtregelung. Es gibt in Art 14 und vor allem in Art 23 VO (EG) Nr 861/2007 eine ganze Reihe von Möglichkeiten des Schuldners zu einer Eingrenzung seiner Risiken bis zur Rechtskraft. Diese Sondervorschriften gelten abschließend vorrangig, I 2. Ein ausdrücklicher Ausschluß auch des § 719 I 2 ist unnötig. Denn die VO kennt kein Versäumnisurteil. 3

4) Zuständigkeit, weiteres Verfahren, II. Zuständig nach Art 15 II VO (EG) Nr 861/2007 ist das Hauptsachegericht. Das gilt örtlich wie sachlich und funktionell, *II 1.* Das Hauptsachegericht entscheidet durch eine einstweilige Anordnung in Beschlußform, *II 2.* Wegen deren Unanfechtbarkeit nach *II 3* ist nur eine ganz knappe Begründung allenfalls ratsam und eine formlose Mitteilung ausreichend. Die nach *II 4* notwendige Gelaubhaftmachung der tatsächlichen Voraussetzungen in diesem ja nur auf Antrag stattfindenden Verfahren erfolgt nach § 294. 4

1106 *Bestätigung inländischer Titel.* **I Für die Ausstellung der Bestätigung nach Artikel 20 Abs. 2 der Verordnung (EG) Nr. 861/2007 ist das Gericht zuständig, dem die Erteilung einer vollstreckbaren Ausfertigung des Titels obliegt.**

II 1 Vor Ausfertigung der Bestätigung ist der Schuldner anzuhören. 2 Wird der Antrag auf Ausstellung einer Bestätigung zurückgewiesen, so sind die Vorschriften über die Anfechtung der Entscheidung über die Erteilung einer Vollstreckungsklausel entsprechend anzuwenden.

Vorbem. Angefügt dch Art 1 Z 14 G BT-Drs 16/9639, in Kraft seit 1. 1. 09, Art 8 II 2 G, ÜbergangsR Einl III 78.

1) Systematik, I, II. Die Vorschrift ergänzt Art 20 II VO (EG) Nr 861/2007 zur Zuständigkeit und zum Verfahren der Erteilung der ja nur bekräftigenden (deklaratorischen, nicht konstitutiven) gerichtlichen Bekräftigung der Vollstreckbarkeit. 1

2) Regelungszweck, I, II. Eine internationale Vollstreckbarkeit ohne das nach § 722 eigentlich notwendig gewesene Anerkennungsverfahren in Verbindung mit § 328 ist wohl noch auf einige Zeit kein allseits selbstverständlicher Vorgang. Die gerichtliche Bekräftigung in der Form einer „Bestätigung" dient der Überzeugungskraft. Ihre Formalisierung erübrigt manche früher notwendige Überlegung etwa zur révision au fond. Man sollte die Bestätigung keineswegs verzögern oder sonstwie erschweren. 2

3) Zuständigkeit, I. Sie liegt bei dem zur Erteilung einer vollstreckbaren Ausfertigung verpflichteten Gericht wie bei § 1079. Damit ergibt sich die Zuständigkeit aus § 724. Funktionell ist der Rpfl nach § 20 Z 11 RPflG zuständig. 3

4) Verfahren, II. Es ist kostenfrei, Art 20 II VO (EG) Nr 861/2007. Die schon wegen Art 103 I GG notwendige Schuldneranhörung muß unverzüglich mit einer angemessenen Frist von etwa 2 Wochen (Inland) oder 4 Wochen (Ausland) erfolgen. Die Bestätigung der Anerkennung und Vollstreckbarkeit ist nach Art 20 I unanfechtbar. Die Antragszurückweisung ist nach II 2 gemäß § 731 anfechtbar. 4

1107 *Ausländische Vollstreckungstitel.* **Aus einem Titel, der in einem Mitgliedstaat der Europäischen Union nach der Verordnung (EG) Nr. 861/2007 ergangen ist, findet die Zwangsvollstreckung im Inland statt, ohne dass es einer Vollstreckungsklausel bedarf.**

Vorbem. Angefügt dch Art 1 Z 14 G BT-Drs 16/9639, in Kraft seit 1. 1. 09, Art 8 II 2 G, ÜbergangsR Einl III 78.

1 **1) Systematik, Regelungszweck.** Die Vorschrift stimmt praktisch wörtlich mit § 1093 überein. Sie dient demselben Zweck wie jene Bestimmung. Vgl daher dort.

1108 ***Übersetzung.*** **Hat der Gläubiger nach Artikel 21 Abs. 2 Buchstabe b der Verordnung (EG) Nr. 861/2007 eine Übersetzung vorzulegen, so ist diese in deutscher Sprache zu verfassen und von einer in einem der Mitgliedstaaten der Europäischen Union hierzu befugten Person zu erstellen.**

Vorbem. Angefügt dch Art 1 Z 14 G BT-Drs 16/9639, in Kraft seit 1. 1. 09, Art 8 II 2 G, ÜbergangsR Einl III 78.

1 **1) Systematik, Regelungszweck.** Die Vorschrift stimmt mit § 1094 praktisch wörtlich überein. Sie kehrt hier nur wegen der formellen Trennung der deutschen Durchführungsvorschriften in den verschiedenen VOen (EG) wieder. Die Zwecke stimmen überein. Vgl daher im einzelnen bei § 1094.

1109 ***Anträge nach den Artikeln 22 und 23 der Verordnung (EG) Nr. 861/2007; Vollstreckungsabwehrklage.*** **I 1 Auf Anträge nach Artikel 22 der Verordnung (EG) Nr. 861/2007 ist § 1084 Abs. 1 und 2 entsprechend anzuwenden. 2 Auf Anträge nach Artikel 23 der Verordnung (EG) Nr. 861/2007 ist § 1084 Abs. 1 und 3 entsprechend anzuwenden.**

II § 1086 gilt entsprechend.

Vorbem. Angefügt dch Art 1 Z 14 G BT-Drs 16/9639, in Kraft seit 1. 1. 09, Art 8 II 2 G, ÜbergangsR Einl III 78.

1 **1) Systematik, Regelungszweck, I, II.** Die Vorschrift stimmt weitgehend mit § 1096 I, II überein. Beide Bestimmungen verweisen in I 1 auf § 1084 I, II, sie verweisen beide in I 2 auf § 1084 I, III. Vgl daher jeweils dort.

Gesetz betreffend die Einführung der Zivilprozeßordnung

Vom 30. Januar 1877 (RGBl S 244)

zuletzt geändert durch Art 28 FGG-RG
(Auszug)

1, 2 (aufgehoben)

3 *Geltungsbereich der ZPO.* [I] **Die Zivilprozeßordnung findet auf alle bürgerlichen Rechtsstreitigkeiten Anwendung, welche vor die ordentlichen Gerichte gehören.**

[II] **Insoweit die Gerichtsbarkeit in bürgerlichen Rechtsstreitigkeiten, für welche besondere Gerichte zugelassen sind, durch die Landesgesetzgebung den ordentlichen Gerichten übertragen wird, kann dieselbe ein abweichendes Verfahren gestatten.**

1) Systematik. Bürgerliche Rechtsstreitigkeiten, die vor die ordentlichen Gerichte gehören, sind nach § 13 GVG alle, für die nicht durch Bundes- oder Landesrecht die Zuständigkeit von allgemeinen oder besonderen Verwaltungsgerichten oder bundesrechtlich Sondergerichte bestehen. Weist Landesrecht den ordentlichen Gerichten Prozesse als bürgerliche zu, darf es das Verfahren nach der ZPO grundsätzlich nicht ausschließen. Ausnahmen: §§ 3 II, 11, 15. Wegen der Sondergerichte §§ 14 GVG, 3 EGGVG. Mangels Anordnung nach II gilt für das Verfahren die ZPO. 1

4 *Zulässigkeit des Rechtswegs.* **Für bürgerliche Rechtsstreitigkeiten, für welche nach dem Gegenstand oder der Art des Anspruchs der Rechtsweg zulässig ist, darf aus dem Grunde, weil als Partei der Fiskus, eine Gemeinde oder eine andere öffentliche Korporation beteiligt ist, der Rechtsweg durch die Landesgesetzgebung nicht ausgeschlossen werden.**

1) Systematik. § 4 schränkt § 13 GVG ein, nach dem die Landesgesetzgebung Zivilprozesse Verwaltungsgerichten (nach Art 92 GG nicht mehr Verwaltungsbehörden, § 13 GVG Rn 4) übertragen darf. Eine solche Übertragung ist unzulässig für Ansprüche aus der Amtspflichtverletzung eines Beamten, Art 34 GG, und auf eine Enteignungsentschädigung, Art 14 III GG, ferner nur wegen der Person einer Partei im Rahmen des § 4. Auch die Beschränkung des ordentlichen Rechtswegs für gewisse Fälle ist unzulässig, wenn sie praktisch dem Ausschluß gleichkommt. Dagegen ist eine Erschwerung durch das Erfordernis eines vorherigen Verwaltungsbescheids zulässig. Insoweit bestehen auch keine verfassungsrechtlichen Bedenken, BVerfG **8**, 246. Wegen der Rechtslage in kirchlichen Rechtsangelegenheiten § 13 GVG Rn 46. 1

5, 6 (gegenstandslos)

7 ***Oberstes Landesgericht.*** (derzeit gegenstandslos)

8 (aufgehoben)

9, 10 (derzeit gegenstandslos)

11 *Fassung 1. 9. 2009:* (aufgehoben)

Vorbem. § 11 aufgehoben dch Art 28 Z 1 FGG-RG, in Kraft seit 1. 9. 09, Art 112 I Hs 1 FGG-RG, ÜbergangsR Art 111 FGG-RG, Einf 4 vor § 1 FamFG.

Bisherige Fassung: **Die Landesgesetze können bei Aufgeboten, deren Zulässigkeit auf landesgesetzlichen Vorschriften beruht, die Anwendung der Bestimmungen der Zivilprozeßordnung über das Aufgebotsverfahren ausschließen oder diese Bestimmungen durch andere Vorschriften ersetzen.**

12 *Gesetz.* **Gesetz im Sinne der Zivilprozeßordnung und dieses Gesetzes ist jede Rechtsnorm.**

1 **1) Erläuterung.** Über den Begriff „Gesetz" § 545 ZPO und § 1 GVG.

13 (aufgehoben)

14 *Verhältnis zu den Landesgesetzen.* **I Die prozeßrechtlichen Vorschriften der Landesgesetze treten für alle bürgerlichen Rechtsstreitigkeiten, deren Entscheidung in Gemäßheit des § 3 nach den Vorschriften der Zivilprozeßordnung zu erfolgen hat, außer Kraft, soweit nicht in der Zivilprozeßordnung auf sie verwiesen oder soweit nicht bestimmt ist, daß sie nicht berührt werden.**

II (gegenstandslos)

Schrifttum: *Völzmann*, Die Bindungswirkung von Strafurteilen im Zivilprozess, 2006.

1 **1) Systematik.** § 14 enthält eine abschließende bundesgesetzliche Regelung. Sie läßt dem Landesgesetzgeber abgesehen von den Ausnahmen in §§ 15, 15a keine Regelungskompetenz. Ob es sich um eine prozeßrechtliche Vorschrift eines Landesgesetzes handelt, richtet sich nicht nach der heutigen Auffassung, sondern nach der der ZPO von 1877. Unwirksam ist daher zB in Hamburg § 3 I G v 27. 8. 97, GVBl 415, zuletzt geändert durch G v 26. 6. 07, GVBl 190 (Sondervermögen Stadt und Hafen), § 50 ZPO Rn 7. Aufgehoben sind prozessuale Vorschriften jeder Art, vor allem auch solche über eine Ungebühr außerhalb der Sitzung. Auf Zivilprozesse, die nicht vor die ordentlichen Gerichte gehören, bezieht sich § 14 nicht. Insofern sind aber die landesrechtlichen Bestimmungen durch späteres Reichs- oder Bundesrecht aufgehoben worden.

2 Ein *Strafurteil*, dazu Völzmann (vor Rn 1), ist für den Zivilrichter nicht bindend, Saarbr RR **03**, 176. Vielmehr darf und muß er es nach § 286 ZPO als ein Beweismittel verwerten, BAG NJW **99**, 82 (zu § 580 Z 7b), Köln FamRZ **91**, 580. Er muß die darin getroffenen Feststellungen also würdigen und wird ihnen wohl auch meist folgen, Kblz AnwBl **90**, 216, Köln FamRZ **91**, 580. Er darf aber auch gegenteilig entscheiden. Das gilt zB bei § 580 Z 3 ZPO, BGH NJW **83**, 230. Deshalb ist auch keine Aussetzung statthaft, Saarbr RR **03**, 176. Anders liegt es, soweit das Strafurteil eine Tatbestandsvoraussetzung des Anspruchs ist.

15 *Landesrechtliche Vorbehalte.* **Unberührt bleiben:**

1. **die landesgesetzlichen Vorschriften über die Einstellung des Verfahrens für den Fall, daß ein Kompetenzkonflikt zwischen den Gerichten und den Verwaltungsbehörden oder Verwaltungsgerichten entsteht;**
2. **die landesgesetzlichen Vorschriften über das Verfahren bei Streitigkeiten, welche die Zwangsenteignung und die Entschädigung wegen derselben betreffen;**
3. **die landesgesetzlichen Vorschriften über die Zwangsvollstreckung wegen Geldforderungen gegen einen Gemeindeverband oder eine Gemeinde, soweit nicht dingliche Rechte verfolgt werden;**
4. **die landesgesetzlichen Vorschriften, nach welchen auf die Zwangsvollstreckung gegen einen Rechtsnachfolger des Schuldners, soweit sie in das zu einem Lehen, mit Einschluß eines allodifizierten Lehens, zu einem Stammgute, Familienfideikommiß oder Anerbengute gehörende Vermögen stattfinden soll, die Vorschriften über die Zwangsvollstreckung gegen einen Erben des Schuldners entsprechende Anwendung finden.**

1 **1) Kompetenzkonflikt usw, Z 1, 2.** Soweit die Vorschriften unberührt bleiben, darf ein Land auch neue Vorschriften erlassen, BGH NJW **80**, 583. Die Möglichkeit, dabei das Verfahren selbständig zu ordnen und die letztinstanzliche Zuständigkeit dem BGH zu übertragen, eröffnet § 3 EGGVG. Über den Zuständigkeitsstreit (Kompetenzkonflikt), *Z 1*, s bei § 17 GVG. Eine landesgesetzliche Regelung ist nur im Rahmen von § 17a GVG statthaft. Über die Höhe der Entschädigung bei einer landesrechtlichen Enteignung, *Z 2* (vgl Art 109 EGBGB), müssen nach Art 14 III GG die Zivilgerichte entscheiden. Ein Landesgesetz kann das Verfahren im übrigen beliebig regeln, soweit es nur die Gewähr des ordentlichen Rechtswegs gibt. Es kann also auch das Rechtsmittelverfahren abweichend von GVG und ZPO ordnen, BGH NJW **80**, 583.

2 **2) Zwangsvollstreckung gegen Gemeindeverband oder Gemeinde, Z 3.** Sie regelt meist die jeweilige GemeindeO, zB in BadWürtt § 127 der GemeindeO idF vom 22. 12. 75, GBl 76, 1. Z 3 gilt nur für die Zwangsvollstreckung wegen Geldforderungen, soweit sie keine dinglichen Rechte verwirklicht, also zB nicht aus §§ 883ff ZPO. Die allgemeinen Vorschriften über die Zwangsvollstreckung bleiben unberührt, zB diejenigen über das Verfahren und die Zuständigkeit. Wegen der Zwangsvollstreckung gegen sonstige Personen des öffentlichen Rechts § 882a ZPO. Ihm gehen für Gemeinden die landesrechtlichen Bestimmungen vor, Kblz MDR **90**, 733, Schmitt-Timmermanns/Schäfer BayVBl **89**, 489 (zu § 77 BayGemO).

Nichts mit Z 3 zu tun hat der Ausspruch der vorläufigen Vollstreckbarkeit, Einf 5 vor § 708. Man kann Z 3 nicht entsprechend auf andere juristische Personen anwenden. Für den Fall der Insolvenz Art IV EGÄndGKO v 17. 5. 98, RGBl 248, und die darin enthaltene (statische) Verweisung auf Z 3 in deren ursprünglicher Fassung, BVerfG **65**, 377, Renck BayVBl **82**, 300.

15a *Fassung 1. 9. 2009:* ***Obligatorisches Güteverfahren.*** **I [1] Durch Landesgesetz kann bestimmt werden, dass die Erhebung der Klage erst zulässig ist, nachdem von einer durch die Landesjustizverwaltung eingerichteten oder anerkannten Gütestelle versucht worden ist, die Streitigkeit einvernehmlich beizulegen**

1. in vermögensrechtlichen Streitigkeiten vor dem Amtsgericht über Ansprüche, deren Gegenstand an Geld oder Geldeswert die Summe von 750 Euro nicht übersteigt,
2. in Streitigkeiten über Ansprüche aus dem Nachbarrecht nach den §§ 910, 911, 923 des Bürgerlichen Gesetzbuchs und nach § 906 des Bürgerlichen Gesetzbuchs sowie nach den landesgesetzlichen Vorschriften im Sinne des Artikels 124 des Einführungsgesetzes zum Bürgerlichen Gesetzbuche, sofern es sich nicht um Einwirkungen von einem gewerblichen Betrieb handelt,
3. in Streitigkeiten über Ansprüche wegen Verletzung der persönlichen Ehre, die nicht in Presse oder Rundfunk begangen worden sind,
4. in Streitigkeiten über Ansprüche nach Abschnitt 3 des Allgemeinen Gleichbehandlungsgesetzes.

[2] Der Kläger hat eine von der Gütestelle ausgestellte Bescheinigung über einen erfolglosen Einigungsversuch mit der Klage einzureichen. [3] Diese Bescheinigung ist ihm auf Antrag auch auszustellen, wenn binnen einer Frist von drei Monaten das von ihm beantragte Einigungsverfahren nicht durchgeführt worden ist.

II [1] Absatz 1 findet keine Anwendung auf

1. Klagen nach den §§ 323, 323 a, 324, 328 der Zivilprozessordnung, Widerklagen und Klagen, die binnen einer gesetzlichen oder gerichtlich angeordneten Frist zu erheben sind,
2. *(aufgehoben),*
3. Wiederaufnahmeverfahren,
4. Ansprüche, die im Urkunden- oder Wechselprozess geltend gemacht werden,
5. die Durchführung des streitigen Verfahrens, wenn ein Anspruch im Mahnverfahren geltend gemacht worden ist,
6. Klagen wegen vollstreckungsrechtlicher Maßnahmen, insbesondere nach dem Achten Buch der Zivilprozessordnung.

[2] Das Gleiche gilt, wenn die Parteien nicht in demselben Land wohnen oder ihren Sitz oder eine Niederlassung haben.

III [1] Das Erfordernis eines Einigungsversuchs vor einer von der Landesjustizverwaltung eingerichteten oder anerkannten Gütestelle entfällt, wenn die Parteien einvernehmlich einen Einigungsversuch vor einer sonstigen Gütestelle, die Streitbeilegungen betreibt, unternommen haben. [2] Das Einvernehmen nach Satz 1 wird unwiderleglich vermutet, wenn der Verbraucher eine branchengebundene Gütestelle, eine Gütestelle der Industrie- und Handelskammer, der Handwerkskammer oder der Innung angerufen hat. [3] Absatz 1 Satz 2 gilt entsprechend.

IV Zu den Kosten des Rechtsstreits im Sinne des § 91 Abs. 1, 2 der Zivilprozessordnung gehören die Kosten der Gütestelle, die durch das Einigungsverfahren nach Absatz 1 entstanden sind.

V Das Nähere regelt das Landesrecht; es kann auch den Anwendungsbereich des Absatzes 1 einschränken, die Ausschlussgründe des Absatzes 2 erweitern und bestimmen, dass die Gütestelle ihre Tätigkeit von der Einzahlung eines angemessenen Kostenvorschusses abhängig machen und gegen eine im Gütetermin nicht erschienene Partei ein Ordnungsgeld festsetzen darf.

VI [1] Gütestellen im Sinne dieser Bestimmung können auch durch Landesrecht anerkannt werden. [2] Die vor diesen Gütestellen geschlossenen Vergleiche gelten als Vergleiche im Sinne des § 794 Abs. 1 Nr. 1 der Zivilprozessordnung.

Vorbem. I 1 Z 4 angefügt dch Art 3 XVI AGG v 14. 8. 06, BGBl 1897, in Kraft seit 18. 8. 06, Art 4 S 1 AGG, ÜbergangsR Einl III 78. II 1 Z 1 ergänzt dch Art 28 Z 2 a FGG-RG, in Kraft seit 1. 9. 09, Art 112 Hs 1 FGG-RG, ÜbergangsR Art 111 FGG-RG, Einf 4 vor § 1 FamFG.

Bisherige Fassung II Z 1, 2: **1. Klagen nach den §§ 323, 324, 328 der Zivilprozessordnung, Widerklagen und Klagen, die binnen einer gesetzlichen oder gerichtlich angeordneten Frist zu erheben sind, 2. Streitigkeiten in Familiensachen,**

Schrifttum: *Becker/Nicht* ZZP **120**, 159; *Deckenbrock/Jordans* MDR **06**, 421 (Üb); *Ernst* NJW Sonderheft „BayObLG" **05**, 26 (Bayern); *Friedrich* NJW **03**, 3534; *Hartmann* NJW **99**, 3746; *Jansen*, Die außergerichtliche obligatorische Streitschlichtung nach § 15 a EGZPO, 2001; *Jenkel*, Der Streitschlichtungsversuch als Zulässigkeitsvoraussetzung in Zivilsachen usw (auch rechtsvergleichend), 2002; *Kargados*, Das obligatorische außergerichtliche Streitschlichtungsverfahren usw, Festschrift für *Beys* (Athen 2004) 649; *Lauer* NJW **04**, 1280 (mit Recht krit); *Mattisseck*, Zweckmäßigkeit und Ausgestaltung einer obligatorischen Streitschlichtung im deutschen Zivilverfahren, 2002; *Röhl*, Die obligatorische Streitschlichtung in der Praxis, 2005; *Rüssel* NJW **00**, 2800; *Sachs,* Verhaltensstandschaft für Schiedsmänner, 2008; *Stickelbrock* JZ **02**, 633; *Walz* (Hrsg), Formularbuch Außergerichtliche Streitbeilegung, 2006; *Wesche* MDR **03**, 1029; *Wolfram-Korn/Schmarsli*, Außergerichtliche Streitschlichtung in Deutschland, 2001.

Gliederung

1 **1) Systematik, I–VI.** Es handelt sich um landesrechtliche grundsätzlich verfassungsgemäße Möglichkeiten einer Vorschaltung von Vorschriften zur „einvernehmlichen Beilegung“ zivilrechtlicher Streitigkeiten vor der Tätigkeit des streitentscheidenden Richters, BVerfG RR **07**, 1073 (NRW). Die Länder sind zur Einführung eines solchen Vorschaltverfahrens berechtigt, aber nicht verpflichtet. Die Statthaftigkeit des obligatorischen Güteverfahrens ist sachlich wie persönlich begrenzt. Soweit ein Bundesland von der Möglichkeit Gebrauch gemacht hat, ist die ordnungsgemäße Durchführung des Güteverfahrens eine Prozeßvoraussetzung des Klageverfahrens vor einem Gericht dieses Landes, nach Grdz 49 vor § 253 ZPO, AG Königstein NJW **03**, 1955, AG Nürnb MDR **02**, 1189, Becker/Nicht ZZP **120**, 197. Die Ländergesetze sind in manchen Bundesländern zeitlich befristet. Vgl die Abdrucke bei Schönfelder Ergänzungsband Nr 104 a ff. Bisher läßt sich nur bedingt eine Brauchbarkeit des § 15 a erkennen, Lauer NJW **04**, 1280.

2 **2) Regelungszweck, I–VI.** Die Einführung eines obligatorischen Güteverfahrens als einer Zulässigkeitsvoraussetzung für bestimmte Klagen soll zur Entlastung der Zivilgerichte beitragen. Das Ziel einer spürbaren Entlastung kann diese Regelung nur dann erreichen, wenn das obligatorische Güteverfahren in einer nennenswerten Zahl von Fällen zu einer einvernehmlichen Lösung führt. Deshalb kommt es entscheidend darauf an, daß die Landesgesetze das Güteverfahren so attraktiv gestalten, daß die Parteien es als eine wirkliche Chance der Streitbeilegung akzeptieren. Dazu gehört eine möglichst einheitliche Gesetzgebung, die einer Zersplitterung der Regeln vorbeugt und damit den Umgang mit dem Güteverfahren erleichtert, Hartmann NJW **99**, 3746. Jedenfalls ist es dringend erforderlich, die Gütestellen mit qualifizierten Kräften zu besetzen, ihr Verfahren auf eine zügige Erledigung auszurichten und die Kosten niedrig zu halten.

3 **3) Geltungsbereich, I–VI.** Das obligatorische Güteverfahren muß vor einer durch die Landesjustizverwaltung eingerichteten oder anerkannten Gütestelle ablaufen, *I 1*, vgl § 794 ZPO Rn 4. Gütestellen nach I können auch unmittelbar durch die Landesgesetzgebung anerkannt werden, *VI 1*. Das Nähere zu bestimmen ist eine Aufgabe des Landesrechts, zB über die Besetzung, das Verfahren und die Kosten. Die WEG-Gemeinschaftsordnung kann ein außergerichtliches Vorschaltverfahren vorsehen, Ffm RR **08**, 535.

4 **4) Zulässigkeit, I 1.** Die Landesgesetzgebung darf ein Güteverfahren für die in I 1 genannten Klagen vorschreiben, sofern das nicht nach II unstatthaft ist. Sie darf den Anwendungsbereich des I auch einschränken, V 1. Zulässig ist das obligatorische Güteverfahren in den folgenden Fällen, sofern kein Ausschlußgrund nach II vorliegt.

A. Klage vor dem AG, I 1 Z 1. Es geht zunächst um eine Klage in vermögensrechtlichen Streitigkeiten über Ansprüche, deren Gegenstand an Geld oder Geldeswert die Summe von 750 Euro nicht übersteigt, I 1 Z 1. Zur Abgrenzung der vermögensrechtlichen von den nichtvermögensrechtlichen Ansprüchen Grdz 11 ff vor § 1 ZPO. Zur Bemessung des Gegenstandswerts §§ 3 ff ZPO. Maßgeblich ist der Gegenstandswert im Zeitpunkt der Zustellung der Klageschrift, § 253 I ZPO, LG Aachen MDR **02**, 906, LG BadBad RR **02**, 935, LG Mü MDR **03**, 1313. Eine Klagänderung oder -erweiterung nur zur Umgehung des Schlichtungsverfahrens ist rechtsmißbräuchlich, Einl III 54, LG Kassel NJW **02**, 2256, AG Brakel RR 02, 935, AG Mü RR **03**, 515, aM BGH RR **05**, 501, LG Mü MDR **03**, 1313 (aber Rechtsmißbrauch ist stets unstatthaft). Eine im Verlauf des Rechtsstreits erfolgte zulässige Klagerweiterung oder -änderung erfordert aber keinen erneuten Schlichtungsversuch im Güteverfahren, BGH MDR **05**, 265, AG Halle (Westfalen) NJW **01**, 2099.

Unanwendbar ist I 1 beim isolierten selbständigen Beweisverfahren nach §§ 485 ff ZPO. Denn es ist eben gerade (noch) nicht von einer „Erhebung der Klage“ abhängig.

5 **B. Klage über Nachbarrecht usw, I 1 Z 2.** Die Vorschrift gilt auch bei einer entsprechenden unerlaubten Handlung, AG Nürnb MDR **02**, 1189. Auf den Streitwert kommt es nicht an. Die von einem gewerblichen Betrieb ausgehenden Einwirkungen zählen nicht hierher. Denn es fehlt dann an persönlich geprägten nachbarlichen Beziehungen fehlt, und das Verfahren ist häufig tatsächlich und rechtlich schwierig, Erdel MDR **05**, 721. Nicht hierher gehört evtl auch ein nachbarrechtlicher Beseitigungsanspruch, AG Königstein NJW **03**, 1954.

6 **C. Klage wegen Ehrverletzung, I 1 Z 3.** Auf den Streitwert kommt es nicht an. In Presse oder Rundfunk einschließlich Fernsehen und Internet erfolgen alle diejenigen Ehrverletzungen, die diese Medien verbreiten, Hartmann NJW **99**, 3747.

D. Benachteiligungsverbot, I 1 Z 4. Die Vorschrift gilt beim Streit über ein zivilrechtliches Benachteiligungsverbot nach §§ 19–21 AGG. 7

5) Erfolglosigkeitsbescheinigung, I 2, 3. Scheitert die einvernehmliche Regelung, muß die Gütestelle dem Kläger darüber eine Bescheinigung ausstellen. Das gilt auf einen Antrag des Klägers auch dann, wenn sich binnen einer Frist von drei Monaten das Einigungsverfahren nicht durchführen ließ. Darauf muß die Gütestelle in der Bescheinigung hinweisen. Den Inhalt der Bescheinigung legt das Landesrecht fest. 8

Die *Bescheinigung* muß der Kläger mit der Klage dem Gericht einreichen. Erhebt er eine Klage ohne das erforderliche Güteverfahren, muß das Gericht sie evtl nach einem vergeblichen Hinweis nach § 139 ZPO als derzeit unzulässig abweisen, BGH **161**, 148 (krit Friedrich JR **05**, 460), LG Ellwangen RR **02**, 936, AG Nürnb RR **02**, 430, aM (für Nachholung im Prozeß) Hamm MDR **03**, 387, LG Duisb MDR **04**, 413, LG Mü RR **03**, 355 (aber der klare Wortlaut von I 2 steht entgegen, Einl III 39). Im Berufungsverfahren muß evtl eine Zurückverweisung nach § 538 II Z 1 erfolgen, Rimmelspacher/Arnold NJW **06**, 19, aM LG Marbg NJW **05**, 2866.

Lehnt die Gütestelle die Ausstellung der *Bescheinigung ab* oder läßt sie einen entsprechenden Antrag unbeschieden, zB wegen einer Verhinderung des Schlichters, erfordert es der Sinn der Regelung in § 15 a, daß die Klage nach dem Ablauf der Dreimonatsfrist nach I 3 ohne weiteres zulässig ist, Hartmann NJW **99**, 3749. Die Voraussetzungen muß der Kläger darlegen.

6) Unzulässigkeit, II. Die Landesgesetzgebung darf das Güteverfahren nicht nach I 1 anordnen, wenn es sich um einen der folgenden Fälle handelt (weitere Ausnahmen darf sie zulassen, V 1). 9

A. Klage nach §§ 323, 323 a, 324, 328 ZPO usw, II 1 Z 1. Der Ausschluß des Güteverfahrens gilt für alle hier genannten Fälle. Auch die in I 1 aufgeführten. Klagefristen müssen gesetzlich oder gerichtlich angeordnet sein. Hierhin gehören zB §§ 494 a, 878, 926 ZPO. Vertraglich vereinbarte Klagefristen stehen einem Güteverfahren ebenfalls entgegen, Hartmann NJW **99**, 3747. 10

B. Wiederaufnahmeverfahren, II 1 Z 3. Hierhin gehört das Verfahren nach §§ 578 ff ZPO. 11

C. Urkunden- oder Wechselprozeß, II 1 Z 4. Hierhin gehört das Verfahren nach §§ 592 ff ZPO, also auch ein Scheckprozeß wegen § 605 a ZPO. 12

D. Streitiges Verfahren nach Mahnverfahren, II 1 Z 5. Vgl §§ 696 ff ZPO. Für das Mahnverfahren ist die Einführung des obligatorischen Güteverfahrens nach I 1 unstatthaft. Zu den Konsequenzen (Unterlaufen des Güteverfahrens) Hartmann NJW **99**, 3748, Lauer NJW **04**, 1282. II 1 Z 5 greift nur ein, wenn das Mahnverfahren nach § 688 ZPO zulässig war, AG Rosenheim NJW **01**, 2030, Friedrich NJW **02**, 799. Dann ist das Güteverfahren auch für Erweiterungen der Klage nicht erforderlich, Rn 4. 13

E. Vollstreckungsrechtliche Maßnahme usw, II 1 Z 6. Hierhin gehören vor allem die Klagen nach §§ 722, 767, 768, 771, 805, 945 ZPO, aber auch andere die Vollstreckung betreffende Klagen zB nach § 826 BGB. 14

F. Kein gemeinsamer Wohnsitz usw in demselben Bundesland, II 2. Es muß den Parteien möglich sein, ohne einen größeren zeitlichen und finanziellen Aufwand vor der Gütestelle zu erscheinen. II 2 gilt dann, wenn Parteien in verschiedenen Bundesländern ihren Wohnsitz nach § 13 ZPO oder ihren tatsächlichen Aufenthalt oder ihren Sitz oder eine Niederlassung haben, §§ 17 ff, 21 ZPO. Eine Beschränkung auf kleinere räumliche Bereiche wie den Regierungs-, LG- oder Gemeindebezirk bleibt der Landesgesetzgebung vorbehalten, V, zB § 10 NRWGüSchG, LG Essen MDR **05**, 351, AG Lüdenscheid NJW **02**, 1279. Hat eine Partei ihre Wohnung oder ihren Geschäftssitz im Ausland, findet das obligatorische Güteverfahren ebenfalls nicht statt. Dasselbe gilt, wenn der Aufenthalt des Gegners unbekannt ist, krit Jaekel AnwBl **01**, 168. 15

7) Entfallen, III. Das Güteverfahren entfällt, wenn die Parteien einvernehmlich einen Einigungsversuch vor einer sonstigen Gütestelle unternommen haben, die Streitbeilegungen betreibt, *III 1,* Grdz 10, 11 „Schlichtung" vor § 1025 ZPO. Dabei kommen nur solche Stellen in Betracht, die sich nicht nur einmalig, sondern dauerhaft mit Streitschlichtung befassen. III vermutet das nötige Einvernehmen dann unwiderleglich, wenn ein Verbraucher nach § 13 BGB Partei ist und eine branchengebundene Gütestelle, eine Gütestelle der Industrie- und Handelskammer, der Handwerkskammer oder der Innung angerufen hat, *III 2,* zB den Ombudsmann der Banken oder die Schlichtungsstellen der Ärztekammer. 16

Das *Verfahren* der Stellen nach III richtet sich nach den dafür jeweils geltenden Bestimmungen. Bundesrechtlich ist lediglich notwendig, daß der als Kläger infrage kommende Beteiligte eine Bescheinigung über einen erfolglosen Einigungsversuch erhält, *III 3* in Verbingung mit I 2. Die Verweisung auf I 3 ist offenbar infolge eines Redaktionsversehens unterblieben, weil das Scheitern des Güteverfahrens infolge eines Fristablaufs auch und gerade für die Fälle des III gelten muß, um eine unabsehbare Verzögerung des Güteversuchs auszuschließen. 17

Einen *Verzicht* der Parteien auf das obligatorische Güteverfahren sieht § 15 a nicht vor. Wegen des Entlastungszwecks Rn 2 darf auch der Landesgesetzgeber einen Verzicht nicht zulassen.

Entbehrlich wird das obligatorische Güteverfahren ferner schon aus praktischen Gründen auch infolge des Zusammentreffens mit einem nicht unter § 15 a fallenden Klaganspruch, LG Aachen RR **02**, 1439, AG Aachen NZM **02**, 504, Erdel MDR 05, 723 (Einwirkung aus Gewerbebetrieb), strenger AG Nürnb MDR **02**, 1189 (aber § 15 a ist als ein Spezialgesetz auch in seinem Geltungsbereich nur eng auslegbar). Es ist entbehrlich auch infolge einer rechtzeitigen Klagerweiterung, LG BadBad WoM **01**, 560, LG Konst WoM **07**, 326 (Ausnahme: Rechtsmißbrauch, Einl III 54), LG Mü MDR **03**, 1313 (zustm Friedrich), aM AG Mü NZM **03**, 280 (aber sie ändert den Streitgegenstand). Es wird aber nicht schon deshalb entbehrlich, weil das Prozeßgericht seine Nachholung für offenkundig ergebnislos voraussagt, aM LG Mü RR **03**, 355 (aber es ist zu einer solchen Prophezeihung überhaupt nicht zuständig). Soweit ein Landesgesetz keine einschlägige Anordnung mehr hat, ist ein nach dem früheren Recht vorliegender Verstoß unbeachtlich geworden, BGH NJW **07**, 519 (Hessen). 18

19 **8) Kosten, IV, V.** Inwieweit für das Güteverfahren Kosten entstehen, bestimmt das Landesrecht (zu Art 17 BaySchlG BayObLG RR **05**, 724). Es kann die Tätigkeit der Gütestelle von der Einzahlung eines angemessenen Kostenvorschusses abhängig machen. Dabei sollte man bedenken, daß man eine solche Regelung nicht als ein Mittel zur Umgehung des Güteverfahrens mißbrauchen darf. Der Anwalt erhält für das Güteverfahren Gebühren nach § 17 Z 7 RVG, VV 1000, 2303, aM BayObLG RR **05**, 724 (§ 15 a). Zu den *Kosten des Rechtsstreits* nach § 91 I, II ZPO gehören auch die Kosten der Gütestelle, im Einigungsverfahren, IV, BLAH § 91 ZPO Rn 143, 286. Zur Erstattung § 91 ZPO Rn 101.

20 **9) Verfahren der Gütestelle, I, V.** Das Nähere über das Verfahren der Gütestelle regelt der Landesgesetzgeber, wenn er das obligatorische Güteverfahren einführt. Er kann den Anwendungsbereich von I einschränken, die Ausschlußgründe des II erweitern und bestimmen, daß die Gütestelle ihre Tätigkeit von der Einzahlung eines angemessenen Kostenvorschusses nach Rn 19 abhängig machen darf. Der Landesgesetzgeber muß davon ausgehen, daß die Gütestelle eine Bescheinigung über den erfolglosen Einigungsversuch nach Rn 8 ausstellt. Er muß das Nähere regeln. Im übrigen hat er eine weitgehende Gestaltungsfreiheit. Er regelt die Einrichtung, die Besetzung und die örtliche Zuständigkeit sowie das Nähere über Formen und Fristen, den Ablauf des Gütetermins und die Mitteilung von Ladungen und Verfügungen. Eine Vertretung durch Anwälte darf er nicht ausschließen oder beschränken, § 3 II BRAO. Einen Beistand muß er entsprechend § 90 ZPO zulassen, Hartmann NJW **99**, 3749.

21 Über die Verhängung eines *Ordnungsgelds* gegen eine im Gütetermin nicht erschienene Partei bestimmt der Landesgesetzgeber. Gegenüber anderen Personen, zB Zeugen, lassen sich keine Ordnungsmittel festsetzen. Auch gegen die säumige Partei darf keine Ordnungshaft ergehen, Hartmann NJW **99**, 3749.

22 **10) Gütestellen, VI 1.** Vgl § 794 ZPO Rn 4.

23 **11) Vergleich, VI 1, 2.** Der vor der Gütestelle nach I 1 geschlossene Vergleich ist ein Vollstreckungstitel nach § 794 I Z 1 ZPO. Der Vergleich vor einer Gütestelle nach VI *1* steht ihm gleich, VI 2. Vgl § 794 ZPO Rn 4.

24 **12) Verstoß, I–VI.** Es gibt nach erfolglosen Hinweisen nach § 139 ZPO keine ja auch nur verwirrend differenzierende „Heilungs"-Möglichkeit, § 295 ZPO Rn 43 „Prozeßvoraussetzungen", AG Nürnb MDR **02**, 1189, Henke AnwBl **05**, 352, aM Bitter NJW **05**, 1239. Der Verstoß zwingt entweder zur Anordnung des Ruhens, auch von Amts wegen nach § 251 ZPO, AG Königstein NJW **03**, 1955 (prozeßwirtschaftlich), oder zur Klagabweisung als derzeit noch unzulässig, BGH NJW **05**, 438, LG Ellwangen NZM **02**, 408, AG Nürnb RR **02**, 430 (zu § 495 a ZPO), Hartmann NJW **99**, 3747. Das gilt auch im Berufungsverfahren, selbst wenn das Erstgericht ein Sachurteil erlassen hatte, Saarbr NJW **07**, 1293. Eine Aussetzung ist unstatthaft, BGH NJW **05**, 437 (zustm Jordan MDR **05**, 286). Man muß die erst anschließende Nachholung des Güteverfahrens nämlich ebenso beurteilen wie sonst die Nachholung einer Prozeßvoraussetzung nach dem Erlaß des Prozeßurteils, Friedrich NJW **02**, 799, Hartmann NJW **99**, 3747, Unberath JR **01**, 358. Eine Nachholung bis zum Schluß der letzten mündlichen Verhandlung nach §§ 136 IV, 296 a ZPO würde § 15 a EGZPO aber glatt aushebeln, aM Hamm MDR **03**, 387 (ein wirklich erstaunlicher Versuch der „Um-Interpretation" eines nach seinem Wortlauf und Sinn eindeutig entgegengesetzten Gesetzes, Einl III 39), LG Duisb MDR **04**, 413, Becker/Nicht ZZP **120**, 197.

25 **13) Rechtsmittel, I–VI.** Lehnt die Gütestelle den Antrag auf eine Einleitung des Güteverfahrens ab, zB wegen des Fehlens einer Voraussetzung, ist diese Entscheidung unanfechtbar. Wegen I 2 muß die Gütestelle sie den Parteien schriftlich mitteilen. Sie bindet auch das Gericht im anschließenden Prozeß. Der Sinn des obligatorischen Güteverfahrens verbietet es, daß es auf dem Rücken der Parteien zu einem unauflösbaren Konflikt zwischen dem Gericht und der Gütestelle kommt, Hartmann NJW **99**, 3748.

Gegen eine Maßnahme sieht § 15 a keinen Rechtsbehelf vor. Ihn zuzulassen, würde dem Zweck der Regelung zuwiderlaufen. Deshalb muß das Verfahren so erfolgen, daß ein Rechtsschutz nach Art 19 IV GG nicht notwendig wird. Kommt es dennoch zu einer Rechtsverletzung zB bei der Verhängung eines Ordnungsmittels, gelten etwaige Bestimmungen des Landesrechts, zB § 9 GüSchlG NRW, notfalls §§ 23 ff EGGVG.

16 (aufgehoben)

17, 18 (aufgehoben oder gegenstandslos)

19 *Begriff der Rechtskraft; ordentliche Rechtsmittel.*

I Rechtskräftig im Sinne dieses Gesetzes sind Endurteile, welche mit einem ordentlichen Rechtsmittel nicht mehr angefochten werden können.

II Als ordentliche Rechtsmittel im Sinne des vorstehenden Absatzes sind diejenigen Rechtsmittel anzusehen, welche an eine von dem Tage der Verkündung oder Zustellung des Urteils laufende Notfrist gebunden sind.

20–25 (überholtes Übergangsrecht)

26 *Fassung 1. 9. 2009:* ***Übergangsvorschriften zum ZPO-RG.***

Für das Gesetz zur Reform des Zivilprozesses vom 27. Juli 2001 gelten folgende Übergangsvorschriften:

1. (aufgehoben)

2. [1] **Für am 1. Januar 2002 anhängige Verfahren finden die §§ 23, 105 Abs. 3 des Gerichtsverfassungsgesetzes und § 92 Abs. 2, §§ 128, 269 Abs. 3, §§ 278, 313 a, 495 a der Zivilprozessordnung sowie die Vorschriften über das Verfahren im ersten Rechtszug vor dem Einzelrichter in der am 31. Dezember 2001 geltenden Fassung weiter Anwendung.** [2] **Für das Ordnungsgeld gilt § 178 des Gerichtsverfassungsgesetzes in der am 31. Dezember 2001 geltenden Fassung, wenn der Beschluss, der es festsetzt, vor dem 1. Januar 2002 verkündet oder, soweit eine Verkündung nicht stattgefunden hat, der Geschäftsstelle übergeben worden ist.**
3. **Das Bundesministerium der Justiz gibt die nach § 115 Abs. 3 Nr. 2 Satz 1 vom Einkommen abzusetzenden Beträge für die Zeit vom 1. Januar 2002 bis zum 30. Juni 2002 neu bekannt. Die Prozesskostenhilfebekanntmachung 2001 ist insoweit nicht mehr anzuwenden.**
4. **Ist die Prozesskostenhilfe vor dem 1. Januar 2002 bewilligt worden, gilt § 115 Abs. 1 Satz 4 der Zivilprozessordnung für den Rechtszug in der im Zeitpunkt der Bewilligung geltenden Fassung weiter.**
5. [1] **Für die Berufung gelten die am 31. Dezember 2001 geltenden Vorschriften weiter, wenn die mündliche Verhandlung, auf die das anzufechtende Urteil ergeht, vor dem 1. Januar 2002 geschlossen worden ist.** [2] **In schriftlichen Verfahren tritt an die Stelle des Schlusses der mündlichen Verhandlung der Zeitpunkt, bis zu dem Schriftsätze eingereicht werden können.**
6. **§ 541 der Zivilprozessordnung in der am 31. Dezember 2001 geltenden Fassung ist nur noch anzuwenden, soweit nach Nummer 5 Satz 1 über die Berufung nach den bisherigen Vorschriften zu entscheiden ist, am 1. Januar 2002 Rechtsfragen zur Vorabentscheidung dem übergeordneten Oberlandesgericht oder dem Bundesgerichtshof vorliegen oder nach diesem Zeitpunkt noch vorzulegen sind.**
7. [1] **Für die Revision gelten die am 31. Dezember 2001 geltenden Vorschriften weiter, wenn die mündliche Verhandlung auf die das anzufechtende Urteil ergeht, vor dem 1. Januar 2002 geschlossen worden ist.** [2] **In schriftlichen Verfahren tritt an die Stelle des Schlusses der mündlichen Verhandlung der Zeitpunkt, bis zu dem Schriftsätze eingereicht werden können.**
8. [1] **§ 544 der Zivilprozessordnung in der Fassung des Gesetzes zur Reform des Zivilprozesses vom 27. Juli 2001 (BGBl. I S. 1887) ist bis einschließlich 31. Dezember 2011 mit der Maßgabe anzuwenden, dass die Beschwerde gegen die Nichtzulassung der Revision durch das Berufungsgericht nur zulässig ist, wenn der Wert der mit der Revision geltend zu machenden Beschwerde zwanzigtausend Euro übersteigt.** [2] **Dies gilt nicht, wenn das Berufungsgericht die Berufung verworfen hat.**
9. (aufgehoben)
10. **Für Beschwerden und für die Erinnerung finden die am 31. Dezember 2001 geltenden Vorschriften weiter Anwendung, wenn die anzufechtende Entscheidung vor dem 1. Januar 2002 verkündet oder, soweit eine Verkündung nicht stattgefunden hat, der Geschäftsstelle übergeben worden ist.**
11. **Soweit nach den Nummern 2 bis 5, 7 und 9 in der vor dem 1. Januar 2002 geltenden Fassung Vorschriften weiter anzuwenden sind, die auf Geldbeträge in Deutscher Mark Bezug nehmen, sind diese Vorschriften vom 1. Januar 2002 an mit der Maßgabe anzuwenden, dass die Beträge nach dem Umrechnungskurs 1 Euro = 1,95583 Deutsche Mark und den Rundungsregeln der Verordnung (EG) Nr. 1103/97 des Rates vom 17. Juni 1997 über bestimmte Vorschriften im Zusammenhang mit der Einführung des Euro (ABl. EG Nr. L 162 S. 1) in die Euro-Einheit umgerechnet werden.**

Vorbem. Z 1 aufgehoben dch Art 7 V G v 26. 3. 07, BGBl 358, in Kraft seit 1. 6. 07, Art 8 G, ÜbergangsR Einl III 78. Z 8, 9 geändert dch Art 9 Z 1 a, b des 2. JuMoG v 22. 12. 06, BGBl 3416, in Kraft seit 31. 12. 06, Art 28 I des 2. JuMoG. Schließlich Z 9 aufgehoben dch Art 28 Z 3 FGG-RG, in Kraft seit 1. 9. 09, Art 112 Hs 1 FGG-RG, ÜbergangsR Art 111 FGG-RG, Einf 4 vor § 1 FamFG.

Bisherige Fassung Nr 9: **9.** [1] **In Familiensachen finden die Bestimmungen über die Nichtzulassungsbeschwerde (§ 543 Abs. 1 Nr. 2, §§ 544, 621 e Abs. 2 Satz 1 Nr. 2 der Zivilprozessordnung in der Fassung des Gesetzes zur Reform des Zivilprozesses vom 27. Juli 2001, BGBl. I S. 1887) keine Anwendung, soweit die anzufechtende Entscheidung vor dem 1. Januar 2010 verkündet oder einem Beteiligten zugestellt oder sonst bekannt gemacht worden ist.** [2] **Dies gilt nicht, wenn das Berufungsgericht die Berufung verworfen hat.**

1) Systematik, Regelungszweck, Z 2–11. Das ZPO-RG trat 1. 1. 02 in Kraft, soweit nicht in Art 53 1
Z 1 für die Art 2 Z 13 (§ 104 ZPO) und Artt 6, 7 (Vordruck-Verordnungen) etwas anderes bestimmten, Art 53 Z 1. Die nötigen Übergangsvorschriften enthält § 26. Das gilt vor allen für solche Gerichtsverfahren, die am 1. 1. 02 anhängig waren.

2) Einzelheiten, Z 2–11. Es gibt im wesentlichen folgendes zu bedenken. 2

Z 2 (Anhängige Verfahren): S 1 regelt die Weitergeltung der dort genannten Bestimmungen in den am 1. 1. 02 anhängig gewesenen Verfahren. S 2 enthält eine Sonderbestimmung für das Ordnungsgeld nach § 178 GVG. Vgl auch Z 11.

Z 3 (Prozeßkostenhilfe): Die Bek v 13. 6. 01, BGBl 1204, regelte die vom Einkommen nach § 115 III Z 2 S 1 ZPO abzusetzenden Beträge (auch) für die Zeit v 1. 1. bis 30. 6. 02. Vgl auch Z 11.

Z 4 (Prozeßkostenhilfe): Hier wurde die Fortgeltung des § 115 I 4 ZPO aF bei Bewilligungen vor dem 1. 1. 02 angeordnet. Vgl auch Z 11.

Z 5 (Berufung), dazu BGH NJW **05**, 1115: Die Vorschrift regelt allgemein die übergangsweise Weitergeltung der bisherigen Bestimmungen. Vgl auch Z 11. Bei der Bestimmung nach Z 5 S 1 ist es für die Frage, wann das Gericht die mündliche Verhandlung geschlossen hat, ohne Bedeutung, daß es einem Beteiligten ein Schriftsatzrecht nach § 283 ZPO eingeräumt hat, BGH RR **03**, 1649.

Z 6 (Rechtsentscheid in Mietesachen): Z 6 bringt die nötige Übergangsregelung.

Z 7 (Revision), dazu BGH NJW **05**, 1115: Die Bestimmung regelt die übergangsweise Weitergeltung des bisherigen Rechts in den am 1. 1. 02 anhängig gewesenen Verfahren. Vgl auch Z 11.

Z 8 (Beschränkung der Nichtzulassungsbeschwerde für die Zeit bis zum 31. 12. 11): § 544 Rn 3–5 ist nach S 2 nicht anwendbar, wenn das Berufungsgericht die Berufung als unzulässig verworfen hat, BGH WoM **08**, 113 rechts oben. Der Wert der Beschwerde muß 20 000 EUR übersteigen, BVerfG NJW **07**, 2242, BGH WoM **08**, 113 rechts oben. Maßgeblich ist dabei nicht die Beschwer nach Grdz 14 vor § 511, sondern der Beschwerdegegenstand nach § 511 Rn 13 ff, Anh § 511, § 544 Rn 5, BGH NJW **06**, 1142, aM Jauernig NJW **07**, 3617. Eine Glaubhaftmachung fordert Z 8 nicht, aM wohl Stackmann NJW **07**, 12. Maßgeblich ist der einer inneren Rechtskraft nach § 322 ZPO fähige Inhalt des angefochtenen Urteils, BGH NZM **07**, 499, nicht eine jetzige Wertvorstellung des Berufungsklägers, BGH RR **06**, 524, Stackmann NJW **07**, 12. Zur Bestimmung des Beschwerdewerts BGH FamRZ **06**, 946 links unten (§§ 3 ff ZPO). Der Wert muß grundsätzlich für jeden abgrenzbaren Teilgegenstand ausreichen, BGH FamRZ **06**, 1195 links unten, Stackmann NJW **07**, 12 (auch zu einer Ausnahme), Wenzel NJW **02**, 3357. Bei einem einheitlichen Vertragsanspruch stellt BGH GRUR **07**, 83 auf den Gesamtbetrag und nicht auf einzelne Positionen ab. Eine Wertfestsetzung im Berufungsurteil bindet das Revisionsgericht nicht. Denn es entscheidet selbst über die Höhe der Beschwer, BGH RR **05**, 224.

Z 10 (Beschwerde und Erinnerung): Die Vorschrift enthält das Übergangsrecht für die vor dem 1. 1. 02 ergangenen Entscheidungen. Läßt sich der Tag der Übergabe an die Geschäftsstelle nicht feststellen, gilt das Meistbegünstigungsprinzip, BGH NJW **02**, 2106.

Z 11 (Umstellung auf Euro): Die Bestimmung regelt die Umstellung auf Euro in den nach Z 2–5, 7, 9 weitergeltenden Vorschriften.

27 ***Übergangsvorschrift beim Unterhalt Minderjähriger.*** **Auf vereinfachte Verfahren über den Unterhalt Minderjähriger (§§ 645 bis 660 der Zivilprozessordnung), in denen der Antrag auf Festsetzung von Unterhalt vor dem 1. Januar 2002 eingereicht wurde, finden die Vorschriften über das vereinfachte Verfahren über den Unterhalt Minderjähriger in der am 31. Dezember 2001 geltenden Fassung weiter Anwendung.**

1 **1) Systematik.** Die Übergangsvorschrift gilt für die früheren §§ 645, 646, 647, 649, 651, 652 ZPO, van Els Rpfleger **02**, 247.

28 ***Übergangsvorschrift für Verbraucherkreditverträge.*** **I Das Mahnverfahren findet nicht statt für Ansprüche eines Unternehmers aus einem Vertrag, für den das Verbraucherkreditgesetz gilt, wenn der nach dem Verbraucherkreditgesetz anzugebende effektive oder anfängliche effektive Jahreszins den bei Vertragsschluss geltenden Basiszinssatz nach § 247 des Bürgerlichen Gesetzbuchs um mehr als zwölf Prozentpunkte übersteigt.**

II § 690 Abs. 1 Nr. 3 der Zivilprozessordnung findet auf Verträge, für die das Verbraucherkreditgesetz gilt, mit der Maßgabe Anwendung, dass an die Stelle der Angabe des nach den §§ 492, 502 des Bürgerlichen Gesetzbuchs anzugebenden effektiven oder anfänglichen effektiven Jahreszinses die Angabe des nach dem Verbraucherkreditgesetz anzugebenden effektiven oder anfänglichen effektiven Jahreszinses tritt.

1 **1) Systematik, I, II.** Auf einen vor dem 1. 1. 02 geschlossenen Verbraucherkreditvertrag ist das durch G v 26. 11. 01 aufgehobene Verbraucherkreditgesetz weiterhin anwendbar, Art 229 § 5 EGBGB. Wegen des Mahnverfahrens ordnet § 28 für diese Verträge die Fortgeltung der früheren Fassung der §§ 688 II Z 1, 690 I Z 3 ZPO an, § 688 ZPO Rn 7, § 690 ZPO Rn 6.

29 ***Übergangsbestimmungen zum 1. JuMoG.*** **Für das 1. Justizmodernisierungsgesetz vom 24. August 2004 (BGBl. I S. 2198) gelten folgende Übergangsvorschriften:**

1. **Auf Verfahren, die am 1. September 2004 anhängig sind, findet § 91 a der Zivilprozessordnung in der vor dem 1. September 2004 geltenden Fassung Anwendung.**
2. **1 § 91 in der seit dem 1. September 2004 geltenden Fassung ist auch auf Verfahren anzuwenden, die zu diesem Zeitpunkt anhängig oder rechtskräftig abgeschlossen worden sind; einer Kostenrückfestsetzung steht nicht entgegen, dass sie vor dem 1. September 2004 abgelehnt worden ist. 2 Haben die Parteien etwas anderes vereinbart, bleibt es dabei.**
3. **Auf Verfahren, die am 1. September 2004 anhängig sind, findet § 411 a der Zivilprozessordnung keine Anwendung.**

1 **1) Systematik, Z 1–3.** Die Vorschrift trifft Regelungen für die Übergangszeit. Sie sollen gewährleisten, daß sich die Gerichte in der Gestaltung des Prozeßablaufs und die Parteien in ihrer Prozeßführung der geänderten Rechtslage anpassen können. Soweit die Vorschrift keine Bestimmung trifft, ist die durch das 1. JuMoG herbeigeführte Rechtslage auch in laufenden Verfahren anwendbar.

2 **2) Einzelvorschriften, Z 1–3.** Vgl §§ 91 a, 91, 411 a ZPO.

30 ***Übergangsvorschrift zum Justizkommunikationsgesetz.*** **Für Artikel 1 Nr. 2 a und 3 a des Justizkommunikationsgesetzes vom 22. März 2005 (BGBl. I S. 837) gilt folgende Übergangsvorschrift:**

[1] Ist einer Partei vor dem Inkrafttreten dieses Gesetzes für einen Rechtszug Prozesskostenhilfe bewilligt worden, so ist für diesen Rechtszug insoweit das bisherige Recht anzuwenden. [2] Maßgebend ist das Datum des Bewilligungsbeschlusses. [3] Eine Maßnahme der Zwangsvollstreckung gilt als besonderer Rechtszug.

31 ***Übergangsvorschrift zum Gesetz über Kapitalanleger-Musterverfahren.*** **Für das Gesetz zur Einführung von Kapitalanleger-Musterverfahren vom 16. August 2005 (BGBl. I S. 2437) gilt folgende Übergangsvorschrift:**
[1] Auf Verfahren, die nach dem 31. Oktober 2005 anhängig werden, findet § 32 b der Zivilprozessordnung keine Anwendung, wenn zu diesem Zeitpunkt bereits bei einem anderen Gericht mindestens zehn Verfahren anhängig sind, in denen die Voraussetzungen für ein Musterverfahren ebenso wie bei dem neu anhängig werdenden Verfahren vorliegen. [2] In den Verfahren nach Satz 1 richtet sich die Zuständigkeit der Gerichte nach den bisher geltenden Vorschriften.

Vorbem. Eingefügt dch das KapMuG v 16. 8. 05, BGBl 2437.

32–34 (überholt)

35 ***Sondervorschrift wegen § 580 Z 8 ZPO.*** **Auf Verfahren, die vor dem 31. Dezember 2006 rechtskräftig abgeschlossen worden sind, ist § 580 Nr. 8 der Zivilprozessordnung nicht anzuwenden.**

Vorbem. Angefügt dch Art 9 Z 2 des 2. JuMoG v 22. 12. 06, BGBl 3416, in Kraft seit 31. 12. 06, Art 28 I des 2. JuMoG.

36 ***Übergangsvorschriften zum Gesetz zur Änderung des Unterhaltsrechts.*** **Für das Gesetz zur Änderung des Unterhaltsrechts vom 21. Dezember 2007 (BGBl. I S. 3189) gelten folgende Übergangsvorschriften:**

1. Ist über den Unterhaltsanspruch vor dem 1. Januar 2008 rechtskräftig entschieden, ein vollstreckbarer Titel errichtet oder eine Unterhaltsvereinbarung getroffen worden, sind Umstände, die vor diesem Tag entstanden und durch das Gesetz zur Änderung des Unterhaltsrechts erheblich geworden sind, nur zu berücksichtigen, soweit eine wesentliche Änderung der Unterhaltsverpflichtung eintritt und die Änderung dem anderen Teil unter Berücksichtigung seines Vertrauens in die getroffene Regelung zumutbar ist.

2. Die in Nummer 1 genannten Umstände können bei der erstmaligen Änderung eines vollstreckbaren Unterhaltstitels nach dem 1. Januar 2008 ohne die Beschränkungen des § 323 Abs. 2 und des § 767 Abs. 2 der Zivilprozessordnung geltend gemacht werden.

3. [1] Ist einem Kind der Unterhalt auf Grund eines vollstreckbaren Titel oder einer Unterhaltsvereinbarung als Prozentsatz des jeweiligen Regelbetrags nach der Regelbetrag-Verordnung zu leisten, gilt der Titel oder die Unterhaltsvereinbarung fort. [2] An die Stelle des Regelbetrags tritt der Mindestunterhalt. [3] An die Stelle des bisherigen Prozentsatzes tritt ein neuer Prozentsatz. [4] Hierbei gilt:

a) Sieht der Titel oder die Vereinbarung die Anrechnung des hälftigen oder eines Teils des hälftigen Kindergelds vor, ergibt sich der neue Prozentsatz, indem dem bisher zu zahlenden Unterhaltsbetrag das hälftige Kindergeld hinzugerechnet wird und der sich so ergebende Betrag in Verhältnis zu dem bei Inkrafttreten des Gesetzes zur Änderung des Unterhaltsrechts geltenden Mindestunterhalt gesetzt wird; der zukünftig zu zahlende Unterhaltsbetrag ergibt sich, indem der neue Prozentsatz mit dem Mindestunterhalt vervielfältigt und von dem Ergebnis das hälftige Kindergeld abgezogen wird.

b) Sieht der Titel oder die Vereinbarung die Hinzurechnung des hälftigen Kindergelds vor, ergibt sich der neue Prozentsatz, indem vom bisher zu zahlenden Unterhaltsbetrag das hälftige Kindergeld abgezogen wird und der sich so ergebende Betrag in Verhältnis zu dem bei Inkrafttreten des Gesetzes zur Änderung des Unterhaltsrechts geltenden Mindestunterhalt gesetzt wird; der zukünftig zu zahlende Unterhaltsbetrag ergibt sich, indem der neue Prozentsatz mit dem Mindestunterhalt vervielfältigt und dem Ergebnis das häftige Kindergeld hinzugerechnet wird.

c) Sieht der Titel oder die Vereinbarung die Anrechnung des vollen Kindergelds vor, ist Buchstabe a anzuwenden, wobei an die Stelle des hälftigen Kindergelds das volle Kindergeld tritt.

d) Sieht der Titel oder die Vereinbarung weder eine Anrechnung noch eine Hinzurechnung des Kindergelds oder eines Teils des Kindergelds vor, ist Buchstabe a anzuwenden.

[5] Der sich ergebende Prozentsatz ist auf eine Dezimalstelle zu begrenzen. [6] Die Nummern 1 und 2 bleiben unberührt.

4. Der Mindestunterhalt minderjähriger Kinder im Sinne des § 1612 a Abs. 1 des Bürgerlichen Gesetzbuchs beträgt

a) für die Zeit bis zur Vollendung des sechsten Lebensjahrs (erste Altersstufe) 279 Euro,

b) für die Zeit vom siebten bis zur Vollendung des zwölften Lebensjahrs (zweite Altersstufe) 322 Euro,

c) für die Zeit vom 13. Lebensjahr an (dritte Alterstufe) 365 Euro

jeweils bis zu dem Zeitpunkt, in dem der Mindestunterhalt nach Maßgabe des § 1612 a Abs. 1 des Bürgerlichen Gesetzbuchs den hier festgelegten Betrag übersteigt.

5. [1]In einem Verfahren nach § 621 Abs. 1 Nr. 4, 5 oder Nr. 11 der Zivilprozessordnung können die in Nummer 1 genannten Umstände noch in der Revisionsinstanz vorgebracht werden. [2]Das Revisionsgericht kann die Sache an das Berufungsgericht zurückverweisen, wenn bezüglich der neuen Tatsachen eine Beweisaufnahme erforderlich wird.

6. In den in Nummer 5 genannten Verfahren ist eine vor dem 1. Januar 2008 geschlossene mündliche Verhandlung auf Antrag wieder zu eröffnen.

7. Unterhaltsleistungen, die vor dem 1. Januar 2008 fällig geworden sind oder den Unterhalt für Ehegatten betreffen, die nach dem bis zum 30. Juni 1977 geltenden Recht geschieden worden sind, bleiben unberührt.

Vorbem. Angefügt dch Art 3 II G v 21. 12. 07, BGBl 3189, in Kraft seit 1. 1. 08, Art 4 Hs 1 G.

Schrifttum: *Borth* FamFG **08**, 106; *Rasch* FPR **08**, 15; *Vossenkämper* FamRZ **08**, 204 (je Üb).

1 **1) Geltungsbereich, Z 1–7.** Hier nur Andeutungen, da in Wahrheit sachlichrechtliche Regelungen, die sich nur ins EGZPO „verirrt" haben.

Zu Z 1: Hamm NJW **08**, 2050 (nennt irrig § 35 Z 1).

Zu Z 3 a: BGH FamRZ **08**, 1152.

Zu Z 7: Hamm FamRZ **08**, 1000.

37 *Übergangsvorschrift zum Risikobegrenzungsgesetz.* **§ 799 a der Zivilprozessordnung ist nicht anzuwenden, wenn die Vollstreckung aus der Urkunde vor dem 19. August 2008 für unzulässig erklärt worden ist.**

Vorbem. Eingefügt dch Art 9 Risikobegrenzungsgesetz v 12. 8. 08, BGBl 1666, in Kraft seit 19. 8. 08, Art 12 S 3 G.

1 **1) Geltungsbereich.** Maßgeblich ist die Erklärung der Vollstreckung für unzulässig. Der Schaden läßt sich zumindest nach § 799 a also erst anschließend geltendmachen. Ob ein vorher eingetretener Schaden auch ohne § 799 a ZPO durchsetzbar ist, ergibt sich weder aus § 37 noch übrigens aus § 799 a ZPO. Es gilt insofern das allgemeine Schadensersatzrecht.

Erkärt ist die Unzulässigkeit der Vollstreckung mit der Bekanntgabe dieser Entscheidung. Ob der Schaden vor der formellen Rechtskraft der Unzulässigerklärung durchsetzbar ist, ist eine andere Frage, § 799 a ZPO Rn 5.

Gesetz über das Verfahren in Familiensachen und in Angelegenheiten der freiwilligen Gerichtsbarkeit (FamG)

(Auszug)

Amtliche Inhaltsübersicht

(wegen möglicher Änderungen vgl den Rechtspolitischen Ausblick am Buchende Art 3 Z 1 a–d G-Entw)

FamFG Bücher 1, 2

(Auszug)

Einführung

Vorbem. §§ 606–661 ZPO sind jetzt im Ergänzungsband zur 67. Aufl 2009 kommentiert.

Schrifttum: *Albin* AnwBl **08**, 403 (Üb); *Born* FamRZ **86**, 829; *Borth* FamRZ **07**, 1925; *Flügge* FPR **08**, 1 (sehr krit zum Inhalt); *Große-Boymann/Gutjahr/Schael/von Sweykowski-Trzaska,* Verfahrenshandbuch Familiensachen, 2. Aufl 2009; *Jacoby* FamRZ **07**, 1703; *Kamphausen* DRiZ **06**, 259 (je: Üb); *Meyer-Seitz/Frantzioch/Wagner/Ziegler,* Die FGG-Reform: Das neue Verfahrensrecht, 2008; *Meysen* (Hrsg), Das Familienverfahrensrecht – FamFG, 2008.

1) Systematik. Zum 1. 9. 09 ist Buch 6 ZPO nach Art 29 Z 15 FGG-RG dergestalt aufgehoben worden, daß es nur noch in Altfällen fortgilt, Rn 4 und der Ergänzungsband zur 67. Aufl 2009. Stattdessen ist als Art 1 FGG-RG das FamFG geschaffen worden, das nach Art 112 I Hs 1 FGG-RG zum 1. 9. 09 in Kraft tritt und nach dessen Hs 2 auch das FGG ablöst. Das FamFG enthält einen Allgemeinen Teil (Buch 1) und als Buch 2 die Regeln zum Verfahren in Familiensachen. Dieses Buch 2 gliedert sich in Allgemeine Vorschriften und in eine Reihe von Abschnitten zum Verfahren in Ehesachen, Scheidungssachen mit Folgesachen usw. In diesen letzteren Abschnitten finden sich die bisher im Buch 6 ZPO geregelten Vorgänge mehr oder minder verändert, aber doch im Kern gleichermaßen wieder. 1

Auf die *übrige ZPO* (mit Ausnahme ihres ebenfalls aufgehobenen und ins FamFG überführten Aufgebotsverfahrens nach Buch 9 ZPO) verweist das FamFG an nahezu unzähligen Stellen. Dabei sind solche ZPO-Vorschriften teilweise erheblich mitgeändert und angepaßt worden, aber zu erheblichen Teilen unverändert geblieben. 2

Insbesondere *dieser letztere Umstand* hat dazu veranlaßt, diejenigen Teile des FamFG in diesen Kurzkommentar aufzunehmen, die man bisher im Buch 6 und 9 ZPO fand. Das wird den Übergang gewiß erheblich erleichtern. Dabei stand das Bemühen im Vordergrund, eine möglichst straffe wirkliche Kurzkommentierung zu liefern, um nicht alles ausufern zu lassen. Die zum ZPO Recht ergangene Rechtsprechung und Lehre ist soweit irgend vertretbar auch in der folgenden Kurzkommentierung enthalten. Es wäre nervtötend, jedesmal den Zusatz „zum alten Recht" zu machen. Fundstellen vor dem Inkrafttreten des FamFG sind eben zum alten Recht ergangen und daher nur mit diesem Vorbehalt verwendbar. Soweit Fundstellen zum FamFG ergehen, die auf fortbestehendes ZPO-Recht verweisen, werden sie bei der ZPO mit dem Zusatz „(FamFG)" zitiert. 3

2) Übergangsrecht. Ganz anders als nach dem Grundsatz Einl III 78 gilt das gesamte bisherige Recht nicht nur der ZPO, sondern aller Gesetze in Altfällen fort, und zwar zeitlich unbegrenzt. Das dient auch einem Vertrauensschutz auf diesem systematisch noch nicht voll erarbeiteten Gebiet, zu solcher Aufgabe Schumann Festschrift für Bub (2007) 583. 4

FGG-RG Art 111. Übergangsvorschrift. [1] **Auf Verfahren, die bis zum Inkrafttreten des Gesetzes zur Reform des Verfahrens in Familiensachen und in den Angelegenheiten der freiwilligen Gerichtsbarkeit eingeleitet worden sind oder deren Einleitung bis zum Inkrafttreten des Gesetzes zur Reform des Verfahrens in Familiensachen und in den Angelegenheiten der freiwilligen Gerichtsbarkeit beantragt wurde, sind weiter die vor Inkrafttreten des Gesetzes zur Reform des Verfahrens in Familiensachen und in den Angelegenheiten der freiwilligen Gerichtsbarkeit geltenden Vorschriften anzuwenden.** [2] **Auf Abänderungs-, Verlängerungs- und Aufhebungsverfahren finden die vor Inkrafttreten des Gesetzes zur Reform des Verfahrens in Familiensachen und in den Angelegenheiten der freiwilligen Gerichtsbarkeit geltenden Vorschriften Anwendung, wenn die Abänderungs-, Verlängerungs- und Aufhebungsverfahren bis zum Inkrafttreten des Gesetzes zur Reform des Verfahrens in Familiensachen und in den Angelegenheiten der freiwilligen Gerichtsbarkeit eingeleitet worden sind oder deren Einleitung bis zum Inkrafttreten des Gesetzes zur Reform des Verfahrens in Familiensachen und in den Angelegenheiten der freiwilligen Gerichtsbarkeit beantragt wurde.**

FGG-RG Art 112. Inkrafttreten, Außerkrafttreten. **I Dieses Gesetz tritt, mit Ausnahme von Artikel 110 a Abs. 2 und 3, am 1. September 2009 in Kraft; gleichzeitig treten das Gesetz über die Angelegenheiten der freiwilligen Gerichtsbarkeit in der im Bundesgesetzblatt Teil III, Gliederungsnummer 315-1, veröffentlichten bereinigten Fassung, zuletzt geändert durch . . ., und das Gesetz über das gerichtliche Verfahren bei Freiheitsentziehungen in der im Bundesgesetzblatt Teil III, Gliederungsnummer 316-1, veröffentlichten bereinigten Fassung, zuletzt geändert durch . . ., außer Kraft.**

II Artikel 110 a Abs. 2 und 3 tritt an dem Tag in Kraft, an dem das Gesetz zur Umsetzung des Haager Übereinkommens vom 13. Januar 2000 über den internationalen Schutz von Erwachsenen vom 17. März 2007 (BGBl. I S. 314) nach seinem Artikel 3 in Kraft tritt, wenn dieser Tag auf den . . . (einsetzen: Tag des Inkrafttretens nach Absatz 1) fällt oder vor diesem Zeitpunkt liegt.

„*Einleitung*" nach Art 111 FGG-RG ist die zeitlich erste gerichtliche Maßnahme gleich welcher Form zur Förderung des Verfahrens von Amts wegen nach dem FamFG auf Grund einer Anregung nach § 24 FamFG oder ohne sie. Diese Maßnahme muß aber beim objektiv zuständigen Gericht erfolgt sein. Nicht ausreichend ist daher zB eine bloß formelle Weiterleitung an ein zuständiges Gericht. Als Gericht handelt auch der Rpfl, der Urkundsbeamte oder ein zur Förderung tätiger sonstiger Angehöriger dieses Gerichts.

„*Beantragung*" ist der Ersteingang auf der Posteingangsstelle des objektiv zuständigen Gerichts oder gar gleich auf dessen Rechtsantragstelle oder Geschäftsstelle, selbst wenn die letztere in diesem zuständigen Gericht funktionell nicht für diesen Antrag arbeiten soll. Nicht ausreichend ist eine Beantragung beim unzuständigen Gericht vor deren Eingang beim zuständigen, § 25 III 2 FamFG. Die Form richtet sich nach § 25 I, II FamFG und den dort Rn 1 genannten ZPO-Vorschriften.

Buch 1. Allgemeiner Teil

Vorbem. In diesem Teil des Kommentars sind §§ ohne Zusatz solche des FamFG.

Abschnitt 1. Allgemeine Vorschriften

1 ***Anwendungsbereich.*** **Dieses Gesetz gilt für das Verfahren in Familiensachen sowie in den Angelegenheiten der freiwilligen Gerichtsbarkeit, soweit sie durch Bundesgesetz den Gerichten zugewiesen sind.**

1) Systematik, Regelungszweck. Das FamFG ist ein Versuch der Zusammenfassung des Verfahrensrechts auf dem riesigen Gebiet einer alles andere als freiwilligen Gerichtsbarkeit. Bei etwas näherer Prüfung zeigen schon die kaum noch zählbaren Vorschriften der ZPO, auf die das FamFG verweist, wie wenig überzeugend die Neuregelung trotz aller guten einzelnen Ansatzpunkte gelungen ist, von der verunglückt aufblähenden „nutzerfreundlichen" Wiederholungstechnik zu schweigen. 1

2) Familiensachen. Das sind die in § 111 Z 1–11 abschließend aufgeführten, in § 112 wegen der Untergruppe Familienstreitsachen gesondert aufgeführten Sachen. 2

3) Freiwillige Gerichtsbarkeit. Das sind die gerade bundesrechtlich einem Gericht zugewiesenen Sachen nach §§ 271 ff. Von ihnen waren im aufgehobenen Buch 9 der ZPO die jetzt in §§ 433 ff FamFG geregelten Aufgebotssachen auch in die Kommentierung dieses Werks zu übernehmen, der Rest jedoch mangels seiner bisherigen Mitregelung in der ZPO nicht. 3

2 ***Örtliche Zuständigkeit.*** **I Unter mehreren örtlich zuständigen Gerichten ist das Gericht zuständig, das zuerst mit der Angelegenheit befasst ist.**

II Die örtliche Zuständigkeit eines Gerichts bleibt bei Veränderung der sie begründenden Umstände erhalten.

III Gerichtliche Handlungen sind nicht deswegen unwirksam, weil sie von einem örtlich unzuständigen Gericht vorgenommen worden sind.

1) Systematik, Regelungszweck, I–III. *I* übernimmt fast wörtlich § 4 FGG, ferner aber auch den Inhalt von § 36 II ZPO mit der Verallgemeinerung für die unteren Instanzen. *II* stimmt praktisch wörtlich mit § 261 III Z 2 ZPO überein. *III* übernimmt den Gedanken des § 513 II ZPO. Vgl daher jeweils bei den genannten Vorschriften der ZPO. Vorrangig gelten §§ 152, 170, 211, 232, 237 II, 262, 267 II. 1

2) Geltungsbereich, I–III. *Unanwendbar* ist § 2 in Ehesachen nach §§ 121 ff und in Familienstreitsachen nach § 112. Das folgt aus § 113 I 1. Stattdessen gelten grundsätzlich §§ 1–494 a ZPO. Das folgt aus § 113 I 2. Von diesen ZPO-Vorschriften gelten freilich in Ehesachen die in § 113 IV Z 1–8 FamFG genannten Regeln nun wieder doch nicht. Im übrigen weicht die Begriffsbildung erheblich von der ZPO ab, § 113 V Z 1–5.

3 ***Verweisung bei Unzuständigkeit.*** **I 1 Ist das angerufene Gericht örtlich oder sachlich unzuständig, hat es sich, sofern das zuständige Gericht bestimmt werden kann, durch Beschluss für unzuständig zu erklären und die Sache an das zuständige Gericht zu verweisen. 2 Vor der Verweisung sind die Beteiligten anzuhören.**

II 1 Sind mehrere Gerichte zuständig, ist die Sache an das vom Antragsteller gewählte Gericht zu verweisen. 2 Unterbleibt die Wahl oder ist das Verfahren von Amts wegen eingeleitet worden, ist die Sache an das vom angerufenen Gericht bestimmte Gericht zu verweisen.

III 1 Der Beschluss ist nicht anfechtbar. 2 Er ist für das als zuständig bezeichnete Gericht bindend.

IV Die im Verfahren vor dem angerufenen Gericht entstehenden Kosten werden als Teil der Kosten behandelt, die bei dem im Beschluss bezeichneten Gericht anfallen.

1) Systematik, Regelungszweck, I–IV. Es stimmen überein: *I 1* bis auf den Wegfall eines Antragszwangs mit § 281 I 1 ZPO; *II 1* praktisch wörtlich mit § 281 I 2 ZPO; *III 1* wörtlich mit § 281 II 2 ZPO; *III 2* praktisch wörtlich mit § 281 II 4 ZPO; *IV* praktisch wörtlich mit § 281 III 1 ZPO. Vgl daher jeweils dort. 1

Unanwendbar ist § 3 wie bei § 2 Rn 2.

2) Kein Antragszwang, I 1. Es besteht anders als nach § 281 ZPO keine Abhängigkeit von einem Verweisungsantrag. Das beruht auf dem Umstand, daß das FamG vielfach auch von Amts wegen ein Verfahren einleitet und durchführt. Daher kommt eine Zurückweisung einer Verweisung nicht schon wegen des Fehlens eines Antrags auf eine Verweisung infrage. Das gilt auch dann, wenn eine Verfahrensanregung nach § 24 zumindest nicht auch hilfsweise eine Verweisungsanregung enthielt. 2

3) Unanfechtbarkeit, Bindung, III. Es gilt dasselbe wie bei § 281 II, III 1 ZPO. 3

4 **4) Mehrkosten, IV.** Anders als § 281 III 2 ZPO muß das Gericht die Mehrkosten einer Verweisung nicht zwingend dem Antragsteller auch beim Sieg in der Hauptsache auferlegen. Denn § 81 I enthält einen ganz anderen Kostengrundsatz, vgl dort.

5 **5) Rechtsmittel, I–IV.** Es gelten §§ 58 ff.

4 ***Abgabe an ein anderes Gericht.*** [1]**Das Gericht kann die Sache aus wichtigem Grund an ein anderes Gericht abgeben, wenn sich dieses zur Übernahme der Sache bereit erklärt hat.** [2]**Vor der Abgabe sollen die Beteiligten angehört werden.**

1 **1) Systematik, S 1, 2.** Als eine auch für ein Verfahren von Amts wegen typische Möglichkeit neben der förmlichen Verweisung nach § 3 enthält § 4 eine weitere und weitergehende Möglichkeit einer Veränderung des erkennenden Gerichts. Sie tritt freilich hinter der spezielleren und daher vorrangigen Situation einer örtlichen und/oder sachlichen Unzuständigkeit nach § 3 zurück. Vorrangig gelten §§ 123, 153, 154, 263, 268.

2 *Unanwendbar* ist § 4 wie bei § 2 Rn 2, ferner bei einer nur funktionellen Unzuständigkeit innerhalb desselben FamG oder AG oder OLG. Denn diese sind nicht jeweils ein „anderes Gericht", sondern nur ein anderer Teil desselben Gerichts. Daran ändert auch der Umstand nichts, daß man in solcher Lage ebenfalls von einer (formlosen) Abgabe spricht.

3 **2) Regelungszweck, S 1, 2.** Er ist im Kern derselbe wie bei einer Verweisung, geht aber über die dortige Grundlage des Gebots des gesetzlichen Richters nach Art 101 I 2 GG hinaus. Denn der abgebende Richter ist zunächst ein gesetzlicher Richter. Gerade deshalb sollte man die Bedingung Rn 4 ernstnehmen.

4 **3) Wichtiger Grund, S 1.** Gerade wegen Rn 2 darf man diesen wichtigen Grund nur zurückhaltend annehmen. Man darf den Begriff nicht zum Vorwand machen, selbst wenn die weitere Bedingung Rn 5 erfüllt ist.

5 **4) Übernahmebereitschaft, S 1.** Sie muß eindeutig sein. Dann kann sie auch einmal stillschweigend erfolgen, etwa bei einer ständigen Übung (Vorsicht!). Mangels einer Einigung gilt § 5 I Z 5.

6 **5) Anhörung, S 2.** Die „Soll"-Fassung ändert wenig an der Anstandspflicht nach Art 103 I GG.

7 **6) Unanfechtbarkeit usw, S 1, 2.** Vgl § 3 Rn 3, 4.

5 ***Gerichtliche Bestimmung der Zuständigkeit.*** **I Das zuständige Gericht wird durch das nächsthöhere gemeinsame Gericht bestimmt:**

1. wenn das an sich zuständige Gericht in einem einzelnen Fall an der Ausübung der Gerichtsbarkeit rechtlich oder tatsächlich verhindert ist,
2. wenn es mit Rücksicht auf die Grenzen verschiedener Gerichtsbezirke oder aus sonstigen tatsächlichen Gründen ungewiss ist, welches Gericht für das Verfahren zuständig ist,
3. wenn verschiedene Gerichte sich rechtskräftig für zuständig erklärt haben,
4. wenn verschiedene Gerichte, von denen eines für das Verfahren zuständig ist, sich rechtskräftig für unzuständig erklärt haben,
5. wenn eine Abgabe aus wichtigem Grund (§ 4) erfolgen soll, die Gerichte sich jedoch nicht einigen können.

II Ist das nächsthöhere gemeinsame Gericht der Bundesgerichtshof, wird das zuständige Gericht durch das Oberlandesgericht bestimmt, zu dessen Bezirk das zuerst mit der Sache befasste Gericht gehört.

III Der Beschluss, der das zuständige Gericht bestimmt, ist nicht anfechtbar.

1 **1) Systematik, Regelungszweck, I–III.** Es stimmen fast oder praktisch wörtlich überein: *I Z 1* mit § 36 I Z 1 ZPO; *I Z 2* mit § 36 I Z 2 ZPO; *I Z 3* mit § 36 I Z 5 ZPO; *I Z 4* mit § 36 I Z 6 ZPO; *II* mit § 36 II ZPO; *III* mit § 37 II ZPO. Vgl daher jeweils dort. Vorrangig gilt § 260.
Unanwendbar ist § 5 wie bei § 2 Rn 2.

2 **2) Fehlen einer Einigung über Abgabe, I Z 5.** Vgl zunächst § 4 Rn 5. § 5 I Z 5 bietet eine Lösungsmöglichkeit nur für den Fall, daß das abgabewillige Gericht seinen Plan nicht mangels einer Übernahmebereitschaft des anderen Gerichts aufgibt. Es ist also keineswegs stets zu einem Verfahren nach I Z 5 verpflichtet.

3 **3) Bestimmungsverfahren, I–III.** Es fehlt eine dem § 37 I ZPO entsprechende Spezialvorschrift. Dafür gilt aber ohnehin § 38 (Entscheidung durch Beschluß). Vgl daher auch jeweils dort.

6 ***Ausschließung und Ablehnung der Gerichtspersonen.*** **I** [1]**Für die Ausschließung und Ablehnung der Gerichtspersonen gelten die §§ 41 bis 49 der Zivilprozessordnung entsprechend.** [2]**Ausgeschlossen ist auch, wer bei einem vorausgegangenen Verwaltungsverfahren mitgewirkt hat.**

II Der Beschluss, durch den das Ablehnungsgesuch für unbegründet erklärt wird, ist mit der sofortigen Beschwerde in entsprechender Anwendung der §§ 567 bis 572 der Zivilprozessordnung anfechtbar.

1 **1) Systematik, Regelungszweck, I, II.** Wegen der direkten Verweisung in *I 1* auf §§ 41–49 ZPO und in *II* auf §§ 567–572 ZPO vgl jeweils dort. Wegen des Sachverständigen Völker FPR **08**, 287 (Üb).
Unanwendbar ist § 6 wie bei § 2 Rn 2.

2) Ausschließung wegen Verwaltungsverfahren, I 2. Unter einer Anknüpfung an den beim Nichtrichter bekannten Grundsatz der sog Inkompatabilität (Unvereinbarkeit mehrerer Ämter) schließt I 2 an die Beteiligungsfähigkeit nach § 8 und an die Beteiligtenfunktionen nach § 7 an. Vgl daher insofern bei § 41 ZPO. 2

7 *Beteiligte.* **I In Antragsverfahren ist der Antragsteller Beteiligter.**

II Als Beteiligte sind hinzuzuziehen:

1. diejenigen, deren Recht durch das Verfahren unmittelbar betroffen wird,
2. diejenigen, die aufgrund dieses oder eines anderen Gesetzes von Amts wegen oder auf Antrag zu beteiligen sind.

III Das Gericht kann von Amts wegen oder auf Antrag weitere Personen als Beteiligte hinzuziehen, soweit dies in diesem oder einem anderen Gesetz vorgesehen ist.

IV 1 Diejenigen, die auf ihren Antrag als Beteiligte zu dem Verfahren hinzuzuziehen sind oder hinzugezogen werden können, sind von der Einleitung des Verfahrens zu benachrichtigen, soweit sie dem Gericht bekannt sind. 2 Sie sind über ihr Antragsrecht zu belehren.

V 1 Das Gericht entscheidet durch Beschluss, wenn es einem Antrag auf Hinzuziehung gemäß Absatz 2 oder 3 nicht entspricht. 2 Der Beschluss ist mit der sofortigen Beschwerde in entsprechender Anwendung der §§ 567 bis 572 der Zivilprozessordnung anfechtbar.

VI Wer anzuhören ist oder eine Auskunft zu erteilen hat, ohne dass die Voraussetzungen des Absatzes 2 oder 3 vorliegen, wird dadurch nicht Beteiligter.

1) Systematik, Regelungszweck, I–VI. Die Vorschrift ähnelt teilweise den früheren §§ 53b II 1, 86 I FGG. Der Partei im Zivilprozeß entspricht der Beteiligte im Verfahren nach dem FamFG, zB § 113 V Z 5. Zunächst muß eine Beteiligungsfähigkeit entsprechend einer Parteifähigkeit vorliegen, § 8. Zu ihr muß dann die Klärung treten, ob und wie das Gericht den Betroffenen oder Interessenten gerade als einen Beteiligten und dann mit allen Rechten und Pflichten eines solchen hinzuziehen muß. § 7 beantwortet diese Frage mit dem eigentlich sachlichrechtlichen Begriff der „unmittelbaren" Betroffenheit im erkennbaren Bemühen um eine Abgrenzung zur nur mittelbaren Betroffenheit, BVerfG **65**, 231, BGH NJW **99**, 3719, Jacobi NJW **07**, 1704. Wo diese Grenze liegt, überläßt § 7 dem Einzelfall und damit praktisch der Auslegung des unbestimmten Rechtsbegriffs. Sie dürfte zu neuen Streitfragen führen. Dabei wird die Verfahrenswirtschaftlichkeit eine behutsame Abwägung ganz gegenläufiger Interessen notwendig werden lassen. Man muß einerseits die Gefahr einer Rechtsverletzung infolge einer Nichtbeteiligung sehen, vgl auch Art 19 IV 1 GG usw, andererseits die Ausuferung des Kreises der Beteiligten unbedingt verhindern. Ein bloßer Zeuge oder eine bloße Auskunftsperson oder -stelle ist kein Beteiligter, Jacoby FamRZ **07**, 1704. 1

Unanwendbar ist § 7 wie bei § 2 Rn 2.

2) Hinzuziehungspflicht, II. Sie besteht nur unter der in Rn 1 genannten Bedingung nach II Z 1 oder auf Grund einer gesetzlichen Anordnung. Sie kann von Amts wegen bestehen, §§ 26, 172, 204, 219 usw, Jacoby FamRZ **07**, 1705. Sie mag aber auch von einem Antrag abhängen, zB §§ 188 II, 204 II, 212, 345 I. 2

3) Hinzuziehungsmöglichkeit, III. Auch sie besteht nur, soweit das FamFG oder ein anderes Gesetz das vorsieht, zB § 161. Sie besteht also nicht gegenüber einem nach II zwingend Beteiligten, Jacoby FamRZ **07**, 1705. Maßgebend sein sollte die Verfahrenswirtschaftlichkeit, Grdz 14 vor § 128 ZPO, Borth FamRZ **07**, 1928. **Ablehnung, V.** Eine Ablehnung erfordert nach *V 1* einen Beschluß. Ihn muß das Gericht wegen seiner Anfechtbarkeit nach *V 2* nachvollziehbar und daher durch mehr als eine Wiederholung von Gesetzestext begründen, vgl § 329 ZPO Rn 4. Dasselbe gilt bei einer Genehmigung evtl vom Vertragspartner, Rostock RR **06**, 1229. Aber man muß dabei auch wirtschaftlich mitdenken. Formell den Vorrang haben §§ 172, 212. 3

4) Verstoß, II, V. Der nach II zu Beteiligende hat die sofortige Beschwerde nach V 2, §§ 567–572 ZPO gegen die Endentscheidung, (zum alten Recht) Jacoby FamRZ **07**, 1705. Beim nach III zu Beteiligenden gilt dasselbe. 4

8 *Beteiligtenfähigkeit.* **Beteiligtenfähig sind**

1. natürliche und juristische Personen,
2. Vereinigungen, Personengruppen und Einrichtungen, soweit ihnen ein Recht zustehen kann,
3. Behörden.

1) Systematik, Regelungszweck, Z 1–3. Sie Vorschrift entspricht in ihrer Funktion einer Voraussetzung jeder Art von Beteiligung nach § 7 in etwa § 50 ZPO. Vgl daher dort, auch zu den Begriffen. Die gesetzliche Vertretung einer nicht volljährigen natürlichen, einer juristischen Person und der übrigen in Z 2, 3 Genannten ergibt sich nach § 8 aus den jeweiligen zugehörigen Gesetzen wie dem BGB, AktG usw. Bei Z 2 reicht schon die bloße Möglichkeit eines Rechts. Es braucht also keine Gewißheit zu bestehen, auch keine überwiegende Wahrscheinlichkeit etwa nach Art des § 31. Eine völlig vage theoretisch nicht ganz ausschließbare eventuelle Berechtigung reicht nicht. Es empfiehlt sich aber schon wegen Art 103 I GG eine weite Auslegung. 1

Unanwendbar ist § 8 wie bei § 2 Rn 2.

9 *Verfahrensfähigkeit.* **I Verfahrensfähig sind**

1. die nach bürgerlichem Recht Geschäftsfähigen,
2. die nach bürgerlichem Recht beschränkt Geschäftsfähigen, soweit sie für den Gegenstand des Verfahrens nach bürgerlichem Recht als geschäftsfähig anerkannt sind,
3. die nach bürgerlichem Recht beschränkt Geschäftsfähigen, soweit sie das 14. Lebensjahr vollendet haben und sie in einem Verfahren, das ihre Person betrifft, ein ihnen nach bürgerlichem Recht zustehendes Recht geltend machen,
4. diejenigen, die aufgrund dieses oder eines anderen Gesetzes dazu bestimmt werden.

II Soweit ein Geschäftsunfähiger oder in der Geschäftsfähigkeit Beschränkter nicht verfahrensfähig ist, handeln für ihn die nach bürgerlichem Recht dazu befugten Personen.

III Für Vereinigungen sowie für Behörden handeln ihre gesetzlichen Vertreter, Vorstände oder besonders Beauftragte.

IV Das Verschulden eines gesetzlichen Vertreters steht dem Verschulden eines Beteiligten gleich.

V Die §§ 53 bis 58 der Zivilprozessordnung gelten entsprechend.

1 **1) Systematik, Regelungszweck, I–V.** Die Vorschrift ähnelt teilweise den früheren §§ 607, 640 b ZPO, 66, 70 a FGG. Die Verfahrensfähigkeit entspricht im wesentlichen der Prozeßfähigkeit nach §§ 51 ff ZPO. Demgemäß lassen sich nicht nur nach V die Regeln der §§ 53–58 ZPO entsprechend anwenden, sondern auch §§ 51, 52 ZPO. Das gilt insbesondere für den mit § 51 II ZPO praktisch wortgleichen IV. Wegen der Vertretung des Fiskus § 18 ZPO Rn 5 ff. § 125 hat den Vorrang.

Unanwendbar ist § 9 wie bei § 2 Rn 2.

2 **2) Verstoß, I–V.** Er kann zB durch eine Genehmigung des gesetzlichen Vertreters heilen, (zum alten Recht) Brdb FG Prax **08,** 103.

10 *Bevollmächtigte.* **I Soweit eine Vertretung durch Rechtsanwälte nicht geboten ist, können die Beteiligten das Verfahren selbst betreiben.**

II 1 Die Beteiligten können sich durch einen Rechtsanwalt als Bevollmächtigten vertreten lassen. 2 Darüber hinaus sind als Bevollmächtigte, soweit eine Vertretung durch Rechtsanwälte nicht geboten ist, vertretungsbefugt nur

1. Beschäftigte des Beteiligten oder eines mit ihm verbundenen Unternehmens (§ 15 des Aktiengesetzes); Behörden und juristische Personen des öffentlichen Rechts einschließlich der von ihnen zur Erfüllung ihrer öffentlichen Aufgaben gebildeten Zusammenschlüsse können sich auch durch Beschäftigte der zuständigen Aufsichtsbehörde oder des kommunalen Spitzenverbandes des Landes, dem sie angehören, vertreten lassen,
2. volljährige Familienangehörige (§ 15 der Abgabenordnung, § 11 des Lebenspartnerschaftsgesetzes), Personen mit Befähigung zum Richteramt und die Beteiligten, wenn die Vertretung nicht im Zusammenhang mit einer entgeltlichen Tätigkeit steht,
3. Notare.

III 1 Das Gericht weist Bevollmächtigte, die nicht nach Maßgabe des Absatzes 2 vertretungsbefugt sind, durch unanfechtbaren Beschluss zurück. 2 Verfahrenshandlungen, die ein nicht vertretungsbefugter Bevollmächtigter bis zu seiner Zurückweisung vorgenommen hat, und Zustellungen oder Mitteilungen an diesen Bevollmächtigten sind wirksam. 3 Das Gericht kann den in Absatz 2 Satz 2 Nr. 1 und 2 bezeichneten Bevollmächtigten durch unanfechtbaren Beschluss die weitere Vertretung untersagen, wenn sie nicht in der Lage sind, das Sach- und Streitverhältnis sachgerecht darzustellen.

IV 1 Vor dem Bundesgerichtshof müssen sich die Beteiligten, außer im Verfahren über die Ausschließung und Ablehnung von Gerichtspersonen und im Verfahren über die Verfahrenskostenhilfe, durch einen beim Bundesgerichtshof zugelassenen Rechtsanwalt vertreten lassen. 2 Behörden und juristische Personen des öffentlichen Rechts einschließlich der von ihnen zur Erfüllung ihrer öffentlichen Aufgaben gebildeten Zusammenschlüsse können sich durch eigene Beschäftigte mit Befähigung zum Richteramt oder durch Beschäftigte mit Befähigung zum Richteramt der zuständigen Aufsichtsbehörde oder des jeweiligen kommunalen Spitzenverbandes des Landes, dem sie angehören, vertreten lassen. 3 Für die Beiordnung eines Notanwaltes gelten die §§ 78 b und 78 c der Zivilprozessordnung entsprechend.

V Richter dürfen nicht als Bevollmächtigte vor dem Gericht auftreten, dem sie angehören.

1 **1) Systematik, I–V.** Es handelt sich um eine Mischung aus Teilen des § 78 ZPO, des früheren § 157 ZPO und jetzigen § 79 ZPO und einer Reihe in Bezug genommener Vorschriften anderer Gesetze. Dabei muß man außerdem zwischen einem Anwaltszwang im Sinn von § 78 ZPO Rn 16, einem Lokalisierungsgebot beim BGH nach IV 1 und einem Verfahren ohne solche Bedingungen nach I unterscheiden, bei dem auch vor dem OLG jeder zugelassene Anwalt als Bevollmächtigter tätig werden darf, außerdem jeder der in II 2 Z 1–3 Genannten.

Unanwendbar ist § 10 wie bei § 2 Rn 2.

2 **2) Regelungszweck, I–V.** Es gelten grundsätzlich dieselben Erwägungen wie im Zivilprozeß, § 78 ZPO Rn 3. Darüber hinaus zeigt sich das Bestreben, den Kreis zulässiger Bevollmächtigter möglichst weit zu ziehen, um auch zB einen sachkundigen Nichtanwalt einbeziehen zu können. Deshalb kann man II weit auslegen, ebenso III 2.

3 **3) Rechtsmittel, I–V.** Es gelten §§ 58 ff.

11 *Verfahrensvollmacht.* [1]**Die Vollmacht ist schriftlich zu den Gerichtsakten einzureichen.** [2]**Sie kann nachgereicht werden; hierfür kann das Gericht eine Frist bestimmen.** [3]**Der Mangel der Vollmacht kann in jeder Lage des Verfahrens geltend gemacht werden.** [4]**Das Gericht hat den Mangel der Vollmacht von Amts wegen zu berücksichtigen, wenn nicht als Bevollmächtigter ein Rechtsanwalt oder Notar auftritt.** [5]**Im Übrigen gelten die §§ 81 bis 87 und 89 der Zivilprozessordnung entsprechend.**

1) Systematik, Regelungszweck, S 1–5. Die Vorschrift entspricht dem früheren § 624 I ZPO. *S 1* stimmt praktisch voll mit § 80 I ZPO überein. *S 2 Hs 1* enthält eine ohnehin allgemein übliche Verfahrensregel. *S 3* stimmt praktisch wörtlich mit § 88 I ZPO überein. Dasselbe gilt bei *S 4* und § 88 II ZPO. *S 5* verweist auf §§ 81–87, 89 ZPO. Vgl daher jeweils dort. § 114 V enthält für Familiensachen eine vorrangige Sonderregelung. 1

Unanwendbar ist § 11 wie bei § 2 Rn 2.

2) Nachreichung, S 2 Hs 2. Diese Möglichkeit ändert nichts an der aus S 1 ersichtlichen Notwendigkeit der Einreichung „zu den Gerichtsakten", dazu § 80 ZPO Rn 11–14 wegen der Problematik zur Originalvollmacht und zu Generalakten und einer Generalvollmacht. 2

12 *Beistand.* [1]**Im Termin können die Beteiligten mit Beiständen erscheinen.** [2]**Beistand kann sein, wer in Verfahren, in denen die Beteiligten das Verfahren selbst betreiben können, als Bevollmächtigter zur Vertretung befugt ist.** [3]**Das Gericht kann andere Personen als Beistand zulassen, wenn dies sachdienlich ist und hierfür nach den Umständen des Einzelfalls ein Bedürfnis besteht.** [4]**§ 10 Abs. 3 Satz 1 und 3 und Abs. 5 gilt entsprechend.** [5]**Das von dem Beistand Vorgetragene gilt als von dem Beteiligten vorgebracht, soweit es nicht von diesem sofort widerrufen oder berichtigt wird.**

1) Systematik, Regelungszweck, S 1–5. Die Vorschrift ist eine Art Mixtur aus § 90 ZPO und aus § 13 des früheren FGG. Sie weicht inhaltlich teilweise ab. S 4 stimmt mit § 90 II ZPO praktisch überein. Vgl daher dort. In § 173 heißt der Beistand Verfahrensbeistand. Ihn regeln vorrangig §§ 158, 174. 1

Unanwendbar ist § 12 wie bei § 2 Rn 2.

2) Im Termin, S 1. Anders als in den in Rn 1 genannten Vorschriften gilt § 12 nur „im Termin". Denn so sind auch S 2–5 offenbar zu verstehen. Das ist eine Einschränkung gegenüber dem bisherigen Recht. 2

3) Verfahren ohne Anwaltszwang, S 2. Ein Beistand kommt infrage, soweit ein Beteiligter „das Verfahren selbst betreiben kann", also ohne einen Anwaltszwang, § 10 I. 3

4) Sachdienlichkeit, Bedürfnis, S 3. Ein Beistand kommt in jeder Verfahrensart des FamFG infrage, soweit das sachdienlich ist und soweit außerdem ein Bedürfnis besteht. Sachdienlich bedeutet eine höhere Anforderung als zB die in § 157 III 2 ZPO genannte Eignung als Person. Es muß wirklich eine Förderung erwartbar sein. Das Bedürfnis bedeutet mehr als eine solche Förderlichkeit. Man kann an den Bedürfnisbegriff des § 157 III 2 ZPO anknüpfen. Vgl daher jeweils dort. 4

5) Zurückweisung, Untersagung, Grenze beim Richter, S 4. Es gelten § 10 III 1, 3, V entsprechend. Vgl daher dort. 5

6) Rechtsmittel, S 1–5. Es gelten §§ 58 ff. 6

13 *Akteneinsicht.* [I] **Die Beteiligten können die Gerichtsakten auf der Geschäftsstelle einsehen, soweit nicht schwerwiegende Interessen eines Beteiligten oder eines Dritten entgegenstehen.**

[II] [1]**Personen, die an dem Verfahren nicht beteiligt sind, kann Einsicht nur gestattet werden, soweit sie ein berechtigtes Interesse glaubhaft machen und schutzwürdige Interessen eines Beteiligten oder eines Dritten nicht entgegenstehen.** [2]**Die Einsicht ist zu versagen, wenn ein Fall des § 1758 des Bürgerlichen Gesetzbuchs vorliegt.**

[III] [1]**Soweit Akteneinsicht gewährt wird, können die Berechtigten sich auf ihre Kosten durch die Geschäftsstelle Ausfertigungen, Auszüge und Abschriften erteilen lassen.** [2]**Die Abschrift ist auf Verlangen zu beglaubigen.**

[IV] [1]**Einem Rechtsanwalt, einem Notar oder einer beteiligten Behörde kann das Gericht die Akten in die Amts- oder Geschäftsräume überlassen.** [2]**Ein Recht auf Überlassung von Beweisstücken in die Amts- oder Geschäftsräume besteht nicht.** [3]**Die Entscheidung nach Satz 1 ist nicht anfechtbar.**

[V] [1]**Werden die Gerichtsakten elektronisch geführt, gilt § 299 Abs. 3 der Zivilprozessordnung entsprechend.** [2]**Der elektronische Zugriff nach § 299 Abs. 3 Satz 2 und 3 der Zivilprozessordnung kann auch dem Notar oder der beteiligten Behörde gestattet werden.**

[VI] **Die Entwürfe zu Beschlüssen und Verfügungen, die zu ihrer Vorbereitung gelieferten Arbeiten sowie die Dokumente, die Abstimmungen betreffen, werden weder vorgelegt noch abschriftlich mitgeteilt.**

[VII] **Über die Akteneinsicht entscheidet das Gericht, bei Kollegialgerichten der Vorsitzende.**

1 **1) Systematik, Regelungszweck, I–VII.** Die Vorschrift lehnt sich stark an § 299 ZPO an. Es entsprechen im wesentlichen: *I* dem § 299 I Hs 1 ZPO; *II* dem § 299 II ZPO; *III 1* dem § 299 I Hs 2 ZPO; *IV 1* der Rspr und Lehre zu § 299 I ZPO; *V 1, 2* infolge der Verweisungen dem § 299 III ZPO; *VI* dem § 299 IV ZPO; *VII* teilweise dem § 299 I–III, IV ZPO. Vgl daher insoweit jeweils dort.

Unanwendbar ist § 13 wie bei § 2 Rn 2.

2 **2) Entgegenstehendes schwerwiegendes Interesse, I.** Dergleichen wird nur ausnahmsweise vorliegen. Der nach VI Entscheidende muß einen solchen Ausnahmefall nachvollziehbar begründen. Der Zeitaufwand des Gerichts ist kaum je ausreichend, zumal es ja in I nur um die Einsicht und nicht um Ablichtungen usw geht.

3 **3) Offenbarungs- und Ausforschungsverbot, II 2.** Das Gericht darf im Fall § 1758 BGB keine Einsicht geben, also bei Tatsachen, die auch nur geeignet sind, eine Annahme als Kind und ihre Umstände aufzudecken, wenn nicht besondere Gründe das öffentlichen Interesses eine solche Aufdeckung erfordern.

4 **4) Entscheidung, VII.** Über die Akteneinsicht und natürlich auch über Ausfertigungen usw und die Aktenüberlassung an einen Anwalt usw entscheidet abweichend von § 299 II ZPO gottlob auch gegenüber einem Dritten, etwa gegenüber der Presse, nicht mehr theoretisch der Gerichtsvorstand und praktisch der von ihm beauftragte Richter, sondern stets nur das Gericht, im Kollegialgericht sein Vorsitzender in seiner richterlichen Unabhängigkeit und daher nicht weisungsgebunden. Das ist auch allein sachgerecht.

5 **5) Rechtsmittel, I–VII.** Es gelten §§ 58 ff.

14 *Elektronische Akte; elektronisches Dokument.* **I [1]Die Gerichtsakten können elektronisch geführt werden. [2]§ 298 a Abs. 2 und 3 der Zivilprozessordnung gilt entsprechend.**

II [1]Die Beteiligten können Anträge und Erklärungen als elektronisches Dokument übermitteln. [2]Für das elektronische Dokument gelten § 130 a Abs. 1 und 3 sowie § 298 der Zivilprozessordnung entsprechend.

III Für das gerichtliche elektronische Dokument gelten die §§ 130 b und 298 der Zivilprozessordnung entsprechend.

IV [1]Die Bundesregierung und die Landesregierungen bestimmen für ihren Bereich durch Rechtsverordnung den Zeitpunkt, von dem an elektronische Akten geführt und elektronische Dokumente bei Gericht eingereicht werden können. [2]Die Bundesregierung und die Landesregierungen bestimmen für ihren Bereich durch Rechtsverordnung die geltenden organisatorisch-technischen Rahmenbedingungen für die Bildung, Führung und Aufbewahrung der elektronischen Akten und die für die Bearbeitung der Dokumente geeignete Form. [3]Die Landesregierungen können die Ermächtigung durch Rechtsverordnung auf die jeweils zuständige oberste Landesbehörde übertragen. [4]Die Zulassung der elektronischen Akte und der elektronischen Form kann auf einzelne Gerichte oder Verfahren beschränkt werden.

V [1]Sind die Gerichtsakten nach ordnungsgemäßen Grundsätzen zur Ersetzung der Urschrift auf einen Bild- oder anderen Datenträger übertragen worden und liegt der schriftliche Nachweis darüber vor, dass die Wiedergabe mit der Urschrift übereinstimmt, so können Ausfertigungen, Auszüge und Abschriften von dem Bild- oder dem Datenträger erteilt werden. [2]Auf der Urschrift anzubringende Vermerke werden in diesem Fall bei dem Nachweis angebracht.

1 **1) Systematik, Regelungszweck, I–V.** Es stimmen zumindest inhaltlich wie folgt überein: *I 1* mit § 298 a I 1 ZPO; *I 2* infolge der Verweisung mit § 298 a II, III ZPO; *II 1* mit § 130 a I 1 ZPO; *II 2* infolge der Verweisungen mit §§ 130 a I, 298 ZPO; *III* infolge der Verweisung mit §§ 130 b, 298 ZPO; *IV 1, 2* mit §§ 130 II 1, 298 a I 2 ZPO; *IV 3* mit §§ 130 a II 2, 298 a I 3 ZPO; *IV 4* mit §§ 130 a II 3, 298 a I 4 ZPO; *V 1, 2* mit § 299 a S 1, 2 ZPO. Vgl daher jeweils dort, auch zum SchrAG in § 298 a ZPO Anh und zu den RVOen § 298 a ZPO Rn 4.

Unanwendbar ist § 14 wie bei § 2 Rn. 2.

15 *Bekanntgabe; formlose Mitteilung.* **I Dokumente, deren Inhalt eine Termins- oder Fristbestimmung enthalten oder den Lauf einer Frist auslösen, sind den Beteiligten bekannt zu geben.**

II [1]Die Bekanntgabe kann durch Zustellung nach den §§ 166 bis 195 der Zivilprozessordnung oder dadurch bewirkt werden, dass das Schriftstück unter der Anschrift des Adressaten zur Post gegeben wird. [2]Soll die Bekanntgabe im Inland bewirkt werden, gilt das Schriftstück drei Tage nach Aufgabe zur Post als bekannt gegeben, wenn nicht der Beteiligte glaubhaft macht, dass ihm das Schriftstück nicht oder erst zu einem späteren Zeitpunkt zugegangen ist.

III Ist eine Bekanntgabe nicht geboten, können Dokumente den Beteiligten formlos mitgeteilt werden.

1 **1) Systematik, Regelungszweck, I–III.** „Dokument" in I meint jede schriftliche Entscheidung. I entspricht im übrigen inhaltlich weitgehend § 329 II 2 ZPO, erlaubt freilich neben einer förmlichen Zustellung auch die Bekanntgabe nach II in den Grenzen von § 41 I 2. Vgl mit dieser Abweichung bei § 329 II 2 ZPO. II 1 verweist wahlweise auf §§ 166–195 ZPO, vgl dort, oder auf den Vorgang, den § 270 S 1 Hs 2 ZPO als eine Mitteilung „ohne besondere Form" beschreibt und von den Übermittlungswegen der §§ 166 ff ZPO ebenfalls unterscheidet. Dazu gibt II 2 dieselbe Unterstellung wie § 270 S 2 ZPO (mit etwas mehr Zeit) mit deren nicht ganz ungefährlicher, aber verfassungsgemäßer Überbürdung der Glaubhaftma-

chungslast des Nichtzugangs auf den Adressaten, dazu § 270 ZPO Rn 12. III entspricht inhaltlich ganz § 329 II 1 ZPO. Vgl daher dort.

Unanwendbar ist § 15 wie bei § 2 Rn 2.

2) Rechtsmittel, I–III. Es gelten §§ 58 ff. 2

16 *Fristen.* **I Der Lauf einer Frist beginnt, soweit nichts anderes bestimmt ist, mit der Bekanntgabe.**

II Für die Fristen gelten die §§ 222 und 224 Abs. 2 und 3 sowie § 225 der Zivilprozessordnung entsprechend.

1) Systematik, Regelungszweck, I, II. *I* stimmt mit § 221 ZPO weitgehend überein. *II* verweist auf §§ 222 I–III, 224 II ZPO (nicht auch auf § 224 I 1, 2 ZPO), ferner auf §§ 224 III, 225 I–III ZPO. Vgl daher jeweils dort. 1

Unanwendbar ist § 16 wie bei § 2 Rn 2.

17 *Wiedereinsetzung in den vorigen Stand.* **I War jemand ohne sein Verschulden verhindert, eine gesetzliche Frist einzuhalten, ist ihm auf Antrag Wiedereinsetzung in den vorigen Stand zu gewähren.**

II Ein Fehlen des Verschuldens wird vermutet, wenn eine Rechtsbehelfsbelehrung unterblieben oder fehlerhaft ist.

1) Systematik, Regelungszweck, I, II. *I* stimmt weitgehend mit § 233 ZPO überein. Vgl daher dort. Freilich ist der Fristenkreis viel größer als dort. § 117 V gilt vorrangig, dort Rn 8. § 17 ist bei § 48 III unanwendbar. 1

Unanwendbar ist § 17 wie bei § 2 Rn 2.

2) Sachlicher Geltungsbereich, I. Es muß ein Verstoß gegen eine beliebige gesetzliche Frist vorliegen. Hierher gehören zB, aber nicht nur die Fälle §§ 63, 64, 66, 71, 87, 117, 143, 145, 228, 256. Auch eine etwa nur zusätzlich vereinbarte Frist gesetzlicher Art unterfällt nicht dem I. Eine Notfrist ist nicht nötig. 2

3) Persönlicher Geltungsbereich, I. „Jemand" ist jeder Beteiligte nach § 7 und theoretisch darüber hinaus jeder, der eine gesetzliche Frist einhalten muß. 3

4) Kein Verschulden, I. Insbesondere zu dieser Voraussetzung gelten die umfangreichen Regeln der §§ 233 ff ZPO. 4

5) Vermutung, II. Soweit eine gesetzlich vorgeschriebene Rechtsbehelfsbelehrung nach § 39 oder eine etwa darüber hinaus erteilte solche Belehrung unterblieb oder fehlerhaft war, tritt die gesetzliche Vermutung nach II ein. Zu ihr läßt sich auch ohne eine ausdrückliche Verweisung § 292 ZPO heranziehen. Vgl also dort, auch zur Entkräftung. 5

18 *Antrag auf Wiedereinsetzung.* **I Der Antrag auf Wiedereinsetzung ist binnen zwei Wochen nach Wegfall des Hindernisses zu stellen.**

II Die Form des Antrags auf Wiedereinsetzung richtet sich nach den Vorschriften, die für die versäumte Verfahrenshandlung gelten.

III [1] Die Tatsachen zur Begründung des Antrags sind bei der Antragstellung oder im Verfahren über den Antrag glaubhaft zu machen. [2] Innerhalb der Antragsfrist ist die versäumte Rechtshandlung nachzuholen. [3] Ist dies geschehen, kann die Wiedereinsetzung auch ohne Antrag gewährt werden.

IV Nach Ablauf eines Jahres, von dem Ende der versäumten Frist an gerechnet, kann Wiedereinsetzung nicht mehr beantragt oder ohne Antrag bewilligt werden.

1) Systematik, Regelungszweck, I–IV. Es stimmen überein: *I* inhaltlich voll mit § 234 I 1, II ZPO; *II* wörtlich mit § 236 I ZPO; *III 1* fast wörtlich mit § 236 II 1 ZPO; *III 2, 3* fast wörtlich mit § 236 II ZPO; *IV* praktisch wörtlich mit § 234 III ZPO. Vgl daher jeweils dort. 1

Unanwendbar ist § 18 wie bei § 2 Rn 2.

2) Glaubhaftmachung, III 1. Sie muß nach § 31 erfolgen. Diese Vorschrift stimmt wörtlich mit § 294 ZPO überein. Vgl also letzthin dort. 2

19 *Entscheidung über die Wiedereinsetzung.* **I Über die Wiedereinsetzung entscheidet das Gericht, das über die versäumte Rechtshandlung zu befinden hat.**

II Die Wiedereinsetzung ist nicht anfechtbar.

III Die Versagung der Wiedereinsetzung ist nach den Vorschriften anfechtbar, die für die versäumte Rechtshandlung gelten.

1) Systematik, Regelungszweck, I–III. Es stimmen überein: *I* praktisch wörtlich mit § 237 ZPO; *II* wörtlich mit § 238 III ZPO; *III* inhaltlich völlig mit § 238 II 1 ZPO. Vgl daher jeweils dort. 1

Unanwendbar ist § 19 wie bei § 2 Rn 2.

20 *Verfahrensverbindung und -trennung.* **Das Gericht kann Verfahren verbinden oder trennen, soweit es dies für sachdienlich hält.**

1 **1) Systematik.** Die Vorschrift knüpft an die Verbindung nach § 147 ZPO und an die Trennung nach § 145 ZPO an, ohne deren Gedanken und vor allem ohne deren Grenzen voll zu übernehmen. Vgl immerhin grundsätzlich auch dort auch im übrigen. Vorrangig gelten §§ 126, 137, 140, 179.

Unanwendbar ist § 20 wie bei § 2 Rn 2.

2 **2) Regelungszweck.** Schon der Vergleich der in Rn 1 genannten ZPO-Regeln mit § 20 zeigt hier eine weitergehende Möglichkeit des FamG wie des Rechtsmittelgerichts. Es kann jeweils nach seinem pflichtgemäßen, aber weiten Ermessen vorgehen, eben „soweit es dies für sachdienlich hält". Maßgeblich ist also weder ein Antrag noch die geäußerte Ansicht eines Beteiligten, sondern die Beurteilung des Gerichts. Auch der Begriff Sachdienlichkeit ist nur vordergründig ein unbestimmter Rechtsbegriff. In Wahrheit unterliegt auch seine Bejahung oder Verneinung dem Ermessen, dem Halten für sachdienlich.

3 Ein *Rechtsmißbrauch* ist natürlich auch hier unstatthaft. Es muß daher seine Entscheidung sachlich vertretbar begründen können und sollte das zumindest in einem Aktenvermerk auch tun, § 329 ZPO Rn 4.

4 **3) Aufhebung von Verbindung oder Trennung.** Aus dem in Rn 2 genannten weiten Ermessen folgt auch, daß man § 150 S 1 ZPO zumindest entsprechend mitbeachten darf. Vgl daher dort.

5 **4) Rechtsmittel.** Es gelten §§ 58 ff.

21 *Aussetzung des Verfahrens.* I [1]**Das Gericht kann das Verfahren aus wichtigem Grund aussetzen, insbesondere wenn die Entscheidung ganz oder zum Teil von dem Bestehen oder Nichtbestehen eines Rechtsverhältnisses abhängt, das den Gegenstand eines anderen anhängigen Verfahrens bildet oder von einer Verwaltungsbehörde festzustellen ist.** [2]**§ 249 der Zivilprozessordnung ist entsprechend anzuwenden.**

II **Der Beschluss ist mit der sofortigen Beschwerde in entsprechender Anwendung der §§ 567 bis 572 der Zivilprozessordnung anfechtbar.**

1 **1) Systematik, I, II.** *I 1* weitet den Grundgedanken von § 148 ZPO aus, den I 1 in dem mit dem Wort „insbesondere" beginnenden Satzteil wörtlich aus § 148 ZPO übernimmt. Vgl wegen des letzteren also dort. *I 2* verweist schlicht auf § 249 I–III ZPO. *II* tut dasselbe wegen der Anfechtbarkeit mit §§ 567–572 ZPO. Vgl daher auch insofern dort. Vorrangig gilt § 136.

Unanwendbar ist § 21 wie bei § 2 Rn 2.

2 **2) Regelungszweck, I, II.** Der gegenüber dem Prozeßgericht stärkeren Stellung des Gerichts im FamFG entspricht die in Rn 1 angesprochene weitere Anwendbarkeit einer Aussetzung. Das dient der Zweckmäßigkeit wie der Gerechtigkeit des Verfahrens. Daher ist eine großzügige Handhabung erlaubt. Sie darf natürlich nicht zu einer bequemen Hinausschiebung lästiger Arbeit führen.

3 **3) Wichtiger Grund, I 1.** Das ist ein dehnbarer und eventuell gefährlich bequem vorschiebbarer Begriff, Rn 2. Nicht jede denkbare Erleichterung ist schon wichtig. Andererseits muß auch nicht gerade eine zwingende Notwendigkeit vorliegen. Es muß immerhin mehr als eine bloße Zweckmäßigkeit erkennbar sein. Die Sachlage muß schon eine Aussetzung deutlich näher ratsam machen als die Fortführung ohne eine formelle Aussetzung. Was unter die Situationen „insbesondere ..." fällt, ist wichtig. Es muß aber nicht stets schon eine solche Vorgreiflichkeit vorliegen. Das Gericht sollte in jedem Fall seine Entscheidung schon wegen der Anfechtbarkeit nach II nachvollziehbar begründen, § 329 ZPO Rn 4.

22 *Antragsrücknahme; Beendigungserklärung.* I [1]**Ein Antrag kann bis zur Rechtskraft der Endentscheidung zurückgenommen werden.** [2]**Die Rücknahme bedarf nach Erlass der Endentscheidung der Zustimmung der übrigen Beteiligten.**

II [1]**Eine bereits ergangene, noch nicht rechtskräftige Endentscheidung wird durch die Antragsrücknahme wirkungslos, ohne dass es einer ausdrücklichen Aufhebung bedarf.** [2]**Das Gericht stellt auf Antrag die nach Satz 1 eintretende Wirkung durch Beschluss fest.** [3]**Der Beschluss ist nicht anfechtbar.**

III **Eine Entscheidung über einen Antrag ergeht nicht, soweit sämtliche Beteiligte erklären, dass sie das Verfahren beenden wollen.**

IV **Die Absätze 2 und 3 gelten nicht in Verfahren, die von Amts wegen eingeleitet werden können.**

1 **1) Systematik, I–IV.** *I 1* stellt in einer zeitlich grundlegenden Erweiterung von § 269 I ZPO die dem Grunde nach mit dort vergleichbare Rücknahme eines etwa erforderlich gewesenen und auch wirksam erfolgten Antrags bis zur formellen Rechtskraft der Endentscheidung nach § 45 sicher. *I 2* setzt abweichend von der dem Grunde nach mit diesmal § 269 I ZPO vergleichbaren Lösung eine Zeitgrenze ohne eine Zustimmung der übrigen Beteiligten (aller!) erst beim Erlaß der Endentscheidung auf. „Erlaß" meint ersichtlich das Wirksamwerden, also die Bekanntgabe, §§ 40, 41. Vgl in diesen Grenzen bei § 269 ZPO. *II 1* stimmt fast wörtlich mit § 269 III 1 Hs 2 ZPO überein. *II 2* stimmt praktisch wörtlich mit § 269 IV ZPO überein. Vgl auch insofern jeweils dort. Vorrangig gelten §§ 134, 141.

Unanwendbar ist § 22 wie bei § 2 Rn 2. Die Rücknahme einer Anregung nach § 23 I ist keine „Antrags"-Rücknahme.

2 **2) Regelungszweck, I–IV.** Vgl zunächst § 269 ZPO Rn 2. Darüber hinaus verdeutlichen die nicht nur zeitlich weitergehenden Rücknahmemöglichkeiten ebenso wie III das Bestreben einer entscheidungslosen

oder doch rückwirkend entscheidungslos werdenden Beendigung des Verfahrens in einem möglichst weiten Ausmaß. Diese Befriedungsbestrebung hat allerdings auch aus der Sache heraus vernünftige Grenzen. Das verdeutlicht IV vielleicht nicht genügend. Der Rechtsfrieden läßt sich oft erst durch einen Richterspruch brauchbar wiederherstellen. Auch das darf man bei der Handhabung mitbeachten.

22a *Mitteilungen an die Familien- und Betreuungsgerichte.* **I Wird infolge eines gerichtlichen Verfahrens eine Tätigkeit des Familien- oder Betreuungsgerichts erforderlich, hat das Gericht dem Familien- oder Betreuungsgericht Mitteilung zu machen.**

II [1]Im Übrigen dürfen Gerichte und Behörden dem Familien- oder Betreuungsgericht personenbezogene Daten übermitteln, wenn deren Kenntnis aus ihrer Sicht für familien- oder betreuungsgerichtliche Maßnahmen erforderlich ist, soweit nicht für die übermittelnde Stelle erkennbar ist, dass schutzwürdige Interessen des Betroffenen an dem Ausschluss der Übermittlung das Schutzbedürfnis eines Minderjährigen oder Betreuten oder das öffentliche Interesse an der Übermittlung überwiegen. [2]Die Übermittlung unterbleibt, wenn ihr eine besondere bundes- oder entsprechende landesgesetzliche Verwendungsregelung entgegensteht.

1) Systematik, I, II. Die dem § 216a ähnelnde Vorschrift entspricht inhaltlich dem früheren § 35a FGG. 1

2) Regelungszweck, I, II. Die Regelung dient dem Kinderschutz. Freilich setzt II 1 Hs 2, auch II 2 gerade diesem Schutz auch deutliche Grenzen, sei es eines Betroffenen, sei es der Öffentlichkeit wegen. „Erforderlich" nach II 1 ist strenger als „zweckmäßig" oder „sachdienlich" oder „förderlich". 2

Abschnitt 2. Verfahren im ersten Rechtszug

23 *Verfahrenseinleitender Antrag.* **I [1]Ein verfahrenseinleitender Antrag soll begründet werden. [2]In dem Antrag sollen die zur Begründung dienenden Tatsachen und Beweismittel angegeben sowie die Personen benannt werden, die als Beteiligte in Betracht kommen. [3]Urkunden, auf die Bezug genommen wird, sollen in Urschrift oder Abschrift beigefügt werden. [4]Der Antrag soll von dem Antragsteller oder seinem Bevollmächtigten unterschrieben werden.**

II Das Gericht soll den Antrag an die übrigen Beteiligten übermitteln.

1) Systematik, Regelungszweck, I, II. Die Vorschrift entspricht teilweise den früheren §§ 622, 640 ZPO. Das FamFG kennt durchaus auch ein nur auf einen Antrag beginnendes Verfahren, zB in einer Ehesache, § 124 S 1. Als eine Folge des aber außerdem vorhandenen weitgehenden Amtsermittlungsgrundsatzes des § 26 enthält § 23 erheblich abweichend vom sonst in etwa vergleichbaren § 253 ZPO nur Sollregeln, und auch diese in einem wesentlich geringeren Ausmaß als der ebenfalls bedingt vergleichbare § 130 ZPO. Wie dort, wird in der Praxis freilich oft aus dem Soll ein Muß oder doch ein „Ist dringend ratsam". Zur Unterschrift nach *I 4* vgl auch § 129 ZPO Rn 8ff. Vorrangig gelten §§ 133, 171, 250. 1

Unanwendbar ist § 23 wie bei § 2 Rn 2.

2) Übermittlung, II. Die bloße Sollregelung weicht von dem vergleichbaren § 270 I 1 ZPO (Klageschrift) ab. Das ändert nichts daran, daß eine Übermittlung natürlich zumindest notwendig ist, soweit und sobald eine Entscheidung zulasten eines Beteiligten infragekommt, schon zwecks rechtlichen Gehörs, Art 103 I GG und in vielen Vorschriften auch des FamFG bestätigt. Auch insoweit besteht also praktisch eine Gerichtspflicht, und zwar unverzüglich, § 121 I 1 BGB (kein vorwerfbares Zögern, freilich je nach der Sachlage evtl keineswegs vor einleitenden Ermittlungen, Nicht einmal der Beschuldigte im strafrechtlichen Ermittlungsverfahren erhält sogleich Kenntnis. Allerdings liegt beim FamFG bereits ein gerichtliches Erkenntnisverfahren vor). 2

24 *Anregung des Verfahrens.* **I Soweit Verfahren von Amts wegen eingeleitet werden können, kann die Einleitung eines Verfahrens angeregt werden.**

II Folgt das Gericht der Anregung nach Absatz 1 nicht, hat es denjenigen, der die Einleitung angeregt hat, darüber zu unterrichten, soweit ein berechtigtes Interesse an der Unterrichtung ersichtlich ist.

1) Anregung, I. Ihre Zulässigkeit ist eigentlich selbstverständlich. Denn das FamG ist gerade auch im Amtsbetrieb für den Bürger und seine Interessen da, nicht umgekehrt. Indessen klingt auch Selbstverständliches offenbar manchmal attraktiv. Das Recht und die Pflicht zur Verfahrenseinleitung ergibt sich aus dem sachlichen Recht, zB aus §§ 1666, 1666a BGB, Borth FamRZ **07**, 1928. 1

Unanwendbar ist § 24 wie bei § 2 Rn 2.

2) Unterrichtungspflicht, II. Nicht so selbstverständlich ist wohl leider diese Gerichtspflicht. Natürlich muß es auch mit Querulanten fertig werden, Einl III 66. Deshalb darf es aber ein „berechtigtes Interesse" nach II nicht nur dann annehmen, wenn es dazu nicht den geringsten Zweifel gibt. Auch ein materielles Interesse kann berechtigt sein. Das Gericht mag sich kurz fassen. Leerfloskeln wie die bloße Formel „kein berechtigtes Interesse" bei einer Aktennotiz „Weglegen" statt einer Unterrichtung sind nicht der Sinn von II. Sie können eine Haftung mitbegründen. 2

25 *Anträge und Erklärungen zur Niederschrift der Geschäftsstelle.* **I Die Beteiligten können Anträge und Erklärungen gegenüber dem zuständigen Gericht schriftlich oder zur Niederschrift der Geschäftsstelle abgeben, soweit eine Vertretung durch einen Rechtsanwalt nicht notwendig ist.**

II Anträge und Erklärungen, deren Abgabe vor dem Urkundsbeamten der Geschäftsstelle zulässig ist, können vor der Geschäftsstelle eines jeden Amtsgerichts zur Niederschrift abgegeben werden.

III 1 Die Geschäftsstelle hat die Niederschrift unverzüglich an das Gericht zu übermitteln, an das der Antrag oder die Erklärung gerichtet ist. 2 Die Wirkung einer Verfahrenshandlung tritt nicht ein, bevor die Niederschrift dort eingeht.

1 **1) Systematik, Regelungszweck, I–III.** Außerhalb eines Anwaltszwangs können die Beteiligten nach § 7 das Verfahren nach § 10 I selbst betreiben. § 25 regelt dazu das Wo und Wie. *I* knüpft dabei an § 78 III Hs 2 ZPO an. *II* stimmt mit § 129 a I ZPO praktisch wörtlich überein, *III 1, 2* entsprechend mit § 129 a II 1, 2 ZPO. Lediglich § 129 a II 3 ZPO (Möglichkeit der Übermittlung eines Protokollantrags durch die Partei) kehrt in § 25 nicht wieder. Vgl im übrigen bei § 129 a ZPO. Vorrangig gelten §§ 180, 257.

Unanwendbar ist § 25 wie bei § 2 Rn 2.

26 *Ermittlung von Amts wegen.* **Das Gericht hat von Amts wegen die zur Feststellung der entscheidungserheblichen Tatsachen erforderlichen Ermittlungen durchzuführen.**

1 **1) Begriff der Amtsermittlung.** Vgl zunächst Grdz 38 vor § 128 ZPO. Der Amtsermittlungsgrundsatz schließt an den früheren § 12 FGG an. Er geht über die Gerichtsaufgaben zB des § 139 ZPO deutlich hinaus. Er umfasst aber mindestens die dort genannten Pflichten. Er findet sich nicht nur zB in der StPO, der FGO, Teilen des SGG und der VwGO, sondern auch früher im FGG und nur vereinzelt in der ZPO außerhalb wie innerhalb des früheren Buchs 6. Die Pflicht zur Amtsermittlung beschränkt sich auf dasjenige, was das Gericht derzeit schon und noch für entscheidungserheblich hält. Sie befreit die Beteiligten nicht von einer Mitwirkungsaufgabe, § 27. § 127 I wiederholt § 26. § 127 II, III ergänzt § 26 einschränkend und mit Vorrang. In einer Abstammungssache schränkt § 177 die Amtsermittlung ein.

Unanwendbar ist § 26 wie bei § 2 Rn 2.

2 **2) Verstoß.** Er kann zur Amtshaftung führen. Das Gericht haftet nur in den Grenzen des Spruchrichterprivilegs. Freilich ist die Fürsorgepflicht nach Einl III 27 ff größer als im Zivilprozeß, selbst soweit das FamFG auf die ZPO verweist. Gerade Artt 1, 2 GG bringen aber als einen Teil der dortigen Persönlichkeitsgrundrechte auch eine Selbstverantwortung der Beteiligten auch im zivilrechtlichen Amtsverfahren mit sich. Sie kann zur Mithaftung führen.

27 *Mitwirkung der Beteiligten.* **I Die Beteiligten sollen bei der Ermittlung des Sachverhalts mitwirken.**

II Die Beteiligten haben ihre Erklärungen über tatsächliche Umstände vollständig und der Wahrheit gemäß abzugeben.

1 **1) Mitwirkungsaufgaben, I, II.** Die Vorschrift knüpft zwar an § 138 ZPO an, dessen I sie sogar in II praktisch wörtlich übernimmt. Vgl daher dort. Die Mitwirkung der Beteiligten läßt sich aber nur im Zusammenhang mit der Pflicht des Gerichts zur Amtsermittlung nach § 26 richtig einordnen. Vorrangig gelten §§ 129, 235. Ergänzend gilt § 139.

Unanwendbar ist § 27 wie bei § 2 Rn 2.

2 **2) Vollständigkeit und Wahrhaftigkeit, II.** Das sind in allen Verfahrensordnungen eigentlich selbstverständliche Aufgaben aller Beteiligten. Sie sind auch mehr als bloße sanktionsbehaftete Obliegenheiten. Sie sind schon nach dem Befehlston in II echte Pflichten. Das Gericht wird selbst bei einem von Amts wegen etwa auf Grund eines Behördenvorschlags eingeleiteten Verfahren doch nicht um eines Selbstzwecks willen tätig, Einl III 10, sondern zur Erzielung oder Wiedergewinnung eines gerechten Ergebnisses auf Grund eines Bedarfs oder Bedürfnisses und damit im Interesse eines oder mehrerer oder fast aller Bürger als Betroffenen. Das führt fast von selbst zu einem nicht geringen Grad von Mitwirkungsaufgaben eben im höchstpersönlichen Interesse, wenn natürlich auch in den Grenzen des Zumutbaren.

3 **3) Verstoß, I, II.** Es gibt grundsätzlich keine Zurückweisung wegen Verspätung außerhalb des Bereichs des § 113 I 2, wohl aber in seinem Bereich wegen seiner Verweisung auch auf § 296 ZPO. Im übrigen können §§ 33, 35 anwendbar sein, Jacoby FamRZ **07**, 1706. Ein Rechtsmißbrauch ist auch hier unstatthaft, Einl III 54.

28 *Verfahrensleitung.* **I 1 Das Gericht hat darauf hinzuwirken, dass die Beteiligten sich rechtzeitig über alle erheblichen Tatsachen erklären und ungenügende tatsächliche Angaben ergänzen. 2 Es hat die Beteiligten auf einen rechtlichen Gesichtspunkt hinzuweisen, wenn es ihn anders beurteilt als die Beteiligten und seine Entscheidung darauf stützen will.**

II In Antragsverfahren hat das Gericht auch darauf hinzuwirken, dass Formfehler beseitigt und sachdienliche Anträge gestellt werden.

III Hinweise nach dieser Vorschrift hat das Gericht so früh wie möglich zu erteilen und aktenkundig zu machen.

IV [1] Über Termine und persönliche Anhörungen hat das Gericht einen Vermerk zu fertigen; für die Niederschrift des Vermerks kann ein Urkundsbeamter der Geschäftsstelle hinzugezogen werden, wenn dies aufgrund des zu erwartenden Umfangs des Vermerks, in Anbetracht der Schwierigkeit der Sache oder aus einem sonstigen wichtigen Grund erforderlich ist [2] In den Vermerk sind die wesentlichen Vorgänge des Termins und der persönlichen Anhörung aufzunehmen. [3] Die Herstellung durch Aufzeichnung auf Datenträger in der Form des § 14 Abs. 3 ist möglich.

1) Systematik, Regelungszweck, I–IV. *I 1* stimmt fast wörtlich mit § 139 I 2 ZPO überein. *I 2* stimmt fast wörtlich mit § 139 II ZPO überein. *II* stimmt inhaltlich ganz mit § 139 I 2 Hs 2 ZPO überein. *III* stimmt praktisch wörtlich mit § 139 IV 1 (ohne IV 2!) ZPO überein, Vgl daher jeweils dort. *IV* 1 ist neu. *IV* 2 entspricht fast wörtlich § 159 I 2 ZPO. 1

Unanwendbar ist § 28 wie bei § 2 Rn 2.

2) Vermerk, IV. Die Vorschrift stellt eine ganz erhebliche Abweichung und Vereinfachung gegenüber dem traditionellen Protokollzwang der §§ 159 ff ZPO dar. Ein bloßer „Vermerk" ist zwar ebenfalls eine öffentliche Urkunde nach § 418 ZPO. Er ist aber doch schon rein formell etwas zwar nicht Neues, aber doch ganz anderes als ein förmliches Protokoll mit oder ohne gesonderten Protokollführer. 2

Das alles kann enorm *erleichtern, aber auch* enorm zur Oberflächlichkeit und Schreibfaulheit und vor allem zur Unvollständigkeit, Unaufklärbarkeit, Vieldeutigkeit und Einseitigkeit beitragen, zumal es formell nichts mehr nach § 162 ZPO vorzulesen und zu genehmigen gibt. Denn selbst § 113 I 2 tritt mit seiner Verweisung auch auf §§ 159 ff ZPO hinter dem speziellen IV zurück. Es ist ein erhebliches Verantwortungsbewußtsein aller Beteiligten nötig, um von vornherein die eben skizzierten Fehler oder Schwächen unabhängig von deren straf-, berufs- oder haftungsrechtlichen Folgen zu vermeiden. 3

29

Beweiserhebung. **I [1] Das Gericht erhebt die erforderlichen Beweise in geeigneter Form. [2] Es ist hierbei an das Vorbringen der Beteiligten nicht gebunden.**

II Die Vorschriften der Zivilprozessordnung über die Vernehmung bei Amtsverschwiegenheit und das Recht zur Zeugnisverweigerung gelten für die Befragung von Auskunftspersonen entsprechend.

III Das Gericht hat die Ergebnisse der Beweiserhebung aktenkundig zu machen.

1) Systematik, Regelungszweck, I–III. Die Vorschrift entspricht dem früheren § 15 FGG. Sie gehört eigentlich nicht vor, sondern hinter § 30, dort Rn 4. Denn sie führt jene Regeln nur näher aus. 1

I ist in Wahrheit eben wegen § 30 nur in dessen Grenzen in der nach I 1 scheinbar weiten Weise zur Form der Beweisaufnahme frei. Zwar verdeutlicht I 2, daß es anders als bei § 284 S 2 ZPO nicht auf ein Einverständnis eines Beteiligten oder auf seinen Antrag allein ankommt. Schon II verdeutlicht aber auch insoweit in Wahrheit das Gegenteil. So schrumpft I in seiner praktischen Bedeutung also ziemlich zusammen. Viel wichtiger ist § 30 III. 2

II verweist der Sache nach auf §§ 376, 383–389 ZPO. Vgl daher jeweils dort. 3

III entspricht der Sache nach § 160 III Z 4, 5 ZPO. Eine Aktenkundigmachung meint dasselbe wie in § 139 IV 1 ZPO. Vgl daher jeweils dort. 4

Unanwendbar ist § 29 wie bei § 2 Rn 2. 5

30

Förmliche Beweisaufnahme. **I Das Gericht entscheidet nach pflichtgemäßem Ermessen, ob es die entscheidungserheblichen Tatsachen durch eine förmliche Beweisaufnahme entsprechend der Zivilprozessordnung feststellt.**

II Eine förmliche Beweisaufnahme hat stattzufinden, wenn es in diesem Gesetz vorgesehen ist.

III Eine förmliche Beweisaufnahme über die Richtigkeit einer Tatsachenbehauptung soll stattfinden, wenn das Gericht seine Entscheidung maßgeblich auf die Feststellung dieser Tatsache stützen will und die Richtigkeit von einem Beteiligten ausdrücklich bestritten wird.

IV Den Beteiligten ist Gelegenheit zu geben, zum Ergebnis einer förmlichen Beweisaufnahme Stellung zu nehmen, soweit dies zur Aufklärung des Sachverhalts oder zur Gewährung rechtlichen Gehörs erforderlich ist.

1) Systematik, Regelungszweck, I–IV. Die Vorschrift schließt an den früheren § 15 FGG an. Auf den ersten Blick unterscheidet sich § 30 ziemlich von den Beweisregeln der ZPO. Bei einer näheren Prüfung erweisen sich die formellen Unterschiede aber in der Sache als nicht so erheblich. Deshalb darf und muß man die Rspr und Lehre zur Beweiserhebung nach der ZPO doch auch im Verfahren nach dem FamFG im Kern voll mitbeachten. 1

I eröffnet ein pflichtgemäßes *Ermessen* zum Ob einer förmlichen Beweisaufnahme, die dann nach den entsprechend anwendbaren §§ 358 ff ZPO erfolgen muß. Eine nicht förmliche Beweisaufnahme ist auch schon nach § 284 S 2 ZPO möglich, wenn auch anders als nach § 30 I FamFG nur mit einem Einverständnis der dortigen Parteien, das hier schon wegen des Amtsermittlungsgrundsatzes des § 26 entbehrlich ist. Der Begriff Freibeweis, zB Jacoby FamRZ **07**, 1706, ist unscharf. Denn auch beim förmlichen Beweis nach II–IV würdigt das Gericht zumindest im Bereich von § 113 I 2 in Verbindung mit § 286 ZPO das Beweisergebnis frei, dort Rn 4. 2

II klärt gegenüber I aber schon, daß auch das FamFG die *Notwendigkeit* einer förmlichen Beweisaufnahme nach §§ 358 ff ZPO kennt, wenn auch nur in den im FamFG direkt vorgeschriebenen Fällen, zB nach § 177 II im Abstammungsverfahren, Borth FamRZ **07**, 1928. Soweit die ZPO anwendbar ist, ist auch ein nach ihr notwendiger Antrag nötig. 3

4 *III* schafft schließlich als ein Mittelweg zwischen I und II eine *Sollvorschrift.* Sie gilt praktisch fast stets, nämlich beim Zusammentreffen einer Streitigkeit und einer Entscheidungserheblichkeit einer Tatsache. Der Umstand, daß III nur vom *Wollen* des Gerichts spricht, ändert in Wahrheit nichts an dem Müssen oder zumindest Sollen, sobald und solange eben eine Entscheidungserheblichkeit deutlich ist. Der weitere Umstand, daß III eine *Maßgeblichkeit* des Entscheidungserheblichen und von dessen Begründungsabsicht fordert, ändert nichts daran, daß das Gericht alles irgendwie wirklich Entscheidungserhebliche auch pflichtgemäß in seiner Entscheidung darlegen und nachvollziehbar beurteilen muß. In Wahrheit schafft also auch III so gut wie stets bei einer streitigen entscheidungserheblichen Tatsache eine förmliche Beweisaufnahme wie bisher, Jacoby FamRZ **07**, 1706. Nur auf dieser Basis darf man den im Gesetzesaufbau eigentlich nicht vor, sondern hinter § 30 gehörenden § 29 anwenden.

5 *IV* übernimmt den Kern des § 285 I ZPO abgewandelt auf das Amtsverfahren des FamFG und das ohnehin nach Art 103 I GG bestehende Gebot des rechtlichen Gehörs, das auch § 139 II ZPO wiederholt. Das alles ist ohnehin selbstverständlich. Vgl daher auch dort.

6 *Unanwendbar* ist § 30 wie bei § 2 Rn 2.

31 *Glaubhaftmachung.* **I Wer eine tatsächliche Behauptung glaubhaft zu machen hat, kann sich aller Beweismittel bedienen, auch zur Versicherung an Eides statt zugelassen werden.**

II Eine Beweisaufnahme, die nicht sofort erfolgen kann, ist unstatthaft.

1 **1) Systematik, Regelungszweck, I, II.** Die Vorschrift stimmt wörtlich mit § 294 I, II ZPO überein. Vgl daher fort.

Unanwendbar ist § 31 wie bei § 2 Rn 2.

32 *Termin.* **I [1]Das Gericht kann die Sache mit den Beteiligten in einem Termin erörtern. [2]Die §§ 219, 227 Abs. 1, 2 und 4 der Zivilprozessordnung gelten entsprechend.**

II Zwischen der Ladung und dem Termin soll eine angemessene Frist liegen.

III In geeigneten Fällen soll das Gericht die Sache mit den Beteiligten im Wege der Bild- und Tonübertragung in entsprechender Anwendung des § 128 a der Zivilprozessordnung erörtern.

1 **1) Systematik, Regelungszweck, I–III.** *I 1* übernimmt den Grundgedanken des § 128 IV ZPO einer freigestellten mündlichen Verhandlung wegen des Fehlens der Entscheidungsform Urteil, wie § 38 zeigt. Das gerichtliche pflichtgemäße Ermessen ergibt sich aus dem Wort „kann". I 1 tritt im Abstammungsverfahren hinter dem schärferen § 175 zurück. *I 2* bringt Verweisungen zum Terminsort nach § 219 ZPO, zu einer Terminsänderung nach § 227 I, 2, 4 ZPO. II wandelt die an sich übernommene Ladungsfrist des § 217 ZPO mit ihren Varianten der §§ 604 II, 605 a ZPO dahin ab, daß eine „angemessene" Frist vorhanden sein „soll" (also nach dem Wortlaut nicht: muß). *III* übernimmt inhaltlich § 128 a ZPO.

2 *Angemessen* ist etwas nicht unzumutbar Kurzes. Es kommt auf die Gesamtumstände an. Ein Verstoß würde Art 103 I GG verletzen. Daher Vorsicht! Weniger als drei Tage sollte nur ganz ausnahmsweise erlaubt sein. Mehr als zwei Wochen sollten im Inlandsfall nur ausnahmsweise nötig sein.

3 *Unanwendbar* ist § 32 wie bei § 2 Rn 2.

33 *Persönliches Erscheinen der Beteiligten.* **I [1]Das Gericht kann das persönliche Erscheinen eines Beteiligten zu einem Termin anordnen und ihn anhören, wenn dies zur Aufklärung des Sachverhalts sachdienlich erscheint. [2]Sind in einem Verfahren mehrere Beteiligte persönlich anzuhören, hat die Anhörung eines Beteiligten in Abwesenheit der anderen Beteiligten stattzufinden, falls dies zum Schutz des anzuhörenden Beteiligten oder aus anderen Gründen erforderlich ist.**

II [1]Der verfahrensfähige Beteiligte ist selbst zu laden, auch wenn er einen Bevollmächtigten hat; dieser ist von der Ladung zu benachrichtigen. [2]Das Gericht soll die Zustellung der Ladung anordnen, wenn das Erscheinen eines Beteiligten ungewiss ist.

III [1]Bleibt der ordnungsgemäß geladene Beteiligte unentschuldigt im Termin aus, kann gegen ihn durch Beschluss ein Ordnungsgeld verhängt werden. [2]Die Festsetzung des Ordnungsgeldes kann wiederholt werden. [3]Im Falle des wiederholten, unentschuldigten Ausbleibens kann die Vorführung des Beteiligten angeordnet werden. [4]Erfolgt eine genügende Entschuldigung nachträglich und macht der Beteiligte glaubhaft, dass ihn an der Verspätung der Entschuldigung kein Verschulden trifft, werden die nach den Sätzen 1 bis 3 getroffenen Anordnungen aufgehoben. [5]Der Beschluss, durch den ein Ordnungsmittel verhängt wird, ist mit der sofortigen Beschwerde in entsprechender Anwendung der §§ 567 bis 572 der Zivilprozessordnung anfechtbar.

IV Der Beteiligte ist auf die Folgen seines Ausbleibens in der Ladung hinzuweisen.

1 **1) Systematik, Regelungszweck, I–IV.** Die mit § 34 nicht zu verwechselnde Vorschrift schließt an die früheren §§ 613 I ZPO, 13, 15 FGG an. Sie stellt eine weitgehende, wenn auch nicht völlige Übernahme dreier ZPO-Bestimmungen dar. Vgl daher jeweils dort. Vorrangig gilt § 128.

2 *I 1* stimmt mit § 141 I 1 ZPO fast wörtlich überein. Aus dort „soll" ist hier „kann" geworden, aus dort „geboten" hier „sachdienlich", also eine etwas geringere Voraussetzung. *I 2* ist neu. „Erforderlich" ist strenger als „sachdienlich" usw.

3 *II 1* stimmt mit § 141 II 2 Hs 1 ZPO fast wörtlich überein. *II 2* enthält inhaltlich dasselbe wie § 141 II 2 Hs 2 ZPO (also kein Zwang zu einer Abschrift oder förmlichen Zustellung).

III 1 stimmt mit § 141 III 1 in Verbindung mit § 380 I 2 Hs 1 ZPO zwar wegen des Worts „unentschuldigt“ in III 1 nicht dem Wortlaut nach überein, wohl aber im Inhalt. Freilich darf das FamG nicht schon das reine Ausbleiben ohne jede anfängliche Prüfung der Gründe zum Anlaß eines Ordnungsgelds nehmen. *III 2* stimmt mit §§ 141 III 1, 380 II Hs 1 ZPO praktisch völlig überein. *III 3* stimmt zwar nicht mit § 141 ZPO überein, wohl aber mit § 380 II Hs 2 ZPO. *III 4* paßt zu § 381 I 3 ZPO. *III 5* stimmt mit §§ 141 III 1, 380 III ZPO überein. 4

IV stimmt mit § 141 III 3 ZPO überein. 5

Unanwendbar ist § 33 wie bei § 2 Rn 2. 6

34 *Persönliche Anhörung.*

I Das Gericht hat einen Beteiligten persönlich anzuhören,
1. wenn dies zur Gewährleistung des rechtlichen Gehörs des Beteiligten erforderlich ist oder
2. wenn dies in diesem oder in einem anderen Gesetz vorgeschrieben ist.

II Die persönliche Anhörung eines Beteiligten kann unterbleiben, wenn hiervon erhebliche Nachteile für seine Gesundheit zu besorgen sind oder der Beteiligte offensichtlich nicht in der Lage ist, seinen Willen kundzutun.

III 1 Bleibt der Beteiligte im anberaumten Anhörungstermin unentschuldigt aus, kann das Verfahren ohne seine persönliche Anhörung beendet werden. 2 Der Beteiligte ist auf die Folgen seines Ausbleibens hinzuweisen.

1) Systematik, I–III. Während § 33 nur das bloße Erscheinen des Beteiligten behandelt, selbst wenn das natürlich zwecks Gesprächs geschieht, ordnet § 34 eine direkte Anhörung an und wendet sich nur an das Gericht ohne einen stärkeren Nachteil für den Beteiligten als nach III. Deshalb muß man beide Vorschriften getrennt beachten. Sie können natürlich nebeneinander anwendbar sein. 1

Unanwendbar ist § 34 wie bei § 2 Rn 2.

2) Regelungszweck, I–III. Der Druck auf das FamG bezweckt eine stärkere Beachtung der Person des Beteiligten bei der für seine Zukunft ja oft sehr einschneidenden Abwägung vor einer Endentscheidung. Sein persönlicher Eindruck auf das Gericht soll grundsätzlich mitbestimmen. Der Druck auf ihn darf aber keineswegs unzumutbar werden. Es ist also eine schwierige Vorwegabwägung der Vor- und Nachteile einer Anhörung nötig. Das erfordert erhebliches Fingerspitzengefühl schon beim Hinweis nach III 2. 2

3) Anhörungspflicht, I. Sie besteht nur entweder nach Z 1 oder nach Z 2 und in beiden Fällen nicht in der Situation II. 3

A. Rechtliches Gehör, Z 1. Die ja ohnehin zumindest vor einem jeden Rechtsnachteil nach Art 103 I GG usw notwendige Gewährung rechtlichen Gehörs maß bekanntlich nicht stets mündlich erfolgen. Z 1 macht eine Anhörung daher davon abhängig, daß gerade die Anhörungsform zu solchem Zweck nicht bloß ratsam oder wünschenswert, sondern geradezu „erforderlich“ ist. Das ist ein sog unbestimmter Rechtsbegriff. Er läßt kaum ein Ermessen zu, mag es auch praktisch nur selten ganz entbehrlich sein. Eine Bejahung der Erforderlichkeit zwingt jedenfalls zur Anhörung.

B. Gesetzeszwang, Z 2. Die Anhörung braucht nur in irgendeinem Gesetz vorgeschrieben zu sein. 4

4) Unterbleiben der Anhörung, II. Soweit die Voraussetzungen Rn 3, 4 vorliegen, bleibt dem Gericht dennoch ein pflichtgemäßes Ermessen zur Vornahme oder Unterlassung der Anhörung, wenn eine der folgenden Bedingungen vorliegt. 5

A. Erhebliche Gesundheitsnachteile. Entweder müssen von einer Anhörung erhebliche Gesundheitsnachteile für den Beteiligten bevorstehen. Die Befürchtung reicht. Eine bloße Möglichkeit reicht nicht. Eine hohe Wahrscheinlichkeit ist nicht nötig.

B. Oder offensichtliche Unfähigkeit. Statt Rn 5 kann es auch ausreichen, daß der Beteiligte offensichtlich nicht imstande ist, seinen Willen kundzutun. Das ist ein äußert hochgradiger Verlust elementarer Fähigkeiten. Er muß völlig eindeutig feststehen. 6

5) Unentschuldigtes Ausbleiben, III 1. Das Wegbleiben allein reicht nicht. Der Termin muß ordnungsgemäß bestehen. Das FamG muß also § 32 beachtet haben. Es muß die übliche Zeit von etwa 15 Minuten gewartet haben, solange das Ausbleiben noch nicht feststand. Eine Entschuldigung muß schlechthin zumindest derzeit noch fehlen. Sie darf auch noch nicht angekündigt sein. Erst dann „kann“ das Gericht das Verfahren nicht nur weiterführen, sondern sogar in diesem Rechtszug „beenden“. „Kann“ stellt hier ins pflichtgemäße Ermessen, begrenzt einerseits durch die erhöhte Fürsorgepflicht im Amtsverfahren, andererseits durch die auch und gerade in dieser Verfahrensart bestehende Förderungspflicht, vgl Grdz 12, 13 vor § 128 ZPO. 7

6) Hinweispflicht, III 2. Die Vorschrift entspricht § 141 III 3 ZPO (dort im anderen Zusammenhang). Vgl daher dort. 8

35 *Zwangsmittel.*

I 1 Ist aufgrund einer gerichtlichen Anordnung die Verpflichtung zur Vornahme oder Unterlassung einer Handlung durchzusetzen, kann das Gericht, sofern ein Gesetz nicht etwas anderes bestimmt, gegen den Verpflichteten durch Beschluss Zwangsgeld festsetzen. 2 Das Gericht kann für den Fall, dass dieses nicht beigetrieben werden kann, Zwangshaft anordnen. 3 Verspricht die Anordnung eines Zwangsgeldes keinen Erfolg, soll das Gericht Zwangshaft anordnen.

II Die gerichtliche Entscheidung, die die Verpflichtung zur Vornahme oder Unterlassung einer Handlung anordnet, hat auf die Folgen einer Zuwiderhandlung gegen die Entscheidung hinzuweisen.

III [1]**Das einzelne Zwangsgeld darf den Betrag von fünfundzwanzigtausend Euro nicht übersteigen.** [2]**Mit der Festsetzung des Zwangsmittels sind dem Verpflichteten zugleich die Kosten dieses Verfahrens aufzuerlegen.** [3]**Für den Vollzug der Haft gelten § 901 Satz 2, die §§ 904 bis 906, 909, 910 und 913 der Zivilprozessordnung entsprechend.**

IV [1]**Ist die Verpflichtung zur Herausgabe oder Vorlage einer Sache oder zur Vornahme einer vertretbaren Handlung zu vollstrecken, so kann das Gericht, soweit ein Gesetz nicht etwas Anderes bestimmt, durch Beschluss neben oder anstelle einer Maßnahme nach den Absätzen 1, 2 die in §§ 883, 886, 887 der Zivilprozessordnung vorgesehenen Maßnahmen anordnen.** [2]**Die §§ 891 und 892 der Zivilprozessordnung gelten entsprechend.**

V **Der Beschluss, durch den Zwangsmaßnahmen angeordnet werden, ist mit der sofortigen Beschwerde in entsprechender Anwendung der §§ 567 bis 572 der Zivilprozessordnung anfechtbar.**

Vorbem. Unterschiedliche Schreibweisen des Gesetzgebers in I 1 (anderes) und IV 1 (Anderes).

1 **1) Systematik, Regelungszweck, I–V.** Zwar steht die Vorschrift bei den Regelungen zum ersten Rechtszug. §§ 86ff. enthalten weitere Vollstreckungsregeln. Sie stimmt aber weitgehend mit ZPO-Regeln zur Zwangsvollstreckung wie folgt überein: *I* mit § 888 I 1 ZPO; *II* mit § 890 II ZPO, *III 1* mit § 888 I 2 ZPO; *III 2* etwa mit dem nicht ganz so strengen § 891 S 3 ZPO; *III* 3 mit § 888 I 3 ZPO; *V* mit § 793 ZPO. Vgl daher jeweils dort.

Unanwendbar ist § 35 wie bei § 2 Rn 2.

2 **2) Sachübergabe usw, IV.** Die Vorschrift verweist auf §§ 883, 886, 887, 891, 892 ZPO. Vgl daher dort.

3 Die in *§ 888 ZPO* genannten Möglichkeiten kommen wie folgt in Betracht. Es muß zunächst entweder um die Herausgabe einer Sache nach I Z 2 oder um deren bloße Vorlage gehen. Es kann aber stattdessen auch um eine gerade vertretbare Handlung im Sinn von § 887 ZPO gehen. Sodann mag das Gericht entscheiden, ob es nach §§ 883, 885–887 ZPO vorgeht. Anschließend mag es prüfen, ob es daneben auch nach § 888 ZPO beschließt. Schließlich ist das letztere davon abhängig, daß es nicht nach anderen Vorschriften unstatthaft ist. Ein ziemlich komplizierter und in der Praxis nicht gerade einfach und fehlerfrei vornehmbarer Entscheidungsgang. Die erhöhte Fürsorgepflicht des Gerichts zumindest im Amtsverfahren legt aber eine Maßnahme nach § 888 natürlich nahe. Stets muß das Gericht den Verhältnismäßigkeitsgrundsatz nach Grdz 34 vor § 704 ZPO mitbeachten. Giers FPR **08**, 443.

36

Vergleich. I [1]**Die Beteiligten können einen Vergleich schließen, soweit sie über den Gegenstand des Verfahrens verfügen können.** [2]**Das Gericht soll außer in Gewaltschutzsachen auf eine gütliche Einigung der Beteiligten hinwirken.**

II [1]**Kommt eine Einigung im Termin zustande, ist hierüber eine Niederschrift anzufertigen.** [2]**Die Vorschriften der Zivilprozessordnung über die Niederschrift des Vergleichs sind entsprechend anzuwenden.**

III **Ein nach Absatz 1 Satz 1 zulässiger Vergleich kann auch schriftlich entsprechend § 278 Abs. 6 der Zivilprozessordnung geschlossen werden.**

IV **Unrichtigkeiten in der Niederschrift oder in dem Beschluss über den Vergleich können entsprechend § 164 der Zivilprozessordnung berichtigt werden.**

1 **1) Systematik, Regelungszweck, I–IV.** Die Vorschrift schließt an den früheren § 630 ZPO an. Es stimmen zumindest inhaltlich mehr oder weniger stark die folgenden Teile der Vorschrift mit ZPO-Regeln überein: *I 1* mit den zum Prozeßvergleich entwickelten Grundsätzen, vgl Anh § 307 ZPO; *I 2* mit § 278 I ZPO; *II 1, 2* mit §§ 118 I 3, 160 III Z 1 ZPO; *III* mit § 278 VI ZPO; *IV* mit § 164 ZPO. Vgl daher jeweils dort. Vorrangig gilt § 135.

Unanwendbar ist § 36 wie bei § 2 Rn 2.

2 **2) Kein Gütetermin.** Die Vorschrift enthält keine dem § 278 II–V ZPO direkt vergleichbare Rechtsfigur. Freilich ist die gerichtliche Fürsorgepflicht umso umfassender. Allerdings findet keinerlei gerichtliche Zwangsberatung statt.

3 **3) Ehesache,** dazu *Göppinger/Börger,* Vereinbarungen anlässlich der Ehescheidung, 8. Aufl 2005: Ein Vergleich ist bei einem Scheidungs- und Aufhebungsantrag zulässig zur Beendigung des Verfahrens, also zB über die Rücknahme des Antrags oder eines Rechtsmittels oder über übereinstimmende wirksame volle Erledigterklärungen bei einer Aussöhnung. Ein Vergleich ist ferner zulässig über das weitere Verfahren, zB über die Rücknahme des Gegenantrags oder über die Beschränkung des Vortrags auf bestimmte Gründe. Er ist schließlich auch im übrigen zulässig, etwa wegen der Folgen der Scheidung in einem schon durch den Antrag auf eine Protokollierung des Vergleichs eingeleiteten Verfahren nach § 49.

4 Wegen der Kosten des Eheverfahrens nach § 150 ist ein Vergleich ein *Vollstreckungstitel,* § 95 I in Verbindung mit § 794 I Z 1 ZPO, nicht dagegen ein Teilvergleich über einzelne FolgeS und auch nicht eine Beschränkung auf den Kostenpunkt, ebensowenig eine Protokollierung nach der Rechtskraft. Dagegen ist der Vergleich ein Vollstreckungstitel wegen der Kosten bei seiner Protokollierung nach einem Beschluß, sofern er einen Rechtsmittelverzicht enthält, Bbg JB **75**, 630, oder auch ein Rechtsmittelverzicht unmittelbar nach seiner Protokollierung, Mü MDR **76**, 406.

37

Grundlage der Entscheidung. I **Das Gericht entscheidet nach seiner freien, aus dem gesamten Inhalt des Verfahrens gewonnenen Überzeugung.**

II **Das Gericht darf eine Entscheidung, die die Rechte eines Beteiligten beeinträchtigt, nur auf Tatsachen und Beweisergebnisse stützen, zu denen dieser Beteiligte sich äußern konnte.**

1) Systematik, Regelungszweck, I, II. Die Vorschrift ähnelt dem früheren § 68 FGG. *I* übernimmt den Grundgedanken des § 286 I 1 ZPO, *II* denjenigen des § 139 ZPO, wenn auch letzteren hier weniger ausdifferenziert. Natürlich kommt in II damit erneut Art 103 I GG zum Ausdruck, Einl III 16 ff. Vgl daher bei allen diesen Partien dieses Buchs. Das Gericht hat dabei kein Ermessen. „Beeinträchtigung" ist ein sog unbestimmter Rechtsbegriff. 1

Unanwendbar ist § 37 wie bei § 2 Rn 2.

Abschnitt 3. Beschluss

38 *Entscheidung durch Beschluss.* **I [1]Das Gericht entscheidet durch Beschluss, soweit durch die Entscheidung der Verfahrensgegenstand ganz oder teilweise erledigt wird (Endentscheidung). [2]Für Registersachen kann durch Gesetz Abweichendes bestimmt werden.**

II Der Beschluss enthält

1. die Bezeichnung der Beteiligten, ihrer gesetzlichen Vertreter und der Bevollmächtigten;
2. die Bezeichnung des Gerichts und die Namen der Gerichtspersonen, die bei der Entscheidung mitgewirkt haben;
3. die Beschlussformel.

III [1]Der Beschluss ist zu begründen. [2]Er ist zu unterschreiben. [3]Das Datum der Übergabe des Beschlusses an die Geschäftsstelle oder der Bekanntgabe durch Verlesen der Beschlussformel (Erlass) ist auf dem Beschluss zu vermerken.

IV Einer Begründung bedarf es nicht, soweit

1. die Entscheidung aufgrund eines Anerkenntnisses oder Verzichts oder als Versäumnisentscheidung ergeht und entsprechend bezeichnet ist,
2. gleichgerichteten Anträgen der Beteiligten stattgegeben wird oder der Beschluss nicht dem erklärten Willen eines Beteiligten widerspricht oder
3. der Beschluss in Gegenwart aller Beteiligten mündlich bekannt gegeben wurde und alle Beteiligten auf Rechtsmittel verzichtet haben.

V Absatz 4 ist nicht anzuwenden:

1. in Ehesachen, mit Ausnahme der eine Scheidung aussprechenden Entscheidung,
2. in Abstammungssachen,
3. in Betreuungssachen,
4. wenn zu erwarten ist, dass der Beschluss im Ausland geltend gemacht werden wird.

VI Soll ein ohne Begründung hergestellter Beschluss im Ausland geltend gemacht werden, gelten die Vorschriften über die Vervollständigung von Versäumnis- und Anerkenntnisentscheidungen entsprechend.

1) Systematik, Regelungszweck, I–VI. Die Vorschrift schließt an die früheren §§ 629 ZPO, 18 FGG an. Sie übernimmt wegen der alleinigen Entscheidungsform Beschluß diejenigen Bestimmungen der ZPO, die sich auf das Urteil beziehen, in einem Teil der dortigen Bestände. Dabei wird überall eine Vereinfachung gegenüber dem Zivilprozeß deutlich. Sie sollte nicht zur Bequemlichkeit auf Kosten der Nachvollziehbarkeit führen, schon gar nicht bei einer Anfechtbarkeit durch ein Rechtsmittel. 1

I 1 ähnelt § 300 I ZPO ohne dessen Begriff der Entscheidungsreife als etwas Selbstverständlichem sowohl zum Ob als auch zum Wann einer den Rechtszug beendenden Entscheidung. Der Vorbescheid nach dem früheren FGG ist entfallen, Jacoby FamRZ **07**, 1707. *II Z 1* stimmt fast wörtlich mit § 313 I Z 1 ZPO überein. *II Z 2* entspricht § 313 I Z 2 ZPO, *II Z 3* entspricht § 313 I Z 4 ZPO. *III 1* entspricht § 313 I Z 6, III ZPO ohne die dort schon als ausreichend gehaltene Kürze der Erwägungen. Das FamG mag ja auch durchaus einen Anlaß zu mehr Ausführlichkeit haben. Es darf aber auch ebenso heilsam vorgehen, wie es das Zivilgericht nach der schlichten Anweisung des Gesetzes in § 313 III ZPO tun muß (nicht nur soll) und leider oft genug nicht tut. *III 2* entspricht teilweise § 315 I 1 ZPO. *III 3* entspricht in etwa § 315 II 1, III 1 ZPO. *IV Z 1* entspricht § 313 b I 1, 2 ZPO. *IV Z 3* entspricht § 313 a I 2 ZPO. *V Z 1, 2* übernehmen den früheren Text von § 313 a IV Z 1, 3 ZPO aF im Kern. *V Z 4* entspricht dem jetzigen Text von § 313 a Hs 2 ZPO. *VI* entspricht § 313 a V ZPO. Vgl daher jeweils dort. Vorrangig gilt § 253. 2

2) Gleichgerichtete Anträge, IV Z 2. Diesen Fall stellt das Gesetz verständlicherweise denjenigen der Z 1, 3 gleich. Sehr weit geht allerdings die Entbehrlichkeit einer Begründung auch schon dann, wenn und soweit nach Hs 2 der Beschluß nicht dem erklärten Willen eines Beteiligten widerspricht. Natürlich braucht ein gar nicht (mehr) gestellter Antrag usw keine nähere Erörterung. Ob aber kein Widerspruch der Entscheidung zu einem erklärten Beteiligtenwillen vorliegt, kann zweifelhaft sein. Bei einem solchen Zweifel bleibt eine wenigstens knappe Begründung besser notwendig. 3

39 *Rechtsbehelfsbelehrung.* **Jeder Beschluss hat eine Belehrung über das statthafte Rechtsmittel, den Einspruch, den Widerspruch oder die Erinnerung sowie das Gericht, bei dem diese Rechtsbehelfe einzulegen sind, dessen Sitz und die einzuhaltende Form und Frist zu enthalten.**

1) Systematik, Regelungszweck. Die Vorschrift ähnelt dem früheren § 69 I Z 6 FGG. Sie enthält eine dem Strafprozeß bekannte, auch in anderen Verfahrensarten verbreitete, im Zivilprozeß bisher nur vereinzelt vorgeschriebene Anordnung, wie man sie ähnlich in § 215 I 1, 2 ZPO findet und wie man sie im WEG direkt aus dem GG abgeleitet hat, BGH **150**, 390, Jacoby FamRZ **07**, 1706. Sie dient natürlich der Rechtssicherheit wie der Gerechtigkeit. Man kann ihre Ausformung im Einzelfall von der bloßen Wiedergabe der 1 jeweiligen Gesetzestexte bis zu einer halben Kommentierung erleben. Eine maßvolle unmißverständliche wie auf das Wesentliche beschränkte und Formulare wie Textbausteine nur behutsam übernehmende Formulierung nach den Gesamtumständen und insbesondere nach der erkennbaren Person des Betroffenen abgewogen wird helfen.

2 *Kopie* der Belehrung in der Akte ist ein dringend ratsamer Weg zur Vermeidung erheblicher Ärgerlichkeiten, falls der Inhalt der Belehrung später streitig werden sollte. Von der Richtigkeit der Belehrung kann zu viel abhängen, etwa die Schuld an einer Fristversäumung (Wiedereinsetzung?) oder/ein Amtshaftungsanspruch. Im Zweifel eher zu viel als zu wenig. Aber bitte keine gefährlichen neue Fallstricke in übereifrige Belehrungen rutschen lassen.

3 **2) Verstoß.** Es kommt eine Wiedereinsetzung in Betracht, § 17 II. Eine Amtshaftung kann unter den Voraussetzungen Einl III 28 eintreten.

4 **3) Rechtsbehelfe.** Jeder in § 39 genannte Rechtsbehelf ist nach den für ihn geltenden Vorschriften natürlich auch dann statthaft, wenn die angefochtene Entscheidung keine oder eine fehlerhafte Rechtsbehelfsbelehrung enthält.

40 *Wirksamwerden.* [I] **Der Beschluss wird wirksam mit Bekanntgabe an den Beteiligten, für den er seinem wesentlichen Inhalt nach bestimmt ist.**

[II] [1] **Ein Beschluss, der die Genehmigung eines Rechtsgeschäfts zum Gegenstand hat, wird erst mit Rechtskraft wirksam.** [2] **Dies ist mit der Entscheidung auszusprechen.**

[III] [1] **Ein Beschluss, durch den auf Antrag die Ermächtigung oder die Zustimmung eines anderen zu einem Rechtsgeschäft ersetzt oder die Beschränkung oder Ausschließung der Berechtigung des Ehegatten oder Lebenspartners, Geschäfte mit Wirkung für den anderen Ehegatten oder Lebenspartner zu besorgen (§ 1357 Abs. 2 Satz 1 des Bürgerlichen Gesetzbuchs, auch in Verbindung mit § 8 Abs. 2 des Lebenspartnerschaftsgesetzes), aufgehoben wird, wird erst mit Rechtskraft wirksam.** [2] **Bei Gefahr im Verzug kann das Gericht die sofortige Wirksamkeit des Beschlusses anordnen.** [3] **Der Beschluss wird mit Bekanntgabe an den Antragsteller wirksam.**

1 **1) Systematik, Regelungszweck, I–III.** Die Vorschrift ähnelt den früheren §§ 629d ZPO, 16 FGG. Sie klärt einen schon bisher stets wesentlichen, aber nicht ausdrücklich gesetzlich geregelten Zeitpunkt. Man unterscheidet gerade beim Beschluß zB nach § 329 ZPO zwischen seiner Entstehung und seinem Wirksamwerden, § 329 Rn 24ff. Wirksam wird ein Beschluß seit jeher danach mit einer gesetzmäßigen Mitteilung. I nennt diese eine Bekanntgabe, § 41 regelt sie im einzelnen. Natürlich kommt es auf die Bekanntgabe gerade (auch oder nur) an denjenigen Beteiligten an, für den der Beschluß „seinem wesentlichen Inhalt nach" bestimmt ist. Diese letztere Eingrenzung soll überflüssige Mühen und Kosten vermeiden. Deshalb sollte man eine solche Bestimmung nur zurückhaltend annehmen. § 116 enthält freilich vorrangige unterschiedliche Regelungen in Ehe-, Familien- und Familienstreitsachen. Im Verfahren auf eine einstweilige Anordnung hat § 53 II 2 den Vorrang (Wirksamkeit evtl schon ab dem Erlaß). Den Vorrang haben ferner §§ 148, 184, 216, 237 IV, 264 I 1. Der frühere FGG-Vorbescheid ist entfallen, § 38 Rn 2.

Unanwendbar ist § 40 wie bei § 2 Rn 2.

2 **2) Wirksamkeit bei Rechtskraft, II.** Diese Regelung ist eine Folge des Gedankens in § 894 ZPO. Denn auch eine Genehmigung ist so etwas wie eine Willenserklärung, wenn auch nicht einer Partei, sondern des Gerichts. Ihr Zeitpunkt muß ganz genau feststellbar sein. Der zugehörige Ausspruch nach II 2 ist Zwang. Ein Verstoß ändert nichts an der Maßgeblichkeit der formellen Rechtskraft nach § 45.

3 **3) Dem II gleiche Fälle, III.** III 1 nennt einige Situationen, in denen ähnlich wie bei II erst die formelle Rechtskraft der Entscheidung sinnvoll zur Wirksamkeit führen kann.

Gefahr im Verzug läßt sich unter denselben Voraussetzungen annehmen wie eine Erfolgsgefährdung bei § 758a I 2 ZPO. Sie erlaubt eine Anordnung der sofortigen Wirksamkeit nur in den Fällen III 1, nicht auch bei II. Das folgt aus der Stellung von III 2, 3 (nicht als IV ins Gesetz gestellt).

4 **4) Verstoß, I–III.** In den Grenzen des § 47 gilt: Mangels Wirksamkeit bleibt der Beschluß in seinem bisherigen Umfang rechtlich unbeachtbar. Es läuft keine Rechtsbehelfsfrist an oder gar ab. Die Möglichkeiten einer Berichtigung, Ergänzung oder Abänderung ändern daran bis zu deren Vornahme nichts.

41 *Bekanntgabe des Beschlusses.* [I] [1] **Der Beschluss ist den Beteiligten bekannt zu geben.** [2] **Ein anfechtbarer Beschluss ist demjenigen zuzustellen, dessen erklärtem Willen er nicht entspricht.**

[II] [1] **Anwesenden kann der Beschluss auch durch Verlesen der Beschlussformel bekannt gegeben werden.** [2] **Dies ist in den Akten zu vermerken.** [3] **In diesem Fall ist die Begründung des Beschlusses unverzüglich nachzuholen.** [4] **Der Beschluss ist im Fall des Satzes 1 auch schriftlich bekannt zu geben.**

[III] **Ein Beschluss, der die Genehmigung eines Rechtsgeschäfts zum Gegenstand hat, ist auch demjenigen, für den das Rechtsgeschäft genehmigt wird, bekannt zu geben.**

1 **1) Geltungsbereich, I–III.** Die Vorschrift gilt bei jeder Art von Beschluß, auch wenn er irrig die Bezeichnung „Verfügung" trägt.

Unanwendbar ist § 41 wie bei § 2 Rn 2.

2 **2) Bekanntgabe, I 1.** Dieser Begriff läßt sich gut als Zusammenfassung aller möglichen Formen der Übermittlung einer Entscheidung verwenden: Ihrer Vorlesung oder Verlesung, Verkündung, ihrer Zusen-

dung per Schriftstück oder Telefax oder im Internet, ihres tatsächlichen Zugangs, ihrer Veröffentlichung usw. I stellt daher eine Modernisierung und Verbesserung früher verwendeter umständlicherer Begriffe dar. Er ist freilich auch unpräziser als etwa derjenige einer förmlichen Zustellung.

Sachlich ist er *nicht* neu. Denn er stellt auf zumindest die Möglichkeit der Kenntnisnahme ab. Darauf kommt es seit jeher an.

3) Zustellung, I 2. Das ist die förmliche Mitteilung nach §§ 166 ff ZPO, auch wenn I 2 nicht direkt und § 113 I 2 nur begrenzt auf diese Vorschriften verweist. Vgl daher dort. Notwendig wird die Zustellung jedenfalls dann, wenn die Entscheidung zum einen anfechtbar ist und wenn sie zum anderen auch nicht dem erklärten Willen des Betroffenen entspricht, dazu § 38 Rn 3. Insofern hat I 2 den Vorrang vor § 15 II 1 Hs 2. Eine förmliche Zustellung ist aber auch sonst stets statthaft und oft ratsam. 3

4) Verlesung der Formel, II. Die Vorschrift entspricht mit Ausnahme der bloßen „Kann"-Form § 311 II 1 ZPO. Freilich ist anders als im dort zugehörigen § 312 I ZPO eine Verlesung nur bei der Anwesenheit des Beteiligten statthaft. *II 2* entspricht § 315 III 1 ZPO im Kern. *II 3* bringt eine selbstverständliche Folge. „Unverzüglich" meint dasselbe wie § 121 I 1 BGB (kein vorwerfbares Zögern). *II 4* ordnet etwas Zusätzliches an („auch"). 4

5) Genehmigung, III. Sie braucht zusätzlich zu der Bekanntgabe an die Beteiligten nach § 7 eine Bekanntgabe an den durch die Genehmigung Begünstigten. Das ergibt sich freilich auch schon aus § 7 II Z 1. 5

6) Verstoß, I–III. Mangels einer ordnungsgemäßen Bekanntgabe bleibt der Beschluß nach den Regeln Üb 12, 13 vor § 300 ZPO auch außerhalb des Bereichs des § 113 I 2 grundsätzlich unbeachtbar, wie bei § 40 Rn 4. 6

42 *Berichtigung des Beschlusses.* **I Schreibfehler, Rechenfehler und ähnliche offenbare Unrichtigkeiten im Beschluss sind jederzeit vom Gericht auch von Amts wegen zu berichtigen.**

II 1 Der Beschluss, der die Berichtigung ausspricht, wird auf dem berichtigten Beschluss und auf den Ausfertigungen vermerkt. 2 Erfolgt der Berichtigungsbeschluss in der Form des § 14 Abs. 3, ist er in einem gesonderten elektronischen Dokument festzuhalten. 3 Das Dokument ist mit dem Beschluss untrennbar zu verbinden.

III 1 Der Beschluss, durch den der Antrag auf Berichtigung zurückgewiesen wird, ist nicht anfechtbar. 2 Der Beschluss, der eine Berichtigung ausspricht, ist mit der sofortigen Beschwerde in entsprechender Anwendung der §§ 567 bis 572 der Zivilprozessordnung anfechtbar.

1) Systematik, Regelungszweck, I–III. Die Vorschrift stimmt fast wörtlich mit § 319 ZPO überein. Vgl daher dort. Eine freie Abänderbarkeit von Amts wegen oder auf einen Antrag ist wegen §§ 44, 45, 58 ff nicht statthaft, Jacoby FamRZ **07**, 1707. Vgl freilich §§ 43, 44, 48. 1

Unanwendbar ist § 42 wie bei § 2 Rn 2.

43 *Ergänzung des Beschlusses.* **I Wenn ein Antrag, der nach den Verfahrensakten von einem Beteiligten gestellt wurde, ganz oder teilweise übergangen oder die Kostenentscheidung unterblieben ist, ist auf Antrag der Beschluss nachträglich zu ergänzen.**

II Die nachträgliche Entscheidung muss binnen einer zweiwöchigen Frist, die mit der schriftlichen Bekanntgabe des Beschlusses beginnt, beantragt werden.

1) Systematik, Regelungszweck, I, II. *I* stimmt inhaltlich, *II* schon im Wortlaut fast völlig mit § 321 I, II ZPO überein, dessen III, IV nur wegen § 32 FamFG (freigestellte Verhandlung) nicht ebenfalls mitübernommen wurden. Vgl daher bei § 321 I, II ZPO. 1

Unanwendbar ist § 43 wie bei § 2 Rn 2.

44 *Abhilfe bei Verletzung des Anspruchs auf rechtliches Gehör.* **I 1 Auf die Rüge eines durch eine Entscheidung beschwerten Beteiligten ist das Verfahren fortzuführen, wenn**

1. ein Rechtsmittel oder ein Rechtsbehelf gegen die Entscheidung oder eine andere Abänderungsmöglichkeit nicht gegeben ist und
2. das Gericht den Anspruch dieses Beteiligten auf rechtliches Gehör in entscheidungserheblicher Weise verletzt hat.

2 Gegen eine der Endentscheidung vorausgehende Entscheidung findet die Rüge nicht statt.

II 1 Die Rüge ist innerhalb von zwei Wochen nach Kenntnis von der Verletzung des rechtlichen Gehörs zu erheben; der Zeitpunkt der Kenntniserlangung ist glaubhaft zu machen. 2 Nach Ablauf eines Jahres seit der Bekanntgabe der angegriffenen Entscheidung an diesen Beteiligten kann die Rüge nicht mehr erhoben werden. 3 Die Rüge ist schriftlich oder zur Niederschrift bei dem Gericht zu erheben, dessen Entscheidung angegriffen wird. 4 Die Rüge muss die angegriffene Entscheidung bezeichnen und das Vorliegen der in Absatz 1 Satz 1 Nr. 2 genannten Voraussetzungen darlegen.

III Den übrigen Beteiligten ist, soweit erforderlich, Gelegenheit zur Stellungnahme zu geben.

IV 1 Ist die Rüge nicht in der gesetzlichen Form oder Frist erhoben, ist sie als unzulässig zu verwerfen. 2 Ist die Rüge unbegründet, weist das Gericht sie zurück. 3 Die Entscheidung ergeht durch nicht anfechtbaren Beschluss. 4 Der Beschluss soll kurz begründet werden.

V Ist die Rüge begründet, hilft ihr das Gericht ab, indem es das Verfahren fortführt, soweit dies auf Grund der Rüge geboten ist.

1 **1) Systematik, Regelungszweck, I–V.** Zur Begrenzung der Abänderbarkeit eines Beschlusses vgl zunächst § 42 Rn 1. § 44 schafft eine weitere der wenigen Ausnahmen. Die Vorschrift stimmt fast wörtlich mit § 321 a ZPO und mit den vergleichbaren Bestimmungen in anderen Gesetzen überein, zB mit dem früheren § 29 a FGG. Vgl daher bei § 321 a ZPO.

Unanwendbar ist § 44 wie bei § 2 Rn 2. § 44 ist auch im § 48 III unanwendbar.

45 *Formelle Rechtskraft.* [1]**Die Rechtskraft eines Beschlusses tritt nicht ein, bevor die Frist für die Einlegung des zulässigen Rechtsmittels oder des zulässigen Einspruchs, des Widerspruchs oder der Erinnerung abgelaufen ist.** [2]**Der Eintritt der Rechtskraft wird dadurch gehemmt, dass das Rechtsmittel, der Einspruch, der Widerspruch oder der Erinnerung rechtzeitig eingelegt wird.**

Vorbem. Schreibfehler des Gesetzgebers in S 2 (der statt die Erinnerung).

1 **1) Systematik, Regelungszweck, S 1, 2.** Die Vorschrift ähnelt den früheren §§ 69 ZPO, 26, 31, FGG. Sie stimmt inhaltlich völlig mit § 705 ZPO überein. Vgl daher dort.

Unanwendbar ist § 45 wie bei § 2 Rn 2.

46 *Rechtskraftzeugnis.* [1]**Das Zeugnis über die Rechtskraft eines Beschlusses ist auf Grund der Verfahrensakten von der Geschäftsstelle des Gerichts des ersten Rechtszugs zu erteilen.** [2]**Solange das Verfahren in einem höheren Rechtszug anhängig ist, erteilt die Geschäftsstelle des Gerichts dieses Rechtszugs das Zeugnis.** [3]**In Ehe- und Abstammungssachen wird den Beteiligten von Amts wegen ein Rechtskraftzeugnis auf einer Ausfertigung ohne Begründung erteilt.**

1 **1) Systematik, Regelungszweck, S 1–3.** Die Vorschrift stimmt inhaltlich fast völlig mit § 706 ZPO überein. Vgl daher dort.

Unanwendbar ist § 46 wie bei § 2 Rn 2.

47 *Wirksam bleibende Rechtsgeschäfte.* **Ist ein Beschluss ungerechtfertigt, durch den jemand die Fähigkeit oder die Befugnis erlangt, ein Rechtsgeschäft vorzunehmen oder eine Willenserklärung entgegenzunehmen, hat die Aufhebung des Beschlusses auf die Wirksamkeit der inzwischen von ihm oder ihm gegenüber vorgenommenen Rechtsgeschäfte keinen Einfluss, soweit der Beschluss nicht von Anfang an unwirksam ist.**

1 **1) Systematik, Regelungszweck.** Die Vorschrift greift in das sachliche Recht über. Sie hat weder in der ZPO noch im früheren FGG ein direktes Vorbild. Sie geht über die grundstätzlichen Folgen einer mangelhaften Entscheidung nach Üb 20 vor §300 ZPO weit hinaus.

Unanwendbar ist § 47 wie bei § 2 Rn 2.

2 **2) Grundsatz: Keine Rückwirkung mangelhafter Entscheidung.** Ein Gerichtsbeschluß ist ein Staatsakt. Daher ist er nur dann von Anfang an unwirksam, wenn mehr als eine bloße Mangelhaftigkeit vorliegt, Üb 14 ff vor § 300 ZPO. Anders ausgedrückt: Ein Gerichtsbeschluß löst grundsätzlich einen Vertrauensschutz aus. Dieser Gedanke kann zwar eine Haftung des zunächst Begünstigten zur Folge haben, zB §§ 717 II, 945 ZPO. Das ändert aber nichts an der Wirksamkeit der Gerichtsentscheidung bis zu deren Aufhebung. Eine Rückwirkung der Aufhebung erfolgt nur bei einer Nichtigkeit des Beschlusses von Anfang an. Vgl auch § 48 III.

48 *Abänderung und Wiederaufnahme.* I [1]**Das Gericht des ersten Rechtszugs kann eine rechtskräftige Endentscheidung mit Dauerwirkung aufheben oder ändern, wenn sich die zugrunde liegende Sach- oder Rechtslage nachträglich wesentlich geändert hat.** [2]**In Verfahren, die nur auf Antrag eingeleitet werden, erfolgt die Aufhebung oder Abänderung nur auf Antrag.**

II **Ein rechtskräftig beendetes Verfahren kann in entsprechender Anwendung der Vorschriften des Buches 4 der Zivilprozessordnung wiederaufgenommen werden.**

III **Gegen einen Beschluss, durch den die Genehmigung für ein Rechtsgeschäft erteilt oder verweigert wird, findet eine Wiedereinsetzung in den vorigen Stand, eine Rüge nach § 44, eine Abänderung oder eine Wiederaufnahme nicht statt, wenn die Genehmigung oder deren Verweigerung einem Dritten gegenüber wirksam geworden ist.**

1 **1) Systematik, Regelungszweck, I–III.** Zur Begrenzung der Abänderbarkeit eines Beschlusses vgl zunächst § 42 Rn 1. § 48 schafft eine weitere der wenigen Ausnahmen. Die Vorschrift regelt mehrere Vorgänge mit teils sehr unterschiedlichen Voraussetzungen und Auswirkungen. Vorrangig gelten §§ 184 I 2, 185, 237 III, 238, 239, 240, 264 I 2.

A. Abänderung, I. Es handelt sich um eine inhaltlich ganz dem durch das FGG-RG neugefaßten § 323 I ZPO entsprechende Regelung. Vgl daher dort. Freilich kommt eine Änderung im Amtsverfahren auch ohne einen Antrag, ja ohne eine Anregung nach § 24 in Betracht.

2 **B. Wiederaufnahme, II.** Die Vorschrift verweist auf §§ 578 ff ZPO. Vgl daher dort.

3 **C. Unabänderbarkeit usw, III.** Wegen des Vertrauensschutzes nach § 47 Rn 2 muß eine Wiedereinsetzung usw im Fall III unterbleiben.

4 **4) Rechtsbehelfe, I–III.** Sie bleiben unberührt möglich, soweit ihre jeweiligen gesetzlichen Voraussetzungen vorliegen.

Abschnitt 4. Einstweilige Anordnung

Einführung vor §§ 49ff

Schrifttum (teilweise zum alten Recht): *Berger* (Hrsg), Einstweiliger Rechtsschutz im Zivilrecht, 2006; *Bergerfurth/Rogner,* Der Ehescheidungsprozess und die anderen Eheverfahren, 15. Aufl 2006; *Dose,* Einstweiliger Rechtsschutz in Familiensachen, 2. Aufl 2005 (Bespr *Gießler* FamRZ **05**, 1228); *Ebert,* Einstweiliger Rechtsschutz in Familiensachen, 2. Aufl 2007 (Bespr *Menne* FPR **08**, 47, *Weychardt* FamRZ **08**, 375); *van Els* FPR **08**, 406 (Üb); *Gaul* FamRZ **03**, 1137 (Üb); *Gießler/Soyka,* Vorläufiger Rechtsschutz in Ehe-, Familien- und Kindschaftssachen, 4. Aufl 2005 (Bespr *van Els* FamRZ **06**, 179); *Kirchheim,* Der einstweilige Rechtsschutz im Unterhaltsrecht, Diss Münst 2001; *Rahm/Künkel* (Hrsg) Handbuch des Familiengerichtsverfahrens, Stand Dezember 2006.

1) Systematik, Regelungszweck. §§ 49ff enthalten keine sachlichrechtlichen Vorschriften. Sie gelten ab Einreichung einer Antragsschrift (wegen Verfahrenskostenhilfe Rn 4 grundsätzlich) bis zur Rechtskraft, Kemnade FamRZ **86**, 625 (Ausnahme: anhängig gebliebene FolgeS, § 137, aM Karlsr FamRZ **92**, 1454) und auch während einer Aussetzung. Sie geben die Möglichkeit zum Erlaß einstweiliger Anordnungen in jedem FamFG-Verfahren und in allen Rechtszügen mit einem Vollstreckungstitel, soweit die deutschen Gerichte zur Entscheidung zuständig sind. Sie schützen insoweit auch Ausländer, vgl auch Art 14 EGBGB. Zweck der einstweiliger Anordnung ist es, für die Dauer des Verfahrens eine beide Seiten befriedigende jederzeit abänderbare Regelung zu treffen, um zusätzliche gerichtliche Auseinandersetzungen und damit verbundene weitere Belastungen der Verfahrensbeteiligten nach Möglichkeit zu vermeiden, BVerfG FamRZ **80**, 872. Vorrangig gelten §§ 214, 246–248. 1

Ein Eilverfahren nach §§ 49ff ist *keine FolgeS* nach § 137, Köln FamRZ **99**, 853.

2) Verhältnis zu anderen Verfahren, dazu *Bernreuther* FamRZ **99**, 69, *Gießler* FamRZ **04**, 419 (FGG): Vgl dazu zunächst § 940 ZPO Rn 20ff „Ehe, Familie" (ausf). Grundsätzlich gelten §§ 49ff, 246ff in ihrem Bereich abschließend vorrangig. Es kommt aber darauf an, ob sich das Verfahren nach §§ 49ff und das andere Verfahren nach seiner Einfachheit, Schnelligkeit und seinem Kostenaufwand eindeutig unterscheiden und ob zugleich die Verfahrensergebnisse im wesentlichen gleichwertig sind, BGH NJW **82**, 2562, Bre FamRZ **82**, 1034. 2

Eine einstweilige Anordnung ist zunächst ohne ein schon anhängiges Hauptverfahren oder auch nur ein Verfahrenskostenhilfegesuch statthaft, Borth FamRZ **07**, 1929. Sie darf freilich ohne ein wenigstens zugleich nach § 52 auf einen etwaigen Antrag einzuleitendes Hauptsacheverfahren nicht ergehen, Ffm FamRZ **79**, 156. 3

3) Verfahrenskostenhilfe, dazu *Wax* FamRZ **85**, 10: §§ 49ff gelten ab der Einreichung eines Verfahrenskostenhilfegesuchs oder eines Antrags auf einen Verfahrenskostenvorschuß, Karlsr FamRZ **80**, 1037. Die Bewilligung für das Eheverfahren umfaßt den Antrag aus § 49 nicht, Bbg FamRZ **86**, 701, Karlsr FamRZ **87**, 1166, Mü JB **84**, 1851. Die gesonderte Bewilligung unter der Beiordnung eines Anwalts ist aber grundsätzlich notwendig, Bbg FamRZ **79**, 527, Düss NJW **75**, 936, von Stosch-Diebitsch NJW **75**, 152. Denn für die EheS besteht ein Anwaltszwang, § 114 I, und in einer Scheidungssache muß das Gericht notfalls einen Beistand beiordnen. Es wird also ohnehin meist ein Anwalt tätig. Die gesonderte Bewilligung darf evtl auch nicht an § 113 I 2 in Verbindung mit § 115 III ZPO scheitern. Daher muß das FamG nach der Gewährung einer Verfahrenskostenhilfe für die Scheidungssache meist nur die Erfolgsaussichten des Antrags auf eine einstweilige Anordnung zu prüfen, Düss FamRZ **82**, 1096, Wax FamRZ **85**, 11, es sei denn, der Beteiligte ist im Zeitpunkt der Entscheidung über den Antrag nicht mehr mittellos, Karlsr FamRZ **85**, 1274, aM Schneider MDR **81**, 799. Die Bewilligung für das Verfahren nach § 49 umfaßt ohne weiteres auch ein etwaiges späteres Änderungsverfahren nach § 51, Hamm MDR **83**, 847. 4

4) Anspruch auf Anordnung. Wenn § 49 I sagt: „das Gericht kann ...", stellt er damit die Entscheidung nicht in das freie Ermessen. Falls eine einstweilige Anordnung zulässig und nach dem sachlichem Recht wahrscheinlich richtig und außerdem sofort notwendig ist, muß das Gericht sie erlassen, Karlsr FER **00**, 20, Stgt FamRZ **00**, 965, Gießler FamRZ **99**, 695. Es hat aber wegen ihrer Notwendigkeit einen Beurteilungsspielraum und wegen der Ausgestaltung im einzelnen einen Handlungsspielraum, zB bei der Bestimmung eines Anfangs- und Endzeitpunkts, van Els FamRZ **90**, 581. Im Verfahren richtet sich die Verfahrensfähigkeit nach § 9. Der beschränkt Geschäftsfähige darf aber eine Zahlung nur an seinen gesetzlichen Vertreter verlangen. 5

49 *Einstweilige Anordnung.* I **Das Gericht kann durch einstweilige Anordnung eine vorläufige Maßnahme treffen, soweit dies nach den für das Rechtsverhältnis maßgebenden Vorschriften gerechtfertigt ist und ein dringendes Bedürfnis für ein sofortiges Tätigwerden besteht.**

II 1 **Die Maßnahme kann einen bestehenden Zustand sichern oder vorläufig regeln.** 2 **Einem Beteiligten kann eine Handlung geboten oder verboten, insbesondere die Verfügung über einen Gegenstand untersagt werden.** 3 **Das Gericht kann mit der einstweiligen Anordnung auch die zu ihrer Durchführung erforderlichen Anordnungen treffen.**

Gliederung

1 **1) Systematik, I, II.** Die Vorschrift knüpft an § 127a ZPO und an die früheren §§ 620ff, 621f, g, 644 ZPO, 24 III, 64b III FGG an. § 49 regelt den Gegenstand einer einstweiligen Anordnung abschließend, jedoch mit einem sehr weitgespannten Wortlaut. Eine einstweilige Anordnung darf auch in solchen Angelegenheiten ergehen, die in einem untrennbaren Zusammenhang stehen. Dazu gehören etwa Anträge auf die Untersagung von Belästigungen, Bedrohungen und Mißhandlungen, Karlsr FamRZ **84**, 184, Brudermüller FamRZ **87**, 114, aM Düss FamRZ **95**, 184 (aber nach der Schaffung des FamG gehören auch diese Verfahren in seine Hand). Ferner gehören hierher Anträge auf ein Verbot des Wegschaffens von Hausrat oder ein Gebot auf dessen Rückschaffung, Brudermüller FamRZ **87**, 114, aM Bülow/Stössel MDR **78**, 465, sowie Anträge auf ein Veräußerungsverbot, aM AG Bensheim FamRZ **97**, 185. § 246 hat den Vorrang. Die Vollstreckung erfolgt nach § 86 I Z 1.

Unanwendbar ist § 49 zB: Auf die Benutzung eines Geschäftstelefons usw; auf ein Verbleib einer Zugewinns-Verfügung oder auf eine Auseinandersetzung; auf die Mitwirkung im Geschäft des Ehegatten.

2 **2) Regelungszweck, I, II.** Ähnlich §§ 916ff, 935ff ZPO regelt § 49 denjenigen Bereich, in dem erfahrungsgemäß ein erhebliches und dringendes Bedürfnis nach einer ganz raschen wenigstens und notgedrungen einstweiligen Zwischenlösung besteht, Borth FamRZ **07**, 1929. Diesen Bereich zieht die Vorschrift zur Verhinderung großer sozialer Härte oder Not weit. Damit dient sie in hohem Maße einer Gerechtigkeit nach Einl III 9, 36 vom Verfahrensbeginn an. Sie zieht damit auch die Konsequenzen aus der Erkenntnis, daß die endgültigen Lösungen oft erst ziemlich langsam heranreifen können, weil das FamG sie mühsam mit einer Vielzahl von Beteiligten erarbeiten muß. Daher sollte man den Anwendungsbereich großzügig weit ziehen.

3 **3) Geltungsbereich, I, II.** Die Vorschrift enthält eine Verfahrensregelung. Sie begründet dagegen keine sachlichrechtlichen Ansprüche. Demgemäß entscheidet immer dann, wenn das FamG durch eine einstweilige Anordnung Ansprüche regeln soll, das jeweils anwendbare sachliche Recht, ob und mit welchem Inhalt eine Anordnung infrage kommt, also die „für das Rechtsverhältnis maßgebende" Vorschrift nach I. Insofern kann nach dem deutschen IPR auch ein ausländisches Recht anwendbar sein, Hamm NJW **77**, 1597. Deutsches Recht ist in diesen Fällen nur dann anwendbar, wenn Art 6 EGBGB eingreift oder wenn die Ermittlung des ausländischen Rechts so zeitraubend ist, daß das FamG eine einstweilige Anordnung nicht in angemessener Zeit erlassen könnte, Ffm FamRZ **80**, 174, KG IPRax **91**, 60, Karlsr IPRax **85**, 106, aM Hamm NJW **77**, 1597 (freie Interessenabwägung), Kreuzer NJW **83**, 1943.

Einstweilige Maßnahmen über § 49 hinaus dürfen nur nach § 246 oder durch eine einstweilige Verfügung nach §§ 935ff ZPO durch das für die Hauptsache zuständige Gericht ergehen.

Beispiele: Wenn es sich um andere als die vom FamFG erfaßten Gegenstände handelt oder um die Sicherung des Eigentums wegen einer künftigen Auseinandersetzung oder um die Wiedereinräumung des Mitbesitzes, Hamm MDR **77**, 58; um das Verbot der Veräußerung eines Grundstücks; um die Zuteilung eines Sparkassenguthabens, Kiel SchlHA **84**, 79; um die Betätigung im Betrieb des anderen Gatten. Umgekehrt ist im Bereich des § 49 kein Raum für eine einstweilige Verfügung. Jedoch können im Hauptsacheverfahren Eilmaßnahmen eintreten. Vgl ferner § 940 ZPO Rn 20ff „Ehe, Familie".

Anwendbar ist § 49 zB in jeder Ehesache, § 121, Karlsr IPRax **85**, 106, Köln FamRZ **82**, 403. Notwendig ist dann die zunächst wohl bevorstehende Anhängigkeit einer EheS oder eines Verfahrenskostenhilfeverfahrens im Inland, Karlsr IPRax **85**, 106 (zustm Henrich **85**, 89). Die EheS kann eine solche zwischen Ausländern sein, Hbg DAVorm **83**, 151, Hamm FamRZ **89**, 621, Karlsr IPRax **85**, 106, also auch ein Trennungsantrag, Karlsr FamRZ **84**, 184. Die Zuständigkeit nach § 98 braucht dabei noch nicht festzustehen, Hbg DAVorm **83**, 151. Voraussetzung ist aber auch hier das Bestehen der deutschen Gerichtsbarkeit. Daher ist gegen einen Exterritorialen nach § 18 GVG insofern keine einstweilige Anordnung statthaft. Nötig ist ferner die Zuständigkeit des Gerichts nach § 122 usw. Während der Aussetzung des Verfahrens nach § 136 ist eine Eilanordnung statthaft, Celle NdsRpfl **75**, 71.

4 **4) Verfahren, I, II.** Das Gericht wird nicht nur auf einen Antrag tätig. Die einstweilige Anordnung darf nur ergehen, wenn das sachliche Recht eine solche Regelung zuläßt, BVerfG FamRZ **06**, 257, zumindest im Kern, Peschel-Gutzeit MDR **84**, 892, soweit sie also nach ihm „gerechtfertigt ist", und wenn ein so dringendes Regelungsbedürfnis besteht, daß man nicht die notwendigen Ermittlungen abwarten kann, Brdb FamRZ **04**, 210, Hamm FamRZ **06**, 1478, Naumb FamRZ **94**, 389. Auf eine besondere Eilbedürftigkeit kommt es bei § 49 weniger an, Karlsr FER **00**, 20, sondern erst bei § 50 II. Auf die Erfolgsaussicht der Hauptsache kommt es zwar grundsätzlich nicht an, AG Lörrach NJW **78**, 1330, auch nicht auf die internationale Zuständigkeit, Hbg DAVorm **83**, Hamm NJW **77**, 1597.

Das FamG muß aber einen Antrag *ablehnen,* soweit der Antrag offensichtlich unzulässig oder unbegründet ist, Bbg FamRZ **83**, 83, Hbg DAVorm **83**, 153, Karlsr RR **90**, 1414, oder wenn die Beteiligten sich geeinigt haben oder wenn keine Vollstreckungsmöglichkeit erkennbar ist, Hamm FamRZ **86**, 919. Hat ein anderes Gericht eine Regelung getroffen, bleibt es dabei, bis sie geändert worden ist, und ist bis dahin eine einstweilige Anordnung unstatthaft, Köln FamRZ **83**, 517, aM Schlüter/König FamRZ **82**, 1164. Liegen die Voraussetzungen vor, muß das FamG die Anordnung treffen. Denn es ist dazu da, den Parteien zweckvoll zu helfen. „Kann" stellt nicht in sein Ermessen, sondern bedeutet nur eine gesetzliche Ermächtigung. Nach einer Anordnung ohne eine Anhörung muß das FamG diese Anhörung unverzüglich nachholen, Naumb FamRZ **02**, 615.

5 **5) Entscheidung, I, II.** Die Entscheidung ergeht stets durch einen Beschluß, § 38. Verfahren nach §§ 49ff sind keine FolgeS nach §§ 137ff, Köln FamRZ **99**, 853. Wegen einer Aufhebung und Änderung

der einstweiligen Anordnung § 51. Wegen ihres Außerkrafttretens § 56. Eine einstweilige Anordnung ist ein Vollstreckungstitel, § 86 I Z 1. Sie läßt sich nach der ZPO vollstrecken, § 95 I.

6) Elterliche Sorge, I, II, dazu *Dörr/Hansen* NJW **96**, 2703, *Oelkers* FamRZ **95**, 1105, Siehr FamRZ **96**, 1047 (je: Üb): 6

A. Anwendbares Recht. Wenn deutsches Recht anwendbar ist, gelten §§ 1666, 1671 ff BGB entsprechend als Grundlage für die einstweilige Anordnung, AG Hbg FamRZ **83**, 1043, und bestimmen sich der Inhalt und die Grenzen der Anordnung nach §§ 1626 ff BGB. Maßgeblich ist das Haager Abkommen über den Schutz Minderjähriger (MSA), Schulz FamRZ **03**, 338. Es geht dem innerstaatlichen Recht vor, BGH IPRax **87**, 317, Bbg FamRZ **96**, 1224, Ffm NJW **98**, 3206.

Evtl ist das nach Art 19 II in Verbindung mit Art 14 I EGBGB maßgebliche *ausländische* Recht anwendbar. Jedoch können nach Art 19 III EGBGB zum Wohl des Kindes Schutzmaßnahmen auch nach dem Recht desjenigen Staats infragekommen, in dem das Kind seinen gewöhnlichen Aufenthalt hat. Dagegen findet das Übk über die Rechte des Kindes v 20. 11. 89, BGBl **92** II 121, innerstaatlich keine Anwendung, Teil I der Bek v 10. 7. 92, BGBl II 990. 7

B. Einzelheiten. Die einstweilige Anordnung darf nicht gegen das sachliche Recht verstoßen, zB nicht gegen § 1671 BGB, Brdb FamRZ **01**, 1230. Es ist schon wegen § 1671 BGB stets ein Antrag erforderlich. Es muß ein Regelungsbedürfnis nach Rn 4 vorliegen. Zulässig sind in diesem Rahmen Maßnahmen aller Art, die die elterliche Sorge für die Person und das Vermögen des Kindes einschließlich seiner Vertretung ganz oder teilweise regeln, zB den Aufenthalt des Kindes, Düss DAVorm **96**, 273, Hamm FamRZ **06**, 1478, Köln FamRZ **05**, 1584, seine Erziehung und Pflege, Brdb FamRZ **98**, 1249, Hamm FamRZ **79**, 157, oder die Verwaltung seines Vermögens. Auf Teilbereiche darf das FamG seine Anordnung aber nur dann beschränken, wenn ein Bedürfnis dafür besteht, daß die Eltern andere Teile weiter gemeinsam ausüben, Hbg RR **86**, 1329. Unzulässig ist die Übertragung der elterlichen Sorge auf einen in der Geschäftsfähigkeit beschränkten Gatten, § 1673 II BGB. Wegen der Beachtung von bereits getroffenen Entscheidungen des FamG Rn 4. Für Änderungen gilt § 1696 BGB. Eine im isolierten Sorgerechtsverfahren nach § 1696 BGB ergangene Entscheidung läßt sich nicht nach § 49 ändern, Bbg RR **99**, 657, Hbg FamRZ **88**, 635, Karlsr FamRZ **04**, 1044. 8

Das FamG muß die *Notwendigkeit* der einstweiligen Anordnung hier besonders sorgfältig prüfen, BVerfG FamRZ **94**, 223, Düss FamRZ **78**, 535 und 604. Das gilt vor allem dann, wenn ein selbständiges Verfahren anhängig ist, Zweibr FamRZ **84**, 405. Nur wegen besonderer Umstände des Einzelfalls ist eine Regelung durch eine einstweilige Anordnung nötig. Eine im selbständigen Verfahren ergangene Endentscheidung schließt eine einstweilige Anordnung aus, Hbg FamRZ **88**, 635. Jede Entscheidung muß sich ausschließlich am Wohl des Kindes orientieren, § 1697 a BGB, BVerfG FamRZ **01**, 753, Hamm FamRZ **07**, 1478, Jena FamRZ **97**, 573. Wird das Wohl des Kindes gar nicht oder nur unwesentlich berührt, muß eine Anordnung unterbleiben, Karlsr FamRZ **87**, 78. Eine einstweilige Anordnung ist auch dann zulässig, wenn die Eltern getrennt leben, KG FamRZ **91**, 1342, Karlsr FamRZ **87**, 78, aM Hamm FamRZ **91**, 216, aber auch schon dann, wenn sie noch nicht getrennt leben, aber bereits getroffene Maßnahmen zur Trennung lediglich im Hinblick auf das Kind noch nicht vollzogen haben, KG DAVorm **80**, 415. 9

7) Regelung des Umgangs, I, II, dazu *Motzer* FamRZ **00**, 930, *Oelkers* FamRZ **95**, 449 und 1339: Die Vorschrift erfaßt die Fälle der §§ 1626 III, 1632 III, 1684 BGB. Man unterscheidet zwischen dem Sorge- und dem Umgangsrecht, Drsd FamRZ **03**, 1306. Bei einer Anwendung des deutschen Rechts ist Richtschnur § 1684 IV BGB, Lipp FamRZ **98**, 74. Zulässig ist auch hier jede Maßnahme zum Wohl des Kindes, zB die Anordnung, Beschränkung oder der Ausschluß des Umgangs, evtl auch die Ablehnung einer Regelung, Stgt FamRZ **98**, 1321. Wegen MSA usw Rn 6, 7. Wegen der Vollstreckung im Ausland SchlAnh V A 3. 10

Eine Zustimmung zu einem Antrag auf den *Reisepaß* für ein gemeinsames Kind gehört zum Bereich Rn 8, 9, Köln FamRZ **02**, 404.

8) Herausgabe des Kindes, I, II, dazu *Christian* DAVorm **83**, 417: Die Vorschrift erfaßt auch die Herausgabe von einem Elternteil an den anderen. Die bloße Überlassung zum Umgang zählt zu Rn 10. Gegen einen Dritten ist eine Anordnung evtl ebenfalls statthaft. Maßgeblich ist auch insofern allein das Kindeswohl, § 1632 BGB, Hbg FamRZ **93**, 1337. Wegen des MSA usw Rn 6, 7. Wegen der einstweiligen Anordnung nach § 6 II EuSorgeRÜbk SchlAnh V A 3. Wegen der Vollstreckung im Ausland SchlAnh V A 3. Wegen der Herausgabe der persönlichen Sachen Rn 25. 11

9) Getrenntleben, I, II. Nach dem heutigen Scheidungsrecht spielt ein Recht zum Getrenntleben nach §§ 1353 II, 1567 BGB kaum eine Rolle. Leben die Gatten ohnehin endgültig getrennt, fehlt meist das Rechtschutzbedürfnis für eine einstweilige Anordnung. Man muß es aber für alle Regelungen bejahen, die die Art und Weise des Getrenntlebens betreffen, zB wenn einem Gatten der Bezug einer neuen Wohnung möglich werden soll, die aus rechtlichen oder tatsächlichen Gründen nur ihm allein zur Verfügung stehen kann. Zulässig ist auch ein Belästigungsverbot, Karlsr FamRZ **84**, 184, aM Düss FamRZ **95**, 184, oder ein nicht auf die gemeinsame Wohnung bezogenes Zutrittsverbot, LG Bre FamRZ **87**, 1267. Unzulässig sind über das Getrenntleben hinausgehende einstweilige Anordnungen wie Verbote des Zusammenlebens mit einem Dritten, Köln FamRZ **95**, 1424. 12

10) Ehewohnung und Hausrat, I, II, dazu *Brudermüller* FamRZ **03**, 1705; Schumacher FamRZ **02**, 649; (je: Üb): Auch hier gibt es zahlreiche Fragen. 13

A. Grundsatz. Die Regelung ist unabhängig vom sachlichen Recht an der Wohnung oder dem Hausrat, also ohne Rücksicht auf dingliche oder obligatorische Rechte notwendig. Niemals darf eine endgültige Entscheidung ergehen. Denn das FamG darf nur die Benutzung regeln, Hbg FamRZ **83**, 621 (Auflösung des Mietverhältnisses), Hamm FamRZ **85**, 706 (Mietrechtsregelung). Darüber muß das FamG auf Grund einer Interessenabwägung nach Billigkeit und Zweckmäßigkeit in Anlehnung an § 1361 a BGB (Hausrat) und § 1361 b BGB (Ehewohnung) sowie an die HausrVO entscheiden, Brdb FamRZ **96**, 743, Karlsr FamRZ **99**, 1087, AG Weilbg FamRZ **00**, 361. Das gilt auch dann, wenn die Ehegatten nicht Deutsche sind. Denn auf ein Verfahren über inländische Wohnungen oder Hausrat ist deutsches Recht anwendbar, Art 17 a EGBGB, Schumacher FamRZ **02**, 657. Maßgeblich sind allein die schutzwürdigen Interessen der Eheleute und ihrer Kinder, Köln FamRZ **85**, 498. Dritte wie zB der Vermieter sind am Verfahren oft nicht beteiligt, Hamm FamRZ **87**, 1277, aM Thalmann FamRZ **84**, 15. Vgl freilich (jetzt) § 7. Es muß eine EheS nach § 121 anhängig sein oder ein Verfahrenskostenhilfegesuch vorlieben.

14 **B. Ehewohnung.** Richtschnur für die Entscheidung ist § 1361 b BGB, Brdb FamRZ **96**, 744, Karlsr RR **99**, 731, Köln RR **03**, 1660. Der Erlaß einer einstweiligen Anordnung setzt voraus, daß die Wohnung noch eine Ehewohnung ist, Mü FamRZ **86**, 1019, daß also die Beteiligten sich über die Wohnung nicht eindeutig und endgültig geeinigt haben, BGH NJW **82**, 1735, Jena RR **04**, 435, Karlsr FamRZ **01**, 760, aM Ffm FamRZ **91**, 1327. Voraussetzung ist ferner, daß der Antragsteller die Wohnung (auch) für sich selbst weiter benötigt, Hbg FamRZ **83**, 621, Köln FamRZ **85**, 498, AG Kerpen FamRZ **97**, 397. Die Eigentumsverhältnisse sind unbeachtlich, ebenso eine öffentlichrechtliche Erlaubnis, aM Naumb FamRZ **05**, 1269. Zur Wohnung gehören auch Nebenräume wie Keller, Garage, Sport- und Fitnessräume, Jena RR **04**, 435. Der Auszug eines Ehegatten wegen einer erheblichen Spannung ändert nichts am Wohnungscharakter, Jena RR **04**, 435, Karlsr RR **99**, 730. Zulässig ist eine einstweilige Anordnung für Erst- und Zweitwohnungen, Zweibr FamRZ **80**, 569, aM Bbg FamRZ **01**, 1316, Mü FamRZ **94**, 1331, Zweibr FamRZ **81**, 259. Zulässig ist eine einstweilige Anordnung in einer EheS deutscher Staatsangehöriger auch für eine ausländische Ferienwohnung, dagegen nur nach Lage des Falles auch für ein Wochenendhaus, eine Laube usw, BGH RR **90**, 1026, Bbg FamRZ **01**, 1316, Naumb FamRZ **94**, 389. Möglich ist auch die Zuweisung der ganzen Wohnung an einen Gatten, und zwar meist dann, wenn sich auf andere Weise eine Gefahr für Leib, Leben oder Gesundheit des Gatten und/oder der Kinder nicht beseitigen läßt, § 1361 b II BGB.

Eine solche Zuweisung ist auch dann notwendig, wenn sie eine *unbillige Härte* vermeiden soll, § 1361 b I 1 BGB, Brudermüller FamRZ **03**, 1705. Diese kann sich auch aus dem Verhalten des anderen Ehegatten gegenüber in der Wohnung lebenden Kindern ergeben, § 1361 b I 2 BGB, Schumacher FamRZ **02**, 656. Die Zuweisung der ganzen Wohnung soll die Ausnahme bleiben, Hamm FamRZ **89**, 621, Köln FamRZ **85**, 498. Sie ist zur Vermeidung einer unbilligen Härte notwendig, wenn ein Zusammenleben dem anderen Ehegatten nicht zumutbar und ein Getrenntleben innerhalb der Wohnung unmöglich ist, Celle FamRZ **92**, 676, Hamm FamRZ **93**, 1442, Karlsr FamRZ **91**, 1440, und wenn man dem anderen Ehegatten die Aufgabe der Wohnung zumuten kann, Hbg FamRZ **81**, 64, Karlsr FamRZ **78**, 711, AG Pforzh FamRZ **78**, 710. Dabei kann das Wohl der gemeinsamen Kinder entscheiden, Bbg RR **95**, 514.

Nur *aus ganz besonderen Gründen* kann eine Zuweisung der ganzen Wohnung auch sonst notwendig sein, zB um dem Antragsteller aus einer schweren, vom anderen Ehepartner mitverschuldeten wirtschaftlichen Notlage zu helfen, AG Weilburg FamRZ **00**, 361, oder wenn die Ehegatten seit einem Jahr getrennt leben und das Zusammenleben nicht mehr tragbar oder unzumutbar scheint, Brdb FamRZ **01**, 636, Hamm FamRZ **89**, 739, Köln FamRZ **01**, 761, oder wenn der andere Gatte nach langem Getrenntleben unter Berufung auf sein Recht in die Wohnung eingedrungen ist, Ffm MDR **77**, 145. Eine endgültige Regelung ist durchweg unzulässig, Karlsr FamRZ **99**, 1087.

Wenn Räume sowohl Wohnzwecken als auch *gewerblichen* Zwecken dienen, muß das FamG auf die Fortführung des Gewerbes Rücksicht nehmen, Brdb FamRZ **96**, 744. Der Gewerbeanteil darf aber nicht überwiegen. Darauf, ob das Gericht die Wohnung später dem anderen Ehegatten wahrscheinlich zuweisen wird, kommt es meist nicht an, aM Hbg FamRZ **81**, 64.

15 Der *überlassungspflichtige Ehegatte* muß alles unterlassen, was die Nutzung durch den anderen Ehegatten beeinträchtigen könnte, § 1361 b III 1 BGB. Diesen Anspruch kann das FamG durch eine einstweilige Anordnung stützen, zB ganz notfalls sogar durch das Verbot, die Wohnung zu betreten, Hamm NJW **82**, 1108, Karlsr FamRZ **94**, 1185, Köln MDR **03**, 155. Ebenso lassen sich die Einzelheiten der Nutzung auf diesem Weg regeln, zB die Telefonbenutzung, evtl auch durch ein Rauchverbot für bestimmte Räume, Celle FamRZ **77**, 203, oder durch ein Verbot von Belästigungen usw, Saarbr FamRZ **81**, 64. Zulässig ist ferner ein Kündigungsverbot gegen denjenigen Ehegatten, der alleiniger Mieter der Wohnung ist, nach dem Auszug des anderen Ehegatten, Drsd FamRZ **97**, 183 (zustm Drescher). Durch eine einstweilige Anordnung kann das FamG auch die Zahlung einer Benutzungsvergütung entsprechend § 1361 b III 2 BGB regeln, Brdb RR **04**, 4 (nicht aber dann, wenn eine Regelung nach der HausrVO nicht erfolgt, BGH NJW **86**, 1339), Brudermüller FamRZ **99**, 134. Evtl muß das AG entsprechend II 2 Anordnungen treffen, die zur Durchführung der einstweiligen Anordnung nötig sind, zB eine Frist zur Räumung, Hbg FamRZ **83**, 1151, Karlsr FamRZ **94**, 1185, LG Itzehoe FamRZ **87**, 176. Hierhin gehört auch die Präzisierung der Räumungsverpflichtung im Hinblick auf ihre Vollstreckung, KG FamRZ **87**, 1290, Karlsr FamRZ **94**, 1185, AG Gladbeck FamRZ **92**, 589.

Nicht hierher gehört eine Zustimmung zur Beendigung des Mietvertrags, Hbg FamRZ **83**, 621.

16 **C. Hausrat.** Auch ohne eine gleichzeitige Regelung der Wohnungsbenutzung zB bei einem einverständlichen Getrenntleben ist die Zuweisung des nötigen Hausrats zulässig, evtl verbunden mit einer einstweiligen Anordnung auf eine Herausgabe. Die getrennte Lebensführung muß die Herausgabe gerade der geforderten Gegenstände nötig machen. Das FamG muß in einer Anlehnung an § 1361 a BGB, Maurer FamRZ **91**, 887, nach der Zweckmäßigkeit und Billigkeit entscheiden, Rn 13, Mü FamRZ **98**, 1230.

Zum Hausrat gehören alle beweglichen Sachen, die nach den Vermögens- und Einkommensverhältnissen der Ehegatten für die Wohnung, die Hauswirtschaft und das Zusammenleben der Familie bestimmt sind, BGH NJW **84**, 1758. Eine Einbauküche kann evtl ein bloßes Zubehör sein, also kein wesentliches Hausbestandteil, § 865 ZPO Rn 6 „Einbauküche". Dann kann sie zum Hausrat zählen, BGH RR **90**, 586, Hamm FamRZ **98**, 1028, Nürnb FamRZ **03**, 156. Es kommt auf die beabsichtigte Nutzungsdauer an, Stgt FamRZ **99**, 855. Auch Gegenstände von hohem Wert einschließlich kostbarer Kunstgegenstände können zum Hausrat gehören, BGH NJW **84**, 1758, Bbg FamRZ **97**, 379, Schubert JR **84**, 380, ebenso Haustiere, Bbg

FamRZ **04**, 559, Schlesw NJW **91**, 3127, Zweibr FamRZ **98**, 1432, aM AG Bad Mergenth NJW **97**, 3033.

Zum Hausrat läßt sich der *gemeinsame Pkw* nur dann rechnen, wenn die Ehegatten ihn dazu bestimmt hatten, ganz oder überwiegend für das eheliche und familiäre Zusammenleben zu dienen, BGH NJW **91**, 1552, Ffm FamRZ **04**, 1105, Zweibr FamRZ **05**, 902. Dasselbe gut für einen Wohnwagen, Hamm MDR **99**, 615, Kblz RR **94**, 517, Köln FamRZ **92**, 696, oder für eine Segelyacht, Drsd MDR **03**, 995. Auf Vorräte sind die Hausratsregeln entsprechend anwendbar, Naumb FamRZ **01**, 481, Quambusch FamRZ **89**, 691. Zulässig ist auch ein Verbot des Wegschaffens von Hausrat oder ein Verbot, Hausrat zu veräußern. Bei der Zuweisung von Hausrat kann das FamG auch entsprechend § 1361 a III 2 BGB eine Vergütung festsetzen, Mü FamRZ **98**, 1230. Die Eigentumsverhältnisse sind jeweils kaum mitbeachtbar, Karlsr FamRZ **01**, 760.

Nicht zum Hausrat gehören Gegenstände, die den individuellen beruflichen und privaten Bedürfnissen oder Interessen eines Ehegatten dienen, BGH FamRZ **84**, 146, BayObLG FamRZ **82**, 399, Hamm FamRZ **93**, 211, aM Düss FamRZ **78**, 523, zB Sammlungen, BGH FamRZ **84**, 575, Düss RR **86**, 1136, oder die man ausschließlich zur Kapitalanlage angeschafft hat, BGH FamRZ **84**, 575, Bbg RR **96**, 1413.

D. Vollstreckung. Sie richtet sich nach § 95 I Z 2. Bei einer Zuweisung der ganzen Wohnung gilt daher 17
§ 885 I (nicht aber II–IV) ZPO, KG FamRZ **94**, 1185, Karlsr FamRZ **94**, 1185, AG Gladbeck FamRZ **92**, 589, aM Köln FamRZ **83**, 1231 (§§ 887, 888 ZPO). Dem Verpflichteten kann das FamG (auch wiederholt) eine Räumungsfrist bewilligen, Hbg FamRZ **83**, 1151. Die Vollstreckung der Herausgabe von beweglichen Sachen richtet sich nach §§ 883–886 ZPO, Nies MDR **94**, 877.

E. Verhältnis zu anderen Verfahren und Rechtsbehelfen. Die Eheleute und Dritte können jeden 18
Gegenstand einer einstweiligen Anordnung vorrangig in einem ordentlichen Hauptsacheverfahren endgültig regeln, zumal die einstweilige Anordnung ja nur vorläufig gilt, Stgt FamRZ **92**, 1195. Während des Eheverfahrens ist eine auf § 985 BGB gestützte Herausgabeklage unzulässig, BGH **67**, 217. Dasselbe gilt für eine entsprechende einstweilige Verfügung, BGH FamRZ **82**, 1200, Brudermüller FamRZ **87**, 119.

Vor der Anhängigkeit einer EheS kann eine Regelung nach § 1361 b BGB erfolgen, wenn die Ehegatten getrennt leben oder wenn einer von ihnen dies beabsichtigt. Zuständig ist das FamG. Das Verfahren kann weiterlaufen, wenn nach dem Anhängigwerden einer EheS ein Antrag nach § 49 erfolgt, KG RR **90**, 1032. Es kann danach aber nicht mehr beginnen, AG Montabaur FamRZ **90**, 893, aM Köln RR **94**, 1160, Maurer FamRZ **91**, 888. Denkbar ist auch, wenn die EheS nicht anhängig ist und die Voraussetzungen des § 1361 b BGB nicht vorliegen, der Erlaß einer einstweiligen Verfügung nach § 940 ZPO, Zweibr FamRZ **83**, 1254.

11) Persönliche Sache, I, II. Die Regelung ist zulässig, wenn es sich um Sachen handelt, die für den 19
persönlichen Gebrauch eines Ehegatten oder eines Kindes dienen, zB Pflegebedarf, Arbeitsgerät, Schmuck, Kleidung, Musikinstrumente, AG Weilburg FamRZ **00**, 1017, Akten, Urkunden, Düss FamRZ **03**, 514, Wertpapiere, Hamm FamRZ **80**, 708, aM Peschel-Gutzeit MDR **84**, 892, insbesondere Ausweise, Fahrzeuge zB für den Zweitwagen sowie Haustiere. Zur Herausgabe der für ein Kind bestimmten Sachen Peschel-Gutzeit MDR **84**, 890. Die verfahrensrechtliche Regelung bildet in diesem Fall zugleich die sonst fehlende sachlichrechtliche Grundlage. Es kommt also nicht zB auf die Eigentumsverhältnisse an. Die Abgrenzung zum Hausrat ist fließend. Nur einer bestimmten Person dienende Sachen, zB ein Kinderbett, fallen unter persönliche Sachen, nicht dagegen Sparbücher und Geld, Hamm FamRZ **80**, 708. Vollstreckt wird die einstweilige Anordnung nach § 95 I Z 2.

12) §§ 1, 2 GewSchG, I, II, dazu Köln FamRZ **03**, 319, *Knops* NJW **93**, 1237, *Schumacher* FamRZ **02**, 20
645 (je: Üb): § 1 GewSchG sieht gerichtliche Maßnahmen zum Schutz vor Gewalt und Nachstellungen vor. § 2 GewSchG regelt die Überlassung einer gemeinsam genutzten Wohnung an das Opfer einer Tat. § 49 greift ein, wenn die Beteiligten einen auf Dauer angelegten gemeinsamen Haushalt führen oder innerhalb von sechs Monaten vor der Antragstellung geführt haben, weil es sich nur dann um eine FamS handelt, Hamm FamRZ **04**, 38, aM AG Biedenkopf FamRZ **03**, 546. Man darf das Opfer nicht auf den Klageweg verweisen, Knops NJW **93**, 1242. Eine Voraussetzung ist in allen Fällen, daß der Täter vorsätzlich den Körper, die Gesundheit oder die Freiheit des Opfers widerrechtlich verletzt hat, § 1 I 1 GewSchG. Das Gericht kann Maßnahmen auch dann anordnen, wenn der Täter die Tat in einem die freie Willensbestimmung ausschließenden Zustand krankhafter Störung der Geistestätigkeit begangen hat, in den er sich durch geistige Getränke oder ähnliche Mittel vorübergehend versetzt hat, § 1 III GewSchG. Das Gericht muß die erforderliche Maßnahme nach seinem pflichtgemäßen Ermessen treffen. Insbesondere kann es die in § 1 I 3 GewSchG genannten Unterlassungen anordnen, soweit dem nicht die Wahrnehmung berechtigter Interessen entgegensteht.

13) Rechtsmittel, I, II. Es gilt § 57. 21

50 *Zuständigkeit.* I 1 Zuständig ist das Gericht, das für die Hauptsache im ersten Rechtszug zuständig wäre. 2 Ist eine Hauptsache anhängig, ist das Gericht des ersten Rechtszugs, während der Anhängigkeit beim Beschwerdegericht das Beschwerdegericht zuständig.

II 1 In besonders dringenden Fällen kann auch das Amtsgericht entscheiden, in dessen Bezirk das Bedürfnis für ein gerichtliches Tätigwerden bekannt wird oder sich die Person oder die Sache befindet, auf die sich die einstweilige Anordnung bezieht. 2 Es hat das Verfahren unverzüglich von Amts wegen an das nach Absatz 1 zuständige Gericht abzugeben.

1) Systematik, Regelungszweck, I, II. Es handelt sich um eine Mischung verschiedener Vorlagen. *I 1* 1
ähnelt § 486 II 1 ZPO. Vgl insofern dort. *I 2* übernimmt inhaltlich den früheren § 620 a IV 1 ZPO. II 1 übernimmt inhaltlich die in §§ 486 III, 919 Hs 2, 942 I ZPO, § 4 I 2 BerHG (Anh § 127 ZPO) enthaltenen Gedanken. *II 2* ist neu.

2 **2) Hauptsachegericht, I.** Die Zuständigkeit für den Erlaß einer einstweiligen Anordnung bestimmt sich in erster Linie nach der vermutlichen oder tatsächlich eingetretenen inländischen Anhängigkeit der Hauptsache. Danach ist grundsätzlich das Gericht des 1. Rechtszugs der Hauptsache zuständig. Seine örtliche oder internationale Zuständigkeit kann hier offen bleiben, Hbg DAVorm **83**, 153. Seine Zuständigkeit endet mit der Rechtskraft der Endentscheidung oder mit der Einlegung der eindeutigen Beschwerde, also nicht bei einer Unklarheit darüber, BGH RR **89**, 962, BayObLG FamRZ **81**, 814, Ffm FamRZ **92**, 579. Das OLG ist nach § 119 I Z 1 a, b GVG zuständig ab der Einlegung der Beschwerde in der Hauptsache, aM BGH FamRZ **80**, 670 (§ 261 III Z 2 ZPO entsprechend). Seine Zuständigkeit dauert bis zur Rechtskraft der Beschwerdeentscheidung oder bis zum Einlegung der Rechtsbeschwerde in der Hauptsache fort. Nach ihrer Einlegung ist wieder das FamG zuständig, nicht etwa der BGH, BGH NJW **80**, 1392. § 25 ist anwendbar, im Rahmen von § 113 I 2 auch. § 281 II ZPO, BGH NJW **79**, 2519, Ffm FamRZ **92**, 579, aM BayObLG FamRZ **79**, 1042, Düss FamRZ **79**, 154.

Unanwendbar ist I 2 bei einer ausländischen Anhängigkeit der Hauptsache Karlsr IPRax **85**, 106, Henrich IPRax **85**, 89.

3 **3) Besonders dringender Fall, II.** Er darf nicht nur die bei jeder einstweiligen Anordnung nach § 49 I notwendige „einfache". Dringlichkeit haben. Es müssen also schon recht schwerwiegende Folgen zu befürchten sein. Sie können für jedes Rechtsgut drohen. Sie mögen materiell oder immateriell geartet sein. Es ist keine Lebensgefahr notwendig. Es reicht aber auch nicht jede spürbare Unannehmlichkeit. Das nach *II 1* angegangene AG sollte seine Zuständigkeit nicht zu streng prüfen. Denn es darf und muß die Eilsache selbst bei seiner Anfangszuständigkeit unverzüglich und daher ohne eine vorwerfbare Verzögerung an das nach I zuständige Gericht abgeben, *II 2*. Es mag auch den Umfang der eigenen Anfangsanordnung durchaus auf das jetzt unaufschiebbar besonders dringend Notwendige beschränken. Denn nur zu diesem Zweck besteht ja überhaupt seine Ausnahmezuständigkeit. Das gilt unabhängig davon, daß auch seine etwa darüber hinausgehende Anordnung wirksam ist.

4 **4) Prüfung von Amts wegen, I, II.** Das Gericht muß seine Zuständigkeit von Amts wegen prüfen. Maßgeblich ist die Zuständigkeit bei der Einreichung des Antrags, AG Bln-Charlottenb DAVorm **82**, 383. Spätere Ereignisse berühren sie zumindest im Bereich von § 113 I 2 nicht, § 261 III Z 2 ZPO, BGH FamRZ **80**, 670, BayObLG FamRZ **79**, 941. Daher bleibt das FamG zuständig, wenn die Hauptsache vor der Entscheidung über die einstweilige Anordnung an das Beschwerdegericht gelangt. Das Beschwerdegericht darf an das zuständige FamG abgeben, Köln FamRZ **92**, 580, und umgekehrt. Bei einer Abgabe der Scheidungssache an das jetzt zuständige FamG ist auch ein noch unbeschiedener Antrag an dieses Gericht abgebbar, Hbg FamRZ **83**, 614. Die Zuständigkeit entfällt wegen § 56 mit dem rechtskräftigen Abschluß der EheS. Daher darf danach keine einstweilige Anordnung ergehen, Ffm FamRZ **90**, 539. Dasselbe gilt, wenn nur ein Verfahren nach §§ 76 ff, 113 I 2, §§ 114 ff ZPO anhängig ist und wenn das Gericht eine Verfahrenskostenhilfe unanfechtbar ablehnt, Hamm FamRZ **82**, 721. Wegen der Abänderung § 54. Eine unanfechtbare einstweilige Anordnung des FamG hindert das OLG nicht daran, im Rahmen seiner Zuständigkeit seinerseits eine abweichende einstweilige Anordnung zu erlassen, § 54, KG FamRZ **82**, 1031.

5 **5) Internationale Zuständigkeit, I, II.** Vgl §§ 98 ff. Für die Zuständigkeit gelten Sondervorschriften, zB das MSA. Sie haben als solche den Vorrang, BGH NJW **84**, 1304, Hbg IPRax **86**, 386, Dörr NJW **91**, 81. Dasselbe gilt wegen des Unterhalts nach der EuGVVO, SchlAnh V C 2.

6 **6) Rechtsmittel, I, II.** Es gilt § 57.

51 *Verfahren.* I [1] **Die einstweilige Anordnung wird nur auf Antrag erlassen, wenn ein entsprechendes Hauptsacheverfahren nur auf Antrag eingeleitet werden kann.** [2] **Der Antragsteller hat den Antrag zu begründen und die Voraussetzungen für die Anordnung glaubhaft zu machen.**

II [1] **Das Verfahren richtet sich nach den Vorschriften, die für eine entsprechende Hauptsache gelten, soweit sich nicht aus den Besonderheiten des einstweiligen Rechtsschutzes etwas anderes ergibt.** [2] **Das Gericht kann ohne mündliche Verhandlung entscheiden.** [3] **Eine Versäumnisentscheidung ist ausgeschlossen.**

III [1] **Das Verfahren der einstweiligen Anordnung ist ein selbständiges Verfahren, auch wenn eine Hauptsache anhängig ist.** [2] **Das Gericht kann von einzelnen Verfahrenshandlungen im Hauptsacheverfahren absehen, wenn diese bereits im Verfahren der einstweiligen Anordnung vorgenommen wurden und von einer erneuten Vornahme keine zusätzlichen Erkenntnisse zu erwarten sind.**

IV **Für die Kosten des Verfahrens der einstweiligen Anordnung gelten die allgemeinen Vorschriften.**

Schrifttum: *van Els* FPR **08**, 406 (Üb).

1 **1) Systematik, Regelungszweck, I–IV.** Die Vorschrift knüpft an die früheren §§ 620 a ff ZPO an. Sie klärt einige ziemliche Selbstverständlichkeiten und enthält wenige leichte Abwandlungen vom Allgemeinen Teil des FamFG zwecks der Verdeutlichung der Möglichkeiten und Grenzen des Eilverfahrens.

2 **2) Antrag, I 1.** Natürlich darf das FamG im Eilverfahren nicht mehr Einleitungsmöglichkeit haben als im zugehörigen etwaigen Hauptsacheverfahren. Daran ändert auch der im FamFG ja reichlich betonte Fürsorgegedanke nichts. Auch eine Anregung nach § 24 ändert an I 1 nichts im bloßen Antragsverfahren.

3 **3) Begründung, Glaubhaftmachung, I 2.** Die Begründungs*pflicht* nach *Hs 1* geht über das Begründungs*soll* selbst einer Beschwerde nach § 65 I deutlich hinaus. Das gilt erst recht für die Pflicht zur Glaub-

haftmachung nach *Hs 2* in Verbindung mit § 31. Beides wird infolge des Umstands nötig, daß das FamG immerhin unter Umständen sogar ohne eine Anhörung des Gegners Entscheidungen treffen muß, die trotz ihrer Vorläufigkeit einschneidend wirken können.

4) Verfahren, II. Die grundsätzliche Übernahme der Regeln in §§ 1 ff, 23 ff zum Hauptsacheverfahren hat auch zur Folge, daß man den speziellen und deshalb vorrangigen *II 1 Hs 2* als eine Ausnahme nicht zu großzügig auslegen darf. Eine „Besonderheit" kann im besonderen Eilbedürfnis liegen, van Els FPR **08**, 409. Die Befugnis zum Absehen von einzelnen Verfahrenshandlungen im Hauptsacheverfahren nach II 2 Hs 1 würde eigentlich eher dorthin gehören. „Keine zusätzlichen Erkenntnisse zu erwarten" in *Hs 2* sind erst dann, wenn das FamG eine ziemlich hochgradige Vorausschau verantworten kann. Das sollte stets aktenkundig werden. Ein weiteres Beweismittel dürfte nach den Grundgedanken § 286 ZPO Rn 27 ff zur weiteren Verfahrenshandlung meist zwingen. 4

5) Selbständigkeit des Verfahrens, III, dazu van Els FPR **08**, 406: Die Regelung ähnelt §§ 916 ff, 935 ff ZPO. Die Betonung der Selbständigkeit in *III 1* ist etwas übertrieben. Denn natürlich darf kein Gegensatz zum Hauptverfahren entstehen. Das würde auch *III 2* keineswegs erlauben. Insofern also im Grunde gar nichts Neues. Das Gericht muß nicht jede Einzelhandlung des Hauptsacheverfahrens wiederholen, van Els FPR **08**, 409. 5

6) Kosten, IV. Anders als nach dem früheren § 620 g ZPO gelten die Kosten des Eilverfahrens nicht von vornherein als ein Teil des Hauptsacheverfahrens. Sie erfordern daher eine eigene Kostengrundentscheidung nach §§ 80 ff, § 5 I in Verbindung mit § 788 ZPO, § 132 usw. Die Kosten des Eilverfahrens lassen sich sogleich abrechnen, van Els FPR **08**, 409. 6

7) Rechtsmittel, I–III. Es gilt § 57. 7

52 *Einleitung des Hauptsacheverfahrens.* **I 1 Ist eine einstweilige Anordnung erlassen, hat das Gericht auf Antrag eines Beteiligten das Hauptsacheverfahren einzuleiten. 2 Das Gericht kann mit Erlass der einstweiligen Anordnung eine Frist bestimmen, vor deren Ablauf der Antrag unzulässig ist. 3 Die Frist darf drei Monate nicht überschreiten.**

II 1 In Verfahren, die nur auf Antrag eingeleitet werden, hat das Gericht auf Antrag anzuordnen, dass der Beteiligte, der die einstweilige Anordnung erwirkt hat, binnen einer zu bestimmenden Frist Antrag auf Einleitung des Hauptsacheverfahrens oder Antrag auf Bewilligung von Verfahrenskostenhilfe für das Hauptsacheverfahren stellt. 2 Die Frist darf drei Monate nicht überschreiten. 3 Wird dieser Anordnung nicht Folge geleistet, ist die einstweilige Anordnung aufzuheben.

1) Systematik, I, II. Die formell neue Vorschrift lehnt sich inhaltlich an § 494 a ZPO und wesentlich stärker an §§ 926, 936 ZPO an. Vgl daher zunächst auch jeweils dort. Freilich stellt § 52 auch teilweise auf den Umstand ab, daß das Gericht das Hauptsacheverfahren weitgehend auch von Amts wegen einleiten muß. 1

2) Regelungszweck, I, II. Eine einstweilige Anordnung soll ihrem Namen gemäß nur einstweilen und nicht endgültig regeln. Daher darf sie nicht einfach „in der Luft hängenbleiben". Das FamG soll im Rahmen seiner Möglichkeiten für ein folgendes zugehöriges Hauptsacheverfahren sorgen. Das dient nicht nur der Gerechtigkeit, Einl III 9, 36, sondern auch der Verfahrensförderung und -wirtschaftlichkeit. So sollte man die Vorschrift auch handhaben. 2

3) Bei Möglichkeit der Einleitung von Amts wegen, I. Dann ist das Gericht auf eine Anregung nach § 24 berechtigt und auf einen Antrag eines nach § 7 Beteiligten gemäß *I 1* verpflichtet, das zugehörige Hauptsacheverfahren im Sinn von § 121 I 1 BGB unverzüglich und daher ohne jedes vorwerfbare Zögern von Amts wegen einzuleiten. Dabei darf das FamG im Rahmen eines pflichtgemäßen Ermessens nach *I 2* schon mit dem Erlaß der einstweiligen Anordnung eine Frist bestimmen, vor deren Ablauf ein Antrag unzulässig wäre. Es darf eine etwaige solche Frist mit höchstens drei Monaten bemessen. Die Beteiligten sollen nicht überstürzt ins Hauptsachverfahren geraten. Sie sollen aber auch nicht mit bloß vorläufigen Regelungen den Zustand der Rechtsunsicherheit allzu lang fortsetzen dürfen. Eine bloße Anregung nach § 24 wäre fristunabhängig statthaft. Sie wäre aber kaum vor dem Fristbeginn erfolgsversprechend. 3

4) Beim Hauptsache – Antragsverfahren, II 1. Dann darf und muß das FamG auf einen Antrag und nicht ohne ihn anordnen, daß der Beteiligte als Erwirker der einstweiligen Anordnung einen Hauptsacheantrag oder einen zugehörigen Antrag auf eine Verfahrenskostenhilfe stellen muß, und zwar aus denselben Gründen wie bei Rn 3. Die Frist muß angemessen sein. Sie darf nach II 2 höchstens drei Monate betragen. 4

5) Beim Fristverstoß gegen II, dort 2. Dann darf und muß das FamG die einstweilige Anordnung unabhängig von § 54 unverzüglich aufheben. Das ist sein Druckmittel zur Herbeiführung des einen oder anderen Antrags nach II 1. 5

6) Rechtsmittel, I, II. Es gilt § 57. 6

53 *Vollstreckung.* **I Eine einstweilige Anordnung bedarf der Vollstreckungsklausel nur, wenn die Vollstreckung für oder gegen einen anderen als den in dem Beschluss bezeichneten Beteiligten erfolgen soll.**

II 1 Das Gericht kann in Gewaltschutzsachen sowie in sonstigen Fällen, in denen hierfür ein besonderes Bedürfnis besteht, anordnen, dass die Vollstreckung der einstweiligen Anordnung vor Zustellung an den Verpflichteten zulässig ist. 2 In diesem Fall wird die einstweilige Anordnung mit Erlass wirksam.

1 **1) Vollstreckungsklausel, I.** Es handelt sich am eine von § 86 III abweichende fast wörtliche Übernahme des § 929 I ZPO. Das war im Geltungsbereich des § 95 I Z 1–5 wegen der dortigen Verweisung auf Buch 8 ZPO überflüssig. Vgl daher bei § 929 ZPO, Looff FamRZ **08,** 1394.

Unanwendbar ist § 53, soweit nach § 86 III ohnehin keine Klausel notwendig ist, Giers FPR **08**, 442.

2 **2) Vollstreckbarkeit ab Erlaß, II.** Die Vorschrift hat als eine Spezialregelung den Vorrang vor §§ 40, 86 II, 95 I. Es muß eine Gewaltschutzsache nach §§ 210 ff bestehen. Dann regelt II 2 die Vollstreckbarkeit anders als bei einer entsprechenden Endentscheidung § 216. Schon der Erlaß der Anordnung und nicht erst ihre Übergabe zur Geschäftsstelle zur Bekanntmachung reichen aus.

Ein *Erlaß* liegt freilich erst dann vor, wenn das FamG die unterschriebene Fassung der verkündeten oder ohne Verhandlung getroffenen einstweiligen Anordnung mindestens zur Weiterleitung ins Abgangsfach legt, ohne sich eine Änderung vorzubehalten. Auch außerhalb einer Gewaltschutzsache kann ein bei ihr ja ohnehin durchweg bestehendes besonderes Bedürfnis einer sofortigen Vollstreckbarkeit vorliegen und reicht dann.

Das FamG muß es aber *aktenkundig* nachvollziehbar zumindest gesondert darlegen. Stets muß die Anordnung in Verfügungs- oder besser Beschlußform eine Vollstreckbarkeit „vor der Zustellung an den Verpflichteten" klar ergeben, besonders für das Vollstreckungsorgan.

3 **3) Rechtsmittel, I, II.** Es gilt § 57.

54 *Aufhebung oder Änderung der Entscheidung.* **I [1]Das Gericht kann die Entscheidung in der einstweiligen Anordnungssache aufheben oder ändern. [2]Die Aufhebung oder Änderung erfolgt nur auf Antrag, wenn ein entsprechendes Hauptsacheverfahren nur auf Antrag eingeleitet werden kann. [3]Dies gilt nicht, wenn die Entscheidung ohne vorherige Durchführung einer nach dem Gesetz notwendigen Anhörung erlassen wurde.**

II Ist die Entscheidung in einer Familiensache ohne mündliche Verhandlung ergangen, ist auf Antrag aufgrund mündlicher Verhandlung erneut zu entscheiden.

III [1]Zuständig ist das Gericht, das die einstweilige Anordnung erlassen hat. [2]Hat es die Sache an ein anderes Gericht abgegeben oder verwiesen, ist dieses zuständig.

IV Während eine einstweilige Anordnungssache beim Beschwerdegericht anhängig ist, ist die Aufhebung oder Änderung der angefochtenen Entscheidung durch das erstinstanzliche Gericht unzulässig.

Gliederung

1 **1) Systematik, Regelungszweck, I–IV.** Die Vorschrift übernimmt inhaltlich den früheren § 620 b ZPO. Sie ähnelt § 924 ZPO. Da es sich nur um eine einstweilige Regelung handelt, ist die Entscheidung abänderlich, KG FamRZ **91**, 1327, Köln FamRZ **98**, 1427. Das Gericht kann daher zur Vermeidung fehlerhafter oder zumindest mittlerweile nicht mehr gerechtfertigter Ergebnisse seinen Beschluß ganz oder teilweise aufheben oder ändern, *I 1,* und zwar sowohl den eine einstweilige Anordnung erlassenden als auch den sie ablehnenden oder schon hindernden Beschluß, Zweibr MDR **97**, 649, aM Braeuer FamRZ **87**, 301. Auch eine anfechtbare, aber nicht angefochtene und daher formell rechtskräftig gewordene einstweilige Anordnung ist änderbar, aber nur auf Grund neuer oder neu bekanntgewordener Tatsachen oder auf Grund neuer Mittel der Glaubhaftmachung oder beim Vorliegen von Wiederaufnahmegründen, Karlsr FamRZ **89**, 642, Kblz FamRZ **85**, 1272, Köln FamRZ **87**, 1276, aM Hbg FamRZ **89**, 198, KG FamRZ **82**, 1031, Zweibr FamRZ **97**, 1167. Das Kindeswohl hat aber gegenüber auch einer solchen grundsätzlichen Unabänderbarkeit den Vorrang, BGH RR **86**, 1130. Bei einer nicht anfechtbaren einstweiligen Anordnung ist eine Änderung der Rechts- oder Tatsachenlage nicht erforderlich, aM Braeuer FamRZ **87**, 301. Die abweichende Beurteilung desselben Sachverhalts reicht dann also aus, Köln FamRZ **87**, 957, weil die Änderungsmöglichkeit das fehlende Rechtsmittel ersetzt, Klauser MDR **81**, 717. I 1 gilt auch dann, wenn das Gericht ein Vorbringen übersehen hat, Ffm NJW **86**, 1052. Eine Änderung ist ebenfalls dann statthaft, wenn die einstweilige Anordnung nach der Beantragung der Verfahrenskostenhilfe erging und wenn das Gericht dann eine Verfahrenskostenhilfe ablehnt, Schlesw SchlHA **81**, 81. II hat den Vorrang vor I, aM Oldb FamRZ **00**, 759.

Ein *Hin und Her* auf dem Rücken des Kindes soll aber unbedingt unterbleiben. Das gilt auch im Rechtsmittelverfahren, Hamm FamRZ **06**, 1478.

2 Ein im Verfahren nach § 49 geschlossener endgültiger *Vergleich* oder andere Vollstreckungstitel lassen sich nicht nach § 54 ändern, aM BGH FamRZ **91**, 1175, AG Cottbus FamRZ **02**, 182. Wohl aber hat das Gericht in einer Unterhaltssache die Möglichkeit, nach den vorrangigen §§ 246–248 vorzugehen, Hbg FamRZ **82**, 412, Hamm FamRZ **91**, 582, Köln FamRZ **83**, 622. Auch insoweit darf es die Vollziehung entsprechend § 55 aussetzen. Die Entscheidung darüber ist unanfechtbar, § 55 I 2, Köln FamRZ **83**, 622. Unanwendbar ist § 54 bei einem Unterhaltstitel vor der Scheidung. Dann bleibt § 238 anwendbar. Wegen des Verhältnisses des § 54 zu anderen Verfahren Rn 4. § 52 II 2 hat den Vorrang vor § 54.

3

2) Zeitliche Grenzen, I–IV. Eine Änderung oder Aufhebung ist möglich bis zum Außerkrafttreten der einstweiligen Anordnung nach § 56. Daher bleibt § 54 anwendbar, wenn die einstweilige Anordnung das Hauptverfahren überdauert, etwa bei einer Scheidung oder Aufhebung der Ehe. Es ist allerdings eine Änderung nach der Rechtskraft eines Scheidungsbeschlusses usw unstatthaft, BGH NJW **83**, 1331. Das gilt, wenn nicht der Änderungsantrag vorher erfolgt war, Ffm FamRZ **87**, 1279, Mü FamRZ **87**, 610, Stgt RR **86**, 558, oder wenn ausnahmsweise Billigkeitsgründe eine Änderung fordern. Eine Änderung ist wegen §§ 246–248 zulässig, solange ein Unterhaltsverfahren anhängig ist, Düss FamRZ **01**, 1230. Ist keine FolgeS mehr anhängig, entfällt auch die Möglichkeit einer Änderung der einstweiligen Anordnung, BGH NJW **84**, 2095, Hamm FamRZ **01**, 1229, Luthin FamRZ **86**, 1060. Eine rückwirkende Änderung wegen eines schon bezahlten Unterhalt ist unstatthaft, Stgt NJW **81**, 2476, Klauser DAVorm **82**, 137.

3) Verhältnis zu anderen Verfahren, I–IV. Solange die Möglichkeit einer Änderung oder Aufhebung nach § 54 besteht, ist der Umweg über ein neues selbständiges Verfahren nicht nötig, Hbg NJW **78**, 1272, Hamm FamRZ **80**, 277, Mü MDR **80**, 148, aM BGH NJW **83**, 1330, Hbg FamRZ **96**, 810, KG DAVorm **89**, 317 (§ 767 jedenfalls bei Erfüllung). Dagegen scheidet § 238 hier wie auch sonst bei einer einstweiligen Anordnung aus, BGH NJW **83**, 1331, Brdb FamRZ **02**, 1497, Zweibr FamRZ **00**, 1288, es sei denn, es kommt ihm eine weitergehende Wirkung als der erstrebten Anordnung zu, BGH NJW **83**, 2201. Jedenfalls kann man wegen § 56 dem beschwerten Beteiligten auch bei einer Anhängigkeit des Scheidungsverfahrens die Erhebung einer verneinenden Feststellungsklage oder einer Leistungsklage wegen des Unterhalts oder des Kostenvorschusses nach § 113 I 2 nicht verwehren. Das gilt auch dann, wenn noch die Möglichkeit einer Änderung nach § 54 besteht, BGH FamRZ **87**, 682, KG FamRZ **87**, 956, Kblz FamRZ **83**, 1148. Zum Feststellungsinteresse KG FamRZ **85**, 951. Auf Grund dieser Klage darf das Gericht aber wegen §§ 54, 55 vor der Rechtskraft des Scheidungsbeschlusses die Zwangsvollstreckung aus der einstweiligen Anordnung nicht entsprechend § 95 in Verbindung mit § 769 oder § 707 ZPO einstellen, Bre FamRZ **81**, 981, Hamm RR **98**, 1381, Köln RR **03**, 1228, aM Kblz FamRZ **85**, 1272, Schlesw FamRZ **86**, 184, Stgt FamRZ **92**, 203. Denn dafür fehlt zumindest das Rechtsschutzbedürfnis. Aus demselben Grund kommt die Bewilligung einer Prozeßkostenhilfe für ein Klageverfahren nicht in Betracht, Hamm FamRZ **87**, 961, Schlesw SchlHA **84**, 164. § 717 ZPO ist nicht auch nur entsprechend anwendbar, Oldb NdsRpfl **84**, 119. 4

4) Verfahren, I. Es gilt vier Gesichtspunkte. 5

A. Grundsatz: Von Amts wegen, I 1. Eine Aufhebung oder Änderung von Amts wegen ist möglich, wenn das Gericht ein zugehöriges Hauptsacheverfahren auch von Amts wegen einleiten darf oder gar müßte. Hier rechtfertigt das öffentliche Interesse eine Richtigstellung auch gegen den Willen der Beteiligten. Hat dagegen das FamG die Anordnung in diesen Fällen abgelehnt, ist für eine neue Entscheidung ein Antrag erforderlich.

B. Ausnahme: Antragszwang, I 2. Die Aufhebung oder Änderung einer einstweiligen Anordnung setzt ausnahmsweise den Antrag eines Beteiligten voraus. Er darf natürlich erst nach dem Wirksamwerden der aufzuhebenden oder zu ändernden Entscheidung nach § 40 beim FamG eingehen. Eine Beschwer durch den ersten Beschluß ist nicht nötig. Der Antrag ist an keine Frist gebunden. Man muß ihn aber begründen, § 51 I 2. Für ihn besteht evtl kein Anwaltszwang, § 114 IV Z 1. 6

C. Ausnahme von Ausnahme: Unterlassung einer Anhörung, I 3. Der Antragszwang entfällt beim Verstoß des Gerichts gegen Art 103 I GG. 7

5) Antrag auf mündliche Verhandlung, II. Ist der Beschluß über den Erlaß oder über die Ablehnung einer einstweiligen Anordnung oder die Entscheidung über eine Aufhebung oder Änderung dieses Beschlusses ohne eine mündliche Verhandlung ergangen, darf und muß das Gericht auf einen jetzt statthaften Antrag auf Grund einer mündlichen Verhandlung erneut beschließen, BVerfG FamRZ **05**, 966, Naumb RR **03**, 366. Das gilt auch dann, wenn das FamG eine einstweilige Anordnung auf eine Unterhaltszahlung auf Grund einer mündlichen Verhandlung erlassen hat und wenn das Gericht einen Antrag nach I ohne eine mündliche Verhandlung abgelehnt hat, BVerfG FamRZ **05**, 966, aM Karlsr FamRZ **89**, 642. 8

Der Antrag nach II ist der *einzige Rechtsbehelf,* solange das Gericht ohne eine mündliche Verhandlung entschieden hat. Die Entscheidung kann dagegen auf Grund einer mündlichen Verhandlung ergangen sein. Dazu genügte eine einseitige Verhandlung, Düss FamRZ **92**, 1199. Dann ist immer ein Antrag auf eine Aufhebung oder Änderung nach I möglich, jedoch nur in den Fällen des § 57 S 2 stattdessen gleich die befristete Beschwerde. 9

Der Antrag auf eine mündliche Verhandlung setzt *keine Änderung* der Rechts- oder Tatsachenlage voraus, KG FamRZ **91**, 1328, wohl aber eine Beschwer und damit ein Rechtsschutzbedürfnis, Oldb FamRZ **00**, 759. Er ist eine Beteiligtenverfahrenshandlung nach Grdz 47 vor § 128 ZPO. Er ist an keine Frist gebunden. Daher ist er nicht mißbräuchlich, wenn die einstweilige Anordnung zwar schon einige Jahre alt ist, aber noch gilt, Köln FamRZ **06**, 1402. Für ihn besteht kein Anwaltszwang, § 114 IV Z 1. Das Gericht kann die Vollziehung auf Grund des Antrags aussetzen. 10

6) Zuständigkeit, III. Man sollte zwei Aspekte beachten. 11

A. Grundsatz: Erlaßgericht, III 1. Es ist dasjenige FamG zuständig, das die einstweilige Anordnung erlassen hat.

B. Abgabe. Verweisung, III 2. In einem solchen Fall wird das neue Gericht zuständig. 12

7) OLG-Befugnis, IV. Das OLG darf, sobald es und solange es zuständig ist, allein auch eine vom FamG erlassene einstweiligen Anordnung oder Entscheidung nach I aufheben oder ändern. 13

8) Rechtsmittel, I–IV. Es gilt § 57. 14

55 *Aussetzung der Vollstreckung.* I [1]**In den Fällen des § 53 kann das Gericht, im Fall des § 57 das Rechtsmittelgericht, die Vollstreckung einer einstweiligen Anordnung aussetzen oder beschränken.** [2]**Der Beschluss ist nicht anfechtbar.**

II **Wenn ein hierauf gerichteter Antrag gestellt wird, ist über diesen vorab zu entscheiden.**

1 **1) Systematik, Regelungszweck, I, II.** Die Vorschrift übernimmt und erweitert den früheren § 620e ZPO. Gegen eine einstweilige Anordnung stehen den Beteiligten folgende Rechtsbehelfe offen: Immer der Antrag auf eine Aufhebung oder Änderung nach § 54 I 1, bei einer Entscheidung ohne eine mündliche Verhandlung der Antrag auf eine erneute Entscheidung nach § 54 II, in bestimmten Fällen die sofortige Beschwerde nach §§ 57 S 2, 58ff. § 55 gibt dem Gericht zur Verhinderung eines dem Beschwerdeführer schwer zumutbaren Zwischenzustands die Möglichkeit, vor seiner Entscheidung über einen dieser Rechtsbehelfe die Vollstreckung der einstweiligen Anordnung auszusetzen oder zu beschränken.

2 **2) Aussetzung oder Beschränkung der Vollstreckung, I 1.** Ein Antrag ist nicht notwendig. Voraussetzung ist ein Fall des § 53 oder die Einlegung eines der in Rn 1 genannten Rechtsbehelfe. Aussetzen darf dasjenige Gericht, das über diesen Fall des § 53 oder über den Rechtsbehelf entscheiden muß, also das FamG oder das OLG bei einer befristeten Beschwerde ab ihrer Einlegung nach § 64. Die Entscheidung steht im pflichtgemäßen Ermessen des Gerichts. Es darf eine Sicherheitsleistung oder andere Bedingungen setzen. Sie ergeht durch einen Beschluß auf einen Antrag oder von Amts wegen, sobald der Antrag oder der Rechtsbehelf vorliegt, bei II vorab von Amts wegen. Das Gericht muß den Umfang der Aussetzung oder Beschränkung genau angeben. Es teilt seine Entscheidung wegen I 2 formlos mit. Die Aussetzung oder Beschränkung hat die Wirkungen des § 95 I in Verbindung mit § 775 Z 2 ZPO. Das Gericht kann seinen Beschluß jederzeit aufheben oder ändern.

3 **3) Unanfechtbarkeit, I 2.** Der Beschluß des FamG über die Aussetzung oder Beschränkung oder ihre Ablehnung ist *unanfechtbar,* Hbg FamRZ **90**, 423, Zweibr FamRZ **98**, 1379, Künkel MDR **89**, 310. Das gilt unabhängig davon, ob gegen die einstweilige Anordnung selbst ein Rechtsmittel statthaft ist, aM Zweibr FamRZ **81**, 189. Gegen einen Beschluß des OLG ist ohnehin kein Rechtsmittel statthaft, § 58 I. Der Aussetzungs- oder Beschränkungsbeschluß tritt mit der Entscheidung über den Rechtsbehelf außer Kraft.

4 **4) Sinngemäße Anwendung, I, II.** Vgl § 6 II EuSorgeRÜbk, SchlAnh V A 3.

56 *Außerkrafttreten.* I [1]**Die einstweilige Anordnung tritt, sofern nicht das Gericht einen früheren Zeitpunkt bestimmt hat, bei Wirksamwerden einer anderweitigen Regelung außer Kraft.** [2]**Ist dies eine Endentscheidung in einer Familienstreitsache, ist deren Rechtskraft maßgebend, soweit nicht die Wirksamkeit zu einem späteren Zeitpunkt eintritt.**

II **Die einstweilige Anordnung tritt in Verfahren, die nur auf Antrag eingeleitet werden, auch dann außer Kraft, wenn**

1. der Antrag in der Hauptsache zurückgenommen wird,
2. der Antrag in der Hauptsache rechtskräftig abgewiesen ist,
3. die Hauptsache übereinstimmend für erledigt erklärt wird oder
4. die Erledigung der Hauptsache anderweitig eingetreten ist.

III [1]**Auf Antrag hat das Gericht, das in der einstweiligen Anordnungssache im ersten Rechtszug zuletzt entschieden hat, die in den Absätzen 1 und 2 genannte Wirkung durch Beschluss auszusprechen.** [2]**Gegen den Beschluss findet die Beschwerde statt.**

Gliederung

1 **1) Systematik, Regelungszweck, I–III.** Die Vorschrift übernimmt fast wörtlich den früheren § 620f ZPO. Um nach Möglichkeit einen Zustand ohne jede Regelung zu verhüten, bleibt eine einstweilige Anordnung grundsätzlich bis zum Wirksamwerden einer anderen Regelung in Kraft, wenn nicht das Gericht ihre Geltung kürzer oder länger befristet hat, etwa bis zur Rechtskraft des Scheidungsbeschlusses, was (nur) im letzteren Fall zulässig ist und sich oft empfiehlt, Brdb FamRZ **05**, 1920, Düss FamRZ **96**, 745, Köln FamRZ **97**, 1094. Die Eilanordnung erlischt nicht stets mit dem rechtskräftigen Abschluß der EheS, sondern nur in bestimmten Fällen. Sie überdauert also bei einer Scheidung oder Aufhebung der Ehe das Verfahren. Das gilt auch für eine einstweilige Anordnung über den Unterhalt. Denn ihr Gegenstand ist insoweit auch der nacheheliche Unterhalt, BGH NJW **83**, 1330, Köln RR **98**, 365. Auch eine solche einstweilige Anordnung tritt aber dann, wenn das FamG sie nicht entsprechend befristet hat, (jetzt) mit der Rechtskraft des Scheidungsausspruchs außer Kraft. Daher darf der Gläubiger evtl dann nicht mehr aus ihr vollstrecken.

2 **2) Geltungsbereich, I–III.** Die Vorschrift gilt bei jeder einstweiligen Anordnung nach §§ 49ff. Das gilt auch dann, wenn das Beschwerdegericht eine solche Anordnung erlassen hat. Entsprechend anwendbar ist § 56 auf einen Vergleich, der eine solche Anordnung ersetzt und keine abweichende Regelung ihrer Geltungsdauer enthält, Ffm FamRZ **83**, 202. Wegen § 6 II EuSorgeRÜbk SchlAnh V A 3.

3 **3) Anderweitige Regelung, I,** dazu *Dörr* FamRZ **88**, 557, *Maurer* FamRZ **91**, 888: Die einstweilige Anordnung tritt beim Wirksamwerden einer anderweitigen Regelung insbesondere im Hauptsacheverfahren außer Kraft, BGH NJW **83**, 1330. Das gilt aber auch, soweit sich die Regelungsbereiche decken, Karlsr FamRZ **88**, 855. Bei dieser Regelung kann es sich um einen Vergleich im Eilverfahren handeln, Bbg FamRZ **84**, 1119, Köln FamRZ **78**, 912, insbesondere auch um einen Scheidungsfolgenvergleich, Hbg FamRZ **85**, 624, Maurer FamRZ **91**, 888, oder um eine gerichtliche Entscheidung, zB in einer FolgeS, oder um einen Beschluß in einer FamS, oder um einen Beschluß nach § 54, Mü FamRZ **87**, 610. Immer muß es sich um eine Entscheidung oder Vereinbarung zwischen denjenigen Partnern handeln, die entweder

die einstweilige Anordnung unmittelbar erfaßt oder die eine Aussage über den jeweiligen sachlichrechtlichen Anspruch enthält, Köln FamRZ **87**, 957, Gießler FamRZ **87**, 1276.

Daher *genügt* zB die Verfahrensabweisung des Unterhaltsantrags *nicht,* Mü FamRZ **87**, 610. Auch die Kostenentscheidung des Scheidungsbeschlusses ist keine anderweitige Regelung in Bezug auf die Pflicht zur Zahlung des Verfahrenskostenvorschusses, BGH NJW **85**, 2263. Ebenso berührt die Abweisung des Unterhaltsantrags nicht den Bestand einer den Vorschuß für diesen Antrag betreffenden einstweiligen Anordnung, Nürnb MDR **80**, 236, aM Köln FamRZ **78**, 912. Auch die Versagung einer Verfahrenskostenhilfe führt nicht zum Außerkrafttreten der einstweiligen Anordnung, Schlesw SchlHA **81**, 81. Die anderweitige Regelung braucht nicht in demselben Verbund zu erfolgen, KG FamRZ **85**, 722. Ein noch nicht rechtskräftiger Unterhaltsbeschluß ist noch keine „anderweitige Regelung", Köln FamRZ **03**, 320.

Beispiele: Nach dem rechtskräftigen Abschluß des Scheidungsverfahrens kann das FamG seine einstweilige Anordnung über den Unterhalt nicht nach §§ 237 ff ändern, BGH NJW **83**, 1331. Dagegen läßt sich eine nachträglich entstandene rechtshemmende und rechtsvernichtende Einwendung mit dem Vollstreckungsabwehrantrag nach § 95 I in Verbindung mit § 767 ZPO erheben, BGH NJW **83**, 1330, aM Düss FamRZ **91**, 721, Köln FamRZ **99**, 1000, zB die Erfüllung des Anspruchs, Bbg FamRZ **83**, 84, Klauser MDR **81**, 718. Dieser Antrag läßt sich jedoch nicht allein auf die Rechtskraft der Scheidung stützen, BGH NJW **83**, 1330, Köln FamRZ **97**, 1094. Für ihn besteht wegen § 56 meist kein Rechtsschutzbedürfnis, wenn man ihn auf das Ergehen einer anderweitigen Regelung stützt, Köln FamRZ **99**, 1000. Die Entscheidung über diesen Antrag berührt den Bestand der einstweiligen Anordnung aber nicht, Ffm FamRZ **82**, 719. Sie tritt vielmehr nur beim Wirksamwerden einer Entscheidung außer Kraft, die auf eine Zahlungsforderung oder einen verneinenden Feststellungsantrag ergeht, BGH FamRZ **87**, 682, Köln FamRZ **98**, 1427, strenger Karlsr FamRZ **04**, 1045, Rostock FamRZ **04**, 128 (je: erst mit der Rechtskraft. Aber wirksam macht schon der „Geburtsakt" der Verkündung oder des sonstigen Erlasses). 4

Der verneinende Feststellungsantrag unterliegt keiner Einschränkung dahin, daß der Antragsteller die Feststellung erst ab der Rechtshängigkeit oder ab einem Verzug des Gläubigers mit einem Verzicht auf die Rechte aus der einstweiligen Anordnung verlangen könnte, BGH NJW **00**, 740, Köln FamRZ **98**, 1427. Er ist aber unzulässig, soweit der Antragsteller eine Rückzahlung überzahlten Unterhalts fordern kann, BGH NJW **00**, 740 (Unanwendbarkeit von § 818 IV BGB), Hbg FamRZ **98**, 294, Kohler FamRZ **88**, 1005. Zum Feststellungsinteresse Düss RR **94**, 519, Kblz FamRZ **02**, 562, aM Brdb FER **99**, 251. Für den verneinenden Feststellungsantrag genügt es nicht, daß den FamG das Erlöschen des Anspruchs auf einen ehelichen Unterhalt bei der Rechtskraft der Scheidung feststellt. Vielmehr muß es auch darüber befinden, inwieweit ein Anspruch auf einen nachehelichen Unterhalt besteht, Hbg FamRZ **81**, 982. Bei einer Verneinung dieses Anspruchs tritt die einstweilige Anordnung außer Kraft, BGH FamRZ **83**, 356, KG FamRZ **87**, 609 (auch vor der Scheidung, KG FamRZ **85**, 752), aM Ffm RR **91**, 265. Zur Frage der Rückwirkung der verneinenden Feststellung Bbg FamRZ **88**, 525, AG Hbg FamRZ **91**, 208. Bei einem verneinenden Feststellungsantrag kann das FamG die Vollstreckung aus der einstweiligen Anordnung nach der Rechtskraft des Scheidungsbeschlusses einstweilen stellen, BGH NJW **00**, 740, Düss RR **94**, 519, Klauser MDR **81**, 717. Der Unterhaltsberechtigte darf jederzeit einen Leistungs(gegen)antrag stellen, Karlsr FamRZ **04**, 470. 5

Das alles gilt auch für einen *Vergleich* im Hauptsacheverfahren, Zweibr FamRZ **85**, 1150, ebenso wie für außergerichtliche Vereinbarungen, Dörr FamRZ **88**, 557. Eine „anderweitige Regelung" nach I 1 ist auch das auf eine Bereicherungsklage ergehende Urteil, BGH FamRZ **84**, 767, Hbg FamRZ **85**, 951.

In Interesse der einheitlichen Handhabung und der Rechtssicherheit muß man sowohl beim Leistungsausspruch als auch beim verneinenden Feststellungsbeschluß den *Eintritt der Rechtskraft* voraussetzen, BGH NJW **00**, 740, Karlsr MDR **04**, 397, Rostock FamRZ **04**, 127, aM Zweibr FamRZ **01**, 359 (zustm van Els 500). Daher können Überzahlungen eintreten, Niepmann MDR **00**, 618. Bei einer ausländischen Entscheidung ist evtl eine inländischen Vollstreckbarerklärung notwendig, (zum alten Recht) KG FamRZ **86**, 822. 6

4) Andere Fälle, II. Kommt es nicht zu einer anderweitigen Entscheidung oder sonstigen Regelung, tritt die einstweilige Anordnung außer Kraft, wenn der Antragsteller seinen Scheidungs- oder Aufhebungsantrag oder den Antrag in einer anderen EheS nach § 141 wirksam zurücknimmt, *II Z 1* (auch dann, wenn § 141 S 2, 3 eingreift, Karlsr FamRZ **86**, 1120), oder wenn das FamG den Antrag in der Ehesache formell nach § 45 rechtskräftig abgewiesen hat, *II Z 2.* Dabei beseitigt die Gewährung einer Wiedereinsetzung nach § 18 die Rechtskraft rückwirkend. Die einstweilige Anordnung tritt ferner außer Kraft bei beiderseitigen wirksamen Erledigterklärungen in der Hauptsache, Hamm FamRZ **03**, 1307. Sie tritt ferner dann außer Kraft, wenn man das Eheverfahren nach § 131 infolge des Todes eines Ehegatten in der Hauptsache als erledigt ansehen muß oder wenn sich ein Antrag nach § 2 I GewSchG erledigt, *II Z 4,* Hamm FamRZ **06**, 50. Ist nur ein Verfahren auf die Bewilligung der Verfahrenskostenhilfe anhängig, tritt dementsprechend die einstweilige Anordnung nur bei einer Rücknahme des Gesuchs oder bei § 131 außer Kraft, Stgt FamRZ **05**, 1187. Die bloße Rücknahme vor der Rechtshängigkeit reicht nicht, Düss FamRZ **85**, 1271. Bei einer endgültigen Zurückweisung des Gesuchs muß das Gericht die einstweilige Anordnung nach § 53 aufheben, Düss FamRZ **85**, 1271, strenger Stgt FamRZ **05**, 1187 (Außerkrafttreten). 7

Unanwendbar ist II beim bloßen Nichtweiterbetreiben des Verfahrens.

5) Verfahren, Entscheidung, III 1. Zuständig ist dasjenige Gericht, das in der einstweiligen Anordnungssache erstinstanzlich zuletzt entschieden hat. Es ist nach III 1 ein Antrag notwendig. Die Form ergibt sich aus § 50 II 1. Eine mündliche Verhandlung ist zulässig, aber nicht notwendig, § 32 I 1. Das Gericht muß stets vor einer nachteiligen Entscheidung rechtliches Gehör geben, Art 103 I GG. Das Verfahren nach § 56 greift auch dann ein, wenn die Beteiligten streiten, ob eine anderweitige Regelung nach *I 1* vorliegt, Zweibr FamRZ **85**, 1150. Es geht dann dem Hauptsacheverfahren vor, Zweibr FamRZ **85**, 1150. Das Gericht spricht ein Außerkrafttreten durch einen Beschluß aus. Der Beschluß muß auch genau aussprechen, inwieweit und wann die einstweilige Anordnung außer Kraft treten soll, etwa bei der Rechtskraft des Scheidungsbeschlusses oder bei einer Unterhaltsregelung. Denn das ist vor allem bei dieser letzteren wichtig, Hbg 8

FamRZ **85**, 624. Demgegenüber muß über das Fortbestehen von Vollstreckungsmaßnahmen das Vollstreckungsgericht entscheiden, Ffm FamRZ **89**, 766. Eine Kostenentscheidung erfolgt nach § 51 IV.

9 **6) Befristete Beschwerde, III 2.** Eine vorläufige Maßnahme ist unanfechtbar, Zweibr FamRZ **98**, 1378. Gegen die dieses Verfahren beendende Entscheidung des FamG ist stets die befristete mit dem Vorrang von § 57 Beschwerde nach §§ 58 ff statthaft. Das gilt auch dann, wenn das Gericht den Antrag abgelehnt hat, Karlsr FamRZ **86**, 1120. Über die befristete Beschwerde entscheidet das OLG, § 119 GVG. Ist das OLG nach III 1 zuständig, gibt es gegen seine Entscheidung die Rechtsbeschwerde nach Maßgabe der §§ 70 ff. Die Regelung des § 53 gilt im Verfahren nach § 56 nicht.

10 **7) Wirkung des Außerkrafttretens, I–III.** Das Gericht muß die Vollstreckung aus der einstweiligen Anordnung einstellen, § 95 I in Verbindung mit § 775 Z 1 ZPO. Einwendungen muß man nach § 766 ZPO bei dem nach § 802 ZPO zuständigen Vollstreckungsgericht erheben, Düss FamRZ **78**, 913. Das gilt auch beim Erlöschen der einstweiligen Anordnung infolge einer Befristung, Bbg FamRZ **82**, 86. Ein Antragsverfahren nach § 53 und ein Beschwerdeverfahren nach § 57 erledigen sich. Das Antragsverfahren erledigt sich jedoch insoweit nicht, als es sich um eine Änderung des Unterhalts für die Zeit vor dem Erlöschen der einstweiligen Anordnung handelt, Karlsr OLGZ **75**, 55.

Das Außerkrafttreten der einstweiligen Anordnung führt *nicht* zur Anwendung des § 95 I in Verbindung mit §§ 717 II, 945 ZPO, BGH NJW **00**, 740, oder der §§ 707, 719, 769 ZPO, Köln FamRZ **04**, 39. Jedoch sind Bereicherungs- und Schadensersatzansprüche nach allgemeinen Vorschriften möglich, BGH NJW **84**, 2095, Hamm FamRZ **97**, 431, Köln FamRZ **87**, 964. Dabei kommt allerdings eine verschärfte Bereicherungshaftung nach §§ 818 IV, 820 BGB erst ab der Kenntnis vom Außerkrafttreten oder ab der Erhebung der auf eine Erstattung oder Änderung gerichteten Leistungsklage in Betracht, BGH NJW **85**, 1075, Köln FamRZ **87**, 964, aM Schwab FamRZ **94**, 1567. Eine verschärfte Haftung nach § 818 IV BGB tritt nicht schon ab der Erhebung der verneinenden Feststellungsklage nach § 820 I 2 BGB ohne eine zeitliche Beschränkung ein, BGH NJW **00**, 740, Köln RR **03**, 1229. Diese Ansprüche muß man im Klageverfahren erheben, ohne daß eine Aufhebung der einstweiligen Anordnung nötig ist, BGH NJW **85**, 1075.

57 *Rechtsmittel.* [1] **Entscheidungen im Verfahren der einstweiligen Anordnung in Familiensachen sind nicht anfechtbar.** [2] **Dies gilt nicht, wenn das Gericht des ersten Rechtszugs aufgrund mündlicher Erörterung**

1. über die elterliche Sorge für ein Kind,
2. über die Herausgabe des Kindes an den anderen Elternteil,
3. über einen Antrag auf Verbleiben eines Kindes bei einer Pflege oder Bezugsperson,
4. über einen Antrag nach den §§ 1 und 2 des Gewaltschutzgesetzes oder
5. in einer Wohnungszuweisungssache über einen Antrag auf Zuweisung der Wohnung

entschieden hat.

Gliederung

1 **1) Systematik, Regelungszweck, S 1, 2.** Die Vorschrift übernimmt weitgehend den früheren § 620 c ZPO. Sie verdrängt § 95 I in Verbindung mit §§ 935 ff ZPO, Naumb FamRZ **04**, 1045. Eine Entscheidung im Eilverfahren soll schon wegen der Vertrautheit des FamG mit der Hauptsache und im Interesse einer zügigen Erledigung der Hauptsache und baldiger Klarheit nur ausnahmsweise anfechtbar sein, Bbg FamRZ **93**, 1338, Hamm FamRZ **05**, 814, Naumb FamRZ **05**, 2075. Das verstößt nicht gegen das GG, BVerfG NJW **80**, 386, BGH FamRZ **05**, 1240. Freilich ist die befristete Beschwerde als Ausnahme von der Ausnahme in den Fällen S 2 Z 1–5 statthaft und daher weit auslegbar. Man kann sie nach § 67 zurücknehmen.

2 **2) Unanfechtbarkeit, S 1.** Abgesehen von den in Rn 8 ff genannten Fällen sind alle übrigen Entscheidungen nach §§ 49 ff unanfechtbar, BGH FamRZ **05**, 1240, Hamm FamRZ **05**, 814, Köln FamRZ **05**, 2075. Sie sind also nicht mit der befristeten Beschwerde angreifbar. Das ist mit dem GG vereinbar, BVerfG NJW **80**, 386, Mü NJW **78**, 1635. Der Ausschluß gilt in anderen als den in Rn 8 ff genannten Fällen auch für alle Zwischen- und Nebenentscheidungen, zB für Berichtigungsbeschlüsse und Beschlüsse über Vollzugsmaßnahmen, Karlsr OLGR **98**, 414, aM Stgt FamRZ **99**, 1095.

3 *Unanfechtbar* sind danach alle Entscheidungen des OLG sowie diejenigen Entscheidungen des FamG, die ohne eine mündliche Erörterung ergangen sind oder die andere Fälle als diejenigen der Rn 8 ff betreffen, zB eine von §§ 69 III, 81 ff abweichende Kostenentscheidung, Düss FamRZ **94**, 1187, aM Bre FamRZ **91**, 1080, oder diejenigen Beschlüsse, die keine Endentscheidungen sind, Ffm FamRZ **89**, 766, zB eine solche über die Gewährung einer Räumungsfrist, Bbg FamRZ **93**, 1338, oder eine Berichtigung, aM Schlesw SchlHA **80**, 115, oder über die Aussetzung der Vollziehung oder über die Aussetzung nach § 21, aM Ffm FamRZ **85**, 409, oder eine Zwangsgeldandrohung, Karlsr FamRZ RR **99**, 7, aM Stgt FamRZ **99**, 1094, oder die isolierte Entscheidung über Kosten, Brdb FamRZ **02**, 964, Karlsr FamRZ **02**, 965, Köln FamRZ **06**, 437, oder die Kostenfestsetzung, Hbg FamRZ **80**, 906, aM Düss JB **81**, 727, oder die Wertfestsetzung, Köln FamRZ **86**, 695, Lappe NJW **87**, 1867, Schneider MDR **87**, 107, aM KG FamRZ **80**, 1142.

4 *Unanfechtbar ist ferner* eine solche Entscheidung, die zwar auf Grund einer mündlichen Erörterung ergangen ist, jedoch eine einstweilige Anordnung über die elterliche Sorge oder die Herausgabe eines Kindes

abgelehnt hat, Ffm MDR **03**, 1251, Hamm FamRZ **05**, 814, Naumb FamRZ **03**, 548, aM KG FamRZ **93**, 720, oder ein solcher Beschluß, der die Änderung einer einstweiligen Anordnung abgelehnt hat, Hbg FamRZ **93**, 1337, Hamm FamRZ **88**, 1194. Deshalb ist in diesen Fällen keine befristete Beschwerde gegen die Versagung der Verfahrenskostenhilfe statthaft, BGH NJW **05**, 1659, Düss FamRZ **91**, 1326, Ffm FamRZ **96**, 747, aM Ffm FamRZ **86**, 926, Schlesw SchlHA **82**, 71. Auch eine Umgangsanordnung ist unanfechtbar, Rn 2.

Unzulässig ist die Beschwerde schließlich, wenn das FamG eine Sachentscheidung abgelehnt hat, obwohl die gesetzlichen Voraussetzungen vorlagen, Ffm AnwBl **89**, 102, aM Ffm FamRZ **85**, 193. Ebenso dürfte bei einer Verletzung von Grundrechten, etwa des Rechts auf Gehör nach Art 103 I GG oder des Rechts auf den gesetzlichen Richter nach Art 101 I 2 GG, die Beschwerde unstatthaft sein, BGH FamRZ **89**, 265, BayObLG FamRZ **89**, 528. Dann kann freilich § 44 anwendbar sein, Köln FamRZ **03**, 548. Bei einer Verletzung von Grundrechten ist aber eine Gegenvorstellung statthaft, Grdz 6 vor § 567 ZPO. Eine Unzulässigkeit der Beschwerde gilt aber für sonstige, auch schwere, Rechtsanwendungsfehler, zB die irrige Bejahung der internationalen Zuständigkeit, Bbg RR **97**, 1090, oder die Verkennung der Bedeutung des § 51, aM Zweibr FamRZ **97**, 1167, oder die Entscheidung ohne den erforderlichen Antrag nach § 51, Zweibr FamRZ **80**, 386, oder eine fehlende oder mangelhafte Begründung, Zweibr FER **98**, 185, Gießler FamRZ **99**, 695, aM Düss FamRZ **98**, 764, Hamm FamRZ **93**, 719, und auch für die unzulässige Regelung eines Auskunftsanspruchs durch eine einstweilige Anordnung, Hamm FamRZ **83**, 515, aM Düss FamRZ **83**, 514, oder für die (irrige) Anwendung des § 95 I in Verbindung mit § 769 ZPO, aM Zweibr FamRZ **97**, 1227. 5

Eine *greifbare Gesetzeswidrigkeit* macht eine befristete Beschwerde *nicht* mehr statthaft, § 567 ZPO Rn 10, Brdb FER **00**, 241, Hamm FamRZ **05**, 533, Naumb FamRZ **02**, 183 links. Das gilt selbst dann, wenn die Entscheidung überhaupt nicht oder nicht von diesem Gericht ergehen durfte, wenn sie also mit der Rechtsordnung schlechthin unvereinbar ist, aM noch BGH RR **86**, 738, Ffm NJW **86**, 1052, Karlsr FamRZ **90**, 766. Der Meistbegünstigungsgrundsatz nach Grdz 28 vor § 511 ZPO kann daher auch nicht helfen, aM Brdb FamRZ **00**, 1421, Zweibr RR **92**, 904. 6

3) Abweichung, Umdeutung, S 1. Unanfechtbarkeit der Entscheidung steht einer abweichenden einstweiligen Anordnung in der Beschwerdeinstanz nicht entgegen, § 51, KG FamRZ **82**, 1031. Überhaupt ist eine unzulässige Beschwerde in einen Antrag nach § 51 umdeutbar, soweit ein solcher zulässig ist, Hamm FamRZ **80**, 67, Stgt NJW **78**, 279. 7

4) Anfechtbarkeit, S 2. Eine befristete Beschwerde ist wegen § 58 II in einem jeden der folgenden Fälle statthaft. Gerade das FamG muß gehandelt haben. Es muß von Amts wegen oder auf einen Antrag nicht mehr gerade auf Grund einer mündlichen Erörterung entschieden haben, BVerfG FamRZ **05**, 1235, Drsd NJW **02**, 2722. Das kann auch nach einem einseitigen Verhandeln geschehen sein, Düss FamRZ **92**, 1198, Mü OLGR **04**, 382. Auch eine fehlerhafte Verhandlung reicht, Drsd NJW **02**, 2722. Das Gericht mag durch einen an die Verhandlung direkt anschließenden Beschluß entschieden haben, also ohne erst nach der Verhandlung ermittelte oder erfahrene wesentliche Tatsachen, Karlsr FamRZ **94**, 1186, Naumb RR **03**, 366, aM Hbg FamRZ **86**, 182. 8

A. Sorgerechtsregelung, S 2 Z 1. Das Gericht muß durch seine Entscheidung auf Grund einer mündlichen Erörterung die elterliche Sorge für ein gemeinschaftliches Kind geregelt haben, Köln FamRZ **02**, 404. Das ist auch dann der Fall, wenn das Gericht durch die Aufhebung einer einstweiligen Anordnung zugunsten eines Elternteils der Sache nach eine Regelung zugunsten des anderen getroffen hat, Brdb FamRZ **04**, 210, Drsd RR **03**, 1014, Karlsr FamRZ **79**, 840, nicht aber sonst, Ffm MDR **03**, 1251, Köln FamRZ **83**, 732. Eine Teilregelung genügt zB wegen eines Reisepasses, Köln FamRZ **02**, 404, oder wegen des Rechts zur Aufenthaltsbestimmung oder der Vermögenssorge, Bbg FamRZ **83**, 82, KG RR **96**, 455, Karlsr FamRZ **07**, 656. Zur Abgrenzung KG RR **96**, 455, Köln FamRZ **02**, 404. 9

Unanwendbar ist S 2 Z 1 bei der bloßen Ablehnung der Änderung einer einstweiligen Anordnung, BGH NJW **05**, 1659, Hbg FamRZ **93**, 1337, Köln FamRZ **02**, 404.

B. Kindesherausgabe, S 2 Z 2. Ferner ist die befristete Beschwerde dann statthaft, wenn das FamG auf Grund einer mündlichen Erörterung die Herausgabe des Kindes an den anderen Elternteil angeordnet hat, mag das auch im Zusammenhang mit der Ablehnung einer Änderung geschehen sein, Hbg FamRZ **93**, 1337, oder mag die Herausgabe auch schon erfolgt sein, Bbg FamRZ **83**, 82. 10

Unanwendbar ist S 2 Z 2, soweit das FamG die Herausgabe nur für den Umgang angeordnet hat, Saarbr FamRZ **82**, 186, oder soweit es sie abgelehnt hat, Düss FamRZ **81**, 480.

C. Kindesverbleib, S 2 Z 3. Es mag auch eine solche Entscheidung auf Grund einer mündlichen Erörterung bei einer Pflege- oder Bezugsperson erfolgt sein. 11

D. Gewaltschutzentscheidung, S 2 Z 4. Ferner ist eine befristete Beschwerde dann statthaft, wenn das FamG auf Grund einer mündlichen Erörterung über einen Antrag nach §§ 1, 2 GewSchG entschieden hat, Schlesw MDR **04**, 155. 12

E. Ehewohnungszuweisung, S 2 Z 5. Schließlich ist eine befristete Beschwerde dann statthaft, wenn das FamG auf Grund von § 1361 b BGB nach einer mündlichen Erörterung über einen Antrag auf eine Zuweisung der Ehewohnung entschieden hat, Karlsr RR **99**, 721, und nach einer Entscheidung über die Zahlung einer Nutzungsentschädigung, Brdb FamRZ **03**, 1305, oder nach einer bloßen Wohnungsaufteilung, Brdb FamRZ **03**, 1306, Naumb FamRZ **05**, 2075, aM KG FamRZ **86**, 1010, oder wenn das FamG die Zuweisung gar abgelehnt hat. Eine zeitliche Nähe reicht. KG FamRZ **08,** 1265. 13

Unanwendbar ist S 2 Z 5 bei der Wiedereinräumung von Mitbesitz, Bbg FamRZ **06**, 873, oder bei einer Wohnungsaufhebung, Naumb FamRZ **05**, 2074.

F. Einzelfragen, S 2 Z 1–5. Hat das FamG nach einer mündlichen Erörterung weitere Ermittlungen veranlaßt, ist alsdann im schriftlichen Verfahren erlassene Entscheidung gleichwohl „auf Grund" der mündlichen Erörterung ergangen. Daher ist die befristete Beschwerde statthaft, Hbg FamRZ **86**, 182, aM Bbg 14

FamRZ **81**, 294, Karlsr FamRZ **94**, 1186, Zweibr FamRZ **08**, 1265. In den genannten Fällen ist eine Überprüfung der Entscheidung wegen ihrer Bedeutung für die Betroffenen gerechtfertigt. Bei der Ablehnung einer einstweiligen Anordnung über die elterliche Sorge oder die Herausgabe eines Kindes gilt das nicht. Daher ist die Beschwerde nach einer solchen Überprüfung selbst dann unstatthaft, wenn die Überprüfungsentscheidung auf Grund einer mündlichen Erörterung ergangen ist, Zweibr FamRZ **06**, 872. Ebenso ist die in dieser Weise erfolgte Ablehnung der Änderung einer bestehenden einstweiligen Anordnung in beiden Fällen nicht beschwerdefähig, Düss FamRZ **81**, 480, Hbg FamRZ **93**, 1337, es sei denn, das FamG hat mit der Ablehnung eine Anordnung nach S 2 verbunden, Hbg FamRZ **93**, 133. Dagegen ist gegen die Ablehnung eines Antrags nasch §§ 1, 2 GewSchG oder eines Antrags auf eine Zuweisung der Ehewohnung die befristete Beschwerde statthaft.

Ein Verstoß gegen *Art 103 I GG* reicht nicht stets, BVerfG NJW **82**, 1454, BGH NJW **95**, 2497. § 44 ist (jetzt) anwendbar, BGH NJW **02**, 1577, BFH FamRZ **03**, 677, Hamm MDR **03**, 296.

15 **5) Verfahren, S 1, 2.** Es sind grundsätzlich §§ 58 ff anwendbar. Die befristete Beschwerde steht den Beteiligten der EheS zu, sofern die Entscheidung sie beschwert. Der Beschwerdeführer braucht kein besonderes Rechtsschutzbedürfnis, Naumb FamRZ **04**, 1045. Der Vollzug der Anordnung berührt im übrigen nicht die Zulässigkeit der Beschwerde, Karlsr RR **99**, 731. Dritte Nichtbeteiligte sind nicht beschwerdeberechtigt.

Die *Rechtskraft* des Eheentscheids steht nicht entgegen, Zweibr FamRZ **77**, 261. Über die Beschwerde entscheidet das OLG, § 119 I Z 1 a GVG. Zuständig ist evtl sein Einzelrichter, § 68 IV, Schlesw RR **04**, 156. Ein Anwaltszwang besteht nicht, § 114 IV Z 1. Der Beschwerdeführer soll seine Beschwerde begründen, § 65 I, II (also innerhalb richterlicher Frist). Mehrere Beschwerdeschriftsätze eines Beteiligten in derselben Sache sind hier wie auch sonst nur *ein* Rechtsmittel, Kblz FamRZ **80**, 905.

Das FamG muß eine *Nichtabhilfe* nachvollziehbar begründen, § 68 I 1 Hs 2, Karlsr FamRZ **04**, 653. Über die befristete Beschwerde muß das OLG durch einen Beschluß entscheiden, den es begründen soll, evtl muß, § 69 II 1, 2. Für die Kosten gelten §§ 69 III, 81 ff. Eine weitere Beschwerde ist unstatthaft. Wegen der Rechtsbeschwerde §§ 70 ff.

Abschnitt 5. Rechtsmittel

Unterabschnitt 1. Beschwerde

58 *Statthaftigkeit der Beschwerde.* [I] **Die Beschwerde findet gegen die im ersten Rechtszug ergangenen Endentscheidungen der Amtsgerichte und Landgerichte in Angelegenheiten nach diesem Gesetz statt, sofern durch Gesetz nichts Anderes bestimmt ist.**

[II] **Der Beurteilung des Beschwerdegerichts unterliegen auch die nicht selbstständig anfechtbaren Entscheidungen, die der Endentscheidung vorausgegangen sind.**

1 **1) Systematik, Regelungszweck, I, II.** Die Vorschrift ähnelt dem früheren § 20 FGG. *I* stimmt weitgehend mit der hier abgeschafften Berufung des im Zivilprozeß ja fortgeltenden § 511 I ZPO überein, ebenso mit § 567 Hs 1 ZPO. Freilich ist der Gedanke des § 567 I Z 1 ZPO (Notwendigkeit einer ausdrücklichen gesetzlichen Bestimmung der Statthaftigkeit) in § 58 I Hs 2 in sein Gegenteil verkehrt (Unstatthaftigkeit bei gesetzlich bestimmter Unanfechtbarkeit der Endentscheidung). Vgl daher bei §§ 511, 567 ZPO. Vorrangig gilt § 256. Beim Rpfl gilt § 11 RpflG (Erinnerung).

2 **2) Endentscheidung, I.** Nur gegen eine erstinstanzliche Endentscheidung des FamG findet die Beschwerde nach §§ 58 ff statt, BGH FamRZ **03**, 232 links (nicht gegen andere als Endentscheidungen), Drsd FamRZ **02**, 1053. Sie läßt sich auf abtrennbare Teile der Entscheidung beschränken, Oldb JB **81**, 589. Voraussetzung ist, daß der Teil von der Entscheidung über den Rest unabhängig ist, BGH RR **88**, 131, Ffm FamRZ **83**, 405, Stgt FamRZ **78**, 443. Wegen einer Rechtsbeschwerde §§ 70 ff.

3 *Endentscheidung* ist jede solche Entscheidung des Richters und des Rpfl nach §§ 1382, 1587 d BGB oder nach § 1618 BGB, BGH RR **00**, 655, Karlsr FamRZ **04**, 831, Oelkers/Kreutzfeld FamRZ **00**, 647, aM Kblz FamRZ **00**, 690, die das Verfahren abschließt, oder nach § 612 II 2 BGB, Karlsr FamRZ **04**, 655, oder nach §§ 1629 II 3, 1796 BGB, Köln FamRZ **01**, 430, oder nach 1631 b BGB, Bbg FamRZ **03**, 1584. Dazu gehören auch eine Zwischenentscheidung über die Zuständigkeit nach § 113 I 2 in Verbindung mit § 280 II ZPO, Stgt FamRZ **78**, 442, und jede selbständige Teilentscheidung, Rn 2, ebenso wie die Entscheidung über eine Beschränkung der Vermögenssorge der Eltern, Bbg FamRZ **03**, 1854, Köln FER **01**, 299, und die Entscheidung über einen Auskunftsanspruch zum Versorgungsausgleich, BGH NJW **81**, 1508, oder wegen eines Verzichts auf den Versorgungsausgleich, Brdb FamRZ **07**, 738, ferner die Anordnung nach § 1587 d BGB, Düss FamRZ **82**, 81, die Genehmigung einer Vereinbarung über das Umgangsrecht, Nürnb FamRZ **03**, 779, oder nach § 1587 o BGB, Stgt FamRZ **82**, 1079, aM Philippi FamRZ **82**, 1057, sowie die Entscheidung über einen nach dem Abschluß des Verfahrens erneut gestellten Antrag auf eine Durchführung des Versorgungsausgleichs, Nürnb NJW **80**, 790. Endentscheidung ist auch der nach einer einseitigen Erledigterklärung ergehende Beschluß, Köln FamRZ **83**, 1262, ebenso die Entscheidung über eine nachträgliche Räumungsfrist nach der HausrVO, Bbg FamRZ **01**, 692, Brudermüller FamRZ **87**, 123, aM Stgt FamRZ **80**, 467.

4 *Nicht hierhin* gehören: Die Verweisung nach § 113 I 2 in Verbindung mit § 281 ZPO, BayObLG RR **88**, 703, eine Entscheidung des Rpfl nach §§ 1643 I, 1821, 1822 BGB, Mü FamRZ **03**, 392, aM Brdb FamRZ **04**, 1049, die Aussetzung des Verfahrens, Brdb FamRZ **96**, 497, Drsd FamRZ **05**, 1572, die Entscheidung über die Ablehnung eines Sachverständigen, BayObLG FamRZ **93**, 1478, die isolierte Kostenentscheidung, BGH RR **90**, 1218, und auch nicht die Entscheidung über Vollstreckungsmaßnahmen, BGH RR **88**, 194, ebensowenig die förmliche Zwischenentscheidung über die Ehezeit nach § 1587 II BGB, Düss FamRZ **94**, 176, aM Hamm FamRZ **80**, 897. Auch eine einstweilige Anordnung nach §§ 49 ff, 129, 246 ff ist an sich

keine Endentscheidung, BGH FamRZ **03**, 232, Hamm RR **94**, 389. Dasselbe gilt für eine bloße Aussetzung des Versorgungsausgleichs, Drsd FamRZ **02**, 1053. Keine Endentscheidung ist die Entscheidung nach dem SorgeRÜbkAusfG, SchlAnh V A 3 aE, vgl dessen § 8.

Freilich muß man die Entscheidungen nach *§ 57 S 2 Z 1–5* wegen der aus jener Vorschrift erkennbaren Anfechtbarkeit (Gegensatz zu § 57 S 1) im Ergebnis dem § 58 I mitunterstellen. Denn sonst würde § 57 S 2 leerlaufen. 5

Die Beschwerde nach § 58 setzt nicht nur eine Beschwer voraus. Erforderlich ist zusätzlich, daß der Beschwerdeführer die *Beseitigung dieser Beschwer* erstrebt, Grdz 24 vor § 511 ZPO, BGH NJW **83**, 179. 6

3) Vorentscheidung, II. Dem Wortlaut nach ist II neu. Dem Sinn nach ist die Vorschrift nur die Bestätigung dort längst allseits akzeptierter Lösungen, nach denen manche Zwischenentscheidung erst mit der Endentscheidung zusammen anfechtbar ist, Borth FamRZ **07**, 1929, vgl etwa bei § 355 ZPO. 7

59 *Beschwerdeberechtigte.* **I Die Beschwerde steht demjenigen zu, der durch den Beschluss in seinen Rechten beeinträchtigt ist.**

II Wenn ein Beschluss nur auf Antrag erlassen werden kann und der Antrag zurückgewiesen worden ist, steht die Beschwerde nur dem Antragsteller zu.

III Die Beschwerdeberechtigung von Behörden bestimmt sich nach den besonderen Vorschriften dieses oder eines anderen Gesetzes.

1) Systematik, Regelungszweck, I–III. Im Rechtsmittelverfahren der ZPO ist stets eine sog Beschwer erforderlich, Grdz 14 ff vor § 511 ZPO. Diese Zulässigkeitsvoraussetzung kehrt unter dem Begriff einer Rechtsbeeinträchtigung in I wieder. Sie heißt in §§ 513 II, 545 I ZPO Rechtsverletzung. Vgl daher auch diese Vorschriften und Regeln. Von einer Beschwer muß man den Beschwerdewert des § 64 I, II FamFG unterscheiden, dazu § 511 ZPO Rn 14 ff. 1

2) Antragsverfahren, II. Nur der Antragsteller ist beschwerdeberechtigt, wenn das ganze erstinstanzliche Verfahren von seinem Antrag abhängig war und nicht von Amts wegen zur Endentscheidung führen durfte. Das gilt unabhängig davon, ob das FamG auch tatsächlich diese Abhängigkeit gesehen hat. 2

3) Behörde, III. Ihr Beschwerderecht kann weiter gehen und anders begründbar sein als nach I, II. Daher sind die in III generell umschriebenen zugehörigen gesetzlichen Beschwerbefugnisse nötig, aber auch ausreichend. 3

60 *Beschwerderecht Minderjähriger.* **[1]Ein Kind, für das die elterliche Sorge besteht, oder ein unter Vormundschaft stehender Mündel kann in allen seine Person betreffenden Angelegenheiten ohne Mitwirkung seines gesetzlichen Vertreters das Beschwerderecht ausüben. [2]Das Gleiche gilt in sonstigen Angelegenheiten, in denen das Kind oder der Mündel vor einer Entscheidung des Gerichts gehört werden soll. [3]Dies gilt nicht für Personen, die geschäftsunfähig sind oder bei Erlass der Entscheidung das 14. Lebensjahr nicht vollendet haben.**

1) Systematik, Regelungszweck, S 1–3. Die Vorschrift erweitert § 59 im Interesse einer möglichst weitgehenden unmittelbaren Teilnahme solcher Menschen am Gerichtsverfahren, deren gesetzliche Vertreter erfahrungsgemäß schon wegen manchen Interessenkonflikts in die Gefahr oder Versuchung geraten können, nicht ausreichend die Belange des ihnen Anvertrauten mitzubeachten. 1

Auch außerhalb des FamFG kennt das Gesetz ja vielfach die Anhörung oder sonstige direkte Beteiligung der in § 60 genannten Menschen an Verfahren, damit nichts über ihren Kopf hinweg geschieht. Wieweit ein Beschwerderecht in der Alltagspraxis bei solchen Menschen nur rein theoretisch bleibt, muß sich eben dort erweisen. Die von S 3 gezogenen formalen Grenzen verdeutlichen darüber hinaus den Umstand, daß es nicht ohne den Grundsatz einer gesetzlichen Vertretung geht. 2

61 *Beschwerdewert; Zulassungsbeschwerde.* **I In vermögensrechtlichen Angelegenheiten ist die Beschwerde nur zulässig, wenn der Wert des Beschwerdegegenstandes sechshundert Euro übersteigt.**

II Übersteigt der Beschwerdegegenstand nicht den in Absatz 1 genannten Betrag, ist die Beschwerde zulässig, wenn das Gericht des ersten Rechtszuges die Beschwerde zugelassen hat.

III [1]Das Gericht des ersten Rechtszuges lässt die Beschwerde zu, wenn

1. die Rechtssache grundsätzliche Bedeutung hat oder die Fortbildung des Rechts oder die Sicherung einer einheitlichen Rechtsprechung eine Entscheidung des Beschwerdegerichts erfordert und

2. der Beteiligte durch den Beschluss mit nicht mehr als sechshundert Euro beschwert ist.

[2]Das Beschwerdegericht ist an die Zulassung gebunden.

1) Systematik, Regelungszweck, I–III. Die Vorschrift stimmt bei einem teilweise etwas abweichenden Wortlaut und Aufbau inhaltlich doch fast vollständig mit § 511 ZPO überein: *I* mit § 511 II Z 1 ZPO; *II* mit § 511 II Z 2 ZPO; *III 1 Z 1, 2* praktisch wörtlich mit § 511 IV Z 1, 2 ZPO; *IV* praktisch wörtlich mit § 511 IV 3 ZPO. Es fehlt nur in II die in § 511 Z 2 ZPO genannte zeitliche Beschränkung der Zulassung (dort „im Urteil"). Vgl daher im Ergebnis jeweils bei § 511 ZPO. 1

Einschränkungen des Beschwerderechts enthält § 228.

62 *Statthaftigkeit der Beschwerde nach Erledigung der Hauptsache.* **I Hat sich die angefochtene Entscheidung in der Hauptsache erledigt, spricht das Beschwerdegericht auf Antrag aus, dass die Entscheidung des Gerichts des ersten Rechtszugs den Beschwerdeführer in seinen Rechten verletzt hat, wenn der Beschwerdeführer ein berechtigtes Interesse an der Feststellung hat.**

II Ein berechtigtes Interesse liegt in der Regel vor, wenn
1. schwerwiegende Grundrechtseingriffe vorliegen oder
2. eine Wiederholung konkret zu erwarten ist.

1 **1) Systematik, Regelungszweck, I, II.** Die Vorschrift bringt eine Konsequenz aus Art 19 IV GG, Jacoby FamRZ **07**, 1707. Sie geht über die Kostenfolgen einer Erledigung der Hauptsache im Rechtsmittelverfahren nach § 91 a ZPO Rn 197, 198 hinaus. Sie berechtigt und verpflichtet das Beschwerdegericht auf einen Antrag zu einer Feststellung in einer Beschlußform unter den Voraussetzungen II Z 1 oder 2. Das ausdrücklich erforderliche Feststellungsinteresse entspricht im Grundgedanken demjenigen bei § 256 I ZPO. Es mag zB bei einer Wiederholungsgefahr oder zwecks einer Wiederherstellung des Rufs vorliegen, Jacoby FamRZ **07**, 1707.

2 Wie dort, handelt es sich um eine *Zulässigkeitsvoraussetzung,* § 256 ZPO Rn 23, 24. Wie dort reicht es trotz des Vergangenheitsbezugs aus, daß noch Rechtsfolgen für die Gegenwart und Zukunft eintreten können. Das ist im Fall II Z 2 eindeutig, bei Z 1 nicht so klar. Ein Grundrechtseingriff ist eigentlich immer „schwerwiegend". Bei II Z 1 muß daher ein deutlich gesteigerter Grundrechtsverstoß vorliegen. Das kann natürlich bei jedem Grundrecht der Fall sein. Selbst dann liegt aber ein berechtigtes Feststellungsinteresse nur „in der Regel" und damit keineswegs stets vor.

63 *Beschwerdefrist.* **I Die Beschwerde ist, soweit gesetzlich keine andere Frist bestimmt ist, binnen einer Frist von einem Monat einzulegen.**

II Die Beschwerde ist binnen einer Frist von zwei Wochen einzulegen, wenn sie sich gegen
1. eine einstweilige Anordnung oder
2. einen Beschluss, der die Genehmigung eines Rechtsgeschäfts zum Gegenstand hat,
richtet.

III [1]Die Frist beginnt jeweils mit der schriftlichen Bekanntgabe des Beschlusses an die Beteiligten. [2]Kann die schriftliche Bekanntgabe an einen Beteiligten nicht bewirkt werden, beginnt die Frist spätestens mit Ablauf von fünf Monaten nach Erlass des Beschlusses.

1 **1) Systematik, Regelungszweck, I–III.** In der Fristgebundenheit dem Grunde nach stimmt I, II sowohl mit § 517 Hs 1 ZPO als auch mit § 569 I 1 Hs 1 ZPO überein. Allerdings heißt das Rechtsmittel im FamFG nicht „sofortige" Beschwerde. Man kann aber vorsorglich von einer „befristeten" Beschwerde sprechen, unabhängig von den nach I, II unterschiedlichen Fristlängen. Die Dauer der Beschwerdefrist stimmt bei *I* mit § 517 ZPO und bei *II* mit § 569 I 1 ZPO überein. Freilich bindet II die bloße Zweiwochenfrist an die wahlweise möglichen Bedingungen Z 1 oder 2, also an eine Verfahrensart nach §§ 49 ff oder an einen Verfahrensgegenstand. Diese Bedingungen müssen eindeutig vorliegen. Im Zweifel bleibt es daher bei der längeren Monatsfrist nach I. *III 1, 2* entspricht inhaltlich weitgehend §§ 517, 569 I 2 ZPO mit der Abweichung, daß statt einer Zustellung eine Bekanntgabe nach § 41 den Fristbeginn auslöst (ohne ihre Möglichkeit läuft dieselbe Fünfmonatsfrist wie nach der ZPO). Vgl daher jeweils bei der ZPO. § 117 enthält eine vorrangige Regelung in einer Ehe- oder Familienstreitsache.

Beim *Rechtspfleger* gilt § 11 II 1 RPflG mit seiner Verweisung auf § 63, aber auch § 11 III 1 RPflG.

64 *Einlegung der Beschwerde.* **I Die Beschwerde ist bei dem Gericht einzulegen, dessen Beschluss angefochten wird.**

II [1]Die Beschwerde wird durch Einreichung einer Beschwerdeschrift oder zur Niederschrift der Geschäftsstelle eingelegt. [2]Die Beschwerde muss die Bezeichnung des angefochtenen Beschlusses sowie die Erklärung enthalten, dass Beschwerde gegen diesen Beschluss eingelegt wird. [3]Sie ist von dem Beschwerdeführer oder seinem Bevollmächtigten zu unterzeichnen.

III Das Beschwerdegericht kann vor der Entscheidung eine einstweilige Anordnung erlassen; es kann insbesondere anordnen, dass die Vollziehung des angefochtenen Beschlusses auszusetzen ist.

1 **1) Systematik, Regelungszweck, I–III.** Es bestehen die folgenden Übereinstimmungen oder Abweichungen gegenüber der ZPO.

2 **A. Einlegung beim Erstgericht, I.** Man muß die Beschwerde bei demjenigen Gericht einlegen, dessen Beschluß man anficht, also beim Erstgericht, nicht beim Rechtsmittelgericht. Diese Regelung entspricht der ersten der beiden in § 569 I 1 ZPO wahlweise genannten Möglichkeiten, nicht der zweiten und nicht derjenigen bei einer Berufung nach § 519 I ZPO.

3 Einlegung beim *falschen* Gericht bedeutet: Noch keine Fristeinhaltung, diese vielmehr erst beim Eingang beim Erstgericht. An dieses darf und muß das fälschlich angegangene Gericht gleich welchen Orts und Rangs den Irrläufer unverzüglich weiterleiten, ohne dazu alles stehen und liegen lassen zu müssen, wie bei § 129 a II ZPO (allgemeiner Rechtsgedanke, vgl dort).

4 **B. Einlegungsform, II.** *II 1* entspricht § 569 II 1, III ZPO (ohne die dortigen Beschränkungen). *II 2* entspricht §§ 519 II, 569 II 2 ZPO. *II 3* entspricht § 519 IV in Verbindung mit § 130 Z 6 ZPO. Vgl jeweils dort.

5 **C. Einstweilige Anordnung usw, III.** Die Vorschrift entspricht § 570 II, III ZPO. Vgl daher dort.

65 *Beschwerdebegründung.* [I] **Die Beschwerde soll begründet werden.**

[II] **Das Gericht kann dem Beschwerdeführer eine Frist zur Begründung der Beschwerde einräumen.**

[III] **Die Beschwerde kann auf neue Tatsachen und Beweismittel gestützt werden.**

[IV] **Die Beschwerde kann nicht darauf gestützt werden, dass das Gericht des ersten Rechtszuges seine Zuständigkeit zu Unrecht angenommen hat.**

1) Systematik, Regelungszweck, I–IV. Während man im Zivilprozeß eine Berufung gegen ein Urteil fristgebunden nach § 520 ZPO begründen „muß", enthält I bei der Beschwerde nach dem FamFG nur ein „Sollen" zur Begründung. § 117 I 2 hat den Vorrang vor II. 1

Ob *II* mit seiner Befugnis des Gerichts mit dem Wort „einräumen" in Wahrheit dann, wenn es eine Frist setzt, auch eine dem § 520 ZPO entsprechende Begründungspflicht begründet, kann zweifelhaft sein. Denn II spricht gerade nicht davon, das Gericht dürfe eine Frist „setzen". Wenn aber die „Einräumung" es dem Beschwerdeführer freiließe, ob er überhaupt vom „Sollen" nach I Gebrauch macht, wäre II insgesamt wenig sinnvoll. Eher wird ein Sinn daraus, wenn man eine nach pflichtgemäßem Ermessen nun einmal genannte Frist auch als die Auslösung eines Begründungszwangs versteht, und zwar eben in der in Wahrheit sehr wohl „gesetzten" verbindlichen Frist. Denn das Gericht will dann hören, welche Gründe der Beschwerdeführer nennen kann und will. 2

Eine Begründung braucht *keinen bestimmten Antrag* zu enthalten, BGH NJW **94**, 313. Sie muß auch nicht den Anforderungen an eine Berufungsbegründung genügen, BGH FER **01**, 26. Nötig ist aber, daß das Ziel des Rechtsmittels erkennbar ist und daß man eine mit der Beschwerde bekämpfte Beschwer nennt, BGH NJW **94**, 313, Köln FamRZ **98**, 763. Dafür ist eine kurze Darstellung ausreichend und erforderlich, warum der Beschwerdeführer sich durch die Entscheidung beschwert fühlt, was er also an ihr mißbilligt, BGH NJW **94**, 313. Bei einem Angriff auf die Entscheidung über den Versorgungsausgleich sind keine Berechnungen der Anwartschaften nötig, BGH VersR **81**, 277. Man kann das Begehren auch nach dem Ablauf der Frist erweitern, wenn man darauf nicht eindeutig verzichtet hat, Oldb JB **81**, 589, aM Köln FamRZ **98**, 762. 3

Im Verbund nach § 137 kann sich die Beschwerde in der Begründungsschrift evtl auf andere Teile des Verbundbeschlusses erstrecken, BGH NJW **81**, 2360. Man kann sie nur im Rahmen der Begründung später erweitern, Zweibr FamRZ **82**, 621 (zustm Liermann 987). Eine Erweiterung des Verfahrensgegenstands ist grundsätzlich unzulässig, Karlsr RR **07**, 444 (Ausnahme: Bestätigung einer einverständlichen Umgangsregelung). Hier (nicht auch in isolierten FamS) ist die Zustellung der Begründungsschrift nötig.

III entspricht in einer Abweichung von §§ 530, 531 ZPO der Regelung in § 571 II 1 ZPO. *IV* entspricht praktisch wörtlich §§ 513 II, 571 II 2 ZPO. Vgl daher jeweils dort. 4

66 *Anschlussbeschwerde.* [1] **Ein Beschwerdeberechtigter kann sich der Beschwerde anschließen, selbst wenn er auf die Beschwerde verzichtet hat oder die Beschwerdefrist verstrichen ist; die Anschließung erfolgt durch Einreichung der Beschwerdeanschlussschrift bei dem Beschwerdegericht.** [2] **Die Anschließung verliert ihre Wirkung, wenn die Beschwerde zurückgenommen oder als unzulässig verworfen wird.**

1) Systematik, Regelungszweck, S 1, 2. S 1 stimmt praktisch wörtlich mit §§ 524 II 1, 2, 567 III 1 ZPO überein. S 2 stimmt wörtlich mit § 567 III 2 ZPO und fast wörtlich mit § 524 IV ZPO überein. Vgl daher jeweils dort. 1

2) Einzelfragen, S 1, 2. Eine Anschließung ist zB auch bei einem nur gegen eine FolgeS gerichteten Hauptrechtsmittel zulässig, wenn sie sich gegen den Scheidungsspruch und/oder gegen eine andere FolgeS richtet, BGH NJW **83**, 514. Dagegen ist eine Anschließung unzulässig, wenn der Hauptrechtsmittelkläger das Hauptrechtsmittel im Zeitpunkt der Anschließung zurückgenommen hat oder wenn das Beschwerdegericht es als unzulässig verworfen hat, Bre FamRZ **89**, 649, Hamm FamRZ **89**, 414, Saarbr FamRZ **88**, 413. Sie wird in den Fällen des S 2 unzulässig, Hamm FamRZ **89**, 415. 2

Immer muß sich die Anschließung *gegen dieselbe Entscheidung* wie das Hauptrechtsmittel richten. Daher ist die Anschließung wegen einer zusammen mit dem Scheidungsausspruch entschiedenen FolgeS unzulässig, wenn sich das Hauptrechtsmittel auf die spätere Entscheidung über eine abgetrennte FolgeS bezieht, BGH NJW **83**, 1318, Mü FamRZ **83**, 1258. Hat das FamG über den Ehegatten- und Kindesunterhalt entschieden, darf sich bei einer Anfechtung nur wegen des ersteren der andere Ehegatte wegen des Kindesunterhalts anschließen, wenn dieser nach § 1629 III BGB geltend gemacht wird, Hamm FamRZ **88**, 187, Wosgien FamRZ **87**, 1102, aM Mü FamRZ **87**, 169 (abl Philippi 607), nicht aber bei einer Volljährigkeit der Kinder, Ffm FamRZ **88**, 520. Immer müssen der Hauptrechtsmittelführer und der sich Anschließende gegenläufige Ziele verfolgen, BGH NJW **82**, 224, Köln FamRZ **88**, 411, Schmitz FamRZ **87**, 1101, aM Ffm FamRZ **87**, 954. 3

Unzulässig ist eine solche Anschließung, mit der man dasselbe Ziel wie mit dem Hauptrechtsmittel verfolgt, Hbg FamRZ **88**, 639. Eine Anschließung ist nur dann statthaft, wenn der sich Anschließende zugleich ein Gegner ist, also ein möglicherweise Betroffener des Angriffs des Hauptrechtsmittels, BGH FamRZ **85**, 59, Köln FamRZ **88**, 411, Philippi FamRZ **89**, 1258. Hieran hat § 66 nichts geändert. Denn die Vorschrift regelt nicht die Zulässigkeit einer Anschließung, sondern sie befristet lediglich eine zulässige Anschließung, Köln FamRZ **88**, 411, Schmitz FamRZ **87**, 1101.

Hat man nur die Entscheidung in einer FolgeS angefochten, kann ein *Drittbeteiligter* in einer anderen FolgeS nur dann ein Anschlußrechtsmittel einlegen, wenn ihn die angefochtene Sache möglicherweise betrifft, BGH NJW **83**, 177, Zweibr RR **98**, 147. Der Dritte kann den Scheidungsanspruch nicht (mit)- 4 anfechten, BGH NJW **98**, 2679, Köln FamRZ **88**, 411, Rüffer FamRZ **79**, 413. Unzulässig ist auch die Anschließung eines Versorgungsträgers an die Beschwerde eines anderen Versorgungsträgers, Ffm FamRZ **86**, 178, Kblz FamRZ **87**, 955, es sei denn, die Anschließung richtet sich gegen einen anderen Teil der Entscheidung über den Versorgungsausgleich, Ffm FamRZ **87**, 954 (eine sachlichrechtliche Gegnerstellung genügt). Wohl aber steht das Recht zur Anschließung dem von dem Rechtsmittel betroffenen Ehegatten zu, zB wenn das Rechtsmittel eines Drittbeteiligten auf die Besserstellung des anderen Ehegatten hinausläuft, Hamm FamRZ **83**, 1241.

5 Die Anschlußbeschwerde eines Ehegatten ist wegen einer FolgeS zulässig, wenn das Hauptrechtsmittel *dieselbe oder eine andere FolgeS* betrifft, BGH NJW **82**, 225. Das gilt auch im Verfahren über den Versorgungsausgleich, wenn die Ehegatten über dessen Höhe streiten, BGH NJW **83**, 578, Hamm FamRZ **83**, 1241. Denn dort gilt das Verbot der Schlechterstellung des Rechtsmittelführers ebenfalls, BGH NJW **83**, 173. Unzulässig ist dagegen die unselbständige Anschlußbeschwerde eines Ehegatten, wenn der Träger der Versorgungslast oder die gesetzliche Rentenversicherung das Hauptrechtsmittel eingelegt hat, BGH NJW **85**, 968, Ffm FamRZ **86**, 178, Kblz FamRZ **87**, 955, es sei denn, es handelt sich um eine für einen Ehegatten nachteilige Teilanfechtung, Celle FamRZ **85**, 939.

6 Zulässig ist unter diesen Voraussetzungen auch eine *Hilfsanschließung,* BGH NJW **84**, 1240, ebenso wie die Anschließung an ein Anschlußrechtsmittel (sog Gegenanschließung), Ffm FamRZ **87**, 959, Karlsr FamRZ **88**, 412, Diederichsen NJW **86**, 1468. Jedenfalls ist die Anschließung des Hauptrechtsmittelführers an eine Anschließung zulässig, wenn diese sich gegen einen anderen Teil der Verbundentscheidung wendet und wenn der Hauptrechtsmittelführer nunmehr seinerseits eine Änderung des durch die Anschließung angegriffenen Teils zu seinen Gunsten erreichen möchte, Jaeger FamRZ **85**, 869, Philippi FamRZ **89**, 1258, Sedemund-Treiber FamRZ **86**, 212.

67 *Verzicht auf die Beschwerde; Rücknahme der Beschwerde.* I **Die Beschwerde ist unzulässig, wenn der Beschwerdeführer hierauf nach Bekanntgabe des Beschlusses durch Erklärung gegenüber dem Gericht verzichtet hat.**

II **Die Anschlussbeschwerde ist unzulässig, wenn der Anschlussbeschwerdeführer hierauf nach Einlegung des Hauptrechtsmittels durch Erklärung gegenüber dem Gericht verzichtet hat.**

III **Der gegenüber einem anderen Beteiligten erklärte Verzicht hat die Unzulässigkeit der Beschwerde nur dann zur Folge, wenn dieser sich darauf beruft.**

IV **Der Beschwerdeführer kann die Beschwerde bis zum Erlass der Beschwerdeentscheidung zurücknehmen.**

1 **1) Systematik, Regelungszweck, I–IV.** I schließt an § 515 ZPO an, freilich nur in einer Abwandlung. Denn ein Verzicht muß an sich gerade gegenüber dem Gericht erfolgen. Er kann gegenüber dem Erstgericht erfolgen, schon weil die Beschwerde ja nach § 64 I nur dort wirksam einlegbar ist. Er braucht aber nicht dort einzugehen. Denn „Gericht" kann hier auch das Beschwerdegericht sein. Er ist freilich erst nach der Bekanntgabe des Erstbeschlusses nach § 41 wirksam. Er duldet keine Bedingung. Er muß eindeutig sein. Bei einem Verzicht auf eine Anschlußbeschwerde gilt neben II auch dem Sinn nach I. Vorrangig gilt § 144.

2 **2) Verzicht, III.** Er ist auch in einer EheS grundsätzlich unbeschränkt zulässig, Zweibr FamRZ **94**, 1045.

Aus Erwägungen, die mit dem Wesen der Ehe zusammenhängen, bestehen aber mehrfache *Einschränkungen.* Ein vorheriger Verzicht muß mit Rücksicht auf die Einheitlichkeit der Entscheidung und die Möglichkeit, daß auch der nichtbeschwerte Ehegatte eine Beschwerde zum Zweck der Aufrechterhaltung der Ehe einlegen kann, beiderseitig sein, Zweibr FamRZ **94**, 1045. Der Verzicht nach einem Beschluß macht das trotzdem eingelegte Rechtsmittel unzulässig. Hat der Beteiligte seinen Verzicht gegenüber dem Gericht erklärt, darf es ihn nur nach III berücksichtigen. Es handelt sich um eine unwiderrufliche Beteiligtenverfahrenshandlung nach Grdz 47 ff vor § 128 ZPO, Hamm FamRZ **95**, 944. Der Verzicht ist nicht schon dann unwirksam, wenn er ebenso wie eine Rechtsmittelrücknahme zu einer dem Gesetz widersprechenden Auflösung der Ehe führt. Der nachherige Verzicht läßt sich auch dem Gegner gegenüber erklären. Er gibt aber auch dann lediglich eine Einrede. Er macht also den Beschluß nicht schon vor dem Ablauf der Rechtsmittelfrist rechtskräftig. Die Verfahrensvollmacht ermächtigt auch hier zum Verzicht. Die Gegeneinrede ist zulässig, daß eine außergerichtliche Erklärung ohne die Zuziehung eines Anwalts auf einer schwerwiegenden Beeinträchtigung der freien Entschließung beruhe.

Verzicht nur *gegenüber dem Gegner* hat nach III anders als bei § 515 ZPO eine Wirkung erst dann, wenn dieser sich auf ihn beruft. Das ist zwar ähnlich wie bei einer „Annahme" der Verzichtsleistung, aber doch nicht dasselbe. Das Sichberufen kann in jeder sinngemäß eindeutigen Bezugnahme stecken, auch einer stillschweigenden.

3 **3) Zurücknahme, IV.** Zurücknehmen kann man seine Beschwerde wie bei § 516 I (und damit auch II, III) ZPO. Vgl daher dort und auch bei § 567 III 2 Hs 1 ZPO.

68 *Gang des Beschwerdeverfahrens.* I [1] **Hält das Gericht, dessen Beschluss angefochten wird, die Beschwerde für begründet, hat es ihr abzuhelfen; anderenfalls ist die Beschwerde unverzüglich dem Beschwerdegericht vorzulegen.** [2] **Das Gericht ist zur Abhilfe nicht befugt, wenn die Beschwerde sich gegen eine Endentscheidung in einer Familiensache richtet.**

II [1] **Das Beschwerdegericht hat zu prüfen, ob die Beschwerde an sich statthaft und ob sie in der gesetzlichen Form und Frist eingelegt ist.** [2] **Mangelt es an einem dieser Erfordernisse, ist die Beschwerde als unzulässig zu verwerfen.**

III [1] **Das Beschwerdeverfahren bestimmt sich im Übrigen nach den Vorschriften über das Verfahren im ersten Rechtszug.** [2] **Das Beschwerdegericht kann von der Durchführung eines Ter-**

mins, einer mündlichen Verhandlung oder einzelner Verfahrenshandlungen absehen, wenn diese bereits im ersten Rechtszug vorgenommen wurden und von einer erneuten Vornahme keine zusätzlichen Erkenntnisse zu erwarten sind.

IV Das Beschwerdegericht kann die Beschwerde durch Beschluss einem seiner Mitglieder zur Entscheidung als Einzelrichter übertragen; § 526 der Zivilprozessordnung gilt mit der Maßgabe entsprechend, dass eine Übertragung auf einen Richter auf Probe ausgeschlossen ist.

1) Systematik, Regelungszweck, I–IV. Die Vorschrift zeigt ein Gemisch von Übereinstimmungen mit und Abweichungen von der ZPO bis hin zu einer teilweisen Rückkehr zu einem ihrer früheren Prinzipien. Das entspricht der Bemühung um eine einerseits verfahrenswirtschaftliche, andererseits auch das Erstgericht und die Beteiligten vor ihm nicht mehr allzu belastende oder zeitraubende Fortführung eines schon erstinstanzlich oft erschöpfend genug verlaufenen Ringens. 1

2) Abhilfe des Erstgerichts, I. Man muß zwischen zwei Verfahrensgegenständen unterscheiden. 2

A. Familiensache, I 2: Keine Abhilfe. In einer Familiensache darf das Erstgericht der Beschwerde keinesfalls abhelfen. Hierher zählen alle in §§ 111, 112 aufgeführten Sachen. Diese Regelung entspricht der früheren Abwicklung einer damaligen sofortigen Beschwerde. Die Familiensache soll jetzt sogleich zum Beschwerdegericht kommen.

B. Übrige Sachen, I 1: Bedingte Abhilfemöglichkeit. In allen dem FamFG außerhalb von Rn 2 unterfallenden Sachen stimmt die Regelung in der Sache voll mit § 572 I 1 ZPO überein. Vgl daher insofern dort. 3

3) Statthaftigkeits- und Zulässigkeitsprüfung, II. *II 1* stimmt praktisch wörtlich, *II 2* wörtlich mit § 572 II 1, 2 ZPO überein. Vgl daher dort. 4

4) Weiteres Verfahren, III. Die Regelung lehnt sich teilweise an die ZPO an. Beschwerdegericht ist im Bereich der früheren ZPO-Verfahren das OLG, § 119 I Z 1 GVG. 5

A. Anwendung der Regeln des ersten Rechtszugs, III 1. Diese Vorschrift stimmt mit der praktischen Handhabung des § 572 ZPO grundsätzlich überein.

B. Keine unnötigen Wiederholungen, III 2. Auch diese Regelung paßt im Kern zur praktischen Handhabung der ZPO, etwa bei dem wegen § 65 III FamFG auch im Beschwerdeverfahren mitbeachtbaren § 398 ZPO zur Wiederholung einer Vernehmung. „Keine zusätzlichen Erkenntnisse" mögen sich sehr weit fassen lassen. Sie dürfen aber erst dann zum Absehen nach III 2 führen, wenn das Beschwerdegericht sich wirklich nichts Neues erwarten kann. Natürlich müßte etwas Neues auch entscheidungserheblich sein. Wegen einer Ehe- oder Familienstreitsache vgl § 117 Rn 6. 6

5) Einzelrichter, IV. Eie Vorschrift weicht von der zwingenden Regelung des § 568 ZPO ab und stimmt in der Sache wegen der Verweisung nicht nur mit § 526 I Hs 1 ZPO überein, sondern auch mit dem übrigen § 526 ZPO mit der Begrenzung des Ausschlusses eines Proberichters als Einzelrichters, noch strenger als bei § 348 I 1 Z 1. Auch der überjährige Proberichter darf also kein Einzelrichter im Beschwerdegericht sein. 7

69 *Beschwerdeentscheidung.* **I** [1] **Das Beschwerdegericht hat in der Sache selbst zu entscheiden.** [2] **Es darf die Sache unter Aufhebung des angefochtenen Beschlusses und des Verfahrens nur dann an das Gericht des ersten Rechtszuges zurückverweisen, wenn dieses in der Sache noch nicht entschieden hat.** [3] **Das Gleiche gilt, soweit das Verfahren an einem wesentlichen Mangel leidet und zur Entscheidung eine umfangreiche oder aufwändige Beweiserhebung notwendig wäre und ein Beteiligter die Zurückverweisung beantragt.** [4] **Das Gericht des ersten Rechtszugs hat die rechtliche Beurteilung, die das Beschwerdegericht der Aufhebung zugrunde gelegt hat, auch seiner Entscheidung zugrunde zu legen.**

II Der Beschluss des Beschwerdegerichts ist zu begründen.

III Für die Beschwerdeentscheidung gelten im Übrigen die Vorschriften über den Beschluss im ersten Rechtszug entsprechend.

1) Systematik, Regelungszweck, I–III. Es gibt die folgenden Übereinstimmungen: *I 1* mit § 538 I Hs 1 ZPO; *I 2* mit § 538 II 1 Z 3 ZPO; *I 3* mit § 538 II 1 Z 1 ZPO; *I 4* mit § 563 II ZPO, vgl auch § 538 ZPO Rn 24; *II* mit dem Grundsatz § 329 ZPO Rn 4; *III* mit § 68 III 1 FamFG. Vgl daher jeweils dort. Vor I 2 vorrangig gilt § 146. 1

Unterabschnitt 2. Rechtsbeschwerde

70 *Statthaftigkeit der Rechtsbeschwerde.* **I Die Rechtsbeschwerde eines Beteiligten ist statthaft, wenn sie das Beschwerdegericht oder das Oberlandesgericht im ersten Rechtszug in dem Beschluss zugelassen hat.**

II [1] **Die Rechtsbeschwerde ist zuzulassen, wenn**
1. die Rechtssache grundsätzliche Bedeutung hat oder
2. die Fortbildung des Rechts oder die Sicherung einer einheitlichen Rechtsprechung eine Entscheidung des Rechtsbeschwerdegerichts erfordert.

[2] **Das Rechtsbeschwerdegericht ist an die Zulassung gebunden.**

III Die Rechtsbeschwerde gegen einen Beschluss des Beschwerdegerichts ist ohne Zulassung statthaft in
1. Betreuungssachen zur Bestellung eines Betreuers, zur Aufhebung einer Betreuung, zur Anordnung oder Aufhebung eines Einwilligungsvorbehaltes,

2. Unterbringungssachen sowie
3. Freiheitsentziehungssachen.

IV Gegen einen Beschluss im Verfahren über die Anordnung, Abänderung oder Aufhebung einer einstweiligen Anordnung oder eines Arrests findet die Rechtsbeschwerde nicht statt.

1 **1) Systematik, Regelungszweck, I–IV.** Die Vorschrift ähnelt teilweise dem früheren § 64 III FGG. *I* stimmt mit § 574 I 1 Z 2 ZPO praktisch wörtlich überein. Freilich gibt es auch nur diese Zulassungsrechtsbeschwerde. Dementsprechend stimmt *II 1 Z 1, 2* fast wörtlich mit §§ 543 II 1 Z 1, 2, 574 II Z 1, 2 ZPO überein. *II 2* besagt dasselbe wie § 574 III 2 ZPO. Zweck ist jeweils eine Konzentration auf die Rechtsfortbildung und auf die Sicherung einer einheitlichen Rechtsprechung, Borth FamRZ **07**, 1932. *III* macht in den dort abschließend genannten Fällen die Statthaftigkeit von einer formellen Zulassung nach I, II unabhängig. Freilich muß das Rechtsbeschwerdegericht die Voraussetzungen des III Z 1–3 nach § 74 prüfen. *IV* stimmt schließlich mit § 574 I 2 in Verbindung mit § 542 II 1 ZPO nahezu wörtlich überein. Vgl daher jeweils dort. Formell vorrangig gilt § 229.

Einschränkungen des Rechtsbeschwerderechts enthält § 229.

2 **2) Keine Nichtzulassungsbeschwerde, I–IV.** § 543 I Z 2 ZPO ist nicht auch nur entsprechend anwendbar, Borth FamRZ **07**, 1931. Vgl im übrigen § 74 a.

71 *Frist und Form der Rechtsbeschwerde.* **I [1] Die Rechtsbeschwerde ist binnen einer Frist von einem Monat nach der schriftlichen Bekanntgabe des Beschlusses durch Einreichen einer Beschwerdeschrift bei dem Rechtsbeschwerdegericht einzulegen. [2] Die Rechtsbeschwerdeschrift muss enthalten:**

1. die Bezeichnung des Beschlusses, gegen den die Rechtsbeschwerde gerichtet wird und
2. die Erklärung, dass gegen diesen Beschluss Rechtsbeschwerde eingelegt werde.

[3] Die Rechtsbeschwerdeschrift ist zu unterschreiben. [4] Mit der Rechtsbeschwerdeschrift soll eine Ausfertigung oder beglaubigte Abschrift des angefochtenen Beschlusses vorgelegt werden.

II [1] Die Rechtsbeschwerde ist, sofern die Beschwerdeschrift keine Begründung enthält, binnen einer Frist von einem Monat zu begründen. [2] Die Frist beginnt mit der schriftlichen Bekanntgabe des angefochtenen Beschlusses. [3] § 551 Abs. 2 Satz 5 und 6 der Zivilprozessordnung gilt entsprechend.

III Die Begründung der Rechtsbeschwerde muss enthalten:

1. Die Erklärung, inwieweit der Beschluss angefochten und dessen Aufhebung beantragt werde (Rechtsbeschwerdeanträge),
2. die Angabe der Rechtsbeschwerdegründe, und zwar
  a) die bestimmte Bezeichnung der Umstände, aus denen sich die Rechtsverletzung ergibt;
  b) soweit die Rechtsbeschwerde darauf gestützt wird, dass das Gesetz in Bezug auf das Verfahren verletzt sei, die Bezeichnung der Tatsachen, die den Mangel ergeben.

IV Die Rechtsbeschwerde- und die Begründungsschrift sind den anderen Beteiligten bekannt zu geben.

1 **1) Systematik, Regelungszweck, I–IV.** Die Vorschrift stimmt fast vollständig mit § 575 ZPO überein. Vgl daher dort.

72 *Gründe der Rechtsbeschwerde.* **I [1] Die Rechtsbeschwerde kann nur darauf gestützt werden, dass die angefochtene Entscheidung auf einer Verletzung des Rechts beruht. [2] Das Recht ist verletzt, wenn eine Rechtsnorm nicht oder nicht richtig angewendet worden ist.**

II Die Rechtsbeschwerde kann nicht darauf gestützt werden, dass das Gericht des ersten Rechtszugs seine Zuständigkeit zu Unrecht angenommen hat.

III Die §§ 547, 556 und 560 der Zivilprozessordnung gelten entsprechend.

1 **1) Systematik, Regelungszweck, I–III.** Es stimmen überein: *I 1* fast wörtlich mit § 576 I Hs 1 ZPO; *I 2* wörtlich mit § 576 III Fall 1 in Verbindung mit § 546 ZPO; *II* wörtlich mit § 576 II, *III* mit § 576 III Fälle 2–4 ZPO. Vgl daher jeweils dort.

73 *Anschlussrechtsbeschwerde.* **[1] Ein Beteiligter kann sich bis zum Ablauf einer Frist von einem Monat nach der Bekanntgabe der Begründungsschrift der Rechtsbeschwerde durch Einreichen einer Anschlussschrift beim Rechtsbeschwerdegericht anschließen, auch wenn er auf die Rechtsbeschwerde verzichtet hat, die Rechtsbeschwerdefrist verstrichen oder die Rechtsbeschwerde nicht zugelassen worden ist. [2] Die Anschlussrechtsbeschwerde ist in der Anschlussschrift zu begründen und zu unterschreiben. [3] Die Anschließung verliert ihre Wirkung, wenn die Rechtsbeschwerde zurückgenommen oder als unzulässig verworfen wird.**

1 **1) Systematik, Regelungszweck, S 1–3.** Die Vorschrift stimmt praktisch wörtlich mit § 574 IV 1–3 ZPO überein. Vgl daher dort.

74 *Entscheidung über die Rechtsbeschwerde.* **I [1] Das Rechtsbeschwerdegericht hat zu prüfen, ob die Rechtsbeschwerde an sich statthaft ist und ob sie in der gesetzlichen Form und Frist eingelegt und begründet ist. [2] Mangelt es an einem dieser Erfordernisse, ist die Rechtsbeschwerde als unzulässig zu verwerfen.**

II Ergibt die Begründung des angefochtenen Beschlusses zwar eine Rechtsverletzung, stellt sich die Entscheidung aber aus anderen Gründen als richtig dar, ist die Rechtsbeschwerde zurückzuweisen.

III 1 Der Prüfung des Rechtsbeschwerdegerichts unterliegen nur die von den Beteiligten gestellten Anträge. 2 Das Rechtsbeschwerdegericht ist an die geltend gemachten Rechtsbeschwerdegründe nicht gebunden. 3 Auf Verfahrensmängel, die nicht von Amts wegen zu berücksichtigen sind, darf die angefochtene Entscheidung nur geprüft werden, wenn die Mängel nach § 71 Abs. 3 und § 73 Satz 2 gerügt worden sind. 4 Die §§ 559, 564 der Zivilprozessordnung gelten entsprechend.

IV Auf das weitere Verfahren sind, soweit sich nicht Abweichungen aus den Vorschriften dieses Unterabschnitts ergeben, die im ersten Rechtszug geltenden Vorschriften entsprechend anzuwenden.

V Soweit die Rechtsbeschwerde begründet ist, ist der angefochtene Beschluss aufzuheben.

VI 1 Das Rechtsbeschwerdegericht entscheidet in der Sache selbst, wenn diese zur Endentscheidung reif ist. 2 Andernfalls verweist es die Sache unter Aufhebung des angefochtenen Beschlusses und des Verfahrens zur anderweitigen Behandlung und Entscheidung an das Beschwerdegericht, oder, wenn dies aus besonderen Gründen geboten erscheint, an das Gericht des ersten Rechtszugs zurück. 3 Die Zurückverweisung kann an einen anderen Spruchkörper des Gerichts erfolgen, das die angefochtene Entscheidung erlassen hat. 4 Das Gericht, an das die Sache zurückverwiesen ist, hat die rechtliche Beurteilung, die der Aufhebung zugrunde liegt, auch seiner Entscheidung zugrunde zu legen.

VII Von einer Begründung der Entscheidung kann abgesehen werden, wenn sie nicht geeignet wäre, zur Klärung von Rechtsfragen grundsätzlicher Bedeutung, zur Fortbildung des Rechts oder zur Sicherung einer einheitlichen Rechtsprechung beizutragen.

1) Systematik, Regelungszweck, I–VII. Trotz einiger kleiner Unterschiede im Aufbau stimmen § 74 FamFG und § 577 ZPO der Sache nach fast völlig überein. Rechtsbeschwerdegericht ist nur der BGH, § 133 GVG, Borth FamRZ **07**, 1929. Vgl daher bei § 577 ZPO. Vor VI 2 vorrangig gilt § 147. 1

74a

Zurückweisungsbeschluss. **I Das Rechtsbeschwerdegericht weist die vom Beschwerdegericht zugelassene Rechtsbeschwerde durch einstimmigen Beschluss ohne mündliche Verhandlung oder Erörterung im Termin zurück, wenn es davon überzeugt ist, dass die Voraussetzungen für die Zulassung der Rechtsbeschwerde nicht vorliegen und die Rechtsbeschwerde keine Aussicht auf Erfolg hat.**

II Das Rechtsbeschwerdegericht oder der Vorsitzende hat zuvor die Beteiligten auf die beabsichtigte Zurückweisung der Rechtsbeschwerde und die Gründe hierfür hinzuweisen und dem Rechtsbeschwerdeführer binnen einer zu bestimmenden Frist Gelegenheit zur Stellungnahme zu geben.

III Der Beschluss nach Absatz 1 ist zu begründen, soweit die Gründe für die Zurückweisung nicht bereits in dem Hinweis nach Absatz 2 enthalten sind.

1) Systematik, I–III. Die Vorschrift ähnelt § 552 a ZPO und auch § 522 ZPO. Vgl daher dort. 1

2) Regelungszweck, I–III. Wegen der zunächst vorhandenen Bindungswirkung einer Zulassung der Rechtsbeschwerde nach § 70 II 2 besteht ein gewisses Bedürfnis nach einer Eindämmung allzu großzügiger Zulassungen. Die Rechtsstaatlichkeit und das Gewicht einer Gerichtsentscheidung als eines Hoheitsakts erfordern freilich das in II, III ausgestaltete Verfahren trotz der nach I erforderlichen Überzeugung des Rechtsbeschwerdegerichts. 2

3) Voraussetzungen, I. Sie müssen wie folgt zusammentreffen. 3

A. Erfolgte Zulassung. Das Beschwerdegericht muß eindeutig eine Zulassung vorgenommen haben, § 7o I. Eine Statthaftigkeit nach § 70 III 1, 2 reicht also nicht. Die Zulassung mag nach den Umständen auch ohne einen ausdrücklichen Ausspruch erfolgt sein. Sie muß aber zweifelsfrei vorliegen.

B. Fehlen der Zulassungsvoraussetzungen. Die gesetzlichen Bedingungen einer Zulassung nach § 70 II 1 Z 1 und/oder 2 müssen im Zeitpunkt der Beschlußfassung des Rechtsbeschwerdegerichts fehlen. Sie können vorher vorgelegen haben, müssen dann aber bis zum eben genannten Zeitpunkt entfallen sein. Zweifel gehen zugunsten des Rechtsbeschwerdeführers. Denn sie erlauben keine Überzeugung nach Rn 6. 4

C. Keine Erfolgsaussicht. Außer dem Fehlen nach Rn 4 muß auch eine Erfolgsaussicht der Rechtsbeschwerde fehlen. Auch das muß sich im Entscheidungszeitpunkt wie bei Rn 4 ergeben. Die Erfolgsaussicht beurteilt sich wie bei § 114 Rn 80 ff, auch wenn das dort stehende Gesetzeswort „hinreichend" hier fehlt. 5

D. Überzeugung des Rechtsbeschwerdegerichts. Es muß vom Vorliegen der Voraussetzungen Rn 3–5 „überzeugt" sein, darf also insofern keinerlei Zweifel mehr haben. Anfängliche Zweifel müssen im Anhörungsverfahren nach II aufgehört haben. 6

4) Verfahren, II. Es gilt dasselbe wie bei §§ 522, 552 a ZPO. Jedoch kommt gegen einen Fristverstoß anders als dort eine Wiedereinsetzung nach § 17 infrage. Renn diese Vorschrift erfaßt jede Frist eines Gerichts, die wie hier gesetzlich begründet ist. 7

5) Entscheidung, I, III. Es ist ein einstimmiger Beschluß erforderlich. Das Gericht muß ihn begründen, wenn es über eine etwaige Begründung des Hinweises nach II hinausgeht. Es verkündet den Beschluß nach einer etwaigen Verhandlung oder teilt ihn nach § 41 mit. 8

9 **6) Unanfechtbarkeit, I–III.** Trotz des Fehlens einer ausdrücklichen Regelung wie in § 522 III ist der Beschluß unanfechtbar, § 58 I (keine erstinstanzliche Endentscheidung).

75 *Sprungrechtsbeschwerde.* **I 1 Gegen die im ersten Rechtszug erlassenen Beschlüsse, die ohne Zulassung der Beschwerde unterliegen, findet auf Antrag unter Übergehung der Beschwerdeinstanz unmittelbar die Rechtsbeschwerde (Sprungrechtsbeschwerde) statt, wenn**

1. die Beteiligten in die Übergehung der Beschwerdeinstanz einwilligen und
2. das Rechtsbeschwerdegericht die Sprungrechtsbeschwerde zulässt.

2 Der Antrag auf Zulassung der Sprungrechtsbeschwerde und die Erklärung der Einwilligung gelten als Verzicht auf das Rechtsmittel der Beschwerde.

II Für das weitere Verfahren gilt § 566 Abs. 2 bis 8 der Zivilprozessordnung entsprechend.

1 **1) Systematik, Regelungszweck, I, II.** *I* stimmt mit § 566 I ZPO (Springrevision) bis auf die unterschiedlichen Bezeichnungen (dort nach Urteil, hier nach Beschluß) völlig überein. *II* verweist auf § 566 II–VIII ZPO. Vgl daher jeweils dort.

Abschnitt 6. Verfahrenskostenhilfe

76 *Voraussetzungen.* **I Auf die Bewilligung von Verfahrenskostenhilfe finden die Vorschriften der Zivilprozessordnung über die Prozesskostenhilfe entsprechende Anwendung, soweit nachfolgend nichts Abweichendes bestimmt ist.**

II Ein Beschluss, der im Verfahrenskostenhilfeverfahren ergeht, ist mit der sofortigen Beschwerde in entsprechender Anwendung der §§ 567 bis 572, 127 Abs. 2 bis 4 der Zivilprozessordnung anfechtbar.

1 **1) Systematik, Regelungszweck, I, II.** Die Verweisung auf §§ 114 ff, 127 II–IV, 567–572 ZPO macht deutlich: Was §§ 76–78 nicht direkt entgegen der ZPO regeln, gilt eben nach der ZPO. Wie in §§ 77, 78 jeweils Rn 1 dargestellt, gibt es aber dort praktisch keine mit §§ 114 ff ZPO unvereinbaren Regelungen. Im Ergebnis bleiben also wegen I die ZPO-Regeln ohnehin praktisch voll anwendbar. Vgl daher dort. Vorrangig gilt § 149.

Unanwendbar ist § 78 formell wie bei § 2 Rn 2. Im Ergebnis gilt erst recht auch nach § 113 I 2 dasselbe wie nach § 2 Rn 2. Kein Beispiel einer sauberen Gesetzestechnik.

2 **2) Anwaltszwang, I.** Ein Anwaltszwang besteht nach § 114 I in Ehesachen und Folgesachen und selbständigen Familienstreitsachen nach § 112.

3 **3) Kein fester Anwaltszwang, I.** Im übrigen Geltungsbereich kommt es nur auf die Schwierigkeit an, nicht auf die Schwere des Eingriffs, Borth FamRZ **07**, 1930.

4 **4) Sofortige Beschwerde, II.** Es gelten vorrangig vor §§ 58 ff FamFG nach II die §§ 127 II, 567–572 ZPO entsprechend. Vgl daher jeweils dort.

77 *Bewilligung.* **I 1 Vor der Bewilligung der Verfahrenskostenhilfe kann das Gericht den übrigen Beteiligten Gelegenheit zur Stellungnahme geben. 2 In Antragsverfahren ist dem Antragsgegner vor der Bewilligung Gelegenheit zur Stellungnahme zu geben, wenn dies nicht aus besonderen Gründen unzweckmäßig erscheint.**

II Die Bewilligung von Verfahrenskostenhilfe für die Vollstreckung in das bewegliche Vermögen umfasst alle Vollstreckungshandlungen im Bezirk des Vollstreckungsgerichts einschließlich des Verfahrens auf Abgabe der Versicherung an Eides statt.

1 **1) Systematik, Regelungszweck, I, II.** *I* stimmt mit § 118 I 1 ZPO inhaltlich voll überein. *II* stimmt praktisch wörtlich mit § 119 II ZPO überein. Vgl daher jeweils dort. Zuständig ist der Rpfl, §§ 3 Z 3 g, 25 a RPflG.

Unanwendbar ist § 77 wie bei § 2 Rn 2.

78 *Beiordnung eines Rechtsanwalts.* **I Ist eine Vertretung durch einen Rechtsanwalt vorgeschrieben, wird dem Beteiligten ein zur Vertretung bereiter Rechtsanwalt seiner Wahl beigeordnet.**

II Ist eine Vertretung durch einen Rechtsanwalt nicht vorgeschrieben, wird dem Beteiligten auf seinen Antrag ein zur Vertretung bereiter Rechtsanwalt seiner Wahl beigeordnet, wenn wegen der Schwierigkeit der Sach- und Rechtslage die Vertretung durch einen Rechtsanwalt erforderlich erscheint.

III Ein nicht in dem Bezirk des Verfahrensgerichts niedergelassener Rechtsanwalt kann nur beigeordnet werden, wenn hierdurch besondere Kosten nicht entstehen.

IV Wenn besondere Umstände dies erfordern, kann dem Beteiligten auf seinen Antrag ein zur Vertretung bereiter Rechtsanwalt seiner Wahl zur Wahrnehmung eines Termins zur Beweisaufnahme vor dem ersuchten Richter oder zur Vermittlung des Verkehrs mit dem Verfahrensbevollmächtigten beigeordnet werden.

V Findet der Beteiligte keinen zur Vertretung bereiten Anwalt, ordnet der Vorsitzende ihm auf Antrag einen Rechtsanwalt bei.

Systematik, Regelungszweck, I–V. Die Vorschrift stimmt fast wörtlich mit § 121 ZPO überein. Es fehlt nur die dort vorgesehene Beiordnung außerhalb des Anwaltszwangs schon dann, wenn der Gegner einen Anwalt hat. Vgl daher im Ergebnis bei § 121 ZPO. § 138 steht neben § 78. 1

Unanwendbar ist § 78 wie bei § 2 Rn 2.

79 (weggefallen)

Abschnitt 7. Kosten

80 *Umfang der Kostenpflicht.* [1]**Kosten sind die Gerichtskosten (Gebühren und Auslagen) und die zur Durchführung des Verfahrens notwendigen Aufwendungen der Beteiligten.** [2]**§ 91 Abs. 1 Satz 2 der Zivilprozessordnung gilt entsprechend.**

1) Systematik, Regelungszweck, S 1, 2. *S 1 Hs 1* definiert in Übereinstimmung mit allen Kostengesetzen den Kostenbegriff als „Gebühren und Auslagen", wenn auch formell nur für den Teil „Gerichtskosten", vgl zB § 1 S 1 GKG und § 1 S 1 FamGKG, Hartmann Teile I A, B. Die außergerichtlichen Kosten bezeichnet *Hs 2* als „Aufwendungen", Dazu zählen also zB auch die Gebühren des Verfahrensbevollmächtigten etwa nach dem RVG, Borth FamRZ **07**, 1930. Was Hs 2 als „notwendig" bezeichnet, entspricht der etwas ausführlicheren Formulierung des Notwendigen in § 91 I 1 Hs 2 ZPO. Vgl daher jeweils dort. 1

S 2 verweist wegen notwendiger Reisen und notwendiger Terminswahrnehmung auf die Vorschriften zur Zeugenentschädigung im JVEG, Hartmann Teil V. Entsprechende Kosten für einen solchen Sachverständigen oder Dolmetscher oder Übersetzer, den ein Beteiligter hinzuzog und die daher keine Gerichtskosten sind, fallen unter die notwendigen Aufwendungen des Beteiligten nach S 1 Hs 2. 2

Unanwendbar ist § 80 wie bei § 2 Rn 2.

2) Geltungsbereich, S 1, 2. Die Regelung gilt grundsätzlich für alle Verfahrensarten des FamFG, auch in FamS nach § 111. Vgl freilich § 81 Rn 1 und zahlreiche vorrangige Sondervorschriften, zB §§ 132, 150, 243. 3

81 *Grundsatz der Kostenpflicht.* **I** [1]**Das Gericht kann die Kosten des Verfahrens nach billigem Ermessen den Beteiligten ganz oder zum Teil auferlegen.** [2]**Es kann auch anordnen, dass von der Erhebung der Kosten abzusehen ist.** [3]**In Familiensachen ist stets über die Kosten zu entscheiden.**

II Das Gericht soll die Kosten des Verfahrens ganz oder teilweise einem Beteiligten auferlegen, wenn

1. **der Beteiligte durch grobes Verschulden Anlass für das Verfahren gegeben hat;**
2. **der Antrag des Beteiligten von vornherein keine Aussicht auf Erfolg hatte und der Beteiligte dies erkennen musste;**
3. **der Beteiligte zu einer wesentlichen Tatsache schuldhaft unwahre Angaben gemacht hat;**
4. **der Beteiligte durch schuldhaftes Verletzen seiner Mitwirkungspflichten das Verfahren erheblich verzögert hat;**
5. **der Beteiligte einer richterlichen Anordnung zur Teilnahme an einer Beratung nach § 156 Abs. 1 Satz 4 nicht nachgekommen ist, sofern der Beteiligte dies nicht genügend entschuldigt hat.**

III Einem minderjährigen Beteiligten können Kosten in Verfahren, die seine Person betreffen, nicht auferlegt werden.

IV Einem Dritten können Kosten des Verfahrens nur auferlegt werden, soweit die Tätigkeit des Gerichts durch ihn veranlasst wurde und ihn ein grobes Verschulden trifft.

V Bundesrechtliche Vorschriften, die die Kostenpflicht abweichend regeln, bleiben unberührt.

Gliederung

1) Systematik, Regelungszweck, I–V. Diese im Buch 1 „Allgemeiner Teil" stehende Vorschrift erhält in den Büchern 2 ff „Familiensachen" usw ergänzende speziellere Ergänzungen zu den Kosten, zB in § 132 (Eheaufhebung), § 150 (Scheidungs- und Folgesachen), § 183 (Anfechtung der Vaterschaft). § 81 ist also nur dann anwendbar, wenn entweder die speziellere Kostenvorschrift das Problem nicht mitregelt oder wenn es für die speziellere Verfahrensart keine besondere Kostenvorschrift gibt. § 81 hat also einen bloßen Auffang- oder Hilfscharakter. Das muß man stets beachten, auch schon wegen V, Rn 3. 1

Gerechtigkeit auch zur Kostenfrage ist das Ziel dieser Differenzierung. Ob dabei die anderen Hauptbestandteile der Rechtsidee, die Zweckmäßigkeit und die Rechtssicherheit, zu kurz kommen, ist eine andere 2

Frage. Das Ganze ist jedenfalls gegenüber dem bisherigen Recht noch viel komplizierter geworden. Wieder einmal deutsche Überperfektion. Vorrangig gelten §§ 150, 183, 243.

Unanwendbar ist § 81 wie bei § 2 Rn 2.

3 **2) Geltungsbereich, I–V.** In den Grenzen Rn 1 ist § 81 auf alle restlichen Verfahrensarten des FamFG anwendbar. Freilich läßt V bundesrechtliche Vorschriften zur Kostenpflicht unberührt und daher evtl vorrangig bestehen.

4 **3) Kostenverteilung nach Ermessen, I 1, 2.** Ganz anders als zB § 91 I 1 ZPO mit seinem Prinzip der Unterliegens-Kostenpflicht geht § 81 I 1 von dem zB in § 91 a I 1 ZPO vorhandenen Grundsatz einer Verteilung zum Ob und Wie nach einem zwar „billigen" und daher weiten, aber doch pflichtgemäßen Ermessen des Gerichts aus. Darüber hinaus ermöglicht I 2 im Rahmen dieses Ermessens sogar, ähnlich wie bei § 20 I 3 FamGKG oder bei § 21 I 3 GKG von der Kostenerhebung ganz abzusehen, auch wenn die dortigen Voraussetzungen nicht vorliegen. Nur I 3 zwingt in einer jeden FamS stets zu einer Kostengrundentscheidung. „Kosten" sind dasselbe wie bei § 80, dort Rn 1.

5 **4) Verteilungsmaßstäbe, II.** Es handelt sich um eine bloße Sollvorschrift mit Regelbeispielen, Borth FamRZ **07,** 1930. Sie engt das in Rn 4 genannte Ermessen zwar ein, beseitigt es aber nicht. Natürlich hat ein Verfahrenssieg oder -verlust stets eine erhebliche Mitbedeutung, Borth FamRZ **07,** 1930.

A. Grobes Verschulden, II Z 1. Zum Begriff § 296 ZPO Rn 61 ff (dort grobe Nachlässigkeit). Es muß den Verfahrensanlaß gegeben haben. Ein erst späteres grobes Verschulden ist bei Z 1 unbeachtbar.

6 **B. Erkennbare Erfolglosigkeit, II Z 2.** Zur Frage der Erfolgsaussicht § 114 ZPO Rn 80 ff (dort zur umgekehrt „hinreichenden"). „Von vornherein keine" Erfolgsaussicht ist eine strenge Bedingung. Ihre bloße Erkennbarkeit reicht aber. Sie muß also nicht zur direkten Erkenntnis geführt haben.

7 **C. Schuldhaftigkeit unwahrer Angaben, II Z 3.** Dazu § 124 Z 1, 2 ZPO (vergleichbar, wenn auch in anderem Zusammenhang). Es muß sich aber um eine wesentliche Tatsache gehandelt haben. Nicht alles Entscheidungserhebliche war wesentlich.

8 **D. Erhebliche Verzögerung, II Z 4.** Das ist der Grundgedanke der §§ 95 ZPO, 32 FamGKG, 38 GKG. Es muß gerade eine Mitwirkungspflichtverletzung zumindest mitursächlich für eine Verzögerung gewesen sein. Sie muß schuldhaft gewesen sein. Die Verzögerung muß erheblich gewesen sein. Vgl dazu auch § 296 I–III ZPO.

9 **E. Keine Beratungsteilnahme, II Z 5.** Zwar ist nur ein Verschulden schädlich. Der Nichtteilnehmer einer Beratung nach § 156 I 4 muß aber seine Schuldlosigkeit zumindest genügend darlegen, praktisch auch beim etwaigen formellen Amtsbetrieb meist auch glaubhaft machen oder gar beweisen.

10 **5) Grenzen der Kostenlast Minderjähriger, III.** Es kommt für seine Kostenfreiheit nicht auf sein Verschulden an. Ein gesetzlicher Vertreter oder Bevollmächtigter mag Kostenschuldner werden.

11 **6) Dritter, IV.** Er muß die Gerichtstätigkeit (nicht das ganze Verfahren) zu solchen Kosten im Sinn von Rn 6 veranlaßt haben, und zwar gerade auch nach Rn 6 grob schuldhaft.

82 ***Zeitpunkt der Kostenentscheidung.*** **Ergeht eine Entscheidung über die Kosten, hat das Gericht hierüber in der Endentscheidung zu entscheiden.**

1 **1) Systematik, Regelungszweck.** Die sprachlich einigermaßen mißglückte Vorschrift soll klarstellen, daß eine Kostengrundentscheidung nicht in verfahrensmäßige oder sachlichrechtliche Zwischenentscheidungen gehört, sondern erst in die einen Rechtszug beendende Entscheidung. Dadurch sollen Widersprüche oder solche Kostenentscheidungen unterbleiben, die das Gericht im weiteren Verlauf des Rechtszugs nicht mehr aufrechterhalten kann. Das wäre unter anderem deshalb eher als im Prozeß nach der ZPO möglich, weil § 81 ja anders als § 91 ZPO nicht in aller Regel den „Verlierer" haften läßt, sondern eine dem § 91 a ZPO ähnliche Verteilungsmöglichkeit zum Grundsatz macht, Rn 81 Rn. 4.

Unanwendbar ist § 82 wie bei § 2 Rn 2.

2 **2) Verstoß.** Eine Kostenentscheidung ist als ein Staatsakt nach den überall geltenden Regeln Üb 10 vor § 300 ZPO nicht schon deshalb unwirksam, weil sie im verfrühten Zeitpunkt ergangen ist. Man darf und muß sie daher evtl mit dem zulässigen Rechtsbehelf angreifen.

83 ***Kostenpflicht bei Vergleich, Erledigung und Rücknahme.*** I [1] **Wird das Verfahren durch Vergleich erledigt und haben die Beteiligten keine Bestimmung über die Kosten getroffen, fallen die Gerichtskosten jedem Teil zu gleichen Teilen zur Last.** [2] **Die außergerichtlichen Kosten trägt jeder Beteiligte selbst.**

II **Ist das Verfahren auf sonstige Weise erledigt oder wird der Antrag zurückgenommen, gilt § 81 entsprechend.**

1 **1) Systematik, Regelungszweck, I, II.** Die Vorschrift stimmt in *I* inhaltlich völlig mit § 98 S 1 ZPO überein. Denn der dortige Begriff der Kostenaufhebung gegeneinander ist in der Sache dasselbe wie diejenige Art der Verteilung, die I 1, 2 nennen und deren eine Hälfte auch § 92 I 2 ZPO angibt. Vgl daher bei diesen ZPO-Vorschriften. Der Vorrang einer Vereinbarung der Beteiligten bleibt auch in I 1 erhalten.

2 *In II* verweist das Gesetz auf § 81 mit seiner dort näher aufgefächerten Verteilungsart. Das paßt für den Fall einer „sonstigen Erledigung" ganz zum Grundgedanken des § 91 a I 1 ZPO. Vgl daher insoweit dort. Im Fall einer „Antragsrücknahme" paßt II zu § 269 II 3 ZPO, aber nicht zu § 269 II 2 ZPO. Indessen hat auch in diesem Fall § 81 den Vorrang. Vgl daher dort.

3 *Unanwendbar* ist § 83 wie bei § 2 Rn 2.

84 *Rechtsmittelkosten.* **Das Gericht soll die Kosten eines ohne Erfolg eingelegten Rechtsmittels dem Beteiligten auferlegen, der es eingelegt hat.**

1 **1) Systematik, Regelungszweck.** Die Vorschrift stimmt mit § 97 I ZPO bis auf das Wort „soll" in § 84 statt des Indikativs in § 97 überein. Das bedeutet: Man muß mitbeachten, daß das Gericht nach § 81 I anders als nach § 91 ZPO die Kosten nicht stets dem Verlierer auferlegen muß, sondern ähnlich wie zB nach §§ 91 a I 1, 93 a I 2 ZPO anders verteilen kann und folglich auch bei § 84 mehr solchen Spielraum hat. Das ändert nichts am „Soll"-Grundgedanken. Vgl daher im Ergebnis doch weitgehend bei § 97 ZPO.

Unanwendbar ist § 84 wie bei § 2 Rn 2.

85 *Kostenfestsetzung.* **Die §§ 103 bis 107 der Zivilprozessordnung über die Festsetzung des zu erstattenden Betrags sind entsprechend anzuwenden.**

1 **1) Anwendbarkeit von §§ 103–107 ZPO.** Diese Vorschriften sind infolge schlichter Verweisung voll entsprechend anwendbar. Vgl daher dort.

Unanwendbar ist § 85 wie bei § 2 Rn 2.

Abschnitt 8. Vollstreckung

Unterabschnitt 1. Allgemeine Vorschriften

86 *Vollstreckungstitel.* **I Die Vollstreckung findet statt aus**

1. gerichtlichen Beschlüssen;
2. gerichtlich gebilligten Vergleichen (§ 156 Abs. 2);
3. weiteren Vollstreckungstiteln im Sinne des § 794 der Zivilprozessordnung, soweit die Beteiligten über den Gegenstand des Verfahrens verfügen können.

II Beschlüsse sind mit Wirksamwerden vollstreckbar.

III Vollstreckungstitel bedürfen der Vollstreckungsklausel nur, wenn die Vollstreckung nicht durch das Gericht erfolgt, das den Titel erlassen hat.

1 **1) Vollstreckbarkeit, I.** Die Regelung knüpft an §§ 704 I, 794 ZPO an. Dem Urteil des Zivilprozesses entspricht ein Beschluß nach § 38. Auch der Kostenfestsetzungsbeschluß nach § 85 in Verbindung mit §§ 103 ff ZPO zählt zu I Z 1, ebenso eine Eilanordnung nach §§ 49 ff. Der gebilligte Vergleich nach § 156 II im Umgangsverfahren ähnelt ein wenig der Rechtsfigur des § 278 VI ZPO, unterscheidet sich aber von ihr doch wesentlich. Die weiteren Vollstreckungstitel im Sinn des § 794 ZPO sind dort beispielhaft in Rn 45 ff zusammengestellt. Die Grenze liegt in derjenigen der Verfügungsbefugnis der Beteiligten, wie sie zB beim Vergleich in Anh § 307 ZPO Rn 8, 9 dargestellt ist.

Unanwendbar ist § 86 wie bei § 2 Rn 2.

2 **2) Wirksamkeit, II.** Sie ergibt sich grundsätzlich aus § 40. Vgl. aber § 209 II.

3 **3) Vollstreckungsklausel, III.** Infolge des Rechts und der Pflicht des Gerichts nach § 87 I 1 zum Tätigwerden von Amts wegen auch bei der Vollstreckung eines von Amts wegen einleitbaren Erkenntnisverfahren ist auch eine Vollstreckungsklausel in einer Abweichung von § 725 ZPO nur eingeschränkt notwendig. Soweit sie zB bei der Vollstreckung durch den Gläubiger oder ein anderes Gericht erforderlich wird, ergibt sich die Anwendbarkeit der §§ 725 ff ZPO aus § 95. Vgl dann dort. Vollstreckungsgericht ist dasjenige nach § 88 I sowie dasjenige nach §§ 764 II, 802 ZPO. Bei einer einstweiligen Anordnung gilt vorrangig § 53.

87 *Verfahren; Beschwerde.* **I 1 Das Gericht wird in Verfahren, die von Amts wegen eingeleitet werden können, von Amts wegen tätig und bestimmt die im Fall der Zuwiderhandlung vorzunehmenden Vollstreckungsmaßnahmen. 2 Der Berechtigte kann die Vornahme von Vollstreckungshandlungen beantragen; entspricht das Gericht dem Antrag nicht, entscheidet es durch Beschluss.**

II Die Vollstreckung darf nur beginnen, wenn der Beschluss bereits zugestellt ist oder gleichzeitig zugestellt wird.

III 1 Der Gerichtsvollzieher ist befugt, erforderlichenfalls die Unterstützung der polizeilichen Vollzugsorgane nachzusuchen. 2 § 758 Abs. 1 und 2 sowie die §§ 759 bis 763 der Zivilprozessordnung gelten entsprechend.

IV Ein Beschluss, der im Vollstreckungsverfahren ergeht, ist mit der sofortigen Beschwerde in entsprechender Anwendung der §§ 567 bis 572 der Zivilprozessordnung anfechtbar.

V Für die Kostenentscheidung gelten die §§ 80 bis 82 und 84 entsprechend.

1 **1) Systematik, Regelungszweck, I–V.** Es stimmen mit der ZPO überein: *II* mit § 750 I 1 Hs 2 ZPO; *III 1* mit § 758 a III Hs 2 ZPO; *III 2* mit denjenigen Vorschriften der ZPO, auf die III 2 verweist; *IV* mit § 793 ZPO; *V* mit denjenigen Vorschriften der ZPO, auf die V verweist. Vgl daher jeweils dort.

Unanwendbar ist § 87 wie bei § 2 Rn 2.

2 **2) Tätigwerden von Amts wegen, I 1.** Die Vorschrift ähnelt § 891 S 1 ZPO etwas. Im übrigen ist sie eine Folge des im FamFG ja vielfach bestehenden Amtsbetriebs nach § 26. Das Gericht entscheidet nicht

nur zum Ob, Wann, Wo und Wie, sondern auch zum Wieviel und zB bei Ordnungsmitteln ähnlich wie nach § 890 I ZPO zur Reihenfolge der verschiedenen statthaften Varianten.

3 **3) Antrag, I 2.** Er ist mehr als eine bloße Anregung nach § 24. Ein Antrag verpflichtet zur unverzüglichen Behandlung und Bescheidung, und zwar nach Hs 2 bei einer Ablehnung durch einen förmlichen Beschluß nach § 38 schon wegen dessen Anfechtbarkeit nach §§ 58 ff nebst einer nachvollziehbaren Begründung, ähnlich wie im zivilprozessualen Erkenntnisverfahren nach § 329 ZPO Rn 4.

4 **4) Sofortige Beschwerde, IV.** Vgl § 95 Rn 10.

Unterabschnitt 2. Vollstreckung von Entscheidungen über die Herausgabe von Personen und die Regelung des Umgangs

88 *Grundsätze.* I **Die Vollstreckung erfolgt durch das Gericht, in dessen Bezirk die Person zum Zeitpunkt der Einleitung der Vollstreckung ihren gewöhnlichen Aufenthalt hat.**

II **Das Jugendamt leistet dem Gericht in geeigneten Fällen Unterstützung.**

1 **1) Gewöhnlicher Aufenthalt, I.** Das ist derselbe Begriff wie zB bei § 122 Z 1–4. Vgl daher dort. Einleitung der Vollstreckung ist der in Grdz 51 vor § 704 ZPO allgemein dargestellte Zeitpunkt.

Unanwendbar ist § 88 wie bei § 2 Rn 2.

2 **2) Unterstützung, II.** Sie wird zur Amtspflicht, soweit das Gericht und nicht das Jugendamt den Fall für „geeignet" hält. Die Unterstützungspflicht besteht auch zum Wo, Wann und Wie oft oder Wie lange im Umfang der Wünsche des Gerichts, Art 35 I GG. Das gilt natürlich nur in den Grenzen der Zumutbarkeit und daher letzthin nur im Rahmen des von der Sozialverwaltung Organisierbaren und Bezahlbaren. Freilich darf die Verwaltung keine Unzumutbarkeit vorschieben. Das Gericht muß sich notfalls andere Wege zum Ziel ausdenken.

89 *Ordnungsmittel.* I 1 **Bei der Zuwiderhandlung gegen einen Vollstreckungstitel zur Herausgabe von Personen und zur Regelung des Umgangs kann das Gericht gegenüber dem Verpflichteten Ordnungsgeld und für den Fall, dass dieses nicht beigetrieben werden kann, Ordnungshaft anordnen.** 2 **Verspricht die Anordnung eines Ordnungsgeldes keinen Erfolg, kann das Gericht Ordnungshaft anordnen.** 3 **Die Anordnungen ergehen durch Beschluss.**

II **Der Beschluss, der die Herausgabe der Person oder die Regelung des Umgangs anordnet, hat auf die Folgen einer Zuwiderhandlung gegen den Vollstreckungstitel hinzuweisen.**

III 1 **Das einzelne Ordnungsgeld darf den Betrag von fünfundzwanzigtausend Euro nicht übersteigen.** 2 **Für den Vollzug der Haft gelten § 901 Satz 2, die §§ 904 bis 906, 909, 910 und 913 der Zivilprozessordnung entsprechend.**

IV 1 **Die Festsetzung eines Ordnungsmittels unterbleibt, wenn der Verpflichtete Gründe vorträgt, aus denen sich ergibt, dass er die Zuwiderhandlung nicht zu vertreten hat.** 2 **Werden Gründe, aus denen sich das fehlende Vertretenmüssen ergibt, nachträglich vorgetragen, wird die Festsetzung aufgehoben.**

1 **1) Systematik, Regelungszweck, I–IV.** Die Vorschrift ähnelt dem früheren § 33 FGG. Sie knüpft in ihrem Geltungsbereich der Vollstreckung zur Personenherausgabe und der Umgangsregelung an den im ersten Rechtszug geltenden § 35 an. Sie ermöglicht aber anstelle der dortigen Zwangsmittel auch eine nachträgliche und damit wesentlich schärfere Ahndung, nämlich durch Ordnungsmittel. § 90 (unmittelbarer Zwang) ergänzt sie. Vgl bei diesen Vorschriften. Oft wird von vornherein I 2 notwendig, Giers FPR **08**, 442.

Zweck ist es, auch die Durchsetzung einer zeitgebundener Umgangsgewährung etwa für eine Urlaubsreise zu ermöglichen, Jacoby FamRZ **07**, 1708 (zwecks einer endgültigen Herausgabe könnte ein zusätzliches Zwangsgeld ratsam sein). Ein Ordnungsmittel kann freilich auch zu sinnwidrig belasten, Giers FPR **08**, 442. Dann mag § 163 II eher helfen.

Unanwendbar ist § 89 wie bei § 2 Rn 2.

2 **2) Rechtsmittel, I–IV.** Vgl § 95 Rn 10.

90 *Anwendung unmittelbaren Zwangs.* I **Das Gericht kann durch ausdrücklichen Beschluss zur Vollstreckung unmittelbaren Zwang anordnen, wenn**

1. die Festsetzung von Ordnungsmitteln erfolglos geblieben ist;
2. die Festsetzung von Ordnungsmitteln keinen Erfolg verspricht;
3. eine alsbaldige Vollstreckung der Entscheidung unbedingt geboten ist.

II 1 **Anwendung unmittelbaren Zwangs gegen ein Kind darf nicht zugelassen werden, wenn das Kind herausgegeben werden soll, um das Umgangsrecht auszuüben.** 2 **Im Übrigen darf unmittelbarer Zwang gegen ein Kind nur zugelassen werden, wenn dies unter Berücksichtigung des Kindeswohls gerechtfertigt ist und eine Durchsetzung der Verpflichtung mit milderen Mitteln nicht möglich ist.**

1 **1) Systematik, Regelungszweck, I, II.** Die Vorschrift ergänzt § 89, der seinerseits an den erstinstanzlich geltenden § 35 anknüpft. Vgl daher jeweils dort. Es gibt wohl leider kein generelles Mindestalter von etwa 14 Jahren, Giers FPR **08**, 443.

Unanwendbar ist § 90 wie bei § 2 Rn 2.

2 **2) Rechtsmittel, I, II.** Vgl § 95 Rn 10.

91 *Richterlicher Durchsuchungsbeschluss.* **I [1]Die Wohnung des Verpflichteten darf ohne dessen Einwilligung nur aufgrund eines richterlichen Beschlusses durchsucht werden. [2]Dies gilt nicht, wenn der Erlass des Beschlusses den Erfolg der Durchsuchung gefährden würde.**

II Auf die Vollstreckung eines Haftbefehls nach § 94 in Verbindung mit § 901 der Zivilprozessordnung ist Absatz 1 nicht anzuwenden.

III [1]Willigt der Verpflichtete in die Durchsuchung ein oder ist ein Beschluss gegen ihn nach Absatz 1 Satz 1 ergangen oder nach Absatz 1 Satz 2 entbehrlich, haben Personen, die Mitgewahrsam an der Wohnung des Verpflichteten haben, die Durchsuchung zu dulden. [2]Unbillige Härten gegenüber Mitgewahrsamsinhabern sind zu vermeiden.

IV Der Beschluss nach Absatz 1 ist bei der Vollstreckung vorzulegen.

1) Systematik, Regelungszweck, I–IV. Es stimmen mit der ZPO überein: *I* fast völlig mit § 758a I ZPO; *II* inhaltlich ganz mit § 758a II ZPO; *III* mit § 758a III ZPO fast wörtlich; *IV* praktisch wörtlich mit § 758a V ZPO. Vgl daher jeweils bei § 758a ZPO. 1

Unanwendbar ist § 91 wie bei § 2 Rn 2.

2) Rechtsmittel, I–III. Vgl § 95 Rn 10. 2

92 *Vollstreckungsverfahren.* **I [1]Vor der Festsetzung von Ordnungsmitteln ist der Verpflichtete zu hören. [2]Dies gilt auch für die Anordnung von unmittelbarem Zwang, es sei denn, dass hierdurch die Vollstreckung vereitelt oder wesentlich erschwert würde.**

II Dem Verpflichteten sind mit der Festsetzung von Ordnungsmitteln oder der Anordnung von unmittelbarem Zwang die Kosten des Verfahrens aufzuerlegen.

III [1]Die vorherige Durchführung eines Verfahrens nach § 165 ist nicht Voraussetzung für die Festsetzung von Ordnungsmitteln oder die Anordnung von unmittelbarem Zwang. [2]Die Durchführung eines solchen Verfahrens steht der Festsetzung von Ordnungsmitteln oder der Anordnung von unmittelbarem Zwang nicht entgegen.

1) Systematik, Regelungszweck, I–III. *Unanwendbar* ist § 92 wie bei § 2 Rn 2. 1

2) Anhörung, I. *I 1* stimmt mit § 891 S 2 ZPO inhaltlich ganz überein. *I 2* ist eine Abschwächung des noch rigoroseren § 888 II ZPO. Vgl jeweils dort. 2

3) Kosten, II. Die Vorschrift gilt trotz der Worte „Kosten des Verfahrens" natürlich nur für die Kosten des Vollstreckungsverfahrens, nicht auch für die nach dem ganz anderen § 81 zu beurteilenden Kosten des Erkenntnisverfahrens. § 92 steht ja im Abschnitt „Vollstreckung" der §§ 86ff. In diesem Rahmen ist II mit seinem Zwang zulasten des Verpflichteten strenger als § 891 S 3 ZPO, der nicht nur auf den hier im Ergebnis allein vergleichbaren § 91 ZPO mit seinem Grundsatz der Unterliegenshaftung verweist. Vgl daher bei § 91 ZPO. 3

4) Vermittlungsverfahren, III. Die Vorschrift fußt auf dem Verfahren nach § 165, vgl dort. Es heißt behutsam abzuwägen, ob man eher bei § 165 bleibt oder die Vollstreckung nach III unabhängig von § 165 durchführen läßt. 4

5) Rechtsmittel, I–III. Vgl § 95 Rn 10. 5

93 *Einstellung der Vollstreckung.* **I [1]Das Gericht kann durch Beschluss die Vollstreckung einstweilen einstellen oder beschränken und Vollstreckungsmaßregeln aufheben, wenn**

1. Wiedereinsetzung in den vorigen Stand beantragt wird;
2. Wiederaufnahme des Verfahrens beantragt wird;
3. gegen eine Entscheidung Beschwerde eingelegt wird;
4. die Abänderung einer Entscheidung beantragt wird;
5. die Durchführung eines Vermittlungsverfahrens (§ 165) beantragt wird.

[2]In der Beschwerdeinstanz ist über die einstweilige Einstellung der Vollstreckung vorab zu entscheiden. [3]Der Beschluss ist nicht anfechtbar.

II Für die Einstellung oder Beschränkung der Vollstreckung und die Aufhebung von Vollstreckungsmaßregeln gelten § 775 Nr. 1 und 2 und § 776 der Zivilprozessordnung entsprechend.

1) Systematik, Regelungszweck, I, II. *I 1* stimmt in seinen Teilen wie folgt weitgehend mit der ZPO überein: Z 1, 2 mit § 707 I 1 ZPO; Z 3 mit § 570 II ZPO. *I 2* stimmt mit § 570 III weitgehend überein. Vgl daher jeweils dort. Wegen der Durchführung der nach I statthaften Maßnahmen verweist *II* auf die dort genannten ZPO-Vorschriften. Vgl daher dort. Vorrangig gilt § 242. 1

Unanwendbar ist § 93 wie bei § 2 Rn 2.

2) Rechtsmittel, I, II. Ein Beschluß nach I 1, 2 ist nach I 3 grundsätzlich unanfechtbar. Bei II vgl § 95 Rn 10. 2

94 *Eidesstattliche Versicherung.* [1] **Wird eine herauszugebende Person nicht vorgefunden, kann das Gericht anordnen, dass der Verpflichtete eine eidesstattliche Versicherung über ihren Verbleib abzugeben hat.** [2] **§ 883 Abs. 2 bis 4, § 900 Abs. 1 und die §§ 901, 902, 904 bis 910 sowie 913 der Zivilprozessordnung gelten entsprechend.**

1 **1) Systematik, Regelungszweck, S 1, 2.** Die Vorschrift hat den früheren § 33 II 5, 6 FGG praktisch wörtlich übernommen. Sie gleicht inhaltlich weitgehend (bis auf das „Objekt" der Herausgabe) § 883 II ZPO. S 2 verweist direkt auf die dort genannten Bestimmungen der ZPO. Vgl daher jeweils dort.

Unanwendbar ist § 94 wie bei § 2 Rn 2.

2 **2) Rechtsmittel, S 1, 2.** Vgl § 95 Rn 10.

Unterabschnitt 3. Vollstreckung nach der Zivilprozessordnung

95 *Anwendung der Zivilprozessordnung.* **I Soweit in den vorstehenden Unterabschnitten nichts Abweichendes bestimmt ist, sind auf die Vollstreckung**

1. wegen einer Geldforderung,
2. zur Herausgabe einer beweglichen oder unbeweglichen Sache,
3. zur Vornahme einer vertretbaren oder nicht vertretbaren Handlung,
4. zur Erzwingung von Duldungen und Unterlassungen oder
5. zur Abgabe einer Willenserklärung

die Vorschriften der Zivilprozessordnung über die Zwangsvollstreckung entsprechend anzuwenden.

II An die Stelle des Urteils tritt der Beschluss nach den Vorschriften dieses Gesetzes.

III [1] **Macht der aus einem Titel wegen einer Geldforderung Verpflichtete glaubhaft, dass die Vollstreckung ihm einen nicht zu ersetzenden Nachteil bringen würde, hat das Gericht auf seinen Antrag die Vollstreckung vor Eintritt der Rechtskraft in der Entscheidung auszuschließen.** [2] **In den Fällen des § 707 Abs. 1 und des § 719 Abs. 1 der Zivilprozessordnung kann die Vollstreckung nur unter derselben Voraussetzung eingestellt werden.**

IV Ist die Verpflichtung zur Herausgabe oder Vorlage einer Sache oder zur Vornahme einer vertretbaren Handlung zu vollstrecken, so kann das Gericht durch Beschluss neben oder anstelle einer Maßnahme nach den §§ 883, 885 bis 887 der Zivilprozessordnung die in § 888 der Zivilprozessordnung vorgesehenen Maßnahmen anordnen, soweit ein Gesetz nicht etwas Anderes bestimmt.

1 **1) Systematik, Regelungszweck, I–IV.** Wie *I* verdeutlicht, gilt die Vorschrift hinter §§ 86–94 nachrangig. Sie hat aber auch gegenüber dem spezielleren § 96 den Nachrang. Nur in diesen Grenzen ist die ZPO entsprechend anwendbar, und auch das nur im Bereich von I Z 1–5. *III, IV* stellen ihrerseits gegenüber I vorrangige Sonderregelungen dar. Die dort in Bezug genommenen Vorschriften der ZPO gelten also nur in den Fällen III oder IV so, wie dort bestimmt. Sie gelten in den Fällen I Z 1–5 ohne die Besonderheiten von III, IV entsprechend. Vgl mit diesen Maßgaben bei §§ 704 ff ZPO.

Unanwendbar ist § 95 wie bei § 2 Rn 2.

2 **2) Geltungsbereich, I Z 1–5.** Im Rahmen von Rn 1 ergibt sich im einzelnen die entsprechende Anwendbarkeit der ZPO wie folgt.

A. Geldforderung, I Z 1. Vgl insbesondere §§ 803–882 a ZPO.

3 **B. Sachherausgabe, I Z 2.** Vgl insbesondere §§ 883–886 ZPO.

4 **C. Handlungsvornahme, I Z 3.** Vgl insbesondere §§ 887, 888, 891, 892 ZPO.

5 **D. Duldung, Unterlassung, I Z 4.** Vgl insbesondere §§ 890–892 ZPO.

6 **E. Willenserklärung, I Z 5.** Vgl insbesondere § 894 ZPO.

7 **3) Beschluß, II.** §§ 38 ff haben wegen dieser alleinigen Entscheidungsform nach dem FamFG den begrifflichen Vorrang vor einem in der ZPO als Entscheidungsform genannten Urteil.

8 **4) Vollstreckungsbeschränkungen, III.** *III 1* schließt in den Voraussetzungen an §§ 707 I 2, 719 I 1 ZPO an. Die Rechtsfolge eines völligen Ausschlusses der vorläufigen Vollstreckbarkeit vor dem Eintritt der formellen Rechtskraft nach § 45 geht deutlich weiter als eine einstweilige Einstellung. Der Ausschluß erfordert daher eine strenge Prüfung seiner Voraussetzungen. *III 2* macht eine bloße vorläufige Einstellung von den Voraussetzungen der §§ 707 I, 719 I ZPO und nur von ihnen abhängig und kommt daher eher als ein Ausschluß infrage.

9 **5) Zwangsmittel, IV.** Die Vorschrift entspricht § 35 V. Vgl daher dort.

10 **6) Rechtsmittel, I–IV.** Es gelten wegen der „abweichenden Bestimmung" des I nicht etwa § 793 ZPO, sondern nach § 87 IV die Regeln der §§ 567–972 ZPO entsprechend. Das gilt auch gegenüber § 766 ZPO. Denn auch die dortige „Entscheidung" erfolgt ja nach § 38 durch einen „Beschluß" im Sinn von § 87 IV. Natürlich ist nach einer Entscheidung des Rpfl zunächst § 11 RPflG wie sonst anwendbar.

96 *Vollstreckung in Verfahren nach dem Gewaltschutzgesetz und in Wohnungszuweisungssachen.* **I** [1] **Handelt der Verpflichtete einer Anordnung nach § 1 des Gewaltschutzgesetzes zuwider, eine Handlung zu unterlassen, kann der Berechtigte zur Beseitigung einer jeden andauernden Zuwiderhandlung einen Gerichtsvollzieher zuziehen.** [2] **Der Gerichtsvollzieher hat**

nach § 758 Abs. 3 und § 759 der Zivilprozessordnung zu verfahren. [3]Die §§ 890 und 891 der Zivilprozessordnung bleiben daneben anwendbar.

II [1]**Bei einer einstweiligen Anordnung in Gewaltschutzsachen, soweit Gegenstand des Verfahrens Regelungen aus dem Bereich der Wohnungszuweisungssachen sind, und in Wohnungszuweisungssachen ist die mehrfache Einweisung des Besitzes im Sinne des § 885 Abs. 1 der Zivilprozessordnung während der Geltungsdauer möglich. [2]Einer erneuten Zustellung an den Verpflichteten bedarf es nicht.**

1) Systematik, I, II. Die Vorschrift hat den früheren § 892a ZPO fast genau übernommen. *I 2* lautet nahezu identisch wie § 892a ZPO am Ende. *I 3* stellt klar, daß §§ 890, 891 ZPO nicht etwa zurücktreten. Bei einer einstweiligen Anordnung gilt ergänzend § 53 II. 1

Unanwendbar ist § 96 wie bei § 2 Rn 2.

2) Regelungszweck, I 1–3. Wohl zur Betonung der rechtspolitischen Bedeutung des Schutzgedankens hat man den Weg einer eigenen Vorschrift gewählt. Der Sache nach wiederholt die Vorschrift den Schutzgedanken des § 892 ZPO. Sie stellt heraus, daß sich der Berechtigte auch im Rahmen des GewSchG, abgedruckt bei Schönfelder Ergänzungsband Nr 49, grundsätzlich der Hilfe des Gerichtsvollziehers und seiner Hilfspersonen nebst der Polizei bedienen muß und nur in den engen Grenzen von Notwehr und Notstand selbst handeln darf. Wie § 892 ZPO stellt auch I 2 heraus, daß der Gerichtsvollzieher im Rahmen seines auch bei §§ 758 III, 759 ZPO vebleibenden pflichtgemäßen Ermessens immerhin „zu verfahren hat", also nicht nur verfahren *kann.* Anders wäre ja auch ein einigermaßen brauchbarer Schutz vor Gewalt als Zweck der Vorschrift überhaupt nicht erreichbar. Das Verfahren bis zum Handeln des Gerichtsvollziehers ist schon mühsam genug. 2

3) Geltungsbereich, I 1–3. Die Vorschrift gilt in allen Verfahren nach dem FamFG. Sie gilt insbesondere über § 95 I in Verbindung mit § 940a ZPO auch im Verfahren der einstweiligen Verfügung. Sie gilt mit §§ 888ff ZPO auch beim (jetzt) FamFG-Vergleich, (zum alten Recht) Rostock FamRZ **06**, 554. 3

4) Zuwiderhandlung, I 1. Voraussetzung der Befugnis des Berechtigten zur Einschaltung des Gerichtsvollziehers ist eine Zuwiderhandlung des Verpflichteten gegen eine Verpflichtung nach § 1 GewSchG. 4

Anordnung nach § 1 GewSchG ist jede nun einmal vom Gericht verfügte oder erlaubte Maßnahme. Es kommt jedenfalls zunächst nicht darauf an, ob das Gericht dabei streng im Rahmen des ihm Erlaubten geblieben war. Soweit eine Anordnung ganz einwandfrei rechtswidrig erfolgt sein sollte, mag man auch eine „Verpflichtung" im Sinn von I 1 verneinen. Aber das dürfte nur sehr selten vorkommen.

Unterlassung muss das Gericht angeordnet haben. Alle anderen Arten von Anordnungen sind hier unerheblich. Auch ein „Verbot" oder „Gebot" usw können bei der natürlich auch hier wie stets notwendigen Auslegung als eine Unterlassungsanordnung bewertbar sein. Es gilt wie bei § 890 ZPO die sog Kerntheorie nach § 890 ZPO Rn 4, Schumacher FamRZ **02**, 659. Vor allem reicht eine Anordnung nach § 1 I 3 Z 1–5 GewSchG aus. 5

Zuwiderhandlung ist nicht von einer Schuld abhängig. Das verdeutlicht § 1 III GewSchG. Allerdings ist nach der absolut herrschenden Ansicht bei § 890 ZPO Rn 21 nun doch eine Schuldprüfung notwendig, LG Bonn FamRZ **06**, 1290. § 892 ZPO ist ein Unterfall des § 890 ZPO. Indessen geht es bei § 892 ZPO nicht um die in § 890 ZPO eröffneten Rechtsfolgen, sondern um die körperliche Erzwingung der Unterlassung mithilfe der Staatsgewalt. In diesem Zusammenhang reicht der objektive tatbestandsmäßige und rechtswidrige Verstoß aus, Schumacher FamRZ **02**, 659. 6

Rechtfertigungsgründe können im Einzelfall eine Zuwiderhandlung entfallen lassen. Das ergibt sich teilweise schon aus § 1 II 2 GewSchG und im übrigen aus § 193 StGB usw. Man muß im konkreten Einzelfall abwägen, ob man insgesamt doch von einer Zuwiderhandlung ausgehen muß. 7

5) Hinzuziehungsrecht, I 1. Der Berechtigte „kann", nicht muß, einen Gerichtsvollzieher und seine Hilfstruppen hinzuziehen. Das bedeutet aber nicht, daß der Berechtigte eine Selbsthilfe außerhalb des von § 858 BGB und von Notwehr und Notstand gestatteten Bereichs üben dürfte. Es bedeutet vielmehr: Der Berechtigte kann sich auch zumindest zunächst darauf beschränken, die nach §§ 890, 891 ZPO vorhandenen Möglichkeiten auszuschöpfen, wie es I 3 ausdrücklich erlaubt. 8

6) Verfahren des Gerichtsvollziehers, I 2. Der Gerichtsvollzieher darf und muß im Rahmen seines Ermessens nach §§ 758 III, 759 ZPO verfahren, wie bei § 892 ZPO. 9

7) Anwendbarkeit der §§ 890, 891, I 3. Die dortigen Rechtsfolgemöglichkeiten bleiben neben den Wegen nach I 1, 2 voll bestehen, Bre RR **07**, 662. Das stellt I 3 klar. Der Berechtigte ist also zwar berechtigt, den Gerichtsvollzieher hinzuzuziehen. Er ist aber nicht dazu verpflichtet. Es steht ihm frei, zunächst nach I 1 und erst später nach I 3 vorzugehen oder umgekehrt. Er mag auch bei jedem Verstoß des Verpflichteten unterschiedlich reagieren wollen. Er kann auch gleichzeitig nach I 1 und nach I 3 vorgehen. Das Rechtsschutzbedürfnis kann auch im letzteren Fall durchaus für beide Wege nebeneinander bestehen. 10

8) Einstweilige Anordnung, II. Die Vorschrift knüpft an den früheren § 885 I 3, 4 ZPO an. Die mehrfache Besitzeinweisung ist die einmalige oder mehrmalige Wiederholung des Vorgangs der erstmaligen Besitzeinweisung nach § 885 I 1 ZPO. Vgl daher dort. Man darf auch hier eine Besitzeinweisung durch den Gerichtsvollzieher nicht mit derjenigen durch die Obdachlosenbehörde verwechseln, dazu § 885 ZPO Rn 7. 11

9) Rechtsmittel, I, II. Vgl § 95 Rn 10. 12

96a *Vollstreckung in Abstammungssachen.* I **Die Vollstreckung eines durch rechtskräftigen Beschluss oder gerichtlichen Vergleich titulierten Anspruchs nach § 1598a des Bürgerlichen Gesetzbuchs auf Duldung einer nach den anerkannten Grundsätzen der Wissenschaft durchgeführten Probeentnahme, insbesondere die Entnahme einer Speichel- oder Blutprobe, ist**

ausgeschlossen, wenn die Art der Probeentnahme der zu untersuchenden Person nicht zugemutet werden kann.

II Bei wiederholter unberechtigter Verweigerung der Untersuchung kann auch unmittelbarer Zwang angewendet, insbesondere die zwangsweise Vorführung zur Untersuchung angeordnet werden.

1 **1) Systematik, I, II.** Die Vorschrift übernimmt den früheren § 56 VI 1, 3 FGG. Sie ähnelt in I dem § 372 a I ZPO im Zumutbarkeitsgedanken.

2 **2) Regelungszweck, I, II.** I dient dem Prinzip der informationellen Selbstbestimmung im Rahmen des Art 1 GG. II soll diejenigen Sanktionen sichern, ohne die die in I genannten Möglichkeiten mit ihrer hohen Trefferquote gerade im kritischen Einzelfall entfallen würden.

3 **3) Zumutbarkeit, I.** Es gilt dasselbe wie bei § 372 a Rn 23 ff. Vgl daher dort.

Abschnitt 9. Verfahren mit Auslandsbezug

Unterabschnitt 1. Verhältnis zu völkerrechtlichen Vereinbarungen und Rechtsakten der Europäischen Gemeinschaft

97 *Vorrang und Unberührtheit.* I [1]**Regelungen in völkerrechtlichen Vereinbarungen gehen, soweit sie unmittelbar anwendbares innerstaatliches Recht geworden sind, den Vorschriften dieses Gesetzes vor.** [2]**Regelungen in Rechtsakten der Europäischen Gemeinschaft bleiben unberührt.**

II Die zur Umsetzung und Ausführung von Vereinbarungen und Rechtsakten im Sinn des Absatzes 1 erlassenen Bestimmungen bleiben unberührt.

Schrifttum: *Streicher/Köblitz,* Familiensachen mit Auslandsbezug, 2008.

1 **1) Systematik, Regelungszweck, I, II.** Die Vorschrift bekräftigt Selbstverständlichkeiten. Sie hat also den Vorrang vor §§ 98 ff.

Verbietet das nach IPR anwendbare *ausländische Recht* eine Scheidung im Sinn des BGB, darf das Gericht darauf nicht erkennen, wohl aber bei Ausländern auf eine Trennung von Tisch und Bett entsprechend ihrem Heimatrecht, falls es nach deutschem Recht auf eine Scheidung erkennen könnte und die Zuständigkeit im Inland nach § 98 vorliegt, BGH NJW **88**, 637, Saarbr FamRZ **97**, 1353, Stgt Just **88**, 131. Entsprechendes gilt für die Bestätigung einverständlicher Ehetrennungen nach italienischem Recht, Karlsr FamRZ **99**, 1680, Saarbr OLGR **97**, 27, Stgt FamRZ **97**, 1352, aM Bre IPRax **85**, 46, Ffm FamRZ **95**, 375, oder nach spanischem Recht, AG Rüsselsh FamRZ **86**, 185, und für den Ausspruch der bürgerlichrechtlichen Wirkungen einer religiös geschlossenen italienischen Ehe, Ffm FamRZ **78**, 510. Auch insofern handelt es sich um EheS. Daher ist das FamG zuständig. Es gelten für das Verfahren §§ 121 ff, Hamm RR **89**, 1346, Karlsr FamRZ **91**, 1309, Zweibr NJW **86**, 3033. Dabei muß das FamG im Verfahren die Erfordernisse des fremden Rechts beachten, Hbg FamRZ **01**, 1008, Köln FamRZ **83**, 922. Zum Ausspruch der Verantwortlichkeit im Ehetrennungsverfahren nach italienischem Recht BGH NJW **88**, 636, Stgt Just **88**, 131, auch zur Sorgerechtsregelung.

2 **2) EuEheVO,** dazu *Busch/Rolke* FamRZ **04**, 1338; *Coester-Waltjen* FamRZ **05**, 241; *Dilger,* Die Regelungen zur internationalen Zuständigkeit in Ehesachen in der Verordnung (EG) Nr. 2201/2203, 2004; *Geimer/Schütze,* Internationaler Rechtsverkehr in Zivil- und Handelssachen, Bd II 545, 8/05; *Gröschl,* Internationale Zuständigkeit im europäischen Eheverfahrensrecht usw, 2007; *Gruber* IPRax **05**, 293; *Rieck* NJW **08,** 182; *Schulte-Bunert* FamRZ **07**, 1608 (Üb); *Solomon* FamRZ **04**, 1409; *Wagner* FPR **04**, 986 (je: Üb): Die Verordnung (EG) Nr. 2201/2003 des Rates vom 27. November 2003 über die Zuständigkeit und die Anerkennung und Vollstreckung von Entscheidungen in Ehesachen und in Verfahren betreffend die elterliche Verantwortung und zur Aufhebung der Verordnung (EG) Nr. 1347/2000 vom 23. Dezember 2003 (ABl EG L 338 S 1–29), genannt „Brüssel II a", gilt seit 1. 3. 05 (Art 72 Unterabs 2). Sie ersetzt die Brüssel II-VO.

Die Erweiterung hat eine *komplette Neuregelung* der internationalen Zuständigkeit für Sorgerechtsstreitigkeiten bedingt. An die Stelle des Art 3 Brüssel II-VO sind Artt 8–14 als ein eigenständiger Abschnitt getreten, gleichgewichtig zu den Eheauflösungssachen. Primärer Anknüpfungspunkt ist der gewöhnliche Aufenthalt des Kindes zum Zeitpunkt der Antragstellung (Art 8 I). Eine Ausnahme gilt nach Art 9 I, wenn das Kind binnen drei Monaten vor der Antragstellung den Aufenthalt gewechselt hat.

Besondere Aufmerksamkeit gilt den *Kindesentführungsfällen.* Der entführende Elternteil soll nicht dadurch automatisch einen zuständigkeitsrechtlichen Vorteil erlangen, daß die Entführung den Aufenthalt des Kindes verändert und daß man die Streitigkeit deshalb am neuen Aufenthalt des Kindes und damit in der Regel auch am Aufenthaltsort des Entführers führen müßte. Andererseits muß man der faktischen Einbindung auch eines entführten Kindes in seine neue Umwelt mit fortschreitender Zeit Rechnung tragen. Art 10 trifft insoweit eine differenzierte Regelung. Wichtig ist die bedingte Jahresgrenze des Art 10 lit b: Nach einem Jahr ändert sich der gewöhnliche Aufenthalt des Kindes, allerdings nur dann, wenn der Sorgeberechtigte zuvor einen Antrag entweder nicht gestellt oder wieder zurückgezogen hat oder wenn Gerichte gegen die Rückgabe des Kindes entscheiden.

Ehegatten haben nach Art 12 die Möglichkeit, mit einer Zuständigkeitsvereinbarung eine Sorgerechtsstreitigkeit über ein gemeinsames Kind vor das Gericht der Eheauflösungssache zu ziehen.

Die VO ist *abgedruckt* bei Schönfelder Ergänzungsband Nr 103 b.

3) IntFamRVG, dazu *Gruber* FamRZ **05**, 1603 und IPRax **05**, 293; *Henrich,* Internationales Scheidungsrecht, 2. Aufl 2005; *Martiny* FPR **08**, 187; *Schlauß* FPR **04**, 279; *Solomon* FamRZ **04**, 1409 (je: Üb): Nachdem die EuEheVO (sog Brüssel II a), Rn 2, fertiggestellt war, erging das Internationale Familienrechtsverfahrensgesetz (IntFamRVG) vom 26. 1. 05, BGBl 162, zuletzt geändert durch Art 2 G v 17. 4. 07, BGBl 529. Es trat zusammen mit der EuEheVO am 1. 3. 05 in Kraft, Art 3. Das IntFamRVG berücksichtigt die durch die EuEheVO herbeiführten Neuerungen. Es konsolidiert darüber hinaus aber auch die verschiedenen Ausführungsregelungen zu internationalen Rechtsakten in einem einheitlichen Gesetz. 3

Deshalb ist das IntFamRVG in erster Linie ein *Ausführungsgesetz* zur EuEheVO. Es dient deren Ergänzung und Ausfüllung, wo die VO auf nationales Recht verweist oder auf das Zusammenspiel mit dem nationalen Recht angewiesen ist. Die VO gilt kraft Art 249 II EG unmittelbar, braucht jedoch teilweise eine nähere Bestimmung.

Darüber hinaus enthält das IntFamRVG auch Ausführungsvorschriften zu internationalfamilienrechtlichen *Staatsverträgen,* nämlich zum Haager KindesentführungsÜbk vom 25. 10. 80 und zum Europäischen SorgeRÜbk v 20. 5. 80, SchlAnh V A 3. Aufgenommen und integriert wurden wegen des engen Sachzusammenhangs insbesondere die Vorschriften des bisherigen SorgeRÜbkAG v 5. 4. 90, SchlAnh V A 3, sowie die betreffenden Regelungen des AVAG.

Im übrigen ist das Gesetz *keine umfassende Kodifikation* des deutschen internationalen Familienverfahrensrechts. Es ersetzt in seinem Geltungsbereich das AVAG und erst recht §§ 722, 723 ZPO.

Das IntFamRVG ist *abgedruckt* bei Schönfelder Ergänzungsband Nr 103 n.

4) Rechtsstellung heimatloser Ausländer im Bundesgebiet, dazu *PalHeldr* Anh II 3 Art 5 EGBGB; *Staud-Spellenberg* 150–156: Der Begriff des heimatlosen Ausländers deckt sich etwa mit demjenigen des AHKG, §§ 1 und 2 G v 25. 4. 51, BGBl I 269, zuletzt geändert durch Art 7 G v 30. 7. 04, BGBl 1950. Voraussetzung ist also, daß er nicht Deutscher nach Art 116 GG ist, daß er am 30. 6. 50 seinen Aufenthalt im Geltungsbereich des GG oder in Berlin hatte oder die Rechtsstellung eines heimatlosen Ausländers erwarb. Nicht geregelt (wohl aber durch die Flüchtlingskonvention, Rn 5) sind also die Rechtsbeziehungen der Flüchtlinge im dritten Land. Nach § 11 sind die heimatlosen Ausländer im Sinn des Gesetzes im Verfahren vor allen deutschen Gerichten (auch wegen der Sicherheitsleistung) den deutschen Staatsangehörigen gleichgestellt, BGH NJW **85**, 1283. Die heutige Bedeutung des Gesetzes ist gering. 4

5) Genfer Flüchtlingskonvention, dazu BGH NJW **82**, 2732; Köln FamRZ **96**, 946; *Hailbronner* ZAR **93**, 3; *Hirschberg* IPRax **84**, 19; *Lass,* Der Flüchtling im deutschen IPR, 1995; *Marx* ZRP **80**, 192; *PalHeldr* Anh II 4 Art 5 EGBGB: 5

Das Abk über die Rechtsstellung der Flüchtlinge v 28. 7. 51, BGBl **53** II 559 (teilweise abgedruckt und erläutert bei Pal-Heldr Anh II 4 Art 5 EGBGB, dort auch Näheres über den Geltungsbereich), wird ergänzt durch das Protokoll v 31. 1. 69. BGBl **69** II 1294, **70** II 194. Das Abk enthält im wesentlichen fremdenrechtliche Bestimmungen. Der Begriff des Flüchtlings wird in Art 1 definiert. Eine wichtige Erweiterung enthält Art 1 des Protokolls v 31. 1. 67, BGBl **69** II 1293. Dem AHKG 23 geht das Abkommen als eine spätere Regelung seit seinem Inkrafttreten vor, BGH NJW **85**, 1283.

Nach Art 12 I bestimmt sich das *Personalstatut* jedes Flüchtlings nach Art 1 und Art I des Protokolls, also seine Rechtsstellung nach dem Recht des Landes seines Wohnsitzes oder in Ermangelung eines Wohnsitzes nach dem Recht seines Aufenthaltslandes, BayObLG **99**, 30, Karlsr RR **91**, 966, Bbg FamRZ **82**, 506. Die aus dem Flüchtlingsstatus abgeleiteten Rechtsfolgen gelten auch für die minderjährigen Kinder, BayObLG **99**, 30, aM Düss StAZ **89**, 281. Die unter Art 12 I fallenden Flüchtlinge, die ihren Wohnsitz oder Aufenthalt in Deutschland haben, erhalten wegen des Zugangs zu den Gerichten nach Art 16 II dieselbe Behandlung wie Deutsche. Daher muß man sie auch wegen der internationalen Zuständigkeit wie Deutsche behandeln, BGH NJW **85**, 1283, Celle FamRZ **91**, 440, Spellenberg IPRax **88**, 3, aM (im Ergebnis einem Staatenlosen gleichgestellt) Mü IPRax **89**, 239, Kilian IPRax **95**, 10. Flüchtling im Sinn des Abk und damit des Protokolls ist derjenige Ausländer, dessen Gefährdung nach § 51 I AuslG das Bundesamt oder ein Gericht unanfechtbar festgestellt hat, § 3 AsylVfG. Maßgeblich hierfür ist der Flüchtlingsbegriff des Art 1 a Z 2 Abk, BVerwG NVwZ **92**, 676 zum Zeitpunkt des Erwerbs des Flüchtlingsstatus bei nachträglicher Anerkennung als Asylberechtigter, Rn 6, Hamm RR **93**, 266, Henrich IPRax **92**, 390. Der Status als Flüchtling schließt die Anerkennung einer von dem Gericht des Heimatstaats erlassenen Entscheidung nicht aus, BGH FamRZ **79**, 577.

6) Asylberechtigte, dazu *Jayme* IPRax 84, 114: Für Asylberechtigte gilt § 2 AsylVfG. Er bestimmt, daß Asylberechtigte die Rechtsstellung nach der Flüchtlingskonvention, Rn 5, erhalten. Dabei bleibt eine günstigere Rechtsstellung nach anderen Vorschriften unberührt. 6

Die Vorschrift gilt für Ausländer, die das Bundesamt für die Anerkennung ausländischer Flüchtlinge als Asylberechtigte nach Art 16 II 2 GG *anerkannt* hat. Erfolgt die Anerkennung später, kann evtl die Genfer Flüchtlingskonvention unmittelbar gelten, Rn 5, Hamm RR **93**, 266, Henrich IPRax **92**, 390. Wegen der internationalen Zuständigkeit in EheS gilt das zur Genfer Flüchtlingskonvention Gesagte, Rn 5, BGH NJW **90**, 636, KG RR **94**, 199, Stgt FamRZ **98**, 1322. Erlischt die Asylberechtigung nach der Antragstellung, § 72 AsylVfG, berührt das die internationale Zuständigkeit deutscher Gerichte nicht, § 261 III 1 ZPO. Dasselbe gilt für den Widerruf und die Rücknahme der Anerkennung, § 73 AsylVfG.

7) Anerkennung deutscher Entscheidungen. Eine deutsche Entscheidung in EheS dürfte offensichtlich nicht oder nur unter bestimmten Voraussetzungen nach § 98 I Z 4 anerkannt werden, wenn es sich um Staatsangehörige folgender Staaten handelt („nein“). 7

Seit 1. 3. 05 gilt im Verhältnis zu den *EU-Staaten* (außer Dänemark) ausschließlich Kapitel III der EuEheVO, Rn 2.

Ägypten: nein, wenn der Antragsgegner Ägypter ist, weil Ägypten dann die ausschließliche Zuständigkeit in Anspruch nimmt, Brschw FamRZ **85**, 1145, Celle NdsRpfl **85**, 42. *Afghanistan:* nein bei Nichtanwendung des afghanischen Rechts, AG Bonn IPRax **85**, 165, Krüger IPRax **85**, 151. *Albanien:* nein. *Algerien:* nein bei Scheidung außerhalb des ehelichen Wohnsitzes oder Nichtanwendung des Heimatrechts. *Argentinien:* nein, wenn der Wohnsitz des Klägers oder der letzte gemeinsame Wohnsitz in Argentinien liegt oder lag, KG NJW **80**, 535, Kblz IPRax **96**, 278, Jayme IPRax **96**, 279; zum EheG v 3. 6. 87, Dopffel FamRZ **87**, 1205, Jayme IPRax **96**, 279, Piltz IPRax **88**, 320. *Bolivien:* nein, wenn nur der Antragsteller seinen gewöhnlichen Aufenthalt in Deutschland hat (es sei denn, der letzte Ehewohnsitz lag hier). *Bosnien-Herzegowina:* evtl nein, Köln RR **99**, 81, Stgt FamRZ **97**, 1161 (nein wie Jugoslawien, wenn der Bekl widerspricht). *Bulgarien:* nein, wenn nur der Antragsteller seinen Wohnsitz in Deutschland hat. *Chile:* nein, Jayme IPRax **86**, 267. *Dänemark:* zweifelhaft. *Ecuador:* nein, wenn die Ehe dort geschlossen worden ist und einer der Eheschließenden Ecuadorianer war. *GUS:* s frühere UdSSR. *Indien:* nein, wenn der Ehemann sein Domizil (nicht nur Wohnsitz oder gewöhnlichen Aufenthalt) in Indien hat. *Irak:* wohl nein, Hamm FamRZ **74**, 65. *Iran:* nein, wenn ein Ehegatte dort seinen Wohnsitz hat, Hamm FamRZ **92**, 823, Elwan IPRax **94**, 282, aM AG Heidelb IPRax **88**, 367 (zustm Jayme). Keine Scheidung in Deutschland nach religiösem Recht, KG IPRax **00**, 126 (zustm Herfarth 101). *Israel:* nein, wenn beide Eheleute einer religiösen Gerichtsbarkeit unterliegen, KG FamRZ **94**, 839, es sei denn, die Ehe ist als Zivilehe im Ausland geschlossen. *Jordanien:* nein bei nach islamischem Ritus geschlossener Ehe oder bei gewöhnlichem Aufenthalt beider Parteien außerhalb Deutschlands, Hbg IPRax **81**, 181, sonst oft zweifelhaft, Elwan/Ost FamRZ **96**, 389. *Jugoslawien:* nach dem in Restjugoslawien (Serbien und Montenegro) fortgeltenden gesamtjugoslawischen Recht nein, wenn der Antragsgegner Jugoslawe ist und dort seinen Wohnsitz hat, Varady IPRax **84**, 249 (was bei Gastarbeitern grds der Fall ist, Hbg ZBlJugR **85**, 303, Stgt FamRZ **82**, 817); vorrangig ist aber das Recht der Teilrepublik maßgebend, in der der jugoslawische Staatsangehörige seinen Wohnsitz hat, Povh FamRZ **91**, 132, so daß die Anerkennung evtl erleichtert ist, Hbg IPRax **92**, 39, Jayme IPRax **85**, 48, Rauscher IPRax **92**, 15. Ob ein Anerkennungshindernis entfällt, wenn der Antragsgegner der Scheidung nicht widerspricht, Karlsr IPRax **84**, 270, ist streitig, Dörr NJW **89**, 494. Entsprechendes dürfte für die Nachfolgestaaten Bosnien-Herzegowina, Kroatien, Mazedonien und Slowenien gelten, solange sie keine abweichende Regelung treffen. Zur Problematik der Staatennachfolge Kblz IPRax **96**, 28, Kondring IPRax **96**, 161, Schweisfurth/Blöcker IPRax **96**, 9. *Kanada:* nein, wenn die Ehegatten nicht einen mindestens einjährigen Aufenthalt in Deutschland gehabt haben. *Kolumbien:* wohl nein, wenn es sich um eine kanonische Ehe handelt, Samtleben IPRax **93**, 59, ebenso, wenn nur der Antragsteller in Deutschland wohnt. *Kroatien:* unklar, vgl Jugoslawien, Nürnb FamRZ **01**, 837. *Libanon:* zweifelhaft (nein, wenn beide Ehegatten derselben Religionsgemeinschaft angehören, die Ehe in religiöser Form geschlossen haben und das Gericht nicht das Recht dieser Glaubensgemeinschaft anwendet, Brschw FamRZ **85**, 1145; auf die Anerkennung kommt es im Fall der wirksamen Verstoßung nach islamischem Recht nicht an, Beitzke IPRax **93**, 232. *Libyen:* wohl nein, wenn die Scheidung nicht mit islamischen Rechtsgrundsätzen übereinstimmt. *Marokko:* wohl nein, wenn die Ehe nach marokkanischem Recht geschlossen worden ist; auf die Anerkennung kommt es nicht an, wenn der Ehemann eine wirksame Verstoßung ausgesprochen hat. *Mazedonien:* unklar, vgl Jugoslawien, Nürnb FamRZ **01**, 837. *Pakistan:* nein, wenn der Ehemann sein Domizil nicht in Deutschland hat und auch der Domizilstaat die deutsche Entscheidung nicht anerkennt, Hamm FamRZ **85**, 1145 (bei wirksamer Verstoßung der Ehefrau kommt es auf die Anerkennung nicht an, BayObLG FamRZ **85**, 76). *Paraguay:* nein, wenn der eheliche Wohnsitz nicht im Urteilsstaat lag. *Peru:* nein, wenn der Antragsteller seinen gewöhnlichen Aufenthalt dort hat, es sei denn, der letzte gemeinsame Aufenthalt lag in Deutschland, AG Hbg RR **86**, 374, Samtleben IPRax **87**, 96. *Philippinen:* wohl nein, wenn der Kläger philippinischer Staatsangehöriger ist, AG Landstuhl NJW **86**, 669 Burmester-Behr StAZ **89**, 256, Jayme IPRax **86**, 179. *Saudi-Arabien:* nein. Bei wirksamer Verstoßung der Ehefrau kommt es auf die Anerkennung nicht an. *Schweiz:* nach Art 3 des dt-schweiz Abk, SchlAnh V B 1, nein, wenn der Antragsgegner Schweizer ist und dort wohnt, Ffm FamRZ **82**, 316. *Slowenien:* unklar, vgl Jugoslawien. *Syrien:* nein wegen ausschließlicher Zuständigkeit der religiösen Gerichte für Angehörige von Religionsgemeinschaften, (bei islamischen Eheleuten kommt es im Fall wirksamer Verstoßung auf die Anerkennung nicht an). *Taiwan:* nein. Bei Vorlage einer Urkunde über die Privatscheidung kommt es auf die Anerkennung nicht an). *Türkei:* zweifelhaft, Rumpf FamRZ **96**, 1492. *Tunesien:* nein bei fehlender Zuständigkeit nach Art 32 des dt-tunes Vertrages v 19. 7. 66, SchlAnh V B 8. *Frühere UdSSR:* nein, wenn beide Ehegatten Sowjetbürger waren und einer von ihnen in der UdSSR lebte. Die heutige Rechtslage ist unübersichtlich. *Ukraine:* nein, wenn beide Ehegatten Ukrainer sind und einer von ihnen in der Ukraine lebt. *Ungarn:* nein, wenn keiner der Ehegatten seinen Wohnsitz in Deutschland hat. *Weißrußland:* vgl Ukraine. *Zypern:* nein bei religiös geschlossener Ehe von Angehörigen bestimmter Kirchen.

Unterabschnitt 2. Internationale Zuständigkeit

98 *Ehesachen; Verbund von Scheidungs- und Folgesachen.* **[I] Die deutschen Gerichte sind für Ehesachen zuständig, wenn**

1. ein Ehegatte Deutscher ist oder bei der Eheschließung war;
2. beide Ehegatten ihren gewöhnlichen Aufenthalt im Inland haben;
3. ein Ehegatte Staatenloser mit gewöhnlichem Aufenthalt im Inland ist;
4. ein Ehegatte seinen gewöhnlichen Aufenthalt im Inland hat, es sei denn, dass die zu fällende Entscheidung offensichtlich nach dem Recht keines der Staaten anerkannt würde, denen einer der Ehegatten angehört.

[II] Die Zuständigkeit der deutschen Gerichte nach Absatz 1 erstreckt sich im Fall des Verbunds von Scheidungs- und Folgesachen auf die Folgesachen.

Gliederung

Schrifttum: *Rüberg,* Auf dem Weg zu einem europäischen Scheidungskollisionsrecht, Diss Konst 2006; *Südmeier,* § 606 a I S 1 ZPO. Öffentliche Klagezustellung und deutsche internationale Zuständigkeit, 1995.

1) Systematik, Regelungszweck, I, II. Die Vorschrift übernimmt in I Z 1–4 praktisch wörtlich den früheren § 606 a I Z 1–4 ZPO. Sie regelt speziell und daher vorrangig die deutsche internationale Zuständigkeit, freilich nicht ausschließlich. Letzteres ergibt sich aus §§ 97, 106 und aus der Fülle multi- oder bilateralen Vorschriften. Daher hat § 98 in Wahrheit oft fast nur eine hilfsweise Auffangfunktion. Das muß man stets sorgfältig mitbeachten, so sehr Zuständigkeitsregeln als Formvorschriften auch an sich einer strengen Handhabung unterliegen sollen. 1

2) Geltungsbereich, I, II. Die internationale Zuständigkeit deutscher Gerichte in EheS nach Rn 3 hat wegen der vorrangigen EuEheVO, § 97 Rn 2, Köln RR **07**, 155, Zweibr FamRZ **06**, 1043, Geltung nur noch für folgende Fälle, Stgt FamRZ **04**, 1382. 2

– Zunächst im Verhältnis zu *Dänemark,* weil insoweit die EuEheVO nicht anwendbar ist, Art 2 Z 3 EuEheVO;

– sodann, sofern sich aus Artt 3–5 EuEheVO *keine Zuständigkeit* eines Gerichts *eines Mitgliedstaates* ergibt, Art 7 I EuEheVO (zB für ein deutsch-französisches Ehepaar in den USA, Kohler NJW **01**, 11), oder sofern der Antragsteller seinen gewöhnlichen Aufenthalt in Deutschland hat und die deutschen Zuständigkeitsvorschriften nach Maßgabe des Art 7 II EuEheVO geltend macht;

– ferner für die Anerkennung von Entscheidungen nach *§ 328 I Z 1 ZPO,* wenn die Entscheidung außerhalb der EU oder in Dänemark ergangen ist, etwa im Iran, Köln RR **07**, 155.

3) Internationale Zuständigkeit, I. Vgl auch Üb 6 ff vor § 12 ZPO. Für EheS nach § 121 sind die deutschen Gerichte in den in I genannten Fällen zuständig. Das gilt sowohl für Scheidungsanträge als auch für Gegenanträge, bei denen dieselben Voraussetzungen vorliegen müssen. Für die Trennung von Tisch und Bett nach ausländischem Recht gelten dieselben Erfordernisse, Ffm FamRZ **85**, 619, aM AG Hbg FamRZ **80**, 578 (krit Neuhaus). Die internationale Zuständigkeit für die EheS begründet nach II regelmäßig auch diejenige für die FolgeS nach § 137, BGH **75**, 243. Auf zwischenstaatlichen Abkommen beruhende Regelungen, zB das Haager Abk über den Schutz Minderjähriger v 5. 10. 61, haben jedoch im Zweifel den Vorrang, § 97, BGH NJW **84**, 1304. 3

Sind die deutschen Gerichte zuständig, richtet sich das Verfahren nach *deutschem Recht* als der lex fori, BGH RR **94**, 386.

A. Ein Ehegatte Deutscher, I Z 1, dazu *Spellenberg* IPRax **88**, 2: Das deutsche Gericht ist dann international zuständig, wenn ein Ehegatte unabhängig von seiner Beteiligtenstellung Deutscher ist oder bei der Eheschließung war, ohne daß es auf den Wohnsitz oder Aufenthalt der Ehegatten ankommt, KG IPRax **88**, 235, Dörr NJW **89**, 494. Das FamG muß die deutsche Staatsangehörigkeit von Amts wegen ermitteln. Dabei wirkt ein rechtskräftiges Urteil eines VG auch für das FamG. Wenn keine Zweifel bestehen, darf sich das Gericht mit der Vorlage des deutschen Reisepasses oder mit einer Staatsangehörigkeitsbescheinigung begnügen. Der Erwerb der Staatsangehörigkeit während des Eheverfahrens genügt BGH NJW **82**, 1940. Eine andere Staatsangehörigkeit neben der deutschen bleibt außer Betracht, BGH NJW **79**, 1776, Stgt FamRZ **89**, 760, Spellenberg IPRax **88**, 4, ohne daß es auf die Effektivität der deutschen Staatsangehörigkeit ankommt, Dörr NJW **89**, 494. Hier sollte nichts anderes gelten als im sachlichen Recht, Art 5 I 2 EGBGB, Fuchs NJW **00**, 491, krit Spellenberg IPRax **88**, 4. Wer unter Art 116 I GG fällt, ohne die deutsche Staatsangehörigkeit zu besitzen, steht auch verfahrensrechtlich einem deutschen Staatsangehörigen gleich, Art 9 II Z 5 FamRÄndG. Da die Zuständigkeitsregelung gleich ist, kann dahingestellt bleiben, welche der infrage kommenden Regelungen in anderer Hinsicht vorgeht, BGH FamRZ **85**, 280, Spellenberg IPRax **88**, 4. 4

B. Inlandsaufenthalt beider Ehegatten, I Z 2. Das deutsche Gericht ist ferner dann international zuständig, wenn beide (ausländischen) Ehegatten ihren gewöhnlichen Aufenthalt im Inland haben, und zwar im Zeitpunkt der Antragstellung nach § 124. Dann kommt es nicht darauf an, ob ausländisches oder deutsches Recht auf die Sache anwendbar ist, Köln RR **07**, 155. Man muß den Begriff des gewöhnlichen Aufenthalts nach deutschem Recht beurteilen, BayObLG NJW **90**, 3099 (zu Z 4), KG NJW **88**, 650, Zweibr RR **99**, 948. Ein einfacher Aufenthalt reicht nicht. Meist muß der Aufenthalt mindestens etwa sechs Monate andauern, beim Asylbewerber evtl länger, Hamm NJW **90**, 651 (zu I Z 4). Es braucht keine völlige Klarheit zu bestehen, Nürnb FamRZ **02**, 324, Gottwald FamRZ **02**, 1343, strenger Bre FamRZ **92**, 962. Der gewöhnliche Aufenthalt braucht kein gemeinsamer zu sein. Steht die Beendigung eines kurzfristigen Aufenthalts durch staatliche Maßnahmen bevor, ist I Z 2 unanwendbar, Kblz FamRZ **98**, 756 (zustm Gottwald). Auf die Staatsangehörigkeit kommt es in diesem Fall nicht an. Daher erübrigt sich ihre Prüfung nach I Z 1 im Fall des I Z 2. Auch die Anerkennung im Heimatstaat hat hier für die Zuständigkeit keine Bedeutung, BGH RR **05**, 81 (anders bei I Z 4). Jedoch darf das FamG eine Scheidung nicht aussprechen, wenn das nach dem EGBGB anwendbare Recht eine Scheidung durch eine deutsche Entscheidung nicht zuläßt, KG FamRZ **94**, 839. 5

Nach einem jahrelangen inländischen Aufenthalt nebst einer zeitlichen Eingliederung schadet eine *Asylablehnung* nebst einer Ausreiseanordnung nicht mehr, Nürnb FamRZ **02**, 324.

C. Staatenloser im Inland, I Z 3. Das deutsche Gericht ist ferner dann international zuständig, wenn ein Ehegatte ein Staatenloser mit einem gewöhnlichen Aufenthalt im Inland ist, Böhmer RabelsZ **86**, 656. 6

7 **D. Inlandsaufenthalt eines Ehegatten, I Z 4.** Das deutsche Gericht ist schließlich dann international zuständig, wenn nur ein Ehegatte seinen gewöhnlichen Aufenthalt im Inland hat, es sei denn, daß die Entscheidung offensichtlich nach dem Recht keines der Staaten anerkannt würde, denen einer der Ehegatten angehört. Steht die Rückkehr eines hier stationierten ausländischen Soldaten schon für demnächst fest, hat seine Ehefrau in Deutschland keinen gewöhnlichen Aufenthalt, AG Landstuhl FamRZ **03**, 1300. Die Vorschrift greift ein, wenn beide Ehegatten Ausländer sind und nur einer von ihnen seinen gewöhnlichen Aufenthalt im Inland hat, Zweibr RR **99**, 948, ohne daß es auf den letzten gemeinsamen Aufenthalt ankommt, BGH NJW **90**, 636. Dann verzichtet das Gesetz auf das Erfordernis der Anerkennung der deutschen Entscheidung nicht vollständig, um einer sog hinkenden Scheidung und damit auch einer sog hinkenden Ehe vorzubeugen, krit Spellenberg IPRax **88**, 3. Die Zuständigkeit der deutschen Gerichte fehlt, wenn das Heimatrecht keines der Ehegatten die Entscheidung anerkennen würde. Dabei kommt es bei Mehrstaatern entgegen dem Wortlaut nicht auf alle Rechtsordnungen an, sondern auf diejenige der sog effektiveren Staatsangehörigkeit nach Art 5 I 1 EGBGB, Henrich FamRZ **86**, 849, Kilian IPRax **95**, 11, Spellenberg IPRax **88**, 7.

8 Der Ausschluß gilt aber nur dann, wenn überdies das *Fehlen der Anerkennung offensichtlich* ist, also wenn man schon ohne intensive Nachforschungen von ihr ausgehen muß. Zum Begriff „offensichtlich" vgl Art 6 EGBGB und das AsylVfG, BVerfG **67**, 56, BVerwG NJW **82**, 1244. Nach einer Meinung muß man für den Einzelfall alle objektiven Quellen ausschöpfen. Bleiben Zweifel, ist die Anerkennung erlaubt, Nürnb OLGR **01**, 167, Mansel StAZ **86**, 317, Spellenberg IPRax **88**, 7. Nach der anderen Meinung ist die Anerkennung immer dann zulässig, wenn nicht jedem Sachkundigen klar ist, daß der Heimatstaat bei der gegebenen Fallgestaltung generell die Anerkennung verweigert, zB weil er die Unauflöslichkeit der Ehe zum ordre public rechnet (ein innerstaatliches Scheidungsverbot besagt dazu für sich allein nichts) oder weil es die Auflösung stets oder doch in einer bestimmten Situation (Wohnsitz des Bekl im Heimatstaat) seinen eigenen Gerichten vorbehält, Dopffel FamRZ **87**, 1210, Jayme IPRax **86**, 267, Lüderitz IPrax **87**, 81. Da der Gesetzgeber davon ausgegangen ist, daß die Nichtanerkennung nur in verhältnismäßig wenigen Fällen feststellbar ist, sollte man der letzteren Ansicht folgen. Jedenfalls gilt stets „im Zweifel für die Zuständigkeit des deutschen Gerichts".

Daher reicht es, wenn die *Prognose* der Anerkennung *vertretbar* ist, Spellenberg IPRax **88**, 7, oder als möglich erscheint, AG Heidelb IPRax **88**, 113 (zustm Jayme). Es ist also keine nähere Prüfung oder Ermittlung notwendig, Nürnb OLGR **01**, 167. Ausnahmsweise kann in krassen Fällen gegenüber der Nichtanerkennung Art 6 EGBGB eingreifen, Spellenberg IPRax **88**, 5. Die Nichtanerkennung nur der Entscheidung in einer FolgeS nach § 137 schadet nicht, Jayme IPRax **84**, 122. Bei einem wegen seiner Abschiebung ausreisepflichtigen Ausländer ist I Z 4 selbst dann unanwendbar, wenn das Gericht das Abschiebeverfahren ausgesetzt hat, AG Landstuhl FamRZ **02**, 1343 (abl Gottwald).

9 Auf die Anerkennung kommt es nicht an, wenn nach den beiden Heimatrechten eine *Ehe überhaupt nicht besteht,* Stgt FamRZ **80**, 783, oder wenn sie bereits zB infolge einer Verstoßung nach islamischem Recht als aufgelöst gilt, BGH NJW **82**, 517, BayObLG FamRZ **85**, 75, oder wenn sich der Antrag auf die Feststellung richtet, daß eine nach beiden Heimatrechten gültige Privatscheidung, AG Hbg FamRZ **80**, 453, oder eine Ehetrennung durch ein kirchliches Gericht des gemeinsamen Heimatstaates im Inland wirksam ist, oder daß man dann die Trennung durch eine Gerichtsentscheidung begehrt, AG Hbg StAZ **81**, 83 (zum alten Recht). Ob nach der Zwecksetzung von I Z 4 in diesen Fällen das Erfordernis der Anerkennung auch dann entfällt, wenn nur einer der Heimatstaaten die Ehe als nicht (mehr) bestehend ansieht, ist zweifelhaft, aM Hamm StAZ **94**, 222. Dagegen ist die Anerkennung in mindestens einem Heimatstaat auch dann erforderlich, wenn der Sache nach deutsches Recht anwendbar ist oder wenn das nach deutschem Recht für die Sache maßgebliche ausländische Recht, zB das Scheidungsstatut, die deutsche Entscheidung anerkennt, Jayme IPRax **87**, 187.

10 **E. Keine Ausschließlichkeit, § 106.** Keine der durch I begründeten Zuständigkeiten ist ausschließlich. Deutsche mit Aufenthalt im Ausland können sich auch dort scheiden lassen. Ebenso kann der deutsche Partner, dessen Ehegatte sich im Ausland aufhält, dort die Scheidung begehren. Wegen der Anerkennung der ausländischen Entscheidung § 107.

11 **F. Maßgeblicher Zeitpunkt, I Z 1–4.** Über die Zuständigkeit entscheiden die Verhältnisse im Zeitpunkt der Entscheidung. Ist sie jedoch einmal vorhanden, dauert sie nach § 113 I 2 in Verbindung mit § 261 III Z 2 ZPO auch bei einer Änderung der tatsächlichen Umstände fort, BGH NJW **84**, 1305, Mü IPRax **88**, 355 (zustm Winkler-v Mohrenfels 341), aM Damrau Festschrift für Bosch (1990) 103ff. Dasselbe gilt bei einer Änderung des deutschen Rechts, Spellenberg IPRax **88**, 2.

Wegen des Anerkennungserfordernisses nach *I Z 4* scheidet eine solche Fortdauer jedoch aus. Daher kommt es insoweit auf die Verhältnisse im Zeitpunkt der tatrichterlichen Entscheidung an, BGH NJW **84**, 1306 (zum alten Recht). Entfällt das Anerkennungserfordernis infolge einer Veränderung der tatsächlichen Verhältnisse zB durch den Erwerb der deutschen Staatsangehörigkeit, muß das Rechtsbeschwerdegericht das berücksichtigen, BGH StAZ **75**, 328 (zum alten Recht).

12 **G. Prüfung der Zuständigkeit, I Z 1–4.** Das Gericht muß seine internationale Zuständigkeit nach I Z 1–4 in jeder Instanz von Amts wegen prüfen, BGH NJW **03**, 426. Bei einer Verkennung der Voraussetzungen schafft der deutsche Beschluß gleichwohl Rechtskraft und entfaltet eine Gestaltungswirkung, Art 13 II Z 3 EGBGB. Bei I Z 4 ist auch die Frage der Anerkennung nach fremdem Recht rechtsbeschwerdefähig, um eine einheitliche Beurteilung sicherzustellen, aM BGH IPRax **84**, 208, Dessauer IPRax **85**, 332.

13 **H. Rechtshängigkeit im Ausland, I Z 1–4,** dazu *Burckhardt,* Internationale Rechtshängigkeit und Verfahrensstruktur bei Eheauflösungen, Diss Heidelb 1997; *Gruber* FamRZ **00**, 1129: Das FamG muß sie wegen § 113 I 2 in Verbindung mit § 261 I Z 1 ZPO beachten, wenn man eine ausländische Entscheidung im Inland anerkennen müßte, Celle RR **93**, 1413, Schumann IPRax **86**, 14. Es gelten auch dann, wenn

sich die internationale Zuständigkeit ausnahmsweise nach § 98 richtet, Rn 1, für die Rechtshängigkeit die Vorschriften des Art 19 EuEheVO (mindestens entsprechend, wenn das andere Verfahren nicht in einem Mitgliedstaat oder in Dänemark anhängig ist).

99 *Kindschaftssachen.* **[I] Die deutschen Gerichte sind außer in Verfahren nach § 151 Nr. 7 zuständig, wenn das Kind**

1. Deutscher ist,
2. seinen gewöhnlichen Aufenthalt im Inland hat oder
3. soweit es der Fürsorge durch ein deutsches Gericht bedarf.

[II] Sind für die Anordnung einer Vormundschaft sowohl die deutschen Gerichte als auch die Gerichte eines anderen Staates zuständig und ist die Vormundschaft in dem anderen Staat anhängig, kann die Anordnung der Vormundschaft im Inland unterbleiben, wenn dies im Interesse des Mündels liegt.

[III] [1] Sind für die Anordnung einer Vormundschaft sowohl die deutschen Gerichte als auch die Gerichte eines anderen Staates zuständig und besteht die Vormundschaft im Inland, kann das Gericht, bei dem die Vormundschaft anhängig ist, sie an den Staat, dessen Gerichte für die Anordnung der Vormundschaft zuständig sind, abgeben, wenn dies im Interesse des Mündels liegt, der Vormund seine Zustimmung erteilt und dieser Staat sich zur Übernahme bereit erklärt. [2] Verweigert der Vormund oder, wenn mehrere Vormünder die Vormundschaft gemeinschaftlich führen, einer von ihnen seine Zustimmung, so entscheidet an Stelle des Gerichts, bei dem die Vormundschaft anhängig ist, das im Rechtszug übergeordnete Gericht. [3] Der Beschluss ist nicht anfechtbar.

[IV] Die Absätze 2 und 3 gelten entsprechend für Verfahren nach § 151 Nr. 5 und 6 Buchstabe a.

Bem. Hier nicht kommentiert, da keine bisherige ZPO-Sache, sondern bisherige FGG-Sache. 1

100 *Abstammungssachen.* **Die deutschen Gerichte sind zuständig, wenn das Kind, die Mutter, der Vater oder der Mann, der an Eides statt versichert, der Mutter während der Empfängniszeit beigewohnt zu haben,**

1. Deutscher ist oder
2. seinen gewöhnlichen Aufenthalt im Inland hat.

1) Geltungsbereich, Z 1, 2. Die dem § 152 vorgehende Vorschrift erfaßt alle Kindschaftssachen des § 151. 1

2) Deutscher, Z 1. Vgl § 98 I Z 1. 2

3) Gewöhnlicher Aufenthalt, Z 2. Vgl § 98 I Z 2–4. 3

101 *Adoptionssachen.* **Die deutschen Gerichte sind zuständig, wenn der Annehmende, einer der annehmenden Ehegatten oder das Kind**

1. Deutscher ist oder
2. seinen gewöhnlichen Aufenthalt im Inland hat.

Bem. Hier nicht kommentiert, da keine bisherige ZPO –, sondern bisherige FGG-Sache. 1

102 *Versorgungsausgleichssachen.* **Die deutschen Gerichte sind zuständig, wenn**

1. der Antragsteller oder der Antragsgegner seinen gewöhnlichen Aufenthalt im Inland hat,
2. über inländische Anrechte zu entscheiden ist oder
3. ein deutsches Gericht die Ehe zwischen Antragsteller und Antragsgegner geschieden hat.

1) Geltungsbereich, Z 1–3. Die dem § 218 vorgehende Vorschrift erfaßt alle Versorgungsausgleichssachen nach § 217. 1

2) Gewöhnlicher Aufenthalt, Z 1. Vgl § 98 I Z 2–4. 2

3) Inländisches Anrecht, Z 2. Es geht um solche Anrechte nach § 50 I Z 1–3 FamGKG, Hartmann Teil I B, die keinen Auslandsbezug haben. 3

4) Deutsches Scheidungsgericht, Z 3. Vgl § 142. 4

103 *Lebenspartnerschaftssachen.* **[I] Die deutschen Gerichte sind in Lebenspartnerschaftssachen, die die Aufhebung der Lebenspartnerschaft aufgrund des Lebenspartnerschaftsgesetzes oder die Feststellung des Bestehens oder Nichtbestehens einer Lebenspartnerschaft zum Gegenstand haben, zuständig, wenn**

1. ein Lebenspartner Deutscher ist oder bei Begründung der Lebenspartnerschaft war,

2. einer der Lebenspartner seinen gewöhnlichen Aufenthalt im Inland hat oder
3. die Lebenspartnerschaft vor einer zuständigen deutschen Stelle begründet worden ist.

II Die Zuständigkeit der deutschen Gerichte nach Absatz 1 erstreckt sich im Falle des Verbundes von Aufhebungs- und Folgesachen auf die Folgesachen.

III Die §§ 99, 101, 102 und 105 gelten entsprechend.

1 **1) Systematik, Regelungszweck, I–III.** Es handelt sich um weitgehende Übernahmen der folgenden früheren ZPO-Vorschriften: *Z 1* entspricht §§ 606a I 1 Z 1, 661 III ZPO. *Z 2* entspricht § 661 III Z 1a Hs 1 ZPO. *Z 3* entspricht § 661 III Z 1b ZPO.

2 **2) Einzelfragen, I–III.** Die EuEheVO kommt als Gemeinschaftsrecht grundsätzlich nur für Ehegatten, nicht aber für Lebenspartnerschaften in Betracht, Wagner IPRax **01**, 281. Allerdings ist für Anhängeverfahren die EuGVVO vorrangig. Das lebenspartnerschaftliche Güterrecht fällt unter den Ausschluß des Art 1 II Nr 1 EuGVVO. Denn diese Vorschrift spricht nur vom „ehelichen Güterstand".

104 *Betreuungs- und Unterbringungssachen; Pflegschaft für Erwachsene.* **I Die deutschen Gerichte sind zuständig, wenn der Betroffene oder der volljährige Pflegling**
1. Deutscher ist,
2. seinen gewöhnlichen Aufenthalt im Inland hat oder
3. soweit er der Fürsorge durch ein deutsches Gericht bedarf.

II § 99 Abs. 2 und 3 gilt entsprechend.

III Die Absätze 1 und 2 sind im Fall einer Unterbringung nach § 312 Nr. 3 nicht anzuwenden.

105 *Andere Verfahren.* **In anderen Verfahren nach diesem Gesetz sind die deutschen Gerichte zuständig, wenn ein deutsches Gericht örtlich zuständig ist.**

Zu §§ 104, 105:

1 **Bem.** Hier nicht kommentiert, da keine bisherige ZPO –, sondern bisherige FGG-Sache, § 200 Rn 1.

106 *Keine ausschließliche Zuständigkeit.* **Die Zuständigkeiten in diesem Unterabschnitt sind nicht ausschließlich.**

1 **1) Systematik.** Die Vorschrift entspricht den früheren §§ 606a I 2, 640a II 2, 661 III ZPO.

2 **2) Regelungszweck.** Eine Zuständigkeit ist nur dann ausschließlich, wenn das Gesetz das ausdrücklich bestimmt, Üb 14 vor § 12 ZPO. Insofern ist § 106 eigentlich überflüssig. Die Vorschrift soll wie im alten Recht indessen verdeutlichen, daß ein etwa sonstwie gesetzlich oder vertraglich bestehender anderer Gerichtsstand nicht von vornherein unzulässig ist, Üb 14 vor § 12 ZPO. Ob freilich zB die Beteiligten überhaupt über den Verfahrensgegenstand und damit auch über den Gerichtsstand verfügen können, muß man von Fall zu Fall anhand der ja zahlreichen und unterschiedlich ausgerichteten weiteren Gerichtsstandsregeln des FamFG klären.

Unterabschnitt 3. Anerkennung und Vollstreckbarkeit ausländischer Entscheidungen

107 *Anerkennung ausländischer Entscheidungen in Ehesachen.* **I 1 Entscheidungen, durch die im Ausland eine Ehe für nichtig erklärt, aufgehoben, dem Ehebande nach oder unter Aufrechterhaltung des Ehebandes geschieden oder durch die das Bestehen oder Nichtbestehen einer Ehe zwischen den Beteiligten festgestellt worden ist, werden nur anerkannt, wenn die Landesjustizverwaltung festgestellt hat, dass die Voraussetzungen für die Anerkennung vorliegen. 2 Hat ein Gericht oder eine Behörde des Staates entschieden, dem beide Ehegatten zur Zeit der Entscheidung angehört haben, hängt die Anerkennung nicht von einer Feststellung der Landesjustizverwaltung ab.**

II 1 Zuständig ist die Justizverwaltung des Landes, in dem ein Ehegatte seinen gewöhnlichen Aufenthalt hat. 2 Hat keiner der Ehegatten seinen gewöhnlichen Aufenthalt im Inland, ist die Justizverwaltung des Landes zuständig, in dem eine neue Ehe geschlossen oder eine Lebenspartnerschaft begründet werden soll; die Landesjustizverwaltung kann den Nachweis verlangen, dass die Eheschließung oder die Begründung der Lebenspartnerschaft angemeldet ist. 3 Wenn eine andere Zuständigkeit nicht gegeben ist, ist die Justizverwaltung des Landes Berlin zuständig.

III 1 Die Landesregierungen können die den Landesjustizverwaltungen nach dieser Vorschrift zustehenden Befugnisse durch Rechtsverordnung auf einen oder mehrere Präsidenten der Oberlandesgerichte übertragen. 2 Die Landesregierungen können die Ermächtigung nach Satz 1 durch Rechtsverordnung auf die Landesjustizverwaltungen übertragen.

IV 1 Die Entscheidung ergeht auf Antrag. 2 Den Antrag kann stellen, wer ein rechtliches Interesse an der Anerkennung glaubhaft macht.

V Lehnt die Landesjustizverwaltung den Antrag ab, kann der Antragsteller beim Oberlandesgericht die Entscheidung beantragen.

VI [1] Stellt die Landesjustizverwaltung fest, dass die Voraussetzungen für die Anerkennung vorliegen, kann ein Ehegatte, der den Antrag nicht gestellt hat, beim Oberlandesgericht die Entscheidung beantragen. [2] Die Entscheidung der Landesjustizverwaltung wird mit der Bekanntgabe an den Antragsteller wirksam. [3] Die Landesjustizverwaltung kann jedoch in ihrer Entscheidung bestimmen, dass die Entscheidung erst nach Ablauf einer von ihr bestimmten Frist wirksam wird.

VII [1] Zuständig ist ein Zivilsenat des Oberlandesgerichts, in dessen Bezirk die Landesjustizverwaltung ihren Sitz hat. [2] Der Antrag auf gerichtliche Entscheidung hat keine aufschiebende Wirkung. [3] Für das Verfahren gelten die Abschnitte 4 und 5 sowie § 14 Abs. 1 und 2 und § 48 Abs. 2 entsprechend.

VIII Die vorstehenden Vorschriften sind entsprechend anzuwenden, wenn die Feststellung begehrt wird, dass die Voraussetzungen für die Anerkennung einer Entscheidung nicht vorliegen.

IX Die Feststellung, dass die Voraussetzungen für die Anerkennung vorliegen oder nicht vorliegen, ist für Gerichte und Verwaltungsbehörden bindend.

X War am 1. November 1941 in einem deutschen Familienbuch (Heiratsregister) auf Grund einer ausländischen Entscheidung die Nichtigerklärung, Aufhebung, Scheidung oder Trennung oder das Bestehen oder Nichtbestehen einer Ehe vermerkt, steht der Vermerk einer Anerkennung nach dieser Vorschrift gleich.

Gliederung

1) Systematik, I–X. Die Vorschrift ist an die Stelle von Art 7 § 1 FamRÄndG getreten, den Art 51 Z 1 FGG-RG aufgehoben hat, ferner an die Stelle des früheren § 16a FGG. Sie hat dessen Inhalt kaum verändert. 1

2) Regelungszweck, I–X. In den Grenzen des deutschen ordre public, § 328 ZPO Rn 30ff, soll es rechtsstaatlich einwandfrei möglich sein, eine der in I 1, X genannten Entscheidungen usw in Deutschland wirksam sein zu lassen. Das dient allen drei Komponenten der Rechtsidee, der Gerechtigkeit, Zweckmäßigkeit und Rechtssicherheit gleichermaßen. Deshalb empfiehlt sich eine grundsätzlich großzügige Handhabung sowohl durch die Justizverwaltung als auch durch das Gericht. 2

3) Geltungsbereich, I–X. In einer Ehesache ist § 109 I Z 1–4 keineswegs völlig unbeachtlich, sondern bleibt in zweiter Linie unverändert beachtlich, Bbg FER **00**, 160, BayObLG FamRZ **90**, 650. Das gilt auch in einer Lebenspartnerschaftssache nach § 103 (Aufhebung, Feststellung des Bestehens oder Nichtbestehens), (zum alten Recht) Andrae/Heidrich FamRZ **04**, 1624, Hausmann Festschrift für Henrich (2000) 265. Freilich muß man bei einer Ehesache zunächst klären, ob bereits eine Anerkennung seit 1. 3. 05 nach Art 21 I der weiteren EheGVVO erfolgt. In einem danach verbleibenden Fall muß man sodann zunächst eine etwaige weitere zwischenstaatliche Regelung prüfen, BGH NJW **90**, 3091. 3

Bei ihrem Fehlen gilt (jetzt) § 107 als eine innerstaatlich dann vor § 109 zu prüfende und insofern vorrangige zwingende Sonderregelung, BGH NJW **83**, 515, Bbg FER **00**, 160, Andrae/Heidrich FamRZ **04**, 1623. 4

Die Vorschrift ist *mit dem GG vereinbar,* BGH **82**, 40, KG FamRZ **82**, 382, Andrae/Heidrich FamRZ **04**, 1627. 5

4) Entscheidung, I. Man muß eine Reihe von Aspekten beachten. 6

A. Begriff. Es muß eine Entscheidung vorliegen, Geimer NJW **88**, 3104. Dieser Begriff ist weit auslegbar, Andrae/Heidrich FamRZ **04**, 1623. Zu den Entscheidungen gehören auch im Rahmen von Staatsverträgen erlassene Entscheidungen. Dazu zählen nicht nur Urteile, sondern auch Entscheidungen von Verwaltungsbehörden, aM Kblz FamRZ **05**, 1693, ferner Hoheitsakte eines Staatsoberhaupts (Dänemark), Rn 7ff, außer wenn die Parteien Deutsche sind, und geistliche Gerichte, Andrae/Heidrich FamRZ **04**, 1623. Das Verfahren der ausländischen Stelle ist unerheblich. Die Entscheidung muß rechtskräftig sein, Düss FamRZ **76**, 356. Wenn zum Wirksamwerden der ausländischen Entscheidung eine Registrierung gehört, muß diese vorliegen, BayObLG FER **98**, 209, Düss NJW **75**, 1081, aM KG FamRZ **07**, 1828. Ein Urteil auf eine Trennung von Tisch und Bett ist bei Personen anerkennungsfähig, die nicht Deutsche sind, BayObLG RR **90**, 843. Der Tod eines Ehegatten hindert die Anerkennung nicht. Zum israelischen Scheidungsurteil Scheftelowitz FamRZ **95**, 593 (keine Privatscheidung). Ein Unterhaltsurteil zählt als solches nicht hierher, Hamm RR **89**, 514.

B. Privatscheidung. Auch eine ausländische Privatscheidung ist evtl anerkennungsfähig, BGH **110**, 270, 7
BayObLG FamRZ **03**, 381, Düss FamRZ **03**, 381. Maßstab ist Art 17 EGBGB, BGH FamRZ **08**, 1409 (auch zu den Grenzen). Das gilt für die einseitige wie die vertragliche Privatscheidung, BGH **110**, 270, BayObLG FamRZ **03**, 381 (jordanische „al-mukkalaa" vor einem Scharia-Gericht), JM NRW FamRZ **74**, 193. Dabei gilt allerdings die Voraussetzung, daß *sämtliche Akte,* die eine Rechtswirkung auslösen, *im Ausland* erfolgen, BGH FamRZ **85**, 76, BayObLG **82**, 259. Das gilt zB für die Verstoßung (talâq), BGH FamRZ

85, 76, oder für die Ausfertigung und Übergabe des Scheidebriefs, BayObLG FamRZ **85**, 1259, Stgt FamRZ **80**, 886 (Vorlagebeschluß), Kleinrahm/Partikel 68, aM JM NRW FamRZ **74**, 193 (s aber auch Düss FamRZ **76**, 277). Bei einer Scheidung vor dem ausländischen Konsul im Inland ist § 107 entsprechend anwendbar, BGH **82**, 43, BayObLG FamRZ **85**, 1259, JM Stgt FamRZ **80**, 886. Das kann sogar bei einer reinen Privatscheidung in Betracht kommen, BGH **112**, 134, BayObLG FamRZ **02**, 1638, Andrae/Heidrich FamRZ **04**, 1626.

8 Nach Ansicht vieler muß auch eine *Behörde irgendwie mitgewirkt* haben, zB bei einem Sühneversuch oder bei der Registrierung, BGH **110**, 270, Celle FamRZ **98**, 686 und 757, Ffm FamRZ **05**, 989, aM Kleinrahm/Partikel 68 ff (Entscheidung sei nur der Akt, dem es nach der ausländischen Rechtsordnung zukommt, die Scheidung, Aufhebung und dgl herbeizuführen).

Das Erfordernis der Behördenmitwirkung *verdient den Vorzug.* Denn sonst würde oft für einst deutsche Frauen bei einem hiesigen Scheidungsforum jede Scheidungsmöglichkeit entfallen, während sich der Mann nach seinem Heimatrecht als geschieden betrachten kann. Schon deshalb darf man die Privatscheidung nicht als gegen den deutschen ordre public schlechthin verstoßend ansehen. Vielmehr muß man die Auswirkungen im Einzelfall prüfen, BGH FamRZ **85**, 74, Brschw FamRZ **01**, 561, Ffm NJW **90**, 646 (je wegen eines „talâq"), und zwar nach Artt 6, 17 EGBGB, nicht nach § 328 ZPO. Denn die Privatscheidung ist ein privatrechtlicher Vorgang, Ffm NJW **90**, 646, Beitzke FamRZ **74**, 530, der zutreffend auf Art 3 II GG hinweist und auf die „effektivere" Staatsangehörigkeit abstellt, NJW **90**, 620, aM Otto FamRZ **74**, 655.

9 Ist ein *Deutscher* an einer Privatscheidung im Ausland beteiligt, auch ein solcher, der neben der deutschen Staatsangehörigkeit noch eine andere hat, wird die Entscheidung oft nicht anerkannt, BGH FamRZ **94**, 434, Celle FamRZ **98**, 686 und 757, KG FamRZ **02**, 840, aM BayObLG **98**, 107, Düss FamRZ **03**, 381. Ebensowenig kann man eine inländische Privatscheidung irgendwelcher Art anerkennen, auch dann nicht, wenn Ausländer beteiligt sind, JM Stgt FamRZ **80**, 148, BayObLG **82**, 259, Stgt FamRZ **80**, 886 (Vorlagebeschluß). Keiner Anerkennung bedürfen Entscheidungen eines Gerichts oder einer Behörde des Staates, dem beide Ehegatten im Zeitpunkt der Entscheidung angehört haben, I 2, Art VII § 1 I 3 FamRÄndG, Andrae/Heidrich FamRZ **04**, 1623. Eine solche Anerkennung ist aber nicht unzulässig, sondern insbesondere *bei Zweifeln zweckmäßig,* BGH **112**, 130, aM Ffm NJW **71**, 1528, Geimer NJW **71**, 2138 (aber die Verfahrenswirtschaftlichkeit ist stets mitbeachtlich, Grdz 14 vor § 128 ZPO).

10 **C. Abweisung.** Auch eine abweisende Entscheidung kann anerkennungsfähig sein, aM Andrae/Heidrich FamRZ **04**, 1628 (aber es besteht auch dann ein Klärungsbedarf). Da § 107 sie nicht nennt, darf man sie allerdings nur nach § 328 ZPO anerkennen, Ffm NJW **89**, 672. Habscheid FamRZ **73**, 431 wendet (jetzt) § 107 an, soweit die Rechtskraft der abweisenden Entscheidung für und gegen alle wirke, also wenn die Entscheidung im Entscheidungsstaat eine positive oder negative Feststellung enthalte oder eine Nichtigkeitsklage abweise. Sonst wendet auch er § 328 ZPO an.

11 **D. Weitere Einzelfragen.** Die Landesjustizverwaltung kann nur dann anerkennen, wenn die Voraussetzungen des § 109 anders als bei einer Privatscheidung nach Rn 53 ff vorliegen, BGH NJW **72**, 2188, BayObLG **99**, 213, Bürgle NJW **74**, 2163, aM Kblz FamRZ **74**, 192, Geimer NJW **76**, 1039 (man dürfe eine Anerkennung wegen Unzuständigkeit nur dann versagen, wenn der Bekl die Unzuständigkeit gerügt habe oder wenn er dazu zumindest das rechtliche Gehör gehabt habe. Dafür reiche bei der Bestellung eines Verfahrenspflegers eine öffentliche Zustellung aus. Das wird im allgemeinen voraussetzen, daß die Entscheidung eine Begründung hat).

12 Insbesondere muß das ausländische Gericht beim Erlaß der Entscheidung *international zuständig* gewesen sein, BayObLG FamRZ **93**, 1469, Düss FamRZ **76**, 356.

13 Die Entscheidung ist daher grundsätzlich nicht anerkennbar, wenn eine *ausschließliche deutsche* Zuständigkeit bestand. Jedoch steht diese im Fall des § 98 der Anerkennung nicht entgegen. Im Anerkennungsverfahren erfolgt grundsätzlich keine Prüfung der Zulässigkeit eines inländischen Scheidungsverfahrens, BayObLG FamRZ **83**, 501, strenger JM Stgt FamRZ **01**, 1018. Ist die ausländische Scheidung eine Vorfrage, erfolgt zunächst eine Entscheidung der Landesjustizverwaltung, abgesehen von Rn 14, BGH **82**, 37, Köln FamRZ **98**, 1304.

Das deutsche Scheidungsverfahren wird also *ausgesetzt,* Karlsr FamRZ **91**, 92, Kblz FamRZ **05**, 1693, Köln FamRZ **98**, 1304. Wird die Anerkennung versagt, weil § 328 ZPO entgegensteht, erfolgt eine Aussetzung, um das Scheidungsverfahren im Inland durchzuführen, BayObLG **73**, 251, Stgt FamRZ **74**, 460, aM BGH NJW **83**, 515 (es handle sich um eine Fallfrage), BGH **82**, 37 (das Scheidungsgericht prüfe dann diese Frage als Vorfrage). Das ausländische Urteil darf nicht aufgehoben sein, BayObLG FER **98**, 209.

14 Die Entscheidung der Vorfrage erfolgt im Rahmen der *Hauptsache,* wenn eine anerkennungsfähige Entscheidung überhaupt noch nicht vorliegt, Düss MDR **74**, 1023.

15 § 107 bezieht sich *nicht* auf die Nebenentscheidungen zugleich oder im Zusammenhang mit der Scheidung oder Aufhebung oder Nichtigkeit. Die Vorschrift gilt also zB nicht für die Entscheidung über das Sorgerecht, BGH **64**, 21, Ffm NJW **77**, 504, Hamm FamRZ **75**, 428, aM Hamm NJW **76**, 2080, KG FamRZ **74**, 148, Karlsr FamRZ **84**, 820 (aber man darf das Gesetz hier nicht zu weit auslegen). Sie gilt auch nicht beim Unterhalt, BGH FamRZ **07**, 717.

16 *Einstweilige Anordnungen* sind jedenfalls außerhalb des Bereichs der (vorrangigen) EuGVVO, SchlAnh V C 2, Gottwald FamRZ **87**, 780, wegen ihrer nur vorläufigen Wirkung grundsätzlich nicht anerkennungsfähig, zB nicht eine „Ordonnance de nonconciliation" betreffend das Sorgerecht, Düss FamRZ **83**, 422, aM Karlsr FamRZ **84**, 820.

17 **5) Antrag, IV.** Es ist ein Antrag erforderlich, IV 1, BGH NJW **83**, 515, Karlsr RR **01**, 5. Ihn kann jeder stellen, der ein rechtliches Interesse an der Anerkennung glaubhaft macht, IV 2, BayObLG **80**, 54, KG FamRZ **04**, 276 (auch mangels Erstantrags), JM Stgt FamRZ **90**, 1016. Das sind außer den Ehegatten, KG OLGZ **76**, 39, oder den Lebenspartnern vor allem diejenigen Personen, deren Erbberechtigung von der Entscheidung abhängt. In Frage kommt aber auch der Sozialversicherungsträger, KG OLGZ **84**, 38.

Der Antrag ist *formgebunden,* BGH FamRZ **85**, 75, Düss FamRZ **74**, 530. Für ihn besteht keine Frist, BGH FamRZ **85**, 75, BayObLG FER **98**, 209, Ffm OLGZ **85**, 258. Wegen einer Verwirkung BayObLG FER **98**, 209, Düss FamRZ **88**, 198. Der Antrag kann nicht nur die Anerkennung bezwecken, sondern auch dahin gehen, daß die Voraussetzungen für die Anerkennung nicht vorliegen, VIII. Man kann den Antrag bis zum Zeitpunkt der Entscheidung der Landesjustizverwaltung ändern, Düss FamRZ **76**, 356. 18

6) Verfahren der Landesjustizverwaltung usw. I–VI bestimmen mangels einer vorrangigen anderen Regelung (ipso-iure-Anerkennung) die Zuständigkeit der Landesjustizverwaltung, BayObLG **96**, 123. Berlin ist auch dann zuständig, wenn der Antragsteller nicht Ehegatte oder Lebenspartner war. Die Landesjustizverwaltung muß jedenfalls wegen Art 20 III GG das rechtliche Gehör geben, BayObLG FER **00**, 65 (Heilungsmöglichkeit im gerichtlichen Verfahren), aM KG OLGZ **76**, 41 (aber es handelt sich um ein Verfahrensgrundrecht, Einl III 16). Sie prüft von Amts wegen, ob der Antrag wegen Rechtsmißbrauchs nach Einl III 54 unzulässig ist, JM Stgt FamRZ **79**, 812. Die Entscheidung ergeht auf die Feststellung, daß die Voraussetzungen der Anerkennung vorliegen oder nicht vorliegen, und zwar unter einer Berücksichtigung von § 328 ZPO. Bis zu dieser Entscheidung ist die ausländische Entscheidung wirkungslos, BGH NJW **83**, 515. Daher kann ein Rechtsschutzbedürfnis für das Nichtvorliegen der Anerkennungsvoraussetzungen nur ganz ausnahmsweise vorliegen. Nach III 1 kann ein OLG-Präsident statt der Landesjustizverwaltung zuständig sein. 19

Dazu sind (zum alten Recht) ergangen in:
Baden-Württemberg: VO v 15. 6. 00, GBl **00**, 499 (Übertragung auf die OLGe);
Bayern: VO v 7. 12. 98, GVBl 1046 (Übertragung auf den Präsidenten des OLG München seit 1. 1. 99);
Berlin:
Brandenburg:
Bremen:
Hamburg:
Hessen: VO v 21. 9. 94, GVBl 435, und v 3. 11. 94, GVBl 635;
Mecklenburg-Vorpommern:
Niedersachsen: VO v 27. 7. 95, GVBl 255 (Übertragung auf die Präsidenten der OLGe Brschw, Celle, Oldb);
Nordrhein-Westfalen: VO v 16. 8. 94, GVBl 695;
Rheinland-Pfalz:
Saarland: VO v 18. 11. 03, ABl 2995;
Sachsen: VO v 29. 12. 97, GVBl 682 (Übertragung auf den Präsidenten des OLG Drsd);
Sachsen-Anhalt:
Schleswig-Holstein: VO v 4. 12. 96, GVBl 720 (§ 1 Z 9 Ermächtigung des JustMin);
Thüringen:

Die *anerkennende* Entscheidung wirkt grundsätzlich auf den Zeitpunkt der Rechtskraft der anerkannten Entscheidung zurück, BGH NJW **83**, 515, BayObLG **88**, 445, Hamm FamRZ **92**, 674. Wenn allerdings ein später in Kraft getretenes Gesetz die Anerkennung überhaupt erst ermöglicht, kann die Entscheidung ausnahmsweise auch nur auf den Zeitpunkt seines Inkrafttretens zurückwirken, BayObLG NJW **88**, 2179. Sie wird mit der Bekanntgabe an den Antragsteller wirksam. Jedoch kann die Landesjustizverwaltung in ihrer Entscheidung die Wirksamkeit erst nach einer bestimmten Frist eintreten lassen, VI 3. Das ist zweckmäßig, wenn man erwarten kann, daß der andere Ehegatte einen Antrag auf eine gerichtliche Entscheidung stellen wird. Auch die verneinende sachliche Feststellung der Landesjustizverwaltung oder des gegen ihre Entscheidung angerufenen OLG ist für Gerichte und Verwaltungsbehörden grundsätzlich bindend, IX, BayObLG **99**, 215, Hamm FamRZ **92**, 674. 20

Ausnahmsweise ist beim erst *nachträglichen Bekanntwerden* eines Anerkennungshindernisses aber auch eine sogar rückwirkende Änderung oder Aufhebung möglich, BayObLG **99**, 215. Ein neuer Antrag auf eine entgegengesetzte Entscheidung ist unzulässig, Habscheid FamRZ **73**, 432. Bindend ist auch schon die Entscheidung der Landesjustizverwaltung, daß ein behauptender Feststellungsantrag unbegründet sei, BayObLG NJW **74**, 1630, aM KG OLGZ **76**, 42.

Dagegen tritt keine Bindung ein, wenn die Landesjustizverwaltung den behauptenden Feststellungsantrag als *unzulässig* abweist. Sie kann diese Entscheidung auch bei einem Antrag eines weiteren Berechtigten oder beim Vorliegen neuer Tatsachen abändern, BayObLG **80**, 353. Die Wiederaufnahme ist statthaft, (jetzt) § 48, Geimer NJW **74**, 1631. 21

7) Verfahren des Oberlandesgerichts, VII. Der Antragsteller kann eine Entscheidung des OLG fordern. Maßgeblich ist der Zeitpunkt der Antragstellung bei der Landesjustizverwaltung, BayObLG NJW **76**, 1032. Das gilt bei einer Ablehnung seines Antrags auf eine Anerkennung, BayObLG NJW **74**, 1629, BayObLG **82**, 258, oder zwecks deren Aufhebung, BayObLG MDR **76**, 232 (zustm Geimer) oder nach einer Nichtanerkennung, V. Das gilt auch dann, wenn nach III 1 ein OLG-Präsident als Verwaltung entschieden hatte. Der andere Ehegatte kann die Entscheidung des OLG dann beantragen, wenn eine Anerkennung erfolgte, VI 1. Er kann auch zusätzlich die Feststellung begehren, daß die Voraussetzungen für eine Anerkennung nicht vorliegen, BayObLG **92**, 195. Wenn beide Ehegatten bei der Landesjustizverwaltung erfolgreich eine Anerkennung beantragt hatten, kann man eine Entscheidung des OLG nicht herbeiführen, BayObLG MDR **76**, 232 (zustm Geimer). 22

Man muß außerdem jedem ein Antragsrecht geben, der ein *rechtliches Interesse* an einer Entscheidung des OLG hat. also entsprechend IV 2, KG OLGZ **84**, 38, aM KG OLGZ **76**, 41 (es läßt auch keinen Beitritt zu, aber aus dem rechtlichen Interesse entsteht ein Rechtsschutzanspruch, Grdz 1 ff vor § 253 ZPO). Zuständig ist ein Zivilsenat des OLG, in dessen Bezirk die Landesjustizverwaltung ihren Sitz hat. Der Antrag ist nicht fristgebunden, BayObLG **82**, 258, Düss FamRZ **74**, 528. Die Form des Antrags richtet sich nach § 23. Es besteht kein Anwaltszwang. Geimer NJW **74**, 1032 fordert die Einführung des Anwaltszwangs, aM Bürgle NJW **74**, 2167. Neue Tatsachen und Beweise sind zulässig, § 65 III. 23

24 Der Antrag hat *keine aufschiebende Wirkung,* VII 2. Das OLG kann jedoch durch eine einstweilige Anordnung die Vollziehung der angefochtenen Entscheidung der Landesjustizverwaltung vorläufig aussetzen, § 68 III 1 in Verbindung mit § 49. Das ist bei einer Anfechtung einer anerkennenden Entscheidung immer dann zweckmäßig, wenn man eine Wiederverheiratungsabsicht vermuten kann oder muß. Das OLG entscheidet im Verfahren des FamFG. §§ 23 ff EGGVG sind also unanwendbar. Das Gericht kann weder prüfen, ob die Anerkennung in einem inländischen Verfahren vorgreiflich ist, noch, ob sich ein Beteiligter treuwidrig verhält, KG OLGZ **84**, 40. Das OLG muß seine Entscheidung begründen, §§ 38 III 1, 68 III 1. Sie ist endgültig. Diese Regelung ist mit dem GG vereinbar, Düss FamRZ **74**, 529. Bei einem erheblichen Verfahrensmangel der Verwaltung kann eine Zurückverweisung an sie erfolgen, etwa wegen einer Verletzung des rechtlichen Gehörs, BayObLG FER **00**, 65. Die Entscheidung des OLG hat eine allgemein bindende Wirkung, IX, Andrae/Heidrich FamRZ **04**, 1623.

25 **8) Angehörige des Entscheidungsstaats, I 2.** Wenn beide Ehegatten beim Erlaß der ausländischen Entscheidung Angehörige des Entscheidungsstaats waren, braucht die ausländische Entscheidung eines dortigen Gerichts nach I 2 anders als bei I 1 keine Anerkennung im Verfahren nach § 107, sondern eine solche nach (jetzt) § 109, Hamm FamRZ **98**, 303, Kblz FamRZ **05**, 1693, AG Weilburg FamRZ **00**, 169. Eine solche Anerkennung ist auch dann nicht nötig, wenn die beiden früheren Ehegatten in Deutschland wohnen, Köln FamRZ **88**, 1177. Es tritt freilich auch keineswegs eine automatische Bindung des Gerichts an die ausländische Entscheidung ein, AG Weilburg FamRZ **00**, 169, aM Ffm NJW **71**, 1528 (abl Beitzke FamRZ **71**, 347, Geimer NJW **71**, 2138).

26 Die *Prüfung* des inländischen Gerichts beschränkt sich in diesem Fall allerdings auf die Frage, ob die Voraussetzungen des § 109 I Z 4 vorliegen (Art 6 EGBGB), Kblz FamRZ **91**, 460, AG Weilburg FamRZ **00**, 169. Hatte aber ein Ehegatte außerdem die deutsche Staatsangehörigkeit, wird er so behandelt, als wenn er nur diese hätte. Daher ist dann das Anerkennungsverfahren erforderlich, BayObLG **98**, 105, aM BGH **75**, 40 (es komme darauf an, ob die deutsche Staatsangehörigkeit die effektive sei. Das ist unscharf). Ob auch die deutsche Staatsangehörigkeit vorlag, prüft das Gericht auch dann, wenn es sich bei der ausländischen Entscheidung um eine Vorfrage handelt.

27 **9) Drittstaatsscheidung, I–IX.** Sind *Ausländer* im dritten Staat geschieden worden, erfolgt im Anerkennungsverfahren eine Prüfung, ob der Heimatstaat anerkennen würde, BayObLG FamRZ **76**, 702, Ffm NJW **89**, 3102, aM Hamm RR **95**, 520, Geimer NJW **74**, 1028 (aber eine solche Prüfung hegt nahe und ist zumindest vertretbar).

Bei einer Drittstaatsscheidung oder -aufhebung, an der ein *Deutscher* beteiligt war, genügt ein gewöhnlicher Aufenthalt eines der Ehegatten in dem Entscheidungsstaat, großzügiger BayObLG **80**, 355 (kein Aufenthaltserfordernis). Aufenthalt ist ein längerer tatsächlicher Mittelpunkt des Daseins, BayObLG FamRZ **79**, 1016.

28 **10) Altfall, X.** Vgl den klaren Text von X.

108 *Anerkennung anderer ausländischer Entscheidungen.*

I Abgesehen von Entscheidungen in Ehesachen werden ausländische Entscheidungen anerkannt, ohne dass es hierfür eines besonderen Verfahrens bedarf.

II 1 Beteiligte, die ein rechtliches Interesse haben, können eine Entscheidung über die Anerkennung oder Nichtanerkennung einer ausländischen Entscheidung nicht vermögensrechtlichen Inhalts beantragen. 2 § 107 Abs. 9 gilt entsprechend. 3 Für die Anerkennung oder Nichtanerkennung einer Annahme als Kind gelten jedoch die §§ 2, 4 und 5 des Adoptionswirkungsgesetzes, wenn der Angenommene zur Zeit der Annahme das 18. Lebensjahr nicht vollendet hatte.

III 1 Für die Entscheidung über den Antrag nach Absatz 2 Satz 1 ist das Gericht örtlich zuständig, in dessen Bezirk zum Zeitpunkt der Antragstellung

1. der Antragsgegner oder die Person, auf die sich die Entscheidung bezieht, sich gewöhnlich aufhält oder
2. bei Fehlen einer Zuständigkeit nach Nummer 1 das Interesse an der Feststellung bekannt wird oder das Bedürfnis der Fürsorge besteht.

2 Diese Zuständigkeiten sind ausschließlich.

1 **1) Systematik, Regelungszweck, I–III.** Während § 107 die Anerkennung einer ausländischen Eheentscheidung regelt, erfaßt § 108 die Anerkennung der übrigen ausländischen Entscheidungen im Geltungsbereich des FamFG, also seines § 1. Hier ist anders als bei § 107 FamFG oder nach § 722 I ZPO ein besonderes Anerkennungsverfahren zwar nicht stets notwendig, aber im Fall II 1 auf Antrag statthaft und dann auch für das Gericht zwingend. Dazu ist eine nichtvermögensrechtliche Sache Bedingung, dazu § 1 ZPO Rn 11 ff. Außerdem muß der Antragsteller ein nicht nur wirtschaftliches, sondern auch rechtliches Interesse haben, wie bei § 107 IV 2, vgl dort. Das dann notwendige Verfahren regelt II 2, 3, III in Verbindung mit §§ 2, 4, 5 des AdoptWirkG vom 5. 11. 01, BGBl 2950, 2953, zuletzt geändert durch Art 60 Z 1 FGG-RG.

109 *Anerkennungshindernisse.*

I Die Anerkennung einer ausländischen Entscheidung ist ausgeschlossen,

1. wenn die Gerichte des anderen Staates nach deutschem Recht nicht zuständig sind;
2. wenn einem Beteiligten, der sich zur Hauptsache nicht geäußert hat und sich hierauf beruft, das verfahrenseinleitende Dokument nicht ordnungsgemäß oder nicht so rechtzeitig mitgeteilt worden ist, dass er seine Rechte wahrnehmen konnte;

3. wenn die Entscheidung mit einer hier erlassenen oder anzuerkennenden früheren ausländischen Entscheidung oder wenn das ihr zugrunde liegende Verfahren mit einem früher hier rechtshängig gewordenen Verfahren unvereinbar ist;
4. wenn die Anerkennung der Entscheidung zu einem Ergebnis führt, das mit wesentlichen Grundsätzen des deutschen Rechts offensichtlich unvereinbar ist, insbesondere wenn die Anerkennung mit den Grundrechten unvereinbar ist.

II [1]Der Anerkennung einer ausländischen Entscheidung in einer Ehesache steht § 98 Abs. 1 Nr. 4 nicht entgegen, wenn ein Ehegatte seinen gewöhnlichen Aufenthalt in dem Staat hatte, dessen Gerichte entschieden haben. [2]Wird eine ausländische Entscheidung in einer Ehesache von den Staaten anerkannt, denen die Ehegatten angehören, steht § 98 der Anerkennung der Entscheidung nicht entgegen.

III § 103 steht der Anerkennung einer ausländischen Entscheidung in einer Lebenspartnerschaftssache nicht entgegen, wenn der Register führende Staat die Entscheidung anerkennt.

IV Die Anerkennung einer ausländischen Entscheidung, die
1. Familienstreitsachen,
2. die Verpflichtung zur Fürsorge und Unterstützung in der partnerschaftlichen Lebensgemeinschaft,
3. die Regelung der Rechtsverhältnisse an der gemeinsamen Wohnung und am Hausrat der Lebenspartner,
4. Entscheidungen nach § 6 Satz 2 des Lebenspartnerschaftsgesetzes in Verbindung mit den §§ 1382 und 1383 des Bürgerlichen Gesetzbuchs oder
5. Entscheidungen nach § 7 Satz 2 des Lebenspartnerschaftsgesetzes in Verbindung mit den §§ 1426, 1430 und 1452 des Bürgerlichen Gesetzbuchs

betrifft, ist auch dann ausgeschlossen, wenn die Gegenseitigkeit nicht verbürgt ist.

V Eine Überprüfung der Gesetzmäßigkeit der ausländischen Entscheidung findet nicht statt.

1) Systematik, Regelungszweck, I–V. *I Z 1–4* stimmt mit § 328 I Z 1–4 ZPO fast wörtlich überein. 1
IV Z 1–5 entspricht inhaltlich weitgehend § 328 II ZPO. *V* stimmt mit § 723 I ZPO inhaltlich völlig überein. Vgl daher jeweils dort.

2) Anerkennungserleichterungen, II, dazu *Wagner* IPRax **99**, 210: Die Vorschrift entspricht dem auf- 2
gehobenen § 606a II ZPO praktisch wörtlich.

A. Grundsatz. Die Anerkennung ausländischer Entscheidungen in EheS ist, sofern nicht die EuEheVO eingreift, nach § 107 Rn 3 ff unstatthaft, wenn die Gerichte des betreffenden Staates bei einer Anwendung des deutschen Rechts unzuständig sind, § 328 ZPO Rn 16 ff. Für EheS besteht eine ausschließliche Zuständigkeit deutscher Gerichte, § 108 III 2. Die Folgerungen für die Anerkennung ausländischer Entscheidungen in EheS zieht II. Auf die Zuständigkeit nach § 122 kommt es nicht an, Lüderitz IPRax **87**, 81, Richter JR **87**, 101.

B. Anerkennungerleichterungen, dazu *Geimer* NJW **88**, 2180, *Heiderhoff,* Die Berücksichtigung aus- 3
ländischer Rechtshängigkeit in Ehescheidungsverfahren, 1998; *Richter* JR **87**, 101, *Wagner* IPRax **98**, 429 (je: Üb): Sie müssen im Zeitpunkt der ausländischen Entscheidung vorliegen, § 107 Rn 6. Daher man die internationale Zuständigkeit des ausländischen Gerichts nach den in jenem Zeitpunkt maßgeblichen Normen beurteilen, BayObLG NJW **88**, 2178. Das gilt auch dann, wenn neue Bestimmungen die Anerkennung erleichtern, KG NJW **88**, 649 (zustm Geimer), aM BayObLG NJW **88**, 2178 (abl Geimer). Wegen des Begriffs der von einer ausländischen Behörde in einer EheS getroffenen Entscheidung § 328 ZPO Rn 7 ff.

II 1: Im Rahmen der Anerkennung nach Rn 2 darf das Gericht § 98 I nicht spiegelbildlich heranziehen. Denn man kann nach der Scheidung ihr sog Hinken im Sinn einer unterschiedlichen Beurteilung ihrer Wirksamkeit in verschiedenen Rechtsordnungen nicht mehr verhindern. Es entfällt also das Anerkennungserfordernis, nicht aber das Erfordernis des gewöhnlichen Aufenthalts eines Ehegatten im Entscheidungsstaat, es sei denn, es handelt sich um eine Ausländerehe, bei der II 2 vorliegt, Mansel StAZ **86**, 317, Wagner IPRax **98**, 429. Diesen Begriff muß man nach dem deutschen Recht beurteilen, BayObLG RR **92**, 514.

II 2: Darüber hinaus darf das Gericht bei der inländischen Anerkennung der Entscheidung eines Drittstaates die internationale Zuständigkeit dieses Staats nicht spiegelbildlich nach § 98 I Z 1–3 prüfen, wenn die für eine solche Prüfung in erster Linie zuständigen Heimatstaaten der Ehegatten die Zuständigkeit hinnehmen, indem sie die Entscheidung anerkennen. Bei Doppelstaatern und bei Staaten mit mehreren Rechtsordnungen, zB den USA, sollte die Anerkennung durch einen der jetzt oder auch früher beteiligten Staaten oder Wohnsitz-Einzelstaaten genügen, Basedow StAZ **83**, 238.

110 *Vollstreckbarkeit ausländischer Entscheidungen.* **I Eine ausländische Entscheidung ist nicht vollstreckbar, wenn sie nicht anzuerkennen ist.**

II [1]Soweit die ausländische Entscheidung eine in § 95 Abs. 1 genannte Verpflichtung zum Inhalt hat, ist die Vollstreckbarkeit durch Beschluss auszusprechen. [2]Der Beschluss ist zu begründen.

III [1]Zuständig für den Beschluss nach Absatz 2 ist das Amtsgericht, bei dem der Schuldner seinen allgemeinen Gerichtsstand hat, und sonst das Amtsgericht, bei dem nach § 23 der Zivilprozessordnung gegen den Schuldner Klage erhoben werden kann. [2]Der Beschluss ist erst zu erlassen, wenn die Entscheidung des ausländischen Gerichts nach dem für dieses Gericht geltenden Recht die Rechtskraft erlangt hat.

1 **1) Systematik, Regelungszweck, I–III.** Die Vorschrift ähnelt dem früheren § 33 FGG. *I* stimmt mit §§ 722 I, 723 II 2 ZPO inhaltlich überein. *III 1* entspricht inhaltlich § 722 II ZPO. *III 2* stimmt mit § 723 II 1 ZPO praktisch wörtlich überein. Vgl daher jeweils dort.

2 **2) Beschluß, II.** Wegen des Geltungsbereichs vgl § 95 I Z 1–5. Die Begründungspflicht bedeutet die Notwendigkeit einer Nachvollziehbarkeit, § 329 ZPO Rn 4.

Buch 2. Verfahren in Familiensachen

Abschnitt 1. Allgemeine Vorschriften

111 *Familiensachen.* **Familiensachen sind**
1. Ehesachen,
2. Kindschaftssachen,
3. Abstammungssachen,
4. Adoptionssachen,
5. Wohnungszuweisungs- und Hausratssachen,
6. Gewaltschutzsachen,
7. Versorgungsausgleichssachen,
8. Unterhaltssachen,
9. Güterrechtssachen,
10. sonstige Familiensachen,
11. Lebenspartnerschaftssachen.

1) Systematik, Regelungszweck, Z 1–11. Die Vorschrift knüpft an die früheren §§ 606, 621 ZPO an. 1
Im Weg einer Neugruppierung gegenüber derjenigen des aufgehobenen Buchs 6 der ZPO gliedert Buch 2 FamFG unter dem in seiner amtlichen Überschrift vorhandenen Oberbegriff „Familiensachen" in §§ 111, 112 zwei nebeneinander vorhandene gleichrangige Hauptbegriffe. Von diesen nennt § 111 den einen wiederum „Familiensachen", insofern mißverständlich gegenüber der amtlichen Überschrift zum Buch 2. Denn diese umfaßt auch den in § 112 vorhandenen Hauptbegriff „Familienstreitsache". Schon begrifflich also eine Unschärfe, die das ganze FamFG an so mancher Stelle aufweist. Man muß also leider schon begrifflich sehr aufpassen. Meist meint das FamFG in seinen weiteren Vorschriften mit dem dort wieder vorkommenden Wort „Familiensachen" den deren Begriff des § 111.

Dabei steht der im Schrifttum ständig benutzte Ausdruck *„Großes Familiengericht"* an keiner Stelle im FamFG. Er stimmt auch sachlich nur bedingt. Denn trotz der Ausweitung der Aufgaben des früheren FamG erledigt es unter eben dieser Bezeichnung „Familiengericht" keineswegs sämtliche im FamFG enthaltenen Sachen. Es heißt vielmehr in einer Betreuungssache, Unterbringungssache und betreuungsgerichtlichen Zuweisungssache nach §§ 271–341 FamFG „Betreuungsgericht", § 23c I GVG.

2) Aufzählung, Z 1–11. Sie ist auf den ersten Blick abschließend. Vgl aber Rn 4ff. Im einzelnen: *Z 1:* 2
Vgl §§ 121ff; *Z 2:* Vgl §§ 151ff; *Z 3:* Vgl §§ 169ff; *Z 4:* Vgl §§ 186ff; *Z 5:* Vgl §§ 200ff; *Z 6:* Vgl §§ 210ff; *Z 7:* Vgl §§ 217ff; *Z 8:* Vgl §§ 231ff; *Z 9:* Vgl §§ 261ff; *Z 10:* Vgl §§ 266ff; *Z 11:* Vgl §§ 269, 270.

Ob ein Verfahren eine FamS ist, bestimmt sich grundsätzlich *nach deutschem Recht,* BGH NJW **81**, 127, 3
Düss FamRZ **95**, 1280, Ffm FamRZ **01**, 367, aM Köln FamRZ **94**, 1476. Soweit der Verfahrensgegenstand dem deutschen Recht nicht geläufig ist, ist eine Anpassung nötig, Hamm RR **93**, 1349. Die Entscheidung darüber, ob eine FamS vorliegt, richtet sich nach der tatsächlichen Begründung des geltend gemachten Anspruchs, BGH FamRZ **92**, 538, Hamm NJW **02**, 2478. Die rechtliche Einordnung durch den Antragsteller hat dagegen keine Bedeutung, BayObLG FamRZ **83**, 1249, Rostock FamRZ **04**, 651. Dasselbe gilt erst recht für eine Einwendung, BGH NJW **80**, 2476. Danach ändert der Übergang des Anspruchs zB durch eine Pfändung oder auf Grund eines Gesetzes nichts an dem Charakter als FamS, Hamm FamRZ **85**, 407. Daß für die Entscheidung auf Grund des Verteidigungsvorbringens familienrechtliche Fragen eine Rolle spielen, macht das Verfahren nicht zur FamS, BGH NJW **80**, 2476, Bbg FamRZ **89**, 409, Köln FamRZ **04**, 1584, auch nicht die Aufrechnung mit einer vor das FamG gehörenden Gegenforderung. BGH RR **89**, 174, BayObLG RR **86**, 6. Umgekehrt darf das FamG auch über die Aufrechnung mit einer solchen Gegenforderung entscheiden, die man vor dem allgemeinen Zivilgericht einklagen müßte, § 145 ZPO Rn 19, Köln FamRZ **92**, 450.

Bei mehrfacher Antragsbegründung für denselben Anspruch genügt es, daß einer der Gründe unter § 111 fällt, BGH NJW **83**, 1913 (zustm Waldner MDR **84**, 190, Walter FamRZ **83**, 363). Er braucht nicht den Schwerpunkt des Begehrens zu bilden, aM BGH NJW **94**, 1416, Hamm RR **91**, 1349 (aber das würde oft uferlose Bewertungsprobleme eröffnen). Zumindest ist ein güterrechtlicher Streit FamS, Celle FamRZ **87**, 942, Hamm MDR **01**, 219, aM Spall FamRZ **81**, 1046. Der Vorrang der Zuständigkeit des FamG kann aber ausnahmsweise zurücktreten, wenn der familienrechtliche Anspruch offensichtlich unbegründet oder nicht im Streit ist, BGH NJW **83**, 1913, Bbg FamRZ **89**, 409.

3) Geltungsbereich, Z 1–11. Die Abgrenzung ist im Einzelfall oft schwierig, Bernau FamRZ **07**, 249. 4
Wegen der weiten Fassung des § 111 sind FamS alle Ansprüche, deren Zuweisung an das FamG nach dem Sinn und Zweck dieser Normen sinnvoll ist, bei denen also ein *Sachzusammenhang* vorliegt, BGH NJW **94**, 1417, Hamm RR **91**, 1349. Es genügt, daß sie ihre Wurzel in einem familienrechtlichen Verhältnis haben. Die Vorschrift erfaßt auch jedes Zwischenverfahren, etwa zur Ablehnung, BGH NJW **79**, 1463, oder in den Fällen des § 113 I 2 zur Streithilfe oder zu einer Zeugnisverweigerung, ferner Umkehr- oder Spiegelbildverfahren, zB die Rückabwicklung bei Unterhaltsleistungen, BGH NJW **78**, 1531, Düss FamRZ **88**, 299, Kblz FamRZ **99**, 658, aM Jena FamRZ **03**, 1125, sowie einen Kostenvorschuß nach § 1360a IV BGB, Zweibr FamRZ **81**, 1090, und den Erstattungsanspruch beim sog begrenzten Realsplitting, BGH NJW **86**, 254. FamS sind auch Befreiungs-, Schadensersatz- und Bereicherungsansprüche, die ihre Wurzel in einem familienrechtlichen Verhältnis haben, BGH NJW **94**, 1417, Zweibr FamRZ **00**, 497.

Unter § 111 fallen auch: Eine derartige Auskunftsforderung, BGH NJW **84**, 2040, KG RR **92**, 450 (§ 254 ZPO); ein Änderungsverfahren, zB eine Abänderung nach §§ 238–240, BGH NJW **78**, 1811 und 1924; eine Forderung nach §§ 823, 826 BGB gegen die in einer FamS, Hamm RR **91**, 1349, Karlsr FamRZ **82**, 400; ein Wiederaufnahmeverfahren in einer FamS, BGH FamRZ **82**, 789. Auch hier entscheidet die Sache, BGH NJW **80**, 2476. Daher kommt es nicht darauf an, ob ein FamG den zugrunde liegenden Titel errichtet hat, Hbg FamRZ **84**, 804, Hamm MDR **87**, 855. Hierhin gehört auch ein selbständiges Beweisverfahren für eine FamS nach § 113 I 2, aM LG Lüneb FamRZ **84**, 69.

5 § 111 gilt auch für ein solches *Zwangsvollstreckungsverfahren* in einer FamS, das nach § 95 I in Verbindung mit §§ 704 ff ZPO dem FamG übertragen ist, zB nach §§ 887, 888, 890 ZPO, Hbg FamRZ **83**, 1252, Köln RR **95**, 644. Das gilt jedenfalls dann, wenn der Titel eine FamS zum Gegenstand hat, BGH NJW **81**, 346, BayObLG RR **92**, 264 (zu § 767 ZPO), Düss FamRZ **88**, 298 (zu § 839 ZPO), Hbg FamRZ **84**, 68 (zu §§ 797 a III, 797 V ZPO). Auf den Rechtscharakter der Einwendungen gegen die Vollstreckung kommt es nicht an, aM Hamm FamRZ **97**, 1493 (Aufrechnung). Die dadurch verursachten Kosten gehören ebenfalls hierher, Hamm FamRZ **88**, 1291. Auch eine Forderung nach § 771 ZPO ist eine FamS, wenn das der Vollstreckung entgegenstehende Recht im Familienrecht wurzelt, zB im ehelichen Güterrecht, BGH NJW **85**, 3066 (Teilungsversteigerung), Hamm FamRZ **95**, 1072, Mü FamRZ **00**, 365, nicht aber eine Forderung nach § 774 ZPO, wenn man die Einwendungen aus vollstreckungsrechtlichen Gesichtspunkten herleitet, BGH NJW **79**, 929. Dagegen genügt nicht, daß man dann einen Schadensersatz zB nach § 893 ZPO verlangt, Düss FamRZ **85**, 406, Kblz FamRZ **82**, 507. Darauf, ob das FamG seine Zuständigkeit für das Erkenntnisverfahren zu Recht bejaht hat, kommt es nicht an, Hamm MDR **87**, 855, aM Düss FamRZ **81**, 577. Soweit für die Zwangsvollstreckung das Vollstreckungsgericht zuständig ist, bleibt es auch in einer FamS zuständig, BGH NJW **79**, 1048.

6 FamS ist auch ein Verfahren wegen der Vollstreckung aus einem *ausländischen Titel,* wenn ihm ein nach deutschem Recht als FamS geltender Anspruch zugrunde liegt, vgl § 10 III AUG, BGH IPRax **87**, 318 (Sorgerecht), NJW **86**, 1440 (deutsch-schweizerisches Abkommen, SchlAnh V B 1), Hamm FamRZ **89**, 1199. Das gilt auch dann, wenn sich ein Kindesherausgabetitel vollstrecken läßt, BGH NJW **83**, 2775. Keine FamS liegt vor, wenn nach der maßgeblichen Vorschrift das LG zuständig ist, Düss IPRax **84**, 217, zB nach § 2 AVAG.

FamS ist auch ein *Eilverfahren* nach §§ 49 ff oder nach §§ 916 ff, 935 ff ZPO zur Sicherung eines in I genannten Anspruchs, BGH NJW **80**, 191, Hamm NJW **82**, 1711, aM Ffm RR **88**, 1350 (jedenfalls dann, wenn der Antragsteller die Zuständigkeit des Gerichts der Hauptsache für sich in Anspruch nimmt).

7 Ebenso ist FamS das *Verfahrenskostenhilfeverfahren* nach § 113 I 2 in Verbindung mit § 117 I ZPO sowie ein solches Kostenverfahren, das zu einer FamS gehört, zB nach § 104 ZPO, BGH FER **98**, 63, oder (jetzt) § 11 RVG, BGH NJW **86**, 1178, KG FamRZ **78**, 428, oder in Verbindung mit § 767 ZPO, Hamm FamRZ **88**, 1291. Nicht hierher gehören aber Honorarklagen des Anwalts aus einer FamS, BGH NJW **86**, 1178, Sojka ZZP **99**, 471. Ebenfalls keine FamS ist die Klage gegen einen Anwalt aus der Führung einer FamS, Ffm FamRZ **81**, 978, oder der Streit über einen Anspruch aus der Kostenregelung eines Vertrags über eine FamS, Schlesw SchlHA **82**, 75. Ferner ist der Streit über die Vergütung des Anwalts keine FamS, wenn ein AG Beratungshilfe für eine FamS gewährt hat, BGH NJW **85**, 2537, aM Brschw AnwBl **84**, 514, Schlesw SchlHA **83**, 55. Hat die Hauptsache sowohl eine FamS als auch eine Nicht-FamS zum Gegenstand, ist das Verfahren über die Kosten insgesamt FamS, wenn die Kosten einheitlich die gesamte Hauptsache betreffen und wenn eine Zuordnung bestimmter Teile der im Streit befindlichen Kosten zu demjenigen Teil der Hauptsache nicht möglich ist, der keine FamS ist, BGH NJW **81**, 346.

8 *Nicht jeder Streit* zwischen Ehegatten oder innerhalb der Familie ist eine FamS, zB nicht eine erbrechtliche oder gesellschaftsrechtliche Auseinandersetzung, Hamm FamRZ **78**, 346, oder der Streit über den Ausgleichsanspruch nach § 426 BGB aus gemeinschaftlich eingegangenen Verpflichtungen, wenn dieser Streit nicht für die Hausratsregelung von Bedeutung ist oder die güterrechtlichen Verhältnisse berührt, BayObLG RR **86**, 6, Kleinle FamRZ **97**, 14, oder die Schadensersatzklage wegen einer Verletzung der Pflicht zur ehelichen Lebensgemeinschaft, oder eine Ehestörungsklage, auch nicht die Klage der Ehefrau auf die Ablegung des vom Ehemann bei der Heirat erschlichenen Namens der Frau, Brschw FamRZ **79**, 913, oder die Klage auf eine Mitwirkung bei der gemeinschaftlichen Steuererklärung (wohl aber die Klage auf eine Zustimmung zum sog begrenzten Realsplitting). Keine FamS ist ein Verfahren, das durch eine FamS nur veranlaßt wird, Ffm MDR **78**, 315, und auch nicht die Zwangsvollstreckung als solche, Celle FamRZ **79**, 57, sowie ein Verfahren, das das Buch 8 ZPO dem Vollstreckungsgericht zuweist einschließlich der dazugehörigen Prozeßkostenhilfe, BGH NJW **79**, 1048.

9 Bei Streitigkeiten aus *Vereinbarungen,* etwa für den Fall der Scheidung kommt es auf den Gegenstand an. Regelt eine Vereinbarung sowohl FamS als auch Nicht-FamS und ist eine Zuordnung bestimmter Ansprüche nur zu einem der beiden Regelungsbereiche nicht möglich, ist der Rechtsstreit über die Vereinbarung wegen sämtlicher Ansprüche eine FamS, BGH NJW **80**, 2529, KG FamRZ **81**, 193. Betrifft dagegen die vertragliche Regelung keine FamS, wird der Streit darüber nicht allein dadurch zur FamS, daß die Vereinbarung auch Angelegenheiten nach § 111 regelt, BGH NJW **80**, 1636. Im Zweifel muß man die Zuständigkeit des FamG annehmen, BGH FamRZ **83**, 155, BayObLG MDR **83**, 583.

112 *Familienstreitsachen.* Familienstreitsachen sind folgende Familiensachen:

1. Unterhaltssachen nach § 231 Abs. 1 und Lebenspartnerschaftssachen nach § 269 Abs. 1 Nr. 7 und 8,

2. Güterrechtssachen nach § 261 Abs. 1 und Lebenspartnerschaftssachen nach § 269 Abs. 1 Nr. 9 sowie

3. sonstige Familiensachen nach § 266 Abs. 1 und Lebenspartnerschaftssachen nach § 269 Abs. 2.

1) Systematik, Regelungszweck, Z 1–3. Vgl zunächst § 111 Rn 1. Man muß die Begriffe „Familiensachen", „Familienstreitsachen" und „sonstige Familiensachen" strikt auseinanderhalten. Ob dabei die Begriffe „echte FamFG-Sache" und „ZPO-Sache" hilfreich sind, Jacoby FamRZ **07**, 1708, kann man trefflich bezweifeln. Das FamFG ist nun einmal trotz seiner zahllosen Verweisungen auf die ZPO das Hauptgesetz für alle FamS geworden. 1

2) Aufzählung, Z 1–3. Sie ist ebenso wie diejenige in § 111 abschließend. Vgl bei den in Z 1–3 aufgeführten Vorschriften. 2

113 *Anwendung von Vorschriften der Zivilprozessordnung.* I [1]**In Ehesachen und Familienstreitsachen sind die §§ 2 bis 37, 40 bis 48 sowie 76 bis 96 nicht anzuwenden.** [2]**Es gelten die Allgemeinen Vorschriften der Zivilprozessordnung und die Vorschriften der Zivilprozessordnung über das Verfahren vor den Landgerichten entsprechend.**

II **In Familienstreitsachen gelten die Vorschriften der Zivilprozessordnung über den Urkunden- und Wechselprozess und über das Mahnverfahren entsprechend.**

III **In Ehesachen und Familienstreitsachen ist § 227 Abs. 3 der Zivilprozessordnung nicht anzuwenden.**

IV **In Ehesachen sind die Vorschriften der Zivilprozessordnung über**
1. **die Folgen der unterbliebenen oder verweigerten Erklärung über Tatsachen,**
2. **die Voraussetzungen einer Klageänderung,**
3. **die Bestimmung der Verfahrensweise, den frühen ersten Termin, das schriftliche Vorverfahren und die Klageerwiderung,**
4. **die Güteverhandlung,**
5. **die Wirkung des gerichtlichen Geständnisses,**
6. **das Anerkenntnis,**
7. **die Folgen der unterbliebenen oder verweigerten Erklärung über die Echtheit von Urkunden,**
8. **den Verzicht auf die Beeidigung des Gegners sowie von Zeugen oder Sachverständigen**

nicht anzuwenden.

V **Bei der Anwendung der Zivilprozessordnung tritt an die Stelle der Bezeichnung**
1. **Prozess oder Rechtsstreit die Bezeichnung Verfahren,**
2. **Klage die Bezeichnung Antrag,**
3. **Kläger die Bezeichnung Antragsteller,**
4. **Beklagter die Bezeichnung Antragsgegner,**
5. **Partei die Bezeichnung Beteiligter.**

1) Systematik, I–V. Es handelt sich um eine Mischung von Verweisungen auf weite Teile der ZPO, von Abwandlungen solcher Verweisungen bei Zentralbegriffen, von Ausnahmen von den vorgenannten Verweisungen, von Anwendungsverboten beim FamFG und von nicht hier, aber aus §§ 38, 39, 49–75, 97 ff FamFG ablesbaren Anwendbarkeiten anderer Teile des FamFG sowie von Übernahmen zB der aufgehobenen §§ 608, 617 ZPO. 1

2) Regelungszweck, I–V. Natürlich soll eine möglichst situationsgerechte Verfahrensweise herauskommen. Den Preis zahlt der Anwender in Form einer geradezu beängstigend unübersichtlichen Gesetzestechnik. Das alles auf dem Boden einer Bemühung, es besser zu machen als bisher. In der Praxis wird es noch weit schlechter als bisher funktionieren. Man wird fatal an das deutsche Steuerrecht erinnert, dessen vernichtende Beurteilung durch einen seiner erlesensten Spitzenkenner, Kirchhoff, ja allgemein bekannt ist, wenn auch ohne jede praktische Konsequenz. Wie die Hauptbetroffenen, ehemüde Bürger und ihre Kinder, auch nur im Ansatz diesen Wust sollen mitbegreifen können, ist ein wahres Geheimnis einer Gesetzgebung, die sich in ihrem verzweifelten Bemühen um Einzelfallgerechtigkeit immer mehr im Dschungel undurchdringlicher Fallstricke verirrt. 2

3) Unanwendbarkeit der §§ 2–37, 40–48, 76–96 FamFG, I 1. Sie gilt nur bei Ehesachen nach § 121 ff und bei Familienstreitsachen nach § 112. Vgl jeweils dort. 3

4) Anwendbarkeit der §§ 1–494 a ZPO, I 2. Die Vorschrift knüpft an den früheren § 608 ZPO an. Sinnigerweise gelten neben dem Buch 1 ZPO mit seinen allgemeinen Vorschriften aus dem Buch 2 ZPO gerade nicht diejenigen Teile, die das Verfahren vor dem AG betreffen, obwohl das erstinstanzliche Gericht des FamFG ja das FamG und mithin das AG ist. Das hängt freilich mit dem Aufbau der ZPO zusammen (erst LG, dann als gewisse Ausnahme das AG). Immerhin hat I 2 im Geltungsbereich von I 1 den Vorrang vor Buch 1 FamFG mit *seinen* allgemeinen Vorschriften, also auch zB bei den Kosten: §§ 91 ff ZPO vor §§ 81 ff FamFG, trotz des Umstands, daß das FamFG doch gerade spezieller als die ZPO sein soll. Das alles ist aber nun nach III–V sogleich wieder in zahlreichen Fällen doch wieder nicht so wie scheinbar nach I 2. Man muß also höllisch aufpassen und stets bei I 2 die Teile III–V mitbeachten. Anwendbar ist anders als nach den früheren § 612 IV ZPO auch der Abschnitt über Versäumnisfolgen, §§ 330 ff ZPO (Ausnahme: § 51 II 3). 4

5) Anwendbarkeit der Bücher 5, 7 ZPO, II. Die Vorschrift gilt nur in einer Familienstreitsache nach § 112. Dann sind §§ 592–605 a, 688–703 d ZPO entsprechend anwendbar, freilich mit den begrifflichen Abweichungen nach V. Vgl also jeweils dort. 5

6) Unanwendbarkeit des § 227 III ZPO. Die Vorschrift gilt im Gesamtbereich des I 1. Es gibt also nicht eine Regelung nach der Art einer Sommersache, Das hat den Vorrang vor I 2. 6

7) Unanwendbarkeit von Teilen der ZPO, IV. Die Vorschrift gilt nur bei einer Ehesache nach §§ 121 ff FamFG. Unanwendbar sind: *IV Z 1:* § 138 III, IV ZPO; *IV Z 2:* §§ 263, 264 ZPO; *IV Z 3:* 7

§§ 272–277 ZPO; *IV Z 4:* § 278 II–V (nicht VI) ZPO; *IV Z 5:* §§ 288–290 ZPO; *IV Z 6:* § 307 ZPO (also freie Würdigung, § 286 ZPO, und kein Anerkenntnisbeschluß, BGH NJW **94**, 2697, Brdb MDR **80**, 1380); *IV Z 7:* § 439 ZPO; *IV Z 8:* §§ 391 Hs 2, 402 ZPO.

Der *Verzicht auf den Anspruch* nach § 306 ZPO ist zulässig, BGH FamRZ **86**, 656. Eine Zustimmung des Gegners ist dafür nicht erforderlich. In der Rücknahme des Scheidungsantrags liegt kein Verzicht, aM AG Holzminden FamRZ **97**, 1214 (abl Henrich). Beim Feststellungsantrag kann der Verzicht nur die Wirkung haben, daß der Antrag als zurückgenommen gilt. Der Verzicht auf den Scheidungsanspruch schließt ein neues Scheidungsbegehren auf Grund neuer Tatsachen nicht aus, BGH NJW **86**, 2046, Richter JR **87**, 17. Der Verzicht nach einem Rechtsmittel gegen die Abweisung des Antrags bedeutet regelmäßig die Rücknahme dieses Rechtsmittels. Er ist auch dann möglich, wenn nur der andere Beteiligte eine Beschwerde eingelegt hat. Ein Verzichtsbeschluß setzt den Antrag des Gegners voraus. Dann erfolgt auch keine Erledigterklärung durch einen Beschluß auf einen Antrag. Ein Anerkenntnis des Anspruchs auf ein Getrenntleben ist nicht möglich, Ffm FamRZ **84**, 1123, Karlsr FamRZ **91**, 1456.

Weiter ist die ZPO unanwendbar auf: Die Folgen des Unterbleibens oder der Verweigerung einer Erklärung über Tatsachen oder die Echtheit einer Urkunde, *IV Z 7*. Das FamG darf und muß das Unterlassen und die Weigerung nach § 286 ZPO frei zu würdigen; das einseitige Fallenlassen einer Behauptung; das Schweigen; den Verzicht auf die Beeidigung der Gegenpartei, *IV Z 8 Hs 1,* weil damit die Beteiligtenaussage den Wert einer eidlichen Aussage erhielte; den Verzicht auf die Beeidigung von Zeugen und Sachverständigen, *IV Z 8 Hs 2.* Ein Verstoß gegen die Belehrungspflicht des § 383 II ZPO ist auch hier heilbar. Wegen schriftlicher Zeugenbekundungen § 377 ZPO Rn 8. Ein schriftliches Gutachten zB nach § 411 ZPO ist zulässig. Jede Arglist bleibt unstatthaft, Einl III 54.

8 **8) Abweichende Bezeichnungen, V.** Die in V Z 1–5 genannten vorrangigen Ausdrücke gelten im Gesamtbereich des Buchs 2, aber auch nur in diesem Bereich, Denn V steht als Teil des § 113 im Abschnitt 1 „Allgemeine Vorschriften" des Buchs 2, aber nicht in den Büchern 3 ff FamFG. Andererseits gilt V nicht etwa nur in den in I 1 genannten Familiensachen, sondern auch in den anderen im Buch 2 genannten Abschnitten und Unterabschnitten. Denn V hat gegenüber I 1 eine selbständige Stellung. Das zeigt auch die amtliche Überschrift des § 113.

9 **9) Rechtsmittel, I–IV.** Vgl § 57, §§ 58 ff, § 95 Rn 10, § 117.

114 *Vertretung durch einen Rechtsanwalt; Vollmacht.* **I Vor dem Familiengericht und dem Oberlandesgericht müssen sich die Ehegatten in Ehesachen und Folgesachen und die Beteiligten in selbständigen Familienstreitsachen durch einen Rechtsanwalt vertreten lassen.**

II Vor dem Bundesgerichtshof müssen sich die Beteiligten durch einen bei dem Bundesgerichtshof zugelassenen Rechtsanwalt vertreten lassen.

III [1] Behörden und juristische Personen des öffentlichen Rechts einschließlich der von ihnen zur Erfüllung ihrer öffentlichen Aufgaben gebildeten Zusammenschlüsse können sich durch eigene Beschäftigte oder Beschäftigte der zuständigen Aufsichtsbehörde oder des kommunalen Spitzenverbandes des Landes, dem sie angehören, vertreten lassen. [2] Vor dem Bundesgerichtshof müssen die zur Vertretung berechtigten Personen die Befähigung zum Richteramt haben.

IV Der Vertretung durch einen Rechtsanwalt bedarf es nicht
1. **im Verfahren der einstweiligen Anordnung,**
2. **wenn ein Beteiligter durch das Jugendamt als Beistand vertreten ist,**
3. **für die Zustimmung zur Scheidung und zur Rücknahme des Scheidungsantrags und für den Widerruf der Zustimmung zur Scheidung,**
4. **für einen Antrag auf Abtrennung einer Folgesache von der Scheidung,**
5. **im Verfahren über die Verfahrenskostenhilfe sowie**
6. **in den Fällen des § 78 Abs. 3 der Zivilprozessordnung.**

V [1] Der Bevollmächtigte in Ehesachen bedarf einer besonderen auf das Verfahren gerichteten Vollmacht. [2] Die Vollmacht für die Scheidungssache erstreckt sich auch auf die Folgesachen.

1 **1) Systematik, I–V.** Die Vorschrift übernimmt teilweise fast wörtlich Teile des entsprechend teilweise aufgehobenen § 78 ZPO. Sie ähnelt in anderen Teilen jenem teilweise ja verändert bestehengebliebenen § 78 ZPO. In wieder anderen Teilen geht sie neue Wege. Es gibt eine Mischung von Anwaltszwang, seinem Fehlen, einer Art Ersatzanwaltszwang und einer Erweiterung einer freiwilligen Vertretung durch bestimmte Organisationen sogar bei einem an sich bestehenden Anwaltszwang. VI übernimmt den aufgehobenen § 609 ZPO.

2 **2) Regelungszweck, I–V.** Das Bemühen um ein möglichst kostengünstiges, aber auch zweckmäßiges und einigermaßen rechtssicheres Verfahren durchzieht die ganze Vorschrift. Das ändert nichts an einer gegenüber dem früheren Recht kaum verringerten Schwerdurchschaubarkeit des in Rn 1 skizzierten Nebeneinanders. Außerhalb des BGH-Verfahrens sollte man den Grundsatz eines Anwaltszwangs im Bereich des I auch bei der Anwendung von III, IV stets mitbeachten.

3 **3) FamG, OLG: Grundsatz des Anwaltszwangs, I.** Er gilt in Ehesachen nach § 121 und Folgesachen nach §§ 133 ff für die Ehegatten. In einer selbständigen Familienstreitsache nach § 112 besteht er auch für jeden weiteren Beteiligten nach § 7. Von diesen bloßen Grundsätzen gelten die folgenden Ausnahmen. Zum Anwaltszwang im einzelnen vgl bei § 78 ZPO.

4 **4) BGH: Grundsatz des BGH-Anwaltszwangs, II.** Er gilt in allen Fällen für alle Beteiligten. Vgl im einzelnen bei § 78 ZPO. Von diesem Grundsatz gelten die folgenden Ausnahmen.

5) Behörde usw, III. Als Ausnahmen von I, II erlaubt *III 1* den dort abschließend und wegen Rn 2 eng auslegbaren Stellen eine Vertretung vor dem FamG oder OLG durch die dort ebenso abschließend und eng auslegbar aufgeführten Leute. *III 2* schränkt das vor dem BGH ein. Die Befähigung zum Richteramt folgt aus §§ 5ff DRiG. 5

6) Kein Anwaltszwang, IV. Auf den ersten Blick bringt die Vorschrift in einer Anlehnung an den aufgehobenen § 78 III aF ZPO eine Befreiung vom Anwaltszwang in den in Z 1–6 genannten Fällen auch vor dem BGH. In Wahrheit ist aber vor dem BGH III 2 als noch speziellere Regelung vorrangig. Es verbleiben die folgenden Situationen des Fehlens eines Anwaltszwangs: *Z 1:* Vgl §§ 49ff; *Z 2:* Vgl § 12 (Beistand); *Z 3:* Vgl § 134; *Z 4:* Vgl § 140; *Z 5:* Vgl §§ 76ff; *Z 6:* Vgl § 78 III nF ZPO (beauftragter, ersuchter Richter, Urkundsbeamter). 6

7) Vollmacht, V. Vgl zunächst Rn 1. Es handelt sich um eine gegenüber § 11 vorrangige Sondervorschrift zwecks Betonung der besonderen öffentlichrechtlichen Bedeutung des Eheverfahrens. Deshalb sollte man sie streng handhaben, wie alle Formvorschriften. Sie gilt auch für einen nach § 138 beigeordneten Anwalt, soweit ihn der Beteiligte zum VerfBev bestellt. 7

Wegen ihrer *höchstpersönlichen Natur* muß in allen FamS der VerfBev eines jeden Beteiligten eine besondere auf das Verfahren gerichtete Vollmacht nachweisen, § 11. Sie muß erkennbar zumindest auch das jeweilige Verfahren erfassen. Sie muß also zur Vertretung in einem Verfahren der betreffenden Art ermächtigen, zB in einem Scheidungsverfahren. Stellt ein Beteiligter einen Antrag in einer anderen Verfahrensart, geht etwa der Antragsteller von der Scheidungs- zur Aufhebungssache über, erfordert dieser Antrag eine neue Vollmacht. Auf einzelne Antragsgründe darf man innerhalb derselben Sache nicht abstellen. Die Vollmacht kann auch stillschweigend ergehen, etwa durch die Duldung des Auftretens, BGH FamRZ **95**, 1484. Eine Untervollmacht ist möglich. 8

Die Vollmacht erstreckt sich auf die *Folgesachen,* V 2. Nur ein beteiligter Dritter darf sie auf eine im Verbund stehende Folgesache beschränken. Umgekehrt reicht eine Vollmacht für eine selbständige Ehewirkungssache für das Scheidungsverfahren nicht aus, Diederichsen NJW **77**, 606. Für die Vollmacht gilt im übrigen § 11. 9

Das Gericht muß einen *Mangel* von Amts wegen berücksichtigen, wenn nicht als Bevollmächtigter ein Anwalt auftritt, § 11 S 3, also trotz § 26 meist nur auf eine Rüge, § 11 S 2, Ffm FamRZ **79**, 323, Hamm NJW **79**, 2316, KG RR **05**, 881. Wegen der Heilung des Mangels durch eine nachträgliche Genehmigung § 11 S 4 in Verbindung mit § 89 ZPO. 10

115 ***Zurückweisung von Angriffs- und Verteidigungsmitteln.*** **[1] In Ehesachen und Familienstreitsachen können Angriffs- und Verteidigungsmittel, die nicht rechtzeitig vorgebracht werden, zurückgewiesen werden, wenn ihre Zulassung nach der freien Überzeugung des Gerichts die Erledigung des Verfahrens verzögern würde und die Verspätung auf grober Nachlässigkeit beruht. [2] Im Übrigen sind die Angriffs- und Verteidigungsmittel abweichend von den allgemeinen Vorschriften zuzulassen.**

1) Systematik, Regelungszweck, S 1, 2. Sie Vorschrift stellt in einer erheblichen Verschärfung des früheren § 611 ZPO und in einer Anlehnung an die früheren §§ 615, 621 d ZPO eine fast wörtliche Übernahme des strengen § 296 II ZPO dar. Damit steht sie im direkten Widerspruch zu § 113 I 2, der für denselben Geltungsbereich „Ehesachen und Familienstreitsachen" unter anderem der Sache nach auch den gesamten § 296 ZPO entsprechend anwendbar macht, also auch dessen I, III, IV, die § 115 S 2 FamFG gerade nicht mit anwendbar macht. § 115 S 1 hat aber als eine Spezialvorschrift gegenüber § 113 I 2 den Vorrang. Umso deutlicher wird das Durcheinander, § 113 Rn 2. Vgl zu S 1 also nur bei § 296 II ZPO. 1

116 ***Entscheidung durch Beschluss; Wirksamkeit.*** **I Das Gericht entscheidet in Familiensachen durch Beschluss.**

II Endentscheidungen in Ehesachen werden mit Rechtskraft wirksam.

III [1] Endentscheidungen in Familienstreitsachen werden mit Rechtskraft wirksam. [2] Das Gericht kann die sofortige Wirksamkeit anordnen. [3] Soweit die Endentscheidung eine Verpflichtung zur Leistung von Unterhalt enthält, soll das Gericht die sofortige Wirksamkeit anordnen.

1) Systematik, Regelungszweck, I–III. Es handelt sich um eine gegenüber dem Buch 1 vorrangige speziellere Regelung. Sie weicht teilweise gegenüber §§ 38ff ab. 1

2) Beschlußform, I. Nicht nur in einer Familiensache ergeht eine Entscheidung durch einen Beschluß, wie es bereits § 38 I 1 bestimmt. Wegen dieser letzteren Bestimmung ergeht nämlich auch in einer Ehesache die Endentscheidung in derselben Form. I kann also fehlen. § 38 II, III regeln den Beschlußinhalt. 2

3) Wirksamkeit bei Ehesache, II. Abweichend von § 40 I wird in einer Ehesache nach § 121 die Endentscheidung erst mit ihrer formellen Rechtskraft wirksam. Das beruht natürlich auf demselben Grundgedanken wie bei § 894 ZPO mit seiner rechtsgestaltenden Wirkung. Die Gestaltungswirkung des Richterspruchs muß sogleich endgültig sein. 3

4) Wirksamkeit bei Familienstreitsache, III. Beim Unterhalt, beim Güterrecht und bei einer sonstigen Familiensache nach § 112 tritt die Wirksamkeit grundsätzlich wie bei einer Ehesache erst mit der formellen Rechtskraft ein, *III 1.* Eine sofortige Wirksamkeit mit der Bekanntgabe nach § 40 I läßt sich nach *III 2* nach dem pflichtgemäßen Ermessen des FamG unter einer Abwägung aller Umstände durch eine freilich dann auch notwendige unmißverständliche Anordnung in Beschlußform erzielen. Dieses Ermessen besteht bei einer Unterhaltspflicht nur in engeren Grenzen fort. Denn nach *III 3* „soll" das FamG dann die 4 sofortige Wirksamkeit anordnen, und zwar meist, Borth FamRZ **07**, 1928, 1931 („stets"). In beiden Fällen empfiehlt es sich, eine ausdrücklich „sofortige" Wirksamkeit zu bestimmen, auch wenn § 40 I nicht von einer sofortigen spricht.

5 **5) Rechtsmittel, I–III.** Vgl § 57, §§ 58 ff, § 117.

117 *Rechtsmittel in Ehe- und Familienstreitsachen.* I [1] **In Ehesachen und Familienstreitsachen hat der Beschwerdeführer zur Begründung der Beschwerde einen bestimmten Sachantrag zu stellen und diesen zu begründen.** [2] **Die Frist zur Begründung der Beschwerde beträgt zwei Monate und beginnt mit der schriftlichen Bekanntgabe des Beschlusses, spätestens mit Ablauf von fünf Monaten nach Erlass des Beschlusses.** [3] **§ 520 Abs. 2 Satz 2 und 3 sowie § 522 Abs. 1 Satz 1, 2 und 4 der Zivilprozessordnung gelten entsprechend.**

II [1] **Die §§ 514, 524 Abs. 2 Satz 2 und 3, die §§ 528, 538 Abs. 2 und 539 der Zivilprozessordnung gelten im Beschwerdeverfahren entsprechend.** [2] **Einer Güteverhandlung bedarf es im Beschwerde- und Rechtsbeschwerdeverfahren nicht.**

III **Beabsichtigt das Beschwerdegericht von einzelnen Verfahrensschritten nach § 68 Abs. 3 Satz 2 abzusehen, hat das Gericht die Beteiligten zuvor darauf hinzuweisen.**

IV **Wird die Endentscheidung in dem Termin, in dem die mündliche Verhandlung geschlossen wurde, verkündet, kann die Begründung auch in die Niederschrift aufgenommen werden.**

V **Für die Wiedereinsetzung gegen die Versäumung der Fristen zur Einlegung und Begründung der Beschwerde und Rechtsbeschwerde gelten die §§ 233 und 234 Abs. 1 Satz 2 der Zivilprozessordnung entsprechend.**

Gliederung

1 **1) Systematik, Regelungszweck, I–V.** In seinem aus der amtlichen Überschrift erkennbaren Geltungsbereich enthält § 117 speziellere vorrangige Regelungen gegenüber dem Buch 1. Soweit § 117 keine Regelung trifft, vgl § 57, §§ 58 ff, § 95 Rn 10.

2 **2) Besonderheiten für die höheren Instanzen, I–V.** Es gibt mehrere Hauptaspekte.

A. Überblick. Der Grundsatz der Einheitlichkeit der Entscheidung nach § 142 läßt eine Beschränkung der Rechtsbeschwerde auf einen Anspruch oder ein selbständiges Verteidigungsmittel zu. Er befreit aber das Rechtsmittelgericht in gewissem Umfang von der Bindung an die Anträge dieser Instanz. So muß das FamG trotz fehlender Beschwerde eine auf Antrag ergangene Entscheidung aufheben, wenn sich bei der Verhandlung auf die Gegenbeschwerde das Fehlen einer Verfahrensvoraussetzung erweist, zB der Zuständigkeit nach § 122. Die Einschränkung der Verfahrensherrschaft und des Beibringungsgrundsatzes nach Grdz 18 vor § 128 ZPO führt dazu, daß das FamG sachlichrechtliche und verfahrensrechtliche Verstöße von Amts wegen beachten muß. Soweit keine Beschwer nötig ist, genügt zur Begründung, daß man die Aufrechterhaltung der Ehe erstrebt. In der Beschwerdeinstanz ist verspätetes Vorbringen nur beschränkt zurückweisbar, § 115 S 2. Eine Beschwerdesumme kommt nicht in Betracht.

3 **B. Beschwer.** Vgl zunächst Grdz 13 ff vor § 511 ZPO. Sie ist grundsätzlich erforderlich. Sie fehlt zB, wenn mit der Anfechtung des Scheidungsausspruchs lediglich der Verbund nach § 137 in zweiter Instanz erhalten bleiben soll, Hbg FamRZ **99**, 99 oder wenn der Antragsteller jetzt nur einen höheren als den zugesprochenen Unterhalt fordert, Celle FamRZ **81**, 379. Eine Beschwer ist dann entbehrlich, wenn der Sieger die Beschlußfolgen durch eine Antragsrücknahme oder einen Verzicht beseitigen will, zB wenn der Antragsteller, der die Scheidung erreicht hatte, den Scheidungsanspruch fallen lassen will, BGH RR **87**, 387. Dasselbe gilt dann, wenn man die in 1. Instanz erklärte Zustimmung zur Scheidung aus eheerhaltenden Gründen widerrufen will, BGH NJW **84**, 1302. Auch kann ein Beteiligter, der mit dem Scheidungsantrag Erfolg hatte, mit der Beschwerde nunmehr unter einem Verzicht auf sein Scheidungsrecht die Feststellung fordern, daß er nicht verpflichtet sei, die eheliche Gemeinschaft wiederherzustellen. Auch ist dann für die Zulässigkeit des Rechtsmittels kein besonderes Rechtsschutzbedürfnis nötig, Düss FamRZ **77**, 130. Voraussetzung ist aber immer, daß der Beschwerdeführer in der Begründung die zur Aufrechterhaltung der Ehe erforderlichen Erklärungen (Verzicht auf die Scheidung, oder Rücknahme des Antrags) abgibt, BGH RR **87**, 387. Auch dann ist das Rechtsmittel mangels eines Rechtsschutzbedürfnisses unzulässig, wenn die Rücknahme nur der Vorbereitung eines neuen Scheidungsantrags dienen soll.

4 Wenn das FamG dem Antrag *voll entsprochen* hat, ist das Rechtsmittel trotz fehlender Beschwer ferner zulässig, wenn der siegreiche Ehegatte geltend macht, der inzwischen verstorbene andere Ehegatte sei während des Verfahrens verfahrensunfähig gewesen, BGH FamRZ **88**, 1159. Zulässig ist das Rechtsmittel auch dann, wenn der Rechtsmittelführer sich auf ihm günstige, in der Vergangenheit liegende Tatsachen beruft, die er ohne ein Verschulden vorher nicht habe geltend machen können. So kann er einen nachträglich bekannt gewordenen Aufhebungsgrund statt einer zugesprochener Scheidung geltendmachen. Eine Beschwer liegt auch darin, daß das Gericht einem ausländischen Ehegatten die Anwendung seines ihm günstigeren Heimatrechts vorenthalten hat, BGH NJW **82**, 1940, Düss FamRZ **95**, 932.

Handelt es sich um den *Antragsgegner*, richtet sich die Beschwer nicht nach dessen Antrag, sondern nach dem sachlichen Inhalt des Beschluss. Eine Beschwer liegt auch dann vor, wenn das FamG ihn auf einen Gegenantrag, den er nur für den Fall der Scheidung gestellt hatte, geschieden hat, den Scheidungsantrag des Gegners aber abgewiesen hat. Ferner ist der Antragsgegner dann beschwert, wenn das FamG dem Scheidungsantrag vor der Entscheidung über eine FolgeS stattgegeben hat, BGH NJW **79**, 1603. Er kann dann Beschwerde mit dem Ziel der Wiederherstellung des Verbunds einlegen. Trotz einer formellen Beschwer kann aber das Rechtsschutzbedürfnis fehlen, zB dann, wenn der Beschlußausspruch und der mit dem Rechtsmittel verfolgte Antrag gleichwertig sind, BGH NJW **79**, 428. Auch genügt nicht das Anstreben einer anderen Begründung, Karlsr FamRZ **80**, 682. 5

3) Beschwerdeantrag und -begründung, I 1. Abweichend von §§ 64, 65 ist in einer Ehesache oder Familienstreitsache ein Beschwerdeantrag notwendig. Vgl dazu § 569 ZPO Rn 11 (Änderung usw). Der Umfang des Angriffs soll ganz klar sein. Deshalb muß der Beschwerdeantrag auch „bestimmt" sein, ähnlich wie zB ein Berufungsantrag nach § 520 III 2 Z 1 ZPO, vgl dort. Die außerdem erforderliche Beschwerdebegründung muß im Kern dasselbe enthalten wie § 65 I–IV (dort nur als „Soll"-Vorschrift). 6

4) Beschwerdefrist usw, I 2, 3. I 2 stimmt fast wörtlich mit § 520 II 1 ZPO überein. Als eine Folge des Zwangs zur Beschwerdebegründung setzt die Vorschrift eine Begründungsfrist, während § 63 I, II nur Einlegungsfristen regelt. Sie beginnt mit der hier notwendigen schriftlichen Bekanntgabe im Sinn von § 41, spätestens mit dem Ablauf von fünf Monaten, Diese letztere Frist beginnt bereits mit dem „Erlass" des Beschlusses. Das ist verständigerweise ebenfalls der Zeitpunkt der gesetzmäßigen Bekanntgabe. Wegen der nach *II 3* entsprechend geltenden §§ 520 II 2, 3, 522 I 1, 2, 4 ZPO (Verlängerung, Zulässigkeitsprüfung, Rechtsbeschwerde) vgl dort. 7

5) Versäumnis, Anschlußbeschwerde usw, II 1. Es gelten entsprechend: § 514 ZPO (Versäumnisurteil); § 524 II 2, 3 (Anschlußbeschwerde), § 528 ZPO (Bindung an Anträge); § 538 II ZPO (Zurückverweisung); § 539 ZPO (Versäumnisverfahren). Vgl jeweils dort. 8

6) Entbehrlichkeit einer Güteverhandlung, II 2. Nach § 113 I 2 gilt auch § 278 II–V ZPO entsprechend. Die dort vorgesehene Güteverhandlung ist freilich bei einer erkennbaren Aussichtslosigkeit bereits nach § 278 II 1 Hs 2 ZPO entbehrlich, ja sogar unstatthaft. Im übrigen steht § 278 ZPO im Buch 2 für das dortige erstinstanzliche Verfahren. Vorsorglich stellt § 117 II 2 FamFG die Entbehrlichkeit einer Güteverhandlung im Beschwerde- und Rechtsbeschwerdeverfahren einer Ehe- oder Familienstreitsache klar. Die Bemühung des Gerichts um eine gütliche Beilegung bleibt natürlich auch hier stets nicht nur statthaft, sondern ein Grundgebot wie zB bei § 278 I ZPO. 9

7) Hinweispflicht, III. Vgl zunächst § 68 Rn 4. Das Gericht muß *vor* einem derartigen Absehen allen Beteiligten des § 7 durch einen Hinweis ohne eine besondere Form oder Frist das rechtliche Gehör nach Art 103 I GG geben. Das betont zusätzlich III. Eine Schriftform nebst einer angemessenen Frist von meist mindestens etwa 2–3 Wochen ist ratsam. Das Gericht sollte zumindest den Hinweis stets aktenkundig machen. 10

8) Beschlußgründe im Protokoll, IV. Vgl zunächst § 38. Beim sog Stuhlbeschluß im Sinn von § 310 ZPO Rn 6 erlaubt IV die Aufnahme der ja schon wegen der Möglichkeit einer Rechtsbeschwerde nach §§ 70 ff und auch unabhängig davon wegen § 329 ZPO Rn 4 meist ratsamen oder sogar notwendigen Gründe der Beschwerdeentscheidung des § 69 auch nur in die Niederschrift, vergleichbar den sog Protokollgründen beim Berufungsurteil nach § 540 I 2 ZPO. Vgl daher dort. 11

9) Wiedereinsetzung, V. Nach § 17 ist eine Wiedereinsetzung gegen die Versäumung der Frist zur Einlegung eines jeden Rechtsbehelfs unter den dortigen Voraussetzungen statthaft. § 117 V macht dazu §§ 233, 234 I 2 ZPO entsprechend anwendbar. Vgl also dort. Zusätzlich bleibt aber trotz des spezielleren Charakters von V die Vermutung des § 17 II bestehen. Denn § 233 besagt dazu nichts Gegenteiliges, weil der Zivilprozeß noch keine allgemeine Rechtsbehelfsbelehrung kennt. 12

118 *Wiederaufnahme.* **Für die Wiederaufnahme des Verfahrens in Ehesachen und Familienstreitsachen gelten die §§ 578 bis 591 der Zivilprozessordnung entsprechend.**

1) Systematik, Regelungszweck. Die Vorschrift steht neben dem im Allgemeinen Teil in § 48 III vorhandenen Fall einer speziellen Wiederaufnahme. Sie verweist im Ehesachen und Familienstreitsachen scheinbar uneingeschränkt auf Buch 4 der ZPO (§§ 578–591). Freilich muß man trotzdem aus den Gründen § 113 Rn 8 die dortigen begrifflichen Abweichungen beachten. Immerhin sind das keine inhaltlichen Abweichungen. Vgl also insofern bei §§ 578 ff ZPO. 1

119 *Einstweilige Anordnung und Arrest.* **I [1] In Familienstreitsachen sind die Vorschriften dieses Gesetzes über die einstweilige Anordnung anzuwenden. [2] In Familienstreitsachen nach § 112 Nr. 2 und 3 gilt § 945 der Zivilprozessordnung entsprechend.**

II [1] Das Gericht kann in Familienstreitsachen den Arrest anordnen. [2] Die §§ 916 bis 934 und die §§ 943 bis 945 der Zivilprozessordnung gelten entsprechend.

1) Systematik, Regelungszweck, I, II. I 1 verweist auf §§ 49 ff. *I 2* erfaßt nur die in § 112 Z 2 genannten Güterrechtssachen des § 261 I, also solche Verfahren, die Ansprüche aus dem ehelichen Güterrecht betreffen, auch wenn Dritte beteiligt sind, sowie die in § 112 Z 3 genannten sonstigen Familiensachen nach § 266 I, also die dort in Z 1–5 aufgezählten sehr unterschiedlichen Ansprüche. In die- 1 sen Fällen gilt im Eilverfahren mit § 945 ZPO eine Schadensersatzpflicht für den Fall, daß sich die einstweilige Anordnung als von Anfang an ungerechtfertigt erweist oder nach § 926 II ZPO oder § 942 II ZPO aufgehoben wird. *II 1, 2* verweisen auf die Möglichkeit eines dinglichen oder persönlichen Arrests nach §§ 916–934, 943–945 ZPO (also auch hier evtl mit einer Schadensersatzpflicht). Vgl daher jeweils dort.

Unanwendbar sind demgegenüber §§ 935–942 ZPO.

120 *Vollstreckung.* I **Die Vollstreckung in Ehesachen und Familienstreitsachen erfolgt entsprechend den Vorschriften der Zivilprozessordnung über die Zwangsvollstreckung.**

II 1 **Endentscheidungen sind mit Wirksamwerden vollstreckbar.** 2 **Macht der Verpflichtete glaubhaft, dass die Vollstreckung ihm einen nicht zu ersetzenden Nachteil bringen würde, hat das Gericht auf seinen Antrag die Vollstreckung vor Eintritt der Rechtskraft in der Endentscheidung einzustellen oder zu beschränken.** 3 **In den Fällen des § 707 Abs. 1 und des § 719 Abs. 1 der Zivilprozessordnung kann die Vollstreckung nur unter denselben Voraussetzungen eingestellt oder beschränkt werden.**

III **Die Verpflichtung zur Eingehung der Ehe und zur Herstellung des ehelichen Lebens unterliegt nicht der Vollstreckung.**

1 **1) Systematik, Regelungszweck, I–III.** Während § 113 in Ehesachen und Familienstreitsachen das Erkenntnisverfahren der ZPO inhaltlich weitgehend übernimmt, geschieht in I dasselbe für das Vollstreckungsverfahren mit einem Vorrang vor §§ 86 ff. §§ 704 ff ZPO sind also grundsätzlich entsprechend anwendbar, wenn auch aus den Gründen § 113 Rn 8 begrifflich mit den dortigen Abweichungen. Sie wirken sich aber bei der Vollstreckung kaum aus. Es heißt also hier wie nach der ZPO Gläubiger und Schuldner usw. Vgl daher bei §§ 704 ff ZPO, wie bei § 95 FamFG.

2 **2) Wirksamkeit, II 1.** Es gilt § 40. Vom Wirksamwerden an Vollstreckbarkeit. Ausnahme: Fälle des § 894 ZPO.

3 **3) Einstellung usw, II 2, 3.** Der Gedanke der in II 3 genannten Situationen nach § 707 I ZPO oder nach § 719 I ZPO erscheint in II 2 ausgeweitet. Vgl daher insgesamt bei §§ 707 I, 719 I ZPO.

4 **4) Keine Vollstreckbarkeit, III.** Es handelt sich um die Übernahme des aufgehobenen § 888 III Hs 1, 2 ZPO (sein Hs 3 besteht fort).

A. Eingehung der Ehe. Es muß sich um eine Entscheidung auf die Eingehung der Ehe handeln, § 1297 BGB. Eine solche Entscheidung kommt allerdings nach dem deutschen Recht nicht vor.

Die *Lebenspartnerschaft* ist in III nicht miterwähnt. Wegen der engen Auslegbarkeit von III ist die Vorschrift auf die Eingehung einer Lebenspartnerschaft daher nicht direkt anwendbar. Wegen der Natur der Sache kann sie aber entsprechend anwendbar sein.

5 **B. Eheliches Leben.** Es muß sich um eine Entscheidung auf die Herstellung des ehelichen Lebens handeln. Hierhin zählen alle Entscheidungen, die in diesen Bereich gehören, KG OLGZ **76**, 27, LG Stgt FamRZ **77**, 201, also auch evtl eine Entscheidung auf einer Unterlassung nach § 890 ZPO, Zettel MDR **81**, 212. Alles das ist nicht erzwingbar, und zwar auch nicht mittelbar, etwa durch die Entfernung des Störers aus der Ehewohnung, um selbst dort wieder einzuziehen, Celle NJW **80**, 713. Unerzwingbar ist ferner ein Verbot gegen einen Dritten, mit dem Ehegatten des Klägers geschlechtlich zu verkehren. Etwas anderes gilt allenfalls bei der Erfassung des äußeren Rahmens einer Ehestörung, aM Struck JZ **76**, 163 (aber dieser äußere Rahmen läßt sich durchaus technisch erreichen). Die Bedeutung der Entscheidung erschöpft sich daher in der Vorbereitung eines Scheidungsantrags. III ist entsprechend anwendbar, wenn es sich um einen schuldrechtlichen Vertrag wegen eines Ehe- oder Familiennamens handelt, Diederichsen NJW **76**, 1170, oder wenn es um einen Anspruch wegen einer Namensänderung geht. Denn eine solche Entscheidung des Ehegatten ist höchstpersönlich. III ist bei einem vermögensrechtlichen Streit unanwendbar, BGH FamRZ **88**, 144, Tiedtke FamRZ **78**, 386, aM LG Oldb FamRZ **92**, 944. Dasselbe gilt bei einem solchen Anspruch, dessen Durchsetzung mit den sittlichen Anschauungen vereinbar ist, LG Zweibr MDR **76**, 145.

Anwendbar bleiben §§ 210 ff (Gewaltschutz).

6 **C. Religiöses Verhalten.** Es muß um ein kultisches religiöses Verhalten gehen. Die Unanwendbarkeit von I, II resultiert hier aus Art 4 GG, BVerfG **33**, 28, Ffm Rpfleger **80**, 117.

7 **5) Zulässigkeit der Verurteilung, III.** Die Vorschrift verbietet nur die Erzwingung, also theoretisch nicht die Verurteilung. Die Entscheidung kann nämlich trotz III als eine vorläufige Entscheidung dem Gläubiger wertvoll sein.

8 **6) Rechtsmittel, I–III.** Es sind in Ehesachen und Familienstreitsachen §§ 732, 766, 793 ZPO entsprechend anwendbar. Denn I verweist für diese Sachen allgemein auf §§ 704 ff ZPO. I hat als eine Spezialvorschrift den Vorrang vor der in § 95 Rn 10 dargestellten inhaltlich abweichenden allgemeineren Regelung. Soweit der Rpfl entschieden hat, gilt wie stets zunächst das RPflG.

9 In den *restlichen* Familiensachen gilt dagegen § 95 Rn 10. Denn insoweit gilt I nicht.

Abschnitt 2. Verfahren in Ehesachen; Verfahren in Scheidungssachen und Folgesachen

Unterabschnitt 1. Verfahren in Ehesachen

Einführung vor § 121

Verfahrensgruppen in Ehesachen

1) Systematik. §§ 121 ff ähneln vielfach den früheren §§ 606–619 ZPO. Sie enthalten die besondere Gestaltung der Beteiligtenherrschaft nach Grdz 18 vor § 128 ZPO und des Zusammenfassungsgrundsatzes nach Üb 61 vor § 253 ZPO in EheS. Sie führen zu erheblichen Abweichungen vom ordentlichen Verfahren. 1

2) Verfahrensgruppen. Es gibt zwei Gruppen von Eheverfahren: Einerseits Scheidungs- und Aufhebungsverfahren, andererseits Feststellungsverfahren. In der ersteren Gruppe erfaßt der Antrag das gesamte eheliche Verhältnis und macht es zum Gegenstand des Streits. Darum gilt dort: Eine Antragsänderung ist innerhalb der Gruppe unbeschränkt zulässig; eine Anspruchshäufung ist erleichtert; in einer Scheidungs- und Aufhebungssache ist nur eine einheitliche Entscheidung möglich. 2

3) Einheitlichkeit der Entscheidung. Es gibt fünf Hauptaspekte. 3

A. Grundsatz. Der Scheidungs- oder Aufhebungsantrag unterwirft den Bestand der Ehe der richterlichen Entscheidung, Hamm FamRZ **81**, 61. Darum macht ein Scheidungs- oder Aufhebungsbegehren den Bestand der Ehe in vollem Umfang rechtshängig, BGH FamRZ **89**, 155, aM Karlsr IPRax **85**, 36. Es können also nicht mehrere derartige Verfahren nebeneinander herlaufen. Zu diesem Ergebnis kommen auch die Vertreter der Auffassung, daß wegen fehlender Identität des Verfahrensgegenstands keine Rechtshängigkeit bestehe. Sie verneinen meist das Rechtschutzbedürfnis für einen weiteren Antrag. Auch der Gegner muß seine Begehren in diesem Verfahren durch Gegenanträge geltend machen und kann nicht selbständig vorgehen. Stellt er einen Scheidungsantrag, wird dieser meist als ein Gegenantrag gelten. Das FamG muß jedenfalls darauf hinwirken, daß er seinen Antrag als einen Gegenantrag stellt, BGH FamRZ **83**, 39. Das FamG muß die Rechtshängigkeit darum stets von Amts wegen beachten. Man muß seinen Antrag mit dem früheren verbinden. Andernfalls muß das FamG ihn durch einen Verfahrensbeschluß nach Grdz 14 vor § 253 ZPO abweisen.

B. Einzelheiten. Die Einheitlichkeit der Beurteilung verbietet auch eine Teilentscheidung nach § 113 I 2 in Verbindung mit § 301 ZPO über den Antrag oder Gegenantrag, weil das FamG damit eine endgültige Entscheidung treffen würde oder weil der Bestand der Ehe vielleicht gleichzeitig der Beurteilung verschiedener Instanzen unterläge, so zB bei einem streitmäßigen Beschluß über den Antrag und bei einem Versäumnisbeschluß über den Gegenantrag. Unzulässig ist deshalb die Aufhebung der Ehe auf einen Antrag ohne eine gleichzeitige Entscheidung über einen Scheidungsgegenantrag, Bosch FamRZ **87**, 817. Erfolgt ein angekündigter Gegenantrag nicht und ist der Antrag entscheidungsreif, muß das FamG durch eine Befragung klären, ob der Gegenantrag fortbesteht. Kann es keine genügende Auskunft dazu erlangen, sind die möglichen Beweise aber erschöpft, auch die für eine Scheidung sprechenden, § 127 I, muß das FamG evtl den Gegenantrag in dem Beschluß über den Antrag abweisen. Jedenfalls muß eine einheitliche Entscheidung ergehen. Das FamG muß eine Abtrennung und Aussetzung ebenso behandeln. Denn sie würden widersprechende Entscheidungen ermöglichen. 4

C. Hilfsantrag. Für ihn gelten die allgemeinen Grundsätze. Sofern nicht die Anträge ausdrücklich gleichgeordnet sind, was das FamG notfalls nach § 113 I 2 in Verbindung mit § 139 ZPO klären muß, darf es seine Entscheidung über einen Hilfsantrag wegen der etwaigen Verschiedenheit der rechtlichen Wirkungen nicht vorwegnehmen. Auch Anträge auf eine Aufhebung und Scheidung darf ein Beteiligter nicht in einer beliebigen Reihenfolge stellen. Denn die Folgen sind bei einem stattgebenden Beschluß nicht stets dieselben. Begehrt der Antragsteller die Scheidung, der Gegner die Aufhebung, darf das FamG bei einem begründeten Antrag einheitlich nur auf die Aufhebung erkennen. Ein Verstoß hiergegen ist prozessual belanglos. 5

D. Rechtsmittelinstanz. In ihr geht der Grundsatz der Einheitlichkeit der Entscheidung dem Verbot einer nachteiligen Abänderung nach Art der §§ 528, 557 ZPO vor. Denn es handelt sich beim Bestand der Ehe um eine öffentlichrechtliche Frage von größter Tragweite. Die Bindung des Beschwerdegerichts an die Anträge bleibt grundsätzlich bestehen, aber nur insoweit, als es die Einheitlichkeit der Entscheidung erlaubt. 6

Hat das FamG unter einer *Verletzung* des Grundsatzes der Einheitlichkeit der Entscheidung teils einen Versäumnisbeschluß erlassen, teils eine streitmäßige Entscheidung, ist dagegen die Beschwerde oder Rechtsbeschwerde oder ein Einspruch mit der Folge statthaft, daß das Rechtsmittelgericht einheitlich entscheiden muß. Da ein unzulässiger Teilbeschluß eine unmögliche prozeßrechtliche Lage schafft, Rn 4, muß das Rechtsmittelgericht ihn von Amts wegen beseitigen. Der Beteiligte darf ein teilweise zurückgenommenes oder durch einen Teilverzicht beschränktes Rechtsmittel durch eine Antragserweiterung, einen neuen Anspruch oder durch einen Gegenantrag ausdehnen. Er darf das Rechtsmittel auch bei einer Teilrücknahme erneut auf den abgeschlossenen Teil erstrecken, nicht aber nach einem Teilverzicht.

E. Wiederaufnahmeverfahren. In ihm gelten diese Grundsätze nicht. Denn die Rechtsgestaltung war schon mit der Rechtskraft des Beschlusses eingetreten. Daher ist die Wiederaufnahme mit dem Antrag zulässig, auch auf einen Gegenantrag zu scheiden. 7

121 *Ehesachen.* **Ehesachen sind Verfahren**
1. auf Scheidung der Ehe (Scheidungssachen),
2. auf Aufhebung der Ehe und
3. auf Feststellung des Bestehens oder Nichtbestehens einer Ehe zwischen den Beteiligten.

1 **1) Systematik, Regelungszweck, Z 1–3.** Vgl zunächst § 111 Rn 1. § 121 faßt begrifflich die in den aufgehobenen §§ 606–620, 622–632 ZPO geregelten Situationen zusammen. Ehesache kann nur ein Verfahren wegen einer Ehe sein, also einer nach dem maßgeblichen Recht anerkannten und mit besonderen Wirkungen ausgestatteten Lebensgemeinschaft von Mann und Frau, BVerfG **53**, 245. Die Aufteilung in Scheidung, Aufhebung oder Feststellung des Bestehens oder Nichtbestehens einer Ehe ist bestehengeblieben.

2 Die *Folgesachen,* in Z 1 nicht gesondert erwähnt, gehören nach der amtlichen Überschrift des Unterabschnitts 2 zu den Scheidungssachen, grundsätzlich im Verbund des § 137. Im einzelnen: *Z 1,* Scheidung: Vgl §§ 1564 ff BGB; *Z 2,* Aufhebung: Vgl §§ 1313 ff BGB; *Z 3,* Feststellung: Vgl § 122 Rn 5, 6. Internationalrechtlich vgl auch § 107 I 1.

122 *Örtliche Zuständigkeit.* **Ausschließlich zuständig ist in dieser Rangfolge:**
1. das Gericht, in dessen Bezirk einer der Ehegatten mit allen gemeinschaftlichen minderjährigen Kindern seinen gewöhnlichen Aufenthalt hat,
2. das Gericht, in dessen Bezirk einer der Ehegatten mit einem Teil der gemeinschaftlichen minderjährigen Kinder seinen gewöhnlichen Aufenthalt hat, sofern bei dem anderen Ehegatten keine gemeinschaftlichen minderjährigen Kinder ihren gewöhnlichen Aufenthalt haben,
3. das Gericht, in dessen Bezirk die Ehegatten ihren gemeinsamen gewöhnlichen Aufenthalt zuletzt gehabt haben, wenn einer der Ehegatten bei Eintritt der Rechtshängigkeit im Bezirk dieses Gerichts seinen gewöhnlichen Aufenthalt hat,
4. das Gericht, in dessen Bezirk der Antragsgegner seinen gewöhnlichen Aufenthalt hat,
5. das Gericht, in dessen Bezirk der Antragsteller seinen gewöhnlichen Aufenthalt hat,
6. das Amtsgericht Schöneberg in Berlin.

Gliederung

1 **1) Systematik, Z 1–6.** Die Vorschrift übernimmt inhaltlich weitgehend den aufgehobenen § 606 I–III ZPO. Sie regelt die örtliche ausschließliche und daher nach § 113 I 2 in Verbindung mit § 40 II 1 Z 2 ZPO nicht anders zu vereinbarende Zuständigkeit in EheS. Sie geht auch § 15 ZPO vor. Ausgangspunkt ist der gewöhnliche Aufenthalt. Wegen dieses Begriffs Rn 10 ff, wegen der ausschließlichen Zuständigkeit Rn 19 und wegen der internationalen Zuständigkeit §§ 98 ff. Sachlich zuständig ist ausschließlich das AG als FamG, §§ 23 a I Z 1, 23 b I 1 GVG. In allen EheS muß das FamG die Zuständigkeit als eine Verfahrensvoraussetzung nach Grdz 13, 22 vor § 253 ZPO in allen Instanzen von Amts wegen prüfen, Ffm FamRZ **91**, 1073, Karlsr FamRZ **99**, 1085, jedoch in der Beschwerdeinstanz wegen § 65 IV nicht voll und in der Rechtsbeschwerdeinstanz nur mit den sich aus § 72 II ergebenden Einschränkungen.

Die Zuständigkeit gilt national auch für den *Gegenantrag.* Der besondere Gerichtsstand des § 33 ZPO versagt, § 33 II ZPO. Wegen der Zuständigkeit des Gerichts der EheS für sonstige FamS § 267, wegen des sog Entscheidungsverbundes bei Scheidungs- und FolgeS § 137.

Art 4 EuEheVO, § 97 Rn 2, regelt auch die internationale örtliche Zuständigkeit, indem er einen eherechtlichen Gerichtsstand des Gegenantrags schafft. Das Gericht muß die internationale Zuständigkeit von Amts wegen in jeder Verfahrenslage prüfen, BGH NJW **03**, 426.

Ein bei Rechtshängigkeit bestehender *Mangel* der Zuständigkeit wird durch den Eintritt der sie begründenden Tatsachen geheilt. Ihr Wegfall ändert nichts an der einmal gegebenen Zuständigkeit, § 113 I 2 in Verbindung mit § 261 III Z 2 ZPO.

2 **2) Regelungszweck, Z 1–6.** Zweck der Regelung ist bei aller ihrer Kompliziertheit doch die Rechtssicherheit nach Einl III 43. Es soll wenigstens im Ansatz einigermaßen klar sein, wer die weitreichenden Entscheidungen in einer EheS im Einzelfall treffen darf und muß. Es bleiben leider genügend Einzelfragen offen. Umso sorgfältiger muß man die Vorschrift handhaben und streng auslegen.

3 **3) Begriff der Ehesache, Z 1–6.** Gegenstand eines Verfahrens in EheS kann nur eine Ehe sein, § 121 Rn 1. EheS sind nur einschließlich der Wiederaufnahmeverfahren, BGH FamRZ **82**, 789, die folgenden Sachen.

A. Scheidung, § 121 Z 1 FamFG, §§ 1564–1568 BGB (nicht aber die FolgeS nach § 137). Wegen der Trennung von Tisch und Bett nach ausländischem Recht Grdz 1 vor § 121.

B. Aufhebung einer Ehe, § 121 Z 2 FamFG, §§ 1313–1318 BGB. Die dem Antrag stattgebende Entscheidung löst die Ehe für die Zukunft auf, § 1313 S 2 BGB. Bei der Anwendung ausländischen Rechts ist auch eine rückwirkende Auflösung möglich. Nach rechtskräftiger Scheidung ist ein Aufhebungsantrag unzulässig, BGH FamRZ **96**, 1210. 4

C. Feststellung, § 121 Z 3. Hierher gehört ferner das Verfahren auf die Feststellung des Bestehens oder Nichtbestehens einer Ehe zwischen den Parteien. Die Feststellung fällt unter § 256 I ZPO. Sie verlangt also dessen besondere Voraussetzungen und daher auch ein Feststellungsinteresse, § 256 ZPO Rn 21 ff. Sie kann nur eingreifen, wenn das FamG nicht die Ehe nach Rn 4 auflösen muß. Möglich ist ein Antrag auf die Feststellung, daß die Ehe auf Grund eines nach ausländischem Recht wirksamen Akts aufgelöst ist, AG Hbg StAZ **80**, 311 (Privatscheidung), oder daß sie getrennt ist, AG Hbg StAZ **81**, 83. Ein Antrag auf eine Feststellung der Wirksamkeit eines ausländischen Eheurteils hat wegen § 107 Rn 5 ff kein Rechtsschutzbedürfnis, es sei denn, daß man keinen Antrag auf eine Anerkennung nach § 107 stellen kann oder soll, zB bei einer vorrangigen Rechtshängigkeit eines inländischen Scheidungsverfahrens. Wohl aber ist ein Antrag auf die Feststellung des Bestehens der Ehe trotz eines in der früheren DDR ergangenen Scheidungsurteils möglich, § 328 ZPO Rn 2–5, ebenso ein Antrag auf die Feststellung des Verschuldens, wenn in jenem Urteil ohne eine Schuldfeststellung eine Scheidung erfolgte, BGH MDR **77**, 126, sofern das weiterhin Bedeutung haben kann, Engelhardt JZ **76**, 576. 5

Bei einem *ausländischen Urteil* ist ein solcher Antrag jedenfalls dann unzulässig, wenn die Beteiligten auf die Feststellung der Schuld verzichtet haben, BGH MDR **77**, 126. Ausnahmsweise kann auch ein anderer Feststellungsantrag zulässig sein, zB darauf, daß ein Gatte getrennt leben darf, Rn 7. Der Antrag ist aber nicht als ein allgemeiner Feststellungsantrag zulässig. Daher darf ein Dritter einen solchen Antrag nicht stellen, Hamm FamRZ **80**, 706. 6

D. Unanwendbarkeit. Nicht hierher gehören ein Antrag auf die Gewährung von Unterhalt schlechthin und die Geltendmachung anderer vermögensrechtlicher Ansprüche zwischen den Ehegatten in einer bestehenden oder nach einer beendeten Ehe, BayObLG FamRZ **85**, 947, Kblz FamRZ **82**, 942, Stgt FamRZ **92**, 1447. Keine EheS ist daher ein Antrag auf einen Unterhalt, oder auf einen Aufwendungsersatz, oder auf eine Mitwirkung bei der Zusammenveranlagung zur Steuer, Naumb FamRZ **00**, 165, Rostock FamRZ **04**, 956, Stgt FamRZ **92**, 1447, oder auf eine sonstige Änderung der Steuerklasse, LG Bonn FamRZ **99**, 1133, oder auf eine Zustimmung zu einem Steuerermäßigungsantrag, BayObLG FamRZ **85**, 947, oder auf die Herausgabe eines Steuerbescheids, Hamm FamRZ **91**, 1070, oder auf einen Schadensersatz aus diesem Bereich, BGH FamRZ **88**, 143, Hamm FamRZ **91**, 1070, Stgt FamRZ **92**, 1447, oder wegen einer Verletzung einer früheren ehelichen Pflicht nach der Scheidung, Ffm FamRZ **80**, 274, oder auf die Zahlung eines Anteils am Lohnsteuerjahresausgleich, Hbg FamRZ **82**, 507, Hamm FamRZ **88**, 518, oder auf einen Gesamtschuldnerausgleich, Hamm FamRZ **79**, 607. 7

Eine *Feststellung des Rechts zum Getrenntleben* ist eine EheS, Ffm FamRZ **84**, 1123, Karlsr FamRZ **91**, 1456, Zweibr FamRZ **81**, 186. Das gilt, wenn der Antrag sich nicht in Wirklichkeit auf ein Belästigungsverbot richtet, Karlsr FamRZ **89**, 77. Das Feststellungsinteresse nach § 256 I ZPO kann auch nach dem jetzigen Eherecht vorliegen, Bbg FamRZ **79**, 804, AG Merzig FamRZ **80**, 244, aM AG Groß-Gerau FamRZ **79**, 504. Es ist aber eine besonders eingehende Prüfung wegen der Bedeutung eines Rechts zum Getrenntleben für die Rechtsstellung des Antragstellers notwendig, KG FamRZ **88**, 81. Es besteht vor allem dann nicht, wenn beide Eheleute mit dem Getrenntleben eindeutig einverstanden sind, KG FamRZ **82**, 272, Karlsr RR **89**, 1415. Die bloße Eröffnung der Möglichkeit, eine einstweilige Anordnung über das Getrenntleben oder über die Zuweisung der Ehewohnung zu erreichen, begründet noch kein Rechtsschutzbedürfnis für diesen Antrag, Bbg FamRZ **79**, 804, Karlsr RR **89**, 1415, Brudermüller NJW **84**, 2561, aM Bre NJW **78**, 2102. Soweit das FamG nach § 1357 II BGB zuständig ist, muß es den Antrag durch einen Verfahrensbeschluß abweisen. Eine Vollstreckung aus dem stattgebenden Beschluß in der Sache selbst ist unzulässig. 8

Ehestörungssachen sind keine EheS nach § 122, ohne daß es darauf ankommt, ob sich eine solche Forderung gegen den Ehegatten oder den Dritten richtet, KG FamZR **83**, 616, Zweibr NJW **89**, 1614, Riegel NJW **89**, 2799, aM Celle NJW **80**, 711, Walter JZ **83**, 476. Solche Begehren muß man deshalb auch dann, wenn ein Scheidungsverfahren läuft oder wenn die Eheleute getrennt leben, im Weg des allgemeinen Zivilprozesses verfolgen. Unzulässig ist ein Antrag auf Unterlassung des Ehebruchs, auch aus unerlaubter Handlung. Denn jeder unmittelbare Zwang ist mit dem Wesen der Ehe unvereinbar. 9

4) Erster Rang: Gewöhnlicher Aufenthalt eines Ehegatten nebst Kindern, Z 1. Zunächst ist dasjenige FamG ausschließlich zuständig, in dessen Bezirk einer der Ehegatten (nicht notwendig der Antragsteller) mit allen gemeinsamen ehelichen oder als ehelich geltenden minderjährigen Kindern den gewöhnlichen Aufenthalt hat. Man muß ihn stets nach deutschem Recht bestimmen, BGH FamRZ **92**, 794, BayObLG NJW **90**, 3099. Gemeint ist der Daseinsmittelpunkt, BGH FamRZ **02**, 1182, Ffm FamRZ **06**, 883, das familiäre und berufliche Zentrum, Karlsr FamRZ **92**, 316, Schlesw FamRZ **00**, 1426, der tatsächliche Mittelpunkt des Lebens, der Ort, an dem man sich hauptsächlich (nicht unbedingt ständig) aufzuhalten pflegt, insbesondere der Ort, an dem man nicht nur vorübergehend wohnt und schläft, BGH NJW **75**, 1068, BayObLG FamRZ **97**, 424, Köln FamRZ **95**, 172. Dieser Gesichtspunkt ist auch bei einem ausländischen Diplomaten maßgeblich, ohne Rücksicht auf seine jederzeitige Verwendbarkeit an einem anderen Ort. Ebenso behält ein Mitglied ausländischer Streitkräfte den in Deutschland begründeten gewöhnlichen Aufenthalt auch dann, wenn der Termin seiner Versetzung bereits bekannt ist, AG Heidelb IPRax **88**, 113 (zustm Jayme). 10

Zur Begründung eines gewöhnlichen Aufenthalts *nicht erforderlich* und auch nicht ausreichend ist die Absicht, für einige Zeit den Ort zum Daseinsmittelpunkt zu machen, BGH FamRZ **93**, 800, BayObLG FamRZ **97**, 424, Düss FamRZ **99**, 112, auch nicht im Rahmen eines Zeugenschutzprogramms nach § 1 I,

II ZSHG, Köln FamRZ **03**, 1124, auch nicht die ordnungsbehördliche Meldung für sich allein, BGH RR **95**, 507, Ffm FamRZ **06**, 885, Schlesw FamRZ **00**, 1426. Ein unbekannter Aufenthalt bedeutet rechtlich das Fehlen eines Aufenthalts nach I 1, BGH NJW **83**, 285, Karlsr FamRZ **99**, 1085.

Vielmehr handelt es sich um einen rein *tatsächlichen Vorgang*, BGH NJW **84**, 520, Hamm FamRZ **89**, 1109, ohne daß wie bei der Wohnsitzbegründung ein rechtsgeschäftlicher Wille hinzukommen müßte, BVerfG NJW **99**, 633 (zum gewöhnlichen Aufenthalt des Kindes), BGH FamRZ **97**, 1070, KG NJW **88**, 650. Ein gewöhnlicher Aufenthalt kann in besonderen Fällen auch an mehreren Orten gleichzeitig bestehen. BayObLG **80**, 52, KG NJW **88**, 650, Spickhoff IPRax **95**, 189, aM PalHeldr Art 5 EGBGB Rn 10. Er erfordert eine gewisse Eingliederung in die soziale Umwelt, für eine gewisse Dauer, BGH FamRZ **95**, 728 (3 Monate: zu kurz), Faustregel: 6 Monate, Hamm NJW **90**, 651. Das längere Verweilen an einem Ort darf nicht von vornherein nur vorübergehend sein sollen, BGH NJW **75**, 1068, BayObLG FamRZ **93**, 89, Hamm FamRZ **89**, 1331 (je: Ausbildung), BGH FamRZ **84**, 993, BayObLG FamRZ **93**, 89, Karlsr FamRZ **96**, 1341 (je: Klinikaufenthalt), aM KG NJW **88**, 650 (Studium im Ausland). Es darf auch kein bloßer Kurzbesuch etwa auf der Durchreise sein, BayObLG NJW **90**, 3099. Es darf auch nicht von Entscheidungen anderer abhängen.

Daher scheidet ein *zwangsweiser Aufenthalt* (zB in Strafhaft) meist aus, Kblz FER **98**, 207, Köln FamRZ **03**, 1124, OVG HbgJVBl **96**, 83. Jedoch kann eine längere Strafhaft ausreichen, Schlesw SchlHA **80**, 73, aM Kblz FamRZ **98**, 756. Auch wird bei einer eindeutigen und endgültigen Aufgabe des früheren gemeinsamen Aufenthalts ein neuer gewöhnlicher Aufenthalt entstehen, Schlesw SchlHA **80**, 73, Stgt FamRZ **97**, 438, LG Kblz DAVorm **94**, 211, aber auch Köln FamRZ **03**, 1124, Zweibr FamRZ **08,** 1258 (je: Rückkehrhoffnung maßgeblich). Der Auswanderer erhält sofort im Ausland seinen gewöhnlichen Aufenthaltsort, Ffm FamRZ **06**, 885. Zum gewöhnlichen Aufenthalt von Grenzpendlern, pendelnden Gastarbeitern und Saisonarbeitern Hamm NJW **90**, 651, Spickhoff IPRax **95**, 187. Ein Frauenhaus kann zum gewöhnlichen Aufenthalt werden, BGH RR **93**, 4, Karlsr FamRZ **95**, 1210, Nürnb FamRZ **97**, 1400.

11 *Ausländer* haben im Inland ihren gewöhnlichen Aufenthalt, wenn sie längere Zeit hier leben, ihren Aufenthalt auf Dauer planen und wenn ihr Verbleib gesichert ist, Karlsr FamRZ **90**, 1352, Kblz FamRZ **98**, 756, Stgt FamRZ **97**, 1161, krit Rauscher IPRax **92**, 15. Auch ein ausländischer Armeeangehöriger kann einen gewöhnlichen Aufenthalt im Inland begründen, Zweibr RR **99**, 948, AG Landstuhl FamRZ **03**, 1300. Asylbewerber haben meist keinen gewöhnlichen Aufenthalt in Deutschland, Bre FamRZ **92**, 962, Karlsr FamRZ **92**, 316, LG Memmingen DAVorm **91**, 876, es sei denn, es steht fest, daß sie asylberechtigt sind, BSG InfAuslR **93**, 99, oder daß sie unabhängig vom Ausgang des Asylverfahrens nicht abgeschoben werden, BSG MDR **90**, 780, Kblz FER **98**, 207, Köln FamRZ **96**, 316, oder daß die Behörden ihren Aufenthalt mehrere Jahre lang geduldet haben, BVerwG FamRZ **00**, 286, Hamm NJW **90**, 651, Gottwald FamRZ **02**, 1343, großzügiger Gottwald Festschrift für Nakamura (1996) 190. Ein längerer Aufenthalt allein reicht nicht aus, aM Nürnb FamRZ **02**, 324, auch dann nicht, wenn der Ausländer ihn auf längere Zeit angelegt hat, krit Kilian IPRax **95**, 11 (anders, wenn das Asylverfahren kurz vor dem Abschluß steht), Schnappka ZBlJugR **94**, 27 (Jugendliche), Spickhoff IPRax **90**, 225. Abgelehnte Asylbewerber haben im Inland keinen gewöhnlichen Aufenthalt, Bre FamRZ **92**, 962, es sei denn, die Behörde duldet ihren Aufenthalt seit längerer Zeit, s oben.

„Gemeinsam" ist der Aufenthalt nur, wenn der Ehegatte mit allen gemeinsamen minderjährigen Kindern zusammen lebt, nicht dagegen bei einem Getrenntleben, Stgt FamRZ **82**, 84. Führt jedoch der Zwang der Verhältnisse zum Getrenntleben, haben die eben Genannten bei einem Rückkehrwillen trotzdem einen gemeinsamen Aufenthalt. Das gilt auch dann, wenn ein Ehegatte wegen seiner Arbeit an einem anderen Ort ein Zimmer bewohnt, aber an den Wochenenden oder im Urlaub mit seiner Ehefrau regelmäßig zusammenlebt. Auch eine vorübergehende Abwesenheit wie Wehrdienst oder Tätigkeit für eine deutsche Firma im Ausland ändert nichts am bisherigen Aufenthalt. Anders liegt es dagegen bei einer zwangsweisen Verbringung eines Ehegatten an einen anderen Ort. Das gilt jedenfalls dann, wenn der Zwangsaufenthalt (Strafhaft) länger dauert.

12 *Einzelheiten:* Darauf, ob der Aufenthaltsort dem Antragsteller bekannt ist, kommt es nicht an, Karlsr FamRZ **99**, 1086 (Kenntnis des Gerichts und Mitteilung des zuständigen FamG genügen). Erforderlich ist, daß alle minderjährigen Kinder mit einem der getrenntlebenden Gatten einen gemeinsamen gewöhnlichen Aufenthalt haben, BGH RR **92**, 903, Kblz FamRZ **86**, 1119, aM Hamm RR **89**, 1486. Es mag sogar reichen, daß die Kinder nicht bei diesem Elternteil leben, wohl aber in demselben Gerichtsbezirk, Hamm RR **89**, 1486, und daß sie alle bei einem Dritten leben. Eine vorübergehende Abwesenheit zB in einem Internat oder wegen Wehrdienstes bleibt außer Betracht, BGH NJW **75**, 1068, AG Rottweil FamRZ **97**, 1408, Diederichsen NJW **77**, 650, ebenso meist die Aufnahme in eine Zeugenschutzmaßnahme, Köln FamRZ **03**, 1124. Es kommt nur auf den tatsächlichen Vorgang des Zusammenlebens an, also auf den faktischen Daseinsmittelpunkt der Kinder, Düss FamRZ **99**, 112, Karlsr FamRZ **05**, 287, Schlesw FamRZ **00**, 1426. Er muß nicht mit demjenigen des Elternteils übereinstimmen, BGH FamRZ **97**, 1070, Ffm FamRZ **06**, 883.

Der *Eintritt der Volljährigkeit* während des Verfahrens berührt die Zuständigkeit nicht, § 113 I 2 in Verbindung mit § 261 III Z 2 ZPO, ebensowenig die nach der Rechtshängigkeit des Scheidungsantrags getroffene Feststellung der Nichtabstammung von diesem Mann, Kblz IPRax **90**, 53. Sind dagegen die Kinder bei der Antragstellung volljährig oder leben sie verteilt bei beiden Gatten oder Dritten, zB den Großeltern, gilt II, BGH FER **97**, 65. Jedoch ist Z 1 jedenfalls entsprechend anwendbar, wenn ein Teil der Kinder bei einem Ehegatten und ein Teil bei einem Dritten lebt, BGH FamRZ **84**, 370, Ffm FamRZ **84**, 806, Hamm FamRZ **89**, 641, aM BGH RR **92**, 903, AG Hersbruck FamRZ **79**, 717. Die entsprechende Anwendung von Z 1 auch auf den Fall, daß das einzige Kind bei einem Dritten lebt oder alle Kinder einen gemeinsamen Aufenthaltsort haben, Hamm RR 89, 1486, ist kaum statthaft, Schlesw SchlHA **97**, 41.

13 **5) Zweiter Rang: Gewöhnlicher Aufenthalt des Ehegatten mit gemeinsamem minderjährigen Kind, Z 2.** Beim anderen Ehegatten darf kein gemeinsames minderjähriges Kind seinen gewöhnlichen Aufenthalt haben.

6) Dritter Rang: Letzter gemeinsamer gewöhnlicher inländischer Aufenthalt, Z 3, dazu *Spickhoff* IPRax **95**, 185: Mangels Anwendbarkeit von Z 1, 2 muß man den letzten gemeinsamen gewöhnlichen Aufenthalt prüfen. 14

Es müssen bei Z 3 zwei Bedingungen zusammentreffen.

A. Letzter gewöhnlicher Aufenthalt, Hs 1. Den gewöhnlichen Aufenthalt ermittelt man wie bei Z 1, Rn 10.

B. Im Bezirk des Familiengerichts, Hs 2. Es muß außer dem wenigstens einer der Ehegatten beim Eintritt der Rechtshängigkeit nach Rn 14 auch im Bezirk des nach Rn 14 ermittelten FamG seinen gewöhnlichen Aufenthalt gehabt haben. 15

Rechtshängig wird eine EheS mit der Zustellung des Scheidungsantrags, §§ 261 I, 253 ZPO, sofern die Zustellung zu dem Zweck erfolgt, die Rechtshängigkeit herbeizuführen. Eine Zustellung allein im Verfahren der Kostenhilfe ist deshalb für die Zuständigkeit ohne Bedeutung, BGH FamRZ **80**, 131, Karlsr FamRZ **88**, 92. Wird das angerufene Gericht im Lauf des Verfahrens zuständig, genügt das. Eine Veränderung nach dem Eintritt der Rechtshängigkeit ist unbeachtlich, § 261 III Z 2 ZPO.

Die Zuständigkeit knüpft hier an den *räumlichen Mittelpunkt der Restfamilie* an. Der gemeinsame gewöhnliche Aufenthalt nach Rn 10 setzt grundsätzlich eine einheitliche Wohngemeinschaft voraus. Er kann zB auch in einem sog Frauenhaus sein, Hbg FamRZ **83**, 612, Saarbr FamRZ **90**, 1119. Das gilt auch dann, wenn das Frauenhaus fernab vom ehelichen Wohnsitz liegt, aM Burgard FamRZ **90**, 1119. Unter dörflichen Verhältnissen reicht auch eine dauernde Bindung auf Grund des engen räumlichen Bereichs aus, Ffm FamRZ **84**, 806 (Kind lebt bei einem Bruder der Ehefrau). Wegen mehrerer gewöhnlicher Aufenthalte Rn 13.

7) Vierter Rang: Gewöhnlicher Aufenthalt des Antragsgegners, Z 4. Fehlt eine Zuständigkeit nach Rn 10–15, ist das FamG des gewöhnlichen Aufenthaltsorts des Antragsgegners nach Rn 10 zuständig, Drsd FamRZ **04**, 952. 16

8) Fünfter Rang: Gewöhnlicher Aufenthalt des Antragstellers, Z 5. Fehlt eine Zuständigkeit nach Rn 10–16, ist das FamG des gewöhnlichen Aufenthaltsorts des Antragstellers zuständig. Das gilt auch dann, wenn der Aufenthalt des Antraggegners unbekannt ist, BGH NJW **83**, 285, BayObLG FamRZ **97**, 297, Zweibr FamRZ **85**, 81. 17

9) Sechster Rang: AG Berlin-Schöneberg, Z 6. Wenn alle Gerichtsstände Rn 10–17 versagen, ist ganz hilfsweise das FamG beim AG Schöneberg in Berlin zuständig. Das kann zB dann gelten, wenn der Aufenthalt des Antragsgegners völlig unklar ist, BGH NJW **83**, 285, Zweibr FamRZ **85**, 81. 18

10) Ausschließliche Zuständigkeit, Z 1–6. Die Gerichtsstände des § 122 sind ausschließliche. Das sind sie aber nicht in dem Sinn, daß Deutsche in EheS nur vor einem deutschen Gericht Recht nehmen könnten. Deutsche Ehegatten, die sich im Ausland aufhalten, können sich vielmehr auch dort scheiden lassen. Ebenso kann derjenige Deutsche, dessen Ehegatte sich im Ausland aufhält, statt im eigenen Gerichtsstand auch im Ausland Klage erheben, sogar dann, wenn beide Ehegatten nach Deutschland zurückgekehrt sind. International hat § 106 den Vorrang. 19

123 *Abgabe bei Anhängigkeit mehrerer Ehesachen.* [1] **Sind Ehesachen, die dieselbe Ehe betreffen, bei verschiedenen Gerichten im ersten Rechtszug anhängig, sind, wenn nur eines der Verfahren eine Scheidungssache ist, die übrigen Ehesachen von Amts wegen an das Gericht der Scheidungssache abzugeben.** [2] **Ansonsten erfolgt die Abgabe an das Gericht der Ehesache, die zuerst rechtshängig geworden ist.** [3] **§ 281 Abs. 2 und 3 Satz 1 der Zivilprozessordnung gilt entsprechend.**

1) Systematik, Regelungszweck, S 1–3. Vor allem zwecks Rechtssicherheit durch Vereinheitlichung der Verfahrensgänge bringt *S 1* in einer gewissen Anlehnung an den früheren § 621 II ZPO, *S 2* in einer noch stärkeren, diesmal an § 621 III 1 ZPO, *S 3* in der wörtlichen Übernahme von § 621 III 2 ZPO eine zwingende Abgabe von Amts wegen, natürlich auch über § 24 auf eine etwaige Anregung, an das am ehesten geeignete FamG. § 123 hat den Vorrang vor § 4. 1

2) Ehesache an Scheidungsgericht, S 1. Ehesache ist hier dasselbe wie in § 121 Z 2 oder 3. Es muß also eine Abgabe an das Scheidungsgericht erfolgen, wenn zu derselben Ehe anderweitig eine Aufhebungssache oder eine Feststellungssache schwebt. Anhängigkeit meint dabei nach § 113 I 2 in Verbindung mit § 261 ZPO Rn 1 sowohl das Stadium ab dem Eingang des einleitenden Antrags als auch ab dem Beginn der eigentlichen Rechtshängigkeit. Auch dann erfolgt keine Verweisung, sondern eine Abgabe, wenn auch nach S 3 praktisch mit denselben Folgen wie bei einer Verweisung. Vgl daher bei § 281 ZPO auch im übrigen. 2

3) Andere Ehesache: Abgabe an Gericht der früheren Rechtshängigkeit, S 2. Zu den Begriffen Rn 2. Maßgebend ist die frühere Rechtshändigkeit, nicht die frühere Anhängigkeit. 3

4) Verfahren, Kosten, S 3. Wohl nur wegen des anderen Begriffs Abgabe (statt Verweisung) stellt S 3 auf Folgen ab, die sich der Sache nach ohnehin aus § 113 I 2 ergeben. Vgl also bei § 281 II, III 1 ZPO. III 2 jener Vorschrift gilt wegen der anderen Grundhaltung des § 81 FamFG als derjenigen der §§ 91 ff ZPO nicht auch nur entsprechend, obwohl auch § 281 III 2 ZPO nach § 113 I 2 FamFG eigentlich anwendbar wäre. 4

5) Rechtsmittel, S 1–3. Vgl § 281 ZPO Rn 27 (Unanfechtbarkeit). Denn § 113 I 2 geht mit seiner Verweisung auch auf § 281 II 2 ZPO dem allgemeinen § 58 vor. 5

124 *Antrag.* [1]**Das Verfahren in Ehesachen wird durch Einreichung einer Antragsschrift anhängig.** [2]**Die Vorschriften der Zivilprozessordnung über die Klageschrift gelten entsprechend.**

1 **1) Systematik, Regelungszweck, S 1, 2.** Während der aufgehobene § 608 ZPO für Ehesachen schlicht §§ 253 ff ZPO entsprechend anwendbar machte und der frühere § 622 I 1 ZPO für einen Scheidungsantrag galt, bestimmt *S 1* jetzt dasselbe für jede Ehesache. Dem früheren § 622 II 2 ZPO entspricht jetzt für eben alle Ehesachen *S 2.* Ergänzend gilt statt des früheren § 622 III ZPO jetzt der inhaltsgleiche § 113 V Z 3, 4 (Antragsteller statt Kläger usw). Vgl sowohl zur Anhängigkeit als auch im übrigen §§ 253, 261 ZPO (überflüssige, weil schon durch § 113 I 2 erfolgte gesetzliche Verweisung).

125 *Verfahrensfähigkeit.* I **In Ehesachen ist ein in der Geschäftsfähigkeit beschränkter Ehegatte verfahrensfähig.**

II [1]**Für einen geschäftsunfähigen Ehegatten wird das Verfahren durch den gesetzlichen Vertreter geführt.** [2]**Der gesetzliche Vertreter bedarf für den Antrag auf Scheidung oder Aufhebung der Ehe der Genehmigung des Familiengerichts.**

1 **1) Systematik, Regelungszweck, I, II.** *I* stimmt mit dem aufgehobenen § 607 I ZPO wörtlich überein. Dasselbe gilt für *II 1* und den früheren § 607 II 1 ZPO. *II 2* stimmt praktisch wörtlich mit dem früheren § 607 II Hs 2 ZPO überein. I macht eine Ausnahme von § 113 I 2 in Verbindung mit § 52 ZPO wegen des höchstpersönlichen Charakters der Ehe. Der minderjährige Ehegatte kann und muß den Antrag selbst stellen. Er braucht dazu nicht eine Zustimmung seines gesetzlichen Vertreters, § 1316 II 2 BGB. Für den Gegner gilt die Regel. Er ist also unter den in I genannten Voraussetzungen verfahrensfähig.

2 **2) Geltungsbereich, I, II.** Diese Sonderregelung der Verfahrensfähigkeit hat den Vorrang vor § 9. Sie gilt nur für sämtliche EheS nach §§ 121 ff, auch für einen Aufhebungsantrag, aber nicht auch für die mit einer Scheidungssache verbundenen FolgeS nach § 137. In EheS umfaßt sie alle Abschnitte des Verfahrens, zB die Erteilung der Verfahrensvollmacht und den Abschluß des Anwaltsvertrags, die Richterablehnung, das Anordnungsverfahren nach §§ 49 ff, die Kostenfestsetzung sowie ein Wiederaufnahmeverfahren. Die Verfahrensfähigkeit gilt nicht für die Vollstreckung und auch nicht für das Verfahren wegen des Gebührenanspruchs des VerfBev aus der EheS. Auch sachlichrechtliche Vereinbarungen fallen nicht unter I.

3 **3) Beschränkt Geschäftsfähiger, I.** In EheS ist ein nach § 106 BGB in der Geschäftsfähigkeit beschränkter Ehegatte für jede Beteiligtenrolle voll verfahrensfähig, und zwar auch für die Vernehmung, weil § 125 dem § 455 I ZPO in Verbindung mit § 113 I 2 vorgeht. Die Verfahrensfähigkeit besteht nicht, wenn der Beteiligte wegen der Bestellung eines Betreuers oder Pflegers nach § 53 ZPO von der Verfahrensführung ausgeschlossen ist. Dann muß der Betreuer oder Ergänzungspfleger das Verfahren führen, soweit er in seinen Aufgabenkreis fällt, BGH NJW **87**, 51. Geisteskranke fallen unter II. Ein Ehegatte kann wegen der besonderen Natur seiner geistigen Störungen für einen bestimmten Kreis seiner Angelegenheiten, die mit seinem Eheverfahren zusammenhängen, geschäfts- und damit verfahrensunfähig sein.

4 **4) Geschäftsunfähiger, II.** Das richtet sich nach § 104 BGB. Es gibt vier Aspekte.

A. Verfahrensunfähigkeit, II 1. Maßgeblich ist § 113 I 2 in Verbindung mit § 52 ZPO. Ein Geisteskranker ist auch in EheS verfahrensunfähig. Für ihn führt das Verfahren sein gesetzlicher Vertreter. Ihn muß man notfalls nach § 1896 I BGB oder § 57 ZPO bestellen. Das gilt auch für den Aufhebungsantrag, § 1316 II 1 BGB. Über den Eintritt der Geschäftsunfähigkeit im Verfahren §§ 241, 246. Der gesetzliche Vertreter (Betreuer oder Pfleger) kann ohne eine vormundschaftsgerichtliche Genehmigung das Verfahren aufnehmen, Hamm FamRZ **90**, 167. Der verfahrensfähig gewordene Gatte tritt ohne weiteres selbst in das Verfahren ein.

5 **B. Genehmigungserfordernis, II 2.** Den Scheidungs- oder Aufhebungsantrag darf der gesetzliche Vertreter nur mit einer Genehmigung des Vormundschaftsgerichts stellen. Denn das Gericht soll das wohlverstandene Interesse des Beteiligten selbst prüfen, BGH FamRZ **02**, 316 KG FamRZ **06**, 433, Mü FGPrax **06**, 267. Die Genehmigung ist eine Verfahrensvoraussetzung, KG FGPrax **06**, 19. Sie läßt sich nachholen. Sie heilt dann auch noch in der Rechtsbeschwerdeinstanz den Mangel der Vertretungsbefugnis, Hamm FamRZ **90**, 167. Der Rpfl ist für diese Genehmigung nicht zuständig, § 25 RPflG.

6 **C. Wirkung, II 2 Hs 1, 2.** Bleibt die Verfahrensunfähigkeit unerkannt oder fehlt die erforderliche Genehmigung, bleibt die Rechtskraft einer Entscheidung bestehen. Verfahrenshandlungen des Verfahrensunfähigen bleiben unwirksam, Zweibr FamRZ **99**, 28. Dann hilft § 579 I Z 4 ZPO.

7 **5) Rechtsmittel, I, II.** Der andere Ehegatte kann nicht wirksam ein Rechtsmittel gegen die Genehmigung einlegen, KG FGPrax **06**, 19. Vgl im übrigen §§ 58 ff.

126 *Mehrere Ehesachen; Ehesachen und andere Verfahren.* I **Ehesachen, die dieselbe Ehe betreffen, können miteinander verbunden werden.**

II [1]**Eine Verbindung von Ehesachen mit anderen Verfahren ist unzulässig.** [2]**§ 137 bleibt unberührt.**

III **Wird in demselben Verfahren Aufhebung und Scheidung beantragt und sind beide Anträge begründet, so ist nur die Aufhebung der Ehe auszusprechen.**

1 **1) Systematik, Regelungszweck, I–III.** *I* übernimmt fast wörtlich den früheren § 610 I ZPO. *II 1, 2* übernehmen inhaltlich und weitgehend auch wörtlich den früheren § 610 II 1, 2 ZPO. *III* stimmt praktisch

wörtlich mit dem früheren § 631 II 3 ZPO überein. Die ergänzte Vorschrift regelt die Anspruchshäufung abweichend von § 113 I 2 in Verbindung mit §§ 33, 147, 260 ZPO und einschränkend. Innerhalb der in § 121 genannten Gruppen ist eine Verbindung statthaft, *I*. Die Verbindung der Sache aus einer Gruppe mit der Sache der anderen Art ist aber unstatthaft, *II 1*. Art 4 EuEheVO regelt auch die örtliche Zuständigkeit, indem er einen eherechtlichen Gerichtsstand des Gegenantrags schafft. Diese Regelung ist unmittelbar geltendes Recht. Sie ergänzt § 126. § 126 hat den Vorrang vor § 20.

Zweck ist natürlich eine Einheitlichkeit der Entscheidung über dieselbe Ehe wegen der enormen öffentlichrechtlichen Bedeutung des Scheidungsverfahrens.

2) Verbindung, I. Verbunden werden bei derselben Ehe die Verfahren entweder durch den Antragsteller nach § 260 ZPO oder nachträglich durch das Gericht nach § 20. Ein Aufhebungsantrag geht dem Scheidungsantrag vor. Liegen beide Ansprüche in demselben Verfahren, muß das FamG evtl die Ehe aufheben, III, es sei denn, der Antragsteller räumt dem Scheidungsbegehren ausdrücklich den Vorrang ein, BGH NJW **96**, 2728. Unzulässig ist die Verbindung einer beliebigen Ehesache mit einer solchen Sache die keine Ehesache ist, etwa mit einer solchen wegen vermögensrechtlicher durch die Ehe begründeter Ansprüche oder wegen der Kindererziehung. Auch der Anspruch auf eine Morgengabe (mahr) gehört nicht ins Verbundverfahren, KG FamRZ **05**, 1685. 2

Unberührt bleibt § 137. Das ergibt sich aus *II 2*. Daher muß zwischen einer Scheidungssache und einer FamS als FolgeS grundsätzlich ein Verhandlungs- und Entscheidungsverbund bestehen. Das Verfahren über eine einstweilige Anordnung nach §§ 49 ff ist stets ein Teil des Eheverfahrens, ohne daß eine Verbindung notwendig wird. Eine Verbindung einer FamS und einer NichtFamS ist unzulässig, BGH NJW **81**, 2418.

3) Gegenantrag, I, II. Sie ist nur im Rahmen der zulässigen Verbindungen nach Rn 1, 2 statthaft, und zwar auch als ein bedingter Gegenantrag etwa für den Fall der Abweisung des Scheidungsantrags. Man kann nachträglich gegenüber dem Scheidungsantrag seinerseits die Scheidung beantragen, ebenso die Scheidungsgründe seines zurückgenommenen Antrags im Weg des Gegenantrags gegen den noch schwebenden Gegenantrag des anderen Beteiligten wieder geltend machen. Gegen einen Feststellungsantrag nach § 121 Z 3 ist nur ein ebensolcher Antrag als Gegenantrag zulässig. Der in diesem Rahmen zulässige Gegenantrag richtet sich nach den allgemeinen Vorschriften. Für einen Gegenantrag in der Beschwerdeinstanz gilt § 533 ZPO nicht entsprechend. In der Rechtsbeschwerdeinstanz ist kein Gegenantrag zulässig. 3

4) Wirkung, II. Das Verbot des II 1 ist zwingend. Daher ist eine Einwilligung des Gegners unwirksam. Das FamG muß es von Amts wegen beachten. Eine Heilung nach § 295 ZPO ist nicht möglich. Unzulässig gehäufte Ansprüche muß das FamG nach § 20 abtrennen, BGH FamRZ **97**, 812, Hamm FamRZ **94**, 773. Ist eine Abtrennung nicht möglich, muß das FamG den Hilfsanspruch durch einen Verfahrensbeschluß nach Grdz 14 vor § 253 ZPO als unzulässig abweisen, Düss FamRZ **89**, 648, Stgt FamRZ **81**, 579. Das kann in einem einheitlichen Gesuch geschehen. Möglich ist aber auch die Abweisung des Hauptanspruchs durch eine Teilentscheidung, BGH NJW **81**, 2418, Düss FamRZ **89**, 649. Zulässig ist der Übergang vom Scheidungsantrag zum Aufhebungsantrag. 4

5) Rechtsmittel, I–III. Vgl §§ 58 ff. 5

127 *Eingeschränkte Amtsermittlung.* [I] **Das Gericht hat von Amts wegen die zur Feststellung der entscheidungserheblichen Tatsachen erforderlichen Ermittlungen durchzuführen.**

[II] **In Verfahren auf Scheidung oder Aufhebung der Ehe dürfen von den Beteiligten nicht vorgebrachte Tatsachen nur berücksichtigt werden, wenn sie geeignet sind, der Aufrechterhaltung der Ehe zu dienen oder wenn der Antragsteller einer Berücksichtigung nicht widerspricht.**

[III] **In Verfahren auf Scheidung kann das Gericht außergewöhnliche Umstände nach § 1568 des Bürgerlichen Gesetzbuchs nur berücksichtigen, wenn sie von dem Ehegatten, der die Scheidung ablehnt, vorgebracht worden sind.**

1) Systematik, I–III. Es handelt sich um eine weitgehende Übernahme des aufgehobenen § 616 ZPO, freilich mit mehreren deutlichen Abwandlungen. *I* wiederholt überflüssigerweise § 26. *II, III* ergänzen ihn. In demselben Umfang, in dem § 113 IV die Beteiligtenherrschaft nach Grds 18 vor § 128 ZPO und den Beibringungsgrundsatz einschränkt, greift der Ermittlungsgrundsatz ein. Dabei muß man die in § 121 Z 1–3 genannten Gruppen von Ehesachen unterscheiden. Das Wort „kann" in I bezeichnet die Befugnis des Gerichts und zugleich seine Verpflichtung. Es muß im Rahmen des Verfahrensgegenstands und in einer Scheidungssache unter einer Bindung an den vorgetragenen Sachverhalt alle Ermittlungen anstellen, die einen Erfolg versprechen. Eine Unterlassung ist rechtsbeschwerdefähig, soweit man durch die Ermittlung ein anderes Ergebnis erzielen könnte (Eheerhaltung). In der Beschwerdeinstanz zieht die Anfallwirkung dem § 127 Grenzen. 1

2) Regelungszweck, I–III. Rechtssicherheit nach Einl III 43 ist auch bei § 127 ein tragender Bestandteil des Reglungszwecks. Die weit über die Verhältnisse der direkt Beteiligten hinausgehenden Wirkungen etwa für Angehörige zwingen zur höchstmöglichen Aufklärung. Andererseits liegt kein Strafverfahren vor. Daher darf man an die Aufgaben sowohl des Gerichts als auch der übrigen Beteiligten keine zu hohen Anforderungen stellen. Auch das sollte man bei der Handhabung der Vorschrift mitbedenken. 2

Zu allen solchen Punkten, bei denen das Gericht ermittelt, muß es vor oder nach der Beweisaufnahme die Beteiligten hören, auch soweit ein Anwalt sie vertritt. Denn sonst wäre kein rechtliches Gehör erfolgt. Dabei genügt die Gelegenheit zur Äußerung. Ein Verstoß ist ein Rechtsbeschwerdegrund. Die Aufklärungs- und Hinweispflichten nach § 113 I 2 in Verbindung mit §§ 139, 278 III ZPO gelten auch und gerade in einer EheS, Ffm FamRZ **85**, 823.

3) Amtsermittlung, I. Soweit nicht die Einschränkung durch II, III eingreift, erstreckt sich in allen EheS das Ermittlungsrecht nach Grdz 38 vor § 128 ZPO in den Grenzen der Anträge nach §§ 113 I 2, 124 3 in Verbindung mit § 308 I ZPO und des Verfahrensgegenstands nach § 2 ZPO Rn 4 auf alle Umstände, vor allem auf das Bestehen der Ehe, Zweibr RR **97**, 1227. Das Gericht darf also grundsätzlich in den Grenzen des Verfahrensgegenstands und des § 308 I ZPO auch nichtvorgebrachte Tatsachen berücksichtigen und nach seinem pflichtgemäßen Ermessen auch ohne einen Beweisantrag eine Beweiserhebung von Amts wegen anordnen, aber in der Beschwerdeinstanz auch hier nur, soweit es mit der Sache befaßt ist. Die Beweislast nach Anh § 286 ZPO bleibt unverändert. Die Quelle der gerichtlichen Erkenntnis bleibt unerheblich. Alle Beweismittel sind zulässig. Düss FamRZ **92**, 1078, aM Bre FamRZ **92**, 1083. Ein Beweisantrag unterliegt § 286 ZPO. Auch ein privates Wissen des Gerichts und nicht nur eines einzelnen Richters genügt. Über die Beteiligtenvernehmung § 128 Rn 3 ff, wegen der Ausübung der Fragepflicht § 139 ZPO. Das Gericht muß stets das rechtliche Gehör nach Art 103 I GG vor einer nachteiligen Entscheidung geben, Rn 2. Das gilt uneingeschränkt für eine Ehefeststellungssache. Ihr steht eine Aufhebungssache wegen einer Doppelehe gleich.

4 **4) Scheidungs-, Aufhebungsverfahren, II.** Bei einer solchen Sache tritt die Unterscheidung zwischen ehefeindlichen und ehefreundlichen Tatsachen zutage. Freilich erstreckt sich das Ermittlungsrecht grundsätzlich auch auf ehefeindliche Tatsachen, aber nur dann, wenn der eine Eheauflösung erstrebende Beteiligte nicht ausdrücklich oder erkennbar stillschweigend widerspricht, BGH NJW **80**, 1387. Ein Widerspruch des Beteiligten ist seine Beteiligtenhandlung, § 113 I 2 in Verbindung mit Grdz 47 vor § 128 ZPO. Er liegt schon dann vor, wenn der Beteiligte Tatsachen behauptet, die mit den ehefeindlichen Tatsachen unvereinbar sind, BGH NJW **80**, 1335. Widerspricht er, darf das FamG ausschließlich ehefreundliche Tatsachen berücksichtigen. Dahin gehören zB das Bestehen der häuslichen Gemeinschaft nach § 1567 BGB, die Erwartung einer Wiederherstellung der Lebensgemeinschaft nach § 1565 BGB und das Interesse der Kinder, § 1568 II BGB.

Das Gericht muß *evtl belehren,* § 113 I 2 in Verbindung mit § 139 ZPO. Insbesondere muß das FamG alle tatsächlichen Voraussetzungen für die Einhaltung der Trennungsfristen und § 1566 BGB unter einer Ausschöpfung des Ermittlungsgrundsatzes feststellen. Es darf sich auch insoweit nicht mit übereinstimmenden Angaben der Beteiligten begnügen, Theile DRiZ **77**, 275. Stets und auch bei einem Widerspruch nach II darf das FamG aus allen Tatsachen ehefreundliche rechtliche Entscheidungsfolgerungen ziehen. Vereinbarungen über das Verfahren, etwa die Ausschaltung eines Beweismittels, binden das FamG nur, soweit sie sich auf ehefeindliche Tatsachen beziehen. Das alles gilt grundsätzlich auch für eine solche Entscheidung, die im Verbund nach § 137 ergeht. Jedoch lassen sich die Grenzen der Verwertbarkeit dann oft nur schwer ziehen.

Besonderes gilt für den Aufhebungsantrag wegen einer *Doppelehe,* §§ 1314 I BGB und § 1303 BGB. Wenn die erste Ehe noch besteht, muß man § 127 verfassungsgerecht dahin auslegen, daß II nicht gilt: Art 6 GG fordert nicht die Aufrechterhaltung der Doppelehe, sondern den Schutz der früher geschlossenen Ehe, BGH FamRZ **86**, 880.

5 **5) Außergewöhnliche Umstände, III.** Abweichend von II darf das FamG außergewöhnliche Umstände, auf Grund derer die Scheidung für den sie ablehnenden Gatten eine schwere Härte darstellen würde, nach § 1568 BGB nur dann berücksichtigen, wenn dieser Gatte sie vorgebracht hat. Also gibt es insofern keine Ermittlung von Amts wegen, weil es eine Entscheidung des Gatten ist, die Scheidung seiner an sich gescheiterten Ehe zu verhindern. Über die Möglichkeit der Beschwerde auf die Härteklausel muß ihn das FamG belehren, wenn er keinen VerfBev oder Beistand nach § 138 hat.

Die Einschränkung nach III *gilt nicht* für die Aufrechterhaltung der Ehe im Interesse gemeinsamer Kinder nach § 1568 BGB. Daher muß das FamG hier in vollem Umfang von Amts wegen ermitteln.

6 **6) Anwaltszwang, I–III.** Alle ehefreundlichen Tatsachen kann ein Ehegatte selbst vorbringen. Ebenso kann er Beweisanträge, soweit sie der Aufrechterhaltung der Ehe dienen, ohne eine anwaltliche Vertretung stellen. Auch die Berufung auf die Härteklausel untersteht als eine der Aufrechterhaltung der Ehe dienende Beteiligtenhandlung nicht dem Anwaltszwang. Das Gericht hat aber evtl eine Belehrungspflicht, Bergerfurth FamRZ **76**, 584, Schwab FamRZ **76**, 506.

128 *Persönliches Erscheinen der Ehegatten.* **I 1 Das Gericht soll das persönliche Erscheinen der Ehegatten anordnen und sie anhören. 2 Die Anhörung eines Ehegatten hat in Abwesenheit des anderen Ehegatten stattzufinden, falls dies zum Schutz des anzuhörenden Ehegatten oder aus anderen Gründen erforderlich ist 3 Das Gericht kann von Amts wegen einen oder beide Ehegatten als Beteiligte vernehmen, auch wenn die Voraussetzungen des § 448 der Zivilprozessordnung nicht gegeben sind.**

II Sind gemeinschaftliche minderjährige Kinder vorhanden, hat das Gericht die Ehegatten auch zur elterlichen Sorge und zum Umgangsrecht anzuhören und auf bestehende Möglichkeiten der Beratung hinzuweisen.

III Ist ein Ehegatte am Erscheinen verhindert oder hält er sich in so großer Entfernung vom Sitz des Gerichts auf, dass ihm das Erscheinen nicht zugemutet werden kann, kann die Anhörung oder Vernehmung durch einen ersuchten Richter erfolgen.

IV Gegen einen nicht erschienenen Ehegatten ist wie gegen einen im Vernehmungstermin nicht erschienenen Zeugen zu verfahren; die Ordnungshaft ist ausgeschlossen.

Gliederung

1) Systematik, Regelungszweck, I–IV, dazu *Göppinger* JB **76**, 1429 (Üb): Die Vorschrift übernimmt inhaltlich und teilweise fast wörtlich den aufgehobenen § 613 ZPO in einer etwas abweichenden Reihenfolge und teilweisen Ausweitung. Sie ergänzt vorrangig §§ 38, 113 I 2 in Verbindung mit §§ 141, 448 ZPO für das Verfahren in jeder EheS nach § 121 in beiden Tatsacheninstanzen (FamG, OLG). Hier soll das Gericht das persönliche Erscheinen der Ehegatten anordnen und sie anhören, um den Sachverhalt besser nach § 127 von Amts wegen aufzuklären, Brdb FamRZ **00**, 897, oder auch aus anderen Gründen, zB um sie über die Tragweite der Scheidung und ihre Folgen zu unterrichten, vgl § 138 I 2, und evtl auch auf eine gütliche Erledigung hinzuwirken, § 113 I 2 in Verbindung mit § 278 I ZPO, vor allem aber auch zu dem Zweck, über die besonders wichtigen Ehe- und FolgeS nicht zu entscheiden, ohne aus den persönlichen Äußerungen der Beteiligten einen unmittelbaren Eindruck gewonnen zu haben, KG AnwBl **89**, 680, und um die Gelegenheit zu einer persönlichen Äußerung zu geben, Bbg JB **91**, 1642, KG JB **86**, 1530, Stgt FamRZ **01**, 695. Deshalb kommt es auf die anwaltliche Vertretung und die Einlassung der Beteiligten für ihre Anhörung nicht an, ebensowenig auf einen Auslandsaufenthalt eines Beteiligten, Hamm FamRZ **00**, 898. Die Vernehmung stellt keine mündliche Verhandlung nach § 113 I 2 in Verbindung mit § 269 I ZPO dar, Köln FamRZ **85**, 1060, Zweibr RR **97**, 833. 1

Das Gericht kann einen oder beide Gatten auch anstelle einer bloßen Anweisung förmlich *als Beteiligte vernehmen,* §§ 113 I 2 in Verbindung mit §§ 450 ff ZPO, *I 2.* Die Vernehmung gibt ihm Gelegenheit, von Amts wegen Ermittlungen anzustellen, § 127. Eine Beweisaufnahme ist nur die Vernehmung. Für sie gelten § 127 II, III, AG Landstuhl FamRZ **95**, 931. Welche Art der Aufklärung das Gericht bezweckt. läßt sich durch das Protokoll oder einen Aktenvermerk klarstellen. Anhören und vernehmen darf das Gericht auch einen Verfahrensunfähigen. Die Anhörung berührt die prozessuale Stellung der Beteiligten nicht. Insbesondere führt sie nicht dazu, daß die Rücknahme des Scheidungsantrags danach eine Einwilligung der Gegenpartei bräuchte, BGH FamRZ **04**, 1364.

2) Anhörung und Vernehmung I, II. Es gibt zwei Situationen. 2

A. Erscheinen der Ehegatten, I. Das Gericht „soll“ das persönliche Erscheinen der Ehegatten anordnen und beide anhören, *I 1,* Hamm FamRZ **00**, 898. Die Anhörung muß unter den Voraussetzungen *I 2* einzeln erfolgen. „Erforderlich“ ist strenger als „ratsam“ oder „sachdienlich“. Eine Anhörung unterbleibt nur aus besonderen Gründen. Das Gericht ist aber zu ihr nicht in jedem Fall verpflichtet, BGH RR **94**, 644, LG Lüdenscheid FamRZ **04**, 1976, AG Lüdenscheid FamRZ **04**, 1977. Wenn es ohne einen triftigen Grund davon absieht, hat das keine Verfahrensfolgen. Art 103 I GG wird in diesem Fall nicht verletzt. Denn die Ehegatten haben andere Möglichkeiten, sich Gehör zu verschaffen, aM Hamm FamRZ **00**, 898. Das Gericht kann auch die gemeinschaftliche Anhörung der Ehegatten anordnen, Brdb FER **00**, 159, Ffm FamRZ **94**, 1401.

Eine Anordnung muß *unterbleiben,* wenn ein Ehegatte ernsthaft und endgültig erklärt hat, daß er zur Aussage nicht bereit ist, Hbg MDR **97**, 596 (zustm Schneider 781), oder wenn das als sicher voraussehbar ist, Hamm RR **98**, 1459. Etwas anderes gilt, wenn das Gericht Grund zu der Annahme hat, ihn umstimmen zu können. Ist die Trennungszeit nach § 1566 II BGB zweifelsfrei verstrichen, ist die Anordnung entbehrlich, wenn nicht streitige FolgeS anhängig sind, Köln FF **98**, 59, AG Konst FamRZ **01**, 425, AG Lüdenscheid FamRZ **04**, 1976. Die Anhörung dient auch der Information, ob das FamG zum Kindeswohl eingreifen muß, Düss FamRZ **00**, 1519. Sie darf an sich nicht schon wegen einer Säumnis des Geladenen unterbleiben, Rn 7, Düss FamRZ **86**, 1117, Hamm FamRZ **96**, 1156. Sie darf aber jedenfalls dann unterbleiben, wenn der Ehegatte nicht erschienen ist, Hamm FamRZ **98**, 1123, oder wenn er sie gar durch sein mehrfaches unentschuldigtes Fernbleiben verhindert hat, Hamm FamRZ **99**, 1091, Kblz FamRZ **01**, 1159, AG Konst FamRZ **01**, 425. Das gilt aber nicht schon dann, wenn die Partei sich im Ausland aufhält, Hamm FamRZ **00**, 898, und natürlich nicht bei einem unbekannten Aufenthalt, BGH RR **94**, 644.

B. Sorgerecht, Umgangsrecht, II, dazu *Bergmann/Gutdeutsch* FamRZ **99**, 422 (Üb): Dabei richtet sich die Anordnung der Vernehmung nach den dafür geltenden Vorschriften. „Kann“ in I 2 stellt nicht in das Ermessen des Gerichts. Vielmehr muß es die Vernehmung nach § 113 I 2 in Verbindung mit § 450 ZPO beschließen, wenn es sich Gewißheit über einen erheblichen, entweder bestrittenen oder nach § 127 von Amts wegen zu ermittelnden Umstand verschaffen will. Auf die Voraussetzungen der §§ 445–448 ZPO kommt es dabei nicht an. Vielmehr darf das Gericht nach seinem Ermessen einen oder beide Ehegatten vernehmen. 3

Wenn gemeinschaftliche *minderjährige Kinder* vorhanden sind, hört das Gericht die Ehegatten auch zur elterlichen Sorge und zum Umgangsrecht an und weist sie auf die zB nach § 17 II SGB VIII bestehenden Beratungsmöglichkeiten hin. Denn das Gericht darf über die elterliche Sorge und das Ungangsrecht abgesehen von dem Fall des § 1666 BGB nur auf den Antrag eines Ehegatten entscheiden. Es muß die Parteien über die rechtlichen Folgen ihrer Entscheidung aufklären, einen solchen Antrag nach §§ 1671, 1672 BGB zu stellen oder zu unterlassen (Fortbestand der gemeinsamen Sorge). Daraus folgt, daß die Anhörung zur elterlichen Sorge usw auch und gerade dann notwendig ist, wenn ein dieses Frage betreffender Antrag nicht vorliegt, es sei denn, beide Ehegatten sind anwaltlich vertreten und lehnen eine Äußerung strikt ab. Die Hinweise zB auf § 17 SGB VIII müssen dann schriftlich erfolgen, Büttner FamRZ **98**, 591. Nur wenn eine FolgeS anhängig ist, muß das Gericht evtl das Kind anhören, Bergmann/Gutdeutsch FamRZ **99**, 422.

3) Verfahren, I–III. Die Anordnung erfolgt, soweit das FamG nicht zweckmäßigerweise nach § 113 I 2 in Verbindung mit § 273 II Z 3 ZPO vorgeht, formlos oder durch einen Beschluß des Gerichts, Bbg JB **82**, 285, KG JB **86**, 1530, aM Kblz JB **79**, 535. Er braucht kein Beweisthema zu enthalten. Das Gericht muß seine Ladung zum Erscheinen von Amts wegen stets dem Ehegatten mitteilen, § 113 I 2 in Verbindung mit § 141 II ZPO entsprechend. In ihr muß das Gericht auf die Folgen des Ausbleibens nach IV hinweisen, §§ 141 III 3, 380 I ZPO entsprechend, Rn 7. Auch sollte es dem Ehegatten mitteilen, warum es ihn lädt, Schneider MDR **97**, 781. Eine Vertretung nach § 141 III 2 ZPO ist hier unstatthaft. Das Gericht muß seine Ladung zur Vernehmung von Amts wegen zustellen, § 450 I 2 ZPO. Die VerfBev erhalten entsprechend §§ 172 I 1, 273 IV ZPO Terminsnachrichten. 4

5 Die Anhörung erfolgt ebenso wie die Vernehmung *in der mündlichen Verhandlung* auch ohne eine anwaltliche Vertretung des Beteiligten. Sie darf beim OLG meist nicht durch den Einzelrichter erfolgen, § 68 IV. Der andere Beteiligte hat das Recht, bei der Anhörung anwesend zu sein, wenn nicht besondere Gründe seine Ausschließung nach I 2, Rn 2 erfordern, (je zum alten Recht) Brdb FamRZ **00**, 879, Ffm FamRZ **94**, 1401. Für die Vernehmung gelten zwar nicht § 445 V ZPO (bloße Hilfsmittel), wohl aber §§ 451–453 ohne §§ 450 II, 452 III ZPO. Wegen des Protokolls § 113 I 2 in Verbindung mit §§ 160 II, III Z 4, IV, 161 ZPO, Stgt FamRZ **01**, 695. Das Gericht würdigt die Äußerung des Angehörten ebenso wie sein Schweigen nach § 286 ZPO frei, Stgt FamRZ **04**, 958.

6 **4) Ersuchter Richter, III.** Eine Übertragung auf den ersuchten Richter ist nur dann zulässig, wenn der Beteiligte am Erscheinen vor dem Gericht überhaupt im Sinn von § 113 I 2 in Verbindung mit § 375 I Z 3 ZPO verhindert ist, zB wegen einer Krankheit, oder wenn man ihm nach §§ 156 ff GVG das Erscheinen wegen großer Entfernung nicht zumuten kann. Abweichend von §§ 141 I ZPO entbindet ein sonstiger wichtiger Grund nicht von der Pflicht zum Erscheinen. Eine Mittellosigkeit gehört nicht hierher, BGH NJW **75**, 1125. Reisekosten muß evtl die Staatskasse tragen, Hartmann Teil V Anh I § 25 JVEG.

„Kann" ist auch hier kein Ermessen, sondern eine Ermächtigung. Von ihr muß das Gericht meist einen Gebrauch machen, es sei denn, daß es auf den unmittelbaren persönlichen Eindruck für die Entscheidung nicht ankommt. Im Ersuchen des Gerichts muß der Gegenstand der Anhörung hinreichend deutlich werden, ohne daß eine genaue Bezeichnung der aufzuklärenden Tatsachen nötig wäre, KG RR **90**, 586. Bei einem Ersuchen um eine Beteiligtenvernehmung ist dagegen ein Beweisbeschluß erforderlich, KG RR **90**, 586, Kblz FamRZ **76**, 97. Zu der Frage, ob wegen § 23 b III GVG ein Richter auf Probe das Ersuchen erledigen darf, Bergerfurth FamRZ **82**, 564. Die Beiordnung eines Anwalts durch das Gericht entsprechend § 78 III kommt in Betracht, wenn besondere Umstände sie erfordern, Köln FamRZ **91**, 349. Das alles gilt für das Inland. Bei einem im Ausland wohnenden Beteiligten kann die Anhörung im Weg der Rechtshilfe nach I 1 ratsam sein, Hamm NJW **89**, 2204 (zustm Geimer), Köln FF **98**, 58.

7 **5) Ordnungsmittel, IV.** Gegen einen zur Anhörung oder Vernehmung nicht erschienenen Ehegatten verfährt das Gericht nach § 113 I 2 in Verbindung mit §§ 380, 381 ZPO wie gegen einen ausgebliebenen Zeugen. Jedoch darf das Gericht keine Ordnungshaft verhängen, auch nicht ersatzweise, IV Hs 2. Ordnungsmittel nach IV zur Erzwingung einer Erklärung oder Aussage sind unstatthaft, Hbg MDR **97**, 596 (zustm Schneider 781), Zweibr FamRZ **06**, 281. Der nicht Erschienene kann wegen einer Verhinderung seines VerfBev entschuldigt sein, Naumb FamRZ **07**, 909. Bei einem unentschuldigten Ausbleiben muß das Gericht dem Beteiligten die Kosten auferlegen und gegen ihn ein Ordnungsgeld verhängen, Brdb MDR **00**, 585. Das kann auch wiederholt geschehen, § 380 ZPO. Die Verhängung ist auch dann zulässig, wenn der Beteiligte sich nicht eingelassen hat, Düss FamRZ **81**, 1096, aM Schneider MDR **97**, 781. Sie setzt aber stets die ordnungsgemäße Ladung und damit nach dem pflichtgemäßen Ermessen das Gericht die Einhaltung der Ladungsfrist voraus, Zweibr FamRZ **82**, 1097. Bei einem wiederholten Ausbleiben ist auch die zwangsweise Vorführung zulässig, § 380 II ZPO.

Die Entscheidung ergeht durch einen *Beschluß,* § 380 ZPO. Gegen ihn ist die befristete Beschwerde zulässig. Wegen des Unterbleibens und der Aufhebung von Ordnungsmitteln vgl § 381 ZPO, Bbg MDR **82**, 585, Karlsr FamRZ **93**, 1470. Wegen der Befugnisse des ersuchten Richters § 400 ZPO.

8 **6) Verstoß, I–IV.** Er ist ein erheblicher Verfahrensmangel, Hamm FamRZ **00**, 898. Deshalb kann eine Zurückverweisung nach § 69 I 2 notwendig werden. Freilich kann das Beschwerdegericht die fehlerhafte Erklärung durch das FamG teilen, Karlsr FamRZ **91**, 97. Das Rechtsbeschwerdegericht hebt auch ohne eine Rüge auf.

7) Rechtsmittel, I–IV. Vgl §§ 58 ff

129 *Mitwirkung der Verwaltungsbehörde oder dritter Personen.* [I] **Beantragt die zuständige Verwaltungsbehörde oder bei Verstoß gegen § 1306 des Bürgerlichen Gesetzbuchs die dritte Person die Aufhebung der Ehe, ist der Antrag gegen beide Ehegatten zu richten.**

[II] [1] **Hat in den Fällen des § 1316 Abs. 1 Nr. 1 des Bürgerlichen Gesetzbuchs ein Ehegatte oder die dritte Person den Antrag gestellt, ist die zuständige Verwaltungsbehörde über den Antrag zu unterrichten.** [2] **Die zuständige Verwaltungsbehörde kann in diesen Fällen, auch wenn sie den Antrag nicht gestellt hat, das Verfahren betreiben, insbesondere selbständig Anträge stellen oder Rechtsmittel einlegen.** [3] **Im Fall eines Antrags auf Feststellung des Bestehens oder Nichtbestehens einer Ehe zwischen den Beteiligten gelten die Sätze 1 und 2 entsprechend.**

1 **1) Systematik, Regelungszweck, I, II.** *I, II 1, 2* übernehmen den aufgehobenen § 631 III, IV ZPO. *II 3* übernimmt inhaltlich voll den aufgehobenen § 632 III ZPO. § 129 hat den Vorrang vor § 27.

2 **2) Beteiligung der Verwaltungsbehörde, I, II.** Das Gesetz sieht die Beteiligung der Verwaltung an den Verfahren vor, an denen ein öffentliches Interesse besteht, § 1316 BGB.

Zuständige Verwaltungsbehörden nach § 1316 I Z 1 S 2 BGB 3 sind:
Baden-Württemberg: Regierungspräsidium Tübingen, VO v 16. 1. 01, GBl 2;
Bayern: Regierung von Mittelfranken, VO v 2. 5. 00, GVBl 293;
Berlin: Bezirksverwaltungen, § 3 II 1, § 4 I 2 AZG idF v 22. 7. 96, GVBl 302, 472;
Brandenburg: Ministerium der Justiz, § 18 AGBGB v 28. 7. 00, GVBl 114;
Bremen:
Hamburg: Bezirksämter, AnO v 1. 8. 98, AA 2450;
Hessen: Regierungspräsidium, VO v 22. 12. 99, GVBl **00**, 26;
Mecklenburg-Vorpommern: Landkreise und kreisfreie Städte, G v 10. 12. 99, GVBl 632;
Niedersachsen: Bezirksregierungen, NdsMBl **98**, 1334;

Nordrhein-Westfalen: BezReg Köln bzw Arnsberg, VO v 26. 5. 98. GVBl 391;
Rheinland-Pfalz: Bezirksregierung Trier, VO v 3. 7. 98, GVBl 197;
Saarland: Landkreise, Stadtverband und Stadt Saarbr, G v 24. 6. 98, ABl 518;
Sachsen: RegPräsidien, VO v 26. 6. 98. GVBl 265;
Sachsen-Anhalt: Landkreise und kreisfreie Städte, § 1 I Z 14 VO idF v 9. 12. 98, GVBl 476;
Schleswig-Holstein: Landräte und Bürgermeister kreisfreier Städte, VO v 26. 5. 98, GVBl 199;
Thüringen: Landesverwaltungsamt, VO v 1. 1. 99, GVBl 52.

A. Antragsbefugnis, I. Sie ergibt sich aus § 1316 I Z 1 BGB. Näheres regelt § 1316 III BGB. Danach 3 soll die zuständige Verwaltungsbehörde bei einem Verstoß gegen §§ 1304, 1306, 1307 BGB sowie in den Fällen des § 1314 II Z 1, 5 BGB, also in den Fällen der früheren Nichtigkeit der Ehe, den Antrag stellen, wenn kein Ausschlußgrund nach § 1315 BGB besteht, es sei denn, daß die Aufhebung der Ehe für einen Ehegatten oder für die aus der Ehe hervorgegangenen Kinder eine so schwere Härte darstellen würde, daß die Aufrechterhaltung der Ehe ausnahmsweise als notwendig erscheint, § 1316 III BGB. Das Vorliegen der Voraussetzungen beurteilt die Verwaltungsbehörde, krit Bosch NJW **98**, 2007. Ihr Beurteilungsspielraum ist bei gewichtigen Aufhebungsgründen enger als in anderen Fällen. Er schrumpft bei einer Doppelehe, § 1306 BGB, jedenfalls beim Bestehen beider Ehen wegen Art 6 GG auf Null. Daher ist hier der Antrag in aller Regel notwendig. In den in § 1316 III BGB nicht genannten Fällen der §§ 1303, 1311 BGB entscheidet die Verwaltungsbehörde nach ihrem pflichtgemäßen Ermessen, ob sie den Antrag stellt. Man kann die Verwaltungsbehörde nicht nach § 23 EGGVG veranlassen, den Antrag zu stellen, Düss FamRZ **96**, 109. Ihre Maßnahmen im Rahmen von I, II sind auch sonst unanfechtbar.

B. Sonstige Beteiligung, II. Das FamG muß die Verwaltungsbehörde in den Fällen des § 1316 I Z 1 BGB 4 über den Antrag eines Ehegatten unterrichten, damit sie sich über ihre Beteiligung am Verfahren schlüssig werden kann, *II 1.* Sie kann in diesen Fällen das Verfahren betreiben, insbesondere selbständig Anträge zur Sache und zum Verfahren stellen oder Rechtsmittel einlegen, auch wenn sie den Antrag nicht gestellt hat, *II 2.*

Zeigt die Verwaltungsbehörde *an,* daß sie sich am Verfahren beteiligt, muß das FamG sie wie einen Dritten zB im Versorgungsausgleichsverfahren beteiligen. Ihre Stellung ist mit derjenigen des Vertreters des öffentlichen Interesses vergleichbar, §§ 35–37 VwGO. Tritt die Behörde als Beteiligte nach § 7 auf, kann sie für und gegen die Ehe tätig werden, Karlsr FamRZ **91**, 93. Aus ihrer öffentlichrechtlichen Stellung folgt, daß sie nach II einen Sachantrag stellen und Rechtsmittel in der mit der Zustellung der Entscheidung an sie beginnenden Frist und ohne eine Beschwer einlegen kann, also auch dann, wenn das Gericht nach ihren Anträgen erkannt hat. Die Ehegatten sind als Antragsgegner notwendige Streitgenossen, BGH NJW **76**, 1590. Drsd FamRZ **04**, 952.

Für die Verwaltungsbehörde gilt *kein Anwaltszwang,* § 114 III 1.

3) Entscheidung, II–V. Für sie gelten die allgemeinen Bestimmungen in einer Ehesache. 5

A. Verfahrensbeschluß. Für den Aufhebungsantrag gelten die allgemeinen Verfahrensvoraussetzungen. Er setzt grundsätzlich ein Rechtsschutzbedürfnis wie bei Grdz 33 vor § 253 ZPO voraus. Es kann aber ausnahmsweise fehlen. Das gilt zB für das Aufhebungsbegehren eines Ehegatten im Fall des § 1306 BGB, wenn die erste Ehe nach der Schließung der zweiten Ehe aufgelöst worden ist und wenn er sich von dieser zweiten Ehe aus sittlich zu mißbilligenden Beweggründen lösen will. Dagegen kann man wegen § 1316 III BGB keinen Rechtsmißbrauch annehmen, wenn die Verwaltungsbehörde eine besonders schwere Härte verkannt hat, Rn 3.

B. Sachbeschluß. Hat der Antrag Erfolg, spricht das Gericht die Aufhebung der Ehe aus. Beantragt der- 6 selbe Beteiligte oder sein Gegner in demselben Verfahren gleichrangig oder hilfsweise die Scheidung in derselben oder noch in zweiter Instanz, BGH FamRZ **89**, 155, Köln RR **99**, 1595, und sind beide Anträge begründet, darf das FamG nur auf die Aufhebung erkennen. Mit der Rechtskraft des Beschlusses ist die Ehe aufgelöst, § 1313 S 2 BGB. Es handelt sich um eine Gestaltungsentscheidung wie bei § 322 ZPO Rn 43. Sie wirkt für und gegen alle (Ausnahme: § 131). Im übrigen gelten keine Besonderheiten. Die sachlichrechtlichen Folgen der Aufhebung regelt § 1318 BGB mit einzelnen Verweisungen auf die Vorschriften über die Scheidung. Das FamG muß die Ehe für nichtig erklären, wenn das nach Art 13 EGBGB maßgebliche ausländische Recht es vorsieht, BGH FamRZ **01**, 992. Denn der deutsche ordre public steht trotz des Wegfalls eines deutschen Nichtigkeitsverfahrens nicht entgegen.

C. Versäumnisverfahren. Es gilt § 130. 7

130 *Säumnis der Beteiligten.* [I] **Die Versäumnisentscheidung gegen den Antragsteller ist dahin zu erlassen, dass der Antrag als zurückgenommen gilt.**

[II] **Eine Versäumnisentscheidung gegen den Antragsgegner sowie eine Entscheidung nach Aktenlage ist unzulässig.**

1) Systematik, Regelungszweck, I, II. *I* übernimmt den früheren § 632 IV ZPO unter einer Auswei- 1 tung auf alle Ehesachen nach § 121 Z 1–3. *II* übernimmt den früheren § 612 IV ZPO unter einer Ausweitung auf eine Entscheidung nach Aktenlage.

2) Versäumnisverfahren, I, II, dazu *Prütting* ZZP **91**, 201 (Üb): § 130 ordnet das Versäumnisverfahren 2 in EheS nicht abschließend. Daher gelten die allgemeinen Vorschriften ergänzend. Ein Nichtverhandeln gilt auch hier als ein Ausbleiben.

A. Säumnis des Antragstellers, I. Bei einer Feststellungssache nach § 121 Z 3 lautet die Versäumnis- 3 entscheidung auf eine Antragsrücknahme, I. Dasselbe gilt (jetzt) auch in einer Scheidungs- oder Aufhebungssache. Auch eine Aktenlageentscheidung ist nach § 113 I 2 in Verbindung mit § 331 a ZPO möglich. Die Kostenentscheidung darf wegen des gegenüber § 708 Z 2 vorrangigen § 704 II nicht vorläufig vollstreckbar sein.

4 **B. Säumnis des Antragsgegners, II.** Die Regelung gilt auch beim Anschlußantragsgegner. Ein Versäumnisspruch gegen den Antragsgegner in der EheS ist unzulässig, Hamm FamRZ **87**, 521. In einer FolgeS nach § 137 ist dagegen eine Versäumnisentscheidung statthaft, § 113 I 2 in Verbindung mit §§ 331 ff ZPO, Schlesw FamRZ **92**, 839. Das FamG kann freilich alle in seiner Macht stehenden Aufklärungsmaßnahmen treffen, also mit dem Antragsteller einseitig streitmäßig verhandeln und wegen § 127 auch von Amts wegen Beweis erheben, Hamm FamRZ **87**, 521. Das setzt voraus, daß die ordnungsmäßige Ladung des Antragsgegners und die rechtzeitige Zustellung der Sachanträge nach § 113 I 2 in Verbindung mit § 335 Z 3 ZPO feststehen. Andernfalls muß das FamG vertagen. Das FamG muß den Antragsgegner zu späteren Terminen laden. Zulässig ist auch eine Aktenlageentscheidung auf Grund des schriftlichen Vorbringens.

5 **C. Säumnis beider Beteiligten.** Möglich, aber kaum ratsam ist eine Aktenlageentscheidung. Sonst kommt das Ruhen des Verfahrens oder eine Vertagung in Betracht, § 113 I 2 in Verbindung mit § 251 a ZPO. Gegen einen streitmäßigen Beschluß gibt es auch bei der Säumnis eines oder beider Beteiligten nur die Beschwerde.

6 **3) Einspruch, I, II.** Es gilt § 113 I 2 in Verbindung mit §§ 338 ff ZPO.

131 *Tod eines Ehegatten.* **Stirbt ein Ehegatte, bevor die Endentscheidung in der Ehesache rechtskräftig ist, gilt das Verfahren als in der Hauptsache erledigt.**

1 **1) Systematik, Regelungszweck.** Die Vorschrift übernimmt praktisch wörtlich den aufgehobenen § 619 ZPO. Sie hat als eine Spezialregel den Vorrang vor § 83. Der Tod eines Gatten vor dem Eintritt der Rechtshängigkeit nach § 23 macht den etwa schon eingereichten Scheidungsantrag wegen des Wegfalls des Beteiligten unzulässig und zwingt das Gericht mangels einer Rücknahme des Rechtsschutzgesuchs durch den Erben evtl nach einem Hinweis wie bei § 139 ZPO zur Abweisung als unzulässig durch einen Verfahrensbeschluß wie bei Grdz 14 vor § 253, Brdb FamRZ **96**, 683. Der Tod nach dem Eintritt der Rechtshängigkeit führt zur Unterbrechung nach § 113 I 2 in Verbindung mit § 239 ZPO oder bei einer Vertretung durch einen VerfBev zur Aussetzung nach § 246 ZPO Rn 7. Vor der Rechtskraft des Scheidungsbeschlusses erledigt der Tod jedes rechtshängigen Eheverfahrens in der Hauptsache, Düss FamRZ **05**, 386. Dabei muß man die Rechtskraft nach § 45 beachten, Zweibr RR **98**, 147. Die mit einem statthaften, aber unzulässigen Rechtsmittel angefochtene Entscheidung wird erst mit der Rücknahme des Rechtsmittels oder mit der Rechtskraft der das Rechtsmittel verwerfenden Entscheidung rechtskräftig, BGH NJW **84**, 1027. Stirbt der Antragsgegner während der Anhängigkeit einer von der Bewilligung von Verfahrenskostenhilfe abhängig gemachten bedingten Beschwerde, tritt die Erledigung erst mit der Entscheidung über die Wiedereinsetzung ein, Stgt FamRZ **00**, 1029. Sofern der Scheidungsentscheid eines OLG mit seiner Verkündung rechtskräftig wird, kann nach seinem Erlaß keine Erledigung eintreten, Hamm NJW **78**, 382. Dasselbe gilt, wenn der Tod eintritt, nachdem der Scheidungsausspruch durch einen Rechtsmittelverzicht rechtskräftig geworden ist, BGH NJW **84**, 2829.

2 **2) Geltungsbereich.** Die Vorschrift gilt in jeder EheS nach § 121, auch in den höheren Instanzen und im Wiederaufnahmeverfahren. In einer Kindschaftssache und auf andere FamS ist § 131 nicht anwendbar, auch nicht auf eine nach der Rechtskraft des Scheidungsausspruchs fortgeführte FolgeS. Hier kommt ein Ausspruch über die Erledigung des Verfahrens durch das Erlöschen des sachlichrechtlichen Anspruchs in Betracht, Ffm FamRZ **90**, 296 (Versorgungsausgleich).

3 **3) Erledigungsfolgen.** Die Erledigung tritt kraft Gesetzes ein, Saarbr FamRZ **85**, 89, Gottwald FamRZ **06**, 868. Sie hat zur Folge, daß die verkündete, aber noch nicht rechtskräftige Entscheidung ohne weiteres in der Hauptsache wirkungslos wird, BGH NJW **81**, 686, Düss FamRZ **05**, 386, Nürnb FamRZ **06**, 959. Die Erledigung erstreckt sich auch auf die Entscheidung über eine FolgeS, BGH FamRZ **83**, 683, Celle NdsRpfl **81**, 197, zB über den Versorgungsausgleich, BGH NJW **81**, 686. Tritt der Tod nach der Rechtskraft des Scheidungsausspruchs ein, kann und muß das Versorgungsausgleichsverfahren gegen den Erben fortlaufen, BGH FamRZ **85**, 1241. Eine einstweilige Anordnung tritt mit dem Tod eines Gatten außer Kraft, §§ 56 II Z 4, 119 I 1. Das läßt sich durch einen Beschluß nach § 119 III 1 klären.

4 Es ist grundsätzlich *kein besonderer Beschluß über die Wirkungslosigkeit* erforderlich, Ffm FamRZ **81**, 192, Saarbr FamRZ **85**, 89. Jedoch kann bei Zweifeln über die Voraussetzung das Rechtsschutzbedürfnis für einen solchen Beschluß entsprechend § 113 I 2 in Verbindung mit § 269 IV ZPO vorliegen, zB wenn das FamG die Scheidung verkündet und zugestellt hat, Düss FamRZ **05**, 386, Hamm FamRZ **95**, 101, Zweibr FamRZ **95**, 619, und meist wegen der FolgeS Versorgungsausgleich. Auf einen Antrag muß das FamG hier die Erledigung des Versorgungsausgleichsverfahrens durch einen Beschluß feststellen, Ffm FamRZ **90**, 296, Karlsr RR **96**, 773, Zweibr FamRZ **95**, 619, aM Saarbr FamRZ **85**, 89. Zuständig dafür ist dasjenige FamG, das den Scheidungsausspruch erlassen hat, aM Ffm FamRZ **90**, 296 (für eine isolierte FamS dasjenige Gericht, bei dem die Sache anhängig ist). Bei einer Abweisung des Scheidungsantrags ist ein Rechtsschutzbedürfnis für eine solchen Beschluß nicht vorhanden, Bbg FamRZ **84**, 302. Gegen einen wirkungslos gewordenen Beschluß ist ein Rechtsmittel wegen des Fehlens einer Beschwer nicht zulässig, BGH NJW **81**, 686, Celle FamRZ **80**, 70, Düss FamRZ **05**, 387, und zwar auch dann nicht, wenn damit nur die Wirkungslosigkeit festgestellt werden soll, BGH NJW **81**, 686, Zweibr FamRZ **80**, 716.

5 Die Wirkungslosigkeit erstreckt sich *nicht* auf die Entscheidung über die *Kosten.* Daher ist insofern eine Fortsetzung des Verfahrens zulässig, BGH FamRZ **82**, 156, Düss FamRZ **05**, 386, Naumb FamRZ **06**, 867 (zustm Gottwald), aM Kblz FamRZ **80**, 717 (Anschlußbeschwerde). Über die Kosten darf das FamG wegen § 113 nicht nach § 91 a ZPO, sondern muß auch bei einer FolgeS nach § 151 entscheiden. Das gilt auch dann, wenn die Erledigung in der Rechtsmittelinstanz eintritt, BGH FamRZ **86**, 253, Köln FamRZ **00**, 620, Bergerfurth FamRZ **98**, 16, aM Bbg FamRZ **95**, 1074, Karlsr RR **96**, 773, Nürnb FER **97**, 117.

Zulässig nach dem Tod eines Gatten ist eine *Verfahrensabweisung* nach § 113 I 2 wie bei Grdz 14 vor § 253 ZPO, oben Rn 1, BGH FamRZ **88**, 1159, ebenso die Verwerfung eines Rechtsmittels als unzulässig nach dem Tod des Gegners oder die Zurücknahme des Antrags nach dem Tod des Antragsgegners vor der ersten mündlichen Erörterung. Denn es bleibt in allen diesen Fällen beim Fortbestehen der Ehe. Demgemäß kann man umgekehrt die Beschwerde gegen einen die Scheidung aussprechenden Beschluß nach dem Tod eines Ehegatten nicht mehr wirksam zurücknehmen, Kblz FamRZ **80**, 717, aM Naumb FamRZ **06**, 867 (zustm Gottwald). Soweit die Ehe vermögensrechtliche etwa erbrechtliche oder familienrechtliche Wirkungen hat und ihr Bestehen streitig ist, läßt es sich auch nach dem Tod eines Gatten in einem neuen Verfahren feststellen, evtl auf einen Zwischenantrag. Eine Fortsetzung des Eheverfahrens ist auch insofern unzulässig. Zulässig ist die Fortführung der FolgeS Zugewinnsausgleich bei §§ 1371 II, 1933 I BGB, BGH **99**, 309. 6

Man muß § 131 *von Amts wegen* beachten. Daher muß das FamG den Tod eines Gatten ohne eine Bindung an das Beteiligtenvorbringen beachten. Das Verfahren wird nach § 113 I 2 in Verbindung mit § 239 ZPO unterbrochen, wenn nicht der Fall des § 246 I ZPO vorliegt, BGH NJW **81**, 686, Stgt FamRZ **00**, 1029. Eine Aussetzung nach dieser Vorschrift kommt nicht in Betracht. 7

4) Wiederaufnahme, Wiedereinsetzung. Für eine Wiederaufnahme nach § 118 in Verbindung mit §§ 578 ff ZPO gegen einen Scheidungs- oder Aufhebungsbeschluß ist nach dem Tod eines Ehegatten kein Raum, weil eine neue Sachentscheidung nicht ergehen kann, Zweibr MDR **05**, 96. Auch eine Wiederaufnahme wegen der Kosten ist unzulässig. Denn § 99 I ZPO ist wegen § 113 I 2 entsprechend anwendbar. Dasselbe gilt für die Wiederaufnahme eines Feststellungsantrags auf das Bestehen oder Nichtbestehen der Ehe. 8

Eine *Wiedereinsetzung* nach §§ 17 ff entfällt bei der Wiederaufnahme, Stgt FamRZ **00**, 1029.

132 *Kosten bei Aufhebung der Ehe.* I [1] **Wird die Aufhebung der Ehe ausgesprochen, sind die Kosten des Verfahrens gegeneinander aufzuheben.** [2] **Erscheint dies im Hinblick darauf, dass bei der Eheschließung ein Ehegatte allein die Aufhebbarkeit der Ehe gekannt hat oder ein Ehegatte durch arglistige Täuschung oder widerrechtliche Drohung seitens des anderen Ehegatten oder mit dessen Wissen zur Eingehung der Ehe bestimmt worden ist, als unbillig, kann das Gericht die Kosten nach billigem Ermessen anderweitig verteilen.**

II **Absatz 1 ist nicht anzuwenden, wenn eine Ehe auf Antrag der zuständigen Verwaltungsbehörde oder bei Verstoß gegen § 1306 des Bürgerlichen Gesetzbuchs auf Antrag des Dritten aufgehoben wird.**

1) Systematik, Regelungszweck, I, II. Vgl zunächst wegen der Kosten in Scheidungssachen und Folgesachen § 150. § 132 regelt die Kosten einer Eheaufhebung jetzt in einer gesonderten vorrangigen Bestimmung. Die Vorschrift stimmt in *I 1* praktisch wörtlich mit dem aufgehobenen § 93 a III 1 ZPO überein. *I 2* stimmt mit dem früheren § 93 a III 2 Hs 2 ZPO inhaltlich ganz überein. *II* stimmt inhaltlich mit dem früheren § 93 a IV ZPO ganz überein. Die zusätzliche Erklärung als unanwendbar in § 113 I 1 ist daher überflüssig. 1

2) Grundsatz der Kostenaufhebung gegeneinander, I 1. Hebt das Gericht eine Ehe auf, muß es grundsätzlich die Kosten des Verfahrens „gegeneinander aufheben". Zu diesem Begriff § 92 ZPO Rn 39 ff. Dieser Grundsatz folgt aus der Erwägung, daß es dann nicht „Sieger" und „Verlierer" gibt, sondern daß das Gericht vor allem auch im öffentlichen Interesse entscheiden muß. Allerdings muß man die nachfolgenden Ausnahmen beachten. 2

3) Ausnahmsweise anderweitige Verteilung, I 2. In einer formellen Ausnahme von dem Grundsatz Rn 2 kann, darf und muß das Gericht im Rahmen seiner stets notwendigen Prüfung der Gesamtumstände eine „anderweitige Verteilung" vornehmen und damit zum § 81 zurückkehren, wenn die Kostenaufhebung gegeneinander eine „Unbilligkeit" bedeuten würde (Billigkeitsklausel). In jedem dieser Fälle entscheidet das Gericht wiederum im Rahmen eines „billigen Ermessens". Erst wenn das Gericht bei diesem in Wahrheit wie stets pflichtgemäßen Ermessen zu dem Ergebnis kommt, daß keine solche anderweitige Verteilung möglich ist, bleibt es bei dem „Grundsatz" von I 1, sofern I nicht ohnehin nach II unanwendbar ist. 3

Im Rahmen der vorgenannten Billigkeitsklausel darf das Gericht hier allerdings *nur* den Umstand berücksichtigen, daß bei der Eheschließung „ein Ehegatte allein die Aufhebbarkeit der Ehe gekannt hat oder ein Ehegatte durch arglistige Täuschung oder widerrechtliche Drohung seitens des anderen Ehegatten zur Eingehung der Ehe bestimmt worden ist", Hs 2. Vgl §§ 1314, 1315 BGB. Das Gericht muß ein bloßes Mitverschulden bei einer Kostenverteilung entsprechend beachten. Die Kostenverteilung kommt nicht in Betracht, wenn einer der Fälle II vorliegt. Beim Ausspruch der Trennung von Tisch und Bett nach dem sachlichen Recht durch ein deutsches Gericht ist auf den dann erforderlichen Ausspruch der Verantwortlichkeit I 2 entsprechend anwendbar, Stgt RR **89**, 261. 4

4) Bei §§ 1306 (Drittantrag) oder 1316 BGB (Verwaltungsantrag): Unterliegenshaftung, II. Wenn das Gericht eine Ehe auf einen Antrag der zuständigen Verwaltungsbehörde nach § 1316 I Z 1, III BGB oder auf den Antrag eines Dritten nach §§ 1306, 1313 I Z 1 S 1 BGB aufhebt, ist I gemäß II unanwendbar. Das hat zur Folge: Es bleibt beim Grundsatz des § 81. Keineswegs kann also eine Kostenaufhebung gegeneinander oder eine anderweitige Kostenverteilung stattfinden. 5

5) Rechtsmittel, I, II. Es gelten §§ 58 ff, ferner § 113 I 2 in Verbindung mit §§ 97 ff ZPO. 6

Unterabschnitt 2. Verfahren in Scheidungssachen und Folgesachen

Grundzüge

Schrifttum (je zum alten Recht): *Bergerfurth/Rogner,* Der Ehescheidungsprozess und die anderen Eheverfahren, 15. Aufl 2006 (Bespr Hauß FamRZ **06**, 1814); *Henrich,* Internationales Scheidungsrecht, 2. Aufl 2005; *Schumacher,* Zur Rangordnung im Scheidungsfolgenverbundrecht, in: Festschrift für *Otte* (2005); *Schwab* (Hrsg), Handbuch des Scheidungsrechts, 5. Aufl 2004 (Bespr *Zimmermann* DNotZ **05**, 799).

1 **1) Systematik, Regelungszweck.** Für Scheidungssachen gelten die allgemeinen Vorschriften über EheS, §§ 121 ff. Sondervorschriften enthält der Unterabschnitt 2. Das FamG nach § 23 b GVG ist jedoch auch für andere FamS nach § 121 zuständig. Wenn ein Beteiligter in einer solchen Sache eine Entscheidung für den Fall der Scheidung begehrt und wenn sie bei demselben Gericht anhängig ist, muß es über sie als FolgeS im sog Verbund verhandeln und entscheiden, §§ 137 ff. Dadurch läßt sich den Ehegatten schon bei der Scheidung vor Augen führen, welche Folgen die Auflösung der Ehe für sie und die Kinder hat und daß derjenige Gatte, der sich der Scheidung nicht mit Erfolg widersetzen kann, seine Rechte gegenüber dem anderen Gatten schon im Zeitpunkt der Scheidung durchsetzen kann.

133 *Inhalt der Antragsschrift.* [I] **Die Antragsschrift muss enthalten:**

1. **Namen und Geburtsdaten der gemeinschaftlichen minderjährigen Kinder sowie die Mitteilung ihres gewöhnlichen Aufenthalts,**
2. **die Erklärung, ob die Ehegatten eine Regelung über die elterliche Sorge, den Umgang und die Unterhaltspflicht gegenüber den gemeinschaftlichen minderjährigen Kindern sowie die durch die Ehe begründete gesetzliche Unterhaltspflicht, die Rechtsverhältnisse an der Ehewohnung und am Hausrat getroffen haben und**
3. **die Angabe, ob Familiensachen, an denen beide Ehegatten beteiligt sind, anderweitig anhängig sind.**

[II] **Der Antragsschrift sollen die Heiratsurkunde und die Geburtsurkunden der gemeinschaftlichen minderjährigen Kinder beigefügt werden.**

Schrifttum (je zum alten Recht): *Grabe,* Antrags- und Klageerwiderungen in Ehe- und Familiensachen, 3. Aufl 2003; *Kersten/Löw,* Praxis der Familiengerichtsbarkeit, 3. Aufl 2003; *Stollenwerk,* Antragsschrift in Scheidungs- und Folgesachen, 3. Aufl 1979; *Vespermann,* Familiensachen, Bd 1 (Scheidungs- und Scheidungsverbundverfahren), 5. Aufl 1993; *Vogel* AnwBl **82**, 457 (ausf).

1 **1) Systematik, Regelungszweck, I, II.** Es handelt sich im Kern um die Übernahme des aufgehobenen § 622 II ZPO. Nach § 1564 S 1 BGB erfolgt das Scheidungsbegehren durch einen Antrag, nicht durch eine Klage. Denn das Scheidungsverfahren unterscheidet sich sowohl sachlichrechtlich nach §§ 1565 ff BGB als auch prozessual nach §§ 133 ff vom gewöhnlichen Familienverfahren. Die Folgerungen daraus zieht § 133. Im übrigen gelten §§ 121 ff. Die Vorauszahlungspflicht nach § 14 I FamGKG besteht auch hier. Wegen der FolgeS Rn 6. § 133 hat den Vorrang vor § 23.

2 **2) Antragsverfahren, I, II.** Das Verfahren auf eine Scheidung wird durch die Einreichung einer Antragsschrift nach § 124 anhängig, also nicht schon mit dem Verfahrenskostenhilfe-Gesuch, wohl aber bei einer gleichzeitigen Einreichung eines Scheidungsantrags, es sei denn, daß dieser eindeutig unter den Vorbehalt der Bewilligung von Verfahrenskostenhilfe erfolgt, BGH FamRZ **96**, 1142. Ab der Anhängigkeit des Scheidungsantrags darf eine einstweilige Anordnung ergehen, § 119. Die Antragsschrift muß ein Anwalt unterzeichnen, § 114 I. Das FamG muß die Antragsschrift dem anderen Ehegatten zustellen. Ebenso wird ein Gegenantrag durch die Einreichung einer Antragsschrift anhängig, aber auch durch eine Erklärung zum Protokoll, Ffm FamRZ **82**, 809. Es kann ein eigenes Scheidungsbegehren zum Gegenstand haben, Bergerfurth FamRZ **82**, 564. Man muß ihm bei einer Rücknahme des gegnerischen Scheidungsantrags als einen Scheidungserstantrag behandeln, Zweibr FamRZ **99**, 942. Man wahrt die Frist des § 1408 II 2 BGB nicht schon durch die Einreichung, sondern erst durch die Zustellung der Antragsschrift, BGH NJW **85**, 315. Eine Verbindung ist in den Grenzen von § 20 statthaft.

Das FamG muß die Antragsschrift dem Antragsgegner *zustellen,* § 124 S 2, Schlesw FamRZ **88**, 736. Dadurch tritt die Rechtshängigkeit nach § 113 I 2 in Verbindung mit § 261 ZPO Rn 1 ein, BGH RR **90**, 708, KG RR **90**, 8. Von jetzt an gehen andere bei anderen Gerichten schwebende FamS an das Scheidungsgericht über, § 123 S 1, 2. Das Ende der Ehezeit nach § 1587 II BGB bestimmt nur eine wirksame Antragsschrift. Entspricht die Antragsschrift nicht den formalen Anforderungen, muß das FamG den Antrag als unzulässig abweisen, Zweibr FamRZ **89**, 192. Eine Heilung des Mangels ist nach § 113 I 2 in Verbindung mit § 295 II ZPO unstatthaft, Schlesw FamRZ **88**, 736. Jedoch genügt die Genehmigung der Verfahrensführung durch einen Anwalt, Zweibr FamRZ **89**, 192.

3 **3) Inhalt der Antragsschrift, I, II.** Es gibt zwei Gesichtspunkte.

A. Notwendige Angaben, I. Wegen der Besonderheiten des Scheidungsverfahrens muß die Antragsschrift bestimmte Angaben ent4halten, nämlich darüber, ob und welche gemeinschaftliche minderjährige Kinder vorhanden sind, wie sie heißen, wann sie geboren sind und wo der gewöhnliche Aufenthalt liegt, *I Z 1,* damit das FamG seiner Hinweis- und Beratungspflicht zB nach § 128 II, § 17 III SGB VIII nachkommen kann; einen etwaigen sog Sorgeplan nach *I Z 2;* Angaben darüber, ob FamS mit einer Beteiligung beider Ehegatten anderweitig anhängig sind, *I Z 3,* damit das Scheidungsgericht darauf hinwirken kann, daß diese Verfahren zum Scheidungsverfahren kommen. Die Verwendung von Formularen ist nicht schlechthin unzulässig, Friederici MDR **78**, 726, aM Celle FamRZ **78**, 257, und für das Verfahrenskostenhilfeverfahren ausreichend, Karlsr FamRZ **84**, 1232.

Ein *Verstoß* gegen I kann durch einen ergänzenden Schriftsatz heilen, BGH NJW **84**, 926, Brdb FamRZ **98**, 1439, Jena FamRZ **98**, 1446, aM Schlesw FamRZ **88**, 736. Notfalls muß das FamG den Antrag durch eine Verfahrensentscheidung nach Rn 2 zurückweisen.

B. Sonstiger Inhalt, II. Im übrigen gelten nach § 124 S 2 die Vorschriften der ZPO über die Klageschrift entsprechend. Anwendbar aus der ZPO ist § 253 I, II, IV, V in Verbindung mit §§ 130–133, nicht dagegen § 253 III, Vogel AnwBl **82**, 461. Heirats- und Geburtsurkunden „sollen" beiliegen, Düss FamRZ **92**, 1078, Karlsr RR **91**, 966, Zweibr RR **97**, 1227. Nötig sind außerdem Angaben über den die Zuständigkeit nach § 122 ergebenden Umstand sowie evtl auch über die Staatsangehörigkeit wegen § 98. Ferner muß der Antragsteller wenigstens grob die Umstände mitteilen, aus denen sich nach §§ 1565 I, 1566–1567 BGB das Scheitern der Ehe und die unzumutbare Härte nach § 1565 II BGB ergibt, mehr aber auch nicht schon jetzt, BGH MDR **76**, 1005. Die Angabe des Zeitpunkts des letzten Verkehrs ist nicht notwendig, aber ratsam, Bergerfurth FamRZ **77**, 529, wenn es darauf ankommt, § 1565 II BGB. 4

An die Stelle der *Bezeichnungen* Kläger und Bekl treten die Bezeichnungen Antragsteller und Antragsgegner, § 113 V Z 3, 4. Daraus folgen die verbreiteten Bezeichnungen Ausschlußantragsteller, -gegner statt Widerkläger, -bekl. Sachlich ändert sich dadurch nichts. Im Fall des Gegenantrags sind beide Gatten sowohl Antragsteller als auch Antragsgegner. Bei beiderseitigen Anträgen sind sie nur Antragsteller. In der Beschwerdeinstanz heißen die Beteiligten Beschwerdeführer und Beschwerdegegner usw, um die Verwendung der Bezeichnung Kläger Bekl auch hier zu vermeiden, aM Brüggemann FamRZ **77**, 7. Das gilt auch in einem Aufhebungsverfahren. 5

4) Antrag in Folgesache, I, II. Vgl § 137. 6

134 *Zustimmung zur Scheidung und zur Rücknahme, Widerruf.* I **Die Zustimmung zur Scheidung und zur Rücknahme des Scheidungsantrags kann zur Niederschrift der Geschäftsstelle oder in der mündlichen Verhandlung zur Niederschrift des Gerichts erklärt werden.**

II 1 **Die Zustimmung zur Scheidung kann bis zum Schluss der mündlichen Verhandlung, auf die über die Scheidung der Ehe entschieden wird, widerrufen werden.** 2 **Der Widerruf kann zur Niederschrift der Geschäftsstelle oder in der mündlichen Verhandlung zur Niederschrift des Gerichts erklärt werden.**

1) Systematik, I, II. Die Vorschrift macht deutlich, daß eine Zustimmung zur Scheidung und eine Rücknahme des Scheidungsantrags sowie ein Widerruf der Zustimmung grundsätzlich statthaft sind, Denn sonst wären die Einzelheiten der Regelung zum Bis Wann und Wie sinnlos. Dabei übernimmt *I* (Zustimmung) und *II 1* den früheren § 630 II 1, 2 ZPO, *II 2* den früheren § 630 II 2 ZPO. *I* (Rücknahme) übernimmt den früheren § 608 ZPO in Verbindung mit § 269 ZPO dem Grunde nach überflüssigerweise. Denn dasselbe regelt schon § 113 I 2 in Verbindung mit § 269 ZPO. § 134 hat den Vorrang vor § 22. 1

2) Regelungszweck, I, II. Er besteht einerseits in der Erzielung eines möglichst großen Rechtsfriedens durch eine möglichst umfassende Beteiligtenherrschaft im Sinn von Grdz 18 vor § 128 ZPO, andererseits in der Herbeiführung fester Zeitgrenzen zwecks Rechtssicherheit nach Einl III 43, wie sie gerade wegen der weit über die direkt Beteiligten hinausgehenden Wirkungen einer Scheidung oder Nichtwirksamkeit dieser Rechtsfolge notwendig sind. 2

3) Zustimmung zur Scheidung, usw, I, II. Die nach § 1566 I BGB nötige ausdrückliche Zustimmung muß beim Erlaß des Scheidungsbeschlusses vorliegen. Widerrufen kann man sie bis zum Schluß der mündlichen Verhandlung nach § 113 I 2 in Verbindung mit §§ 136 IV, 296a ZPO, *II 1,* später nicht. Der Widerruf ist auch in einer Rechtsmittelinstanz zulässig, BGH NJW **84**, 1303. Der wirksame Widerruf oder das Fehlen der Zustimmung führt zur Abweisung des Scheidungsantrags als unbegründet, Damrau NJW **77**, 1170, falls der Antragsteller nicht zur streitigen Scheidung übergeht, Diederichsen NJW **77**, 654. Die erneute Erklärung der Zustimmung ist zulässig. 3

Eine Zustimmung und ein Widerruf können *zum Protokoll* der Geschäftsstelle oder in der mündlichen Verhandlung nach § 113 I 2 in Verbindung mit § 160 III Z 3 ZPO zur Niederschrift des Gerichts erfolgen, *I, II 2,* ohne daß ein Verstoß gegen § 162 I 3 ZPO, schadet, Saarbr FamRZ **92**, 110. Jedoch kann man beide Erklärungen auch in einer anderen Form abgeben, nämlich nicht nur in einer notariellen Urkunde, sondern auch durch einen Schriftsatz des VerfBev, BayObLG FamRZ **83**, 97, Stgt Just **93**, 192, Zweibr NJW **95**, 602, oder des Beteiligten selbst, Saarbr FamRZ **92**, 111. Denn I, II 2 bedeutet die Befreiung vom Anwaltszwang, Ffm MDR **90**, 246, Mü RR **94**, 201, Stgt Just **93**, 192. Eine Zustimmung und ein Widerruf sind sachlichrechtliche Willenserklärungen und zugleich Beteiligtenverfahrenshandlungen nach Grdz 47 vor § 128, BGH NJW **90**, 2382, BayObLG RR **96**, 651, Karlsr FamRZ **98**, 1606. Ihre Auslegung darf auch das Rechtsbeschwerdegericht vornehmen. Die Auslegung richtet sich nach den für privatrechtliche Erklärungen entwickelten Rechtsgrundsätzen, BayObLG FamRZ **83**, 97. Eine Zustimmung und den Widerruf kann entsprechend § 125 auch ein beschränkt prozeßfähiger Gatte wirksam erklären. 4

135 *Außergerichtliche Streitbeilegung über Folgesachen.* I 1 **Das Gericht kann anordnen, dass die Ehegatten einzeln oder gemeinsam an einem kostenfreien Informationsgespräch über Mediation oder eine sonstige Möglichkeit der außergerichtlichen Streitbeilegung anhängiger Folgesachen bei einer von dem Gericht benannten Person oder Stelle teilnehmen und eine**

Bestätigung hierüber vorlegen. [2]Die Anordnung ist nicht selbständig anfechtbar und nicht mit Zwangsmitteln durchsetzbar.

[II] Das Gericht soll in geeigneten Fällen den Ehegatten eine außergerichtliche Streitbeilegung anhängiger Folgesachen vorschlagen.

1 **1) Systematik, I, II.** Es handelt sich um eine formell neue Vorschrift. Sie hat freilich im Bereich der Familienstreitsachen des § 112 wegen der Verweisung im zugehörigen § 113 I 2 auch auf § 278 ZPO teilweise keinen neuen Charakter. Immerhin geht I wesentlich weiter als § 278 ZPO. Auch droht in § 150 IV 2 mit seinen immerhin möglichen happigen Kostennachteilen desjenigen, der der Anordnung nach § 135 I vorwerfbar nicht folgt, eine ziemlich drastische Rechtsfolge. § 135 hat den Vorrang vor § 36.

2 **2) Regelungszweck, I, II.** Scheinbar steht die Lebensweisheit als Zweck da. Außergerichtlich kann man sich besser einigen. Ob das in Wahrheit stimmt, kann aber schon fraglich sein. Dieselbe Lebenserfahrung besagt auch, daß erst ein wirklicher Richterspruch mit seiner staatlichen Autorität so manchen qualvollen Zustand solcher Art leidlich beendet. Im übrigen ist die Zwangsüberweisung zum Mediator usw kein überzeugender Weg zur Stärkung des Gerichts, ungeachtet aller manchmal etwas modisch anmutenden Bewunderungen des Mediatorwesens trotz aller seiner unverkennbar auch vorhandenen Erfolge.

Wem das FamG einen Mediator unanfechtbar und sanktioniert *verordnet,* der dürfte in einem ja emotional ohnehin durchweg spannungsgeladenen Scheidungsverfahren sehr gemischte Gefühle entwickeln. Das darf und sollte das FamG vor einer Anordnung nach I durchaus ernsthaft mitabwägen, schon gar vor der Versuchung, die Sache erst einmal wieder vorübergehend oder hoffentlich faktisch endgültig so gut wie erledigt zu bekommen.

3 **3) Anordnung, I.** Sie erfolgt durch einen Beschluß. Eine wenigstens knapp vorhandene nachvollziehbare und nicht nur aus Leerfloskeln bestehende Begründung ist zwar wegen der Unanfechtbarkeit auch in einer Familienstreitsache nicht rechtlich zwingend. Sie ist aber eine Anstandspflicht, § 329 ZPO Rn 6. Sie sollte dem wegen I 2 nur halben Zwangsmediator usw zeigen, inwiefern das FamG vor allem seine Hilfe wünscht. Seine „Bestätigung" ist nur zum Ob des Informationsgesprächs nötig, nicht zum Wo, Wann und Wie. Freilich darf sie auch dazu Nachvollziehbares enthalten und sollte das besser stichwortartig auch tun. Die Regelung ist mangels Zwangsmitteln ein „stumpfes Schwert", Borth FamRZ **07**, 1932.

4 **4) Folgesachen, II.** „Soll" ist nicht „muß". „Geeignete Fälle" sind nur die halbwegs erfolgversprechenden.

5 **5) Mediator usw: Annahmefreiheit, I, II.** Der vom FamG Benannte oder Ernannte kann zumindest vor einer verbindlichen Zusage gegenüber dem Gericht die ihm angesonnene Tätigkeit ohne jede Angabe von Gründen ablehnen. Es gibt zu ihr keineswegs eine staatsbürgerliche Ehrenpflicht wie evtl beim Sachverständigen. Denn der Mediator usw ist kein Sachverständiger, mag er noch so erfahren sein und Erfolge haben. Ob eine verbindliche Zusage als eine Art öffentlichrechtlicher Vertrag mit dem Land, vertreten durch das FamG, gelten könnte, ist eine Fallfrage und keineswegs stets zu bejahen.

6 **6) Kosten, I, II.** „Kostenfrei" in I 1 kann sich natürlich nur auf die beiden Ehegatten persönlich beziehen. Es kann auch nur bedeuten: Es entstehen keine gerichtlichen Gebühren oder Auslagen, § 1 S 1 FamGKG. Anders ausgedrückt: Muß das FamG den Mediator usw vergüten, kann es diese Unkosten nicht von den Ehegatten erstattet fordern. Der Mediator hat als Anwalt seine Vergütungsgrundlage in § 34 I 1 RVG. Der Nichtanwalt darf und mag eine Vergütung usw nach dem in Rn 1 skizzierten Vertrag mit dem Land fordern können. Erst soweit er später evtl als ein Zeuge über seine Tätigkeit aussagen müßte, unterfiele er dem JVEG. Mag er evtl mit dem einen oder anderen oder beiden Ehegatten eine Vergütung vereinbaren, soweit sie dazu freiwillig bereit sind. Lehnen sie dergleichen unter Berufung auf I 1 durchaus zulässig ab, ist das natürlich kein vorwerfbares Verhalten nach § 150 IV 2, aM Jacoby FamRZ **07**, 1708.

136 *Aussetzung des Verfahrens.* **[I] [1]Das Gericht soll das Verfahren von Amts wegen aussetzen, wenn nach seiner freien Überzeugung Aussicht auf Fortsetzung der Ehe besteht. [2]Leben die Ehegatten länger als ein Jahr getrennt, darf das Verfahren nicht gegen den Widerspruch beider Ehegatten ausgesetzt werden.**

[II] Hat der Antragsteller die Aussetzung des Verfahrens beantragt, darf das Gericht die Scheidung der Ehe nicht aussprechen, bevor das Verfahren ausgesetzt war.

[III] [1]Die Aussetzung darf nur einmal wiederholt werden. [2]Sie darf insgesamt die Dauer von einem Jahr, bei einer mehr als dreijährigen Trennung die Dauer von sechs Monaten nicht überschreiten.

[IV] Mit der Aussetzung soll das Gericht in der Regel den Ehegatten nahe legen, eine Eheberatung in Anspruch zu nehmen.

Gliederung

1) Systematik, Regelungszweck, I–V, dazu *Heintzmann* FamRZ **75**, 377, *Theile* DRiZ **78**, 81 (je Üb): Es handelt sich im Bereich der Scheidung um eine praktisch wörtliche Übernahme des früheren § 614 I–V ZPO. Die Vorschrift hat den Vorrang vor § 113 I 2 in Verbindung mit § 278 II ZPO, Schollmeyer FamRZ **02**, 21. Die allgemeinen Vorschriften über die Aussetzung nach §§ 148 ff, 246 ff ZPO gelten auch in einer EheS, ebenso diejenigen über das Ruhen des Verfahrens nach § 113 I 2 in Verbindung mit §§ 251, 251 a ZPO, Ffm FamRZ **78**, 919, Karlsr NJW **78**, 1388, Schlosser IPRax **83**, 286. Ihnen fügt § 136 weitere Aussetzungsgründe für Scheidungsverfahren und auch für FolgeS hinzu, also für diejenigen Fälle, in denen eine Aufrechterhaltung der Ehe im öffentlichen Interesse liegt. Daher gilt § 136 nicht für ein Feststellungsverfahren, auch nicht für das Aufhebungsverfahren und demgemäß nicht für ein dort hilfsweise erhobenes Scheidungsbegehren. § 136 hat den Vorrang vor § 21. 1

Eine Aussetzung nach § 136 ist *in allen Instanzen* zulässig, nicht nur beim FamG, solange die Höchstdauer nach IV nicht ausgeschöpft ist. Die Anordnung des Ruhens des Verfahrens nach § 251 ZPO wird durch § 136 nicht unzulässig, Karlsr NJW **78**, 1388. Das Gericht darf sie aber nicht auf den verfrüht erhobenen Scheidungsantrag beschränken, KG FamRZ **78**, 34.

2) Aussetzung von Amts wegen, I. Ohne einen Antrag des Antragstellers soll das Gericht ein Scheidungsverfahren aussetzen, wenn nach seiner freien Überzeugung eine Aussicht auf die Fortsetzung der Ehe besteht, *I 1*. Die Entscheidung steht nicht im pflichtgemäßen Ermessen des FamG. Die Sollvorschrift bedeutet vielmehr, daß es aussetzen muß, wenn es die Voraussetzungen nach seiner freien Überzeugung für gegeben hält (Beurteilungsermächtigung). Dazu ist keine Feststellung nach allgemeinen Beweisgrundsätzen notwendig. Dafür, daß die Ehe noch heilbar ist, müssen aber konkrete Anhaltspunkte vorliegen, Düss FamRZ **78**, 609. 2

Nicht aussetzen darf das FamG ein Scheidungsverfahren, wenn die Gatten länger als ein Jahr getrennt leben, § 1567 BGB, und wenn beide der Aussetzung durch Beteiligtenverfahrenshandlungen nach Grdz 47 vor § 128 widersprechen, *I 2*. Denn dann muß man vom Scheitern der Ehe ausgehen, § 1566 I BGB. Eine Aussetzung von Amts wegen ist trotz der Vermutung des § 1565 II BGB auch bei mehr als einer einjährigen Trennung zulässig. Wenn der Antragsteller ihr widerspricht, ist sie aber nur ausnahmsweise sinnvoll, Brüggemann FamRZ **77**, 11.

3) Aussetzung auf Antrag des Antragstellers, II. Ein Scheidungsverfahren muß das FamG auf einen Antrag des Antragstellers oder gar beider Beteiligten aussetzen, mag es das für zweckmäßig halten oder nicht. BGH NJW **77**, 717. Dasselbe gilt beim Recht auf Getrenntleben. Es darf auch nicht statt dessen das Ruhen des Verfahrens nach § 113 I 2 in Verbindung mit § 251 a ZPO anordnen, KG FamRZ **81**, 582, Karlsr NJW **78**, 1388. Auf einen Widerspruch des Gegners kommt es nicht an, und zwar auch dann nicht, wenn die Gatten länger als ein Jahr getrennt leben, krit Heintzmann FamRZ **75**, 378. Der Antrag unterliegt dem Anwaltszwang. § 78 verbietet keinen Antrag des Antragsgegners. 3

Nicht aussetzen darf das FamG aber, wenn der Scheidungsantrag nach § 300 ZPO Rn 6 abweisungsreif ist oder wenn das Ansuchen mißbräuchlich ist, wenn es zB nur wirtschaftliche Vorteile bezweckt, oder wenn der Antragsteller selbst unter keinen Umständen zur Fortsetzung der Ehe bereit ist, Bre FamRZ **77**, 399, oder wenn der einseitige Scheidungsantrag schon deshalb abweisungsreif ist, weil etwa das Begehren verfrüht ist, Bbg FamRZ **84**, 897, Karlsr FamRZ **98**, 1606, Schlesw SchlHA **91**, 82. Dasselbe gilt, wenn auch der Gegner die Scheidung begehrt (bei einer bloßen Zustimmung nach § 134 genügt der Antrag des Antragstellers), es sei denn, wegen des Scheidungsbegehrens des Antragsgegners liegen die Voraussetzungen von I 1 vor.

4) Dauer und Wiederholung der Aussetzung, III. Die Aussetzung darf insgesamt die Dauer von 1 Jahr nicht überschreiten, *III 2 Hs 1*. Das gilt unabhängig davon, wie lange die Ehe besteht und ob die Gatten getrennt leben. Lediglich bei einer mehr als dreijährigen Trennung beträgt die Höchstdauer der Aussetzung 6 Monate, *III 2 Hs 2*. Innerhalb der Höchstdauer bestimmt das Gericht den Zeitraum der Aussetzung nach seinem pflichtgemäßen Ermessen. Eine Abkürzung ist nicht zulässig, wohl aber die Aufhebung der Antragsaussetzung nach II auf einen tatsächlichen Antrag und einer Aussetzung nach I von Amts wegen oder auf eine Anregung eines Beteiligten, jedoch beides nur wegen veränderter Umstände. Man berechnet die Fristen nach § 113 I 2 in Verbindung mit § 222 ZPO. 4

Die *einmalige Wiederholung* oder auch eine Verlängerung der Aussetzung ist zulässig, *III 1*, aber nur bis zur tatsächlichen Gesamthöchstdauerzeit der Aussetzungsanordnung. Ihre Anordnung erfolgt von Amts wegen nach I oder auf einen Antrag, II. Eine Fristverlängerung bedeutet rechtlich eine einmalige Wiederholung.

5) Verfahren, I–IV. Durch einen Beschluß vor oder auf Grund einer mündlichen Verhandlung oder ohne sie nach § 128 IV ZPO darf das FamG wegen der notwendigen Einheitlichkeit der Entscheidung nur das ganze Verfahren aussetzen, und zwar für einen bestimmten Zeitraum, Rn 4. Bei einer Häufung von Scheidungs- und Aufhebungsbegehren ist eine Aussetzung also unstatthaft, nicht dagegen bei wechselseitigen Scheidungsbegehren. Zuständig ist das FamG, solange keine Beschwerde erfolgt ist, BGH NJW **77**, 717. Mit der Aussetzung soll das FamG den Beteiligten nahelegen, eine Eheberatungsstelle in Anspruch zu nehmen, *IV*, Theil DRiZ **78**, 81. Trotz der Bedeutung einer solchen Beratung für die Aufrechterhaltung der Ehe hat der Gesetzgeber es bei einer bloßen Empfehlung ohne Sanktionen bewenden lassen. Wegen der Möglichkeit der sofortigen Beschwerde nach Rn 6 muß das Gericht den Beschluß begründen, § 113 I 2 in Verbindung mit § 329 ZPO Rn 4, Düss FamRZ **78**, 609, und förmlich zustellen, § 329 II 2 ZPO. 5

6) Rechtsbehelfe, I–IV. Sie richten sich nach dem gegenüber §§ 58 ff spezielleren und daher vorrangigen § 113 I 2 in Verbindung mit § 252 ZPO. Die letztere Vorschrift verweist auf die sofortige Beschwerde und damit auf §§ 567 ff ZPO. Gegen die Aussetzung des Verfahrens ist also bei einer Beschwer die sofortige Beschwerde statthaft, ebenso gegen die Ablehnung des Antrags des Antragstellers, II. Bei einer Aussetzung nach I ist derjenige Ehegatte, der selbst keinen Scheidungsantrag stellt, mangels einer 6

Beschwer nicht beschwerdeberechtigt, Karlsr FamRZ **98**, 1606. Hat das FamG durch eine Endentscheidung über die Aussetzung entschieden, kann man dagegen (jetzt) ebenfalls eine sofortige Beschwerde einlegen. Die Ablehnung einer Anregung des Antragsgegners, das Verfahren von Amts wegen nach I auszusetzen, ist unanfechtbar.

7 **7) Wirkung der Aussetzung, I–IV.** Sie ergibt sich aus § 113 I 2 in Verbindung mit § 249 II ZPO, BGH NJW **77**, 717. Eine während der Aussetzung eingelegte sofortige Beschwerde ist wirksam, § 249 II ZPO. Das gilt auch in den Fällen von II. Daß hier lediglich kein Beschluß ergehen dürfe, ist mit dem Zweck der Aussetzung schwerlich vereinbar. Denn gerade die Vertiefung der Gegensätze durch weitere Schriftsätze und/oder durch eine Beweisaufnahme soll unterbleiben. Deshalb darf auch in einer FolgeS keine Verhandlung stattfinden, I, solange der Verbund besteht. In dringenden Fällen hilft eine einstweilige Anordnung nach §§ 49 ff. Sie ist auch während der Aussetzung zulässig, Celle NdsRpfl **75**, 71.

8 Eine *förmliche Aufnahme* des Verfahrens nach § 113 I 2 in Verbindung mit § 250 ZPO nach dem Ablauf der Aussetzung ist nicht nötig. Etwaige Fristen beginnen ohne weiteres wieder zu laufen. Das Gericht setzt nach dem Ende der Aussetzung einen Termin nach § 32 von Amts wegen an. Aber das Betreiben des Verfahrens nach einer Aussetzung ist die Aufgabe der Beteiligten, weil ein Tätigwerden des Gerichts von Amts wegen dem Sinn des § 136 widersprechen würde, Karlsr FamRZ **98**, 1606. Ein neuer Antrag ist unzulässig, mag auch das Verfahren jahrelang nicht betrieben worden sein.

137 *Verbund von Scheidungs- und Folgesachen.* [I] **Über Scheidung und Folgesachen ist zusammen zu verhandeln und zu entscheiden (Verbund).**

[II] [1] **Folgesachen sind**

1. **Versorgungsausgleichssachen,**
2. **Unterhaltssachen, sofern sie die Unterhaltspflicht gegenüber einem gemeinschaftlichen Kind oder die durch Ehe begründete gesetzliche Unterhaltspflicht betreffen mit Ausnahme des vereinfachten Verfahrens über den Unterhalt Minderjähriger,**
3. **Wohnungszuweisungs- und Hausratssachen und**
4. **Güterrechtssachen,**

wenn eine Entscheidung für den Fall der Scheidung zu treffen ist und die Familiensache spätestens zwei Wochen vor der mündlichen Verhandlung im ersten Rechtszug in der Scheidungssache von einem Ehegatten anhängig gemacht wird. [2] **Für die Durchführung des Versorgungsausgleichs in den Fällen des § 1587 b des Bürgerlichen Gesetzbuchs und des § 1 des Gesetzes zur Regelung von Härten im Versorgungsausgleich bedarf es keines Antrags.**

[III] **Folgesachen sind auch Kindschaftssachen, die die Übertragung oder Entziehung der elterlichen Sorge, das Umgangsrecht oder die Herausgabe eines gemeinschaftlichen Kindes der Ehegatten oder das Umgangsrecht eines Ehegatten mit dem Kind des anderen Ehegatten betreffen, wenn ein Ehegatte vor Schluss der mündlichen Verhandlung im ersten Rechtszug in der Scheidungssache die Einbeziehung in den Verbund beantragt, es sei denn, das Gericht hält die Einbeziehung aus Gründen des Kindeswohls nicht für sachgerecht.**

[IV] **Im Fall der Verweisung oder Abgabe werden Verfahren, die die Voraussetzungen der Absätze 2 oder 3 erfüllen, mit Anhängigkeit bei dem Gericht der Scheidungssache zu Folgesachen.**

[V] [1] **Abgetrennte Folgesachen nach Absatz 2 bleiben Folgesachen; sind mehrere Folgesachen abgetrennt, besteht der Verbund auch unter ihnen fort.** [2] **Folgesachen nach Absatz 3 werden nach der Abtrennung als selbständige Verfahren fortgeführt.**

Schrifttum: *Horndasch,* Verbundverfahren Scheidung, 2008 (zum alten Recht).

Gliederung

1 **1) Systematik, I–V.** Die Vorschrift übernimmt inhaltlich weitgehend den früheren § 623 ZPO in einer etwas anderen äußeren Anordnung. Sie schafft weit über § 20 hinausgehend einen Verhandlungs- und Entscheidungsverbund zwischen einer Scheidungssache und bestimmten anderen FamS, soweit das FamG dazu eine Entscheidung für den Fall der Scheidung treffen muß und soweit ein Ehegatte sie auch rechtzeitig fordert, *II 1,* oder soweit sie von Amts wegen notwendig wird, *II 2, IV,* also eine Regelung der Scheidungsfolgen (FolgeS). *I* ist zwingend, BGH FamRZ **91**, 687, Schlesw FamRZ **92**, 198. Ein Verbund besteht kraft Gesetzes auch zwischen den FolgeS, *V 1 Hs 2.* § 137 hat den Vorrang vor § 20.

Der Verbund ist keine Verbindung nach § 20. Er *gilt nicht* im Aufhebungsverfahren nach § 121 Z 2, BGH FamRZ **89**, 153, Zweibr FamRZ **82**, 375, Bosch FamRZ **87**, 816, aM LG Darmst DamRZ **78**, 44 sowie in einer Feststellungssache, § 121 Z 3, BGH NJW **82**, 2386, Diederichsen ZZP **91**, 419. Daher führt das

FamG hier keinen Versorgungsausgleich von Amts wegen durch, Mü FamRZ **80**, 565. Trifft ein Aufhebungsbegehren mit einem Scheidungsantrag zusammen, gilt für FolgeS ein vorläufiger Verhandlungsverbund, Bergerfurth FamRZ **76**, 582, aM Stgt FamRZ **81**, 579. Die Verbundsachen bleiben selbständige Verfahren, Düss JB **86**, 299.

Keine Folgesache ist der Unterhaltsanspruch während der Ehe, Karlsr FamRZ **02**, 965, oder der Vorsorgeunterhaltsanspruch nach § 1361 I 2 BGB, BGH NJW **82**, 1988.

2) Regelungszweck, I–V. Die Idee eines Verbunds ist auf den ersten Blick bestechend. Sie ermöglicht eine gleichzeitige abschließende Regelung fast aller Folgen einer Scheidung aus derselben Richterhand, Köln RR **06**, 1513, Stgt MDR **98**, 290. Es werden sogleich die Wirkungen einer Scheidung deutlich, BGH NJW **83**, 1317, Köln FamRZ **98**, 301, Stgt FamRZ **05**, 121. Das dient in hohem Maße der Rechtssicherheit nach Einl III 43 und scheint auch hochgradig verfahrenswirtschaftlich nach Grdz 14 vor § 128 ZPO. Ob die Praxis diesem Ideal standhalten kann, ist eine andere, sicher sehr unterschiedlich beantwortbare Frage. Das Verbundverfahren hat natürlich auch seine ganz erheblichen Nachteile vom Formularwust gegenüber beteiligten Behörden über harte Arbeitsanforderungen an das FamG und die VerfBev bis hin zu einer sicher vielfachen psychischen Extrembelastung der Eheleute, soweit ihnen das ganze Verfahren ohnehin schwerfällt. 2

Behutsame Abwägung bei aller dringlich notwendigen Zügigkeit ist eine Hauptanforderung an das FamG. Der Wust der einschlägigen Vorschriften zwingt ständig zur Rückbesinnung auf den Kern des Scheidungsverfahrens, auf eine über juristisches Handwerk weit hinausgehende Führung angeschlagener Menschen und ihrer stets mitbetroffenen Kinder und sonstigen Angehörigen. Wirtschaftliche Vertretbarkeit ist nur *ein* Aspekt. Wahrung der Würde und Verständnis für harte Selbstbehauptungslast ist für den Richter ein ebenso hohes Ziel. Das alles muß er bei der Auslegung und Handhabung seiner enorm vielfältigen Mittel auch verfahrensmäßig ständig mitbeachten. Das gilt mit an vorderster Stelle bei allen Fragen des Verbundverfahrens.

3) Geltungsbereich, I–V. Die FolgeS sind FamS. Sie bleiben es auch nach ihrer Abtrennung, V 1 Hs 1. Das Verfahren richtet sich nach § 137. 3

Darauf, ob auf die Scheidungssache sachlich *deutsches Recht* anwendbar ist, kommt es nicht an, Jayme IPRax **85**, 46. Ein Verbund zwischen der Scheidungssache und FolgeS besteht auch insofern, als das FamG über Ansprüche aus dem maßgeblichen ausländischen Recht entscheiden muß, die den FamS des § 111 entsprechen, FfM FamRZ **83**, 728, Karlsr FamRZ **99**, 1680, Roth ZZP **103**, 18. Im Verbund entscheiden muß es deshalb über die dem Versorgungsausgleich entsprechenden Ansprüche nach ausländischem Recht, Ffm FamRZ **83**, 728, Piltz IPRax **84**, 193, ferner auch über den Streit um die Morgengabe nach jordanischem Recht, KG FamRZ **80**, 471, oder nach iranischem Recht, AG Hbg IPRax **83**, 74, oder beim Streit über eine Entschädigung für die einseitige Scheidung nach tunesischem Recht, Mü IPRax **81**, 33, Jayme IPRax **81**, 9, ebenso beim Streit um die Entschädigung wegen Ehebruchs nach türkischem Recht, Karlsr FamRZ **03**, 725.

Folgerichtig besteht auch ein Verbund zwischen einer *Ehetrennungsforderung* nach ausländischem scheidungsähnlichen Recht, Üb 1 § 606, Hamm FamRZ **89**, 991, Beitzke IPRax **93**, 232, und den nach diesem Recht damit zusammenhängenden entsprechenden FolgeS, Ffm RR **95**, 139, Saarbr FamRZ **97**, 1353, Stgt IPRax **85**, 46 (zustm Jayme), aM Bre IPRax **85**, 46, Ffm RR **95**, 140, Mü FamRZ **93**, 459. Ob das FamG dann eine FolgeS von Amts wegen oder nur auf einen Antrag im Verbund bearbeiten muß, bestimmt sich nach dem maßgeblichen ausländischen Recht. Eine zwingende Sorgerechtsentscheidung im Verbund ist nicht erforderlich, wenn nicht das maßgebende ausländische Recht sie vorsieht. Für die Verwertung von Tatsachenfeststellungen gilt Rn 12, es sei denn, das maßgebliche ausländische Recht läßt die Berücksichtigung im Verbund nicht zu, Roth ZZP **103**, 20.

4) Antragsabhängige Folgesachen, II 1, 3, III. Sie sind nur für den Scheidungsfall statthaft. Folgende FamS sind FolgeS, sofern des FamG eine Entscheidung für den Fall der Scheidung treffen muß, also zB nicht Verfahren über den Trennungsunterhalt, Karlsr FamRZ **02**, 965, Kblz FER **00**, 2, sowie über den vorzeitigen Gewinnausgleich nach § 1386 BGB, KG FamRZ **01**, 166 (zustm Gottwald), und sofern ein Ehegatte sie nach II 1 rechtzeitig begehrt, und zwar einschließlich eines Auskunftsanspruchs im Rahmen eines Stufenantrags nach § 113 I 2 in Verbindung mit § 254 ZPO, BGH FamRZ **97**, 811: 4

Wird bei einer FolgeS nach §§ 231 ff oder §§ 261 ff ein *Dritter* Verfahrensbeteiligter, trennt das FamG diese FolgeS *ab,* 140. Das geschieht von Amts wegen. Denn die Beteiligung am Unterhaltsverfahren, Walter JZ **83**, 477, oder am Güterrechtsverfahren rechtfertigt nicht seine Einbeziehung in das höchstpersönliche Scheidungsverfahren. Außerdem würde die Grundlage der einheitlichen Kostenentscheidung nach § 150 sonst entfallen. § 140 greift vor allem für eine Unterhaltssache ein, wenn das Kind volljährig wird und damit die Verfahrensstandschaft des sorgeberechtigten Elternteils nach § 1629 III BGB endet oder wenn der verfahrensführende Elternteil seine elterliche Sorge verliert. Die abgetrennte Sache bleibt eine FamS. Zur Zulassung einer Nebenintervention nach § 113 I 2 in Verbindung mit § 66 Brschw RR **05**, 589.

Antragsabhängig ist *ferner* das Verfahren wegen einer Übertragung der elterlichen *Sorge* oder eines Teils von ihr, Büttner FamRZ 98, 592, oder wegen des Umgangs- oder Herausgaberechts. 5

Eine abgetrennte FolgeS läuft als *selbständige FamS* weiter, *II 4,* Köln FamRZ **07**, 647 (zustm Kogel), Mü FamRZ **00**, 168, Zweibr RR **00**, 1. Die Entscheidung kann dann vor der Rechtskraft des Scheidungsbeschlusses wirksam werden, Bbg FamRZ **00**, 1237. Das FamG entscheidet über die Kosten besonders.

5) Antragsunabhängige Folgesachen, II 2. Antragsunabhängig ist das Verfahren über die Durchführung des öffentlichrechtlichen Versorgungsausgleichs in den Fällen des § 1587 b BGB, *II 2 Hs 1,* BGH FamRZ **05**, 1241 links, einschließlich des Verfahrens nach § 1587 o BGB, BGH NJW **87**, 1770, nicht aber sonst, aM AG Bln-Charlottenb FamRZ **89**, 514. Antragsunabhängig ist ferner nach *II 2 Hs 2* ein Verfahren nach § 1 VAHRG. 6

6) Verhandlungs- und Entscheidungsverbund, I–V. Über alle FolgeS muß das FamG grundsätzlich gleichzeitig und zusammen mit der Scheidungssache verhandeln und bei einer Scheidung entscheiden, 7

§ 142 I 1, BGH NJW **91**, 1616, Brdb FamRZ **03**, 387. Das gilt in erster Linie für streitige Scheidungssachen, auch für eine Härtefallscheidung nach § 1560 II BGB, Karlsr FamRZ **94**, 1399. FolgeS stehen nicht nur im Verhältnis zur Scheidungssache, sondern auch untereinander im Verbund. Soweit die Scheidungssache und alle oder einzelne FolgeS in die Rechtsmittelinstanz kommen, besteht auch dort der Verbund, Oldb FamRZ **80**, 71, ebenso dann, wenn nur mehrere FolgeS in die Rechtsmittelinstanz kommen.

8 Die Vorschrift ist *zwingend.* Daher kommt ein Rügeverlust nach § 113 I 2 in Verbindung mit § 295 ZPO nicht in Betracht, Düss FamRZ **88**, 965, Hamm FamRZ **86**, 823, aM Kersten FamRZ **86**, 754, Schmitz FamRZ **89**, 1262. Der bestehende Verbund läßt sich nur unter den in Rn 16 ff genannten Voraussetzungen auflösen.

Scheidungs- und FolgeS müssen bei *demselben FamG* anhängig sein. Die Abgabemöglichkeit von einer Abteilung an die andere sichert IV. Anderweitig anhängige FamS muß das Gericht von Amts wegen an das Scheidungsgericht verweisen oder abgeben, also nicht, wenn sie in einer höheren Instanz schweben, Hagena FamRZ **75**, 388. Auf die Überleitung muß das Scheidungsgericht durch eine Unterrichtung des anderen Gerichts hinwirken. Solange eine FamS nicht an das Scheidungsgericht kommt, kann der Verbund nicht wirksam werden.

Der Verbund kann auch eintreten, wenn zunächst ein *Rechtsmittel* in einer Scheidungssache und dann ein Rechtsmittel in einer nicht verbundenen FamS an das dasselbe Rechtsmittelgericht kommt, Hagena FamRZ **75**, 394.

Bei einer *Zurückverweisung* nach § 146 kann der Verbund nachträglich eintreten, nämlich durch eine Verweisung oder Abgabe oder durch einen entsprechenden Antrag der Beteiligten, Diederichsen NJW **77**, 653.

9 **7) Eintritt des Verbunds, I–V.** Man muß zwei Verfahrensarten unterscheiden.

A. Amtsverfahren. In den Fällen von II 2 wird die FolgeS nicht kraft Gesetzes mit dem Eingang des Scheidungsantrags anhängig, sondern erst nach der Einleitung des Verfahrens, also jeder solchen nach außen erkennbaren Initiative des Gerichts, die sich auf eine Aufnahme des Verfahrens richtet, BGB NW **92**, 3294 (dafür reichen gerichtsinterne Vorbereitungsmaßnahmen nicht aus).

10 **B. Antragsverfahren.** In allen anderen Fällen tritt der Verbund nur dann ein, sobald und soweit der Antragsteller die Entscheidung in einer Folgesache des II, III für den Fall der Scheidung nach II 1 rechtzeitig verlangt, „anhängig macht", Ffm RR **06**, 656. Das gilt vor allem für die Verfahren über den schuldrechtlichen Versorgungsausgleich, § 1587 f BGB, Schlesw SchlHA **79**, 163 (man darf an den erforderlichen Antrag evtl keine hohen Anforderungen stellen), und für Verfahren nach Art 17 III 2 EGBGB, Hamm RR **91**, 266, Mü FamRZ **90**, 186. Auch hier ist zur Einleitung des Verfahrens im Verbund nicht ein bestimmter Sachantrag nötig. Wegen der Geltendmachung von Ansprüchen im Stufenverfahren entsprechend gilt im Bereich des § 113 I 2 § 254 ZPO Rn 13.

Die FamS darf und muß in allen diesen Fällen nach II 1 grundsätzlich *spätestens 2 Wochen vor der mündlichen Verhandlung* der 1. Instanz in der Scheidungssache nach § 113 I 2 in Verbindung mit §§ 136 IV, 296 a ZPO anhängig werden. Es muß also ein entsprechender Antrag auf eine Entscheidung spätestens bis zu diesem Zeitpunkt beim Scheidungsgericht vorliegen, und zwar durch einen Antragsschriftsatz. Spätestens jetzt muß der Antragsteller den Antrag begründen, (zum alten Recht) Kblz FamRZ **04**, 551. Es besteht ein Anwaltszwang, § 114 I. Zur Aufgabe des Anwalts, im Rahmen einer Verfahrenskostenhilfe einen solchen Antrag zu stellen, Düss RR **89**, 1485, Ffm RR **90**, 5. Ein Verfahrenskostenhilfegesuch reicht als Antrag aus, BVerfG RR **02**, 793, Kblz NJW **08**, 2930 (zustm Unger), Schlesw SchlHA **95**, 158.

In der *Beschwerdeinstanz* könne die Beteiligten neue FolgeS grundsätzlich nicht hilfsweise erstmals anhängig machen, Hamm FamRZ **89**, 1191. Sie können aber eine vorher anhängige FolgeS unter einer Antragserweiterung weiterverfolgen, Hamm FER **00**, 64. Bei Entfallen der Voraussetzungen einer betrieblichen Altersversorgung erst in zweiter Instanz mögen die vorstehenden Anforderungen ausnahmsweise auch dann noch anwendbar bleiben, Zweibr FamRZ **06**, 713.

Eine *bloße Erörterung* mit dem Ziel der Einbeziehung einer FamS genügt nicht, Hbg FamRZ **88**, 638. Eine Begründung des Antrags ist nötig, § 113 I 2 in Verbindung mit § 253 II Z 2 ZPO, aM Kblz FamRZ **04**, 552. Das Gericht muß dem Beteiligten dazu eine Gelegenheit geben, BGH NJW **87**, 3265, Kblz FamRZ **04**, 552.

Entsprechendes gilt, wenn das Beschwerdegericht die Scheidungssache nach der Aufhebung eines die Scheidung ablehnenden Beschlusses an das FamG *zurückverwiesen* hat. Dann darf und muß man den Antrag spätestens 2 Wochen vor einer erneuten mündlichen Verhandlung erster Instanz stellen. Das FamG muß eine danach rechtzeitig anhängig gemachte FolgeS in den Verbund einbeziehen, (zum alten Recht) Düss FamRZ **87**, 958. Das gilt auch dann, wenn der Beteiligte mit dem spät gestellten Antrag eine Verzögerung des Verfahrens bezweckt.

Ist der Antrag *verspätet,* muß das FamG das Begehren als selbständige FamS behandeln. Erfolgt der Antrag während des Beschwerdeverfahrens, ist die Zurückverweisung der Scheidungssache an das FamG mit der Folge eines neuen Verbunds nur dann zulässig, wenn das FamG einen Verfahrensfehler gemacht hat, Hamm NJW **89**, 2204 (zustm Geimer), nicht aber sonst, Hamm RR **91**, 266. Im übrigen muß man den Antrag dann isoliert in der ersten Instanz stellen, Hbg FamRZ **00**, 842. Eine Rücknahme des Sachantrags ist jederzeit zulässig. Für eine FolgeS gilt dann § 113 I 2 in Verbindung mit § 269 ZPO, Diederichsen NJW **77**, 653. Eine Rücknahme kann auch im Verzicht auf eine Verbundentscheidung liegen.

11 **8) Verhandlung und Entscheidung im Verbund, I,** dazu *Göttsche* MDR **06**, 781, *Gottwald* FamRZ **02**, 1226, (je: Teilentscheidung), *Philippi* Festgabe für *Vollkommer* (2006) 333 (Anschlußrechtsmittel): Man sollte vier Hauptaspekte beachten.

A. Grundregeln. Die örtliche Zuständigkeit begründet die internationale Zuständigkeit auch für die im Verbund stehenden FolgeS, wenn nicht Staatsverträge vorgehen, zB das Haager MinderjSchutzAbk, AG St Wendel FamRZ **89**, 1317. Über alle Folge S nach Rn 1 muß das FamG gleichzeitig und zusammen mit der Scheidungssache verhandeln. Wegen der oft wechselnden Beteiligtenstellung in den einzelnen Sachen empfiehlt es sich, in den Entscheidungen die Gatten als „Ehemann" und „Ehefrau", andere Beteiligte mit ihren Namen zu bezeichnen, Diederichsen NJW **77**, 652.

Für die Anberaumung des *Termins* gilt § 32. Die Terminierung muß unverzüglich erfolgen, § 113 I 2 in Verbindung mit § 216 II ZPO. Das bedeutet, daß der Vorsitzende sofort terminieren muß, wenn der Scheidungsantrag wahrscheinlich abweisungsreif sein wird, sonst erst dann, wenn man auch über die FolgeS sinnvoll verhandeln kann. 12

Einstweilige Regelungen ergehen durch einstweilige Anordnungen im Scheidungsverfahren, §§ 49 ff. Im übrigen richtet sich das Verfahren nach den für die FolgeS jeweils maßgeblichen Vorschriften. Es können also eine Beteiligtenherrschaft nach § 113 I 2 in Verbindung mit Grdz 18 vor § 128 ZPO, eine Amtsermittlung nach § 26 und eine bloße Amtsprüfung nach Grdz 39 vor § 128 ZPO in demselben Verfahren zusammentreffen, eine ganz außerordentliche Herausforderung an alle Beteiligten als Folge eines übergroßen Gerechtigkeitsziels. Diesbezügliche Verstöße brauchen daher eine großzügige Beurteilung, Roth ZZP **103**, 5. Die Aussetzung des Verfahrens wegen einer FolgeS zB nach § 113 I 2 in Verbindung mit § 153 ZPO erfaßt das ganze Verfahren. Daher darf das FamG dann über andere im Verbund stehende FamS nicht verhandeln und entscheiden, es sei denn, es trennt die auszusetzenden FolgeS ab, Mü FamRZ **96**, 951, Kemnade FamRZ **80**, 73. Zur Wertfestsetzung in den Amtsverfahren Schneider MDR **83**, 355. 13

B. Entscheidung. Soweit eine Entscheidung für den Fall der Scheidung nötig wird, soweit also die Gatten eine Regelung von Scheidungsfolgen begehren oder soweit das FamG darüber von Amts wegen entscheiden muß, und soweit keine verbindliche Einigung der Gatten vorliegt, muß es über den Scheidungsantrag gleichzeitig und zusammen mit der FolgeS entscheiden, wenn es eine Scheidung ausspricht (bei seiner Abweisung erübrigt sich eine Regelung der Scheidungsfolgen, § 142 II 1) und soweit eine FolgeS entscheidungsreif ist, Hamm FamRZ **86**, 922 (Sorgerecht). Die Entscheidung ergeht dann grundsätzlich einheitlich durch einen Beschluß. Ein Teilbeschluß zum Unterhalt und Zugewinn ist unzulässig, AG Groß Gerau FamRZ **02**, 1265. Der sog Verbundbeschluß muß wegen der FolgeS Gründe enthalten. Wegen des Eintritts der Rechtskraft § 45. 14

Betrifft die FolgeS den nachehelichen *Unterhalt* oder den Ausgleich des Zugewinns, kann man einen Auskunftsanspruch nur mit einer Stufenforderung nach § 113 I 2 in Verbindung mit § 254 ZPO im Verbundverfahren erheben, BGH NJW **97**, 2176, Brdb FamRZ **07**, 410, KG FamRZ **00**, 1293; aM Ffm FamRZ **87**, 300, Zweibr RR **97**, 2 (für die Widerklage), Vogel FamRZ **94**, 49. Über diesen Anspruch darf das FamG vor der Entscheidung über den Scheidungsantrag entscheiden, BGH NJW **97**, 2176, und zwar durch einen Teilbeschluß. Daher geht in den Verbundbeschluß erst die Entscheidung über die letzte Stufe ein, BGH NJW **97**, 2176, Schlesw SchlHA **97**, 73. Entsprechendes gilt für den im Rahmen einer FolgeS über den Versorgungsausgleich erhobenen Auskunftsanspruch nach § 1587 e I BGB, Hbg FamRZ **81**, 1095, Bergerfurth FamRZ **82**, 565, aM Bre FamRZ **79**, 834. 15

Im übrigen ist (auch über den Versorgungsausgleich) eine *Teilentscheidung* zulässig, wenn der weitere Verfahrensgang sie nicht mehr berühren kann, BGH NJW **84**, 120, Köln FamRZ **81**, 903 (zustm Schmeiduch), aM (Teilentscheidung über den Versorgungsausgleich unzulässig) KG FamRZ **81**, 289, Kblz FamRZ **81**, 901, Mü FamRZ **79**, 1025. 16

Über die *Kosten* muß das FamG einheitlich entscheiden, § 150. Das OLG darf die (Gesamt-)Entscheidung nach § 150 auch dann ändern, § 113 I 2 in Verbindung mit § 308 II ZPO, wenn ein Beteiligter nur eine FolgeS angefochten hat, KG FamRZ **88**, 1075, aM Mü FamRZ **80**, 473. Erledigt sich im Rechtsmittelzug eine FolgeS, gilt für die Entscheidung über die Rechtsmittelkosten § 150. 17

9) Auflösung des Verbunds, I–V. Sie tritt nur in den folgenden vier Fällen ein. 18
Sie tritt *nicht* schon durch die Nichtstellung eines Antrags in einer antragsabhängigen FolgeS ein. Dann darf das FamG vielmehr keine Entscheidung zur Ehesache fällen, soweit es nicht schon nach § 113 I 2 in Verbindung mit §§ 330, 331 a ZPO über die FolgeS entschieden hatte, Hamm FamRZ **99**, 520. Unzulässig ist eine Abtrennung ferner, soweit eine Sorgerechtsentscheidung für die Dauer des Getrenntlebens vorliegt, Bbg FamRZ **99**, 1434, und natürlich beim Rechtsmißbrauch, Einl III 54, oder beim bloßen Zweck der Beschleunigung des Scheidungsbeschlusses, Köln FamRZ **02**, 1570.

A. Abtrennung. Das FamG darf eine FolgeS nur nach § 140 abtrennen.

B. Rücknahme des Antrags oder sonstige Erledigung. Diese Umstände führen zur Auflösung des Verbunds. Das gilt auch für einen Streit über die Erledigung, Zweibr FamRZ **97**, 505 (auch zur Kostenentscheidung). Das gilt nicht, soweit die Gatten nicht verfügungsberechtigt sind, also zB bei einer Regelung der elterlichen Sorge. Hier endet das von Amts wegen eingeleitete Verfahren mit der Volljährigkeit des Kindes, Stgt NJW **80**, 129. Daß im letzten Termin in der FolgeS kein Antrag erfolgt ist, führt nicht zur Auflösung des Verbunds, Hamm FamRZ **99**, 520. 19

C. Rücknahme des Scheidungsantrags. Seine Rücknahme nach § 141 oder seine sonstige Erledigung zB durch den Tod nach § 131 führt ebenfalls zur Auflösung des Verbunds. Führt das FamG eine FolgeS als eine selbständige FamS fort, bleibt es zuständig, § 113 I 2 in Verbindung mit § 261 III Z 2 ZPO, Brüggemann FamRZ **77**, 22. Eine Beistandschaft nach § 138 erlischt, Mü OLGR **99**, 205. Die Verfahrensvollmacht gilt jedoch fort, ebenso die Bewilligung der Verfahrenskostenhilfe, § 149. 20

D. Entscheidung über den Scheidungsanspruch. Der Verbund endet für alle FolgeS mit einer Abweisung des Scheidungsantrags, V 2, § 142 II 1. Wegen der Fortführung als eine selbständige FamS vgl § 142 II 3. 21

10) Rechtsmittel, I–V. Gegen eine Abweisung des Abtrennungsantrags ist die befristete Beschwerde nach §§ 58 ff statthaft. Trotz des einheitlichen Beschlusses kann man den Scheidungsausspruch und jede FolgeS getrennt anfechten. Ein Verstoß schafft eine selbständige Beschwer, BGH RR **96**, 834. Er führt als 22 ein wesentlicher Verfahrensmangel grundsätzlich zur Zurückverweisung an das FamG, BGH RR **96**, 835, Brdb FamRZ **04**, 386, KG FamRZ **00**, 1292. Das gilt freilich nicht mehr nach einer endgültigen Auflösung des Verbunds, Düss FamRZ **03**, 388, oder wenn die Scheidung rechtskräftig geworden ist, Kblz FamRZ **02**, 966.

138 *Beiordnung eines Rechtsanwalts.* I [1]**Ist in einer Scheidungssache der Antragsgegner nicht anwaltlich vertreten, hat das Gericht ihm für die Scheidungssache und eine Kindschaftssache als Folgesache von Amts wegen zur Wahrnehmung seiner Rechte im ersten Rechtszug einen Rechtsanwalt beizuordnen, wenn diese Maßnahme nach der freien Überzeugung des Gerichts zum Schutz des Beteiligten unabweisbar erscheint; § 78 c Abs. 1 und 3 der Zivilprozessordnung gilt entsprechend.** [2]**Vor einer Beiordnung soll der Beteiligte persönlich angehört und dabei auch darauf hingewiesen werden, dass und unter welchen Voraussetzungen Familiensachen gleichzeitig mit der Scheidungssache verhandelt und entschieden werden können.**

II **Der beigeordnete Rechtsanwalt hat die Stellung eines Beistands.**

1 **1) Systematik, Regelungszweck, I, II.** Die Vorschrift übernimmt fast wörtlich den früheren § 625 ZPO. In Scheidungs- und einer Kindschaftssache als FolgeS besteht für beide Beteiligten grundsätzlich ein Anwaltszwang, § 114 I. Trotzdem braucht der Antragsgegner keinen Anwalt zum VerfBev zu bestellen, wenn er keinen Sachantrag stellen will, zB bei einer einverständlichen Scheidung nach § 1565 in Verbindung mit § 1566 BGB. In der Regel benötigt aber ein Beteiligter im Scheidungsverfahren eine anwaltliche Beratung, vor allem auch wegen der Scheidungsfolgen. Diese Beratung über die Scheidung und die Kindschaftssache als FolgeS stellt § 138 für die erste Instanz sicher. Unberührt bleiben die Vorschriften über die Verfahrenskostenhilfe, Kblz MDR **77**, 233, AG Syke RR **93**, 1479. Den dafür nach § 113 I 2 in Verbindung mit § 117 ZPO erforderlichen Antrag darf der nach § 138 beigeordnete Anwalt als Beistand für den Beteiligten stellen, Brüggemann FamRZ **77**, 8. § 138 steht neben § 78.

Unanwendbar sind I, II im Eilverfahren nach §§ 49 ff.

2 **2) Beiordnung, I.** Hat in einer schon rechtshängigen Scheidungssache der Antragsgegner keinen Anwalt als Bevollmächtigten bestellt oder Verfahrenskostenhilfe beantragt, muß das FamG wie folgt verfahren.

A. Vorbereitung, I 2. Zunächst soll es, also muß es abgesehen von besonderen Ausnahmefällen, den Antragsgegner persönlich hören, § 128, und zwar evtl schon vor dem ersten Termin oder zu dessen Beginn mündlich, Hamm RR **87**, 952. Dabei muß es ihn über die Tragweite der Scheidung und seine Rechte aufklären sowie besonders darauf hinweisen, daß es über etwaige FolgeS im Verbund mit der Scheidungssache verhandeln und entscheiden kann *I 2*. Das FamG wird soweit erforderlich, dem Antragsgegner auch nach § 113 I 2 in Verbindung mit § 271 II ZPO nahelegen, einen Anwalt zum VerfBev zu bestellen. Das FamG hört den Antragsgegner persönlich zu dessen etwaiger Weigerung einer Anwaltsbestellung an, Düss FamRZ **78**, 918, Hamm FamRZ **84**, 1122, Oldb FamRZ **80**, 179.

3 **B. Unabweisbarkeit, I 1.** Geschieht eine solche Bestellung nicht, ordnet das FamG dem Antragsgegner auch dann, wenn er nicht nach § 113 I 2 in Verbindung mit § 114 I ZPO bedürftig ist, von Amts wegen einen Anwalt bei, wenn diese Maßnahme nach seiner freien Überzeugung zum Schutz des Antragsgegners als unabweisbar erscheint. Das ist dann so, wenn das FamG den Rechtsschutz des Antragsgegners auf andere Weise nicht sicherstellen kann. Er mag unabhängig von der wirtschaftlichen Lage aus einer Unkenntnis, aus einer mangelnden Übersicht über seine Lage und über die Folgen der Scheidung, aus einer Uneinsichtigkeit oder Gleichgültigkeit oder auch unter dem Einfluß des anderen Ehegatten oder eines Dritten seine Rechte bei der Scheidung und der gänzlichen oder teilweisen Sorgerechtsübertragung usw in unvertretbarer Weise überhaupt nicht oder doch nicht hinreichend wahrnehmen, Hamm RR **98**, 1459. Danach kommt eine Beiordnung nicht in Betracht, wenn der Antragsgegner in voller Kenntnis aller Umstände keinen VerfBev bestellt, Hamm RR **98**, 1459, und auch dann nicht, wenn der Scheidungsantrag eindeutig unschlüssig ist, Hamm FamRZ **82**, 86. Fordert der Schutz eines Kindes die sachgemäße Beratung des Antragsgegners, wird das FamG ihm immer einen Anwalt beiordnen, Jost NJW **80**, 332.

4 Die Beiordnung erfolgt durch einen zu begründenden Beschluß, Hamm FamRZ **86**, 1122. Sie *erstreckt sich* auf die Scheidungssache und auf eine Kindschaftssache als FolgeS, *I 1 Hs 1.* Für andere FolgeS ist eine Beiordnung nach § 138 nicht zulässig, Kblz FamRZ **85**, 619, wohl eher (jetzt) nach § 151 Z 2 für die Regelung des Umgangs mit einem Kind, Mü AnwBl **79**, 440, Diederichsen NJW **77**, 606. Auf eine einstweilige Anordnung auch über die elterliche Sorge erstreckt sich die Beiordnung nicht, Kblz FamRZ **85**, 619.

Der Anwalt ist grundsätzlich *zur Annahme verpflichtet,* § 48 I Z 3 BRAO. Er kann aber die Aufhebung der Beiordnung aus einem wichtigen Grunde verlangen, § 48 II BRAO. Hierhin gehören vor allem die Fälle des § 45 BRAO, aber auch eine Störung des notwendigen Vertrauensverhältnisses. Nach der Aufhebung muß das FamG einen anderen Anwalt beiordnen.

5 Für die Auswahl des Anwalts durch das FamG gilt § 78 c I ZPO entsprechend für eine sofortige Beschwerde gegen die Verfügung des FamG § 78 c III ZPO, *I 1 Hs 2.* § 567 ZPO ist freilich unanwendbar (keine Zurückweisung eines Verfahrensgesuchs), KG FamRZ **78**, 607, aM Oldb FamRZ **80**, 179. Über die Beschwerde entscheidet das OLG, § 119 GVG. Abgesehen davon ist keine Beschwerde des Antragsgegners gegen die Ablehnung eines Antrags auf eine Beiordnung sowie gegen die Beiordnung als solche zulässig, aM Düss FamRZ **78**, 918, Hamm RR **87**, 952, KG FamRZ **78**, 607. Der Antragsteller ist mangels einer Beschwer gegen eine Beiordnung meist nicht beschwerdeberechtigt, Hamm FamRZ **82**, 86. Keine Beschwerdemöglichkeit besteht auch dann, wenn das FamG den Antrag auf eine Aufhebung ablehnt, aM Brüggemann FamRZ **77**, 8, oder wenn sich der Beteiligte schon vorher gegen die Beiordnung ausgesprochen hatte, aM Oldb FamRZ **80**, 179. Die Voraussetzungen des § 567 I ZPO sind in keinem dieser Fälle erfüllt, dort Rn 4.

C. Kindeswohl, II 1 Z 3. Es ist eine Vorwegentscheidung auch dann statthaft, wenn in einer Kindschaftsfolgesache aus Gründen des Kindeswohls eine Abtrennung sachgerecht scheint oder das Verfahren ausgesetzt ist. 5

D. Beiderseitige Abtrennungsanträge, II 1 Z 4. Auch unter den dort näher genannten Voraussetzungen ist eine Vorwegentscheidung statthaft. 6

E. Unzumutbare Härte, II 1 Z 5. Eine Vorwegentscheidung über die Scheidung und etwaige andere FolgeS jeder Art ist schließlich auch dann zulässig, wenn die gleichzeitige Entscheidung über eine beliebige Art von FolgeS den Scheidungsausspruch so außergewöhnlich verzögern würde, daß der Aufschub auch unter einer Berücksichtigung der Bedeutung der FolgeS eine unzumutbare Härte darstellen würde, Zweibr FamRZ **02**, 334, Walter JZ **82**, 835 (ausf). Danach müssen bei jeder einzelnen FolgeS beide Merkmale Verzögerung und Härte vorliegen, Ffm RR **88**, 774, Hamm FamRZ **07**, 651. Eine Verzögerung muß zumindest drohen, Stgt FamRZ **01**, 928. Ob das der Fall ist, hängt einerseits von der Dauer der Verzögerung ab, andererseits von der Bedeutung der FolgeS vor allem für die Kinder, Hamm FamRZ **07**, 651. Das gilt selbst bei einer außergewöhnlich langen Dauer des Hauptverfahrens, Schlesw MDR **04**, 514, Stgt FamRZ **05**, 122 (beide sehr streng). Zur Berücksichtigung des Kindeswohls van Els FamRZ **83**, 438, v Maydell FamRZ **81**, 628 (Üb). Deshalb ist die Abkoppelung einer Folgesache dann, wenn es um den notwendigen Bedarf geht, nur ganz ausnahmsweise statthaft, Düss FamRZ **88**, 312. Eine Abtrennung kommt auch dann in Betracht, wenn auf Grund einer Entscheidung des BVerfG die gesetzliche Neuregelung einer entscheidungserheblichen Frage erfolgen muß, AG Kelheim FamRZ **97**, 565. 7

„Außergewöhnlich" ist eine Verzögerung nur, wenn sie die normale Dauer eines Verbundverfahrens gleicher Art bei dem zuständigen FamG überschreitet, Bbg FamRZ **86**, 1012, Celle FamRZ **96**, 1485, Düss FamRZ **85**, 413. Dabei muß man die Zeit ab der Rechtshängigkeit des Scheidungsantrags berücksichtigen. BGH FamRZ **91**, 689, Schlesw MDR **04**, 514, Zweibr FamRZ **02**, 334. Bei einem beiderseitigen Scheidungswillen kommt es auf die Verfahrensdauer des Scheidungsantrags desjenigen Gatten an, der sich auf § 140 beruft, Schlesw MDR **04**, 514, Stgt MDR **98**, 290. Der Grund der Verzögerung ist ohne Bedeutung, BGH NJW **87**, 1773, Düss FamRZ **85**, 413, Ffm FamRZ **81**, 579. Ebensowenig haben bei Z 5 anders als bei Z 4 übereinstimmende Interessen der Parteien eine Bedeutung, Ffm FamRZ **80**, 177, Hbg FamRZ **78**, 42, oder ihr Einverständnis, Schlesw SchlHA **80**, 18. Deshalb rechtfertigt die gewöhnliche Dauer einer FolgeS etwa zum Versorgungsausgleich für sich allein nicht die Abkoppelung dieser FolgeS, Schlesw FamRZ **89**, 1106, Zweibr FamRZ **83**, 623. Dasselbe gilt bei wechselseitigen Anträgen über den Ausgleich des Zugewinns, Brdb FamRZ **05**, 1920. Man darf einen Zeitraum von Ruhen oder Aussetzung usw nicht abziehen, BGH NJW **87**, 1772, Schlesw MDR **04**, 514, Zweibr FamRZ **02**, 334. 8

Als Richtpunkt für die gewöhnliche Dauer muß man 1½ bis 2 Jahre annehmen, BGH RR **91**, 737, Hamm FamRZ **07**, 651, Stgt FamRZ **05**, 121. Man kann auch 2–3 Jahre ansetzen, Kogel FamRZ **07**, 647. Dabei handelt es sich aber nicht um einen Mindestzeitraum, Celle FamRZ **96**, 1485, sondern eher um eine äußerste Zeitspanne, Schlesw MDR **04**, 514. Natürlich kommt es auf die Gesamtumstände an, Naumb FamRZ **02**, 331. Auch bei einer Auslandsberührung kommt es auf den Einzelfall an, Hamm FER **97**, 234. In aller Regel ist eine Abtrennung nicht richtig, wenn der Verfahrensstoff einfach und übersichtlich ist und die Entscheidung in kurzer Zeit fallen kann, Stgt FamRZ **92**, 321. Immer kommt es auf die Verzögerung in dieser Instanz an. Daher darf das FamG eine Abtrennung nicht auf die Dauer eines etwaigen Rechtsmittelverfahrens über den Versorgungsausgleich stützen, Köln FamRZ **00**, 1294, aM BGH NJW **87**, 1773, AG Augsb FamRZ **81**, 1192. 9

Eine „außergewöhnliche Verzögerung" für sich allein genügt nicht, Schlesw MDR **04**, 514, Zweibr FamRZ **98**, 1525. Sie muß vielmehr eine *„unzumutbare Härte"* darstellen. Düss FamRZ **02**, 1572, Köln FamRZ **03**, 1197, Stgt FamRZ **05**, 121. Auch unter diesem Gesichtspunkt kommt es auf eine Abwägung der Interessen beider Ehegatten an, BGH RR **96**, 1025, Schlesw MDR **04**, 514, Finger MDR **00**, 248. Dabei muß das Interesse an der Abkopplung klar überwiegen, Köln FamRZ **03**, 1197, Naumb FamRZ **02**, 333, Zweibr FamRZ **98**, 1526. Es kommt auch auf die Interessen der Kinder an, BGH NJW **87**, 1772, KG FamRZ **01**, 928. Je gewichtiger die FolgeS für die aktuelle Lebenssituation ist, um so strenger müssen die Anforderungen sein, Hbg FamRZ **01**, 1228, Hamm FamRZ **92**, 1086, Köln RR **97**, 1366. Deshalb sollte das FamG die Entscheidung über den nachehelichen Unterhalt nur ausnahmsweise abtrennen, BGH FamRZ **86**, 899, nämlich dann, wenn der Unterhalt keine existentielle Bedeutung für den Berechtigten hat oder wenn ein anderes bereits anhängiges Verfahren für die Entscheidung vorgreiflich ist, Schlesw SchlHA **97**, 135. Eine Heiratsabsicht reicht meist nicht, Schlesw MDR **04**, 514. 10

Dagegen kann eine *Abkoppelung* in Betracht kommen, wenn ein Beteiligter die Klärung des Versorgungsausgleichs behindert, indem er Auskünfte verweigert und dadurch die Entscheidung außergewöhnlich verzögert, Köln RR **97**, 1366, Naumb FamRZ **02**, 333, Stgt FamRZ **05**, 121, aM Köln FamRZ **83**, 290, Schlesw FamRZ **92**, 1199. Überhaupt wird eine Verzögerung wegen einer Verletzung der Verfahrensförderungspflicht oft die Unzumutbarkeit eines weiteren Zuwartens des Gegners begründen, BGH RR **96**, 1025, Brdb FamRZ **96**, 751, Hamm FamRZ **92**, 1087, es sei denn, auch er ist für die Verzögerung verantwortlich, Hamm FamRZ **97**, 826, Schlesw SchlHA **97**, 73. Eine Überlastung des Gerichts reicht nicht, Celle FamRZ **96**, 1485, Köln FamRZ **97**, 1487. Die Abkoppelung kann auch ratsam sein, wenn während des Getrenntlebens ein erheblicher Unterhalt fällig wird, während die Entscheidung über den Scheidungsantrag die Unterhaltspflicht verringern, BGH NJW **91**, 2492, oder wegfallen lassen würde, Ffm FamRZ **81**, 579 (zum umgekehrten Fall Kblz FamRZ **90**, 771), oder wenn eine FolgeS erst kurz vor der Entscheidungsreife der anderen Verbundsachen anhängig wird, Karlsr FamRZ **79**, 947, Walter JZ **82**, 837, aM Stgt FamRZ **92**, 320, oder wenn der Beteiligte eine Entscheidung des BVerfG erbittet, Celle FamRZ **79**, 295, Köln FamRZ **79**, 296, Oldb FamRZ **78**, 812, oder wenn aus einer neuen Verbindung ein Kind hervorgeht, BGH NJW **87**, 1773. Dabei hat aber die Dauer der Ehe ein besonderes Gewicht, Köln RR **97**, 1366. 11

Eine unzumutbare Härte durch die Aufrechterhaltung des Verbunds ergibt sich durch eine *mehrjährige Trennung* für sich allein *nicht*. Jedoch kann es bei einer jahrzehntelangen Trennung anders liegen, Oldb 12

FamRZ **79**, 619. Minder hohe Anforderungen sind auch bei Z 5 möglich, wenn eine oder gar beide Beteiligten mit einer Abkoppelung einverstanden sind, BGH FamRZ **91**, 1043, Schlesw FamRZ **92**, 1199, AG Landstuhl RR **93**, 519. Das gilt, falls nicht die Belange anderer entgegenstehen, BGH RR **91**, 727. Das Einverständnis steht dabei unter dem Vorbehalt, daß die gesetzlichen Voraussetzungen vorliegen, Schlesw FamRZ **89**, 1106.

13 **E. Abschließende Regelung, II 1 Z 1–5, III.** Die Regelung des § 140 ist zwingend und abschließend, BGH NJW **91**, 1616, Düss FamRZ **88**, 965. Eine Erweiterung der Voraussetzungen durch die Berücksichtigung anderer Umstände wie etwa der Ungeklärtheit einer Rechtsfrage ist unzulässig, Zweibr FamRZ **82**, 946. Vielmehr muß man II, III eng auslegen, um den Zweck des Verbunds nach § 137 nicht zu vereiteln, Bbg FamRZ **88**, 531, Düss FamRZ **88**, 312, KG FamRZ **90**, 646. Dieser Zweck besteht bei einer kinderlosen Ehe allerdings nicht darin, zusätzlich zu den Scheidungssperren des sachlichen Rechts den Bestand der Ehe zu schützen, Bbg FamRZ **88**, 531, Ffm FamRZ **79**, 1013.

Die Abtrennung und ihre Voraussetzungen sind auch außerhalb des Zwangsverbundes mit Ausnahme jeder *Beteiligtenherrschaft* nach Grdz 18 vor § 128 ZPO *entzogen,* BGH NJW **91**, 1616 (zustm Philippi FamRZ **91**, 1426), Düss FamRZ **88**, 965. Daher entbindet ein Einverständnis sogar beider Parteien das FamG mit Ausnahme der Z 4 nicht von der selbständigen Prüfung und Entscheidung, auch nicht bei einer antragsabhängigen FolgeS, BGH NJW **91**, 1617, aM Hamm FamRZ **86**, 823, Schlesw FamRZ **91**, 96. Deshalb kann bei einem Verstoß des FamG gegen § 140 auch keine Heilung nach § 113 I 2 in Verbindung mit § 295 ZPO eintreten, BGH NJW **91**, 1617, Düss FamRZ **88**, 965. Jedoch schließt das nicht aus, daß beim Einverständnis der Ehegatten mit der Abtrennung eine unzumutbare Härte eher möglich ist. Wegen der Prüfung der Voraussetzungen hat das FamG einen Beurteilungsspielraum, BGH NJW **87**, 1773.

14 **4) Verfahren, I–VI.** Eine Vorwegentscheidung über den Scheidungsantrag und etwaige andere FolgeS ist auch in 2. Instanz möglich, wenn die in Rn 2 ff genannten Voraussetzungen erst dann vorliegen, Düss FamRZ **78**, 527. Maßgeblich ist die Tatsachenlage im Zeitpunkt der Entscheidungsreife, Schlesw SchlHA **80**, 18. Dagegen kann man § 140 in der Beschwerdeinstanz dann nicht anwenden wenn das FamG im Verbund über die Scheidung und die FolgeS entschieden hat, ein Beteiligter aber die Entscheidung nur wegen der letzteren angefochten hat. Eine Herausnahme derjenigen FolgeS, durch die der Scheidungsausspruch wirksam werden würde, ist in diesem Fall nicht statthaft, BGH NJW **81**, 55 (krit Oehlers FamRZ **81**, 248), Stgt FamRZ **84**, 806, aM Saarbr FamRZ **82**, 947, Walter FamRZ **79**, 676.

15 Ob das FamG beim Vorliegen der Voraussetzungen von der Möglichkeit der Auflösung des Verbunds Gebrauch macht, muß es von Amts wegen prüfen, Naumb FamRZ **02**, 248. Ein Antrag ist daher nur eine Anregung, Naumb FamRZ **02**, 248. Das FamG muß bei II nach seinem pflichtgemäßen Ermessen von Amts wegen entscheiden („kann"), BGH NJW **91**, 2492, Hamm FamRZ **02**, 335, Naumb FamRZ **05**, 1920, aM Karlsr FamRZ **79**, 725 (zu II 1 Z 4), Stgt FamRZ **78**, 810 (gebundene Entscheidung). Dabei muß das Gericht die mit der Abkoppelung eintretenden Folgen bedenken, die sich auch auf das sachliche Recht auswirken können, Hamm FamRZ **84**, 53 (zu § 1365 BGB). Jedoch wird bei II 1 Z 3 stets eine Abkoppelung ratsam sein. Man hat nach V ein formelles Antragsrecht. Man kann aber auch eine Abkoppelung nach § 24 anregen. Den Beteiligten muß das FamG das rechtliche Gehör geben, BGH NJW **87**, 1773. Über die Voraussetzungen einer Abtrennung muß das Gericht für jeden Verbundantrag gesondert entscheiden, Naumb FamRZ **05**, 1920. Es kommt auch eine Abkopplung für einen abtrennbaren Teil einer FolgeS infrage, BGH FamRZ **84**, 572, aber auch Oldb RR **92**, 712 (nicht bei § 1587 c BGB). Abtrennen darf es nur eine FolgeS als solche. Danach darf es nicht einzelne Unterhaltsansprüche voneinander trennen, Karlsr FamRZ **82**, 318. Ebenso ist eine Vorabentscheidung über den Ausschluß oder über einzelne Elemente des Versorgungsausgleichs unzulässig, Oldb RR **92**, 712. Eine einstweilige Anordnung nach §§ 49, 246 auf einen Antrag bleibt statthaft, auch zusammen mit dem Scheidungsbeschluß.

16 **5) Maßgebende Zeiträume, IV.** Die Einschränkung IV 1 stellt auf einen tatsächlichen Vorgang ab. IV 2 hebt IV 1 wieder auf und ermöglicht damit wieder eine zeitlich weniger begrenzte Abtrennung als Ausnahme, Rn 1. Daher muß man IV 2 streng auslegen.

17 **6) Formfreiheit, V.** Die Vorschrift hebt einen Anwaltszwang auf. Vgl auch § 25 sowie § 114 I 2 in Verbindung mit § 78 III Hs 2, ferner mit § 128 II ZPO.

18 **7) Beschluß; isolierte Unanfechtbarkeit, VI.** Ein besonderer *Beschluß* über die Auflösung ist nötig, *VI 1.* Gegen ihn ist keine Beschwerde zulässig, *VI 2,* BGH NJW **79**, 1603, Hamm FamRZ **05**, 731, Zweibr FamRZ **03**, 1197, aM (je zum alten Recht) Mü OLGR **94**, 80, Naumb OLGR **01**, 464. Dasselbe gilt für die durch einen Beschluß ausgesprochene Ablehnung einer Vorwegentscheidung, BGH NJW **05**, 143, Hamm FamRZ **05**, 731, Rostock FamRZ **05**, 1499, aM Ffm FamRZ **97**, 1167, Hamm RR **87**, 896, Naumb FamRZ **02**, 331 (aber [jetzt] VI gilt auch hier, Kblz FamRZ **91**, 209). Etwas anderes gilt nur dann, wenn die Nichtabtrennung einer Aussetzung des Verfahrens gleichkommt, Ffm FamRZ **97**, 1167. Die Entscheidung ergeht durch denjenigen Beschluß, in dem das FamG die Scheidung ausspricht und über andere FolgeS entscheidet. In der Entscheidung muß das FamG die Voraussetzungen und auch evtl die mangelnde Entscheidungsreife nach § 113 I 2 in Verbindung mit § 300 ZPO Rn 6 darlegen, BGH RR **96**, 1025, Düss RR **91**, 5. Ein Verstoß ist ein wesentlicher Verfahrensmangel nach (jetzt) § 146, Kblz RR **91**, 5. Ein Gehörsverstoß macht § 44 anwendbar.

19 Der *Nachprüfung durch das Beschwerdegericht* unterliegt die Abtrennung nur auf Grund der Beschwerde gegen den Scheidungsbeschluß, BGH RR **96**, 833 und 1025, Hamm FamRZ **97**, 1228, Schlesw FER **00**, 240. Hat jedoch das FamG vorweg durch einen Beschluß in einer FolgeS entschieden, ist dagegen evtl die befristete Beschwerde nach § 57 S 2 statthaft, Saarbr FER **98**, 113. Nur ein Ehegatte ist zum Rechtsmittel befugt, Brdb FamRZ **96**, 496, kein Dritter, Naumb FamRZ **01**, 831. Ob die Voraussetzungen der Vorwegentscheidung vorlagen und ob das FamG sein Ermessen richtig ausgeübt hat, muß das OLG voll nachprüfen, BGH RR **96**, 1025, Düss FamRZ **80**, 1050. Bei einem vorangegangenen Beschluß muß das OLG auch diesen nachprüfen, BGH NJW **79**, 1603. Beides muß von Amts wegen erfolgen, BGH NJW **91**, 1617. Die

Beschwerde kann man auch mit dem Ziel einlegen, lediglich die Vorwegentscheidung zu beseitigen und dadurch den Verbund wiederherzustellen, BGH FamRZ **06**, 1029, Stgt FamRZ **01**, 928, Zweibr FamRZ **02**, 334. Man muß die Rüge, die Auflösung des Verbunds sei zu Unrecht erfolgt, im Weg der Anfechtung des Scheidungsausspruchs erheben, BGH FamRZ **96**, 1333.

20 Bei einem *Verstoß* gegen § 140 muß das OLG auf Grund eines zulässigen Rechtsmittels den Scheidungsbeschluß aufheben und evtl durch eine Zurückverweisung nach § 146 den Verbund wiederherstellen, BGH RR **96**, 835, Nürnb FamRZ **05**, 1497, Stgt FamRZ **05**, 121. Das gilt nicht, wenn die Entscheidung über die abgetrennte FolgeS inzwischen rechtskräftig geworden ist, Schlesw FamRZ **92**, 198, oder wenn eine Mitentscheidung nach § 113 I 2 in Verbindung mit Grdz 14 vor § 128 ZPO verfahrenswirtschaftlich ist, BGH NJW **84**, 120. Das gilt etwa dann, wenn feststeht, daß der mit der abgetrennten FolgeS geltend gemachte Anspruch nicht besteht, Köln FamRZ **98**, 301, oder wenn der Verbund ohnehin unwiederbringlich geendet hat, Düss FamRZ **02**, 1572, Hbg FamRZ **99**, 99, Schlesw FamRZ **92**, 198, oder wenn keine weitere Verhandlung erforderlich ist. Sind die FolgeS im ersten Rechtszug anhängig, zwingt der Verstoß meist zur Zurückverweisung, damit das FamG im Verbund entscheiden kann, BGH RR **96**, 835, Ffm RR **88**, 774, Schlesw FamRZ **89**, 1106. In der Rechtsbeschwerdeinstanz ist die Prüfung durch den BGH eingeschränkt, und zwar sowohl wegen der Beurteilung der Voraussetzungen, BGH NJW **91**, 2492, als auch wegen der Ausübung des Ermessens (der BGH spricht in beiden Fällen von Ermessen). Der BGH darf nur prüfen, ob das OLG von richtigen Tatsachen ausgegangen ist, alle wesentlichen Gesichtspunkte berücksichtigt und ohne sachfremde Erwägungen entschieden hat, BGH RR **96**, 1025.

21 **8) Wirkung der Abkoppelung, I–VI.** Wegen der nicht abgetrennten FolgeS bleibt § 137 anwendbar. Über sie muß das FamG also im Verbund mit der Scheidungssache entscheiden. Für die Abtrennung einer oder mehrerer FolgeS aus dem Restverbund gilt § 140, Zweibr FamRZ **97**, 1231. Dasselbe gilt in der Rechtsmittelinstanz.

Das FamG muß das Verfahren über abgetrennte FolgeS *fortsetzen,* Drsd FamRZ **02**, 1415. Das gilt auch dann, wenn der Scheidungsantrag in einer höheren Instanz anhängig ist, BGH NJW **79**, 1605, KG FamRZ **82**, 320. Für dieses Verfahren gelten weiterhin die Vorschriften über FolgeS, BGH NJW **81**, 233, Drsd FamRZ **02**, 1415. Das gilt auch dann, wenn der vorab ergangene Scheidungsbeschluß rechtskräftig wird, BGH NJW **81**, 233, KG FamRZ **84**, 495 (Ausnahme: § 114 IV Z 4). Demgemäß besteht weiterhin grundsätzlich ein Anwaltszwang, § 114 I, BGH FamRZ **98**, 1505, Drsd FamRZ **97**, 825. Auch eine Verfahrenskostenhilfe bleibt bestehen, Drsd FamRZ **02**, 1415. Hat das FamG das Verfahren über den Versorgungsausgleich von dem Verbund abgetrennt, muß es nach der Rechtskraft des Scheidungsspruches auch dann noch über diese FolgeS entscheiden, wenn die geschiedenen Ehegatten einander inzwischen wieder geheiratet haben, Kblz FamRZ **81**, 60. Mehrere abgetrennte FolgeS stehen untereinander weiter im Verbund, § 137 IV 1 Hs 2, KG FamRZ **90**, 646, Stgt FamRZ **90**, 1121, Zweibr FamRZ **97**, 505, aM Mü FamRZ **87**, 169. Die Aufhebung auch dieses Teilverbunds richtet sich wiederum nach § 140, Zweibr FamRZ **97**, 505.

22 Für *das weitere Verfahren* gilt das für die jeweilige FolgeS maßgebliche Recht.

141 *Rücknahme des Scheidungsantrags.* [1]**Wird ein Scheidungsantrag zurückgenommen, erstrecken sich die Wirkungen der Rücknahme auch auf die Folgesachen.** [2]**Dies gilt nicht für Folgesachen, die die Übertragung der elterlichen Sorge oder eines Teils der elterlichen Sorge wegen Gefährdung des Kindeswohls auf einen Elternteil, einen Vormund oder Pfleger betreffen, sowie für Folgesachen, hinsichtlich derer ein Beteiligter vor Wirksamwerden der Rücknahme ausdrücklich erklärt hat, sie fortführen zu wollen.** [3]**Diese werden als selbständige Familiensachen fortgeführt.**

Gliederung

1 **1) Systematik, S 1–3.** Es handelt sich um eine inhaltlich weitgehende Übernahme des früheren § 626 I, II ZPO. Für die Rücknahme des Scheidungsantrags nach § 124 S 1 gelten § 113 I 2 in Verbindung mit § 269 ZPO. Die Rücknahme und die Einwilligung sind nur durch einen Anwalt wirksam möglich. Zur stillschweigenden Rücknahme BGH FamRZ **96**, 1143, zur Auswirkung auf sachliche Rechtsfolgen BGH NJW **86**, 2318. Die Rücknahme ist nach § 269 I ZPO in jeder Verfahrenslage möglich, wenn der Antragsgegner anwaltlich nicht vertreten war, wenn er also nicht zur Hauptsache verhandeln konnte, BGH FamRZ **87**, 800, Stgt FamRZ **05**, 286 oder wenn er eben nicht zur Hauptsache verhandelt hat, BGH RR **04**, 797 links. Das gilt, mag er auch geladen und erschienen sein, § 269 ZPO Rn 14. Es gilt auch dann, wenn das FamG ihn nach § 128 zur Sache gehört hat, BGH FamRZ **04**, 1364, Stgt FamRZ **05**, 286. Hat er sich auf den in der mündlichen Verhandlung gestellten Scheidungsantrag zur Sache eingelassen, braucht die Rücknahme seine Einwilligung, § 269 II ZPO. Dasselbe gilt, wenn er dem Scheidungsantrag zustimmt, Mü RR **94**, 201, Stgt FamRZ **02**, 831 (zustm Bergerfurth 1261), oder wenn er dem Scheidungsantrag nicht entgegengetreten ist, BGH FamRZ **04**, 1365, oder wenn er einen Beweisantrag gestellt hat, Ffm FamRZ **82**, 811. Kein Verhandeln zur Hauptsache ist eine bloße Stellungnahme nach § 278 ZPO, dort Rn 5. Der Antragsteller braucht zur Rücknahme nicht eine Zustimmung des anderen Ehegatten, wenn beide eigene Scheidungsanträge gestellt haben, AG Bln-Charlottenb FamRZ **86**, 704. Ein Widerruf der Rücknahme ist auch mit einer Einwilligung des Gegners nicht zulässig, Mü FamRZ **82**, 510. Die Auswirkungen der Rücknahme auf die nach § 137 im Verbund stehenden FolgeS regelt § 141. Die Vorschrift hat den Vorrang vor § 22.

2 **2) Regelungszweck, S 1–3.** Zweck ist eine möglichst weitgehende Angleichung der FolgeS an die Entwicklung der Hauptsache ohne eine Vernachlässigung der Eigenbedürfnisse einer jeden FolgeS. II soll auch zB eine sonst nötige Wiederholung einer Beweisaufnahme verhindern, Grdz 14 vor § 128 ZPO, Stgt FamRZ **06**, 714.

3 **3) Wirkung der Rücknahme, S. 1.** Das Verfahren gilt nach § 113 I 2 in Verbindung mit § 269 III 1 Hs 1 ZPO als nicht anhängig geworden. Ein noch nicht nach § 45 formell rechtskräftiger Beschluß wird nach §§ 269 III 1 Hs 2 ZPO kraft Gesetzes auch ohne einen entsprechenden Ausspruch wirkungslos. Da man mit einer FolgeS nur eine Regelung für den Fall der Scheidung erstrebt, § 137, werden alle FolgeS einschließlich der vom Antragsgegner betriebenen mit der Rücknahme des Scheidungsantrags gegenstandslos, soweit es sich nicht um die Übertragung des Sorgerechts usw nach § 137 III handelt, S 2 Hs 1 in Verbindung mit § 269 III 1 ZPO, oder soweit keine Partei eine Erklärung nach S 2 Hs 2 abgibt. Dann gilt die FolgeS als nicht anhängig gewesen. Eine in ihr ergangene Entscheidung wird wirkungslos, ohne daß das FamG sie ausdrücklich aufheben muß.

Die *Kosten* unterfallen § 150.

4 **4) Fortführung einer Folgesache, S 2, 3.** Die Vorschrift bezweckt eine Wahrung des erreichten Verfahrensstand, KG FamRZ **05**, 806.

A. Folgesache zum Sorgerecht. Das FamG muß eine solche Kindschaftssache zur Übertragung des Sorgerechts usw als eine selbständige FolgeS fortführen, *Hs 1.* Das gilt unabhängig von der Schlüssigkeit der FolgeS, KG FamRZ **04**, 1044.

5 **B. Andere Folgesache.** Ist eine andere FolgeS anhängig, muß bei der Rücknahme des Scheidungsantrags unabhängig von ihrer Begründung das FamG einem Beteiligten auf dessen nicht fristgebundene Erklärung ermöglichen, diese FolgeS als selbständige FamS fortzuführen, *Hs 2,* Bbg FamRZ **97**, 91, Celle FamRZ **94**, 301, Stgt FamRZ **06**, 714. Dasselbe gilt nach dem Tod einer Partei wegen § 131, KG FamRZ **00**, 1030. Es besteht dazu kein Ermessen, Hamm RR **05**, 1024. Die noch im Verbund nötige Erklärung unterliegt dem Anwaltszwang, § 114 I, Hamm RR **05**, 1023. Die Wirkungen der Rücknahme nach Rn 3 treten dann wegen dieser FolgeS nicht ein. Man kann die Erklärung nur solange stellen, wie die Rücknahme des Scheidungsantrags noch nicht wirksam ist.

Eine Entscheidung über die Fortführung erfolgt nicht mehr. Die Fortführung kommt nur infrage, wenn die bisherige FolgeS unabhängig von einem Scheidungsverfahren anhängig werden kann, zB Unterhaltssachen, beim vorzeitigen Zugewinnausgleich, § 1386 I BGB, KG FamRZ **04**, 1044, Stgt FamRZ **06**, 714, Hausratssachen, Diederichsen NJW **77**, 657. Eine Wohnungssache läßt sich als ein Verfahren nach § 1361 b BGB fortführen, Finger NJW **87**, 1003. Ein Verfahren wegen des Versorgungsausgleichs läßt sich deshalb nicht fortführen, es sei denn, der Beteiligte erklärt die Rücknahme des Scheidungsantrags nach der Anerkennung einer ausländischen Scheidung, Hamm RR **05**, 1023, KG NJW **79**, 1107, AG Bln-Charlottenb RR **90**, (auch ohne eine Einleitung eines nachträglichen Versorgungsausgleichsverfahrens). Ob für eine Fortführung ein Bedürfnis besteht oder ob die Fortführung zweckmäßig oder erfolgsversprechend ist, darf das FamG dagegen nicht prüfen, Hamm RR **05**, 1023, aM Oldb FamRZ **83**, 95. Ebensowenig prüft das FamG die Schlüssigkeit des Anspruchs der FolgeS vor der Fortführung, KG FamRZ **04**, 1044. Diese Frage ist im weiteren Verfahren über die FolgeS entscheidbar. Soweit das FamG eine Fortführung ablehnt, ist dagegen die Beschwerde nach §§ 58 ff zulässig. Sie geht an das OLG, § 119 GVG. Im Verfahren des FamG entstehen für das Gericht keine Gebühren.

6 **C. Weiteres Verfahren, S 3.** Die selbständige FamS bleibt beim FamG der Scheidungssache nach § 261 III Z 2 ZPO anhängig, Brüggemann FamRZ **77**, 22. Berechnungszeitpunkt ist die Zustellung des Scheidungsantrags, Köln FamRZ **03**, 540 (krit Höser). Das weitere Verfahren richtet sich nach §§ 111 ff. Soweit sich der Antrag auf die Regelung einer Scheidungsfolge richtete, muß man ihn umstellen, zB auf einen Unterhalt bei einer bestehenden Ehe. Die Verfahrensstandschaft nach § 1629 III BGB endet. Daher tritt das Kind in das Unterhaltsverfahren ein, Bergerfurth FamRZ **82**, 564.

Über die *Kosten* entscheidet das FamG in der selbständigen FamS nach § 150.

7 **D. Entsprechende Anwendung, S 2 Hs 2.** Die Regelung ist entsprechend anwendbar auf andere Fälle, in denen der Scheidungsantrag gegenstandslos wird, zB beim Tod eines Ehegatten oder bei einer Erledigung des Scheidungsantrags etwa wegen eines ausländischen Scheidungsurteils, Hamm RR **05**, 1023, KG NJW **79**, 1107. Eine Fortführung kommt in diesen Fällen nur dann in Betracht, wenn man den Streit gegen den überlebenden Gatten oder gegen die Erben des verstorbenen Gatten fortsetzen kann, zB wegen des Unterhalts eines volljährigen Kindes. Das ist bei dem Streit um den Versorgungsausgleich nicht so. Daher erledigt sich diese FolgeS nach § 131, ohne daß eine Fortführung nach S 2 Hs 2 möglich ist, BGH FamRZ **81**, 245. Bei einer Gegenstandslosigkeit des Scheidungsantrags wegen der Anerkennung einer ausländischen Scheidung gelten Rn 4 ff, BGH NJW **84**, 2042 Hamm RR **05**, 1024.

142 ***Einheitliche Endentscheidung; Abweisung des Scheidungsantrags.*** I [1] **Im Fall der Scheidung ist über sämtliche im Verbund stehenden Familiensachen durch einheitlichen Beschluss zu entscheiden.** [2] **Dies gilt auch, soweit eine Versäumnisentscheidung zu treffen ist.**

II [1] **Wird der Scheidungsantrag abgewiesen, werden die Folgesachen gegenstandslos.** [2] **Dies gilt nicht für Folgesachen nach § 137 Abs. 3 sowie für Folgesachen, hinsichtlich derer ein Beteiligter vor der Entscheidung ausdrücklich erklärt hat, sie fortführen zu wollen.** [3] **Diese werden als selbständige Familiensachen fortgeführt.**

Gliederung

1) Systematik, Regelungszeck, I, II. *I 1* übernimmt fast wörtlich den früheren § 629 I ZPO. *I 2* stimmt praktisch wörtlich mit dem früheren § 629 II 1 ZPO überein. *II* verfährt ebenso mit § 629 III 1 ZPO. *II 2, 3* stimmt wörtlich mit § 141 S 2, 3 überein. Vgl daher insofern dort. Nach § 137 I muß das FamG sämtliche Verbundsachen als FolgeS grundsätzlich gleichzeitig und zusammen mit der Scheidungssache entscheiden, sofern es dem Scheidungsantrag stattgibt (Entscheidungsverbund). § 142 enthält die Ausgestaltung dieses Grundsatzes. Der Zweck ist natürlich derselbe wie bei § 137. 1

2) Stattgebender streitiger Scheidungsbeschluß, I 1. Muß das FamG dem Scheidungsantrag stattgeben und gleichzeitig über im Verbund stehende und daher nicht nach § 140 abgetrennte FolgeS entscheiden, ergeht ein einheitlicher Beschluß. Er enthält schon in seiner Entscheidungsformel, dem Tenor wie bei § 113 I 2 in Verbindung mit § 311 II 1 ZPO, die Aussprüche über jede mitentschiedene FolgeS. Er nennt dort auch die nach § 140 abgetrennten FolgeS. Wegen der Entscheidung über den Auskunftsanspruch im Rahmen eines Stufenantrags und wegen der sonstigen Zulässigkeit einer Teilentscheidung § 137 Rn 14. Für die Entscheidung gelten § 113 I 2 in Verbindung mit §§ 308 ff ZPO. Das FamG muß sie nach § 310 ZPO allen Beteiligten zustellen, also evtl auch nach Maßgabe des § 139 I 2 dem Kind und dem Jugendamt, § 139 Rn 2, und den am Versorgungsausgleich Beteiligten, Heintzmann FamRZ **80**, 115 (ausf). Zu den Folgen einer unterbliebenen gemeinsamen Entscheidung Nürnb FamRZ **05**, 1497 (Aufhebung und Zurückverweisung nach den bei einem unzulässigen Teilbeschluß geltenden Regeln nach § 113 I 2 in Verbindung mit § 301 ZPO). 2

Das FamG muß grundsätzlich eine *Begründung* auch zu allen mitbeurteilten FolgeS liefern, zB beim Versorgungsausgleich, Köln FamRZ **05**, 1921 (sonst Zurückverweisung). § 313 a ZPO ist freilich anwendbar, auch mit seinen Grenzen, Hamm FamRZ **79**, 168, Stgt FamRZ **83**, 81. Ist der Versorgungsausgleich nach § 1408 II oder § 1587 o BGB unstatthaft, muß das FamG das in der Formel des Scheidungsbeschlusses aussprechen, Philippi FamRZ **82**, 1057, aM BGH RR **91**, 1026, Ffm FamRZ **83**, 610, Mü FamRZ **00**, 165 (aber es muß Rechtssicherheit auch durch Klarheit geben, Einl III 43). Eine einverständliche Scheidung dürfte das FamG nicht als solche im Tenor kennzeichnen, aM Diederichsen NJW **77**, 658. 3

Bei der Anwendung *ausländischen Rechts* nach Art 17 EGBGB gilt folgendes: Bei einer Scheidung oder Trennung von Ausländern muß das FamG die Verantwortlichkeit eines Ehegatten feststellen, wenn das maßgebliche Recht das vorsieht, BGH NJW **88**, 638, Ffm FamRZ **81**, 783, Hamm FamRZ **89**, 625. Evtl muß das FamG auch die Mitschuld des anderen Ehegatten feststellen, mag es sich auch um die deutsche Ehefrau handeln, Ffm FamRZ **79**, 587. Der Ausspruch der Verantwortlichkeit gehört in den Tenor, wenn er nach dem sachlichen Recht eine Bedeutung hat, BGH NJW **90**, 778, Hamm FamRZ **89**, 625, Zweibr FamRZ **97**, 431. Kennt das maßgebliche ausländische Recht nur eine Privatscheidung, muß das nach § 98 zuständige deutsche FamG gleichwohl scheiden, um die Ehe mit einer Wirkung für das Inland aufzulösen. Es sollte aber zwecks einer Anerkennung im Ausland sicherstellen, daß außerdem die Voraussetzungen des ausländischen Rechts vorliegen, Gottwald Festschrift für Nakamura (1996) 192. Das kann in der mündlichen Verhandlung geschehen, Mü IPRax **89**, 241 (zustm Jayme 223), oder außerhalb von ihr, AG Esslingen IPRax **93**, 250, Beitzke IPRax **93**, 234, Boltz NJW **90**, 620, aM KG FamRZ **94**, 839, AG Ffm IPRax **89**, 237.

Zur *vorläufigen Vollstreckbarkeit* gilt vor der Rechtskraft das Verbot nach § 116 II. Nach der Rechtskraft des Scheidungsausspruchs Kemnade FamRZ **86**, 627. 4

Über die *Kosten* der Beteiligten muß das FamG nach § 150 entscheiden, Naumb FamRZ **03**, 1192. Die Kosten eines Dritten unterliegen (jetzt) § 150 III–V. Eine Berichtigung erfolgt nach §§ 319, 320 ZPO, eine Ergänzung nach § 321 ZPO.

3) Stattgebende Versäumnisentscheidung, I 2. Eine Entscheidung durch einen einheitlichen Spruch ergeht auch insoweit, als es sich um eine Versäumnisentscheidung handelt. Auch wenn die Säumnis vor der Schlußverhandlung eintritt, darf das FamG einen beantragten Versäumnisbeschluß nach § 113 I 2 in Verbindung mit §§ 330, 331 I, II ZPO also erst zusammen mit dem Scheidungsausspruch und etwaigen Entscheidungen über weitere FolgeS als einen Teilversäumnisbeschluß erlassen, Schlesw FamRZ **92**, 839. Das setzt voraus, daß der Beteiligte auch in der Schlußverhandlung säumig ist, Kblz FamRZ **01**, 1159, Diederichsen NJW **77**, 658. Es gilt auch in der Rechtsmittelinstanz, Zweibr NJW **86**, 3033. Ein Versäumnisbeschluß nach § 331 III ZPO ist im Verbund nicht möglich. Das FamG darf auch den Versäumnisbeschluß nicht für vorläufig vollstreckbar erklären. Denn das ist hier systemfremd. Auch eine Entscheidung nach Aktenlage ist unstatthaft, § 130 II Hs 2. Das FamG muß vertagen oder das Ruhen nach § 251 a III ZPO anordnen. Dagegen ist die sofortige Beschwerde nach § 113 I 2 in Verbindung mit §§ 252, 567 ff ZPO statthaft, Köln RR **92**, 1022. 5

4) Abweisung des Scheidungsantrags, II 1. Da das FamG über eine FolgeS nach § 137 I nur für den Fall der Scheidung entscheiden darf, muß es seine Entscheidung bei der Abweisung auf den Scheidungsantrag beschränken. Eine FolgeS wird damit kraft Gesetzes gegenstandslos, *II 1,* soweit das FamG sie nicht fortführen muß, Rn 7. Ein entsprechender Antrag ist daher unnötig, BGH RR **94**, 834. Nötig ist die Rechtskraft der Abweisung. Wegen der Kostenfolge § 150 wegen der Rechtsmittel § 117. Gebühren entstehen wie bei einem Erfolg des Scheidungsantrags, Rn 2. Über den Fall, daß das Rechtsmittelgericht das abweisende Urteil nicht aufhebt, § 146. 6

5) Fortführung einer Folgesache, II 2, 3. Aus den Gründen Rn 1 vgl bei § 141 S 2, 3. 7

6) Rechtsbehelfe, I, II. Wegen einer Versäumnisentscheidung gelten §§ 113 I 2, 143, 145 in Verbindung mit §§ 338 ff ZPO. Im übrigen vgl §§ 58 ff, 143, 145. 8

143 *Einspruch.* **Wird im Fall des § 142 Abs. 1 Satz 2 gegen die Versäumnisentscheidung Einspruch und gegen den Beschluss im Übrigen ein Rechtsmittel eingelegt, ist zunächst über den Einspruch und die Versäumnisentscheidung zu verhandeln und zu entscheiden.**

1 **1) Systematik, Regelungszeck.** Es handelt sich um die fast wörtliche Übernahme des früheren § 629 II 2 ZPO. § 143 knüpft an § 142 I 2 an. Vgl daher zunächst dort.

2 Das FamG darf über eine *zulässige* FolgeS innerhalb des einheitlichen Verbundbeschlusses bei einer Säumnis nur durch einen Versäumnisspruch entscheiden, Zweibr RR **97**, 2. Soweit das eindeutig geschah, ist nur ein Einspruch nach § 113 I 2 in Verbindung mit §§ 338ff ZPO statthaft, BGH FamRZ **94**, 1521, Kblz FamRZ **01**, 1159. Die Umdeutung einer Beschwerde ist begrenzt möglich, BGH FamRZ **94**, 1521. Für die Qualifizierung kommt es nicht auf die Bezeichnung an, sondern auf den Inhalt, FamRZ **94**, 1521. Im Zweifel gilt der Meistbegünstigungsgrundsatz nach Grdz 28 vor § 511 ZPO, BGH FamRZ **88**, 945, Köln FamRZ **95**, 888. Ein Einspruch führt aber nicht zur Verlängerung einer Beschwerdebegründungsfrist, BGH FamRZ **86**, 897. Gegen andere Teile des Verbundspruchs muß man das insoweit zulässige Rechtsmittel einlegen, BGH FamRZ **86**, 897. Geschieht beides, muß das FamG zunächst über den Einspruch und die Versäumnisentscheidung verhandeln und entscheiden, um dem Verurteilten die volle Tatsacheninstanz zu erhalten, BGH FamRZ **86**, 897. Wegen dieses Teils fällt die Sache dem Rechtsmittelgericht also erst dann an, wenn gegen die Entscheidung über den Einspruch und über die Versäumnisentscheidung nach allgemeinen Vorschriften ein Rechtsmittel vorliegt, §§ 343, 345 ZPO. Dann muß das Rechtsmittelgericht im Verbund mit den anderen Teilen des angefochtenen Spruchs einheitlich entscheiden. Andernfalls beschränkt sich der Verbund auf die dem Rechtsmittelgericht sogleich angefallenen Entscheidungen. Der Einspruch gegen den als Versäumnisentscheidung entschiedenen Teil hat keinen Einfluß auf den Lauf der Rechtsmittelfrist wegen der anderen Teile, BGH RR **86**, 1326.

3 Bei einer endgültig *unzulässigen* FolgeS muß das FamG trotz einer Säumnis des Antragstellers den Antrag durch eine streitmäßige Entscheidung insoweit abweisen, BGH NJW **86**, 1041, Düss OLGR **94**, 288, Ffm NJW **92**, 1178, aM Braun ZZP **93**, 463.

144 *Verzicht auf Anschlussrechtsmittel.* **Haben die Ehegatten auf Rechtsmittel gegen den Scheidungsausspruch verzichtet, können sie auch auf dessen Anfechtung im Wege der Anschließung an ein Rechtsmittel in einer Folgesache verzichten, bevor ein solches Rechtsmittel eingelegt ist.**

1 **1) Systematik, Regelungszweck,** dazu *Sedemund-Treiber* FamRZ **86**, 212: Die Vorschrift übernimmt praktisch wörtlich den früheren § 629a IV ZPO. Die Beteiligten haben das Recht der Anschließung. Auf dieses Recht kann jeder Beteiligte für seine Person verzichten. Ehegatten, die auf Rechtsmittel gegen den Scheidungsausspruch verzichtet haben, können auch auf dessen Anfechtung im Weg der Anschließung an ein Rechtsmittel in einer FolgeS verzichten, bevor dieses Rechtsmittel erfolgt. Diese Sonderregelung soll den Ehegatten ermöglichen, durch einen solchen Verzicht die Rechtskraft des im Verbund ergangenen Scheidungsausspruchs vor dem Abschluß des ganzen Verfahren herbeizuführen. Für den isolierten Scheidungsausspruch ist es keine besondere Bestimmung. Denn er wird ohnehin mit dem Verzicht auf das Hauptrechtsmittel rechtskräftig. Die Möglichkeit, im Verbund Anschlußrechtsmittel in FolgeS einzulegen, bleibt unberührt. Insofern gilt für alle Beteiligten das allgemeine Rechtsmittelrecht mit den sich aus § 145 ergebenden Besonderheiten. § 144 hat den Vorrang vor § 67.

145 *Befristung von Rechtsmittelerweiterung und Anschlussrechtsmittel.* [I] **Ist eine nach § 142 einheitlich ergangene Entscheidung teilweise durch Beschwerde oder Rechtsbeschwerde angefochten worden, können Teile der einheitlichen Entscheidung, die eine andere Familiensache betreffen, durch Erweiterung des Rechtsmittels oder im Wege der Anschließung an das Rechtsmittel nur noch bis zum Ablauf eines Monats nach Zustellung der Rechtsmittelbegründung angefochten werden; bei mehreren Zustellungen ist die letzte maßgeblich.**

II [1] **Erfolgt innerhalb dieser Frist eine solche Erweiterung des Rechtsmittels oder Anschließung an das Rechtsmittel, so verlängert sich die Frist um einen weiteren Monat.** [2] **Im Fall einer erneuten Erweiterung des Rechtsmittels oder Anschließung an das Rechtsmittel innerhalb der verlängerten Frist gilt Satz 1 entsprechend.**

1 **1) Systematik, Regelungszweck, I, II.** Die Vorschrift übernimmt weitgehend den früheren § 629a III 1–3 ZPO. Der grundsätzliche Zwang, im Verbund über EheS und FolgeS einheitlich zu entscheiden, § 142 I, hat früher dazu geführt, daß bei einer auf FolgeS beschränkten Anfechtung ohne einen umfassenden Rechtsmittelverzicht der Beteiligten die Rechtskraft des Scheidungsausspruchs in der Schwebe blieb, solange man diesen durch eine Erweiterung des Rechtsmittels oder durch eine Anschließung in das Rechtsmittelverfahren einbeziehen konnte. Man konnte hier nicht durch eine entsprechende Anwendung des damaligen § 628 I 1 ZPO helfen, BGH FamRZ **80**, 1108. Daher hat der Gesetzgeber den Mißstand eines Eintritts der Rechtskraft des Scheidungsausspruchs erst nach Jahren dadurch behoben, daß die nachträgliche Anfechtung durch eine Rechtsmittelerweiterung oder Anschließung ähnlich wie bei § 554 II 2 ZPO nur befristet zulässig ist, BGH NJW **98**, 2679. Die Befristung der Rechtsmittel gilt für die 2. und die 3. Instanz. Hier muß man § 147 beachten.

2 **2) Voraussetzung: Teilanfechtung, I 1.** Die Regelung gilt nur für eine erst- oder zweitinstanzliche Verbundentscheidung über die EheS und eine oder mehrere FolgeS. Dagegen ist I 1 nicht auf sonstige Entscheidungen anwendbar, zB in isolierten FamS, oder im Verbund ergehende gesonderte Entscheidungen wie

die Zurückweisung des Scheidungsantrags nach § 142 II 1 oder die Entscheidung über abgetrennte FolgeS, die vielleicht auch allein den Gegenstand des Rechtsmittelverfahren bilden, Sedemund-Treiber FamRZ **86**, 210. Man muß die Verbundentscheidung nach § 142 teilweise durch eine Beschwerde oder eine Rechtsbeschwerde angefochten haben. Eine solche Teilanfechtung hindert grundsätzlich den Eintritt der Rechtskraft des Scheidungsausspruchs, Zweibr RR **98**, 147. Richtet sich das Rechtsmittel gegen die gesamte Entscheidung, bleibt es bei den allgemeinen Vorschriften über die Erweiterung des Rechtsmittels und die Anschließung. Wird die Beschwerde gegen den Scheidungsausspruch nachträglich unzulässig, bleibt die Zulässigkeit des Rechtsmittels gegen die FolgeS hiervon unberührt (keine Anwendung von I), BGH RR **94**, 834.

3 **3) Befristung, I, II.** Bei einer teilweisen Anfechtung einer Verbundentscheidung durch ein Hauptrechtsmittel kann man eine Änderung von solchen Teilen der Entscheidung, die eine andere FamS betreffen, nur innerhalb bestimmter Fristen beantragen. Das gilt sowohl für die Erweiterung des Antrags, BGH RR **93**, 260, als auch für die Anschließung. Ein etwaiger Wille des Gesetzgebers, durch die Befristung die nach allgemeinen Grundsätzen mögliche Erweiterung der Teilanfechtung auf andere Teile für den Hauptrechtsmittelführer auszuschließen, hat im Gesetz keinen Ausdruck gefunden. Keine Beschränkung besteht für den Gegenstand des Hauptrechtsmittels. Haben ein Ehegatte wegen des Unterhalts, der andere wegen des Sorgerechts und ein Drittbeteiligter wegen des Versorgungsausgleichs Rechtsmittel eingelegt, bleibt es wegen dieser drei FamS bei den allgemeinen Vorschriften. Dagegen greift die Beschränkung für alle anderen Teile der Verbundentscheidung ein, BGH NJW **87**, 1024, also auch und gerade für die Anfechtung des Scheidungsausspruchs, die nur den Ehegatten zusteht, BGH NJW **98**, 2976. Der Hauptrechtsmittelführer kann sein Rechtsmittel nicht nachträglich erweitern, Schlesw RR **88**, 1479. Eine Gegenanschließung bleibt aber statthaft, Ffm FamRZ **87**, 959, Karlsr FamRZ **88**, 412.

4 Diejenigen Teile der Verbundentscheidung, die nicht Gegenstand eines Hauptrechtsmittels sind, lassen sich nach dem Ablauf der für ein Hauptrechtsmittel geltenden Frist grundsätzlich nur innerhalb einer *Monatsfrist* angreifen. Dadurch entsteht nicht etwa die Möglichkeit, ein Hauptrechtsmittel einzulegen. Insoweit bleibt es bei den dafür geltenden Fristen, Ffm FamRZ **86**, 1123. Die Befristung greift bei einer Antragserweiterung und bei einer Anschließung ein, deren sonstige Zulässigkeit sich nach den allgemeinen Vorschriften beurteilt. Für den Antrag auf eine Einbeziehung von Entscheidungsteilen in das Verfahren vor dem BGH gilt § 147.

5 Die Monatsfrist für diese Angriffe *beginnt* grundsätzlich mit der Zustellung der Begründung des Hauptrechtsmittels nach § 65. Bei mehreren Zustellungen beginnt die Frist mit der letzten Zustellung, *I Hs 2*. Das gilt auch und gerade bei mehreren Zustellungen auf Grund mehrerer Hauptrechtsmittel, Ffm FamRZ **87**, 960, und für alle nachträglichen Angriffe. Dabei kommt es auf die zeitlich letzte Zustellung an, BGH NJW **98**, 2680. Daher setzt zB eine solche Zustellung an den vom Hauptrechtsmittel betroffenen Drittbeteiligten die Monatsfrist einheitlich für alle Beteiligten in Lauf, Sedemund-Treiber FamRZ **86**, 211. Nötig ist eine ordnungsgemäße Zustellung der Begründung ohne eine Heilungsmöglichkeit nach § 113 I 2 in Verbindung mit § 187 S 1 ZPO oder nach § 295 ZPO an alle vom Hauptrechtsmittel betroffenen Beteiligten, BGH NJW **98**, 2679 (also eine Versorgungsausgleichsbeschwerde meist an alle Versorgungsträger), Nürnb FamRZ **86**, 924, Kemnade FamRZ **86**, 626. Anderen Drittbeteiligten stellt das FamG die Begründung nicht zu, Schmitz FamRZ **87**, 1101. Das Unterbleiben auch nur einer notwendigen Zustellung hindert den Fristbeginn, BGH NJW **98**, 2679. Dasselbe gilt für den Fall, daß das FamG einen zu beteiligender Dritten nicht in das Verfahren einbezogen hat. Das Ende der Monatsfrist errechnet sich nach § 16 II in Verbindung mit § 222 ZPO.

6 Da die Frist Rechtsmittel und andere Angriffe gegen einen Beschluß begrenzt und dadurch dessen Rechtskraft wegen der nicht angefochtenen Teile bewirkt, erfordert die notwendige leichte Berechenbarkeit durch den Urkundsbeamten an sich, sie trotz des Fehlens ihrer Bezeichnung als Notfrist doch wie eine *Notfrist* nach § 223 ZPO behandeln, Karlsr FamRZ **88**, 412, Köln FamRZ **87**, 1060, Nürnb FamRZ **86**, 924, aM Celle FamRZ **90**, 647, Ffm FamRZ **86**, 1123, Hbg FamRZ **90**, 77. Dennoch ist die Frist abänderbar, § 16 II in Verbindung mit § 224 II, III ZPO. Gegen ihre Versäumung kommt eine Wiedereinsetzung nach §§ 17 ff in Betracht, Köln FamRZ **87**, 1060, Bergerfurth FamRZ **87**, 177, Philippi FamRZ **89**, 1259.

7 **4) Fristverlängerung, II 1, 2.** Wenn ein Beteiligter in der Frist eine Änderung derjenigen Teile beantragt, die eine andere FamS betreffen, verlängert sich die ursprüngliche Frist um einen weiteren Monat, *II 1*. Auch ein vor dem Ablauf der Begründungsfrist gestellter Änderungsantrag löst die Fristverlängerung aus. Ebenso beginnt die Nachfrist, wenn man die Änderung vor der Zustellung der Begründungsschrift beantragt, Bergerfurth FamRZ **86**, 941, aM Kemnade FamRZ **86**, 625. Die Erstreckung der Frist tritt ein, wenn innerhalb der ursprünglichen Frist ein Änderungsantrag beim FamG eingeht. Eine Hilfsanschließung genügt. Auf die Zustellung des Antrags kommt es nicht an, Philippi FamRZ **89**, 1260. Für die Berechnung der verlängerten Frist gilt § 16 II in Verbindung mit §§ 222 II, 224 III ZPO entsprechend, Bergerfurth FamRZ **87**, 177. Die Verlängerung beginnt mit dem Ende der ursprünglichen Frist, Bergerfurth FamRZ **86**, 940. Sie endet nach denselben Regeln wie die erste Frist. Eine Wiedereinsetzung nach §§ 17 ff ist auch insoweit möglich.

8 Innerhalb der Nachfrist können *alle Beteiligten* und daher auch derjenige, der die erste nachträgliche Anfechtung erklärt hat, die Änderung derjenigen Teile der Verbundentscheidung beantragen, die kein Gegenstand eines Hauptrechtsmittels sind. Es muß natürlich eine Beschwer wie bei Grdz 13 vor § 511 ZPO vorliegen. Einen Erfolg kann ein solcher Antrag nur dann haben, wenn die Verfahrensvoraussetzungen dafür vorliegen. Jedoch kommt es für die Fristverlängerung hierauf nicht an, Sedemund-Treiber FamRZ **86**, 212.

Derselbe Mechanismus läuft ab, wenn man innerhalb der verlängerten Frist *erneut* eine Änderung nach II 1 beantragt, *II 2*. Das wird selten der Fall sein. Denn diese Möglichkeit findet eine Grenze abstrakt durch die Zahl der FolgeS und konkret durch die Zulässigkeitsvoraussetzungen.

9 **5) Wirkung, I, II.** Stellt bis zum Ablauf der ersten oder verlängerten Frist kein Beteiligter einen Änderungsantrag nach I, werden die bis dahin nicht angegriffenen Teile der Verbundentscheidung bei einer Rücknahme des Hauptrechtsmittels schon zu diesem Zeitpunkt rechtskräftig, BGH NJW **98**, 2679. Das wirkt sich

in der Praxis vor allem auf den selten angefochtenen Scheidungsausspruch aus. Wird er rechtskräftig, muß das Gericht die im Verbundbeschluß enthaltene Verurteilung zur Zahlung eines nachehelichen Unterhalts nach § 95 I in Verbindung mit § 718 ZPO für vorläufig vollstreckbar erklären, falls das nicht schon im Beschluß geschehen war, Karlsr FamRZ **87**, 496. Freilich kann der Schwebezustand bis zum Eintritt der (Teil-) Rechtskraft bei einer mehrfachen Fristverlängerung länger dauern. Der Beginn der Frist setzt die ordnungsmäßige Zustellung an die Beteiligten voraus. Das endgültige Ende der Frist wird sich nicht immer einwandfrei feststellen lassen, da die Möglichkeit der Wiedereinsetzung besteht. Daher ist bei der Erteilung eines (Teil-) Rechtskraftzeugnisses nach § 46 in den Fällen des I große Vorsicht ratsam, Kemnade FamRZ **86**, 626.

10 Da die nicht rechtzeitig angegriffenen Teile der Verbundentscheidung mit dem Fristablauf rechtskräftig werden, ist danach eine *Erweiterung* der Beschwerde *nicht* mehr möglich, Ffm FamRZ **86**, 924, aM Kblz FamRZ **90**, 769. Die Anfechtungsmöglichkeit lebt nicht wieder auf, wenn das Beschwerdegericht die Entscheidung im übrigen aufhebt und die Sache zurückverweist.

Hat man einen Änderungsantrag nach I *verspätet* gestellt und kommt keine Wiedereinsetzung infrage, muß das FamG ihn als unzulässig verwerfen, Ffm FamRZ **86**, 924. Ist der Antrag rechtzeitig erfolgt, kann er gleichwohl aus anderen Gründen als unzulässig verwerfbar sein, zB eine Anschließung wegen des Fehlens eines zulässigen Hauptrechtsmittels, BGH FamRZ **98**, 1026, Bre FamRZ **89**, 649, Hamm FamRZ **89**, 415.

146 *Zurückverweisung.* I [1] **Wird eine Entscheidung aufgehoben, durch die der Scheidungsantrag abgewiesen wurde, soll das Rechtsmittelgericht die Sache an das Gericht zurückverweisen, das die Abweisung ausgesprochen hat, wenn dort eine Folgesache zur Entscheidung ansteht.** [2] **Das Gericht hat die rechtliche Beurteilung, die der Aufhebung zugrunde gelegt wurde, auch seiner Entscheidung zugrunde zu legen.**

II **Das Gericht, an das die Sache zurückverwiesen wurde, kann, wenn gegen die Aufhebungsentscheidung Rechtsbeschwerde eingelegt wird, auf Antrag anordnen, dass über die Folgesachen verhandelt wird.**

1 **1) Systematik, Regelungszweck, I, II.** Die Vorschrift übernimmt fast wörtlich den früheren § 629 b ZPO. Mit der Abweisung des Scheidungsantrags werden alle FolgeS gegenstandslos, § 142 II 1. Sie fallen bei einer Anfechtung des Beschlusses dem Rechtsmittelgericht nicht an, weil das FamG über sie nicht entschieden hat, Brdb FamRZ **03**, 1192, Drsd FamRZ **03**, 1193, Nürnb FamRZ **05**, 1497. Daraus zieht § 146 die notwendigen Folgerungen für FolgeS mit dem Vorrang vor § 69 I 2.

2 **2) Zurückverweisung, I 1.** Hebt das OLG oder der BGH die abweisende Entscheidung auf, soll das Gericht die Sache grundsätzlich an dasjenige Gericht zurückverweisen, das die Abweisung ausgesprochen hat, wenn bei diesem Gericht eine FolgeS zur Entscheidung ansteht, BGH NJW **97**, 1007, Hamm FamRZ **96**, 1078, Naumb FamRZ **07**, 298. Das ist stets dann der Fall, wenn dort eine FolgeS im Zeitpunkt des abweisenden Spruchs anhängig war und wenn sich diese FolgeS nicht inzwischen erledigt hat, also nicht nur dann, wenn der Beschluß einen Vorbehalt enthält. Eine FolgeS braucht aber nicht unbedingt anhängig zu sein. Es genügt, daß das FamG eine Folgesache von Amts wegen durchführen muß, Celle FamRZ **79**, 234, Drsd FamRZ **03**, 1193, Karlsr FamRZ **81**, 191, aM Ffm FamRZ **80**, 283, Köln RR **99**, 1595, Zweibr FamRZ **97**, 1291 (je: keine Zurückverweisung, wenn beim FamG bislang keine FolgeS anhängig geworden ist). Auch die Notwendigkeit einer Genehmigung des FamG reicht, Drsd FamRZ **03**, 1193.

3 Die Zurückverweisung *„soll"* erfolgen, ist also nicht (mehr) zwingend. Daher darf das Gericht Zweckmäßigkeitserwägungen anstellen. Sogar der Einwand eines verfrüht gewesenen Scheidungsantrags ändert nichts an der bloßen Möglichkeit der jetzigen Zurückverweisung. Zurückverweisen muß das Gericht auch dann, wenn die Voraussetzungen der Scheidung vorliegen und wenn sich die Beteiligten über alle notwendigen und anhängigen FolgeS geeignet oder der vorgesehenen Lösung zugestimmt haben oder wenn das Gericht bei einer einverständlichen Scheidung nur über eine einzige, im Grunde entscheidungsreife FolgeS befinden muß. Zurückverweisen soll man an dasjenige Gericht, bei dem die FolgeS ansteht. Das ist das OLG, wenn es erstmals den Scheidungsantrag abgewiesen hat und wenn die FolgeS in die Beschwerdeinstanz gelangt war, Naumb FamRZ **07**, 298, sonst das FamG, aM Diederichsen NJW **77**, 660 (stets das FamG).

4 **3) Bindungswirkung usw, I 2.** Dasjenige Gericht, an das die Zurückverweisung erfolgte, muß die der Aufhebung zugrundeliegende rechtliche Begründung, ähnlich wie bei § 563 II ZPO auch seiner Entscheidung zugrundelegen. Dasselbe gilt für die Selbstbindung des zurückverweisenden Gerichts, Düss FamRZ **81**, 808. Die Zurückverweisung stellt den Verbund nach § 137 wieder her. Daher können etwa selbständig fortgeführte FamS wieder FolgeS werden und neue FolgeS von Amts wegen oder durch eine Überleitung oder auf einen Antrag eines Beteiligten entstehen, Diederichsen NJW **77**, 653. Die erneute Entscheidung ergeht einheitlich durch einen Beschluß.

5 § 146 gilt *entsprechend,* wenn das FamG den Antrag auf eine Aufhebung der Ehe abgewiesen hat und wenn in 2. Instanz (hilfsweise) ein Antrag auf eine Scheidung erfolgt, Hbg FamRZ **82**, 1211, ferner dann, wenn das OLG einen die Erledigung des Scheidungsverfahrens aussprechenden Beschluß aufhebt, Karlsr IPRax **90**, 53. Für andere Fälle gilt § 146 nicht, zB bei der Aufhebung eines Scheidungsbeschlusses im Wiederaufnahmeverfahren, KG RR **90**, 8.

War dasjenige FamG, das die Abweisung ausgesprochen hat, *örtlich unzuständig,* verweist das OLG die Scheidungssache an das jetzt zuständige FamG, Hbg FamRZ **83**, 612. Dann entfällt eine Zurückverweisung, Hbg FamRZ **83**, 612, Zweibr FamRZ **85**, 81. Die beim unzuständigen FamG wieder aufgelebten FolgeS sind an das jetzt zuständige FamG zu verweisen oder abzugeben, Zweibr FamRZ **85**, 81.

6 **4) Verfahren bei Anfechtung der Zurückverweisung, II.** Mit der Einlegung der Rechtsbeschwerde gegen den Beschluß des OLG tritt an sich die Hemmungswirkung wie nach Grdz 2 vor § 511 ZPO ein. Dann kann aber zwecks Prozeßwirtschaftlichkeit nach Grdz 14 vor § 128 ZPO dasjenige Gericht, an das die Zurückverweisung erfolgte, auf einen Antrag eine Verhandlung über die bei ihm zur Entscheidung anste-

hende FolgeS bis zu deren Entscheidungsreife anordnen. Den Antrag darf jede Partei stellen, Die Entscheidung darüber ergeht nach dem pflichtgemäßen Ermessen unter einer Abwägung der Eilbedürftigkeit der FolgeS und der voraussichtlichen Dauer des Verfahrens beim BGH. Die Ablehnung des Antrags unterliegt der sofortigen Beschwerde, § 113 I 2 in Verbindung mit § 567 I Z 2 ZPO. Gegen den die Verhandlung anordnenden Beschluß gibt es kein Rechtsmittel. Erst nach der Rechtskraft des zurückverweisenden Beschlusses darf über die FolgeS im Verbund eine abschließende Entscheidung ergehen. Eine Vorwegentscheidung ist freilich auch hier zulässig.

147 *Erweiterte Aufhebung.* [1] **Wird eine Entscheidung auf Rechtsbeschwerde teilweise aufgehoben, kann das Rechtsbeschwerdegericht auf Antrag eines Beteiligten die Entscheidung auch insoweit aufheben und die Sache zur anderweitigen Verhandlung und Entscheidung an das Beschwerdegericht zurückverweisen, als dies wegen des Zusammenhangs mit der aufgehobenen Entscheidung geboten erscheint.** [2] **Eine Aufhebung des Scheidungsausspruchs kann nur innerhalb eines Monats nach Zustellung der Rechtsmittelbegründung oder des Beschlusses über die Zulassung der Rechtsbeschwerde, bei mehreren Zustellungen bis zum Ablauf eines Monats nach der letzten Zustellung, beantragt werden.**

1) Systematik, S 1, 2. Die Vorschrift übernimmt fast wörtlich den früheren § 629 c ZPO. Durch eine Rechtsbeschwerde nach §§ 70 ff fällt trotz des Verbunds die Sache dem BGH nur insoweit an, als die Anfechtung reicht. 1

Beschränkt sich die nur kraft ihrer Zulassung statthafte Rechtsbeschwerde auf die *Scheidungssache,* entscheidet der BGH nur hierüber. Weist er den Scheidungsantrag ab, wird die Entscheidung in den FolgeS gegenstandslos, § 142 II. Hebt er einen abweisenden Beschluß auf, soll er die Sache zurückverweisen, § 140 I 1. § 147 gilt für diese Fälle nicht, Deneke FamRZ **87**, 1216. Die Vorschrift hat den Vorrang vor § 74 VI 2.

Legt der Beteiligte auch oder nur gegen die Entscheidung in einer *Folgesache* eine Rechtsbeschwerde ein, hängt die Statthaftigkeit des Rechtsmittels grundsätzlich von seiner Zulassung ab, § 70.

2) Regelungszweck, S 1, 2. Wegen der notwendigen Einheitlichkeit der Entscheidung eröffnet § 147 den Beteiligten die Möglichkeit, eine Nachprüfung auch solcher Teile der Entscheidung herbeizuführen, die der 3. Instanz nach §§ 70 ff nicht angefallen sind, Sedemund-Treiber FamRZ **86**, 212. Diese Möglichkeit schiebt die Rechtskraft der gesamten Berufungsentscheidung hinaus, Deneke FamRZ **87**, 1218. Dadurch soll auch in der 3. Instanz eine ausgewogene Gesamtlösung erfolgen, Deneke FamRZ **87**, 1215. 2

3) Voraussetzungen, S. 1. Hebt der BGH eine Entscheidung auf eine Rechtsbeschwerde oder auf eine zugehörige Anschließung teilweise auf, kann er auf den Antrag eines Beteiligten diese Entscheidung auch wegen anderer Teile nachprüfen, für die keine Rechtsbeschwerde vorliegt, soweit das wegen des tatsächlichen Zusammenhangs mit der aufgehobenen Entscheidung als ratsam erscheint, BGH NJW **87**, 1026, Deneke FamRZ **87**, 1216, zB bei einer Anfechtung der Regelung der elterlichen Sorge wegen der nicht angefochtenen Regelung des nachehelichen Unterhalts, BGH NJW **87**, 1026, Deneke FamRZ **87**, 1216, oder wegen einer Frage der Lebensversicherung, Heintzmann FamRZ **80**, 114. Das gilt grundsätzlich auch wegen der EheS, wenn dem BGH nur eine FolgeS angefallen ist. Jedoch wird der Fortbestand der Ehe von der FolgeS nur ausnahmsweise abhängen, zB von der Befolgung des gemeinsamen Vorschlags für die Regelung des Sorgerechts, oder von der Sorgerechtsregelung, Deneke FamRZ **87**, 1217. Die erweiterte Nachprüfung und Aufhebung in der dritten Instanz bezieht sich aber nur auf solche Entscheidungsteile, die Gegenstand des Berufungsentscheids waren, also nicht auf nicht angegriffene Entscheidungen des FamG, Ffm FamRZ **85**, 821, Deneke FamRZ **87**, 1215. 3

Die Befugnis nach § 147 besteht *nicht,* wenn das Rechtsmittel ohne Erfolg bleibt oder wenn der BGH eine Verbundentscheidung des OLG voll aufhebt.

4) Antrag, S 1, 2. Die Einbeziehung nicht angefochtener Teile erfolgt nur auf den Antrag eines Beteiligten, *S 1,* nicht notwendigerweise des Rechtsmittelführers, im Anwaltszwang, § 10 IV 1. Andere Beteiligte sind antragsberechtigt, aM Deneke FamRZ **87**, 1220. Der Antrag ist eine Beteiligtenverfahrenshandlung nach Grdz 47 vor § 128 ZPO. Er ist kein Rechtsmittel, Deneke FamRZ **87**, 1219. Er ist auch schon in der Rechtsmittelbegründungsschrift und grundsätzlich bis zum Schluß der etwaigen mündlichen Verhandlung statthaft. Richtet sich der Antrag auf die Aufhebung des nicht angefochtenen Scheidungsausspruchs, muß man ihn innerhalb eines Monats stellen, und zwar ohne eine Fristverlängerung, Deneke FamRZ **87**, 1220. Die Frist beginnt mit der Zustellung der Rechtsmittelbegründung oder des Beschlusses über die Zulassung der Rechtsbeschwerde, bei mehreren Zustellungen mit der letzten, *S 2.* Begehrt der Ehegatte die Aufhebung der Entscheidung in einer anderen FolgeS, muß er das bis zum Schluß der mündlichen Verhandlung tun, Deneke FamRZ **87**, 1220. Evtl muß das FamG darauf hinweisen, Deneke FamRZ **87**, 1220. Der Antrag ist auch insoweit zulässig, als eine Rechtsmittelerweiterung oder Anschließung möglich ist. Der Beteiligte hat ein Wahlrecht, Deneke FamRZ **87**, 1217. Immer handelt es sich um einen Hilfsantrag. Er wird mit der Bestätigung der angefochtenen Entscheidung gegenstandslos. Einen verspäteten Antrag verwirft das Gericht als unzulässig. Beim Fehlen des Zusammenhangs nach Rn 3 weist es ihn als unbegründet zurück. 4

Ein *Verzicht* auf das Antragsrecht ist jedenfalls bei einem beiderseitigen Verzicht auf Rechtsmittel gegen den Scheidungsausspruch zulässig, BGH FamRZ **84**, 468, aber auch sonst schon vor der Einlegung des Rechtsmittels zum BGH, Deneke FamRZ **87**, 1221. Kein Verzicht ist wegen derjenigen Entscheidungsteile notwendig, die nicht Gegenstand des Berufungsentscheids waren, Rn 3. Die Einbeziehung von Amts wegen erfolgt nicht, auch nicht wegen der Fälle des § 137 III.

5) Entscheidung, S 1, 2. Unter den Voraussetzungen der Rn 3, 4 kann der BGH die Entscheidung auch wegen nicht angefochtener Teile aufheben und die Sache zur anderweitigen Verhandlung und Entscheidung an das OLG zurückverweisen, soweit das wegen des Zusammenhangs als ratsam oder notwendig 5 erscheint. Die Fassung der Vorschrift ergibt, daß der BGH nach seinem pflichtgemäßen Ermessen entscheiden muß, Deneke FamRZ **87**, 1215. Wegen des Verbundes nach § 137 darf er dann über diese Teile nicht in der Sache selbst entscheiden, sondern muß das dem OLG überlassen, BGH NJW **87**, 1026.

6 **6) Beschränkung auf Verfahren in 3. Instanz, S 1, 2.** Da der Umfang der Anfechtung in 2. Instanz allein von der Entschließung der Beteiligten abhängt, besteht hier kein Bedürfnis, in die Entscheidung nicht angefochtene Teile einzubeziehen, Deneke FamRZ **87**, 1215. Den Beteiligten steht es frei, solche Teile im Weg der Anschließung zur Entscheidung des OLG zu stellen. Stgt FamRZ **84**, 806 läßt bei einem Erfolg des auf eine FolgeS beschränkten Rechtsmittels wegen des Verbunds auch die Aufhebung und Zurückverweisung der nicht angefochtenen Entscheidungsteile zu.

148 ***Wirksamwerden von Entscheidungen in Folgesachen.*** **Vor Rechtskraft des Scheidungsausspruchs werden die Entscheidungen in Folgesachen nicht wirksam.**

1 **1) Systematik, Regelungszweck.** Die Vorschrift übernimmt praktisch wörtlich den früheren § 629 d ZPO. In einer FolgeS ergeht eine Entscheidung nur für den Fall der Scheidung, und zwar grundsätzlich im Verbund mit der Entscheidung über den Scheidungsantrag, § 137 I. Mit der Abweisung dieses Antrags werden die FolgeS gegenstandslos, § 142 II. Wegen dieser Abhängigkeit von der Scheidungssache bestimmt § 148, daß Entscheidungen in FolgeS im Verbundspruch nach § 142 II oder nach einer Abtretung nach § 140 durch einen Beschluß vor der Rechtskraft des Scheidungsausspruchs nicht wirksam werden. Wegen des Eintritts der Rechtskraft § 45, wegen der Wiederaufnahme § 48. Eine abgetrennte Sache ist keine FolgeS mehr. § 148 hat den Vorrang vor § 40.

149 ***Erstreckung der Bewilligung von Prozesskostenhilfe.*** **Die Bewilligung der Prozesskostenhilfe für die Scheidungssache erstreckt sich auf eine Versorgungsausgleichsfolgesache, sofern nicht eine Erstreckung ausdrücklich ausgeschlossen wird.**

1 **1) Systematik, Regelungszweck.** Die Vorschrift übernimmt praktisch wörtlich den früheren § 624 II ZPO. Sie ergänzt §§ 76 ff. Während dort aber der Ausdruck Verfahrenskostenhilfe gilt, behält § 149 den Ausdruck Prozeßkostenhilfe in seinem Geltungsbereich bei. Das hängt wohl mit der Verweisung in § 113 I 2 auch auf §§ 114 ff ZPO zusammen, trägt aber nicht gerade zu der gesetzgeberisch ja so betonten Einheitlichkeit bei. Der Sache nach bedeuten beide Ausdrücke ohnehin hier eben wegen dieser Verweisung auf §§ 114 ff ZPO dasselbe. Die Vorschrift hat den Vorrang vor §§ 76 ff. Denn sie ist spezieller.

2 **2) Prozeßkostenhilfe.** Für die Prozeßkostenhilfe gelten einheitlich § 113 I 2 in Verbindung mit §§ 114 ff ZPO, Rn 1.

A. Bewilligung. Ein Antrag ist für die Scheidungssache und die nicht von § 149 erfaßten FolgeS notwendig. Die Voraussetzungen ergeben sich aus §§ 114 ff ZPO, dort Rn 101 und Rn 124.

3 **B. Erstreckung.** Die Bewilligung von Prozeßkostenhilfe erstreckt sich nach § 119 I 1 ZPO für diesen Rechtszug auch auf eine Versorgungsausgleichsfolgesache, soweit das Gericht sie nicht ausdrücklich ausnimmt, Rostock FamRZ **05**, 1914, Zweibr FamRZ **06**, 133. Danach umfaßt die Bewilligung ohne weiteres ein Verfahren über den Versorgungsausgleich in jeder Form nach § 217, nicht nur in den Fällen des § 1587 b BGB, Ffm FamRZ **00**, 99. Denn schon der Wortlaut geht über den Zweck der Änderung hinaus, die „Automatik" nach § 149 nur für diejenigen FolgeS eintreten zu lassen, die das FamG von Amts wegen einleiten muß. Für alle anderen FolgeS muß ein Beteiligter eine Prozeßkostenhilfe gesondert beantragen und das FamG darüber gesondert nach den Regeln §§ 114 ZPO Rn 101, 102 „Scheidung", 124 „Scheidung" entscheiden, sei es von Anfang an, sei es auf Grund eines späteren Antrags. Wenn das FamG einem auch auf eine FolgeS bezogenen Antrag ohne jede Einschränkung stattgibt, hat es damit eine Prozeßkostenhilfe für diese FolgeS bewilligt (keine stillschweigende Einschränkung), Mü FamRZ **95**, 822. Auch die in § 149 genannten FolgeS kann das Gericht von der Prozeßkostenhilfe ausnehmen. Das wird meist bei der Bewilligung für die Scheidungssache geschehen können und müssen.

4 Eine *nachträgliche Beschränkung* ist aber zB bei einer erkennbaren Mutwilligkeit möglich, aM Bergerfurth FamRZ **85**, 547. Sie ist immer möglich, wenn erst später erkennbar wird, daß eine Regelung über den Versorgungsausgleich nach § 1587 b BGB notwendig ist. Der durch § 124 ZPO festgelegte Bestandsschutz steht dem nicht entgegen. Denn wegen der „Automatik" entsteht kein Vertrauenstatbestand. Aus § 149 läßt sich für ein entsprechendes Anordnungsverfahren nach §§ 49 ff nichts herleiten. Auf dieses erstreckt sich die für die Scheidungssache bewilligte Prozeßkostenhilfe nicht. Die Erstreckung nach § 149 ändert nichts daran, daß auch in diesen FolgeS für einen Vergleich eine ausdrückliche Bewilligung der Prozeßkostenhilfe nötig ist, soweit hier ein überhaupt Vergleich zulässig ist, KG MDR **98**, 1484. Die Beiordnung erstreckt sich nicht auf einen außergerichtlichen Vergleich, § 119 ZPO Rn 47.

150 ***Kosten in Scheidungssachen und Folgesachen.*** **I Wird die Scheidung der Ehe ausgesprochen, sind die Kosten der Scheidungssache und der Folgesachen gegeneinander aufzuheben.**

II 1 Wird der Scheidungsantrag abgewiesen oder zurückgenommen, trägt der Antragsteller die Kosten der Scheidungssache und der Folgesachen. 2 Werden Scheidungsanträge beider Ehegatten zurückgenommen oder abgewiesen oder ist das Verfahren in der Hauptsache erledigt, sind die Kosten der Scheidungssache und der Folgesachen gegeneinander aufzuheben.

III Sind in einer Folgesache, die nicht nach § 140 Abs. 1 abzutrennen ist, außer den Ehegatten weitere Beteiligte vorhanden, tragen diese ihre außergerichtlichen Kosten selbst.

IV [1]Erscheint in den Fällen der Absätze 1 bis 3 die Kostenverteilung insbesondere im Hinblick auf eine Versöhnung der Ehegatten oder auf das Ergebnis einer als Folgesache geführten Unterhaltssache oder Güterrechtssache als unbillig, kann das Gericht die Kosten nach billigem Ermessen anderweitig verteilen. [2]Es kann dabei auch berücksichtigen, ob ein Beteiligter einer richterlichen Anordnung zur Teilnahme an einem Informationsgespräch nach § 135 Abs. 1 nicht nachgekommen ist, sofern der Beteiligte dies nicht genügend entschuldigt hat. [3]Haben die Beteiligten eine Vereinbarung über die Kosten getroffen, soll das Gericht sie ganz oder teilweise der Entscheidung zugrunde legen.

V [1]Die Vorschriften der Absätze 1 bis 4 gelten auch hinsichtlich der Folgesachen, über die infolge einer Abtrennung gesondert zu entscheiden ist. [2]Werden Folgesachen als selbständige Familiensachen fortgeführt, sind die hierfür jeweils geltenden Kostenvorschriften anzuwenden.

Gliederung

1) Systematik, I–V. Die Vorschrift entspricht inhaltlich etwa dem aufgehobenen § 93a ZPO mit anderer Reihenfolge. Sie regelt die Kosten im Scheidungsverfahren nach §§ 133ff, AG Besigheim FamRZ **04**, 1504 (Rückkehr in Ehewohnung). Sie bringt als eine Ausnahme von den Grundsätzen der §§ 81ff eine vorrangige eng auslegbare Sonderregelung, Köln FamRZ **04**, 1661, Naumb FamRZ **99**, 1435, aM Köln MDR **96**, 1302 (aber § 150 hat nun wirklich einen spezielleren Inhalt und Zweck). Sie erfaßt aber nur einen Teil der in Ehesachen entstehenden Kostenfolgen. Insofern wirkt sie nur neben §§ 81ff ergänzend. § 84 kann anwendbar sein, BGH AnwBl **84**, 502, Düss (1. FamS) zitiert in (5. FamS) FamRZ **82**, 1014, KG FamRZ **81**, 381, aM Düss (5. FamS) FamRZ **82**, 1014 (abl Tietze FamRZ **83**, 291), Hamm FamRZ **95**, 377 (Vorrang von § 150). § 150 kann bei der Erledigung einer Folgsache in der Berufungsinstanz entsprechend anwendbar sein, Mü FamRZ **04**, 961. § 98 ist gegenüber I 3 nachrangig. § 150 enthält mehrere voneinander zum Teil abweichende Prinzipien der Kostenlast, also gerade nicht das sonstige Prinzip der Kosteneinheit, aM KG FamRZ **88**, 1075 (aber die vorgenannten Abweichungen sind ganz unverkennbar). Bei einer Lebenspartnerschaft muß man § 270 beachten. Bei einer Eheaufhebung gilt § 132. 1

2) Regelungszweck, I–V. Die Vorschrift übernimmt nur indirekt und nur für den Fall der Abweisung des Scheidungsantrags das in § 81 verankerte Prinzip, daß der Unterliegende die Kosten trägt. Im übrigen enthält die Vorschrift durch die Prinzipien der Aufhebung der Kosten gegeneinander einerseits, der Möglichkeit einer anderweitigen Verteilung andererseits eine Regelung, die bei der angestrebten Kostengerechtigkeit den Umstand berücksichtigt, daß das Eheverfahren weit über die rechtlichen und wirtschaftlichen Interessen der Beteiligten hinaus wirkt. Das bloße Siegen oder Unterliegen könnte insbesondere seit der Abschaffung des Verschuldensprinzips bei der Scheidung nicht zuletzt wegen der oft beträchtlichen Kostenstreitwerte zu einer unzumutbaren Belastung führen. Insofern hat das Gericht innerhalb dieser Ausnahmeregelung doch ein nach den gesamten Umständen bemessenes Ermessen. 2

„Billig" ist nur ein pflichtgemäßes Ermessen. Das bedeutet zumindest die Notwendigkeit einer ausreichend nachprüfbaren Abwägung und Begründung einer Abweichung von dem jeweiligen gesetzlichen Prinzip der Kostenaufhebung gegeneinander usw, Brdb FamRZ **06**, 52. Die Abweichungen vom jeweiligen „Normalfall" sind nach dem klaren Gesetzestext jeweils ziemlich drastisch, bevor das Ermessen eine entsprechende Abweichung erlaubt. Ob die eine oder die andere Art der Gesetzesanwendung generell als gerechter erscheint, ist eine endlos diskutable, aber durch den Gesetzgeber doch deutlich und bindend vorentschiedene und auch rechtspolitisch akzentuierte Frage.

3) Sachlicher Geltungsbereich, I–V. I regelt die Kosten einer Ehescheidung, II diejenigen der Abweisung oder Rücknahme des Scheidungsantrags. Im jeweiligen Bereich der vorgenannten Hauptsachen sind auch die etwaigen Folgesachen teilweise ausdrücklich mitgeregelt, Karlsr RR **03** 726. Im übrigen erfaßt § 150 auch die Kosten eines zugehörigen Verfahrens auf den Erlaß einer einstweiligen Anordnung mit, § 51 IV. § 150 gilt nicht beim vorzeitigen Zugewinnausgleich, Kblz FamRZ **90**, 1368. 3

4) Persönlicher Geltungsbereich, I–V. Die Vorschrift gilt nicht nur für die Ehegatten, sondern auch für die von den Scheidungsfolgesachen erfaßten Kinder. Sie gilt auch für einen von der Scheidung betroffenen Dritten, zB für einen Vermieter, Hamm FamRZ **81**, 695, aM Karlsr FamRZ **95**, 363 (Zusatzversorgungskasse), Borth FamRZ **07**, 1931. Sie erfaßt dagegen nicht die Kosten eines Rentenversicherungsträgers. Denn das Gericht darf grundsätzlich nur über die Kosten der Beteiligten entscheiden, Rn 5. 4

5 **5) Gemeinsame Begriffe, I–V.** in allen Teilen der Vorschrift treten gemeinsame Begriffe auf.

A. Kosten. § 150 betrifft allein die Verfahrenskostenlast, also nur die im jeweiligen Verfahren entstandenen Kosten, nicht eine etwaige sachlichrechtliche Rückzahlungs- oder Ersatzpflicht, KG FamRZ **81**, 464, AG Hildesh FamRZ **88**, 61. § 83 I 2 bleibt anwendbar, KG aM KG FamRZ **88**, 1075 (aber § 150 nennt den Fall der Klagerücknahme überhaupt nicht, und für eine Auslegung ist bei einem klaren Wortlaut kein Raum, Einl III 39. Freilich muß man auch § 83 I 1, III beachten). Kosten sind sowohl Gebühren als auch Auslagen. Die Vorschrift gilt also jeweils auch für die gerichtlichen Auslagen für Sachverständige und Zeugen sowie für diejenigen Auslagen, die ein VerfBev im Rahmen des Auftrags machen durfte. Sie gilt nicht für außergerichtliche Kosten eines Anwalts.

6 **B. Aufhebung gegeneinander.** Ist I, II 2 heißt es, daß das Gericht die Kosten „gegeneinander aufheben" muß. Das ist derselbe Vorgang wie in §§ 92 I 1, 2, 92 ZPO Rn 40. Jeder Beteiligte muß also seine außergerichtlichen Kosten selbst tragen. Jeder Beteiligte trägt außerdem die Hälfte der gerichtlichen Kosten. Ein Kostenfestsetzungsverfahren findet daher nicht statt.

7 **C. Anderweitige Verteilung.** IV 1 enthält als weitere Möglichkeit der Kostenregelung den Begriff der „anderweitigen Verteilung". Gemeint ist dasselbe wie die „verhältnismäßige Kostenteilung" in § 92 I ZPO, dort Rn 27. Es kann also eine Kostenteilung nach Prozenten, nach Summe und Rest, auch nach Instanzen usw erfolgen, Brdb FamRZ **94**, 1485. Das Gericht sollte auf eine Klarheit und Einfachheit seiner Entscheidung zur Kostenverteilung achten.

8 **D. Billiges Ermessen.** Soweit eine „anderweitige Verteilung" nach Rn 7 erfolgt, darf und muß das Gericht jeweils im Rahmen eines „billigen Ermessens" entscheiden. Das ergibt sich in I, III schon aus dem Wortlaut des Gesetzes, indirekt auch daraus, daß die Verteilung nicht als „unbillig erscheint". Unter billigem Ermessen versteht die Vorschrift jeweils dasselbe wie in § 91 a I 1 ZPO, dort Rn 118. Das Gericht hat also einen weiten Spielraum. Es darf und muß alle Gesamtumstände des Einzelfalls abwägen. Es überschreitet seine Grenzen erst dann, wenn die Kostenentscheidung unter keinem denkbaren Gesichtspunkt mehr als sachlich gerechtfertigt erscheint.

9 **6) Bei Scheidung: Grundsatz der Kostenaufhebung, I.** Im Fall der Ehescheidung trifft I nur scheinbar eine zwingende Kostenregelung, nämlich diejenige der Aufhebung gegeneinander, Rn 6. In Wahrheit bleibt dem Gericht der weite Ermessensspielraum nach IV 1–3. In Wahrheit enthält I also nur eine Auffangklausel. Denn das Gericht muß stets zunächst prüfen, ob und wieweit es von seinen Ermessensmöglichkeiten nach IV 1–3 Gebrauch machen will. Freilich gibt I auch zu erkennen, daß es immerhin mangels der besonderen Voraussetzungen des IV bei der Regel der Kostenaufhebung bleiben soll. Insofern enthält I doch wieder einen Grundsatz.

10 **A. Begriff der Scheidung.** Es kommt nur darauf an, ob das Gericht „die Scheidung der Ehe ausspricht". Es ist also unbeachtlich, auf wessen Antrag die Ehescheidung erfolgt, ob der Antragsgegner die Abweisung des Scheidungsantrags begehrt oder seinerseits ebenfalls die Scheidung beantragt hatte und ob der ursprüngliche Antragsteller seinen Scheidungsantrag zurückgenommen hatte, ohne daß das auch der ursprüngliche Antragsgegner getan hat.

11 **B. Scheidungssache und Folgesachen.** I stellt schon im Wortlaut klar, daß die Kostenregelung nicht nur die Scheidungssache erfaßt, sondern daß sie auch für die Folgesachen gilt. Das gilt auch bei einer nur nach ausländischem Recht beurteilbaren FolgeS, Karlsr RR **03**, 726. Bei einer gleichzeitigen Entscheidung über eine Scheidungssache und eine FolgeS liegt der sog „Kostenverbund" vor, § 137, Hamm FamRZ **02**, 104. Das gilt auch, soweit man einen Antrag oder eine befristete Beschwerde wegen einer FolgeS inzwischen zurückgenommen hat, Ffm FamRZ **85**, 823, aM Drsd JB **02**, 542 (jetzt § 83 II), Köln FamRZ **97**, 222, Stgt FamRZ **83**, 939.

Beim *teilweisen Erfolg* der Beschwerde gegen einen Verbundbeschluß ist teils I, teils § 84 anwendbar, Hbg FamRZ **90**, 299. I ist auch dann anwendbar, wenn sich eine Ehesache infolge des Todes eines Ehegatten erledigt, Köln FamRZ **00**, 620, Naumb FamRZ **06**, 217.

12 **C. Einzelfragen.** Das Gericht muß im Fall der Scheidung auch die Kosten eines am Verfahren beteiligten Dritten berücksichtigen, Rn 4. Das gilt auch für etwaige diesbezügliche FolgeS. I erfaßt auch die Kosten eines zugehörigen Auskunftsverfahrens. Bei einer Kostenentscheidung wegen einer Abtrennung nach § 140 I ist nicht § 150, sondern § 81 anwendbar. Im Fall des § 146 (Zurückverweisung) sind I, § 84 unanwendbar, jedenfalls soweit der Scheidungsantrag verfrüht war, Zweibr FamRZ **83**, 627, aM Düss FamRZ **83**, 628.

13 **7) Bei Abweisung oder Rücknahme des Scheidungsantrags: Kostenhaftung des Antragstellers für die Scheidungssache, II 1.** Weist das Gericht einen Scheidungsantrag ab oder nimmt der Antragsteller ihn zurück, muß der Antragsteller zunächst die Kosten der eigentlichen Scheidungssache tragen. Insofern gilt also § 81 uneingeschränkt und zwingend. Der Abweisungsgrund ist also unerheblich.

14 **8) Bei Abweisung oder Rücknahme des Scheidungsantrags: Grundsatz der Unterliegenshaftung auch für Folgesachen, II 1.** Der abgewiesene oder rücknehmende Scheidungsantragssteller muß auch die Kosten der FolgeS tragen. Dazu zählen auch die Kosten einer solchen FolgeS, über die das Gericht infolge einer Abtrennung gesondert entscheiden muß.

15 **9) Bei Abweisung oder Rücknahme beider Scheidungsanträge: Kostenaufhebung gegeneinander, II 2.** Soweit jeder Ehegatte die Scheidung begehrt hatte und das Gericht beide Scheidungsanträge abweisen muß oder wenn beide Anträge durch Rücknahmen entfallen oder wenn die Abweisung des einen Antrags und die Rücknahme der anderen zusammentreffen, kommt es zur Aufhebung der Kosten gegeneinander nach II 2. Das gilt unabhängig davon, ob die Werte der Scheidungsanträge gleich hoch sind und ob man einen einheitlichen Kostenwert für das Gesamtverfahren bilden muß.

16 **10) Außergerichtliche Kosten anderer Beteiligter, III.** Sie fallen dieser zur Last.

11) Ausnahmsweise anderweitige Verteilung, IV. Das Gericht kann nach seinem pflichtgemäßen Ermessen die Kosten auch anderweitig verteilen, Karlsr RR **03**, 726. Infrage kommt jede einfache, klare Art der anderweitigen Aufteilung, Rn 7, Köln FamRZ **97**, 764 (auch wegen der Festsetzung: Differenzmethode). Wegen des weiten Ermessensspielraums Rn 8. Das Beschwerdegericht darf das Ermessen des Erstgerichts nicht durch sein eigenes Ermessen ersetzen, BGH FamRZ **07**, 894. 17

A. Unbilligkeit, IV 1, 2. Als unbillig erscheinen muß dem FamG die Kostenverteilung in dem jeweiligen Fall nach I–III. Das ist der Ausgangspunkt des IV 1. Er mag „insbesondere" wegen einer Versöhnung oder im Hinblick auf das Ergebnis einer als FolgeS geführten Unterhaltssache oder Güterrechtssache infragekommen. Ferner darf das FamG beachten, daß ein Beteiligter eine Anordnung nach § 135 I unentschuldigt nicht beachtet hat, IV 2. 18

B. Kostenvereinbarung, IV 3. Im Rahmen der Befugnis des Gerichts, eine andere Kostenverteilung als die Aufhebung gegeneinander zu beschließen, darf und „soll" das Gericht auch beachten, ob die Beteiligten eine „Vereinbarung über die Kosten" getroffen haben. Dann ist das Gericht zur Berücksichtigung dieser Vereinbarung also zwar nicht verpflichtet, aber im Rahmen eines auch hier geltenden billigen Ermessens berechtigt. Das Gericht kann, darf und soll also eine solche Kostenvereinbarung darauf prüfen, ob es sie seiner eigenen Entscheidung „ganz oder teilweise zugrunde legen" will. 19

Daraus wird zunächst deutlich: Eine Kostenvereinbarung *bindet* das Gericht *nicht* von vornherein. Das beruht darauf, daß der Verfahrensgegenstand insofern nicht der Beteiligtenherrschaft unterliegt, Grdz 38 vor § 128 ZPO, Bbg JB **82**, 769, Düss AnwBl **92**, 48, Ffm Rpfleger **84**, 159, aM Hamm Rpfleger **82**, 482 (ein Kostenvergleich sei auch hier für das Gericht bindend. Aber das Scheidungsverfahren unterliegt der Beteiligtenherrschaft nach Grdz 18 vor § 128 ZPO nur sehr eingeschränkt. Vgl allerdings Rn 21). 20

Das Gericht sollte möglichst eine zugehörige Kostenvereinbarung *mitberücksichtigen,* soweit nicht erhebliche Gründe dagegen sprechen. Die Kostenvereinbarung dürfte schon mühsam genug zustande gekommen sein. Das Gericht sollte sie der Entscheidung nicht nur teilweise, sondern möglichst in ihrem vollen Umfang zugrunde legen. Freilich wird die Entscheidung auch dann nicht überflüssig. Denn jene Kostenvereinbarung bindet das Gericht nach Rn 20 eben formell noch nicht. Mangels einer Kostenvereinbarung gilt (jetzt) § 150. 21

12) Abgetrennte Folgesachen, V. Dieser Regelung hat sowohl in V 1 als auch in V 2 einen vorrangigen Spezialcharakter. Wegen V 2 vgl bei seinen Fortführungsbestimmungen. 22

13) Rechtsmittel, I–V. Es gelten § 113 I 2 in Verbindung mit §§ 97 ff ZPO, ferner §§ 58 ff. 23

Abschnitt 3. Verfahren in Kindschaftssachen

151 *Kindschaftssachen.* **Kindschaftssachen sind die dem Familiengericht zugewiesenen Verfahren, die**

1. die elterliche Sorge,
2. das Umgangsrecht,
3. die Kindesherausgabe,
4. die Vormundschaft,
5. die Pflegschaft oder die gerichtliche Bestellung eines sonstigen Vertreters für einen Minderjährigen oder für eine Leibesfrucht,
6. die Genehmigung der freiheitsentziehenden Unterbringung eines Minderjährigen (§§ 1631 b, 1800 und 1915 des Bürgerlichen Gesetzbuchs),
7. die Anordnung der freiheitsentziehenden Unterbringung eines Minderjährigen nach den Landesgesetzen über die Unterbringung psychisch Kranker oder
8. die Aufgaben nach dem Jugendgerichtsgesetz

betreffen.

Gliederung

1) Systematik, Regelungszweck, Z 1–8. Der Begriff Kindschaftssache im FamFG geht über denjenigen des früheren § 621 I Z 10 ZPO weit hinaus. Das zeigt schon die Einbeziehung des Sorgerechts (früher selbständig § 621 I Z 1 ZPO) und des Umgangsrechts (früher selbständig § 621 I Z 2 ZPO) usw. Alle Kindschaftssachen sind nach § 111 Z 2 Familiensachen, aber keine Familienstreitsachen nach § 112 Z 1–3. Daher ist § 113 mit seinen Verweisungen auf viele Teile der ZPO unanwendbar. Das ändert alles nichts an der Weiter-Mitverwendbarkeit derjenigen Erwägungen zur früheren ZPO Buch 6, die einen erheblichen Teil der jetzt in § 151 abschließend erfaßten Fallgruppen betrafen. Auf diese Teile der Kindschaftssache beschränkt sich die nachfolgende Kommentierung im wesentlichen. 1

2) Elterliche Sorge, Z 1. Diesen Bereich erfaßte der frühere § 621 I Z 1 etwas umständlicher formuliert, aber in der Sache ebenso. Es geht zunächst um die Regelung der elterlichen Sorge für ein Kind, soweit nach den Vorschriften des BGB hierfür das FamG zuständig ist, Büttner FamRZ **98**, 588, Motzer FamRZ **01**, 1094, und zwar durch den Rpfl, § 3 Z 2 a RPflG. Das gilt für Kinder ohne Rücksicht darauf, ob die Eltern miteinander verheiratet sind, §§ 1626 ff BGB, BGH NJW **01**, 2472, Brdb FamRZ **04**, 815 (zu § 1631 b BGB), Stgt RR **00**, 812 (zu § 1626 a BGB). Das FamG ist in folgenden Fällen zuständig: § 1628 S 1, § 1631 b BGB, Brdb FamRZ **04**, 43, §§ 1632, 1640, 1643, 1666, 1666 a BGB (mißbräuchliche Ausübung), §§ 1667, 1671, 1672 BGB (elterliche Sorge bei Trennung), §§ 1673, 1674, 1678 BGB (Ruhen der elterlichen Sorge), §§ 1680, 1681 2

BGB (elterliche Sorge nach Tod oder Todeserklärung eines Elternteils), §§ 1682, 1687, 1687 a, 1688, 1696 BGB, BayObLG FamRZ **00**, 1604, Düss FamRZ **99**, 615, Hamm NJW **99**, 432, § 1697 a BGB (besondere Maßnahmen), Jena FamRZ **03**, 1311, KG FamRZ **01**, 719, Karlsr FamRZ **01**, 41, aM Bbg FamRZ **05**, 1500, BayObLG FamRZ **00**, 1111, Drsd FamRZ **01**, 715. Richtschnur für die Entscheidung ist das Kindeswohl, § 1697 a BGB. Ferner gehören Einzelmaßnahmen auf dem Gebiet der elterlichen Sorge hierher, zB nach § 1822 BGB, Hamm FamRZ **01**, 53.

Weitere Beispiele: Der Streit um die Namenserteilung nach § 1618 BGB, BGH Rpfleger **01**, 73, Bbg RR **00**, 600, Celle RR **00**, 668; ein Streit um die religiöse Erziehung, aM AG Weilbg FamRZ **03**, 1308; eine sog Herstellungsforderung aus § 1618 a BGB, zweifelnd Zettel DRiZ **81**, 212; der Streit der Eltern um die Bestattung eines Kindes, LG Paderb FamRZ **81**, 700. Bei einer Übertragung des Sorgerechts auf einen Vormund oder Pfleger nach § 1671 V BGB fällt die Anordnung dieser Übertragung in die Zuständigkeit des FamG, jetzt wohl auch die Auswahl und Bestellung des Vormunds oder Pflegers sowie alle weiteren Maßnahmen außer der Aufhebung. Das FamG darf Maßnahmen auch wegen ausländischer Kinder treffen, sofern es international zuständig ist. In einem unaufschiebbaren Fall darf das auch dann geschehen, wenn im Aufenthaltsstaat keine Regelung erfolgte, Karlsr NJW **79**, 500. Zu einer (Teil)Änderung der vom FamG getroffenen Regelung ist nur das FamG befugt, LG Bln FamRZ **85**, 965.

Es kommt eine *Abgabe* nach §§ 153, 154 in Betracht, Brdb FamRZ **05**, 2081. Mitwirkung des Jugendamts: § 162; Mitwirkung eines Beistands: § 158; Mitwirkung eines Verfahrenspflegers: § 161, krit Grüttner Rpfleger **06**, 346. Zur überlangen und die Rechtsgewährung verhindernden Verfahrensdauer Einl III 23 und BVerfG NJW **01**, 961.

Unanwendbar ist Z 1 in folgenden Fällen: §§ 1683, 1686, 1687 BGB, Köln FamRZ **07**, 743; Sorgerechtsstreit Unverheirateter, Stgt FamRZ **00**, 632.

3 **3) Umgangsrecht, Z 2.** Es geht ferner um die Regelung des Umgangs mit dem Kind, Büttner FamRZ **98**, 588, Motzer FamRZ **01**, 1034, Rauscher FamRZ **98**, 329. Die Vorschrift betrifft § 1666 BGB. BGH NJW **84**, 2824 (zum alten Recht), § 1684 BGB (Eltern), Köln FamRZ **02**, 979, aM Naumb FamRZ **05**, 1511, Bbg RR **99**, 804 (Lebensgefährte), § 1685 I BGB (Großeltern und Geschwister), § 1685 II (Dritte) und § 1686 BGB (Auskunftsrecht). Ob die Eltern miteinander verheiratet sind, hat keine Bedeutung. Richtschnur für die Entscheidung sind §§ 1684 IV, 1697 a BGB. Unter Z 2 fällt auch ein solches Verfahren, das lediglich Maßnahmen nach § 90 zur Durchsetzung der von einem anderen Gericht getroffenen Entscheidung betrifft, BGH NJW **78**, 1112. Auch der Streit über eine im Rahmen einer Umgangsvereinbarung getroffenen Kostenregelung ist eine FamS, Zweibr FamRZ **97**, 32, ebenso der Streit über einen Schadensersatzanspruch wegen der Vereitelung von Umgangskontakten usw, Karlsr FamRZ **02**, 1056, aM Bernau FamRZ **07**, 251.

Mitwirkung des Jugendamts: § 162; Mitwirkung eines Beistands: § 158; Mitwirkung eines Verfahrenspflegers: § 161; Vollstreckung: § 90. Zur überlangen und die Rechtsgewährung verhindernden Verfahrensdauer Einl III 23 und BVerfG NJW **01**, 961.

Ein *isoliertes* Verfahren läßt sich durch eine Vereinbarung der Eltern nicht unmittelbar beenden, BGH RR **89**, 195 (Beendigung durch vereinbarte Rechtsmittelrücknahme). Über widersprechende Anträge der Beteiligten dürfen keine getrennten Entscheidungen erfolgen, Hbg FamRZ **96**, 676. Anträge binden das FamG nicht, Hbg FamRZ **96**, 676.

4 **4) Herausgabe des Kindes, Z 3.** Es geht ferner um die Herausgabe eines Kindes an den anderen Elternteil nach § 1632 BGB, Bbg FamRZ **99**, 665, Hamm FamRZ **05**, 814, KG FamRZ **06**, 278. Dazu gehört auch die Anordnung des Verbleibs in der Familienpflege, Hamm FamRZ **05**, 814, KG FamRZ **06**, 278, das Verfahren über die Herausgabe an einen Vormund oder Pfleger, Hamm FamRZ **05**, 1845, KG FamRZ **06**, 278, aM Schlüter/König FamRZ **82**, 1161. Das gilt auch dann, wenn die Bestellung eine Scheidungsfolgemaßnahme nach § 1671 V BGB ist, BGH NJW **81**, 2460, aM KG NJW **78**, 894.

Wegen eines Verfahrens nach dem SorgeRUbkAG SchlAnh V A 3, wegen der EuEheVO § 97 Rn 2.

5 **5) Vormundschaft, Z 4.** Es geht ferner um die in §§ 1793–1895 BGB geregelte Vormundschaft von ihrer Begründung über die Fürsorge und Aufsicht des FamG, die Mitwirkung des Jugendamts, die befreite Vormundschaft bis zur Beendigung der Vormundschaft. Es hat sich im wesentlichen im BGB hier nur die Bezeichnung Vormundschaftsgericht in FamG geändert.

6 **6) Weitere Fallgruppen, Z 5–8.** Eine nähere Darstellung dieser Gruppen unterbleibt hier wegen der Beschränkung der Kommentierung in diesem Buch auf die bisher zumindest auch nach dem früheren Buch 6 ZPO bearbeiteten Anwendungsbereiche des FamFG.

152 *Örtliche Zuständigkeit.*

[I] Während der Anhängigkeit einer Ehesache ist unter den deutschen Gerichten das Gericht, bei dem die Ehesache im ersten Rechtszug anhängig ist oder war, ausschließlich zuständig für Kindschaftssachen, sofern sie gemeinschaftliche Kinder der Ehegatten betreffen.

[II] Ansonsten ist das Gericht zuständig, in dessen Bezirk das Kind seinen gewöhnlichen Aufenthalt hat.

[III] Ist die Zuständigkeit eines deutschen Gerichts nach Absatz 1 und 2 nicht gegeben, ist das Gericht zuständig, in dessen Bezirk das Bedürfnis der Fürsorge bekannt wird.

[IV] [1] Für die in den §§ 1693 und 1846 des Bürgerlichen Gesetzbuchs und in Artikel 24 Abs. 3 des Einführungsgesetzes zum Bürgerlichen Gesetzbuch bezeichneten Maßnahmen ist auch das Gericht zuständig, in dessen Bezirk das Bedürfnis der Fürsorge bekannt wird. [2] Es soll die angeordneten Maßnahmen dem Gericht mitteilen, bei dem eine Vormundschaft oder Pflegschaft anhängig ist.

1 **1) Systematik, Regelungszweck, I–IV.** Die Vorschrift ähnelt den früheren §§ 36, 64 III 2 FGG. Sie hat den Vorrang vor § 2.

IV [1]**Das Kind soll über den Gegenstand, Ablauf und möglichen Ausgang des Verfahrens in einer geeigneten und seinem Alter entsprechenden Weise informiert werden, soweit nicht Nachteile für seine Entwicklung, Erziehung oder Gesundheit zu befürchten sind.** [2]**Ihm ist Gelegenheit zur Äußerung zu geben.** [3]**Hat das Gericht dem Kind nach § 158 einen Verfahrensbeistand bestellt, soll die persönliche Anhörung in dessen Anwesenheit stattfinden.** [4]**Im Übrigen steht die Gestaltung der persönlichen Anhörung im Ermessen des Gerichts.**

Bem. Bei dieser weitgehenden Übernahme und Erweiterung des früheren § 50 b FGG mangels eines Bezugs zum früheren Buch 6 ZPO hier keine Kommentierung. 1

160 *Anhörung der Eltern.* I [1]**In Verfahren, die die Person des Kindes betreffen, soll das Gericht die Eltern persönlich anhören.** [2]**In Verfahren nach den §§ 1666 und 1666 a des Bürgerlichen Gesetzbuchs sind die Eltern persönlich anzuhören.**

II [1]**In sonstigen Kindschaftssachen hat das Gericht die Eltern anzuhören.** [2]**Dies gilt nicht für einen Elternteil, dem die elterliche Sorge nicht zusteht, sofern von der Anhörung eine Aufklärung nicht erwartet werden kann.**

III **Von der Anhörung darf nur aus schwerwiegenden Gründen abgesehen werden.**

IV **Unterbleibt die Anhörung allein wegen Gefahr im Verzug, ist sie unverzüglich nachzuholen.**

Bem. Bei dieser weitgehenden Übernahme des früheren § 50 a FGG mangels eines Bezugs zum früheren Buch 6 ZPO hier keine Kommentierung. 1

161 *Mitwirkung der Pflegeperson.* I [1]**Das Gericht kann in Verfahren, die die Person des Kindes betreffen, die Pflegeperson im Interesse des Kindes als Beteiligte hinzuziehen, wenn das Kind seit längerer Zeit in Familienpflege lebt.** [2]**Satz 1 gilt entsprechend, wenn das Kind auf Grund einer Entscheidung nach § 1682 des Bürgerlichen Gesetzbuchs bei dem dort genannten Ehegatten, Lebenspartner oder Umgangsberechtigten lebt.**

II **Die in Absatz 1 genannten Personen sind anzuhören, wenn das Kind seit längerer Zeit in Familienpflege lebt.**

Bem. Bei dieser weitgehenden Übernahme des früheren § 50 c FGG mangels eines Bezugs zum früheren Buch 6 ZPO hier keine Kommentierung. 1

162 *Mitwirkung des Jugendamts.* I [1]**Das Gericht hat in Verfahren, die die Person des Kindes betreffen, das Jugendamt anzuhören.** [2]**Unterbleibt die Anhörung wegen Gefahr im Verzug, ist sie unverzüglich nachzuholen.**

II **Das Jugendamt ist auf seinen Antrag an dem Verfahren zu beteiligen.**

III [1]**Dem Jugendamt sind alle Entscheidungen des Gerichts bekannt zu machen, zu denen es nach Absatz 1 Satz 1 zu hören war.** [2]**Gegen den Beschluss steht dem Jugendamt die Beschwerde zu.**

1) Systematik, Regelungszweck, I–III. Die mit §§ 205, 213 usw vergleichbare Vorschrift enthält in *I, III* die bei § 213 dargestellten Regeln. Vgl daher insofern dort. In *II* erfolgt die Grundlage derjenigen Beteiligung, die dann § 7 II Z 2 und § 8 Z 3 näher ausführt. 1

163 *Fristsetzung bei schriftlicher Begutachtung; Inhalt des Gutachtenauftrags; Vernehmung des Kindes.* I **Wird schriftliche Begutachtung angeordnet, setzt das Gericht dem Sachverständigen zugleich eine Frist, innerhalb derer er das Gutachten einzureichen hat.**

II **Das Gericht kann in Verfahren, die die Person des Kindes betreffen, anordnen, dass der Sachverständige bei der Erstellung des Gutachtenauftrags auch auf die Herstellung des Einvernehmens zwischen den Beteiligten hinwirken soll.**

III **Eine Vernehmung des Kindes als Zeuge findet nicht statt.**

1) Systematik, I–III. Die Vorschrift ähnelt etwas § 404 a ZPO. Nach § 29 I erhebt das FamG die erforderlichen Beweise in geeigneter Form ohne eine Bindung an das Vorbringen der Beteiligten. Nach § 30 kann das FamG nach pflichtgemäßem Ermessen entscheiden, ob eine förmliche Beweisaufnahme stattfindet. Geschieht eine solche förmliche Beweisaufnahme, ist nach dieser Vorschrift die ZPO in den Grenzen von III entsprechend anwendbar, also auch § 411 I ZPO. Mit dieser Vorschrift stimmt I teilweise überein. Vgl daher bei § 411 I ZPO. Indessen wird aus der ZPO-Sollregelung jetzt in § 163 I eine Mußvorschrift: „setzt ... eine Frist". Durchaus über §§ 402 ff ZPO hinausgehend ist ferner die Befugnis nach *II* zur Anordnung einer Aufgabe des Sachverständigen zur Hinwirkung auf ein Einvernehmen, wie sie zB § 278 I ZPO als Richteraufgabe kennt. Man kann sich daher auch bei dieser letzteren Vorschrift orientieren. 1

2) Regelungszweck, I–III. Ein zügiges Verfahren ist ein oft dringendes Erfordernis gerade in einer Kindschaftssache. Ebenso hochgradig wünschenswert ist eine Einigkeit der Beteiligten auch dann, wenn sie nicht über den Verfahrensgegenstand verfügen können. Beiden Zielen dient § 163. Deshalb sollte man die Vorschrift entsprechend großzügig handhaben. III dient dem Schutz des Kindes, obwohl bekanntlich Kinder- 2 aussagen besonders präzise sein können. Denn sie können für die Psyche des Kindes genauso hochgradig folgenschwer und unbrauchbar sein.

3 **3) Verstoß, I–III.** Beim Verstoß nach I: § 411 II 1–4 ZPO. Bei II praktisch allenfalls § 413 ZPO Rn 3–5 (Vergütungsfolgen).

164 *Bekanntgabe der Entscheidung an das Kind.* **[1]Die Entscheidung, gegen die das Kind das Beschwerderecht ausüben kann, ist dem Kind selbst bekannt zu machen, wenn es das 14. Lebensjahr vollendet hat und nicht geschäftsunfähig ist. [2]Eine Begründung soll dem Kind nicht mitgeteilt werden, wenn Nachteile für dessen Entwicklung, Erziehung oder Gesundheit zu befürchten sind. [3]§ 38 Abs. 4 Nr. 2 ist nicht anzuwenden.**

1 **1) Systematik, S 1–3.** Die Vorschrift entspricht weitgehend dem früheren § 59 II FGG. Das FamG muß seine Entscheidung nach § 41 I 1 jedem Beteiligten bekanntgeben. In einer Kindschaftssache ist das Kind zumindest nach § 7 II Z 1 ein Beteiligter. Ohne § 164 S 1 würde das minderjährige Kind im Verfahren zu Händen seines gesetzlichen Vertreters Kenntnis erhalten. S 1 ordnet nicht etwas anstelle jener Regel, sondern zusätzlich die Bekanntgabe an den mindestens 14jährigen und mindestens nach § 106 BGB beschränkt Geschäftsfähigen persönlich an. Die Formulierung „nicht geschäftsunfähig" statt „beschränkt geschäftsfähig" bedeutet nur: Das FamG darf und muß persönlich bekanntmachen, wenn eine mögliche Geschäftsunfähigkeit derzeit nicht sicher feststeht. Es muß also die Bekanntgabe, auch bei einem derartigen Zweifel zumindest versuchen. Es muß die Gründe ihrer Unterlassung auch insoweit nachprüfbar aktenkundig machen.

2 **2) Regelungszweck, S 1–3.** Die Wirksamkeit nach § 40 soll von der tatsächlichen Kenntnisnahme – Möglichkeit dieses Kindes mitabhängen. Denn ab dem 14. Geburtstag vermutet das Gesetz an vielen Stellen eine ausreichende Beurteilungsfähigkeit. Freilich besteht auch eine Notwendigkeit, den noch Minderjährigen zu schützen. Daher „soll" das FamG nach S 2 evtl keine Begründung mitbekanntgeben. Hier ist Fingerspitzengefühl erforderlich.

3 **3) Durchführung der Bekanntgabe, S 1, 2.** Sie erfolgt nach § 41. Eine förmliche Zustellung muß den Zusatz „persönlich" erhalten.

4 **4) Keine Begründung, S 3.** Vgl § 38 IV Z 2.

165 *Vermittlungsverfahren.* **I [1]Macht ein Elternteil geltend, dass der andere Elternteil die Durchführung einer gerichtlichen Entscheidung oder eines gerichtlich gebilligten Vergleichs über den Umgang mit dem gemeinschaftlichen Kind vereitelt oder erschwert, vermittelt das Gericht auf Antrag eines Elternteils zwischen den Eltern. [2]Das Gericht kann die Vermittlung ablehnen, wenn bereits ein Vermittlungsverfahren oder eine anschließende außergerichtliche Beratung erfolglos geblieben ist.**

II [1]Das Gericht lädt die Eltern unverzüglich zu einem Vermittlungstermin. [2]Zu diesem Termin ordnet das Gericht das persönliche Erscheinen der Eltern an. [3]In der Ladung weist das Gericht darauf hin, welche Rechtsfolgen ein erfolgloses Vermittlungsverfahren nach Absatz 5 haben kann. [4]In geeigneten Fällen lädt das Gericht auch das Jugendamt zu dem Termin.

III [1]In dem Termin erörtert das Gericht mit den Eltern, welche Folgen das Unterbleiben des Umgangs für das Wohl des Kindes haben kann. [2]Es weist auf die Rechtsfolgen hin, die sich ergeben können, wenn der Umgang vereitelt oder erschwert wird, insbesondere darauf, dass Ordnungsmittel verhängt werden können oder die elterliche Sorge eingeschränkt oder entzogen werden kann. [3]Es weist die Eltern auf die bestehenden Möglichkeiten der Beratung durch die Beratungsstellen und -dienste der Träger der Kinder- und Jugendhilfe hin.

IV [1]Das Gericht soll darauf hinwirken, dass die Eltern Einvernehmen über die Ausübung des Umgangs erzielen. [2]Kommt ein gerichtlich gebilligter Vergleich zustande, tritt dieser an die Stelle der bisherigen Regelung. [3]Wird ein Einvernehmen nicht erzielt, sind die Streitpunkte im Vermerk festzuhalten.

V [1]Wird weder eine einvernehmliche Regelung des Umgangs noch Einvernehmen über eine nachfolgende Inanspruchnahme außergerichtlicher Beratung erreicht oder erscheint mindestens ein Elternteil in dem Vermittlungstermin nicht, stellt das Gericht durch nicht anfechtbaren Beschluss fest, dass das Vermittlungsverfahren erfolglos geblieben ist. [2]In diesem Fall prüft das Gericht, ob Ordnungsmittel ergriffen, Änderungen der Umgangsregelung vorgenommen oder Maßnahmen in Bezug auf die Sorge ergriffen werden sollen. [3]Wird ein entsprechendes Verfahren von Amts wegen oder auf einen binnen eines Monats gestellten Antrag eines Elternteils eingeleitet, werden die Kosten des Vermittlungsverfahrens als Teil der Kosten des anschließenden Verfahrens behandelt.

1 **Bem.** Bei dieser weitgehenden Übernahme des früheren § 52 a FGG mangels eines Bezugs zum früheren Buch 6 ZPO keine Kommentierung.

166 *Abänderung und Überprüfung von Entscheidungen und gerichtlich gebilligten Vergleichen.* **I Das Gericht ändert eine Entscheidung oder einen gerichtlich gebilligten Vergleich nach Maßgabe des § 1696 des Bürgerlichen Gesetzbuchs.**

II Eine länger dauernde kindesschutzrechtliche Maßnahme hat das Gericht in angemessenen Zeitabständen zu überprüfen.

III Sieht das Gericht von einer Maßnahme nach den §§ 1666 bis 1667 des Bürgerlichen Gesetzbuchs ab, soll es seine Entscheidung in einem angemessenen Zeitabstand, in der Regel nach drei Monaten, überprüfen.

1) Systematik, Regelungszweck, I–III. Wegen der Dauerwirkungen einer Entscheidung oder eines gerichtlich gebilligten Vergleichs im Geltungsbereich des § 151 muß eine Abänderung wie bisher weit über die Grenzen des § 48 hinaus möglich bleiben. Der neugefaßte, inhaltlich freilich nur wenig geänderte § 1696 BGB gibt nach I die Grundlage nicht nur für die Änderung, sondern auch für eine Überprüfung nach II oder III oder für eine Aufhebung bisheriger Maßnahmen. 1

167 *Anwendbare Vorschriften bei Unterbringung Minderjähriger.* **I [1]In Verfahren nach § 151 Nr. 6 sind die für Unterbringungssachen nach § 312 Nr. 1, in Verfahren nach § 151 Nr. 7 die für Unterbringungssachen nach § 312 Nr. 3 geltenden Vorschriften anzuwenden. [2]An die Stelle des Verfahrenspflegers tritt der Verfahrensbeistand.**

II Ist für eine Kindschaftssache nach Absatz 1 ein anderes Gericht zuständig als dasjenige, bei dem eine Vormundschaft oder eine die Unterbringung erfassende Pflegschaft für den Minderjährigen eingeleitet ist, teilt dieses Gericht dem für das Verfahren nach Absatz 1 zuständigen Gericht die Anordnung und Aufhebung der Vormundschaft oder Pflegschaft, den Wegfall des Aufgabenbereiches Unterbringung und einen Wechsel in der Person des Vormunds oder Pflegers mit; das für das Verfahren nach Absatz 1 zuständige Gericht teilt dem anderen Gericht die Unterbringungsmaßnahme, ihre Änderung, Verlängerung und Aufhebung mit.

III Der Betroffene ist ohne Rücksicht auf seine Geschäftsfähigkeit verfahrensfähig, wenn er das 14. Lebensjahr vollendet hat.

IV In den in Absatz 1 Satz 1 genannten Verfahren sind die Elternteile, denen die Personensorge zusteht, der gesetzliche Vertreter in persönlichen Angelegenheiten sowie die Pflegeeltern persönlich anzuhören.

V Das Jugendamt hat die Eltern, den Vormund oder den Pfleger auf deren Wunsch bei der Zuführung zur Unterbringung zu unterstützen.

VI [1]In Verfahren nach § 151 Nr. 6 und 7 soll der Sachverständige Arzt für Kinder- und Jugendpsychiatrie und -psychotherapie sein. [2]In Verfahren nach § 151 Nr. 6 kann das Gutachten auch durch einen in Fragen der Heimerziehung ausgewiesenen Psychotherapeuten, Psychologen, Pädagogen oder Sozialpädagogen erstattet werden.

Bem. Hier mangels eines Bezugs zum früheren Buch 6 ZPO keine Kommentierung. 1

168 *Beschluss über Zahlungen des Mündels.* **I [1]Das Gericht setzt durch Beschluss fest, wenn der Vormund, Gegenvormund oder Mündel die gerichtliche Festsetzung beantragt oder das Gericht sie für angemessen hält:**

1. Vorschuss, Ersatz von Aufwendungen, Aufwandsentschädigung, soweit der Vormund oder Gegenvormund sie aus der Staatskasse verlangen kann (§ 1835 Abs. 4 und § 1835 a Abs. 3 des Bürgerlichen Gesetzbuchs) oder ihm nicht die Vermögenssorge übertragen wurde;
2. eine dem Vormund oder Gegenvormund zu bewilligende Vergütung oder Abschlagszahlung (§ 1836 des Bürgerlichen Gesetzbuchs).

[2]Mit der Festsetzung bestimmt das Gericht Höhe und Zeitpunkt der Zahlungen, die der Mündel an die Staatskasse nach den §§ 1836 c und 1836 e des Bürgerlichen Gesetzbuchs zu leisten hat. [3]Es kann die Zahlungen gesondert festsetzen, wenn dies zweckmäßig ist. [4]Erfolgt keine Festsetzung nach Satz 1 und richten sich die in Satz 1 bezeichneten Ansprüche gegen die Staatskasse, gelten die Vorschriften über das Verfahren bei der Entschädigung von Zeugen hinsichtlich ihrer baren Auslagen sinngemäß.

II [1]In dem Antrag sollen die persönlichen und wirtschaftlichen Verhältnisse des Mündels dargestellt werden. [2]§ 118 Abs. 2 Satz 1 und 2 sowie § 120 Abs. 2 bis Abs. 4 Satz 1 und 2 der Zivilprozessordnung sind entsprechend anzuwenden. [3]Steht nach der freien Überzeugung des Gerichts der Aufwand zur Ermittlung der persönlichen und wirtschaftlichen Verhältnisse des Mündels außer Verhältnis zur Höhe des aus der Staatskasse zu begleichenden Anspruchs oder zur Höhe der voraussichtlich vom Mündel zu leistenden Zahlungen, kann das Gericht ohne weitere Prüfung den Anspruch festsetzen oder von einer Festsetzung der vom Mündel zu leistenden Zahlungen absehen.

III [1]Nach dem Tode des Mündels bestimmt das Gericht Höhe und Zeitpunkt der Zahlungen, die der Erbe des Mündels nach § 1836 e des Bürgerlichen Gesetzbuchs an die Staatskasse zu leisten hat. [2]Der Erbe ist verpflichtet, dem Gericht über den Bestand des Nachlasses Auskunft zu erteilen. [3]Er hat dem Gericht auf Verlangen ein Verzeichnis der zur Erbschaft gehörenden Gegenstände vorzulegen und an Eides Statt zu versichern, dass er nach bestem Wissen und Gewissen den Bestand so vollständig angegeben habe, als er dazu imstande sei.

IV [1]Der Mündel ist zu hören, bevor nach Absatz 1 eine von ihm zu leistende Zahlung festgesetzt wird. [2]Vor einer Entscheidung nach Absatz 3 ist der Erbe zu hören.

V Auf die Pflegschaft sind die Absätze 1 bis 4 entsprechend anzuwenden.

1 **Bem.** Bei dieser weitgehenden Übernahme des früheren § 56 g FGG mangels eines Bezugs zum früheren Buch 6 ZPO keine Kommentierung.

168a *Mitteilungspflichten des Standesamts.* **[I] Wird dem Standesamt der Tod einer Person, die ein minderjähriges Kind hinterlassen hat, oder die Geburt eines Kindes nach dem Tod des Vaters oder das Auffinden eines Minderjährigen, dessen Familienstand nicht zu ermitteln ist, angezeigt, hat das Standesamt dies dem Familiengericht mitzuteilen.**

[II] Führen Eltern, die gemeinsam für ein Kind sorgeberechtigt sind, keinen Ehenamen und ist von ihnen binnen eines Monats nach der Geburt des Kindes der Geburtsname des Kindes nicht bestimmt worden, teilt das Standesamt dies dem Familiengericht mit.

1 **Bem.** Hier mangels eines Bezugs zum früheren Buch 6 ZPO keine Kommentierung.

Abschnitt 4. Verfahren in Abstammungssachen

169 *Abstammungssachen.* **Abstammungssachen sind Verfahren**

1. auf Feststellung des Bestehens oder Nichtbestehens eines Eltern-Kind-Verhältnisses, insbesondere der Wirksamkeit oder Unwirksamkeit einer Anerkennung der Vaterschaft,
2. auf Ersetzung der Einwilligung in eine genetische Abstammungsuntersuchung und Anordnung der Duldung einer Probeentnahme,
3. auf Einsicht in ein Abstammungsgutachten oder Aushändigung einer Abschrift oder
4. auf Anfechtung der Vaterschaft.

1 **1) Systematik, Z 1–4.** Die Vorschrift übernimmt in *Z 1* fast wörtlich, in *Z 4* wörtlich den früheren § 640 II Z 1, 2 ZPO. Z 2, 3 neu. § 169 gilt auch für einen Gegenantrag, Brdb FamRZ **04**, 471. Abstammungssachen sind FamS, § 111 Z 3. Für sie gelten §§ 169–185.

2 **2) Regelungszweck, Z 1–4.** Die amtlichen Begriffsbestimmungen in Z 1–4 dienen natürlich der Rechtssicherheit nach Einl III 43 auf diesem außerordentlich folgenreich geregelten Teilgebiet des Buchs 2. Alle Formvorschriften erfordern eine strikte Handhabung. Das darf aber nicht die praktische Notwendigkeit beeinträchtigen, etwa wegen eines unverkennbaren Sachzusammenhangs auch großzügig auszulegen.

3 **3) Abstammungssache, Z 1–4.** Abstammungssache sind die in Z 1–4 grundsätzlich abschließend aufgezählten folgenden Verfahren für ein eheliches oder nichteheliches Kind.

4 **A. Feststellung wegen Eltern-Kind-Verhältnisses, Z 1,** dazu *Wieser* NJW **98**, 2023 (Gestaltungsantrag, Üb): Hierunter fällt die Feststellung der Vaterschaft nach § 1600 d BGB, Saarbr RR **05**, 1672 (keine Frist), ferner die nicht gesetzlich geregelte Feststellung der Mutterschaft, § 1591 BGB, falls hierüber ausnahmsweise ein Streit entsteht (Kindesvertauschung), Bre FamRZ **95**, 1291. Unter Z 1 fällt auch die Feststellung der Wirksamkeit oder Unwirksamkeit einer Anerkennung der Vaterschaft nach § 1598 BGB, wenn es darum geht, ob sie den Erfordernissen der §§ 1594–1597 BGB genügt, BGH NJW **85**, 804.

Zur Vaterschaftsklärung von Kindern, die vor dem 3. 10. 90 in der *DDR* geboren sind, BGH FamRZ **97**, 876, zur Elternschaftsanfechtung durch das künstlich gezeugte Kind Guantius FamRZ **98**, 1145.

Unter Z 1 fallen mangels einer Anwendbarkeit des § 108 *kraft Sachzusammenhangs* auch Verfahren auf die Anerkennung eines entsprechenden ausländischen Urteils, BGH FER **99**, 282, Hamm FamRZ **93**, 438. Dasselbe gilt für den Antrag auf eine andere Art der Feststellung der genetischen Abstammung, zB für den Antrag des Kindes gegen die Mutter auf eine Auskunft über den Namen und die Adresse des leiblichen Vaters, Hilger FamRZ **88**, 764, aM Bre FamRZ **00**, 618, Hamm NJW **01**, 1871, Köln RR **94**, 1418, oder für den Antrag auf eine Mitwirkung an einer Vaterschaftsbegutachtung, aM BGH FamRZ **07**, 124, LG Bln FamRZ **78**, 835 (aber auch dann liegt sehr wohl ein vom BGH FER **99**, 282 als wesentlich erachteter Sachzusammenshang vor). Auch eine Wiederaufnahmeklage nach §§ 118, 185 in Verbindung mit §§ 578 ff ZPO zählt hierher, BGH FamRZ **94**, 237, Hamm FamRZ **97**, 502. Eine isolierte Abstammungsfeststellungsforderung ist unstatthaft, Hamm FamRZ **99**, 1365, Diederichsen NJW **98**, 1979, Gaul FamRZ **97**, 1464.

Nicht hierher gehört das Verfahren nach (jetzt) § 179, BGH FamRZ **07**, 369, oder ein Verfahren nach dem PStG, Zweibr RR **00**, 881, oder eine Feststellung, daß ein eheliches Kind von einem anderen Mann abstammt, Hamm FamRZ **99**, 1365.

5 **B. Ersetzung der Einwilligung usw, Z 2, 3.** Es geht um die beiden Verfahrensarten des früheren § 640 II Z 2, 3 ZPO.

6 **C. Anfechtung der Vaterschaft, Z 4,** dazu *Wieser* FamRZ **98**, 1004 (Üb): Hierunter fallen sowohl die Anfechtung der Vaterschaft des Ehemannes, § 1599 I in Verbindung mit §§ 1592 Z 1, 1593 BGB, als auch die Anfechtung der Vaterschaft des Anerkennenden, § 1599 I in Verbindung mit § 1592 Z 2 BGB, Köln FamRZ **02**, 629. Zur Anfechtung berechtigt sind im ersteren Fall der Ehemann, die Mutter oder das Kind, § 1600 I BGB, im letzteren Fall der Anerkennende, die Mutter und das Kind, § 1600 I in Verbindung mit § 1592 Z 2 BGB. Bei einer künstlichen Befruchtung mittels der Samenspende eines Dritten gilt die Beschränkung des § 1600 II BGB, Wanitzek FamRZ **03**, 730.

Beim *Anfechtungsrecht des leiblichen Vaters* gilt nach §§ 1600 ff BGB: Es ist auch derjenige Mann anfechtungsberechtigt, der an Eides Statt versichert, der Mutter des Kindes während der Empfängniszeit beigewohnt zu haben. Das setzt voraus, daß zwischen dem Kind und seinem Vater nach § 1600 I Z 1 BGB keine sozial-familiäre Beziehung besteht oder im Zeitpunkt seines Todes bestanden hat und daß der Anfechtende der leibliche Vater des Kindes ist, § 1600 I Z 2, II, III BGB. Im Fall des § 1600 I Z 2 BGB begann die Frist für die Anfechtung nach § 1600 b I BGB nicht vor dem 30. 4. 04, Art 2 Z 1 G v 23. 4. 04, BGBl 598. Zur Beweislast § 1600 c BGB.

Für das *Verfahren* gelten §§ 1600 a–1600 d BGB. Der Kläger muß Umstände für einen Anfangsverdacht vortragen, BGH FamRZ **06**, 686, aM Drsd FamRZ **05**, 1491, Wellenhofer FamRZ **06**, 689 (aber die bloße Behauptung der Nichtvaterschaft ist meist keine bestimmte Darstellung einer negativen Tatsache, die zB das Kind fast nie selbst wahrgenommen hat).

4) Verfahren, Z 1–4. Es verläuft nach § 170 GVG nichtöffentlich. Sachlich zuständig ist das FamG, §§ 23 a I Z 1, 23 b I GVG. Es gibt vier Hauptaspekte. 7

A. Beteiligte. Es entscheidet das FamG auf einen Antrag des Mannes gegen das Kind oder auf einen Antrag der Mutter oder des Kindes gegen den Mann. Auch das noch nicht geborene Kind ist beteiligtenfähig, Schlesw MDR **00**, 397 (zustm Born). Die Mutter kann aus eigenem Recht vorgehen, Gaul FamRZ **97**, 1451. 1457.

Nicht antragsberechtigt ist diejenige Frau, die das Kind nicht selbst geboren hat. Schwab/Wagenitz FamRZ **97**, 1377.

B. Verfahrensgrundsätze. Anders als bei einer Feststellungsklage nach § 256 I ZPO ist bei *Z 1* kein besonderes Feststellungsinteresse oder Rechtsschutzbedürfnis notwendig. Denn die Berufung auf die Verfahrensvoraussetzungen trägt schon ein Feststellungsinteresse in sich, Habscheid/Habscheid FamRZ **99**, 482, aM Wieser ZZP **86**, 321. Zulässig ist der Antrag auch gegen den anerkennungswilligen Erzeuger, KG FamKZ **94**, 910. Ein schon vorhandener Unterhaltstitel stört nicht. Auch ein noch nicht Geborener ist antragsberechtigt, Rn 7. Unzulässig ist eine Beschränkung der Feststellung auf bestimmte Rechtswirkungen der Vaterschaft, Düss FamRZ **03**, 1578, zB bei einem ausländischen Vater auf die Unterhaltspflicht, BGH FamRZ **79**, 793. Bei *Z 2* handelt es sich um ein einheitliches Gestaltungsverfahren, BGH NJW **99**, 1632, Eckebrecht MDR **99**, 71, Wieser FamRZ **04**, 1774. 8

C. Einzelheiten. Für das Verfahren gelten einzelne Vorschriften der Bücher 1, 2 sowie als vorrangige Sondervorschriften §§ 169 ff. Nach dem Tod eines Beteiligten gilt § 181. Zur Schlüssigkeit des Anfechtungsantrags gehört mehr als die Behauptung, das Kind stamme nicht vom Scheinvater, BGH NJW **03**, 585, aM Hamm ZBlJugR **98**, 475, Wellenhofer FamRZ **05**, 665. Vielmehr muß der Antragsteller Umstände vortragen, die bei einer objektiven Betrachtung geeignet sind, Zweifel an der Vaterschaft zu wecken und die Möglichkeit der anderweitigen Abstammung als nicht ganz fernliegend erscheinen lassen, BGH FamRZ **05**, 342 (abl Wellenhofer FamRZ **05**, 665), Köln NJW **98**, 2985, Nürnb MDR **04**, 96, aM Eckebrecht MDR **99**, 71. Eine heimlich veranlaßte DNA-Vaterschaftsanalyse ist rechtswidrig und im Vaterschaftsanfechtungsverfahren gegen den Willen des Kindes oder seines gesetzlichen Vertreters nur bedingt verwertbar, nämlich allenfalls zur Darlegung von Zweifeln an der Vaterschaft nach § 1600 b BGB, § 372 a Rn 18. Zur Zulässigkeit des Vaterschaftsfeststellungsantrags gegen einen Ausländer nach einem vorangegangenen Verfahren im Ausland BGH MDR **85**, 215. 9

170 *Örtliche Zuständigkeit.* [I] **Ausschließlich zuständig ist das Gericht, in dessen Bezirk das Kind seinen gewöhnlichen Aufenthalt hat.**

[II] **Ist die Zuständigkeit eines deutschen Gerichts nach Absatz 1 nicht gegeben, ist der gewöhnliche Aufenthalt der Mutter, ansonsten der des Vaters maßgebend.**

[III] **Ist eine Zuständigkeit nach den Absätzen 1 und 2 nicht gegeben, ist das Amtsgericht Schöneberg in Berlin ausschließlich zuständig.**

1) Systematik, Regelungszweck, I–III. Es handelt sich um eine vereinfachte Übernahme eines Teils des früheren § 640 a I 1–4 ZPO. Die Vorschrift sieht zwecks einer einheitlichen Regelung und damit zwecks Rechtssicherheit nach Einl III 43 für alle Abstammungssachen nach § 169 einheitlich die ausschließliche örtliche Zuständigkeit eines bestimmten FamG vor. Dessen sachliche Zuständigkeit folgt aus §§ 23 a I Z 1, 23 b I GVG. *I 1* knüpft dabei an den Antragsteller oder Antragsgegner den gewöhnlichen Aufenthaltsort an, nicht an den allgemeinen Gerichtsstand. Maßgebend ist der Zeitpunkt der Rechtshängigkeit wie bei § 261 I, III Z 2 ZPO. § 170 hat den Vorrang vor § 2. 1

2) Örtliche Zuständigkeit, I–III. Alle in I–III genannten Zuständigkeiten sind ausschließlich, Üb 14 vor § 12 ZPO. Sie gelten auch für das Verfahren über eine einstweilige Anordnung nach § 119. Der Begriff „gewöhnlicher Aufenthalt" ist nach deutschem Recht oder den nach deutschem Recht maßgeblichen Gesichtspunkten beurteilbar. 2

A. Kindesaufenthalt, I. Grundsätzlich ist dasjenige FamG zuständig, in dessen Bezirk das Kind als Antragsteller oder Antragsgegner seinen gewöhnlichen Aufenthalt hat, dazu § 98 Rn 5. Die Vorschrift gilt auch bei einer Pflegschaft oder Vormundschaft.

B. Ersatzweise 1. Rang: Mutteraufenthalt, II Hs 1. Fehlt ein deutscher Gerichtsstand nach I, ist zunächst der gewöhnliche Aufenthalt der Mutter maßgebend. 3

C. Ersatzweise 2. Rang: Vateraufenthalt, II Hs 2. Fehlt auch ein deutscher Gerichtsstand nach II, ist „ansonsten" der gewöhnliche Aufenthalt des Vaters maßgebend. Fehlt er trotz einer örtlichen Zuständigkeit nach I, II, ist das FamG beim AG Schöneberg in Berlin ausschließlich zuständig. 4

171 *Antrag.* [I] **Das Verfahren wird durch einen Antrag eingeleitet.**

[II] [1] **In dem Antrag sollen das Verfahrensziel und die betroffenen Personen bezeichnet werden.** [2] **In einem Verfahren auf Anfechtung der Vaterschaft nach § 1600 Abs. 1 Nr. 1 bis 4 des Bürger-**

lichen Gesetzbuchs sollen die Umstände angegeben werden, die gegen die Vaterschaft sprechen, sowie der Zeitpunkt, in dem diese Umstände bekannt wurden. [3]In einem Verfahren auf Anfechtung der Vaterschaft nach § 1600 Abs. 1 Nr. 5 des Bürgerlichen Gesetzbuchs müssen die Umstände angegeben werden, die die Annahme rechtfertigen, dass die Voraussetzungen des § 1600 Abs. 3 des Bürgerlichen Gesetzbuchs vorliegen, sowie der Zeitpunkt, in dem diese Umstände bekannt wurden.

1 **1) Systematik, Regelungszweck, I, II.** Die (neue) Vorschrift stellt in *I* klar, daß ein nach § 23 einleitender Antrag anstelle der früheren Klage des § 640 ZPO erforderlich ist, und ergänzt in *II* vorrangig § 23 I wiederum in einer gewissen Anlehnung an § 253 II ZPO. Das bezweckt die trotz des Amtsermittlungsgrundsatzes des § 26 unentbehrliche Abgrenzung und Anfangsbestimmung der Art und des Umfangs des Verfahrensstoffs.

2 **2) Antragszwang, I.** Vgl § 23. § 24 ist also unanwendbar.

3 **3) Sollvorschriften, II 1, 2.** Es können zwei unterschiedliche Arten von Angaben ratsam sein.

A. Verfahrensziel; Betroffene, II 1. Diese Angaben sollen stets erfolgen. Das Verfahrensziel ergibt sich aus § 169 entweder Z 1 oder Z 2. Betroffen sind die Beteiligten nach § 172 und evtl darüber hinaus weitere rechtlich und nicht nur wirtschaftlich Betroffene. Man soll die ladungsfähigen Personalien wie zB bei § 253 II Z 1 ZPO oder eben bei § 7 präzisieren.

4 **B. Anfechtungsgründe, II 2.** Im Anfechtungsverfahren nach § 169 Z 2 soll man die Anfechtungsgründe nach ihrer Art und nach dem Zeitpunkt ihres Bekanntwerdens beim Antragsteller angeben, am besten mit einer Angabe der etwaigen Beweismöglichkeiten.

5 **4) Mußvorschrift, II 3.** Sie ist zwingend.

172

Beteiligte. **[I] Zu beteiligen sind**

1. das Kind,
2. die Mutter,
3. der Vater.

[II] Das Jugendamt ist in den Fällen des § 176 Abs. 1 Satz 1 auf seinen Antrag zu beteiligen.

1 **1) Systematik, Regelungszweck, I, II.** *I Z 1–3* sind eigentlich überflüssig. Denn der formell nachrangige § 7 II Z 1 besagt schon dasselbe. Selbstverständlich sind das Kind, die Mutter und der Vater Leute, deren Recht im Abstammungsverfahren unmittelbar betroffen wird. I Z 1–3 sind aber zusätzlich klarstellend. *II* macht über § 7 I Z 2 das Jugendamt bei § 174 I 1 auf seinen Antrag zum Beteiligten. Ergänzend sind §§ 173, 174 beachtbar.

173

Vertretung eines Kindes durch einen Beistand. **Wird das Kind durch das Jugendamt als Beistand vertreten, ist die Vertretung durch den sorgeberechtigten Elternteil ausgeschlossen.**

1 **1) Systematik, Regelungszweck.** Die Vorschrift entspricht dem früheren § 53a ZPO. Sie hat als eine Spezialregelung den Vorrang vor § 12, insbesondere vor dessen S 5. Sie hat aus denselben Gründen den Vorrang auch vor § 158. Sie schränkt das gesetzliche sonstige Vertretungsrecht eines Sorgeberechtigten nicht unproblematisch aus der offenbaren Erwägung ein, dieser könne in einen Interessenkonflikt geraten. Ob aber die Behörde die Interessen des Kindes besser vertreten wird als zB ein weiterer Elternteil es tun könnte, ist nach so mancher Behördenerfahrung nicht ganz zweifelsfrei. § 74 ermöglicht außerdem die Bestellung eines Verfahrensbeistands mit etwas abweichenden Aufgaben.

174

Verfahrensbeistand. **[1]Das Gericht hat einem minderjährigen Beteiligten in Abstammungssachen einen Verfahrensbeistand zu bestellen, sofern dies zur Wahrnehmung seiner Interessen erforderlich ist. [2]§ 158 Abs. 2 Nr. 1 sowie Abs. 3 bis 7 gilt entsprechend.**

1 **1) Systematik, Regelungszweck, S 1, 2.** Die Vorschrift steht systematisch verfehlt nicht vor, sondern erst hinter dem erst die Beiordnungsfolgen regelnden § 173. Die dort Rn 1 genannten gewissen Bedenken werden aus dem in § 174 S 1 bestimmten Bestellungszwang vollends deutlich. Freilich kann eine solche Bestellung unvermeidbar sein. Vgl im übrigen § 158 II Z 1, III–VII.

2 **2) Verfahrensbeistand, S 1.** Das ist eine etwas andere Funktion als diejenige des Beistands nach § 173.

3 **3) Rechtsmittel, S 1, 2.** Vgl §§ 58ff.

175

Erörterungstermin; persönliche Anhörung. **[I] [1]Das Gericht soll vor einer Beweisaufnahme über die Abstammung die Angelegenheit in einem Termin erörtern. [2]Es soll das persönliche Erscheinen der verfahrensfähigen Beteiligten anordnen.**

[II] [1]Das Gericht soll vor einer Entscheidung über die Ersetzung der Einwilligung in eine genetische Abstammungsuntersuchung und die Anordnung der Duldung der Probeentnahme (§ 1598a

Abs. 2 des Bürgerlichen Gesetzbuchs) die Eltern und ein Kind, das das 14. Lebensjahr vollendet hat, persönlich anhören. [2]Ein jüngeres Kind kann das Gericht persönlich anhören.

1) Systematik, Regelungszweck, I, II. § 32 I enthält eine bloße Kannvorschrift. *I 1* enthält eine schärfere Sollvorschrift zwecks einer Kostendämpfung und einer Beschränkung des Kreises der in das Verfahren einbezogenen Menschen. Ob eine Verhandlung im weiteren Sinn in der Form einer Erörterung immer der sinnvollere Weg vor einer klaren Beweisanordnung und -durchführung ist, läßt sich ja bezweifeln. Daher das bloße „soll". Man liest mit gutem Grand kein „muß". *I 2* schwächt mit seinem „soll" das „hat zu tun" in dem allgemeineren § 34 I etwas ab. Auch nennt I 2 ja nicht eine Anhörung als das Ziel, obwohl er natürlich im Grunde mehr als das bloße Erscheinen und Zuhören im Sinn hat. Der Sache nach dient natürlich auch I 2 denselben Erwägungen wie I 1. *II* erfaßt die Verfahren nach § 169 Z 2, 3. 1

2) Rechtsmittel, I, II. Vgl §§ 58 ff. 2

176 *Anhörung des Jugendamts.* **I [1]Das Gericht soll im Fall einer Anfechtung nach § 1600 Abs. 1 Nr. 2 und 5 des Bürgerlichen Gesetzbuchs sowie im Fall einer Anfechtung nach § 1600 Abs. 1 Nr. 4 des Bürgerlichen Gesetzbuchs, wenn die Anfechtung durch den gesetzlichen Vertreter erfolgt, das Jugendamt anhören. [2]Im Übrigen kann das Gericht das Jugendamt anhören, wenn ein Beteiligter minderjährig ist.**

II [1]Das Gericht hat dem Jugendamt in den Fällen einer Anfechtung nach Absatz 1 Satz 1 sowie einer Anhörung nach Absatz 1 Satz 2 die Entscheidung mitzuteilen. [2]Gegen den Beschluss steht dem Jugendamt die Beschwerde zu.

1) Systematik, Regelungszweck, I, II. Aus der allgemeinen Anhörungspflicht nach § 34 und aus der Anhörungspflicht in einer Kindschaftssache nach § 162 I 1 wird in einer Abstammungssache in § 176 *I 1* ein bloßes „soll". Auch dieser Rat ergeht nur in den Fällen § 1600 I 2 oder 4 oder 5 BGB unter den in I 1 weiter genannten Voraussetzungen, *I 2* macht gar aus dem „soll" ein bloßes „kann" bei einer Minderjährigkeit. Das alles zeigt eine deutliche Abschwächung der Funktion des Jugendamts bei einem Verfahren, das ja auch praktisch vom Sachverständigen und nicht von der Jugendbehörde abhängt. 1

II 1 bringt eine ziemlich eng begrenzte bloße Mitteilungspflicht ähnlich § 162 III 1. Vgl daher dort. *II 2* stimmt mit § 162 II 2 wörtlich überein. Vgl daher dort. 2

2) Rechtsmittel, II 2. „Beschwerde" meint das befristete Rechtsmittel §§ 58 ff. 3

177 *Eingeschränkte Amtsermittlung; förmliche Beweisaufnahme.* **I Im Verfahren auf Anfechtung der Vaterschaft dürfen von den beteiligten Personen nicht vorgebrachte Tatsachen nur berücksichtigt werden, wenn sie geeignet sind, dem Fortbestand der Vaterschaft zu dienen, oder wenn der die Vaterschaft Anfechtende einer Berücksichtigung nicht widerspricht.**

II [1]Über die Abstammung in Verfahren nach § 169 Nr. 1 und 4 hat eine förmliche Beweisaufnahme stattzufinden. [2]Die Begutachtung durch einen Sachverständigen kann durch die Verwertung eines von einem Beteiligten mit Zustimmung der anderen Beteiligten eingeholten Gutachtens über die Abstammung ersetzt werden, wenn das Gericht keine Zweifel an der Richtigkeit und Vollständigkeit der im Gutachten getroffenen Feststellungen hat und die Beteiligten zustimmen.

1) Systematik, Regelungszweck, I, II. In einer Anlehnung an den früheren § 640 d ZPO übernimmt *I* (nur) für das Abstammungsverfahren nach § 169 Z 1, 4 die den § 26 einschränkende inhaltlich völlig gleiche Regelung des Eheverfahrens aus § 127 II. *II 1* macht aus dem Ermessen des § 30 I in einer Durchführung des § 30 II eine Amtspflicht. Sie bedeutet natürlich nicht, daß ausnahmslos eine förmliche Beweisaufnahme notwendig ist. Denn das Verfahren kann zB infolge einer Antragsrücknahme ohne eine Beweisaufnahme enden. Andererseits macht *II 1* deutlich, daß jedenfalls keine instanzbeendende Entscheidung ohne eine Beweisaufnahme statthaft ist. Ein Anerkenntnis usw reicht also nicht (mehr). *II 2* nimmt einerseits den Grundgedanken des § 284 S 2 ZPO auf, verdeutlicht aber andererseits die ohnehin nach § 37 bestehende Bewertungs- und Beweiswürdigungsfreiheit des FamG in ähnlicher Weise wie §§ 286, 411 a ZPO. Vgl daher jeweils dort. 1

2) Rechtsmittel, I, II. Die Entscheidung zum Ob, Wann, Wie und Wo einer förmlichen Beweisaufnahme ist erst zusammen mit der Endentscheidung anfechtbar (dann nach §§ 58 ff). § 113 I 2 mit seiner Verweisung auch auf die Unanfechtbarkeit nach § 355 II ZPO ist zwar nicht direkt anwendbar, weil eine Abstammungssache keine Ehe- oder Familienstreitsache nach §§ 111, 112 ist. § 355 II ZPO enthält aber einen tragenden Verfahrensgrundsatz, dort Rn 1. 2

178 *Untersuchungen zur Feststellung der Abstammung.* **I Soweit es zur Feststellung der Abstammung erforderlich ist, hat jede Person Untersuchungen, insbesondere die Entnahme von Blutproben, zu dulden, es sei denn, dass ihr die Untersuchung nicht zugemutet werden kann.**

II [1]Die §§ 386 bis 390 der Zivilprozessordnung gelten entsprechend. [2]Bei wiederholter unberechtigter Verweigerung der Untersuchung kann auch unmittelbarer Zwang angewendet, insbesondere die zwangsweise Vorführung zur Untersuchung angeordnet werden.

1 **1) Systematik, Regelungszweck, I, II.** Die Vorschrift gleicht dem neugefaßten § 372 a ZPO praktisch bis aufs Wort. Sie hat im Verfahren nach §§ 169 ff als eine Spezialregelung den Vorrang. Daher bleibt für § 372 a ZPO nur noch ein kleiner restlicher Geltungsbereich. Vgl wegen des nun einmal zwar geänderten, aber im Prinzip verbliebenen § 372 a ZPO dort.

2 **2) Zwischenstreit, II.** Er tritt nach §§ 386–390 ZPO ein.

3 **3) Rechtsmittel, I, II.** Es gelten nach II in Verbindung mit § 390 III ZPO die §§ 567 ff ZPO (sofortige Beschwerde) mit dem Vorrang vor den allgemeineren §§ 58 ff.

179 *Mehrheit von Verfahren.* I [1] **Abstammungssachen, die dasselbe Kind betreffen, können miteinander verbunden werden.** [2] **Mit einem Verfahren auf Feststellung des Bestehens der Vaterschaft kann eine Unterhaltssache nach § 237 verbunden werden.**

II **Im Übrigen ist eine Verbindung von Abstammungssachen miteinander oder mit anderen Verfahren unzulässig.**

1 **1) Systematik, Regelungszweck, I, II.** Die Vorschrift übernimmt nach einer (neuen) Klärung in *I 1* den Grundgedenken des früheren § 640 c I 3 ZPO in *I 2.* In *II* kehrt der Grundgedanke des früheren § 640 c I 1 ZPO zurück. Es handelt sich um zwei gegenüber § 20 teilweise vorrangige zwingende Spezialvorschriften, BGH FamRZ **07**, 368. Sie dienen einer Abgrenzung im Interesse der Beschleunigung und Einheitlichkeit des Statusverfahrens wegen seiner gegenüber dem Normalprozeß wesentlich weitergehenden Rechtswirkungen, BGH NJW **02**, 2109 (zu II).

2 **2) Verbindung, I, II.** Die Regelung hat den Vorrang vor § 20. Man kann mit einer Abstammungssache grundsätzlich keine Sache anderer Art verbinden. Eine Ausnahme bildet zum einen die Verbindung mehrerer Abstammungssachen wegen desselben Kindes, *I 1.* Eine weitere Ausnahme bildet die Verbindung eines Antrags auf eine Feststellung des Bestehens der Vaterschaft nach § 169 Z 1 mit einer Unterhaltssache nach (jetzt) § 237, BGH FamRZ **07**, 368 und NJW **07**, 914. Das gilt auch im Verhältnis zwischen einem Haupt- und einem Hilfsantrag, BGH FamRZ **07**, 369 und NJW **07**, 914 (kein anschließender bedingter Antrag). Auch in einem Altfall aus der früheren DDR ist die Verbindung mit einem Verfahren auf einen rückständigen Unterhalt unzulässig, BGH FamRZ **95**, 994, aM Brdb OLG-NL **96**, 136.

3 Evtl hilft eine *Trennung und Aussetzung* nach § 21, Brdb FamRZ **96**, 370. Hat das FamG zugleich über einen bezifferten Unterhalt entschieden, muß das OLG als Beschwerdegericht nach § 20 trennen, Brdb FamRZ **96**, 369, und den Streit über den Unterhalt an das FamG zurückverweisen, Hamm RR **88**, 1355.

4 **3) Rechtsmittel, I, II.** Es gelten §§ 58 ff.

180 *Erklärungen zur Niederschrift des Gerichts.* [1] **Die Anerkennung der Vaterschaft, die Zustimmung der Mutter sowie der Widerruf der Anerkennung können auch in einem Erörterungstermin zur Niederschrift des Gerichts erklärt werden.** [2] **Das Gleiche gilt für die etwa erforderliche Zustimmung des Mannes, der im Zeitpunkt der Geburt mit der Mutter des Kindes verheiratet ist, des Kindes oder eines gesetzlichen Vertreters.**

1 **1) Systematik, Regelungszweck, S 1, 2.** Die Vorschrift übernimmt praktisch wörtlich den früheren § 641 c ZPO. Sie hat den Vorrang vor § 25. Die Möglichkeit einer Anerkennung der Vaterschaft ist alles andere als selbstverständlich. Denn wegen der außerordentlich weitreichenden Wirkung der Vaterschaftsklärung ist eine Art Parteiherrschaft nach Grdz 18 vor § 128 ZPO im Verfahren mit einer Amtsermittlung nach § 26 wie im Statusverfahren nach §§ 169 ff grundsätzlich nicht vorhanden. Indessen kann man ja sogar vor dem Jugendamt zumindest zunächst wirksam die Vaterschaft anerkennen. Dann muß das zwecks Verfahrenswirtschaftlichkeit nach Art von Grdz 14 vor § 128 ZPO natürlich erst recht vor Gericht möglich sein. § 180 zieht aus einer solchen Überlegung die Verfahrenskonsequenzen.

Grundsätzlich ist ein *Anerkenntnisbeschluß* unstatthaft, § 180 bringt im Interesse des Kindes eine Sonderregelung. Sie gilt in allen Instanzen. Sie ersetzt die Form des § 1597 BGB. Ein Vergleich nach § 36 würde nicht der Bedeutung der Anerkennung mit Rücksicht auf die Wirkung für und gegen alle gerecht.

2 **2) Erklärung zur Niederschrift des Gerichts, S 1, 2.** Das Verfahren läßt sich durch eine sachlichrechtliche Anerkennung der Vaterschaft auch in einen Erörterungstermin nach § 175 zur Niederschrift des Gerichts nach §§ 1595 ff BGB beenden. Ebenso können die Zustimmung der Mutter, des Kindes und eines gesetzlichen Vertreters erfolgen, ebenso der Widerruf der Anerkennung, § 1597 III BGB. Das FamG muß alle diese Erklärungen in das Protokoll aufnehmen. Es muß sie unbedingt auch vorlesen, aM Brdb FamRZ **00**, 548, und vom Erklärenden genehmigen lassen, § 162 I ZPO in Verbindung mit § 160 III Z 1, 3 ZPO entsprechend, Hamm FamRZ **88**, 854, Kemper DAVorm **87**, 841. Jedoch ist auch das Nachbringen der Zustimmung und der Erklärungen dieser Personen in der Form und Frist des § 1597 BGB zulässig. Mit der Abgabe dieser Erklärungen ist die Hauptsache erledigt. Über die Kosten muß das FamG nach §§ 80 ff entscheiden. Die Anerkennung läßt sich nach § 169 Z 2 anfechten.

181 *Tod eines Beteiligten.* [1] **Stirbt ein Beteiligter vor Rechtskraft der Endentscheidung, hat das Gericht die übrigen Beteiligten darauf hinzuweisen, dass das Verfahren nur fortgesetzt wird, wenn ein Beteiligter innerhalb einer Frist von einem Monat dies durch Erklärung gegenüber dem Gericht verlangt.** [2] **Verlangt kein Beteiligter innerhalb der vom Gericht gesetzten Frist die Fortsetzung des Verfahrens, gilt dieses als in der Hauptsache erledigt.**

1) Systematik, Regelungszweck, S I, 2. Es handelt sich um eine inhaltliche weitgehende Übernahme des früheren § 640g ZPO. Anders als in einer Ehesache nach § 131 hat der Tod nicht sogleich die Erledigung des Verfahrens nach Art des früheren § 619 ZPO zur Folge. Vielmehr kommt es zunächst darauf an, ob ein anderer Beteiligter im Sinn von § 172 eine Fortsetzung des Abstammungsverfahrens verlangt. Nur wenn das nicht wirksam geschient, gilt das Verfahren als erledigt. Das bezweckt eine abschließende Klärungsmöglichkeit der Abstammungsfragen in nur einem einzigen Verfahren wegen der über die jetzigen Beteiligten ja zumindest in Zukunft evtl erheblich hinausgehenden Rechtswirkungen. 1

2) Tod vor Rechtskraft, S 1 Hs 1. Er muß nach der Rechtshängigkeit und vor der formellen Rechtskraft eingetreten sein, wie bei § 131 Rn 1. 2

3) Hinweispflicht, S 1 Hs 2. Das FamG muß unverzüglich, § 121 I 1 BGB, von Amts wegen jeden weiteren Beteiligten auf die Möglichkeit des Fortsetzungsverlangens und auf dessen Bedeutung hinweisen, also auch auf dessen Fristgebundenheit und auf dessen Formfreiheit, § 180. Es ist ratsam, den Wortlaut des Hinweises in den Akten festzuhalten. Der Hinweis muß praktisch schon deshalb schriftlich erfolgen, weil er die Frist des S 1 Hs 2 erst auslöst und weil das FamG ihn deshalb förmlich zustellen muß. Die Monatsfrist beginnt mit der Zustellung. Die etwaige Erklärung muß fristgerecht beim FamG eingehen, um wirksam zu sein. Beteiligt ist auch das Jugendamt bei § 172 I Z 4, II. 3

4) Erledigung, S 2. Mangels einer wirksamen Fortsetzungserklärung gilt dasselbe wie bei § 131, dort Rn 3ff. 4

5) Verstoß, S 1. Solange das FamG den Hinweis nach S 1 Hs 2 nicht korrekt gibt und wirksam zustellt, läuft die dortige Frist nicht an und daher auch nicht ab und tritt nicht die Erledigungswirkung nach S 2 ein. 5

182 *Inhalt des Beschlusses.*

I [1]Ein rechtskräftiger Beschluss, der das Nichtbestehen einer Vaterschaft nach § 1592 des Bürgerlichen Gesetzbuchs infolge der Anfechtung nach § 1600 Abs. 1 Nr. 2 des Bürgerlichen Gesetzbuchs feststellt, enthält die Feststellung der Vaterschaft des Anfechtenden. [2]Diese Wirkung ist in der Beschlussformel von Amts wegen auszusprechen.

II Weist das Gericht einen Antrag auf Feststellung des Nichtbestehens der Vaterschaft ab, weil es den Antragsteller oder einen anderen Beteiligten als Vater festgestellt hat, spricht es dies in der Beschlussformel aus.

1) Systematik, I, II. Es handelt sich in *I* um eine praktisch wörtliche Übernahme des früheren § 640h II ZPO, in *II* um eine praktisch wörtliche Übernahme des früheren § 641h ZPO. § 182 ergänzt vorrangig § 38. 1

2) Regelungszweck, I, II. Es gibt unterschiedliche Ziele. 2

A. Anfechtungsklage nach § 1600 I Z 2 BGB, I, dazu *Höfelmann* FamRZ **04**, 750: Das Kind soll nicht infolge einer erfolgreichen Anfechtung des leiblichen Vaters nach § 1600 I Z 2 BGB vaterlos werden. Ein rechtskräftiger Beschluß auf das Nichtbestehen einer Vaterschaft nach § 1592 BGB infolge der Anfechtung nach § 1600 I Z 2 BGB auf Grund des Antrags des leiblichen Vaters nach §§ 169 Z 2, 171 I Z 3 beinhaltet die Feststellung der leiblichen Vaterschaft des Anfechtenden, *I 1.* Diese Wirkung muß das FamG im Tenor des Urteils aussprechen, *I 2.*

B. Vereinende Feststellungsklage, § 169 Z 1. Mit ihr bezweckt der Antragsteller, daß er aus der Reihe der möglichen Väter ausscheidet, daß man ihn also nicht mehr als Vater in Anspruch nehmen kann, da die Entscheidung für und gegen alle wirkt. Würde eine Antragsabweisung erfolgen, weil das Gericht ihn als den Vater festgestellt hätte, wäre ein Ausspruch „Der Antrag wird abgewiesen" wenig deutlich. Der Zusatz „Der Antragsteller ist der Vater" hilft dem ab. Das ist wegen der Rechtskraftwirkung für und gegen alle, die man sonst nur aus den Gründen ablesen könnte, wünschenswert, BGH IPRax **87**, 249. Der Zusatz ist von einem Gegenantrag unabhängig. 3

3) Beschlußformel, I, II. Bei einer Unklärbarkeit bestehen schwerwiegende Zweifel nach § 1600d II 2 BGB. Deshalb muß das Gericht dann feststellen, daß man den Antragsteller nicht als den Vater ansehen, kann, Gaul Festschrift für Bosch (1976) 247ff, Gerhardt Festschrift für Bosch (1976) 291ff. 4

4) Rechtsmittel, I, II. Es gelten §§ 58ff. 5

183 *Kosten bei Anfechtung der Vaterschaft.*

Hat ein Antrag auf Anfechtung der Vaterschaft Erfolg, tragen die Beteiligten, mit Ausnahme des minderjährigen Kindes, die Gerichtskosten zu gleichen Teilen; die Beteiligten tragen ihre außergerichtlichen Kosten selbst.

Schrifttum: *Kindermann,* Kosten und Gebühren in Familiensachen, 2002.

Gliederung

1 **1) Systematik, Hs 1, 2.** Die Vorschrift übernimmt weitgehend den früheren § 93 c ZPO. Sie enthält in ihrem Geltungsbereich eine gegenüber §§ 80 ff vorrangige Sonderregelung. Sie ist insofern eng auslegbar. Soweit § 183 unanwendbar ist, gelten nachrangig §§ 80 ff.

2 **2) Regelungszweck, Hs 1, 2.** Die Vorschrift berücksichtigt den Umstand, daß man die Vaterschaft im Sinn von § 1592 Z 1 BGB nur durch einen Anfechtungsantrag rechtlich beseitigen kann. Damit liegt ein im öffentlichen Interesse wie im wohlverstandenen Interesse der Beteiligten geschaffenes manchmal kompliziertes und stets äußerst kostspieliges Verfahren vor. Bei ihm gibt es nicht im engeren Sinn Sieger und Besiegte, schon weil sich die Ergebnisse des durchweg notwendigen Gutachtens keineswegs immer im voraus auch nur halbwegs sicher übersehen lassen. Die Kostengerechtigkeit erfordert jedenfalls dann eine gewisse Minderung der Kostenlast des „Unterliegenden", wenn die weitreichenden Folgen der Anfechtung der Vaterschaft eintreten. Nur bei einer Erfolglosigkeit des Antrags kann es beim Grundsatz des § 80 bleiben, der freilich im Ergebnis mit der Regelung des § 183 übereinstimmt. § 183 bestimmt allerdings nicht den Umfang des sachlichrechtlichen Ausgleichsanspruchs des Scheinvaters gegen den wahren abschließend, BGH **103**, 163, LG Lüneb RR **91**, 711.

3 **3) Sachlicher Geltungsbereich, Hs 1, 2.** Man muß die folgenden Fallgruppen unterscheiden.

A. Anwendbarkeit bei Anfechtung der Vaterschaft, Hs 1. Es muß um einen Antrag mit dem Ziel der Anfechtung der Vaterschaft nach §§ 1599 ff BGB gehen. Dieser Antrag ist je nach der Person des Anfechtenden gegen unterschiedliche Beteiligte notwendig.

4 **B. Unanwendbarkeit beim Widerruf der Anerkennung, § 1597 III BGB.** § 183 ist unanwendbar, soweit derjenige Mann, der die Vaterschaft nach §§ 1592 ff BGB anerkannt hat, seine Anerkennung nicht durch einen Antrag nach §§ 1600 ff BGB anficht, sondern sie nach § 1597 III BGB durch eine öffentlich beurkundete Erklärung widerruft.

5 **C. Unanwendbarkeit bei Vaterschaftsfeststellung, § 1600 d BGB.** § 183 gilt ferner nicht für den Fall, daß das Gericht die Vaterschaft nach § 1600 d BGB feststellen muß. Auf dieses Verfahren sind §§ 80 ff anwendbar.

6 **4) Persönlicher Geltungsbereich, Hs 1, 2.** Man muß zwischen den folgenden Beteiligten unterscheiden.

A. Ehemann. § 183 ist anwendbar, wenn es sich um den Antrag des Ehemanns handelt, § 1593 Z 1 BGB. Diesem Antrag steht der Fall gleich, daß die Voraussetzungen des § 1593 BGB vorliegen (Tod des Ehemanns usw, und solange kein Dritter nach § 1599 II BGB wirksam anerkannt hat). Es kann sich auch um einen Antrag desjenigen Mannes handeln, der die Vaterschaft aus welchen Gründen auch immer zunächst anerkannt hatte, §§ 1592 Z 2, 1594 ff BGB, AG Uelzen FamRZ **02**, 844. Zu diesem Antrag ist dieser Mann nach § 1600 BGB berechtigt. Für den Fall seiner Einschränkung der Geschäftsfähigkeit gelten die Sonderregeln des § 1600 a BGB.

7 **B. Kind.** § 183 ist weiterhin anwendbar, wenn es um einen Antrag des Kindes auf eine Anfechtung wegen des bisher als sein Vater geltenden Mannes geht. Das Kind hat ein Anfechtungsrecht unter den in §§ 1592 Z 1, 2, 1593, 1600 ff BGB genannten Voraussetzungen. Darüber hinaus ist aber auch dann ein solcher Anfechtungsantrag zulässig, wenn das Kind den wahren Vater aus rechtlich schutzwürdigen Gründen ermitteln möchte und wenn nicht überwiegende Interessen des Schutzes derjenigen Ehe entgegenstehen, in der es geboren ist, BVerfG BGBl **89**, 253 = BVerfG **79**, 266 ff (diese Entscheidung ist wegen des auch seit dem KindRG verbleibenden Problems weiter beachtlich).

8 Das *minderjährige* Kind muß nach § 1600 a III, IV BGB vertreten werden. Das volljährig gewordenen Kind kann selbst anfechten, § 1600 b III BGB. Der Antrag muß sich gegen den Mann richten. Ferner gehört hierhin ein Antrag desjenigen Kindes, das der Mann als sein Kind anerkannt hatte, auf eine Anfechtung der nach § 1592 Z 2 BGB begründeten Vaterschaft. Dazu ist das Kind nach § 1600 BGB berechtigt. Soweit es in der Geschäftsfähigkeit beschränkt ist, muß man § 1600 a BGB beachten.

9 **C. Mutter.** § 183 ist ferner anwendbar auf einen Antrag der Mutter auf eine Anfechtung der Vaterschaft nach §§ 1592 Z 1, 2, 1593 BGB. Der Antrag muß sich gegen den Mann richten. Soweit die Mutter in der Geschäftsfähigkeit beschränkt ist, muß man § 1600 a IV BGB beachten.

10 **5) Erfolg des Antrags: Grundsatz der Kostenaufhebung gegeneinander, Hs 1.** Die Vorschrift erfaßt nur den Fall des erfolgreichen Anfechtungsantrags. Ihm kann ein lediglich erfolgversprechender Antrag bei einer Erledigung der Hauptsache in Verbindung mit § 83 gleichstehen, Brdb MDR **00**, 1380. Wegen des erfolglosen Antrags Rn 14. Soweit der Antragsteller zulässig oder unzulässig mit dem Anfechtungsziel andere Anträge verbindet, ist § 183 auf die nach dem gesamten Kostenverfahrenswert ermittelbare Quote der Gesamtkosten im Rahmen der dann erforderlichen einheitlichen Kostenentscheidung anwendbar.

11 *Halbierung* der Gerichtskosten (Gebühren und Auslagen) ist dasselbe wie bei § 91 I 2 ZPO, ebenso die Haftung jedes Beteiligten für seiner außergerichtlichen Kosten (Gebühren und Auslagen), § 92 ZPO Rn 40. Mag der Scheinvater anschließend einen Ersatz vom wahren Erzeuger fordern, LG Dortm FamRZ **94**, 654.

12 Diese Kostenfolge ist beim Erfolg der vorgenannten Anfechtungsanträge *zwingend*. Das ergibt schon das Wort „tragen" in Hs 1. Das Gericht hat also anders als bei § 92 I 1 ZPO keinen Ermessenspielraum, aM AG Uelzen FamRZ **02**, 844 (abl Heuer). Es sollte insofern auch keine vom Gesetzeswortlaut abweichende Fassung im Beschluß wählen. Das gilt auch dann, wenn die Mutter mit ihrem Antrag auf eine Anfechtung der Vaterschaft siegt, § 1600 BGB. Zwar war sie evtl an der Ursache der Anfechtung, nämlich an der Anerkennung, zumindest dann nicht beteiligt, wenn der anerkennende Vater volljährig war. Indessen trifft das Gesetz eine auch im Interesse der Kostenvereinfachung klare Regelung, Rn 9.

13 **6) Erfolg des Antrags: Ausnahmsweise keine Haftung des minderjährigen Kindes, Hs 1.** Soweit der Anfechtungsantrag einen Erfolg hat, haftet ausnahmsweise das minderjährige Kind nicht für Gerichtskosten (mit).

7) Antragsabweisung: Unterliegenshaftung, Hs 1, 2. Soweit ein Anfechtungsantrag erfolglos bleibt, ist § 183 schon nach dem eindeutigen eng auslegbaren Wortlaut unanwendbar, Rn 1. Es gelten also §§ 80 ff. 14

8) Rechtsmittel, Hs 1, 2. § 84 ist anwendbar. Daher ist ein Verstoß gegen § 183 nur zusammen mit der Hauptsache anfechtbar, Ffm MDR **82**, 152. 15

184 *Wirksamkeit des Beschlusses, Ausschluss der Abänderung, ergänzende Vorschriften über die Beschwerde.* **I [1] Die Endentscheidung in Abstammungssachen wird mit Rechtskraft wirksam. [2] Eine Abänderung ist ausgeschlossen.**

II Soweit über die Abstammung entschieden ist, wirkt der Beschluss für und gegen alle.

III Gegen Endentscheidungen in Abstammungssachen steht auch demjenigen die Beschwerde zu, der an dem Verfahren beteiligt war oder zu beteiligen gewesen wäre.

1) Systematik, Regelungszweck, I–III. *I* übernimmt § 116 II (Ehesache) und § 116 III 1 (Familienstreitsache). Vgl daher dort Rn 3, 4. *II* übernimmt inhaltlich die früheren §§ 640 h I 1 ZPO, 56 c FGG. Es handelt sich gegenüber § 40 I um vorrangige Sonderregelungen. In II geht es um eine der wichtigsten Vorschriften des Abstammungsverfahrens, nämlich um eine Ausweitung der Urteilswirkung weit über die Parteien hinaus zwecks einer Klärung der Rechtslage für und gegen alle. Das dient vor allem der Rechtssicherheit nach Einl III 43. Jede solche Erweiterung der inneren Rechtskraft erfordert Behutsamkeit. Es soll aber auch zwecks einer Verfahrenswirtschaftlichkeit nach Grdz 14 vor § 128 ZPO nur ein einziges Statusverfahren stattfinden, wenn irgend möglich. Beides muß man bei der Auslegung mitbeachten. § 184 hat den Vorrang vor §§ 40, 48. 1

2) Wirkung für und gegen alle, II. Die Vorschrift gilt in jeder Abstammungssache nach § 169. Der eine solche Sache positiv oder negativ entscheidende Beschluß wirkt beim Eintritt seiner formellen Rechtskraft nach § 45 noch zu Lebzeiten der Beteiligten für und gegen alle, auch gegenüber dem Strafrichter, so schon BGH (St) NJW **75**, 1232, Hamm NJW **04**, 2461, Habscheid/Habscheid FamRZ **99**, 483. Insofern steht der sich daraus ergebende Status des Kindes für jedermann fest. Das gilt rückwirkend ab der Geburt des Kindes, BGH NJW **94**, 2698, BayObLG RR **95**, 387. Das gilt auch dann, wenn der Beschluß verfahrensfehlerhaft zustande gekommen ist, BGH NJW **94**, 2698, etwa als ein Anerkenntnisbeschluß BGH FamRZ **05**, 514, oder als ein Versäumnisbeschluß, Bbg RR **94**, 459. Es gilt auch bei einer Auslandsberührung. Zugleich macht der Beschluß den Weg frei zur Feststellung der Abstammung vom wahren Erzeuger und zu seiner unterhaltsrechtlichen Inanspruchnahme, BGH NJW **82**, 1652. Da die Rechtskraft sich nicht auf die der Abstammung des Kindes zugrundeliegenden Tatsachen erstreckt, darf der später als wahrer Erzeuger in Anspruch Genommene im Vaterschaftsfeststellungsverfahren behaupten, daß das Kind doch vom Ehemann der Mutter abstamme, BGH NJW **94**, 2698, Wieser FamRZ **98**, 1006, aM Saarbr RR **05**, 1672. Erweist sich dann etwa auf Grund eines neuen Gutachtens, daß diese Behauptung zutrifft, kann das Kind gegen das frühere Urteil nach § 185 vorgehen, BGH NJW **94**, 2698. Eine neue selbständige nach der ersten Instanz im Vorverfahren aufgetauchte Tatsache bleibt beachtbar, BGH NJW **05**, 497 (nicht aber eine damals nur nicht vorgetragene). 2

Eine Folge hiervon ist die Notwendigkeit der Gewährung des *rechtlichen Gehörs* für diejenigen, in deren Status der Beschluß eingreift, Art 103 I GG. Deshalb muß das FamG den anderem Elternteil oder das Kind verständigen. Eine Beteiligung ist nach § 172 möglich. 3

Der Beschluß *bindet* alle Behörden und Gerichte selbst gegenüber abweichenden standesamtlichen Urkunden. Eine Abweisung mit der Begründung, daß dem Antragsteller kein Anfechtungsrecht zustehe oder daß er die Frist versäumt habe, steht dem Antrag eines anderen Berechtigten allerdings nicht entgegen. Ebenso hindert die Rechtskraft eines Beschlusses, der den Antrag des Mannes auf eine Anfechtung seines Vaterschaftsanerkenntnisses abweist, dann nicht die Anfechtungsmöglichkeit des Kindes, wenn der Beschluß besagt, die Nichtvaterschaft sei nicht feststellbar, Düss NJW **80**, 2760. Der nicht ordnungsgemäß Beteiligte kann nach der Rechtskraft des ohne ihn ergangenen Beschlusses oft seine Wiedereinsetzung fordern, Waldner JR **84**, 158. Auch kommt dann § 185 in Verbindung mit § 579 II Z 4 ZPO infrage, Hamm FamRZ **00**, 1028, Marotzke ZZP **100**, 203, sogar eine Verfassungsbeschwerde, BVerfG JZ **67**, 442. 4

3) Keine Abänderung, I 2. Die Vorschrift schließt § 48 aus. 5

4) Rechtsmittel, I–III. Es gelten §§ 58 ff. 6

185 *Wiederaufnahme des Verfahrens.* **I Der Restitutionsantrag gegen einen rechtskräftigen Beschluss, in dem über die Abstammung entschieden ist, ist auch statthaft, wenn ein Beteiligter ein neues Gutachten über die Abstammung vorlegt, das allein oder in Verbindung mit den im früheren Verfahren erhobenen Beweisen eine andere Entscheidung herbeigeführt haben würde.**

II Der Antrag auf Wiederaufnahme kann auch von dem Beteiligten erhoben werden, der in dem früheren Verfahren obsiegt hat.

III [1] Für den Antrag ist das Gericht ausschließlich zuständig, das im ersten Rechtszug entschieden hat; ist der angefochtene Beschluss von dem Beschwerdegericht oder dem Rechtsbeschwerdegericht erlassen, ist das Beschwerdegericht zuständig. [2] Wird der Antrag mit einem Nichtigkeitsantrag oder mit einem Restitutionsantrag nach § 580 der Zivilprozessordnung verbunden, ist § 584 der Zivilprozessordnung anzuwenden.

IV § 586 der Zivilprozessordnung ist nicht anzuwenden.

Gliederung

1 **1) Systematik, Regelungszweck, I–IV.** Die Vorschrift übernimmt praktisch wörtlich den früheren § 641 i ZPO. Sie gilt nur bei einer *nicht* wiederkehrenden Leistung (sonst gelten § 238 FamFG, § 323 ZPO). Das Ziel des Abstammungsverfahrens ist, den wirklichen Vater zu ermitteln, BGH **61**, 190. Die weitere Entwicklung der Wissenschaft auf diesem Gebiet soll nutzbar werden können, um zu einem richtigeren Ergebnis als zur Zeit der Endentscheidung zu kommen. Deshalb erweitert § 185 die Wiederaufnahmegründe des nachrangigen § 48 in Verbindung mit §§ 578 ff ZPO. Er ermöglicht es nicht, von der Einhaltung der Anfechtungsfrist des § 1600 h I BGB abzusehen, BGH **81**, 357. Die Vorschrift ist mit dem GG vereinbar, BGH NJW **03**, 3711. Sie enthält den allgemeinen Rechtsgedanken, daß es wegen des Ziels des Abstammungsverfahrens auf das richtige Ergebnis ankommt, Einl III 9, 36. Deshalb ist ähnlich wie im Eheverfahren ein Rechtsmittel gegen einen Abstammungsbeschluß ohne eine formelle Beschwer statthaft, KG DAVorm **85**, 412, aM Mü RR **87**, 259. § 185 hat den Vorrang vor § 48.

2 **2) Geltungsbereich, I–IV.** Die Vorschrift gibt einen über § 580 Z 7 b ZPO hinausgehenden besonderen Restitutionsgrund gegen einen rechtskräftigen Beschluß, in dem das Gericht nach § 169 über die Vaterschaft entschieden hat, und zwar auch gegen einen verfahrensordnungswidrig ergangenen Anerkenntnisbeschluß, BGH NJW **94**, 2697, Frank ZZP **108**, 377. Die Vorschrift greift also ein, wenn das Gericht über die Abstammung eines Kindes entschieden hat, BGH NJW **75**, 1463, wenn es also die Vaterschaft festgestellt oder den Feststellungsantrag abgewiesen hat, BGH NJW **03**, 3708, oder wenn es über die Wirksamkeit eines Vaterschaftsanerkenntnisses entschieden hat, Braun FamRZ **89**, 1132, oder wenn sich die Ehelichkeit eines Kindes erfolgreich anfechten ließ, BGH NJW **94**, 2698, Hamm RR **86**, 1452.

Die Voraussetzung liegt *nicht* vor, wenn die Anfechtung erfolglos geblieben ist, BGH NJW **75**, 1465, Ffm RR **89**, 393 aM Köln FamRZ **02**, 673, Braun FamRZ **89**, 1132, Niklas JR **88**, 443, oder wenn ein Abstammungsantrag erfolgte, nachdem das Gericht die Unterhaltsforderung nach altem Recht abgewiesen hatte, oder wenn die Abstammung eine bloße Vorfrage war, BGH NJW **03**, 3709, aM Braun FamRZ **89**, 1133, oder wenn gar keine Entscheidung ergangen war, BGH NJW **82**, 96, aM Niklas JR **88**, 444.

3 **3) Neues Gutachten, I.** Zusätzlich zu § 580 ZPO ist der besondere Restitutionsgrund eines neuen Gutachtens nach Üb 4 vor § 402 ZPO in einer der Arten § 372 a ZPO Rn 6 ff möglich. Es muß allein oder in Verbindung mit früheren Beweisen wirken. Es muß verwertbar sein. Aber es ist schon wegen Art 2 I GG kein Wiederaufnahmegrund, daß seit der Rechtskraft des Beschlusses neue Erkenntnisse und Methoden bestehen, BGH NJW **04**, 3798. Es genügt auch nicht, daß der Beteiligte die Einholung eines neuen Gutachtens beantragt, Hbg DAVorm **80**, 486. Das neue Gutachten muß jedenfalls bis zum Schluß der Tatsacheninstanz nach vorliegen, BGH NJW **03**, 3708. Ist zur Erstattung des Gutachtens die Untersuchung einer anderen Person erforderlich, besteht wenig Aussicht, wenn sich diese der Untersuchung nicht freiwillig unterzieht. Denn eine Mitwirkungsobliegenheit nach § 27 a besteht nur im gerichtlichen Verfahren nach einer Anordnung des Gerichts, Stgt FamRZ **82**, 193, Hausmann FamRZ **77**, 307.

4 *Neu* ist ein solches Gutachten, daß das Gericht im Vorverfahren mangels Vorlage nicht verwertet hat, BGH NJW **03**, 3709, Braun FamRZ **89**, 1135. Es braucht nicht im Vorverfahren ein Gutachter tätig gewesen zu sein, BGH NJW **93**, 1928, Hamm DAVorm **81**, 139. Es kann eine Anerkenntnisentscheidung ergangen sein, BGH FamRZ **94**, 696. Das Gutachten braucht keine neuen Befunde aufzuweisen, BGH NJW **04**, 3798. Braun FamRZ **89**, 1136. Man kann durch das neue Gutachten den bis dahin unzulässigen Antrag zulässig machen, BGH NJW **82**, 2128. Es braucht kein Blutgruppen- oder erbbiologisches Gutachten zu sein, BGH NJW **03**, 3708, Braun FamRZ **89**, 1135. Das Gutachten muß sich aber konkret auf den im Vorverfahren zur Entscheidung gestellten Sachverhalt beziehen, also auf die Frage, von wem das Kind abstammt, nicht notwendig darauf, ob gerade der Beteiligte als Vater ausscheidet, BGH NJW **03**, 3708, Braun FamRZ **89**, 1136.

5 Es genügt für die Begründetheit des Wiederaufnahmeantrags, wenn er im Vorverfahren allein oder mit den früheren Beweisergebnissen zusammen *möglicherweise eine andere Entscheidung* herbeigeführt haben würde, BGH NJW **03**, 3709. Dazu ist ausreichend, daß das neue Gutachten das frühere Beweisergebnis grundlegend erschüttert, Hamm DAVorm **81**, 472, daß es zB ein früheres Gutachten auf Grund schon damals bekannter wissenschaftlicher Erkenntnisse als fehlerhaft darstellt, BGH FamRZ **04**, 1833, oder daß es sonst ergibt, daß das Gericht seinerzeit nicht ohne eine weitere Beweiserhebung hätte entscheiden dürfen, BGH NJW **93**, 1929. Darauf, ob das Gericht des Vorverfahrens das hätte erkennen müssen, kommt es nicht an, BGH NJW **93**, 1929. Ein Privatgutachten kann genügen, Braun FamRZ **89**, 1135, aM Hamm DAVorm **81**, 472. Darauf, ob das Gericht im Vorverfahren ein Gutachten eingeholt hatte, kommt es nicht an, BGH NJW **94**, 2698, Mü DAVorm **81**, 139. Neben einem nach alledem ausreichenden neuen Gutachten ist eine frühere Amtspflichtverletzung unbeachtlich, BGH NJW **93**, 1928.

6 Es ist auch *unerheblich*, ob das Gutachten auf damals noch nicht vorliegenden Erkenntnissen oder auf neuen Methoden beruht, BGH **61**, 186, Hamm FamRZ **80**, 392. Unerheblich ist ferner, ob das im Vorverfahren nicht verwertete Gutachten vor oder nach dessen Abschluß vorlag. Lag es zur Zeit des Vorverfahrens vor, muß der Beteiligte nach dem insoweit anwendbaren § 582 ZPO (der im übrigen unanwendbar ist, BGH RR **89**, 259) schuldlos außerstande gewesen sein, sich schon dort auf das Gutachten zu berufen, BGH NJW **93**, 1929, Braun FamRZ **89**, 1135, Niklas JR **88**, 444.

7 Dagegen muß das Gutachten *Mindestanforderungen* genügen. Es muß daher den anerkannten Grundsätzen der Wissenschaft entsprechen. § 372 a ZPO Rn 6 ff, Leitlinien FamRZ **03**, 81. Ein abstraktes Gutachten darüber, daß eine im Vorverfahren verwendete, aber nicht für tauglich gehaltene Methode inzwischen anerkannt sei, reicht nicht aus.

Ein neues Gutachten in dem hier dargelegten Sinn ist Voraussetzung für die *Zulässigkeit* des Antrags Zweibr MDR **05**, 400. Dazu kann die Vorlage während des Verfahrens ausreichen, BGH NJW **04**, 3798. Ein Beweisantritt „Aktenbeiziehung" reicht, Brschw DAVorm **82**, 198. Ein bloßer Beweisantritt „Sachverständiger" reicht nicht, Hbg DAVorm **80**, 486. Das Gericht muß die Zulässigkeit des Antrags in jeder Instanz von Amts wegen prüfen, BGH RR **89**, 1029, Zweibr MDR **05**, 400. Es genügt nicht, eine solche Beweisaufnahme anzustreben, die das Gutachten erst bewirken soll, BGH NJW **94**, 589, Celle RR **00**, 1100, Zweibr MDR **05**, 400. Der Antragsteller kann die Mitwirkung eines Beteiligten an der Erstellung des Gutachtens wegen Artt 1, 2 GG nicht nach §§ 485 ff ZPO oder sonstwie erzwingen, Celle FamRZ **00**, 1512, Köln FamRZ **95**, 369, Zweibr MDR **05**, 400. 8

4) Antragsberechtigung, II. Antragsberechtigt ist derjenige, dessen Vaterschaft das Gericht festgestellt hatte, ferner das Kind, auch wenn es gesiegt hat. Es hat einen Anspruch darauf, daß das Gericht den richtigen Vater feststellt. Eine Beschwer ist daher nicht stets erforderlich, BGH FamRZ **94**, 694, aM (für das Rechtsmittel) Mü RR **87**, 259. Der bisher Festgestellte gilt aber wegen § 1600 a BGB so lange als der Vater, bis diejenige Entscheidung wegfällt, in dem die Feststellung erfolgte. 9

Die *Erben* des als Vater festgestellten Mannes sind *nicht* antragsberechtigt, Celle RR **00**, 1100, Stgt FamRZ **82**, 193.

5) Verfahren, III, IV. Ausschließlich zuständig ist das bisherige FamG, *III 1*. Ist der Mann verstorben, gilt dasselbe, aM (zum alten Recht) Celle FamRZ **00**, 1510, Hamm RR **86**, 1452, KG RR **98**, 1229 (das dann zuständige FamG). Hat das Beschwerde- oder Rechtsbeschwerdegericht den jetzt angefochtenen Beschluß erlassen, ist das Beschwerdegericht zuständig, III 1, Celle RR **00**, 1100, aM KG RR **98**, 1229. Ist aber der Antrag nach § 185 mit einem Nichtigkeitsantrag oder einem Restitutionsantrag nach § 580 ZPO verbunden, gilt für die Zuständigkeit § 584 ZPO, *III 2*. Evtl kann dann also auch das Rechtsbeschwerdegericht zuständig sein. Verfahrensmäßig gilt im übrigen dasselbe wie bei §§ 585 ff ZPO. 10

Eine *Frist* für den in I geregelten besonderen Restitutionsantrag besteht *nicht*. Denn § 586 ZPO ist unanwendbar, *IV*, BGH NJW **03**, 3709. Das gilt nicht für einen Nichtigkeitsantrag nach § 579 ZPO, BGH NJW **94**, 589. IV ist auf einen anderen Antrag nach § 580 ZPO unanwendbar, § 586 ZPO Rn 3. 11

Abschnitt 5. Verfahren in Adoptionssachen

(hier nicht mitkommentiert, da kein früheres ZPO-Verfahren)

186 *Adoptionssachen.* **Adoptionssachen sind Verfahren, die**

1. die Annahme als Kind,
2. die Ersetzung der Einwilligung zur Annahme als Kind,
3. die Aufhebung des Annahmeverhältnisses oder
4. die Befreiung vom Eheverbot des § 1308 Abs. 1 des Bürgerlichen Gesetzbuchs

betreffen.

187 *Örtliche Zuständigkeit.* I **Für Verfahren nach § 186 Nr. 1 bis 3 ist das Gericht ausschließlich zuständig, in dessen Bezirk der Annehmende oder einer der Annehmenden seinen gewöhnlichen Aufenthalt hat.**

II **Ist die Zuständigkeit eines deutschen Gerichts nach Absatz 1 nicht gegeben, ist der gewöhnliche Aufenthalt des Kindes maßgebend.**

III **Für Verfahren nach § 186 Nr. 4 ist das Gericht ausschließlich zuständig, in dessen Bezirk einer der Verlobten seinen gewöhnlichen Aufenthalt hat.**

IV [1] **Ist nach den Absätzen 1 bis 3 eine Zuständigkeit nicht gegeben, ist das Amtsgericht Schöneberg in Berlin zuständig.** [2] **Es kann die Sache aus wichtigem Grund an ein anderes Gericht verweisen.**

188 *Beteiligte.* I **Zu beteiligen sind**

1. in Verfahren nach § 186 Nr. 1
  a) der Annehmende und der Anzunehmende,
  b) die Eltern des Anzunehmenden, wenn dieser entweder minderjährig ist und ein Fall des § 1747 Abs. 2 Satz 2 oder Abs. 4 des Bürgerlichen Gesetzbuchs nicht vorliegt oder im Fall des § 1772 des Bürgerlichen Gesetzbuchs,
  c) der Ehegatte des Annehmenden und der Ehegatte des Anzunehmenden, sofern nicht ein Fall des § 1749 Abs. 3 des Bürgerlichen Gesetzbuchs vorliegt,
2. in Verfahren nach § 186 Nr. 2 derjenige, dessen Einwilligung ersetzt werden soll,
3. in Verfahren nach § 186 Nr. 3
  a) der Annehmende und der Angenommene,
  b) die leiblichen Eltern des minderjährigen Angenommenen,
4. in Verfahren nach § 186 Nr. 4 die Verlobten.

II **Das Jugendamt und das Landesjugendamt sind auf ihren Antrag zu beteiligen.**

189 *Fachliche Äußerung einer Adoptionsvermittlungsstelle.* [1]Wird ein Minderjähriger als Kind angenommen, hat das Gericht eine fachliche Äußerung der Adoptionsvermittlungsstelle, die das Kind vermittelt hat, einzuholen, ob das Kind und die Familie des Annehmenden für die Annahme geeignet sind. [2]Ist keine Adoptionsvermittlungsstelle tätig geworden, ist eine fachliche Äußerung des Jugendamts oder einer Adoptionsvermittlungsstelle einzuholen. [3]Die fachliche Äußerung ist kostenlos abzugeben.

190 *Bescheinigung über den Eintritt der Vormundschaft.* Ist das Jugendamt nach § 1751 Abs. 1 Satz 1 und 2 des Bürgerlichen Gesetzbuchs Vormund geworden, hat das Familiengericht ihm unverzüglich eine Bescheinigung über den Eintritt der Vormundschaft zu erteilen; § 1791 des Bürgerlichen Gesetzbuchs ist nicht anzuwenden.

191 *Verfahrensbeistand.* [1]Das Gericht hat einem minderjährigen Beteiligten in Adoptionssachen einen Verfahrensbeistand zu bestellen, sofern dies zur Wahrnehmung seiner Interessen erforderlich ist. [2]§ 158 Abs. 2 Nr. 1 sowie Abs. 3 bis 7 gilt entsprechend.

192 *Anhörung der Beteiligten.* I Das Gericht hat in Verfahren auf Annahme als Kind oder auf Aufhebung des Annahmeverhältnisses den Annehmenden und das Kind persönlich anzuhören.

II Im Übrigen sollen die beteiligten Personen angehört werden.

III Von der Anhörung eines minderjährigen Beteiligten kann abgesehen werden, wenn Nachteile für seine Entwicklung, Erziehung oder Gesundheit zu befürchten sind oder wenn wegen des geringen Alters von einer Anhörung eine Aufklärung nicht zu erwarten ist.

193 *Anhörung weiterer Personen.* [1]Das Gericht hat in Verfahren auf Annahme als Kind die Kinder des Annehmenden und des Anzunehmenden anzuhören. [2]§ 192 Abs. 3 gilt entsprechend.

194 *Anhörung des Jugendamts.* I [1]In Adoptionssachen hat das Gericht das Jugendamt anzuhören, sofern der Anzunehmende oder Angenommene minderjährig ist. [2]Dies gilt nicht, wenn das Jugendamt nach § 189 eine fachliche Äußerung abgegeben hat.

II [1]Das Gericht hat dem Jugendamt in den Fällen, in denen dieses angehört wurde oder eine fachliche Äußerung abgegeben hat, die Entscheidung mitzuteilen. [2]Gegen den Beschluss steht dem Jugendamt die Beschwerde zu.

195 *Anhörung des Landesjugendamts.* I [1]In den Fällen des § 11 Abs. 1 Nr. 2 und 3 des Adoptionsvermittlungsgesetzes hat das Gericht vor dem Ausspruch der Annahme auch die zentrale Adoptionsstelle des Landesjugendamts anzuhören, die nach § 11 Abs. 2 des Adoptionsvermittlungsgesetzes beteiligt worden ist. [2]Ist eine zentrale Adoptionsstelle nicht beteiligt worden, tritt an seine Stelle das Landesjugendamt, in dessen Bereich das Jugendamt liegt, das nach § 194 Gelegenheit zur Äußerung erhält oder das nach § 189 eine fachliche Äußerung abgegeben hat.

II [1]Das Gericht hat dem Landesjugendamt alle Entscheidungen mitzuteilen, zu denen dieses nach Absatz 1 anzuhören war. [2]Gegen den Beschluss steht dem Landesjugendamt die Beschwerde zu.

196 *Unzulässigkeit der Verbindung.* Eine Verbindung von Adoptionssachen mit anderen Verfahren ist unzulässig.

197 *Beschluss über die Annahme als Kind.* I [1]In einem Beschluss, durch den das Gericht die Annahme als Kind ausspricht, ist anzugeben, auf welche gesetzlichen Vorschriften sich die Annahme gründet. [2]Wurde die Einwilligung eines Elternteils nach § 1747 Abs. 4 des Bürgerlichen Gesetzbuchs nicht für erforderlich erachtet, ist dies ebenfalls in dem Beschluss anzugeben.

II In den Fällen des Absatzes 1 wird der Beschluss mit der Zustellung an den Annehmenden, nach dem Tod des Annehmenden mit der Zustellung an das Kind wirksam.

III [1]Der Beschluss ist nicht anfechtbar. [2]Eine Abänderung oder Wiederaufnahme ist ausgeschlossen.

198 *Beschluss in weiteren Verfahren.* **I [1] Der Beschluss über die Ersetzung einer Einwilligung oder Zustimmung zur Annahme als Kind wird erst mit Rechtskraft wirksam. [2] Bei Gefahr im Verzug kann das Gericht die sofortige Wirksamkeit des Beschlusses anordnen. [3] Der Beschluss wird mit Bekanntgabe an den Antragsteller wirksam. [4] Eine Abänderung oder Wiederaufnahme ist ausgeschlossen.**

II Der Beschluss, durch den das Gericht das Annahmeverhältnis aufhebt, wird erst mit Rechtskraft wirksam; eine Abänderung oder Wiederaufnahme ist ausgeschlossen.

III Der Beschluss, durch den die Befreiung vom Eheverbot nach § 1308 Abs. 1 des Bürgerlichen Gesetzbuchs erteilt wird, ist nicht anfechtbar; eine Abänderung oder Wiederaufnahme ist ausgeschlossen, wenn die Ehe geschlossen worden ist.

199 *Anwendung des Adoptionswirkungsgesetzes.* **Die Vorschriften des Adoptionswirkungsgesetzes bleiben unberührt.**

Abschnitt 6. Verfahren in Wohnungszuweisungssachen und Hausratssachen

200 *Wohnungszuweisungssachen; Hausratssachen.* **I Wohnungszuweisungssachen sind Verfahren**

1. nach § 1361 b des Bürgerlichen Gesetzbuchs,
2. nach den §§ 2 bis 6 der Verordnung über die Behandlung der Ehewohnung und des Hausrats.

II Hausratssachen sind Verfahren

1. nach § 1361 a des Bürgerlichen Gesetzbuchs,
2. nach den §§ 2 und 8 bis 10 der Verordnung über die Behandlung der Ehewohnung und des Hausrats.

1) Systematik, Regelungszweck, I, II. Es handelt sich um die Familiensachen nach § 111 Z 5. Ihre sachlichrechtliche Regelung erfolgt in §§ 1361 a, b BGB und in den oben genannten Vorschriften der HausrVO. Das Verfahren richtete sich weitgehend nach dem früheren § 621 I Z 7 ZPO, ferner im einzelnen nach den früheren §§ 621 II 1 Hs 1, 621 a I 1 ZPO und daher nach dem früheren FGG sowie zweitinstanzlich nach dem früheren § 621 e I ZPO, für das Verbundverfahren nach den früheren §§ 623 ff ZPO. Deshalb folgt hier nur eine sehr knappe Darstellung der wichtigsten bisher nach der ZPO abgewickelten Regeln. 1

2) Einige Einzelfragen, I, II. Es geht um eine Regelung von Rechtsverhältnissen an der Ehewohnung und am Hausrat nach der HausrVO, Brudermüller FamRZ **03**, 1705. Das gilt auch bei einem hohen Wert, BGH NJW **84**, 1758. Bei einer Lebenspartnerschaft gilt § 269 I Z 4, 5. 2

Es muß sich um eine Streitigkeit im Verhältnis der *Ehegatten untereinander* handeln. Unter § 200 fällt auch der Streit getrennt lebender Ehegatten über die Herausgabe eigenmächtig einbehaltenen Hausrats oder über die Rückschaffung eigenmächtig entfernten Hausrats, auch einzelner allein streitiger Sachen, Düss FamRZ **89**, 1270, AG Freib FamRZ **98**, 1231. Das gilt, mag man den Anspruch auch auf ein Alleineigentum stützen, BGH NJW **84**, 1759, Bbg RR **96**, 1413, Ffm FamRZ **03**, 47, aM Bbg FamRZ **93**, 336, Düss FamRZ **83**, 164, Ffm FamRZ **81**, 184. Das gilt auch bei der Beteiligung eines Dritten, Ffm FamRZ **84**, 1118. Hierhin gehört ferner der Streit darüber, ob ein Ehegatte den anderen in die Wohnung aufnehmen muß, aM Düss FamRZ **80**, 1138, oder ob er ihm den Zutritt gestatten muß, Düss FamRZ **85**, 497, oder ob er dem anderen eine Nutzungsentschädigung zahlen muß, Brschw RR **96**, 1153, LG Waldshut-Tiengen RR **99**, 1675, Erbarth NJW **00**, 1385. Dasselbe gilt für die Entscheidung über einen Feststellungsantrag, wenn zwischen geschiedenen Ehegatten streitig ist, ob sie eine Vereinbarung über die Verteilung des Hausrats wirksam getroffen haben, Hamm FamRZ **80**, 609, Knütel FamRZ **81**, 548. FamS ist auch das Arrestverfahren bei dem Gericht der Hauptsache, wenn es einen Ausgleichsanspruch nach § 8 III S 2 HausrVO sichern soll, Karlsr FamRZ **81**, 63.

Nicht unter § 200 fällt eine nichteheliche Lebensgemeinschaft, Hamm FamRZ **05**, 2085, oder ein Streit auf Grund anderer Vorschriften, zB nach einem ausländischen Recht, das eine der HausrVO entsprechende Regelung nicht kennt, Karlsr NJW **97**, 202, Stgt FamRZ **97**, 1085, aM Düss FamRZ **95**, 1280, Ffm FamRZ **01**, 367, oder über zivilrechtliche Ansprüche aus einem Auseinandersetzungsvertrag, BGH FamRZ **79**, 789, Drsd FamRZ **01**, 173, Karlsr RR **07**, 81 (Ausgleichsanspruch), zB aus einem Räumungsvertrag oder -vergleich, Karlsr FamRZ **96**, 36, oder wegen eines Pkw, BGH FamRZ **83**, 794, oder wegen eines Anspruchs nach § 426 BGB, BayObLG FamRZ **85**, 1057, oder über Schadensersatzansprüche oder eine Auszahlung des Erlöses wegen der Veräußerung oder des sonstigen Verlusts von Hausratgegenständen, BGH RR **89**, 195, Hamm RR **91**, 1349. Keine FamS ist auch der Streit über die Nutzung der Ehewohnung außerhalb § 1361 b BGB, BGH NJW **94**, 1994, KG FamRZ **00**, 304, Erbarth NJW **00**, 1385, aM Menter FamRZ **97**, 79, zB das Verlangen auf eine Wiedereinräumung des früheren Mitbesitzes, Hamm FamRZ **86**, 584. 3

Nicht hierher gehört *ferner der* Streit über die anteilige Erstattung einer Mietkaution, Hamm FamRZ **80**, 469, oder über die Zahlung einer Nutzungsentschädigung für die Vergangenheit, BGH NJW **86**, 1339, Ffm RR **88**, 133 (Pkw), Brudermüller FamRZ **87**, 117, oder nach einer endgültigen Aufgabe der Wohnung, BGH FamRZ **82**, 355, KG FamRZ **07**, 908, Zweibr FamRZ **98**, 171, wohl aber für die Zeit einer gerichtlichen Regelung nach der HausrVO, Düss FamRZ **85**, 949. Dasselbe gilt für die Herausgabe eines nicht zum Hausrat gehörenden persönlichen Eigentums. Daher muß man vor dem dafür zuständigen Gericht klagen, Bbg FamRZ **93**, 336, Ffm RR **89**, 7, Hamm RR **92**, 1221, krit Wacke FamRZ **77**, 528. 4

Das *Verfahren* verläuft vor dem FamG, Jena NJW **06**, 704.

201 *Örtliche Zuständigkeit.* **Ausschließlich zuständig ist in dieser Rangfolge:**
1. **während der Anhängigkeit einer Ehesache das Gericht, bei dem die Ehesache im ersten Rechtszug anhängig ist oder war,**
2. **das Gericht, in dessen Bezirk sich die gemeinsame Wohnung der Ehegatten befindet,**
3. **das Gericht, in dessen Bezirk der Antragsgegner seinen gewöhnlichen Aufenthalt hat,**
4. **das Gericht, in dessen Bezirk der Antragsteller seinen gewöhnlichen Aufenthalt hat.**

1 **Bem.** Hier nicht kommentiert, da zumindest erstinstanzlich grundsätzlich keine bisherige ZPO-, sondern bisherige FGG-Sache, § 200 Rn 1.

202 *Abgabe an das Gericht der Ehesache.* **[1] Wird eine Ehesache rechtshängig, während eine Wohnungszuweisungssache oder Hausratssache bei einem anderen Gericht im ersten Rechtszug anhängig ist, ist diese von Amts wegen an das Gericht der Ehesache abzugeben. [2] § 281 Abs. 2 und 3 Satz 1 der Zivilprozessordnung gilt entsprechend.**

1 **1) Systematik, Regelungszweck, S 1, 2.** Die Vorschrift stimmt mit §§ 153, 233, 263, 268 bis auf den jeweiligen Geltungsbereich praktisch wörtlich überein. Sie regelt den Übergang eines Verfahrens vor einem „anderen Gericht" auf das FamG einer Ehesache. Dieser Vorgang ist in diesem Buch seit Jahrzehnten im Anh (jetzt I) § 281 ZPO kommentiert. Daher bleibt es vertretbar, ihn wegen seiner Ähnlichkeit mit der dortigen Verweisung nach § 281 ZPO im dortigen Anh zu belassen. Vgl daher insofern dort. § 202 hat den Vorrang vor § 4.

Außerhalb eines Zivilprozesses anlaufende Verfahren solcher Art sollen hier aus den Gründen § 201 Rn 1 nicht näher erörtert werden.

203 *Antrag.* **I Das Verfahren wird durch den Antrag eines Ehegatten eingeleitet.**

II [1] Der Antrag in Hausratssachen soll die Angabe der Gegenstände enthalten, deren Zuteilung begehrt wird. [2] Dem Antrag in Hausratssachen nach § 200 Abs. 2 Nr. 2 soll zudem eine Aufstellung sämtlicher Hausratsgegenstände beigefügt werden, die auch deren genaue Bezeichnung enthält.

III Der Antrag in Wohnungszuweisungssachen soll die Angabe enthalten, ob Kinder im Haushalt der Ehegatten leben.

1 **Bem.** Vgl § 201 Rn 1.

204 *Beteiligte.* **I In Wohnungszuweisungssachen nach § 200 Abs. 1 Nr. 2 sind auch der Vermieter der Wohnung, der Grundstückseigentümer, der Dritte (§ 4 der Verordnung über die Behandlung der Ehewohnung und des Hausrats) und Personen, mit denen die Ehegatten oder einer von ihnen hinsichtlich der Wohnung in Rechtsgemeinschaft stehen, zu beteiligen.**

II Das Jugendamt ist in Wohnungszuweisungssachen auf seinen Antrag zu beteiligen, wenn Kinder im Haushalt der Ehegatten leben.

1 **Bem.** Vgl § 201 Rn 1.

205 *Anhörung des Jugendamts in Wohnungszuweisungssachen.* **I [1] In Wohnungszuweisungssachen soll das Gericht das Jugendamt anhören, wenn Kinder im Haushalt der Ehegatten leben. [2] Unterbleibt die Anhörung allein wegen Gefahr im Verzug, ist sie unverzüglich nachzuholen.**

II [1] Das Gericht hat in den Fällen des Absatzes 1 Satz 1 dem Jugendamt die Entscheidung mitzuteilen. [2] Gegen den Beschluss steht dem Jugendamt die Beschwerde zu.

1 **Bem.** Vgl § 201 Rn 1.

206 *Besondere Vorschriften in Hausratssachen.* **I Das Gericht kann in Hausratssachen jedem Ehegatten aufgeben,**
1. **die Hausratsgegenstände anzugeben, deren Zuteilung er begehrt,**
2. **eine Aufstellung sämtlicher Hausratsgegenstände einschließlich deren genauer Bezeichnung vorzulegen oder eine vorgelegte Aufstellung zu ergänzen,**
3. **sich über bestimmte Umstände zu erklären, eigene Angaben zu ergänzen oder zum Vortrag eines anderen Beteiligten Stellung zu nehmen oder**
4. **bestimmte Belege vorzulegen,**

und ihm hierzu eine angemessene Frist setzen.

II Umstände, die erst nach Ablauf einer Frist nach Absatz 1 vorgebracht werden, können nur berücksichtigt werden, wenn dadurch nach der freien Überzeugung des Gerichts die Erledigung

des Verfahrens nicht verzögert wird oder wenn der Ehegatte die Verspätung genügend entschuldigt.

III Kommt ein Ehegatte einer Auflage nach Absatz 1 nicht nach oder sind nach Absatz 2 Umstände nicht zu berücksichtigen, ist das Gericht insoweit zur weiteren Aufklärung des Sachverhalts nicht verpflichtet.

Bem. Vgl § 201 Rn 1. 1

207 *Erörterungstermin.* **[1]Das Gericht soll die Angelegenheit mit den Ehegatten in einem Termin erörtern. [2]Es soll das persönliche Erscheinen der Ehegatten anordnen.**

Bem. Vgl § 201 Rn 1. 1

208 *Tod eines Ehegatten.* **Stirbt einer der Ehegatten vor Abschluss des Verfahrens, gilt dieses als in der Hauptsache erledigt.**

Bem. Vgl § 201 Rn 1. 1

209 *Durchführung der Entscheidung, Wirksamkeit.* **I Das Gericht soll mit der Endentscheidung die Anordnungen treffen, die zu ihrer Durchführung erforderlich sind.**

II [1]Die Endentscheidung in Wohnungszuweisungs- und Hausratssachen wird mit Rechtskraft wirksam. [2]Das Gericht soll in Wohnungszuweisungssachen nach § 200 Abs. 1 Nr. 1 die sofortige Wirksamkeit anordnen.

III [1]Mit der Anordnung der sofortigen Wirksamkeit kann das Gericht auch die Zulässigkeit der Vollstreckung vor der Zustellung an den Antragsgegner anordnen. [2]In diesem Fall tritt die Wirksamkeit in dem Zeitpunkt ein, in dem die Entscheidung der Geschäftsstelle des Gerichts zur Bekanntmachung übergeben wird. [3]Dieser Zeitpunkt ist auf der Entscheidung zu vermerken.

Bem. Vgl § 201 Rn 1. 1

Abschnitt 7. Verfahren in Gewaltschutzsachen

210 *Gewaltschutzsachen.* **Gewaltschutzsachen sind Verfahren nach den §§ 1 und 2 des Gewaltschutzgesetzes.**

Schrifttum: *Flügge* FPR **08**, 1 (inhaltlich sehr krit).

1) Systematik. Eine Gewaltschutzsache ist jetzt anders als nach den aufgehobenen §§ 64b FGG 23 b I 2 Z 8a GVG, § 621 I Z 13 ZPO auch dann nach § 111 Z 6 eine Familiensache, wenn die Beteiligten weder einen auf Dauer angelegten gemeinsamen Haushalt führen noch innerhalb von sechs Monaten vor der Antragstellung einen solchen geführt haben. Vielmehr ist ein Verstoß gegen §§ 1 oder 2 GewSchG, Schönfelder Ergänzungsbd Nr 49, nötig und zur Anwendung der §§ 210ff ausreichend. Dann ist also jetzt auch stets das FamG sachlich zuständig. 1

2) Regelungszweck. Er ist natürlich die Vereinigung der zivilrechtlichen Ahndung aller Arten von derartigen Gewalttätlichkeiten in einer und derselben fachkundigen Richterhand und in derselben Verfahrensart, die ja wie das ganze FamFG im Grundsatz eher von der Amtsermittlung und ihren Folgen für das Gesamtverhalten der Beteiligten und für den Verfahrensablauf geprägt ist. Das dient sowohl der Verfahrenswirtschaftlichkeit als auch der Gerechtigkeit. So sollte man die folgenden Vorschriften auch bei aller Vorsicht vor Überreaktionen zugunsten eher Überempfindlicher doch im Kern zugunsten des Opfers handhaben. Natürlich bleibt stets eine gelassene Abwägung ratsam. 2

3) Geltungsbereich: §§ 1, 2 GewSchG. Was nicht unter diese Bestimmungen fällt, ist keine FamS und läßt sich zivilrechtlich nicht nach dem FamFG klären, sondern nur nach den allgemeinen Regeln zum Zivilprozeß. 3

211 *Örtliche Zuständigkeit.* **Ausschließlich zuständig ist nach Wahl des Antragstellers**
1. das Gericht, in dessen Bezirk die Tat begangen wurde,
2. das Gericht, in dessen Bezirk sich die gemeinsame Wohnung des Antragstellers und des Antragsgegners befindet oder
3. das Gericht, in dessen Bezirk der Antragsgegner seinen gewöhnlichen Aufenthalt hat.

1) Systematik, Regelungszweck, Z 1–3. Die Regelung hat den Vorrang vor den Zuständigkeiten der übrigen Teile des FamFG. Sie bringt die seltene Kombination von ausschließlichen Wahlzuständigkeiten. Die einmal getroffene Wahl ist endgültig, wie zB bei § 35 ZPO, dort Rn 4, 5. § 211 hat den Vorrang vor § 2. 1

2 **2) Gericht des Begehungsbezirks, Z 1.** Das ist eine klare Anlehnung an § 32 ZPO. Vgl daher dort Rn 17 ff. Die Grenzen des Gerichtsbezirks ergeben sich aus den landesrechtlichen Vorschriften über Amtsgerichte als FamG. Bei einer Begehung in mehreren Gerichtsbezirken ist jedes zuständig und das zuerst gewählte das endgültig zuständige, Rn 1.

3 **3) Gericht der gemeinsamen Wohnung, Z 2.** Maßgebend ist formell die „Wohnung", unabhängig vom „Wohnsitz" oder „gewöhnlichen Aufenthalt" usw. Der Sache nach fallen diese Begriffe hier aber meist ziemlich zusammen. Daher ist eine überakribische Genauigkeit aus den Gründen Rn 2 nicht förderlich. Auf die Dauer der gemeinsamen Wohnung kommt es nicht (mehr) an, § 210 Rn 1. Maßgebend ist trotz der formellen Unanwendbarkeit des § 261 III Z 2 ZPO (Erhaltung der Zuständigkeit, jedoch wegen § 113 I 2 unanwendbar, weil keine Ehe- oder Familienstreitsache nach § 112) der Eintritt der Rechtshängigkeit und damit noch nicht der Zeitpunkt des Eingangs, sondern der Zustellung des einleitenden Antrags oder Vorgangs, vgl § 261 ZPO Rn 1.

4 **4) Gericht des gewöhnlichen Aufenthalts des Antragsgegners, Z 3.** Zu diesem Begriff vgl zB § 122 Z 2–4. Zum maßgebenden Zeitpunkt gilt dasselbe wie bei Rn 3.

212 *Beteiligte.* **In Verfahren nach § 2 des Gewaltschutzgesetzes ist das Jugendamt auf seinen Antrag zu beteiligen, wenn ein Kind in dem Haushalt lebt.**

1 **1) Systematik, Regelungszweck.** Die Vorschrift ergänzt den formell nachrangigen § 7. Während dort nur die in II Z 1, 2 Genannten als Beteiligte hinzuzuziehend, in III 1 aber nur ein Zuziehungsermes sen besteht, muß das FamG bei § 212 das Jugendamt zwar nicht von Amts wegen beteiligen, wohl aber auf dessen Antrag. Freilich klärt § 212, daß der Antrag ohnehin die Beteiligungspflicht des § 7 II Z 2 auslöst. Bei dem Verfahren zur Überlassung einer gemeinsam genutzten Wohnung soll eben auch das Kindesinteresse entscheidungserheblich sein.

2 **2) Gemeinsam genutzte Wohnung usw, § 2 GewSchG.** Zu dieser sachlichrechtlichen Voraussetzung PalBru § 2 GewSchG Rn 2. Unter einem auf Dauer angelegten gemeinsamen Haushalt versteht man wie bei § 563 BGB eine Lebensgemeinschaft, die keine weiteren Bindungen gleicher Art zuläßt und sich durch innere Bindungen auszeichnet, die mit oder ohne sexuelle Beziehungen ein gegenseitiges Füreinandereinstehen begründen, also Wohn- und Wirtschaftsgemeinschaften zB von Eheleuten und Lebenspartnern, auch gleichgeschlechtlichen sowie von Senioren als Alternative zum Heimaufenthalt. Erforderlich ist eine gemeinsame Haushaltsführung, die nach dem Willen der Beteiligten nicht nur vorübergehend sein soll, Schumacher FamRZ **02**, 650. Das FamG ist auch für eine Gewaltschutzsache zwischen volljährigen Kindern und ihren Eltern zuständig, AG Hamb-Barmb FamRZ **04**, 473.

3 **3) Rechtsmittel.** Es gilt § 7 III 3 in Verbindung mit §§ 567–572 ZPO.

213 *Anhörung des Jugendamts.* I [1]**In Verfahren nach § 2 des Gewaltschutzgesetzes soll das Gericht das Jugendamt anhören, wenn Kinder in dem Haushalt leben.** [2]**Unterbleibt die Anhörung allein wegen Gefahr im Verzug, ist sie unverzüglich nachzuholen.**

II [1]**Das Gericht hat in den Fällen des Absatzes 1 Satz 1 dem Jugendamt die Entscheidung mitzuteilen.** [2]**Gegen den Beschluss steht dem Jugendamt die Beschwerde zu.**

1 **1) Systematik, Regelungszweck, I, II.** Die Vorschrift ergänzt § 212, aber auch § 33, den *I 1* durchaus gegenüber § 33 I Z 1 erweitert, aber eben nach § 33 I Z 2 ausfüllt, und zwar aus denselben Erwägungen wie bei § 212 Rn 1. Ähnliche Regelungen enthalten §§ 162, 205, 213.

2 **2) Anhörung, I.** Im einzelnen gilt § 33 II, III mit. Vgl insofern dort. Der bloße Sollcharakter von I 1 verstärkt also die ohnehin nach § 33 II bestehende Möglichkeit, eine Anhörung zu unterlassen. Immerhin „soll" sie die Regel bleiben. I 2 ordnet ihre Nachholung unverzüglich nach dem Ende einer Gefahr im Verzug an. Zu diesem letzteren Begriff vgl zB § 758 a ZPO Rn 7 (A). Unverzüglichkeit: § 121 I 1 BGB, also kein schuldhaftes Zögern.

3 **3) Mitteilung, II 1.** Die Vorschrift wiederholt überflüssig dasselbe, das schon § 41 I 1 anordnet. § 41 II ist anwendbar.

4 **4) Beschwerde, II 2.** Die Vorschrift ist wegen § 59 III erforderlich. Vgl im übrigen bei §§ 58 ff.

214 *Einstweilige Anordnung.* I [1]**Auf Antrag kann das Gericht durch einstweilige Anordnung eine vorläufige Regelung nach § 1 oder § 2 des Gewaltschutzgesetzes treffen.** [2]**Ein dringendes Bedürfnis für ein sofortiges Tätigwerden liegt in der Regel vor, wenn eine Tat nach § 1 des Gewaltschutzgesetzes begangen wurde oder aufgrund konkreter Umstände mit einer Begehung zu rechnen ist.**

II **Der Antrag auf Erlass der einstweiligen Anordnung gilt im Fall des Erlasses ohne mündliche Erörterung zugleich als Auftrag zur Zustellung durch den Gerichtsvollzieher unter Vermittlung der Geschäftstelle und als Auftrag zur Vollstreckung; auf Verlangen des Antragstellers darf die Zustellung nicht vor der Vollstreckung erfolgen.**

1 **1) Systematik, Regelungszweck, I, II.** Die Vorschrift hat den Vorrang vor den formell nachrangigen, aber inhaltlich mitbeachtbaren §§ 49 ff. Sie nennt schärfere Voraussetzungen, Borth FamRZ **07**, 1929.

215 *Durchführung der Endentscheidung.* **In Verfahren nach § 2 des Gewaltschutzgesetzes soll das Gericht in der Endentscheidung die zu ihrer Durchführung erforderlichen Anordnungen treffen.**

1) Systematik, Regelungszweck. Die Vorschrift besagt etwas theoretisch Selbstverständliches, aber in der Praxis leider durchaus nicht stets Erfolgendes. Jedes Gericht muß seine Entscheidung vollziehbar formulieren, so wie ja jeder Antragsteller einen nachvollziehbar genauen Antrag stellen muß. Nach der Aufhebung des ja nur auf § 1 GewSchG bezogen gewesenen § 892a ZPO besteht erst recht ein dringender Bedarf an einer auch in der praktisch Durchsetzbarkeit genügend präzisen Entscheidung, zumal die Polizei usw erfahrungsgemäß dazu neigt, beim auch nur geringen Zweifel zumindest von Zwang abzusehen. 1

Einfühlungskraft in die Situation des Antragstellers und seiner Angehörigen oder Mitbewohner ist daher unbedingt notwendig, um nicht das ganze Verfahren zur Farce erstarren zu lassen. Natürlich darf das FamG dabei nicht in uferlose Fantasien abirren. Es muß aber lieber etwas zu weit formulieren als aus falschverstandenem Persönlichkeitsschutz des Täters dem Antragsteller nur Steine statt Brot zu geben. Eine nachvollziehbare Begründung macht die Entscheidung auch für den hoffentlich nicht eintretenden Fall haltbar, daß es bei der Durchsetzung der Entscheidung zu behördlichen Übergriffen gekommen ist. Eine Anordnung im Ton eines Dürfens ist meist besser als eine solche im Mußstil. 2

2) Rechtsmittel. Es gelten §§ 58ff. 3

216 *Wirksamkeit, Vollstreckung vor Zustellung.* I [1]**Die Endentscheidung in Gewaltschutzsachen wird mit Rechtskraft wirksam.** [2]**Das Gericht soll die sofortige Wirksamkeit anordnen.**

II [1]**Mit der Anordnung der sofortigen Wirksamkeit kann das Gericht auch die Zulässigkeit der Vollstreckung vor der Zustellung an den Antragsgegner anordnen.** [2]**In diesem Fall tritt die Wirksamkeit in dem Zeitpunkt ein, in dem die Entscheidung der Geschäftsstelle des Gerichts zur Bekanntmachung übergeben wird; dieser Zeitpunkt ist auf der Entscheidung zu vermerken.**

1) Systematik, Regelungszweck, I, II. Gerade beim Gewaltschutz ist die sofortige Vollziehbarkeit der Entscheidung meist das dringendste Anliegen überhaupt. Daher müßte es eigentlich hier wie kaum sonst im FamFG formell nachrangigen beim Grundsatz der Wirksamkeit mit Bekanntgabe nach § 40 I bleiben. Der erheblich abweichende Grundsatz des vorrangigen, weil spezielleren *I 1* scheint wenig überzeugend. Indessen bringt *I 2* ja praktisch wieder dieselbe sofortige Vollziehbarkeit wie § 40 I. Freilich soll sich das FamG diese Zusatzentscheidung gut überlegen. Deshalb muß sie gesondert erfolgen. Immerhin kann eine Fehlentscheidung fatale Folgen haben. 1

Aus diesem Grund muß das Gericht neben der sofortigen Wirksamkeit nach I 2 auch noch eine formell *weitere Zusatzentscheidung* verbinden, nämlich die Zulässigkeit einer Vollstreckung noch vor der nach §§ 40 I, 87 II ja sonst erst mit der Zustellung (Bekanntgabe) eintretenden Wirksamkeit, *II 1.* Ähnlich wie bei einem Versäumnisurteil im Fall des § 331 III 1 Hs 2 ZPO kommt es dann auf den Eingang der Entscheidung auf der Geschäftsstelle zwecks ihrer Bekanntmachung an, II 2 Hs 1, also nicht erst auf die Herausgabe aus der Geschäftsstelle im Sinn von § 329 ZPO Rn 24. Die Geschäftsstelle muß daher den Eingangszeitpunkt bei ihr nach Stunde und Minute und ohnehin natürlich nach dem Tag vermerken. Eine Nachholung könnte zum Vorwurf der Falschbeurkundung im Amt führen, daher bitte große Vorsicht. 2

In einem Verfahren auf eine *einstweilige Anordnung* hilft § 53 II 1, 2 eine abweichende vorrangige Spezialregelung. 3

2) Rechtsmittel, I, II. Es gelten §§ 58ff. 4

216a *Mitteilung von Entscheidungen.* [1]**Das Gericht teilt Anordnungen nach den §§ 1 und 2 des Gewaltschutzgesetzes sowie deren Änderung oder Aufhebung der zuständigen Polizeibehörde und anderen öffentlichen Stellen, die von der Durchführung der Anordnung betroffen sind, unverzüglich mit, soweit nicht schutzwürdige Interessen eines Beteiligten an dem Ausschluss der Übermittlung, das Schutzbedürfnis anderer Beteiligter oder das öffentliche Interesse an der Übermittlung überwiegen.** [2]**Die Beteiligten sollen über die Mitteilung unterrichtet werden.**

1) Systematik, S 1, 2. Die dem § 22a ähnelnde Vorschrift erinnert an den früheren § 35a FGG. 1

2) Regelungszweck, S 1, 2. In der Alltagspraxis hat sich im Bereich des Gewaltschutzes das Verhältnis der beteiligten Gerichte und Behörden verständlicherweise nicht immer reibungsfrei entwickelt. Insbesondere die Polizei braucht eine sofortige vollständige Information des Gerichts über dessen Anordnungen und Maßnahmen, um sachgerecht und doch auch rücksichtsvoll amtieren zu können. Das Rechtsstaatsprinzip erfordert die zumindest anschließende ebenfalls unverzügliche Unterrichtung nach S 2. 2

3) Polizei, andere Behörden, S 1. Es geht insbesondere um Schulen, Kindergärten, Jugendhilfeeinrichtungen nicht nur in einer öffentlichrechtlichen Trägerschaft, Tagesheime, evtl auch ein Mutterhaus usw. 3

4) Weitere Beteiligte, S 2. Vgl §§ 7, 8. 4

5) Mitteilung auch von Änderung oder Aufhebung, S 1, 2. Das Gericht muß natürlich eine Mitteilung nach Rn 1–4 auch unverzüglich von jeder Erweiterung, Einschränkung, sonstigen Änderung oder von einer Aufhebung seiner Anordnungen nebst den etwaigen zugehörigen Bedingungen machen. Das fordert schon das Rechtsstaatsprinzip Einl III 15 zum Schutz jedes Betroffenen. 5

Abschnitt 8. Verfahren in Versorgungsausgleichssachen

217 *Versorgungsausgleichssachen.* **Versorgungsausgleichssachen sind Verfahren, die den Versorgungsausgleich betreffen.**

1 **1) Systematik, Regelungszweck.** Hier wiehert wirklich der Amtsschimmel: Vorn im Satz dasselbe wie hinten, doppelt gemoppelt aus formalen Symmetriegründen. Versorgungsausgleichsachen sind nach § 111 Z 7 FamS. Ihre sachlichrechtliche Regelang erfolgt in §§ 1587 ff BGB. Das Verfahren richtete sich zumindest teilweise nach dem früheren § 621 I Z 6 ZPO, ferner im einzelnen nach den früheren §§ 621 II 1 Hs 1, 621 a I 1 ZPO und daher nach dem früheren FGG sowie zweitinstanzlich nach den früheren §§ 621 e I, II, 621 f ZPO, für das Verbundverfahren nach den früheren §§ 625 ff ZPO. Deshalb folgt hier nur eine sehr knappe Darstellung der wichtigsten bisher nach der ZPO abgewickelten Regeln.

2 **2) Einige Einzelfragen.** Es geht auch um den Auskunftsanspruch, §§ 1587 a I, 1587 e, 1580, 1587 k I BGB, BGH NJW **81**, 1508, Ffm FamRZ **00**, 99 (zustm Weil), und um das nachträgliche Versorgungsausgleichsverfahrens, AG Bln-Charlottenb FamRZ **89**, 514. Dazu gehört aber nicht ein nach rechtskräftiger Entscheidung über den Versorgungsausgleich erhobener Auskunftsanspruch, BGH FamRZ **84**, 465, Karlsr FamRZ **82**, 1028, von Maydell FamRZ **81**, 509 und 623. FamS kann auch der Streit über den Versorgungsausgleich auf Grund eines vor dem 1. EheRG geschlossenen Vergleichs sein, BGH NJW **94**, 580, Köln FamRZ **98**, 373, Oldb FamRZ **90**, 295. Die Vorschrift ist mit dem GG vereinbar, BVerfG **64**, 175. Bei einer Auslandsberührung entscheidet das Scheidungsfolgenstatut. Dabei ist Art 17 III EGBGB anwendbar, BGH FamRZ **82**, 152 und 797. Wegen einer nach §§ 107 ff anerkannten Auslandsscheidung BGH FamRZ **93**, 798. Unter I Z 6 fällt auch das Änderungsverfahren nach §§ 10 a, 11 VAHRG.

218 *Örtliche Zuständigkeit.* **Ausschließlich zuständig ist in dieser Rangfolge:**

1. während der Anhängigkeit einer Ehesache das Gericht, bei dem die Ehesache im ersten Rechtszug anhängig ist oder war,
2. das Gericht, in dessen Bezirk die Ehegatten ihren gemeinsamen gewöhnlichen Aufenthalt haben oder zuletzt gehabt haben, wenn ein Ehegatte dort weiterhin seinen gewöhnlichen Aufenthalt hat,
3. das Gericht, in dessen Bezirk ein Antragsgegner seinen gewöhnlichen Aufenthalt oder Sitz hat,
4. das Gericht, in dessen Bezirk ein Antragsteller seinen gewöhnlichen Aufenthalt oder Sitz hat,
5. das Amtsgericht Schöneberg in Berlin.

1 **Bem.** Hier nicht kommentiert, da zumindest erstinstanzlich grundsätzlich keine bisherige ZPO-, sondern bisherige FGG-Sache, § 217 Rn 1.

219 *Beteiligte.* **Zu beteiligen sind neben den Ehegatten**

1. in den Fällen des Ausgleichs durch Übertragung oder Begründung von Anrechten der Versorgungsträger
  a) bei dem ein auszugleichendes oder nach § 3 b Abs. 1 Nr. 1 des Gesetzes zur Regelung von Härten im Versorgungsausgleich zum Ausgleich heranzuziehendes Anrecht besteht,
  b) auf den ein Anrecht zu übertragen ist,
  c) bei dem ein Anrecht zu begründen ist oder
  d) an den Zahlungen zur Begründung von Anrechten zu leisten sind,
2. in den Fällen des § 3 a des Gesetzes zur Regelung von Härten im Versorgungsausgleich
  a) der Versorgungsträger, gegen den der Anspruch gerichtet ist sowie
  b) bei Anwendung von **dessen Absatz 1 auch die Witwe oder der Witwer des Verpflichteten,**
3. in den Fällen des § 10 a des Gesetzes zur Regelung von Härten im Versorgungsausgleich
  a) die Versorgungsträger nach Nummer 1 sowie
  b) die Hinterbliebenen der Ehegatten.

1 **Bem.** Vgl bei § 218. In Z 2 b fehlt im Gesetzestext das oben eingesetzte Wort „von", ohne das ein falscher Sinn entstünde.

220 *Verfahrensrechtliche Auskunftspflicht.* **I** [1] **In Versorgungsausgleichssachen kann das Gericht über Grund und Höhe der Anrechte Auskünfte einholen bei**

1. den Ehegatten und ihren Hinterbliebenen,
2. Versorgungsträgern und
3. sonstigen Stellen, die zur Erteilung der Auskünfte in der Lage sind.

[2] **Übersendet das Gericht zur Auskunfterteilung ein amtliches Formular, ist dieses zu verwenden.**

II [1] **Das Gericht kann anordnen, dass die Ehegatten oder ihre Hinterbliebenen gegenüber dem Versorgungsträger bestimmte für die Feststellung der in den Versorgungsausgleich einzubeziehenden Anrechte erforderliche Mitwirkungshandlungen zu erbringen haben.** [2] **Das Gericht kann insbesondere anordnen, dass alle erheblichen Tatsachen anzugeben, die notwendigen Urkunden**

und Beweismittel beizubringen, die für die Feststellung der einzubeziehenden Anrechte erforderlichen Anträge zu stellen und dass dabei die vorgesehenen Formulare zu verwenden sind.

III Die in dieser Vorschrift genannten Personen und Stellen sind verpflichtet, den gerichtlichen Ersuchen und Anordnungen Folge zu leisten.

Bem. Vgl bei § 218. 1

221 *Aussetzung des Verfahrens über den Versorgungsausgleich.* **I 1 Besteht Streit über den Bestand oder die Höhe eines in den Versorgungsausgleich einzubeziehenden Anrechts, kann das Gericht das Verfahren über den Versorgungsausgleich aussetzen und einem oder beiden Ehegatten eine Frist zur Erhebung der Klage bestimmen. 2 Wird die Klage nicht vor Ablauf der bestimmten Frist erhoben, kann das Gericht im weiteren Verfahren das Vorbringen unberücksichtigt lassen, das mit der Klage hätte geltend gemacht werden können.**

II 1 Das Gericht hat das Verfahren auszusetzen, wenn ein Rechtsstreit über ein in den Versorgungsausgleich einzubeziehendes Anrecht anhängig ist. 2 Ist die Klage erst nach Ablauf der nach Absatz 1 Satz 1 bestimmten Frist erhoben worden, kann das Gericht das Verfahren aussetzen.

Bem. Vgl bei § 218. 1

222 *Erörterungstermin.* **In den Verfahren nach den §§ 1587 b und 1587 f des Bürgerlichen Gesetzbuchs und in den Fällen des § 230 soll das Gericht die Angelegenheit mit den Ehegatten in einem Termin erörtern.**

Bem. Vgl bei § 218. 1

223 *Vereinbarung über den Versorgungsausgleich.* **I Ein Versorgungsausgleich durch Übertragung oder Begründung von Anrechten findet insoweit nicht statt, als die Ehegatten den Versorgungsausgleich nach § 1408 Abs. 2 des Bürgerlichen Gesetzbuchs ausgeschlossen oder nach § 1587 o des Bürgerlichen Gesetzbuchs eine Vereinbarung geschlossen haben und das Gericht die Vereinbarung genehmigt hat.**

II Die Verweigerung der Genehmigung ist nicht selbständig anfechtbar.

Bem. Vgl bei § 218 1

224 *Zahlungen zur Begründung von Rentenanwartschaften.* **I In der Entscheidung nach § 3 b Abs. 1 Nr. 2 des Gesetzes zur Regelung von Härten im Versorgungsausgleich ist der Träger der gesetzlichen Rentenversicherung, an den die Zahlung zu leisten ist, zu bezeichnen.**

II 1 Ist ein Ehegatte aufgrund einer Vereinbarung, die das Gericht nach § 1587 o Abs. 2 des Bürgerlichen Gesetzbuchs genehmigt hat, verpflichtet, für den anderen Zahlungen zur Begründung von Rentenanwartschaften in der gesetzlichen Rentenversicherung zu leisten, wird der für die Begründung dieser Rentenanwartschaften erforderliche Betrag gesondert festgesetzt. 2 Absatz 1 gilt entsprechend.

III Werden die Berechnungsgrößen geändert, nach denen sich der Betrag errechnet, der in den Fällen der Absätze 1 und 2 zu leisten ist, hat das Gericht den zu leistenden Betrag auf Antrag neu festzusetzen.

Bem. Vgl bei § 218. 1

225 *Aufhebung der früheren Entscheidung bei schuldrechtlichem Versorgungsausgleich.* **Soweit der Versorgungsausgleich nach § 1587 f Nr. 3 des Bürgerlichen Gesetzbuchs stattfindet, hat das Gericht die auf § 1587 b Abs. 3 des Bürgerlichen Gesetzbuchs oder auf § 3 b Abs. 1 Nr. 2 des Gesetzes zur Regelung von Härten im Versorgungsausgleich gegründete Entscheidung aufzuheben.**

Bem. Vgl bei § 218. 1

226 *Einstweilige Anordnung.* **Das Gericht kann durch einstweilige Anordnung abweichend von § 49 auf Antrag des Berechtigten oder der Witwe oder des Witwers des Verpflichteten die Zahlung der Ausgleichsrente nach § 3 a Abs. 1 und 5 des Gesetzes zur Regelung von Härten im Versorgungsausgleich und die an die Witwe oder den Witwer zu zahlende Hinterbliebenenversorgung regeln.**

Bem. Vgl bei § 218. 1

227 *Entscheidung über den Versorgungsausgleich.* **[1]Endentscheidungen, die den Versorgungsausgleich betreffen, werden erst mit Rechtskraft wirksam. [2]Die Entscheidung ist zu begründen.**

1 **Bem.** Vgl bei § 218.

228 *Zulässigkeit der Beschwerde.* **In Versorgungsausgleichssachen gilt § 61 nur im Fall der Anfechtung einer Kostenentscheidung.**

1 **1) Systematik, Regelungszweck.** Die Voraussetzungen der befristeten Beschwerde ergeben sich in einer teilweisen Abweichung vom früheren § 621e I ZPO an sich aus § 70. § 228 schränkt aber vorrangig in den abschließend genannten Fällen die Statthaftigkeit und nicht nur ihre Zulässigkeit (die amtliche Überschrift ist ungenau) aus, um das Verfahren zu einem rascheren Ende zu bringen und damit etwaige Ungerechtigkeiten abzukürzen. §§ 62ff gelten indes auch hier.

2 **2) Kostenentscheidung.** Jede Kostenentscheidung umfaßt auch Auslagen, zB § 1 I 1 GKG, § 1 S 1 KostO, § 1 I GvKostG usw. § 228 stellt zusätzlich klar, daß nicht eine Entscheidung über Sachfragen anfechtbar ist. Im letzteren Fall wäre nur der etwaige zugehörige Kostenteil anfechtbar.

229 *Ausschluss der Rechtsbeschwerde.* **Gegen Entscheidungen nach den §§ 1587d, 1587g Abs. 3, 1587i Abs. 3 und § 1587l Abs. 3 Satz 3 des Bürgerlichen Gesetzbuchs sowie nach § 224 Abs. 2 und 3 ist die Rechtsbeschwerde ausgeschlossen.**

1 **1) Systematik, Regelungszweck.** Die Voraussetzungen der Statthaftigkeit einer Rechtsbeschwerde ergeben sich in einer teilweisen Abweichung vom früheren § 621e II ZPO (jetzt keine Nichtzulassungsbeschwerde mehr) aus dem im übrigen formell nachrangigen § 70. § 229 schränkt aber vorrangig in den abschließend genannten Fällen die Statthaftigkeit wie bei § 228 aus, um das Verfahren zu einem rascheren Ende zu bringen und damit etwaige Ungerechtigkeiten abzukürzen.

2 **2) Ausschlußfälle.** Es handelt sich um die folgenden eng auslegbaren Situationen.

A. Ruhen der Verpflichtung zur Begründung von Rentenanwartschaften, § 1587d BGB. Der Verpflichtete soll nicht eine unbillige Belastung, keine Gefährdung des eigenen Unterhalts und seiner gesetzlichen Unterhaltspflichten hinnehmen müssen.

3 **B. Anspruch auf Rentenzahlung, § 1587g III BGB.** Die Erwägungen zu § 1587d BGB gelten über § 1587g III BGB mit dessen Verweisung auch beim Anspruch auf eine Ausgleichsrente.

4 **C. Abtretung von Versorgungsansprüchen, § 1587i III BGB.** Die Erwägungen zu § 1587d BGB gelten über § 1587i III BGB mit dessen Verweisung auch beim Anspruch auf eine Abtretung bestimmter Versorgungsansprüche des Verpflichteten.

5 **D. Anspruch auf Abfindung künftiger Ausgleichsansprüche, § 1587l III 3 BGB.** Die Möglichkeit einer Ratenzahlung soll nicht angetastet werden.

6 **E. Begründung einer Rentenanwartschaft, §§ 224 II, III FamFG.** Sowohl ihre Begründung als auch ihre Neufestsetzung wegen geänderter Berechnungsgrößen sollen unangetastet bleiben.

230 *Abänderung von Entscheidungen und Vereinbarungen.* **[I] Das Gericht ändert auf Antrag eine Entscheidung zum Versorgungsausgleich, die nach § 1587b des Bürgerlichen Gesetzbuchs oder nach §§ 1, 3b des Gesetzes zur Regelung von Härten im Versorgungsausgleich getroffen wurde, oder eine Vereinbarung zum Versorgungsausgleich nach Maßgabe des § 10a des Gesetzes zur Regelung von Härten im Versorgungsausgleich ab.**

[II] Das Gericht ändert auf Antrag eine Entscheidung zum schuldrechtlichen Versorgungsausgleich nach Maßgabe von § 1587g Abs. 3 und § 1587d Abs. 2 des Bürgerlichen Gesetzbuchs und eine Entscheidung zum verlängerten schuldrechtlichen Versorgungsausgleich nach Maßgabe des § 3a Abs. 6 des Gesetzes zur Regelung von Härten im Versorgungsausgleich in Verbindung mit § 1587d Abs. 2 des Bürgerlichen Gesetzbuchs ab.

[III] Das Gericht ändert auf Antrag eine Entscheidung nach § 1587d Abs. 1, § 1587i des Bürgerlichen Gesetzbuchs und § 3b Abs. 1 Nr. 2 Satz 2 des Gesetzes zur Regelung von Härten im Versorgungsausgleich nach Maßgabe des § 1587d Abs. 2 des Bürgerlichen Gesetzbuchs ab.

1 **Bem.** Vgl bei § 218.

Abschnitt 9. Verfahren in Unterhaltssachen

Unterabschnitt 1. Besondere Verfahrensvorschriften

231 *Unterhaltssachen.* **I Unterhaltssachen sind Verfahren, die**
1. die durch Verwandtschaft begründete gesetzliche Unterhaltspflicht,
2. die durch Ehe begründete gesetzliche Unterhaltspflicht,
3. die Ansprüche nach § 1615 l oder § 1615 m des Bürgerlichen Gesetzbuchs
betreffen.

II 1 Unterhaltssachen sind auch Verfahren nach § 3 Abs. 2 Satz 3 des Bundeskindergeldgesetzes und § 64 Abs. 2 Satz 3 des Einkommensteuergesetzes. 2 Die §§ 235 bis 245 sind nicht anzuwenden.

Schrifttum: *Gottwald,* Prozessuale Zweifelsfragen der geplanten EU-Verordnung in Unterhaltssachen, in: Festschrift für *Lindacher* (2007); *Reinecke,* Lexikon des Unterhaltsrechts, 2. Aufl. 2008 (je zum alten Recht).

Gliederung

1) Systematik, Regelungszweck, I, II. Es muß sich um die folgenden Ansprüche handeln. 1

A. Gesetzlicher Unterhalt kraft Verwandtschaft, I Z 1. Die Verwandtschaft richtet sich nach §§ 1589, 1591 ff BGB. Die Unterhaltspflicht Verwandter ergibt sich aus §§ 1601 ff BGB.

B. Gesetzlicher Unterhalt kraft Ehe, I Z 2. Zum Ehebegriff usw §§ 1303 ff BGB. Die Unterhaltspflicht folgt aus §§ 1360 ff BGB. 2

C. Gesetzlicher Geburts- und Beerdigungsunterhalt, I Z 3. Aus Anlaß der Geburt ergibt sich ein Unterhaltsanspruch nach § 1615 l BGB, aus Anlaß der Beerdigung der infolge Schwangerschaft oder Entbindung gestorbenen Mutter nach § 1615 m BGB. 3

D. Weitere Ansprüche, II. Es sind die in II 1 genannten. II 2 macht §§ 235 ff insoweit unanwendbar. 4

2) Einzelfragen, I, II. Die bisher meist beim früheren § 621 I Z 4, 5, 11 ZPO dargestellte Rechtslage hat sich wie folgt entwickelt. 5

A. I Z 1. Hierzu gehören die Unterhaltssachen zwischen Eltern und Abkömmlingen ohne Rücksicht darauf, ob das Kind ehelich oder nichtehelich ist und ob der Abkömmling gegen die Eltern oder, diese gegen ihn vorgehen, ferner die Unterhaltssachen zwischen Großeltern und Enkeln. Es fallen unter Z 1 auch Verfahren wegen der Bestimmung nach § 1612 II BGB, KG FamRZ **03**, 619, Karlsr FamRZ **04**, 655, Zweibr FamRZ **02**, 1269, der Auskunft nach § 1605 BGB, BGH NJW **82**, 1651, und des Verfahrenskostenvorschusses nach § 1610 II BGB, Kblz FamRZ **82**, 402. Hierhin gehört auch ein Änderungsantrag nach (jetzt) §§ 238, 240, BGH FamRZ **79**, 789, Drsd FamRZ **04**, 209, KG FamRZ **03**, 977, und eine Vollstreckungsabwehrklage, § 95 I Z 1 in Verbindung mit § 767 ZPO. Unterhaltssache nach Z 1 ist ferner ein Antrag aus kraft Gesetzes übergegangenen oder durch Verwaltungsakt übergeleiteten Ansprüchen, §§ 90 ff BSHG, §§ 94 KJHG oder 82 JWG, § 7 UVG, aM Celle JAmt **02**, 272, oder § 95 SGB VIII, BGH FamRZ **81**, 758, oder § 94 I 1 SGB XII, oder § 37 BAföG, BGH FamRZ **81**, 657. Unter Z 1 fällt ferner ein Antrag gegen den Erben des Verpflichteten, wenn nicht die Unterhaltspflicht als solche schon tituliert ist, Hamm FamRZ **89**, 526, AG Westerstede FamRZ **95**, 1280.

Unterhaltssache ist auch der Antrag des Unterhaltsgläubigers gegen den Unterhaltsschuldner auf eine Auskunft, Hamm FamRZ **05**, 1845, Zweibr FamRZ **96**, 1288, aM Nürnb FamRZ **79**, 524, ebenso ein Antrag auf eine Rückgewähr des Unterhalts, BGH NJW **78**, 1531. Dasselbe gilt für den Streit aus einer Vereinbarung der Eltern zur Regelung ihrer gesetzlichen Unterhaltspflicht, BGH NJW **78**, 1811, und zwar für einen Antrag sowohl auf eine Befreiung von der gesetzlichen Unterhaltspflicht, BGH NJW **79**, 552, als auch auf eine Erstattung bereits erbrachter Leistungen, BGH NJW **79**, 659, ebenso auf einen Antrag aus einer Vereinbarung, die die Sicherung gesetzlicher oder vertraglich ausgestalteter gesetzlicher Unterhaltsansprüche des Kindes zum Gegenstand hat, BayObLG MDR **83**, 583. FamS ist auch der Streit über einen Schadensersatz wegen einer Verletzung der Freihaltungspflicht, Zweibr RR **00**, 150, aM Schlesw SchlHA **82**, 76. Unterhaltssache ist auch der Streit um den Ausgleich des Kindergelds, BGH **71**, 264, nicht aber die Bestimmung des Bezugsberechtigten, BayObLG Rpfleger **81**, 357, Schlesw SchlHA **83**, 55. Unter Z 1 fällt auch ein Antrag auf die Vollstreckbarerklärung eines ausländischen Titels, BGH NJW **80**, 2025, Bbg FamRZ **80**, 66, ebenso eine Entscheidung nach dem Haager VollstrÜbk, SchlAnh V A 2, Hamm FamRZ **89**, 1199, Gottwald FamRZ **90**, 179, aM Celle DAVorm **79**, 533. 6

Andere Unterhaltsstreitigkeiten sind *keine* Sachen nach Z 1 und wegen der Verweisung in § 111 Z 8 auf § 231 überhaupt keine FamS, Ffm FamRZ **03**, 1301. Keine FamS ist demgemäß zB ein nur vertraglicher Unterhaltsanspruch oder die Klage eines Dritten auf eine Erstattung von freiwilligen Unterhaltsleistungen, BGH NJW **79**, 660, zB des Scheinvaters nach einer erfolgreichen Anfechtung der Ehelichkeit, BayObLG NJW **79**, 1050, Ffm FPR **03**, 377, Jena RR **05**, 1571, aM Kblz FamRZ **99**, 658, oder eine Klage gegen die geschiedene Ehefrau, BayObLG NJW **79**, 1050. Nicht unter Z 1 fällt auch die Klage aus der Gewährung von Kost und Wohnung für ein volljähriges nicht unterhaltsberechtigtes Kind, Oldb FamRZ **81**, 185. Eben- 7 sowenig gehört der Streit der Eltern über die Kosten der Beisetzung eines Kindes hierhin, Schlesw SchlHA **81**, 67, AG Neustadt FamRZ **95**, 731.

8 Die *Verfahrensstandschaft* eines Elternteils für das minderjährige Kind während des Getrenntlebens oder der Anhängigkeit eines EheS nach § 1629 III BGB gilt sowohl im Verbundverfahren nach § 137 als auch im isolierten Unterhaltsverfahren, BGH NJW **83**, 2084. Sie besteht über die Scheidung hinaus bis zum Abschluß des Unterhaltsverfahrens, BGH RR **90**, 32. Sie entfällt durch eine Übertragung auf einen Beistand, § 1690 I BGB, KG NJW **98**, 2062. Wegen der Einzelheiten Gießler FamRZ **94**, 800 Hochgräber FamRZ **96**, 272. Die Verfahrensstandschaft im Verbundverfahren wird entsprechend § 113 I 2 in Verbindung mit § 265 II 1 ZPO durch die Rechtskraft des Scheidungsausspruchs nicht berührt, BGH RR **90**, 324 und 706. Bei ihrer Beendigung mit der Volljährigkeit des Kindes tritt dieses selbst als Beteiligter in das Verfahren ein, BGH FamRZ **85**, 471. Der Elternteil ist dann nicht mehr zur Vollstreckung im eigenen Namen befugt, Ffm FamRZ **94**, 453, Oldb FamRZ **92**, 844.

9 **B. I Z 2.** Es geht ferner um die durch die Ehe begründete gesetzliche Unterhaltspflicht einschließlich der Freistellung von ihr, BGH FamRZ **94**, 626, oder wegen eines Verfahrenskostenvorschusses, Kblz FamRZ **82**, 402, Stgt FamRZ **81**, 36, Zweibr FamRZ **80**, 1041, oder wegen eines Ausgleichsanspruchs, BGH FamRZ **89**, 605, oder wegen der Änderung nach (jetzt) § 238, BGH FamRZ **79**, 907, und der Vollstreckungsabwehrforderung nach § 95 I Z 1 in Verbindung mit § 767 ZPO, BGH NJW **79**, 2046, sowie der Forderung aus § 826 BGB wegen eines Unterhaltstitels, Düss FamRZ **85**, 599, und der Forderung auf einen Schadensersatz wegen Schlechterfüllung der Unterhaltspflicht, Schlesw FamRZ **83**, 394, AG Bln-Charlottenb FamRZ **93**, 714. Was zum gesetzlichen Unterhaltsbedarf gehört, richtet sich nach dem sachlichen Recht. Laufende Kosten einer Hundehaltung können dazugehören, Düss NJW **98**, 616.

10 *Hierhin gehören auch* ein Streit wegen einer Scheidungsfolgevereinbarung zur Klärung der gesetzlichen Unterhaltspflicht, BGH NJW **91**, 2709, oder auch ein Streit wegen der Auskunftspflicht des gesetzlichen Unterhaltsschuldners, BGH NJW **82**, 1651, und ein Streit aus einer gepfändeten gesetzlichen Unterhaltsforderung, Hamm FamRZ **78**, 602, oder wegen einer kraft Gesetzes übergegangenen oder übergeleiteten solchen Forderung, sowie Verfahren des oder gegen den Erben oder den Vermögensübernehmer, Mü RR **89**, 1355, Rn 13, ebenso der Antrag auf eine Feststellung des Nichtbestehens eines nachehelichen Unterhaltsanspruchs, Hamm FamRZ **82**, 721, oder auf die Freigabe eines hinterlegten Betrags, Düss FamRZ **88**, 298, und ein Antrag auf einen Schadensersatz wegen des Verschweigens von Einkünften im Unterhaltsverfahren, Hamm RR **91**, 1349. FamS ist auch der Antrag auf eine Zustimmung zum sog begrenzten Realsplitting, weil sie eine Nebenpflicht aus dem Unterhaltsrecht betrifft, Düss RR **90**, 1027, Hamm FamRZ **87**, 489, Liebelt FamRZ **93**, 641, und ein Antrag auf die Erstattung der sich daraus ergebenden Steuern sowie die damit zusammenhängenden Ersatzansprüche, Zweibr RR **93**, 518. Dasselbe gilt für einen daraus erwachsenden Schadensersatzanspruch, Zweibr FamRZ **92**, 830, oder für einen Bereicherungsanspruch, BGH NJW **94**, 1416, oder für einen Anspruch auf die Rückzahlung eines Verfahrenskostenvorschusses nach § 1360 a IV BGB, Zweibr FamRZ **81**, 1096, oder für einen Anspruch auf die Erstattung außergerichtlicher Kosten eines Unterhaltsanspruchs, Brschw FamRZ **79**, 719, oder für einen Ausgleichsanspruch wegen Unterhalts, den der andere Elternteil schuldete, BGH NJW **78**, 2297, und für den Anspruch des Zustimmenden gegen den anderen Ehegatten auf eine Erstattung der ihm dadurch entstandenen Steuern, BGH NJW **86**, 254, aM Düss FamRZ **85**, 82.

11 *Unter Z 2 fällt auch* der Streit über die Gewährung von Versicherungsschutz aus einer Rechtsschutzversicherung, LG Aachen FamRZ **94**, 310. Ebenso ist der Anspruch eines Ehegatten auf eine Beteiligung an den Leistungen der Beihilfestelle und der Krankenversicherung eine FamS, BGH NJW **94**, 1416, Düss MDR **94**, 278, AG Bln-Charlottenb FamRZ **93**, 714, aM Mü FamRZ **86**, 74. Auch ein Anspruch auf eine Erstattung von Umzugskosten kann unter Z 2 fallen, BGH FamRZ **80**, 45. Dasselbe gilt für den Antrag auf eine Vorlage von Bescheinigungen, um damit einen Antrag auf eine Arbeitslosenhilfe zu belegen, BayObLG FamRZ **85**, 945. Die Streitigkeit aus einer Unterhaltsvereinbarung ist nur dann eine FamS, wenn sie eine gesetzliche Unterhaltspflicht dem Grunde nach festlegt und/oder der Höhe nach abwandelt, BGH NJW **79**, 2517, Düss FamRZ **86**, 1009, Hbg FamRZ **85**, 407 (Kinderbetreuungskosten).

12 *FamS ist auch* der Streit um die Zahlung einer Morgengabe nach ausländischem Recht, BGH FamRZ **87**, 463, KG FamRZ **88**, 296 (Iran), KG FamRZ **80**, 470 (Jordanien), Düss FamRZ **98**, 623 (Anm Öztan), Hamm FamRZ **91**, 1320 (Türkei), Celle FamRZ **98**, 374 (Deutschland). Dasselbe gilt für den Streit um die Entschädigungspflicht des Ehemanns nach einer einseitigen Scheidung gemäß tunesischem Recht, Mü IPRax **81**, 22 (zustm Jayme 9).

13 *Nicht unter Z 2* fällt eine nur vertragliche Unterhaltsstreitigkeit, BGH FamRZ **85**, 367, Bbg FamRZ **99**, 1278, oder eine Klage wegen einer bloßen Vertragspflicht auf Unterhalt oder auf eine Scheidungsabfindung, Hamm FamRZ **91**, 443, oder auf eine Übertragung eines Schadensfreiheitsrabatts, Köln FamRZ **03**, 622, oder auf eine Mitwirkung bei der Zusammenveranlagung zur Steuer, BayObLG FamRZ **85**, 945, Düss RR **90**, 1027, Rostock FamRZ **04**, 957, oder wegen eines Schadensersatzes in diesem Bereich, Hamm FamRZ **91**, 1070, oder wegen der Geltendmachung von Sonderausgaben, aM Kblz FamRZ **80**, 685 und 791. Keine FamS ist auch der Streit um die Bestimmung des Anspruchsberechtigten nach § 3 IV BKKG (anders § 3 II 3 BKGG), Hamm MDR **80**, 765, aM Ffm FamRZ **79**, 1038, oder um den Kindergeldausgleich zwischen Eltern, Schlesw SchlHA **84**, 117. Ebensowenig gehört hierher der Streit aus einer Vereinbarung über die Verteilung des Lohnsteuerjahresausgleichs, Schlesw SchlHA **81**, 68, AG Lehrte FamRZ **84**, 915. Dasselbe gilt für die Klage auf eine Zustimmung zur Änderung der Steuerklasse, LG Bonn FER **99**, 220, oder für den Antrag auf eine Lohnsteuerermäßigung oder für die Stellung eines solchen Antrags, BayObLG FamRZ **85**, 947. Keine FamS ist auch der Streit um eine Auskehrung von Versicherungsleistungen, die ein Ehegatte im Zusammenhang mit einem Krankheitsfall des anderen Ehegatten erhalten hat, Hamm FamRZ **91**, 206, aM BGH NJW **94**, 1416, Düss MDR **94**, 278.

14 **C. I Z 3,** dazu *Puls* FamRZ **98**, 866 (Üb): Es geht ferner um einen gesetzlichen Anspruch der Mutter nach der Geburt eines nichtehelichen Kindes auf eine Erstattung der Entbindungskosten und auf Unterhalt,

§ 1615l BGB, Mü FamRZ **02**, 1219, sowie um die Verpflichtung des Vaters zur Tragung der Beerdigungskosten für die Mutter, § 1615m BGB, ferner um die gesetzlichen Unterhaltsansprüche des Vaters, § 1615l V BGB, einschließlich der Ansprüche nach § 1615n BGB.

232 *Örtliche Zuständigkeit.* [I] **Ausschließlich zuständig ist**

1. für Unterhaltssachen, die die Unterhaltspflicht für ein gemeinschaftliches Kind der Ehegatten betreffen, mit Ausnahme des vereinfachten Verfahrens über den Unterhalt Minderjähriger, oder die die durch die Ehe begründete Unterhaltspflicht betreffen, während der Anhängigkeit einer Ehesache das Gericht, bei dem die Ehesache im ersten Rechtszug anhängig ist oder war,

2. für Unterhaltssachen, die die Unterhaltspflicht für ein minderjähriges Kind oder ein nach § 1603 Abs. 2 Satz 2 des Bürgerlichen Gesetzbuchs gleichgestelltes Kind betreffen, das Gericht, in dessen Bezirk das Kind oder der Elternteil, der auf Seiten des minderjährigen Kindes zu handeln befugt ist, seinen gewöhnlichen Aufenthalt hat; dies gilt nicht, wenn das Kind oder ein Elternteil seinen gewöhnlichen Aufenthalt im Ausland hat.

[II] **Eine Zuständigkeit nach Absatz 1 geht der ausschließlichen Zuständigkeit eines anderen Gerichts vor.**

[III] [1] **Sofern eine Zuständigkeit nach Absatz 1 nicht besteht, bestimmt sich die Zuständigkeit nach den Vorschriften der Zivilprozessordnung mit der Maßgabe, dass in den Vorschriften über den allgemeinen Gerichtsstand an die Stelle des Wohnsitzes der gewöhnliche Aufenthalt tritt.** [2] **Nach Wahl des Antragstellers ist auch zuständig**

1. für den Antrag eines Elternteils gegen den anderen Elternteil wegen eines Anspruchs, der die durch Ehe begründete gesetzliche Unterhaltspflicht betrifft, oder wegen eines Anspruchs nach § 1615l des Bürgerlichen Gesetzbuchs das Gericht, bei dem ein Verfahren über den Unterhalt des Kindes im ersten Rechtszug anhängig ist,

2. für den Antrag eines Kindes, durch den beide Eltern auf Erfüllung der Unterhaltspflicht in Anspruch genommen werden, das Gericht, das für den Antrag gegen einen Elternteil zuständig ist,

3. das Gericht, bei dem der Antragsteller seinen gewöhnlichen Aufenthalt hat, wenn der Antragsgegner im Inland keinen Gerichtsstand hat.

Gliederung

1) Systematik, I–III. Schon die äußere Länge der an den früheren § 642 ZPO anknüpfenden Vorschrift signalisiert eine Anhäufung von Regeln, die das Fürchten lehren kann. Es gibt in *I* ausschließliche Zuständigkeiten, in *II* deren Vorrang vor anderen selbst ausschließlichen Zuständigkeiten, etwa nach § 802 ZPO, Borth FamRZ **07**, 1934, aM BGH FamRZ **01**, 1706, in *III* zunächst eine Verweisung auf die ja auch nicht gerade schmalen Regeln der §§ 12ff ZPO, wie sie sich aus § 113 I 2 ohnehin ergeben würden, aber doch sogleich Einschränkungen erhalten, III 1, und sodann sogar nicht weniger als drei Wahlmöglichkeiten mangels Anwendbarkeit von I. Das alles mit formellem Vorrang vor allen anderen Zuständigkeiten des FamFG, zB vor § 2. Oder doch nicht? III 2 Z 3 spricht das Internationale Verfahren an. Dieses regeln aber §§ 97ff FamFG durchaus selbständig. Eine neue Quelle der Unsicherheit? 1

2) Regelungszweck, I–III. In wieder einmal deutscher Überperfektion erfolgt der Versuch, es sachgerecht und verfahrenswirtschaftlich zugleich zu regeln. Die Praxis muß zeigen, wieweit das gelungen ist. Man sollte sich vor dem beliebten „Wir sind unzuständig" nach Möglichkeit hüten. Art 101 I 2 GG in Ehren. Es gibt aber auch durchaus Rechtsstaaten, die dergleichen bemerkenswert souverän ohne letzte Detailgenauigkeit handhaben. 2

3) Erster Rang I. Es gibt zwei Fallgruppen. 3

A. Erstgericht der Ehesache, I Z 1. Es muß eine Ehesache nach § 121 anhängig sein. Mit ihr nach § 137 II Z 2 muß als eine Folgesache eine derjenigen Unterhaltssachen schweben, die jene Vorschrift und § 232 I Z 1 übereinstimmend nennen. Es darf also nicht auch oder nur um das vereinfachte Verfahren der §§ 249ff gehen. Das FamG bleibt auch dann nach Z 1 zuständig, wenn die erstinstanzliche Ehesache dort nicht mehr schwebt, etwa wegen eines Rechtsmittels.

B. Gericht des gewöhnlichen Inlandsaufenthalts, I Z 2. Es mag auch statt Rn 3 um einen solchen Kindesunterhalt gehen, den entweder der Minderjährige oder ein nach § 1603 II 2 BGB ihm gleichstehender unverheirateter noch nicht 21 Jahre alter im Elternhaushalt lebender oder in allgemeiner Schulausbildung stehender Abkömmling erhalten soll. „Gewöhnlicher" Aufenthalt ist dasselbe wie sonst, zB bei § 122 Z 1–4. Zum Inlandsbegriff § 98 I Z 2–4. 4

5 **4) Vorrang, II.** Die Vorschrift stellt den Vorrang von I sogar vor einer anderen gerade ebenfalls als ausschließlich bezeichneten Zuständigkeit klar. Ausschließlich ist eben leider keineswegs immer auch im Gesetz ausschließlich, eine ebenso weise wie wenig überzeugende Erkenntnis des Gesetzgebers.

6 **5) Mangels I: Im Prinzip §§ 12 ff ZPO, III 1.** Das bedeutet scheinbar: Zunächst allgemeiner Gerichtsstand am Wohnsitz des Antragsgegners, § 113 I 2 in Verbindung mit § 13 ZPO. Indessen sogleich wegen Hs 2: Statt Wohnsitz „gewöhnlicher Aufenthalt", also begrifflich wie bei Rn 4. Vgl im übrigen §§ 14 ff ZPO.

7 **6) Gleichberechtigt: Wahlgerichtsstände, III 2.** Statt Rn 6 darf der Antragsteller auch wählen. Welche der in Z 1–3 genannten Möglichkeiten besteht, hängt von der Anspruchsart oder vom Auslandsbezug ab.

A. Elternteil gegen Elternteil, III 2 Z 1 Hs 1. Hier geht es aber nur um die durch die Ehe begründete gesetzliche Pflicht. Zuständig ist das Erstgericht des Kindesunterhalts.

8 **B. Geburtsunterhalt anläßlich Kindesunterhalt, III 2 Z 1 Hs 2.** Hier geht es um den Anspruch von Mutter und Vater aus Anlaß der Geburt nach § 1615l BGB. Zuständig ist ebenfalls das Erstgericht des Kindesunterhalts.

9 **C. Kind gegen beide Eltern, III 2 Z 2.** Hier geht es um den Anspruch des Kindes gegen beide Eltern. Zuständig ist das für den Antrag gegen einen beliebigen Elternteil vorgesehene Gericht.

10 **D. Gewöhnlicher Aufenthalt, III 2 Z 3.** Hier geht es um jede Anspruchsart, bei der der Antragsteller einen gewöhnlichen Inlandsaufenthalt hat, der Antragsgegner aber keinerlei Gerichtsstand im Inland. Zuständig ist das Gericht des Antragstellers.

233 *Abgabe an das Gericht der Ehesache.* [1] **Wird eine Ehesache rechtshängig, während eine Unterhaltssache nach § 231 Abs. 1 Nr. 1 bei einem anderen Gericht im ersten Rechtszug anhängig ist, ist diese von Amts wegen an das Gericht der Ehesache abzugeben.** [2] **§ 281 Abs. 2 und 3 Satz 1 der Zivilprozessordnung gilt entsprechend.**

1 **1) Systematik, Regelungszweck, S 1, 2.** Die Vorschrift stimmt mit §§ 153, 202, 263, 268 bis auf den jeweiligen Geltungsbereich praktisch wörtlich überein. Sie übernimmt inhaltlich weitgehend den früheren § 621 III ZPO. Sie hat den Vorrang vor § 4. Sie bezweckt eine Vereinfachung und Vereinheitlichung des Gesamtvorgangs einer Unterhaltsregelung bei demselben Gericht. In diesem Sinn sollte man sie auslegen.

2 **2) Abgabe, S 1.** Die Vorschrift regelt die folgende Situation.

A. Zunächst; Erstinstanzliche Anhängigkeit einer Unterhaltssache. Es genügt der Eingang des zugehörigen Antrags auf der Posteingangsstelle des FamG. Es muß gerade um eine durch Verwandtschaft begründete gesetzliche Unterhaltspflicht nach § 231 I Z 1 gehen. Handelt es sich auch um eine Unterhaltsforderung anderer Art, gilt S 1 nur im vorgenannten Umfang.

3 **B. Anschließend: Rechtshängigkeit einer Ehesache bei anderem Gericht.** Nach dem Augenblick der Anhängigkeit nach Rn 2 muß vor irgendeinem anderen Gericht eine Ehesache nach § 121 Z 1–3 nicht bloß anhängig, sondern rechtshängig werden. Ein vorheriger bloßer Eingang schadet nicht, wenn nur die eigentliche Rechtshängigkeit erst der Anhängigkeit des in Rn 1 genannten anderen Verfahrens folgt. Anhängigkeit wie Rechtshängigkeit richten sich wegen § 113 I 2 nach § 261 ZPO, dort Rn 1. Denn sowohl eine Ehesache als auch eine Unterhaltssache nach § 231 I Z 1 (letztere als Familienstreitsache nach § 112 Z 1) unterfallen dem § 113 I 1, 2.

4 **C. Folge: Abgabe der Unterhaltssache von Amts wegen.** In einer Verschärfung des milderen allgemeinen § 4 ist die Abgabe an das Gericht der Ehesache eine Amtspflicht von Amts wegen, und zwar unverzüglich. Dieses Verfahren von Amts wegen bildet den Unterschied zu einer Abgabe auf einen Antrag, wie sie ohne S 1 ohnehin nach § 113 I 2 in Verbindung mit § 281 ZPO erfolgen müßte. Das ändert nichts an der Anwendbarkeit der Regeln zu § 281 ZPO im übrigen. Vgl daher insofern dort.

5 **D. Einzelfragen.** Eine Abgabe ist bis zur Einlegung eines Rechtsmittels zulässig, Hagena FamRZ **75**, 382, aM KG FamRZ **79**, 1062 (nur bis zum Erlaß einer Entscheidung). Daß eine Zwischenentscheidung etwa über eine Verfahrenskostenhilfe bei einem Rechtsmittelgericht anhängig ist, hindert die Abgabe an das Gericht der EheS nicht, BGH NJW **01**, 1499. Bei einer Zurückabgabe muß das Gericht die Unterhaltssache sogleich dem Gericht der EheS zuleiten. Das gilt auch dann, wenn die EheS dort in 1. Instanz abgeschlossen ist, BGH NJW **80**, 1392, Hbg RR **93**, 1287.

6 **3) Unanfechtbarkeit, Bindung, Kosten, S 2.** Für die Überleitung gilt § 281 II, III 1 ZPO nach S 2 entsprechend. Dasselbe besagen schon § 113 I 2 in Verbindung mit § 281 ZPO. Danach ist die Abgabe unanfechtbar und für das Gericht der EheS wegen der Unterhaltssache bindend, es sei denn, daß das abgebende Gericht irrig meinte, die EheS sei rechtshängig, BGH RR **96**, 897. eine Weiterabgabe ist zulässig, wenn das Gericht die EheS verweisen muß. Die Abgabe einer Unterhaltssache an das FamG ist für das AG als Ganzes bindend, nicht dagegen auch für das FamG dieses AG. Daher darf und muß es die Sache evtl an die allgemeine Prozeßabteilung verweisen oder abgeben. Einen etwa entstehenden Streit zwischen beiden Abteilungen muß entsprechend § 113 I 2 in Verbindung mit § 36 I Z 6 ZPO das zunächst höhere Gericht entscheiden, BGH FamRZ **88**, 156, BayObLG FamRZ **81**, 62. Die Kosten des übergeleiteten Verfahrens gelten als Kosten des Verfahrens bei dem Gericht der EheS, § 3 IV. Da § 281 III 2 ZPO nicht entsprechend mitanwendbar ist, darf das Gericht dem siegenden Antragsteller etwaige Mehrkosten nicht auferlegen.

7 Wegen der Abgabe von einer *Abteilung* an die andere innerhalb desselben FamG § 23 b II 2 ff GVG, Ffm FamRZ **96**, 949.

234 ***Vertretung eines Kindes durch einen Beistand.*** **Wird das Kind durch das Jugendamt als Beistand vertreten, ist die Vertretung durch den sorgeberechtigten Elternteil ausgeschlossen.**

1) Systematik, Regelungszweck. Es gilt dasselbe wie beim wortgleichen § 173. Vgl daher dort. 1

235 ***Verfahrensrechtliche Auskunftspflicht der Beteiligten.*** **I [1]Das Gericht kann anordnen, dass der Antragsteller und der Antragsgegner Auskunft über ihre Einkünfte, ihr Vermögen und ihre persönlichen und wirtschaftlichen Verhältnisse erteilen sowie bestimmte Belege vorlegen, soweit dies für die Bemessung des Unterhalts von Bedeutung ist. [2]Das Gericht kann anordnen, dass der Antragsteller und der Antragsgegner schriftlich versichern, dass die Auskunft wahrheitsgemäß und vollständig ist; die Versicherung kann nicht durch einen Vertreter erfolgen. [3]Mit der Anordnung nach Satz 1 oder Satz 2 soll das Gericht eine angemessene Frist setzen. [4]Zugleich hat es auf die Verpflichtung nach Absatz 3 und auf die nach den §§ 236 und 243 Satz 2 Nr. 3 möglichen Folgen hinzuweisen.**

II Das Gericht hat nach Absatz 1 vorzugehen, wenn ein Beteiligter dies beantragt und der andere Beteiligte vor Beginn des Verfahrens einer nach den Vorschriften des bürgerlichen Rechts bestehenden Auskunftspflicht entgegen einer Aufforderung innerhalb angemessener Frist nicht nachgekommen ist.

III Antragsteller und Antragsgegner sind verpflichtet, dem Gericht ohne Aufforderung mitzuteilen, wenn sich während des Verfahrens Umstände, die Gegenstand der Anordnung nach Absatz 1 waren, wesentlich verändert haben.

IV Die Anordnungen des Gerichts nach dieser Vorschrift sind nicht selbständig anfechtbar und nicht mit Zwangsmitteln durchsetzbar.

Vorbem. I 4 verweist wohl irrig auf IV statt auf III, Borth FamRZ **07**, 1934.

Gliederung

1) Systematik, I–IV. Es handelt sich um eine gegenüber dem früheren § 643 I, II ZPO formell neue, inhaltlich nur bedingt neue Zusammenstellung von Regeln, die im wesentlichen aus dem Amtsermittlungsgrundsatz des § 26 ableitbar sind. § 235 hat vor § 27 II den Vorrang. 1

2) Regelungszweck, I–IV. Die Vorschrift dient natürlich vor allem einem richtigen, gerechten Ergebnis, Einl III 9, 36. Sie bezweckt aber auch die dringend notwendige Förderung eines oft lebenswichtigen Verfahrens, Borth FamRZ **07**, 1934. Beide nicht immer glatt zusammenpassenden Ziele muß man bei der Handhabung gleichermaßen beachten. Infolge der Verweisung in § 113 I 2 auf die ZPO gilt trotz der Gerichtspflichten nach § 235 doch nicht etwa eine Amtsermittlung, sondern zudem der Beibringungsgrundsatz nach Grdz 18 vor § 128 ZPO, Borth FamRZ **07**, 1934. Das bedeutet nicht, daß die auskunftspflichtigen Beteiligten die Arbeit dem FamG auferlegen dürfen, auch nicht nach II, Borth FamRZ **07**, 1934. 2

3) Geltungsbereich, I–IV. Die Regelung gilt nur im Verfahren nach § 231 und daher nicht auch zB in den dort Rn 7, 13 angesprochenen nicht wenigen anderen Fällen, die wegen der Verweisung in § 111 Z 8 nur auf § 231 überhaupt keine FamS sind. 3

4) Ermessen, I. Das FamG „kann" nach seinem pflichtgemäßen Ermessen handeln, wenn keiner der vorrangigen Fälle II vorliegt. Auch im Ermessensbereich gilt es aber den Regelungszweck stets mitzubeachten, Rn 2. 4

5) Auskunft, I. Es gelten die folgenden Regeln. 5

A. Umfang, I 1. Sie muß wahrhaftig sein, § 113 I 2 in Verbindung mit § 138 ZPO, dort Rn 15 ff. Dazu gehören das Verbot der Halbwahrheit, aber auch dasjenige einer Ausforschung des Gegners, und der Maßstab der Zumutbarkeit nach Treu und Glauben, § 138 ZPO Rn 23. Einkünfte, Vermögen, persönliche und wirtschaftliche Verhältnisse sind jeweils dasselbe wie zB bei §§ 114, 115 ZPO, vgl also jeweils dort.

B. Schriftliche Versicherung, I 2. Sie ist erst auf eine besondere Anordnung des FamG nötig. Eine eidesstattliche und daher strafbewehrte Versicherung darf das Gericht nicht schon nach I 2 fordern, auch nicht stets nach § 31. Denn I fordert keine Glaubhaftmachung. Das Gericht kann aber die schriftliche Versicherung der „wahrheitsgemäßen und vollständigen" Auskunft fordern. Das ist bis auf die Frage der Strafbarkeit schon nach § 156 StGB praktisch dasselbe. Im übrigen kann bekanntlich auch eine nicht zusätzlich eidesstattlich versicherte Falschangabe unter § 263 StGB fallen. Die Versicherung muß höchstpersönlich schriftlich erfolgen. Die beliebte „anwaltliche Versicherung" reicht also nicht, auch nicht über § 113 I 2 in Verbindung mit § 286 ZPO, anders als zB bei § 294 ZPO Rn 8. 6

C. Frist, I 3. Es handelt sich formell um eine bloße Sollvorschrift. In Wahrheit muß der Beteiligte auch ohne eine gerichtliche Frist unverzüglich im Sinn von § 121 I 1 BGB antworten, um Rechtsnachteile zu 7 vermeiden. Angemessen dürften je nach den Fallumständen 2 Wochen bis höchstens 2–3 Monate sein. Vgl im übrigen § 113 I 2 in Verbindung mit § 224 II, III ZPO.

8 **D. Hinweis, I 4.** Ihn muß das FamG stets geben. Vgl zum Inhalt die dort genannten Vorschriften. Theoretisch reicht der Bezug auf ihren Text, praktisch meist nicht.

9 **6) Pflicht, II.** Das Ermessen Rn 4 weicht der Pflicht zu einer Anordnung nach Rn 5–8, soweit ein Beteiligter sie beantragt und soweit außerdem der andere Beteiligte vor dem Verfahrensbeginn durch einen einleitenden Antrag nach § 23 oder von Amts wegen eine BGB-Auskunftspflicht trotz einer Aufforderung nicht binnen einer angemessenen Frist erfüllt hat. Diese Angemessenheit kann von derjenigen nach I 3 abweichen. Auf ein Verschulden kommt es nicht nach dem Wortlaut an, wohl aber nach dem Sinn: Ohne Verschulden kein „Pflicht-Nachkommen", vernünftig ausgelegt.

10 **7) Mitteilung von Änderungen, III.** Sie muß auch ohne eine Aufforderung des Gerichts erfolgen, BGH FamRZ **00**, 153. Sie setzt eine „wesentliche Änderung" voraus. Das ist dasselbe wie bei § 238 I 2 und daher über § 113 I 2 wie bei § 323 ZPO. Vgl daher dort.

11 **8) Unanfechtbarkeit, keine Zwangsmittel, IV.** Das ist eine auch hier vorrangige Spezialregelung ohne Ausnahmen. Jeder Rechtsmißbrauch bleibt auch hier verboten, Einl III 54. Vgl im übrigen § 58 II.

236 *Verfahrensrechtliche Auskunftspflicht Dritter.* [I] **Kommt ein Beteiligter innerhalb der hierfür gesetzten Frist einer Verpflichtung nach § 235 Abs. 1 nicht oder nicht vollständig nach, kann das Gericht, soweit dies für die Bemessung des Unterhalts von Bedeutung ist, über die Höhe der Einkünfte Auskunft und bestimmte Belege anfordern bei**

1. Arbeitgebern,
2. Sozialleistungsträgern sowie der Künstlersozialkasse,
3. sonstigen Personen oder Stellen, die Leistungen zur Versorgung im Alter und bei verminderter Erwerbsfähigkeit sowie Leistungen zur Entschädigung und zum Nachteilsausgleich zahlen,
4. Versicherungsunternehmen oder
5. Finanzämtern.

[II] **Das Gericht hat nach Absatz 1 vorzugehen, wenn dessen Voraussetzungen vorliegen und der andere Beteiligte dies beantragt.**

[III] **Die Anordnung nach Absatz 1 ist den Beteiligten mitzuteilen.**

[IV] [1]**Die in Absatz 1 bezeichneten Personen und Stellen sind verpflichtet, der gerichtlichen Anordnung Folge zu leisten.** [2]**§ 390 der Zivilprozessordnung gilt entsprechend, wenn nicht eine Behörde betroffen ist.**

[V] **Die Anordnungen des Gerichts nach dieser Vorschrift sind für die Beteiligten nicht selbständig anfechtbar.**

Gliederung

1 **1) Systematik, I–V.** Es handelt sich um eine weitgehende Übernahme des früheren § 643 II–IV ZPO und um dessen Erweiterung. Eine einigermaßen gerechte Unterhaltsregelung setzt eine ausreichende Kenntnis des Gerichts über die Einkommens- und Vermögensverhältnisse der Beteiligten voraus. § 236 ermöglicht es dem Gericht, sich eine solche Kenntnis wenigstens im Kern zu verschaffen. Ob die gesetzliche Methode eigentlich verfassungsgemäß ist, läßt sich vielleicht doch bezweifeln. Die Auskunftspflicht geht jedenfalls außerordentlich weit. Sie verlangt dem Gericht entsprechend viel ab. Unberührt bleiben nach § 113 I 2 die allgemeinen Vorschriften des Buchs 1 und 2 ZPO. Die Aufklärungsmaßnahmen nach § 236 treten erweiternd neben die allgemein bestehenden Möglichkeiten, zB nach §§ 139, 142, 143, 273, 288 ZPO (begrenzt), BGH NJW **99**, 1718, sowie nach den Bestimmungen über die Beweisaufnahme, zB nach §§ 377, 358 a ZPO. Es besteht ja auch eine Pflicht des Gerichts zur Ermittlung von Amts wegen, § 26. Soweit das Gericht keine Auskünfte verlangt, kann und muß ein Beteiligter seinen Anspruch nach § 24 und nach allgemeinen Vorschriften verfolgen, § 1605 BGB, Blaese MDR **98**, 1004, Miesen FamRZ **99**, 1399.

2 **2) Regelungszweck, I–V.** Um die für die Bemessung des Unterhalts maßgebenden Umstände schnell und unkompliziert aufzuklären, begründet § 235 I eine Auskunftspflicht der Beteiligten und Dritter nach I. Danach besteht in einer bestimmten Unterhaltssache eine klare prozessuale Grundlage. Daher kommt es auf das sachliche Recht insoweit nicht an.

3 **3) Geltungsbereich, I–V.** Die Vorschrift gilt für eine Unterhaltssache nach § 231 und auch für das Verbundverfahren nach § 137 und bei einem Stufenantrag nach § 113 I 2 in Verbindung mit § 254 ZPO oder bei einer Abänderungsforderung nach § 238 und auch bei einer Rückforderung. Sie gilt jedoch nicht für das vereinfachte Verfahren nach §§ 249 ff und nicht bei einer einstweiligen Anordnung nach §§ 49 ff. Für andere Streitigkeiten bleibt es bei den allgemeinen Vorschriften, Rn 1.

4) Auskunftspflicht der Beteiligten, I–IV. Einem außerordentlich weiten Auskunftsrecht des Gerichts entsprechen konsequente Durchsetzungsbefugnisse. 4

A. Auskunftsverlangen, I. Das Gericht kann in einer Unterhaltssache nach Rn 3 von Amts wegen den Beteiligten und über § 1605 I BGB hinaus auch dem Unterhaltsgläubiger aufgeben, schriftlich Auskunft zu erteilen über ihre Einkünfte und, soweit es für die Bemessung des Unterhalts von Bedeutung ist, auch über ihr Vermögen und ihre persönlichen und wirtschaftlichen Verhältnisse, § 235.

B. Ungehorsam eines Beteiligten, I–IV. Kommt ein Beteiligter dem Auskunftsverlangen ganz oder teilweise nicht nach, kann das Gericht eine Auskunft nach I Z 1–5 einholen, soweit es zur Aufklärung bedeutsam ist. Darauf muß es den Beteiligten hinweisen. Es darf auch anderweit Beweis erheben, Rn 1. Die Entscheidung steht im pflichtgemäßen Ermessen des Gerichts. Es kann den Ungehorsam des Beteiligten im übrigen nach § 113 I 2 in Verbindung mit § 286 ZPO frei würdigen. Es darf also zB von der Richtigkeit des Vorbringens eines anderen Beteiligten ausgehen, § 446 ZPO Rn 5. Zwangsmittel stehen dem Gericht nach IV 2, § 390 ZPO zur Verfügung. 5

Wegen der *Kostenfolge* einer Verletzung der Auskunftspflicht § 243 S 2 Z 2, 3.

5) Auskunftspflicht eines Dritten, I. Kommt ein Beteiligter dem Auskunftsverlangen nach I bis zum etwaigen Fristablauf oder bis zum Verhandlungsbeginn nicht oder nicht vollständig nach, kann das Gericht bestimmte Auskünfte von Dritten einholen. Auch sie sind verpflichtet, dem gerichtlichen Ersuchen Folge zu leisten, IV 1. Unberührt bleibt die Befugnis des Gerichts, von anderen Stellen nach § 113 I 2 in Verbindung mit § 358a S 2 Z 2 ZPO amtliche Auskünfte einzuholen, IV, Üb § 373 ZPO Rn 32. Die Vorlage von Belegen kann das Gericht nicht erzwingen. Die Art und der Umfang einer Auskunftspflicht ergeben sich im einzelnen wie folgt. 6

A. Arbeitgeber, I Z 1. Zur Einkunftshöhe auskunftspflichtig ist jeder Arbeitgeber nach § 2 ArbGG, auch ein öffentlichrechtlicher Dienstherr. 7

B. Sozialleistungsträger, I Z 2. Zur Einkunftshöhe auskunftspflichtig ist ferner jeder Sozialleistungsträger nach § 12 SGB I einschließlich der Künstlersozialkasse, §§ 37 ff KSVG. Für die Übermittlung der Sozialdaten gut § 74 Z 1 a SGB X. 8

C. Sonstige Personen oder Stellen, I Z 3. Zur Einkunftshöhe auskunftspflichtig sind ferner alle sonstigen Personen oder Stellen, die Leistungen zur Versorgung im Alter und bei einer verminderten Erwerbsfähigkeit sowie Leistungen zur Entschädigung oder zum Nachteilsausgleich nach § 69 II Z 1, 2 SGB X erbringen, aber auch entsprechende Stellen privater, betrieblicher oder berufsständischer Versorgungsträger. 9

D. Versicherungsunternehmen, I Z 4. Zur Einkunftshöhe auskunftspflichtig ist ferner jedes Versicherungsunternehmen, das unterhaltsrechtlich bedeutsame Leistungen erbringt. 10

E. Finanzamt, I Z 5. Schließlich sind die Finanzämter auskunftspflichtig, so wie sie das in Verfahren zB nach § 116 BSHG, § 6 UVG in Verbindung mit § 21 IV SGB X gegenüber Verwaltungsbehörden sind. Das Steuergeheimnis nach § 30 AO gilt insoweit nur eingeschränkt, § 30 IV Z 2 AO, Celle FER **00**, 218. Die Auskunftspflicht bezieht sich nicht nur auf die Steuererklärungen und -bescheide. Bei einer Verbindung darf das Gericht die Auskünfte auch für den Antrag eines Elternteiles verwerten, Blaese MDR **98**, 1004. 11

6) Ungehorsam des Dritten, I–IV. Die in I genannten Stellen und Personen müssen das gerichtliche Ersuchen beantworten, *IV 1*. Eine Berufung auf gegenteilige Vorschriften, zB auf eine Verschwiegenheitspflicht, den Datenschutz oder das Steuergeheimnis, ist wegen des Vorrangs des Unterhaltsinteresses unstatthaft, BGH FamRZ **05**, 1987. Kommen die in I genannten Stellen und Personen dem Ersuchen nicht nach, gilt folgendes: In den Fällen des *I Z 5* hat das Gericht keine Zwangsmittel. Es kann sich lediglich mit einer Dienstaufsichtsbeschwerde an die übergeordnete Stelle wenden. Dagegen gilt in den Fällen des *I 1 Z 1–4* § 390 ZPO entsprechend, *IV 2*. Die dort genannten Zwangsmittel für Zeugen sind danach nicht nur gegenüber Einzelpersonen anwendbar, sondern auch gegenüber Behörden und Körperschaften. Sie sollten aber nur dann erfolgen, wenn andere Schritte wie die Einschaltung der vorgesetzten Behörde nicht zum Ziel führen, Weber NJW **98**, 2000. Das Gericht muß eine Ordnungshaft evtl gegen den gesetzlichen Vertreter vollstrecken, § 95 I Z 1 in Verbindung mit § 888 ZPO, dort Rn 18. 12

7) Verfahren, I–V. Rn 4 gilt entsprechend für das Ersuchen nach I. Weder die Beteiligten noch ein Dritter haben zunächst gegen das Ersuchen ein Rechtsmittel, *V*, Celle FER **00**, 218. Vgl aber § 58 II. 13

237 *Unterhalt bei Feststellung der Vaterschaft.* ^I^ **Ein Antrag, durch den ein Mann auf Zahlung von Unterhalt für ein Kind in Anspruch genommen wird, ist, wenn die Vaterschaft des Mannes nach § 1592 Nr. 1 und 2 oder § 1593 des Bürgerlichen Gesetzbuchs nicht besteht, nur zulässig, wenn das Kind minderjährig und ein Verfahren auf Feststellung der Vaterschaft nach § 1600 d des Bürgerlichen Gesetzbuchs anhängig ist.**

II **Ausschließlich zuständig ist das Gericht, bei dem das Verfahren auf Feststellung der Vaterschaft im ersten Rechtszug anhängig ist.**

III [1] **Im Fall des Absatzes 1 kann Unterhalt lediglich in Höhe des Mindestunterhalts und gemäß den Altersstufen nach § 1612 a Abs. 1 Satz 3 des Bürgerlichen Gesetzbuchs und unter Berücksichtigung der Leistungen nach § 1612 b oder § 1612 c des Bürgerlichen Gesetzbuchs beantragt werden.** [2] **Das Kind kann einen geringeren Unterhalt verlangen.** [3] **Im Übrigen kann in diesem Verfahren eine Herabsetzung oder Erhöhung des Unterhalts nicht verlangt werden.**

IV **Vor Rechtskraft des Beschlusses, der die Vaterschaft feststellt, oder vor Wirksamwerden der Anerkennung der Vaterschaft durch den Mann wird der Ausspruch, der die Verpflichtung zur Leistung des Unterhalts betrifft, nicht wirksam.**

1 **1) Systematik, Regelungszweck, I–IV.** Es handelt sich um eine vorrangige Spezialregelung in Fällen, die I schief ausdrückt. Denn es geht nicht darum, daß die Vaterschaft „nicht besteht“, sondern darum, daß nicht feststeht, daß sie besteht, also um einen viel weiteren Kreis als den nach dem Wortlaut von I vermutbaren. Zweck ist eine Begrenzung der Unterhaltsforderung auf das dann wirklich Unaufschiebbare, wie meist beim noch Minderjährigen, einer freilich notgedrungen groben Begrenzung.

2 **2) Ausschließliche Zuständigkeit, II.** Sie liegt beim Gericht des § 170. II hat den Vorrang vor § 2.

3 **3) Unterhaltshöhe, III.** Wichtig: Keine nachträgliche Herabsetzung oder Erhöhung, III 3. Das bedeutet aber nur die Unanwendbarkeit der §§ 238, 239, nicht etwa überhaupt keine Änderbarkeit, wie III 3 auch insofern verunglückt vermuten läßt. Denn gleich der folgende § 240 erlaubt doch wieder eine begrenzte Abänderung nach der Rechtskraft. III hat den Vorrang vor § 48.

4 **4) Unwirksamkeit vor Rechtskraft der Vaterschaftsfeststellung, IV.** Trotz der in Rn 1 angesprochenen Unaufschiebbarkeit! Folge der allgemeinen Wirkung der Statusentscheidung, § 184.

238 *Abänderung gerichtlicher Entscheidungen.* **I 1 Enthält eine in der Hauptsache ergangene Endentscheidung des Gerichts eine Verpflichtung zu künftig fällig werdenden wiederkehrenden Leistungen, kann jeder Teil die Abänderung beantragen. 2 Der Antrag ist zulässig, sofern der Antragsteller Tatsachen vorträgt, aus denen sich eine wesentliche Veränderung der der Entscheidung zugrundeliegenden tatsächlichen oder rechtlichen Verhältnisse ergibt.**

II Der Antrag kann nur auf Gründe gestützt werden, die nach Schluss der Tatsachenverhandlung des vorausgegangenen Verfahrens entstanden sind und deren Geltendmachung durch Einspruch nicht möglich ist oder war.

III 1 Die Abänderung ist zulässig für die Zeit ab Rechtshängigkeit des Antrags. 2 Ist der Antrag auf Erhöhung des Unterhalts gerichtet, ist er auch zulässig für die Zeit, für die nach den Vorschriften des bürgerlichen Rechts Unterhalt für die Vergangenheit verlangt werden kann. 3 Ist der Antrag auf Herabsetzung des Unterhalts gerichtet, ist er auch zulässig für die Zeit ab dem Ersten des auf ein entsprechendes Auskunfts- oder Verzichtsverlangen des Antragstellers folgenden Monats. 4 Für eine mehr als ein Jahr vor Rechtshängigkeit liegende Zeit kann eine Herabsetzung nicht verlangt werden.

IV Liegt eine wesentliche Veränderung der tatsächlichen oder rechtlichen Verhältnisse vor, ist die Entscheidung unter Wahrung ihrer Grundlagen anzupassen.

1 **1) Systematik, Regelungszweck, I–IV.** Die Vorschrift stimmt mit dem neugefaßten § 323 I–IV ZPO bis auf § 238 III 2–4 FamFG praktisch wörtlich überein. Vgl daher insofern bei § 323 ZPO. § 238 hat den Vorrang vor § 48.

2 **2) Geltungsbereich, I–IV.** Die Vorschrift gilt nur bei einem Verfahren nach 231 I, II. Sonst gilt § 323 ZPO direkt.

3 **3) Abänderung vor Rechtshängigkeit, III 2–4.** Sie ist höchstens für die hier genannten Zeiträume zulässig. Bei III 3 kommt es auf den Zugang des Auskunfts- oder Verzichtsverlangens beim Antragsgegner an. Eine Mahnung nach § 1613 I BGB reicht, Borth FamRZ **07**, 1934. III 4 gilt nur bei einem Herabsetzungsverlangen.

239 *Abänderung von Vergleichen und Urkunden.* **I 1 Enthält ein Vergleich nach § 794 Abs. 1 Nr. 1 der Zivilprozessordnung oder eine vollstreckbare Urkunde eine Verpflichtung zu künftig fällig werdenden wiederkehrenden Leistungen, kann jeder Teil die Abänderung beantragen. 2 Der Antrag ist zulässig, sofern der Antragsteller Tatsachen vorträgt, die die Abänderung rechtfertigen.**

II Die weiteren Voraussetzungen und der Umfang der Abänderung richten sich nach den Vorschriften des bürgerlichen Rechts.

1 **1) Systematik, Regelungszweck, I, II.** Die Vorschrift stimmt mit dem neuen § 323a I, II ZPO praktisch wörtlich überein. Vgl daher dort. § 239 hat den Vorrang vor § 48.

2 **2) Geltungsbereich, I, II.** Die Regelung erfaßt auch eine Urkunde nach §§ 59, 60 SGB VIII, Borth FamRZ **07**, 1934. Sie gilt auch bei einer einseitigen Erklärung ohne einen Vergleichscharakter, Borth FamRZ **07**, 1935, Hoppenz FamRZ **07**, 716, aM Nürnb FamRZ **04**, 1053. Sie gilt nur bei einem Verfahren nach § 231 I, II. Sonst gilt § 323a ZPO direkt.

240 *Abänderung von Entscheidungen nach den §§ 237 und 253.* **I Enthält eine rechtskräftige Endentscheidung nach § 237 oder § 253 eine Verpflichtung zu künftig fällig werdenden wiederkehrenden Leistungen, kann jeder Teil die Abänderung beantragen, sofern nicht bereits ein Antrag auf Durchführung des streitigen Verfahrens nach § 255 gestellt worden ist.**

II 1 Wird ein Antrag auf Herabsetzung des Unterhalts nicht innerhalb eines Monats nach Rechtskraft gestellt, so ist die Abänderung nur zulässig für die Zeit ab Rechtshängigkeit des Antrags. 2 Ist innerhalb der Monatsfrist ein Antrag des anderen Beteiligten auf Erhöhung des Unterhalts anhängig geworden, läuft die Frist nicht vor Beendigung dieses Verfahrens ab. 3 Der nach Ablauf der Frist gestellte Antrag auf Herabsetzung ist auch zulässig für die Zeit ab dem

Ersten des auf ein entsprechendes Auskunfts- oder Verzichtsverlangen des Antragstellers folgenden Monats. [4]§ 238 Abs. 3 Satz 4 gilt entsprechend.

1) Systematik, I, II. Die Vorschrift ergänzt zwar § 238, enthält aber in ihrem Geltungsbereich doch speziellere und deshalb vorrangige Regelungen. Sie nimmt teilweise den früheren § 654 ZPO auf. § 240 hat den Vorrang vor § 48. 1

2) Regelungszweck, I, II. Die Abänderbarkeit scheint gegenüber § 238 erleichtert. Denn die in § 238 I 2 genannten erheblichen Bedingungen kehren im Wortlaut von § 240 I nicht wieder. In Wahrheit bietet aber diese letztere Vorschrift eine Ergänzung, Rn 1. Daher muß man die Voraussetzungen des § 238 I 2 hinzunehmen. Es muß also auch bei § 240 I eine wesentliche Veränderung der tatsächlichen oder rechtlichen Verhältnisse vorliegen, wie bei § 323 I ZPO nF. Dann aber ist der dort genannte Zweck auch hier derselbe. Vgl daher dort. 2

3) Geltungsbereich, I, II. Es geht nur um die Fälle § 237, 253. 3

4) Noch kein Antrag nach § 255, I. Vgl dazu dort. Sein Eingang beim richtigen FamG macht also einen Antrag nach I unstatthaft. 4

5) Monatsfrist usw, II. Maßgebend ist auch hier einerseits der Eintritt der formellen Rechtskraft nach § 45, andererseits der Eingang beim richtigen FamG. Fristberechnung nach § 113 I 2 in Verbindung mit § 222 ZPO, Abkürzung oder Verlängerung § 224 II ZPO. 5

241 *Verschärfte Haftung.* **Die Rechtshängigkeit eines auf Herabsetzung gerichteten Abänderungsantrags steht bei der Anwendung des § 818 Abs. 4 des Bürgerlichen Gesetzbuchs der Rechtshängigkeit einer Klage auf Rückzahlung der geleisteten Beträge gleich.**

1) Systematik, Regelungszweck. Die Vorschrift stimmt praktisch wörtlich mit dem neuen § 323 b ZPO überein. Vgl daher dort. Es ist also keine Leistungsklage auf die Herausgabe oder auf einen Wertersatz mehr nötig. 1

2) Geltungsbereich. Die Regelung gilt nur bei einem Verfahren nach § 231 I, II. Sonst gilt § 323 b ZPO direkt. 2

242 *Einstweilige Einstellung der Vollstreckung.* **Ist ein Abänderungsantrag auf Herabsetzung anhängig oder hierfür ein Antrag auf Bewilligung von Prozesskostenhilfe eingereicht, gilt § 769 der Zivilprozessordnung entsprechend. Der Beschluss ist nicht anfechtbar.**

1) Systematik, Regelungszweck, S 1, 2. Die formell neue Vorschrift entspricht dem formell ebenfalls neuen § 769 IV ZPO. *S 2* schließt an die Rspr und Lehre zu § 769 ZPO an, verstärkt aber deren Tendenz. Vgl daher jeweils dort. § 242 hat den Vorrang vor § 93. 1

2) Geltungsbereich, S 1, 2. Die Regelung gilt nur bei einem Verfahren nach § 231 I, II. Sonst gilt § 769 ZPO direkt. 2

3) Unanfechtbarkeit, S 2. Vgl zunächst § 769 ZPO Rn 12–14. Freilich enthält die dortige Vorschrift keine ausdrückliche Unanwendbarkeit. Die dortigen Erwägungen zu etwa verbleibenden Ausnahmen sind daher wenn überhaupt, dann nur sehr eingeschränkt hier mitverwendbar. Vgl im übrigen § 58 II. 3

243 *Kostenentscheidung.* **[1]Abweichend von den Vorschriften der Zivilprozessordnung über die Kostenverteilung entscheidet das Gericht in Unterhaltssachen nach billigem Ermessen über die Verteilung der Kosten des Verfahrens auf die Beteiligten. [2]Es hat hierbei insbesondere zu berücksichtigen**

1. **das Verhältnis von Obsiegen und Unterliegen der Beteiligten, einschließlich der Dauer der Unterhaltsverpflichtung,**
2. **den Umstand, dass ein Beteiligter vor Beginn des Verfahrens einer Aufforderung des Gegners zur Erteilung der Auskunft und Vorlage von Belegen über das Einkommen nicht oder nicht vollständig nachgekommen ist, es sei denn, dass eine Verpflichtung hierzu nicht bestand,**
3. **den Umstand, dass ein Beteiligter einer Aufforderung des Gerichts nach § 235 Abs. 1 innerhalb der gesetzten Frist nicht oder nicht vollständig nachgekommen ist, sowie**
4. **ein sofortiges Anerkenntnis nach § 93 der Zivilprozessordnung.**

Schrifttum: Kindermann, Kosten und Gebühren in Familiensachen, 2002.

Gliederung

1 **1) Systematik, S 1, 2.** Die Vorschrift tritt an die Stelle des früheren § 93 d ZPO. Sie enthält eine gegenüber § 113 I 2 in Verbindung mit §§ 91–92, 269 III ZPO vorrangige Sonderregelung, Naumb FamRZ **03**, 239, LAG Düss MDR **02**, 1094. Sie gilt auch mit dem Vorrang gegenüber §§ 80 ff. Das stellt *S 1* überflüssig klar. §§ 94 ff ZPO gelten daneben wie sonst.

2 **2) Regelungszweck, S 1, 2.** Das Ob, Wie und Wieviel, der Beginn und die Dauer einer Unterhaltsforderung hängen von vielen gesetzlichen Faktoren ab, von der Bedürftigkeit über die Zahlungsfähigkeit bis zur Zahl gleichberechtigter anderer Unterhaltsgläubiger oder -schuldner. In dieser Lage kann das FamG zur Einschätzung dessen, was der Schuldner vernünftigerweise zahlen oder leisten muß, auf die Umstände S 2 Z 1–4 und unter anderem auf Auskünfte des Gläubigers angewiesen sein, die dessen Einkünfte aus anderen Quellen oder dessen Vermögen betreffen. Man muß die Vorschrift als eine Ausnahme vom Grundsatz der Kostenhaftung des Unterliegenden nach Üb 27 vor § 91 ZPO an sich eng auslegen. Indessen erlaubt das „billige Ermessen" doch in diesem mehr formellen Rahmen einen ziemlich weiten Spielraum. Ein nur vertraglicher Unterhalt gehört nicht hierher, wohl aber der gesetzliche Teil eines weitergehenden vertraglichen Unterhalts. Man sollte allerdings nicht den griffigen, aber systematisch wenig passenden übertriebenen Begriff einer Kostenstrafe benutzen, aM Schlesw FamRZ **00**, 1514, Blaese MDR **98**, 1005.

3 **3) Sachlicher Geltungsbereich, S 1, 2.** Die Vorschrift gilt in jedem Verfahren nach §§ 231 ff. Das kann ein Erst- oder Abänderungsverfahren sein, ein auf den Unterhalt beschränktes oder der Unterhaltsteil eines weitergehenden Verfahrens, Rn 2.

4 **4) Persönlicher Geltungsbereich, S 1, 2.** Die Vorschrift gilt im Verfahren zwischen beliebigen Beteiligten eines gesetzlichen Unterhaltsanspruchs. Es kommt nicht auf die Beteiligtenstellung des in Anspruch Genommenen an. Wohl aber ist erheblich, ob gerade er die erbetene oder geschuldete Auskunft verweigerte. Der Drittschuldner gehört nicht hierher, Rn 1, LAG Düss, MDR **02**, 1094.

5 **5) Unzureichende Auskunft, S 2 Z 2.** Der in Anspruch Genommene muß die Auskunft geschuldet haben, Brschw FamRZ **05**, 643. Er muß sie dann aber entweder gar nicht oder doch jedenfalls nicht vollständig erteilt haben, sei es zur Art der Einkünfte oder des Vermögens, sei es zur Höhe oder Dauer, zu Abzügen oder Belastungen, zu vor- oder gleichrangigen, das Einkommen oder Vermögen schwächenden Positionen usw, Brdb FamRZ **03**, 239, Köln FamRZ **00**, 622, Naumb FamRZ **03**, 239. Der Gläubiger mag die Auskunft erbeten, verlangt, eingeklagt haben. Sie mag kraft Gesetzes oder zusätzlich nach einem Vertrag auch unabhängig von einer Bitte des Auskunftsberechtigten bestanden haben.

6 **6) Sofortiges Anerkenntnis, S 2 Z 4.** Der Auskunftsmangel nach Rn 5 muß für das Unterhaltsverfahren nach Rn 3 zumindest einen Ausgleich durch ein sofortiges Anerkenntnis nach § 93 ZPO erhalten haben, dort Rn 85 ff.

7 **7) Auferlegung der Kosten ganz oder teilweise, S 1.** Sofern die Voraussetzungen Rn 3–6 zusammentreffen, kann das Gericht des in Anspruch genommenen Beteiligten Rn 5 unabhängig von seiner formalen Stellung die Kosten ganz oder teilweise auferlegen, ähnlich wie bei § 91 a Rn 136 „Stufenklage", Brdb RR **03**, 795, Nürnb JB **01**, 265. Das ist dasselbe wie die „Kostenteilung" in § 92 I 1 ZPO, dort Rn 27. Es kommt also eine Kostenverteilung nach Bruchteilen, nach Prozenten oder nach einer Summe + Rest in Betracht. Auch hier ist eine klare und einfache Kostenentscheidung dringend nötig, § 92 ZPO Rn 29. Das gilt auch evtl bei einer Stufenforderung, aM Karlsr FamRZ **03**, 943 (einheitliche Kostenentscheidung. Vgl aber § 254 ZPO Rn 20). Es gilt ferner nach einer Antragsrücknahme, Ffm FamRZ **00**, 1516, Naumb FamRZ **01**, 844.

8 **8) Ermessen, S 1.** Das Wort „billig" meint wie so oft kein unkontrollierbares, sondern nur ein pflichtgemäßes Ermessen des Gerichts. Dabei ist das Gericht freilich nicht auf „besondere" Gründe beschränkt. Andererseits kommt eine Entscheidung nur dann nicht in Betracht, wenn eine ausreichende Entschuldigung zB des Auskunftspflichtigen vorliegt, Naumb FamRZ **03**, 239.

9 **9) Rechtsmittel, S 1, 2.** Es gelten die für das jeweilige Unterhaltsverfahren statthaften Rechtsmittel. Freilich muß man stets § 113 I 2 in Verbindung mit § 99 ZPO beachten, Zweibr FamRZ **07**, 749: Der Kostenpunkt ist nur dann anfechtbar, wenn auch in der Hauptsache ein Rechtsmittel erfolgt, also im jeweiligen Unterhalts- oder Abänderungsverfahren, Nürnb MDR **05**, 151. Eine Rechtsbeschwerde kommt unter den Voraussetzungen der §§ 70 ff in Betracht.

244 *Unzulässiger Einwand der Volljährigkeit.* **Wenn der Verpflichtete dem Kind nach Vollendung des 18. Lebensjahres Unterhalt zu gewähren hat, kann gegen die Vollstreckung eines in einem Beschluss oder in einem sonstigen Titel nach § 794 der Zivilprozessordnung festgestellten Anspruchs auf Unterhalt nach Maßgabe des § 1612 a des Bürgerlichen Gesetzbuchs nicht eingewandt werden, dass die Minderjährigkeit nicht mehr besteht.**

1 **1) Systematik, Regelungszweck.** Die Vorschrift ähnelt dem früheren § 798 a ZPO. Sie greift einen Gedanken der Rspr zu (jetzt) § 252 auf, dort Rn 2. Die Brauchbarkeit des Unterhaltstitels ohne eine zeitliche Begrenzung soll nicht schon durch den Eintritt der Volljährigkeit leiden. Die Bestimmung dient damit der Gerechtigkeit, Einl III 9, 36. Man sollte sie daher großzügig zugunsten des volljährig gewordenen Gläubigers auslegen.

245 *Bezifferung dynamisierter Unterhaltstitel zur Zwangsvollstreckung im Ausland.* [I] **Soll ein Unterhaltstitel, der den Unterhalt nach § 1612 a des Bürgerlichen Gesetzbuchs als Prozentsatz des Mindestunterhalts festsetzt, im Ausland vollstreckt werden, ist auf Antrag der geschuldete Unterhalt auf dem Titel zu beziffern.**

II Für die Bezifferung sind die Gerichte, Behörden oder Notare zuständig, denen die Erteilung einer vollstreckbaren Ausfertigung des Titels obliegt.

III Auf die Anfechtung der Entscheidung über die Bezifferung sind die Vorschriften über die Anfechtung der Entscheidung über die Erteilung einer Vollstreckungsklausel entsprechend anzuwenden.

1) Systematik, I–III. Die Vorschrift entspricht dem früheren § 790 ZPO. Es handelt sich um Ergänzungen der §§ 313a IV Z 5, 313b III ZPO für eine etwaige Auslandsvollstreckung und auch um Ergänzungen der §§ 724ff ZPO zu demselben Zweck. 1

2) Regelungszweck, I–III. Man kann nicht erwarten, daß man im Ausland die jeweiligen Zahlen der deutschen Mindestunterhaltsbeträge kennt oder sich mühelos verschaffen kann. Deshalb soll der deutsche Unterhaltsgläubiger erreichen können, daß seine Auslandsvollstreckung nicht zusätzliche Hindernisse solcher Art überwinden muß. 2

3) Bezifferung auf Antrag, I. Sie erfolgt also nicht von Amts wegen. Denn eine Aaslandsvollstreckung ist nicht die Regel. Der Antrag ist nach § 25 ohne einen Anwaltszwang zulässig. Der Antragsteller muß zwar seine Absicht einer Auslandsvollstreckung nachvollziehbar begründen, etwa wegen des alleinigen oder lediglich bekannten Auslandsaufenthalts des Schuldners. Er braucht das aber jedenfalls zunächst nicht glaubhaft zu machen. Die Bezifferung ist dann eine Amtspflicht. 3

4) Zuständigkeit, II. Zur Erteilung der vollstreckbaren Ausfertigung und daher der Bezifferung zuständig sind zB die in § 95 I Z 1 in Verbindung mit §§ 724 II, 795 S 1, 796b I, 797 I, II ZPO Genannten. 4

5) Rechtsmittel, III. Vgl § 95 I Z 1 in Verbindung mit §§ 731, 732, 795 S 1, 796c II 2, 797 V, VI ZPO. 5

Unterabschnitt 2. Einstweilige Anordnung

246 *Besondere Vorschriften für die einstweilige Anordnung.* **I Das Gericht kann durch einstweilige Anordnung abweichend von § 49 auf Antrag die Verpflichtung zur Zahlung von Unterhalt oder zur Zahlung eines Kostenvorschusses für ein gerichtliches Verfahren regeln.**

II Die Entscheidung ergeht aufgrund mündlicher Verhandlung, wenn dies zur Aufklärung des Sachverhalts oder für eine gütliche Beilegung des Verfahrens geboten erscheint.

Gliederung

1) Systematik, I, II. Die Vorschrift ähnelt dem früheren § 127a ZPO. § 246 schafft ebenso wie §§ 247, 248 vorrangige Spezialregeln in seinem Geltungsbereich. Die „Abweichung von § 49" ist bei einer genaueren Betrachtung nur eine Erweiterung der dortigen formell nachrangigen Möglichkeiten, keineswegs eine Einschränkung. Anders ausgedrückt: Auch wenn § 49 nicht helfen sollte, mag eine Hilfe über § 246 möglich sein. 1

2) Regelungszweck, I, II. Wie bei der sog Leistungsverfügung nach Grdz 6ff vor § 916 ZPO soll es auch und vor allem im Unterhaltsrecht eine Möglichkeit geben, wenigstens für eine einstweilige Zeitspanne dem Berechtigten dasjenige zukommen zu lassen, was er jetzt sofort effektiv benötigt und sogleich verbrauchen muß, sei es auch nur in der Form eines ausreichenden Vorschusses für die gerichtliche Geltendmachung der Unterhaltsforderungen. Durch die Wörter „durch einstweilige Anordnung" verdeutlicht I, daß eine solche Befriedigungs- oder Regelungsanordnung immer nur für einen vom Gericht zu begrenzenden Zeitraum im Eilverfahren statthaft ist, aM Borth FamRZ **07,** 1929 (aber „einstweilig" ist weniger als „zeitlich unbegrenzt". Das wird immer wieder verkannt). Denn er hebelt das an sich natürlich nötige Hauptsacheverfahren manchmal unkorrigierbar aus. Das muß man bei der Handhabung der Vorschrift stets mitbeachten. 2

3) Geltungsbereich, I, II. Die Vorschrift steht im Unterabschnitt §§ 231ff und gilt daher in jeder Unterhaltssache des § 231 I, II, also keineswegs nur im Verfahren zum ehelichen Unterhalt. Es muß sich aber stets um einen gesetzlichen Unterhalt oder um den gerade zumindest auch ihn mitregelnden vertraglichen Unterhalt handeln. 3

4) Antragszwang, I. Das FamG darf nach § 246 nur auf einen Antrag eines Beteiligten tätig werden. Insofern besteht in der Tat eine Abweichung von § 49. Das ändert aber nichts daran, daß eben nur eine Leistungsanordnung antragsbedingt ist, nicht auch eine nach § 49 statthaft bleibende weniger „endgültige" Eilanordnung. Der Antrag ist nach § 26 möglich. Ein Anwaltszwang besteht nach § 114 IV Z 1 nicht, auch nicht im weiteren Eilverfahren. Eine bloße Anregung nach § 24 reicht nicht. 4

5) Gesetzlicher Unterhalt gegenüber Ehegatten, I. Es gibt zahlreiche Aspekte. 5

A. Grundsatz. Maßgeblich ist auch hier das sachliche Recht, also §§ 1360 bis 1361 BGB oder das evtl nach dem Haager UnterhaltsÜbk v. 2. 10. 73, BGBl **86** II 837, PalHeldr Anh Art 18 EGBGB, oder nach

Art 18 EGBGB anwendbare ausländische Recht, aM Karlsr StAZ **76**, 19 (zum alten Recht). Da es sowohl nach dem Haager Übk als auch nach Art 18 EGBGB im wesentlichen auf den gewöhnlichen Aufenthalt des Berechtigten ankommt, wird häufig deutsches Recht anwendbar sein, so schon nach altem Recht für bestimmte Fälle BGH IPRax **81**, 59 (zustm Henrich 48).

Bei einer *freiwilligen Zahlung* eines Teils nach Rn 3 ist das Rechtsschutzbedürfnis für eine einstweilige Anordnung über den ganzen Betrag vorhanden, Düss FamRZ **91**, 1207. Dagegen ist eine Anordnung anders als eine Verurteilung, BGH NJW **98**, 3116, bei einer bislang pünktlichen und ordnungsmäßigen Zahlung unzulässig, wenn nicht ausnahmsweise ein Regelungsbedürfnis besteht, Bittmann FamRZ **86**, 420, ebenso umgekehrt, wenn feststeht, daß der Ehegatte nicht zahlen wird und eine Vollstreckung aussichtslos scheint, Hamm FamRZ **86**, 919, KG FamRZ **87**, 840. Der Bezug von Sozialleistungen durch den Berechtigten steht einer Anordnung nicht entgegen, Künkel FamRZ **91**, 18, soweit ein solcher Anspruch kein Daueranspruch ist, sondern von Monat zu Monat neu entsteht, BGH FamRZ **89**, 584, also entfallen oder geringer werden kann, Thran FamRZ **93**, 1401. Unzulässig ist eine einstweilige Anordnung jedoch dann, wenn der Berechtigte ständig seit längerer Zeit eine Sozialleistung erhält und wenn der Unterhaltsanspruch nicht höher ist, Ffm FamRZ **96**, 1090, Köln FamRZ **96**, 1430, Nürnb FamRZ **95**, 264.

6 Beim Bezug *öffentlicher Leistungen,* die den Lebensunterhalt zumindest teilweise abdecken sollen, ist jedoch ein gesetzlich angeordneter Übergang von entsprechenden Unterhaltsansprüchen auf den Träger der Hilfe zB nach § 37 BAföG § 7 UVG beachtbar, Becker FamRZ **95**, 1256, Brudermüller FamRZ **95**, 1033, Ott FamRZ **95**, 456. Man darf Leistungen für die Vergangenheit nach § 246 grundsätzlich nicht verlangen, Düss FamRZ **87**, 611, Ffm FamRZ **87**, 174. Daher gehen die Ansprüche erst mit der Hilfeleistung über. Deshalb hindern solche Bestimmungen nicht die Geltendmachung von Unterhaltsansprüchen, § 113 I 2 in Verbindung mit § 265 II ZPO, BGH RR **95**, 1217, Schlesw FamRZ **96**, 40, aM AG Bergheim FamRZ **95**, 1499. Der Antrag muß jedoch dahin erfolgen, daß für die Zeit von der Antragstellung bis zur Entscheidung in Höhe der übergegangenen Ansprüche die Leistung an den Träger der Hilfe gehen soll, Karlsr RR **95**, 1286, Köln RR **96**, 258, AG Eschwege FamRZ **98**, 1194.

Eine im Einvernehmen mit dem Hilfeempfänger erfolgende *Rückübertragung* und Abtretung ist wirksam. Die Regelung dürfte auch für eine Einziehungsermächtigung gelten, Künkel FamRZ **96**, 1513, § 7 IV UVG, § 94 IV SGB VIII, Weber NJW **98**, 2004. Bei einer Überzahlung kann nach §§ 812 ff BGB in den Grenzen von § 818 III BGB ein Rückforderungsanspruch bestehen, BGH NJW **84**, 2095.

7 Liegt ein *rechtskräftiger* Unterhaltstitel vor, kann das FamG durch eine einstweilige Anordnung nur eine weitere Leistung zusprechen, Klauser MDR **81**, 714, und zwar auch ohne die Anhängigkeit eines Antrags aus §§ 238, 239, BGH NJW **83**, 1330, Bre FamRZ **00**, 1165, aM AG Mönchengladb FamRZ **81**, 187. Dasselbe gilt für einen Vergleich, sofern er den Unterhalt nicht endgültig regelt, Hbg FamRZ **81**, 904. In allen anderen Fällen, also bei einer abschließenden Regelung in einem Vergleich und für die Ermäßigung titulierter Forderungen, bleibt nur der Weg über §§ 238 ff, Hamm FamRZ **80**, 608, AG Besigh FamRZ **81**, 555.

Auch der *Auskunftsanspruch* aus §§ 1361 IV 4, 1605 BGB läßt sich durch eine einstweilige Anordnung regeln, van Eis FamRZ **95**, 651, aM Düss FamRZ **83**, 514. Dagegen kann die Feststellung, daß der Antragsteller keinen Unterhalt schulde, nicht Gegenstand einer einstweiligen Anordnung sein, Zweibr FamRZ **83**, 940, aM Stgt RR **04**, 588. Das gilt mindestens nach einer nicht mehr und einseitig zurücknehmbaren Leistungsklage, Brdb FamRZ **99**, 1210.

8 **B. Einzelheiten.** Unterhalt ist nur im notwendigen Umfang eine Zwangssache, AG Bln-Tempelhof-Kreuzberg FamRZ **02**, 616 rechts. Das FamG darf ihn wegen des Worts „Zahlung“ in I nur in Geld zusprechen, nie in Natur und meist auch nur vom Eingang des Antrags ab, nicht für die Vergangenheit, van Els FamRZ **90**, 581. Vgl freilich § 247. Eine Regelung kann ausnahmsweise auch beim Zusammenleben der Gatten erfolgen. Meist muß das FamG die Verpflichtung zur Leistung einer monatlich vorauszuzahlenden Rente aussprechen, bei einem außerordentlichen Bedürfnis auch die Verpflichtung zu einer einmaligen Zahlung. Die Bemessung erfolgt nach den üblichen Maßstäben, also durchweg nach den im OLG-Bezirk angewendeten Tabellen, § 323 ZPO Rn 38, aM Hamm FamRZ **00**, 964 (Notunterhalt, abl Luthin FamRZ **01**, 357), AG Bln-Tempelhof-Kreuzberg FamRZ **02**, 616 (abl van Els). Unzulässig ist die Festsetzung eines an den Sozialversicherungsträger zahlbaren Beitrags, Saarbr FamRZ **78**, 501. Zulässig und wegen Rn 2 grundsätzlich auch notwendig ist eine Befristung der Geltungsdauer, van Els FamRZ **90**, 582. Regelmäßig empfiehlt sich eine Begrenzung bis zur Rechtskraft des Scheidungsausspruchs. Vollstreckt wird die Anordnung nach § 95 I Z 1 in Verbindung mit § 850 d ZPO, Büttner FamRZ **94**, 1434. Eine Vollstreckungsabwehrklage nach § 767 ZPO ist statthaft. Anwendbar ist auch die EuGVVO, SchlAnh V C 2, (zum alten Recht) BGH FamRZ **80**, 672, ebenso das LugÜ, SchlAnh V D.

9 **6) Gesetzlicher Unterhalt gegenüber Kindern, I.** Auch hier gibt es zahlreiche Gesichtspunkte. Es muß stets um eine „Zahlung“ gehen. Bei einer Leibesfrucht gilt § 247.

A. Grundsatz. Die Vorschrift gilt hilfsweise neben §§ 246–248. Sie gilt für den vollen und nicht nur notdürftigen Unterhalt aller minderjährigen oder ihnen gleichstehenden gemeinsamen Kinder, Luthin FamRZ **01**, 357, aM Hamm FamRZ **00**, 964, AG Pforzheim FamRZ **04**, 1653. Ein nicht gemeinsames Kind zählt auch dann nicht hierher, wenn es im Haushalt der Eltern lebt, Hamm NJW **88**, 830. Der Gesetzgeber überläßt es volljährigen Kindern, vorläufigen Rechtsschutz selbst nach § 246 zu suchen. § 49 ermöglicht es demjenigen Elternteil, der nach § 1629 II, III 1 BGB Unterhaltsansprüche des Kindes gegen den anderen Elternteil im eigenen Namen geltend machen darf, nach dem Anhängigwerden einer EheS eine entsprechende einstweilige Anordnung zu erwirken. Sie geht am klarsten auf eine Zahlung „an das Kind“, Ffm FamRZ **94**, 1041, nicht „zu Händen der Ehefrau“, aM Hamm FamRZ **90**, 1375. Diese Entscheidung wirkt nach § 1629 III 2 BGB auch für und gegen das Kind, BGH FamRZ **86**, 879, Zweibr FamRZ **00**, 964. Daher erhält es dadurch selbst einen Titel, Walter JZ **86**, 366. Beim Eintritt der Volljährigkeit tritt das Kind wegen des vorher geschuldeten Unterhalts in das Verfahren ein, AG Viersen FamRZ **88**, 1306, Rogner NJW **94**, 3325, während sich das Verfahren wegen des künftigen Unterhalts erledigt. Zu der

Vollstreckung Rn 13. Die Verfahrensführungsbefugnis nach § 1629 III BGB besteht nicht, wenn ein Unterhaltsbeistand existiert, Brdb FamRZ **98**, 1121.

Liegt ein *rechtskräftiger* Titel zugunsten des Kindes vor, fehlt meist das Rechtsschutzbedürfnis für eine einstweilige Anordnung, es sei denn, der Vollstreckung stehen Hindernisse entgegen. Zur Herabsetzung des in einem anderen Verfahren festgesetzten Unterhalts bietet § 246 keine Grundlage, AG Dachau FamRZ **79**, 841, AG Mönchengladb FamRZ **81**, 187. Ein Auskunftsanspruch aus § 1605 BGB läßt sich nicht durch eine einstweilige Anordnung regeln, Düss FamRZ **83**, 514, Stgt FamRZ **80**, 1138, aM van Els FamRZ **95**, 650. Beim Erlaß einer solchen einstweiligen Anordnung gibt es kein Beschwerderecht wegen greifbarer Gesetzwidrigkeit, § 567 ZPO Rn 6. Wegen der Bedeutung der Gewährung von Unterhaltsvorschüssen § 7 UVG oder Jugendhilfe Rn 15. Zur Umschreibung des Titels nach § 95 I Z 1 in Verbindung mit § 727 ZPO in diesen Fällen Zweibr FamRZ **00**, 964. Im isolierten Unterhaltsverfahren gilt § 242. **10**

B. Einzelheiten. Die Unterhaltspflicht gegenüber dem Kind bestimmt sich nach §§ 1360, 1360a oder §§ 1601 ff BGB, zwischen Ausländern bei einem gewöhnlichen Aufenthalt in Deutschland meist nach dem deutschen Recht, Art 18 EGBGB, sonst evtl nach dem ausländischen Recht, soweit nicht internationales Vertragsrecht vorgeht. Nach dem vorrangig anwendbaren Haager Unterhaltsübereinkommen v. 2. 10. 73, BGBl **86** II 837, ist ohne Rücksicht darauf, ob der Heimatstaat des Kindes zu den Vertragsstaaten gehört, stets deutsches Recht maßgeblich, wenn das Kind seinen gewöhnlichen Aufenthalt in Deutschland hat, falls nicht ein bilaterales Abkommen vorgeht, BGH RR **86**, 1005. Für die Bemessung der Zahlung sind die im OLG-Bezirk angewandten Tabellen maßgeblich, § 323 ZPO Rn 38. Die einstweilige Anordnung kann den Unterhalt grundsätzlich erst für die Zeit ab dem Eingang des Antrags regeln. Die Regelung darf nicht zeitlich unbegrenzt erfolgen. Denn schon der Wortlaut „einstweilig" verbietet eine auch nur faktische Vorwegnahme der Hauptsache, Einl III 39. Der Antrag darf nicht willkürlich unter einer aufschiebenden Bedingung stehen, etwa der Übertragung der elterlichen Sorge und ihrer Wirksamkeit, Zweibr FamRZ **82**, 1094. Die Vollstreckung erfolgt nach § 95 I Z 1 in Verbindung mit § 850d ZPO, Büttner FamRZ **94**, 1434. Anwendbar sind auch das Haager Übk über Unterhaltsentscheidungen, SchlAnh V A 2, und die EuGVVO, SchlAnh V C 2. **11**

Man muß den Anspruch und die Notwendigkeit einer einstweiligen Anordnung nach § 51 I 2 *glaubhaft* machen, Büdenbender FamRZ **81**, 320. Hier gilt der Beibringungsgrundsatz, Grdz 20 vor § 128 ZPO, Stgt Just **75**, 271.

Zur *Begründung* des Anspruchs genügt die Glaubhaftmachung der Beiwohnung in der Empfängniszeit, weil dann die Vermutung des § 1600d II BGB eingreift, Düss FamRZ **94**, 840. Sie läßt sich durch eine Glaubhaftmachung schwerwiegender Zweifel entkräften, BGH DAVorm **81**, 51, 274. Auch insofern ist eine Glaubhaftmachung nach § 51 I 2 ausreichend und erforderlich, Düss RR **95**, 1219. Macht der Gegner einen Mehrverkehr glaubhaft, reicht das zur Entkräftung aus (abgesehen von wahllosem Verkehr), solange nicht durch ein medizinisches Gutachten der andere Mann wegfällt oder für die Vaterschaft des in Anspruch genommenen Mannes die größere Wahrscheinlichkeit entsteht, Mü DAVorm **75**, 51, Brühl FamRZ **75**, 242, Büdenbender FamRZ **75**, 189. Bei einer geringeren Wahrscheinlichkeit darf das Gericht statt einer Zahlung eine Sicherheitsleistung nach § 113 I 2 in Verbindung mit § 108 ZPO anordnen, KG FamRZ **76**, 98, Kblz FamRZ **75**, 230. Glaubhaft machen muß man auch die Notwendigkeit einer einstweiligen Anordnung. Insofern mag eine Bedürftigkeit oder eine ungenügende Zahlung infrage kommen, Büttner FamRZ **00**, 785. Eine Notlage ist nicht erforderlich, Stgt Just **75**, 272, aM Kblz FamRZ **06**, 1157, auch keine Abhängigkeit von Sozialleistungen, Düss FamRZ **94**, 840. Handelt es sich um eine Anordnung einer Sicherheitsleistung, muß man auch diejenigen Umstände glaubhaft machen, aus denen sich eine Gefährdung der Betreibung ergibt.

Vollstreckungsgläubiger ist der in der einstweiligen Anordnung genannte Elternteil, wenn er sie als ein Verfahrensstandschafter erwirkt hat, AG Maulbronn FamRZ **91**, 356, Brehm FamRZ **91**, 357. Das gilt auch nach dem Erlöschen der Verfahrensstandschaft nach § 1629 III BGB durch den Abschluß des Scheidungsverfahrens oder durch den Eintritt der Volljährigkeit des Kindes, Hbg FamRZ **84**, 927, Köln FamRZ **85**, 626, Nürnb FamRZ **87**, 1172, aM Ffm FamRZ **91**, 1210, Hbg FamRZ **85**, 625, AG Viersen FamRZ **88**, 1306. Das Kind kann ab seiner Volljährigkeit die Umschreibung des Titels beantragen, § 95 I Z 1 in Verbindung mit § 727 ZPO, dort Rn 13. **12**

Die Entscheidung ist *unanfechtbar,* BGH FamRZ **05**, 791 links.

7) Kostenvorschuß, I, dazu *Knops* NJW **93**, 1237: Auch hier folgen aus einem Grundsatz viele Einzelfragen. **13**

A. Grundsatz. Voraussetzung ist eine Verpflichtung nach dem sachlichen Recht, § 1360a IV BGB, evtl also nach dem ausländischen Recht, Mü FamRZ **80**, 448, aM Karlsr MDR **86**, 242 (stets deutsches Recht, abl Henrich IPRax **87**, 38). Anwendbar ist also §§ 1360a IV 1, 1361 IV 1 BGB, BGH NJW **79**, 1508, oder bei einer Ausländerbeteiligung Art 18 EGBGB, Köln FamRZ **95**, 680, oder bei einer vertraglichen Regelung zumindest auch des gesetzlichen Unterhalts das ihm vorgehende Vertragsrecht, zB das Haager Übk v. 2. 10. 73, BGBl **86** II 825, KG FamRZ **88**, 168 (Italien), zustm Jayme FamRZ **88**, 793, v Bar IPRax **88**, 220; dazu für: Iran Jayme IPRax **84**, 329, Italien KG FamRZ **88**, 168, Niederlande Düss FamRZ **78**, 908, Schweiz Oldb NJW **82**, 2736, AG Bln-Charlottenb IPRax **83**, 128, Türkei AG Bln-Charlottenb IPRax **83**, 128, aM Oldb NJW **82**, 2736, USA Düss FamRZ **75**, 43. Ist die Ermittlung des ausländischen Rechts mit großen Schwierigkeiten verbunden, muß deutsches Recht aushelfen. Für Sonderfallgestaltungen, die den Gerichten des Ursprungslands nicht vorliegen, darf der deutsche Richter das ausländische Recht auch weiterentwickeln, AG Charlottenb IPRax **83**, 128.

B. Einzelheiten. Die einstweilige Anordnung ist zulässig für jede Instanz und jede EheS, auch für das Verfahren nach § 246, BGH FamRZ **81**, 759, und ebenso für jede FamS, die nach § 137 die FolgeS einer Scheidungssache ist. Das gilt aber nicht dann, wenn der Scheidungsausspruch vorher rechtskräftig wird, BGH NJW **84**, 291, Nürnb FamRZ **90**, 421, Walter NJW **84**, 265, aM Herpers NJW **84**, 465. § 246 gilt **14**

aber nicht für andere Verfahren, BGH NJW **80**, 1392, Düss NJW **76**, 1851. Nach der Beendigung der Instanz besteht kein Rechtsschutzbedürfnis mehr für diese Instanz, KG FamRZ **87**, 956, Zweibr FamRZ **00**, 757. Jedoch muß das FamG über einen vorher gestellten Antrag noch entscheiden, KG FamRZ **87**, 956. Eine Klage kann trotz § 246 zulässig sein, BGH NJW **79**, 1508, auch eine verneinende Feststellungsklage, Ffm FamRZ **81**, 65.

Nach § 1360a IV BGB entscheidet die *Billigkeit*. Deshalb darf keine Anordnung für ein offensichtlich aussichtsloses oder mutwilliges Begehren ergehen. Unstatthaft ist sie auch bei einer völligen Mittellosigkeit des verpflichteten Gatten, weil dann kein schutzwürdiges Interesse an einer Anordnung besteht. Dem mittellosen Antragsgegner muß das FamG meist einen Vorschuß bewilligen. § 150 steht aber nicht entgegen, aM KG FamRZ **95**, 680. Nach der Beendigung der Instanz besteht keine Vorschußpflicht, wenn nicht der Schuldner vorher wirksam in Verzug geraten war, Bbg FamRZ **86**, 484, Köln FamRZ **91**, 842, aM Hamm RR **90**, 1286, Knops FamRZ NJW **93**, 1242. Nach einem rechtzeitigen Antrag nach § 246 kann man aber auch nach der Beendigung der Instanz den Anspruch auf schon entstandene Kosten als einen Verfahrenskostenvorschuß geltend machen, Karlsr FamRZ **00**, 431.

15 Die Anordnung kann auf den Vorschuß für einen bestimmten *Kostenteil* beschränken. Die Höhe richtet sich einerseits nach dem wirklichen Bedarf im Zeitpunkt der Bewilligung, andererseits nach der eigenen Leistungsfähigkeit des Antragstellers. Zweckmäßig ist wegen der Gerichtskosten und der Kosten des Anwalts für die jeweilige Instanz eine Anordnung auf eine unmittelbare Zahlung an das Gericht oder den Anwalt. Für die Vollstreckung aus der Anordnung nach § 95 I Z 1 gilt § 850d ZPO. Die Vollstreckung kann auch nach der Beendigung des Verfahrens und trotz der dort ergangenen Kostenentscheidung erfolgen, BGH NJW **85**, 2263. Der Vorschuß ist evtl nach der Scheidung zurückzahlbar, Kuch DAVorm **81**, 7.

16 **8) Mündliche Verhandlung, II.** Ganz im Gegensatz zu der sonst im Eilverfahren verbreiteten Übung, von einer mündlichen Verhandlung trotz ihrer stets vorhandenen Zulässigkeit nur recht selten Gebrauch zu machen, scheint II sie doch ziemlich nahe zu legen. Denn die Entscheidung „ergeht" und nicht „kann ergehen". Indessen zeigt Hs 2, daß die Verhandlung doch nur unter solchen Voraussetzungen stattfinden darf, die zu denjenigen des § 246 und daher zu dem dort schon notwendigen dringenden Bedürfnis hinzutreten.

17 **A. Zur Aufklärung.** Das FamG muß es für geradezu notwendig halten, den Sachverhalt in Rede und Gegenrede näher aufklären zu lassen. Ein schriftlicher weiterer Vortrag muß also als nicht erfolgsversprechend gelten. Natürlich mag auch ein noch rasch möglicher Termin nach § 32 ein schnelleres Ergebnis versprechen. Als eine verfahrensleitende Verfügung nach § 113 I 2 in Verbindung mit § 216 ZPO braucht die Terminsbestimmung keine aktenkundige Begründung, auch nicht ihre Ablehnung.

18 **B. Zur gütlichen Beilegung.** Das ist ohnehin eine nach § 113 I 2 in Verbindung mit § 278 I ZPO usw stets vorhandene Aufgabe des FamG. Zur Terminierung muß eine Verhandlung zu gerade auch einem solchen Zweck als geradezu notwendig und nicht nur als hilfreich erscheinen.

19 **9) Unanfechtbarkeit, I, II.** Es gelten §§ 57 S 1, 58 II.

247 *Einstweilige Anordnung vor Geburt des Kindes.* [I] **Im Wege der einstweiligen Anordnung kann bereits vor der Geburt des Kindes die Verpflichtung zur Zahlung des für die ersten drei Monate dem Kind zu gewährenden Unterhalts sowie des der Mutter nach § 1615l Abs. 1 des Bürgerlichen Gesetzbuchs zustehenden Betrags geregelt werden.**

[II] [1] **Hinsichtlich des Unterhalts für das Kind kann der Antrag auch durch die Mutter gestellt werden.** [2] **§ 1600d Abs. 2 und 3 des Bürgerlichen Gesetzbuchs gilt entsprechend.** [3] **In den Fällen des Absatzes 1 kann auch angeordnet werden, dass der Betrag zu einem bestimmten Zeitpunkt vor der Geburt des Kindes zu hinterlegen ist.**

1 **1) Systematik, Regelungszweck, I, II.** Die Beteiligtenähigkeit der Leibesfrucht nach I in Verbindung mit § 8 ist auch dem Zivilprozeß nicht ganz unbekannt, § 50 ZPO Rn 4 (A). Zur baldmöglichsten Sicherung ihrer Ansprüche gibt *I* der Leibesfrucht und *II* sogar auch ihrer Mutter als Verfahrensstandschafterin wie bei Grdz 26 vor § 50 ZPO die Möglichkeit, sogar unabhängig von einem besonderen Bedürfnis und damit unabhängig von §§ 49, 246 für die ersten drei Lebensmonate eine sog Leistungsanordnung zukommen zu lassen, ebenso der Mutter für Ihren Anspruch nach § 1615 1 I BGB. Vgl im übrigen auch § 246 Rn 9–11.

2 **2) Antragsgegner: § 1600d II, III BGB, II.** Richtiger Antragsgegner ist nach der eben genannten entsprechend anwendbaren Regelung des BGB derjenige, der der Mutter während der dort näher zeitlich begrenzten Empfängniszeit beigewohnt hat. Das muß der Antragssteller nach § 51 I 2 darlegen und glaubhaftmachen, § 31.

3 **3) Unanfechtbarkeit, I, II.** Es gelten §§ 57 S 1, 58 II.

248 *Einstweilige Anordnung bei Feststellung der Vaterschaft.* [I] **Ein Antrag auf Erlass einer einstweiligen Anordnung, durch den ein Mann auf Zahlung von Unterhalt für ein Kind oder dessen Mutter in Anspruch genommen wird, ist, wenn die Vaterschaft des Mannes nach § 1592 Nr. 1 und 2 oder § 1593 des Bürgerlichen Gesetzbuchs nicht besteht, nur zulässig, wenn ein Verfahren auf Feststellung der Vaterschaft nach § 1600d des Bürgerlichen Gesetzbuchs anhängig ist.**

[II] **Im Fall des Absatzes 1 ist das Gericht zuständig, bei dem das Verfahren auf Feststellung der Vaterschaft im ersten Rechtszug anhängig ist; während der Anhängigkeit beim Beschwerdegericht ist dieses zuständig.**

III § 1600 d Abs. 2 und 3 des Bürgerlichen Gesetzbuchs gilt entsprechend.

IV Das Gericht kann auch anordnen, dass der Mann für den Unterhalt Sicherheit in bestimmter Höhe zu leisten hat.

V [1] Die einstweilige Anordnung tritt auch außer Kraft, wenn der Antrag auf Feststellung der Vaterschaft zurückgenommen oder rechtskräftig zurückgewiesen worden ist. [2] In diesem Fall hat derjenige, der die einstweilige Anordnung erwirkt hat, dem Mann den Schaden zu ersetzen, der ihm aus der Vollziehung der einstweiligen Anordnung entstanden ist.

1) Systematik, Regelungszweck, I–V. Die Vorschrift ergänzt § 247 für die dort nicht erfaßten Zeiträume und zugunsten der dort nicht als Berechtigte miterfaßten Mutter. Sie grenzt die Gefahr einer vorschnellen Beschlußfassung zulasten des Mannes in *I, III* ein, schafft in *II* eine vorrangige Zuständigkeit, verschärft die Haftung des Mannes in *IV* und erweitert die Fälle eines Außerkrafttretens nach § 56, nicht zuletzt durch eine sachlichrechtliche Schadensersatzvorschrift in *V 2* in Anlehnung zB an § 89 I 3 Hs 2, ferner §§ 717 II 1, 945 ZPO aus ähnlichen Erwägungen wie jeweils dort. Die Möglichkeit einer Anordnung von Sicherheitsleistung in IV entspricht etwa dem § 921 ZPO. Vgl insofern dort. 1

2) Unanfechtbarkeit, I–IV Es gelten §§ 57 S 1, 58 II. 2

Unterabschnitt 3. Vereinfachtes Verfahren über den Unterhalt Minderjähriger

Übersicht

Schrifttum (je zum alten Recht): *van Els* Rpfleger **03**, 477 (Üb); *Georg* Rpfleger **04**, 329 (Üb); *Eschenbruch/Klinkhammer,* Der Unterhaltsprozeß, 4. Aufl 2006 (Berger *Menne* NJW **07**, 498); *Luthin,* Handbuch des Unterhaltsrechts, 9. Aufl 2002; *Oelkens,* Aktuelles Unterhaltsrecht, 2. Aufl 1999.

1) Systematik. Das vereinfachte Verfahren ist eine FamS, §§ 111 Z 8, 231 I Z 1. Der Berechtigte kann einen Festbetrag fordern, auf einen Prozentsatz des Mindestunterhalts nach § 1612 a I BGB oder auf eine Entscheidung im vereinfachten Verfahren, Rostock FamRZ **06**, 1394. Das Verfahren ist weitgehend formalisiert. Es unterliegt nicht einem Anwaltszwang, §§ 257 S 1. Sachlich zuständig ist das FamG, § 23 b GVG. Rechtsmittelgericht ist das OLG, § 119 GVG. Das erstinstanzliche Verfahren verläuft vor dem Rpfl, § 25 Z 2 c RPflG. Zum Verfahrenswert und zu den Kosten Groß Rpfleger **99**, 303. Eine Entscheidung ist unanfechtbar, BGH FamRZ **05**, 791 links. 1

2) Geltungsbereich. Das vereinfachte Verfahren gilt für die Festsetzung des gesetzlichen Unterhalts aller minderjährigen Kinder, wenn das Kind mit dem in Anspruch genommenen Elternteil nicht in einem Haushalt lebt und die Forderung das 1,2fache des Mindestunterhalts nach § 1612 a I BGB nicht übersteigt. §§ 249 ff. 2

249 *Statthaftigkeit des vereinfachten Verfahrens.* **I Auf Antrag wird der Unterhalt eines minderjährigen Kindes, das mit dem in Anspruch genommenen Elternteil nicht in einem Haushalt lebt, im vereinfachten Verfahren festgesetzt, soweit der Unterhalt vor Berücksichtigung der Leistungen nach den § 1612 b oder § 1612 c des Bürgerlichen Gesetzbuchs das 1,2fache des Mindestunterhalts nach § 1612 a Abs. 1 des Bürgerlichen Gesetzbuchs nicht übersteigt.**

II Das vereinfachte Verfahren ist nicht statthaft, wenn zum Zeitpunkt, in dem der Antrag oder eine Mitteilung über seinen Inhalt dem Antragsgegner zugestellt wird, über den Unterhaltsanspruch des Kindes entweder ein Gericht entschieden hat, ein gerichtliches Verfahren anhängig ist oder ein zur Zwangsvollstreckung geeigneter Schuldtitel errichtet worden ist.

1) Systematik, Regelungszweck, I, II. Die Vorschrift entspricht weitgehend dem aufgehobenen § 645 ZPO. Das Gesetz enthält für die erstmalige Festsetzung des gesetzlich geschuldeten Unterhalts eines minderjährigen Kindes nach §§ 211 Z 8, 231 I Z 1 ein besonderes Verfahren. Es soll eine schnelle und einfache Regelung ermöglichen, Kblz FamRZ **05**, 2000. Es setzt ein deutsches Unterhaltsstatut voraus, Bischoff IPRax **02**, 511. Ausgangspunkt ist § 1612 a I BGB. Er legt die Bedeutung des Mindestunterhalts fest. Zu den Vor- und Nachteilen des vereinfachten Verfahrens van Els Rpfleger **99**, 298, Strauß FamRZ **98**, 1002 f. 1

2) Geltungsbereich, I, II. Das vereinfachte Verfahren für einen Anspruch nach I steht dem Unterhaltsgläubiger wahlweise statt des Klageverfahrens offen. Trotz der Zulässigkeit des vereinfachten Verfahrens kommt eine Prozeßkostenhilfe für eine Unterhaltsklage in Betracht, § 114 ZPO Rn 41 „Unterhalt". Ein Mahnverfahren nach § 688 ZPO scheidet in diesem Bereich aus. Denn §§ 249 ff gehen als eine Sonderregelung vor. Ein Eilverfahren nach §§ 246 ff ZPO ist statthaft, Gießler FamRZ **01**, 1269, aM Mü FamRZ **00**, 1580. Für die Darlegungs- und Beweislast im streitigen Unterhaltsverfahren ist I ohne Bedeutung, Mü FamRZ **99**, 884. 2

3) Voraussetzungen, I. Es muß um Unterhalt eines solchen minderjährigen Kindes gehen, das mit dem in Anspruch genommenen Elternteil nicht in einem Haushalt lebt, § 1612 a I 1 BGB, Celle FamRZ **03**, 1475, und das nicht dem alleinigen Personensorgerecht dieses Elternteils untersteht, Karlsr FamRZ **01**, 767. Der Rpfl kann den Unterhalt dann im vereinfachten Verfahren festsetzen, soweit der Unterhalt vor einer Anrechnung der nach §§ 1612 b oder c BGB beachtbaren Leistungen das 1,2fache des Mindestunterhalts nach § 1612 a I BGB jedenfalls nicht übersteigt, Rn 1, Hamm FamRZ **04**, 1587, Stgt FamRZ **02**, 548. Wegen der Anrechnung des Kindergelds §§ 1612 b, c BGB. Bei dieser Begrenzung geht das Gesetz davon aus, daß nur weniger als 10% der Kinder einen höheren Unterhaltsanspruch haben dürften und daß man im vereinfachten Verfahren jedenfalls solche Unterhaltsforderungen geltendmachen kann, die das Existenzminimum des Kindes abdecken. Für die Zulässigkeit des vereinfachten Verfahrens ist es ohne Bedeutung, 3 ob man den Unterhaltsanspruch statisch mit einem bestimmten Geldbetrag oder dynamisch mit einem Prozentsatz des Mindestunterhalts nach § 1612a I BGB verlangt. Man kann auch einen rückständigen solchen Unterhalt nach §§ 249ff fordern. Der Eintritt der Volljährigkeit während des Verfahrens hindert die Festsetzung für die Zeit davor nicht, BGH MDR **06**, 813, KG MDR **03**, 1236, aM Naumb FamRZ **03**, 160 rechts oben, Schlesw MDR **02**, 279, Graba NJW **01**, 1159. Stgt FamRZ **06**, 1769 fordert, in die Entscheidung die Bedingung aufzunehmen, daß die Festsetzung nur gilt, soweit tatsächlich Leistungen nach dem UVG erfolgen, und zwar für längstens 72 Monate und nur bis zur Vollendung des 12. Lebensjahrs. Der Unterhalt für eine zukünftige Volljährigkeit gehört noch nicht hierher, AG Landshut FamRZ **00**, 1581, aM Brdb FamRZ **07**, 485 (aber der Wortlaut von I ist klar, Einl III 39).

4 **4) Antragsrecht, I.** Für die Geltendmachung im vereinfachten Verfahren ist nach §§ 249, 259 ein Antrag notwendig. Ihn kann sowohl das Kind als auch ein Dritter stellen, der den Anspruch in einer Verfahrensstandschaft geltendmacht, § 1629 III BGB, Köln FamRZ **00**, 678, oder auf den der Anspruch kraft Gesetzes übergegangen ist, Köln FamRZ **06**, 432, Naumb FamRZ **05**, 120, Georg Rpfleger **04**, 331. Antragsgegner kann nur ein Elternteil sein, Schumacher/Grün FamRZ **98**, 789. Wegen der Beiordnung eines Anwalts im Prozeßkostenhilfeverfahren § 121 ZPO Rn 48 „Unterhalt".

5 **5) Zuständigkeit, I.** Sachlich zuständig ist der Rpfl beim FamG, § 25 Z 2c RPflG. Die örtliche Zuständigkeit ergibt sich aus § 232. Die internationale Zuständigkeit folgt den allgemeinen Regeln, Karlsr FamRZ **06**, 1393.

6 **6) Unzulässigkeit, II.** Das vereinfachte Verfahren kommt nur für die Erstfestsetzung des Unterhalts in Betracht, Naumb FamRZ **02**, 1045. Es findet nicht statt, wenn über den Unterhaltsanspruch des Kindes ein Gericht in der Sache entschieden hat, van Els Rpfleger **99**, 297, wenn ein gerichtliches Verfahren anhängig ist oder wenn auf andere Weise ein zur Zwangsvollstreckung geeigneter Schuldtitel nach §§ 704, 794ff vorhanden ist, zB eine Unterhaltsurkunde des Jugendamts, Karlsr FamRZ **00**, 1159, Naumb FamRZ **03**, 160, Zweibr FamRZ **00**, 1160 (Teilbetrag). Der für die Zulässigkeit des vereinfachten Verfahrens maßgebliche Zeitpunkt ist die Zustellung des Festsetzungsantrags oder der nach § 251 I 2 Z 1a–c alternativ möglichen Mitteilung über seinen Inhalt. Dadurch soll unterbleiben, daß der Unterhaltspflichtige nachträglich einen Jugendamtstitel über einen geringeren als den beantragten Unterhalt beurkunden läßt und auf diese Weise die Fortsetzung des vereinfachten Verfahrens verhindert, aM Mü FamRZ **01**, 1076.

Das vereinfachte Verfahren ist aber *statthaft,* wenn der Tenor der gerichtlichen Entscheidung nicht vollstreckungsfähig genau ist, Naumb FamRZ **02**, 329. Eine einstweilige Anordnung genügt, §§ 86 I Z 1, 95 I Z 1 in Verbindung mit § 794 I Z 3a ZPO, ebenso ein Teilanerkenntnisentscheid. Das gilt auch dann, wenn die Beteiligten auf die Rechte aus dem Beschluß verzichtet haben, Mü FamRZ **99**, 450. Es genügt auch eine frühere abweisende Entscheidung, etwa wegen einer Auskunft nach § 1605 BGB. Damit wird sicher, daß das vereinfachte Verfahren nur für die Erstfestsetzung des Unterhalts in Betracht kommt, Weber NJW **98**, 2001. Wegen der Abänderung von Unterhaltstiteln §§ 238ff.

7 Eine *Übertragung* des Sorgerechts auf den Antragsgegner führt zur Unzulässigkeit des bisherigen Verfahrens, Karlsr FamRZ **01**, 767. Dasselbe gilt beim Erlöschen des Sorgerechts zB wegen Volljährigkeit, Köln FamRZ **00**, 678. Das gilt aber dann, wenn das Kind zum Antragsgegner zieht, nicht für die Zeit davor, Brdb FamRZ **04**, 273, Celle FamRZ **03**, 1475.

250 *Antrag.* [I] **Der Antrag muss enthalten:**

1. die Bezeichnung der Beteiligten, ihrer gesetzlichen Vertreter und der Verfahrensbevollmächtigten;
2. die Bezeichnung des Gerichts, bei dem der Antrag gestellt wird;
3. die Angabe des Geburtsdatums des Kindes;
4. die Angabe, ab welchem Zeitpunkt Unterhalt verlangt wird;
5. für den Fall, dass Unterhalt für die Vergangenheit verlangt wird, die Angabe, wann die Voraussetzungen des § 1613 Abs. 1 oder Abs. 2 Nr. 2 des Bürgerlichen Gesetzbuchs eingetreten sind;
6. die Angabe der Höhe des verlangten Unterhalts;
7. die Angaben über Kindergeld und andere zu berücksichtigende Leistungen (§ 1612b oder § 1612c des Bürgerlichen Gesetzbuchs);
8. die Erklärung, dass zwischen dem Kind und dem Antragsgegner ein Eltern-Kind-Verhältnis nach den §§ 1591 bis 1593 des Bürgerlichen Gesetzbuchs besteht;
9. die Erklärung, dass das Kind nicht mit dem Antragsgegner in einem Haushalt lebt;
10. die Angabe der Höhe des Kindeseinkommens;
11. die Erklärung darüber, ob der Anspruch aus eigenem, aus übergegangenem oder rückabgetretenem Recht geltend gemacht wird;
12. die Erklärung, dass Unterhalt nicht für Zeiträume verlangt wird, für die das Kind Hilfe nach dem Zwölften Buch Sozialgesetzbuch, Sozialgeld nach dem Zweiten Buch Sozialgesetzbuch, Hilfe zur Erziehung oder Eingliederungshilfe nach dem Achten Buch Sozialgesetzbuch, Leistungen nach dem Unterhaltsvorschussgesetz oder Unterhalt nach § 1607 Abs. 2 oder Abs. 3 des Bürgerlichen Gesetzbuchs erhalten hat, oder, soweit Unterhalt aus übergegangenem Recht oder nach § 94 Abs. 4 Satz 2 des Zwölften Buches Sozialgesetzbuch, § 33 Abs. 2 Satz 4 des Zweiten Buches Sozialgesetzbuch oder § 7 Abs. 4 Satz 1 des Unterhaltsvorschussgesetzes verlangt wird, die Erklärung, dass der beantragte Unterhalt die Leistung an oder für das Kind nicht übersteigt;
13. die Erklärung, dass die Festsetzung im vereinfachten Verfahren nicht nach § 249 Abs. 2 ausgeschlossen ist.

II [1]**Entspricht der Antrag nicht den in Absatz 1 und den in § 249 bezeichneten Voraussetzungen, ist er zurückzuweisen.** [2]**Vor der Zurückweisung ist der Antragsteller zu hören.** [3]**Die Zurückweisung ist nicht anfechtbar.**

III Sind vereinfachte Verfahren anderer Kinder des Antragsgegners bei dem Gericht anhängig, hat es die Verfahren zum Zweck gleichzeitiger Entscheidung zu verbinden.

1) Systematik, I–III. Die Vorschrift entspricht praktisch wörtlich dem aufgehobenen § 646 ZPO. Sie nennt die Mindestanforderungen an die Form und den Inhalt des vereinfachten Unterhaltsverfahrens. Sie entspricht damit in der Funktion den Bestimmungen über die Klageschrift, die Berufungs- oder Revisionsschrift und dem Mahnantrag je nach der ZPO. Alle diese Vorschriften bestimmen auch zusammen mit § 113 I 2 in Verbindung mit § 308 I ZPO den Inhalt des Spruchs des Gerichts und seine Grenzen. § 250 hat den Vorrang vor § 23. 1

2) Regelungszweck, I–III. Die Vorschrift dient vor allem der Rechtssicherheit wie alle Formregeln, Einl III 43. Man muß in Formfragen stets streng sein. Andererseits darf eine Form nicht zum Selbstzweck werden, Einl III 10. Jede Überforderung ist schädlich und schwächt die Chance einer gerechten Sachentscheidung als des Hauptziels natürlich auch des vereinfachten Verfahrens. Das sollte man bei der Auslegung stets mitbeachten. Einer schnellen Entscheidung dient das Gebot der Verbindung mehrerer Verfahren, III. 2

3) Form des Antrags, I. Der Antrag ist eine Beteiligtenverfahrenshandlung der nach § 249 Rn 4 Antragsberechtigten, Grdz 47 vor § 128 ZPO. Man kann ihn schriftlich stellen, also unterschreiben, § 129 ZPO Rn 9ff, Düss FamRZ **02**, 547. Man kann ihn aber auch vor dem Urkundsbeamten der Geschäftsstelle abgeben, § 257 S 1. Ein Anwaltszwang besteht daher für ihn nicht, § 78 III Hs 2 ZPO. Man muß für den Antrag ein Formular benutzen, § 259 II. Der Antrag ist an das nach § 232 zuständige FamG zu richten. Das Kind kann ihn dort auch bei einer Zuständigkeitskonzentration stellen, § 260 I, II. Daneben ist die Antragstellung zum Protokoll nach § 25 III in Verbindung mit § 257 zulässig. 3

Eine *Antragsrücknahme* ist bis zum Erlaß des Festsetzungsbeschlusses nach § 22 I 2 statthaft.

4) Inhalt des Antrags, I. Der Antragsteller braucht keine Angaben über seine Bedürftigkeit und die Leistungsfähigkeit des Antragsgegners zu machen. Vielmehr muß der Antrag nur die folgenden Angaben enthalten. Man darf sie bis zur Entscheidung berücksichtigen oder ergänzen. 4

A. Beteiligtenbezeichnung, I Z 1. Der Antrag muß die zur Klärung der Nämlichkeit notwendigen Bezeichnung der Beteiligten, ihrer gesetzlichen Vertreter und etwaigen VerfBev enthalten. Hier gilt dasselbe wie bei einer Klage, § 113 I 2 in Verbindung mit § 253 II Z 1 ZPO dort Rn 22ff, und beim Mahnantrag, § 690 I Z 1 ZPO, dort Rn 3, 4. Der Antragsteller muß daher seine Anschrift angeben, sonst ist der Antrag unzulässig, Hamm FamRZ **01**, 107.

B. Gerichtsbezeichnung, I Z 2. Der Antrag muß ferner die Bezeichnung des nach § 232 zuständigen FamG enthalten, § 690 ZPO Rn 5. Den Rpfl bindet die Bezeichnung. 5

C. Geburtsdatum, I Z 3. Der Antrag muß ferner die Angabe des Geburtsdatums des Kindes enthalten, weil es für die Altersstufen der RegelbetragVO darauf ankommt. 6

D. Unterhaltsbeginn, I Z 4. Der Antrag muß ferner die Angabe enthalten, ab welchem Zeitpunkt man den Unterhalt verlangt. Denn man kann auch zusätzlich einen rückständigen Unterhalt nach § 1613 BGB im vereinfachten Verfahren geltend machen, nur nicht isoliert, van Els Rpfleger **03**, 479. Ein Datum ist nicht unbedingt nötig, Brdb FamRZ **02**, 1263. 7

E. Vergangenheitsangaben, I Z 5. Der Antrag muß ferner für den Fall, daß er auch einen rückständigen Unterhalt geltend macht, die Angabe enthalten, wann die Voraussetzungen des § 1613 I oder II 2 BGB eingetreten sind. Verzugszinsen sind wie sonst möglich, aM Kblz FamRZ **05**, 2000. 8

F. Unterhaltshöhe, I Z 6. Der Antrag muß ferner in den Grenzen des § 249 I die Angabe der Höhe des verlangten Unterhalts enthalten, auch darüber, ob der Antragsteller nach § 1612a I BGB eine Festsetzung als Prozentsatz des Mindestunterhalts verlangt. 9

G. Kindergeld usw, I Z 7. Der Antrag muß ferner die Angaben über Kindergeld und andere anzurechnenden Leistungen enthalten, §§ 1612b oder 1612c BGB. Dabei kann man zB so formulieren: „... abzüglich der Hälfte des Kindergelds, soweit es zusammen mit dem Unterhalt x% des Mindestunterhalts übersteigt", Düss MDR **02**, 701, Jena FamRZ **05**, 916, Köln FamRZ **02**, 33, aM Naumb FamRZ **04**, 1977, Saarbr JAmt **02**, 94. 10

H. Eltern-Kind-Verhältnis, I Z 8. Der Antrag muß ferner die Erklärung enthalten, daß zwischen dem Kind und dem Antragsgegner ein Eltern-Kind-Verhältnis nach §§ 1591–1593 BGB besteht. Dabei muß er im Fall eines nicht in einer Ehe geborenen Kindes bei einer Inanspruchnahme des Vaters dessen Vaterschaftsanerkenntnis oder die gerichtliche Vaterschaftsfeststellung nach Ort und Datum darlegen. 11

I. Getrennte Haushalte, I Z 9. Der Antrag muß ferner die Erklärung enthalten, daß das Kind nicht mit dem Antragsgegner in einem Haushalt lebt. Denn das ist wegen § 1612a I 1 BGB eine Voraussetzung für die Inanspruchnahme im vereinfachten Verfahren, § 249 I. 12

J. Kindeseinkommen, I Z 10. Der Antrag muß ferner wegen § 1602 BGB eine Erklärung auch darüber enthalten, ob von dem Kind oder für das Kind ein unterhaltsrechtlich relevantes Einkommen bezogen wird. Dabei ist keine Berechnung des konkreten Unterhaltsanspruchs nötig. 13

K. Eigenes Rechts usw, I Z 11; Sozialgrenzen, I Z 12. Der Antrag muß ferner die dort genannten Erklärungen enthalten. Diese Erklärungen sind deshalb nötig, weil ein gesetzlicher Übergang auf den jeweiligen Leistungsträger stattfindet, auch für die Zukunft, Zweibr FamRZ **04**, 1796, der dadurch antragsberechtigt wird, Brdb FamRZ **02**, 545. Er ist jedoch befugt, den Anspruch zur gerichtlichen Geltendmachung auf den Unterhaltsberechtigten zurückzuübertragen. In diesen Punkten soll alle Klarheit bestehen, ohne daß jetzt eine Prüfung stattfindet, ob die Sozialleistungen berechtigt waren, Köln FamRZ **06**, 431. 14

15 L. **Ausschlußerklärung, I Z 13.** Der Antrag muß schließlich die Erklärung enthalten, daß die Festsetzung im vereinfachten Verfahren nicht nach § 249 II ausgeschlossen ist.

16 **5) Zurückweisung des Antrags, II.** Der Rpfl ist funktionell zuständig, § 25 Z 2 c RPflG. Er muß den Antrag von Amts wegen zurückweisen, wenn dieser nicht den Voraussetzungen in I und den in § 249 bezeichneten entspricht, *II 1.* Hierhin gehört die Geltendmachung eines solchen Anspruchs, der nicht unter § 249 I fällt oder den § 249 II ausschließt, ferner ein Verstoß gegen die Formvorschriften nach Rn 2 oder die Anrufung eines unzuständigen Gerichts, § 232.

17 Der Rpfl muß den Antragsteller nur bei einem behebbaren Mangel vor der Zurückweisung *hören, II 2.* Dem Antragsgegner braucht der Rpfl einen solchen Antrag, den er für unzulässig hält, nicht zuzustellen, *I.* Die Anhörung gibt dem Antragsteller die Gelegenheit, Fehler nachzubessern, zB um eine Abgabe des Gesuchs an das zuständige Gericht zu bitten. Der Rpfl setzt eine angemessene Frist. Soweit der Antragsteller den Mangel nicht behebt, muß der Rpfl entweder auf einen etwaigen Hilfsantrag nach § 3 an das zuständige Gericht verweisen, oder den Antrag als unzulässig zurückweisen, *II 1.* Dasselbe gilt, soweit der Mangel nicht behebbar ist, Köln FamRZ **00**, 676. Die Entscheidung ergeht durch einen wegen § 38 III 1 grundsätzlich zu begründenden Beschluß (Ausnahmen: § 38 IV). In ihm muß der Rpfl auch nach § 81 über die Kosten entscheiden. Denn die Kostengrundentscheidung hängt nicht von der Erstattbarkeit ab, und es kann sich ein Gegner gemeldet haben. Der Rpfl muß den Beschluß dem Antragsteller förmlich zustellen, § 113 I 2 in Verbindung mit § 329 II 2 ZPO.

18 Der *vollständig* zurückweisende Beschluß ist nicht anfechtbar, *II 3.* Gegen ihn findet deshalb die fristgebundene *Erinnerung* statt, § 11 II 1 RPflG, Zweibr FamRZ **04**, 1796. Der Rpfl darf abhelfen, § 11 II 2 RPflG, Zweibr FamRZ **04**, 1796. Andernfalls entscheidet der Familienrichter, § 11 II 3 RPflG. Das Verfahren ist gerichtsgebührenfrei, § 11 IV RPflG. Der Antragsteller darf aber auch einen neuen, verbesserten Antrag stellen. § 249 II steht nicht entgegen, weil der Beschluß nach II nicht über den Unterhaltsanspruch entschieden hat. Der Beschluß ist ein Vollstreckungstitel, § 86 I Z 3.

Gegen eine nur *teilweise* Zurückweisung ist die befristete Beschwerde oder Erinnerung nach § 58 statthaft.

19 **6) Verbindung von Verfahren, III.** Sind bei diesem FamG vereinfachte Verfahren anderer Kinder des Antraggegners anhängig, muß das Gericht diese Verfahren nach § 20 zwingend zum Zweck gleichzeitiger Entscheidung verbinden, aM Schumacher/Grün FamRZ **98**, 792 (Sollbestimmung. Aber „ordnet an" bringt ein Muß). Die Verbindung erfolgt durch einen Beschluß des Rpfl. Der Beschluß ist unanfechtbar.

251 *Maßnahmen des Gerichts.* I [1] **Erscheint nach dem Vorbringen des Antragstellers das vereinfachte Verfahren zulässig, verfügt das Gericht die Zustellung des Antrags oder einer Mitteilung über seinen Inhalt an den Antragsgegner.** [2] **Zugleich weist es ihn darauf hin,**

1. ab welchem Zeitpunkt und in welcher Höhe der Unterhalt festgesetzt werden kann; hierbei sind zu bezeichnen:
   a) die Zeiträume nach dem Alter des Kindes, für das die Festsetzung des Unterhalts nach dem Mindestunterhalt der ersten, zweiten und dritten Altersstufe in Betracht kommt;
   b) im Fall des § 1612 a des Bürgerlichen Gesetzbuchs auch der Prozentsatz des jeweiligen Mindestunterhalts;
   c) die nach den § 1612 b oder § 1612 c des Bürgerlichen Gesetzbuchs zu berücksichtigenden Leistungen;

2. dass das Gericht nicht geprüft hat, ob der verlangte Unterhalt das im Antrag angegebene Kindeseinkommen berücksichtigt;

3. dass über den Unterhalt ein Festsetzungsbeschluss ergehen kann, aus dem der Antragsteller die Zwangsvollstreckung betreiben kann, wenn er nicht innerhalb eines Monats Einwendungen in der vorgeschriebenen Form erhebt;

4. welche Einwendungen nach § 252 Abs. 1 und 2 erhoben werden können, insbesondere, dass der Einwand eingeschränkter oder fehlender Leistungsfähigkeit nur erhoben werden kann, wenn die Auskunft nach § 252 Abs. 2 Satz 3 in Form eines vollständig ausgefüllten Formulars erteilt wird und Belege über die Einkünfte beigefügt werden;

5. dass die Einwendungen, wenn Formulare eingeführt sind, mit einem Formular der beigefügten Art erhoben werden müssen, das auch bei jedem Amtsgericht erhältlich ist.

[3] **Ist der Antrag im Ausland zuzustellen, bestimmt das Gericht die Frist nach Satz 2 Nr. 3.**

II **§ 167 der Zivilprozessordnung gilt entsprechend.**

1 **1) Systematik, Regelungszweck, I, II.** Die Vorschrift stimmt praktisch wörtlich mit dem aufgehobenen § 647 ZPO überein. Auch § 251 dient der Vereinfachung, zB bei der Festsetzung der Höhe von Kindergeld, Jena FamRZ **05**, 917. Wenn der Rpfl den Antrag auf die Durchführung des vereinfachten Verfahren nicht nach § 250 II sogleich als unzulässig zurückweist, muß er dem Antragsgegner das rechtliche Gehör geben, Art 103 I GG. Das Nähere regelt § 251 zwecks Rechtssicherheit nach Einl III 43 streng formalisiert.

2 **2) Zustellung, I 1, 3.** Erscheint das vereinfachte Verfahren nach dem Vorbringen des Antragstellers als zulässig, verfügt der nach § 25 Z 2 c RPflG zuständige Rpfl wegen I 2 Z 3 in Verbindung mit § 113 I 2 und mit § 329 II 2 ZPO die Zustellung des Antrags als Ablichtung oder Abschrift oder eine Mitteilung über seinen Inhalt an den Antragsgegner. Muß der Rpfl den Antrag im Ausland zustellen, gelten §§ 183, 184 ZPO mit der Maßgabe von I 3. Eine öffentliche Zustellung ist nach § 113 I 2 in Verbindung mit § 185 ZPO statthaft, van Els Rpfleger **99**, 300 (keine ausdehnende Anwendung von § 688 II Z 3 ZPO).

3 **3) Hinweise, I 2.** Der Rpfl muß dem Antragsgegner zugleich Hinweise auf folgende Punkte geben. Das kann formularmäßig geschehen.

A. Zeitraum, Höhe, I 2 Z 1. Der Rpfl weist daraufhin, von wann an und in welcher Höhe er einen Unterhalt festsetzen kann. Kindergeld kann man dynamisieren, Jena FamRZ **05**, 917. Der Rpfl kann bezeichnen
- die Zeiträume nach dem Alter des Kindes, für die die Festsetzung des Unterhalts nach dem Mindestunterhalt der ersten, zweiten und dritten Altersstufe in Betracht kommt. Der Rpfl muß die Höhe des Mindestunterhalts angeben, Naumb Rpfleger **01**, 591;
- bei § 1612 a BGB auch den Prozentsatz des jeweiligen Mindestunterhalts;
- die nach §§ 1612 b oder 1612 c BGB zu berücksichtigenden Leistungen. Der Rpfl kann im Festsetzungsbeschluß die Berücksichtigung kindbezogener Leistungen, insbesondere des Kindergelds, auch dynamisch tenorieren, also einen Prozentsatz oder Bruchteil des jeweiligen Betrags der kindbezogenen Leistungen, zB wie nach § 250 Rn 10. Es empfiehlt sich jedoch in der Mitteilung des Rpfl trotz abstrakter Formulierung zumindest für die derzeitige Situation ein Hinweis in Höhe eines bestimmten zu berücksichtigenden Betrags, van Els FamRZ **04**, 1978.

B. Kindeseinkommen, I 2 Z 2. Der Rpfl weist ferner darauf hin, daß er nicht geprüft hat, ob der verlangte Unterhalt das im Antrag angegebene Kindeseinkommen berücksichtigt. Der Hinweis soll Mißverständnissen vorbeugen und den Unterhaltsschuldner veranlassen, entsprechende Einwendungen zu erheben, ohne die der Rpfl den Unterhalt in der beantragten Höhe festsetzt. 4

C. Vollstreckungstitel, I 2 Z 3. Der Rpfl weist ferner daraufhin, daß über den Unterhalt ein Festsetzungsbeschluß ergehen kann, aus dem der Antragsteller nach § 86 I Z 1 die Zwangsvollstreckung betreiben kann, wenn der Antragsgegner nicht innerhalb eines Monats Einwendungen in der vorgeschriebenen Form erhebt. Dabei bestimmt im Fall der Auslandszustellung nach Rn 2 der Rpfl die Frist im Einzelfall, *I 3*. Es handelt sich nicht um eine Ausschlußfrist, Karlsr FamRZ **00**, 1159, Köln FamRZ **00**, 680. Daher bleiben Einwendungen nach § 252 bis zur Festsetzung nach § 253 zulässig, van Eis Rpfleger **99**, 300. 5

D. Einwendungsmöglichkeiten, I 2 Z 4. Der Rpfl weist ferner darauf hin, welche Einwendungen nach § 252 I, II statthaft sind, insbesondere, daß der Antragsgegner den Einwand einer eingeschränkten oder fehlenden Leistungsfähigkeit nur dann wirksam erheben kann, wenn die Auskunft nach § 252 II 3 in Form eines vollständig ausgefüllten Formulars vorliegt und wenn der Antragsgegner alle Belege über die Einkünfte beifügt. 6

E. Formularzwang, I 2 Z 5. Der Rpfl weist schließlich daraufhin, daß der Antragsgegner die Einwendungen mit einem Formular der beigefügten Art erheben muß, das auch bei jedem AG erhältlich ist, also (zum alten Recht) mit dem in der Anl 2 zu § 1 VO v 19. 6. 98, BGBl 1364, bestimmten und den Hinweisen beigefügten Vordruck (BGBl **98**, 1371), § 250 Rn 2. 7

4) Wirkungen des Antrags, II. Mit der Einreichung des Antrags oder seiner Erklärung zum Protokoll nach § 257 wird die Sache anhängig, § 249 I. Entsprechend § 113 I 2 in Verbindung mit § 167 ZPO beginnt durch die Einreichung die Verjährung des Unterhaltsanspruchs neu, § 167 ZPO Rn 4 ff. Abweichend von § 691 II ZPO tritt diese Wirkung auch bei einer Zurückweisung des Antrags ein. Eine dem Antragsteller vorwerfbar unvollständige Antragsfassung kann zu einer nach II, § 167 ZPO schädlichen Verzögerung führen. 8

252

Einwendungen des Antragsgegners. I [1] **Der Antragsgegner kann Einwendungen geltend machen gegen**

1. die Zulässigkeit des vereinfachten Verfahrens,
2. den Zeitpunkt, von dem an Unterhalt gezahlt werden soll,
3. die Höhe des Unterhalts, soweit er geltend macht, dass
a) die nach dem Alter des Kindes zu bestimmenden Zeiträume, für die der Unterhalt nach dem Mindestunterhalt der ersten, zweiten und dritten Altersstufe festgesetzt werden soll, oder der angegebene Mindestunterhalt nicht richtig berechnet sind,
b) der Unterhalt nicht höher als beantragt festgesetzt werden darf,
c) Leistungen der in § 1612 b oder § 1612 c des Bürgerlichen Gesetzbuchs bezeichneten Art nicht oder nicht richtig berücksichtigt worden sind.

[2] **Ferner kann er, wenn er sich sofort zur Erfüllung des Unterhaltsanspruchs verpflichtet, hinsichtlich der Verfahrenskosten geltend machen, dass er keinen Anlass zur Stellung des Antrags gegeben hat.** [3] **Nicht begründete Einwendungen nach Satz 1 Nr. 1 und 3 weist das Gericht mit dem Festsetzungsbeschluss zurück, ebenso eine Einwendung nach Satz 1 Nr. 2, wenn ihm diese nicht begründet erscheint.**

II [1] **Andere Einwendungen kann der Antragsgegner nur erheben, wenn er zugleich erklärt, inwieweit er zur Unterhaltsleistung bereit ist und dass er sich insoweit zur Erfüllung des Unterhaltsanspruchs verpflichtet.** [2] **Den Einwand der Erfüllung kann der Antragsgegner nur erheben, wenn er zugleich erklärt, inwieweit er geleistet hat und dass er sich verpflichtet, einen darüber hinausgehenden Unterhaltsrückstand zu begleichen.** [3] **Den Einwand eingeschränkter oder fehlender Leistungsfähigkeit kann der Antragsgegner nur erheben, wenn er zugleich unter Verwendung des eingeführten Formulars Auskunft über**

1. seine Einkünfte,
2. sein Vermögen und
3. seine persönlichen und wirtschaftlichen Verhältnisse im Übrigen

erteilt und über seine Einkünfte Belege vorlegt.

III **Die Einwendungen sind nur zu berücksichtigen, solange der Festsetzungsbeschluss nicht verfügt ist.**

Gliederung

1 **1) Systematik, I–III.** Die Vorschrift stimmt nahezu wörtlich mit dem aufgehobenen § 648 ZPO überein. Sie eröffnet und begrenzt die Möglichkeiten des Unterhaltsschuldners in einem Verfahren, das seiner Natur nach eine Begünstigung des Unterhaltsbedürftigen bezweckt. Insbesondere *II* schränkt solche Abwehrmöglichkeiten des Schuldners erheblich ein. Ob das gesetzlich ausgewogen ist, läßt sich unterschiedlich beurteilen. Jedenfalls stellt die Regelung stark auf das Interesse des Gläubigers ab. Als eine Spezialvorschrift hat sie den Vorrang vor allgemeineren sonstigen prozessualen Prinzipien.

2 **2) Regelungszweck, I–III.** Der Vereinfachung und Beschleunigung des Verfahrens dient es, daß der Antragsgegner im vereinfachten Verfahren nur bestimmte Einwendungen erbeben darf, Brdb FamRZ **05**, 1844. Das ist verfassungsrechtlich unbedenklich, BVerfG FamRZ **90**, 487 (zum alten Recht). Die in Rn 1 dargelegte Bevorzugung des Gläubigers zwingt zu einer ihm möglichst günstigen Auslegung. Sie darf aber nun auch nicht zu einer Verkümmerung der Restposition des Schuldners führen. Das ganze vereinfachte Verfahren geht ohnehin schon ziemlich hart mit ihm um. Das sollte man bei der Handhabung mitbeachten. Gegen den Beschluß ist die sofortige Beschwerde statthaft, § 256. Außerdem kann jede Partei die Durchführung des streitigen Verfahrens beantragen, § 255.

3 **3) Uneingeschränkt beachtliche Einwendungen, I 1, 2.** Der Antragsgegner darf im vereinfachten Verfahren nur die in I abschließend aufgeführten folgenden Einwendungen uneingeschränkt geltend machen. Er muß dabei ein nach § 259 eingeführtes Formular benutzen.

A. Zulässigkeit, I 1 Z 1. Hierhin gehören die Unzulässigkeit wegen des Fehlens einer Verfahrensvoraussetzung nach § 113 I 2 in Verbindung mit Grdz § 253 ZPO, dort Rn 12 ff, oder der besonderen Voraussetzungen des vereinfachten Verfahrens zB nach §§ 249, 250, Brdb FamRZ **02**, 545 (zu jetzt § 250 I Z 8), ferner nach §§ 257, 259 II.

Nicht hierher gehört das Erreichen der Volljährigkeit, KG MDR **03**, 1235, oder eine andere Einwendung nach II.

4 **B. Zahlungsbeginn, I 1 Z 2.** Hierher gehört ferner eine Einwendung gegen den dem Schuldner nach § 251 I 2 Z 1 mitgeteilten Zeitpunkt, von dem an er einen Unterhalt zahlen soll, zB bei der Geltendmachung von Unterhalt für die Vergangenheit, § 1613 BGB.

Nicht hierher gehört das Unterbleiben einer Begrenzung bis zum 18. Lebensjahr, Stgt RR **00**, 1103.

5 **C. Betrag, I 1 Z 3.** Hierher gehört ferner eine der in Z 3 a–c abschließend genannten Lagen, Zweibr JAmt **01**, 94, also eine Einwendung gegen die dem Schuldner nach § 251 I 2 Z 1 mitgeteilte näher bezeichnete Höhe des Unterhalts, soweit der Antragsgegner geltend macht, daß der Antragsteller diejenigen nach dem Alter des Kindes zu bestimmenden Zeiträume nicht richtig berechnet habe, für die er einen Unterhalt nach den Mindestbeträgen der ersten, zweiten und dritten Altersstufe fordert, oder daß die angegebenen Mindestbeträge von denjenigen der RegelbetragsVO abweichen oder daß der Unterhalt nicht höher als beantragt ausfallen dürfe oder daß der Antragsteller Leistungen der in §§ 1612 b oder 1612 c BGB bezeichneten Art nicht oder nicht richtig angerechnet habe.

6 **D. Verfahrenskosten, I 2.** Insofern darf der Antragsgegner bei einer sofortigen Verpflichtung zur Erfüllung des Unterhaltsanspruchs geltend machen, daß er keinen Anlaß zum Antrag gegeben habe, § 113 I 2 in Verbindung mit § 93 ZPO, daß der Antragsteller ihn also zB nicht zur Zahlung vor dem Verfahrensbeginn aufgefordert habe. Für solche Einwendungen ist der Antragsgegner auch beweispflichtig, Brdb FamRZ **00**, 1159.

7 **4) Eingeschränkt beachtliche Einwendungen, I 3, II.** Man muß einen Grundsatz und zwei Sonderfälle unterscheiden.

A. Grundsatz: Nur bei Bereitschaft und Verpflichtung, II 1. Andere als die in I genannten Einwendungen kann der Antragsgegner grundsätzlich nur dann erheben, wenn er zugleich erklärt, daß und inwieweit er zur Unterhaltsleistung bereit ist und sich insoweit zur Erfüllung des Unterhaltsanspruchs verpflichtet, Brdb FamRZ **04**, 475, Köln FamRZ **06**, 432. Damit soll ein streitiges Verfahren nach § 255 unterbleiben. Zumindest soll der Rpfl den Streitstoff vorklären. Eine vollstreckbare Erfüllungsverpflichtung ist ausnahmsweise nicht erforderlich.

Die zusätzliche Erklärung nach II 1 *entfällt,* wenn der Antragsgegner seine Verhältnisse schon nach §§ 249 ff offengelegt hat, Hamm FamRZ **06**, 211, oder wenn er erklärt, zur Unterhaltszahlung überhaupt nicht fähig zu sein, Brdb FamRZ **04**, 1587, Hamm FamRZ **06**, 211, Kblz FamRZ **05**, 915, oder aus diesem oder einem anderen Grund jedenfalls nicht verpflichtet zu sein, Karlsr FamRZ **06**, 1393, Mü FamRZ **05**, 381, Rostock FamRZ **06**, 1394. Dann gilt (nur) II 3, Hamm FER **00**, 97.

8 **B. Erfüllung, II 2.** Den Einwand der Erfüllung kann der Antragsgegner nur dann erheben, wenn er zugleich nach der Höhe und dem Zeitpunkt genau erklärt, inwieweit er geleistet hat und daß er sich verpflichtet, einen darüber hinausgehenden Rückstand zu begleichen. Ein entsprechender Vollstreckungstitel ist nicht notwendig. Der Rpfl muß den Antragsteller fragen, ob er in Höhe eines etwa inzwischen anderweitig

titulierten Betrags das jetzige Verfahren für erledigt erklärt, Karlsr FamRZ **00**, 1159, Maurer FamRZ **00**, 1578, Zweibr FamRZ **00**, 1160, aM Drsd FamRZ **00**, 679, Mü FamRZ **01**, 1077.

C. Begrenzte Leistungsfähigkeit, II 3. Den Einwand eingeschränkter oder fehlender Leistungsfähigkeit nach § 1603 BGB kann der Antragsgegner nur dann erheben, wenn er zugleich mit der Erklärung nach II 1 eine Auskunft über seine Einkünfte, sein Vermögen und seine persönlichen und wirtschaftlichen Verhältnisse erteilt und über seine Einkünfte Belege vorlegt, Brdb FamRZ **04**, 273 (zustm Gottwald), Mü FamRZ **05**, 381. Darauf muß der Rpfl den Antragsgegner von Amts wegen hinweisen, Oldb FamRZ **01**, 1078. Der Antragsgegner muß bei den Einkünften auch etwaige Abzüge darlegen und belegen, van Els Rpfleger **99**, 301. Daß der Einwand im amtlichen Formular fehlt, ist unschädlich, Ffm FamRZ **02**, 835, Hamm FamRZ **00**, 901. Die Obliegenheit, diese Auskünfte zu geben, geht über § 1605 I 1 BGB hinaus, Strauß FamRZ **98**, 1002. Damit soll der Antragsteller eine Grundlage für eine außergerichtliche Einigung und die Möglichkeit erhalten, seine Aussichten im Verfahren einzuschätzen. Die bloße Mitteilung über die Eröffnung eines Verbraucherinsolvenzverfahrens reicht nicht aus, Kblz MDR **05**, 514. Die Verwendung des Formulars ist zwingend. Jedoch genügt die Abgabe einer sinngemäßen Erklärung, Bbg FamRZ **01**, 109, Brdb FamRZ **04**, 1587, Düss FamRZ **01**, 766, aM Karlsr FamRZ **01**, 767, Nürnb MDR **04**, 154. Der im Ausland Lebende darf fremdsprachige Urkunden einreichen, soweit das Gericht keine deutschsprachigen fordert, Mü FamRZ **05**, 381. Eine Erklärung, inwieweit der Schuldner auch leistungsbereit ist, ist nicht nötig, Rostock FamRZ **02**, 836. 9

5) Einwendungsform, I, II. Eine Einwendung muß schriftlich unter einer Verwendung des amtlichen Formulars erfolgen, § 259, Nürnb FamRZ **04**, 475. Zur Aufnahme der in II vorgesehenen Erklärung sind neben dem Urkundsbeamten des FamG oder jedes anderen AG nach § 257 in Verbindung mit § 113 I 2, ferner mit § 129 a ZPO, § 24 II Z 3 RPflG auch ein Notar nach § 62 I Z 2 BeurkG und das Jugendamt nach § 257 in Verbindung mit § 59 I 1 Z 9 SGB VIII befugt. Sie müssen die Erklärung entsprechend § 129 a II ZPO unverzüglich dem zuständigen Gericht übermitteln. Der Pflichtige braucht das Formular nicht zu unterzeichnen, wenn sein Bevollmächtigter es einem Schriftsatz beifügt, Hamm FamRZ **06**, 211. Eine teilweise Formularschwärzung führt zur Abweisung, Brdb FamRZ **04**, 1587. Dasselbe gilt bei einem bloßen Schriftsatz nebst einer Bezugnahme auf Anlagen (Belege), Nürnb FamRZ **04**, 479, aber nicht bei einem vollständigen Formular, jedoch unvollständigen Belegen, aM Brdb FamRZ **04**, 1587, und auch nicht bei einem bloßen Ausfüllungsfehler. Dann muß das Gericht einen Hinweis nach § 113 I 2 in Verbindung mit § 139 II ZPO geben, Karlsr FamRZ **06**, 1548. 10

6) Zeitliche Begrenzung, III. Man muß seine Einwendungen innerhalb eines Monats nach der Zustellung des Antrags erheben, § 251 I 1 Z 2, oder bei einer Zustellung im Ausland innerhalb der vom Gericht bestimmten Frist, § 251 I 3. Für die Rechtzeitigkeit ist der Eingang beim Gericht maßgeblich, Köln FamRZ **01**, 1464. Zweifel an der Rechtzeitigkeit gehen zulasten des Einwendenden, Hamm FamRZ **06**, 45. Spätere Einwendungen sind jedoch ähnlich wie bei § 694 I ZPO beachtbar, solange der Rpfl seinen Festsetzungsbeschluß nicht verfügt hat, Köln FamRZ **00**, 680. Das muß der Antragsgegner beweisen, Hamm FamRZ **06**, 45. „Verfügt" hat der Rpfl erst mit dem Wirksamwerden seines Beschlusses nach § 40, also mit seiner Hinausgabe aus dem inneren Geschäftsbetrieb des Gerichts, Ffm RR **01**, 799, Hamm FamRZ **06**, 45, KG FamRZ **07**, 837, aM Brdb FamRZ **01**, 1078 (systemfremd: schon mit der Unterschrift). 11

7) Verfahren, I, II, dazu *van Els* Rpfleger **99**, 301; *Schumacher/Grün* FamRZ **98**, 790: Der Rpfl muß den Antragsgegner vor einer ihm nachteiligen Entscheidung anhören, Brdb FamRZ **04**, 475. Maßgeblich sind stets die Verhältnisse bei der Entscheidungsreife wie bei § 300 ZPO Rn 6, Brdb FamRZ **04**, 273 links Mitte. Man muß die folgenden Entscheidungsmöglichkeiten des Rpfl des FamG beachten. Er entscheidet im Festsetzungsbeschluß nach §§ 252, 253. Dabei nimmt er eine volle Sach- und Rechtsprüfung vor. 12

Einwendungen gegen die Zulässigkeit des vereinfachten Verfahrens nach *I 1 Z 1* und gegen die Höhe des Unterhalts nach *I 1 Z 3* weist der Rpfl mit dem Festsetzungsbeschluß nach § 252 zurück, wenn sie nicht begründet sind, *I 3 Hs 1.* Der Beschluß des Rpfl ist ein Vollstreckungstitel, § 86 I Z 1. Er ist nach § 250 II 3 anfechtbar, Brdb FamRZ **04**, 475. Der Rpfl entscheidet ebenfalls im Festsetzungsbescheid über eine Einwendung gegen den Zahlungsbeginn, *I 1 Z 2, I 3 Hs 2.* Mit der Einschränkung, „wenn ihm diese nicht begründet erscheint", erhält der Rpfl ein Beurteilungsermessen. Er entscheidet nach dem Sach- und Streitstand, wie er sich aus dem Beteiligtenvorbringen sowie aus etwaigen präsenten Beweismitteln ergibt. Ist der Vorbehalt wegen der Kosten nach *I 2* berechtigt, entscheidet der Rpfl demgemäß über die Kosten, § 81. Weist der Rpfl eine Einwendung nicht nach I 3 zurück, verfährt er nach § 254. Greift der Einwand der Unzulässigkeit des vereinfachten Verfahrens nach I 1 Z 1 durch, weist der Rpfl den Antrag zurück, § 249 II. 13

Für *andere* als die in I genannten Einwendungen gilt: Der Rpfl weist eine nach II unzulässige Einwendung im Festsetzungsbeschluß nach § 253 entsprechend I 3 zurück. Für zulässige Einwendungen gilt § 254.

8) Rechtsmittel, I–III. Es gelten §§ 255, 256. 14

253 *Festsetzungsbeschluss.* I [1] **Werden keine oder lediglich nach § 252 Abs. 1 Satz 3 zurückzuweisende oder nach § 252 Abs. 2 unzulässige Einwendungen erhoben, wird der Unterhalt nach Ablauf der in § 251 Abs. 1 Satz 2 Nr. 3 bezeichneten Frist durch Beschluss festgesetzt.** [2] **In dem Beschluss ist auszusprechen, dass der Antragsgegner den festgesetzten Unterhalt an den Unterhaltsberechtigten zu zahlen hat.** [3] **In dem Beschluss sind auch die bis dahin entstandenen erstattungsfähigen Kosten des Verfahrens festzusetzen, soweit sie ohne weiteres ermittelt werden können; es genügt, wenn der Antragsteller die zu ihrer Berechnung notwendigen Angaben dem Gericht mitteilt.**

II **In dem Beschluss ist darauf hinzuweisen, welche Einwendungen mit der sofortigen Beschwerde geltend gemacht werden können und unter welchen Voraussetzungen eine Abänderung verlangt werden kann.**

1 **1) Systematik, Regelungszweck, I, II.** Die Vorschrift stimmt praktisch wörtlich mit dem aufgehobenen § 649 ZPO überein. Im vereinfachten Verfahren setzt das Gericht den Unterhalt unter bestimmten Voraussetzungen durch einen Beschluß fest. Das Nähere regelt § 253. Zuständig ist der Rpfl, § 25 Z 2c RPflG. § 253 hat den Vorrang vor § 38. Die Vollstreckung erfolgt nach § 86 I Z 1.

2 **2) Voraussetzungen der Unterhaltsfestsetzung, I 1.** Es muß die eine oder andere folgende Bedingung erfüllt sein.

A. Entweder: Ablauf der Einwendungsfrist. Die Festsetzung ist zulässig, wenn die Monatsfrist nach § 251 I 2 Z 3 oder die bei einer Auslandszustellung festgesetzte besondere Frist nach § 251 I 3 abgelaufen ist. Bis zur Verfügung des Festsetzungsbeschlusses eingehende Einwendungen muß der Rpfl berücksichtigen, § 252 III.

3 **B. Oder: Nicht beachtbare Einwendung.** Die Festsetzung darf auch dann erfolgen, wenn nur eine solche Einwendung vorliegt, die der Rpfl nach § 252 I 3 zurückweisen muß oder die nach § 252 II unzulässig ist, § 252 Rn 8, 9. Es mag auch ein Anerkenntnis vorliegen, Brdb FamRZ **07**, 838.

4 **3) Verfahren, I, II.** Die Entscheidung des Rpfl nach Rn 1 kann ohne eine mündliche Verhandlung ergehen, § 32 Rn 1. Eine Verhandlung wird zB dann notwendig sein, wenn der Rpfl Einwendungen nach § 252 I nachprüfen muß, § 252 Rn 8, van Els Rpfleger **99**, 300. Nach einer mündlichen Verhandlung darf und muß der Rpfl trotzdem durch einen Beschluß entscheiden, soweit die Beteiligten keinen Verfahrensvergleich nach § 36 schließen. Eine Vertretung durch einen Anwalt ist in keinem Fall erforderlich, § 25.

5 **4) Entscheidungsform, I 1.** Die Entscheidung ergeht durch einen Beschluß des Rpfl. Er läßt ihn von Amts wegen zustellen, § 38 in Verbindung mit § 256. Wegen der Form bei einer maschinellen Bearbeitung § 258. Der Beschluß ist ein Vollstreckungstitel, § 86 I Z 1.

6 **5) Entscheidungsinhalt, I 2, 3.** Außer den für jeden Beschluß nötigen Angaben muß der Festsetzungsbeschluß folgendes enthalten.

A. Zahlungsverpflichtung, I 2. In dem Beschluß ist wegen seiner Eigenschaft als ein Vollstreckungstitel nach § 86 I Z 1 der Ausspruch notwendig, daß und ab wann der Antragsgegner den in Zahlen oder in Prozentsätzen des Mindestunterhalts nach § 1612a oder § 1612b BGB und nach den Zeiträumen und der Fälligkeit festgesetzten Unterhalt an den Unterhaltsberechtigten zahlen muß, Hamm FamRZ **04**, 1587, Jena FamRZ **05**, 916, Naumb FamRZ **04**, 1133. Dabei darf der Rpfl die nach § 1612b BGB abzuziehenden Kindergeldbeträge in Prozentsätzen des jeweils gültigen Satzes bezeichnen, Köln FamRZ **02**, 33. Der Beschluß muß einen vollstreckbar klaren Inhalt haben, Hamm FamRZ **90**, 1375. Verzugszinsen sind nicht festsetzbar, Kblz FamRZ **05**, 2000.

7 **B. Kosten, I 3,** dazu *Groß* Rpfleger **99**, 303: In dem Festsetzungsbeschluß muß der Rpfl nicht nur über die Kostenpflicht entscheiden, §§ 81 ff. Der Rpfl darf und muß auch schon die bis zur Verfügung des Beschlusses entstandenen erstattungsfähigen Kosten des Verfahrens auch betragsmäßig festsetzen, soweit er sie ohne weiteres ermitteln kann, *I 3 Hs 1.* Dafür genügt es, wenn der Antragsteller die zu ihrer Berechnung notwendigen Angaben dem Gericht mitteilt, *I 3 Hs 2.* Bei einer Kostenteilung gilt das entsprechend auch wegen der Kosten des Antragsgegners. Dadurch läßt sich ein zusätzliches Kostenfestsetzungsverfahren nach § 85 in Verbindung mit §§ 103 ff ZPO vermeiden.

8 **6) Hinweise, I, II.** Im Festsetzungsbeschluß muß der Rpfl darauf hinweisen, welche Einwendungen der Antragsgegner mit der Beschwerde geltend machen kann, § 256, und unter welchen Voraussetzungen er eine Abänderung nach § 48 verlangen kann. Über diese Angaben hinaus, die sonst den Beteiligten wenig nützen, wird der Rpfl die Beteiligten auch über die Form und Frist der Beschwerde belehren.

Ein *Verstoß* ist prozessual ohne Folgen, aM Naumb FamRZ **01**, 1465 (Aufhebung und Zurückverweisung). Er wird aber einen Anlaß zur Wiedereinsetzung bei einem Fristversäumnis nach § 17 bieten, van Els Rpfleger **99**, 300, oder zur Nichterhebung von Rechtsmittelkosten nach § 20 FamGKG führen können.

9 **7) Rechtsmittel, I, II.** Es gelten §§ 255, 256.

10 **8) Abänderung, I, II.** Vgl § 240 I.

254 *Mitteilungen über Einwendungen.* [1] **Sind Einwendungen erhoben worden, die nach § 252 Abs. 1 Satz 3 nicht zurückzuweisen oder die nach § 252 Abs. 2 zulässig sind, teilt das Gericht dem Antragsteller dies mit.** [2] **Es setzt auf seinen Antrag den Unterhalt durch Beschluss fest, soweit sich der Antragsgegner nach § 252 Abs. 2 Satz 1 und 2 zur Zahlung von Unterhalt verpflichtet hat.** [3] **In der Mitteilung nach Satz 1 ist darauf hinzuweisen.**

1 **1) Systematik, Regelungszweck, S 1–3.** Die Vorschrift stimmt praktisch wörtlich mit dem aufgehobenen § 650 ZPO überein. Während § 253 das Verfahren regelt, wenn der Antragsgegner keine beachtlichen Einwendungen erhoben hat, bestimmt § 254 das Nähere über das Verfahren bei beachtlichen Einwendungen nach § 252 Rn 8, 9.

2 **2) Mitteilung an den Antragsteller, S 1–3.** Hat der Antragsgegner Einwendungen erhoben, die nach § 252 I 3 nicht zurückzuweisen oder nach § 252 II zulässig sind, § 252 Rn 2 ff, teilt der Rpfl das nach § 25 Z 2c RPflG dem Antragsteller mit, *S 1,* Brdb FamRZ **04**, 475, van Els Rpfleger **99**, 301. Dadurch erhält der Antragsgegner die Gelegenheit, zu den Einwendungen Stellung zu nehmen. Insbesondere kann der Antragsteller beantragen, in den Fällen des § 252 II 1, 2 einen Teilfestsetzungsbeschluß zu erlassen, *S 2,* van Els Rpfleger **99**, 301. Darauf muß der Rpfl den Antragsteller in der Mitteilung hinweisen, *S 3.* Die Mit-

teilung erfolgt formlos, van Els Rpfleger **99**, 301. Denn § 255 III enthält keine Frist, sondern einen Zeitpunkt.

Unabhängig vom Erlaß eines Teil-Festsetzungsbeschlusses nach S 2 können beide Beteiligten beantragen, 3
das *streitige Verfahren* durchzuführen, § 255 I 1. Darauf muß der Rpfl in der Mitteilung nach § 254 ebenfalls hinweisen, § 255 I 2. Der Zugang dieses Hinweises ist für die Rechtshängigkeit im streitigen Verfahren von Bedeutung, § 255 III, dort Rn 4.

3) Weiteres Verfahren. S 2. Der Gang des weiteren Verfahrens hängt vom Verhalten des Antragstellers 4
ab.

A. Streitiges Verfahren. Beantragt ein Beteiligter die Durchführung des streitigen Verfahrens, muß das Gericht nach § 255 verfahren. Der Antragsteller kann den über den Teilfestsetzungsbeschluß nach S 2 hinausgehenden Anspruch nur auf diesem Weg weiterverfolgen.

B. Festsetzungsbeschluß. Unabhängig vom weiteren Verfahren kann der Antragsteller beantragen, den 5
Unterhalt durch einen Beschluß festzusetzen, soweit sich der Antragsgegner nach § 252 II 1, 2 zur Zahlung verpflichtet hat. Eine Erklärung, zur Zahlung nur eines bestimmten Betrags imstande zu sein, kann eine Zahlungszusage sein, Naumb FamRZ **07**, 1027. Aber Vorsicht! Eine solche Erklärung ist zumindest bedingt. Der Rpfl muß dem Antrag stattgeben. Wegen der Form und des Inhalts des Beschlusses § 253 Rn 5–8. Gegen ihn ist die befristete Beschwerde zulässig. § 256, Stgt FamRZ **02**, 329. Wegen seiner Behandlung im streitigen Verfahren § 255 IV, dort Rn 6.

4) Rechtsmittel, S 1–3. Es gelten §§ 255, 256. 6

255 *Streitiges Verfahren.*

I [1] **Im Fall des § 254 wird auf Antrag einer Partei das streitige Verfahren durchgeführt.** [2] **Darauf ist in der Mitteilung nach § 254 Satz 1 hinzuweisen.**

II [1] **Beantragt ein Beteiligter die Durchführung des streitigen Verfahrens, ist wie nach Eingang eines Antrags in einer Unterhaltssache weiter zu verfahren.** [2] **Einwendungen nach § 252 gelten als Erwiderung.**

III Das Verfahren gilt als mit der Zustellung des Festsetzungsantrags (§ 251 Abs. 1 Satz 1) rechtshängig geworden.

IV Ist ein Festsetzungsbeschluss nach § 254 Satz 2 vorausgegangen, soll für zukünftige wiederkehrende Leistungen der Unterhalt in einem Gesamtbetrag bestimmt und der Festsetzungsbeschluss insoweit aufgehoben werden.

V Die Kosten des vereinfachten Verfahrens werden als Teil der Kosten des streitigen Verfahrens behandelt.

VI Wird der Antrag auf Durchführung des streitigen Verfahrens nicht vor Ablauf von sechs Monaten nach Zugang der Mitteilung nach § 254 Satz 1 gestellt, gilt der über den Festsetzungsbeschluss nach § 254 Satz 2 oder die Verpflichtungserklärung des Antragsgegners nach § 252 Abs. 2 Satz 1 und 2 hinausgehende Festsetzungsantrag als zurückgenommen.

1) Systematik, Regelungszweck I–VI. Die Vorschrift stimmt praktisch wörtlich mit dem aufgehobe- 1
nen § 651 ZPO überein. Über sachlichrechtliche Einwendungen darf der Rpfl im vereinfachten Verfahren nicht entscheiden, § 252 Rn 8, 9. Vielmehr kann das nur im streitigen Verfahren geschehen. Den Übergang zu diesem Verfahren regelt § 255 ähnlich wie § 696 ZPO den Übergang nach einem Mahnverfahren. Die Vorschrift bezweckt eine möglichst einfache und rasche Abwicklung. Das darf man bei der Auslegung mitbeachten.

2) Übergang in das streitige Verfahren, I. Betreibt der Antragsteller statt der Unterhaltsklage das ver- 2
einfachten Verfahren und bleiben in ihm solche Einwendungen ganz oder teilweise unbeschieden, die nach § 252 I 3 nicht zurückzuweisen oder nach § 252 II zulässig sind, kommt es im Fall des § 246 auf den Antrag eines Beteiligten zu einem streitigen Verfahren, *I 1.* Auf diese Möglichkeit muß der Rpfl ihn in der Mitteilung nach § 246 hinweisen, *I 2.* Die Verweisung auf § 246 stellt klar, daß das streitige Verfahren nur insoweit stattfinden soll, als der Antragsgegner zulässige Einwendungen zunächst vorgebracht hatte, und daß daher insoweit eine Festsetzung unterblieben ist.

Der erforderliche *Antrag* ist beiden Beteiligten möglich. Es ist eine Beteiligtenverfahrenshandlung, Grdz 47 vor § 128 ZPO. Man kann ihn nur unter den am Beginn dieser Rn genannten Voraussetzungen zulässig stellen. Man muß ihn schriftlich oder zum Protokoll der Geschäftstelle anbringen, § 257. Daher besteht kein Anwaltszwang, § 25 I in Verbindung mit § 78 III Hs 2 ZPO. Er ist statthaft, sobald der Rpfl eine Entscheidung über die Einwendungen des Antragsgegners getroffen hat. Es ist unschädlich, wenn der Antragsteller nach der Anhängigkeit volljährig wird, KG MDR **03**, 1236.

3) Wirkungen des Übergangsantrags, II. Nach dem Eingang des Antrags muß das Gericht wie nach 3
dem Eingang eines Antrags in einer Unterhaltssache nach §§ 231 ff verfahren, *II 1.* Man muß also den Festsetzungsantrag nach §§ 249, 250 dann als einen Antrag nach § 231 behandeln. Einwendungen nach § 252 gelten als eine Erwiderung, *II 2.* Daher entfällt ein schriftliches Vorverfahren. Das weitere Verfahren richtet sich nach den allgemeinen Vorschriften, also zB die Vorbereitung der mündlichen Verhandlung nach § 236, der einstweilige Rechtsschutz nach § 248. Auch im streitigen Verfahren besteht kein Anwaltszwang, § 25 I in Verbindung mit § 78 III Hs 2 ZPO. Man kann den Antrag bis zur Verhandlung des Gegners zur Hauptsache entsprechend § 22 zurücknehmen.

4) Rechtshängigkeit, III. An sich tritt die Rechtshängigkeit im Sinn von § 113 I 2 in Verbindung mit 4
§ 261 ZPO erst mit dem Eingang des Antrags nach I ein. Das streitige Verfahren gilt jedoch als mit der Zustellung der Antragsschrift nach § 251 I 1 rechtshängig geworden. Wenn der Antrag nach I nicht vor dem Ablauf von 6 Monaten nach dem Zugang der Mitteilung nach § 254 erfolgt, greift VI ein, Rn 5. Falls in der

Mitteilung der Hinweis auf das streitige Verfahren nach I 2 unterblieben oder die Mitteilung nicht zugegangen ist, beginnt diese Frist nicht. Dann führt auch ein späterer Antrag zu einer rückwirkenden Rechtshängigkeit.

5 **5) Entscheidung im streitigen Verfahren, IV–VI.** Sie richtet sich nach den allgemeinen Vorschriften und nach den Sondervorschriften der §§ 246ff. Weitere Sonderbestimmungen für die Entscheidung im streitigen Verfahren enthalten *IV, V.* Für das streitige Verfahren gilt die Begrenzung nach § 249 I nicht. Durch eine Antragserweiterung kann der Antragsteller also einen höheren Unterhalt als (jetzt) das 1,2fache des Mindestunterhalts fordern, Schumacher/Grün FamRZ **98**, 793. Wenn der Antragsteller seinen Antrag nicht vor dem Ablauf von 6 Monaten nach dem Zugang der Mitteilung nach § 254 S 1 gestellt hatte, gilt die Rücknahmefiktion nach *VI.* Die Änderung der Sechsmonatsfrist nach III in eine Ausschlußfrist nach VI entspricht dem Bedürfnis der Praxis, alsbald eine Rechtsklarheit zu schaffen. Man berechnet die Frist nach § 16. Die Fiktion der Rücknahme führt zur Beendigung des Verfahrens. Sie ermöglicht eine einheitliche Kostenentscheidung nach §§ 81, 243.

6 **6) Festsetzungsbeschluß nach § 254 S 2, IV.** Ist ein solcher Beschluß vorausgegangen, § 254 Rn 5, soll das für zukünftig wiederkehrende Leistungen den Unterhalt in einem Gesamtbetrag bestimmen und den Festsetzungsbeschluß insoweit aufheben, § 95 I Z 1 in Verbindung mit §§ 775 Z 1, 776 ZPO. Die Vorschrift ist nicht zwingend. Sie ist zB dann nicht anwendbar, wenn der vorausgegangene Beschluß nur einen rückständigen Unterhalt betrifft.

7 **7) Kosten, V.** Die Kosten des vereinfachten Verfahrens werden ein Teil der Kosten des streitigen Verfahrens, § 3 IV. Für die Kostenentscheidung gelten §§ 81ff.

8 **8) Rechtsmittel, I–VI.** Gegen einen Beschluß ist nach § 256 die Beschwerde an das OLG nach § 119 GVG nach Maßgabe der §§ 59ff statthaft. Wegen der Rechtsbeschwerde an den BGH §§ 70ff. Im Rechtsbeschwerdeverfahren besteht ein Anwaltszwang, § 10 IV.

256 *Beschwerde.* [1]**Mit der Beschwerde können nur die in § 252 Abs. 1 bezeichneten Einwendungen, die Zulässigkeit von Einwendungen nach § 252 Abs. 2 sowie die Unrichtigkeit der Kostenentscheidung oder Kostenfestsetzung, sofern sie nach allgemeinen Grundsätzen anfechtbar sind, geltend gemacht werden.** [2]**Auf Einwendungen nach § 252 Abs. 2, die nicht erhoben waren, bevor der Festsetzungsbeschluss verfügt war, kann die Beschwerde nicht gestützt werden.**

1 **1) Systematik, Regelungszweck, S 1, 2.** Die Vorschrift stimmt praktisch wörtlich mit dem aufgehobenen § 652 II ZPO überein. Als einziges Rechtsmittel gegen einen Festsetzungsbeschluß sieht *S 1* in Verbindung mit §§ 58ff, 111 I Z 8 die Beschwerde vor. Sie ist aber nur beschränkt zulässig. Die Regelung gilt für jeden Festsetzungsbeschluß im Sinn von § 253, Stgt FamRZ **06**, 1769. Sie gilt also auch für einen Teilfestsetzungsbeschluß nach § 254 S 2, Brdb FamRZ **02**, 329. In einem sog Alttitelfall bleibt die sofortige Beschwerde auch dann statthaft, wenn die Volljährigkeit nach der Antragstellung und vor der Entscheidung eintritt, BGH FamRZ **06**, 403. Ist die Beschwerde nach allgemeinen Vorschriften unstatthaft, ist gegen eine Entscheidung des Rpfl die Erinnerung statthaft, § 11 II 1, IV RPflG.

2 **2) Verfahren, S 1, 2.** Man kann vier Aspekte unterscheiden.

A. Allgemeines. Grundsätzlich erläßt der Rpfl nach § 25 Z 2c RPflG den Festsetzungsbeschluß. Daher ist dagegen die sofortige Erinnerung nach § 11 I RPflG statthaft, Naumb FamRZ **03**, 690. Das gilt bei einer entsprechenden Beschwer für beide Beteiligten, Kblz FamRZ **05**, 2000, Mü FamRZ **02**, 547, Zweibr FamRZ **00**, 1160, aM Naumb FamRZ **03**, 690 (für einen ablehnenden Beschluß, § 250 Rn 7). Hat ausnahmsweise der Richter nach § 5 RPflG entschieden, gelten die Vorschriften über die Beschwerde unmittelbar, §§ 58ff, Naumb FamRZ **03**, 690.

3 **B. Form, Frist.** Für die Beschwerde gilt kein Anwaltszwang, §§ 113 I 2, 257 in Verbindung mit § 78 III Hs 2 ZPO. Denn sie kann schriftlich oder zum Protokoll des Urkundsbeamten erfolgen. Die Einlegungsfrist beträgt 1 Monat, § 63 I. Sie beginnt nach § 63 III. § 189 ZPO ist wegen § 113 I 2 anwendbar, § 189 ZPO Rn 6 „Amtszustellung".

4 **C. Voraussetzungen.** Die Beschwerde setzt eine Beschwer durch den Festsetzungsbeschluß voraus, Brdb FamRZ **02**, 1263, Mü FamRZ **02**, 547. Sie ist nur dann zulässig, wenn der Beschwerdeführer mit dem Rechtsmittel die in § 252 I bezeichneten Einwendungen oder die Zulässigkeit von Einwendungen nach § 252 II oder die Unrichtigkeit der Kostenentscheidung oder -festsetzung geltend macht, *II 1.* Die Kostenentscheidung unterliegt der Beschwerde nur dann, wenn sie isoliert anfechtbar ist. Eine Wiedereinsetzung ist nach § 17 möglich. Wenn man nur die Unrichtigkeit der Kostenfestsetzung geltendmacht, gilt entweder die Wertgrenze des § 61 I oder die Notwendigkeit einer Zulassung nach § 64 II.

5 Zu den *zulässigen Einwendungen* gehört nicht der Einwand, die Parteien hätten eine abweichende Vereinbarung getroffen, Naumb FER **00**, 96, und auch nicht der Einwand einer unrichtigen Anschrift, Brdb FamRZ **02**, 1345, wohl aber der Einwand, der Antragsgegner habe kein Kind mit diesem Geburtsdatum, Brdb FamRZ **02**, 1345, oder der Antragsgegner habe ein zur Grundlage des Feststellungsbeschlusses gemachtes Anerkenntnis gar nicht wirksam abgegeben, Brdb FamRZ **07**, 838, Stgt FamRZ **02**, 329, oder der Rpfl habe unrichtig gerechnet, er habe zB das Kindergeld falsch berücksichtigt, Brdb FamRZ **02**, 1263, Köln FamRZ 00, 678, AG Bln-Tempelhof-Kreuzberg FamRZ **02**, 834, oder er habe den Beschwerdeführer Frage der Leistungsfähigkeit unrichtig beurteilt, Ffm FamRZ **02**, 835, Rostock FamRZ **02**, 836, aM Stgt FamRZ **02**, 552, oder er habe ihn nicht nach § 251 I 2 belehrt, Oldb FamRZ **01**, 1078. Die Beschränkung gilt sowohl für den Antragsteller, Zweibr FamRZ **00**, 1160, AG Bln-Tempelh FamRZ **02**, 834, als auch für das Kind oder seinen Rechtsnachfolger, Stgt RR **00**, 1103.

Die Einwendungen nach § 252 II müssen *schon in erster Instanz* erfolgt sein, *S 2,* KG FamRZ **02**, 546, Köln FamRZ **01**, 1464, Mü FamRZ **05**, 381. Die Beschwerde ist unzulässig, soweit der Antragsteller nur erstmals einen Unterhaltsrückstand fordert, Brdb FamRZ **02**, 1264. Für die nicht zulässigen Einwendungen steht allein die Abänderung nach §§ 238ff zur Verfügung, Mü FamRZ **01**, 1076, Stgt FamRZ **02**, 32, aM Stgt (17. ZS) RR **00**, 1103 (Erinnerung nach § 11 II RPflG).

D. Verfahren des Beschwerdegerichts. Zuständig ist das OLG, § 119 I Z 1b GVG. Es entscheidet 6
wegen § 22 GVG grundsätzlich durch den Einzelrichter, § 68 Hs 1 (Ausnahme Hs 2). Für sein Verfahren gelten keine Besonderheiten, § 68. Es kann die Vollziehung des Festsetzungsbeschlusses aussetzen, § 64 III Hs 2. Das OLG kann eine Rechtsbeschwerde zum BGH nach § 70 zulassen. Es entscheidet durch einen Beschluß. Für die Kosten gelten §§ 81ff.

257 *Besondere Verfahrensvorschriften.*

[1]In vereinfachten Verfahren können die Anträge und Erklärungen vor dem Urkundsbeamten der Geschäftsstelle abgegeben werden. [2]Soweit Formulare eingeführt sind, werden diese ausgefüllt; der Urkundsbeamte vermerkt unter Angabe des Gerichts und des Datums, dass er den Antrag oder die Erklärung aufgenommen hat.

1) Anträge und Erklärungen, S 1. Die Vorschrift stimmt in *S 1 und 2* wörtlich mit dem aufgehobenen 1
§ 657 ZPO überein. Im vereinfachten Verfahren nach §§ 249ff kann man Anträge und Erklärungen schriftlich nach § 25 und mündlich vor dem Urkundsbeamten der Geschäftsstelle abgeben. Das gilt auch für das Beschwerdeverfahren. Daher besteht ebenfalls kein Anwaltszwang, § 113 I 2 in Verbindung mit § 78 III Hs 2 ZPO. Die Abgabe auch vor dem Urkundsbeamten eines anderen AG als des für das vereinfachte Verfahren zuständigen AG ist zulässig. § 25 II. Wegen des Wirksamwerdens in diesem Fall § 25 III. Anträge und Erklärungen können auch Notare und Urkundspersonen des Jugendamts aufnehmen, (jetzt) § 59 I Z 9 SGB VIII, van Els Rpfleger **99**, 302. § 257 hat den Vorrang vor § 25.

Unanwendbar ist S 1 auf das streitige Verfahren nach § 255 II.

2) Formulare, S 2. Soweit Formulare für Anträge und Erklärungen der Parteien bestehen, müssen die 2
Parteien sie benutzen, § 259 II. Diese Formulare füllt auch der Urkundsbeamte aus. Er vermerkt nach S 2 Hs 2 unter einer Angabe des Gerichts und des Datums, daß er den Antrag oder die Erklärung aufgenommen hat, § 113 I 2 in Verbindung mit § 415 ZPO. Für den Vermerk, der anstelle der Beglaubigung eines Protokolls tritt, kann der Urkundsbeamte einen Stempel verwenden.

258 *Sonderregelungen für maschinelle Bearbeitung.*

I [1]In vereinfachten Verfahren ist eine maschinelle Bearbeitung zulässig. [2]§ 690 Abs. 3 der Zivilprozessordnung gilt entsprechend.

II Bei maschineller Bearbeitung werden Beschlüsse, Verfügungen und Ausfertigungen mit dem Gerichtssiegel versehen; einer Unterschrift bedarf es nicht.

1) Maschinelle Bearbeitung, I. Die Vorschrift stimmt in *I* und *II* wörtlich mit dem aufgehobenen 1
§ 658 ZPO überein. Im vereinfachten Verfahren nach §§ 249ff ist eine maschinelle Bearbeitung zulässig, *I 1.* Denn das dient einer schnelleren und kostensparenden Bewältigung wie bei § 703b ZPO Rn 1. § 690 III ZPO (Antrag in nur maschinell lesbarer Form) gilt entsprechend, *I 2,* § 690 ZPO Rn 16.

2) Einzelheiten, II. Bei einer maschinellen Bearbeitung erhalten Beschlüsse, Verfügungen und Ausferti- 2
gungen das Gerichtssiegel, und zwar als Druck, nicht etwa als Original wie bei § 703b ZPO Rn 2. Eine Unterschrift ist in diesem Fall nicht nötig.

259 *Formulare.*

I [1]Das Bundesministerium der Justiz wird ermächtigt, zur Vereinfachung und Vereinheitlichung der Verfahren durch Rechtsverordnung mit Zustimmung des Bundesrates Formulare für das vereinfachte Verfahren einzuführen. [2]Für Gerichte, die die Verfahren maschinell bearbeiten, und für Gerichte, die die Verfahren nicht maschinell bearbeiten, können unterschiedliche Formulare eingeführt werden.

II Soweit nach Absatz 1 Formulare für Anträge und Erklärungen der Beteiligten eingeführt sind, müssen sich die Beteiligten ihrer bedienen.

1) Systematik, Regelungszweck, I, II. Die Vorschrift stimmt in *I* wörtlich, in *II* praktisch wörtlich 1
mit dem aufgehobenen § 659 ZPO überein. Der BJM hat von der Ermächtigung nach § 659 I ZPO aF durch die KindUVV (Art 1 VO v 19. 6. 98, BGBl 1364, zuletzt geändert am 23, 11. 04, BGBl 3071) Gebrauch gemacht. Formulare sind danach für Anträge nach (jetzt) §§ 249, 250 und für Einwendungen nach § 252 eingeführt worden, nicht aber für § 251 I 2.

2) Benutzungszwang, II. Die Beteiligten müssen die gesetzlich eingeführten Formulare benutzen, so- 2
weit sich nicht aus § 1 II KindUVV etwas anderes ergibt. Eine erforderliche Unterschrift des Beteiligten ist entbehrlich, soweit ihr Bevollmächtigter das Formular als Anlage zu einem von ihm unterschriebenen Schriftsatz einreicht, Hamm FamRZ **06**, 211. Die zulässigen Abweichungen ergeben sich aus § 3 KindUVV. „Sich bedienen" bedeutet, daß es die Aufgabe des Beteiligten ist, sich die Formulare zu beschaffen und sie auszufüllen, § 79 in Verbindung mit § 117 ZPO Rn 31. Wegen einer Verwendung des Formulars bei einer Abgabe der Erklärung vor dem Urkundsbeamten § 257 S 2.

Entspricht der Antrag oder die Erklärung *nicht* den Anforderungen, gilt § 250 II für den Antrag, auch im 3
Beschwerdeverfahren, § 256, Karlsr FamRZ **01**, 107. Der fehlerhafte, aber doch eindeutig vorhandene Antrag wirkt aber fristwahrend. Bei einer fehlenden oder mangelhaften Benutzung des Formulars für die Er-

hebung von Einwendungen nach § 251 I 2 Z 4 kann der Rpfl nach § 253 verfahren. Er wird aber meist dem Antragsteller die Nachbesserung ermöglichen müssen, § 113 I 2 in Verbindung mit § 117 ZPO Rn 35, 36, vgl auch § 691 ZPO Rn 3, § 703 c ZPO Rn 4. Notfalls bleibt aber dann eine Einwendung unbeachtlich, Brdb FamRZ **02**, 1345.

260 *Bestimmung des Amtsgerichts.* I [1]**Die Landesregierungen werden ermächtigt, die vereinfachten Verfahren über den Unterhalt Minderjähriger durch Rechtsverordnung einem Amtsgericht für die Bezirke mehrerer Amtsgerichte zuzuweisen, wenn dies ihrer schnelleren und kostengünstigeren Erledigung dient.** [2]**Die Landesregierungen können die Ermächtigung durch Rechtsverordnung auf die Landesjustizverwaltungen übertragen.**

II **Bei dem Amtsgericht, das zuständig wäre, wenn die Landesregierung oder die Landesjustizverwaltung das Verfahren nach Absatz 1 nicht einem anderen Amtsgericht zugewiesen hätte, kann das Kind Anträge und Erklärungen mit der gleichen Wirkung einreichen oder anbringen wie bei dem anderen Amtsgericht.**

1 **1) Systematik, Regelungszweck, I, II.** Die Vorschrift stimmt wörtlich mit dem aufgehobenen § 660 ZPO überein. Besonders wegen der maschinellen Bearbeitung nach § 258, aber auch aus sonstigen Gründen einer schnelleren und rationelleren Erledigung kann es zweckmäßig sein, das vereinfachte Verfahren über den Unterhalt minderjähriger Kinder nach §§ 232, 249 ff einem AG für die Bezirke mehrerer AGe zuzuweisen. Die wegen Art 101 I 2 GG nötige gesetzliche Grundlage für eine solche Zuständigkeitskonzentration schafft § 260. § 260 hat den Vorrang vor § 5.

Unanwendbar ist § 260 auf das dem vereinfachten Verfahren etwa nachfolgende streitige Verfahren nach § 255. Man muß daher dann nach §§ 3, 255 II 1 an das nach § 232 ausschließlich zuständige AG verweisen.

2 **2) Ermächtigung zur Konzentration, I.** Ob die Länder von der Ermächtigung zur Konzentration der Zuständigkeit in vereinfachten Verfahren nach Rn 1 Gebrauch machen, entscheiden sie. Dazu ist eine Rechtsverordnung notwendig.

3 **3) Wirksamkeit von Erklärungen, II.** Bei dem ohne die Konzentration zuständigen AG und damit meist bei dem nach § 232 für seinen Wohnsitz zuständigen AG kann das Kind Anträge und Erklärungen mit derselben Wirkung einreichen oder anbringen wie bei dem infolge der Konzentration zuständigen AG. Soweit es auf den Zeitpunkt ankommt, zB nach § 209 I Z 1 b BGB oder nach § 251 II, ist danach der Zeitpunkt des Eingangs bei dem ohne die Konzentration zuständigen Gericht maßgeblich.

Unanwendbar ist II bei einem anderen Beteiligten. Denn der Wortlaut ist eindeutig, Einl III.

Abschnitt 10. Verfahren in Güterrechtssachen

261 *Güterrechtssachen.* I **Güterrechtssachen sind Verfahren, die Ansprüche aus dem ehelichen Güterrecht betreffen, auch wenn Dritte an dem Verfahren beteiligt sind.**

II **Güterrechtssachen sind auch Verfahren nach § 1365 Abs. 2, § 1369 Abs. 2 und den §§ 1382, 1383, 1426, 1430 und 1452 des Bürgerlichen Gesetzbuchs.**

1 **1) Systematik, Regelungszweck, I, II.** Die Vorschrift übernimmt im Kern den aufgehobenen § 621 I Z 8 ZPO. Zu den Familiensachen zählen nach § 111 Z 9 die Güterrechtssachen. Diese bestimmt *I* näher ohne eine direkte Erwähnung der einschlägigen §§ 1363–1563 BGB. Er stellt klar, daß auch die Beteiligung eines Dritten am Verfahren diesem nicht den Charakter nimmt. *II* tut überflüssigerweise dasselbe bei den dort genannten Vorschriften, die ohnehin zu dem Güterrechtsabschnitt des BGB zählen.

2 **2) Eheliches Güterrecht, I, II.** Es geht also um Ansprüche aus dem ehelichen Güterrecht, auch wenn Dritte am Verfahren beteiligt sind, nach §§ 1363–1563 BGB, Dörr/Hansen NJW **98**, 3243, Ensslen FamRZ **98**, 1077. Maßgebend ist die Anspruchsbegründung, Rostock FamRZ **04**, 651. Darunter fällt der Anspruch auf eine Zustimmung zu einer bestimmten Art der Auseinandersetzung, BGH **84**, 337, wie jeder Streit über die Auseinandersetzung des Gesamtguts, §§ 1471 ff BGB, BGH RR **98**, 1219, Karlsr FamRZ **82**, 286, Köln RR **93**, 904, auch wegen eines „Schuldscheins", Rostock FamRZ **04**, 651, oder über das Rückgriffsrecht aus § 1481 BGB, Schlesw SchlHA **79**, 143, ebenso wie ein Anspruch aus § 1365 BGB, BGH FamRZ **81**, 1045, Köln FamRZ **90**, 644, sowie ein Anspruch auf einen Zugewinnausgleich, § 1378 I BGB, BGH FamRZ **84**, 35, Köln MDR **94**, 1124, Kleinle FamRZ **97**, 14, oder über eine zur Abgeltung des Zugewinnausgleichs vereinbarte Unterhaltsrente, BGH NJW **82**, 941, oder auf einen Ausgleich für Zahlungen vor der Zustellung des Scheidungsantrags, Mü FamRZ **87**, 1161, nicht dagegen der Streit über die Zulässigkeit der Teilungsversteigerung eines gemeinschaftlichen Grundstücks, Stgt FamRZ **82**, 401, Zweibr FamRZ **79**, 839, Südhof FamRZ **94**, 1153, aM BGH FamRZ **85**, 904, Bbg FamRZ **00**, 1167, Mü FamRZ **00**, 365.

3 **3) Zugehörigkeit, I, II.** FamS ist auch die Inanspruchnahme eines Ehegatten auf eine Nutzungsentschädigung für eine in die Gütergemeinschaft eingebrachte Wohnung, Köln RR **93**, 904, oder auf eine Haftung nach den Vorschriften über die Gütergemeinschaft, BGH NJW **80**, 1626. Dasselbe gilt für die Forderung des anderen Ehegatten aus § 1368 BGB gegen den Dritten, BGH FamRZ **81**, 1045 (abl Spall, zustm Bosch). Hierhin gehören auch die Forderung auf eine Auskunft nach § 1379 BGB, BGH FamRZ **82**, 27, Köln RR **95**, 644, und andere Auskunftsbegehren, Düss FamRZ **85**, 721, sowie ein Unterlassungsanspruch, Ffm FamRZ **86**, 275. FamS ist auch eine Forderung aus § 95 I in Verbindung mit § 767 ZPO (gegen einen titulierten Güterrechtsanspruch, Schlesw FamRZ **91**, 958.

Unter § 261 fällt ferner der Streit darüber, ob die Geschäftsgrundlage einer während der Ehe getroffenen güterrechtlichen Auseinandersetzungsvereinbarung infolge der Scheidung weggefallen ist, BGH NJW **80**, 2477. Auch Ansprüche, die sich auf eine Vereinbarung zumindest auch zur Regelung sämtlicher oder auch einzelner güterrechtlicher Beziehungen gründen, gehören zum ehelichen Güterrecht nach § 261, BGH FamRZ **84**, 35, BayObLG FamRZ **83**, 1248 (Regelung der Ausgleichsansprüche im Innenverhältnis). Eine Beschränkung auf gesetzliche Ansprüche enthält § 261 nicht, BGH FamRZ **83**, 365. Jedoch muß der geltend gemachte Anspruch selbst güterrechtlicher Art sein, Hamm FamRZ **01**, 1003, Zweibr FamRZ **01**, 1011. Wenn in einer solchen Vereinbarung auch Ansprüche zur Auseinandersetzung der allgemeinen vermögensrechtlichen Beziehungen der Ehegatten liegen, ist das Verfahren wegen sämtlicher Ansprüche eine FamS, wenn eine Zuordnung bestimmter Ansprüche zu nur einem der beiden Regelungsbereiche nicht möglich ist, BGH NJW **80**, 2529. Regeln die Ehegatten in einem Vertrag güterrechtliche Ansprüche zugunsten eines Dritten, ist auch dieser Anspruch familienrechtlicher Natur, BGH NJW **83**, 928, Walter JZ **83**, 348. 4

Bei einem Verfahren zwischen *Ausländern* kommt es darauf an, ob der Anspruch nach dem IPR güterrechtlich ist, Ffm IPRax **86**, 240, zB der Anspruch auf die Herausgabe einer Aussteuer, Köln FamRZ **94**, 1476 (verneinend), oder einer Mitgift, Hamm FamRZ **92**, 965 (bejahend), oder der Anspruch auf eine Herausgabe von Schmuck. Hamm RR **95**, 133 (bejahend), Köln RR **95**, 135 (verneinend). 5

4) Nichtzugehörigkeit, I, II. Keine FamS ist *Keine FamS* ist der Streit aus Vereinbarungen, die man nicht als eine Regelung der güterrechtlichen Verhältnisse nach § 1408 BGB ansehen kann, BGH NJW **78**, 1923, Ffm FamRZ **96**, 949 (Vereinbarung über einen Vermögensausgleich trotz Gütertrennung), Köln FamRZ **04**, 1585, auch nicht die Klage auf einen Schadensersatz oder auf eine Herausgabe der ungerechtfertigten Bereicherung wegen Verfügungen des einen Ehegatten über Hausratsgegenstände, BGH NJW **80**, 2476, oder über Vermögenswerte des anderen, Brdb FamRZ **07**, 294, Düss FamRZ **99**, 1504 (auch dann nicht, wenn die Forderung möglicherweise zum Endvermögen gehört und sich dadurch auf die Höhe des Zugewinns auswirkt, Bbg FamRZ **86**, 477, wohl aber dann, wenn die Regelung in die Berechnung des Unterhalts eingegangen ist, Köln RR **96**, 1348). 6

Keine FamS ist auch der Streit über Ansprüche, die sich auf ein während der Ehe erworbenes und inzwischen versteigertes Grundstück beziehen, BayObLG NJW **80**, 194, Mü FamRZ **82**, 942. Keine FamS ist ferner der Streit über die Herausgabe von Hochzeitsgeschenken, LG Tüb RR **92**, 1095, oder von persönlichem Schmuck, Ffm FamRZ **89**, 76, Hamm FamRZ **93**, 211, aM Hamm RR **92**, 1220, oder der Streit über Ansprüche, die der Kläger auf einen Schenkungswiderruf stützt, LG Bonn FamRZ **80**, 359, ebensowenig der Streit geschiedener Ehegatten, die in einer Zugewinngemeinschaft gelebt haben, aus einer Miteigentumsgemeinschaft, BayObLG FamRZ **81**, 376, Düss FamRZ **99**, 856, oder wegen Abhebungen vom Gemeinschaftskonto, Düss RR **99**, 1090, oder wegen einer Gesellschaftsbeteiligung, BayObLG FamRZ **83**, 198, oder aus einer Gesellschaftsauseinandersetzung, Zweibr FamRZ **01**, 1011, oder aus einer ärztlichen Praxisgemeinschaft, Stgt FamRZ **85**, 83. Ebensowenig ist die selbständige Klage auf einen Innenausgleich während der Ehe eingegangener Schulden eine FamS, BayObLG RR **86**, 6, Hbg FamRZ **88**, 299, Oldb FamRZ **91**, 1070. Nicht hierher gehört ferner eine Klage auf die Herausgabe von gewerblichen Räumen nach § 985 BGB, Düss RR **88**, 1415. Dagegen ist ein Verfahren über die Ersetzung der Zustimmung nach § 1365 II BGB eine Güterrechtssache, II. 7

5) Dritter, I, II. Er ist am Verfahren beteiligt nicht nur dann, wenn er nach § 113 I 2 in Verbindung mit §§ 64 ff ZPO Hauptintervenient oder Streithelfer ist, sondern auch dann, wenn sie in einem Verfahren zwischen den Ehegatten Streitgenossen nach §§ 59 ff ZPO sind oder wenn er auch allein in ein Verfahren mit einem Ehegatten verwickelt ist, BGH FamRZ **80**, 551. Deshalb gehört hierher die Inanspruchnahme eines Ehegatten auf Grund güterrechtlicher Vorschriften durch einen Gläubiger des anderen Ehegatten, BGH NJW **80**, 1626, oder der Anspruch des Begünstigten aus einem Vertrag der Eheleute zugunsten dieses Dritten, BGH NJW **83**, 928, ebenso wie die Forderung des anderen Ehegatten aus § 1368 BGB gegen einen Dritten, BGH FamRZ **81**, 1045. Hamm RR **01**, 865, Mü FamRZ **00**, 365. 8

262 *Örtliche Zuständigkeit.* [I] [1] **Während der Anhängigkeit einer Ehesache ist das Gericht ausschließlich zuständig, bei dem die Ehesache im ersten Rechtszug anhängig ist oder war.** [2] **Diese Zuständigkeit geht der ausschließlichen Zuständigkeit eines anderen Gerichts vor.**

[II] **Im Übrigen bestimmt sich die Zuständigkeit nach der Zivilprozessordnung mit der Maßgabe, dass in den Vorschriften über den allgemeinen Gerichtsstand an die Stelle des Wohnsitzes der gewöhnliche Aufenthalt tritt.**

1) Systematik, Regelungszweck, I, II. *I 1* entspricht fast wörtlich dem früheren § 621 II 1 ZPO. Es handelt sich um eine jeweils ausschließliche und nach *I 2* auch erstrangige solche Zuständigkeit. Hilfsweise gelten §§ 112 Z 2, 113 I 2 in Verbindung mit §§ 12 ff ZPO mit der in *II* genannten Abweichung. Vgl daher dort. § 262 hat den Vorrang vor § 2. 1

263 *Abgabe an das Gericht der Ehesache.* [1] **Wird eine Ehesache rechtshängig, während eine Güterrechtssache bei einem anderen Gericht im ersten Rechtszug anhängig ist, ist diese von Amts wegen an das Gericht der Ehesache abzugeben.** [2] **§ 281 Abs. 2 und 3 Satz 1 der Zivilprozessordnung gilt entsprechend.**

1) Systematik, Regelungszweck, S 1, 2. Die Vorschrift stimmt mit §§ 153, 202, 233, 268 praktisch bis auf den jeweiligen Geltungsbereich wörtlich überein. Vgl daher bei § 202. § 263 hat den Vorrang vor § 4. 1

2) Unanfechtbarkeit, Bindung, Kosten, S 2. Es gilt § 281 II, III 1 ZPO. 2

264 *Verfahren nach den §§ 1382 und 1383 des Bürgerlichen Gesetzbuchs.* **I [1] In den Verfahren nach den §§ 1382 und 1383 des Bürgerlichen Gesetzbuchs wird die Entscheidung des Gerichts erst mit der Rechtskraft wirksam. [2] Eine Abänderung oder Wiederaufnahme ist ausgeschlossen.**

II In dem Beschluss, in dem über den Antrag auf Stundung der Ausgleichsforderung entschieden wird, kann das Gericht auf Antrag des Gläubigers auch die Verpflichtung des Schuldners zur Zahlung der Ausgleichsforderung aussprechen.

1 **1) Systematik, Regelungszweck, I, II.** *I 1* bringt in einer Abweichung von § 40 I, aber in Übereinstimmung mit §§ 116 II, III 1, 148, 184 I 1, 216 I 1 die Anordnung einer Wirksamkeit der Entscheidung erst mit dem Eintritt der formellen Rechtskraft nach § 45, übrigens hier ohne den sonst meist möglichen Weg einer Anordnung der sofortigen Vollziehbarkeit usw. *I 2* macht § 48 unanwendbar. Beides dient der Rechtssicherheit nach Einl III 43 wegen der Reichweite der Auswirkungen.

2 **2) Verfahren nach §§ 1382, 1383 BGB, I, II.** Es geht nur um einen Streit wegen einer Stundung der Ausgleichsforderung nach § 1378 BGB und wegen der Übertragung bestimmter Vermögensgegenstände auf den Gläubiger dieser Forderung, §§ 1382 V, 1383 III BGB. Das gilt auch dann, wenn die Ausgleichsforderung zu einem Darlehen geworden ist, Karlsr FamRZ **89**, 56.

3 **3) Stundung nebst Ausgleichszahlung, II.** Die Vorschrift soll ein Wiederaufleben des Streits nach dem Ablauf der Stundungszeit vermeiden. Sie ist eigentlich überflüssig. Denn das Gericht kann nur etwas Vorhandenes stunden. So wäre die „bloße" Stundung vernünftigerweise auch ohne den nur auf einen Antrag zusätzlichen Spruch nach II auslegbar.

4 **4) Rechtsmittel, I, II.** Es gelten §§ 58 ff.

265 *Einheitliche Entscheidung.* **Wird in einem Verfahren über eine güterrechtliche Ausgleichsforderung ein Antrag nach § 1382 Abs. 5 oder § 1383 Abs. 3 des Bürgerlichen Gesetzbuchs gestellt, ergeht die Entscheidung durch einheitlichen Beschluss.**

1 **1) Systematik, Regelungszweck.** Als ein gewisses Gegenstück zu dem im Geltungsbereich freilich weitergefaßten § 264 und wie dort zwecks Rechtssicherheit darf das FamG im Streit über eine Ausgleichsforderung einen Stundungsantrag nach § 1382 V BGB nur zugleich mit der Ausgleichsentscheidung bescheiden. Dasselbe gilt nach § 1383 III BGB wegen seiner Verweisung auf § 1382 V BGB bei einer Übertragung von Vermögensgegenständen unter einer Anrechnung auf die Ausgleichsforderung.

2 **2) Rechtsmittel.** Es gelten §§ 58 ff.

Abschnitt 11. Verfahren in sonstigen Familiensachen

266 *Sonstige Familiensachen.* **I Sonstige Familiensachen sind Verfahren, die**

1. Ansprüche zwischen miteinander verlobten oder ehemals verlobten Personen im Zusammenhang mit der Beendigung des Verlöbnisses sowie in den Fällen der §§ 1298 und 1299 des Bürgerlichen Gesetzbuchs zwischen einer solchen und einer dritten Person,
2. aus der Ehe herrührende Ansprüche,
3. Ansprüche zwischen miteinander verheirateten oder ehemals miteinander verheirateten Personen oder zwischen einer solchen und einem Elternteil im Zusammenhang mit Trennung oder Scheidung oder Aufhebung der Ehe,
4. aus dem Eltern-Kind-Verhältnis herrührende Ansprüche oder
5. aus dem Umgangsrecht herrührende Ansprüche

betreffen, sofern nicht die Zuständigkeit der Arbeitsgerichte gegeben ist oder das Verfahren eines der in § 348 Abs. 1 Satz 2 Nr. 2 Buchstabe a bis k der Zivilprozessordnung genannten Sachgebiete, das Wohnungseigentumsrecht oder das Erbrecht betrifft und sofern es sich nicht bereits nach anderen Vorschriften um eine Familiensache handelt.

II Sonstige Familiensachen sind auch Verfahren über einen Antrag nach § 1357 Abs. 2 Satz 1 des Bürgerlichen Gesetzbuchs.

Gliederung

1) Systematik, Regelungszweck, I, II. § 111 Z 10 zählt die „sonstigen Familiensachen" natürlich zu den Familiensachen. *I, II* zählen diese sonstigen Familiensachen abschließend auf. Der vielfach benutzte Ausdruck „Großes Familiengericht", zB Borth FamRZ **07**, 1935, steht nirgends im FamFG. Was nicht einmal hierher zählt, unterfällt nicht dem FamFG und nicht dem FamG, sondern zivilrechtlich dem ordentlichen Zivilgericht und direkt der ZPO. 1

2) Vorrang der Arbeitsgerichte usw, I Hs 2–6. Diese Bestimmungen lassen die dort genannten Zuständigkeiten und Verfahrensarten vorrangig bestehen. Hier steckt wahrhaft der Teufel im Detail. 2

A. Zuständigkeit der Arbeitsgerichte, 1 Hs 2. Diese Fallgruppe läßt sich noch verhältnismäßig einfach ermitteln, nämlich nach §§ 2, 2 a und 3 ArbGG mit ihren freilich zahlreichen Aufzählungen. 3

B. Sachgebiete des § 348 I 2 Z 2 a–k ZPO, I Hs 3. Auch ein Streit auf einem dieser zahlreichen Spezialgebiete, vgl dort Rn 10–24, läßt den Charakter einer FamS entfallen. Hier muß man mitbedenken, daß es für diese Rechtsfolge ausreicht, daß das Verfahren *auch* eines der Sachgebiete des § 348 I 2 Z 2 a–k ZPO „betrifft". Wann schon und noch ein solcher Betreff oder gar nur Mitbetreff vorliegt, kann sehr unterschiedlich beantwortbar sein. Natürlich darf der Betreff dort nicht völlig untergeordnet sein. Es braucht aber auch nicht der Schwerpunkt des ganzen Verfahrens dort zu liegen. Läßt sich ein derart „betreffender" Verfahrensteil aussondern, wie etwa beim Teilurteil nach § 301 ZPO Rn 5 ff, mag man den Rest als FamS behandeln dürfen und müssen, also zB nach § 20 trennen. 4

Im *Zweifel* sollte man einen solchen Betreff eher verneinen. Denn Hs 3 scheint im Aufbau des § 266 eher eine Reihe von Ausnahmen einzuleiten. Wer sich auf eine Ausnahme beruft, muß sie schlüssig darlegen oder gar im Tatsächlichen beweisen, trägt also die Darlegungs- und Beweislast. Aber auch darüber kann man durchaus streiten. 5

C. Wohnungseigentumsrecht, I Hs 4. Die Erwägungen Rn 4, 5 gelten mindestens ebenso dann, wenn das Verfahren ein Wohnungseigentumsrecht betrifft oder nicht ganz unerheblich mitbetrifft. Diese Abgrenzung kann zu wirklichen Haarspaltereien führen und ist schon deshalb gesetzlich völlig verunglückt. Im Zweifel keine Wohnungseigentumssache. Das dürfte oft die einzig erträgliche Notlösung werden. 6

D. Erbrecht, I Hs 5. Die Erwägungen Rn 4, 5 gelten mindestens ebenso dann, wenn das Verfahren ein Erbrecht betrifft oder nicht ganz unerheblich mitbetrifft. Vgl wie bei Rn 6. 7

E. Familiensache nach anderen Vorschriften, I Hs 6. Nur scheinbar und gesetzestechnisch vollends mißglückt steht auch diese Fallgruppe in der Gruppe von I Hs 2 ff. Denn bei ihr handelt es sich ja natürlich nicht um weitere Ausnahmen von der Regel, sondern um eine bloße Klarstellung der Selbstverständlichkeit, daß eine ausdrücklich gesetzlich als FamS bezeichnete Sache diese Eigenschaft auch dann behält, wenn sie in dem ganzen Wust von Vorschriften der §§ 111–265 nicht miterwähnt ist. 8

3) Mangels Vorrangs nach I Hs 2 ff: Verfahren nach I Hs 1 Z 1–5. Erst wenn man sich rechtstechnisch gezwungenermaßen, aber aufbaumäßig verfehlt durch I Hs 2–6 durchgearbeitet hat, wird es sinnvoll, nach I Hs 1 zu prüfen, ob eine „sonstige Familiensache" und erst damit die Anwendbarkeit des FamFG vorliegt. In diesem Prüfabschnitt lauern zahllose weitere Fallstricke. Der Gesetzgeber hat es dem Anwender wahrhaft nicht leicht gemacht. Hier gilt wiederum der Grundsatz: Mangels eines eindeutigen Vorliegens keine solche Rechtsfolge, also hier jetzt *keine* FamS, sondern zivilrechtlich das ordentliche Zivilgericht und ein Zivilprozeß nach der ZPO. 9

A. Verlobungsfolgen, I Hs 1 Z 1. Diese Fallgruppe ist noch leidlich übersehbar, §§ 1298 ff BGB. 10

B. Ansprüche aus der Ehe, I Hs 1 Z 2. Diese Gruppe läßt sich am ehesten dahin abgrenzen, daß es sich nicht um einen solchen Anspruch aus der Ehe handeln darf, den schon §§ 111–265 erfassen. „Herrühren" kann auch ein mittelbarer Anspruch. „Aus der Ehe" rührt theoretisch auch ein solcher Anspruch, der erst nach ihrem formellen Ende entstanden oder durchsetzbar geworden ist. Er kann materiell oder immateriell sein, bedingt oder betagt. Er mag von einer Genehmigung abhängen oder von einem Widerruf. Freilich hat in allen solchen Fällen Z 3 den Vorrang. Daher bleibt bei Z 2 praktisch nur ein Anspruch aus der Zeit der schon und noch wirksamen Ehe bestehen. Das Getrenntleben fällt ja schon unter Z 3. 11

C. Ansprüche bei Trennung, Scheidung, Eheaufhebung, I Hs 1 Z 3. Die Vorschrift hat eine erhebliche Bedeutung. Sie hat den Vorrang vor Z 2, Rn 11. „Im Zusammenhang" ist ein weiter Begriff. Er kann auch einen schwachen, mittelbaren Zusammenhang umfassen. Er mag in dieser Art oder in diesem Umfang erst bei oder nach der Trennung, Scheidung oder Aufhebung der Ehe entstanden sein. Zu Z 3 gehören zB die Auseinandersetzung einer BGB-Gemeinschaft, die Rückabwicklung von Zuwendungen, Ansprüche nach § 426 BGB oder § 430 BGB oder ein Freihaltungsanspruch nach § 257 BGB in Verbindung mit § 1353 BGB, Borth FamRZ **07**, 1935. Z 4 hat den Vorrang. 12

D. Ansprüche aus Eltern-Kind-Verhältnis, I Hs 1 Z 4. Vorschrift hat den Vorrang vor Z 3, Rn 12. Zum „Herrühren" vgl Rn 11. Auf die Minderjährigkeit kommt es weder beim Elternteil noch beim Kind an, erst recht nicht auf eine Ehelichkeit des Kindes. 13

E. Ansprüche aus dem Umgangsrecht, I Hs 1 Z 5. Zum Umgangsrecht vgl § 151 Z 2. Unter Z 5 fallen also nur solche Ansprüche, die nicht direkt schon unter §§ 151 ff fallen. Das ist praktisch nicht viel. 14

4) Beschränkung oder Ausschließung der Lebensbedarfsgeschäfte, II. Auch ein solches Verfahren ist eine „sonstige Familiensache". Das ergibt sich zwar schon aus I Hs 1 Z 2 und steht daher in II überflüssig nochmals da, klärt aber die Zugehörigkeit dieser wichtigen Fallgruppe, soweit ihre Probleme nicht ohnehin nach §§ 151 ff lösbar sind. Das gilt auch bei einer Aufhebung durch das FamG nach § 1357 II 1 Hs 2 BGB. 15

5) Verfahren: Weitgehende Anwendung der ZPO, I, II. Die sonstigen FamS nach I unterfallen weitgehend der ZPO. Denn das ordnet § 113 I–IV bei Familienstreitsachen an, und nach § 112 Z 3 zählen sonstige Familiensachen nach § 266 I zu den Familienstreitsachen. Nur im übrigen Teil, also bei § 1357 II 1 16

BGB, gilt überraschenderweise das FamFG, freilich wegen § 113 I 1 ohne seine dort genannten Vorschriften. Man hätte es auch einfacher regeln können.

267 *Örtliche Zuständigkeit.* **I [1]Während der Anhängigkeit einer Ehesache ist das Gericht ausschließlich zuständig, bei dem die Ehesache im ersten Rechtszug anhängig ist oder war. [2]Diese Zuständigkeit geht der ausschließlichen Zuständigkeit eines anderen Gerichts vor.**

II Im Übrigen bestimmt sich die Zuständigkeit nach der Zivilprozessordnung mit der Maßgabe, dass in den Vorschriften über den allgemeinen Gerichtsstand an die Stelle des Wohnsitzes der gewöhnliche Aufenthalt tritt.

1 **1) Systematik, Regelungszweck, I, II.** Die Vorschrift stimmt wörtlich mit § 262 überein. Vgl daher dort. § 267 hat den Vorrang vor § 2.

268 *Abgabe an das Gericht der Ehesache.* **[1]Wird eine Ehesache rechtshängig, während eine sonstige Familiensache bei einem anderen Gericht im ersten Rechtszug anhängig ist, ist diese von Amts wegen an das Gericht der Ehesache abzugeben. [2]§ 281 Abs. 2 und 3 Satz 1 der Zivilprozessordnung gilt entsprechend.**

1 **1) Systematik, Regelungszweck, S 1, 2.** Die Vorschrift stimmt mit §§ 153, 202, 233, 263 bis auf den jeweiligen Geltungsbereich praktisch wörtlich überein. Vgl daher bei § 233. § 268 hat den Vorrang vor § 4.

2 **2) Unanfechtbarkeit, Bindung, Kosten, S 2.** Es gilt § 281 II, III 1 ZPO.

Abschnitt 12. Verfahren in Lebenspartnerschaftssachen

269 *Lebenspartnerschaftssachen.* **I Lebenspartnerschaftssachen sind Verfahren, welche zum Gegenstand haben**

1. die Aufhebung der Lebenspartnerschaft aufgrund des Lebenspartnerschaftsgesetzes,
2. die Feststellung des Bestehens oder Nichtbestehens einer Lebenspartnerschaft,
3. die elterliche Sorge, das Umgangsrecht oder die Herausgabe in Bezug auf ein gemeinschaftliches Kind,
4. die Annahme als Kind und die Ersetzung der Einwilligung zur Annahme als Kind,
5. Wohnungszuweisungssachen nach § 14 oder § 18 des Lebenspartnerschaftsgesetzes,
6. Hausratssachen nach § 13 oder § 19 des Lebenspartnerschaftsgesetzes,
7. den Versorgungsausgleich der Lebenspartner,
8. die gesetzliche Unterhaltspflicht für ein gemeinschaftliches minderjähriges Kind der Lebenspartner,
9. die durch die Lebenspartnerschaft begründete gesetzliche Unterhaltspflicht,
10. Ansprüche aus dem lebenspartnerschaftlichen Güterrecht, auch wenn Dritte an dem Verfahren beteiligt sind,
11. Entscheidungen nach § 6 des Lebenspartnerschaftsgesetzes in Verbindung mit § 1365 Abs. 2, § 1369 Abs. 2 und den §§ 1382 und 1383 des Bürgerlichen Gesetzbuchs,
12. Entscheidungen nach § 7 des Lebenspartnerschaftsgesetzes in Verbindung mit den §§ 1426, 1430 und 1452 des Bürgerlichen Gesetzbuchs.

II Sonstige Lebenspartnerschaftssachen sind Verfahren, welche zum Gegenstand haben

1. Ansprüche nach § 1 Abs. 3 Satz 2 des Lebenspartnerschaftsgesetzes in Verbindung mit den §§ 1298 bis 1301 des Bürgerlichen Gesetzbuchs,
2. Ansprüche aus der Lebenspartnerschaft,
3. Ansprüche zwischen Personen, die miteinander eine Lebenspartnerschaft führen oder geführt haben, oder zwischen einer solchen Person und einem Elternteil im Zusammenhang mit der Trennung oder Aufhebung der Lebenspartnerschaft,

sofern nicht die Zuständigkeit der Arbeitsgerichte gegeben ist oder das Verfahren eines der in § 348 Abs. 1 Satz 2 Nr. 2 Buchstabe a bis k der Zivilprozessordnung genannten Sachgebiete, das Wohnungseigentumsrecht oder das Erbrecht betrifft und sofern es sich nicht bereits nach anderen Vorschriften um eine Lebenspartnerschaftssache handelt.

III Sonstige Lebenspartnerschaftssachen sind auch Verfahren über einen Antrag nach § 8 Abs. 2 des Lebenspartnerschaftsgesetzes in Verbindung mit § 1357 Abs. 2 Satz 1 des Bürgerlichen Gesetzbuchs.

1 **1) Systematik, I–III.** Die Vorschrift entspricht im wesentlichen mit geringen Abweichungen vor allem des Aufbaus dem aufgehobenen § 661 I, III ZPO. Ergänzend gilt § 270. Es handelt sich um eine dogmatisch notwendig gewordene Spezialregelung der Beendigungsarten einer eingetragenen Lebenspartnerschaft und der sich daraus ergebenden FolgeS. Soweit möglich, gelten infolge allgemeiner Verweisung in 270 die dort genannten Vorschriften entsprechend.

2 **2) Regelungszweck, I–III.** Die in Rn 1 genannte Verweisungstechnik ist der am ehesten geeignete Weg, die gesetzlichen Zwecke und Ziele bei der Beendigung einer Ehe auf die Lebenspartnerschaft zu übertragen. Daher sollte man die im Scheidungsrecht bei den einzelnen Vorschriften jeweils in Rn 1 oder 2 dargestellten Erwägungen auch der Auslegung des § 269 zugrundelegen.

3) Geltungsbereich, I–III. Die Vorschrift gilt in jeder Lebenspartnerschaftssache nach I, II uneingeschränkt. Das gilt auch bei einer derartigen ausländischen Sache, Wagner IPRax **01**, 292. 3

4) Lebenspartnerschaftssache, I. Wie bei einer EheS nach § 121 und bei einer FamS nach § 111 bestimmt das Gesetz, was eine Lebenspartnerschaftssache ist. Danach ist das nur dasjenige Verfahren, das ein der folgenden Streitigkeiten zum Gegenstand hat. 4

A. Aufhebung, I Z 1. Die Aufhebung erfolgt nach §§ 15 ff LPartG in einer entsprechenden Anwendung der §§ 1564 ff BGB und nicht des § 1313 BGB. Eine Aufhebungsvereinbarung reicht allein nicht.

B. Feststellung, I Z 2, des Bestehens oder Nichtbestehens einer Lebenspartnerschaft. §§ 121 ff sind nicht hier entsprechend anwendbar. Wegen § 687 II ZPO Köln FamRZ **04**, 1724. Bei einem Streit, ob ein ausländisches Urteil die Lebenspartnerschaft aufgelöst hat, entfällt nach § 107 Rn 51 anders als bei der Ehe die Sonderzuständigkeit der Landesjustizverwaltung. 5

C. Elterliche Sorge, Umgangsrecht, Kindesherausgabe, I Z 3. Es handelt sich um eine Folge der nach § 9 I–IV, VII LPartG möglichen Stiefkinderadoption durch den anderen Lebenspartner. Das Kind erlangt dadurch die rechtliche Stellung eines gemeinschaftlichen Kindes der Lebenspartner, § 1754 I BGB, auf den § 9 VII 2 LPartG verweist. Die gemeinschaftliche Adoption von Kindern ist für Lebenspartner dagegen anders als für Ehegatten nach wie vor unzulässig, Stüber FamRZ **05**, 577. 6

D. Kindesannahme, I Z 4. Es geht um die Vorgänge nach § 9 VI LPartG. 7

E. Wohnung und Hausrat, I Z 5, 6, §§ 13, 14, 17–19 LPartG. 8

F. Versorgungsausgleich der Lebenspartner, I Z 7. § 20 I 1 LPartG regelt den Versorgungsausgleich jetzt auch für solche Lebenspartner, die ihre Partnerschaft nach dem 1. 1. 05 begründet haben. Nach § 21 IV LPartG konnten die Lebenspartner, deren Partnerschaft ab dem 1. 1. 05 entstanden ist, bis zum 31. 12. 05 gegenüber dem AG erklären, daß bei einer Aufhebung ihrer Partnerschaft ein Versorgungsausgleich nach § 20 durchgeführt werden solle. 9

G. Gesetzliche Unterhaltspflicht für Kind, I Z 8, nach §§ 5, 12, 16 LPartG, Büttner FamRZ **01**, 1105 ff (eingehend), Roller FamRZ **03**, 1424. Für die Trennungszeit gilt § 12 LPartG. § 16 LPartG regelt den nachpartnerschaftlichen Unterhalt. 10

H. Gesetzliche Unterhaltspflicht, I Z 9, Rn 7. Vgl §§ 1601 ff BGB, §§ 5, 12, 16 LPartG. 11

I. Güterrecht, I Z 10, §§ 6–8 LPartG. Bis zum 1. 1. 05 lebten die Lebenspartner im Vermögenstand der Ausgleichsgemeinschaft, § 21 II LPartG. Sie konnten aber bis zum 31. 12. 05 gegenüber dem AG erklären, daß sie eine Gütertrennung begehrten. Lebenspartnerschaften, die nach dem 1. 1. 05 entstanden sind, leben in einer Zugewinngemeinschaft, wenn sie nicht durch einen Vertrag (§ 7) etwas anderes vereinbaren, § 6 LPartG. Lebenspartner haben auch einen Anspruch auf ein Rentensplitting und auf eine Hinterbliebenenversorgung, §§ 120 f SGB VI. 12

J. Sonstige Entscheidungen, I Z 11, 12, II, III. Es geht um die dort genannten Vorgänge. 13

270 *Anwendbare Vorschriften.* I [1]**In Lebenspartnerschaftssachen nach § 269 Abs. 1 Nr. 1 sind die für Verfahren auf Scheidung geltenden Vorschriften, in Lebenspartnerschaftssachen nach § 269 Abs. 1 Nr. 2 die für Verfahren auf Feststellung des Bestehens oder Nichtbestehens einer Ehe zwischen den Beteiligten geltenden Vorschriften entsprechend anzuwenden.** [2]**In den Lebenspartnerschaftssachen nach § 269 Abs. 1 Nr. 3 bis 11 sind die in Familiensachen nach § 111 Nr. 2, 4, 5 und 7 bis 9 jeweils geltenden Vorschriften entsprechend anzuwenden.**

II **In sonstigen Lebenspartnerschaftssachen nach § 269 Abs. 2 und 3 sind die in sonstigen Familiensachen nach § 111 Nr. 10 geltenden Vorschriften entsprechend anzuwenden.**

1) Systematik, Regelungszweck, I, II. Die Vorschrift entspricht im Kern dem aufgehobenen § 661 II ZPO. Sie ergänzt § 269. 1

2) Verweisungen, I, II. Vgl die jeweils dort genannten Vorschriften. 2

Buch 3 – Buch 7

271–432 (nicht abgedruckt)

Buch 8

Verfahren in Aufgebotssachen

Einführung

Vorbem. §§ 946–1024 ZPO sind jetzt im Ergänzungsband zur 67. Aufl 2009 kommentiert.

1) Systematik. Vgl zunächst Bücher 1, 2 FamFG (statt Buch 6 ZPO) Einf 1–3. Entsprechend ist auch Buch 9 ZPO dergestalt aufgehoben worden, daß es nur noch in Altfällen fortgilt, Rn 4. 1

2) Übergangsrecht. Vgl Bücher 1, 2 FamFG Einf 4 und die dort abgedruckten Artt 111, 112 FGG-RG. Sie gelten auch beim Aufgebotsverfahren. 2

3) Amtliche Gliederung des FamFG Buch 8 3

	§§
Buch 8. Verfahren in Aufgebotssachen	433–484
Abschnitt 1. **Allgemeine Verfahrensvorschriften**	433–441
Abschnitt 2. **Aufgebot des Eigentümers von Grundstücken, Schiffen und Schiffsbauwerken**	442–446
Abschnitt 3. **Aufgebot des Gläubigers von Grund- und Schiffspfandrechten sowie des Berechtigten sonstiger dinglicher Rechte**	447–453
Abschnitt 4. **Aufgebot von Nachlassgläubigern**	454–464
Abschnitt 5. **Aufgebot der Schiffsgläubiger**	465
Abschnitt 6. **Aufgebot zur Kraftloserklärung von Urkunden**	466–484

Grundzüge

Vorbem. In diesem Teil des Kommentars sind §§ ohne Zusatz solche des FamFG.

Schrifttum: *Daude,* Das Aufgebotsverfahren, 5. Aufl 1930.

Gliederung

1) Systematik. Aufgebot heißt die Aufforderung an unbestimmte oder unbekannte Beteiligte, also an die Öffentlichkeit, Rechte oder Ansprüche anzumelden. Eine solche Aufforderung ist zwecks Rechtssicherheit unentbehrlich, Rn 2. Wegen des endgültigen Rechtsuntergangs ist freilich eine strenge Auslegung notwendig. Eine solche Aufforderung kennt das sachliche Recht auch sonst. Nicht immer handelt es sich dabei um einen Ausschluß von Rechten. Andererseits verlangt nicht jede Kraftloserklärung einer Urkunde ein Aufgebot, § 176 BGB. Das Buch 8 FamFG regelt nur solche Fälle eines gerichtlichen Aufgebots, bei denen das Unterlassen der Anmeldung einen Rechtsnachteil nach sich zieht. Es regelt auch für sie nur das Verfahren, nicht das sachliche Recht. 1

Lehrmäßig gehört das Verfahren zur freiwilligen Gerichtsbarkeit, LG Frankenth Rpfleger **83**, 413, Meyer-Stolte Rpfleger **81**, 331, Wenckstern DNotZ **93**, 556. Dorthin ist es auch jetzt zurückgekehrt (Aufhebung des Buchs 9 ZPO). Die ZPO ist aber inhaltlich weitgehend verblieben. Darum wird das Aufgebotsverfahren hier anstatt der früheren ZPO mitkommentiert.

2) Regelungszweck. Die Rechtssicherheit erfordert irgendwann einmal Klarheit darüber, ob ein Recht oder ein Anspruch noch besteht oder nicht, Einl III 43. Das gilt auch für eine zugehörige Urkunde. Die derzeitige Unklarheit mag verschuldet oder unverschuldet sein. Sie mag auf einer Naturkatastrophe oder einem kriegsmäßigen Vorgang beruhen. Sie mag auch ganz einfach durch eine Unkenntnis, eine Gleichgültigkeit oder durch einen Irrtum entstanden sein. Wesentlich ist eine nun vorhandene rechtliche Unsicherheit, die sich störend, hemmend, benachteiligend auswirkt. Das Gesetz arbeitet in einer solchen Lage mit einer Art von Unterstellung des Verzichts oder Rechtsverlust oder Rechtsnachteils. Das gilt aber erst nach einem letzten Klärungsversuch, eben dem Aufgebotsverfahren der §§ 433 ff. 2

3) Geltungsbereich. Die allgemeinen Vorschriften der §§ 433 ff gelten für alle Arten des Aufgebotsverfahrens, nämlich: Für die Ausschließung dieses Grundeigentümers, §§ 442 ff; für die Ausschließung eines Grundpfandgläubigers oder eines anderen dinglich Berechtigten, §§ 447 ff; für die Ausschließung eines Nachlaß-, Gesamtgut- oder Schiffsgläubigers, §§ 454 ff; für die Kraftloserklärung einer Urkunde, §§ 466 ff. 3

4) Zuständigkeit. Sachlich zuständig ist grundsätzlich das AG, § 23 Z 2 h GVG. Vgl auch § 454 II. Beim AG ist der Rpfl funktionell zuständig, § 3 Z 1 c RPflG. Das Landesrecht darf für landesrechtliche Aufgebotsfälle die Zuständigkeit anders ordnen, § 433 Rn 2. Für das Aufgebotsverfahren nach § 10 I 1 Z 7 4

BEG ist das Bundesamt zur Regelung offener Vermögensfragen zuständig, auch für bisher vor Gericht laufende Verfahren, Art 2 XVII Abs I, IV der 2. ZwVNov v 17. 12. 97, BGBl 3039.

5 **5) Aussetzung.** Die Vorschriften über eine Aussetzung nach § 21 sind nur anwendbar, soweit es die Interessen des Antragstellers unbedingt verlangen. Darum darf das Gericht über das Aufgebotsgesuch noch nach ihrem Eintritt entscheiden. Überhaupt ist bis zum Anmeldezeitpunkt eine Mitwirkung des Antragstellers entbehrlich. Mit dem Anmeldezeitpunkt beginnt die Frist des § 437. Nunmehr muß der Antragsteller seine Rechte wahren. Sein Tod unterbricht daher von jetzt an, soweit es sich um Verfahrenspflichten handelt. Ein VerfBev darf eine Aussetzung beantragen. Stirbt der Antragsteller vor diesem Zeitpunkt, beginnt die Frist nicht zu laufen. Eine Aussetzung erfolgt auch nach dem Erlaß eines zurückweisenden Beschlusses. Die Aufnahme erfolgt durch eine Anzeige an das Gericht.

6 **6) Mehrheit von Antragsberechtigten.** Sind mehrere Personen antragsberechtigt, treten sie neben dem Antragsteller oder statt seiner in das Verfahren ein. Das bestimmt § 17 VerschG für die Todeserklärung ausdrücklich. Diese Regelung überzeugt. Denn das Verfahren muß einheitlich verlaufen. Das gilt auch für den einem Verfahren Beitretenden, das ein Nichtberechtigter begonnen hatte.

Abschnitt 1. Allgemeine Verfahrensvorschriften

433 *Aufgebotssachen.* **Aufgebotssachen sind Verfahren, in denen das Gericht öffentlich zur Anmeldung von Ansprüchen oder Rechten auffordert, mit der Wirkung, dass die Unterlassung der Anmeldung einen Rechtsnachteil zur Folge hat; sie finden nur in den durch Gesetz bestimmten Fällen statt.**

1 **1) Systematik, Regelungszweck.** Die Vorschrift übernimmt praktisch wörtlich den früheren § 946 I ZPO. Vgl Grdz 1, 2 vor § 433.

2 **2) Voraussetzungen.** Ein Aufgebot nach dem FamFG verlangt die folgenden Voraussetzungen.

A. Öffentlichkeit. Erforderlich ist eine Öffentlichkeit. Das Aufgebot wendet sich an einen unbekannten und unbestimmten Gegner, nie nur an bekannte Personen.

3 **B. Gerichtserlaß.** Erforderlich ist ferner ein Erlaß durch das Gericht.

4 **C. Aufforderung.** Erforderlich ist ferner die Aufforderung zu einer Anmeldung bei diesem Gericht.

5 **D. Anspruch, Recht.** Erforderlich sind ferner Ansprüche oder Rechte, auch wenn diese bloß bedingt oder betagt sind, oder bloße Anwartschaften. Das Aufgebot macht aber nicht das Recht geltend, sondern es soll nur sein etwaiges Bestehen sichern.

6 **E. Rechtsnachteil.** Erforderlich ist weiter der Eintritt eines Rechtsnachteils, falls man die Anmeldung unterlassen würde. Dieser Nachteil tritt nach dem Landesrecht gelegentlich auch ohne einen Ausschließungsbeschluß ein.

7 **F. Gesetzliche Grundlage.** Erforderlich ist ferner die Anordnung des Aufgebotsverfahrens durch ein Gesetz, also durch eine beliebige Rechtsvorschrift, § 12 EG ZPO, nicht durch die Satzung einer autonomen Körperschaft, soweit es sich nicht etwa um die Satzung einer öffentlichrechtlichen Körperschaft handelt, die auf dem Gesetz beruht, oder die Anordnung des Aufgebotsverfahrens durch einen Vertrag. In dem in § 469 Rn 2 genannten Fall der Besitzverhinderung findet kein Aufgebot statt.

434 *Antrag; Inhalt des Aufgebots.* [I] **Das Aufgebotsverfahren wird nur auf Antrag eingeleitet.**

[II] [1] **Ist der Antrag zulässig, so hat das Gericht das Aufgebot zu erlassen.** [2] **In das Aufgebot ist insbesondere aufzunehmen:**
1. die Bezeichnung des Antragstellers;
2. die Aufforderung, die Ansprüche und Rechte bis zu einem bestimmten Zeitpunkt bei dem Gericht anzumelden (Anmeldezeitpunkt);
3. die Bezeichnung der Rechtsnachteile, die eintreten, wenn die Anmeldung unterbleibt.

1 **1) Systematik, I, II.** Die Vorschrift übernimmt fast wörtlich den früheren § 947 I (Antragszwang), II 2 Z 1–3 ZPO. Vgl zunächst Grdz 1 vor § 433. Den Antragsberechtigten bestimmt das für den Einzelfall geltende sachliche Recht. Unter Umständen ist auch ein anderer als der letzte Urkundeninhaber im Sinn von § 808 II 2 BGB antragsberechtigt, LG Ffm Rpfleger **86**, 187. Der Antrag ist eine Beteiligtenverfahrenshandlung, Grdz 47 vor § 128 ZPO. Die Form des Antrags richtet sich nach § 25. Über das Antragsrecht mehrerer Personen Grdz 6 vor § 433. Ein Anwaltszwang besteht nicht, § 10 I. Man kann zugleich den Ausschließungsbeschluß beantragen. Maßgebender Zeitpunkt ist der Eingang des Antrags. Eine Rücknahme des Antrags ist bis zum Erlaß des Ausschließungsbeschlusses statthaft, § 438. Wenn sie nach dem Erlaß des Aufgebots erfolgt, beendet sie das Verfahren. Das Gericht muß das Verfahren dann also auf Kosten des Antragstellers einstellen.

2 **2) Regelungszweck, I, II.** Das Gesetz überläßt die Klärung der Verhältnisse der Beteiligtenherrschaft im Sinn von Grdz 18 vor § 128 ZPO und deshalb der Antragsinitiative. Das gilt selbst dann, wenn durchaus auch ein öffentliches Klärungsinteresse besteht. Die Hauptwirkung des privaten Rechtsnachteils mangels eines Aufgebotsantrags reicht erfahrungsgemäß aus. Das Verfahren erfordert die Anhörung etwaiger Betroffener, soweit sie sich melden. Deshalb ist ein Anmeldezeitpunkt mit einer öffentlichen Bekanntmachung unentbehrlich. Auf dieses Kernstück ist das Verfahren zugeschnitten.

3 **3) Verfahren, I, II.** Das Gericht muß von Amts wegen prüfen, ob der Antrag formgerecht vorliegt, ob er den richtigen Inhalt hat und ob die allgemeinen Verfahrensvoraussetzungen vorliegen, Grdz 12 vor § 253

ZPO, zB die Verfahrensfähigkeit des Antragstellers, § 9, die Berechtigung des gesetzlichen Vertreters, die Verfahrensvollmacht, § 11. Für den sachlichen Inhalt genügen die Behauptungen des Antragstellers, soweit das Gesetz nichts anderes vorschreibt, LG Mannh MDR **76**, 587. Eine Glaubhaftmachung nach § 31 ist nur vereinzelt notwendig, §§ 444, 449, 450 III, 468 Z 2. Dann ist sie aber eine Bedingung der Zulässigkeit des Antrags. Bei einem behebbaren Mangel darf und sollte das Gericht dem Antragsteller eine entsprechende Auflage machen, Einl III 27.

4) Entscheidung, I, II. Sie erfolgt ausnahmslos durch einen Beschluß des Rpfl, § 38, § 3 Z 1 c RPflG. 4
Er muß den Beschluß grundsätzlich begründen, § 329 ZPO Rn 4. Er muß seinen Beschluß dem Antragsteller förmlich zustellen. Das Gericht kann den Beschluß von Amts wegen aufheben, falls sich Mängel ergeben. Der Antragsteller darf einen zurückgewiesenen Antrag mit einer besseren Begründung wiederholen.

5) Rechtsbehelfe, I, II. Gegen die Zurückweisung des Antrags ist die befristete Beschwerde statthaft, 5
§ 11 I RPflG in Verbindung mit §§ 58 ff. Gegen den Beschluß des Amtsrichters ist die befristete Beschwerde nach §§ 58 ff zulässig. Gegen eine Auflage ist mangels einer echten Entscheidung kein Rechtsbehelf statthaft.
Gebühren: Des Gerichts: KV 1630; des Anwalts: VV 3324.

6) Inhalt des Antrags, II Z 1–4. Der Antrag muß zumindest eindeutig erkennbar diejenigen Tatsachen 6
angeben, die für die jeweilige Aufgebotsart formell vorliegen müssen. Alle Angaben nach II unter „insbesondere" sind wesentlich. Das übrige steht im pflichtgemäßen Ermessen des Gerichts. Bis zum Anmeldezeitpunkt nach II Z 2 bedeutet: vor dem Erlaß des Ausschließungsbeschlusses, § 438.

435

Öffentliche Bekanntmachung. I [1] **Die öffentliche Bekanntmachung des Aufgebots erfolgt durch Aushang an der Gerichtstafel und durch einmalige Veröffentlichung in dem elektronischen Bundesanzeiger, wenn nicht das Gesetz für den betreffenden Fall eine abweichende Anordnung getroffen hat. [2] Anstelle des Aushangs an der Gerichtstafel kann die öffentliche Bekanntmachung in einem elektronischen Informations- und Kommunikationssystem erfolgen, das im Gericht öffentlich zugänglich ist.**

II **Das Gericht kann anordnen, das Aufgebot zusätzlich auf andere Weise zu veröffentlichen.**

1) Systematik, Regelungszweck, I, II. Es handelt sich um eine weitgehende Übernahme des früheren 1
§ 948 ZPO. Vgl im übrigen Grdz 1 vor § 433, § 434 Rn 2.

2) Bekanntmachung, I, II. Es ist eine öffentliche Bekanntmachung des Aufgebots notwendig. Ein 2
Auszug genügt nicht. Sie geschieht durch den Urkundsbeamten der Geschäftsstelle auf Grund des Beschlusses des Rpfl, § 434. Eine besondere Mitteilung erfolgt nur bei §§ 450 V, § 4 II G v 29. 4. 60, Anh § 484. Nötig sind nach *I 1:* Grundsätzlich der Aushang an der Gerichtstafel; eine einmalige Veröffentlichung im elektronischen BAnz, vgl auch § 1 G v 17. 5. 50, BGBl 183; auf eine freigestellte Anordnung die mehrmalige Einrückung in den elektronischen BAnz oder in andere Blätter, zB in den WertpMitt, nicht etwa bei Aktien und Inhaberschuldverschreibungen statt im BAnz nur dort. Denn das Gericht hat ein Ermessen. Nach *I 2* kann nach dem pflichtgemäßen Ermessen des Gerichts die öffentliche Bekanntmachung anstelle des Aushangs in dem etwaigen im Gericht öffentlich zugänglichen elektronischen Informations- und Kommunikationssystem erfolgen. Nach *II* kann das Gericht ebenfalls nach reinem pflichtgemäßen Ermessen zusätzlich eine andere als die in I genannte Veröffentlichung anordnen, etwa in einer Tageszeitung, wenn das einen Erfolg verspricht. Landesrechtlich bestehen mehrfach Abweichungen, § 484. Auslagen: KV 9004 Z 2.

3) Verstoß, I, II. Wenn die gesetzliche Form nicht beachtet wird, ist eine befristete Beschwerde statt- 3
haft, §§ 58 ff. Es gibt keinen Beschwerdewert, §§ 439 III (Unanwendbarkeit des § 61 I).

436

Gültigkeit der öffentlichen Bekanntmachung. **Auf die Gültigkeit der öffentlichen Bekanntmachung hat es keinen Einfluss, wenn das Schriftstück von der Gerichtstafel oder das Dokument aus dem Informations- und Kommunikationssystem zu früh entfernt wurde oder wenn im Fall wiederholter Veröffentlichung die vorgeschriebenen Zwischenfristen nicht eingehalten sind.**

1) Systematik, Regelungszweck. Die Vorschrift übernimmt fast wörtlich den früheren § 949 ZPO. 1
Vgl im übrigen zunächst Grdz 1 vor § 433, § 434 Rn 2. Über eine zu frühe Entfernung vgl § 186 ZPO Rn 18. Zwischenfristen nach Üb 10 vor § 214 ZPO sind nur die Fristen zwischen etwaigen mehreren Bekanntmachungen. Andere Fristen sind keine Zwischenfristen. Das gilt zB für die Aufgebotsfrist nach §§ 437, 451 III, 465 V, 476 oder die Fristen der §§ 471–475.

437

Aufgebotsfrist. **Zwischen dem Tag, an dem das Aufgebot erstmalig in einem Informations- und Kommunikationssystem oder im elektronischen Bundesanzeiger veröffentlicht wird, und dem Anmeldezeitpunkt muss, wenn das Gesetz nicht eine abweichende Anordnung enthält, ein Zeitraum (Aufgebotsfrist) von mindestens sechs Wochen liegen.**

1) Systematik, Regelungszweck. Die Vorschrift übernimmt weitgehend den früheren § 950 ZPO. Vgl 1
zunächst Grdz 1 vor § 433, § 434 Rn 2. Die Aufgebotsfrist des § 437 gilt nur hilfsweise. Häufig schreiben Bundes- und Landesgesetze andere Fristen vor, zB §§ 451 II, 453 I, 458 II, 465 V, 471 ff, 483, 484. Die Fristberechnung erfolgt nach § 16 II in Verbindung mit § 222 ZPO wie bei einer Ladungsfrist, § 222 ZPO Rn 2. Der Tag der Bekanntmachung im elektronischen BAnz wird nicht mitgerechnet. Die Frist ist keine Notfrist, § 224 I 2 ZPO. Die Verlängerung der Frist erfolgt nach § 16 II in Verbindung mit § 224 II ZPO.

Es handelt sich um eine uneigentliche Frist, Üb 11 vor § 214 ZPO. Gegen ihre Versäumung ist evtl eine Wiedereinsetzung zulässig. §§ 17, 439 IV. Die Frist ist eine Mindestfrist. Das Gericht kann eine längere Frist bestimmen. Eine Höchstfrist kennen §§ 458 II, 476. Wegen der öffentlichen Bekanntmachung im BAnz § 435 Rn 2.

2 **2) Verstoß.** Bei einem Verstoß ist eine Beschwerde zulässig, §§ 58 ff. Es gibt keinen Beschwerdewert, § 439 III (Unanwendbarkeit des § 61 I).

438 ***Anmeldung nach dem Anmeldezeitpunkt.*** **Eine Anmeldung, die nach dem Anmeldezeitpunkt, jedoch vor dem Erlass des Ausschließungsbeschlusses erfolgt, ist als rechtzeitig anzusehen.**

1 **1) Systematik.** Die Vorschrift übernimmt fast wörtlich den früheren § 951 ZPO. Die Anmeldung nach § 434 II 2 Z 2 ist eine Beteiligtenverfahrenshandlung, Grdz 47 vor § 128 ZPO, LG Frankenth Rpfleger **83**, 412. Sie muß das angemeldete Recht oder den Anspruch ersichtlich machen. § 434 II 2 schreibt einen bestimmten Mindestinhalt vor. Eine Begründung und Nachweise sind unnötig, von Ausnahmen abgesehen, § 469 S 1 Hs 2. Die Anmeldung erfolgt schriftlich oder zum Protokoll des Urkundsbeamten der Geschäftsstelle. Wenn landesrechtlich ein LG zuständig ist, besteht evtl für die Anmeldung ein Anwaltszwang. Rechtzeitig ist auch diejenige Anmeldung, die nach dem Anmeldezeitpunkt erfolgt, aber vor dem Erlaß des Ausschließungsbeschlusses, also vor seinem Wirksamwerden nach § 40. Nur eine Anmeldung beim Aufgebotsgericht wahrt die Frist.

2 **2) Regelungszweck.** Vgl zunächst Grdz 2 vor § 433, § 434 Rn 2. Das Aufgebotsverfahren soll den wahren Rechtsinhaber nicht ohne einen schwerwiegenden Grund verdrängen. Deshalb soll ihm die Möglichkeit zur Anmeldung solange wie irgend vertretbar erhalten beleiben. Damit dient die Vorschrift der Gerechtigkeit, Einl III 9, 36. Sie ist entsprechend großzügig zugunsten eines Anmelders auslegbar.

439 ***Erlass des Ausschließungsbeschlusses; Beschwerde; Wiedereinsetzung und Wiederaufnahme.*** **[I] Vor Erlass des Ausschließungsbeschlusses kann eine nähere Ermittlung, insbesondere die Versicherung der Wahrheit einer Behauptung des Antragstellers an Eides statt, angeordnet werden.**

[II] Die Endentscheidung in Aufgebotssachen wird erst mit Rechtskraft wirksam.

[III] § 61 Abs. 1 ist nicht anzuwenden.

[IV] [1]Die Vorschriften über die Wiedereinsetzung finden mit der Maßgabe Anwendung, dass die Frist, nach deren Ablauf die Wiedereinsetzung nicht mehr beantragt oder bewilligt werden kann, abweichend von § 18 Abs. 3 fünf Jahre beträgt. [2]Die Vorschriften über die Wiederaufnahme finden mit der Maßgabe Anwendung, dass die Erhebung der Klagen nach Ablauf von zehn Jahren, von dem Tag der Rechtskraft des Ausschließungsbeschlusses an gerechnet, unstatthaft ist.

1 **1) Systematik, Regelungszweck, I–IV.** Die neue Vorschrift regelt recht unterschiedliche Stadien des Verfahrens als eine vorrangige Spezialanweisung zwecks Sachgerechtigkeit in einem Bereich mit doch sehr weitgehenden Auswirkungen nicht nur auf die unmittelbar Betroffenen. Als eine Sondervorschrift ist sie eng auslegbar.

2 **2) Ermittlung, I.** Mit Vorrang vor § 26 besagt I der Sache nach nur dasselbe, sogar scheinbar weniger. Denn gegenüber dem „hat ... durchzuführen" in § 26 bedeutet „kann ... angeordnet werden" in I scheinbar einen weiteren Spielraum. Das wäre aber kaum der Sinn. Deshalb schmilzt das formell pflichtgemäße Ermessen zusammen, wenn man nicht die eben genannte Formulierung als eine bloße Zuständigkeitsregel auffassen will, was nicht überzeugen würde.

Eine *eidesstattliche Versicherung* und damit Glaubhaftmachung im Sinn des ohnehin mitbeachtbaren § 31 zeigt zusätzlich den Sinn des I: Gesteigerte und nicht verringerte Sorgfalt. Insofern ist I sprachlich verunglückt.

Grenzen findet die Sorgfaltspflicht in § 433 I mit seiner Antragsabhängigkeit des ganzen Verfahrens. Denn sie führt zu einer gesteigerten Mitwirkungspflicht der Beteiligten, wie sie grundsätzlich ohnehin § 27 schafft.

3 **3) Wirksamkeit, II.** Vorrangig abweichend von § 40 I tritt die Wirksamkeit des Ausschließungsbeschlusses, aber auch jeder anderen Endentscheidung erst mit der formellen Rechtskraft nach § 45 ein, wie zB bei § 116 I, II 1.

4 **4) Kein Beschwerdewert, III.** Im Beschwerdeverfahren nach §§ 58 ff ist wegen der Unanwendbarkeit des § 61 I kein Beschwerdewert nötig.

5 **5) Wiedereinsetzung, Wiederaufnahme, IV.** §§ 17–19 sind mit der Abweichung von § 18 III (dort: ein Jahr) anwendbar, *IV 1*. § 48 II in Verbindung mit §§ 578 ff ZPO ist mit der Abweichung von § 586 II 2 ZPO (dort: fünf Jahre) anwendbar, *IV 2*.

440 ***Wirkung einer Anmeldung.*** **Bei einer Anmeldung, durch die das von dem Antragsteller zur Begründung des Antrags behauptete Recht bestritten wird, ist entweder das Aufgebotsverfahren bis zur endgültigen Entscheidung über das angemeldete Recht auszusetzen oder in dem Ausschließungsbeschluss das angemeldete Recht vorzubehalten.**

1 **1) Systematik, Regelungszweck.** Die Vorschrift entspricht fast wörtlich dem früheren § 953 ZPO. Eine Anmeldung kann Mängel des Verfahrens rügen. Dann muß das Gericht den Antrag evtl zurückweisen.

Sie kann ferner Rechte des Anmeldenden behaupten. Wenn das Rechte sind, die das Recht des Antragstellers nur beschränken, ergeht ein Ausschließungsbeschluß mit dem Vorbehalt des behaupteten Rechts, BGH **76**, 170. Wenn die Rechte das Recht des Antragstellers ausschließen, erfolgt eine Aussetzung des Verfahrens. Alles das dient der Verhinderung einer endgültig unrichtigen Entscheidung. Einl III 9, 36.

2) Verfahren. Das Gericht prüft jede Anmeldung nach den Regeln § 439 I auf die Einhaltung der Form 2
und der Frist und auf die Schlüssigkeit ihres Inhalts. Das Gericht kann aber (jetzt) auch prüfen, ob dieser Inhalt auch wirklich objektiv sachlichrechtlich begründet ist, BGH **76**, 170. Die Anmeldung will und kann nicht mehr erreichen als den Schutz gegen die angedrohten Rechtsnachteile. Die endgültige sachlichrechtliche Entscheidung über das behauptete Recht kann nur notfalls im Prozeßweg ergehen. Wenn das dortige Gericht das Recht verneint und den Vorbehalt nur beseitigt, gilt der Ausschließungsbeschluß als ein vorbehaltloser.

3) Entscheidung. Der Antragsteller kann eine endgültige Entscheidung auch durch eine verneinende 3
Feststellungsklage nach § 256 ZPO herbeiführen. Das Gericht muß den Antrag auch dann zurückweisen, wenn die Anmeldung das Verfahren erledigt, der Antragsteller den Antrag aber nicht zurücknimmt. Wenn die Anmeldung unter Verfahrensmängeln leidet, muß das Gericht sie im Ausschließungsbeschluß zurückweisen.

4) Aussetzung und Vorbehalt. Eine Aussetzung des Verfahrens setzt voraus, daß die Zulässigkeit des 4
ganzen Aufgebotsverfahrens zweifelhaft ist. Sie erfolgt durch einen Beschluß. Das Gericht muß ihn grundsätzlich begründen, § 329 ZPO Rn 4. Es teilt ihn nach § 41 mit. Gegen die Aussetzung oder Ablehnung der Aussetzung ist die befristete Beschwerde zulässig, §§ 58 ff. Es gibt keinen Beschwerdewert, § 439 III (Unanwendbarkeit des § 61 I). Das Ausschlußurteil erledigt die Beschwerde. Es ergeht gegen alle, die sich nicht gemeldet haben. Der Vorbehalt läßt sich nur durch einen Verzicht oder durch eine Verurteilung zum Verzicht beseitigen. Wegen der Zuständigkeit des Rpfl Grdz 4 vor § 433.

441 *Öffentliche Zustellung des Ausschließungsbeschlusses.* [1]**Der Ausschließungsbeschluss ist öffentlich zuzustellen.** [2]**Für die Durchführung der öffentlichen Zustellung gelten die §§ 186, 187, 188 der Zivilprozessordnung entsprechend.**

1) Systematik, Regelungszweck, S 1, 2. Die Vorschrift übernimmt inhaltlich weitgehend § 956 ZPO. 1
Zum Charakter des Aufgebotsverfahrens und dem Wegfall des früheren Aufgebotstermins nebst einer Verkündung entspricht die jetzt in einer Abweichung vom früheren § 956 ZPO angeordnete Amtspflicht zur öffentlichen Zustellung nach §§ 186–188 ZPO. Vgl dazu also dort.

Abschnitt 2. Aufgebot des Eigentümers von Grundstücken, Schiffen und Schiffsbauwerken

442 *Aufgebot des Grundstückseigentümers, örtliche Zuständigkeit.* [I] **Für das Aufgebotsverfahren zur Ausschließung des Eigentümers eines Grundstücks nach § 927 des Bürgerlichen Gesetzbuchs gelten die nachfolgenden besonderen Vorschriften.**

[II] **Örtlich zuständig ist das Gericht, in dessen Bezirk das Grundstück belegen ist.**

1) Systematik, Regelungszweck, I, II. *I* stimmt praktisch wörtlich mit dem früheren § 977 ZPO über- 1
ein, *II* ebenso mit dem früheren § 978 ZPO. §§ 442–445 betreffen den Ausschluß des Eigentümers eines solchen Grundstücks, das sich seit 30 Jahren in fremdem Eigenbesitz befindet, § 927 BGB. Der dortige Verschollenheitsbegriff stimmt mit demjenigen in § 1 VerschG überein, AG Besigheim MDR **02**, 1431, aM PalBass § 927 BGB Rn 2 (aber man sollte einen solchen Begriff möglichst einheitlich anwenden, wenn er schon spezialgesetzlich besteht). Der Ausschließungsbeschluß muß jeden Eigentümer ausschließen, auch den nichteingetragenen Rechtsnachfolger, nicht nur bestimmte Personen. Bei einer Verschollenheit kommt es nicht auf die Voraussetzungen der Todeserklärung an. Der Ausschließungsbeschluß macht das Grundstück herrenlos. Der Antragsteller hat ein Aneignungsrecht. Er erwirbt das Eigentum durch seine Eintragung nach § 927 II BGB.

2) Ausschließliche Zuständigkeit, II. Das AG der belegenen Sache ist ausschließlich zuständig, vgl 2
auch § 29 a ZPO Rn 13. Liegt das Grundstück in mehreren Gerichtsbezirken, ist § 36 I Z 4 ZPO entsprechend anwendbar.

443 *Antragsberechtigter.* **Antragsberechtigt ist derjenige, der das Grundstück seit der im § 927 des Bürgerlichen Gesetzbuchs bestimmten Zeit im Eigenbesitz hat.**

1) Antrag. Die Vorschrift übernimmt wörtlich den früheren § 979 ZPO. Antragsberechtigt ist der 1
Eigenbesitzer, § 872 BGB. Wenn der Eigenbesitz auf einen Käufer übergegangen ist, ist nur dieser antragsberechtigt. Die Berechnung der 30 Jahre erfolgt nach §§ 927 I, 939 ff BGB. Man muß das Grundstück grundbuchmäßig bezeichnen.

444 *Glaubhaftmachung.* **Der Antragsteller hat die zur Begründung des Antrags erforderlichen Tatsachen vor der Einleitung des Verfahrens glaubhaft zu machen.**

1) Glaubhaftmachung. Die Vorschrift übernimmt wörtlich den früheren § 980 ZPO. Die Glaubhaft- 1
machung erfolgt nach § 31. Sie genügt für alle nach § 927 BGB zur Begründung notwendigen Tatsachen,

auch für den Tod oder die Verschollenheit. Unnötig sind ein Erwerbstitel und ein guter Glaube. Eine Todeserklärung ist nicht erforderlich.

445 *Inhalt des Aufgebots.* **In dem Aufgebot ist der bisherige Eigentümer aufzufordern, sein Recht spätestens zum Anmeldezeitpunkt anzumelden, widrigenfalls seine Ausschließung erfolgen werde.**

1 **1) Verfahren.** Es handelt sich um eine bis auf den weggefallenen früheren Aufgebotstermin wörtliche Übernahme des früheren § 981 ZPO. Auf das Aufgebot ist neben § 445 § 434 II voll anwendbar. Das gilt auch wegen der Zuständigkeit des Rpfl, Grdz 4 vor § 433, und wegen der Fristbestimmung vorbehaltlich landesrechtlicher Abweichungen, § 484, nach § 437. Für die früheren preußischen Gebiete gilt § 8 AG ZPO. Wenn sich der Eigentümer meldet, gilt § 440. Ein Dritter, der vor dem Erlaß des Ausschließungsbeschlusses nach § 899 BGB seine Eintragung im Grundbuch oder einen Widerspruch gegen das Grundbuch beantragt hat, braucht sich nicht zu melden. Wenn der Ausschließungsbeschluß demjenigen, der sich meldet, ein Recht vorbehält, ist die Eintragung des Antragstellers erst nach einem Verzicht oder nach einem verneinenden Feststellungsurteil auf dieses Recht möglich. Man muß den Verzicht notfalls durch eine Klage erzwingen. Der Ausschließungsbeschluß beseitigt jedes Eigentum an dem Grundstück, sofern es nicht nur bestimmte Personen ausschließt. Das wäre aber fehlerhaft, § 442 Rn 1. Wer den Ausschließungsbeschluß erwirkt hat, kann sich als Eigentümer eintragen lassen, § 927 II, III BGB. S auch § 442 Rn 1.

446 *Aufgebot des Schiffseigentümers.* [I] **Für das Aufgebotsverfahren zur Ausschließung des Eigentümers eines eingetragenen Schiffes oder Schiffsbauwerks nach § 6 des Gesetzes über Rechte an eingetragenen Schiffen und Schiffsbauwerken (BGBl. III 403-4) gelten die §§ 443 bis 445 entsprechend.**

[II] **Örtlich zuständig ist das Gericht, bei dem das Register für das Schiff oder Schiffsbauwerk geführt wird.**

1 **1) Geltungsbereich.** Die Vorschrift übernimmt praktisch wörtlich den früheren § 981 a S 1, 2 ZPO. Sie betrifft den Ausschluß des Eigentümers eines eingetragenen Schiffs oder eines eingetragenen und nicht nur eintragungsfähigen Schiffsbauwerks nach § 6 SchiffsG. §§ 443–445 gelten dann entsprechend. Ausschließlich zuständig ist das AG des Registers.

Abschnitt 3. Aufgebot des Gläubigers von Grund- und Schiffspfandrechten sowie des Berechtigten sonstiger dinglicher Rechte

447 *Aufgebot des Grundpfandrechtsgläubigers, örtliche Zuständigkeit.* [I] **Für das Aufgebotsverfahren zur Ausschließung eines Hypotheken-, Grundschuld- oder Rentenschuldgläubigers aufgrund der §§ 1170 und 1171 des Bürgerlichen Gesetzbuchs gelten die nachfolgenden besonderen Vorschriften.**

[II] **Örtlich zuständig ist das Gericht, in dessen Bezirk das belastete Grundstück belegen ist.**

Schrifttum: *Hallermann,* Die Löschung von Reichs- und Goldmarkhypotheken sowie -grundschulden im Grundbuch; zugleich ein Beitrag zum Aufgebotsverfahren, 1992.

1 **1) Systematik, Regelungszweck, I, II.** *I* übernimmt praktisch wörtlich den früheren § 982 ZPO, *II* ebenso den früheren § 983 ZPO. Man darf das Aufgebot aus §§ 447 ff nicht mit dem Aufgebot eines Hypotheken- usw -briefs nach §§ 466 ff verwechseln. Das Antragsrecht ergibt sich aus § 448 I, II. Es besteht auch für den Eigentümer eines ehemals belasteten Grundstücks nach der Ablösung eines Grundpfandrechts nach § 10 GBBerG, KG Rpfleger **08**, 478. Die Aufgebotsfrist errechnet sich nach § 437, soweit nicht das Landesrecht etwas anderes bestimmt, § 484. Wenn sich der Gläubiger meldet, ist § 440 anwendbar. Der Ausschließungsbeschluß macht auch den Hypothekenbrief ohne ein besonderes Aufgebot nach § 1162 BGB kraftlos. Wegen der sonstigen Wirkungen s §§ 1170 II, 1171 II, 1175 BGB, § 450 Rn 2. Der Beschluß erstreckt sich nicht auf ein solches Trennstück, das das Grundbuchamt vor dem Aufgebot, wenn auch nach der Antragstellung, abgeschrieben hatte. Die folgenden Bestimmungen gelten teilweise sinngemäß, teilweise entsprechend abgewandelt, auch bei unbekannten Gläubigern an einem Registerpfandrecht nach dem LuftfzRG. Für Schiffe gilt § 452.

2 **2) Ausschließliche Zuständigkeit, II.** Das AG des belasteten Grundstücks ist ausschließlich zuständig, § 29 a ZPO Rn 14, § 466 II. Wegen der Zuständigkeit des Rpfl Grdz 4 vor § 433. Kommen mehrere Gerichte zB bei einer Gesamthypothek nach § 36 I ZPO Rn 23 infrage, muß man das zuständige AG nach § 2 II bestimmen. Wenn ein unbekannter Gläubiger aufgeboten werden soll, dessen Ansprüche nach § 10 LuftfzRG durch eine Vormerkung im Register gesichert sind, ist dasjenige AG zuständig, dass das Register führt, § 13 II 2 LuftfzRG. Dasselbe gilt bei einem unbekannten Gläubiger eines Registerpfandrechts, §§ 66 III, 67 IV LuftfzRG.

448 *Antragsberechtigter.* [I] **Antragsberechtigt ist der Eigentümer des belasteten Grundstücks.**

[II] [1] **Antragsberechtigt im Fall des § 1170 des Bürgerlichen Gesetzbuchs ist auch ein im Rang gleich- oder nachstehender Gläubiger, zu dessen Gunsten eine Vormerkung nach § 1179 des Bürgerlichen Gesetzbuchs eingetragen ist oder ein Anspruch nach § 1179 a des Bürgerlichen**

Gesetzbuchs besteht. [2]Bei einer Gesamthypothek, Gesamtgrundschuld oder Gesamtrentenschuld ist außerdem derjenige antragsberechtigt, der aufgrund eines im Rang gleich- oder nachstehenden Rechts Befriedigung aus einem der belasteten Grundstücke verlangen kann. [3]Die Antragsberechtigung besteht nur, wenn der Gläubiger oder der sonstige Berechtigte für seinen Anspruch einen vollstreckbaren Schuldtitel erlangt hat.

1) Antragsberechtigung, I, II. Es handelt sich um eine praktisch wörtliche Übernahme des früheren § 984 I, II ZPO. Antragsberechtigt ist immer der Eigentümer des belasteten Grundstücks. Bei einer Gesamthypothek ist jeder Eigentümer antragsberechtigt, und zwar bei § 1170 BGB nur mit Wirkung für sein Grundstück, § 1175 I 2, II BGB, bei § 1171 BGB mit Wirkung für alle Grundstücke. Bei § 1170 BGB sind auch die dinglichen Gläubiger antragsberechtigt, soweit sie ihrem Rang nach bei einer Zwangsversteigerung ein Interesse daran haben, daß der Eigentümer die Hypothek erwirbt. Dieses Antragsrecht besteht aber nur dann, wenn die dinglichen Gläubiger durch eine Vormerkung aus § 1179 BGB gesichert sind oder wenn sie einen Löschungsanspruch aus § 1179 a BGB haben. Bei einer Gesamthypothek usw ist ferner jeder dingliche Berechtigte antragsberechtigt, der ein der Gesamthypothek gleichstehendes oder nachstehendes Recht auf eine Befriedigung an einem der belasteten Grundstücke hat, §§ 10, 11 ZVG. Bei II ist ein vollstreckbarer Titel eines jeden dort genannten Berechtigten notwendig. 1

2) Luftfahrzeug, I, II. Bei einem unbekannten Gläubiger eines Registerpfandrechts an einem Luftfahrzeug gilt I sinngemäß. Wenn der Anspruch eines Gläubigers wegen eines solchen Pfandrechts nach § 10 I LuftfzRG und § 449 Rn 1 durch eine Vormerkung gesichert ist und wenn der Gläubiger unbekannt ist, ist außer dem Eigentümer jeder antragsberechtigt, der auf Grund eines im Rang gleichstehenden oder nachstehenden Rechts eine Befriedigung aus dem Luftfahrzeug verlangen kann. Das gilt nur, sofern er für seinen Anspruch einen vollstreckbaren Titel erlangt hat. Das Gericht muß ein solches Aufgebot dem Eigentümer des Luftfahrzeugs mitteilen, § 13 II 3, 4 LuftfzRG. 2

449 *Glaubhaftmachung.* **Der Antragsteller hat vor der Einleitung des Verfahrens glaubhaft zu machen, dass der Gläubiger unbekannt ist.**

1) Unbekanntheit. Die Vorschrift stimmt wörtlich mit dem früheren § 985 ZPO überein. Ein Gläubiger ist „unbekannt", wenn trotz nachweisbarer Bemühungen nicht feststeht, wer Gläubiger oder dessen Rechtsnachfolger ist, LG Aachen RR **98**, 87, LG Erfurt Rpfleger **94**, 311, Wenckstern DNotZ **93**, 549, aM BGH RR **04**, 665 (aber es gilt im Ergebnis dasselbe wie zB bei § 185 ZPO Rn 5). Das gilt also auch dann, wenn sich der Gläubiger nicht als solcher grundbuchmäßig ausweisen kann oder wenn sein Aufenthalt unbekannt ist, LG Erfurt Rpfleger **94**, 311, MüKoEi § 1170 BGB Rn 2 ff, aM BGH RR **04**, 665, PalBass § 1170 BGB Rn 2 (das letztere genüge nicht, da der Gläubiger als solcher dann nicht unbekannt sei. Diese Auffassung ist aber nicht verfahrenswirtschaftlich genug, Grdz 14 vor § 128 ZPO). 1

Die Voraussetzung der Unbekanntheit muß beim Erlaß des Ausschließungsbeschlusses vorliegen. Im Anschluß an eine Entscheidung gegen den Gläubiger auf eine Bewilligung der Grundbuchberichtigung kann der Schuldner das Aufgebot des etwa benötigten Hypothekenbriefs nach § 1162 BGB, §§ 466 ff FamFG beantragen.

§ 449 *gilt sinngemäß* für den unbekannten Gläubiger eines Registerpfandrechts an einem Luftfahrzeug und für solche Gläubiger, deren Ansprüche auf Einräumung oder auf Aufhebung eines derartigen Rechts oder eines Rechts an einem Registerpfandrecht oder auf eine Änderung des Inhalts oder des Ranges eines dieser Rechte eine Vormerkung im Register sichert, §§ 66 III, 67 IV, 13 II in Verbindung mit § 10 LuftfzRG.

2) Antrag. Vgl zunächst § 448 Rn 1. Man muß das belastete Grundstück und die Forderung so genau wie zumutbar bezeichnen. 2

3) Glaubhaftmachung. Sie erfolgt nach § 31, also auch durch eine eidesstattliche Versicherung. 3

450 *Besondere Glaubhaftmachung.* **I Im Fall des § 1170 des Bürgerlichen Gesetzbuchs hat der Antragsteller vor der Einleitung des Verfahrens auch glaubhaft zu machen, dass eine das Aufgebot ausschließende Anerkennung des Rechts des Gläubigers nicht erfolgt ist.**

II [1]Ist die Hypothek für die Forderung aus einer Schuldverschreibung auf den Inhaber bestellt oder der Grundschuld- oder Rentenschuldbrief auf den Inhaber ausgestellt, hat der Antragsteller glaubhaft zu machen, dass die Schuldverschreibung oder der Brief bis zum Ablauf der im § 801 des Bürgerlichen Gesetzbuchs bezeichneten Frist nicht vorgelegt und der Anspruch nicht gerichtlich geltend gemacht worden ist. [2]Ist die Vorlegung oder die gerichtliche Geltendmachung erfolgt, so ist die im Absatz 1 vorgeschriebene Glaubhaftmachung erforderlich.

III [1]Zur Glaubhaftmachung genügt in den Fällen der Absätze 1, 2 die Versicherung des Antragstellers an Eides statt. [2]Das Recht des Gerichts zur Anordnung anderweitiger Ermittlungen von Amts wegen wird hierdurch nicht berührt.

IV In dem Aufgebot ist als Rechtsnachteil anzudrohen, dass der Gläubiger mit seinem Recht ausgeschlossen werde.

V Wird das Aufgebot auf Antrag eines nach § 448 Abs. 2 Antragsberechtigten erlassen, so ist es dem Eigentümer des Grundstücks von Amts wegen mitzuteilen.

1) Glaubhaftmachung, I–III. Die Vorschrift übernimmt praktisch wörtlich den früheren § 986 ZPO. Bei § 1170 BGB muß der Antragsteller folgende Voraussetzungen glaubhaft machen, § 31: Die Unbekanntheit des Gläubigers, § 449; die Berechtigung des Antragstellers; die Nichtanerkennung des Rechts, also auch das Fehlen einer Teilzahlung, Zinszahlung oder Stundung. Darum erfolgt kein Aufgebot vor dem Ablauf der zehnjährigen Frist; bei II den Ablauf der regelmäßig dreißigjährigen Vorlegungsfrist oder den Eintritt der Verjährung, § 801 BGB. Man muß die Besitzzeit der Rechtsvorgänger einrechnen. Bei den letzteren beiden Voraussetzungen genügt eine eidesstattliche Versicherung des Antragstellers. Jedoch wird das Gericht regelmäßig weitere Ermittlungen anstellen, III 2, § 439 I.

2 **2) Aufgebot, IV, V.** Das Landesrecht darf die Frist nach § 437 und die Veröffentlichung nach §§ 435, 441 abweichend regeln, § 484. Die Mitteilung aus V erfolgt formlos. Der vorbehaltlose Ausschließungsbeschluß führt zum Erwerb der Hypothek nun als Grundschuld nach § 1177 I BGB auch vor der entsprechenden Eigentumseintragung. Der Eigentümer kann die Berichtigung des Grundbuchs beantragen. Der Ausschließungsbeschluß aus § 1170 BGB wirkt nämlich gegen jeden Gläubiger, auch gegen einen nicht eingetragenen, auch gegen den an der Hypothek dinglich Berechtigten. Nur die persönliche Forderung bleibt bestehen. Wenn der Beschluß einen Vorbehalt macht, setzt eine Eintragung in das Grundbuch die vorherige Beseitigung dieses Vorbehalts durch einen Verzicht oder ein rechtskräftiges Urteil voraus.

3 **3) Luftfahrzeug, I–V.** Bei einem unbekannten Gläubiger eines Registerpfandrechts an einem Luftfahrzeug gelten I, III und IV entsprechend, § 66 III LuftfzRG. Dasselbe gilt bei einem solchen Gläubiger, dessen Anspruch an einem derartigen Recht eine Vormerkung sichert, § 13 II LuftfzRG.

451 *Verfahren bei Ausschluss mittels Hinterlegung.* **I Im Fall des § 1171 des Bürgerlichen Gesetzbuchs hat der Antragsteller vor der Einleitung des Verfahrens die Hinterlegung des dem Gläubiger gebührenden Betrages anzubieten.**

II In dem Aufgebot ist als Rechtsnachteil anzudrohen, dass der Gläubiger nach der Hinterlegung des ihm gebührenden Betrages seine Befriedigung statt aus dem Grundstück nur noch aus dem hinterlegten Betrag verlangen könne und sein Recht auf diesen erlösche, wenn er sich nicht vor dem Ablauf von 30 Jahren nach dem Erlass des Ausschließungsbeschlusses bei der Hinterlegungsstelle melde.

III Hängt die Fälligkeit der Forderung von einer Kündigung ab, erweitert sich die Aufgebotsfrist um die Kündigungsfrist.

IV Der Ausschließungsbeschluss darf erst dann erlassen werden, wenn die Hinterlegung erfolgt ist.

1 **1) Antrag und Aufgebot, I–III.** Die Vorschrift übernimmt praktisch wörtlich den früheren § 987 ZPO. Bei § 1171 BGB muß sich der Antragsteller vor der Einleitung des Verfahrens zur Hinterlegung der Restschuld nebst Zinsen erbieten, soweit auch sie im Grundbuch eingetragen sind, und zwar bis zum Erlaß des Ausschließungsbeschlusses, IV. Wenn das Recht am Hinterlegten nach II erlischt, kann der Hinterleger trotz eines Rücknahmeverzichts die Rückzahlung verlangen. Das Landesrecht kann die Frist nach § 437 und eine Bekanntmachung nach §§ 435, 441 abweichend anordnen, § 484.

2 **2) Ausschließungsbeschluß, IV.** Das Gericht darf den Ausschließungsbeschluß erst dann erlassen, wenn eine Hinterlegung nach § 376 II BGB feststeht. Bei Zinsen genügt der Nachweis der Zahlung im Weg einer freien Beweiswürdigung nach § 37 und gilt § 1171 I 2 BGB. Die Wirkung des Ausschließungsbeschlusses ergibt sich aus § 1171 II, III BGB. Ein Hypotheken- usw -Brief wird infolge des Ausschließungsbeschlusses von selbst kraftlos. Der Gläubiger darf sich nur aus dem hinterlegten Betrag befriedigen.

3 **3) Luftfahrzeug, I–IV.** Für einen unbekannten Gläubiger eines Registerpfandrechts an einem Luftfahrzeug gilt § 451 entsprechend, § 67 IV LuftfzRG.

452 *Aufgebot des Schiffshypothekengläubigers, örtliche Zuständigkeit.* **I 1 Für das Aufgebotsverfahren zur Ausschließung eines Schiffshypothekengläubigers aufgrund der §§ 66 und 67 des Gesetzes über Rechte an eingetragenen Schiffen und Schiffsbauwerken (BGBl. III 403–4) gelten die §§ 448 bis 451 entsprechend. 2 Anstelle der §§ 1170, 1171 und 1179 des Bürgerlichen Gesetzbuchs sind die §§ 66, 67, 58 des genannten Gesetzes anzuwenden.**

II Örtlich zuständig ist das Gericht, bei dem das Register für das Schiff oder Schiffsbauwerk geführt wird.

1 **1) Systematik, Regelungszweck, I, II.** Die Vorschrift entspricht praktisch wörtlich dem früheren § 987 a ZPO (dort nur etwas andere Aufteilung in S 1, 2). § 452 regelt das Aufgebot von Schiffshypothekengläubigern nach §§ 66, 67 SchiffsG. §§ 448–451 gelten entsprechend mit den Abweichungen des Textes. Wenn der Gläubiger unbekannt ist, erlischt die Schiffshypothek mit dem Ausschließungsbeschluß, § 66 SchiffsG. Wenn der kündigungsberechtigte oder befriedigungsberechtigte Eigentümer nach § 67 SchiffsG hinterlegt hat, erlischt das Recht auf den hinterlegten Betrag 30 Jahre nach dem Ausschließungsbeschluß. Wenn das Registergericht jenseits der Oder-Neiße-Linie lag, ergibt sich die Zuständigkeit wie bei § 433 Rn 2.

453 *Aufgebot des Berechtigten bei Vormerkung, Vorkaufsrecht, Reallast.* **I Die Vorschriften des § 447 Abs. 2, des § 448 Abs. 1, der §§ 449, 450 Abs. 1 bis 4 und der §§ 451, 452 gelten entsprechend für das Aufgebotsverfahren zu der in den §§ 887, 1104, 1112 des Bürgerlichen Gesetzbuchs, § 13 des Gesetzes über Rechte an eingetragenen Schiffen und Schiffsbauwerken (BGBl. III, 403–4) für die Vormerkung, das Vorkaufsrecht und die Reallast bestimmten Ausschließung des Berechtigten.**

II 1 Antragsberechtigt ist auch, wer aufgrund eines im Range gleich- oder nachstehenden Rechts Befriedigung aus dem Grundstück oder dem Schiff oder Schiffsbauwerk verlangen

kann, wenn er für seinen Anspruch einen vollstreckbaren Schuldtitel erlangt hat. [2]Das Aufgebot ist dem Eigentümer des Grundstücks oder des Schiffes oder Schiffsbauwerks von Amts wegen mitzuteilen.

1) Systematik, Regelungszweck, I, II. Die Vorschrift übernimmt praktisch wörtlich den früheren § 988 ZPO (dort nur eine etwas andere Aufteilung in S 1–3). Alle Fälle des § 453 verlangen folgende Voraussetzungen: Die Unbekanntheit des Berechtigten, § 449 Rn 1; die Voraussetzungen für den Ausschluß eines Hypothekengläubigers, § 1170 BGB, oder eines Schiffshypothekengläubigers, § 66 SchiffsG, §§ 887, 1104, 1112 BGB, 13 SchiffsG. Die Zuständigkeit ergibt sich aus § 447 II. Bei dem Aufgebot eines Kabelpfandgläubigers, das man entsprechend behandeln muß, ist immer das AG Bln-Schöneberg zuständig, § 16 G v 31. 3. 25, RGBl 37, VOBl für Großberlin **49** I 128 Abs B 4. Das Landesrecht darf die Frist nach § 437 und die Bekanntmachung nach §§ 435, 441 bei einem Aufgebot nach §§ 887, 1104, 1112 BGB abweichend regeln, § 484. Der Ausschließungsbeschluß bewirkt in allen Fällen, daß das Recht erlischt. Er ersetzt die Löschungsbewilligung. Bei einem Kabelpfandrecht erlischt das Recht auf den hinterlegten Betrag nach 30 Jahren, § 15 G v 31. 3. 25. 1

Abschnitt 4. Aufgebot von Nachlassgläubigern

454 *Aufgebot von Nachlassgläubigern, örtliche Zuständigkeit.* [I] **Für das Aufgebotsverfahren zur Ausschließung von Nachlassgläubigern aufgrund des § 1970 des Bürgerlichen Gesetzbuchs gelten die nachfolgenden besonderen Vorschriften.**

[II] [1]**Örtlich zuständig ist das Amtsgericht, dem die Angelegenheiten des Nachlassgerichts obliegen. [2]Sind diese Angelegenheiten einer anderen Behörde als einem Amtsgericht übertragen, so ist das Amtsgericht zuständig, in dessen Bezirk die Nachlassbehörde ihren Sitz hat.**

1) Systematik, Regelungszweck, I, II. Es handelt sich um die praktische Übernahme der früheren §§ 989, 990 ZPO. Man darf das Aufgebot des Nachlaßgläubigers nicht mit der gerichtlichen Aufforderung zur Anmeldung unbekannter Erben nach §§ 1965, 2353 BGB verwechseln. Es soll den Erben über die Notwendigkeit der Haftungsbeschränkung unterrichten. Es soll ihm ferner die Erschöpfungseinrede geben, § 1973 BGB. Es soll ihn gegen einen Rückgriff sichern, § 1980 BGB. Es soll schließlich die Gesamthaftung der Miterben in eine bloße Kopfteilhaftung verwandeln, § 2060 Z 1 BGB. Das Aufgebot erstreckt sich auf alle Nachlaßgläubiger, §§ 1967–1969 BGB, auch soweit sie und ihre Ansprüche rechtskräftig feststehen, rechtshängig oder dem Antragsteller bekannt sind. Das gilt mit Ausnahme: Der Pfandgläubiger und der ihnen im Insolvenzverfahren Gleichstehenden; der Liegenschaftsgläubiger des § 10 ZVG; der Erben, die einen Anspruch gegen den Nachlaß haben und nicht Antragsteller sind; der Pflichtteilsberechtigten; der Vermächtnisnehmer; der Auflageberechtigten, § 1972 BGB; derjenigen Gläubiger, denen der Erbe schon unbeschränkt haftet, §§ 1994 I 2, 2006 III BGB, § 780 ZPO. Die Einzelheiten ergeben sich aus §§ 1971 f, 2013, 2060 Z 1 BGB. 1

2) Verfahren, I. Es gelten zunächst §§ 454–464, hilfsweise §§ 433–441, ganz hilfsweise §§ 1 ff, Grdz 2 vor § 433. Kostenschuldner ist der Antragsteller, § 22 GKG, bei einem Antrag des Testamentsvollstreckers nur der Nachlaß, Hartmann Teil I A § 22 GKG Rn 3. Im Nachlaßinsolvenzverfahren sind die Kosten Masseschuld, § 324 I Z 4 InsO. Die Wirkung des Ausschließungsbeschlusses besteht in einer Unterwerfung unter die Erschöpfungseinrede und in der Benachteiligung im Nachlaßinsolvenzverfahren, §§ 1973 BGB, 327 III InsO. 2

3) Ausschließliche Zuständigkeit, II. Ausschließlich zuständig ist nach *II 1* das Nachlaßgericht, LG Köln MDR **03**, 714, also dasjenige AG, in dessen Bezirk der Erblasser zur Zeit des Erbfalls seinen Wohnsitz, bei dessen Fehlen seinen Aufenthalt hatte. Bei einer Ungewißheit wird das zuständige Gericht nach *II 2* bestimmt. Auch § 5 I Z 4 ist anwendbar. Eine Übertragung auf eine andere Behörde erfolgt nach Art 147 I EG BGB. Wegen der Zuständigkeit des Rpfl Grdz 4 vor § 433. 3

455 *Antragsberechtigter.* [I] **Antragsberechtigt ist jeder Erbe, wenn er nicht für die Nachlassverbindlichkeiten unbeschränkt haftet.**

[II] **Zu dem Antrag sind auch ein Nachlasspfleger, Nachlassverwalter und ein Testamentsvollstrecker berechtigt, wenn ihnen die Verwaltung des Nachlasses zusteht.**

[III] **Der Erbe und der Testamentsvollstrecker können den Antrag erst nach der Annahme der Erbschaft stellen.**

1) Erbe, I. *I, II* stimmen praktisch, *III* ganz wörtlich mit dem früheren § 991 ZPO überein. Antragsberechtigt ist jeder beliebige Erbe, auch als Miterbe, Vorerbe, Nacherbe, sofern er nicht schon allen Nachlaßgläubigern unbeschränkt haftet. Das letztere schadet nur im Fall § 460 II nicht. Eine unbeschränkte Haftung gegenüber einem einzelnen Nachlaßgläubiger hindert aber nicht. Das Antragsrecht kann wegen der Errichtung eines falschen Inventars erloschen sein, § 2005 BGB. Das kann das Gericht aber regelmäßig nicht wissen. Ob das Antragsrecht nach § 1994 I BGB erloschen ist, ergeben die Nachlaßakten. Wenn vor dem Erlaß des Ausschließungsbeschlusses eine unbeschränkte Haftung gegenüber allen Nachlaßgläubigern eintritt, muß das Gericht den Antrag auf den Erlaß des Ausschließungsbeschlusses ablehnen, § 439 Rn 1, vgl auch § 2013 I BGB. Zeitlich begrenzt ist das Antragsrecht nicht, abgesehen von III. Eine Inventarliste braucht nicht zu bestehen. Das Verfahren verläuft wie bei §§ 434 ff. Jeder Miterbe ist unabhängig vom anderen antragsberechtigt, § 460 I. 1

2 **2) Andere Antragsberechtigte, II.** Antragsberechtigt sind auch: Der Nachlaßpfleger, §§ 1960 ff BGB. Als solcher im Sinn der Vorschrift gilt auch der Nachlaßverwalter, § 1975 BGB. Er muß den Antrag vor allem dann stellen, wenn er unbekannte Nachlaßgläubiger vermutet; der Testamentsvollstrecker, wenn ihm die Verwaltung des Nachlasses zusteht, § 2213 BGB, seit der Annahme der Erbschaft, III. Diese Personen sind berechtig, auch wenn der Erbe unbeschränkt haftet. Ein Rechtsschutzbedürfnis besteht wegen § 1985 BGB.

3 **3) Beginn des Antragsrechts, III.** Während der Erbe und der Testamentsvollstrecker den Antrag erst ab ihrer Annahme der Erbschaft stellen können, sind der Nachlaßpfleger und der Nachlaßverwalter schon vorher antragsberechtigt (Umkehrschluß aus III), zumal gerade sie schon vorher grundsätzlich ein Rechtsschutzbedürfnis zur Klärung ihrer Entscheidungen haben. Der Antrag ist unbefristet zulässig.

456 *Verzeichnis der Nachlassgläubiger.* **Dem Antrag ist ein Verzeichnis der bekannten Nachlassgläubiger mit Angabe ihres Wohnortes beizufügen.**

1 **1) Verzeichnis.** Die Vorschrift stimmt wörtlich mit dem früheren § 992 ZPO überein. Das Aufgebot umfaßt auch die bekannten Nachlaßgläubiger. Deshalb muß man dem Antrag ein Verzeichnis dieser Nachlaßgläubiger in der Form der §§ 435, 459 beigeben. Angeben muß man den tatsächlichen Wohnort, nicht den rechtlichen Wohnsitz. Die bekannten Nachlaßgläubiger sind keine Antragsgegner, LG Frankenth Rpfleger **83**, 412. Das Gericht kann vor dem Erlaß des Ausschließungsbeschlusses Ermittlungen über die Vollständigkeit des Verzeichnisses anstellen. Es empfiehlt sich, mindestens eine eidesstattliche Versicherung des Antragstellers nach § 31 einzuholen.

2 **2) Verstoß.** Fehlt das Verzeichnis, muß das Gericht den Erlaß des Aufgebots ablehnen. Ein trotzdem erlassenes Aufgebot ist aber wirksam. Der Antragsteller ist dann ersatzpflichtig.

457 *Nachlassinsolvenzverfahren.* [I] **Das Aufgebot soll nicht erlassen werden, wenn die Eröffnung des Nachlassinsolvenzverfahrens beantragt ist.**

[II] **Durch die Eröffnung des Nachlassinsolvenzverfahrens wird das Aufgebotsverfahren beendet.**

1 **1) Nachlaßinsolvenzverfahren, I.** Die Vorschrift stimmt in *I* wörtlich, in *II* praktisch wörtlich mit dem früheren § 993 ZPO überein. Das Verfahren nach §§ 315 ff InsO beschränkt die Haftung des Erben, § 1975 BGB. Einem Aufgebot fehlt dann das Rechtsschutzbedürfnis, Grdz 33 vor § 253 ZPO. Das Gericht braucht aber keinen Nachweis zu verlangen, daß kein Insolvenzverfahren beantragt worden ist. Nach der Einstellung des Verfahrens ist der Antrag statthaft, wenn nicht ein Fall des § 1989 BGB vorliegt. Über die Wirkung der Anmeldung im Aufgebotsverfahren auf das Nachlaßinsolvenzverfahren § 327 III InsO. Eine Nachlaßverwaltung hindert das Aufgebotsverfahren nicht, § 448 Rn 2.

2 **2) Verfahrensbeendigung, II.** Der Rpfl muß nach der Eröffnung des Nachlaßinsolvenzverfahrens die Beendigung des Aufgebotsverfahrens durch einen nach § 38 in Verbindung mit § 329 ZPO Rn 4 zu begründenden Beschluß feststellen.

3 **3) Verstoß, I, II.** Ein solcher Ausschließungsbeschluß, der trotz eines Nachlaßinsolvenzverfahrens ergangen ist, ist nach §§ 58 ff anfechtbar.

458 *Inhalt des Aufgebots, Aufgebotsfrist.* [I] **In dem Aufgebot ist den Nachlassgläubigern, die sich nicht melden, als Rechtsnachteil anzudrohen, dass sie von dem Erben nur insoweit Befriedigung verlangen können, als sich nach Befriedigung der nicht ausgeschlossenen Gläubiger noch ein Überschuss ergibt; das Recht, vor den Verbindlichkeiten aus Pflichtteilsrechten, Vermächtnissen und Auflagen berücksichtigt zu werden, bleibt unberührt.**

[II] **Die Aufgebotsfrist soll höchstens sechs Monate betragen.**

1 **1) Rechtsnachteil, I.** Die Vorschrift übernimmt inhaltlich voll den früheren § 995 ZPO. Der Rechtsnachteil erstreckt sich auf alle nicht angemeldeten Ansprüche, auch diejenigen der dem Antragsteller bekannten Gläubiger. Er erstreckt sich auch auf diejenigen Gläubiger, die nur beim Nachlaßverwalter usw, nicht aber im Aufgebotsverfahren angemeldet haben.

2 **2) Frist, II.** Die Vorschrift stimmt wörtlich mit dem früheren § 994 I ZPO überein. Sie bestimmt eine Höchstfrist. Diese Bestimmung ist aber kein zwingendes Recht. Die Frist ist keine Notfrist im Sinn von § 224 I 2 ZPO. Ein Verstoß ist prozessual belanglos. Zwingend ist nur die Mindestfrist des § 437.

459 *Forderungsanmeldung.* [I] [1] **In der Anmeldung einer Forderung sind der Gegenstand und der Grund der Forderung anzugeben.** [2] **Urkundliche Beweisstücke sind in Urschrift oder in Abschrift beizufügen.**

[II] **Das Gericht hat die Einsicht der Anmeldungen jedem zu gestatten, der ein rechtliches Interesse glaubhaft macht.**

1 **1) Anmeldung, I, II.** *I 1* stimmt praktisch wörtlich, *I 2, II* stimmen wörtlich mit dem früheren § 996 ZPO überein. Die Anmeldung einer Forderung muß ihren Gegenstand und ihren Grund insoweit angeben, daß das Gericht im Ausschließungsbeschluß die Forderung unzweideutig bezeichnen kann. Eine Einzel-

begründung ist hier nicht erforderlich. Das Gericht muß urkundliche Beweisstücke nach der Erledigung zurückgeben. Es genügen unbeglaubigte Ablichtungen oder Abschriften.

2) Einsicht, II. Die Vorschrift geht weiter als § 13. Sie ist § 299 II ZPO nachgebildet, dort Rn 23. 2

460 *Mehrheit von Erben.* **I [1] Sind mehrere Erben vorhanden, kommen der von einem Erben gestellte Antrag und der von ihm erwirkte Ausschließungsbeschluss auch den anderen Erben zustatten; die Vorschriften des Bürgerlichen Gesetzbuchs über die unbeschränkte Haftung bleiben unberührt. [2] Als Rechtsnachteil ist den Nachlassgläubigern, die sich nicht melden, auch anzudrohen, dass jeder Erbe nach der Teilung des Nachlasses nur für den seinem Erbteil entsprechenden Teil der Verbindlichkeit haftet.**

II Das Aufgebot mit Androhung des im Absatz 1 Satz 2 bestimmten Rechtsnachteils kann von jedem Erben auch dann beantragt werden, wenn er für die Nachlassverbindlichkeiten unbeschränkt haftet.

1) Miterben, I. *I 1* übernimmt praktisch wörtlich, *I 2, II* übernehmen wörtlich den entsprechenden Teil des früheren § 997 ZPO. Die Haftungsbeschränkung kann für jeden Miterben getrennt eintreten. Darum kann der Ausschließungsbeschluß nicht für einen solchen Miterben wirken, der schon aus derartigen Gründen unbeschränkt haftet, die in seiner Person liegen. Davon abgesehen wirkt es für alle Miterben. Außerdem haftet jeder Miterbe von der Teilung an dem Ausgeschlossenen nur kopfteilmaßig, § 2060 Z 1 BGB. Darum ist auch diese Androhung notwendig. Das betrifft auch Pflichtteilsgläubiger, Vermächtnisnehmer und Auflagebegünstigte sowie diejenigen, denen der Erbe unbeschränkt haftet. Darum muß das Gericht auch diese Gläubiger verzeichnen und benachrichtigen, §§ 456, 458 II. 1

Die *Haftung* gestaltet sich also folgendermaßen: Vor der Auseinandersetzung hat jeder Miterbe die Erschöpfungseinrede, auch der am Verfahren Unbeteiligte, § 1973 BGB. Bei einer unbeschränkten Haftung gilt § 2059 BGB. Nach der Auseinandersetzung haftet jeder Miterbe nur entsprechend seinem Erbteil, § 2060 BGB. Wenn seine Haftung beschränkbar ist, haftet er nur mit der Bereicherung. Wenn seine Haftung unbeschränkbar ist, haftet er auch mit seinem übrigen Vermögen.

2) Beschränktes Aufgebot, II. Diese Vorschrift ist eine Folgerung aus § 2060 Z I BGB und eine vorrangige Ausnahme von § 455 I. Der unbeschränkt haftende Miterbe kann seine Haftung durch das Aufgebot auf denjenigen Teil der Schuld beschränken, der seinem Erbteil entspricht. Er kann also die Gesamthaftung beseitigen. Daneben bleibt ihm die öffentliche Aufforderung nach § 2061 BGB möglich. Auch hier kommt der Ausschließungsbeschluß den anderen Miterben zugute. Auch für sie tritt eine Teilhaftung ein. Jeder Miterbe, der nicht unbeschränkt haftet, darf dem Verfahren beitreten und ein Aufgebot nach I verlangen. Wenn ein beschränktes Aufgebot erfolgte, ist ein neues Verfahren erforderlich. 2

461 *Nacherbfolge.* **Im Fall der Nacherbfolge ist § 460 Abs. 1 Satz 1 auf den Vorerben und den Nacherben entsprechend anzuwenden.**

1) Nacherbe. Die Vorschrift stimmt praktisch wörtlich mit dem früheren § 998 ZPO überein. Zur Nacherbschaft §§ 2100 ff BGB. Der Nacherbe kann neben dem Vorerben nach der Annahme der Nacherbschaft das Aufgebot beantragen. Das vom Vorerben veranlaßte Aufgebot wirkt aber ohne weiteres für den Nacherben, § 2144 II BGB. 1

462 *Gütergemeinschaft.* **I [1] Gehört ein Nachlass zum Gesamtgut der Gütergemeinschaft, kann sowohl der Ehegatte, der Erbe ist, als auch der Ehegatte, der nicht Erbe ist, aber das Gesamtgut allein oder mit seinem Ehegatten gemeinschaftlich verwaltet, das Aufgebot beantragen, ohne dass die Zustimmung des anderen Ehegatten erforderlich ist. [2] Die Ehegatten behalten diese Befugnis, wenn die Gütergemeinschaft endet.**

II Der von einem Ehegatten gestellte Antrag und der von ihm erwirkte Ausschließungsbeschluss kommen auch dem anderen Ehegatten zustatten.

III Die Absätze 1 und 2 finden auf Lebenspartnerschaften entsprechende Anwendung.

1) Geltungsbereich, I–III. *I 1, II* stimmen praktisch wörtlich mit dem früheren § 999 S 1, 3 ZPO überein. *II* übernimmt den früheren § 999 S 2 ZPO wörtlich. Gehört der Nachlaß zum Vorbehaltsgut, gelten die allgemeinen Regeln. Gehört der Nachlaß zum Gesamtgut der Gütergemeinschaft, kann der Erbe das Aufgebot selbständig beantragen. Das gilt unabhängig davon, ob er gleichzeitig Verwalter oder Mitverwalter des Gesamtguts ist. Das Antragsrecht steht dann ferner dem Verwalter oder Mitverwalter zu, auch wenn dieser nicht Erbe ist. Der Grund für die Vorschrift liegt in der persönlichen Haftung desjenigen Ehegatten, der nicht Erbe ist, aber das Gesamtgut allein verwaltet oder mitverwaltet, §§ 1437 II, 1459 II BGB. 1

463 *Erbschaftskäufer.* **I [1] Hat der Erbe die Erbschaft verkauft, so können sowohl der Käufer als auch der Erbe das Aufgebot beantragen. [2] Der von dem einen Teil gestellte Antrag und der von ihm erwirkte Ausschließungsbeschluss kommen, unbeschadet der Vorschriften des Bürgerlichen Gesetzbuchs über die unbeschränkte Haftung, auch dem anderen Teil zustatten.**

II Diese Vorschriften gelten entsprechend, wenn jemand eine durch Vertrag erworbene Erbschaft verkauft oder sich zur Veräußerung einer ihm angefallenen oder anderweitig von ihm erworbenen Erbschaft in sonstiger Weise verpflichtet hat.

1 **1) Erbschaftskäufer, I, II.** Die Vorschrift übernimmt praktisch wörtlich den früheren § 1000 ZPO. Der Erbschaftskäufer haftet wie ein Erbe, § 2382 BGB. Er kann seine Haftung wie ein Erbe beschränken, § 2382 BGB. Der Erbschaftsverkäufer haftet weiterhin. Darum behandelt § 463 beide Teile für das Aufgebot als Miterben.

464 ***Aufgebot der Gesamtgutsgläubiger.*** **§ 454 Abs. 2 und die §§ 455 bis 459, 462 und 463 sind im Fall der fortgesetzten Gütergemeinschaft auf das Aufgebotsverfahren zur Ausschließung von Gesamtgutsgläubigern nach § 1489 Abs. 2 und § 1970 des Bürgerlichen Gesetzbuchs entsprechend anzuwenden.**

1 **1) Fortgesetzte Gütergemeinschaft.** Die Vorschrift entspricht inhaltlich voll dem früheren § 1001 ZPO. Bei ihr haftet der Überlebende, soweit er nur wegen deren Eintritts persönlich haftet, wie ein Erbe. Darum sind auf das Aufgebot von Gesamtgutsgläubigern §§ 455 bis 459, 462, 463 entsprechend anwendbar. Unanwendbar sind §§ 460, 461, 455 II. Denn sie betreffen andere Voraussetzungen.

Abschnitt 5. Aufgebot der Schiffsgläubiger

465 ***Aufgebot der Schiffsgläubiger.*** I **Für das Aufgebotsverfahren zur Ausschließung von Schiffsgläubigern aufgrund des § 110 des Binnenschifffahrtsgesetzes gelten die nachfolgenden Absätze.**

II **Örtlich zuständig ist das Gericht, in dessen Bezirk sich der Heimathafen oder der Heimatort des Schiffes befindet.**

III **Unterliegt das Schiff der Eintragung in das Schiffsregister, kann der Antrag erst nach der Eintragung der Veräußerung des Schiffes gestellt werden.**

IV **Der Antragsteller hat die ihm bekannten Forderungen von Schiffsgläubigern anzugeben.**

V **Die Aufgebotsfrist muss mindestens drei Monate betragen.**

VI **In dem Aufgebot ist den Schiffsgläubigern, die sich nicht melden, als Rechtsnachteil anzudrohen, dass ihre Pfandrechte erlöschen, wenn ihre Forderungen dem Antragsteller nicht bekannt sind.**

1 **1) Systematik, Regelungszweck, I–VI.** Die Vorschrift entspricht praktisch wörtlich dem früheren § 1002 ZPO. Das Aufgebot der Schiffsgläubiger soll bei einer freiwilligen Veräußerung eines Schiffs dem Erwerber die Möglichkeit geben, die Schiffsgläubiger zu erfahren, § 110 BinnSchG. Über die Schiffshypothekengläubiger vgl § 452. Antragsberechtigt ist nur der Erwerber. Wenn das Schiff eintragungsbedürftig ist, § 10 SchiffsregisterO v 26. 5. 51, BGBl 361, muß der Erwerber eingetragen sein. Eine Benachrichtigung der Schiffsgläubiger ist nicht notwendig. Das Landesrecht darf die Aufgebotsfrist nach § 437 und die Veröffentlichung nach §§ 435, 441 abweichend regeln, § 484. Wegen eines unbekannten Schiffspfandgläubigers § 453 Rn 1.

Abschnitt 6. Aufgebot zur Kraftloserklärung von Urkunden

Einführung vor §§ 466–484

Gliederung

1 **1) Systematik, Regelungszweck.** Ein Aufgebotsverfahren zur Kraftloserklärung von Urkunden findet nur in den gesetzlich besonders zugelassenen Fällen statt, Kümpel NJW **75**, 1549 (also nicht für eurocheque-Karten und nicht für Blankoscheckvordrucke).

2 **2) Zulässigkeit.** §§ 466 ff gelten für alle bundesrechtlich geregelten Fälle. Dahin gehören abschließend:

A. Schuldverschreibungen auf den Inhaber, § 799 BGB, auch Lotterielose.

3 **B. Wechsel,** Art 90 WG, und Schecks, Art 59 ScheckG.

4 **C. Kaufmännische Orderpapiere,** also kaufmännische Anweisungen und Verpflichtungsscheine, Konnossemente, Ladescheine, Lagerscheine der staatlich ermächtigten Anstalten, Bodmereibriefe, Transportversicherungsscheine, wenn diese Urkunden auf Order lauten, §§ 363, 365, 424, 447, 642, 644, 682, 784 HGB.

5 **D. Hypothekenbriefe, Grundschuldbriefe, Rentenschuldbriefe,** §§ 1162, 1192, 1195, 1199 BGB. Für die ehemaligen Gerichte jenseits der Oder-Neiße-Linie gilt die in § 433 Rn 2 genannte Ersatzzuständigkeit.

6 **E. Aktienscheine und Zwischenscheine,** § 72 AktG.

F. Hinkende Inhaberpapiere (qualifizierte Legitimationspapiere), § 808 BGB, wenn nicht das Landesrecht ein anderes Verfahren statt des Aufgebotsverfahrens anordnet, Art 102 II EG BGB (das ist zB in Baden-Württemberg, Bayern geschehen). 7

3) Unzulässigkeit. Unzulässig ist cm Aufgebotsverfahren, soweit es zB die folgenden Fälle betrifft. 8

A. Zinsscheine, Rentenscheine, Gewinnanteilscheine, § 799 BGB (s dazu § 72 II AktG; eine Ausnahme gilt für Papiere, die vor 1900 ausgestellt wurden, Art 174 EG BGB).

B. Banknoten, Erneuerungsscheine, auf Sicht zahlbare unverzinsliche Schuldverschreibungen, §§ 799 I, 805 BGB. 9

C. Namenspapiere, nicht jedoch Namensaktien, da § 72 AktG keinen Unterschied zwischen Namensaktien und Inhaberaktien macht. 10

D. Scheckkarten, Blankoscheckvordrucke, auch für den eurocheque, Kümpel NJW **75**, 1549, Pleyer/Müller-Wüsten WertpMitt **75**, 1102. 11

4) Landesrecht. Das Landesrecht hat das Aufgebotsverfahren mehrfach auf dem vorbehaltenen Gebiet anders geregelt, vgl Art 101 f EG BGB. Das gilt zB für Kuxe und für auf den Namen umgeschriebene Inhaberschuldverschreibungen. Vgl §§ 483, 484 II. 12

5) Voraussetzungen. Allgemeine Voraussetzung ist das Abhandenkommen oder die Vernichtung der Urkunde. Abhanden gekommen ist die Urkunde dann, wenn der Inhaber den Gewahrsam ohne oder gegen seinen Willen verloren hat, ähnlich wie bei § 935 I 1 BGB. Dem steht es gleich, wenn der Verbleib der Urkunde bekannt ist, wenn man sie aber nicht zurückerlangen kann, Stgt NJW **55**, 1155. Dem Abhandenkommen steht es ferner gleich, wenn der Schuldner zwar zu einer Herausgabe verurteilt worden ist, wenn aber sein Aufenthalt unbekannt ist, Kblz NJW **55**, 506. Nicht hierher gehört aber der Verlust durch einen Staatsakt, etwa durch eine Beschlagnahme oder durch die Zwangsvollstreckung. 13

Eine *Vernichtung* liegt vor, wenn die Urkunde körperlich zerstört wird oder in wesentlichen Teilen unkenntlich geworden ist. Eine Vernichtung durch den Inhaber nimmt ihm sein Antragsrecht nicht, weil die Entgegennahme dieser Willenserklärung fehlt, auch wenn sie einen Verzicht enthalten sollte. Für kraftlos erklärt werden können auch Hypothekenbriefe, Grundschuldbriefe und Rentenschuldbriefe, die der Berechtigte infolge einer im Bundesgebiet nicht wirksamen Maßnahme nicht in Besitz nehmen kann, G v 18. 4. 50, BGBl 88, Anh § 484, ebenso im früheren Berlin-West G v 7. 7. 50, VOBl 287. In Betracht kommen solche Hypothekenbriefe usw, die zB in der früheren DDR beschlagnahmt oder für einen volkseigenen Betrieb in Anspruch genommen wurden.

466 *Örtliche Zuständigkeit.* I [1]**Für das Aufgebotsverfahren ist das Gericht örtlich zuständig, in dessen Bezirk der in der Urkunde bezeichnete Erfüllungsort liegt. [2]Enthält die Urkunde eine solche Bezeichnung nicht, ist das Gericht örtlich zuständig, bei dem der Aussteller seinen allgemeinen Gerichtsstand hat, und in Ermangelung eines solchen Gerichts dasjenige, bei dem der Aussteller zur Zeit der Ausstellung seinen allgemeinen Gerichtsstand gehabt hat.**

II **Ist die Urkunde über ein im Grundbuch eingetragenes Recht ausgestellt, ist das Gericht der belegenen Sache ausschließlich örtlich zuständig.**

III **Wird das Aufgebot durch ein anderes als das nach dieser Vorschrift örtlich zuständige Gericht erlassen, ist das Aufgebot auch durch Aushang an der Gerichtstafel oder Einstellung in das Informationssystem des letzteren Gerichts öffentlich bekannt zu machen.**

1) Ausschließliche Zuständigkeit, I–III. Die Vorschrift entspricht fast wörtlich dem früheren § 1005 ZPO. Ausschließlich zuständig ist eines der folgenden Gerichte. 1

A. Erfüllungsort, I 1. Zuständig ist das AG desjenigen Orts, in dessen Bezirk der in der Urkunde als Erfüllungsort im Sinn von § 29 ZPO bezeichnete Ort liegt. Wegen der Zuständigkeit des Rpfl Grdz 4 vor § 434. Es genügt, daß sich der Erfüllungsort aus der Urkunde ableiten läßt. Wegen Anleihen des Bundes, der (damaligen) Bundesbahn und der (damaligen) Bundespost ist das AG Bad Homburg ausschließlich zuständig, § 16 G v 13. 2. 24, RGBl 85, in Verbindung mit dem G v 13. 7. 48, WiGBl 73, und VO v 13. 12. 49, BGBl **50**, 1. Unter mehreren Erfüllungsorten wählt der Antragsteller. Wenn der Erfüllungsort im Ausland liegt, kann kein inländisches Aufgebot stattfinden. Eine Zahlstelle ist noch kein Erfüllungsort.

B. Allgemeiner Gerichtsstand, I 2. Mangels einer ausdrücklichen oder stillschweigenden Bezeichnung eines Erfüllungsorts ist das Gericht des allgemeinen Gerichtsstands des Ausstellers nach §§ 12 ff ZPO zuständig, hilfsweise dasjenige des allgemeinen Gerichtsstands bei der Ausstellung. Das Gericht des jetzigen allgemeinen Gerichtsstands des Ausstellers im Bundesgebiet muß auch dann zuständig sein, wenn der Erfüllungsort in der früheren DDR oder in Berlin-Ost lag, wenn dort aber das Aufgebot nicht zu erhalten war. Soweit volkseigene Betriebe an die Stelle der früheren Unternehmungen getreten waren, würde dort ein Aufgebot nicht erfolgt sein, so daß sich eine Anfrage erübrigte, ob dort ein Aufgebot erfolgte, Weber DRZ **50**, 78. Wegen der Gerichte jenseits der damaligen Oder-Neiße-Linie § 434 Rn 2. Wenn mehrere Personen Aussteller sind, ist § 35 ZPO entsprechend anwendbar. Befinden sich Wechselgläubiger und -schuldner in Deutschland, ist die Zuständigkeit nach I vorhanden, Stgt NJW **55**, 1154. Wenn der Ort im Ausland liegt, ist das Verfahren unzulässig. 2

C. Grundbuchrecht, II. Zuständig ist bei einer Urkunde über ein im Grundbuch eingetragenes Recht das AG der belegenen Sache, §§ 24, 25 ZPO entsprechend. § 36 I Z 4 ZPO ist entsprechend anwendbar, § 36 ZPO Rn 23. Die Grenzen der deutschen Gerichtsbarkeit dürfen nicht überschritten werden. Wenn ein ausländischer Staat Aussteller ist, ist das Verfahren nur für den Fall zulässig, daß der Aussteller privatrechtlich gehandelt hat. Denn ein solcher Staat untersteht der deutschen Gerichtsbarkeit nicht, § 18 GVG Rn 1. 3

467 *Antragsberechtigter.* [I] **Bei Papieren, die auf den Inhaber lauten oder die durch Indossament übertragen werden können und mit einem Blankoindossament versehen sind, ist der bisherige Inhaber des abhanden gekommenen oder vernichteten Papiers berechtigt, das Aufgebotsverfahren zu beantragen.**

[II] **Bei anderen Urkunden ist derjenige zur Stellung des Antrags berechtigt, der das Recht aus der Urkunde geltend machen kann.**

1 **1) Antragsberechtigung, I, II.** Die Vorschrift stimmt wörtlich mit dem früheren § 1004 ZPO überein. Man muß zwei Fallgruppen unterscheiden.

A. Grundsatz: Rechtsinhaber, II. Antragsberechtigt ist grundsätzlich derjenige, der das Recht aus der Urkunde geltend machen kann. Antragsberechtigt ist auch derjenige, der nur teilweise berechtigt ist. Ein Antragsrecht besteht auch dann, wenn die Urkunde keine Forderung enthält, wie zB die Aktie. Wer berechtigt ist, das ergibt sich aus dem sachlichen Recht, Art 16 WG, §§ 365 HGB, 1294 BGB. Auch der verfügungsberechtigte Schuldner kann berechtigt sein. Der Gläubiger kann auf Grund eines solchen rechtskräftigen Urteils berechtigt werden, das den Schuldner zur Erklärung eines Aufgebotsantrags wegen eines Hypothekenbriefs verurteilt, LG Kblz NJW **55**, 506. Der Grundeigentümer ist auch auf Grund einer in seinem Besitz befindlichen Löschungsbewilligung des Gläubigers berechtigt, LG Flensb SchlHA **69**, 200. Es kann auch ein schutzwürdiges Interesse anderer Personen bestehen, Hamm DB **76**, 913. Ein Recht auf die Urkunde genügt nicht.

2 **B. Inhaberpapier: Bisheriger Papierbesitzer, I.** Bei Inhaberpapieren nach § 793 BGB, vgl auch Einf 1 vor §§ 466–484, oder Orderpapieren, die mit einem Blankoindossament versehen sind, §§ 363, 365 II HGB, ist der bisherige Inhaber antragsberechtigt. Das braucht nicht der unmittelbare Besitzer gewesen zu sein. Es kann auch der Verpflichtete sein. Das Gericht hat den Rechtstitel der Inhaberschaft nicht zu prüfen.

3 **C. Verstoß, I, II.** Der Umstand, daß der Antragsteller kein Antragsrecht hat, macht einen etwa doch ergangenen Ausschließungsbeschluß nicht unwirksam.

468 *Antragsbegründung.* **Der Antragsteller hat zur Begründung des Antrags**

1. eine Abschrift der Urkunde beizubringen oder den wesentlichen Inhalt der Urkunde und alles anzugeben, was zu ihrer vollständigen Erkennbarkeit erforderlich ist;
2. den Verlust der Urkunde sowie diejenigen Tatsachen glaubhaft zu machen, von denen seine Berechtigung abhängt, das Aufgebotsverfahren zu beantragen sowie
3. die Versicherung der Wahrheit seiner Angaben an Eides statt anzubieten.

1 **1) Voraussetzungen, Z 1–3.** Die Vorschrift entspricht fast wörtlich dem früheren § 1007 ZPO. Die Erfordernisse des § 468 sind für den Antrag neben den Erfordernissen des § 434 I wesentlich. Mehr darf auch kein Landesrecht verlangen. Wenn ein Erfordernis fehlt, muß das Gericht den Antrag zurückweisen.

A. Abschrift usw, Z 1. Die Ablichtung oder Abschrift darf unbeglaubigt sein. Was zum wesentlichen Inhalt der Urkunde gehört, ist nach der Lage des Einzelfalls zu beantworten. Bei einer Aktie gehört zB ihre Nr dazu, BGH RR **90**, 168. Der Aussteller muß dem Antragsteller eine Auskunft und Zeugnisse erteilen, §§ 799 II BGB, 72 I AktG, BGH RR **90**, 168.

2 **B. Verlust, Z 2.** Zum Begriff des Verlustes Einf 2 vor §§ 466–484 (Abhandenkommen und Vernichtung). Zu der Frage, inwieweit auch eine Besitzverhinderung genügt, Einf 2 vor §§ 466–484. Genaue Angaben sind wegen §§ 471 ff notwendig. Der Antrag ist sogleich nach dem Verlust zulässig. Die Glaubhaftmachung erfolgt nach § 31.

3 **C. Eidesstattliche Versicherung, Z 3.** Die Abnahme der Versicherung erfolgt nach dem pflichtgemäßen Ermessen des Gerichts. Die Vorschrift ergänzt Z 2.

4 **2) Zulassung, Z 1–3.** Die Zulassung berechtigt den Antragsteller bei kaufmännischen Orderpapieren und Wechseln dazu, eine Zahlung gegen eine Sicherheitsleistung zu verlangen, §§ 365 II, 367 HGB, Art 90 WG. Beim Scheck gilt dasselbe eingeschränkt, Art 59 I ScheckG. Bei einem Inhaberpapier tritt eine Zahlungssperre nach §§ 480 ff ein.

469 *Inhalt des Aufgebots.* [1] **In dem Aufgebot ist der Inhaber der Urkunde aufzufordern, seine Rechte bei dem Gericht bis zum Anmeldezeitpunkt anzumelden und die Urkunde vorzulegen.** [2] **Als Rechtsnachteil ist anzudrohen, dass die Urkunde für kraftlos erklärt werde.**

1 **1) Geltungsbereich, S 1, 2.** *S 1* entspricht inhaltlich im wesentlichen dem früheren § 1008 S 1 ZPO. *S 2* stimmt wörtlich mit dem früheren § 1008 S 2 ZPO überein. § 469 ergänzt §§ 434, 468. Das Gericht muß nicht nur zur Anmeldung der Rechte auffordern, sondern auch zur Vorlegung der Urkunde, § 477. Diese erledigt das Verfahren. Wenn ihre Echtheit oder die Berechtigung des Antragstellers streitig wird, gehört die Klärung der Streitfrage nicht in das Aufgebotsverfahren, sondern in den Prozeß, jedenfalls wenn das Recht des Antragstellers entfallen würde, § 440 Rn 1. Angedrohter Rechtsnachteil ist hier die Kraftloserklärung.

2 **2) Besitzverhinderung, S 1, 2.** Bei einer Besitzverhinderung nach Einf 2 vor §§ 466–484 erfolgt kein Aufgebot, wenn derjenige unmittelbare Besitzer zur Herausgabe bereit ist, den eine solche außergerichtliche Zwangsmaßnahme an einer solchen Herausgabe hindert, die außerhalb des Währungsgebiets zustandekam. Dasselbe gilt bei der Vorlegung eines rechtskräftigen vollstreckbaren Titels, § 8 G v 18. 4. 50, Anh § 484.

470 *Ergänzende Bekanntmachung in besonderen Fällen.* **[1] Betrifft das Aufgebot ein auf den Inhaber lautendes Papier und ist in der Urkunde vermerkt oder in den Bestimmungen, unter denen die erforderliche staatliche Genehmigung erteilt worden ist, vorgeschrieben, dass die öffentliche Bekanntmachung durch bestimmte andere Blätter zu erfolgen habe, so muss die Bekanntmachung auch durch Veröffentlichung in diesen Blättern erfolgen. [2] Das Gleiche gilt bei Schuldverschreibungen, die von einem deutschen Land oder früheren Bundesstaat ausgegeben sind, wenn die öffentliche Bekanntmachung durch bestimmte Blätter landesgesetzlich vorgeschrieben ist. [3] Zusätzlich kann die öffentliche Bekanntmachung in einem von dem Gericht für Bekanntmachungen bestimmten elektronischen Informations- und Kommunikationssystem erfolgen.**

1) Geltungsbereich, S 1–3. *S 1* entspricht praktisch wörtlich dem früheren § 1009 S 1 ZPO. *S 2, 3* stimmen mit dem früheren § 1009 S 2, 3 ZPO wörtlich überein. § 470 verschärft § 435. Bei Inhaberpapieren und nach dem Landesrecht bei Schuldverschreibungen eines Landes sind weitere Einrückungen erforderlich, S 1, 2. Zusätzlich ist wie bei § 435 I 2 die Bekanntmachung nach S 3 möglich. Das Landesrecht läßt abweichende Vorschriften im beschränkten Umfang zu, § 484. 1

2) Besitzverhinderung, S 1–3. Bei einer Besitzverhinderung nach Einf 2 vor §§ 466–484 soll das Gericht ein Aufgebot dem Besitzer durch eingeschriebenen Brief mitteilen, falls er bekannt ist, § 4 II G, Anh § 484. 2

471 *Wertpapiere mit Zinsscheinen.* **I Bei Wertpapieren, für die von Zeit zu Zeit Zins-, Renten- oder Gewinnanteilscheine ausgegeben werden, ist der Anmeldezeitpunkt so zu bestimmen, dass bis zu dem Termin der erste einer seit der Zeit des glaubhaft gemachten Verlustes ausgegebenen Reihe von Zins-, Renten- oder Gewinnanteilscheinen fällig geworden ist und seit seiner Fälligkeit sechs Monate abgelaufen sind.**

II Vor Erlass des Ausschließungsbeschlusses hat der Antragsteller ein nach Ablauf dieser sechsmonatigen Frist ausgestelltes Zeugnis der betreffenden Behörde, Kasse oder Anstalt beizubringen, dass die Urkunde seit der Zeit des glaubhaft gemachten Verlustes ihr zur Ausgabe neuer Scheine nicht vorgelegt sei und dass die neuen Scheine an einen anderen als den Antragsteller nicht ausgegeben seien.

1) Vorbemerkung zu §§ 471–474. Wenn ein Wertpapier mit den Zinsscheinen, Rentenscheinen, Gewinnanteilscheinen verloren geht, muß man unterscheiden. Wenn Zinsscheine usw für längstens 4 Jahre ausgegeben wurden, ist § 471 anwendbar. Die Vorschrift ist auch dann anwendbar, wenn Zins-, Renten- oder Gewinnanteilscheine zwar erst nach 20 Jahren ausgegeben werden, wenn bei ihnen aber keine Registrierung der jeweils zur Einlösung vorgelegten Scheine stattfindet, Mü NJW **79**, 2317. Wenn Zinsscheine für mehr als 4 Jahre ausgegeben wurden, ist § 472 anwendbar, vgl freilich § 472 Rn 1. Wenn Zinsscheine für längstens 4 Jahre vorhanden sind und wenn keine neuen mehr ausgegeben wurden, ist § 474 anwendbar. Wenn nur der Mantel (die Haupturkunde) verlorenging, ist § 473 anwendbar. 1

2) Aufgebotsfrist, I. Es handelt sich um eine fast wörtliche Übernahme des früheren § 1010 ZPO. Wenn bei einem Wertpapier noch Zinsscheine usw wiederkehrend auszugeben sind, wäre ein rascher Aufgebotstermin für den Inhaber gefährlich. Denn er braucht das Papier oder den Erneuerungsschein erst bei einer Erneuerung. Die Zinsscheine selbst unterliegen keinem Aufgebot, Einf 1 vor §§ 466–484. Der Aufgebotsantrag ist ab dem Verlust der Urkunde zulässig. Bei der Berechnung der Aufgebotsfrist muß man von dem Verlust der Urkunde ausgehen. Man muß nach dem Ausgabeplan (Emissionsplan) feststellen, wann neue Scheine auszugeben sind und wann der erste Schein fällig wird. Von dieser Fälligkeit an laufen 6 Monate. Wenn man danach den Termin auf mehr als 1 Jahr hinausschieben müßte, dann ist das Aufgebot noch nicht zulässig, § 476. 2

3) Zeugnis, II. Zu seiner Erteilung besteht eine gesetzliche Pflicht, § 799 II BGB. Zur Zeugniserteilung ist jede solche öffentliche oder private Kasse oder Anstalt befugt, die nach dem Gesetz oder der Satzung die Ausgabe und die Einlösung der ganzen Gattung von Papieren vornehmen muß. Zur Zeugniserteilung ist nicht schon eine Zahlstelle oder ein Ausgabehaus (Emissionshaus) befugt. Das Zeugnis begründet die tatsächliche Vermutung, daß die Scheine nicht im Besitz eines gutgläubigen Dritten sind. Der Antragsteller muß die Kosten der Zeugniserteilung vorschießen und tragen. Ein Verstoß gegen II ist prozessual belanglos. Wegen einer Zahlungssperre §§ 480 ff. 3

472 *Zinsscheine für mehr als vier Jahre.* **I [1] Bei Wertpapieren, für die Zins-, Renten- oder Gewinnanteilscheine zuletzt für einen längeren Zeitraum als vier Jahre ausgegeben sind, genügt es, wenn der Anmeldezeitpunkt so bestimmt wird, dass bis dahin seit der Zeit des glaubhaft gemachten Verlustes der zuletzt ausgegebenen Scheine solche für vier Jahre fällig geworden und seit der Fälligkeit des letzten derselben sechs Monate abgelaufen sind. [2] Scheine für Zeitabschnitte, für die keine Zinsen, Renten oder Gewinnanteile gezahlt werden, kommen nicht in Betracht.**

II [1] Vor Erlass des Ausschließungsbeschlusses hat der Antragsteller ein nach Ablauf dieser sechsmonatigen Frist ausgestelltes Zeugnis der betreffenden Behörde, Kasse oder Anstalt beizubringen, dass die für die bezeichneten vier Jahre und später fällig gewordenen Scheine ihr von einem anderen als dem Antragsteller nicht vorgelegt seien. [2] Hat in der Zeit seit dem Erlass des Aufgebots eine Ausgabe neuer Scheine stattgefunden, so muss das Zeugnis auch die in § 471 Abs. 2 bezeichneten Angaben enthalten.

1 **1) Aufgebotsfrist, I.** *I 1, II 1* entsprechen inhaltlich weitgehend dem früheren § 1011 I 1, II 1 ZPO. *I 2, II 2* stimmen mit dem früheren § 1011 I 2, II 2 ZPO wörtlich überein. S § 471 Rn 1; Rn 2. § 472 schränkt § 471 für Wertpapiere ein, bei denen Zinsscheine für länger als 4 Jahre ausgegeben worden sind. Es genügt die Fälligkeit von Scheinen für 4 Jahre der beim Eintritt des Verlustes laufenden Reihe. Die 4 Jahre brauchen nicht unmittelbar vom Verlust des Papiers an zu rechnen. Wenn aber nur Scheine für eine kürzere Zeit ausstehen, ist § 472 unanwendbar und muß man eine Erneuerung abwarten. Wenn die zur Einlösung vorgelegten Zinsscheine, Rentenscheine oder Gewinnanteilscheine nicht registriert worden sind, ist § 471 anwendbar. Mü NJW **79**, 2317.

2 **2) Zeugnis, II.** Der Antragsteller muß ein Zeugnis darüber beibringen, daß kein anderer die Zinsscheine usw vorgelegt hat. S auch § 471 Rn 3. Sofern die Staatsschuldenverwaltung ein solches Zeugnis nicht erteilt (wie meistens), weil sie die Einlösung der Zinsscheine nicht überwacht, bleibt in denjenigen Fällen nur ein Aufgebot aus § 471 oder aus § 474 möglich in denen § 473 versagt. Das Zeugnis muß die letzten 4 Jahre vor der Ausstellung umfassen. Eine Vorlegung zwischen dem Zeitpunkt des Verlusts und dem Fristbeginn schadet nicht.

473 *Vorlegung der Zinsscheine.* [1]**Die §§ 470 und 471 sind insoweit nicht anzuwenden, als die Zins-, Renten- oder Gewinnanteilscheine, deren Fälligkeit nach diesen Vorschriften eingetreten sein muss, von dem Antragsteller vorgelegt werden.** [2]**Der Vorlegung der Scheine steht es gleich, wenn das Zeugnis der betreffenden Behörde, Kasse oder Anstalt beigebracht wird, dass die fällig gewordenen Scheine ihr von dem Antragsteller vorgelegt worden seien.**

1 **1) Geltungsbereich, S 1, 2.** *S 1* entspricht praktisch wörtlich dem früheren § 1012 S 1 ZPO. *S 2* stimmt mit dem früheren § 1012 S 2 ZPO wörtlich überein. § 473 betrifft den Fall, daß nur die Stammurkunde, der Mantel, verloren gegangen ist. Man muß die folgenden Unterlagen vorlegen.

§ 471: In diesem Fall muß man sämtliche nach dem Verlust fällig werdenden Zinsscheine usw der laufenden Reihe sowie den ersten Schein der nachher ausgegebenen Reihe vorlegen.

§ 472: In diesem Fall muß die nach dem Verlust fällig werdenden Scheine für 4 Jahre aus der beim Verlust laufenden Reihe vorlegen. Die Scheine brauchen nicht fällig zu sein. Bei fälligen Scheinen, nicht bei anderen, ersetzt das Zeugnis die Vorlegung. Der Aufgebotstermin richtet sich nach § 476.

474 *Abgelaufene Ausgabe der Zinsscheine.* **Bei Wertpapieren, für die Zins-, Renten- oder Gewinnanteilscheine ausgegeben sind, aber nicht mehr ausgegeben werden, ist der Anmeldezeitpunkt so zu bestimmen, dass bis dahin seit der Fälligkeit des letzten ausgegebenen Scheines sechs Monate abgelaufen sind; das gilt nicht, wenn die Voraussetzungen der §§ 471 und 472 gegeben sind.**

1 **1) Geltungsbereich.** Es handelt sich um eine inhaltlich volle Übernahme des früheren § 1013 ZPO. § 474 betrifft gekündigte oder ausgelöste Wertpapiere. Der Antragsteller muß ein Zeugnis nach §§ 471, 472 darüber beibringen, daß der Schein nicht vorgelegt worden ist. Wenn nach dem Verlust noch Scheine ausgegeben werden, gilt § 472. Falls diese Vorschrift unanwendbar ist, gilt § 474.

475 *Anmeldezeitpunkt bei bestimmter Fälligkeit.* **Ist in einer Schuldurkunde eine Verfallzeit angegeben, die zur Zeit der ersten Veröffentlichung des Aufgebots im elektronischen Bundesanzeiger noch nicht eingetreten ist, und sind die Voraussetzungen der §§ 471 bis 474 nicht gegeben, ist der Anmeldezeitpunkt so zu bestimmen, dass seit dem Verfalltag sechs Monate abgelaufen sind.**

1 **1) Geltungsbereich.** Es handelt sich um eine fast wörtliche Übernahme des früheren § 1014 ZPO. § 476 betrifft Wertpapiere mit einer bestimmten Fälligkeitszeit. Bei ihnen können die Voraussetzungen der §§ 471–474 vorliegen. Dann gelten diese Vorschriften. Wenn diese Voraussetzungen nicht vorliegen, wie bei Wechseln und bei Schatzanweisungen, muß man den Anmeldezeitpunkt nach § 475 bestimmen. Mehr als 1 Jahr darf die Frist nicht betragen, § 476. Das Landesrecht kann bei Hypothekenbriefen usw abweichende Regelungen treffen, § 484.

476 *Aufgebotsfrist.* **Die Aufgebotsfrist soll höchstens ein Jahr betragen.**

1 **1) Aufgebotsfrist.** Die Vorschrift übernimmt inhaltlich den früheren § 1015 S 2 Hs 1 ZPO. Die Aufgebotsfrist, zum Begriff § 437 Rn 1, beträgt für jedes beliebige Urkundenaufgebot höchstens 1 Jahr. Nur beim Scheck beträgt sie mindestens 2 Monate, Art 59 ScheckG. Bei einer Besitzverhinderung nach Einf 2 vor §§ 466–484 beträgt die Frist mindestens 3 Monate, § 4 III 1 G im Anh § 484. Das Jahr rechnet von der Aufgebotsfristbestimmung an. Zur Natur der Frist und ihrer Berechnung § 437 Rn 1. Wenn das Jahr wegen der §§ 471–475 nicht ausreicht, ist ein Aufgebot derzeit unzulässig. Das Landesrecht kann bei Hypothekenbriefen usw eine abweichende Regelung treffen, § 484. Wegen einer Zahlungssperre § 480.

477 *Anmeldung der Rechte.* **Meldet der Inhaber der Urkunde vor dem Erlass des Ausschließungsbeschlusses seine Rechte unter Vorlegung der Urkunde an, hat das Gericht den Antragsteller hiervon zu benachrichtigen und ihm innerhalb einer zu bestimmenden Frist die Möglichkeit zu geben, in die Urkunde Einsicht zu nehmen und eine Stellungnahme abzugeben.**

1) Meldung. Die Vorschrift übernimmt inhaltlich fast vollständig den früheren § 1016 S 1 ZPO. Meldet sich der Inhaber im, vor dem Ausschließungsbeschluß, ist das Aufgebotsverfahren erledigt, sobald die Nämlichkeit der Urkunde feststeht. Sie steht fest, wenn der Antragsteller sie anerkennt. Wenn er sie bestreitet oder wenn ein Dritter ohne eine Vorlegung ein besseres Recht anmeldet, greift § 440 ein. Der Streit über das sachliche Recht läßt sich nur im Prozeßweg austragen. Über die Anmeldung bei einer Besitzverhinderung §§ 5, 6, 14 G, Anh § 484, und Einf 2 vor §§ 466–484. 1

2) Einsicht usw. Das Gericht benachrichtigt den Antragsteller, wenn sich der Inhaber vor dem Ausschließungsbeschluß unter einer Vorlage der Urkunde meldet. Das Gericht muß dem Antragsteller die Einsicht der Urkunde auf der Geschäftsstelle gestatten. 2

478 *Ausschließungsbeschluss.* **I In dem Ausschließungsbeschluss ist die Urkunde für kraftlos zu erklären.**

II 1 Der Ausschließungsbeschluss ist seinem wesentlichen Inhalt nach durch Veröffentlichung im elektronischen Bundesanzeiger bekannt zu machen. 2 § 470 gilt entsprechend.

III In gleicher Weise ist die auf eine Beschwerde ergangene Entscheidung bekannt zu machen, soweit durch sie die Kraftloserklärung aufgehoben wird.

Schrifttum: *Freitag,* Die Wirkungen des Ausschlußurteils bei der Kraftloserklärung von Inhaber- und Orderpapieren, die Geldforderungen verbrieften, Diss Köln 1953.

1) Systematik, Regelungszweck, I–III. Die Vorschrift übernimmt in *I, II* fast wörtlich den früheren § 1017 I, II ZPO und in *III* inhaltlich den früheren § 1017 III ZPO. Bei einer Anmeldung sind §§ 440, 477 anwendbar. Das Gericht erklärt nur eine genau bezeichnete Urkunde in dem Ausschließungsbeschluß für kraftlos. Der Beschluß darf nicht etwa unbekannte Dritte ausschließen. Eine einmalige Bekanntmachung ist notwendig. Ein Verstoß gegen diese Vorschrift ist aber prozessual belanglos. Keine Bekanntmachung erfolgt bei einer Besitzverhinderung, Einf 2 vor §§ 466–484, § 7 G, Anh § 484. Eine Bekanntmachung des rechtskräftigen Beschlusses nach III ist überhaupt nur dann möglich, wenn die Beteiligten die Rechtskraft nachweisen. Dazu kann sie das Gericht nicht zwingen. Das Landesrecht kann eine abweichende Regelung der Bekanntmachung treffen, § 484 II. Bis zum Ausschließungsbeschluß gilt die alte Urkunde als vorhanden. Bis dahin darf das Grundbuchamt also zB keinen neuen Hypothekenbrief erteilen. Wegen § 470 III Rn 1. 1

479 *Wirkung des Ausschließungsbeschlusses.* **I Derjenige, der den Ausschließungsbeschluss erwirkt hat, ist dem durch die Urkunde Verpflichteten gegenüber berechtigt, die Rechte aus der Urkunde geltend zu machen.**

II Wird der Ausschließungsbeschluss im Beschwerdeverfahren aufgehoben, bleiben die aufgrund des Ausschließungsbeschlusses von dem Verpflichteten bewirkten Leistungen auch Dritten, insbesondere dem Beschwerdeführer, gegenüber wirksam, es sei denn, dass der Verpflichtete zur Zeit der Leistung die Aufhebung des Ausschließungsbeschlusses gekannt hat.

1) Ausschließungsbeschluß, I. Es handelt sich um eine inhaltlich volle Übernahme des früheren § 1018 ZPO. Die Kraftloserklärung der Urkunde ersetzt für den Antragsteller deren Besitz, BGH RR **90**, 168. Der Antragsteller steht gegenüber dem aus der Urkunde Verpflichteten, nicht gegenüber Dritten, also bei § 67 GBA nicht gegenüber dem Grundbuchamt, endgültig so da, als ob er die Urkunde besitze, BayObLG Rpfleger **87**, 493. Er hat nicht mehr Rechte, als er als solcher hatte. Der Schuldner behält also seine Einreden. Wenn der bisherige Inhaber der Urkunde nur ein Besitzmittler war, zB ein Pfandgläubiger, erlangt der Antragsteller durch den Ausschließungsbeschluß nicht mehr Rechte. Gegenüber Dritten hat der Ausschließungsbeschluß keine Bedeutung. Die Urkunde selbst hat ihre Bedeutung als ein Rechtsträger oder Rechtsausweis eingebüßt. Wen die Urkunde verpflichtet, ergibt sich das sachliche Recht, BGH JZ **58**, 746. Das Verfahren nach § 73 AktG führt zwar zur Unwirksamkeit der für kraftlos erklärten Urkunde. Es führt aber nicht zur Wirkung nach §§ 478, 479, BGH RR **90**, 168. 1

Die *Rechtskraftwirkung* des Ausschließungsbeschlusses ist die volle nach § 45. Sie bleibt, auch wenn ein Nichtantragsberechtigter den Beschluß erwirkt hat. Sie läßt aber etwaige Rechte des dadurch Geschädigten unberührt. Der Beschluß ersetzt nicht die weiteren Aufgaben der Urkunde. Es gibt zB kein Recht zum Indossieren. Man kann eine Ersatzurkunde nur dann verlangen, wenn das sachliche Recht sie vorsieht, etwa nach §§ 407, 800 BGB, 67 GBO, 228 HGB. Der Antragsteller darf aus einem nach dem Protest verloren gegangenen und für kraftlos erklärten Wechsel einen Rückgriff nehmen. Statt des Wechsels muß er den Ausschließungsbeschluß aushändigen. Der Beschluß hat nicht die Wirkung eines Wechselakzepts, Hamm MDR **76**, 404. 2

Die *Übergabe* des Hypothekenbriefs läßt sich durch den Beschluß nicht ersetzen. Man muß einen auf Grund des Urteils nach § 67 GBO neugebildeten Brief übergeben. Der alte Brief kann keinen Rechtsübergang mehr vermitteln, auch wenn er sich nachträglich wieder findet. Den neuen Brief darf man nicht verweigern. Sobald ein Antrag auf die Erteilung eines neuen Briefs unter einer Vorlage des Ausschießungsbeschlusses erfolgt, ist bereits eine Abtretung der Hypothek usw nach § 1117 II BGB zulässig. Die Löschung geschieht auf Grund der Vorlegung des Ausschließungsbeschlusses. Dem Verpflichteten bleiben seine Einreden erhalten. 3

4 **2) Aufhebung des Beschlusses, II.** Die Aufhebung nimmt dem Antragsteller seine Rechte aus I. Leistungen nach der Aufhebung des Beschlusses bleiben wirksam, solange der Geschädigte dem Verpflichteten nicht beweist, daß der letztere bei der Leistung die Aufhebung gekannt hat. Ein Kennen müssen oder eine Kenntnis der Anhängigkeit der Beschwerde genügen nicht. Der Beschwerdeführer kann also vom Antragsteller grundsätzlich nur die Bereicherung herausverlangen.

480 *Zahlungssperre.* I [1]**Bezweckt das Aufgebotsverfahren die Kraftloserklärung eines auf den Inhaber lautenden Papiers, so hat das Gericht auf Antrag an den Aussteller sowie an die in dem Papier und die von dem Antragsteller bezeichneten Zahlstellen das Verbot zu erlassen, an den Inhaber des Papiers eine Leistung zu bewirken, insbesondere neue Zins-, Renten- oder Gewinnanteilscheine oder einen Erneuerungsschein auszugeben (Zahlungssperre).** [2]**Mit dem Verbot ist die Benachrichtigung von der Einleitung des Aufgebotsverfahrens zu verbinden.** [3]**Das Verbot ist in gleicher Weise wie das Aufgebot öffentlich bekannt zu machen.**

II **Ein Beschluss, durch den der Antrag auf Erlass einer Zahlungssperre zurückgewiesen wird, ist mit der sofortigen Beschwerde in entsprechender Anwendung der §§ 567 bis 572 der Zivilprozessordnung anfechtbar.**

III **Das an den Aussteller erlassene Verbot ist auch den Zahlstellen gegenüber wirksam, die nicht in dem Papier bezeichnet sind.**

IV **Die Einlösung der vor dem Verbot ausgegebenen Zins-, Renten- oder Gewinnanteilscheine wird von dem Verbot nicht betroffen.**

1 **1) Systematik, Regelungszweck, I–IV.** *I, III, IV* stimmen praktisch oder ganz wörtlich mit dem früheren § 1019 I–III ZPO überein. *II* ist neu. Bei Inhaberpapieren läßt das Gesetz eine Zahlungssperre zu. Sie soll den Verlierer während des Aufgebotsverfahrens schützen. Sie ist ein gerichtliches beschränktes Veräußerungsverbot. Sie hat die Wirkung des § 136 BGB, eine der einstweiligen Verfügung verwandte Maßnahme. Sie ist bei allen Inhaberpapieren anwendbar, auch bei Grundschuldbriefen, Inhaberschecks, § 5 ScheckG, Inhaberaktien, Lotterielosen. Das gilt auch bei hinkenden Inhaberpapieren, § 483. Hier kann das Landesrecht die Veröffentlichung abweichend regeln. Die Zahlungssperre ist bei Wechseln und anderen Orderpapieren unzulässig, auch wenn sie blanko indossiert worden sind. Für sie gilt § 468 Rn 1. Eine verbotswidrige Leistung wirkt nicht gegen den Antragsteller, wenn ein Ausschließungsbeschluß ergeht, §§ 135, 136 BGB.

2 **2) Wirkung, I–IV.** Man muß drei Aspekte beachten.

A. Allgemeines. Das Verbot ergreift nur die Haupturkunde, nicht Zinsscheine, Rentenscheine, Gewinnanteilscheine, die ja nicht aufgebotsfähig sind. Es wirkt gegen diejenigen, denen das Gericht es mitgeteilt hat. Das dem Aussteller mitgeteilte Verbot wirkt ferner gegen die nicht im Papier bezeichneten Zahlstellen, auch wenn das Gericht diese nicht benachrichtigt hat. Etwas anderes gilt für die im Papier bezeichneten, aber nicht benachrichtigten Zahlstellen. Ein gutgläubiger Erwerber kann Rechte gegen den Antragsteller erst dann geltend machen, wenn er nach der Vorlegung des Papiers eine Aufhebung der Sperre erwirkt hat. Die Sperre hemmt den Beginn und den Lauf der Vorlegungs- und der Verjährungsfrist, § 802 BGB.

3 **B. Verfahren.** Das Gericht darf die Sperre nur auf Antrag erlassen. Zuständig ist der Rpfl, Grdz 2 vor § 433. Man muß den Antrag in der Regel zusammen mit dem Antrag auf das Aufgebot und in dessen Form stellen, § 434 I.

4 **C. Entscheidung.** Das Gericht ordnet die Sperre durch einen Beschluß an. Es muß seinen Beschluß dem Aussteller und den bekannten Zahlstellen von Amts wegen zustellen, Rn 5, § 41. Es muß den Beschluß wie das Aufgebot öffentlich bekanntmachen, §§ 470, 483. Trotz der Mußfassung ist die Benachrichtigung nach I 2 für die Wirksamkeit nicht zwingend.

5 **3) Rechtsmittel, II.** Gegen die Ablehnung des Antrages ist die sofortige Beschwerde nach § 11 I RPflG in Verbindung mit § 567 I Z 2 ZPO statthaft. Gegen eine fälschlich ergangene Ersatzentscheidung des Richters ist die sofortige Beschwerde nach § 567 I Z 2 ZPO statthaft.

481 *Entbehrlichkeit des Zeugnisses nach § 471 Abs. 2.* **Wird die Zahlungssperre angeordnet, bevor seit der Zeit des glaubhaft gemachten Verlustes Zins-, Renten- oder Gewinnanteilscheine ausgegeben worden sind, so ist die Beibringung des im § 471 Abs. 2 vorgeschriebenen Zeugnisses nicht erforderlich.**

1 **1) Systematik, Regelungszweck.** Die Vorschrift stimmt praktisch wörtlich mit dem früheren § 1021 ZPO überein. Bei der Anordnung der Zahlungssperre vor der Ausgabe von Zinsscheinen usw braucht der Antragsteller kein Zeugnis nach § 471 II beizubringen. Das Zeugnis ist deshalb entbehrlich, weil man die Urkunde nach der Sperre nur dem Gericht wirksam vorlegen muß und weil dann, wenn die Vorlegung unterbleibt, der schlechte Glaube hinreichend begründet ist.

482 *Aufhebung der Zahlungssperre.* I [1]**Wird das in Verlust gekommene Papier dem Gericht vorgelegt oder wird das Aufgebotsverfahren ohne Erlass eines Ausschließungsbeschlusses erledigt, so ist die Zahlungssperre von Amts wegen aufzuheben.** [2]**Das Gleiche gilt, wenn die Zahlungssperre vor der Einleitung des Aufgebotsverfahrens angeordnet worden ist und die Einleitung nicht binnen sechs Monaten nach der Beseitigung des ihr entgegenstehenden Hindernisses beantragt wird.** [3]**Ist das Aufgebot oder die Zahlungssperre öffentlich bekannt gemacht wor-**

den, so ist die Erledigung des Verfahrens oder die Aufhebung der Zahlungssperre von Amts wegen durch den elektronischen Bundesanzeiger bekannt zu machen.

II Wird das Papier vorgelegt, ist die Zahlungssperre erst aufzuheben, nachdem dem Antragsteller die Einsicht nach Maßgabe des § 477 gestattet worden ist.

III Der Beschluss, durch den die Zahlungssperre aufgehoben wird, ist mit der sofortigen Beschwerde in entsprechender Anwendung der §§ 567 bis 572 der Zivilprozessordnung anfechtbar.

1) Voraussetzungen, I–III. Die Vorschrift entspricht fast wörtlich dem früheren § 1022 ZPO. Das Gericht muß eine Zahlungssperre in jedem der folgenden Fälle aufheben. 1

A. Vorlegung. Die Aufhebung erfolgt bei einer Vorlegung des verlorenen Papiers. Wenn das Gericht dessen Echtheit nicht feststellen kann, muß es das Verfahren bis zu einer Entscheidung im Prozeßweg aussetzen, § 440. Wenn das Gericht die Nämlichkeit des Papiers bejaht, darf es die Sperre erst dann aufheben, wenn es nach § 477 eine Einsicht gewährt hat.

B. Anderweitige Erledigung. Die Aufhebung erfolgt auch bei einer anderweitigen Erledigung des Verfahrens, etwa durch eine Rücknahme des Antrags oder bei seiner Zurückweisung, nicht schon bei einem bloßen Ausbleiben. 2

2) Entscheidung, I, II. Die Entscheidung erfolgt durch einen Beschluß des Rpfl, Grdz 2 vor § 433. Er muß ihn grundsätzlich begründen, § 329 ZPO Rn 4. Er läßt ihn dem Antragsteller und den Zahlstellen förmlich zustellen, § 41. 3

3) Rechtsbehelfe, III. Es kommt auf die Entscheidungsrichtung an. 4

A. Aufhebung. Gegen den aufhebenden Beschluß des Rpfl ist die sofortige Beschwerde nach § 11 I RPflG in Verbindung mit § 567 I Z 1 ZPO zulässig. Gegen die Erstentscheidung des Richters ist die sofortige Beschwerde nach III statthaft, § 567 I Z 1 ZPO. Eine Wiederherstellung der Sperre durch das Beschwerdegericht berührt die Wirksamkeit derjenigen Leistungen nicht, die nach der Aufhebung erfolgten.

B. Ablehnung. Gegen den Beschluß des Rpfl, der die Aufhebung ablehnt, ist die befristete Beschwerde nach § 11 I RPflG in Verbindung mit §§ 58 ff statthaft. Gegen die Erstentscheidung des Richters ist die befristete Beschwerde nach §§ 58 ff statthaft. 5

483

Hinkende Inhaberpapiere. **[1]Bezweckt das Aufgebotsverfahren die Kraftloserklärung einer Urkunde der im § 808 des Bürgerlichen Gesetzbuchs bezeichneten Art, gelten § 466 Abs. 3, die §§ 470 und 478 Abs. 2 Satz 2 sowie die §§ 480 bis 482 entsprechend. [2]Die Landesgesetze können über die Veröffentlichung des Aufgebots und der in § 478 Abs. 2, 3 und in den §§ 480, 482 vorgeschriebenen Bekanntmachungen sowie über die Aufgebotsfrist abweichende Vorschriften erlassen.**

1) Geltungsbereich, S 1, 2. Die Vorschrift übernimmt praktisch wörtlich den früheren § 1023 ZPO. Sie betrifft die hinkenden Inhaberpapiere (qualifizierten Legitimationspapiere) des § 808 BGB, zB gewisse Pfandscheine, Depotscheine, Versicherungsscheine, nicht auf den Inhaber ausgestellte Lagerscheine, die meisten Sparbücher. Für sie gilt das Landesrecht, Art 102 II EGBGB. Nur hilfsweise gelten §§ 466 ff. Wer einen Ausschließungsbeschluß erwirkt hat, muß dem Aussteller trotzdem auf dessen Verlangen sein Recht nachweisen, § 808 BGB. 1

484

Vorbehalt für die Landesgesetzgebung. **I Bei Aufgeboten aufgrund der §§ 887, 927, 1104, 1112, 1162, 1170, 1171 des Bürgerlichen Gesetzbuchs, des § 110 des Binnenschifffahrtsgesetzes, der §§ 6, 13, 66, 67 des Gesetzes über Rechte an eingetragenen Schiffen und Schiffsbauwerken (BGBl. III 403-4) und der §§ 13, 66, 67 des Gesetzes über Rechte an Luftfahrzeugen können die Landesgesetze die Art der Veröffentlichung des Aufgebots und des Ausschließungsbeschlusses sowie die Aufgebotsfrist anders bestimmen als in den §§ 435, 437 und 441 vorgeschrieben ist.**

II Bei Aufgeboten, die aufgrund des § 1162 des Bürgerlichen Gesetzbuchs ergehen, können die Landesgesetze die Art der Veröffentlichung des Aufgebots, des Ausschließungsbeschlusses und des in § 478 Abs. 2 und 3 bezeichneten Beschlusses sowie die Aufgebotsfrist auch anders bestimmen, als in den §§ 470, 475 476 und 478 vorgeschrieben ist.

1) Systematik, Regelungszeck, I, II. Es handelt sich im die praktisch wörtliche Übernahme des früheren § 1024 ZPO. Wegen der Verschiedenheit der örtlichen Verhältnisse läßt § 484 eine landesrechtliche Regelung zu. Anstelle des durch das SchiffsrechteG, RGBl **40**, 1499, aufgehobenen § 1269 BGB treten die Bestimmungen dieses Gesetzes. § 484 ist auf alle Aufgebotsfälle dieses Gesetzes anwendbar, ebenso auf alle Aufgebotsfälle nach dem LuftzRG. 1

Anhang nach § 484

Gesetz über die Kraftloserklärung von Hypotheken-, Grundschuld- und Rentenschuldbriefen in besonderen Fällen

idF v 29. 4. 60, BGBl 297, geändert dch Art 58 FGG-RG

Vorbem. Vgl früher Anh § 1024 ZPO.

G § 1. Voraussetzung der Kraftloserklärung. **I Ein Hypothekenbrief über eine Hypothek, mit der ein im Geltungsbereich dieses Gesetzes belegenes Grundstück belastet ist, kann auch dann für kraftlos erklärt werden, wenn er zwar nicht abhanden gekommen oder vernichtet ist, wenn er jedoch von demjenigen, der das Recht aus der Hypothek geltend machen kann, infolge einer im Geltungsbereich dieses Gesetzes nicht rechtswirksamen Maßnahme oder deswegen nicht in Besitz genommen werden kann, weil die Vollstreckung eines rechtskräftigen vollstreckbaren Titels auf Herausgabe des Briefes außerhalb des Geltungsbereiches dieses Gesetzes zu Unrecht verweigert wird.**

II Dies gilt auch dann, wenn der persönliche Schuldner der durch die Hypothek gesicherten Forderung im Zeitpunkt der Maßnahme seinen Wohnsitz in dem Gebiet hatte, in dem die Maßnahme getroffen worden ist.

G § 2. Aufgebotsverfahren. **Auf das Verfahren der Kraftloserklärung sind die für das Aufgebotsverfahren zum Zwecke der Kraftloserklärung von Hypothekenbriefen geltenden Vorschriften des Gesetzes über das Verfahren in Familiensachen und in den Angelegenheiten der freiwilligen Gerichtsbarkeit anzuwenden, soweit in diesem Gesetz nichts anderes bestimmt ist.**

G § 3. Glaubhaftmachung. **I An die Stelle der Glaubhaftmachung des Verlustes der Urkunde (§ 1007 Nr. 2 der Zivilprozeßordnung) tritt die Glaubhaftmachung der in § 1 bezeichneten Tatsachen.**

II Der Antragsteller soll angeben, was ihm über den Verbleib des Briefes bekannt ist.

G § 4. Öffentliche Bekanntmachung. **I 1 Die Öffentliche Bekanntmachung des Aufgebots erfolgt durch Anheftung an die Gerichtstafel sowie durch einmalige Einrückung in den Bundesanzeiger. 2 Das Gericht kann anordnen, daß die Einrückung auch in andere Blätter und zu mehreren Malen erfolgt.**

II Ist der Besitzer des Hypothekenbriefes bekannt, so soll ihm das Aufgebot von Amts wegen durch eingeschriebenen Brief mitgeteilt werden.

III Die Aufgebotsfrist muß mindestens drei Monate betragen.

G § 5. Anmeldung eines Rechts aus der Hypothek. **I 1 Wer ein Recht aus der Hypothek anmeldet, hat die Tatsachen glaubhaft zu machen, auf die er das Recht stützt, ferner den Hypothekenbrief vorzulegen oder glaubhaft zu machen, daß er dazu außerstande ist. 2 Solange die Anmeldung diesen Erfordernissen nicht entspricht, ist sie nicht wirksam.**

II Die Anmeldung ist auch dann nicht wirksam, wenn der Anmeldende das Recht aus einer im Bundesgebiet nicht rechtswirksamen Maßnahme herleitet.

III 1 Ist keine wirksame Anmeldung erfolgt, so ist der Ausschließungsbeschluß zu erlassen. 2 Das gleiche gilt, wenn dem Anmeldenden gegenüber rechtskräftig festgestellt ist, daß der Antragsteller zum Besitz des Hypothekenbriefes berechtigt ist, und der Antragsteller glaubhaft macht, daß er dessen ungeachtet den Brief nicht erlangen kann.

G § 6. Ergänzung unwirksamer Anmeldungen. **Geht eine Anmeldung ein, die auf Grund des § 5 Abs. 1 nicht wirksam ist, so soll das Gericht den Anmeldenden auf den Inhalt des § 5 Abs. 1 hinweisen und ihm Gelegenheit geben, binnen einer zu bestimmenden Frist die Anmeldung zu ergänzen.**

G § 7. Keine öffentliche Bekanntmachung des Ausschließungsbeschlusses. **Eine öffentliche Bekanntmachung des Ausschließungsbeschlusses und der in § 478 Abs. 3 des Gesetzes über das Verfahren in Familiensachen und in den Angelegenheiten der freiwilligen Gerichtsbarkeit bezeichneten Entscheidung findet nicht statt.**

G § 8. Kraftloserklärung durch Ausschließungsbeschluss. **I Die Kraftloserklärung des Hypothekenbriefes erfolgt ohne Aufgebot durch Ausschließungsbeschluss, wenn der Antragsteller glaubhaft macht, daß der unmittelbare Besitzer des Briefes bereit ist, ihm den Brief herauszugeben, jedoch durch eine außerhalb des Bundesgebietes getroffene außergerichtliche Zwangsmaßnahme hieran gehindert ist.**

II Das gleiche gilt, wenn der Antragsteller einen gegen den gegenwärtigen unmittelbaren Besitzer gerichteten rechtskräftigen vollstreckbaren Titel auf Herausgabe des Hypothekenbriefes vorlegt.

III 1 Der Ausschließungsbeschluss ist dem Antragsteller und dem im Antrag bezeichneten Besitzer durch eingeschriebenen Brief zuzustellen. 2 Ferner ist er durch Aushang an der Gerichtstafel sowie seinem wesentlichen Inhalt nach durch den elektronischen Bundesanzeiger öffentlich bekannt zu machen.

Vorbem. Galt bis zum 2. 10. 90 nur im Bundesgebiet. In *Berlin-West* galt ein entsprechendes G v 7. 7. 50, VOBl I 287.

Bem. Gegen einen Antrag, der eine Kraftloserklärung ablehnt, ist (jetzt) die befristete Beschwerde nach §§ 58 ff FamFG statthaft. Es gibt keinen Beschwerdewert, § 439 III FamFG (Unanwendbarkeit des § 61 I FamFG).

G *§ 9. Wert des Streitgegenstandes.* [1]Im Verfahren nach den vorstehenden Vorschriften beträgt der Wert des Streitgegenstandes ein Fünftel des Wertes der dem Antragsteller noch zustehenden Hypothek. [2]Das Gericht kann den Wert aus besonderen Gründen anders festsetzen.

G *§ 10.* *(aufgehoben)*

G *§ 11. Wirkung des Ausschließungsbeschlusses.* [I] Ein aufgrund der Vorschriften dieses Gesetzes erwirkter Ausschließungsbeschluss steht im Grundbuchverfahren einem auf Grund des § 1162 des Bürgerlichen Gesetzbuchs erwirkten Ausschließungsbeschluss gleich.

[II] Die Erteilung eines neuen Briefes ist gebührenfrei.

G *§ 12. Zuständigkeit.* Für einen Rechtsstreit, der die Herausgabe des Briefes oder das Recht aus der Hypothek betrifft, ist das Gericht ausschließlich zuständig, in dessen Bezirk das belastete Grundstück gelegen ist.

G *§ 13. Grundschuld- und Rentenschuldbriefe.* Die Vorschriften dieses Gesetzes über Hypothekenbriefe gelten sinngemäß für Grundschuldbriefe und Rentenschuldbriefe.

G *§ 14. Entsprechende Anwendung.* [I] Die §§ 5 und 6 sind sinngemäß anzuwenden auf das Aufgebotsverfahren zum Zwecke der Ausschließung eines Hypotheken-, Grundschuld- oder Rentenschuldgläubigers nach §§ 1170 und 1171 des Bürgerlichen Gesetzbuches.

[II] Für einen Rechtsstreit, der den Anspruch auf den hinterlegten Betrag betrifft, gilt § 12 sinngemäß.

Buch 9. Schlussvorschriften

485–491 (nicht abgedruckt)

Gerichtsverfassungsgesetz

idF der Bek v 9. 5. 1975, BGBl 1077, zuletzt geändert durch Art 22 FGG-RG

(Auszug)

Grundzüge

Schrifttum: *Kissel/Mayer,* GVG (Kommentar), 5. Aufl 2008 (*Berger Müller-Christmann* NJW **08**, 2010); *Schilken,* Gerichtsverfassungsrecht, 3. Aufl 2003 (Bespr *Schneider* Rpfleger **03**, 626).

1) Systematik. Die rechtsprechende Gewalt liegt beim BVerfG, bei den im GG vorgesehenen obersten 1
Bundesgerichten und bei den Gerichten der Länder, Art 92 GG. Den Aufbau der Gerichtsorganisation für die ordentlichen Gerichte nach § 2 EGGVG und die zugehörigen Einrichtungen (Staatsanwaltschaft, Geschäftsstelle, Zustellungs- und Vollstreckungsbeamte) regeln §§ 12, 21 a–155 GVG, §§ 8, 9 EGGVG. Das GVG bestimmt gleichzeitig die sachliche Zuständigkeit dieser Gerichte im Rahmen der ordentlichen Gerichtsbarkeit in §§ 23 ff, 71 ff, 80 ff, 119 ff, 132–138. Es enthält damit eine Ergänzung von ZPO und StPO, dort jeweils § 1. Das GVG ordnet außerdem die Besetzung und die Art der Geschäftsverteilung der ordentlichen Gerichte. Ergänzt werden diese Titel des GVG durch die GVVO, Holch DRiZ **76**, 135 und die an ihre Stelle getretenen Landesgesetze, Schönfelder vor § 1 GVG.

Die *Abgrenzung* der ordentlichen von den anderen Gerichtsbarkeiten *(Rechtsweg)* enthält § 13. Er ist durch § 40 VwGO wegen des Verwaltungsrechtswegs deutlicher geworden. Ihn ergänzen §§ 17, 17 a (Rechtswegverweisung). Die Schranken der deutschen Gerichtsbarkeit (Immunität, Exterritoriale) ergeben sich aus §§ 18–20. Besondere Zivilgerichte sind die Schiffahrtsgerichte nach § 14 und nach der Neuregelung in §§ 17–17 b GVG, 48 ArbGG auch die Arbeitsgerichte, § 14 Rn 6.

Außerdem enthält das GVG einige *Vorschriften allgemeiner Art,* die die Tätigkeit der Gerichte betreffen, wie Rechtshilfe, §§ 156–168, Öffentlichkeit und Sitzungspolizei, §§ 169–183, Gerichtssprache, §§ 184–191, Beratung und Abstimmung, §§ 192–197.

Das GVG enthält keine Vorschriften über den Aufbau und die Tätigkeit der *Justizverwaltung* und die gerichtliche Verwaltung. Zu beiden Anh § 21. Jedoch ordnen §§ 23 ff EGGVG den Rechtsweg gegen Maßnahmen der Justizverwaltung auf den ihr eigentümlichen Gebieten.

Ergänzt wird das GVG durch das *RPflG,* durch Teile der BRAO und durch solche des DRiG.

2) Regelungszweck. Das GVG dient in seinen Formvorschriften der Rechtssicherheit nach Einl III 43, 2
in seinen Vorschriften zur Öffentlichkeit der Rechtsstaatlichkeit nach Art 20 GG, in seinen Regelungen der Sitzungsgewalt der Prozeßwirtschaftlichkeit nach Grdz 14 vor § 128 ZPO und anderen Prinzipien und in vielen Einzelbestimmungen dem Gebot des gesetzlichen Richters nach Art 102 I 2 GG und dem rechtlichen Gehör nach Art 103 I GG, um nur einige der Ausrichtungen zu nennen. Man muß es diesen äußerst unterschiedlich gearteten Zielen entsprechend sehr differenziert auslegen, bald großzügig, bald ziemlich streng.

3) Geltungsbereich. Das GVG gilt für die ordentliche streitige Gerichtsbarkeit, § 2 EGGVG. Obwohl 3
§ 2 EGGVG nur von dieser spricht, gilt das GVG aber auch für die FamFG-Sachen. In Bayern vgl G v 24. 12. 05, GVBl 655.

Für die *Arbeitsgerichtsbarkeit* enthält das ArbGG in seinem 1. und 2. Teil eine eigenständige Regelung der Gerichtsverfassung. Jedoch verweisen dabei auf zahlreiche Vorschriften des GVG, zB in §§ 6 a, 9 I 2, II, 13, 45 III 3, 52 ArbGG.

Ferner bestehen als besondere Gerichtszweige die *Verwaltungs-, Sozial- und Finanzgerichtsbarkeit,* die selbständig geordnet sind. Für das Verwaltungsgerichtsverfahren gelten §§ 21 a–21 c, 169, 171 a–197 entsprechend, §§ 4, 55 VwGO. Gleichartige Verweisungen enthalten SGG und FGO.

Erster Titel. Gerichtsbarkeit

Übersicht

1) Systematik. Die Gerichtsbarkeit im weiteren Sinn, die Justizhoheit, ist die auf eine Verwirklichung 1
der bestehenden Rechtsordnung gerichtete Tätigkeit des Staats. Sie steht dem Bund und den Ländern zu. Die Gerichtsbarkeit im weiteren Sinn gliedert sich in die Justizverwaltung nach Anh § 21 und in die Gerichtsbarkeit im engeren Sinn, also die Tätigkeit der Gerichte bei der Rechtsanwendung im Einzelfall, die „richterliche Gewalt" des § 1, die „rechtsprechende Gewalt" des Art 92 GG. Die bundesrechtlichen Prozeßgesetze regeln nur sie und auch das nur für die ordentliche streitige Gerichtsbarkeit, § 2 EGGVG.

Die Gerichtsbarkeit im engeren Sinne kann *fehlen,* soweit die Justizhoheit, die Gerichtsbarkeit im weiteren 2
Sinn fehlt. Das kann örtlich zutreffen, soweit nämlich keine deutsche örtliche Zuständigkeit besteht. Man muß eine etwa trotzdem ergangene gerichtliche Entscheidung auf Grund eines Rechtsbehelfs aufheben. Praktisch wird sie meist wirkungslos sein. Es kann auch persönlich zutreffen. Aus völkerrechtlichen Gründen unterliegt eine Reihe von Personen der inländischen Gerichtsbarkeit nicht, nämlich Exterritoriale oder Eximierte, §§ 18 ff. Eine trotzdem gesetzwidrig erlassene Entscheidung ist schlechthin nichtig. Wegen der Angehörigen der ausländischen Streitkräfte SchlAnh III.

Die Gerichtsbarkeit im engeren Sinn kann *weiter fehlen,* soweit die Justizhoheit zwar besteht, aber die 3
Anrufung der ordentlichen Gerichte unstatthaft ist. Der Grund kann in der Zuständigkeit von Sondergerichten oder von Verwaltungsgerichten liegen. In diesen Fällen spricht man vom Ausschluß des ordentlichen

Rechtswegs. Die ordentliche Gerichtsbarkeit und damit der ordentliche Rechtsweg stehen im Gegensatz zu dem Rechtsweg zu Gerichten anderer Rechtszweige, Einf 1 vor § 13, also demjenigen zu den Verwaltungs-, Finanz- und Sozialgerichten, Art 96 I, 19 IV GG. Wegen des Verhältnisses der ordentlichen zu den Arbeitsgerichten § 14 Rn 6. Eine trotz des Ausschlusses des ordentlichen Rechtswegs ergehende Entscheidung ist fehlerhaft, aber nicht nichtig. Wird sie nicht im Instanzenzug beseitigt, bleibt sie voll wirksam.

4 **2) Zuständigkeit und Rechtsweg.** Von der Frage der Zulässigkeit des Rechtsweg muß man diejenige der Zuständigkeit, also der Befugnis zur Rechtsprechung im Einzelfall, streng trennen. Über sie Grdz § 1 ZPO. Die Frage, ob ein ordentliches Gericht oder ein Sondergericht zuständig ist, betrifft meist die Zulässigkeit des Rechtswegs, mag das Sondergericht auch eine ordentliche streitige Gerichtsbarkeit ausüben. Wegen der Verweisungsmöglichkeiten § 17 a. Während die ordentlichen Gerichte die Gerichtsbarkeit grundsätzlich in vollem Umfang haben, ist das Sondergericht nur in den Grenzen des ihm Zugeteilten zuständig. Trotzdem sind Entscheidungen der Sondergerichte, die die gesteckten Grenzen überschreiten, nicht etwa wirkungslos. Sie sind vielmehr sehr wohl der inneren Rechtskraft fähig. Einf 4 vor § 322 ZPO.

1 *Unabhängigkeit der Gerichte.* Die richterliche Gewalt wird durch unabhängige, nur dem Gesetz unterworfene Gerichte ausgeübt.

Gliederung

1 **1) Systematik.** Nach Art 97 I GG und den entsprechenden Bestimmungen der Länderverfassungen sind die Richter unabhängig und nur dem Gesetz unterworfen. Diesen Grundsatz bestätigt auch § 1. Die Vorschrift enthält die Bindung des Richters an rechtmäßige Äußerungen der gesetzgebenden Gewalt. Sie enthält ferner seine Loslösung von Einflüssen und Betätigungen anderer Organe und Personen (richterliche Unabhängigkeit). Eine solche Loslösung erfordert eine Weisungsfreiheit des Richters (also keine Gehorsamspflicht), aber auch eine lebenslängliche Anstellung und eine grundsätzliche Unabsetzbarkeit (persönliche Unabhängigkeit im rechtlichen und tatsächlichen Sinn). § 1 enthält weiterhin den Ausspruch, daß nur die Gerichte die richterliche Gewalt ausüben dürfen, §§ 16, 151.

§ 1 bezieht sich nur auf die *ordentliche streitige Gerichtsbarkeit,* § 2 EGGVG, nicht auf die den Gerichten etwa übertragenen anderen Arten der Gerichtsbarkeit oder auf die Justizverwaltung, § 4 EGGVG. Er gilt aber auch für den Rpfl, § 9 S 1 RPflG. Soweit ein Gericht als Organ der Justizverwaltung tätig geworden ist, kann die Dienstaufsichtsbehörde die getroffene Entscheidung abändern. Eine Dienstaufsicht und ein Disziplinarrecht widersprechen der Unabhängigkeit nicht. Diese hat ihre Stütze überhaupt mehr im Charakter des Richters als in Verwaltungsvorschriften.

2 **2) Regelungszweck.** Die Gewaltenteilung als eine tragende Säule des Rechtsstaats ist trotz aller praktischen Probleme ihrer tatsächlichen Durchsetzbarkeit doch ein unangefochtenes Prinzip der Gerichtsverfassung. Man kann gar nicht genug tun, um sie vor der Obrigkeit jeder Art zu schützen. In diesem ja leider gar nicht selbstverständigen Geist sollte man § 1 handhaben.

3 **3) Unabhängigkeit.** Ihrer Sicherung dienen §§ 25–37 DRiG. Sie findet ihre Begrenzung und Rechtfertigung in der Bindung des Richters an das Gesetz.

Der Richter ist *nur dem Gesetz unterworfen,* also jedem Rechtssatz, § 12 EGZPO sinngemäß, richtiger nur dem Recht. Denn es ist unerheblich, welcher Quelle dieses Recht entfließt, wenn sie nur gültiges Recht schaffen kann.

„Gesetz" nach § 1 sind nach § 12 EGZPO alle Rechtsnormen, § 545 ZPO. Das gilt unabhängig davon, ob die Vorschrift einen privatrechtlichen, öffentlichrechtlichen, sachlichrechtlichen oder prozessualen Inhalt hat. Hierhin gehören: Die Bundesgesetze (Reichsgesetze); das Recht der EU, EuZW **96**, 542; die ratifizierten Staatsverträge; ein Gewohnheitsrecht; die anerkannten Regeln des Völkerrechts, zB Art 25 GG (beim Zweifel, ob eine derartige Regel ein Bestandteil des Bundesrechts ist, muß man die Entscheidung des BVerfG einholen, Art 100 II GG). Gesetze nach § 1 sind weiterhin die Gesetze, Verordnungen und Rechtsanordnungen der Länder sowie das Recht der früheren DDR, soweit es fortgilt. Schließlich gehört hierhin auch örtlich begrenztes Recht wie zB eine Ortssatzung.

Kein „Gesetz" sind Handelsbräuche oder Börsenbräuche (Usancen), § 346 HGB. Sie sind kein Gewohnheitsrecht, sondern dienen nur der Ergänzung und Auslegung von Verträgen. Kein „Gesetz" sind auch Verwaltungsanordnungen wie Richtlinien, Allgemeine Verfügungen, Ausführungsanweisungen usw (hier tritt eine vom Gericht zu beachtende Selbstbindung der Verwaltung über Art 3 GG ein). Ebenso ist eine ständige Rspr kein „Gesetz", BGH MDR **96**, 811.

4 **4) Bindung des Richters durch das Gesetz,** dazu *Merten* DVBl **75**, 677: Ein Grundsatz hat vielfältige Auswirkungen.

A. Grundsatz und Grenzen. Nur diese Bindung verbürgt die Rechtssicherheit. Es gibt also kein „richterliches Billigkeitsrecht", Einl III 39. Rechtsbeugung steht unter schwerer Strafe, § 339 StGB. Es ist nicht eine Aufgabe des Richters, ein Gesetz außer Kraft zu setzen. Nur bei unvorhergesehenen Anwendungsfällen, die der Gesetzgeber aller Voraussicht nach anders geregelt hätte, oder bei einer grundlegenden Veränderung der dem Gesetz zugrunde liegenden Verhältnisse darf der Richter das Gesetz nach seinen eigenen Grundgedanken und Zwecken unter einer Berücksichtigung der anerkannten Grundsätze richterlicher Rechtsfindung fortentwickeln, Einl III 51, freilich auch dann nur unter einer Beachtung der Erfordernisse der Rechtssicherheit, Einl III 43. Zu den Problemen des Richterrechts Picker JZ **88**, 1, 62, Sendler DVBl **88**, 828, zu seinen Grenzen BVerfG NJW **86**, 2242. Wegen der Nachprüfung der Verfassungsmäßigkeit

Rn 7 ff. Die Auslegung des Gesetzes steht dem Richter frei, Einl III 40. Dabei muß er sich an die allgemein anerkannten Auslegungsregeln halten, Einl III Rn 35 ff. Auslegungsbindungen im Rahmen der anhängigen Sache enthalten §§ 138 I 3 GVG, 563 II, 538 f, 577 IV 4 ZPO.

Nur das *gültige Gesetz* bindet den Richter. Die Bundesgesetze ebenso wie die RVOen des Bundes (letztere werden im BGBl oder im elektronischen BAnz verkündet) sollen den Tag des Inkrafttretens bestimmen. Andernfalls treten sie mit dem 14. Tage nach dem Ablauf desjenigen Tages in Kraft, an dem das BGBl ausgegeben wird, Art 82 II GG, G vom 30. 1. 50, BGBl 23. „Ausgegeben" ist das Gesetzblatt, wenn das 1. Stück in den Verkehr kommt. Wie das geschieht, ist bedeutungslos, BVerfG NJW **63**, 1443. In der Praxis ist der Zeitpunkt des Einrückens in eine elektronische Veröffentlichung oder des Verlassens der Bundesdruckerei meist maßgeblich. Das mag etwa am Jahresende vereinzelt unklar sein. Entsprechendes gilt für das Landesrecht. 5

B. Nachprüfungsrecht des Richters (inzidente Normenkontrolle). Die vor dem Inkrafttreten des GG bestehenden Beschränkungen auf die Prüfung des formellen Zustandekommens und andere weitgehende Einschränkungen sind mit dem Wesen des Rechtsstaats nicht vereinbar. Immerhin besteht kein uneingeschränktes Nachprüfungsrecht der Gerichte. 6

Das *Bundesverfassungsgericht* ist zuständig für die Nachprüfung der Verfassungsmäßigkeit der Gesetze und für die Vereinbarkeit von Landesrecht mit Bundesrecht. Maßgeblich ist Art 100 GG. Er bringt eine bedingte Aussetzungs- und Vorlagepflicht der Gerichte vor dem BVerfG.

Die Feststellung der *Verfassungswidrigkeit* von Gesetzen im Hinblick auf das GG und beim Landesrecht auf die Landesverfassung sowie der Unvereinbarkeit von Landesgesetzen mit dem Bundesrecht ist also dem Prozeßgericht entzogen und dem BVerfG übertragen. Diese Beschränkung gilt nur für Gesetze im förmlichen Sinn einschließlich der Zustimmungsgesetze nach Art 59 II GG, BVerfG **56**, 1, nicht aber für HaushaltsG, BVerfG **38**, 125, völkerrechtliche Verträge, BVerfG **29**, 358, satzungsvertretende Landesgesetze, BVerfG NJW **85**, 2315, und für RVOen, und auch nicht für vorkonstitutionelle Gesetze, es sei denn, der Bundesgesetzgeber hat sie in seinen Willen aufgenommen, BVerfG **64**, 217. Das Entscheidungsmonopol des BVerfG erstreckt sich auch nicht auf die Frage, ob ein Landesgesetz mit späterem Bundesrecht unvereinbar ist, BVerfG **65**, 359. Prüfungsmaßstab ist bei Landesgesetzen das gesamte Bundesrecht einschließlich der RVOen, BVerfG **1**, 292, bei Bundesgesetzen nur das GG. 7

Ein Gericht mag auf Grund dieser Prüfung von der Ungültigkeit der anwendbaren Norm überzeugt sein, BVerfG **68**, 343. Bloße Bedenken oder Zweifel genügen nicht, BVerfG NJW **52**, 497, auch nicht, wenn die Verfassungwidrigkeit nur möglich ist, BVerfG NJW **63**, 1347. Bei einer vollen Überzeugung muß das Gericht nach § 80 III BVerfGG von Amts wegen das Verfahren *aussetzen* und unmittelbar die *Entscheidung des BVerfG einholen,* § 80 I BVerfGG. Das gilt auch dann, wenn vorher ein LVerfG über die Vereinbarkeit mit der LVerfassung entschieden hat, BVerfG JZ **64**, 288. Kommt auch die Vorlage an den EuGH nach Anh § 1 oder an ein LVerfG infrage, hat das Gericht die Wahl, BVerfG NJW **85**, 2522, Aretz JZ **84**, 918, Geiger EuGRZ **84**, 409. Eine Vorlage kommt meist nur wegen einer Endentscheidung infrage, ausnahmsweise aber auch dann, wenn sie sich für eine Zwischenentscheidung als unerläßlich erweist, BVerfG NVwZ **83**, 537. Entscheidung nach Art 100 I GG ist auch eine gerichtliche Bekanntmachung, BVerfG JZ **88**, 555. 8

Voraussetzung ist grundsätzlich, daß die *Entscheidungsformel* der Endentscheidung von der Gültigkeit oder Ungültigkeit der Norm abhängt, BVerfG **58**, 300. Ausnahmsweise genügt eine Abhängigkeit der Begründung, sofern sie für den Inhalt und die Wirkung der Entscheidung eine rechtliche Bedeutung hat, BVerfG **44**, 300. Die Abhängigkeit fehlt, wenn die Klage unzulässig ist, BVerfG NJW **84**, 1805, Aretz JZ **84**, 922, Geiger EuGRZ **84**, 409, oder wenn das vorlegende Gericht auch ohne eine verfassungsrechtliche Überprüfung der Norm einen gesetzlich vorgesehenen Anspruch zusprechen kann, etwa weil im Verfahren nicht Ansprüche der benachteiligten Personengruppe streitig sind, BVerfG **66**, 100, Aretz JZ **84**, 918, oder weil die Norm lediglich am Verfahren nicht beteiligte Dritte in ihren Grundrechten beeinträchtigt, BVerfG **67**, 239. Zur Zulässigkeit einer Vorlage wegen des sog gleichheitswidrigen Begünstigungsausschlusses BVerfG **64**, 167, Völlmeke NJW **92**, 1346. Das Verfahren nach Art 100 I GG dient nicht dazu, eine vom vorlegenden Gericht für verfassungswidrig gehaltene Auslegung durch ein übergeordnetes Gericht prüfen zu lassen, BVerfG NJW **88**, 1902, Lippold DVBl **89**, 140.

Liegen die Voraussetzungen der Vorlage vor, ist *jede andere* den Prozeß weiterführende *Entscheidung unstatthaft,* BVerfG NJW **73**, 1319, auch die Vorlage an den BGH wegen derselben Frage, BVerfG NJW **60**, 1115, oder die Anrufung des Großen Senats durch das Revisionsgericht, BVerfG NJW **57**, 625. Ob eine „schlichte" Aussetzung des Verfahrens bei der Anhängigkeit eines einschlägigen Normenprüfungsverfahrens zulässig ist, ist streitig, § 148 ZPO Rn 29. Jedenfalls ist das Ruhen des Verfahrens nach § 251 ZPO zweckmäßig. Die Vorlage schließt aber eine anderweitige Erledigung des Prozesses zB durch einen Vergleich oder eine Klage- oder Rechtsmittelrücknahme ebensowenig aus wie solche Zwischenentscheidungen, die die Verfassungsfrage nicht berühren. Das Prozeßgericht ist auch befugt, vor der Vorlage einen vorläufigen Rechtsschutz zu gewähren, wenn das im Interesse eines effektiven Rechtsschutzes als notwendig erscheint und wenn die vorläufige Maßnahme die Hauptsache dadurch nicht vorweg nimmt, BVerfG NJW **92**, 2749, OVG Münst NVwZ **92**, 1227. 9

Eine solche Norm, die das BVerfG bereits für gültig erklärt hat, darf nur unter bestimmten Voraussetzungen *nochmals* zur Prüfung kommen, BVerfG NJW **86**, 422. Umgekehrt braucht ein Gericht nicht vorzulegen, wenn das BVerfG oder ein LVerfG eine Norm bindend für ungültig erklärt hat, zB wegen eines Verstoßes gegen eine Landesverfassung, oder soweit das BVerfG eine bestimmte Auslegung als verfassungswidrig erklärt hat, BVerfG **42**, 260. Das Unterlassen der Vorlage kann einen Verstoß gegen Art 101 GG darstellen, BVerfG **64**, 12, BayVerfGH BayVBl **85**, 363. 10

Aussetzung und Einholung der Entscheidung des BVerfG erfolgen durch den Richter, nicht durch den Rpfl, BVerfG NJW **82**, 2178, krit Meyer-Stolte Rpfleger **81**, 54. Das Gericht beschließt in derjenigen Besetzung, in der es die von der Gültigkeit der Norm abhängende Entscheidung treffen muß, BVerfG **54**, 159, evtl also durch den Einzelrichter oder den Vorsitzenden, wenn es um seine Alleinentscheidung geht, nicht aber durch den Berichterstatter, § 79 FGO, BVerfG NJW **99**, 274. Erforderlich ist ein Beschluß, der wie die von der 11

Vorlage abhängende Entscheidung eine Unterschrift braucht, BVerfG **34**, 260. Das vorlegende Gericht darf und muß den Sachverhalt so weit aufklären, daß die Entscheidungserheblichkeit feststeht, BVerfG **25**, 276, und daß die Vorlage deshalb unerläßlich ist, BVerfG **58**, 157. Eine mündliche Verhandlung ist meist nötig, wenn das Verfahrensrecht sie vorsieht, es sei denn, die Entscheidungserheblichkeit der Norm steht von vornherein fest, BVerfG FamRZ **89**, 256.

12 Die Vorlage ist auch in *Eilverfahren* jedenfalls dann zulässig, wenn die Regelung die Entscheidung in der Hauptsache weitgehend vorwegnehmen würde, BVerfG **63**, 141 (zustm Kübler JZ **83**, 494), OVG Münst NWVBl **91**, 48, aber auch sonst, BVerfG NJW **89**, 827, Hbg JZ **83**, 67, Huba JuS **90**, 991, aM Pestalozza NJW **79**, 1341. Zur Gewährung eines vorläufigen Rechtsschutzes in der Hauptsache vor der Vorlage Rn 9.

13 In der *Begründung* muß das vorlegende Gericht angeben, inwiefern seine Entscheidung von der Gültigkeit der Rechtsvorschrift abhängt und mit welcher übergeordneten Rechtsnorm sie unvereinbar ist, § 80 II BVerfGG. Da der Beschluß aus sich heraus verständlich sein muß, ist eine Verweisung auf andere Entscheidungen grundsätzlich unzulässig, BVerfG NJW **69**, 1953. Wegen Ausnahmen BVerfG **26**, 307. Zu einer ordnungsmäßigen Begründung gehören, BVerfG NJW **94**, 509: Die erschöpfende Wiedergabe des für die rechtliche Beurteilung wesentlichen Sach- und Streitstands nach den Verhältnissen zur Zeit der Vorlage, BVerfG **65**, 314; die hinreichende Bezeichnung der für verfassungswidrig gehaltenen Norm, BVerfG **53**, 257; eingehende Ausführungen über ihre Auslegung, BVerfG FamRZ **03**, 835, auch zur Verneinung der Möglichkeit einer sog verfassungskonformen Auslegung, BVerfG NJW **97**, 2230, Seetzen NJW **76**, 1997; eine nachvollziehbare und erschöpfende Darlegung, aus welchen Gründen sie mit einer genau zu bezeichnenden höheren Norm unvereinbar ist, BVerfG NJW **97**, 573; schließlich Ausführungen zur Entscheidungserheblichkeit bei einem strengen Maßstab, BVerfG **78**, 165, Berkemann JR **88**, 455, also eingehende, die Auffassung von Rspr und Lehre berücksichtigende Ausführungen darüber, mit welcher Begründung das vorlegende Gericht bei ihrer Gültigkeit zu einem anderen Ergebnis kommen würde als bei ihrer Ungültigkeit, BVerfG FamRZ **03**, 836.

Man muß also darlegen, daß die Klage und evtl auch das Rechtsmittel *nicht aus anderen Gründen* wie etwa wegen Unzulässigkeit *erfolglos* ist (für Vorlagen der Revisionsgerichte gelten insoweit Erleichterungen, BVerfG **41**, 269, krit Scholler/Bross AöR **78**, 153). Dabei muß das vorlegende Gericht solche weiteren Normen in die rechtlichen Erwägungen einbeziehen, die zusammen mit der zur Prüfung gestellten Vorschrift die entscheidungserhebliche Regelung bilden, BVerfG FamRZ **92**, 781. Räumt die fragliche Norm ein Ermessen ein, muß das Gericht darlegen, zu welchem Ergebnis es bei der Auslegung der Ermessensvorschrift kommt und auf welchen Erwägungen dieses Ergebnis beruht, BVerfG **57**, 315.

Die erforderliche *Entscheidungserheblichkeit fehlt* auch dann, wenn das Prozeßgericht zur Gültigkeit der Norm an die Rechtsauffassung des Rechtsmittelgerichts zB nach § 563 II ZPO gebunden ist, BVerfG **42**, 94, oder wenn die Unanwendbarkeit der Norm aus anderen Gründen feststeht, zB auf Grund einer Vorabentscheidung des EuGH, Rn 19 ff, BVerfG NJW **92**, 964. Kann bei einer angenommenen Gültigkeit der Norm eine Beweisaufnahme zu demselben Ergebnis führen, das aus ihrer Ungültigkeit folgen würde, darf das Gericht nicht ohne eine Beweisaufnahme vorlegen, BVerfG NVwZ **95**, 158, es sei denn, die Vorlagefrage hat eine allgemeine und grundsätzliche Bedeutung für das Gemeinwohl und ihre Entscheidung ist deshalb dringlich, BVerfG NJW **78**, 1151. Entfällt die Entscheidungserheblichkeit, muß das Gericht seinen Vorlagebeschluß aufheben, BVerwG NJW **88**, 1927. Wird die Entscheidungserheblichkeit infolge nachträglich eingetretener Umstände zweifelhaft, muß das vorlegende Gericht die Ungewißheit innerhalb einer angemessenen Frist beseitigen. Geschieht das nicht, wird die Vorlage unzulässig, BVerfG NJW **79**, 1649.

14 Das BVerfG ist bei der Beurteilung der Entscheidungserheblichkeit an die *Rechtsauffassung des vorlegenden Gerichts gebunden,* sofern sie nicht auf offensichtlich unhaltbaren rechtlichen Überlegungen oder tatsächlichen Würdigungen beruht, BVerfG NJW **97**, 2230. Das gilt auch zur Auslegung von Verfahrensrecht. Verfassungsrechtliche Erwägungen des vorlegenden Gerichts zur Entscheidungserheblichkeit muß das BVerfG dagegen umfassend nachprüfen, BVerfG NJW **84**, 1805. Es darf aber im Einzelfall aus Zweckmäßigkeitsgründen von der Beurteilung dieses Gerichts ausgehen, BVerfG **63**, 1.

15 Gegen einen Beschluß, der eine Vorlage nach Art 100 GG anordnet oder ablehnt, ist *kein Rechtsmittel* zulässig, Düss NJW **93**, 411. Jedoch darf ihn das Prozeßgericht von sich aus ändern, BVerfG **7**, 271. Es darf ihn auch ganz aufheben, wenn er gegenstandslos wird, zB durch eine Prozeßhandlung der Parteien, auf Grund neuer Tatsachen oder infolge einer Entscheidung oder eines Hinweises des BVerfG, OVG Münst NVwZ **92**, 1227. Eine Aufhebung ist auch dann zulässig, wenn das vorlegende Gericht seine Rechtsauffassung ändert, BVerfG NVwZ **95**, 158. Dann muß es zunächst den Aussetzungsbeschluß aufheben, im weiteren Verfahren auch den Vorlagebeschluß, BGH **49**, 215.

16 Das Gericht *muß vorlegen,* wenn fraglich wird, ob *früheres Recht* gerade als Bundesrecht *fortgilt,* Art 126 GG („Meinungsverschiedenheiten"), oder ob nach einer Feststellung der Unvereinbarkeit einer Bestimmung mit einer anderen diese letztere Bundesrecht ist, oder ob eine Regel des *Völkerrechts* Bestandteil des Bundesrechts ist und welchen Umfang und welche Tragweite sie hat, Artt 25, 100 II GG, BVerfG **64**, 1 (auch zu den Begriffen des Rechtsstreits und des Zweifels und zur Rechtsnatur der Regel nach Art 100 II GG).

Ein *Vollstreckungsverfahren* nach §§ 828 ff, 766, 793 ZPO ist danach ein „Rechtsstreit", BVerfG **64**, 13. Dann ist also weder eine bejahende noch eine verneinende Entscheidung zulässig, Ffm RIW **82**, 439. Ein Beweisbeschluß ist jedenfalls dann eine solche Entscheidung, wenn die vorgesehene Beweisaufnahme die Gefahr einer Völkerrechtsverletzung gegenüber dem fremden Staat in sich birgt, BVerfG NJW **78**, 485.

Unter Art 126 GG fällt *nicht* der von Rn 16 zu unterscheidende Streit, ob früheres Recht überhaupt noch fortgilt. Die Entscheidung hierüber ist vielmehr eine Aufgabe des Prozeßgerichts, BVerfG MDR **52**, 345. Durch das Unterlassen der nötigen Vorlage kann es Art 101 I 2 GG verletzen, BVerfG **64**, 12.

17 Fast alle *Bundesländer* haben im Rahmen von Art 100 I GG die Nachprüfung der Verfassungsmäßigkeit von Normen besonderen Verfassungsgerichten zugewiesen, deren Entscheidung das Prozeßgericht dann einholen muß, teilweise über Art 100 GG wegen des LRechts hinausgehend: *BaWü* Art 68; *Bay* Art 92, 98; *Brdb* Art 113; *Bre* Art 142; *Hbg* Art 64; *Hess* Art 133; *Meckl-Vorp* Art 53; *Nds* Art 42; *NRW* Art 75; *RhldPf* Art 130; *Saarld* Art 99; *Sa* Art 81; *Sa-Anh* Art 75 der jeweiligen Landesverfassung.

Anhang nach § 1. Vorabentscheidung durch den EuGH

Schrifttum: *Callies/Ruppert,* Kommentar zu EU-Vertrag und EG-Vertrag, 2. Aufl, 2002; *Dauses,* Das Vorabentscheidungsverfahren nach Art 177 EGV, 2. Aufl 1995; *Dauses* in: Festschrift für *Everling* (1995) 223; *Everling,* Das Vorabentscheidungsverfahren vor dem EuGH, 1986; *Geiger,* EGV, 2. Aufl 1995; *Giannopoulos,* Der Einfluss der Rechtsprechung des EuGH auf das nationale Zivilprozessrecht der Mitgliedstaaten, 2006; *Grabitz/Hilf,* EUV/EGV, Losebl 1983 ff; *von der Groeben/Thiesing/Ehlermann,* EUV/EGV, 5. Aufl 1997; *Gündisch/Wienhues,* Rechtsschutz in der Europäischen Gemeinschaft, 2. Aufl 2003; *Hailbronner,* Handkommentar zum EGV, Losebl 1991 ff; *Hakenberg* DRiZ **00**, 345; *Hummrich* DRiZ **07**, 43 (üb); *Iglesias* NJW **00**, 1880; *Kenntner* VBlBW **00**, 303; *Koenig/Sander,* Einführung in das EG-Prozeßrecht, 1997; *Malferrari,* Zurückweisung von Vorabentscheidungsersuchen durch den EuGH, 2003; *Poelzig* JZ **07**, 858 (Üb).

EGVArt. 234. [I] **Der Gerichtshof entscheidet im Wege der Vorabentscheidung**

a) über die Auslegung dieses Vertrags,

b) über die Gültigkeit und die Auslegung der Handlungen der Organe der Gemeinschaft und der EZB,

c) über die Auslegung der Satzungen der durch den Rat geschaffenen Einrichtungen, soweit diese Satzungen dies vorsehen.

[II] **Wird eine derartige Frage einem Gericht eines Mitgliedstaates gestellt und hält dieses Gericht eine Entscheidung darüber zum Erlaß seines Urteils für erforderlich, so kann es diese Frage dem Gerichtshof zur Entscheidung vorlegen.**

[III] **Wird eine derartige Frage in einem schwebenden Verfahren bei einem einzelstaatlichen Gericht gestellt, dessen Entscheidungen selbst nicht mehr mit Rechtsmitteln des innerstaatlichen Rechts angefochten werden können, so ist dieses Gericht zur Anrufung des Gerichtshofes verpflichtet.**

Gliederung

1) Systematik, Regelungszweck, I–III. Wenn Recht der EU als Entscheidungsgrundlage erheblich ist, ergibt sich eine Beschränkung der Entscheidungskompetenz der nationalen Gerichte aus Art 234 EGV. Die Bestimmung soll in erster Linie die einheitliche Auslegung des Gemeinschaftsrechts gewährleisten, EuGH JZ **99**, 196, Hummrich DRiZ **07**, 43. Eine Sonderregel gilt nach Art 68 EGV für Rechtssetzungsakte der EU. Danach sind grundsätzlich nur letztinstanzliche Gerichte nach Art 234 III EGV zur Vorlage berechtigt und verpflichtet, Art 68 I EGV, Piekenbrock/Schulze IPRax **03**, 4. Außerdem können der Rat und die Kommission sowie die Mitgliedstaaten den EuGH anrufen, Art 68 III EGV. Das gilt zB für den Bereich der Verordnungen des Rates, Einl IV. 1

2) Gerichtsbegriff, I–III. „Gericht" nach Art 234 EGV ist eine unabhängige durch Gesetz oder auf Grund eines Gesetzes eingerichtete Instanz, die im Rahmen einer obligatorischen Zuständigkeit Rechtsstreitigkeiten unter einer Anwendung von Rechtsnormen bindend entscheidet, EuGH NJW **97**, 3365 (zustm Boesen NJW **97**, 3350). 2

Nicht als Gericht in diesem Sinn, sondern als Verwaltungsbehörde handelt ein Registergericht (jetzt) im FamFG-Verfahren, EuGH NJW **01**, 3179 (zustm Abele). Kein Gericht nach Art 234 EGV ist ein vertraglich vereinbartes Schiedsgericht, EuGH EuZW **94**, 408, wohl aber ein solches Schiedsgericht, dessen Zuständigkeit gesetzlich geregelt ist, zB Tarifschiedsgerichte, EuGH EuZW **90**, 319. Auch ein Verbandsgericht fällt unter Art 234 EGV.

3) Vorlagegegenstand, I. Vorlagegegenstand sind nur Fragen nach der Auslegung des gesamten primären Gemeinschaftsrechts, *I a,* BGH NJW **08**, 3001, Hummich DRiZ **07**, 43, wie das sog Sekundärrecht, Hummrich DRiZ **07**, 43, also der einschlägigen nach Art 249 III EGV für jeden Adressatenstaat verbindlichen Richtlinien und Entscheidungen nach der Auslegung und Gültigkeit von Handlungen der Gemeinschaftsorgane, *I b,* und der Auslegung von Satzungen bestimmter europäischer Einrichtungen, *I c.* 3

Nicht vorlagefähig sind Fragen nach der Auslegung des nationalen Rechts oder dessen Vereinbarkeit mit dem Gemeinschaftsrecht, zB EuGH NJW **97**, 1271. Auch die Einordnung des einzelnen Sachverhalts unter eine Norm des Gemeinschaftsrechts ist als solche nicht vorlagefähig, ebensowenig eine andere Frage der Rechtsanwendung, deren Klärung eine Aufgabe des nationalen Gerichts ist, Dauses Festschrift für Everling (1995) 230, Groh DStR **96**, 1208. Völkerrechtliche Verträge sind kein Gemeinschaftsrecht. Für die EuGVVO gilt die Sonderregelung SchlAnh V C 2.

4) Vorlageberechtigung, II. Man sollte drei Gesichtspunkte beachten. 4

A. Grundsatz. Ein nicht letztinstanzlich zuständiges Gericht hat kein Vorlagerecht und keine Vorlagepflicht, es sei denn, es will die Gültigkeit eines Gemeinschaftsakts verneinen, Rn 11. Es darf nach seinem pflichtgemäßen Ermessen darüber entscheiden, ob und in welchem Stadium des Verfahrens es eine Auslegungsfrage vorlegt, EuGH Slg **94**, I-711 (gegen eine Beschränkung der Vorlagebewilligung Pache/Knauff NVwZ **04**, 16), LG Ffm EuZW **08**, 63, Hummrich DRiZ **07**, 44. Nach dem Abschluß der Instanz ist eine Vorlage unstatthaft, EuGH DVBl **89**, 608. Voraussetzung für die Vorlage ist auch hier die Entscheidungserheblichkeit der Frage, EuGH EuZW **98**, 220. Innerstaatliche Fragen muß das Gericht grundsätzlich vorweg klären, EuGH Slg **92**, I-4673, I-4871. Soweit das Gericht nur verwaltet, besteht keine Vorlagemöglichkeit. Eine Prozeßkostenhilfeentscheidung gehört aber zur Rechtsprechung, aM Hummrich DRiZ **07**, 44.

5 **B. Ermessen.** Die Parteien können eine Vorlage anregen, aber nicht erzwingen, Hummrich DRiZ **07**, 44. Zweifel an der richtigen Auslegung allein zwingen nicht zur Vorlage, BFH EuZW **96**, 670 (zustm Reiche). Widerstreitende Meinungen in Rspr und Schrifttum sind ein Grund zur Vorlage, wenn es sich nicht um einen kaum wiederkehrenden Einzelfall handelt, Jacobs Slg **97**, I-6502. Je größer die allgemeine Bedeutung der Frage, desto eher ist die Vorlage sinnvoll. Umgekehrt ist die Vorlage unstatthaft, wenn für denselben oder doch für einen vergleichbaren Fall eine gefestigte Rspr des EuGH vorliegt. Die vermutliche Dauer des Vorlageverfahrens kann dazu führen, daß schon ein Erstgericht die Sache vorlegt, AG Köln FamRZ **98**, 483, Borchardt EuZW **98**, 257. Auf Anträge der Prozeßbeteiligten kommt es nicht an. Parteiabreden sind unbeachtlich, EuGH Slg **78**, 2203.

Die Bindungswirkung eines *zurückverweisenden* Urteils zB nach § 563 II ZPO hindert das untere Gericht nicht daran, die Frage der Vorlegung nach II zu prüfen, EuGH NJW **74**, 440, Mankowski JR **96**, 375, Reiche EuZW **96**, 671.

6 **C. Einstweiliger Rechtsschutz.** Wegen der Eilbedürftigkeit der Entscheidung scheidet eine Vorlage nach II meist aus, EuGH NJW **07**, 3555, KG EuZW **94**, 544, es sei denn, daß beide Parteien oder doch die durch eine längere Verfahrensdauer benachteiligte Partei darauf hinwirken, Mankowski JR **93**, 406. Eine Vorlage kommt auch nach dem Erlaß einer einstweiligen Maßnahme in Betracht, solange der Richter des Eilverfahrens zuständig ist, EuGH Slg **88**, 2041, Dauses Festschrift für Everling (1995) 229.

7 **5) Vorlagepflicht, III.** Auch hier gibt es mehrere Aspekte.

A. Letztinstanzlichkeit. Sie liegt vor, wenn man die Entscheidung nicht mit einem Rechtsmittel angreifen kann, BVerfG NJW **97**, 2512, BGH NJW **87**, 3096, Hbg EuZW **93**, 264. Hierhin gehören nicht nur die obersten Bundesgerichte, sondern zB auch das LG als Berufungsinstanz, das OLG bei einem nichtrevisiblen Urteil, Hummrich DRiZ **07**, 45, und selbst das AG bei einem nicht berufungsfähigen Urteil, Rabe Festschrift für Redeker (1993) 203. Hängt ein Rechtsmittel von einer Zulassung ab und besteht die Möglichkeit der Nichtzulassungsbeschwerde, ist das Gericht nicht vorlagepflichtig, EuGH EuZW **02**, 476, Groth EuZW **02**, 460. Vielmehr trifft die Vorlagepflicht dasjenige Gericht, das über die Beschwerde entscheiden muß, BVerfG NJW **97**, 2512, BVerwG NVwZ **05**, 598, Petzold NJW **98**, 124. Die Verfassungsbeschwerde ist kein Rechtsmittel nach III.

8 **B. Entscheidungserheblichkeit.** Das vorlegende Gericht muß sie prüfen, § 1 Rn 8, 13, EuGH Slg **97**, I-4161, I-4291. Es muß den nationalen Rechtsrahmen angeben, dessentwegen die Vorlage erheblich ist, EuGH Slg **99**, I-2969. Eine Entscheidung nach I lehnt der EuGH ab, wenn die Entscheidungserheblichkeit offensichtlich fehlt, wenn zB die vorgelegte Frage für die Entscheidung keine Bedeutung hat, EuGH Slg **97**, I-195, Hummrich DRiZ **07**, 44, Ress Festschrift für Jahr (1993) 357. Entfällt die Entscheidungserheblichkeit, muß das Prozeßgericht seinen Vorlagebeschluß aufheben.

9 **C. Ausnahmen.** Eine Vorlagepflicht besteht nicht, wenn die richtige Auslegung so offenkundig ist, daß kein Zweifel an der Antwort bleibt, EuGH NJW **83**, 1257, BGH **110**, 47. Diesen Gedanken darf man aber zurückhaltend handhaben, EuGH NJW **96**, 34, aM BGH NJW **93**, 2573, BAG EuZW **92**, 739. Auf keinen Fall darf man ihn dazu benutzen, sich der Vorlagepflicht zu entziehen, Clausnitzer NJW **89**, 641, Heß ZZP **108**, 81, Kindler NJW **93**, 3120.

Keine Vorlagepflicht besteht auch dann, wenn der EuGH die Frage schon entschieden hat, EuGH Slg **63**, 63. Das gilt auch dann, wenn er dabei seine bisherige Rspr geändert hat, EuGH NJW **97**, 2512. Anders liegt es, wenn das vorlegende Gericht von einer solchen Rspr abweichen will, zB weil sich das Gemeinschaftsrecht geändert hat.

Im Verfahren des *einstweiligen Rechtsschutzes* ist das insoweit letztinstanzliche Gericht nicht zur Vorlage wegen einer Frage verpflichtet, die sich in einem späteren Hauptsacheverfahren endgültig klären läßt, EuGH NJW **83**, 2751, KG EuZW **94**, 544, aM Ffm RR **90**, 190. Fragen, die den Arrestgrund betreffen, sind demgemäß vorlagebedürftig, Mankowski JR **93**, 405.

10 **D. Verstoß.** Er führt nach dem Gemeinschaftsrecht allenfalls zu einem Schadensersatzanspruch gegen den Mitgliedstaat, EuGH NJW **03**, 3539 (zustm Hakenberg DRiZ **04**, 113, Kremer NJW **04**, 480). Die Nichtvorlage verstößt evtl gegen Art 101 I 2 GG, weil der EuGH in den Fällen der Vorlagepflicht nach III gesetzlicher Richter ist, BVerfG NVwZ-RR **08**, 611 (dort verneint), Hummrich DRiZ **07**, 45, Schneider MDR **00**, 10. Zu den Voraussetzungen einer deswegen erfolgreichen Verfassungsbeschwerde (Willkür, zB grundsätzliche Verkennung der Vorlagepflicht oder bewußtes Abweichen ohne eine Vorlagebereitschaft) BVerfG NJW **02**, 1487, Hummrich DRiZ **07**, 45, Mayer EuZW **05**, 225.

11 **6) Angriff gegen Gemeinschaftsrechtsakt, I–III.** Unabhängig von Art 177 EGV besteht in einem solchen Fall für alle Gerichte eine Vorlagepflicht, weil allein der EuGH Rechtsakte der Gemeinschaft verwerfen kann, EuGH Slg **97**, I-1847, **87**, 4199, Hummrich DRiZ **07**, 45. Diese Pflicht besteht auch im Verfahren des einstweiligen Rechtsschutzes, EuGH NJW **07**, 3555, Koch NJW **95**, 2332, krit Dänzer-Vanotti BB **91**, 1016, Schlemmer-Schulte EuZW **91**, 308.

12 **7) Verfahren, I–III.** (Verfahrensordnung EuGH: EG-ABl C 34 v 1. 2. 01; Hinweise des EuGH zum Vorlageverfahren: AnwBl **99**, Heft 7 Beilage).

A. Vorlagebeschluß. Das Verfahren richtet sich nach dem nationalen Recht. Die Entscheidung, die Rechtsfrage dem EuGH vorzulegen, ergeht durch einen Beschluß, BGH NJW **07**, 2512. Für seinen Inhalt gilt dasselbe wie für den Vorlagebeschluß nach Art 100 GG, § 1 Rn 13. Zugleich muß das Prozeßgericht das Verfahren entsprechend § 148 ZPO aussetzen, LG Bonn EuZW **96**, 160, Schmidt Festschrift für Lüke

(1997) 726, aM Hummrich DRiZ **07**, 45 (keine Vorlagepflicht, aber üblich). Will das vorlegende Gericht seinen Beschluß ändern oder ergänzen, erläßt es einen weiteren Vorlagebeschluß.

Die Parteien des Rechtsstreits können das Verfahren durch ein *Anerkenntnis oder einen Verzicht* beenden. Ein anderes Gericht, das dieselbe Rechtsfrage entscheiden müßte, kann sein Verfahren entsprechend § 148 ZPO aussetzen, dort Rn 14, 16 BVerwG NVwZ **01**, 319, VGH Mannh NVwZ-RR **02**, 236, Düss NJW **93**, 1661, krit Mü BB **00**, 1061, Heß ZZP **108**, 95. Es sollte das dem EuGH formlos anzeigen, ABl EG 93 C 39/6, Schmidt Festschrift für Lüke (1997) 726. Es darf aber auch seinerseits die Sache nach Art 234 EGV dem EuGH vorlegen.

Das vorlegende Gericht muß die Vorlage *zurücknehmen*, wenn der EuGH inzwischen dieselbe Frage beantwortet hat oder wenn das Grundverfahren geendet hat, zB durch einen Vergleich, ein Anerkenntnis oder einen Verzicht, EuGH NJW **96**, 447. Eine Rücknahme der Vorlage ist auch sonst zulässig, zB wenn neue Umstände eintreten oder wenn das Gericht seine Rechtsansicht ändert, § 1 Rn 15. Die Kostenerstattung bestimmt sich ausschließlich nach dem nationalen Recht, EuGH EuZW **02**, 95, VGH Mannh NVwZ-RR **02**, 236.

B. Rechtsmittel. Gegen den Vorlage- und Aussetzungsbeschluß ist entsprechend § 252 ZPO die sofortige Beschwerde nach §§ 567 ff ZPO statthaft, BGH MDR **98**, 732, Hummrich DRiZ **07**, 45, Pfeiffer NJW **94**, 2001, aM BFH EuZW **96**, 670 (zustm Reiche), Everling DRiZ **93**, 12, ZöGre § 252 ZPO Rn 1 b. Art 234 II EGV steht einer etwa nötigen Zulassung der Beschwerde nicht entgegen, EuGH EuZW **97**, 632. 13

8) Bindungswirkung, I–III. Die Entscheidung des EuGH bindet in derselben Sache die Gerichte aller Instanzen, Hummrich DRiZ **07**, 45, also auch das Erstgericht nach einer Zurückverweisung, BFH **124**, 268, Hummrich DRiZ **07**, 44, und selbst das BVerfG bei einer Verfassungsbeschwerde in derselben Sache, BVerfG EuGRZ **79**, 551. Wenn die Entscheidung dem vorlegenden Gericht keine sichere Grundlage für seine Entscheidung verschafft oder wenn sich neue Gesichtspunkte ergeben oder wenn das Gericht den EuGH zu einem nochmaligen Überdenken der Problematik bewegen will, BAG NJW **94**, 683, kann es eine weitere Vorlage an den EuGH beschließen, EuGH EuZW **96**, 375 (zustm Schlachter). Eine erneute Vorlage derselben Frage durch dasselbe Gericht in demselben Verfahren ist dagegen unzulässig, EuGH Slg **77**, 163, Heß ZZP **108**, 69. Zur Problematik einer zeitlichen Begrenzung der Wirkung einer Entscheidung des EuGH Wiedmann EuZW **07**, 692. Die Entscheidung des EuGH bindet andere Gerichte nicht. Sie müssen aber die Entscheidung beachten und dann, wenn sie abweichen wollen, die Frage dem EuGH erneut vorlegen, EuGH NJW **83**, 1257, BGH NJW **94**, 2607. 14

2–9 (weggefallen)

10

Referendare. [1]**Unter Aufsicht des Richters können Referendare Rechtshilfeersuchen erledigen und außer in Strafsachen Verfahrensbeteiligte anhören, Beweise erheben und die mündliche Verhandlung leiten.** [2]**Referendare sind nicht befugt, eine Beeidigung anzuordnen oder einen Eid abzunehmen.**

1) Systematik, Regelungszweck, S 1, 2. Die Vorschrift ergänzt § 158. Sie zieht zugleich die wegen der Bedeutung des Richteramts notwendigen Grenzen. 1

2) Geltungsbereich, S 1, 2. In der Arbeitsgerichtsbarkeit gilt § 10 in allen Rechtszügen entsprechend, § 9 II ArbGG. 2

3) Referendar, S 1, 2. Das Gericht kann einen Referendar, also einen im Vorbereitungsdienst nach § 5 a DRiG Stehenden, jederzeit widerruflich mit der Wahrnehmung von Rechtshilfeersuchen nach §§ 156 ff insbesondere im Rahmen der landesrechtlichen Ausbildungsordnungen, betrauen, ferner in einer Zivilsache mit der Anhörung von Verfahrensbeteiligten zB nach § 141 ZPO, mit jeglicher Art der Beweiserhebung und mit der Leitung der mündlichen Verhandlung, Emde Jura **95**, 205. Das alles darf aber nur unter einer Aufsicht des Richters erfolgen, also in dessen ständiger Anwesenheit. Denn gerade weil der Referendar auch die Ordnungsbefugnis des Gerichts ausübt, ist die Anwesenheit des Richters unerläßlich. Daher reicht keine Art einer bloß nachträglichen Kontrolle. Da eine Übertragung nur im Einzelfall zulässig ist und der Richter nach seinem pflichtgemäßen Ermessen die Eignung des Referendars prüfen muß, kommt es auf die bereits zurückgelegte Zeit des Vorbereitungsdienstes nicht an. Ausgenommen sind die Anordnung und Durchführung einer Beeidigung, ferner wegen § 28 II 2 DRiG die Leitung der mündlichen Verhandlung vor einem Kollegialgericht. Erledigt ein Referendar richterliche Aufgaben, die das Gericht ihm so nicht übertragen durfte, sind seine Maßnahmen unwirksam. 3

11 (weggefallen)

12

Fassung 1. 9. 2009: ***Gliederung der Gerichte.*** **Die ordentliche Gerichtsbarkeit wird durch Amtsgerichte, Landgerichte, Oberlandesgerichte und durch den Bundesgerichtshof (den obersten Gerichtshof des Bundes für das Gebiet der ordentlichen Gerichtsbarkeit) ausgeübt.**

Vorbem. Änderg dch Art 22 Z 1 FGG-RG, in Kraft seit 1. 9. 09, Art 112 I Hs 1 FGG-RG, ÜbergangsR Art 111 FGG-RG, Einf 4 vor § 1 FamFG.

Bisherige Fassung: **Die ordentliche streitige Gerichtsarkeit wird durch Amtsgerichte, Landgerichte, Oberlandgerichte und durch den Bundesgerichtshof (den obersten Gerichtshof des Bundes für das Gebiet der ordentlichen Gerichtsbarkeit) ausgeübt.**

1 **1) Geltungsbereich.** Die Gliederung des § 12 GVG gilt auch in Justizverwaltungssachen und in allen Angelegenheiten, die damit zusammenhängen.

2 **2) Gerichtsverfassungsverordnung.** Die GVVO v 20. 3. 05, RGBl 403, und die an ihre Stelle getretenen Landesrechtsvorschriften regeln ergänzend die Errichtung, Aufhebung, Sitzverlegung und Änderungen der Bezirksgrenzen, dazu in ***Bay*** VO v 12. 7. 60, GVBl 131, ***Berlin*** VO v 4. 8. 60, GVBl 823, ***Bre*** AGGVG v 11. 10. 60, GBl 123, ***Hess*** VO v 9. 8. 60, GVBl 153, ***Nds*** VO v 27. 7. 60, GVBl 217, ***NRW*** VO v 15. 7. 60, GVBl 288, ***RhldPf*** LVO v 12. 7. 60, GVBl 139, ***SchlH*** VO v 12. 7. 60, GVBl 136.

Einführung vor §§ 13–17 b
Rechtsweg

1 **1) Sytematik.** Das GG spricht allgemein von Rechtsweg, Art 19 IV 1, 93 I Z 4 GG. Es stellt neben die ordentliche die Verwaltungs-, Finanz-, Arbeits- und Sozialgerichtsbarkeit, Art 96 I. Es gibt also verschiedene gleichwertige Rechtswege. Wenn der Rechtsweg vor den „ordentlichen Gerichten" als solcher herausgehoben scheint, ist das durch Artt 92, 96 I GG überholt. Ob der eine oder andere Rechtsweg offensteht, entscheidet sich nach dem Gegenstand des Anspruchs gemäß § 13. Steht kein anderer Rechtsweg zur Verfügung, bleibt allerdings hilfsweise der ordentliche statthaft, Art 19 IV 2 GG.

2 **2) Regelungszweck.** Die Vorschrift gibt an, wann der Zivilrechtsweg, der ordentliche Rechtsweg, statthaft ist. Er hat sein Gegenstück in § 40 VwGO und den entsprechenden Vorschriften in § 33 FGO und § 51 SGG. Alle zusammen lassen erst trotz manchen Streits deutlicher erkennen, wann der ordentliche und wann der allgemeine oder besondere Verwaltungsrechtsweg statthaft ist. Gegenüber § 13 ist also erst durch die Generalklausel des § 40 VwGO „alle öffentlich-rechtlichen Streitigkeiten nicht verfassungsrechtlicher Art" und das Erfordernis einer ausdrücklichen bundesgesetzlichen Zuweisung dieser Sachen an andere als an Verwaltungsgerichte eine schärfere Grenzziehung erfolgt. Daher muß man alle älteren Entscheidungen auf diesem Gebiet stets unter diesem Gesichtspunkt nachprüfen. Ob der eine oder andere Rechtsweg offensteht, ist eine Prozeßvoraussetzung für den eingeschlagenen Rechtsweg, § 13 Rn 2, der sich dann als zulässig oder unzulässig erweist. Ist der eingeschlagene Rechtsweg unstatthaft, besteht die uneingeschränkte Möglichkeit einer Verweisung von einem Rechtsweg in den anderen, § 17 a II, eine Maßregel der Zweckmäßigkeit sowohl wegen der häufigen Schwierigkeit der Unterscheidung als auch zwecks Fristwahrung, § 17 b I.

3 **3) Geltungsbereich.** Die Vorschrift grenzt die ordentliche Gerichtsbarkeit von derjenigen der zugelassenen Sondergerichte ab. Im Verhältnis zu diesen handelt es sich um die Zulässigkeit des Rechtswegs. Das muß das Gericht von Amts wegen berücksichtigen. Auch die Arbeitsgerichte sind Sondergerichte. Im Verhältnis zwischen ihnen und den ordentlichen Gerichten handelt es sich ebenfalls um die Frage der Zulässigkeit des Rechtswegs.

13 *Fassung 1. 9. 2009:* ***Rechtsweg zu den ordentlichen Gerichten.*** **Vor die ordentlichen Gerichte gehören die bürgerlichen Rechtsstreitigkeiten, die Famliensachen und die Angelegenheiten der freiwilligen Gerichtsbarkeit (Zivilsachen) sowie die Strafsachen, für die nicht entweder die Zuständigkeit von Verwaltungsbehörden oder Verwaltungsgerichten begründet ist oder auf Grund von Vorschriften des Bundesrechts besondere Gerichte bestellt oder zugelassen sind.**

Vorbem. Hs 1 idF Art 22 Z 2 FGG-RG, in Kraft seit 1. 9. 09, Art 112 I Hs 1 FGG-RG, ÜbergangsR Art 111 FGG-RG, Einf 4 vor § 1 FamFG.

Bisherige Fassung: **Vor die ordentlichen Gerichte gehören alle bürgerlichen Rechtsstreitigkeiten und Strafsachen, für die nicht entweder die Zuständigkeit von Verwaltungsbehörden oder Verwaltungsgerichten begründet ist oder auf Grund von Vorschriften des Bundesrechts besondere Gerichte bestellt oder zugelassen sind.**

Schrifttum: *Lüke,* Zweifelsfragen zu typischen Rechtswegproblemen, Gedächtnisschrift für *Bruns* (1980) 129 ff; *Stich,* Die öffentlichrechtlichen Zuständigkeiten der Zivilgerichte, in: Staatsbürger und Staatsgewalt (1963) II 387 ff; *Tiedau,* Juristische Grenzprobleme, 1981.

Gliederung

1) Systematik. § 13 und seine Abgrenzung gegen andere Gerichte („vor die ordentlichen Gerichte gehören") ist eine zwingende Prozeßvoraussetzung, Grdz 13, 22 vor § 253 ZPO. Ist der Rechtsweg zu ihnen eröffnet, kann nur ein Gesetz oder eine Schiedsvereinbarung ihn ausschließen. Umgekehrt kann man ihn nicht durch eine Vereinbarung eröffnen, zB den ordentlichen Rechtsweg nicht stets für eine kraft Gesetzes in einen anderen Rechtsweg gehörende Streitigkeit. Das schließt nicht aus, ein Rechtsverhältnis insgesamt vertraglich zu regeln. Dann gilt der für den Vertrag maßgebliche Rechtsweg, BVerwG NJW **90**, 1929. Die Abtretung eines öffentlichrechtlichen Anspruchs an einen Privaten eröffnet nicht den Rechtsweg zu den ordentlichen Gerichten. 1

Das Gericht muß die Zulässigkeit des Rechtswegs in erster Instanz *von Amts wegen* nachprüfen, BVerfG NJW **92**, 360. Erweist sich der zu den ordentlichen Gerichten eingeschlagene Rechtsweg als unstatthaft, muß das Gericht evtl nach einem vergeblichen Hinweis nach § 17 a II, IV vorgehen. Offen darf es die Frage der Zulässigkeit des Rechtswegs nicht lassen. Denn sie ist in zweiter und dritter Instanz in der Hauptsache grundsätzlich nicht mehr nachprüfbar, § 17 a V.

2) Regelungszweck. Die eindeutige Zuordnung zu einem Gerichtszweig hat nicht nur wegen Art 19 IV GG eine große Bedeutung, sondern auch aus Gründen der Rechtsstaatlichkeit nach Art 20 GG und wegen der Rechtssicherheit nach Einl III 43. Das gilt unabhängig davon, ob und weshalb die verschiedenen Gerichtsbarkeiten unterschiedliches Ansehen haben. Es geht ja vor allem um die sehr unterschiedlichen Ausprägungen der Bestandteile der Rechtsidee in den aus der Gerichtsbarkeit folgenden Verfahrensordnungen, etwa um die Frage, ob ein Amtsbetrieb nach Grdz 38 vor § 128 besteht oder ob die Parteiherrschaft nach Grdz 18 vor § 228 mehr Freiheit gibt, aber auch mehr Parteiverantwortung. Deshalb sollte man sich bemühen, die oft nur sehr schwierige Zuordnung zur einen oder anderen Gerichtsbarkeit sorgfältig vorzunehmen. 2

3) Geltungsbereich. Es entstehen schwierige Abgrenzungsfragen. 3

A. Ordentliches Gericht. Alle Zivilsachen als Oberbegriff für bürgerliche Rechtsstreitigkeiten, Familiensachen und Angelegenheiten der freiwilligen Gerichtsbarkeit sowie alle Strafsachen gehören vor die ordentlichen Gerichte, alle öffentlichrechtlichen Streitigkeiten nichtverfassungsrechtlicher Art vor die allgemeinen oder besonderen Verwaltungsgerichte. Diese grundsätzliche Abgrenzung läßt aber die Frage offen, was bürgerliche und was öffentlichrechtliche Streitigkeiten sind. § 13 eröffnet die Möglichkeit der Begründung der „Zuständigkeit" von Verwaltungsgerichten oder der bundesrechtlichen Zuweisung an Sondergerichte nach § 14, ebenso wie das § 40 I VwGO für solche öffentlichrechtlichen Streitigkeiten tut, die ausdrücklich durch ein Bundesgesetz oder auf dem Gebiet des Landesrechts durch ein Landesgesetz nach § 71 III GVG vor ein anderes Gericht gehören, und wie es ferner in § 40 II VwGO durch eine Zuweisung der dort genannten vermögensrechtlichen Ansprüche öffentlichrechtlicher Art an die ordentlichen Gerichte geschieht. Aus der Generalklausel des § 40 I VwGO und der deutlichen Umgrenzung ihrer Ausnahmen ergibt sich aber gleichzeitig, daß nur für solche öffentlichrechtlichen Streitigkeiten der ordentliche Rechtsweg offensteht, die einem ordentlichen Gericht ausdrücklich durch ein vor- oder nachkonstitutionelles Bundes- oder Landesgesetz zugewiesen sind. Gesetzesregelungen, nach denen „die gerichtliche Klage" möglich oder „der Rechtsweg" statthaft ist, enthalten keine ausdrückliche Zuweisung in diesem Sinn, BVerfG DVBl **82**, 590. Demgemäß entfällt der ordentliche Rechtsweg für alle Sachen, in denen früher eine Zuweisung kraft Überlieferung oder wegen Sachzusammenhangs infrage kam.

Ist die Zuweisung einer landesrechtlichen Sache durch ein *Landesgesetz* schon vor dem Inkrafttreten der VwGO am 1. 4. 60 erfolgt, verbleibt es dabei, wenn das Gesetz in dem jeweiligen AGVwGO ausdrücklich aufrechterhalten worden ist, sonst dagegen nicht. Verweist das Landesrecht eine bürgerliche Rechtsstreitigkeit in den Verwaltungsrechtsweg, was § 13 offen- und § 4 EGGVG zuläßt, wirkt das nur für das Land, also nur, wenn der Kläger den Rechtsstreit dort anhängig macht. Für den BGH gehört eine solche Verweisung im Rahmen des § 545 I ZPO zum revisiblen Recht.

B. Verwaltungsgericht usw. Das Gesetz kann bürgerliche Rechtsstreitigkeiten den Verwaltungsgerichten zuweisen. Sie sind ebenso wie die ordentlichen Gerichte Organe der Rechtspflege, Einf 1 vor § 1. Zu ihnen gehören auch die Sozial- und Finanzgerichte als besondere Verwaltungsgerichte. Eine bundesgesetzliche Zuweisung von bürgerlichen Rechtsstreitigkeiten an die Sozialgerichte enthält § 51 II SGG. 4

Die Vorschrift *beschränkt sich* auf die gerichtliche Überprüfung solcher Maßnahmen, die unmittelbar der Erfüllung der öffentlichrechtlichen Aufgaben der Krankenkassen und der kassenärztlichen Vereinigungen nach dem SGB V dienen, BGH NJW **03**, 1193. Zur Auslegung von § 51 II 1 SGG BGH RR **04**, 1119.

Soweit eine Zuweisung *landesgesetzlich* geschehen ist, müssen die durch das Bundesrecht gegebenen Grenzen eingehalten sein, Rn 3. Eine Zuweisung von bürgerlichen Rechtsstreitigkeiten an Verwaltungsbehörden kann wegen Art 92 GG nicht mehr geschehen. Das schließt aber nicht aus, daß zunächst eine Verwaltungsbehörde entscheiden muß. Gegen deren Entscheidung kann man dann das ordentliche Gericht anrufen, Preibisch, Außergerichtliche Vorverfahren in Streitigkeiten der Zivilgerichtsbarkeit, 1979. Das gilt auch für Ansprüche gegen die öffentliche Hand, BVerfG **40**, 250, ferner nach den §§ 3 V HO, 10 und 13 StrEG.

Ein solches *Vorschaltverfahren* ist verfassungsrechtlich zulässig, BVerfG **8**, 246, BGH **85**, 106, zweifelnd Hüttenhofer NJW **89**, 699 (zu Art 22 BayAGGVG). Welche Bedeutung die Vorschaltung hat, insbesondere ob es sich um eine Sachurteilsvoraussetzung handelt, muß man der jeweiligen Norm entnehmen, BGH **85**, 106. Handelt es sich um eine Sachurteilsvoraussetzung und übergeht der Kläger die Verwaltungsbehörde, klagt also sofort, muß das Gericht die Klage evtl nach einem vergeblichen Hinweis als „zur Zeit unzulässig" abweisen, BGH NVwZ-RR **92**, 393, Walchshöfer Festschrift für Schwab (1990) 523. Der Rechtsweg steht aber trotzdem sofort offen, wenn die Verwaltungsbehörde eine Entscheidung wegen angenommener Unzuständigkeit ablehnt oder für unzulässig hält und wenn eine verwaltungsgerichtliche Klage als aussichtlos erscheint. Auch kann man manchen Gesetzen entnehmen, daß eine Einigung der Parteien dahin zulässig ist, auf die vorherige Entscheidung der Verwaltungsbehörde zu verzichten. 5

6 **C. Sondergericht.** Eine bundesrechtliche Bestellung von Sondergerichten ist denkbar, Einf 3 vor § 13, § 14.

7 **D. Ausschluß des Rechtswegs.** Bei einem bürgerlichen Rechtsstreit kann aber auch der ordentliche Rechtsweg gesetzlich unstatthaft sein, zB bei der Festsetzung der gesetzlichen Vergütung des Anwalts gegenüber seinem Auftraggeber durch den Rpfl nach § 11 RVG. Eine dahingehende Klage wäre unzulässig, da ein anderer Rechtsweg zur Verfügung steht. Vgl aber auch § 11 IV RVG (Aussetzung). In demselben Verfahren entscheidet der Rpfl auch über den öffentlichrechtlichen Anspruch des bei einer Prozeßkostenhilfe beigeordneten Anwalts gegen die Staatskasse, § 55 RVG. Daher ist eine Klage auch hier unzulässig. Niemals aber darf der Rechtsweg gänzlich entfallen, Art 19 IV GG.

8 **4) Bürgerliche oder öffentlichrechtliche Rechtsstreitigkeit.** Die bürgerlichen Rechtsstreitigkeiten stehen im Gegensatz zu den öffentlichrechtlichen. Diesen liegt ein Verhältnis zugrunde, aus dem nur der Staat oder solche anderen Träger öffentlicher Gewalt Rechte oder Pflichten haben. Dahin zählen auch Gemeinden und Gemeindeverbände, öffentliche Anstalten, Körperschaften, Stiftungen, Kirchen. Sie alle können ihre Anordnungen meist zwangsweise durchsetzen. Ihnen steht also der einzelne als Gewaltunterworfener gegenüber, Wolff AöR **76**, 205. Jene treten als Hoheitsträger diesem mit Befehl und Verbot entgegen, sog Subjektionstheorie, BGH NJW **86**, 2359, BSG NJW **90**, 342. Auch Rechtsbeziehungen aus dem Völkerrecht sind öffentlichrechtlich. Aber auch beim Fehlen einer Über-, Unterordnung kann das öffentliche Interesse den Rechtsstreit zu einem öffentlichrechtlichen machen, sog Interessentheorie. Man kann schließlich auch auf den Schwerpunkt des Rechtsverhältnisses abstellen, sog Schwerpunkttheorie.

Bürgerliche Rechtsstreitigkeiten behandeln solche Rechtsverhältnisse, bei denen die Beteiligten einander gleichberechtigt und nicht in einem Verhältnis der Über- und Unterordnung gegenüberstehen, Mü OLGZ **87**, 244, es sei denn, daß die diese Rechtsverhältnisse beherrschenden Normen überwiegend den Interessen der Gesamtheit dienen. Sind an einem Rechtsverhältnis ausschließlich Privatrechtssubjekte beteiligt, von denen keines als ein mit öffentlichrechtlichen Befugnissen Ausgestattetes gehandelt hat, handelt es sich nicht um eine öffentlichrechtliche Streitigkeit, BGH NJW **00**, 1042. Nicht entscheidend ist, daß auch öffentliches Recht anwendbar ist, wie auch nicht das Umgekehrte bei öffentlichrechtlichen Streitigkeiten gilt. Die Tätigkeit einer Hoheitsverwaltung muß nicht immer schon in einer Ausübung öffentlicher Gewalt geschehen und nicht immer ein obrigkeitliches Gepräge haben. Die Verwaltung kann sich auch auf den Boden des Privatrechtsverkehrs begeben, BVerfG NJW **07**, 2276. Dafür müssen freilich besondere Umstände sprechen. Denn meist wahren Personen des öffentlichen Rechts ihre öffentlichrechtlichen Aufgaben mit Mitteln des öffentlichen Rechts. Jedenfalls macht ein öffentlichrechtliches Interesse an der Abhaltung von Veranstaltungen die Rechtsform, in der das geschieht, nicht schon zu einer öffentlichrechtlichen.

9 Ob ein öffentlichrechtlicher oder privatrechtlicher *Vertrag* vorliegt, muß man nach dem *Gegenstand und Zweck* des Vertrags im Einzelfall beurteilen, zB §§ 54–62 VwVfG, 53–61 SGB X, Gusy DVBl **83**, 1222, Lange NVwZ **83**, 314, Martens NVwZ **83**, 722. Maßgebend ist nicht das Ziel, sondern die Rechtsform, BVerfG NJW **07**, 2276. Entscheidend ist, ob sich die Vereinbarung auf einen vom Gesetz öffentlichrechtlich oder privatrechtlich geregelten Gegenstand bezieht, BGH NJW **92**, 1238, Hamm NVwZ **92**, 205. Bei einem Mischvertrag kommt es darauf an, wo der Schwerpunkt liegt, Rn 8, 68. Der Gegenstand gehört zum öffentlichen Recht, wenn sich aus dem Vertrag solche Rechte und Pflichten ergeben, deren Träger notwendigerweise nur eine Stelle der öffentlichen Verwaltung sein kann, OVG Münst NJW **91**, 61 (verneint für Einrichtungen der Kranken- und Altenpflege), oder wenn der Vertrag in einem engen und unlösbaren Zusammenhang mit einem öffentlichrechtlichen Verfahren steht, BVerwG NJW **76**, 2360, Hamm RR **91**, 640. Betreibt die öffentliche Hand ein wirtschaftliches Unternehmen, das sich sowohl in öffentlich- wie in privatrechtlichen Formen führen läßt, ist nicht die Art der Errichtung oder Zielsetzung entscheidend, sondern ob es im Verhältnis zu den Benutzern privatrechtlich organisiert oder in einer Ausübung der öffentlichen Gewalt tätig wird. Darüber kann die Körperschaft entscheiden. Sie muß dann aber ihren Willen gegenüber der Allgemeinheit ausdrücklich und deutlich kundgeben, das wirtschaftliche Unternehmen hoheitlich zu führen.

10 Ein Rechtsverhältnis ist aber nicht schon dann öffentlichrechtlich, wenn ein Verwaltungsakt es begründet hat. Entscheidend ist vielmehr die *Natur des Rechtsverhältnisses,* aus dem man einen Anspruch herleitet, BGH NJW **92**, 1238, Karlsr VersR **07**, 207, Mü NZM **06**, 79 (Miete). Handelt es sich um die fiskalische Beschaffung von Sachgütern durch den Abschluß bürgerlichrechtlicher Verträge, gehören dem Privatrecht auch die Aufhebung behördlicher Maßnahmen gegen einen dabei tätigen Handelsvertreter an, mögen diese auch auf innerdienstlichen Anordnungen beruhen. Als dem Privatrecht zugehörig gelten ferner zB: Der Verkauf von städtischen Grundstücken durch die fiskalische Verwaltung; das Überlassen von gewerblichen Nutzungsrechten, BGH NJW **88**, 337 (krit Melullis WRP **88**, 229); die Tätigkeit von öffentlichen Kranken- oder Kreditanstalten sowie Sparkassen im Verhältnis zu ihren Benutzern und Kunden; die entsprechende Tätigkeit bei öffentlichen Versorgungsbetrieben, zB des städtischen Elektrizitätswerks; Konzessionsabgaben an eine Gemeinde als Wegeeigentümerin; ein Freibad der Gemeinde; die Lieferung von Leitungswasser durch die Stadt, BGH NJW **79**, 2615; eine Bauverpflichtung aus einem mit einer Gemeinde abgeschlossenen Grundstückskaufvertrag, BGH NVwZ **04**, 253. Öffentlichrechtliche Verbände können auch im Verkehr untereinander öffentlichrechtliche Angelegenheiten durch den Abschluß eines privatrechtlichen Vertrags ordnen. Freilich kann eine Beleihung Privater den Charakter des Rechtsverhältnisses ändern, Klüver, Zur Beleihung des Sicherheitsgewerbes mit „Aufgaben der öffentlichen Sicherheit und Ordnung", 2006. Das gilt selbst bei einem Monopolbetrieb.

Insgesamt kann für die Frage, ob ein Vertrag dem öffentlichen oder privaten Recht gehört, *nicht stets entscheidend* sein, ob die am Vertrag beteiligten Rechtssubjekte solche öffentlichen oder privaten Rechts sind, ebensowenig, ob der Anspruch ein vermögensrechtlicher ist. Denn es gibt auch solche aus dem öffentlichen Recht. Auch ist es möglich, daß im Rahmen eines öffentlichrechtlichen Vertrags zusätzlich eine private Rechtspflicht entsteht, zB der Anlieger übernimmt privatrechtlich die Reinigung des Gehwegs. Dann ist insoweit der ordentliche Rechtsweg zulässig. Denn bei öffentlich- und privatrechtlichen Verträgen ist die Entscheidung vom Vertragsgegenstand her im Einzelfall notwendig. Für den Anspruch auf die Rückgewähr einer auf Grund eines Vertrags erbrachten Leistung steht derselbe Rechtsweg wie für den vertraglichen Leistungsanspruch zur Verfügung, BGH NVwZ **84**, 266. Zum Rechtsweg für Ansprüche aus einer Geschäftsführung ohne Auftrag Hamm FamRZ **97**, 1409.

5) Bürgerlichrechtliche Streitigkeit. Aus einem Grundsatz folgen Abgrenzungsmöglichkeiten. 11

A. Grundsatz: Rechtsnatur. Ob eine bürgerlichrechtliche Streitigkeit vorliegt, bestimmt sich zunächst nach dem Antrag. Richtet er sich gegenüber einem Träger der öffentlichen Verwaltung auf die Vornahme, Unterlassung oder Rückgängigmachung eines hoheitlichen Akts oder eines schlichthoheitlichen Handelns oder auf eine entsprechende Feststellung oder würde seine Vollstreckung darauf hinauslaufen, liegt keine bürgerlichrechtliche Streitigkeit vor, mag der Kläger seinen Antrag auch auf einen privatrechtlichen Sachvortrag stützen. Denn dem Zivilgericht fehlt die Befugnis zu einer solchen Entscheidung, BGH NJW **84**, 1242, BayObLG BayVBl **82**, 218, aM BVerwG NVwZ **91**, 774.

Läßt der Antrag eine Entscheidung durch das Zivilgericht zu, ist die wirkliche *Natur des Rechtsverhältnisses* maßgeblich, aus dem man den Klaganspruch herleiten kann, und zwar so, wie sich das Rechtsverhältnis nach dem Sachvortrag des Klägers darstellt, ohne daß es auf die rechtliche Qualifizierung durch den Kläger ankommt, Rn 10. Die Begründung der Klage muß mindestens die Möglichkeit eines bürgerlichrechtlichen vor die ordentlichen Gerichte gehörenden Anspruchs ergeben. Dazu genügt die hilfsweise Stützung etwa auf eine Amtspflichtverletzung, BGH NJW **79**, 2615. Bei der Beurteilung ist das Revisionsgericht nicht an die Auffassung des Berufungsgerichts gebunden.

Es entscheidet das *tatsächliche Klagevorbringen,* so wie es der Gegenstand oder die Art des Anspruchs nach § 4 EGZPO ergibt, BGH **115**, 275, BAG NJW **96**, 2948, Karlsr VersR **07**, 207, evtl nach einer Ergänzung, § 139 ZPO. Maßgebend ist also nicht die Rechtsauffassung des Klägers, VGH Mü NVwZ-RR **95**, 121, auch nicht der Wortlaut des Antrags, sondern sein Wesen und Zweck. Maßgebend sind diejenigen Rechtssätze, nach denen das Gericht das Klagebegehren seinem wirklichen inneren Gehalt nach würdigen muß und die den Sachverhalt prägen, Mü OLGZ **87**, 244. Auf den Rechtscharakter der Einwendungen des Bekl kommt es nicht an, BGH **72**, 57, Hamm NVwZ **92**, 205, Köln NJW **97**, 470. Möglich ist jedoch, daß sich die wahre Natur des Anspruchs erst aus dem Vorbringen des Bekl ergibt, zB bei der verneinenden Feststellungsklage, BGH NJW **88**, 2295. 12

Das Klagevorbringen muß allerdings wenigstens den behaupteten Rechtsweg *schlüssig* ergeben, BGH NJW **96**, 3012 (zustm Preuß JZ **97**, 202), KG RR **02**, 1510, Karlsr VersR **07**, 208. Es ist für die Bestimmung des Rechtswegs auch dann maßgeblich, wenn der Bekl es bestreitet, BAG NJW **96**, 2948, aM BAG NJW **94**, 1172, KG RR **02**, 1510, Kluth NZA **00**, 463. Das Vorbringen des Bekl ist auch bei einem vermutlich vorgeschobenem Klagevorbringen beachtbar, BGH NVwZ **90**, 1104, BVerwG NVwZ **93**, 358. Der Rechtsweg ist unzulässig, wenn der Kläger zwar einen privatrechtlichen Anspruch behauptet, wenn der Antrag oder die Begründung aber zeigt, daß der Kläger in Wahrheit die Vornahme, Unterlassung oder Rückgängigmachung eines staatlichen Hoheitsakts verlangt. Ist die Leistungsklage unzulässig, ist es auch die Feststellungsklage. Umgekehrt ergibt sich aus der Zulässigkeit des Rechtswegs für eine Klage auch die Zulässigkeit für die Abänderungs- oder Vollstreckungsabwehrklage, für die Klage auf eine Unzulässigkeit der Vollstreckungsklausel und für das Wiederaufnahmeverfahren. Daher ist für diese Anhangsverfahren ein für eine Klage notwendig gewesener Vorbescheid der Verwaltungsbehörde jetzt nicht mehr erneut notwendig.

B. Einzelfragen. Daher macht kein Umweg über eine bürgerlichrechtliche Klage den Rechtsweg zulässig, wenn er tatsächlich unstatthaft ist. Der Rechtsweg zu den ordentlichen Gerichten läßt sich nicht erschleichen, Einl III 54. Als derartige Umwege werden manchmal mißbraucht die Abwehrklage, die Behauptung eines Schadensersatzanspruchs oder eines solchen aus einer Bereicherung. Auch über eine Amtspflichtverletzung nach Art 34 GG kann man den ordentlichen Rechtsweg nicht erzwingen, indem man zB nur der Form nach das Verschulden eines Amtsträgers bei der Ausübung eines Staatshoheitsrechts behauptet, in Wirklichkeit aber einen Verwaltungsakt rückgängig machen will, also etwa Steuerbeträge mit einer Klage aus unerlaubter Handlung zurückverlangt. Wohl aber könnte man auch hilfsweise nach Rn 11 geltend machen, daß ein bestimmter Beamter seine Amtspflicht dem Kläger gegenüber durch bestimmte Handlungen verletzt habe, die man angegeben und deren Unvereinbarkeit mit der Amtspflicht man darlegen muß. Der Anspruch geht aber dann auf Geld, nicht auf eine Wiederherstellung desjenigen früheren Zustands, zu der der Beamte nicht befugt wäre. Es genügt also nicht die Behauptung einer Amtspflichtverletzung als solcher, BayObLG BayVBl **82**, 218. Wegen Art 19 IV GG Rn 27. 13

Anders liegt es bei *Auswirkungen* des Verwaltungsakts auf ein privates Recht, wenn der Kläger nunmehr aus Eigentum, Besitz, Leihe klagt, insbesondere wenn es sich um die Geltendmachung solcher Rechte gegenüber Dritten handelt, an die der Gegenstand durch einen Verwaltungsakt gelangt ist. Zulässig ist auch die Klage gegen eine Anstalt öffentlichen Rechts, soweit sich diese bürgerlicher Rechtsgeschäfte bedient hat, um auf dem Gebiet des öffentlichen Rechts liegende Zwecke zu erreichen, ebenso, wenn unter dem Deckmantel der Ausübung hoheitlicher Gewalt eine privatrechtliche Betätigung erfolgt. Unzulässig wird der Rechtsweg aber dann, wenn die Betätigung sowohl hoheits- wie privatrechtlich ist. 14

6) Öffentlichrechtliche Frage im bürgerlichen Rechtsstreit. In einem bürgerlichen Rechtsstreit können auf mannigfache Weise Fragen auftauchen, für die als ein selbständiger Gegenstand eines Rechtsstreits der Rechtsweg zu den ordentlichen Gerichten unzulässig wäre. 15

A. Vorfrage. Über sie darf der Zivilrichter entscheiden, ebenso wie das VG zivilrechtliche Vorfragen selbständig entscheidet. Ist eine Frage durch einen bestandskräftigen Verwaltungsakt geklärt, bindet er das ordentliche Gericht hieran mit den sich aus Rn 17 ergebenden Ausnahmen, BGH NJW **92**, 1386, ebenso wie eine Entscheidung des ordentlichen Gerichts in den Grenzen von dessen Rechtskraft grundsätzlich das VG bindet. Das ordentliche Gericht entscheidet also zB, ob es sich um privates oder öffentliches Eigentum handelt. Die Vorfrage gehört zur Untersuchung, ob die Klage begründet ist. Unstatthaft wäre der Zivilrechtsweg für eine Klage gegen die öffentliche Körperschaft wegen der Ungültigkeit des Verwaltungsakts, auch in verschleierter Form etwa im Weg des Schadensersatzes, um dadurch seine Beseitigung zu erreichen, 16

Rn 13. Denn es handelt sich um die Hauptfrage, außer wenn der Eigentümer diejenige öffentliche Körperschaft beansprucht, die selbst durch den Verwaltungsakt den Besitz erlangt hat.

Die Entscheidung der Vorfrage hängt oft davon ab, ob und in welchem Umfang das ordentliche Gericht die Gültigkeit und *Wirksamkeit von Verwaltungsakten nachprüfen* darf. Das hat mit der Zulässigkeit des Rechtswegs nichts zu tun. Der Zivilrichter darf und muß prüfen, ob der Verwaltungsakt überhaupt gültig ist. Ist er nichtig, ist der Zivilrechtsweg unstatthaft. Hierhin gehören die Fälle des § 44 VwVerfG, zB die absolute Unzuständigkeit der Behörde und andere schwerwiegende Fehler, nicht aber Willkürakte, mag der Mißgriff auch noch so grob sein.

Der *nur fehlerhafte* und deshalb rechtswidrige Verwaltungsakt gilt stets so lange als wirksam, wie ihn die Behörde nicht aufhebt („Tatbestandswirkung"), BGH NJW **98**, 3055, Köln OLGZ **94**, 475, Jeromin NVwZ **91**, 543. Evtl muß das Gericht das Verfahren aussetzen, § 148 ZPO, falls die Partei Klage vor dem VG erhebt. Auch ein Widerruf eines Verwaltungsakts bindet das ordentliche Gericht. Im Amtshaftungs- oder Entschädigungsprozeß kann es jedoch auch einen bestandskräftigen Verwaltungsakt prüfen, nicht dagegen eine verwaltungsgerichtliche Entscheidung, BGH NJW **91**, 1168, krit Berkemann JZ **92**, 18, Nierhaus JZ **92**, 209. Eine solche Überprüfung scheidet aber jedenfalls dann aus, wenn der Verwaltungsakt in einem besonders ausgestalteten Verfahren ergeht und wenn er eine umfassende gestaltende Wirkung hat, zB ein Planfeststellungsbeschluß, Broß VerwArch **87**, 110, oder die Entscheidung über das Vorliegen eines Dienstunfalls, BGH NJW **93**, 1790.

Dagegen ist das Zivilgericht ohne eine Nachprüfungsmöglichkeit *an Entscheidungen* der Verwaltungs-, Finanz- und Sozialgerichte im Rahmen der Rechtskraft dieser Entscheidungen *gebunden,* sofern es sich um einen Zivilrechtsstreit zwischen denselben Beteiligten handelt, BGH NJW **98**, 1398. Das gilt zB dann, wenn das Gericht die Nichtigkeit eines Verwaltungsakts verneint hatte, und auch zB dann, wenn es einen Verwaltungsakt nach § 113 I VwGO aufgehoben oder die Klage auf die Aufhebung oder den Erlaß eines Verwaltungsakts nach § 113 IV VwGO abgewiesen hatte, BGH FamRZ **95**, 33, Mü NVwZ **95**, 198, Broß VerwArch **87**, 110. Bindend sind auch Entscheidungen über die Wirksamkeit einer Vorschrift nach § 47 VwGO, BGH NVwZ **95**, 412. Wird eine Norm für nichtig erklärt, ist das allgemein verbindlich, § 47 V 2 VwGO. Auch eine rechtskräftige Entscheidung nach § 28 EGGVG hat eine bindende Wirkung, BGH NJW **94**, 1850. Dagegen haben Entscheidungen im Eilverfahren nach § 80 VwGO keine Bindungswirkung im Hauptverfahren, BGH NVwZ **01**, 353. Besonders geregelt ist die Entscheidung über verfassungsrechtliche Vorfragen, § 1 Rn 6 ff.

17 **B. Anspruchskonkurrenz.** Können aus einem Rechtsverhältnis sowohl öffentlichrechtliche als auch bürgerlichrechtliche Ansprüche entstehen, gilt der Grundsatz, daß dieselbe Handlung nicht gleichzeitig privat- und öffentlichrechtlich sein und daß man auch nicht die einheitliche öffentlichrechtliche Aufgabe in öffentlich- und privatrechtlich aufspalten kann. Ruft der Kläger das ordentliche Gericht an, muß er über alle Rechtsgrundlagen entscheiden, wenn es sich um einen einheitlichen Anspruch handelt, § 17 II. Handelt es sich um eine Mehrheit von prozessualen Ansprüchen, gilt § 17 Rn 6.

18 **C. Aufrechnung.** Rechnet eine Partei mit einer öffentlichrechtlichen Forderung, darf und muß das Zivilgericht auch darüber entscheiden, § 17 Rn 6.

19 **7) Zivilprozeßsache kraft Zuweisung,** dazu *Schoch* Festschrift für *Menger* (1985) 305 (ausf): Da öffentlichrechtliche Streitigkeiten durch die Generalklausel des § 40 I VwGO den VGen zugewiesen sind, kommen nur diejenigen dieser Streitigkeiten vor die Zivilgerichte, die ihnen ausdrücklich ein Bundes- oder Landesgesetz zuweist, Rn 3. § 40 II VwGO enthält eine derartige „abdrängende" Zuweisung, VGH Mannh NJW **05**, 2636. Auch andere Gesetze sprechen solche Zuweisungen aus. Es handelt sich im wesentlichen um die folgenden Situationen.

A. Aufopferungsanspruch, § 40 II 1 Hs 1 VwGO, wegen der Aufgabe privater Rechte zum allgemeinen Besten, Art 14 III 4 GG, BGH NJW **95**, 964. Das gilt nicht für Streitigkeiten über das Bestehen oder die Höhe eines Ausgleichsanspruchs im Rahmen von Art 14 I 2 GG. Damit bestehen die Voraussetzungen für einen einheitlichen verwaltungsgerichtlichen Rechtsschutz bei einer Eigentumsbeschränkung auf einen Ausgleich, BVerfG NJW **99**, 2877, Kienemund NJW **02**, 1236, Kuhla/Hüttenbrink DVBl **02**, 86. So liegt es zB beim Streit um eine Entschädigung wegen Einbußen durch Straßenarbeiten, VGH Mannh VBlBW **05**, 276.

20 **B. Öffentlichrechtliche Verwahrung,** § 40 II 1 Hs 1 VwGO, also nur solche gegen die öffentliche Hand. Daher ist für einen Anspruch gegen den Bürger der Verwaltungsrechtsweg statthaft, VGH Mannh BaWüVPraxis **78**, 150.

21 **C. Schadensersatzanspruch aus der Verletzung öffentlichrechtlicher Pflicht,** § 40 II 1 Hs 1 VwGO, also nur ein solcher gegen die öffentliche Hand, zB ein Anspruch des Wasseranliegers nach § 30 III WHG, BVerwG DVBl **87**, 693, etwa wegen einer Amtspflichtverletzung, Art 34 GG in Verbindung mit § 839 BGB, auch wenn man die Klage zusätzlich auf § 826 BGB stützt und mit einer Verletzung spezifisch verwaltungsrechtlicher Normen begründet, SG Hann RR **88**, 614. Die Verletzung braucht nicht schuldhaft zu sein, vgl auch Art 34 GG.

Hierhin gehört *nicht* der Rückgriffsanspruch des Staats oder der Gemeinde gegen den Verletzer, ebensowenig der Rückgriff des Amtsträgers gegen den Dienstherrn für seine Schadensersatzleistungen. Für sie gilt der für das Rechtsverhältnis maßgebliche Rechtsweg, vgl für Beamte § 126 BRRG.

Nicht hierher gehören ferner Ansprüche aus der Verletzung öffentlichrechtlicher Verträge, Rn 68, § 40 II 1 VwGO, Kopp NJW **76**, 1966, und aus einem Verschulden bei den Vertragsverhandlungen (culpa in contrahendo), BGH NJW **86**, 1109. Anders liegt es, wenn man den Anspruch auch auf eine Amtspflichtverletzung stützt, § 17 Rn 5.

Die Klage kann *nur auf einen Schadensersatz* gehen, nicht auf eine Folgenbeseitigung oder auf eine Rückgängigmachung der Amtshandlung, Rn 13.

22 **D. Entscheidung über Justizverwaltungsakt,** §§ 23 ff EGGVG § 328 ZPO Rn 68.

E. Enteignungsentschädigung nach Art 14 III 4 GG wegen der Höhe, BGH NJW **95**, 964, aM BVerwG NJW **93**, 2149, Lege NJW **95**, 2745, aber auch wegen deren Art. Zur Frage der Höhe gehört auch diejenige nach dem Grund des Entschädigungsanspruchs. Daher muß das ordentliche Gericht auch dann entscheiden, wenn die Behörde eine Enteignungsentschädigung abgelehnt hat. Die Enteignung als solche ist nur vor dem VG anfechtbar, wenn nichts anderes bestimmt ist. Das gilt zB für eine Baulandsache, in der das ordentliche Gericht auch über die Enteignung selbst entscheidet. Ob eine Enteignung vorliegt, muß das ordentliche Gericht im Entschädigungsrechtstreit als eine Vorfrage entscheiden. Die Zivilgerichte sind auch zuständig für Enteignungsansprüche nach §§ 59, 17 ff LandbeschaffgsG, nach § 28 IV LuftschutzG, nach § 25 SchutzbereichG, nach §§ 58 ff BLG. Auch ein Anspruch auf eine Entschädigung wegen enteignungsgleichen oder enteignenden Eingriffs gehört wegen § 40 II VwGO vor die Zivilgerichte, BVerfG **58**, 300, Papier NVwZ **83**, 260, aM Schwerdtfeger JuS **83**, 110. 23

F. Anfechtung nach BauGB sowie den weiterhin in § 217 I BauGB genannten Verwaltungsakten, BVerwG NVwZ-RR **99**, 485. Hier kann das ordentliche Gericht den Verwaltungsakt selbst nachprüfen, auch den Enteignungsbeschluß als solchen. Das ist mit dem GG vereinbar, BVerfG NJW **56**, 625. Wegen der erweiterten Besetzung der Kammern und Senate für Baulandsachen §§ 71 Rn 1, 119 Rn 11. 24

G. Kartellsache. Es geht um eine Beschwerde gegen den Einspruchsbescheid der Kartellbehörde und gegen eine Verfügung des Bundesministers für Wirtschaft, wenn dieser ein Preiskartell erlaubt, § 62 GWB. Über die Beschwerde entscheidet das OLG. Dagegen ist die Rechtsbeschwerde an den BGH statthaft, § 73 GWB. Das ordentliche Gericht darf hier auch jeden fehlsamen Gebrauch des Ermessens nachprüfen, § 70 IV GWB. 25

H. Anwaltsstreitigkeit, zB über die Zulassung eines Anwalts, über die Nichtigkeit von Wahlen und Beschlüssen des Vorstandes, des Präsidiums oder der Versammlung, §§ 42 V, VI, 91 VI, VII BRAO. Solche Streitigkeiten sind in letzter Instanz, die entsprechenden bei der Anwaltschaft beim BGH nach §§ 162, 163 BRAO diesem überhaupt zugewiesen. Dasselbe gilt bei der Anfechtung eines Verwaltungsakts, § 223 BRAO. 26

I. Rechtsweg nach Art 19 IV 2 GG. Um eine Zivilprozeßsache kraft Zuweisung handelt es sich auch bei der Zulässigkeit des ordentlichen Rechtswegs nach Art 19 IV 2 GG. Diese greift nur beim Fehlen jedes anderen Rechtswegs ein, also nur hilfsweise. Das bedeutet bei dem Ausbau der Verwaltungs-, Sozial- und Finanzgerichtsbarkeit praktisch eine Unanwendbarkeit. Art 19 IV 2 GG bewirkt keine Erweiterung der Zuständigkeit der Zivilgerichte in Amtshaftungsprozessen zur Aufhebung oder Vornahme eines Verwaltungsakts. 27

Die Vorschrift greift auch dann *nicht* ein, wenn die Frist für eine Klage vor dem VG verstrichen ist.

J. Verfahren. Für das Verfahren in einer Zivilprozeßsache kraft Zuweisung, auch in einer nach § 17 a fehlerhaft an ein Zivilgericht verwiesenen öffentlichrechtlichen Streitigkeit, fehlt eine allgemeine gesetzliche Regelung. Naturgemäß ist die ZPO immer dann anwendbar, wenn es um eine Geldforderung geht, zB als Entschädigung oder Schadensersatz, oder um die Feststellung des Bestehens oder Nichtbestehens eines öffentlichen Rechtsverhältnisses. Problematisch ist dagegen das Verfahren in anderen Fällen. 28

Regelungen finden sich in §§ 221–231 BauGB (Anwendung der ZPO mit Sonderbestimmungen für bestimmte Fälle), ferner in den genannten Bestimmungen der BRAO, bei der Anfechtung von Justizverwaltungsakten, §§ 23 ff EGGVG (da auch FGG lückenfüllend, § 29 II EGGVG) und in §§ 208 ff BEG, lückenhaft zB im GWB (§§ 62 ff). In anderen Bereichen fehlen sie ganz. Bemerkenswert ist, daß § 221 BauGB allgemein die bei Klagen in bürgerlichen Rechtsstreitigkeiten geltenden Vorschriften für entsprechend anwendbar erklärt, soweit das BauGB nicht Sondervorschriften enthält, während § 72 GWB nur bestimmt genannte Vorschriften des GVG und der ZPO anwendbar macht. Es ist ratsam, die Klageschrift und die Urteilsformel entsprechend dem Verfahren bei den VGen zu gestalten.

Tatsächlich läßt sich aus der Zuweisung als solcher nichts über die Verfahrensnormen folgern, da sie nur die *Kompetenz* regelt. Das Gesetz hat jedem Gerichtszweig entsprechend seiner Funktion ein bestimmtes Verfahren zugewiesen. Von ihm darf der Richter schon aus Gründen der Rechtssicherheit und Übersehbarkeit seines Handelns durch den Rechtsuchenden nicht abgehen. Eine Anpassung an den Streitgegenstand ermöglichen zudem die verschiedenen Verfahrensarten der ZPO. Es gilt also bei Anfechtungs- und Verpflichtungsklagen eine Amtsermittlung nach Grdz 38 vor § 128 ZPO. Ein Versäumnisverfahren ist unzulässig, Anerkenntnis, Verzicht und Vergleich sind nur insoweit zulässig, als die Partei über den Streitgegenstand verfügen kann, OVG Hbg NJW **77**, 214. Dritte können sich als streitgenössische Nebenintervenienten beteiligen. Den Urteilstenor muß das Gericht den Gegebenheiten anpassen. Ähnliches findet sich auch in den Verfahrensvorschriften des BauGB und GWB. Wegen der Entscheidung auf Anfechtungs- und Verpflichtungsklagen §§ 226 II, III BauGB, 70 II, III GWB. Entsprechendes gilt umgekehrt für das Verfahren, das ein Zivilgericht irrig an das Gericht eines anderen Gerichtszweigs verwiesen hat. 29

8) Beispiele zur Frage des richtigen Rechtswegs. Es gelten hier folgende Abkürzungen: ARweg = Rechtsweg zu den Arbeitsgerichten; FRweg = Rechtsweg zu den Finanzgerichten; SRweg = Rechtsweg zu den Sozialgerichten, VRweg = Rechtsweg zu den Verwaltungsgerichten, ZRweg = Rechtsweg zu den ordentlichen (Zivil-)Gerichten. 30

Abwehrklage, §§ 1004, 894 BGB: *Kein* ZRweg, wenn der abzuwehrende Eingriff auf Grund der Herrschaftsgewalt des Staats stattgefunden hat, so wenn in Erfüllung öffentlicher Aufgaben durch Beseitigung der städtischen Abwässer (vgl auch „Wasserstreit“) fremdes Eigentum beeinträchtigt wird; kein ZRweg auch für die Abwehr von Geräuschimmissionen eines Kinderspielplatzes, den auf Grund eines Bebauungsplanes eine Gemeinde eingerichtet und gewidmet hat, BGH NJW **76**, 570, ebenso bei einem von der Gemeinde als Unterkunft für Asylbewerber angemieteten Haus, Köln VersR **92**, 255. Anders dann, wenn die hoheitsrechtlichen Beziehungen geendet haben. Daher ZRweg wegen Beeinträchtigung durch eine aufgegebene und verfallene frühere Luftschutzanlage, da Zweckbestimmung entfallen, oder wenn durch Anlagen, die die Verwaltung angelegt hat (Fontänenanlage), Dritte belästigt werden. ZRweg auch für

Klage gegen Privatperson (AktG) auf Herausgabe eines Grundstücks mit der Begründung, daß der staatliche Hoheitsakt unwirksam sei, auf Grund dessen sie als Eigentümern im Grundbuch eingetragen ist, da das nur Vorfrage ist, Rn 16.

31 **Amtspflichtverletzung:** Nach Art 34 S 3 GG ZRweg für Ansprüche auf Geldersatz einschließlich des Auskunftsanspruchs, BGH **78**, 274. Gilt auch bei Gemeindebeamten. ZRweg auch wegen Schäden durch die Vorbereitung einer staatlichen Hoheitshandlung, wegen unsachgemäßer Durchführung eines Hoheitsakts, für die Ausgleichsansprüche mehrerer öffentlichrechtlicher gesamtschuldnerisch verurteilter Körperschaften, für den Schadensersatzanspruch aus der Nichterfüllung einer Zusicherung, VGH Mannh DVBl **81**, 265; ZRweg für einen Anspruch gegen das Jugendamt als Beistand in einer Unterhaltssache, OVG Münst FamRZ **02**, 833; kein ZRweg für Schadensersatzansprüche aus der Verletzung eines öffentlichrechtlichen Vertrags, § 40 II VwGO. Aber ZRweg auch, falls ganz ausnahmsweise von einem Beamten persönlich Widerruf ehrkränkender Behauptungen bei seiner Amtsführung zu verlangen ist, oder über eine innerdienstliche Anordnung zu entscheiden ist, die einen Bürger vom privatrechtlichen Geschäftsverkehr in ehrkränkender Weise ausschließt. Das gilt, obwohl grundsätzlich nur Schadensersatz in Geld verlangt werden kann. ZRweg auch für Unterlassungsansprüche wegen ehrverletzender Äußerungen eines Stadtratmitgliedes in einem Parteigremium, dagegen VRweg für den Streit um Äußerungen über Verwaltungsangelegenheiten in der Vertretungskörperschaft, Oldb GRUR **80**, 1020. ZRweg für den Rückgriff des Dienstherrn gegen den Beamten, Art 34 S 3 GG, BayObLG BayVBl **84**, 374.

S auch Rn 21.

Anfechtungsgesetz: Für den gesetzlichen Rückgewähranspruch des § 7 AnfG ZRweg auch dann, wenn ihn eine Finanzbehörde zum Zweck der Befriedigung einer Steuerforderung geltendmacht, BGH NJW **91**, 1062.

S auch Rn 43 „Insolvenzverfahren".

Apotheker: ZRweg bei Sonderzahlunen an Versicherte zwecks Rezepteinlösungen, BGH NJW **08**, 1389.

Arbeitsförderung: Bei geförderten Umschulungsmaßnahmen ZRweg für den Streit zwischen einem Umschüler und einem privaten Berufsförderungszentrum, BayLSG NZA **90**, 712.

32 **Arbeitsverhältnis:** ARweg, § 14 GVG Rn 6, BGH NJW **98**, 2745. ZRweg für Streitigkeiten über Werkwohnungen, § 23 Rn 8, § 29 a ZPO Rn 2, 7. Ebenso für selbständig geltend gemachte Auskunfts- und Ersatzansprüche des Gläubigers gegen den Arbeitgeber, § 840 I, II ZPO, BAG NJW **85**, 1181, AG Geilenkirchen JB **03**, 661, aM ArbG Passau JB **06**, 552. ZRweg für Schadensersatzansprüche, wenn der Streik die Verwirklichung einer Forderung der organisierten Arbeitnehmerschaft durch den Gesetzgeber herbeiführen soll, da das kein Arbeitskampf im Sinn von § 2 I Z 2 ArbGG ist. ZRweg auch für Ansprüche auf die Rückzahlung eines Darlehens der Bundesanstalt für Arbeitslosenvermittlung und Arbeitslosenversicherung, das zur Förderung der ganzjährigen Beschäftigung in der Bauwirtschaft dienen sollte. Kein ZRweg, soweit nach § 51 SGG der SRweg statthaft ist (wegen Versicherungsanstalten, Kriegsopferversorgung, Kassenarztrecht s bei diesen Stichworten). ARweg beim sog sic non-Fall (noch nicht wirksames Arbeitsverhältnis), LAG Mainz MDR **03**, 37, ARweg beim Ersatzanspruch nach § 850 h II ZPO gegenüber einem Drittschuldner, ArbG Passau NZA **06**, 542. ZRweg bei einer Rückzahlung von Anwaltskosten, ArbG Passau NZA-RR **07**, 543.

Arzt: ZRweg wegen eines Behandlungsfehlers, Tiemann NJW **85**, 2169.

Atomrecht: Vgl VG Köln NJW **88**, 1995 (VRweg für Ersatzansprüche auf Grund der Ausgleichsrichtlinie), OVG Münst NJW **90**, 8226, aM VG Köln NJW **88**, 1996 (VRweg für Ausgleichsansprüche nach § 38 II AtomG).

Aufopferungsanspruch wegen Aufgabe privater Rechte zum allgemeinen Besten: ZRweg wegen vermögensrechtlicher Ansprüche, Rn 19, § 40 II VwGO.

S auch Rn 31 „Amtspflichtverletzung", Rn 38 „Enteignung".

Auftrag, öffentlichrechtlicher: Durch das VgRÄG (BGBl **98**, 2512) entstanden Regelungen in §§ 97 ff GWB: Nachprüfung der Entscheidungen zunächst durch die Vergabekammer, § 102 I GWB, dagegen sofortige Beschwerde zum OLG (Vergabesenat), § 116 III GWB, also ZRweg. VRweg, wenn der Auftragswert unter der Schwelle des § 100 I GWB liegt oder Aufträge nach § 100 II betrifft. ZRweg bei einer Vergabe im Wert unter dem Schwellenwert der Vergabeordnung, BVerfG NJW **07**, 2276. Maßgeblich ist im übrigen nicht das Ziel, sondern die Rechtsform, BVerfG NJW **07**, 2276.

Ausgleichsanspruch im Rahmen der Inhaltsbestimmung des Eigentums: ZRweg, BGH NJW **95**, 964, Schenke NJW **95**, 3145, aM BVerwG NJW **93**, 2849, Lege NJW **95**, 2749, Schoch JZ **95**, 768.

Ausgleichsleistungsgesetz v 27. 9. 94, BGBl 2628: ZRweg, BGH NJW **96**, 1147, Rn 38 „Enteignung".

33 **Bank:** ZRweg beim Rückzahlungsanspruch aus einem öffentlich geförderten Bankdarlehen, BGH NJW **00**, 1042, oder aus eigenem Recht im Rahmen eines staatlichen Förderungsprogramms, BVerwG NJW **06**, 2568.

Baugesetzbuch: ZRweg im Rahmen des § 217 I BauGB, Rn 24 (auch für Nichtigkeitsklagen gegen Enteignungsbeschlüsse, BVerwG NJW **86**, 2845, und in Nebenpunkten, zB Kostenerstattung im Enteignungsverfahren). VRweg für die Klage gegen die Ausübung des Vorkaufsrechts, §§ 24 ff BauGB, 3 I WoBauErlG, BVerwG NJW **89**, 1626, VGH Kassel NVwZ **83**, 556, VG Ffm NJW **88**, 92, aM Ffm NVwZ **82**, 580, Martens/Horn DVBl **79**, 146. ZRweg (§ 217 I BauGB) für die Klage gegen einen Verwaltungsakt nach § 28 III, VI BauGB. VRweg für Ansprüche aus einem Erschließungsvertrag, Saarbr NVwZ-RR **05**, 662.

Baupflicht: ZRweg für die im Kaufvertrag mit einer Gemeinde übernommene, BGH NJW **04**, 1049.

Baubehördliche Auflage: Für Erstattung von Aufwendungen *kein* ZRweg. Zum „Anbauvertrag" (meist öffentlichrechtlich, also VRweg für daraus hergeleitete Ansprüche) BVerwG **22**, 138.

34 **Beamter:** Für alle Klagen der Beamten, Ruhestandsbeamten, früheren Beamten und ihrer Hinterbliebenen aus dem Beamtenverhältnis VRweg, ebenso für Klagen des Dienstherrn nach § 126 BRRG, auf den auch § 172 BBG verweist. Darunter fallen nicht nur Klagen auf die Feststellung eines öffentlichen Beamtenverhältnisses, wegen einer Feststellung des Besoldungsdienstalters usw, sondern auch solche wegen vermö-

gensrechtlicher Ansprüche wie Gehaltsklagen, Klagen wegen einer unrichtigen Einstufung oder wegen einer Verletzung der Fürsorgepflicht, auf Abschluß eines Arbeitsvertrags, BAG NZA **99**, 1008, wegen einer Rückforderung von Dienstbezügen (auch auf Grund eines entsprechenden Schuldanerkenntnisses, BGH MDR **88**, 385) und zu Lebzeiten eines Beamten gezahlter Beihilfen, VGH Mü NJW **90**, 934, und ebenso die Rückforderung einer fehlgeleiteten Zahlung von einem Dritten oder einer nach dem Tod des Beamten geleisteten Beihilfe von den Erben, BVerwG DVBl **90**, 870, aM VGH Mü NJW **90**, 934. Nicht hierunter fällt der Schmerzensgeldanspruch bei einem Dienstunfall (ZRweg). VRweg auch für die Klage des Gläubigers gegen den Drittschuldner bei der Pfändung des Anspruchs auf Dienst- oder Versorgungsbezüge, VGH Kassel NJW **92**, 1253. Dagegen auch im Rahmen des Beamtenrechts ZRweg für Ansprüche aus einer Staatshaftung und die sich dabei ergebenden Vorfragen, zB wegen schuldhafter Nichteinhaltung einer Zusicherung auf eine Einstellung als Beamter, § 71 II Z 2. FRweg bei der Klage auf Berichtigung einer Lohnsteuerbescheinigung, VG Mü NJW **06**, 795. Vgl Rn 31 „Amtspflichtverletzung". VRweg nach § 126 BRRG auch für Ansprüche der Richter, §§ 46, 71 III DRiG.

S auch unter „Vorbereitungsdienst".

Beförderung: (unentgeltliche) von Behinderten im Nahverkehr nach §§ 57 ff SchwbG: ZRweg für Streitigkeiten aus dem Beförderungsvertrag, auch bei einem Beförderungsvorbehalt, BGH NJW **95**, 2295, dagegen VRweg beim Streit um den Inhalt der öffentlichrechtlichen Verpflichtung des Unternehmens.

Beitrittsgebiet: ZRweg für Klagen einer Bank der früheren DDR auf eine Rückzahlung von Beträgen, BGH DtZ **94**, 30.

S auch Rn 36 „Bundesanstalt für vereinigungsbedingte Sonderaufgaben", Rn 67 „Vermögensgesetz".

Beleihung: Rn 10.

Bereicherungsklage: Für die Klage eines Dritten gegen einen Gläubiger nach der Beendigung der Zwangs- 35
vollstreckung ZRweg. Dasselbe gilt für sonstige Rückforderungsansprüche, wenn der Leistungsanspruch im ZRweg zu verfolgen wäre, BGH NVwZ **84**, 266. Deshalb ZRweg für die Rückabwicklung von Zahlungen an den Steuerfiskus, die auf Grund einer privatrechtlichen Abmachung auf die Steuerschuld eines Dritten geleistet worden sind, BGH NVwZ **84**, 266, oder bei Bereicherungsansprüchen des öffentlichrechtlichen Versicherungsträgers, Rn 59 „Sozialversicherung" (keine Zuständigkeit des SG), ebenso beim Wegfall der öffentlichrechtlichen Widmung. Aber kein ZRweg für Klagen aus öffentlichrechtlicher ungerechtfertigter Bereicherung, insbesondere auf eine Rückgewähr auf Grund eines öffentlichrechtlichen Vertrags, BVerwG NJW **80**, 2538, Kblz NVwZ **88**, 1038. Hierfür steht derselbe Rweg offen wie für den vertraglichen Leistungsanspruch.

Berge- u Hilfslohn: Regelmäßig ist die Vorentscheidung der Aufsichtsbehörde des Strandamts erforderlich.

Berufsgenossenschaft: ZRweg für Rückgriffsansprüche gegen den Unternehmer, da § 51 SGG nicht eingreift und da auch das ArbG nicht zuständig ist. SRweg bei Streitigkeiten mit der Post wegen einer Erstattung ihrer Aufwendungen bei der Auszahlung von Unfallversicherungsrenten.

Beschlagnahme: ZRweg für Klagen im Zusammenhang mit der Herausgabe nach StPO beschlagnahmter Gegenstände, KG RR **95**, 63, Schlesw SchlHA **95**, 15.

Binnenschiffsverkehr: ZRweg für Ansprüche des Staats auf eine Zahlung des Unterschieds zwischen festge- 36
setztem und vereinbartem Entgelt nach § 31 III BinnSchVG, BGH **64**, 159, BVerwG **17**, 242. Dasselbe gilt für Ansprüche aus der Verletzung der Verkehrssicherungspflicht nach § 2 III BinnSchVerfG, Rn 21.

Bürgschaft: ZRweg für die Klage aus einem Bürgschaftsvertrag, auch wenn die Hauptforderung öffentlichrechtlich ist, BGH NJW **84**, 1622, Ffm NVwZ **85**, 373, VGH Mü BayVBl **90**, 722, zB bei einer sog Hermes-Bürgschaft, BGH NJW **97**, 328.

S auch Rn 59 „Sozialversicherung", Rn 63 „Subventionen".

Bundesanstalt für vereinigungsbedingte Sonderaufgaben: Art 25 I 2 EV. Für Klagen gegen die frühere Treuhandanstalt wegen der Veräußerung von früherem Volkseigentum ZRweg, KG DtZ **94**, 229, OVG Bln NJW **91**, 715, VG Bln NJW **91**, 1970, aM KG NJW **91**, 360, Fahrenbach DtZ **90**, 268. ZRweg auch für zivilrechtliche Ansprüche der Bundesanstalt gegen ein Unternehmen, KG NJW **94**, 2701. Dagegen VRweg, wenn es sich um Vermögen der Parteien usw handelt, VG Bln NJW **91**, 1970.

S auch Rn 67 „Vermögensgesetz", „Vermögenszuordnungsgesetz".

Bundesleistungsgesetz: ZRweg wegen einer Festsetzung der Entschädigung oder Ersatzleistung; zuständig LG ohne Rücksicht auf den Streitwert, § 58 BLG. Dasselbe gilt für Rückforderungen von Überzahlungen, § 62 BLG.

Bundesseuchengesetz: ZRweg für Entschädigungsansprüche und für Erstattungsansprüche, BGH NJW **83**, 2029.

Bundeswehr: SRweg für Streitigkeiten zwischen einem Arzt und dem Staat aus der Beteiligung eines Kassenarztes an der ärztlichen Versorgung der Bundeswehr, BGH **67**, 92.

Datenschutz: ZRweg für den Auskunftsanspruch nach dem BDSG, Sasse/Abel NJW **79**, 352, gegen eine 37
private Auskunftei, OVG Münst NJW **81**, 1285.

Denkmalschutz: ZRweg für Ausgleichsansprüche, Rinne DVBl **94**, 23, ebenso für Ansprüche des Eigentümers, soweit das behördliche Verfahren nach dem PreußEnteignungsG ablief, BGH WertpMitt **90**, 1892.

Deutsche Bahn AG: Der Betrieb der Bahn ist zivilrechtlich geordnet, Art 2 ENeuOG. Deshalb ZRweg für Ansprüche gegen die Bahn, auch für Immissionsabwehransprüche, BGH NJW **97**, 744, und für Unterlassungsansprüche eines Privaten gegen die Bahn nach dem UWG, Hbg OLGZ **94**, 246. VRweg für Streitigkeiten nach § 31 I Z 2 DBGrG, BVerwG NVwZ **93**, 371. VRweg für vertragliche Ansprüche gegen eine Gemeinde wegen der Umbenennung eines Bahnhofs, BGH DVBl **76**, 77. Zur Übertragung von Liegenschaften Art 1 § 24 ENeuOG. Für Klagen der Beamten aus dem Beamtenverhältnis VRweg, BAG NZA **98**, 165. Zur Abgrenzung VGH Mannh NVwZ-RR **96**, 540. Wegen des ARwegs BAG NZA **98**, 165.

Deutsche Post AG: Nach § 7 PostG, § 9 FAG sind die Rechtsbeziehungen zu den Kunden privatrechtlicher Natur (Ausnahmen: §§ 7 S 2, § 16 PostG), LG Köln MDR **99**, 117. Das gilt auch insofern, als sie bis zum 30. 6. 91 öffentlichrechtlich waren, § 65 III 2 PostVerfG, LG Köln MDR **99**, 117, § 1 PostV, § 1 TKV. Für in diesem Zeitraum entstandene Ansprüche bleibt es aber beim bisherigen Rweg, BGH NJW

95, 2296, BVerwG NJW **96**, 1010. Für die neuen Bundesländer war der Stichtag der 1. 1. 92, EV Anl I Kap XIII Sachgeb A Abschn III Z 1 b. Die Unternehmen der Deutschen Bundespost sind sodann nach § 1 PostUmwG (Art 3 § 1 PtNeuOG) in Aktiengesellschaften umgewandelt worden.

Für deren Streitigkeiten ist der *ZRweg* eröffnet, BGH NJW **95**, 2295. Das gilt auch für Haftungsprozesse wegen einer förmlichen Zustellung, § 35 PostG in Verbindung mit Art 34 GG. VRweg gegen Maßnahmen der Regulierungsbehörde, §§ 2 ff PostG.

ZRweg für Streitigkeiten aus Rechtsbeziehungen zu den Benutzern, KG RR **91**, 1007, Müssig NJW **91**, 472, auch wegen der Zulassung zur Inanspruchnahme von Leistungen, § 8 I PostG, BGH NJW **95**, 875 (Postzeitungsdienst), Ffm NJW **94**, 1226, Gramlich NJW **94**, 985, aM VG Ffm NJW **93**, 2067. ZRweg auch für Schadensersatzansprüche aus der hoheitlichen Tätigkeit im Postauftragsdienst, §§ 7 S 2, 16 I PostG nF, und im Postbeförderungsdienst, Mü RR **94**, 1442. ZRweg für Klagen gegen Dritte aus § 2 PostG, BGH NJW **95**, 2295. Wegen der Postbank Meyer-Abich MDR **02**, 67 (Altfälle).

Deutsche Telekom AG: ZRweg für Streitigkeiten aus den Rechtsbeziehungen zu den Benutzern, zB wegen des Entgelts, und über die Zulassung zur Benutzung, § 9 I FAG nF, ebenso für Streitigkeiten aus der Vollstreckung nach § 9 IV FAG. VRweg für einen Streit über die Vollstreckung nach § 9 II, III FAG, Schwonke NVwZ **91**, 149, aM für § 9 II FAG Aldag NJW **90**, 2865.

Dienstwohnung: VRweg auch für Streitigkeiten aus der Benutzung, AG Grevenbroich NJW **90**, 1305. Zu entsprechenden Streitigkeiten im kirchlichen Bereich Weber NJW **89**, 2218.

Doktorand: ZRweg für Ansprüche aus dem Doktorandenverhältnis, VGH Mannh VBlBW **81**, 360.

Duldungsbescheid: FRweg gegen einen solchen der Finanzbehörde, BGH FamRZ **06**, 1836.

Durchsuchungsanordnung Art 13 II GG: Vgl § 758 ZPO Rn 4 ff: Zuständig für die Anordnung ist das zur Kontrolle des Vollstreckungsakts berufene Gericht, § 758 ZPO Rn 27. Nach § 287 IV AO ist das AG zuständig, Rößler NJW **81**, 25. Zum Verfahren KG NJW **82**, 2326.

Eichung: VRweg für eine Pflicht des Eichamts, KG NVwZ-RR **07**, 832.

38 **Ein-Euro-Job:** ARweg, ArbG Ulm NZA-RR **06**, 2741, aM BAG NZA **07**, 53 (SRweg).

Enteignung: Enteignung nach Art 14 GG umfaßt nicht nur eine Eigentumsentziehung, sondern auch beschränkende Eingriffe („zur Benutzung"). Der Schutz des Eigentums nach Art 14 GG erstreckt ihn auf alle vermögenswerten Rechte, also auch zB auf ein Pfandrecht. In jedem Fall verlangt eine Enteignung aber ein Sonderopfer, ZRweg für Höhe der Entschädigung nach Art 14 III GG auch dann, wenn der Entschädigungspflichtige (Kläger) statt der ihm auferlegten Landabgabe eine Festsetzung in Geld beantragt, oder für Ansprüche auf Entschädigung wegen Rückenteignung, BGH **76**, 365. ZRweg auch für einen Streit um die Erstattung der im Enteignungsverfahren entstandenen Anwaltskosten. Wegen der Enteignung meist kein ZRweg. Ob eine solche vorliegt, muß das Zivilgericht aber im Entschädigungsprozeß als Vorfrage entscheiden. ZRweg für Ansprüche auf Grund des AusglLeistG v 27. 9. 94, BGBl 2628, BGH NJW **96**, 1147.

Enteignungsgleicher Eingriff: ZRweg, Rn 23, aM Lege NJW **95**, 2745.

Entschädigung nach den Entschädigungsgesetzen: Obwohl öffentlichrechtlicher Anspruch, ZRweg gegen das Land oder die öffentlichrechtliche Körperschaft durch die EntschädigungsG, zB § 208 BEG. Umsiedlerschäden sind Vertreibungsschäden. Daher greift das LAG ein. Also VRweg, auch wenn das Reich den Gegenwert erhalten hat. Ist keine Zuständigkeit von Bundesbehörden gegeben, ZRweg.

Entschädigungsansprüche aus Finanzvertrag: ZRweg.

Erkennungsdienst: Rn 53 „Polizei".

Erstattung von öffentlichrechtlichen Leistungen: Der Rweg entspricht spiegelbildlich dem Rweg für den Streit um die Gewährung, also je nachdem VRweg, SRweg oder FRweg, BVerwG **55**, 339, VGH Mannh NVwZ **91**, 583.

S auch Rn 35 „Bereicherungsklage".

39 **Fehlbestandsverfahren (Defektenverfahren):** Gegen den Erstattungsbeschluß ARweg. Bei Erstattungsansprüchen gegen Beamte VRweg.

Fernmelderecht: Rn 37 „Deutsche Post AG".

Fernsehanstalt: Rn 56 „Rundfunk".

Fideikommißrecht: ZRweg, BGH RR **91**, 57.

Flurbereinigung: Zuständig sind die Flurbereinigungsgerichte, § 140 FlurbG, Rn 65 „Umlegungsverfahren". VRweg wegen des Werts der Abfindung, BVerwG NVwZ **89**, 869. ZRweg bei Ansprüchen aus einem nach § 52 FlurbG geschlossenen Vertrag. BGH NVwZ-RR **90**, 222, ebenso bei Streitigkeiten über Inhalt, Umfang und Ausübung einer nach § 58 FlurbG geschaffenen Grunddienstbarkeit, BVerwG NVwZ-RR **90**, 443.

Franchisevertrag: ZRweg, BGH WertpMitt **03**, 353.

Freier Mitarbeiter: Rn 54 „Rechtsanwalt".

Freiheitsentziehung: Rweg zum AG bei Anfechtung aller Maßnahmen von Verwaltungsbehörden, die eine Freiheitsentziehung darstellen, BVerwG **62**, 317. Dasselbe gilt nach den PsychKG der Länder.

Friedhofsbenutzung: ZRweg, wenn das Betriebsverhältnis privatrechtlich ausgestaltet ist, VGH Mü NVwZ-RR **04**, 392, oder wenn der Kläger eine besondere privatrechtliche Befugnis behauptet, etwa ein Bestattungsunternehmen. ZRweg für Streitigkeiten zwischen Angehörigen über eine Umbettung, LG Mü FamRZ **82**, 849.

Kein ZRweg, soweit der Kläger seine Befugnis aus dem öffentlichen Recht ableitet, zB beim Streit um die Benutzung eines kirchlichen Friedhofs, BVerwG NJW **90**, 2079, OVG Bre NVwZ **95**, 805, VGH Mü NVwZ **91**, 795.

40 **Gemeindebetrieb:** ZRweg, wenn eine Gemeinde die Benutzung ihrer Einrichtungen dem Privatrecht unterstellt. Das kann auch dann geschehen, wenn für die Einrichtung ein Anschluß- oder Benutzungszwang besteht, BGH NVwZ **91**, 607. Privatrechtliche Organisation ist denkbar zB bei Krankenhäusern, Freibad, Wasserversorgung und Abwasserbeseitigung, BGH NJW **91**, 1686, Straßenreinigung, BGH NVwZ-RR **92**, 223, KG KStZ **84**, 15, Kanalanschluß, Kblz OLGZ **88**, 374, Bestattungsanstalt, VGH Mü NVwZ-RR

04, 392. ZRweg auch beim Streit um eine Vereinbarung über die Verlegung eines Kanals in einem privaten Grundstück, VGH Mü NVwZ-RR **96**, 343, beim Streit mit dem Abnehmer wegen einer Kostenerstattungspflicht für den Hausanschluß, beim Schadensanspruch wegen der Lieferung schlechten Leitungswassers oder beim Streit über Konzessionsabgaben der Elektrizitätsversorgungsunternehmen an Gemeinden.

S auch Rn 43 „Immissionsabwehr", Rn 52 „Öffentlichrechtliche Einrichtung".

Genossenschaft: ZRweg für den Aufnahmeanspruch, da das Rechtsverhältnis zwischen einem Prüfungsverband und der um Aufnahme nachsuchenden Genossenschaft bürgerlichrechtlich ist.

Gesamtcharakter: Er ist maßgeblich, Rn 8.

Gesetzlicher Vertreter: ZRweg. Denn er ist kein Arbeitnehmer. Daher kein ARweg, LAG Hamm NZA **06**, 120.

Grundstückskaufvertrag: ZRweg auch bei der Beteiligung zB einer Gemeinde, BGH NJW **04**, 1049.

Güterfernverkehr: Die ordentlichen Gerichte müssen beim Erlaß eines Überleitungsbescheids auch den vorsätzlichen Tarifverstoß nachprüfen, unabhängig davon, ob der Bescheid vor dem VG angegriffen ist oder nicht.

Handelsvertreter: ARweg nicht stets, auch nicht beim Einfirmenvertreter, Karlsr VersR **07**, 208.

Hausverbot, behördliches: ZRweg nur dann, wenn es sich um eine privatrechtlichen Willenserklärung 41
handelt je nach den besonderen Umständen des Falles und dem Zweck des Verbots. Bejaht beim Zusammenhang mit einer arbeitsrechtlichen Kündigung, VGH Mannh NJW **94**, 2500, Ausschluß von der Vermittlung von Lieferungsaufträgen oder mit einem Abbruch von Verhandlungen über Forschungs- und Entwicklungsaufträge, verneint für ein Benutzungsverbot für eine öffentliche Bibliothek, OVG Münst NVwZ-RR **89**, 318. Zur Abgrenzung zwischen einem privatrechtlichen und einem öffentlichrechtlichen Verbot BVerwG NVwZ **87**, 677 (krit Erichsen DVBl **87**, 1203), OVG Bre NJW **90**, 932, OVG Münst NJW **95**, 1572.

Hebammengebühr: SRweg.

Hochschule: VRweg, auch für die Klage gegen die Verleihung eines akademischen Grades, BVerwG NJW **98**, 546.

Hofveräußerung: Für den Anspruch auf eine Ergänzung der Abfindungen nach § 13 I HöfeO gegen die Hoferben ist das LwG ausschließlich zuständig, § 1 II HöfeVfO. Das ordentliche Gericht ist jedoch zuständig, wenn der Käufer dem Miterben eine Ergänzung seiner Abfindungen zahlen soll.

Hoheitsrecht: Kein ZRweg gegen die Ausübung von Hoheitsrechten, also für eine Klage auf die Aufhebung 42
eines Hoheitsakts, auch nicht, wenn sich der Kläger dagegen auf einen Besitzschutz beruft, Rn 10. So kein ZRweg für eine Klage, durch die einer der Kläger einer öffentlichrechtlichen Körperschaft in Zukunft ein bestimmtes Handeln vorschreiben oder verbieten will, aM BGH RR **87**, 485 (abl Melullis WRP **88**, 229). Kein ZRweg bei nichtobrigkeitlichen öffentlichrechtlichen Handlungen, zB Anregungen und Empfehlgen der Handelskammern, jedenfalls dann nicht, wenn der VRweg statthaft ist, Rn 45 „Kammer". Kein ZRweg für Klagen aus Verträgen, die der Staat kraft Hoheitsrechts schließt und nicht wie ein Privater zur Förderung seiner Unternehmen, vgl aber auch Rn 8. ZRweg bei einer Wegnahme des Besitzes zur Sicherstellung angeblichen Eigentums, ferner bei in Ausübung von Hoheitsrechten auf Privateigentum errichteten Anlagen nach einer Lösung der hoheitsrechtlichen Beziehungen für Ansprüche auf eine Beseitigung, falls kein öffentliches Eigentum an den Anlagen besteht und falls der Kläger nicht deren Erhaltung aus hoheitsrechtlichen Gründen beansprucht, so bei einer Entfernung von Bunkertrümmern. ZRweg für eine Klage auf eine Entschädigung für Beeinträchtigungen von Patentrechten durch ein Hoheitsrecht oder wegen der Unterbringung eines städtischen Reisebüros in einer Paßstelle. Kein ZRweg für eine Klage auf die Unterlassung dieser Beeinträchtigung, ebenso nicht auf eine Löschung des Pfändungsvermerks für eine Grundschuld, der auf Veranlassung des Finanzamts wegen rückständiger Steuern eingetragen wurde, wenn der Kläger seine Forderung auf die Nichtentstehung oder Tilgung der Steuerschuld stützt.

S auch Rn 31 „Amtspflichtverletzung", Rn 57 „Schlichtverwaltende Tätigkeit".

Holzrecht: ZRweg beim alten Herkommen, OVG Münst NVwZ-RR **07**, 359.

Immissionsabwehr: Grundsätzlich ZRweg gegenüber Immissionen Privater und der öffentlichen Hand als 43
Fiskus, OVG Münst NJW **84**, 1982; zu Lärmschutzansprüchen gegen die Deutsche Bahn AG BGH NJW **97**, 344 (ZRweg) und VGH Mü NVwZ-RR **97**, 159 (VRweg in Übergangsfällen). ZRweg auch für eine Klage auf eine Verlegung der Haltestelle eines privatrechtlich betriebenen Omnibusunternehmens, die nur mit behördlicher Genehmigung oder Zustimmung möglich ist, BGH NJW **84**, 1242, Bettermann DVBl **84**, 473, ebenso für Ansprüche einer Gemeinde auf die Stillegung einer privatrechtlich betriebenen Abfalldeponie, VGH Mannh NVwZ **85**, 437, oder für Ansprüche auf die Unterlassung einer genehmigten Sportveranstaltung, Mü RR **89**, 1245. VRweg, wenn die Beeinträchtigungen von öffentlichrechtlich organisierten Anlagen oder Veranstaltungen des Staats in Ausübung (schlicht-)hoheitlicher Verwaltungstätigkeit ausgehen und mit ihr hinreichend eng zusammenhängen, BVerwG NJW **88**, 2396, VGH Mü BayVBl **86**, 690 (Feuersirene), VGH Mannh NJW **85**, 2352 (Telefonzelle), Kblz NVwZ **87**, 1021 (Sportanlagen), Karlsr NVwZ **86**, 964 (Spielplatz). VRweg auch für die Klage eines Nachbarn gegen liturgisches Glockengeläute einer als Körperschaft des öffentlichen Rechts anerkannten Kirche, BVerwG NJW **84**, 989, Rn 46 „Kirche". Die Abwehr von Immissionen, die ihren Grund in der Nutzung eines gemeindeeigenen Grundstücks haben, ist nur insoweit eine öffentlichrechtliche Streitigkeit, als die Bestimmung über die Nutzung in öffentlichrechtlichen Formen erfolgt ist und eine Urteilsvollstreckung zur Aufhebung oder Änderung einer hoheitsrechtlichen Maßnahme führen würde. Daher ZRweg für eine Abwehrklage wegen des Geräuschs einer Kirmesveranstaltung auf einem öffentlichen Platz. ZRweg für Entschädigungsansprüche aus dem Eigentum, BGH JZ **84**, 741.

Insolvenzverfahren: Für die Feststellung des Vorrechts öffentlichrechtlicher Forderungen derjenige Rweg, in dem über die Forderung nach Grund und Höhe zu entscheiden ist, bei Steuerforderungen also FRweg, BGH **60**, 64, bei Sozialversicherungsbeiträgen SRweg, bei der Ausgleichsabgabe nach SchwbG VRweg, OVG Hbg ZIP **82**, 473. ZRweg für eine Feststellung der Höhe und des Vorrechts der auf den Zollbürgen übergegangenen Abgabenforderung. ZRweg auch für einen Streit über die Insolvenzbefangenheit einer öffentlichrechtlichen Forderung, BGH NJW **85**, 976, ebenso für einen Streit über die Anfechtung der Rechtshandlung eines öffentlichrechtlichen Gläubigers, BGH NJW **91**, 2148, Hamm RR **03**, 1692, und für den Streit über einen insolvenzrechtlichen Anfechtungsanspruch, BGH MDR **05**, 1305 links. Das gilt auch nach einem arbeitsrechtlichen Anspruch, LAG Mainz MDR **05**, 1247. ARweg für eine Schadensersatzklage gegen den Verwalter wegen einer von ihm begründeten unerfüllbaren Masseverbindlichkeit, BGH MDR **07**, 296. ARweg beim Anspruch auf Rückzahlung wegen Anfechtbarkeit der Erfüllungshandlung (§§ 129 ff InsO) gegenüber dem Arbeitnehmer, BAG NZA **08**, 549.

Investitionen: ZRweg für den Anspruch aus einer Haftungserklärung im Rahmen eines Investitionszuschusses, VGH Mü NJW **90**, 1006 (zustm Arndt).

Jagdpachtvertrag: §§ 11 BJagdG; ZRweg, VGH Kassel NJW **96**, 475.

44 **Jugendhilfe:** Für Streitigkeiten nach SGB VIII grds VRweg, Art 17 KJHG. Jedoch sind für Streitigkeiten zwischen Trägern Schiedsgerichte vorgesehen, § 89 h I 1 SGB VIII, BVerwG DVBl **96**, 873. ZRweg für übergegangene oder übergeleitete Unterhaltsforderungen, zB nach § 94 III KJHG, Rn 58 „Sozialhilfe". ZRweg auch für Klagen gegen das Jugendamt als Beistand, OVG Münst NJW **02**, 458.

45 **Kammer:** Vielfach gelten Sondervorschriften, zB § 223 BRAO, § 53 I PatAnwO, VGH Mü NJW **95**, 674. Außerhalb dieser Vorschriften zB kein ZRweg für Streitigkeiten zwischen dem Mitglied einer Kammer (Anwalt, Arzt, Apotheker) und der Kammer wegen der Einleitung oder Androhung eines Berufsgerichtsverfahrens, Kblz WRP **80**, 224, Mü WRP **80**, 171, zB wegen für unzulässig gehaltener Werbemaßnahmen, BayObLG BayVBl **82**, 218, Hitzler GRUR **82**, 474. Dasselbe gilt für Klagen Dritter auf das Unterlassen von berufsrechtlichen Maßnahmen, Stgt RR **92**, 551, Melullis WRP **88**, 229, aM BGH GRUR **87**, 178. Kein ZRweg für Klagen gegen eine Handwerkskammer wegen einer Unterlassung von Äußerungen über ein Mitglied, LG Konst NVwZ **88**, 94, Melullis WRP **88**, 231.

S auch Rn 71 „Wettbewerb".

Kartellsache: Aus § 87 I GWB ergibt sich nicht nur die sachliche Zuständigkeit, sondern auch der ZRweg. Daher müssen dieser Zuweisung etwaige sonstige Zuweisungen weichen, BGH NJW **92**, 2964 (krit Plagemann NJW **92**, 1302), nicht aber bei solchen öffentlichrechtlichen Streitigkeiten zwischen einer Körperschaft des öffentlichen Rechts und ihrer staatlichen Aufsichtsbehörde. Kein ZRweg gegenüber einer Betätigung im Sinn von § 51 II SGG, BGH NJW **00**, 2749.

Kassenarzt: Maßgeblich ist § 51 I Z 2, II SGG: SRweg, Rn 4, KG NJW **02**, 1505. Honorarklagen gegen die kassenärztliche Vereinigung: SRweg, ebenso Honorarklagen gegen den Kassenpatienten, sofern nicht die Behandlung als Privatpatient vereinbart worden ist, AG Köln NJW **90**, 2939. Dasselbe gilt für Streitigkeiten zwischen dem Kassenzahnarzt und der Krankenkasse wegen der Honorierung seiner Leistungen im Zusammenhang mit einem Zahnersatz, Schimmelpfeng-Schütte NJW **81**, 2505, Wiethardt NJW **79**, 1940, aM LG Ffm NJW **79**, 1940, Hasselwander NJW **81**, 1305. SRweg für Klagen des Kassenarztes wegen der Überprüfung seiner Abrechnungsunterlagen, BGH NJW **99**, 1786. ZRweg für den Streit zwischen einer Krankenkasse und einer kassenärztlicher Vereinigung, BGH NJW **03**, 1192, oder für Ansprüche aus einer Amtspflichtverletzung, Ffm MedR **90**, 88.

S auch Rn 36 „Bundeswehr".

46 **Kirche:** Jede Religionsgemeinschaft verwaltet ihre Angelegenheiten selbständig innerhalb der Schranken der für alle geltenden Gesetze und verleiht ihre Ämter ohne eine Mitwirkung des Staats oder der bürgerlichen Gemeinden, Art 140 GG, 137 III WRV. Der staatlichen Gerichtsbarkeit sind also Eingriffe in den innerkirchlichen Bereich verwehrt, BVerfG NJW **99**, 349 und 350. Daher insoweit auch keine Nachprüfung durch staatliche Gerichte, Art 19 IV GG ist insoweit nicht anwendbar, BVerfG NJW **99**, 349 und 350, BVerwG NJW **84**, 2580 (krit Steiner NJW **84**, 2560).

Deshalb keine Nachprüfung oder Feststellung, daß jemand *Geistlicher* ist, BGH NJW **03**, 2097, Weber NJW **03**, 2069, und welchen Status er hat, BVerwG NJW **03**, 2112, OVG Kblz DÖV **86**, 115, Weber NJW **03**, 2069, oder darüber, ob Vergütungsansprüche bestehen, BAG NJW **90**, 2083 (zustm Petermann DÖV **91**, 19), VG Bln NVwZ **95**, 512, oder ob anderweitige Einkünfte anrechenbar sind, Verf- u VerwGericht der VELKD NVwZ-RR **01**, 348, oder ob Ansprüche nach den Ostpfarrer-RiL der EKD bestehen, OVG Lüneb NVwZ **91**, 796, oder ob ein Unterrichtsauftrag wirksam aufgehoben worden ist, VGH Mannh NVwZ-RR **94**, 422, oder ob eine Entlassung aus dem Vorbereitungsdienst rechtmäßig ist, VG Stgt NVwZ-RR **01**, 242, oder ob eine kirchliche Disziplinarverfügung rechtmäßig ist, BVerfG bei Berkemann EuGRZ **86**, 307, OVG Münst DVBl **78**, 925, oder ob die Wahl eines Amtsträgers wirksam ist, BVerwG NVwZ **93**, 672, VG Neustadt NVwZ **99**, 796. Auch sonst kein Rweg zu staatlichen Gerichten für Streitigkeiten über innerkirchliches Verwaltungshandeln, BGH NJW **81**, 2811, zB über die Befugnis zur Amtsausübung, VGH Mü DVBl **85**, 1073, oder wegen der Ausbildung zur Katechetin, VG Stgt NVwZ **85**, 138.

Der *kirchlichen Gerichtsbarkeit* können Streitsachen wegen einer Mitgliedschaft zur Kirche, Benutzung kirchlicher Einrichtungen, ferner die vermögensrechtlichen Rechtsverhältnisse ihrer Beamten und Seelsorger unterworfen werden. Jedoch darf die Kirche ihre Angelegenheiten nur „innerhalb der Schranken des für alle geltenden Rechtes regeln", also innerhalb der durch Artt 34, 14, 19 IV GG gegebenen Grenzen. Daher dann, wenn eine kirchliche Gerichtsbarkeit nicht eingerichtet ist, Rechtsweg zu staatlichen Gerichten, zB bei Verstößen gegen das Willkürverbot (Art 3 I GG), die guten Sitten (§ 138 BGB) oder den ordre public (Art 6 EGBGB), BGH NJW **03**, 2099, Weber NJW **03**, 2069. Obwohl aber das BRRG für öffentliche Religionsgesellschaften und ihre Verbände nicht gilt (§ 135 BRRG), können sie für ihre Beamten und Seelsorger § 126 BRRG (VRweg) für anwendbar erklären, VG Gött NVwZ **99**, 794. So wird das gemäß KirchenG über die Besoldung und Versorgung der Kirchenbeamten der evangelisch-lutherischen Kirche für diese Ansprüche angenommen, BVerwG NJW **94**, 3367 (zur Abgrenzung von Status-Klagen). Sie sind innerhalb der Union der evangelischen Kirche durch die VO zur Erweiterung der kirchlichen VerwGerichte v 2. 2./12. 7. 60, ABl EKD 321, kirchlichen Gerichten zugewiesen. Jedoch kann die Kirche nicht alle Sachen, an denen sie beteiligt ist, vor ihre Gerichte ziehen, da das dem entsprechend anwendbaren § 4 EGZPO widersprechen würde. Privatrechtliche Ansprüche bleiben den ordentlichen Gerichten, so Ansprüche auf eine Unterlassung aus BGB gegen ein Mitglied, BGH NJW **00**, 1555, Kästner NVwZ **00**, 889, Maurer JZ **00**, 1111, Ansprüche aus UWG, BGH NJW **81**, 2811, auf Ergänzung der Einkünfte aus privatrechtlichem Eigentumsübergang, Amtspflichtverletzung kirchlicher Beamter, wegen Herausgabe eines Kirchengebäudes nach § 985 BGB, BayObLG BayVBl **81**, 438, und wegen Sitzplatzvorrechten, Köln NJW **88**, 1736, nicht dagegen für das Begehren nach einer Beendigung der Widmung eines Kirchengebäudes, BVerwG NVwZ **91**, 774 (VRweg). Zur Rechtsnatur des Sachgebrauchs einer sog res sacra Renck NVwZ **90**, 38, aM Müller-Volbehr NVwZ **91**, 142.

Das alles gilt für den *Kernbereich* der innerkirchlichen Angelegenheiten. Außerhalb dieses Kernbereichs unterliegen auch die Kirchen der staatlichen Gerichtsbarkeit, BVerfG NJW **86**, 367, BGH NJW **00**, 1555, BVerwG NJW **84**, 989. VRweg für die Durchsetzung vermögensrechtlicher Ansprüche eines ehemaligen Kirchenbediensteten, die nicht von Statusfragen abhängen, OVG Kblz NVwZ **97**, 803, OVG Münst NJW **94**, 3368. VRweg für die Klage wegen der nicht privatrechtlich geordneten Benutzung eines kirchlichen Friedhofs, insbesondere der Gebühren, BVerwG NJW **90**, 2080, OVG Bre NVwZ **95**, 805, VGH Mü NVwZ **91**, 795, ebenso für die Klage gegen Lärm von einem kirchlichen Spielplatz, VGH Mü DVBl **04**, 839, ebenso für die Klage eines Nachbarn gegen liturgisches Glockengeläute einer als Körperschaft des öffentlichen Rechts anerkannten Kirche, BVerwG NJW **84**, 989, Ffm RR **86**, 735 (zustm Müssig DVBl **85**, 837, abl Schatzschneider, krit auch Goerlich JZ **84**, 221), OVG Lüneb NVwZ **91**, 801, aM VGH Mü BayVBl **80**, 563 (zustm Schatzschneider), ebenso für die Klage der Kirche gegen eine heranrückende Wohnbebauung, VG Freibg NVwZ **99**, 798. Für Streitigkeiten wegen des Schlagens einer Kirchturmuhr bestimmt sich der Rweg nach dem Zweck des Läutens, BVerwG NJW **94**, 956 (ZRweg), OVG Saarlouis NVwZ **92**, 72 (VRweg), LG Aschaffenb NVwZ **00**, 965.

VRweg für Streitigkeiten um *Kirchenbaulasten* und vermögensrechtliche Ansprüche eines Geistlichen gegenüber seiner Kirche, OVG Münst DVBl **78**, 926. Den innerkirchlichen Bereich berührt auch nicht die Feststellung, daß jemand nicht Mitglied der Landeskirche ist, also ZRweg. ZRweg auch für Ansprüche Dritter aus Persönlichkeitsrechten, BGH NJW **01**, 3537, Düss NVwZ **01**, 1449, OVG Bre NVwZ **01**, 957, aM VGH Mü NVwZ **94**, 787, ferner für den Streit um die Aufnahme in einen kirchlichen Kindergarten, OVG Münst NVwZ **96**, 813, und für den Streit um ein Hausverbot, VGH Mü BayVBl **86**, 271, sowie überall dort, wo sich die Kirche privatrechtlicher Gestaltungsformen bedient, Weber NVwZ **86**, 363 (Ausbildungsdarlehen).

S auch Rn 39 „Friedhofsbenutzung". Zum Rweg für den Zugang zu kirchlichen (Fach-)Hochschulen VGH Mü NVwZ **92**, 1225, Krölls NVwZ **96**, 10. An die Entscheidung von Vorfragen durch ein Schiedsgericht der Religionsgemeinschaft sind die staatlichen Gerichte gebunden, BGH NJW **00**, 1555.

Kommunalbetrieb: VRweg für einen Streit zwischen Aufsichtsratsmitgliedern einer GmbH, LG Deggendorf NVwZ-RR **06**, 224. **47**

Kraftfahrzeugkennzeichen: ZRweg für einen Streit wegen des Verkaufs, BGH DVBl **75**, 655.

Krankenhaus: ZRweg für die auf die stationäre Behandlung eines Kassenpatienten gerichteten Vereinbarungen zwischen dem Krankenhaus und einer Krankenkasse, BGH NJW **84**, 1820. SRweg für Streitigkeiten im Abrechnungsverhältnis zwischen dem Krankenhausträger und der Krankenkasse wegen einer solchen Behandlung, BGH NJW **84**, 1820, Broß VerwArch **88**, 102. VRweg wegen der behördlichen Festsetzung der Pflegesätze. ZRweg für einen Streit über die Kosten der freiwilligen Unterbringung in Krankenhäusern der öffentlichen Hand einschließlich der Erstattungsansprüche wegen Minderleistungen, Schlesw SchlHA **94**, 171. SRweg für Ansprüche auf eine Kostenübernahme gegen einen Sozialversicherungsträger, BSG ZfSH **82**, 345. ZRweg für einen Streit über die Entsendung von Delegierten in die Schiedsstelle, § 18 a KHG, BVerwG NJW **95**, 1628.

Krankenkasse: Vgl Rn 4 (§ 51 SGG), Rn 45 „Kassenarzt", Rn 47 „Krankenhaus". Die Zuführung eines Krankenversicherten zu der notwendigen ärztlichen Hilfe ist eine Geschäftsführung ohne Auftrag für die Krankenkasse. Daher ZRweg bei einer dabei erlittenen Gesundheitsschädigung auf einen Schadensersatz. Hingegen hat das Eintreten einer Krankenkasse einen öffentlichrechtlichen Charakter, dafür also SRweg, § 51 SGG, auch für eine öffentlichrechtliche Geschäftsführung ohne Auftrag, BGH NJW **97**, 1636. Dasselbe gilt für die Zulassung eines Arztes zur Abrechnung, aM für die Zulassung eines Masseurs LG Köln VersR **84**, 271. SRweg auch für eine Zulassung zur Belieferung von Versicherten mit Heilmitteln auf Grund eines Vertrags, BGH NJW **00**, 2749, ebenso für die Zulassung eines privaten Unternehmens zur häuslichen Krankenpflege, BSG NZA **88**, 558. SRweg für den Streit zwischen Krankenkassen- und Apothekenverbänden über die Aufhebung eines Vertrags über die Lieferung von Hilfsmitteln, §§ 126 ff SGB V, BGH NJW **98**, 825, ebenso für den Streit über die Abrechnung der Attestierung eines Therapieerfordernisses, BGH NJW **98**, 827. SRweg, § 51 SGG, für den Streit zwischen einer Ersatzkasse und einer gesetzlichen Krankenkasse aus einer Mitgliederwerbung, BGH NJW **98**, 2743, und für die Klage gegen eine Krankenkasse auf die Unterlassung einer Handlung, BGH NJW **07**, 1819, oder Äußerung, BGH NJW **00**, 1874, Zweibr RR **99**, 1739. SRweg auch für kartellrechtliche Streitigkeiten dieser Art, BGH NJW **00**, 2749. ZRweg für den Streit zwischen Krankenkasse und Kassenärztlicher Vereinigung, BGH NJW **03**, 1192, oder Verbraucherschutzzentrale, BGH NJW **98**, 3413. ZRweg für Ehrenschutz gegen die gesetzliche Krankenkasse, BGH MDR **03**, 407. ZRweg für den Streit zwischen der Krankenversicherung der Deutschen Bahn AG und ihren Mitgliedern über tarifliche Leistungen, BGH **79**, 320. **48**

S auch Rn 45 „Kartellsache", Rn 59 „Sozialversicherung", Rn 71 „Wettbewerb".

Kundenbetreuer: Evtl ARweg beim Streit mit seiner Agentur, AG Neuruppin VersR **06**, 1707.

Kunstausstellung: ZRweg für Streitigkeiten zwischen einem Künstler und einer staatlichen Kunsthalle wegen einer Jury-Entscheidung, VGH Mannh DVBl **76**, 951. **49**

Lohnsteuerbescheinigung: FRweg, VG Mü NJW **06**, 795 (Beamter).

Markt: Der Streit um die Zulassung zu einem nach der GewO festgesetzten Markt kann privatrechtlich sein, OVG Kblz NVwZ **87**, 519. Umgekehrt kann der Zulassungsanspruch eines Schaustellers zu einem Markt, dessen Ausrichtung die Gemeinde einem Privaten übertragen hat, in den VRweg gehören, VGH Mü BayVBl **89**, 148. **50**

Marktordnung: ZRweg für einen Anspruch der Bundesanstalt für landwirtschaftliche Marktordnung auf die Zahlung eines zu ihren Gunsten vereinbarten Betrags wegen einer Nichteinhaltung der Absatzbedingungen, BGH RIW **83**, 278.

Mauergrundstücksgesetz (v 15. 7. 96, BGBl 980): ZRweg, § 7 G.

Mitbestimmung: ZRweg für Streitigkeiten über eine Mitbestimmung nach § 98 II 2 AktG einschließlich einer Entscheidung über eine Konzernabhängigkeit, ArbG Herne BB **77**, 950, Wiesner DB **77**, 1747.

Mülldeponie: ZRweg mangels Satzung, BGH NJW **75**, 106.

51 **Namensschutz:** ZRweg aus § 12 BGB auch gegen Behörden wegen einer Störung im amtlichen Verkehr, soweit der Streit sich nicht ausschließlich auf die Ausübung öffentlichrechtlicher Befugnisse gründet. ZRweg wegen der Führung eines adligen Namens, wenn eine politische Partei auf die Unterlassung einer von ihr gebrauchten Abkürzung ihres Namens in Anspruch genommen wird.

Naturschutz: ZRweg für Ausgleichsansprüche, Rinne DVBl **94**, 23, insbesondere für Ansprüche auf eine Entschädigung nach dem bayNatSchG, BGH NJW **95**, 964, aM BVerwG NJW **94**, 2949.

Notar: ZRweg für Schadensersatzansprüche nach § 19 BNotO und für Ansprüche gegen die Kammer, bei der Schadensregulierung nach § 67 BNotO mitzuwirken, BGH MDR **92**, 185. Kein ZRweg für Kostenansprüche, § 155 KostO, BGH RR **05**, 722, und für das Verbot an den Notar, von ihm verwahrtes Geld auszuzahlen, Düss DNotZ **83**, 703 (FGG-Verfahren nach § 15 I 2 BNotO).

Nutzungsvertrag: über landwirtschaftlichen Grundbesitz in der ehem DDR: ZRweg, BGH DtZ **95**, 130.

Öffentliche Körperschaft: ZRweg für Mitgliederbeiträge, soweit diese Pflicht auf einem privatrechtlichen Vertrag beruht. ZRweg für einen Streit um das Ausscheiden einer öffentlichen Körperschaft aus einer Gesellschaft wegen eines unlauteren Wettbewerbs, mag auch der Beitritt auf einem Verwaltungsakt beruhen.

52 **Öffentlichrechtliche Einrichtung:** VRweg für Streit über das „Ob" der Benutzung, auch wenn sich das auf Grund der Zulassung begründete Benutzungsverhältnis nach privatem Recht richtet, OVG Lüneb NJW **85**, 2347, insbesondere die Einrichtung von einer juristischen Person des Privatrechts betrieben wird, BVerwG NJW **90**, 134. ZRweg für einen Streit über das „Wie" der Benutzung, BVerwG NVwZ **91**, 59.

S auch Rn 40 „Gemeindebetrieb".

Opfer von Gewalttaten: Kein ZRweg für Ansprüche aus dem GewSchG.

53 **Pacht:** ZRweg aus einem Pacht- oder Nutzungsvertrag zwischen einer Gemeinde und einem Bürger, Rostock DtZ **94**, 217.

Pfändung und Überweisung: Bei einer Klage des Gläubigers gegen den Drittschuldner derjenige Rweg, der für die Klage des Schuldners statthaft wäre, VGH Kassel NJW **92**, 1253.

Pflegeversicherung: SRweg für Streitigkeiten aus einer privaten Pflegeversicherung; § 23 SGB XI, § 51 I Z 2, II SGG, BSG NZS **00**, 523. VRweg für einen Streit um eine Zuwendung nach der AltPflegeVO, BVerwG NVwZ-RR **99**, 316, OVG Magdeb NVwZ-RR **02**, 466.

Politische Partei: ZRweg für eine Klage gegen eine politische Partei aus einem Namensrecht auf die Unterlassg einer Namensabkürzung, BGH **79**, 265, ebenso beim Streit über eine Aufnahme in eine Partei, VGH Mannh NJW **77**, 72, oder über den Ausschluß aus einer Partei, aM Schiedermair AöR **104**, 200, und auch für die Klage eines Mitglieds auf eine Feststellung der Ungültigkeit einer Wahl, KG NJW **88**, 3159 (zustm Vollkommer). Ob das auch für die Klage gegen den Ausschluß aus einer Fraktion gilt, so VGH Mü NJW **88**, 2755, ist zweifelhaft. ZRweg auch für Streitigkeiten zwischen zwei Parteien wegen der Unterlassung oder eines Widerrufs, Mü RR **90**, 1191. VRweg für einen Streit mit einer Sparkasse über die Eröffnung eines Girokontos, wenn der Kläger seinen Anspruch auf § 5 I 1 PartG stützt, OVG Hbg NordÖR **03**, 67, OVG Münst NVwZ-RR **04**, 795.

Polizei: Zur Frage, ob der ZRweg im Verhältnis zwischen dem Blutentnahmearzt und der Polizei gilt, Mü NJW **79**, 608. VRweg für Feststellungsklagen wegen einer polizeilichen Festnahme, wenn nicht das Landesrecht etwas anderes bestimmt, zB § 17 II 1 BayPAG, BVerwG NJW **89**, 1049, VGH Mü BayVBl **88**, 246. VRweg bei der Aufnahme von Unterlagen zum Erkennungsdienst, OVG Schlesw NVwZ-RR **07**, 818.

54 **Post:** Rn 37 „Deutsche Post AG".

Prüfingenieur: ZRweg für einen Vergütungsanspruch gegen die beauftragende Behörde, Hamm NVwZ **89**, 502.

Rechtsanwalt: ZRweg für eine Gebührenklage, auch wenn für den zugrundeliegenden Rechtsstreit ein anderer Rweg gilt. ARweg, wenn er als formell „freier Mitarbeiter" sein fast gesamtes Einkommen aus der Kanzlei bezieht und sich deren Abläufen unterordnen muß, LAG Köln AnwBl **05**, 719.

Rehabilitierung: ZRweg für Ansprüche gegen einen Dritten, dem auf Grund des aufgehobenen Urteils eines Gerichts der DDR Beträge zugeflossen sind, BGH DtZ **97**, 60.

55 **Religionsgemeinschaft:** Rn 46 „Kirche".

Rückbaupflicht: Rn 33 „Baupflicht".

Rückerstattung: ZRweg für einen Rückgriff des Erstattungspflichtigen gegen einen Rechtsvorgänger, für den Anspruch aus einem außergerichtlichen Vergleich eines Rückerstattgsberechtigten im Prozeß gegen einen Rückerstattungsverpflichtigen, für Ansprüche des Rückerstattungspflichtigen nach Artt 14, 34 GG, BVerwG MDR **75**, 170. Aber kein ZRweg für die Rückzahlung öffentlicher Leistungen, auch wenn der Empfänger seine Verpflichtung in einer besonderen Urkunde anerkannt hat, BGH NJW **94**, 2620, BVerwG NJW **95**, 1105. Anders bei einer Rückforderung von Förderungsmitteln, die eine juristische Person des Privatrechts nach Maßgabe der Haushaltsvorschriften zugesagt und ausgezahlt hatte, KG RR **05**, 512.

Rücknahme: eines rechtswidrigen Verwaltungsakts, § 48 VwVfG: VRweg für einen Ausgleichsanspruch. ZRweg, wenn daneben ein Entschädigungsanspruch in Betracht kommt, § 48 VI VwVfG, Düss NJW **87**, 1336.

56 **Rundfunk,** dazu *Kopp* BayVBl **88**, 193, *Lerche* Festschrift für *Löffler* (1980) 217: VRweg für Streitigkeiten über die Gebühren, AG Köln NVwZ-RR **01**, 166, ebenso für die Klage auf eine Überlassung von

Programmübersichten, VG Hbg NJW **79**, 2325. VRweg auch für den Streit über eine Vergabe von Sendezeit, wenn es sich um eine Wahlwerbung handelt, BVerwG DVBl **87**, 307, und jedenfalls dann, wenn der Kläger seine Forderung ausschließlich auf ein allgemeines Interesse stützt, VG Mainz NVwZ **85**, 136, aber auch bei kommerzieller Werbung, Kopp BayVBl **88**, 193. ZRweg auch für Leistungs- und Unterlassungsklagen wegen des Inhalts einer Sendung, BGH NJW **76**, 1198, BVerwG NJW **94**, 2500, Hoffmann-Riem JZ **95**, 401. Zum Rweg für Streitigkeiten wegen der Rundfunkversorgung durch Breitbandkabel OVG Saarlouis NVwZ **94**, 1228.

Sachenrechtsänderungsgesetz: ZRweg, §§ 103–108 G.

Schenkung: ZRweg auch bei einer öffentlichrechtlichen Vorfrage, KG FamRZ **07**, 409. **57**

Schlichtverwaltende Tätigkeit: Es geht um eine solche nicht obrigkeitlicher, aber gleichwohl hoheitlicher Natur, mag es sich um eine Körperschaft des öffentlichen Rechts oder um eine juristische Person bürgerlichen Rechts als Träger öffentlichrechtlicher Aufgaben handeln. In diesem Fall kein ZRweg für Unterlassungsklagen wegen Warnungen und ähnlichen Einwirkungen auf die Mitglieder der Vereinigung, auch nicht für einen Schutz vor Überschwemmungen durch eine Änderung der Kanalisation.

S auch Rn 45 „Kammer“.

Schulwesen: ZRweg für Streitigkeiten zwischen Eltern und einer genehmigten Privatschule, VGH Kassel FamRZ **07**, 294, OVG Münst NJW **98**, 1580. VRweg auch für Streitigkeiten mit einer anerkannten Privatschule in Baden-Württemberg, wenn die für die Schulpflicht geltenden Bestimmungen im Streit sind, VGH Mannh NVwZ-RR **90**, 607; anders dagegen in Bayern, VGH Mü NVwZ **82**, 562: ZRweg. VRweg beim Ausschluß aus einer städtischen Musikschule, VGH Mannh NVwZ **87**, 701. ZRweg für eine Rückgabe von Schulbüchern, VG Würzb BayVBl **94**, 539 (zustm Kriener).

Schwerbehinderter: VRweg für eine Entschädigung wegen einer Benachteiligung nach § 81 II Z 2 SGB IX, LAG Hamm NZA-RR **06**, 157.

Schwerpunkt: Er ist maßgeblich, Rn 8.

Seuchenrecht: Gemäß § 68 I SeuchRNeuG v. 20. 7. 00, BGBl 1045, ZRweg für Streitigkeiten über Entschädigungsansprüche, §§ 56, 65 G, und für Streitigkeiten über Erstattungsansprüche, §§ 56 IV 2, 57 I 3, III sowie 58 S 1 G. SRweg für öffentlichrechtliche Streitigkeiten der §§ 60 bis 63 I G.

Soldat: VRweg für Klagen der Soldaten, auch solcher im Ruhestand, der früheren Soldaten und der Hinterbliebenen aus dem Wehrdienstverhältnis, soweit nicht ein anderer Rweg gesetzlich vorgeschrieben ist, § 59 I SoldG.

Sozialhilfe: VRweg für die Vollstreckung, BVerwG NVwZ **07**, 845. **58**

Sozialleistung (vgl seit 1. 1. 05 das G zur Einordnung des Sozialhilferechts in das Sozialhilfegesetzbuch v 27. 12. 03, BGBl 3022): ZRweg für Klage des Trägers der Sozialleistung aus dem auf ihn übergeleiteten oder übergegangenen Unterhaltsanspruch gegen den Pflichtigen, Künkel FamRZ **94**, 548, und zwar auch wegen der öffentlichrechtlichen Vorfragen, zB der Zuständigkeit des Trägers der Sozialleistung, der Vertriebeneneigenschaft usw. ZRweg für Bereicherungsansprüche des Pflichtigen gegen den Sozialleistungsträger, BGH NJW **93**, 1788. ZRweg für Ansprüche gegen den Sozialleistungsträger aus einer Mietgarantie, § 554 II Z 2 Satz 1 (2. Alt) BGB, BVerwG NJW **94**, 2969. VRweg für Ansprüche auf die Rückgewähr einer ohne Rechtsgrund erbrachten Sozialleistung, BGH NVwZ **88**, 92, oder aus Darlehensverträgen, Schlesw NVwZ **88**, 761, oder aus Geschäftsführung ohne Auftrag für den Sozialleistungsträger, Hamm FamRZ **97**, 1409, oder zwischen einer Behörde und einem Bürger über den Abschluß einer Pflegesatzvereinbarung, BGH NJW **92**, 1238, ebenso wie solche Streitigkeiten über die Erfüllung einer Kostenzusage oder die Erstattung gezahlter Beträge, Oldb RR **93**, 256, und für Streitigkeiten zwischen Trägern, BVerwG DVBl **96**, 873. ZRweg, § 87 GWB, für die Klage gegen den Träger der Sozialleistung auf eine Unterlassung der Verwendung einer Klausel in einer Pflegesatzvereinbarung, BGH MDR **93**, 525, Rn 71, und für Klagen aus einer Rahmenvereinbarung über die Belieferung von Patienten mit Arzneimitteln, die zwischen einem Verein von Apothekern und Trägern der Sozialleistung geschlossen worden ist, BGH NJW **00**, 872. SRweg beim Streit über eine Arbeitsgelegenheit mit Mehraufwandsentschädigung für einen Arbeitslosen, LAG Bln MDR **06**, 697. SRweg beim Streit zwischen einem Maßnahmeträger und einem Hilfsbedürftigen nach § 16 III SGB II, LAG Bln BB **06**, 2140.

Sozialversicherung: Kein ZRweg auch für die Inanspruchnahme eines Alleingesellschafters im Weg des sog Durchgriffs und für die Erstattung zu Unrecht empfangener Leistungen, BGH NJW **88**, 1731, Ffm RR **97**, 1088 (zu § 116 VII 1 SGB X). ZRweg für Ansprüche aus einer Bürgschaft für Sozialversicherungsbeiträge, BGH NJW **84**, 1622, Ffm NVwZ **83**, 573, KG NVwZ **83**, 572. ZRweg auch für den Streit über die Insolvenzbefangenheit einer sozialversicherungsrechtlichen Forderung, BGH NJW **85**, 976. Hat der Arbeitgeber seine Pflichten auf einen nicht bei ihm angestellten Bevollmächtigten übertragen, ZRweg für eine Schadensersatzklage gegen ihn wegen Nichtabführung einbehaltener Beitragsanteile der Arbeitnehmer oder für eine Schadensersatzforderung der Krankenkasse, die wegen einer Nichtabmeldung des Arbeitnehmers seitens des Arbeitgebers noch Versicherungsleistungen erbracht hat. **59**

ZRweg beim *Rückgriffsanspruch* der Sozialversicherungsträger gegen den Unternehmer und Betriebsangehörige, BVerwG VersR **76**, 466. SRweg für einen Erlaß nach § 76 II Z 3 SGB IV, BSG NJW **90**, 343 zu BGH NJW **84**, 240, LSG Celle NdsRpfl **89**, 243. ZRweg auch für Schadensersatzansprüche gegen den Geschäftsführer eines Sozialversicherungsträgers aus der Zeit nach dem Inkrafttreten des SGB IV, BGH NJW **85**, 2194. ZRweg für eine Klage auf die Rückzahlung von versehentlich an einen Dritten überwiesenen Leistungen, BGH NJW **79**, 763, BSG DVBl **87**, 849, Kblz NVwZ **89**, 93 (zustm v Einem SGb **88**, 484, abl Wolber SozVers **89**, 85), und für die Rückforderung von nach dem Tod des Berechtigten gezahlter Rente, BGH **71**, 180 (abl Bethge NJW **78**, 1801, Birk SGb **79**, 302, zustm Heinz SGb **81**, 163), Karlsr NJW **88**, 1920, aM (SRweg) Dörr NZS **93**, 149. Vgl Hamm NJW **86**, 2769, VGH Mü NJW **90**, 934 (Beihilfe), Kblz NVwZ **88**, 1038 (Beihilfe). ZRweg wegen Gesundheitsschäden, die bei der Zuführung eines Versicherten zur ärztlichen Behandlung entstanden sind. ZRweg für einen Streit zweier Sozialversicherungsträger über gesetzlich übergegangene Ansprüche, BGH NJW **85**, 2756, Broß VerwArch **88**, 105. SRweg für eine Klage gegen die Empfehlung einer Krankenkasse zur Verschreibung eines preisgünstigeren Medikaments. SRweg für einen Streit zwischen dem Leistungsträger, -erbringer oder den Repräsentanten, BGH RR **04**, 1120 (gesetzliche Krankenversicherung).

60 **Staatshaftung in den neuen Bundesländern:** (Lörler DtZ **92**, 135). Nach einem Abschluß des Verwaltungsvorverfahrens, oben Rn 4, ZRweg, §§ 5–6 a DDR-StHG, Christoph NVwZ **91**, 539, Ossenbühl NJW **91**, 1208, Sträßler NJW **91**, 2467. Zuständig ist das LG, § 71.

61 **Steuer:** Kein ZRweg für Steuern jeder Art und Form sowie für alle damit zusammenhängenden Fragen. Nie darf das ordentliche Gericht prüfen, ob eine Heranziehung zur Steuer rechtmäßig ist, da insofern das FG zuständig ist. Das gilt auch für Ansprüche des Finanzamts auf die Rückzahlung eines Erstattungsbetrags, Hamm RR **93**, 64, und für Ansprüche gegen das Finanzamt auf die Auszahlung eines Steuererstattungsbetrags an den Abtretungsnehmer, BFH **144**, 94, oder an den Vollstreckungsgläubiger, BFH NJW **88**, 1407. ZRweg für die Inanspruchnahme aus einer Steuer- und oder Zollbürgschaft, Kraushaar/Häuser NVwZ **84**, 217, ferner auch dann, wenn die Steuerschuld eines Dritten privatrechtlich von einem am Steuerrechtsverhältnis nicht beteiligten Dritten übernommen oder bezahlt worden ist, BGH MDR **84**, 649, Ffm ZIP **04**, 584, oder wenn über die Wirksamkeit einer zur Abwendung der Beitreibung vorgenommenen Hypotheken-Abtretung gestritten wird, BFH BStBl **79** II 442. ZRweg für den Streit um die Rückforderung einer vom Schuldübernehmer gezahlten Schuld, für die für Geltendmachung kraft Gesetzes übergegangener Abgabenansprüche, Stolterfoth JZ **75**, 658, aM Rimmelspacher JZ **75**, 165, für die Insolvenzanfechtung einer Steuerzahlung des Schuldners an die Finanzbehörden durch den Insolvenzverwalter, Hamm RR **03**, 1692, für Schadenersatzansprüche wegen ungerechtfertigten Steuerarrests, BGH **63**, 277, aM (FRweg) Schwarz NJW **76**, 215, ferner für die Klage auf die Ausstellung einer Rechnung nach § 14 I UStG, BGH NJW **75**, 310, oder für die Klage einer Bank gegen den Steuerfiskus auf die Rückzahlung einer angeblich vollmachtlos erteilten Scheck-(beitrags), BGH NJW **03**, 434 links. ZRweg für die Klage gegen ein Auskunftsersuchen, das die Steuerfahndung an einen Dritten richtet, BFH ZIP **83**, 988.

S auch Rn 43 „Insolvenzverfahren".

Stiftung: ZRweg für Klagen von Destinatären, Hbg ZIP **94**, 2950, Mankowski FamRZ **95**, 851, für Ansprüche gegen juristische Personen des Privatrechts auch dann, wenn der Staat sich ihrer bei Leistungen an den Bürger bedient, es sei denn, sie sei gesetzlich mit öffentlichrechtlichen Befugnissen ausgestattet, BVerwG JZ **90**, 446. VRweg für Klagen gegen Maßnahmen der Stiftungsaufsicht, soweit es sich um eine Verwaltungsbehörde handelt, § 23 EGGVG Rn 4, OVG Münst NRWVBl **95**, 318.

Strafverfolgungsmaßnahme: ZRweg für den Anspruch auf eine Entschädigung mit ausschließlicher Zuständigkeit des LG, § 13 StrEG.

Strafvollzug: Zuständig sind die ordentlichen Gerichte. ZRweg für eine Klage der Behörde auf den Ersatz der Aufwendungen für eine Wiederherstellung der Gesundheit, § 93 III StVollzG, ebenso bei einem Untersuchungsgefangenen, BGH NJW **90**, 1604.

62 **Straßenrecht:** VRweg beim Streit um ein Entgelt für eine Sondernutzung, es sei denn, der Anspruch wird auf Privateigentum am Straßenland gestützt, KG OLGZ **77**, 497. VRweg beim Streit um eine planerische Ausweisung einschließlich der Ausgleichsansprüche nach § 17 IV BFernstrG, Wahl NVwZ **90**, 923. ZRweg beim Streit zwischen einer Straßenbaubehörde und Versorgungsunternehmen über die Kosten einer durch den Straßenausbau erforderlich gewordenen Neuverlegung, BGH LKV **01**, 335, vgl auch § 8 X BFernstrG. VRweg für die Herstellung und Erhaltung der Verkehrswege als Aufgabe des Staats, die hoheitlich bewältigt wird, Ffm NVwZ **92**, 917. Kommt aber ein Dritter infolge des schlechten Straßenzustandes zu Schaden, ZRweg. Kein ZRweg wegen der Benutzung einer dem allgemeinen Verkehr eröffneten Straße, auch wenn sie noch im Privateigentum einer Wohnungsgesellschaft der Gemeinde steht, ebensowenig, wenn bei wirksamer Widmung der Gemeinde ein Grundstückseigentümer die Herausgabe eines Grundstücksteils verlangt, über den ohne seine Zustimmung ein Weg gelegt worden ist, oder wenn ein Notweganspruch über ein städtisches Grundstück, das der Feuerwehr dient, durchgesetzt werden soll.

S auch Rn 70 „Wegestreitigkeit".

63 **Studienförderung:** VRweg für einen Rückzahlungsanspruch gegen einen Beamten oder Soldaten. VRweg beim Anspruch auf eine Rückzahlung des während der Ausbildung für die Beamtenlaufbahn gezahlten Arbeitsentgelts, BAG NJW **91**, 943, krit Kopp JZ **91**, 564. VRweg auch bei der Rückforderung von Leistungen nach dem „Honnefer Modell", oder nach dem BAföG oder bei der Rückzahlung eines danach gewährten Darlehens, Ffm DVBl **80**, 381. Kein ARweg beim Soester Modell, LAG Hamm NZA-RR **07**, 98.

Subventionierung: VRweg beim Streit darüber, ob eine Subvention gewährt oder zurückgefordert werden soll, BGH NJW **97**, 328. VRweg bei einer einstufigen öffentlichrechtlichen Regelung auch dann, wenn die Auszahlung durch ein Kreditinstitut erfolgt, BGH NVwZ **85**, 517. Dagegen kommt es bei einer zweistufigen Regelung darauf an, ob die Durchführung öffentlichrechtlich oder zivilrechtlich erfolgt, BGH NJW **97**, 328, Naumb NVwZ **01**, 355, krit Ehlers JZ **90**, 594. Im letzteren Fall ZRweg zB für den Streit über den Abschluß des durchführenden Vertrags, krit Dawin NVwZ **83**, 400, und für Streitigkeiten aus seiner Durchführung, zB wegen der Rückforderung einer Bürgenleistung, BGH NJW **97**, 328, Rückzahlung eines Darlehens oder seiner Ablösung, ebenso wegen der Zinsenhöhe für ein Aufbaudarlehen, Zinsherabsetzung oder den Zinserlaß bei einem öffentlichen Wohnungsbaudarlehen, ferner bei einem Rückzahlungsanspruch aus einem Darlehensvertrag. ZRweg für einen Rechtsschutz gegen den Verkauf von Interventionsware, VGH Kassel NJW **85**, 2100. Der Rechtsweg für die Inanspruchnahme eines Bürgen hängt davon ab, ob dessen Verpflichtung privatrechtlich oder öffentlichrechtlich begründet ist, LG Ffm NVwZ **84**, 267.

64 **Telekommunikationsgesetz,** dazu *Scherer* NJW **96**, 2953: Grds VRweg, BGH NJW **06**, 850, in bürgerlichen Rechtsstreitigkeiten ZRweg entsprechend § 90 I, II GWB, § 80 G.

Testamentsvollstrecker: Das ProzG prüft nach, ob das Testamentsvollstreckeramt nach der Ausführung aller Aufgaben beendet ist, auch wenn das Nachlaßgericht den Testamentsvollstrecker ernannt hat. Das Prozeßgericht ist aber an die Testamentsauslegung des Nachlaßgerichts gebunden, wenn die Möglichk einer noch nicht erfüllten Testamentsvollstreckeraufgabe besteht.

65 **Tierseuchengesetz:** VRweg für Entschädigungsansprüche, § 72 b G idF v 11. 4. 01, BGBl 507.

Tierzuchtgesetz: ZRweg für die Klage auf eine Eintragung in das Zuchtbuch, BVerwG NJW **81**, 2482 (krit Steiner NJW **81**, 2452). Dagegen VRweg für die Klage gegen einen Körbescheid.

Umlegungsverfahren: Rweg zum BaulG, § 217 BauGB. ZRweg für den Streit aus einem Austauschvertrag zwischen der Gemeinde und einem Grundeigentümer, Bbg BayVBl **86**, 285. **66**

Unterbringung psychisch Kranker. §§ 70 ff FGG, LG Ffm NJW **92**, 986.

Universität: ZRweg bei einer Vermietung, Mü NZM **06**, 78.

Urheberrecht: ZRweg für Rechtsstreitigkeiten, durch die ein Anspruch aus einem der im UrhG geregelten Rechtsverhältnissen geltend gemacht wird. Handelt es sich um Urheberrechtsstreitsachen aus Arbeits- oder Dienstverhältnissen, die ausschließlich Ansprüche auf die Leistung einer vereinbarten Vergütung zum Gegenstand haben, ARweg oder VRweg, § 104 UrhG, § 2 II 2 b ArbGG.

Verein: ZRweg, wenn ein privatrechtlicher (Sport-)Verein Hindernisse für die beruflicher Betätigung seiner Mitglieder in seinem Bereich aufstellt, BVerwG DÖV **77**, 784. **67**

Vergabestreit: VRweg für die Forderung der Gemeinde auf deren Einwirkung, OVG Münst NVwZ-RR **06**, 223. ZRweg für einen Streit um einen Auftrag unterhalb der Schwellenwerte, OVG Kblz NVwZ-RR **06**, 846, OVG Lüneb NVwZ-RR **06**, 844. Kein VRweg beim Ausschluß von Vergabeverfahren für eine bestimmte Zeitdauer, OVG Lüneb NVwZ-RR **06**, 846.

Vergleichsvertrag: ZRweg, soweit der öffentlichrechtliche Vergleich im wesentlichen einen Anspruch regelt, der vor das ordentliche Gericht gehört, VGH Mannh NJW **05**, 2636.

Vermessungsingenieur: ZRweg für den Streit über die Vergütung eines öffentlich bestellten Ingenieurs, Drsd RR **00**, 1042, aM Düss RR **96**, 269. ZRweg für Wettbewerbsstreitigkeiten mit einem staatlichen Vermessungsamt, BGH NJW **93**, 1659.

Vermögensgesetz: Eingehend BGH NJW **01**, 683. VRweg für Ansprüche auf eine Rückgabe von Grundeigentum in der früheren DDR (keine zivilrechtliche Anfechtung von Verträgen), BGH MDR **97**, 492. ZRweg für Eigentümeransprüche gegen den früheren Eigentümer oder den bisherigen staatlichen Verwalter, BGH NJW **02**, 2246, BVerwG NJW **01**, 2416. ZRweg für Streitigkeiten über Verträge, die schon nach dem Recht der DDR nichtig gewesen sind, BGH NJW **94**, 1284. ZRweg für Sicherungsansprüche gegen Verfügungsberechtigte, BGH NJW **94**, 1723, BezG Drsd ZIP **92**, 733, OVG Bln NJW **91**, 715, oder für einen Anspruch gegen den Verfügungsberechtigten auf die Herausgabe eines Erlöses, BGH WertpMitt **02**, 1896. ZRweg für Streitigkeiten aus gütlicher Einigung nach § 31 V VermG, OVG Greifsw NVwZ **03**, 498. Der ZRweg wegen Ansprüchen aus Enteignung nach dem DDR-BaulandG ist durch das VermG nicht ausgeschlossen, BGH NJW **95**, 1833, ebensowenig für Ansprüche aus einem bei der Ausreise geschlossenen verdeckten Treuhandvertrag, BGH DtZ **96**, 138, aM BVerwG NJW **95**, 1506.

Vermögenszuordnungsgesetz, dazu *Messerschmidt* NJW **94**, 2520: VRweg, § 6 G.

Veröffentlichung: ZRweg für den Streit über die Veröffentlichung oder Nichtveröffentlichung privater Beiträge in einem von einer Behörde herausgegebenen Blatt, BVerwG DVBl **82**, 636. VRweg für den Streit über die Veröffentlichung von Gerichtsentscheidungen, OVG Lüneb MDR **96**, 817, VG Hann NJW **93**, 3282.

Versicherungsanstalt, öffentliche: ZRweg für Ansprüche aus dem Versicherungsverhältnis gegen eine öffentlichrechtliche Feuerversicherungsanstalt im Geltungsbereich des preuß G v 25. 7. 10, preuß GS 141, BGH RR **88**, 339. ZRweg für Streitigkeiten zwischen Zusatzversorgungsanstalten des Bundes oder der Länder und den Versicherten, Hamm RR **88**, 155.

S auch Rn 32 „Arbeitsverhältnis", Rn 59 „Sozialversicherung".

Vertrag: Ob eine Vereinbarung dem öffentlichen od privaten Recht zugehört, entscheidet sich nach ihrem Gegenstand, Rn 8, VGH Mannh NJW **05**, 2636. Zur Abgrenzung des öffentlichrechtlichen Vertrags, §§ 54 ff VwVfG, vom privatrechtlichen Vertrag Lange NVwZ **83**, 314. Davon hängt der Rweg ab, BGH WertpMitt **83**, 622 (Grundstückstauschvertrag). Bei einem gemischten Vertrag kommt es darauf an, welcher Teil dem Vertrag das entscheidende Gepräge gibt, BGH NVwZ **04**, 253, Schlesw NJW **04**, 1052, aM BGH NJW **98**, 909 (Art des Rechtsverhältnisses). VRweg für Streitigkeiten aus sog Erschließungsverträgen, BGH NVwZ-RR **00**, 845, und aus Verträgen über die Ablösung der Stellplatzverpflichtung, BVerwG NJW **80**, 1294, aM BGH NJW **79**, 642. VRweg für Schadensersatzansprüche aus einem öffentlichrechtlichen Vertrag, § 40 II 1 VwGO, BGH VersR **83**, 750, BVerwG NJW **80**, 2538, auch für solche aus einem Verschulden beim Vertragsschluß, OVG Kblz NJW **02**, 3724. ZRweg, wenn die Gründe typischerweise auch Gegenstand eines Amtshaftungsanspruchs sein können, BGH NJW **86**, 1109, BVerwG NJW **02**, 2894, krit Dötsch NJW **03**, 1430, Ehlers JZ **03**, 209. VRweg aus der Nichterfüllung einer Zusicherung, VGH Mannh DVBl **81**, 265. ZRweg für die Erstattung von Aufwendungen durch Private, aM LG Hann MDR **81**, 942, und bei (auch nur hilfsweiser) Stützung auf eine Amtspflichtverletzung, BGH NJW **79**, 642. ZRweg auch für den Streit über die Vergabe von Standplätzen für ein gemeindliches Volksfest im Weg der Vereinbarung, Kblz NVwZ **82**, 379. **68**

S auch Rn 35 „Bereicherungsklage", Rn 67 „Vergleichsvertrag".

Verwahrungsverhältnis, öffentlichrechtliches: ZRweg, § 40 II 1 VwGO, Rn 20.

Viehseuchengesetz: Rn 64 „Tierseuchengesetz".

Vollstreckung: Der Rweg richtet sich nach der Rechtsnatur des Titels, aus dem vollstreckt wird. Das gilt unabhängig davon, ob der zu vollstreckende Anspruch zum öffentlichen oder zum privaten Recht zählen, VGH Mü BayVBl **83**, 375, aM Renck NVwZ **83**, 375.

Vollstreckung ausländischer Entscheidung: ZRweg auch dann, wenn sie dort in einem Verfahren der freiwilligen Gerichtsbarkeit ergangen ist.

Vorbereitungsdienst: ARweg für Ansprüche aus dem Vorbereitungsdienst, der nicht in einem öffentlichrechtlichen Ausbildungsverhältnis erfolgt, BAG NZA **88**, 132, VGH Mannh Just **88**, 37, andernfalls VRweg, BAG NJW **90**, 663 (Hessen), BVerwG NVwZ **92**, 1208, OVG Münst NVwZ **90**, 889 (NRW). VRweg auch für die Klage auf den Abschluß eines Arbeitsvertrags wegen rechtswidrig verzögerter Ausbildung im Beamtenverhältnis, BAG NJW **89**, 2909.

Vorkaufsrecht: Rn 35 „Baugesetzbuch".

69 **Wasserstreit:** Kein ZRweg für einen Streit zwischen dem Wasserverband und seinen Mitgliedern, außer für Schadensersatzansprüche, BGH VersR **87**, 768, auch nicht für die Klage auf die Aufhebung eines Bescheids über das Bestehen einer wasserrechtlichen Entschädigungspflicht, OVG Saarl NVwZ-RR **90**, 666. ZRweg wegen unerlaubter Handlung (Verletzung der Instandhaltungspflicht), BGH MDR **94**, 207, nicht aber für eine ordnungsmäßige Kanalisation, ebensowenig auf eine Herstellg von Schutzeinrichtungen gegen Störungen, die von der Abwassereinleitung aus der Kanalisationsanlage einer Gemeinde verursacht werden, wenn eine wesentliche Änderung der Anlage oder eine Gesamtplanung verlangt wird. ZRweg für eine Inanspruchnahme von Anlandungen als Eigentum sowie darüber, ob das Neuland durch eine Anlandung entstanden ist, nicht aber für einen Anspruch des Anliegers auf eine Zustimmung des für den Wasserlauf Unterhaltspflichtigen zur Inbesitznahme. ZRweg für den Streit über die Höhe der Entschädigung nach § 20 II WHG, BGH NJW **87**, 2747, für einen Schadensersatzanspruch des Wasseranliegers nach § 30 III WHG, BVerwG NJW **87**, 2758, für einen Ausgleichsanspruch nach § 96 PrWassG zwischen zwei Unterhaltspflichtigen, ebenso für eine Klage auf einen Anschluß gegen Mitglieder einer Wassergemeinschaft, BGH RR **89**, 347. Wegen des Bezugs von Leitungswasser Rn 9, BGH MDR **78**, 298 (ZRweg für einen Schadensersatzanspruch), BGH NJW **79**, 2615 (ZRweg für Ansprüche aus vertraglich vereinbarter unentgeltlicher Wasserbelieferung; abl Bickel DÖV **80**, 173).

70 **Wegestreitigkeit:** VRweg für Streitigkeiten um einen öffentlichen Weg, zB wegen Gemeingebrauchs oder Sondernutzung oder für den Anspruch des Bürgers auf Mitbenutzung eines Wegs, der zu einer Anlage der Gemeinde gehört, Kblz MDR **81**, 671. ZRweg für den entgegengesetzten Unterlassungsanspruch der Gemeinde gegen den Bürger, ebenso für einen Pacht- oder Nutzungsanspruch.

S auch Rn 62 „Straßenrecht".

71 **Werkwohnung:** ZRweg für einen Streit über die Miethöhe, BAG NZA **90**, 539.

S auch Rn 37 „Dienstwohnung".

Wettbewerb, dazu *Broß* VerwArch **88**, 107, *Kopp* GewArch **88**, 383, *Melullis* WRP **88**, 228: ZRweg für Ansprüche Privater auf eine Unterlassung aus UWG oder GWB gegen Körperschaften des öffentlichen Rechts und Amtsträger, soweit die Parteien sich auf dem Boden der Gleichordnung gegenüberstehen und das Verwaltungshandeln nach dem Vorbringen des Klägers ihm gegenüber wettbewerbswidrig ist, BGH NJW **93**, 1659, Karlsr WRP **88**, 272 (Handwerkskammer), KG RR **86**, 201 (Gerichtsvollzieher), Celle MedR **88**, 257 (Zahnärztekammer). Jedenfalls dürfen die Zivilgerichte einen Träger der öffentlichen Gewalt nicht zu einem Tun oder Unterlassen auf dem Gebiet des öffentlichen Rechts verurteilen. ZRweg für eine Klage der Zentrale zur Bekämpfung unterlauteren Wettbewerbs gegen eine Ersatzkasse auf eine Unterlassung der Zusendung von Werbeunterlagen, BGH NJW **03**, 1194. ZRweg wegen eines Wettbewerbsverstoßes eines öffentlichrechtlichen Versorgungsträgers, Hbg OLGZ **94**, 316.

SRweg für Wettbewerbsstreitigkeiten zwischen öffentlichrechtlichen Krankenkassen, BGH NJW **98**, 2743, oder für solche Streitigkeiten zwischen einem Dritten und einer Krankenkasse, § 51 II SGG, Rn 4, BGH NJW **00**, 2749, KG NJW **02**, 1505.

ZRweg für Ansprüche dieser Art gegen kirchliche Einrichtungen, BGH NJW **81**, 2811, und Wettbewerbsstreitigkeiten zwischen privaten und öffentlichen Bestattungsunternehmen, wenn nicht mit der Kläger in einen hoheitlichen Bereich eingegriffen wird, BayKompKonflGH MDR **75**, 587. ZRweg: Mü GRUR **87**, 550, Stgt WRP **84**, 440 (Unterbringung von städtischem Bestattungsbetrieb und entsprechenden Behörden in demselben Gebäude), OVG Münst VerwArch **79**, 258 (Unterbringung von Straßenverkehrsamt und privater Verkauf von Kfz-Kennzeichen in demselben Gebäude), Ffm NJW **97**, 2391 (Zuschuß einer Gemeinde). VRweg für sonstige nicht auf UWG gestützte Abwehrklagen gegen eine öffentlichrechtliche Körperschaft, BayObLG BayVBl **82**, 218, Ffm OLGZ **88**, 456, VGH Mü GewArch **76**, 326.

72 **Widerruf:** Kein ZRweg bei einer Klage auf den Widerruf der Äußerungen eines Zeugen vor dem VG, ebenso bei einer Klage auf den Widerruf einer ehrkränkenden dienstlichen Äußerung in einer öffentlichen Sitzung, gegenüber der Presse usw, OVG Bln DtZ **96**, 252, VGH Kassel NJW **88**, 1683, OVG Münst NJW **88**, 2636 (Ehrverletzung durch einen Richter), Kblz OLGZ **88**, 370 (Äußerung eines Bürgermeisters), desgleichen bei herabsetzenden Äußerungen von einer Verwaltungsbehörde, Düss NVwZ **98**, 435, ZRweg aber dann, wenn ein enger Zusammenhang mit bloßer fiskalischer Tätigkeit besteht, BGH NJW **78**, 1860, BVerwG NJW **88**, 2399, VGH Mannh NVwZ **98**, 413. ZRweg auch dann, wenn nur eine von dem Beamten selbst abgegebene Erklärung geeignet ist, die Ehre des Kl wiederherzustellen, Zweibr NVwZ **82**, 332. Stets ZRweg für Klagen auf einen Persönlichkeits- und Ehrenschutz gegen Äußerungen von Mitgliedern einer Vertretungskörperschaft, BGH NJW **80**, 780, Ffm NVwZ-RR **99**, 814, VG Ffm NVwZ **92**, 87.

Wirtschaftslenkung: VRweg für Ausgleichsabgaben. ZRweg für Ansprüche der Bundesanstalt für landwirtschaftliche Marktordnung auf Vertragsstrafen, BGH NJW **83**, 519.

Wirtschaftsverband: ZRweg für Erzwingung der Aufnahme in einen solchen, auch wenn er Berufsinteressen der Unternehmen eines bestimmten Gewerbe- oder Handelszweigs vertritt, da das eine privatrechtliche Streitigkeit ist.

Wohngeld: ZRweg für den Anspruch auf eine Erstattung von versehentlich an den Erben gelangten Zahlungen, BVerwG BayVBl **90**, 475.

73 **Wohnungsbau- und FamilienheimG** (II. WoBauG): ZRweg für Streitigkeiten über Ansprüche aus den auf Grund der Bewilligung öffentlicher Mittel geschlossenen Verträgen, übernommenen Bürgschaften und Gewährleistungen, für Streitigkeiten zwischen dem Bauherrn und einem Bewerber aus einer Vorkaufsverpflichtung sowie solchen zwischen einem Bauherrn und einem Betreuungsunternehmen, § 102 II des II. WoBauG, ebso für Streitigkeiten über den Verkauf von Grundstücken im Rahmen des § 89 II des II. WoBauG, BVerwG **38**, 281, und über die Ablösung eines Darlehens nach § 69 des II. WoBauG. VRweg bei Bewilligungen, Bürgschaften und Gewährleistungen sowie Zulassung eines Betreuungsunternehmens, § 102 I des II. WoBauG.

S auch Rn 63 „Subventionierung".

WohnungsbindungsG: ZRweg für Ansprüche auf zusätzliche Leistungen nach § 25 I, BGH **61**, 296.
Wohnungseigentum: Grundsätzlich jetzt ZRweg. Denn es gilt weitgehend die ZPO.
Zinsen: Grundsätzlich gilt derselbe Rweg wie für die Hauptforderung, auch wenn nur die Zinsen Gegenstand sind. ZRweg dann, wenn ein Anspruch auf den Ersatz eines Verzugsschadens aus einem nichtvertraglichen öffentlichrechtlichen Verhältnis in Zusammenhang mit möglichen Amtshaftungsansprüchen steht. 74
Zivildienst: ZRweg für Schadensersatzansprüche des Bundes gegen eine Beschäftigungsstelle, BGH MDR **91**, 227, ebenso für Schadensersatzansprüche einer Zivildienststelle gegen einen Zivildienstleistenden, VG Darmstadt NVwZ **86**, 331.
Zusatzversorgung: ZRweg, Stürmer NJW **04**, 2480, zB beim Streit mit dem Versicherten, BGH VersR **06**, 534.

13a *Überbezirkliche Zuweisung.* **Durch Landesrecht können einem Gericht für die Bezirke mehrerer Gerichte Sachen aller Art ganz oder teilweise zugewiesen sowie auswärtige Spruchkörper von Gerichten eingerichtet werden.**

Vorbem. Eingefügt dch Art 17 Z 1 G v 19. 4. 06, BGBl 866, in Kraft seit 25. 4. 06, Art 210 I G.

14 *Besondere Gerichte.* **Als besondere Gerichte werden Gerichte der Schiffahrt für die in den Staatsverträgen bezeichneten Angelegenheiten zugelassen.**

1) Geltungsbereich. Besondere Gerichte (Sondergerichte) sind solche Gerichte, die die Gerichtsbarkeit für einen begrenzten Ausschnitt des Rechtsgebietes haben und die keine ordentlichen Gerichte sind, also nicht unter § 12 fallen, Einf § 13 Rn 3. Sie sind nur zulässig, soweit sie bundesgesetzlich bestellt oder bundesgesetzlich zugelassen sind, § 14 (anders die Ausnahmegerichte, § 16). Zu den Sondergerichten gehören auch das Patentgericht und die Arbeitsgerichte (wegen deren Zuständigkeit Rn 6). § 14 behandelt die durch das GVG zugelassenen Sondergerichte. Die Landesgesetzgebung darf keine neuen Sondergerichte begründen, wohl aber die ordentlichen Gerichte auch bei § 14 zuständig machen, §§ 3 EGZPO, 3 EGGVG. Ob die Zuständigkeit der Sondergerichte ausschließlich ist, bestimmt das betreffende Gesetz. Die Wiedergutmachungskammern nach den Rückerstattungsgesetzen, die Entschädigungsgerichte, die Gerichte nach dem LwVG, gehören den ordentlichen Gerichten an, ebenso die Kammern für Baulandsachen, § 71 Rn 5, und die entsprechenden Senate, § 119 Rn 11 (wenn auch beide in besonderer Besetzung), ebenso die Kartellsenate beim OLG und BGH, § 119 Rn 11, § 133 Rn 3. 1

2) Staatsvertragliche Schiffahrtsgerichte. § 14 betrifft nur die Rheinschiffahrtsgerichte, Rn 4. Ihre Tätigkeit richtet sich nach dem G über das gerichtliche Verfahren in Binnenschiffahrts- und Rheinschiffahrtssachen vom 27. 9. 52, BGBl 641 (gilt auch in Berlin, G vom 2. 12. 52, GVBl 1051). Die allgemeinen Verfahrensvorschriften dieses G sind nur insoweit anwendbar, als sich nicht aus der revidierten Rheinschiffahrtsakte vom 17. 10. 1868 (Bek der Neufassung v 11. 3. 69, BGBl II 597, zuletzt geändert durch die Zusatzprotokolle Nr 2, BGBl **80** II 871, und Nr 3, BGBl **80** II 876; sonstige Vertragsstaaten sind Belgien, Frankreich, Niederlande, Schweiz und Vereinigtes Königreich, Bek v 12. 6. 67, BGBl II 2000, Zusatzprotokoll v 25. 10. 72, BGBl 74 II 1385, in Kraft 27. 2. 75, BGBl II 743) und den besonderen Bestimmungen des Gesetzes etwas anderes ergibt, vgl BBGS E 5. Nur Klagen der in Art 34*bis* (Art 3 G v 6. 7. 66, BGBl II 560) der revidierten RhSchiffAkte genannten Art sind Rheinschiffahrtssachen. Eine bei einem Rheinschiffahrtsgericht anhängige andere Binnenschiffahrtssache ist an das vereinbarte oder zuständige Gericht zu verweisen, BGH **45**, 237. 2

Die *örtliche Zuständigkeit* der Rheinschiffahrtsgerichte ist aber keine ausschließliche. Daher läßt sich die örtliche Zuständigkeit eines deutschen Gerichts und damit die deutsche Gerichtsbarkeit durch eine entsprechende Parteivereinbarung für Schadensersatzansprüche aus Schiffszusammenstößen auf nichtdeutschem Gebiet begründen. 3

Rechtsmittelgericht gegen Entscheidungen von Schiffahrtsgerichten in BaWü: OLG Stgt mit Sitz in Karlsr, in Hessen: OLG Ffm, in RhldPf: OLG Kblz, in NRW: OLG Köln, jeweils als Rheinschiffahrtsobergericht, wahlweise in allen Fällen Rheinzentralkommission in Straßburg, VV Art 355, in letzterem Fall mit Verfahren nach Mannheimer Konvention (VerfO der BfgsKammer v 23. 10. 69, Bek v 23. 1. 70, BGBl II 37). Rechtsmittel sind auch in Hinblick auf den Tatbestand zulässig. Nur die Zentralkommission ist Sondergericht, während die Rheinschiffahrtsgerichte besondere Abteilungen oder Senate des ordentlichen Gerichts sind. Durch *Abkommen vom 8. 2. 54, SaBl 861,* haben *BaWü, Hess, NRW, RhldPf* die Gliederung der Schiffahrtsgerichtsbezirke geregelt. Danach sind Berufungs- und Beschwerdegericht nur Karlsr und Köln. Gegen Urteile dieser Gerichte ist die Revision an den BGH zulässig, BGH **18**, 267. Die Vollstreckbarkeit von Entscheidungen außerdeutscher Rheinschiffahrtsgerichte richtet sich nach Art 40 Rev RheinschiffAkte. Die Vollstreckungsklausel nach § 724 ZPO erteilt das Rheinschiffahrtsobergericht, § 21 des G üb das gerichtliche Verfahren in Binnenschiffahrtssachen.

3) Gerichte für die sonstige Binnenschiffahrt. Diese Gerichte sind keine Sondergerichte, sondern Gerichte der ordentlichen Gerichtsbarkeit mit besonderer Bezeichnung und besonderer Regelung der sachlichen Zuständigkeit. G üb das gerichtliche Verfahren in Binnenschiffahrtssachen, BGBl III 310–5, zuletzt geändert durch Art 8 ZPO-RG v 27. 7. 01, BGBl 1887. Nach dem BinnenschiffahrtsG sind Schiffahrtssachen Streitigkeiten über bestimmte Ansprüche, die mit der Benutzung von Binnengewässern durch Schiffahrt und Flößerei zusammenhängen, wie Ersatzansprüche aus Schiffsunfällen usw, Ansprüche auf eine Lotsenvergütung, aus einer Bergung und Hilfeleistung, auch aus einer Verletzung der Verkehrssicherungspflicht. Schiffahrtsgerichte sind die AGe. Sie müssen sich auch als Schiffahrtsgerichte in Schiffahrtssachen bezeichnen; entsprechend das OLG als Schiffahrtsobergericht. Eine Vereinbarung der Zuständigkeit ist zulässig. Vgl aber auch §§ 6, 14 II G. Die Berufung ist ohne Rücksicht auf den Streitwert zulässig, § 9. 4

Die *Landesregierungen* können einem Schiffahrtsgericht oder Schiffahrtsobergericht Sachen bestimmter Gewässer oder aus Abschnitten solcher zuweisen; so für *Berlin* AGe Charlottenburg und Tiergarten, *VO vom 26. 4. 54, GVBl 217; für Bay* AG Würzb den bayer Teil des Mains mit Nebenflüssen und die Großschiffahrtsstraße zwischen Main und Nürnb einschließlich Nürnb Hafen, AG Regensbg für Donau und Nebenflüsse einschließlich Donau-Main-Kanal, AG Starnberg für die bayer Seen, AG Lindau für den bayer Teil des Bodensees und seiner Zuflüsse, Schiffahrtsobergericht ist Nürnb, *VO v 29. 5. 67, GVBl 371;* für *Saarld* AG Saarbrücken für die Saar, *VO v 27. 3. 58, ABl 321.* Die Länder können auch Vereinbarungen dahingehend treffen, daß Binnenschiffahrtssachen eines Landes ganz oder teilweise den Gerichten des anderen Landes zugewiesen werden, § 4 G: Abkommen *Hess* u *NRW vom 15. 3. 54 (SaBl 682)* bezüglich der hess Binnenschiffahrtssachen im Stromgebiet der Weser, Werra, Fulda, ratifiziert *Hess G vom 1. 6. 54, GVBl 97. Nds, SchlH, Bre u Hbg: Staatsvertrag v 24. 6., 3. 8., 24. 8. u 11. 8. 83, Hbg GVBl* ***84****, 16,* bezüglich Weser, Elbe, Ems und zugehöriger Kanäle. Revision gegen das Urt des Schiffahrtsobergerichtes ist zulässig, BGH **3**, 308.

Für die *Moselschiffahrt* auch auf Grund des Vertrages zwischen der BRep, Frankreich u Luxemburg v 27. 10. 56, BGBl II 1838 iVm §§ 4, 18 a BinnSchG für Mosellauf, auf dem deutsche Gerichtsbarkeit ausgeübt wird, im 1. Rechtszug AG St. Goar, im 2. Rechtszug OLG Köln, *Abk NRW, RhldPf, Saarld v 1. 2./ 25. 2./9. 3. 66, RhldPfGVBl 115, ABl Saar 301, NRWGVBl 294.*

5 **4) Gemeindegerichte.** Sie sind abgeschafft worden.

6 **5) Arbeitsgerichte.** Auch im Verhältnis zu den ordentlichen Gerichten handelt es sich der Sache nach um die Zulässigkeit des Rechtswegs, § 48 I ArbGG, BAG NJW **96**, 2949, Köln RR **95**, 319, Kissel NZA **95**, 346, aM Krasshöfer-Pidde/Molkenbur NZA **91**, 623, Schwab NZA **91**, 663, Vollkommer Festschrift für Kissel (1994) 1183. Die Verweisung erfolgt nach § 17 a. Die Zuständigkeit der Arbeitsgerichte regeln §§ 2, 2 a, 3, 5 ArbGG (zur Abgrenzung zum ZRweg BGH NJW **99**, 648, BAG NZA **97**, 674, zur Zulässigkeit einer Wahlfeststellung BAG NJW **97**, 1724.

15 (weggefallen)

16 *Ausnahmegerichte.* [1] **Ausnahmegerichte sind unstatthaft.** [2] **Niemand darf seinem gesetzlichen Richter entzogen werden.**

Schrifttum: *Baer,* Die Unabhängigkeit der Richter in der Bundesrepublik Deutschland und in der DDR, 1999; *Bettermann,* Die Unabhängigkeit der Gerichte und der gesetzliche Richter, Handbuch „Die Grundrechte".

1 **1) Systematik, S 1, 2.** Die verfassungsrechtliche Verankerung der Vorschrift enthält Art 101 I 1, 2 GG. § 16 stimmt mit ihm fast wörtlich überein. Regelungen entsprechend I 2 enthalten auch mehrere Landesverfassungen.

2 **2) Regelungszweck, S 1, 2.** Vor allem S 2 hat für die Rechtsstaatlichkeit nach Art 20 GG eine zentrale Bedeutung. Es gibt andere Staaten, die ganz selbstverständlich den Anspruch erheben, ebenfalls ein Rechtsstaat zu sein, trotzdem aber bis hinauf in ihre höchsten Gerichte eine aus der Lage des Einzelfalls entwickelte Geschäftsverteilung als völlig korrekt behandeln (Zweigert). Das wäre nach deutschem Verständnis ganz unvorstellbar. Man kann die Form also offenbar unterschiedlich hoch ansetzen. Das sollte man bei aller gebotenen Strenge manchmal im Rechtsalltag angesichts mancher Nöte in einem überlasteten Präsidium usw ein wenig mitbedenken dürfen.

3 **3) Unstatthaftigkeit eines Ausnahmegerichts, S 1.** Ausnahmegerichte sind solche Gerichte, die in einer Abweichung von der gesetzlichen Zuständigkeit gebildet und zur Entscheidung einzelner konkreter und individuell bestimmter Fälle berufen werden, BVerfG **10**, 212, VerfGH Mü NJW **84**, 2813. Nicht darunter fällt demgemäß die Zuweisung einer bestimmten Fallgruppe an einen anderen Zweig der Gerichtsbarkeit, zB von Notarsachen an das Zivilgericht. Auch ein einzelner Spruchkörper kann ein unzulässiges Ausnahmegericht sein, wenn ihm die Geschäftsverteilung eines Einzelfall oder eine Gruppe von Einzelfällen zuweist. Dagegen entsteht ein zulässiger Spezialspruchkörper, wenn der Geschäftsverteilungsplan ihm abstrakt bestimmte Sachgebiete zuweist, zB wegen § 40 II 1 VwGO alle Rechtsstreitigkeiten, an denen eine juristische Person des öffentlichen Rechts beteiligt ist, BayVerfGH NJW **84**, 2813.

4 **4) Gesetzlicher Richter, S 2,** dazu *Eser* in: Festschrift für *Salger* (1995): Die Vorschrift regelt jede Art von Richtertätigkeit, BVerfG **4**, 412. Sie besagt, daß man niemanden vor einen gesetzlich nicht für ihn zuständigen Richter ziehen darf, BVerfG NJW **97**, 1497 (Plenum). Ein Verstoß gegen S 2 kann darin liegen, daß die Zulassung eines Rechtsmittels, zB der Revision, unterbleibt, obwohl die Voraussetzungen vorliegen, Proske NJW **97**, 352. Auch durch ein willkürliches Unterlassen einer durch das Gesetz gebotenen Vorlage zB nach § 132 oder nach § 29 EGGVG kann man den Betroffenen seinem gesetzlichen Richter entziehen, Leisner NJW **89**, 2446, Schneider MDR **00**, 10. Das gilt insbesondere bei Art 100 I GG, BVerfG **67**, 95, VerfGH Mü BayVBl **85**, 363, ebenso bei Art 177 III EGV, BVerfG NJW **97**, 2512, BVerwG RIW **90**, 676, VerfGH Mü NJW **85**, 2894.

5 Mit gesetzlichem Richter meint S 2 nicht nur das Gericht als organisatorische Einheit oder das erkennende Gericht als einen Spruchkörper, sondern auch den *im Einzelfall* zur Entscheidung berufenen Richter, BVerfG (Plenum) NJW **97**, 1498. Von Verfassungs wegen müssen also abstrakte Regelungen darüber bestehen, welches Gericht, welcher Spruchkörper und welcher Richter zur Entscheidung des jeweiligen Einzelfalls zuständig ist. Das ergibt sich nicht nur aus den Prozeßgesetzen, sondern auch aus der Geschäftsverteilung und beim Kollegialgericht aus dem Mitwirkungsplan für den Spruchkörper, BVerfG NJW **97**, 1498, BAG NZA **97**, 333. Zur Geschäftsverteilung § 21 e, zum Mitwirkungsplan § 21 g. Man kann das

Recht auf den gesetzlichen Richter auch dadurch verletzen, daß man eine frei gewordene Vorsitzendenstelle nicht in angemessener Zeit wieder besetzt, BVerfG NJW **83**, 1541. Jedes Gericht muß beim Anlaß zu Zweifeln seine eigene ordnungsgemäße Besetzung prüfen und durch einen Beschluß feststellen oder für Abhilfe sorgen, BVerfG EuGRZ **83**, 500, Saarl VerfGH NJW **87**, 3247 und 3248, LSG Darmst NJW **85**, 2356.

Entzogen wird eine Sache nicht schon durch eine objektiv unzutreffende Abgabe an eine andere Kammer. 6
Eine Entziehung nach Art 101 I 2 GG oder nach § 16 liegt nur dann vor, wenn willkürliche Erwägungen die Entscheidung tragen, BVerfG **29**, 48, wenn sie also auf unsachlichen oder nicht mehr zu rechtfertigenden Erwägungen beruht, § 281 ZPO Rn 39, und natürlich bei jeder Manipulierung, BVerfG NJW **64**, 1020, auch bei der Mißachtung einer Vorlagepflicht, BVerfG NJW **88**, 1015. Demgemäß liegt keine Entziehung vor bei einer Annahme der Zuständigkeit nach einer sorgfältigen Prüfung und überhaupt bei einer bloß irrtümlichen Handhabung, BVerfG **29**, 48, BGH **85**, 116, BVerwG NJW **83**, 896. Bei der Prüfung der Willkür kommt es nicht auf die vom Gericht für seine Zuständigkeit gegebene Begründung an, sondern darauf, ob sich die Annahme der Zuständigkeit bei einer objektiven Betrachtung als unhaltbar erweist, BGH **85**, 116. Das Verbot des S 2 erstreckt sich nicht nur auf die Spruchtätigkeit, sondern auch auf die sie vorbereitenden Handlungen, BVerfG NJW **56**, 545.

Dem Grundsatz steht aber nicht entgegen, daß man bestimmte im *Sachzusammenhang* mit einer besonderen Rechtsmaterie stehende Streitsachen nicht den VGen überläßt, sondern zur einheitlichen Beurteilung bei den ordentlichen Gerichten zusammenfaßt. Einzelnen ist es nicht verwehrt, zulässige Gerichtsstandsvereinbarungen oder Schiedsvereinbarungen zu treffen. Entscheidet eine Kammer für Baulandsachen über solche Sachen mit, die nicht unter das BauGB fallen, liegt darin kein unheilbarer Mangel, § 295.

Der Grundsatz schließt auch eine *Überbesetzung* nicht aus. Er fordert also nicht, daß Kammern und 7
Senate der Kollegialgerichte personell nur so stark sein dürfen, daß alle Richter bei der Entscheidung mitwirken, BVerfG NJW **95**, 2704 (zustm Zärban MDR **95**, 1203), BFH NJW **92**, 1061 und 1062, Katholnigg NJW **92**, 2256, aM Atzler DRiZ **92**, 341. Der Kammer oder dem Senat dürfen also so viele Richter angehören, wie erforderlich sind, um die jenen geschäftsordnungsmäßig zugeteilten Aufgaben zu bewältigen, § 59 Rn 3. Andererseits darf die Geschäftsverteilung nicht so viele Aufgaben zuteilen, daß der Vorsitzende nicht mehr überall seinen Aufgaben nach § 21 f nachkommen kann. Eine Überbesetzung verletzt den Grundsatz und damit Art 101 I 2 GG, wenn die Zahl der Mitglieder es gestattet, daß der Spruchkörper in zwei personell verschiedenen Sitzgruppen gleichzeitig Recht spricht oder daß der Vorsitzende gar drei Sitzgruppen mit je verschiedenen Beisitzern bildet, BVerfG **22**, 285, BGH NJW **85**, 2840, BFH NJW **92**, 1061 und 1063. Dabei bleibt die Mitwirkung eines nur nebenamtlich tätigen Universitätsprofessors außer Betracht.

Demgemäß ist eine Besetzung mit fünf vollamtlich tätigen Beisitzern *unbedenklich,* soweit es sich um den BGH und den BFH handelt, BFH NJW **92**, 1061 und 1063, und ebenso beim LG und OLG eine Besetzung mit vier Beisitzern, BVerfG NJW **65**, 1219 (abl Arndt, zustm Dinslage), BGH NJW **85**, 2840.

Aber auch eine stärkere Überbesetzung verletzt das Recht auf den gesetzlichen Richter dann nicht, wenn der *Mitwirkungsplan* nach § 21 g II entsprechend dem Gesetz von vornherein nach abstrakten Merkmalen eindeutig bestimmt, welche Richter im Einzelfall zuständig sind, und wenn er auch sicherstellt, daß der Vorsitzende seinen Aufgaben nach § 21 f nachkommen kann, BVerfG NJW **04**, 3482, BGH ZIP **94**, 1479. Denn dann ist jede Manipulation ausgeschlossen. Es liegt hier nicht anders als bei der Betrauung eines Vorsitzenden mit dem Vorsitz in mehreren Spruchkörpern, die zulässig ist. Vgl auch § 59 Rn 4.

5) Verstoß. Wegen der Folgen eines Verstoßes gegen S 2 § 551 ZPO Rn 8. 8

17 *Zulässigkeit des Rechtsweges.* I 1 **Die Zulässigkeit des beschrittenen Rechtsweges wird durch eine nach Rechtshängigkeit eintretende Veränderung der sie begründenden Umstände nicht berührt. 2 Während der Rechtshängigkeit kann die Sache von keiner Partei anderweitig anhängig gemacht werden.**

II 1 **Das Gericht des zulässigen Rechtsweges entscheidet den Rechtsstreit unter allen in Betracht kommenden rechtlichen Gesichtspunkten. 2 Artikel 14 Abs. 3 Satz 4 und Artikel 34 Satz 3 des Grundgesetzes bleiben unberührt.**

1) Systematik, Regelungszweck, I, II. Die Zulässigkeit des Rechtswegs ist eine Prozeßvoraussetzung, 1
§ 13 Rn 2. Das Erstgericht muß sie in jeder Lage des Verfahrens von Amts wegen prüfen, nicht dagegen das Berufungs- und Revisionsgericht, § 17 a V. Bei einer Unzulässigkeit des Rechtswegs muß das Erstgericht den Rechtsstreit durch einen anfechtbaren Beschluß in einem Vorabverfahren mit einer bindenden Wirkung verweisen, § 17 a II, IV. Zu den Prüfungsmaßstäben § 13 Rn 10 ff. Arglist ist auch hier unstatthaft, Einl III 54, BAG NZA **07**, 111 (Erschleichung des Rechtswegs).

Zweck von I ist nahezu derselbe wie bei § 261 III ZPO. Vgl daher dort Rn 3. II dient der Prozeßwirtschaftlichkeit nach Grdz 14 vor § 128 ZPO und ist entsprechen weit auslegbar.

2) Geltungsbereich I, II. § 17 gilt für alle Verfahrensarten des Rechtswegs, zB: Für das Eilverfahren, 2
BGH RR **05**, 142; für das Mahnverfahren; für das selbständige Beweisverfahren; für das Prozeßkostenhilfeverfahren, aM VGH Mannh NJW **95**, 1915, ThP 2. § 17 gilt in der Arbeitsgerichtsbarkeit entsprechend, § 48 I ArbGG, für den Rechtsweg auch im Verhältnis zu den ordentlichen Gerichten, BAG NZA **93**, 524, außerdem I auch für die sachliche und örtliche Zuständigkeit, Kissel NZA **95**, 345. Die Vorschrift gilt auch im Verhältnis zwischen der streitigen und der freiwilligen Gerichtsbarkeit, BGH RR **05**, 721.

3 **3) Rechtshängigkeit, I.** Es gibt zwei Aspekte.

A. Fortdauer der Zulässigkeit des Rechtswegs, I 1. Die Zulässigkeit des in einer Sache beschrittenen Rechtswegs bleibt durch eine nach der Rechtshängigkeit eintretende Veränderung der sie begründenden Umstände unberührt. Daher bleibt zB eine Rechtsänderung außer Betracht, wenn eine Übergangsvorschrift nichts anderes bestimmt, BGH NJW **02**, 1351, OVG Hbg NJW **93**, 278, Piekenbrock NJW **00**, 3476. Entsprechendes gilt nach § 261 III Z 2 ZPO für die Zuständigkeit des Prozeßgerichts (perpetuatio fori), BGH NJW **02**, 1351. Wegen der Einzelheiten § 261 ZPO Rn 28–30.

Umkehren läßt sich diese Regel *nicht*, § 261 ZPO Rn 31–33. Es genügt, wenn die Zulässigkeit des Rechtswegs bis zur letzten Tatsachenverhandlung wenigstens einmal eingetreten ist. Dabei ist es ohne Bedeutung, ob das auf einer Veränderung der Verhältnisse, einer Umstellung des Klagebegehrens oder einer Änderung der maßgeblichen Rechtvorschriften beruht, BGH NJW **92**, 1757, Kissel NJW **91**, 948. Hierher gehört auch die Beibringung der für die Eröffnung des Rechtswegs nötigen Vorentscheidung einer Verwaltungsbehörde zB nach §§ 173 ff, 210 ff BEG, §§ 49 ff, 81 BLG, Art 22 BayAGGVG, § 13 Rn 4.

Unstatthaft ist aber eine Rechtswegerschleichung durch eine von vornherein geplante „rechtzeitige" Klagerücknahme, Rn 1, BAG NZA **07**, 111.

4 **B. Rechtswegsperre, I 2.** Während der Rechtshängigkeit nach § 261 ZPO kann keine Partei dieselbe Sache und damit denselben Streitgegenstand nach § 2 ZPO Rn 4 anderweitig anhängig machen. Auch das entspricht der im Zivilprozeß für die Zuständigkeit geltenden Regelung, § 261 III Z 1 ZPO. Das später angerufene Gericht muß die Klage wegen dieses Prozeßhindernisses als unzulässig abweisen ohne Rücksicht darauf, daß der Rechtsweg zu diesem Gericht nicht statthaft ist, BGH NJW **98**, 231, VGH Mannh NJW **96**, 1299, OVG Münst NJW **98**, 1581. Das gilt auch bei einer Rechtshängigkeit im Ausland, Grdz 25 vor § 261 ZPO. Die EuGVVO hat aber den Vorrang, SchlAnh V C 2.

5 **4) Umfang der Sachprüfung, II 1, 2,** dazu *Hager* Festschrift für *Kissel* (1994) 327; *Lüke* Festschrift für *Kissel* (1997) 709 (je: Üb):

A. Grundsatz: Umfassende Prüfung, II 1. Das Gericht des zulässigen Rechtswegs, also des in erster Instanz allseits als richtig erachteten oder nach § 17 a II, III festgestellten Rechtswegs, entscheidet den Rechtsstreit unter allen in Betracht kommenden rechtlichen Gesichtspunkten ohne Rücksicht darauf, welchem Rechtsgebiet die Norm angehört. Das gilt also dann, wenn für den Klaganspruch nach dem Klagantrag und nach dem zu seiner Begründung vorgetragenen Sachverhalt mehrere verschiedenen Rechtswegen zugeordnete auch tatsächlich und rechtlich selbständige Grundlagen in Betracht kommen, BGH NJW **85**, 2756. Das Gericht darf und muß dann über sämtliche Klagegründe entscheiden, sofern der beschrittene Rechtsweg für einen von ihnen statthaft ist, BGH NJW **03**, 828 (zustm Mankowski JZ **03**, 687, Spickhoff VersR **03**, 665), BVerwG NJW **95**, 2939, LAG Mü NZA **00**, 155. Dabei bleiben geltend gemachte, aber offensichtlich nicht vorhandene Anspruchsgrundlagen außer Betracht, BGH NVwZ **90**, 1104, BVerwG NVwZ **93**, 359. Hängt die Zulässigkeit des Rechtswegs von streitigen Tatsachen ab, muß das Gericht darüber Beweis erheben, Windel ZZP **111**, 3 ff. Bei alledem gilt die Verfahrensordnung des angerufenen Gerichts, Lechers ZZP **110**, 341.

6 **B. Anspruchsmehrheit, II 1.** Die Vorschrift ändert nichts daran, daß das angerufene Gericht bei einer Mehrheit von prozessualen Ansprüchen für einen oder mehrere von ihnen die Zulässigkeit des zu ihm beschrittenen Rechtswegs evtl verneinen darf und muß, BGH NJW **03**, 282, BSG MDR **95**, 508, VGH Mannh NJW **93**, 3344. Es muß dann insoweit nach § 17 a verfahren, Kissel NJW **91**, 951, Schenke/Ruthig NJW **92**, 2510. Das gilt auch bei einer Klage und Widerklage, Schenke/Ruthig NJW **92**, 2510, Schwab NZA **91**, 663, oder bei Streitgenossen, Ffm RR **95**, 319. § 36 I Z 3 ZPO gibt nicht einen gemeinsamen Rechtsweg für Klagen gegen mehrere Personen, BGH MDR **95**, 524.

7 **C. Hilfsvortrag, II 1.** II gilt nur eingeschränkt für Klagegründe aus einem hilfsweisen Vorbringen. In diesen Fällen bestimmt sich der zulässige Rechtsweg nach dem Hauptvorbringen. Steht für das Hauptvorbringen der beschrittene Rechtsweg nicht offen, muß das Gericht nach § 17 a II verfahren. Ist es dagegen für den Hauptgrund rechtswegzuständig, darf und muß es vorbehaltlich II 2 auch über die Hilfsgründe entscheiden, Schilken ZZP **105**, 89.

8 **D. Zuständigkeit verschiedener Gerichte, II 1.** II ist bei einer örtlichen Zuständigkeit verschiedener Gerichte unanwendbar, § 32 Rn 14, BGH NJW **96**, 1413 (zustm Mankowski IPRax **97**, 173), Köln MDR **00**, 170, aM KG MDR **00**, 413 (zustm Peglau MDR **00**, 723), Schneider MDR **00**, 599.

9 **5) Unanwendbarkeit, II 2.** Im Hinblick auf die verfassungsrechtliche Rechtswegregelung in Artt 14 III 4, Art 34 S 3 GG gilt der Grundsatz der umfassenden Prüfung aller Klagegründe nicht für eine solche Klage, die sich auch auf diese Artikel stützt, also auf eine Enteignung und/oder Amtspflichtverletzung, Gaa NJW **97**, 3346. Dann darf nur das ordentliche Gericht das Begehren prüfen, nicht aber das Gericht eines anderen Zweigs unter diesen Gesichtspunkten bescheiden. Reichen bei diesem Gericht die übrigen Klagegründe für ein stattgebendes Urteil nicht aus, muß es die Klage als unbegründet abweisen, ohne daß eine Verweisung möglich wäre.

Kommt bei dem Gericht eines anderen Zweigs eine unter II 2 fallende Forderung zur *Aufrechnung,* liegt ein selbständiger prozessualer Anspruch vor, Rn 6, Rupp NJW **93**, 3274, ZöGu 10, aM Gaa NJW **97**, 3343. Dennoch sollte man grundsätzlich nach § 145 vorgehen, ThP 9. Das gilt zumindest bei einer unstreitigen Aufrechnungsforderung, BVerwG NJW **93**, 2255.

17a *Fassung 1. 9. 2009:* ***Entscheidung über den Rechtsweg.*** [I] **Hat ein Gericht den zu ihm beschrittenen Rechtsweg rechtskräftig für zulässig erklärt, sind andere Gerichte an diese Entscheidung gebunden.**

II 1 Ist der beschrittene Rechtsweg unzulässig, spricht das Gericht dies nach Anhörung der Parteien von Amts wegen aus und verweist den Rechtsstreit zugleich an das zuständige Gericht des zulässigen Rechtsweges. 2 Sind mehrere Gerichte zuständig, wird an das vom Kläger oder Antragsteller auszuwählende Gericht verwiesen oder, wenn die Wahl unterbleibt, an das vom Gericht bestimmte. 3 Der Beschluß ist für das Gericht, an das der Rechtsstreit verwiesen worden ist, hinsichtlich des Rechtsweges bindend.

III 1 Ist der beschrittene Rechtsweg zulässig, kann das Gericht dies vorab aussprechen. 2 Es hat vorab zu entscheiden, wenn eine Partei die Zulässigkeit des Rechtsweges rügt.

IV 1 Der Beschluß nach den Absätzen 2 und 3 kann ohne mündliche Verhandlung ergehen. 2 Er ist zu begründen. 3 Gegen den Beschluß ist die sofortige Beschwerde nach den Vorschriften der jeweils anzuwendenden Verfahrensordnung gegeben. 4 Den Beteiligten steht die Beschwerde gegen einen Beschluß des oberen Landesgerichts an den obersten Gerichtshof des Bundes nur zu, wenn sie in dem Beschluß zugelassen worden ist. 5 Die Beschwerde ist zuzulassen, wenn die Rechtsfrage grundsätzliche Bedeutung hat oder wenn das Gericht von der Entscheidung eines obersten Gerichtshofes des Bundes oder des Gemeinsamen Senats der obersten Gerichtshöfe des Bundes abweicht. 6 Der oberste Gerichtshof des Bundes ist an die Zulassung der Beschwerde gebunden.

V Das Gericht, das über ein Rechtsmittel gegen eine Entscheidung in der Hauptsache entscheidet, prüft nicht, ob der beschrittene Rechtsweg zulässig ist.

VI Die Absätze 1 bis 5 gelten für die in bürgerlichen Rechtsstreitigkeiten, Familiensachen und Angelegenheiten der freiwilligen Gerichtsbareit zuständigen Spruchkörper in ihrem Verhältnis zueinander entsprechend.

Vorbem. VI angefügt dch Art 22 Z 3 FGG-RG, in Kraft seit 1. 9. 09, Art 112 I Hs 1 FGG-RG, ÜbergangsR Art 111 FGG-RG, Einf 4 vor § 1 FamFG.

Bisherige Fassung: **I–V (s. o.)**

Gliederung

1) Systematik, Regelungszweck, I–VI. Die Vorschrift gilt zusammen mit § 17 b nicht nur für die sog ordentlichen Gerichte, sondern kraft Verweisung für alle Gerichtszweige, BayObLG RR **04**, 3 ([jetzt] FamFG). Sie verwirklicht dadurch ein Stück des immer noch fehlenden Allgemeinen Gerichtsverfassungsrechts. Die Zulässigkeit des Rechtswegs steht dadurch im Ergebnis der sachlichen und örtlichen Zuständigkeit gleich. Das ist wegen der Gleichwertigkeit aller Zweige der Gerichtsbarkeit sachgerecht. Es kommt auch darin zum Ausdruck, daß §§ 17 a, 17 b in den anderen Gerichtszweigen entsprechend anwendbar sind. 1

Zweck ist eine möglichst frühzeitige Bestimmung der Zuständigkeit unabhänigig von der wahren Zulässigkeit des Rechtswegs, krit Ressler JZ **94**, 1035.

2) Geltungsbereich, I–VI. Es gibt mehrere Fallgruppen. 2

A. Direkte Anwendbarkeit. Die Regelung gilt unmittelbar für das Verfahren der ordentlichen Gerichte, § 2 EGGVG. Sie regelt die Verweisung in einen anderen Rechtsweg, also an ein ArbG, Nürnb MDR **07**, 676, oder an ein FG, SG, VG auch (jetzt) im FamFG-Verfahren, Hamm NJW **92**, 2643. Das FamG eröffnet gegenüber dem Zivilgesetz keinen anderen Rechtsweg, Brdb NJW **08**, 1603.

B. Entsprechende Anwendbarkeit. § 17 a gilt auch für die Verweisung vom Strafgericht an ein Zivilgericht, Ffm RR **94**, 448, ferner beim Streit um den Rechtsweg im Verfahren nach §§ 23 EGGVG, BGH NJW **01**, 1077, KG RR **95**, 638, Karlsr MDR **95**, 88, ebenso im Verhältnis zum LwG, BGH WoM **96**, 1198, sowie im Verhältnis zur Disziplinargerichtsbarkeit, BVerwG NVwZ **95**, 85, und zur Anwaltsgerichtsbarkeit, § 223 BRAO, OVG Münst NJW **95**, 3403, ferner auf die Berufsgerichtsbarkeit und im Normenkontrollverfahren, OVG Weimar NJW **03**, 1339. 3

§ 17 a *gilt nicht* im Verhältnis staatlicher und kirchlicher Gerichte, Verfassungs- und VG der VELKD NVwZ-RR **01**, 348. Die Verweisung an ein Gericht desselben Rechtswegs schließt eine Weiterverweisung an einen anderen Rechtsweg nicht aus, Karlsr VersR **04**, 886.

Kraft ausdrücklicher Verweisung ist § 17 a entsprechend in der *Arbeitsgerichtsbarkeit* anwendbar, § 48 ArbGG, BAG NJW **06**, 2798, und zwar nicht nur für die Entscheidung über den Rechtsweg, § 17 Rn 1, BAG NZA **99**, 391, sondern auch für die Verweisung wegen fehlender Zuständigkeit, §§ 48 I, 80 III ArbGG, BAG NJW **08**, 1020, Kissel NZA **95**, 345. Der Beschluß nach II, III ergeht stets durch die Kammer, § 48 I Z 2 ArbGG, Kissel NZA **95**, 347. Die Vorschrift gilt ferner entsprechend in der Verwaltungs-, Sozial- und

Finanzgerichtsbarkeit, §§ 173 VwGO, 202 SGG, 155 FGO. Wegen dieser Allgemeingültigkeit ist die Fassung nicht auf das Zivilverfahren zugeschnitten, sondern abstrakt gehalten. Das kommt besonders in IV und V zum Ausdruck.

4 **C. Vorläufiger Rechtsschutz.** In seinem gesamten Geltungsbereich gilt § 17 a nicht nur für das eigentliche Streitverfahren, sondern mindestens entsprechend für alle selbständigen Verfahren, zB auch für Verfahren des Arrests und der einstweiligen Anordnung oder Verfügung sowie andere Verfahren des vorläufigen Rechtsschutzes. Das entspricht der Tendenz, ein einheitliches Verfahren für alle Rechtswegentscheidungen vorzusehen, BGH RR **05**, 142, KG NJW **02**, 1504, VGH Mannh NVwZ-RR **08**, 581, aM Hbg OLGZ **94**, 366, VGH Kassel NJW **95**, 1170, VG Köln NVwZ **98**, 315. Die Worte „Entscheidung in der Hauptsache" im V stehen nicht entgegen. Denn man muß sie im Sinn von Sachentscheidung verstehen, OVG Bln NVwZ **92**, 686, VGH Mannh NJW **93**, 2194. Zum Sonderfall der Verweisung eines Eilverfahrens an das nach § 15 I 2 BNotO zuständige Gericht Düss DNotZ **83**, 703.

5 **D. Unanwendbarkeit.** Unanwendbar § 17 a im Prozeßkostenhilfeverfahren. Denn die Hauptsache wird in diesem Verfahren nicht anhängig und es tritt eine erweiterte Bindungswirkung nicht ein, BGH FamRZ **91**, 1172, Karlsr JB **07**, 603. Außerdem paßt dort das Vorabverfahren nach II–IV nicht, VGH Mannh NJW **95**, 1916, OVG Münst NJW **93**, 2766, Sennekamp NVwZ **97**, 645, aM OVG Bautzen VIZ **98**, 702 (anders NJW **94**, 1020), VGH Mannh NJW **92**, 708, Gsell/Mehring NJW **02**, 1991. Unanwendbar ist § 17 a ferner im Verhältnis zur Verfassungsgerichtsbarkeit, OVG Bln DtZ **96**, 252, und auf das Verhältnis von staatlicher und nichtstaatlicher Gerichtsbarkeit, VGH Mü NJW **99**, 378.

6 **3) Bindung, I, II.** Hat ein Gericht den Rechtsweg zu ihm rechtskräftig für zulässig erklärt, bindet das grundsätzlich andere Gerichte, BGH RR **05**, 142, LSG Kiel FamRZ **03**, 47. Die Regelung betrifft jede solche Entscheidung, sei es im Vorabverfahren, II, III, sei es ausdrücklich oder stillschweigend in einer zur Hauptsache ergangenen Endentscheidung (Urteil oder Beschluß), sofern diese Entscheidung formell rechtskräftig geworden ist, Einf 1 vor §§ 322–327 ZPO, BGH FamRZ **04**, 434 (auch bei gesetzwidriger Verweisung; für Rechtswegbestimmung nach § 36 dann kein Raum). Eine Zwischenentscheidung genügt nicht, VGH Kassel NJW **96**, 475. Das Gericht muß eine in derselben Sache in einem anderen Rechtsweg erhobene Klage als unzulässig abweisen. Das gilt auch dann, wenn die Sache gleichzeitig bei Gerichten verschiedener Zweige anhängig wurde und die Rechtswegentscheidung in einer dieser Sachen rechtskräftig wird.

Hat umgekehrt ein Gericht den Rechtsweg zu ihm rechtskräftig für *unzulässig* erklärt, muß es dann zwingend von Amts wegen an das zuständige Gericht des zulässigen Rechtswegs verweisen. Diese Verweisung bindet das Adressatgericht nach II 1, 3, BGH NJW **03**, 2790. Daher stellt sich die Frage der Bindung nur für ein früher oder gleichzeitig angerufenes drittes Gericht. Sonst greift § 17 I 2 ein. Für dieses dritte Gericht ergibt sich die Bindung aus der inneren Rechtskraft, die eine gegenläufige Rechtswegentscheidung ausschließt.

7 **4) Unzulässigkeit des Rechtswegs, II.** Es gibt mehrere Aspekte.

A. Feststellung und Verweisung, II 1. Ist auf Grund einer bindenden Entscheidung nach I oder nach der Rechtsauffassung des Gerichts der vom Kläger beschrittene Rechtsweg nach der Verfahrensordnung des angegangenen Gerichts und damit vor dem ordentlichen Gericht nach § 13 unzulässig, spricht das Erstgericht oder notfalls das Berufungsgericht aus, BGH NJW **96**, 591 und 1890. Das geschieht nach einer Anhörung der Parteien zu den tatsächlichen und rechtlichen Fragen von Amts wegen vorab durch einen Beschluß. Das Gericht verweist den Rechtsstreit zwingend zugleich an das zuständige Gericht des zulässigen Rechtswegs, BGH RR **05**, 722, Nürnb MDR **07**, 676 (auch bei einer rügelosen Einlassung des Bekl). „Vorab" bedeutet vor der Entscheidung in der Hauptsache, Schwab NZA **91**, 662. Die Verweisung setzt die fortbestehende Rechtshängigkeit der Sache voraus, LAG Mü MDR **94**, 834. Sie ist dann zulässig und notwendig, wenn der beschrittene Rechtsweg schlechthin für den Klaganspruch mit allen in Betracht kommenden Klagegründen unzulässig ist, § 17 Rn 5, BVerwG NVwZ **93**, 358. Sie erfolgt aber nach einer rechtsbeständigen Sachentscheidung zur Klageforderung auch dann, wenn zur Aufrechnung nur das Gericht eines anderen Rechtswegs zuständig ist, BAG NJW **08**, 1020.

Die Entscheidung erfolgt erst nach der *Anhörung* „der Parteien", also der davon Benachteiligten. Ob er benachteiligt wäre, muß das Gericht klären. Dabei darf es aber nicht zu übervorsichtig sein, ebensowenig zu großzügig.

Eine *andersartige Entscheidung* über den Rechtsweg ist unstatthaft. Insbesondere kommt eine Abweisung der Klage als unzulässig wegen des Fehlens des Rechtswegs nicht in Betracht, BGH RR **05**, 721, Naumb RR **02**, 792. § 36 I Z 3 ZPO eröffnet nicht die Möglichkeit, einen gemeinsamen Rechtsweg für Klagen gegen solche Personen zu eröffnen, gegen die der Kläger verschiedenen Rechtswegen zugeordnete Ansprüche verfolgt, BGH NJW **94**, 2082. Jede Vorabentscheidung nach II muß die Verweisung des Rechtsstreits aussprechen. Das gilt auch dann, wenn eine andere prozessuale Voraussetzung für ein Verfahren vor diesem Gericht nicht vorliegt, BVerwG NJW **01**, 1513. Wegen der Ausnahme bei anderweitiger Rechtshängigkeit § 17 Rn 4. Selbst bei einem Rechtswegsmißbrauch zB zur Wahrung einer sachlichrechtlichen Frist muß das Gericht die Klage in den richtigen Rechtsweg verweisen und darf sie nicht als unzulässig abweisen, BVerwG IPRax **04**, 112 (abl Grothe 83), LSG Kiel FamRZ **03**, 46, Kogel FamRZ **04**, 1583. Das Gericht muß sich vergewissern, welches Gericht innerhalb des von ihm als richtig angesehenen Rechtswegs sachlich und örtlich zuständig ist. Das verweisende Gericht muß das Adressatgericht in dem Beschluß genau bezeichnen, § 17 b I, um eine insoweit zulässige Weiterverweisung nach I 3 möglichst zu vermeiden. Eine Verweisung an ein VG darf erst nach dem Abschluß des Verwaltungsverfahrens erfolgen, BGH NJW **93**, 332. Bei einer Verweisung von Amts wegen darf das Gericht nicht einerseits offenlassen, ob der Zivilrechtsweg besteht, und andererseits einen Eilantrag abweisen, KG NVwZ-RR **07**, 832.

B. Wahlrecht, II 2. Sind mehrere Gerichte in diesem anderen Rechtsweg zuständig, erfolgt eine Verweisung an das vom Kläger oder Antragsteller ausgewählte Gericht, mangels solcher Wahl an das vom Gericht bestimmte. Die Wahl setzt voraus, daß nach der Ansicht des Gerichts eindeutig eine solche Mehrfachzuständigkeit besteht, Jauernig NZA **95**, 13. Sie ist endgültig und unwiderruflich, § 35 ZPO, BayObLG RR **91**, 188. Verletzt die Verweisungsentscheidung das Wahlrecht, ist dagegen die Beschwerde nach IV statthaft, OVG Hbg NVwZ-RR **01**, 204. Dasselbe gilt dann, wenn für das Klagebegehren mehrere Rechtswege außer demjenigen nach § 13 infrage kommen. Das muß das Gericht auf der Grundlage des Klagantrags und des zu seiner Begründung vorgetragenen Sachverhalts prüfen, BGH NJW **85**, 2756. Dabei darf es eine offensichtlich nicht vorhandene Anspruchsgrundlage nicht berücksichtigen, § 13 Rn 12, BGH NVwZ **90**, 1104, BVerwG NVwZ **93**, 358. 8

Von einer Verweisung absehen darf das Gericht ausnahmsweise dann, wenn das Verwaltungsverfahren nach dem VermG noch nicht abgeschlossen ist, BGH NJW **93**, 333, nicht aber sonst. Beschränkt sich das Gericht auf die Feststellung seiner Unzuständigkeit, tritt gleichwohl die „abdrängende" Wirkung ein, VGH Mü BayVBl **00**, 665.

C. Keine Teilfeststellung usw, II 1. Eine teilweise Feststellung und Verweisung kommt nicht in Betracht, § 17 Rn 6. Hat der Kläger mehrere selbständige Ansprüche zusammengefaßt, kann das Gericht für einzelne von ihnen nach II nur nach deren vorheriger Trennung nach § 145 ZPO verfahren, BGH NJW **98**, 828. Dasselbe gilt für die Klage und die Widerklage. Erst recht unstatthaft ist eine auf einzelne Klagegründe beschränkte Feststellung und Verweisung, wenn das Gericht diese Gründe nicht prüfen darf, BGH NJW **98**, 828. Vielmehr muß der Kläger einen von der Prüfung ausgeschlossene Teil oder Klagegrund in einem neuen Verfahren vor das dafür zuständige Gericht des zulässigen Rechtswegs bringen. Nur wenn das Gericht einen Anspruch aus sachlichen Gründen durch ein Teilurteil abgewiesen hat, darf es den anderen, rechtswegfremden Anspruch verweisen, VGH Mannh NJW **93**, 3344. 9

D. Bindungswirkung, II 3. Ein nach § 705 formell rechtskräftiger Beschluß nach II bindet dasjenige Gericht, an das die Verweisung erfolgt ist, zum Rechtsweg, BGH RR **04**, 646, BAG NJW **06**, 2798. Das gilt für das konkrete Verfahren. Auf andere Verfahren in derselben Sache erstreckt sich die Bindungswirkung nicht, auch wenn es sich um Folgeverfahren handelt, zB um die Klage nach einem verwiesenen Verfahren der einstweiligen Verfügung, BFH NVwZ **91**, 103, aM BAG NJW **82**, 960. Hat das Gericht im Prozeßkostenhilfeverfahren unanfechtbar verwiesen, gilt die Bindung zum Rechtsweg nur für dieses Prozeßkostenhilfeverfahren, BAG NJW **93**, 752, dort aber sehr wohl, BGH MDR **02**, 352. Ein nur die Unzuständigkeit aussprechender Beschluß hat lediglich eine „abdrängende" Wirkung, Rn 8. Dagegen hat der Verweisungsbeschluß eine „aufdrängende Wirkung", soweit es sich um den Rechtsweg handelt. 10

Das *Adressatgericht* darf den Rechtsweg zu ihm nicht verneinen und daher nicht an das Gericht eines dritten Rechtsweges weiterverweisen, Kissel NJW **91**, 949. Das gilt auch dann, wenn der Beschluß offensichtlich unrichtig ist oder auf Grund eines fehlerhaften Verfahrens zustandegekommen ist, BGH RR **02**, 713, BAG NJW **06**, 2798. Anders als bei einer Verweisung nach § 281 ZPO kann und muß man auch schwerwiegende Irrtümer und Fehler des Gerichts im Weg der Anfechtung nach IV beheben, aM BAG MDR **03**, 1010 bei Willkür. Geschieht das nicht, ist die Entscheidung endgültig. Denn es ist gerade der Sinn der Neuregelung, zeitraubende Streitigkeiten über den Rechtsweg auszuschließen, BGH NJW **04**, 2474 (anders nur bei extremen Verstößen), Schaub BB **93**, 1667, aM BAG MDR **03**, 1010 (Ausnahme: krasser Verstoß –?–), BVerwG NVwZ **04**, 1124, BayObLG RR **92**, 598. Die Bindung gilt auch im Verfahren nach § 36 I Z 6, BGH NJW **02**, 2474, BVerfG NJW **08**, 2604.

Eine *Ausnahme* gilt dann, wenn sich das Adressatgericht zuvor rechtskräftig für unzuständig erklärt hatte, VGH Mü NJW **99**, 3211, aM BGH NJW **01**, 3633, Hoffmann JR **01**, 27, Schneider MDR **00**, 599 für den Fall, daß auch der weitere (Rück-)Verweisungsbeschluß rechtskräftig geworden ist. Die unanfechtbare Verweisung innerhalb eines Rechtswegs nach § 281 ZPO schließt die Weiterverweisung in einen anderen Rechtsweg nicht aus, BAG NJW **93**, 1878. Kommt es zu einem negativen Kompetenzkonflikt, entscheidet das entsprechend § 36 II ZPO zuständige Gericht, § 36 Rn 12, BGH NJW **02**, 2475, BAG NZA **99**, 392, aM BGH (10. ZS) FamRZ **04**, 434. Entsteht nach der Verweisung durch eine zulässige Klagänderung ein neuer Streitgegenstand, ist eine (Zurück-)Verweisung in den dann vorhandenen Rechtsweg zulässig, BGH NJW **90**, 54, Hamm FamRZ **88**, 1293, OVG Bre DÖV **88**, 90. 11

E. Fehlen einer Bindung, II 1. Zur sachlichen und örtlichen Zuständigkeit bindet die Entscheidung grundsätzlich nicht. Daher bleibt insofern innerhalb desselben Rechtswegs eine Weiterverweisung nach § 281 ZPO zulässig, BAG NJW **96**, 742, Karlsr MDR **95**, 88, OVG Hbg NVwZ-RR **01**, 203. Das gilt zB dann, wenn das verweisende Gericht fälschlich das AG als zuständiges Gericht angesehen oder die ausschließliche Zuständigkeit eines anderen Gerichts übersehen hat. Dasselbe gilt auch bei einem Verstoß gegen die funktionelle Zuständigkeit, VI. Daher darf und muß zB das OLG die Sache an das zuständige Erstgericht abgeben. Eine Bindung tritt allerdings ein, soweit das verweisende Gericht sie ohne Willkür mitgewollt und erklärt hat, BayObLG RR **02**, 1024. Keine Bindung besteht bei einer Bejahung des Rechtswegs ohne jede Begründung, BGH NJW **96**, 1890, oder nur in den Entscheidungsgründen, BGH RR **05**, 142, oder im Verfahren nach §§ 23 ff EGGVG, KG MDR **95**, 288. 12

F. Sonstige Wirkungen, II 1. Vgl § 17 b I und wegen der Kosten § 17 b II. Zum weiteren Verfahren in einer an ein Zivilgericht abgegebenen Sache § 13 Rn 28, 29. 13

5) Zulässigkeit des Rechtswegs, III. Der Kläger muß die zugehörigen Tatsachen schlüssig vortragen, BGH NJW **96**, 3012. Das genügt aber auch grundsätzlich, Köln NJW **97**, 470, Jaeger NZA **98**, 961. Bei Zweifeln findet eine Beweisaufnahme statt, BAG NJW **94**, 1172, Kissel NZA **95**, 353, ThP 8 a, aM BAG NJW **97**, 542. 14

Hält das Erstgericht den Rechtsweg zu ihm für *eindeutig zulässig,* braucht es darüber nicht gesondert zu entscheiden. Das kann es vorab aussprechen, *III 1,* BGH RR **05**, 142, Mü NZM **06**, 62, Windel ZZP **111**, 20, wenn es das nach seinem pflichtgemäßen Ermessen für zweckmäßig hält, zB meist dann, wenn die Rechtslage objektiv zweifelhaft ist, aM BGH NJW **99**, 651 (nur auf eine Rüge), Boin NJW **98**, 3748 (bei Zweifeln immer Vorabentscheidung). Formel: „Der Rechtsweg zu dem ordentlichen Gericht ist zulässig". Das Gericht muß vorab entscheiden, wenn eine Partei die Zulässigkeit des Rechtswegs rügt, *III 2,* Köln RR **05**, 1096. Diese Bestimmung ist das notwendige Gegenstück dazu, daß die Parteien das spätere Urteil nicht mit der Begründung anfechten dürfen, der Rechtsweg sei nicht zulässig, Brückner NJW **06**, 13. Die Rüge muß ausdrücklich und beim Anwaltszwang durch einen Anwalt sowie innerhalb der Frist des § 282 III ZPO erfolgen, Köln NJW **95**, 3319. Unterbleibt sie und trifft auch das Gericht nicht von Amts wegen eine Vorabentscheidung, befindet es über den Rechtsweg in der Endentscheidung. Das kann auch stillschweigend durch eine Sachentscheidung geschehen. Ob im Verfahren des vorläufigen Rechtsschutzes und in einem sonstwie besonders eiligen Verfahren eine Vorabentscheidung entfällt, so OVG Greifsw NVwZ **01**, 446, ist zweifelhaft.

15 **6) Entscheidung, II, III, IV 1, 2.** Die Entscheidung ergeht durch einen Beschluß ohne eine stets notwendige mündliche Verhandlung, *IV 1.* Eine Vorabentscheidung ist nach dem pflichtgemäßen Ermessen des Gerichts statthaft (es „kann" so vorgehen, III), Rn 14. Eine Verhandlung wird aber bei einem frühen ersten Termin nach § 275 ZPO oder dann notwendig, wenn die Vorabentscheidung schwierige, mit den Parteien zu erörternde Fragen aufwirft. Schon nach Art 103 I GG muß das Gericht den Parteien vorher rechtliches Gehör geben. Für eine Verweisung schreibt II das ausdrücklich vor. Dazu genügt eine schriftliche Anhörung. Kommen für die Verweisung mehrere Gerichte infrage, muß das Gericht den Kläger oder Antragsteller auffordern, von seinem Wahlrecht nach II 2 Gebrauch zu machen. Bei einer Unzulässigkeit des Rechtswegs darf das angerufene Gericht grundsätzlich nicht über die Zulässigkeit der Klage im übrigen entscheiden, BVerwG DVBl **01**, 919. Wegen einer Ausnahme BGH NJW **93**, 2542. Das Gericht muß seinen Beschluß nach II, III begründen, *IV 2,* § 329 ZPO Rn 4 ff. Es muß ihn verkünden oder den Parteien zustellen, § 329 III ZPO, BAG NZA **98**, 1191. Über die Kosten darf das Gericht in einem Verweisungsbeschluß nach II nicht entscheiden, § 17 b II, aM Köln FGPrax **07**, 286, wohl aber in einem den Rechtsweg bejahenden Beschluß nach III, BGH NJW **93**, 2542, KG NJW **94**, 2702. Der Beschluß wird mit einer Bindungswirkung nach I rechtskräftig, wenn gegen ihn kein Rechtsmittel erfolgt, BAG NZA **93**, 618.

16 **7) Rechtsmittel, IV 3–6.** Es darf sich nur auf die Rechtswegsfrage erstrecken, BGH NJW **01**, 2181. Es gibt mehrere Fragenkreise. „Einspruch" kann sofortige Beschwerde bedeuten, Naumb RR **02**, 792. Gegen ein Urteil findet die Berufung nach § 511 ZPO statt, Ffm RR **97**, 1564, oder die Revision nach § 542 ZPO. Bei einer bloßen „Entscheidung" in den Gründen des Urteils ist wahlweise die sofortige Beschwerde oder die Berufung usw statthaft, BAG NJW **95**, 2310.

A. Sofortige Beschwerde. Gegen den Beschluß des AG oder LG nach II oder III ist die sofortige Beschwerde nach der jeweiligen Verfahrensordnung statthaft, Brückner NJW **06**, 13, in einem bisher als Zivilsache gelaufenen Verfahren also nach § 567 ZPO (Beschwerdegericht ist das LG oder das OLG), in einer FamFG-Sache nach § 59 FamFG, in einer Landwirtschaftssache nach § 22 LwVG, BGH MDR **02**, 1265, in einer vor dem VG gelaufenen Sache an das OVG, VGH Kassel FamRZ **07**, 294. Die sofortige Beschwerde an den BGH ist statthaft, wenn das OLG erstmalig eine Vorabentscheidung getroffen und die Beschwerde zugelassen hat, BGH NJW **00**, 1042. Die Beschwerde ist auch dann statthaft, wenn ein Sondergesetz sie nicht vorgesehen oder allgemein ausgeschlossen hat. Das zeigen die auf diesem Grundsatz beruhenden Änderungen solcher Gesetze.

Für das *Beschwerdeverfahren* in einer Zivilsache gelten §§ 567 ff, BGH RR **03**, 279. Daher ist eine Beschwer durch die angefochtene Entscheidung nötig, Köln RR **96**, 60, LAG Köln NZA-RR **96**, 29. Wegen der Frist BAG NJW **94**, 605. Das Gericht muß sein Verfahren in der Hauptsache bis zur Erledigung der Beschwerde und evtl der weiteren Beschwerde aussetzen, § 148 ZPO, Kissel NZA **95**, 347. Auf jeden Fall muß das Gericht den Ablauf der Beschwerdefrist abwarten, Schwab NZA **91**, 662. Hat das Erstgericht statt einer Verweisung irrig die Klage durch ein *Urteil* als unzulässig abgewiesen, nimmt das Rechtsmittelgericht auch ohne eine Verfahrensrüge die Verweisung durch ein Urteil vor, BGH MDR **05**, 644.

Unzulässig ist die sofortige Beschwerde zwecks einer Verweisung an ein anderes Gericht des anderen Rechtswegs, BAG NJW **96**, 742.

17 **B. Rechtsbeschwerde.** Sie kann statthaft sein, BGH NJW **06**, 199 links unten, BAG NJW **02**, 3725. Auch für sie gilt an sich die jeweilige Verfahrensordnung. Die Rechtsbeschwerde ist aber nur dann statthaft, wenn das OLG oder ein anderes oberes Landesgericht Beschwerdegericht ist, BGH NJW **93**, 388, aM BGH NJW **03**, 2913 (auch LG als Beschwerdegericht ausreichend. Aber der Gesetzgeber hat in § 17 a das Verfahren einen Rechtswegstreit abschließend geregelt, und zwar, wie die Wortwahl zeigt, für alle Gerichtszweige. Er hat dabei eindeutig bestimmt, daß Beschwerdeentscheidungen des LG unanfechtbar sind). Auf die Rechtsbeschwerde sind §§ 574 ff ZPO anwendbar, sofern nicht IV Abweichendes bestimmt. Daraus folgt, daß die Rechtsbeschwerde auch in einem Verfahren des vorläufigen Rechtsschutzes statthaft sein kann, BGH NJW **05**, 1194, VGH Mannh NVwZ-RR **03**, 159, aM BVerwG NVwZ **06**, 49 (abl Braun NVwZ **07**, 51), VGH Kassel NVwZ **03**, 238, OVG Münst NJW **01**, 3805. Sie ist ausnahmsweise auch dann statthaft, wenn wegen eines Verfahrensfehlers der ersten Instanz erstmals das OLG über die Zulässigkeit des Rechtswegs entscheiden muß, BGH NJW **03**, 433.

Die *Zulassungsvoraussetzungen* ergeben sich aus *IV 5,* BGH WertpMitt **03**, 353. Auch ein LG kann die (Rechts-)Beschwerde an den BGH im Tenor seines Beschlusses nach IV 4 zulassen, BGH VersR **04**, 883. Die Bindung des BGH und des BAG an die Zulassung folgt aus *IV 6.* Diese Vorschrift behandelt aber nur *eine* der Zulässigkeitsvoraussetzungen, BVerwG NVwZ **06**, 1291. Im übrigen gelten §§ 574 ff ZPO, BGH NJW **96**, 3012. Die Zulassung muß durch das Kollegium erfolgen, BGH FamRZ **06**, 199 links unten (bei einer Zulassung durch den Einzelrichter Aufhebung von Amts wegen). Das Gericht darf natürlich nur die Rechtslage dieses einen Beschwerdeführers prüfen, auch wenn es Streitgenossen gibt, Köln RR **96**, 60, erst recht eine solche, die keine Rechtsbeschwerde erheben, BGH FamRZ **06**, 199 links unten. Eine Nichtzulassungsbeschwerde ist unstatthaft, BAG NJW **94**, 2110, BSG NZA **94**, 192, BVerwG NVwZ **94**, 782.

Über die Rechtsbeschwerde entscheidet der BGH. Für die Überprüfung von Landesrecht gilt § 545 I ZPO entsprechend, BGH NJW **96**, 3012. Gesetzesänderungen im Lauf des Verfahrens sind beachtbar, BGH NJW **00**, 2749 (krit Piekenbrock NJW **00**, 3476).

C. Entscheidung. Bejaht das Beschwerdegericht im Gegensatz zum Erstgericht den Rechtsweg, hebt es die entgegenstehende(n) Entscheidung(en) auf und verweist die Sache zurück, BGH NJW **93**, 471. Verneint es erstmals den Rechtsweg, verweist es seinerseits unter einer Aufhebung der Vorentscheidung den Rechtsstreit an das nun zuständige Erstgericht, II. Eine Zurückverweisung an das bisherige Erstgericht wird meist nicht in Betracht kommen. Wird der Rechtsweg nachträglich statthaft, kann das Beschwerdegericht die Beschwerde für erledigt erklären, BGH RR **01**, 1007. Im Rechtsmittelverfahren gelten für die Kosten §§ 91 ff ZPO, § 17 b II gilt insofern nicht, BGH NJW **95**, 2297, BSG MDR **97**, 1066 (auch zur Nachholung der Kostenentscheidung), Ffm RR **98**, 1565. Streitwert ist ein Bruchteil des Hauptsachewerts, § 17 b Rn 6. **18**

8) Prüfung des Rechtswegs in höheren Instanzen, V. Es stehen sich ein Grundsatz und Ausnahmen gegenüber. **19**

A. Grundsatz: Keine Prüfung. Über die Zulässigkeit des Rechtswegs entscheidet grundsätzlich allein das Erstgericht, nämlich entweder im Vorabverfahren, II, III, Düss RR **02**, 1512, oder bei einer Bejahung auch stillschweigend in der Entscheidung zur Hauptsache, BGH NJW **93**, 390, BAG NZA **99**, 319, Düss NVwZ **93**, 405. Demgemäß darf das über ein Rechtsmittel gegen eine Entscheidung in der Hauptsache entscheidende Gericht grundsätzlich nicht prüfen, ob der beschrittene Rechtsweg zulässig ist, BGH NJW **03**, 2990, Rostock NJW **06**, 2563. Das gilt auch beim Rechtsbeschwerdeverfahren. Diese Beschränkung gilt in allen Gerichtsbarkeiten, BayObLG RR **04**, 3, Köln NZM **06**, 872. Sie gilt für alle Rechtsmittelverfahren, Brückner NJW **06**, 13, also sowohl für das Berufungs- und Revisionsverfahren als auch für das eine Sachentscheidung betreffende Beschwerdeverfahren, Köln NZM **06**, 872, zB im einstweiligen Rechtsschutz, BGH RR **05**, 143, OVG Bre NVwZ **95**, 793, Köln NJW **94**, 56, aM VGH Kassel NJW **95**, 1171. Sie gilt ebenso in selbständigen Nebenverfahren.

Wenn ein Vorabverfahren nach IV nicht notwendig war, muß jedes Rechtsmittelgericht die ausdrückliche oder stillschweigende Bejahung der Zulässigkeit des Rechtswegs in einer Entscheidung in der Hauptsache *als bindend hinnehmen,* mag sie das Erstgericht oder das Rechtsmittelgericht ausgesprochen haben, BGH NJW **94**, 387, BAG NJW **97**, 1025, Köln RR **03**, 430. Das gilt auch dann, wenn die Entscheidung gegen § 17 II 2 verstieß, BAG NZA **99**, 391, BSG NVwZ-RR **04**, 463. Eine Entscheidung in der Hauptsache liegt immer dann vor, wenn das Gericht in der Sache entschieden hat, BGH NJW **98**, 232, Düss RR **02**, 1512, oder wenn es die Zulässigkeit der Klage aus anderen Gründen als demjenigen der Unzulässigkeit des Rechtswegs verneint hat, BGH NJW **98**, 232, OVG Münst NVwZ **94**, 179. Hat das Erstgericht fehlerhaft nur über eines von mehreren Begehren entschieden, gilt die Bindung nur für dieses Begehren, VGH Kassel NVwZ-RR **99**, 41. Für den Rechtsweg gilt damit in allen Gerichtsbarkeiten dasselbe wie für die Zuständigkeit, §§ 10, 12, 512 a, 549 II ZPO. Die Bejahung des Rechtswegs in erster Instanz bindet nach einer Zurückverweisung auch das Erstgericht selbst, ArbG Hanau RR **97**, 766.

B. Ausnahme: Prüfung. Ein Prüfungsverbot besteht nicht, wenn das Erstgericht die Rechtswegfrage überhaupt nicht gesehen hat, Rostock NJW **06**, 2563, oder wenn es gar unter einem Verstoß gegen III 2 trotz einer zulässigen Rüge in der Hauptsache entschieden hat, BGH RR **05**, 142, Ffm NZA **07**, 711, und wenn es dabei ausdrücklich oder stillschweigend den zu ihm beschrittenen Rechtsweg bejaht hat, BGH NJW **99**, 651, Köln RR **05**, 1096, Brückner NJW **06**, 15. Hat aber das Erstgericht die Rüge zutreffend als verspätet zurückgewiesen, gilt V uneingeschränkt, § 528 III ZPO, LAG Bln NZA **94**, 912, Brückner NJW **06**, 15. Das gilt auch dann, wenn die Rüge in der Rechtsmittelinstanz nicht bestehenbleibt, BVerwG NJW **97**, 956, VGH Mü NJW **97**, 1251. Es besteht eine Bindung nach V für den Sonderfall einer Konkurrenz zwischen Beschwerde und Berufung, Boin NJW **98**, 3748. Zwar hat das Gericht bei III 2 nicht etwa eine Entscheidung nach III fälschlich im Gewand einer Endentscheidung erlassen, sondern über die Hauptsache in der richtigen Form entschieden. Diese Entscheidung beruht aber auf einem unzulässigen Verfahren. Das berechtigt den dadurch Beschwerten zum Rechtsmittel. **20**

Das Rechtsmittelgericht muß dann wie folgt *verfahren,* Haas JZ **93**, 1012, Kissel NZA **95**, 351. Ist es ein OLG oder LAG, muß es über den Rechtsweg vorab durch einen Beschluß entscheiden und die Sache evtl an das „richtige" Rechtsmittelgericht verweisen, Rostock NJW **06**, 2563, und über die Zulassung der Beschwerde an den BGH oder das BAG befinden. In der Sache selbst darf es nur dann durch ein Urteil entscheiden, wenn es den Rechtsweg bejaht und bei einer Vorabentscheidung keinen Anlaß hätte, die Beschwerde an den BGH oder an das BAG zuzulassen, BGH NJW **99**, 651, BVerwG NJW **94**, 956, Düss NVwZ **98**, 773. Ist Rechtsmittelgericht ein LG, wäre die Nachholung des Vorabverfahrens ein nutzloser Umweg, weil es gegen seine Rechtswegentscheidung keine Beschwerde gibt, LG Fulda NJW **96**, 266, LG Gießen RR **96**, 189. Das LG darf und muß daher ebenso wie das OLG dann, wenn es die Beschwerde nicht zuläßt, in der Endentscheidung auch über den Rechtsweg entscheiden. Es muß also entweder durch einen Beschluß unter einer Aufhebung des angefochtenen Urteils an das zuständige Gericht des richtigen Rechtswegs verweisen, BGH NJW **98**, 2058, Ffm RR **98**, 1565, VGH Mannh NVwZ-RR **97**, 326, oder es muß durch ein Urteil in der Sache befinden, Düss NVwZ **98**, 773, oder unter einer Entscheidung der Rechtswegfrage zurückverweisen, § 538 ZPO, BGH JZ **93**, 728, VGH Mannh NVwZ-RR **93**, 516, VGH Mü NVwZ-RR **93**, 668. Für das Revisionsverfahren gelten die allgemeinen Regeln, §§ 562 ff ZPO. Hier ist bei einem Verstoß gegen III 2 eine Zurückverweisung an das Berufungsgericht notwendig, BGH NJW **99**, 652. Ausnahmsweise erfolgt eine Zurückverweisung an das Erstgericht, BSG NZA **94**, 192. **21**

Hat das Erstgericht die Sache *entgegen II durch eine Endentscheidung* in einen anderen Rechtsweg verwiesen, besteht ebenfalls keine Bindung, V. Das Gericht muß das gegen diese formfehlerhafte Entscheidung nach dem Meistbegünstigungsgrundsatz zulässige Rechtsmittel der Berufung als eine Beschwerde nach IV 3 behandeln, Grdz 28 ff vor § 511. Es muß im übrigen nach dem soeben Gesagten verfahren (Entscheidung durch Urteil). Bei einer Sprungrevision ist eine Zurückverweisung an das Berufungsgericht notwendig, BSG NZA **94**, 191. Entsprechendes gilt dann, wenn das Erstgericht die Klage mit der Begründung, sie gehöre in **22** einen anderen Rechtsweg, fehlerhaft als unzulässig abgewiesen hat, BGH NJW **93**, 388, Naumb RR **02**, 792, Saarbr NJW **95**, 1562, aM Brdb VIZ **00**, 180 (Verweisung an das „richtige" Erstgericht). Erläßt in diesen Fällen das Berufungsgericht ein Sachurteil, in dem es den Rechtsweg bejaht, gilt V.

23 **9) Funktionelle Zuständigkeit, VI.** § 17 a gilt jetzt auch für die Verweisung von einem Spruchkörper an einen anderen Spruchkörper desselben Gerichts, zB an die Kammer für Baulandsachen beim LG oder von der Zivilkammer an die Strafkammer, zum Problem BGH RR **05**, 142.

17b *Fassung 1. 9. 2009:* ***Wirkungen der Verweisung.*** I [1] **Nach Eintritt der Rechtskraft des Verweisungsbeschlusses wird der Rechtsstreit mit Eingang der Akten bei dem im Beschluß bezeichneten Gericht anhängig.** [2] **Die Wirkungen der Rechtshängigkeit bleiben bestehen.**

II [1] **Wird ein Rechtsstreit an ein anderes Gericht verwiesen, so werden die Kosten im Verfahren vor dem angegangenen Gericht als Teil der Kosten behandelt, die bei dem Gericht erwachsen, an das der Rechtsstreit verwiesen wurde.** [2] **Dem Kläger sind die entstandenen Mehrkosten auch dann aufzuerlegen, wenn er in der Hauptsache obsiegt.**

III **Absatz 2 Satz 2 gilt nicht in Familiensachen und in Angelegenheiten der freiwilligen Gerichtsbarkeit.**

Vorbem. III angefügt dch Art 22 Z 4 FGG-RG, in Kraft seit 1. 9. 09, Art 112 I Hs 1 FGG-RG, ÜbergangsR Art 111 FGG-RG, Einf 4 vor § 1 FamFG.

Bisherige Fassung: **I, II (s. o.)**

1 **1) Systematik, Regelungszweck, I, II.** Der Verweisungsbeschluß nach § 17 a II stellt für das Adressatgericht und für alle Instanzen den zulässigen Rechtsweg fest, § 17 a Rn 8. § 17 b nennt weitere Wirkungen zwecks einer Klarstellung.

2 **2) Geltungsbereich, I, II.** § 17 b gilt entsprechend in der Arbeitsgerichtsbarkeit, § 48 ArbGG, und zwar nicht nur für die Rechtswegverweisung, sondern auch für die Verweisung wegen fehlender sachlicher oder örtlicher Zuständigkeit, § 17 Rn 1. Eigene Kostenregelung in § 12 a I 3 ArbGG, BAG NJW **05**, 1301, LAG Kassel MDR **99**, 1144.

3 **3) Anhängigkeit, I 1.** Nach dem Eintritt der formellen Rechtskraft des Beschlusses nach § 705 ZPO muß das Gericht die Akten abgeben, nicht vorher, BAG MDR **93**, 57, Kissel NJW **91**, 950. Mit dem Eingang der Akten bei dem in dem Beschluß bezeichneten Gericht wird der Rechtsstreit dort anhängig, auch wenn die Verweisung sachlich falsch ist.

4 **4) Rechtshängigkeit, I 2.** Ihre Wirkungen nach §§ 261, 262 ZPO bleiben bestehen. Der Rechtsstreit wird bei demjenigen Gericht, an das die Verweisung erfolgte, so anhängig, als ob er bei ihm von Anfang an rechtshängig gewesen wäre. Darauf folgt: Die Zulässigkeit des Rechtswegs ändert sich durch eine nach der Verweisung eintretende Veränderung der sie begründenden Umstände nicht, § 17 I. Dasselbe gilt für die Zuständigkeit, § 261 III Z 2 ZPO. Ändert sich der Streitgegenstand, muß das Gericht den Rechtsweg und die Zuständigkeit neu prüfen, Hamm FamRZ **88**, 1293, OVG Bre DÖV **88**, 90. Maßnahmen des verweisenden Gerichts bleiben bestehen, zB die Zulassung eines Drittbeteiligten. Das gilt auch für die Bewilligung der Prozeßkostenhilfe, Düss RR **91**, 63 (entsprechend § 119 S 2 ZPO), aM Krause ZZP **83**, 323. Sofern die Klagerhebung eine Frist wahren sollte, kommt es dafür auf den Eintritt der Rechtshängigkeit bei dem verweisenden Gericht an, BVerwG NJW **02**, 768 (Ausnahme: Irrläufer), OVG Münst NJW **96**, 334. Beim Zivilgericht genügt die Einreichung, sofern die Zustellung demnächst erfolgt. Das gilt auch dann, wenn das angerufene Gericht die Sache vor einer Zustellung der Klage an den Gegner verweist, was wegen der vorgeschriebenen Anhörung beider Parteien nach § 17 a II praktisch nicht vorkommen kann. Wenn die Verweisung an ein Zivilgericht erfolgt, gelten die für das verweisende Gericht bestehenden Regeln fort, also auch diejenigen, nach denen die Rechtshängigkeit schon mit der Einreichung der Klage eintritt, zB § 90 I VwGO, Hagelstein FamRZ **00**, 340, Jauernig NJW **86**, 35, Kogel FamRZ **99**, 1252. Bei einer Verweisung wahrt auch die versehentlich bei einem sachlich oder örtlich unzuständigen Gericht eingereichte Klage die Frist, OVG Kblz NJW **81**, 1005, VGH Mü BayVBl **00**, 699, aM BVerwG NJW **02**, 768.

5 **5) Weiteres Verfahren, I, II.** Es richtet sich nach den Vorschriften für das im Verweisungsbeschluß bezeichnete Gericht, § 13 Rn 28, 29. Das gilt auch dann, wenn die Verweisung zu Unrecht erfolgt ist. Dann muß das zur Entscheidung berufene Gericht im Rahmen der für dieses Gericht maßgeblichen Vorschriften die der Sache am besten entsprechende Verfahrensart bestimmen und danach verfahren, BGH NJW **90**, 1795. Die Bindung bleibt mit der Folge eines grundsätzlichen Verweisungsverbots mit seinen bei § 17 a Rn 10 ff erörterten Ausnahmen bestehen.

6 **6) Kosten, II, III.** Die Regelung nach II entspricht § 281 III ZPO. Sie gilt nach III nicht in Verfahren nach dem FamFG. Der Streitwert des Verweisungsverfahrens liegt meist bei ca 30–50% der Hauptsache, BGH NJW **98**, 909, LG Bln NZA-RR **99**, 212. Zur Entscheidung über die Kosten und den Streitwert ist allein dasjenige Gericht zuständig, an das die Verweisung erfolgt ist, Hamm RR **00**, 1023, VGH Mannh NVwZ-RR **92**, 165. Für die Kosten einer Beschwerde nach § 17 a IV oder einer Berufung gilt II nicht. Über sie entscheidet das Rechtsmittelgericht nach §§ 91 ff ZPO, BGH NJW **93**, 2541, OVG Hbg NVwZ-RR **00**, 842, OVG Münst NVwZ-RR **93**, 670. Das gilt auch beim Erfolg des Rechtsmittels, aM Köln RR **93**, 640, BezG Drsd ZIP **92**, 283. Beschwerdewert ist der Wert der Hauptsache, Köln RR **93**, 639. Das Geschäft muss die Gerichtskosten der Rechtsmittelinstanz evtl niederzuschlagen, § 21 I 1 GKG, OVG Münst NVwZ-RR **93**, 670. Wegen § 12 a I 3 ArbGG vgl Rn 2.

Einführung vor §§ 18–20. Exterritorialität

Schrifttum: *Damian,* Staatenimmunität und Gerichtszwang, 1985; *Langkeit,* Staatenimmunität und Schiedsgerichtsbarkeit, 1989.

1) Systematik, Regelungszweck. §§ 18–20 regeln die persönliche Exterritorialität (Exemtion, Immunität) für diplomatische Missionen und konsularische Vertretungen durch eine Übernahme der sog Wiener Übk sowie für andere Personen durch eine Sonderbestimmung für Gäste Deutschlands und im übrigen durch eine Verweisung auf völkerrechtliche Regelungen, die nach Art 25 GG als Bundesrecht gelten, BGH RR **03**, 1219. Die deutsche Regelung paßt sich den vorgenannten Maßstäben an. Weitere Fälle der Exterritorialität: § 20 Rn 2 ff. 1

2) Immunität. Es gibt zwei Hauptaspekte. 2

A. Bedeutung. Die Immunität (Exterritorialität) bedeutet die Befreiung von der deutschen Gerichtsbarkeit, BGH JB **07**, 550. Sie ist als ein Verfahrenshindernis in jeder Lage des Verfahrens von Amts wegen beachtbar, BVerfG **46**, 342, BGH RR **03**, 1219, BAG NZA **01**, 684. Deshalb darf das Gericht in einem klaren Fall keinen Termin in der Hauptsache anberaumen. Es darf dann auch keinen Arrest und keine einstweilige Verfügung erlassen, Ffm NJW **82**, 2650. Es darf keine Zwangsvollstreckung vornehmen oder dulden, BGH JB **07**, 550. Es darf Exterritoriale nicht als Beteiligte eines Streitverfahrens anhören, Köln NJW **92**, 320, LG Bonn FamRZ **91**, 1329 (zustm Kimminich), und keine Zeugen oder Sachverständige zur Hauptsache laden, BVerwG NJW **89**, 679. Vgl jedoch die teilweise abweichenden Bestimmungen des NATO-Truppenstatuts, SchlAnh III. Zulässig ist die Zustellung der Klage auf diplomatischem Weg und die Anberaumung eines Termins zur abgesonderten Verhandlung über die Immunität, § 216 Rn 4, ZöSt § 216 Rn 4, 7, aM LG Hbg NJW **86**, 3034, Hess RIW **89**, 254, Mann NJW **90**, 618. In exterritorialen Räumen darf keine Zustellung stattfinden. Notfalls ist eine öffentliche Zustellung notwendig. Zulässig dürfte eine Bitte um Auskunft sein, Mann NJW **90**, 619. Im Streit über die Befreiung muß das Gericht durch ein Urteil entscheiden, bei einer Immunität usw durch ein abweisendes Prozeßurteil nach Grdz 14 vor § 253 ZPO, bei deren Fehlen entsprechend § 280 ZPO durch ein Zwischenurteil, BAG NZA **01**, 684.

Die *Nichtbeachtung* der Exterritorialität macht jede gerichtliche Handlung evtl wirkungslos, aM BGH WertpMitt **06,** 42 und SchiedsVZ **06,** 50, Köln NJW **96**, 473, Weller Rpfleger **07**, 171. Daher ist eine Entscheidung nichtig und hat daher auch keine innere Rechtskraft. Das gilt für verurteilende Entscheidungen ebenso wie für sachlich abweisende. Selbsthilferechte von Privatpersonen werden durch die §§ 18–20 nicht unstatthaft, Bongartz MDR **95**, 780, Köln NJW **96**, 473.

B. Grenzen. Es besteht die Gerichtsbarkeit über Exterritoriale in den durch völkerrechtliche Vereinbarung vorgesehenen Ausnahmefällen, §§ 18–20, und vorbehaltlich einer abweichenden Regelung in einer solchen Vereinbarung bei einer freiwilligen Unterwerfung unter die deutsche Gerichtsbarkeit bei der notwendigen Zustimmung der hierfür zuständigen Organe des Absendestaats. Eine stillschweigende Unterwerfung ist zulässig. Sie liegt zwar noch nicht im Betreiben eines inländischen Gewerbebetriebs, wohl aber im Abschluß einer Schiedsvereinbarung, Ebenroth/Parche RIW **90**, 343, Herdegen RIW **89**, 336, Langkeit (vor Rn 1). Eine Unterwerfung liegt auch in einer Zuständigkeitsvereinbarung, v Schönfeld NJW **86**, 2983, und erst recht in einer Klage nach Artt 1–3 Übk v 16. 5. 72, § 20 Rn 2, BVerwG NJW **96**, 2744. Dann ist der Bekl zu jeder Art der Verteidigung berechtigt, zB zur bloß abwehrenden Widerklage und zu Rechtsmitteln, aber auch zu einer abwehrenden Zusammenhangsklage wie einer Änderungsklage nach § 323, einer Vollstreckungsabwehrklage, nach § 767, einer Drittwiderspruchsklage nach § 771 einer Wiederaufnahmeklage nach §§ 578 ff usw. Auch bei einer Unterwerfung bleibt die Befreiung von der gerichtlichen Zwangsgewalt bestehen. Daher ist keine Ladung zur Vernehmung als Partei, Zeuge oder Sachverständiger und auch keine Zwangsvollstreckung ohne eine besondere Unterwerfung statthaft. Eine solche Unterwerfung kann aber auch zB bei einer gewerblichen Betätigung im Inland vorliegen. Es gibt aber keine allgemeine Regel des Völkerrechts, daß ein pauschaler Verzicht auf die Immunität den Schutz auch des der Funktionsfähigkeit der Mission dienenden Vermögens aufhebt, BVerfG NJW **07**, 2605. 3

18 *Diplomatische Missionen.* [1] **Die Mitglieder der im Geltungsbereich dieses Gesetzes errichteten diplomatischen Missionen, ihre Familienmitglieder und ihre privaten Hausangestellten sind nach Maßgabe des Wiener Übereinkommens über diplomatische Beziehungen vom 18. April 1961 (Bundesgesetzbl. 1964 II S. 957 ff.) von der deutschen Gerichtsbarkeit befreit.** [2] **Dies gilt auch, wenn ihr Entsendestaat nicht Vertragspartei dieses Übereinkommens ist; in diesem Falle findet Artikel 2 des Gesetzes vom 6. August 1964 zu dem Wiener Übereinkommen vom 18. April 1961 über diplomatische Beziehungen (Bundesgesetzbl. 1964 II S. 957) entsprechende Anwendung.**

1) Systematik, Regelungszweck, S 1, 2. Vgl zunächst Einf 1, 2 vor § 18. Für die Befreiung von der deutschen Gerichtsbarkeit (Exemtion, Immunität), Einf 2 vor §§ 18–20, soweit es sich um Mitglieder diplomatischer Missionen sowie ihre Familienmitglieder und privaten Hausangestellten handelt, sind die Bestimmungen des Wiener Übk über diplomatische Beziehungen (WÜD) maßgeblich, *S 1,* BVerfG NJW **98**, 50. Das gilt auch dann, wenn der Entsendestaat nicht Vertragspartei dieses Übk ist, *S 2 Hs 1.* Dann gilt die in Art 2 G v 6. 8. 64 enthaltene Ermächtigung, Vorrechte und Befreiungen durch RechtsVO zu erweitern oder einzuschränken (bisher nicht praktisch geworden), *S 2 Hs 2.* 1

2) Immunität, S 1. Sie haben: Diplomaten, also die Missionschefs und die in einem diplomatischen Rang stehenden Mitglieder des diplomatischen Personals, Art 1 e WÜD, in allen Fällen, ausgenommen dingliche Klagen wegen privater Grundstücke, Klagen in bestimmten Nachlaßsachen und Klagen im Zusammenhang mit freiberuflicher oder gewerblicher Tätigkeit, Art 31 I WÜD; in gleichem Umfang die zum Haushalt eines Diplomaten gehörenden Familienmitglieder, Art 37 I WÜD; Mitglieder des Verwaltungs- und technischen Personals und die zu ihrem Haushalt gehörenden Familienmitglieder sowie Mitglieder des 2

Hauspersonals nur für die in der Ausübung ihrer dienstlichen Tätigkeit vorgenommenen Handlungen, Art 37 II, III WÜD.

3 **3) Keine Immunität, S 1,** dazu *Geiger* NJW **87**, 1124: Sie fehlt: Diplomaten bei einem ausdrücklichen Verzicht durch den Entsendestaat: Er muß ihm für die Zwangsvollstreckung besonders erklären, Art 32 I, II, IV WÜD, ferner für eine Klage, OVG Münst NJW **92**, 2043, Wengler IPRax **92**, 224, und für eine unmittelbar damit zusammenhängende Widerklage, Art 32 III WÜD; sonstigen in Rn 2 genannten Personen, wenn sie Deutsche nach dem GG sind oder ständig in Deutschland ansässig sind, Artt 37 I–IV, 38 II WÜD; privaten Hausangestellten, Art 37 IV WÜD. Wegen der Sonderbotschafter vgl § 20 Rn 5.

4 **4) Räumlichkeitsschutz, S 1, 2.** Unabhängig von der persönlichen Immunität sind unverletzlich die Räumlichkeiten der Mission mit den darin befindlichen Gegenständen sowie ihre Beförderungsmittel, Archive und Schriftstücke, Korrespondenz und Gepäck sowie die Privatwohnung des Diplomaten, Artt 22 III, 24, 27, 30 WÜD.

19

Konsularische Vertretungen. [I] [1] **Die Mitglieder der im Geltungsbereich dieses Gesetzes errichteten konsularischen Vertretungen einschließlich der Wahlkonsularbeamten sind nach Maßgabe des Wiener Übereinkommens über konsularische Beziehungen vom 24. April 1963 (Bundesgesetzbl. 1969 II S. 1585 ff.) von der deutschen Gerichtsbarkeit befreit.** [2] **Dies gilt auch, wenn ihr Entsendestaat nicht Vertragspartei dieses Übereinkommens ist; in diesem Falle findet Artikel 2 des Gesetzes vom 26. August 1969 zu dem Wiener Übereinkommen vom 24. April 1963 über konsularische Beziehungen (Bundesgesetzbl. 1969 II S. 1585) entsprechende Anwendung.**

[II] **Besondere völkerrechtliche Vereinbarungen über die Befreiung der in Absatz 1 genannten Personen von der deutschen Gerichtsbarkeit bleiben unberührt.**

1 **1) Systematik, Regelungszweck, I, II.** Vgl zunächst Einf 1, 2 vor § 18. Für die Befreiung von der deutschen Gerichtsbarkeit (Immunität), Einf 2 vor §§ 18–20, wegen der konsularischen Vertretungen einschließlich der Wahlkonsulate sind die Bestimmungen des Wiener Übk über konsularische Beziehungen (WÜK, Üb 28 vor § 373 ZPO) auch dann maßgeblich, wenn der Entsendestaat nicht Vertragspartei dieses Übk ist. In allen Fällen gilt die in Art 2 G v 26. 8. 69 enthaltene Ermächtigung, Vorrechte und Befreiungen durch RechtsVO zu erweitern oder einzuschränken (bisher nicht praktisch geworden).

2 **2) Immunität, I.** Konsularbeamte nach Art 1 I d WÜK und Bedienstete des Verwaltungs- oder technischen Personals nach Art 1 I e WÜK haben Immunität nur wegen derjenigen Handlungen, die sie in einer Wahrnehmung konsularischer Aufgaben vorgenommen haben, Art 43 I WÜK, BAG NZA **02**, 1416, BayObLG NJW **92**, 641, Karlsr NJW **04**, 3273. Das gilt auch dann nicht gegenüber Klagen aus Verträgen, bei denen sie nicht ausdrücklich oder erkennbar für den Entsendestaat gehandelt haben, LG Hbg NJW **86**, 3034, (daher im Zweifel Klagezustellung und Ladung zur Klärung von Amts wegen in mündlicher Verhandlung), und gegenüber Schadensersatzklagen aus Verkehrsunfällen, Art 43 II WÜK. Entsprechendes gilt für Wahlkonsularbeamte, Art 85 II WÜK, auch wenn sie Deutsche sind, Art 71 I WÜK und für einen Honorarkonsul, Karlsr NJW **04**, 3273.

3 **3) Keine Immunität, I.** Eine Immunität fehlt beim Verzicht und bei bestimmten Widerklagen, Art 45 WÜK, § 18 Rn 3, und überhaupt beim sonstigen Personal und Familienangehörigen von Konsularbeamten. Keine Immunität besteht bei einer außerkonsularischen Tätigkeit, Karlsr NJW **04**, 3273.

4 **4) Räumlichkeitschutz, I, II.** Unverletzlich sind die konsularischen Räumlichkeiten, Art 31 WÜK, BGH NJW **90**, 1800, ferner Archive und Schriftstücke sowie Korrespondenz und mit Einschränkung Kuriergepäck, Artt 33, 35 WÜK. Beschränkungen der persönlichen Freiheit eines Konsularbeamten sind nur in bestimmten Fällen statthaft, Art 41 WÜK. Wegen der Zeugnispflicht Art 44 WÜK, Üb 27 vor § 373 ZPO.

5 **5) Besondere völkerrechtliche Vereinbarungen, II.** Sie bleiben unberührt. Wegen der Konsularverträge mit Großbritannien, Iran, Irland, Japan, Jemen, Saudiarabien, Spanien, Thailand, Türkei, (jetzt) GUS und USA Steinmann MDR **65**, 708 (keine weitergehenden Befreiungen als nach WÜK).

20

Sonstige Exterritoriale. [I] **Die deutsche Gerichtsbarkeit erstreckt sich auch nicht auf Repräsentanten anderer Staaten und deren Begleitung, die sich auf amtliche Einladung der Bundesrepublik Deutschland im Geltungsbereich dieses Gesetzes aufhalten.**

[II] **Im übrigen erstreckt sich die deutsche Gerichtsbarkeit auch nicht auf andere als die in Absatz 1 und in den §§ 18 und 19 genannten Personen, soweit sie nach den allgemeinen Regeln des Völkerrechts, auf Grund völkerrechtlicher Vereinbarungen oder sonstiger Rechtsvorschriften von ihr befreit sind.**

Schrifttum: *Chrocziel/Westin,* Die Vollstreckbarkeit ausländischer Urteile und Schiedssprüche, ZVglRWiss **88**, 180; *Langkeit,* Staatenimmunität und Schiedsgerichtbarkeit, 1989; *Riedinger,* Staatenimmunität gegenüber Zwangsgewalt, RabelsZ **81**, 448; *Seidl-Hohenveldern,* Neue Entwicklungen im Recht der Staatenimmunität, Festschrift für *Beitzke* (1979) 1081.

1 **1) Exterritorialität von Staatsgästen, I.** Persönliche Immunität nach Einf 2 vor §§ 18–20 haben solche Repräsentanten anderer Staaten und deren Begleitung, die sich auf eine amtliche Einladung Deutschlands hier aufhalten. Auf die Staatsangehörigkeit kommt es nicht an. Daher sind die Genannten auch dann von der deutschen Gerichtsbarkeit befreit, wenn sie (auch) deutsche Staatsangehörige sind.

Repräsentanten anderer Staaten sind nur solche Personen, die kraft ihrer Stellung zB als Mitglieder der Regierung oder auf Grund einer Sonderermächtigung zur Vertretung des anderen Staats in seiner Gesamtheit berufen sind. Die amtliche Einladung Deutschlands muß von einer solchen staatlichen Stelle ausgehen, die zur Vertretung der Bundesrepublik in ihrer Gesamtheit befugt ist. Die Befugnis zur Vertretung eines Landes oder einer sonstigen Körperschaft reicht nicht aus. Begleitung der Repräsentanten sind die auf der vom Gastland akzeptierten Delegationsliste genannten Begleitpersonen.

Die Befreiung gilt kraft *innerstaatlichen* Rechts. Sie ist unabhängig von den allgemeinen Regeln des Völkerrechts, dazu Rn 5.

2) Allgemeine Regeln des Völkerrechts, II Fall 1. Vgl Art 25 GG, BGH RR **03**, 1219. Es gibt mehrere Gruppen. 2

A. Ausländische Staaten und die für sie handelnden Organe, BGH NJW **79**, 1101, BVerwG NJW **89**, 679, v Schönfeld NJW **86**, 2980. Maßgeblich ist im Verhältnis zu den Vertragsstaaten das Europäische Übk über Staatenimmunität v 16. 5. 72, BGBl **90** II 35, mit AusfG v 22. 1. 90, BGBl II 34. Vertragsstaaten: Belgien, Luxemburg, Niederlande (für das Königreich in Europa), Österreich, Schweiz, Vereinigtes Königreich und Zypern (Bek v 24. 10. 90, dort auch die Zusatzerklärungen).

Das Übk *enthält* Bestimmungen über die Immunität von der Gerichtsbarkeit, Artt 1–15, 24, Verfahrensvorschriften, Artt 16–19, Vorschriften über die Wirkungen der gegen einen Vertragstaat ergangenen Entscheidungen und Vergleiche, Artt 20–22, sowie die Voraussetzungen der Zwangsvollstreckung, Artt 23, 26, ferner ergänzende und allgemeine Bestimmungen, Artt 25 ff. Für die Feststellung, ob der Bund oder ein Bundesland die Entscheidung eines Gerichts eines anderen Vertragstaates nach Art 20 oder Art 25 oder einen Vergleich nach Art 22 Übk erfüllen muß, ist das LG zuständig, Art 2 AusfG Karczewski RabelsZ **90**, 533, Kronke IPRax **91**, 141, Seidl-Hohenveldern IPRax **93**, 190.

Sofern das das Übk v 16. 5. 72 und andere völkerrechtliche Verträge nichts Abweichendes bestimmen, 3
besteht nach den *allgemeine Regeln* des Völkerrechts nach Art 25 GG eine Immunität grundsätzlich nur im *Bereich hoheitlicher Tätigkeit,* BAG BB **06**, 1392. Das muß man nach deutschem Recht prüfen, BVerfG NJW **83**, 2766, BGH RR **03**, 1219, BAG NZA **02**, 1416.

Keine Immunität haben dagegen Staaten für den Bereich des nichthoheitlichen Handelns im Bereich des allgemeinen Wirtschaftslebens und demgemäß auch nicht solche ausländische juristische Personen einschließlich privatwirtschaftlich tätiger Unternehmen eines ausländischen Staats, denen dieser die Stellung einer selbständigen juristischen Person verliehen hat, BAG BB **06**, 1392, Ffm NJW **81**, 2650, zB eine staatliche Ölgesellschaft, Ffm RIW **82**, 439, Albert IPRax **83**, 55, Hausmann IPRax **82**, 54, oder eine staatliche Notenbank, Esser RzW **84**, 577, Krauskopf WertpMitt **86**, 89, Schumann ZZP **93**, 412.

Die *Abgrenzung* richtet sich nach der Natur der Handlung oder des Rechtsverhältnisses und nicht nach einem Motiv oder Zweck, BAG BB **06**, 1392.

Ist gegen einen ausländischen Staat über ein nichthoheitliches Verhalten ein Vollstreckungstitel ergangen, 4
ist die Zwangsvollstreckung durch den Gerichtsstaat in Gegenstände des ausländischen Staats im Hoheitsbereich des Gerichtsstaats nach den allgemeinen Regeln des Völkerrechts nach Art 25 GG ohne eine Zustimmung des ausländischen Staates unzulässig, soweit diese Gegenstände im Zeitpunkt des Beginns der Vollstrekkungsmaßnahme nach deutschem Recht hoheitlichen Zwecken dieses Staates dienen, Grdz 33 vor § 704, BGH RR **03**, 1219.

Zur *Beweislast* in diesen Fällen v Schönfeld NJW **86**, 2982, Walter RIW **84**, 9. Wegen des Verzichts auf die Immunität zB durch eine Klage oder durch den Abschluß einer Schiedsvereinbarung Artt 1–3 Übk v 16. 5. 72, Einf 3 vor §§ 18–20, van Hecke IPRax **92**, 205, Vischer IPRax **91**, 209.

B. Staatsoberhäupter, und bei amtlichen Besuchen auch ihr Gefolge und haben eine persönliche Immunität kraft Völkerrechts. 5

C. Ausländische Regierungsmitglieder bei amtlichen Besuchen und Delegierte bei zwischenstaatlichen Tagungen sind kraft Völkerrechts persönlich exterritorial, soweit nicht für sie und ihre Begleitung schon eine Immunität nach I besteht. 6

D. Diplomaten und ihre Familienangehörigen auf der Durchreise haben nach Art 40 WÜK eine Immunität, grundsätzlich auch Sonderbotschafter, BGH NJW **84**, 2048 (krit Bockslaff/Koch NJW **84**, 2742, zustm Oehler JR **85**, 79), Düss EuGRZ **83**, 160 (krit Zuck), Engel JZ **83**, 627. Jedoch endet die Immunität mit dem Status als Sonderbotschafter, Düss NStZ **87**, 87 (zustm Jakobs). 7

E. Fremde Truppen, die befugt deutschen Boden betreten, ebenso Personen an Bord von solchen Kriegsschiffen, die sich rechtmäßig in deutschen Küstengewässern aufhalten, Mössner NJW **82**, 1197, sind persönlich exterritorial kraft Völkerrechts, soweit sie sich hoheitlich betätigen, Sennekamp NJW **83**, 2731. Wegen ihrer Rechtsstellung nach Sonderverträgen Rn 9. 8

3) Völkerrechtliche Vereinbarung oder sonstige Rechtsvorschriften, II Fälle 2, 3. Es gibt auch hier mehrere Gruppen. 9

A. Zwischenstaatliche Organisationen und ihre Angehörigen, Kunz-Hallstein NJW **92**, 3069, Wenckstern NJW **87**, 1113, insbesondere zur Umsetzung völkerrechtlicher Abkommen in innerstaatliches Recht. Hierhin gehören zB: Die Vereinten Nationen, BGBl 80 II 141; (jetzt) die EU, BGBl **57** II 1182; Euratom, BGBl **57** II 1212; Europarat, BGBl **54** II 493; Sonderorganisationen der UNO, BGBl **54** II 639, 57 II 469, **64** II 187, **85** II 837 (dazu VO v 16. 6. 70, BGBl II 689, und v 18. 3. 71, BGBl II 129); Internationaler Seegerichtshof, VO v 10. 10. 96, BGBl II 2517; Europäische Patentorganisation, BGBl 76 II 649, 826; Europäische Weltraumorganisation, BGBl **80** II 766; Atomenergiekommission, BGBl **60** II 1993; Eurocontrol, Übk v 13. 12. 60, BGBl **62** II 2274, BVerfG **59**, 63, BVerwG **54**, 291, VGH Kassel NJW **84**, 2055; Naturkautschukorganisation, BGBl **89** II 107. Immunität haben auch solche Personen, die an Verfahren vor der Europäischen Kommission oder dem Gerichtshof für Menschenrechte teilnehmen, BGBl 77 II 1445.

B. Angehörige der NATO-Streitkräfte, SchlAnh III, VGH Kassel NJW **84**, 2055, Sennekamp NJW **83**, 2733. 10

11 **4) Gegenständliche Beschränkung, I, II.** Sie gilt für die deutsche Gerichtsbarkeit außerdem zB bei Kriegsschiffen, Rn 5, und bei Staatsschiffen gemäß Abk v 10. 4. 26, RGBl **27** II 483, und Zusatzprotokoll v 24. 5. 34, RGBl **36** II 303, Vertragsstaaten: Ägypten, Argentinien, Belgien, Brasilien, Chile, Dänemark, Frankreich, Griechenland, Italien, Madagaskar, Niederlande, Norwegen, Polen, Portugal, Schweden, Schweiz, Syrien, Türkei, Ungarn, Uruguay, Vereinigtes Königreich mit Ausnahme bestimmter Gebiete, Zaire, Zypern. Eine gegenständliche Beschränkung besteht ferner bei Räumlichkeiten, Gebäuden und Archiven zwischenstaatlicher Organisationen, Rn 2.

21 (betrifft Strafsachen)

Zweiter Titel. Allgemeine Vorschriften über das Präsidium und die Geschäftsverteilung

21a–21j (nicht abgedruckt)

Dritter Titel. Amtsgerichte

22 *Fassung 1. 9. 2009:* ***Richter beim Amtsgericht.*** **I Den Amtsgerichten stehen Einzelrichter vor.**

II Einem Richter beim Amtsgericht kann zugleich ein weiteres Richteramt bei einem anderen Amtsgericht oder bei einem Landgericht übertragen werden.

III 1 Die allgemeine Dienstaufsicht kann von der Landesjustizverwaltung dem Präsidenten des übergeordneten Landgerichts übertragen werden. 2 Geschieht dies nicht, so ist, wenn das Amtsgericht mit mehreren Richtern besetzt ist, einem von ihnen von der Landesjustizverwaltung die allgemeine Dienstaufsicht zu übertragen.

IV Jeder Richter beim Amtsgericht erledigt die ihm obliegenden Geschäfte, soweit dieses Gesetz nichts anderes bestimmt, als Einzelrichter.

V 1 Es können Richter kraft Auftrags verwendet werden. 2 Richter auf Probe können verwendet werden, soweit sich aus Absatz 6, § 23 b Abs. 3 Satz 2, § 23 c Abs. 2 oder § 29 Abs. 1 Satz 2 nichts anderes ergibt.

VI Ein Richter auf Probe darf im ersten Jahr nach seiner Ernennung Geschäfte in Insolvenzsachen nicht wahrnehmen.

Vorbem. V 2 ergänzt dch Art 22 Z 6 FGG-RG, in Kraft seit 1. 9. 09, Art 112 I Hs 1 FGG-RG, ÜbergangsR Art 111 FGG-RG, Einf 4 vor § 1 FamFG.

Bisherige Fassung, V: **2 Richter auf Probe können verwendet werden, soweit sich auf Absatz 6, § 23 b Abs. 3 Satz 2 oder § 29 Abs. 1 Satz 2 nichts anderes ergibt.**

1 **1) Alleinrichter, I, IV.** Der Grundsatz, daß der Amtsrichter als Alleinrichter amtiert, ist durchbrochen beim Schöffengericht, Jugendgericht und in Landwirtschaftssachen. Die Amtshandlung eines nach der Geschäftsverteilung nicht berufenen Amtsrichters ist wirksam, aber evtl anfechtbar, § 22 d Rn 1. Die Verteilung kann sachlich oder örtlich geschehen, etwa nach den Gemeinden.

2 **2) Richter beim Amtsgericht, II, V, VI.** Das kann nicht nur ein Richter auf Lebenszeit sein, sondern auch ein Richter auf Probe nach § 12 DRiG und kraft Auftrags nach § 14 DRiG, soweit sich aus VI sowie aus §§ 23 b III 2, 23 c II, 29 I 2 nichts anderes ergibt. Ein Richter auf Probe darf also im ersten Jahr nach seiner Ernennung nicht amtieren in Insolvenzsachen, VI, in Familiensachen, § 23 b III 2, in Betreuungssachen, § 23 c II, und in bestimmten Strafsachen, § 29 I 2. Der Richter auf Probe und kraft Auftrags muß im Geschäftsverteilungsplan nach § 21 e als solcher erkennbar sein, § 29 S 2 DRiG, nicht aber auch in der Entscheidung des Einzelfalls. Auch ein abgeordneter Richter nach § 37 DRiG kann bei einem AG amtieren. Jedoch darf man im Verhältnis zu den mit Richtern auf Lebenszeit nach § 19 a I DRiG besetzten Stellen nicht übermäßig viele andere Richter einsetzen, VGH Kassel AS **33**, 10.

Ein Richter auf Lebenszeit kann nach II zugleich ein *weiteres Richteramt* erhalten, § 27 II DRiG, jedoch nur bei einem anderen AG oder bei einem LG. Wegen der Voraussetzungen und der Anfechtbarkeit § 27 DRiG. Über den Amtsrichter als Vorsitzenden einer KfH § 106. Wahlberechtigt und wählbar für das Präsidium nach § 21 b I ist ein solcher Richter bei beiden Gerichten.

3 **3) Dienstaufsicht, III.** Soweit sie nicht beim Präsidenten des übergeordneten LG liegt, führt sie der von der Landesjustizverwaltung dazu bestellte Präsident oder aufsichtführende Richter des AG. Die Landesjustizverwaltung kann sie auch dem Präsidenten eines anderen AG übertragen, §§ 22 a, 22 b IV. Die Vertretung des die Dienstaufsicht führenden Richters regelt § 21 h für die ihm durch das GVG zugewiesenen Aufgaben.

22a–22d (nicht abgedruckt)

23 *Sachliche Zuständigkeit in Zivilsachen.* **Die Zuständigkeit der Amtsgerichte umfaßt in bürgerlichen Rechtsstreitigkeiten, soweit sie nicht ohne Rücksicht auf den Wert des Streitgegenstandes den Landgerichten zugewiesen sind:**

1. Streitigkeiten über Ansprüche, deren Gegenstand an Geld oder Geldeswert die Summe von fünftausend Euro nicht übersteigt;

2. ohne Rücksicht auf den Wert des Streitgegenstandes:

a) Streitigkeiten über Ansprüche aus einem Mietverhältnis über Wohnraum oder über den Bestand eines solchen Mietverhältnisses; diese Zuständigkeit ist ausschließlich;

b) Streitigkeiten zwischen Reisenden und Wirten, Fuhrleuten, Schiffern oder Auswanderungsexpedienten in den Einschiffungshäfen, die über Wirtszechen, Fuhrlohn, Überfahrtsgelder, Beförderung der Reisenden und ihrer Habe und über Verlust und Beschädigung der letzteren, sowie Streitigkeiten zwischen Reisenden und Handwerkern, die aus Anlaß der Reise entstanden sind;

c) Streitigkeiten nach § 43 Nr. 1 bis Nr. 4 und Nr. 6 des Wohnungseigentumsgesetzes; diese Zuständigkeit ist ausschließlich;

d) Streitigkeiten wegen Wildschadens;

e) und f) (weggefallen)

g) Ansprüche aus einem mit der Überlassung eines Grundstücks in Verbindung stehenden Leibgedings-, Leibzuchts-, Altenteils- oder Auszugsvertrag;

h) das Aufgebotsverfahren.

Vorbem. Z 2 c idF Art 3 I Z 1 G 26. 3. 07, BGBl 370, in Kraft seit 1. 7. 07, Art 4 S 2 G, ÜbergangsR Einl III 78.

1) Systematik, Regelungszweck, Z 1, 2. Zusammen mit §§ 23 a–27, 71 regelt § 23 die erstinstanzliche sachliche Zuständigkeit im bürgerlichen Prozeß nach § 13 und damit das Aufgabengebiet, hier des AG, als die Kernvorschrift, zu der § 71 formell nur hinzutritt. Daraus folgt: § 71 ist als eine Auffangvorschrift weit auslegbar, § 23 muß man eher streng handhaben. Andererseits zeigen Z 2 a, b, g sehr weitgehende nicht abschließende Aufzählungen. Man darf und muß daher auch bei der Handhabung zumindest teilweise ziemlich großzügig sein. 1

2) Sachliche Zuständigkeit, Z 1, 2. § 23 betrifft nur die sachliche Zuständigkeit. Über die örtliche §§ 12 ff ZPO. Das AG ist sachlich zuständig: Bei Ansprüchen bis zum Streitwert von 5000 EUR, Z 1; ferner nach Z 2 a)–h) ohne Rücksicht auf den Streitwert, krit Lange DRiZ **89**, 47. Zu diesen Fällen treten hinzu die Klagen aus § 111 GenG (Anfechtungsklage gegen die für vollstreckbar erklärte Vorschuß-, Zusatz- und Nachschußberechnung des Insolvenzverwalters bei Genossenschaftsinsolvenz. Bei einem Streitwert über 5000 EUR ist eine Verweisung möglich, § 112 GenG). Ferner treten hinzu die Klagen in Binnenschifffahrtssachen, § 2 G v 27. 9. 52, 14 GVG Rn 4. Eine Ausnahme von § 23 machen § 71 II, III sowie solche Sondergesetze, die dem LG Sachen ohne Rücksicht auf den Streitwert zuweisen, § 71 Rn 3–5, §§ 18, 36 102, 108 EuWG, LG Kassel RR **07**, 1651 (im dortigen Fall verneint). Wegen der Zuständigkeit bei der Zerlegung eines Anspruchs in mehrere Teilklagen § 2 ZPO Rn 7. 2

Außerdem ist das AG ohne Rücksicht auf Wertgrenzen zuständig als Rechtshilfegericht auch für das selbständige Beweisverfahren, das Mahnverfahren, das Vollstreckungsverfahren, außer wenn das Prozeßgericht erster Instanz zuständig ist, ferner außer dem Gericht der Hauptsache für das Verfahren einen über Arrest und eine einstweilige Verfügung nach §§ 919, 936, 942, für die Vollstreckbarerklärung rechtskräftiger Entscheidungen aus internationalen Verträgen nach Anh § 723, für das Insolvenz- und Vergleichsverfahren, nach dem FamFG, § 23 a, b, und nach Sondergesetzen, zB über die Unterbringung psychisch Kranker.

3) Streitwertabhängige Zuständigkeit, Z 1. Eine übergangsrechtlich erhebliche Bedeutung hat dabei § 26 Z 2, 11 EGZPO. Es kommt nicht darauf an, ob die Streitigkeit vermögensrechtlich oder nichtvermögensrechtlich ist, Grdz 10, 11 vor § 1 ZPO. Auch im letzteren Fall ist das AG immer dann sachlich zuständig, sofern sich seine Zuständigkeit nicht schon aus Z 2 oder aus §§ 23 a, 23 b ergibt, wenn der Wert des Streitgegenstands 5000 EUR nicht übersteigt. Das meint die Vorschrift trotz des mißverständlichen Wortlauts „an Geld und Geldeswert". Diese Voraussetzung liegt zB in Streitigkeiten über Ehrverletzungen oder Belästigungen sowie in vereinsrechtlichen Streitigkeiten häufiger vor, krit Lappe NJW **94**, 1190. Wegen der Berechnung des Werts §§ 3–9 ZPO. Eine Aufrechnung ist für die sachliche Zuständigkeit unerheblich. 3

Nach einem *Mahnverfahren* bestimmt sich der Gegenstandswert für das Streitverfahren nach demjenigen Betrag, den der Kläger im Streitverfahren noch fordert, Ffm RR **92**, 1342. Macht er in einer Klage mehrere Ansprüche geltend, muß man sie grundsätzlich zusammenzurechnen. Unberührt bleiben §§ 708 Z 11, 866 III ZPO.

Pachtsachen fallen nicht unter Z 2 a, sondern unter Z 1. Eine besondere Zuständigkeit des AG für Landpachtsachen begründet das LwVG.

Z 1 *gilt nicht* für solche Streitigkeiten, die ohne Rücksicht auf den Wert des Streitgegenstands vor das LG gehören. Das ist in zahlreichen Einzelgesetzen des Bundes und auf Grund des § 71 III in Landesgesetzen geschehen.

4) Streitwertunabhängige Zuständigkeit, Z 2. Z 2 begründet für die dort aufgezählten Sachen eine Zuständigkeit ohne Rücksicht auf den Streitwert, krit Lange DRiZ **89**, 46. Sie ist abgesehen von Z 2 a nicht ausschließlich. Auch Z 2 läßt in den anderen Fällen eine Vereinbarung auf das LG zu. Verbindet der Kläger andere Ansprüche bis zu 5000 EUR mit Ansprüchen nach Z 2, ändert das nichts an der Zuständigkeit. Bei einer Verbindung von Ansprüchen über 5000 EUR mit solchen nach Z 2 muß das Gerricht sie abtrennen und auf einen Antrag des Klägers an das LG verweisen, § 281. Mangels eines Antrags erfolgt eine Abtrennung und Abweisung wegen sachlicher Unzuständigkeit, weil der Kläger die Zuständigkeitsgrenze durch eine Verbindung nicht erhöhen kann. S auch § 260 Rn 16 ff ZPO. 4

5 **5) Mietstreitigkeit, Z 2 a.** Die Vorschrift regelt die ausschließliche sachliche Zuständigkeit für alle Streitigkeiten über Ansprüche aus einem Mietverhältnis nach §§ 535 ff BGB über Wohnraum nach §§ 549 ff BGB oder über den Bestand eines solchen Mietverhältnisses. Für Streitigkeiten über Ansprüche aus anderen Mietverhältnissen zB über Geschäftsräume und aus Pachtverhältnissen nach §§ 581 ff BGB gilt Z 1.

6 **A. Streitigkeit aus Mietverhältnis.** Hierhin gehören sowohl Haupt- wie Untermietverhältnisse, nicht aber Pachtverhältnisse, Rn 7. Z 2 a erfaßt alle Ansprüche aus dem Mietverhältnis während seines Bestehens und bei seiner Abwicklung. Ein faktisches Mietverhältnis genügt. Daher kommt es auf die Gültigkeit des Mietvertrags für die Zuständigkeit nicht an. Auch eine Feststellungsklage fällt unter Z 2 a. Vgl § 29 a ZPO. Dasselbe gilt von einem Mietbetrag, den ein Gläubiger des Vermieters mit einer Drittschuldnerklage nach § 771 ZPO geltend macht, Karlsr RR **02**, 1168.

7 **B. Mietverhältnis über Wohnraum.** Z 2 a bezieht sich auf einen solchen Wohnraum nach §§ 549 ff BGB, BGH NJW **81**, 1377, den der Mieter zumindest auch als solchen nutzt. Abweichend von § 29 a II ZPO fallen hierunter auch Wohnräume zum vorübergehenden Gebrauch, möblierte Zimmer für Einzelmieter, Häuser und Räume für Ferienzwecke, nicht jedoch Hotelzimmer oder die Urlaubswohnung, weil sie nicht zum dauernden Aufenthalt bestimmt sind. Wohnraum nach Z 2 a können auch Wohnwagen, Wohnschiffe und Behelfsheime sein. Bei einem Mischmietverhältnis kommt es darauf an, ob die Wohnnutzung überwiegt, Hamm ZMR **86**, 11.

Unanwendbar ist Z 2 a beim reinen Geschäftsraum und bei einer gewerblichen Zwischenmiete nach § 565 BGB. Eine vertragswidrige (Mit- oder Allein-)Benutzung für gewerbliche Zwecke ändert nichts am Charakter einer Wohnungsmiete, Düss NZM **07**, 799.

8 **C. Werkwohnung.** Das AG ist zuständig für Streitigkeiten über Werkmietwohnungen, § 576 BGB, und über Werkdienstwohnungen, § 576 b BGB, aM BAG NZA **90**, 539 (ArbG, § 2 III ArbGG).

9 **6) Reisender usw, Z 2 b.** Es braucht sich nicht um eine Klage während der Reise zu handeln, aM Kissel/Mayer 30. Die Vorschrift gilt nicht für eine Klage wegen einer Zurückbehaltung von Sachen und auch nicht für eine Klage auf einen entgangenen Gewinn wegen abgesagter Gasthofsmiete.

10 **7) Wohnungseigentum, Z 2 c.** Es geht um die in Anh § 29 b ZPO erörterten Fälle nach § 43 Z 1–4, 6 WEG. Ihre Zuständigkeit ist nach Hs 2 ausschließlich, § 40 II 1 Z 2 ZPO. Sie läßt sich daher nach § 40 II 2 ZPO auch nicht durch ein rügeloses Verhandeln zur Hauptsache nach § 295 ZPO begründen.

11 **8) Wildschaden, Z 2 d.** Es gilt das BJagdG. Nach § 35 können die Länder ein Vorverfahren vorschreiben. In ihm ergeht dann ein Vorbescheid, wenn es nicht zum Anerkenntnis oder Vergleich kommt, Lange DRiZ **89**, 47. Wegen der in Betracht kommenden Landesgesetze Schönfelder, § 1 VI BJagdG FN.

12 **9) Leibgedingsvertrag usw, Z 2 g.** Es handelt sich dabei um einen solchen Vertrag, durch den der Übergeber bei der Überlassung eines Grundstücks sich oder Dritten Nutzungen oder wiederkehrende Leistungen ausbedingt, BayObLGZ **96**, 26, LG Köln FamRZ **97**, 137.

13 **10) Aufgebotsverfahren, Z 2 h.** Vgl §§ 946 ff ZPO, auch § 11 EGZPO.

23a

Fassung 1. 9. 2009: ***Weitere sachliche Zuständigkeit.*** **I Die Amtsgerichte sind ferner zuständig für**

1. Familiensachen;

2. Angelegenheiten der freiwilligen Gerichtsbarkeit, soweit nicht durch gesetzliche Vorschriften eine anderweitige Zuständigkeit begründet ist.

II Angelegenheiten der freiwilligen Gerichtsbarkeit sind

1. Betreuungssachen, Unterbringungssachen sowie betreuungsgerichtliche Zuweisungssachen,

2. Nachlass- und Teilungssachen,

3. Registersachen,

4. unternehmensrechtliche Verfahren nach § 375 des Gesetzes über das Verfahren in Familiensachen und in den Angelegenheiten der freiwilligen Gerichtsbarkeit,

5. die weiteren Angelegenheiten der freiwilligen Gerichtsbarkeit nach § 410 des Gesetzes über das Verfahren in Familiensachen und in den Angelegenheiten der freiwilligen Gerichtsbarkeit,

6. Verfahren in Freiheitsentziehungssachen nach § 415 des Gesetzes über das Verfahren in Familiensachen und in den Angelegenheiten der freiwilligen Gerichtsbarkeit,

7. Aufgebotsverfahren,

8. Grundbuchsachen,

9. Verfahren nach § 1 Nr. 1 und 2 bis 6 des Gesetzes über das gerichtliche Verfahren in Landwirtschaftssachen,

10. Schiffsregistersachen sowie

11. sonstige Angelegenheiten der freiwilligen Gerichtsbarkeit, soweit sie durch Bundesgesetz den Gerichten zugewiesen sind.

Vorbem. Fassg Art 22 Z 7 FGG-RG, in Kraft seit 1. 9. 09, Art 112 I Hs 1 FGG-RG, ÜbergangsR Art 111 FGG-RG, Einf 4 vor § 1 FamFG.

Bisherige Fassung: **Die Amtsgerichte sind in bürgerlichen Rechtsstreitigkeiten ferner zuständig für**

1. Streitigkeiten in Kindschaftssachen;

2. Streitigkeiten, die eine durch Ehe oder Verwandtschaft begründete gesetzliche Unterhaltspflicht betreffen;

3. Ansprüche nach den §§ 1615 l, 1615 m des Bürgerlichen Gesetzbuchs;

4. Ehesachen;

5. **Streitigkeiten über Ansprüche aus dem ehelichen Güterrecht, auch wenn Dritte am Verfahren beteiligt sind;**
6. **Lebenspartnerschaftssachen;**
7. **Streitigkeiten nach dem Gewaltschutzgesetz, wenn die Parteien einen auf Dauer angelegten gemeinsamen Haushalt führen oder innerhalb von sechs Monaten vor der Antragstellung geführt haben.**

1) Systematik, Regelungszweck, I, II. Dem AG sind Sachen nach I oder II und die damit zusammenhängenden Angelegenheiten zugewiesen. 1

2) Familiensachen, I Z 1. Das sind alle in § 111 Z 1–11 FamFG aufgezählten Sachen und darüber hinaus auch die nach dem ausdrücklichen Wortlaut von § 112 FamFG zu den Familiensachen zählenden sog Familienstreitsachen nach § 112 Z 1–3 FamFG. Vgl zu ihnen allen jeweils dort. 2

3) Freiwillige Gerichtsbarkeit, I Z 2, II. Das sind nach der amtlichen Aufzählung alle in II Z 1–11 genannten Sachen. Es handelt sich also nach *II Z 1* um die Betreuungssachen, Unterbringungssachen der §§ 271 ff FamFG einschließlich der Zuweisungen nach § 340 FamFG; nach *II Z 2* um die Nachlaß- und Teilungssachen der § 342 ff FamFG; nach *II Z 3* um die Registersachen der §§ 374 ff FamFG; nach *II Z 4* um die unternehmensrechtlichen Verfahren des § 375 FamFG; nach *II Z 5* um die „weiteren Angelegenheiten der freiwilligen Gerichtsbarkeit" im Sinn der §§ 410 ff FamFG; nach *II Z 6* um die Freiheitsentziehungen nach § 415 FamFG; nach *II Z 7* um die Aufgebotsverfahren der §§ 433 ff FamFG; nach *II Z 8* um die Grundbuchsachen nach der GBO; nach *II Z 9* um die Verfahren nach 1 Z 1, 2–6 LwVG (also ohne die Landpachtverträge nach § 1 Z 1 a LwVG); nach *II Z 10* um die Schiffsregistersachen; nach *II Z 11* um alle „sonstigen" Angelegenheiten der freiwilligen Gerichtsbarkeit, soweit sie nicht nach einem Bundesgesetz einem Staatsgericht zugewiesen sind. Vgl jeweils dort. 3

23b *Fassung 1. 9. 2009:* ***Familiengericht.*** **I Bei den Amtsgerichten werden Abteilungen für Familiensachen (Familiengerichte) gebildet.**

II 1 Werden mehrere Abteilungen für Familiensachen gebildet, so sollen alle Familiensachen, die denselben Personenkreis betreffen, derselben Abteilung zugewiesen werden. 2 Wird eine Ehesache rechtshängig, während eine andere Familiensache, die denselben Personenkreis oder ein gemeinschaftliches Kind der Ehegatten betrifft, bei einer anderen Abteilung im ersten Rechtszug anhängig ist, ist diese von Amts wegen an die Abteilung der Ehesache abzugeben. 3 Wird bei einer Abteilung ein Antrag in einem Verfahren nach den §§ 10 bis 12 des Internationalen Familienrechtsverfahrensgesetzes vom 26. Januar 2005 (BGBl. I S. 162) anhängig, während eine Familiensache, die dasselbe Kind betrifft, bei einer anderen Abteilung im ersten Rechtszug anhängig ist, ist diese von Amts wegen an die erstgenannte Abteilung abzugeben; dies gilt nicht, wenn der Antrag offensichtich unzulässig ist. 4 Auf übereinstimmenden Antrag beider Elternteile sind die Regelungen des Satzes 3 auch auf andere Familiensachen anzuwenden, an denen diese beteiligt sind.

III 1 Die Abteilungen für Familiensachen werden mit Familienrichtern besetzt. 2 Ein Richter auf Probe darf im ersten Jahr nach seiner Ernennung Geschäfte des Familienrichters nicht wahrnehmen.

Vorbem. I 2 aufgehoben, II idF Art 22 Z 8 FGG-RG, in Kraft seit 1. 9. 09, Art 112 I Hs 1 FGG-RG, ÜbergangsR Art 111 FGG-RG Einf 4 vor § 1 FamFG.

Bisherige Fassung I, II: **I 1 Bei den Amtsgerichten werden Abteilungen für Familiensachen (Familiengerichte) gebildet. 2 Familiensachen sind:**

1. **Ehesachen;**
2. **Verfahren betreffend die elterliche Sorge für ein Kind, soweit nach den Vorschriften des Bürgerlichen Gesetzbuchs hierfür das Familiengericht zuständig ist;**
3. **Verfahren über die Regelung des Umgangs mit einem Kind, soweit nach den Vorschriften des Bürgerlichen Gesetzbuchs hierfür das Familiengericht zuständig ist;**
4. **Verfahren über die Herausgabe eines Kindes, für das die elterliche Sorge besteht;**
5. **Streitigkeiten, die die durch Verwandtschaft begründete gesetzliche Unterhaltspflicht betreffen;**
6. **Streitigkeiten, die die durch Ehe begründete gesetzliche Unterhaltspflicht betreffen;**
7. **Verfahren, die den Versorgungsausgleich betreffen;**
8. **Verfahren über Regelungen nach der Verordnung über die Behandlung der Ehewohnung und des Hausrats;**

8a. **Verfahren nach dem Gewaltschutzgesetz, wenn die Beteiligten einen auf Dauer angelegten gemeinsamen Haushalt führen oder innerhalb von sechs Monaten vor der Antragstellung geführt haben;**

9. **Streitigkeiten über Ansprüche aus dem ehelichen Güterrecht, auch wenn Dritte am Verfahren beteiligt sind;**
10. **Verfahren nach den §§ 1382 und 1383 des Bürgerlichen Gesetzbuchs;**
11. **Verfahren nach den §§ 10 bis 12 sowie nach § 47 des Internationalen Familienrechtsverfahrensgesetzes vom 26. Januar 2005 (BGBl. I S. 162);**
12. **Kindschaftssachen;**
13. **Streitigkeiten über Ansprüche nach den §§ 1615 l, 1615 m des Bürgerlichen Gesetzbuchs;**
14. **Verfahren nach § 1303 Abs. 2 bis 4, § 1308 Abs. 2 und § 1315 Abs. 1 Satz 1 Nr. 1, Satz 3 des Bürgerlichen Gesetzbuchs;**
15. **Lebenspartnerschaftssachen.**

II [1] Sind wegen des Umfangs der Geschäfte oder wegen der Zuweisung von Vormundschafts-, Betreuungs- und Unterbringungssachen mehrere Abteilungen für Familiensachen zu bilden, so sollen alle Familiensachen, die denselben Personenkreis betreffen, derselben Abteilung zugewiesen werden. [2] Wird eine Ehesache rechtshängig, während eine andere Familiensache nach Absatz 1 Satz 2 Nr. 6 bis 10 bei einer anderen Abteilung im ersten Rechtszug anhängig ist, so ist diese von Amts wegen an die Abteilung der Ehesache abzugeben; für andere Familiensachen nach Absatz 1 Satz 2 Nr. 2 bis 5 gilt dies nur, soweit sie betreffen

1. in den Fällen der Nummer 2 die elterliche Sorge für ein gemeinschaftliches Kind einschließlich der Übertragung der elterlichen Sorge oder eines Teils der elterlichen Sorge wegen Gefährdung des Kindeswohls auf einen Elternteil, Vormund oder Pfleger,

2. in den Fällen der Nummer 3 die Regelung des Umgangs mit einem gemeinschaftlichen Kind der Ehegatten nach den §§ 1684 und 1685 des Bürgerlichen Gesetzbuchs oder des Umgangs des Ehegatten mit einem Kind des anderen Ehegatten nach § 1685 Abs. 2 des Bürgerlichen Gesetzbuchs,

3. in den Fällen der Nummer 4 die Herausgabe eines Kindes an den anderen Elternteil,

4. in den Fällen der Nummer 5 die Unterhaltspflicht gegenüber einem gemeinschaftlichen Kind.

[3] Wird bei einer Abteilung ein Antrag in einem Verfahren nach den §§ 10 bis 12 des Internationalen Familienrechtsverfahrensgesetzes vom 26. Januar 2005 (BGBl. I S. 162) anhängig, während eine Familiensache nach Absatz 1 Satz 2 Nr. 2 bis 4 bei einer anderen Abteilung im ersten Rechtszug anhängig ist, so ist diese von Amts wegen an die erstgenannte Abteilung abzugeben; dies gilt nicht, wenn der Antrag offensichtlich unzulässig ist. [4] Auf übereinstimmenden Antrag beider Elternteile sind die Regelungen des Satzes 3 auch auf andere Familiensachen anzuwenden, an denen diese beteiligt sind.

Gliederung

1 **1) Systematik, Regelungszweck, I–III.** Die Vorschrift ist mit dem GG vereinbar, BVerfG NJW **80**, 697. Die darin angeordnete Einrichtung eines FamG, bei dem die Entscheidungen in Familiensachen nach §§ 111, 112 FamFG zusammengefaßt werden, ermöglicht es, daß alle von einem bestimmten FamG zu entscheidenden Sachen einer Familie vor denselben Richter gelangen. Die Vorschrift schafft damit die Voraussetzung für den Entscheidungsverbund in Scheidungs- und FolgeS, § 137 FamFG. Der Ausdruck Großes FamG ist nicht amtlich.

2 **2) Familiengericht, I.** Beim AG (nicht bei jedem, § 23 d) bestehen besondere Abteilungen für FamS. Ihnen sind im Weg der gesetzlichen Geschäftsverteilung, Bergerfurth DRiZ **78**, 230, alle FamS als funktionelle Zuständigkeit zugewiesen, *I 2.* Das hat die Folge, daß diese Zuweisung zwingend, also der Verfügung des Präsidiums entzogen ist, (je zum alten Recht) BGH NJW **78**, 1531, aM Jauernig FamRZ **77**, 681 und 761.

3 **3) Bildung des Familiengerichts, II.** Aus I ergibt sich, daß bei jedem AG eine Abteilung für FamS bestehen muß, wenn nicht die FamS nach § 23 d einem anderen AG zugewiesen sind. In diesem letzteren Fall erfolgt notfalls von Amts wegen eine Abgabe nach § 123 FamFG. Die nötigen Anordnungen über die Besetzung und die Zuteilung von Geschäften nach § 21 e trifft das Präsidium. Es kann dem FamG bei dessen ungenügender Auslastung auch andere Verfahren zuteilen. Solche Sachen werden dadurch nicht zu FamS, unterliegen also dem für sie maßgeblichen Verfahrensrecht.

4 **4) Mehrere Abteilungen für Familiensachen, II 1.** Sie darf das Präsidium zB dann bilden, wenn das wegen des Umfangs der Geschäfte erforderlich ist, aber auch aus anderen Gründen, zB wegen der Zuteilung sonstiger Verfahren an die Abteilung für FamS. In diesem Fall sollen solche FamS, die denselben Personenkreis betreffen, derselben Abteilung zugeteilt werden, damit die Entscheidungskonzentration sicher bleibt. Wenn eine andere Geschäftsverteilung wegen besonderer Umstände sachgerechter ist, darf das Präsidium von dieser Regellösung abweichen, also etwa bestimmte FamS einer einzigen Abteilung zuteilen.

5 **5) Abgabe, II 2.** Hat das Präsidium mehrere Abteilungen für FamS gebildet, muß der Richter einer anderen Abteilung eine etwa dort anhängige FamS desselben Personenkreises oder eines gemeinsamen ehelichen Kindes an die Abteilung der EheS abgeben, sobald die EheS rechtshängig wird, damit das FamG den Verfahrensverbund nach § 137 FamFG durchführen kann. Demgemäß muß das Präsidium in jedem Fall alle FolgeS der für die EheS zuständigen Abteilung zuweisen.

6 **6) Abgabe, II 3.** Beim Verfahren der Zuständigkeitsbestimmung nach §§ 10–12 IntFamRVG während der auch nur bloßen Anhängigkeit einer dasselbe Kind betreffenden FamS bei einer anderen Abteilung im ersten Rechtszug erfolgt eine Abgabe von Amts wegen an die erstgenannte Abteilung, *Hs 1.* Das gilt nicht bei einer offensichtlichen Unzulässigkeit des Antrags, *Hs 2.*

7 **7) Abgabe, II 4.** Die Abgabe nach Rn 6 und ihre Unterlassung erfolgen auf einen übereinstimmenden Antrag beider Eltern auch bei einer solchen anderen FamS, an der diese Eltern nach § 7 FamFG beteiligt sind.

8 **8) Besetzung des Familiengerichts, III.** Das Präsidium besetzt die Abteilung für FamS nach § 21 e I mit Familienrichtern, *III 1,* also mit je einem Berufsrichter, der sich bei der Erledigung von FamS als Familienrichter bezeichnet. Er kann Richter auf Lebenszeit, auf Probe, auf Zeit oder kraft Auftrags sein, § 22 V 1. Ein Richter auf Probe nach § 12 DRiG darf Geschäfte des Familienrichters im ersten Jahr nach

seiner Ernennung nicht wahrnehmen, *III 2,* auch nicht vertretungsweise. Ein Verstoß ist ein schwerer Verfahrensmangel nach (jetzt) § 69 I 3 FamFG. Wohl aber darf er in späteren Jahren und auch im ersten Jahr als ersuchter Richter amtieren, aM Stgt FamRZ **84**, 716, Bergerfurth FamRZ **82**, 564 (aber der Richter nach § 156 braucht auch sonst nicht die Qualifikation des ersuchenden Richters zu haben). Im übrigen gilt § 22. Von der Möglichkeit, Richter auf Probe nach dem Ablauf des ersten Jahres unbeschränkt als Familienrichter einzusetzen, sollte das Präsidium wegen der Bedeutung und der häufigen Schwierigkeit der FamS nur bei einem dringenden Bedarf Gebrauch machen, Hansens NJW **93**, 494, Kleinz FamRZ **92**, 1390, Schnitzler FamRZ **92**, 507. Denn das Präsidium wird hierbei wie auch sonst berücksichtigen müssen, daß das FamG seine besonderen Aufgaben nur dann erfüllen kann, wenn es mit lebenserfahrenen, menschlich und fachlich für FamS qualifizierten Richtern arbeiten kann, Schnitzler FamRZ **92**, 507, Strecker DRiZ **83**, 175, Thalmann FamRZ **84**, 634, einschränkend Kleinz FamRZ **92**, 1390.

Über die *Ablehnung* eines Familienrichters entscheidet nach § 6 I 1 FamFG in Verbindung mit § 45 II ZPO das OLG, nicht das LG. Zur Organisation des FamG und zum Geschäftsgang Thalmann DRiZ **83**, 548, zur Beteiligung von Psychologen und Psychiatern als Sachverständige Puls ZBlJugR **84**, 8.

23c

Fassung 1. 9. 2009: ***Betreuungsgerichte.*** I **Bei den Amtsgerichten werden Abteilungen für Betreuungssachen, Unterbringungssachen und betreuungsgerichtliche Zuweisungssachen (Betreuungsgerichte) gebildet.**

II 1 **Die Betreuungsgerichte werden mit Betreuungsrichtern besetzt.** 2 **Ein Richter auf Probe darf im ersten Jahr nach seiner Ernennung Geschäfte des Betreuungsrichters nicht wahrnehmen.**

Vorbem. Eingefügt dch Art 22 Z 9 FGG-RG, in Kraft seit 1. 9. 09, Art 112 I Hs 1 FGG-RG, ÜbergangsR Art 111 FGG-RG, Einf 4 vor § 1 FamFG.

Bisherige Fassung (s. u. § 23 d): 1 **Die Landesregierungen werden ermächtigt, durch Rechtsverordnung einem Amtsgericht für die Bezirke mehrerer Amtsgerichte die Familiensachen sowie ganz oder teilweise die Vormundschafts-, Betreuungs-, Unterbringungs- und Handelssahen zuzuweisen, sofern die Zusammenfassung der sachlichen Förderung der Verfahren dient oder zur Sicherung einer einheitlichen Rechtsprechung geboten erscheint.** 2 **Die Landesregierungen können die Ermächtigungen auf die Landesjustizverwaltungen übertragen.**

1) Systematik, Regelungszweck, I, II. Das Betreuungsgericht ist eine neue Figur. Es grenzt sich vom Familiengericht ab, das daher auch gar kein „Großes" Gericht ist (dieses Attribut kennt das FamFG gar nicht). Es soll schon durch seine Bezeichnung verdeutlichen, daß trotz der Zugehörigkeit zum FamFG in dem Zuständigkeitsbereich des I deutlich vom übrigen FamFG-Verfahren unterscheidbare, wenn auch formell oft übereinstimmende Regeln beachtbar sind. 1

2) Sachliche Zuständigkeit, I. Das Betreuungsgericht bearbeitet Betreuungssachen nach §§ 271 ff FamFG, Unterbringungssachen nach §§ 312 ff FamFG und betreuungsrechtliche Zuweisungssachen nach §§ 340, 341 FamFG und damit diejenigen nach § 23 a II Z 1 ebenfalls dem AG übertragenen Sachen, bei denen ein Rechtsmittel nach § 119 I Z 1 b Hs 2 nicht an das OLG geht, sondern ans LG. Zu den einzelnen Sachgebieten vgl bei den genannten Vorschriften des FamFG. 2

3) Besetzung, II. Der nach *II 1* „Betreuungsrichter" heißende Richter ist formell Richter am AG, ebenso wie der Familienrichter, also nur funktionell gesondert amtierend. *II 2* entspricht § 22 VI (Insolvenzsachen) und § 23 b III 2 (Familienrichter). 3

23d

Fassung 1. 9. 2009: ***Familiengericht für mehrere AG-Bezirke.*** 1 **Die Landesregierungen werden ermächtigt, durch Rechtsverordnung einem Amtsgericht für die Bezirke mehrerer Amtsgerichte die Familiensachen sowie ganz oder teilweise die Handelssachen und die Angelegenheiten der freiwilligen Gerichtsbarkeit zuzuweisen, sofern die Zusammenfassung der sachlichen Förderung der Verfahren dient oder zur Sicherung einer einheitlichen Rechtsprechung geboten erscheint.** 2 **Die Landesregierungen können die Ermächtigungen auf die Landesjustizverwaltungen übertragen.**

Vorbem. Umnumerierg, S 1 geändert dch Art 22 Z 10 FGG-RG, in Kraft seit 1. 9. 09, Art 112 I Hs 1 FGG-RG, ÜbergangsR Art 111 FGG-RG, Einf 4 vor § 1 FamFG.

Bisherige Fassung: **s. o. bei § 23 c.**

Schrifttum: *Keller,* VerwArch **81**, 240 (Baden-Württemberg); *Walter,* Der Prozeß in Familiensachen, 1985.

1) Systematik, Regelungszweck, S 1, 2. Die Zusammenfassung der dem FamG übertragenen Verfahren bei einem AG für mehrere AG-Bezirke erleichtert die Besetzung mit qualifizierten Richter und fördert die Herausbildung einheitlicher Grundsätze der Rspr. Deshalb ermächtigt § 23 d die Landesregierungen, durch VO einem AG für mehrere Bezirke Geschäfte des FamG zuzuweisen, *S 1.* Sie können diese Ermächtigung auf die Landesjustizverwaltungen übertragen, *S 2* (wegen der Länder-VOen Schönfelder § 23 d GVG FN 2). Diese Konzentration der Zuständigkeit für mehrere Gerichtsbezirke ist verfassungsrechtlich unbedenklich, BVerfG NJW **80**, 697. Auf diese Weise bei einem AG konzentrieren darf man sämtliche FamFG-Sachen nach § 23 b, nicht dagegen auch die Erledigung von Rechtshilfeersuchen in FamS, weil insoweit allein § 157 gilt, Stgt FamRZ **84**, 716. Zulässig ist die Konzentration, sofern sie der sachlichen Förderung der Verfahren dient oder zur Sicherung einer einheitlichen Rspr als notwendig erscheint. Diese Voraussetzung muß ein Land beim Erlaß der VO feststellen. Man braucht die Grenzen der OLG-Bezirke bei der Konzentration nicht einzuhalten. Bei einer Überschreitung dieser Grenzen bestimmt der Sitz des FamG das Rechtsmittelgericht. Die VO unterliegt nicht der Überprüfung nach § 47 VwGO, VGH Kassel NJW **77**, 1895. Zur Prüfungskompetenz eines Landesverfassungsgerichts HessStGH AS **29**, 207. Bei der Zusammenfassung von FamFG-Sachen aus verschiedenen LG-Bezirken bei einem FamG gilt für die Zulassung der § 24 BRAO entsprechend, BGH NJW **79**, 929. 1

24-26 (betreffen Strafsachen)

26a (weggefallen)

27 *Sonstige Zuständigkeit des AG.* **Im übrigen wird die Zuständigkeit und der Geschäftskreis der Amtsgerichte durch die Vorschriften dieses Gesetzes und der Prozeßordnungen bestimmt.**

1 **1) Sonstige Zuständigkeit des Amtsgerichts:** Vgl *GVG* § 157 (Rechtshilfe). Das AG ist auch die Einreichungsstelle für Gesuche zum Anspruch auf Unterhalt nach dem AUG, und dort nach § 3 AusfG. – *ZPO* §§ 486 (selbständiges Beweisverfahren); 188, 761 (Gestattung von Zustellung und Zwangsvollstrekkung); 689 (Mahnverfahren); 764 (Vollstreckungsgericht); 797 III (vollstreckbare Ausfertigung vollstreckbarer Urkunden); 899 (Verfahren wegen eidesstattlicher Versicherung); 919, 936, 942 (Arrest und einstweilige Verfügung); 1045 (Niederlegung des Schiedsspruchs). *Ferner* obliegen dem AG: das Insolvenzverfahren; die Zwangsvollstreckung ins unbewegliche Vermögen; die Vollstreckbarerklärung von Kostenentscheidungen aus Art 18 Haager ZPrÜbk sowie die Vollstreckbarerklärung von Entscheidungen nach HaagÜbk betr die Unterhaltspflicht gegenüber Kindern, ferner solchen nach verschiedenen VollstrAbk, SchlAnh V B (s darüber Anh § 723: für die Vollstreckbarerklärung nach dem deutsch-britischen Abk ist das LG zuständig); für Streitigkeiten aus dem SchuldRAnpG v 21. 9. 94 (BGBl 2538), § 55 des Ges, Messerschmidt NJW **94**, 2648.

Vierter Titel. Schöffengerichte

28-58 (betreffen Strafsachen)

Fünfter Titel. Landgerichte

Übersicht

1 **1) Systematik, Regelungszweck.** Der 5. Titel regelt den Aufbau und die sachliche Zuständigkeit der LGe. Die Kammer für Handelssachen ist im 7. Titel geregelt. Über die Bildung der Gerichte für Patent- und Markensachen §§ 51 PatG, 19 GebrMG, § 140 MarkenG (Anh § 78b). Wegen der Errichtung und Aufhebung eines LG § 12 Rn 2. Den 5. Titel ergänzt klärend § 7 II GVVO dahin, daß der LGPräsident die Zahl der Zivil- und Strafkammern evtl nach einer Weisung des OLGPräsidenten bestimmt. Danach ist die Bestimmung der Zahl der Kammern eine Aufgabe der Justizverwaltung, ebenso nach den entsprechenden Landesbestimmungen, Holch DRiZ **76**, 135, Müller DRiZ **76**, 315, aM Stanicki DRiZ **76**, 80 (Aufgabe der Präsidien). Zur landesrechtlich vorgesehenen Beteiligung des Präsidiums Buschmann DRiZ **83**, 473.

59 *Besetzung des Landgerichts.* **I Die Landgerichte werden mit einem Präsidenten sowie mit Vorsitzenden Richtern und weiteren Richtern besetzt.**

II Den Richtern kann gleichzeitig ein weiteres Richteramt bei einem Amtsgericht übertragen werden.

III Es können Richter auf Probe und Richter kraft Auftrags verwendet werden.

1 **1) Systematik, Regelungszweck, I–III.** Die Vorschrift regelt nur einen Teil der Aufgaben zur Klarstellung, wer im Einzelfall der gesetzliche Richter nach Art 101 I 2 GG in Verbindung mit § 16 S 2 ist. II, III enthalten Klarstellungen zwecks Prozeßwirtschaftlichkeit nach Grdz 18 vor § 128 ZPO. Dieses Ziel darf man bei der Handhabung mitbeachten, aber nicht völlig vor die Notwendigkeit einer rechtsstaatlichen Auslegung stellen.

2 **2) Besetzung, I, III.** Das LG ist mit Berufsrichtern besetzt. Hinzu treten Handelsrichter nach §§ 105 ff und auf Grund von Spezialgesetzen andere ehrenamtliche Richter.

A. Präsident. Der LGPräsident hat eine Doppelfunktion. Er nimmt sowohl richterliche Aufgaben als Vorsitzender einer Kammer nach §§ 21 e I 3, 21 f I als auch Verwaltungsaufgaben wahr, nämlich in der gerichtlichen Selbstverwaltung nach §§ 21 a ff und in der eigentlichen Justizverwaltung zB nach § 299 III ZPO, § 26 DRiG, SchlAnh I. Vor allem führt er die Dienstaufsicht über die Richter und Beamten sowie Angestellten des LG und der AGe des Bezirks, sofern nicht ein AG einen Präsidenten hat. Seine Vertretung in der richterlichen Tätigkeit regelt § 21 f II, diejenige in der gerichtlichen Selbstverwaltung § 21 h.

3 **B. Vorsitzende Richter.** Das sind Richter auf Lebenszeit, §§ 19 a I, 28 I, II 1 DRiG. Sie führen den Vorsitz in den Kammern, § 21 f I, nicht notwendig in der KfH, § 106. Vorsitzende Richter können aber auch als Beisitzer tätig sein, ferner als Richter beim AG, II. Ihre Vertretung ergibt sich aus § 21 f II.

4 **C. Weitere Richter.** Das sind Richter am LG (Richter auf Lebenszeit § 19 a I DRG), *I*, ferner Richter auf Probe nach § 12 DRiG und Richter kraft Auftrags nach § 14 DRiG, *III*, sowie abgeordnete Richter, § 37 DRiG. Wegen ihrer Beiordnung § 70 II. Richter auf Probe und Richter kraft Auftrags müssen im Geschäftsverteilungsplan als solche kenntlich sein, § 29 S 2 DRiG. Sie dürfen nicht den Vorsitz führen, § 28 II DRiG. Sie können deshalb nicht in einer KfH amtieren. Ihre Verwendung als Beisitzer bei einer

gerichtlichen Entscheidung nach § 75 ist beschränkt, weil immer 2 Richter auf Lebenszeit mitwirken müssen, § 29 S 1 DRiG.

D. Besetzung des Gerichts. Unter „besetzt werden“ versteht man die Schaffung von Planstellen, BGH NJW **85**, 2336. Sie ist die Aufgabe des Haushaltgebers. Er muß dabei wegen des grundrechtlich verbürgten Anspruchs auf eine Justizgewährung nach Einl III 15 die Bedürfnisse einer geordneten Rechtspflege befriedigen, VerfGH Mü NJW **86**, 1327. Über die Abordnung von Richtern eines anderen Gerichts entscheidet die Landesjustizverwaltung nach § 70, § 37 DRiG. Sie ist unzulässig, wenn sich die Arbeitslast deswegen nicht bewältigen läßt, weil das Gericht zu wenige Planstellen hat oder weil die Landesjustizverwaltung offene Planstellen nicht binnen einer angemessenen Frist besetzt hat, § 70 Rn 1, BVerfG **14**, 164, BGH NJW **85**, 2337. Dasselbe gilt, wenn sie eine vorhandene Planstelle nur wegen einer allgemeinen Beförderungssperre nicht alsbald besetzt, BGH NJW **85**, 2337, Katholnigg JR **85**, 38. 5

Wegen § 75 müssen jeder Kammer *mindestens 3 Richter* angehören. Eine funktionsgerechte Ausstattung fordert jedenfalls bei einer auf ein Sachgebiet spezialisierten Kammer in der Regel die Besetzung mit 4 Richtern. Eine Überbesetzung ist unter den in § 16 Rn 7 genannten Voraussetzungen zulässig. Unzulässig ist aber die Bildung von 2 Abteilungen einer Kammer, BVerfG NJW **65**, 1219. Andererseits ist es zulässig, eine zunächst überbesetzte Kammer in 2 selbständige Kammern mit demselben Vorsitzenden aufzuteilen. Vgl auch § 16 Rn 7. 6

3) Weiteres Richteramt, II. Den Vorsitzenden Richtern und den Richtern am LG (Richtern auf Lebenszeit) kann die Verwaltung gleichzeitig ein weiteres Richteramt bei einem Amtsgericht übertragen, § 27 II DRiG. Wahlberechtigt und wählbar für das Präsidium nach § 21 b I sind diese Richter bei beiden Gerichten. Umgekehrt kann auch ein Richter am AG zugleich ein weiteres Richteramt beim LG erhalten, § 32 II. 7

60 *Gliederung.* Bei den Landgerichten werden Zivil- und Strafkammern gebildet.

1) Erläuterung. § 60 gebraucht den Ausdruck ZivK anders als sonst. Er umfaßt hier auch die KfH, §§ 71 I, 72, 94, und die Kammer für Baulandsachen nach § 220 BauGB. Die Zahl der Kammern bestimmt der LGPräsident, § 7 VO v 20. 3. 35. Die Entschädigungskammern nach § 208 I BEG sind keine besonderen Gerichte, sondern Spruchabteilungen des LG. Hilfskammern wegen Überlastung werden vom Präsidium § 21 e gebildet. 1

61–69 (weggefallen)

70 (nicht abgedruckt)

71 *Fassung 1. 9. 2009:* ***Sachliche Zuständigkeit in 1. Instanz.*** **I Vor die Zivilkammern, einschließlich der Kammern für Handelssachen, gehören alle bürgerlichen Rechtsstreitigkeiten, die nicht den Amtsgerichten zugewiesen sind.**

II Die Landgerichte sind ohne Rücksicht auf den Wert des Streitgegenstandes ausschließlich zuständig

1. für die Ansprüche, die auf Grund der Beamtengesetze gegen den Fiskus erhoben werden;
2. für die Ansprüche gegen Richter und Beamte wegen Überschreitung ihrer amtlichen Befugnisse oder wegen pflichtwidriger Unterlassung von Amtshandlungen;
3. für Schadensersatzansprüche auf Grund falscher, irreführender oder unterlassener öffentlicher Kapitalmarktinformationen;
4. für Verfahren nach
   a) § 324 des Handelsgesetzbuchs,
   b) den §§ 98, 99, 132, 142, 145, 258, 260, 293 c und 315 des Aktiengesetzes,
   c) § 26 des SE-Ausführungsgesetzes,
   d) § 10 des Umwandlungsgesetzes,
   e) dem Spruchverfahrensgesetz,
   f) den §§ 39 a und 39 b des Wertpapiererwerbs- und Übernahmegesetzes.

III Der Landesgesetzgebung bleibt überlassen, Ansprüche gegen den Staat oder eine Körperschaft des öffentlichen Rechts wegen Verfügungen der Verwaltungsbehörden sowie Ansprüche wegen öffentlicher Abgaben ohne Rücksicht auf den Wert des Streitgegenstandes den Landgerichten ausschließlich zuzuweisen.

IV 1 Die Landesregierungen werden ermächtigt, durch Rechtsverordnung die Entscheidungen in Verfahren nach Absatz 2 Nr 4 Buchstabe a bis e einem Landgericht für die Bezirke mehrerer Landgerichte zu übertragen, wenn dies der Sicherung einer einheitlichen Rechtsprechung dient. 2 Sie können die Ermächtigung auf die Landesjustizverwaltungen übertragen.

Vorbem. Zunächst II Z 3 angefügt dch Art 3 Z 1 KapMuG v 16. 8. 05, BGBl 2437, in Kraft seit 1. 11. 05, Art 9 I 2 KapMuG, außer Kraft am 1. 11. 10, Art 9 II KapMuG, ÜbergangsR Einl III 78. Sodann II Z 4, IV angefügt dch Art 22 Z 11 a, b FGG-RG, in Kraft seit 1. 9. 09, Art 112 I Hs 1 FGG-RG, ÜbergangsR Art 111 FGG-RG, Einf 4 vor § 1 FamFG.

Bisherige Fassung II: II **Die Landgerichte sind ohne Rücksicht auf den Wert des Streitgegenstandes ausschließlich zuständig**

1. für die Ansprüche, die auf Grund der Beamtengesetze gegen den Fiskus erhoben werden;

2. für die Ansprüche gegen Richter und Beamte wegen Überschreitung ihrer amtlichen Befugnisse oder wegen pflichtwidriger Unterlassung von Amtshandlungen;

3. für Schadensersatzansprüche auf Grund falscher, irreführender oder unterlassener öffentlicher Kapitalmarktinformationen.

1 **1) Systematik, Regelungszweck, I–IV.** Es handelt sich formell um eine bloße Auffangvorschrift gegenüber §§ 23 ff. In Wahrheit ist § 71 die Zentralbestimmung der sachlichen Zuständigkeit des LG. Sie bringt allerdings nur formell eine erschöpfende Regelung für „alle bürgerlichen Rechtsstreitigkeiten" nach § 13. Das zeigt die auch noch nicht ganz vollständige Aufzählung Rn 12. II, III bezwecken die Herbeiführung einer gleichmäßigen Rechtsprechung über die dort genannten Ansprüche im öffentlichen Interesse. Immerhin soll § 71 die sachliche LG-Zuständigkeit im Zweifel sichern. Deshalb darf man die Vorschrift weit auslegen.

2 **2) Geltungsbereich, I–IV.** Die Vorschrift gilt für zwei Kammerarten direkt, für weitere mindestens entsprechend.

A. Zivilkammern (einschließlich KfH). Die Zuständigkeiten nach I sind teils ausschließlich, teils nicht, diejenigen nach II, III sind nur ausschließlich. Wegen des Begriffs der bürgerlichen Rechtsstreitigkeiten § 13 Rn 7. Es entscheidet der Tatsachenvortrag des Klägers zum Anspruch der Klage oder Widerklage § 506 ZPO, und nicht seine rechtliche Ansicht. Ein nur aufrechnungsweiser Gegenanspruch begründet keine Zuständigkeit des LG.

3 **B. Entschädigungskammern.** Sie sind solche Spruchkammern des LG, die auch über andere bei ihnen anhängig gewordene Ansprüche zu entscheiden haben.

4 **C. Kammern für Baulandsachen.** Sie sind solche des LG, die in der Besetzung mit zwei Richtern des LG einschließlich des Vorsitzenden und einem hauptamtlichen Richter eines VG entscheiden, § 220 BauGB. Ihre Zuständigkeit ist nur dann vorhanden, wenn der Kläger einen Verwaltungsakt nach § 217 I BauGB anficht. Jedoch ist eine Zuständigkeitsüberschreitung kein unverzichtbarer Mangel.

5 **D. Patentkammern.** Vgl Anh § 78 b.

6 **3) Grundsatz, I.** Das LG ist zuständig, soweit nicht nach §§ 23–27 das AG zuständig ist, also vor allem für alle nicht von §§ 23 Z 2, 23 a–c erfaßten Streitigkeiten, deren Gegenstand 5000 EUR übersteigt, mögen sie vermögensrechtlich oder nichtvermögensrechtlich sein. Die Zuständigkeit ist ausschließlich nur für nichtvermögensrechtliche Sachen, nicht für andere, § 40 II ZPO. Das LG kann außerdem beim Fehlen einer ausschließlichen Zuständigkeit des AG durch eine Vereinbarung zuständig werden, §§ 38–40 ZPO; § 23 Rn 4.

7 **4) Ausschließliche Zuständigkeit, II,** dazu krit *Lange* DRiZ **89**, 42: Das Gericht muß die Voraussetzungen auf Grund des tatsächlichen Vorbringens des Klägers nachprüfen. Über den Umfang des Zivilrechtswegs sagt II nichts, sondern nur über die ausschließliche Zuteilung bestimmter Sachen an das LG.

A. Anspruch gegen den Fiskus, II Z 1. Die Vorschrift hat ihre Bedeutung verloren. Denn nach § 126 BRRG, § 172 BBG ist für alle Klagen der Beamten, Ruhestandsbeamten, früheren Beamten und der Hinterbliebenen aus dem Beamtenverhältnis der Verwaltungsrechtsweg statthaft. Das gilt auch für die entsprechenden Ansprüche der Richter und ihrer Hinterbliebenen, §§ 46, 71 III DRiG.

8 **B. Anspruch aus Amtspflichtverletzung, II Z 2.** Es muß sich um einen Anspruch gegen einen Richter oder einen Beamten nach § 839 BGB aus einer Amtspflichtverletzung handeln, also auch um einen Anspruch gegen einen Gemeindebeamten. Der Wortlaut des Textes ist zu eng. Er umfaßt alle Ansprüche aus Amtspflichtverletzungen von Richtern, Beamten und Soldaten, auch wenn sie sich gegen den Dienstherrn richten, Art 34 GG.

Nicht hierhin gehören Ansprüche aus anderen Rechtsgründen, zB gegen den Fiskus wegen seiner Haftung als Halter eines Kfz, oder gegen Amtsträger wegen einer privatrechtlichen Betätigung. Vgl auch § 13 Rn 31. Notare sind nicht Beamte, sondern unabhängige Träger eines öffentlichen Amts, § 1 BNotO.

9 **C. Schadensersatzanspruch, II Z 3.** Es geht um einen solchen wegen falscher, irreführender oder unterlassener öffentlicher Kapitalmarktinformationen, SchlAnh VIII (KapMuG). Sonst gilt § 118.

10 **D. Streit zwischen Abschlußprüfer und Kapitalgesellschaft, II Z 4 a.** Es geht um eine Meinungsverschiedenheit nach § 324 HGB.

11 **E. Streit nach AktG, II Z 4 b.** Es geht um die Zusammensetzung des Aufsichtsrats, §§ 98, 99 AktG, oder um eine Auskunftspflicht des Vorstands, § 132 AktG, oder um Sonderprüfer, §§ 142, 145 AktG, oder um ihre abschließenden Feststellungen, § 260 AktG, oder um die Bestellung von Vertragsprüfern, § 293 c AktG, oder um eine Sonderprüfung, § 315 AktG.

12 **F. Streit über Zusammensetzung des Verwaltungsrats, II Z 4 c.** Es geht um den Fall § 26 I SE-AusfG.

13 **G. Bestellung der Verschmelzungsprüfer, II Z 4 d.** Es geht um deren Auswahl usw nach § 10 UmwG.

14 **H. Gesellschaftsrechtliches Spruchverfahren, II Z 4 e.** Es geht um das Verfahren nach Art 1 G v 12. 6. 03, BGBl 838.

15 **I. Wertpapiererwerb und -übernahme, II Z 4 f.** Es geht um das Verfahren nach §§ 39 a, b WpÜG.

16 **5) Landesrecht, III.** Das LG ist kraft landesrechtlicher Zuweisung ausschließlich zuständig in zwei Fällen.

A. Verfügung einer Verwaltungsbehörde. Ansprüche wegen Verfügungen einer Verwaltungsbehörde fallen unter III nur, soweit der Zivilrechtsweg nach § 13 besteht und soweit sich der Anspruch gegen den

Staat gerade aus dieser Verfügung herleitet, ebenso gegen eine Körperschaft des öffentlichen Rechts. Soweit der Landesgesetzgeber früher von seinem Zuweisungsrecht Gebrauch gemacht hatte, erstreckt sich diese Zuweisung nicht ohne weiteres auch auf die in III genannten Ansprüche gegen solche anderen Körperschaften des öffentlichen Rechts, die der Zuweisungsbefugnis der Länder unterstanden. In *Bayern* fallen nach Art 9 Z 1 AGGVG auch Ansprüche wegen Verfügungen von Verwaltungsbehörden gegen alle Körperschaften des öffentlichen Rechts unter III (Enteignungsansprüche).

B. Öffentliche Abgaben. Das sind die an öffentliche Verbände zahlbaren Steuern, Gebühren und Bei- 17
träge. Der Begriff der öffentliche Abgaben ist dabei weit auslegbar. Dahin gehören: Leistungen an gewerbliche Innungen; Zinsen von Abgaben; Gebühren des Gerichts usw. Die Zulässigkeit des Zivilrechtswegs ist auch hier Voraussetzung. Sie liegt nur selten vor. III gilt auch für die Klage auf eine Feststellung oder Rückgewähr.

6) Weitere bundesrechtliche Zuständigkeiten des LG. Alle nachfolgenden Zuständigkeiten sind aus- 18
schließlich. *Fälle:* Anfechtungs- und Nichtigkeitsklagen gegen Hauptversammlungsbeschlüsse einer AktG oder KGaA, einer Genossenschaft oder eines Versicherungsvereins auf Gegenseitigkeit, §§ 246, 249 AktG, 51 GenG, 36 VAG; Klagen auf die Nichtigerklärung einer AktG oder Genossenschaft, §§ 275 AktG, 96 GenG; Auflösungs- und Anfechtungsklagen gegen eine GmbH, §§ 61, 75 GmbH, aM LG Mü RR **97**, 291; Ersatzklagen gegen den Emittenten von Wertpapieren, § 49 BörsenG; Entschädigungsklagen nach § 13 StrEG; gegen den Fiskus auf Herausgabe hinterlegter Gegenstände, § 3 V HO; Patent- und Gebrauchsmusterstreitsachen, §§ 143 PatG, 27 GebrMG, Anh I § 78 b; Streitigkeiten zwischen Notar und Notarvertreter oder Notarkammer und Notarverweser, welche die Vergütung, bei letzteren auch die Abrechnung, ferner welche die Haftung für Amtspflichtverletzung betreffen, §§ 42, 62 BNotO; Anträge auf Entscheidung in Baulandsachen, §§ 217 ff BauGB, Rn 1; Klagen auf eine Festsetzung der Entschädigung oder Ersatzleistung nach § 58 BLG; Klagen auf eine Entschädigung oder Ausgleichszahlung nach § 59 LandbeschaffungsG, oder auf eine Entschädigung nach § 28 IV LuftschutzG; Klagen auf eine Festsetzung der Entschädigung nach § 25 SchutzbereichG; Verfahren vor den Entschädigungsgerichten nach BEG; Ansprüche auf Unterlassung und Widerruf, § 6 UKlaG; Rechtsstreitigkeiten in Kartellsachen, § 87 GWB, v Winterfeld NJW **85**, 1816; Schadensersatzansprüche gegen einen Notar, § 19 V BNotO; Entscheidungen nach dem AVAG, SchlAnh V D; Feststellungen nach Artt 20, 22, 25 des EuÜbk über Staatenimmunität, Art 2 AusfG v 22. 1. 90, BGBl II 34; § 20 Rn 2; Streitigkeiten über soziale Ausgleichsleistungen nach dem 1. SED-UnBerG v 29. 10. 92, BGBl 1814, §§ 8, 9, 25 G.

7) Übertragung, IV. Die doppelten Ermächtigungen nach IV 1, 2 dienen der Sachkundigkeit und 19
Vereinheitlichung. Es liegen noch keine zugehörigen Landesvorschriften vor.

72 *Fassung 1. 9. 2009:* ***Sachliche Zuständigkeit in 2. Instanz.*** I 1 **Die Zivilkammern, einschließlich der Kammern für Handelssachen, sind die Berufungs- und Beschwerdegerichte in den vor den Amtsgerichten verhandelten bürgerlichen Rechtsstreitigkeiten, soweit nicht die Zuständigkeit der Oberlandesgerichte begründet ist.** 2 **Die Landgerichte sind ferner die Beschwerdegerichte in Freiheitsentziehungssachen und in den von den Betreuungsgerichten entschiedenen Sachen.**

II 1 **In Streitigkeiten nach § 43 Nr. 1 bis 4 und 6 des Wohnungseigentumsgesetzes ist das für den Sitz des Oberlandesgerichts zuständige Landgericht gemeinsames Berufungs- und Beschwerdegericht für den Bezirk des Oberlandesgerichts, in dem das Amtsgericht seinen Sitz hat.** 2 **Die Landesregierungen werden ermächtigt, durch Rechtsverordnung anstelle dieses Gerichts ein anderes Landgericht im Bezirk des Oberlandesgerichts zu bestimmen.** 3 **Sie können die Ermächtigung auf die Landesjustizverwaltungen übertragen.**

Vorbem. Zunächst II angeführt dch Art 3 Z 2 a, b G 26. 3. 07, BGBl 370, in Kraft seit 1. 7. 07, Art 4 S 2 G. Sodann dieser neue II aufgehoben dch Art 4 G v 13. 4. 07, BGBl 509, in Kraft seit 18. 4. 07, Art 6 S 2 G. Schließlich II in einer nochmals abgeänderten Fassg dch Art 5 G v 13. 4. 07, BGBl 509, in Kraft seit 1. 7. 07, Art 6 S 3 G. ÜbergangsR Einl III 78. Schießlich I 2, angefügt, II 2 aufgehoben dch Art 22 Z 12 a, b FGG-RG, in Kraft seit 1. 9. 09, Art 112 I Hs 1 FGG-RG, ÜbergangsR Art 111 FGG, Einf 4 vor § 1 FamFG.

Bisherige Fassung: I **Die Zivilkammern, einschließlich der Kammern für Handelssachen, sind die Berufungs- und Beschwerdegerichte in den vor den Amtsgerichten verhandelten bürgerlichen Rechtsstreitigkeiten, soweit nicht die Zuständigkeit der Oberlandesgerichte begründet ist.**

II 1 **In Streitigkeiten nach § 43 Nr. 1 bis 4 und 6 des Wohnungseigentumsgesetzes ist das für den Sitz des Oberlandesgerichts zuständige Landgericht gemeinsames Berufungs- und Beschwerdegericht für den Bezirk des Oberlandesgerichts, in dem das Amtsgericht seinen Sitz hat.** 2 **Dies gilt auch für die in § 119 Abs. 1 Nr. 1 Buchstabe b und c genannten Sachen.** 3 **Die Landesregierungen werden ermächtigt, durch Rechtsverordnung anstelle dieses Gerichts ein anderes Landgericht im Bezirk des Oberlandesgerichts zu bestimmen.** 4 **Sie können die Ermächtigung auf die Landesjustizverwaltungen übertragen.**

1) Geltungsbereich, I, II. Als zweite Instanz nach dem AG ist (außer bei Rn 2) die ZivK zuständig, 1
soweit es nicht die KfH ist, §§ 94 ff. Die ZivK ist auch Beschwerdegericht in Insolvenz-, Vergleichs-, Zwangsversteigerungs-, Freiheitsentziehungs- und Betreuungssachen. Das LG bestimmt das zuständige AG gemäß § 36 ZPO. Beschwerden wegen Rechtshilfe und Maßnahmen der Sitzungspolizei gehen regelwidrig ans OLG, §§ 159, 181.

In einer *WEG-Sache* der im Anh § 29 b ZPO und bei § 119 I Z 1 b erörterten Arten bringt II 1 eine LG- 2
Zuständigkeit, dazu die Üb NJW **08**, 1790, ferner LG Konst NJW **08**, 593, LG Lpz NJW **07**, 3794 (je: Altfall).

Ermächtigungen, S 3, 4, sind wie folgt ergangen, dazu Sauren NZM **07**, 860 (Tabelle): *Schleswig-Holstein:* VO v 11. 7. 07, GVBl 340 (LG Itzehoe).

3 Die *Zuständigkeit des OLG* als Berufungs- und Beschwerdeinstanz ist in den in § 119 genannten und nicht von II 2 erfaßten Streitigkeiten begründet.

73–74f (betreffen Strafsachen)

75 ***Besetzung der Zivilkammern.*** **Die Zivilkammern sind, soweit nicht nach den Vorschriften der Prozeßgesetze an Stelle der Kammer der Einzelrichter zu entscheiden hat, mit drei Mitgliedern einschließlich des Vorsitzenden besetzt.**

1 **1) Geltungsbereich.** § 75 regelt nur die Zahl der jeweils beratenden und entscheidenden Mitglieder. Diese beträgt 3 Mitglieder einschließlich des Vorsitzenden. Wegen der Besetzung im allgemeinen § 59 Rn 3 (auch zur Überbesetzung). Nach einer einstweiligen Verfügung des Kollegiums, Widerspruch und Verbindung mit der Hauptsache sowie Übertragung auf den Einzelrichter nach §§ 348, 348 a, 349, 526, 527, 568 ZPO wird er auch für eine Entscheidung nach § 890 ZPO zuständig, aM Kblz RR **02**, 1724 (unpraktisch). Das ArbG amtiert mit 1 Vorsitzenden mit Richterbefähigung und 2 ehrenamtlichen Richtern, § 16 II ArbGG. Soweit ein Einzelrichter nicht amtieren darf, verstößt er gegen Art 101 I 2 GG, Mü FGPrax **08**, 100.

76–78b (betreffen Strafsachen)

Anhang nach § 78 b. Zuständigkeit in Patentsachen usw

1 **1) Patentsache.** Maßgeblich ist § 143 PatG. Das ist jede Sache, bei der es sich nach dem Klägervortrag um eine beim Eintritt der Rechtshängigkeit im Inland patentfähige Erfindung oder Ansprüche aus einer solchen oder deren Überlassung handelt oder die sonstwie mit einer Erfindung eng zusammenhängt, mag das Patent vorhanden sein oder nicht. Hierher gehören auch nicht patentfähige Erfindungen, soweit nicht etwa die Sonderregelung von § 19 GebrMG eingreift. Es ist daher eine weite Auslegung möglich. Nicht hierher gehören solche Erfindungen, die nur musterschutzfähig oder nur im Ausland patentiert oder patentfähig sind. Mit der Klage kann man auch nichtvermögensrechtliche Interessen wahrnehmen. Das Gericht muß ohne eine Bindung für das Patentamt nachprüfen, ob eine Patentfähigkeit nach den Klagebehauptungen vorliegen kann. Will der Kläger keinen Patentschutz nachsuchen, liegt keine Patentstreitsache vor.

2 *Landesrecht* kann Zuweisungen nach § 143 II vornehmen. Die Konzentration für mehrere Gerichtsbezirke ist verfassungsrechtlich unbedenklich, BVerfG **4**, 408. Vgl wegen den Zuweisungen Schönfelder Ergänzungsbd Nr 70: § 143 PatG FN 2.

Die Zuständigkeit dieser LGe ist *ausschließlich.* Eine Nachprüfung in der Berufungs- und Revisionsinstanz ist aber nicht mehr möglich, wenn der Bekl vor demjenigen LG rügelos verhandelt, das kein Patentgericht ist. Wegen der PatG ist eine Vereinbarung der Parteien möglich. Die Verweisung von OLG zu OLG ist im Berufungsverfahren bei einer Konzentration nach II zulässig, BGH **71**, 367 (zustm Schmidt BB **78**, 1538), Celle NdsRpfl **77**, 187 (auch zur Fristwahrung). Hat das nach II zuständige LG entschieden, muß über die Berufung das diesem LG allgemein übergeordnete OLG entscheiden, auch dann, wenn es sich sachlich nicht um eine Patentsache handelt, BGH **72**, 1. Zum Revisionsverfahren Ullmann GRUR **77**, 527.

3 **2) Gebrauchs-, Geschmacksmustersache.** Für einen Anspruch aus dem GebrMG enthält § 27 GebrMG eine § 143 PatG entsprechende Regelung. Dasselbe gilt für § 52 GeschmMG.

4 **3) Markensache.** Sie kann einem LG für die Bezirke mehrerer LGe zugewiesen werden. Dann muß das Gericht einen in einem anderen Bezirk anhängigen Streit auf einen nur vor seiner Verhandlung zur Hauptsache zulässigen Antrag des Bekl dorthin verweisen, § 140 MarkenG.

5 **4) Einigungsverfahren.** In solchen Bürgerlichen Rechtsstreitigkeiten, die sich aus dem Zusammentreffen von auf die neuen Bundesländer oder umgekehrt erstreckten gewerblichen Schutzrechten und Benutzungsrechten ergeben (zB Patente, Gebrauchsmuster und Marken), sieht das Erstreckungsgesetz v 23. 4. 92, BGBl 938, ein Einigungsverfahren vor, §§ 39–46 ErstrG.

6 **5) Arbeitnehmererfindungssache.** Es gilt § 39 ArbNEG.

7 **6) Verbraucherschutzsache.** Es gilt § 6 UKlaG.

Sechster Titel. Schwurgerichte

79–92 (weggefallen)

Siebenter Titel. Kammern für Handelssachen

Übersicht

1 **1) Systematik.** ZivK und KfH sind zivilprozessuale Kammern desselben Gerichts nach § 60. Daher betrifft die Abgrenzung beider gegeneinander nicht die örtliche Zuständigkeit (Ausnahme: die auswärtige KfH). Sie betrifft die sachliche Zuständigkeit jedenfalls nicht im Sinn der ZPO. Vielmehr enthalten §§ 95 ff

Sondervorschriften zur sog funktionellen Zuständigkeit. Zur Abgrenzung Gaul JZ **84**, 57, § 97. Soweit die ZivK ausschließlich zuständig ist, kommen §§ 95 ff nicht in Betracht. Die KfH muß eine derartige Klage ohne weiteres von Amts wegen an die ZivK abgeben. Nach dem Sprachgebrauch des 7. Titels schließen ZivK und KfH einander aus. Anders bisweilen im 5. Titel. Für die Bestellung und Vertretung des Vorsitzenden und die Verteilung der Geschäfte gilt § 21 e. Eine Zuständigkeitsvereinbarung nach § 38 ist unwirksam. Man kann die Zuständigkeit aber durch einen Antrag nach §§ 96 ff bestimmen.

2) Regelungszweck der KfH ist natürlich eine größere Vertrautheit wenigstens der Handelsrichter mit der Materie, vor allem den Handelsbräuchen. Das soll zu gerechteren Entscheidungen führen, Einl III 9, 36. 2

93 *Einrichtung.* **I 1 Die Landesregierungen werden ermächtigt, durch Rechtsverordnung bei den Landgerichten für deren Bezirke oder für örtlich abgegrenzte Teile davon Kammern für Handelssachen zu bilden. 2 Solche Kammern können ihren Sitz innerhalb des Landgerichtsbezirks auch an Orten haben, an denen das Landgericht seinen Sitz nicht hat.**

II Die Landesregierungen können die Ermächtigung nach Absatz 1 auf die Landesjustizverwaltungen übertragen.

Vorbem. Fassg Art 17 Z 3 G v 19. 4. 06, BGBl 866, in Kraft seit 25. 4. 06, Art 210 I G, ÜbergangsR Einl III 78.

1) Systematik, Regelungszweck, I, II. Es handelt sich um eine Ergänzung von § 94 aus Wirtschaftlichkeitserwägungen, Grdz 18 vor § 128. Ob ein Anlaß zur Bildung einer KfH vorliegt, entscheidet die Landesregierung oder die von ihr ermächtigte Landesjustizverwaltung. Je nach Bedarf können abgetrennte, „auswärtige" KfH entstehen. Ein formelles Bedürfnis ist nicht erforderlich. Ihr Bezirk kann sich auf einen Teil des LG-Bezirks beschränken, ihn aber nicht überschreiten. Die KfH gilt als ein besonderer Gerichtskörper. Daher ist die KfH am Sitz des LG für den Bezirk der auswärtigen KfH örtlich unzuständig. Vorsitzender kann ein Amtsrichter sein, § 106, nie ein Richter auf Probe oder kraft Auftrags, § 28 II 2 DRiG. 1

94 *Sachliche Zuständigkeit.* **Ist bei einem Landgericht eine Kammer für Handelssachen gebildet, so tritt für Handelssachen diese Kammer an die Stelle der Zivilkammern nach Maßgabe der folgenden Vorschriften.**

1) Systematik, Regelungszweck. Vgl zunächst Üb 1 vor § 93. Die KfH tritt im Rahmen ihrer in Wahrheit nur funktionellen Zuständigkeit voll an die Stelle der ZivK, LG Stendal MDR **05**, 1423. Das gilt auch bei der Ablehnung eines Amtsrichters, § 45 ZPO Rn 9. Das gilt ferner, soweit sie für den Hauptanspruch zuständig ist, auch für einen Arrest oder eine einstweilige Verfügung und auch vor der Rechtshängigkeit des Anspruchs, aber stets nur eingeschränkt, § 96 Rn 2. Wegen der Verweisung an die ZivK und umgekehrt §§ 97–102, 104. 1

95 *Fassung 1. 9. 2009:* ***Begriff der Handelssachen.*** **I Handelssachen im Sinne dieses Gesetzes sind die bürgerlichen Rechtsstreitigkeiten, in denen durch die Klage ein Anspruch geltend gemacht wird:**

1. gegen einen Kaufmann im Sinne des Handelsgesetzbuches, sofern er in das Handelsregister oder Genossenschaftsregister eingetragen ist oder auf Grund einer gesetzlichen Sonderregelung für juristische Personen des öffentlichen Rechts nicht eingetragen zu werden braucht, aus Geschäften, die für beide Teile Handelsgeschäfte sind;
2. aus einem Wechsel im Sinne des Wechselgesetzes oder aus einer der im § 363 des Handelsgesetzbuchs bezeichneten Urkunden;
3. auf Grund des Scheckgesetzes;
4. aus einem der nachstehend bezeichneten Rechtsverhältnisse:
   a) aus dem Rechtsverhältnis zwischen den Mitgliedern einer Handelsgesellschaft oder Genossenschaft oder zwischen dieser und ihren Mitgliedern oder zwischen dem stillen Gesellschafter und dem Inhaber des Handelsgeschäfts, sowohl während des Bestehens als auch nach Auflösung des Gesellschaftsverhältnisses, und aus dem Rechtsverhältnis zwischen den Vorstehern oder den Liquidatoren einer Handelsgesellschaft oder Genossenschaft und der Gesellschaft oder deren Mitgliedern;
   b) aus dem Rechtsverhältnis, welches das Recht zum Gebrauch der Handelsfirma betrifft;
   c) aus den Rechtsverhältnissen, die sich auf den Schutz der Marken und sonstigen Kennzeichen sowie der Geschmacksmuster beziehen;
   d) aus dem Rechtsverhältnis, das durch den Erwerb eines bestehenden Handelsgeschäfts unter Lebenden zwischen dem bisherigen Inhaber und dem Erwerber entsteht;
   e) aus dem Rechtsverhältnis zwischen einem Dritten und dem, der wegen mangelnden Nachweises der Prokura oder Handlungsvollmacht haftet;
   f) aus den Rechtsverhältnissen des Seerechts, insbesondere aus denen, die sich auf die Reederei, auf die Rechte und Pflichten des Reeders oder Schiffseigners, des Korrespondentreeders und der Schiffsbesatzung, auf die Haverei, auf den Schadensersatz im Falle des Zusammenstoßes von Schiffen, auf die Bergung und auf die Ansprüche der Schiffsgläubiger beziehen;
5. auf Grund des Gesetzes gegen den unlauteren Wettbewerb;
6. aus den §§ 44 bis 47 des Börsengesetzes *(ab 1. 11. 10: §§ 45 bis 48 des Börsengesetzes [RGBl. 1908 S. 215]).*

[II] **Handelssachen im Sinne dieses Gesetzes sind ferner**

1. **die Rechtsstreitigkeiten, in denen sich die Zuständigkeit des Landgerichts nach § 246 Abs. 3 Satz 1, § 396 Abs. 1 Satz 2 des Aktiengesetzes, nach § 51 Abs. 3 Satz 3 oder § 81 Abs. 1 Satz 2 des Genossenschaftsgesetzes, § 87 des Gesetzes gegen Wettbewerbsbeschränkungen und § 13 Abs. 4 des EG-Verbraucherschutzdurchsetzungsgesetzes richtet,**
2. **die in § 71 Abs. 2 Nr. 4 Buchstabe b bis f genannten Verfahren,**
3. **die Angelegenheiten nach § 396 Abs. 1 des Gesetzes über das Verfahren in Familiensachen und in den Angelegenheiten der freiwilligen Gerichtsbarkeit, soweit es Handels- und Genossenschaftsregistersachen betrifft.**

Vorbem. Zunächst I Z 4 a, II geändert dch Art 5 Z 2 a, b G v 14. 8. 06, BGBl 1911, in Kraft seit 18. 8. 06, Art 21 Hs 1 G; I Z 6 geändert dch Art 3 Z 2 KapMuG v 16. 8. 05, BGBl 2437, in Kraft seit 1. 11. 05, Art 9 I 2 KapMuG, außer Kraft am 1. 11. 10, Art 9 II KapMuG. II erneut geändert dch Art 6 G v 21. 12. 06, BGBl 3367, in Kraft seit 29. 12. 06, Art 9 G. ÜbergangsR jeweils Einl III 78. Schließlich II idF Art 22 Z 13 FGG-RG, in Kraft seit 1. 9. 09, Art 112 I Hs 1 FGG-RG, ÜbergangsR Art 111 FGG-RG, Einf 4 vor § 1 FamFG.

Bisherige Fassung: [II] **Handelssachen im Sinne dieses Gesetzes sind ferner die Rechtsstreitigkeiten, in denen sich die Zuständigkeit des Landgerichts nach § 246 Abs. 3 Satz 1 oder § 396 Abs. 1 Satz 2 des Aktiengesetzes, § 51 Abs. 3 Satz 3 oder nach § 81 Abs. 1 Satz 2 des Genossenschaftsgesetzes sowie nach § 10 des Umwandlungsgesetzes, § 2 des Spruchverfahrensgesetzes, § 87 des Gesetzes gegen Wettbewerbsbeschränkungen und § 13 Abs. 4 des EG-Verbraucherschutzdurchsetzungsgesetzes richtet.**

Gliederung

1 **1) Systematik, Regelungszweck, I, II.** § 95 regelt die sachliche Zuständigkeit der KfH. Eine Vereinbarung kann zwar die ZivK in einer Handelssache zuständig machen, nicht aber die KfH in einer anderen Sache, Gaul JZ **84**, 58. Die KfH ist ein selbständiges „Gericht", § 38 ZPO. Ist der Hauptprozeß vor der KfH abgelaufen, gehört auch die im Gerichtsstand des § 34 erhobene Gebührenklage vor die KfH, BGH NJW **86**, 1179.

Wegen des *Zwecks* Üb 1 vor § 93.

2 **2) Geltungsbereich: Handelssache. I, II.** Ob eine Handelssache vorliegt, ergibt sich aus dem Klagantrag und aus der Klagebegründung. Eine Handelssache muß wegen aller Parteien und Ansprüche vorliegen, Gaul JZ **84**, 57. Es gibt zahlreiche Situationen.

A. Kaufmann, I Z 1 Hs 1. Es muß der Bekl ein solcher Kaufmann nach dem HGB sein, der in das Handelsregister oder Genossenschaftsregister eingetragen ist oder auf Grund einer gesetzlichen Sonderregelung für juristische Personen des öffentlichen Rechts nicht eingetragen zu werden braucht. Maßgeblich ist der Zeitpunkt der Rechtshängigkeit nach § 261 I ZPO, also der Klagerhebung, Schriewer NJW **78**, 1472, nicht schon der Entstehung des Anspruchs. Darauf, ob der Bekl sachlichrechtlich Kaufmann nach § 1 II HGB ist, kommt es nicht an, Nürnb RR **00**, 568. Bei § 11 II GmbHG gilt der Haftende als Kaufmann, Berkenbrock JZ **80**, 21. Kraft besonderer gesetzlicher Bestimmungen von der Eintragungspflicht ausgenommen sind kommunale Versorgungs- und Verkehrsbetriebe, kommunale Sparkassen und bestimmten Banken wie die Deutsche Bundesbank, die Kreditanstalt für Wiederaufbau usw. Sämtliche Bekl müssen in diesem Sinn Kaufmann sein, sonst ist für alle die ZivK zuständig, Düss MDR **96**, 524, Ffm NJW **92**, 2900. § 95 ist dann anwendbar, wenn man einen auch nur tatsächlich als Geschäftsführer einer GmbH Auftretenden verklagt, Stgt MDR **05**, 289. Z 1 greift auch dann ein, wenn der Insolvenzverwalter eines dort genannten Kaufmanns Bekl ist, aber nur wegen der von ihm getätigten Geschäfte, LG Köln ZIP **80**, 1071, nicht wegen der Vertretung der Insolvenzmasse. Wird ein Nichtkaufmann als Bürge eines Kaufmanns Bekl, gilt Z 1 nicht, Düss MDR **96**, 524, Gaul JZ **84**, 59. Handelt es sich um einen ausländischen Bekl, kommt es auf das Recht an seinem Sitz an, hilfsweise auf §§ 1 ff HGB, Jayme IPRax **83**, 243, Mü IPRax **89**, 43.

3 **B. Beiderseitiges Handelsgeschäft, I Z 1 Hs 2.** Es muß sich außerdem die Klage auf ein beiderseitiges Handelsgeschäft stützen, und zwar gegenüber allen Bekl, Gaul JZ **84**, 59. Das Geschäft muß also für beide Vertragspartner, wenn auch nicht für beide Prozeßparteien, ein Handelsgeschäft nach §§ 343, 344 HGB sein, LG Stendal MDR **05**, 1423. Dabei kommt es nicht auf die konkrete Anspruchsgrundlage des Klägers an. LG Stendal MDR **05**, 1423. Es genügt auch eine Vollstreckungsklage gegenüber einem Titel der KfH, LG Stendal MDR **05**, 1423. Darum ist die KfH immer für den Rechtsnachfolger zuständig, nicht immer gegen ihn. Keine Zuständigkeit der KfH besteht für einen Anspruch des Verkäufers gegen einen Dritten auf Grund eines verlängerten Eigentumsvorbehalts, LG Hann NJW **77**, 1246, es sei denn, ein Kaufmann verfolgt den Kaufpreisanspruch seines Kunden gegen einen solchen Abnehmer, der selbst Kaufmann ist, LG Bre MDR **94**, 97. Über eine Widerklage aus einem nicht unter § 95 fallenden Anspruch §§ 97 II, 99. Handelssache ist auch ein solcher Arrest usw, der sich auf beiderseitige Handelsgeschäfte bezieht, LG Oldb RR **02**, 1724. Das gilt auch beim zugehörigen Verfahren nach § 945, LG Oldb RR **02**, 1724.

C. Wechsel, I Z 2. Jede Klage aus einem Wechsel nach dem WG oder nach einem Orderpapier des 4
§ 363 HGB gehört vor die KfH ohne Rücksicht auf die Prozeßart und eine Kaufmannseigenschaft. Hierher gehören kaufmännische Anweisungen und Verpflichtungsscheine, Konnossemente und Ladescheine, Orderlagerscheine, Beförderungsversicherungsscheine, auch ein nicht wechselmäßiger Anspruch, zB bei § 89 WG.

D. Scheck, I Z 3. Es gilt Rn 4 entsprechend. 5

E. Gesellschaftsprozeß, I Z 4 a. Handelsgesellschaften sind die OHG, KG, GmbH und Co KG, AktG, 6
KGaA und die GmbH. I Z 4 a erfaßt (jetzt) auch die Genossenschaft, nicht aber Versicherungsvereine auf Gegenseitigkeit und Vereinigungen zum Betrieb eines Kleingewerbes, obwohl sie Kaufleute sind, Kießling NZG **03**, 209, aM ThP 4. Eine ausländische Gesellschaft reicht. Die stille Gesellschaft ist keine Handelsgesellschaft, aber einbezogen. Hierher gehören auch Klagen aus §§ 199, 201 AktG. Die Klage des Gesellschafters einer Handelsgesellschaft gegen einen Mitgesellschafter aus einem der Gesellschaft gewährten Darlehen ist eine Handelssache, LG Osnabr MDR **83**, 588. I Z 4 a gilt auch beim Vorstand oder Geschäftsführer, Jaeger NZA **98**, 961. Eine faktische Organmitgliedschaft reicht für die Zuständigkeit der KfH aus, Stgt MDR **05**, 289. Auch ein schon beendetes Rechtsgeschäft reicht.

Unanwendbar ist I Z 4 a bei der Genossenschaft, LG Mainz NZG **03**, 235.

F. Firmenstreit, I Z 4 b. Vgl §§ 17 ff HGB. Der Rechtsgrund des Anspruchs ist belanglos. 7

G. Marken- und Musterschutz, I Z 4 c. Vgl § 140 MarkenG, § 52 GeschmMG, Pariser Übereinkunft. 8
Streitigkeiten nach § 18 GebrMG gehören vor die ZivK, soweit nicht das AG zuständig ist, ebenso alle Patentstreitsachen nach § 143 I PatG.

H. Erwerb eines Handelsgeschäfts, I Z 4 d. Hier geht es um einen Streit zwischen dem Veräußerer 9
und dem Erwerber eines Handelsgeschäfts, §§ 2, 25 HGB.

I. Dritter und Haftender, I Z 4 e. Hier handelt es sich um einen Streit zwischen einem Dritten und 10
einem angeblichen Prokuristen oder Handlungsbevollmächtigten, § 179 BGB. Hierhin gehört auch die Klage aus § 11 II GmbHG gegen die vor einer Eintragung der GmbH im Namen der Gesellschaft handelnden persönlich haftenden Personen, aM Berkenbrock JZ **80**, 21 (nur dann, wenn das Rechtsgeschäft auch für den anderen Teil ein Handelsgeschäft ist).

J. Streit nach Seerecht, I Z 4 f. Vgl §§ 474 ff HGB, SeemannsG vom 26. 7. 57, BGBl II 713, soweit 11
hier nicht das ArbG oder ein Tarifschiedsgericht zuständig ist, StrandungsO v 17. 5. 74, RGBl 73, G v 14. 1. 30, RGBl II 12, zum Übk über die Heimschaffung von Seeleuten. Wegen der Binnenschiffahrtssachen § 14 GVG Rn 4: Erste Instanz AG, Zweite Instanz OLG.

K. Wettbewerbsstreit nach UWG, I Z 5. Hierzu gehören alle Ansprüche aus dem UWG. Es genügt 12
eine Mitverletzung einer Generalklausel. Daher kann man einen Streit vor die KfH bringen, wenn man ihn auch auf andere Normen stützt. Vor die KfH gehören ferner bürgerliche Rechtsstreitigkeiten nach dem GWB, aus Kartellverträgen und Kartellbeschlüssen, § 87 II GWB. Zur Zuständigkeitsverteilung zwischen allgemeinen Zivilgerichten und Kartellgerichten von Winterfeld NJW **85**, 1816.

L. Börsenstreit, I Z 6. Vgl §§ 44–47 BörsenG. Es geht also um die Haftpflicht des Emittenten. Hier ist 13
das LG ausschließlich zuständig, § 71 Rn 5.

M. Weitere Fälle, II. Nach dem *Aktiengesetz* gehören die Nichtigkeits- und Anfechtungsklage gegenüber 14
Hauptversammlungsbeschlüssen vor die KfH. Für die Klage ist dasjenige LG ausschließlich zuständig, in dessen Bezirk die Gesellschaft ihren Sitz hat, §§ 246 III, 249 AktG, Mü MDR **07**, 1335, ebenso für die Anfechtung der Wahl von Aufsichtsratsmitgliedern, § 251 III AktG, die Anfechtung des Beschlusses über die Verwendung des Bilanzgewinnes, § 254 II AktG, oder des Beschlusses einer Kapitalerhöhung gegen Einlagen, § 255 AktG, der Feststellung des Jahresabschlusses durch die Hauptversammlung, § 257 AktG, und die Klage auf eine Feststellung der Nichtigkeit der Gesellschaft, 275 IV AktG, ferner die entsprechenden Klagen bei einer KGaA, § 278 III AktG, schließlich die Klage auf eine Auflösung infolge einer Gefährdung des Gemeinwohls auf einen Antrag der zuständigen obersten Landesbehörde, § 396 AktG.

Ebenso gehören nach dem *Umwandlungsgesetz* ein Antrag auf eine gerichtliche Entscheidung in bestimmten Fällen vor die KfH, § 10 II in Verbindung mit § 10 I UmwG, Kallmeyer ZIP **94**, 1746, sowie ein Streit nach § 51 III 3 oder § 81 I 2 GenG, § 87 GWB, § 13 IV EG-VerbraucherschutzdurchsetzungsG.

Dasselbe gilt nach § 2 des *Spruchverfahrensgesetzes*, Art 1 G v 12. 6. 03, BGBl 838, für die in § 1 SpruchG genannten Verfahren nach §§ 304, 305, 320 b u 327 a–327 f AktG sowie §§ 15, 34, 176–181, 184, 186, 196 oder 212 UmwG (Übergangsrecht s § 17 II SpruchG), Tomson/Hammerschmidt NJW **03**, 2572, ferner für die Fälle nach § 87 GWB und nach § 13 IV VSchDG.

96 *Antrag auf Verhandlung vor KfH.* **I Der Rechtsstreit wird vor der Kammer für Handelssachen verhandelt, wenn der Kläger dies in der Klageschrift beantragt hat.**

II Ist ein Rechtsstreit nach den Vorschriften der §§ 281, 506 der Zivilprozeßordnung vom Amtsgericht an das Landgericht zu verweisen, so hat der Kläger den Antrag auf Verhandlung vor der Kammer für Handelssachen vor dem Amtsgericht zu stellen.

1) Systematik, Regelungszweck, I, II. Das Antragserfordernis ist eine wesentliche Voraussetzung der 1
Tätigkeit der KfH. Das hat seinen Hauptgrund in der Parteiherrschaft nach Grdz 18 vor § 128 ZPO. Immerhin kann auch eine ZivK sachkundig arbeiten, wenn auch evtl nur mithilfe von kaufmännisch bewanderten Sachverständigen. Drei Volljuristen können evtl durchaus auch einmal mehr Vorteile bringen als ein einziger nebst zwei Kaufleuten. Mag der Kläger die Vor- und Nachteile so verschiedenartiger Besetzungen abwägen.

2) Antrag, I. Der Antrag auf eine Verhandlung vor der KfH ist eine unwiderrufliche Parteiprozeß- 2
handlung, Grdz 47 vor § 128 ZPO. Es ist grundsätzlich schon in der Klageschrift oder in einem gleichzeitig eingereichten sonstigen Schriftsatz nötig, Brdb MDR **00**, 1029. Es genügt, daß der Kläger seinen Wunsch

eindeutig zum Ausdruck bringt, zB durch die Adressierung der Klageschrift, Brdb MDR **00**, 1029, oder auf andere Weise, Brschw RR **01**, 430, aber nicht schon durch die Angabe des Aktenzeichens einer erfolgten einstweiligen Verfügung, Brdb MDR **00**, 1029. Der Kläger hat zunächst die freie Wahl zwischen der ZivK und KfH. Denn die ZivK hat grundsätzlich die unbeschränkte Zuständigkeit. Hat er die Wahl getroffen, bindet sie ihn aber. Der Antrag ist nicht nachholbar, Brdb MDR **00**, 1029. Das gilt entsprechend für den Widerkläger, Karlsr MDR **98**, 558, Gaul JZ **84**, 63. Nach einer Anhängigkeit der Hauptsache bei der ZivK kann der Antrag auf Erlaß einer einstweiligen Verfügung zulässigerweise nicht mehr bei der KfH erfolgen, Zweibr JZ **89**, 103. Erfolgt die Klage bei einem LG ohne KfH und verweist die ZivK den Rechtsstreit nach einer mündlichen Verhandlung an ein LG mit KfH, ist der Antrag entsprechend II ausnahmsweise spätestens in dieser mündlichen Verhandlung zulässig.

3 **3) Verweisung, II.** Auch hier ist zunächst ein Antrag erforderlich.

A. Antrag. Ohne einen Antrag nach I müßte das AG den Rechtsstreit wegen Unzuständigkeit an das LG verweisen, §§ 281, 506 ZPO. Daher muß der Kläger den Antrag auf eine Verhandlung vor der KfH schon vor dem AG stellen, und zwar gemäß § 281 II 1, 2 ZPO. Der Antrag braucht nicht schon in der mündlichen Verhandlung zu erfolgen. Im schriftlichen Verfahren nach § 128 ZPO muß der Antrag bis zu dem vom Gericht bestimmten Zeitpunkt vorliegen, bis zu dem man Schriftsätze einreichen kann, § 128 II 2 ZPO, Bergerfurth JZ **79**, 145. Im Mahnverfahren ist er grundsätzlich schon im Mahngesuch möglich, aber auch später zulässig, Brschw NJW **79**, 223, nämlich im Antrag nach § 696 I 1 ZPO und auch noch in der Anspruchsbegründung, § 697 I, II ZPO, Düss RR **88**, 1472, Ffm NJW **80**, 2202, LG Köln NJW **96**, 2738, aber spätestens bis zum Ablauf der Zweiwochenfrist des § 697 I 1, Düss RR **88**, 1472, Nürnb Rpfleger **95**, 369, aM LG Offenb Just **95**, 224. Auch hier ist zunächst ein Antrag erforderlich.

4 **B. Weiteres Verfahren.** Liegt der Antrag vor, verweist das AG an die KfH, ohne ihre Zuständigkeit zu prüfen. Die Verhandlung findet vor der KfH statt. Gebunden nach §§ 281 II, 506 II ZPO ist diese aber nur als LG, nicht als KfH, und örtlich, § 281 ZPO Rn 30, und nur bei § 93 II auch im Verhältnis zur ZivK, § 93 Rn 2 (anders nach § 696 V ZPO: keine Bindung), nicht im übrigen, weil die Zuständigkeit das Verhältnis von KfH zu ZivK nicht ergreift, Üb 1 vor § 93. Beantragt der Kläger nur eine Verweisung ans LG, muß das AG an die ZivK verweisen. Diese kann ihrerseits nur nach § 98 verweisen. Die Benennung einer bestimmten KfH im Antrag oder Verweisungsbeschluß ist bedeutungslos. Es entscheidet vielmehr die Geschäftsverteilung, § 21 e.

97 ***Verweisung an ZivK wegen ursprünglicher Unzuständigkeit.*** **I Wird vor der Kammer für Handelssachen eine nicht vor sie gehörige Klage zur Verhandlung gebracht, so ist der Rechtsstreit auf Antrag des Beklagten an die Zivilkammer zu verweisen.**

II 1 Gehört die Klage oder die im Falle des § 506 der Zivilprozeßordnung erhobene Widerklage als Klage nicht vor die Kammer für Handelssachen, so ist diese auch von Amts wegen befugt, den Rechtsstreit an die Zivilkammer zu verweisen, solange nicht eine Verhandlung zur Hauptsache erfolgt und darauf ein Beschluß verkündet ist. 2 Die Verweisung von Amts wegen kann nicht aus dem Grund erfolgen, daß der Beklagte nicht Kaufmann ist.

1 **1) Systematik, §§ 97–102.** Das Verhältnis von ZivK zu KfH ist nicht sehr durchsichtig. Soviel aber ist sicher, daß die ZivK die ursprüngliche Zuständigkeit hat. Die Zuständigkeit der KfH geht immer auf einen besonderen Antrag zurück. Darum handelt es sich nicht um eine sachliche Zuständigkeit nach der ZPO, BGH **63**, 217, sondern um eine gesetzliche Geschäftsverteilung, Mertins DRiZ **85**, 348, die aber dem Willen der Beteiligten in besonderer Weise Rechnung trägt, Gaul JZ **84**, 58.

2 **2) Regelungszweck, §§ 97–102.** Die Spezialzuständigkeit von Handelsrichtern läßt sich nur aus ihrer besonderen Sachkunde ableiten. Soweit es auf diese in Wahrheit gar nicht ankommt, muß daher wieder die ZivK tätig werden, um den volljuristischen Sachverstand zu einer auch im engeren Sinn juristisch richtigen und wohl damit auch meist möglichst gerechten Lösung einsetzen zu können, Einl III 9, 36. Deshalb sollte man die Voraussetzungen und Folgen einer Verweisung an die ZivK großzügig behandeln.

3 **3) Prüfungszeitpunkt, §§ 97–102.** Über die Zuständigkeit der KfH muß das Gericht vor der Entscheidung über die Zuständigkeit des Gerichts verhandeln lassen. Ist die Zuständigkeit ZivK/KfH untrennbar mit der sachlichen Zuständigkeit ZivG/ArbG verknüpft, darf die erstentscheidende Kammer über beide Zuständigkeitsfragen befinden, BGH **63**, 214. Haben sich KfH und ZivK jeweils durch eine Verweisung und Rückverweisung untereinander für unzuständig erklärt, gilt § 36 I Z 6 ZPO entsprechend, BGH NJW **78**, 1532, Brschw RR **95**, 1535, Nürnb RR **00**, 568. Zum Fall der Streitgenossenschaft BayObLG **99**, 1010.

4 Die *Zuständigkeit begründet* entweder ein Antrag des Klägers nach §§ 96, 100 oder eine Verweisung. Diese kann stattfinden auf einen Antrag des Bekl von der ZivK an die KfH nach §§ 98, 100 oder von der KfH an die ZivK nach §§ 97, 99, 100 oder von Amts wegen nur von der KfH an die ZivK, nicht umgekehrt, §§ 97 II, 98 III, 99 II, 100. Alle diese Prozeßhandlungen sind zeitlich begrenzt. Der Antrag des Klägers erfolgt nach § 96, der Antrag des Bekl durch den Beginn der Verhandlung zur Sache nach § 101, die Verweisung von Amts wegen durch den Beginn der Verhandlung zur Hauptsache und die darauf folgende Beschlußverkündung, §§ 97 II, 99 II. Die Verweisung von Amts wegen ist bei einer ursprünglichen oder nachträglichen Zuständigkeit der KfH möglich, §§ 97, 99. Eine Verweisung ist auch im Verfahren wegen einer Prozeßkostenhilfe zulässig, § 281 ZPO Rn 3.

5 **4) Verweisung auf Antrag, I.** Ist die KfH nicht für alle Bekl und sämtliche Ansprüche beider Parteien zuständig, wird die Verweisung an die ZivK zulässig. Den Antrag kann jeder Bekl stellen, für den die KfH nicht zuständig ist. Dann muß das Gericht abtrennen. Eine Prozeßtrennung wegen derjenigen Ansprüche, für die die Zuständigkeit fehlt, ist im Rahmen des § 145 ZPO statthaft, Ffm NJW **92**, 2901 (dann auf Antrag des Klägers Bestimmung der ZivK als insgesamt zuständiges Gericht, § 36 I Z 3 ZPO). Ist eine Trennung nicht möglich, muß das Gericht den Gesamtrechtsstreit verweisen. Das gilt auch bei mehrfacher Begründung

desselben Anspruchs, wenn nur eine dieser Begründungen keine Handelssache ergibt, aM Brandi-Dohrn NJW **81**, 2453 (Zuständigkeit der KfH für alle Anspruchsgrundlagen). Das Wahlrecht des Klägers zwischen ZivK und KfH erlischt mit dem Ablauf der Fristen, § 96 Rn 2, 3. Nunmehr nützt es dem Kläger nichts mehr, wenn die Sache keine Handelsache ist. Nur der Bekl darf jetzt noch eine Verweisung beantragen, und zwar bis zum Beginn der Sachverhandlung nach § 101, Ffm NJW **92**, 2901. Das Gericht muß dem Antrag ist zutreffendenfalls entsprechen. Die Entscheidung ist grundsätzlich unanfechtbar, § 102.

5) Verweisung von Amts wegen, II 1. Die Vorschrift trifft zwei Fälle. Schon die Klage mag nicht vor 6
die KfH gehören. Das AG mag auch wegen einer Widerklage nach § 506 ZPO an die KfH verwiesen haben, obwohl diese für die Widerklage unzuständig ist. In beiden Fällen darf die KfH nach ihrem pflichtgemäßen Ermessen an die ZivK verweisen, aber nur unter folgenden Voraussetzungen. Die Parteien dürfen noch nicht zur Hauptsache verhandelt haben (Begriff § 39 Rn 6 ZPO). Daher macht die Verhandlung über die Zulässigkeit der Klage, etwa über die Zuständigkeit des LG (nicht der KfH), zwar nicht die Amtsverweisung unstatthaft. Sie beseitigt aber das Antragsrecht des Bekl, § 101. Das Gericht darf auf diese Verhandlung zur Hauptsache keinen Beschluß verkündet haben. Es genügt jeder beliebige die Hauptsache betreffende Beschluß, wenn er das Ergebnis der Verhandlung ist, also zB ein Vertagungsbeschluß, nicht ein Wertfestsetzungsbeschluß. Die Vorschriften der ZPO über das Rügerecht nach § 295 sind hier bedeutungslos.

6 Ausnahme, II 2. Die Verweisung nach II 1 kann nicht aus dem Grund erfolgen, daß der Bekl nicht 7
Kaufmann ist, wohl aber deswegen, weil er nicht im Handelsregister eingetragen ist, § 95 I Z 1, Nürnb RR **00**, 568, aM Düss RR **01**, 1220, Hbg TransportR **99**, 127.

7) Unanfechtbarkeit, I, II. Die Entscheidung ist unanfechtbar und bindend, § 102 Rn 3. 8

98

Verweisung an Kammer für Handelssachen. **I 1 Wird vor der Zivilkammer eine vor die Kammer für Handelssachen gehörige Klage zur Verhandlung gebracht, so ist der Rechtsstreit auf Antrag des Beklagten an die Kammer für Handelssachen zu verweisen. 2 Ein Beklagter, der nicht in das Handelsregister oder Genossenschaftsregister eingetragen ist, kann den Antrag nicht darauf stützen, daß er Kaufmann ist.**

II Der Antrag ist zurückzuweisen, wenn die im Falle des § 506 der Zivilprozeßordnung erhobene Widerklage als Klage vor die Kammer für Handelssachen nicht gehören würde.

III Zu einer Verweisung von Amts wegen ist die Zivilkammer nicht befugt.

IV Die Zivilkammer ist zur Verwerfung des Antrags auch dann befugt, wenn der Kläger ihm zugestimmt hat.

1) Systematik, Regelungszweck, I–IV. Vgl zunächst § 97 Rn 1. § 98 behandelt den gegenüber § 97 1
umgekehrten Fall aus denselben Erwägungen.

2) Antrag des Beklagten, I–IV. Die ZivK darf nicht von Amts wegen an die KfH verweisen, III, und 2
nie auf einen Antrag des Klägers. Dieser hat sein Wahlrecht durch die Versäumung des Antrags aus § 96 eingebüßt. Er kann allenfalls die Klage zurücknehmen und sodann vor der richtigen Kammer neu klagen. I 2 ist auch in der Berufungsinstanz nur auf den Bekl anwendbar. Die Parteien können in einer Handelssache die Zuständigkeit einer ZivK frei vereinbaren, nicht aber in einer Nichthandelssache die Zuständigkeit der KfH, Gaul JZ **84**, 58.

Gehört die Sache nicht vor die ZivK, kann der *Beklagte* die Verweisung an die KfH beantragen. Voraus- 3
setzung ist, daß die Eigenschaft als Handelssache für die ganze Streitsache vorliegt, also für alle Bekl und alle Ansprüche. Eine Teilverweisung ist unstatthaft, ebenso eine zum Zweck der Verweisung vorgenommene Trennung nach § 145 ZPO, Gaul JZ **84**, 61 (anders nach § 97).

Der *Antrag* ist eine Parteiprozeßhandlung, Grdz 47 vor § 128 ZPO. Er ist kein Sachantrag nach § 297 ZPO. Man braucht ihn nicht zu verlesen. Die Rüge der Unzuständigkeit der ZivK allein genügt nicht, ZöGu 2, aM van den Hövel NJW **01**, 345. Er ist zulässig bis zu dem durch § 101 I bestimmten Zeitpunkt, § 101 Rn 2, Gaul JZ **84**, 60. Der Antrag ist gegenüber § 95 Z 1 dadurch beschränkt, daß der Bekl nachweisbar ins Handelsregister oder ins Genossenschaftsregister eingetragen sein muß. Der Nachweis erfolgt durch einen Registerauszug, auch durch eine elektronische oder fernmündliche Anfrage beim Registergericht. II bezieht sich auf den Fall, daß das AG wegen der Widerklage nach § 506 an das LG verwiesen hat, § 97 Rn 5. Erfolgt eine handelsrechtliche Widerklage vor der ZivK, kommt eine Verweisung an die KfH nicht in Betracht und ebensowenig eine zu diesem Zweck vorgenommene Trennung nach § 145 II ZPO, Gaul JZ **84**, 62. *IV* besagt nicht, daß die ZivK den Antrag nach ihrem Ermessen ablehnen könne, sondern stellt nur die Unwirksamkeit einer bloßen Parteiverfügung klar, Schneider MDR **00**, 725. Das zeigt *I:* „so ist zu verweisen". Die Verweisung ist bindend, § 102 S 2, dort Rn 3.

3) Unanfechtbarkeit, I–IV. Gegen die Entscheidung nach § 101 gibt es grundsätzlich keinen Rechts- 4
behelf, § 102 S 1, und zwar auch dann nicht, wenn das verweisende Gericht die Einrede des unrichtigen Rechtswegs geprüft und für unbegründet gehalten hat, BGH **63**, 214.

99

Verweisung an ZivK wegen nachträglicher Unzuständigkeit. **I Wird in einem bei der Kammer für Handelssachen anhängigen Rechtsstreit die Klage nach § 256 Abs. 2 der Zivilprozeßordnung durch den Antrag auf Feststellung eines Rechtsverhältnisses erweitert oder eine Widerklage erhoben und gehört die erweiterte Klage oder die Widerklage als Klage nicht vor die Kammer für Handelssachen, so ist der Rechtsstreit auf Antrag des Gegners an die Zivilkammer zu verweisen.**

II [1] **Unter der Beschränkung des § 97 Abs. 2 ist die Kammer zu der Verweisung auch von Amts wegen befugt.** [2] **Diese Befugnis tritt auch dann ein, wenn durch eine Klageänderung ein Anspruch geltend gemacht wird, der nicht vor die Kammer für Handelssachen gehört.**

1 **1) Systematik, Regelungszweck, I, II.** Vgl § 97 Rn 1. Es handelt sich um einen Spezialfall. Die KfH soll nur insoweit tätig werden, als es eben wirklich um eine Handelssache geht. Deshalb sollte man großzügig an die ZivK verweisen.

2 **2) Antragsverweisung, I.** Eine Partei kann einen neuen Anspruch auf dreierlei Art in den Prozeß einbeziehen: Entweder durch eine Klagänderung nach § 263 ZPO. Diese liegt nicht im Nachschieben eines Anspruchs wegen einer eingetretenen Veränderung, § 264 Z 3 ZPO; oder durch eine Zwischenfeststellungsklage, § 256 II ZPO; oder schließlich durch eine Widerklage oder Zwischenfeststellungswiderklage. Für deren Zulässigkeit gilt bei der KfH nichts besonderes. Trotz seines zu engen Wortlauts trifft § 99 alle drei Fälle. Wird die KfH also irgendwie teilweise unzuständig, muß sie den gesamten Prozeß auf einen Antrag des Gegners und bei einer Widerklage also des Klägers nach § 97 II sogar von Amts wegen an die ZivK verweisen, sofern sie keine Prozeßtrennung nach § 145 ZPO vornimmt. Über die Zulassung der Klagänderung darf die KfH nicht befinden.

3 **3) Amtsverweisung, II.** Obgleich hier ein sachlicher Unterschied zu I fehlt, erwähnt II die Klagänderung besonders. Die Verweisung steht im pflichtgemäßen Ermessen des Gerichts. Auch sie ist unanfechtbar, § 102. Über die Beschränkung des § 97 II dort Rn 5. Vgl auch § 97 Rn 3.

100 ***Zuständigkeit in der Berufungsinstanz.*** **Die §§ 96 bis 99 sind auf das Verfahren im zweiten Rechtszuge vor den Kammern für Handelssachen entsprechend anzuwenden.**

1 **1) Sytematik, Regelungszweck.** Vgl § 97 Rn 1. Es handelt sich um eine bloße Klärung.

2 **2) Geltungsbereich.** § 100 macht auf das Verfahren in der Berufungsinstanz §§ 96–99 entsprechend anwendbar, § 527 III Z 1. Die Natur der Sache ergibt aber auch die Anwendbarkeit von §§ 101, 102. Ein Verweisungsantrag ist daher nach dem Beginn der Sachverhandlung unzulässig, die Entscheidung ist unanfechtbar. Die entsprechende Anwendung der §§ 96–99 besagt: Den Antrag auf Verhandlung vor der KfH muß die Berufungsschrift enthalten, nicht erst die Begründung oder ein späterer Schriftsatz, Brdb MDR **05**, 231, ThP 1, ZöGu 1, aM LG Köln NJW **96**, 2737 (abl Schneider NJW **97**, 992).

Verfahren: Verweisung an die ZivK auf einen Antrag des Berufungsbekl, nicht des Bekl als solchen. Die Verweisung erfolgt vor der Verhandlung zur Hauptsache und Beschlußverkündung auch von Amts wegen. Entsprechendes gilt bei einer Widerklage oder Zwischenfeststellungsklage nach § 99. Eine Verweisung an die KfH erfolgt nur auf einen Antrag des Berufungsbekl. Der Bekl muß wegen § 98 I 2 als Kaufmann im Handelsregister eingetragen sein. Legt die eine Partei bei der ZivK Berufung ein, die andere bei der KfH, entscheidet die zeitlich erste Berufung. Denn sie läßt den ganzen Prozeß der zweiten Instanz anfallen, Grdz 3 vor § 511. Bei einem gleichzeitigen Eingang hat die KfH den Sachvorrang. Handelt es sich nicht um eine Handelssache, darf die KfH die Sache von Amts wegen an die ZivK verweisen, § 97 II 1. Stellt eine Partei oder stellen beide einen Verweisungsantrag, gilt für die Entscheidung das oben Gesagte.

101 ***Antrag auf Verweisung.*** **I** [1] **Der Antrag auf Verweisung des Rechtsstreits an eine andere Kammer ist nur vor der Verhandlung des Antragstellers zur Sache zulässig.** [2] **Ist dem Antragsteller vor der mündlichen Verhandlung eine Frist zur Klageerwiderung oder Berufungserwiderung gesetzt, so hat er den Antrag innerhalb der Frist zu stellen.** [3] **§ 296 Abs. 3 der Zivilprozeßordnung gilt entsprechend; der Entschuldigungsgrund ist auf Verlangen des Gerichts glaubhaft zu machen.**

II [1] **Über den Antrag ist vorab zu entscheiden.** [2] **Die Entscheidung kann ohne mündliche Verhandlung ergehen.**

1 **1) Systematik, Regelungszweck, I, II.** Vgl § 97 Rn 1. Die Vorschrift schafft für die Verweisungsmöglichkeit im Interesse der Prozeßwirtschaftlichkeit nach Grdz 14 vor § 128 Zeitgrenzen. Fristregelungen sind immer streng handhabbar.

2 **2) Antrag, I.** Er ist nur vor der Verhandlung des Antragstellers zur Sache zulässig, *I 1.* Verhandlung zur Sache ist nicht dasselbe wie Verhandlung zur Hauptsache, §§ 97 II GVG, 282 III 1 ZPO, § 39 ZPO Rn 1 ff. Es ist jede Verhandlung, die sich nicht nur auf Prozeßförmlichkeiten und -vorfragen erstreckt, sondern die eine Prozeßerledigung wenn auch evtl derzeit nur durch eine rein prozessuale Entscheidung fördern soll, daher auch die Verhandlung über die Zulässigkeit der Klage oder über die Zulässigkeit der Berufung, nicht aber über Vertagungs- und Ablehnungsanträge usw, Gaul JZ **84**, 60. Der Beginn der Verhandlung genügt, um den Antrag unstatthaft zu machen. Das Verlesen der Anträge leitet die Verhandlung ein, § 137 I ZPO. Es ist aber nicht der Beginn der Verhandlung. Zu ihr ist eine Sacherörterung nötig. Anders ist es nur beim Widerklagantrag, der bereits eine sachliche Stellungnahme enthält.

Hatte das Gericht dem Bekl (Antragsteller) vorher eine *Frist zur Klagerwiderung oder Berufungserwiderung* gesetzt, muß er den Verweisungsantrag schon innerhalb der Frist stellen, *I 2,* LG Heilbr MDR **03**, 231 (zustm Willmerdinger). Maßgeblich ist die erste Erwiderungsfrist. Das Gericht kann sie auch verlängern, Düss MDR **05**, 709. Daher ist eine erneute Fristsetzung unzulässig, LG Bonn MDR **00**, 725 (zustm Schneider), LG Heilbr MDR **03**, 231 (zustm Willmerdinger), aM LG Düss MDR **05**, 709. Versäumt der Antragsteller die Frist, ist der Antrag entsprechend § 296 III ZPO nur dann zulässig, wenn der Antragsteller die Verspätung genügend entschuldigt, *I 3 Hs 1.* Der Entschuldigungsgrund muß entsprechend § 296 IV auf ein Verlangen des Gerichts glaubhaft sein, *I 3 Hs 2.* § 538 II ist unanwendbar, Herr JZ **84**, 318.

3) Vorabentscheidung, II. Über den Verweisungsantrag muß das Gericht vorab entscheiden, also vor der Verhandlung über die Zulässigkeitsvoraussetzungen nach § 280 ZPO, Gaul JZ **84**, 59, *II 1*. Die Entscheidung kann ohne eine mündliche Verhandlung ergehen, *II 2*. Das Gericht entscheidet durch einen Beschluß, auch nach einer streitigen Verhandlung, wie bei sämtlichen Verweisungen des Zivilprozesses, §§ 281, 506 ZPO. Den Beschluß erläßt der Vorsitzende der KfH allein, § 349 II Z 1 ZPO. Der Beschluß braucht keine Begründung, § 329 Rn 4. 3

4) Unanfechtbarkeit, I, II. Die Entscheidung ist grundsätzlich unanfechtbar, § 102 S 1. Zur Bindungswirkung § 101 Rn 2. 4

102 *Unanfechtbarkeit der Verweisung.* [1] **Die Entscheidung über Verweisung eines Rechtsstreits an die Zivilkammer oder an die Kammer für Handelssachen ist nicht anfechtbar.** [2] **Erfolgt die Verweisung an eine andere Kammer, so ist diese Entscheidung für die Kammer, an die der Rechtsstreit verwiesen wird, bindend.** [3] **Der Termin zur weiteren mündlichen Verhandlung wird von Amts wegen bestimmt und den Parteien bekanntgemacht.**

1) Systematik, Regelungszeck, S 1–3. Es handelt sich bei S 1, 2 um eine gegenüber §§ 281, 506 ZPO grundsätzlich vorrangige, aber dem § 281 ZPO deutlich nachgebildete Regelung zweck Prozeßwirtschaftlichkeit nach Grdz 14 vor § 128. Das Gesetz will Zuständigkeitsstreitigkeiten möglichst vermeiden und abkürzen. S 3 bringt praktisch eine Wiederholung von § 216 ZPO. 1

2) Geltungsbereich, S 1–3. § 102 betrifft nur die Verweisung nach §§ 97–100, 104. Die Verweisung vom AG an die KfH nach § 96 II wirkt ganz nach §§ 281, 506, § 96 Rn 3. § 102 gilt nicht bei einer formlosen Abgabe zB nach § 21 e. 2

3) Unanfechtbarkeit, S 1, Bindung, S 2. Jede Entscheidung über einen Verweisungsantrag ist grundsätzlich unanfechtbar, Köln RR **02**, 426, ohne Rücksicht auf ihre Gesetzmäßigkeit, Mü IPRax **89**, 43, also auch die eine Verweisung wieder aufhebende Entscheidung. Die Verweisung an eine andere Kammer ist für diese bindend und unanfechtbar. Das gilt nicht nur zu derjenigen Zuständigkeitsfrage, derentwegen die Verweisung erfolgte, sondern auch wegen sonstiger Zuständigkeitsfragen, soweit das verweisende Gericht die Zuständigkeit auch insoweit geprüft und bejaht hat, BGH RR **98**, 1219, BayObLG RR **03**, 357. Gegen diese Regelung bestehen für den Regelfall keine verfassungsrechtlichen Bedenken, Ffm RR **02**, 426. 3

Hat das Gericht dagegen bei der Entscheidung Art 101 I 2 zB gegen § 98 III oder Artt 101 I 2, 103 I GG oder das Willkürverbot verstoßen, *entfällt die Bindungswirkung,* Brdb RR **01**, 63, Düss RR **01**, 1220, Köln RR **02**, 426.

Ein Verstoß gegen die Befristung des Antrags nach § 101 I reicht freilich nicht aus, Brdb RR **01**, 63, Brschw RR **95**, 1535, aM Karlsr MDR **98**, 558, Nürnb NJW **93**, 3208, Fischer MDR **02**, 1404, ebenso ein sonstiger Verfahrensfehler, zB ein Verstoß gegen § 96 I, aM Karlsr MDR **98**, 558. Das Rügerecht entsprechend § 306 a ZPO erlischt, wenn der Betroffene nach der Entscheidung rügelos zur Sache verhandelt, arg § 101 I.

Die Verweisung schließt eine *Weiterverweisung* in einen anderen Rechtsweg nicht aus, BAG NZA **93**, 524. Neue Umstände, zB eine Klagänderung, können eine Zurückverweisung an die ZivK zulassen. Ergehen gegensätzliche Verweisungsbeschlüsse, muß entsprechend § 36 I Z 6 das OLG entscheiden, Brdb RR **01**, 63, Düss RR **01**, 1220, Nürnb RR **00**, 568. Hat die ZivK oder die KfH zu Unrecht in der Sache erkannt, ist das Urteil aus diesem Grund nicht anfechtbar. Etwas anderes gilt, wenn die Verweisung objektiv willkürlich etwa unter Verstoß gegen § 98 III erfolgt ist, Hamm RR **93**, 287, Gaul JZ **84**, 65 und 563, aM Herr JZ **84**, 318, und wenn keine Heilung durch eine rügelose Verhandlung zur Sache eingetreten ist, arg § 101 I.

4) Terminsbestimmung, S 3. Der Vorsitzende muß einen Termin zur mündlichen Verhandlung unter einer Beachtung von § 216 unverzüglich von Amts wegen bestimmen. Vor der Verweisung gesetzte Fristen bleiben wirksam, Ffm RR **93**, 1084. 4

103 *Einmischungsklage.* **Bei der Kammer für Handelssachen kann ein Anspruch nach § 64 der Zivilprozeßordnung nur dann geltend gemacht werden, wenn der Rechtsstreit nach den Vorschriften der §§ 94, 95 vor die Kammer für Handelssachen gehört.**

1) Systematik, Regelungszweck. Die Vorschrift hat den Vorrang vor § 64. Auch in ihrem Geltungsbereich soll die KfH nur in einer echten Handelssache zuständig sein. 1

2) Einmischungsklage. § 103 verschiebt die sachliche Zuständigkeit bei der Einmischungsklage (Hauptintervention, § 64), zum Nachteil der KfH. Für sie gilt, wenn die Einmischung eine Handelssache betrifft, folgendes: Entweder schwebt der Erstprozeß bei der KfH. Dann ist sie zuständig. Oder der Erstprozeß schwebt bei der ZivK. Dann ist diese zuständig. Eine Verweisung aus § 98 ist unstatthaft, falls sie nicht noch für den Erstprozeß zulässig ist und auch erfolgt. Die gemeinsame Zuständigkeit für den Erst- und den Einmischungsprozeß soll möglichst erhalten bleiben. 2

104 *Verweisung in Beschwerdesachen.* [I] [1] **Wird die Kammer für Handelssachen als Beschwerdegericht mit einer vor sie nicht gehörenden Beschwerde befaßt, so ist die Beschwerde von Amts wegen an die Zivilkammer zu verweisen.** [2] **Ebenso hat die Zivilkammer, wenn sie als Beschwerdegericht in einer Handelssache mit einer Beschwerde befaßt wird, diese von Amts wegen an die Kammer für Handelssachen zu verweisen.** [3] **Die Vorschriften des § 102 Satz 1, 2 sind entsprechend anzuwenden.**

[II] **Eine Beschwerde kann nicht an eine andere Kammer verwiesen werden, wenn bei der Kammer, die mit der Beschwerde befaßt wird, die Hauptsache anhängig ist oder diese Kammer bereits eine Entscheidung in der Hauptsache erlassen hat.**

1 **1) Systematik, Regelungszweck, I, II.** In der Reihe vorrangiger Spezialvorschriften regelt § 104 das Beschwerdeverfahren. Die Regelungszwecke sind dieselben wie in der ersten Instanz.

2 **2) Prüfung von Amts wegen, I, II.** Über die Zuständigkeit der KfH in Beschwerdesachen § 94 Rn 1. Der Ausdruck „Beschwerdegericht in einer Handelssache" gilt entsprechend. Ein Parteiantrag ist hier für die Zuständigkeit belanglos. Sie richtet sich nach dem Gesetz. Das Gericht muß sie von Amts wegen prüfen. Eine besondere Entscheidung darüber ist unnötig. Entscheidet die ZivK oder die KfH vorschriftswidrig, erlaubt das allein keine weitere Beschwerde.

3 **3) Gebotene Verweisung, I.** Die KfH muß an die ZivK und umgekehrt von Amts wegen verweisen, wenn sie unzuständigerweise mit einer Beschwerde „befaßt" ist, sobald ihr also die Beschwerdesache nach der Geschäftsverteilung vorliegt. Der Vorsitzende ist nach § 349 II Z 1 ZPO zuständig. Unerheblich ist, ob die Beschwerde beim AG oder beim LG erfolgte und ob sie eine Kammer benennt. Entsprechende Anwendung von § 102 heißt: Gegen die Verweisung gibt es keinen Rechtsbehelf. Sie bindet schlechthin.

4 **4) Verbotene Verweisung, II.** Eine Verweisung ist unstatthaft, wenn bei der mit der Beschwerde befaßten Kammer die Hauptsache schwebt oder wenn die Kammer schon eine Entscheidung in der Hauptsache erlassen hat. Der Zweck ist die Wahrung der Einheitlichkeit der Beurteilung. Darum ist der Text zu eng. Es ist nicht nur eine Verweisung unstatthaft, sondern es ist auch die betreffende Kammer zuständig, ohne daß sie befaßt wäre. Wird also eine andere Kammer zu Unrecht befaßt, muß sie an die nach II berufene verweisen. Vgl auch § 94 Rn 1.

105 *Besetzung.* [I] **Die Kammern für Handelssachen entscheiden in der Besetzung mit einem Mitglied des Landgerichts als Vorsitzenden und zwei** ehrenamtlichen Richtern, **soweit nicht nach den Vorschriften der Prozeßgesetze an Stelle der Kammer der Vorsitzende zu entscheiden hat.**

[II] **Sämtliche Mitglieder der Kammer für Handelssachen haben gleiches Stimmrecht.**

1 **Vorbem.** Ohne daß §§ 105 ff entsprechend geändert worden sind, führen die ehrenamtlichen Richter bei der KfH nach § 45 a DRiG (wieder) die Bezeichnung Handelsrichter.

Schrifttum: *Lindloh,* Die Kammer für Handelssachen des Landgerichts Hamburg, in: Recht und Juristen in Hbg, (1999) II 107; *Weil,* Der Handelsrichter und sein Amt, 1981.

2 **1) Besetzung, I, II.** Die Einrichtung der KfH steht der Landesjustizverwaltung zu.

A. Vorsitzender, I. Den Vorsitzenden und die regelmäßigen Vertreter bestimmt das Präsidium, § 21 e. Der Vorsitzende kann nur ein Vorsitzender Richter am LG sein, § 21 f I. Über die auswärtige KfH § 106. Ein Richter auf Probe oder kraft Auftrags kann wegen § 28 II 2 DRiG nicht Mitglied sein, auch nicht vertreten. Die besonderen Befugnisse des Vorsitzenden ergeben sich aus §§ 349 I–III, 944 ZPO. Eine Übertragung auf den Einzelrichter nach §§ 348, 348 a ZPO ist unzulässig, § 349 IV ZPO. Entscheidet der Vorsitzende anstelle der KfH, begründet das die Rüge der unvorschriftsmäßigen Besetzung, BayOLGZ **95**, 92, Ffm NJW **83**, 2335. Dann kommt eine Zurückverweisung nach § 538 ZPO in Betracht, § 350 ZPO Rn 2.

3 **B. Handelsrichter, I.** Die Handelsrichter werden nach § 108 bestellt. Sie müssen die in § 109 genannten Voraussetzungen erfüllen. Sie bringen den Sachverstand des Handelsstands unmittelbar auf die Richterbank, § 114, Sendler NJW **86**, 2911. Das Präsidium teilt die Handelsrichter den einzelnen Kammern zu, § 21 e. Sie wirken außerhalb der in § 349 ZPO geregelten Fälle an den Entscheidungen mit. Geschieht das nicht, ist die Entscheidung nicht deshalb nichtig, sondern wegen der unrichtigen Besetzung anfechtbar. Dann ist eine Zurückverweisung nach § 538 ZPO meist notwendig, BayObLG DRiZ **80**, 72. Eine Überbesetzung mit Handelsrichtern ist unbedenklich, BGH RR **98**, 700. Ein Handelsrichter kann beauftragter Richter sein, zB beim Güteversuch nach § 278 ZPO.

4 **2) Stimmrecht, II.** Die Vorschrift klärt, daß der stillschweigende Grundsatz gleichen Stimmrechts nach §§ 192 ff auch in der KfH gilt. Jeder Handelsrichter unterschreibt sein Urteil nach § 315 I ZPO mit, nicht also einen Beschluß. Denn § 329 ZPO nennt § 315 I ZPO nicht mit.

106 *Auswärtige Kammer für Handelssachen.* **Im Falle des § 93 Abs. 1 Satz 2 kann ein Richter beim Amtsgericht Vorsitzender der Kammer für Handelssachen sein.**

Vorbem. Änderg dch Art 17 Z 4 G v 19. 4. 06, BGBl 866, in Kraft seit 25. 4. 06, Art 210 I G, ÜbergangsR Einl III 78.

1 **1) Erläuterung.** Der auswärtigen KfH kann ein Amtsrichter vorsitzen, nicht notwendig einer des Sitzes. Es muß aber wegen § 28 II 2 DRiG ein auf Lebenszeit ernannter Richter sein (Richter am AG, § 19 a DRiG).

107–110 (nicht abgedruckt)

111 (weggefallen)

112 *Dienststellung der Handelsrichter.* **Die** ehrenamtlichen Richter **haben während der Dauer ihres Amts in Beziehung auf dasselbe alle Rechte und Pflichten eines Richters.**

Vorbem. Zum Wegfall des Begriffs „ehrenamtlicher Richter" § 105 Vorbem.

1) Erläuterung. Die Handelsrichter nach Vorbem § 105 haben alle Rechte und Pflichten der Richter. § 1 ist auf sie voll anwendbar. Für ihre Ausschließung und Ablehnung gelten §§ 41 ff ZPO, Stgt ZIP **94**, 778, Pfeiffer ZIP **94**, 769. Die Handelsrichter unterstehen dienstlich und außerdienstlich den für Richter geltenden Dienstvorschriften (Sonderfall: § 113). Ergänzend gelten §§ 44, 45 DRiG, für die Amtsbezeichnung § 45 a DRiG. Vorsitzender oder Einzelrichter sein kann der Handelsrichter nicht, § 349 IV ZPO. Beauftragter Richter kann er sein, zB für einen Güteversuch nach § 278 ZPO. Für die Unterzeichnung durch ihn gilt § 315 I ZPO. Daß der Handelsrichter die Akten eines unter seiner Mitwirkung verlaufenden Verfahrens einsehen darf, ist selbstverständlich. Bedenken bei anderen ehrenamtlichen Richtern dagegen bestehen jedenfalls beim Handelsrichter nicht, Atzler DRiZ **91**, 207, Reim DRiZ **92**, 141. 1

113 (nicht abgedruckt)

114 *Sachkunde der Kammer für Handelssachen.* **Über Gegenstände, zu deren Beurteilung eine kaufmännische Begutachtung genügt, sowie über das Bestehen von Handelsgebräuchen kann die Kammer für Handelssachen auf Grund eigener Sachkunde und Wissenschaft entscheiden.**

1) Systematik, Regelungszweck. Es handelt sich um eine erhebliche Erweiterung der Möglichkeiten einer Beweiswürdigung mit dem Vorrang vor den allgemeinen Regeln zum Sachverständigenbeweis nach § 286 Rn 50 ff. Normalerweise darf und muß sich ein Gericht der Fachkenntnis eines Fachmanns bedienen, wenn es sie nicht selbst hat. § 114 unterstellt aber eine ausreichende Sachkunde der ganzen KfH wegen derjenigen ihrer Handelsrichter. Das dient der Prozeßwirtschaftlichkeit, Grdz 14 vor § 128. Das gilt natürlich nur, soweit wenigstens einer der Handelsrichter eine ausreichende Sachkunde auch wirklich zumindest im Kern hat. Nur in diesen Grenzen darf man § 114 großzügig auslegen. 1

2) Sachkunde, Handelsbrauch. Die KfH darf aus eigener Sachkunde entscheiden, soweit eine kaufmännische Begutachtung genügt, also das sachverständige Gutachten eines Kaufmanns, nicht notwendig eines solchen aus dem Geschäftszweig der Handelsrichter. Sie darf auch insoweit derart vorgehen, als das Bestehen und der Inhalt eines Handelsbrauchs infragestehen. Handelsbrauch sind die im Handelsverkehr geltenden Gewohnheiten und Gebräuche, § 346 HGB, etwa die Verkehrssitte des Handels, § 242 BGB. 2

Die KfH darf *in zweiter Instanz* von erstinstanzlichen Gutachten abweichen. Hat sie als erste Instanz erstmals ein Gutachten eingeholt, kann sie auf Grund eigener Sachkunde Einwendungen gegen das Gutachten zurückweisen, darf sich aber nicht ohne weiteres von ihm lösen. Hat die KfH auf Grund eigener Sachkunde entschieden, darf ihr im Rahmen von § 114 das OLG als Berufungsgericht folgen und daraufhin einen Sachverständigenbeweis ablehnen. Es braucht das jedoch nicht zu tun. Es muß sich dann aber mit dem Gutachten im Urteil auseinandersetzen. Die „eigene Sachkunde und Wissenschaft" eines Handelsrichters, zB eines Kakaoimporteurs, kann genügen, LG Hann IPRax **87**, 312. Ob das so ist, entscheidet die KfH durch einen Mehrheitsbeschluß nach § 196. Daher entfällt bei einer Bejahung ein Sachverständigenbeweis. Wenn die KfH aus eigener Sachkunde entscheiden will, muß sie die Parteien darauf nach § 139 ZPO hinweisen, BVerfG NJW **98**, 2274.

Achter Titel. Oberlandesgerichte

Übersicht

1) Systematik, Regelungszweck. Der Titel regelt den Aufbau und die sachliche Zuständigkeit der OLGe. Ihre Errichtung und Aufhebung geschieht durch Gesetz, § 1 GVVO, § 12 GVG Rn 2. Das OLG Berlin führt den Namen KG. Es ist, wie alle Berliner Gerichte, zuständig für ganz Berlin. Den 8. Titel ergänzt § 8 II GVVO. 1

2) Geltungsbereich. Die Oberlandesgerichte sind in Zivilsachen Berufungs- und Beschwerdegerichte. In der Arbeitsgerichtsbarkeit ist Berufungs- und Beschwerdegericht das LAG, § 8 II, IV ArbGG. 2

115 *Besetzung des Oberlandesgerichts.* **Die Oberlandesgerichte werden mit einem Präsidenten sowie mit Vorsitzenden Richtern und weiteren Richtern besetzt.**

1) Erläuterung. Zur Stellung des Präsidenten gilt § 59 Rn 2 entsprechend. Neben ihm muß mindestens ein Vorsitzender Richter vorhanden sein. Wegen der Besetzung gilt § 59 Rn 3. Zur Überbesetzung § 16 Rn 7. Es können nur Richter auf Lebenszeit am OLG Richter sein, auch Hilfsrichter, § 28 I DRiG, also nicht Richter auf Probe oder kraft Auftrags, weil eine § 22 V oder § 59 III entsprechende Bestimmung fehlt, wohl aber abgeordnete Richter, § 37 DRiG. Diese darf man aber nur mit der sich aus § 29 DRiG ergebenden Beschränkung und nur ausnahmsweise aus zwingenden Gründen verwenden, BGH NJW **85**, 2336. Ihre Bestellung erfolgt nach § 117. Wegen der Fälle einer unzulässigen Bestellung von Hilfsrichtern § 59 Rn 2. Unzulässig ist die Mitwirkung auch dann, wenn der Hilfsrichter zur Beförderung vorgesehen ist und man ihn nur wegen einer allgemeinen Beförderungssperre nicht in die Planstelle einweisen kann, BGH NJW **85**, 2336, Katholnigg JR **85**, 38. 1

115a (weggefallen)

116 *Gliederung.* [I] [1] **Bei den Oberlandesgerichten werden Zivil- und Strafsenate gebildet.** [2] **Bei den nach § 120 zuständigen Oberlandesgerichten werden Ermittlungsrichter bestellt; zum Ermittlungsrichter kann auch jedes Mitglied eines anderen Oberlandesgerichts, das in dem in § 120 bezeichneten Gebiet seinen Sitz hat, bestellt werden.**

[II] [1] **Die Landesregierungen werden ermächtigt, durch Rechtsverordnung außerhalb des Sitzes des Oberlandesgerichts für den Bezirk eines oder mehrerer Landgerichte Zivil- oder Strafsenate zu bilden und ihnen für diesen Bezirk die gesamte Tätigkeit des Zivil- oder Strafsenats des Oberlandesgerichts oder einen Teil dieser Tätigkeit zuzuweisen.** [2] **Ein auswärtiger Senat für Familiensachen kann für die Bezirke mehrerer Familiengerichte gebildet werden.**

[III] **Die Landesregierungen können die Ermächtigung nach Absatz 2 auf die Landesjustizverwaltungen übertragen.**

Vorbem. II idF, III angefügt dch Art 17 Z 5 G v 19. 4. 06, BGBl 866, in Kraft seit 25. 4. 06, Art 210 I G, ÜbergangsR Einl III 78.

1 **1) Senate, I.** Die Zahl der Senate bestimmt der OLGPräsident. Ihm kann der Landesjustizminister dafür Weisungen geben, § 8 VO vom 20. 3. 35, Üb § 115, oder die an deren Stelle getretenen landesrechtlichen Vorschriften, zB JustAG Sachsen, Weber NJW **98**, 1673.

2 **2) Auswärtige Senate, II, III.** Ihre Bildung erfolgt durch eine Rechtsverordnung der Landesregierung oder der von ihr nach III ermächtigten Landesjustizverwaltung. Die Außensenate sind Teil des Stammgerichts. Der Eingang eines Schriftsatzes bei dem letzteren wahrt die Frist für ein beim Außensenat schwebendes Rechtsmittel. Ebenso genügt umgekehrt der Eingang eines für das Stammgericht bestimmten Schriftsatzes bei einem Außensenat, § 518 ZPO Rn 6, Karlsr NJW **84**, 744. Haben die Parteien vereinbart, daß der Widerruf des Vergleichs in einem bei dem auswärtigen Senat eingehenden Schriftsatz zulässig ist, wahrt der Eingang beim Stammgericht die Widerrufsfrist nicht, BGH NJW **80**, 1753. Bei der Bildung auswärtiger Senate für Familiensachen darf man nicht auf den Landgerichtsbezirk, sondern muß auf die Bezirke mehrerer Familiengerichte abstellen, *II 2.* Für die Entscheidung eines negativen Kompetenzkonflikts gilt § 36 I Z 6 ZPO, BayObLGZ **94**, 119.

117 *Vertretung.* **Die Vorschrift des § 70 Abs. 1 ist entsprechend anzuwenden.**

1 **1) Erläuterung.** § 70 I ist entsprechend anwendbar. Die Landesjustizverwaltung regelt daher die Vertretung durch die Zuweisung eines Richters auch beim OLG, § 70 Rn 1. Da eine Bestimmung in der Art des § 70 II fehlt, dürfen Richter auf Probe oder kraft Auftrags beim OLG nicht amtieren, § 115 Rn 2.

118 *Zuständigkeit in Musterverfahren.* **Die Oberlandesgerichte sind in bürgerlichen Rechtsstreitigkeiten im ersten Rechtszug zuständig für die Verhandlung und Entscheidung über Musterverfahren nach dem Kapitalanleger-Musterverfahrensgesetz.**

Vorbem. Eingefügt dch Art 3 Z 3 KapMuG v 16. 8. 05, BGBl 2437, in Kraft seit 1. 11. 05, Art 9 I 2 KapMuG, außer Kraft am 1. 11. 10, Art 9 II KapMuG, ÜbergangsR Einl III 78.

119 *Fassung 1. 9. 2009:* ***Zuständigkeit in Zivilsachen.*** [I] **Die Oberlandesgerichte sind in Zivilsachen zuständig für die Verhandlung und Entscheidung über die Rechtsmittel:**

1. der Beschwerde gegen Entscheidungen der Amtsgerichte
a) in den von den Familiengerichten entschiedenen Sachen;
b) in den Angelegenheiten der freiwilligen Gerichtsbarkeit mit Ausanhme der Freiheitsentziehungssachen und der von den Betreuungsgerichten entschiedenen Sachen;
2. der Berufung und der Beschwerde gegen Entscheidungen der Landgerichte.

[II] **§ 23 b Abs. 1 und 2 gilt entsprechend.**

Vorbem. I zunächst geändert dch Art 3 Z 4 KapMuG v 16. 8. 05, BGBl 2437, in Kraft seit 1. 11. 05, Art 9 I 2 KapMuG, außer Kraft am 1. 11. 10, Art 9 II KapMuG, ÜbergangsR § 40 EGGVG. Diese Vorschrift verweist auf § 119 GVG bisheriger Fassg. Diese ist abgedruckt und kommentiert im Ergänzungsband der 67. Aufl. 2009. Sodann I idF, III–VI aF aufgehoben dch Art 22 Z 14 FGG-RG, in Kraft seit 1. 9. 09, Art 112 I Hs 1 FGG-RG, ÜbergangsR Art 111 FGG-RG, Einf 4 vor § 1 FamFG.

Bisherige Fassung: [I] **Die Oberlandesgerichte sind in bürgerlichen Rechtsstreitigkeiten ferner zuständig für die Verhandlung und Entscheidung über die Rechtsmittel:**

1. der Berufung und der Beschwerde gegen Entscheidungen der Amtsgerichte
a) in den von den Familiengerichten entschiedenen Sachen;
b) in Streitigkeiten über Ansprüche, die von einer oder gegen eine Partei erhoben werden, die ihren allgemeinen Gerichtsstand im Zeitpunkt der Rechtshängigkeit in erster Instanz außerhalb des Geltungsbereiches dieses Gesetzes hatte;
c) in denen das Amtsgericht ausländisches Recht angewendet und dies in den Entscheidungsgründen ausdrücklich festgestellt hat;
2. der Berufung und der Beschwerde gegen Entscheidungen der Landgerichte.

II § 23 b Abs. 1 und 2 gilt entsprechend.

III 1 Durch Landesgesetz kann bestimmt werden, dass die Oberlandesgerichte über Absatz 1 hinaus für alle Berufungen und Beschwerden gegen amtsgerichtliche Entscheidungen zuständig sind. 2 Das Nähere regelt das Landesrecht; es kann von der Befugnis nach Satz 1 in beschränktem Umfang Gebrauch machen, insbesondere die Bestimmung auf die Entscheidungen einzelner Amtsgerichte oder bestimmter Sachen beschränken.

IV Soweit eine Bestimmung nach Absatz 3 Satz 1 getroffen wird, hat das Landesgesetz zugleich Regelungen zu treffen, die eine Belehrung über das zuständige Rechtsmittelgericht in der angefochtenen Entscheidung sicherstellen.

V Bestimmungen nach Absatz 3 gelten nur für Berufungen und Beschwerden, die vor dem 1. Januar 2008 eingelegt werden.

VI 1 Die Bundesregierung unterrichtet den Deutschen Bundestag zum 1. Januar 2004 und zum 1. Januar 2006 über Erfahrungen und wissenschaftliche Erkenntnisse, welche die Länder, die von der Ermächtigung nach Absatz 3 Gebrauch gemacht haben, gewonnen haben. 2 Die Unterrichtung dient dem Zweck, dem Deutschen Bundestag die Prüfung und Entscheidung zu ermöglichen, welche bundeseinheitliche Gerichtsstruktur die insgesamt sachgerechteste ist, weil sie den Bedürfnissen und Anforderungen des Rechtsverkehrs am besten entspricht.

Gliederung

1) Systematik, I, II. Die Vorschrift regelt die wichtigste funktionelle Zuständigkeit des OLG, also seinen eigentlichen Aufgabenbereich. Damit hat sie eine zentrale Bedeutung. Die frühere Regelung beim Auslandsbezug ist entfallen. 1

2) Regelungszweck, I, II. Zuständigkeitsregeln dienen Art 101 I 2 GG (Gebot des gesetzlichen Richters). Das erfordert eine grundsätzlich strikte Handhabung. 2

3) Geltungsbereich, I, II. Das OLG ist mit Ausnahme der Zuständigkeit nach § 118 ausschließlich ein Rechtsmittelgericht. Für das jeweilige Rechtsmittel gelten die Vorschriften der Prozeß- oder Verfahrensordnung, §§ 511 ff, 567 ff ZPO, §§ 59 ff FamFG. Nach ihnen regelt sich die Zulässigkeit des Rechtsmittels im Einzelfall. Wegen des Anwaltszwangs § 78 ZPO Rn 10. 3

4) Beschwerde gegen AG, I Z 1. Das OLG ist insoweit das Rechtsmittelgericht in den folgenden Fällen. 4

A. Entscheidung des Familiengerichts, I Z 1 a. Maßgeblich ist die sog formelle Anknüpfung. Danach ist immer dann, wenn das AG als FamG (Abteilung für FamS) entschieden hat, das übergeordnete OLG als Beschwerdegericht zuständig, (je zum alten Recht) BGH FamRZ **92**, 665, Nürnb MDR **04**, 1186, Schlesw Rpfleger **06**, 542. Eine Berichtigung ändert daran in aller Regel nichts, BGH FamRZ **94**, 1520. Bestehen Zweifel, ob das AG als FamG entschieden hat, kann der Beteiligte nach dem Grundsatz der Meistbegünstigung nach Grdz 28 vor § 511 ZPO die Entscheidung sowohl beim LG als beim OLG anfechten, BGH RR **95**, 379 und 380, Schlesw SchlHA **97**, 112 (auch zur Verweisung von Rechtsmittelgericht an Rechtsmittelgericht), Hein IPRax **04**, 96, aM Abramenko Rpfleger **04**, 473 (§ 36 I Z 6 ZPO). Zugleich bestimmt die „formelle Anknüpfung" auch darüber, ob beim OLG der Familiensenat oder der allgemeine Zivilsenat amtiert, II in Verbindung mit § 23 b I 1, BGH FamRZ **89**, 166, Bergerfurth FamRZ **01**, 1494. 5

Hat das AG oder das LG seine *Zuständigkeit zu Unrecht* angenommen, kann man das Rechtsmittel darauf nicht stützen, § 65 IV FamFG. Zur Zuständigkeit in diesem Sinn gehört auch die Frage, ob es sich um eine Familiensache handelt. Deshalb darf das OLG diese Frage nur dann prüfen, wenn das AG oder das LG den Antrag abgewiesen hat, weil es nicht nach § 65 FamFG zuständig sei. Teilt das OLG diese Auffassung nicht, muß es die angefochtene Entscheidung aufheben und die Sache evtl zurückverweisen, § 69 I 2, 3 FamFG. Man kann diese Entscheidung mit der Rechtsbeschwerde nicht erfolgreich anfechten. Denn der BGH darf nach § 72 II FamFG nicht prüfen, ob eine Familiensache vorliegt oder nicht. Nach einer Verweisung des LG an das OLG darf und muß das OLG seine Zuständigkeit selbst prüfen und evtl verneinen, Köln RR **03**, 864. 6

Entscheidungen nach I Z 1 a sind zunächst die Endentscheidungen im Beschlußweg, § 38 I 1 FamFG. Beschwerdeinstanz ist das OLG auch für Beschlüsse in allen Nebenverfahren und Nebenentscheidungen des FamG, zB in Kostensachen, BGH NJW **78**, 1633, Bischof MDR **78**, 716 (Senat der Hauptsache), nicht aber für Kosten der Beratungshilfe, BGH NJW **85**, 2537. Der in I Z 1 a geregelte Instanzenzug gilt auch in einer unabhängig von einer Ehesache anhängigen Familiensache, BayObLG **00**, 216. 7

B. Grundsatz: Freiwillige Gerichtsbarkeit, I Z 1 b Hs 1. Das OLG ist das Rechtsmittelgericht auch grundsätzlich in allen solchen Angelegenheiten der freiwilligen Gerichtsbarkeit, die keine Familiengerichtszuständigkeit nach Z 1 a begründen. Das sind diejenigen Sachen nach dem FamFG, die nicht eine Familiensache nach § 23 b I 1 darstellen, also die in § 23 a II Z 2–5, 7 genannten Sachen. Zu den Familiensachen gehören die in § 111 Z 1–11 FamFG aufgezählten Sachen und die sog Familienstreitsachen, die nach § 112 ausdrücklich einen Teil der „Familiensachen" bilden. 8

9 **C. Ausnahmen: Freiheitsentziehung, Entscheidung des Betreuungsgerichts, I Z 1 b Hs 2.** In diesen in § 23 a II Z 6 genannten Fällen nach § 415 FamFG bleibt das LG das Rechtsmittelgericht. Die Betreuungssachen zählt § 271 Z 1–3 FamFG auf.

10 **5) Berufung und Beschwerde gegen LG, I Z 2.** Das OLG ist das Rechtsmittelgericht nach einer Erstentscheidung des LG. Berufungsentscheidungen des LG nach § 72 sind mit der Revision anfechtbar, § 543 ZPO. Maßgebend ist die formelle Anknüpfung daran, wer tatsächlich entschieden hat, Schlesw Rpfleger **06**, 542.

11 **6) Weitere Zuständigkeiten des OLG** (Auswahl): Bestimmung des zuständigen Gerichts, § 36 ZPO; Entscheidung über die Ablehnung eines Richters, wenn das LG beschlußunfähig wird, § 45 I ZPO; Entscheidung über die Beschwerde gegen eine Verweigerung der Rechtshilfe, § 159; Entscheidung über die Beschwerde bei sitzungspolizeilichen Ordnungsmitteln, § 181 III; Entscheidung über die weitere Beschwerde in Insolvenz- und Zwangsversteigerungssachen; Abberufung eines Handelsrichters, § 113 II; Entscheidung über Rechtsmittel gegen Entscheidung des LwG, § 2 LwVG, BGH RR **92**, 1152; Entscheidung des LG statt des LwG, § 1 Z 1 a LwVG, BGH NJW **92**, 1152; 2. Instanz in Binnenschiffahrtssachen, § 11 Gesetz vom 27. 9. 52, BGBl 641; gerichtliche Entscheidung über die Rechtmäßigkeit von Justizverwaltungsakten im Rahmen von § 23 EGGVG; in Entschädigungssachen, § 208 BEG; Entscheidung über eine sofortige Beschwerde gegen Entscheidungen der Kammer für Wertpapierbereinigung im Einspruchsverfahren, § 34 I WertpapierbereinigungsG vom 19. 8. 49, WiGBl 295, ÄndG v 29. 3. 51, BGBl 211; Berufungsinstanz in Baulandsachen, § 229 BauGB (Senat für Baulandsachen), dabei Besetzung mit zwei Richtern des OLG (einschließlich des Vorsitzenden) und einem hauptamtlichen Richter eines OVG nach § 229 I 1 BauGB auch in Beschwerdesachen.

12 Die Landesregierungen können die Entscheidung einem OLG für *mehrere OLG-Bezirke* zuweisen, § 229 II BauGB; Beschwerde (auch gegen Einspruchsentscheid der Kartellbehörde), Festsetzung einer Geldbuße, Berufung in bürgerlichen Streitigkeiten nach GWB, dabei Entscheidung durch den Kartellsenat, § 92 GWB. Kartellsachen, in denen die OLGe ausschließlich zuständig sind, können die Landesregierungen einem OLG zuweisen, § 93 GWB, so **BaWü** VO v 17. 3. 58, GVBl 102, **Bay** VO v 16. 12. 57, GVBl 324, **Nds** VO v 15. 2. 58, GVBl, **NRW** VO v 7. 1. 58, GVBl 17, **RhldPf** LVO v 22. 10. 59, GVBl 215, **SchlH** VO v 11. 2. 58, GVBl 118; wegen der Voraussetzungen für die Zuständigkeit des gemeinsamen OLG in diesen Fällen Celle NdsRpfl **77**, 187, Mü MDR **82**, 62; Beschwerdeinstanz nach § 12 AVAG, SchlAnh V D; Entscheidung nach § 4 AusfG zum EuSorgeRÜbk, SchlAnh V A 3.

13 **7) Familiensenat, II.** Für die Entscheidung über Rechtsmittel nach I Z 1 a ist beim OLG entsprechend § 23 b mindestens ein Familiensenat erforderlich, und zwar nach Maßgabe des § 23 b II und zwecks funktioneller Zuständigkeit, Jauernig FamRZ **89**, 7. Die Zuweisung anderer Geschäfte an den Familiensenat ist zulässig. Für die Abgabe einer Familiensache bei der Bildung mehrerer Familiensenate gilt § 23 b II 2 entsprechend. Es kann der Einzelrichter zuständig werden, § 68 IV FamFG.

Werden unzulässigerweise *Nichtfamilien- und Familiensachen* im Verhältnis von Haupt- und Hilfsantrag anhängig, muß zunächst der für den Hauptantrag zuständige Senat entscheiden. Erst wenn und soweit er den Hauptantrag abgewiesen hat, kann das Gericht das Verfahren wegen des Hilfsantrags abgeben, BGH NJW **81**, 2417. Im Streit zwischen einem Familien- und einem Zivilsenat gilt § 36 I Z 6 ZPO entsprechend, dort Rn 24 ff.

120-121 (betreffen Strafsachen)

122

Besetzung der Senate. [I] **Die Senate der Oberlandesgerichte entscheiden, soweit nicht nach den Vorschriften der Prozeßgesetze an Stelle des Senats der Einzelrichter zu entscheiden hat, in der Besetzung von drei Mitgliedern mit Einschluß des Vorsitzenden.**

[II] (betrifft Strafsachen).

1 **1) Systematik, Regelungszweck, I.** Die Vorschrift entspricht § 75.

2 **2) Besetzung.** Die Zahl der Senatsmitglieder, die sämtlich Richter auf Lebenszeit sein müssen, § 115 Rn 2, beträgt mindestens 3. Über ihre Heranziehung befindet der Vorsitzende, § 21 g. Es dürfen aber nicht mehrere selbständige Abteilungen bestehen, § 59 Rn 4. § 122 betrifft nur die Beratung und Entscheidung. Erfolgt eine Entscheidung nur von 2 Mitgliedern, ob nun in Gestalt eines förmlichen Beschlusses oder der Entschließung auf eine Gegenvorstellung, liegt darin eine Amtspflichtverletzung. Der Vorsitzende muß einen richtunggebenden Einfluß ausüben. Er muß also mindestens 75% der Aufgaben eines Vorsitzenden und erheblich mehr als 50% der rein richterlichen Spruchtätigkeit selbst wahrnehmen. Daran kann auch die Zuweisung weiterer Dienstaufgaben zB als Vorsitzender eines Prüfungsamts nichts ändern. Das gilt auch für den OLGPräsidenten, der sich einem Senat angeschlossen hat. Wegen der sog Überbesetzung § 16 Rn 7, § 59 Rn 3. Über den zweitinstanzlichen Einzelrichter §§ 526, 527 ZPO.

Beim *Landesarbeitsgericht* entscheiden der Vorsitzende und 2 ehrenamtliche Richter, § 35 II ArbGG.

Neunter Titel. Bundesgerichtshof

Einführung

1 **1) Systematik, Regelungszweck.** Bundesgerichtshof ist der Name des in Art 96 Abs I GG vorgesehenen Obersten Gerichtshofs des Bundes für das Gebiet der ordentlichen Gerichtsbarkeit. Er ist die Revisionsinstanz gegen Urteile, soweit diese revisionsfähig sind, § 133 GVG. Beschwerdegericht ist er nur ausnahmsweise, § 574 ZPO, § 17 a IV GVG, §§ 41 p, 42 m PatG; Rechtsbeschwerde nach § 24 LwVG;

Revision in Binnenschiffahrtssachen, § 9 II G vom 27. 9. 52, BGBl 641; § 7 InsO, §§ 17 ff AVAG. Eine landesgesetzliche Beeinflussung der Zuständigkeit des BGH kann auf Grund von § 3 EGGVG stattfinden, vgl § 15 EGZPO. Eine allgemeine Möglichkeit besteht auf Grund des Art 99 GG. Wegen des Gemeinsamen Senats der obersten Gerichtshöfe Anh § 140.

Die *Hauptaufgabe* des BGH als Rechtsmittelgericht besteht darin, für die Rechtseinheit und die Voraussehbarkeit der Rechtsanwendung zu sorgen und damit Rechtssicherheit nach Einl III 43 zu schaffen und zu erhalten. Seine Entscheidungen binden die Gerichte zwar nicht, abgesehen von Zurückverweisungen, Entscheidungen auf Vorlage usw. Die Rechtssicherheit erfordert es jedoch, der Rspr des BGH zu folgen, wenn nicht gegen sie schwerwiegende rechtliche Bedenken bestehen, LAG Mainz NZA **87**, 535. Die letzteren können zB dann vorliegen, wenn ein BGH-Senat in einer Entscheidung nicht erkennbar macht, daß er eine abweichende Haltung eines anderen BGH-Senats zur Kenntnis genommen und mitabgewogen hat, § 132 Rn 2.

Ständige Rechtsprechung ist freilich eine auch nicht ganz unproblematische Sache. Sie kann leicht zur „herrschenden Meinung" erstarren, dazu Einl 47 ff. Wer von anderen eine geflissentliche Beachtung vieler Regeln fordert, sollte sie auch selbst vorbildlich einhalten. Gar manche notwendige Vorlage an den Großen Senat unterbleibt, gar manches Argument anderer Quellen findet keine erkennbare Erwägung – menschlich, aber nicht immer überzeugend.

Das *Bundesarbeitsgericht* ist Revisionsgericht, §§ 8 III, 72 ArbGG, sowie Rechtsbeschwerdegericht, §§ 8 V, 2
92 ArbGG. Sein Sitz ist Kassel, § 40 I ArbGG.

123 *Sitz.* **Sitz des Bundesgerichtshofes ist Karlsruhe.**

1) Erläuterung, dazu *Pfeiffer* NJW **99**, 2617: Der Sitz des BGH ist durch einfaches Gesetz (Art 1 Z 52 1
VereinhG) bestimmt. Er läßt sich also auf demselben Weg ändern. Zum Sitz des BGH im vereinten Deutschland Wassermann NJW **90**, 2530. Ein Strafsenat ist seit 1997 in Leipzig tätig.

124 *Besetzung des Bundesgerichtshofes.* **Der Bundesgerichtshof wird mit einem Präsidenten sowie mit Vorsitzenden Richtern und weiteren Richtern besetzt.**

1) Erläuterung. Die Vorschrift entspricht der Regelung für das LG und das OLG, §§ 59 I, 115. Wegen 1
der Vertretung des Präsidenten § 21 h. Die entsprechende Regelung für das BAG, das unter der Mitwirkung von ehrenamtlichen Richtern entscheidet, trifft § 41 ArbGG.

125 (nicht abgedruckt)

126–129 (weggefallen)

130 *Senate des Bundesgerichtshofes.* **I 1 Bei dem Bundesgerichtshof werden Zivil- und Strafsenate gebildet und Ermittlungsrichter bestellt. 2 Ihre Zahl bestimmt der Bundesminister der Justiz.**

II Der Bundesminister der Justiz wird ermächtigt, Zivil- und Strafsenate auch außerhalb des Sitzes des Bundesgerichtshofes zu bilden und die Dienstsitze für Ermittlungsrichter des Bundesgerichtshofes zu bestimmen.

1) Erläuterung, dazu *Pfeiffer* NJW **99**, 2617: Der BGH hat derzeit einschließlich des IX a-Senats 1
13 Zivilsenate, 5 Strafsenate, einen davon in Leipzig, den Kartellsenat, das Dienstgericht des Bundes sowie 6 Sondersenate, nämlich für Anwalts-, Notar-, Patentanwalts-, Landwirtschafts-, Wirtschaftsprüfer- und Steuerberatersachen. Das BAG hat derzeit 10 Senate.

131, 131a (weggefallen)

132 *Große Senate. Vereinigte Große Senate.* **I 1 Beim Bundesgerichtshof werden ein Großer Senat für Zivilsachen und ein Großer Senat für Strafsachen gebildet. 2 Die Großen Senate bilden die Vereinigten Großen Senate.**

II Will ein Senat in einer Rechtsfrage von der Entscheidung eines anderen Senats abweichen, so entscheiden der Große Senat für Zivilsachen, wenn ein Zivilsenat von einem anderen Zivilsenat oder von dem Großen Zivilsenat, der Große Senat für Strafsachen, wenn ein Strafsenat von einem anderen Strafsenat oder von dem Großen Senat für Strafsachen, die Vereinigten Großen Senate, wenn ein Zivilsenat von einem Strafsenat oder von dem Großen Senat für Strafsachen oder ein Strafsenat von einem Zivilsenat oder von dem Großen Senat für Zivilsachen oder ein Senat von den Vereinigten Großen Senaten abweichen will.

III 1 Eine Vorlage an den Großen Senat oder die Vereinigten Großen Senate ist nur zulässig, wenn der Senat, von dessen Entscheidung abgewichen werden soll, auf Anfrage des erkennenden Senats erklärt hat, daß er an seiner Rechtsauffassung festhält. 2 Kann der Senat, von dessen Entscheidung abgewichen werden soll, wegen einer Änderung des Geschäftsverteilungsplanes mit

der Rechtsfrage nicht mehr befaßt werden, tritt der Senat an seine Stelle, der nach dem Geschäftsverteilungsplan für den Fall, in dem abweichend entschieden wurde, zuständig wäre. [3] Über die Anfrage und die Antwort entscheidet der jeweilige Senat durch Beschluß in der für Urteile erforderlichen Besetzung; § 97 Abs. 2 Satz 1 des Steuerberatungsgesetzes und § 74 Abs. 2 Satz 1 der Wirtschaftsprüferordnung bleiben unberührt.

IV Der erkennende Senat kann eine Frage von grundsätzlicher Bedeutung dem Großen Senat zur Entscheidung vorlegen, wenn das nach seiner Auffassung zur Fortbildung des Rechts oder zur Sicherung einer einheitlichen Rechtsprechung erforderlich ist.

V [1] Der Große Senat für Zivilsachen besteht aus dem Präsidenten und je einem Mitglied der Zivilsenate, der Große Senat für Strafsachen aus dem Präsidenten und je zwei Mitgliedern der Strafsenate. [2] Legt ein anderer Senat vor oder soll von dessen Entscheidung abgewichen werden, ist auch ein Mitglied dieses Senats im Großen Senat vertreten. [3] Die Vereinigten Großen Senate bestehen aus dem Präsidenten und den Mitgliedern der Großen Senate.

VI [1] Die Mitglieder und die Vertreter werden durch das Präsidium für ein Geschäftsjahr bestellt. [2] Dies gilt auch für das Mitglied eines anderen Senats nach Absatz 5 Satz 2 und für seinen Vertreter. [3] Den Vorsitz in den Großen Senaten und den Vereinigten Großen Senaten führt der Präsident, bei Verhinderung das dienstälteste Mitglied. [4] Bei Stimmengleichheit gibt die Stimme des Vorsitzenden den Ausschlag.

1 **1) Systematik, I–VI.** Bei allen obersten Bundesgerichten bestehen Große Senate, um die Einheitlichkeit der Rspr zu sichern, Einl III 43, und für die Rechtsfortbildung innerhalb des Gerichts zu sorgen. Es gelten für alle Gerichtszweige im wesentlichen übereinstimmende Vorschriften über die Großen Senate (§§ 132 GVG, 45 ArbGG, 42 SGG, 11 VwGO), Kissel NJW **91**, 951.

Die *Regelung für den BGH* trägt der Besonderheit Rechnung, daß beim BGH sowohl Zivilsenate als auch Strafsenate bestehen, § 130. Dementsprechend werden ein Großer Senat für Zivilsachen und ein Großer Senat für Strafsachen gebildet, *I 1,* BGH NJW **05**, 1589. Die beiden Großen Senate bilden die Vereinigten Großen Senate, *I 2,* die die Aufgaben des Großen Senats bei einer Beteiligung sowohl von Zivil- als auch von Strafsenaten wahrnehmen. Die Zuständigkeiten und das Verfahren regeln *II–IV* sowie § 138.

2 **2) Regelungszweck, I–VI.** Der schon in Rn 1 angesprochene Zweck der Sicherung der Einheitlichkeit der Rspr wenigstens des BGH erfordert eine gewissenhafte Einhaltung der Vorschrift. Genau diese Haltung erscheint nicht ganz selten als ziemlich fragwürdig. Man findet durchaus eine solche Entscheidung des Senats A, in der man zumindest im wohl doch durchweg sorgfältig redigierten Teil einer Veröffentlichung in einer der führenden Fachzeitschriften kein Wort der Auseinandersetzung oder wenigstens der Kenntnisnahme einer erkennbar genau entgegengesetzt veröffentlichten Entscheidung eines Senats B lesen kann, Einf 1 vor § 123. Man findet dann meist auch kein veröffentlichtes Wort dazu, warum evtl eine der Situationen Rn 5 für eine Nichtvorlage beim Großen Senat vorgelegen habe. Das alles paßt freilich zu einer allgemein zunehmenden Neigung, sich mit abweichenden Meinungen überhaupt nicht mehr erkennbar auseinanderzusetzen. Andere Gerichte handeln willkürlich, wenn sie dergleichen wagen, so jedenfalls oft genug laut BGH, zB § 281 Rn 39. Es würde den BGH ehren, einen einheitlichen Maßstab an die Rspr auf allen ihren Ebenen auszulegen.

3 **3) Geltungsbereich, I–VI.** Vgl zunächst Rn 2. In der Arbeitsgerichtsbarkeit gilt für den Großen Senat des BAG § 45 ArbGG.

4 **4) Vorlage bei Abweichung, II.** Will ein Senat des BGH in einer Rechtsfrage von der Entscheidung eines anderen abweichen, muß er die Entscheidung des Großen Senats oder der Vereinigten Großen Senate einholen, je nachdem, von welchem Senat er abweichen will, BGH (StR) NJW **08**, 2662. Diese zwingende Vorschrift findet erstaunlich oft keine Beachtung, Rn 2. „Senat" in diesem Sinn sind auch die Großen Senate und die Vereinigten Großen Senate. Für die Vorlagepflicht ist es ohne Bedeutung, ob die andere Entscheidung ein Urteil oder ein Beschluß war.

5 Eine *Abweichung* liegt dann nicht nur bei der Auslegung derselben Gesetzesstelle vor, sondern auch dann, wenn das Gericht den gleichen Rechtssatz in mehreren Vorschriften unterschiedlich auslegt. Die Abweichung muß für die frühere und die beabsichtigte Entscheidung (nicht notwendigerweise für das Ergebnis) entscheidungserheblich sein, BGH NJW **94**, 1735. Keine Abweichung nach II liegt entsprechend seinem Zweck nach Rn 1, 2 dann vor, wenn derselbe Senat seine Ansicht wechseln will oder wenn der andere Senat seine Ansicht aufgegeben hat oder wenn er nicht mehr besteht, BGH NJW **86**, 1766. Dasselbe gilt, wenn er seine Ansicht nur beiläufig geäußert hat, BGH NJW **00**, 1156 (dann evtl Vorlage nach IV), oder wenn ein anderer Senat für das betreffende Sachgebiet zuständig geworden ist und nun abweichen will, auch wenn die Rechtsfrage ihrer Art nach auch einmal bei Sachen eines anderen Senats von Bedeutung sein kann, was sich kaum ausschließen läßt. Wohl aber besteht die Vorlagepflicht dann, wenn ein Senat von der Ansicht eines anderen ohne eine Vorlegung abgewichen ist und nunmehr ein dritter Senat sich der Ansicht des ersten anschließen will, da auch dann zwei Ansichten bestehen bleiben, oder dann, wenn der dritte Senat dem abgewichenen Senat folgen will, BFH BStBl **77** II 247.

Eine Vorlage *entfällt* dann, wenn der Gesetzgeber den Inhalt einer zunächst unterschiedlich ausgelegten Norm durch einen neuen Gesetzgebungsakt klargestellt hat, BGH NZA **00**, 558 (zu § 121 II), wenn ein Senat sich abweichend von der früher ergangenen Entscheidung eines anderen Senats dem GmS nach Anh § 140 anschließen will, ferner dann, wenn der Senat in der Auslegung einer Norm des Gemeinschaftsrecht dem EuGH folgen will.

Das *Unterlassen* einer gebotenen Vorlage kann Art 101 I 2 GG verletzen, § 16 Rn 5, Leisner NJW **89**, 2446, Kothe DÖV **88**, 284, Schneider MDR **00**, 10.

6 **4) Verfahren, III.** Bei einer beabsichtigten Abweichung kommt eine Vorlage nach II und nicht eine Vorlage wegen Grundsätzlichkeit nach IV in Betracht, BGH NJW **95**, 664. Sie ist nur dann zulässig, wenn derjenige Senat, von dessen Entscheidung der jetzt erkennende Senat abweichen will, auf eine Anfrage des

letzteren erklärt hat, daß er an seiner Rechtsauffassung festhält, *III 1.* Handelt es sich um eine Abweichung von der Rspr mehrerer Senate, muß man alle befragen. Kann der andere Senat oder einer von mehreren zu befragenden Senaten mit der Rechtsfrage nicht mehr zu tun bekommen, weil er wegen einer Änderung des Geschäftsverteilungsplanes für das betreffende Sachgebiet nicht mehr zuständig ist, tritt an seine Stelle der jetzt dafür zuständige Senat, *III 2.* Bei Zweifeln über die Zuständigkeit entscheidet das zur Auslegung der Geschäftsverteilung berufene Präsidium, § 21 e Rn 13.

Über die Anfrage und die Antwort darauf entscheidet der jeweilige Senat durch einen *Beschluß* in der für Urteile erforderlichen Besetzung, *III 3 Hs 1.* Sondervorschriften gelten für den Senat für Steuerberater- und Steuerbevollmächtigtensachen, § 97 II 1 StBG, und für den Senat für Wirtschaftsprüfersachen, § 74 II 1 WiPO, *III 3 Hs 2.* Gibt der befragte Senat seine Rechtsauffassung auf, darf der erkennende Senat ohne eine Vorlage über die Rechtsfrage in seinem Sinn entscheiden. Hält der befragte Senat an seiner Ansicht fest, muß der erkennende Senat die Sache dem zuständigen Großen Senat vorlegen. Bis zur Vorlage an den Großen Senat dürfen andere Senate an ihrer Rspr festhalten, BGH RR **94**, 1092, und sind auch nicht verpflichtet, dort anhängige Verfahren zu derselben Rechtsfrage auszusetzen, BGH NJW **94**, 2299.

5) Vorlage wegen grundsätzlicher Bedeutung, IV. Der erkennende Senat kann eine Frage von grund- 7
sätzlicher Bedeutung dem für ihn zuständigen Großen Senat vorlegen, wenn das nach seiner Auffassung zur Fortbildung des Rechts oder zur Sicherung einer einheitlichen Rspr erforderlich ist. Die Vorlage steht im pflichtgemäßen Ermessen des Senats, Kissel/Mayer 38, aM Prütting ZZP **92**, 278. Es muß sich um eine solche Rechtsfrage handeln, die für die Entscheidung der Sache erheblich ist, BGH NJW **94**, 1735. Dazu, wann eine Frage eine grundsätzliche Bedeutung hat, § 543 Rn 4. Eine Vorlage nach IV kommt dann nicht in Betracht, wenn schon eine Vorlage nach II notwendig ist, BGH NJW **00**, 1186 (zustm Schauwienold/Otto MDR **00**, 532).

Ob die Vorlage aus den im Gesetz genannten Gründen erforderlich ist, *entscheidet der erkennende Senat* („nach seiner Auffassung"), ohne daß der Große Senat das nachprüfen darf, Katholnigg 15, Kissel/Mayer 38. Auch eine Überprüfung auf Ermessensfehler scheidet aus, aM BAG NZA **92**, 749. Dasselbe gilt für die Entscheidungserheblichkeit der Frage, Bettermann DVBl **82**, 955, aM BGH NJW **00**, 1185. Dagegen stellt die Fassung „kann ... vorlegen" statt „kann ... herbeiführen" klar, daß der Große Senat selbständig nachprüft, ob es sich um eine Frage von grundsätzlicher Bedeutung handelt. Verneint er diese Frage, lehnt er die Entscheidung ab. Kommt er zu dem Ergebnis, daß eine Abweichung nach II vorliegt, gilt dasselbe, da dann das besondere Verfahren nach II, III notwendig ist, BGH NJW **86**, 1765. Entfällt die Entscheidungserheblichkeit zB durch ein prozessuales Ereignis wie zB ein Anerkenntnis nach § 307, endet seine Zuständigkeit, BAG NJW **88**, 990.

Die Vorlage nach III mit der Bindungswirkung für den erkennenden Senat nach § 138 I 3 verstößt nicht 8
gegen die *Unabhängigkeit* des Richters, Art 97 GG. Wegen der Bindungswirkung, die dem erkennenden Senat den unmittelbaren Weg zum BVerfG verschließen würde, ist keine Vorlage an den Großen Senat über Fragen der Vereinbarkeit einer Vorschrift mit dem GG zulässig, BVerfG NJW **57**, 625.

6) Besetzung der Großen Senate und der Vereinigten Großen Senate, V, VI. Die Regelung stellt 9
sicher, daß alle Senate in den Großen Senaten vertreten sind, Kissel NJW **91**, 951. Kraft Amts gehört ihnen der Präsident des BGH an. Ihn vertritt das dienstälteste Mitglied, *VI 3.* Für jedes sonstige Mitglied wird ein Vertreter bestellt, *VI 2.* Die Mitglieder und ihre Vertreter werden entsprechend Art 101 I 2 GG vom Präsidium des BGH für jeweils ein Geschäftsjahr bestellt, *VI 1.* Ergänzend gilt § 21 e III, VIII entsprechend.

7) Verfahren, VI. Den Vorsitz in jedem der Großen Senate führt der Präsident des BGH, bei seiner 10
Verhinderung das dienstälteste Mitglied des jeweiligen Großen Senats, *VI 3.* Bei einer Stimmengleichheit gibt die Stimme des Vorsitzenden den Ausschlag, *VI 4.* § 138 regelt Verfahren im übrigen.

133 *Fassung 1. 9. 2009:* ***Zuständigkeit in Zivilsachen.*** **In Zivilsachen ist der Bundesgerichtshof zuständig für die Verhandlung und Entscheidung über die Rechtsmittel der Revision, der Sprungrevision, der Rechtsbeschwerde und der Sprungrechtsbeschwerde.**

Vorbem. Fassg Art 22 Z 15 FGG-RG, in Kraft seit 1. 9. 09, Art 112 I Hs 1 FGG-RG, ÜbergangsR Art 111 FGG-RG, Einf 4 vor § 1 FamFG.

Bisherige Fassung: **In bürgerlichen Rechtsstreitigkeiten ist der Bundesgerichtshof zuständig für die Verhandlung und Entscheidung über die Rechtsmittel der Revision, der Sprungrevision und der Rechtsbeschwerde.**

1) Systematik, Regelungszweck. Die Vorschrift benennt die regelmäßigen Zuständigkeiten des BGH 1
in Zivilsachen nach § 13 Hs 1: Verhandlung und Entscheidung über die Rechtsmittel der Revision, §§ 542–565 ZPO, der Sprungrevision, § 566 ZPO, der Rechtsbeschwerde, §§ 574–577 ZPO und der Sprungrechtsbeschwerde, § 75 FamFG. Gericht der Rechtsbeschwerde oder der Sprungrechtsbeschwerde ist der BGH. Die Vorschrift dient damit der Rechtssicherheit nach Einl III 43 in der Form des gesetzlichen Richters nach Art 101 I 2 GG. Das erfordert eine strikte Handhabung.

2) Weitere Zuständigkeiten. Es sind im wesentlichen folgende weitere Zuständigkeiten vorhanden: 2
Entscheidung nach § 17 a IV; Entscheidung bei einer Verweigerung der Rechtshilfe nach § 159; Bestimmung des zuständigen Gerichts nach § 36 III ZPO; Entscheidung über die Ablehnung eines Richters des OLG, wenn dieses beschlußunfähig ist, § 45 I ZPO; in Patentsachen Entscheidung über Berufungen gegen Entscheidung des Patentgerichts in Patentnichtigkeitssachen, § 42 PatG, desgleichen im Rechtsbeschwerdeverfahren gegen Beschlüsse der Beschwerdesenate des Patentgerichts, § 41 p PatG, und im Beschwerdeverfahren gegen die Urteile des Patentgerichts über den Erlaß einstweiliger Verfügungen im Zwangslizenzerteilungsverfahren, § 42 m PatG; Rechtsbeschwerde nach § 24 LwVG; Revision in Binnenschiffahrtssachen, § 9 II G vom 27. 9. 52, BGBl 641; Baulandsachen, § 230 BauGB, Kartellsachen, § 95 GWB; Entschädigungssachen, § 208 BEG; Anwaltssachen (Anwaltssenat) nach BRAO, Rechtsbeschwerdeinstanz nach § 18 AVAG, SchlAnh V E.

Wegen der Möglichkeit der Übertragung von Zuständigkeiten durch die *Landesgesetzgebung* § 3 EGGVG. 3

134, 134a (weggefallen)

135 (betrifft Strafsachen)

136, 137 (aufgehoben)

138 *Verfahren vor den Großen Senaten.* **I 1 Die Großen Senate und die Vereinigten Großen Senate entscheiden nur über die Rechtsfrage. 2 Sie können ohne mündliche Verhandlung entscheiden. 3 Die Entscheidung ist in der vorliegenden Sache für den erkennenden Senat bindend.**

II 1 Vor der Entscheidung des Großen Senats für Strafsachen oder der Vereinigten Großen Senate und in Rechtsstreitigkeiten, welche die Anfechtung einer Todeserklärung zum Gegenstand haben, ist der Generalbundesanwalt zu hören. 2 Der Generalbundesanwalt kann auch in der Sitzung seine Auffassung darlegen.

III Erfordert die Entscheidung der Sache eine erneute mündliche Verhandlung vor dem erkennenden Senat, so sind die Beteiligten unter Mitteilung der ergangenen Entscheidung der Rechtsfrage zu der Verhandlung zu laden.

1 **1) Systematik, Regelungszweck, I–III.** Die Vorschrift begrenzt den Aufgabenbereich und klärt wesentliche Verfahrens- und Formfragen. Man darf I 1 nicht zu weit auslegen. Man muß aber andererseits bedenken, daß eine zu enge Handhabung ebenfalls dem Zweck der höchstmöglichen Rechtssicherheit widersprechen würde.

2 **2) Geltungsbereich, I–III.** Die Vorschrift gilt vor dem BGH. Für das Verfahren des Großen Senats beim BAG gilt § 45 ArbGG.

3 **3) Verfahren, I–III.** Vgl zunächst § 132. Die Entscheidung ergeht nur über die Rechtsfrage, *I 1,* BGH NJW **86**, 1764, BAG NJW **88**, 990. Zu prüfen ist, ob der vorlegende Senat der gesetzliche Richter nach Art 101 I 2 GG ist. Hierüber und auch sonst über die Zulässigkeit der Vorlage kann das Gericht gesondert vorab entscheiden, BAG MDR **84**, 522. Ein Großer Senat darf die Sache beim Eintritt neuer Rechtstatsachen wie zB bei einer Entscheidung des BVerfG mit einer Bindungswirkung nach Art 31 I BVerfGG nicht zurückgeben, damit die Parteien dazu Stellung nehmen können. Er muß den Parteien vielmehr selbst rechtliches Gehör durch eine schriftliche Anhörung geben. Die in I genannten Senate können ohne eine mündliche Verhandlung entscheiden, *I 2.* Die mündliche Verhandlung soll aber die Regel sein. Die Senate entscheiden durch einen mit Gründen versehenen Beschluß.

Die Entscheidung bindet den erkennenden Senat, *I 3.* Dasselbe gilt bei einer Zurückverweisung für dasjenige Gericht, an das die Verweisung erfolgt, §§ 565 II, 566 a IV ZPO. Diese Bindung verstößt nicht gegen Art 97 GG. Im übrigen bindet die Entscheidung den erkennenden Senat und die anderen Senate nur in der Weise, daß sie bei einer beabsichtigten Abweichung nach § 132 II verfahren müssen. Gegen die Entscheidung eines Großen Senats findet keine Verfassungsbeschwerde statt, BVerfG **31**, 55. Ihr unterliegt aber evtl die Entscheidung in der Sache, in der der Beschluß ergangen ist.

Die Beteiligung des *Generalbundesanwalts* ist in *II* abschließend geregelt. *III* regelt das weitere Verfahren des erkennenden Senats. Vgl § 9 GO BGH, § 140.

139 *Besetzung der Senate.* **I Die Senate des Bundesgerichtshofes entscheiden in der Besetzung von fünf Mitgliedern einschließlich des Vorsitzenden.**

II (betrifft Strafsachen)

1 **1) Geltungsbereich.** Die Vorschrift gilt auch für Beschlußsachen. Das BAG entscheidet durch 5 Mitglieder, von denen 2 ehrenamtliche Richter sind, § 41 II ArbGG.

140 *Geschäftsordnung.* **Der Geschäftsgang wird durch eine Geschäftsordnung geregelt, die das Plenum beschließt; sie bedarf der Bestätigung durch den Bundesrat.**

1 **1) Geschäftsordnung.** Zuständig für die Regelung der Geschäftsordnung ist das Plenum. Es hat die Geschäftsordnung v 3. 3. 52, BAnz Nr 83, zuletzt geändert durch Bek v 21. 6. 71, BAnz Nr 114, erlassen. Die Geschäftsordnung des BAG beschließt dessen Präsidium. Sie braucht eine Bestätigung durch den Bundesrat, § 44 II ArbGG (vgl Geschäftsordnung idF v 8. 4. 1960, BAnz Nr 76, mit Änderungen, abgedruckt zB bei Grunsky ArbGG Anh 5).

Anhang nach § 140. RsprEinhG

Übersicht

Schrifttum: *Miebach,* Der Gemeinsame Senat der obersten Gerichtshöfe des Bundes, 1971; *Späth* BB **77**, 153.

1) Gemeinsamer Senat. Wegen der Einheitlichkeit der Rechtsprechung der fünf Obersten Gerichtshöfe schreibt Art 95 III GG anstelle des ursprünglich vorgesehenen Obersten Bundesgerichts die Bildung eines Gemeinsamen Senats vor. Das Gesetz zur Wahrung der Einheitlichkeit der Rechtsprechung v 19. 4. 68, BGBl 661, Abdruck bei Schönfelder Ergänzungsband Nr 95 b, regelt die Einzelheiten. Dieser Gemeinsame Senat besteht in Karlsruhe, § 1. Er entscheidet, wenn ein Oberster Gerichtshof in einer für seine Entscheidung erheblichen Rechtsfrage von der Entscheidung eines anderen Obersten Gerichtshofs oder des GmS abweichen will, § 2 I. Das gilt auch dann, wenn diese Entscheidung vor dem Inkrafttreten des Gesetzes erlassen ist, jedoch nicht, wenn inzwischen abweichende Entscheidungen des eigenen oder eines anderen obersten Gerichtshofs ergangen sind, BVerwG NJW **83**, 2154. Er entscheidet, wenn ihm die Frage mit einem begründetem Beschluß vorliegt, § 11. Eine Entscheidung nach § 2 I ist nicht der Vorlagebeschluß eines anderen obersten Gerichtshofs, BVerwG NJW **76**, 1420. 1

Die Rechtsfrage muß sowohl für den erkennenden Senat in der anhängigen Sache als auch für den abweichenden Senat in der entschiedenen Sache *entscheidungserheblich* sein, BGH NJW **02**, 1208, BAG NZA **06**, 687. Die Zuständigkeit des GmS liegt auch dann vor, wenn die abweichende Rechtsauffassung eine in mehreren Gesetzen in gleicher Weise auftauchende Rechtsfrage betrifft, wenn die abweichende Entscheidung aber zu einem anderen Gesetz ergangen ist, BGH ZIP **93**, 1342, BFH NJW **08**, 844. Eine Abweichung liegt dann nicht vor, wenn die unterschiedlichen Rechtsauffassungen trotzdem zu demselben Ergebnis führen, BGH NJW **99**, 2600. Will ein Senat eines Obersten Gerichtshofs von der Rspr eines anderen Senats seines Gerichtshofs und gleichzeitig von einer Entscheidung eines anderen Obersten Gerichtshofs abweichen, muß er zunächst den Großen Senat seines Gerichtshofs und notfalls dessen Vereinigten Großen Senat anrufen, § 132 GVG. Daher wird der GmS erst dann zuständig, wenn sich auch dann noch eine Abweichung von der Rspr eines anderen Obersten Gerichts ergibt, § 2 II. Dazu hat dann der Große Senat eine Vorlegungspflicht und ein beteiligter Senat dann, wenn der Senat eines Obersten Gerichtshofs, von dessen Entscheidung abgewichen werden soll, sich durch einen Beschluß innerhalb eines Monats der Ansicht des vorlegenden Senats anschließt, § 14. Eine Anrufung des GmS entfällt, wenn das Oberste Bundesgericht nicht in der Sache selbst entscheidet.

Die *Zusammensetzung* nach § 3 stellt sicher, daß alle Obersten Gerichtshöfe angemessen vertreten sind, *Z 1,* und daß durch die Teilnahme von Richtern der beteiligten Senate auch die erforderliche besondere Sachkunde für die jeweils zu entscheidende Sache vorhanden ist, *Z 2, 3.* Zu § 4 („beteiligte Senate") BGH ZIP **93**, 1342.

Es handelt sich bei der Herbeiführung einer Entscheidung des GmS *nicht um eine weitere Instanz* für die am Verfahren Beteiligten. Da der GmS nicht den Interessen der Beteiligten dient, sondern der Einheitlichkeit der Rspr, haben jene keine Möglichkeit, ihrerseits den GmS anzurufen, § 132 GVG. Sie bleiben aber am Verfahren des GmS beteiligt, §§ 11 I, 12 III, 13 I. Daher haben sie bei der grundsätzlich stattfindenden mündlichen Verhandlung, vgl auch § 5 S 2, die Gelegenheit, ihre Ansicht zu der Rechtsfrage vorzutragen, § 15 I 1. Sind beide Parteien einverstanden, kann der GmS aber auch ohne eine solche Verhandlung entscheiden. Vorher muß er dann den Beteiligten die Möglichkeit einer schriftlichen Äußerung zur Rechtsfrage geben, § 15 I 2, 3. Außergerichtliche Kosten werden nicht erstattet, § 17 II. 2

Verfahrensmäßig gelten bis auf die Besonderheit der §§ 11 ff die für den vorlegenden Senat maßgebenden Vorschriften, § 10. Der GmS entscheidet nicht in derjenigen Sache, aus der sich die Rechtsfrage ergeben hat, sondern nur über diese Rechtsfrage, § 15 I 1. Er entscheidet mit einer Bindung für das erkennende Gericht in der vorliegenden Sache, § 16, das für die Entscheidung in der Sache selbst zuständig bleibt. Gesetzeskraft hat ein solcher Beschluß also nicht. Tatsächlich hat die Entscheidung des GmS aber deshalb weitergehende Wirkungen, weil jeder Senat eines Obersten Gerichtshofs, der abweichen will, vorlegen muß, § 2 I. Außerdem ergibt sich bei einer Abweichung von einer Entscheidung des GmS ein Zulassungszwang für das OLG, § 546 I 2 Z 2 ZPO, und ebenso für das LAG, § 72 II Z 2 ArbGG. Soweit dieser Zulassungsgrund in anderen Verfahrensordnungen fehlt, zB in § 132 II VwGO, gilt dasselbe. 3

9 a. Titel. Zuständigkeit für Wiederaufnahmeverfahren in Strafsachen

140a (nicht abgedruckt)

Zehnter Titel. Staatsanwaltschaft

141-152 (nicht abgedruckt)

Elfter Titel. Geschäftsstelle

Übersicht

1) Systematik, Regelungszweck. Die Geschäftsstelle, modisch auch Service-Einheit, ist das Sekretariat des Richters oder Rpfl. Von ihrer Qualität hängt der reibungslose Ablauf des gesamten Prozesses sehr wesentlich mit ab. Eigenverantwortung ist dort Gold wert. Eigenmächtigkeit kann verheerend wirken. Die Rechtsstaatlichkeit nach Art 20 GG gebietet eine strenge Handhabung, die Prozeßwirtschaftlichkeit nach Grdz 14 vor § 128 ZPO verlangt eine großzügigste Auslegung aller den Urkundsbeamten betreffenden Vorschriften. Das GVG beschränkt sich auf die Anordnung des § 153, daß jedes Gericht eine Geschäftsstelle haben muß. Die ZPO regelt nur die prozessuale Tätigkeit der Geschäftsstelle. Ausbildung, Befähigung zum Amt, Titel, Besoldung und die Übertragung anderer Geschäfte, etwa der Kassenführung, sind anderweit und nicht durchweg einheitlich geregelt. Immerhin ist nicht der Richter für die Geschäftsstelle da, sondern sie für ihn und den Bürger. Diese Erkenntnis geht nicht ganz selten nicht nur bei dienstlichen Beurteilungen 1 ziemlich verloren, zum Schaden der nach Art 97 GG hier beim Richter geschützten Unabhängigkeit mit ihren Auswirkungen auch im internen Alltagsbetrieb überlasteter Richter.

2 **2) Schriftgut.** Für seine Verwaltung gilt einheitlich die als VerwAnO erlassene AktenO, die einen Allgemeinen Teil (§§ 1–10) und besondere Teile für AGe (ZivS §§ 12–17), LGe und OLGe (ZivS §§ 38–40) enthält, mit Zusatzbestimmungen der einzelnen Länder. Danach sind Akten dann wegzulegen oder an das Erstgericht zurückzusenden, wenn die Angelegenheit 6 Monate lang nicht betrieben worden ist, §§ 7 Z 3 S 2, 39 Z 4 S 2. Diese Maßnahme hat auf die Anhängigkeit der Sache keinen Einfluß.

3 **3) Urkundsbeamter.** Er ist ein Beamter der Justizverwaltung. Seine prozessuale Tätigkeit ist sehr verschiedenartig. Der als Urkundsbeamter der Geschäftsstelle eingesetzte Beamte handelt als Urkundsperson, „mit öffentlichem Glauben versehene Person", § 415 ZPO. Das gilt, wenn er Anträge und Erklärungen zu Protokoll nimmt, theoretisch auch sogar erstinstanzlich nach § 159 I 2 ZPO, das Sitzungsprotokoll führt, Ausfertigungen, Ablichtungen und Abschriften erteilt, den Tag der Urteilsverkündung vermerkt. Er handelt als Bürobeamter, soweit er die Akten führt, Register- und Listenführung besorgt, Zustellungen und Ladungen vornimmt oder anordnet. Er amtiert als Vermittler des Parteiauftrags oder richtiger des Parteiantrags an den Gerichtsvollzieher, §§ 166 II, 753 ZPO, und entsprechender Aufträge von Gerichten und Behörden, § 161. Er handelt als Rechtspflegeorgan bei der Erteilung und Versagung der Vollstreckungsklausel, § 724 II ZPO. Er amtiert schließlich evtl auch als Dolmetscher, § 190.

4 **4) Abgrenzung zum Rechtspfleger.** Der Urkundsbeamte als solcher ist nicht Rpfl. Beider Zuständigkeiten grenzt das RPflG gegeneinander ab. Dabei hat der Urkundsbeamte seine bisherige in der ZPO verankerte Zuständigkeit im allgemeinen behalten. Wegen Ausnahmen § 26 RPflG. Über Anträge auf eine Änderung der Entscheidung eines Urkundsbeamten entscheidet der Richter, § 4 II Z 3 RPflG, vgl auch § 577 IV ZPO. Die Rechtsbehelfe gegen Entscheidungen des Rpfl regelt §§ 11, 21 II RPflG (befristete oder unbefristete Erinnerung, auf die die Beschwerdevorschriften sinngemäß anwendbar sind, und Beschwerde gegen Gerichtsentscheidungen). Zum Verfahren zB § 104 ZPO Rn 41 ff (ausf). Die Trennung der Aufgaben des Rpfl von denjenigen des Urkundsbeamten schließt aber nicht aus, daß dem als Rpfl tätigen Beamten auch die Dienstgeschäfte eines Urkundsbeamten übertragen werden. Dann hat er insofern nur die Stellung eines Urkundsbeamten der Geschäftsstelle, § 27 RPflG. Er untersteht also für die Ausführung dieser Geschäfte der Justizverwaltung und handelt nicht als Rpfl, BGH NJW **81**, 2345, BayObLG Rpfleger **81**, 433, Meyer-Stolte Rpfleger **81**, 394.

5 **5) Verstoß.** Amtspflichtverletzungen des Urkundsbeamten geben einen Ersatzanspruch gegen das Land, in dessen Diensten der Beamte steht, Art 34 GG, Einl III 28. Er muß bei der Aufnahme einer Klage oder eines Antrags die Partei unverzüglich, vollständig und sachgemäß beraten.

153 *Einrichtung der Geschäftsstelle.* **[I] Bei jedem Gericht und jeder Staatsanwaltschaft wird eine Geschäftsstelle eingerichtet, die mit der erforderlichen Zahl von Urkundsbeamten besetzt wird.**

[II 1] Mit den Aufgaben eines Urkundsbeamten der Geschäftsstelle kann betraut werden, wer einen Vorbereitungsdienst von zwei Jahren abgeleistet und die Prüfung für den mittleren Justizdienst oder für den mittleren Dienst bei der Arbeitsgerichtsbarkeit bestanden hat. [2] Sechs Monate des Vorbereitungsdienstes sollen auf einen Fachlehrgang entfallen.

[III] Mit den Aufgaben eines Urkundsbeamten der Geschäftsstelle kann auch betraut werden,

1. **wer die Rechtspflegerprüfung oder die Prüfung für den gehobenen Dienst bei der Arbeitsgerichtsbarkeit bestanden hat,**
2. **wer nach den Vorschriften über den Laufbahnwechsel die Befähigung für die Laufbahn des mittleren Justizdienstes erhalten hat,**
3. **wer als anderer Bewerber nach den landesrechtlichen Vorschriften in die Laufbahn des mittleren Justizdienstes übernommen worden ist.**

[IV 1] Die näheren Vorschriften zur Ausführung der Absätze 1 bis 3 erlassen der Bund und die Länder für ihren Bereich. [2] Sie können auch bestimmen, ob und inwieweit Zeiten einer dem Ausbildungsziel förderlichen sonstigen Ausbildung oder Tätigkeit auf den Vorbereitungsdienst angerechnet werden können.

[V 1] Der Bund und die Länder können ferner bestimmen, daß mit Aufgaben eines Urkundsbeamten der Geschäftsstelle auch betraut werden kann, wer auf dem Sachgebiet, das ihm übertragen werden soll, einen Wissens- und Leistungsstand aufweist, der dem durch die Ausbildung nach Absatz 2 vermittelten Stand gleichwertig ist. [2] In den Ländern Brandenburg, Mecklenburg-Vorpommern, Sachsen, Sachsen-Anhalt und Thüringen dürfen solche Personen weiterhin mit den Aufgaben eines Urkundsbeamten der Geschäftsstelle betraut werden, die bis zum 25. April 2006 gemäß Anlage I Kapitel III Sachgebiet A Abschnitt III Nr. 1 Buchstabe q Abs. 1 zum Einigungsvertrag vom 31. August 1990 (BGBl. 1990 II S. 889, 922) mit diesen Aufgaben betraut worden sind.

Vorbem. V 2 angefügt dch Art 17 Z 7 G v 19. 4. 06, BGBl 866, in Kraft seit 25. 4. 06, Art 210 I G. III Z 3 geändert dch § 70 III BeamtStG v 17. 6. 08, BGBl 1010, in Kraft seit 1. 4. 09, § 63 II BeamtStG. ÜbergangsR jeweils Einl III 78.

Schrifttum: *Buhrow* NJW **81**, 907; *Niederée* DRPflZ **80**, 2.

1 **1) Systematik, Regelungszweck, I–V.** Vgl Üb 1 vor § 153.

2 **2) Geltungsbereich, I–V.** Die Vorschrift gilt in der ordentlichen Gerichtsbarkeit. In der Arbeitsgerichtsbarkeit gilt § 7 ArbGG. Jedoch ist § 153 II–V auch hier anwendbar. § 153 ist im Bereich der Finanz-, Sozial- und Verwaltungsgerichte unanwendbar, Art 3 II G v 19. 12. 79.

3) Geschäftsstelle, I–V. Bei jedem Gericht muß eine Geschäftsstelle bestehen. Das Nähere regelt im Verwaltungsweg zB die AnO über die Einrichtung der Geschäftsstelle beim BGH v 10. 12. 80, BAnz Nr 239 S 2, soweit nicht Rechtsvorschriften darüber bestehen, zB in Bay die VO v 6. 5. 82, GVBl 271. Die Geschäftsstelle amtiert einheitlich, mag sie auch aus mehreren räumlich getrennten Abteilungen bestehen, zB bei Außensenaten nach § 116 II, Karlsr NJW **84**, 744. Sie wird mit der erforderlichen Zahl von Urkundsbeamten besetzt. Ihr gehören außerdem Schreibkräfte usw an. Die Geschäftsstelle darf auch für andere staatliche Aufgaben tätig werden. Bei einer derartigen Doppelstellung etwa als Urkundsbeamter des AG und des ArbG muß der Urkundsbeamte nach außen klar zum Ausdruck bringen, in welcher Eigenschaft er handelt. „Bei" dem Gericht erfordert nicht eine enge räumliche Verbindung (Ministerialbeamter gleichzeitig Urkundsbeamter der Geschäftsstelle). 3

4) Urkundsbeamter, I–V. Er ist ein Organ der Rechtspflege. Seine Aufgaben nennt Üb 3 vor § 153. *II, III* regeln in Verbindung mit den Ausführungsvorschriften nach *IV*, wer Urkundsbeamter sein darf. Auch ein solcher Gerichtsvollzieher, der die Voraussetzungen des II erfüllt und angewiesen worden ist, wieder im mittleren Justizdienst tätig zu sein, darf ein Urkundsbeamter sein, Hamm VRS **83**, 445. Angestellte dürfen als Urkundsbeamte tätig werden, auch solche, die nicht deutsche Staatsangehörige sind. 4

Bestimmte Aufgaben in dem eigentlichen Bereich des Urkundsbeamten sind dem *Rechtspfleger* übertragen, § 20 Z 12 RPflG (vollstreckbare Ausfertigung), § 21 I Z 1, 2 RPflG (Festsetzungsverfahren), § 24 RPflG (Aufnahme von Erklärungen). Im übrigen bleibt die Zuständigkeit des Urkundsbeamten nach Maßgabe der gesetzlichen Vorschriften unberührt, § 26 RPflG. Beim Streit oder einer Ungewißheit über die Zuständigkeit entscheidet entsprechend § 7 RPflG der Rpfl.

Die Betrauung anderer Pesonen, zB eines *Referendars,* mit den Aufgaben des Urkundsbeamten nach *V* richtet sich nach dem Bundes- oder Landesrecht. Dieses bestimmt, ob eine Betrauung zulässig ist und wer sie aussprechen darf, BGH MDR **85**, 862, Kblz Rpfleger **85**, 77. Die Betrauung setzt eine Überprüfung des Wissens- und Leistungsstands voraus. Die sie aussprechende Verfügung muß vor dem Beginn der Tätigkeit als Urkundsbeamter erfolgen, Hbg MDR **84**, 337.

5) Rechtsbehelf, I–V. Gegen diejenigen Entscheidungen des Urkundsbeamten, die im wesentlichen nur in seinem Bereich als Organ der Rechtspflege vorkommen, ist die Erinnerung an das Gericht statthaft, dem er angehört, § 573. 5

Anhang nach § 153. Rechtspfleger

Schrifttum: *Arnold/Meyer-Stolte/Hermann/Hansens/Rellermeyer,* RPflG (Kommentar), 6. Aufl 2002; *Bassenge/Herbst,* FGG/RPflG (Kommentar), 9. Aufl 2002; *Habscheid,* Die Rechtspfleger in der Gerichtsorganisation – eine Wiederbesinnung, in: Festschrift für *Lindacher* (2007); *Kunz,* Erinnerung und Beschwerde, ein Beitrag zum Rechtsschutz in der zivilprozessualen Zwangsvollstreckung, 1980; *Ule,* Der Rechtspfleger und sein Richter, 1983; *Wolf* ZZP **99**, 361 (Üb).

1) Systematik, Regelungszweck. Die gesetzliche Grundlage für die Stellung des Rpfl und seiner Aufgaben ist das RPflG, Einl II 1, Schönfelder Nr 96. Es überträgt dem Rpfl eine Reihe von Geschäften, § 3 RPflG, zum Teil in vollem Umfang, § 3 I RPflG, zum Teil unter einem Vorbehalt von Ausnahmen, § 3 II RPflG, oder es überträgt nur einzelne Geschäfte, § 3 II, III RPflG. Ganz allgemein erhält der Rpfl für einige Geschäfte bei der Abwicklung der übertragenen Geschäfte wie zB bei einem Eid oder bei einer Freiheitsentziehung keine Befugnis, § 4 II RPflG. 1

2) Geltungsbereich. Das RPflG gilt ferner entsprechend für die Arbeitsgerichte in allen Rechtszügen, § 9 III ArbGG. Für die Finanz-, Sozial- und Verwaltungsgerichte ist es dagegen unanwendbar. Es gilt hier auch nicht insoweit, als bei ihnen die Festsetzung von Kosten nach § 21 I Z 1 RPflG, nach §§ 103 ff ZPO oder die Festsetzung von Anwaltsgebühren nach § 11 RVG, § 21 I Z 2 RPflG, erfolgen muß, OVG Hbg FamRZ **90**, 81, Hansens NJW **89**, 1133. Etwas anderes gilt beim BVerfG, vgl NJW **77**, 145. 2

3) Stellung des Rechtspflegers. Er ist ein besonderes Organ der Rechtspflege. Seine Stellung verankert das RPflG gerichtsverfassungsrechtlich, § 1 RPflG. Der Rpfl ist kein Richter, sondern ein Beamter mit richterlichen Aufgaben, Bernhard DRiZ **81**, 361. Die Geschäfte eines Rpfl kann nur ein Justizbeamter nach einem Vorbereitungsdienst von mindestens drei Jahren und nach einer Prüfung für den gehobenen Justizdienst vornehmen (entsprechend bei den ArbGen, § 9 III 2 ArbGG). Auch wer die Zweite Juristische Staatsprüfung bestanden hat, kann Rpfl werden, mit der zeitweiligen Wahrnehmung der Geschäfte auch ein Referendar nach einem Vorbereitungsdienst von mindestens 6 Monaten, § 2 RPflG. Die weitere Regelung, insbesondere der Erlaß von Ausbildungsordnungen, ist Ländersache. Wegen der Übertragung von Rechtspflegeraufgaben auf den Urkundsbeamten der Geschäftsstelle § 36 b RPflG. 3

Die Stellung des Rpfl ist *richterähnlich,* Tams Rpfleger **07**, 588. Er entscheidet unabhängig und ist nur dem Gesetz unterworfen, § 9 RPflG, Tams Rpfleger **07**, 588. Daß ein Rpfl entschieden hat, muß kenntlich sein, § 12 RPflG. Für seine Ausschließung und Ablehnung gelten dieselben Vorschriften wie für den Richter. Über ihre Berechtigung entscheidet der Richter. Trotz seiner sachlichen Unabhängigkeit bindet eine Arbeitszeitregelung den Rpfl, OVG Lüneb NdsRpfl **97**, 90.

4) Befugnisse des Rechtspflegers. Soweit das Gesetz Geschäfte dem Rpfl übertragen hat, trifft er alle zur Erledigung des Geschäftes erforderlichen Maßnahmen. Er entscheidet zB auch über das gleichzeitig mit dem Gesuch auf den Erlaß eines Mahnbescheids eingereichte Gesuch um eine Prozeßkostenhilfe, § 4 I RPflG. Er kann Zeugen vernehmen und auch Ordnungsmittel in Geld anwenden. Jedoch ist er nicht befugt zur Anordnung oder Abnahme eines Eids, zur Androhung oder Verhängung einer Freiheitsentziehung sowie zum Erlaß eines Haftbefehls mit den sich aus § 4 II Z 2 a–c RPflG ergebenden Ausnahmen. In diesen Fällen muß er die Sache dem Richter zur Entscheidung vorlegen, § 4 III RPflG. Eine Vorlagepflicht besteht ferner dann, wenn die Entscheidung eines Verfassungsgerichts notwendig wird. Dasselbe gilt für die Entscheidung des EuGH, Anh § 1 GVG. Eine Vorlagepflicht besteht ferner dann, wenn ein enger Zusammenhang mit einem vom Richter bearbeiteten Geschäft besteht, § 5 I RPflG. Wenn die Anwendung eines ausländischen 4

Rechts in Betracht kommt, kann der Rpfl die Sache dem Richter vorlegen, § 5 II RPflG. Wegen der Bearbeitung oder der Rückgabe der Sache an den Rpfl mit einer Bindungswirkung § 5 III RPflG.

5 **5) Verstoß.** Überschreitet der Rpfl seine Befugnisse, ordnet er zB eine Ordnungshaft an, ist diese Anordnung unwirksam. Das ist hingegen nicht so, wenn er eine Sache gegen die ihm bekannte Stellungnahme des Richters entscheidet, falls die Bearbeitung der Sache in seinen Aufgabenkreis fällt und er lediglich seine Vorlagepflicht („hat") nicht erfüllt hat, § 8 III RPflG. Nimmt der Richter dem Rpfl übertragene Geschäfte wahr, berührt das die Wirksamkeit des Geschäfts nicht, § 8 I RPflG.

6 **6) Rechtsbehelfe.** Nach Art 19 IV GG muß ein Betroffener die Möglichkeit haben, eine Entscheidung des Rpfl der Prüfung durch den Richter zu unterziehen, BVerfG RR **01**, 1077. Gegen eine Entscheidung des Rpfl ist grundsätzlich dasjenige Rechtsmittel statthaft, das nach den allgemeinen verfahrensrechtlichen Vorschriften zulässig ist, § 11 I RPflG, § 104 ZPO Rn 41 ff (ausf), also die Erinnerung oder eine Beschwerde. Für diese gelten die allgemeinen Bestimmungen, §§ 567–573 ZPO, soweit keine abweichende Sonderregelung vorliegt, § 104 ZPO Rn 57 ff. Ist ein solches Rechtsmittel nicht möglich, zB beim Nichterreichen der Beschwerdesumme oder beim Ausschluß eines Rechtsmittels, findet gegen die Entscheidung des Rpfl die fristgebundene Erinnerung statt, § 11 II RPflG, BVerfG RR **01**, 1077, sofern nicht auch sie unstatthaft ist, § 11 III RPflG. Das Erinnerungsverfahren regelt 573 ZPO. Es ist gerichtsgebührenfrei, § 11 IV RPflG. In Patentsachen gilt die Sonderbestimmung § 23 II RPflG.

7 **7) Abgrenzung zum Urkundsbeamten.** Üb 4 vor § 153.

Zwölfter Titel. Zustellungs- und Vollstreckungsbeamte

Übersicht

1 **1) Systematik, Regelungszweck.** Vgl zunächst § 753 ZPO Rn 1, 2. Die Prozeßgesetze begnügen sich damit, eine Reihe von Amtspflichten des Gerichtsvollziehers zu umgrenzen. Die Regelung seiner Dienst- und Geschäftsverhältnisse ist eine Aufgabe der Landesjustizverwaltung, § 154. Die Dienstverhältnisse der Gerichtsvollzieher, ihre Zuständigkeit und Dienstführung regelt die von den Ländern übereinstimmend erlassene Gerichtsvollzieherordnung (GVO). Zu ihr haben die Länder Ergänzungsbestimmungen erlassen. Die Gerichtsvollzieher sind meist selbständige Beamte mit eigenem Bezirk. Sie haben außer ihren festen Bezügen Anteile an den vereinnahmten Gebühren und einen Anspruch auf einen Auslagenersatz. Die Aufträge können dem Gerichtsvollzieher unmittelbar übermittelt oder durch die Verteilungsstelle zugeteilt werden.

Der Gerichtsvollzieher ist ein selbständiges *Organ der Rechtspflege,* § 753 ZPO Rn 1 ff, VG Bln DGVZ **90**, 6. Er ist aber nicht abhängig, BVerwG NJW **83**, 896. Er kann keine Rechtsbeugung begehen, Düss NJW **97**, 2125. Der Gerichtsvollzieher muß sich allen Beteiligten gegenüber neutral verhalten, Pawlowski ZZP **90**, 358.

2 **2) Stellung des Gerichtsvollziehers.** Vgl § 753 ZPO Rn 3–9 (ausf).

3 **3) Haftung des Gerichtsvollziehers.** Vgl § 753 ZPO Rn 10 (ausf).

4 **4) Zuständigkeit des Gerichtsvollziehers.** Vgl § 753 ZPO Rn 11–14 (ausf).

154 ***Dienst- und Geschäftsverhältnisse.*** **Die Dienst- und Geschäftsverhältnisse der mit den Zustellungen, Ladungen und Vollstreckungen zu betrauenden Beamten (Gerichtsvollzieher) werden bei dem Bundesgerichtshof durch den Bundesminister der Justiz, bei den Landesgerichten durch die Landesjustizverwaltung bestimmt.**

1 **1) Geltungsbereich.** Die Vorschrift umschreibt die Aufgaben des Gerichtsvollziehers teilweise unzutreffend, teilweise unvollständig, Eich ZRP **88**, 454. Gegen ihre Gültigkeit als Ermächtigungsnorm bestehen verfassungsrechtliche Bedenken, Grawert DGVZ **89**, 97. Wegen der Rechtsstellung des Gerichtsvollziehers § 753 ZPO Rn 1. Die Regelung der Dienst- und Geschäftsverhältnisse findet sich in der GVO und in der GVGA. Zur Pflicht des Gerichtsvollziehers, gespeicherte personenbezogene Daten den Betroffenen bekanntzugeben, VGH Kassel RR **99**, 857. § 154 gilt in der Arbeitsgerichtsbarkeit entsprechend, § 9 II ArbGG.

155 ***Ausschließung.*** **Der Gerichtsvollzieher ist von der Ausübung seines Amts kraft Gesetzes ausgeschlossen:**

I. in bürgerlichen Rechtsstreitigkeiten:

1. **wenn er selbst Partei oder gesetzlicher Vertreter einer Partei ist oder zu einer Partei in dem Verhältnis eines Mitberechtigten, Mitverpflichteten oder Schadensersatzpflichtigen steht;**
2. **wenn sein Ehegatte oder Lebenspartner Partei ist, auch wenn die Ehe oder Lebenspartnerschaft nicht mehr besteht;**
3. **wenn eine Person Partei ist, mit der er in gerader Linie verwandt oder verschwägert, in der Seitenlinie bis zum dritten Grad verwandt oder bis zum zweiten Grad verschwägert ist oder war;**

II. in Strafsachen . . . .

1 **1) Geltungsbereich, I.** Die Vorschrift ist § 41 ZPO nachgebildet. Eine Ablehnung des Gerichtsvollziehers wegen einer Besorgnis der Befangenheit ist unstatthaft, BGH MDR **05**, 169, LG Coburg DGVZ **90**, 89, LG Köln MDR **01**, 649. Auch ein Landesgesetz kann sie nicht vorsehen. In den Fällen des § 155 tritt der nach dem Landesrecht zuständige Vertreter an die Stelle des Ausgeschlossenen. Einen Verstoß gegen § 155 regeln zB die Vorschriften zur Rechtswidrigkeit einer Amtshandlung nach §§ 20, 44 III Z 2 VwVfG, 82, 125 III Z 2 AO, 16, 40 III Z 2 SGB X. Danach ist eine fehlerhafte Zustellung unwirksam, während Vollstreckungsmaßnahmen anfechtbar sind. Ein Verstoß gegen § 155 bedeutet stets eine Verletzung der Amtspflicht. Über den Ausschluß des Gerichtsvollziehers und seiner Gehilfen vom Mitbieten beim Verkauf

in der Zwangsvollstreckung §§ 456 ff BGB (Haftung für Kosten und Mindererlös). Vgl ferner § 753 ZPO Rn 13. Bei den Arbeitsgerichten ist § 155 entsprechend anwendbar, § 9 II ArbGG.

Dreizehnter Titel. Rechtshilfe

Übersicht

1) Systematik, Regelungszweck. Nicht jede Behörde kann alle Amtshandlungen selbst vornehmen, die die Erledigung ihrer Dienstgeschäfte mit sich bringt. Der Vornahme können eine große Entfernung, eine sachliche Unzuständigkeit oder das Fehlen der nötigen Hilfsmittel entgegenstehen. Das gilt sowohl bei Gerichten als auch bei Verwaltungsbehörden. Zwar erstreckt sich die Gerichtsbarkeit auf das ganze Bundesgebiet und verpflichtet das zunächst amtierende Gericht, alle gerichtlichen Handlungen der Zwangsvollstreckung, Zustellung und Ladung überall selbst vorzunehmen, § 160. Andererseits soll das Gericht nur innerhalb seines Bezirks tätig werden, § 166. Im Notfall hilft eine Rechts- und Amtshilfe. 1

Verfassungsrechtliche Grundlage ist *Art 35 I GG.* Danach leisten sich alle Behörden des Bundes und der Länder gegenseitig Rechts- und Amtshilfe. „Behörden" sind auch Gerichte. Die Bedeutung dieser Vorschrift erschöpft sich darin, auf dem Gebiet der Rechts- und Amtshilfe die Einheit der Staatsgewalt im Bundesstaat herzustellen. Sie sagt aber nichts über den Inhalt und Umfang der Rechts- und Amtshilfe aus. Vielmehr bestimmen sich dieser durch das für die beteiligten Behörden geltende Recht. Zur Zulässigkeit des Rechtshilfeersuchens eines nationalen Gerichts an den EuGH vgl dessen Entscheidung NJW **91**, 2409.

2) Geltungsbereich. In der Arbeitsgerichtsbarkeit gelten §§ 156 ff entsprechend, § 13 ArbGG. 2

3) Rechtshilfe und Amtshilfe. Eine Rechtshilfe im eigentlichen Sinn liegt nur dann vor, wenn die ersuchende Behörde zwar die Amtshandlung in ihrer sachlichen Zuständigkeit auch selbst vornehmen könnte, wenn aber die Zweckmäßigkeit für die Vornahme durch die ersuchte spricht, BGH NJW **90**, 2936. Es muß sich um eine richterliche Handlung handeln. In Betracht kommen also: Eine Beweisaufnahme; ein Güteversuch nach § 278 ZPO; die Entgegennahme von Parteierklärungen aus Anlaß des persönlichen Erscheinens in einer Ehe- und Kindschaftssache; eine Akteneinsicht, Ffm NStZ **81**, 191. 3

Nicht hierher gehört eine solche Sache, die die Partei selbst bei einem auswärtigen Gericht veranlassen muß, § 160. Das Prozeßgericht kann auch nicht das Gericht der freiwilligen Gerichtsbarkeit um die Bestellung eines Abwesenheitspflegers ersuchen.

Amtshilfe steht infrage, wenn die ersuchte Stelle darüber hinaus die Erreichung des Ziels der ersuchenden unterstützen soll, zB durch eine Aktenübersendung, Brschw NdsRpfl **87**, 252, Schlink, Die Amtshilfe, 1982, Wilde, Amtshilfe und Datenschutz, BayVBl **86**, 230. Der Unterschied ist kein rein sprachlicher, weil der 13. Titel nur die Rechtshilfe betrifft. Insbesondere ist der Beschwerdeweg des § 159 bei einer Amtshilfe nicht statthaft, § 159 Rn 1. Die neueren Gesetze gebrauchen aber die Fachausdrücke unsorgfältig. Man muß immer prüfen, was sachlich vorliegt. Amtshilfe ist zB die Einräumung eines Amtszimmers und das Stellen eines Diktiergeräts. Keine Rechts- und keine Amtshilfe liegt dann vor, wenn eine Amtshandlung auf ein Ersuchen einer Partei nötig ist. Dem arbeitsgerichtlichen Schiedsgericht muß das ordentliche Gericht Rechtshilfe leisten, § 106 II ArbGG.

4) Notwendigkeit von Rechtshilfe. Man muß Rechtshilfe leisten zB: In den FamFG-Sachen; dem Arbeitsgericht, soweit es sich um Amtshandlungen außerhalb des Sitzes eines Arbeitsgerichtes handelt, § 13 I 2 ArbGG, ebenso einem arbeitsgerichtlichen Schiedsgericht, soweit es aus Gründen der örtlichen Lage das AG dem ArbG vorzieht, § 106 ArbGG; dem Patentamt und dem Patentgericht, § 128 PatG; einem Anwaltsgericht, §§ 99 II, 137 BRAO, der Handwerkskammer, § 108 HandwO; dem Börsenehrengericht, § 26 G v 27. 5. 08, RGBl 215; den Berufsgerichten der Ärzte und der Tierärzte oder nach entsprechender Bestimmungen des Landesrechts; einem Finanz-, Sozial- und Verwaltungsgericht, §§ 13 FGO, 5 I SGG, 14 VwGO. Über einen Rechtshilfeverkehr mit dem Ausland Anh § 168. 4

5) Amtshilfe. Für sie Amtshilfe fehlen vielfach besondere Vorschriften. Geregelt ist sie zB in §§ 4–8 VwVfG und den entsprechenden Gesetzen der Länder, in §§ 111–115 AO und in §§ 3–7 SGB X, soweit es sich um eine Amtshilfe zwischen Behörden handelt, Schnapp/Friebe NJW **82**, 1422 zur Prüfungskompetenz und zum Rechtsschutz. Diese Grundsätze sind meist auch im Verhältnis der Behörden zu den Gerichten und der Gerichte untereinander entsprechend anwendbar. Amtshilfegericht ist das AG. Der Instanzenzug regelt sich nach dem Landesrecht. Zeugen und Sachverständige sind nach den Prozeßordnungen zu vernehmen. 5

Amtshilfe muß man leisten *allen Gerichten,* zB §§ 14 VwGO, 13 FGO, 5 I SGG; den Bundesfinanzbehörden, §§ 111 ff AO 1977; den Einigungsämtern des Wettbewerbsrechts; den Seeämtern und dem Oberseeamt, § 32 G v 28. 9. 35, RGBl 1183; dem Seemannsamt, § 125 SeemO; dem Standesbeamten, § 5 Bek v 18. 1. 17, RGBl 55; mindestens nach Gewohnheitsrecht den Verwaltungsbehörden; einem am Verfahren nicht beteiligten Notar, BayObLG FamRZ **98**, 33.

Eingeschränkt wird die Amtshilfe von Behörden durch die Vorschriften, die eine Pflicht zur Geheimhaltung bestimmter Tatsachen begründen oder vor Weitergabe personenbezogener Daten schützen, zB §§ 5 II VwVfG, 30 AO, 35 SGB-AT und 67 ff SGB X, 9 KWG, 10, 45 BDSG, Cosack/Thomerius NVwZ **93**, 841, Dörner NZA **89**, 950, Haus NJW **88**, 3126.

156 *Fassung 1. 9. 2009:* ***Grundsatz.*** **Die Gerichte haben sich in Zivilsachen und in Strafsachen Rechtshilfe zu leisten.**

Vorbem. Änderg dch Art 22 Z 16 FGG-RG, in Kraft seit 1. 9. 09, Art 112 I Hs 1 FGG-RG, ÜbergangsR Art 111 FGG-RG, Einf 4 vor § 1 FamFG.

Bisherige Fassung: **Die Gerichte haben sich in bürgerlichen Rechtsstreitigkeiten und in Strafsachen Rechtshilfe zu leisten.**

1 **1) Rechtshilfepflicht.** Die Gerichte müssen sich Rechtshilfe leisten. Zum Begriff Üb 2 vor § 156. Eine Verpflichtung im Verhältnis von Gericht und Staatsanwaltschaft besteht an sich abgesehen von §§ 162, 163 nicht. Vgl aber Üb 4, 5 vor § 156. Wegen anderer Behörden Üb 4, 5 vor § 156. Die Gerichte sind berechtigt, nicht die Richter. Darum darf auch der Rpfl im Rahmen seiner Befugnisse um eine Rechtshilfe ersuchen, § 4 I RPflG. Ersucht wird das andere Gericht. Es gibt die Bearbeitung an den zuständigen Richtern oder Beamten ab. Ein Ersuchen ist auch zwischen dem Hauptgericht und seiner Zweigstelle möglich, Mü MDR **82**, 763.

2 Ob eine *Zivilsache* nach § 13 Hs 1 vorliegt, bestimmt sich bei einem inländischen Ersuchen nicht nach der Rechtsnatur der Sache, sondern nach der Tätigkeit der ersuchenden Behörde. Bei ordentlichen Gerichten schweben nur bürgerliche Rechtsstreitigkeiten nach § 13 Rn 7. Anders liegt es beim Rechtshilfeverkehr mit dem Ausland, Anh § 168 Rn 1. Einschränkung der Verpflichtung: § 158. Die Rechtshilfe überträgt die Amtshandlung dem ersuchten Gericht, Üb 3 vor § 156. Darum enthält ein Eintragungsersuchen nach § 941 ZPO kein Ersuchen um Rechtshilfe.

157 *Rechtshilfegericht.* [I] **Das Ersuchen um Rechtshilfe ist an das Amtsgericht zu richten, in dessen Bezirk die Amtshandlung vorgenommen werden soll.**

[II 1] **Die Landesregierungen werden ermächtigt, durch Rechtsverordnung die Erledigung von Rechtshilfeersuchen für die Bezirke mehrerer Amtsgerichte einem von ihnen ganz oder teilweise zuzuweisen, sofern dadurch der Rechtshilfeverkehr erleichtert oder beschleunigt wird.** [2] **Die Landesregierungen können diese Ermächtigung durch Rechtsverordnung auf die Landesjustizverwaltungen übertragen.**

1 **1) Örtliche Zuständigkeit, I, II.** Rechtshilfegericht dasjenige AG, in dessen Bezirk die Amtshandlung notwendig wird, *I,* oder dasjenige, dem eine Vorschrift die Erledigung zuweist, *II.* Diese Regelung gilt für Ersuchen in einer Familiensache auch dann, wenn solche Sachen nach § 23 c bei einem AG konzentriert sind, Stgt FamRZ **84**, 716. Wo die Amtshandlung notwendig wird, ergibt der Einzelfall. Örtlich zuständig für die Vernehmung eines Zeugen ist das Gericht an dessen Wohnsitz oder Aufenthalt, BayObLG FamRZ **05**, 640, aus Zweckmäßigkeitsgründen auch ein anderes Gericht zB zwecks einer Gegenüberstellung. Eine Vernehmung erfolgt an Ort und Stelle oder bei einer Beschäftigung an einem anderen Ort.

2 Sind *mehrere* Gerichte zuständig, darf das ersuchende Gericht unter ihnen wählen. Den zuständigen Richter bestimmt die Geschäftsverteilung, § 21 e. Das ersuchte Gericht handelt nicht in einer Vertretung des ersuchenden, sondern kraft einer eigenen, durch das Ersuchen begrenzten Amtsgewalt. Besteht mit einem ausländischen Staat kein Rechtshilfeverkehr oder ist dieser besonders langwierig, kann es notwendig sein, daß ein grenznahes deutsches Gericht Zeugen aus dem Nachbarland vernimmt, wenn das vor dem Prozeßgericht nicht möglich ist, großzügiger Schlesw NStZ **89**, 240, das mit guten Gründen auch in anderen Fällen das Ersuchen an ein grenznahes Gericht für zulässig hält, wenn der Zeuge dort zu erscheinen bereit ist.

158 *Ablehnung des Ersuchens.* [I] **Das Ersuchen darf nicht abgelehnt werden.**

[II 1] **Das Ersuchen eines nicht im Rechtszuge vorgesetzten Gerichts ist jedoch abzulehnen, wenn die vorzunehmende Handlung nach dem Recht des ersuchten Gerichts verboten ist.** [2] **Ist das ersuchte Gericht örtlich nicht zuständig, so gibt es das Ersuchen an das zuständige Gericht ab.**

Gliederung

1 **1) Systematik, Regelungszweck, I, II.** Die Vorschrift regelt den inhaltlichen Rahmen eines zulässigen Rechtshilfevorgangs. Es handelt sich ja immerhin um eine teilweise Verlagerung richterlicher Aufgaben vom gesetzlichen Hauptrichter des Art 101 I 2 GG auf einen Nebenrichter, der nicht dem Prozeßgericht angehört, geschweige denn nach *dessen* Geschäftsverteilungsplan amtiert. Auch er wird erst durch I zum weiteren gesetzlichen Richter. Da ist wenigstens in Umrissen eine Klärung nötig, wann und inwieweit er tätig werden darf und dann muß.

Unterschiedliche Auffassungen zu dieser letzteren Frage lassen sich zwischen dem ersuchenden und dem ersuchten Richter in der Alltagspraxis keineswegs stets vermeiden. Es sollten aber nur sachliche Argumente und nicht auch oder gar fast nur persönliche wie eine Überlastung usw eine Rolle spielen. Natürlich kann man wegen der heutigen Verkehrsverhältnisse zB sehr unterschiedlich beurteilen, ob ein Zeuge 20 oder 50 oder auch 200 km weit zum Prozeßgericht reisen soll, das den Fall besser kennt als der Rechtshilfekollege. Im Zweifel I, nicht II – das ist die wohl allgemein am ehesten geeignete Lösung.

2 **2) Geltungsbereich, I, II.** In der Arbeitsgerichtsbarkeit kommt ein AG hier mangels einigermaßen erreichbarer ArbG infrage, Rn 3.

3 **3) Tätigkeitspflicht, I.** Das ersuchte Gericht darf grundsätzlich das Ersuchen nicht ablehnen. Das gilt unbedingt, wenn ein übergeordnetes Gericht ersucht, also ein im Instanzenzug allgemein übergeordnetes, also stets das OLG des Bezirks. Die örtliche Überordnung entscheidet. Der Einzelrichter steht anstelle des

Kollegiums. Sollte das Ersuchen eines übergeordneten Gerichts rechtlich unzulässig sein, darf das ersuchte Gericht nur darauf hinweisen.

Voraussetzung der Bindung ist aber, daß das Ersuchen *verständlich* und ausführbar ist. Ein Ersuchen um eine Zeugenvernehmung muß die Beweisfrage klar ergeben und die aktuelle Anschrift des Zeugen enthalten. Es ist nicht eine Aufgabe des ersuchten Gerichts, sich das Nötige aus den Akten zusammenzustoppeln oder gar eigene Ermittlungen anzustellen. Eine Verweisung auf einen ausreichenden Beweisbeschluß genügt, soweit er nicht seinerseits auf Schriftsätze verweist. Das Beweisthema ist meist genügend deutlich bezeichnet, wenn der ersuchte Richter „über den Hergang" eines Verkehrsunfalls mit Zeit- und Ortsangaben Beweis erheben soll, § 313 ZPO Rn 28, § 359 ZPO Rn 3, Ffm RR **95**, 637. Dem ersuchten Gericht ist nicht mehr zumutbar als eben die Erledigung des Ersuchens, Schickedanz MDR **84**, 551. 4

4) Ablehnung des Ersuchens, II. Die Regel nach I gilt nur mit Einschränkungen, wenn ein anderes als das vorgeordnete Gericht ersucht. 5

A. Rechtliche Unzulässigkeit, II 1. Das ersuchte Gericht darf und muß schon wegen Art 101 I 2 GG, Rn 1, ein Ersuchen ablehnen wegen einer rechtlichen Unzulässigkeit der Amtshandlung. Die erforderliche Handlung muß dazu entweder nach dem örtlichen Recht des ersuchten Gerichts oder nach dem gemeinsamen Recht beider Gerichte unstatthaft sein. Sie muß also gegen Bundes- oder Landesrecht verstoßen, BAG NJW **91**, 1252, Saarbr Rpfleger **05**, 198. Die Vorschrift ist als eine Ausnahme von I eng auslegbar, BAG NZA **01**, 744, Naumb RR **94**, 1551. Unstatthaft ist eine Handlung nur dann, wenn sie schlechthin unzulässig ist, BGH NJW **90**, 2936, BAG NZA **01**, 744, Saarbr Rpfleger **05**, 198. Das ist immer dann so, wenn die Vornahme der begehrten Handlung gegen das GG verstoßen würde, zB bei einer Verletzung des Gebots der Achtung der Intimsphäre etwa durch die Übersendung von Ehescheidungsakten, BVerfG NJW **70**, 555. Ebenso ist der Datenschutz beachtbar, BVerfG **65**, 1, Bull DÖV **79**, 690, Wilde BayVBl **86**, 230.

B. Unzuständigkeit, II 2. Das ersuchte Gericht darf das Ersuchen eines nicht übergeordneten Gerichts weitergeben wegen örtlicher Unzuständigkeit, wenn also die Amtshandlung nicht oder nicht mehr nach § 157 in seinem Bezirk erfolgen darf, BayObLG FamRZ **05**, 640 (Wohnsitzveränderung). Es genügt nicht, daß zu vernehmende Personen außerhalb des Bezirks wohnen, falls eine Gegenüberstellung stattfinden soll oder falls die Vernehmung der mehreren zweckmäßig an demselben Ort des Sprengels geschehen soll. Beim Ersuchen um die Ernennung eines Sachverständigen genügt es zur Ablehnung, daß kein geeigneter im Bezirk vorhanden ist. 6

5) Verstoß, I, II. Ob ein Verstoß vorliegt, muß das ersuchte Gericht selbständig prüfen. Es darf nicht prüfen, ob das ersuchende Gericht eine Prozeßvorschrift wie zB § 375 ZPO richtig angewendet hat, BAG NJW **01**, 2196, BayObLG FamRZ **93**, 450, Ffm FamRZ **93**, 1222, krit Schickedanz MDR **84**, 550. Es darf auch nicht prüfen, ob das ersuchende Gericht sein Ermessen fehlerhaft ausgeübt hat, Ffm Rpfleger **79**, 426. Etwas anderes gilt bei einem offensichtlichen Ermessensfehlgebrauch, Ffm FamRZ **84**, 1030, Fischer MDR **93**, 838, oder beim Ersuchen eines Schiedsgerichts, § 106 II ArbGG. Das ersuchte Gericht darf also grundsätzlich keineswegs prüfen, ob das ersuchende Gericht die Beweisaufnahme wirklich „aus Gründen der örtlichen Lage" zweckmäßigerweise dem AG statt dem ArbG übertragen hat. 7

Es *genügt zur Ablehnung des Ersuchens nicht,* daß die Amtshandlung nach der Prozeßlage nicht notwendig oder unzweckmäßig ist, Düss MDR **96**, 844, Ffm NJW **04**, 962, Saarbr Rpfleger **05**, 198. Es genügt auch nicht, daß das ersuchte Gericht einen unzulässigen Ausforschungsbeweis vermutet, BAG NZA **00**, 792, Ffm RR **95**, 637. Denn das ersuchte Gericht wird meist nicht beurteilen können, ob ein Ausforschungsbeweis vorliegt. Daher muß es im Zweifel dem Ersuchen folgen. Es muß jedenfalls den für zulässig gehaltenen Teil des Ersuchens sofort ausführen. Es ist auch nicht seine Aufgabe, die Richtigkeit des Verfahrens nachzuprüfen, BayObLG FamRZ **93**, 450, Ffm MDR **93**, 764, Mü OLGZ **76**, 252, aM AG Höxter MDR **92**, 893. Das kann nur durch ein Rechtsmittel in der Sache selbst geschehen, BAG NJW **91**, 1252. Erst recht darf dann keine Ablehnung erfolgen, wenn das ersuchte Gericht eine streitige Rechtsfrage anderes beurteilt, Mü OLGZ **76**, 252. Bei einer zweifelhaften Rechtslage entscheidet die Ansicht des ersuchenden Richters, BayObLG FamRZ **93**, 450.

Ein Ersuchen kann dann *unzulässig* sein, wenn es offensichtlich nicht dem geltenden Recht entspricht und wenn diese Handhabung zur ständigen Praxis des ersuchenden Gerichts werden soll, Ffm FamRZ **84**, 1030, Jena MDR **00**, 1095, Schlesw MDR **95**, 607. Dasselbe gilt bei einer offensichtlichen Willkür, Kblz MDR **08**, 819, Saarbr Rpfleger **05**, 198, AG Solingen MDR **96**, 629 (eng auslegbar). Ein Ersuchen kann auch bei einer verfahrensrechtlichen Überholtheit unzulässig werden, BayObLG FamRZ **05**, 640, Saarbr Rpfleger **05**, 198.

6) Beispiele für zulässige Handlungen, I, II: Vernehmung einer Partei zur Aufklärung auch außerhalb der Fälle des § 141 ZPO; Zeugenvernehmung, wann das ersuchte Gericht eine Sachverständigenvernehmung für sinnvoll hält, weil es die Aufgabe des Prozeßgerichts ist zu entscheiden, als was der Dritte sich äußern soll; Aufnahme eines Ausforschungsbeweises; Vernehmung von Ausländern, die sich zum Erscheinen vor einem grenznahen AG bereit erklärt haben, Schlesw NStZ **89**, 240; eine solche Handlung, die das ersuchende Gericht ebensogut oder besser vornehmen könnte, Karlsr Just **86**, 50, zB wenn der Zeuge in dem nur 15 km entfernt liegenden Ort mit guten Verkehrsverbindungen wohnt; Durchführung einer vom Prozeßgericht angeordneten Blutgruppenuntersuchung zB nach § 372 a ZPO, BGH NJW **90**, 2936, Naumb RR **94**, 1551; Vernehmung der Mutter über einen Mehrverkehr. Das ersuchte Gericht ist nicht befugt, die Beeidigung der Mutter von der vorherigen Einholung einer Blutgruppenuntersuchung durch das erkennende Gericht abhängig zu machen. Ebensowenig darf es verlangen, daß das ersuchende Gericht ein Sachverständigengutachten über die Aussagefähigkeit eines Zeugen beibringt, Düss NStZ **89**, 39. 8

7) Beispiele für unzulässige Handlungen, I, II: Ein Fall der Rechtshilfe liegt überhaupt nicht vor, etwa bei § 160; Vernehmung der Partei oder des gesetzlichen Vertreters als Zeugen nicht in ein Ersuchen um Parteivernehmung umdeutbar; Vernehmung eines Minderjährigen über die Anerkennung der Vaterschaft ohne eine Zustimmung des gesetzlichen Vertreters. Anhörung bei einer auch nur vorläufigen Unterbringung nach § 1800 BGB in Verbindung mit § 1631 b BGB, Bre FamRZ **80**, 934; Vernehmung eines Zeugen im 9

Prozeßkostenhilfeverfahren entgegen § 118 II 3 ZPO, Brschw NdsRpfl **87**, 251; nochmalige Vernehmung eines Zeugen ohne sachlichen Grund, weil darin ein Mißbrauch des Zeugniszwangs liegt. Es muß ersichtlich sein, was der Zeuge jetzt voraussichtlich mehr bekunden wird, § 398 ZPO Rn 1; eidliche Vernehmung, wenn kein gesetzlicher Fall vorliegt; sachliche Unzuständigkeit, zB Ersuchen an ein LG; Ersuchen eines gemeinsamen Insolvenzgerichts an ein AG seines Bezirks um eine Maßnahme des sachlichen Insolvenzrechts, Kblz MDR **77**, 59 (anders bei Ersuchen um prozessuale Handlungen, zB Anhörung); Unbestimmtheit der vorzunehmenden Handlung, Karlsr Rpfleger **94**, 255; fehlende oder ungenügende Bezeichnung der streitigen Tatsachen, BAG NJW **91**, 1252, BFH BStBl **84** II 536, Ffm RR **95**, 637. Dabei reicht die Fassung „über den Hergang" eines bestimmten Unfalls mit Zeit- und Ortsangaben meist aus, Ffm RR **95**, 637.

159 *Beschwerde wegen Ablehnung.* **[I] [1] Wird das Ersuchen abgelehnt oder wird der Vorschrift des § 158 Abs. 2 zuwider dem Ersuchen stattgegeben, so entscheidet das Oberlandesgericht, zu dessen Bezirk das ersuchte Gericht gehört. [2] Die Entscheidung ist nur anfechtbar, wenn sie die Rechtshilfe für unzulässig erklärt und das ersuchende und das ersuchte Gericht den Bezirken verschiedener Oberlandesgerichte angehören. [3] Über die Beschwerde entscheidet der Bundesgerichtshof.**

[II] Die Entscheidungen ergehen auf Antrag der Beteiligten oder des ersuchenden Gerichts ohne mündliche Verhandlung.

1 **1) Systematik, Regelungszweck, I, II.** I 3 gibt als Rechtsmittel die Beschwerde, Ffm FamRZ **84**, 1030. Freilich ist diese Beschwerde nicht die sofortige Beschwerde der §§ 567 ff ZPO. Was I 3 Beschwerde nennt, ist eigentlich eine weitere Beschwerde.

Zweck ist natürlich eine Überprüfbarkeit der Erstentscheidung, obwohl ein Rechtsbehelf ja verfassungsrechtlich keineswegs zwingend ist. Damit dient § 159 der Gerechtigkeit nach Einl III 9, 36. Man sollte die Vorschrift entsprechend großzügig handhaben.

2 **2) Geltungsbereich, I, II.** Nachprüfen darf das ersuchte Gericht nur die Voraussetzungen des § 158, Schlesw RIW **89**, 910. § 159 ist anwendbar auch bei einer Ablehnung des Ersuchens eines im Instanzenweg vorgesetzten Gerichts. Es würde sonst keine Möglichkeit geben, die Erledigung zu erzwingen. Unanwendbar ist § 159 dagegen bei einer Amtshilfe. Dann hilft nur evtl eine Dienstaufsichtsbeschwerde. Als Ablehnung genügt ein Streit über die Zuständigkeit mit der Folge eines Hin und Her zwischen dem ersuchten und einem dritten Gericht, Ffm NJW **04**, 962, oder über die Kosten der Rechtshilfe. Denn er betrifft die Ausführung des Ersuchens. Die teilweise Abweichung vom Ersuchen ist rechtlich eine teilweise Ablehnung, Oldb NdsRpfl **90**, 173.

3 **3) Verfahren, I, II.** Beschwerdeberechtigt sind das ersuchende Gericht, die Parteien und die vom ersuchten Gericht zu vernehmenden Personen, II. Geht das Ersuchen vom Rpfl aus, darf dieser selbst das OLG anrufen, § 4 I RPflG, BayObLG ObLGZ **95**, 159. Die Einlegung erfolgt schriftlich oder zum Protokoll der Geschäftsstelle des AG oder des OLG. Das AG darf abhelfen. Das OLG entscheidet durch einen wegen Rn 4 kurz begründeten Beschluß. Erklärt der Beschluß die Rechtshilfe für unzulässig, ist das Geschehene im Prozeß unbenutzbar. Soweit der Rpfl eine Rechtshilfe leisten soll, § 156 Rn 1, muß man zunächst sein Gericht anrufen und darf eine Beschwerde erst gegen dessen Entscheidung einlegen, § 11 I RPflG, BayObLG FamRZ **97**, 306, aM Karlsr FamRZ **94**, 638, Kissel/Mayer 3, MüKoWo 2.

4 **4) Weitere Beschwerde, I, II.** Man muß sie beim OLG oder BGH einlegen, in der Arbeitsgerichtsbarkeit beim BAG, BAG NJW **91**, 1252. Beschwerdeberechtigt sind die in II Genannten, Rn 3. Das OLG darf abhelfen und erledigt damit die Beschwerde. Die Zuständigkeit des BGH beim Ersuchen anderer als eines ordentlichen Gerichts kann nur ein Bundesgesetz begründen, nicht eine VO oder ein Landesgesetz. Da § 46 PatG von Rechtshilfe spricht, will es offenbar den 13. Titel anwendbar machen.

160 *Vollstreckungen. Ladungen. Zustellungen.* **Vollstreckungen, Ladungen und Zustellungen werden nach Vorschrift der Prozeßordnungen bewirkt ohne Rücksicht darauf, ob sie in dem Land, dem das Prozeßgericht angehört, oder in einem anderen deutschen Land vorzunehmen sind.**

1 **1) Geltungsbereich.** § 160 betrifft nur eine Handlung des Gerichts oder einer anderen Stelle zur Vollziehung einer richterlichen Anordnung. Insoweit ist eine Rechtshilfe unstatthaft, § 158 II. Darum müssen sich die Beteiligten unmittelbar an den Gerichtsvollzieher und an das Vollstreckungsgericht wenden. Das gilt auch für eine Vorführung und Verhaftung sowie für die Vollstreckung einer zivilprozessualen Maßnahme.

161 *Beauftragung eines Gerichtsvollziehers.* **[1] Gerichte, Staatsanwaltschaften und Geschäftsstellen der Gerichte können wegen Erteilung eines Auftrags an einen Gerichtsvollzieher die Mitwirkung der Geschäftsstelle des Amtsgerichts in Anspruch nehmen, in dessen Bezirk der Auftrag ausgeführt werden soll. [2] Der von der Geschäftsstelle beauftragte Gerichtsvollzieher gilt als unmittelbar beauftragt.**

1 **1) Der Geltungsbereich.** Der Gerichtsvollzieher leistet keine Rechtshilfe. Daher sind §§ 158, 159 unanwendbar. Verweigert er die Tätigkeit, mag eine Dienstaufsichtsbeschwerde statthaft sein.

162, 163 (betreffen Strafvollstreckung)

164 *Kosten.* **[I] Kosten und Auslagen der Rechtshilfe werden von der ersuchenden Behörde nicht erstattet.**

[II] **Gebühren oder andere öffentliche Abgaben, denen die von der ersuchenden Behörde übersendeten Schriftstücke (Urkunden, Protokolle) nach dem Recht der ersuchten Behörde unterliegen, bleiben außer Ansatz.**

1) Kosten und Auslagen, I. § 164 hat eine Bedeutung für die Rechtshilfe zwischen den Gerichten oder auf das Ersuchen einer Behörde, §§ 162, 163, enger Kissel/Mayer 1. Für die ersuchende Stelle entstehen keine Gebühren. Sie muß der ersuchten Stelle auch keine Gebühren oder Auslagen etwa nach dem JVEG erstatten. 1

Die Vorschrift gilt *nicht*, soweit es sich nicht um eine eigentliche Rechtshilfe handelt, Üb § 156. So muß das ersuchende Gericht zB Kosten von Urteilsablichtungen oder -abschriften für fremde Amtsstellen ersetzen, soweit diesen nicht eine Kostenfreiheit zusteht. Bei einer Amtshilfe ist das Landesrecht maßgebend.

2) Abgaben für Schriftstücke, II. Die Bestimmung ist gegenstandslos. 2

165 (weggefallen)

166 *Amtshandlungen außerhalb des Gerichtsbezirks.* **Ein Gericht darf Amtshandlungen im Geltungsbereich dieses Gesetzes auch außerhalb seines Bezirks vornehmen.**

1) Geltungsbereich. Die Befugnis zur Vornahme gerichtlicher Amtshandlungen ist nicht auf den Gerichtssprengel beschränkt. Sie erstreckt sich vielmehr auf ganz Deutschland. Amtshandlung ist nicht nur die Rechtshilfetätigkeit, sondern auch zB eine mündliche Verhandlung. Eine Anzeige an das Gericht des Orts ist nicht erforderlich. Natürlich ist seine Mitwirkung bei der Bereitstellung von Räumen und Personal unerläßlich. Solche Gerichte, deren Bezirk ganz Deutschland umfaßt, betrifft § 166 nicht. Auch für sie gilt aber § 219 ZPO, BAG NZA **93**, 237, Walker NZA **93**, 491. 1

167 *Verfolgung von Flüchtigen.* [I] **Die Polizeibeamten eines deutschen Landes sind ermächtigt, die Verfolgung eines Flüchtigen auf das Gebiet eines anderen deutschen Landes fortzusetzen und den Flüchtigen dort zu ergreifen.**

[II] **Der Ergriffene ist unverzüglich an das nächste Gericht oder die nächste Polizeibehörde des Landes, in dem er ergriffen wurde, abzuführen.**

1) Geltungsbereich, dazu *Heinrich* NStZ **96**, 361: Zu den Polizeibeamten gehören alle Vollzugsbeamten, auch Strafanstaltsbeamte. Die Verfolgung muß im eigenen Land begonnen haben. Dann kann man sie auf dem Gebiet jedes anderen deutschen Landes fortsetzen Eine nicht durch § 167 gedeckte Ergreifung ist wirksam, aber meist rechtswidrig. Vgl im übrigen § 162 Rn 1. 1

168 *Mitteilung von Akten.* **Die in einem deutschen Land bestehenden Vorschriften über die Mitteilung von Akten einer öffentlichen Behörde an ein Gericht dieses Landes sind auch dann anzuwenden, wenn das ersuchende Gericht einem anderen deutschen Land angehört.**

1) Geltungsbereich. § 168 betrifft keine Rechtshilfe, sondern eine Amtshilfe, Üb 2 vor § 156. Daher ist bei Versagung nicht die Beschwerde aus § 159 statthaft, sondern eine Dienstaufsichtsbeschwerde. Ein Gericht darf keine Akten ins Ausland versenden. Das ist vielmehr eine Aufgabe der Justizverwaltung. 1

Anhang nach § 168. Zwischenstaatliche Rechtshilfe

Grundzüge

Schrifttum: *Pfennig,* Die internationale Zustellung in Zivil- und Handelssachen, 1988.

1) Systematik, Regelungszweck. Der Rechtshilfeverkehr mit dem Ausland ist eine Verwaltungsangelegenheit. Über eine Leistung von Rechtshilfe oder Amtshilfe entscheidet die Justizverwaltung ebenso wie über die Weiterleitung ausgehender Ersuchen, Rn 3. Das gilt auch dort, wo ein unmittelbarer Verkehr besteht. Die Justizverwaltung trifft die Entscheidung bei einem eingehenden Ersuchen meist durch die dafür eingerichteten Prüfungsstellen. Im übrigen kommen vielfach Staatsverträge infrage, Einl IV, so zB die Haager Übk und das Haager BewAufnÜbk, Anh I § 363. 1

Bei der Vornahme des Rechtshilfegeschäfts handelt das ersuchte Gericht als *Rechtsprechungskörper* nach der maßgeblichen Verfahrensordnung, Vogler NJW **82**, 469. Es muß entsprechend § 158 II prüfen, ob die Handlung statthaft ist. Ein Zeugniszwang besteht nur dann, wenn ein Staatsvertrag ihn erlaubt.

Wegen der *Arbeitsgerichtsbarkeit* s die Gemeinsame AnO v 30. 12. 59, BAnZ Nr 9/60, Grunsky ArbGG § 13 Rdz 1.

Für das gesamte Bundesgebiet gilt die *Rechtshilfeordnung für Zivilsachen* (ZRHO), Bindseil NJW **91**, 3071, Nagel IPRax **84**, 240. Sie gilt nicht bei einem Rechtshilfeverkehr mit dem Gerichtshof der Europäischen Gemeinschaft für Kohle und Stahl, Art § 10 2 VerfO dieses Gerichtshofes vom 31. 3. 54, ABl der Europäischen Gemeinschaft 302, und mit den stationierten Truppen, NTrSt, Auszug SchlAnh III (dort besondere Regelung). 2

2) Durchführung der Rechtshilfe. Die ZRHO unterscheidet, § 5: Zustellungsanträge, Anh § 183 ZPO. Die der Geschäftsstelle des AG gesetzlich zugewiesene Ausführung ausländischer Zustellungsanträge erledigt der Rpfl, § 29 RPflG; Rechtshilfeersuchen im engeren Sinn, also Ersuchen um die Erhebung von Beweisen usw; Ersuchen um Vollstreckungshilfe, insbesondere bei einer Kosteneinziehung; Ersuchen um 3 eine Verfahrensüberleitung (Abgabe oder Übernahme in der freiwilligen Gerichtsbarkeit); Ersuchen um eine Verfahrenshilfe, zB um Ermittlung, Auskunft, Aktenübersendung.

Zur *Abfassung* und Unterzeichnung des Ersuchens an eine ausländische Stelle Anh § 183 ZPO. Die Justizverwaltung entscheidet darüber, ob sie ein ausgehendes Rechtshilfeersuchen weiterleitet und ob das Gericht ein eingehendes Gesuch erledigt, BGH NJW **86**, 664, Junker DRiZ **85**, 163 (betr Strafsachen). Das verletzt die richterliche Unabhängigkeit nicht, BGH NJW **86**, 664, LG Bonn IPRax **87**, 231, Geimer NJW **91**, 1431, krit Puttfarken NJW **88**, 2156. Über die Ablehnungsgründe Junker DRiZ **85**, 161.

Gegen die Entscheidung der Justizverwaltung ist die *Anrufung des OLG* nach § 23 EGGVG statthaft, Ffm OLGZ **92**, 89, Köln RIW **88**, 55, Mü RIW **89**, 483.

4 Der Rechtshilfeverkehr ist *unmittelbar*, soweit das ausdrücklich zugelassen ist. Im übrigen besteht dann ein konsularischer oder diplomatischer Verkehr, wenn nicht ausnahmsweise der ministerielle Weg statthaft ist. Wegen der Staaten im einzelnen sowie der in Betracht kommenden Auslandsvertretungen vgl den Länderteil der ZRHO.

5 **3) UN-UnterÜbk.** Bei dem UN-Übereinkommen über die Geltendmachung von Unterhaltsansprüchen im Ausland v 20. 6. 1956, BGBl **59** II 150, handelt es sich nicht um ein Anerkennungs- und Vollstreckungsabkommen in Unterhaltssachen. Zu dem Übk ist das *AusfG* v 26. 2. 59, BGBl II 149 ergangen. Die Länder haben dazu die *bundeseinheitlichen Richtlinien* vom 1. 2. 65 erlassen. Erfahrungsbericht des Bundesverwaltungsamtes für 1994 in DAVorm **95**, 1123.

6 **4) AUG.** Das Auslandsunterhaltsgesetz (AUG) v 19. 12. 1986, BGBl 2563, zuletzt geändert durch G v 26. 1. 05, BGBl I 162, tritt neben das UN-UnterhÜbk, Anh I. Unter der Voraussetzung, daß die Gegenseitigkeit verbürgt ist (§ 1 II), erleichtert es die Verfolgung und Durchsetzung von Unterhaltsansprüchen im Verhältnis zwischen Deutschland und ausländischen Staaten ohne Rücksicht darauf, ob insofern ein völkerrechtlicher Vertrag besteht.

Vierzehnter Titel. Öffentlichkeit und Sitzungspolizei

Übersicht

1 **1) Systematik.** Der 14. Titel regelt zwei Dinge, die zur Gerichtsbarkeit gehören, aber mit der Gerichtsverfassung nichts zu schaffen haben. Die Öffentlichkeit des Verfahrens gilt nur für die Verhandlung vor dem erkennenden Gericht. Sie soll das Vertrauen zur Rechtspflege stärken, also nach außen wirken. Sie ist einer der Leitgedanken des Prozeßrechts. Die Sitzungspolizei sichert im Gegensatz zur inneren Ordnung des Verfahrens die äußere. Sie betrifft freilich nur die „Sitzung". Die Prozeßleitung berührt den Streitstoff selbst, die Sitzungspolizei nur die Form seiner Erörterung. Prozeßleitung und Sitzungspolizei übt teils der Vorsitzende, teils das Gericht aus. Die Vorschriften über die Öffentlichkeit und die Sitzungspolizei sind allgemeine Gesetze. Sie betreffen jedermann. Sie dienen dem Schutz vorrangiger Gemeinschaftsgüter BVerfG NJW **79**, 1400.

2 **2) Regelungszweck.** Vor allem die Öffentlichkeit ist eine der wichtigsten Errungenschaften des Rechtsstaats, Art 20 I GG. Die bloße Möglichkeit für jedermann, sogar anonym zuzuhören und jedenfalls für das Zuhören keinen Grund angeben zu müssen, gibt allen Prozeßbeteiligten ein ganz anderes Maß an Selbstbeherrschung, Besonnenheit und Sachlichkeit auf als jeder Geheimprozeß. Man muß daher alle Einschränkungen der Öffentlichkeit mit größter Strenge prüfen. Die Aufrechterhaltung der äußeren Ordnung ist eine aus politischen oder weltanschaulichen Scheingründen manchmal ins Groteske herabgewürdigte weitere Zentralaufgabe des Gerichts. Natürlich sind die sog Sekundärtugenden eine gerade in Deutschland höchst gefährliche Eigenschaften. Das Gericht darf und muß sich vor ihrer Hochstilisierung hüten. Es ist aber ein elementarer Unterschied, ob sich der Richter souverän dies und das gefallen läßt oder ob er aus völlig falsch verstandener Überfürsorglichkeit oder Feigheit buchstäblich Unrat vor sich auskippen läßt, ohne ihn zu ahnden, wie tatsächlich geschehen. Besonnene Entschlossenheit ist eine wünschenswerte wie notwendige Haltung des Gerichts.

3 **3) Öffentlichkeit.** Die Öffentlichkeit ist zwar kein Verfassungsgrundsatz, BVerfG **15**, 307, aber ein auch in Art 6 I 1 MRK verankerter Leitgedanke der Prozeßgesetze, Rn 2, BVerwG DÖV **84**, 889. Ihre Verletzung ist „von unberechenbarer Wirkung", BGH NJW **00**, 2509. Das kann freilich im Zivilprozeß nur beschränkt gelten. Die Öffentlichkeit spielt dort praktisch keine große Rolle, wenn man von Sensationsprozessen absieht. Sie ist weitgehend zur „Medienöffentlichkeit" geworden.

Darum ist ein *Verstoß* gegen § 169 S 1 kein Grund zur Nichtigkeitsklage. Er ist aber in der Schlußverhandlung ein wesentlicher Verfahrensmangel nach § 538 ZPO und ein unbedingter Revisionsgrund nach § 547 Z 5 ZPO, BGH NJW **05**, 520 (StPO). Das gilt aber nicht bei einem Verstoß nur bei der Verkündung, § 173 Rn 1, BVerwG BayVBl **90**, 351, und auch nicht bei einem Verstoß gegen § 169 S 2, § 169 Rn 6, mit guten Gründen einschränkend MüKoWo § 169 Rn 68. Ein Verstoß läßt sich nur durch eine Wiederholung des betroffenen Verfahrensabschnitts heilen, BGH NJW **00**, 2509, nicht aber durch eine bloße Unterlassung der Rüge. Es kann nicht darauf ankommen, ob es sich praktisch um eine belanglose Form handelt, sondern nur darauf, daß die Öffentlichkeit einer der leitenden Grundsätze des Prozeßrechts ist. Er muß der Parteiverfügung entzogen bleiben, Köln RR **86**, 560, Ffm MDR **86**, 606, Kissel/Mayer § 169 Rn 58, aM BVerwG NVwZ **85**, 566, BFH BStBl **90** II 1032, Kohlndorfer DVBl **88**, 477 (Art 6 I MRK lasse einen Verzicht zu, EuGMR NJW **82**, 2716). Über Familien- und Kindschaftssachen vgl § 170. Protokollierung: § 160 Z 5 ZPO.

4 **4) Sitzungspolizei.** Die Vorschriften über die Ordnungsgewalt (Sitzungspolizei) des Gerichts oder des Vorsitzenden haben eine prozessuale Natur. Eine ordnungsmäßige Prozeßführung ist undenkbar, wenn dem Gericht die Machtmittel zur Aufrechterhaltung der Ordnung fehlen. Daher sind alle landesgesetzlichen Vorschriften aufgehoben, § 14 EGZPO. Die Sitzungspolizei steht teils dem Vorsitzenden zu, § 176, teils dem Gericht, §§ 177 ff.

169 *Öffentlichkeit.* [1] **Die Verhandlung vor dem erkennenden Gericht einschließlich der Verkündung der Urteile und Beschlüsse ist öffentlich.** [2] **Ton- und Fernseh-Rundfunkaufnahmen sowie Ton- und Filmaufnahmen zum Zwecke der öffentlichen Vorführung oder Veröffentlichung ihres Inhalts sind unzulässig.**

Schrifttum: *Endemann* Festschrift für *Zeidler* (1987) 410.

Gliederung

1) Systematik, Regelungszweck, S 1, 2. Vgl Üb 1, 2 vor § 169. 1

2) Geltungsbereich, S 1, 2. In der Arbeitsgerichtsbarkeit gilt anstelle von S 1 § 52 S 1 ArbGG; S 2 ist 2 entsprechend anwendbar, § 52 S 4 ArbGG. §§ 169–197 gelten entsprechend im Verfahren nach § 22 VSchDG.

3) Öffentlichkeit, S 1. Einem Grundsatz stehen Ausnahmen gegenüber. 3

A. Grundsatz: Verhandlungsöffentlichkeit. Nur die Verhandlung vor dem erkennenden Gericht ist grundsätzlich öffentlich, Brdb FamRZ **03**, 1282, nicht also diejenige vor einem verordneten Richter, §§ 361 f, 357 I ZPO, BVerwG DÖV **90**, 1061, wohl aber die Verhandlung vor dem Einzelrichter. Er steht anstelle des Kollegiums. Nur die mündliche Verhandlung ist öffentlich, nicht die Zeit davor und auch keine Pause. Die mündliche Verhandlung ist aber voll öffentlich, also einschließlich einer darin stattfindenden Beweisaufnahme. Der Grundsatz der Öffentlichkeit gilt bei einer Video-Verhandlung nach § 128 a ZPO nur für den Sitzungsraum, nicht dagegen für Übertragungsräume, Schultzky NJW **03**, 317. § 169 glt im (jetzt) FamFG-Verfahren nicht, Hamm RR **88**, 840, Mü RR **06**, 82. Am Verfahren Beteiligte, zB Streitgenossen, sind keine Öffentlichkeit nach § 169, VGH Mannh VBlBW **99**, 184.

Öffentlich bedeutet, daß beliebige Zuhörer, wenn auch nur in begrenzter Zahl, die Möglichkeit haben, 4 sich ohne besondere Schwierigkeit Kenntnis von Ort und Zeit der Verhandlung zu verschaffen, und daß der Zutritt im Rahmen der tatsächlichen Gegebenheiten möglich ist, BVerfG NJW **02**, 814, BGH NStZ **82**, 476. Dazu gehört die Bekanntmachung der Verhandlung, soweit sie erforderlich ist, zB durch einen Anschlag vor dem Gerichtssaal oder durch Hinweistafeln im Gerichtsgebäude bei einer Verhandlung oder bei ihrer Fortsetzung außerhalb des Gerichtsgebäudes, BGH DRiZ **81**, 193, BayObLG NJW **80**, 2321, Köln StrVert **92**, 222, aM BVerwG NVwZ-RR **89**, 168. Die Möglichkeit, sich im Gerichtsgebäude nach dem Ort einer auswärtigen Verhandlung zu erkundigen, genügt nicht, Celle StrVert **87**, 287. Doch gilt das nicht ausnahmslos. Es gilt zB dann nicht, wenn es auf einen Hinweis im Gerichtsgebäude schlechterdings nicht ankommen kann, BGH DRiZ **81**, 193, oder wenn die Verhandlung oder Ortsbesichtigung auf offener Straße stattfindet, BVerwG NVwZ-RR **89**, 168, Hamm NJW **76**, 122, oder wenn das Gericht bei einer Ortsbesichtigung beschließt, an einem dritten Ort weiterzuverhandeln, BVerwG NVwZ-RR **89**, 168, Hamm MDR **81**, 518, Köln JMBlNRW **84**, 116, oder wenn der Vorsitzende den Terminsort kurzfristig verlegt. Nicht nötig ist aber eine an jedermann gerichtete Kundmachung, wann und wo die Verhandlung stattfindet, BGH NStZ **82**, 476, BVerwG NVwZ-RR **89**, 168, VGH Mü NVwZ-RR **02**, 799.

Der Raum muß *zugänglich,* kenntlich gemacht und ohne besondere Schwierigkeit auffindbar sein, zB auch 5 durch Auskünfte des Pförtners, BGH NStZ **82**, 476. Es darf auch die Eingangstür des Gerichtsgebäudes nicht verschlossen sein. Jedoch ist es unschädlich, wenn der Haupteingang des Gebäudes zeitweise verschlossen ist, Zuhörer sich aber mithilfe einer am Eingang angebrachten Klingel den Einlaß verschaffen können, BVerwG NVwZ **00**, 1299. Dasselbe gilt, wenn die Außentür des Sitzungsgebäudes nur versehentlich verschlossen wird oder ins Schloß fällt, so daß weitere Zuhörer nicht eintreten können, BVerwG DÖV **84**, 889, oder wenn der Gerichtswachtmeister nur irrtümlich den Zutritt verweigert, Rn 9.

Die Öffentlichkeit ist *gesetzwidrig beeinträchtigt,* wenn die Lage die vorstehenden Erfordernisse nicht erfüllt, 6 aber auch dann, wenn im Sitzungsraum für Zuhörer keinerlei Sitz- oder Stehplätze vorhanden sind, Köln NStZ **84**, 282, oder wenn dort nur ein einziger Sitzplatz besteht BayObLG NJW **82**, 395, oder wenn das Gericht einen Zuhörer gegen seinen Willen ohne einen gesetzlichen Grund aus dem Sitzungssaal entfernt, BGH MDR **82**, 812. Als Zeugen benannte oder infrage kommende Zuhörer darf der Vorsitzende auffordern, bis zu ihrem Einzelaufruf zunächst noch einmal den Saal zu verlassen, BAG RdA **88**, 128, BGH MDR **83**, 92. Ein Verstoß liegt ferner vor, wenn ein Schild „Das Gericht ist freitags ab 13 Uhr geschlossen" noch bei einer anschließenden Sitzung am Haupteingang hängt, Zweibr NJW **95**, 3333, oder wenn ein Schild an der Sitzungstür besagt „Sitzung, bitte nicht stören", oder wenn bei einer Verhandlung in einer Strafanstalt nur das Vollzugspersonal einen Zutritt hat, BGH JR **79**, 261, oder wenn das Gericht anläßlich einer Augenscheinseinnahme Zeugen ohne eine zwingende Notwendigkeit in einem so kleinen Raum vernimmt, daß kein Unbeteiligter Zutritt hat.

Dagegen wird der Grundsatz *nicht* verletzt, wenn das Gericht die Sache nicht ordnungsgemäß aufgerufen 7 hat, BFH NVwZ **96**, 102, oder wenn das Gericht entgegen seiner Ankündigung die Verhandlung früher fortsetzt, BGH NStZ **84**, 134, und auch nicht dadurch, daß ein Anwesender der aus verständigem Grund geäußerten Bitte, den Saal zu verlassen, freiwillig nachkommt, BGH NJW **89**, 465 (krit Hassemer JuS **89**, 497, Schneiders StrVert **90**, 91, Sieg MDR **90**, 69), wohl aber dadurch, daß der Vorsitzende die Bitte an alle anwesenden Zuhörer richtet und daß alle sie befolgen, BGH bei Holtz MDR **93**, 1041.

B. Ausnahmen. Beschränkungen aus Gründen der Ordnung sind zulässig und evtl ratsam oder gar 8 notwendig. Der Vorsitzende gestattet den Zutritt zu anderen Teilen des Saals als dem Zuhörerraum nach seinem Ermessen. Er kann bei einer Überfüllung die Türen schließen lassen oder weitere Zuhörer abweisen lassen. Er kann einem unbestimmten Personenkreis den Zutritt nur gegen natürlich kostenlose Eintrittskarten erlauben, Karlsr NJW **75**, 2080. Er kann einen Ausweis über die Person verlangen, BGH NJW **77**, 157. Hat das Gericht durch Kontrollmaßnahmen eine Verzögerung des Zutritts bewirkt, muß es mit dem Beginn der Verhandlung warten, bis alle rechtzeitig Erschienenen eintreten konnten, BGH NJW **95**, 3197. Zu der Frage, wann die Verhandlung dann nach einer Unterbrechung und nach einem zeitweisen Ausschluß der Öffentlichkeit weiterlaufen darf, BGH NJW **81**, 61. Der Vorsitzende darf betrunkenen oder anstößig auftretenden Personen den Zutritt verwehren, § 175, oder den Zugang zu einem Ortstermin wegen räumlicher Beschränkung begrenzen. Er darf zB bei einer Verhandlung in dem Nebenraum eines Cafés nicht an der Verhandlung interessierte Personen in einen anderen Raum schicken. Unzulässig ist die Zurückweisung „auf Verdacht", ebenso die gezielte Auswahl eines viel zu kleinen Saales, BayObLG NJW **82**, 395. Umgekehrt verletzt die unbefugte Erweiterung der Öffentlichkeit das Gesetz, zB die Wahl eines Riesensaales oder eine Lautsprecherübertragung. Ein Anspruch auf eine Bild- und Tonübertragung der Verhandlung in einen anderen Saal des Gerichts läßt sich auch aus Art 5 I 2 GG nicht herleiten, BVerfG NJW **93**, 915.

Verhandelt das Gericht *außerhalb des Justizgebäudes,* verletzt es durch eine bloße Beschränkung des Zutritts den Grundsatz nicht, wenn der Hausherr die Erlaubnis für Dritte versagt, BGH NJW **94**, 2773 (zustm Schmidt JuS **95**, 110), und wenn die Verhandlung an einem anderen Ort nicht möglich ist, zB bei einer Ortsbesichtigung oder bei der Vernehmung eines transportunfähigen Zeugen in einem Privathaus, Foth JR **79**, 263. Bei der Verhandlung in einer Wohnung genügen ein Hinweis an der Wohnungstür und die Möglichkeit, sich durch Klingeln oder Klopfen Einlaß zu verschaffen, Hamm VRS **83**, 451.

9 **4) Verstoß, S 1.** Eine Verletzung des Grundsatzes der Öffentlichkeit bei der Verhandlung (nicht dagegen nur bei der Verkündung) ist ein unbedingter Revisionsgrund, Üb 2 vor § 169. Man muß dessen Ursächlichkeit unwiderlegbar vermuten, wenn der Mangel bis zur Entscheidung bestanden oder fortgewirkt hat, also nicht geheilt oder durch den weiteren Gang der Verhandlung überholt worden ist, BGH NJW **00**, 2508, Fezer StrVert **85**, 403, Schöch NStZ **85**, 422. Jedoch schadet jede unzulässige Beschränkung (wegen der Verkündung § 173) nur dann, wenn sie auf ein vorwerfbares Verhalten des Vorsitzenden zurückgeht, Kissel/Mayer 55–57, und nicht etwa nur auf einen Fehler des Gerichtswachtmeisters, der zB vergessen hat, die Türen zu öffnen, oder auf das Verhalten des Hausmeisters, der die Eingangstür zum Gerichtsgebäude versehentlich verschlossen hat, BVerwG NVwZ **82**, 43. Doch liegt ein Verstoß vor, wenn das Gericht das bemerkt hat oder bei einer Anwendung der zumutbaren Sorgfalt hätte bemerken können, BGH MDR **90**, 1070, BFH NJW **92**, 3526, BVerwG NVwZ **00**, 1299. Die Öffentlichkeit kann aber ausnahmsweise auch dadurch fehlen, daß staatliche Organe außerhalb des Gerichts den Besuchern Nachteile androhen oder einen solchen Anschein erwecken, BGH NJW **80**, 249 (verneint für das Fotografieren von Teilnehmern durch die Polizei). Das gilt natürlich erst recht für Eingriffe des Hausherrn, wenn er etwa den Zutritt zum Sitzungssaal unzulässigerweise verwehrt, Celle DRiZ **79**, 376. Über die Entfernung einzelner Personen aus dem Saal §§ 176f. Die unzulässige Erweiterung der Öffentlichkeit ist ebenso wie das unzulässige Unterlassen des Ausschlusses stets schädlich. Denn beides kann nur im Einverständnis mit dem Vorsitzenden zulässig sein. Einen Zweifel über die Aussagekraft des an sich maßgeblichen Protokolls muß das Rechtsmittelgericht im Weg des Freibeweises nach § 286 ZPO klären, BayObLG NJW **95**, 976.

10 **5) Rundfunkaufnahme usw, S 2.** Zur Verfassungsmäßigkeit der Regelung BVerfG NJW **01**, 1633 und RR **07**, 987 und 1416, Huff, Zuck, Ernst NJW **01**, 1622, Schnorr/Wissing ZRP **01**, 143. Zu der Frage, ob und inwieweit Fernsehaufnahmen aus dem Gerichtssaal zulässig sein sollten, BVerfG DRiZ **08**, 95 (StPO), Dieckmann NJW **01**, 2451, Gehring ZRP **00**, 197, Gündisch NVwZ **01**, 1004. Sowohl Ton- als auch Fernseh-Rundfunkaufnahmen sind zum Schutz der Parteien sowie im Interesse der Wahrheitsfindung und wegen § 394 I ZPO sowohl während der Verhandlung als auch bei der Urteilsverkündung schlechthin unzulässig, Wolf NJW **94**, 681, zumal man auch die in I vorgeschriebene Öffentlichkeit nicht bis ins Unbestimmte ausdehnen darf. Diese Aufnahmen sind auch nicht mit einem Einverständnis der Parteien oder des Vorsitzenden zulässig. Aus denselben Gründen sind unzulässig Ton- und Filmaufnahmen zum Zweck der öffentlichen Vorführung oder einer Veröffentlichung ihres Inhalts. Ein Recht zu solchen Aufnahmen für andere Zwecke folgt hieraus nicht, Köln FamRZ **83**, 750. Hier muß man unterscheiden: Sie sind zulässig, wenn das Gericht und alle Beteiligten einschließlich des Sprechenden zustimmen. Will das Gericht für gerichtliche Zwecke Tonaufnahmen machen lassen, kommt es auf die Zustimmung der Beteiligten nicht an, wie § 160a ZPO zeigt. Handelt es sich um Aufzeichnungen durch einen Verfahrensbeteiligten, zB für Zwecke der Verteidigung, ist die Zustimmung des Gerichts nach seinem pflichtgemäßen Ermessen notwendig, BGH NStZ **82**, 42, Düss NJW **96**, 1360. Daneben ist aber auch die Erlaubnis aller weiteren Beteiligten notwendig, aM Kissel/Mayer 77. Gerichtspersonen und Anwälte müssen kraft Amts Filmaufnahmen grundsätzlich hinnehmen, BVerfG RR **07**, 987.

11 *Unanwendbar* ist II bei Aufnahmen vor und nach der Verhandlung sowie in Verhandlungspausen, BVerfG DRiZ **08**, 95 (StPO). Unanwendbar ist II überhaupt auf die Wortberichterstattung durch die Presse sowie auf ein Zeichnen und auf solche Bildaufnahmen, die keine Filmaufnahme sind. Sie unterliegen aber der Sitzungspolizei, § 176 GVG, BVerfG NJW **03**, 2671. Dabei muß der Vorsitzende einerseits den Persönlichkeitsschutz (Recht am eigenen Bild) und die Ordnung des Gerichtsverfahrens abwägen, andererseits die Presse- und Rundfunkfreiheit unter einer Beachtung des Grundsatzes der Verhältnismäßigkeit, BVerfG RR **07**, 1416. Die Wiederholung von Aufnahmen an mehreren Sitzungstagen hat kein Vorrecht, BVerfG NJW **03**, 2671. Soweit Beteiligte nur ihre eigenen Erklärungen durch Tonaufnahmegeräte aufzeichnen, unterliegt das nur der Sitzungspolizei, § 176 GVG.

12 **6) Verstoß, S 2.** Ein Verstoß gegen S 2 ist kein absoluter Revisionsgrund, § 547 Z 5, BGH NJW **89**, 1741 (StPO; zustm Fezer StrVert **89**, 291, abl Alwart JZ **90**, 895, Meurer JR **90**, 391, Roxin NStZ **89**, 376, vgl auch Töpper DRiZ **89**, 389).

Für das *Bundesverfassungsgericht* gilt die von § 169 S 2 abweichende Regelung in § 17a BVerfGG, Sendler NJW **99**, 1524, Zuck NJW **98**, 3030. Sie ist wegen ihres Ausnahmecharakters auf andere Gerichte nicht entsprechend anwendbar, aM Gündisch/Dany NJW **99**, 256.

170 *Fassung 1. 9. 2009:* ***Nichtöffentlichkeit in Familiensachen.*** **I 1 Verhandlungen, Erörterungen und Anhörungen in Familiensachen sowie in Angelegenheiten der freiwilligen Gerichtsbarkeit sind nicht öffentlich. 2 Das Gericht kann die Öffentlichkeit zulassen, jedoch nicht gegen den Willen eines Beteiligten. 3 In Betreuungs- und Unterbringungssachen ist auf Verlangen des Betroffenen einer Person seines Vertrauens die Anwesenheit zu gestatten.**

II Das Rechtsbeschwerdegericht kann die Öffentlichkeit zulassen, soweit nicht das Interesse eines Beteiligten an der nicht öffentlichen Erörterung überwiegt.

Vorbem. Fassg Art 22 Z 17 FGG-RG, in Kraft seit 1. 9. 09, Art 112 I Hs 1 FGG-RG, ÜbergangsR Art 111 FGG-RG, Einf 4 vor § 1 FamFG.

Bisherige Fassung: **1 Die Verhandlung in Familiensachen ist nicht öffentlich. 2 Dies gilt nicht für die Familiensachen des § 23 b Abs. 1 Satz 2 Nr. 13 und für die Familiensachen des § 23 b Abs. 1 Satz 2 Nr. 5, 6, 9 nur, soweit sie mit einer der anderen Familiensachen verhandelt werden.**

1) Systematik, Regelungszweck, I, II. Vgl zunächst Üb 1, 2 vor § 169. I 1 stellt eine Ausnahme vom wichtigen Grundsatz der Öffentlichkeit dar. Das geschieht natürlich aus nur zu naheliegenden Gründen des Schutzes der Privatsphäre. I 2 ist insofern scheinbar teilweise inkonsequent. Denn auch in seinem Geltungsbereich gibt es viel Schützenswertes, das nur die direkt Betroffenen angeht. Trotzdem muß man I 2 als eine Rückkehr zum Grundsatz des § 169 theoretisch weit auslegen. Ein vernünftiger Familienrichter versucht vorsichtig abzuwägen, soweit er das hier überhaupt tun darf. Auch bringt I 2 Hs 2 eine klare Grenze der Öffentlichkeit. I 3 eröffnet zugunsten des Betroffenen eine ganz dringliche Erweiterung seiner Möglichkeiten ohne eine Verletzung des Grundsatzes I 1. Daher muß man I 3 weit auslegen. II gibt dem Rechtsbeschwerdegericht ein nicht ganz überzeugend weites Ermessen. 1

2) Grundsatz: Nichtöffentlichkeit, I 1, 3. Zum Schutz der Privatsphäre in einer dort genannten Sache ist die Verhandlung grundsätzlich nichtöffentlich. Da die Nichtöffentlichkeit in diesen Verfahren nicht sicher sein kann, soweit es sich um Übertragungsräume handelt, kommt eine Video-Verhandlung nach § 113 I 2 FamFG in Verbindung mit § 128 a ZPO nicht in Betracht, Schultzky NJW **03**, 317. Eine Ehesache muß das Gericht erst recht in einer nichtöffentlichen Sitzung amtieren. Die Notwendigkeit der Öffentlichkeit der Entscheidungsverkündung nach § 173 bleibt bestehen. 2

3) Ausnahmen, I 2. Jedoch darf das Gericht die Öffentlichkeit nach einer pflichtgemäßen Abwägung zulassen, solange und soweit nicht der Wille auch nur eines einzigen Beteiligten nach § 7 FamFG entgegensteht. Das Gericht muß ihn sorgfältig erkunden und darf ihn keineswegs einfach abwarten (Hinweispflicht zB bei § 113 I 2 FamFG nach § 139 ZPO). Es darf auch nachträglich bis zum Verhandlungsschluß usw nach denselben Regeln wechseln, selbst evtl mehrfach. 3

4) Wirkung, I 1–3. An der Verhandlung dürfen nur diejenigen Personen teilnehmen, deren Anwesenheit auf Grund ihrer Stellung im Verfahren oder auf Grund einer besonderen Vorschrift notwendig und erlaubt ist. Andere Personen darf der Vorsitzende nur nach § 175 II zulassen. I 3 zwingt in den dort abschließend genannten Sachen zur Erlaubnis. 4

Teilnahmeberechtigt sind die Verfahrensbeteiligten und ihre gesetzlichen Vertreter. Verfahrensbeteiligte sind auch Drittbeteiligte, §§ 7, 8 FamFG. Diese sonstigen Beteiligten dürfen an der Verhandlung usw aber nur insoweit teilnehmen, als die betreffende Sache (mit)verhandelt oder -erörtert wird.

Nicht beteiligt am Verfahren sind außerhalb von § 7 II, III 1 FamFG Pflegeeltern. Doch sollte ihnen die Anwesenheit in dem das Kind betreffendes Verfahren oder Verfahrensteil möglich sein, § 175 II, Schlesw SchlHA **83**, 31. Teilnahmeberechtigt sind natürlich auch die ProzBev der Verfahrensbeteiligten, zB ein auswärtiger Verkehrsanwalt, (je zum alten Recht) Kblz RR **87**, 509 (zustm Bosch FamRZ **87**, 404), Bauer/Fröhlich FamRZ **83**, 122, aM Hamm FamRZ **82**, 1094. Teilnahmeberechtigt sind Beistände der Verfahrensbeteiligten, zB nach § 12 FamFG, oder eines Zeugen, BVerfG NJW **75**, 103, während dessen Anwesenheit. Teilnahmeberechtigt sind Zeugen, Sachverständige usw, solange das Gericht sie als solche vom Gericht benötigt. Teilnahmeberechtigt ist schließlich der Dienstaufsichtführende nach § 175 III.

5) Rechtsbeschwerdeverfahren, II. Hier erhält des Gericht ein Ermessen zur Zulassung der Öffentlichkeit in den Grenzen eines überwiegenden entgegengesetzten Interesses auch nur eines Beteiligten. 5

6) Rechtsbehelf, I 1–3. Die Nichtzulassung zur Verhandlung unterliegt der sofortigen Beschwerde nach § 7 III 3 FamFG, §§ 567 ff ZPO. Das gilt auch für den Ausschluß der in Rn 4 Genannten, während für ihre Entfernung aus dem Saal wegen Ungehorsams nach § 177 entsprechend § 181 die Beschwerde statthaft ist, § 177 Rn 4. 6

7) Verstoß, I 1–3. § 170 ist zwingendes Recht, Köln RR **86**, 560. Seine Verletzung, also die Teilnahme eines Unbefugten, ist ein unbedingter Rechtsbeschwerdegrund, § 72 III FamFG, § 547 Z 5 ZPO, und ein schwerer Verfahrensmangel nach § 69 I 3 FamFG. Er rechtfertigt auch in der Beschwerdeinstanz eine Zurückverweisung, wenn Anhaltspunkte dafür bestehen, daß der Verstoß die Wahrheitsfindung beeinträchtigt oder das Vorbringen eines Beteiligten beschnitten hat, Köln FamRZ **98**, 696. 7

171 (aufgehoben)

171a (betrifft Strafsachen)

171b ***Schutz von Persönlichkeitsrechten.*** **I 1 Die Öffentlichkeit kann ausgeschlossen werden, soweit Umstände aus dem persönlichen Lebensbereich eines Prozeßbeteiligten, Zeu-**

gen oder durch eine rechtswidrige Tat (§ 11 Abs. 1 Nr. 5 des Strafgesetzbuches) Verletzten zur Sprache kommen, deren öffentliche Erörterung schutzwürdige Interessen verletzen würde, soweit nicht das Interesse an der öffentlichen Erörterung dieser Umstände überwiegt. [2] Dies gilt nicht, soweit die Personen, deren Lebensbereiche betroffen sind, in der Hauptverhandlung dem Ausschluß der Öffentlichkeit widersprechen.

[II] Die Öffentlichkeit ist auszuschließen, wenn die Voraussetzungen des Absatzes 1 Satz 1 vorliegen und der Ausschluß von der Person, deren Lebensbereich betroffen ist, beantragt wird.

[III] Die Entscheidungen nach den Absätzen 1 und 2 sind unanfechtbar.

Schrifttum: *Odersky* Festschrift für *Pfeiffer* (1988) 328.

1 **1) Systematik, Regelungszweck, I–III.** Vgl zunächst Üb 1, 2 vor § 169. Der Ausschluß der Öffentlichkeit zum Schutz des persönlichen Lebensbereichs war früher in § 172 Z 2 mitgeregelt. Das Opferschutzgesetz hat diese Regelung verselbständigt und den Schutz vor einer Gefährdung durch eine Bloßstellung gebracht, BGH NJW **92**, 2436.

2 **2) Geltungsbereich, I–III.** Die Vorschrift ist auf das Strafverfahren zugeschnitten, vgl I 2. Sie gilt aber für den ganzen Bereich des GVG und in der Arbeitsgerichtsbarkeit, § 52 S 2 ArbGG, sowie kraft Verweisung in den öffentlichrechtlichen Gerichtsbarkeiten, §§ 55 VwGO, 52 I FGO, 61 I SGG. Art 6 MRK steht als eine ältere Vorschrift der Neuregelung nicht entgegen, Schumann Festschrift für Schwab (1990) 457.

3 **3) Geschützter Personenkreis, I–III.** Ein Ausschluß der Öffentlichkeit ist dann zulässig, wenn Umstände aus dem persönlichen Lebensbereich folgender Personen zur Sprache kommen: Prozeßbeteiligte, also Parteien, Streithelfer, Beigeladene in einer Kindschaftssache, Drittbeteiligte in einer Familiensache usw; Zeugen, also auch solche Personen, die vorerst nur als Zeugen in Betracht kommen, Mertens NJW **80**, 2687, also nicht nur derjenige, den das Gericht in dem Verfahren tatsächlich als Zeugen vernimmt, aM Sieg NJW **81**, 963.

4 **4) Sachliche Voraussetzungen, I–III.** Es muß sich um die Erörterung von Umständen aus dem persönlichen Lebensbereich einer der in Rn 3 genannten Personen handeln, nicht um Umstände aus deren Berufs- und Erwerbsleben, § 172 Z 2. Die Vorschrift erfaßt Vorgänge aus dem einem Dritten nicht zugänglichen und einen Schutz vor dem Einblick Außenstehender verdienenden privaten Bereich, BGH NJW **82**, 59. Die Umstände können persönliche, gesundheitliche, weltanschauliche oder familiäre Verhältnisse betreffen. Als Faustregel kann gelten, daß es solche Tatsachen sein müssen, nach denen man üblicherweise im Sozialleben fragt und die ein Beteiligter meist nicht spontan mitteilt, Rieß/Hilger NStZ **87**, 150. Die öffentliche Erörterung solcher Umstände muß schutzwürdige Interessen verletzen. Daß sie dem Betroffenen peinlich ist, genügt nicht. Vielmehr muß die öffentliche Erörterung darüber hinausgehende Nachteile für ihn haben. Sie muß ihn also bloßstellen oder sein Ansehen herabwürdigen oder auch seine Ehe oder seine berufliche Stellung gefährden. Die Interessen des Betroffenen sind aber dann nicht schutzwürdig, wenn er selbst die Tatsachen in die Öffentlichkeit gebracht oder die Privatsphäre eines anderen zum Gegenstand einer öffentlichen Auseinandersetzung gemacht hat.

5 **5) Interessenabwägung, I 1.** Das Gericht muß die Interessen des Betroffenen und das Interesse an einer öffentlichen Erörterung der Umstände aus dem Privatbereich gegeneinander abwägen. Dabei hindert nur ein überwiegendes öffentliches Interesse den Ausschluß. Bei gleichwertigen Interessen muß das Gericht die Öffentlichkeit vorbehaltlich des Widerspruchs nach Rn 6 ausschließen. Als Faustregel kann gelten, daß das öffentliche Interesse desto mehr zurücktreten muß, je stärker sich die Erörterung dem innersten Kernbereich der Privatsphäre nähert. Bei der Abwägung hat das Gericht einen Beurteilungsspielraum.

6 **6) Widerspruch, I 2.** Auch bei einem nicht überwiegenden öffentlichen Interesse darf das Gericht die Öffentlichkeit nicht ausschließen, soweit die betroffenen Personen in der Hauptverhandlung dem Ausschluß der Öffentlichkeit widersprechen. Diese Bestimmung ist auf das Strafverfahren zugeschnitten. Sie muß aber auch in anderen Verfahren gelten. Denn auch hier kann zB ein Zeuge ein schützenswürdiges Interesse daran haben, daß das Gericht den Vorgang in aller Öffentlichkeit behandelt, Weigend NJW **87**, 1172. Der Widerspruch ist in der mündlichen Verhandlung notwendig. Er ist nur dann verbindlich, wenn alle Betroffenen ihn erheben, Rieß/Hilger NStZ **87**, 208. Es steht aber einem Ausschluß nach § 172 nicht entgegen, BGH NJW **92**, 2436. Widerspricht nur einer von mehreren Betroffenen oder widersprechen alle außerhalb der mündlichen Verhandlung, muß das Gericht diese Erklärungen bei der Abwägung ohne Bindung an sie würdigen. Für den Widerspruch besteht kein Anwaltszwang.

7 **7) Verfahren, I, II.** Den Ausschluß der Öffentlichkeit muß das Gericht meist auf einen bestimmten Verfahrensabschnitt beschränken („soweit"). Es darf ihn nur ausnahmsweise für die gesamte Beweisaufnahme anordnen, BGH NStZ **89**, 483, Frommel StrVert **90**, 10. Darüber muß das Gericht von Amts wegen nach seinem pflichtgemäßen Ermessen entscheiden. Es kann also davon absehen, auch wenn die Voraussetzungen vorliegen. Beantragt jedoch ein Betroffener den Ausschluß, muß das Gericht die Öffentlichkeit ausschließen. Für den Antrag besteht kein Anwaltszwang. Über den Ausschluß der Öffentlichkeit muß das Gericht stets in nichtöffentlicher Sitzung verhandeln lassen, § 174 I.

8 **8) Entscheidung, I, II.** Sie ergeht durch einen Beschluß nach einer Anhörung der von ihr Betroffenen, also zB auch derjenigen als Zeuge infragekommenden Person, deren Lebensbereich betroffen ist. Der Vorsitzende muß den Beschluß öffentlich verkünden, § 174 I. Er muß ihn begründen, § 174 I 3. Zur Bezugnahme auf einen in öffentlicher Verhandlung gestellten Antrag BGH NStZ **94**, 591. Hat das Gericht die Öffentlichkeit für die Dauer der Vernehmung eines Zeugen ausgeschlossen, deckt der Beschluß auch eine Inaugenscheinnahme solcher Urkunden, deren Notwendigkeit sich unmittelbar aus der Vernehmung ergibt, BGH NStZ **88**, 190.

9 **9) Rechtsmittel, III.** Die negative oder positive Entscheidung über den Ausschluß der Öffentlichkeit ist unanfechtbar. Nach dem Willen des Gesetzgebers, der das Strafverfahren im Auge hatte, soll man auch die

Anfechtung der späteren Entscheidung in der Sache selbst nicht auf eine Verletzung des § 171 b stützen können, Rieß/Hilger NStZ **87**, 208, Weigend NJW **87**, 1172. Der gesetzgeberische Grund, dem Tatrichter für den Ausschluß der Öffentlichkeit Mut zu machen, gilt aber auch für andere Verfahren. Deshalb darf und muß III dahin auslegen, daß ein Verstoß gegen § 171 b nicht ein Rechtsmittel ermöglicht, daß also §§ 512, 557 II ZPO anzuwendbar sind und daß § 547 Z 5 ZPO insoweit nur eingeschränkt gilt. Jedoch kann man ein Rechtsmittel darauf stützen, daß der Beschluß über die Ausschließung nicht den Anforderungen des § 174 entsprochen habe, BGH StrVert **90**, 10 (zustm Frommel). Ferner darf das Berufungsgericht bei der Würdigung einer Zeugenaussage durch das Erstgericht berücksichtigen, daß dieses die Öffentlichkeit hätte ausschließen müssen.

10) Wirkungen des Ausschlusses, I–III. Sie sind dieselben wie nach § 172. Für die Urteilsverkündung 10
gilt § 173 I mit der Einschränkung nach § 173 II. Das Gericht kann den bei der Verhandlung Anwesenden eine Geheimhaltung auferlegen, § 174 III. Der dahingehende Beschluß ist anfechtbar, § 174 III 3. Der Ausschluß der Öffentlichkeit führt bei einer Video-Verhandlung nach § 128 a ZPO zu deren Abbruch. Denn es läßt sich nicht sicherstellen, daß der Ausschluß auch in den Übertragungsräumen erfolgt, Schultzky NJW **03**, 317.

172 *Ausschließung der Öffentlichkeit.* Das Gericht kann für die Verhandlung oder für einen Teil davon die Öffentlichkeit ausschließen, wenn

1. eine Gefährdung der Staatssicherheit, der öffentlichen Ordnung oder der Sittlichkeit zu besorgen ist,
1 a. eine Gefährdung des Lebens, des Leibes oder der Freiheit eines Zeugen oder einer anderen Person zu besorgen ist,
2. ein wichtiges Geschäfts-, Betriebs-, Erfindungs- oder Steuergeheimnis zur Sprache kommt, durch dessen öffentliche Erörterung überwiegende schutzwürdige Interessen verletzt würden,
3. ein privates Geheimnis erörtert wird, dessen unbefugte Offenbarung durch den Zeugen oder Sachverständigen mit Strafe bedroht ist,
4. eine Person unter sechzehn Jahren vernommen wird.

Schrifttum: *Kleinknecht* Festschrift für *Nüchterlein* (1978) 173 ff.

1) Systematik, Regelungszweck, Z 1–4. Vgl zunächst Üb 1, 2 vor § 169. Die Vorschrift schafft 1
weitere wichtige, aber als formelle Ausnahmen von der Regel des § 169 eng auslegbare Fälle des Vorrangs aller möglichen privaten Interessen oder öffentlicher Sorgen vor dem generellen Interesse der Öffentlichkeit.

2) Geltungsbereich, Z 1–4. Vor den Arbeitsgerichten gilt § 52 S 2, 3 ArbGG. 2

3) Öffentliches Interesse, Z 1. Stets kann das Gericht die Öffentlichkeit für die ganze Verhandlung oder 3
für einen Teil der Verhandlung auf einen Antrag oder von Amts wegen wie folgt ausschließen: Wegen einer Gefährdung der Staatssicherheit, wenn man eine Preisgabe von solchen Amtsgeheimnissen oder sonstigen Informationen befürchten muß, die der Sicherheit Deutschlands oder eines verbündeten Staats nach Art 38 ZAbkNTrSt, SchlAnh III, schaden könnte; wegen einer Gefährdung der öffentlichen Ordnung durch die Zuhörerschaft, zB weil man eine Fortsetzung von Störungen der Verhandlung durch Kundgebungen befürchten muß; wegen einer Gefährdung der Sittlichkeit, Art 6 MRK, wenn man in der Verhandlung sexuelle Vorgänge erörtern muß, die geeignet sind, das Scham- und Sittlichkeitsgefühl Unbeteiligter erheblich zu verletzen, insbesondere Jugendliche sittlich zu gefährden, BGH NJW **86**, 200, Böttcher JR **86**, 216.

In allen diesen Fällen genügt eine nach *objektiven Maßstäben* begründete Befürchtung. Dem Tatrichter steht bei der Wertung ein Beurteilungsspielraum zu, BGH NJW **92**, 2436. Das Rechtsmittelgericht darf seine Entscheidung deshalb nicht auf Ermessensfehler prüfen, sondern nur darauf, ob sie vertretbar war, BGH NJW **92**, 2436, Düss MDR **81**, 427, Böttcher JR **86**, 216. Die Verhandlung und eine etwaige Beweisaufnahme darüber geschehen meist unter Ausschluß der Öffentlichkeit, § 174 I.

4) Personenschutz, Z 1 a. Die Vorschrift dient in erster Linie der Bekämpfung des illegalen Rauschgift- 4
handels und anderer Erscheinungsformen der organisierten Kriminalität. Ein Personenschutz kann aber auch in anderen Verfahren erforderlich sein, um vollständige und wahrheitsgemäße Aussagen zu gewährleisten. Ebenso wie bei Z 1 genügt eine nach objektiven Maßstäben begründete Befürchtung, daß eine Gefährdung eintreten würde. Bei dieser Wertung steht dem Tatrichter ein Beurteilungsspielraum zu, Rn 3. Dabei ist zum Schutz der Betroffenen eine weitherzige Anwendung notwendig. Es genügt nicht, wenn man auch ohne eine vergleichbare Gefahr mit einer Erschwerung der Wahrheitsfindung rechnen muß, zB wenn ein Zeuge einfach grundlos erklärt, er wolle nur beim Ausschluß der Öffentlichkeit aussagen, BGH NJW **81**, 2825. Dagegen dürfte ausreichen, wenn jemand begründet darlegt, er könne durch eine Aussage in einer öffentlichen Verhandlung gesundheitliche Schäden erleiden, zB einen Herzanfall. Die Verhandlung über den Ausschluß der Öffentlichkeit sowie eine etwaige Beweisaufnahme werden fast immer unter Ausschluß der Öffentlichkeit nötig, § 174 I. Wegen der Begründung des Ausschließungsbeschlusses § 174 Rn 2.

5) Privatsphäre, Z 2. Dieser Ausschluß ist nach § 171 b sowie dann gerechtfertigt, wenn in der Ver- 5
handlung bestimmte wichtige Geheimnisse zur Sprache kommen, nämlich ein solches Geschäfts- oder Betriebsgeheimnis, Lachmann NJW **87**, 2206, das seinen Schutz nicht durch sein Bekanntwerden in einem beschränkten Personenkreis verliert, zB Kalkulationen, Marktstrategien, Kundenlisten, Bilanzen, Fabrikationsdaten, oder ein Erfindungsgeheimnis, also die eine auch nicht geschützte Erfindung betreffenden Umstände, an deren Geheimhaltung ein berechtigtes Interesse besteht, oder schließlich ein Steuergeheimnis nach § 30 AO, weil das sonst eine Erörterung der etwa dem Finanzamt bekanntgewordenen Tatsachen in einer öffentlichen Verhandlung verbieten könnte.

Das Gericht entscheidet frei nach seinem *pflichtgemäßen Ermessen,* ob der Ausschluß der Öffentlichkeit notwendig ist. Es muß sich dabei an die Erklärungen des Betroffenen halten. Es sollte meist keinen Beweis darüber erheben. Die Verhandlung und eine etwaige Beweisaufnahme darüber geschehen regelmäßig nichtöffentlich, § 174 I. Bei seiner Entscheidung muß das Gericht abwägen. Ein Ausschluß der Öffentlichkeit ist nicht nur im Ausnahmefall zulässig, sondern immer dann, wenn man durch die öffentliche Erörterung überwiegende schutzwürdige Interessen des Einzelnen verletzen würde, § 171 b.

6 **6) Private Geheimnisse, Z 3.** Die Verletzung von Privatgeheimnissen durch die Angehörigen bestimmter Berufsgruppen ist nach § 203 StGB usw strafbar. Im gerichtlichen Verfahren müssen aber solche anvertrauten Geheimnisse von Zeugen und Sachverständigen evtl zur Sprache kommen, nämlich vom Weigerungsberechtigten nach seiner Entbindung von der Schweigepflicht und von anderen auf Grund der höherrangigen Aussagepflicht. Dann soll das Gericht das Anvertraute durch den Ausschluß der Öffentlichkeit schützen.

7 **7) Person unter 16 Jahren, Z 4.** Für kindliche Zeugen oder Beteiligte kann ein Auftreten vor zahlreichen Zuhörern eine schwere psychische Belastung darstellen.

8 **8) Ausschluß der Öffentlichkeit aus anderen Gründen.** Regelungen in besonderen Gesetzen bleiben unberührt. Eine Erweiterung des Ausschlusses durch Art 6 I MRK ist kein unmittelbar geltendes Recht. Denn § 172 geht als die jüngere abschließende Regelung der MRK vor, Schumann Festschrift für Schwab (1990) 457.

9 **9) Verfahren, Z 1–4.** Stets steht es wie bei Rn 5 im pflichtgemäßen Ermessen des Gerichts, ob es die Öffentlichkeit ausschließt, für welche Teile der Verhandlung und für welche Dauer das geschieht, BGH NJW **86**, 200. Das Revisionsgericht darf die Ausübung des Ermessens nur auf Fehler nachprüfen, BGH NJW **86**, 200 (zustm Böttcher JR **86**, 216), Düss MDR **81**, 427. Dabei kommt es auf das Gewicht der gefährdeten Interessen an. Daher ist ein Ausschluß bei Z 1, 1 a, 2, 4 fast immer notwendig. Aber niemand hat einen absoluten Anspruch auf den Ausschluß, auch nicht nach Art 6 MRK, Rn 8. Wegen der Bedeutung der Öffentlichkeit für die Rechtspflege ist der Grundsatz der Verhältnismäßigkeit beachtbar. Deshalb darf dann kein Ausschluß erfolgen, wenn eine Maßnahme nach § 175 I genügt. Das Gericht muß insbesondere die Dauer des Ausschlusses sorgfältig prüfen. Häufig genügt ein Ausschluß für einen Teil der Verhandlung. Beim Wegfall des Grundes muß das Gericht den Ausschluß aufheben.

Stets ist eine *Verhandlung* über den Ausschluß nötig, § 174. Den Ausschluß anregen kann jeder Beteiligte, auch ein Zeuge. Er darf sich dabei des Beistands eines Anwalt bedienen, BVerfG **38**, 105. Die Entscheidung ergeht durch einen Beschluß nach § 174, nicht durch eine Verfügung des Vorsitzenden. Der Ausschluß endet mit der Aufhebung des Beschlusses oder mit dem Abschluß desjenigen Teils der Verhandlung, für den er erfolgt war, BGH StrVert **91**, 199. Der Ausschluß für die ganze Verhandlung endet von selbst vor der Urteilsverkündung, § 173 I, ohne daß dazu ein Beschluß erforderlich ist, wenn nicht ein Beschluß nach § 173 II ergeht.

10 Der Ausschluß hat die *Wirkung*, daß nur die in § 170 Rn 2 genannten Personen an der Verhandlung teilnehmen dürfen und andere Personen nur nach § 175 II einen Zutritt erhalten. Das Gericht muß eine Video-Verhandlung nach § 128 a ZPO abbrechen, § 171 b Rn 6. Geheimhaltungspflicht bei Ausschluß: § 174 II, III. Zu der Frage, ob ein Verstoß gegen Anordnungen nach § 172 als Hausfriedensbruch gilt, Oldb DRiZ **81**, 192.

11 **10) Rechtsmittel, Z 1–4.** Der Beschluß über den Ausschluß ist unanfechtbar. Eine auf eine Verletzung von § 169 gestützte Revision nach § 547 Z 5 ZPO setzt voraus, daß der Verfahrensfehler einen Einfluß auf die Endentscheidung haben könnte, BGH NJW **96**, 138.

173 *Urteilsverkündung.* **I Die Verkündung des Urteils erfolgt in jedem Falle öffentlich.**

II Durch einen besonderen Beschluß des Gerichts kann unter den Voraussetzungen der §§ 171 b und 172 auch für die Verkündung der Urteilsgründe oder eines Teiles davon die Öffentlichkeit ausgeschlossen werden.

1 **1) Systematik, Regelungszweck, I, II.** Vgl zunächst Üb 1, 2 vor § 169. Die Urteilsverkündung ist zwar nicht der gedankliche, wohl aber der äußere Höhepunkt des ganzen Verfahrens. An dieser Stelle sollen alle Rücksichten auf die sonst beachtlichen Aspekte einer Nichtöffentlichkeit zurückstehen. Dabei läßt II erkennen, daß an sich sogar auch die Begründung eine öffentliche Verkündung erfordert. Daher muß man die Voraussetzungen eines diesbezüglichen Ausschlusses der Öffentlichkeit ziemlich streng prüfen.

2 **2) Geltungsbereich, I, II.** § 173 gilt in der Arbeitsgerichtsbarkeit entsprechend, § 52 S 4 ArbGG.

3 **3) Verkündung, I, II.** Das Gericht muß sein Urteil ausnahmslos öffentlich verkünden, nicht aber einen Beschluß, auch wenn es sich dabei ebenfalls um eine Entscheidung handelt. Das Sitzungsprotokoll muß die Wiederherstellung der Öffentlichkeit ergeben. Eine Verhandlung muß tatsächlich stattgefunden haben, unabhängig davon, ob mit oder ohne einen Gerichtsbeschluß. Ein Verzicht ist unzulässig, ein Verstoß jedenfalls im isolierten Verkündungstermin, § 310 II ZPO. Er ist jedoch kein unbedingter Revisionsgrund nach § 547 Z 5 ZPO, Üb 2 vor § 169. Zulässig ist die Nachholung einer ordnungsmäßigen Verkündung. Der besondere Beschluß nach II darf nur auf Grund einer erneuten Verhandlung über die Ausschließung ergehen. Er ist aus allen in den §§ 171 b und 172 genannten Ausschließungsgründen zulässig. Seine Verbindung mit dem erstmaligen Beschluß ist unstatthaft. Eine Video-Verhandlung nach § 128 a ZPO darf nicht fortlaufen, § 171 b Rn 6.

174 *Verhandlung über Ausschließung der Öffentlichkeit.* **I 1 Über die Ausschließung der Öffentlichkeit ist in nicht öffentlicher Sitzung zu verhandeln, wenn ein Beteiligter es beantragt oder das Gericht es für angemessen erachtet. 2 Der Beschluß, der die Öffentlichkeit ausschließt, muß öffentlich verkündet werden; er kann in nicht öffentlicher Sitzung verkündet werden, wenn zu befürchten ist, daß seine öffentliche Verkündung eine erhebliche Störung der**

Ordnung in der Sitzung zur Folge haben würde. [3] Bei der Verkündung ist in den Fällen der §§ 171 b, 172 und 173 anzugeben, aus welchem Grund die Öffentlichkeit ausgeschlossen worden ist.

II Soweit die Öffentlichkeit wegen Gefährdung der Staatssicherheit ausgeschlossen wird, dürfen Presse, Rundfunk und Fernsehen keine Berichte über die Verhandlung und den Inhalt eines die Sache betreffenden amtlichen Schriftstücks veröffentlichen.

III [1] Ist die Öffentlichkeit wegen Gefährdung der Staatssicherheit oder aus den in §§ 171 b und 172 Nr. 2 und 3 bezeichneten Gründen ausgeschlossen, so kann das Gericht den anwesenden Personen die Geheimhaltung von Tatsachen, die durch die Verhandlung oder durch ein die Sache betreffendes amtliches Schriftstück zu ihrer Kenntnis gelangen, zur Pflicht machen. [2] Der Beschluß ist in das Sitzungsprotokoll aufzunehmen. [3] Er ist anfechtbar. [4] Die Beschwerde hat keine aufschiebende Wirkung.

1) Systematik, Regelungszweck, I–III. Vgl zunächst Üb 1, 2 vor § 169. § 174 zieht aus den vorangegangenen Bestimmungen die verfahrensmäßig notwendigen Folgerungen. 1

2) Geltungsbereich, I–III. § 174 gilt in der Arbeitsgerichtsbarkeit entsprechend, § 52 S 4 ArbGG. 2

3) Verhandlung, I 1. Über die Ausschließung der Öffentlichkeit muß das Gericht verhandeln lassen. Die 3
Beteiligten müssen also eine Gelegenheit zur Äußerung haben. Dabei können sich auch Zeugen des Beistands eines Anwalts bedienen, BVerfG **38**, 105. Die Nichtanhörung der Prozeßbeteiligten oder eines betroffenen Zeugen ist aber kein unbedingter Revisionsgrund. Die Verhandlung muß dann nichtöffentlich sein, wenn auch nur ein Beteiligter es beantragt oder wenn es das Gericht nach seinem freien pflichtgemäßen nicht nachprüfbaren Ermessen für richtig hält. Das Gericht muß eine Video-Verhandlung nach § 128 a ZPO abbrechen, § 171 b Rn 6. Bei einer erneuten Vernehmung eines Zeugen während derselben Verhandlung muß das Gericht über den Ausschluß der Öffentlichkeit erneut verhandeln und beschließen.

4) Entscheidung, I 2. Das Gericht muß seinen Beschluß öffentlich verkünden, *I 2 Hs 1,* und zwar auch 4
dann, wenn es die Öffentlichkeit nach einem zunächst nur vorübergehenden Ausschluß weiterhin ausschließt, BGH NJW **80**, 2088. Ausnahmsweise findet dann keine öffentliche Verkündung statt, wenn das Gericht befürchten muß, daß die Verkündung eine erhebliche Störung der Ordnung in der Sitzung (nicht in sonstiger Hinsicht) zur Folge haben würde, *I 2 Hs 2.*

5) Ausschließungsbegründung, I 3. In dem Beschluß muß das Gericht den Grund der Ausschließung 5
mit ausreichender Bestimmtheit angeben, BGH NJW **99**, 3060, BVerwG NJW **83**, 2155. Es muß diese Begründung protokollieren, § 160 III Z 7. Sonst ist die Einhaltung der Form nicht nachweisbar, BVerwG NJW **83**, 2155. Grundsätzlich gilt das auch dann, wenn der Ausschlußgrund für Beteiligte und Zuhörer auf der Hand liegt, BGH NJW **99**, 3060. Jedoch kann unter besonderen Umständen dann ausnahmsweise eine Begründung entbehrlich sein, BGH NJW **99**, 3060 (krit Gössel NStZ **00**, 181). Zur Begründung genügt bei § 172 Z 1 a der Hinweis auf diese Vorschrift, BGH NJW **95**, 3195, ebenso bei § 172 Z 4, BGH **77**, 964. Bei einem Ausschluß nach § 171 b oder § 172 reicht die Wiedergabe des Wortlauts der Vorschrift, evtl sogar die Angabe der Gesetzesstelle, BGH NJW **86**, 200, wenn sie nicht mehrere Alternativen aufweist, BGH NStZ **88**, 20, zB § 172 Z 1, 2, Böttcher JR **86**, 216. Es genügt dann auch, daß der Ausschließungsgrund durch einen Hinweis im Beschluß auf den Verfahrensabschnitt zweifelsfrei erkennbar ist, BGH NStZ **99**, 92. Die den Grund unzweifelhaft klarstellende ausdrückliche Bezugnahme auf einen in derselben Verhandlung vorangegangenen Beschluß reicht aus, BGH NJW **82**, 948. Die Zurückweisung eines Antrags auf die Wiederherstellung der Öffentlichkeit braucht nicht die Form des I 3.

Das *Fehlen* der erforderlichen Gründe ist ein unheilbarer Verfahrensverstoß, aM Miebach DRiZ **77**, 271. Wegen der Lückenhaftigkeit des Protokolls § 165 ZPO Rn 5.

Der Beschluß ist nicht nur bei § 171 b, sondern stets *unanfechtbar,* auch für einen davon betroffenen Zeugen. Außerhalb des Bereichs des § 171 b ist ein fehlerhafter Ausschluß der Öffentlichkeit ein unbedingter Revisionsgrund, § 547 Z 5 ZPO. Er rechtfertigt eine fehlerhafte Zulassung der Öffentlichkeit eine Verfahrensrüge, wenn das Urteil darauf beruht. Derjenige Beteiligte, dessen Verfahren der Verstoß nicht berührt, darf sich aber nicht darauf berufen, BVerwG Rpfleger **83**, 117.

6) Veröffentlichungsverbot, II. Bei einer Ausschließung wegen einer Gefährdung der Staatssicherheit 6
nach § 172 Z 1 besteht für die Massenmedien ein absolutes Verbot, Berichte über die Verhandlung und den Inhalt eines die Sache betreffenden amtlichen Dokuments zu veröffentlichen. Eine darüber hinausgehende Geheimhaltungspflicht besteht nur nach III. Der Verstoß ist strafbar, § 353 d Z 1 StGB.

7) Geheimhaltungspflicht, III. Das Gericht kann sie den anwesenden Personen auferlegen, auch 7
Parteien und Anwälten, Leppin GRUR **84**, 697. Das gilt freilich nur bei einer Ausschließung der Öffentlichkeit wegen einer Gefährdung der Staatssicherheit nach § 172 Z 1 oder wegen der Gefährdung der Privatsphäre oder eines privaten Geheimnisses nach §§ 171 b und 172 Z 2, 3, Lachmann NJW **87**, 2208, Stadler NJW **89**, 1202, Stürner JZ **85**, 453. Es gilt also nicht bei einer Ausschließung wegen einer Gefährdung der öffentlichen Ordnung oder der Sittlichkeit nach § 172 Z 1 oder wegen der Vernehmung einer Person unter 16 Jahren nach § 172 Z 4. Es gilt ferner nicht wegen der Gefährdung einer Person nach § 172 Z 1 a. Das ist wegen des Schutzzwecks schwer verständlich. Zu den Anforderungen an einen wirksamen Zeugenschutz nach künftigem Recht Steinke ZRP **93**, 253. Das Gericht muß über die Auferlegung der Geheimhaltungspflicht nach seinem pflichtgemäßen Ermessen unter einer Abwägung aller in Betracht kommenden Interessen entscheiden. Der Verpflichtungsbeschluß gehört in das Sitzungsprotokoll, § 160 III Z 6 ZPO.

Ein *Verstoß* hiergegen nimmt dem Beschluß die Wirksamkeit. Gegen ihn ist auch bei § 171 b die Beschwerde ohne eine aufschiebende Wirkung statthaft, soweit nach der jeweiligen Verfahrensordnung überhaupt eine Beschwerde statthaft ist, also im Zivilverfahren nicht gegen einen Beschluß des OLG. Ergeht ein Geheimhaltungsbeschluß, hindert er die Mitteilung der Tatsachen an alle Nichtanwesenden, auch gegenüber den an einen am Rechtsstreit Beteiligten. Das gilt jedoch nicht für die Unterrichtung einer Partei durch ihren Prozeßvertreter, aM Lukas GRUR **84**, 697. Dann gilt die Geheimhaltungspflicht auch für die Partei. Der Verstoß gegen die Geheimhaltungspflicht ist strafbar, § 353 d Z 2 StGB.

175 *Beschränkung des Zutritts.* **[I] Der Zutritt zu öffentlichen Verhandlungen kann unerwachsenen und solchen Personen versagt werden, die in einer der Würde des Gerichts nicht entsprechenden Weise erscheinen.**

[II] [1] Zu nicht öffentlichen Verhandlungen kann der Zutritt einzelnen Personen vom Gericht gestattet werden. [2] In Strafsachen soll dem Verletzten der Zutritt gestattet werden. [3] Einer Anhörung der Beteiligten bedarf es nicht.

[III] Die Ausschließung der Öffentlichkeit steht der Anwesenheit der die Dienstaufsicht führenden Beamten der Justizverwaltung bei den Verhandlungen vor dem erkennenden Gericht nicht entgegen.

1 **1) Systematik, Regelungszweck, I–III.** Vgl zunächst Üb 1, 2 vor § 169. § 175 betrifft nur die Wahrung der Öffentlichkeit. Eine Zurückweisung der Parteien läßt er nicht zu. Für sie gelten §§ 177 GVG, 158 ZPO oder Ordnungsmittel nach § 178.

2 **2) Geltungsbereich, I–III.** § 175 gilt in der Arbeitsgerichtsbarkeit entsprechend, § 52 S 4 ArbGG.

3 **3) Verwehrung des Zutritts, I.** Der Vorsitzende darf nach seinem pflichtgemäßen nicht nachprüfbarem Ermessen unerwachsenen oder unangemessen auftretenden Personen den Zutritt verwehren. Dafür, daß jemand unerwachsen ist, bietet der äußere Eindruck einen Anhalt. Das Gericht muß dann das Alter klären. Alle 18 Jahre alten Personen sind erwachsen. Der Würde des Gerichts widerspricht zB die Anwesenheit Betrunkener, schmutzig Gekleideter oder Verwahrloster.

4 **4) Gestattung des Zutritts, II.** Das Gericht und nicht schon der Vorsitzende kann einzelnen Personen nach seinem pflichtgemäßen Ermessen durch einen Beschluß den Zutritt zu einer nichtöffentlichen Verhandlung gestatten. Das kann auch stillschweigend geschehen, zB gegenüber wartenden Anwälten.

5 **5) Recht des Zutritts, III.** Dienstaufsichtspersonen haben den unbedingten Zutritt zu allen nichtöffentlichen Verhandlungen, auch zu denjenigen, die kraft Gesetzes nichtöffentlich sind. Wegen der Frage, wer zu diesen Personen gehört, Anh § 21.

6 **6) Rechtsbehelf. I–III.** Gegen Maßnahmen des Vorsitzenden oder des Gerichts gibt es kein Rechtsmittel, § 170 Rn 3, § 176 Rn 6.

176 *Sitzungspolizei.* **Die Aufrechterhaltung der Ordnung in der Sitzung obliegt dem Vorsitzenden.**

Schrifttum: *Greiser/Artkämper,* Die „gestörte" Hauptverhandlung, 2. Aufl 1997; *Kramer,* Die Zurückweisung von Rechtsanwälten und deren zwangsweise Entfernung aus dem Sitzungssaal, Diss 2000; *Scheuerle,* Vierzehn Tugenden für Vorsitzende Richter, 1983.

1 **1) Systematik, Regelungszweck.** Vgl zunächst Üb 1, 2 vor § 169. § 176 ist verfassungsgemäß, BVerfG RR **07**, 1053. Die „sportliche" Art des Umgangs weiter Bevölkerungsteile mit einem lästigen Gesetz spiegelt sich auch im Auftreten vor Gericht. Dabei tritt man dann ja vor das Volk, in dessen Namen und Vollmacht das Gericht amtiert. Wer vor acht oder achtzehn Millionen Fernsehzuschauern ungerührt mit weit offenem Hemd und vor längerer Zeit zuletzt einmal gekämmtem Haar seine Persönlichkeit ausstrahlen läßt, wird sich auch vor dem symbolisch für 80 Millionen amtierenden Richter nicht weniger lässig benehmen. Ob das der Rechtskultur schadet oder nützt, ist eine endlos und fruchtlos diskutable Frage. Das Gesetz überläßt es dem Fingerspitzengefühl und dem Mut des Vorsitzenden, wieviel er hinnimmt. Eine wenig beneidenswerte Aufgabe. Man sollte sie ihm bei einer dann unvermeidbaren etwaigen nachträglichen Beurteilung nicht zusätzlich erschweren.

2 **2) Geltungsbereich.** § 176 gilt entsprechend in der Arbeitsgerichtsbarkeit, § 9 II ArbGG.

3 **3) Sitzung.** Sitzung bedeutet hier eine beliebige Verhandlung an einem beliebigen Ort, also auch die Ortsbesichtigung. Die Sitzung beginnt mit der Bereitschaft des Gerichts zur amtlichen Tätigkeit. Das gilt auch ohne einen besonderen Aufruf. Sie endet mit ihrer Aufhebung durch den Vorsitzenden, BVerfG NJW **96**, 310, Hbg NJW **99**, 2607. Zur Sitzung gehören auch die Beratung und eine Pause, falls das Gericht versammelt bleibt, wenn auch im Beratungszimmer. Bei einer Video-Verhandlung nach § 128 a ZPO, darf und muß der Vorsitzende sitzungspolizeiliche Maßnahmen auch gegenüber den zugeschalteten Personen treffen, Schultzky NJW **03**, 316. Zwangsmaßnahmen scheiden aus, soweit es sich um private Übertragungsräume handelt und dort kein Justizbeamter anwesend ist, Schultzky NJW **03**, 316. Ihn kann der Vorsitzende anfordern. Das allein wirkt manchmal Wunder.

4 **4) Ordnungsgewalt des Vorsitzenden.** „Vorsitzender" ist auch der Einzelrichter, ebenso der verordnete Richter und im Rahmen seiner Befugnisse nach § 4 RPflG der eine Verhandlung leitende Rpfl, Köln DRpflZ **90**, 6. Nur der Vorsitzende übt in der Sitzung die Ordnungsgewalt aus, BVerfG RR **07**, 1053. Andere, wie Anwälte, können nur Anregungen geben. Der Vorsitzende handelt nach seinem pflichtgemäßen Ermessen, BVerfG NJW **07**, 57. Wer nicht für Ordnung sorgt, schädigt das Ansehen der Rechtspflege. Wird die unbeeinflußte Wahrheitsfindung beeinträchtigt, muß der Vorsitzende eingreifen, Zweibr DRiZ **88**, 21 (krit zum Einzelfall Rudolph DRiZ **88**, 155). Die Ordnungsgewalt erstreckt sich räumlich auf den Sitzungsraum, auf dessen Zugänge und auf diejenigen angrenzenden Räume, von denen Störungen ausgehen können, zB den Flur, BGH NJW **98**, 1420, Stgt Just **93**, 147, aM Kissel/Mayer 10. Die Ordnung besteht in der Sicherung des ungestörten und würdigen Verlaufs der Sitzung, BVerfG NJW **07**, 57. Dazu gehört auch der Schutz der Verfahrensbeteiligten, Rn 3, insbesondere der Zeugen, BGH NJW **98**, 1420. Ob sie gestört ist, entscheidet der Vorsitzende. Er sollte dabei sowohl eine übergroße Empfindlichkeit als auch jede Laxheit vermeiden. Zu weit geht Karlsr NJW **77**, 311 (Maßnahme gegen einen an der Verhandlung nicht beteiligten

Staatsanwalt wegen seiner Kleidung), zutreffend Schneider JB **77**, 770. Die Ordnungsgewalt des Vorsitzenden dauert bis zum tatsächlichen Ende der Verhandlung, also nach ihrer förmlichen Schließung bis zum Verlassen des Sitzungssaales und der angrenzenden Räume, zB des Flurs durch alle Verhandlungsbeteiligten, Rn 5.

Nichts mit der Ordnungsgewalt des Vorsitzenden zu tun haben Maßnahmen der Verwaltung auf Grund ihres Hausrechts. Zu ihrer Zulässigkeit BVerfG RR **07**, 1053, OVG Schlesw NJW **94**, 340, aM VGH Mü BayVBl **80**, 723 (krit Gerhardt BayVBl **80**, 724). Das Hausrecht tritt aber hinter die Ordnungsgewalt des Vorsitzenden zurück, Celle DRiZ **79**, 376. Daher darf und muß der Hausrechtsinhaber grundsätzlich nur außerhalb dieses Bereichs eingreifen. Eine Notlage mag ihm das Vorrecht geben, etwa ein Feuer im Haus usw.

5) Einzelheiten. Der Ordnungsgewalt des Vorsitzenden unterliegen alle anwesenden Personen: Parteien, 5
Zeugen, Sachverständige, Anwälte, Mü NJW **06**, 3079 (StPO), Richter, LG Dortm NJW **07**, 3013, aM LG Bielef NJW **07**, 3014 (zum religiösen Kopftuch, dazu Bader NJW **07**, 2964), Staatsanwalt, Protokollführer, Zuhörer, Fotografen, BVerfG RR **07**, 1053. Sie erstreckt sich auf alle Räumlichkeiten, in denen oder von denen aus Störungen erfolgen können, BVerfG NJW **96**, 310, aM Kissel/Mayer 10. Das übrige Kollegium entscheidet nicht mit. Man muß § 176 von § 177 unterscheiden. Freilich kann das Verhalten eines Störers unter beide Vorschriften fallen. Welche Mittel der Vorsitzende gebraucht, steht in seinem pflichtgemäßen Ermessen, Rn 4. Eine Pflicht zum Handeln zum Schutz von Personen besteht nur dann, wenn konkrete Anhaltspunkte für eine Gewalttat bestehen, Köln RR **98**, 1141. Jedes zur Erreichung des Zwecks geeignete Mittel steht ihm zu Gebote, soweit nicht §§ 177 ff den ganzen Spruchkörper zuständig macht, BVerfG NJW **98**, 297. Besonnenheit und Klugheit müssen dem Vorsitzenden das Maß des Nötigen zeigen, Rn 1. Oft hilft schon eine Unterbrechung der Sitzung.

Zulässige Mittel sind zB die Räumung des Zuhörerraums von dem Störer (andere Zuhörer behalten wegen 6
§ 169 den Zutritt) oder auch die vorläufige Aufhebung der Sitzung. Eine unnötige Aufhebung verletzt freilich die Amtspflicht. Zulässig ist auch das Gebot an den Störer, den Saal zu verlassen (zwangsweise Entfernung nur nach § 177). Weitere zulässige Mittel: Rügen und Ermahnungen, etwa zur Sachlichkeit, Hamm RR **90**, 1405; Entziehung des Worts; Zurückweisung desjenigen Anwalts, der entgegen einer gesetzlichen Vorschrift oder entgegen einem Gewohnheitsrecht ohne eine Robe usw auftritt, BVerfG **28**, 21, Mü NJW **06**, 3079 (StPO), VG Bln NJW **07**, 793, aM Pielke NJW **07**, 3252 (nur bei Herabwürdigung des Gerichts. Aber wer als ein vielfach privilegiertes Organ der Rechtspflege auftritt, muß eigentlich stets auch äußerlich ebenso wie ein Richter, ein Staatsanwalt und ein Protokollführer als ein solches Organ sogleich und ständig im Termin erkennbar sein); Fotografierverbot (auch für die Presse), BVerfG RR **07**, 1053, Beschlagnahme eines Films, BGH NJW **98**, 1420. Zur Beschränkung von Fernsehaufnahmen außerhalb der Verhandlung § 169 Rn 6.

Ferner sind *vorbeugende* Maßnahmen zulässig, wenn man Störungen der Sitzung befürchten muß: Durchsuchung von Personen und andere Kontrollen, auch in den dem Gerichtssaal vorgelagerten Räumlichkeiten, BVerfG NJW **98**, 297 (krit Staff JR **98**, 406), BGH MDR **79**, 589, Hbg MDR **92**, 799; Hinzuziehung von zwei Polizeibeamten in Zivil, Molketin MDR **84**, 20; Postierung eines Polizeibeamten mit Funksprechgerät im Gerichtssaal, Schlesw MDR **77**, 775; Anordnung zum Einnehmen bestimmter Plätze. Der Vorsitzende darf und muß evtl auch den äußeren Rahmen einer Zeugenvernehmung gestalten. Er muß insbesondere Maßnahmen zum Schutz eines Zeugen treffen, Rebmann/Schnarr NJW **89**, 1188. Er muß zB einen im Gerichtsflur aufgenommenen Film beschlagnahmen, BGH NJW **98**, 1420.

Die *Überschreitung* des pflichtgemäßen Ermessens kann die Ablehnung des Richters rechtfertigen, Molketin 7
MDR **84**, 20. Sie verletzt in vielen Fällen überdies die Vorschriften über die Öffentlichkeit, zB die Hinausweisung der Schreibhilfe des Verteidigers oder eines solchen Zuhörers, dessen Verhalten die Verhandlung nicht beeinträchtigt, ebenso die Abweisung eines Pressevertreters wegen einer bereits erfolgten oder zu erwartenden diffamierenden Berichterstattung, BVerfG NJW **79**, 1400. S zur Frage der Entfernung auch § 177 Rn 2. Eine nur religiös begründete Kopfbedeckung erlaubt wegen Artt 3 I, 4 GG keine Maßnahme, BVerfG NJW **07**, 57.

6) Rechtsmittel. Gegen die vom Vorsitzenden getroffenen Maßnahmen gibt es keinen Rechtsbehelf, 8
§ 181, auch nicht die Anrufung des Gerichts, Hbg MDR **92**, 799, Kblz RR **87**, 509, Zweibr MDR **87**, 1049, aM BVerfG NJW **92**, 3288, Amelung NJW **79**, 1690, Krekeler NJW **79**, 185. Denn es handelt sich nicht um einen Ausfluß der „Sachleitung", § 140 ZPO. Der fehlerhafte Ausschluß einer Partei oder ihres Vertreters kann aber wegen Art 103 I GG zu einem Rechtsmittel gegen die darauf ergangene Entscheidung führen. Das Eindringen in den Sitzungssaal entgegen einer Anordnung des Vorsitzenden kann als Hausfriedensbruch strafbar sein, BGH NJW **82**, 947.

177 *Ungehorsam.* [1] **Parteien, Beschuldigte, Zeugen, Sachverständige oder bei der Verhandlung nicht beteiligte Personen, die den zur Aufrechterhaltung der Ordnung getroffenen Anordnungen nicht Folge leisten, können aus dem Sitzungszimmer entfernt sowie zur Ordnungshaft abgeführt und während einer zu bestimmenden Zeit, die vierundzwanzig Stunden nicht übersteigen darf, festgehalten werden.** [2] **Über Maßnahmen nach Satz 1 entscheidet gegenüber Personen, die bei der Verhandlung nicht beteiligt sind, der Vorsitzende, in den übrigen Fällen das Gericht.**

1) Systematik, Regelungszweck, S 1, 2. Vgl zunächst Üb 1, 2 vor § 169. Es handelt sich um eine 1
Ergänzung des § 176 aus den dortigen Gründen. Vgl daher auch § 176 Rn 1.

2) Geltungsbereich, S 1, 2. § 177 gilt in der Arbeitsgerichtsbarkeit entsprechend, § 9 II ArbGG. 2

3) Ungehorsam, S 1. § 177 regelt die Ausübung der Ordnungsgewalt des Gerichts bei einem Ungehor- 3
sam gegen seine Anordnungen. Er gilt für alle im Sitzungszimmer befindlichen Personen außer Richtern, Staatsanwalt, Protokollführer, Anwälten und sonstigen zugelassenen Bevollmächtigten, zB Prozeßagenten, § 157 III ZPO (wegen der letzteren aM Kissel/Mayer 15). Wegen der Besonderheiten bei einer Video-Verhandlung § 176 Rn 1. Der für einen Beteiligten auftretende Anwalt unterliegt nicht der Ordnungsgewalt des Gerichts, auch nicht im Extremfall, Hamm BRAK-Mitt **03**, 241. Das gilt auch für den Verkehrsanwalt,

Kblz RR **87**, 509 (zustm Bosch FamRZ **87**, 404), Bauer/Fröhlich FamRZ **83**, 123, und für einen in Untervollmacht für den Anwalt auftretenden Referendar, Düss MDR **94**, 297, sowie für denjenigen Anwalt, der als der Beistand einer Partei etwa nach § 12 FamFG oder als der Beistand eines Zeugen an der Verhandlung teilnimmt, Krekeler NJW **80**, 980. „Parteien" umfaßt hier auch diejenigen gesetzlichen Vertreter und Beistände, die keine Anwälte sind.

An der Verhandlung *nicht* beteiligt sind Zuhörer. Das Gericht darf ihnen nicht von vornherein den Zutritt verwehren, sondern sie erst bei einem Ungehorsam entfernen. Nicht beteiligt sind ferner auch solche Anwälte, die sich hier wegen einer anderen, meist später terminierten Sache im Sitzungssaal aufhalten. Gegenüber Amtspersonen und beteiligten Anwälten bleibt nur die Unterbrechung der Sitzung und eine Anrufung der Dienstaufsicht, notfalls die Vertagung bis zum Eintritt eines Vertreters. § 177 setzt einen Ungehorsam voraus. Er muß vorsätzlich, also zurechenbar sein.

4 **4) Zulässige Maßnahmen, S 2.** Es kommen zwei Arten infrage.

A. Entfernung aus dem Sitzungszimmer, nicht aus dem Gebäude. Darum ist bei einer Wahrscheinlichkeit des erneuten Wiedereindringens eine Verhaftung ratsam. Findet die Sitzung außerhalb des Gerichtsgebäudes statt, darf das Gericht Störer entsprechend § 177 aus dem Bereich der gerichtlichen Handlung entfernen. Jedoch kann man die Erlaubnis zum Betreten eines Grundstücks nicht durch Ordnungsmittel erzwingen, Schulte NJW **88**, 1006.

5 **B. Abführung zur Ordnungshaft.** Die Haft erfolgt in einem beliebigen Raum durch eine einfache Freiheitsentziehung. Das Gericht muß ihre Dauer vorher bestimmen. Sie endet meist mit dem Ende der Sitzung, spätestens nach 24 Stunden. Abführung und Festhaltung sind Ordnungsmaßnahmen. Sie sind unzulässig gegenüber Mitgliedern der Streitkräfte, Art 10 Truppenvertrag, SchlAnh III. Wegen einer Ahndung des Ungehorsams dort Art 12.

6 **5) Entscheidung, S 2.** Die Anordnung ergeht gegenüber einem an der Verhandlung nicht Beteiligten durch den Vorsitzenden, in den übrigen Fällen durch einen Beschluß des Gerichts, stets nach einer etwa noch möglichen oder sinnvollen Anhörung des Betroffenen. Eine wiederholte Verwarnung oder eine eindeutige Abmahnung kann eine erneute Anhörung überflüssig machen, BGH NJW **93**, 1343. Trifft der Vorsitzende anstelle des Gerichts eine Eilanordnung, muß das Gericht sie alsbald bestätigen, BGH NStZ **88**, 85. Trifft das Gericht die Maßnahme anstelle des Vorsitzenden, ist sie voll wirksam. Ob eine Ordnungsmaßnahme ergeht, muß man nach pflichtgemäßem Ermessen entscheiden. Sie darf nur zur Aufrechterhaltung der Ordnung in der Sitzung nach § 176 erfolgen, BVerfG NJW **79**, 1401. Auch das Ordnungsmittel richtet sich nach dem pflichtgemäßen Ermessen. Dabei muß man den Grundsatz der Verhältnismäßigkeit nach Einl III 23 beachten. Die Verfügung des Vorsitzenden oder der Beschluß des Gerichts ist dem Betroffenen zu verkünden oder zuzustellen. Sie gehört in das Protokoll, § 182. Wegen der Vollstreckung § 179. Derjenige, der die Anordnung erlassen hat, kann sie jederzeit aufheben oder ändern.

7 **6) Rechtsmittel, S 1, 2.** Zwar führt § 181 den § 177 nicht mit auf. Es wäre aber förmelnd und auch wegen § 158 ZPO unhaltbar, daraus eine völlige Unfechtbarkeit abzuleiten, aM Kissel/Mayer 29, ZöGu 8. Die Fälle der §§ 177, 178 liegen wesentlich gleichartig. Bei einer anderen Auffassung wäre auch die Protokollierung nach § 182 zwecklos. Daher ist die entsprechende Anwendung des § 181 notwendig, außer wenn das Gericht eine an der Verhandlung nicht beteiligte Person entfernt hat (s auch § 182), Amelung NJW **79**, 1690 (wegen Art 19 IV GG stets Beschwerde), MüKoWo 12, Wolf NJW **77**, 1063 (auch dazu, daß eine offensichtlich fehlerhafte Maßnahme wie etwa die Hinausweisung eines Anwalts nicht einen Vorhalt oder eine Ermahnung nach § 26 II DRiG rechtfertigt, aM BGH **67**, 184).

178 *Ungebühr.* [I 1] **Gegen Parteien, Beschuldigte, Zeugen, Sachverständige oder bei der Verhandlung nicht beteiligte Personen, die sich in der Sitzung einer Ungebühr schuldig machen, kann vorbehaltlich der strafgerichtlichen Verfolgung ein Ordnungsgeld bis zu eintausend Euro oder Ordnungshaft bis zu einer Woche festgesetzt und sofort vollstreckt werden.** [2] **Bei der Festsetzung von Ordnungsgeld ist zugleich für den Fall, daß dieses nicht beigetrieben werden kann, zu bestimmen, in welchem Maße Ordnungshaft an seine Stelle tritt.**

[II] **Über die Festsetzung von Ordnungsmitteln entscheidet gegenüber Personen, die bei der Verhandlung nicht beteiligt sind, der Vorsitzende, in den übrigen Fällen das Gericht.**

[III] **Wird wegen derselben Tat später auf Strafe erkannt, so sind das Ordnungsgeld oder die Ordnungshaft auf die Strafe anzurechnen.**

1 **1) Systematik, Regelungszweck, I–III.** Vgl zunächst Üb 1, 2 vor § 169. Die Vorschrift ist mit Art 6 I EMRK vereinbar, EGMR NJW **06**, 2901, Kissel NJW **07**, 1112. Die Festsetzung von Ordnungsmitteln wegen einer Ungebühr ist ein äußerstes Mittel, Köln NJW **08**, 2866. Das Gericht kann zwar, muß aber nicht stets so vorgehen, Köln NJW **08**, 2866. Es sollte ein Ordnungsmittel nur sparsam, dann aber wirkungsvoll anwenden. Diesselbe Handlung kann folgende voneinander unabhängige Folgen haben: Eingreifen des Vorsitzenden nach § 176; Maßnahme nach § 177; Ordnungsmittel nach § 178; Strafe nach StGB. Dabei muß das Gericht stets den Grundsatz der Verhältnismäßigkeit nach Einl III 23 beachten, BVerfG NJW **07**, 2839 rechts. So genügen bei einem geringfügigen Verstoß meist die erstgenannten Maßnahmen, zB eine ernsthafte Ermahnung.

2 **2) Sachlicher Geltungsbereich, I–III.** § 178 gilt entsprechend in der Arbeitsgerichtsbarkeit, § 9 II ArbGG.

3 **3) Persönlicher Geltungsbereich, I–III.** Er ist derselbe wie in § 177. Anwälte und sonstige Bevollmächtigte fallen auch nicht unter § 178. Das gilt auch für einen in Untervollmacht für den Anwalt auftretenden Referendar, Düss MDR **94**, 297. Vertreter der Partei fallen unter § 178.

4 **4) Ungebühr, I.** Sie muß in der Sitzung erfolgt sein, § 176 Rn 1, nicht in der Geschäftsstelle oder in einem Schriftsatz, Düss MDR **93**, 462. „Sitzung" ist jede gerichtliche Verhandlung, auch diejenige vor

dem verordneten Richter und diejenige außerhalb des Gerichtsgebäudes, Schulte NJW **88**, 1006. Sie erstreckt sich nicht nur auf den Sitzungsraum, § 176 Rn 1. Wegen der Besonderheiten der Video-Verhandlung § 176 Rn 1. Die Ungebühr setzt einen direkten oder bedingten Vorsatz voraus, also zumindest eine völlige Gleichgültigkeit gegenüber den gesetzlichen Anforderungen. Sie besteht in einem solchen Verhalten, das sich gegen das Gericht oder einen Beteiligten wendet und das insbesondere die ihnen als Person und Amtsträger geschuldete Achtung verletzt oder das die Ruhe und Ordnung der Verhandlung empfindlich stört, BVerfG NJW **07**, 2839 rechts. Die Übergänge sind fließend. Ob eine Ungebühr vorliegt, läßt sich nur nach der Lage des Einzelfalls beurteilen, Schneider MDR **75**, 622. Hierher gehört etwa jedes gezielt gegen das Gericht oder einen Beteiligten gerichtete und provozierende Verhalten, das die Grenzen einer sachlichen Auseinandersetzung sprengt, LSG Schlesw MDR **84**, 260. Ein Handeln aus bloßer Unkenntnis genügt nicht. Bei Zweifeln am Ungebührwillen ist zunächst eine Abmahnung notwendig, Karlsr JR **77**, 392. Eine einmalige sofort bedauerte Entgleisung erfordert meist keine Ordnungsmaßnahme, Düss NStZ-RR **97**, 370.

Beispiele für Ungebühr: Trotz einer Belehrung fortgesetztes Sitzenbleiben eines Beteiligten oder Zuhörers, wenn das Gericht und alle Beteiligten stehen, Kblz MDR **85**, 696, aM Pardey DRiZ **90**, 132; Aufstehen und Rückenzukehren, Köln NJW **85**, 446; provozierendes Lesen oder Essen im Gerichtssaal, Karlsr JR **77**, 392; Lärmen und Randalieren; gezielte Beifalls- oder Mißfallensäußerung im Wiederholungsfall; wiederholte Nichtbefolgung einer Anordnung nach § 176, wenn eine Maßnahme nach § 177 bereits erfolgt war. Ob die Anordnung eine rechtlich tragbare Grundlage hat, bleibt außer Betracht, aM Hamm JMBlNRW **90**, 42; Erscheinen in provozierender Aufmachung, Kblz NJW **95**, 976, krit Pardey DRiZ **90**, 135, oder im verschuldeten Zustand der Trunkenheit, Düss NJW **89**, 241, Kblz VRS **85**, 48, nicht aber, wenn jemand vorgeführt werden muß und dann betrunken erscheint, wohl freilich, wenn ein Zeuge sich betrinkt und deshalb vernehmungsunfähig ist, aM Stgt MDR **89**, 763, Michel MDR **92**, 544; provozierendes Ausziehen der Stiefel, Köln DRpflZ **90**, 67; ostentatives lautes Zuschlagen der Tür des Gerichtssaals, Hamm JMBlNRW **75**, 106, Zweibr NJW **05**, 611; weisungswidrige Benutzung eines Handys, Brdb NJW **04**, 451 (Art 103 I GG beachten), Hbg NJW **97**, 3452; herabsetzende Äußerung, LSG Schlesw MDR **84**, 260, oder gar Beschimpfung durch Worte oder Gesten oder Bedrohung des Richters oder eines an der Sitzung Beteiligten, zB eines Zeugen, Stgt Just **93**, 147; Androhen eines Straf- oder Disziplinarverfahrens; Vorwurf des Lügens gegenüber einem Anwalt; Gebrauch von Fäkalausdrücken, aM Düss NJW **86**, 2516; anhaltende Störung der Verhandlung durch Lärm oder Gesten; Zeigen von Plakaten, Transparenten usw; heimliche Tonbandaufnahme; Tätlichkeiten aller Art; ein herbeigebetener Aktenüberbringer knallt die Akte auf den Sitzungstisch und unterbricht eine Verkündung mit einer ironischen Bemerkung, Köln NJW **08**, 2866. 5

Keine Ungebühr: Bloßes Sitzenbleiben eines Beteiligten vor einer Belehrung zum Aufstehen, Stgt Just **86**, 228, Schneider MDR **75**, 622; vereinzelt spontane Beifalls- oder Mißfallensäußerung, BVerfG NJW **07**, 2839 rechts; eigenmächtiges Verlassen der Verhandlung, Schlesw OLGR **95**, 12; Übergeben eines Zettels an das Gericht; Erscheinen in Arbeits- oder Freizeitkleidung, Düss NJW **86**, 1505, oder in verwahrlostem Zustand (anders, wenn eine Provokation vorliegt); offensichtliches Anlügen des Gerichts; lautstarke oder heftige Äußerung eines Beteiligten, BVerfG NJW **07**, 2839 rechts (anders, wenn eine Abmahnung vorangegangen ist), insbesondere dann, wenn eine solche Reaktion auf eine Zeugenaussage sich als nichts anderes als die Betonung der eigenen Sachdarstellung erweist; Mitschreiben in der Verhandlung, wenn nicht unzulässige Mitteilungen erfolgen sollen, BGH MDR **82**, 812, Hamm JMBlNRW **90**, 42; Weigerung eines Zeugen, seine Privatanschrift anzugeben, Stgt NZA **91**, 297; Lutschen eines Hustenbonbons durch einen erkälteten Zeugen, Schlesw NStZ **94**, 199. 6

5) Zulässige Maßnahmen, I, III (auch gegen Jugendliche, § 1 JGG). Wahlweise Ordnungsgeld bis zu 1000 Euro oder Ordnungshaft, mindestens 1 Tag, Art 6 II EGStGB, höchstens 1 Woche. Zu den Grundsätzen für die Bemessung Winter NStZ **90**, 373. Bei einer Verhängung von Ordnungsgeld muß das Gericht für den Fall der Nichtbeitreibbarkeit eine Ordnungshaft festsetzen (zwischen 1 und 3 Tagen, Art 6 II EGStGB). Hierüber ist eine nachträgliche Entscheidung zulässig, Art 8 EGStGB, Celle MDR **98**, 679. Wegen der Vollstreckung § 179. Verhängt das Gericht wegen derselben Tat später eine Strafe muß es Ordnungsgeld oder Ordnungshaft anrechnen, *III.* Für bestimmte Fälle vorgesehene Ordnungsmaßnahmen, etwa nach § 380 ZPO schließen die Anwendung von § 178 aus. 7

6) Verfahren, II. Die Festsetzung gegenüber einem Nichtbeteiligten erfolgt allein durch den Vorsitzenden, Kblz MDR **78**, 693, im übrigen durch das Gericht. Die Entscheidung ergeht nach pflichtgemäßem Ermessen. Bei geringer Schuld und sofortiger Entschuldigung kann man von der Festsetzung absehen, Köln NJW **86**, 2515. Bei mehrfachen Verstößen in derselben Sitzung ist die wiederholte Festsetzung jeweils bis zum Höchstmaß zulässig. Vorheriges rechtliches Gehör ist grundsätzlich notwendig, Brdb NJW **04**, 451, Hamm NStZ-RR **01**, 116. Ausnahmen sind denkbar, zB wenn der Hergang und ein Ungebührwille außer Zweifel stehen und wenn man bei einer Anhörung mit weiteren groben Ausfälligkeiten rechnen muß, BGH NStZ **88**, 238, Düss NStZ **88**, 238, Kblz MDR **87**, 433, oder wenn der Täter nicht ansprechbar ist, Düss NJW **89**, 241, Hamm JMBlNRW **77**, 131, oder wenn er sich vor seiner Anhörung entfernt, Hamm MDR **78**, 780. Bei leichteren Verstößen empfiehlt sich zunächst eine Abmahnung. 8

Die *Festsetzung* erfolgt durch eine Verfügung des Vorsitzenden oder durch einen Beschluß des Gerichts. In beiden Fällen ist eine Verkündung oder Zustellung an den Betroffenen nötig. Eine Festsetzung nach dem Schluß der Sitzung ist unzulässig, § 182 Rn 1. Jedoch kann bei einer mehrtägigen Sitzung das Ordnungsmittel am folgenden Tag erfolgen, Schlesw MDR **80**, 76. Der von der Ungebühr betroffene Richter ist bei der Entscheidung nicht ausgeschlossen. Eine Protokollierung ist erforderlich, § 182. Nötig ist eine Begründung der Festsetzung. Dazu reicht die ausdrückliche oder stillschweigende Bezugnahme auf das Protokoll nach § 182 aus, wenn sich daraus für alle Beteiligten das Nötige ergibt, BGH NStZ **88**, 238, Kblz VRS **87**, 189. Eine Rechtsmittelbelehrung ist nicht notwendig, wenn nicht die für das Verfahren maßgeblichen Vorschriften sie vorschreiben, zB § 9 V ArbGG, § 35 a StPO. 9

10 **7) Rechtsbehelf, I–III.** § 181. Hat über ein Ordnungsmittel gegen einen Nichtbeteiligten statt des Vorsitzenden das Erstgericht entschieden, muß das Rechtsmittelgericht die Entscheidung ersatzlos aufheben, Kblz MDR **78**, 693.

179 *Vollstreckung.* **Die Vollstreckung der vorstehend bezeichneten Ordnungsmittel hat der Vorsitzende unmittelbar zu veranlassen.**

1 **1) Geltungsbereich.** Gilt entsprechend in der Arbeitsgerichtsbarkeit, § 9 II ArbGG. Die Vollstreckung veranlaßt der Vorsitzende ohne eine Mitwirkung der Staatsanwaltschaft. Vollzug der Ordnungshaft: §§ 171 ff StVollzG, Winter NStZ **90**, 373. Die Einziehung des Ordnungsgelds erfolgt durch die Vollstreckungsbehörde nach der JBeitrO, Hartmann Teil IX A. Zahlungserleichterungen: Art 7 EGStGB; Unterbleiben der Haftvollstreckung: Art 8 EGStGB; Verjährung: Art 9 EGStGB. Der Vorsitzende muß eine rechtzeitige Haftentlassung überwachen.

180 *Ordnungsgewalt des einzelnen Richters.* **Die in den §§ 176 bis 179 bezeichneten Befugnisse stehen auch einem einzelnen Richter bei der Vornahme von Amtshandlungen außerhalb der Sitzung zu.**

1 **1) Geltungsbereich.** Gilt entsprechend in der Arbeitsgerichtsbarkeit, § 9 II ArbGG. § 180 erfaßt in einer Zivilsache auch den verordneten Richter und den Vollstreckungsrichter. Der Amtsrichter als Prozeßrichter und der Einzelrichter beim Kollegialgericht fallen schon unter §§ 176 bis 178. Auf eingereichte Schriftsätze ist § 180 unanwendbar, § 176 Rn 2, § 178 Rn 3, Rüping ZZP **88**, 212.

181 *Rechtsbehelf gegen Ordnungsmittel.* **I Ist in den Fällen der §§ 178, 180 ein Ordnungsmittel festgesetzt, so kann gegen die Entscheidung binnen der Frist von einer Woche nach ihrer Bekanntmachung Beschwerde eingelegt werden, sofern sie nicht von dem Bundesgerichtshof oder einem Oberlandesgericht getroffen ist.**

II Die Beschwerde hat in dem Falle des § 178 keine aufschiebende Wirkung, in dem Falle des § 180 aufschiebende Wirkung.

III Über die Beschwerde entscheidet das Oberlandesgericht.

Schrifttum: *Kaehne,* Die Anfechtung sitzungspolizeilicher Maßnahmen, 2000; *Voßkuhle,* Rechtsschutz gegen den Richter, 1993.

1 **1) Geltungsbereich, I–III.** § 181 gilt entsprechend für die Arbeitsgerichte, § 9 II ArbGG. Beschwerdegericht ist das LAG, § 78 ArbGG. § 181 ist auch auf § 177 anwendbar. Er trifft auch eine gesetzwidrige Alleinentscheidung des Vorsitzenden. Dort ist nur § 181 anwendbar und keine Anrufung des Gerichts statthaft. Voraussetzung ist die Festsetzung eines Ordnungsmittels. Dazu gehört auch eine Entscheidung nach § 8 EGStGB, § 178 Rn 6, aM Celle MDR **98**, 680. Wird der Beschluß nach der Haftentlassung aufgehoben, ist eine Entschädigung nach G v 8. 3. 71, BGBl 157 dann erforderlich, wenn feststeht, daß kein Grund für die Verhängung eines Ordnungsmittels bestand.

2 **2) Beschwerde, I–III.** Es gibt drei Aspekte.

A. Zulässigkeit, I. Beschwerdeberechtigt ist nur der Betroffene, auch der prozeßunfähige, aber strafmündige Jugendliche. Gegen die Versagung einer angeregten oder gegen eine zu milde Maßnahme gibt es keinen Rechtsbehelf. Man muß den Rechtsbehelf bei dem erkennenden Gericht oder beim OLG schriftlich oder zum Protokoll der Geschäftsstelle einlegen. Die Bitte um eine Aufhebung der Maßnahme gilt meist als eine Beschwerde, Düss MDR **77**, 413. Nimmt der Urkundsbeamte die mündlich eingelegte Beschwerde in das Sitzungsprotokoll auf, ist die Beschwerde wirksam.

Beschwerdefrist: 1 Woche ab der Verkündung oder dann, wenn sich der Betroffene vor der Verkündung entfernt hatte, ab der Zustellung. Aber auch die mündliche Bekanntmachung durch den vollstreckenden Beamten setzt die Frist in Lauf. „Bekanntmachung" ist hier nicht eine solche im Fachsinn. Die Wiedereinsetzung ist entsprechend dem sonstigen Verfahrensrecht zulässig, Hbg NJW **99**, 2607. Die Fristversäumung durch den ProzBev ist entsprechend den wegen des Charakters der Maßnahme hier in Betracht kommenden strafprozessualen Grundsätzen eine für den Betroffenen unverschuldete Verhinderung. Die sofortige Vollstrekkung erledigt die Beschwerde nicht. Denn der Gemaßregelte hat ein Recht, seine Unschuld feststellen zu lassen.

3 **B. Rechtsnatur, I, II.** Es liegt ein Rechtsbehelf eigener Art vor, eine befristete Beschwerde. Wegen der Einzelheiten des Verfahrens sind die Regelungen der einschlägigen Prozeßordnung anwendbar, in einer Zivilsache also §§ 567 ff ZPO. Danach muß der Erstrichter der Beschwerde evtl abhelfen, § 572 I ZPO. Das Beschwerdegericht übt ein eigenes pflichtgemäßes Ermessen aus, Köln NJW **86**, 2515. Es kann also das Ordnungsmittel auch abmildern, Karlsr RR **98**, 144. Die Beschwerde wirkt grundsätzlich nicht aufschiebend. Das Gericht kann aber die Vollstreckung aussetzen oder unterbrechen. Der einzelne Richter des § 180 muß das tun.

4 **C. Beschwerdegericht, III.** Es entscheidet beim ordentlichen Gericht immer das OLG, in einer Bußgeldsache nach § 80 a I OWiG durch nur *einen* Richter, Köln NJW **06**, 3298. Hat der verordnete Richter entschieden, ist das dem ersuchten Richter übergeordnete OLG zuständig. Die Entscheidung ergeht durch einen Beschluß. Ihn muß das Beschwerdegericht zustellen. Bei einer Aufhebung des angefochtenen Beschlusses kommt keine Zurückverweisung in Betracht. Denn die sitzungspolizeiliche Gewalt endet mit dem Schluß der Sitzung, Köln MDR **93**, 906. Die Entscheidung ergeht kostenfrei. Denn § 1 I GKG nennt das GVG nicht mit, aM Zweibr NJW **05**, 612. Eine weitere Beschwerde ist unstatthaft.

182 *Beurkundung der Ordnungsmittel.* **Ist ein Ordnungsmittel wegen Ungebühr festgesetzt oder eine Person zur Ordnungshaft abgeführt oder eine bei der Verhandlung beteiligte Person entfernt worden, so ist der Beschluß des Gerichts und dessen Veranlassung in das Protokoll aufzunehmen.**

1) Systematik, Regelungszweck. § 182 soll dem Beschwerdegericht ausreichende Unterlagen für die Beurteilung des Vorfalls sichern, Karlsr RR **98**, 144. Er umfaßt §§ 177, 178, 180 mit Ausnahme der Entfernung eines an der Verhandlung nicht Beteiligten. Das Gericht muß den Vorfall sofort protokollieren, ebenso den verhängenden Beschluß. Er darf nicht erst nach der Sitzung ergehen. Jedoch kann das Gericht bei einer mehrtägigen Sitzung das Ordnungsmittel am folgenden Tag festsetzen, Schlesw MDR **80**, 76. 1

2) Geltungsbereich. Gilt entsprechend in der Arbeitsgerichtsbarkeit, § 9 II ArbGG. 2

3) Protokoll. Es muß eine gesonderte Darstellung des Geschehensablaufs und den Beschluß mit einer Begründung enthalten, Hamm JMBlNRW **77**, 94, Karlsr RR **98**, 144. Daher genügt eine Wiedergabe nur im Beschluß nicht, KG JZ **82**, 73, Stgt Just **93**, 147. Fehlt die Protokollierung, muß das Beschwerdegericht den Beschluß aufheben (keine Zurückverweisung, § 181 Rn 4), Karlsr RR **98**, 144. Eine spätere dienstliche Äußerung des Richters oder Urkundsbeamten ist nicht verwendbar, Hamm JMBlNRW **77**, 94. Das Fehlen einer Protokollierung des Geschehensablaufs ist jedoch dann unschädlich, wenn das Protokoll nur den Ungebührvorwurf und die dazu etwa erhobenen Beweise enthält, weil der Richter und der Protokollführer den Vorgang nicht wahrnehmen konnten, weil dieser zB im Vorraum stattgefunden hat, Stgt Just **93**, 147. Eine Protokollierung ist ferner dann entbehrlich, wenn der Betroffene den Vorgang nicht bestreitet, sondern andere Einwendungen erhebt, KG JZ **82**, 73, Karlsr RR **98**, 144. Das Beschwerdegericht ist an den protokollierten Sachverhalt nicht gebunden, sondern kann auch ihn nachprüfen, aM Zweibr NJW **05**, 612. Fehlt dem Beschluß die Begründung, ist das unschädlich, wenn sich alles Notwendige zweifelsfrei aus der Protokollierung des Vorfalls ergibt, Düss NStZ **88**, 238. 3

183 *Straftat.* [1] **Wird eine Straftat in der Sitzung begangen, so hat das Gericht den Tatbestand festzustellen und der zuständigen Behörde das darüber aufgenommene Protokoll mitzuteilen.** [2] **In geeigneten Fällen ist die vorläufige Festnahme des Täters zu verfügen.**

1) Geltungsbereich, dazu *Nierwetberg* NJW **96**, 432: Die Vorschrift gilt entsprechend in der Arbeitsgerichtsbarkeit, § 9 II ArbGG. Begriff der Sitzung § 176 Rn 1. § 183 ist zwingend, ebenso § 116 AO für Steuerstraftaten. „Straftat" ist eine solche Tat, die den Tatbestand eines Strafgesetzes verwirklicht, aM LG Regensb NJW **08**, 1095 (aber eine Verhinderung des Vorsitzenden ändert nichts am Grundsatz, Nierwetberg NJW **08**, 1095). Daher ist § 183 auf eine bloße Ordnungswidrigkeit unanwendbar. Als „Feststellung" genügt die kurze Beurkundung der wesentlichen Vorgänge. Wegen einer vorläufigen Festnahme § 127 StPO. Der Erlaß eines Haftbefehls ist unzulässig. Die Nichtzulassung rechtswidrig erlangter Beweismittel läßt sich nicht auf die entsprechende Anwendung von § 183 stützen, Werner NJW **88**, 1001. 1

Unanwendbar ist § 183, soweit in der Sitzung eine nur außerhalb von ihr begangene oder evtl erfolgte Straftat zur Erörterung kommt. Soweit der Richter schon deswegen zB die Ermittlungsbehörde einschalten will, kann sogar seine Ablehnung begründet sein.

Fünfzehnter Titel. Gerichtssprache

184 *Grundsatz.* [1] **Die Gerichtssprache ist deutsch.** [2] **Das Recht der Sorben, in den Heimatkreisen der sorbischen Bevölkerung vor Gericht sorbisch zu sprechen, ist gewährleistet.**

Vorbem. S 2 angefügt dch Art 17 Z 8 G v 19. 4. 06, BGBl 866, in Kraft seit 25. 4. 06, Art 210 I G, ÜbergangsR Einl III 78.

Schrifttum: *Ingerl,* Sprachrisiko im Verfahren, 1988; *Jessnitzer,* Dolmetscher, 1982, 54; *Lässig,* Deutsch als Gerichts- und Amtssprache, 1980.

Gliederung

1) Systematik, Regelungszweck, S 1, 2. § 184 nennt etwas noch Selbstverständliches. Angesichts der Forderung eines Volksvertreters nach einer amtlichen türkischen Sprachfassung des Deutschlandslieds mag bald auch die Gerichtssprache ähnliche Umformulierungen erhalten sollen. Die Vorschrift sichert die Verständlichkeit des Geschehens im Gericht auch für Unbeteiligte, Paulus JuS **94**, 369. Sie ist verfassungsrechtlich (noch) unbedenklich, BVerfG NVwZ **87**, 785, und zwingend, also von Amts wegen beachtbar. 1

2) Geltungsbereich, S 1, 2. § 184 gilt in allen Verfahren, für die das GVG maßgeblich ist, auch im Verfahren der Patentnichtigkeitsklage, BGH NJW **93**, 71. Die Vorschrift gilt entsprechend in der Arbeitsgerichtsbarkeit, § 9 II ArbGG. Sie bezieht sich nur auf Verhandlungen, Schriftsätze, Entscheidungen und sonstige Äußerungen des Gerichts und der Beteiligten. Sie besagt, daß man alle diese Äußerungen in deutscher Sprache abgeben muß. 2

Deutsch ist dort auch Plattdeutsch, wo alle Beteiligten Plattdeutsch verstehen. Entsprechendes gilt für andere Volkssprachen wie Friesisch und für alle deutschen Mundarten. Demgemäß kann ein Beteiligter sich vor Gericht unter denselben Voraussetzungen einer Volkssprache oder deutschen Mundart bedienen, wie das nach § 185 II in einer fremden Sprache geschehen kann.

Das *Recht der Sorben*, in ihren Heimatkreisen vor Gericht Sorbisch zu sprechen, wird durch II garantiert. Vgl dazu das sächsische G über die Rechte der Sorben v 31. 3. 99, GVBl 161. Darin liegt keine Bevorzugung, die nach Art 3 III GG unzulässig wäre. Zum Recht auf Gleichbehandlung nach Art 6 EGV wegen des Gebrauchs einer anderen Sprache als der Hauptsprache eines EG-Landes EuGH EuZW **99**, 82 (Anm Novak).

3 **3) Entscheidung, Verfügung, S 1, 2.** Sie ist nach § 184 nur in hochdeutscher Sprache zulässig, also weder in einer Mundart noch in altertümlichem Deutsch, Beaumont NJW **90**, 1970. Das Gericht darf und muß sie auch einem sprachunkundigen Beteiligten ohne eine Übersetzung übermitteln, BVerfG NJW **83**, 2762, BGH RR **96**, 387, Brdb FamRZ **06**, 1860 rechts, aM Bachmann FamRZ **96**, 1270, Schlosser Festschrift für Stiefel (1987) 693. Jedoch ist es statthaft und evtl notwendig, im Rechtshilfeverkehr mit dem Ausland ausgehende Ersuchen in einer fremden Sprache abzufassen, so schon Lichtenberger JR **85**, 77, Vogler NJW **85**, 1764, aM BGH NJW **84**, 2050. Das gilt zB bei den Vorschriften des Buchs 11 ZPO usw. Jede schriftliche Äußerung des Gerichts muß in allen ihren Bestandteilen aus allgemein verständlichen Schrift- und Zahlenzeichen der deutschen Sprache bestehen, VGH Kassel NJW **84**, 2429. Auch wenn Erlasse der Verwaltung und andere Verlautbarungen ohne Normcharakter den Richter nicht binden, Kissel NJW **97**, 1097, Wassermann BRAK-Mitt **97**, 108, ist es seine Anstandspflicht (nobile officium), allgemein gebräuchliche Rechtschreibungs- und Zeichensetzungsregeln zu befolgen. Die argumentative Verwendung komplizierter mathematischer Formeln in gerichtlichen Entscheidungen wird durch § 184 nicht unstatthaft, aM Groh MDR **84**, 195. Wenn dadurch das Verständnis auch für Sachkundige unmöglich wird, können nur Rechtsmittel helfen, § 551 Z 7 ZPO. Keine Bedenken bestehen auch gegen die Verwendung von sog Textbausteinen, § 313 Rn 36. Demgegenüber ist die Verweisung auf außerhalb der gerichtlichen Äußerung befindliche Textbestandteile unzulässig, VGH Kassel NJW **84**, 2429. Durch Computer gefertigte Schreiben müssen den Anforderungen an eine klare und verständliche Sprache genügen, AG Hersbruck NJW **84**, 2426 (sehr weitgehend). Dabei darf das Gericht aber vom Leser angemessene Bemühungen um das richtige Verständnis erwarten.

4 **4) Schriftsatz, Eingabe, S 1, 2.** Solche Dokumente oder Ausführungen in fremder Sprache oder in fremder Schrift sind grundsätzlich unbeachtlich. Sie können also nicht einmal als ein unzulässiger Antrag gelten. Sie wahren keine Frist, wenn keine Übersetzung beiliegt, sofern nichts anderes bestimmt ist, zB nach § 3 III AVAG, BGH NJW **82**, 532, BSG MDR **87**, 436, Hbg MDR **89**, 90, aM Geimer NJW **89**, 2204, Schneider MDR **79**, 534, Schumann Festschrift für Schwab (1990) 462 (aber die Entscheidung, ob eine Frist eingehalten ist, kann schon im Interesse der anderen Beteiligten weder von den Sprachkenntnissen des Gerichts oder seiner Möglichkeit abhängen, eine Übersetzung zu beschaffen, noch auch davon, daß der Verfasser nicht in der Lage ist, sich der deutschen Sprache zu bedienen oder für eine Übersetzung zu sorgen). Es bedarf also (noch) für die Zulassung fremder Sprachen einer gesetzlichen Regelung wie in den § 23 VwVfG, §§ 87 AO und 19 SGB X. Diese Vorschriften sind im Gerichtsverfahren nicht entsprechend anwendbar, BSG MDR **87**, 436, auch nicht nach Art 103 I GG. Denn der Zwang, sich der Gerichtssprache zu bedienen, verstößt jedenfalls dann nicht gegen diese Bestimmung, wenn das Gericht von Amts wegen eine Übersetzung einholt, sofern der Ausländer dartut, daß er sie nicht beibringen kann und daß das Dokument für das Verfahren bedeutsam ist, BVerfG NJW **87**, 3077, BVerwG NJW **96**, 1553. Demgemäß bestimmt § 126 PatG ausdrücklich, daß das Gericht Eingaben in anderer Sprache nicht berücksichtigen darf. Eine abweichende Auslegung des § 184 ist auch beim Recht der EU nicht nötig, aM FG Saarbr NJW **89**, 3112. Vgl freilich §§ 1067 ff ZPO.

5 Eine solche Auslegung oder eine Fortentwicklung der Vorschrift ist um so weniger notwendig, als bei einer unverschuldeten Fristversäumnis wegen Unkenntnis der deutschen Sprache eine *Wiedereinsetzung* in Betracht kommt, BGH NJW **82**, 532, zB wenn die Beschaffung einer Übersetzung oder die Inanspruchnahme eines Bevollmächtigten solche Schwierigkeiten bot, die mit einer nach den Umständen angemessenen Mühe und Sorgfalt nicht überwindbar waren, BVerfG NVwZ-RR **96**, 120 (keine Überspannung der Anforderungen), BGH RR **90**, 830. Freilich gibt es keine Wiedereinsetzung, wenn der Ausländer bewußt entgegen der Rechtsmittelbelehrung die Klage nicht in deutscher Sprache abgefaßt hat, BVerwG NJW **90**, 3103. Das entbindet das Gericht nicht davon, sich im Rahmen des Möglichen Kenntnis vom Inhalt einer Eingabe zu verschaffen, um fürsorgerische Maßnahmen treffen zu können. Beim ersten Zugang zum Gericht wie etwa beim Mahnantrag nebst Mahnbescheid ist gegenüber einem sprachunkundigen Ausländer eine ihm verständliche Rechtsbehelfsbelehrung notwendig, sonst ist eine Wiedereinsetzung möglich, BVerfG **40**, 100, es sei denn, der Ausländer steht der Sprachfrage mit einer vermeidbaren Gleichgültigkeit gegenüber, BVerfG **42**, 126. Wegen der Hinzuziehung eines Dolmetschers oder Übersetzers durch das Gericht § 185.

6 **5) Unanwendbarkeit, S 1, 2.** Unanwendbar ist § 184 im schiedsrichterlichen Verfahren, § 1045 ZPO. Nicht hierher gehört die Unterschrift. Ein Ausländer darf deshalb eine Vollmacht in einer fremden Schrift unterzeichnen, VGH Mü NJW **78**, 510. Ebensowenig gilt § 184 für eine solche Urkunde in fremder Sprache, die ein Beteiligter vorlegt, BGH NJW **89**, 1433, Brdb FamRZ **05**, 1842. Wie § 142 III ZPO zeigt, ist eine solche Urkunde erst dann unbeachtlich, wenn die angeordnete Übersetzung nicht vorliegt, BGH NJW **89**, 1433, BVerwG NJW **96**, 1553, Zweibr FER **98**, 280. Entsprechendes gilt für fremdsprachiges Entscheidungsmaterial, etwa für eine Urkunde als Beweismittel, Brdb FamRZ **05**, 1842, Zweibr FamRZ **99**, 35. Bei einer Amtsermittlung nach Grdz 38 vor § 128 ZPO muß evtl das Gericht für eine Übersetzung sorgen, Jacob BWVBl **91**, 207. Selbstverständlich gilt § 184 auch nicht für ein ausländischer Rechtshilfeersuchen, Vogler NJW **85**, 1764. Vgl ferner §§ 1067 ff ZPO.

185 *Fassung 1. 9. 2009:* ***Verhandlung mit Fremdsprachigen.*** **I [1] Wird unter Beteiligung von Personen verhandelt, die der deutschen Sprache nicht mächtig sind, so ist ein Dolmetscher zuzuziehen. [2] Ein Nebenprotokoll in der fremden Sprache wird nicht geführt; jedoch sollen Aussagen und Erklärungen in fremder Sprache, wenn und soweit der Richter dies mit Rücksicht auf die Wichtigkeit der Sache für erforderlich erachtet, auch in der fremden Sprache in das Protokoll oder in eine Anlage niedergeschrieben werden. [3] In den dazu geeigneten Fällen soll dem Protokoll eine durch den Dolmetscher zu beglaubigende Übersetzung beigefügt werden.**

II Die Zuziehung eines Dolmetschers kann unterbleiben, wenn die beteiligten Personen sämtlich der fremden Sprache mächtig sind. 3 In den dazu geeigneten Fällen soll dem Protokoll eine durch den Dolmetscher zu beglaubigende Übersetzung beigefügt werden.

III In Familiensachen und in Angelegenheiten der freiwilligen Gerichtsbarkeit bedarf es der Zuziehung eines Dolmetschers nicht, wenn der Richter der Sprache, in der sich die beteiligten Personen erklären, mächtig ist.

Vorbem. III angefügt dch Art 22 Z 18 FGG-RG, in Kraft seit 1. 9. 09, Art 112 I Hs 1 FGG-RG, ÜbergangsR Art 111 FGG-RG, Einf 4 vor § 1 FamFG.

Bisherige Fassung: **I, II (s. o.)**

Gliederung

1) Systematik, Regelungszweck, I–III. Gerade wegen der Vereinbarkeit des § 184 mit der MRK und dem GG ist im Rechtsstaat nach Artt 6 MRK, 20 GG eine Überwindung unverschuldeter Sprachbarrieren notwendig. Diese Leistung erbringen §§ 185 ff. Man muß sie so handhaben, daß zwar der Grundsatz des § 184 unangetastet bleibt, andererseits aber der fremdsprachige Beteiligte keinen noch gar erheblichen Rechtsnachteil erleidet. *Wie* das im einzelnen gelingt, hängt allerdings weitgehend vom Feingefühl des Gerichts ab. Das gilt vor allem bei III. 1

2) Geltungsbereich, I–III. Gilt entsprechend in der Arbeitsgerichtsbarkeit, § 9 II ArbGG. 2

3) Hinzuziehung eines Dolmetschers, I. Ist ein der deutschen Sprache nicht Mächtiger an einer Verhandlung beteiligt, muß das Gericht ein faires Verfahren nach Einl III 23 gewährleisten, BVerfG NJW **83**, 2762 (zustm Rüping JZ **83**, 663), Brdb FamRZ **07**, 162. Es muß daher dann mit Ausnahme der FamFG-Fälle grundsätzlich einen Dolmetscher derjenigen Sprache zuziehen, die der Betroffene beherrscht, BayObLG DVBl **77**, 115, Düss RR **98**, 1695, LG Amberg DGVZ **06**, 181 (zu § 900 ZPO). Dasselbe muß der Rpfl oder Urkundsbeamte bei der Aufnahme von Erklärungen zum Protokoll tun, BayObLG Rpfleger **77**, 133. Das Gebot richtet sich an das Gericht. Die Beteiligten sind nicht verpflichtet, auf die Notwendigkeit der Zuziehung hinzuweisen, Hamm MDR **00**, 657. Sie sollten das aber verständigerweise meist tun. Spricht der Betroffene mehrere Sprachen, liegt es im pflichtgemäßen Ermessen des Gerichts, ob und für welche Sprache(n) es einen Dolmetscher zuzieht, BGH NStZ **90**, 228, Brdb FamRZ **07**, 162, VGH Kassel JB **89**, 645. 3

„Verhandlung" nach I ist nicht nur die mündliche Verhandlung, sondern jeder Gerichtstermin, auch derjenige vor dem verordneten Richter. Demgemäß ist auch bei der Erledigung eines ausländischen Rechtshilfeersuchens zB nach dem Haager BewAufnÜbk, Anh § 363 ZPO, ein Dolmetscher notwendig, wenn ein Richter des ersuchenden Gerichts nach Art 8 Übk, § 10 AusfG und/oder eine Partei des dortigen Rechtsstreits anwesend ist, sofern sie des Deutschen nicht mächtig sind, Martens RIW **81**, 732. Dagegen bezieht sich § 185 nicht auf schriftliche Äußerungen des Gerichts oder eines Beteiligten nach § 184 Rn 2, 3 und auch nicht auf sonstige Urkunden, Brdb FamRZ **07**, 162. Das ist vielmehr die Aufgabe eines Sachverständigen, BGH NStZ **98**, 1087. Vorbereitende Handlungen eines Beteiligten wie zB Gespräche mit seinem Anwalt sind keine Verhandlung nach § 185. Auch eine entsprechende Anwendung scheidet aus, aM Ffm StrVert **91**, 457, KG NStZ **90**, 403, LG Bln NStZ **90**, 449.

Alle an einer Verhandlung *Beteiligten* müssen so gut Deutsch können, daß sie der Verhandlung folgen und ihre Rechte voll wahrnehmen können. Sie müssen also Deutsch nicht nur verstehen, sondern auch sprechen können, BVerfG NJW **83**, 2763, BVerwG NJW **90**, 3103 (eine volle Beherrschung der deutschen Sprache sei aber nicht erforderlich). Beteiligt sind außer den Gerichtspersonen Parteien und gesetzliche Vertreter auch im Anwaltsprozeß, Beistände sowie Zeugen und Sachverständige, die beiden letzteren nur, soweit sie der Verhandlung folgen müssen. Es ist auch bei einer voraussichtlichen Unerheblichkeit einer Aussage nötig, dem Zeugen einen Dolmetscher zu bestellen, falls die Gefahr besteht, daß der Zeuge das Gericht falsch verstanden hat, Düss MDR **06**, 532. Das Protokoll ist stets deutsch. Die Entscheidung, ob ein Beteiligter genügend Deutsch kann oder welche Sprache er beherrscht, ist im Rahmen eines tatrichterlichen Beurteilungsspielraums erforderlich, BayObLG BayVBl **81**, 187. Eventuell muß sich das Gericht zB durch eine Anfrage bei dem Beteiligten vergewissern, wie es mit dessen Deutschkenntnissen steht und ob er etwa auf der Bestellung eines Dolmetschers besteht. Wer wahrheitswidrig behauptet, nicht Deutsch zu können, ist zur Verhandlung nicht zuzulassen und gilt als nicht erschienen, als Zeuge das Zeugnis weigernd. Insofern ist freilich eine sorgfältige Prüfung nötig. 4

Die *Entscheidung* des Gerichts darf das Rechtsmittelgericht nicht nachprüfen, LG Bln MDR **87**, 151, LAG Köln MDR **00**, 1337, ebensowenig, ob der Richter bei teilweiser Deutschkenntnis eines Beteiligten, von seinem Ermessen richtig Gebrauch gemacht hat, in welchem Umfang der Dolmetscher dann nötig wird, BGH NStZ **84**, 328, Düss RR **98**, 1695. Wohl aber darf und muß das Rechtsmittelgericht nachprüfen, ob das Erstgericht den Begriff der Sprachkundigkeit verkannt hat. Das gilt jedoch nur auf Grund eines Rechtsmittels gegen die Entscheidung selbst, nicht über § 567 ZPO. Den Begriff der Sprachkundigkeit hat das Gericht bereits dann verkannt, wenn Zweifel bestehen, daß die Person der Verhandlung folgen kann, VGH Kassel JB **89**, 645. Deshalb muß das Erstgericht seine Entscheidung zur Entbehrlichkeit eines Dolmetschers so begründen, daß eine Nachprüfung dieses Punktes möglich ist, BayObLG BayVBl **81**, 187. 5

4) Keine Hinzuziehung, II, III. Die Zuziehung eines Dolmetschers kann in den Fällen I unterbleiben, wenn alle Beteiligten der anderen Sprache mächtig sind, wenn sie also etwa diejenige des Zeugen verstehen 6 und sprechen (zB Plattdeutsch, Friesisch oder Sorbisch, § 184 Rn 1). Das Protokoll ist auch dann deutsch. Sich gegenüber Ausländern einer fremden Sprache zu bedienen, ist das Gericht grundsätzlich wenigstens nicht verpflichtet. Eine Zulassung von Verhandlungen in fremder Sprache befürwortet Gruber ZRP **90**, 172 mit beachtlichen Gründen. Fremdsprachenkenntnisse des Gerichts können eine Wohltat sein.

In einer *FamFG-Sache* ist die Hinzuziehung nach *III* nicht von der allseitigen Sprachkundigkeit abhängig, sondern nur in derjenigen des Richters.

7 **5) Verstoß, I–III.** Ein Verstoß gegen I liegt nicht nur dann vor, wenn die erforderliche Hinzuziehung eines Dolmetschers unterbleibt, sondern auch dann, wenn seine Tätigkeit an erheblichen Mängeln leidet, BVerwG NVwZ **99**, 66, oder wenn der Dolmetscher zeitweilig abwesend ist, BGH bei Holtz MDR **91**, 1025. Er ist kein unbedingter Revisionsgrund, § 551 ZPO. Die Partei kann auf die Einhaltung des § 185 verzichten und auch ihr Rügerecht nach § 295 I ZPO verlieren, BVerwG NVwZ **99**, 66. Ist das nicht so, liegt ein Verfahrensmangel in Form einer Verletzung des Anspruchs auf rechtliches Gehör nach Art 103 I GG vor. Er rechtfertigt die Zurückverweisung nach § 538 ZPO. Die Partei darf sich auf den Mangel aber dann nicht berufen, wenn sie ihre prozessuale Möglichkeit nicht dazu genutzt hat, eine Verhandlung mit einem Dolmetscher zB durch einen Antrag auf eine Vertagung herbeizuführen, BVerwG BayVBl **82**, 349.

8 **6) Dolmetscher, I.** Es gibt zwei Prüfschritte.

A. Auswahl. Der Dolmetscher ist wegen des Gebots eines fairen Verfahrens nach Einl III 23 evtl notwendig, BVerfG NJW **04**, 50 und 1443 (je StPO), Brdb FamRZ **07**, 162. Er ist ein Gehilfe des Gerichts und der Beteiligten, wenn er nur zur mündlichen Übertragung des Verhandelten tätig wird. Dann ist er kein Sachverständiger. Er wird aber in mancher Beziehung wie ein solcher behandelt. Sofern er nur oder auch Übersetzer ist, also mündlich oder schriftlich den Text einer außerhalb des Verfahrens entstandenen Urkunde überträgt, ist er dagegen insoweit ein Sachverständiger, Köln NJW **87**, 1091. Seine Auswahl steht im pflichtgemäßen Ermessen des Gerichts. Es muß die öffentlich bestellten oder allgemein vereidigten Dolmetscher entsprechend § 404 I ZPO meist bevorzugen, Tormin ZRP **87**, 423. Es muß etwaige besondere Umstände berücksichtigen. Im übrigen darf das Gericht jede fachlich und persönlich geeignete Person für diesen Dienst heranziehen, VGH Kassel JB **89**, 645 (auch zur Heranziehung bei einer Mehrsprachigkeit eines Beteiligten), also auch den Verwandten eines Beteiligten, BVerwG NJW **84**, 2055, oder einen korrekt wirkenden sprachkundigen Begleiter eines nicht sprachkundigen Beteiligten, zumindest zu einer vorläufigen Erörterung und etwaigen Klärung, wenn alle einverstanden sind. Vgl freilich auch Rn 9. Wegen der Ablehnung des Dolmetschers § 191. Der Dolmetscher kann zugleich Zeuge oder Sachverständiger sein. Er darf dann seine eigenen Aussagen übersetzen.

9 **B. Aufgaben.** Der Dolmetscher muß den Tenor aller Entscheidungen sowie die Auflagen und Fragen des Gerichts, fremdsprachliche Beweisurkunden und Anträge oder sonst entscheidungserhebliche Erklärungen der Beteiligten wörtlich übersetzen, während im übrigen eine Übersetzung ihrem wesentlichen Inhalt nach genügt. Beim Gutachten genügt die Wiedergabe des Ergebnisses, soweit nicht ein Beteiligter eine Gesamtübersetzung ausdrücklich verlangt. Es handelt sich um eine zwingende öffentlichrechtliche Vorschrift. Ein Verzicht ist nicht möglich. Das Protokoll muß den Grund der Zuziehung des Dolmetschers angeben, nicht notwendig die Einzelheiten der Zuziehung. Es muß angeben, was er übertragen hat, wenn auch nicht in allen Einzelheiten. Daß das geschehen ist, ist mit jedem Beweismittel und nicht nur mit dem Protokoll beweisbar. Wegen der Vergütung des Dolmetschers und des Übersetzers §§ 8 ff JVEG Hartmann Teil V. Als eine gerichtliche Auslage nach KV 9005 muß der Kostenschuldner sie stets tragen.

186 *Hör- oder sprachbehinderte Personen.* **I [1] Die Verständigung mit einer hör- oder sprachbehinderte Person in der Verhandlung erfolgt nach ihrer Wahl mündlich, schriftlich oder mit Hilfe einer die Verständigung ermöglichenden Person, die vom Gericht hinzuzuziehen ist. [2] Für die mündliche und schriftliche Verständigung hat das Gericht die geeigneten technischen Hilfsmittel bereitzustellen. [3] Die hör- oder sprachbehinderte Person ist auf ihr Wahlrecht hinzuweisen.**

II Das Gericht kann eine schriftliche Verständigung verlangen oder die Hinzuziehung einer Person als Dolmetscher anordnen, wenn die hör- oder sprachbehinderte Person von ihrem Wahlrecht nach Absatz 1 keinen Gebrauch gemacht hat oder eine ausreichende Verständigung in der nach Absatz 1 gewählten Form nicht oder nur mit unverhältnismäßigem Aufwand möglich ist.

1 **1) Systematik, Regelungszweck, I, II.** Die auf § 9 BGG zurückgehende Vorschrift regelt die Verständigung mit körperlich hör- oder sprachbehinderten Personen, die als Parteien oder Dritte, zB Zeugen, an der Verhandlung beteiligt sind. Sie bezieht sich nicht auf geistig Behinderte. Beim Blinden gilt § 191 a. Insoweit ist das Gericht berechtigt und verpflichtet, nach seinem pflichtgemäßen Ermessen darüber zu entscheiden, welche Maßnahmen nötig sind, um eine sachgemäße und effektive Verständigung sicherzustellen, BGH NJW **97**, 2335. Die Regelung verpflichtet das Gericht, von der Möglichkeit einer direkten Verständigung zB durch eine Zeichen- oder Gebärdensprache vorrangig Gebrauch zu machen.

2 **2) Geltungsbereich, I, II.** Die Vorschrift gilt entsprechend in der Arbeitsgerichtsbarkeit, § 9 II ArbGG.

3 **3) Grundsatz, I.** Die behinderte Person hat ein Wahlrecht zwischen schriftlicher oder mündlicher Verständigung oder der Hinzuziehung einer die Verständigung ermöglichenden Person, *I 1.* Das Gericht muß sie auf dieses Wahlrecht hinweisen. Als Sprachmittler kommen nicht nur Gebärden-, Schrift- oder Oraldolmetscher in Betracht. Vielmehr kann die Verständigung auch mithilfe anderer, dem behinderten Menschen vertrauten Personen erfolgen. Sie sind keine Dolmetscher nach §§ 189–191. Diese Vorschriften sind aber entsprechend anwendbar. Die behinderte Person hat einen Anspruch darauf, daß das Gericht die für die Verständigung notwendigen oder auch nur zweckdienlichen technischen Hilfsmittel bereitstellt, zB eine Tonübertragungseinrichtung (Tonanlage), *I 2.* Das Gericht muß die behinderte Person mündlich oder schriftlich darauf hinweisen, daß sie zwischen den verschiedenen Möglichkeiten frei wählen kann, *I 3.*

4) Beschränkungen, II. Das Gericht ist nicht darauf angewiesen, daß die behinderte Person von ihrem Wahlrecht Gebrauch macht. Geschieht das nicht oder würde das vom Behinderten gewählte Mittel wirklich unverhältnismäßig teuer oder kompliziert, kann das Gericht eine schriftliche Verständigung verlangen oder die Hinzuziehung einer Person jetzt als Dolmetscher nach §§ 189 ff anordnen. Dieselben Möglichkeiten hat das Gericht, wenn eine ausreichende Verständigung in der nach I gewählten Form nicht oder nur mit einem unverhältnismäßigen Aufwand möglich ist, wenn zB die behinderte Person einer Zeichen- oder Gebärdensprache nicht oder nicht ausreichend mächtig ist. 4

5) Verfahren, I, II. Das Gericht entscheidet bei II nach seinem pflichtgemäßen Ermessen durch einen unanfechtbarren Beschluß. Ordnet es die Hinzuziehung eines Dolmetschers an, gilt für dessen Ablehnung § 191 und für dessen Beeidigung § 483 ZPO. Die Kosten der Hilfsmittel sind gerichtliche Auslagen. 5

187 (betrifft Strafsachen)

188 *Eidesleistungen.* **Personen, die der deutschen Sprache nicht mächtig sind, leisten Eide in der ihnen geläufigen Sprache.**

Schrifttum: *Jessnitzer,* Dolmetscher (1982) 76.

1) Geltungsbereich. Die Vorschrift gilt entsprechend in der Arbeitsgerichtsbarkeit, § 9 II ArbGG. Der Dolmetscher des § 185 muß die Eidesbelehrung in die fremde Sprache übertragen. Er spricht die Eidesnorm und die Eidesformel in dieser Sprache vor, ohne daß der Richter sie in deutscher Sprache vorgesprochen haben müßte. Der Vorsitzende sollte den fremdsprachigen Teil der Vereidigung zur Kontrolle immer ins Deutsche zurückübertragen lassen. Der Ausländer darf ihm vertraute Beteuerungsformeln zur Bekräftigung hinzufügen. 1

189 *Fassung 1. 9. 2009:* ***Dolmetscher.*** **I 1 Der Dolmetscher hat einen Eid dahin zu leisten: daß er treu und gewissenhaft übertragen werde.**

2 Gibt der Dolmetscher an, daß er aus Glaubens- oder Gewissensgründen keinen Eid leisten wolle, so hat er eine Bekräftigung abzugeben. 3 Diese Bekräftigung steht dem Eid gleich; hierauf ist der Dolmetscher hinzuweisen.

II Ist der Dolmetscher für Übertragungen der betreffenden Art in einem Land nach den landesrechtlichen Vorschriften allgemein beeidigt, so genügt vor allen Gerichten des Bundes und der Länder die Berufung auf diesen Eid.

III In Familiensachen und in Angelegenheiten der freiwilligen Gerichtsbarkeit ist die Beeidigung des Dolmetschers nicht erforderlich, wenn die beteiligten Personen darauf verzichten.

Vorbem. Zunächst II idF Art 2 G BT-Drs 16/2639, in Kraft seit 12. 12. 08, Art 8 I G, ÜbergangsR Einl III 78. Sodann III angefügt dch Art 22 Z 19 FGG-RG, in Kraft seit 1. 9. 09, Art 112 I Hs 1 FGG-RG, ÜbergangsR Art 111 FGG-RG, Einf 4 vor § 1 FamFG

Bisherige Fassung: **I, II (s. o.)**

Schrifttum: *Cebulla,* Sprachmittlerstrafrecht, 2007; *Jessnitzer,* Dolmetscher (1982) 100–101.

1) Systematik, Regelungszweck, I–III. Es handelt sich um eine den §§ 478 ff ZPO angenäherte Regelung. Vgl daher auch dort auch zu dem Regelungszweck und der daraus folgenden Handhabung. 1

2) Geltungsbereich, I–III. Die Vorschrift gilt entsprechend in der Arbeitsgerichtsbarkeit, § 9 II ArbGG. 2

3) Vereidigung, I. Das Gericht muß den Dolmetscher in jeder Verhandlung nach § 185 Rn 1 mit Ausnahme einer Sache nach III durch einen Voreid verpflichten, *I 1.* Wegen der Bekräftigung nach *I 2, 3* vgl § 484 ZPO. Die Eidesleistung braucht an späteren Sitzungstagen nicht wiederholt zu erfolgen, BVerwG NJW **86**, 3154. Ebensowenig muß der Dolmetscher sich jeweils ausdrücklich auf den Eid berufen, BVerwG BayVBl **86**, 374. Bei einer wiederholten Vernehmung in derselben Sache genügt es, daß der Dolmetscher die Richtigkeit der Übertragung unter einer Berufung auf den zuvor geleisteten Eid versichert, BayObLG MDR **79**, 696. Das gilt nicht bei einer Vereidigung im Vorstadium des Verfahrens, BGH StrVert **91**, 504, zB im Prozeßkostenhilfeverfahren. Der für einen späteren Verhandlungstag geleistete Voreid oder die Berufung auf den allgemein geleisteten Eid hat nicht ohne weiteres die Bedeutung eines Nacheides für den voraufgegangenen Tag, Hbg MDR **84**, 75. 3

Es handelt sich um eine mit Ausnahme vor III *zwingende* Vorschrift, BGH NJW **94**, 941. Ein Verstoß ist aber kein absoluter Revisionsgrund nach (jetzt) § 547 ZPO, BGH NStZ **88**, 20, BSG MDR **93**, 173. Insbesondere begründet ein vorschriftswidriger Nacheid nicht die Revision, Saarbr NJW **75**, 65, aM Hbg MDR **84**, 75. Ist die Beeidigung des Dolmetschers unterblieben, darf das Berufungsgericht eine Zeugenaussage nicht ohne seine erneute Vernehmung verwerten, BGH NJW **94**, 941.

4) Allgemeiner Eid, II. Die Berufung auf den geleisteten allgemeinen Eid, über den das Landesrecht bestimmt, genügt, Ruderich BayVBl **85**, 169, Tormin ZRP **87**, 422. Die allgemeine Beeidigung muß sich auf diejenige Sprache beziehen, aus der oder in die der Dolmetscher übersetzen soll, BGH bei Holtz MDR **80**, 456. Für eine andere Sprache eine besondere Vereidigung nötig, BGH NJW **87**, 1033. Meist beruht das Urteil dann aber nicht auf dem Fehlen der Vereidigung. Nötig ist eine eigene Erklärung des Dolmetschers, daß er die Richtigkeit der Übertragung auf seinen Eid nehme, BGH MDR **82**, 685. Seine Mitteilung, daß er allgemein vereidigt sei, genügt jedoch, BGH bei Holtz MDR **78**, 280. Die bloße 4

Feststellung im Protokoll, daß er allgemein vereidigt sei, reicht nicht aus, BGH GA **80**, 184 (zustm Liemersdorf NStZ **81**, 69). Zur Auslegung des den Angaben zur Person folgenden Protokollvermerks „allgemein vereidigt" BGH NJW **82**, 2739. Ob das Urteil auf dem Unterlassen einer Berufung auf den allgemeinen Eid beruht, hängt von den Umständen ab, BGH NStZ **87**, 568. Beruft sich der Rechtsmittelführer auf einen nicht ordnungsgemäß geleisteten Eid, kann das Urteil auf diesem Fehler dann nicht beruhen, wenn sowohl der Tatrichter als auch der Dolmetscher irrig von der Ordnungsmäßigkeit des Eides ausgehen, BGH NStZ **84**, 328.

5) Eidesverzicht, III. In einer FamFG-Sache *kann,* nicht muß, das Gericht auf eine Beeidigung beim allseitigen Verzicht aller Beteiligter nach § 7 FamFG verzichten.

190 *Urkundsbeamter als Dolmetscher.* [1]**Der Dienst des Dolmetschers kann von dem Urkundsbeamten der Geschäftsstelle wahrgenommen werden.** [2]**Einer besonderen Beeidigung bedarf es nicht.**

1 **1) Geltungsbereich, S 1, 2.** Die Vorschrift gilt entsprechend in der Arbeitsgerichtsbarkeit, § 9 II ArbGG. Die Heranziehung eines Dolmetschers ist dann entbehrlich, wenn der gerade protokollierende Urkundsbeamte diese Aufgabe wahrnimmt, also nicht ein mitwirkender Richter oder ein am Verfahren Beteiligter. Die Beeidigung des Urkundsbeamten ist nicht erforderlich.

191 *Ausschließung und Ablehnung des Dolmetschers.* [1]**Auf den Dolmetscher sind die Vorschriften über Ausschließung und Ablehnung der Sachverständigen entsprechend anzuwenden.** [2]**Es entscheidet das Gericht oder der Richter, von dem der Dolmetscher zugezogen ist.**

Schrifttum: *Jessnitzer,* Dolmetscher (1982) 87–92.

1 **1) Geltungsbereich, S 1, 2.** Die Vorschrift gilt entsprechend in der Arbeitsgerichtsbarkeit, § 9 II ArbGG. Entgegen dem offensichtlich auf einem Redaktionsversehen beruhenden Wortlaut gibt es für den Dolmetscher ebenso wie für den Sachverständigen keine Ausschließung kraft Gesetzes. Jedoch können die Gründe des § 41 ZPO mit Ausnahme der Z 5 seine Ablehnung durch einen Beteiligten rechtfertigen, § 406 in Verbindung mit § 42 ZPO, BVerwG NJW **84**, 2055 (zur Dolmetschertätigkeit des Verwandten eines Beteiligten), Nürnb MDR **99**, 1513, LG Darmst StrVert **95**, 239. Ein mit Erfolg nachträglich abgelehnter Dolmetscher darf nicht weiter tätig werden. Das Gericht muß die vorher von ihm vorgenommenen Übertragungen bei seiner Entscheidung außer Betracht lassen, BVerwG NJW **85**, 757 (ein Verstoß ist kein absoluter Revisionsgrund). Ein erfolgreich abgelehnter Dolmetscher darf sich als Zeuge oder sachverständiger Zeuge dazu äußern, was der Gegenstand seiner sinnlichen Wahrnehmung war, also zB über die in seiner Gegenwart erfolgten Aussagen, BayObLG NJW **98**, 1505. Wegen der Einzelheiten vgl bei §§ 42, 406 ZPO.

Die *sonstigen Vorschriften* für Sachverständige sind gegenüber den Sondervorschriften des 15. Titels unanwendbar, also auch § 409 ZPO (Ordnungsmittel beim Ausbleiben), LG Hildesh NdsRpfl **90**, 232. Anders liegt es insoweit bei Übersetzern, § 185 Rn 7. Gegen beide können in der Sitzung Ordnungsmittel nach §§ 177, 178 ergehen.

191a *Blinde oder sehbehinderte Personen.* [I] [1]**Eine blinde oder sehbehinderte Person kann nach Maßgabe der Rechtsverordnung nach Absatz 2 verlangen, dass ihr die für sie bestimmten gerichtlichen Dokumente auch in einer für sie wahrnehmbaren Form zugänglich gemacht werden, soweit dies zur Wahrnehmung ihrer Rechte im Verfahren erforderlich ist.** [2]**Hierfür werden Auslagen nicht erhoben.**

[II] **Das Bundesministerium der Justiz bestimmt durch Rechtsverordnung, die der Zustimmung des Bundesrates bedarf, unter welchen Voraussetzungen und in welcher Weise die in Absatz 1 genannten Dokumente und Dokumente, die von den Parteien zur Akte gereicht werden, einer blinden oder sehbehinderten Person zugänglich gemacht werden, sowie ob und wie diese Person bei der Wahrnehmung ihrer Rechte mitzuwirken hat.**

1 **1) Systematik, Regelungszweck, I, II.** Die auf § 10 BGG zurückgehende Vorschrift stellt sicher, daß das Gericht Schriftstücke Blinden und Sehbehinderten auch in einer für sie wahrnehmbaren Form übermitteln.

2 **2) Geltungsbereich, I, II.** Die Vorschrift gilt entsprechend in der Arbeitsgerichtsbarkeit, § 9 II ArbGG.

3 **3) Gerichtliches Schriftstück, I, II.** Es muß sich um ein solches Schriftstück handeln, das ein Gericht erstellt und für die blinde oder sehbehinderte Person bestimmt hat, also um eine Entscheidung oder Verfügung oder Mitteilung. Solche Schriftstücke muß das Gericht auf einen Antrag dem Blinden oder Sehbehinderten zusätzlich in einer für ihn wahrnehmbaren Form zugänglich machen, soweit es zur Wahrnehmung seiner Rechte im Verfahren erforderlich ist, *I 1.* Das braucht nicht vorzuliegen, wenn der Antragsteller einen ProzBev hat. Im übrigen bestimmt sich der Umfang des Anspruchs nach den individuellen Fähigkeiten des Antragstellers. So kann die Übersendung in elektronischer Form ausreichen, wenn der Antragsteller über einen Internetzugang sowie über einen Computer mit Braille-Zeile oder Sprachausgabe verfügt.

Für die Zugänglichmachung entstehen *keine Auslagen, I 2.* Alles weitere über die Voraussetzungen und die Art und Weise der Zugänglichmachung bestimmt der BJM durch eine VO, *II.*

4 **4) Dokumente der Parteien, I, II.** Für sie gilt dasselbe, soweit eine VO es bestimmt.

5 **5) Prozessuale Auswirkungen, I, II.** Die Vorschriften der Prozeßordnungen über Formen, Fristen und Zustellungen bleiben durch den Anspruch nach I und seine Verwirklichung unberührt.

Sechzehnter Titel. Beratung und Abstimmung

Übersicht

1) Systematik, Regelungszweck. Ist sich der einzeln urteilende Richter über die Beurteilung des Streitstoffs klargeworden, gibt er seine Entscheidung bekannt. Damit erhält der innere Vorgang Leben nach außen, § 329 ZPO Rn 24 ff. Beim Kollegium muß die Einigung der Richter über die Beurteilung vorangehen. Sie ordnet der 16. Titel. Die Beratung und die Abstimmung sind also Vorgänge des inneren Dienstes. Sie dürfen ihrem Inhalt nach nach außen in keiner Weise ersichtlich werden. Das Gericht ist nach außen eine Einheit, eben „das Gericht". Es ist außerhalb des BVerfG ganz unstatthaft, durch die Fassung der Entscheidungsgründe oder sonstwie anzudeuten, daß der Verkündende oder der Urteilsverfasser überstimmt ist. Es ist die Amtspflicht der Richter, über den Hergang der Beratung und Abstimmung volles Schweigen zu bewahren, § 43 DRiG. Das Beratungsgeheimnis gilt auch für ehrenamtliche Richter, § 45 I 2 DRiG. Wegen ausländischer Hospitanten § 193 II–IV. Über die Vernehmung von Richtern usw über das Zustandekommen einer Entscheidung § 383 ZPO Rn 20. Ob die geheime Beratung und Abstimmung immer und überall ein Vorteil ist, ist fraglich. Für das BVerfG ist der Grundsatz durchbrochen, § 30 II BVerfGG. 1

2) Haftpflicht des einzelnen Richters. Sie kann immer nur auf seiner Abstimmung beruhen, nie auf der Entscheidung des Kollegiums. Man muß ihm seine Abstimmung nachweisen. Empfehlenswert ist trotzdem, wenn eine Haftpflicht droht, die Niederlegung der abweichenden Meinung in einem geheimen Aktenvermerk. 2

192 *Mitwirkende.* [I] **Bei Entscheidungen dürfen Richter nur in der gesetzlich bestimmten Anzahl mitwirken.**

[II] **Bei Verhandlungen von längerer Dauer kann der Vorsitzende die Zuziehung von Ergänzungsrichtern anordnen, die der Verhandlung beizuwohnen und im Falle der Verhinderung eines Richters für ihn einzutreten haben.**

[III] (betr Strafsachen)

1) Geltungsbereich, I, II. Gilt entsprechend in der Arbeitsgerichtsbarkeit, § 9 II ArbGG. *I* gibt eine zwingende öffentlichrechtliche Vorschrift. Ein Verstoß ist ein unbedingter Revisions- und Nichtigkeitsgrund, §§ 547 Z 1, 579 Z 1 ZPO. Eine abweichende Regelung enthält § 320 IV 2, 3 ZPO, zu ihrer entsprechenden Anwendung BGH MDR **02**, 658. Die Zuziehung von Ergänzungsrichtern bei einer Mitwirkung von mehr als einem Berufsrichter nach *II* ordnet der Vorsitzende an, das Präsidium bestimmt sie. Es darf andere Richter als die Vertreter der Mitglieder wählen. Sie haben das Fragerecht. Sie wirken aber an der Beratung und Abstimmung erst nach ihrem Eintritt mit. Über ihren Eintritt entscheidet der Vorsitzende, BGH NJW **91**, 51. 1

193 *Anwesenheit Dritter.* [I] **Bei der Beratung und Abstimmung dürfen außer den zur Entscheidung berufenen Richtern nur die bei demselben Gericht zu ihrer juristischen Ausbildung beschäftigten Personen und die dort beschäftigten wissenschaftlichen Hilfskräfte zugegen sein, soweit der Vorsitzende deren Anwesenheit gestattet.**

[II] [1] **Ausländische Berufsrichter, Staatsanwälte und Anwälte, die einem Gericht zur Ableistung eines Studienaufenthaltes zugewiesen worden sind, können bei demselben Gericht bei der Beratung und Abstimmung zugegen sein, soweit der Vorsitzende deren Anwesenheit gestattet und sie gemäß den Absätzen 3 und 4 verpflichtet sind.** [2] **Satz 1 gilt entsprechend für ausländische Juristen, die im Entsendestaat in einem Ausbildungsverhältnis stehen.**

[III] [1] **Die in Absatz 2 genannten Personen sind auf ihren Antrag zur Geheimhaltung besonders zu verpflichten.** [2] **§ 1 Abs. 2 und 3 des Verpflichtungsgesetzes vom 2. März 1974 (BGBl. I S. 469, 547 – Artikel 42) gilt entsprechend.** [3] **Personen, die nach Satz 1 besonders verpflichtet worden sind, stehen für die Anwendung der Vorschriften des Strafgesetzbuches über die Verletzung von Privatgeheimnissen (§ 203 Abs. 2 Satz 1 Nr. 2, Satz 2, Abs. 4 und 5, § 205), Verwertung fremder Geheimnisse (§§ 204, 205), Verletzung des Dienstgeheimnisses (§ 353 b Abs. 1 Satz 1 Nr. 2, Satz 2, Abs. 3 und 4) sowie Verletzung des Steuergeheimnisses (§ 355) den für den öffentlichen Dienst besonders Verpflichteten gleich.**

[IV] [1] **Die Verpflichtung wird vom Präsidenten oder vom aufsichtsführenden Richter des Gerichts vorgenommen.** [2] **Er kann diese Befugnis auf den Vorsitzenden des Spruchkörpers oder auf den Richter übertragen, dem die in Absatz 2 genannten Personen zugewiesen sind.** [3] **Einer erneuten Verpflichtung bedarf es während der Dauer des Studienaufenthaltes nicht.** [4] **In den Fällen des § 355 des Strafgesetzbuches ist der Richter, der die Verpflichtung vorgenommen hat, neben dem Verletzten antragsberechtigt.**

1) Systematik, Regelungszweck, I–IV. Jede Entscheidung eines Kollegialgerichts muß auf einer äußerlich erkennbaren Beratung und Abstimmung beruhen. Das Aufsuchen des Beratungszimmers ist nicht unbedingt nötig. Hat der Vorsitzende eine Verhandlung wiedereröffnet, genügt in der daraufhin stattfindenden Sitzung eine kurze Verständigung im Sitzungssaal, wenn bei der Entscheidung einfacher Fragen eine rascheste Verständigung möglich ist, BGH NJW **92**, 3181 (krit Hamm NJW **92**, 3147). Ein entsprechender Vermerk im Protokoll ist ratsam, BGH NJW **92**, 3183. Unter der genannten Voraussetzung ist eine natürlich leise zu führende Beratung in dieser Form „am Richtertisch" auch sonst zulässig und üblich. Eine bestimmte Dauer der Beratung ist dem Gericht nicht vorgeschrieben, BGH NJW **91**, 51, Rüping NStZ **91**, 193. 1

Zweck des § 193 ist die Vermeidung jeder Beeinflussung des Gerichts. Die Parteien können auf die Wahrung des Beratungsgeheimnisses nicht wirksam verzichten, VGH Kassel NJW **81**, 599.

2 **2) Geltungsbereich, I–IV.** Die Vorschrift gilt entsprechend in der Arbeitsgerichtsbarkeit, § 9 II ArbGG.

3 **3) Teilnahme, I, II.** Anwesend sein dürfen ausschließlich: Die beteiligten Richter, nicht die noch nicht eingetretenen Ergänzungsrichter; die bei demselben Gericht und nicht notwendig gerade bei dieser Abteilung oder diesem Kollegium beschäftigten Referendare, soweit der Vorsitzende ihre Anwesenheit gestattet, *I;* nicht dagegen auch Rechtsstudenten, mögen sie auch beim Gericht ein vorgeschriebenes Praktikum ableisten, BGH NJW **95**, 2645, aM OVG Hbg NordÖR **99**, 114, Bayreuther JuS **96**, 686, Seifert MDR **96**, 125. Die Zeit der förmlichen Zuweisung des Referendars oder Ausbildungsteilnehmers an das Gericht darf noch nicht beendet sein, BVerwG NJW **82**, 1716. Etwas anderes gilt allenfalls dann, wenn noch eine zur ordnungsmäßigen Ableistung des Vorbereitungsdienstes notwendige Arbeit fehlt.

Anwesend sein dürfen *ferner:* Die bei demselben Gericht beschäftigten wissenschaftlichen Hilfskräfte, soweit der Vorsitzende ihre Anwesenheit gestattet, *I;* solche ausländischen Berufsrichter, Staatsanwälte und Anwälte, die einem Gericht zur Ableistung eines Studienaufenthalts zugewiesen worden sind, sowie solche ausländischen Juristen, die im Entsendestaat in einem Ausbildungsverhältnis stehen, soweit der Vorsitzende diesen Personen die Anwesenheit gestattet und sie nach III, IV verpflichtet sind, *II.* Entgegen dem mißverständlichen Wortlaut sind die Hospitanten nicht nur auf einen Antrag zu verpflichten. Gemeint ist, daß sie zu verpflichten sind, sobald sie den Antrag auf eine Teilnahme gestellt haben und dieser Antrag Erfolg hat. Die Teilnahme der vorstehend Genannten ist nicht auf ihr bloßes Zuhören beschränkt. Der Vorsitzende kann jedoch im Einzelfall die Anwesenheit auf eine passive Teilnahme beschränken.

Aufsichtspersonen dürfen ebensowenig teilnehmen wie der etwa gesondert amtierende Protokollführer. Daß der Urkundsbeamte außerhalb der Beratung Kenntnis von dem Votum erhält, ist unschädlich, BVerwG NVwZ **87**, 127. Das gilt selbst dann, wenn er zB zur Notierung der bevorstehenden Urteilsfassung das Beratungszimmer nach dem inhaltlichen Abschluß der Beratung betritt. Fällt der Protokollführer unter die oben genannten Referendare, darf er bei der Beratung anwesend sein. Zeugen, die unter die oben Genannten fallen, dürfen nicht anwesend sein.

4 **4) Verstoß, I–IV.** Ausnahmsweise schadet die unbefugte Anwesenheit Dritter nicht, falls eine Beeinflussung ausgeschlossen ist. Dann beruht das Urteil nicht auf dem Verstoß, aM VGH Kassel NJW **81**, 599 (unerlaubte Anwesenheit schade immer). Bei einer Beratung in der Sitzung nach Rn 1 scheidet die Möglichkeit der Beeinflussung regelmäßig aus, wenn sie so leise geschieht, daß die sonst Anwesenden praktisch nichts davon verstehen.

Ein Verstoß gegen § 193 ist ein *Verfahrensfehler.* Daher ist eine Zurückverweisung durch das Revisionsgericht nötig und durch das Berufungsgericht möglich, wenn das Urteil auf dem Verstoß beruht.

194 ***Hergang bei Beratung und Abstimmung.*** **I Der Vorsitzende leitet die Beratung, stellt die Fragen und sammelt die Stimmen.**

II Meinungsverschiedenheiten über den Gegenstand, die Fassung und die Reihenfolge der Fragen oder über das Ergebnis der Abstimmung entscheidet das Gericht.

1 **1) Geltungsbereich, I, II.** Die Vorschrift gilt entsprechend in der Arbeitsgerichtsbarkeit, § 9 II ArbGG. Die Beratung braucht sich nicht unmittelbar an die Verhandlung anzuschließen. Vielmehr bestimmt der Vorsitzende die ihm zweckmäßig scheinende Zeit. Die Beratung geschieht regelmäßig mündlich. In Ausnahmefällen steht einer Beratung und Abstimmung im Umlaufweg nichts entgegen, wenn alle Richter einverstanden sind, BVerwG NJW **92**, 255 und 257. Unzulässig ist die mündliche oder fernmündliche Einholung der Stimmen außerhalb der Sitzung. Endet die Beratung unter dem Vorbehalt, wieder in sie einzutreten, falls sich für einen Richter ein neuer Gesichtspunkt ergeben sollte, ist eine erneute Verständigung der Richter nötig, Bbg NStZ **81**, 191 (Unterzeichnung der Entscheidung durch alle genügt). Mit seiner Mehrheit kann das Kollegium die Wiedereröffnung der Beratung beschließen.

Die *Ordnung* der Beratung und Abstimmung ergibt sich nicht aus § 194, sondern unterliegt der pflichtgemäßen Bestimmung des Vorsitzenden. Bei Meinungsverschiedenheiten entscheidet das Kollegium. Zweckmäßig erledigt das Gericht die einzelnen Fragen, deren Beantwortung das Endergebnis bestimmt, die „Elemente der Entscheidung", einzeln, weil die Gründe durchweg die Ansicht des Kollegiums wiedergeben müssen.

2 **2) Ablauf, I, II.** Die Beratung und Abstimmung ist im Zivilprozeß auch dann gesetzmäßig, wenn der Vorsitzende und der Berichterstatter die Akten durchgearbeitet haben und dem zweiten Beisitzer der Sach- und Streitstand entweder schriftlich in Gestalt eines Votums oder in dem erforderlichen Umfang sonst bekannt wird. Das kann auch durch die Vorgänge in der mündlichen Verhandlung und/oder in der Beratung geschehen, BVerfG NJW **87**, 2219, BGH NJW **86**, 2706, aM Däubler JZ **84**, 355, Doehring NJW **83**, 851, von Stackelberg MDR **83**, 364 (wegen Artt 97 I, 101 I 2, 103 I GG sei eine volle Aktenkenntnis aller Richter erforderlich. Aber grundsätzlich erfolgt die Entscheidung nicht nach Lage der Akten. Vielmehr ist es die Aufgabe der Beteiligten, dem Gericht alles Erforderliche in der mündlichen Verhandlung nach §§ 137 II, 526 ZPO vorzutragen und es ihrer freien Entscheidung zu überlassen, ob sie sich mit einer Bezugnahme begnügen, § 137 III ZPO). Daher entfällt eine allein erwägenswerte Verletzung des Art 103 I GG meist. Sie kommt ohnehin nur dann in Betracht, wenn eine mangelnde Aktenkenntnis sich dahin auswirkt, daß das Gericht erhebliche Fragen nicht erörtert oder einen wesentlichen Parteivortrag nicht angemessen berücksichtigt, BVerfG NJW **87**, 2219, BGH WertpMitt **83**, 866, BVerwG NJW **84**, 251. Zum Problem § 286 Rn 22. Daß ein solches Schriftstück, auf dessen Wortlaut es ankommt, sowie Augenscheinsobjekte allen Richtern zugänglich sein müssen, versteht sich von selbst. Im übrigen kann der Vorsitzende die ehrenamtlichen Richter meist nur dann in der mündlichen Verhandlung oder in der Beratung über die Sache unterrichten, wenn es sich nicht um solche Handelsrichter

handelt, die häufig die Akten schon vorher erhalten. Bis zur Verkündung muß das Gericht auch nach der Abstimmung sogar einen nicht nachgelassenen Schriftsatz wegen § 156 ZPO prüfen, BGH MDR **02**, 658.

195 *Überstimmte.* **Kein Richter oder Schöffe darf die Abstimmung über eine Frage verweigern, weil er bei der Abstimmung über eine vorhergegangene Frage in der Minderheit geblieben ist.**

1) Geltungsbereich. Die Vorschrift gilt entsprechend in der Arbeitsgerichtsbarkeit, § 9 II ArbGG. Derjenige Berufsrichter oder ehrenamtliche Richter, der die Abstimmung verweigert, versagt seine amtliche Tätigkeit und verletzt die Amtspflicht. Notfalls muß der Vorsitzende einen Ersatzrichter hinzuziehen und die Verhandlung wiederholen. 1

196 *Stimmenzählung.* **I Das Gericht entscheidet, soweit das Gesetz nicht ein anderes bestimmt, mit der absoluten Mehrheit der Stimmen.**

II Bilden sich in Beziehung auf Summen, über die zu entscheiden ist, mehr als zwei Meinungen, deren keine die Mehrheit für sich hat, so werden die für die größte Summe abgegebenen Stimmen den für die zunächst geringere abgegebenen so lange hinzugerechnet, bis sich eine Mehrheit ergibt.

III, IV (betr Strafsachen)

1) Geltungsbereich, I, II. Die Vorschrift gilt entsprechend in der Arbeitsgerichtsbarkeit, § 9 II ArbGG. 1

2) Zählung, I, II. Die absolute Stimmenmehrheit liegt dann vor, wenn sich mehr als die Hälfte sämtlicher Stimmen auf eine Meinung vereinigt (Gegensatz: relative Stimmenmehrheit, also eine Vereinigung einer sonstigen größeren Stimmenzahl als für die anderen Meinungen). Notfalls muß das Gericht mehrmals abstimmen. Eine absolute Mehrheit nach II ist immer möglich. Eine andere Art der Abstimmung tritt bei der Berichtigung des Tatbestands ein, § 320 IV ZPO. § 522 II ZPO schreibt Einstimmigkeit vor. II gilt auch im Zivilprozeß, ganz gleich, was für eine Bedeutung die Summen haben. 2

3) Verstoß, I, II. Ein Verstoß gegen die §§ 196, 197 ist an sich ein Verfahrensfehler. Er begründet jedoch nur dann eine Anfechtung des Urteils, wenn es auf dem Verstoß beruht und ihn erkennen läßt. Eine Beweisaufnahme über die Stimmenzählung ist zulässig. 3

197 *Reihenfolge bei Abstimmung.* [1] **Die Richter stimmen nach dem Dienstalter, bei gleichem Dienstalter nach dem Lebensalter,** ehrenamtliche Richter **und Schöffen nach dem Lebensalter; der jüngere stimmt vor dem älteren.** [2] **Die Schöffen stimmen vor den Richtern.** [3] **Wenn ein Berichterstatter ernannt ist, so stimmt er zuerst.** [4] **Zuletzt stimmt der Vorsitzende.**

Vorbem. Ohne eine entsprechende Änderung auch des § 197 führen die ehrenamtlichen Richter bei der Kammer für Handelssachen, auf die sich S 1 neben den Schöffen allein bezieht, jetzt wieder die Bezeichnung Handelsrichter, § 105 Vorbem.

1) Systematik, Regelungszweck, S 1–4. Das dem § 197 zugrunde liegende Prinzip der aufsteigenden Stimmfolge soll die Unabhängigkeit des Votums sichern. Das Erststimmrecht des Berichterstatters beruht auf der Erwägung, daß das Votum desjenigen Richters, der sich mit dem Rechtsfall am intensivsten befaßt hat, eine besondere Bedeutung für die Richtigkeit der bevorstehenden Entscheidung hat, Wacke JA **81**, 176. Diese Regelung gilt freilich formell nur für die Abstimmung, nicht dagegen für die Beratung, § 194. 1

2) Geltungsbereich, S 1–4. § 197 gilt entsprechend in der Arbeitsgerichtsbarkeit, § 9 II ArbGG. 2

3) Dienstalter, usw, S 1–4. Das Dienstalter bestimmt sich nach § 20 DRiG. Wegen der Reihenfolge bei Richtern auf Probe und kraft Auftrags § 20 DRiG. Ist der Vorsitzende zugleich der Berichterstatter, stimmt er nicht nach S 3 zuerst, sondern nach S 4 zuletzt ab. 3

Nach dem *Lebensalter* stimmen Handelsrichter und Schöffen ab, und zwar vor den (Berufs-)Richtern. Dasselbe gilt für andere ehrenamtliche Richter nach § 45 a DRiG. In dem seltenen Sonderfall desselben Lebensalters entscheidet das Los.

4) Verstoß, S 1–4. Über die Bedeutung eines Verstoßes gegen § 197 vgl § 196 Rn 1 aE. 4

198 (weggefallen)

Einführungsgesetz zum Gerichtsverfassungsgesetz

vom 27. 1. 1877

idF v 12. 9. 50, BGBl 455, zuletzt geändert durch Art 21 FGG-RG

(Auszug)

Erster Abschnitt. Allgemeine Vorschriften

1 (aufgehoben)

2 *Fassung 1. 9. 2009:* ***Geltungsbereich.*** **Die Vorschriften des Gerichtsverfassungsgesetzes finden auf die ordentliche Gerichtsbarkeit und deren Ausübung Anwendung.**

Vorbem. Änderg dch Art 21 Z 1 FGG-RG, in Kraft seit 1. 9. 09, Art 112 I Hs 1 FGG-RG, ÜbergangsR § 40 EGGVG sowie Art 111 FGG-RG, Einf 4 vor § 1 FamFG.

Bisherige Fassung: **Die Vorschriften des Gerichtsverfassungsgesetzes finden auf die ordentliche streitige Gerichtsbarkeit und deren Ausübung Anwendung.**

1 **1) Geltungsbereich.** Über den Begriff der Gerichtsbarkeit Üb 1 vor § 12 GVG. Die Gerichtsbarkeit umfaßt den Zivilprozeß, Strafprozeß und Verwaltungsstreit (auch vor Sozial- und Finanzgerichten). Die ordentliche Gerichtsbarkeit umfaßt nur die beiden ersteren, soweit sie den ordentlichen Gerichten (AG, LG, OLG, BGH) verbleiben und nicht vor einem Sondergericht stattfinden. Dabei versteht man als ordentliche Gerichtsbarkeit den Umfang des § 13 GVG. Das GVG ist auch in Sachen der freiwilligen Gerichtsbarkeit maßgeblich, soweit ordentliche Gerichte tätig werden. Soweit die Gesetzgebung den ordentlichen Gerichten Aufgaben der Sondergerichte übertragen hat, § 3, gilt dasselbe. Eine Reihe von Vorschriften des GVG gilt entsprechend in der Arbeitsgerichtsbarkeit, Grdz 6 vor § 1 GVG.

3 ***Übertragung der Gerichtsbarkeit.*** **I 1 Die Gerichtsbarkeit in bürgerlichen Rechtsstreitigkeiten und Strafsachen, für welche besondere Gerichte zugelassen sind, kann den ordentlichen Landesgerichten durch die Landesgesetzgebung übertragen werden. 2 Die Übertragung darf nach anderen als den durch das Gerichtsverfassungsgesetz vorgeschriebenen Zuständigkeitsnormen erfolgen.**

II (aufgehoben)

III Insoweit für bürgerliche Rechtsstreitigkeiten ein von den Vorschriften der Zivilprozeßordnung abweichendes Verfahren gestattet ist, kann die Zuständigkeit der ordentlichen Landesgerichte durch die Landesgesetzgebung nach anderen als den durch das Gerichtsverfassungsgesetz vorgeschriebenen Normen bestimmt werden.

1 **1) Übertragung, I, II.** Wegen des Begriffs der besonderen Gerichte § 14 GVG Rn 1. Ordentliche Landesgerichte sind AG, LG, OLG, ObLG.

2 **2) Verfahren, III.** Soweit das Landesrecht nach § 15 EGZPO von der ZPO abweichen darf, kann es auch die Zuständigkeit abweichend vom GVG regeln. Das gilt auch für den Rechtsmittelzug, BGH NJW **80**, 583. Vgl auch § 3 EGZPO Rn 1. Mangels einer abweichenden Regelung ist das Verfahren nach dem GVG und der ZPO anwendbar. Ein Sondergericht darf auf Grund des § 3 nicht tätig werden, Art 101 GG. Es muß bundesrechtlich möglich sein.

4 (aufgehoben)

4a ***Stadtstaatenklausel.*** **I 1 Die Länder Berlin und Hamburg bestimmen, welche Stellen die Aufgaben erfüllen, die im Gerichtsverfassungsgesetz den Landesbehörden, den Gemeinden oder den unteren Verwaltungsbezirken sowie deren Vertretungen zugewiesen sind.** 2 (betrifft Strafsachen)

II (aufgehoben)

1 **1) Geltungsbereich, S 1.** Solche Vorschriften des Bundesrechts, die die Zuständigkeit von Verwaltungsbehörden regeln, knüpfen meist an die Verhältnisse in den Flächenstaaten an (mehrstufiger Aufbau der Verwaltung, Gliederung in Gemeinden usw). Daher enthalten sie vielfach eine sog Stadtstaatenklausel. Sie ermöglicht eine Anpassung der Regelung an die Verhältnisse in den Stadtstaaten (Beispiel: § 151 BSHG). § 4 a stellt für den Bereich der Gerichtsverfassung allgemein klar, daß die Länder Berlin und Hamburg selbst bestimmen, welche Stellen diejenigen Aufgaben wahrnehmen, die das Bundesrecht den bei ihnen fehlenden Behörden oder Gebietskörperschaften zuweist. Für Bremen, wo die Verhältnisse anders liegen, ist bei einem Bedarf eine besondere Anpassungsbestimmung nötig.

5 (gegenstandslos)

6 *Ehrenamtliche Richter.* **I Vorschriften über die Wahl oder Ernennung ehrenamtlicher Richter in der ordentlichen Gerichtsbarkeit einschließlich ihrer Vorbereitung, über die Voraussetzung hierfür, die Zuständigkeit und das dabei einzuschlagende Verfahren sowie über die allgemeinen Regeln über Auswahl und Zuziehung dieser ehrenamtlichen Richter zu den einzelnen Sitzungen sind erstmals auf die erste Amtsperiode der ehrenamtlichen Richter anzuwenden, die nicht früher als am ersten Tag des auf ihr Inkrafttreten folgenden zwölften Kalendermonats beginnt.**

II Vorschriften über die Dauer der Amtsperiode ehrenamtlicher Richter in der ordentlichen Gerichtsbarkeit sind erstmals auf die erste nach ihrem Inkrafttreten beginnende Amtsperiode anzuwenden.

1) Geltungsbereich, I, II. Die Vorschrift bezieht sich in erster Linie, aber nicht nur auf ehrenamtliche 1
Richter in der Strafjustiz (Schöffen), also zB auch auf Handelsrichter. Wegen der Wiedereinführung des Begriffs „Handelsrichter" § 105 GVG Vorbem. Die damit geschaffenen allgemeinen Überleitungsvorschriften sollen den Erlaß von jeweils neuen Bestimmungen für jedes einzelne Änderungsgesetz entbehrlich machen, Meyer-Goßner NJW **87**, 1169.

7 (gegenstandslos)

8 *Oberstes Landesgericht.* (derzeit gegenstandslos)

9 (betrifft Strafsachen)

10 (nicht abgedruckt)

11 (aufgehoben)

Zweiter Abschnitt. Verfahrensübergreifende Mitteilungen von Amts wegen

Vorbem. Ausführungsanordnung: Neufassung der AnO über Mitteilungen in Zivilsachen (MiZi) v 29. 4. 98, abgedruckt als Beilage zu NJW **98** Heft 38.

12-22 (nicht abgedruckt)

Dritter Abschnitt. Anfechtung von Justizverwaltungsakten

Übersicht

1) Geltungsbereich. §§ 23–30 befassen sich mit der gerichtlichen Überprüfung von Maßnahmen der 1
Justizverwaltung. Die Regelung genügt Art 19 IV GG, weil das OLG nicht auf die Nachprüfung der Rechtsanwendung beschränkt ist, sondern den Sachverhalt selbst feststellen muß, BVerfG NJW **67**, 923.

2) Generalklausel. Die Regelung der §§ 23 ff ist durch ihre Generalklausel in § 23 eine allgemeine, die 2
eine besondere nicht ausschließt. Eine solche enthält § 107 FamFG. Das Nachprüfungsverfahren, das man durch den Antrag auf eine Entscheidung durch das OLG anlaufen lassen kann, ist ein solches der freiwilligen Gerichtsbarkeit schlechthin. Daher sind insoweit §§ 23 ff unanwendbar.

23 *Rechtsweg gegen Maßnahmen der Justizbehörden.* **I 1 Über die Rechtmäßigkeit der Anordnungen, Verfügungen oder sonstigen Maßnahmen, die von den Justizbehörden zur Regelung einzelner Angelegenheiten auf den Gebieten des bürgerlichen Rechts einschließlich des Handelsrechts, des Zivilprozesses, der freiwilligen Gerichtsbarkeit und der Strafrechtspflege getroffen werden, entscheiden auf Antrag die ordentlichen Gerichte.** 2 (betrifft Strafsachen)

II Mit dem Antrag auf gerichtliche Entscheidung kann auch die Verpflichtung der Justiz- oder Vollzugsbehörde zum Erlaß eines abgelehnten oder unterlassenen Verwaltungsaktes begehrt werden.

III Soweit die ordentlichen Gerichte bereits auf Grund anderer Vorschriften angerufen werden können, behält es hierbei sein Bewenden.

1) Maßnahme der Justizbehörde, I. Der gerichtlichen Entscheidung nach §§ 23 ff unterliegen nur 1
Maßnahmen von Justizbehörden auf den in Rn 2 genannten Gebieten. Dabei kommt es nicht auf die

Organisation an, sondern auf die Funktion der betreffenden Behörde als Justizbehörde, BGH RR **08**, 718, BVerwG NJW **84**, 2234, Ffm RR **06**, 68. Immer muß es sich um eine Maßnahme zur Regelung einer einzelnen Angelegenheit handeln, Düss NJW **05**, 1803, Ffm RR **06**, 68. Darauf, ob diese Maßnahme als Verwaltungsakt nach § 35 VwVfG gilt, kommt es nicht an, BVerwG NJW **89**, 413, Drsd NJW **00**, 1503, KG NJW **87**, 197, aM Stgt NJW **06**, 2565. Erforderlich und genügend ist es, daß von der Maßnahme eine unmittelbare rechtliche Wirkung ausgeht, Ffm RR **06**, 68, KG FamRZ **86**, 806. Eine bloße Wissenserklärung ist nicht anfechtbar, KG OLGZ **94**, 371.

Die *rechtspflegerischen Akte* des Gerichts scheiden hier aus, also vor allem das Gebiet der freiwilligen Gerichtsbarkeit, zB eine Grundbuchberichtigung, BezG Drsd DtZ **92**, 190, oder eine Einsicht in das Handelsregister, Mü Rpfleger **88**, 487, aber auch die Prozeßkostenhilfe, § 114 ZPO, die Festsetzung der Vergütung des beigeordneten Anwalts, Naumb NJW **03**, 2921, die Zuweisung eines Anwalts, §§ 78 b, 78 c ZPO usw. Denn sie stammen nicht von einer Justizbehörde, sondern von dem Gericht oder Richter oder Rpfl, Ffm RR **06**, 69. Dasselbe gilt für Maßnahmen des Urkundsbeamten in einem anhängigen Verfahren, Ffm JB **76**, 1701. Nicht hierher gehören auch Anordnungen des Gerichts wie zB Maßnahmen der Sitzungspolizei nach § 176 ZPO, Hbg MDR **92**, 799, die Ausschließung gewisser Bevollmächtigter und Beistände in der mündlichen Verhandlung, § 157 ZPO Rn 16, 17 (auch wegen des Rechtsbehelfs). Es handelt sich dabei durchweg um Justizakte des unabhängigen Gerichts oder seiner Organe in den Formen eines gerichtlichen Verfahrens. Ist die Überprüfbarkeit fraglich, muß darüber dasjenige Gericht entscheiden, das bei einer Bejahung sachlich zuständig ist, BVerwG NJW **76**, 305.

2 **2) Abgrenzung, I.** Man muß von der Generalklausel des § 40 VwGO ausgehen. § 23 EGGVG mit seiner weiteren Generalklausel ist die Ausnahme von 40 VwGO und als solche eng auslegbar. Es muß sich um eine Anordnung, Verfügung oder sonstige Maßnahme auf den Gebieten des bürgerlichen Rechts einschließlich des Handelsrechts, des Zivilprozesses, der freiwilligen Gerichtsbarkeit und der Strafrechtspflege zur Regelung einer einzelnen Angelegenheit handeln, Rn 1. Maßnahmen auf anderen Gebieten zB im Rahmen der Arbeitsgerichtsbarkeit gehören nicht hierher, BGH NJW **03**, 2989, Oetker MDR **89**, 600, Willikonsky BB **87**, 2013, aM Schlesw NJW **89**, 110, auch nicht Maßnahmen im Rahmen von Verfahren vor dem BPatG, Hirte MittDtPatentanw **93**, 300.

Unter § 23 fallen *nicht* die Zulassungen zu einem Beruf, zB eines Rechtsbeistands, auch nicht diejenige eines Anwalts als Rechtsbeistand. Nicht in das Verfahren nach § 23 gehören die in III genannten Sachen, Rn 7.

3 **3) Beispiele zur Frage der Zulässigkeit des ordentlichen Rechtswegs, I.** Es bedeuten: ja = ordentlicher Rechtsweg nach § 23, nein = kein Rechtsweg nach § 23.

Akteneinsicht: „Einsichtnahme".

Allgemeine Geschäftsbedingungen: Eintragung und Löschung nach § 20 II AGBG: ja, KG MDR **80**, 676.

Arbeitsgericht: Nein, BGH NJW **03**, 2989.

Auskunft: Ja bei § 299 I ZPO, Brdb JB **05**, 435. Über das Ergebnis von Ermittlungen zur Richtigkeit eines Eingangsstempels: nein, KG RR **94**, 571; über die Unterlagen für die Geschäftsverteilung, § 21 e GVG: ja, Hamm NJW **80**, 1009 (verneint für das Strafverfahren wegen § 222 a StPO), über die Eröffnung des Insolvenzverfahrens: ja, Brdb RR **01**, 1630.

Auslandsunterhalt: Ablehnung eines Gesuchs nach dem AUG: ja, § 4 II 3 AUG, KG RR **93**, 69.

Beschluß: Er kann ein Rechtsprechungsakt sein, Rn 4, Ffm RR **06**, 68.

Datenlöschung: Sie oder ihre Unterlassung kann vor einer Verfassungsbeschwerde ein Verfahren nach § 23 erfordern, BVerfG NJW **06**, 1787.

Datenübermittlung nach §§ 12–21 EGGVG: ja, nach Maßgabe des § 22 EGGVG.

Dienstaufsicht über Richter. Maßnahmen nach § 26 DRiG: nein, BGH NJW **89**, 588; Mitteilungen des Gerichts an die Aufsichtsbehörde: nein.

Dolmetscher: Ablehnung der allgemeinen Vereidigung, § 189 GVG Rn 2: ja, Ffm RR **99**, 646, aM VG Stgt Just **79**, 411. Löschung in der Liste: nein, BGH NJW **07**, 3070 (VRweg).

Eheangelegenheit: Anerkennung ausländischer Entscheidungen: nein, § 107 FamFG; Befreiung von der Beibringung des Ehefähigkeitszeugnisses für Ausländer, § 1309 II BGB: ja, Drsd RR **01**, 1, Barth/Wagenitz FamRZ **96**, 833, Hepting StAZ **96**, 257; Maßnahmen der Verwaltungsbehörde im Rahmen von (jetzt) § 129 FamFG: grds nein, Düss FamRZ **96**, 109.

Ehrverletzung: durch gerichtliche Entscheidung: nein, VGH Mü NJW **95**, 2940.

Einsichtnahme: Entscheidung des Gerichtsvorstandes nach § 299 ZPO II: ja, BGH NJW **90**, 841, Brdb RR **02**, 1419, Keller NJW **04**, 414. Nachprüfung aber nur auf einen Ermessensmißbrauch, Einl III 54, Celle NJW **04**, 864, KG NJW **88**, 1738, Schlesw MDR **90**, 254. Akteneinsicht in anderen Fällen: nein, Brdb FamRZ **07**, 1575, OVG Kblz NJW **07**, 2427, OVG Münst NJW **01**, 3503 (wegen § 478 III StPO); Einsicht in eine Entscheidungssammlung des Gerichts: ja, KG NJW **76**, 1326.

S auch „Gerichtsakten", „Grundbuch-Abrufverfahren", „Register" und „Schuldnerverzeichnis".

Gerichtsakten: Erteilung von Ablichtungen oder Abschriften: ja, Celle NdsRpfl **83**, 144 (Antrag eines Dritten), sonst nein, Rn 1; Überlassung einer FamFG-Akte an das Prozeßgericht: ja.

S auch „Einsichtnahme".

Gerichtspressestelle: Handlungen und Erklärungen zu einem konkreten Verfahren: ja, Stgt NJW **01**, 3797, VGH Mannh Just **81**, 250, aM BGH NStZ **88**, 513 (für Strafsachen), BVerwG NJW **89**, 412 (abl Wasmuth NStZ **90**, 138); sonstige Tätigkeiten, zB Mitteilungen über Arbeits- und Verwaltungssachen: nein, BVerwG NJW **88**, 1746, Wasmuth NJW **88**, 1705, Willikonsky BB **87**, 2013.

Gerichtsvollzieher: Maßnahmen bei der Zwangsvollstreckung: nein, Rn 1, § 766 ZPO Rn 9 aE, KG MDR **82**, 155, Karlsr MDR **80**, 76. Tätigkeit außerhalb der Zwangsvollstreckung: ja, aM KG MDR **84**, 956 (Zustellungsverfahren).

Geschäftsstelle: Grundsätzlich nein bei Hilfsakten der Rspr, zB bei der Übersendung eines unfrankierten Empfangsbekenntnisses, Hamm NJW **98**, 1253.

Geschäftsverteilung: Beschlüsse des Präsidiums nach § 21 e GVG: nein, dort Rn 24.
Grundbuch-Abrufverfahren: Ja, Hamm NJW **08**, 1891.
Grundstücksrecht: Entscheidungen nach §§ 1059 a I Z 2 und 1092 II BGB: ja, Bassenge NJW **96**, 2777.
Gütestelle: Maßnahmen nach § 794 I Z 1 ZPO, zB Ablehnung eines Gesuchs: ja, Hbg MDR **88**, 506, ebenso Verhängung eines Ordnungsgelds nach § 15 a V EGZPO, dort Rn 4; sonstige Maßnahmen, zB Verfahren beim Abschluß eines Vergleichs: nein (Nachprüfung im Streitverfahren über die Wirksamkeit).
Handelsrichter: Ablehnung eines Antrags nach § 113 III GVG: ja, dort Rn 4. 4
Hausverbot für Gerichtsgebäude: nein, § 176 GVG Rn 2 (VRweg).
Hinterlegung: Anfechtung der Annahmeanordnung: ja, Drsd MDR **01**, 172; Fristsetzung nach § 16 HO: ja, Kblz MDR **76**, 234; Ablehnung der Herausgabe durch den Gerichtsvorstand: nein bei abschließender Entscheidung, § 3 III HO, Saarbr RR **98**, 1612, dagegen ja bei einer Zwischenentscheidung, Düss OLGZ **93**, 444, Hamm RR **00**, 287, KG RR **99**, 863.
Insolvenzverwalter: Bestellung: Nein, BVerfG NJW **06**, 2614, Celle NJW **05**, 2405, Hamm NJW **05**, 834, aM (ja) BGH RR **08**, 718, Bbg RR **08**, 719, Hbg NJW **06**, 451 (aber diese Maßnahme zählt zu typischen gerichtlichen Aufgaben der Verfahrensleitung). Dasselbe gilt im Vorauswahlverfahren freilich wegen Art 19 IV GG, BVerfG NJW **04**, 2725 (zustm Graeber NJW **04**, 2715), Vallender NJW **04**, 3614, aM BGH RR **08**, 718, Düss Rpfleger **07**, 106, Hamm RR **08**, 723.
Kostensache: Rn 7, deshalb nein für Streitigkeit in Verbindung mit einem Gebührenfreistempler, Karlsr Just **86**, 358.
Kraftfahrt-Bundesamt: Ja, soweit nicht § 22 I 2 vorliegt, Stgt NJW **05**, 3226.
Mahnverfahren: Nein, soweit die Justizverwaltung es ablehnt, im automatischen Mahnverfahren eine Kennziffer zu ändern, Ffm RR **06**, 68.
Mitteilung eines Richters an Dritten: Ja, § 22; Drsd NJW **00**, 1503 und 1505.
Pressemitteilung: Solche zB der Staatsanwaltschaft: ja, Düss NJW **05**, 1803, aM BVerwG NStZ **88**, 514, VG Bln NJW **01**, 3800 (VRweg).
Protokollierung einer Erklärung: Ablehnung eines Antrags nach § 129 a ZPO: nein, KG RR **95**, 638, § 129 a ZPO Rn 20, oben Rn 1.
Prüfungsangelegenheit: nein (VRweg).
Rechtsbeistand: Ablehnung der Zulassung: nein, Rn 2 (VRweg).
Rechtshilfe: Maßnahme im Rechtshilfeverkehr mit dem Ausland, Anh § 168 GVG: ja, Celle RR **08**, 79, Ffm RR **02**, 357, Mü RIW **89**, 483, Stgt FamRZ **04**, 894, insbesondere Entscheidungen der Zentralen Behörde nach dem HZUstlÜbk, Anh § 183 ZPO, BVerfG NJW **94**, 3281 (Anm Koch/Diedrich ZIP **94**, 1830), Düss EuZW **96**, 381, Mü NJW **92**, 3113.
Rechtspflege: Nein, Stgt NJW **06**, 2565.
Rechtsprechungsakt: Er ist kein Verwaltungsakt, Ffm RR **06**, 68.
Register: Vollständige Mikroverfilmung eines gerichtlichen Registers: ja, BGH NJW **89**, 2819.
S auch „Einsichtnahme“, „Schuldnerverzeichnis“.
Reisekosten: Entschädigung für mittellose Parteien: nein, § 127 ZPO Rn 55 aE, BGH NJW **75**, 1124, LG Hechingen Just **92**, 158 (Teil der Prozeßkostenhilfe).
Schiedsmann: Entscheidung in einer Schiedsmann-Angelegenheit, soweit sie den Einzelfall betrifft, zB Verhängung einer Ordnungsstrafe: ja.
S auch „Gütestelle“.
Schuldnerverzeichnis: Weitergabe von Eintragungen: nein, § 915 b ZPO, wohl aM Hamm JB **06**, 442.
Sitzungssaal: Behördeninterne Zuweisung an ein Gericht: ja, Hbg NJW **79**, 279 (krit Holch JR **79**, 349).
Stiftungsaufsicht: Maßnahme einer Justizbehörde im funktionellen Sinn: ja, KG OLGZ **81**, 299; Maßnahme einer Verwaltungsbehörde: nein, BVerwG NJW **75**, 893, VGH Mü BayVBl **90**, 719, OVG Münst NVwZ-RR **96**, 425 und 427 (VRweg).
Tonband: Herausgabe der Aufnahme einer Zeugenvernehmung: nein, Rn 1.
Unterhaltssache: Ablehnung der Übersendung von Unterlagen nach dem UN-UnterhÜbk: ja, Stgt FamRZ **04**, 894.
Urteil: S „Rechtsprechungsakt“
Vermögensverzeichnis: Einsicht in das Verzeichnis, § 807 ZPO Rn 47: ja, BGH NJW **90**, 841, Hamm NJW **89**, 533, KG NJW **89**, 534, aM Celle Rpfleger **83**, 324.
Veröffentlichung von Entscheidung: Überlassung einer Urteilsablichtung zum Zweck der Veröffentlichung: ja, Celle NJW **90**, 2570; Entscheidung über die Veröffentlichung von Entscheidungen: nein (VRweg), BVerwG NJW **93**, 675, OVG Bln NJW **93**, 676, OVG Lüneb MDR **96**, 817.
Verwahrungsverhältnis: Herausgabe von Sachen, auch Geldleistungen, aus einem öffentlichrechtlichen Verwahrungsverhältnis: ja, OVG Münst NVwZ-RR **05**, 512.
Zeuge: Nein für die Verwendung eines Fragebogens an den Zeugen zwecks Aufklärung des Sachverhalts, Ffm NJW **05**, 379. Nein bei einer bloßen Äußerung eines Polizisten im Ermittlungsverfahren, Ffm NJW **05**, 379.

4) Verfahren, I, II. Es ist eine Verletzung eines eigenen Rechts notwendig, Düss NJW **08**, 385 (also zB nicht der Behörde oder des Gerichts des Antragstellers). Das Gericht muß wegen Art 19 IV 1 GG stets einen effektiven Rechtsschutz geben, Kblz IPRax **06**, 37. 5

A. Antrag. Man kann sowohl einen Antrag auf eine Nachprüfung der Rechtmäßigkeit als auch mit ihm zusammen, also insbesondere bei einer Ablehnung, einen Antrag auf den Erlaß des abgelehnten oder unterlassenen Maßnahme stellen. Auch II bezieht sich entgegen der zu engen Fassung nicht nur auf Justizverwaltungsakte, Rn 1, KG FamRZ **86**, 806. Das entspricht etwa der verwaltungsgerichtlichen Aufhebungs- und Verpflichtungsklage. Dabei muß man berücksichtigen, daß die letztere die Aufhebung des ablehnenden Bescheids in sich schließt. Man kann auch einen Antrag auf eine gerichtliche Entscheidung bei einer Untätigkeit der Behörde stellen. Der Antrag auf eine Folgenbeseitigung nach § 28 I 2 kommt nur bei

Verwaltungsakten der Vollzugsbehörden in Betracht. Wegen der Einreichung § 26 I. Antragsberechtigt ist der durch den Bescheid Verletzte, § 24 I. Antragsfrist: § 26.

Im Antrag muß man diejenige *Behörde* genau bezeichnen, gegen die er sich richtet, damit das Gericht die Behörde hören und die Akten heranziehen kann. Ein Antrag, der sich in beleidigenden Äußerungen erschöpft, kann unzulässig sein.

Mit der Einreichung des Antrags nach § 26 I wird die Sache *rechtshängig,* Stgt Just **80**, 359. Geht er bei einer unzuständigen Stelle ein, gibt sie ihn an das OLG ab. Das Gericht verweist eine entsprechende Klage evtl entsprechend § 17 a GVG an das OLG, BGH NJW **01**, 1077, Ffm NStZ-RR **01**, 44, Kblz MDR **84**, 1036.

Der Antrag hat *keine aufschiebende* Wirkung, Stadler IPRax **92**, 149. Das Gericht kann aber die Vollziehung nach § 29 II in Verbindung mit § 24 III FGG aussetzen, § 29 Rn 4.

6 **B. Weiteres Verfahren.** Das Verfahren ist kein Klageverfahren. Daher bleiben §§ 81 ff VwGO unanwendbar. Es ähnelt demjenigen der freiwilligen Gerichtsbarkeit. Deren Vorschriften über das Beschwerdeverfahren darf man auch ergänzend heranziehen, § 29 II. Für das Verfahren gilt der Untersuchungsgrundsatz, (jetzt) § 26 FamFG, § 28 Rn 1, Gottwald StAZ **80**, 240. Die Behörde ist Antragsgegner. Das Gericht muß sie anhören. Sie hat die Rechte eines am Verfahren Beteiligten, § 111 StVollzG. Eine mündliche Verhandlung findet nicht zwingend statt. Vgl im übrigen § 29 Rn 3. Das Gericht hat ein weites Ermessen über ein Rechtshilfegesuch, Celle RR **08**, 79.

7 **5) Andere Bestimmungen, III.** Diese bleiben bestehen. I, II gelten auch dann nicht, wenn die Verwaltung Maßnahmen nach §§ 21 GKG, § 20 FamGKG, § 16 KostO ablehnt. Dann muß man einen Antrag an das Gericht richten, das die Kosten ansetzen müßte. Hierhin gehört auch § 478 III StPO, OVG Münst NJW **01**, 3803. Ferner entfällt der besondere Rechtsweg in einer Notarsache (Verfahren nach § 111 BNotO), BGH NJW **92**, 2423, Drsd NJW **00**, 1505, und bei einer Entscheidung in einer Notarkostensache wegen § 156 KostO.

Nicht hierhin gehört § 5 VwVfG, wenn die Behörde als Justizbehörde nach I handelt, Celle NJW **90**, 1802. Vgl auch Rn 4.

24 ***Zulässigkeit des Antrags.*** **I Der Antrag auf gerichtliche Entscheidung ist nur zulässig, wenn der Antragsteller geltend macht, durch die Maßnahme oder ihre Ablehnung oder Unterlassung in seinen Rechten verletzt zu sein.**

II Soweit Maßnahmen der Justiz oder Vollzugsbehörden der Beschwerde oder einem anderen förmlichen Rechtsbehelf im Verwaltungsverfahren unterliegen, kann der Antrag auf gerichtliche Entscheidung erst nach vorausgegangenem Beschwerdeverfahren gestellt werden.

1 **1) Systematik, Regelungszweck, I, II.** § 24 enthält Zulässigkeitsvoraussetzungen für einen gültigen Antrag, Brdb JB **05**, 435, also keine Sachurteilsvoraussetzung. Denn nur wenn der Antrag allen Voraussetzungen genügt und deshalb wirksam ist, kann er die Grundlage für eine Sachentscheidung sein. *I* stimmt fast wörtlich mit § 42 II VwGO überein. *II* macht den Antrag von der Erschöpfung des justizverwaltungsrechtlichen Beschwerdeverfahrens (förmlicher Rechtsbehelf) abhängig. Deshalb ist aber allgemein kein Vorverfahren wie in §§ 68 ff VwGO notwendig. Weitere Zulässigkeitsvoraussetzungen enthalten § 23, dort Rn 1, und § 26. Wegen der Zulässigkeit einer einstweiligen Anordnung § 29 Rn 4.

2 **2) Rechtsverletzung, I.** Die bloße Behauptung einer Rechtsverletzung genügt nicht. Der Antragsteller muß vielmehr einen solchen Sachverhalt vortragen, aus dem sich die Möglichkeit ergibt, daß die Maßnahme oder ihre Ablehnung oder Unterlassung seine Rechte verletzen könnte, Hamm MDR **83**, 602, nämlich dann, wenn sich die Maßnahme der Behörde, ihre Ablehnung oder Unterlassung als objektiv rechtswidrig erweist. Ob der Antrag sachlichrechtlich begründet ist, gehört nicht zur Zulässigkeitsprüfung, Rn 5. Die Rechtswidrigkeit kann auch in der Verletzung von Formvorschriften liegen. Nicht ausreichend ist die Behauptung, daß der Antragsteller einen solchen Antrag gestellt habe, den die Stelle aber ablehnend oder gar nicht beschieden habe. Handelt es sich um eine Ermessensentscheidung, genügt es für die Zulässigkeit, daß der Antragsteller solche Umstände darlegt, die eine Verletzung seines Rechts auf eine fehlerfreie Ermessensausübung nach § 28 III ergeben können, Celle NJW **90**, 2571. Die Berufung auf die Verletzung der Rechte eines Dritten scheidet aus („in seinen Rechten").

3 I umgrenzt gleichzeitig den Kreis der *Antragsberechtigten.* Wie sich aus dem Wortlaut ergibt, muß die Maßnahme den Antragsteller in seinen Rechten verletzt haben können. Das hat sie aber dann nicht getan, wenn sie sich nicht auf ihn bezieht. Ein Eingriff in die Interessensphäre genügt nicht. Die Rechtssphäre muß verletzt sein. Nicht antragsberechtigt ist der Verein wegen einer Ablehnung der Zulassung seiner Vorstandsmitglieder. Dagegen kann bei Entscheidungen im Rechtshilfeverkehr mit dem Ausland auch ein Zeuge antragsberechtigt sein, Mü JZ **81**, 540, Martens RIW **81**, 731.

4 **3) Vorverfahren, II.** Der Beschwerte muß zuvor eine Beschwerdemöglichkeit und andere förmliche Rechtsbehelfe erschöpft haben, Brdb JB **05**, 435 (also mangels solcher Möglichkeit Zulässigkeit des Antrags), auch wenn sie nur eine Verwaltungsanordnung und nicht eine Rechtsnorm vorschreibt, BVerfG NJW **76**, 34. Hat der Antragsteller eine solche Beschwerde usw nicht eingelegt, ist der Antrag auf eine gerichtliche Entscheidung unzulässig, ohne daß das Gericht dem Antragsteller eine Gelegenheit zur Behebung des Mangels geben muß, Düss OLGZ **93**, 444 (zu § 3 II HO). Bei einer Ablehnung der Akteneinsicht durch Dritte nach § 299 II ZPO ist höchstens eine Dienstaufsichtsbeschwerde zulässig. Sie ist kein förmlicher Rechtsbehelf. Sie richtet sich vielmehr auf die Einwirkung der vorgesetzten auf die nachgeordnete Behörde. Daher kann zB die Entscheidung dahin lauten, daß zu Maßnahmen im Dienstaufsichtswege kein Anlaß besteht. Sie hemmt die Antragsfrist nach § 26 nicht. Von einem förmlichen Rechtsbehelf kann nur nach einer sachlichen Prüfung und nach einem entsprechenden Bescheid die Rede sein.

Das Gericht kann (nicht: muß) sein Verfahren evtl *aussetzen,* um dem Antragsteller die Möglichkeit zu geben, das fehlende Rechtsbehelfsverfahren nach II nachzuholen.

4) Zulässigkeit, I, II. Wie in Rn 1 gesagt, behandelt § 24 lediglich die Zulässigkeit. Das Gericht muß prüfen: Ob der Antrag nach einer Erschöpfung der Beschwerdemöglichkeiten erfolgte, II; ob der Antragsteller die Form und Frist des § 26 I eingehalten hat; ob der Antrag den inhaltlichen Anforderungen genügt, Rn 2; ob überhaupt eine Maßnahme der in § 23 EGGVG genannten Art vorliegt; ob der Antragsteller geltend gemacht hat, in seinen Rechten verletzt zu sein; ob die Streitsache nicht anderweit etwa bei einem VG anhängig ist, Stgt Just **80**, 359. Hat der Antragsteller alles das hinreichend belegt, ist der Antrag zulässig. Für über I hinausgehende Beschränkungen des Zugangs zum Gericht zB unter dem Gesichtspunkt des Rechtsmißbrauchs nach Einl III 54 ist kein Raum, Ffm NJW **79**, 1613. Die Frage, ob der Antragsteller tatsächlich in seinen Rechten verletzt wurde und ob der Verwaltungsakt rechtswidrig ist, gehört nicht zur Zulässigkeitsprüfung, sondern zur Entscheidung, ob der Antrag begründet ist, Lüke AÖR **84**, 214. Solche Tatsachen und Beweise, die gegenüber dem Vorbringen bei der Behörde neu sind, sind zulässig, §§ 29 II EGGVG, 23 FGG. 5

Fehlt eine der Antragsvoraussetzungen, muß das Gericht den Antrag „als unzulässig" zurückweisen.

25 *Zuständigkeit.* **I 1 Über den Antrag entscheidet ein Zivilsenat oder, wenn der Antrag eine Angelegenheit der Strafrechtspflege oder des Vollzugs betrifft, ein Strafsenat des Oberlandesgerichts, in dessen Bezirk die Justiz- oder Vollzugsbehörde ihren Sitz hat. 2 Ist ein Beschwerdeverfahren (§ 24 Abs. 2) vorausgegangen, so ist das Oberlandesgericht zuständig, in dessen Bezirk die Beschwerdebehörde ihren Sitz hat.**

II Ein Land, in dem mehrere Oberlandesgerichte errichtet sind, kann durch Gesetz die nach Absatz 1 zur Zuständigkeit des Zivilsenats oder des Strafsenats gehörenden Entscheidungen ausschließlich einem der Oberlandesgerichte oder dem Obersten Landesgericht zuweisen.

Geltungsbereich, I, II. Der ausschließliche Gerichtsstand des § 25 gilt für alle Arten der Anträge, §§ 23, 27. Man muß unterscheiden, ob ein Vorverfahren nach § 24 II stattgefunden hat oder nicht. Das Gericht muß ein bei einem anderen Gericht anhängig gemachtes Verfahren entsprechend § 17a GVG mit einer Bindungswirkung verweisen, Hamm NStZ-RR **96**, 209, Kblz MDR **84**, 1036. Umgekehrt darf auch das OLG entsprechend § 17a GVG an das zuständige Gericht verweisen, BVerfG NJW **81**, 1154, BGH NJW **01**, 1077, Karlsr NJW **88**, 84. Selbstverständlich kann nicht der OLGPräsident, von dem der Verwaltungsakt ausgeht, bei der Entscheidung des OLG mitwirken. Das OLG ist bei der Nachprüfung nicht auf diejenige der Rechtsanwendung beschränkt, sondern muß den Sachverhalt selbst feststellen, BVerfG NJW **67**, 923. 1

26 *Antragsfrist und Wiedereinsetzung.* **I Der Antrag auf gerichtliche Entscheidung muß innerhalb eines Monats nach Zustellung oder schriftlicher Bekanntgabe des Bescheides oder, soweit ein Beschwerdeverfahren (§ 24 Abs. 2) vorausgegangen ist, nach Zustellung des Beschwerdebescheides schriftlich oder zur Niederschrift der Geschäftsstelle des Oberlandesgerichts oder eines Amtsgerichts gestellt werden.**

II War der Antragsteller ohne Verschulden verhindert, die Frist einzuhalten, so ist ihm auf Antrag Wiedereinsetzung in den vorigen Stand zu gewähren.

III 1 Der Antrag auf Wiedereinsetzung ist binnen zwei Wochen nach Wegfall des Hindernisses zu stellen. 2 Die Tatsachen zur Begründung des Antrags sind bei der Antragstellung oder im Verfahren über den Antrag glaubhaft zu machen. 3 Innerhalb der Antragsfrist ist die versäumte Rechtshandlung nachzuholen. 4 Ist dies geschehen, so kann die Wiedereinsetzung auch ohne Antrag gewährt werden.

IV Nach einem Jahr seit dem Ende der versäumten Frist ist der Antrag auf Wiedereinsetzung unzulässig, außer wenn der Antrag vor Ablauf der Jahresfrist infolge höherer Gewalt unmöglich war.

1) Systematik, Regelungszweck, I–IV. § 26 bezieht sich nur auf den Antrag nach § 23 I, II, nicht auf den Antrag infolge der Untätigkeit der Behörde, § 27, der seine eigene fristmäßige Begrenzung hat, § 27 III. Auch hier handelt es sich um eine Zulässigkeitsvoraussetzung für den Antrag, § 24 Rn 4. 1

2) Frist, I. Der Antrag muß innerhalb eines Monats seit der Zustellung des Bescheids der Justizverwaltungsbehörde, für die das VwZG maßgebend ist, beim Gericht eingehen. Bescheid in diesem Sinn ist ein solcher nach § 23 I oder II. Daher setzt ein bloßer sog Realakt die Frist nicht in Lauf, Hamm MDR **84**, 165. Ist ein Beschwerdeverfahren erforderlich gewesen, § 24 II, beginnt die Frist nur durch die förmliche Zustellung des Beschwerdebescheids. Kommt es dagegen auf den Bescheid der Justizverwaltungsbehörde an und ist dieser nicht zugestellt, genügt für den Fristbeginn auch die einfache schriftliche, niemals aber eine mündliche Bekanntgabe des Bescheids, Hamm MDR **84**, 166. Eine Rechtsmittelbelehrung wie in § 58 VwGO findet nicht statt. Die Frist läuft also auch ohne sie. Die Frist beträgt einen Monat. Wegen der Berechnung § 222 ZPO. Entscheidend ist allein der Eingang oder das Stellen des Antrags beim OLG oder bei einem AG. Die Übersendung des Antrags an die ablehnende Behörde wahrt die Frist nicht. Ist keine Frist angelaufen, kann das Anfechtungsrecht bei einer unangemessen späteren Ausübung verwirkt sein. Dafür gibt die Jahresfrist des § 58 II VwGO einen Anhaltspunkt. 2

3) Form des Antrags, I. Der Antragsteller kann ihn schriftlich, also eigenhändig unterschrieben, oder durch einen Bevollmächtigten, auch einen Anwalt stellen, oder auch zur Niederschrift der Geschäftsstelle desjenigen OLG, das zur Entscheidung zuständig ist, § 25, oder jedes beliebigen („eines") AG. Also besteht kein Anwaltszwang. Wegen des Inhalts des Antrags § 23 Rn 5. Hat die vorgeordnete Verwaltungsbehörde auf eine Dienstaufsichtsbeschwerde entschieden, § 24 Rn 4, ist gegen diese Entscheidung der Antrag nur dann zulässig, wenn sie in der Sache selbst entschieden hat, nicht, wenn sie ablehnt oder die unterstellte Behörde anweist. 3

4 **4) Wiedereinsetzung, II–IV.** Es gibt drei Aspekte. Vgl auch § 60 I–III VwGO.

A. Kein Verschulden, II. Der Antragsteller muß ohne ein Verschulden an der Einhaltung der Frist verhindert gewesen sein. Er muß die einem gewissenhaften Antragsteller nach den gesamten Umständen zumutbare Sorgfalt gewahrt haben. Obwohl in II eine dem FamFG entsprechende Vorschrift fehlt, muß der Antragsteller das Verschulden des Bevollmächtigten, auch des Anwalts, ebenso wie nach § 60 I VwGO vertreten, Hbg NJW **04**, 1968. Der Anwalt muß also einen Fristkalender führen und eine besondere Sorgfalt wie bei einer Rechtsmittelsache aufwenden, § 233 ZPO Rn 51 ff, aM Stgt NStZ **88**, 340 (§ 44 StPO).

5 **B. Verfahren, III.** Der Antrag auf eine Wiedereinsetzung ist binnen zwei Wochen nach dem Wegfall des Hindernisses nötig, § 234 I, II ZPO. In dem Antrag muß man diejenigen Tatsachen angeben, aus denen sich die Entschuldbarkeit der Fristversäumnis ergeben soll. Außerdem muß man den versäumten Antrag nach Rn 3 innerhalb der 2-Wochenfrist nachholen. Dann ist kein ausdrücklicher Antrag auf eine Wiedereinsetzung notwendig, III 4. Nach einem Fristversäumnis muß das Gericht den Antrag auf eine Wiedereinsetzung wegen Unzulässigkeit zurückweisen. Die Glaubhaftmachung der im Wiedereinsetzungsantrag enthaltenen Behauptungen für die Gewährung der Wiedereinsetzung nach § 294 ZPO kann in diesem selbst erfolgen, aber auch später im Verfahren über den Antrag, also auf ein Erfordern des Gerichts. Die Entscheidung trifft das in § 25 genannte Gericht. Sie ist unanfechtbar, § 28.

6 **C. Ausschlußfrist, IV.** Die Vorschrift setzt eine Ausschlußfrist. Sie beginnt mit dem Ende der versäumten Frist, also bei einem Antrag nach § 23 am Tag nach dem Ablauf der Monatsfrist gemäß I. Sie beträgt 1 Jahr. Ist dieses abgelaufen, muß das Gericht einen Wiedereinsetzungsantrag als unzulässig verwerfen, es sei denn, es wäre dem Antragsteller während dieses Jahres infolge höherer Gewalt auch bei aller nach Lage der Sache zumutbarer Sorgfalt die Antragstellung unmöglich gewesen. Dann muß er den Antrag innerhalb der Frist des III stellen. Gegen ihre Versäumung ist eine Wiedereinsetzung nach II zulässig.

27 *Antrag bei Untätigkeit der Behörde.* I 1 **Ein Antrag auf gerichtliche Entscheidung kann auch gestellt werden, wenn über einen Antrag, eine Maßnahme zu treffen, oder über eine Beschwerde oder einen anderen förmlichen Rechtsbehelf ohne zureichenden Grund nicht innerhalb von drei Monaten entschieden ist.** 2 **Das Gericht kann vor Ablauf dieser Frist angerufen werden, wenn dies wegen besonderer Umstände des Falles geboten ist.**

II 1 **Liegt ein zureichender Grund dafür vor, daß über die Beschwerde oder den förmlichen Rechtsbehelf noch nicht entschieden oder die beantragte Maßnahme noch nicht erlassen ist, so setzt das Gericht das Verfahren bis zum Ablauf einer von ihm bestimmten Frist, die verlängert werden kann, aus.** 2 **Wird der Beschwerde innerhalb der vom Gericht gesetzten Frist stattgegeben oder der Verwaltungsakt innerhalb dieser Frist erlassen, so ist die Hauptsache für erledigt zu erklären.**

III **Der Antrag nach Absatz 1 ist nur bis zum Ablauf eines Jahres seit der Einlegung der Beschwerde oder seit der Stellung des Antrags auf Vornahme der Maßnahme zulässig, außer wenn die Antragstellung vor Ablauf der Jahresfrist infolge höherer Gewalt unmöglich war oder unter den besonderen Verhältnissen des Einzelfalles unterblieben ist.**

1 **1) Systematik, Regelungszweck, I–III.** Es gibt zwecks Gerechtigkeit nicht nur dann einen gerichtlichen Rechtsbehelf, wenn eine Maßnahme vorliegt, § 23, sondern auch dann, wenn die Behörde untätig geblieben ist oder wenn sie innerhalb von 3 Monaten noch nicht entschieden hat.

2 **2) Bisherige Untätigkeit, I.** Die Behörde mag innerhalb von 3 Monaten nicht entschieden haben, gerechnet von dem Tag an, an dem in einer bestimmten Sache der Antrag oder eine Beschwerde oder ein anderer förmlicher Rechtsbehelf bei der hierfür zuständigen Behörde eingelegt ist, Düss OLGZ **93**, 444. Dann kann der Antragsteller unabhängig davon, ob die Behörde schon ein Verfahren eingeleitet hat, einen Antrag auf gerichtliche Entscheidung stellen, falls für die Verzögerung kein hinreichender Grund vorliegt. Ein ausreichender Hinderungsgrund kann dann bestehen, wenn die Aufklärung und Beschaffung der Unterlagen lange Zeit in Anspruch nimmt. Die Antragsvoraussetzung des § 24 II entfällt also. Geht der Antrag vor dem Ablauf von 3 Monaten ein, muß das Gericht ihn als unzulässig zurückweisen. Das hindert seine Wiederholung nach dem Ablauf der 3 Monate nicht. Zulässig ist er vor dieser Frist nur dann, wenn das wegen besonderer Umstände notwendig ist, I 2, wenn also die Entscheidung für den Antragsteller besonders dringend ist, wenn er zB eine Ehe noch vor der Geburt eines Kindes schließen will. Zuständig ist dasjenige Gericht, bei dem die Voraussetzungen des Art 30 zuerst vorliegen, ArbG Mannh IPRax **08**, 37 (zustm Stumpe 24).

3 **3) Aussetzung, II.** Hat die Behörde nach 3 Monaten oder bei besonderen Umständen in einer angemessenen kürzeren Frist noch nicht entschieden, gilt § 28 II. Kommt das Gericht aber zu dem Ergebnis, daß die Behörde aus einem zureichenden Grund bisher nicht entscheiden konnte, setzt es das Verfahren unter einer Fristsetzung aus. Es kann auch die Frist verlängern. Ergeht innerhalb der vom Gericht gesetzten Frist der beantragte Verwaltungsakt oder eine günstige Beschwerdeentcheidung müssen die Parteien die Hauptsache für erledigt erklären, da die Beschwer weggefallen ist. Der Antragsteller kann aber stattdessen auch zum Antrag nach § 28 I 4 übergehen. Bei einer nur einseitigen Erklärung ergeht die Entscheidung, daß die Hauptsache erledigt ist, ähnlich § 91 a ZPO Rn 173. Bei ihrer Erledigung schlägt man die Kosten in einer entsprechenden Anwendung von §§ 130 V, 16 KostO nieder. Bleibt dagegen eine Beschwer auch nach einem Bescheid bestehen, wird das Verfahren fortgesetzt. Dafür ist keine vorangehende Beschwerde, § 24 II, erforderlich.

4 **4) Ausschlußfrist, III.** Der Antrag nach Rn 2 kann regelmäßig nur innerhalb eines Jahres erfolgen, gerechnet vom Tag der Antragstellung oder der Einlegung der Beschwerde an. Spätere Anträge sind unzulässig. Es bleibt dann nur eine nochmalige Antragstellung bei der Behörde und ein Antrag auf eine

gerichtliche Entscheidung nach 3 Monaten. Nur dann kann man von der Einhaltung der Jahresfrist absehen, wenn die Antragstellung nach I entweder infolge höherer Gewalt unmöglich war oder wenn sie nur unter den besonderen Umständen des Einzelfalles unterblieben ist.

28 *Entscheidung über den Antrag.* **I [1] Soweit die Maßnahme rechtswidrig und der Antragsteller dadurch in seinen Rechten verletzt ist, hebt das Gericht die Maßnahme und, soweit ein Beschwerdeverfahren (§ 24 Abs. 2) vorausgegangen ist, den Beschwerdebescheid auf. [2] Ist die Maßnahme schon vollzogen, so kann das Gericht auf Antrag auch aussprechen, daß und wie die Justiz- oder Vollzugsbehörde die Vollziehung rückgängig zu machen hat. [3] Dieser Ausspruch ist nur zulässig, wenn die Behörde dazu in der Lage und diese Frage spruchreif ist. [4] Hat sich die Maßnahme vorher durch Zurücknahme oder anders erledigt, so spricht das Gericht auf Antrag aus, daß die Maßnahme rechtswidrig gewesen ist, wenn der Antragsteller ein berechtigtes Interesse an dieser Feststellung hat.**

II [1] Soweit die Ablehnung oder Unterlassung der Maßnahme rechtswidrig und der Antragsteller dadurch in seinen Rechten verletzt ist, spricht das Gericht die Verpflichtung der Justiz- oder Vollzugsbehörde aus, die beantragte Amtshandlung vorzunehmen, wenn die Sache spruchreif ist. [2] Andernfalls spricht es die Verpflichtung aus, den Antragsteller unter Beachtung der Rechtsauffassung des Gerichts zu bescheiden.

III Soweit die Justiz- oder Vollzugsbehörde ermächtigt ist, nach ihrem Ermessen zu handeln, prüft das Gericht auch, ob die Maßnahme oder ihre Ablehnung oder Unterlassung rechtswidrig ist, weil die gesetzlichen Grenzen des Ermessens überschritten sind oder von dem Ermessen in einer dem Zweck der Ermächtigung nicht entsprechenden Weise Gebrauch gemacht ist.

1) Systematik, Regelungszweck, I–III. § 28 bestimmt die vom Gericht auf Grund der Anträge nach 1
§§ 23, 27 notwendige Sachentscheidung. Die Vorschrift regelt aber nur die Entscheidung bei einer Rechtswidrigkeit der Maßnahme und bei einer Ablehnung oder Unterlassung einer solchen. Ergibt die Prüfung, daß eine Rechtswidrigkeit nicht vorliegt, muß das Gericht den Antrag als unbegründet zurückweisen. Wegen des Unterschieds zu der Entscheidung der Unzulässigkeit nach § 24 I und wegen der sonstigen Zurückweisung wegen einer Unzulässigkeit § 24 Rn 5, § 27 Rn 2, 5.

Das OLG ist keine Revisionsinstanz. Es muß also auch den festgestellten *Sachverhalt nachprüfen,* eventuell auch Beweise erheben, BVerfG NJW **67**, 923. In dem Verfahren gilt der Untersuchungsgrundsatz, § 23 Rn 5. Über die Form einer etwaigen Beweiserhebung entscheidet das OLG nach seinem pflichtgemäßen Ermessen. Eine Beiladung Dritter erfolgt nicht, Ffm NStZ-RR **01**, 46. Ein allgemeiner Feststellungsantrag ist unstatthaft, Hbg HbgJVBl **75**, 68, nur die nachträgliche Feststellung nach I 4 ist zulässig. Die Entscheidung nach § 28 erwächst in Rechtskraft. Sie hat eine bindende Wirkung für einen nachfolgenden Amtshaftungsprozeß, § 13 GVG Rn 16, BGH NJW **94**, 1950.

2) Rechtswidrigkeit der Maßnahme, I 1. Stellt das Gericht fest, daß die Maßnahme der Behörde 2
rechtswidrig ist und den Antragsteller in seinen Rechten verletzt, § 24 Rn 2, hebt es die Maßnahme auf. Dasselbe gilt, wenn den Antragsteller die Rechtswidrigkeit des Beschwerdebescheids verletzt, § 24 II. Welcher Zeitpunkt für die Beurteilung der Sach- und Rechtslage maßgeblich ist, ergibt das sachliche Recht, BVerwG NVwZ **91**, 360. Meist kommt es auf das Ergehen der letzten Verwaltungsentscheidung an, BVerwG DVBl **91**, 388, Kleinlein VerwArch **90**, 149. War der Verwaltungsakt rechtswidrig, hebt ihn aber ein nach der Antragstellung ergehender Beschwerdebescheid auf oder stellt ihn richtig, erledigt sich die Hauptsache, § 27 II 2, dort Rn 3. Zur Entscheidung, wenn ein ursprünglich rechtswidriger Verwaltungsakt durch eine Änderung der Sachlage rechtmäßig wird, BVerwG NVwZ **90**, 653. Ist der Verwaltungsakt oder der Beschwerdebescheid nur teilweise rechtswidrig, erfolgt nur eine teilweise Aufhebung („soweit"). Doch wird das höchst selten in Betracht kommen. Denn es handelt sich meist um eine einheitliche Entscheidung. Die Behörde hätte nur so wie geschehen erlassen, sonst aber gar nicht. Die Umwandlung des rechtswidrigen Verwaltungsakts in einen rechtsmäßigen ist unzulässig: Er muß neu ergehen. Entscheiden muß darüber die Verwaltungsbehörde. Ihr Ermessen läßt sich nicht durch ein gerichtliches ersetzen. Vgl aber auch Rn 7.

3) Vollzug der Maßnahme, I 2, 3. Die Vollziehung der Maßnahme hindert bei einer Rechtswidrigkeit 3
nicht ihre Aufhebung, sofern die Vollziehung nicht aus tatsächlichen oder rechtlichen Gründen irreversibel ist, Ffm RIW **91**, 417, KG RR **91**, 1085, Stadler IPRax **92**, 148. Außerdem muß das Gericht anordnen, daß und wie die Justiz- oder Vollzugsbehörde die Vollziehung rückgängig macht. Voraussetzung hierfür ist, daß die Rückgängigmachung möglich und daß auch spruchreif ist, wie das geschehen kann. Andernfalls muß der Antragsteller nach § 27 vorgehen, falls die Behörde die vorbereitenden Maßnahmen zur Rückgängigmachung und schließlich diese selbst nicht betreibt.

4) Zurücknahme oder andere Erledigung der Maßnahme, I 4. Es gibt mehrere Erledigungsmög- 4
lichkeiten.

A. Zurücknahme. Sie kann nur durch die Verwaltungsbehörde erfolgen. Eine Erledigung liegt zB dann vor, wenn nach einer vorherigen Untätigkeit die Behörde nach einer Fristsetzung durch das Gericht innerhalb dieser Frist entscheidet, § 27 II 2, oder wenn sie eine Maßnahme irreversibel vollzieht, KG RR **91**, 1085. Die Erledigung muß vor der Entscheidung des Gerichts erfolgt sein. Ist sie schon vor der Antragstellung erfolgt, fehlt die Voraussetzung des § 24 I.

B. Andere Erledigung während des Verfahrens. Hat sich die Maßnahme während des Gerichtsverfah- 5
rens erledigt, kann der Antragsteller beantragen festzustellen, daß die Maßnahme rechtswidrig gewesen ist. Das setzt jedoch ein dahingehendes berechtigtes Interesse voraus, BGH NJW **90**, 2759. Andernfalls muß das Gericht den Antrag mangels Rechtsschutzinteresses als unzulässig abweisen, ohne sich über die Rechtswidrigkeit zu äußern, Nürnb BayVBl **87**, 411 (zustm Niethammer).

Berechtigtes Interesse ist weiter als das rechtliche Interesse des § 256 ZPO. Jenes kann rechtlicher, aber auch wirtschaftlicher oder ideeller Natur sein. Es liegt also insbesondere dann vor, wenn der Antragsteller aus der Rechtswidrigkeit Folgerungen ziehen will. Dafür genügt nicht ein Kosteninteresse (insofern § 30 II) und auch nicht die schlüssige Behauptung der Verletzung eines Grundrechts, BGH NJW **90**, 2759 (krit Sommermeyer JR **91**, 517), Hamm NStZ **89**, 85, Karlsr NStZ **92**, 98, aM für Art 13 GG BVerfG NJW **97**, 2164, Celle StrVert **85**, 139, Kblz NStZ-RR **99**, 80. Wohl aber besteht meist ein berechtigtes Interesse, wenn es in dem erledigten Antragsverfahren um eine solche öffentlichrechtliche Vorfrage ging, die eine Bedeutung für den Zivilprozeß hat, zB für einen nicht völlig aussichtslosen Amtshaftungsprozeß, BVerwG NVwZ **92**, 1092, Kblz NJW **05**, 2405, aM Drsd RR **02**, 718, Hbg HbgJVBl **78**, 36, Hamm MDR **87**, 519 (nur bei unmittelbarer Entscheidungsreife des Verfahrens nach § 23 EGGVG). Ein berechtigtes Interesse liegt auch dann vor, wenn die durch konkrete Tatsachen belegte Gefahr besteht, daß unter im wesentlichen unveränderten tatsächlichen und rechtlichen Umständen ein gleichartiger Verwaltungsakt ergehen wird, BGH NJW **90**, 2759, BVerwG NVwZ **90**, 360, Köln NJW **94**, 1076. Ebenso kann ein Rehabilitationsinteresse ausreichen, BGH NJW **90**, 2759, BVerwG MDR **92**, 1086, Celle NJW **92**, 253.

6 **C. Andere „Erledigung" vor Antragstellung.** Hatte sich die behördliche Maßnahme schon vor einem Antrag nach §§ 23, 24 erledigt, darf das Gericht die Maßnahme nicht mehr aufheben, Rn 4. Vielmehr darf es bei einem berechtigten Interesse nur ihre Rechtswidrigkeit feststellen, KG RR **91**, 1085. Dabei genügt die Absicht nicht, eine Amtshaftungsklage zu erheben, BVerwG NJW **89**, 2486, Drsd RR **02**, 718, KG NStZ **97**, 563. Ein Vorverfahren nach § 24 II ist dann nicht erforderlich, BVerwG NJW **78**, 1935, VGH Mü NVwZ RR **90**, 210.

7 **D. Gemeinsames.** Das alles gilt auch für die Erledigung eines Verpflichtungsantrags und für die Erledigung eines Leistungsantrags, VGH Mannh NVwZ-RR **91**, 519. Tenor: „Der (näher zu bezeichnende) Verwaltungsakt war rechtswidrig" oder „Die (näher zu bezeichnende) Behörde war verpflichtet, ..." oder „Es war rechtswidrig, die (näher zu bezeichnende) Leistung nicht zu erbringen" oder ähnlich. Die Kostenentscheidung ergeht dann zulasten des Antragstellers, wenn er einen unberechtigten Antrag auf die Feststellung der Rechtswidrigkeit gestellt hat, bei einer Erledigung sonst wie bei § 27 Rn 3.

8 **5) Rechtswidrige Ablehnung oder Unterlassung der Maßnahme, II.** Bei einer Verletzung der Rechte des Antragstellers nach § 24 Rn 2 spricht das Gericht die Verpflichtung der Justizverwaltungsbehörde zur Vornahme der beantragten Amtshandlung aus, zB die Befreiung zu erteilen usw, Naumb FamRZ **02**, 1115. Erreichen läßt sich auch die Verpflichtung zu einem schlichten Verwaltungshandeln, Hbg NJW **79**, 279, nicht nur zum Erlaß eines Verwaltungsakts. Maßgeblicher Zeitpunkt für die Beurteilung der Sach- und Rechtslage ist meist der Zeitpunkt der mündlichen Verhandlung oder der Beschlußfassung des Gerichts. Das Gericht entscheidet nicht selbst. Es hebt dann aber die Entscheidung der Behörde aus Gründen der Klarstellung auf.

Voraussetzung für diesen Ausspruch ist, daß die Sache *spruchreif* ist. Es müssen also die für eine Entscheidung der Verwaltungsbehörde notwendigen Unterlagen vorhanden und das Erforderliche geklärt sein. Ist die Sache nicht spruchreif, muß das Gericht sie spruchreif machen, sofern das möglich ist. Handelt es sich um eine Ermessensentscheidung, ist die Sache nur dann spruchreif, wenn das Ermessen ohne Fehler nur antragsgemäß möglich ist, Hamm NJW **89**, 533, nicht aber dann, wenn mehrere rechtlich einwandfreie Ermessensentscheidungen möglich sind oder wenn die Verwaltungsbehörde ihr Ermessen überhaupt noch nicht ausgeübt hat. Denn keinesfalls kann das Gericht sein eigenes Ermessen an die Stelle des Ermessens der Behörde setzen. Dann hebt das Gericht die Entscheidung der Behörde auf und verpflichtet sie, den Antragsteller so zu bescheiden, wie es der in den Gründen niedergelegten Rechtsauffassung des Gerichts entspricht, II 2.

9 **6) Rechtswidriges Ermessen, III.** Ob überhaupt eine Ermessensentscheidung notwendig war, ist eine Rechtsfrage. Das Gericht kann sie also nachprüfen. Sie liegt vor, wenn mehrere Verhaltensweisen denkbar sind, die dem Gesetz entsprechen. Die Ermessensausübung ist eine Aufgabe der Verwaltungsbehörde, Rn 8. Nachprüfbar bleibt, ob die Behörde die gesetzlichen Grenzen des Ermessens überschritten hat, ob also zB die Behörde nach freiem Ermessen entschieden hat, während das Gesetz dem Ermessen Grenzen gesetzt hat, BGH **77**, 206 und 212, nicht aber bei einem nur unzweckmäßigen Gebrauch des Ermessens, zumal das zur Nachprüfung des Gebrauchs überhaupt führen müßte. Nachprüfbar bleibt ferner, ob die Behörde vom Ermessen in einer dem Zweck der Ermächtigung nicht entsprechenden Weise Gebrauch gemacht hat. Hier werden zwar die Grenzen des Ermessens nicht überschritten. Fehlerhaft ist aber die Beurteilung der Grenzen (zu eng) oder der Voraussetzungen des Ermessens, die zB in der Abweichung von einer ständigen ermessensfehlerfreien Verwaltungsübung im Einzelfall liegen kann, sofern das gegen den Gleichheitsgrundsatz verstößt (Selbstbindung der Verwaltung). Ob eine Ermessensentscheidung vorliegt oder die Anwendung eines unbestimmten Rechtsbegriffs, läßt sich oft nur schwer entscheiden. Unbestimmte Rechtsbegriffe können Beurteilungsermächtigungen enthalten, etwa im Prüfungsrecht, aber auch bei anderen wertenden Entscheidungen der Verwaltungsbehörden.

10 Ob ein Ermessensfehler vorliegt, ist nur dann nachprüfbar, wenn die Behörde ihre Ermessensentscheidung so *begründet* hat, daß das Gericht ihr Abwägen erkennen lassen. Hat sie keine Begründung, muß das Gericht sie aufheben. Denn das macht eine gerichtliche, rechtsstaatliche Ermessenskontrolle unmöglich. Das Gericht darf hier nicht von sich aus solche Tatsachen ermitteln, die die Entscheidung der Verwaltungsbehörde begründen können. Denn die Ausübung des Ermessens liegt in deren Bewertung. Diese ist allein die Aufgabe der Behörde, Rn 7, 8. Darauf, ob die Begründung den Anforderungen des VwVfG entspricht, kommt es nicht an. Denn seine Vorschriften sind unanwendbar, § 2 III VwVfG, BGH **77**, 215.

29 *Fassung 1. 9. 2009:* ***Rechtsbeschwerde; ergänzende Verfahrensvorschriften; Prozesskostenhilfe.*** [I] **Gegen einen Beschluss des Oberlandesgerichts ist die Rechtsbeschwerde statthaft, wenn sie das Oberlandesgericht im ersten Rechtszug in dem Beschluss zugelassen hat.**

II [1] Die Rechtsbeschwerde ist zuzulassen, wenn

1. die Rechtssache grundsätzliche Bedeutung hat oder

2. die Fortbildung des Rechts oder die Sicherung einer einheitlichen Rechtsprechung eine Entscheidung des Rechtsbeschwerdegerichts erfordert.

[2] Das Rechtsbeschwerdegericht ist an die Zulassung nicht gebunden

III Auf das weitere Verfahren sind die §§ 71 bis 74 des Gesetzes über das Verfahren in Familiensachen und in den Angelegenheiten der freiwilligen Gerichtsbarkeit entsprechend anzuwenden.

IV Auf die Bewilligung der Prozesskostenhilfe sind die Vorschriften der Zivilprozessordnung entsprechend anzuwenden.

Vorbem. Zunächst II geändert dch Art 14 Z 2 G v 19. 4. 06, BGBl 866, in Kraft seit 25. 4. 06, Art 210 I G, ÜbergangsR Einl III 78. Sodann Neufassg dch Art 21 FGG-RG, in Kraft seit 1. 9. 09, Art 112 I Hs 1 FGG-RG, ÜbergangsR Art 111 FGG-RG, Einf 4 vor § 1 FamFG.

Bisherige Fassung: **I [1] Die Entscheidung des Oberlandesgerichts ist endgültig. [2] Will ein Oberlandesgericht jedoch von einer auf Grund des § 23 ergangenen Entscheidung eines anderen Oberlandesgerichts oder des Bundesgerichtshofes abweichen, so legt es die Sache diesem vor. [3] Der Bundesgerichtshof entscheidet an Stelle des Oberlandesgerichts.**

II Im übrigen sind auf das Verfahren vor dem Zivilsenat die Vorschriften des Gesetzes über die Angelegenheiten der freiwilligen Gerichtsbarkeit über das Beschwerdeverfahren, auf das Verfahren vor dem Strafsenat die Vorschriften der Strafprozeßordnung über das Beschwerdeverfahren sinngemäß anzuwenden.

III Auf die Bewilligung der Prozeßkostenhilfe sind die Vorschriften der Zivilprozeßordnung entsprechend anzuwenden.

1) Systematik, Regelungszweck, I–IV. Die Vorschrift stimmt fast wörtlich mit § 70 FamFG und wie 1
dieser weitgehend mit § 574 I 1 Z 2, II ZPO überein. Vgl daher jeweils dort.

30 *Kosten.* **I [1] Für die Kosten des Verfahrens vor dem Oberlandesgericht gelten die Vorschriften der Kostenordnung entsprechend. [2] Abweichend von § 130 der Kostenordnung wird jedoch ohne Begrenzung durch einen Höchstbetrag bei Zurückweisung das Doppelte der vollen Gebühr, bei Zurücknahme des Antrags eine volle Gebühr erhoben.**

II [1] Das Oberlandesgericht kann nach billigem Ermessen bestimmen, daß die außergerichtlichen Kosten des Antragstellers, die zur zweckentsprechenden Rechtsverfolgung notwendig waren, ganz oder teilweise aus der Staatskasse zu erstatten sind. [2] Die Vorschriften des § 91 Abs. 1 Satz 2 und der §§ *102* bis 107 der Zivilprozeßordnung gelten entsprechend. [3] Die Entscheidung des Oberlandesgerichts kann nicht angefochten werden.

III [1] Der Geschäftswert bestimmt sich nach § 30 der Kostenordnung. [2] Er wird von dem Oberlandesgericht durch unanfechtbaren Beschluß festgesetzt.

Vorbem. § 102 ZPO weggefallen.

1) Systematik, I–III. Die Vorschrift regelt die Kosten des Verfahrens nach §§ 23 ff. Sie hat als eine 1
Spezialvorschrift den Vorrang vor der KostO, soweit sie von ihr abweicht. Die KostO ist aber nach I 1 grundsätzlich anwendbar.

2) Regelungszweck, I–III. Die Anbindung des Verfahrens an das OLG statt an die Verwaltungsgerichts- 2
barkeit dient der Vereinfachung und Beschleunigung mittels Sachkundigkeit. II enthält außerdem eine stark soziale Zielsetzung. Beide Gesichtspunkte sollten bei der Auslegung eine Mitbeachtung finden. Sie sollten aber auch bei I nicht zu einer vermeidbaren Verschlechterung der Position des Kostenschuldners führen.

3) Entsprechende Anwendung der KostO, I. Die Aufnahme des Antrags nach § 26 I ist gebührenfrei, 3
§ 129 KostO. Wohl aber löst die Zurückweisung des Antrags eine 2,0 Gebühr aus. Dabei besteht kein Unterschied, ob diese als unzulässig oder unbegründet erfolgt. Die Zurücknahme vor dem Erlaß und der Zustellung einer Entscheidung kostet eine 1,0 Gebühr, Hartmann Teil III § 130 KostO Rn 12 ff. Anders als in § 130 KostO besteht keine Höchstgrenze. Gibt das Gericht dem Antrag statt, entfallen Gerichtskosten, § 16 KostO, Mü WertpMitt **89**, 1483, ebenso, wenn die Hauptsache gemäß § 27 II 2 EGGVG erledigt ist, dort Rn 3. Die Gebührenfreiheit des Antrags besagt aber mit Rücksicht auf die allgemeine Bezugnahme auf die KostO nach I 1 nicht, daß kein Vorschuß anfällt, § 8 KostO. Bei einem Erfolg ist er dann zurückzahlbar.

4) Erstattung außergerichtlicher Kosten, II. Eine solche kann das OLG in vollem Umfang oder zum 4
Teil nach seinem billigen pflichtgemäßen Ermessen anordnen. Das gilt auch noch nach dem Tod des Antragstellers, jedoch nicht zugunsten eines am Verfahren beteiligten Dritten. Da es sich um eine Ausnahmeregelung handelt, genügt der Erfolg des Antrags für sich allein nicht für die Anordnung der Erstattung. Nötig sind vielmehr zusätzlich besondere Umstände, zB ein offenbar fehlerhaftes Verhalten der Behörde oder eine erhebliche Bedeutung der Sache für den Antragsteller.

Zu den evtl erstattbaren Kosten zählt auch die Entschädigung des Antragstellers für seine notwendigen *Reisen* und die durch die notwendige Wahrnehmung von Terminen entstandene Zeitversäumnis, ebenso die Entschädigung von Zeugen, § 91 I 2 ZPO. Die außergerichtlichen Kosten des Antragstellers müssen aber zur zweckentsprechenden Rechtsverfolgung notwendig gewesen sein, § 91 ZPO Rn 28 ff. Das gilt hier auch für die Anwaltskosten, da kein Anwaltszwang besteht und § 91 II 1 nicht für entsprechend anwendbar erklärt ist. Sofern eine Bestimmung nach II erfolgt, gelten die Vorschriften über die Kostenfestsetzung, §§ 103 ff ZPO, § 21 RPflG. Auch diese Entscheidung des OLG ist unanfechtbar, § 29 Rn 1.

Im übrigen besteht *keine* Erstattungspflicht zwischen den Beteiligten. Daher sind die im vorausgegangenen Beschwerdeverfahren entstandenen Kosten nicht erstattbar, Hamm MDR **84**, 606, Drischler MDR **75**, 551.

5 **5) Geschäftswert, III.** Es wird sich in aller Regel um eine nichtvermögensrechtliche Angelegenheit handeln. Daher kommen als Ausgangsgeschäftswert 3000 EUR in Betracht, § 30 II 1, III 1 KostO, Mü WertpMitt **89**, 1483. Die Festsetzung durch das OLG ist unanfechtbar, III 2.

30a *Fassung 1. 9. 2009:* ***Anfechtung von Verwaltungsakten.*** **I 1 Verwaltungsakte, die im Bereich der Justizverwaltung beim Vollzug des Gerichtskostengesetzes, der Kostenordnung, des Gerichtsvollzieherkostengesetzes, des Justizvergütungs- und -entschädigungsgesetzes oder sonstiger für gerichtliche Verfahren oder Verfahren der Justizverwaltung geltender Kostenvorschriften, insbesondere hinsichtlich der Einforderung oder Zurückzahlung ergehen, können durch einen Antrag auf gerichtliche Entscheidung auch dann angefochten werden, wenn es nicht ausdrücklich bestimmt ist. 2 Der Antrag kann nur darauf gestützt werden, dass der Verwaltungsakt den Antragsteller in seinen Rechten beeinträchtige, weil er rechtswidrig sei. 3 Soweit die Verwaltungsbehörde ermächtigt ist, nach ihrem Ermessen zu befinden, kann der Antrag nur darauf gestützt werden, dass die gesetzlichen Grenzen des Ermessens überschritten seien, oder dass von dem Ermessen in einer dem Zweck der Ermächtigung nicht entsprechenden Weise Gebrauch gemacht worden sei.**

II 1 Über den Antrag entscheidet das Amtsgericht, in dessen Bezirk die für die Einziehung oder Befriedigung des Anspruchs zuständige Kasse ihren Sitz hat. 2 In dem Verfahren ist die Staatskasse zu hören. 3 § 14 Abs. 3 bis 9 und § 157 a der Kostenordnung gelten entsprechend.

III 1 Durch die Gesetzgebung eines Landes, in dem mehrere Oberlandesgerichte errichtet sind, kann die Entscheidung über das Rechtsmittel der weiteren Beschwerde nach Absatz 1 und 2 sowie § 14 der Kostenordnung, der Beschwerde nach 156 der Kostenordnung, nach § 66 des Gerichtskostengesetzes, nach § 57 des Gesetzes über Kosten in Familiensachen und nach § 4 des Justizvergütungs- und -entschädigungsgesetzes einem der mehreren Oberlandesgerichte oder anstelle eines solchen Oberlandesgerichts einem obersten Landesgericht zugewiesen werden. 2 Dies gilt auch für die Entscheidung über das Rechtsmittel der weiteren Beschwerde nach § 33 des Rechtsanwaltsvergütungsgesetzes, soweit nach dieser Vorschrift das Oberlandesgericht zuständig ist.

IV Für die Beschwerde finden die vor dem Inkrafttreten des Kostenrechtsmodernisierungsgesetzes vom 5. Mai 2004 (BGBl. I S. 718) am 1. Juli 2004 geltenden Vorschriften weiter Anwendung, wenn die anzufechtende Entscheidung vor dem 1. Juli 2004 der Geschäftsstelle übermittelt worden ist.

Vorbem. Zunächst Fassg Art 14 Z 3 G v 19. 4. 06, BGBl 266, in Kraft seit 25. 4. 06, Art 210 I G. Sodann III 1 geändert dch Art 21 Z 3 FGG-RG, in Kraft seit 1. 9. 09, Art 112 I Hs 1 FGG-RG, ÜbergangsR Art 111 FGG-RG, Einf 4 vor § 1 FamFG.

Bisherige Fassung III 1: **III 1 Durch die Gesetzgebung eines Landes, in dem mehrere Oberlandesgerichte errichtet sind, kann die Entscheidung über das Rechtsmittel der weiteren Beschwerde nach Absatz 1 und 2 sowie §§ 14, 156 der Kostenordnung, der Beschwerde nach § 66 des Gerichtskostengesetzes, nach § 14 der Kostenordnung und nach § 4 des Justizvergütungs- und -entschädigungsgesetzes einem der mehreren Oberlandesgerichte oder anstelle eines solchen Oberlandesgerichts einem obersten Landesgericht zugewiesen werden.**

1 **1) Systematik, I–IV.** Die Festsetzung und Einziehung der Gerichtskosten ist eine Verwaltungstätigkeit. Daher erfolgt sie häufig durch einen Verwaltungsakt. Das gilt beim Kostenansatz. § 66 GKG und § 14 KostO, bei der Festsetzung einer Entschädigung, § 4 JVEG. in den Fällen der JVKostO, der Vergütung eines im Weg der Prozeßkostenhilfe beigeordneten Anwalts, (jetzt) § 55 RVG, AG Lübeck Rpfleger **84**, 75 (zustm Lappe), bei einer Nichterhebung von Kosten. § 21 GKG und § 16 KostO usw. Nach Art 19 IV GG muß man einen solchen Verwaltungsakt gerichtlich überprüfen lassen können. Dabei hat § 30 a freilich eine bloße Auffangfunktion. Das gilt zB gegenüber dem vorrangigen (jetzt) § 66 GKG, Köln JB **99**, 261, oder gegenüber dem ebenfalls vorrangigen § 14 KostO, Hamm RR **01**, 1656, oder gegenüber dem ebenfalls vorrangigen (jetzt) § 56 I, II RVG, Köln RR **03**, 575.

Deshalb sehen die Kostengesetze in vielen Fällen durch besondere Bestimmungen die Möglichkeit der *Anrufung des Instanzgerichts* vor. Diese Möglichkeit heißt meist Erinnerung.

2 **2) Regelungszweck, I–IV.** Die Vorschrift soll etwaige Lücken schließen, (je zum alten Recht) BVerwG Rpfleger **82**, 38, Köln RR **03**, 575, OVG Bln Rpfleger **83**, 416. Die Vorschrift enthält also eine Generalklausel für die Anfechtbarkeit von Verwaltungsakten auf dem Gebiet des Kostenrechts, LG Frankenth Rpfleger **81**, 373. Die Vorschrift eröffnet einheitlich kraft besonderer Zuweisung den Rechtsweg zum Zivilgericht. Ohne sie wären auf Grund der verwaltungsgerichtlichen Generalklausel allgemein die Verwaltungsgerichte zuständig. Die Überschneidungen der Zuständigkeit mit ihren Nachteilen schließt § 30 a aus, BVerwG Rpfleger **82**, 38, OVG Bln Rpfleger **83**, 416. Die dadurch begründete Zuständigkeit des AG wird durch die VwGO nicht berührt, § 40 I 1 VwGO. Sie ist auch nicht auf das OLG übergegangen, § 23 III.

3 **3) Geltungsbereich, I.** Es lassen sich zahlreiche Anwendungsfälle erkennen.

A. Verwaltungsakt der Justiz. Anfechtbar ist nach dieser Vorschrift ein solcher Verwaltungsakt, der im Bereich der Justizverwaltung beim Vollzug eines Kostengesetzes ergangen ist. Verwaltungsakt ist nach § 35 VwVfG jede Verfügung, Entscheidung oder andere hoheitliche Maßnahme, die eine Behörde zur Regelung eines Einzelfalls auf dem Gebiet des öffentlichen Rechts trifft und die auf eine unmittelbare Rechtswirkung nach außen gerichtet ist.

B. Beispiele zur Frage einer Anwendbarkeit von I 4

Angebot: I ist anwendbar, soweit es um den Auftrag zur Beurkundung eines Angebots geht.

Aufrechnung der Staatskasse: I ist bei ihr *unanwendbar.* Denn dann gilt zB § 14 KostO, Hartmann Teil III, BFH BStBl **87** II 54, BVerwG NJW **83**, 776.

Auskunft: Rn 6 „Notar".

Dienstaufsicht: Rn 6 „Kostenansatz".

Einforderung, Rückzahlung: I ist anwendbar, soweit es um einen Bescheid über die Einforderung und Rückzahlung geht, LG Frankenth Rpfleger **81**, 373. 5

Erlaß von Kosten: I ist *unanwendbar,* soweit es um den Erlaß von Kosten eines Verwaltungsgerichts geht, OVG Bln Rpfleger **83**, 415, aM BVerwG Rpfleger **82**, 37, Oldb NdsRpfl **97**, 52.

Gerichtsvollzieher: Rn 9 „Vorschuß".

Hinterlegung: I ist anwendbar, soweit es um den Auftrag zur Mitwirkung bei einer Hinterlegung geht.

Kostenansatz: I ist *unanwendbar,* soweit es um die ablehnende Verwaltungsentscheidung über einen Kostenansatz geht, § 19 III, V GKG, § 14 VI KostO, Hartmann Teile I A, III. Denn dann ist ohnehin die Erinnerung zulässig. I ist ferner unanwendbar, soweit es um die Anordnung der Dienstaufsichtsbehörde geht, den Kostenansatz zu ermäßigen oder erhaltene Gebühren oder Auslagen zurückzuzahlen. Denn diese Anordnung ergeht nicht „beim Vollzug", sondern sie betrifft nur das Verhältnis zwischen dem Gerichtsvollzieher und dem Dienstherrn, BVerwG NJW **83**, 897, Mü Rpfleger **76**, 336, VG Köln DGVZ **82**, 10. 6

Kostenvorschuß: Rn 9 „Vorschuß".

Notar: I ist anwendbar, soweit es um die Weigerung eines Notars geht. seine Auskunftspflicht zu erfüllen, Hartmann Teil III § 31 a KostO Rn 2.

Prozeßkostenhilfe: I ist anwendbar, soweit es um die Stundung von Raten auf Grund einer Prozeßkostenhilfe geht, die der Antragsteller erst nach dem Abschluß der Instanz beantragt hat, Hbg MDR **83**, 234.

Reisekosten: I ist anwendbar, soweit es um die Festsetzung einer Reisekostenentschädigung geht, soweit diese nicht durch einen Akt der Rechtsprechung erfolgt, Hartmann Teil V § 25 JVEG Anh A. 7

Sachzusammenhang: I ist bei ihm *unanwendbar.* Denn dann gilt zB § 14 KostO, BGH NJW **80**, 1106, Hartmann Teil III.

Scheckprotest: I ist anwendbar, soweit es um den Auftrag zur Vornahme eines Scheckprotests geht.

Siegelung, Entsiegelung: I ist anwendbar, soweit es um den Auftrag zu einer Siegelung oder Entsiegelung geht.

Stundung: Es gilt dasselbe wie bei Rn 5 „Erlaß von Kosten".

Unterliegensgebühr: I ist anwendbar, soweit es sich um eine Maßnahme der Justizbeitreibungsstelle des BGH im Rahmen einer Unterliegensgebühr nach § 34 II BVerfGG handelt, aM AG Karlsr Rpfleger **92**, 40 (aber das Gericht muß auch zB die Verzögerungsgebühr nach § 38 GKG besonders auferlegen).

Verfassungsgerichtsverfahren: Rn 7 „Unterliegensgebühr". 8

Verjährung: I ist anwendbar, soweit es um die Anfechtung der Verjährungseinrede der Staatskasse geht.

Verkaufsauftrag: I ist anwendbar, soweit es sich um einen Verkaufsauftrag außerhalb der Zwangsvollstreckung handelt.

Verpachtung: I ist anwendbar, soweit es sich um den Auftrag zu einer öffentlichen Verpachtung gegen Höchstgebot handelt.

Versteigerungsauftrag: I ist anwendbar, soweit es sich um einen Versteigerungsauftrag außerhalb der Zwangsvollstreckung handelt.

Vorschuß: I ist anwendbar, soweit es um die Anforderung eines Vorschusses nach § 4 GvKostG geht. 9

Wechselprotest: I ist anwendbar, soweit es um den Auftrag zur Vornahme eines Wechselprotests geht.

Willenserklärung: I ist anwendbar, soweit es sich um den Auftrag zur Bekanntgabe einer empfangsbedürftigen Willenserklärung handelt oder soweit es um den Auftrag zur Mitwirkung bei der Formulierung einer Willenserklärung geht.

Zustellungsauftrag: I ist anwendbar, soweit es sich um einen Zustellungsauftrag außerhalb einer Zwangsvollstreckung handelt.

C. Weitere Einzelfragen. Soweit eine Kostenvorschrift unmittelbar oder wegen einer Verweisung auch außerhalb der eigentlichen Justizverwaltung anwendbar ist, gilt die Generalklausel zugunsten des AG nicht. Dann entscheidet kraft Zusammenhangs das Gericht der ersten Instanz über die Anfechtung, soweit eine Sondervorschrift fehlt. Es kommt nicht darauf an, ob das Gericht der Aufsicht des Justizministers untersteht, OVG Bln Rpfleger **83**, 415. „Justizverwaltung" nach § 1 ist nur die Verwaltung des ordentlichen Gerichts, OVG Bln Rpfleger **83**, 415. 10

4) Verfahren auf gerichtliche Entscheidung, I, II. Es empfiehlt sich diese Prüfreihenfolge. 11

A. Antrag. Eine Anfechtung nach Rn 3 erfordert einen Antrag auf eine gerichtliche Entscheidung. Der Antrag ist der verwaltungsgerichtlichen Anfechtungsklage nachgebildet. Der Antragsteller kann jeden Antrag und jede Beschwerde schriftlich oder zum Protokoll des Urkundsbeamten der Geschäftsstelle anbringen. Es besteht daher auch beim LG und beim OLG kein Anwaltszwang, II 3 in Verbindung mit § 14 VI 1 KostO, Hartmann Teil III, in Verbindung mit § 78 III Hs 2 ZPO entsprechend. Auch die Staatskasse kann beschwerdeberechtigt sein.

B. Zuständigkeit. Über den Antrag entscheidet stets auch zB nach einer Strafsache das Zivilgericht, Nürnb AnwBl **90**, 49, aM Bbg JB **80**, 89, Mü Rpfleger **78**, 338. Örtlich zuständig ist dasjenige AG, in dessen Bezirk die für die Einziehung oder Befriedigung des Anspruchs zuständige Kasse ihren Sitz hat, II 1, Nürnb AnwBl **90**, 49, also nicht das VG, BVerwG Rpfleger **82**, 37. Notfalls erfolgt eine Zuständigkeitsbestimmung durch das gemeinschaftliche obere Gericht, § 5 I FGG, Nürnb AnwBl **90**, 49. Das Gericht muß den Bezirksrevisor als den Vertreter der Staatskasse anhören, II 2. Im übrigen regelt das Gesetz das Verfahren des AG nicht näher. 12

13 Entsprechend § 14 III 1 KostO ist bei einem *Beschwerdegegenstand* von mehr als 200 EUR die unbefristete Beschwerde an das LG zulässig, eventuell die weitere Beschwerde an das OLG, II 3 in Verbindung mit § 14 V KostO. Ein Landesgesetz kann die Zulässigkeit zur Entscheidung über eine weitere Beschwerde einem einzigen OLG zuweisen, III. Eine Beschwerde an den BGH ist nicht statthaft, II 3 in Verbindung mit § 14 IV 3 KostO.

14 **C. Weiteres Verfahren.** Das Gericht muß daher den angefochtenen Verwaltungsakt auf etwaige Rechtsfehler einschließlich etwaiger Ermessensfehler (Mißbrauch oder Nichtausübung) überprüfen, I 2, 3. Als ein Rechtsfehler gilt auch die Annahme eines unrichtigen Sachverhalts. Obwohl das Gesetz schweigt, ist das AG nicht auf die Befugnis beschränkt, den angefochtenen Verwaltungsakt aufzuheben. Soweit es sich nicht um eine Ermessensentscheidung der Verwaltung handelt, darf das Gericht also im Fall der Spruchreife die beantragte Rechtsfolge selbst aussprechen, § 28 II.

15 **D. Beschluß.** Die Entscheidung erfolgt durch einen Beschluß. Das Gericht muß ihn begründen, § 329 ZPO Rn 4. Es muß ihn verkünden oder den Parteien zustellen. Eine Anhörungsrüge ist nach II 3 entsprechend § 157 a KostO möglich, Hartmann Teil III.

16 **E. Kosten.** Es entstehen keine Gerichtsgebühren. Für die Anwaltsgebühren gelten VV 3100 f. Wegen des Geschäftswerts gilt § 30 KostO. Falls der Geschäftswert zB bei einem Kostenbetrag nicht feststeht, muß das Gericht ihn nach seinem pflichtgemäßen Ermessen bestimmen, notfalls nach den Grundsätzen des § 30 II KostO. Es findet keine Kostenerstattung statt, II 3 in Verbindung mit § 14 IX 2 KostO.

17 **5) Weitere Beschwerde, III.** Die Vorschrift ermöglicht es den Ländern. in den genannten Kostenangelegenheiten die Zuständigkeit für die Entscheidung über eine Beschwerde oder über eine weitere Beschwerde einem von mehreren Oberlandesgerichten oder einem Obersten Landesgericht zu übertragen. Rechtspolitisch krit Bratfisch Rpfleger **88**, 552 (er fordert Regelungen nach III).

18 **6) Übergangsrecht, IV.** Es gelten dieselben Regeln zum Begriff der Übermittlung wie zB bei § 331 III 1 ZPO, dort Rn 17.

Vierter Abschnitt. Kontaktsperre

31–38a (nicht abgedruckt)

Fünfter Abschnitt. Insolvenzstatistik

39 (nicht abgedruckt)

Sechster Abschnitt. Übergangsvorschriften

40 *Fassung 1. 9. 2009:* ***Übergangsrecht.*** **§ 119** GVG **findet im Falle einer Entscheidung über Ansprüche, die von einer oder gegen eine Partei erhoben worden sind, die ihren allgemeinen Gerichtsstand im Zeitpunkt der Rechtshängigkeit in erster Instanz außerhalb des Geltungsbereichs des Gerichtsverfassungsgesetzes hatte, sowie im Fall einer Entscheidung, in der das Amtsgericht ausländisches Recht angewendet und dies in den Entscheidungsgründen ausdrücklich festgestellt hat, in der bis zum 31. August 2009 geltenden Fassung auf Berufungs- und Beschwerdeverfahren Anwendung, wenn die anzufechtende Entscheidung vor dem 1. September 2009 erlassen wurde.**

Vorbem. Angefügt dch Art 21 Z 4 FGG-RG, in Kraft seit 1. 9. 09, Art 112 I Hs 1 FGG-RG. Dabei hat der Gesetzgeber in der beim Redaktionsschluß dieser Auflage (Anfang Oktober 2008) erhältlichen Fassung das Kürzel „GVG" hinter § 119 vergessen (es gibt gar keinen § 119 EGGVG).

1 **1) Systematik.** Die Vorschrift stellt eine formal vorrangige Spezialregelung gegenüber Art 111 FGG-RG dar. Sie stellt anders als dort nicht auf die Einleitung oder auf den Erstantrag ab, sondern auf den Entscheidungszeitpunkt: Er muß vor dem 1. 9. 09 liegen. Erst dann kommt es auf die folgenden weiteren Voraussetzungen an.

2 **2) Entweder: Ausländischer Gerichtsstand, Fall 1.** Maßgeblich ist nur der „allgemeine" Gerichtsstand, im Bereich der ZPO oder des FamFG also derjenige nach §§ 12 ff ZPO oder nach § 2 FamFG in Verbindung mit evtl § 114 I 2 FamFG, 12 ff ZPO. Dabei kommt es auf denjenigen im Zeitpunkt der Rechtshängigkeit an, §§ 261 ZPO, 113 I 2 FamFG. Dann ist das angewendete Recht unerheblich.

3 **3) Oder: Ausdrückliche Anwendung ausländischen Rechts im AG-Entscheid, Fall 2.** Zur Anwendung dieses Rechts muß die entsprechende ausdrückliche Feststellung in den Entscheidungsgründen des AG hinzutreten. Dann ist der Gerichtsstand unerheblich.

4 **4) Folge: § 119 GVG bisheriger Fassung.** Vgl die Vorbem.

Schlußanhang

I. DRiG

(Auszug)

idF v 19. 4. 1972, BGBl 713, zuletzt geändert durch § 70 IX BeamtStG v 17. 6. 08, BGBl 1010

Schrifttum: *Barbey,* Der Status des Richters, in: Isensee/Kirchhof, Handbuch des Staatsrechts, Bd III § 74; *Fürst* ua, Richtergesetz, 1992; *Schmidt-Räntsch,* DRiG, 6. Aufl 2008; *Thomas,* Richterrecht, 1986.

Einleitung

1) Systematik, Regelungszweck. Das Deutsche Richtergesetz (DRiG) ist im wesentlichen eine Kodifi- 1
zierung des für den Berufsrichter geltenden Rechts, § 2. Es gilt nicht nur für die Richter der ordentlichen Gerichtsbarkeit, sondern für die Richter aller Gerichtszweige, deren Verfahrensordnungen es soweit erforderlich dem DRiG entsprechend ändert, §§ 88 ff. Lediglich für die Richter des BVerfG gilt es nur beschränkt, §§ 69, 70. Es enthält die durch Art 98 GG angeordnete Regelung der Rechtsstellung der Bundesrichter und außerdem Rahmenvorschriften für die Rechtsstellung der Richter in den Ländern, Art 98 III GG. Die Länder haben demgemäß ihrerseits Richtergesetze erlassen. Die Stellung des ehrenamtlichen Richters wird lediglich in §§ 43, 44, 45 und 45 a berührt.

2) Sachlicher Geltungsbereich. Das Gesetz enthält nicht nur Bestimmungen allgemeiner Art für 2
sämtliche Richter, §§ 1 ff, sowie Bestimmungen für die Bundesrichter, §§ 46 ff, und Rahmenvorschriften für die Landesrichter, §§ 71 ff. Es regelt auch die Dienstgerichtsbarkeit für die Bundesrichter, §§ 61 ff, und demgemäß diese rahmenrechtlich für die Landesrichter, §§ 77 ff. Ferner enthält es Bestimmungen über Richtervertretungen, §§ 49 ff, 72 ff, und schafft im Interesse der Unabhängigkeit der Rechtsprechung die Möglichkeit, Maßnahmen der Dienstaufsicht auf einen Antrag des Richters durch das Dienstgericht nachprüfen zu lassen, §§ 26 III, 62 I, Z 4 e, 78 Z 4 e.

3) Persönlicher Geltungsbereich, dazu *Niebler* DRiZ **81**, 281: Der Richter, dem Art 92 GG die 3
rechtsprechende Gewalt anvertraut, steht auch durch § 4 I, wonach andere nichtrichterliche Tätigkeiten mit der richterlichen unvereinbar sind, klar dem Beamten gegenüber. Denn der Richter erhält durch Artt 19 IV, 100 I GG auch eine Kontrollfunktion. Sie läßt nach dem Grundsatz der Gewaltenteilung weder die gleichzeitige amtliche Übertragung nichtrichterlicher Geschäfte auf Richter noch die nebenamtliche Tätigkeit eines Beamten als Richter zu. Es gibt also keine richterlichen Beamten. Das schließt nicht aus, daß gewisse Bestimmungen des Beamtenrechts auch für Richter entsprechend gelten, soweit das DRiG nicht entgegensteht, §§ 46, 71 III.

4) DRiG und GVG. Das Gesetz regelt zwar die Stellung des Richters, Rn 3. Es enthält aber auch in die 4
Gerichtsorganisation eingreifende auf Art 74 Z 1 GG beruhende Bestimmungen, BGH NJW **91**, 422, zB über die Befähigung zum Richteramt, das Richterverhältnis, die Unabhängigkeit des Richters, BGH DRiZ **91**, 20. Es betrifft also insofern das GVG insbesondere in den Abschnitten 1–5, dessen Vorschriften es teilweise aufgehoben oder geändert hat, §§ 85–87 DRiG. Im folgenden wird aus Platzersparnisgründen nur der für die Unabhängigkeit des Richters und damit für wesentliche Bedingungen seiner Entscheidungsmöglichkeiten besonders wichtiger § 26 erläutert.

Vierter Abschnitt. Unabhängigkeit des Richters

26 *Dienstaufsicht.* [I] **Der Richter untersteht einer Dienstaufsicht nur, soweit nicht seine Unabhängigkeit beeinträchtigt wird.**

[II] **Die Dienstaufsicht umfaßt vorbehaltlich des Absatzes 1 auch die Befugnis, die ordnungswidrige Art der Ausführung eines Amtsgeschäfts vorzuhalten und zu ordnungsgemäßer, unverzögerter Erledigung der Amtsgeschäfte zu ermahnen.**

[III] **Behauptet der Richter, daß eine Maßnahme der Dienstaufsicht seine Unabhängigkeit beeinträchtige, so entscheidet auf Antrag des Richters ein Gericht nach Maßgabe dieses Gesetzes.**

Schrifttum: *Joeres* DRiZ **05**, 321 (Üb); *Schmidt-Räntsch,* Dienstaufsicht über Richter, 1985.

Gliederung

1) Systematik, Regelungszweck, I–III. „Den Richtern ist die Unabhängigkeit verliehen, um ihre 1
Entscheidung von äußeren und außergesetzlichen Einflüssen freizuhalten. Ein Richter unterliegt also keinen

Weisungen oder Empfehlungen und darf wegen des Inhalts einer Entscheidung nicht benachteiligt werden". Andererseits ist auch das Richterverhältnis ein Dienstverhältnis des öffentlichen Rechts. Deshalb steht der Richter unter einer gewissen Dienstaufsicht, um sein pflichtgemäßes Handeln sicherzustellen. Die Unabhängigkeit schützt nicht solche menschlichen Schwächen, die in der Art und Weise, wie auch ein Richter die Dienstgeschäfte erledigt, auftreten und von der Amtsführung eines gewissenhaften Richters peinlich abweichen. Deshalb gibt es trotz aller Unabhängigkeit doch eine begrenzte Dienstaufsicht, BGH NJW **08**, 1450, Hamm DRiZ **05**, 319. Diese Aufsicht muß aber in der Unabhängigkeit ihre Grenze finden, BGH MDR **05**, 360.

2 **2) Geltungsbereich, I–III.** Die Dienstaufsicht ist eine Aufgabe der Gerichtsverwaltung. Die nähere Regelung enthalten für die ordentlichen Gerichte die landesrechtlichen Vorschriften und, soweit noch anwendbar, §§ 14 ff GVVO, für die Arbeitsgerichtsbarkeit §§ 15, 34, 40 II ArbGG, Schäfke ZRP **83**, 165, Stanicki DRiZ **86**, 329.

3 **3) Umfang der Dienstaufsicht, I, II,** dazu *Joeres* DRiZ **05**, 321, *Papier* NJW **01**, 1091 (je: Üb): Ein scheinbar einfacher Grundsatz stößt im Alltag auf Probleme der halbwegs zufriedenstellender Bewältigung praktischer Auswirkungen.

A. Grundsatz: Wahrung der Unabhängigkeit. Die Dienstaufsicht findet stets in der Wahrung der Unabhängigkeit des Richters bei der eigentlichen Rechtsfindung ihre Grenze, BGH NJW **08**, 1450, Hamm DRiZ **05**, 320. Wird zweifelhaft, ob eine Maßnahme die richterliche Unabhängigkeit gefährdet, muß sie unterbleiben.

4 **B. Art der Dienstaufsicht.** Zur Beaufsichtigung der Tätigkeit eines Richters ist nur die eine Dienstaufsicht führende Stelle befugt, also niemals eine Behörde als solche, sondern nur der Dienstvorgesetzte oder der mit seiner Vertretung beauftragte Beamte. Erfolgt die Dienstaufsicht in der Ministerialinstanz, ist der Minister oder sein Vertreter, allenfalls ein Ministerialbeamter mit ganz fester Weisung des Ministers befugt, BGH NJW **05**, 3289).

Es gibt vorbehaltlich I nur die *Befugnisse des II,* also einen Vorhalt oder eine Ermahnung, sofern dadurch keine Beeinträchtigung der Unabhängigkeit eintritt. Die Dienstaufsicht darf also nur Tatsachen anführen und sachbezogen werten, BGH DRiZ **97**, 467. Eine Beanstandung, Mißbilligung oder Rüge und erst recht natürlich eine Anweisung sind unstatthaft, BGH NJW **84**, 2534 (krit Wandtke DRiZ **84**, 430, der darauf hinweist, daß der Ausschluß von Mißbilligungen zum Disziplinarverfahren führen kann). Unstatthaft ist auch ein Schuldvorwurf, BGH DRiZ **97**, 467. Denn Vorhalt und Ermahnung sind noch keine Disziplinarmaßnahmen, BVerwG NJW **88**, 1748. Das alles gilt auch bei außerdienstlichen Vorgängen, BGH NJW **84**, 2534 (krit Hager NJW **89**, 886). Dasselbe gilt bei allen Meinungsäußerungen einer Dienstaufsicht, die sich in irgendeiner Weise kritisch mit dem dienstlichen oder außerdienstlichen Verhalten des Richters befassen, BGH NJW **02**, 359. Das etwas irreführende Wort „auch" in II stellt nur klar, daß außer der Befugnis im außerdienstlichen Bereich auch eine solche wegen der richterlichen Tätigkeit denkbar ist. Auch der Bescheid an eine solche beschwerdeführende Behörde, die eine richterliche Tätigkeit kritisiert, ist eine Maßnahme der Dienstaufsicht. Sie muß sich entsprechend II auf die Mitteilung von Vorhalt und Ermahnung beschränken.

5 **C. Kernbereich richterlicher Tätigkeit,** dazu *Papier* NJW **90**, 10; *Schneider* ZIP **90**, 551: Völlig unzugänglich ist der Dienstaufsicht der Kernbereich der richterlichen Tätigkeit, also der eigentliche Rechtsspruch und alle Entscheidungen (Anordnungen, Regelungen), die der Rechtsfindung mittelbar dienen, etwa indem sie den Rechtsspruch vorbereiten oder ihm nachfolgen, BGH NJW **08**, 1450, Hamm DRiZ **06**, 320.

Der Kernbereich ist Maßnahmen der Dienstaufsicht auch dann verschlossen, wenn es sich um einen offensichtlichen, jedem Zweifel entrückten *Fehlgriff* handelt, Herrmann DRiZ **82**, 290, Kasten/Rapsch JR **85**, 314, Rudolph DRiZ **88**, 155, aM BGH NJW **08**, 1450 (Terminierung), DRiZ **86**, 423 (verbale Exzesse, BGH NJW **06**, 1674, vgl aber auch Hamm DRiZ **05**, 320), DRiZ **91**, 369 (Verweisungsbeschluß), BGH DRiZ **91**, 410, **70**, 1 (Urteilsbegründung), Zweibr DRiZ **88**, 21 (Sitzungspolizei), Zweibr NJW **80**, 1851 (Ermächtigung eines Sachverständigen). Die Grenzziehung ist freilich schwierig, Rudolph DRiZ **87**, 339–341. Daher muß man nach dem Grundsatz „wehret den Anfängen" die Unabhängigkeit des Richters im Kernbereich seines Amts ausnahmslos schützen. Er folgt dem Gesetz, wie er das nach bestem Wissen und Gewissen kann, nicht aber einer Meinung, weil sie ein Vorgesetzer oder ein Gericht ausspricht. Denn er steht nicht in einem Unterordnungsverhältnis zu anderen Stellen. Der Richter darf aber aus Gründen der Rechtsstaatlichkeit Meinungsverschiedenheiten mit dem vorgeordneten Gericht nicht auf dem Rücken des Bürgers austragen, BVerfG NZA **90**, 580.

6 **D. Vorhaltung, Ermahnung.** Die Befugnis, dem Richter die ordnungswidrige Art der Ausführung eines Amtsgeschäfts vorzuhalten, BGH RR **07**, 282, betrifft nur die äußere Form der Ausführung, nicht das Amtsgeschäft selbst, BGH NJW **08**, 1450. Wie die Ausführung sachlich erfolgen müßte, kann wegen I nicht Gegenstand des Vorhalts sein. Der Vorhalt darf zu dem Inhalt einer Entscheidung keine objektive Beziehung haben. Denn es würde sich dann bereits um eine Weisung in mehr oder minder versteckter Form handeln. Daher ist eine dahin zielende Beanstandung, da eine Mißbilligung andeutend, als Maßnahme der Dienstaufsicht unzulässig. Das gilt auch dann, wenn sie nicht zur Kenntnisnahme des Richters bestimmt ist, wenn er nur durch einen Zufall davon erfährt. Auch daß der Richter der Ansicht der dienstaufsichtführenden Stelle nicht zu folgen braucht, entscheidet nicht. Darum ist auch die Anregung, beim nächsten Vorkommen derselben Angelegenheit die Entscheidung in einem darin angegebenen Sinn zu überprüfen, eine unzulässige Einflußnahme.

Die *Vorbereitungsmaßnahmen* für eine Entscheidung (Terminsbestimmung, Einzelrichterbestimmung, Art der Vernehmung von Zeugen und Sachverständigen) unterliegen grundsätzlich allein dem richterlichen Ermessen, BGH NJW **08**, 1450, meist auch die Aktenübersendung und Aktenvorlage, ebenso die Auskunfterteilung aus den Akten schwebender Verfahren. Daher ist es unzulässig, Beamte oder Angestellte des Gerichts anzuweisen, solche Auskünfte zu erteilen. Dasselbe gilt für die Vereidigung eines ehrenamtlichen Richters, DienstG Ffm DRiZ **80**, 469.

E. Beispiele zur Frage der Zulässigkeit einer Maßnahme

Ablehnungsverfahren: *Unzulässig* ist eine Maßnahme wegen einer Äußerung des Richters in der Verhandlung über Zweifel eines Beteiligten an seiner Unbefangenheit, BGH DRiZ **82**, 389. 7

S auch Rn 9 „Dienstliche Äußerung".

Allgemeinhinweis, -empfehlung: Zulässig ist eine wirklich nur allgemeine solche Maßnahme, BGH RR **02**, 931. Das gilt sogar aus Anlaß eines Einzelfalls, wenn der Hinweis usw doch unabhängig von ihm erfolgt, BGH RR **05**, 439. Im Zweifel aber zugunsten der Unabhängigkeit des Richters.

Amtshilfe: Unzulässig ist grds eine Anordnung, ob der Richter eine Amtshilfe erbitten oder geben soll. Denn das gehört meist zur richterlichen Unabhängigkeit. Das gilt auch zB bei der Einholung einer Auskunft.

Amtstracht: Zulässig ist eine Anordnung zum grundsätzlichen Tragen der Amtstracht und ihrer Beschaffung, BVerwG NJW **83**, 2589, Ffm NJW **87**, 1208 (Ausnahmen denkbar).

Unzulässig ist aber eine Beanstandung des Entschlusses, in einem sachlich begründeten Einzelfall die Amtstracht nicht anzulegen, Ffm NJW **87**, 1208 (Jugendstrafsache).

Androhung: Rn 9 „Disziplinarverfahren".

Arbeitsbedingungen: Grundsätzlich *unzulässig* sind unzumutbare Arbeitsbedingungen, DG Bln DRiZ **04**, 81 (Fallfrage). Auch in „nur" unerfreulichen Bedingungen kann die Grenze des der Dienstaufsicht Erlaubten liegen, BGH DRiZ **05**, 83, freilich nicht schon in einer schlechten Ausstattung der Justiz, BGH MDR **05**, 360, KG DRiZ **04**, 281.

Arbeitsplatz: Zulässig sein kann die Unterbringung einer staatlichen Schuldnerberatungsstelle im Insolvenzgericht, Hbg DRiZ **01**, 21.

Unzulässig ist eine Weisung, den Richterdienst außerhalb der Gerichtsstelle zu versehen, PräsFfm NJW **91**, 1903 (Haftrichter).

Arbeitszeit: Unzulässig ist eine Maßnahme zur Regelung der Arbeitszeit, soweit der Richter die Sitzungstage und die Öffnungszeit des Gerichts grds einhält und im Kollegium zu Beratungen und zur Bearbeitung grds einigermaßen bald zur Verfügung steht, BGH NJW **91**, 1104, Schott ZRP **05**, 103, Schröder NJW **05**, 1160 (Üb.).

Ausbildung: Rn 12 „Referendar".

Ausdrucksweise: Rn 13 „Umgangsformen".

Auskunft: S „Amtshilfe".

Auslandsdienstreise: Rn 9 „Dienstreise".

Äußere Ordnung: Zulässig ist eine Anweisung zum äußeren Ablauf und zur äußeren Ordnung der Amtsgeschäfte, BGH NJW **08**, 1450, Hamm DRiZ **05**, 320.

Außergerichtliches Verhalten: Auch dieses unterliegt grds der Dienstaufsicht in den dienstlich begründbaren Grenzen.

Beantwortung: Zulässig ist die Aufforderung, eine Anregung oder einen Antrag grds überhaupt zu beantworten, Hamm DRiZ **89**, 341. 8

Bearbeitungszeitpunkt: Unzulässig ist das Ersuchen, ganz bestimmte Verfahren aus dem Dezernat umgehend zu bearbeiten, BGH NJW **87**, 1197.

Beförderung: Rn 10 „Erprobung".

Beleidigung: Rn 13 „Umgangsformen".

Beratungshergang: Zulässig ist die Ablehnung des Vorgesetzten, einem Richter Kenntnis vom Bericht eines Kollegen über einen Beratungshergang zu geben, BGH DRiZ **82**, 312. Ein ziemlich makabrer Hintergrund.

Bereitschaftsdienst: Rn 8 „Arbeitsplatz".

Bericht: *Unzulässig* sein kann schon seine bloße Anforderung, zB zur Stellungnahme wegen einer Dienstaufsichtsbeschwerde gegen eine richterliche Maßnahme.

Beschlagnahme: *Unzulässig* ist die Beanstandung einer solchen Maßnahme, BGH MDR **88**, 51.

Besoldung: *Unzulässig* sein kann eine Maßnahme des Vorgesetzten im Zusammenhang mit einer falschen besoldungsmäßigen Einstufung.

Beurteilung: *Unzulässig* sein kann eine dienstliche Beurteilung, BGH NJW **05**, 3289, OVG Münst NVwZ-RR **04**, 874, Schaffer DRiZ **92**, 292.

Beweisanordnung: *Unzulässig* ist eine Kritik an einer Beweisordnung, BGH NJW **80**, 1850.

Dienstaufsichtsbeschwerde: Rn 8 „Bericht". 9

Dienstliche Äußerung: *Unzulässig* ist das Ersuchen, sich zu einer eigenen richterlichen Entscheidung dienstlich zu äußern, BGH NJW **87**, 2441. Das gilt auch zB bei § 45 II 2 ZPO für eine Äußerung (auch) gegenüber dem Vorgesetzten, die § 45 ZPO gar nicht fordert, BGH DRiZ **86**, 423.

Dienstreise: Zulässig sein kann das Verbot einer Auslandsdienstreise in einer Rechtssache, BGH NJW **86**, 664, aM HessDG DRiZ **75**, 151 (Fallfrage). Das verstößt auch nicht gegen das GG, BVerfG DRiZ **79**, 219.

Dienstweg: Unzulässig ist eine Verweisung auf ihn, wenn der Richter die Erklärung einer obersten Verwaltungsbehörde anfordert.

Unzulässig ist ein Eingriff in den Entschluß, eine eilige Sache im normalen Dienstweg (eilig) weiterzuleiten, BGH DRiZ **84**, 195, Hamm DRpflZ **84**, 32 (dergleichen kann aber zur äußeren Ordnung zählen).

Disziplinarverfahren: Zulässig sein kann seine Androhung, BGH DRiZ **78**, 249 (Weigerung), BGH **85**, 154 (Nichtbefolgung des Geschäftsverteilungsplans).

Drittes Staatsexamen: Rn 10 „Erprobung".

Durchsicht von Entscheidungen: Ihre nachträgliche Vornahme ist zulässig, BGH **85**, 163.

Durchsuchung: *Unzulässig* ist die Beanstandung einer solchen Anordnung, BGH MDR **88**, 51.

Einzelfall: Zulässig sein mag gerade noch eine Ermahnung usw wegen „Fälle dieser Art" selbst aus Anlaß jenes Einzelfalls. Aber im Zweifel zugunsten der richterlichen Unabhängigkeit. 10

Unzulässig ist das Ersuchen, ganz bestimmte Verfahren aus dem Dezernat zB umgehend oder sonstwie zu bearbeiten, BGH NJW **87**, 1197.

Entscheidungsbegründung: Zulässig ist eine Ermahnung zu ihrer Vornahme in einer angemessenen Frist, BGH DRiZ **85**, 394.

Unzulässig ist eine Einflußnahme auf den Inhalt oder die Form der Entscheidung, DGH Hamm RR **99**, 129 (zustm Schmiemann DRiZ **99**, 224), solange kein Verbalexzeß vorliegt, Rn 13 „Umgangsformen", aM BGH DRiZ **91**, 410 (nur dann unzulässig, wenn sich das Urteil im Rahmen einer tatsachenadäquaten Wertung hält. Das ist ein beliebig dehnbarer Begriff. Er hat im innersten Kernbereich der Richtertätigkeit in dieser Allgemeinheit gar nichts verloren. Krit denn auch Feiber NJW **83**, 2927, Sendler NJW **84**, 691).

Erfahrungsberichte: Zulässig ist ihre Bekanntgabe aus anderen Verfahren, BGH DRiZ **81**, 344.

Erledigungszahl: Zulässig ist ein Vergleich von Erledigungszahlen in einer Beurteilung, BGH NJW **78**, 760 (die Maßnahme kann aber aus anderen Gründen unzulässig sein).

Erprobung: Zulässig ist eine Abhängigkeit der Beförderung von einer Erprobung, BGH NJW **05**, 3289 (ziemlich hilflos und durchsichtig).

Formular: Seine Benutzung kann eine Arbeitserleichterung für alle bedeuten.

Unzulässig ist aber eine Anweisung zur Benutzung etwa wegen Textbausteinen, soweit der Richter zB sein Urteil im Kern persönlich formulieren darf und muß. Schon gar unzulässig wäre ein Nachteil, weil etwa der Richter nur die zugehörige Verfügung auf einem Formular unterschreiben solle, nicht etwa das Originalurteil usw unterzeichnen dürfe.

Geldbußliste: Zulässig ist eine listenmäßige Erfassung von Geldbußen durch eine ministerielle Anordnung, BGH NJW **84**, 2473.

Geschäftsprüfung: Zulässig ist ihre Vornahme, es sei denn, daß sie ohne einen zureichenden Grund oder ohne das Wissen des Richters erfolgt, BGH DRiZ **87**, 57 (auch zu den Grenzen), Stanicki DRiZ **86**, 329. Der Vorgesetzte braucht eine routinemäßige Prüfung nicht anzukündigen, BGH NJW **88**, 418.

Geschäftsverteilungsplan: Zulässig ist die Androhung eines Disziplinarverfahrens wegen Nichtbefolgung des Plans, BGH **85**, 154.

Unzulässig ist es, dem Richter auch nur indirekt und damit etwa im Geschäftsverteilungsplan ein solches Pensum abzuverlangen, das sich allgemein und daher auch unabhängig von anderen Risiken in sachgerechter Weise nicht mehr erledigen läßt, BGH NJW **06**, 692.

S auch 11 „Mitwirkungsplan".

Gesetzesverstoß: *Unzulässig* sein kann ein Hinweis, eine Entscheidung verstoße gegen das Gesetz, DB Düss DRiZ **79**, 123, Hager DRiZ **88**, 329, oder das höhere Gericht habe dergleichen wiederholt aufgehoben.

11 **Haftrichter:** Zulässig sein kann eine Bitte des Vorgesetzten um eine Stellungnahme zu Vorwürfen wegen der Haftprüfung, DGH Hamm DRiZ **07**, 284.

Vgl auch Rn 7 „Arbeitsplatz".

Haftsache: *Unzulässig* ist eine Beanstandung der Behandlung von Haftsachen, BGH DRiZ **96**, 371.

Hilfsmittel: *Unzulässig* ist ein Hinweis auf die Benutzung eines anerkannten Hilfsmittels. Denn er berührt die Sachleitung.

Mitwirkungsplan: *Unzulässig* ist eine Maßnahme zur Gestaltung des Mitwirkungsplans im Rahmen der Geschäftsverteilung, § 21 g GVG.

S auch Rn 10 „Geschäftsverteilungsplan".

Präsidium: *Unzulässig* ist eine Weisung an das Präsidium oder eine sonstige Einwirkung auf dessen Entscheidung, BGH NJW **95**, 2494, Piorreck DRiZ **93**, 213.

Presse: Zulässig ist ein Hinweis usw auf eine Schweigepflicht gegenüber der Presse, HessDGH MDR **86**, 464 (differenzierend).

Protokoll: Zulässig ist die Entscheidung der Verwaltung, welche Protokollkraft dem Gericht zur Verfügung steht, BGH NJW **88**, 417, Rudolph DRiZ **88**, 74.

Unzulässig ist eine Beanstandung der Art der Protokollierung, BGH NJW **78**, 2509, DG Düss DRiZ **99**, 59.

Prozeßkostenhilfe: *Unzulässig* ist eine Kritik über die Tätigkeit des Richters im Prozeßkostenhilfeverfahren, Bischof DÖD **86**, 3.

12 **Rechtsansicht:** *Unzulässig* ist natürlich ein Ministerialerlaß, ein Richter solle als Stellvertreter in einem Dienstgericht die Rechtsansicht des Ministers vertreten. Denn die Klärung der gesetzlichen Grundlage eines Richteramts ist eine richterliche Aufgabe. Unzulässig ist auch durchweg der Hinweis darauf, der Richter habe eine nicht allseits geteilte Rechtsansicht, Einl III 47, § 281 Rn 39. Selbst Willkür festzustellen ist eine richterliche Aufgabe. Dazu BVerfG NJW **87**, 2067, VG Karlsr RR **01**, 353.

Rechtshilfe: Zulässig ist eine Anordnung, ein Rechtshilfeersuchen an ein ausländisches Gericht oder eine Auslandsbehörde mangels vorrangiger abweichender gesetzlicher Regelungen dem Justizminister zur Weiterleitung vorzulegen, BGH NJW **83**, 2769, Nagel IPRax **84**, 239.

Unzulässig ist eine allgemeine Kritik an der Tätigkeit des Richters im Rechtshilfeverfahren, Düss NStZ **89**, 39.

Referendar: Zulässig ist eine Anordnung über die Ausbildung eines Referendars, wenn nicht besondere Gründe entgegenstehen, BGH NJW **91**, 427. Zulässig ist eine Bitte, eine Unterrichtspflicht des Anwalts mitzubeachten, BGH NJW **08**, 1449.

Unzulässig ist die Äußerung, die Unterrichtspflicht stelle stets einen Vertagungsgrund dar, BGH NJW **08**, 1449.

Robe: Rn 7 „Amtstracht".

Rückstand: Rn 14 „Verfahrensdauer".

Sitzungspolizei: Unzulässig ist ein Eingriff in diejenige des Vorsitzenden, BGH DRiZ **77**, 56, Zweibr DRiZ **88**, 21.

Stellungnahme: Eine Bitte des Vorgesetzten um eine Stellungnahme kann statthaft sein, DGH Hamm DRiZ **07**, 284.

Telefax, Telefon: *Unzulässig* kann eine technische Maßnahme zur Beschränkung der Telefonnutzung usw sein, BGH NJW **95**, 731. 13

Terminierung: Zulässig ist ein Vorhalt wegen einer gesetzwidrigen Terminierungspraxis, BGH NJW **85**, 1471 (krit Rudolph DRiZ **85**, 351, Hamm DRiZ **92**, 226). Zulässig ist eine Ermahnung, pünktlich zum Termin zu erscheinen. Zulässig ist die Aufforderung, die Terminierung älterer Sachen nicht zu verzögern, BGH DRiZ **84**, 240. Zulässig ist evtl die Aufforderung zu einer ausreichenden Zahl von Terminstagen, BGH NJW **88**, 423. Zulässig ist ein Vorhalt wegen einer Kritik an der Verwaltung in der Ladung, KG NJW **95**, 883 (krit Rohr DRiZ **95**, 161). Zulässig ist eine Bitte, eine Unterrichtspflicht des ProzBev mitzubeachten, BGH NJW **08**, 1449.

Unzulässig ist die Anordnung zu einer Terminierung im Einzelfall, BGH RR **02**, 575, KG DRiZ **95**, 438, insbesondere die Bestimmung der Reihenfolge, BGH NJW **87**, 1197, oder die Anweisung, wegen einer Unterrichtsverpflichtung eines ProzBev stets zu vertagen BGH NJW **08**, 1450. Unzulässig ist die Forderung nach mehr als einem Sitzungstag je Woche beim Kollegialgericht, BGH NJW **88**, 423. Unzulässig ist die Beanstandung eines sitzungsfreien Tags. Unzulässig ist eine Anordnung zum Inhalt der Terminsverfügung.

Terminsvorbereitung: *Unzulässig* ist eine Maßnahme der Kritik an der Art der Vorbereitung einer mündlichen Verhandlung, BGH NJW **84**, 2535.

Überlastung: Zulässig sein kann eine Ermahnung wegen eines Liegenlassens ganzer Fallgruppen, Papier NJW **90**, 8 (abl Weber-Greller 1777).

Umgangsformen: Zulässig ist ein Vorhalt zwecks angemessenen Formen im Verkehr mit allen Beteiligten, Hamm DRiZ **05**, 320 (Verbalexzeß), OVG Bln NVwZ-RR **04**, 627, Hager NJW **89**, 885. Zulässig ist die Beanstandung von sachlich ungerechtfertigten abwertenden oder beleidigenden Äußerungen in der Verhandlung, BGH NJW **06**, 1674, OVG Kblz NVwZ-RR **05**, 2, Hager DRiZ **88**, 329.

S auch 14 „Verhandlungsführung".

Urlaub: Zulässig ist die Verweigerung eines unbezahlten Urlaubs, BGH **85**, 150, soweit nicht auf ihn ein gesetzlicher Anspruch besteht. Zulässig ist der Widerruf einer Urlaubsbewilligung zwecks einer fristgemäßen Herstellung von Urteilsgründen, BGH NJW **88**, 1094.

Urteilsgründe: Rn 10 „Entscheidungsbegründung".

Verfahrensdauer: Zulässig ist die Forderung nach einer Mitteilung überjähriger Verfahren, BGH NJW **91**, 14
421. Dabei mag der Richter auch Gründe angeben müssen, BGH DRiZ **78**, 185. Freilich gilt das nur in einem ziemlich krassen Fall.

Verfahrensförderung: Zulässig ist eine nicht auf einen Einzelfall bezogene allgemeine Bitte um eine Verfahrensförderung, BGH RR **05**, 434 (selbst aus Anlaß eines Einzelfalls – ? –).

Verhandlungsführung: *Unzulässig* ist eine Forderung nach einer „etwas strafferen" Verhandlungsführung, BGH DRiZ **84**, 240; und überhaupt eine Kritik an der Gestaltung der Verhandlungsführung, BGH DRiZ **84**, 239, Hamm NVwZ **05**, 77.

S aber auch Rn 13 „Umgangsformen".

Verjährung: Zulässig ist evtl die Aufforderung, eine Verjährung allgemein zu vermeiden, BGH RR **07**, 282. Aber Vorsicht! Solche Aufforderung grenzt leicht an einen eindeutig unabhängigen Teil der rechtlichen Beurteilung, wann nämlich Verjährung droht.

Verkündung: Zulässig ist eine Maßnahme zur äußeren Form einer Verkündung, Harthun SGb **80**, 57.

Verwaltungstätigkeit: Zulässig ist eine Weisung, soweit der Richter verwaltungsmäßig arbeitet, § 4 II Z 1 DRiG, etwa bei einer Prüfung der Auftragsmäßigkeit der Arbeit eines Sachverständigen, auch evtl bei § 299 ZPO.

Unzulässig ist eine Weisung bei einer gerichtlichen Verwahrung oder Verwaltung nach dem GVG.

Verweisung: *Unzulässig* ist eine Beanstandung einer solchen inhaltlichen Richterentscheidung, mag sie anfechtbar sein oder nicht, BGH DRiZ **91**, 369.

Vordruck: Rn 10 „Formular".

Weigerung: Zulässig ist die Androhung eines Disziplinarverfahrens bei einer unrechtmäßigen Weigerung, in einer Sache tätig zu werden, BGH DRiZ **78**, 249. 15

Weiterleitung: Zulässig ist die Aufforderung zur alsbaldigen Vorlage eines Antrags an das zuständige Gericht, BGH RR **01**, 499.

Zahl der Sitzungstage: Rn 13 „Terminierung".

Zuständigkeit: S „Weiterleitung".

4) Dienstgerichtliche Nachprüfung, III. Sie erfolgt dann, wenn der Richter auch nur behauptet, eine Maßnahme der Dienstaufsicht beeinträchtige ihn oder eine bestimmte Richtergruppe in der Unabhängigkeit, BGH MDR **05**, 360. Das muß er freilich auch bestimmt und konkret darlegen, BGH MDR **05**, 360. Die Maßnahme muß nach dieser Darlegung bei deren rechtlicher Würdigung schlüssig und daher auch objektiv geeignet sein, die Unabhängigkeit zu beeinflussen. Deshalb ist ohne eine solche Behauptung eine dienstliche Beurteilung im Verwaltungsrechtsweg überprüfbar, BGH NJW **84**, 2531, BVerwG NJW **83**, 2589. Die Behauptung einer Beeinträchtigung der Unabhängigkeit genügt für die Zulässigkeit des Antrags. Diese Zulässigkeit hängt also nicht von der Art und dem Inhalt der angefochtenen Maßnahme ab, BGH DRiZ **77**, 151, DGH Drsd RR **00**, 942, aM Stober DRiZ **76**, 71. Damit hat der Richter eine bessere Stellung als der Beamte, der das Risiko der Nichtbefolgung einer Anweisung seiner vorgesetzten Dienststelle trägt. Der Richter hat im Interesse der Unabhängigkeit die Möglichkeit, die zwischen ihm und der Dienstaufsicht aufgetretene Verschiedenheit der Ansicht durch das Dienstgericht nachprüfen zu lassen. Das Dienstgericht muß also beim Streit über die Auslegung eines solchen Gesetzes, auf das sich die Anordnung gründet, selbst auslegen. Ein Nachprüfungsantrag ist auch nicht schon deshalb unbegründet, weil eine Beeinträchtigung nicht gewollt ist. Wohl aber spricht dagegen, wenn die beanstandete Tätigkeit nicht zur unmittelbaren Aufsichtstätigkeit gehört, BGH NJW **05**, 905 (mangelhafte Ausstattung). 16

Nicht zu den Maßnahmen der Dienstaufsicht gehören Disziplinarmaßnahmen nach den Disziplinarordnungen gegen einen Richter oder deren Vorbereitung, BGH **85**, 164 (nur bei einem Mißbrauch). Eine nicht 17 ausdrücklich als ein Verweis bezeichnete mißbilligende Äußerung ist keine solche Disziplinarmaßnahme und deshalb unzulässig, BGH NJW **84**, 2534 (krit Wandtke DRiZ **84**, 430). Keine Maßnahme der Dienstaufsicht nach III ist auch die Einleitung eines Versetzungsverfahrens durch eine Vorlage von Berichten an den Präsidialrat, BGH **85**, 164. Ebensowenig ist eine Entscheidung des Präsidiums über die Geschäftsverteilung eine Maßnahme nach III, BGH NJW **91**, 425.

18 Die *Abgrenzung* zwischen Maßnahmen der Dienstaufsicht und anderen Vorgängen ist oft schwierig. Nötig und ausreichend ist ein solches gegen einen Richter oder eine Gruppe von Richtern gerichtetes Verhalten, das einen konkreten Bezug zur Tätigkeit der Gruppe oder des Richters hat, BGH RR **02**, 574 (Terminierung). Eine für die Dienstaufsicht in Betracht kommende Stelle (in dieser Eigenschaft, nicht zB als oberste Verwaltungsbehörde, BGH DRiZ **82**, 426) muß entweder zu einem in der Vergangenheit liegenden Verhalten des Richters wertend Stellung genommen oder sich in einer solchen Weise geäußert haben, die geeignet ist, sich auf die künftige Tätigkeit des Richters in bestimmter Richtung unmittelbar oder mittelbar auszuwirken, BGH NJW **91**, 1103. Das kann zB in einer dienstlichen Beurteilung geschehen, BGH RR **03**, 492, Zweibr DVBl **87**, 431, OVG Bln NVwZ-RR **04**, 627. Eine Maßnahme der Dienstaufsicht kann auch in der Ablehnung des Dienstvorgesetzten liegen, einem Richter Kenntnis von dem Inhalt des Berichts eines anderen Richters über den Beratungshergang zu geben, BGH DRiZ **82**, 312, ferner in der Anordnung, ein Zeugnis oder einen Bericht zu den Personalakten zu nehmen, BGH **85**, 160, oder in der Weisung, die Arbeitsweise eines Spruchkörpers zu beobachten, BGH DRiZ **82**, 190, ebenso in einer in allgemeiner Form gehaltenen Stellungnahme dann, wenn sie sich erkennbar gegen die Amtsführung richtet, auch gegen ein Verhalten im Präsidialrat, BGH DRiZ **77**, 151.

Keine Maßnahme der Dienstaufsicht ist eine ministerielle Bekanntmachung über richterliche Pflichten, BGH NJW **84**, 2471 (zu § 39), ebensowenig die Äußerung einer abweichenden Ansicht zu einer von dem Richter angesprochenen Rechtsfrage, BGH **85**, 167, auch nicht die Unterrichtung über die vom Präsidium beabsichtigte Geschäftsverteilung, BGH NJW **83**, 889, oder die Aufforderung zur Befassung des Präsidiums mit einer bestimmten Geschäftsordnungsangelegenheit, BGH DRiZ **81**, 426, ebensowenig dasjenige Gespräch zwischen einem Bewerber um eine Beförderungsstelle und dem Gerichtspräsidenten, um das der Bewerber gebeten hat, BGH DRiZ **79**, 378.

Dagegen kann der Leserbrief eines Beamten des zuständigen Ministeriums eine Maßnahme der Dienstaufsicht sein, BGH DRiZ **81**, 265, ebenso eine kritische Äußerung des Ministers in einem Medium, HessDG NJW **81**, 930 (läßt sogar das Schweigen auf eine kritische Frage ausreichen).

19 Der Weg der dienstgerichtlichen Nachprüfung steht *jedem Richter* nach § 8 offen. Die Nachprüfung kann sich also bei einem Richter auf Probe auch gegen den an sich jederzeit möglichen Abruf von einer Stelle dann richten, wenn er sich dadurch in seiner Unabhängigkeit verletzt glaubt, wenn er also darin eine Einwirkung auf die sachliche Erledigung seiner richterlichen Tätigkeit sieht. Andere Personen sind nicht antragsberechtigt, auch nicht das Präsidium eines Gerichts, DGH Drsd RR **00**, 942. Für das Begehren nach einer Überprüfung muß ein Rechtsschutzbedürfnis bestehen, BGH DRiZ **82**, 190. Es entfällt meist mit dem Eintritt in den Ruhestand, BGH DRiZ **76**, 149. Über den Antrag entscheidet das Dienstgericht, §§ 62 I Z 4 e, 78 Z 4 e, nachdem zuvor auf Antrag des Richters ein Vorverfahren stattgefunden hat, § 66 II, III. Die Entscheidung ergeht entweder auf eine Feststellung der Unzulässigkeit der durch die Dienstaufsicht getroffenen Maßnahme oder auf die Zurückweisung des Antrags. Unzulässig ist eine Maßnahme immer dann, wenn sie nicht von der für die Dienstaufsicht zuständigen Stelle ausgeht, BGH DRiZ **81**, 265. Zu anderen Maßnahmen ist das Dienstgericht nicht befugt, zB nicht dazu, die Aufsichtsbehörde zu einer Auskunft zu verpflichten oder eine solche Verpflichtung festzustellen, BGH DRiZ **82**, 189 und 190.

20 Das Dienstgericht muß sich *auf die Prüfung beschränken,* ob die Maßnahme sich innerhalb der Grenzen von I und II hält, BGH NJW **02**, 359. Ob zB eine Beurteilung aus anderen Gründen rechtswidrig und deshalb unzulässig ist, darf nicht das Dienstgericht prüfen, sondern nach § 71 III DRiG in Verbindung mit § 126 I BRRG nur das VG, BGH NJW **02**, 359, BVerwG NJW **83**, 2589, OVG Münst DRiZ **90**, 345. Aus der Zweispurigkeit des Rechtsschutzes ergeben sich allerdings prozessuale Schwierigkeiten. Grundsätzlich richtet sich der zulässige Rechtsweg danach, auf welchen Klagegrund der Richter sein Begehren stützt, BVerwG DVBl **97**, 1180, OVG Lüneb NVwZ-RR **98**, 695. Ficht er dieselbe Maßnahme wie zB eine Beurteilung sowohl wegen einer Verletzung der Unabhängigkeit vor dem Dienstgericht als auch wegen anderer Fehler vor dem VG an, wird das VG das Verfahren aussetzen und die Entscheidung des Dienstgerichts abwarten müssen, obwohl § 68 das nicht nicht zwingend vorschreibt. Umgekehrt muß das Dienstgericht nur dann aussetzen, wenn für seine Entscheidung das Bestehen oder Nichtbestehen eines vom VG prüfbaren Rechtsverhältnisses vorgreiflich ist, § 68 I, II. Hat der Richter nur eines der beiden Gerichte angerufen und den Antrag hilfsweise auf einen vor das andere Gericht gehörenden Grund gestützt, ist eine Verweisung unstatthaft, BGH NJW **86**, 2709. Vielmehr muß das angerufene Gericht über alle Gründe entscheiden, § 17 II 1 GVG, dort Rn 6. Man muß eine Revision durchweg zulassen, BGH RR **08**, 515.

II. SoldErl

Erlaß über Zustellungen, Ladungen, Vorführungen und Zwangsvollstreckungen bezüglich Soldaten der Bundeswehr in der Neufassung v 23. 7. 98, VMBl 246, geändert dch Erlaß v 10. 3. 03, VMBl 95 (berücksichtigt bei den in Betracht kommenden Vorschriften.
Vgl im übrigen schon LG Münst MDR **78**, 427) lautet:

A. Zustellungen an Soldaten

1. Für Zustellungen an Soldaten in gerichtlichen Verfahren gelten dieselben Bestimmungen wie für Zustellungen an andere Personen.

1 **Bem.** Vgl Mü RR **91**, 1470 (Privatwohnung als Zustellort).

2. Will ein mit der Zustellung Beauftragter (z. B. Gerichtsvollzieher, Post- oder Behördenbediensteter, Gerichtswachtmeister) in einer Truppenunterkunft einem Soldaten zustellen, so ist er von der Wache in das Geschäftszimmer der Einheit des Soldaten zu verweisen.

3. Ist der Soldat, dem zugestellt werden soll, sogleich zu erreichen, hat ihn der Kompaniefeldwebel auf das Geschäftszimmer zu rufen.

4. Ist der Soldat nicht sogleich erreichbar, hat der Kompaniefeldwebel dies dem mit der Zustellung Beauftragten mitzuteilen. Handelt es sich um einen in Gemeinschaftsunterkunft wohnenden Soldaten, kann der Beauftragte auf Grund von 178 Abs. 1 Nr. 3 der Zivilprozeßordnung (ZPO) oder der entsprechenden Vorschriften der Verwaltungszustellungsgesetze eine Ersatzzustellung an den Kompaniefeldwebel – in dessen Abwesenheit an seinen Stellvertreter – durchführen. Der Kompaniefeldwebel ist im Sinne dieser Vorschriften zur Entgegennahme der Zustellung ermächtigter Vertreter. Die genannten Vorschriften sehen ihrem Wortlaut nach zwar nur eine Ersatzzustellung an den Hauswirt oder Vermieter vor, diesen ist der Kompaniefeldwebel nach seinen dienstlichen Aufgaben jedoch gleichzustellen.

5. Wird der Soldat, dem zugestellt werden soll, voraussichtlich längere Zeit abwesend sein, z. B. auf Grund eines mehrmonatigen Auslandseinsatzes, hat der Kompaniefeldwebel die Annahme des zuzustellenden Schriftstückes abzulehnen. Er hat dabei, sofern nicht Gründe der militärischen Geheimhaltung entgegenstehen, dem mit der Zustellung Beauftragten die Anschrift mitzuteilen, unter der der Zustellungsadressat zu erreichen ist.

6. Eine Ersatzzustellung an den Kompaniefeldwebel ist nicht zulässig, wenn der Soldat, dem zugestellt werden soll, innerhalb des Kasernenbereichs eine besondere Wohnung hat oder außerhalb des Kasernenbereichs wohnt. In diesen Fällen hat der Kompaniefeldwebel dem mit der Zustellung Beauftragten die Wohnung des Soldaten anzugeben.

7. Der Kompaniefeldwebel darf nicht gegen den Willen des Soldaten von dem Inhalt des zugestellten Schriftstückes Kenntnis nehmen oder den Soldaten auffordern, ihm den Inhalt mitzuteilen.

8. Der Kompaniefeldwebel hat Schriftstücke, die ihm bei der Ersatzzustellung übergeben worden sind, dem Adressaten sogleich nach dessen Rückkehr auszuhändigen. Über die Aushändigung hat er einen Vermerk zu fertigen, der nach einem Jahr zu vernichten ist.

9. Bei eingeschifften Soldaten ist der Wachtmeister eines Schiffes bzw. der Kommandant eines Bootes – in dessen Abwesenheit sein Stellvertreter – im Sinne des § 178 Abs. 1 Nr. 3 ZPO an Bord zur Entgegennahme von Ersatzzustellungen befugt.

10. Diese Vorschriften gelten auch, wenn im gerichtlichen Disziplinarverfahren ein Soldat eine Zustellung auszuführen hat (vgl. § 5 Abs. 1 und 2 der Wehrdisziplinarordnung).

B. Ladungen von Soldaten

a. Verfahren vor den Wehrdienstgerichten (nicht abgedruckt)

b. Verfahren vor sonstigen deutschen Gerichten

18. In Verfahren vor sonstigen deutschen Gerichten werden Soldaten als Parteien, Beschuldigte, Zeugen oder Sachverständige in derselben Weise wie andere Personen geladen. Die Ladung wird ihnen also auf Veranlassung des Gerichtes oder der Staatsanwaltschaft zugestellt oder übersandt.

19. In Strafverfahren haben auch der Angeklagte, der Nebenkläger und der Privatkläger das Recht, Zeugen oder Sachverständige unmittelbar laden zu lassen. Ein Soldat, der eine solche Ladung erhält, braucht ihr jedoch nur dann zu folgen, wenn ihm bei der Ladung die gesetzliche Entschädigung, insbesondere für Reisekosten, bar angeboten oder deren Hinterlegung bei der Geschäftsstelle des Gerichts nachgewiesen wird.

20. Erhalten Soldaten eine Ladung zu einem Gerichtstermin, ist ihnen der erforderliche Sonderurlaub gemäß § 9 der Soldatenurlaubsverordnung – SUV – (ZDv 14/5 F 501) in Verbindung mit Nummer 72 der Ausführungsbestimmungen zur SUV (ZDv 14/5 F 511) zu gewähren.

21. Fahrkarten im Dienstreiseverkehr der Bundeswehr oder Reisekostenerstattung erhalten die geladenen Soldaten nicht.

22. Soldaten, die von einem Gericht oder einer Justizbehörde als Zeugen oder Sachverständige geladen worden sind, erhalten von der Stelle, die sie vernommen hat, Zeugen- oder Sachverständigenentschädigung einschließlich Reisekosten. Sind Soldaten nicht in der Lage, die Reisekosten aufzubringen, können sie bei der Stelle, die sie geladen hat, die Zahlung eines Vorschusses beantragen.

23. Auch Soldaten, die als Parteien oder Beschuldigte in einem Zivil- oder Strafgerichtsverfahren geladen sind, können unter gewissen Voraussetzungen von der Stelle, die sie geladen hat, auf Antrag Reisekostenersatz und notfalls einen Vorschuß erhalten, wenn sie die Kosten der Reise zum Gericht nicht aufbringen können.

24. Kann die Entscheidung der nach Nummern 22 und 23 zuständigen Stellen wegen der Kürze der Zeit nicht mehr rechtzeitig herbeigeführt werden, ist, wenn ein Gericht der Zivil- oder Strafgerichtsbarkeit oder eine Justizbehörde die Ladung veranlaßt hat, auch das für den Wohn- oder Aufenthaltsort des Geladenen zuständige Amtsgericht zur Bewilligung des Vorschusses zuständig.

25. Ist mit der Möglichkeit zu rechnen, daß bei der Vernehmung dienstliche Angelegenheiten berührt werden, ist der Soldat bei Erteilung des Urlaubs über die Verschwiegenheitspflicht nach

§ 14 Abs. 1 und 2 des Soldatengesetzes (ZDv 14/5 B 101) zu belehren. Die Einholung einer etwa erforderlichen Aussagengenehmigung ist Sache des Gerichtes (vgl. § 376 Abs. 3 ZPO).

c. Verfahren vor Gerichten der Stationierungsstreitkräfte

26. Deutsche Soldaten werden ebenso wie andere Deutsche vor Gerichte der Stationierungsstreitkräfte über die zuständigen deutschen Staatsanwaltschaften geladen.

27. Soldaten, die als Zeugen oder Sachverständige vor Gerichte der Stationierungsstreitkräfte geladen werden, erhalten Zeugen- oder Sachverständigengebühren. Ein Anspruch auf Bewilligung eines Vorschusses durch deutsche Behörden oder Behörden der Stationierungsstreitkräfte besteht jedoch nicht.

28. Im übrigen gilt die Regelung nach Nummern 20, 21 und 25 entsprechend.

C. Vorführungen von Soldaten

29. Soldaten, deren Vorführung von einem Gericht angeordnet worden ist, werden diesem nicht durch eine militärische Dienststelle, sondern durch die allgemeinen Behörden vorgeführt.

D. Zwangsvollstreckungen gegen Soldaten

30. Zwangsvollstreckungen, auf die die Zivilprozeßordnung Anwendung findet, werden durch den dafür zuständigen Vollstreckungsbeamten, regelmäßig den Gerichtsvollzieher, auch gegen Soldaten nach den allgemeinen Vorschriften durchgeführt. Eine vorherige Anzeige an die militärische Dienststelle ist erforderlich, auch im Interesse einer reibungslosen Durchführung der Vollstreckung.

31. Auch Vollstreckungen gegen Soldaten im Verwaltungszwangsverfahren, die der Vollziehungsbeamte der Verwaltungsbehörde vornimmt, werden nach den allgemeinen Vorschriften durchgeführt. Nummer 30 Satz 2 (vorherige Anzeige an die militärische Dienststelle) gilt auch hier.

32. Der Vollstreckungsbeamte ist befugt, in Sachen zu vollstrecken, die sich im Alleingewahrsam, d. h. in der alleinigen tatsächlichen Gewalt des Schuldners, befinden. Dies ist ihm zu ermöglichen.

33. Ein Soldat, der in der Gemeinschaftsunterkunft wohnt, hat Alleingewahrsam an ihm gehörenden Sachen, die sich in dem ihm zugewiesenen Wohnraum befinden. Der Vollstreckungsbeamte kann daher verlangen, daß ihm Zutritt zu dem Wohnraum des Soldaten gewährt wird, gegen den vollstreckt werden soll. Zur Durchsuchung benötigt der Vollstreckungsbeamte die Erlaubnis des zuständigen Amtsgerichts, es sei denn, der Schuldner willigt ein oder es besteht Gefahr im Verzug.

34. Dagegen hat ein Soldat regelmäßig keinen Alleingewahrsam an ihm gehörenden Sachen, die sich in anderen militärischen Räumen befinden. Anders liegt es nur, wenn der Soldat diese Sachen so aufbewahrt, daß sie nur seinem Zugriff unterliegen. Das würde z. B. zutreffen, wenn ein für die Waffenkammer zuständiger Soldat dort eigene Sachen in einem besonderen Spind verwahrt, zu dem nur er den Schlüssel hat. Nur wenn ein solcher Ausnahmefall vorliegt, kann der Vollstreckungsbeamte Zutritt zu anderen Räumen als dem Wohnraum des Soldaten verlangen.

35. Soweit Außenstehenden das Betreten von Räumen, Anlagen, Schiffen oder sonstigen Fahrzeugen aus Gründen des Geheimnisschutzes grundsätzlich untersagt ist, ist auch dem Vollstrekkungsbeamten der Zutritt zu versagen, wenn Gründe der Geheimhaltung dies erfordern und es nicht möglich ist, durch besondere Vorkehrungen einen Geheimnisschutz zu erreichen.

36. Muß dem Vollstreckungsbeamten aus Gründen des Geheimnisschutzes das Betreten von Räumen, Anlagen, Schiffen oder sonstigen Fahrzeugen verweigert werden, hat der nächste Disziplinarvorgesetzte (oder ein von ihm beauftragter Dritter) dafür zu sorgen, daß die Vollstrekkung trotzdem durchgeführt werden kann. Beispielsweise kann der Vorgesetzte veranlassen, daß die gesamte Habe des Soldaten dem Vollstreckungsbeamten an einem Ort zur Durchführung der Vollstreckung vorgelegt wird, den er betreten darf.

37. Bei jeder Zwangsvollstreckung, die in militärischen Räumen oder an Bord stattfindet, hat der Disziplinarvorgesetzte (oder ein von ihm beauftragter Dritter) des Schuldners anwesend zu sein. Er hat darauf hinzuwirken, daß durch die Zwangsvollstreckung kein besonderes Aufsehen erregt wird. Will der Vollstreckungsbeamte in Sachen des Bundes vollstrecken, hat der Vorgesetzte des Schuldners den Vollstreckungsbeamten auf die Eigentumsverhältnisse aufmerksam machen; er soll dies auch tun bei Sachen, die im Eigentum eines anderen Soldaten stehen. Zu Anweisungen an den Vollstreckungsbeamten ist der Vorgesetzte nicht befugt.

E. Erzwingungshaft gegen Soldaten

38. Gemäß § 901 ZPO kann vom Zivilgericht gegen den Schuldner – auch bei Soldaten – Haft angeordnet werden, um die Abgabe einer eidesstattlichen Versicherung (§§ 807, 883 Abs. 2 ZPO) zu erzwingen. Die Verhaftung erfolgt durch den Gerichtsvollzieher auf Grund richterlichen Haftbefehls, der dem Schuldner bei der Verhaftung in beglaubigter Abschrift zu übergeben ist.

39. Nach § 910 ZPO hat der Gerichtsvollzieher vor der Verhaftung eines Beamten der vorgesetzten Dienstbehörde Mitteilung zu machen. Die Verhaftung darf erst erfolgen, nachdem für eine Vertretung gesorgt ist. Diese Vorschrift ist auf Soldaten entsprechend anzuwenden.

40. Zeigt ein Gerichtsvollzieher die bevorstehende Verhaftung eines Soldaten an, hat der zuständige Vorgesetzte ohne Verzug für dessen Vertretung zu sorgen und den Gerichtsvollzieher zu benachrichtigen, sobald sie sichergestellt ist.

41. Will ein Gerichtsvollzieher einen Soldaten ohne vorherige Benachrichtigung von dessen Vorgesetzten verhaften, weil er eine entsprechende Anwendung des § 910 ZPO nicht für gerechtfertigt hält, ist die Vertretung sicherzustellen und über den Vorgang zu berichten.

42. Für Angehörige der Besatzung eines Schiffes oder Bootes der Marine findet darüber hinaus § 904 Nr. 3 ZPO Anwendung, wonach die Erzwingungshaft gegen die zur Besatzung eines Seeschiffes gehörenden Personen unstatthaft ist, wenn sich das Schiff auf der Reise befindet und nicht in einem Hafen liegt.

Die Reise ist angetreten, wenn das Schiff oder Boot mit dem Ablegen begonnen hat. Lehnt es ein Gerichtsvollzieher ab, § 904 Nr. 3 ZPO anzuwenden, gilt Nr. 41 entsprechend.

43. Die vorstehenden Regelungen gelten auch für den Sicherheitsarrest nach § 933 ZPO sowie sonstige Haft, auf die die Erzwingungshaftbestimmungen der Zivilprozeßordnung anzuwenden sind (z. B. bei der Vollstreckung nach § 6 Abs. 1 Nr. 1 der Justizbeitreibungsordnung, nach § 85 des Arbeitsgerichtsgesetzes, nach § 167 der Verwaltungsgerichtsordnung, nach §§ 198 und 200 des Sozialgerichtsgesetzes sowie nach §§ 284, 315 und § 334 Abs. 3 der Abgabenordnung), sowie für die Ersatzzwangshaft nach § 16 Abs. 3 des Verwaltungsvollstreckungsgesetzes des Bundes und den entsprechenden Vorschriften des Landesrechts. Sie gelten nicht für den Vollzug anderer, insbesondere strafprozessualer Haftbefehle.

III. ZAbkNTrSt

vom 3. 8. 1959, BGBl 61 II 1218, zuletzt geändert durch das ÄndAbk vom 18. 3. 93, BGBl 94 II 2598

nebst NTrStG

vom 18. 8. 1961, BGBl II 1183, zuletzt geändert durch Art 111 VO v 31. 10. 06, BGBl 2407, in Kraft seit 8. 11. 06, Art 559 VO

(Auszug)

Schrifttum: *Burkhardt/Granow* NJW **95**, 424, *Schwenk* NJW **76**, 1562, *Sennekamp* NJW **83**, 2733; StJ vor § 1 V C 3. Vgl ferner die Mitteilung in NJW **87**, 1126 und 2136 (Zuständigkeitsbereiche der Services Liaison Officers für die britischen Streitkräfte).

Einleitung

1) Entwicklung. Der Truppenvertrag Art 9 ff enthielt auch eine Reihe von allgemeinen Bestimmungen 1
im Interesse der Durchführung von solchen Verfahren, an denen Mitglieder der ausländischen Streitkräfte in der BRep beteiligt waren, Art 11–16.

Das EU-Truppenstatut v 17. 11. 03, BGBl **05** II 19, nebst ZustimmungsG v 18. 1. 05, BGBl II 18, hat den Immunitätsgrundsatz mit Ausnahmemöglichkeiten, Art 8 EU-Truppenstatut.

2) NATO-Truppenstatut. Die BRep ist der NATO beigetreten, für die das Abkommen über die 2
Rechtsstellung ihrer Truppen v 19. 6. 51, BGBl **61** II 1190, als ein völkerrechtlicher Vertrag gilt, BGH **87**, 326, und zu dem ihre Partner ein Zusatzabkommen v 3. 8. 59, BGBl **61** II 1218, zuletzt geändert durch das ÄndAbk v 18. 3. 93, BGBl **94** II, 2598, dazu G v 28. 9. 94, BGBl II 2594, im Hinblick auf den Beitritt der BRep geschlossen haben. Der Beitritt erfolgte durch das G v 18. 8. 61, BGBl II 1183, zuletzt geändert durch Art 2 a G v 25. 6. 05, BGBl 1860. Die BRep ist damit auch dem Zusatzabkommen und dem zugehörigen Unterzeichnungsprotokoll v 3. 8. 59, BGBl **61** II 1313 (zuletzt geändert durch Art 28 des ÄndAbk v 18. 3. 93, BGBl **94** II 2598), Art 1 I NTrStG, beigetreten. Infolge des Beitritts und der vom Bundestag erteilten Zustimmung ist unter anderem auch der Truppenvertrag außer Kraft getreten, Art 1 II NTrStG Bek v 16. 6. 03, BGBl I 428, II 745. Das Gesetz ist zuletzt durch Art 1 G v 19. 9. 02, BGBl II 2482, geändert worden. Das Zusatzabkommen gilt für die BRep (dazu die Länderverordnungen wegen der Zuständigkeit, zB Nordrhein-Westfalen v 13. 2. 73, GVBl 62), ferner für Belgien, Frankreich, Kanada, die Niederlande, das Vereinigte Königreich und die Vereinigten Staaten von Nordamerika. Vgl ferner zB den Beschaffungsvertrag zwischen den USA und der BRep, BGBl **61** II 1382. Wegen der anderen an der „Partnerschaft für den Frieden" teilnehmenden Staaten vgl das Übk v 19. 6. 95, BGBl **98** II 1340.

3) Zusatzabkommen. Das Zusatzabkommen, das für die BRep durch die in Rn 2 dargestellten Vor- 3
gänge zum Gesetz geworden ist, enthält Bestimmungen über den Anspruch der betroffenen Personen über Zustellungen an die betroffenen Personen, über eine Vollstreckung ihnen gegenüber, über ihre Ladung, über ihr Erscheinen vor Gericht, über eine Aussagegenehmigung, über den Ausschluß der Öffentlichkeit. Das Gesetz zum NATO-Truppenstatut und zu den Zusatzvereinbarungen enthält teilweise die zugehörigen Ausführungsbestimmungen. Das Unterzeichnungsprotokoll zum Zusatzabkommen enthält Ergänzungsvor-

schriften zum Abkommen und Anpassungsvorschriften an das NATO-Truppenstatut, das die Grundlage bildet. Ein Unterzeichnungsprotokoll, zuletzt geändert durch das Abkommen vom 16. 5. 94, BGBl II 3712, dazu Gesetz vom 23. 11. 94, BGBl II 3710, enthält einige hier nicht einschlägige Einzelheiten. Dasselbe gilt von einem Notenwechsel zum NATO-Truppenstatut, zuletzt geändert am 12. 9. 94, BGBl II 3716, dazu Gesetz vom 23. 11. 94, BGBl II 3714 (die Protokollnotiz zu Nr 3 des Notenwechsels, BGBl **94** II 3719, legt fest, daß ein möglichst großzügiger Maßstab anzulegen ist).

4 **4) Stationierungsschäden.** Das NATO-Truppenstatut, das Zusatzabkommen nebst seinem Unterzeichnungsprotokoll sowie das deutsche Gesetz zum NATO-Truppenstatut und zu den Zusatzvereinbarungen enthalten ferner Bestimmungen über Stationierungsschäden, dazu Geißler NJW **80**, 2615 (ausf), einschließlich solcher zu einem Schadensersatz verpflichtenden Handlungen oder Unterlassungen im Aufnahmestaat, die nicht in der Ausübung des Dienstes begangen worden sind, Art VIII NTrST, Art 41 ZusAbk, dazu Schwenk Beilage 4 zu BB **72**, Heft 13 (hier nicht berücksichtigt). Die Regelung des NATO-Truppenstatuts ist aber nicht ausdehnend auslegbar, BGH **87**, 327. Wegen etwaiger Besatzungsschäden aus der Kriegszeit und aus der ersten Nachkriegszeit BVerfG **27**, 253.

NTrStG Art 1. Begriffsbestimmungen. [I] **In diesem Abkommen bedeutet der Ausdruck**

a) „Truppe" das zu den Land-, See- oder Luftstreitkräften gehörende Personal einer Vertragspartei, wenn es sich im Zusammenhang mit seinen Dienstobliegenheiten in dem Hoheitsgebiet einer anderen Vertragspartei innerhalb des Gebietes des Nordatlantikvertrages befindet, mit der Maßgabe jedoch, daß die beiden beteiligten Vertragsparteien vereinbaren können, daß gewisse Personen, Einheiten oder Verbände nicht als eine „Truppe" im Sinne dieses Abkommens oder als deren Bestandteil anzusehen sind.

b) „Ziviles Gefolge" das die Truppe einer Vertragspartei begleitende Zivilpersonal, das bei den Streitkräften dieser Vertragspartei beschäftigt ist, soweit es sich nicht um Staatenlose handelt oder um Staatsangehörige eines Staates, der nicht Partei des Nordatlantikvertrages ist, oder um Staatsangehörige des Staates, in welchem die Truppe stationiert ist, oder um Personen, die dort ihren gewöhnlichen Aufenthalt haben.

c) „Angehöriger" den Ehegatten eines Mitglieds einer Truppe oder eines zivilen Gefolges, sowie ein dem Mitglied gegenüber unterhaltsberechtigtes Kind,

d) „Entsendestaat" die Vertragspartei, der die Truppe angehört,

e) „Aufnahmestaat" die Vertragspartei, in deren Hoheitsgebiet sich die Truppe oder das zivile Gefolge befinden, sei es, daß sie dort stationiert oder auf der Durchreise sind,

f) „Militärbehörden des Entsendestaates" diejenigen Behörden eines Entsendestaates, die nach dessen Recht befugt sind, das Militärrecht dieses Staates auf die Mitglieder seiner Truppen oder zivilen Gefolge anzuwenden,

g) „Nordatlantikrat" den gemäß Artikel 9 des Nordatlantikvertrags errichteten Rat oder die zum Handeln in seinem Namen befugten nachgeordneten Stellen.

[II] ...

1 **1) Betroffener Personenkreis.** Durch das Unterzeichnungsprotokoll, Einl 2, wird zu Art I Abs 1 a noch festgestellt, daß die BRep entsprechend Art 1 III G v 23. 10. 54, BGBl **55** II 253, auch solche Streitkräfte als Truppe ansieht, die sich vorübergehend in der BRep aufhalten. Unter a–c fallen ferner die Mitglieder der in Berlin befindlichen Streitkräfte, ferner deren ziviles Gefolge und deren Angehörige, solange sie sich als Urlauber im Bundesgebiet aufhalten. Bestandteil der Truppe sind auch die amerikanischen Stellen der EES, AFEX, AFN, Stars and Stripes. Nicht zur Truppe gehören Militärattachés, Mitglieder ihrer Stäbe und sonstige Militärpersonen, die sich auf Grund diplomatischer Mission oder aus einem anderen besonderen Grund in der BRep aufhalten.

Als ein *Angehöriger* im Sinne von c gilt auch ein naher Verwandter des Mitglieds einer Truppe oder eines zivilen Gefolges, der von diesem Mitglied aus wirtschaftlichen oder gesundheitlichen Gründen abhängig ist, von ihm unterhalten wird, seine Wohnung teilt und sich mit einer Genehmigung der Truppe im Bundesgebiet aufhält, Art 2 II a ZusAbk. Die Eigenschaft als ein Angehöriger behält eine Person nach dem Tod oder nach der Versetzung des Truppenmitglieds noch für die Dauer von 90 Tagen, sofern sie sich weiter im Bundesgebiet aufhält, Art 2 II b ZusAbk.

31 *Keine Sicherheitsleistung für Prozeßkosten.* [1] **Die Mitglieder einer Truppe oder eines zivilen Gefolges genießen hinsichtlich der Befreiung von der Sicherheitsleistung für Prozeßkosten die Rechte, die in den auf diesem Gebiet zwischen der Bundesrepublik und dem betreffenden Entsendestaat geltenden Abkommen festgesetzt sind.** [2] **Die dienstliche Anwesenheit der genannten Personen im Bundesgebiet gilt für die Anwendung dieser Abkommen als ständiger Aufenthalt.**

1 **1) Geltungsbereich.** Angehörige werden nicht genannt. Das Unterzeichnungsprotokoll zu Art 31 nennt für das Verhältnis zu Frankreich noch Artt 17–24 HZPrAbk v 1905. Inzwischen gilt zwischen beiden Staaten das HZPrÜbk, Einl IV. Wegen der übrigen Vertragsstaaten § 110 Anh.

32 *Zustellungen.* [I] **(a) Deutsche Gerichte und Behörden können in nicht strafrechtlichen Verfahren eine Verbindungsstelle, die von jedem Entsendestaat errichtet oder bestimmt wird, um die Durchführung der Zustellung von Schriftstücken an Mitglieder einer Truppe, eines zivilen Gefolges oder an Angehörige ersuchen.**

(b) [1] **Die Verbindungsstelle bestätigt unverzüglich den Eingang jedes Zustellungsersuchens, das ihr von einem deutschen Gericht oder einer deutschen Behörde übermittelt wird.** [2] **Die Zustellung ist bewirkt, wenn das zuzustellende Schriftstück dem Zustellungsempfänger von dem**

Führer seiner Einheit oder einem Beauftragten der Verbindungsstelle übergeben ist. [3] Das deutsche Gericht oder die deutsche Behörde erhält unverzüglich eine Urkunde über die vollzogene Zustellung.

(c) (i) [1] Kann die Zustellung nicht erfolgen, so teilt die Verbindungsstelle dem deutschen Gericht oder der deutschen Behörde schriftlich die Gründe hierfür mit und nach Möglichkeit den Tag, an dem die Zustellung erfolgen kann. [2] Die Zustellung gilt als bewirkt, wenn das deutsche Gericht oder die deutsche Behörde binnen einundzwanzig Tagen, gerechnet vom Datum des Eingangs bei der Verbindungsstelle an, weder eine Urkunde über die vollzogene Zustellung nach Buchstabe (b) noch eine Mitteilung erhalten hat, daß die Zustellung nicht erfolgen konnte.

(ii) Die Zustellung ist jedoch nicht als bewirkt anzusehen, wenn vor Ablauf der Frist von einundzwanzig Tagen die Verbindungsstelle dem deutschen Gericht oder der deutschen Behörde mitteilt, daß die Zustellung nicht erfolgen konnte.

(ii^bis) Hat die Person, an die die Zustellung erfolgen soll, die Bundesrepublik auf Dauer verlassen, so teilt die Verbindungsstelle dies dem deutschen Gericht oder der deutschen Behörde umgehend mit und leistet dem deutschen Gericht oder der deutschen Behörde unter Berücksichtigung des Artikels 3 Absatz (3) alle in ihrer Macht liegende Unterstützung.

(iii) [1] In dem unter Ziffer (ii) vorgesehenen Fall kann die Verbindungsstelle auch bei dem deutschen Gericht oder der deutschen Behörde unter Angabe der Gründe eine Fristverlängerung beantragen. [2] Entspricht das deutsche Gericht oder die deutsche Behörde diesem Verlängerungsantrag, so finden die Ziffern (i) und (ii) auf die verlängerte Frist entsprechende Anwendung.

II [1] Wird durch deutsche Zusteller eine Klageschrift oder eine andere Schrift oder gerichtliche Verfügung, die ein nichtstrafrechtliches Verfahren vor einem deutschen Gericht oder einer deutschen Behörde einleitet, unmittelbar zugestellt, ist dies durch das deutsche Gericht oder die deutsche Behörde vor oder unverzüglich bei Vornahme der Zustellung der Verbindungsstelle schriftlich anzuzeigen. [2] Der Inhalt der schriftlichen Anzeige richtet sich nach § 205 Zivilprozeßordnung, bei Angehörigen im rechtlich zulässigen Rahmen.

III [1] Stellt ein deutsches Gericht oder eine deutsche Behörde ein Urteil oder eine Rechtsmittelschrift zu, so wird, falls der betreffende Entsendestaat im Einzelfall oder allgemein darum ersucht, die Verbindungsstelle dieses Staates unverzüglich im rechtlich zulässigen Umfang unterrichtet, es sei denn die Verbindungsstelle selbst wird um die Zustellung ersucht oder der Zustellungsadressat oder ein anderer Verfahrensbeteiligter widerspricht der Unterrichtung. [2] Das deutsche Gericht oder die deutsche Behörde unterrichtet die Verbindungsstelle über die Tatsache des Widerspruchs.

1) Systematik, I, II. Art 32 tritt (nur in seinem Geltungsbereich, AG Ffm DGVZ **93**, 157) an die Stelle 1
der sonst geltenden Vorschriften der ZPO, BGH **65**, 298, LG Aachen RR **90**, 1344, sofern nicht das deutsche Gericht oder die deutsche Behörde die Zustellung eines Urteils (und daher auch eines anderen Vollstreckungstitels, AG Ffm DGVZ **93**, 158, einschließlich eines Prozeßvergleichs, wohl auch eines Mahnbescheids) selbst vornimmt, II, LG Zweibr JB **07**, 661. In diesen letzteren Fällen bleibt auch eine Zustellung nach § 172 ZPO zulässig und kann notwendig sein, LG Aachen RR **90**, 1344, AG Vilbel DGVZ **85**, 122. Eine öffentliche Zustellung findet nur nach Maßgabe des Art 36 I ZusAbk statt. Wegen der 2-Monats-Klagefrist, Art 12 III NTrStG, BGH NJW **75**, 1601.

2) Zustellung durch die Verbindungsstelle des Entsendestaats, I, dazu *Auerbach* NJW **69**, 729: Jeder 2
Entsendestaat errichtet oder bestimmt eine solche Verbindungsstelle. Wegen ihrer Anschriften Schwenk NJW **76**, 1564 FN 25. Diese Zustellungsart ist zulässig, aber nicht (mehr) zwingend. Sie gilt für alle Schriftstücke an Mitglieder einer Truppe, eines zivilen Gefolges oder an Angehörige, die ein Verfahren vor einem deutschen Gericht oder vor einer deutschen Behörde betreffen. Diese Zustellungsart gilt also auch für eine Widerklage. Man kann sie dann nur durch die Einreichung eines Schriftsatzes erheben, Anh § 253 Rn 16. Sie gilt auch für einen Mahnbescheid, nicht aber für ein Gesuch auf den Erlaß eines Arrests oder einer einstweiligen Verfügung, wenn ein solches Gesuch nicht zugestellt wird, falls das Gericht dem Antrag ohne eine mündliche Verhandlung stattgibt.

Wenn das Gericht die vorstehenden Vorschriften *nicht beachtet,* ist die Vollstreckungshilfe gefährdet, LG Zweibr JB **07**, 661, obwohl das Gericht unter den Voraussetzungen des § 189 ZPO über die Mängel einer Zustellung hinweggehen und die ausländische Partei auf solche Mängel verzichten könnte, § 295, LG Zweibr JB **07**, 662.

Eine Zustellung durch die Verbindungsstelle ist bei einem *Urteil* und bei einer *Rechtsmittelschrift nicht* erforderlich, III. Doch kann das Gericht oder die deutsche Behörde auch für eine solche Zustellung und für sonstige Zustellungen die Verbindungsstelle einschalten, I 2. Wegen des Personenkreises vgl Art I NTrStatut. Wegen der Zustellung durch die Verbindungsstelle und wegen der Bewirkung der Zustellung vgl I a–c. Die Verbindungsstelle hat auch die Möglichkeit, eine Fristverlängerung zu beantragen. Wegen der Anschrift der Verbindungsstelle für die USA-Streitkräfte und deren ziviles Gefolge vgl AnwBl **77**, 499.

3) Zustellung durch deutsche Zusteller, II. Soweit ein verfahrenseinleitendes Schriftstück durch 3
deutsche Zusteller zugestellt wird, muß das Gericht das der Verbindungsstelle anzeigen.

4) Zustellung von Urteil oder Rechtsmittelschrift, III. Diese Zustellung erfolgt nach den Vorschrif- 4
ten der ZPO, im allgemeinen also von Amts wegen. Über diese deutsche Zustellung eines Urteils oder einer Rechtsmittelschrift muß man die Verbindungsstelle, soweit rechtlich zulässig, unterrichten, solange nicht der Adressat oder ein anderer Verfahrensbeteiligter widersprechen, LG Zweibr JB **07**, 661. Letzterer Widerspruch ist der Verbindungsbehörde als Tatsache, also nicht auch inhaltlich, mitzuteilen. Wenn der deutsche Zustellungsbeamte das Schriftstück in dem Gelände einer Truppe zustellen muß, leistet die für die Verwal-

tung des Geländes zuständige Truppenbehörde eine Zustellungshilfe, Art 36 II ZusAbk, AG Vilbel DGVZ **85**, 122. Diese Hilfe ist insbesondere zur genauen Ermittlung der Unterbringungsstelle in dem regelmäßig weitläufigen Gelände notwendig.

Das Gericht kann aber, statt selbst für die Zustellung zu sorgen, auch die *Verbindungsstelle* um die Zustellung des Schriftstücks ersuchen, Art 32 I a S 2 ZusAbk. Die Verbindungsstelle führt dann die Zustellung wie diejenige durch, die bei einem solchen Schriftstück erforderlich ist, das ein Verfahren einleitet, Art 32 I b und c. Dieser Weg kann auch wegen Art 32 I c i) nützlich sein. Die sonst erforderliche Übermittlung der Abschrift oder Ablichtung eines Urteils oder einer Rechtsmittelschrift an die Vermittlungsstelle entfällt natürlich, III letzter Hs. Wegen der Ladungen Art 37 ZusAbk.

33 ***Schutz bei dienstlicher Abwesenheit.*** **[1] Sind Mitglieder einer Truppe, eines zivilen Gefolges oder Angehörige vorübergehend in nichtstrafrechtlichen Verfahren, an denen sie beteiligt sind, am Erscheinen verhindert und wird dies dem zuständigen deutschen Gericht oder der zuständigen deutschen Behörde ohne schuldhaften Aufschub mitgeteilt, so wird hierauf gebührend Rücksicht genommen, damit ihnen hieraus keine rechtlichen Nachteile entstehen. [2] Eine solche Mitteilung kann auch durch die Verbindungsstelle erfolgen.**

1 **1) Geltungsbereich.** Nach dem Truppenvertrag war die Verhinderung durch eine dienstliche Bescheinigung nachzuweisen. Jedenfalls ist eine Verhinderung auch jetzt glaubhaft zu machen. Äußerstenfalls wird das Verfahren ausgesetzt. Die Aussetzung darf aber nicht für eine allzu lange Zeit erfolgen. Das zeigen die Worte „vorübergehend verhindert". Andernfalls kann das Gericht zB die Frist verlängern. Die Vorschrift ist auch bei einem Wiedereinsetzungsgesuch zu beachten. Wenn das Truppenmitglied usw durch einen ProzBev vertreten ist, liegt eine Benachteiligung nur für den Fall vor, daß das Truppenmitglied daran verhindert ist, dem ProzBev die erforderliche Information zu erteilen.

34 ***Vollstreckungshilfe.*** **I Die Militärbehörden gewähren bei der Durchsetzung vollstreckbarer Titel in nicht strafrechtlichen Verfahren deutscher Gerichte und Behörden alle in ihrer Macht liegende Unterstützung.**

II (a) [1] In einem nichtstrafrechtlichen Verfahren kann eine Haft gegen Mitglieder einer Truppe oder eines zivilen Gefolges oder gegen Angehörige von deutschen Behörden und Gerichten nur angeordnet werden, um eine Mißachtung des Gerichts zu ahnden oder um die Erfüllung einer gerichtlichen oder behördlichen Entscheidung oder Anordnung zu gewährleisten, die der Betreffende schuldhaft nicht befolgt hat oder nicht befolgt. [2] Wegen einer Handlung oder Unterlassung in Ausübung des Dienstes darf eine Haft nicht angeordnet werden. [3] Eine Bescheinigung der höchsten zuständigen Behörde des Entsendestaates, daß die Handlung oder Unterlassung in Ausübung des Dienstes erfolgte, ist für deutsche Stellen verbindlich. [4] In anderen Fällen berücksichtigen die zuständigen deutschen Stellen das Vorbringen der höchsten zuständigen Behörde des Entsendestaates, daß zwingende Interessen einer Haft entgegenstehen, in gebührender Weise.

(b) [1] Eine Verhaftung nach diesem Absatz kann nur vorgenommen werden, nachdem die Militärbehörden, für die Ersetzung der betroffenen Person gesorgt haben, sofern sie dies für erforderlich halten. [2] Die Militärbehörden ergreifen unverzüglich alle zu diesem Zweck erforderlichen zumutbaren Maßnahmen und gewähren den für die Durchsetzung einer Anordnung oder Entscheidung im Einklang mit diesem Absatz verantwortlichen deutschen Behörden alle in ihrer Macht liegende Unterstützung.

(c) [1] Ist eine Verhaftung innerhalb einer der Truppe oder dem zivilen Gefolge zur ausschließlichen Benutzung überlassenen Liegenschaft im Einklang mit diesem Absatz vorzunehmen, so kann der Entsendestaat, nachdem er sich mit dem deutschen Gericht oder der deutschen Behörde über die Einzelheiten ins Benehmen gesetzt hat, diese Maßnahme durch seine eigene Polizei durchführen lassen. [2] In diesem Fall wird die Verhaftung unverzüglich und, soweit die deutsche Seite dies wünscht, in Gegenwart von Vertretern des deutschen Gerichts oder der deutschen Behörde vorgenommen.

III [1] Bezüge, die einem Mitglied einer Truppe oder eines zivilen Gefolges von seiner Regierung zustehen, unterliegen der Pfändung, dem Zahlungsverbot oder einer anderen Form der Zwangsvollstreckung auf Anordnung eines deutschen Gerichts oder einer deutschen Behörde, soweit das auf dem Gebiet des Entsendestaates anwendbare Recht die Zwangsvollstreckung gestattet. [2] Die Unterstützung nach Absatz (1) schließt auch Hinweise auf Vollstreckungsmöglichkeiten in den bereits zur Auszahlung gelangten Sold ein.

IV Ist die Vollstreckung eines vollstreckbaren Titels in nichtstrafrechtlichen Verfahren deutscher Gerichte und Behörden innerhalb der Anlage einer Truppe durchzuführen, so wird sie durch den deutschen Vollstreckungsbeamten im Beisein eines Beauftragten der Truppe vollzogen.

1 **1) Systematik, I–IV.** Die Vollstreckung erfolgt nach dem deutschen Recht. Infolgedessen enthält Art 34 nur einige ergänzende Bestimmungen dazu. Art 34 regelt die Stellung eines Mitglieds der Truppe, Art 35 diejenige eines bei der Truppe Beschäftigten, LG Stgt NJW **86**, 1442. Art 35 regelt die Vollstreckung auf Grund eines Zahlungsanspruchs. Das Recht der USA gestattet eine Zwangsvollstreckung, III, erst nach einer Zahlung oder einer Gutschrift auf ein Schuldnerkonto, Rn 4.

2 **2) Vollstreckungshilfe, I–IV.** Die Militärbehörden desjenigen Entsendestaats, dem das Truppenmitglied usw angehört, leisten den deutschen Stellen bei der Durchsetzung eines vollstreckbaren Titels in einem nicht strafrechtlichen Verfahren eines deutschen Gerichts eine Vollstreckungshilfe, I. Die Militärbehörden prüfen den Inhalt des vollstreckbaren Titels nicht nach. Sie prüfen aber unter Umständen nach, ob die Vorschriften

des ZusAbk eingehalten wurden, also vor allem die Vorschriften über die Zustellung. Die ordnungsgemäße Zustellung ist erforderlichenfalls der Militärbehörde nachzuweisen, Art 32 ZusAbk Rn 2 ff. Eine Vollstreckung innerhalb des Geländes der Truppe erfolgt im Beisein eines Beauftragten der Truppe, IV. Das gilt auch dann, wenn sich die Vollstreckung gegen einen deutschen Arbeiter auf dem Gelände richtet.

Der *Gerichtsvollzieher* muß selbstverständlich die Regeln der ZPO einhalten. Das gilt insbesondere auch wegen der Regeln zur Unpfändbarkeit. Der Gerichtsvollzieher darf daher zB Dienstkleidungs- oder Ausrüstungsgegenstände dann nicht pfänden, auch wenn sie im Eigentum des Schuldners stehen, § 811 I Z 7.

3) Haft, II. Eine Haft darf nur unter den in II genannten Voraussetzungen stattfinden. Das gilt sowohl in einem Vollstreckungsverfahren nach den §§ 888 oder 890 als auch in einem Verfahren zur Ableistung der eidesstattlichen Versicherung zwecks Offenbarung, § 901, LG Zweibr JB **07**, 662, oder aus einem sonstigen Grund, § 177 GVG. Die Vorschrift schützt auch die Angehörigen, LG Hagen DGVZ **76**, 138, LG Zweibr JB **07**, 662. 3

4) Pfändungsgrenzen, III. Es entscheidet in erster Linie das Recht des Entsendestaats. Ein amerikanischer Militärsold ist also nicht oder doch nur beschränkt pfändbar, Schreiben des US-Hauptquartiers AnwBl **77**, 499, Auerbach NJW **69**, 729, Schwenk NJW **76**, 1565. Dasselbe gilt für eine entsprechende Witwenrente, LG Stgt NJW **86**, 1442. Wegen Großbritannien LG Dortm NJW **62**, 1519. Natürlich müssen die Vollstreckungsorgane im Bereich der Pfändbarkeit auch die §§ 850 ff ZPO berücksichtigen. 4

35 ***Vollstreckung in Zahlungsansprüche.*** **Soll aus einem vollstreckbaren Titel deutscher Gerichte und Behörden gegen einen Schuldner vollstreckt werden, dem aus der Beschäftigung bei einer Truppe oder einem zivilen Gefolge gemäß Artikel 56 oder aus unmittelbaren Lieferungen oder sonstigen Leistungen an eine Truppe oder ein ziviles Gefolge ein Zahlungsanspruch zusteht, so gilt folgendes:**

(a) Erfolgt die Zahlung durch Vermittlung einer deutschen Behörde und wird diese von einem Vollstreckungsorgan ersucht, nicht an den Schuldner, sondern an den Pfändungsgläubiger zu zahlen, so ist die deutsche Behörde berechtigt, diesem Ersuchen im Rahmen der Vorschriften des deutschen Rechts zu entsprechen.

(b) (i) [1] Erfolgt die Zahlung nicht durch Vermittlung einer deutschen Behörde, so hinterlegen die Behörden der Truppe oder des zivilen Gefolges, sofern das Recht des Entsendestaates dies nicht verbietet, auf Ersuchen eines Vollstreckungsorgans von der Summe, die sie anerkennen, dem Vollstreckungsschuldner zu schulden, den in dem Ersuchen genannten Betrag bei der zuständigen Stelle. [2] Die Hinterlegung befreit die Truppe oder das zivile Gefolge in Höhe des hinterlegten Betrages von ihrer Schuld gegenüber dem Schuldner.

(ii) Soweit das Recht des betroffenen Entsendestaates die unter Ziffer (i) genannte Zahlung verbietet, treffen die Behörden der Truppe und des zivilen Gefolges alle geeigneten Maßnahmen, um das Vollstreckungsorgan bei der Durchsetzung des in Frage stehenden Vollstreckungstitels zu unterstützen.

NTrStatutG Art 4c. Ausführungsbestimmungen zu Art 35 ZusAbk. **I [1] Bei Zustellungen an Angehörige von Mitgliedern einer Truppe oder eines zivilen Gefolges müssen in der in Artikel 32 Abs. 2 des Zusatzabkommens vorgesehenen schriftlichen Anzeige bezeichnet werden**

1. **das Prozessgericht, die Parteien und der Gegenstand des Prozesses,**
2. **ein in dem zuzustellenden Schriftstück enthaltener Antrag,**
3. **die Formel einer zuzustellenden Entscheidung,**
4. **bei der Zustellung einer Ladung deren Zweck und die Zeit, zu welcher der Geladene erscheinen soll,**
5. **bei der Zustellung einer Aufforderung nach § 276 Abs. 1 Satz 1, Abs. 2 der Zivilprozessordnung der Inhalt der Aufforderung und die vorgeschriebene Belehrung.**

[2] Ist erkennbar, daß überwiegende schutzwürdige Interessen des Angehörigen der Übermittlung dieser Angaben entgegenstehen oder der Angehörige einer Unterstützung durch die Militärbehörden nicht bedarf, wird die Verbindungsstelle lediglich über die Tatsache der Zustellung unter Benennung des Zustellungsadressaten und des Gerichts oder der Behörde unterrichtet, welche die Zustellung veranlaßt hat.

II [1] Die Unterrichtung der Verbindungsstelle durch ein deutsches Gericht oder eine deutsche Behörde nach Artikel 32 Abs. 3 des Zusatzabkommens setzt voraus, daß der Zustellungsadressat und alle anderen Verfahrensbeteiligten zuvor schriftlich oder in der mündlichen Verhandlung über das ihnen zustehende Widerspruchsrecht belehrt worden sind und ihnen eine Frist von mindestens zwei Wochen zur Ausübung dieses Rechts eingeräumt worden ist. [2] Belehrung und Fristsetzung sind bereits vor Erlaß eines Urteils zulässig. [3] Die Verbindungsstelle wird durch Übersendung einer Abschrift des Urteils oder der Rechtsmittelschrift unterrichtet. [4] Hat ein Verfahrensbeteiligter sich nur mit einer eingeschränkten Information der Verbindungsstelle einverstanden erklärt oder stehen überwiegende Interessen einer Person oder öffentliche Belange der Übersendung einer Abschrift entgegen, beschränkt sich die Unterrichtung auf die in Absatz 1 Satz 1 genannten Angaben.

NTrStatutG Art 5. Ausführungsbestimmungen zu Art 35 ZusAbk. **I [1] Bei der Zwangsvollstreckung aus einem privatrechtlichen Vollstreckungstitel kann das Ersuchen in den Fällen des Artikels 35 des Zusatzabkommens nur von dem Vollstreckungsgericht ausgehen; Vollstreckungsgericht ist das Amtsgericht, bei dem der Schuldner seinen allgemeinen Gerichtsstand hat, und sonst das**

Amtsgericht, in dessen Bezirk die zu ersuchende Stelle sich befindet. [2] Zugleich mit dem Ersuchen hat das Gericht an den Schuldner das Gebot zu erlassen, sich jeder Verfügung über die Forderung, insbesondere ihrer Einziehung, zu enthalten.

II [1] In den Fällen des Artikels 35 Buchstabe a des Zusatzabkommens ist das Ersuchen der deutschen Behörde von Amts wegen zuzustellen. [2] Mit der Zustellung ist die Forderung gepfändet und dem Pfändungsgläubiger überwiesen. [3] Die Vorschriften der Zivilprozeßordnung über die Zwangsvollstreckung in Geldforderungen gelten im übrigen entsprechend. [4] § 845 der Zivilprozeßordnung ist nicht anzuwenden.

III [1] Bei der Zwangsvollstreckung wegen öffentlich-rechtlicher Geldforderungen geht das Ersuchen in den Fällen des Artikels 35 des Zusatzabkommens von der zuständigen Vollstrekkungsbehörde aus. [2] Auf das weitere Verfahren finden in den Fällen des Artikels 35 Buchstabe a des Zusatzabkommens die Vorschriften des in Betracht kommenden Verwaltungszwangsverfahrens über die Pfändung und Einziehung von Forderungen entsprechend Anwendung.

Vorbem. I 1, II idF Art 2 XXIX Z 1, 2 ZustRG v 25. 6. 01, BGBl 1206, in Kraft seit 1. 7. 02, Art 4 ZustRG, ÜbergangsR Einl III 78.

1 **1) Systematik.** Art 35 ZusAbk wird durch Artt 4 c, 5 NTrStG ergänzt. Sonderbestimmungen für die Vollstreckung in einen Zahlungsanspruch einer Person jeder Art, auch eines Deutschen, auf Grund einer Beschäftigung bei der Truppe oder bei einem zivilen Gefolge enthält Art 56 ZusAbk idF v 21. 10. 71, BGBl **73** II 1022. Das gilt auch dann, wenn die Vollstreckung auf Grund einer unmittelbaren Lieferung oder sonstigen Leistung an eine Truppe oder ein ziviles Gefolge erfolgt. Insofern weicht die Regelung von §§ 829, 835 ab. Im übrigen muß man die deutschen Vorschriften beachten, insbesondere also bei Lohnpfändungen §§ 850 ff.

2 **2) Zahlung durch Vermittlung einer deutschen Stelle.** Gemeint ist das Amt für Verteidigungslasten.

A. Privatrechtlicher Titel. Wenn es sich um einen privatrechtlichen Vollstreckungstitel handelt, ersucht dasjenige AG, bei dem der Schuldner seinen allgemeinen Gerichtsstand hat, § 13, und sonst dasjenige AG, in dessen Bezirk die zu ersuchende Stelle liegt, also das Amt für Verteidigungslasten. Das Ersuchen geht dahin, nicht an den Schuldner, sondern an den Pfändungsgläubiger zu zahlen. Außerdem ergeht das Verbot an den Schuldner, über die Forderung zu verfügen, insbesondere sie einzuziehen. Das Ersuchen wird der deutschen Stelle von Amts wegen zugestellt. Mit der Zustellung ist die Forderung gepfändet und gleichzeitig dem Pfändungsgläubiger überwiesen. Im übrigen gilt die ZPO. Jedoch ist eine Vorpfändung nach § 845 ausgeschlossen, Art 5 I und II NTrStatutG.

3 **B. Öffentlichrechtlicher Titel.** Wenn es sich um eine Zwangsvollstreckung wegen einer öffentlichrechtlichen Geldforderung handelt, erfolgt die Pfändung und die Einziehung der Forderung durch die zuständige Vollstreckungsbehörde nach den Vorschriften des Verwaltungszwangsverfahrens.

4 **3) Zahlung durch Vermittlung einer nichtdeutschen Stelle**, Art 35 ZusAbk Buchst b. In einem solchen Fall richtet das AG als Vollstreckungsgericht dann, wenn es sich um einen privatrechtlichen Vollstrekkungstitel handelt, gleichzeitig mit dem Gebot an den Schuldner, sich jeder Verfügung über die Forderung zu enthalten, insbesondere sie nicht einzuziehen, Art 5 I NTrStG, an die Behörde der Truppe oder des zivilen Gefolges das Ersuchen (also keine zugestellte Aufforderung), den in Betracht kommenden Betrag zugunsten des Pfändungsgläubigers zu hinterlegen. Soweit diese Behörde ihre Schuld gegenüber dem Pfändungsschuldner anerkennt, hinterlegt sie den Betrag, falls ihr innerstaatliches Recht das zuläßt, also das Recht des Entsendestaats.

5 Die *Hinterlegung* ist deshalb auch nicht widerruflich, Schwenk NJW **64**, 1003. Durch sie wird die Truppe oder das zivile Gefolge in Höhe des hinterlegten Betrags von der Schuld gegenüber dem Schuldner frei, Art 35 b (i) S 2. Nach amerikanischem und kanadischem Recht ist eine Hinterlegung zugunsten des Gläubigers unzulässig, Schwenk NJW **64**, 1003, Wussow DRiZ **58**, 175. Dann treffen die Behörden der Truppe und des zivilen Gefolges alle geeigneten Maßnahmen zur Unterstützung des Vollstreckungsorgans bei der Durchsetzung des Vollstreckungstitels, Art 35 b ii) ZusAbk. Die Behörden der Truppe und des zivilen Gefolges halten also den Schuldner zur Zahlung an oder geben dem Gläubiger an, wann eine Zahlung oder Überweisung an den Schuldner erfolgt.

36 ***Durchführung von Zustellungen.*** **I Zur öffentlichen Zustellung an Mitglieder einer Truppe oder eines zivilen Gefolges oder an Angehörige bedarf es zusätzlich der Veröffentlichung eines Auszugs des zuzustellenden Schriftstückes in der Sprache des Entsendestaates in einem von diesem zu bezeichnenden Blatt oder, wenn der Entsendestaat dies bestimmt, durch Aushang in der zuständigen Verbindungsstelle.**

II Hat ein deutscher Zustellungsbeamter einer Person, die sich in der Anlage einer Truppe befindet, ein Schriftstück zuzustellen, so trifft die für die Verwaltung der Anlage zuständige Behörde der Truppe alle Maßnahmen, die erforderlich sind, damit der deutsche Zustellungsbeamte die Zustellung durchführen kann.

1 **1) Geltungsbereich, I, II.** Vgl Art 32 Rn 1, 4. II gilt nicht nur für die Zustellung an ein Mitglied der Truppe usw, sondern auch für andere Menschen, die im Gelände einer Truppe arbeiten, also auch für einen Deutschen.

37 ***Ladungen; Erscheinen vor Gericht.*** **I a) [1] Bei Ladungen von Mitgliedern einer Truppe, eines zivilen Gefolges oder von Angehörigen vor deutsche Gerichte und Behörden ergreifen die Militärbehörden, sofern nicht dringende militärische Erfordernisse dem entgegenstehen, alle im**

Rahmen ihrer Befugnisse liegenden Maßnahmen, um sicherzustellen, daß der Ladung Folge geleistet wird, soweit nach deutschem Recht das Erscheinen erzwingbar ist. [2] Falls die Ladung nicht über die Verbindungsstelle zugestellt worden ist, wird diese unverzüglich von dem deutschen Gericht oder der deutschen Behörde über die Ladung unter Angabe des Adressaten und seiner Anschrift sowie der Zeit und des Ortes der anstehenden Verhandlung oder Beweisaufnahme unterrichtet; dies gilt bei Angehörigen nicht, wenn die Militärbehörden die Befolgung der Ladung nicht wirksam unterstützen können.

b) Buchstabe a) gilt entsprechend für Angehörige, soweit die Militärbehörden ihr Erscheinen sicherstellen können; anderenfalls werden Angehörige nach deutschem Recht geladen.

II Werden Personen, deren Erscheinen die Militärbehörden nicht sicherstellen können, vor einem Gericht oder einer Militärbehörde eines Entsendestaates als Zeugen oder Sachverständige benötigt, so tragen die deutschen Gerichte und Behörden im Einklang mit dem deutschen Recht dafür Sorge, daß diese Personen vor dem Gericht oder der Militärbehörde dieses Staates erscheinen.

1) Ladungshilfe, I, II. Wenn es sich um die Ladung des Mitglieds einer Truppe, eines zivilen Gefolges oder eines Angehörigen handelt, müssen die Militärbehörden mangels entgegenstehender, dringender Militärerfordernisse das ihnen Mögliche tun, um sicherzustellen, daß der zu Ladende der Ladung Folge leistet, falls die Ladung nach dem deutschen Recht erzwingbar ist. Das ist so bei derjenigen Partei, deren persönliches Erscheinen das Gericht angeordnet hat, und bei einem Zeugen, §§ 141, 273, 380 ZPO. Die Regelung gilt auch dann, wenn derjenige, dessen Erscheinen die Militärbehörde nicht sicherstellen kann, vor einem deutschen Gericht oder einer Militärbehörde des Entsendestaats als ein Zeuge oder als ein Sachverständiger auftreten soll. Das deutsche Gericht lädt diese Person mit einer entsprechenden Androhung vor. Zwangsmaßnahmen erfolgen nur bei II. 1

38 *Aussagegenehmigung; Ausschluß der Öffentlichkeit.* **I [1] Ergibt sich im Verlauf eines strafrechtlichen oder nichtstrafrechtlichen Verfahrens oder einer Vernehmung vor einem Gericht oder einer Behörde einer Truppe oder der Bundesrepublik, daß ein Amtsgeheimnis eines der beteiligten Staaten oder beider oder eine Information, die der Sicherheit eines der beteiligten Staaten oder beider schaden würde, preisgegeben werden könnte, so holt das Gericht oder die Behörde vorher die schriftliche Einwilligung der zuständigen Behörde dazu ein, daß das Amtsgeheimnis oder die Information preisgegeben werden darf. [2] Erhebt die zuständige Behörde Einwendungen gegen die Preisgabe, so trifft das Gericht oder die Behörde alle in ihrer Macht stehenden Maßnahmen, einschließlich derjenigen, auf die sich Absatz 2 bezieht, um die Preisgabe zu verhüten, vorausgesetzt, daß die verfassungsmäßigen Rechte einer beteiligten Partei dadurch nicht verletzt werden.**

II Die Vorschriften des deutschen Gerichtsverfassungsgesetzes (§§ 172 bis 175) über den Ausschluß der Öffentlichkeit von Verhandlungen in strafrechtlichen und nichtstrafrechtlichen Verfahren und die Vorschriften der deutschen Strafprozeßordnung (§ 15) über die Möglichkeit der Übertragung von Strafverfahren an das Gericht eines anderen Bezirks werden in Verfahren vor deutschen Gerichten und Behörden, in denen eine Gefährdung der Sicherheit einer Truppe oder eines zivilen Gefolges zu besorgen ist, entsprechend angewendet.

1) Geltungsbereich, I, II. I gilt für Gerichte und Behörden der BRep oder einer Truppe. Die Einwilligung wird von Amts wegen eingeholt. Eine Preisgabe erfolgt bei einer Einwendung der Behörde nur, falls andernfalls ein verfassungsmäßiges Recht verletzt würde. Wenn diese Gefahr nicht droht, muß alles dasjenige geschehen, was zur Geheimhaltung erforderlich ist, einschließlich des Ausschlusses der Öffentlichkeit, §§ 172–175 GVG. 1

39 *Zeugen und Sachverständige.* **[1] Die Rechte und Vorrechte der Zeugen, Verletzten und Sachverständigen bestimmen sich nach dem Recht der Gerichte oder der Behörden, vor denen sie erscheinen. [2] Das Gericht oder die Behörde berücksichtigt jedoch die Rechte und Vorrechte angemessen, welche Zeugen, Verletzte und Sachverständige, wenn sie Mitglieder einer Truppe, eines zivilen Gefolges oder Angehörige sind, vor einem Gericht des Entsendestaates, und, wenn sie nicht zu diesem Personenkreis gehören, vor einem deutschen Gericht haben würden.**

1) Geltungsbereich, S 1, 2. Bei dem Erscheinen vor einem deutschen Gericht haben ein Zeuge, ein Verletzter und ein Sachverständiger einen Anspruch auf eine Entschädigung oder Vergütung nach dem VEG, dazu Hartmann Teil V. 1

IV. AWG

(Auszug)

Einleitung

Schrifttum: *Bieneck* (Hrsg), Handbuch des Außenwirtschaftsrechts, 2. Aufl 2005; *Hailbronner/Bierwagen,* Neuere Entwicklungen im Außenwirtschaftsrecht der Europäischen Gemeinschaften, NJW **89**, 1385.

1) Systematik. Das Außenwirtschaftsgesetz (AWG) idF v 26. 6. 06, BGBl 1386, sowie die AWV v 22. 11. 93, BGBl 1937, berichtigt 2493, zuletzt geändert durch Art 10 G v 13. 12. 07, BGBl 2897, betreffen 1 den Waren-, Dienstleistungs-, Kapital-, Zahlungs- und sonstigen Wirtschaftsverkehr mit fremden Wirtschaftsgebieten. Als Gebietsfremde nach § 4 I Z 7 gelten auch diejenigen, die sich nur vorübergehend ohne einen W ohnsitz, gewöhnlichen Aufenthalt oder Sitz im Wirtschaftsgebiet aufhalten.

2 Das AWG *betrifft ferner* den Verkehr mit Auslandswerten und mit Geld zwischen Gebietsansässigen, § 1 I. Fremde Wirtschaftsgebiete im Sinn des Gesetzes sind alle Gebiete außerhalb des Geltungsbereichs des § 4 I Z 2.

3 **2) Regelungszweck.** Es gelten die folgenden Regeln.

A. Grundsatz: Möglichkeit der Beschränkung. Das AWG läßt den Außenwirtschaftsverkehr grundsätzlich frei, § 1 I. Er kann jedoch durch das Gesetz oder durch eine Rechtsverordnung auf Grund dieses Gesetzes, beschränkt werden, § 1 I 2. Solche Bestimmungen können Rechtsgeschäfte und Handlungen einer Genehmigung unterwerfen oder ganz verbieten, § 2 I. Beschränkungen sind möglich als allgemeine Beschränkungen zwecks Erfüllung zwischenstaatlicher Interessen, zwecks Abwehr schädigender Einwirkungen aus fremden Wirtschaftsgebieten und zum Schutz der Sicherheit und der auswärtigen Interessen, §§ 5–7. Das Gesetz ermöglicht solche Rechtsverordnungen, die eine Beschränkung und genauere Angaben in dem durch das Gesetz gegebenen Rahmen enthalten können.

4 **B. Genehmigung.** Soweit eine Genehmigung erforderlich ist, ist im Bereich des Kapital- und Zahlungsverkehrs sowie im Bereich des Verkehrs mit Auslandswerten und mit Gold die Deutsche Bundesbank ausschließlich zuständig, § 28 II Z 1. Im übrigen ist das Bundesministerium für Wirtschaft ausschließlich zuständig, § 28 II Z 2 a, b, III. Weitere Zuständigkeiten nennen § 28 II Z 2 a, b. Über den Inhalt der Genehmigungen § 30.

5 **C. Fehlen einer Genehmigung.** Ein Rechtsgeschäft ohne die erforderliche Genehmigung ist schwebend unwirksam, § 31. Die Parteien machen sich schadensersatzpflichtig, wenn sie sich nicht um die Genehmigung bemühen.

6 **D. Prozeßrechtlich** bestimmt

32 ***Urteil und Zwangsvollstreckung.*** **I 1 Ist zur Leistung des Schuldners eine Genehmigung erforderlich, so kann das Urteil vor Erteilung der Genehmigung ergehen, wenn in die Urteilsformel ein Vorbehalt aufgenommen wird, dass die Leistung oder Zwangsvollstreckung erst erfolgen darf, wenn die Genehmigung erteilt ist. 2 Entsprechendes gilt für andere Vollstrekkungstitel, wenn die Vollstreckung nur auf Grund einer vollstreckbaren Ausfertigung des Titels durchgeführt werden kann. 3 Arreste und einstweilige Verfügungen, die lediglich der Sicherung des zugrunde liegenden Anspruchs dienen, können ohne Vorbehalt ergehen.**

II 1 Ist zur Leistung des Schuldners eine Genehmigung erforderlich, so ist die Zwangsvollstrekkung nur zulässig, wenn und soweit die Genehmigung erteilt ist. 2 Soweit Vermögenswerte nur mit Genehmigung erworben oder veräußert werden dürfen, gilt dies auch für den Erwerb und die Veräußerung im Wege der Zwangsvollstreckung.

V. Zwischenstaatliche Anerkennungs- und Vollstreckungsabkommen

Übersicht

Schrifttum: *Bülow/Böckstiegel/Geimer/Schütze,* Der internationale Rechtsverkehr in Zivil- und Handelssachen, 3. Aufl seit 1990; *Geimer,* Anerkennung ausländischer Entscheidungen in Deutschland, 1995; *Geimer/Schütze,* Europäisches Zivilverfahrensrecht, 2. Aufl 2004; *Geimer,* Internationales Zivilprozeßrecht, 5. Aufl 2005 (Bespr *Wagner* ZZP **120**, 379); *Geimer/Schütze,* Internationaler Rechtsverkehr in Zivil- und Handelssachen, Bd I–V, Stand 2005; *Gottwald,* Grundfragen der Anerkennung und Vollstreckung ausländischer Entscheidungen in Zivilsachen, ZZP **103**, 257; *Gottwald,* Die internationale Zwangsvollstreckung, IPRax **91**, 285; *Handbuch* des internationalen Zivilverfahrensrechts, hrsg vom Max-Planck-Institut, Bd I 1982, Bd III 1 1984, III 2 1984; *Jayme/Hausmann,* Internationales Privat- und Verfahrensrecht, 12. Aufl 2004; *Linke,* Internationales Zivilprozeßrecht, 4. Aufl 2006; *Nagel/Gottwald,* Internationales Zivilprozeßrecht 6. Aufl 2007, §§ 11–14; *Schütze,* Rechtsverfolgung im Ausland, 3. Aufl 2002.

1 **1) Staatsverträge.** Die unter V A–E genannten regeln die Vollstreckbarkeit ausländischer Urteile abweichend von §§ 722 f.

Im Verhältnis zu den *neuen Bundesländern* gelten diese (und andere) Staatsverträge auch dort, Art 11 EV. Jedoch beziehen sich die Staatsverträge nicht auf die vor dem 3. 10. 90 dort ergangenen Entscheidungen, OGH Wien IPRax **94**, 219, differenzierend nach den intertemporalen Bestimmungen des jeweiligen Abkommens Andrae IPRax **94**, 226. Zum Erlöschen der von der früheren DDR abgeschlossenen Staatsverträge Art 12 EV, Andrae IPRax **94**, 229, Drobnig DtZ **91**, 76, Leible FamRZ **91**, 1245. Danach dürften die über § 328 ZPO hinausgehenden Abk am 3. 10. 90 erloschen sein, v Hoffmann IPRax **91**, 9. Soweit Übk fortgelten, müssen nur Gerichte und Behörden der neuen Bundesländer sie beachten. Nach Art 12 II EV hat Deutschland seine Haltung zum Übergang völkerrechtlicher Verträge der DDR nach Konsultationen mit den jeweiligen Vertragspartnern festgelegt. Wegen der Bekanntmachungen über das Erlöschen solcher Übereinkünfte vgl das Verzeichnis im Fundstellennachweis B zum BGBl II für 1999 S 648. Wegen des Erlöschens der Übk über die Aufnahme diplomatischer oder konsularischer Beziehungen Bek v 24. 4. 92, BGBl II 383.

A. Kollektivverträge

1. HZPrÜbk

Übersicht

1) Systematik. Das Haager Abk über den Zivilprozeß vom 17. 7. 1905, RGBl 09, 409, mit AusfG v 5. 4. 1909, RGBl 430, gilt nur noch im Verhältnis zu Island (Bek v 5. 6. 26, RGBl II 553). 1

An Die Stelle dieses Abk ist im Verhältnis zu allen anderen Vertragsstaaten das *Haager Übk über den Zivilprozeß* v 1. 3. 54, BGBl 58 II 577, getreten, Art 29, in der Bundesrepublik in Kraft seit 1. 1. 60, Bek v 2. 12. 59, BGBl II 1388 (BBGS 100–190). Vertragsstaaten sind zahlreiche Länder. Letzte Bek: 29. 6. 07, BGBl II 835. Vgl dazu das AusfG vom 18. 12. 58, BGBl 939. Vgl. ferner das AusfG vom 25. 7. 86, BGBl 1156, Haager Übk über die Zustellung gerichtlicher und außergerichtlicher Schriftstücke im Ausland in Zivil- oder Handelssachen v 15. 11. 65, BGBl **77** II 1453, letzte Bek: 23. 2. 07, BGBl II 618, das die im Verhältnis zu den ihnen beitretenden Staaten die entsprechenden Vorschriften der Konvention von 1954 (Art 1–7 u 8–16) ersetzen, Böckstiegel/Schlafen NJW **78** 1073 (ZustimmungsG v 22. 12. 77, BGBl II 1452, AusfG v 22. 12. 77, BGBl I 3105). Es ist seit dem 26. 6. 79 für die BRep in Kraft, Bek v 21. 6. 79, BGBl II 779/780.

2. HUnterhÜbk

Schrifttum: *Baumann,* Die Anerkennung und Vollstreckung ausländischer Entscheidungen in Unterhaltssachen, 1989.

Übersicht

1) Systematik. Das Haager Übereinkommen über die Anerkennung und Vollstreckung von Unterhalts- 1
entscheidungen (HUnterhÜbk) v 2. 10. 73, BGBl **86** II 826, ist für die BRep am 1. 4. 87 in Kraft getreten, Bek v 25. 3. 87, BGBl II 220, ebenso das dazu ergangene AusfG v 25. 7. 86, BGBl 1156, vgl Bek v 16. 3. 87, BGBl 944. Wegen der Vertragsstaaten Einl V 9.

3. EuSorgeRÜbk

Übersicht

Schrifttum: *Bach/Gildenast,* Internationale Kindesentführung, 1999; *Ehrle,* Anwendungsprobleme des Haager Übk ... v 25. 10. 80 in der Rspr, 2000; *Jorzik,* Das neue zivilrechtliche Kindesentführungsrecht, 1995; *Vomberg/Nehls,* Rechtsfragen der internationalen Kindesentführung, 2002.

1) Systematik. Das Europäische Übereinkommen über die Anerkennung und Vollstreckung von Ent- 1
scheidungen über das Sorgerecht für Kinder und die Wiederherstellung des Sorgeverhältnisses *(EuSorgeRÜbk)* v 20. 5. 80, BGBl **90** II 206, 220, ist für Deutschland am 1. 2. 91 in Kraft getreten, Bek v 19. 12. 90, BGBl **91** II 392. Es gibt zahlreiche Vertragsstaaten. Deutschland hat von den Vorbehalten nach Art 6 III und 17 I Gebrauch gemacht. Vorbehalte haben auch die meisten anderen Vertragsstaaten gemacht.

4. UNSeeRÜbk

Übersicht

Schrifttum: *Seidel,* Zuständigkeit und Verfahren des internationalen Seegerichtshofs in Angelegenheiten der Schiffahrt, 1986; *Wasum,* Der Internationale Seegerichtshof im System der obligatorischen Streitbeilegungsverfahren der Seerechtskonvention, 1984.

1) Systematik, Regelungszweck. Das Seerechtsübereinkommen der Vereinten Nationen (UNSee- 1
RÜbk) v 10. 12. 1982, BGBl **94** II 1798, sieht in seinem Teil XI die Entscheidung von Streitfragen durch einen Internationalen Seegerichtshof vor. Zu diesem Teil des Übk gilt ein DurchführungsÜbk v 28. 7. 94, BGBl **94** II 2566, 3796 und **97** II 1327, 1402. Das SeerechtsÜbk ist am 16. 11. 94 in Kraft getreten, Art 3 des ZustimmungsG v 2. 9. 94, BGBl II 1798, in Verbindung mit Z I Bek v 15. 5. 95, BGBl II 602 (Zusatzerklärungen: Z I, III; Liste der Vertragsstaaten: Z II. Das DurchfÜbk wird nach seinem Art 7 I (b) von Deutschland seit dem 16. 11. 1994 vorläufig angewandt, Art 2 II VO v 4. 10. 94, BGBl II 2565, in Verbindung mit der Bek v 15. 5. 95, BGBl II 479 (dort auch Liste der Vertragsstaaten), und ist am 28. 7. 96 für Deutschland in Kraft getreten, Bek v 10. 9. 96, BGBl II 2511. Vertragsstaaten: Fundstellennachweis B des BGBl für 2003, ferner Kanada, Litauen, BGBl **04** II 573.

2) Ausführungsgesetz (§ 2 II idF Art 2 VII G v 19. 2. 01, BGBl 288). Zur Ausführung der genannten 2
beiden Übk ist das AusfG SeerechtsÜbk 1982/1994 v 6. 6. 95, BGBl 778, ergangen, das in seinem Art 14 das *Seegerichtsvollstreckungsgesetz (SeeGVG)* enthält und am 15. 6. 95 in Kraft getreten ist, Art 15. Das Gesetz regelt die Vollstreckung der in Rn 1 genannten Titel für das Gebiet Deutschlands. Vollstreckungsorgan ist das OLG am Sitz des Seegerichtshofs, also das Hanseatische OLG in Hbg, Art 1 II der Anlage VI zum SeerechtsÜbk. Wegen der für den Gerichtshof geltenden Vorrechte und Immunitäten VO v 10. 10. 96, BGBl II 2517.

B. Bilaterale Verträge

1 **1) Deutsch-schweizerisches Abkommen.** Mit Wirkung vom 1. 3. 1995 ist das Abk über die gegenseitige Anerkennung und Vollstreckung usw v 2. 11. 29, RGBl **30** II 1066, durch das LugÜ nach Maßgabe von dessen Art 54 ersetzt worden, Art 55 LugÜ, SchlAnh V D. Es behält seine Wirksamkeit für die Rechtsgebiete, auf die sich das LugÜ nicht bezieht, Art 56 I in Verbindung mit Art 1 LugÜ. Zeitlich bestimmt sich seine Anwendung nach Artt 54, 56 II, Ffm FamRZ **98**, 385, Kblz RR **97**, 638, Dietze/Schnichels NJW **95**, 2276.

2 **2) Deutsch-italienisches Abkommen.** Das deutsch-italienische Abk über die gegenseitige Anerkennung und Vollstreckung usw v. 9. 3. 36, RGBl **37** II 145, war durch das EuGVÜ nach Maßgabe von dessen Art 55 ersetzt worden. Es behielt seine Wirksamkeit für die Rechtsgebiete, auf die sich das EuGVÜ nicht bezog, Art 56 in Verbindung mit Art 1, BGH NJW **83**, 2776, BayObLG RR **90**, 843. Seit dem 1. 3. 01 galt sodann in allen EU-Staaten außer Dänemark die VO (EG) Nr 1347/2000 des Rates v 29. 5. 2000 über die Zuständigkeit und die Anerkennung und Vollstreckung von Entscheidungen in Ehesachen und in Verfahren betr die elterliche Verantwortung für die gemeinsamen Kinder der Ehegatten (ABlEG L 160/19). Sie galt für die in Art 1 bezeichneten Verfahren, die nach dem 1. 3. 01 eingeleitet wurden, Art 42 I, und mit bestimmten Maßgaben für die nach diesem Stichtag ergehenden Entscheidungen in vorher eingeleiteten Verfahren, Art 42 II. Die VO ersetzte nach Maßgabe ihres Art 36 die Einzelabkommen. Die am 1. 3. 02 in Kraft getretene VO (EG) Nr 44/2001 des Rates v 22. 12. 2000 (EuGVVO) über die gerichtliche Zuständigkeit und die Anerkennung und Vollstreckung von Entscheidungen in Zivil- und Handelssachen (ABlEG Nr L 12 S 1), abgedruckt und erläutert SchlAnh V C 2, ist an die Stelle des EuGVÜ Art 68 getreten. Sie ersetzt nach Maßgabe der Artt 66 II, 70 das EuGVÜ, Art 69. Es bleibt danach im wesentlichen anwendbar in den in Art 1 II der VO genannten Angelegenheiten, soweit sie nicht unter die VO (EG) Nr 1347/2000 fallen.

Zu dem Abkommen ist die *AusfVO* v 18. 5. 97, BGBl III 319-7, ergangen, die durch Art 19 ZPO-RG 1. 1. 02 geändert worden ist (Art 2 nF entspricht Art 2 AVO zum deutsch-schweizerischen Abk, Rn 1).

3 **3) Deutsch-österreichischer Vertrag.** Mit Wirkung vom 1. 9. 96 ist der deutsch-österreichische Vertrag über die gegenseitige Anerkennung und Vollstreckung usw v 6. 6. 59, BGBl **60** II 1246, durch das LugÜ nach Maßgabe von dessen Art 54 ersetzt worden, Art 55 LugÜ, SchlAnh V D. Er behält seine Wirksamkeit für die Rechtsgebiete, auf die sich das LugÜ nicht bezieht, Art 56 in Verbindung mit Art 1 LugÜ. Wegen der zeitlichen Grenzen für die Anwendung des LugÜ vgl dessen Art 54, Kblz RR **97**, 638, Dietze/Schnichels NJW **95**, 2276. – Das durch G v 16. 7. 98, BGBl II 1411, ratifizierte Übk v 29. 11. 96 über den Beitritt Österreichs (sowie Finnlands und Schwedens) zum EuGVÜ, BGBl **98** II 1412, ist am 1. 1. 99 für Deutschland und am 1. 12. 98 für Österreich in Kraft getreten, Bek v 5. 12. 98, BGBl **99** II 419. Es ersetzt ebenfalls den deutsch-österreichischen Vertrag von 1959 mit der Maßgabe des Art 56 EuGVÜ. Zum Verhältnis der beiden Übk zueinander Art 54 b LugÜ.

Zu dem Vertrag ist das *AusfG* v 8. 3. 60, BGBl I 169, ergangen.

4 **4) Deutsch-belgisches Abkommen.** Das deutsch-belgische Abk über die gegenseitige Anerkennung und Vollstreckung usw v 30. 6. 58, BGBl **59** II 766, wurde durch das EuGVÜ nach Maßgabe von dessen Art 55 ersetzt. Es behielt seine Wirksamkeit für die Rechtsgebiete, auf die sich das EuGVÜ nicht bezog, Art 56 in Verbindung mit Art 1, vgl BGH NJW **78**, 1113, Celle FamRZ **93**, 440.

5 **5) Deutsch-britisches Abkommen.** Das deutsch-britische Abk über die gegenseitige Anerkennung und Vollstreckung usw wurde durch das EuGVÜ nach Maßgabe von dessen Art 55 ersetzt. Es behielt seine Wirksamkeit für die Rechtsgebiete, auf die sich das EuGVÜ nicht bezog, Art 56 in Verbindung mit Art 1, nicht jedoch für andere Fälle, für die das Abk günstiger als das EuGVÜ war, BGH EuZW **93**, 581.

6 **6) Deutsch-griechischer Vertrag.** Der deutsch-griechische Vertrag über die gegenseitige Anerkennung und Vollstreckung von gerichtlichen Entscheidungen, Vergleichen und öffentlichen Urkunden in Zivil- und Handelssachen v 4. 11. 61, BGBl **63** II 109, wurde durch das EuGVÜ nach Maßgabe von dessen Art 55 ersetzt. Er behielt seine Wirksamkeit für die Rechtsgebiete, auf die sich das EuGVÜ nicht bezog, Art 56 in Verbindung mit Art 1.

7 **7) Deutsch-niederländischer Vertrag.** Der deutsch-niederländische Vertrag über die gegenseitige Anerkennung und Vollstreckung gerichtlicher Entscheidungen und anderer Schuldtitel in Zivil- und Handelssachen vom 30. 8. 62, BGBl **65** II 27, ähnelt besonders dem deutsch-belgischen Abk, Rn 4 (räumlicher Geltungsbereich: Art 21, 22). Der Vertrag wurde durch das EuGVÜ nach Maßgabe von dessen Art 55 ersetzt. Er behielt seine Wirksamkeit für die Rechtsgebiete, auf die sich das EuGVÜ nicht bezog, Art 56 in Verbindung mit Art 1.

8 **8) Deutsch-tunesischer Vertrag.** Der deutsch-tunesische Vertrag über Rechtsschutz und Rechtshilfe, die Anerkennung und Vollstreckung gerichtlicher Entscheidungen in Zivil- und Handelssachen sowie über die Handelsschiedsgerichtsbarkeit v 19. 7. 66, BGBl **69** II 889, war die erste umfassende Übereinkunft der BRep mit einem außereuropäischen Staat. Er enthält Vorschriften über den Rechtsschutz in Zivil- und Handelssachen, Artt 1–7, die Rechtshilfe in diesen Angelegenheiten, Artt 8–26, und die Anerkennung und Vollstreckung gerichtlicher Entscheidungen, Artt 27–46, sowie Bestimmungen über Schiedsvereinbarungen und Schiedssprüchen in Handelssachen, Artt 47–53.

9 **9) Deutsch-israelischer Vertrag.** Der deutsch-israelische Vertrag über die gegenseitige Anerkennung und Vollstreckung gerichtlicher Entscheidungen in Zivil- und Handelssachen v 20. 7. 77, BGBl **80** II 926, der am 1. 1. 81 in Kraft getreten ist (Bek v 19. 12. 80, BGBl II 2354), regelt die Anerkennung und Vollstrekkung gerichtlicher Entscheidungen aller Art der streitigen und der freiwilligen Gerichtsbarkeit einschließlich der gerichtlichen Vergleiche, Art 2, und der Entscheidungen religiöser Gerichte, Siehr RabelsZ **86**, 592, in Zivil- und Handelssachen. Er ist nicht anwendbar auf die in Art 4 I genannten Entscheidungen, jedoch

ungeachtet dieser Vorschriften auf alle Entscheidungen, die Unterhaltspflichten zum Gegenstand haben, Art 4 II. Für deren Zulassung zur Zwangsvollstreckung gilt Art 20.

10) Deutsch-norwegischer Vertrag. Mit Wirkung vom 1. 3. 95 ist der Vertrag über die gegenseitige Anerkennung und Vollstreckung gerichtlicher Entscheidungen und anderer Schuldtitel in Zivil- und Handelssachen vom 17. 6. 77, BGBl **81** II 342 durch das LugÜ nach Maßgabe von dessen Art 54 ersetzt worden, Art 55 LugÜ, SchlAnh V D. Er behält seine Wirksamkeit für die Rechtsgebiete, auf die sich das LugÜ nicht bezieht, Art 56 in Verbindung mit Art 1 LugÜ. Der Vertrag regelt die Anerkennung und Vollstreckung gerichtlicher Entscheidungen aller Art der Zivilgerichte, durch die über Ansprüche aus einem Rechtsverhältnis des Zivil- oder Handelsrechts erkannt worden ist, Art 1 I, III. Ihnen stehen Entscheidungen der Strafgerichte über Ansprüche des Verletzten aus einem solchen Rechtsverhältnis gleich, Art 1 II. Der Vertrag ist ferner auf bestimmte arbeitsrechtliche Streitigkeiten anwendbar, Art 2. Nicht anwendbar ist er nach seinem Art 3 auf Entscheidungen in Ehe-, anderen Familien- und Personenstandssachen, über Haftung für Atomschäden, auf Entscheidungen in Insolvenzverfahren sowie auf einstweilige Verfügungen, einstweilige Anordnungen und Arreste. Der Vertrag ist auch nicht auf Unterhaltssachen anwendbar, Art 4 I. Hierfür gilt jetzt das Haager Übk v 2. 10. 73, SchlAnh V A 2, so daß die Regelung für die Unterhaltsansprüche von Kindern, die das 21. Lebensjahr vollendet haben, sowie von Ehegatten oder früheren Ehegatten, Art 4 II, nicht mehr anwendbar ist. Zeitlich gilt der Vertrag nur für Entscheidungen und andere Schuldtitel, die nach seinem Inkrafttreten entstanden sind, Art 24. Die Anerkennung und Vollstreckung von Schiedssprüchen bestimmt sich nach den zwischen beiden Staaten bestehenden Übk, Art 19. 10

11) Deutsch-spanischer Vertrag. Der deutsch-spanische Vertrag über die Anerkennung und Vollstreckung von gerichtlichen Entscheidungen und Vergleichen sowie vollstreckbaren öffentlichen Urkunden in Zivil- und Handelssachen v 14. 11. 83, BGBl **87** II 35, der am 18. 4. 88 in Kraft getreten ist (Bek v 28. 1. 88, BGBl II 207, berichtigt durch Bek v 23. 3. 88, BGBl II 375), wurde mit Inkrafttreten des BeitrÜbk v 26. 5. 89 mit Wirkung vom 1. 12. 94 durch das EuGVÜ nach Maßgabe von dessen Art 54 ersetzt, BGH IPRax **97**, 188 (zustm Mankowski 174). Er behielt seine Wirksamkeit für die Rechtsgebiete, auf die sich das EuGVÜ nicht bezog, Art 56 in Verbindung mit Art 1. 11

C. EU

1. EuGVÜ

Übersicht

1) Informatik, Regelungswerk. Das Übereinkommen der Europäischen Gemeinschaft über die gerichtliche Zuständigkeit und die Vollstreckung gerichtlicher Entscheidungen in Zivil- und Handelssachen (EuGVÜ) v 27. 9. 68, BGBl **72** II 774, das durch G v 24. 7. 72, BGBl II 773, ratifiziert worden ist, sowie das AusfG v 29. 7. 72, BGBl 1328, waren am 1. 2. 73 in Kraft getreten, Bek v 12. 1. 73, BGBl II 60, I 126. Das durch G v 7. 8. 72, BGBl II 845, ratifizierte Protokoll v 3. 6. 71 betr die Auslegung des Übk, BGBl II 846, ist am 1. 9 75 in Kraft getreten, Bek v 21. 7. 75, BGBl II 1138. 1

2) Anwendungsgrundsätze. Das EuGVÜ verdrängte in seinem Geltungsbereich das nationale Recht, soweit es nicht selbst Vorbehalte machte, EuGH RIW **84**, 483. Es verdrängte insoweit auch das nationale IPR und IZPR. 2

3) Jetzige Rechtslage: EuGVVO. Seit 1. 3. 02 ist die VO (EG) Nr 44/2001 des Rates v 22. 12. 00 über die gerichtliche Zuständigkeit und die Anerkennung und Vollstreckung von Entscheidungen in Zivil- und Handelssachen (ABlEG L 12 v 16. 1. 01) in Kraft getreten. Die EuGVVO (auch EuGVO) ist nachfolgend abgedruckt und kommentiert. Sie ersetzt das EuGVÜ im Verhältnis zu allen EG-Staaten, auch den am 1. 5. 04 beigetretenen, Wagner NJW **04**, 1837, und faktisch auch zu Dänemark, Beschluß des Rates v 27. 4. 06, ABlEU L 120 v 5. 5. 06, 22, in Kraft seit 1. 7. 07, ABlEU L 94 v 4. 4. 07, 70, Dietze/Schnickels EuZW **07**, 687. Dänemark. Das EuGVÜ hat neben ihr daher faktisch nur noch Bedeutung im Verhältnis zu den außereuropäischen Gebieten der Mitgliedstaaten nach Art 299 EG, für die es in Kraft gesetzt worden ist, und für Altfälle nach Art 66 II der VO. Das LugÜ, gilt weiter im Verhältnis zur Schweiz und zu Norwegen und Island. 3

Zum Einfluß des Rechts der EU auf das *nationale* Zivilprozeßrecht Rörig EuZW **04**, 18.

2. EuGVVO

Übersicht

Schrifttum: *Dietze/Schnichels* EuZW **05**, 552; *Finger* MDR **01**, 1394, *Geimer* IPRax **02**, 69 (je: Üb); *Geimer/Schütze,* Europäisches Zivilverfahrensrecht, 2. Aufl 2004, Teil A 1 (Bespr *von Hein* NJW **04**, 3546); *Kropholler,* Europäisches Zivilprozeßrecht, 8. Aufl 2005 (Bespr *Heiss* VersR **06**, 201, *Jayme* NJW **06**, 974); *Kropholler/von Hinden,* Gedächtnisschrift für *Lüderitz* (2000), S 401; *Kohler, Stadler* in: Gottwald (Hrsg), Revision des EuGVÜ/Neues Schiedsverfahrensrecht, 2000; *Micklitz/Rott* EuZW **01**, 325 und **02**, 15 (Üb); *Pechstein,* EU-/EG-Prozessrecht, 3. Aufl 2007; *Piltz* NJW **02**, 789 (Üb); *Rauscher,* Europäisches Zivilprozessrecht, 2. Aufl 2006 (Bespr *Jünemann* DRiZ **07**, 290); *Thiele,* Europäisches Prozessrecht (2007); *Wagner* NJW **04**, 1835 (Üb).

1) Systematik. Die VO (EG) Nr. 44/2001 des Rates vom 22. 12. 00 (ABl EG L 12 v 16. 1. 01, berichtigt dch VO v 29. 11. 01, ABl EG L 307) über die gerichtliche Zuständigkeit und die Anerkennung 1 und Vollstreckung von Entscheidungen in Zivil- und Handelssachen, die EuGVVO, auch „Brüssel I VO" genannt, ist eine VO nach Art 249 II EGV. Sie ist am 1. 3. 02 in Kraft getreten, Art 76, Brschw NJW **06**, 161, LG Hbg VersR **06**, 1065. Sie ersetzt im Verhältnis zu allen EU-Staaten das EuGVÜ, Art 58, Brschw NJW **06**, 161, LG Hbg RR **06**, 1656, Dietze/Schmichels EuZW **03**, 581 (neue Beitrittsstaaten). Das gilt faktisch auch bei Dänemark, SchlAnh V C Rn 3. Sie gilt für alle nach dem 28. 2. 02 erhobenen Klagen, Art 66 I. Rspr und Schrifttum zum alten EuGVÜ sind bei gleichem Inhalt der Vorschriften mitverwertbar, Staudinger ZEuP **04**, 773.

Das *EuGVÜ* hat demgemäß seit 1. 3. 02 nur noch Bedeutung im Verhältnis zu Dänemark und zu außereuropäischen Gebieten der Mitgliedstaaten, für die es in Kraft gesetzt worden ist, sowie für Altfälle. Dagegen verdrängt die EuGVVO nicht das LugÜ, SchlAnh V D, im Verhältnis zu Nichtmitgliedstaaten der EU. Das LugÜ regelt also weiterhin das Verhältnis zur Schweiz, zu Polen, Norwegen und Island. Handschin/Werner NJW **02**, 3001, Piltz NJW **02**, 791. Entscheidungen, die vor dem 1. 3. 02 in EU-Mitgliedstaaten ergangen sind, werden seit dem 1. 3. 02 gemäß der EuGVVO anerkannt und vollstreckt, wenn im Zeitpunkt der Klagerhebung zwischen dem Ursprungs- und dem Vollstreckungsstaat das EuGVÜ, das LugÜ oder ein anderer Staatsvertrag in Kraft war, Art 66 II. Nach Art 27 VO (EG) Nr 805/2004, Einf 3 vor § 1079 ZPO, bleibt die Möglichkeit bestehen, die EuGVVO anzuwenden. Das Verhältnis des EuGVVO zu bilateralen und multilateralen Abkommen und Verträgen regeln Artt 69–72. Zum Verhältnis zu §§ 1025 ff ZPO usw Dutta EuZW **07**, 489.

2 **2) Regelungszweck.** Die EuGVVO übernimmt System und Aufbau des EuGVÜ. Der sachliche Anwendungsbereich bleibt derselbe. Auch die besonderen Gerichtsstände wurden nur wenig verändert. Grundsätzlich sind daher die zum EuGVÜ nach Art 234 EG ergangenen Entscheidungen des EuGH weiterhin beachtbar, ebenso die offiziellen Berichte zum EuGVÜ, vor allem die Berichte von *Jenard, Schlosser* ABl EG **79** C 59.

3 **3) Vorlage von Auslegungsfragen nach Art 234 EGV.** Man darf und muß die EuGVVO vertragsautonom auslegen, Naumb JB **08**, 162. Ein Erstgericht hat nicht das Recht, Auslegungsfragen zur EuGVVO dem EuGH vorzulegen. Zur Vorlage berechtigt und verpflichtet sind nach Art 68 EG nur die letztinstanzlichen Gerichte. Dieser Begriff stimmt mit demjenigen in Art 234 III EG überein, Anh § 1 GVG Rn 4. Die Rspr des EuGH ist unter www.europa.eu.int. oder über www.curia.eu.int. abrufbar.

4 **4) Durchführung der EuGVVO.** Die Durchführung richtet sich nach dem AVAG, SchlAnh V E.

Kapitel I. Anwendungsbereich

1 **I** [1] **Diese Verordnung ist in Zivil- und Handelssachen anzuwenden, ohne dass es auf die Art der Gerichtsbarkeit ankommt.** [2] **Sie erfasst insbesondere nicht Steuer- und Zollsachen sowie verwaltungsrechtliche Angelegenheiten.**

II Sie ist nicht anzuwenden auf:

a) den Personenstand, die Rechts- und Handlungsfähigkeit sowie die gesetzliche Vertretung von natürlichen Personen, die ehelichen Güterstände, das Gebiet des Erbrechts einschließlich des Testamentsrechts;
b) Konkurse, Vergleiche und ähnliche Verfahren;
c) die soziale Sicherheit;
d) die Schiedsgerichtsbarkeit.

III In dieser Verordnung bedeutet der Begriff „Mitgliedstaat" jeden Mitgliedstaat mit Ausnahme des Königreichs Dänemark.

1 **1) Systematik.** Art 1 bestimmt den sachlichen Anwendungsbereich der EuGVVO, und zwar sowohl den sachlichen, I, II, als den internationalen, III, Üb 1 vor Art 1. Art 71 kann vorrangig anwendbar sein, Mankowski EWS **96**, 301. Es muß stets ein grenzüberschreitender Sachverhalt vorliegen, EuGH IPRax **05**, 244, Piltz NJW **02**, 790.

2 **2) Zivil- und Handelssache, I 1.** Die VO gilt zwingend grundsätzlich für alle Zivilsachen einschließlich der Handelssachen. Auf die Art der Gerichtsbarkeit kommt es nicht an. Eine Zivilsache kann also vor einem Arbeits- oder Strafgericht verlaufen, Art 5 Z 4, EuGH EuZW **03**, 30. Eine Zivilsache kann auch eine FamFG-Sache sein oder eine Streitigkeit wegen einer privatrechtlichen Betätigung der öffentlichen Hand, Geimer NJW **76**, 441. Der Begriff der Zivil- und Handelssache ist autonom, EuGH NJW **93**, 2091, BGH NJW **93**, 3269, Heß IPRax **94**, 10. Auch das Mahnverfahren zählt hierher, BGH IPRax **94**, 447 (zustm Pfeiffer 421), Hintzen/Riedel Rpfleger **97**, 293. Maßgeblich sind Zielsetzung und Systematik sowie die sich aus der Gesamtheit der mitgliedstaatlichen Prozeßordnungen ergebenden Grundsätze, EuGH NJW **93**, 2091. Vorfragen sind unerheblich, EuGH IPRax **03**, 530. Auf die Staatsangehörigkeit der Verfahrensbeteiligten kommt es nicht an, Ffm FamRZ **82**, 528, ebensowenig auf die Art des derzeit angerufenen Gerichts.

Unanwendbar ist I 1 bei einem Anspruch wegen einer Kriegshandlung, EuGH EuZW **07**, 252, Geimer IPRax **08**, 225.

3 **3) Öffentlichrechtliche Sache, I 2.** Nicht unter die VO fallen öffentlichrechtliche Streitigkeiten, von denen I 2 einige besonders nennt. Daß eine Behörde handelt, führt nicht automatisch zur Nichtanwendung der VO, EuGH NJW **93**, 2091. §§ 13, 40 GVG sind zurückhaltend mitbeachtbar, EuGH EuZW **02**, 657. Es kommt vielmehr darauf an, ob der Klaganspruch seinen Ursprung in einer hoheitlichen Tätigkeit hat, EuGH IPRax **81**, 169 (zustm Schlosser S 154). Ob Einwendungen öffentlichrechtlicher Natur sind, ist unerheblich, EuGH IPRax **03**, 528. Solche Handlungen, die beliebige Private nicht vornehmen können, sind niemals Zivilsachen, EuGH IPRax **03**, 528, Heß IPRax **94**, 12, zB eine einseitige Festsetzung von Gebühren staatlicher Stellen, EuGH NJW **77**, 489 (zustm Geimer) und Kostenfestsetzungen der Notare, während

Honoraransprüche von Anwälten auch dann Zivilsachen sind, LG Paderb EWS **95**, 248, wenn es sich um Pflichtverteidigungen handelt. Amtshaftungsansprüche unterfallen dann nicht der VO, wenn sie sich aus hoheitlichem Handeln ableiten, EuGH NJW **93**, 2091. Die Einordnung als öffentlichrechtliches Handeln nach dem Recht desjenigen Staats, dem die handelnde Stelle angehört, ist dabei ohne Bedeutung, ebenso das Bestehen einer öffentlichrechtlichen Versicherung für ihr Handeln. Das Handeln staatseigener Wirtschaftsbetriebe ist meist privatrechtlich. Das gilt wiederum unabhängig davon, wie das jeweilige nationale Recht es einordnet. Ein Rückgriff des Staats aus übergangenem Recht Privater ist nicht öffentlichrechtlich, EuGH FamRZ **03**, 85.

4) Ausnahmen, II. Nicht anwendbar ist die VO auf die in II genannten Gegenstände auch dann, wenn es sich um Zivilsachen nach I handelt. Es muß sich um den Hauptgegenstand des Verfahrens handeln. Daher unterfällt ein solches Verfahren der EuGVVO in dem es um eine Vorfrage aus diesen Gebieten geht. Bei einer Anspruchskonkurrenz muß man jeden Anspruch für sich betrachten, Geimer/Schütze EuZRV 53, aM Weller IPRax **99**, 20 (einheitliche Qualifikation). Bei einem alternativ begründbaren Anspruch hängt die Anwendung der EuGVVO davon ab, auf welchen Klaganspruch das Gericht seine Entscheidung stützt. Man muß II a–d als Ausnahmen eng auslegen. 4

A. Personenstand usw, II a. Die Vorschrift nimmt Statussachen aus. Das betrifft vor allem Ehesachen, BGH RR **92**, 642, BayObLG RR **90**, 842, und Kindschaftssachen, BGH NJW **85**, 552, vorrangig Sorgerechtssachen, BGH **88**, 113. Für eine Ehesache und mit ihr verbundene Sorgerechtssachen gilt die EuEheVO. 5

Nicht alle Familiensachen sind von der Anwendung der VO ausgenommen, zB nicht Unterhaltsachen, Art 5 Z 2. Zur Abgrenzung von Güterrechtssachen EuGH EuZW **97**, 242. Unter die VO fallen auch Ansprüche aus einem Verlöbnisbruch, Mankowski IPRax **97**, 174, aM BGH NJW **96**, 1411, und Wohnungs- und Hausratssachen, ThP 5, aM Jayme IPRax **81**, 49. Dagegen dürfte II a entsprechend für Streitigkeiten zwischen den Partnern nichtehelicher Lebensgemeinschaften gelten.

Zu den *erbrechtlichen* Streitigkeiten zählen insbesondere Ansprüche von Erben und Vermächtnisnehmern gegen den Nachlaß oder gegeneinander, ferner alle die Testamentsvollstreckung betreffenden Verfahren. Dagegen fallen unter die VO Klagen des Nachlasses oder der Erben gegen Dritte. 6

B. Insolvenz usw, II b. Insolvenzrechtliche Verfahren fallen nicht unter die VO. Für sie gilt seit 31. 5. 02 die VO (EG) Nr 1346/2000 des Rates v 29. 5. 00 über Insolvenzverfahren (ABlEG **00** L 160/1), Wimmer NJW **02**, 2427. 7

Insolvenzverfahren sind nicht nur Verfahren nach der InsO, sondern überhaupt alle Gesamtverfahren, die auf der Zahlungseinstellung, der Zahlungsunfähigkeit oder der Krediterschütterung des Schuldners beruhen und ein solches Eingreifen des Gerichts beinhalten, das in eine zwangsweise kollektive Liquidation der Vermögenswerte des Schuldners oder zumindest in eine gerichtliche Kontrolle mündet, EuGH RIW **79**, 273. Insolvenzrechtlich sind alle Verfahren, die mit gleichem Klageziel ohne die Verfahrenseröffnung nicht entstehen könnten und die unmittelbar der Verwirklichung des Insolvenzverfahrensziels dienen, Jena ZIP **98**, 1496, Köln WertpMitt **05**, 612, Lüke Festschrift für Schütze (1999) 483 und ZZP **111**, 295. Dazu gehört auch eine Anfechtungsklage nach §§ 129 ff InsO, BGH NJW **90**, 991, Hamm DB **00**, 431. Zum Problem BGH NJW **07**, 2512 (Vorlage beim EuGH).

Zivilsachen nach I sind alle Aktivprozesse des Insolvenzverwalters, Düss ZIP **93**, 1019, Kblz ZIP **89**, 1328, auch wenn man mit ihnen Haftungsansprüche erhebt, für die die Insolvenzeröffnung Tatbestandsmerkmal ist, aM Hamm EuZW **93**, 19. Keine Insolvenzsachen sind auch Haftungsansprüche aus §§ 32 a ff GmbHG oder entsprechend §§ 302 ff AktG, Bre RIW **98**, 63, Köln ZIP **98**, 74, Mankowski NZI **99**, 56. Dasselbe gilt für Ansprüche aus Verträgen, die der Insolvenzverwalter abgeschlossen hat, aM Zweibr EuZW **93**, 165. Nicht unter II Z 2 fallen ferner Aussonderungs- und Absonderungsklagen. Dagegen dürften Klagen auf die Feststellung einer Forderung zur Insolvenztabelle zB nach §§ 179 ff InsO unter II a fallen, Mankowski ZIP **94**, 158, ebenso der Streit, ob eine Forderung eine Masse- oder Insolvenzforderung ist. Die bloße Zuweisung eines Verfahrens an das Insolvenzgericht macht es nicht automatisch zu einem insolvenzrechtlichen, Ebenroth/Kieser KTS **88**, 42, Lüke Festschrift für Schütze (1999) 477. 8

C. Soziale Sicherheit, II c. Den Ausschluß von Streitigkeiten über die soziale Sicherheit, Haas ZZP **108**, 223, sollte man nach Art 42 EG und der VO (EG) Nr 885/2004 verstehen. Hierhin gehören vor allem Streitigkeiten zwischen Trägern der Sozialversicherung und dem Berechtigten einschließlich der Rückgewähransprüche, BSG **54**, 250, Köln EuZW **91**, 64, und der Regreßklagen von Sozialversicherungsträgern sowie der Klage eines Arbeitnehmers gegen den Arbeitgeber auf eine Zahlung von Beiträgen an den Sozialversicherungsträger. Dagegen erfaßt die VO Ansprüche gegen den Arbeitgeber aus Arbeitsunfällen, auf Zahlung von Urlaubsgeld oder besonderen Entschädigungen usw. 9

Unanwendbar ist II c bei einem auf den Sozialhilfeträger übergegangenen Anspruch etwa nach § 94 SGB XII, EuGH EuZW **03**, 30.

D. Schiedsgerichtsbarkeit, II d. Der Ausschluß der Schiedsgerichtsbarkeit beruht wesentlich auf einer Rücksichtnahme auf die insoweit bestehenden multilateralen Übk, SchlAnh VI A. Ausgenommen sind nicht nur die Verfahren vor einem Schiedsgericht, sondern auch alle Neben- und Anschlußverfahren vor einem staatlichen Gericht, zB das Verfahren zur Ernennung oder Abberufung von Schiedsrichtern, EuGH NJW **93**, 189, Düss RR **96**, 510, Hbg RIW **96**, 862, zur Aufhebung eines Schiedsspruchs, Stgt RIW **88**, 480, oder zu dessen Anerkennung oder Vollstreckbarkeit, BGH WertpMitt **88**, 1179, aM Hbg RIW **92**, 939. 10

Dagegen fallen Klagen aus einem Schiedsspruch oder mit einem Schiedsspruch als Klagegrund unter die EuGVVO, Schlosser IPRax **85**, 142, ebenso einstweilige Maßnahmen zur bloßen Sicherung eines Anspruchs aus einem solchen Rechtsverhältnis, das einer Schiedsvereinbarung unterliegt, EuGH RIW **99**, 776 (zustm Heß/Vollkommer IPRax **99**, 220), Mü RIW **00**, 465. Ein solches ausländisches Urteil, das einen Schiedsspruch für vollstreckbar erklärt, ist nach der VO nicht anerkennbar, Stgt RIW **88**, 480, LG Hbg RIW **79**,

493. Denn auch wenn II d es nicht erfaßt, fehlt es an anerkennungsfähigen Wirkungen, weil es lediglich eine Geltung für den Urteilsstaat beansprucht.

11 Eine Sache fällt nicht schon dann aus dem Anwendungsbereich der EuGVVO heraus, wenn der Bekl die *Schiedseinrede erhebt.* Diese Vorfrage zu beantworten, ist die Aufgabe des für die Sache zuständigen Gerichts. Die EuGVVO erfaßt auch eine solche Entscheidung eines Staatsgerichts, bei der es eine Schiedsvereinbarung mißachtet hat. Sie ist anerkennbar, weil keiner der Versagungsgründe eingreift, Celle RIW **79**, 191, Hbg IPRax **95**, 391, Mansel IPRax **95**, 362.

12 **5) Mitgliedstaat, III.** Die VO gilt in allen Mitgliedstaaten der EU mit Ausnahme Dänemarks, für das das EuGVÜ und das Protokoll von 1971, Abschnitt V C 1, 3, weiter anwendbar sind, Präambel Z 21, 22.

Kapitel II. Zuständigkeit

Übersicht

Schrifttum: *Hess,* Die allgemeinen Gerichtsstände der Brüssel I-Verordnung, in: Festschrift für *Lindacher* (2007); *Pichler,* Internationale Zuständigkeit im Zeitalter globaler Vernetzung, 2008.

1 **1) Systematik, Regelungszweck.** Kapitel II regelt unmittelbar die internationale Zuständigkeit für die in seinen Anwendungsbereich fallenden Streitigkeiten. Diese Regelung ist abschließend. Daher darf das Gericht nationale Vorschriften über die internationale Zuständigkeit nicht prüfen, soweit es die EuGVVO nicht ausdrücklich gestattet, (je zum alten Recht) BGH NJW **99**, 2442, KG FamRZ **93**, 976, Henrich IPRax **90**, 59. Unberührt bleiben Bestimmungen über die sachliche und die funktionale Zuständigkeit. Die örtliche Zuständigkeit bestimmt sich nach dem nationalen Recht, also nach §§ 12 ff ZPO, wenn sich die internationale Zuständigkeit aus Art 2 ergibt. Dagegen regeln Artt 5, 6 auch die örtliche Zuständigkeit. Das Gericht prüft die internationale Zuständigkeit nach der EuGVVO auch im Berufungs- oder Revisionsverfahren von Amts wegen, Piekenbrock/Schulze IPRax **03**, 328, krit Rimmelspacher JZ **04**, 894.

Unerheblich ist, ob der Rechtsstreit stets eine Beziehung zu einem weiteren Mitglied der EU hat, Piltz NJW **02**, 790.

2 **2) Zuständigkeitsbegründende Tatsache.** Sie muß grundsätzlich der Kläger beibringen. Ihn trifft insoweit die Darlegungs- und die Beweislast, BGH NJW **01**, 1936. Jedoch genügt die schlüssige Behauptung, wenn die Tatsache auch für die Begründetheit der Klage erheblich ist, EuGH JZ **98**, 896, BGH GRUR **05**, 432, LG Tüb NJW **05**, 1513.

3 **3) Geltungsbereich.** Grundvoraussetzung ist grundsätzlich der Umstand, daß der Bekl seinen Wohnsitz oder Sitz in einem Mitgliedstaat hat (Ausnahmen: Artt 16, 17). Ist das so, gilt Kapitel II auch dann, wenn der Kläger in einem Drittstaat ansässig ist, es sei denn, die EuGVVO bestimmt ausdrücklich etwas anderes, EuGH NJW **00**, 3121. Daher erfaßt Art 2 auch solche Sachverhalte, die ihre Internationalität nur aus ihrem Drittstaatenbezug gewinnen, Hamm IPRspr **88** Nt 203, Coester-Waltjen Festschrift für Nakamura (1996) 106, aM BGH NJW **90**, 317, Karlsr FamRZ **06**, 1393 (abl Gottwald). Maßgeblich ist der Zeitpunkt der Klagerhebung, spätestens des Verhandlungsschlusses. Die einmal begründete Zuständigkeit dauert fort, sog perpetuatio fori, vgl § 261 III Z 2 ZPO, aM Wilske/Kocher NJW **00**, 3549.

4 **4) Annexzuständigkeit.** Die Zuständigkeitstatbestände des Kapitels II begründen auch die Zuständigkeit für Annexverfahren, zB für unterstützende Auskunftsklagen und für das folgende Kostenfestsetzungsverfahren, Kblz IPRax **87**, 24, aber auch für ein Eilverfahren zur Sicherung des Hauptverfahrens, Art 24. Zwangsvollstreckungsverfahren gehören nicht hierher, Art 16 Z 5.

Abschnitt 1. Allgemeine Vorschriften

2 **I Vorbehaltlich der Vorschriften dieses Übereinkommens sind Personen, die ihren Wohnsitz in dem Hoheitsgebiet eines Mitgliedstaats haben, ohne Rücksicht auf ihre Staatsangehörigkeit vor den Gerichten dieses Mitgliedstaats zu verklagen.**

II Auf Personen, die nicht dem Mitgliedstaat, in dem sie ihren Wohnsitz haben, angehören, sind die für Inländer maßgebenden Zuständigkeitsvorschriften anzuwenden.

1 **1) Grundregel, I.** Allgemeiner Gerichtsstand ist der Wohnsitz oder Sitz des Bekl, Brdb FamRZ **06**, 1766. Das gilt unabhängig davon, ob der Kläger in einem Drittland ansässig ist, EuGH NJW **00**, 3121, Staudinger IPRax **00**, 483. Die Staatsangehörigkeit des Bekl ist für die internationale Zuständigkeit ohne Bedeutung, Brdb FamRZ **06**, 1766, ebenso die Klagart. Es erfolgt also keine Umkehrung der Verhältnisse bei einer verneinenden Feststellungsklage. Die sachlichrechtliche Position als Gläubiger oder Schuldner ist unerheblich. Es kommt allein auf die formale Parteirolle im Prozeß an, BGH NJW **97**, 871. Artt 5–7 regeln Ausnahmen. Man muß sie unter Beachtung von Art 2 sehen, EuGH NJW **05**, 653.

Zweck ist im Interesse sowohl der Rechtssicherheit als auch der Prozeßwirtschaftlichkeit eine zwar nicht einfache, aber doch übersehbare und teilweise wählbare Regelung.

2 Zur *Bestimmung des Wohnsitzes oder Sitzes* zunächst Artt 59–61. Artt 4, 9 II, 13 Z 4, 15 II enthalten Sonderregeln. Vor deutschen Gerichten beantwortet sich die Frage, ob der Bekl seinen Wohnsitz in Deutschland hat, nach Art 59 I in Verbindung mit §§ 7 ff BGB, die Frage, ob sein Wohnsitz zB in England liegt, nach Art 59 II in Verbindung mit dem Civil Jurisdiction and Judgments Act. Bei mehreren Wohnsitzen genügt es, daß einer von ihnen im Gerichtsstaat liegt, Geimer NJW **86**, 2991.

3 **2) Sonderregel, II.** Sie fordert eine Inländergleichbehandlung von Ausländern bei der örtlichen Zuständigkeit. Sie hat für deutsche Verfahren keine Bedeutung. Denn die Zuständigkeit hängt insofern nicht von der Staatsangehörigkeit ab.

3 **[I] Personen, die ihren Wohnsitz im Hoheitsgebiet eines Mitgliedstaats haben, können vor den Gerichten eines anderen Mitgliedstaats nur gemäß den Vorschriften der Abschnitte 2 bis 7 dieses Kapitels verklagt werden.**

[II] Gegen diese Personen können insbesondere nicht die in Anhang I aufgeführten innerstaatlichen Zuständigkeitsvorschriften geltend gemacht werden.

1) Grundsatz, I. Die Vorschrift gilt auch im Vollstreckungsverfahren, Jestaedt IPRax **01**, 438. Sie enthält eine abschließende Aufzählung der besonderen Gerichtsstände. Sie garantiert dadurch einen Mindestschutz desjenigen Bekl, der seinen Wohnsitz in einem Mitgliedstaat hat, Art 1 Rn 1. Sie bestätigt, daß die Gerichtsstände der EuGVVO das nationale Zuständigkeitsrecht verdrängen, Üb 1 vor Art 2. 1

2) Ausschluß, II. Die Bestimmung schließt die klägerfreundlichen Gerichtsstände des nationalen Rechts ausdrücklich aus, indem sie in Verbindung mit Anh I die wichtigsten sog exorbitanten Zuständigkeiten nennt, so für Deutschland § 23 ZPO. Der Ausschluß gilt nicht, wenn der Bekl keinen Wohnsitz im Hoheitsgebiet eines Mitgliedstaates hat, Art 4, es sei denn, Art 22 greift ein. Auch für Eilverfahren gilt II nicht. Hier sind auch die besonders genannten Gerichtsstände eröffnet, sofern der Sachverhalt eine reale Beziehung zum Gerichtsstand des Eilverfahrens hat, EuGH IPRax **99**, 243, Karlsr MDR **02**, 231, Schulz/ZEuP **02**, 805. Zum Arrestgrund des § 917 II 1 ZPO vgl § 917 II 2 ZPO. 2

4 **[I] Hat der Beklagte keinen Wohnsitz im Hoheitsgebiet eines Mitgliedstaats, so bestimmt sich vorbehaltlich der Artikel 22 und 23 die Zuständigkeit der Gerichte eines jeden Mitgliedstaats nach dessen eigenen Gesetzen.**

[II] Gegenüber einem Beklagten, der keinen Wohnsitz im Hoheitsgebiet eines Mitgliedstaats hat, kann sich jede Person, die ihren Wohnsitz im Hoheitsgebiet eines Mitgliedstaats hat, in diesem Staat auf die dort geltenden Zuständigkeitsvorschriften, insbesondere auf die in Anhang I aufgeführten Vorschriften, wie ein Inländer berufen, ohne daß es auf ihre Staatsangehörigkeit ankommt.

1) Grundregel, I. Abgesehen von Artt 22, 23 gelten hierfür nicht die Zuständigkeitsvorschriften der EuGVVO, sondern diejenigen des nationalen Rechts über die internationale Zuständigkeit, Üb vor Art 2, BGH RR **08**, 58, BayObLG RR **06**, 211. Insbesondere sind dann auch die nach Art 3 II ausgeschlossenen Gerichtsstände vorhanden, BGH RR **88**, 173. Artt 9 II, 13 Z 4, 15 II, 27 ff bleiben beachtbar. 1

2) Sonderregel, II. Ähnlich wie Art 2 II gewährleistet die Vorschrift eine Inländergleichbehandlung, indem sie Differenzierungen nach der Staatsangehörigkeit ausschließt. Danach stehen solche Klägergerichtsstände des nationalen Rechts, die an sich nur Angehörigen des eigenen Staats offenstehen, allen in diesem Staat ansässigen Ausländern zur Verfügung. 2

Abschnitt 2. Besondere Zuständigkeiten

5 **Eine Person, die ihren Wohnsitz im Hoheitsgebiet eines Mitgliedstaats hat, kann in einem anderen Mitgliedstaat verklagt werden:**

1. a) wenn ein Vertrag oder Ansprüche aus einem Vertrag den Gegenstand des Verfahrens bilden, vor dem Gericht des Ortes, an dem die Verpflichtung erfüllt worden ist oder zu erfüllen wäre;
b) im Sinne dieser Vorschrift – und sofern nichts anderes vereinbart worden ist – ist der Erfüllungsort der Verpflichtung
– für den Verkauf beweglicher Sachen der Ort in einem Mitgliedstaat, an dem sie nach dem Vertrag geliefert worden sind oder hätten geliefert werden müssen;
– für die Erbringung von Dienstleistungen der Ort in einem Mitgliedstaat, an dem sie nach dem Vertrag erbracht worden sind oder hätten erbracht werden müssen;
c) ist Buchstabe b) nicht anwendbar, so gilt Buchstabe a);

2. wenn es sich um eine Unterhaltssache handelt, vor dem Gericht des Ortes, an dem der Unterhaltsberechtigte seinen Wohnsitz oder seinen gewöhnlichen Aufenthalt hat, oder im Falle einer Unterhaltssache, über die im Zusammenhang mit einem Verfahren in Bezug auf den Personenstand zu entscheiden ist, vor dem nach seinem Recht für dieses Verfahren zuständigen Gericht, es sei denn, diese Zuständigkeit beruht lediglich auf der Staatsangehörigkeit einer der Parteien;

3. wenn eine unerlaubte Handlung oder eine Handlung, die einer unerlaubten Handlung gleichgestellt ist, oder wenn Ansprüche aus einer solchen Handlung den Gegenstand des Verfahrens bilden, vor dem Gericht des Ortes, an dem das schädigende Ereignis eingetreten ist oder einzutreten droht;

4. wenn es sich um eine Klage auf Schadensersatz oder auf Wiederherstellung des früheren Zustands handelt, die auf eine mit Strafe bedrohte Handlung gestützt wird, vor dem Strafgericht, bei dem die öffentliche Klage erhoben ist, soweit dieses Gericht nach seinem Recht über zivilrechtliche Ansprüche erkennen kann;

5. wenn es sich um Streitigkeiten aus dem Betrieb einer Zweigniederlassung, einer Agentur oder einer sonstigen Niederlassung handelt, vor dem Gericht des Ortes, an dem sich diese befindet;

6. wenn sie in ihrer Eigenschaft als Begründer, trustee oder Begünstigter eines trust in Anspruch genommen wird, der aufgrund eines Gesetzes oder durch schriftlich vorgenommenes oder schriftlich bestätigtes Rechtsgeschäft errichtet worden ist, vor den Gerichten des Mitgliedstaats, in dessen Hoheitsgebiet der trust seinen Sitz hat;

7. wenn es sich um eine Streitigkeit wegen der Zahlung von Berge- und Hilfslohn handelt, der für Bergungs- oder Hilfeleistungsarbeiten gefordert wird, die zugunsten einer Ladung oder einer Frachtforderung erbracht worden sind, vor dem Gericht, in dessen Zuständigkeitsbereich diese Ladung oder die entsprechende Frachtforderung
a) mit Arrest belegt worden ist, um die Zahlung zu gewährleisten, oder
b) mit Arrest hätte belegt werden können, jedoch dafür eine Bürgschaft oder eine andere Sicherheit geleistet worden ist;
diese Vorschrift ist nur anzuwenden, wenn behauptet wird, dass der Beklagte Rechte an der Ladung oder an der Frachtforderung hat oder zur Zeit der Bergungs- oder Hilfeleistungsarbeiten hatte.

Schrifttum: *Thoma,* Der internationale Regress. Formen und Gerichtszuständigkeit, 2007.

Gliederung

1 **1) Systematik, Regelungszweck, Z 1–7.** Art 5, ergänzt durch Art 6, ist als eine Spezialvorschrift eng auslegbar. Er enthält den wichtigen Katalog der besonderen Zuständigkeiten, EuGH FamRZ **04**, 514. Grundvoraussetzung für seine Anwendung ist der Wohnsitz, Art 52, oder der Sitz des Bekl in einem anderen Vertragsstaat als dem Gerichtsstaat. Die besonderen Zuständigkeiten nach Art 5 sind fakultativ. Sie bestehen nur in einem anderen Staat als demjenigen, in dem der Bekl seinen allgemeinen Gerichtsstand hat. Sie werden durch die ausschließlichen Zuständigkeiten nach Artt 22, 23 verdrängt. In einer Verbrauchersache gilt vorrangig Art 15, EuGH NJW **02**, 2697. In einer Versicherungssache ist nur Z 5 anwendbar. Im Eilverfahren gilt Art 31.

2 Mit Ausnahme von Z 6 regelt Art 5 nicht nur die internationale, sondern auch die *örtliche* Zuständigkeit. In ihrem jeweiligen Anwendungsbereich verdrängen Z 1–5, 7 auch die nationalen Regelungen, zB §§ 12 ff ZPO.

Nach Art 5 sind die Gerichte nur zur Entscheidung über die dem jeweiligen Gerichtsstand zugeordneten Ansprüche befugt. Eine *Annexzuständigkeit* für etwaige konkurrierende Ansprüche besteht nicht. Im Vertragsgerichtsstand nach Z 1 kann man demgemäß keine deliktischen Ansprüche erheben, ebensowenig im Deliktgerichtsstand nach Z 3 umgekehrt vertragliche Ansprüche, EuGH NJW **88**, 3088 (zustm Geimer), BGH RR **05**, 583, Gottwald IPRax **89**, 272.

Wegen des *Zwecks* Üb 1 vor Art 2.

3 **2) Gerichtsstand des Erfüllungsorts, Z 1,** dazu die *Nachweise* vor § 29 ZPO Rn 1: Die Vorschrift erfaßt jede Klagart, Mü RIW **96**, 1035. Sie einthält in b) eine Spezialregel und nach c) in a) eine allgemeine Auffangbestimmung. Für den Erfüllungsort ist das sachliche Recht maßgeblich, Hamm RR **07**, 479.

A. Vertragsanspruch, Z 1 a. Der Begriff ist autonom auslegbar, EuGH RIW **99**, 57, Berg NJW **06**, 3035, aber nicht eng, EuGH NJW **05**, 811. Ein Vertrag ist in einer weiten Auslegung jedes freiwillige Eingehen einer Verpflichtung gegenüber einer anderen Person, EuGH NJW **05**, 652, zB eine Auseinandersetzung, Hamm RR **07**, 479. Er setzt im Normalfall eine solche bindende Übereinkunft der Beteiligten voraus, aus der Rechte und Pflichten entstehen. Z 1 greift auch dann ein, wenn der Bekl das Bestehen eines Vertrags schlichtweg bestreitet, EuGH IPRax **83**, 31, BGH NJW **06**, 1936. Daß nach dem nationalen Recht ein vertraglicher Anspruch vorliegt, ist nach Z 1 ohne Bedeutung, EuGH JZ **95**, 90 (zustm Peifer). Es handelt sich oft um eine Frage der Vertragsauslegung, Nordmeier IPRax **08**, 274.

4 *Vertraglichen Charakter* haben sowohl die Primäransprüche aus einem Vertrag, LG Mü GRUR-RR **07** 196, oder aus einem Vorvertrag als auch die Sekundäransprüche aus seiner Verletzung, EuGH NJW **89**, 1424, BGH NJW **04**, 1456, Mezger IPRax **89**, 207, zB beim Honoraranspruch eines Anwalts, Drews TranspR **99**, 193, ebenso Ansprüche aus Nebenpflichten, BGH NJW **04**, 1456, und auf die Gestellung von Sicherheiten, Auskunft oder Rechnungslegung. Ansprüche auf den Abschluß, die Aufhebung oder Änderung eines Vertrags fallen unter Z 1 a, wenn sie auf einen Vertrag zurückführbar sind, nicht aber dann, wenn sie auf einem deliktischen Handeln beruhen, EuGH NJW **88**, 3088, aM ZöGei 10. Ein Verschulden eines Vertragspartners bei den Vertragsverhandlungen fällt unter Z 1 a, sofern es sich um die Verletzung von Aufklärungs- oder Beratungspflichten handelt, nicht dagegen, soweit es um die Verletzung von Verkehrs- und Schutzpflichten geht, Mankowski IPRax **03**, 127, aM EuGH NJW **02**, 3159. Gewinnzusagen fallen unter den weiten Vertragsbegriff, der sich nicht auf gegenseitige Verträge beschränkt, EuGH NJW **05**, 653, Lorenz/Kuberath IPRax **05**, 219. In Bürgschaftsfällen soll es in einer Verkennung von Bürgschaft wie Legalzession auf eine Ermächtigung des Bürgen durch den Hauptschuldner ankommen, EuGH RIW **04**, 386.

5 Streitigkeiten, deren Gegenstand die *Wirksamkeit eines Vertrags* ist, fallen unter Z 1 a, nicht dagegen ein als Vorfrage zu entscheidender Streit um die Wirksamkeit in einem Verfahren mit anderem Hauptziel, EuGH IPRax **83**, 31, Gottwald IPRax **83**, 13. Z 1 a greift auch dann ein, wenn Gegenstand des Streits ein

Bereicherungsanspruch aus einem unwirksamen Vertrag ist, Holl IPRax **98**, 122, Schlosser IPRax **84**, 66, aM MüKoGo 5.

Z 1 a greift auch dann ein, wenn Gegenstand des Rechtsstreits Ansprüche aus der *Mitgliedschaft in einem Verein* sind, mögen sie auf der Vereinssatzung oder auf Handlungen eines Vereinsorgans beruhen, EuGH IPRax **84**, 85, Schlosser IPRax **84**, 65. Dasselbe gilt für Haftungsansprüche gegen Gesellschafter, soweit sie aus dem Gesellschaftsvertrag oder ihn ergänzenden Normen entstehen, Jena ZIP **98**, 1496, Brödermann ZIP **96**, 481, und für Innenhaftungsklagen gegen Organpersonen, Celle NZG **00**, 595 (zustm Bous), Mü ZIP **99**, 1558 (zustm Haubold IPRax **00**, 375), wenn kein Arbeitsvertrag vorliegt, Mankowski EWiR **99**, 949. Hierher zählt auch ein Zahlungsanspruch einer WEG gegen einen Miteigentümer, Stgt WoM **05**, 264. 6

Nicht unter Z 1 a fallen wechselrechtliche Regreßansprüche, LG Bayreuth IPRax **89**, 230, LG Ffm IPRax **97**, 258, aM Bachmann IPRax **97**, 237, oder ein Scheckrückgriff, BGH NJW **04**, 1456. Keinen vertraglichen, sondern deliktischen Charakter haben zB Klagen des Endverbrauchers gegen den Hersteller aus einer Produkthaftung, EuGH JZ **95**, 90, und Klagen wegen Transportschäden aus einem Konnossement, das den Bekl nicht als Verfrachter ausweist, EuGH RIW **99**, 57. Nicht unter Z 1 a fällt ein Mißbrauch von AGB, EuGH EuZW **02**, 657, oder ein Anspruch aus einem gesetzlichen Schuldverhältnis, BGH NJW **96**, 1411, Mankowski IPRax **97**, 173, oder eine Konzernhaftung, Ffm IPRax **00**, 525 (krit Kulms 488).

B. Verkauf beweglicher Sache, Z 1 b Fall 1. Die Vorschrift verwirklicht einen autonomen Ansatz ohne einen Rückgriff auf das anwendbare sachliche Recht und mit einem einheitlichen Erfüllungsort für alle Verpflichtungen aus dem betreffenden Vertrag, also auch für die Zahlungsklage des Geldleistungsgläubigers. Der Verkäufer muß also eine Zahlungsklage am vereinbarten oder erfolgten Lieferungsort erheben, dem Ort der Entgegennahme, Hager/Bastele IPRax **04**, 73. Eine Differenzierung nach den einzelnen Leistungsbeziehungen erfolgt unter Z 1 b nicht mehr. Die für den Vertrag charakteristische Verpflichtung regiert wegen des Erfüllungsorts über alle anderen Verpflichtungen, die Gegenleistungsverpflichtung wie alle Nebenpflichten. Das gilt auch bei mehreren Lieferorten in demselben Mitgliedstaat, EuGH NJW **07**, 1800 (zustm Piltz). 7

Ein Vertrag über den Verkauf *beweglicher Sachen* ist jeder Kaufvertrag über Mobilien. Richtigerweise sollte man den Begriff aber weitergehend verstehen, nämlich als Vertrag über die *Lieferung* beweglicher Sachen. Das schließt also alle Werk- und Werklieferungsverträge ein, bei denen der Lieferungsaspekt im Vordergrund steht. Nicht erfaßt die Vorschrift jedenfalls Immobilienkaufverträge, einen Forderungs- und Rechtskauf oder Wertpapierkauf, LG Darmst IPRax **95**, 318 (zustm Thorn 294) sowie den Erwerb anderer immaterieller Güter, zB Informationen. Zur Abgrenzung der Fälle 1, 2 BGH NJW **08**, 3001 (Vorlage beim EuGH). 8

C. Dienstleistung, Z 1 b Fall 2. Der Begriff ist weit auslegbar, BGH NJW **94**, 262. Er läßt sich autonom einordnen, EuGH EuZW **99**, 727. Vgl auch Art 50 EGV. Er umfaßt jede entgeltliche Art, Micklitz/Rott EuZW **01**, 328. Ein Vertrag über die Erbringung einer Dienstleistung bedeutet: Der Ort der Dienstleistung orientiert sich am Begriff der Dienstleistungsfreiheit, OGH ÖJZ **04**, 390, Düss IHR **04**, 110, Thorn IPRax **95**, 298. Maßgebend ist die vertragscharakteristische Leistung, innerhalb von ihr der Schwerpunkt, BGH NJW **06**, 1806 (Anwaltsvertrag), Gsell IPRax **02**, 484, zB auch eine Terminswahrnehmung, BGH NJW **86**, 1806. Zu den Verträgen über Dienstleistungen zählen im Kern Werkverträge, Gsell IPRax 02, 484, Werklieferungs- und Geschäftsbesorgungsverträge, zB ein Anwaltsvertrag, BGH NJW **06**, 1806 (zustm Mankowski AnwBl **06**, 811), sowie solche Dienstverträge, die keine Arbeitsverträge sind, AG Hbg VuR **98**, 347, oder ein Luftbeförderungsvertrag, AG Lübeck RR **08**, 70. Letztere regeln Artt 18 ff. Gemeinsames Merkmal ist, daß eine tätigkeitsbezogene Leistung an den Verbraucher erfolgt, BGHZ **123**, 385, Düss RIW **96**, 683, und daß keine Veräußerung oder Gebrauchsüberlassung von Gegenständen im Vordergrund steht. Ein Kreditvertrag zählt hierher, Hau IPRax **00**, 359, Micklitz/Rott EuZW **01**, 328, Neumann IPRax **01**, 257, ebenso ein Treuhandvertrag, BGH NJW **94**, 262. 9

Unanwendbar ist Z 1 b Fall 2 auf einen Arbeitsvertrag, einen Verbrauchervertrag oder einen Versicherungsvertrag, Artt 8 ff, Hau IPRax **00**, 359, oder auf ein Teilzeitwohnrecht, BGH NJW **97**, 1697.

D. Erfüllungsort, Z 1 b Fälle 1, 2. Für Verträge über die Lieferung beweglicher Sachen liegt der Erfüllungsort dort, wo die Ware nach dem Vertrag geliefert worden ist oder geliefert werden sollte. Bei einer ratsamen vertraglichen Festlegung des Lieferungsorts ergeben sich keine Probleme. Im übrigen muß man nach Maßgabe der Umstände des Einzelfalls und des Gesamtbildes der Vertragsbedingungen ermitteln, wo der Lieferungsort nach den Vorstellungen der Parteien liegen soll. Nicht gelöst ist der Fall, daß Teillieferungen in verschiedene Mitgliedstaaten erfolgen sollen. 10

Nach vergleichbaren Regeln muß man den *Erbringungsort* bei Verträgen über Dienstleistungen ermitteln. Wieder muß man vorrangig nach einer vertraglichen Festlegung suchen. Indes können sich bei einer rein faktischen Bestimmung hier Probleme ergeben, besonders im Zusammenhang mit elektronisch erbrachten Dienstleistungen. 11

Liegt der Lieferungs- oder Erbringungsort unter den für Z 1 b geltenden Maßstäben in einem *Nicht-Mitgliedstaat* der EU oder in Dänemark, greift Z 1 b nicht. Vielmehr ist für diese Fälle nach Z 1 c doch wieder Z 1 a anwendbar. 12

E. Bestimmung des Erfüllungsort, Z 1 b. Der nach Z 1 b maßgebliche Erfüllungsort läßt sich demjenigen sachlichen Recht entnehmen, das nach dem IPR des jeweiligen Forums auf die durch den Streitgegenstand bestimmte Verpflichtung anwendbar ist, EuGH NJW **00**, 719, BGH MDR **03**, 1007. Maßgeblich kann danach auch das von dem Gerichtsstaat ratifizierte internationale Vertragsrecht sein, zB das UN-Übk über den Warenkauf, EuGH NJW **00**, 719. Vor einem deutschen Gericht bestimmt sich der Erfüllungsort nach dem deutschen Kollisionsrecht, BGH MDR **06**, 47, AG Lübeck RR **08**, 70. Muß der Schuldner zwei sich aus dem Vertrag ergebende gleichrangige Verpflichtungen nach dem maßgeblichen Recht in verschiedenen Vertragsstaaten erfüllen, ist nicht ein und dasselbe Gericht dafür zuständig, insgesamt entscheiden, EuGH NJW **00**, 721. Maßgeblich ist der Schwerpunkt zB der Dienstleistung, Mü RR **07**, 1428. 13

Sonderfälle: Zum Erfüllungsort nach einer Abtretung der Klageforderung Celle IPRax **99**, 456, Gebauer IPRax **99**, 492. Bei einer Schickschuld deutschen Rechts ist der Absendeort der Erfüllungsort, BGH NJW 14

06, 231, Brschw NJW **06**, 162 (je: Gewinnzusage), Z 1 b begründet für die Klage aus einem Scheck zur Begleichung einer Kaufpreisforderung keinen Gerichtsstand am Erfüllungsort der Kaufpreisforderung, BGH NJW **04**, 1456.

15 Eine *Erfüllungsortvereinbarung* ist für die Zuständigkeit nach Z 1 b nur dann maßgeblich, wenn sie nach dem anwendbaren sachlichen Recht zulässig ist, EuGH WertpMitt **80**, 720, und wenn sie eine objektive Beziehung zu dem vertraglichen Leistungsaustausch hat. Man kann sie auch mündlich getroffen haben. „Abstrakte" Erfüllungsortvereinbarungen, die nur den Zweck haben, die gerichtliche Zuständigkeit zu beeinflussen, sind Gerichtsstandsvereinbarungen. Sie müssen den Anforderungen des Art 17 genügen, EuGH NJW **97**, 1431 (zustm Dietze/Schnichels EuZW **98**, 486, Holl RIW **97**, 418), BGH RR **98**, 755, Köln NJW **88**, 2183. Eine solche abstrakte Vereinbarung liegt aber nicht schon dann vor, wenn die Parteien überhaupt von dem gesetzlichen Erfüllungsort der lex causae abweichen wollten, EuGH NJW **97**, 1431. Die Beweislast dafür, daß keine abstrakte Vereinbarung vorliegt, trägt der Kläger, Rauscher ZZP **104**, 306. Wenn man den Erfüllungsort bei einer Vielzahl von Erfüllungsorten nicht bestimmen kann, ist Z 1 b nicht anwendbar, EuGH NJW **02**, 1407, Heß IPRax **02**, 376 (Art 2 I). Zum Problem Mankowski IPRax **07**, 413 (ausf).

16 **F. Sonstiger Vertrag, Z 1 c.** Für sonstige Verträge verweist Z 1 c auf Z 1 a, BGH NJW **06**, 231, Brschw NJW **06**, 161. Es kommt dann also für den Erfüllungsort auf das Vertragsstatut an. Man muß es nach dem IPR des angerufenen Gerichts bestimmen, EuGH NJW **00**, 719, BGH RR **03**, 1582. Z 1 insgesamt hat den Charakter eines Kompromisses zwischen Befürwortern des status quo und Veränderungswilligen. Soweit die Partner eine gemeinschaftsautonome Bestimmung des Erfüllungsorts wollen, also einen eigenen prozessualen Erfüllungsort, findet man diese in Z 1 b, Fricke VersR **99**, 1057. Für den Bereich von Z 1 a ist aber ein Umkehrschluß aus Z 1 b nötig, bekräftigt durch Z 1 c. Soweit keine ausdrückliche Veränderung erfolgt ist, war keine Veränderung bezweckt. Daher muß man unter Z 1 a die bisherige Rechtsprechung des EuGH fortschreiben, Stgt RIW **04**, 712, Ffm RIW **04**, 865. Indes zeigen sich gerade in dieser Rechtsprechung gewisse Auflösungserscheinungen, EuGH EuZW **02**, 217, deren Einordnung zwiefelhaft ist, Mankowski EWiR **02**, 520. Z 1 c weist zurück auf Z 1 a, wenn Z 1 b einen Erfüllungsort außerhalb der EU bezeichnet, Düss IHR **04**, 110, Ffm RIW **04**, 864.

17 **3) Sonderregel für Luxemburg, Z 1.** Gegen einen Bekl mit einem Wohnsitz oder Sitz in Luxemburg gilt Z 1 nur eingeschränkt, nämlich dann, wenn sich der Bekl zur Sache einläßt und nicht die internationale Unzuständigkeit rügt, Art 63 I, Düss JB **06**, 436.

18 **4) Klägergerichtsstand für Unterhaltssache, Z 2.** Wegen der besonderen Schutzwürdigkeit des Unterhaltsberechtigten begründet Z 2 für ihn einen Klägergerichtsstand, EuGH IPRax **98**, 354, Fuchs IPRax **98**, 327. Er gilt auch für einen Antragsteller im Verfahren des einstweiligen Rechtsschutzes, zB nach § 644 ZPO.

A. Unterhalt. Der Begriff ist autonom, BGH FamRZ **08**, 41. Er läßt sich weit verstehen, EuGH IPRax **81**, 19 (zustm Hausmann 7), BGH FamRZ **08**, 42. Es bietet sich an, den Begriff nach dem Muster des Haager Übk über das auf Unterhaltspflichten anwendbare Recht v 23. 10. 73, BGBl **86** II 825, **87** II 225, auszulegen. Unterhalt kann auch eine einmalige Pauschalleistung sein, EuGH EuZW **97**, 242 (zustm Dietze/Schnichels EuZW **98**, 485), Karlsr FamRZ **02**, 839, oder eine Eigentumsübertragung, EuGH EuZW **97**, 242, Weller IPRax **99**, 14. Unter den Begriff fallen auch Prozeßkostenvorschüsse und der Anspruch auf die Erstattung eines Nachteils infolge eines begrenzten Realsplittings, BGH FamRZ **08**, 41. Mit „Unterhalt" ist der gesetzlich oder vertraglich geschuldete eheliche wie nacheheliche und der Kindesunterhalt gemeint. Bei Unterhaltsvereinbarungen kommt es darauf an, ob sie darin gesetzliche Pflichten bekräftigen oder abwandeln. Andere Verträge fallen nicht unter Z 2, sondern unter Z 1.

19 **B. Einzelheiten.** Die Zuständigkeit nach Z 2 besteht für jeden, der einen Unterhalt fordert, also sowohl für eine Erst- als auch für eine Abänderungsforderung, EuGH IPRax **98**, 354 (zustm Fuchs 327), Köln FamRZ **05**, 534, Nürnb NJW **05**, 1055. „Wohnsitz" bestimmt sich nach Art 59. „Gewöhnlicher Aufenthalt" ist derjenige nach Art 4 des Haager UnterhÜbk, Hamm FamRZ **92**, 657. Zum Problem bei einem Flug von EU-Ort A zum EU-Ort B BGH NJW **08**, 2121 (Vorlage beim EuGH). Maßgebend ist daher der Schwerpunkt der Bindungen des Unterhaltsberechtigten, BGH NJW **75**, 1068. Der Schuldner kann sich wegen der Anspruchshöhe nach Artt 36, 45 II nicht auf § 12 I AVAG berufen, Düss FamRZ **02**, 1422, Heiderhoff IPRax **04**, 99.

Z 2 gilt *nicht* für Klagen von solchen Behörden oder sonstigen Körperschaften, auf die der Unterhaltsanspruch übergegangen ist, zB nach § 7 UVG, EuGH JZ **04**, 407 (zustm Schlosser). Dasselbe gilt für private Zessionare, vgl zu Art 13 EuGH NJW **93**, 1251. Nicht hierher gehört auch eine Vollstreckungsabwehrklage nach § 767 ZPO (dann Art 22 Z 5).

20 **C. Verbundzuständigkeit.** Die Vorschrift hat den Vorrang, Piltz NJW **02**, 791. Sie verweist aber praktisch zurück. Für im Verbund zB nach § 137 FamFG geltend gemachte Unterhaltsansprüche gilt der Gerichtsstand der Ehesache nach dem nationalen Recht, § 122 FamFG. Das gilt nicht, wenn diese Zuständigkeit lediglich auf der Staatsangehörigkeit nur einer der Parteien beruht, Jayme JuS **89**, 389. Da Z 2 eine Verfahrenskonzentration bezweckt, ist diese Regelung auch auf die Klage auf einen Trennungsunterhalt während des Scheidungsverfahrens anwendbar, Schulze IPRax **99**, 21, aM KG RR **98**, 580.

21 **5) Tatortsgerichtsstand für Deliktsklage, Z 3**

Schrifttum: *Heinrichs,* Die Bestimmung der gerichtlichen Zuständigkeit nach dem Begehungsort im nationalen und internationalen Zivilprozeßrecht, Diss Freiburg 1984; *Schwarz,* Der Gerichtsstand der unerlaubten Handlung nach deutschem und internationalem Zivilprozeßrecht, 1991.

A. Unerlaubte Handlung. Der Begriff ist autonom auslegbar, EuGH NJW **02**, 3159, Gottwald IPRax **89**, 272, Schlosser RIW **88**, 987. Danach muß es sich um einen solchen Anspruch handeln, mit dem der Kläger eine Schadenshaftung verlangt und der nicht an einen Vertrag anknüpft, EuGH NJW **05**, 811.

Beispiele: Eigentumsbeeinträchtigung nach § 1004 BGB, BGH NJW **06**, 689; Produkthaftungsansprüche, EuGH JZ **95**, 90 (zustm Peifer); Umwelthaftungsansprüche, EuGH NJW **77**, 493; Ansprüche aus unlauterem

Wettbewerb, BGH NJW **88**, 1466, Mü RR **94**, 190; Kartellverstöße; Immaterialgutsverstöße; Markenrechtsverstöße, Hbg IPRax **04**, 125 (zustm Kurtz 107); Ansprüche wegen Persönlichkeitsverletzung, zB durch die Presse, EuGH NJW **95**, 1881; Patentverletzungen, Düss IPRax **01**, 336 (zustm Otte 315), mit Ausnahme einer verneinenden Feststellungsklage, Mü OLGR **02**, 147; Verletzung von Schutzgesetzen, BGH **98**, 273; Ansprüche aus Konzernhaftung, Zimmer IPRax **98**, 190, aM Düss IPRax **98**, 210, zB nach § 317 AktG, Maul NZG **99**, 744, oder Unterkapitalisierung, Köln ZIP **05**, 323, sofern man sie nicht vertragsrechtlich einordnet; Ansprüche aus Gefährdungshaftung, Lorenz IPRax **93**, 45, aM Goette DStR **97**, 505; Ansprüche wegen ungerechtfertigter Vollstreckung von Titeln, zB nach §§ 717 II oder 945 ZPO, Rohe IPRax **97**, 14; Ansprüche auf eine Gegendarstellung in Medien, Stadler JZ **94**, 648; vorbeugende Verbraucherschutzklagen, EuGH EuZW **02**, 657 (Anm Michailidou IPRax **03**, 223); Ansprüche aus culpa in contrahendo, EuGH NJW **02**, 3159 (zustm Mankowski IPRax **03**, 127); Fehlen von Kapitalmarktinformationen, Bachmann IPRax **07**, 77.

Geschütztes Rechtsgut kann auch das Vermögen sein, Kiethe NJW **94**, 223.

Z 3 erfaßt dagegen *nicht* Bereicherungsansprüche, BGH NJW **96**, 1411 (zustm Mankowski IPRax **97**, 173), Lorenz IPRax **93**, 46, und Anfechtungsklagen eines Gläubigers, EuGH IPRax **93**, 26, Schlosser IPRax **93**, 17.

B. Ort des schädigenden Ereignisses. Man muß den Begriff weit auslegen, EuGH EuZW **02**, 657. 22
Darlegungspflichtig ist der Kläger, BGH NJW **02**, 1425. Er muß unmittelbar geschädigt sein, EuGH NJW **91**, 631. Es kann sowohl der Handlungsort als auch der Erfolgsort sein, EuGH NJW **77**, 493, Hbg GRUR-RR **08**, 31, Kblz RR **08**, 148. Der Kläger kann zwischen beiden Gerichtsständen wählen, EuGH NJW **04**, 2441. Bei mehreren Beteiligten muß man Handlungen einzelner den anderen zurechnen, Vollkommer IPRax **92**, 211, aM Weller IPRax **00**, 207.

Handlungsort ist derjenige Ort, an dem der Täter die zum Schaden führende Handlung vorgenommen hat, EuGH NJW **04**, 2441, Hbg GRUR-RR **08**, 31, oder an dem vom Täter benutzte Hilfsmittel eine Schadensursache setzen. Vorbereitungshandlungen bleiben außer Betracht, Hohloch IPRax **97**, 312. Bei einem Pressedelikt ist Handlungsort derjenige Ort, an dem der Herausgeber sich niedergelassen hat, EuGH NJW **95**, 1881.

Erfolgsort ist derjenige Ort, an dem die Verletzung des primär geschützten Rechtsguts eintritt, EuGH NJW 23
95, 1881, Hbg GRUR-RR **08**, 31, Kreuzer/Klötgen IPRax **97**, 90. Beim Internet ist jeder Ort der Abrufbarkeit ausreichend, Hbg IPRax **04**, 125 (zustm Kurtz 107), Bachmann IPRax **98**, 179. Eine Internetseite mag dann nicht ausreichen, wenn keine elektronische deutschsprachige Korrespondenz möglich ist, Köln GRUR-RR **08**, 71. Immaterielle Rechtsgüter werden überall dort verletzt, wo das Medium bestimmungsgemäß verbreitet wird, EuGH NJW **95**, 1881. Der Ort, an dem sich der Schaden im Vermögen des Geschädigten auswirkt, ist dagegen grundsätzlich ohne Bedeutung, wenn primär geschütztes Rechtsgut nicht das Vermögen ist, EuGH RIW **99**, 57, Geimer JZ **95**, 1108, Hohloch IPRax **97**, 312. Bei Vermögensdelikten ist der Vermögensschaden Primärschaden, Ahrens IPRax **90**, 132, Kiethe NJW **94**, 225. Zu Lokalisierungsfragen bei Anlagebetrug Stgt RIW **98**, 809, Mankowski EWiR **98**, 1086. Der Erfolgsort ist nicht stets derselbe wie der Ort der Schadensentdeckung, EuGH IPRax **00**, 210, Koch IPRax **00**, 188. Ist der Schaden in mehreren Staaten eingetreten, sind die Gerichte der einzelnen Erfolgsorte nur für die Entscheidung über jene Schäden zuständig, die in ihrem Sitzstaat eingetreten sind, EuGH NJW **95**, 1881, aM Kreuzer/Klötgen IPRax **97**, 90. Der Ort des Klägerwohnsitzes scheidet aus, wenn der Verlust von Vermögensteilen in einem anderen Vertragsstaat eingetreten ist, EuGH EuZW **04**, 477. Auch beim Bestreiken eines Seeschiffs kommt es nicht auf das Schiff an, sondern auf die geschädigte Vermögensmasse, EuGH RIW **04**, 543.

C. Vorbeugende Unterlassungsklage. Für sie gilt Z 3 („einzutreten droht"). Geht es darum, eine 24
Wiederholungstat zu verhindern, sind Handlungs- und Erfolgsort des zuvor begangenen Delikts heranziehbar, Müller-Feldhammer EWS **98**, 170. Andernfalls muß das Gericht insofern diejenigen Grundsätze berücksichtigen, die die nationalen Rechte der Mitgliedstaaten dazu entwickelt haben, Mankowski EWS **94**, 305. Maßgeblich ist als Erfolgsort der Ort der drohenden Rechtsgutsverletzung, EuGH NJW **02**, 3617.

6) Gerichtsstand für Adhäsionsverfahren, Z 4, dazu *Kohler* in: *Will*, Schadensersatz im Strafverfahren, 25
(1990) 74: Der Gerichtsstand hängt davon ab, daß die Adhäsionsklage des Verletzten nach dem jeweiligen nationalen Recht zulässig ist, EuGH EuZW **93**, 418, in Deutschland also nach §§ 403 ff StPO. Voraussetzung ist ein anhängiges Strafverfahren. Es muß sich im Adhäsionsverfahren um einen deliktischen Anspruch handeln. Man muß auch Art 61 beachten.

7) Gerichtsstand der Niederlassung, Z 5. In Anlehnung an § 21 ZPO begründet Z 5 einen Gerichts- 26
stand der Niederlassung für Klagen gegen deren Träger, nicht auch für dessen Klagen.

A. Niederlassung. Der Begriff ist autonom auslegbar, EuGH NJW **88**, 625, Kronke IPRax **89**, 81, Thorn IPRax **97**, 98. Er umfaßt auch eine Zweigniederlassung. Entscheidend sind auf der Basis einer gewissen Zeitdauer nach Rn 27 die Leitung durch ein ausländisches Stammhaus, EuGH NJW **77**, 490, eine hinreichende Ausstattung und die Kompetenz zum Auftreten nach außen, Düss IPRax **98** 210 (zustm Zimmer 187), aM Benicke WertpMitt **97**, 949. Maßgebend dafür ist der für Dritte erweckte Rechtsschein, also die unternehmensexterne Perspektive eines objektiven Beobachters, EuGH NJW **88**, 625. Auf die rechtliche Unselbständigkeit der Niederlassung kommt es nicht an. Daher sind auch formellrechtlich selbständige Tochtergesellschaften Niederlassungen nach Z 5, Geimer RIW **92**, 60, Mankowski RIW **96**, 1004, aM Mü RR **93**, 701, Schlesw WertpMitt **97**, 991. Unerheblich ist auch die Eintragung der Niederlassung in ein örtliches Register. Abstellen muß man vielmehr auf die Unterordnung für die Zwecke des konkreten Vertrags. Daher kann im Einzelfall sogar eine Muttergesellschaft als eine Niederlassung ihrer Tochtergesellschaft gelten, EuGH NJW **88**, 625. Z 5 gilt nicht nur für Gesellschaften oder Einzelkaufleute, sondern auch für freie Berufe, Geimer WertpMitt **76**, 148. Maßgeblicher Zeitpunkt für das Bestehen einer Niederlassung ist die Klagerhebung, MüKoGo 45, aM Saarbr RIW **80**, 796 (Schluß der mündlichen Verhandlung). Auch eine Agentur kann hierher zählen.

27 *Nicht* unter Z 5 fallen ein Alleinvertriebshändler, EuGH NJW **77**, 1477, und ein solcher Handelsvertreter, der seine Tätigkeit frei gestalten kann, EuGH NJW **82**, 507, Linke IPRax **82**, 46, MüKoGo 41. Jedoch kann auf Grund des Eindrucks eines objektiven Beobachters etwas anderes gelten, zB kann ein Abschlußvertreter oder Vertragshändler gegenüber dem Kunden als ein Teil der Vertriebsorganisation des Herstellers erscheinen, Mankowski RIW **96**, 1005. Ein kurzfristiger Betrieb zB auf einer Messe reicht nicht, Düss IPRax **98**, 210, auch nicht ein bloßes Warenlager oder eine bloße Webside.

28 **B. Betriebsforderung.** Die Klageforderung muß aus dem Betrieb der Niederlassung herrühren, Mü RIW **99**, 872. Daher kann man Forderungen aus einem unmittelbaren Kontakt mit dem Stammhaus oder einer anderen Niederlassung nicht am Ort der Niederlassung verfolgen. Der Erfüllungsort einer im Betrieb der Niederlassung begründeten Forderung braucht nicht am Ort der Niederlassung zu liegen, EuGH RIW **95**, 585. Die Gerichtsstände nach Z 5 und Z 1 Hs 1 können nebeneinander in demselben Staat oder in verschiedenen Staaten bestehen. Z 5 gilt nicht nur für vertragliche Forderungen, sondern auch für deliktische und sonstige gesetzliche Forderungen, sofern sie ihren Grund im Betrieb der Niederlassung haben.

29 **8) Trust-Klage, Z 6.** Die Bestimmung betrifft die im angelsächsischen Rechtsbereich mögliche trust-Klage. Sie gilt nur im Innenverhältnis des trust.

30 **9) Arrestgerichtsstand für Berge- und Hilfslohn, Z 7,** dazu *Kropholler* RIW **86**, 931: Die Regelung steht in Zusammenhang mit Art 7 I e des Brüsseler Übk über den Arrest in Seeschiffe v 10. 5. 52, BGBl **72** II 655, und der seerechtlichen Haftung von Schiff und Ladung für Berge- und Hilfslohn, §§ 740 ff HGB. Hat der Reeder einen Berge- oder Hilfevertrag geschlossen, fällt der Streit nicht unter Z 7, sondern unter Z 1 Hs 1, Rn 3 ff.

6 Eine Person, die ihren Wohnsitz im Hoheitsgebiet eines Mitgliedstaats hat, kann auch verklagt werden:

1. wenn mehrere Personen zusammen verklagt werden, vor dem Gericht des Ortes, an dem einer der Beklagten seinen Wohnsitz hat, sofern zwischen den Klagen eine so enge Beziehung gegeben ist, dass eine gemeinsame Verhandlung und Entscheidung geboten erscheint, um zu vermeiden, dass in getrennten Verfahren widersprechende Entscheidungen ergehen könnten;

2. wenn es sich um eine Klage auf Gewährleistung oder um eine Interventionsklage handelt, vor dem Gericht des Hauptprozesses, es sei denn, dass die Klage nur erhoben worden ist, um diese Person dem für sie zuständigen Gericht zu entziehen;

3. wenn es sich um eine Widerklage handelt, die auf denselben Vertrag oder Sachverhalt wie die Klage selbst gestützt wird, vor dem Gericht, bei dem die Klage selbst anhängig ist;

4. wenn ein Vertrag oder Ansprüche aus einem Vertrag den Gegenstand des Verfahrens bilden und die Klage mit einer Klage wegen dinglicher Rechte an unbeweglichen Sachen gegen denselben Beklagten verbunden werden kann, vor dem Gericht des Mitgliedstaats, in dessen Hoheitsgebiet die unbewegliche Sache belegen ist.

1 **1) Systematik, Regelungszweck, Z 1–4** Die Vorschrift schafft zusätzliche Wahlgerichtsstände. Das dient der Prozeßwirtschaftlichkeit nach Grdz 14 vor § 128 ZPO. Deshalb ist Art 6 weit auslegbar. Jeder Bekl muß in einem anderen Vertragsstaat wohnen, EuGH EuZW **99**, 59. Zum Verhältnis von Z 1, 2 zu Art 17 BGH NJW **88**, 646 (Art 17 I geht Z 1 vor), Mezger IPRax **84**, 331.

2 **2) Mehrheit von Beklagten, Z 1.** Es muß im Zeitpunkt der Anhängigkeit zwischen den verschiedenen Klagen eines Klägers gegen mehrere Bekl ein Zusammenhang bestehen, der eine gemeinsame Entscheidung als notwendig erscheinen läßt, EuGH NJW **07**, 3704 (zustm Sujecki, krit Althammer IPRax **08**, 233), BGH GRUR **07**, 706, BAG NJW **08**, 2797, BayObLG RR **06**, 211. Ein verständiger Bekl muß vorhersehen können, wo eine Klage zulässig ist, BAG NJW **08**, 2797. Z 1 ist auch dann anwendbar, wenn mehrere Bekl ihren Wohnsitz in demselben Staat haben, KG IPRax **02**, 515, Brand/Scherber IPRax **02**, 500, Vossler IPRax **07**, 283. § 261 III Z 2 ZPO gilt entsprechend. Eine nationalrechtliche Unzulässigkeit einer Erstklage schadet nicht, EuGH RR **06**, 1568.

An dem erforderlichen Zusammenhang *fehlt* es, wenn sich das Klagebegehren gegen den einen Bekl auf Deliktrecht, dasjenige gegen den anderen Bekl auf Vertrags- oder Bezeichnungsrecht stützt, EuGH EuZW **99**, 59 (zustm Koch IPRax **00**, 186), BGH RR **02**, 1149, aM EuGH NJW **07**, 3705, oder wenn es um einen solchen Prozeß geht, der unter Kap II Abschn 5 VO über die Zuständigkeit für individuelle Arbeitsverträge fällt, EuGH EuZW **05**, 369 (zustm Sujecki).

3 **3) Gewährleistung usw, Z 2,** dazu *EuGH* NJW **91**, 2621, *Coester-Waltjen* IPRax **92**, 290: Diese Zuständigkeit kann man in Deutschland nicht beanspruchen, Art 65 I. Entscheidungen, die in anderen Vertragsstaaten ergehen, werden aber nach Titel III anerkannt, Geimer IPRax **98**, 175, und vollstreckt, Art 65 II, Düss RIW **97**, 330. Die Annexzuständigkeit birgt also für den deutschen Bekl nicht unerhebliche Gefahren.

4 **4) Widerklage, Z 3.** Diese Regelung setzt nach dem bloßen Wortlaut voraus, daß der Widerkläger sich auf denselben Vertrag oder Sachverhalt wie der Kläger stützt, BGH NJW **93**, 2753, AG Trier RR **05**, 1013 (abl Stürner IPRax **07**, 24). Z 3 geht nicht über § 33 ZPO hinaus, BGH NJW **81**, 2645 (zustm von Falkenhausen RIW **82**, 389, krit Geimer NJW **86**, 2993). Eher ist Z 3 enger als § 33 ZPO, AG Trier RR **05**, 1013, Jahn NJW **07**, 2894. Zur Zuständigkeit nach Z 3 für eine Widerklage im Nachverfahren eines Scheckprozesses LG Mainz IPRax **84**, 100 (abl (Jayme), AG Mainz IPRax **83**, 299 (zustm Jayme).

Z 3 *gilt nicht* für eine verteidigungsmäßige Gegenforderung, EuGH NJW **96**, 42, Gebauer IPRax **98**, 76, Philip IPRax **97**, 97, aM BGH NJW **02**, 2183 (analoge Anwendung von § 33 ZPO bei Aufrechnung mit konnexem Gegenanspruch), Heß/Müller JZ **02**, 607, Wagner IPRax **99**, 65.

5) Klagenverbindung, Z 4. Die Vorschrift ist nur dann anwendbar, wenn man nach dem Recht des Belegenheitsstaats die schuldrechtliche Klage mit der dinglichen Klage verbinden kann, für das deutsche Recht also in den Fällen des § 25 ZPO. 5

7 Ist ein Gericht eines Mitgliedstaats nach dieser Verordnung zur Entscheidung in Verfahren wegen einer Haftpflicht aufgrund der Verwendung oder des Betriebs eines Schiffes zuständig, so entscheidet dieses oder ein anderes an seiner Stelle durch das Recht dieses Mitgliedstaats bestimmtes Gericht auch über Klagen auf Beschränkung dieser Haftung.

1) Geltungsbereich. Die Vorschrift gilt bei einer Klage nach §§ 305 a, 786 a ZPO. Sie enthält einen Gerichtsstand des Sachzusammenhangs. 1

Abschnitt 3. Zuständigkeit für Versicherungssachen

8 Für Klagen in Versicherungssachen bestimmt sich die Zuständigkeit unbeschadet des Artikels 4 und des Artikels 5 Nummer 5 nach diesem Abschnitt.

1) Geltungsbereich. Zu den zwingenden eng auslegbaren Sonderregeln Artt 8–14 Fricke VersR **97**, 100, Geimer RIW **80**, 305, Loschelder IPRax **98**, 86. Der Begriff Versicherungssache ist autonom auslegbar. Diese Sondervorschriften gelten auch für einen Anspruch des Versicherungsnehmers gegen den Rückversicherer, Micklitz/Rott EuZW **01**, 329, aber nicht für Streitigkeiten zwischen dem Rückversicherer und dem Rückversicherten, EuGH NJW **00**, 312 (zustm Koch NVersZ **01**, 60). Art 24 ist anwendbar. 1

Art 5 Z 5 bedeutet: Diese Zuständigkeit bleibt. Sie verdrängt aber Artt 8 ff nicht, LG Stgt IPRax **98**, 100 (zustm Looschelders 86).

9 I Ein Versicherer, der seinen Wohnsitz im Hoheitsgebiet eines Mitgliedstaats hat, kann verklagt werden:

a) vor den Gerichten des Mitgliedstaats, in dem er seinen Wohnsitz hat,
b) in einem anderen Mitgliedstaat bei Klagen des Versicherungsnehmers, des Versicherten oder des Begünstigten vor dem Gericht des Ortes, an dem der Kläger seinen Wohnsitz hat, oder
c) falls es sich um einen Mitversicherer handelt, vor dem Gericht eines Mitgliedstaats, bei dem der federführende Versicherer verklagt wird.

II Hat der Versicherer im Hoheitsgebiet eines Mitgliedstaats keinen Wohnsitz, besitzt er aber in einem Mitgliedstaat eine Zweigniederlassung, Agentur oder sonstige Niederlassung, so wird er für Streitigkeiten aus ihrem Betrieb so behandelt, wie wenn er seinen Wohnsitz im Hoheitsgebiet dieses Mitgliedstaats hätte.

Bem. Vgl dazu Üb 8 vor Art 1, Düss RR **03**, 1610, AG Bre RR **07**, 1079. 1

10 1 Bei der Haftpflichtversicherung oder bei der Versicherung von unbeweglichen Sachen kann der Versicherer außerdem vor dem Gericht des Ortes, an dem das schädigende Ereignis eingetreten ist, verklagt werden. 2 Das Gleiche gilt, wenn sowohl bewegliche als auch unbewegliche Sachen in ein und demselben Versicherungsvertrag versichert und von demselben Schadensfall betroffen sind.

Bem. Man kann den Gerichtsstand nach Art 13 Z 3 abbedingen. Ort des schädigenden Ereignisses: Art 5 Z 3. Beide Parteien müssen in einem Vertragsstaat residieren. 1

11 I Bei der Haftpflichtversicherung kann der Versicherer auch vor das Gericht, bei dem die Klage des Geschädigten gegen den Versicherten anhängig ist, geladen werden, sofern dies nach dem Recht des angerufenen Gerichts zulässig ist.

II Auf eine Klage, die der Geschädigte unmittelbar gegen den Versicherer erhebt, sind die Artikel 8, 9 und 10 anzuwenden, sofern eine solche unmittelbare Klage zulässig ist.

III Sieht das für die unmittelbare Klage maßgebliche Recht die Streitverkündung gegen den Versicherungsnehmer oder den Versicherten vor, so ist dasselbe Gericht auch für diese Personen zuständig.

Geltungsbereich, I–III. I gilt in Deutschland wegen Art 65 I nicht. Vgl aber §§ 72 ff ZPO. II ist dann anwendbar, wenn der Geschädigte an seinem Wohnsitz im Inland eine Direktklage gegen den ausländischen Haftpflichtversicherer erhebt, Artt 8–10, EuGH NJW **08**, 820 (zustm Leible), BGH VersR **08**, 956, AG Bre RR **07**, 1079. Art 13 bleibt anwendbar. Köln RR **06**, 70, aM LG Hbg VersR **06**, 1065 (aber II soll gerade den Anwendungsbereich von Art 9 I b erweitern. Die engere Auslegung versperrt solche Möglichkeit). Zum Problem auch BGH NJW **07**, 71 (Vorlage beim EuGH). 1

Unanwendbar ist die Vorschrift bei einer Klage vor dem Wohnsitzgericht des Geschädigten bei einem Verkehrsunfall mit dem Kfz eines ausländischen Helfers, Brdb RR **07**, 216.

III verweist sachlich auf §§ 72 ff ZPO.

12 I Vorbehaltlich der Bestimmungen des Artikels 11 Absatz 3 kann der Versicherer nur vor den Gerichten des Mitgliedstaats klagen, in dessen Hoheitsgebiet der Beklagte seinen Wohnsitz hat, ohne Rücksicht darauf, ob dieser Versicherungsnehmer, Versicherter oder Begünstigter ist.

II Die Vorschriften dieses Abschnitts lassen das Recht unberührt, eine Widerklage vor dem Gericht zu erheben, bei dem die Klage selbst gemäß den Bestimmungen dieses Abschnitts anhängig ist.

1 **Bem.** Vgl auch Art 5 Z 5. Wohnsitz: Art 59. Sitz: Art 60, II meint eine Widerklage nach Art 6 Z 3.

13 Von den Vorschriften dieses Abschnitts kann im Wege der Vereinbarung nur abgewichen werden:

1. wenn die Vereinbarung nach der Entstehung der Streitigkeit getroffen wird,
2. wenn sie dem Versicherungsnehmer, Versicherten oder Begünstigten die Befugnis einräumt, andere als die in diesem Abschnitt angeführten Gerichte anzurufen,
3. wenn sie zwischen einem Versicherungsnehmer und einem Versicherer, die zum Zeitpunkt des Vertragsabschlusses ihren Wohnsitz oder gewöhnlichen Aufenthalt in demselben Mitgliedstaat haben, getroffen ist, um die Zuständigkeit der Gerichte dieses Staates auch für den Fall zu begründen, dass das schädigende Ereignis im Ausland eintritt, es sei denn, dass eine solche Vereinbarung nach dem Recht dieses Staates nicht zulässig ist,
4. wenn sie von einem Versicherungsnehmer geschlossen ist, der seinen Wohnsitz nicht in einem Mitgliedstaat hat, ausgenommen soweit sie eine Versicherung, zu deren Abschluss eine gesetzliche Verpflichtung besteht, oder die Versicherung von unbeweglichen Sachen in einem Mitgliedstaat betrifft, oder
5. wenn sie einen Versicherungsvertrag betrifft, soweit dieser eines oder mehrere der in Artikel 14 aufgeführten Risiken deckt.

1 **1) Geltungsbereich, Z 1–5.** Die Vorschrift schützt den Versicherungsnehmer, EuGH NJW **05**, 2135. Sie ist gegenüber einer abweichenden Vereinbarung vorrangig, Art 23 V.

Z 2 gibt dem Versicherungsnehmer einen Gerichtsstand auch über Art 9 hinaus, EuGH RIW **84**, 62, Geimer NJW **85**, 533, Hübner IPRax **84**, 238).

Z 3 erlaubt keine Vereinbarung zulasten desjenigen Versicherten, der in einem anderen Vertragsstaat als der Versicherungsnehmer und der Versicherer sitzt, EuGH NJW **05**, 2135.

Z 4 erlaubt keine Vereinbarung, wenn der Versicherungsnehmer zum Versicherungsvertrag gesetzlich verpflichtet ist. Zu Z 3–5 Kohler IPRax **87**, 203.

14 Die in Artikel 13 Nummer 5 erwähnten Risiken sind die folgenden:

1. sämtliche Schäden
a) an Seeschiffen, Anlagen vor der Küste und auf hoher See oder Luftfahrzeugen aus Gefahren, die mit ihrer Verwendung zu gewerblichen Zwecken verbunden sind,
b) an Transportgütern, ausgenommen Reisegepäck der Passagiere, wenn diese Güter ausschließlich oder zum Teil mit diesen Schiffen oder Luftfahrzeugen befördert werden;
2. Haftpflicht aller Art, mit Ausnahme der Haftung für Personenschäden an Passagieren oder Schäden an deren Reisegepäck,
a) aus der Verwendung oder dem Betrieb von Seeschiffen, Anlagen oder Luftfahrzeugen gemäß Nummer 1 Buchstabe a), es sei denn, dass – was die letztgenannten betrifft – nach den Rechtsvorschriften des Mitgliedstaats, in dem das Luftfahrzeug eingetragen ist, Gerichtsstandsvereinbarungen für die Versicherung solcher Risiken untersagt sind,
b) für Schäden, die durch Transportgüter während einer Beförderung im Sinne von Nummer 1 Buchstabe b) verursacht werden;
3. finanzielle Verluste im Zusammenhang mit der Verwendung oder dem Betrieb von Seeschiffen, Anlagen oder Luftfahrzeugen gemäß Nummer 1 Buchstabe a), insbesondere Fracht- oder Charterverlust;
4. irgendein zusätzliches Risiko, das mit einem der unter den Nummern 1 bis 3 genannten Risiken in Zusammenhang steht;
5. unbeschadet der Nummern 1 bis 4 alle „Großrisiken“ entsprechend der Begriffsbestimmung in der Richtlinie 73/239/EWG des Rates, geändert durch die Richtlinie 88/357/EWG und die Richtlinie 90/618/EWG, in der jeweils geltenden Fassung.

1 **Bem.** Zu Z 5: Richtlinie 73/239/EWG, ABl (EG) L 228 v 16. 8. 73, zuletzt geändert dch ABl (EG) L 172 v 4. 7. 88 und ABl (EG) L 330 v 29. 11. 90.

Abschnitt 4. Zuständigkeit bei Verbrauchersachen

15 I Bilden ein Vertrag oder Ansprüche aus einem Vertrag, den eine Person, der Verbraucher, zu einem Zweck geschlossen hat, der nicht der beruflichen oder gewerblichen Tätigkeit dieser Person zugerechnet werden kann, den Gegenstand des Verfahrens, so bestimmt sich die Zuständigkeit unbeschadet des Artikels 4 und des Artikels 5 Nummer 5 nach diesem Abschnitt,

a) wenn es sich um den Kauf beweglicher Sachen auf Teilzahlung handelt,
b) wenn es sich um ein in Raten zurückzuzahlendes Darlehen oder ein anderes Kreditgeschäft handelt, das zur Finanzierung eines Kaufs derartiger Sachen bestimmt ist, oder
c) in allen anderen Fällen, wenn der andere Vertragspartner in dem Mitgliedstaat, in dessen Hoheitsgebiet der Verbraucher seinen Wohnsitz hat, eine berufliche oder gewerbliche Tätigkeit

ausübt oder eine solche auf irgend einem Wege auf diesen Mitgliedstaat oder auf mehrere Staaten, einschließlich dieses Mitgliedstaats, ausrichtet und der Vertrag in den Bereich dieser Tätigkeit fällt.

II Hat der Vertragspartner des Verbrauchers im Hoheitsgebiet eines Mitgliedstaats keinen Wohnsitz, besitzt er aber in einem Mitgliedstaat eine Zweigniederlassung, Agentur oder sonstige Niederlassung, so wird er für Streitigkeiten aus ihrem Betrieb so behandelt, wie wenn er seinen Wohnsitz im Hoheitsgebiet dieses Staates hätte.

III Dieser Abschnitt ist nicht auf Beförderungsverträge mit Ausnahme von Reiseverträgen, die für einen Pauschalpreis kombinierte Beförderungs- und Unterbringungsleistungen vorsehen, anzuwenden.

1) Systematik, I–III. Die besonderen Zuständigkeitsvorschriften der Artt 15, 16 enthalten vorrangige Spezialregeln, EuGH NJW **05**, 811. Sie enthalten abgesehen von dem Vorbehalt der Artt 4 und 5 Z 5 eine zwingende abschließende Zuständigkeitsregelung, Mankowski RIW **96**, 1005. Sie gelten direkt nur dann, wenn die andere Vertragspartei ihren Wohnsitz in einem anderen Mitgliedstaat hat oder wenn II eingreift (Auslandsbezug), EuGH EuZW **94**, 766, BGH NJW **95**, 1225. National können sie aber entsprechend mitbeachtbar sein, § 29 ZPO Rn 32 „Verbraucherschutz". 1

2) Verbrauchervertrag, I. Vgl zunächst Artt 29, 29 a EGBGB. Begriff des Verbrauchers: Thorn IPRax **95**, 294. Der Begriff ist autonom und eng auslegbar, EuGH NJW **05**, 653, 811. § 13 BGB ist unanwendbar, Nürnb IPRax **05**, 248 (zustm Heiderhoff 230). Ein Anspruch aus Verschulden bei den Vertragsverhandlungen oder auf eine Rückabwicklung reicht, LG Darmst ZIP **04**, 1924. Ein Handelsvertreter ist als solcher weder Verbraucher noch Arbeitnehmer, Hbg NJW **04**, 3126. Einem solchen Kläger, der nicht selbst der an einem der in I aufgeführten Verträge beteiligte Verbraucher ist (zB dem Zessionar), kommen die besonderen Zuständigkeitsregeln nicht zugute, EuGH NJW **93**, 1251, BGH NJW **93**, 2684, Koch IPRax **95**, 71. Der bloße Abtretungsnehmer oder Erbe ist nicht selbst Verbraucher, BayObLG RR **06**, 211. Ein auf künftige Geschäftstätigkeit gerichteter Vertrag gehört nicht hierhin, EuGH JZ **98**, 896 (zustm Mankowski), Dietze/Schnichels EuZW **98**, 487. 2

A. Teilzahlungskauf, I a. Begriff des Teilzahlungskaufs, I a, b: EuGH EuZW **99**, 727, Heß IPRax **00**, 370, Mankowski EWiR **99**, 743.

Unanwendbar ist I a bei einer bloßen Absicherung der Abnahme der Kaufsache, Oldb NJW **76**, 43.

B. Kreditgeschäft, I b. Begriff des Kaufs beweglicher Sachen: BGH NJW **98**, 666, LG Darmst RR **94**, 684, Kappus NJW **97**, 2653. Z 1 b gilt auch bei einer sofortigen Bezahlung. 3

Unanwendbar ist I b beim nicht zweckgebundenen Darlehen.

C. Andere Fälle, I c. Gemischte Verträge zahlen nur dann hierher, wenn der gewerbliche Anteil ganz untergeordnet ist, EuGH NJW **05**, 653. 4

Die Vorschrift *erfaßt* grundsätzlich alle Verträge über alle denkbaren Vertragsgegenstände, soweit sie nicht unter Art 22 fallen. I ist zB auch auf allgemeine nicht zweckgebundene Verträge anwendbar, indessen wegen Art 22 Z 1 weiterhin nicht auf Timesharingverträge, soweit diese kein der Nutzungsüberlassung ungefähr gleichgewichtiges Dienstleistungselement enthalten, Micklitz/Rott EuZW **01**, 330. Die Vorschrift ist ferner anwendbar: Auf ein nicht zweckgebundenes Darlehen, Piltz NJW **02**, 791; auf einen Kommissionsvertrag zwecks Warentermingeschäft, EuGH NJW **93**, 1251, BGH WertpMitt **91**, 360, Düss IPRax **97**, 118 (zustm Thorn 98); auf einen Treuhandvertrag, BayObLG RR **06**, 211; auf die Klage aus einer vertraglichen Gewinnzusage, EuGH NJW **02**, 2697, Hamm MDR **07**, 879, Rostock RR **06**, 209.

„Ausrichten" ist weit gemeint, Drsd IPRax **06**, 45 (krit von Hein 16). Es gibt das Erfordernis nicht mehr, daß der Verbraucher seine Vertragserklärung in seinem Wohnsitzstaat abgegeben haben müßte. Vielmehr reicht unter I c eine Ausrichtung irgendeiner kommerziellen Betätigung des Unternehmers auf den Wohnsitzstaat des Verbrauchers. Der Unternehmer muß grundsätzlich in irgendeiner Form auf dem Vertragsabschlußmarkt in diesem Staat tätig geworden sein. Das geschieht vor allem durch eine Werbung oder Repräsentanz in diesem Staat. Nicht ausreichend ist eine Tätigkeit erst auf Grund des Vertrags zwecks Herstellung des Werks, BGH NJW **06**, 1672. Intermediäre und arbeitsteilig eingesetzte Personen zählen hierher, Hbg RIW **04**, 710. Eine Internet-Werbung im Wohnsitzstaat des Verbrauchers reicht aus, aM Karlsr NJW **08**, 86 (krit Mankowski AnwBl **08**, 358 und IPRax **08**, 333). Differenzierungen nach der Art der Website (aktiv oder passiv) sind unzulässig. Disclaimer, daß die Website nicht auf den Wohnsitzstaat des Verbrauchers ausgerichtet sei, schützen den Unternehmer nur, wenn er sich an sie hält und tatsächlich keine Verträge mit Interessenten aus diesem Staat abschließt, Mü RR **93**, 701, Geimer RIW **94**, 59.

Unanwendbar ist I c auf den vorrangig in Artt 8 ff geregelten Versicherungsvertrag oder auf eine Verbandsklage, EuGH EuZW **02**, 657, Kartzke NJW **94**, 823. Ein nicht wesentlich oder ganz privater Vertrag reicht nicht, EuGH NJW **05**, 653, aM Reich EuZW **05**, 244.

3) Drittstaatunternehmen, II, dazu *Benicke* WertpMitt **97**, 945: Maßgebend ist der Zeitpunkt der Klagerhebung oder Rechtshängigkeit, BayObLG RR **06**, 211. Drittstaatunternehmen mit einer Zweigniederlassung in der EU gelten als in der EU ansässig, wenn die Klage einen Bezug zu jener Niederlassung hat. Auch rechtlich selbständige Unternehmen können Niederlassungen sein, LG Darmst ZIP **04**, 1924, LG Bad Kreuzn EWiR **05**, 251. Eine schon vor der Klageinreichung aufgelöste und im Handelsregister gelöschte ausländische Repräsentanz reicht nicht, BGH RR **07**, 1571 (zustm Staudinger IRPax **08**, 109). 5

4) Beförderungsvertrag, III, dazu *Jayme* IPRax **93**, 43: Ein Pauschalreisevertrag fällt unter I Z 3, Karlsr RR **00**, 353, LG Konst RR **93**, 638, Thorn IPRax **94**, 426, ebenso ein Kombivertrag wie zB über eine Kreuzfahrt. 6

5) Verstoß, I–III. Er führt zur Nichtanerkennung. 7

16 **I Die Klage eines Verbrauchers gegen den anderen Vertragspartner kann entweder vor den Gerichten des Mitgliedstaats erhoben werden, in dessen Hoheitsgebiet dieser Vertragspartner seinen Wohnsitz hat, oder vor dem Gericht des Ortes, an dem der Verbraucher seinen Wohnsitz hat.**

II Die Klage des anderen Vertragspartners gegen den Verbraucher kann nur vor den Gerichten des Mitgliedstaats erhoben werden, in dessen Hoheitsgebiet der Verbraucher seinen Wohnsitz hat.

III Die Vorschriften dieses Artikels lassen das Recht unberührt, eine Widerklage vor dem Gericht zu erheben, bei dem die Klage selbst gemäß den Bestimmungen dieses Abschnitts anhängig ist.

1 **1) Geltungsbereich, I–III.** Die Regelung ist mit Ausnahme von Art 5 Z 5 abschließend, Mankowski IPRax **96**, 427. I bringt ein Wahlrecht zwischen Hs 1 und Hs 2, EuGH EuZW **94**, 767, BGH NJW **95**, 1225, BayObLG RR **06**, 211. Die Parteien müssen aber stets verschiedenen Mitgliedstaaten angehören. Es darf also kein bloßer Binnenfall vorliegen. Bei einer in Deutschland erhobenen Klage richtet sich auf dieser Basis die örtliche Zuständigkeit nach dem deutschen Recht, BGH NJW **95**, 1225, BayObLG MDR **05**, 1293, LG Konst RR **93**, 638 (zustm Thorn IPRax **94**, 428.

Zur Frage, wie sich eine *Regelungslücke* des deutschen Rechts schließen läßt, KG NJW **00**, 2284. Zu I (2. Alt) EuGH EuZW **94**, 766, BGH EuZW **93**, 518.

17 **Von den Vorschriften dieses Abschnitts kann im Wege der Vereinbarung nur abgewichen werden:**

1. wenn die Vereinbarung nach der Entstehung der Streitigkeit getroffen wird,
2. wenn sie dem Verbraucher die Befugnis einräumt, andere als die in diesem Abschnitt angeführten Gerichte anzurufen, oder
3. wenn sie zwischen einem Verbraucher und seinem Vertragspartner, die zum Zeitpunkt des Vertragsabschlusses ihren Wohnsitz oder gewöhnlichen Aufenthalt in demselben Mitgliedstaat haben, getroffen ist und die Zuständigkeit der Gerichte dieses Mitgliedstaats begründet, es sei denn, dass eine solche Vereinbarung nach dem Recht dieses Mitgliedstaats nicht zulässig ist.

1 **Bem.** Eine Gerichtsstandsvereinbarung ist nach Art 23 V grundsätzlich zulässig, soweit Art 17 sie gestattet, BayObLG RR **06**, 211.

Z 1 entspricht Art 13 I. *Z 2* entspricht Art 13 II. *Z 3* enthält eine eigene Regelung.

Abschnitt 5. Zuständigkeit für individuelle Arbeitsverträge

18 **I Bilden ein individueller Arbeitsvertrag oder Ansprüche aus einem individuellen Arbeitsvertrag den Gegenstand des Verfahrens, so bestimmt sich die Zuständigkeit unbeschadet des Artikels 4 und des Artikels 5 Nummer 5 nach diesem Abschnitt.**

II Hat der Arbeitgeber, mit dem der Arbeitnehmer einen individuellen Arbeitsvertrag geschlossen hat, im Hoheitsgebiet eines Mitgliedstaats keinen Wohnsitz, besitzt er aber in einem Mitgliedstaat eine Zweigniederlassung, Agentur oder sonstige Niederlassung, so wird er für Streitigkeiten aus ihrem Betrieb so behandelt, wie wenn er seinen Wohnsitz im Hoheitsgebiet dieses Mitgliedstaats hätte.

1 **1) Systematik, I, II,** dazu *Däubler* NZA **03**, 1297: Parallel zu Artt 15–17 für Verbrauchersachen schaffen Artt 18–21 eine grundsätzlich abschließende Spezialregelung für Arbeitssachen. Vorbehalten sind nur die in I ausdrücklich genannten Artt 4, 5 Z 5 sowie wegen Art 20 II Art 6 Z 3. Außerdem enthält § 7 AEntG, BGBl **97**, 2970, eine nach Art 67 vorrangige Regelung für den speziellen Bereich der vom AEntG geregelten Fragen. Artt 19, 20 begründen ausschließliche Gerichtsstände.

2 **2) Individueller Arbeitsvertrag, I.** Es ist in Übereinstimmung mit dem Arbeitnehmerbegriff des Art 48 EGV wie dem kollisionsrechtlichen Begriff nach Art 6 EVÜ ein Vertrag, bei dem folgende Voraussetzungen vorliegen, EuGH NJW **87**, 1131 (zustm Geimer), ArbG Münst TranspR **01**, 273, Mankowski BB **97**, 469: Eine solche Partei, der eine eigene unternehmerische Entscheidungsfreiheit und ein eigenes unternehmerisches Risiko fehlen, erbringt gegen eine Vergütung Dienstleistungen; sie ist in die Organisation des Dienstherrn eingebunden, und der Dienstherr hat ein Weisungsrecht; die zur Dienstleistung verpflichtete Partei ist wirtschaftlich abhängig und daher sozial schwächer, woraus ihre besondere Schutzbedürftigkeit folgt. Kann der Dienstleistende seine Tätigkeit im wesentlichen frei gestalten und ist sozial wie wirtschaftlich nicht abhängig, liegt kein Arbeitsvertrag vor, ArbG Münst TranspR **01**, 273. Sog Rumpfarbeitsverhältnisse bleiben Arbeitsverträge. Zu sog komplexen Arbeitsverhältnissen mit einem Rumpf- und lokalen Arbeitsverhältnis in Konzernen EuGH RIW **03**, 619. Organpersonen von Gesellschaften können Arbeitnehmer sein. Das gilt aber um so weniger, je mehr sie Gesellschafter sind, Mankowski RIW **04**, 167.

3 **3) Kein Wohnsitz des Arbeitgebers in der EU, II.** Die Vorschrift erweitert den internationalen Anwendungsbereich der EuGVVO über Art 2 hinaus. Sie ist eine Parallelnorm zu Art 15 II. Für die Zwecke der Artt 18–21 wird ein Arbeitgeber mit einem Wohnsitz oder Sitz in einem Nicht-EU-Staat und einer Niederlassung nach Art 5 Z 5 im EU-Gebiet, so behandelt, als hätte er seinen Wohnsitz oder Sitz am Ort dieser Niederlassung in der EU, soweit es um Arbeitsstreitigkeiten wegen dieser Niederlassung geht.

19 **Ein Arbeitgeber, der seinen Wohnsitz im Hoheitsgebiet eines Mitgliedstaats hat, kann verklagt werden:**

1. vor den Gerichten des Mitgliedstaats, in dem er seinen Wohnsitz hat, oder
2. in einem anderen Mitgliedstaat
a) vor dem Gericht des Ortes, an dem der Arbeitnehmer gewöhnlich seine Arbeit verrichtet oder zuletzt gewöhnlich verrichtet hat, oder

b) wenn der Arbeitnehmer seine Arbeit gewöhnlich nicht in ein und demselben Staat verrichtet oder verrichtet hat, vor dem Gericht des Ortes, an dem sich die Niederlassung, die den Arbeitnehmer eingestellt hat, befindet bzw befand.

1) Systematik, Z 1, 2, dazu *Däubler* NZA **03**, 1297: Art 19 regelt abschließend den Gerichtsstand für Klagen gegen den Arbeitgeber. Voraussetzung ist, daß der Arbeitgeber nach Art 2 in Verbindung mit Artt 59, 60 seinen Wohnsitz oder Sitz im EU-Gebiet hat oder daß Art 18 II ihn so behandelt, als hätte er ihn so. Neben Art 19 kann gegen den Arbeitgeber der in Art 18 I vorbehaltene Art 5 Z 5 eine Rolle spielen. 1

2) Gericht des Wohnsitzes, Z 1. Der Arbeitnehmer kann den Arbeitgeber zunächst an dessen Wohnsitz oder Sitz verklagen. Der Begriff des Wohnsitzes beurteilt sich nach Art 59, jener des Sitzes nach Art 60. Gegenüber Art 2 besteht nur die erweiternde Besonderheit des Art 18 II. 2

3) Anderes Gericht, Z 2. Hat der Arbeitnehmer einen gewöhnlichen Arbeitsort in einem Staat, begründet *Z 2 a* einen Gerichtsstand an diesem gewöhnlichen Arbeitsort. Eine vorübergehende Entsendung des Arbeitnehmers in einen anderen Staat schadet nicht. Dafür, ob eine Entsendung vorübergehender Natur ist, lassen sich keine festen Zeitgrenzen aufstellen. Allerdings sollten faustformelmäßig drei Jahre eine Art Obergrenze sein. Maßgeblich sind vielmehr der Rückkehrwille des Arbeitnehmers, der Rückrufwille des Arbeitgebers und die Absicht, den Arbeitnehmer nach der Rückkehr im Stammbetrieb weiterzuwenden. Hat der Arbeitnehmer nicht einen Arbeitsort in einem Staat, ist *Z 2 b* anwendbar. Dieser umfaßt mehrere Konstellationen: mehrere gewöhnliche Arbeitsorte in verschiedenen Staaten, EuGH IPRax **90**, 173, Rauscher IPRax **90**, 152; gewöhnlicher Arbeitsort in staatsfreiem Gebiet (Bsp: Bohrinsel auf hoher See) und Fehlen eines gewöhnlichen Arbeitsorts (Bspe: Zugbegleitpersonal in internationalen Zügen; international eingesetzter trouble shooter). Festlandssockel und anschließende Wirtschaftszone gehören zum Staatsgebiet des Küstenstaats, EuGH IPRax **03**, 45, Mankowski IPRax **03**, 21. 3

Maßgebliches Kriterium für die *Abgrenzung* zwischen Z 2 a und b wie für den Gerichtsstand nach Z 2 a ist also der *gewöhnliche Arbeitsort,* Rn 3. Der EuGH setzt den gewöhnlichen Arbeitsort mit dem hauptsächlichen Arbeitsort gleich, EuGH EuZW **97**, 143. Das raubt Z 2 b den Anwendungsbereich, Mankowski IPRax **99**, 333. Gewöhnlicher Arbeitsort ist vielmehr ein gewöhnlicher Einsatz- oder Tätigkeitsort, wo der Arbeitnehmer tatsächlich seine Arbeitsleistung erbringt, Behr IPRax **89**, 323, regelmäßig bestimmt durch denjenigen Betrieb, in den der Arbeitnehmer räumlich eingegliedert ist. Als Faustformel erscheint geeignet, daß der Arbeitnehmer dort mindestens 60% seiner Arbeitszeit verbringt, Mankowski IPRax **99**, 336. Ein nur relatives Übergewicht im Vergleich mit anderen Tätigkeitsorten erhebt einen Arbeitsort noch nicht zum gewöhnlichen Arbeitsort. 4

Hat ein entsandter Arbeitnehmer ein *zweites Arbeitsverhältnis* mit einem lokalen Arbeitgeber und läßt er sein fortbestehendes Arbeitsverhältnis mit dem entsendenden Arbeitgeber ruhen, ändert sich der gewöhnliche Arbeitsort unter letzterem nicht. Eine Interessenabwägung, inwieweit sich der entsendende die Interessen des lokalen Arbeitgebers zu eigen mache, überzeugt nicht, aM EuGH EWS **03**, 245. Es gibt auch keine rückwirkende Gesamtschau des Arbeitsverhältnisses, aM EuGH IPRax **03**, 45. Es geht nicht zwingend um einen Schwerpunkt für das gesamte Arbeitsverhältnis, sondern darum, ob es einen jeweils aktuellen Schwerpunkt von hinreichendem Gewicht gibt. Der Arbeitnehmer kann so nacheinander mehrere gewöhnliche Arbeitsorte haben, Mankowski IPRax **03**, 24. 5

Einstellende Niederlassung nach Z 2 b ist diejenige Niederlassung, zu diesem Begriff Art 5 Z 5, hier jedoch anwendbar im Verhältnis Arbeitgeber/Arbeitnehmer, der man als organisatorischer Einheit den Arbeitnehmer zurechnen muß, Behr IPRax **89**, 323, Däubler RIW **87**, 251, Junker, Internationales Arbeitsrecht im Konzern, (1922) 185. Maßgeblich sind die Leitungs- und Aufsichtsfunktionen und die Betreuungspflichten gegenüber dem Arbeitnehmer. Wichtige Anzeichen dafür sind die steuerliche und buchhalterische Betreuung der Gehaltsauszahlung und der Weg, auf dem arbeitsrechtliche Weisungsbefugnisse stattfinden. Auf den Ort des Vertragsschlusses kommt es dagegen nicht an, aM Magnus IPRax **90**, 144. 6

20

I Die Klage des Arbeitgebers kann nur vor den Gerichten des Mitgliedstaats erhoben werden, in dessen Hoheitsgebiet der Arbeitnehmer seinen Wohnsitz hat.

II Die Vorschriften dieses Abschnitts lassen das Recht unberührt, eine Widerklage vor dem Gericht zu erheben, bei dem die Klage selbst gemäß den Bestimmungen dieses Abschnitts anhängig ist.

1) Klage des Arbeitgebers, I. Der Arbeitgeber kann den Arbeitnehmer grundsätzlich nur an dessen Wohnsitz verklagen. Der Wohnsitz bestimmt sich nach Art 59. Maßgeblich ist der Wohnsitz des Arbeitnehmers zum Zeitpunkt der Klagerhebung. Das gilt auch dann, wenn der Wohnsitz des Arbeitnehmers nicht mit dem gewöhnlichen Arbeitsort übereinstimmt. Einen Grenzgänger muß sein Arbeitgeber am Wohnort verklagen. Er kann ihn nicht am Arbeitsort gerichtspflichtig machen. 1

2) Widerklage, II. Eine Ausnahme gilt nur für eine Widerklage des von seinem Arbeitnehmer verklagten Arbeitgebers. Diese Widerklage kann der Arbeitgeber vor dem Prozeßgericht der Klage erheben. Der Arbeitnehmer hat dieses Forum gewählt. Er muß dort auch den Gegenangriff des Arbeitgebers hinnehmen. II ist eine Parallelnorm zu Art 16 II. 2

21

Von den Vorschriften dieses Abschnitts kann im Wege der Vereinbarung nur abgewichen werden,

1. wenn die Vereinbarung nach der Entstehung der Streitigkeit getroffen wird oder
2. wenn sie dem Arbeitnehmer die Befugnis einräumt, andere als die in diesem Abschnitt angeführten Gerichte anzurufen.

1) Systematik, Regelungszweck, Z 1, 2. Zum Schutz des Arbeitnehmers ist das Gerichtsstandssystem der Artt 19, 20 grundsätzlich nicht abdingbar. Art 23 V stellt das zusätzlich klar und hat keine eigene 1

Bedeutung. Soweit Gerichtsstandsvereinbarungen ausnahmsweise statthaft sind, gelten für sie die Formanforderungen in Art 23 I, II.

2 **2) Nach Streitentstehung, Z 1.** Parallel zu Art 17 Z 1 läßt Z 1 eine Gerichtsstandsvereinbarung nach der Entstehung der Streitigkeit zu. Die Meinungsunterschiede der Parteien sind offensichtlich und der Arbeitnehmer ist hinreichend mißtrauisch, um seine Interessen wahrzunehmen. Der Arbeitgeber hat auch keine Möglichkeit, die Gerichtsstandsvereinbarung als eine von mehreren Klauseln in einem Vertrag zu verstecken, sondern muß ein isoliertes Angebot machen.

3 **3) Befugnis, Z 2.** Die Vorschrift erlaubt eine solche Gerichtsstandsvereinbarung, die dem Arbeitnehmer für seine Klage neben den gesetzlich garantierten Gerichtsständen des Art 19 weitere Gerichtsstände als Option eröffnet. Solche Gerichtsstandsvereinbarungen sind für den Arbeitnehmer nur günstig und deshalb zulässig. Sie versperren andererseits dem Arbeitgeber nicht den Gerichtsstand des Art 20 für seine Klage.

Abschnitt 6. Ausschließliche Zuständigkeiten

22 Ohne Rücksicht auf den Wohnsitz sind ausschließlich zuständig:

1. [1] für Klagen, welche dingliche Rechte an unbeweglichen Sachen sowie die Miete oder Pacht von unbeweglichen Sachen zum Gegenstand haben, die Gerichte des Mitgliedstaats, in dem die unbewegliche Sache belegen ist. [2] Jedoch sind für Klagen betreffend die Miete oder Pacht unbeweglicher Sachen zum vorübergehenden privaten Gebrauch für höchstens sechs aufeinander folgende Monate auch die Gerichte des Mitgliedstaats zuständig, in dem der Beklagte seinen Wohnsitz hat, sofern es sich bei dem Mieter oder Pächter um eine natürliche Person handelt und der Eigentümer sowie der Mieter oder Pächter ihren Wohnsitz in demselben Mitgliedstaat haben;

2. [1] für Klagen, welche die Gültigkeit, die Nichtigkeit oder die Auflösung einer Gesellschaft oder juristischen Person oder die Gültigkeit der Beschlüsse ihrer Organe zum Gegenstand haben, die Gerichte des Mitgliedstaats, in dessen Hoheitsgebiet die Gesellschaft oder juristische Person ihren Sitz hat. [2] Bei der Entscheidung darüber, wo der Sitz sich befindet, wendet das Gericht die Vorschriften seines Internationalen Privatrechts an;

3. für Klagen, welche die Gültigkeit von Eintragungen in öffentliche Register zum Gegenstand haben, die Gerichte des Mitgliedstaats, in dessen Hoheitsgebiet die Register geführt werden;

4. [1] für Klagen, welche die Eintragung oder die Gültigkeit von Patenten, Marken, Mustern und Modellen sowie ähnlicher Rechte, die einer Hinterlegung oder Registrierung bedürfen, zum Gegenstand haben, die Gerichte des Mitgliedstaats, in dessen Hoheitsgebiet die Hinterlegung oder Registrierung beantragt oder vorgenommen worden ist oder aufgrund eines Gemeinschaftsrechtsakts oder eines zwischenstaatlichen Übereinkommens als vorgenommen gilt. [2] Unbeschadet der Zuständigkeit des Europäischen Patentamts nach dem am 5. Oktober 1973 in München unterzeichneten Übereinkommen über die Erteilung europäischer Patente sind die Gerichte eines jeden Mitgliedstaats ohne Rücksicht auf den Wohnsitz der Parteien für alle Verfahren ausschließlich zuständig, welche die Erteilung oder die Gültigkeit eines europäischen Patents zum Gegenstand haben, das für diesen Staat erteilt wurde;

5. für Verfahren, welche die Zwangsvollstreckung aus Entscheidungen zum Gegenstand haben, die Gerichte des Mitgliedstaats, in dessen Hoheitsgebiet die Zwangsvollstreckung durchgeführt werden soll oder durchgeführt worden ist.

1 **1) Systematik, Regelungszweck Z 1–5.** Die Vorschrift bringt als eine vorrangig zwingende Sonderregelung eine abschließende Aufzählung einer Reihe von ausschließlichen Zuständigkeiten. Man muß sie streng handhaben.

2 **2) Unbewegliche Sache, Z 1.** Die Vorschrift ist eng auslegbar, Saarbr NZM **07**, 703. Sie gilt grundsätzlich nur dann, wenn der Kläger gerade einen dinglichen Anspruch geltend macht, BGH MDR **05**, 138, und wenn die unbewegliche Sache in dem Hoheitsgebiet eines Vertragsstaats liegt. Dann sind keine Vereinbarungen möglich, BayObLG MDR **03**, 1196, Mü RR **88**, 1023. Ebenso ist der allgemeine Gerichtsstand des Bekl unstatthaft. Daher muß man den Rechtsstreit ohne Rücksicht auf den Wohnsitz der Parteien und den Ort des Vertragsschlusses vor dem Gericht der Belegenheit der Sache führen, LG Aachen NJW **84**, 1308, LG Darmst EuZW **96**, 191, Mankowski EuZW **96**, 177. Ist Art 16 nicht anwendbar, bleibt es bei Art 2, BGH NJW **90**, 318, Nagel EuZW **90**, 38. Löschungsansprüche sind persönlich, nicht dinglich, BGH MDR **05**, 138.

Unter Z 1 fallen aber ausnahmsweise auch alle Rechtsstreitigkeiten aus einem Miet- oder Pachtverhältnis, zB auch über Zahlungsansprüche, EuGH NJW **85**, 905 (zustm Rauscher NJW **85**, 892), BGH MDR **05**, 138, aM BayObLG MDR **03**, 1196 (Wohngeldanspruch), Mü RR **88**, 1023, Geimer RIW **86**, 136. Das gilt ohne Rücksicht darauf, auf welche Anspruchsgrundlage sich der Kläger stützt, LG Bochum RIW **86**, 135 (zustm Geimer). Etwas anderes gilt für eine Klage auf eine Entschädigung für gezogene Nutzungen einer Wohnung nach der Eigentumsübertragung, EuGH NJW **95**, 37 (zustm Ulmer IPRax **95**, 72), und für solche Rechtsstreitigkeiten, die sich nur mittelbar auf die Nutzung der Mietsache beziehen, zB wegen entgangener Urlaubsfreude, EuGH NJW **85**, 905. Bezieht sich der Vertrag auf mehrere in verschiedenen Vertragsstaaten belegene Grundstücke, sind die Gerichte dieser Staaten jeweils für den in deren Hoheitsgebiet liegenden Teil zuständig, EuGH IPRax **91**, 44, krit Kreuzer IPRax **91**, 25.

Z 1 gilt auch für den Streit aus der Vermietung einer Ferienwohnung, EuGH NJW **85**, 905, Ffm MDR **08**, 336, LG Darmst EuZW **96**, 191, Jayme IPRax **96**, 87. Das gilt auch für einen „Clubbeitrag", Brdb NZM **08**, 660, oder für eine Schadensersatzklage des Reiseveranstalters aus abgetretenem Recht, EuGH NJW **00**, 2009. Zur internationalen Zuständigkeit der Gerichte von Drittstaaten dann Grundmann IPRax **85**, 249. Jedoch schafft *Z 1 S 2* für solche Streitigkeiten einen zusätzlichen Gerichtsstand am Wohnsitz des Bekl, wenn die dort genannten Voraussetzungen vorliegen, Schnichels/Dietze EuZW **94**, 369.

Für *Verbandsklagen* nach AGB gilt Z 1 *nicht*, BGH NJW **90**, 318, Lorenz IPRax **90**, 292, Nagel EuZW **90**, 38, krit Jayme/Kohler IPRax **90**, 355. Dasselbe gilt für eine Gläubigeranfechtung wegen der Verfügung über ein dingliches Recht, EuGH EuZW **90**, 134, Schlosser IPRax **91**, 29. Zur Frage, ob Z 1 für gezogene Nutzungen einer Wohnung nach einer gescheiterten Eigentumsübertragung gilt, Ffm EuZW **93**, 776 (Vorlagebeschluß). Nicht unter Z 1 fällt ferner der Streit über die Rückübertragung des Eigentums an einem Grundstück, LG Bonn IPRax **97**, 184, und der Streit aus einem Vertrag über die Verpachtung eines solchen Ladengeschäfts, das in einer vom Verpächter bei einem Dritten gemieteten unbeweglichen Sache betrieben wird, EuGH NJW **78**, 1107, Rauscher NJW **85**, 897. Dabei ist offen, ob dasselbe allgemein für den Streit über die (Unter-)Pacht eines Ladengeschäfts gilt, Düss JR **91**, 244. Nicht unter Z 1 fällt die Feststellung, daß jemand eine unbewegliche Sache als „trustee" hält, EuGH EuZW **94**, 634. Nicht unter Z 1 fällt auch ein Beherbergungsvertrag mit Halbpension usw, Düss MDR **08**, 1000. Ebensowenig fällt unter Z 1 evtl ein Vertrag über „tauschfähige Urlaubswochen", BGH NZM **08**, 659.

3) Gesellschaftsklage usw, Z 2. Hierunter fällt auch eine Klage im Rahmen einer Liquidation, nicht 3
aber ein Auseinandersetzungsvertrag, Hamm RR **07** 479.

4) Patent usw, Z 4. Zur Auslegung des Begriffs eines solchen Rechtsstreits, der „die Eintragung oder die 4
Gültigkeit von Patenten ... zum Gegenstand (hat)", EuGH RIW **84**, 483 und C 4/03 v 13. 7. 06, Stgt RIW **01**, 141, Stauder IPRax **85**, 76.

5) Zwangsvollstreckung, Z 5. Die Vorschrift gilt auch für eine Klage nach § 767 ZPO, Hbg IPRax **99**, 5
168, Geimer IPRax **99**, 152, und für die Vollstreckung aus einer Urkunde, Hbg IPRax **99**, 168. Jedoch darf man vor dem danach zuständigen Gericht nicht die Aufrechnung mit einer solchen Forderung erklären, für deren selbständige Geltendmachung die Gerichte dieses Vertragsstaats nicht zuständig wären, EuGH NJW **85**, 2892, Geimer IPRax **86**, 208.

Nicht unter Z 5 fällt eine Gläubigeranfechtungsklage, EuGH EuZW **92**, 447, Schlosser IPRax **93**, 17.

Abschnitt 7. Vereinbarung über die Zuständigkeit

23 **I** [1] **Haben die Parteien, von denen mindestens eine ihren Wohnsitz im Hoheitsgebiet eines Mitgliedstaats hat, vereinbart, dass ein Gericht oder die Gerichte eines Mitgliedstaats über eine bereits entstandene Rechtsstreitigkeit oder über eine künftige aus einem bestimmten Rechtsverhältnis entspringende Rechtsstreitigkeit entscheiden sollen, so sind dieses Gericht oder die Gerichte dieses Mitgliedstaats zuständig.** [2] **Dieses Gericht oder die Gerichte dieses Mitgliedstaats sind ausschließlich zuständig, sofern die Parteien nichts anderes vereinbart haben.** [3] **Eine solche Gerichtsstandsvereinbarung muss geschlossen werden**

a) schriftlich oder mündlich mit schriftlicher Bestätigung,
b) in einer Form, welche den Gepflogenheiten entspricht, die zwischen den Parteien entstanden sind, oder
c) im internationalen Handel in einer Form, die einem Handelsbrauch entspricht, den die Parteien kannten oder kennen mussten und den Parteien von Verträgen dieser Art in dem betreffenden Geschäftszweig allgemein kennen und regelmäßig beachten.

II Elektronische Übermittlungen, die eine dauerhafte Aufzeichnung der Vereinbarung ermöglichen, sind der Schriftform gleichgestellt.

III Wenn eine solche Vereinbarung von Parteien geschlossen wurde, die beide ihren Wohnsitz nicht im Hoheitsgebiet eines Mitgliedstaats haben, so können die Gerichte der anderen Mitgliedstaaten nicht entscheiden, es sei denn, das vereinbarte Gericht oder die vereinbarten Gerichte haben sich rechtskräftig für unzuständig erklärt.

IV Ist in schriftlich niedergelegten trust-Bedingungen bestimmt, dass über Klagen gegen einen Begründer, trustee oder Begünstigten eines trust ein Gericht oder die Gerichte eines Mitgliedstaats entscheiden sollen, so ist dieses Gericht oder sind diese Gerichte ausschließlich zuständig, wenn es sich um Beziehungen zwischen diesen Personen oder ihre Rechte oder Pflichten im Rahmen des trust handelt.

V Gerichtsstandsvereinbarungen und entsprechende Bestimmungen in trust-Bedingungen haben keine rechtliche Wirkung, wenn sie den Vorschriften der Artikel 13, 17 und 21 zuwiderlaufen oder wenn die Gerichte, deren Zuständigkeit abbedungen wird, aufgrund des Artikels 22 ausschließlich zuständig sind.

Gliederung

1 **1) Systematik, Regelungszweck, I–V.** Die Vorschrift ist die für den internationalen Handelsverkehr wichtigste Bestimmung der EuGVVO. Denn sie regelt die Vereinbarung des maßgeblichen Gerichtsstands. Sie dient der Prozeßwirtschaftlichkeit nach Grdz 14 von § 128 ZPO. Sie ist deshalb großzügig auslegbar.

2 **2) Geltungsbereich, I–V.** Es gibt drei Aspekte.

A. Wohnsitz einer Partei. Mindestens eine Partei muß ihren Wohnsitz in einem Mitgliedsstaat haben, Düss RR **98**, 1146. Die spätere Parteirolle im Prozeß ist ohne Bedeutung, Mü RIW **89**, 902. Reine Inlandsfälle sind nicht erfaßt, OGH ÖJZ **04**, 105. Ein Handelsvertreter fällt unter Art 23, Hbg NJW **04**, 3126.

Von dieser Grundregel läßt III eine *Ausnahme* zu. Wenn die Wohnsitzvoraussetzung nicht vorliegt und wenn die Parteien trotzdem die Zuständigkeit eines Gerichts in einem Mitgliedsstaat vereinbart haben, muß das derart vereinbarte Gericht in einer ausschließlichen Zuständigkeit über die Wirksamkeit dieser Abrede entscheiden. Bis zu einer Verwerfung ihrer Gültigkeit durch das vorgesehene Gericht bindet die Abrede alle Gerichte in jedem Mitgliedstaat.

3 **B. Inhalt der Vereinbarung.** Art 23 gilt nur dann, wenn die Abrede die Zuständigkeit eines Gerichts in einem Mitgliedstaat begründet, BGH NJW **89**, 1431, Mü NJW **87**, 2168, krit Geimer NJW **86**, 1438, Schack IPRax **90**, 20.

4 **C. Bezug zum EU-Gebiet.** Das ist dieselbe Problematik wie bei § 23 ZPO Rn 16 „Inlandsbezug“. Ein solcher Bezug ist ebenso wie dort nicht nötig, Mü RIW **89**, 901, Aull IPRax **99**, 226, Geimer IPRax **91**, 31, aM BGH NJW **93**, 1071, Hamm IPRax **99**, 244, Saarbr NJW **00**, 670.

5 **3) Abschließende Regelung, I–V.** Art 23 läßt Ausnahmen nur dann zu, wenn die EuGVVO sie zuläßt, V in Verbindung mit Artt 13, 17, 21, 22. Außerdem können sich Vereinbarungsbeschränkungen aus internationalen Abkommen ergeben, die der EuGVVO vorgehen. Dagegen sind andere Beschränkungen im nationalen Recht nicht anwendbar, Stgt EuZW **91**, 126, LG Darmst RR **94**, 686, Roth IPRax **92**, 68. Eine Inhaltskontrolle ist unzulässig, BGH NJW **80**, 2022, BayObLG RR **02**, 359, Prinzing IPRax **90**, 84. Man muß die Wirksamkeit der Gerichtsstandsvereinbarung unabhängig von derjenigen eines eventuellen Hauptvertrags beurteilen, EuGH WertpMitt **97**, 1549 (zustm Mankowski JZ **98**, 898), BGH MDR **07**, 964. Das vereinbarte Gericht hat keine alleinige Entscheidungsbefugnis dazu. Vielmehr können auch andere Gerichte über die Wirksamkeit entscheiden, Mankowski JZ **98**, 898. Ein Rechtsmißbrauch wie stets schädlich, aM Horn IPRax **06**, 4 (aber Einl III 54 gilt allgemein).

6 **4) Form der Vereinbarung, I 3.** Von den Tatbeständen braucht nur einer vorzuliegen, damit die Vereinbarung gültig ist. Nationale Formvorschriften sind unanwendbar. Maßgeblicher Zeitpunkt für die Beurteilung der Formwirksamkeit ist die Klagerhebung, Kblz RR **88**, 1335, Kölb NJW **88**, 2182. Daher kann eine ursprünglich unwirksame Vereinbarung durch einen Neuabschluß oder eine Bestätigung wirksam werden.

7 **A. Schriftliche Vereinbarung, I 3 a Fall 1.** Schriftform bedeutet nicht eigenhändige Unterschrift (§ 126 II BGB gilt nicht), BGH RIW **04**, 939. Eine schriftliche Erklärung des Benachteiligten nach einer Kenntnisnahme von der Gerichtsstands-Formularklausel genügt, BGH RR **05**, 151 (zu Art 17 I 2 LugÜ). Ein Wechsel von Briefen oder Telefax usw reicht aus, BGH RIW **04**, 939. Für die Einbeziehung beigefügter AGB mit Gerichtsstandsklausel ist eine ausdrückliche Hinweisklausel im eigentlichen Vertragstext erforderlich, EuGH NJW **77**, 494, BayObLG RR **02**, 359. Erleichterungen können sich aus I 3 b ergeben, Rn 10. Selbst die ausdrückliche Einbeziehung der AGB genügt dann nicht, wenn sie auf ein anderes nicht beigefügtes Standardklauselwerk verweisen, das eine Gerichtsstandsklausel enthält, Rauscher ZZP **104**, 288, aM IPRax **87**, 307 (zustm Rehbinder 288). Eine erstmals auf einer Rechnung erscheinende Gerichtsstandsklausel genügt nicht. Anders verhält es sich aber, wenn man solche Rechnungsformulare in einer laufenden Geschäftsbeziehung dauernd verwendet, Rn 10.

Elektronische Übermittlung steht im Rahmen von II der Schriftform gleich.

8 **B. Mündliche Vereinbarung mit schriftlicher Bestätigung, I 3 a Fall 2.** Die Formerleichterung setzt eine zumindest stillschweigende oder eine mündliche Einigung über die Zuständigkeit eines bestimmten Gerichts voraus, Hbg EWS **96**, 365. AGB mit einer entsprechenden Klausel müssen dem Partner beim Vertragsschluß vorgelegen haben, Hamm NJW **90**, 652. Kommt die Gerichtsstands„abrede“ ohne eine vorangegangene mündliche Einigung erstmals in ein Bestätigungsschreiben, reicht das nicht aus, EuGH NJW **77**, 495, BGH NJW **94**, 2099. Vielmehr muß der Empfänger dann schriftlich zustimmen, EuGH NJW **77**, 495, oder es muß I 3 c vorliegen. Welche Partei die schriftliche Bestätigung ausgestellt hat, ist unerheblich, EuGH RIW **85**, 736, BGH NJW **86**, 2196. Die Bestätigung des gesamten Vertrags reicht aus. Ein Widerspruch gegen die Bestätigung schließt die Einhaltung der Form nicht aus. Er kann aber ein Anzeichen für das Fehlen einer vorangegangenen Einigung sein. Eine bloße Rechnung ist keine Bestätigung, selbst wenn man sie als solche bezeichnet, Hbg IPRax **85**, 281 (zustm Samtleben 261).

9 **C. Gepflogenheit der Parteien, I 3 b.** Zwischen den Vertragspartnern können sich bestimmte Gepflogenheiten entwickelt haben. Haben sie ihre Geschäfte immer nach diesen Gepflogenheiten abgewickelt, verstieße diejenige Partei gegen Treu und Glauben, die sich auf einmal nicht mehr an sie gebunden erklärte, BGH MDR **04**, 897. Voraussetzung ist eine länger dauernde Geschäftsbeziehung und eine gewisse vertrauensbegründende Dauer der Gepflogenheit, BGH RIW **04**, 939. Die Formerleichterung kann frühestens für das zweite bestimmte Geschäft im Rahmen einer Geschäftsbeziehung gelten, Kölb RIW **88**, 557.

10 Bei *AGB* kann man die Vereinbarung ihrer Geltung dann durch eine abstrakte Einbeziehung ersetzen, wenn eine laufende Geschäftsbeziehung auf Grund der AGB stattfindet, LG Münst RIW **92**, 23, Kohler IPRax **91**, 301. Die laufende Geschäftsbeziehung hat ihre Bedeutung auch ohne einen vorangegangenen mündlichen Vertragsschluß, EuGH RIW **84**, 909 (zustm Schlosser). Die Partner müssen die Geltung der AGB in der Anfangsphase mindestens einmal ausdrücklich vereinbart und sich in der Praxis nach ihnen gerichtet haben, Düss TranspR **81**, 26, Mankowski EWiR **94**, 986. Hat der Rechnungsschreiber nie auf die

rückseitig aufgedruckten AGB hingewiesen, führt auch die laufende Geschäftsverbindung nicht zur Wirksamkeit der Gerichtsstandklausel, BGH NJW **94**, 2099, Hbg IPRax **84**, 281 (zustm Samtleben 161), Hamm NJW **90**, 1012.

D. Internationaler Handelsbrauch, I 3 c. Gerichtsstandsvereinbarungen sind dann anerkennbar, wenn ihre Form einem internationalen Handelsbrauch entspricht, EuGH EuZW **99**, 441. Ein Handelsbrauch besteht dann, wenn die in dem betreffenden Geschäftszweig tätigen Kaufleute beim Abschluß einer bestimmten Art von Verträgen allgemein und regelmäßig ein bestimmtes Verhalten befolgen, EuGH RIW **97**, 418, Hbg TranspR **93**, 26. Der Handelsbrauch muß sich nicht spezifisch auf Gerichtsstandsklauseln beziehen. Indessen können Gerichtsstandsklauseln in einer Branche handelsbräuchlich sein, zB im Seehandel, Celle IPRax **97**, 418 (zustm Koch 405). Auf eine formelle Kaufmannseigenschaft etwa nach dem HGB kommt es nicht an. Handelt eine Partei als Privatmann, greift I 2 c nicht ein. Das gilt unabhängig davon, ob ein Verbrauchervertrag nach Art 13 I vorliegt. 11

Die Fassung von I 3 c lehnt sich an *Art 9 II CISG* (UN-Kaufrecht) an, Kohler EuZW **91**, 305. Daher kann man bei der Auslegung auf jene Bestimmung zurückgreifen. Ein Handelsbrauch muß nicht weltweit bestehen. Es genügt ein Bestehen in derjenigen Branche, in der sich die Parteien beim Vertragsschluß betätigen, EuGH EuZW **99**, 441. Die Abgrenzung kann schwierig sein, Rauscher IPRax **92**, 145. Was branchenüblich ist, muß das Gericht nach abstrakten Maßstäben beurteilen. Es darf nicht nur nach den Vorstellungen der Parteien urteilen. Wichtig ist, daß der Brauch eine allgemeine Geltung hat, daß also eine qualifizierte Mehrheit der beteiligten Verkehrskreise ihn praktiziert. Es kommt nicht darauf an, ob der Brauch im Sitzstaat einer Partei besteht, aM Düss RIW **90**, 579, Köln NJW **88**, 2192, oder ob er nach dem auf den Vertrag anwendbaren Recht gilt, EuGH RIW **97**, 418 (zustm Holl), aM Rauscher ZZP **105**, 292. Ebensowenig muß der Handelsbrauch für andere Staaten oder für alle EU-Staaten feststehen, EuGH EuZW **99**, 441. Ob in der betroffenen Branche ein entsprechender Handelsbrauch besteht, ist eine vom Prozeßgericht zu entscheidende Frage, EuGH EuZW **97**, 418 (zustm Holl). Die Behauptungslast für das Bestehen eines Handelsbrauchs und seinen Inhalt trifft denjenigen, der sich auf ihn beruft, Hbg IPRax **97**, 420 (zustm Koch 405). 12

Erforderlich ist weiter, daß die ursprünglichen Parteien des Rechtsverhältnisses den Handelsbrauch *kannten oder kennen mußten*. Das Gesetz vermutet unwiderleglich, daß das dann so ist, wenn die in dem betreffenden Geschäftszweig Tätigen schon zuvor miteinander oder mit anderen Partnern Geschäftsbeziehungen pflegten oder wenn man ein bestimmtes Verhalten beim Vertragsschluß in dieser Branche allgemein und ständig zu befolgen pflegt, EuGH EuZW **99**, 441. Das Wissen eines Vertreters läßt sich dem Chef nach Maßgabe des Vollmachtstatuts zurechnen, LG Essen RIW **92**, 230. 13

Im Bereich von I 3 c kann das *Schweigen* auf ein kaufmännisches Bestätigungsschreiben eine Gerichtsstandsvereinbarung begründen, EuGH RIW **97**, 418 (zustm Holl), BGH RR **98**, 755, Hbg IPRax **97**, 420. Dabei darf man auch die Willenseinigung dann vermuten, wenn man einem formwahrenden Handelsbrauch befolgt hat. Zu Gerichtsstandsklauseln in Konnosementen Hbg TranspR **93**, 25. Zu solchen Klauseln in internationalen Versteigerungsbedingungen Mankowski EWiR **96**, 740. 14

5) Gerichtsstandsvereinbarung, I–III. Man muß drei Gesichtspunkte beachten. 15

A. Willenseinigung. Art 23 regelt auch Einigkeitsfragen. Er verlangt das tatsächliche Bestehen einer Willenseinigung. Er verdrängt insofern die nationalen Bestimmungen über das Zustandekommen von Vereinbarungen. Daher ist eine Einbeziehungskontrolle von Gerichtsstandsklauseln in AGB beim deutschen Vertragsstatut unstatthaft, BGH NJW **96**, 1820, Mü WertpMitt **89**, 605, LG Essen RIW **92**, 220. Liegen die Voraussetzungen von I 3 vor, darf und muß man eine Einigung der Parteien vermuten, EuGH EuZW **99**, 441. Die Bestätigung der Kenntnisnahme ist noch keine Zustimmung, BGH RIW **04**, 939.

Legt eine Partei in ihrer Muttersprache abgefaßte *AGB* vor und beherrscht die Gegenpartei diese Sprache nicht, genügt es für die erforderliche Übereinstimmung, wenn die Gegenpartei eine auf die AGB hinweisende Annahmeerklärung unterschreibt, BGH IPRax **91**, 326, Hamm RR **95**, 188, Mankowski EWiR **94**, 1190. Allerdings ist dafür nötig, daß die Gegenpartei mindestens den Hinweis auf die AGB verstehen konnte, Kohler IPRax **91**, 301.

B. Rückgriff auf das anwendbare sachliche Recht. Das Vertragsstatut regelt die Folgen eines Willensmangels, die Verlängerung befristeter Verträge, EuGH NJW **87**, 2155, die Wirksamkeit von Mehrparteienabreden, etwa von Gesellschaftsverträgen, EuGH IPRax **93**, 32 (zustm Koch 19), die Nachfolgefrage, EuGH RIW **84**, 909 (zustm Schlosser), die Frage, wer eigentlich Partei der Vereinbarung ist, Düss RR **89**, 1332, Saarbr NJW **92**, 988, ferner Vertretungsfragen, LG Essen RIW **92**, 239, und andere Beziehungen zu Dritten, etwa die Zulässigkeit eines Vertrags zugunsten Dritter, Mankowski IPRax **96**, 430. Zu einer Kenntnisnahmeklausel BGH NJW **96**, 1820, aM Mankowski EWiR **96**, 740. 16

C. Bestimmtheitserfordernis. I verlangt, daß sich die Gerichtsstandsvereinbarung auf eine bereits entstandene oder auf künftige aus einem bestimmten Rechtsverhältnis entspringende Rechtsstreitigkeiten bezieht, EuGH NJW **92**, 1671. Eine Gerichtsstandsvereinbarung in einem Rahmenvertrag erfaßt im Zweifel alle Streitigkeiten über einzelne Teillieferungen, Oldb IPRax **99**, 459 (zustm Kindler/Haneke 436). Bestimmt sein muß auch die Bezeichnung des gewählten Gerichts. Dafür reicht aus, daß sich das Gericht aus dem gesamten Vertrag und den Umständen des Vertragsschlusses ergibt, EuGH NJW **01**, 501, oder aus dem auf den Vertrag anwendbaren sachlichen Recht. Das ist zB dann so, wenn der Vertrag nur die internationale Zuständigkeit regelt. Dann ergibt sich die örtliche Zuständigkeit aus dem nationalen Recht, Kohler IPRax **83**, 268. 17

Es reicht auch eine sog *reziproke Gerichtsstandsvereinbarung* wie zB „Gerichtsstand ist der Sitz des jeweiligen Klägers", EuGH RIW **78**, 814, BGH NJW **79**, 2477, Kblz RIW **93**, 934. Ausreichend ist auch die Vereinbarung der Zuständigkeit des Gerichts am Erfüllungsort, Mü RIW **89**, 901 (zustm Schmidt ZZP **103**, 91). Nicht ausreichend ist eine solche Vereinbarung, die die Bestimmung einer Partei überläßt, aM Hamm IPRax **07**, 125 (Wahlmöglichkeit, zustm Spellenberg 98), oder eine solche Abrede, daß eine Partei auch 18 noch andere Gerichte anrufen könne, Köln IPRax **91**, 146, es sei denn, daß das nur besagt, daß der vereinbarte Gerichtsstand kein ausschließlicher sein solle.

19 **6) Sonderfälle, I, IV, V.** Es gibt sechs solche Situationen.

A. Arbeitsvertrag, Art 21. Vor einer konkreten Streitigkeit getroffene Gerichtsstandsvereinbarungen haben gegenüber dem Arbeitnehmer keine Wirkung, es sei denn, sie eröffnen ihm einen zusätzlichen Gerichtsstand. Nach einer konkreten Streitigkeit getroffene Gerichtsstandsvereinbarungen haben aber eine volle Wirkung.

20 **B. Verbraucher- und Versicherungsvertrag, Art 17.**

21 **C. Trust-Bedingung, IV.** Die Vorschrift erweitert I für Streitigkeiten über das Innenverhältnis eines trust des angelsächsischen Rechtskreises. Sie bindet auch Dritte, nämlich die trust-Begünstigten, und erklärt die für I nötige sachlichrechtliche Willenseinigung für entbehrlich.

22 **D. Gesellschaftsvertrag und -satzung.** Der EuGH sieht auch eine Gerichtsstandsvereinbarung in einer schriftlichen Gesellschaftssatzung als den Anforderungen des Art 23 genügend an, EuGH EuZW **92**, 252 (zustm Karrée-Abermann ZEuP **94**, 138, Koch IPRax **93**, 19). Sie soll auch die Rechtsnachfolger der ursprünglichen Gesellschafter binden und dabei sogar jene, die die Klausel abgelehnt haben, Koch IPRax **93**, 19. Durch eine Auslegung muß das Gericht klären, inwieweit solche Bestimmungen auch Klagen der Gesellschafter gegen die Gesellschaft oder Streitigkeiten der Gesellschafter untereinander erfassen, BGH NJW **94**, 51, Kblz RIW **93**, 141.

23 **E. Konnossement,** dazu *Mankowski,* Seerechtliche Vertragsverhältnisse im IPR (1995) 282: I 3c soll die Geltung solcher Klauseln auch im Verhältnis zwischen dem konnossementsmäßigen Verfrachter und dem späteren Konnossementsberechtigten sicherstellen, EuGH NJW **01**, 501, MüKoGo 34. Ob aber I 3c über eine bloße Formvorschrift hinausgeht, ist trotzdem fraglich, EuGH RIW **84**, 909. Für die Bindung des Drittinhabers ist weiterhin maßgeblich, daß dieser im Rahmen des anwendbaren sachlichen Rechts ein Rechtsnachfolger der ursprünglichen Konnossementspartei geworden ist, EuGH EuZW **99**, 441 (zustm Girsberger IPRax **00**, 91).

24 **F. Luxemburg, Art 63.**

25 **7) Inhalt einer Gerichtsstandsvereinbarung, I–V.** Die sachliche Reichweite der Vereinbarung läßt sich durch ihre Auslegung ermitteln. Nach deutschem Verständnis erfaßt sie konkurrierende, vor allem deliktische Ansprüche mit, Stgt EuZW **91**, 326 (zustm Roth IPRax **92**, 67). Die Vereinbarung kann sich auch auf eine Widerklage erstrecken. Sie kann etwa den Gerichtsstand der Widerklage ausschließen. Die Abrede kann auch Maßnahmen des einstweiligen Rechtsschutzes umfassen, Eilers, Maßnahmen des einstweiligen Rechtsschutzes im europäischen Zivilrechtsverkehr, 1991. Im Zweifel soll das vereinbarte Gericht befugt sein, Eilmaßnahmen zu treffen. Zur Zuständigkeit im selbständigen Eilverfahren Art 24.

26 Durch eine Auslegung muß das Gericht auch ermitteln, ob die Gerichtsstandsvereinbarung auch das Verbot enthält, die *Aufrechnung* mit einer vor ein anderes Gericht gehörenden Forderung zu erklären, Leipold ZZP **107**, 217, Mankowski ZZP **109**, 378. Die Auslegung muß klären, ob die Parteien eine Beschränkung der Aufrechnung auf bestimmte Modalitäten gewollt haben, EuGH NJW **79**, 1100, BGH NJW **79**, 2478, Gottwald IPRax **86**, 12. Die Auslegungsmaßstäbe dafür muß das Gericht dem auf die Aufrechnung anwendbaren sachlichen Recht entnehmen, BGH NJW **79**, 2478, Mansel ZZP **109,** 75, sofern das IPR eine Aufrechnung und Aufrechnungsbeschränkungen als sachlichrechtlich einordnet, Gebauer IPRax **98**, 81, Mankowski ZZP **109**, 378. Aufrechnungsstatut ist nach deutschem IPR das Statut derjenigen Forderung, gegen die eine Aufrechnung erfolgt, BGH NJW **94**, 1416, Düss RR **94**, 508, Stgt RIW **95**, 944. Das gilt auch für das Erfordernis der Gegenseitigkeit, EuGH NJW **85**, 2893, Gottwald IPRax **86**, 10, Rauscher RIW **85**, 887. Zu den Erwägungen bei der Auslegung LG Bln IPRax **98**, 99.

27 **8) Wirkung gegenüber Dritten, I–V,** dazu *Jungermann,* Die Drittwirkung internationaler Gerichtsstandsvereinbarungen nach EuGVÜ/EuGVO und LugÜ, 2006: Der aus einem Vertrag zu seinen Gunsten berechtigte Dritte kann sich auf eine Gerichtsstandsvereinbarung berufen, EuGH IPRax **84**, 259 (zustm Hübner 237), Geimer NJW **85**, 533. Andererseits muß er die Abrede auch gegen sich gelten lassen, Mankowski IPRax **96**, 431. Dasselbe gilt für den Rechtsnachfolger, EuGH RIW **84**, 909. Die Rechtsnachfolge bestimmt sich nach dem anwendbaren sachlichen Recht. Voraussetzung für diese Wirkung ist jeweils, daß die Abrede im Verhältnis der Vertragsparteien wirksam und insbesondere formgerecht zustandegekommen ist, EuGH IPRax **84**, 259. Art 23 gilt nicht für den Ausschluß von Streitverkündungen. Insofern ist das Recht des jeweils angerufenen Gerichts maßgeblich, Mansel ZZP **109**, 61, MüKoGo 60, aM v Hoffmann/Hau RIW **97**, 89.

28 **9) Maßgeblicher Zeitpunkt, I–V.** Genügt die Gerichtsstandsvereinbarung im Zeitpunkt der Klagerhebung den Anforderungen des Art 23, ist sie in dem Verfahren wirksam, EuGH RIW **80**, 285, Hamm IPRax **91**, 325, LG Bochum RIW **00**, 383. War sie bei ihrem Zustandekommen nach nationalem Recht wirksam, gilt ein Vertrauensschutz, Trunk IPRax **95**, 251, aM LG Mü IPRax **95**, 267.

24 [1] **Sofern das Gericht eines Mitgliedstaats nicht bereits nach anderen Vorschriften dieser Verordnung zuständig ist, wird es zuständig, wenn sich der Beklagte vor ihm auf das Verfahren einlässt.** [2] **Dies gilt nicht, wenn der Beklagte sich einlässt, um den Mangel der Zuständigkeit geltend zu machen oder wenn ein anderes Gericht aufgrund des Artikels 22 ausschließlich zuständig ist.**

1 **1) Systematik, S 1, 2.** Die Bestimmung greift in diesem Rahmen auch dann ein, wenn die Parteien eine Zuständigkeitsvereinbarung nach Art 23 getroffen haben, EuGH NJW **85**, 2893, Kblz RR **88**, 1334, LG Giessen RR **95**, 438. Rügen muß man der Sache nach gerade das Fehlen der internationalen Zuständigkeit,

BGH NJW **88**, 1466. Darüber, bis wann diese Rüge wirksam möglich ist, entscheidet das innerstaatliche Verfahrensrecht, EuGH RIW **81**, 709, Düss RIW **90**, 670. Die rügelose Einlassung des Bekl auch zur Sache nach S 2 ist unschädlich, wenn die Zuständigkeitsrüge vorher erfolgt war, EuGH RIW **81**, 709, BGH MDR **06**, 47, oder wenn die Einlassung zur Sache nur hilfsweise erfolgt, EuGH NJW **84**, 2760 (zustm Hübner IPRax **84**, 239), BGH MDR **06**, 47, Saarbr NJW **92**, 987. Erforderlich und ausreichend ist dabei die Rüge der internationalen Unzuständigkeit, BGH MDR **06**, 47.

2) Geltungsbereich, S 1, 2. Die Vorschrift umfaßt die Rüge der örtlichen Unzuständigkeit. S 1 setzt nicht eine Einlassung zur Hauptsache voraus. Daher reicht eine Einrede zum Verfahren außer der Bemängelung der Zuständigkeit, S 2. Die Zuständigkeit liegt dann vor, wenn der Bekl nur die örtliche nationale Unzuständigkeit gerügt und sich zur Sache eingelassen hat, Ffm RR **05**, 935, oder wenn er sich rügelos auf eine solche Aufrechnungsforderung eingelassen hat, die nicht auf demselben Vertrag oder Sachvortrag wie die Klageforderung beruht und für die die Parteien nach Art 23 wirksam die ausschließlich Zuständigkeit der Gericht eines anderen Vertragsstaats vereinbart hatten, EuGH NJW **85**, 2893, BGH NJW **93**, 1399, Stgt IPRax **96**, 139. Die bloße Anzeige der Verteidigungsbereitschaft des Bekl nach § 276 I ZPO ist keine Einlassung nach Art 24, LG Darmst RR **94**, 684, LG Ffm EuZW **90**, 581 (zustm Mittelstaedt). 2

Art 24 ist dann *nicht* anwendbar, wenn allein der Kläger in einem Mitgliedstaat wohnt und ein Auslandsbezug nur zu anderen Staaten besteht, BGH NJW **97**, 398. 3

Abschnitt 8. Prüfung der Zuständigkeit und der Zulässigkeit des Verfahrens

25 **Das Gericht eines Mitgliedstaats hat sich von Amts wegen für unzuständig zu erklären, wenn es wegen einer Streitigkeit angerufen wird, für die das Gericht eines anderen Mitgliedstaats aufgrund des Artikels 22 ausschließlich zuständig ist.**

1) Systematik, Regelungszweck. Bestehen Anhaltspunkte für die ausschließliche Zuständigkeit eines Gerichts in einem anderen Mitgliedstaat nach Art 22, muß das angerufene Gericht seine eigene Zuständigkeit und die mögliche Zuständigkeit eines anderen Gerichts nach Art 22 von Amts wegen prüfen, BGH NJW **90**, 318. Stellt es fest, daß ein anderes Gericht international zuständig ist, muß es sich von Amts wegen als unzuständig erklären. Das gilt nicht, wenn es selbst ebenfalls nach Art 22 zuständig ist. Es gilt auch dann nicht, wenn sich derjenige Streitpunkt, aus dem sich die Zuständigkeit des anderen Gerichts ergibt, im konkreten Verfahren nur als eine Vorfrage stellt. 1

2) Geltungsbereich. Das Gericht muß Art 25 in allen Instanzen beachten. Er verdrängt nationale Vorschriften, die eine Prüfung der internationalen Zuständigkeit in der Revisions- oder Kassationsinstanz ausschließen oder von einer Rüge der Parteien abhängig machen, EuGH IPRax **85**, 92, BGH **109**, 31, Staude IPRax **85**, 76. 2

3) Verfahren. Im Gegensatz zu Art 26 setzt Art 25 keine Einlassung oder Einlassungsmöglichkeit für den Bekl voraus. Das angerufene Gericht kann also ohne weiteres nach dem Eingang der Klage entscheiden. Wenn die Parteien eine ausschließliche Zuständigkeit nach Art 23 vereinbart haben, gilt Art 26 I, nicht Art 25. 3

Die Prüfung von Amts wegen erstreckt sich nur auf die *Rechtsfrage.* Das angerufene Gericht braucht also nicht von Amts wegen zu ermitteln, ob Tatsachen für eine ausschließliche Zuständigkeit nach Art 22 sprechen. Ob es solche Tatsachen ermitteln darf oder muß, bestimmt sich vielmehr nach seinem nationalen Recht. 4

Das entgegen Art 22 angerufene Gericht kann *nur sich selbst* für unzuständig erklären. Die Form richtet sich nach dem nationalen Recht, Schoibl Festschrift für Schütze (1999) 787. Daher muß das Gericht nach deutschem Recht die Klage als unzulässig abweisen. Eine Verweisung an das nach Art 22 zuständige Gericht eines anderen Mitgliedstaats ist unstatthaft, Kindler/Hancke IPRax **99**, 437, Rüßmann IPRax **96**, 402 (keine Anwendung des § 281 ZPO). 5

26 **I Lässt sich der Beklagte, der seinen Wohnsitz im Hoheitsgebiet eines Mitgliedstaats hat und der vor den Gerichten eines anderen Mitgliedstaats verklagt wird, auf das Verfahren nicht ein, so hat sich das Gericht von Amts wegen für unzuständig zu erklären, wenn seine Zuständigkeit nicht nach dieser Verordnung begründet ist.**

II Das Gericht hat das Verfahren so lange auszusetzen, bis festgestellt ist, dass es dem Beklagten möglich war, das verfahrenseinleitende Schriftstück oder ein gleichwertiges Schriftstück so rechtzeitig zu empfangen, dass er sich verteidigen konnte oder dass alle hierzu erforderlichen Maßnahmen getroffen worden sind.

III An die Stelle von Absatz 2 tritt Artikel 19 der Verordnung (EG) Nr. 1348/2000 des Rates vom 29. Mai 2000 über die Zustellung gerichtlicher und außergerichtlicher Schriftstücke in Zivil- oder Handelssachen in den Mitgliedstaaten, wenn das verfahrenseinleitende Schriftstück oder ein gleichwertiges Schriftstück nach der genannten Verordnung von einem Mitgliedstaat in einen anderen zu übermitteln war.

IV Sind die Bestimmungen der Verordnung (EG) Nr. 1348/2000 nicht anwendbar, so gilt Artikel 15 des Haager Übereinkommens vom 15. November 1965 über die Zustellung gerichtlicher und außergerichtlicher Schriftstücke im Ausland in Zivil- und Handelssachen, wenn das verfahrenseinleitende Schriftstück oder ein gleichwertiges Schriftstück nach dem genannten Übereinkommen zu übermitteln war.

1) Systematik, Regelungszweck, I–IV. Zum Schutz des Bekl mit dem Wohnsitz in einem Mitgliedstaat entbindet I ihn davon, sich nur wegen der Zuständigkeitsrüge auf ein ausländisches Verfahren einzulassen, 1

Haubold IPRax **00**, 94. Ohne seine Einlassung muß sich das angerufene Gericht dann von Amts wegen als unzuständig erklären, wenn seine Zuständigkeit nicht auf Grund der VO feststeht.

2 Die Entscheidung ergeht in Deutschland durch ein *Endurteil.* Allerdings ist auch ein Zwischenurteil denkbar, Geimer WertpMitt **86**, 120. Notwendige Rechtsfolge ist die Klagabweisung durch ein Prozeßurteil nach Grdz 14 vor § 253. Allerdings muß das Gericht zuvor die Klage dem Bekl zustellen und ihm die Chance zur rügelosen Einlassung geben, II, Schoibl Festschrift für Schütze (1999) 796.

3 Ein *Verstoß* gegen I macht das Urteil nicht unwirksam. Es ist in den anderen Mitgliedstaaten anerkennbar, Hbg IPRspr **92**, Nr 230 b. Der Bekl muß es mit den Rechtsbehelfen des nationalen Rechts im Erststaat angreifen, Geimer WertpMitt **76**, 832.

4 **2) Zuständigkeitsbegründende Tatsache, I.** Sie muß grundsätzlich der Kläger beibringen. Diese Last verringert sich durch die Beachtung doppelrelevanter Tatsachen, Mankowski EWiR **98**, 1086. Ist für die Zuständigkeit eine solche Tatsache erheblich, die auch für die Begründetheit der Klage erheblich ist, genügt es, daß der Kläger diese Tatsache schlüssig behauptet. Er ist dann für die Zuständigkeitsfrage nicht zum vollen Beweis dieser Tatsache verpflichtet, selbst wenn der Bekl sie bestreitet, EuGH JZ **98**, 896 (zustm Mankowski).

5 Art 26 *verhindert,* daß bei einer *Säumnis* des Bekl die vom Kläger zur Zuständigkeit vorgebrachten Tatsachen als zugestanden gelten dürfen. Man muß § 331 I 2 ZPO daher konventionskonform reduzieren.

6 Die Prüfungspflicht des Gerichts nach Art 26 bezieht sich auf die *gesetzlichen* Zuständigkeiten nach Artt 2–16. Die Zuständigkeit „nach dieser Verordnung" kann sich auch aus einem nach Art 71 anwendbaren Abkommen ergeben, BGH MDR **03**, 1069. Gerichtsstandsvereinbarungen und die daraus folgende Zuständigkeitsabreden müssen die Parteien vorbringen.

7 **3) Aussetzung des Verfahrens, II–IV.** Zum Schutz des Bekl muß das Gericht die Entscheidung solange aussetzen, bis feststeht, daß es dem Bekl auf Grund einer rechtzeitigen Zustellung möglich war, sich zu verteidigen, II. An die Stelle von II tritt Art 19 VO (EG) Nr 1393/2007, abgedruckt Einf 3 vor § 1067 ZPO, wenn man das maßgebliche Schriftstück nach dieser VO in einen anderen Mitgliedstaat übermitteln mußte, III. Ist diese VO nicht anwendbar, gilt dann Art 15 Haager ZustÜbk, abgedruckt Anh § 183 ZPO, wenn man das Schriftstück nach diesem Übk übermitteln mußte, IV. Eine Aussetzung kommt nicht in Betracht, wenn sich der Bekl auf das Verfahren eingelassen hat, BGH NJW **87**, 593.

Abschnitt 9. Rechtshängigkeit und im Zusammenhang stehende Verfahren

27 **I Werden bei Gerichten verschiedener Mitgliedstaaten Klagen wegen desselben Anspruchs zwischen denselben Parteien anhängig gemacht, so setzt das später angerufene Gericht das Verfahren von Amts wegen aus, bis die Zuständigkeit des zuerst angerufenen Gerichts feststeht.**

II Sobald die Zuständigkeit des zuerst angerufenen Gerichts feststeht, erklärt sich das später angerufene Gericht zugunsten dieses Gerichts für unzuständig.

Schrifttum: *Bäumer,* Die ausländische Rechtshängigkeit und ihre Auswirkungen auf das internationale Zivilverfahrensrecht, 1999; *Nieroba,* Die europäische Rechtshängigkeit nach der EuGVVO usw, 2006; Wolf/Lange RIW **03**, 55.

1 **1) Systematik, Regelungszweck, I, II.** Art 27 ist unabhängig vom Wohnsitz der Parteien der beiden Verfahren anwendbar, EuGH NJW **92**, 3221. Er gilt nicht für Verfahren in Mitgliedstaaten, die die Anerkennung und Vollstreckung von Urteilen aus Drittstaaten betreffen, EuGH EuZW **94**, 278 (zustm Karl). Nach Art 27 gilt streng der Grundsatz des zeitlichen Vorrangs. Er gilt auch im Verhältnis der verneinenden Feststellungsklage zur später erhobenen Leistungsklage, EuGH NJW **95**, 1883, BGH NJW **97**, 870. Man muß den Begriff „desselben Anspruchs" weit auslegen. Daher kommt es nicht auf die Nämlichkeit der Anträge an, sondern auf den Kernpunkt beider Verfahren, EuGH NJW **03**, 2596, Köln NJW **05**, 443.

2 **2) Vorrang der Erstanrufung, I, II.** „Zuerst angerufenes" Gericht ist dasjenige, bei dem die Voraussetzungen des Art 30 zuerst vorliegen. Bei einer gleichzeitigen Anrufung greift Art 27 nicht ein, Kblz EuZW **91**, 160. Eine Aufrechnung macht die Aktivforderung nicht rechtshängig, EuGH IPRax **03**, 443.

3 Ob *I* auch dann gilt, wenn es in dem anderen Staat *keinen ausreichenden Rechtsschutz* gibt, ist zweifelhaft. Wegen einer angeblichen Verschleppung des Rechtsstreits kann sich der Kläger grundsätzlich nicht auf eine Unbeachtlichkeit der durch I begründeten Zuständigkeit des Erstgerichts berufen, EuGH RIW **04**, 292, BGH IPRax **86**, 293, Mü IPRax **85**, 338, aM Rauscher IPRax **86**, 274. Ein Verstoß gegen Art 27 ist kein Grund für die Versagung der Anerkennung, Schlosser Festschrift für Nagel (1987) 357.

4 Das später angerufene Gericht muß das Verfahren von Amts wegen aussetzen, bis die Zuständigkeit des zuerst angerufenen Gerichts feststeht, *I.* Dadurch lässt sich vermeiden, daß die Gerichte evtl beide Klagen abweisen und daß der Bekl gegenüber einer neuen Klage die Einrede der Verjährung erheben kann. Hat das Erstgericht nicht ausgesetzt, muß das Berufungsgericht das tun, BGH NJW **02**, 2795. Sobald die Zuständigkeit des zuerst angerufenen Gerichts feststeht, muß sich das später angerufene Gericht zugunsten jenes Gerichts als unzuständig erklären, II. Nach deutschem Recht ist dann also die Klage unzulässig. Das gilt bei einer nur teilweisen Nämlichkeit der Parteien nur wegen der an beiden Verfahren beteiligten Parteien, EuGH EuZW **95**, 309, Huber JZ **95**, 603, Schack IPRax **96**, 80.

5 *Gerichtliche Verbote,* in einem anderen Staat Klagen zu erheben, wie zB die anti-suit-injuctions des englischen Rechts, sind im EU-Raum unzulässig, EuGH RIW **04**, 553.

28 **I Sind bei Gerichten verschiedener Mitgliedstaaten Klagen, die im Zusammenhang stehen, anhängig, so kann jedes später angerufene Gericht das Verfahren aussetzen.**

II Sind diese Klagen in erster Instanz anhängig, so kann sich jedes später angerufene Gericht auf Antrag einer Partei auch für unzuständig erklären, wenn das zuerst angerufene Gericht für die betreffenden Klagen zuständig ist und die Verbindung der Klagen nach seinem Recht zulässig ist.

III Klagen stehen im Sinne dieses Artikels im Zusammenhang, wenn zwischen ihnen eine so enge Beziehung gegeben ist, dass eine gemeinsame Verhandlung und Entscheidung geboten erscheint, um zu vermeiden, dass in getrennten Verfahren widersprechende Entscheidungen ergehen könnten.

1) Systematik, I–III. Wegen des Begriffs der Anrufung Art 30. Die Vorschrift enthält eine abschließende Regelung der Verfahrensaussetzung, Hbg IPRax **99**, 168 (zum LugÜ). Sie begründet keine Zuständigkeit, auch nicht wegen eines Sachzusammenhangs mit einer anhängigen Klage. Sie ist vielmehr nur dann anwendbar, wenn im Zusammenhang stehende Klagen bei Gerichten zweier oder mehrerer Mitgliedstaaten entstanden sind, EuGH RIW **81**, 709, und wenn sie auch noch in erster Instanz anhängig sind, Schack IPRax **89**, 140. Art 28 ist nicht auf ein solches Verfahren anwendbar, das die Anerkennung und Vollstreckung das Urteil eines Drittstaaten betrifft, EuGH EuZW **94**, 278 (zustm Karl). Zur Aussetzung wegen eines Zusammenhangs EuGH EuZW **95**, 309 (zustm Wolf 366), Ffm RR **01**, 216. Über eine solche Klage kann das Gericht anders als nach Art 27 II nach seinem pflichtgemäßen Ermessen entscheiden, Ffm RR **01**, 216, Isenburg-Epple IPRax **92**, 69. Das Rechtsmittelgericht darf nicht aussetzen, Hamm IPRax **86**, 233. Es kann aber evtl aufheben und zurückverweisen, Geimer IPRax **86**, 216, aM MüKoGo 3. Da eine Prozeßverbindung nach § 147 ZPO nur für bei demselben Gericht anhängige Verfahren zulässig ist, läuft II in der Bundesrepublik leer. 1

29 **Ist für die Klagen die ausschließliche Zuständigkeit mehrerer Gerichte gegeben, so hat sich das zuletzt angerufene Gericht zugunsten des zuerst angerufenen Gerichts für unzuständig zu erklären.**

Bem. Die Vorschrift setzt voraus, daß die Parteien und der Streitgegenstand nach § 2 ZPO Rn 4 identisch sind. Wegen des Begriffs der Anrufung Art 30. 1

30 **Für die Zwecke dieses Abschnitts gilt ein Gericht als angerufen:**

1. zu dem Zeitpunkt, zu dem das verfahrenseinleitende Schriftstück oder ein gleichwertiges Schriftstück bei Gericht eingereicht worden ist, vorausgesetzt, dass der Kläger es in der Folge nicht versäumt hat, die ihm obliegenden Maßnahmen zu treffen, um die Zustellung des Schriftstücks an den Beklagten zu bewirken, oder

2. falls die Zustellung an den Beklagten vor Einreichung des Schriftstücks bei Gericht zu bewirken ist, zu dem Zeitpunkt, zu dem die für die Zustellung verantwortliche Stelle das Schriftstück erhalten hat, vorausgesetzt, dass der Kläger es in der Folge nicht versäumt hat, die ihm obliegenden Maßnahmen zu treffen, um das Schriftstück bei Gericht einzureichen.

1) Systematik, Regelungszweck, Z 1, 2. Art 30 trifft eine autonom-gemeinschaftsrechtliche Regelung, um den Zeitpunkt der Rechtshängigkeit zu bestimmen. Dafür muß er auf die unterschiedlichen Ausgestaltungen der mitgliedstaatlichen Rechtsordnungen Rücksicht nehmen. Deshalb ist die getroffene Regelung zweigestaltig: Läßt die Rechtsordnung des Gerichts wie zB die deutsche eine Klage mit ihrer Zustellung an den Bekl rechtshängig werden, gilt grundsätzlich der Zeitpunkt der Übergabe an die Zustellungsstelle, sofern der Kläger eine eventuell fehlende Mitteilung an das Gericht nachholt. Veranlaßt nach einem solchen System wie zB in Deutschland das Gericht die Zustellung, bestehen keinerlei Probleme. Allerdings ist dann Z 1 einschlägig und weicht der Rechtshängigkeitszeitpunkt nach der EuGVVO von demjenigen nach dem nationalen Recht ab. Läßt die Rechtsordnung des Gerichts eine Klage dagegen mit ihrer Registrierung beim Gericht zB durch eine Eintragung in die sog Gerichtsrolle wie zB in Frankreich rechtshängig werden, gilt der Zeitpunkt der Einreichung beim Gericht, Z 1, Düss JB **06**, 436, sofern der Kläger eine eventuell fehlende Zustellung an den Bekl nachholt. 1

Es gilt also jeweils das *Zentralelement* aus dem Prozeßrecht des Gerichts, ergänzt durch das in diesem noch fehlende weitere Element. Ist zuerst das Gericht maßgeblich, muß der Bekl hinzutreten, und ist zuerst der Bekl maßgeblich, muß das Gericht hinzutreten. Im Ergebnis müssen sowohl der Bekl als auch das Gericht die Klage kennen und erfassen. Allerdings tritt an die Stelle des Bekl im zweiten Modell die Zustellungsstelle. Der Kläger trägt im Gleichklang mit seinen eigenen Interessen die Verantwortung dafür, daß auch der zweite Betroffene formell informiert wird. Zusammengefaßt ist jeweils der Eingang bei dem ersten zu beteiligenden Rechtspflegeorgan (Gericht oder Zustellungsorgan) maßgeblich. Art 30 geht damit einen manche Ungerechtigkeiten vermeidenden und eine relative Waffengleichheit gewährleistenden Mittelweg.

2) Regelungszweck, Z 1, 2. Insgesamt bemüht sich Art 30 um einen frühen Eintritt der Rechtshängigkeit, um über Artt 27, 28 Verfahrenskollisionen möglichst frühzeitig zu vermeiden. 2

3) Verfahrenseinleitendes oder gleichwertiges Schriftstück, Z 1, 2. Dieser Begriff versteht sich ebenso wie bei Art 34 Z 2, Homann IPRax **02**, 504. In Deutschland ist im Normalverfahren die Klageschrift maßgeblich, im Mahnverfahren der Antrag. Bei Klagänderungen gilt entsprechendes. Allerdings kann bei ihnen die Geltendmachung in der mündlichen Verhandlung bei einer Anwesenheit oder ordnungsgemäßen Vertretung des Bekl ein Schriftstück ersetzen, wenn das Prozeßrecht des Gerichts es zuläßt. 3

Einreichen bei Gericht heißt Eingang des Schriftstücks in den Geschäftsbereich des Gerichts, Köln NJW **05**, 443. Die Eintragung in ein Register oder eine Gerichtsrolle sind zur Einreichung nicht notwendig.

Die *vom Kläger zu treffenden Maßnahmen* beurteilen sich nach der jeweiligen lex fori. In Deutschland sind erforderlich: Die Angabe der richtigen Adresse des Bekl; eine Einreichung der nötigen Zahl von Ablichtungen oder Abschriften; auf eine Aufforderung die Einzahlung des Kostenvorschusses nach § 12 GKG, aM Schlosser 1; evtl ein ordnungsgemäßer Prozeßkostenhilfeantrag. Sind Angaben mangelhaft, kommt es auf die Behebung des Mangels an, Gruber FamRZ **00**, 1133. Auch die Fristen richten sich nach dem Prozeßrecht 4 des Gerichts. Versäumt der Kläger die Frist oder die erforderlichen Schritte insgesamt, tritt nach Art 30 keine Rechtshängigkeit ein.

5 Unter Z 2 bestimmt sich nach der lex fori, welche *Stelle* für die Zustellung verantwortlich ist. Die Rechtshängigkeit tritt mit dem Eingang bei dieser Stelle ein, nicht erst mit der Zustellung selbst. Der Kläger trägt also nicht das Risiko des Verfahrensgangs bei der Zustellungsstelle und der Dauer der Zustellung. Wie lange die Zustellungsstelle braucht, ist unerheblich.

Abschnitt 10. Einstweilige Maßnahmen einschließlich solcher, die auf eine Sicherung gerichtet sind

31 Die im Recht eines Mitgliedstaats vorgesehenen einstweiligen Maßnahmen einschließlich solcher, die auf eine Sicherung gerichtet sind, können bei den Gerichten dieses Staates auch dann beantragt werden, wenn für die Entscheidung in der Hauptsache das Gericht eines anderen Mitgliedstaats aufgrund dieser Verordnung zuständig ist.

Schrifttum: *Sladic,* Einstweiliger Rechtsschutz im Gemeinschaftsprozessrecht, 2008; *Wannenmacher,* Einstweilige Maßnahmen im Anwendungsbereich von Art. 31 EuGVVO in Frankreich und Deutschland usw, 2007.

1 **1) Systematik,** dazu *Wolf/Lange* RIW **03**, 55: Zum Begriff der einstweiligen Maßnahmen EuGH EuZW **99**, 727, Wolf EuZW **00**, 11. Der besondere Gerichtsstand des Art 31 gilt auch für eine solche einstweilige Verfügung, die zu einer Leistung verpflichtet, wenn eine Rückgewähr sicher ist, EuGH EuZW **99**, 414. Die Vorschrift läßt es nicht zu, einstweilige Maßnahmen auf nicht dem Anwendungsbereich der EuGVVO unterfallenden Rechtsgebieten in diesen einzubeziehen. Daher ist insofern allein das nationale Recht anwendbar, EuGH IPRax **83**, 77, Geimer NJW **86**, 2993, Sauvepanne IPRax **83**, 65. Fällt die Sache in den Anwendungsbereich, kann eine Zuständigkeit nach Art 31 auch dann vorliegen, wenn das Verfahren in der Hauptsache vor einem Schiedsgericht stattfinden muß, EuGH EuZW **99**, 414. Im Vollstreckungsverfahren wegen eines Arrestbefehls darf das Gericht eine vor seinem Erlaß entstandene Einwendung nicht mehr beachten. Die Zuständigkeit des AG am Ort des Arrestgegenstands nach § 919 ZPO reicht zur Begründung der inländischen Gerichtsbarkeit aus, Thümmel NJW **96**, 1931. Zur Zuständigkeit des Gerichts der Hauptsache § 919 ZPO Rn 1.

Selbständige Beweisverfahren sollen *nicht* unter Art 31 fallen, EuGH EuZW **05**, 401.

Kapitel III. Anerkennung und Vollstreckung

32 Unter „Entscheidung" im Sinne dieser Verordnung ist jede von einem Gericht eines Mitgliedstaats erlassene Entscheidung zu verstehen, ohne Rücksicht auf ihre Bezeichnung wie Urteil, Beschluss, Zahlungsbefehl oder Vollstreckungsbescheid, einschließlich des Kostenfestsetzungsbeschlusses eines Gerichtsbediensteten.

1 **1) Systematik.** Artt 32 ff sind nicht auf diejenigen Verfahren oder Streitpunkte anwendbar, die die Anerkennung und Vollstreckung von Urteilen aus Drittstaaten betreffen, EuZW **94**, 278 (zustm Karl). „Entscheidung" ist auch dann die gerichtliche Bestätigung einer sonstigen Maßnahme, wenn diese völlig in der Bestätigung aufgeht, zB bei der Festsetzung eines Anwaltshonorars, Düss IPRax **96**, 415, Hamm IPRax **96**, 414, LG Karlsr EuZW **91**, 223. Auch ein italienischer vollstreckbarer Mahnbescheid zählt hierher, Celle RR **07**, 718. Zur Zulässigkeit des sog Doppelexequatur BGH NJW **84**, 2762, Hbg RR **92**, 568. Eine gerichtliche Entscheidung auf eine einstweilige oder auf eine bloße Sicherung gerichtete Maßnahmen ohne eine Anhörung der Gegenpartei oder mit einer Vollstreckbarkeit ohne eine vorherige Zustellung ist nicht im Verfahren nach Titel III anerkennbar und nicht vollstreckbar, EuGH NJW **80**, 2016, Gottwald ZZP **103**, 266, Schlosser IPRax **85**, 321, großzügiger Heinze ZZP **120**, 320. Dagegen fallen vorläufige Entscheidungen auf Grund eines zweiseitig angelegten Verfahrens unter Art 32, BGH GRUR **07**, 814, Schulze IPRax **99**, 342. Die Errichtung eines seerechtlichen Haftungsfonds ist eine Entscheidung, EuGH EuZW **04**, 285. Zum grenzüberschreitenden Mahnverfahren nach § 688 III ZPO § 32 AVAG, zur Vollstreckung aus einem Vergleich Art 58. Die Anerkennung und Vollstreckung setzt nicht voraus, daß das Gericht das Zuständigkeitsrecht der EuGVVO angewendet hat, Geimer NJW **86**, 2994.

2 *Keine Entscheidung* nach Art 32 ist eine Gerichtskostenrechnung, Schlesw RIW **97**, 513, auch nicht eine Zwischenentscheidung, soweit sie nur den weiteren Verfahrensgang gestaltet, zB im selbständigen Beweisverfahren, Hbg MDR **00**, 53.

Abschnitt 1. Anerkennung

33 I Die in einem Mitgliedstaat ergangenen Entscheidungen werden in den anderen Mitgliedstaaten anerkannt, ohne dass es hierfür eines besonderen Verfahrens bedarf.

II Bildet die Frage, ob eine Entscheidung anzuerkennen ist, als solche den Gegenstand eines Streites, so kann jede Partei, welche die Anerkennung geltend macht, in dem Verfahren nach den Abschnitten 2 und 3 dieses Kapitels die Feststellung beantragen, dass die Entscheidung anzuerkennen ist.

III Wird die Anerkennung in einem Rechtsstreit vor dem Gericht eines Mitgliedstaats, dessen Entscheidung von der Anerkennung abhängt, verlangt, so kann dieses Gericht über die Anerkennung entscheiden.

1 **1) Systematik.** Vgl §§ 25, 26 AVAG. Anerkennbar ist ein Urteil ohne eine Beschränkung auf die innere Rechtskraft eines inländischen vergleichbaren Spruchs, BGH FamRZ **08**, 400 links. Anerkennbar ist auch ein

formell noch nicht rechtskräftiges Ersturteil dann, wenn das Gericht die vorrangige internationale Zuständigkeit des deutschen Gerichts übergangen oder statt des deutschen ein ausländisches Recht angewandt hat, ArbG Bln BB **07**, 388. Zum Verfahren Geimer JZ **77**, 145, 213 (ausf). Die erneute Klage derjenigen Partei, die ein nach Art 38 vollstreckbares Urteil erzielt hat, in einem anderen Vertragsstaat ist unzulässig, EuGH NJW **77**, 495, Mü RR **97**, 571, Geimer NJW **77**, 2023. Liegen die Voraussetzungen für die Klauselerteilung nicht vor, ist eine erneute Klage im Inland zulässig, Geimer NJW **80**, 1234, aM LG Münst NJW **80**, 534. Die Rechtskraft einer (Teil-)Abweisung durch eine anerkennbare ausländische Entscheidung schließt eine erneute Klage oder eine Aufrechnung vor einem deutschen Gericht aus, Ffm MDR **85**, 331.

34 Eine Entscheidung wird nicht anerkannt, wenn

1. die Anerkennung der öffentlichen Ordnung (ordre public) des Mitgliedstaats, in dem sie geltend gemacht wird, offensichtlich widersprechen würde;

2. dem Beklagten, der sich auf das Verfahren nicht eingelassen hat, das verfahrenseinleitende Schriftstück oder ein gleichwertiges Schriftstück nicht so rechtzeitig und in einer Weise zugestellt worden ist, dass er sich verteidigen konnte, es sei denn, der Beklagte hat gegen die Entscheidung keinen Rechtsbehelf eingelegt, obwohl er die Möglichkeit dazu hatte;

3. sie mit einer Entscheidung unvereinbar ist, die zwischen denselben Parteien in dem Mitgliedstaat, in dem die Anerkennung geltend gemacht wird, ergangen ist;

4. sie mit einer früheren Entscheidung unvereinbar ist, die in einem anderen Mitgliedstaat oder in einem Drittstaat zwischen denselben Parteien in einem Rechtsstreit wegen desselben Anspruchs ergangen ist, sofern die frühere Entscheidung die notwendigen Voraussetzungen für ihre Anerkennung in dem Mitgliedstaat erfüllt, in dem die Anerkennung geltend gemacht wird.

1) Systematik, Regelungszweck, Z 1–4. Die Vorschrift ist § 328 ZPO ähnlich. Sie dient denselben 1
Zwecken. Die Abgrenzung zum alten Recht richtet sich nach Art 66, BGH RR **06**, 1291.

2) Ordre public, Z 1. Vgl zunächst § 328 ZPO Rn 30 ff, *Fählisch,* Der gemeineuropäische ordre public, 2
1997; *Völker,* zur Dogmatik des ordre public, 1998. Z 1 erfaßt nur eine offensichtliche Unvereinbarkeit. Zur Verletzung des ordre public EuGH NJW **00**, 1853, BGH NJW **99**, 2372, Zweibr RR **06**, 208. Die deutsche öffentliche Ordnung ist zB dann verletzt, wenn der Gläubiger ein durch eine Täuschung erschlichenes Urteil vollstrecken will, BGH NJW **93**, 1802, Grunsky IPRax **87**, 219, oder wenn das ausländische Versäumnisurteil unter einer Verletzung des Grundrechts auf Gehör nach Art 103 I GG ergangen ist, EuGH NJW **00**, 1853, BGH RR **02**, 1151, Pickenbrock IPRax **00**, 364, oder wenn das Gericht §§ 104, 105 SGB VII nicht beachtet hatte, BGH NJW **93**, 3270, krit Haas ZZP **108**, 224. Das alles muß der Schuldner beweisen, Zweibr RR **06**, 208.

Keine Verletzung liegt vor, wenn es sich um das Urteil eines nur mit Laien besetzten französischen Handelsgerichts handelt, Saarbr NJW **88**, 3100, Roth IPRax **89**, 17, oder wenn ein ausländisches Gericht einen deutschen Schädiger auf Grund der Klage eines deutschen Geschädigten zu höheren Schadensersatzleistungen verurteilt hatte, als es nach deutschem Recht möglich wäre, BGH NJW **84**, 568 (auch zur Nichtberücksichtigung des Forderungsübergangs nach § 116 SGB X), Kropholler JZ **83**, 906, krit Roth IPRax **84**, 183, oder wenn es um einen ohne eine Sicherheitsleistung vollstreckbaren italienischen Mahnbescheid geht, Celle RR **07**, 718.

Die Verurteilung zu Zinseszinsen durch ein britisches Gericht fällt *nicht* unter Z 1, Hbg RIW **92**, 139, ebensowenig die Anwendung von Vorschriften zum Schutz des geistigen Eigentums, EuGH NJW **00**, 2185. „Gesetzliche Zinsen" sind zu unbestimmt, Köln IPRax **06**, 51.

3) Nichteinlassung, Z 2, dazu *Geimer* IPRax **92**, 10; *Linke* RIW **86**, 409; *Stürner* JZ **92**, 325: *„Ein-* 3
lassung" ist jedes Handeln, aus dem sich ergibt, daß der Bekl eine Kenntnis von dem Verfahren erlangt hat und daß er sich gegen den Angriff des Klägers verteidigen will, EuGH NJW **93**, 2091, BGH EuZW **91**, 571, Hamm RR **95**, 190, es sei denn, sein Vorbringen beschränkt sich darauf, den Fortgang des Verfahrens zu rügen, weil die Zustellung nicht ordnungsgemäß oder zu spät erfolgt sei, Köln IPRax **91**, 114. Keine Einlassung liegt darin, daß für den Bekl ein angeblicher, von ihm aber nicht beauftragter Vertreter erschienen ist, EuGH NJW **97**, 1061.

„Verfahreneinleitendes Schriftstück" ist im Mahnverfahren der Mahnbescheid, nicht dagegen ein ohne ein rechtliches Gehör ergangener italienischer Zahlungsbefehl, Düss JB **06**, 662, oder der Vollstreckungsbescheid, EuGH EuZW **95**, 803 (zustm Grunsky IPRax **96**, 245). Es kommt nur auf die Zustellung des das Verfahren einleitenden Schriftstücks an, BGH RR **02**, 1151, krit Grunsky IPRax **87**, 219, Stürner JZ **92**, 333. Eine bloße Zustellungsfiktion genügt nicht, Köln RR **90**, 128 (Belgien), wohl aber eine öffentlichen Zustellung, Kblz EuZW **90**, 487 (Luxemburg), Geimer IPRax **92**, 11 („remise au parquet").

Z 2 verlangt nicht zwingend, daß die Zustellung formell ordnungsgemäß sein mußte, sondern orientiert 4
sich daran, ob die Zustellung faktisch ihren Informationszweck erfüllt hat und dem Bekl eine *sachgerechte Verteidigung* ermöglicht hat, EuGH NJW **07**, 825, BGH MDR **08**, 463, Zweibr RR **06**, 208. Allerdings genügt jede formell ordnungsgemäße Zustellung der von Z 2 geforderten Art und Weise. Sie ist der Praxis immer noch als der sicherste Weg ratsam. Die Heilung von Zustellungsmängeln bei einer rechtzeitigen Zustellung richtet sich nach dem Recht des Urteilsstaats, EuGH EuZW **90**, 352, Rauscher IPRax **91**, 155, krit BGH WertpMitt **90**, 1938, Geimer EuZW **90**, 354. Nach Z 2 genügt zur Heilung die Einlassung, EuGH NJW **93**, 2091, Hamm RIW **94**, 244, Köln IPRax **91**, 114. War die Zustellung nicht ordnungsgemäß und hat sich der Bekl auf das Verfahren nicht eingelassen, kann man ein Versäumnisurteil auch dann nicht anerkennen, wenn er später von dem Urteil eine Kenntnis erhalten und dagegen keinen nach dem Recht des Urteilsstaats zulässigen Rechtsbehelf eingelegt hat, EuGH NJW **07**, 825, BGH NJW **93**, 2688, Rauscher

IPRax **93**, 376. War eine Zustellung wegen unbekannten Aufenthalts des Bekl nicht möglich, mag Z 2 anwendbar sein, Mü RR **08**, 736.

5 Auch sonst kann sich der Titelschuldner grundsätzlich dann *nicht* auf einen *Zustellungsmangel* berufen, wenn er im Erststaat Rechtsbehelfe wie zB Einspruch, Berufung, Beschwerde, Revision, aber auch Wiedereinsetzung gegen die Entscheidung hätte einlegen können und das versäumt hat. Die prozessuale Entwicklung hat den Zustellungsfehler gleichsam überholt. Freilich gilt diese Beschränkung nicht, soweit es sich um die Vollstreckbarkeit einer solchen Entscheidung oder Urkunde handelt, deren Klagerhebung oder Errichtung vor dem 1. 3. 02 lag, BGH NJW **05**, 3189. Es ist aber stets sinnvoll, den Bekl anzuhalten, die Entscheidung im Erststaat anzugreifen und aus der Welt zu schaffen, statt daß er sich auf die spätere Verteidigung im Zweitstaat bei einer fortbestehenden Ausgangsentscheidung verlegen könnte. Schädlich sind allerdings nur solche Rechtsbehelfe, die sich gerade auf den Zustellungsfehler gründen, nicht allgemein alle Rechtsbehelfe. Der Ablauf der Einspruchsfrist gegen ein Versäumnisurteil im Erststaat schützt dessen Anerkennung im Zweitstaat gegen eine auf Z 2 gestützte Versagung.

6 *„Rechtzeitig"* ist eine Zustellung dann, wenn sie zur sachgerechten Verteidigung ausreicht, also zur Verhinderung einer nach der EuGVVO vollstreckbaren Säumnisentscheidung, EuGH NJW **07**, 825, BGH NJW **91**, 641, Köln RR **90**, 128, krit Geimer IPRax **88**, 271 (insbesondere zu der Frage, ob die Berufung auf die fehlende Rechtzeitigkeit unstatthaft ist, wenn der Bekl kein Rechtsmittel gegen die Entscheidung eingelegt hat). Die Rechtzeitigkeit muß das Gericht des Vollstreckungsstaats ohne eine Bindung an die Feststellungen in der Entscheidung und ohne eine Bindung an das autonome Recht prüfen, BGH NJW **91**, 641, Köln RR **02**, 360. Zur Rechtzeitigkeit EuGH NJW **86**, 1425, BGH NJW **92**, 1239 (vom Bekl vertretbares Unbekanntsein seines Aufenthaltes), Düss NJW **00**, 3290 (Nichtwahrung der deutschen Einlassungsfrist).

Das Gericht muß die Voraussetzungen der Z 2 *von Amts wegen* prüfen, BGH MDR **08**, 463, Köln RR **90**, 128, Schulze IPRax **99**, 342. Auf sonstige Verfahrensmängel bezieht sich Z 2 nicht. Solche Mängel auch wegen des rechtlichen Gehörs können nur nach Z 1 die Nichtanerkennung rechtfertigen, BGH NJW **90**, 2201, Geimer IPRax **92**, 13.

7 **4) Unvereinbarkeit, Z 3,** dazu *Wolf* Festschrift für *Schwab* (1990) 567: Auf eine solche ausländische Entscheidung im Hauptverfahren, die mit einer inländischen Entscheidung im Eilverfahren unvereinbar ist, bezieht sich Z 3 nicht, Hamm RIW **88**, 134, Mankowski EWiR **97**, 792. Sind in konkurrierenden Eilverfahren miteinander unvereinbare Entscheidungen ergangen, muß das Gericht eine Anerkennung nach Z 3 ablehnen, EuGH NJW **02**, 2087, BGH WertpMitt **00**, 635. Eine solche Entscheidung, durch die ein deutsches Gericht eine Prozeßkostenhilfe mangels Erfolgsaussicht versagt hat, steht der Anerkennung eines ausländischen Urteils in derselben Sache nicht entgegen, BGH NJW **84**, 568, Kropholler JZ **83**, 906, Roth IPRax **84**, 183. Dasselbe gilt für einen deutschen Prozeßvergleich, EuGH IPRax **95**, 241, BGH EuZW **93**, 195, von Hoffmann/Hau IPRax **95**, 217. Dagegen greift Z 3 ein, wenn das Gericht einen Trennungsunterhalt zuerkannt, aber die Ehe im Inland geschieden hat, EuGH NJW **89**, 663, Linke RIW **88**, 822, krit Schack IPRax **89**, 141.

8 **5) Unvereinbarkeit, Z 4.** Die Vorschrift tritt neben Z 3.

35 **I Eine Entscheidung wird ferner nicht anerkannt, wenn die Vorschriften der Abschnitte 3, 4 und 6 des Kapitels II verletzt worden sind oder wenn ein Fall des Artikels 72 vorliegt.**

II Das Gericht oder die sonst befugte Stelle des Mitgliedstaats, in dem die Anerkennung geltend gemacht wird, ist bei der Prüfung, ob eine der in Absatz 1 angeführten Zuständigkeiten gegeben ist, an die tatsächlichen Feststellungen gebunden, aufgrund deren das Gericht des Ursprungsmitgliedstaats seine Zuständigkeit angenommen hat.

III 1 Die Zuständigkeit der Gerichte des Ursprungsmitgliedstaats darf, unbeschadet der Bestimmungen des Absatzes 1, nicht nachgeprüft werden. 2 Die Vorschriften über die Zuständigkeit gehören nicht zur öffentlichen Ordnung (ordre public) im Sinne des Artikels 34 Nummer 1.

1 **1) Verletzung usw, I.** Vgl Stgt RR **01**, 858 (zum LugÜ).

2 **2) Bindungswirkung, II.** Vgl BGH NJW **98**, 666, Kappus NJW **97**, 2653. Nach II besteht keine Bindung an rechtliche Schlußfolgerungen, BGH **74**, 248, Geimer RIW **80**, 305.

3 **3) Bindungswirkung, III.** Die Vorschrift führt zur Anerkennung, und zwar grundsätzlich ohne eine Prüfung zB der internationalen Zuständigkeit, Düss RR **06**, 1079. Das gilt auch bei gröbsten Fehlern in der Bestimmung der Zuständigkeit, vgl aber EuGH NJW **00**, 1853, BGH EuZW **99**, 269, Pickenbrock IPRax **00**, 364. Die Ausnahmen von diesem Prüfungsverbot zählt I auf, Düss RR **06**, 1079.

36 **Die ausländische Entscheidung darf keinesfalls in der Sache selbst nachgeprüft werden.**

1 **Bem.** Eine Prüfung auf rechtliche oder tatsächliche Fehler ist dann unstatthaft, wenn es sich nicht um Anerkennungshindernisse nach Artt 34, 35 handelt oder wenn der Schuldner zum wehrlosen Objekt der Fremdbestimmung würde, BGH ZIP **99**, 483.

37 **I Das Gericht eines Mitgliedstaats, vor dem die Anerkennung einer in einem anderen Mitgliedstaat ergangenen Entscheidung geltend gemacht wird, kann das Verfahren aussetzen, wenn gegen die Entscheidung ein ordentlicher Rechtsbehelf eingelegt worden ist.**

II Das Gericht eines Mitgliedstaats, vor dem die Anerkennung einer in Irland oder im Vereinigten Königreich ergangenen Entscheidung geltend gemacht wird, kann das Verfahren aussetzen,

wenn die Vollstreckung der Entscheidung im Ursprungsmitgliedstaat wegen der Einlegung eines Rechtsbehelfs einstweilen eingestellt ist.

Bem. Der Begriff des ordentlichen Rechtsbehelfs ist autonom und weit auslegbar, EuGH NJW **78**, 1107. 1
Zur Berücksichtigung einer Schutzschrift LG Darmst IPRax **00**, 309, Mennicke IPRax **00**, 296.

Abschnitt 2. Vollstreckung

38 **I Die in einem Mitgliedstaat ergangenen Entscheidungen, die in diesem Staat vollstreckbar sind, werden in einem anderen Mitgliedstaat vollstreckt, wenn sie dort auf Antrag eines Berechtigten für vollstreckbar erklärt worden sind.**

II Im Vereinigten Königreich jedoch wird eine derartige Entscheidung in England und Wales, in Schottland oder in Nordirland vollstreckt, wenn sie auf Antrag eines Berechtigten zur Vollstreckung in dem betreffenden Teil des Vereinigten Königreichs registriert worden ist.

1) Systematik, Regelungszweck, I, II, dazu *Hess*/Bittmann IPRax **07**, 277 (Üb): Die Vorschrift leitet 1
die Reihe der Bestimmungen zur Zwangsvollstreckung ein. Sie haben als Spezialregelungen den Vorrang zB vor § 722 ZPO. Auch sie dienen der Prozeßwirtschaftlichkeit nach Grdz 14 vor § 128 ZPO. Sie sind entsprechend weit auslegbar.

2) Vollstreckbarkeit, I. Vgl zunächst § 55 AVAG. Begriff der „Entscheidung": Art 32; „vollstreckbar" 2
betrifft die formelle Vollstreckbarkeit der Entscheidung, Düss RR **06**, 1079, nicht die inhaltlichen Voraussetzungen, unter denen sie im Urteilsstaat vollstreckbar sein kann, EuGH IPRax **00**, 18, Mankowski ZZPInt **99**, 276, Paulus EWiR **99**, 952. Gegner des Antrags ist der in der Entscheidung des Urteilsstaats bezeichnete Schuldner, Ffm Rpfleger **79**, 434. Das Gericht muß seine Nämlichkeit prüfen, Roth IPRax **07**, 426. Die Entscheidung ergeht durch einen Beschluß, §§ 8 ff AVAG. Bei einem Urteil ist die Berufung zulässig, Hamm MDR **78**, 324. Die erneute Klage des Gläubigers eines vollstreckbaren Urteils in einem anderen Vertragsstaat ist unzulässig, EuGH NJW **77**, 495, Geimer NJW **80**, 1234. Die Pflicht zur Vollstreckung endet, wenn diese nach dem Recht des Vollstreckungsstaats aus Gründen außerhalb des Anwendungsbereichs der EuGVVO nicht mehr möglich ist, EuGH NJW **89**, 663, Linke RIW **88**, 822. Ein ausländischer Konkurs unterbricht nicht, Bbg IPRax **07**, 454 (abl Gruber 429).

Zur Notwendigkeit der *Vollstreckungsfähigkeit* des Titels BGH NJW **93**, 1802 Saarbr IPRax **90**, 232, 3
Reinmüller IPRax **90**, 207. Die Vollstreckung ist nur gegen die im Titel bezeichneten Personen oder ihre Rechtsnachfolger zulassig, Köln RR **01**, 67 (keine Umdeutung). Enthält der vollstreckbare Titel nur gesetzliche Zinsen, darf das Gericht ihn im Weg der Auslegung unter einer Anwendung des fremden Rechts ergänzen, BGH NJW **93**, 1803, Zweibr IPRax **06**, 50, aM Mü IPRax **88**, 291 (abl Nagel IPRax **88**, 277), LG Düss IPRax **85**, 160 (abl Nagel IPRax **85**, 144). Ist die EuGVVO unanwendbar, kann man den Antrag nicht in eine Vollstreckungsklage nach § 722 ZPO umdeuten, BGH NJW **79**, 2477.

Zur *Umrechnung* eines auf eine fremde Währung lautenden Titels KG IPRax **94**, 457, Baumann IPRax **94**, 4
437. Umrechnungszeitpunkt für eine im Urteilsstaat in dortiger Währung zahlbare Geldschuld ist nicht automatisch der Zeitpunkt der Rechtskraft, BGH IPRax **85**, 101, aM Nagel IPRax **85**, 83. Zum Zeitpunkt bei einer Anwendung des französischen Rechts BGH NJW **90**, 3085. Zur Aufklärungspflicht des Gerichts, welche Beträge des Gläubiger nach der Entscheidung beitreiben darf, BGH NJW **83**, 2773, Prütting IPRax **85**, 137. Zur Konkretisierung unklarer und insbesondere nach einem Index dynamisierter oder wegen der Zinsen auf verschiedene Zeiträume oder wechselnde Sätze verweisender Titel im Vollstreckungsverfahren BGH NJW **93**, 1802 (zustm Roth IPRax **94**, 350), Düss RIW **96**, 1043, Schlesw DAVorm **93**, 463.

3) Vereinigtes Königreich, II. Vgl Kropholler RIW **86**, 934. 5

39 **I Der Antrag ist an das Gericht oder die sonst befugte Stelle zu richten, die in Anhang II aufgeführt ist.**

II Die örtliche Zuständigkeit wird durch den Wohnsitz des Schuldners oder durch den Ort, an dem die Zwangsvollstreckung durchgeführt werden soll, bestimmt.

1) Sachliche Zuständigkeit, I. In Deutschland muß man den Antrag an den Vorsitzenden einer 1
Kammer des LG richten, Anh II. Die Zuständigkeit ist ausschließlich. Sie geht also auch der Zuständigkeit des ArbG und des FamG vor, Düss IPRax **84**, 217 (zustm Henrich). Handelt es sich bei dem Titel um eine notarielle Urkunde, ist auch ein Notar zuständig, Anh II in Verbindung mit § 55 III AVAG.

2) Örtliche Zuständigkeit, II. Sie ergibt sich durch den Wohnsitz des Schuldners nach Artt 59, 60, 2
Zweibr RR **01**, 144, bei einem nachträglichen Wegzug des Schuldners BGH EWiR **97**, 842 (zustm Mankowski), Leutner ZZP **111**, 93. Zur Zuständigkeit auf Grund einer substantiierten Behauptung über den Ort der beabsichtigten Vollstreckung LG Karlsr EuZW **91**, 223.

40 **I Für die Stellung des Antrags ist das Recht des Vollstreckungsmitgliedstaats maßgebend.**

II 1 Der Antragsteller hat im Bezirk des angerufenen Gerichts ein Wahldomizil zu begründen. 2 Ist das Wahldomizil im Recht des Vollstreckungsmitgliedstaats nicht vorgesehen, so hat der Antragsteller einen Zustellungsbevollmächtigten zu benennen.

III Dem Antrag sind die in Artikel 53 angeführten Urkunden beizufügen.

1) Systematik, I, II. Die Begründung des Wahldomizils nach II muß mangels einer innerstaatlichen 1
Regelung spätestens bei derjenigen Zustellung der Entscheidung erfolgen, die eine Vollstreckung zuläßt, EuGH IPRax **87**, 229, Jayme IPRax **87**, 209. Der Verstoß gegen III führt zur Ablehnung des Antrags, Kblz

EuZW **91**, 157. Die Eröffnung des Insolvenzverfahrens unterbricht das Verfahren, Zweibr RR **01**, 985, Mankowski ZIP **94**, 1579, aM Saarbr RR **94**, 636.

41 [1] **Sobald die in Artikel 53 vorgesehenen Förmlichkeiten erfüllt sind, wird die Entscheidung unverzüglich für vollstreckbar erklärt, ohne dass eine Prüfung nach den Artikeln 34 und 35 erfolgt.** [2] **Der Schuldner erhält in diesem Abschnitt des Verfahrens keine Gelegenheit, eine Erklärung abzugeben.**

1 **1) Prüfungsgrenzen. S 1.** Die Vorschrift verkürzt den Prüfungsumfang im Vollstreckbarerklärungsverfahren erster Instanz beträchtlich. Das Gericht darf nur noch prüfen, ob die EuGVVO anwendbar ist, ob seine Zuständigkeit nach Art 39 vorliegt und ob die Nachweise nach Artt 53, 54 und das ausgefüllte Formblatt nach Anh V vorliegen, evtl unter Anwendung von Art 55 I. Dagegen darf es die Anerkennungsversagungsgründe nach Art 34 nicht prüfen, auch nicht von Amts wegen. Die Prüfung sachlichrechtlicher Versagungsgründe erfolgt ausschließlich in einem eventuellen Rechtsbehelfsverfahren. Das Gericht darf eine Vollstreckbarerklärung in erster Instanz sogar bei einem Verstoß gegen den zweitstaatlichen ordre public nach Art 34 Z 1 nicht ablehnen. Insoweit bleiben in Deutschland bei einem Grundrechtsverstoß Zweifel an der verfassungsrechtlichen Statthaftigkeit von S 1.

2 **2) Verfahren, S 2.** Dasjenige erster Instanz ist strikt einseitig. Der Gläubiger soll den vollen Überraschungseffekt ausnutzen können. Das Gericht hört den Schuldner nicht an. Eventuell vorsorglich eingereichte Schutzschriften sind unbeachtlich, Mennicke IPRax **00**, 294. Sie sind wegen des nur formellen Prüfungsbereichs auch kaum sinnvoll. Eine mündliche Verhandlung findet nicht statt, § 6 II 1 AVAG, ausnahmsweise zur Verfahrensbeschleunigung, aber nur mit dem Antragsteller, § 6 II 2 AVAG. Es besteht kein Anwaltszwang, § 6 I AVAG.

42 I **Die Entscheidung über den Antrag auf Vollstreckbarerklärung wird dem Antragsteller unverzüglich in der Form mitgeteilt, die das Recht des Vollstreckungsmitgliedstaats vorsieht.**

II **Die Vollstreckbarerklärung und, soweit dies noch nicht geschehen ist, die Entscheidung werden dem Schuldner zugestellt.**

1 **1) Systematik, I, II.** Die Mitteilung der Entscheidung an den Antragsteller nach *I* erfolgt nach §§ 5, 8, 10 AVAG. Die Mitteilung der Vollstreckbarerkärung und evtl der Entscheidung an den Schuldner nach *II* richtet sich nach § 8 AVAG, § 329 III ZPO. Beide Mitteilungen ergehen von Amts wegen.

43 I **Gegen die Entscheidung über den Antrag auf Vollstreckbarerklärung kann jede Partei einen Rechtsbehelf einlegen.**

II **Der Rechtsbehelf wird bei dem in Anhang III aufgeführten Gericht eingelegt.**

III **Über den Rechtsbehelf wird nach den Vorschriften entschieden, die für Verfahren mit beiderseitigem rechtlichen Gehör maßgebend sind.**

IV **Lässt sich der Schuldner auf das Verfahren vor dem mit dem Rechtsbehelf des Antragstellers befassten Gericht nicht ein, so ist Artikel 26 Absätze 2 bis 4 auch dann anzuwenden, wenn der Schuldner seinen Wohnsitz nicht im Hoheitsgebiet eines Mitgliedstaats hat.**

V [1] **Der Rechtsbehelf gegen die Vollstreckbarerklärung ist innerhalb eines Monats nach ihrer Zustellung einzulegen.** [2] **Hat der Schuldner seinen Wohnsitz im Hoheitsgebiet eines anderen Mitgliedstaats als dem, in dem die Vollstreckbarerklärung ergangen ist, so beträgt die Frist für den Rechtsbehelf zwei Monate und beginnt von dem Tage an zu laufen, an dem die Vollstreckbarerklärung ihm entweder in Person oder in seiner Wohnung zugestellt worden ist.** [3] **Eine Verlängerung dieser Frist wegen weiter Entfernung ist ausgeschlossen.**

1 **1) Systematik, I–V.** Gegen die Entscheidung über den Antrag auf eine Vollstreckbarerklärung kann jede Partei einen Rechtsbehelf einlegen. Über ihn muß das Gericht nach den Vorschriften über streitige Verfahren entscheiden. Rechtsbehelf in Deutschland ist die Beschwerde nach §§ 11–13 AVAG mit den sich aus § 55 AVAG ergebenden Maßgaben. Man legt die Beschwerde bei dem für das LG nach Art 39 zuständigen OLG ein.

2 **2) Einzelheiten, I–V.** Eine Frist für die Einlegung der Beschwerde besteht nur für die Beschwerde gegen die Vollstreckbarkeit. Dritte sind nicht beschwerdeberechtigt, EuGH NJW **93**, 2092. Es besteht kein Anwaltszwang §§ 11 I 1 AVAG, solange das Gericht keine mündliche Verhandlung anberaumt hat, § 13 II AVAG.

3 **3) Verfahren und Entscheidung, I–V.** Maßgeblich ist § 13 AVAG. Läßt sich der Schuldner auf das Verfahren über die Beschwerde des Antragstellers nicht ein, ist Art 26 II–IV ohne Rücksicht auf den Wohnsitz des Schuldners anwendbar. Prüfungsumfang des OLG: Art 45. Beschränkung der Zwangsvollstreckung: § 22 II AVAG. Eine Entscheidung erfolgt nicht durch den Einzelrichter, weil § 568 ZPO nicht anwendbar ist. Rechtsbehelf: Art 44.

44 **Gegen die Entscheidung, die über den Rechtsbehelf ergangen ist, kann nur ein Rechtsbehelf nach Anhang IV eingelegt werden.**

1 **1) Systematik.** Gegen die Entscheidung über die Beschwerde nach Art 43 kann jede Partei (nicht auch ein Dritter) den Rechtsbehelf nach Anh IV einlegen, in Deutschland also die Rechtsbeschwerde. Daher ist

eine vorherige Vorlage beim EuGH unstatthaft. Näheres ergibt sich aus §§ 15–17 AVAG. Statthaft ist sie nach Maßgabe des § 574 I Z 1, II ZPO, § 15 I AVAG.

2) Einzelheiten. Man legt eine Rechtsbeschwerde durch eine Beschwerdeschrift beim BGH ein, § 16 I AVAG, also durch einen dort zugelassenen Anwalt, und zwar innerhalb eines Monats ab der Zustellung des Beschlusses nach §§ 13 III, 15 II, III AVAG. Man muß die Rechtsbeschwerde entsprechend § 575 II–IV ZPO begründen, § 16 II AVAG. 2

3) Verfahren und Entscheidung. Maßgebend ist § 17 AVAG. Prüfungsumfang: Art 45, § 17 I AVAG. Aussetzung: Art 46. Beschränkung der Zwangsvollstreckung: § 22 III AVAG. 3

45 **I 1 Die Vollstreckbarerklärung darf von dem mit einem Rechtsbehelf nach Artikel 43 oder Artikel 44 befassten Gericht nur aus einem der in den Artikeln 34 und 35 aufgeführten Gründe versagt oder aufgehoben werden. 2 Das Gericht erlässt seine Entscheidung unverzüglich.**

II Die ausländische Entscheidung darf keinesfalls in der Sache selbst nachgeprüft werden.

1) Prüfungsgrenze, I. Die Vorschrift bestimmt den Prüfungsumfang des Rechtsbehelfsgerichts nach Artt 43, 44, *I 1*. Daneben gilt für den BGH die Beschränkung nach § 17 I AVAG. Ablehnen oder aufheben darf der BGH die Vollstreckbarerklärung nur aus einem der abschließenden Gründe nach Artt 34, 35, Düss RR **06**, 1079, Zweibr FamRZ **07**, 1583, etwa wegen einer unstreitigen zwischenzeitlichen Erfüllung, Düss RR **05**, 939. Alle sonstigen Rügen unstatthaft, BGH IPRax **08**, 41 (§ 323; zustm Hess 34), Oldb RR **07**, 418 (evtl § 767 ZPO), Hub NJW **01**, 3147. Stets muß das Gericht seine Entscheidung unverzüglich erlassen, *I 2,* ohne daß die EuGVVO Sanktionen für die Verletzung dieses Gebots vorsieht. Art 45 schließt nur die Geltendmachung einer streitigen Entscheidung aus, nicht diejenige einer unstreitigen, Drsd FamRZ **07**, 65, Düss FamRZ **06**, 803. 1

2) Nachprüfung der ausländischen Entscheidung, II. Das Verbot gilt in den Rechtsmittelinstanzen ebenso wie in der ersten Instanz, Art 36. 2

46 **I Das nach Artikel 43 oder Artikel 44 mit dem Rechtsbehelf befasste Gericht kann auf Antrag des Schuldners das Verfahren aussetzen, wenn gegen die Entscheidung im Ursprungsmitgliedstaat ein ordentlicher Rechtsbehelf eingelegt oder die Frist für einen solchen Rechtsbehelf noch nicht verstrichen ist; in letzterem Fall kann das Gericht eine Frist bestimmen, innerhalb deren der Rechtsbehelf einzulegen ist.**

II Ist die Entscheidung in Irland oder im Vereinigten Königreich ergangen, so gilt jeder im Ursprungsmitgliedstaat statthafte Rechtsbehelf als ordentlicher Rechtsbehelf im Sinne von Absatz 1.

III Das Gericht kann auch die Zwangsvollstreckung von der Leistung einer Sicherheit, die es bestimmt, abhängig machen.

1) Aussetzung, I. Zum Begriff des ordentlichen Rechtsbehelfs nach *I* EuGH NJW **78**, 1107, Linke RIW **85**, 238. Dazu gehört auch ein Bestätigungsverfahren von Amts wegen zur Überprüfung eines Arrestbefehls, BGH NJW **86**, 3027, Hamm RIW **85**, 973, aM Linke RIW **86**, 997, nicht aber ein schiedsrichterliches Verfahren, Hamm RIW **94**, 245. Bei einer Entscheidung nach I darf das Beschwerdegericht nur diejenigen Gründe berücksichtigen, die der Schuldner vor dem Gericht des Ursprungsstaates noch nicht nennen konnte, BGH NJW **94**, 2157. Es kommt nur eine Sicherungsvollstreckung nach Art des § 720 a ZPO in Betracht, § 22 II, III AVAG, BGH Rpfleger **06**, 328. 1

2) Sicherheitsleistung, III. Die Befugnis nach III betrifft nur zukünftig vorzunehmende Vollstreckungsmaßnahmen, nicht aber bereits geschehene, BGH NJW **94**, 2157. Diese darf das Gericht nur dann aufheben, wenn der Schuldner die für ihn angeordnete Sicherheit geleistet hat, BGH NJW **83**, 1980, Kblz JB **08**, 51. Eine Anordnung nach III ist erst bei der Entscheidung über den Rechtsbehelf selbst zulässig, nicht auch als eine vorläufige Maßnahme während des Beschwerdeverfahrens, EuGH EuZW **95**, 800, Hau IPRax **96**, 322, krit Schlosser IPRax **85**, 321, Linke RIW **85**, 237. 2

Das Gericht muß seine *Wahl* zwischen I und III unter einer Abwägung aller Umstände nach seinem pflichtgemäßen Ermessen treffen. Seine Ausübung hängt in erster Linie vom Sicherheitsbedürfnis des Urteilsschuldners ab, BGH NJW **94**, 2157, Celle RR **07**, 718, Düss RR **97**, 572. Vgl auch § 22 AVAG. 3

47 **I Ist eine Entscheidung nach dieser Verordnung anzuerkennen, so ist der Antragsteller nicht daran gehindert, einstweilige Maßnahmen einschließlich solcher, die auf eine Sicherung gerichtet sind, nach dem Recht des Vollstreckungsmitgliedstaats in Anspruch zu nehmen, ohne daß es einer Vollstreckbarerklärung nach Artikel 41 bedarf.**

II Die Vollstreckbarerklärung gibt die Befugnis, solche Maßnahmen zu veranlassen.

III Solange die in Artikel 43 Absatz 5 vorgesehene Frist für den Rechtsbehelf gegen die Vollstreckbarerklärung läuft und solange über den Rechtsbehelf nicht entschieden ist, darf die Zwangsvollstreckung in das Vermögen des Schuldners nicht über Maßnahmen zur Sicherung hinausgehen.

1) Vollstreckung ohne Vollstreckbarerklärung, I. Ohne eine Vollstreckbarerklärung nach Art 41 darf der Gläubiger nach dem Recht des Vollstreckungsstaats zulässige einstweilige Vollstreckungsmaßnahmen einleiten, wenn die ausländische Entscheidung nach Artt 1, 32, 34, 35 anerkennbar ist. Diese Voraussetzungen muß das Vollstreckungsorgan selbständig prüfen. Der Gläubiger muß eine Ausfertigung der ausländischen Entscheidung vorlegen, Heß/Hub IPRax **03**, 98. 1

2 **2) Vollstreckung nach Vollstreckbarerklärung, II, III.** Die Erteilung der Klausel ermächtigt den Gläubiger, Maßnahmen nach I zu treffen, II. III ermöglicht es ihm, innerhalb der dort genannten Fristen ohne eine besondere Ermächtigung oder Bestätigung Sicherungsmaßnahmen entsprechend §§ 928, 930 ff ZPO zu erwirken, EuGH RIW **86**, 300, Pirrung IPRax **89**, 20. Eine Vorpfändung nach § 845 ZPO und eine Sicherungsvollstreckung nach § 720 a ZPO sind zulässig, Heß/Hub IPRax **03**, 97. Die Beschränkung auf Sicherungsmaßnahmen endet mit der Entscheidung des Beschwerdegerichts, BGH NJW **83**, 1979. Jedoch kann sowohl dieses als auch der BGH eine Anordnung nach § 22 II, III AVAG treffen, BGH NJW **83**, 1980, Prütting IPRax **85**, 138. Zur Unzulässigkeit der Einstellung ohne eine Sicherheitsleistung und zur Abhängigmachung der über eine Sicherung hinausgehenden Zwangsvollstreckung von einer Sicherheitsleistung des Schuldners Düss MDR **85**, 151, Hamm MDR **78**, 324. Zur italienischen Rspr Luther IPRax **82**, 120.

48 **I Ist durch die ausländische Entscheidung über mehrere mit der Klage geltend gemachte Ansprüche erkannt und kann die Vollstreckbarerklärung nicht für alle Ansprüche erteilt werden, so erteilt das Gericht oder die sonst befugte Stelle sie für einen oder mehrere dieser Ansprüche.**

II Der Antragsteller kann beantragen, dass die Vollstreckbarerklärung nur für einen Teil des Gegenstands der Verurteilung erteilt wird.

1 **Bem.** Das Gericht muß dann eine Teilvollstreckungsklausel nach § 9 II AVAG von Amts wegen erteilen, wenn die ausländische Entscheidung über mehrere Klagansprüche befunden hat und wenn das Gericht die Vollstreckbarerklärung nicht für alle Ansprüche erteilen kann, *I*. Das kann zB geschehen, wenn die EuGVVO für einen der Ansprüche nicht gilt, EuGH EuZW **97**, 242. Auch bei einem einheitlichen, jedoch teilbaren Klaganspruch kann auf einen Antrag des Gläubigers eine Teilklausel zulässig sein, *II*.

49 **Ausländische Entscheidungen, die auf Zahlung eines Zwangsgelds lauten, sind im Vollstreckungsmitgliedstaat nur vollstreckbar, wenn die Höhe des Zwangsgelds durch die Gerichte des Ursprungsmitgliedstaats endgültig festgesetzt ist.**

1 **Bem,** dazu *Remien,* Rechtsverwirklichung durch Zwangsgeld, 1992: Das Zwangsgeld muß in der ausländischen Entscheidung zur Durchsetzung einer Verurteilung lauten. Die Festsetzung muß rechtskräftig sein, Naumb JB **08**, 162. Die endgültige Festsetzung kann in der Entscheidung selbst oder im ausländischen Vollstreckungsverfahren erfolgt sein. Zur vollstreckungsrechtlichen Bewehrung von Unterlassungstiteln nach dem Recht des Zweitstaats, wenn die erststaatliche Entscheidung keine Androhung von Zwangsmitteln enthält, BGH WertpMitt **00**, 638. Zur niederländischen dwangsom Köln GRUR-RR **05**, 34.

50 **Ist dem Antragsteller im Ursprungsmitgliedstaat ganz oder teilweise Prozesskostenhilfe oder Kosten- und Gebührenbefreiung gewährt worden, so genießt er in dem Verfahren nach diesem Abschnitt hinsichtlich der Prozesskostenhilfe oder der Kosten- und Gebührenbefreiung die günstigste Behandlung, die das Recht des Vollstreckungsmitgliedstaats vorsieht.**

1 **Bem.** Hat das Gericht dem Antragsteller im Ursprungsstaat für das dortige Verfahren die in Art 50 genannten Vergünstigungen ganz oder teilweise gewährt, hat er im Verfahren nach dem 2. Abschnitt, also in allen hierhin gehörenden Verfahren einschließlich der Rechtsbehelfsverfahren, das Recht auf die günstigste Behandlung, die das Recht des Vollstreckungsstaats vorsieht. Demgemäß muß das Gericht in Deutschland die dem Antragsteller günstigsten Bestimmungen der §§ 114 ff ZPO anwenden. Da die vom Antragsteller vorlegbare Bescheinigung nach Artt 53 II, 54 allein die Namen derjenigen Parteien enthalten muß, die eine Prozeßkostenhilfe erhalten haben, ist es ratsam, vom Antragsteller evtl einen Antrag auf eine Prozeßkostenhilfe nach Art 50 zu verlangen.

51 **Der Partei, die in einem Mitgliedstaat eine in einem anderen Mitgliedstaat ergangene Entscheidung vollstrecken will, darf wegen ihrer Eigenschaft als Ausländer oder wegen Fehlens eines inländischen Wohnsitzes oder Aufenthalts eine Sicherheitsleistung oder Hinterlegung, unter welcher Bezeichnung es auch sei, nicht auferlegt werden.**

1 **Bem.** Das Gericht darf einer Partei im Verfahren nach Abschnitt 2 wegen ihrer Eigenschaft als Ausländerin oder wegen des Fehlens eines inländischen Wohnsitzes oder Aufenthalts eine Sicherheit oder Hinterlegung irgendwelcher Art nicht auferlegen. Daher ist zB § 110 ZPO unanwendbar. Von einer Sicherheit oder Hinterlegung aus anderen Gründen ist die Partei nicht befreit.

52 **Im Vollstreckungsmitgliedstaat dürfen im Vollstreckbarerklärungsverfahren keine nach dem Streitwert abgestuften Stempelabgaben oder Gebühren erhoben werden.**

1 **Bem.** Im Vollstreckbarerklärungsverfahren darf das Gericht keine nach dem Streitwert abgestuften Gebühren erheben. Das Verbot gilt auch für die Gebühren nach § 55 III AVAG.

Abschnitt 3. Gemeinsame Vorschriften

53 **I Die Partei, die die Anerkennung einer Entscheidung geltend macht oder eine Vollstreckbarerklärung beantragt, hat eine Ausfertigung der Entscheidung vorzulegen, die die für ihre Beweiskraft erforderlichen Voraussetzungen erfüllt.**

II Unbeschadet des Artikels 55 hat die Partei, die eine Vollstreckbarerklärung beantragt, ferner die Bescheinigung nach Artikel 54 vorzulegen.

Bem. Die Vorlage genügt. Die Ausfertigung nach I braucht nicht bei den Akten zu bleiben, BGH **78**, 167. Der Gläubiger darf die Ausfertigung in der Beschwerdeinstanz nachreichen, Kblz EuZW **91**, 157, Köln RR **90**, 128. 1

Die *Bescheinigung* nach Art 54, *II,* entlastet das Gericht des Vollstreckungsstaats in Verfahren nach Art 39 von der Prüfung der Formalien. Bei einem Vergleich muß das Gericht die Ordnungsmäßigkeit und die Rechtzeitigkeit der Zustellung evtl im Rechtsbehelfsverfahren nach Art 43 prüfen. Wegen der Einzelheiten Artt 54, 55. 2

Eine *Legalisation* der Urkunden ist nicht erforderlich, Art 56. Wegen der Übersetzung Art 55 II. 3

54 **Das Gericht oder die sonst befugte Stelle des Mitgliedstaats, in dem die Entscheidung ergangen ist, stellt auf Antrag die Bescheinigung unter Verwendung des Formblatts in Anhang V dieser Verordnung aus.**

1) Systematik, Regelungswerk. Art 54 vereinfacht die Formalitäten, indem er ein europaweit einheitliches Standardformular mit genormten Rubriken vorsieht. Insbesondere überwindet das Sprachbarrieren. Jedes Gericht und jeder Rechtsanwender kann der Stellung in einer bestimmten Rubrik entnehmen, wovon die betreffende Angabe handelt. 1

2) Verfahren. Der Erststaat erteilt die Bescheinigung auf einen Antrag. Antragsberechtigt ist nur der Titelgläubiger, nicht etwa auch das zweitstaatliche Gericht. Welche Stelle zuständig ist, regeln die Mitgliedstaaten in ihren nationalen Ausführungsvorschriften. In Deutschland erteilt die in § 56 AVAG genannte Stelle die Bescheinigung. 2

Der *Inhalt und Aufbau* der Bescheinigung ergeben sich aus dem Anh V zwingend. Die Rubriken erfordern jeweils einfache und eindeutige Angaben, die auch einem nicht sprachkundigen Leser zumindest eine erste Orientierung ermöglichen. Besondere Bedeutung kann wegen Art 34 Z 2 die Eintragung in Rubrik 4.4 über das Datum erhalten, an dem der Bekl das verfahrenseinleitende Schriftstück erhielt. 3

Nachweisen muß der Gläubiger nur die Vollstreckbarkeit im Erststaat, dagegen nicht eine formelle Rechtskraft. Nach der EuGVVO sind auch nicht formell rechtskräftige Entscheidungen vollstreckbarerklärungsfähig. 4

55 **I Wird die Bescheinigung nach Artikel 54 nicht vorgelegt, so kann das Gericht oder die sonst befugte Stelle eine Frist bestimmen, innerhalb deren die Bescheinigung vorzulegen ist, oder sich mit einer gleichwertigen Urkunde begnügen oder von der Vorlage der Bescheinigung befreien, wenn es oder sie eine weitere Klärung nicht für erforderlich hält.**

II 1 Auf Verlangen des Gerichts oder der sonst befugten Stelle ist eine Übersetzung der Urkunden vorzulegen. 2 Die Übersetzung ist von einer hierzu in einem der Mitgliedstaaten befugten Person zu beglaubigen.

1) Fristbestimmung, I. Legt der Antragsteller die Bescheinigung nach Art 54 II nicht vor, entscheidet das Gericht nach seinem pflichtgemäßen Ermessen, welche Maßnahme es ergreift. Führt eine Fristsetzung nicht zum Ziel, muß es den Antrag als unzulässig zurückweisen. Der Antragsteller darf die Bescheinigung nach Art 54 II im Rechtsmittelverfahren nachreichen, Kblz EuZW **90**, 486. 1

2) Übersetzung, II. Das Gericht kann von allen ihm vorgelegten Urkunden eine Übersetzung verlangen, *II 1*, die eine befugte Person in einem Mitgliedstaat beglaubigt haben muß, *II 2*. 2

56 **Die in Artikel 53 und in Artikel 55 Absatz 2 angeführten Urkunden sowie die Urkunde über die Prozessvollmacht, falls eine solche erteilt wird, bedürfen weder der Legalisation noch einer ähnlichen Förmlichkeit.**

Kapitel IV. Öffentliche Urkunden und Prozessvergleiche

57 **I 1 Öffentliche Urkunden, die in einem Mitgliedstaat aufgenommen und vollstreckbar sind, werden in einem anderen Mitgliedstaat auf Antrag in dem Verfahren nach den Artikeln 38 ff. für vollstreckbar erklärt. 2 Die Vollstreckbarerklärung ist von dem mit einem Rechtsbehelf nach Artikel 43 oder Artikel 44 befassten Gericht nur zu versagen oder aufzuheben, wenn die Zwangsvollstreckung aus der Urkunde der öffentlichen Ordnung (ordre public) des Vollstrekkungsmitgliedstaats offensichtlich widersprechen würde.**

II Als öffentliche Urkunden im Sinne von Absatz 1 werden auch vor Verwaltungsbehörden geschlossene oder von ihnen beurkundete Unterhaltsvereinbarungen oder -verpflichtungen angesehen.

III Die vorgelegte Urkunde muss die Voraussetzungen für ihre Beweiskraft erfüllen, die in dem Mitgliedstaat, in dem sie aufgenommen wurde, erforderlich sind.

IV 1 Die Vorschriften des Abschnitts 3 des Kapitels III sind sinngemäß anzuwenden. 2 Die befugte Stelle des Mitgliedstaats, in dem eine öffentliche Urkunde aufgenommen worden ist, stellt auf Antrag die Bescheinigung unter Verwendung des Formblatts in Anhang VI dieser Verordnung aus.

Schrifttum: *Leutner,* Die vollstreckbare Urkunde im Europäischen Rechtsverkehr, 1997.

1 **1) Öffentliche Urkunde, I 1, II, III.** Sie muß in einem Mitgliedstaat von einer Behörde oder von einem Notar stammen, EuGH IPRax **00**, 409 (zustm Geimer 366), BGH EWiR **97**, 847 (zustm Mankowski). Sie muß außerdem nach dem Recht dieses Mitgliedstaats vollstreckbar sein. Als öffentliche Urkunden gelten auch vor Verwaltungsbehörden geschlossene oder von ihnen beurkundete Unterhaltsvereinbarungen oder -verpflichtungen.

Unanwendbar ist Art 57 auf eine Privaturkunde, selbst wenn 2 Zeugen sie „beglaubigt" haben, Karlsr FamRZ **07**, 1581.

2 Die Urkunde muß *vollstreckbar* sein, *I.* Sie muß die Voraussetzungen für ihre Beweiskraft erfüllen, *III.*

3 **2) Vollstreckbarerklärung, I 2, IV.** Für sie gelten Artt 38 ff, *IV 1.* Die Bescheinigung nach Artt 53, 54 stellt die befugte Stelle des Mitgliedstaats der Urkundenaufnahme auf einen Antrag unter Verwendung des Formblattes in Anh VI aus, *IV 2.* Wegen der Ausstellung der Bescheinigung für eine in Deutschland errichtete öffentliche Urkunde § 56 AVAG.

4 *Der Vorsitzende Richter des LG,* Art 39, prüft nur die Formalien, *I 2.* Das Rechtsbehelfsgericht nach Artt 43, 44 darf die Vollstreckbarerklärung nur dann ablehnen oder aufheben, wenn entweder die formellen Voraussetzungen nicht vorliegen oder wenn eine Zwangsvollstreckung aus der Urkunde der öffentlichen Ordnung offensichtlich widersprechen würde, *I 2.*

5 Nach einer *Aufhebung der Urkunde* muß das Gericht die Vollstreckbarerklärung ebenfalls aufheben, § 27 AVAG.

58 [1] **Vergleiche, die vor einem Gericht im Laufe eines Verfahrens geschlossen und in dem Mitgliedstaat, in dem sie errichtet wurden, vollstreckbar sind, werden in dem Vollstrekkungsmitgliedstaat unter denselben Bedingungen wie öffentliche Urkunden vollstreckt.** [2] **Das Gericht oder die sonst befugte Stelle des Mitgliedstaats, in dem ein Prozessvergleich geschlossen worden ist, stellt auf Antrag die Bescheinigung unter Verwendung des Formblatts in Anhang V dieser Verordnung aus.**

1 **1) Prozeßvergleich.** Ein in einem gerichtlichen Verfahren in einem Mitgliedstaat geschlossener Prozeßvergleich ist unter denselben Bedingungen wie eine öffentliche Urkunde in den anderen Mitgliedstaaten vollstreckbar, *S 1,* Art 57. Die Bescheinigungen nach Artt 53–55 stellt das Gericht oder die sonst dazu befugte Stelle unter Verwendung des Formblattes in Anh V aus, *S 2.* Die Zuständigkeit in Deutschland ergibt sich aus § 56 AVAG.

Kapitel V. Allgemeine Vorschriften

59 [I] **Ist zu entscheiden, ob eine Partei im Hoheitsgebiet des Mitgliedstaats, dessen Gerichte angerufen sind, einen Wohnsitz hat, so wendet das Gericht sein Recht an.**

[II] **Hat eine Partei keinen Wohnsitz in dem Mitgliedstaat, dessen Gerichte angerufen sind, so wendet das Gericht, wenn es zu entscheiden hat, ob die Partei einen Wohnsitz in einem anderen Mitgliedstaat hat, das Recht dieses Mitgliedstaats an.**

1 **1) Bestimmung des Wohnsitzes, I, II.** Ob eine Partei einen Wohnsitz im Gebiet desjenigen Mitgliedstaats hat, dessen Gericht amtieren soll, bestimmt sich nach dem Recht ihres Staats, *I.* Fehlt ein inländischer Wohnsitz, muß das Gericht die Frage, ob die Partei einen Wohnsitz in einem anderen Mitgliedstaat hat, nach dem Recht dieses Staats entscheiden, *II.* In Deutschland sind also §§ 7 ff BGB oder Art 3 I 2 EGBGB anwendbar. Fehlt ein Wohnsitz in einem Mitgliedstaat, regelt sich dessen Zuständigkeit nach Art 4. Zum Wohnsitz Hamm FamRZ **89**, 1331. Zum Doppelwohnsitz Kblz IPRax **87**, 309 (zustm Schwarz 292).

2 **2) Juristische Person, I, II.** Für sie gilt Art 60.

60 [I] **Gesellschaften und juristische Personen haben für die Anwendung dieser Verordnung ihren Wohnsitz an dem Ort, an dem sich**

a) ihr satzungsmäßiger Sitz,
b) ihre Hauptverwaltung oder
c) ihre Hauptniederlassung
befindet.

[II] **Im Falle des Vereinigten Königreichs und Irlands ist unter dem Ausdruck „satzungsmäßiger Sitz" das registered office oder, wenn ein solches nirgendwo besteht, der place of incorporation (Ort der Erlangung der Rechtsfähigkeit) oder, wenn ein solcher nirgendwo besteht, der Ort, nach dessen Recht die formation (Gründung) erfolgt ist, zu verstehen.**

[III] **Um zu bestimmen, ob ein trust seinen Sitz in dem Vertragsstaat hat, bei dessen Gerichten die Klage anhängig ist, wendet das Gericht sein Internationales Privatrecht an.**

1 **1) „Wohnsitz" von Gesellschaft und juristischer Person, I.** Für sie gelten als Wohnsitz die in I bestimmten Orte. Hauptverwaltung ist derjenige Ort, von dem aus die geschäftliche Tätigkeit maßgeblich erfolgt, BAG NJW **08**, 2798, Ffm RR **08**, 634. Zwischen ihnen hat der Kläger die Wahl, Ringe IPRax **07**, 389. Kommt es zur Rechtshängigkeit derselben Sache an mehreren Orten, gelten Artt 27 ff.

2 **2) Sondervorschriften, II, III.** Im Fall des Vereinigten Königreichs und Irlands bestimmt *II* den Ausdruck „satzungsmäßiger Sitz". Wegen des Sitzes eines „trust" verweist *III* auf das für das Gericht maßgebliche internationale Privatrecht. „Vertragsstaat" ist jeder Mitgliedstaat nach Art 1 III.

61 **[1] Unbeschadet günstigerer innerstaatlicher Vorschriften können Personen, die ihren Wohnsitz im Hoheitsgebiet eines Mitgliedstaats haben und die vor den Strafgerichten eines anderen Mitgliedstaats, dessen Staatsangehörigkeit sie nicht besitzen, wegen einer fahrlässig begangenen Straftat verfolgt werden, sich von hierzu befugten Personen vertreten lassen, selbst wenn sie persönlich nicht erscheinen. [2] Das Gericht kann jedoch das persönliche Erscheinen anordnen; wird diese Anordnung nicht befolgt, so braucht die Entscheidung, die über den Anspruch aus einem Rechtsverhältnis des Zivilrechts ergangen ist, ohne dass sich der Angeklagte verteidigen konnte, in den anderen Mitgliedstaaten weder anerkannt noch vollstreckt zu werden.**

62 **Bei den summarischen Verfahren betalningsföreläggande (Mahnverfahren) und handräckning (Beistandsverfahren) in Schweden umfasst der Begriff „Gericht" auch die schwedische kronofogdemyndighet (Amt für Beitreibung).**

63 **I Eine Person, die ihren Wohnsitz im Hoheitsgebiet Luxemburgs hat und vor dem Gericht eines anderen Mitgliedstaats aufgrund des Artikels 5 Nummer 1 verklagt wird, hat die Möglichkeit, die Unzuständigkeit dieses Gerichts geltend zu machen, wenn sich der Bestimmungsort für die Lieferung beweglicher Sachen oder die Erbringung von Dienstleistungen in Luxemburg befindet.**

II Befindet sich der Bestimmungsort für die Lieferung beweglicher Sachen oder die Erbringung von Dienstleistungen nach Absatz 1 in Luxemburg, so ist eine Gerichtsstandsvereinbarung nur rechtswirksam, wenn sie schriftlich oder mündlich mit schriftlicher Bestätigung im Sinne von Artikel 23 Absatz 1 Buchstabe a) angenommen wurde.

III Der vorliegende Artikel ist nicht anwendbar auf Verträge über Finanzdienstleistungen.

IV Dieser Artikel gilt für die Dauer von sechs Jahren ab Inkrafttreten dieser Verordnung.

1) Geltungsbereich, I–IV. Für einen Honoraranspruch des Anwalts ist im Bereich der Luxemburg- 1
Klausel Art 5 Z 1 b unanwendbar, Düss JB **06**, 436.

64 (nicht abgedruckt)

65 **I [1] Die in Artikel 6 Nummer 2 und Artikel 11 für eine Gewährleistungs- oder Interventionsklage vorgesehene Zuständigkeit kann weder in Deutschland noch in Österreich geltend gemacht werden. [2] Jede Person, die ihren Wohnsitz in einem anderen Mitgliedstaat hat, kann vor Gericht geladen werden**

a) in Deutschland nach den §§ 68 und 72 bis 74 der Zivilprozessordnung, die für die Streitverkündung gelten,

b) in Österreich nach § 21 der Zivilprozessordnung, der für die Streitverkündung gilt.

II [1] Entscheidungen, die in den anderen Mitgliedstaaten aufgrund des Artikels 6 Nummer 2 und des Artikels 11 ergangen sind, werden in Deutschland und in Österreich nach Kapitel III anerkannt und vollstreckt. [2] Die Wirkungen, welche die in diesen Staaten ergangenen Entscheidungen nach Absatz 1 gegenüber Dritten haben, werden auch in den anderen Mitgliedstaaten anerkannt.

Kapitel VI. Übergangsvorschriften

66 **I Die Vorschriften dieser Verordnung sind nur auf solche Klagen und öffentliche Urkunden anzuwenden, die erhoben bzw. aufgenommen worden sind, nachdem diese Verordnung in Kraft getreten ist.**

II Ist die Klage im Ursprungsmitgliedstaat vor dem Inkrafttreten dieser Verordnung erhoben worden, so werden nach diesem Zeitpunkt erlassene Entscheidungen nach Maßgabe des Kapitels III anerkannt und zur Vollstreckung zugelassen,

a) wenn die Klage im Ursprungsmitgliedstaat erhoben wurde, nachdem das Brüsseler Übereinkommen oder das Übereinkommen von Lugano sowohl im Ursprungsmitgliedstaat als auch in dem Mitgliedstaat, in dem die Entscheidung geltend gemacht wird, in Kraft getreten war;

b) in allen anderen Fällen, wenn das Gericht aufgrund von Vorschriften zuständig war, die mit den Zuständigkeitsvorschriften des Kapitels II oder eines Abkommens übereinstimmen, das im Zeitpunkt der Klageerhebung zwischen dem Ursprungsmitgliedstaat und dem Mitgliedstaat, in dem die Entscheidung geltend gemacht wird, in Kraft war.

1) Zeitlicher Anwendungsbereich, I. Die EuGVVO ist nur auf solche Klagen und öffentliche Ur- 1
kunden anwendbar, die nach dem 28. 2. 02 entstanden, Art 76, Brschw NJW **06**, 161. Bei einem am 1. 5. 04 beigetretenen EU-Staat kommt es auf eine Klagerhebung nach dem 30. 4. 04 an, Drsd RR **07**, 1145. Das Verfahren darf auch nicht vor dem 1. 5. 04 beendet sein, Hamm RR **07**, 1722. Dasselbe gilt für Prozeßvergleiche, Art 58. Für die Klagerhebung ist in Deutschland die Klagezustellung maßgeblich, §§ 253, 261 I ZPO, BGH WertpMitt **97**, 980.

2 **2) Sondervorschrift für Anerkennung und Vollstreckung, II.** I stellt auch auf das Inkrafttreten der EuGVVO im Vollstreckungsstaat ab, Becker/Müller IPRax **06**, 436. Hat der Kläger seine Klage im Ursprungsstaat vor dem 1. 3. 02 erhoben, gilt für später erlassene Entscheidungen Kap III, ebenso für Prozeßvergleiche, Art 58, wenn folgende Voraussetzungen vorliegen.

3 **A. Klage im Ursprungsland.** Der Kläger mag seine Klage im Ursprungsstaat erhoben haben, nachdem sowohl dort als auch in demjenigen Mitgliedstaat, in dem er die Entscheidung geltend macht, das EuGVÜ oder das LugÜ in Kraft getreten waren.

4 **B. Sonstige Fälle.** In allen anderen Fällen muß das Gericht auf Grund von Vorschriften zuständig gewesen sein, die mit den Zuständigkeitsvorschriften des Kap II oder eines bilateralen Abkommens übereinstimmen, das im Zeitpunkt der Klagerhebung zwischen dem Ursprungsstaat und demjenigen Mitgliedstaat galt, in dem der Kläger die Entscheidung geltend macht, Art 69.

Kapitel VII. Verhältnis zu anderen Rechtsinstrumenten

67 Diese Verordnung berührt nicht die Anwendung der Bestimmungen, die für besondere Rechtsgebiete die gerichtliche Zuständigkeit oder die Anerkennung und Vollstreckung von Entscheidungen regeln und in gemeinschaftlichen Rechtsakten oder in dem in Ausführung dieser Akte harmonisierten einzelstaatlichen Recht enthalten sind.

1 **1) Unberührt bleibende Vorschriften.** Unberührt bleibt die Vorschrift für besondere Rechtsgebiete in Rechtsakten der EU oder in dazu ergangenen Ausführungsvorschriften der Mitgliedstaaten. Nicht hierhin gehören die VO Nr 1347/2000 und die VO Nr 1346/2000 über das Insolvenzverfahren. Denn insoweit ist die VO unanwendbar, Art 1 II a, b.

68 I Diese Verordnung tritt im Verhältnis zwischen den Mitgliedstaaten an die Stelle des Brüsseler Übereinkommens, außer hinsichtlich der Hoheitsgebiete der Mitgliedstaaten, die in den territorialen Anwendungsbereich dieses Übereinkommens fallen und aufgrund der Anwendung von Artikel 299 des Vertrags zur Gründung der Europäischen Gemeinschaft von der vorliegenden Verordnung ausgeschlossen sind.

II Soweit diese Verordnung die Bestimmungen des Brüsseler Übereinkommens zwischen den Mitgliedstaaten ersetzt, gelten Verweise auf dieses Übereinkommen als Verweise auf die vorliegende Verordnung.

1 **1) Verhältnis der VO zum EuGVÜ.** Die VO ersetzt im Verhältnis der Mitgliedstaaten (also nicht gegenüber Dänemark, Art 1 IV) das EuGVÜ. Jedoch bleibt das EuGVÜ in Kraft im Verhältnis zu Dänemark und zu jenen Teilen der Mitgliedstaaten, in denen die VO gemäß Art 299 EGV nicht gilt, *I,* Üb 1 vor Art I. Verweise auf das EuGVÜ gelten insoweit als Verweise auf die EuGVVO, *II.* Unberührt bleibt das *LugÜ* im Verhältnis zu denjenigen Staaten, die nicht der EU angehören.

69 Diese Verordnung ersetzt unbeschadet des Artikels 66 Absatz 2 und des Artikels 70 im Verhältnis zwischen den Mitgliedstaaten die nachstehenden Abkommen und Verträge:

. . . .

– das am 9. März 1936 in Rom unterzeichnete deutsch-italienische Abkommen über die Anerkennung und Vollsteckung gerichtlicher Entscheidungen in Zivil- und Handelssachen;

. . . .

– das am 30. Juni 1958 in Bonn unterzeichnete deutsch-belgische Abkommen über die gegenseitige Anerkennung und Vollstreckung von gerichtlichen Entscheidungen, Schiedssprüchen und öffentlichen Urkunden in Zivil- und Handelssachen;

. . . .

– den am 6. Juni 1959 in Wien unterzeichneten deutsch-österreichischen Vertrag über die gegenseitige Anerkennung und Vollstreckung von gerichtlichen Entscheidungen, Vergleichen und öffentlichen Urkunden in Zivil- und Handelssachen;

. . . .

– das am 14. Juli 1960 in Bonn unterzeichnete deutsch-britische Abkommen über die gegenseitige Anerkennung und Vollstreckung von gerichtlichen Enscheidungen in Zivil- u Handelssachen;

. . . .

– den am 4. November 1961 in Athen unterzeichneten Vertrag zwischen der Bundesrepublik Deutschland und dem Königreich Griechenland über die gegenseitige Anerkennung und Vollstreckung von gerichtlichen Entscheidungen, Vergleichen und öffentlichen Urkunden in Zivil- und Handelssachen;

. . . .

– den am 30. August 1962 in Den Haag unterzeichneten deutsch-niederländischen Vertrag über gegenseitige Anerkennung und Vollstreckung gerichtlicher Entscheidungen und anderer Schuldtitel in Zivil- und Handelssachen;

. . . .

– den am 14. November 1983 in Bonn unterzeichneten deutsch-spanischen Vertrag über die Anerkennung und Vollstreckung von gerichtlichen Entscheidungen und Vergleichen sowie vollstreckbaren öffentlichen Urkunden in Zivil- und Handelssachen.

Bem. Die Deutschland nicht betreffenden Abkommen sind nicht abgedruckt. Wegen der in Art 69 aufgezählten Verträge SchlAnh V B. Zu ihrer partiellen Weitergeltung Art 70, zur Anerkennung und Vollstreckung von Entscheidungen im Einklang mit diesen Verträgen vor dem 1. 3. 02 Artt 66 II, 70 II. 1

70 **I Die in Artikel 69 angeführten Abkommen und Verträge behalten ihre Wirksamkeit für die Rechtsgebiete, auf die diese Verordnung nicht anzuwenden ist.**

II Sie bleiben auch weiterhin für die Entscheidungen und die öffentlichen Urkunden wirksam, die vor Inkrafttreten dieser Verordnung ergangen oder aufgenommen sind.

1) Weitergeltung zweiseitiger Abkommen. Die in Art 69 angeführten Abk behalten ihre Wirksamkeit 1
für diejenigen Rechtsgebiete, auf die die EuGVVO unanwendbar ist, *I.* Daß ein an sich von der EuGVVO erfaßter Einzelfall nicht die tatbestandsmäßigen Voraussetzungen für eine in der EuGVVO enthaltene Norm erfüllt, genügt hierfür nicht, BGH NJW **93**, 2689, Rauscher IPRax **93**, 376. Die Verträge bleiben für Entscheidungen und öffentliche Urkunden vor dem 1. 3. 02 wirksam, *II.*

71 **I Diese Verordnung lässt Übereinkommen unberührt, denen die Mitgliedstaaten angehören und die für besondere Rechtsgebiete die gerichtliche Zuständigkeit, die Anerkennung oder die Vollstreckung von Entscheidungen regeln.**

II 1 Um eine einheitliche Auslegung des Absatzes 1 zu sichern, wird dieser Absatz in folgender Weise angewandt:

a) Diese Verordnung schließt nicht aus, dass ein Gericht eines Mitgliedstaats, der Vertragspartei eines Übereinkommens über ein besonderes Rechtsgebiet ist, seine Zuständigkeit auf ein solches Übereinkommen stützt, und zwar auch dann, wenn der Beklagte seinen Wohnsitz im Hoheitsgebiet eines Mitgliedstaats hat, der nicht Vertragspartei eines solchen Übereinkommens ist. In jedem Fall wendet dieses Gericht Artikel 26 dieser Verordnung an.

b) Entscheidungen, die in einem Mitgliedstaat von einem Gericht erlassen worden sind, das seine Zuständigkeit auf ein Übereinkommen über ein besonderes Rechtsgebiet gestützt hat, werden in den anderen Mitgliedstaaten nach dieser Verordnung anerkannt und vollstreckt.

2 Sind der Ursprungsmitgliedstaat und der ersuchte Mitgliedstaat Vertragsparteien eines Übereinkommens über ein besonderes Rechtsgebiet, welches die Voraussetzungen für die Anerkennung und Vollstreckung von Entscheidungen regelt, so gelten diese Voraussetzungen. 3 In jedem Fall können die Bestimmungen dieser Verordnung über das Verfahren zur Anerkennung und Vollstreckung von Entscheidungen angewandt werden.

1) Übereinkommen für besondere Rechtsgebiete, I. Sie bleiben unberührt, sie behalten also den 1
Vorrang als etwaige Sonderregeln, vgl schon EuGH EWS **95**, 90. Hierhin gehören zB das Haager Übk über die Anerkennung und Vollstreckung von Entscheidungen auf dem Gebiet der Unterhaltspflicht gegenüber Kindern v 15. 4. 58, Mü FamRZ **03**, 462, und das Haager Übk über die Anerkennung und Vollstreckung von Unterhaltsentscheidungen v 2. 10. 73, SchlAnh V A 2, sowie das Haager Übk über den Zivilprozeß v 1. 3. 54, SchlAnh V A 1. Die Gerichtsstände des Spezialabkommens werden gleichsam integriert. Deshalb erstreckt sich die Prüfung nach Art 26 EuGVVO auf sie, EuGH NJW **05**, 44.

2) Einzelheiten, II. *II 1* regelt das Verfahren bei einer Zuständigkeitskonkurrenz und stellt die Anerken- 2
nung und Vollstreckbarkeit sicher. *II 2* behandelt den Fall, daß beide Mitgliedstaaten auch Vertragsstaaten des Abkommens sind. In jedem Fall kann man die Bestimmungen der EuGVVO über das Verfahren zur Anerkennung und Vollstreckung von Entscheidungen anwenden, *II 3.*

72 **Diese Verordnung lässt Vereinbarungen unberührt, durch die sich die Mitgliedstaaten vor Inkrafttreten dieser Verordnung nach Artikel 59 des Brüsseler Übereinkommens verpflichtet haben, Entscheidungen der Gerichte eines anderen Vertragsstaats des genannten Übereinkommens gegen Beklagte, die ihren Wohnsitz oder gewöhnlichen Aufenthalt im Hoheitsgebiet eines dritten Staates haben, nicht anzuerkennen, wenn die Entscheidungen in den Fällen des Artikels 4 des genannten Übereinkommens nur in einem der in Artikel 3 Absatz 2 des genannten Übereinkommens angeführten Gerichtsstände ergehen können.**

Bem. Die Vorschrift ermöglicht es den Vertragsstaaten, in bestimmten Fällen durch einen bilateralen 1
Vertrag die Anerkennung und Vollstreckung von Entscheidungen auszuschließen, wenn der Bekl seinen Wohnsitz außerhalb eines Vertragsstaats hatte. Solche Vertragsbestimmungen bleiben bestehen. Anwendungsfälle sind nur zwei Abkommen Großbritanniens mit Kanada und Australien.

Kapitel VIII. Schlussvorschriften

73–75 (nicht abgedruckt)

76 **Diese Verordnung tritt am 1. März 2002 in Kraft.**

D. LugÜ

Übersicht

Schrifttum: *Jayme,* Ein internationales Zivilverfahrensrecht für Gesamteuropa, 1992; *Kilias,* Gerichtsstandsvereinbarungen nach dem LuganoÜbk, 1993; *Schmidt-Parzefall,* Die Auslegung des Parallelübereinkommens von Lugano, 1995; *Schwander,* Das LuganoÜbk, 1990.

1 **1) Systematik.** Das Übereinkommen über die gerichtliche Zuständigkeit und die Vollstreckung gerichtlicher Entscheidungen in Zivil- und Handelssachen (sog Lugano-Übereinkommen, LugÜ) zwischen den EG-Staaten und den EFTA-Staaten v 16. 9. 88, BGBl **94** II 2660, war von Deutschland durch G v 30. 9. 94, BGBl II 2658, 3772, ratifiziert worden. Es trat für Deutschland am 1. 3. 95 in Kraft, Bek v 8. 2. 95, BGBl II 221 (dort auch die Daten für die anderen Staaten, hinzugekommen sind Dänemark – ohne Faröer und Grönland – am 1. 3. 96, BGBl **96** II 377, und Island am 1. 12. 95, BGBl II 223, Österreich am 1. 9. 96, BGBl II 2520, sowie Belgien am 1. 10. 97, BGBl II 1825).

2 **2) Regelungszweck.** Das LugÜ war bewußt als Parallelabkommen zum EuGVÜ bis zum Inkrafttreten der EuGVVO am 1. 3. 02 konzipiert und wich deshalb nur geringfügig vom EuGVÜ ab, Dietze/Schnickels NJW **95**, 2274. Es sollte in dem Gebiet der 18 EG- und EFTA-Staaten mit mehr als 370 Millionen Einwohnern eine einheitliche Regelung der internationalen Zuständigkeit der Gerichte für zivil- und handelsrechtliche Streitigkeiten einführen und eine rasche Anerkennung und Vollstreckung ihrer Entscheidungen in allen Vertragsstaaten ermöglichen, ZRP **94**, 243.

3 **3) Ausführung.** Für sie ist das AVAG, SchlAnh V E, maßgeblich.

E. AVAG

vom 19. 2. 01, BGBl 288 u 436, zuletzt geändert durch Art 44 FGG-RG

Übersicht

1 **1) Systematik.** Das Gesetz zur Ausführung zwischenstaatlicher Verträge und zur Durchführung von Verordnungen der Europäischen Gemeinschaft auf dem Gebiet der Anerkennung und Vollstreckung in Zivil- und Handelssachen (Anerkennungs- und Vollstreckungsausführungsgesetz – AVAG) ersetzt in seinem Geltungsbereich §§ 722, 723 ZPO. In einer Ehesache gilt seit 1. 3. 05 das IntFamRVG. Der *Text* des AVAG ist im Schönfelder Ergänzungsband Nr 103 a abgedruckt.

2 **2) Geltungsbereich,** dazu *Hub* NJW **01**, 3145 (Üb): Der sachliche Anwendungsbereich ergibt sich aus § 1. Für die dort nicht genannten zwischenstaatlichen Verträge bleibt es bei den für sie erlassenen Ausführungsgesetzen, SchlAnh V A, B. Vgl dazu auch G v 17. 4. 07, BGBl 529, nebst Bek v 12. 6. 07, BGBl 1058 (Dänemark)

VI. Internationale Schiedsgerichtsbarkeit

A. Kollektivverträge

1. UNÜ

Schrifttum: *Haas,* Die Anerkennung und Vollstreckung ausländischer und internationaler Schiedssprüche, 1991.

1 **1) Geltungsbereich.** Wegen des Geltungsbereichs des UN-Übk über die Anerkennung und Vollstrekkung ausländischer Schiedssprüche v 10. 6. 58, BGBl **61** II 122, **07** II 389, des sog UNÜ, letzte Beitrittsbek v 22. 2. 07, BGBl II 342. Dort auch näheres darüber, inwieweit GenfProt und GenfAbk noch in Kraft sind, vgl auch Art VII Abs II UNÜ. Das Übk, dem die DDR beigetreten war, gilt auch in den neuen Bundesländern in der 1960 von der BRep ratifizierten Fassung, von Hoffmann IPRax **91**, 10. Zum zeitlichen Anwendungsbereich BGH NJW **82**, 1225, zum Verhältnis des UNÜ zu anderen völkerrechtlichen Verträgen und zum innerstaatlichen Recht Art VII.

Nach *§ 1061 ZPO* gilt das Übk als innerstaatliches Recht für alle ausländischen Schiedssprüche. Dabei bleiben multilaterale und bilaterale Staatsverträge unberührt, § 1061 I 2 ZPO.

2. EuÜbkHSch

Übersicht

Schrifttum: *Haas,* Die Anerkennung und Vollstreckung ausländischer und internationaler Schiedssprüche, 1991; *Schlosser,* Das Recht der internationalen privaten Schiedsgerichtsbarkeit, Bd I, 1975; *Zobel,* Schiedsgerichtsbarkeit und Gemeinschaftsrecht usw, 2005 (Bespr *Schütze* SchiedsVZ **07**, 98).

1) Systematik. Das Europäische Übereinkommen über die internationale Handelsschiedsgerichtsbarkeit v 21. 4. 61, BGBl 64 II 425, ist in Kraft für die BRep seit 25. 1. 65, BGBl **65** II 107 (für die damalige DDR seit 21. 5. 75, BGBl **75** II 1133). Wegen der Vertragsstaaten letzte Bek v 29. 5. 07, BGBl II 833 (Montenegro). Das EuÜbkHSch tritt neben das UNÜ, SchlAnh VI A 1, das als innerstaatliches Recht für alle ausländischen Schiedssprüche gilt. Durch Art 9 II ändert es das UNÜ ab, Walter RIW **82**, 695. Es geht ihm als jüngeres auch vor. Es läßt die Gültigkeit mehrseitiger oder zweiseitiger Verträge unberührt, die die Vertragsstaaten auf dem Gebiet der Schiedsgerichtsbarkeit geschlossen haben oder noch schließen, Art X Abs VII. Soweit nicht diese unberührt bleibenden Abk oder das EuÜbkHSch eingreifen, gilt das Recht desjenigen Landes, in dem der Spruch ergeht. Die besondere Bedeutung des EuÜbkHSch liegt, wie die Liste der Mitgliedsstaaten zeigt, auf dem Gebiet des Ost-West-Handels. 1

2) Maßgebender Text. Der maßgebende Text des Übk ist englisch, französisch und russisch. Der im BGBl daneben gestellte deutsche Text ist eine Übersetzung. 2

B. Bilaterale Staatsverträge

Wegen der Bestimmungen über das Schiedsgerichtswesen in anderen bilateralen Staatsverträgen SchlAnh VI Üb 2.

1) Deutsch-amerikanisches Abkommen. Die USA sind dem UNÜ, oben VI A 1, beigetreten, BGH NJW **87**, 3195. Zu den Auswirkungen Schlosser NJW **78**, 455, Weitz RIW **84**, 23. Daneben behält das deutsch-amerikanische Freundschafts-, Handels- und Schiffahrtsabkommen v 29. 10. 54, BGBl **56** II 488, seine Bedeutung, soweit es anerkennungsfreundlicher ist, Art VII UNÜ, Schlosser NJW **78**, 456. Der Vertrag regelt nicht das Verfahren der Vollstreckbarerklärung. Daher gilt insofern § 1061 ZPO (dagegen kann das Gericht aus einem Exequatur-Urteil des Staates New York die Vollstreckung nach § 722 ZPO für zulässig erklären, BGH RIW **84**, 557, zustm Dielmann). Der amerikanische Schiedsspruch ist ordnungsgemäß ergangen, endgültig und vollstreckbar, wenn er rechtswirksam ist, BGH **57**, 153, Habscheid KTS **72**, 216, Schlosser ZZP **86**, 49. Jedoch erfolgt die Prüfung nur im Rahmen des Vertrags. Daher darf das Gericht eine Vollstreckbarerklärung nur dann ablehnen, wenn der ordre public verletzt ist, BGH **57**, 153. Das trifft bei Abweichungen des Verfahrens auch von Grundprinzipien des deutschen Rechts nur ausnahmsweise zu, BGH RIW **84**, 558, und auch liegt bei einer Versagung des rechtlichen Gehörs nur in extremen Fällen vor, Hbg MDR **75**, 940, Gündisch RIW **75**, 577, Habscheid/Calavros KTS **79**, 9. Einwendungen, auf die sich eine Vollstreckungsabwehrklage stützen läßt, bleiben statthaft. 1

2) Deutsch-sowjetisches Abkommen. Das deutsch-sowjetische Abkommen über Allgemeine Fragen des Handels und der Seeschiffahrt v 25. 4. 58, BGBl **59** II 222, galt weiter im Verhältnis zu Armenien, Aserbaidschan, Georgien, Kasachstan, Kirgistan, Tadschikistan, Ukraine, Usbekistan u Weißrußland, vgl Einl IV 13. Es ist im Verhältnis zur russischen Föderation am 20. 12. 00 außer Kraft getreten, Bek v 7. 12. 01, BGBl 02 II 40. Vgl auch die Schiedsordnung des Internationalen Handelsschiedsgerichts bei der Industrie- und Handelskammer der Russischen Föderation, SchiedsVZ **07**, Heft 2 Beilage 1. 1

VII. EuRAG

Übersicht

Schrifttum: *Franz* FamRZ **00**, 989; *Klein* AnwBl **00**, 190 (je: Üb).

1) Systematik. Man muß zwei Betätigungsformen unterscheiden. 1

A. Vorübergehendes Tätigwerden. §§ 25 ff des Gesetzes übr die Tätigkeit europäischer Rechtsanwälte in Deutschland (EuRAG) v 9. 3. 00, BGBl 182, 1349, zuletzt geändert dch Art 19 IX G v 12. 12. 07, BGBl 2840, ermöglichen einem sog dienstleistenden europäischen Rechtsanwalt unter den gesetzlichen Voraussetzungen das vorübergehende Auftreten und Verhandeln vor einem deutschen Gericht. Zum Begriff „vorübergehend" EuGH NJW **96**, 579.

Die wichtigste Voraussetzung besteht darin, daß der ausländische Anwalt nach §§ 28, 29 EuRAG nur im schriftlichen vorherigen und widerruflichen *Einvernehmen* eines deutschen Anwalts auftreten und verhandeln darf, dazu schon (zur damaligen Fassung) LSG Stgt AnwBl **85**, 35, und daß dieser deutsche Anwalt zwar nicht (mehr) ProzBev, wohl aber eben Rechtsanwalt sein und natürlich bei dem Gericht oder der Behörde zur Vertretung befugt sein muß, § 28 II 1 EuRAG. 2

Außerdem muß der ausländische Anwalt das Einvernehmen *nachweisen,* und zwar spätestens bei der ersten Handlung gegenüber dem Gericht oder der Behörde, um seine Handlung wirksam zu machen, § 29 I EuRAG. Ein Widerruf des Einvernehmens hat eine Wirkung nur für die Zukunft, § 29 II 1, 2 EuRAG.

B. Niederlassung (ständiges Tätigwerden). Zum Begriff „Niederlassung" EuGH NJW **96**, 579. 3

2) Kosten. Für die Kosten des ausländischen Anwalts ist das Recht seines Niederlassungsorts maßgeblich, und zwar auch zu der Frage, ob und welche Honorarvereinbarungen er treffen kann. Einzelheiten Hartmann Teil X VV 2300, 2301. Der neben dem ausländischen Anwalt auftretende oder tätig werdende deutsche Anwalt berechnet seine Kosten im Umfang seiner Tätigkeit nach VV 2300, 2301. Der ausländische EU-Anwalt kann nach (jetzt) dem RVG abrechnen, LG Hbg RR **00**, 510 (zum alten Recht). Ob und wie weit er die Kosten des ausländischen nach dem EuRAG tätig werdenden Kollegen in Höhe der ausländischen Gebührenordnung mit ansetzen kann usw, das richtet sich nach dem RVG. Vgl im einzelnen Hartmann Teil X VV 2300, 2301. 4

VIII. KapMuG

Schrifttum: *Assmann,* Das Kapitalanleger-Musterverfahrensgesetz, Festgabe für *Vollkommer* (2006) 119; (Üb); *Hess/Reuschle/Rimmelspacher* (Hrsg), Kölner Kommentar zum KapMuG, 2008; *Kilian,* Ausgewählte Probleme des Musterverfahrens nach dem KapMuG, 2007; *Kranz* MDR **05**, 1021; *Meller-Hannich (Hrsg),* Kollektiver Rechtsschutz im Zivilprozess, 2008; *Möller/Weichert* NJW **05**, 2737 (je: Üb); *Rau,* Das Kapitalanleger-Musterverfahrensgesetz vor dem Hintergrund von Dispositions- und Verhandlungsgrundsatz, 2008; *Reuschle,* Das Kapitalanleger-Musterverfahrensgesetz 2006 (Bespr *Plaßmeier* NJW **06**, 1937); *Schneider* BB **05**, 2249; *Vollkommer* NJW **07**, 3094 (Üb); *Vorwerk/Wolf* (Hrsg), KapMuG, Komm, 2007 (Bespr *Hoepner* NJW **07**, 1661); *Weber* NJW **06**, 3687 (je: Üb).

Übersicht

1 **1) Systematik.** Das Gesetz über Musterverfahren in kapitalmarktrechtlichen Streitigkeiten (Kapitalanleger-Musterverfahrensgesetz – KapMuG) ist als Art 1 eines Gesetzes zur Einführung von Kapitalanleger – Musterverfahren vom 16. 8. 05, BGBl 2437, zuletzt geändert durch Art 12 TUG v 5. 1. 07, BGBl 10, ein erster gezielter Einstieg in die aus dem Ausland bekannte Möglichkeit eines echten Sammelklageverfahrens im deutschen Zivilprozeß. Es geht über die bisherigen Rechtsfiguren einer Streitgenossenschaft nach §§ 59 ff ZPO deutlich hinaus. Es bringt ein Musterverfahren mit Bekanntmachung in einem Klageregister, Zwangsaussetzung anderer vorher anhängig gewordener Einzelverfahren, einer Vorlage beim OLG zwecks Herbeiführung eines Musterentscheids über das Feststellungsziel gleichgerichteter Anträge und einer weitgehenden Bindung aller an den Musterentscheid ein. Gegen ihn findet eine Rechtsbeschwerde statt.

2 **2) Regelungszweck.** Er besteht natürlich in einer Vereinheitlichung, Beschleunigung, Erleichterung beim Verfahren und bei den Kosten und in der Vermeidung von unterschiedlicher Rechtsprechung zu Lasten betroffener Kapitalanleger. Dem Gesetz ist freilich deutlich eine noch tastende Unsicherheit über die Brauchbarkeit dieser ersten Bemühung um gesetzliche Regelung anzumerken. Sie beginnt mit Ausdrücken wie „Musterfeststellungsantrag" statt Sammelklage und führt über einen bloßen „Musterentscheid" (Beschluß) bis zur bloßen Rechtskraft-„Fähigkeit" statt Rechtskraft. Nach Rechtskraft des Musterbescheids muß der Kläger doch noch (weiter)klagen, um zum Vollstreckungstitel zu kommen.

3 **3) Geltungsbereich.** Ihn benennt § 1 KapMuG. Dort zieht I den Kreis möglicher Schadensersatzansprüche und Erfüllungsansprüche noch ziemlich weit. III schränkt I 1 aber schon wieder kräftig ein. Daher ist eine zu großzügige Handhabung von I nicht möglich.

4 **4) Verfahren.** Das Musterverfahren folgt nach § 9 I 1 KapMuG grundsätzlich den Regeln der ZPO zum erstinstanzlichen Verfahren vor dem LG. Es gibt aber in den folgenden Vorschriften zahlreiche gegenüber der ZPO speziellere und schon deshalb vorrangig eng auslegbare Sondervorschriften, Schneider BB **05**, 2254 (Üb).

5 **5) Inkrafttreten, Außerkrafttreten, Übergangsrecht.** Vgl § 20 KapMuG sowie Art 9 G vom 16. 8. 05, BGBl 2437, geändert dch Art 12 des 2. JuMoG, v 22. 12. 06, BGBl 3416, in Kraft seit 31. 12. 06, Art 28 I des 2. JuMoG:

EG KapMuG Art. 9. Inkrafttreten, Außerkrafttreten. **I 1 Es treten in Artikel 1 § 2 Abs. 6, § 4 Abs. 5 und § 9 Abs. 3 und 4 des Kapitalanleger-Musterverfahrensgesetzes sowie in Artikel 2 Nr. 2 § 32 b Abs. 2 der Zivilprozessordnung am Tag nach der Verkündung in Kraft. 2 Im Übrigen tritt das Gesetz am 1. November 2005 in Kraft.**

II Das Kapitalanleger-Musterverfahrensgesetz (Artikel 1 dieses Gesetzes) tritt am 1. November 2010 außer Kraft.

Abschnitt 1. Musterfeststellungsantrag; Vorlageverfahren

1 ***Musterfeststellungsantrag.*** **I 1 Durch Musterfeststellungsantrag kann in einem erstinstanzlichen Verfahren, in dem**

1. ein Schadensersatzanspruch wegen falscher, irreführender oder unterlassener öffentlicher Kapitalmarktinformation oder

2. ein Erfüllungsanspruch aus Vertrag, der auf einem Angebot nach dem Wertpapiererwerbs- und Übernahmegesetz beruht,

geltend gemacht wird, die Feststellung des Vorliegens oder Nichtvorliegens anspruchsbegründender oder anspruchsausschließender Voraussetzungen oder die Klärung von Rechtsfragen begehrt werden (Feststellungsziel), wenn die Entscheidung des Rechtsstreits hiervon abhängt. 2 Der Musterfeststellungsantrag kann vom Kläger und vom Beklagten gestellt werden. 3 Öffentliche Kapitalmarktinformationen sind für eine Vielzahl von Kapitalanlegern bestimmte Informationen über Tatsachen, Umstände, Kennzahlen und sonstige Unternehmensdaten, die einen Emittenten von Wertpapieren oder Anbieter von sonstigen Vermögensanlagen betreffen. 4 Dies sind insbesondere Angaben in

1. Prospekten nach dem Wertpapierprospektgesetz,

2. Verkaufsprospekten nach dem Verkaufsprospektgesetz sowie dem Investmentgesetz,

3. Mitteilungen über Insiderinformationen im Sinne des § 15 des Wertpapierhandelsgesetzes,

4. Darstellungen, Übersichten, Vorträgen und Auskünften in der Hauptversammlung über die Verhältnisse der Gesellschaft einschließlich ihrer Beziehungen zu verbundenen Unternehmen im Sinne des § 400 Abs. 1 Nr. 1 des Aktiengesetzes,

5. Jahresabschlüssen, Lageberichten, Konzernabschlüssen, Konzernlageberichten sowie Halbjahresfinanzberichten des Emittenten, und in

6. Angebotsunterlagen im Sinne des § 11 Abs. 1 Satz 1 des Wertpapiererwerbs- und Übernahmegesetzes.

II [1] Der Musterfeststellungsantrag ist bei dem Prozessgericht unter Angabe des Feststellungsziels und der öffentlichen Kapitalmarktinformation zu stellen. [2] Er muss Angaben zu allen, zur Begründung des Feststellungsziels dienenden tatsächlichen und rechtlichen Umständen (Streitpunkte) enthalten und die Beweismittel bezeichnen, deren sich der Antragsteller zum Nachweis oder zur Widerlegung tatsächlicher Behauptungen bedienen will. [3] Der Antragsteller hat darzulegen, dass der Entscheidung über den Musterfeststellungsantrag Bedeutung über den einzelnen Rechtsstreit hinaus für andere gleichgelagerte Rechtsstreitigkeiten zukommen kann. [4] Dem Antragsgegner ist Gelegenheit zur Stellungnahme zu geben.

III [1] Ein Musterfeststellungsantrag nach Absatz 1 Satz 1 ist unzulässig, wenn

1. der dem Musterfeststellungsantrag zugrunde liegende Rechtsstreit bereits entscheidungsreif ist,
2. der Musterfeststellungsantrag zum Zwecke der Prozessverschleppung gestellt ist,
3. das bezeichnete Beweismittel ungeeignet ist,
4. die Darlegungen des Antragstellers den Musterfeststellungsantrag nicht rechtfertigen oder
5. eine ausschließlich gestellte Rechtsfrage nicht klärungsbedürftig erscheint.

[2] Unzulässige Musterfeststellungsanträge weist das Prozessgericht durch Beschluss zurück.

Bem. Zu I 3 BGH MDR **08**, 1057 (grauer Kapitalmarkt).
Zu III 1 Z 1 (Entscheidungsreife) BGH MDR **08**, 224.

2 *Bekanntmachung im Klageregister.* **I [1] Einen zulässigen Musterfeststellungsantrag macht das Prozessgericht im elektronischen Bundesanzeiger unter der Rubrik „Klageregister nach dem Kapitalanleger-Musterverfahrensgesetz" (Klageregister) öffentlich bekannt. [2] Über die Bekanntmachung entscheidet das Prozessgericht durch Beschluss. [3] Der Beschluss ist unanfechtbar. [4] Die Bekanntmachung enthält nur die folgenden Angaben:**

1. die vollständige Bezeichnung der beklagten Partei und ihres gesetzlichen Vertreters,
2. die Bezeichnung des von dem Musterfeststellungsantrag betroffenen Emittenten von Wertpapieren oder Anbieters von sonstigen Vermögensanlagen,
3. die Bezeichnung des Prozessgerichts,
4. das Aktenzeichen des Prozessgerichts,
5. das Feststellungsziel des Musterfeststellungsantrags und
6. den Zeitpunkt der Bekanntmachung im Klageregister.

[5] Musterfeststellungsanträge, deren Feststellungsziel den gleichen zugrunde liegenden Lebenssachverhalt betrifft (gleichgerichtete Musterfeststellungsanträge), werden im Klageregister in der Reihenfolge ihrer Bekanntmachung erfasst. [6] Musterfeststellungsanträge müssen dann nicht mehr im Klageregister öffentlich bekannt gemacht werden, wenn die Voraussetzungen zur Einleitung eines Musterverfahrens nach § 4 Abs. 1 Satz 1 bereits vorliegen.

II Die Einsicht in das Klageregister steht jedem unentgeltlich zu.

III Das Prozessgericht trägt die datenschutzrechtliche Verantwortung für die von ihm im Klageregister bekannt gemachten Daten, insbesondere für die Rechtmäßigkeit ihrer Erhebung, die Zulässigkeit ihrer Veröffentlichung und die Richtigkeit der Daten.

IV [1] Der Betreiber des elektronischen Bundesanzeigers erstellt im Einvernehmen mit dem Bundesamt für Sicherheit in der Informationstechnik ein Sicherheitskonzept für Bekanntmachungen im Klageregister, das insbesondere die nach § 9 des Bundesdatenschutzgesetzes erforderlichen technischen und organisatorischen Maßnahmen umfasst. [2] Die Wirksamkeit der Maßnahmen ist in regelmäßigen Abständen unter Berücksichtigung der aktuellen technischen Entwicklungen zu überprüfen.

V Die im Klageregister gespeicherten Daten sind nach Zurückweisung des Musterfeststellungsantrags gemäß § 4 Abs. 4, anderenfalls nach rechtskräftigem Abschluss des Musterverfahrens zu löschen.

VI [1] Das Bundesministerium der Justiz wird ermächtigt, durch Rechtsverordnung nähere Bestimmungen über Inhalt und Aufbau des Klageregisters, insbesondere über Eintragungen, Änderungen, Löschungen, Einsichtsrechte, Datensicherheit und Datenschutz zu treffen. [2] Dabei sind Löschungsfristen vorzusehen sowie Vorschriften, die sicherstellen, dass die Bekanntmachungen

1. unversehrt, vollständig und aktuell bleiben,
2. jederzeit ihrem Ursprung nach zugeordnet werden können.

KlagRegV § 1. Inhalt und Aufbau des Klageregisters. I [1] Das Klageregister nach § 2 Abs. 1 Satz 1 des Kapitalanleger-Musterverfahrensgesetzes enthält die folgenden Bekanntmachungen:

1. gleichgerichtete Musterfeststellungsanträge nach § 2 Abs. 1 des Gesetzes,
2. den Erlass eines Vorlagebeschlusses sowie dessen Datum nach § 4 Abs. 3 des Gesetzes,
3. die Einleitung des Musterverfahrens nach § 6 Satz 1 des Gesetzes,
4. Terminsladungen nach § 9 Abs. 2 des Gesetzes,
5. den Inhalt des erweiterten Vorlagebeschlusses nach § 13 Abs. 3 des Gesetzes,
6. den Inhalt des Musterentscheids nach § 14 Abs. 1 des Gesetzes und
7. die Mitteilung über den Eingang einer Rechtsbeschwerde nach § 15 Abs. 2 des Gesetzes.

II 1 Zur vollständigen Bezeichnung der beklagten Partei und ihres gesetzlichen Vertreters nach § 2 Abs. 1 Satz 4 Nr. 1 des Kapitalanleger-Musterverfahrensgesetzes hat das Klageregister Angaben zu Name oder Firma und Anschrift sowie zum Namen des gesetzlichen Vertreters und zum Vertretungsverhältnis zu enthalten. 2 Der von dem Musterfeststellungsantrag betroffene Emittent von Wertpapieren oder Anbieter von sonstigen Vermögensanlagen nach § 2 Abs. 1 Satz 4 Nr. 2 des Kapitalanleger-Musterverfahrensgesetzes ist im Klageregister mit Namen oder Firma anzugeben.

III Das Feststellungsziel eines Musterfeststellungsantrags nach § 2 Abs. 1 Satz 4 Nr. 5 des Kapitalanleger-Musterverfahrensgesetzes ist bei seiner Eintragung mindestens einer der folgenden Kategorien von Kapitalmarktinformationen zuzuordnen:

1. Angaben in Prospekten nach dem Wertpapierprospektgesetz,
2. Angaben in einem Verkaufsprospekt nach dem Verkaufsprospektgesetz sowie dem Investmentgesetz,
3. Angaben in einer Mitteilung über Insiderinformationen im Sinne des § 15 des Wertpapierhandelsgesetzes,
4. Angaben in Darstellungen, Übersichten, Vorträgen und Auskünften in der Hauptversammlung einer Aktiengesellschaft über die Verhältnisse der Gesellschaft einschließlich ihrer Beziehungen zu verbundenen Unternehmen im Sinne des § 400 Abs. 1 Nr. 1 des Aktiengesetzes,
5. Angaben in Jahresabschlüssen, Lageberichten, Konzernabschlüssen, Konzernlageberichten sowie Zwischenberichten,
6. Angaben in Angebotsunterlagen nach dem Wertpapiererwerbs- und Übernahmegesetz,
7. sonstige Kapitalmarktinformationen.

IV 1 Den Gerichten ist es zu ermöglichen, vor der Eintragung eines Musterfeststellungsantrags nach § 2 Abs. 1 Satz 1 des Kapitalanleger-Musterverfahrensgesetzes nach bereits eingetragenen, gleichgerichteten Musterfeststellungsanträgen (§ 2 Abs. 1 Satz 5 des Kapitalanleger-Musterverfahrensgesetzes) zu suchen. 2 Das Gericht kann den von ihm einzutragenden Musterfeststellungsantrag entweder einer Liste gleichgerichteter Musterfeststellungsanträge hinzufügen oder als neuen Musterfeststellungsantrag eintragen.

V Innerhalb des Klageregisters ist eine Suchfunktion vorzusehen, die die Suche nach den folgenden Angaben ermöglicht:

1. Bezeichnung des von dem Musterfeststellungsantrag betroffenen Emittenten von Wertpapieren oder Anbieters von sonstigen Vermögensanlagen nach § 2 Abs. 1 Satz 4 Nr. 2 des Kapitalanleger-Musterverfahrensgesetzes,
2. vollständige Bezeichnung der beklagten Partei und ihres gesetzlichen Vertreters nach § 2 Abs. 1 Satz 4 Nr. 1 des Kapitalanleger-Musterverfahrensgesetzes,
3. Bezeichnung des Prozessgerichts nach § 2 Abs. 1 Satz 4 Nr. 3 des Kapitalanleger-Musterverfahrensgesetzes und
4. Aktenzeichen des Prozessgerichts nach § 2 Abs. 1 Satz 4 Nr. 4 des Kapitalanleger-Musterverfahrensgesetzes.

KlagRegV § 2. Eintragungen. I Eintragungen in das Klageregister dürfen nur durch die Gerichte im automatisierten Verfahren vorgenommen werden.

II 1 Der Vorsitzende oder ein von ihm bestimmtes Mitglied des Gerichts dürfen Eintragungen vornehmen oder veranlassen. 2 Die Befugnis nach Satz 1 ist bei jedem Verbindungsaufbau anhand einer Benutzerkennung und eines geheim zu haltenden Passworts automatisiert zu prüfen.

III Bei jeder Eintragung muss technisch nachvollziehbar bleiben, von welcher Person sie vorgenommen wurde.

KlagRegV § 3. Bekanntmachungen. I Die Gerichte müssen jederzeit die nach dem Kapitalanleger-Musterverfahrensgesetz erforderlichen öffentlichen Bekanntmachungen in das Klageregister eintragen können.

II 1 Die Bekanntmachungen müssen unverzüglich im Klageregister erscheinen.

III Die Bekanntmachung eines Musterfeststellungsantrags muss das Datum und die sekundengenaue Uhrzeit ihrer Eintragung enthalten.

KlagRegV § 4. Berichtigung, Löschung, Kennzeichnung und Überprüfung. I 1 Der Betreiber des Klageregisters hat durch organisatorische und technische Vorkehrungen sicherzustellen, dass im Klageregister gespeicherte Daten nur durch das Gericht berichtigt oder gelöscht werden können, das die Eintragung vorgenommen hat. 2 Soweit Daten berichtigt wurden, muss erkennbar sein, dass ein Fall der Berichtigung vorliegt. 3 Die Berichtigung von Daten führt nicht zu einer Veränderung der Eintragungsreihenfolge nach § 2 Abs. 1 Satz 5 des Kapitalanleger-Musterverfahrensgesetzes.

II 1 Die im Klageregister veröffentlichten Daten sind spätestens drei Monate nach dem rechtskräftigen Abschluss des Musterverfahrens durch das die Eintragung vornehmende Gericht zu löschen. 2 Nach Zurückweisung des Musterfeststellungsantrags wegen Zeitablaufs nach § 4 Abs. 4 des Kapitalanleger-Musterverfahrensgesetzes sind die im Klageregister gespeicherten Daten unverzüglich von dem die Eintragung vornehmenden Gericht als zu löschende Daten zu kennzeichnen. 3 Durch technische Vorkehrungen ist sicherzustellen, dass diese Daten auf Anforderung bis zu ihrer Löschung erkennbar bleiben. 4 Sie sind spätestens sechs Monate nach dem ablehnenden Beschluss zu löschen.

III Unzulässigerweise veröffentlichte Daten sind nach Feststellung der Unzulässigkeit unverzüglich zu löschen.

IV 1 Das die Eintragung vornehmende Gericht prüft spätestens nach jeweils drei Monaten, ob die von ihm vorgenommenen Eintragungen noch aktuell sind. 2 Es nimmt die erforderlichen Berichtigungen und Löschungen unter Beachtung der Löschungsfristen nach Absatz 2 unverzüglich vor.

KlagRegV § 5. Einsichtnahme. I Die Einsichtnahme in das Klageregister erfolgt ausschließlich im automatisierten Abrufverfahren; sie ist kostenfrei.

II Jedermann muss das Klageregister jederzeit einsehen können.

III Für die Gestaltung der Einsichtnahme gelten die Vorgaben der Barrierefreie Informationstechnik-Verordnung vom 17. Juli 2002 (BGBl. I S. 2654) in der jeweils geltenden Fassung entsprechend.

KlagRegV § 6. Datensicherheit. I Der Betreiber des Klageregisters hat durch organisatorische und dem Stand der Technik entsprechende Maßnahmen, die den Vorgaben des Sicherheitskonzepts nach § 2 Abs. 4 Satz 1 des Kapitalanleger-Musterverfahrensgesetzes genügen, sicherzustellen, dass die von den Gerichten übermittelten Daten während ihrer Bekanntmachung im Klageregister unversehrt und vollständig bleiben.

II Der Betreiber des Klageregisters hat durch organisatorische und technische Vorkehrungen sicherzustellen, dass er von auftretenden Fehlfunktionen unverzüglich Kenntnis erlangt, und hat diese unverzüglich zu beheben.

3 *Unterbrechung des Verfahrens.* Mit der Bekanntmachung des Musterfeststellungsantrags im Klageregister wird das Verfahren unterbrochen.

4 *Vorlage an das Oberlandesgericht.* I 1 Das Prozessgericht führt durch Beschluss eine Entscheidung des im Rechtszug übergeordneten Oberlandesgerichts über das Feststellungsziel gleichgerichteter Musterfeststellungsanträge (Musterentscheid) herbei, wenn

1. in dem Verfahren bei dem Prozessgericht der zeitlich erste Musterfeststellungsantrag gestellt wurde und
2. innerhalb von vier Monaten nach seiner Bekanntmachung in mindestens neun weiteren Verfahren bei demselben oder anderen Gerichten gleichgerichtete Musterfeststellungsanträge gestellt wurden.

2 Der Vorlagebeschluss ist unanfechtbar und für das Oberlandesgericht bindend. 3 Die zeitliche Reihenfolge der bei den Prozessgerichten gestellten Musterfeststellungsanträge bestimmt sich nach der Bekanntmachung im Klageregister.

II Der Vorlagebeschluss hat zu enthalten:

1. das Feststellungsziel,
2. alle geltend gemachten Streitpunkte, soweit sie entscheidungserheblich sind,
3. die bezeichneten Beweismittel und
4. eine knappe Darstellung des wesentlichen Inhalts der erhobenen Ansprüche und der dazu vorgebrachten Angriffs- und Verteidigungsmittel.

III Das Prozessgericht macht im Klageregister den Erlass und das Datum des Vorlagebeschlusses öffentlich bekannt.

IV Ist seit Bekanntmachung des jeweiligen Musterfeststellungsantrags innerhalb von vier Monaten nicht die für die Vorlage an das Oberlandesgericht erforderliche Anzahl gleichgerichteter Anträge bei dem Prozessgericht gestellt worden, weist das Prozessgericht den Antrag zurück und setzt das Verfahren fort.

V 1 Sind in einem Land mehrere Oberlandesgerichte errichtet, so können die Musterentscheide, für die nach Absatz 1 die Oberlandesgerichte zuständig sind, von den Landesregierungen durch Rechtsverordnung einem der Oberlandesgerichte oder dem Obersten Landesgericht zugewiesen werden, sofern dies der Sicherung einer einheitlichen Rechtsprechung dienlich ist. 2 Die Landesregierungen können die Ermächtigung auf die Landesjustizverwaltungen übertragen. 3 Durch Staatsverträge zwischen Ländern kann die Zuständigkeit eines Oberlandesgerichts für einzelne Bezirke oder das gesamte Gebiet mehrerer Länder begründet werden.

Bem. Zu I 1 Z 2: Es sind keine 10 gesonderten Verfahren nötig, vielmehr einfache Streitgenossen ausreichend, BGH NJW **08**, 2187.

5 *Sperrwirkung des Vorlagebeschlusses.* Mit Erlass des Vorlagebeschlusses ist die Einleitung eines weiteren Musterverfahrens für die gemäß § 7 auszusetzenden Verfahren unzulässig.

Abschnitt 2. Durchführung des Musterverfahrens

6 *Bekanntmachung des Musterverfahrens.* 1 Nach Eingang des Vorlagebeschlusses macht das Oberlandesgericht im Klageregister öffentlich bekannt:

1. die namentliche Bezeichnung des Musterklägers und seines gesetzlichen Vertreters (§ 8 Abs. 1 Nr. 1),
2. die vollständige Bezeichnung des Musterbeklagten und seines gesetzlichen Vertreters (§ 8 Abs. 1 Nr. 2),

3. das Feststellungsziel des Musterverfahrens,
4. das Aktenzeichen des Oberlandesgerichts und
5. den Inhalt des Vorlagebeschlusses.

[2] Das Oberlandesgericht trägt die datenschutzrechtliche Verantwortung entsprechend § 2 Abs. 3.

7 *Aussetzung.* I [1] Nach der Bekanntmachung des Musterverfahrens im Klageregister durch das Oberlandesgericht setzt das Prozessgericht von Amts wegen alle bereits anhängigen oder bis zum Erlass des Musterentscheids noch anhängig werdenden Verfahren aus, deren Entscheidung von der im Musterverfahren zu treffenden Feststellung oder der im Musterverfahren zu klärenden Rechtsfrage abhängt. [2] Das gilt unabhängig davon, ob in dem Verfahren ein Musterfeststellungsantrag gestellt wurde. [3] Die Parteien sind anzuhören, es sei denn, dass sie darauf verzichtet haben. [4] Der Aussetzungsbeschluss ist nicht anfechtbar.

II Das Prozessgericht hat das das Musterverfahren führende Oberlandesgericht unverzüglich über die Aussetzung unter Angabe der Höhe des Anspruchs, soweit er Gegenstand des Musterverfahrens ist, zu unterrichten.

8 *Beteiligte des Musterverfahrens.* I Beteiligte des Musterverfahrens sind:
1. der Musterkläger,
2. der Musterbeklagte,
3. die Beigeladenen.

II [1] Das Oberlandesgericht bestimmt nach billigem Ermessen durch Beschluss den Musterkläger aus den Klägern bei dem Gericht, das den Musterentscheid einholt. [2] Zu berücksichtigen sind
1. die Höhe des Anspruchs, soweit er Gegenstand des Musterverfahrens ist, und
2. eine Verständigung mehrerer Kläger auf einen Musterkläger.

[3] Eine Anfechtung des Beschlusses findet nicht statt.

III [1] Die Kläger und Beklagten der übrigen ausgesetzten Verfahren sind zu dem Musterverfahren beizuladen. [2] Der Aussetzungsbeschluss gilt als Beiladung im Musterverfahren. [3] Mit dem Aussetzungsbeschluss unterrichtet das Prozessgericht die Beigeladenen darüber,
1. dass die anteiligen Kosten des Musterverfahrens zu den Kosten des Prozessverfahrens gehören, und
2. dass dies nach § 17 Satz 4 nicht gilt, wenn die Klage innerhalb von zwei Wochen ab Zustellung des Aussetzungsbeschlusses in der Hauptsache zurückgenommen wird.

9 *Allgemeine Verfahrensregeln.* I [1] Auf das Musterverfahren sind die im ersten Rechtszug für das Verfahren vor den Landgerichten geltenden Vorschriften der Zivilprozessordnung entsprechend anzuwenden, soweit nichts Abweichendes bestimmt ist. [2] Die §§ 278, 348 bis 350, 379 der Zivilprozessordnung finden keine Anwendung. [3] In Beschlüssen müssen die Beigeladenen nicht bezeichnet werden.

II [1] Die Zustellung von Terminsladungen an Beigeladene kann durch öffentliche Bekanntmachung ersetzt werden. [2] Die öffentliche Bekanntmachung wird durch Eintragung in das Klageregister bewirkt. [3] Zwischen öffentlicher Bekanntmachung und Terminstag müssen mindestens vier Wochen liegen.

III [1] Die Bundesregierung und die Landesregierungen können für ihren Bereich durch Rechtsverordnung den Zeitpunkt bestimmen, von dem an im Musterverfahren elektronische Akten geführt werden, sowie die hierfür geltenden organisatorisch-technischen Rahmenbedingungen für die Bildung, Führung und Aufbewahrung der elektronischen Akten. [2] Die Landesregierungen können die Ermächtigung durch Rechtsverordnung auf die Landesjustizverwaltungen übertragen.

IV [1] Die Bundesregierung und die Landesregierungen können für ihren Bereich durch Rechtsverordnung bestimmen, dass im Musterverfahren Schriftsätze als elektronische Dokumente bei Gericht einzureichen sind, Empfangsbekenntnisse als elektronische Dokumente zurückzusenden sind und dass die Beteiligten dafür Sorge zu tragen haben, dass ihnen elektronische Dokumente durch das Gericht zugestellt werden können. [2] Die Rechtsverordnung regelt die für die Bearbeitung der Dokumente geeignete Form. [3] Die Landesregierungen können die Ermächtigung durch Rechtsverordnung auf die Landesjustizverwaltungen übertragen.

10 *Vorbereitung des Termins.* [1] Zur Vorbereitung des Termins kann der Vorsitzende oder ein von ihm bestimmtes Mitglied des Senats den Beigeladenen die Ergänzung des Schriftsatzes des Musterklägers oder des Musterbeklagten aufgeben, insbesondere eine Frist zur Erklärung über bestimmte klärungsbedürftige Streitpunkte setzen. [2] Die Ergänzungen der Beigeladenen in ihren vorbereitenden Schriftsätzen werden dem Musterkläger und dem Musterbeklagten mitgeteilt. [3] Schriftsätze der Beigeladenen werden den übrigen Beigeladenen nicht mitgeteilt. Schriftsätze des Musterklägers und des Musterbeklagten werden den Beigeladenen nur mitgeteilt, wenn sie dies gegenüber dem Senat schriftlich beantragt haben.

11 *Wirkung von Rücknahmen.* I Eine Rücknahme des Musterfeststellungsantrags hat auf die Stellung als Musterkläger oder Musterbeklagter keinen Einfluss.

Sachverzeichnis

Zahlen in Fettdruck = Paragraphen, dahinterstehende Zahlen = Randnummern

A

B

E

F

H

J

K

L

M

O

Q

R

S

T

U

V

W

Z

Rechtspolitischer Ausblick

Gesetzentwurf der Bundesregierung für ein Gesetz zur Änderung des Zugewinnausgleichs- und Vormundschaftsrechts

Vom ...

(Auszug)

Der Bundestag hat das folgende Gesetz beschlossen:

Artikel 1
Änderung des Bürgerlichen Gesetzbuchs

...

Artikel 2
Aufhebung der Hausratsverordnung

Die Verordnung über die Behandlung der Ehewohnung und des Hausrats in der im Bundesgesetzblatt Teil III, Gliederungsnummer 404-3, veröffentlichten bereinigten Fassung, zuletzt geändert durch *[Artikel 62 des Gesetzes vom ... zur Reform des Verfahrens in Familiensachen und in den Angelegenheiten der freiwilligen Gerichtsbarkeit)]*, wird aufgehoben.

Artikel 3
Änderung des Gesetzes über das Verfahren in Familiensachen und in den Angelegenheiten der freiwilligen Gerichtsbarkeit

Das Gesetz über das Verfahren in Familiensachen und in den Angelegenheiten der freiwilligen Gerichtsbarkeit vom ... 2008 (BGBl. I S. ...), zuletzt geändert durch ..., wird wie folgt geändert:

1. Die Inhaltsübersicht wird wie folgt geändert:
   a) Die Angabe zu § 96 wird wie folgt gefasst:
   „§ 96 Vollstreckung in Verfahren nach dem Gewaltschutzgesetz und in Ehewohnungssachen."
   b) In Buch 2 wird die Angabe zu Abschnitt 6 wie folgt gefasst:
   „Abschnitt 6
   Verfahren in Ehewohnungs- und Haushaltssachen".
   c) Die Angabe zu § 200 wird wie folgt gefasst:
   „§ 200 Ehewohnungssachen; Haushaltssachen"
   d) Die Angaben zu §§ 205 und 206 werden wie folgt gefasst:
   „§ 205 Anhörung des Jugendamts in Ehewohnungssachen"
   „§ 206 Besondere Vorschriften in Haushaltssachen"
2. In § 57 Nr. 5 wird das Wort „Wohnungszuweisungssache" durch das Wort „Ehewohnungssache" ersetzt.
3. § 96 wird wie folgt geändert:
   a) In der Überschrift wird das Wort „Wohnungszuweisungssachen" durch das Wort „Ehewohnungssachen" ersetzt.
   b) In Absatz 2 Satz 1 wird jeweils das Wort „Wohnungszuweisungssachen" durch das Wort „Ehewohnungssachen" ersetzt.
4. § 111 Nr. 5 wird wie folgt gefasst:
   „5. Ehewohnungs- und Haushaltssachen".
5. § 137 Abs. 2 Satz 1 Nr. 3 wird wie folgt gefasst:
   „3. Ehewohnungs- und Haushaltssachen und".

6. In Buch 2 wird die Überschrift zu Abschnitt 6 wie folgt gefasst:

„Abschnitt 6
Verfahren in Ehewohnungs- und Haushaltssachen“

7. § 200 wird wie folgt gefasst:

„§ 200
Ehewohnungssachen; Haushaltssachen

(1) Ehewohnungssachen sind Verfahren
1. nach § 1361 b des Bürgerlichen Gesetzbuchs,
2. nach § 1586 a des Bürgerlichen Gesetzbuchs.

(2) Haushaltssachen sind Verfahren
1. nach § 1361 a des Bürgerlichen Gesetzbuchs,
2. nach § 1586 b des Bürgerlichen Gesetzbuchs.“

8. In § 202 Satz 1 werden die Wörter „Wohnungszuweisungssache oder Hausratssache“ durch die Wörter „Ehewohnungs- oder Haushaltssache“ ersetzt.

9. § 203 wird wie folgt geändert:
   a) Absatz 2 wird wie folgt geändert:
      aa) In Satz 1 wird das Wort „Hausratssachen“ durch das Wort „Haushaltssachen“ ersetzt.
      bb) In Satz 2 wird das Wort „Hausratssachen“ durch das Wort „Haushaltssachen“ und das Wort „Hausratsgegenstände“ durch das Wort „Haushaltsgegenstände“ ersetzt.
   b) In Absatz 3 wird das Wort „Wohnungszuweisungssachen“ durch das Wort „Ehewohnungssachen“ ersetzt.

10. § 204 wird wie folgt geändert:
   a) In Absatz 1 werden das Wort „Wohnungszuweisungssachen“ durch das Wort „Ehewohnungssachen“ und die Wörter „§ 4 der Verordnung über die Behandlung der Ehewohnung und des Hausrats“ durch die Wörter „§ 1568 a Absatz 4 des Bürgerlichen Gesetzbuchs“ ersetzt.
   b) In Absatz 2 wird jeweils das Wort „Wohnungszuweisungssachen“ durch das Wort „Ehewohnungssachen“ ersetzt.

11. § 205 wird wie folgt geändert:
   a) In der Überschrift wird das Wort „Wohnungszuweisungssachen“ durch das Wort „Ehewohnungssachen“ ersetzt.
   b) In Absatz 1 Satz 1 wird das Wort „Wohnungszuweisungssachen“ durch das Wort „Ehewohnungssachen“ ersetzt.

12. § 206 wird wie folgt geändert:
   a) In der Überschrift wird das Wort „Hausratssachen“ durch das Wort „Haushaltssachen“ ersetzt.
   b) Absatz 1 wird wie folgt geändert:
      aa) In dem Satzteil vor Nummer 1 wird das Wort „Hausratssachen“ durch das Wort „Haushaltssachen“ ersetzt.
      bb) In den Nummern 1 und 2 wird jeweils das Wort „Hausratsgegenstände“ durch das Wort „Haushaltsgegenstände“ ersetzt.

13. § 209 Abs. 2 wird wie folgt geändert:
   a) In Satz 1 werden die Wörter „Wohnungszuweisungs- und Hausratssachen“ durch die Wörter „Ehewohnungs- und Haushaltssachen“ ersetzt.
   b) In Satz 2 wird das Wort „Wohnungszuweisungssachen“ durch das Wort „Ehewohnungssachen“ ersetzt.

14. § 269 Abs. 1 wird wie folgt geändert:
   a) In Nummer 5 wird das Wort „Wohnungszuweisungssachen“ durch das Wort „Ehewohnungssachen“ und die Angabe „§ 18“ durch die Angabe „§ 17“ ersetzt.
   b) In Nummer 6 wird das Wort „Hausratssachen“ durch das Wort „Haushaltssachen“ und die Angabe „§ 19“ durch die Angabe „§ 17“ ersetzt.

Artikel 4–10

. . .

Artikel 11
Inkrafttreten

Dieses Gesetz tritt am 1. September 2009 in Kraft.